ΝΕΟ ΕΛΛΗΝΙΚΟ
ΛΕΞΙΚΟ
ΤΗΣ
ΣΥΓΧΡΟΝΗΣ ΔΗΜΟTIKΗΣ
ΓΛΩΣΣΑΣ

ΕΜΜΑΝΟΥΗΛ ΚΡΙΑΡΑ
ΟΜΟΤΙΜΟΥ ΚΑΘΗΓΗΤΗ ΠΑΝΕΠΙΣΤΗΜΙΟΥ ΘΕΣΣΑΛΟΝΙΚΗΣ

ΝΕΟ ΕΛΛΗΝΙΚΟ ΛΕΞΙΚΟ ΤΗΣ ΣΥΓΧΡΟΝΗΣ ΔΗΜΟΤΙΚΗΣ ΓΛΩΣΣΑΣ

ΓΡΑΠΤΗΣ ΚΑΙ ΠΡΟΦΟΡΙΚΗΣ

ΟΡΘΟΓΡΑΦΙΚΟ
ΕΡΜΗΝΕΥΤΙΚΟ
ΕΤΥΜΟΛΟΓΙΚΟ
ΣΥΝΩΝΥΜΩΝ
ΑΝΤΙΘΕΤΩΝ
ΚΥΡΙΩΝ ΟΝΟΜΑΤΩΝ

ΕΚΔΟΤΙΚΗ ΑΘΗΝΩΝ

ISBN 960-213-326-0

Copyright © 1995 Εκδοτική Αθηνών ΑΕ
Ομήρου 11 Αθήνα 10672

«... την κοινή λέξη σαφή χωρίς χυδαιότητα,
την λόγια λέξη εύστοχη, μα όχι σχολαστική,
το τέλειο ταίρι χορεύοντας μαζί».

(Τ. Σ. ΄Ελιοτ, ΄Απαντα τα ποιήματα,
ελλ. μετάφρ. Αριστοτέλη Νικολαΐδη, σελ. 245).

ΟΜΑΔΑ ΦΙΛΟΛΟΓΩΝ
ΠΟΥ ΣΥΝΕΡΓΑΣΤΗΚΑΝ ΣΤΟ ΛΕΞΙΚΟ

Συντάκτες

Καραναστάσης Τάσος
Παπαδοπούλου Γιολάντα
Χαχοπούλου Βασιλική
Βουτυρά Κυριακή
Γεώργας Βασίλης
†Πετρίδου Αγγέλα
Παπαδοπούλου Άρτεμη
Μασούτη Αργυρώ
Παπαδημητρίου Ειρήνη
Αποστολίδης Απόστολος

Συνεργάτες

Δόγκα Αγορίτσα
Καρόγλου Μαρία
Ζέρβου Ελένη
Μαυρίδου Χρυσούλα
Αντωνάκη Δήμητρα
Γελαδάρα Ευαγγελία
Μάτη Σουλτάνα
Βλαχάκος Πέτρος
Κανελλοπούλου Αλεξάνδρα
Κοτσμανίδου Βάσω
Μυτιληνάκη Μαρία

ΔΙΕΥΘΥΝΣΗ ΕΚΔΟΣΕΩΣ
Γεώργιος Α. Χριστόπουλος, Ιωάννης Κ. Μπαστιάς

Σύνταξη: Μαρία Κούρση
Επιμέλεια διορθώσεων: Ιωάννα Ν. Πεπελάση
Σχεδιασμός τίτλου και εξωφύλλου: Αγγέλα Σίμου
Σελιδοποίηση: Ελένη Μήλου
Στοιχειοθεσία: Φιλ. Παναγόπουλος & ΣΙΑ ΟΕ

Υπεύθυνοι παραγωγής: Αιμ. Μπαστιάς, Δημ. Τζίμας
Μοντάζ και εκτύπωση: Ι. Πέππας & ΣΙΑ ΟΕ
Εκτύπωση εξωφύλλου και βιβλιοδεσία: Εκδοτική Ελλάδος ΑΕ

ΠΕΡΙΕΧΟΜΕΝΑ

Προλεγόμενα .... θ΄

Σύμβολα που χρησιμοποιήθηκαν στο Λεξικό .... ιδ΄

Βραχυγραφίες που χρησιμοποιήθηκαν στο Λεξικό .... ιδ΄

Γενικές πρακτικές οδηγίες για τη σωστή χρήση της γλώσσας .... ιζ΄

Η χρησιμότητα των σημείων της στίξης και άλλων
ορθογραφικών συμβόλων .... ιζ΄

Οι κανόνες του μονοτονικού .... ιθ΄

Άρθρα του Λεξικού 1

Ονόματα προσώπων 1535

Σύμβολα και συμβατικά σημεία 1573

Αρκτικόλεξα ελληνικά και βραχυγραφίες 1574

Αρκτικόλεξα ξένα και βραχυγραφίες 1582

ΠΕΡΙΕΧΟΜΕΝΑ

Πρόλογος 9

Βιβλία και χειρόγραφα στο Άγιον .... ;

Βιβλιουργία και χειρογραφίαν στο Άγιον .... ;

Γενικά χαρακτηριστικά για τη σχολή χορού της μονής .... ;

Η χρησιμότητα των αιρέσεων της σχέσης και βάλων
προγραμμάτων σπουδών .... ;

Οι κανόνες του μοναστηριού .... ;

Άρθρα του Άγιου .... ;

Θεσμικά χρονικά 1515

Σύμβολα και αιρέσεις σχέση 1571

Αρχιτεκτονικά στοιχεία και προγράμματα 1574

Αρχιτεκτονικά έργα και Προσχέδια 1582

ΠΡΟΛΕΓΟΜΕΝΑ

Η ανάγκη να δοθεί στο κοινό ένα υπεύθυνο συγχρονισμένο λεξικό της νέας ελληνικής έγινε ιδιαίτερα αισθητή από την ιστορική εκείνη στιγμή που η πολιτεία αναγνώρισε τη δημοτική γλώσσα στο χώρο της εκπαίδευσης και της διοίκησης. Μολονότι είχα αρχίσει εδώ και πολλά χρόνια τη συγκρότηση του *Λεξικού της μεσαιωνικής ελληνικής δημώδους γραμματείας* (έχουν ήδη κυκλοφορήσει δεκατρείς τόμοι του), δεν μπόρεσα να μη δεχτώ την πρόταση του προέδρου της *Εκδοτικής Αθηνών Α.Ε.*, κ. Γεώργιου Χριστόπουλου να αναλάβω τη συγκρότηση Λεξικού της δημοτικής γλώσσας.

Σημειώνω ότι το έργο του σημερινού λεξικογράφου της νέας ελληνικής δεν είναι καθόλου εύκολο και για το λόγο ότι δεν έχομε στη διάθεσί μας συγκεντρωμένο τον πλούτο της νέας ελληνικής γλώσσας, πολύ λιγότερο βέβαια ένα εκτενέστερο λεξικό της που θα μπορούσε να διευκολύνει σε μεγάλο βαθμό τη συγκρότηση επίτομων νεοελληνικών λεξικών. Εξάλλου, δε διαθέτομε επαρκή γλωσσάρια σύγχρονων Νεοελλήνων λογοτεχνών και άλλων συγγραφέων, ούτε σχετικές λεξικογραφικές εργασίες, που πολύ θα βοηθούσαν το λεξικογραφικό μας έργο. Για τους λόγους αυτούς ακροβατούν όσοι σήμερα επιχειρούν να συντάξουν λεξικό της νέας ελληνικής για γενικότερη χρήση. Εύκολα διαπιστώνει κανείς ότι τα ποικίλα νεοελληνικά λεξικά που κυκλοφορούν σήμερα, ακόμη και τα καλύτερα ανάμεσά τους, δεν ξεκινούν πάντοτε από τη γνώση των πραγματικών δεδομένων της σύγχρονης δημοτικής μας γλώσσας στη γραπτή και την προφορική της εμφάνιση.

Ευτυχώς οι περισσότεροι από τους συνεργάτες μου στη σύνταξη του παραπάνω μνημονευμένου Λεξικού της μεσαιωνικής ελληνικής δημώδους γραμματείας, εκτιμώντας τη σημασία και τη χρησιμότητα του προτεινόμενου έργου, δέχτηκαν επιστρατεύοντας τις δυνάμεις τους εις το έπακρον (μια που δε θα εγκατέλειπαν τη συνεργασία τους στο μεσαιωνικό λεξικό) να συνεργαστούν στη συγκρότηση του νέου έργου. Προχωρήσαμε λοιπόν με τα μέσα και τα πρόσωπα που διαθέταμε και έχομε την εντύπωση ότι προσφέρομε στο κοινό ένα βοήθημα που προάγει και βελτιώνει τη λεξικογραφική μας κατάσταση και αποτελεί συνάμα χρήσιμο στους μελετητές βοήθημα.

Με το έργο μας αυτό θελήσαμε να προβάλομε το λεξιλογικό πλούτο της νέας μας γλώσσας, λεξικογραφικά σχολιασμένο. Ζητήσαμε δηλαδή να παρουσιάσομε τη δημοτική γλώσσα όπως την αντιλαμβάνεται ο σύγχρονος καλώς νοούμενος δημοτικισμός. Αυτό σημαίνει ότι στο λεξικό μας έγινε δεκτό, κοντά στα γνήσια δημοτικά στοιχεία, και ένα πλούσιο λόγιο λεξιλόγιο. Αποφύγαμε να περιλάβομε στο λεξικό νεόπλαστες λέξεις και τύπους που ο παλαιότερος μαχητικός και συχνά αδιάλλακτος δημοτικισμός είχε επιδιώξει να ενοφθαλμίσει στη γλώσσα μας. Επεξεργαστήκαμε από το άλλο μέρος το λεξιλόγιο της σύγχρονης γραπτής μας γλώσσας χωρίς να αγνοούμε ότι η έννοια του σύγχρονου γραπτού γλωσσικού οργάνου περιλαμβάνει και τη γλώσσα των κατά κλάδους επιστημών και τη γλώσσα των δικαστηρίων και τη γλώσσα της δημοσιογραφίας και της πολιτικής θεωρίας και πράξης και τη γλώσσα της επιστολογραφίας. Όπως είπα ήδη, δεν αγνοήσαμε τα γνήσια λαϊκά στοιχεία, καθώς αυτά αποτελούν το βασικό στήριγμα κάθε γλώσσας στην ομιλούμενη ή τη γραπτή της διατύπωση. Παραθέσαμε, στο βαθμό που ήταν πραγματοποιήσιμο, και λαϊκότερες αποστεωμένες, χυμώδεις όμως εκφράσεις, αλλά και αρχαϊστικά κατάλοιπα (αποστεωμένα και αυτά σε πολλές περιπτώσεις) που απαντούν συχνά στα γραπτά και στο στόμα των λογιοτέρων. Οι λαϊκές εκφράσεις πήραν την πιο ταιριαστή κατά το δυνατόν θέση στο κάθε άρθρο, ενώ τα αρχαϊστικά απολιθώματα ταξινομήθηκαν με αφετηρία την πρώτη λέξη της εκφοράς τους.

Ξέρομε ότι όλες οι νεότερες ευρωπαϊκές γλώσσες, που, στην αρχή προφορικές, έγιναν αργότερα γραπτές, δέχτηκαν κατά καιρούς λόγια-αρχαϊστικά στοιχεία, κατάλληλα να πλουτίσουν το λεξιλόγιό τους και να ανταποκριθούν έτσι στις ανάγκες του μορφωμένου ατόμου. Κάτι παρόμοιο έγινε και στο χώρο της γλώσσας μας. Ο σύγχρονος ιδίως δημοτικισμός δεν υποτίμησε τη χρησιμότητα των στοιχείων αυτών για τη δημιουργία ενός καλλιεργημένου λόγου. Φωτισμένος από τη μέχρι τούδε πορεία των γλωσσικών αγώνων, αντικρίζει ρεαλιστικότερα το θέμα και αποδέχεται τη χρησιμοποίηση των στοιχείων αυτών. Γι' αυτό και στο λεξικό μας θα συναντήσει ο χρήστης πολλά τέτοια στοιχεία. Καμιά φορά μάλιστα καταγράψαμε και ερμηνεύσαμε λόγιες λέξεις που ίσως δε θα τις χρησιμοποιούσαν χωρίς δισταγμό ορισμένοι δημοτικιστές, όμως ένα λεξικό αντικειμενικά συγκροτημένο, που έρχεται να εξυπηρετήσει και να διαφωτίσει ευρύτερο κύκλο ατόμων με ποικίλες ακόμη και σήμερα γλωσσικές τάσεις δεν έπρεπε να τις αγνοήσει.

Ως προς τα λαϊκά στοιχεία σημειώνω και τούτο: δεν αγνοήσαμε λαϊκά στοιχεία που καθημερινά ακούγονται, χωρίς όλα να γράφονται, που πέρασαν ή περνούν συχνά στα κείμενα της λογοτεχνίας μας. Προσδίδουν με τη γραφικότητά τους ένα ξεχωριστό χρώμα και στον προφορικό και στο λογοτεχνικό λόγο. Πάντως αποφύγαμε να καταγράψομε ακραία τέτοια στοιχεία που θα αλλοίωναν το επίπεδο του λεξικού μας. Παράλληλα δεν αγνοήσαμε εντελώς ιδιωματικές λέξεις με περιορισμένη ασφαλώς ακτινοβολία, που όμως δεν πρόβαλλαν άγνωστες στον κοινό χρήστη της γλώσσας και που παλαιότερα χρησιμοποιήθηκαν ή και χρησιμοποιούνται ακόμη σε λογοτεχνικά κείμενα. Η περιορισμένη έστω αποδοχή τέτοιων στοιχείων εξυπηρετεί ως ένα σημείο εκείνους που, ανατρέχοντας σε παλαιότερα κείμενα, απορούν για τη σημασία και τη χρήση των στοιχείων αυτών.

Καταγράψαμε εξάλλου λέξεις που δηλώνουν αντικείμενα ή γεγονότα που συνδέονται με παλαιότερες εποχές. Λέξεις επίσης που αναφέρονται στον αρχαίο ελληνικό βίο, την αρχαία τέχνη, την αρχαία λογοτεχνία δεν αγνοήθηκαν από το λεξικό, καθώς οι σχετικές έννοιες συνδέονται με τη σύγχρονη παιδεία.

Αδικαίωτους νεολογισμούς που κυκλοφορούν στα γραπτά και στο στόμα μας δεν καταχωρίσαμε. Ο νεολογισμός για να γίνει δεκτός σε ένα λεξικό πρέπει να έχει ήδη συναντήσει κάποια γενικότερη αποδοχή· κι αυτό δε συμβαίνει για πολλά αυθαίρετα σημερινά νεολογικά κατασκευάσματα.

Δεν πρέπει να απορήσει ο χρήστης του λεξικού μπροστά σε λέξεις με ξενική προέλευση που δεν έχουν προσαρμοστεί στο νεοελληνικό κλιτικό σύστημα.

Δεν αγνοήσαμε επιστημονικούς και τεχνικούς όρους πλασμένους από την καθαρολογία του περασμένου αιώνα.

Στην οικεία αλφαβητική θέση καταχωρίσαμε ορισμένα αχώριστα μόρια που χρησιμοποιούνται στη σύνθεση πολλών νεοελληνικών λέξεων με παράπλευρη καταγραφή παραδειγμάτων από τέτοιες σύνθετες νεοελληνικές λέξεις. Σε σημαντική κλίμακα θα συναντήσει στο λεξικό ο χρήστης συνώνυμα και αντίθετα, λαϊκά και λόγια, που η παράθεσή τους διαφωτίζει περαιτέρω τη σημασία ορισμένων λέξεων.

Ποια είναι τώρα η μορφή με την οποία παρουσιάζονται τα άρθρα του λεξικού; Μετά το λήμμα, αν πρόκειται για ουσιαστικό, δηλώνεται το γένος του· αν πρόκειται για επίθετο, οι καταλήξεις των τριών γενών· αν πρόκειται για επιρρήματα ή προθέσεις, παρέχεται ο οικείος χαρακτηρισμός δίπλα στο λήμμα. Στοιχεία για την προφορά φθόγγου του λήμματος (έρρινο, όχι έρρινο) δίνονται επίσης, αν υπάρχει περίπτωση. Για μια λέξη σημειώνεται ότι είναι λόγια όχι αν απλώς προέρχεται από τη λόγια παράδοση, αλλά αν χρησιμοποιώντας την έχομε το αίσθημα ότι πρόκειται για λέξη όχι της κοινής γλώσσας, αλλά για λέξη που χρησιμοποιείται για την ανάγκη της στιγμής. Ανάλογη τακτική ακολουθήσαμε για τον όρο «λαϊκός». Σημειώνονται ως «λαϊκές» μόνο οι κατεξοχήν λαϊκές λέξεις και όχι κάθε λέξη που σώζεται στη γλώσσα μας από την προφορική παράδοση. Αν υπήρχε περίπτωση να σημειωθούν γραμματικοί τύποι, λαϊκότεροι ή ιδιωματικοί, δεν παραλείψαμε να τους σημειώσομε. Ιδίως σημειώσαμε το σχηματισμό ορισμένων πτώσεων επιθέτων σε -ής, γεν. -ούς ή -ης, γεν. -ους. Δυστυχώς η καθημερινή πράξη μάς βεβαιώνει πόσο βρίσκονται μακριά οι αρχαϊστικές καταλήξεις αυτών των πτώσεων από το αίσθημα του σημερινού Νεοέλληνα. Επίσης δεν παραλείψαμε να σημειώσομε και παρατατικούς και αορίστους ή και μετοχές παρακειμένου ορισμένων ρημάτων που παρουσίαζαν κάποια μορφολογική ιδιοτυπία. Χαρακτηρίσαμε ακόμη ελλειπτικά ορισμένα ρήματα ως προς ορισμένους χρόνους τους.

Σημειώνω ότι με το λήμμα παρέχεται η λέξη στον τύπο που συνήθως απαντά στην κοινή γλώσσα και που κατά προτίμηση πρέπει να χρησιμοποιείται στο γραπτό και τον προφορικό λόγο. Όμως παράλληλα, όποτε κρίθηκε αναγκαίο, παρέχεται και ο δημοτικότερος ή ο λαϊκότερος τύπος για λόγους πληρέστερης ενημέρωσης.

Μετά την καταγραφή των τυπολογικών παρέχονται διαρθρωμένες κατά το δυνατόν γενετικά οι σημασίες του λήμματος και καταχωρίζονται τα αναγκαία παραδείγματα εκφράσεων που δηλώνουν αναγλυφότερη τη χρήση των λέξεων. Εδώ κατά τις περιπτώσεις καταγράφονται λαϊκές εκφράσεις ή και παροιμίες, συχνά με την ερμηνεία τους. Παραθέματα από συγγραφείς καταγράφηκαν σε πολύ περιορισμένη κλίμακα· και πάντοτε με το όνομα του συγγραφέα σε παρένθεση. Τα παραθέματα αυτά με την ενδεχομένως πρωτότυπη διατύπωση καμιά φορά χρωματίζουν χαρακτηριστικά το νόημα του λήμματος. Για την καλύτερη κατανόηση της κάθε σημασίας του λήμματος δίνονται συχνά και οι συνώνυμες ή αντίθετες λέξεις. Αν το λήμμα είναι επίθετο με παράγωγο επίρρημα, αυτό σημειώνεται τις περισσότερες φορές στο τέλος του άρθρου που αφορά το επίθετο και με την ειδικότερη ενδεχομένως σημασία του. Κάτι ανάλογο συμβαίνει και με τα υποκοριστικά και τα μεγεθυντικά που προέρχονται από τα οικεία ουσιαστικά ή επίθετα.

Σχετικά με την προφορά σημείωσα ήδη ότι υποδεικνύεται συχνά το έρρινο ή μη ορισμένων φθόγγων. Είναι ανάγκη να σημειώσω ότι τούτο γίνεται για να δοθεί η σωστή προφορά ορισμένων λέξεων. Όπως και σε άλλες γλώσσες, και στα νέα ελληνικά η προφορά μιας λέξης εξαρτάται από το περιβάλλον ή την ηλικία εκείνου που μιλεί, καθώς και από το εκάστοτε ύφος της διατύπωσης. Πρέπει όμως να έχομε υπόψη μας παράλληλα το ότι και η προφορά εξελίσσεται με το πέρασμα του χρόνου. Πάντως τα λεξικά οφείλουν να υποδεικνύουν την πιο σωστή προφορά· κι αυτή τις περισσότερες φορές είναι η προφορά που ακολουθεί το καλλιεργημένο άτομο που έχει πραγματικό ενδιαφέρον για τη γλώσσα του.

Στη γλώσσα μας γεννάται ίσως πρόβλημα προφοράς και στις περιπτώσεις που έχομε σύνθετες λέξεις (λόγιες φυσικά) με πρώτο συνθετικό την πρόθεση *εν* ή *εκ*. Πώς πρέπει να προφέρομε λ.χ. τις λέξεις *εκκωφαντικός* και *έννομος*; με ένα *κ* ή *ν* ή με δύο; (*εκ-κωφαντικός* και *εν-νομος* ή σαν να ορθογραφούνταν *εκωφαντικός* ή *ένομος*;).

Παραπεμπτικά αυτοτελή λήμματα γίνονται στις παρακάτω δύο περιπτώσεις: όταν δίπλα στο λήμμα σημειώνεται ισοδύναμος ή σπανιότερος ή λαϊκότερος ή και ιδιωματικός τύπος της λέξης ή όταν προς το τέλος του άρθρου σημειώνονται υποκοριστικά ή μεγεθυντικά ή επιρρήματα. Από κάποιο σημείο του συντασσόμενου άρθρου γίνεται καμιά φορά εσωτερική παραπομπή σε συνώνυμη ή αντίθετη σημασιολογικώς λέξη.

Πολλές φορές παραπέμπομε και από έναν ανορθογραφημένο τύπο μιας λέξης στη σωστή ορθογράφηση χωρίς να υπονοείται αναγνώριση της εσφαλμένης γραφής.

Είναι γνωστό ότι η έρευνα και η γνώση της παραγωγής και της σύνθεσης μιας λέξης συμβάλλει συχνά στην ουσιαστικότερη κατανόησή της, ενώ η ετυμολόγησή της δε συνδέεται πάντοτε με τη σημασία ή τις σημασίες της, που είναι τις περισσότερες φορές πολύ εξελιγμένες. Το λεξικό μας παρέχει την ετυμολογία ορισμένων λέξεων μόνο στις περιπτώσεις που δημιουργείται πραγματική απορία στο χρήστη του λεξικού. Σε αγκύλη δίνεται τότε η ετυμολογική νύξη χωρίς περαιτέρω ετυμολογικά στοιχεία.

Όπως ήταν φυσικό, για λόγους οικονομίας χώρου χρησιμοποιήθηκαν σε αρκετή κλίμακα βραχυγραφίες, ιδίως προκειμένου για λεξικογραφικούς και άλλους ανάλογους όρους. Οι βραχυγραφίες αυτές ερμηνεύονται στην αρχή του τόμου.

Είναι ανάγκη να γίνουν ορισμένες διαπιστώσεις σχετικά με τον πίνακα κύριων ονομάτων προσώπων, που κρίθηκε σκόπιμο να καταχωριστεί στο τέλος του τόμου. Θελήσαμε να δώσομε ένα πρόχειρο βοήθημα στο χρήστη χρήσιμο, νομίζομε, για έναν πρώτο κατατοπισμό του σε ορισμένα πρόσωπα του ιστορικού παρελθόντος, παλαιότερου και πρόσφατου.

Ο πίνακας αυτός δεν μπορούσε να είναι εξαντλητικός ακόμη και στους περιορισμένους χώρους όπου οριοθετήθηκε. Θα έχει μάλιστα εμφιλοχωρήσει κατά τον καταρτισμό του κάποιος αναπόφευκτος υποκειμενισμός, αφού επρόκειτο για επιλογή προσώπων. Σημειώνω ότι ακριβώς για να περιοριστεί ο κίνδυνος από τον υποκειμενισμό αυτόν δεν καταγράφηκαν στον πίνακα ονόματα προσώπων που βρίσκονται στη ζωή.

Περιλαμβάνει ο πίνακας σημαντικά ονόματα από τον ιστορικό χώρο των ελληνικών γενικώς γραμμάτων και τεχνών (ποίησης, πεζογραφίας, λογοτεχνικής κριτικής, φιλολογικής έρευνας, κλπ.), καθώς και ονόματα από το χώρο της αρχαίας μυθολογίας. Καταγράφηκαν στον πίνακα και σημαντικά ονόματα της νεότερης ευρωπαϊκής λογοτεχνίας και του νεότερου ευρωπαϊκού στοχασμού. Δεν παραλείφθηκαν σημαντικά ονόματα από την πολιτική ιστορία του νεότερου Ελληνισμού, καθώς και ονόματα της νεότερης ευρωπαϊκής, εν μέρει και της άλλης ιστορίας, τα τελευταία όμως σε εντελώς περιορισμένη κλίμακα.

Τα αρχαία ιστορικά και μυθολογικά ονόματα καταγράφηκαν στον αρχαίο ελληνικό τύπο τους, χωρίς δηλαδή προσαρμογή τους σε τύπους της νέας ελληνικής (Πλάτων, Αλκμάν, Ζευς, Φαέθων, κλπ.)· κι αυτό για λόγους ομοιομορφίας κατά την εμφάνισή τους στον πίνακα. Στην πράξη άλλωστε δεν έχουν όλα αυτά τα ονόματα προσαρμοστεί στο τυπολογικό της νέας ελληνικής. Τα ονόματα νεοελληνικών προσώπων παρέχονται στη μορφή που τα χρησιμοποιούσαν τα ίδια τα πρόσωπα που έχουν το βαπτιστικό ή το επώνυμο. Αυτό συνέβη ιδίως προκειμένου για βαπτιστικά ονόματα πεζογράφων, ποιητών ή καλλιτεχνών που χρησιμοποιούν το βαπτιστικό τους όνομα σε δημοτικότερη μορφή, που οι άλλοι έχουν την υποχρέωση να τη χρησιμοποιούν με πιστότητα.

Τα ξένα ονόματα καταγράφονται σε κατ' οικονομίαν φωνητική μεταγραφή του επωνύμου τους για να δίνεται όσο το δυνατόν σαφέστερη εικόνα της προφοράς τους. Για πολύ λίγα απ' αυτά κρατήθηκε ο καθιερωμένος στα ελληνικά τύπος τους (λ.χ. Βάκων, Λαμαρτίνος, Λουδοβίκος, κλπ.). Δίπλα στη μεταγραφή δίνεται πλήρες το ξένο όνομα. Μετά τη μνεία του κάθε ονόματος σημειώνεται η εθνικότητα στην οποία ανήκει, σύντομη ένδειξη του βασικού χώρου της δραστηριότητάς του, καθώς και τα χρόνια γέννησης και θανάτου.

Ως προς την απόδοση των ξένων φθόγγων στα ονόματα αυτά τηρήθηκε η εξής αντιστιχία: b = μπ, d = ντ, g = γκ, mb = μμπ, nd = ννt, ng = νγκ, nc = νκ, nt = ν-τ, mp = μ-π.

Ο εμπλουτισμός της ορολογίας μετά την καταπληκτική ανάπτυξη της τεχνολογίας οδήγησε στη διεθνή συνήθεια να χρησιμοποιούνται αρχικά γράμματα πολλών λέξεων που δηλώνουν τεχνικούς όρους ή επωνυμίες ιδρυμάτων, ενώσεων, κλπ., για να επιτυγχάνεται η συμβολική και σύντομη διατύπωση. Δημιουργήθηκαν έτσι τα λεγόμενα αρκτικόλεξα, που δεν αγνοούνται συνήθως από τα χρηστικά λεξικά. Εκρίναμε λοιπόν και εμείς σκόπιμο στο τέλος του όλου σώματος του λεξικού να καταγράψομε αλφαβητικά, στο βαθμό που ήταν δυνατόν, σειρά τέτοιων αρκτικόλεξων, ελληνικών και ξένων. Φυσικά και εδώ δεν υπήρξαμε εξαντλητικοί.

Κρίναμε επίσης σκόπιμο στη θέση των παραρτημάτων του λεξικού να καταχωρίσομε οδηγίες για μια σωστότερη χρησιμοποίηση των σημείων στίξης, καθώς και μερικές γενικές πρακτικές οδηγίες που θα βοηθήσουν, ελπίζω, τον ελλιπέστερα κατατοπισμένο σε θέματα γλώσσας χρήστη του λεξικού.

Με τη δημοσίευση του λεξικού τούτου ελπίζω ότι παρέχεται στο ευρύτερο κοινό βοήθημα που μπορεί και αυτό να συμβάλει ώστε να αποκατασταθεί υγιής γραπτός και προφορικός λόγος στον τόπο μας, που για μακρό χρονικό διάστημα ταλαιπωρήθηκε με την ύπαρξη της γνωστής μας διγλωσσίας, προβλήματος που ευτυχώς ξεπεράστηκε στις μέρες μας.

Κλείνοντας τα προλεγόμενα τούτα επιθυμώ να ευχαριστήσω θερμά τους τωρινούς συνεργάτες μου στη σύνταξη του Λεξικού μου της μεσαιωνικής ελληνικής δημώδους γραμματείας Δήμητρα Αδαμίδου, Δώρη Κυριαζή, Κυριακή Καραγιάννη, Χαράλαμπο Πασσαλή, Ελένη Χατζημαυρουδή, Νίκο Τσεντικόπουλο, Τάσο Καπλάνη, Κωνσταντίνο Οικονόμου, Βάσω Μανταλή και Αθηνά Βαλδραμίδου. Όλοι τους με ιδιαίτερο ζήλο με βοήθησαν κατά τη διόρθωση των τυπογραφικών δοκιμίων του λεξικού που σήμερα παρουσιάζω στη δημοσιότητα.

Δεκέμβριος 1994   Ε. ΚΡ.

ΣΥΜΒΟΛΑ
ΠΟΥ ΧΡΗΣΙΜΟΠΟΙΗΘΗΚΑΝ ΣΤΟ ΛΕΞΙΚΟ

[ ]   δηλώνει προέλευση της λέξης.
*   δηλώνει υποθετική λέξη.
...   δηλώνει παράλειψη λέξεων.
<   η λέξη που προηγείται από το σύμβολο παράγεται από εκείνην που ακολουθεί.
>   η λέξη που ακολουθεί το σύμβολο προέρχεται από εκείνην που προηγείται.

ΒΡΑΧΥΓΡΑΦΙΕΣ
ΠΟΥ ΧΡΗΣΙΜΟΠΟΙΗΘΗΚΑΝ ΣΤΟ ΛΕΞΙΚΟ

ά. = άρθρο
αγγλ. = αγγλικός
άγν. = άγνωστος
αεροναυτ. = αεροναυτική
αθλητ. = αθλητισμός, αθλητική λέξη
αιτ. = αιτιατική
αιτιολ. = αιτιολογικός
άκλ. = άκλιτο
αλβαν. = αλβανικός
αλληλ. = αλληλοπαθής
αλχ. = αλχημεία
αμάρτ. = αμάρτυρο
αμτβ. = αμετάβατο
αναβιβ. = αναβιβασμός
αναλογ. = αναλογία, -ικά
ανατομ. = ανατομία, -ικός
αναφ. = αναφορικός
ανδρων. = ανδρωνυμικό
ανθρωπολ. = ανθρωπολογία
αντ. = αντίθετος
αντιδ. = αντιδάνειο
αντιθ. = αντιθετικός, -ώς
αντικ. = αντικείμενο (γραμματικός όρος)
αντων. = αντωνυμία
αόρ. = αόριστος
αοριστολ. = αοριστολογικός
απαρ. = απαρέμφατο
απαρχ. = απαρχαιωμένο
απόδ. = απόδοση
απόλ. = απόλυτος
απολ. = απολύτως
απορημ. = απορηματικός, -ώς
απρόσ. = απρόσωπο
απροσ. = απροσώπως
αρ. = αριθμός
αραβ. = αραβικός
αραβοτουρκ. = αραβοτουρκικός
αραμ. = αραμαϊκός
αριθμ. = αριθμητικό
αρκτ. = αρκτικό
αρνητ. = αρνητικός, -ά
αρομουν. = αρομουνικός

αρσ. = αρσενικό
αρχ. = αρχαίος
αρχαιολ. = αρχαιολογία
αρχαϊστ. = αρχαϊστικός, -ώς
αρχιτ. = αρχιτεκτονική, -ικός
αστ. κώδ. = αστικός κώδικας
αστρολ. = αστρολογία, -ικός
αστρον. = αστρονομία, -ικός
αστροναυτ. = αστροναυτική
ασυναίρ. = ασυναίρετος
ασυνίζ. = ασυνίζητο
αύξ. = αύξηση
αφηρ. = αφηρημένο
αχώρ. = αχώριστο
βεβ. = βεβαιωτικός
βενετ. = βενετικός
βιολ. = βιολογία
βιομ. = βιομηχανία, -ικός
βιοχημ. = βιοχημεία
βλ. = βλέπε
βοηθ. = βοηθητικό
βοτ. = βοτανική
βουλγ. = βουλγαρικός
βραζιλ. = βραζιλιάνικος
βραχυγρ. = βραχυγραφία
βυζ. = βυζαντινός
γαλλ. = γαλλικός
γεν. = γενική
γενουατ. = γενουατικός
γερμ. = γερμανικός
γεωγρ. = γεωγραφία
γεωλ. = γεωλογία
γεωμ. = γεωμετρία, -ικός
γεωπ. = γεωπονία, -ικός
γεωργ. = γεωργία
γεωφ. = γεωφυσική
γλυπτ. = γλυπτική
γλωσσ. = γλωσσικός, -ώς
γλωσσολ. = γλωσσολογία, -ικός, -ώς
γνωμ. = γνωμικό
γραμμ. = γραμματικός, -ώς
γυμν. = γυμναστική

δεικτ. = δεικτικός
δημ. τραγ. = δημοτικό τραγούδι
διάβ. = διάβαζε
διαλεκτ. = διαλεκτικός
δίκ. = δίκαιο
δικαν. = δικανικός
διοικ. = διοικητικός
δίφθ. = δίφθογγος
δοτ. = δοτική
εβρ. = εβραϊκός
έγκλ. = έγκλιση
εγκλ. = εγκλιτικός
εθν. = εθνικός
εθνολ. = εθνολογία
ειρων. = ειρωνικός, -ώς
εκκλ. = εκκλησιαστικός, -ώς
έκφρ., εκφρ. = έκφραση, εκφράσεις
ελλειπτ. = ελλειπτικός
ελλην. = ελληνικός
εμπρ. = εμπρόθετος
εν. = ενικός
εναντ. = εναντιωματικός
έναρθρ. = έναρθρος
ενεργ. = ενεργητική (φωνή)
ενεστ. = ενεστώτας
ενν. = εννοείται, -ούμενος
επιγρ. = επιγραφή
επίθ. = επίθετο
επιθετ. = επιθετικός, -ώς
επίρρ. = επίρρημα
επιρρημ. = επιρρηματικός, -ώς
επιστ. = επιστημονικός, -ώς
επιτ. = επιτατικός, -ώς
επιφ. = επιφώνημα
επόμ. = επόμενος
επών. = επώνυμο
έρρ. = έρρινο
ερωτ. = ερωτηματικός
ετυμ. = ετυμολογία, -ικός, -ώς
ευφ. = ευφημισμός
ευχετ. = ευχετικός
ζωγρ. = ζωγραφική, -ικός
ζωολ. = ζωολογία
ηθ. = ηθικός, -ώς
ηλεκτρ. = ηλεκτρισμός
ηλεκτρολ. = ηλεκτρολογία
ηλεκτρον. = ηλεκτρονική
ηχομιμ. = ηχομιμητικός
θεατρ. = θεατρικός, -ώς
θεολ. = θεολογία
θετ. = θετικός
θηλ. = θηλυκό
θρησκ. = θρησκεία, θρησκευτικός
θρησκειολ. = θρησκειολογία, -ικός, -ώς
θωπευτ. = θωπευτικά
ιατρ. = ιατρική
ιδιωμ. = ιδιωματικός, -ώς
ισπαν. = ισπανικός
ιστ. = ιστορία, ικός
ιταλ. = ιταλικός
καλ. τέχν. = καλές τέχνες
κατάλ. = κατάληξη
καταφ. = καταφατικός

καταχρ. = καταχρηστικός
κατ' επέκτ. = κατ' επέκταση
κατηγορ. = κατηγορούμενο
κεφ. = κεφαλαίο
κλητ. = κλητική
κλιτ. = κλιτικός
κοιν. = κοινός, -ώς
κοινων. = κοινωνιολογία
κτηνιατρ. = κτηνιατρική
κτητ. = κτητικός
κύρ. όν. = κύριο όνομα
λ. = λέξη, λήμμα
λαϊκ. = λαϊκός, -ά
λαογρ. = λαογραφία
λατ. = λατινικός
λόγ. = λόγιος
λογιστ. = λογιστική
λογοτ. = λογοτεχνικός
λ.χ. = λόγου χάριν
μαγειρ. = μαγειρική
μαθημ. = μαθηματικά
μεγεθ. = μεγεθυντικός
μειωτ. = μειωτικός, -ώς
μέλλ. = μέλλοντας
μέσ. = μέση (φωνή), μέσο
μεσν. = μεσαιωνικός
μεταρρημ. = μεταρρηματικός
μεταφ. = μεταφορικά
μεταφυσ. = μεταφυσική
μετεπιθ. = μετεπιθετικός
μετεωρ. = μετεωρολογία
μετρ. = μετρική
μετων. = μετωνυμικά
μηχ. = μηχανική
μηχανολ. = μηχανολογία
μικροβιολ. = μικροβιολογία
μόρ. = μόριο
μους. = μουσική
μτβ. = μεταβατικός
μτγν. = μεταγενέστερος
μτχ. = μετοχή
μτχ. επίθ. = μετοχικό επίθετο
μυθ. = μυθικός
μυθολ. = μυθολογία
ναυτ. = ναυτικός (όρος)
νεοελλ. = νεοελληνικός
νεολατ. = νεολατινικός
νεολογ. = νεολογισμός
νομ. = νομική
οικοδ. = οικοδομική
οικον. = οικονομία
όν. = όνομα
ονομ. = ονομαστική
ονοματοπ. = ονοματοποιία
οριστ. = οριστική, οριστικός
ορυκτ. = ορυκτολογία
ουδ. = ουδέτερο
ουσ. = ουσιαστικό
παθ. = παθητική (φωνή), παθητικός
παλαιογρ. = παλαιογραφία
παπυρ. = παπυρικό κείμενο
παράγ. = παράγωγο
παραθ. = παραθετικό

παρασύνθ. = παρασύνθετο
παρατ. = παρατατικός
παρετυμ. = παρετυμολογία, -ικός
παρκ. = παρακείμενος
παροιμ. = παροιμία, παροιμιώδης
παρων. = παρωνύμιο
πβ. = παράβαλε
περίφρ. = περίφραση
περιφρ. = περιφραστικός, -ώς
περσ. = περσικός
πιθ. = πιθανώς
πληθ. = πληθυντικός
ποιητ. = ποιητικός, -ώς
πολιτ. = πολιτικός, -ώς
πολων. = πολωνικός
ποσ. = ποσοτικός
πραγμ. = πραγματικός
πρόθ. = πρόθεση
προθετ. = προθετικός
πρόθημ. = πρόθημα
προκ. = προκειμένου
πρόσ. = πρόσωπο (ως γραμματικός όρος)
προσδ. = προσδιορισμός
προσηγορ. = προσηγορικό
προστ. = προστακτική
προσφών. = προσφώνηση
προσων. = προσωνυμία
προσωπ. = προσωπικός
πρότ. = πρόταση
προτρεπτ. = προτρεπτικός, -ώς
προφ. = προφορικός λόγος ή προφορά
π.χ. = παραδείγματος χάριν
ρ. = ρήμα
ρημ. = ρηματικός
ρητορ. = ρητορική
ρουμ. = ρουμανικός
ρωσ. = ρωσικός
σελ. = σελίδα
σερβ. = σερβικός
σημασ. = σημασία
σκωπτ. = σκωπτικός, -ώς
σλαβ. = σλαβικός
σπανιότ. = σπανιότερα
στατ. = στατιστική
στερ. = στερητικό
στρατ. = στρατιωτικός, -ώς
συγγεν. = συγγενικός
συγκ. = συγκοπή
συγκρ. = συγκριτικός
συμπερ. = συμπερασματικός
συμπλ. = συμπλεκτικός

συμφ. = συμφυρμός
σύμφ. = σύμφωνο
σύνδ. = σύνδεσμος
συνεκδ. = συνεκδοχικά
συνεκφ. = συνεκφορά
σύνθ. = σύνθεση ή σύνθετο
συνθ. = συνθετικό
συνιζ. = συνιζημένο
συντακτ. = συντακτικός
συνών. = συνώνυμο
σχολ. = σχολικός βίος
τ. = τύπος
τελ. = τελικός
τετελ. = τετελεσμένος
τεχν. = τεχνικός, -ώς
τεχνολ. = τεχνολογία, -ικός
τοπ. = τοπικός
τοπογρ. = τοπογραφία
τοπων. = τοπωνύμιο
τουρκ. = τουρκικός
τουρκοπερσ. = τουρκοπερσικός
τραγ. = τραγούδι
τριτόκλ. = τριτόκλιτος
τριτοπρόσ. = τριτοπρόσωπο
υπερθ. = υπερθετικός
υπερσ. = υπερσυντέλικος
υποθ. = υποθετικός, -ώς
υποκ. = υποκείμενο
υποκορ. = υποκοριστικός
υποτ. = υποτακτική
υποχωρ. = υποχωρητικά
φαρμ. = φαρμακευτική
φιλολ. = φιλολογία
φιλοσ. = φιλοσοφία
φιλοτελ. = φιλοτελικός, -ώς
φρ. = φράση
φυσ. = φυσική, φυσικός, -ώς
φυσιολ. = φυσιολογία
φυσ. ιστ. = φυσική ιστορία
φυτολ. = φυτολογία, -ικός
φων. = φωνήεν
φωνητ. = φωνητική
φωτογρ. = φωτογραφία
χασμ. = χασμωδία
χημ. = χημεία
χρον. = χρονικός
χυδ. = χυδαία γλώσσα
ψευδών. = ψευδώνυμο
ψυχ. = ψυχολογία
ψυχιατρ. = ψυχιατρική

ΓΕΝΙΚΕΣ ΠΡΑΚΤΙΚΕΣ ΟΔΗΓΙΕΣ ΓΙΑ ΣΩΣΤΗ ΧΡΗΣΗ ΤΗΣ ΓΛΩΣΣΑΣ

Γράφετε (και μιλάτε) όσο γίνεται φυσικότερα και ανεπιτήδευτα.

Αποφεύγετε εκείνους τους αρχαϊσμούς που δεν είναι απαραίτητοι, γιατί δεν είναι πάντα εύκολο να χρησιμοποιούνται σωστά.

Γράφοντας μην κάνετε κατάχρηση του μακροπερίοδου λόγου. Προτιμότερες είναι οι συντομότερες προτάσεις. Ιδίως μη χρησιμοποιείτε αλλεπάλληλες δευτερεύουσες προτάσεις. Μην αυτοσχεδιάζετε με την κατά κόρον δημιουργία πρωτοφανέρωτων νεόπλαστων λέξεων.

Τα παλαιότερα ρητά, που καμιά φορά χρησιμοποιείτε, μην τα εκδημοτικίζετε σώνει και καλά. Χάνουν το νοηματικό τους χρώμα. Ο εκδημοτικισμός και σε άλλες περιπτώσεις καταντά συχνά υπερβολικός.

Ο γραπτός μας λόγος βρίσκεται στην τελική του διαμόρφωση κατά κλάδους κοινωνικής και άλλης απασχόλησης. Γι' αυτό χρειάζεται τη στοργή όλων μας.

Αν αγαπάτε τη γλώσσα μας και το γραπτό κείμενό σας, ξανακοιτάζετέ το αφού το γράψετε. Ασφαλώς θα μπορέσετε να το βελτιώσετε. Αν μάλιστα το διαβάσετε έτσι που να έχετε την ευκαιρία να ακούσετε το περιεχόμενό του, θα μπορέσετε πιθανώς και να το εμφανίσετε περισσότερο βελτιωμένο.

Διαβάζοντας λογοτεχνικά κείμενα μην εντοπίζετε την προσοχή σας μόνο στο περιεχόμενο και την υπόθεση του κειμένου, αλλά και στον τρόπο της διατύπωσης, στο ύφος του συγγραφέα και στα γλωσσικά μέσα που χρησιμοποιεί.

Σημειώνετε εκφράσεις από το γραπτό και τον προφορικό λόγο που σας έκαμαν ιδιαίτερη εντύπωση. Αξίζει να τις διατηρήσετε στη μνήμη σας. Κάποτε θα τις μεταχειριστείτε ή κάποτε θα σας βοηθήσουν.

Είναι ανάγκη ανάλογα με την περίπτωση να χρησιμοποιείτε διαφορετικό γλωσσικό ύφος. Το ύφος του γραπτού λόγου συχνά είναι ανάγκη να διαφέρει από το ύφος του προφορικού λόγου. Αυτό μας οδηγεί στο να χρησιμοποιούμε την κάθε φορά ακόμη και διαφορετικό λεξιλόγιο. Πάντως η σωστή χρήση της γλώσσας επιβάλλεται και στον προφορικό λόγο.

Η ορθογράφηση της γλώσσας μας αξίζει τις φροντίδες μας. Γι' αυτό χρειάζεται να κατατοπιστούμε στους ορθογραφικούς κανόνες που ισχύουν.

Όποιος αγαπά τη γλώσσα του είναι πρόθυμος συχνά να συμβουλεύεται λεξικά συγκροτημένα το καθένα με διαφορετικό στόχο, συνοπτικές εγκυκλοπαιδείες, σύντομες γραμματικές και σύντομα συντακτικά εγχειρίδια.

Η ΧΡΗΣΙΜΟΤΗΤΑ ΤΩΝ ΣΗΜΕΙΩΝ ΤΗΣ ΣΤΙΞΗΣ ΚΑΙ ΑΛΛΩΝ ΟΡΘΟΓΡΑΦΙΚΩΝ ΣΥΜΒΟΛΩΝ

Τελεία (.). Σημειώνεται στο τέλος μιας περιόδου· ύστερα από μια συντομογραφία (κλπ.)· σε πολυψήφιους αριθμούς ύστερα από τρία ψηφία με αρχή από τα δεξιά (**26.480.127**). Οι τετραψήφιοι αριθμοί δε χρειάζονται τελεία μετά τον πρώτο αριθμό (**2620**). Οι χρονολογίες οπωσδήποτε δε χρειάζονται τελεία (**1821**). Μπορεί να χρησιμοποιηθεί τελεία μετά ένα απόλυτο αριθμητικό για να νοηθεί ως τακτικό: **9.** = ένατος.

Άνω τελεία (·). Δηλώνει αρκετά στενό νοηματικό σύνδεσμο με τα προηγούμενα: *θα φύγω· θα ταξιδέψω με τρένο.* Στις περιπτώσεις αυτές πρέπει να προτιμάται αντί της τελείας.

Κόμμα (,). Χωρίζει όμοια στοιχεία που δεν τα συνδέει σύνδεσμος: *άνθρωπος έξυπνος, πράος, γλυκομίλητος.* Χωρίζει επίσης την κλητική από τα συμφραζόμενα: *Φίλε μου, σου στέλνω σήμερα...* Χωρίζει κύριες από δευτερεύουσες προτάσεις: *Είχαμε τελειώσει τη δουλειά μας, όταν έφτασαν οι επισκέψεις,* καθώς και από τις προσθετικές αναφορικές: *Κάμαμε ένα περίπατο, που πολύ τον χαρήκαμε.* Πρέπει να αποφεύγεται το κόμμα όταν η αναφορική πρόταση είναι αναγκαίο συμπλήρωμα στην προηγούμενη λέξη ή την προηγούμενη έκφραση: *Το άτομο που συνάντησα ήταν συμπαθητικό.*

Δύο τελείες (:). Δηλώνουν ότι θα ακολουθήσει παράθεμα από ξένο κείμενο, απόφθεγμα ή ευθύς λόγος. Χρησιμοποιείται ακόμη στις περιπτώσεις που αναλύομε ή ερμηνεύομε κάτι που έχομε καταγράψει: *Σκεπτόμουν καθαρά τούτο: θα εκτελέσω όσο μπορώ καλύτερα το χρέος μου.*

Παύλα (—). Δηλώνει αλλαγή του συνομιλητή σε ένα γραπτό κείμενο διαλόγου. Δύο παύλες χρησιμοποιούνται συχνά αντί μιας παρένθεσης.

Παρένθεση [( )]. Εισάγει κάποια σκέψη που δεν τη θεωρούμε απαραίτητη.

Αγκύλες ([ ]). Χρησιμοποιούνται για να απομονωθεί μια ένδειξη που βρίσκεται ήδη σε παρένθεση.

Εισαγωγικά (« »). Σημειώνονται στην αρχή και στο τέλος παραθεμάτων: *Μου είπε: «Δε σε ξέρω καθόλου».* Επίσης όταν αναφέρομε λέξεις ή φράσεις που δεν ανήκουν στην κοινή γλώσσα ή που παίρνουν ένα ιδιαίτερο νόημα ή απόχρωση νοήματος στο λόγο μας: *οι παλαιότεροι χρησιμοποιούσαν τη λέξη «σπουδαίος» με διαφορετικό νόημα· σήμαινε το μορφωμένο, το λόγιο.* Τίτλοι βιβλίων, εφημερίδων, κλπ., τοποθετούνται μέσα σε εισαγωγικά.

Κάποτε σε θέση εισαγωγικών μπορούν να χρησιμοποιηθούν τα παλαιότερα πνεύματα δασεία και ψιλή, μονά ή διπλά ανεστραμμένα ('' ή '' ''), κυρίως όταν χρειάζεται να υπογραμμιστεί μια λέξη ή φράση, που ήδη βρίσκεται μέσα σε εισαγωγικά.

Ομοιωματικά (»). Σημειώνονται για να μην επαναληφθεί λέξη που γράφηκε ακριβώς στο ίδιο σημείο της προηγούμενης σειράς γραπτού κειμένου.

Θαυμαστικό (!). Χρησιμοποιείται ύστερα από ένα επιφώνημα, μιαν έκφραση που δηλώνει θαυμασμό ή απορία ή άλλο συναίσθημα: *«Δε θα χωριστούμε ποτέ!» φώναζε ο φίλος μου.*

Ερωτηματικό (;). Τοποθετείται στο τέλος κάθε ευθείας ερωτηματικής πρότασης. Η πλάγια ερώτηση δε χρειάζεται ερωτηματικό. Τοποθετημένο μετά μια λέξη ή σε παρένθεση δηλώνει ειρωνεία ή αμφιβολία.

Αποσιωπητικά (...). Σημειώνονται όταν δεν τελειώνομε τη φράση. Επίσης όταν σε παράθεμα από συγγραφέα παραλείπομε ένα τμήμα φράσης ή και φράσεις ολόκληρες. Δηλώνεται επίσης μ' αυτά θαυμασμός ή ειρωνεία για όσα θα σημειωθούν αμέσως κατόπιν: *«Άκουσε... τι μου είπε!».*

Αστερίσκος (*). Στο τέλος μιας λέξης δηλώνει παραπομπή σε υποσημείωση κειμένου. Σε φιλολογικά κείμενα στην αρχή μιας λέξης δηλώνει ότι η λέξη είναι υποθετική (δε «μαρτυρείται»). Κοντά σε μια χρονολογία δηλώνει τη γέννηση ενός προσώπου.

Σταυρός (†). Συχνά συνοδεύει τη χρονολογία θανάτου ενός προσώπου.

Ενωτικό (-). Σημειώνεται συνήθως σε συνθέσεις λέξεων μακρόσυρτες: *κοινωνικο-οικονομικός*. Απαραίτητο είναι όταν σε περίπτωση βραχυλογίας χρησιμοποιούνται δύο παράλληλες λέξεις: *πρωί-βράδι, μέρα-νύχτα*.

Υποδιαστολή (,). Σημειώνεται στην αναφορική αντωνυμία: *ό,τι* και στο χρονικό σύνδεσμο: *ό,τι* (= μόλις): *ό,τι μου πεις θα το κάμω. Ό,τι ήρθε.* Σε ένα δεκαδικό αριθμό χωρίζει το ακέραιο μέρος από το δεκαδικό (1,25).

Διαλυτικά σημεία (¨). Σημειώνονται για να δηλωθεί ότι δύο γειτονικά φωνήεντα πρέπει να προφερθούν χωριστά το καθένα: *ευνοϊκός*. Δε χρειάζεται να σημειώνονται, όταν τα δύο γειτονικά φωνήεντα δεν μπορούν να αποτελέσουν δίψηφο γράμμα: *Μωυσής*. Το ίδιο επιβάλλεται να γίνεται και όταν το προηγούμενο φωνήεν είναι δίψηφο: *παλαιικός*. Επίσης όταν η ύπαρξη τονικού σημαδιού στο πρώτο από τα δύο γειτονικά φωνήεντα αποκλείει το ενδεχόμενο εσφαλμένης ανάγνωσης: *πλάι, άυπνος*.

Απόστροφος ('). Σημειώνεται στην έκθλιψη: *απ' αυτά*· στην αφαίρεση: *μου 'πε*· στην αποκοπή: *φέρ' το*.

Κεφαλαία. Με κεφαλαία γράμματα γράφεται η πρώτη λέξη μιας φράσης, ενός παραθέματος (όταν το παράθεμα αποτελεί πρόταση). Επίσης μετά την τελεία η πρώτη λέξη της φράσης που ακολουθεί. Ακόμη οι ονομασίες των μηνών και των ημερών, οι λέξεις Θεός, Παναγία, κλπ., ονόματα τόπων, επωνυμίες ιδρυμάτων, πανεπιστημιακών σχολών, εταιρειών, συλλόγων, κλπ., ονόματα οδών, τίτλοι λογοτεχνικών και επωνυμίες καλλιτεχνικών έργων· λέξεις που δηλώνουν ιστορικές περιόδους (Αναγέννηση, Τουρκοκρατία), μεγάλα ιστορικά γεγονότα (Επανάσταση, ενν. του 1821) ή και λέξεις που κρίνεται σκόπιμο να εξαρθεί το νόημά τους (Πρόεδρος της Βουλής). Ακόμη τίτλοι τιμής (*Αξιωματικός της Λεγεώνας της Τιμής*)· η λέξη *άγιος* όταν δηλώνει εκκλησία ή δρόμο (Άγιος Κωνσταντίνος, οδός Αγίου Μελετίου), καθώς επίσης και η λέξη *Κύριος* σε φάκελο επιστολής όταν μ' αυτήν αρχίζει η διεύθυνση· η ίδια λέξη στην προσφώνηση επιστολής ή εγγράφου: *Κύριε Δημητριάδη, Κύριε Διευθυντά*.

Παράγραφος (§). Δηλώνεται μικρότερη διακοπή στο λόγο, ιδίως όταν ο λόγος προχωρεί σε διαφορετικό κύκλο ιδεών. Η έναρξη παραγράφου δηλώνεται με αλλαγή σειράς καθώς γράφομε και το ξεκίνημα της γραφής λίγο πιο μέσα από τη συνηθισμένη αρχή της σειράς.

Συν, πλην (±). Όταν βρίσκεται κοντά σε μια χρονολογία, σημαίνει το περίπου, τη μη βεβαιότητα σε σχέση με τη χρονολογία. Δεν αποκλείεται δηλ. το ακριβές να είναι είτε αμέσως πριν από τη δήλωση της χρονολογίας ή αμέσως ύστερα απ' αυτήν.*

* Περισσότερα στοιχεία για τη χρήση των σημείων στίξης και των άλλων ορθογραφικών συμβόλων μπορεί να αναζητήσει ο ενδιαφερόμενος στο βιβλίο του Ε. Κριαρά, *Τα Πεντάλεπτά μου στην ΕΡΤ και άλλα γλωσσικά.*

ΟΙ ΚΑΝΟΝΕΣ ΤΟΥ ΜΟΝΟΤΟΝΙΚΟΥ

Οι κανόνες που ρυθμίζουν το μονοτονικό σύστημα που εφαρμόζεται σήμερα στη γλώσσα μας είναι οι ακόλουθοι σύμφωνα με το σχετικό Προεδρικό Διάταγμα:

«1. Πνεύματα δε σημειώνονται.

2. Ως τονικό σημάδι χρησιμοποιείται η οξεία.

3. Τονικό σημάδι παίρνει κάθε λέξη που έχει δύο ή περισσότερες συλλαβές. Αυτό ισχύει και στην περίπτωση που η λέξη παρουσιάζεται ως μονοσύλλαβη ύστερα από έκθλιψη ή αποκοπή, π.χ. όλ' αυτά, όχι όμως και όταν έχει χάσει το τονισμένο φωνήεν από αφαίρεση, π.χ. *του 'πε.*

4. Οι μονοσύλλαβες λέξεις δεν παίρνουν τονικό σημάδι. Εξαιρούνται και παίρνουν τονικό σημάδι: α) ο διαζευκτικός σύνδεσμος *ή·* β) τα ερωτηματικά *πού* και *πώς·* γ) οι αδύνατοι τύποι των προσωπικών αντωνυμιών (*μου, σου, του, της, τον, την, το, μας, σας, τους, τα*) όταν στην ανάγνωση υπάρχει περίπτωση να θεωρηθούν εγκλιτικοί· δ) οι μονοσύλλαβες λέξεις, όταν συνεκφέρονται με τους ρηματικούς τύπους *μπω, βγω, βρω, 'ρθω*, σε όλα τα πρόσωπα και τους αριθμούς και δέχονται τον τόνο τους, π.χ. *θά 'ρθεις.*

5. Ο τόνος του εγκλιτικού, ο οποίος ακούγεται στη λήγουσα των προπαροξύτονων λέξεων σημειώνεται. Το ίδιο γίνεται στο πρώτο από δύο εγκλιτικά, όταν προηγείται παροξύτονη προστακτική».

ΟΙ ΚΑΝΟΝΕΣ ΤΟΥ ΜΟΝΟΤΟΝΙΚΟΥ

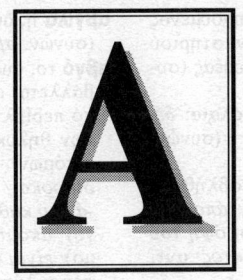

α, Α (άλφα). 1. το πρώτο γράμμα του ελληνικού αλφαβήτου· ένα από τα φωνήεντα της ελληνικής γλώσσας. -Βλ. και *άλφα*. 2. αριθμητικό σημείο α. (όταν έχει τόνο πάνω δεξιά ή τελεία κάτω δεξιά: α΄, Α΄, α.) ένας, πρώτος, πρώτον: *Γεώργιος ο Α΄· κεφάλαιο α΄· θέτει τα εξής θέματα: α΄ να ....· β.* (όταν έχει τόνο κάτω αριστερά: ͵α) χίλιοι, χίλια.

α-, προθετ.: *αγκινάρα, αμασχάλη, αδράχνω*.

α-, στερ.: *αβασάνιστος, άβγαλτος, απρόσεκτος*.

-α, κατάλ. μεγεθ. θηλ.: *βαρέλα, χτένα, κολοκύθα*.

α, στις φρ.: *α στην ευχή, α να χαθείς, α στο διάβολο*. [α<άι<άε<άγε, προστ. του αρχ. *άγω*].

α, επιφ.: *α, τι όμορφα!*

αβαείο το, ουσ. 1. μοναστήρι ρωμαιοκαθολικών· μοναστηριακός ναός (συνών. *φραγκομοναστήρι*). 2. κατοικία του αβά. [γαλλ. *abbaye*].

αβαθής, -ής, -ές, γεν. *-ούς*, πληθ. αρσ. και θηλ. *-είς*, ουδ. *-ή*, επίθ. 1. που δεν έχει βάθος, ρηχός: *ακτή* ~ (συνών. *άβαθος, ανάβαθος* αντ. *βαθύς*). - Ο πληθ. ουδ. ως ουσ. = (ναυτ.) τα ρηχά: *το πλοίο προσάραξε στα -ή του λιμανιού*. 2. (μτφ.) επιφανειακός.

αβαθμολόγητος, -η, -ο, επίθ., που δεν έχει βαθμολογηθεί: *γραπτό μαθητή -ο* (αντ. *βαθμολογημένος*). - Επίρρ. **-α**.

άβαθης, -η, -ο και ανάβαθος, επίθ. 1. που δεν έχει βάθος, ρηχός: *πηγάδι -ο* (συνών. *αβαθής* αντ. *βαθύς*). 2. που έχει μεγάλο βάθος, άπατος: *-α νερά*. 3. μτφ. επιπόλαιος. - Επίρρ. **-α**.

άβακας ο, ουσ., 1. σανίδα ή πλάκα για τη χάραξη γεωμετρικών σχημάτων. 2. το επάνω μέρος κιονόκρανου. 3. μαθητική πλάκα, αριθμητήριο. [άβαξ].

αβάκιο, ουσ. (ασυνίζ.), πλάκα από μαύρο σχιστόλιθο όπου έγραφαν παλιότερα οι μαθητές με κοντύλι (συνών. *πλάκα, πινακίδα*).

αβαλσάμωτος, -η, -ο, επίθ. που δε βαλσαμώθηκε: *νεκρός* ~ (συνών. *ατάριχευτος·* αντ. *βαλσαμωμένος, ταριχευμένος*).

άβαλτος -η -ο, επίθ. 1. (για είδη ένδυσης, υπόδυσης) που δεν έχει φορεθεί, αμεταχείριστος 2. που δεν έχει τοποθετηθεί στη θέση του. 3. (για φυτά) που δεν έχει φυτευθεί. - Επίρρ. **-α**. [στερ. α + βάζω].

αβανγκάρντ η, ουσ., (ακλ), πρωτοπορία σε θέματα ιδίως ζωγραφικής. [γαλλ. *avant-garde*].

αβάνης ο, ουσ., συκοφάντης, κακός, άδικος. [τουρκ. *avan*].

αβανιά η, ουσ. (συνιζ., λαϊκ.), συκοφαντία, διαβολή, κακολογία: *του βγάλαν* ~ *πως είναι κλέφτης*. [αραβοτουρκ. *áwān*].

αβάντα η, ουσ. (έρρ., προφ. τ). 1. βοήθεια, στήριγμα: *διαμαρτύρεται, γιατί έχει* ~ *τον αδερφό του* (συνών. *στήριγμα*). 2. κέρδος (συνήθως από αθέμιτη πράξη): *έχει πολλές -ες από αυτή τη δουλειά* (συνών. *όφελος, ωφελήματα*. [ιταλ. *avantare*].

αβανταδόρικος -η -ο, επίθ., το να είναι κάποιος ή κάτι αβανταδόρικο, που βρίσκεται σε πλεονεκτική θέση.

αβανταδόρος ο, θηλ. **-ισσα** ουσ. (έρρ.). 1. βοηθός σε αθέμιτο έργο: *δε θα εξαπατούσε τόσους πολλούς, αν δεν είχε και τους -ους του*. 2. αυτός που συντηρείται με κέρδη από ύποπτες επιχειρήσεις.

αβάπτιστος, βλ. λ. *αβάφτιστος*.

αβαράρω, ρ. (ναυτ.) απωθώ, απομακρύνω (πλεούμενο) από την παραλία (για να ξεκινήσει ή για να αποφύγει πρόσκρουση): *-ισε τη βάρκα να μη χτυπήσει στο μόλο· -ανε τη βάρκα για να φύγουνε*. [βενετ. *avarar*].

αβαρεσιά η, ουσ. (συνιζ., λαϊκ.), προθυμία για εργασία: *σε θαυμάζω για την* ~ *σου!* (συνών. *εργατικότητα, φιλεργία·* αντ. *βαρεμάρα, τεμπελιά*).

αβάρετος, -η, -ο, Ι. επίθ. (λαϊκ.), που δε βαριέται, δεν κουράζεται, εργατικός: *ήταν άνθρωπος στη δουλειά του* (συνών. *ακούραστος, ακαταπόνητος·* αντ. *βαρεμένος, τεμπέλης, ακαμάτης, οκνηρός*).

αβάρετος, -η, -ο, ΙΙ. επίθ. (λαϊκ.). 1. που δεν τον χτύπησαν, άδαρτος ~ (συνών. *ατραυμάτιστος, απλήγωτος·* αντ. *βαρεμένος, τραυματισμένος*). 2. (για γάλα) που δε χτυπήθηκε, δεν αποβουτυρώθηκε.

αβαρής -ής -ές, επίθ., που δεν έχει καθόλου βάρος ή αρκετό βάρος (συνών. *ελαφρός* αντ. *βαρύς*). [στερ. α + *βάρος*].

αβαρία η, ουσ. α. βλάβη καραβιού ή του φορτίου του κατά το ταξίδι· απόρριψη φορτίου εξαιτίας τρικυμίας ή βλάβης: *το καράβι αγκυροβόλησε για να επισκευάσει τις -ες*. β. (συνεκδ.) ζημιά: *η επιχείρηση έπαθε μεγάλες -ες από τις ανατιμήσεις· αν δε συντηρείς τα μηχανήματα, θα έχεις πολλές -ες* (συνών. *χασούρα*). γ. (μεταφ.) φρ. *κάνω* ~ = εγκαταλείπω ή παραμερίζω σε κάποιο βαθμό τις αρχές, τις ιδέες μου, περιορίζω τις φιλοδοξίες ή τις επιδιώξεις μου, συμβιβάζομαι: *για να κρατήσει τη θέση του έκανε πολλές -ες* (συνών. *στη σημασία γ. υποχώρηση*). [ιταλ. *avaria*].

αβάς ο, ουσ. 1. μοναχός, καλόγερος· ηγούμενος μοναστηριού. 2. (νεότ.) ηγούμενος μοναστηριού ρωμαιοκαθολικών· ρωμαιοκαθολικός ιερέας (συνών. *πάστορας*). [αραμ. *abba*].

αβασάνιστα, επίρρ., χωρίς έλεγχο, επιπόλαια: *δέχεται ~ ό,τι του προτείνουν· μίλησε ~* (συνών. *ανεξέλεγκτα, πρόχειρα*).

αβασάνιστος, -η, -ο, επίθ. 1. που δεν υποβλήθηκε σε έλεγχο ή επαλήθευση, ανεξέταστος: *άποψη / γνώμη -η*. 2. που δε γνώρισε βάσανα: *η όψη του έδειχνε άνθρωπο -ο* (συνών. *ανεξέλεγκτος·* αντ. *ελεγμένος*).

αβασίλευτος, -η, -ο, επίθ. 1. (για δημοκρατικό πολίτευμα) που δεν έχει βασιλέα ως ανώτατο άρχοντα: *δημοκρατία -η* (αντ. *βασιλευόμενη*). 2. (για τον ήλιο ή τα άστρα) που δεν έδυσε ακόμη (αντ. *βασιλεμένος*).

αβάσιμος, -η, -ο, επίθ., που δεν έχει βάση, δε στηρίζεται σε πραγματικά γεγονότα: *ισχυρισμός ~* (συνών. *αστήριχτος, αθεμελίωτος·* αντ. *βάσιμος, θεμελιωμένος*). - Επίρρ. **-α**.

αβάσκαμα, βλ. *βάσκαμα*.

αβάσκαντος, -η, -ο, επίθ. (έρρ.), που δε βασκαίνεται: *είναι ~, γιατί έχει φυλαχτό* (συνών. *αμάτιαστος·* αντ. *ματιασμένος*). [*βασκαίνω*].

αβάσταχτος, -η, ο, και **αβάσταγος**, επίθ. 1. ασήκωτος (που δεν μπορεί κάποιος να τον σηκώσει): *φορτίο -ο* (συνών. *βαρύς·* αντ. *ελαφρός*). 2. (μεταφ.) ανυπόφορος, αφόρητος: *πόνος / καημός ~* (αντ. *υποφερτός*).

αβάτευτος, -η, -ο, επίθ. (λαϊκ.), για ζώο που δε βατεύτηκε.

άβατος, -η, -ο, επίθ. 1. που δεν μπορεί κανείς να τον περπατήσει, να τον περάσει: *τόπος ~ βουνοκορφή -η* (συνών. *απρόσβατος, απέραστος*). 2. (θρησκ. για μοναστήρι) απρόσιτος σε κάποιον· έκφρ. *μοναστηριακό άβατο* = (κατά το κανονικό δίκαιο) θεσμός που απαγορεύει να μπαίνουν σε ανδρικά ή γυναικεία μοναστήρια άτομα του αντίθετου φύλου: *το ~ του Αγίου Όρους είναι κατοχυρωμένο νομικώς* (αντ. *βατός*). [στερ. *α + βαίνω*].

άβαφος, -η, -ο και **-φτος**, επίθ. α. που δεν είναι βαμμένες, αχρωμάτιστος: *τοίχος ~ πανί -ο* (συνών. *αμπογιάτιστος* αντ. *βαμμένος, μπογιατισμένος*)· β. αμακιγιάριστος: *πρόσωπο -ο· χείλια -α* (αντ. *μακιγιαρισμένος, βαμμένος*).

αβάφτιστος, -η, -ο, επίθ. α. που δε βαφτίστηκε ακόμη: *μωρό αβάφτιστο* (συνών. λαϊκ. *αφώτιστος·* αντ. *βαφτισμένος*). β. άπιστος, αλλόθρησκος.

άβγαλτος, -η, -ο, επίθ. 1α. που δεν έχει βγει, απομακρυνθεί από τη θέση του ή τον τόπο του: *κοιμήθηκε με -α ρούχα· ψωμί -ο·* β. που δεν έχει φυτρώσει, προβάλει: *~ ακόμη· σιτάρια -α· δόντια / γένια -α·* γ. που δεν έχει ανατείλει: *ήλιος ~*. 2. (μεταφ.) άπειρος, αθώος: *είναι κορίτσι -ο ακόμη* (συνών. *άπραγος, αμάθητος·* αντ. *μυημένος, έμπειρος, ξεσκολισμένος*). [στερ. *α + βγαίνω*].

αβγαταίνω και **αβγατίζω** ρ., αόρ. *αβγάτισα*, μτχ. παρκ. *-ισμένος* (λαϊκ.), (αμτβ.) αυξάνομαι, πληθαίνομαι, πληθαίνω· (μτβ.) αυξάνω, πολλαπλασιάζω: *κάθε χρόνο -ει τα λεφτά του* (συνών. *πληθαίνω·* αντ. *λιγοστεύω*). [αρχ. *εκβατός*].

αβγατίζω, βλ. *αβγαταίνω*.

αβγάτισμα το, ουσ. (λαϊκ.), αύξηση, προσαύξηση: *~ του μισθού / των τιμών*.

αβγάτος, -η, -ο, επίθ., γεμάτος αβγά: (συνήθως για ψάρια) *κεφαλόπουλο -ο*.

αβγίλα η, ουσ. μυρωδιά αβγού: *το γλυκό μύριζε ~*. (συνών. *αβγουλίλα*).

αβγό το, ουσ. 1. (βιολ.) ζωντανό κύτταρο που περιβάλλεται από θρεπτικές ουσίες και προστατευτικό περίβλημα, γεννιέται μέσα στο σώμα ορισμένων θηλυκών ζώων (πουλιών, ψαριών, ερπετών, εντόμων, κ.ά.) ύστερα από γονιμοποίηση: *-ά δίκροκα / κόκκινα* (για τα αβγά του Πάσχα)· φρ. *-ά του καθαρίζουν* (για άτομο που γελά χωρίς λόγο)· *ακόμη δε βγήκε απ' τ' ~* (για ανήλικο άτομο)· *είναι σαν το ~ του Κολόμβου* (για πρόβλημα που η λύση του είναι απλούστατη, φτάνει να τη σκεφτεί κανείς)· *κάθομαι στ' -ά μου* (= μένω ήσυχος, δεν ανακατεύομαι σε υποθέσεις τρίτων)· *χάνω τ' -ά και τα καλάθια* (= παθαίνω ζημιά και βρίσκομαι σε πλήρη σύγχυση). 2. (πληθ.) όρχεις. - Υποκορ. **-ούλι, -ουλάκι** το. - Μεγεθ. **-ούλα, -ουλάρα** η. [αρχ. τα *ωά<ταουά<ταουγά<τ' αβγά - τ' αβγό*].

αβγοθήκη η, ουσ., σκεύος όπου τοποθετούνται αβγά *~* (συνών. *αβγουλιέρα*).

αβγοκαλάμαρο το, ουσ. 1. αβγό του καλαμαριού. 2. γλύκισμα από ζύμη με αβγά σε σχήμα καλαμαριού.

αβγοκόβω, ρ., βάζω στο φαγητό αβγολέμονο: *-όκοψα τη σούπα*.

αβγοκουλούρα η και **αβγοκούλουρο** το, ουσ., στρογγυλό πασχαλινό ψωμί με κόκκινα αβγά.

αβγολέμονο το, ουσ., ωμό αβγό με χυμό λεμονιού «χτυπημένα» μαζί: *έριξα στη σούπα ~*.

αβγοτάραχο το, ουσ., διατηρημένα αβγά ψαριών σε κέρινο περίβλημα: *στο πρωινό είχαμε και ~*. [*αβγό + τάριχον*].

αβγοτέμπερα η, ουσ. (έρρ.), τρόπος ζωγραφικής με χρώματα ανακατωμένα με κρόκο ή και ασπράδι αβγού. [*αβγό + τέμπερα*].

αβγότσουφλο το, ουσ. (λαϊκ.), το κέλυφος του αβγού: *σπάει εύκολα σαν ~*. [*αβγό + τσόφλι*].

αβγουλάς ο, θηλ. **-ού**, ουσ., πωλητής αβγών.

αβγουλάτος, -η, -ο, επίθ., που έχει σχήμα αβγού: *σταφύλια -α*.

αβγουλιέρα η, ουσ. (συνιζ.), σκεύος σε σχήμα μικρού ποτηριού όπου τοποθετείται το βραστό αβγό.

αβγουλίλα η, ουσ., μυρωδιά αβγού: *το φαγητό μυρίζει ~* (συνών. *αβγίλα*).

αβγουλομάτης, -α, -ικο, επίθ., που έχει ωοειδή μάτια: *γυναίκα -α*.

αβγόφλουδα η, ουσ., το κέλυφος του αβγού: *ράγισε σαν ~*.

αβγώνω, ρ. (για ψάρια, πουλιά, κλπ.) αποκτώ πολλά αβγά στην ωοθήκη μου (συνήθως στη μτχ.): *ψάρια -ωμένα· κότα -ωμένη*. [*αβγό*].

αβδέλα, βλ. *βδέλα*.

Αβδηρίτης ο, ουσ., κάτοικος των Αβδήρων της Θράκης. (Ως επίθ.) ματαιόδοξος, ανόητος (συνών. *αλαφροκέφαλος, μικρόνους, μωρός*). [τοπων. *Άβδηρα*].

αβδηριτίζω, ρ., φέρομαι σαν Αβδηρίτης, δηλ. ανόητα, με ματαιοδοξία (συνών. *ανοηταίνω*).

αβδηριτισμός ο, ουσ., το να φέρεται κανείς σαν Αβδηρίτης (συνών. *ανοησία, μικρόνοια, επιπολαιότητα*).

αβέβαιος, -η, -ο, επίθ., όχι σίγουρος, ασταθής, ευμετάβολος, ακαθόριστος: *το αποτέλεσμα της μάχης είναι -ο· μέλλον -ο· τύχη / έκβαση -η* (συνών.

απρόβλεπτος, αμφίβολος· αντ. *εξασφαλισμένος, ασφαλής, βέβαιος*). - Επίρρ. **-α.**

αβεβαιότητα η, ουσ., έλλειψη βεβαιότητας, αστάθεια: *στην Κατοχή οι άνθρωποι ζούσαν μέσα στην ~* (συνών. *αστάθεια*· αντ. *σιγουριά, βεβαιότητα*).

αβελτηρία η, (λόγ.) ουσ., μωρία, ανοησία (συνών. *ανοησία, βλακεία*· αντ. *ευφυΐα, εξυπνάδα*).

αβελτίωτος, -η, -ο, επίθ., που δεν παρουσιάζει βελτίωση: *-η παραμένει η κατάσταση* (αντ. *βελτιωμένος*).

αβερνίκωτος, -η, -ο, επίθ. **1.** αγυάλιστος, αλουστράριστος: *παπούτσια -α* (συνών. *αστίλβωτος*· αντ. *βερνικωμένος, στιλβωμένος, γυαλισμένος*). **2.** (μεταφ., λαϊκ.) αναιδής: *μούτρα -τα.*

αβέρτα, επίρρ. **1.** ελεύθερα, χωρίς φόβο· ορθά-κοφτά: *του μίλησα ~* (συνών. *απροκάλυπτα*). **2.** χωρίς περιορισμό, αφειδώς: *μοιράζει υποσχέσεις ~* (συνών. *αδίστακτα, ανεπιφύλακτα*).

αβέρτος, ουδ. **-ο,** επίθ. **1.** προσιτός: *είχε το σπίτι του -ο* (συνών. *ανοιχτός*). **2.** (μεταφ.) ευθύς, ειλικρινής: *άνθρωπος ~* (συνών. *απροσποίητος*). [βενετ. *averto*].

αβησσυνιακός, ή, -ό, επίθ., (ασυνίζ.), που αναφέρεται ή ανήκει στην Αβησσυνία και τους Αβησσυνούς.

αβίαστα, επίρρ. **1.** χωρίς βιασύνη: *βάδιζε ~*. **2.** χωρίς καταπίεση· αυθόρμητα, ευχάριστα: *δουλεύω ~· γέλασε ~· το βιβλίο διαβάζεται ~.*

αβίαστος, -η, -ο, επίθ. **1.** που δε βιάστηκε· που δεν παραβιάστηκε: *κλειδαριά -η* (συνών. *απαραβίαστος*· αντ. *παραβιασμένος*). **2.** που δεν παρουσιάζει εκζήτηση: *λόγος φυσικός και ~* (συνών. *αυθόρμητος*· αντ. *εξεζητημένος*). **3.** που γίνεται χωρίς καταπίεση: *ενέργεια -η* (συνών. *ελεύθερος*· αντ. *βεβιασμένος*).

αβιομηχανοποίητος, -η, -ο, επίθ. (ασυνίζ.), που δεν έχει βιομηχανοποιηθεί, του οποίου δε γίνεται η εκμετάλλευση με βιομηχανικά μέσα: *προϊόντα -α· πρώτες ύλες -ες* (αντ. *βιομηχανοποιημένος*).

αβιταμίνωση η, ουσ., έλλειψη βιταμινών στον ανθρώπινο ή το ζωικό οργανισμό: *έπαθε ο οργανισμός του ~.* [στερ. *α + βιταμίνη*].

αβίωτος, -η, -ο, επίθ. (λόγ.), που δεν μπορεί κανείς να τον ζήσει: *του έκανε το βίο -ο* (συνών. *αφόρητος, ανυπόφορος*).

αβλαβής, ής, -ές, επίθ. γεν. **-ούς,** πληθ. αρσ. και θηλ. **-είς,** ουδ. **-ή,** που δεν έπαθε βλάβη, ακέραιος: *Εκφρ. σώος και ~* (συνών. *άβλαπτος*· αντ. *βλαμμένος*). - Επίρρ. **-ώς.**

άβλαβος, βλ. *άβλαφτος.*

αβλαστήμητος, -η, -ο, επίθ. (λαϊκ.). **1.** που δε βλαστημήθηκε: *δεν άφησε άγιο για άγιο -ο.* **2.** που δε βλαστημά: *άνθρωπος ~.*

άβλαφτος, -η, -ο και **άβλαβος,** επίθ., που δεν έπαθε βλάβη (συνών. *σώος, απείραχτος, αζημίωτος*· αντ. *πειραγμένος*).

αβλέπτημα το, ουσ., σφάλμα από απροσεξία: *πίνακας -άτων* (σε δημοσίευμα) (συνών. *αβλεψία, παρόραμα*).

αβλεψία η, ουσ., λάθος από απροσεξία ή παραδρομή (σε τυπωμένο κείμενο) (συνών. *αβλέπτημα, παρόραμα*).

αβλόγητος, -η, -ο, επίθ. **1.** που δεν ευλογήθηκε (από τον ιερέα): *κόλλυβα -α.* **2.** αστεφάνωτος (για σύζυγο): *είχε γυναίκα -η* (αντ. *στεφανωμένος*).

αβοήθητος, -η, -ο, επίθ., που δε βοηθήθηκε: *άφη-*

σαν τον πληγωμένο -ο· όλα τα κατόρθωσε μόνος και ~ (συνών. *ανυποστήριχτος*). - Επίρρ. **-α.**

αβοκάντο το ουσ. (όχι έρρ.), δέντρο των τροπικών περιοχών, καθώς και ο καρπός του. [ισπαν. *avocado*].

άβολα, επίρρ., χωρίς βολή, άνεση: *κάθεται ~* (συνών. *δύσκολα*· αντ. *βολικά*).

αβόλετος, -η, -ο, επίθ. (λαϊκ.). **1.** που δεν προσαρμόστηκε ή δεν προσαρμόζεται εύκολα, που δεν ταχτοποιήθηκε, που δε βρίσκει τη βολή του: *έμεινε ακόμη ~* (συνών. *αταχτοποίητος, απροσάρμοστος*· αντ. *βολεμένος, ταχτοποιημένος*). **2.** που δεν μπορεί να πραγματοποιηθεί, να κατορθωθεί: *-ο να γιάνει.*

αβόλευτος, -η, -ο, επίθ. **1.** που δε βολεύτηκε, δεν ταχτοποιήθηκε: *δουλειές -ες* (συνών. *αταχτοποίητος*). **2.** που δε βολεύεται: *άνθρωπος ~* (συνών. *δύσκολος*· αντ. *βολικός*).

αβολιδοσκόπητος, -η, -ο, επίθ., που δε βολιδοσκοπήθηκε: *ένας έμεινε ~ αν θέλει να αναλάβει αυτή τη θέση* (αντ. *βολιδοσκοπημένος*).

άβολος, -η, -ο, επίθ. **1.** που δεν παρέχει άνεση, βολή: *σπίτι -ο* (συνών. *στενόχωρος*· αντ. *βολικός*). **2.** (για τόπο) που δεν μπορεί να τον προσεγγίσει κανείς εύκολα (συνών. *δύσβατος, δυσπρόσιτος*). **3.** που δεν παρουσιάζεται εύκολα, βολικός: *του ήρθαν τα πράγματα -α* (συνών. *στενόχωρος*· αντ. *βολικός*).

αβομβάρδιστος, -η, -ο, επίθ., που δε βομβαρδίστηκε: *λίγες πόλεις έμειναν -ες* (αντ. *βομβαρδισμένος*).

αβόσκητος, -η, -ο, επίθ. **1.** που δε βοσκήθηκε: *λιβάδι -ο.* **2.** (για ζώα) (μτβ. και αμτβ.) που δε βόσκησε ή δεν τα βόσκησε κανείς: *τα ζώα έμειναν -α.*

αβοτάνιστος, -η, -ο, επίθ., που δεν καθαρίστηκε από τα άγρια χόρτα: *χωράφι -ο* (αντ. *βοτανισμένος*).

αβουλία η, ουσ. **1.** έλλειψη αποφασιστικότητας, διστακτικότητα. **2.** (ιατρ.) υποχώρηση ή και εξαφάνιση της βούλησης που εμφανίζεται κυρίως σε άτομα που πάσχουν από νευρώσεις και ψυχονευρώσεις.

αβούλιαχτος, -η, -ο, επίθ. **1α.** που δεν έχει βυθιστεί, καταποντιστεί (για πλοία): *η τρικυμία δεν άφησε κανένα βαρκάκι -ο* (συνών. *αβύθιστος*· αντ. *βουλιαγμένος, βυθισμένος*)· **β.** που δεν είναι δυνατόν να βουλιάξει: *μη φοβάσαι να ταξιδέψεις· είναι καράβι -ο.* **2.** τόπος ή κτίριο που δεν έχει πάθει καθίζηση: *βούλιαξε η περιοχή· μόνο το παλιόκαστρο έμεινε -ο.*

άβουλος, -η, -ο, επίθ. **1.** απερίσκεπτος, άκριτος· ανόητος: *άνθρωπος ~· ποτέ δε σκέφτεται πριν κάνει κάτι·* φρ. *~ νους,* διπλός ο κόπος. **2.** που δεν έχει πρωτοβουλία, αναποφάσιστος: *είναι τόσο ~ που δεν μπορεί να πάρει απόφαση* (αντ. *αποφασιστικός*). -Επίρρ. **-α.** (στη σημασ. 1).

αβούλωτος, -η, -ο, επίθ. **1.** ασφράγιστος: *γράμμα / έγγραφο -ο* (συνών. *ανοιχτός*· αντ. *σφραγισμένος*). **2.** απωμάτιστος, ακάλυπτος: *μπουκάλι/βαρέλι -ο* (αντ. *κλειστός*) φρ. *στόμα -ο* (= φλύαρος). *-ες τρύπες* (= οικονομικά προβλήματα —ιδίως οικογενειακά).

αβούρτσιστος, -η, -ο, επίθ., που δεν καθαρίστηκε με βούρτσα: *δόντια / παπούτσια / ρούχα -α* (αντ. *βουρτσισμένος*).

αβράβευτος, -η, -ο, επίθ., που δε βραβεύτηκε: *άξιζε να βραβευτεί, αλλά έμεινε ~* (αντ. *βραβευμένος*).

άβραστος, -η, -ο, επίθ. 1. που δεν έχει βράσει αρκετά: *το κρέας είναι ακόμα -ο* (αντ. *βρασμένος*). 2. που δεν έχει υποστεί ζύμωση (για το μούστο).

άβρεχτος, -η, -ο, επίθ., που δεν έχει βραχεί (αντ. *βρεγμένος*).

αβροδίαιτος, -η, -ο, επίθ. (λόγ.), που ζει «αβρόν βίον», καλομαθημένος: *από την υπερβολική φροντίδα των γονιών το παιδί έγινε -ο* (συνών. *μαλθακός*).

αβρός -ή -ό, επίθ. 1. απαλός, τρυφερός: *και προσφέρουν το χέρι τους τ' αβρό (Αθάνας)· κορίτσι -ό· επιδερμίδα -ή.* 2. που έχει λεπτούς τρόπους, ευγενικός (αντ. *αγροίκος, χοντράνθρωπος*). -Επίρρ. **ά.**

αβρότητα η, ουσ., λεπτότητα στους τρόπους, ευγενική συμπεριφορά: *μας φέρθηκαν με πολλή ~* (συνών. *αβροφροσύνη·* αντ. *αγένεια*).

αβρουνιά, βλ. *αβρωνιά*.

αβροφροσύνη η, ουσ., ευγένεια στη συμπεριφορά: *η ~ της την κάνει ιδιαίτερα αγαπητή στο περιβάλλον της* (συνών. *αβρότητα, ευγένεια*).

αβρόχοις ποσί αρχαϊστ. εκφρ. = για όποιον κάνει κάτι χωρίς κόπο ή χωρίς κίνδυνο.

αβρωνιά, αβρουνιά και **βρουνιά** η, ουσ. (συνιζ.), είδος αναρριχητικού φυτού. [αρχ. *βρυωνία*].

αβύζαστος, -η, -ο και **αβύζαστος,** επίθ., που δε θήλασε: *με την αρρώστια της μάνας το παιδί έμεινε -ο.*

αβύθιστος, -η, -ο, επίθ., που δεν έχει βυθιστεί, που δεν είναι δυνατόν να βυθιστεί: *-ο σκαρί/καράβι* (συνών. *αβούλιαχτος·* αντ. *βουλιαγμένος*).

αβυσσαλέος, -α, -ο, επίθ. 1. βαθύς σαν την άβυσσο, απύθμενος, χαώδης: *~ γκρεμός ανοίχτηκε ανάμεσά μας, δε γίνεται να τον προσεγγίσω.* 2. ανεξιχνίαστος, καταχθόνιος: *-ες σκέψεις· -α σχέδια.*

άβυσσος και **άβυσσο** η, ουσ. 1. χάσμα στο έδαφος ή στη θάλασσα με μεγάλο βάθος, βάραθρο: *χάθηκε, τον κατάπιε η ~.* 2. χάος (γενικά): *ένιωθα να πέφτω στο ~* (μεταφ.) *μεγάλη απόσταση στις αντιλήψεις: ανάμεσα σ' έναν άθεο και έναν πιστό υπάρχει ~.* 3. *τα έγκατα της γης, ο ΄Αδης, η Κόλαση: θα μας φάει η μαύρη ~.*

αγάζωτος, -η, -ο, επίθ., που δε γαζώθηκε, δε ράφτηκε με γαζί: *με τη βιασύνη μου η μια μεριά της φούστας έμεινε -η.*

αγαθά τα, ουσ. 1. ό,τι συντελεί στην ευζωία και ευτυχία του ατόμου, πλούτος: *όλα τ' ~ να σου δώσει ο Θεός!* 2. περιουσία: *ένα σπίτι κι ένα χωράφι: αυτά είναι όλα μου τ' ~.* 3. αποτελέσματα ενός συστήματος, μιας κατάστασης: *τα ~ του πολιτισμού.*

αγαθιάρης, -α, -ικο, επίθ. (συνιζ., λαϊκ.), αφελής, ανόητος: *είναι τόσο ~ που δεν καταλαβαίνει πως τον κοροϊδεύουν* (συνών. *αγαθός, απλοϊκός·* αντ. *πονηρός*). [*αγαθός*].

αγαθό το, ουσ., απόκτημα, κέρδος, απολαβή: *η υγεία είναι το πολυτιμότερο ~.*

αγαθοεργία η, ουσ., ευεργεσία, πράξη φιλάνθρωπη: *διέθεσε πολλά χρήματα κάνοντας -ίες.*

αγαθοεργός, θηλ. **-ός,** επίθ., ευεργετικός, φιλανθρωπικός: *ο σκοπός του σωματείου είναι ~* (συνών. *αγαθοποιός*).

αγαθοποιός, θηλ. **-ός** επίθ. (ασυνίζ.), που κάνει, που ενισχύει το καλό (συνών. *αγαθοεργός*).

αγαθός, -ή, -ό, επίθ. 1. ενάρετος, ηθικός: *-ή ψυχή· δεν ξέρει τι θα πει κακό.* 2. καλοκάγαθος, βολικός: *δεν πρόκειται να σου δημιουργήσει πρόβλημα· είναι ~ άνθρωπος.* 3. αφελής: *μην τον παίρνεις στα σοβαρά. ~ είναι ο καημένος* (συνών. *κουτός·* αντ. *έξυπνος*). - Επίρρ. **-ά.**

αγαθοσύνη η, ουσ. 1. το να είναι κανείς χρηστός, αγαθός: *τα τόσα καλά που κάνει είναι αποτέλεσμα της -ης του* (συνών. *καλοσύνη·* αντ. *κακία*). 2. αφέλεια, ανοησία (αντ. *πονηριά*).

αγαθότητα η, ουσ. 1. το να είναι κανείς καλός, καλοκαγαθία: *στα μάτια του βασίλευε παιδική ~* (συνών. *καλοσύνη·* αντ. *κακία*). 2. αφέλεια.

αγαθούλης, -α, -ικο, επίθ., αφελής, κουτός, ανόητος: *-α η κακόμοιρη· την παινούσαν κι εκείνη το 'παιρνε απάνω της.*

αγαθούτσικος, -η, -ο, επίθ., που έχει σε κάποιο βαθμό την ιδιότητα του «αγαθού» (συνών. *κουτούτσικος·* αντ. *εξυπνούτσικος*).

αγαθοφέρνω, ρ., είμαι αρκετά «αγαθός»: *-ει η καημένη και δεν της εμπιστεύονται καμιά δουλειά* (συνών. *κουτοφέρνω*).

αγαλβάνιστος, -η, -ο, επίθ., που δεν έχει υποστεί γαλβανισμό: *σύρμα -ο.*

αγαλήνευτος, -η, -ο, επίθ., που δεν έχει γαληνέψει: *θάλασσα -η·* (μεταφ.) *ψυχή -η* (συνών. *ανήσυχος·* αντ. *γαληνεμένος*).

αγάλι και **αγάλια,** επίρρ. (συνιζ., λαϊκ.), (συνήθως διπλό) με αργό, ήρεμο ρυθμό: *αγάλι αγάλι και με το μαλακό* (συνών. *σιγά σιγά, ήρεμα·* αντ. *απότομα, γρήγορα, γοργά*). Παροιμ. *αγάλια αγάλια φύτευε ο φρόνιμος αμπέλι / κι αγάλια αγάλια εγίνετο η αγουρίδα μέλι.* [*γαληνά*].

αγαλλίαμα το, ουσ. μεγάλη χαρά (συνών. *αγαλλίαση*).

αγαλλίαση η, ουσ. α. μεγάλη, ανέκφραστη χαρά· εκφρ. *χαρά και ~* (αντ. *λύπη, στενοχώρια*)· β. πνευματική ευφροσύνη από την απαλλαγή από αμαρτίες.

αγαλλιώ ρ. (ασυνίζ., λόγ.), αισθάνομαι μεγάλη χαρά (συνών. *αναγαλλιάζω, χαίρομαι, ευφραίνομαι·* αντ. *λυπούμαι*).

άγαλμα το, ουσ., γλυπτό ή χυτό ομοίωμα από μέταλλο, μάρμαρο ή άλλο υλικό: *χρυσελεφάντινο ~ της Αθηνάς.* Φρ. *στέκεται σαν ~* (= μένει ακίνητος κι αμίλητος). -Υποκορ. **-ατάκι** το.

αγαλματένιος, -ια, -ιο, επίθ. (συνιζ.), όμοιος με άγαλμα στην ομορφιά: *κορμί -ιο.*

αγαλματοποιός ο, ουσ. (ασυνίζ.), αυτός που κατασκευάζει αγάλματα.

αγαλματώδης, -ης, -ες, επίθ. γεν. -*ους,* πληθ. αρσ. και θηλ. -*εις,* ουδ. -*η,* όμοιος με άγαλμα στην ομορφιά: *σώμα -ες.*

αγαμέτης ο, ουσ. (βιολ.) κύτταρο αναπαραγωγικό που παράγει νέους απογόνους όχι με γονιμοποίηση, αλλά με το να υφίσταται απλώς πολλαπλή κατάτμηση (αντ. *γαμέτης*). [γαλλ. *agamète*<στερ. *α-* + *γαμέτης*].

αγαμία η, ουσ., το να είναι κανείς απάντρευτος, ανύπαντρος: *~ του κλήρου* (στη ρωμαιοκαθολική εκκλησία)· (νομ.) *αίρεση της -ίας* = όρος διαθήκης που προϋποθέτει άγαμο βίο του κληρονόμου.

άγαμος, -η, -ο, επίθ., ανύπαντρος: *στα πρώτα χριστιανικά χρόνια οι επίσκοποι δεν ήταν -οι* (συνών. *ανύπαντρος·* αντ. *έγγαμος*).

αγανάκτηση και **αγανάχτηση** η, ουσ. 1. δυσαρέσκεια, οργή: *τα φορολογικά μέτρα προκάλεσαν τη γενική ~* (αντ. *νηφαλιότητα*)· εκφρ. *ιερή ~* (= μεγάλη και δικαιολογημένη). 2. ταλαιπωρία, βά-

σανο: *η συνεργασία με απρόσεχτα άτομα είναι σκέτη* ~.
αγανακτισμένα, επίρρ., με αγανάκτηση, θυμωμένα: *μίλησε / αποκρίθηκε* ~ (αντ. *νηφάλια*).
αγανακτώ και **αγαναχτώ,** ρ., μτχ. παρκ. -τισμένος. **Α.** αμτβ. **1.** οργίζομαι: *με την καθυστέρηση του τρένου όλοι -άχτησαν.* **2.** ταλαιπωρούμαι, απαυδώ: *-άχτησε όσο να σπουδάσει το γιό του* (συνών. *βασανίζομαι*). **Β.** (μτβ.) δυσαρεστώ, εξοργίζω.
αγανάχτηση, βλ. *αγανάκτηση*.
αγαναχτώ, βλ. *αγανακτώ*.
άγανο το, ουσ., βελονοειδής απόφυση («μουστάκι») στο στάχυ του σιταριού και του κριθαριού (συνεκδ.) λεπτότατο ψαροκόκαλο: *του στάθηκε ένα* ~ *στο λαιμό.* [μτγν. *άκανος*].
αγανός, -ή, -ό, επίθ. **1.** απαλός, μαλακός: *χέρι -ό· γένια -ά* (αντ. *σκληρός*). **2.** (για ύφασμα) αραιός, διαφανής: *πανί -ό* (αντ. *πυκνός*). **3.** άτονος, χαλαρός: *κόμπος* ~ (αντ. *σφιχτός*).
αγάντα Ι. ουσ. άκλ. (έρρ.), (ναυτ.) κράτα, πιάσε: ~ *τη γούμενα·* ~ *καδένα·* (μεταφ.) προτροπή για να προβληθεί αντίσταση ή να καταβληθεί δύναμη για κάποιο σκοπό: ~ *και φτάσαμε!* [βενετ. *aguanta*].
αγάντα η, **ΙΙ.** ουσ. (έρρ.), (ναυτ.) πάσσαλος ή κρίκος όπου προσδένεται το πλοίο: *δέσαμε τη βάρκα στην* ~. [βλ. *αγάντα* Ι].
αγαντάρω ρ. (έρρ.), παρατ. *-ιζα* **1.** (ναυτ.) βαστώ, πιάνω: ~ *το σκοινί.* **2.** αντέχω, υπομένω: *καλά -ει το πλεούμενο·* (μεταφ.) *δεν -ει τα βάσανα.* - Πβ. *αγάντα.* [βενετ. *aguantar*].
αγάντζωτος, -η, -ο (έρρ.), επίθ., που δεν πιάστηκε με γάντζο (συνών. *γαντζωμένος*).
αγάνωτος, -η, -ο, επίθ., που δεν έχει γανωθεί: *τηγάνι -ο* (συνών. *ξεγάνωτος·* αντ. *γανωμένος*). ΄Εκφρ. (μεταφ. για άτομο φαύλο και ανάξιο) *τενεκές* ~.
αγάπη η, ουσ. **1.** ευνοϊκή, φιλική διάθεση απέναντι σε κάποιον, το να θέλει κανείς χωρίς ιδιοτέλεια το καλό του άλλου και να αφιερώνει τις προσπάθειές του σ' αυτό: ~ *απόλυτη / χριστιανική·* = *του Θεού προς τον άνθρωπο, προς τον πλησίον* (= αλτρουισμός, φιλανθρωπία), *για την πατρίδα* (= φιλοπατρία, πατριωτισμός)· (για μέλη της ίδιας οικογένειας) ~ *μητρική / πατρική / συζυγική / αδελφική* (στον πληθ. για εκδηλώσεις του συναισθήματος) *της έκαναν -ες τα μικρά·* εκφρ. *για την* ~ *σου* (= για το χατίρι σου)· *για την* ~ *του Θεού* (επιτατ. σε παράκληση) φρ. *κάνω* ~ = συμφιλιώνομαι (συνών. *στοργή, συμπάθεια·* αντ. *αντιπάθεια, έχθρα, μίσος, αποστροφή*). **2.** φυσική έλξη προς άτομο συνήθως του αντιθέτου φύλου, που βασίζεται στο γενετήσιο ένστικτο, αλλά ποικίλλει στη μορφή και τις εκδηλώσεις: ~ *αιώνια / παράφορη / προδομένη / φλογερή· τραγούδια της -ης· παντρεύτηκαν από* ~· παροιμ. φρ. *η* ~ *κι ο βήχας δεν κρύβονται* (συνών. *έρωτας, αίσθημα*). **3.** (συνεκδ. το πρόσωπο που αγαπάει κάπ.: *παντρεύουν την* ~ *μου* (δημ. τραγ.)· *συνάντησα μια παλιά μου* ~. (συνήθως σε προσφώνηση για να δείξει τρυφερότητα) *γιατί* ~ *μου, δεν κοίμασαι; Τι είπες,* ~ *μου;* (συνών. *αγαπημένος, -η*). **4.** μεγάλη και ανιδιοτελής αφοσίωση σε μια ιδέα, που εκδηλώνεται και έμπρακτα: ~ *για τη δικαιοσύνη / της ελευθερίας,* (*για ένα πράγμα ή μια δραστηριότητα που προκαλεί ευχαρίστηση*) ~ *για τα γράμματα / για την εργασία / της φύσης / της περιπέτειας / του αθλητισμού* (συνών. *προσήλωση, κλίση*). **5.** (εκκλ.) ο εσπερινός της Κυριακής του Πάσχα. **6.** (ιστ. στον πληθ.) = οι συνεστιάσεις που πραγματοποιούσαν οι πιστοί κατά τους τέσσερις πρώτους αιώνες του χριστιανισμού. - Υποκορ. **-ούλα** η (στη σημασ. 3).
αγαπημένα, επίρρ., με αγάπη: *το αντρόγυνο ζούσε* ~ (συνών. *ειρηνικά, αρμονικά, μονοιασμένα*).
αγαπημός ο, ουσ., συμφιλίωση: *όλο μαλώνουνε κι -ό δεν έχουν.*
αγαπησιάρης, -α, -ικο επίθ. (συνίζ.). **1.** που ρέπει προς τον έρωτα (συνών. *ερωτύλος, ερωτιάρης*). **2.** που αγαπιέται εύκολα (συνών. *αξιαγάπητος*). [*αγάπηση* + *-ιάρης*].
αγαπητικός, -ιά και **-ή, -ό,** ουσ., που προκαλεί αγάπη, στοργή. - Το αρσ. ως ουσ. = εραστής (συνήθως παράνομος) = συναντά κρυφά τον αγαπητικό της· *«Ο αγαπητικός της βοσκοπούλας»* (τίτλος έργου) (συνών. *φίλος*). - Το θηλ. *-ιά* ως ουσ. = ερωμένη (συνήθως παράνομη) (συνών. *φιλενάδα*).
αγαπητός, -ή, -ο, επίθ. **1.** που τον αγαπούν: *έγινε γρήγορα* ~ *σε όλους·* (σε προσφών.) *-οί ακροατές / φίλοι -έ / -ή (μου)* (συνών. *αγαπημένος, συμπαθής·* αντ. *μισητός, αντιπαθητικός*). **2.** που αρέσει, που ευχαριστεί κάποιον: *η πιο -ή του ασχολία ήταν το ψάρεμα* (συνών. *αρεστός, ευχάριστος, διασκεδαστικός·* αντ. *δυσάρεστος, αντιπαθής*).
αγαπίζω ρ. (λαϊκ.). **1.** (μτβ.) συμφιλιώνω. **2.** (αμτβ.) γίνομαι πάλι φίλος με κάποιον: *είναι κι οι δυο πεισματάρηδες, γι' αυτό δεν -ουν·* (συνών. *συμφιλιώνομαι, μονοιάζω·* αντ. *φιλονικώ, μαλώνω*).
αγαποβότανο το, ουσ. (λαογρ.), αγριόχορτο που χρησιμοποιείται ως μαγικό φίλτρο για να προκαλέσει ή να δυναμώσει τον έρωτα.
αγαπώ και **-άω,** ρ. **Ι.** ενεργ. **Α.** μτβ. **1.** αισθάνομαι αγάπη, στοργή, συμπάθεια: ~ *όλα τα παιδιά μου το ίδιο* (αντ. *μισώ, εχθρεύομαι*). **2.** αισθάνομαι έρωτα: *την -ησε με την πρώτη ματιά* (συνών. *ερωτεύομαι*). **3.** αισθάνομαι κλίση σε κάτι, μου αρέσει κάτι: ~ *τα γράμματα / τη γυμναστική· απ' όλα τα φρούτα* ~ *τα κεράσια* (αντ. *αντιπαθώ*). **4.** αισθάνομαι επιθυμία για κάτι: *τι -άς; όπως -άτε* (συνών. *θέλω*). **Β.** (αμτβ.) συμφιλιώνομαι: *τρώγονταν καιρό, μα τώρα -ησαν.* **ΙΙ.** μέσ. **1.** εμπνέω αισθήματα αγάπης: *παρόλο που είναι άτακτο παιδί, εύκολα -ιέται·* (αλληλοπαθ.) *-ήθηκαν και παντρεύτηκαν.* **2.** (για ερωτική συνεύρεση): *θάνατος οι γυναίκες που -ιούνται / καθώς να καθαρίζουνε κρεμμύδια* (Καρυωτάκης).
Αγαρηνός ο, ουσ., Τούρκος, μουσουλμάνος· (ως επίθ.) άπιστος, σκληρός: *κακό σκυλί κι -ό.* [*Αγαρ* + *-ηνός*].
αγαρικόν το, ουσ., μύκητας με θεραπευτικές ιδιότητες (ίσκα).
άγαρμπα, επίρρ. α. άκομψα, άχαρα: *ντύνεται* ~ · **β.** άσχημα, με τρόπο αγροίκο: *του μίλησε* ~.
αγαρμπιά η, ουσ. (συνίζ., λαϊκ.), έλλειψη κομψότητας, χάρης (αντ. *κομψότητα, χάρη, ευγένεια*).
αγαρμποκαμωμένος, -η, -ο, μτχ. επίθ. (λαϊκ.), που δεν έχει αρμονική συμμετρία στη σωματική του διάπλαση.
άγαρμπος, -η, -ο, επίθ. α. που δεν έχει αρμονικές αναλογίες: *άντρας* ~ *ρούχα -α* (συνών. *ασύμμετρος, άκομψος·* αντ. *χαριτωμένος, κομψός*)· **β.** άξεστος, αγροίκος: *συμπεριφορά -η* (συνών. *αγενής·* αντ. *ευγενικός*). [*γάρμπος*<βενετ. *garbo*].
αγαρμποσύνη η, (λαϊκ.) ουσ., έλλειψη κομψότητας.

αγαρνίριστος, -η, -ο, επίθ., που δεν είναι γαρνιρισμένος: *φουστάνι -ο·* (για φαγητό) *ψητό -ο* (αντ. *γαρνιρισμένος*).

αγάς ο, ουσ. **1.** (ιστ.) τίτλος πολιτικός και στρατιωτικός στην οθωμανική αυτοκρατορία. **2.** άρχοντας, πρόκριτος: *ζει σαν ~.* **3.** άντρας αυταρχικός: *στο σπίτι του είναι ~.* [τουρκ. *ağa*].

αγαστός, -ή, -ό, επίθ. (λόγ.), που θα μπορούσε κανείς να τον επαινέσει (ιδίως για συνεργασία, συμβίωση) (συνών. *θαυμαστός·* αντ. *αξιοκατάκριτος, μεμπτός*).

αγγαρεία η, ουσ. (έρρ.). **1.** αναγκαστική εργασία που δεν αμείβεται: *οι στρατιώτες ήταν σε ~.* **2.** κουραστική απασχόληση: *δουλειά ~.* **3.** δυσάρεστη υποχρέωση: *το σχολείο τού είναι ~.*

αγγάρεμα το, ουσ. (έρρ.), επιβολή αγγαρείας.

αγγαρεύω, ρ. (έρρ.), επιβάλλω αναγκαστική ή ενοχλητική ενέργεια σε κάποιο: *-εψαν τους μαθητές να καθαρίσουν το προαύλιο· με -εψαν να μιλήσω στη συγκέντρωση.* [μτγν. *άγγαρος* = βασιλικός ταχυδρόμος].

αγγειακός, -ή, -ό, επίθ. (έρρ., ασυνίζ.), που αναφέρεται στα (αιμοφόρα) αγγεία: *πάθηση -ή· σύστημα -ό.*

αγγείο το, ουσ. (έρρ.). **1.** δοχείο στερεών ή υγρών: *μελανόμορφο ~* (συνών. *βάζο*). **2.** στον πληθ. (για το σώμα του ανθρώπου και των ζώων) σωλήνας που περιέχει αίμα ή λέμφο: *αιμοφόρα -α.*

αγγειογράφημα το, ουσ. (έρρ., ασυνίζ.), (ιατρ.), ραδιολογική εξέταση των αγγείων ύστερα από ένεση με ένα υγρό αδιαπέραστο από τις ακτίνες Χ ώστε να είναι δυνατή η απεικόνισή τους.

αγγειογραφία η, ουσ. (έρρ., ασυνίζ.). **1.** ζωγραφική σε αγγεία. **2.** κλάδος της αρχαιολογίας που ασχολείται με τη ζωγραφική των αγγείων.

αγγειογράφος ο, ουσ. (έρρ., ασυνίζ.), αυτός που ζωγραφίζει σε αγγεία.

αγγειοδιασταλτικός, -ή, -ό, επίθ. (έρρ., ασυνίζ. δις), (ιατρ.) που προκαλεί διαστολή των αγγείων. - Το ουδ. ως ουσ. = (φαρμ.) ουσία που προκαλεί διαστολή των αγγείων με τη χαλάρωση των μυϊκών τους ινών.

αγγειολογία η, ουσ. (έρρ., ασυνίζ.). **1.** αρχαιολογικός κλάδος που μελετά τα αγγεία τέχνης. **2.** κλάδος της ανατομικής που μελετά τα αγγεία του ανθρώπινου οργανισμού.

αγγειολογικός, -ή, -ό, επίθ. (έρρ., ασυνίζ.), που αναφέρεται στην αγγειολογία ή τον αγγειολόγο: *εργαστήριο / πρόβλημα -ό.*

αγγειολόγος ο, ουσ. (έρρ., ασυνίζ.), γιατρός ειδικευμένος στην αγγειολογία.

αγγειοπάθεια η, ουσ. (έρρ., ασυνίζ.), (ιατρ.) πάθηση των αγγείων του ανθρώπινου οργανισμού.

αγγειοπλάστης ο, ουσ. (έρρ., ασυνίζ.), τεχνίτης που κατασκευάζει κεραμικά αντικείμενα χρησιμοποιώντας ως πρώτη ύλη αργιλώδες χώμα (συνών. *κεραμίστας*).

αγγειοπλαστική η, ουσ. (έρρ., ασυνίζ.). **1.** η τέχνη του αγγειοπλάστη. **2.** ιατρ. μέθοδος κατά την οποία ανοίγεται χωρίς χειρουργική επέμβαση κλεισμένη αρτηρία.

αγγειόσπερμα τα, ουσ. (έρρ., ασυνίζ.), (βοτ.) μία από τις δύο μεγάλες υποδιαιρέσεις των σπερματοφύτων (βλ. λ.), με είδη στα οποία τα θηλυκά αναπαραγωγικά όργανα περικλείονται μέσα σε ωοθήκη και οι σπόροι τους μέσα σε καρπό (πβ. και ά. *γυμνόσπερμα*).

αγγειοσύσπαση η, ουσ. (έρρ., ασυνίζ.), (φυσιολ.), σύσπαση των μυϊκών ινών των τοιχωμάτων ενός αγγείου με αποτέλεσμα να μικρύνει η διάμετρός του: *~ στεφανιαία* (για αιφνίδια στένωση της στεφανιαίας).

αγγειοσυσταλτικός, -ή, -ό επίθ. (έρρ., ασυνίζ.), (ιατρ.) που προκαλεί συστολή των αιμοφόρων αγγείων. - Το ουδ. ως ουσ. = (φαρμ.) ουσία που προκαλεί συστολή των αιμοφόρων αγγείων και κάνει να αυξηθεί η πίεση του αίματος: *η αδρεναλίνη είναι -ό.*

αγγειοχειρουργικός, -ή, -ό, επίθ. (έρρ., ασυνίζ.), (ιατρ.) που σχετίζεται με την εγχείρηση αιμοφόρων αγγείων.

αγγειοχειρουργός ο, ουσ. (έρρ., ασυνίζ.), χειρουργός ειδικευμένος στις επεμβάσεις σε αιμοφόρα αγγεία.

αγγελάκι το, ουσ. (έρρ.). **1.** μικρός άγγελος· ομοίωμα μικρού αγγέλου: *στόλισε το χριστουγεννιάτικο δέντρο με -ια.* **2.** για μικρό: *αρρώστησε το ~ μου.*

αγγελεύω ρ. (έρρ.), μοιάζω με άγγελο· είμαι ωραίος και αγαπητός: *άλλοτες ήμουν άγγελος, τώρ' -ουν άλλοι* (δημ. τραγ.) (συνών. *αγγελίζω*).

αγγελία η, ουσ. (έρρ.). **1.** είδηση, πληροφορία: *άκουσα ψυχρά την ~ του θανάτου του* (συνών. *μαντάτο*). **2.** διαφήμιση στον τύπο, κλπ.: *βρήκα στην εφημερίδα μια μικρή ~ που με ενδιαφέρει.*

αγγέλιασμα το, ουσ. (έρρ., συνιζ., λαϊκ.). **1.** αντίκρισμα του «αγγέλου» στις τελευταίες στιγμές του βίου. **2.** εξασθένηση, αδυναμία (σωματική).

αγγελιαφόρος, βλ. *αγγελιοφόρος.*

αγγελίζω ρ. (έρρ.), μοιάζω με άγγελο, είμαι ωραίος και αγαπητός: *έναν καιρό ήμουν άγγελος, τώρ' -ουν άλλοι* (δημ. τραγ.) (συνών. *αγγελεύω*).

αγγελικά, επίρρ. (έρρ.), με τρόπο αγγελικό, ωραία: *κόσμος, ηθικός, ~ πλασμένος* (Σολωμός).

αγγελικάτος, -η, -ο, επίθ. (έρρ., λαϊκ.), που έχει αγγελική μορφή: *τ' -ο σου κορμί κρυφά το καμαρώνω* (δημ. τραγ.).

αγγελική η, ουσ. (έρρ.), είδος φυτού: *τα άνθη της -ής μοσχοβολούν.*

αγγελικός, -ή, -ό, επίθ. (έρρ.). **1.** που ανήκει ή αναφέρεται στους αγγέλους: *ρομφαία -ή* (αντ. *διαβολικός*). **2.** που μοιάζει με άγγελο (συνών. *ωραίος, όμορφος·* αντ. *άσχημος*).

αγγελιοφόρος και **αγγελιαφόρος** ο, ουσ. (έρρ., ασυνίζ.), αυτός που φέρνει ειδήσεις: *γύριζε ο ~ με άσχημα νέα* (συνών. *μαντατοφόρος*).

αγγέλισσα, βλ. *άγγελος.*

άγγελμα το, ουσ. (έρρ.), κάτι που αναγγέλλεται, γνωστοποιείται: *~ χαρμόσυνο* (συνών. *αγγελία, πληροφορία*).

αγγελοκάμωτος -η, -ο και **αγγελοκαμωμένος,** επίθ. (έρρ.), που είναι καμωμένος σαν άγγελος (συνών. *ωραίος, όμορφος*).

αγγελοκόβω ρ. (έρρ., λαϊκ.), διώχνω τον άγγελο του θανάτου, διακόπτω την επιθανάτια αγωνία.

αγγελόκρουσμα το, ουσ. (έρρ., λαϊκ.), επιθανάτια αγωνία.

αγγελοκρούω, ρ. (έρρ., λαϊκ.). **Α.** (παθητ.) **1.** πεθαίνω αιφνίδια. **2.** ψυχορραγώ. **3.** τρομάζω. **4.** σεληνιάζομαι. **5.** «τρελαίνομαι» από έρωτα. **Β.** (ενεργ.) (για το Χάρο) **1.** αφαιρώ την ψυχή. **2.** τρομάζω. **3.** καταστρέφω.

αγγελομάχημα, το ουσ. (έρρ.), πάλη με τον «άγγελον», ψυχορράγημα.

αγγελομαχώ ρ. (έρρ., λαϊκ.), είμαι ετοιμοθάνατος.

αγγελόμορφος, -η, -ο, επίθ. (έρρ.), που έχει μορφή αγγέλου: *παιδιά -α* (συνών. *ωραίος*).

αγγελοπρόσωπος, -η, -ο, επίθ. (έρρ.), που το πρόσωπό του μοιάζει με αγγέλου: *γυναίκα -η.*

άγγελος ο, θηλ. (λαϊκ.) **-ισσα** ουσ., (έρρ.). **1.** πνευματικό ον ενδιάμεσο μεταξύ Θεού και ανθρώπων, υπηρέτης της θέλησης του Θεού: *κανένας άνθρωπος δεν είναι ~* (αντ. *διάβολος, σατανάς*). **2.** άνθρωπος προικισμένος με ξεχωριστά προτερήματα (συνών. *ενάρετος*). **3.** άνθρωπος πολύ ωραίος. **4.** (φιλολ.) το πρόσωπο του αρχαίου δράματος το οποίο ανήγγελλε στα πρόσωπα που βρίσκονταν στη σκηνή όσα συνέβαιναν ή είχαν συμβεί μακριά από το χώρο δράσης (πβ. *εξάγγελος*). Έκφρ. *~ κακών* (που φέρνει άσχημες ειδήσεις).

αγγελούδι το, ουσ. (έρρ.). **1.** μικρός άγγελος (αντ. *διαβολάκι*). **2.** για μικρό παιδί: *το ~ μου περπάτησε* (αντ. *διαβολάκι*).

αγγελτήριο το, ουσ. (έρρ., ασυνίζ.), έντυπο με το οποίο αναγγέλλεται κάτι: *~ γάμου.*

άγγιγμα και **άγγισμα** το ουσ., (έρρ.), επαφή, πιάσιμο: *στο παραμικρό ~ η μιμόζα κλείνει τα πέταλά της.*

αγγίζω, ρ. (έρρ.). **1.** πλησιάζω (τοπ., χρον.): *το τρένο -ει στη γέφυρα· -ει η άνοιξη.* **2.** πιάνω, άπτομαι: *-ξε το διακόπτη και το μηχάνημα λειτούργησε·* (μεταφ.) *η συμπεριφορά του -ει τα όρια της απρέπειας.* **3.** πλησιάζω ερωτικώς: *δεν -ει γυναίκα.* **4.** πειράζω, προκαλώ ζημιά: *δεν -ιξα τίποτα από τα πράγματά σου.* **5.** προκαλώ συναισθηματική ταραχή, ενδιαφέρον σε κάποιον: *τα λόγια σου μ' -ιξαν στην καρδιά· δεν τον -ιξε ο φόβος της αποτυχίας.*

αγγινάρα βλ. *αγκινάρα.*

αγγίξιμο το, ουσ., (έρρ.). **1.** επαφή, άγγιγμα. **2.** πείραγμα.

άγγισμα, ουσ. βλ. *άγγιγμα.*

αγγιχτά, επίρρ. (έρρ.) με άγγιγμα, με επαφή

αγγιχτικός, -ή, -ό, επίθ. (έρρ., λαϊκ.), που προσβάλλει, θίγει: *λόγια -ά* (συνών. *πειραχτικός, προσβλητικός*). - Επίρρ. **-ά.**

άγγιχτος και **ανέγγιχτος -η, -ο,** επίθ. (έρρ.). **1.** που δεν τον άγγιξε κανείς: *κρεβάτι -ο* (συνών. *ανέπαφος, άθικτος*). **2.** που δεν το πλησίασε κανείς: *φαγητό -ο.* **3.** (για ρούχο) καινούργιος, αχρησιμοποίητος.

αγγλίζω ρ., ακολουθώ τους αγγλικούς τρόπους ομιλίας ή συμπεριφοράς.

αγγλικανικός, -ή, -ό, επίθ. (έρρ.), που ανήκει ή σχετίζεται με την εκκλησία της Αγγλίας.

αγγλικανισμός ο, ουσ. (έρρ.), το δόγμα της εκκλησίας της Αγγλίας.

αγγλικανός ο, ουσ. (έρρ.), οπαδός της αγγλικανικής εκκλησίας. [μεσ. λατ. *anglicanus*].

αγγλικός, -ή, -ό, επίθ.(έρρ.), που ανήκει στην Αγγλία ή σχετίζεται με αυτήν ή προέρχεται από αυτήν: *κοινοβούλιο / κασμίρι -ό· λογοτεχνία -ή* (συνών. *βρεταννικός, εγγλέζικος*). - Το θηλ. **-ή** η και το ουδ. πληθ. **-ά** τα = η αγγλική γλώσσα.

αγγλισμός ο, ουσ. (έρρ.). **1.** ιδιωματισμός της αγγλικής γλώσσας. **2.** μίμηση αγγλικού φραστικού τρόπου: *η γαλλική γλώσσα έχει και -ούς.*

Αγγλογάλλοι οι, ουσ. (έρρ.), οι σύμμαχοι κατά τον α' παγκόσμιο πόλεμο Άγγλοι και Γάλλοι στρατιώτες της Αντάντ (Entente).

αγγλοθρεμμένος, -η, -ο, επίθ. (έρρ.), που πήρε αγγλική ανατροφή, που είναι μαθημένος στους αγ-γλικούς τρόπους συμπεριφοράς (συνών. *εγγλεζομαθημένος*).

αγγλοκρατία η, ουσ. (έρρ.), (ιστ.) κυριαρχία της Αγγλίας σε άλλη χώρα: *η ~ στην Κύπρο.*

αγγλοσαξονικός, -ή, -ό, επίθ. (έρρ.), που αναφέρεται στους λαούς των βρεταννικών νησιών.

αγγλοφέρνω ρ. (έρρ.), μιμούμαι, ακολουθώ σε κάτι τους αγγλικούς τρόπους: *έμεινε ένα χρόνο στο Λονδίνο και από τότε -ει.*

αγγλόφιλος, -η, -ο, επίθ. (έρρ.), που συμπαθεί και υποστηρίζει τους Άγγλους: *πολιτική -η· κόμμα -ο.*

άγγονας ο, ουσ., θηλ. **αγγόνα** (έρρ., λαϊκ.), εγγονός.

αγγόνι το, ουσ. (έρρ.), εγγόνι.

αγγούρι το, ουσ. (έρρ.). **1.** ο καρπός της αγγουριάς. **2.** (λαϊκ.) (απρόοπτη) δυσκολία: *στην υπόθεση βγήκαν πολλά -ια.* - Υποκορ. **-άκι** το. [αρχ. *άωρος*].

αγγουριά, η ουσ. (έρρ., συνίζ.), το φυτό πέπων ο ήμερος: *μην πατήσεις τις -ές, γιατί θα βγουν πικρά τα αγγούρια.*

αγγουροντομάτα, η ουσ. (έρρ.), σαλάτα από αγγούρι και ντομάτα.

αγγουροντοματοσαλάτα η, ουσ. (έρρ.), σαλάτα από αγγούρι και ντομάτα.

αγγουροσαλάτα η, ουσ. (έρρ.), σαλάτα από αγγούρι.

αγγουροφάγος ο, ουσ. (έρρ., λαϊκ.), αυτός που τρώει πολλά αγγούρια. **2.** σκουλήκι που τρώει τη ρίζα της αγγουριάς.

αγγρίζω, ρ. (έρρ., λαϊκ.). **1.** ερεθίζω, εξαγριώνω. *μην -εις το σκυλί· είναι -ισμένος με τον πατέρα του· μάτια -ισμένα· πρόσωπο -ισμένο.* **2.** (μέσ. για ζώα) βρίσκομαι σε περίοδο οργασμού: *οι ταύροι είναι -ισμένοι.* [πιθ. αρχ. *αγρίζω*].

άγγρισμα το, ουσ. (έρρ.). **1α.** πείραγμα· β. δυσαρέσκεια μεταξύ δύο προσώπων. **2.** (λαϊκ.) γενετήσια ορμή.

άγδαρτος, -η, -ο, επίθ., που δε γδάρθηκε: *αρνί -ο* (αντ. *γδαρμένος*).

αγδίκητος, -η, -ο, επίθ. α. εκείνος για τον οποίο δεν πάρθηκε εκδίκηση: *έμεινε ~ ο θάνατος του πατέρα του·* β. που δεν πήρε εκδίκηση για τον εαυτό του ή κάποιον τρίτο (συνών. *ανεκδίκητος*). [στερ. *α + γδικούμαι*].

αγδίκιωτος, -η, -ο, επίθ. **1.** που δεν πήρε εκδίκηση για τον εαυτό του ή κάποιον τρίτο. **2.** ατιμώρητος: *φταίξιμο -ο.* [στερ. *α + γδικιώνω*].

άγδυτος, -η, -ο, επίθ., που δεν έχει γδυθεί: *έπεσε να κοιμηθεί ~* (συνών. *ντυμένος·* αντ. *γδυτός, ξεντυμένος*).

αγεβέντιστος -η, -ο και **αγιβέντιστος,** επίθ. (όχι έρρ.), που δε διαπομπεύτηκε: *δεν τα κατάφερε να μείνει ~* (συνών. *αδιαπόμπευτος·* αντ. *γεβεντισμένος*).

αγελάδα και **γελάδα** η, ουσ., μεγάλο θηλαστικό ζώο, το θηλυκό του βοδιού που εκτρέφεται σε αγροκτήματα για την παραγωγή γάλατος.

αγελαδάρης και **αγελαδιάρης, γελαδάρης** ο, θηλ. -ισσα, ουσ., βοσκός αγελάδων (συνών. *αγελαδοβοσκός*).

αγελάδι και **γελάδι** το, ουσ., μικρή αγελάδα (συνήθως στον πληθ.).

αγελαδιάρης βλ. *αγελαδάρης.*

αγελαδινός, -ή, -ό, επίθ., που ανήκει σε αγελάδα ή προέρχεται από αγελάδα: *γάλα -ό* (συνών. *αγελαδίσιος*).

αγελαδίσιος, -α, -ο, επίθ. (συνιζ.), που ανήκει σε αγελάδα ή προέρχεται από αγελάδα: *κρέας -ο* (συνών. *αγελαδινός*).

αγελαδοβοσκός ο, ουσ., αυτός που βόσκει αγελάδες (συνών. *αγελαδάρης*).

αγελαδοκόμος, ο, ουσ., αυτός που εκτρέφει αγελάδες με τρόπο επιστημονικό.

αγελαδοτρόφος ο, ουσ., αυτός που εκτρέφει αγελάδες.

αγελαίος, -α, -ο, επίθ. (λόγ.). 1. που ζει σε αγέλη, κοπαδιαστός: *οι τάρανδοι είναι ζώα -α.* 2. χυδαίος, ευτελής: *άνθρωπος ~* (συνών. *αγροίκος·* αντ. *ευγενικός*).

αγέλαστος, -η, -ο, επίθ. 1. που δε γελά, σκυθρωπός, κατσούφης: *όλοι διασκέδαζαν στην παρέα και μόνο αυτός έμενε ~* (αντ. *γελαστός, εύθυμος, χαρούμενος*). 2. που δε γελιέται, που δε γίνεται να τον απατήσουν: *στο εμπόριο είναι ~* (αντ. *εξαπατημένος, ξεγελασμένος*). - Επίρρ. **-α** (στη σημασ. 1.).

αγέλη η, ουσ., σύνολο ζώων του ίδιου είδους που ζουν μαζί, κοπάδι: *~ προβάτων· πολλές φορές το πλήθος παρασύρεται και ενεργεί σαν ~·* (μεταφ.) *~ ψηφοφόρων*.

αγελοιοποίητος, -η, -ο, επίθ. (ασυνίζ.), που δε γελοιοποιήθηκε: *κατάφερε μετά από πολλές προσπάθειες να μείνει ~*.

αγέμιστος -η, -ο και **αγιόμιστος,** επίθ. (συνιζ.), που δε γέμισε καλά ή καθόλου: *όπλο / βαρέλι -ο* (συνών. *άδειος, κενός·* αντ. *γεμάτος, πλήρης*).

αγέμωτος, -η, -ο, επίθ. (λαϊκ.), που δε γέμισε: *φεγγάρι -ο* (αντ. *γεμάτος*).

αγένεια η, ουσ., (ασυνίζ.), έλλειψη τρόπων καλής συμπεριφοράς, χυδαιότητα: *μου φέρθηκε με μεγάλη ~* (αντ. *ευγένεια*).

αγενής, -ής, -ές, γεν. *-ούς,* πληθ. αρσ. και θηλ. *-είς,* ουδ. *-ή,* επίθ., που δεν έχει τρόπους καλής συμπεριφοράς, που δεν είναι ευγενικός, χυδαίος: *η όλη του συμπεριφορά έδειχνε άνθρωπο -ή* (αντ. *ευγενικός*). - Επίρρ. **-ώς.**

αγένιος, -ο (συνιζ., λαϊκ.), που δεν έχει ακόμη γένια (πβ. *αμούστακος*).

αγέννητος, -η, -ο, επίθ. 1. που δε γεννήθηκε: *ήμουν ~ στον πρώτο παγκόσμιο πόλεμο* (αντ. *γεννημένος*). 2. (λαϊκ.) που δε γέννησε: *η γίδα μου είναι -η ακόμα*.

αγέρας, βλ. *αέρας*.

αγέραστος, -η, -ο, επίθ., που δε γερνά, ακμαίος: *γυναίκα -η* (συνών. *θαλερός·* αντ. *γερασμένος, τσακισμένος, μαραμένος*).

αγέρι, αγερικό, αγέρινος, βλ. *αέρι, αερικό, αέρινος*.

άγερτος, -η, -ο, επίθ., που δεν έγειρε, όρθιος: *δέντρο -ο· στάχυα -α*.

αγέρωχος, -η, -ο, επίθ., που έχει υπερβολικό αίσθημα αξιοπρέπειας: *βλέμμα -ο* (συνών. *υπερήφανος, υπερόπτης·* αντ. *ταπεινόφρονας*). -Επίρρ. **-α.**

άγεται και φέρεται· αρχαϊστ. έκφρ. = είναι υποχείριος των άλλων.

αγευμάτιστος, -η, -ο και (ιδιωμ.) **αγιομάτιστος,** επίθ., που δεν έχει γευματίσει.

άγευστος, -η, -ο, επίθ. 1. (για φαγητό) άνοστος (συνών. *ανούσιος·* αντ. *γευστικός, νόστιμος*). 2. που δεν έχει μάθει ή δοκιμάσει κάτι: *~ των προβλημάτων της ζωής* (συνών. *άπειρος*).

άγευτος, -η, -ο, επίθ. (λαϊκ.), που δεν έφαγε: *έμεινε όλη την ημέρα ~* (συνών. *νηστικός, αγευμάτιστος·* αντ. *χορτάτος*).

αγεφύρωτος, -η, -ο, επίθ., που δεν ενώθηκε ή δεν είναι δυνατό να ενωθεί με γέφυρα: *ποτάμι -ο·* (μεταφ.) *χάσμα -ο*.

αγεωγράφητος, -η, -ο, επίθ. 1. που δεν ξέρει γεωγραφία. 2. (για τόπο) που δεν έχει γεωγραφηθεί.

αγεωμέτρητος, -η, -ο, επίθ., που δεν είναι ενήμερος· γνώστης της γεωμετρίας.

άγημα το, ουσ. 1. ομάδα από στρατιώτες με ειδική αποστολή· εκφρ. *τιμητικό ~* = ομάδα από στρατιώτες που αποδίδει τιμές σε επίσημα πρόσωπα ή σύμβολα (σημαία, εικόνες). 2. ομάδα από πλήρωμα πολεμικού πλοίου με ειδική υπηρεσία στην ξηρά.

άγια, επίρρ. (ασυνίζ.), σωστά, όπως πρέπει: *έκανες καλά και ~*.

αγιάζι το, ουσ. (συνιζ.). 1. υγρασία της ατμόσφαιρας, πάχνη: *το ~ έβλαψε τα φυτά.* 2. δροσερό και υγρό αεράκι. [τουρκ. *ayaz*].

αγιάζω ρ. (συνιζ. και ασυνίζ.). Α. μτβ. α. καθαγιάζω, ευλογώ: *ο παπάς -ίασε τα νερά·* (γνωμ.) *ο σκοπός -ιάζει τα μέσα* (για να δικαιολογηθεί η χρήση παράνομων μέσων για την επίτευξη ενός σκοπού που θεωρείται αγαθός)· β. ραντίζω με αγιασμένο νερό: *ήρθε ο παπάς και -σε το σπίτι.* Β. αμτβ. 1α. γίνομαι άγιος: *-σε απ' τα βάσανα· ν' -σουν τα πεθαμένα σου·* β. (για πράγματα) καθαγιάζομαι, γίνομαι ιερός: *ν' -ιάσει το στόμα σου· τα Φώτα τα νερά -ιάζουν.* 2. αδυνατίζω υπερβολικά: *από την πολλή νηστεία -ιασε*.

αγίασμα και **άγιασμα** το, ουσ. 1. αγιασμένο νερό: *έφερε ~ από την εκκλησία.* 2. πηγή που το νερό της θεωρείται αγιασμένο: *στο παρεκκλήσι του αγίου υπάρχει ~*.

αγιασμός, ο, ουσ. (ασυνίζ. και συνιζ.). 1. θρησκευτική τελετή του αγιασμού του νερού: *μικρός / μεγάλος ~* (= την παραμονή και την ημέρα των Θεοφανείων αντίστοιχα). 2. τελετή που γίνεται σε εγκαίνια ή σε άλλες περιστάσεις. 3. αγιασμένο νερό, αγίασμα: *ήπια τον -ό*.

αγιαστήρα, βλ. *αγιαστούρα.*

αγιαστήριο το, ουσ. (ασυνίζ.), ιερό ναού, άδυτο.

αγιαστούρα και **αγιαστήρα** η, ουσ. (συνιζ.). 1. το δοχείο όπου περιέχεται ο αγιασμός. 2. κλαδί (από βασιλικό συνήθως) με το οποίο ραίνει ο παπάς. [μτγν. *αγιαστήριον*].

αγιατολλάχ ο, ουσ. (συνιζ.), τίτλος ανώτατων ιερωμένων της ισλαμικής θρησκείας (για Πέρσες Σιίτες μουσουλμάνους). [αραβ. *ayatollah*].

Αγία Τράπεζα και (λαϊκ.) **Αγιατράπεζα** η, ουσ. (συνιζ.), η Αγία Τράπεζα του ιερού βήματος.

αγιάτρευτος, -η, -ο, επίθ. (συνιζ.). 1. που δε γιατρεύτηκε: *βγήκε από την κλινική ~.* 2. ανίατος, αθεράπευτος: *πληγή / αρρώστια -η·* (μεταφ.) *πόνος ~* (αντ. *θεραπεύσιμος*). 3. ανικανοποίητος: *μεράκι -ο.* - Επίρρ. **-α.**

Αγία Τριάδα και (λαϊκ.) **Αγιατριάδα** η, ουσ. (συνιζ.), η γιορτή της Αγίας Τριάδας, του Αγίου Πνεύματος.

αγιβασιλόπιτα, αγιβασιλιάτικος, βλ. *αγιοβασιλόπιτα, αγιοβασιλιάτικος.*

Αγιογεωργίτης, βλ. *Αγιογιωργίτης.*

Αγιδημητριάτης, βλ. *Αγιοδημητριάτης.*

αγιδημητριάτικος, βλ. *αγιοδημητριάτικος.*

αγικωνσταντινάτο, βλ. *αγιοκωνσταντινάτο.*

Αγινικολιάτης, βλ. *Αγιονικολιάτης.*

αγίνωτος, -η, -ο, επίθ. 1. άγουρος: *φρούτα -α* (συνών. *αμέστωτος·* αντ. *ώριμος, γινωμένος*). 2. που

δεν υπέστη επαρκή ζύμωση: *κρασί / ψωμί -ο.*
αγιοβασιλιάτικος, -η, -ο και **αϊβασιλιάτικος, αγιβασιλιάτικος,** επίθ. (συνιζ.), που ανήκει ή γίνεται την ημέρα της γιορτής του αγίου Βασιλείου: *πίτα -η* (συνών. *πρωτοχρονιάτικος*). - Επίρρ. **-α** και **αϊβασιλιάτικα** και **αγιβασιλιάτικα:** *χιόνισε ~.*
αγιοβασιλόπιτα και **αϊβασιλόπιτα, αγιβασιλόπιτα** η, ουσ. (συνιζ.), βασιλόπιτα.
αγιοβήμα το, ουσ. (συνιζ., λαϊκ.), το ιερό του ναού.
αγιοβότανο το, ουσ., (συνιζ.), είδος φυτού, αψιθιά.
αγιογδύτης ο ουσ. (συνιζ.). 1. ιερόσυλος. 2. κλέφτης (συνών. *άρπαγας*). 3. (μεταφ.) τοκογλύφος (συνών. *αισχροκερδής·* αντ. *αφιλοκερδής*). 4. κάκιστος, φαύλος άνθρωπος. [επίθ. *άγιος + γδύνω*].
Αγιογιωργίτης και **Αϊγιωργίτης, Αγιγιωργίτης, Αγιγεωργίτης** ο, ουσ. (συνιζ. δις), ο Απρίλιος.
αγιογραφία η, ουσ. (ασυνίζ.). 1. ζωγραφική εκκλησιαστικών εικόνων. 2. εικόνα θρησκευτική.
αγιογράφος ο, ουσ. (ασυνίζ.), ζωγράφος εκκλησιαστικών εικόνων.
αγιογραφώ, -είς ρ. (ασυνίζ.), ζωγραφίζω ιερές εικόνες.
Αγιο-Δημήτρης και **Αϊ-Δημήτρης** ο, ουσ. (συνιζ., λαϊκ.). 1. ο Οκτώβριος. 2. (ως ουσ.) χρυσάνθεμο.
Αγιοδημητριάτης και **Αϊδημητριάτης, Αγιδημητριάτης** ο, ουσ. (συνιζ. δις), ο Οκτώβριος.
αγιοδημητριάτικος -η, -ο, και **αϊδημητριάτικος, αγιδημητριάτικος,** επίθ. (συνιζ., ασυνίζ.), που συμπίπτει με τη γιορτή του αγίου Δημητρίου: *κρασί -ο.* - Το ουδ. ως ουσ. = χρυσάνθεμο: *άνθισαν τα -α στον κήπο.* - Επίρρ. **-α** και **αϊδημητριάτικα** και **αγιδημητριάτικα:** *ταξίδευα ~.*
αγιοζούμι το, ουσ. (συνιζ., λαϊκ.), ζωμός που χρησιμοποιούσαν ως τροφή τους οι μοναχοί.
αγιόθρουμβο το, ουσ. (συνιζ.), αρωματικό φυτό. [*άγιος + θρούμβη*].
αγιοκέρι το, ουσ. (συνιζ.). 1. κερί της εκκλησίας. 2. το καθαρό κερί των μελισσών.
αγιόκλημα και **αϊγόκλημα** το, ουσ. (συνιζ.), το φυτό αιγόκλημα. [*αιγόκλημα* με παρετυμ. προς το επίθ. *άγιος*].
αγιοκωνσταντινάτο και **αγικωνσταντινάτο** το, ουσ. (συνιζ.), βυζαντινό νόμισμα που είχε την εικόνα των αγίων Κωνσταντίνου και Ελένης και στις δύο όψεις.
αγιολόγιο το, ουσ. (ασυνίζ. δις), κατάλογος αγίων.
αγιόμιστος, βλ. *αγέμιστος.*
αγιομύρος το, ουσ. (συνιζ., λαϊκ.), άγιο μύρο με το οποίο ο παπάς χρίει το νεοβάφτιστο.
αγιόνερο το, ουσ. (συνιζ.), αγιασμένο νερό, αγιασμός.
Αγιονικολάτης και **Αγινικολάτης** ο (συνιζ.), ο Δεκέμβριος.
Αγιονικολοβάρβαρα τα, ουσ. (συνιζ.), οι τρεις διαδοχικές γιορτές της αγίας Βαρβάρας, του αγίου Σάββα και του αγίου Νικολάου.
Αγιονορείτης, βλ. *Αγιορείτης.*
αγιονορείτικος, βλ. *αγιορείτικος.*
αγιόξυλο το, ουσ. (συνιζ.). 1. το ξύλο του τιμίου Σταυρού από το οποίο κατασκευάζονται φυλαχτά, τίμιο ξύλο. 2. το ξύλο του φυτού πύξου.
αγιοποίηση η, ουσ. (ασυνίζ.), επίσημη ανακήρυξη κάποιου προσώπου από την Εκκλησία σε «άγιο» μετά το θάνατό του.
αγιοποιώ ρ. (ασυνίζ. δις). 1. (προκ. για την Εκκλησία) ανακηρύσσω «άγιο» κάποιο ευσεβές πρόσωπο του παρελθόντος. 2. θεωρώ κάποιον άγιο και

ιερό, θαυμάζω υπερβολικά: *-εί τη μητέρα του.*
αγιοπούλι το, ουσ. (συνιζ.), είδος πουλιού, ακριδοφάγος.
Αγιορείτης και **Αγιονορείτης** ο, ουσ. (συνιζ.), μοναχός του Αγίου Όρους.
αγιορείτικος, -η, -ο και **αγιονορείτικος,** επίθ. (συνιζ.), που σχετίζεται με το Άγιο Όρος: *εικόνα -η· κρασί -ο.*
αγιόρταστος, -η, -ο, επίθ. (συνιζ.). 1. που δε γιορτάστηκε: *επέτειος -η.* 2. που δε γιορτάζει: *έμεινε ~ φέτος, γιατί πενθούσε.*
άγιος, -ία και **-ια, -ο,** επίθ. (ασυνίζ.). 1. αγιασμένος, ιερός, σεβαστός α. (για το Θεό, το Άγιο Πνεύμα και τους οσίους και μάρτυρες που ανακήρυξε αγίους η Εκκλησία): *το -ο Πνεύμα· ο ~ Αθανάσιος· η -ία Τριάδα· να σας ευλογεί ο ~!* (και ως ουσ.)· β. (για ιερά αντικείμενα που έχουν σχέση με τη λατρεία): *-ία Τράπεζα· -ο μύρο· -ο βήμα.* 2. καλός, ευσεβής, αγνός: *η μητέρα μου ήταν -ια γυναίκα* (συνών. *αγαθός, άκακος, πράος·* αντ. *κακός, αμαρτωλός, ανήθικος*)· εκφρ. *καλός και άγιος.* 3. (ως ουσ.) τίτλος επισκόπων και μητροπολιτών: *ο ~ Θεσ/νίκης.* - Το ουδ. στον πληθ. = τα τίμια δώρα της Θείας Ευχαριστίας: *βγήκαν τ' -α·* εκφρ. *τα άγια των αγίων* = τα τίμια δώρα της Θείας Ευχαριστίας. - Επίρρ. **-α** στη σημασ. 2.
αγιοσύνη η, ουσ. (ασυνίζ.). 1. η ιδιότητα του αγίου (συνών. *ιερότητα, αγιότητα*). 2. (ως προσφών. για ανώτερο εκκλησιαστικό πρόσωπο): *αν το θέλει η ~ σου, θα επιστρέψω.*
Αγιοταφίτης ο, ουσ. (συνιζ.), αυτός που ανήκει στον Πανάγιο Τάφο ή σχετίζεται μ' αυτόν.
αγιοταφίτικος, -η, -ο, επίθ. (συνιζ.), που ανήκει στον Πανάγιο Τάφο ή σχετίζεται μ' αυτόν: *μοναστήρι / φυλαχτό / κερί -ο· σάβανα -α.*
αγιότητα και (λαϊκ.) **αγιότη** η, ουσ. (ασυνίζ.). 1. η ιδιότητα του αγίου (συνών. *αγιοσύνη, ιερότητα*). 2. (ως προσφών. προκ. για ανώτερο εκκλησιαστικό πρόσωπο): *θα κάνω ό,τι αποφάσισε η αγιότη σου.*
αγιούπας ο, ουσ. (συνιζ., λαϊκ.), είδος αρπαχτικού πουλιού, γύπας. [προθ. *α - + γύπας*].
αγιοφώς το, ουσ. (συνιζ.), το φως της Ανάστασης: *πήγαμε στην Ανάσταση και πήραμε το ~.*
αγιωτικά τα, ουσ. (συνιζ.), όλα τα αντικείμενα που σχετίζονται με την Εκκλησία και τη λατρεία.
αγκαζάρω, ρ., αόρ. *ισα,* μτχ. *-ισμένος* (ερρ.). 1. δεσμεύω κάποιον παίρνοντας μία υπόσχεση, αποκτώ δικαίωμα προτεραιότητας: *την -ισε για τον επόμενο χορό.* 2. μισθώνω, καπαρώνω: *-ισε τρία πούλμαν για το γάμο·* θα *~ τραπέζι στο εστιατόριο για το βράδι.* [γαλλ. *engagé* κατά ρ. σε *-άρω*].
αγκαζέ, επίθ. και επίρρ. άκλ. (ερρ.). 1. πιασμένος, κατειλημμένος: *το ταξί είναι ~.* 2. (επίρρ.) πιασμένοι μπράτσο με μπράτσο: *περπατούσαν στο δρόμο ~.* [γαλλ. *engagé*].
αγκαθένιος, -α, -ο, επίθ. (ερρ., συνιζ.), φτιαγμένος από αγκάθια: *φράχτης ~* (συνών. *αγκάθινος*).
αγκαθερός, -ή, -ό, επιθ. (ερρ.), που έχει πολλά αγκάθια: *χωράφι -ό· κάτω στον -ό βράχο* (Σεφέρης) (συνών. *αγκαθωτός·* αντ. *λείος, απαλός, ίσιος*).
αγκάθι ο, ουσ. (ερρ.). 1. οξύ και σκληρό εκβλάστημα φυτών: *~ της τριανταφυλλιάς· έχω ένα ~ στο δάχτυλο·* φρ. *κάθομαι στ' -ια* (= ανησυχώ, αδημονώ)· *πάω ξυπόλυτος στ' -ια* (= εκτίθεμαι σε κίνδυνο απερίσκεπτα, αναλαμβάνω κάτι χωρίς

αγκαθιάζω

προετοιμασία και εφόδια)· -ιά έχει ο πισινός κάποιου = δεν κάθεται σε μια θέση, κινείται διαρκώς. Παροιμ.: από ~ βγαίνει ρόδο κι από ρόδο βγαίνει ~ (από κακούς γονείς γεννιούνται παιδιά καλά κι από καλούς αντίθετα). 2. αγκαθωτό φυτό: *το χωράφι γέμισε -ια.* 3. (γεν.) μυτερή απόληξη: *σύρμα με -ια· ψάρι με πολλά -ια* (συνών. *κεντρί*). 4. (μεταφ.) στενοχώρια, εμπόδιο: ~ *στην καρδιά τους ήτανε η προκοπή του γείτονα.* - Υποκορ. **-άκι** το (στη σημασ. 1). [αρχ. *ακάνθιον*].

αγκαθιάζω ρ. (έρρ., συνιζ., λαϊκ.), γεμίζω αγκάθια: *άφησε το χωράφι να -ιάσει.*

αγκάθινος, -η, -ο, επίθ. (έρρ.), φτιαγμένος από αγκάθια: *-ο στεφάνι του Χριστού* (συνών. *αγκαθένιος*).

αγκαθιώνας ο, ουσ. (έρρ., συνιζ.), τόπος γεμάτος αγκάθια.

αγκαθότοπος ο, ουσ. (έρρ.), τόπος γεμάτος αγκάθια.

αγκαθωτός, -ή, -ό, επίθ. (έρρ.), που έχει αγκάθια: *θάμνος ~· σύρμα -ό* (συνών. *αγκάθερός*· αντ. *λείος, απαλός, ίσιος*).

αγκαλά, σύνδ. (έρρ.), αν και, μολονότι, άλλωστε: *θα σου πω περισσότερα· ~ κι εσύ τα ξέρεις καλύτερα.* [αν + καλά].

αγκάλη η, ουσ. (έρρ.). 1. αγκαλιά, κόρφος: *έγειρε στη ζεστή ~ της μητέρας του·* (συνεκδ.) *απ' -ες αζάρωτο φουστάνι ακόμα* ('Αγρας)· φρ. *(υπο)δέχομαι με ανοιχτές -ες* (= εγκάρδια, θερμότατα). 2. (μεταφ.) θαλάσσιος κόλπος ή όρμος: *βλέπει κάβους κι ανάμεσά τους μικρές -ες στρωμένες με κοχλίδια* (Κόντογλου).

αγκαλιά η, ουσ. (έρρ., συνιζ.). 1. ο ένας ή και οι δύο λυγισμένοι βραχίονες με τους οποίους περιβάλλομε κάποιον: *το μωρό αποκοιμήθηκε στην ~ της μάνας του·* (μεταφ.) *η ~ της γης / της θάλασσας.* 2. (επιρρ.) στην αγκαλιά: *πήρε το παιδί ~· κοιμήθηκαν ~* (= αγκαλιαστά). 3. ό,τι χωρεί στην αγκαλιά: *μια ~ ξύλα / χόρτα· ξερά κλαδιά -ιές* ('Αγρας). - Υποκορ. **-ίτσα** η.

αγκαλιάζω ρ. (έρρ., συνιζ.). Ι. ενεργ. 1. κλείνω, σφίγγω στην αγκαλιά: *τον -ιασε σφιχτά και τον φιλούσε·* (μεταφ.) περιβάλλω, καλύπτω: *ο κισσός -ιαζε το φράχτη.* 2. (μεταφ.) γίνομαι οπαδός, υποστηρικτής: *οι αγρότες τον -ιασαν με ενθουσιασμό· το ίδρυμα -ιασε κάθε σοβαρή επιστημονική προσπάθεια* (συνών. *(απο)δέχομαι, ενστερνίζομαι*). ΙΙ. μέσ. (αλληλοπαθ.). 1. αγκαλιάζομαι (με κάποιον): *τα δύο αδέρφια -ιάστηκαν κι έτσι τα πήρε ο ύπνος.* 2. συμπλέκομαι: *-ιάστηκαν με φούρια και κυλίστηκαν στη γη.*

αγκάλιασμα το, ουσ. (έρρ., συνιζ.), περίπτυξη: *δεν του άρεσαν τα φιλιά και τ' -ατα* (συνών. *εναγκαλισμός*).

αγκαλιαστός, -ή, -ό, επίθ. (έρρ., συνιζ.), αγκαλισμένος: *περπατούν -οί.* - Επίρρ. **-ά**: *χορεύουν ~* (συνών. *αγκαλιά*).

αγκάστρωτος, -η, -ο, επίθ. (έρρ., λαϊκ.), που δε γκαστρώθηκε: *γυναίκα -η* (αντ. *γκαστρωμένη*).

αγκίδα (έρρ.) και (λόγ.) **ακίδα** η, ουσ. 1. μυτερή άκρη, μύτη ενός αντικειμένου· μυτερό κομματάκι που αποσπάστηκε από σανίδι ή ξύλο: *μπήκε μια ~ στο νύχι μου* (συνών. *αγκίδι, αιχμή*). 2. (μεταφ.) αιτία ενόχλησης: *κάποια ~ έχει και στενοχωριέται.* [αρχ. *ακίς*].

αγκίδι το, ουσ. (έρρ.), αγκίδα (συνεκδ.) κάθε αιχμηρή απόληξη: *οι ρίνες έχουν -ια φριχτά·* (με

ταφ.) σκάνδαλο, διαβολή: *έβαλε τ' -ια του.*

αγκινάρα η, ουσ. (έρρ.), το φυτό «κινάρα» και το μέρος του που τρώγεται (το άνθος, η «κεφαλή»). [αρχ. *κινάρα*].

αγκιναροκούκια τα, ουσ. (έρρ.), αγκινάρες και κουκιά.

αγκιναρότοπος ο, ουσ. (ερρ.), τόπος όπου καλλιεργούνται αγκινάρες.

άγκινας ο, ουσ. (έρρ., ιδιωμ.), κυρτό μεταλλικό στέλεχος στην κορυφή του αδραχτιού. - Υποκορ. **-νάρι** και **αγκίνι** το. [μεσν. *όγκινος* < λατ. *uncinus*].

αγκίστρι το, ουσ. (έρρ.), μεταλλικό όργανο για το πιάσιμο ψαριών ή πουλιών: *ρίχνω τ' ~· δολώνω (ή βάζω δόλωμα) στ' -ια· ψαρεύω με ~.* Φρ. (μεταφ.) *πιάνομαι στ' ~* (= παγιδεύομαι, σαγηνεύομαι). Παροιμ. φρ. *~ δεν πιάνει απάνω του* (για πολύ φτωχούς).

αγκιστριά η, ουσ. (έρρ., συνιζ., λαϊκ.). 1. ρίξιμο του αγκιστριού (ή αγκιστριών) στη θάλασσα: *έπιανε ψάρι σε κάθε ~.* 2. (συνεκδ.) ό,τι πιάνεται σε κάθε ρίξιμο του αγκιστριού: *έβγαλε μια ~ ψάρια.*

άγκιστρο το, ουσ. (έρρ.), ό,τι έχει σχήμα αγκιστριού, γάντζος: *το ~ του γερανού* (συνών. *αρπάγη, τσιγκέλι*).

αγκιστροειδής, -ής, -ές, γεν. -ούς, πληθ. αρσ. και θηλ. -είς, ουδ. -ή, επίθ. (έρρ., ασυνίζ.), όμοιος με αγκίστερο: *καμάκι με -ή μύτη* (συνών. *γαμψός*).

αγκίστρωμα το, ουσ. (έρρ.). 1. πιάσιμο στο αγκίστρι. 2. τοποθέτηση δολώματος στο αγκίστρι· (μεταφ.) πιάσιμο, σύλληψη με παγίδα.

αγκιστρώνω ρ. (έρρ.). 1. πιάνω στο αγκίστρι: (μέσ.) *το ψάρι -εται.* 2. βάζω στο αγκίστρι δόλωμα, δολώνω: *-ωσε κι έριξε την πετονιά.* 3. (μέσ. μεταφ.): *-ομαι σε μια ιδέα.* [μτγν. *-όομαι*].

αγκίστρωση η, ουσ. (έρρ.), (στρατ.). 1. το να παίρνει ένα στρατιωτικό σώμα επαφή με τον εχθρό. 2. εμπλοκή σε σύγκρουση.

αγκλέουρας, βλ. *αγλέουρας*.

αγκλίτσα και **γκλίτσα** η, ουσ. (έρρ.), ποιμενικό ραβδί κυρτό στο πάνω μέρος: *τσοπάνος με την ~.* Παροιμ. *η γίδα, όταν θέλει να φάει ξύλο, ξύνεται στου τσοπάνου την ~* (όταν παρέχεται αφορμή για τιμωρία). [αρχ. *αγκύλη + -ίτσα*].

αγκομάχημα το, ουσ. (έρρ.). 1. το να ανασαίνει κανείς βαριά, να ασθμαίνει: *κοιμότανε βαριά κι άκουγα το ~* (συνών. *δύσπνοια, λαχάνιασμα, αγκομαχητό*). 2. επιθανάτιος ρόγχος: *σ' όλο το θάλαμο ακουγόταν το ~ του αρρώστου* (συνών. *ψυχομάχημα, ψυχορράγημα*).

αγκομαχητό το, ουσ. (έρρ.), λαχάνιασμα, βαριανάσασμα (συνών. *αγκομάχημα*)· (μεταφ.) *~ της ατμομηχανής.*

αγκομαχώ ρ. (έρρ.). 1. ασθμαίνω, λαχανιάζω, αναπνέω δύσκολα: *ανέβαινε την πλαγιά -ώντας· από το τρέξιμο / από το βαρύ φορτίο.* 2. ψυχομαχώ, ψυχορραγώ. [αρχ. *ογκόω + -μαχώ*].

άγκουρα, βλ. *άγκυρα.*

αγκουρέτο το, ουσ. (ναυτ.) είδος μικρής άγκυρας.

αγκούσα η, ουσ. (έρρ.). 1. δύσπνοια, δυσφορία: *η ζέστη του 'φερε ~.* 2. στενοχώρια, θλίψη: *είχε ~ για τον ξενιτεμό του παιδιού του* (συνών. *άγχος, αγωνία*). [βενετ. *angossa*].

αγκούσεμα το, ουσ. (έρρ.), στενοχώρια, δυσφορία.

αγκουσεύω ρ. (έρρ.). Ι. (ενεργ.) στενοχωρώ, λυπώ κάποιον: *τα λόγια του μ' -σεψαν.* ΙΙ. μεσ. 1. υποφέρω από δύσπνοια: *παράφαγα κι -εύτηκα.* 2. στενοχωριέμαι, αδημονώ: *μην -εύεσαι για μένα* (συνών. *αγωνιώ*).

αγκράφα η, ουσ. (όχι έρρ.), μεταλλικός δεσμός ποικίλων μορφών που συνδέει δύο ή τρία αντικείμενα ή μέρη αντικειμένου: *φόρεμα / παπούτσια με ~* (συνών. *πόρπη*). [γαλλ. *agrafe*].

αγκρέμιστος, -η, -ο, επίθ. (έρρ.), που δε γκρεμίστηκε ή δεν μπορεί να γκρεμιστεί: *από το σεισμό δεν έμεινε σπίτι -ο* (συνών. *ακατεδάφιστος, ακατάρρευστος·* αντ. *γκρεμισμένος*).

αγκύλη η, ουσ. (έρρ.). 1. η καμπή του αγκώνα και του γονάτου. 2. (συνήθως στον πληθ.) α. τα τυπογραφικά σημεία [ ], που περικλείουν παρενθετικά μια λέξη ή μια φράση· β. (μαθημ.) το σύμβολο [ ], που δηλώνει πως οι ποσότητες που περικλείει λαμβάνονται μαζί και υπόκεινται στις ίδιες πράξεις. 3. (φιλολ.) α. (στον εν.) ~ *απλή* = το σύμβολο[που χρησιμοποιείται στο κριτικό υπόμνημα κριτικής έκδοσης κειμένου για να παρατεθούν διαφορετικές γραφές των χειρογράφων· β. (στον πληθ.) τα σύμβολα [ ] που χρησιμοποιούνται στην κριτική έκδοση κειμένων για διαγραφές (αθετήσεις) που προτείνει ο εκδότης· στην παπυρολογία και επιγραφική χρησιμοποιούνται για να δηλωθεί ότι τμήματα του κειμένου έχουν χαθεί εξαιτίας κάποιας υλικής φθοράς.

αγκυλοδοντία η, ουσ. (έρρ.), (ιατρ.) οδοντοφυΐα ανώμαλη ως προς τη θέση και το σχήμα.

αγκύλωμα το, ουσ. (έρρ.), κέντρισμα, τσίμπημα με κάτι μυτερό (αγκάθι, καρφίτσα, κ.τ.ό.)· (μεταφ.) ψυχικός πόνος: *την είδα έτσι κι ένιωσα στην καρδιά ένα ~*.

αγκυλωματιά η, ουσ. (έρρ., συνιζ.), τσίμπημα με κάτι μυτερό (αγκάθι, βελόνι, κ.τ.ό.) (συνών. *αγκύλωμα, κέντρισμα, τσίμπημα*).

αγκυλώνω ρ. (έρρ.). 1. κεντώ, τσιμπώ με κάτι μυτερό: *ήμουνα στη γης βελόνι / που πατάς και σ' -ώνει* (τραγ.) (συνών. *κεντρίζω*) (συνεκδ.) *μ' -ωσε η τσουκνίδα*. 2. (μεταφ.) πειράζω, ερεθίζω, λυπώ: *τα πικρά του λόγια -ώνουν*. [αγκύλι + -ώνω].

αγκύλωση η, ουσ. (έρρ.), (ιατρ.) πάθηση κατά την οποία μια άρθρωση χάνει τη φυσιολογική της λειτουργία: *το πόδι του έμεινε πολύ καιρό στο γύψο κι έπαθε ~·* (μεταφ.) *~ πνευματική· ~ των δημόσιων υπηρεσιών*.

αγκυλωτός, -ή, -ό, επίθ. (έρρ.), καμπύλος, κυρτός, λυγισμένος στην άκρη· ιδίως στην εκφρ. *αγκυλωτός σταυρός* = σβάστικα (ως αρχαίο σύμβολο και στα νεότερα χρόνια ως διακριτικό σήμα του ναζισμού).

άγκυρα, και **άγκουρα** η, ουσ. (έρρ.), (ναυτ.) βαρύ σιδερένιο όργανο με καμπύλους βραχίονες που ρίχνεται δεμένο με σκοινί ή αλυσίδα στο βυθό της θάλασσας για να ακινητοποιηθεί το καράβι. Φρ. *ρίχνω την ~* (= αγκυροβολώ)· (μεταφ.) εγκαθίσταμαι κάπου μόνιμα· *σηκώνω ~* (= *σαλπάρω, αναχωρώ, αποπλέω*). Έκφρ. *~ σωτηρίας* (= αυτό που παρέχει ασφάλεια, όπου προστρέχει κάποιος για να σωθεί· μεταφ. *οι συμβουλές του στάθηκαν για μένα ~ σωτηρίας*.

αγκυροβόλημα το, ουσ. (έρρ.), το ρίξιμο της άγκυρας στο βυθό της θάλασσας για την ακινητοποίηση του πλοίου (συνών. *φουντάρισμα·* αντ. *σαλπάρισμα*).

αγκυροβόλιο το ουσ. (έρρ., ασυνίζ.). 1. (ναυτ.) σημείο της θάλασσας, τόπος όπου μπορούν να αγκυροβολήσουν πλοία (κοντά σε ακτή ή στην ανοιχτή θάλασσα): *~ ασφαλές· ~ κατάλληλο για πετρελαιοφόρα / μεγάλα πλοία* (συνών. *αραξοβόλι*). 2. (μεταφ.) καταφύγιο: *αναζητώ ~ κάπου*.

αγκυροβολώ -είς, ρ. (έρρ.), ακινητοποιώ το πλεούμενο ρίχνοντας την άγκυρα στο βυθό: *το καράβι -ησε στο λιμάνι του Πειραιά / στα ανοιχτά των Κυθήρων* (συνών. *αράζω, αραξοβολώ·* αντ. *σαλπάρω*).

αγκωνάρι το, ουσ. (έρρ.), (οικοδ.) μεγάλη πελεκητή πέτρα που τοποθετείται κατά το χτίσιμο μιας οικοδομής στις γωνίες (τοίχων και παραστάδων): *~ του σπιτιού / του τζακιού· γλυκό βούισμα του νοτιά / που διαβαίνει απ' τ' ~* ('Αγρας)· (συνεκδ.) μεγάλη πέτρα: *του πέταξε ένα ~ και τον άφησε στον τόπο* (συνών. *γωνιόλιθος*). [αγκώνη + άρι].

αγκώνας και **άγκωνας** ο, ουσ. (έρρ.), η εξωτερική καμπή του χεριού ανάμεσα στο βραχίονα και το αντιβράχιο: *παραμέριζε το πλήθος με τους -ες·* με σκούντησε με τον -α· με μακριά χειρόχτια, που έφταναν ίσα με τους -ες. [αρχ. αγκών].

αγκωνή η, ουσ. (έρρ.). 1. γωνία: *οι -ές του χωραφιού· πώς πλήθυναν οι δρόμοι και οι -ές εμπρός μου* ('Αγρας). 2. εσωτερική γωνιά του σπιτιού· η γωνιά κοντά στο τζάκι (ως θέση τιμητική): *οι γεροντότεροι κάθονταν στην ~* 3. άκρη: *~ του ψωμιού*. [αρχ. *αγκών* + *-ή* ή *αγκώνας* + *γωνία*<*αγκωνία*<*αγκωνή*].

αγκωνιά η, ουσ. (έρρ., συνιζ.), χτύπημα με τον αγκώνα: *έφαγε μια ~ στο στομάχι*.

αγκωνώ ρ. (έρρ., ιδιωμ.). Α. (μτβ.) εξογκώνω, κάνω κάτι να διαστάλεί (κυρίως για την κοιλιά): *~ το σακί· με -ωσε το πολύ φαΐ*. Β. αμτβ. 1. φουσκώνω, πρήζομαι (από την πολυφαγία): *παράφαγα και -σα*. 2. (συνεκδ.) προκαλώ κορεσμό, λιγώνω: *τα παχιά φαγιά -νουν*. [αρχ. *ογκόω*].

αγλάισμα το, ουσ. (λόγ.), αυτό που στολίζει κάτι ή αποτελεί αντικείμενο καύχησης (συνών. *κόσμημα, στολίδι, καύχημα, καμάρι·* αντ. *ντροπή, όνειδος, καταισχύνη*).

αγλέουρας και **αγκλέουρας, αγλέορας** ο, ουσ. (βοτ.) το δηλητηριώδες ευφόρβιον το διτταδενώδες (Euphorbia biglandulosa), γαλατσίδα. Φρ. *έφαγα τον -α* (= *παράφαγα*)· (κατάρα) *να βγάλεις / να πάθεις τον -α!* (= *να σκάσεις!*). [αρχ. *ελλέβορος*].

αγλούπης ο ουσ. (ιδιωμ.), λαίμαργος. [λ. ηχομιμ.].

αγλύκαντος, -η, -ο, επίθ. (έρρ.). 1. που δε γλυκάθηκε: πικρός: *φαρμάκι -ο* (Βαλαωρίτης). 2. (μεταφ.) που δε χάρηκε στη ζωή, ταλαιπωρημένος: *όλα του τα χρόνια ήταν ~*. [στερ. *α -+ γλυκαίνω*].

άγλυκος, -η, -ο και (λαϊκ.) **ανάγλυκος**, επίθ. 1. που δεν είναι (αρκετά) γλυκός: *έγιναν -α τα φρούτα από τα πολλά λιπάσματα· ντομάτα -η* (αντ. *γλυκός*). 2. άνοστος: *φαγητό -ο* (αντ. *νόστιμος*).

αγλύτωτος, -η, -ο, επίθ., που δε γλύτωσε από κάποιο κίνδυνο (αντ. *σωσμένος, σώος*).

αγλωσσία η, ουσ., η αδυναμία να χρησιμοποιήσει κάποιος σωστά τη γλώσσα του, να εκφραστεί σωστά στη γλώσσα του.

άγλωσσος, -η, -ο επίθ. 1. που είναι ανίκανος να μιλήσει (συνών. *άφωνος, βουβός*). 2. που δεν μπορεί να εκφραστεί σωστά στη γλώσσα του, να χρησιμοποιήσει σωστά τη γλώσσα του: *ανεπαρκής γλωσσική διδασκαλία στο σχολείο δημιουργεί ανθρώπους -ους*.

αγνάντεμα το, ουσ. (έρρ.). 1. το να κοιτάζει κανείς

αγναντερός

από μακριά ή συνήθως από ψηλά. 2. το βλέμμα κάποιου που αγναντεύει: *να οργώνω με τ' ~, να σπέρνω με το μάτι* (Αθάνας).

αγναντερός, -ή, -ό, επίθ. (έρρ., ιδιωμ.), (για τόπο) που μπορεί κάποιος από κει ν' αγναντεύει: *ράχη -ή* (Αθάνας). [*αγνάντια + -ερός*].

αγναντεύω, ρ. (έρρ., λαϊκ.), (μτβ. και αμτβ.) κοιτάζω, παρατηρώ από μακριά (συνήθως από ψηλά): *~ τον κάμπο· βγήκε στο μπαλκόνι κι -ευε· δεν ~ άλλο χωριό, δε βγαίνω καραούλι* (Αθάνας). [*αγνάντια + - εύω*].

αγνάντια, επίρρ. (έρρ., συνιζ.), απέναντι, αντίκρυ. (αντ. *πίσω, αποπίσω*). [αρχ. επίρρ. *εναντία*].

αγναντιαστά, επίρρ. (συνιζ., λαϊκ.), αγνάντια, απέναντι, αντίκρυ: *τα σπίτια μας ήταν χτισμένα ~.*

αγναντιαστός, -ή, -ό, επίθ. (συνιζ. λαϊκ.), που βρίσκεται απέναντι: *δυο κορφές -ές* (συνών. *αντικρινός*).

αγνάντιο το, ουσ. (συνιζ., λαϊκ.). 1. αγνάντεμα, θέα: *σπίτι μ' ~.* 2. τόπος με καλή θέα: *ανέβηκα / βγήκα στ' ~* (συνών. *ξάγναντο*). [*αγναντεύω*].

άγνοια η, ουσ. (ασυνίζ.). 1. έλλειψη γνώσης, αμάθεια: *~ από μηχανές· ~ σε βασικά θέματα· οι χωρικοί... έχουν την ~ και την υγεία* (Καρυωτάκης)· φρ. *έχω πλήρη ~* (= δεν ξέρω τίποτε)· (νομ.) *~ νόμου* (συνών. *απειρία·* αντ. *γνώση, πείρα*). 2. (στρατ.) κατάσταση στην οποία κηρύσσεται ένας στρατιωτικός, όταν απουσιάσει αδικαιολόγητα (και προτού θεωρηθεί λιποτάκτης).

αγνός, -ή, -ό, επίθ. 1. (ηθ.) καθαρός, τίμιος, ειλικρινής (αντ. *ανέντιμος, ανειλικρινής*)· (για πρόσ.) αθώος, απονήρευτος: *ήθη / αισθήματα -ά· φιλία -ή· φίλαθλος ~* (συνεκδ.) *μέτωπο -ό* (Καρυωτάκης) (αντ. *ανήθικος, πονηρός*). 2. παρθένος: *έμεινε ως το γάμο του ~.* 3. (για υλικά, για φαγώσιμα) ανόθευτος, καλής ποιότητας: *βούτυρο -ό· φαγητό φτιαγμένο με υλικά -ά* (αντ. *νοθευμένος*).

αγνότητα η, ουσ. 1. (ηθ.) καθαρότητα, τιμιότητα, ειλικρίνεια: *αμφισβητεί την ~ των προθέσεών μου·* (μεταφ.) *η ψυχή του ανθρώπου λούζεται στην ~ της θάλασσας* (Καρυωτάκης) (αντ. *ανειλικρίνεια*). 2. παρθενία: *στον ασκητισμό η ~ είναι απόλυτη.* 3. (για υλικά, για φαγώσιμα) το να είναι κάτι ανόθευτο, καλής ποιότητας: *εγγυημένη η ~ των προϊόντων του* (αντ. *νοθεία, νόθευση*).

αγνοώ, -είς, ρ. 1. δε γνωρίζω: *~ τα στοιχειώδη / τις τελευταίες εξελίξεις της υπόθεσης* (αντ. *γνωρίζω, ξέρω*). 2. κάνω πως δε βλέπω ή δε γνωρίζω κάποιον, παραβλέπω, περιφρονώ κάτι: *μας -ησε επιδεικτικά· -εί σκόπιμα την προσφορά των παλιότερων· -εί προκλητικά τις αποφάσεις του Ο.Η.Ε.· -ησε τις εκκλήσεις της διεθνούς κοινής γνώμης.* 3. (παθητ.) είμαι αγνώστος· δεν είναι τίποτε γνωστό για μένα: φρ. *-είται η τύχη κάποιου.* - Η μτχ. *αγνοούμενος* = (στρατ.) στρατιωτικός που δεν είναι γνωστό τι απέγινε μετά μια επιχείρηση ή που απουσιάζει αδικαιολόγητα και κηρύχτηκε σε άγνοια από τη μονάδα του· (γενικότ.) που αγνοείται η τύχη του: *δέκα είναι οι -οι από το ναυάγιο.*

αγνώμονας, επίθ., που αδιαφορεί για τις ευεργεσίες που του έγιναν: *πολλοί υπήρξαν -ες προς τους δασκάλους τους* (συνών. *αχάριστος·* αντ. *ευγνώμονας*). [αρχ. *αγνώμων*].

αγνωμονώ -είς, ρ., είμαι αγνώμονας.

αγνωμοσύνη η, ουσ., το να είναι κάποιος αγνώμονας: *οι γονείς του δεν περίμεναν από αυτόν τέτοια ~* (συνών. *αχαριστία·* αντ. *ευγνωμοσύνη*).

αγνώριστος, -η, -ο, επίθ. 1. που δε γνωρίζεται, επειδή έχει μεταβληθεί η εμφάνιση, η όψη του: *γύρισε ~ από την ξενιτειά· όταν βγήκε από τη φυλακή ήταν ~· σε δύο μήνες έκανε το αμάξι του -ο* (αντ. *γνώριμος*). 2. άγνωστος (αντ. *γνωστός*). 3. που δεν ξέρει κάτι.

άγνωρος, -η, -ο και **ανέγνωρος,** επίθ. (λαϊκ.). 1. που δεν είναι γνώριμος: *τόπος ~* (συνών. *άγνωστος*). 2. που δεν μπορεί να τον αναγνωρίσει κανείς (συνών. *αγνώριστος*). 3. που δε γνωρίζει κάτι, αμαθής. 4. που δεν αναγνωρίζει τις ευεργεσίες που του έκαναν (συνών. *αχάριστος*).

αγνωσία η, ουσ. (ψυχ.) αδυναμία να αναγνωρίζει κανείς τα αντικείμενα που χρησιμοποιεί οφειλόμενη σε βλάβη του νευρικού συστήματος, χωρίς παράλληλη βλάβη του αντίστοιχου αισθητήριου οργάνου.

αγνωστικισμός ο, ουσ., (φιλοσ.) θεωρία κατά την οποία το απόλυτο είναι απρόσιτο στο ανθρώπινο πνεύμα ή που θεωρεί ασήμαντη κάθε οντολογική μεταφυσική. [αγγλ. *agnosticism*].

αγνωστικιστής ο, ουσ. 1. αυτός που ακολουθεί τη θεωρία του αγνωστικισμού. 2. (κατ' επέκτ.) αυτός που θεωρεί αδύνατη τη γνώση πέρα από τα όρια της εμπειρίας. [αγγλ. *agnostic* ή γαλλ. *agnostique* + - *ιστής*].

αγνωστοποίητος, -η, -ο, επίθ., που δεν έγινε γνωστός, δεν ανακοινώθηκε: *προθέσεις -ες* (συνών. *αδήλωτος, ακοινολόγητος·* αντ. *γνωστοποιημένος, δηλωμένος, κοινολογημένος*). [στερ. *α -* + *γνωστοποιώ*].

άγνωστος, -η, -ο, επίθ. 1. που δεν είναι ή δεν μπορεί να γίνει γνωστός: *τόπος ~· κείμενο -ο* (= αδίδακτο)· *γλώσσα -η* (= ακατάληπτη)· *ήταν ~ ο αριθμός των τραυματιών* (= ανεξακρίβωτος)· *μνημείο του Άγνωστου Στρατιώτη* (αντ. *γνωστός, γνώριμος, φανερός*). 2. (λαϊκ.) ανόητος: (παροιμ.) *καμιά φορά κι ο ~ φρόνιμη γνώμη δίνει* (συνών. *άμυαλος·* αντ. *γνωστικός*). - Το αρσ. ως ουσ.: *ρώτησα κάποιον -ο για τη διεύθυνση·* (μαθημ.) *μέγεθος που πρέπει να προσδιοριστεί με τη λύση ενός προβλήματος: εξίσωση με δύο -ώστους* (αντ. *γνωστός, οικείος*). - Το ουδ. ως ουσ. = αυτό που ξεπερνά τα όρια της ανθρώπινης εμπειρίας και γνώσης: *τον θέλγει το -ο· βαδίζουμε στο -ο.*

αγόγγυστα, επίρρ. (έρρ.), αδιαμαρτύρητα, υπομονετικά.

αγόμφιος, επίθ. (ασυνίζ.), (ιατρ.) που δεν έχει γομφίους (= τραπεζίτες).

αγονάτιστος, -η, -ο, επίθ., που δε γονάτισε· (μεταφ.) αλύγιστος, ακατάβλητος: *στην εκκλησία κανείς δεν ήταν ~· παρ' όλες τις αγνύπες έμεινε ~* (συνών. *άσκυφτος·* (μεταφ.) *ανίκητος·* αντ. *γονατισμένος, σκυφτός·* (μεταφ.) *δουλοπρεπής*).

αγονία η, ουσ. (ιατρ.) αδυναμία του άντρα ή της γυναίκας να αποκτήσει παιδιά (συνών. *στειρότητα*).

αγονιμοποίητος, -η, -ο, επίθ. (για ζώα ή φυτά) που δε γονιμοποιήθηκε (αντ. *γονιμοποιημένος*).

άγονος, -η, -ο, επίθ. 1. που δεν είναι γόνιμος, που δε γεννά ή παράγει κάτι: *γη -η· τόπος ~·* έκφρ. *μέρες -ες* = που δεν ευνοούν τη σύλληψη παιδιού (αντ. *καρπερός, γόνιμος, εύφορος*). 2. που δεν έχει αποτέλεσμα, άσκοπος: *προσπάθεια -η.* 3. (ναυτ. έκφρ.) *-η γραμμή* = ακτοπλοϊκή γραμμή με μικρή κίνηση και ασύμφορη εκμετάλλευση.

αγορά η, ουσ. 1. το να αγοράζει κάποιος κάτι· το τίμημα για την αγορά κάποιου πράγματος: *άρχισε η ~ των καπνών της καινούργιας σοδειάς· η ~ κατοικίας είναι σήμερα δύσκολη υπόθεση· έχει δύο χιλιάδες ~·* (αντ. *πώληση, πούλημα, διάθεση*). 2. τόπος όπου γίνονται αγοραπωλησίες: *κατέβηκα για ψώνια στην ~· ~ λαϊκή/υπαίθρια·* (ως ευρύτερος χώρος όπου αναπτύσσεται οικονομική δραστηριότητα) *ελληνική ~· παγκόσμια ~· ~ πετρελαίου· εσωτερική ~ της Ε.Ο.Κ.· έρευνα -άς. αγορά εργασίας* = ο χώρος όπου συναντάται και συνδέεται η προσφορά εργασίας με τη ζήτησή της, διαμορφώνονται οι τιμές και οι αμοιβές και συνάπτονται οι συμβάσεις εργασίας που συνδέουν την εργασία με την παραγωγική διαδικασία· (για αρχαία ελληνική πόλη) το κέντρο της πολιτικής, κοινωνικής και οικονομικής ζωής της πόλης· (συνεκδ.) το σύνολο των εμπορευμάτων που πουλιούνται κάπου: *η ~ της Θεσσαλονίκης είναι φτηνότερη από της Αθήνας· οι άνθρωποι της -άς, ο εμπορικός κόσμος· η ~ τον σέβεται και τον υπολογίζει.* Έκφρ. *μαύρη ~* = παράνομη πώληση αγαθών σε τιμές πάνω από τις αγορανομικές και γεν. υπέρογκες: *στην Κατοχή άνθησε η μαύρη ~· βρήκε εισιτήριο για τον αγώνα στη μαύρη ~.*

αγοράζω, ρ. 1. αποκτώ κάτι με χρήματα: *~ ρούχα / τρόφιμα / παίκτες· ~ ακριβά / φτηνά / με κλειστά μάτια* (= ανεξέταστα) φρ. *τον πουλάω και τον ~* (= τον μεταχειρίζομαι όπως θέλω)· (μεταφ.) *με ιι'ν' -σμένη* (~ *πληρωμένη*) *τούτη η χαρά;* ('Άγρας) (συνών. *προμηθεύομαι, ψωνίζω·* αντ. *πουλώ*). 2. (συνήθως αμτβ.) ακούω χωρίς να μιλώ, εκμαιεύω τις σκέψεις ή τις προθέσεις κάποιου: *τριγυρίζει αμίλητος κι -άζει ~ λόγια* (= προσπαθώ να αποσπάσω μυστικό, «ψαρεύω»). 3. (για πρόσ.) δωροδοκώ κάποιον, εξαγοράζω τις υπηρεσίες κάποιου: *Ήταν ωραία ως σύνολο η -ασμένη φίλη* (Καρυωτάκης) (συνών. *λαδώνω*).

αγοραίος, -α, -ο, επίθ. 1. που σχετίζεται με την πράξη αγοράς, με την αγορά: *-α τιμή ενός ακινήτου· έρωτας ~* (= *πορνεία*). 2. (μεταφ.) που δεν είναι εκλεκτός, που δείχνει έλλειψη αγωγής: *εκφράσεις -ες* (συνών. *αγενής, απρεπής, χυδαίος·* αντ. *ευγενικός, ευπρεπής, κόσμιος*). - Το ουδ. ως ουσ. = αυτοκίνητο μισθωμένο για μεταφορά (συνήθως ανθρώπων).

αγορανομία η, ουσ. 1. δημόσια υπηρεσία που εποπτεύει τις εμπορικές συναλλαγές (τιμές, ποιότητα, επάρκεια αγαθών, κλπ.): *έγιναν συχνοί οι έλεγχοι της -ας.* 2. διατάξεις που αφορούν τις δραστηριότητες της αγοράς, τις αγοραπωλησίες.

αγορανομικός, -ή, -ό, επίθ., που σχετίζεται με τις αρμοδιότητες του αγορανόμου: *~ έλεγχος· αδικήματα -α· επιτροπές / διατάξεις -ές·* (νομ.) *~ κώδικας.*

αγορανόμος ο, ουσ., δημόσιος υπάλληλος αρμόδιος για τον έλεγχο της τιμής και της ποιότητας των ειδών που πωλούνται στην αγορά.

αγοραπωλησία, βλ. *αγοροπωλησία*.

αγοραστής ο, θηλ. *-άστρια* ο, ουσ., αυτός που αγοράζει κάτι: *ψάχνει -ή· δε βρήκε -ή για το χωράφι του· ψυχολογία του -ή* (συνών. *καταναλωτής·* αντ. *πωλητής, προμηθευτής*).

αγοραστικός, -ή, -ό, επίθ., που σχετίζεται με αγοροπωλησία: *δύναμη / μανία / κίνηση -ή· κοινό -ό· -ή αξία του χρήματος ή κάποιου πράγματος* (= *ανταλλακτική*) (συνών. *εμπορικός, καταναλωτι-*

κός· αντ. *προμηθευτικός*).

αγοραστός, -ή, -ό, επίθ., που αγοράστηκε, που αποκτήθηκε με αγορά· όχι σπιτικός: *σήμερα ακόμη και στα χωριά τρώνε -ό ψωμί.*

αγοράστρια, βλ. *αγοραστής*.

αγοραφοβία η, ουσ. (ιατρ.) ψυχοπαθολογική εκδήλωση φόβου για τους πολυσύχναστους χώρους (λ.χ. δρόμους, πλατείες, γεν. δημόσιους ανοιχτούς ή και κλειστούς χώρους). [γαλλ. *agoraphobie* <αγορά + φόβος].

αγοραφοβικός, -ή, -ό, επίθ. (ιατρ.) που σχετίζεται με την αγοραφοβία: *σύνδρομο -ό.* - Το αρσ. ως ουσ. = αυτός που παρουσιάζει αγοραφοβία.

αγόρευση η, ουσ., λόγος που εκφωνείται σε δημόσια συγκέντρωση (λ.χ. στο δικαστήριο ή στη Βουλή): *~ των συνηγόρων / του εισαγγελέα / του πρωθυπουργού* (συνών. *ομιλία*).

αγορεύω, ρ. α. μιλώ σε δημόσια συγκέντρωση: *ο συνήγορος -ευε πολλή ώρα·* β. (ειρων.) μιλώ με στόμφο: *είχε μαζέψει γύρω τους μαστόρους και -ευε* (συνών. *ρητορεύω*).

αγορητής ο, ουσ. (λόγ.), αυτός που αγορεύει. Έκφρ. *ειδικός ~* (κόμματος) = βουλευτής που του έχει ανατεθεί να αναπτύξει τις απόψεις του κόμματός του κατά τη συζήτηση κάποιου θέματος στη Βουλή (συνών. *ομιλητής, ρήτορας*).

αγόρι το, ουσ., αρσενικό παιδί (συνήθως μικρό στην ηλικία)· νεαρός άντρας: *το πρώτο της παιδί ήταν ~· γέννησε ~· του γερο-χρόνου τα παιδιά, / που 'ναι τ' -ια ομορφονιοί κι η κόρη δίχως ταίρι* (Πάλλης) *εν' ~ ξαγρυπνά για το χατίρι σου* (Εφταλιώτης) (συνών. *αρσενικό, παλληκάρι·* αντ. *κορίτσι, κόρη*). - Υποκορ. **-άκι** το. [<μεσν. *αγόρος* ο<αρχ. επίθ. *άωρος*].

αγορίστικος -η, -ο, επίθ., που ταιριάζει, ανήκει ή αναφέρεται σε αγόρι: *κούρεμα -ο· ρούχα / παιχνίδια -α* (αντ. *κοριτσίστικος*).

αγοροκόριτσο το, ουσ., κορίτσι με εμφάνιση ή τρόπους αγοριού: *στα παιχνίδια της είναι σωστό ~.*

αγοροπωλησία και **αγοραπωλησία** η, ουσ., αγορά και πώληση πράγματος ~ *ακινήτων*.

αγούδουρας ο, ουσ., φυτό ποώδες με πολλά κλαδιά και φύλλα, δηλητηριώδες για τα ζώα (επιστ. ονομασία: *υπερικόν το ούλον*)· φρ. (ιδιωμ.) *τρέχει / πάει σαν ~* (= *τρέχει γρήγορα*)· *άνοιξε / άνθισε κι ο ~* (= για άνθρωπο ασήμαντο που παριστάνει το σπουδαίο). [πιθ. αρχ. επίθ. *βούδορος*].

αγουρέλαιο το, ουσ., λάδι από άγουρες ελιές ή από ώριμες ελιές που πιέστηκαν χωρίς να περιχυθούν με ζεστό νερό (συνών. *αγουρόλαδο*).

αγουρίδα η, ουσ., άγουρο σταφύλι· παροιμ. *αγάλια αγάλια γίνεται η ~ μέλι* (= η επιτυχία ενός έργου απαιτεί υπομονή).

αγουρίλα η, ουσ., (λαϊκ.), μυρωδιά ή γεύση άγουρου καρπού: *τα μήλα δεν είχαν γίνει και καταλάβαινες την ~ στο στόμα* (συνών. *στυφάδα*).

αγουρο-, α' συνθ. (δηλώνει πρωιμότητα): *αγουροκόβω, αγουρόλαδο, αγουροξύπνημα*.

αγουρογεράζω ρ. (ιδιωμ.), γερνώ πρόωρα: *τα βάσανα μ' -ασαν*.

αγουρογερνώ ρ. (ιδιωμ.), γερνώ πρόωρα: *οι κακοτυχίες -ούν τον άνθρωπο* (συνών. *αγουρογεράζω*).

αγουροκόβω ρ. (ιδιωμ.), κόβω (έναν καρπό) άγουρο: *-ουμε τα φρούτα για να μη χαλάνε στη μεταφορά· -οψε τα σταφύλια και το κρασί χάλασε.*

αγουρόλαδο και (ιδιωμ.) **αγγουρόλαδο** το, ουσ. (έρρ.), λάδι από άγουρες ελιές ή από ώριμες ελιές

αγουροξύπνημα 14

που πιέστηκαν χωρίς να περιχυθούν με ζεστό νερό (συνών. *αγουρέλαιο*).
αγουροξύπνημα το, ουσ., πρόωρο ξύπνημα: *από το ~ είσαι κακόκεφος*.
αγουροξυπνώ ρ. (μτβ. και αμτβ.), ξυπνώ πρόωρα: *το -ησες το μωρό και πρέπει να το ξανακοιμίσω· έφυγε για το σχολείο -ημένος*.
άγουρος, -η, -ο, επίθ. 1. (για καρπό) που δεν έχει ωριμάσει: *μήλα -α* (συνών. *αγίνωτος, αμέστωτος·* αντ. *ώριμος, γινωμένος, μεστωμένος*). 2. (μεταφ.) που δεν έχει ολοκληρωθεί η ανάπτυξή του: *μυαλό / κορίτσι -ο· λόγια -α· φωνές -ες* (συνών. *άπραγος, πρωτόβγαλτος·* αντ. *ώριμος, έμπειρος*). - Υποκορ. **-ούτσικος**. [αρχ. *άωρος*].
αγουρωπός, -ή, -ό, επίθ., κάπως άγουρος: *ντομάτες -ές*.
αγουστέλα η, ουσ. (ιδιωμ.), φρούτο (αχλάδι ή σύκο) που ωριμάζει τον Αύγουστο [<*αυγουστέλα*< *αυγουστέλι*].
-άγρα, κατάλ. θηλ. ουσ. που σημαίνουν πάθηση: *ποδάγρα·* κατάλ. θηλ. ουσ. ιδιωμ.: *κουφάγρα, τυφλάγρα*. [ουσ. *άγρα* ως β΄ συνθ.].
άγρα η, ουσ., (λόγ.) κυνήγι, ψάρεμα, αναζήτηση.
αγράμματος, -η, -ο, επίθ. α. που δεν έχει καθόλου ή έχει ελάχιστες γραμματικές γνώσεις· β. όχι επαρκώς καλλιεργημένος, μορφωμένος, ο μη ενήμερος (συνών. *στις σημασ. α και β αμόρφωτος, αστοιχείωτος·* αντ. *στις σημασ. α και β εγγράμματος, γραμματισμένος, μορφωμένος*). Παροιμ. *άνθρωπος ~, ξύλο απελέκητο*. Φρ. *την έπαθα σαν ~* (= εξαπατήθηκα από μεγάλη απροσεξία και αμέλεια, «πιάστηκα κορόιδο»).
αγραμματοσύνη η, ουσ., έλλειψη γραμματικών γνώσεων· ανεπαρκής παίδευση: *η ~ του φάνηκε από το ότι με πολλή δυσκολία διάβαζε το κείμενο* (συνών. *αμάθεια, αμορφωσιά·* αντ. *μόρφωση, παιδεία, καλλιέργεια*).
αγράμπελη η, ουσ. (ερρ.), είδος αναρριχητικού διακοσμητικού φυτού. [παλαιότερο *αγριάμπελος* η].
αγρανάπαυση η, ουσ., η παύση της καλλιέργειας ενός χωραφιού για ορισμένο διάστημα ώστε να γίνει και πάλι παραγωγικό· (συνεκδ.) το χρονικό διάστημα που το χωράφι δεν καλλιεργείται: *η ~ των χωραφιών μειώθηκε από τότε που χρησιμοποιήθηκαν στη γεωργία τα λιπάσματα*.
αγρατσούνιστος, -η, -ο, επίθ., που δεν έχει γρατσουνίσματα, αμυχές: *όποιος ανακατεύεται με γάτες δε μένει~* (αντ. *γρατσουνισμένος, ξεγδαρμένος*).
άγραφος -η, -ο και **άγραφτος**, επίθ. 1. που δεν έχει καταγραφεί, δεν έχει διατυπωθεί εγγράφως: *νόμοι -οι* (= ηθικοί νόμοι που ισχύουν και είναι γενικώς αποδεκτοί χωρίς να έχουν καταγραφεί ποτέ)· *δίκαιο -ο* (= τα ήθη και έθιμα που παραδίδονται προφορικά· όχι η επίσημη νομοθεσία ενός κράτους) (αντ. *γραπτός*). 2. που δεν καλύπτεται από γραφή, σημείωση, κ.τ.ό.: *χαρτί -ο· τετράδιο άγραφτο·* (συνεκδ.) *μαθητής άγραφτος* (= που δεν έχει ετοιμάσει τις σχολικές εργασίες) (αντ. *γραμμένος*). 3. που δεν έχει εγγραφεί σε κατάλογο: *το παιδί ήταν ακόμη άγραφτο στο νηπιαγωγείο* (αντ. *γραμμένος*). Φρ. *αυτό είναι από τ' -α* = δεν το φαντάζοταν, δεν το περίμενε κανείς (για κάτι ανέλπιστο, παράδοξο, απίστευτο).
αγρελιά, βλ. *αγριελιά*.
άγρευση η, ουσ. (λόγ.), επίμονη αναζήτηση, επι-

δίωξη κάποιου πράγματος: *~ ψήφων* (συνών. *κυνήγι, ψάρεμα*). [*αγρεύω*].
αγρεύω ρ., (λόγ.), επιδιώκω επίμονα κάτι: *-ει επαίνους* (συνών. *θηρεύω, κυνηγώ*).
αγριάγκαθο το, ουσ. (ασυνίζ.), κάθε είδος άγριου αγκαθιού (συνών. *γαϊδουράγκαθο, ασπράγκαθο*).
αγριαγκινάρα η, ουσ. (ασυνίζ., όχι έρρ.), (βοτ.) είδος άγριας, αυτοφυούς αγκινάρας (βλ. λ.).
αγριάδα η, I. ουσ. (ασυνίζ.) 1. κοινή ονομ. άγριων χόρτων της τάξης των αγρωστωδών: *ο κήπος γέμισε ~· αγόρασε ένα ζιζανιοκτόνο για την ~*. 2. (ιδιωμ.) άγριος, δύσβατος τόπος: *βράχια κι -ες* [μτγν. *αγριάς*].
αγριάδα η, II. ουσ. (ασυνίζ.), το να είναι κανείς άγριος, απότομο ύφος, σκληρή έκφραση, τραχύς τρόπος: *μάντευες το θυμό του από την ~ του προσώπου του·* (για φυσικά φαινόμενα): *~ του καιρού / του χειμώνα* (συνών. *αγριότητα, σκληρότητα, τραχύτητα·* αντ. *ημεράδα, πραότητα, ηπιότητα*).
αγριαίνω ρ. (ασυνίζ., ιδιωμ.), (αμτβ.) γίνομαι άγριος, εξοργίζομαι (συνών. *αγριεύω, θυμώνω·* αντ. *ημερεύω*).
αγριάνθρωπος ο, ουσ. (ασυνίζ.). 1. άνθρωπος άγριος, τραχύς στην όψη: *με τα γένια που αφήνεις έχεις την όψη -ώπου*. 2. άνθρωπος άξεστος, ακοινώνητος, απολίτιστος: *είσαι ~· δεν μπορείς να αποχτήσεις φίλους* (συνών. *αγρίμι, ζωντόβολο, χοντράνθρωπος*).
αγριαπιδιά η, ουσ. (ασυνίζ., συνιζ.), άγρια αχλαδιά (συνών. *αγριαχλαδιά, γκορτσιά*).
αγριαχλαδιά η, ουσ. (ασυνίζ., συνιζ.), άγρια αχλαδιά (συνών. *αγριαπιδιά, γκορτσιά*).
αγριελιά και **αγρελιά, αγριλιά** η, ουσ. (συνιζ.), το δέντρο ή σπανιότ. ο καρπός της άγριας ελιάς.
αγρίεμα το, ουσ. 1. άγρια έκφραση του προσώπου: *είχε ένα ~ η έκφρασή του που κανείς δεν τόλμησε να του απαντήσει·* (μεταφ. για φυσικά φαινόμενα) *~ του καιρού / της θάλασσας* (συνών. *αγριάδα, βλοσυρότητα·* αντ. *ηρεμία, πραότητα*). 2. εκφοβισμός με άγριο τρόπο: *το ~ θα τον εναντιώσει περισσότερο*. 3. φόβος, ψυχική ταραχή, φρίκη: *~ μ' έπιασε στη θέα του σκοτεινού έρημου δάσους*.
αγριεμός ο, ουσ. (ιδιωμ.), άγρια έκφραση του προσώπου· οργή, θυμός: *ο ~ διαδέχτηκε το χαμόγελο του, όταν έμαθε την απόφασή μου* (συνών. *βλοσυρότητα*).
αγριεύω ρ. I. ενεργ. A. μτβ. 1. προκαλώ φόβο: *τους -εψε με μια φωνή και όλοι σώπασαν* (συνών. *φοβίζω, τρομάζω·* αντ. *ενθαρρύνω*). 2. καθιστώ κάποιον άγριο: *μην -εις το ζώο και μας επιτεθεί* (συνών. *εξαγριώνω, ερεθίζω·* αντ. *ημερεύω, καταπραΰνω*). 3. κάνω τραχιά την επιφάνεια του τοίχου κατά το σοβάτισμα. Β. αμτβ. 1. γίνομαι άγριος: *χαρακτήρισες τις απότομες του παιδαριώδεις κι απότομα η όψη του -εψε* (συνών. *εξαγριώνομαι, θυμώνω*). 2. (για φυσικά φαινόμενα) *-ει ο καιρός / ο άνεμος* (συνών. *χειροτερεύω·* αντ. *καλμάρω, «πέφτω»*). II. (μέσ.) κυριεύομαι από φόβο: *είδα το νεκρό κι -εύτηκα* (συνών. *φοβούμαι·* αντ. *ξεθαρρεύω*).
αγριλιά, βλ. *αγριελιά*.
αγρίμι το, ουσ. 1. άγριο ζώο (συνών. *θηρίο·* αντ. *κατοικίδιο*). 2. (ιδιωμ.) αγριοκάτσικο. 3. άτομο άγριο, ατίθασο, δύστροπο: *~ πραγματικό· αποφεύγει όλους τους ανθρώπους* (συνών. *αγριάνθρωπος, αντάρτης·* αντ. *αρνί*). [<ουδ. του μτγν. *αγριμαίος*].
αγριο-, α΄ συνθ. που δηλώνει το άγριο (όχι ήμερο,

για ζώα και φυτά), το απότομο ή γενικά το υπερβολικό: *αγριομηλιά, αγριοκάτσικο, αγριοκοιτάζω, αγριόκαιρος.*

αγριοβλάσταρο το, ουσ., καρπός άγριου φυτού που τρώγεται, ιδιαίτερα της βρούβας.

αγριοβλέπω ρ. (λαϊκ.), έχω άγρια έκφραση, άγριο ύφος, φοβερίζω: *όσο και να τον -εις δεν αλλάζει γνώμη* (συνών. *αγριοκοιτάζω*).

αγριόβοϊδο και **αγριόβοδο** το, ουσ. (λαϊκ.), ατίθασο βόδι. [*άγριος + βόδι*].

αγριοβόρι το, ουσ., δυνατός βοριάς: *έξω στα χωράφια φυσούσε ένα ~ σα μολύβι* (Κόντογλου). [<*άγριος + βοριάς* ή *αγριοβοριάς*].

αγριοβότανο το, ουσ., αγριόχορτο με φαρμακευτικές ιδιότητες: *ανθίζει τ' ~, καρπίζει τ' άγριο κλήμα* (Αθάνας).

αγριόβρουβα η, ουσ., είδος άγριου χόρτου, πικρόχορτο.

αγριόγαλος ο, ουσ., είδος πτηνού (συνών. *αγριόκοτα*).

αγριόγατος ο, θηλ. **αγριόγατα**, ουσ. άγρια γάτα· είδος γάτας που ζει στα δάση: *μια -α άρπαξε το περιστέρι κι εξαφανίστηκε*· (για άνθρωπο οξύθυμο, επιθετικό): *όρμησε επάνω μου σαν ~.*

αγριόγιδα η, ουσ. 1. αίγαγρος. 2. (λαϊκ.) ατίθασο γίδι.

αγριογίιδο και **αγριογίδι** το, ουσ. (λαϊκ.). 1. αίγαγρος. 2. (ιδιωμ.) ζαρκάδι.

αγριογούρουνο το, ουσ., αγριόχοιρος (βλ. λ.): *το κρέας του -ου είναι πολύ ακριβό.*

αγριογυναίκα η, ουσ. 1. γυναίκα που έχει όψη άγρια, τραχιά. 2. γυναίκα απότομη και κακή στους τρόπους: *είναι αδύνατο να συζητήσεις μ' αυτή την ~.*

αγριοδυόσμος ο, ουσ. (ασυνίζ., συνιζ.), (βοτ.) άγριος δυόσμος (βλ. λ.).

αγριόθωρος, -η, -ο, επίθ. (λαϊκ.), που έχει άγρια όψη, άγριο βλέμμα.

αγριοκαίρι το, ουσ. (λαϊκ., λογοτ.), αγριόκαιρος (βλ. λ.): *τέτοιο ~ μέσα στην άνοιξη δεν το περίμενε κανείς.*

αγριόκαιρος ο, ουσ., άγριος θυελλώδης καιρός: *ο ~ φέτος κατέστρεψε πολλές καλλιέργειες* (συνών. *κακοκαιρία, παλιόκαιρος*· αντ. *καλοκαιρία*).

αγριοκάτσικο το, ουσ., άγριο κατσίκι: *κυνηγάει -α·* (για άτομο που αποφεύγει τις κοινωνικές σχέσεις): *προσπάθησα να της μιλήσω, μα έφυγε το ~·* (για άτομο ευκίνητο): *ανεβαίνει τίς σκάλες σαν ~* (συνών. *αγρίμι*).

αγριοκαυκαλήθρα η, ουσ., είδος φυτών του γένους «σκάνδιξ» (συνών. *σκαντζίκι*).

αγριοκερασιά η, ουσ. (συνιζ.), άγρια κερασιά.

αγριοκέρασο το, ουσ., ο καρπός της αγριοκερασιάς.

αγριόκλαρο το, ουσ. (λαϊκ.). 1. κλαδί άγριου δέντρου ή θάμνου. 2. (συνεκδ.) άγριο θαμνώδες φυτό: *μια λαγκαδιά γεμάτη -α* (Κόντογλου).

αγριοκοιτάζω και **αγριοκοιτώ**, ρ., κοιτάζω κάποιον απειλητικά, με άγριο βλέμμα: *μη με -εις· δε σε φοβάμαι* (συνών. *αγριοβλέπω*).

αγριοκόκορας ο, ουσ. (λαϊκ.), το πτηνό αγριοπετεινός (βλ. λ.) (συνών. *τσαλαπετεινός*).

αγριόκοτα η, ουσ., είδος πτηνών της τάξης των αλεκτοροειδών.

αγριοκούνελο το, ουσ. (λαϊκ.). 1. άγριο κουνέλι. 2. (ιδιωμ.) κουνάβι.

αγριόκρινο το, ουσ., αγριολούλουδο της τάξης των ιριδωδών με διάφορα χρώματα και λεπτή ευωδιά: *τα βουνά σαν τ' -α γαλάζια* (Σικελιανός)· *οπού 'χε στ' -ου τους μόσχους ξενυχτήσει* (Σολωμός).

αγριολούλουδο το, ουσ., λουλούδι του αγρού: *τα -α με τα ζωηρά τους χρώματα ομορφαίνουν τα χωράφια και τις πλαγιές των βουνών.*

αγριόμελο και **αγριόμελι** το, ουσ., μέλι από άγριες μέλισσες.

αγριομηλιά η, ουσ., είδος άγριων δέντρων της τάξης των μηλοειδών.

αγριομιλώ, ρ., μιλώ σε κάποιον με τρόπο άγριο, απότομο: *μην -άς του παιδιού· θα το εναντιώσεις περισσότερο* (συνών. *κακομιλώ*· αντ. *γλυκομιλώ*).

αγριομούλαρο το, ουσ. 1. ατίθασο, άγριο μουλάρι: *πρόσεξε μη σε παρασύρει· αυτό είναι ~.* 2. άνθρωπος πεισματάρης, αμετακίνητος: *χαμένα λόγια· αυτός είναι σωστό ~.*

αγριόμουτρο το, ουσ. α. άγρια, σκληρή όψη: *από το -ό του καταλάβαινες με τι άτομο είχες να κάνεις·* β. (συνεκδ.) άνθρωπος με άγριο ύφος (συνών. *αγριάνθρωπος*).

αγριοπαίρνω, ρ., μαλώνω, επιπλήττω κάποιον με άγριο τρόπο: *δεν έπρεπε να τον -πάρεις έτσι· δεν έκανε και τίποτα κακό.*

αγριόπαπια η, ουσ. (συνιζ.), είδος άγριας πάπιας ή χήνας.

αγριοπερίστερο το, ουσ., άγριο θηρευτό περιστέρι.

αγριοπετεινός ο, ουσ., το πτηνό τσαλαπετεινός.

αγριόπονος ο, ουσ., «άγριος», υπερβολικός πόνος.

αγριοπούλι το, ουσ., άγριο πουλί έρημων τόπων: *πού να τον πω τον πόνο μου... / να τον ειπώ στα τρίστρατα, τον παίρνουν οι διαβάτες, / να τον αφήσω στα κλαριά, τον παίρνουν τ' -α* (Κρυστάλλης).

αγριοπρασιά η, ουσ., το φυτό αγριόπρασο (βλ. λ.): *ένα μονοπάτι ανάμεσα σ' -ές.* [*άγριος + πρασιά*].

αγριόπρασο το, ουσ., ονομασία άγριων φυτών (κυρίως κρεμμυδιών) της τάξης των λειριανθών.

αγριοπρόσωπος, -η, -ο, επίθ., που έχει άγρια μορφή, που προκαλεί φόβο: *χτύπησα κι άνοιξε ένας ~ τύπος που δεν τόλμησα να μιλήσω.*

αγριοράδικο το, ουσ., είδος άγριου χόρτου που τρώγεται, πικροράδικο.

άγριος, -α, -ο, επίθ. (ασυνίζ.). 1. που είναι σε άγρια κατάσταση, όχι εξημερωμένος: α. (για φυτό): όχι καλλιεργούμενο, αυτοφυές: *τριανταφυλλιά -α· χόρτα -α·* β. (για ζώο) που δεν έχει εξημερωθεί: *άλογο -ο· θηρία -α* (συνών. *ανήμερο, αγρίμι·* αντ. *ήμερο, εξημερωμένο*)· γ[1]. (για άνθρωπο) απολίτιστος: *ελάχιστες -ες φυλές έχουν επιβιώσει ανεπηρέαστες από το σημερινό πολιτισμό* (συνών. *πρωτόγονος·* αντ. *πολιτισμένος*)· γ[2]. ακοινώνητος, αγροίκος: *απομονωμένος, ~, αποφεύγει τους ανθρώπους* (συνών. *άξεστος, τραχύς·* αντ. *καλλιεργημένος, λεπτός*). 2. αγριωπός: *οι τρικυμίες της θάλασσας αποτυπώθηκαν στην -α μορφή του.* 3. ωμός, σκληρός, κακός: *οι ενέργειές του αποδεικνύουν τα -α ένστικτά του· χαρά -α* (συνών. *βάρβαρος, θηριώδης·* αντ. *ευγενικός, λεπτός*). 4. που προκαλεί φόβο: *-α θάλασσα· -α μεσάνυχτα* (συνών. *τρομακτικός, φοβερός*). 5. ανυπόφορος: *πόνος ~· δίψα / πείνα -α* (συνών. *αφόρητος·* αντ. *υποφερτός*). 6. (για επιφάνεια) που δεν είναι λείος: *σοβάς / τοίχος ~· ύφασμα -ο* (συνών. *τραχύς, ανώμαλος*). - Το ουδ. ως ουσ.: Έκφρ. με το *άγριο* (= με άγριο τρόπο): *μη μιλάς του παιδιού με*

αγριόσαρπα 16

το ~ (συνών. απότομα· αντ. με το μαλακό). Παροιμ.: *ήρθαν τ' -α να διώξουν τα ήμερα.* - Επίρρ. **-α.**
αγριόσαρπα η, ουσ., ονομασία ψαριού, το ψάρι «γερμανός».
αγριοσέλινο το, ουσ., ονομασία αγριόχορτων της τάξης των σκιαδανθών.
αγριοσέσκουλο το, ουσ., ονομασία άγριων εδώδιμων φυτών (τεύτλο, λάπαθο).
αγριόσκυλο το και **αγριόσκυλος** ο, ουσ., άγριο, επιθετικό σκυλί: *λίγο έλειψε να με δαγκώσει ένα ~.*
αγριοσπανάκι το, ουσ., εδώδιμο αγριόχορτο που μοιάζει με το σπανάκι.
αγριοσταφίδα η, ουσ., ονομασία δηλητηριωδών φυτών με μικρές ρώγες.
αγριοσυκιά η, ουσ. (συνίζ.), άγρια συκιά.
αγριόσυκο το, ουσ., ο καρπός της αγριοσυκιάς (συνών. ερινιός και ορνιός).
αγριότη, βλ. *αγριότητα.*
αγριοτηρώ, ρ., βλέπω κάποιον με άγριο τρόπο (συνών. αγριοκοιτάζω).
αγριότητα και **αγριότη** η, ουσ. **1.** η ιδιότητα του άγριου, η άγρια κατάσταση: *το λιοντάρι ξεπερνά όλα τα άλλα ζώα στην ~* (συνών. αγριάδα· αντ. ημεράδα, πραότητα). **2.** πράξη σκληρή, απάνθρωπη: *οι κατακτητές διέπραξαν πολλές -ες* (συνών. ωμότητα, θηριωδία, κτηνωδία).
αγριότοπος ο, ουσ. **1.** τόπος άγονος, μη καλλιεργήσιμος: *σ' αυτό τον -ο τίποτα δε φυτρώνει* (συνών. χερσότοπος· αντ. εύφορος τόπος). **2.** τόπος ερημικός που η θέα του και μόνο τρομάζει: *το οικόπεδο που έλεγε ήταν ένας ~ όπου άνθρωπος δεν μπορεί να ζήσει λεπτό* (συνών. ερημιά).
αγριότραγος ο, ουσ., άγριος, ατιθάσευτος τράγος: *μην πας κοντά στον -ο μη σου επιτεθεί.*
αγριοτριανταφυλλιά η, ουσ. (συνιζ.), άγρια τριανταφυλλιά.
αγριοτριαντάφυλλο το, ουσ. (ασυνίζ.), άνθος αγριοτριανταφυλλιάς.
αγριοτσουκνίδα η, ουσ., μεγάλη τσουκνίδα.
αγριούτσικος, -η, -ο, επίθ., κάπως, λίγο άγριος. - Επίρρ. **-α.**
αγριοφέρνω, ρ., έχω άγρια όψη, φαίνομαι άγριος: *το πρόσωπό του αφρόντιστο, αξύριστο, -ει αρκετά.*
αγριοφοράδα η, ουσ., ατίθαση, ανήμερη φοράδα: *είναι ~· πρόσεξε μη σε ρίξει κάτω.*
αγριοφωνάζω, ρ., βγάζω δυνατή φωνή, κραυγάζω: *σε απάντηση του βουλευτή ο κόσμος άρχισε να -ει.*
αγριοφωνάρα η, ουσ., δυνατή φωνή, κραυγή: *πάτησε κάτι -ες που σηκώθηκε όλη η γειτονιά στο πόδι* (συνών. «γκαρίσματιά»).
αγριοχελίδονο το, ουσ., είδος χελιδονιού, πετροχελίδονο.
αγριόχηνα η, ουσ. **1.** ονομασία ειδών άγριας χήνας. **2.** (ιδίωμ.) γερανός. **3.** (ιδίωμ.) αγριόγαλος.
αγριόχοιρος ο, ουσ., παχύδερμο θηλαστικό που ζει στα δάση και θεωρείται πρόγονος των κατοικίδιων χοίρων (συνών. αγριογούρουνο).
αγριοχόρταρο το, ουσ., κάθε αυτοφυές χόρτο που όμως δεν τρώγεται: *αυτά δεν είναι ραδίκια, αλλά -α.*
αγριόχορτο το, ουσ., κάθε αυτοφυές χόρτο που τρώγεται ή όχι: *τα -α θα πνίξουν τις καλλιέργειες.*
αγριόψαρο το, ουσ., πολύ άγριο ψάρι: *μεγάλες κο-*
κάλες από κανένα ~ (Κόντογλου).
αγριόψυχος, -η, -ο, επίθ., μοχθηρός, θηριώδης: *είναι τόσο ~ που δε θα διστάσει να πατήσει σε πτώματα για να πετύχει το σκοπό του.*
αγριωπός, -ή, -ό, επίθ. (ασυνίζ.), που έχει άγρια μορφή, όψη: *νιώσαμε την οργή του από το -ό του μάτι* (συνών. άγριος, βλοσυρός).
αγροδίαιτος, -η, -ο, επίθ., που ζει στους αγρούς, αγρότης.
αγροζημία η, ουσ., ζημία καλλιεργημένου χωραφιού.
αγροίκητος, -η, -ο, επίθ. (ιδιωμ.). **1.** που δεν μπορεί να ακουστεί. **2.** ακατανόητος: *λόγια -α* (αντ. κατανοητός). **3.** πρωτάκουστος, πρωτοφανής: *-α πράματα είν' αυτά που κάνεις.* **4.** ανόητος. **5.** ανυπάκουος: *παιδί -ο* (αντ. υπάκουος, φρόνιμος). **6.** αναίσθητος, σκληρός: *τι ~ άνθρωπος!* **7.** που έχει άσχημους τρόπους (αντ. ευγενικός, λεπτός). [*αγροικητός* με αναβιβ. τόνου.].
αγροικητός, -ή, -ό, επίθ. **1.** ακουστός. **2.** ξακουστός, διάσημος. - Επίρρ. **-ά** (στη σημασ. **1**).
αγροικία η, ουσ., αγροτικό σπίτι.
αγροίκος, -α, -ο, επίθ., που φέρεται με άσχημους τρόπους, άξεστος: *παντρεύτηκε έναν -ο* (αντ. ευγενικός, καλλιεργημένος, πολιτισμένος). [αρχ. *άγροικος*].
αγροικώ και **γροικώ,** ρ. (λαϊκ.). **1.** ακούω: *δε γροικάς τι σου λέω;* **2.** πληροφορούμαι: *γροίκησες τα νέα;* **3.** αντιλαμβάνομαι, καταλαβαίνω: *δε γροίκησε τίποτε απ' όσα διάβασε.* **4.** αισθάνομαι: *δε γροικώ τα πόδια μου.* **5.** αντιλαμβάνομαι με την όσφρηση, μυρίζω: *-ησα μυρωδιά από λείψανο* (Σολωμός). [*αγροικός*<*άγροικος*].
αγροκαλλιέργεια η, ουσ. (ασυνίζ.), καλλιέργεια αγρών.
αγρόκτημα το, ουσ., κτήμα αγροτικό συνήθως με κατοικία.
αγρολήπτης ο, ουσ. (νομ.) μισθωτής αγροτικού κτήματος «επί μορτή»: *πριν αρχίσει η συγκομιδή των καρπών ο ~ οφείλει να ειδοποιεί τον εκμισθωτή για την έναρξή της* (αστ. κώδ.). - Βλ. *αγροληψία* και *επίμορτος.*
αγροληψία η, ουσ. (νομ.) μίσθωση αγροτικού κτήματος στην οποία το μίσθωμα συμφωνήθηκε σε ποσοστό των καρπών: *~ επίμορτη* (αστ. κώδ.). - Βλ. και *επίμορτος.*
αγρομίσθωση η, ουσ. (νομ.) μίσθωση αγροτικού κτήματος.
αγρόν ηγόρασε· αρχαϊστ. έκφρ., για να δηλωθεί αδιαφορία.
αγρονομείο το, ουσ. **1.** περιφέρεια που υπάγεται στις αρμοδιότητες του αγρονόμου. **2.** έδρα αγρονόμου.
αγρονομία η, ουσ. **1.** επιστήμη σχετική με την καλλιέργεια των αγρών. **2.** εποπτεία των αγρών. **3.** ο βαθμός, το αξίωμα του αγρονόμου. **4.** (συνεκδ.) το σώμα των αγρονόμων: *τους έπιασε η ~.* **5.** (συνεκδ.) οίκημα όπου μένει ο αγρονόμος, αγρονομείο: *πήγαν στην ~ να καταγγείλουν τη ζημιά.* **6.** νόμοι και διατάξεις που αφορούν την εποπτεία των αγρών.
αγρονομικός, -ή, -ό, επίθ., που σχετίζεται με την αγρονομία: *-ές διατάξεις.*
αγρονόμος ο, ουσ. **1.** αυτός που ασχολείται με την επιστήμη της αγρονομίας, με μεθόδους σχετικά με την αγροκαλλιέργεια. **2.** ανώτερος υπάλληλος της αγροφυλακής.

αγρός ο, ουσ., χωράφι.
αγροτεμάχιο το, ουσ. (ασυνίζ.), κομμάτι γης, τμήμα μεγαλύτερης αγροτικής έκτασης που (συνήθως) είναι οικοδομήσιμο.
αγρότης ο, θηλ. **-ισσα**, ουσ. 1. αυτός που ασχολείται με την καλλιέργεια των αγρών (συνών. *γεωργός, καλλιεργητής*). 2. χωρικός: *αστοί και -ες· Ελληνίδα -ισσα*.
αγροτιά η, ουσ. (συνιζ.), ο αγροτικός κόσμος, η τάξη των αγροτών: *οι αγώνες της -ιάς*.
αγροτικός, -ή, -ό, επίθ., που αναφέρεται ή ανήκει στους αγρότες ή την αγροτική οικονομία: *προϊόντα -ά· πληθυσμός ~· τράπεζα / έκταση -ή· μηχανήματα -ά· φυλακές -ές* (αντ. *αστικός*)· *γιατρός ~* = γιατρός διορισμένος από το κράτος σε χωριό, επαρχιακή κωμόπολη ή και πόλη για ορισμένο χρονικό διάστημα.
αγρότισσα, βλ. *αγρότης*.
αγροτοπατέρας ο, ουσ., αυτός που δήθεν προστατεύει τα συμφέροντα των αγροτών.
αγροτόσπιτο το, ουσ., σπίτι που ανήκει σε αγρότες ή είναι χτισμένο όπως τα αγροτικά σπίτια.
αγροφύλακας ο, ουσ., πληθ. **-ες** και (λαϊκ.) **-άκοι**. α. φύλακας των αγρών (συνών. *δραγάτης*)· β. υπάλληλος της αγροφυλακής (βλ. λ.): *τους έπιασε ο ~ να κλέβουν σταφύλια*.
αγροφυλακή η, ουσ. 1. δημόσια υπηρεσία επιφορτισμένη με την προστασία και ασφάλεια της αγροτικής περιουσίας. 2. (συνεκδ.) το σώμα των αγροφυλάκων.
αγρυπνία και **αγρύπνια** η, ουσ. (συνιζ.). 1. το να μην κοιμάται κανείς με ή χωρίς τη θέλησή του: *από την ~ πρήστηκαν τα μάτια της* (συνών. *αϋπνία, ξενύχτι*· αντ. *ύπνος*). 2. ολονύκτια εκκλησιαστική ακολουθία που τελείται την παραμονή ορισμένων εορτών.
άγρυπνος, -η, ο, επίθ. 1. που δεν κοιμήθηκε, άυπνος: *είναι ~ τρία μερόνυχτα*. 2. προσεκτικός, που βρίσκεται σε εγρήγορση: *μάτι -ο· φρουρός ~· προσοχή -η*. - Επίρρ. **-α** (στη σημασ. 2).
αγρυπνώ, -άς, ρ. 1. μένω άγρυπνος: *-ησα στο προσκέφαλο του παιδιού όλη νύχτα* (συνών. *ξαγρυπνώ, ξενυχτώ*· αντ. *κοιμάμαι*). 2. προσέχω, είμαι σε εγρήγορση, φροντίζω: *ο στρατός -ά για την ασφάλεια της χώρας*.
αγρωστώδη τα, ουσ. (βοτ.) τάξη φυτών που αποτελείται κυρίως από πόες με βλαστό λεπτό και κυλινδρικό και άνθη μικρά ενωμένα σε μικρές ταξιανθίες (πχ. *ρύζι, σιτάρι, καλαμπόκι, ζαχαροκάλαμο, μπαμπού, κ.ά.*).
αγυάλιστος, -η, -ο, επίθ. (συνιζ.). 1. που δεν έχει γυαλιστεί, αστίλβωτος, θαμπός: *ασημικά -α* (αντ. *γυαλισμένος*). 2. που δεν έχει καθαριστεί, αλουστράριστος: *παπούτσια -α* (αντ. *βερνικωμένος, λουστραρισμένος*).
αγύμναστος, -η, -ο, επίθ., που δεν είναι γυμνασμένος: *σώμα -ο·* (μεταφ.) *μυαλό -ο* (αντ. *γυμνασμένος*). - Το αρσ. ως ουσ. = αυτός που δεν έχει εκπαιδευτεί στρατιωτικά, που δεν έχει ακόμη στρατευθεί.
αγύρευτος, -η, -ο, επίθ. 1. αζήτητος: *προϊόντα -α*. 2. ανερεύνητος, άψαχτος: *δεν άφησα γωνιά -η, μα πουθενά τα χρήματα*! 3. ανεπιθύμητος.
αγύριστος, -η, -ο, επίθ. 1. που δεν τον περιήλθε κάποιος: *έχω -η την Πελοπόννησο* (αντ. *γυρισμένος*). 2. αταξίδευτος, άπειρος: *σ' όλη του τη ζωή έμεινε ~* (αντ. *έμπειρος, ταξιδεμένος*). 3. ανεπί-

στρεπτος: *δανεικά κι -α έμειναν τα βιβλία*. 4. που δεν έχει επιστροφή: *ταξίδι -ο·* εκφρ. *στον αγύριστο!* = να χαθείς, να εξαφανιστείς. 5. ισχυρογνώμονας· εκφρ. *αγύριστο κεφάλι* (αντ. *διαλλακτικός*). 6. που δε στράφηκε από τη μια όψη ή πλευρά στην άλλη: *ρούχο -ο· -α τα ψάρια στο τηγάνι· μη μου κρατάς το πρόσωπό σου -ο*. - Επίρρ. **-α** (στη σημασ. 3).
αγυρτεία η, ουσ. 1. απάτη. 2. αλητεία.
αγύρτης ο, θηλ. **-ισσα**, ουσ. α. απατεώνας: *φυλάξου! πρόκειται για -η!* β. κομπογιανίτης: *ο γιατρός αποδείχτηκε ~*.
αγχίνοια η, ουσ. (ασυνίζ., λόγ.), ετοιμότητα, ευστροφία πνεύματος, εξυπνάδα (συνών. *σπιρτάδα*· αντ. *ανοησία, χαζομάρα*).
αγχίνους, ουσ., αρσ. και θηλ. (λόγ.), που έχει ευστροφία πνεύματος, έξυπνος: *επιστήμονας ~·* εκφρ. *~ μνήμη* = η ικανότητα του ατόμου να συγκρατεί παραστάσεις βρίσκοντας ανάμεσα σ' αυτές και σε κάποιες άλλες παλιότερες ομοιότητες δευτερεύουσες που όμως εύκολα αποτυπώνονται.
αγχιστεία η, ουσ., συγγένεια από γάμο, από συμπεθεριό: *είμαστε συγγενείς «εξ -ας»*.
άγχομαι (νεολογ.), ρ. (μόνο στον ενεστ.), έχω ψυχική αγωνία, στενοχωρούμαι: *-εται με τη δουλειά του· -εται για το μέλλον των παιδιών του*.
αγχόνη η, ουσ. 1. βρόχος, θηλιά: *θάνατος με ~*. 2. (συνεκδ.) κρεμάλα.
άγχος το, ουσ. α. (ιατρ.) παθολογική κατάσταση ανησυχίας και υπερέντασης προερχόμενη είτε από ψυχοπαθολογικά αίτια είτε από ανωμαλίες των ενδοκρινών αδένων, καρδιάς, κλπ.· β. (κοιν.) ψυχική ένταση και αγωνία εξαιτίας δύσκολων καταστάσεων που έχει να αντιμετωπίσει κανείς: *ζει σε καθημερινό ~· έχει ~ για τις εξετάσεις* (αντ. *ηρεμία*).
άγχουσα η, ουσ. (βοτ.) ονομασία φυτού, στειροβότανο (βλ. λ.).
αγχώδης, -ης, -ες, επίθ., γεν. *-ους*, πληθ. αρσ. και θηλ. *-εις*, ουδ. *-η*, γεν. πληθ. *-ωδών*. α. που ανήκει ή αναφέρεται στο άγχος: (ιατρ.) *~ νεύρωση·* β. (για πρόσωπο) που κατέχεται από άγχος: *~ άνθρωπος*.
αγχώνω, ρ. (μόνο στον ενεστ. και τη μτχ. παρκ. *-ωμένος*)· (νεολογ.). 1. (μτβ.) προκαλώ άγχος σε κάποιον: *τον -ωσε η καινούργια δουλειά του*. 2. (μέσ.) κυριεύομαι από άγχος: *-ώθηκε με τις εξετάσεις*.
άγω και φέρω· αρχαϊστ. φρ. = έχω κάποιον υποχείριο, τον «παρασύρω» (βλ. και φρ. *άγεται και φέρεται*).
αγωγή η, ουσ. 1. ανατροφή, εκπαίδευση: *~ ελληνοχριστιανική·* φρ. *δεν έχει αγωγή* (= δεν έχει καλούς τρόπους) (συνών. *διαπαιδαγώγηση*)· εκφρ. *φυσική ~* (= γυμναστική)· *μουσική ~* (= μουσικές γνώσεις, μουσική παιδεία). 2. τρόπος, μέθοδος θεραπείας κάποιας αρρώστιας: *θεραπευτική ~· ο γιατρός τού όρισε νέα ~ για το έλκος*. 3. έγγραφη καταγγελία, προσφυγή στα δικαστήρια για τη διεκδίκηση δικαιωμάτων που έχουν παραβιαστεί: *του έκαμε ~ για την καταπάτηση του οικοπέδου·* εκφρ. *πολιτική ~* = το δικαίωμα προσφυγής σε ποινικό δικαστήριο για την ηθική αποκατάσταση ή αποζημίωση του αδικημένου.
αγώγι και **αγώι** το, ουσ. 1. φορτίο που μεταφέρεται με αμοιβή. 2. μεταφορά με αμοιβή προσώπων ή πραγμάτων: *χρειάστηκαν δυο -α για να μεταφερ-*

αγωγιάτης 18

θούν όλα τα πράγματα. **3.** (συνεκδ.) αμοιβή για τη μεταφορά προσώπων ή πραγμάτων· φρ. *τ' ~ ξυπνάει τον αγωγιάτη.*

αγωγιάτης ο, ουσ. (συνιζ.), αυτός που ασκεί το επάγγελμα του μεταφορέα με ιδιόκτητο ή μη υποζύγιο ή τροχοφόρο.

αγωγιμότητα η, ουσ., ιδιότητα των σωμάτων να μεταβιβάζουν διάφορες μορφές ενέργειας: *~ ακουστική· η ~ των υδατικών διαλυμάτων είναι μικρή· ~ ηλεκτρική.*

αγωγός ο, ουσ. **1.** σωλήνας διαμέσου του οποίου διοχετεύεται κάτι: *~ νερού· τ' αεροπλάνα βομβάρδισαν τους -ούς πετρελαίου· ο ~ εξαερισμού έπαθε βλάβη.* **2.** σώμα διαμέσου του οποίου μεταβιβάζεται ενέργεια ή θερμότητα: *τα μέταλλα είναι καλοί -οί του ηλεκτρισμού· ο αμίαντος είναι κακός ~ της θερμότητας.*

αγώι, βλ. *αγώγι.*

αγώνας ο, ουσ. **1.** κοπιώδεις προσπάθειες που καταβάλλει κανείς για να επιτύχει κάποιον στόχο· *κόπος, μόχθος: με πολύ -α βγάζει το ψωμί του· επιβίωσης· -ες ταξικοί / πολιτικοί· ~ δικαστικός.* **2.** συναγωνισμός, διαγωνισμός: *-ες μουσικοί / θεατρικοί.* **3.** αγώνισμα: *Ολυμπιακοί / θεατρικοί κολυμβητικοί -ες· ~ δρόμου· ο ~ ΠΑΟΚ-ΑΡΗ έληξε ισόπαλος.* **4.** πόλεμος, ένοπλη σύγκρουση: *στους -ες της πατρίδας για τη λευτεριά έχυσαν το αίμα τους χιλιάδες παλληκάρια.*

αγωνία η, ουσ., αδημονία, έντονη ανησυχία: *έχει ~ για τα αποτελέσματα των εξετάσεων· ζει σε συνεχή ~ για το αύριο· ~ θανάτου· ~ επιθανάτια / ανυπόφορη* (συνών. *άγχος, αδημονία, στενοχώρια·* αντ. *αμεριμνησία, ηρεμία, ξενοιασιά).*

αγωνίζομαι, ρ. **1.** παίρνω μέρος σε αθλητικούς αγώνες: *στους αγώνες της αρχαίας Ελλάδας -ονταν μόνον άνδρες.* **2.** καταβάλλω έντονες προσπάθειες για κάτι, κοπιάζω: *σ' όλη του τη ζωή -στηκε να βολέψει τα παιδιά του· -σου να σε σέβονται, παρά να σε φοβούνται.* **3.** πολεμώ: *-στηκαν ως την τελευταία τους πνοή.*

αγώνισμα το, ουσ., αθλητικός αγώνας: *- ίσματα στίβου· ~ πάλης* (συνών. *άθλημα).*

αγωνιστής ο, θηλ. **-ίστρια,** ουσ. **1.** αθλητής: *οι -ές της εθνικής ομάδας πανηγύρισαν για τη νίκη τους.* **2.** αυτός που κοπιάζει για κάτι: *~ της ζωής· ~ της αλήθειας· ~ του δημοτικισμού* (αντ. *φυγόμαχος).* **3.** μαχητής: *οι -ές του '40* (συνών. *πολεμιστής).*

αγωνιστικός, -ή, -ό, επίθ. **1.** που μπορεί να πάρει μέρος σε αγώνα: *αυτοκίνητα -ά.* **2.** μαχητικός: *πνεύμα -ό· διάθεση -ή.*

αγωνίστρια, βλ. *αγωνιστής.*

αγωνιώ ρ. (ασυνίζ.), αισθάνομαι αδημονία, στενοχώρια: *-ιά για την απόφαση του δικαστηρίου* (συνών. *ανησυχώ, ανυπομονώ).*

αγωνιώδης, -ης, -ες, επίθ. γεν. *-ους,* πληθ. αρσ. και θηλ. *-εις,* ουδ. *-η* (ασυνίζ.), γεμάτος αγωνία, αδημονία: *-εις προσπάθειες· -ες βλέμμα.*

αγωνοδίκης ο, ουσ., κριτής αγώνα.

αγωνοθέτης ο, ουσ., αυτός που ορίζει αγώνα και βραβεύει τους νικητές (συνών. *αθλοθέτης).*

αγωνοθετώ, -είς, ρ., ορίζω αγώνα και απονέμω τα βραβεία στους νικητές (συνών. *αθλοθετώ).*

-άδα, I. κατάλ. αφηρ. θηλ. ουσ.: *γυαλάδα, νοστιμάδα, φρονιμάδα, αφηρημάδα, δεκάδα, πεντάδα* [αιτ. *-άδα* αρχ. ουσ. σε *-άς: αγελάς - αγελάδα].*

-άδα, II. κατάλ. θηλ. ουσ.: *αμαξάδα, βαρκάδα, αυτοκινητάδα, πορτοκαλάδα.* [ουσ. σε *-άδα* βενετ. προέλευσης: *καντάδα].*

αδάγκωτος, -η, -ο επίθ. (έρρ.), που δεν τον έχουν δαγκώσει: *φρούτο / ψωμί -ο* (αντ. *δαγκωμένος).*

αδαημοσύνη η, ουσ. (ασυνίζ., λόγ.), απειρία, άγνοια, αμάθεια: *η ~ του τον οδηγεί σε αλλεπάλληλα σφάλματα* (αντ. *γνώση, επιδεξιότητα, πείρα).*

αδαής, -ής, -ές, επίθ. γεν. *-ούς,* πληθ. αρσ. και θηλ. *-είς,* ουδ. *-ή,* ανήξερος, ανίδεος: *είναι ~ σε φιλολογικά θέματα* (συνών. *απληροφόρητος·* αντ. *έμπειρος, ενημερωμένος, καταρτισμένος).*

-αδάκι, κατάλ. υποκορ. ουσ.: *φτωχαδάκι, πετραδάκι.* [πληθ. ουσ. σε *-άδες* + κατάλ. *-άκι].*

αδάκρυτος, -η, -ο, επίθ. **1.** που δε δάκρυσε, ασυγκίνητος: *παρακολούθησε την κηδεία ~* (αντ. *δακρυσμένος, κλαμένος).* **2.** αθρήνητος (συνών. *αμοιρολόγητος).*

αδάμαντας ο, ουσ. (έρρ.), διαμάντι: *ορυχείο αδαμάντων.*

αδαμαντίνη η, ουσ. (έρρ.), ουσία σκληρή και στιλπνή που περιβάλλει τα δόντια από τη μύλη ως τον αυχένα (συνών. *σμάλτο).*

αδαμάντινος, -η, -ο, επίθ. (έρρ.). **1.** διαμαντένιος ή στολισμένος με διαμάντια: *περιδέραιο -ο.* **2.** σκληρός (σαν διαμάντι)· (μεταφ.) άμεμπτος: *~ χαρακτήρας.* Έκφρ. *-οι γάμοι* (= η συμπλήρωση εξήντα χρόνων συζυγικής ζωής).

αδαμαντοκόλλητος, -η, -ο, επίθ. (έρρ.), στολισμένος με διαμάντια: *βραχιόλι -ο.*

αδαμαντοπωλείο το, ουσ. (έρρ.), κατάστημα όπου πουλιούνται κοσμήματα στολισμένα με διαμάντια ή άλλες πολύτιμες πέτρες (συνών. *κοσμηματοπωλείο).*

αδαμαντοπώλης ο, ουσ. (έρρ.), έμπορος διαμαντιών και άλλων πολύτιμων λίθων (συνών. *κοσμηματοπώλης).*

αδαμαντοστόλιστος, -η, -ο, επίθ. (έρρ.), στολισμένος με διαμάντια: *στέμμα -ο.*

αδαμαντουργία η, ουσ. (έρρ.), η τέχνη της κατεργασίας διαμαντιών.

αδαμαντουργός ο, ουσ. (έρρ.), τεχνίτης που κατεργάζεται διαμάντια.

αδαμαντωρυχείο το, ουσ. (έρρ.), ορυχείο διαμαντιών.

αδάμαστος, -η, -ο, επίθ. **1.** που δεν έχει εξημερωθεί: *άλογα -α* (συνών. *ατίθασος, ατιθάσευτος·* αντ. *εξημερωμένος).* **2.** (μεταφ.) ακατανίκητος: *θέληση -η· θάρρος -ο· χαρακτήρας ~* (συνών. *δυνατός, ισχυρός·* αντ. *αδύναμος).*

αδαμιαίος, -α, -ο, επίθ. (ασυνίζ.), που έχει σχέση με τον Αδάμ. Έκφρ. *-α περιβολή* (= το να είναι κανείς εντελώς γυμνός, όπως ο Αδάμ).

αδάνειστος, -η, -ο, επίθ. **1.** που δεν έχει δοθεί ως δάνειο: *χρήματα / εργαλεία -α* (αντ. *δανεισμένος).* **2.** που δεν έχει λάβει δάνειο.

αδαπάνητος, -η, -ο, επίθ. **1.** αξόδευτος: *χρήματα / τρόφιμα -α* (αντ. *δαπανημένος, ξοδιασμένος).* **2.** (μεταφ.) ανεξάντλητος: *κουράγιο -ο· θέληση -η* (αντ. *εξαντλημένος).*

άδαρτος, -η, -ο, επίθ., που δεν έχει δαρθεί: *παιδί -ο.* Φρ. *~ κλαίει* (= διαμαρτύρεται χωρίς να 'χει πάθει τίποτε) (συνών. *αξυλοκόπητος·* αντ. *δαρμένος, ξυλοκοπημένος).*

αδασκάλευτος, -η, -ο, επίθ. α. αδίδακτος· (συνεκδ.) άπειρος: *παντρεύτηκε μικρή κι -ή.* β. ακαθοδήγητος, που δεν τον έχουν συμβουλέψει σχε-

τικά με κάτι: ~ καθώς ήταν, είπε πράγματα που δεν έπρεπε να μάθουν (αντ. δασκαλεμένος).
αδασμολόγητος, -η, -ο, επίθ., που δε δασμολογείται, που δε φορολογήθηκε: *η οικοσκευή των μεταναστών εισάγεται -η* (συνών. *αφορολόγητος·* αντ. *δασμολογημένος, φορολογημένος*).
άδεια η, ουσ. (ασυνίζ.). **1.** ελευθερία, δικαίωμα ή συγκατάθεση να κάνει κάποιος κάτι: ~ *να εξασκεί κανείς επάγγελμα·* ~ *γάμου·* ~ *απουσίας,* κ.τ.ό.· ~ *ποιητική* (= το δικαίωμα των ποιητών να χρησιμοποιούν λέξεις και τύπους που δεν ανήκουν στην κοινή χρήση)· έκφρ. *με την -ά σας* (= εφόσον το εγκρίνετε)· (αντ. *απαγόρευση, άρνηση, περιορισμός*). **2.** έγγραφο που πιστοποιεί το δικαίωμα να κάνει κάποιος κάτι: *ο υπουργός υπέγραψε τις -ες.* **3.** χρόνος ελεύθερος από εργασία ή άλλες υποχρεώσεις: ~ *θερινών διακοπών·* ~ *εκπαιδευτική / αναρρωτική.*
αδειά η, ουσ. (συνιζ., ιδιωμ.). **1.** ευκαιρία, άνεση χρόνου: *άμα σου μείνει* ~, *τότε θα σου εξηγήσω.* **2.** ευρυχωρία, άνεση χώρου [αρχ. *άδεια*].
αδειάζω ρ. (συνιζ.). I. (μτβ.) εκκενώνω κάτι ή μεταφέρω το περιεχόμενό του αλλού: *-ασα το μπουκάλι / τις τσέπες μου / το συρτάρι·* -*ασε το πιάτο του* (= έφαγε το φαγητό του)· *-ασέ μου τη γωνιά* (= φύγε γρήγορα, παραμέρισε). II. αμτβ. **1.** κενώνομαι: *-ασε η αίθουσα· -ασαν οι δρόμοι.* **2.** ευκαιρώ, έχω άνεση χρόνου: *όποτε -άσεις, τηλεφώνησέ μου.*
αδειανός, -ή, ό, επίθ. (συνιζ.), *άδειος*, κενός: *-ό στομάχι· -ό ποτήρι· ήρθες μ' -ά χέρια·* (παροιμ.) *-ό τσουβάλι ορθό δε στέκεται· για ένα πουκάμισο αδειανό για μιαν Ελένη* (Σεφέρης).
άδειασμα το, ουσ. (συνιζ.), εξαγωγή του περιεχομένου: *το* ~ *της δεξαμενής θα πάρει πολλήν ώρα* (συνών. *εκκένωση·* αντ. *γέμισμα*).
αδείλιαστος, -η, -ο, επίθ. (συνιζ.), που δε δειλιάζει, δε φοβάται: *-ο μάτι* (συνών. *άφοβος, ατρόμητος·* αντ. *δειλός, φοβιτσιάρης*). — Επίρρ. **-α**.
άδειος, -α, -ο, επίθ. (συνιζ.). **1.** κενός: *-ο σπίτι / πορτοφόλι· -α κοιλιά* (μεταφ.) ~ *άνθρωπος* (= χωρίς ηθικές αξίες ή προβληματισμούς) (συνών. *αδειανός·* αντ. *γεμάτος, πλήρης*). **2.** εύκαιρος (συνών. *διαθέσιμος·* αντ. *απασχολημένος*. [*αδειάζω υποχωρητ.*].
αδειούχος ο, ουσ. (ασυνίζ.), αυτός που έχει άδεια: *τον Αύγουστο είμαι* ~. [*άδεια + -ούχος*].
αδείπνητος, -η, -ο και **αδείπνιστος,** επίθ., που δεν έχει δειπνήσει, που έμεινε νηστικός (ιδιαίτερα το βράδι): *δεν του άρεσε το φαγητό και κοιμήθηκε* ~ (συνών. *άφαγος·* αντ. *χορτάτος, φαγωμένος*). [στερ. *α + δειπνώ*].
αδεκαρία η, ουσ., παντελής έλλειψη χρημάτων: *κάθε φορά που σου ζητώ χρήματα έχεις* ~ (συνών. *αναπαραδιά, απενταρία.*
αδέκαρος, -η, -ο, επίθ., που δεν έχει καθόλου χρήματα: *μην του ζητήσεις δανεικά· κι αυτός* ~ *είναι* (συνών. *απέντερος*).
αδέκαστος, -η, -ο, επίθ., δίκαιος, αμερόληπτος: ~ *κριτής / δικαστής / διαιτητής.*
αδελέαστος, -η, -ο, επίθ., που δε δελεάζεται, που δεν παρασύρεται: *έμεινε* ~, *αν και οι προτάσεις φαίνονταν πολύ ελκυστικές* (συνών. *αδέκαστος*).
αδελφάκι και **αδερφάκι,** (λαϊκ.) αδεφάκι το, ουσ. **1.** ο μικρός αδελφός ή χαϊδευτικά ο αδελφός. **2.** (σε προσφών.) φίλος: *χαθήκαμε, βρε* ~ *μου!*
αδελφάτο και **αδερφάτο** το, ουσ. **1.** σωματείο θρησκευτικό ή φιλανθρωπικό. **2.** το διοικητικό συμβούλιο κάποιου ιδρύματος ή ναού: *το* ~ *του νοσοκομείου.*
αδελφή και **αδερφή** η, πληθ. *-ές* και *-ρφάδες*, ουσ. **1.** (δεύτερος) βαθμός συγγένειας· άτομο θηλυκού γένους που έχει κοινούς με κάποιο άλλο ή άλλους τους δύο ή τον ένα μόνο από τους γονείς. **2.** καλόγρια, μοναχή. **3.** νοσοκόμα. - Υποκορ. **-ούλα** η (στη σημασ. 1).
αδελφικά και **αδερφικά,** επίρρ., με τρόπο που ταιριάζει σε αδέλφια: *έλα να κουβεντιάσουμε* ~ *και όχι σαν ξένοι* (συνών. *φιλικότατα, αγαπημένα·* αντ. *εχθρικά*).
αδελφικός και **αδερφικός,** επίθ., που αναφέρεται ή αρμόζει σε αδέλφια: *αγάπη / στοργή -ή· φίλος* ~ (= «στενός») (συνών. *φιλικός, αγαπητός·* αντ. *εχθρικός*).
αδελφογαμία η, ουσ. (φυτολ.) γονιμοποίηση άνθους από άλλο του ίδιου μητρικού φυτού.
αδελφοκτονία η, ουσ., φόνος αδελφού: *το δικαστήριο τον καταδίκασε για* ~ (συνών. *αδελφοσκοτωμός*).
αδελφοκτόνος ο, ουσ., ο φονιάς του αδελφού ή της αδελφής του: *έγινε* ~ *για ένα χωράφι.*
αδελφομίκτης ο, θηλ. **-τρια,** ουσ., αυτός / αυτή που έρχεται σε σαρκική επαφή με την αδελφή του / τον αδελφό της.
αδελφοπαίδι και **αδερφοπαίδι,** το, ουσ., το παιδί του αδελφού ή της αδελφής, ανίψι· (πληθ.) *τα -ια = ξαδέρφια.*
αδελφοποίηση η, ουσ., σύνδεση δύο ατόμων ή ομάδων με αδελφικό δεσμό σε ειδική τελετή ή διαδικασία: *με σειρά εκδηλώσεων γιορτάστηκε η* ~ *των δύο πόλεων.*
αδελφοποιτός και **αδερφοποιτός** ο, ουσ., αυτός που γίνεται αδελφός κάποιου με τη διαδικασία της αδελφοποίησης δίνοντας κάποιον όρκο ή με ανάμιξη του αίματός τους: *στο γιαλό να κατεβώ / να μαράνω δυο αδερφούς, δεκαοχτώ -ούς* (συνών. *σταυραδερφός*).
αδελφός και **αδερφός** ο, ουσ. **1.** (δεύτερος) βαθμός συγγένειας· άτομο που έχει κοινούς με κάποιον άλλο ή άλλους τους δύο ή τον ένα από τους γονείς: ~ *μεγάλος / μικρός / ετεροθαλής.* **2.** ομοεθνής. **3.** καλόγερος, μοναχός. **4.** μέλος σωματείου ή θρησκευτικής οργάνωσης: *-οί του Ελέους / των Παθών των μοναχικών ταγμάτων.* Έκφρ. *εν Χριστώ -οί* (= οι χριστιανοί). **5.** (ως επίθ.): α. φιλικός, συμμαχικός: *σωματεία / έθνη -ά·* β. όμοιος, συγγενικός: *φύση / ψυχή -ή,* **6.** (ως προσφών., (λαϊκ.)=): *μας ζάλισες, μωρ' -έ μου!* - Υποκορ. *-ούλης* ο (στη σημασ. 1).
αδελφοσκοτωμός και **αδερφοσκοτωμός** ο, ουσ. **1.** φόνος μεταξύ αδελφών (συνών. *αδελφοκτονία*). **2.** (μεταφ.) εμφύλιος πόλεμος: *πόσα χρόνια κράτησε ο* ~;
αδελφοσύνη και **αδερφοσύνη** η, ουσ. **1.** η συγγένεια μεταξύ αδελφών: *ορκίζομαι στην* ~ *μας!* **2.** στενή φιλία, δεσμός μεταξύ κάποιων ατόμων: *ευλογημένη ας είναι η πίκρα μας, ευλογημένη η* ~ *μας* (Ρίτσος).
αδελφότητα και (λαϊκ.) **αδερφότη** η, ουσ. **1.** το σύνολο των πνευματικών αδελφών (μοναχών): ~ *μοναστηριακή.* **2.** σωματείο θρησκευτικό, φιλανθρωπικό ή συντεχνιακό: *Χριστιανική* ~ *των νέων.*
αδελφώνω και **αδερφώνω,** ρ. **1.** (ενεργ. μτβ.) συμ-

φιλιώνω άτομα που έχουν μαλώσει: *δυο χρόνια δε μιλούσαν και τους -ωσαν*. **2.** (ενεργ. αμτβ. και μέσ.) συνεταιρίζομαι, συνεργάζομαι: *-ωσαν οι δυο τους κι άνοιξαν μαζί το μαγαζί· οι ορμές μέσα στην ουσία της θεότητας αδερφώνονυνται και πολεμούν όλες μαζί* (Καζαντζάκης).

αδεμάτιαστος, -η, -ο, επίθ. (συνιζ.), που δεν έχει ακόμα συσκευαστεί σε δεμάτια: *στάχυα -α*.

αδεναλγία η, ουσ. (ιατρ.) πόνος των λεμφικών γαγγλίων.

αδένας ο, ουσ. επιθηλιακό όργανο του σώματος που εκκρίνει κάποιο υγρό: *-ες σιελογόνοι / ιδρωτοποιοί*. [αρχ. *αδήν*].

άδενδρος και **άδεντρος, -η, -ο**, επίθ., που δεν έχει δέντρα: *έκταση -η*.

αδενδροτόμητος, -η, -ο, επίθ., που δεν έχει υλοτομηθεί: *δάσος -ο*.

αδενεκτομή η, ουσ. (ιατρ.). **α.** εγχείρηση για την αφαίρεση ενός ή περισσότερων λεμφογαγγλίων· **β.** αφαίρεση των αδενοειδών εκβλαστήσεων.

αδενέμφραξη η, ουσ. (ιατρ.) απόφραξη του εκφορητικού πόρου ενός αδένα που προκαλείται από όγκο, φλεγμονή, κτλ. [*αδήν + έμφραξη*].

αδενικός, -ή, -ό, επίθ., που έχει την εμφάνιση, το σχήμα και την υφή αδένα· που σχετίζεται με τους αδένες: *ιστός ~· κύτταρα -ά*.

αδενίτιδα η, ουσ., φλεγμονή των λεμφικών αδένων. [λατ. *adenitis*<ελλην. *αδήν - ένος + itis*].

αδενοπάθεια η, ουσ. (ασυνίζ.), γενική ονομασία των λεμφογαγγλιακών παθήσεων· (συνηθέστ.) η διόγκωση των αδένων του μεσοπνευμόνιου χώρου (κατά την παιδική ηλικία). [*αδήν + πάσχω*].

άδεντρος, βλ. *άδενδρος*.

αδενώδης, -ης, -ες, επίθ. γεν. *-ους*, πληθ. αρσ. και θηλ. *-εις*, ουδ. *-η*, που μοιάζει με αδένα.

αδένωμα το, ουσ., καλοήθης όγκος κάποιου αδένα: *~του μαστού / του ορθού*. [λατ. *adenoma*<ελλην. *αδήν -ένας + -ωμα*].

αδέξιος, -α, -ο επίθ. (ασυνίζ.). **1.** που δεν έχει την ικανότητα, την επιτηδειότητα για κάτι: *οδηγός ~· μίμηση -α* (συνών. *ανίκανος, ανεπιτήδειος, ανάξιος, άπειρος, ατζαμής*· αντ. *επιδέξιος, ικανός, επιτήδειος, κατάλληλος, άξιος, έμπειρος*). **2.** κακός, δυσμενής, αντίξοος. - Επίρρ. **-α**.

αδεξιοσύνη η, ουσ. (ασυνίζ.), το να είναι κάποιος αδέξιος, ανίκανος για κάτι: *οι κινήσεις του δείχνουν ~* (συνών. *αδεξιότητα, ατζαμοσύνη*· αντ. *επιδεξιοσύνη, ικανότητα, επιτηδειότητα*).

αδεξιότητα η, ουσ. (ασυνίζ.), αδεξιοσύνη, ανικανότητα, ατζαμοσύνη: *~ στο γράψιμο / στην οδήγηση* (συνών. *ατζαμοσύνη*· αντ. *δεξιότητα, ικανότητα*).

αδερφάτο, αδερφάκι, αδερφή, βλ. *αδελφάτο, αδελφάκι, αδελφή*.

αδέρφι και (λαϊκ.) **αδρέφι** το, ουσ. **1.** ο αδελφός ή η αδελφή κάποιου: *τ' -ια σκίζουν τα βουνά και δέντρα ξεριζώνουν*. **2.** (σε προσφών.) στενός φίλος, σύντροφος.

αδερφικά, αδερφικός, βλ. *αδελφικά, αδελφικός*.

αδερφοδιώχτης ο, ουσ. (συνιζ., ιδιωμ.), (κατά λαϊκ. δοξασία) το παιδί που προκαλεί το θάνατο στ' αδέρφια του, που δεν επιζεί άλλο παιδί μετά τη γέννησή του.

αδερφομέρι βλ. *αδερφομοίρι*.

αδερφομοιράδι και **αδερφομεράδι** το, ουσ. (ιδιωμ.), το ίσο μερίδιο κάθε αδελφού από την ακίνητη πατρική περιουσία (συνών. *αδερφομοίρι*).

αδερφομοιρασιά η, ουσ. (συνιζ., ιδιωμ.), η διανομή της πατρικής περιουσίας ανάμεσα στ' αδέρφια: *στην ~ αδικήθηκα*.

αδερφομοίρι και **αδερφομέρι** το, ουσ. (ιδιωμ.), το μερίδιο κάθε αδελφού από την ακίνητη πατρική περιουσία: *έκανε το χωράφι του τρία -ια για τα παιδιά του* (συνών. *αδερφομοιράδι*).

αδερφοπαίδι, αδερφοποιός, αδερφός, αδερφοσκοτωμός, αδερφοσύνη, βλ. *αδελφ-*.

αδερφότη, βλ. *αδελφότητα*.

αδερφώνω, βλ. *αδελφ-*.

-άδες, I.καταλ. πληθ. αρσ. σε *-άς* και *ής*: *φαγάδες, μαθητάδες, καθηγητάδες*. [αρχ. καταλ. *-ας*, γεν. *-άδος*, πληθ. *-άδες*].

-άδες, II. κατάλ. πληθ. θηλ. ουσ.: *κυράδες, μανάδες*. [επίδρ. πληθ. *-άδες* αρχ. θηλ. ουσ.: *εβδομάδες*].

αδέσμευτος, -η, -ο, επίθ. **1.** που δεν έχει δεσμεύσεις, υποχρεώσεις: *-ες χώρες* = οι χώρες που δεν ανήκουν σε κανένα πολιτικό ή στρατιωτικό συνασπισμό (συνών. *ελεύθερος*· αντ. *ανελεύθερος, δεσμευμένος*). **2.** (φιλοσ.) ~ *στοχασμός* = που αυτοελέγχεται κατά την αναζήτηση της αλήθειας.

αδέσποτος, -η, -ο, επίθ. **1.** που δεν έχει κύριο, ιδιοκτήτη: *σκυλί -ο· αντικείμενα -α* = αυτά που εγκαταλείφθηκαν από τους ιδιοκτήτες τους και περιέρχονται στο κράτος. **2.** (μεταφ.) που έχει άγνωστη προέλευση: *σφαίρα / φήμη -η*.

άδετος, -η, -ο, επίθ. **1.** που δεν έχει δεθεί: *σκυλί / σκοινί -ο* (συνών. *λυτός*· αντ. *δεμένος, άλυτος*). **2.** που δεν έχει προσαρμοστεί ή προσκολληθεί κάπου: *διαμάντι -ο*. **3.** (για βιβλίο) που δεν έχει βιβλιοδετηθεί. **4.** (για καρπό) που δεν έχει ακόμα σχηματιστεί. **5.** (για ανθρώπινο σώμα) που δεν έχει ακόμη αναπτυχθεί αρκετά. **6.** (για σιρόπι) που δεν έχει συμπυκνωθεί αρκετά με το βρασμό.

αδευτέρωτος, -η, -ο, επίθ., που δεν έγινε ή δε γίνεται για δεύτερη φορά, που δεν επαναλαμβάνεται: *πράξη -η· χωράφι -ο* (= που δεν καλλιεργήθηκε για δεύτερη φορά).

αδηλητηρίαστος, -η, -ο, επίθ., που δεν έχει δηλητηριαστεί (συνών. *αφαρμάκωτος*· αντ. *δηλητηριασμένος, φαρμακωμένος*).

άδηλος, -η, -ο, επίθ., που δεν είναι φανερός· αβέβαιος: *μέλλον -ο*. Έκφρ. *-οι πόροι* = τα εισοδήματα που καλύπτουν το έλλειμμα του εμπορικού ισοζυγίου, δηλ. το συνάλλαγμα που έρχεται στη χώρα από τον τουρισμό, τα εμβάσματα των μεταναστών και των ναυτικών· *-η αναπνοή* = η διαφυγή διοξειδίου μέσα από τους πόρους του δέρματος, η δερμική αναπνοή.

αδήλωτος, -η, -ο, επίθ. **1.** που δε δηλώθηκε, δε γνωστοποιήθηκε στις επίσημες αρχές ή υπηρεσίες του κράτους: *πορεύματα -α· εισόδημα -ο* (συνών. *αγνωστοποίητος*· αντ. *δηλωμένος, γνωστοποιημένος*). **2.** (ως ουσ.) αυτός που δεν είναι γραμμένος στα μητρώα δήμου ή κοινότητας ή στα στρατολογικά μητρώα.

αδήμευτος, -η, -ο, επίθ., που δε δημεύτηκε, δεν κατασχέθηκε από το δημόσιο ή δεν επιδέχεται δήμευση: *μοναστηριακά κτήματα -α* (αντ. *δημευμένος*).

αδημιούργητος, -η, -ο, επίθ. (ασυνίζ.). **1.** που δε δημιουργήθηκε, δεν κατασκευάστηκε: *ο Θεός είναι ~* (συνών. *ακατασκεύαστος, άπλαστος*). **2.** (για πρόσ.) που δεν έχει κάποια θέση ή δεν έχει δημιουργήσει επαγγελματική σταδιοδρομία και

επομένως περιουσία: *παντρεύτηκε έναν -ο άνθρωπο.*
αδημονία η, ουσ. α. ψυχική αναστάτωση: *με ~ περιμέναμε τ' αποτελέσματα* (συνών. *ανησυχία, λαχτάρα, ανυπομονησία*). **β. θλίψη, στενοχώρια,** υπερένταση.
αδημονώ, -είς, ρ. 1. βρίσκομαι σε κατάσταση ανησυχίας, ταραχής: *-ούσαμε να τον γνωρίσουμε* (συνών. *ανυπομονώ, λαχταρώ*). 2. θλίβομαι, στενοχωριέμαι: *αργείς και ~.*
αδημοσίευτος, -η, -ο, επίθ. 1. που δεν έχει δημοσιευτεί ή εκδοθεί: *διάταγμα -ο· επιστολή -η.* 2. μυστικός, κρυφός.
αδήριτος, -η, -ο, επίθ. (λόγ.), ακαταμάχητος, επιτακτικός. Έκφρ. *-η ανάγκη.*
Άδης ο, ουσ. 1. (μυθ.) θεότητα του κάτω κόσμου, γιος του Κρόνου και της Ρέας, ο Πλούτωνας· (συνεκδ.) ο κάτω κόσμος, ο τόπος διαμονής των νεκρών. Φρ. *τρώω τον -η* (για πολυφαγία). 2. κόλαση, τόπος βασανισμού των ασεβών. 3. τόπος πολύ σκοτεινός· σκοτάδι: *~ το σκότος απλώθηκε γύρω μας* (Καρκαβίτσας).
αδηφαγία η, ουσ. (λόγ.). 1. το να είναι κανείς αδηφάγος, λαίμαργος (συνών. *λαιμαργία, πολυφαγία*). 2. απληστία.
αδηφάγος, ουδ. *-ον,* ουσ. (λόγ.). 1. λαίμαργος, αχόρταγος: *Άδης ~.* 2. άπληστος. [αρχ. *αδηφάγος*].
-άδι, κατάλ. ουδ. ουσ. *σπηράδι, μαυράδι, ξεράδι, ρημάδι.* [μτγν. υποκορ. κατάλ. *-αδιον*].
-αδιά, κατάλ. θηλ. ουσ.: *παπαδιά.* [κατάλ. πληθ. ουσ. σε *-άς: παπάδες* + καταλ. *-ία>-ιά*].
αδιάβατος, -η, -ο, επίθ. (συνίζ.). 1. που δεν έχει διαβάσει, μελετήσει: *μαθητής ~.* 2. που δε διαβάστηκε ή δεν είναι δυνατό να διαβαστεί: *βιβλίο / γράμμα -ο.* 3. που δεν πήρε ευχή εξιλαστήρια από την εκκλησία: *πήγε ~· κόλλυβα -α.*
αδιάβατος, -η, -ο, επίθ. (συνιζ.), που δε διαβαίνεται εύκολα ή και καθόλου: *δάσος / ρέμα -ο* (συνών. *αδιαπέραστος, απέραστος* αντ. *διαβατός*).
αδιαβίβαστος, -η, -ο, επίθ. (ασυνίζ.), που δε διαβιβάστηκε: *έγγραφο / τηλεγράφημα -ο.*
αδιάβλητος, -η, -ο, επίθ. (ασυνίζ.). 1. που δεν έχει συκοφαντηθεί: *κανείς δεν έμεινε ~ από σένα* (συνών. *ασυκοφάντητος* 2. που δεν είναι δυνατό να κατηγορηθεί, να διαβληθεί: *εκλογές -ες* (= τίμιες)· *σχέσεις -ες.*
αδιάβροχο το, ουσ. (ασυνίζ.), πανωφόρι από αδιάβροχο ύφασμα: *πάρε το -ό σου μήπως βρέξει.*
αδιάβροχος, -η, -ο, επίθ. (ασυνίζ.), που δε διαπερνιέται από το νερό ή τη βροχή: *ρολόι -ο· -η επένδυση ενδύματος.* [στερ. α - + *διαβρέχω*].
αδιάβρωτος, -η, -ο, επίθ. (ασυνίζ. λόγ.), που δεν έχει υποστεί ή δεν είναι δυνατόν να υποστεί διάβρωση: *έδαφος / ξύλο -ο.* [στερ. α - + αρχ. *διαβιβρώσκω*].
αδιάγνωστος, -η, -ο, επίθ. (ασυνίζ.), που δεν έχει διαγνωστεί ή δεν είναι δυνατό να διαγνωστεί: *αρρώστια -η.*
αδιαγούμιστος, -η, -ο, επίθ. (συνιζ.), που δε διαρπάχθηκε: *σοδειά -η* (συνών. *αλεηλάτητος, απείραχτος* αντ. *διαγυυμισμένος*). [*διαγουμίζω*].
αδιάγραπτος, -η, -ο, επίθ. (ασυνίζ.), που δεν έχει διαγραφεί ή δεν είναι δυνατόν να διαγραφεί, να αποσβεσθεί: *γραμμάτιο -ο.* [*διαγράφω*].
αδιάζευκτος, -η, -ο, επίθ., (ασυνίζ.) που δεν έχει πάρει διαζύγιο (αντ. *διαζευγμένος*).

αδιαθεσία η, ουσ. (ασυνίζ.), μικρή διαταραχή της υγείας: *μια μικρή ~ μ' έκλεισε χθες στο σπίτι* (συνών. *κακοδιαθεσία*).
αδιάθετος, -η, -ο, επίθ. (ασυνίζ.). 1. ελαφρά άρρωστος: *αν είσαι ~, μην έρθεις* (αντ. *ευδιάθετος, κεφάτος*). 2. που δεν έχει χρησιμοποιηθεί: *κονδύλιο -ο* (συνών. *αχρησιμοποίητος* αντ. *χρησιμοποιημένος*). 3. που δεν έχει πουληθεί: *εμπόρευμα -ο* (συνών. *απούλητος* αντ. *πουλημένος*). 4. (ως ουσ.) άτομο που δεν έχει αφήσει διαθήκη. Έκφρ. *κληρονόμοι «εξ αδιαθέτου»* (= φυσικοί κληρονόμοι και όχι με βάση διαθήκη).
αδιαθετώ -είς, ρ. (ασυνίζ.), είμαι ελαφρά άρρωστος: *χθες -ησα, αλλά σήμερα είμαι καλά.*
αδιαίρετος, -η, -ο, επίθ. (ασυνίζ.). 1. που δεν έχει διαιρεθεί ή που δεν επιδέχεται διαμερισμό: *η μονάδα είναι -η* (συνών. *αδιαχώριστος, αμοίραστος, αδιαμέριστος*· αντ. *διαμερισμένος, τεμαχισμένος, κομμένος*). 2. (ως ουσ.) *το -ο:* η αδυναμία διαίρεσης: *το -ο της Αγίας Τριάδας.* Έκφρ. *κληρονομιά «εξ αδιαιρέτου»* = (νομ.) η από κοινού κυριότητα ενός αντικειμένου από πολλούς δικαιούχους και η αξίωση, η απαίτηση του καθενός πάνω σ' ολόκληρο το αντικείμενο.
αδιακανόνιστος, -η, -ο, επίθ. (ασυνίζ.), που δεν έχει διευθετηθεί, ρυθμιστεί με λεπτομέρειες: *ο τρόπος πληρωμής έμεινε ~* (συνών. *αδιευθέτητος, αξεκαθάριστος* αντ. *κανονισμένος, διευθετημένος*).
αδιακήρυκτος, -η, -ο, επίθ. (ασυνίζ.), που δεν αναγγέλθηκε, δε γνωστοποιήθηκε δημόσια: *πλειστηριασμός ~* (συνών. *αδιαλάλητος, αγνωστοποίητος, μυστικός*· αντ. *γνωστός, γνωστοποιημένος*).
αδιακίνητος, -η, -ο, επίθ. (ασυνίζ.), που δεν έχει μεταφερθεί στον προορισμό του: *εμπορεύματα -α.*
αδιάκοπος, -η, -ο, επιθ. (συνιζ. και ασυνίζ.) συνεχής, ασταμάτητος: *βροχή / μελέτη -η.* - Επίρρ. **-α.**
αδιακόρευτος, -η, -ο, επίθ. (ασυνίζ.), (για γυναίκα) που δε διακορεύθηκε, δεν την «πείραξαν» (συνών. *άθικτη, αγνή*).
αδιακόσμητος, -η, -ο, επίθ. (ασυνίζ.), που δε διακοσμήθηκε: *βιτρίνα -η* (συνών. *αστόλιστος, ακόσμητος*· αντ. *στολισμένος, διακοσμημένος*).
αδιακρισία (ασυνίζ.) και **αδιακρισιά** η, ουσ. (συνιζ.) έλλειψη λεπτότητας, διακριτικότητας, αγένεια: *συμπεριφέρεται αναιδώς και με ~* (αντ. *διακριτικότητα*).
αδιάκριτος, -η, -ο, επίθ. (ασυνίζ.). 1. που δε διακρίνεται, δεν ξεχωρίζει: *φιγούρες -ες μέσα στο σκοτάδι* (συνών. *αθέατος, αόρατος, δυσδιάκριτος*· αντ. *αντιληπτός, ορατός, ευδιάκριτος*). 2. που δεν είναι διακριτικός· αγενής, αξέστος: *ερώτηση -η· επίσκεπτης ~* (συνών. *περίεργος* αντ. *διακριτικός, λεπτός*). - Επίρρ. **-α** (= χωρίς να λάβω υπόψη μου ό,τι πρέπει, χωρίς διακριτικότητα: *του μίλησε -α*) και **-ίτως** (= χωρίς εξαίρεση: *τιμωρήθηκαν όλοι -ίτως είτε ήταν ένοχοι είτε όχι*).
αδιακριτώδης, -η, -ο, επίθ. (ασυνίζ.), που δεν περιπαίχτηκε, δε γελοιοποιήθηκε: *στην κωμωδία αυτή κανένας πολιτικός δεν έμεινε ~* (συνών. *ακοροϊδευτος, ασατίριστος*).
αδιαλάλητος, -η, -ο, επίθ. (ασυνίζ.), που δεν ανακοινώθηκε δημόσια, δεν έγινε γνωστός: *ο ερχομός σου δεν έμεινε ~* (συνών. *κρυφός, αγνωστοποίητος, αδιακήρυκτος* αντ. *γνωστός, κοινολογημένος*).

αδιάλεγος, βλ. *αδιάλεχτος*.

αδιάλειπτος, -η, -ο, επίθ. (ασυνίζ.), αδιάκοπος, ακατάπαυστος: *πέρασε τις εξετάσεις ύστερα από -η μελέτη* (συνών. *συνεχής*).

αδιάλεξτος, -η, -ο και **αδιάλεγος**, επίθ. (συνιζ.). **1.** που δεν προτιμήθηκε με επιλογή, αλλά τυχαία (αντ. *επιλεγμένος*). **2.** που δεν έχει διαχωριστεί σε κατηγορίες: *τα φρούτα είναι ακόμα -α* (συνών. *αξεδιάλεχτος, αξεκαθάριστος*· αντ. *διαλεγμένος, ξεδιαλεγμένος*).

αδιάλλακτος, -η, -ο, επίθ. (ασυνίζ.), που δε συμβιβάζεται, που είναι σταθερός σε κάποια θέση: *μίσος -ο· αντίπαλος ~* (συνών. *ασυμβίβαστος, ασυμφιλίωτος, ανένδοτος*· αντ. *διαλλακτικός*).

αδιαλλαξία η, ουσ. (ασυνίζ.), έλλειψη διάθεσης για συμβιβασμό: *η ~ σου κάνει δύσκολη τη συζήτησή μας* (συνών. *ισχυρογνωμοσύνη*· αντ. *μετριοπάθεια, διαλλακτικότητα*).

αδιάλυτος, -η, -ο, επίθ. (ασυνίζ.). **1.** που δε διαλύεται (στα συστατικά του): *η ασπιρίνη είναι -η στο γάλα* (αντ. *διαλυτός*). **2.** αδιαπέραστος: *σκοτάδι -ο* (συνών. *πυκνός*).

αδιαμαρτύρητα, επίρρ. (ασυνίζ.), χωρίς διαμαρτυρία: *υπέμεινε τόσους κόπους ~* (συνών. *αγόγγυστα*).

αδιαμαρτύρητος, -η, -ο, επίθ. (ασυνίζ.). **1.** που δε διαμαρτύρεται (συνών. *υπομονετικός, καρτερικός*). **2.** που δε διαμαρτυρήθηκε κανείς γι' αυτόν: *γραμμάτιο -ο· συναλλαγματική -η.* - Επίρρ. **-ρήτως.**

αδιαμέλιστος, -η, -ο, επίθ. (ασυνίζ.), που δε διαμελίστηκε, δε χωρίστηκε σε μερίδες: *κρέας -ο* (συνών. *ατεμάχιστος*· αντ. *διαμελισμένος, τεμαχισμένος*).

αδιαμοίραστος, -η, -ο επίθ. (ασυνίζ.), που δε μοιράστηκε: *το οικόπεδο είναι ακόμα -ο* (συνών. *αδιανέμητος, ακατανέμητος*· αντ. *διαμοιρασμένος, κατανεμημένος*.).

αδιαμόρφωτος, -η, -ο, επίθ. (ασυνίζ.), που δεν πήρε ακόμα οριστικό σχήμα ή μορφή: *ο χώρος δίπλα στην εκκλησία είναι ~· χαρακτήρας ~* (συνών. *ασχημάτιστος*· αντ. *διαμορφωμένος, σχηματισμένος*).

αδιαμφισβήτητος, -η, -ο, επίθ. (ασυνίζ.), που δεν είναι δυνατόν να εγερθεί διεκδίκηση γι' αυτόν: *δικαίωμα -ο· κληρονομιά -η* (συνών. *αδιαφιλονίκητος*· αντ. *αμφισβητήσιμος*).

αδιανέμητος, -η, -ο, επίθ. (ασυνίζ.), που δε διανεμήθηκε: *κρατούν το ποσόν -ο ακόμη για να μη μαλώσουν στη διανομή* (συνών. *αδιαμοίραστος, αδιαίρετος*· αντ. *διανεμημένος, κατανεμημένος*).

αδιανόητος, -η, -ο, επίθ. (ασυνίζ.), που δεν μπορεί να νοηθεί: *ενέργεια / προσπάθεια -η* (συνών. *ακατανόητος, αλόγιστος*).

αδιαντροπιά η, ουσ. (ασυνίζ. ή συνιζ., ερρ., συνιζ.), αναισχυντία, αναίδεια, ξετσιπωσιά: *οι πράξεις σου φανερώνουν την ~ σου.*

αδιάντροπος, -η, -ο, επίθ. (ασυνίζ. ή συνιζ., ερρ.), αναίσχυντος, αναιδής, χωρίς ντροπή: *συμπεριφορά -η· λόγια -α.* — Επίρρ. **-α**. [στερ. α - +* διεντρέπομαι].

αδιαπαιδαγώγητος, -η, -ο, επίθ. (ασυνίζ.). **1.** που δεν πήρε τη σωστή ανατροφή και διαπαιδαγώγηση, αμόρφωτος: *οι θεατές της παράστασης ήταν -οι εντελώς.* **2.** που δεν είναι δυνατόν να διαπαιδαγωγηθεί: *μαθητής ~.*

αδιαπέραστος, -η, -ο, επίθ. (ασυνίζ.). **1.** που δεν μπορεί κανείς να τον περάσει: *ποτάμι / δάσος -ο* (συνών. *αδιάβατος*). **2.** (για τζάμι) που δεν μπορεί να σπάσει (συνών. *αδιάτρητος*). **3.** που δεν μπορεί να διαβραχεί από το νερό: *επίστρωση -η* (συνών. *αδιάβροχος, στεγανός*). **4.** (για σκοτάδι) πυκνός (συνών. *βαθύς*). **5.** (μεταφ.) που δεν μπορεί να εξιχνιαστεί: *μυστήριο -ο* (συνών. *ανεξιχνίαστος*).

αδιάπλαστος, -η, -ο, επίθ. (ασυνίζ.), που δεν πήρε την κανονική του μορφή ή το σχήμα: *σώμα -ο·* (μεταφ.) *χαρακτήρας ~* (συνών. *ασχημάτιστος, αδιαμόρφωτος*).

αδιαπραγμάτευτος, -η, -ο, επίθ. (ασυνίζ.), που δεν έγινε ακόμη ή δεν είναι δυνατόν να γίνει αντικείμενο διαπραγμάτευσης: *το θέμα των συμβάσεων εξακολουθεί να μένει -ο* (αντ. *διαπραγματεύσιμος*).

αδιάπτωτος, -η, -ο, επίθ. (ασυνίζ.), που γίνεται με την ίδια ένταση, χωρίς διακυμάνσεις, συνεχής: *ενδιαφέρον -ο.*

αδιάρρηκτος, -η, -ο, επίθ. (ασυνίζ.), που δεν έχει διαρρηχθεί ή δεν είναι δυνατόν να διαρρηχθεί, στέρεος, ασφαλής: *κλειδαριά -η·* (μεταφ.) *φιλία / συμμαχία -η* (συνών. *απαραβίαστος*).

αδιαρρύθμιστος, -η, -ο, επίθ. (ασυνίζ.), που δε διαρρυθμίσθηκε, δεν τακτοποιήθηκε κατάλληλα: *σπίτι -ο* (συνών. *ατακτοποίητος*).

αδιασάλευτος, -η, -ο, επίθ. (ασυνίζ.), που δε διασαλεύθηκε, αδιάσειστος, σταθερός: *τάξη -η·* (μεταφ.) *πίστη -η* (συνών. *ακλόνητος*).

αδιασαφήνιστος, -η, -ο, επίθ. (ασυνίζ.), που δε διασαφηνίστηκε, δεν εξηγήθηκε· αδιευκρίνιστος: *το θέμα παραμένει -ο.*

αδιασάφητος, -η, -ο, επίθ. (ασυνίζ.). **1.** που δε διασαφήθηκε, δεν εξηγήθηκε· αδιευκρίνιστος, σκοτεινός: *ένα σημείο της υπόθεσης έμεινε -ο.* **2.** (για εμπορεύματα) αυτό για το οποίο δεν έγινε διασάφηση (βλ. λ.) στο τελωνείο.

αδιάσειστος, -η, -ο, επίθ. (ασυνίζ.), που δεν μπορεί να κλονιστεί, ασφαλής, ατράνταχτος: *κτήριο -ο· επιχείρημα -ο* (συνών. *ακλόνητος*).

αδιασκέδαστος, -η, -ο, επίθ. (ασυνίζ.). **1.** που διασκορπίστηκε: *υποψίες / ανησυχίες -ες.* **2.** που δεν έχει διασκεδάσει: *ζωή -η.*

αδιασκόρπιστος, -η, -ο, επίθ. (ασυνίζ.), που δε διασκορπίστηκε: *η ομιλία τέλειωσε, το πλήθος όμως κραύγαζε -ο.*

αδιάσπαστος, η, -ο, επίθ. (ασυνίζ.), που δε διασπάστηκε ή δε γίνεται να διασπαστεί: *ενότητα / συνέχεια / φιλία -η* (συνών. *αδιάρρηκτος, άρρηκτος, συνεχής*).

αδιασταύρωτος, -η, -ο, επίθ. (ασυνίζ.). **1.** που δε διασταυρώνεται, δε συναντιέται με άλλον: *δρόμος ~.* **2.** που δεν επαληθεύτηκε, δεν επιβεβαιώθηκε: *πληροφορία -η.* **3.** (για ζώα και φυτά) που δεν έχει υποβληθεί σε διασταύρωση (δηλ. τεχνητή επιμιξία για τη βελτίωση του είδους).

αδιατάρακτος, -η, -ο και **αδιατάραχτος**, επίθ. (ασυνίζ.), που δε διαταράχτηκε: *σιωπή / γαλήνη -η·* (αρχαιολ.) *-ο στρώμα κλασικής κεραμικής* (συνών. *αδιασάλευτος*).

αδιατήρητος, -η, -ο, επίθ. (ασυνίζ.). **1.** που δε διατηρήθηκε ή δεν μπορεί να διατηρηθεί: *τροφές -ες* (συνών. *ασυντήρητος*). **2.** παραμελημένος, αφρόντιστος: *σπίτι -ο· κήπος ~.* **3.** που δε φροντίζει να διατρείται σε καλή σωματική κατάσταση: *φαίνεται γέρος, γιατί είναι ~.*

αδιατίμητος, -η, -ο, επίθ. (ασυνίζ.), που δεν έχει

διατιμηθεί (από την αγορανομική υπηρεσία), που δεν έχει εκτιμηθεί, οριστεί η αξία του σε χρήμα: *προϊόν -ο· προίκα -η.*
αδιάτρητος, -η, -ο, επίθ. (ασυνίζ.), που δεν μπορεί να τρυπηθεί: *μέταλλο -ο* (συνών. *αδιαπέραστος*).
αδιατύπωτος, -η, -ο, επίθ. (ασυνίζ.). **1.** που δεν έχει διατυπωθεί (γραπτά ή προφορικά) ή δεν είναι δυνατόν να διατυπωθεί: *σκέψεις -ες.* **2.** που δεν έχει πάρει σχήμα, μορφή (συνών. *αδιαμόρφωτος, ασχημάτιστος*).
αδιαφάνεια η, ουσ. (ασυνίζ. δις), έλλειψη διαφάνειας, το να μην είναι κάτι διαφανές (αντ. *διαφάνεια*)· (φυσ.) η ιδιότητα των σωμάτων να εμποδίζουν τη διέλευση ηλεκτρομαγνητικών ακτινοβολιών και στοιχειωδών σωματιδίων της πυρηνικής φυσικής διαμέσου των σωμάτων αυτών.
αδιαφανής, -ής, -ές, επίθ. γεν. *-ούς,* πληθ. αρσ. και θηλ. *-είς,* ουδ. *-ή* (ασυνίζ.), που δεν μπορεί κανείς να δει μέσα απ' αυτόν, μη διαφανής: *κρύσταλλο / ύφασμα -ές* (αντ. *διαφανής*).
αδιαφέντευτος, -η, -ο, επίθ. (ασυνίζ., έρρ.). **1.** ανυπεράσπιστος, απροστάτευτος: *χώρα -η.* **2.** ατακτοποίητος, αδιευθέτητος: *δουλειές -ες* (συνών. *αρρύθμιστος*).
αδιαφήμιστος, -η, -ο, επίθ. (ασυνίζ.), που δε διαφημίστηκε, αρεκλαμάριστος: *προϊόντα -α δεν έχουν μεγάλη κατανάλωση.*
αδιάφθορος, -η, -ο, επίθ. (ασυνίζ.), που δεν είναι διεφθαρμένος, αδωροδόκητος, αδέκαστος: *δικαστής / υπάλληλος ~* (συνών. *ακέραιος*).
αδιαφιλονίκητος, -η, -ο, επίθ. (ασυνίζ.). **1.** αδιεκδίκητος, αδιαμφισβήτητος: *προνόμια -α.* **2.** αναντίρρητος, αναμφίβολος: *προσόντα / πλεονεκτήματα -α.*
αδιαφόρετος, -η, -ο, επίθ. (ασυνίζ.). **1.** που δεν παρέχει ωφέλεια, κέρδος: *δουλειά / προσπάθεια -η·* (παροιμ.) *σε τόπον -ο να μην πολυκαθίσεις.* **2.** αδιάφορος, που δεν ενδιαφέρεται για κάτι: *προσπέρασε ~ δίχως να γυρίσει να μας δει.* - Επίρρ. **-α** (στη σημασ. 1.).
αδιαφορία η, ουσ. (ασυνίζ.), έλλειψη ενδιαφέροντος: *έβλεπε με ~ τις πολιτικές εξελίξεις* (αντ. *ενδιαφέρον*)· (ιατρ.) έλλειψη συγκίνησης από μέρους του ατόμου για τα εξωτερικά γεγονότα σε περιπτώσεις διανοητικών παθήσεων.
αδιάφορος, -η, -ο, επίθ. (ασυνίζ.). **1.** που δεν παρουσιάζει ενδιαφέρον: *λέξεις αδρές, γυμνές, υψηλές, -ες για όλες τις υποψίες μας* (Ρίτσος). **2.** που δεν ενδιαφέρεται για κάτι: *κοίταζε ~ τον καβγά.* **3.** (φιλοσ.) *ηθικώς -α αγαθά =* όσα δεν είναι ούτε καλά ούτε κακά, δηλαδή δεν έχουν ούτε αξία ούτε απαξία. **4.** (χημ.) *-α σώματα =* τα μη οξέα. **5.** (μετρ.) *-η συλλαβή =* κοινή, που μπορεί να θεωρηθεί και μακρά και βραχεία. - Επίρρ. **-α** (στη σημασ. 1).
αδιαφορώ, ρ. (ασυνίζ.), δεν ενδιαφέρομαι, δε δίνω σημασία: *~ για τη γνώμη σου.*
αδιαφύλακτος, -η, -ο, επίθ. (ασυνίζ.), που δε διαφυλάχθηκε ή δε γίνεται να προφυλαχτεί.
αδιαφώτιστος, -η, -ο, επίθ. (ασυνίζ.). **1.** που δεν ενημερώθηκε, δεν πληροφορήθηκε για κάτι: *είμαι εντελώς ~ σχετικά με τις χτεσινές κινητοποιήσεις.* **2.** ασαφής, αδιευκρίνιστος: *στην ομιλία του άφησε κάποια σημεία -α.*
αδιαχείριστος, -η, -ο, επίθ. (ασυνίζ.), που δεν έχει υποστεί ή δε γίνεται να υποστεί διαχείριση: *περιουσία -η.*

αδιαχώρητο το, ουσ. (ασυνίζ.), (φυσ.) η ιδιότητα των σωμάτων να μην μπορούν να κατέχουν στο χώρο την ίδια θέση ταυτόχρονα: *στη συγκέντρωση είχε δημιουργηθεί το ~.*
αδιαχώρητος, -η, -ο, επίθ. (ασυνίζ.), που δεν μπορεί κανείς να περάσει από μέσα του, πυκνός (συνών. *αδιαπέραστος*).
αδιαχώριστος, -η, -ο, επίθ. (ασυνίζ.), που δε διαχωρίστηκε ή δεν μπορεί να διαχωριστεί (συνών. *αδιαίρετος, αδιάσπαστος, αδιάρρηκτος*).
αδιάψευστος, -η, -ο, επίθ. (ασυνίζ.), που δε διαψεύστηκε ή δεν επιδέχεται διάψευση: *διαίσθηση / είδηση -η· κριτήρια -α.*
αδίδαχτος, -η, -ο, επίθ. **1.** που δεν έγινε αντικείμενο διδασκαλίας: *κείμενο -ο* (αντ. *διδαγμένος*). **2.** αυτοδίδαχτος: *μουσικός / ζωγράφος ~.* **3.** έκφρ. *-ο δράμα =* που δεν παίχτηκε στο θέατρο.
αδιεκπεραίωτος, -η, -ο, επίθ. (ασυνίζ.). **1.** που δε διεκπεραιώθηκε, δεν τελείωσε, εκκρεμής: *υπόθεση -η* (συνών. *αδιενέργητος*). **2.** έκφρ. *-ο έγγραφο* (= που δεν καταχωρίστηκε στο βιβλίο διεκπεραίωσης).
αδιενέργητος, -η, -ο, επίθ. (ασυνίζ.), που δεν έχει διεξαχθεί, εκκρεμής: *αλληλογραφία / δίκη -η· εκλογές -ες* (συνών. *αδιεκπεραίωτος*).
αδιέξοδο το, ουσ. (ασυνίζ.), σημείο χωρίς διέξοδο, δύσκολη κατάσταση: *η χώρα βρίσκεται σε οικονομικό / πολιτικό ~.*
αδιέξοδος, -η, -ο, επίθ. (ασυνίζ.), που δεν έχει διέξυδο, τρόπο για να προχωρήσει κανείς: *δρόμος ~· πολιτική -η.*
αδιερεύνητος, -η, -ο, επίθ. (ασυνίζ.), που δε διερευνήθηκε ή δεν μπορεί να διερευνηθεί, ανεξερεύνητος: *σπηλιά -η· νους ~.*
αδιευθέτητος, -η, -ο, επίθ. (ασυνίζ.), που δε ρυθμίστηκε, δεν τακτοποιήθηκε: *το θέμα της σύμβασης έμεινε -ο* (συνών. *ακανόνιστος, αρρύθμιστος, ατακτοποίητος*· αντ. *διευθετημένος, κανονισμένος, ρυθμισμένος*).
αδιευκρίνιστος, -η, -ο, επίθ. (ασυνίζ.), που δε διευκρινίστηκε, αδιασαφήνιστος.
αδιήγητος, -η, -ο, επίθ. (ασυνίζ.). **1.** που δεν εξιστορήθηκε: *περιστατικό -ο.* **2.** που δεν περιγράφεται, ανεκδιήγητος, ανείπωτος: *συμφορές / ταλαιπωρίες -ες* (συνών. *απερίγραπτος*).
άδικα, επίρρ. **1.** παρά το δίκαιο, χωρίς δίκιο: *μπήκε στη φυλακή ~· έφαγε τόσο ξύλο* (αντ. *δίκαια*). **2.** χωρίς να το αξίζει: *πέθανε ~.* **3.** χωρίς όφελος, αποτέλεσμα: *~ κάνεις τόσα έξοδα* (συνών. *ανώφελα, μάταια*). Έκφρ. *άδικα των αδίκων* (= εντελώς ανώφελα): *τον καρτερούνε άδικα των αδίκων.*
αδικαιολόγητος, -η, -ο, επίθ. **1.** που δε δικαιολογείται: *ενέργεια -η* (συνών. *αναιτιολόγητος·* αντ. *δικαιολογημένος*). **2.** που δε συγχωρείται: *είμαι -η· καθυστέρησα μια ώρα* (συνών. *ασυγχώρητος*).
αδικαίωτος, -η, -ο, επίθ., που δε δικαιώθηκε: *ο αγώνας έμεινε ~* (αντ. *δικαιωμένος*).
αδίκαστος, -η, -ο, επίθ., που δε δικάστηκε, που δεν κρίθηκε από δικαστήριο: *αν και υπήρχαν εις βάρος του πολλά στοιχεία, έμενε ~ για πολύν καιρό· υπόθεση -η* (αντ. *δικασμένος*).
αδίκημα το, ουσ. α. άδικη πράξη: *το -ά του δεν είναι και τόσο σοβαρό* (συνών. *αδικία*)· **β.** (νομ.) πράξη αντίθετη με το δίκαιο, παράβαση νόμου: *διέπραξε ποινικό ~* (συνών. *αδικοπραγία, παρανομία*).
αδικητής ο, ουσ., αυτός που αδικεί: *θα πιαστεί ο ~*

και θα τιμωρηθεί ανάλογα (συνών. άδικος).
αδικία και (ιδιωμ.) **αδικιά** η, ουσ. (συνιζ.). 1. άδικο πράγμα, μη ορθό: *είναι μεγάλη ~ να μη συλλαμβάνονται οι ένοχοι*. 2. άδικη πράξη: *είναι μεγάλη ~ να κλέβεις χήρες και ορφανά* (συνών. *αδίκημα*). 3. βλάβη, κακό: *έχει κάνει πολλές -ες και γι' αυτό πρέπει να τιμωρηθεί*. 4. συκοφαντία: *βαριά ~ μου ρίξανε πως φίλησα κορίτσι* (δημ. τραγ.) (συνών. *διαβολή*).
-άδικο, κατάλ. ουδ. ουσ. που δηλώνουν κυρίως είδος καταστήματος: *ραφτάδικο, βενζινάδικο, μαρμαράδικο*. [πληθ. σε *-άδες* των ουσ. σε *-άς* + κατάλ. *-ικο*].
αδικοβάλλω, ρ., 1. κατηγορώ άδικα κάποιον (συνών. *συκοφαντώ, διαβάλλω*). 2. υποπτεύομαι άδικα: *δεν ήξερα τι ακριβώς έγινε και τον — όβαλα*.
αδικοθανατίζω (αμτβ.) ρ., πεθαίνω άδικα: *ανίσως και δε σ' αγαπώ να -ίσω* (δημ. τραγ.).
αδικοθάνατος, -η, -ο, επίθ., που βρήκε άδικο θάνατο: *πήγε ~ ομος. αδικοσκοτωμένος*).
αδικοκρίνω, ρ., κρίνω άδικα.
αδικοκρίτης και **αδικοκριτής** ο, ουσ., αυτός που κρίνει άδικα.
αδικομάζωμα το, ουσ., απόκτηση αγαθών με άδικο τρόπο (συνών. *διαβολομάζωμα*). Παροιμ.: *-ατα διαβολοσκορπίσματα*.
αδικομαζώνω, ρ., μαζεύω πλούτη κάνοντας αδικίες: *-ωμένα, αδικοσκορπισμένα*.
αδικοπεθαίνω, ρ., πεθαίνω άδικα: *-ανε ο καημένος ο πατέρας του* (συνών. *αδικοθανατίζω*).
αδικοπραγία η, ουσ., άδικη πράξη: *τον κατηγορούν για πολλές -ίες* (συνών. *αδίκημα*).
αδικοπραγώ, -είς, ρ. 1. κάνω άδικες πράξεις: *τον συνέλαβαν, γιατί επανειλημμένα είχε -ήσει* (συνών. *αδικώ*). 2. παθαίνω άδικα κάτι (κακό) (συνών. *κακοπαθαίνω, αναξιοπαθώ*).
αδικοπραξία η, ουσ., (νομ.) διάπραξη αδικήματος, το να ζημιώνει κάποιος άλλον παράνομα και υπαίτια: *Όποιος οφείλει αποζημίωση από ~ έχει την υποχρέωση...* (αστ. κώδ.).
άδικος, -η, -ο, επίθ. 1. που ενεργεί παρά το δίκαιο: *είσαι ~ στη μοιρασιά* (συνών. *αδικητής* αντ. *δίκαιος*). 2. που έχει διαπράξει κακές πράξεις, αμαρτίες: *ο ήλιος φωτίζει δίκαιους και -ους* (συνών. *κακός, αμαρτωλός* αντ. *δίκαιος, αγαθός, καλός*). 3α. που δεν είναι σύμφωνος με το δίκαιο: *ενέργεια -η* (συνών. *παράνομος* αντ. *δίκαιος, νόμιμος*)· β. που αποκτιέται άδικα: *πλούτισε από -α κέρδη* (συνών. *παράνομος, άνομος* αντ. *νόμιμος*). 4. που δεν έχει όφελος, αποτέλεσμα: *~ κόπος· δεν αλλάζει γνώμη* (συνών. *μάταιος, ανώφελος*). Παροιμ. *η -η πέτρα τρώει το -ο βουνό* (= από κάτι μικρό μπορεί να προκύψει μεγάλη καταστροφή). Φρ. *γυρίζω / τρέχω / τριγυρνά σαν την -η κατάρα* (= αδιαλείπτως, ακατάπαυστα, όπως η άδικη κατάρα που δεν πιάνει). - Το ουδ. ως ουσ.: 1. ενέργεια, πράξη άδικη: *μεγάλο -ο να βλάψεις ορφανά* (συνών. *αδικία*). 2. πράξη που βλάπτει: *έκανε μεγάλο -ο στο παιδί του δέρνοντάς το*. 3. μη ορθό: φρ. *είναι κρίμα κι -ο*. 4. μάταιο: *-ο να κάνεις τόσο κόπο*.
αδικοσκοτώνω, ρ., σκοτώνω άδικα: *τον -ωσαν*. - Η μτχ. *αδικοσκοτωμένος* ως επίθ. = που σκοτώθηκε άδικα: *πήγε -ωμένος*.
αδικοσφαγμένος, -η, -ο, και **αδικοσφαμένος**, επίθ., που σφάχτηκε άδικα: *Μόνον τ' αδικοσφαμένα / τα παιδιά σου στριμωχτά* (Σολωμός)· *να 'σαι αδικοσφαμένος* (κατάρα).
αδικώ, -είς, ρ. 1. κάνω αδικία: *στη ζωή του -ησε πολλούς ανθρώπους, γι' αυτό δίκαια έπαθε ό,τι έπαθε· με -είς μ' αυτά που λες· σε -ησε ο καθηγητής* (συνών. *βλάπτω*). 2. μειώνω, ζημιώνω: *-ήθηκε με τον άντρα που πήρε*.
αδίκως, επίρρ. 1. παρά το δίκαιο: *μου τον φόρτωσαν ~*. 2. χωρίς όφελος, αποτέλεσμα: *~ προσπαθείς να με μεταπείσεις* (συνών. *μάταια, ανώφελα*).
αδιοίκητος, -η, -ο, επίθ. (ασυνίζ.). 1. που δεν έχει διοίκηση: *μεραρχία -η*. 2. που δε διοικείται, δεν κυβερνιέται καλά. 3. που κυβερνιέται δύσκολα: *το κράτος είναι -ο* (συνών. *ακυβέρνητος*).
αδιόρατος, -η, -ο, επίθ. (ασυνίζ.), που φαίνεται δύσκολα: *άτομα -α· θλίψη -η* (συνών. *δυσδιάκριτος· αμυδρός* αντ. *ευδιάκριτος, εμφανής*).
αδιοργάνωτος, -η, -ο, επίθ. (ασυνίζ.), που δε διοργανώθηκε όπως πρέπει: *η επιχείρηση είναι ακόμη -η* (αντ. *διοργανωμένος*).
αδιόρθωτος, -η, -ο, επίθ. (ασυνίζ.). 1. που δε διορθώθηκε: *τυπογραφικά δοκίμια -α* (συνών. *αβελτίωτος·* αντ. *διορθωμένος*). 2α. που δε βελτιώνεται: *είναι ~ μαθητής* (συνών. *ασωφρόνιστος*)· β. που δεν επανορθώνεται: *μας βρήκε -ο κακό* (συνών. *ανεπανόρθωτος*). 3. που δεν επιδιορθώθηκε, δεν ταχτοποιήθηκε: *η τηλεόραση τελικά έμεινε -η· είχα πολλή δουλειά και άφησα το σπίτι μου -ο* (συνών. *άφτιαχτος, αταχτοποίητος·* αντ. *ταχτοποιημένος*). - Επίρρ. **-α**: *ψυχή χαλασμένη -α*.
αδιόριστος, -η, -ο, επίθ. (ασυνίζ.), που δε διορίστηκε: *φιλόλογος ~*.
αδίπλωτος, -η, -ο, επίθ. (ασυνίζ.), που δε διπλώθηκε: *έφυγε κι άφησε τα σεντόνια -α* (αντ. *διπλωμένος*).
αδίστακτος, -η, -ο και **αδίσταχτος**, επίθ. 1. που δε διστάζει: *φονιάς ~* (συνών. *αποφασιστικός·* αντ. *διστακτικός*). 2. τολμηρός σε ενέργειες που δεν επιδοκιμάζονται: *άνθρωπος ~*. - Επίρρ. **-α**.
αδίχαστος, -η, -ο, επίθ., που δε διχάζεται, δε διαιρείται: *στις δύσκολες στιγμές το έθνος έμεινε -ο* (συνών. *αδιάσπαστος, αδιαίρετος·* αντ. *διχασμένος, διασπασμένος*).
αδιχοτόμητος, -η, -ο, επίθ., που δε διχοτομήθηκε: *οι Κύπριοι αγωνίζονται για μια -η πατρίδα* (αντ. *διχοτομημένος*).
αδίωκτος, -η, -ο, (λόγ.) επίθ. α. που δεν καταδιώκεται (συνών. *ακαταδίωκτος*)· β. (νομ.) που δε «διώκεται». - Το ουδ. *αδίωκτον* ως ουσ. = (νομ.) το να μη διώκεται κάποιος ποινικώς.
άδιωχτος, -η, -ο, επίθ. (συνιζ.), που δε διώχτηκε (αντ. *διωγμένος*).
αδογμάτιστος, -η, -ο, επίθ., που δε διατυπώθηκε ως δόγμα: *η άποψή του ήταν -η*.
αδοκίμαστος, -η, -ο, επίθ. που δε δοκιμάστηκε: *φόρεμα -ο* (= απροβάριστο)· *κρασί -ο· υπάλληλος ~* (αντ. *δοκιμασμένος*).
αδόκιμος, -η, -ο, επίθ., που δεν έχει καθιερωθεί, δεν έχει γίνει γενικά παραδεκτός: *συγγραφέας ~· λέξη -η* (αντ. *δόκιμος*).
αδολίευτος, -η, -ο, επίθ., που στις ενέργειες του δεν υπάρχει δόλος: *χαρακτήρας ~* (συνών. *άδολος, ανυστερόβουλος·* αντ. *δόλιος*).
άδολος, -η, -ο, επίθ., 1. που δεν έχει δόλο, αγνός: *αισθήματα -α· καρδιά / φιλία -η*. 2. γνήσιος: *δημοτική -η*. 3. (φιλοσ.) *~ λογισμός* (Πάλλης). - Επίρρ. **-α** (στη σημασ. 1).
αδόξαστος, -η, -ο, επίθ., που δε δοξάστηκε, Φρ. *μου άλλαξε τον -ο* (= με ταλαιπώρησε πολύ).

άδοξος, -η, -ο, επίθ., που δε δοξάστηκε, άσημος: *τέλος -ο* (συνών. *αφανής, άγνωστος·* αντ. *ένδοξος, διάσημος, ονομαστός*). - Επίρρ. **-α.**

αδούλευτος, -η, -ο, επίθ. 1. που δε δουλεύτηκε: *χωράφι -ο* (συνών. *ακαλλιέργητος*). 2. ακατέργαστος: *ξύλο -ο· λάσπη -η.* 3. καινούργιος, αμεταχείριστος: *μηχάνημα / ψαλίδι -ο.* 4. αυτός για τον οποίο δεν καταβλήθηκε προσπάθεια: *μεροκάματα / χρήματα -α.* 5. που δεν έχει ασκηθεί, αγύμναστος: *σώμα -ο.*

αδούλης ο, θηλ. **αδούλισσα** και **αδούλω,** ουδ. **αδούλικο,** ουσ. (λαϊκ.), οκνηρός, τεμπέλης.

αδούλωτος, -η, -ο, επίθ., που δεν υποδουλώνεται: *γενιά / ψυχή -η* (συνών. *ελεύθερος, ανυποδούλωτος·* αντ. *υποδουλωμένος, σκλάβος*).

αδράνεια η, ουσ. (ασυνίζ.). 1. έλλειψη δραστηριότητας, νωθρότητα: *εξαιτίας της -άς του έμεινε εκπρόθεσμος* (συνών. *τεμπελιά, οκνηρία·* αντ. *ζωτικότητα, δραστηριότητα, κινητικότητα*). 2. (φυσ.) *αρχή της αδράνειας = η αρχή κατά την οποία τα υλικά σώματα δε μεταβάλλουν την κατάστασή τους* (είτε βρίσκονται σε κίνηση είτε σε ηρεμία) *χωρίς να επιδράσει πάνω τους άλλη δύναμη.* 3. ακινησία· απραξία: (μεταφ.) *~ της μήτρας.*

αδρανής, -ής, -ές, γεν. *-ούς,* πληθ. αρσ. και θηλ. *-είς,* ουδ. *-ή,* επίθ. 1. νωθρός· πολιτικός ~ (αντ. *δραστήριος, εργατικός, δυναμικός*). 2. που δεν κινείται: *μάζα ~· έμεινε ~* (συνών. *ακίνητος*).

αδρανώ, -είς, ρ., μένω ακίνητος, άπρακτος: *μην -ήσεις! η δουλειά πρέπει να τελειώσει* (συνών. *απραξώ·* αντ. *ενεργώ, δραστηριοποιούμαι*).

αδραξιά η, ουσ. (συνιζ., λαϊκ.), η ποσότητα που μπορεί να χωρέσει στη χούφτα: *μια ~ αλεύρι* (συνών. *χουφτιά*). [*αδράχνω*].

αδράχνω, ρ. (λαϊκ.), αρπάζω: *την -ξε απ' τα μαλλιά·* (μεταφ.) *-ξε την ευκαιρία* (εδώ συνών. *επωφελούμαι·* αντ. *αφήνω, παρατώ*). [μτγν. *δράσσω*].

αδράχτι το, ουσ., όργανο ξύλινο ή καλαμένιο με το οποίο το επινεφρίδιο: *σε πολλά χωριά οι γυναίκες κλώθουν ακόμα με το ~ και τη ρόκα.* [μτγν. *ατράκτιον*].

άδραχτος ο, ουσ. (ιδιωμ.). 1. άτρακτος. 2. άξονας. [αρχ. *άτρακτος*].

αδρεναλίνη η, ουσ. (βιοχημ.) ορμόνη που παράγεται από τα επινεφρίδια ή παρασκευάζεται τεχνητά και χρησιμεύει ως φάρμακο καρδιοτονωτικό, κ.τ.ό.: *έκκριση -ης* (συνών. *επινεφριδίνη*). [λατ. <*aderenalis*].

αδρεπάνιστος, -η, -ο, επίθ., αθέριστος (με δρεπάνι): *χωράφι -ο.*

αδρεφάκι, αδρέφι, βλ. *αδελφάκι, αδέλφι.*

αδροκαμωμένος, -η, -ο, μτχ. επίθ., που έχει αδρά χαρακτηριστικά, χοντροκαμωμένος: *πρόσωπο / κορμί -ο* (αντ. *λεπτοκαμωμένος*).

αδρομερής, -ής, -ές, γεν. *-ούς,* πληθ. αρσ. και θηλ. *-είς,* ουδ. *-ή,* επίθ. 1. που αποτελείται από μεγάλα μέρη, χοντροκαμωμένος. 2. περιληπτικός, που δίνεται σε γενικές γραμμές: *~ περιγραφή.* - Επίρρ. **-ώς** (στη σημασ. 2): *αναφέρθηκε ~ στις προοπτικές της επιχείρησης.*

αδρός, -ή, -ό και **αδρύς, -ιά -ύ,** επίθ. 1. χοντροκαμωμένος, όχι λεπτός. *χαρακτηριστικά -ά·* (μεταφ.) *άνθρωπος αδρύς* (συνών. *χοντρός·* αντ. *λεπτοκαμωμένος*). 2. τραχύς: *δέρμα αδρύ· επιφάνεια -ή* (συνών. *άγριος, ανώμαλος·* αντ. *ομαλός, λείος*). 3. πυκνός: *ύφασμα αδρύ.* 4. γενικός, συνολικός: *παρουσίασε το θέμα σε -ές γραμμές.* 5. πολύς, υπέρογκος: *αμοιβή -ή* (συνών. *άφθονος, πλουσιοπάροχος·* αντ. *φειδωλός, τσιγγούνικος*). - Επίρρ. **-ά** (στη σημασ. 5).

αδρόσιστος, -η, -ο, επίθ., που δε δροσίστηκε: *στόμα -ο.*

άδροσος -η, -ο, επίθ., που δεν έχει δροσιά: *αυλή -η* (συνών. *στεγνός, ξερός*).

αδρότητα η, ουσ. (λόγ.), το να είναι κάτι αδρό (συνών. *μεστότητα*).

αδυναμία η, ουσ. 1. έλλειψη δύναμης, ικανότητας, θέλησης, κλπ.: *δήλωσε ~ να εκπληρώσει τις υποσχέσεις του· βρέθηκα σε στιγμή -ας.* 2. ανεπάρκεια γνώσεων, μόρφωσης σε κάτι: *έχει ~ στα μαθηματικά* (αντ. *κατάρτιση*). 3. έλλειψη σωματικών δυνάμεων: *δεν μπορεί να σταθεί όρθιος από την ~* (συνών. *ατονία, εξάντληση·* αντ. *σφρίγος*). 4. ισχνότητα: *θα φανούν τα κόκαλά της από την ~.* 5. υπερβολική αγάπη: *έχει ~ στην κόρη του.* 6. το αντικείμενο της υπερβολικής αγάπης: *η μεγάλη της ~ είναι το τραγούδι.* 7. ελάττωμα: *είναι άνθρωπος με πολλές -ες* (αντ. *προτέρημα*).

αδύναμος, -η, -ο, επίθ. 1. ανίσχυρος· (μεταφ.) ~ *χαρακτήρας* (αντ. *δυνατός*). 2. ισχνός: *κορμί -ο* (συνών. *αδύνατος, ασθενικός, καχεκτικός·* αντ. *ρωμαλέος, γερός, σφριγηλός*). - Επίρρ. **-α.**

αδυνάμωτος, -η, -ο, επίθ., που δε δυνάμωσε: *~ από την αρρώστια* (αντ. *δυναμωμένος*).

αδυνάστευτος, -η, -ο, επίθ., που δε δυναστεύεται: *ψυχή / γενιά -η· φρόνημα -ο* (συνών. *αδούλωτος*).

αδυνατίζω, ρ., μτχ. παρκ. *-ισμένος.* I αμτβ. 1. χάνω τη σωματική ή άλλη δύναμή μου: *έχει -ίσει από την καθημερινή κούραση· -ισε το νερό* (= λιγόστεψε η ροή του)· *-ισε το γάλα* (= αραίωσε η πυκνότητά του) (συνών. *εξασθενώ·* αντ. *δυναμώνω*). 2. χάνω βάρος: *με τη γυμναστική -ισε πέντε κιλά* (συνών. *ισχναίνω·* αντ. *παχαίνω*). 3. για τροφή που κάνει κάποιον που την τρώει να χάνει βάρος: *ο ανανάς -ει* (αντ. *παχαίνω, δυναμώνω*). II μτβ. 1. κάνω κάποιον να γίνει αδύνατος: *οι στενοχώριες τον -σαν.* 2. κάνω κάποιον να φαίνεται πιο αδύνατος: *το φόρεμα αυτό σε -ει.*

αδυνάτισμα το, ουσ. 1. εξασθένηση. 2. χάσιμο βάρους.

αδύνατος, -η, -ο, επίθ. 1. ανίσχυρος, ανίκανος· (μεταφ.) ~ *χαρακτήρας* (αντ. *δυνατός, γερός, ικανός*). 2. ακατόρθωτος: *είναι «των αδυνάτων αδυνάτων» να κάνω αυτό που μου ζητάς· έκανα τα -α δυνατά να το πετύχω* (συνών. *ανέφικτος·* αντ. *εφικτός, πραγματοποιήσιμος*). 3. που έχει ανεπαρκείς γνώσεις για κάτι: *είναι ~ στη γεωμετρία* (συνών. *αδαής, άπειρος·* αντ. *ικανός, γνώστης, έμπειρος*). 4. ισχνός: *χέρια -α· γυναίκα -η* (συνών. *λεπτός, ασθενικός, καχεκτικός·* αντ. *ρωμαλέος, δυνατός*). Φρ. *βρίσκω την -η φλέβα κάποιου* (μεταφ. για την ηθική αδυναμία κάποιου). - Το ουδ. ως ουσ.: α. κάτι που είναι αδύνατο να γίνει, ακατόρθωτο: *ζητάς τ' -α· είναι -ο(ν)! μην το συζητάς·* β. (γραμμ.) σχήμα λόγου με το οποίο εκφράζεται κάτι που δεν είναι δυνατόν να συμβεί, π.χ. *«κούρεψε τ' αβγό και πάρε το μαλλί του».*

αδυνατούλης, -α, -ικο, επίθ., αρκετά αδύνατος.

αδυνατούτσικος, -η, -ο, επίθ., αρκετά αδύνατος.

αδυνατώ, -είς, ρ., μόνο στον ενεστ. και τον παρατ., δεν έχω δύναμη, ικανότητα ή δυνατότητα για κάτι: *~ να κάνω αυτό το ταξίδι· ~ να προσαρμοστώ στο νέο περιβάλλον.*

αδυσώπητος, -η, -ο, επίθ., ανελέητος: *κριτής ~·*

άδυτα

μοίρα -η (συνών. *αμείλικτος, άτεγκτος, σκληρός*).
άδυτα τα, ουσ., το άβατο μέρος του ναού, όπου εισέρχονται μόνο ιερείς· (μεταφ.) *τα ~ της ψυχής·* έκφρ. *τα ~ των αδύτων* (= τα πιο βαθιά μέρη, τα τρίσβαθα).
αδωνίτης ο, ουσ. (χημ.) οργανική ένωση που λαμβάνεται από το φυτό *άδωνις*. [γαλλ. *adonite*].
αδωροδόκητος, -η, -ο, επίθ., που δε δωροδοκείται (συνών. *αδέκαστος*).
αει-, α΄ συνθ. (δηλώνει μεγάλη διάρκεια) σε επίθ.: *αεικίνητος, αείμνηστος.*
αειθαλής, -ής, -ές, γεν. -*ούς,* πληθ. αρσ. και θηλ. -*είς,* ουδ. -*ή,* επίθ. (ασυνίζ.). 1. (για δέντρα, φυτά) που έχει φύλλωμα όλο το χρόνο (αντ. *φυλλοβόλος*). 2. (μεταφ.) θαλερός: *πνεύμα -ές· άνθρωπος ~* (συνών. *ακμαίος*).
αεικίνητος, -η, -ο, επίθ. 1. που βρίσκεται σε διαρκή κίνηση: *μηχανισμός ~.* 2. (μεταφ.) δραστήριος, πολύ εργατικός: *μυαλό -ο·* ~ *άνθρωπος ο δήμαρχός μας* (συνών. *ακούραστος*).
αείμνηστος, -η, -ο, επίθ. (τιμητικά) μακαρίτης.
Αειπάρθενος η, ουσ., που παρέμεινε για πάντα παρθένος, αγνή (προσων. της Παναγίας).
αέναος, -η, -ο, επίθ. 1. διαρκής: *δόξα -η* (συνών. *αιώνιος, παντοτινός*). 2. ανεξάντλητος: *ο Θεός είναι -η πηγή αγαθών. -* Επίρρ. -**νάως.**
αεράγημα το, ουσ., τμήμα στρατού που μεταφέρεται στο πεδίο της μάχης ή των ασκήσεων με αεροπλάνα ή ελικόπτερα.
αεραγωγός ο, ουσ., σωλήνας που διοχετεύει ατμοσφαιρικό αέρα σε κλειστούς χώρους.
αεράθλημα το, ουσ., άθλημα που διεξάγεται στον αέρα: *η ανεμοπορία και η ελεύθερη πτώση είναι συναρπαστικά -ατα.*
αεραθλητής ο, θηλ. **-ήτρια,** ουσ., αθλητής που παίρνει μέρος σε αθλήματα στον αέρα.
αεραθλητικός, -ή, -ό, επίθ., που έχει σχέση με τους αεραθλητές ή τα αεραθλήματα: *αγώνες -οί· σωματεία -ά.*
αεραθλητισμός ο, ουσ., αθλητική δραστηριότητα στον αέρα (με τη χρήση αεροπλάνων ή άλλων ιπτάμενων μηχανών).
αεραθλήτρια, βλ. *αεραθλητής.*
αεράμυνα η, ουσ., αντιαεροπορική αμυντική οργάνωση μιας χώρας που συνίσταται από την ενεργή δράση της πολεμικής αεροπορίας ή της αεροπορίας του στρατού εναντίον εχθρικών επιδρομών και την παθητική προστασία των πολιτών από τους βομβαρδισμούς.
αεραντλία η, ουσ. (έρρ.), αντλία που μεταφέρει ατμοσφαιρικό αέρα ή άλλα αέρια σε κλειστούς χώρους.
αεραπόβαση, βλ. *αεροαπόβαση.*
αέρας και **αγέρας** ο, ουσ. 1. όσα αποτελούν την ατμόσφαιρα που καλύπτει το χώρο γύρω και πάνω μας, ό,τι αναπνέουν οι ζωντανοί οργανισμοί: *τα πυρηνικά απόβλητα μολύνουν τον -α·* έκφρ. *πεπιεσμένος ~,* βλ. *πεπιεσμένος.* 2. (και λαϊκ. πληθ. -ήδες) άνεμος: *ο χθεσινός ~ ξερίζωσε πολλά δέντρα· αύριο θα 'χουμε δυνατούς -ηδες.* 3. κλίμα ενός τόπου: *ο ~ του βουνού / του χωριού.* 4. ψευτιά, απάτη: -*α μας πουλάς!* 5. ελεύθερος, άχτιστος χώρος πάνω από μια οικοδομή: *πούλησα τον -α του σπιτιού στ' ανίψια μου.* 6. κέρδος που αποκτά κανείς από εκχώρηση δικαιωμάτων: *πήρε τρία εκατομμύρια -α για το μαγαζί του.* 7. ελεύθερο διάστημα: *ν' αφήσεις και δέκα πόντους -α* (συνών.

περιθώριο). 8. (εκκλ.) τετράγωνο ύφασμα που καλύπτει το δισκοπότηρο. 9. τρόποι, συμπεριφορά κάποιου: *έχει τον -α του πρωτευουσιάνου.* 10. αγέρωχο ύφος: *αυτή κυκλοφορεί με τον -α της σταρ* (συνών. *υπεροψία*). 11. ευχέρεια σε κάτι: *πήρε γρήγορα τον -α της μηχανής·* μιλάει *με -α* (συνών. *άνεση, ευκολία*). 12. χάρη: *περπατάει μ' έναν -α!* (συνών. *κομψότητα*). 13. *-α!* (ιαχή πολεμιστών κατά τη μάχη). Έκφρ. ~ *κοπανιστός / φρέσκος· λόγια του -α* (= κενά, ανόητα). Φρ. *βγαίνω ή είμαι στον -α* (= παίρνω μέρος σε ραδιοφωνική ή τηλεοπτική εκπομπή)· *δίνω -α σε κάποιον* (= φέρομαι σε κάποιον πολύ οικεία)· *ζω με τον -α* (= 1. τρώω λιγοστά. 2. είμαι άπορος)· *κάνω -α* (= φυσώ με το στόμα ή προκαλώ αέρα με βεντάλια, κλπ.): *κάνε μου -α, γιατί ζαλίζομαι· κόβω τον -α σε κάποιον* (= δεν επιτρέπω σε κάποιον να μου φέρεται με οικειότητα)· *κόβει ή πέφτει ο ~* (= σταματά ή λιγοστεύει ο άνεμος)· *κοπανώ -α* (= ματαιοπονώ)· *μιλώ στον -α* (= αβάσιμα)· *παίρνω λίγο -α* (= ξεκουράζομαι, κάνω ένα διάλειμμα στη δουλειά μου)· *παίρνω τον -α σε κάποιον* (= επιβάλλομαι σε κάποιον)· *παίρνουν τα μυαλά του -α* (= επαίρεται, υπερηφανεύεται)· *πιάνω πουλιά στον -α* (= είμαι έξυπνος)· *σηκώνεται ~* (= αρχίζει να φυσάει). Παροιμ. *δώσ' μου αγέρα και μέτρα μίλια* (αν οι περιστάσεις μ' ευνοήσουν, αναμφισβήτητα θα ευοδωθούν τα σχέδιά μου). - Υποκορ. **-άκι** το (στις σημας. 1 και 2).
αεράτος, -η, -ο, επίθ., που έχει άνεση, χάρη: *βάδισμα -ο· κοπέλα -η.*
αεργία η, ουσ., το να μην εργάζεται κανείς από τεμπελιά.
άεργος, -η, -ο, επίθ., που δεν εργάζεται: *έμεινε χρόνια ~* (συνών. *τεμπέλης, ανεπρόκοπος*).
αέρι και **αγέρι** το, ουσ., ασθενής άνεμος: *τόσο γλυκό στο πρόσωπο τ' ~* (Σολωμός) (συνών. *αεράκι*).
αερίζω, ρ. Α. ενεργ. 1. ανανεώνω τον αέρα ενός κλειστού χώρου: ~ *το δωμάτιο.* 2. βγάζω κάτι σε ανοιχτό χώρο: *έβγαλα στη βεράντα τα σκεπάσματα ν' -στούν.* Β. μέσ. 1. βγαίνω σε ανοιχτό χώρο να δροσιστώ. 2. (λαϊκ.) πέρδομαι.
αερικό και **αγερικό** το, ουσ., στοιχειό: *σάλεψε ο νους της απ' τα -ά* (συνών. *τελώνιο*).
αερικός, -ή, -ό, επίθ., ευάερος: *σπίτι -ό· -ά πλατώματα* (συνών. *αερινός*).
αέρινος, -η, -ο και **αγέρινος,** επίθ. 1. που μοιάζει με τον αέρα (συνών. *αερώδης*). 2. αιθέριος: *ύπαρξη -η* (συνών. *άυλος*). 3. πολύ λεπτός: *ύφασμα -ο* (συνών. *διαφανής*).
αερινός, -ή, -ό και **αέρινος,** επίθ., ευάερος: *τόπος ~· σπίτι -ό* (συνών. *αερικός*).
αέριο το, ουσ. (ασυνίζ.), σώμα σε αερώδη κατάσταση: *-α ευγενή / ασφυξιογόνα·* ~ *φυσικό· θάλαμος -ίων· -α εντερικά.*
αεριούχος, -α, -ο, επίθ. (ασυνίζ.), που περιέχει αέριο: *ποτά -α.*
αεριόφως το, ουσ. (ασυνίζ.). 1. το φως που παράγεται από το φωταέριο. 2. (συνεκδοχικά) φωταέριο.
αέρισμα το, ουσ. 1. ανανέωση του αέρα σε κλειστό χώρο: *το σπίτι θέλει ~* (συνών. *αερισμός*). 2. το να εκτίθεται κάτι σε ανοιχτό χώρο: *έβγαλα έξω τα ρούχα για ~.*
αερισμός ο, ουσ. 1. ανανέωση του αέρα σε κλειστό χώρο (συνών. *αέρισμα*). 2. (συνεκδοχικά) μηχανισμός που τοποθετείται σε οικήματα, αυτοκίνητα, κλπ., για να ανανεώνει τον αέρα. 3. το να εκτίθε-

ται κάτι σε ανοιχτό χώρο.
αεριστήρας ο, ουσ., συσκευή για την ανανέωση του αέρα σε κλειστούς χώρους.
αεριτζής ο, ουσ. (λαϊκ.). 1. αυτός που προσπαθεί να κερδίζει από δουλειές για τις οποίες δε διακινδυνεύει δικά του χρήματα ή προσωπική του περιουσία. 2. ψεύτης, απατεώνας.
αεριώθηση η, ουσ. (ασυνίζ.), (αεροναυτ.) προώθηση αεροσκάφους με την εκτόξευση ζεστού αέρα και καυσαερίων από τον κινητήρα του προς τα πίσω. - Πβ. και *τζετ*.
αεριωθούμενο το, ουσ. (ασυνίζ.), αεροπλάνο που προωθείται με κινητήρα αεριώθησης, στροβιλοκινητήρα: ~ *δικινητήριο*.
αεροαπόβαση και **αεραπό-** η, ουσ., επιχείρηση από ειδικά εκπαιδευμένες μονάδες στρατού που πέφτουν με αλεξίπτωτο ή αποβιβάζονται από αεροπλάνα ή ελικόπτερα στο χώρο όπου θα δράσουν.
αεροβάτης ο, ουσ. 1. αυτός που βαδίζει στον αέρα, που πετάει. 2. (μεταφ.) ουτοπιστής.
αεροβατώ, -είς, ρ. (μεταφ.) δεν έχω συναίσθηση της πραγματικότητας.
αερόβιος, -α, -ο, επίθ. (βιολ.) α. (για οργανισμό) που χρειάζεται οξυγόνο για να υπάρξει: *βακτήρια -α·β. -α φάση της αναπνοής* = φάση της αναπνοής κατά την οποία χρειάζεται οξυγόνο (αντ. στις σημασ. α και β *αναερόβιος*).
αεροβίωση η, ουσ. (βιολ.) τρόπος ζωής των περισσότερων οργανισμών που καταναλώνουν οξυγόνο για να ζήσουν (αντ. *αναεροβίωση*).
αεροβόλος, -α, -ο, επίθ. (συνήθως για όπλο) που εκτοξεύει τα βλήματα με την ενέργεια «πεπιεσμένου» αέρα. - Το ουδ. ως ουσ. = είδος ελαφρού κυνηγετικού όπλου: *σκότωνε σπουργίτια με το -ο*.
αερογέφυρα η, ουσ. 1. ανισόπεδη διασταύρωση στο οδικό ή το σιδηροδρομικό δίκτυο. 2. εναέρια διακίνηση έμψυχου ή άψυχου υλικού σε έκτακτες περιστάσεις: *ανεφοδίασαν τα αποκλεισμένα από το χιόνι ορεινά χωριά με* ~.
αερόγραμμα το, ουσ., επιστολή που το χαρτί της διπλωμένο αποτελεί και το φάκελό της και που μεταφέρεται αεροπορικώς.
αερογραμμή η, ουσ., αεροπορική γραμμή (βλ. λ. στη σημασ. 8).
αεροδιάδρομος ο, ουσ. (ασυνίζ.), καθορισμένος εναέριος διάδρομος για την πορεία αεροσκαφών: ~ *διεθνής· ο* ~ *Αθήνας - Θεσσαλονίκης περνά πάνω από τις Σποράδες*.
αεροδικείο το, ουσ., στρατιωτικό δικαστήριο που εκδικάζει τα αδικήματα όσων ανήκουν στις ένοπλες δυνάμεις της αεροπορίας.
αεροδίκης ο, ουσ., στρατιωτικός δικαστής που εκδικάζει τα αδικήματα όσων ανήκουν στις ένοπλες δυνάμεις της αεροπορίας.
αεροδρόμιο το, ουσ. (ασυνίζ.), χώρος κατάλληλα διαμορφωμένος για την απογείωση, την προσγείωση και την παραμονή αεροπλάνων· *δημιουργία -μίων σε πολλές περιοχές της χώρας· διεθνές~*.
αεροδυναμική η, ουσ., επιστήμη της φυσικής που ασχολείται με τις μηχανικές ιδιότητες του αέρα ή άλλων αερίων, καθώς και με τα φαινόμενα που συνοδεύουν τις κινήσεις των σωμάτων που κινούνται μέσα σ' αυτά.
αεροδυναμικός, -ή, -ό, επίθ. 1. που σχετίζεται με την αεροδυναμική: *θέρμανση -ή· κέντρο -ό.* 2. που είναι κατασκευασμένος και λειτουργεί σύμφωνα

με τους νόμους της αεροδυναμικής: *σχήμα / αυτοκίνητο -ό*.
αεροζυγιάζομαι ρ. (συνιζ., λαϊκ.), (για πουλί) ζυγιάζομαι (βλ. *ζυγίζω, ζυγιάζω* σημασ. II (μέσ.) 2α) στον αέρα: *ο αετός -άστηκε*.
αεροθάλαμος ο, ουσ. 1. θάλαμος γεμάτος αέρα. 2. το γεμάτο αέρα ελαστικό των τροχών του αυτοκινήτου (συνών. *σαμπρέλα*). 3. το γεμάτο αέρα μέρος του αβγού.
αεροθεραπεία η, ουσ., μέθοδος θεραπείας με τη χρήση καθαρού αέρα.
αερόθερμο το, ουσ., συσκευή για θέρμανση χώρου με ζεστό αέρα.
αεροκινητήρας ο, ουσ., συσκευή, κινητήρια μηχανή που λειτουργεί με τον άνεμο.
αεροκοπανίζω, ρ. 1. μιλώ αβάσιμα, ανόητα. 2. ματαιοπονώ.
αεροκοπάνισμα το, ουσ. 1. άσκοπη και αβάσιμη κουβέντα, ανόητη φλυαρία. 2. ματαιοπονία.
αεροκουβέντα η, ουσ. (έρρ.), άσκοπη και αβάσιμη κουβέντα (συνών. *αερολογία*).
αεροκουβεντιάζω, ρ. (έρρ., συνιζ.), κουβεντιάζω άσκοπα και αβάσιμα (συνών. *αερολογώ*).
αερολέσχη η, ουσ. 1. κέντρο εκπαίδευσης πιλότων και γενικά αεροναυτών. 2. αεραθλητική οργάνωση που αποβλέπει στην ανάπτυξη ενδιαφέροντος για την αεροναυτική και στην οργάνωση αεραθλητικών δραστηριοτήτων.
αερολεωφορείο το, ουσ., αεροσκάφος που μεταφέρει μεγάλο αριθμό επιβατών σε σχετικά μικρές αποστάσεις.
αερόλιθος ο, ουσ., λίθος που έπεσε στη γη από το διάστημα (συνών. *μετεωρίτης*).
αερολιμενάρχης ο, ουσ., διοικητής αερολιμένα.
αερολιμένας ο, ουσ., χώρος ειδικά διαμορφωμένος για να προσγειώνονται και να απογειώνονται αεροσκάφη, που περιλαμβάνει και άλλες εγκαταστάσεις για τη διακίνηση επιβατών και εμπορευμάτων (συνών. *αεροδρόμιο*).
αερόλογα τα, ουσ., λόγια άσκοπα και ανόητα (συνών. *φλυαρίες*).
αερολογία η, I. ουσ., άσκοπη και αβάσιμη κουβέντα: *όλο -ίες είναι αυτός ο άνθρωπος!* (συνών. *φλυαρία*).
αερολογία η, II. ουσ., κλάδος της μετεωρολογίας που μελετά τα φαινόμενα της ατμόσφαιρας.
αερολόγος ο, ουσ., αυτός που τα λόγια του είναι πολλά και κούφια (συνών. *φλύαρος*).
αερολογώ, -είς, ρ., μιλώ αβάσιμα, ανόητα (συνών. *φλυαρώ*).
αερόλουτρο το, ουσ., λουτρό με ζεστό αέρα: *έκανε -α για τους πόνους στην πλάτη*.
αερομαχία η, ουσ., μάχη που διεξάγεται στον αέρα ανάμεσα σε καταδιωκτικά αεροσκάφη, αεροπορική μάχη.
αερομαχώ, -είς, ρ. 1. διεξάγω μάχη στον αέρα. 2. (μεταφ.) ματαιοπονώ.
αερομεταφορά η, ουσ. (συνήθως στον πληθ.) μεταφορά επιβατών, αντικευών, κ.ά., με αεροσκάφος: *σχεδιασμός των -ών*.
αερομεταφορέας ο, ουσ. (για εταιρεία, οργανισμό και γενικά φορέα) αυτός που αναλαμβάνει τις *αερομεταφορές: εθνικός* ~.
αεροναυπηγός ο, ουσ., ειδικός επιστήμονας που σχεδιάζει και επιβλέπει την κατασκευή αεροσκαφών, πυραύλων και διαστημοπλοίων.
αεροναύτης ο, ουσ., μέλος πληρώματος αεροσκά-

φους για εξερευνήσεις στο διάστημα.
αεροναυτική η, ουσ., επιστήμη της αεροπλοΐας που ασχολείται με την τεχνική της κατασκευής των κάθε είδους αεροσκαφών.
αεροναυτικός, -ή, -ό, επίθ. Ι, που αναφέρεται στους αεροναύτες ή στην επιστήμη της αεροναυτικής.
αεροναυτικός, -ή, -ό, επίθ. ΙΙ, που αναφέρεται και στο ναυτικό και στην αεροπορία: *δυνάμεις / ασκήσεις -ές.*
αεροπειρατεία η, ουσ., παράνομη κατάληψη αεροσκάφους που βρίσκεται σε πτήση: *τα κράτη με διεθνείς συμβάσεις καταδικάζουν την ~.*
αεροπειρατής ο, ουσ., αυτός που καταλαμβάνει παράνομα αεροσκάφος που βρίσκεται σε πτήση: *Οι -ές απείλησαν ότι θα σκοτώσουν τους ομήρους, αν δεν τους δοθεί πολιτικό άσυλο.*
αεροπλάνο το, ουσ., συσκευή βαρύτερη από τον αέρα με πτέρυγες και σύστημα προώθησης για εναέρια μετακίνηση: *~ ελικοφόρο / μεταφορικό / στρατιωτικό.*
αεροπλανοφόρο το, ουσ., πολεμικό πλοίο μεγάλων διαστάσεων που μεταφέρει αεροσκάφη και διαθέτει κατάστρωμα προσγείωσης και απογείωσης.
αεροπλοΐα η, ουσ. 1. κλάδος της αεροναυτικής που ασχολείται με την κατασκευή και το χειρισμό αεροπλοίων. 2. μετακίνηση με αεροσκάφος, εναέρια συγκοινωνία. [*αήρ* + *πλούς*].
αεροπλοϊκός, -ή, -ό, επίθ., που σχετίζεται με την αεροπλοΐα: *μεταφορές -ές.*
αερόπλοιο το, ουσ., αυτοπροωθούμενο αεροσκάφος ελαφρότερο από τον αέρα (συνών. *πηδαλιουχούμενο*).
αεροπορία η, ουσ. 1. μετακίνηση, ταξίδι με αεροσκάφος. 2. αεροπορικό σώμα: *πολεμική / πολιτική ~.*
αεροπορικός, -ή, -ό, επίθ., που σχετίζεται με την αεροπορία: *ταξίδι -ό· γραμμές -ές· βιομηχανία / συγκοινωνία -ή· επιστολή -ή* (= που μεταφέρεται αεροπορικώς). - Επίρρ. **-ώς.**
αεροπόρος ο, ουσ. 1. χειριστής αεροσκάφους και γενικά αυτός που ασχολείται με την αεροπορία. 2. στρατιώτης που υπηρετεί στην πολεμική αεροπορία.
αερόσκαλα η, ουσ., αποβάθρα για την προσθαλάσσωση και την αποθαλάσσωση υδροπλάνων.
αεροσκάφος το, ουσ., αεροπλάνο: *πολεμικά -η· -η της Ολυμπιακής.*
αεροσταθμός ο, ουσ., το σύνολο των κτισμάτων και εγκαταστάσεων για την εξυπηρέτηση ταξιδιωτών που ταξιδεύουν αεροπορικώς.
αεροστατική η, ουσ., κλάδος της φυσικής που μελετά τους νόμους ισορροπίας των σωμάτων στον αέρα ή σε άλλα αέρια.
αερόστατο το, ουσ., αερόπλοιο με λέμβο και σάκο γεμάτο αέριο ελαφρότερο από τον αέρα. [γαλλ. *aérostate*].
αεροστεγής, -ής -ές, γεν. *-ούς,* πληθ. αρσ. και θηλ. *-είς,* ουδ. *-ή,* επίθ., (για χώρο) ερμητικά κλεισμένος έτσι που να μην μπορεί να περάσει αέρας: *η συσκευασία των τροφίμων είναι ~· θάλαμος ~.* - Επίρρ. **-ώς.**
αεροσυμπιεστής ο, ουσ. (ασυνίζ.), μηχάνημα για τη συμπίεση διάφορων αερίων, κυρίως όμως για την παροχή «πεπιεσμένου» αέρα.
αεροσυνοδός ο και η, ουσ., υπάλληλος αεροπορι-
κής εταιρείας που εξυπηρετεί τους επιβάτες κατά τα αεροπορικά ταξίδια.
αεροταξί το, ουσ. άκλ., μικρό αεροσκάφος που ναυλώνεται για τη μεταφορά επιβατών ή εμπορευμάτων.
αεροταχυδρομείο το, ουσ., αεροπορική διακίνηση αλληλογραφίας και άλλων αντικειμένων.
αεροφαγία η, ουσ., (ιατρ.) κατάποση ποσότητας αέρα μαζί με την τροφή.
αεροφύσημα το, ουσ., φύσημα του αέρα: *Γίνε ~ και γλυκοφίλησέ μας* (Παλαμάς).
αεροφωτογραφία η, ουσ., φωτογραφία τοποθεσίας τραβηγμένη από αεροσκάφος.
αεροψεκασμός ο, ουσ., ψεκασμός με φάρμακα ή άλλες ουσίες από αεροσκάφος.
αεροψεκαστήρας ο, ουσ., συσκευή για ψεκασμό υγρών με χρήση «πεπιεσμένου» αέρα.
αερόψυκτος, -η, -ο, επίθ., (για κινητήρα αυτοκινήτου) που ψύχεται με τη βοήθεια αέρα. - Πβ. και *υδρόψυκτος.*
αερώδης, -ης, -ες, γεν. *-ους,* πληθ. αρσ. και θηλ. *-εις,* ουδ. *-η,* επίθ. 1. που μοιάζει με τον αέρα (συνών. *αέρινος, αιθέριος*). 2. γεμάτος αέρα.
αετίσιος, -α, -ο, επίθ. (συνιζ.), που ανήκει σε αετό ή μοιάζει με αετού: *φωλιά -α· μάτι -ο· μύτη -α.*
αετονύχης, -ισσα, -ικο και **αϊτονύχης,** επίθ., που επιτυγχάνει κατά τρόπο εξαιρετικό τις επιδιώξεις του. - Ως ουσ. = 1. άνθρωπος αρπακτικός: *έμπλεξε μ' αϊτονύχηδες κι έχασε τα λεφτά του.* 2. άνθρωπος πολύ έξυπνος, ικανός: *το εμπόριο θέλει -ηδες* (συνών. *ατσίδας*).
αετονύχι και **αϊτο-** το, ουσ. 1. νύχι αετού. 2. ποικιλία σταφυλιού με ρώγες που το σχήμα τους μοιάζει με νύχι αετού.
αετόπουλο, βλ. *αετός.*
αετοράχη και **αϊτο-** η, ουσ., απόκρημνη ράχη βουνού όπου μπορούν να φτάσουν μόνο αετοί ή προορισμένη τάχα μόνο για αετούς.
αετός και **αϊτός** ο, ουσ. Ι. 1. σαρκοβόρο αρπακτικό πουλί: *ένας αϊτός περήφανος, ένας αϊτός λεβέντης* (δημ. τραγ.)· (ως έμβλημα) *δικέφαλος ~· ~ των Αψβούργων.* Παροιμ. *άλλα είν' τα μάτια του -ού κι άλλα της κουκουβάγιας.* 2. (μεταφ.) άνθρωπος πολύ έξυπνος: *είναι αϊτός στη δουλειά του* (συνών. *οξυδερκής, ικανός*). 3. χαρταετός: *ο ~ του σκάλωσε στο δέντρο και σκίστηκε* 4. αστερισμός στο βόρειο ημισφαίριο. - Υποκορ. **-όπουλο** το (στη σημασ. 1).
αετός ο, ουσ. ΙΙ. (ναυτ.) δίωρη βάρδια: *πάω να πιάσω -ό.* [παρετυμ. από το βενετ. *gaeton, gaiton*].
αετοφωλιά και **αϊτο-** η, ουσ., φωλιά αετού: *μόνο τα φίδια φτάνουν στις -ές.*
αέτωμα το, ουσ. 1. τριγωνικό επιστέγασμα στενών πλευρών του αρχαίου ναού. 2. τρίγωνο στην οροφή σπιτιών.
αζαλέα η, ουσ., είδος καλλωπιστικού φυτού: *τα άνθη της -έας είναι πολύχρωμα.* [λατ. *azalea* < θηλ. του αρχ. *αζαλέος*].
αζάλιστος, -η, -ο, επίθ., που δεν έχει ζαλιστεί: *πίνοντας τέτοιο κρασί πώς να μείνεις ~!* (συνών. *νηφάλιος·* αντ. *ζαλισμένος*).
αζάρωτος, -η, -ο, επίθ. 1. που δε ζαρώνει: *ρούχα -α* (συνών. *ατσαλάκωτος·* αντ. *ζαρωμένος, τσαλακωμένος*). 2. χωρίς ρυτίδες: *δέρμα / πρόσωπο -ο* (αντ. *ζαρωμένος*).
αζαχάριαστος, -η, -ο (συνιζ.) και **αζαχάρωτος,** επίθ., που δε ζαχάρωσε: *γλυκό αζαχάρωτο.*

αζεμάτιστος, -η, -ο, επίθ., που δεν έχει ζεματιστεί με καυτό νερό (συνήθως για φαγητά): *σπανάκι -ο* (αντ. *ζεματισμένος*).

Αζέρος ο, ουσ., κάτοικος του Αζερμπαϊτζάν.

αζευγάριστος, -η, -ο, επίθ., που δεν έχει οργωθεί: *χωράφι -ο* (συνών. *ανόργωτος*).

αζευγάρωτος, -η, -ο, επίθ., που δε ζευγάρωσε, δεν αποτέλεσε ζεύγος· *που δεν παντρεύτηκε*.

άζευτος, -η, -ο επίθ. 1. που δεν έχει μπει σε ζυγό: *ζώα -α*. 2. (μεταφ.) *ατίθασος, άγριος*.

αζημίωτος, -η, -ο, επίθ., που δεν έχει υποστεί ζημιά (αντ. *ζημιωμένος*). Έκφρ. *με το -ο* (= με κέρδος): *θα με βοηθήσεις με το -ο*.

αζήτητος, -η, -ο, επίθ. 1. που δεν τον ζητούν, δεν καταναλώνεται: *προϊόντα -α*. 2. *εγκαταλειμμένος*: *στα τελωνεία υπάρχουν πολλά -α εμπορεύματα*.

αζόριστος, -η, -ο, επίθ., που δε ζορίστηκε, που δεν κατέβαλε μεγάλη προσπάθεια: *σ' αυτή τη δουλειά κανείς δεν έμεινε ~*. - Επίρρ. **-α**.

αζούληχτος, -η, -ο, επίθ., που δεν έχει συμπιεστεί: *φρούτα -α* (αντ. *ζουληγμένος*).

αζούπητος, -η, -ο και **αζούπιστος**, επίθ., που δεν έχει συμπιεστεί: *σπυρί -ο· ελιές -ες*.

αζούρ το, ουσ., είδος τρυπητού κεντήματος. [γαλλ. *ajour*].

αζύγιαστος, -η, -ο, επίθ. 1. που δεν έχει ή δεν μπορεί να ζυγιστεί: *φορτίο -ο* (αντ. *ζυγισμένος*). 2. *αλόγιστος, άκριτος*: *λόγια -α· άνθρωπος ~* (αντ. *ζυγισμένος, μετρημένος*).

αζύγιστος, -η, -ο, επίθ., που δε ζυγίστηκε ή δεν μπορεί να ζυγιστεί: *αγόρασε τα καπνά -α* (αντ. *ζυγισμένος*).

αζύγωτος, -η, -ο, επίθ. 1. που δεν μπορεί να τον πλησιάσει κανείς: *ρεματιά -η* (συνών. *απρόσιτος, απλησίαστος*). 2. (μεταφ.) *ακοινώνητος*: *άνθρωπος ~* (συνών. *απλησίαστος*).

άζυμος, -η, -ο, επίθ., που κατασκευάστηκε χωρίς προζύμι: *ψωμί -ο*.

αζύμωτος, -η, -ο, επίθ. 1. που δε ζυμώθηκε: *ψωμί / τσουρέκι -ο* (αντ. *ζυμωμένος*). 2. που δεν έχει υποστεί ζύμωση: *κρασί -ο*.

-άζω, παραγ. κατάλ. ρ.: *αλλάζω* [αντί ρημ. κατάλ. *-άσσω*: *ταράσσω - ταράζω*], *σφάζω, στάζω*. [αόρ. ρ. σε *-ζα*: *έκραξα - κράζω*].

αζωγράφιστος, -η, -ο, επίθ., που δε ζωγραφίστηκε: *τοπίο -ο· τοίχος ~* (αντ. *ζωγραφισμένος*).

αζωογόνητος, -η, -ο, επίθ., που δε ζωογονήθηκε.

άζωστος, -η, -ο, επίθ., που δε φορεί ζώνη.

άζωτο το, ουσ. (χημ.) απλό στοιχείο, αέριο άχρωμο και άοσμο, που αποτελεί μέρος του ατμοσφαιρικού αέρα και των ζωντανών ιστών, ζωικών ή φυτικών. [γαλλ. *azote* < στερ. *α-+ ζωή*].

αζωτούχος, -α, -ο, επίθ., που περιέχει άζωτο: *λιπάσματα -α*.

αηδής, -ής, -ές, γεν. *-ούς*, πληθ. αρσ. και θηλ. *-είς*, ουδ. *-ή*, επίθ. (λόγ.), που προκαλεί αηδία, αποκρουστικός: *υπαινιγμός* / *κολακεία ~*· *συκοφάντης* / *υπαινιγμός ~*.

αηδία η, ουσ. 1. (για γεύση, οσμή) αποστροφή, σιχασιά: *το μουρουνόλαδο του' φερνε ~*· (μεταφ.) έντονη δυσαρέσκεια, απέχθεια για κάποιον ή κάτι. *η όλη κατάσταση προκαλεί ~*. 2. πράγμα που προκαλεί αποστροφή· *ανοησία, σαχλαμάρα*. *δεν μπορώ ν' ακούω -ες*.

αηδιάζω ρ. (ασυνίζ.), μτχ. παρκ. *αηδιασμένος*. 1. (μτβ.) προκαλώ αηδία: *τα φαγητά τους μας -ουν*· (μεταφ.) *η κολακεία με -ει*. 2. (αμτβ.) αισθάνομαι αηδία· δυσανασχετώ: *από τα πολλά γλυκά -ίασα*· (μεταφ.) *~ που τον ακούω*· *έφυγε αηδιασμένος από ό,τι είδε*.

αηδιαστικός, -ή, -ό, επίθ. (ασυνίζ.), που προκαλεί αηδία: *γεύση -ή·* (μεταφ.) *συμπεριφορά -ή* (συνών. *σιχαμερός*).

αηδόνι το, ουσ., είδος μικρόσωμου ωδικού πτηνού με πολύ μελωδικό κελάηδημα: *λαλούν τ' -ια· τραγουδάει σαν ~* (για άτομο καλλίφωνο). Φρ. *μου κοστίζει ο κούκος ~* (= δαπανώ υπερβολικά για κάτι ευτελές, ασήμαντο).

αηδονίσιος, -ια, -ιο επίθ. (συνιζ.), που σχετίζεται με το αηδόνι: *φωνή -ια*.

αηδόνισμα το, ουσ., κελάηδημα αηδονιού.

αηδονολάλημα το, ουσ., κελάηδημα αηδονιού· (μεταφ.) γλυκό τραγούδι.

αηδονολαλιά η, ουσ. (συνιζ.), κελάηδημα αηδονιού· γλυκόηχη μιλιά ή τραγούδι.

αηδονόλαλος, -η, -ο, επίθ., που τραγουδά (ή μιλά) σαν αηδόνι: *στίχοι -οι* (Παλαμάς) (συνών. *αηδονόστομος*).

αηδονολαλούσα, επίθ., θηλ., που τραγουδά (ή μιλά) σαν αηδόνι: *μοιάσε της πετροπέρδικας της -ας* (δημ. τραγ.).

αηδονολαλώ, -είς, ρ., τραγουδώ γλυκά σαν αηδόνι: *η γλώσσα του -εί* (δημ. τραγ.)· (μεταφ.) *νεράκι π' -είς* (Σολωμός).

αηδονόστομος, -η, -ο, επίθ., που μιλά ή τραγουδά γλυκά (συνών. *αηδονόλαλος*).

αηδονοφωλιά η, ουσ. (συνιζ.), φωλιά αηδονιού.

αήττητος, -η, -ο, επίθ., που δε νικήθηκε ή που δεν είναι δυνατόν να νικηθεί: *στράτευμα -ο· αρμάδα -η* (συνών. *ανίκητος*).

άηχος, -η, -ο, επίθ. (γραμμ.), που κατά την εκφώνησή του δεν πάλλονται οι φωνητικές χορδές: *φθόγγοι -οι· σύμφωνα -α*.

αθάλη η, ουσ. (λαϊκ.). 1. καπνιά, φούμο: *πέτρες μαύρες από την ~*. 2. σωρός από αναμμένα κάρβουνα, θράκα: *ψήνω κάτι στην ~*. 3. στάχτη: *σκαλίζω την ~*. [αρχ. *αιθάλη*].

αθάμπωτος, -η, -ο, επίθ. 1. που δε θάμπωσε, δε θόλωσε, φωτεινός, άσπιλος, καθαρός: *φορέματα -α·* (μεταφ.) *-η δόξα* (Σολωμός). 2. που δεν εντυπωσιάστηκε από κάτι.

αθανασία η, ουσ. 1. το να είναι κάποιος αθάνατος, αιώνια ζωή: *~ της ψυχής*. 2. (μεταφ.) συνέχιση της ύπαρξης κάποιου στη μνήμη των ανθρώπων: *με το ποιητικό του έργο κέρδισε την ~*.

αθάνατοι οι, ουσ. 1. (ιστ.) επίλεκτο στρατιωτικό σώμα των Περσών και των Βυζαντινών. 2. τιμητικός τίτλος των μελών της Γαλλικής Ακαδημίας και κατ' επέκταση των άλλων ακαδημιών.

αθάνατος, -η, -ο, επίθ. 1. που δεν πεθαίνει: *θεοί -οι* (αντ. *θνητός*). 2. (μεταφ., με αφηρ. ουσ.) που θα διαρκέσει παντοτινά: *δόξα / φιλία / αγάπη -η* (συνών. *παντοτινός· αντ. εφήμερος*). 3. (μεταφ., για κάτι με ποιότητα ξεχωριστή): *ύφασμα / κρασί / αμάξι -ο*. 4. (μεταφ.) που η μνήμη του ζει αιώνια, αξέχαστος· έξοχος, αξεπέραστος: *ήρωες -οι· ποιητής ~· -α έργα των τραγικών*. Έκφρ. (λαογρ.) *-ο νερό* (= νερό που χαρίζει με μαγικό τρόπο την αθανασία).

αθάνατος ο και *-ο* το, ουσ., είδος φυτού ιδιαίτερα ανθεκτικού με μακριά και σκληρά φύλλα που χρησιμεύει κυρίως στην κατασκευή φραχτών.

αθάρρευτος, -η, -ο, επίθ., δειλός, συνεσταλμένος, άτολμος: *παιδάκι -ο*.

αθαυματούργητος, -η, -ο, επίθ., που δε θαυματουργεί. Παροιμ. *άγιος ~ δόξα, τιμή δεν έχει.*
άθαφτος, -η, -ο, επίθ., που δεν τον έθαψαν: *νεκρός ~* (συνών. *άταφος·* αντ. *θαμμένος*). Έκφρ. *πεθαμένος κι ~* (= κατάχλομος).
αθέατος, -η, -ο, επίθ., που δε φαίνεται· απαρατήρητος: *-η πλευρά της σελήνης· παρακολούθησε τη συνομιλία ~.*
αθεΐα η, ουσ., το να αρνείται κάποιος την ύπαρξη του Θεού: *ο Σωκράτης κατηγορήθηκε για ~.*
αθειάφιστος, -η, -ο, επίθ. (για αμπέλι) που δε ραντίστηκε με θειάφι.
αθεΐζω, ρ., είμαι άθεος, ακολουθώ τις ιδέες του αθεϊσμού.
αθεϊσμός ο, ουσ., φιλοσοφική θεωρία που αρνείται την ύπαρξη του Θεού: *~ του γαλλικού διαφωτισμού.*
αθεϊστής ο, ουσ., οπαδός του αθεϊσμού: *κατηγορήθηκαν ως -ές.*
αθεϊστικός, ή, -ό, επίθ., που σχετίζεται με τον αθεϊσμό, που αναφέρεται στον αθεϊσμό: *κήρυγμα -ό· διδασκαλία -ή.*
άθελα, επίρρ., (συνήθως με προσωπ. αντων. σε γεν.) χωρίς τη θέλησή μου, χωρίς προαίρεση: *-ά μου σε στενοχώρησα.*
αθέλητος, -η, -ο, επίθ., που γίνεται χωρίς τη θέληση κάποιου: *απουσία -η* (συνών. *ακούσιος*).
αθεμελίωτος, -η, -ο και **αθεμέλιωτος,** επίθ. 1. που δεν έχει θεμελιωθεί ακόμη, που δεν έχει (γερά) θεμέλια: *σπίτι -ο.* 2. (μεταφ., για γνώμη, κ.τ.ό.) που δε στηρίζεται σε πραγματικά γεγονότα: *απόψεις / κατηγορίες -ες* (συνών. *ανυπόστατος, αβάσιμος*).
αθέμιτος, -η, -ο, επίθ., που δε συμφωνεί με τους νόμους ή τα καθιερωμένα: *πράξεις -ες·* (νομ.) *ανταγωνισμός ~* (αντ. *θεμιτός*).
άθεος, -η, -ο, επίθ., που δεν πιστεύει ότι υπάρχει Θεός: *το να δηλώνει κανείς ~ κατοχυρώνεται από το Σύνταγμα.*
αθεόφοβος, -η, -ο, επίθ., που δε φοβάται το Θεό (συνήθως υβριστικά για φαύλο, ασυνείδητο άτομο ή συμπαθητικά για άτομο επιτήδειο): *πώς το έκανες αυτό, βρε -ε;*
αθεράπευτος, -η, -ο, επίθ. 1. που δε θεραπεύτηκε ή δεν μπορεί να θεραπευτεί: *τραύμα -ο* (συνών. *ανίατος·* αντ. *θεραπευμένος.* 2. (μεταφ.) που δεν επιδέχεται βελτίωση: *κατάσταση -η· εγωισμός ~* (συνών. *αδιόρθωτος*).
αθέρας ο, ουσ. 1. (ιδίωμ.) α. αγκαθωτό άκρο, το «γένι» του σταχιού: *~ του κριθαριού·* β. ψιλή σκόνη του σταριού. 2. κόψη όπλου ή εργαλείου: *ο ~ του μαχαιριού / του σπαθιού / του σκαρπέλου.* 3. (μεταφ.) το εκλεκτότερο τμήμα από ένα σύνολο: *πήραμε τον -α απ' το λάδι.* Φρ. *διαλέγω, παίρνω τον -α* (= διαλέγω, παίρνω ό,τι καλύτερο, την αφρόκρεμα). [αρχ. *αθήρ*].
αθερίνη και **αθερίνα** η, ουσ., είδος μικρού ψαριού.
αθερινός ο, ουσ., αθερίνα.
αθέριστος, -η, -ο, επίθ. (για δημητριακά) που δε θερίστηκε: *σιτάρι -ο· χωράφια -α* (αντ. *θερισμένος*).
αθερμομέτρητος, -η, -ο, επίθ., που δε θερμομετρήθηκε: *άφησαν τον άρρωστο όλη μέρα -ο.*
αθεσμοθέτητος, -η, -ο, επίθ., που δε θεσμοθετήθηκε, δεν επιβλήθηκε με νόμο: *-ες διαδικασίες για την εκλογή προεδρείου* (συνών. *αθέσπιστος·* αντ. *θεσμοθετημένος, θεσπισμένος*)

αθέσπιστος, -η, -ο, επίθ., που δε θεσπίστηκε, δε νομοθετήθηκε (συνών. *αθεσμοθέτητος·* αντ. *θεσπισμένος, θεσμοθετημένος*).
αθέτηση η, ουσ. 1. (για όρκο, υπόσχεση, κ.τ.ό.) καταπάτηση, αναίρεση: *~ υποσχέσεων* (αντ. *τήρηση*). 2. (φιλολ.) απόρριψη «νόθου» χωρίου ή λέξης από ένα κείμενο.
αθετώ, -είς, ρ. 1. (για όρκο, υπόσχεση, κ.τ.ό.) καταπατώ, παραβαίνω: *~ τη συμφωνία· ~ τις υποσχέσεις μου* (αντ. *τηρώ, εκπληρώνω*). 2. (φιλολ.) απορρίπτω χωρίο ή λέξη από ένα κείμενο ως νόθα.
αθεώρητος, -η, -ο, επίθ. (για έγγραφο) που δε θεωρήθηκε, δεν ελέγχθηκε (συνήθως από την αρμόδια δημόσια υπηρεσία): *τιμολόγιο / διαβατήριο / βιβλιάριο σπουδών -ο* (αντ. *θεωρημένος*).
αθήλαστος, -η, -ο, επίθ., που δε θήλασε: *μωρό -ο* (αντ. *θηλασμένος*).
αθηλύκωτος, -η, -ο, επίθ., που δε κουμπώθηκε: *γιλέκο / πουκάμισο -ο* (συνών. *ξεκούμπωτος·* αντ. *κουμπωμένος*).
αθηναϊκος, -η, -ο, (λαϊκ.), αθηναϊκός: *-α βουνά.*
αθηναϊκός, -ή, -ό, επίθ., που ανήκει ή αναφέρεται στην Αθήνα, που προέρχεται από την Αθήνα: *θέατρα -ά· εφημερίδες -ες· -ή δημοκρατία* (των κλασικών χρόνων). [*Αθήνα*].
Αθηναίος ο, θηλ. **-α,** ουσ., αυτός που κατάγεται από την Αθήνα, ο κάτοικος της Αθήνας: *βέρος ~.*
αθήρι το, ουσ., είδος σταφυλιού της Θήρας και το κρασί που παράγεται απ' αυτό. [*τα θήρια<τα θήραια<*μτγν. *θήραιος<Θήρα*].
αθήρωμα το, ουσ. (ιατρ.) παθολογική εναπόθεση λιπαρών ουσιών στην εσωτερική επιφάνεια αρτηρίας με μορφή κιτρινωπής πλάκας: *~ της στεφανιαίας.* [μτγν.· πβ. γαλλ. *athérome*]. - Πβ. και *αρτηριοσκλήρωση.*
αθησαύριστος, -η, -ο, επίθ. (για λέξεις ή σημασ. λέξεων, λαογρ. στοιχεία, κ.τ.ό.) που δε θησαυρίστηκε, δεν περισυλλέχθηκε, δεν καταγράφηκε (σε λεξικό, συλλογή, κ.τ.ό.) (αντ. *θησαυρισμένος*).
Αθίγγανος ο, ουσ. (ιστ.) οπαδός της χριστιανικής αίρεσης των Μελχισεδεκιτών του 8.-9. αι. - Πβ. και *Ατσίγγανος.* [στερ. α- + αρχ. *θιγγάνω*].
άθικτος, -η, -ο, επίθ. 1. που δεν τον άγγιξε κανείς, ανέπαφος· αμεταχείριστος: *τα βιβλία του είναι -α.* 2. που δεν έπαθε φθορά· ακέραιος, ολόκληρος: *βρήκαν -ο το άγαλμα μέσα στα ερείπια· παρέδωσε το πορτοφόλι με το περιεχόμενό του -ο* (συνών. *απείραχτος*). 3. που δεν τον πρόσβαλαν, δεν του προκάλεσαν ηθική ζημία: *με την αδιακρισία του δεν άφησε κανένα -ο* (αντ. *θιγμένος, προσβλημένος*). 4. (για κορίτσι) παρθένος, αγνός: *ο απαγωγέας τη γύρισε στους γονείς της -η.* 5. (μεταφ.) που δε συζητήθηκε: *το πρόβλημα / ζήτημα έμεινε -ο.*
άθλημα το, ουσ., αθλητικός αγώνας ή αγώνισμα: *-ατα ατομικά / ομαδικά· -ατα στίβου· ομοσπονδίες -άτων.*
άθληση η, ουσ., διεξαγωγή αθλητικού αγώνα, αναμέτρηση αθλητών· σωματική άσκηση: *η ~ είναι δικαίωμα και υποχρέωση κάθε ηλικίας.*
αθλητής ο ουσ. θηλ. **-ήτρια,** αυτός που ασκείται ή συμμετέχει σε αθλητικό αγώνισμα (διεκδικώντας τη νίκη): *~ στίβου / του μαραθωνίου· επαγγελματίας ~.*
αθλητιατρική η, ουσ. (ασυνιζ.), κλάδος της ιατρικής που ασχολείται με την υγεία των αθλητών και

τη θεραπεία παθήσεων σχετικών με την άθληση και τη φυσική άσκηση.

αθλητίατρος ο, ουσ., γιατρός με ειδίκευση στην αθλητιατρική. [*αθλητής* + *ιατρός*].

αθλητικογράφος ο, ουσ., συντάκτης αθλητικών ειδήσεων σε εφημερίδα ή περιοδικό.

αθλητικός, -ή, -ό, επίθ. 1. που σχετίζεται με τους αθλητές ή τον αθλητισμό: *αγώνας ~· περιβολή / επίδοση -ή· -ές στήλες εφημερίδων*. 2. που ταιριάζει σ' έναν αθλητή, που έχει τα φυσικά χαρακτηριστικά αθλητή: *συμπεριφορά -ή· σώμα -ό* (= ρωμαλέο). - Το ουδ. στον πληθ. ως ουσ. = ειδήσεις σχετικές με τον αθλητισμό στις εφημερίδες, το ραδιόφωνο ή την τηλεόραση.

αθλητισμός ο, ουσ., το σύνολο των σωματικών ασκήσεων και των ατομικών ή ομαδικών αγωνισμάτων ή αθλημάτων τα οποία επιδίδονται οι αθλητές με στόχο είτε τη φυσική βελτίωση είτε τη νίκη σε αγώνα ή την πραγματοποίηση της ανώτατης επίδοσης: *~ ερασιτεχνικός / επαγγελματικός / αγωνιστικός / κλασικός / μαζικός*.

άθλια, επίρρ. (ασυνίζ.), με άσχημο, ανέντιμο τρόπο· χωρίς ήθος: *πολιτεύεται ~*.

άθλιος, -α, -ο, επίθ. (ασυνίζ.). 1. ελεεινός, θλιβερός, αξιολύπητος: *κατάσταση -α· ζει σε -ες συνθήκες*. 2. (ηθ.) αισχρός, άτιμος: *συκοφάντης/εκβιαστής ~· συμπεριφορά -α*. 3. (γεν.) κακός, άσχημος: *καιρός ~· ποιότητα/συγκοινωνία -α· τα ελληνικά του ήταν -α*.

αθλιότητα η, ουσ. (ασυνίζ.). 1. δυστυχία, ταλαιπωρία: *η ~ της ζωής στη φυλακή*. 2. αισχρότητα, φαυλότητα· άτιμη πράξη: *σιχάθηκα την -α στις συναλλαγές του / στις σχέσεις του· διέπραξε πλήθος -ες για να πετύχει*.

αθλοθεσία η, ουσ., οργάνωση αθλητικού αγώνα με έπαθλο. [*αθλοθετώ*].

αθλοθέτης ο, ουσ., αυτός που ορίζει βραβείο σε αθλητικούς αγώνες: *~ των αγώνων ήταν ο δήμος* (συνών. *αγωνοθέτης*).

αθλοθετώ, -είς, ρ., ορίζω το έπαθλο σε αθλητικούς αγώνες: *βραβεία -έτησαν ορισμένοι ιδιωτικοί οργανισμοί* (συνών. *αγωνοθετώ*).

αθλοπαιδιά η, ουσ. (ασυνίζ.), αθλητικό παιχνίδι με σκοπό τη διασκέδαση και τη σωματική άσκηση: *την ώρα της γυμναστικής τα παιδιά ασχολήθηκαν με -ιές*. [< αρχ. *άθλος* + αρχ. *παιδιά*].

άθλος ο, ουσ., κοπιαστική προσπάθεια, σπουδαίο κατόρθωμα: *οι -οι του Ηρακλή· ήταν ~ η διάβαση του ποταμού*. [αρχ. *άθλος*].

αθλούμαι, ρ., ασχολούμαι με τον αθλητισμό, γυμνάζομαι: *πρέπει να -είται κανείς σύμφωνα με τις δυνατότητές του· συνεχίζει να -είται παρά την ηλικία του*.

αθόλωτος, -η, -ο, Ι. επίθ., που δε θόλωσε, διαυγής: *ποτάμι / κρασί -ο* (συνών. *καθαρός* · αντ. *θολωμένος*). [αρχ. *αθόλωτος*]. [στερ. *α* + *θολώ*].

αθόλωτος, -η, -ο, ΙΙ. επίθ., που δεν έχει θόλο: *κτίσμα -ο· ναός ~*. [αρχ. *θόλος*]. [στερ. *α* + *θόλος*].

αθόρυβος, -η, -ο, επίθ. 1. που δεν κάνει θόρυβο: *μηχανή -η· περπάτημα -ο* (συνών. *ήσυχος, σιγανός*· αντ. *θορυβώδης*). 2. που δεν προκαλεί συζήτηση γύρω από το όνομά του, που δεν του αρέσει η διαφήμιση: *μελετητής ~· -η φιλανθρωπική δράση*.

αθός, βλ. *ανθός*.

αθότυρο, βλ. *ανθότυρο*.

αθρακιά η, ουσ. (συνιζ.), σωρός από αναμμένα κάρβουνα μετά το χώνεμα της φλόγας, θράκα, στάχτη με μικρά αναμμένα κάρβουνα, χόβολη: *ψήνω στην ~*. [αρχ. *άνθραξ*].

άθραυστος, -η, -ο, επίθ., που δε σπάζει, ανθεκτικός: *ποτήρι -ο· γυαλιά -α* (αντ. *εύθραυστος*).

άθρεφτος, -η, -ο, επίθ. 1. που δεν τράφηκε καλά, ισχνός: *αρνί -ο*. 2. (για φυτά) που δεν αναπτύχθηκε όσο έπρεπε: *κουκιά -α*.

αθρεψία η, ουσ. α. έλλειψη θρέψης, ατροφία· β. (ιατρ.) βαριά βρεφική δυστροφία εξαιτίας ασθένειας. [*άθρεπτος*].

αθρήνητος, -η, -ο, επίθ., που δεν τον θρήνησαν: *τον έθαψαν -ο· άφησαν τον πεθαμένο -ο* (συνών. *άκλαυτος*).

άθρησκος, -η, -ο, επίθ., που δεν πιστεύει σε θρησκεία, άθεος.

αθροίζω, ρ. (μαθημ.) κάνω πρόσθεση, προσθέτω.

άθροιση η, ουσ. (μαθημ.) η πράξη της πρόσθεσης. [*αθροίζω*].

αθροίσιμος, -η, -ο, επίθ. (μαθημ.) που μπορεί να προστεθεί: *μεγέθη -α*. [*αθροίζω*].

άθροισμα το, ουσ. (μαθημ.) αποτέλεσμα πρόσθεσης, συνολικό ποσό: *~ φυσικών αριθμών / διανυσμάτων ~ γωνιών*.

αθροιστήρας ο, ουσ., μηχανή που εκτελεί αριθμητικές πράξεις.

αθροιστής ο, ουσ., αυτός που κάνει άθροιση· μηχανή που εκτελεί αριθμητικές πράξεις, αθροιστική μηχανή (βλ. *αθροιστικός*).

αθροιστικός, -ή, -ό, επίθ., που ανήκει, αναφέρεται ή χρησιμεύει στην άθροιση: *σφάλμα -ό·* (τεχν.) *-ή μηχανή* = μηχανή που εκτελεί αριθμητικές πράξεις.

αθρόος, -α, -ο, επίθ. (λόγ.), που εμφανίζεται κατά σύνολο, ομαδικός· πυκνός, άφθονος, πολυάριθμος: *-α προσέλευση επισκεπτών* (στην έκθεση)· *συλλήψεις -ες*.

αθρυμμάτιστος, -η, -ο, επίθ., που δε θρυμματίστηκε, δεν έγινε θρύψαλα: *δεν έμεινε κανάτι -ο* (αντ. *θρυμματισμένος*). [στερ. *α* + *θρυμματίζομαι*].

αθρωπιά, βλ. *ανθρωπιά*.

άθρωπος, -άκι, -άκος, βλ. *άνθρωπος*.

αθυμία η, ουσ., έλλειψη ευδιαθεσίας, ακεφιά, στενοχώρια: *τα λόγια του μου προξένησαν ~* (αντ. *ευθυμία, κέφι, ευδιαθεσία*).

αθύμιαστος, -η, -ο, επίθ. (συνιζ.), που δεν τον θυμίατισαν: *εικόνες -ες* (αντ. *θυμιατισμένος*).

αθυμιάτιστος, -η, -ο, επίθ. (συνιζ.), που δεν τον θυμίατισαν: *ο παπάς δεν άφησε κανέναν -ο·* (μεταφ.) *που δεν του αρέσουν οι κολακείες, που δεν έχει δεχτεί κολακείες*.

άθυμος, -η, -ο, επίθ., βαρύθυμος, άκεφος, στενοχωρημένος: *τα νέα τον έκαναν ξαφνικά -ο* (αντ. *εύθυμος, κεφάτος*).

αθυμώ, -είς, ρ., κατέχομαι από αθυμία, χάνω το κέφι μου, στενοχωριέμαι: *με τη ζωντάνια του δεν τους άφησε να -ήσουν* (αντ. *ευθυμώ*).

άθυρμα το, ουσ. (λόγ.), παιδικό παιχνίδι (συνήθως μεταφ. για άτομο χωρίς βούληση, όργανο των θελήσεων κάποιου άλλου): *~ της τύχης*. [αρχ. *άθυρμα*].

αθυροστομία η, ουσ., το να χρησιμοποιεί κάποιος χωρίς ενδοιασμούς λέξεις ή εκφράσεις απρεπείς, χυδαίες, υβριστικές: *~ ανυπόφορη*.

αθυρόστομος, -η, -ο, επίθ., που χρησιμοποιεί χωρίς ενδοιασμούς λέξεις ή εκφράσεις απρεπείς, χυδαίες, υβριστικές: *είναι πολύ ~ και τον αποφεύ-*

γω (συνών. ελευθερόστομος, αναιδής).
αθωνικός -ή, -ό, επίθ., που προέρχεται από τον Άθω ή ανήκει στην περιοχή του: *εικόνες -ές.* [*Άθως*].
Αθωνίτης ο, ουσ., αυτός που διαμένει ή βρίσκεται στον Άθω.
αθώος, -α, -ο, επίθ. 1. μη ένοχος: ~ *ο κατηγορούμενος.* 2. απονήρευτος, αγνός: *Μες στο τεράστιο σώμα του είχε μια αθώα καρδιά* (Καββαδίας)· *παιδί -ο·* (μεταφ.) *κρασί -ο.* 3. ανίδεος, ανήξερος: *είναι ~ από γεωγραφία.* 4. αφελής, αγαθόπιστος: *μη δίνετε σημασία στα λόγια του· είναι λίγο ~.*
αθωότητα η, ουσ. 1. το να είναι κανείς αθώος: *αμφιβάλλω για την ~ ά του* (αντ. *ενοχή*). 2. αφέλεια, έλλειψη πονηριάς, κακίας.
αθωράκιστος, -η, -ο, επίθ., που δεν έχει μεταλλική θωράκιση: *πλοίο -ο* (αντ. *θωρακισμένος*).
αθώρητος, -η, -ο, επίθ., που δεν μπορεί κανείς να τον δει, ακριβοθώρητος: *τον τελευταίο καιρό έγινες ~.*
αθωώνω, ρ., θεωρώ κάποιον αθώο, τον απαλλάσσω από την κατηγορία: *ο κατηγορούμενος -ώθηκε στη δίκη* (αντ. *καταδικάζω*).
αθώωση η, ουσ., απαλλαγή από κατηγορία: *περιμέναμε την ~ του κατηγορουμένου* (αντ. *καταδίκη*).
αθωωτικός, -ή, -ό, επίθ., που αποδεικνύει κάποιον αθώο, που απαλλάσσει από την κατηγορία: *απόφαση -ή* (αντ. *καταδικαστικός*).
άι-, α´ συνθ. ονομάτων αγίων, άγιος: *αϊ-Βασίλης, αϊ-Γιώργης· αϊ-Στράτηγος* (= Ταξιάρχης Μιχαήλ).
αϊβασιλιάτικος, βλ. *αγιοβασιλιάτικος*.
αϊβασιλόπιτα, βλ. *αγιοβασιλόπιτα*.
αίγαγρος ο, ουσ., αγριοκάτσικο: *στην Κρήτη ζουν πολλοί -οι.*
Αιγαιοπελαγίτης ο, θηλ. **-ισσα,** κάτοικος των νησιών του Αιγαίου. [*Αιγαίον Πέλαγος*].
αιγαιοπελαγίτικος, -η, -ο, επίθ., που ανήκει στους Αιγαιοπελαγίτες ή σχετίζεται μ' αυτούς: *πολιτισμός ~.*
αιγαίος, -α, -ο, επίθ., που ανήκει ή αναφέρεται στο Αιγαίο πέλαγος: *πολιτισμός ~.*
αιγιαλίτιδα ζώνη η, ουσ. (ασυνίζ.), η θαλάσσια ζώνη που περιβάλλει τις ακτές μιας χώρας, χωρικά ύδατα.
Αιγινήτης, ο, ουσ., κάτοικος της Αίγινας.
Αϊγιωργίτης, βλ. *Αγιογιωργίτης*.
αίγλη η, ουσ. 1. φήμη, δόξα: *η ~ του ονόματός του έμεινε άσβηστη.* 2. λαμπρότητα: *η ~ της εξουσίας.*
αιγοβοσκός ο, ουσ. (λόγ.), βοσκός κατσικιών.
Αιγόκερος ο, ουσ. 1. (αστρον.) αστερισμός του Ν. ημισφαιρίου, ο δέκατος του ζωδιακού κύκλου. 2. (αστρολ.) α. το δέκατο ζώδιο του ζωδιακού κύκλου, που πιστεύεται πως ρυθμίζει την περίοδο από 22 Δεκεμβρίου έως 20 Ιανουαρίου· β. άτομο γεννημένο σ' αυτό το διάστημα: *οι -οι θεωρούνται εσωστρεφείς άνθρωποι.* 3. *τροπικός του -ου* = ο παράλληλος της ουράνιας σφαίρας που έχει απόκλιση 23° 27΄ νότια από τον Ισημερινό και αποτελεί το νότιο όριο της λεγόμενης τροπικής ζώνης (πβ. *τροπικός του καρκίνου, ά. καρκίνος* σημασ. 5).
αιγόκλημα, βλ. *αγιόκλημα*.
αιγοπρόβατα τα, ουσ., κοπάδι από γίδια και πρόβατα: *βοσκός -άτων* (συνών. *γιδοπρόβατα*).
αιγοτροφία η, ουσ., συστηματική εκτροφή κατσικιών.

αιγοτρόφος ο, ουσ., αυτός που εκτρέφει συστηματικά κατσίκες.
Αιγύπτια, βλ. *Αιγύπτιος*.
αιγυπτιακός, -ή, -ό, επίθ. (ασυνίζ.), που σχετίζεται με την Αίγυπτο: *αρχαιότητες -ές.*
αιγυπτιολογία η, ουσ. (ασυνίζ.), επιστήμη που ασχολείται με τον αιγυπτιακό πολιτισμό.
αιγυπτιολόγος ο, ουσ. (ασυνίζ.), αυτός που ασχολείται με την αιγυπτιολογία. [*Αίγυπτος + λέγω*].
Αιγύπτιος ο, θηλ. **-ια,** ουσ. (ασυνίζ.), κάτοικος της Αιγύπτου ή αυτός που κατάγεται από εκεί.
Αιγυπτιώτης ο, θηλ. **-ισσα,** ουσ. (ασυνίζ.), ξένος εγκαταστημένος μόνιμα στην Αίγυπτο, ξένος που γεννήθηκε εκεί.
Αιγυπτιώτισσα, βλ. *Αιγυπτιώτης*.
αιδεσιμότατος ο, ουσ. (ως προσφών. έγγαμου ιερέα) σεβασμιότατος.
αιδεσιμότητα η, ουσ. (προσφών. ιερέα) σεβασμιότητα, αγιότητα: *η ~ σας.*
Αϊ-Δημήτρης, βλ. *Αγιο-Δημήτρης*.
Αϊδημητριάτης, βλ. *Αγιοδημητριάτης*.
αϊδημητριάτικος, βλ. *αγιοδημητριάτικος*.
αιδημοσύνη η, ουσ., σεμνότητα, συστολή, ντροπή (αντ. *αδιαντροπιά, θρασύτητα*). [*αιδήμων*].
αιδοίο το, ουσ., γυναικείο γεννητικό όργανο. [αρχ. *αιδώς*].
αιδώς Αργείοι! αρχαϊστ. έκφρ. = ντροπή!
αιθάλη η, ουσ. (λόγ.), καπνιά. - Βλ. και *αθάλη*.
αιθαλομίχλη η, ουσ., ομίχλη που σχηματίζεται από σωματίδια αιθάλης και υγρασίας σε περιοχές υγρές και βιομηχανικές: *νέφος -ης.*
αιθάνιο το, ουσ. (ασυνίζ.), (χημ.) οργανική ένωση που ανήκει στους κορεσμένους υδρογονάνθρακες. [γαλλ. *éthane*].
αιθέρας ο, ουσ. 1. ανώτερα στρώματα της ατμόσφαιρας· φρ. *πετώ στους -ες* (= είμαι πολύ χαρούμενος). 2. υγρό άχρωμο με χαρακτηριστική οσμή: *νάρκωση με -α.* [< αρχ. *αιθήρ*].
αιθέριος, -α, -ο, επίθ. (ασυνίζ.). 1. που ανήκει ή αναφέρεται στον αιθέρα: *ύψη -ια.* 2. που μοιάζει με τον αιθέρα, διάφανος, λεπτός: *ύπαρξη -ια· φόρεμα -ιο.* 3. *-ια έλαια* = ουσίες που παίρνονται με απόσταξη από αρωματικά φυτά ή αρωματικούς καρπούς.
αιθεροβάμων ο, ουσ. (λόγ.), αυτός που ζει μακριά από την πραγματικότητα (συνών. *ονειροπόλος·* αντ. *ρεαλιστής*). [αρχ. *αιθήρ + βαίνω*].
αιθεροβάτης ο, ουσ., που αιθεροβατεί, που ονειροπολεί. [αρχ. *αιθήρ + βαίνω*].
αιθερομανής, -ής, -ές, επίθ., γεν. *-ούς,* πληθ. αρσ. και θηλ. *-είς,* ουσ., επίθ., που έχει συνηθίσει να εισπνέει αιθέρα (βλ. λ. σημασ. 2).
Αιθίοπας ο, θηλ. **-οπίνα,** ουσ., κάτοικος της Αιθιοπίας ή αυτός που κατάγεται από εκεί (συνών. *Αβησσυνός*).
αίθουσα η, ουσ. 1. ευρύχωρο δωμάτιο. 2. ευρύχωρος κλειστός χώρος κατάλληλος για συγκεντρώσεις: *αίθουσα κινηματογράφου / δικαστηρίου / διδασκαλίας.*
αιθουσάρχης ο, ουσ., που έχει ιδιόκτητη ή με ενοίκιο αίθουσα θεάτρου ή άλλου θεάματος. [*αίθουσα + άρχω*].
αιθρία η, ουσ. (λόγ.), ανέφελος και καθαρός ουρανός, ξαστεριά.
αίθριο το, ουσ. (ασυνίζ.), εσωτερική αυλή της ρωμαϊκής κατοικίας με στοά, προθάλαμο, πρόδρομο.

αίθριος, -α, -ο, επίθ. (ασυνίζ.). 1. διαυγής, καθαρός, ανέφελος: *καιρός* ~ (αντ. *άσχημος, συννεφιασμένος*) 2. (για άνεμο) που προκαλεί αιθρία.

αιθυλένιο το, ουσ. (ασυνίζ.), (χημ.) οργανική ένωση που ανήκει στους ακόρεστους υδρογονάνθρακες. [γαλλ. *éthylène*].

αιθυλικός, -ή, -ό, επίθ., που έχει σχέση με το αιθύλιο.

αιθύλιο το, ουσ. (ασυνίζ.), (χημ.) μονοσθενής οργανική ρίζα. [γαλλ. *éthyle*].

αιλουροειδή τα, ουσ., τάξη σαρκοφάγων θηλαστικών με πολύ ευλύγιστο σώμα και γαμψά και δυνατά νύχια, στην οποία ανήκουν η γάτα, το λιοντάρι, η τίγρη, κ.ά.

αίλουρος ο, ουσ., αγριόγατα: *ελίσσεται σαν* ~.

αίμα το, ουσ., το κόκκινο υγρό που κυκλοφορεί στις φλέβες και τις αρτηρίες ανθρώπων και ζώων. Φρ. *βάζω κάποιον στα -ατα* (= κάνω κάποιον να θυμώσει, να αναμιχθεί σε καβγά)· *βγάζει τα λεφτά του με* ~ (= κερδίζει χρήματα με πολύ κόπο)· *βράζει το* ~ *του* / *βράζουν τα -ατά του* (= κατέχεται από νεανικό σφρίγος)· *έχω κάτι στο* ~ *μου* (= έχω από τη φύση μου κλίση σε κάτι)· *μου άναψαν τα -ατα* / *μου ανέβηκε το* ~ *στο κεφάλι* (= οργίστηκα)· *μου 'κοψες το* ~ (= με τρόμαξες)· *το αίμα νερό δε γίνεται* (= δεν μπορεί κανείς ν' αρνηθεί τους συγγενείς του)· *φτύνω* ~ (= καταβάλλω μεγάλη προσπάθεια για να κατορθώσω κάτι).

αιμαγγείωμα το, ουσ., όγκος κάτω από το δέρμα από αιμοφόρα αγγεία.

αιμασιά η, ουσ. (συνιζ., λαϊκ.), φράχτης από πέτρες χωρίς ασβέστη (συνών. *ξερολιθιά*).

αιματέμεση η, ουσ. (ιατρ.) το να βγάζει κανείς αίμα από το στόμα εξαιτίας αιμορραγίας των πεπτικών οργάνων.

αιματένιος, -α, -ο επίθ. (συνιζ.), που αποτελείται από αίμα.

αιματηρός, -ή, -ό, επίθ. 1. που περιέχει αίμα: *μύτες, καρφιά, πληγές αιματηρές* ('Αγρας)· *κόπρανα -ά* (συνών. *αιματώδης*). 2. που προκαλεί ροή αίματος: *συγκρούσεις -ές* (συνών. *φονικός*). 3. (μεταφ.) που είναι υπερβολικά εξαντλητικός: *οικονομίες / θυσίες -ές*.

αιματιά η, ουσ. (συνιζ.), έντερο που χρησιμοποιείται στην κατασκευή αλλαντικών.

αιματικός -ή -ό, επίθ., που έχει αίμα. [*αίμα*].

αιμάτινος, -η, -ο, επίθ., που αποτελείται από αίμα: *σταγόνες -ες*.

αιματίτης λίθος ο, ουσ., λίθος με κόκκινο χρώμα, αιμοστατικός.

αιματο-, α´ συνθ.: *αιματοκρίτης, αιματοχυσία*.

αιματοβαμμένος, -η, -ο και **ματοβαμμένος**,επίθ., βρεγμένος με αίμα: *χέρια -α*· (μεταφ.) *γιορτή -η*.

αιματοβάφω και **ματοβάφω**, ρ., βάφω με αίμα: *οι εχθροί -αψαν τη γη*.

αιματόβρεχτος, -η, -ο, επίθ., που είναι βρεγμένος με αίμα.

αιματοειδής, -ής, -ές, επίθ., που έχει το χρώμα του αίματος.

αιματοκαλλιέργεια η, ουσ. (ιατρ.) η καλλιέργεια αίματος σε εργαστήριο για να διαγνωσθεί ενδεχόμενη ασθένεια. [*αίμα + καλλιεργώ*].

αιματοκρίτης ο, ουσ. (ιατρ.) α. η εκατοστιαία αναλογία του όγκου των έμμορφων στοιχείων (κυρίως των ερυθρών αιμοσφαιρίων) προς το πλάσμα του αίματος· β. όργανο με το οποίο μετριούνται τα αιμοσφαίρια.

αιματοκύλισμα και **ματοκύλισμα** το, ουσ. 1. φόνος, σφαγή. 2. δημιουργία αιματηρών γεγονότων.

αιματοκυλισμός ο, ουσ., αιματοκύλισμα (βλ. λ.).

αιματοκυλώ, -άς και **ματοκυλώ, ματοκυλίζω**, ρ. 1. τραυματίζω σοβαρά κάποιον: *-ίστηκαν στον καβγά*. 2. δημιουργώ αιματηρά γεγονότα: *ο εμφύλιος πόλεμος -ησε τον τόπο*.

αιματολογία η, ουσ. (βιολ.) μελέτη του αίματος από άποψη μορφολογική, χημική, φυσιολογική, κ.τ.ό.· (ιατρ.) κλάδος της ιατρικής επιστήμης που ασχολείται με τις ασθένειες του αίματος.

αιματολογικός, -ή, -ό, επίθ., που σχετίζεται με την αιματολογία: *εξέταση -ή*.

αιματολόγος ο, ουσ., επιστήμονας που ασχολείται με την αιματολογία.

αιματόμετρο το, ουσ., αιματοκρίτης (βλ. λ. σημασ. β).

αιματοπότης, -ισσα, επίθ., αυτός που πίνει αίμα, σκληρός, αιμοδιψής.

αιματοποτισμένος, -η, -ο, μτχ. επίθ. (για τόπο) που γνώρισε αιματηρούς αγώνες.

αιματόρροια η, ουσ. (ασυνίζ.), ροή αίματος.

αιματοστάλαχτος, -η, -ο, επίθ. α. που στάζει αίμα· β. (μεταφ.) *πόλεμοι -οι* (Παλαμάς).

αιματόσταση η, ουσ. (ιατρ.) σταμάτημα της αιμορραγίας.

αιματοστάτης ο, ουσ., λίθος που πιστεύεται ότι έχει την ιδιότητα να σταματά την αιμορραγία και φέρνει γρηγορότερα τον τοκετό.

αιματουρία η, ουσ. (ιατρ.) εμφάνιση αίματος στα ούρα.

αιματουρώ, -είς, ρ. (ιατρ.) βγάζω αίμα με τα ούρα.

αιματόχροος, -η, -ο, επίθ., που έχει το χρώμα του αίματος.

αιματοχυσία η, ουσ., αιματηρή, φονική συμπλοκή, αιματηρά επεισόδια.

αιματώδης, -ης, -ες, επίθ., γεν. -*ους*, πληθ. αρσ. και θηλ. -*εις*, ουδ. -*η*, που είναι γεμάτος αίμα ή έχει το χρώμα του αίματος.

αιμάτωμα το, ουσ. (ιατρ.) συγκέντρωση αίματος κάτω από το ανθρώπινο δέρμα. - Βλ. και *μάτωμα*.

αιματώνω, ρ. (φυσιολ.) στέλνω αίμα σε κάποιο σημείο του σώματος: (παθ.) *ο εγκέφαλός του / το πόδι δεν -εται καλά*. - Βλ. και *ματώνω*.

αιμάτωση η, ουσ. 1. το να ματώνει κάποιος. 2. (ιατρ.) η επαρκής κυκλοφορία αίματος σε μέρος του ανθρώπινου σώματος: ~ *του εγκεφάλου*.

αιμο-, α´ συνθ. (αντί *αιματο-*) : *αιμοβόρος, αιμορραγία, αιμοδοσία*.

αιμοβορία η, ουσ. (λαϊκ.), το να είναι κανείς αιμοβόρος.

αιμοβόρος, -α, -ο, επίθ. 1. που αρέσκεται στο «αίμα», στις σκληρές και απάνθρωπες πράξεις: ~ *παλληκαράς* (συνών. *σκληρός*). 2. (για ζώο): *ο λύκος είναι* ~.

αιμοδοσία η, ουσ., παροχή αίματος για θεραπευτικούς σκοπούς: ~ *εθελοντική*.

αιμοδότης ο, θηλ. **-δότρια**, ουσ., αυτός που προσφέρει αίμα για θεραπευτικούς σκοπούς: *εθελοντής* ~· *ταυτότητα -η*.

αιμοδοτικός, -ή, -ό, επίθ., που αναφέρεται στην αιμοδοσία: *προσφορά / άδεια -ή· σταθμός* ~.

αιμοδότρια, βλ. *αιμοδότης*.

αιμοδυναμικός, -ή, -ό, επίθ., που αναφέρεται στην αιμοδυναμική: *εργαστήριο -ό*. - Το θηλ. ως ουσ. = κλάδος της φυσιολογίας που μελετά τους νόμους της κυκλοφορίας του αίματος και τους παράγο-

αιμοκάθαρση

ντες που εξασφαλίζουν την κανονική κυκλοφορία και κατανομή του αίματος στα διάφορα όργανα του σώματος.

αιμοκάθαρση η, ουσ. (ιατρ.) καθαρισμός του αίματος του ανθρώπινου οργανισμού με τη μέθοδο του τεχνητού νεφρού.

αιμοληψία η, ουσ., το να πάρει κανείς από άτομο αίμα για θεραπευτικούς σκοπούς ή για μικροβιολογική εξέταση.

αιμολυσία η, ουσ. (ιατρ.) αρρώστια κατά την οποία αποχωρίζεται η αιμοσφαιρίνη από τα ερυθρά αιμοσφαίρια.

αιμομίκτης και **αιμομίχτης** ο, θηλ. **-κτρια** και **-χτρα**, ουσ., εκείνος που έχει ερωτικές σχέσεις με συγγενείς «εξ αίματος».

αιμομιξία η, ουσ., το να έχει κανείς ερωτικές σχέσεις με συγγενή «εξ αίματος».

αιμοπετάλιο το, ουσ. (ασυνίζ.), κυτταρικό στοιχείο του αίματος.

αιμόπτυση η, ουσ., το να βγάζει κανείς αίμα από το στόμα του ως εκδήλωση πάθησης.

αιμορραγία η, ουσ., το να βγάζει κανείς αίμα ύστερα από ρήξη των αγγείων του σώματος: ~ *ακατάσχετη*.

αιμορραγικός, -ή, -ό, επίθ., αυτός που έχει ή που προκαλεί αιμορραγία.

αιμορραγώ, -είς, ρ., βγάζω αίμα, έχω αιμορραγία.

αιμορροΐδες οι, ουσ. 1. οι φλέβες του απευθυσμένου που διογκώνονται και αιμορραγούν. 2. πάθηση που οφείλεται στη διόγκωση και αιμορραγία των φλεβών του απευθυσμένου (συνών. *ζοχάδες*).

αιμορροϊδικός, -ή, -ό, επίθ., που υποφέρει από αιμορροΐδες.

αιμορροώ, ρ., αιμορραγώ.

αιμοσταγής, -ής, -ές, επίθ., γεν. *-ούς*, πληθ. αρσ. και θηλ. *-είς*, ουδ. *-ή*, που αρέσκεται στο αίμα· σκληρός (ιδίως για απάνθρωπο κυβερνήτη, τύραννο): *σουλτάνος ~* (συνών. *αιμοβόρος*).

αιμόσταση η, ουσ. (ιατρ.) αιματόσταση (βλ. λ.).

αιμοστάτης ο, ουσ., αιματοστάτης (βλ. λ.)

αιμοστατικός, -ή, -ό, επίθ. (ιατρ.) που αναφέρεται στην αιμόσταση, που μπορεί να σταματήσει την αιμορραγία: *μέθοδοι -ές· επίδεσμος ~*. - Το ουδ. στον πληθ. ως ουσ. = αιμοστατικά φάρμακα.

αιμοσφαιρίνη η, ουσ. (βιολ.) το κύριο συστατικό των ερυθρών αιμοσφαιρίων.

αιμοσφαίριο το, ουσ. (ασυνίζ.), (βιολ.), συνήθως στον πληθ.) έμμορφα στοιχεία του αίματος που διακρίνονται σε λευκά (αλλιώς *λευκοκύτταρα*) και σε ερυθρά (αλλιώς *ερυθροκύτταρα* συνήθως *-α* = τα ερυθρά αιμοσφαίρια).

αιμοφιλία η, ουσ. (ιατρ.) το να ρέπει ο ανθρώπινος οργανισμός σε ακατάσχετη αιμορραγία.

αιμοφόρος, ουδ. **-ο**, επίθ., (για τα τριχοειδή αγγεία του σώματος) που μέσα του κυκλοφορεί το αίμα.

αιμόφυρτος, -η, -ο, επίθ., καταματωμένος: *από τη συμπλοκή βγήκε ~*.

αιμοχαρής, -ής, -ές, επίθ., γεν. *-ούς*, πληθ. αρσ. και θηλ. *-είς*, ουδ. *-ή*, που χαίρεται στο αίμα, στις φονικές συγκρούσεις.

-αινα, κατάλ. θηλ. ουσ., προσηγορ. και ανδρωνυμ.: *φάλαινα, λύκαινα, Γιώργαινα, Κώσταινα*.

αιμωδία η, ουσ., νάρκη μέλους του σώματος, μούδιασμα.

αίνιγμα το, ουσ. 1. φράση ασαφής που το νόημά της δε συλλαμβάνεται εύκολα· (μεταφ.) *άνθρωπος - αίνιγμα* (για άτομο που η υπόστασή του ή οι ενέργειές του δεν κατανοούνται εύκολα). 2. γεγονός δυσκολοερμήνευτο.

αινιγματικός, -ή, -ό, επίθ., προβληματικός, που δεν κατανοείται εύκολα: *φράση -ή· χαμόγελο -ό* (συνων. *μυστηριώδης*).

αινιγματικότητα η, ουσ., ασάφεια, αβεβαιότητα.

αινιγματώδης, -ης, -ες, επίθ., γεν. *-ους*, πληθ. αρσ. και θηλ. *-εις*, ουδ. *-η*, σκοτεινός, δυσκολονόητος. - Επίρρ. **-ωδώς**.

Αϊνικολοβάρβαρα, βλ. *Νικολοβάρβαρα*.

αίνος ο, ουσ. (εκκλ.) ονομασία των τελευταίων ψαλμών του Δαβίδ. [αρχ. *αίνος*].

άιντε, βλ. *άντε*.

-αίνω, κατάλ. ρημ.: *τυχαίνω, παρασταίνω, χορταίνω, πλαταίνω, ζεσταίνω*. [(σε ορισμένες περιπτώσεις) αόρ. ρ. σε *-ανα: εθέρμανα - θερμαίνω*].

-αίοι, κατάλ. πληθ. αρσ. ουσ. προσηγ.: *νοικοκυραίοι· επων. ή οικογενειακών ον.: Κολοκοτρωναίοι, Μποτσαραίοι*.

Αιολέας ο, ουσ., πληθ. **-εις**, (ιστ.) ο κάτοικος (ιδίως) της αρχαίας Αιολίδας (δυτ. Μ. Ασία).

αιολικός, -ή, -ό, επίθ. 1. που αναφέρεται στην αρχαία Αιολίδα ή τους Αιολείς: *φυλή / διάλεκτος / ποίηση -ή*. 2. που σχετίζεται με τον άνεμο: *ενέργεια -ή*. [*Αιολεύς*].

-αίος, κατάλ. εθν. ον.: *Χαλκιδαίος, Κυπραίος*.

αίρεση η, ουσ., πληθ. **-έσεις** και (λαϊκ.) **-εσες**. 1. (λαϊκ.) φυσικό ελάττωμα: *παιδί με πολλές -ες*. 2. (νομ. και γεν.) όρος που πρέπει να εκπληρωθεί για να γίνει μια δικαιοπραξία· εκφρ. *υπό την αίρεση* (= υπό τον όρο, με την προϋπόθεση). 3. απόκλιση από μια θεωρία ή ένα δόγμα: *η Εκκλησία καταδικάζει τις -εις*.

αιρεσιάρης ο, ουσ. (συνιζ., λαϊκ.), κακότροπος.

αιρεσιάρχης ο, ουσ. (ασυνίζ.), αρχηγός θρησκευτικής ή άλλης αίρεσης.

αιρετικός, -ή, -ό, επίθ. 1. που ανήκει σε θρησκευτική αίρεση: (μεταφ.) *~ δημοτικιστής*. 2. (λαϊκ.) που έχει ιδιοτροπίες: *παιδί -ό*.

αιρετός, -ή, -ό, επίθ., που καταλαμβάνει θέση ή υπούργημα ύστερα από εκλογές.

αίρω, ρ., ελλειπτ. στον παρατ., αόρ. σπανιότ. *ήρα* (λόγ). 1. απομακρύνω: *~ τα εμπόδια*. 2. καταργώ, παύω: *-εται η πολιορκία·* (νομ.) *-εται η υποθήκη* (από υποθηκευμένο ακίνητο)· *-ονται οι ποινικές συνέπειες*.

αισθάνομαι ρ. (αμτβ) 1. αντιλαμβάνομαι με τις αισθήσεις μου: *είναι ετοιμοθάνατος, όμως -εται ακόμη*. 2. συναισθάνομαι: *δεν -εται τι κάνει* (συνών. *νιώθω*). 3. δοκιμάζω συναίσθημα, κατέχομαι από συναίσθημα: *~ θλίψη που το μαθαίνω* (συνών. *νιώθω*) 4. είμαι ικήμερος σε κάτι, καταλαβαίνω: *~ τη δύσκολη θέση του* (συνών. *κατανοώ*).

αισθαντικός, -ή, -ό, επίθ. (ερρ.). 1. που έχει αναπτυγμένες τις (καλλιτεχνικές ιδίως) αισθήσεις του. 2. ευαίσθητος, συναισθηματικός: *κορίτσι -ό*.

αισθαντικότητα η, ουσ. (ερρ.), το να έχει κανείς αναπτυγμένες τις (καλλιτεχνικές ιδίως) αισθήσεις, ευαισθησία, συναισθηματικότητα.

αίσθημα το, ουσ. 1. ψυχικό γεγονός που δημιουργείται με τις αισθήσεις: *το ~ της δίψας / της ακοής / της ζέστης· το ~ του πόνου· ~ ευχάριστο / δυσάρεστο*. 2. συναίσθημα: *~ αγάπης / μίσους· -ατα φιλικά / ευγενικά / ταπεινά· εκφράζω / εκδηλώνω τα -ατά μου· τρέφω· προκαλώ το δημόσιο· ~· λαϊκό· θρησκευτικό*. 3. το ερωτικό αίσθημα: *παντρεύτηκαν από ~· αποκρύει τα -ατά* *του* (συνών. *έρωτας*). **4.** συνειδητοποίηση, συναίσθηση (κυρίως ηθικών υποχρεώσεων): ~ *ευθύνης / ενοχής*. **5.** έκφρ. ~ *υγιές* = η ικανότητα να κρίνεις σωστά και χωρίς πάθος προκειμένου για προβλήματα που δε λύονται με τον ορθό λόγο.

αισθηματίας ο, ουσ., άνθρωπος με αισθήματα, ευαίσθητος, ευγενής.

αισθηματικός, -ή, -ό, επίθ. **1.** που ανήκει ή αναφέρεται στο αίσθημα: *δεσμός* ~. **2.** ευαίσθητος, αισθαντικός: *παιδί -ο*. **3.** που ρέπει στον έρωτα: *χαρακτήρας* ~.

αισθηματικότητα η, ουσ., αισθαντικότητα, τρυφερότητα.

αισθηματισμός ο, ουσ., η κυριαρχία του αισθήματος στον άνθρωπο.

αισθηματολογία η, ουσ., η υπερβολική χρήση αισθηματικών εκφράσεων: *όλο -ες είναι*.

αισθηματολογώ, ρ., μιλώ για αισθήματα, με βάση τα αισθήματα.

αίσθηση η, ουσ. **1.** καθεμιά από τις λειτουργίες εκείνες με τις οποίες αντιλαμβανόμαστε ερεθισμούς: ~ *της ακοής / της αφής*· φρ. *χάνω τις -εις μου* (= λιποθυμώ). **2.** συναίσθηση, επίγνωση: ~ *της πραγματικότητας*. **3.** ζωηρή εντύπωση: *δε μου έκανε καμιά* ~ *η παράσταση*· *το γεγονός προκάλεσε* ~.

αισθησιακός, -ή, -ό, επίθ. (ασυνίζ.), που απορρέει από τις αισθήσεις, που επηρεάζεται από τις αισθήσεις: *παραστάσεις / απολαύσεις -ές*.

αισθησιαρχία η, ουσ. (ασυνίζ.), φιλοσοφική θεωρία σύμφωνα με την οποία κάθε γνώση προέρχεται από τις αισθήσεις.

αισθησιαρχικός -ή -ό, επίθ., που έχει σχέση με την αισθησιαρχία.

αισθησιασμός ο, ουσ., η αναζήτηση των σαρκικών απολαύσεων.

αισθησιοκρατία η, ουσ. (ασυνίζ.), φιλοσοφική θεωρία σύμφωνα με την οποία κάθε γνώση προέρχεται από τις αισθήσεις.

αισθησιόμετρο το, ουσ. (ασυνίζ.), όργανο με το οποίο μετριέται η ευαισθησία του δέρματος.

αισθητηριακός -ή -ό, επίθ., που έχει σχέση με τα αισθητήρια όργανα.

αισθητήριος, -α, -ο, επίθ. (ασυνίζ.), που ανήκει ή αναφέρεται στις αισθήσεις: *όργανα -ια*. - Το ουδ. ως υσ. = σλεθος από τα όργανα των αισθήσεων *-ιο της ακοής*· (μεταφ.) *κριτικό -ιο*.

αισθητική η, ουσ. **1.** η αντίληψη και κρίση για το ωραίο. **2.** φιλοσοφικός κλάδος που μελετά το καλαισθητικό συναίσθημα.

αισθητικός, -ή, -ό, επίθ. **1.** αισθητήριος: *κέντρα -ά*. **2.** που αναφέρεται στην αισθητική, καλλιτεχνικός: *προβλήματα -ά*· *αντίληψη / κρίση -ή*· *προσέχω το έργο από την -ή του πλευρά* (συνών. *καλαισθητικός*). Έκφρ. *-ή χειρουργική* = χειρουργική που επιδιώκει να αυξήσει την ομορφιά του ανθρώπινου προσώπου και σώματος. - Επίρρ. **-ά**.

αισθητικός ο και η, ουσ. **1.** ειδικός που φροντίζει για την ωραιότητα του προσώπου και του σώματος. **2.** ο ειδικευμένος στον επιστημονικό κλάδο της αισθητικής.

αισθητικότητα η, ουσ. **1.** ικανότητα για αίσθηση, ευαισθησία. **2.** αντίληψη και αγάπη του ωραίου.

αισθητισμός ο, ουσ. **1.** θεωρητική άποψη των ανθρώπων που θεωρούν το κάλλος ως ύπατη αξία. **2.** φιλοσοφική τάση που παραδέχεται ως ύπατη αξία την αξία της μορφής. **3.** σχολή λογοτεχνική και καλλιτεχνική αγγλοσαξονικής προέλευσης που έτεινε να οδηγήσει τις τέχνες στις αρχικές τους μορφές. [γαλλ. *esthétisme*].

αισθητοποίηση η, ουσ., ακριβής παράσταση κάποιου αντικειμένου με σκοπό να καταστεί αισθητό.

αισθητοποιώ, -είς, ρ. (ασυνίζ.), κάνω κάτι αισθητό: ~ *τα δυσκολονόητα*.

αισθητός, -ή, -ό, επίθ. **1.** που είναι αντιληπτός με τις αισθήσεις: *κόσμος* ~. **2.** σημαντικός, αρκετός: *-ή βελτίωση του καιρού* (αντ. *ανεπαίσθητος*). **3.** φανερός, έκδηλος: *ήταν -ή η απουσία σου* (αντ. *απαρατήρητος*).

αισιοδοξία η, ουσ. (ασυνίζ.). **1.** διάθεση του πνεύματος να βλέπει τα πράγματα από την καλή τους πλευρά, εμπιστοσύνη στην καλή έκβαση των πραγμάτων: *αντιμετωπίζω την κατάσταση με* ~ *συγκρατημένη* ~ (αντ. *απαισιοδοξία*). **2.** φιλοσοφική άποψη κατά την οποία το κακό δεν είναι ούτε απόλυτο ούτε οριστικό.

αισιόδοξος, -η, -ο, επίθ. (ασυνίζ.), που ελπίζει στην καλή έκβαση των πραγμάτων: *χαρακτήρας* ~ (αντ. *απαισιόδοξος*).

αισιοδοξώ, -είς ρ. (ασυνίζ.), έχω αισιοδοξία: ~ *για τον αυριανό αθλητικό αγώνα* (αντ. *απαισιοδοξώ*).

αίσιος, -α, -ο, επίθ. (ασυνίζ.), ευοίωνος, ευνοϊκός, καλότυχος: *ελπίζω σε -α έκβαση της υπόθεσης* (αντ. *δυσοίωνος*).

αίσχος το, ουσ. **1.** μεγάλη ντροπή, ατιμία, κακοήθεια: ~ *να παραβαίνεις τους νόμους*. **2.** αισχρό έργο: *τον βαρύνουν μεγάλα -η*.

αισχρογράφημα το, ουσ., κείμενο ή εικόνα με αισχρό περιεχόμενο. [*αισχρογράφος*].

αισχρογράφος ο και η, ουσ., πορνογράφος.

αισχροκέρδεια η, ουσ. (ασυνίζ.), επιδίωξη υπερβολικού κέρδους με παράνομα μέσα.

αισχροκερδώ, -είς, ρ., αποκτώ κέρδη με παράνομα μέσα.

αισχρόλογα τα, ουσ., αισχρολογίες.

αισχρολόγημα το, ουσ., το να λέει κανείς πράγματα αισχρά, αισχρολογία.

αισχρολογία η, ουσ., το να λέει κανείς πράγματα αισχρά (συνών. *βωμολοχία*).

αισχρολογικός -ή -ό, επίθ., που έχει σχέση με την αισχρολογία. [*αισχρολογία*].

αισχρολογώ, -είς, ρ. μεταχειρίζομαι, λέω αισχρά λόγια (συνών. *ασεμνολογώ, βωμολοχώ*).

αισχρός, -ή, -ό, επίθ. **1.** ανήθικος, κακοήθης: *άνθρωπος* ~. **2.** που προκαλεί ντροπή: *λόγια -ά*. - Επίρρ. **-ά**.

αισχρότητα η, ουσ., το να είναι κανείς αισχρός. **2.** αισχρή πράξη: *φημίζεται για τις -ές του* (συνών. *αχρειότητα, βρομιά*).

Αισχύλειος -α -ο και **αισχυλικός -ή -ό**, επίθ., που αναφέρεται στον Αισχύλο.

αισχύνη η, ουσ., το αίσθημα της ντροπής.

αισχύνομαι, ρ., ντρέπομαι.

αισχυντηλός, -ή, -ό, επίθ. (έρρ.), (= ντροπαλός) μόνο στην επιστ. ονομασία του φυτού *μιμόζα* (βλ. λ.) *-ή -ή*.

αισώπειος, -α, -ο, επίθ. (ασυνίζ.), που ανήκει ή αναφέρεται στον Αίσωπο: *μύθοι -ειοι*.

αίτημα το, ουσ. **1.** ό,τι ζητά κανείς προφορικά ή γραπτά, απαίτηση, παράκληση: *απεργία με δίκαια -ατα*. **2.** (μαθημ., φιλοσ.) ό,τι γίνεται δεκτό ως αληθινό χωρίς να αποδεικνύεται.

-αίτης, κατάλ. εθν. ον.: *Σιναΐτης, Μοραΐτης.*
αίτηση η, ουσ. 1. απαίτηση, παράκληση. 2. γραπτή αναφορά σε κάποια αρχή με την οποία ζητείται κάτι: ~ *διαζυγίου*. 3. το ίδιο το έγγραφο της αίτησης: *η ~ για την άδεια μου χάθηκε· συρτάρι γεμάτο -ήσεις.*
αιτία η, ουσ. 1. ο λόγος για τον οποίο γίνεται κάτι: ~ *του πολέμου*. 2. αφορμή: *γυρεύει ~ για καβγά*. 3. κατηγορία: *μη ρίχνεις την αιτία σ' εμένα*. 4. (συνεκδοχικά) υπαίτιος, δημιουργός: *αυτός είναι η ~ της συμφοράς μου.*
αιτίαση η, ουσ. 1. κατηγορία, παράπονο. 2. μομφή.
αιτιατική η, ουσ. (ασυνίζ.), (γραμμ.) μία από τις πτώσεις, που δηλώνει συνήθως το αντικείμενο.
αιτιοκρατία η, ουσ. (ασυνίζ.), φιλοσοφική θεωρία σύμφωνα με την οποία κάθε γεγονός έχει αιτία και αποτέλεσμα (συνών. ντετερμινισμός).
αιτιοκρατικός, -ή, -ό, επίθ. (ασυνίζ.), που είναι σύμφωνος με την άποψη της αιτιοκρατίας: *φιλοσοφία -ή*. - Το αρσ. ως ουσ. = οπαδός της αιτιοκρατίας.
αιτιολόγηση η, ουσ. (ασυνίζ.), εξήγηση της αιτίας.
αιτιολογία η, ουσ. (ασυνίζ.). 1. εξήγηση της αιτίας· δικαιολογία. 2. (ιατρ.) η έρευνα των αιτίων των διαταραχών του ανθρώπινου οργανισμού που προκαλούν τις αρρώστιες.
αιτιολογικός, -ή, -ό, επίθ. (ασυνίζ.), που φανερώνει την αιτία, δικαιολογητικός· (γραμμ.) *σύνδεσμος~· πρόταση -ή*. - Το ουδ. ως ουσ. = έκθεση των αιτίων στην οποία στηρίχθηκε μια απόφαση: *το -ό της απόφασης.*
αιτιολογώ, -είς, ρ. (ασυνίζ.), βρίσκω και εξηγώ την αιτία κάποιου πράγματος, δικαιολογώ.
αίτιος, -α, -ο, επίθ. (ασυνίζ.), υπεύθυνος, υπόλογος: *εσύ είσαι ο ~*. - Το ουδ. ως ουσ. = 1. η αιτία: *τα -α του πολέμου ήταν οικονομικά*. 2. ελατήριο: *τα -α του εγκλήματος*. 3. (συντακτ.): *ποιητικό / τελικό / αναγκαστικό -ιο.*
αιτιότητα η, ουσ. (ασυνίζ.). 1. αιτία, αιτιολογία. 2. (φιλοσ.) η πραγματική σχέση μεταξύ αιτίας και αποτελέσματος: *νόμος της -ας.*
αιτιώδης, -ης, -ες, επίθ., γεν. -ους, πληθ. αρσ. και θηλ. -εις, ουδ. -η (ασυνίζ.), που αποτελεί αιτία: ~ *σχέση δύο γεγονότων.*
αϊτονύχης, βλ. *αετονύχης.*
αϊτοράχη, βλ. *αετοράχη.*
αϊτός, βλ. *αετός.*
αϊτοφωλιά, βλ. *αετοφωλιά.*
αιτώ, -είς, -εί, ρ., ζητώ. [αρχ. *αιτώ*].
Αιτωλή, βλ. *Αιτωλός.*
Αιτωλικιώτης ο, θηλ. *-ισσα*, ουσ. (συνιζ.), που κατοικεί στο Αιτωλικό ή κατάγεται από εκεί.
αιτωλικός, -ή, -ό, επίθ., που ανήκει ή αναφέρεται στην Αιτωλία και τους Αιτωλούς.
Αιτωλός ο, θηλ. -ή, ουσ., αυτός που κατοικεί στην Αιτωλία ή κατάγεται από εκεί: *Κοσμάς ο ~.*
αίφνης, επίρρ., ξάφνου, ξαφνικά.
αιφνιδιάζω, ρ. (ασυνίζ.). 1. μπαίνω κάπου ξαφνικά. 2. ενεργώ με απροσδόκητες ενέργειες προκαλώντας ταραχή και σύγχυση στον αντίπαλο, κάνω αιφνιδιασμό: *-ίασαν τον εχθρό*. 3. ξαφνιάζω κάποιον: *με -ίασε η ερώτησή σου.*
αιφνιδιασμός ο, ουσ. (ασυνίζ.). 1. ξαφνική ενέργεια. 2. στρατιωτική επίθεση απροσδόκητη, που προκαλεί σύγχυση και ταραχή στον αντίπαλο: *ο ~ των αντιπάλων.*

αιφνιδιαστικός, -ή, -ό, επίθ. (ασυνίζ.), ξαφνικός, απροσδόκητος: *έφοδος -ή.*
αιφνίδιος, α, ο, επίθ. (ασυνίζ.), απροσδόκητος, ξαφνικός: *θάνατος ~· ενέργεια -α.*
αιχμαλωσία η, ουσ. 1. το να συλλαμβάνεται κάποιος αιχμάλωτος από τον εχθρό: ~ *των πολεμιστών* (συνών. *αιχμαλώτιση, αιχμαλωτισμός*). 2. η κατάσταση του αιχμαλώτου: *έζησαν πολλά χρόνια στην ~.*
αιχμαλωτίζω, ρ. 1. συλλαμβάνω, πιάνω κάποιον αιχμάλωτο: *-ώτισαν πολλούς πολεμιστές* 2. (μεταφ.) «σκλαβώνω», σαγηνεύω κάποιον: *με -ώτισαν τα λόγια του.*
αιχμαλώτιση η, ουσ., σύλληψη αιχμαλώτου, αιχμαλωσία.
αιχμαλωτισμός ο, ουσ., σύλληψη αιχμαλώτου, αιχμαλωσία.
αιχμάλωτος, -η, -ο, επίθ. (και ως ουσ.). 1. (αυτός) που πιάστηκε από τον εχθρό: ~ *πολέμου*. 2. (αυτός) που δεν έχει δική του θέληση, υποχείριος: ~ *του πάθους του.*
αιχμή η, ουσ. 1. μύτη, άκρη κάθε αιχμηρού όπλου ή οργάνου: ~ *του ξίφους*. 2. ανώτατο σημείο έντασης, αποκορύφωση: ~ *της κυκλοφορίας*. 3. πειρακτικός λόγος, υπαινιγμός: *τα λόγια του ήταν ~ για μένα.*
αιχμηρός, -ή, -ό, επίθ. 1. που έχει αιχμή: *εργαλεία / όπλα -ά* (συνών. *μυτερός*). 2. (μεταφ.) πειρακτικός, τσουχτερός: *λόγια -ά.*
αιώνας ο, ουσ. 1. διάστημα εκατό χρόνων: *εικοστός ~*. 2. περίοδος, εποχή: ~ *της πληροφορικής*. 3. μεγάλο χρονικό διάστημα: *έναν -α έκανες να έρθεις!* 4. *γεωλογικοί -ες* = μεγάλες χρονικές περίοδοι στις οποίες διαιρείται το παρελθόν της γης.
αιώνιος, -α, -ο, επίθ. 1. που διαρκεί, παντοτινός, αθάνατος: *ευγνωμοσύνη -ια· αιωνία του η μνήμη* (αντ. *εφήμερος*). 2. που είναι πάντα ο ίδιος: *η -ια γυναίκα*. 3. άφθαρτος, γερός: *ρούχο· κτήριο -ο* (αντ. *φθαρτός*). Έκφρ. *αιώνια ζωή* (= η ζωή πέρα από τον τάφο).
αιωνιότητα η, ουσ. (ασυνίζ.). 1. το να είναι κανείς αιώνιος: *η ~ του Θεού*. 2. απεριόριστη χρονική περίοδος: *το όνομά του θα μείνει στην ~.*
αιωνόβιος, -α, -ο, επίθ. (ασυνίζ.), που ζει εκατό χρόνια· (γενικά) που ζει πάρα πολλά χρόνια· που ζει αιώνες: *γέρος ~· δέντρο -ο.*
αιώρα η, ουσ., κούνια.
αιώρηση η, ουσ. 1. το να είναι κάποιος ή κάτι κρεμασμένο και να κινείται. 2. (φυσ.) περιοδική κίνηση: *-ήσεις του εκκρεμούς*. 3. ταλάντωση του σώματος από μονόζυγο.
αιωρούμαι, ρ. 1. ταλαντεύομαι στον αέρα, κουνιέμαι. 2. είμαι αναποφάσιστος, αμφιταλαντεύομαι.
ακαβαλίκευτος, -η, -ο, επίθ. (λαϊκ.), ακαβάλητος (βλ. λ.).
ακαβουρντιστος, -η, -ο (όχι ερρ.) και ακαβούρδιστος, επίθ., που δεν καβουρντίστηκε καλά ή καθόλου: *καφές ~· κρέας -ο* (αντ. *καβουρντισμένος*).
άκαγος, -η, -ο και άκαιγος, επίθ. (λαϊκ.), άκαυστος: *από την πυρκαγιά δεν έμεινε τίποτε -ο* (αντ. *καμένος*).
ακαδημαϊκός, -ή, -ό, επίθ. 1. που ανήκει ή αναφέρεται στην Ακαδημία: *σύγκλητος -ή*. 2. που αναφέρεται στο πανεπιστήμιο: *έτος -ό· έκφρ. πολίτης*

(= αυτός που τελείωσε τη μέση εκπαίδευση). 3. που ακολουθεί κλασικούς καθιερωμένους (από παλαιότερα) κανόνες: *καλλιτέχνης* ~· *τέχνη* -*ή*· *ύφος* -*ό*. 4. θεωρητικός: *συζήτηση* -*ή*. - Το αρσ. ως ουσ. = μέλος Ακαδημίας.

ακαδημαϊκότητα η, ουσ., το να είναι κάτι ακαδημαϊκό.

ακαδημαϊσμός ο, ουσ. 1. προσήλωση στα κλασικά πρότυπα. 2. (συνεκδοχικά) έλλειψη πρωτοτυπίας, πρωτοβουλίας.

ακαδημία η, ουσ. 1. σχολή στο κτήμα του Ακάδημου στην αρχαία Αθήνα, όπου δίδασκε ο Πλάτωνας. 2. ανώτατο πνευματικό ίδρυμα, μέλη του οποίου είναι επιστήμονες, καλλιτέχνες, λογοτέχνες, κλπ., που ασχολούνται με την πρόοδο της επιστήμης και της τέχνης. 3. ανώτατο ή ανώτερο εκπαιδευτικό ίδρυμα, σχολή: *παιδαγωγική* ~· ~ *Καλών Τεχνών*. 4. κτήριο όπου στεγάζεται μια ακαδημία.

ακαθαγίαστος, -η, -ο, επίθ., που δεν καθαγιάστηκε: *ναός* ~.

ακαθαίρετος, -η, -ο, επίθ., που δεν καθαιρέθηκε, δεν έχασε το αξίωμά του.

ακαθάριστος, -η, -ο, επίθ. 1. που δεν καθαρίστηκε: *δωμάτιο* -*ο*· *ρούχα* -*α* (συνών. *βρόμικος*· αντ. *καθαρισμένος*). 2. που δεν αποφλοιώθηκε: *φρούτα* -*α*· *πατάτες* -*ες*. 3. εκκρεμής, ατακτοποίητος: *λογαριασμός* ~· *εισοδήματα* -*α* (για ποσά από τα οποία δεν έχουν αφαιρεθεί οι δαπάνες)· -*ο προϊόν* (αντ. *καθαρό*).

ακαθαρσία η, ουσ. 1. βρομιά: *η* ~ *του σπιτιού αυτού δεν περιγράφεται*. 2. περίττωμα.

ακάθαρτος, -η, -ο, επίθ. 1. βρόμικος: *χέρια* -*α*· *δωμάτιο* -*ο* (αντ. *καθαρός*). 2. (μεταφ.) που δεν είναι αγνός: *ψυχή* -*η*. 3. (θρησκ. για ζώο ή πτηνό) που δεν επιτρέπεται να τρώγεται το κρέας του: *ο χοίρος θεωρείται* -*ο ζώο από τους μωαμεθανούς*. 4. που δεν απαλλάχθηκε από ξένες ουσίες: *πετρέλαιο* -*ο*.

ακάθεκτος, -η, -ο, επίθ., πολύ ορμητικός: *επέλαση / ορμή* -*η* (συνών. *ασυγκράτητος*). - Επίρρ. -*α*.

ακαθέλκυστος, -η, -ο, επίθ., (για πλοίο) που δεν έχει καθελκυστεί, δεν έχει συρθεί από την ξηρά στη θάλασσα.

ακαθιέρωτος, -η, -ο, επίθ. (ασυνίζ.), που δεν καθιερώθηκε: *θεσμός* ~· *γιορτή* -*η* (αντ. *καθιερωμένος*).

ακάθιστος, -η, -ο, επίθ. 1. που δεν κάθεται (συνών. *όρθιος*· αντ. *καθιστός*). Έκφρ. *Ακάθιστος ύμνος* = η ακολουθία των Χαιρετισμών, που ψάλλεται ολόκληρη την Παρασκευή της πέμπτης εβδομάδας της Μεγάλης Σαρακοστής και που οι πιστοί την παρακολουθούν όρθιοι. 2. που δεν έχει πιεστεί αρκετά: *στρώμα / μαλλί* -*ο*.

ακαθοδήγητος, -η, -ο, επίθ., που δεν καθοδηγήθηκε, που δε δέχτηκε συμβουλές: *είναι ακόμη* ~ *στη νέα του δουλειά*.

ακαθόριστος, -η, -ο, επίθ., που δεν είναι επακριβώς καθορισμένος: *στόχοι* -*οι*· *διαθέσεις* -*ες*· *σχήμα* -*ο* (συνών. *ασαφής, αόριστος*· αντ. *καθορισμένος, σαφής*).

ακαθός ο, ουσ., τριγωνική γλυφή της καρίνας, όπου στηρίζονται τα ξύλα του σκελετού του πλοίου. [*καθός*<*κανθός*].

ακαθυστέρητος, -η, -ο, επίθ., που γίνεται χωρίς καθυστέρηση: *πληρωμή* -*η* (αντ. *καθυστερημένος*).

ακαΐα η, ουσ., ψυχοφυσικό φαινόμενο κατά το οποίο το ανθρώπινο σώμα δεν καίγεται, για ανεξήγητους λόγους, όταν έρθει σε επαφή με τη φωτιά.

άκαιγος, βλ. *άκαγος*.

άκαιρος, -η, -ο, επίθ. 1. που γίνεται σε ακατάλληλη ώρα: *κουβέντα / ενέργεια* -*η* (συνών. *άτοπος*). 2. ανάρμοστος: *συμπεριφορά* -*η*. - Επίρρ. -*α*.

ακακία η, ουσ., είδος δένδρου ή θάμνου με κιτρινόλευκα άνθη.

ακάκιωτος, -η, -ο, επίθ., που δεν κάκιωσε, που δεν είναι μνησίκακος (αντ. *κακιωμένος*).

ακακολόγητος, -η, -ο, επίθ., που δεν κακολογήθηκε, δε συκοφαντήθηκε: *δεν άφησε κανένα* -*ο από το περιβάλλον της δουλειάς του* (αντ. *κακολογημένος*).

ακακοπάθητος, -η, -ο, επίθ., που δεν κακοπάθησε: *άνθρωπος* ~ (συνών. *αβασάνιστος, ακακοπέραστος*· αντ. *βασανισμένος*).

ακακοποίητος, -η, -ο, επίθ. 1. που δεν κακοποιήθηκε, δε γνώρισε βία: *οι ληστές άφησαν τους ομήρους* -*ους*. 2. που δε διαστρεβλώθηκε: *η αλήθεια έμεινε* -*η* (συνών. *απαραποίητος*).

άκακος, -η, -ο, επίθ. 1. που δεν έχει κακία: *δεν πειράζει ποτέ κανέναν, είναι* ~ *άνθρωπος*· *πείραγμα* -*ο* (συνών. *καλός, απονήρευτος*· αντ. *κακός*). 2. απλοϊκός (συνών. *αγαθός, αφελής*· αντ. (λαϊκ.) *ατσίδας*).

ακαλαισθησία η, ουσ., έλλειψη καλαισθησίας, γούστου: ~ *της φαίνεται από τον τρόπο που ντύνεται* (αντ. *καλιαισθησία, κομψότητα*).

ακαλαίσθητος, -η, -ο, επίθ. 1. που δεν έχει καλαισθησία, γούστο: *άνθρωπος* ~ (αντ. *καλαίσθητος*). 2. που έγινε χωρίς γούστο: *εμφάνιση* -*η*· *ύφος* -*ο* (συνών. *άκομψος*· αντ. *κομψός*).

ακαλαφάτιστος, -η, -ο, επίθ., που δεν έχει καλαφατιστεί: *καΐκι* -*ο* (αντ. *καλαφατισμένος*).

ακάλεστος, -η, -ο, επίθ., απρόσκλητος: *πήγε στο γάμο* ~ (αντ. *καλεσμένος*).

ακαλλιέργητος, -η, -ο, επίθ. (ασυνίζ.). 1. που δεν καλλιεργήθηκε: *χωράφια* -*α*. 2. (μεταφ.) αμόρφωτος: *άνθρωπος* ~ (συνών. *άξεστος*· αντ. *καλλιεργημένος*).

ακαλλώπιστος, -η, -ο, επίθ., που δεν καλλωπίστηκε: *γυναίκα* -*η*· *σπίτι / ύφος / γράψιμο* -*ο* (συνών. *αστόλιστος, άκομψος*· αντ. *καλλωπισμένος, στολισμένος, φροντισμένος, κομψός*).

ακαλμάριστος, -η, -ο, επίθ. (λαϊκ.). 1. που δεν ησυχάζει, που δεν ηρεμεί: *θάλασσα* -*η*· *νεύρα* -*α*· *θυμός* -*ος* (συνών. *ακαταλάγιαστος*· αντ. *ήρεμος, ήσυχος*). 2. (για ζώα) που δεν τιθασεύεται: *ταύρος* ~ (συνών. *ατίθασος*· αντ. *εξημερωμένος*).

ακαλούπιαστος, -η, -ο, επίθ. (συνίζ.). 1. που δεν μπήκε σε καλούπι (αντ. *καλουπιασμένος*). 2. (μεταφ.) ασουλούπωτος (συνών. *άσχημος*· αντ. *κομψός, ωραίος*).

ακαλούπωτος, -η, -ο, επίθ., που δεν μπήκε σε καλούπι (συνών. *ακαλούπιαστος*· αντ. *καλουπωμένος*). 2. (μεταφ.) ασχημάτιστος (συνών. *αδιαμόρφωτος*· αντ. *σχηματισμένος, φορμαρισμένος*).

ακάλτσωτος, -η, -ο, επίθ., που δεν φορεί κάλτσες: *το καλοκαίρι κυκλοφορεί* -*η*.

ακάλυπτος, -η, -ο, επίθ. 1. που δεν είναι σκεπασμένος: *κορμί* -*ο*· *άφησαν* ~ *το άνοιγμα του υπονόμου* (συνών. *ασκέπαστος*· αντ. *καλυμμένος*). 2. που δεν έχει δέντρα ή κτήρια: *έκταση* -*η*· *χώρος* ~· *χωράφι* -*ο*. 3. (στρατιωτ.) απροστάτευτος (από τα εχθρικά πυρά): *προχώρησαν* -*οι από το πυρο-*

ακαλωσόριστος

βολικό. 4. που δεν έχει αντίκρισμα ή άλλο χρηματικό υπόλοιπο: *επιταγή -η· λογαριασμός ~.*
ακαλωσόριστος, -η, -ο, επίθ., που δεν τον καλωσόρισαν, δεν τον υποδέχτηκαν με ευχαρίστηση.
ακαμάκωτος, -η, -ο, επίθ., που δε χτυπήθηκε με καμάκι: *ψάρι -ο* (συνών. *ακαμάκιαστος*).
ακαμάρωτος, -η, -ο, επίθ., που δεν καμαρώνει, δεν περηφανεύεται.
ακαμασιά και **-τιά** η, ουσ. (συνίζ.), τεμπελιά: *από την ~ του δεν έχει ν' αγοράσει ένα πουκάμισο*.
ακαμάτεμα το, ουσ. (λαϊκ.). 1. τεμπελιά. 2. μεσημεριανή διακοπή της δουλειάς. 3. (συνεκδοχικά) το μεσημέρι.
ακαμάτευτος, -η, -ο, επίθ. (λαϊκ.). 1. που δεν οργώθηκε: *χωράφι -ο* (αντ. *καματεμένος*). 2. που δε δούλεψε σε αγροτική δουλειά: *ζώο -ο* (συνών. *αγύμναστος*· αντ. *«στρωμένος», «ψημένος»*).
ακαματεύω, ρ. (λαϊκ.). 1. μένω αδρανής: *-ψες πολύ καιρό* (συνών. *τεμπελιάζω*). 2. ξεκουράζομαι το μεσημέρι: *τα πρόβατα -ουν*.
ακαμάτης, θηλ. **-τρα** και **-ίσσα,** ουδ. **-ικο,** επίθ. (λαϊκ.), που δε θέλει να εργάζεται: *ζώο -ο· δέντρο -ο* (= που δεν καρποφορεί). Παροιμ.: *με το νου πλουταίνει η κόρη, με τον ύπνο η -τρα· ~ νιός, γέρος διακονιάρης* (συνών. *τεμπέλης, οκνηρός*).
ακαματιά, βλ. *ακαμασιά*.
ακάματος, -η, -ο, I. επίθ. (λαϊκ.). 1. που δεν οργώθηκε: *χωράφι -ο* (συνών. *ακαμάτευτος*· αντ. *οργωμένος*). 2. ακατέργαστος 3. αγύμναστος: *βόδι -ο*. 4. τεμπέλης: *άνθρωπος ~* (συνών. *οκνηρός*· αντ. *προκομμένος*). [στερ. *α-* + *κάματος*].
ακάματος, -η, -ο, II. ακούραστος: *δουλευτής ~· χέρια -α· ψυχή -η· σθένος -ο* (συνών. *ακαταπόνητος*· αντ. *κουρασμένος, καταπονημένος*).
ακαμάτρα, βλ. *ακαμάτης*.
άκαμπτος -η -ο, επίθ. α. που δεν είναι εύκαμπτος· **β.** που δεν υποχωρεί στις απόψεις του.
ακαμψία η, ουσ. 1. το να μην είναι κανείς εύκαμπτος: *~ μυών / μήτρας* (συνών. *αλυγισιά*· αντ. *ευκαμψία, ευλιγισία, ευκινησία*). 2. (μεταφ.) σταθερότητα: *~ του χαρακτήρα* (αντ. *αστάθεια*).
ακάμωτος, -η, -ο, επίθ. 1. που δεν έγινε: *δουλειά -η· φαΐ -ο· σκέψη σχεδόν -η κι αμέσως ξεχασμένη* (Σεφέρης) (συνών. *ατέλειωτος*· αντ. *καμωμένος, ολοκληρωμένος, τελειωμένος*). 2. ακαλλιέργητος: *περιβόλι -ο* (αντ. *καλλιεργημένος*).
ακανάκευτος, -η, -ο, επίθ., που δεν τον κανάκεψαν, που δε γνώρισε χάδια: *παιδί -ο* (αντ. *κανακεμένος, χαϊδεμένος, καλομαθημένος*).
άκανθα η, ουσ. (αρχιτ.) κόσμημα σε σχήμα αγκαθιού ως διακοσμητικό στοιχείο κυρίως σε κιονόκρανα κορινθιακού ρυθμού. [λατ. acanthus].
ακάνθινος, -η -ο και (σπάνιο, λαϊκ.) **αγκάθινος,** επίθ. 1. φτιαγμένος από αγκάθια: *στέφανος ~* (συνών. *αγκαθένιος*). 2. που έχει αγκάθια: *κλαδί -ο·* (μεταφ.) *γλώσσα -η* (= ιδιαίτερα δηκτική) (συνών. *ακανθώδης, αγκαθωτός*).
ακανθώδης, -ης, -ες, επίθ., γεν. *-ους,* πληθ. αρσ. και θηλ. *-εις,* ουδ. *-η*, 1. γεμάτος αγκάθια: *μέρος / φυτό -ες* (συνών. *αγκαθερός, αγκαθωτός, ακάνθινος*). 2. (μεταφ.) δύσκολος: *ζήτημα -ες* (συνών. *επίμαχος*).
ακανόνιστος, -η, -ο, επίθ. 1. που δεν κανονίστηκε, δε διευθετήθηκε: *ζήτημα -ο· λογαριασμός~* που δε συμφωνήθηκε από πριν: *η αμοιβή έμεινε -η* (συνών. *αταχτοποίητος*· αντ. *κανονισμένος, διευ-*

38

θετημένος). 2. μη κανονικός: *σχήμα -ο· πληρωμή -η·* (χρον.) που δε γίνεται σε τακτά χρονικά διαστήματα ή δεν έχει ορισμένη διάρκεια: *~ έμμηνος κύκλος* (συνών. *ασύμμετρος, ασταθής*· αντ. *κανονικός, συμμετρικός, σταθερός*). 3. που δεν του έχει επιβληθεί εκκλησιαστικό επιτίμιο· (γενικά) που δεν τον τιμωρήθηκε για παράπτωμά του.
ακαπάκωτος, -η, -ο, επίθ., που δεν έχει σκεπαστεί: *καζάνι -ο* (συνών. *ασκέπαστος·* αντ. *καπακωμένος, σκεπασμένος*).
ακαπάρωτος, -η, -ο, επίθ., που δεν έχει καπαρωθεί, που γι' αυτόν δεν έχει δοθεί καπάρο, προκαταβολή (αντ. *καπαρωμένος*).
ακαπέλωτος, -η, -ο, επίθ. 1. που δε φορεί καπέλο· *βγήκε στο δρόμο ~* (συνών. *ασκεπής*). 2. (μεταφ.) που δεν «καπελώθηκε», δεν ενεργεί σύμφωνα με τη θέληση κάποιου άλλου: *ο σύλλογος δεν έμεινε για πολύ καιρό ~* (συνών. *ανεξάρτητος·* αντ. *καπελωμένος*). 3. που πουλιέται χωρίς «καπέλο» (= αθέμιτη υπερτίμηση).
ακαπήλευτος, -η, -ο, επίθ., που δεν τον καπηλεύτηκαν, δεν τον εκμεταλλεύτηκαν: *ιδανική -α*.
ακαπίστρωτος, -η, -ο, επίθ., που δεν έχει καπίστρι: *γάιδαρος ~·* (μεταφ.) που δεν έχει ηθικούς φραγμούς (συνών. *αχαλίνωτος*).
ακαπλάντιστος, -η, -ο, επίθ. (όχι έρρ.), που δεν έχει καπλαντιστεί: *πάπλωμα -ο* (αντ. *καπλαντισμένος, επενδυμένος*).
ακάπνιστος. -η, -ο, επίθ. 1. (για αλλαντικά, ψάρια, κ.τ.ό.) που δεν καπνίστηκε, δεν διατηρήθηκε με κάπνισμα: *ρέγγες -ες* (αντ. *καπνιστός*). 2. (για τσιγάρα) που δεν καταναλώθηκε με το κάπνισμα (αντ. *καπνισμένος, τελειωμένος*). 3. (για φαγητό) που δεν επηρεάστηκε η μυρωδιά του ή η γεύση του από καπνό. 4. (για μέταλλο) απύρωτος: *ασήμι -ο* (αντ. *πυρωμένος*).
άκαπνος, -η, -ο, επίθ. 1. που δε βγάζει καπνό: *ξύλα -α· πυρίτιδα -η*. 2. που δεν πολέμησε: *ένας ~ αξιωματικός των μετόπισθεν* (συνών. *άμαχος*· αντ. *μάχιμος*). 3. που δεν καπνίζει· που έμεινε χωρίς τσιγάρα.
άκαρδος, -η, -ο, επίθ., άσπλαχνος (συνών. *αναίσθητος, σκληρόκαρδος·* αντ. *μεγαλόκαρδος, εύσπλαχνος, ευαίσθητος*). - Επίρρ. **-α**.
ακαρεοκτόνα τα, ουσ., γεωργικά φάρμακα για την καταπολέμηση ασθενειών που προκαλούν διάφορα είδη ακάρεων στα φυτά.
άκαρι το, ουσ., γεν. *-εως,* (ζωολ.) μικροσκοπικό ζωύφιο (όπως το τσιμπούρι, ο σκόρος), ελεύθερος οργανισμός ή παράσιτο ζώων και φυτών. [λατ. *acarus*<αρχ. ελλ. *ακαρί*].
ακαριαίος, -α, -ο, επίθ. (ασυνίζ.), που γίνεται σε ελάχιστο χρόνο: *θάνατος ~·* αντίδραση *-α·* χτύπημα *-ο* (συνών. *άμεσος, στιγμιαίος*). - Επίρρ. **-α** και **-ως**.
ακαρίαση η, ουσ. (ιατρ.) παρασιτική δερματοπάθεια (όπως η ψώρα) που οφείλεται σε άκαρι· (γεωπ.) ασθένεια φυτών. [λατ. *acariasis*<ελλην. *ακαρί*].
Ακαρνάνας ο, θηλ. **-ισσα,** αυτός που κατοικεί στην Ακαρνανία ή κατάγεται από εκεί.
ακαρνανικός, -ή, -ό, επίθ., που ανήκει ή αναφέρεται στην Ακαρνανία ή τους Ακαρνάνες.
ακαρπία η, ουσ., αφορία, έλλειψη καρπών, ατεκνία.
ακάρπιστος, -η, -ο, επίθ., που δεν καρποφόρησε· που δεν άρχισε να παράγει καρπούς: *νιόφυτο*

αμπέλι -ο (συνών. ακαρποφόρητος· αντ. καρπισμένος).
άκαρπος, -η, -ο, επίθ. 1. που δεν παράγει καρπούς: *γη/συκιά -η* (συνών. *άγονος).* 2. (μεταφ.) άτεκνος: *γυναίκα -η* (συνών. *στείρος·* αντ. *καρπερός).* 3. που δεν έχει αποτέλεσμα: *προσπάθεια -η· διαβήματα -α· διαπραγματεύσεις -ες* (συνών. *ανώφελος, μάταιος·* αντ. *θετικός, αποτελεσματικός, αποδοτικός πετυχημένος).*
ακαρποφόρητος, -η, -ο, επίθ. 1. που δεν καρποφόρησε: *δέντρα -α* (συνών. *ακάρπιστος).* 2. (μεταφ.) που δεν είχε αποτέλεσμα: *προσπάθειες -ες· νουθεσίες -ες* (συνών. *άκαρπος, ανώφελος·* αντ. *αποτελεσματικός, αποδοτικός).*
ακάρπωτος, -η, -ο, επίθ., που δεν «έδεσε» καρπό: *δέντρα -α.*
ακαρύκευτος, -η, -ο, επίθ. 1. (για φαγητό) που δεν έχει καρυκεύματα (μπαχαρικά, κ.τ.ό.) (αντ. *καρυκευμένος, αρτυμένος).* 2. (μεταφ. για λόγο γραπτό ή προφορικό) αστόλιστος (συνών. *απέριττος·* αντ. *φορτωμένος).*
ακάρφωτος, -η, -ο, επίθ. 1. που δεν τον κάρφωσαν, δεν τον στερέωσαν κάπου με καρφιά: *σανίδι -ο* (αντ. *καρφωμένος).* 2. (μεταφ.) που δεν τον κατάγγειλαν, δεν τον κατέδωσαν: *δεν άφησε κανέναν από τους συνενόχους του -ο* (συνών. *ακατάγγελτος, ακατάδοτος).*
-ακας, κατάλ. μεγεθ. αρσ. ουσ.: *μπεκρούλιακας, μεθύστακας.* [ουδ. ουσ. ιε *-άκι*].
ακασσιτέρωτος, -η, -ο, επίθ., που δεν έχει γανωθεί: *χάλκωμα -ο* (συνών., *αγάνωτος·* αντ. *γανωμένος).*
ακατάβλητος, -η, -ο, επίθ. 1. που δεν τον κατέβαλε ή δεν είναι δυνατόν να τον καταβάλει κάποιος ή κάτι: *θέληση -η· φρόνημα -ο* (συνών. *ακατανίκητος, ακμαίος·* αντ. *καταβλημένος, πεσμένος).* 2. που δεν πληρώθηκε, δεν εξοφλήθηκε: *τόκοι -οι* (συνών. *απλήρωτος·* αντ. *πληρωμένος, ξοφλημένος).*
ακατάβρεχτος, -η, -ο, επίθ., που δεν τον κατάβρεξαν: *δρόμος ~* (αντ. *καταβρεγμένος).*
ακαταβρόχθιστος, -η, -ο, επίθ., που δεν καταβροχθίστηκε: *δεν άφησε στο τραπέζι τίποτε -ο* (συνών. *αφάγωτος·* αντ. *φαγωμένος).*
ακαταβύθιστος, -η, -ο, επίθ., που δεν καταβυθίστηκε, ή δεν μπορεί να καταβυθιστεί, δεν καταποντίστηκε.
ακατάγγελτος, -η, -ο, επίθ. 1. που δεν καταγγέλθηκε: *η πράξη του έμεινε -η.* 2. (για σύμβαση) που δε δηλώθηκε γι' αυτήν ότι δε θα ισχύσει περαιτέρω.
ακατάγραφος, -η, -ο και -πτος, επίθ., που δεν καταγράφηκε: *έξοδα -α* (αντ. *καταγραμμένος).*
ακαταγώνιστος, -η, -ο, επίθ., ακαταμάχητος: *στρατός ~· επιχειρήματα -α* (συνών. *ανίκητος)·* που δεν μπορεί κανείς να τον συναγωνιστεί: *είναι στον τομέα του ~* (συνών. *ασυναγώνιστος).*
ακαταδάμαστος, -η, -ο, επίθ., που δε δαμάζεται, δε γίνεται υποχείριο κανενός: *θέληση -η.*
ακαταδεξία και -ξιά η, ουσ., το να είναι κάποιος ακαταδεχτος: *η -ξιά του τον απομακρυνε από όλες τις παρέες* (συνών. *περηφάνεια, αλαζονεία·* αντ. *καταδεχτικότητα, απλότητα)*
ακατάδεχτος, -η, -ο, επίθ., που δεν είναι καταδεχτικός: *δεν τον προσκαλώ, γιατί ξέρω πως είναι ~* (συνών. *περήφανος).*
ακαταδίκαστος, -η, -ο, επίθ., που δεν καταδικάστηκε: *ο ένοχος έμεινε ~* (αντ. *καταδικασμένος).*

ακαταδίωκτος, -η, -ο και χτος, επίθ. 1. που δεν καταδιώκεται: *η μεραρχία υποχώρησε -η.* 2. που δε διώκεται ποινικά: *ο ψευδομάρτυρας έμεινε ~.*
ακατάδοτος, -η, -ο, επίθ., που δεν τον κατέδωσαν.
ακαταζήτητος, -η, -ο, επίθ., που δεν τον καταζήτησαν, δεν τον αναζήτησαν για να τον συλλάβουν: *πολλοί εγκληματίες πολέμου έμειναν για χρόνια -οι.*
ακατάθετος, -η, -ο, επίθ. (για χρήματα ή δικαστικά έγγραφα) που δεν κατατέθηκε (για φύλαξη ή για άλλο σκοπό).
ακατακύρωτος, -η, -ο, επίθ., που δεν κατακυρώθηκε επίσημα, δεν απόκτησε οριστικό κύρος: *αγοραπωλησία -η· πλειστηριασμός ~* (αντ. *κατακυρωμένος).*
ακαταλαβίστικος, -η, -ο, επίθ., που δεν μπορεί να καταλάβει κανείς: *λόγια -α· γραπτό -ο* (συνών. *ακατανόητος·* αντ. *κατανοητός, αντιληπτός).*
ακαταλάγιαστος, -η, -ο, επίθ. (συνιζ.), που δεν καταλαγιάζει (συνών. *ανήσυχος* αντ. *καταλαγιασμένος, ήσυχος).*
ακατάληκτος, -η, -ο, επίθ. 1.που δεν τελείωσε, που δεν έχει τέρμα: *συζητήσεις -ες* (αντ. *τελειωμένος).* 2. (γραμμ.) που δεν έχει κατάληξη (για τα ονόματα της τρίτης κλίσης που σχηματίζουν την ονομαστική ενικού μόνο από το θέμα). 3. (μετρ.) *στίχος ~ =* ο στίχος που έχει το τελευταίο μέτρο πλήρες (αντ. *καταληκτικός).*
ακατάληπτος, -η, -ο, επίθ., που δεν μπορεί κάποιος να τον καταλάβει: *φράση -η· μυστήριο -ο* (συνών. *ακαταλαβίστικος, ακατανόητος·* αντ. *κατανοητός, καταληπτός, αντιληπτός).* - Επίρρ. *-α.*
ακατάλληλος, -η, -ο, επίθ. 1. που δεν ταιριάζει με κάτι, δεν προσφέρεται για κάτι: *δωμάτιο -ο για γραφείο· περιστάσεις -ες· μας επισκέφθηκαν σε -η ώρα* (αντ. *κατάλληλος).* 2. (για πρόσωπο) που δεν έχει τα προσόντα που απαιτεί μια εργασία, μια θέση, κ.τ.ό.: *ήταν ~ για δάσκαλος/για δήμαρχος* (συνών. *ανίκανος, ανάξιος·* αντ. *ικανός, άξιος).* 3. για δημόσιο θέαμα ή για ανάγνωσμα) που δεν είναι κατάλληλο να το παρακολουθήσουν ή να το διαβάσουν άτομα νεαρής ηλικίας: *-ο για ανηλίκους.*
ακαταλληλότητα η, ουσ., το να είναι κάποιος ακατάλληλος.
ακαταλόγιστος, -η, -ο, επίθ., που οι σκέψεις, τα λόγια, οι πράξεις του δε συμφωνούν με τη λογική από άνοια ή παρεκτροπή· (για σκέψη, λόγο ή πράξη) παράλογος: *είναι ~· γι' αυτό δεν μπορούμε να συνεννοηθούμε· ενέργεια -η.* 2. (νομ.) που δεν του αποδίδεται η ευθύνη για παράνομη πράξη, επειδή είναι μικρός στην ηλικία ή έχουν διαταραχτεί οι πνευματικές του λειτουργίες. - Το ουδ. ως ουσ. = (νομ.) το να μη θεωρείται κάποιος υπεύθυνος για παράνομη πράξη (ως ακαταλόγιστος): *τιμωρήθηκε ελαφρά, γιατί είχε το -ο·* (μεταφ.) *μην του ζητάς εξηγήσεις, έχει το -ο.*
ακατάλυτος, -η, -ο, επίθ., που δε φθείρεται, δεν αφανίζεται· (μεταφ.) ανθεκτικός: *οι δεσμοί φιλίας -ες· ηθικές αξίες· ρούχα -α.*
ακαταμάχητος, -η, -ο, επίθ., που δεν μπορεί κάποιος να τον καταβάλει, να τον νικήσει ή να του αντισταθεί (συνών. *ανίκητος, ακατάβλητος, ακατανίκητος)·* (για επιχείρημα, ισχυρισμό, κ.τ.ό.) που δεν αντικρούεται, δεν καταρρίπτεται: *δύναμη / γοητεία -η* (συνών. *ισχυρός, μεγάλος).*

ακαταμέριστος, -η, -ο, επίθ., που δεν τον μοίρασαν, που δεν είναι δυνατόν να μοιραστεί: *κληρονομιά / εργασία -η* (αντ. *καταμερισμένος*).

ακαταμέτρητος, -η, -ο, επίθ., που δεν καταμετρήθηκε ή δεν είναι δυνατόν να καταμετρηθεί: *ψήφοι -οι· πλήθος -ο· πλούτη -α* (= αμέτρητα, άπειρα).

ακατανάλωτος, -η, -ο, επίθ., που δεν τον καταναλωσαν, δεν τον ξόδεψαν· που δεν τον αγόρασαν: *τρόφιμα / προϊόντα -α* (συνών. *απούλητος· αδιάθετος*).

ακατανέμητος, -η, -ο, επίθ., που δεν κατανεμήθηκε, δε διαμοιράστηκε: *περιουσία -η· εκτάσεις -ες· κονδύλια του προϋπολογισμού -α* (συνών. *ακαταμέριστος*· αντ. *διαμοιρασμένος, κατανεμημένος*).

ακατανίκητος, -η, -ο, επίθ., *αήττητος: στρατός ~·* (μεταφ.) *έλξη -η* (συνών. *ακαταμάχητος*).

ακατανοησία η, ουσ., το να μην μπορεί κάποιος να καταλάβει κάτι (αντ. *κατανόηση*).

ακατανόητός, -η, -ο, επίθ., που δεν μπορεί κάποιος να τον καταλάβει, να αντιληφθεί το νόημά του: *κείμενο -ο· επιγραφή -η* (αντ. *κατανοητός*)· *παράξενος: συμπεριφορά -η* (συνών. *ανεξήγητος*).

ακαταπάτητος, -η, -ο, επίθ. **1.** (για όρκο, συμφωνία, δικαίωμα, κ.τ.ό.) που δεν τον καταπάτησαν (συνών. *απαραβίαστος, σεβαστός*· αντ. *αθετημένος*). **2.** (για εκτάσεις γης, για ξένο έδαφος) που δεν τον σφετερίστηκαν: *κτήματα -α· βοσκότοποι -οι* (αντ. *καταπατημένος*).

ακατάπαυτος, -η, -ο και **-παυστος,** επίθ., αδιάκοπος: *πόνοι -οι· ενοχλήσεις -παυστες* (συνών. *συνεχής, ασταμάτητος*· αντ. *παροδικός*). - Επίρρ. **-α.**

ακατάπειστος, -η, -ο, επίθ., που δεν τον έπεισαν, δεν άλλαξε γνώμη: *παρ' όλη την ευγλωττία μου έμεινε ~* (συνών. *ανένδοτος*).

ακαταπίεστος, -η, -ο, επίθ. **1.** που δεν καταπιέστηκε, δεν εξαναγκάστηκε (αντ. *καταπιεσμένος*). **2.** που δεν επιδέχεται καταπίεση. - Επίρρ. **-α.**

ακαταπολέμητος, -η, -ο, επίθ. **1.** ακατανίκητος: *ιδέες -ες· θεωρία -η* (συνών. *ακαταγώνιστος, ακαταμάχητος*). **2.** που δεν καταπολεμήθηκε, δεν έγινε προσπάθεια να εξαλειφθεί: *άφησαν πολλά ζιζάνια -α· ασθένειες -ες.*

ακαταπόνητος, -η, -ο, επίθ., ακατάβλητος: *μελετητής ~* (συνών. *ακούραστος*· αντ. *καταπονημένος, κουρασμένος*).

ακαταπτόητος, -η, -ο, επίθ., που δεν τον φόβισε ή δεν μπορεί να τον φοβίσει κάτι: *παρά τις απειλές συνέχισε το έργο του ~* (συνών. *απτόητος, ατρόμητος*).

ακατάργητος, -η, -ο, επίθ., που δεν καταργήθηκε: *διάταξη νόμου -η* (αντ. *καταργημένος*).

ακατάρτιστος, -η, -ο, επίθ. **1.** που δεν καταρτίστηκε: *είναι ακόμη -ο το νομοσχέδιο* (συνών. *ατελής*· αντ. *ολοκληρωμένος*). **2.** που δεν έχει αρκετές γνώσεις ή πείρα για κάτι: *μαθητής / τεχνίτης ~* (συνών. *αδαής, άπειρος*· αντ. *έμπειρος, καταρτισμένος, γνώστης*).

ακάταρτος, -η, -ο, επίθ. (για πλοίο) που δεν έχει κατάρτι.

ακατάσβεστος, -η, -ο, επίθ., που δεν μπορεί να σβηστεί: *φλόγα -η·* (μεταφ.) *δίψα -η· πόθος ~.*

ακατασίγαστος, -η, -ο, επίθ., ακατανίκητος: *πάθος -ο· οργή -η* (συνών. *ακατάσβεστος*· αντ. *κατασιγασμένος*).

ακατασκεύαστος, -η, -ο, επίθ., άφτιαχτος: *έπιπλα -α* (αντ. *κατασκευασμένος*).

ακατασκήνωτος, -η, -ο, επίθ., που δεν έχει κατασκηνώσει: *οι πρόσκοποι πέρασαν τη νύχτα -οι.*

ακατασπάραχτος, -η, -ο, επίθ. **1.** που δεν κατασπαράχτηκε: *ζώο -ο* (αντ. *κατασπαραγμένος*). **2.** (μεταφ.) που δε διαμελίστηκε (συνών. *ακομμάτιαστος*· αντ. *κομματιασμένος, διαμελισμένος*).

ακαταστάλαχτος, -η, -ο, επίθ. **1.** που δεν κατασταλαξε: *νερό -ο* (συνών. *θολός*· αντ. *κατασταλαγμένος*). **2.** αστράγγιστος (αντ. *στραγγισμένος*). **3.** (μεταφ.) που δεν έχει διαμορφωθεί εντελώς: *πρόβλημα -ο·* (για πρόσωπο) που είναι πνευματικά ανώριμος: *είναι ~ για το τι θα κάνει στη ζωή του* (συνών. *αναποφάσιστος*).

ακαταστασία η, ουσ. **1.** αταξία: *~ σπιτιού / καιρού·* (μεταφ.) *~ ψυχής / χαρακτήρα.* **2.** ανώμαλη κατάσταση: *έγινε φοβερή ~ όταν οι απεργοί εμπόδισαν τους απεργοσπάστες να περάσουν* (συνών. *φασαρία, ταραχή*).

ακατάστατος, -η, -ο, επίθ. **1.** που δεν έχει τάξη, αταχτοποίητος: *σπίτι -ο.* **2.** που δεν αγαπά την τάξη: *γυναίκα -η· μαθητής ~.* **3.** άστατος: *χαρακτήρας / καιρός ~* (συνών. *ασταθής*· αντ. *σταθερός*). - Επίρρ. **-α.**

ακατάστρεπτος, -η, -ο, επίθ., που δεν καταστράφηκε: *η εισβολή του εχθρού δεν άφησε τίποτε -ο* (αντ. *κατεστραμμένος*).

ακατάστρωτος, -η, -ο, επίθ., που δεν καταστρώθηκε: *πρόγραμμα -ο* (αντ. *καταστρωμένος*).

ακατάσχετος, -η, -ο, Ι. επίθ., ασταμάτητος: *φλυαρία / αιμορραγία -η* (συνών. *ασυγκράτητος*).

ακατάσχετος, -η, -ο, ΙΙ. επίθ., που δεν έχει κατασχεθεί ή δεν μπορεί να κατασχεθεί: *σπίτι -ο· μισθός ~* (αντ. *κατασχεμένος*).

ακατάτακτος, -η, -ο, επίθ. **1.** που δεν κατατάχτηκε στο στρατό (αντ. *κατατομένος*). **2.** αταχτοποίητος: *αρχείο / υλικό -ο* (συνών. *αταξινόμητος*· αντ. *ταξινομημένος, ταχτοποιημένος*).

ακατατόπιστος, -η, -ο, επίθ. **1.** που δεν κατατοπίστηκε, δεν ενημερώθηκε: *ο δικηγόρος είναι ακόμη ~ σχετικά με την υπόθεση* (αντ. *κατατοπισμένος, ενημερωμένος*). **2.** που δεν έχει αρκετές γνώσεις για κάτι: *κάνει τον έξυπνο, ενώ είναι ~* (συνών. *ακατάρτιστος, άπειρος*· αντ. *έμπειρος, γνώστης*).

ακαταφρόνητος, -η, -ο και **-νετος** επίθ., που δεν τον καταφρονούν (συνών. *σημαντικός, αξιόλογος*· αντ. *καταφρονημένος, καταφρονεμένος, τιποτένιος, ασήμαντος*).

ακαταχώνιαστος, -η, -ο, επίθ., που δεν έχει κρυφτεί ή δεν μπορεί να κρυφτεί: *άφησε το γράμμα -ο· η αστυνομία βρήκε τα κλοπιμαία εύκολα, γιατί ήταν -α* (αντ. *καταχωνιασμένος, κρυμμένος*).

ακαταχώριστος, -η, -ο, επίθ. **1.** που δεν καταγράφηκε στην οικεία θέση: *ποσά / ονόματα -α* (αντ. *καταχωρισμένος, καταγραμμένος*). **2.** αδημοσίευτος: *άρθρο -ο· αγγελίες -ες·* (αντ. *δημοσιευμένος*).

ακατέβαστος, -η, -ο και **-βατος** επίθ. **1.** που δεν κατεβάστηκε: *το μικρό ιστιοφόρο μπήκε στο λιμάνι με -στα πανιά· τα έπιπλα είναι ακόμη -τα από το φορτηγό·* που δεν μπορεί να τον κατεβεί κανείς: *γκρεμός / κατήφορος ~* (συνών. *απόκρημνος*). **2.** (για τιμές εμπορευμάτων) που δεν μπορεί να μειωθεί: *τιμές -ατες.* - Επίρρ. **-τα** (στη σημασ. 2).

ακατεδάφιστος, -η, -ο, επίθ. που δεν κατεδαφίστηκε, δεν γκρεμίστηκε: *οικοδομή -η* (αντ. *κατεδαφισμένος*).

ακατέργαστος, -η, -ο, επίθ., που δεν τον έχουν

επεξεργαστεί: *διαμάντια -α· ξύλο -ο· ίνες -ες·* (= που δεν χωνεύονται από τα πεπτικά υγρά) (συνών. *αδούλευτος*· αντ. *κατεργασμένος, δουλεμένος, επεξεργασμένος*).

ακατεύναστος, -η, -ο, επίθ., που δεν κατευνάστηκε: *θυμός* ~ (συνών. *ακαταλάγιαστος*).

ακατευόδωτος, -η, -ο, επίθ., που δεν τον κατευόδωσαν, δεν τον ξεπροβόδισαν με ευχές: *έφυγε για το ταξίδι* ~.

ακάτεχος, -η, -ο, επίθ. 1. αδαής: *είναι* ~ *σε τέτοιες δουλειές·* ~ *στον έρωτα* (συνών. *άπειρος·* αντ. *έμπειρος, γνώστης*). 2. ανίκανος.

ακατηγόρητος, -η, -ο, επίθ. 1. που δεν τον κατηγόρησαν: *πράξη -η· αδίκημα -ο* (συνών. *ακατάκριτος*). 2. (συνεκδ.) άμεμπτος: *άνθρωπος* ~ (συνών. *αψεγάδιαστος·* αντ. *μεμπτός, επιλήψιμος*).

ακατήχητος, -η, -ο, επίθ. 1. που δεν κατηχήθηκε, δε διδάχτηκε τις βασικές αρχές της πίστης (αντ. *κατηχημένος, μυημένος*). 2. (συνεκδοχικά) ακατατόπιστος: *είναι* ~ *σε τέτοια θέματα* (αντ. *κατατοπισμένος*).

ακάτιο το ουσ. (ασυνίζ.), μικρό πλεούμενο (συνών. *βάρκα*). [αρχ. *άκατος*].

ακατοίκητος, -η, -ο, επίθ., που δεν έχει κατοικηθεί ή δεν μπορεί να κατοικηθεί: *το σπίτι εδώ και τρία χρόνια έμεινε -ο* (αντ. *κατοικημένος*).

ακατονόμαστος, -η, -ο, που δεν μπορεί να κατονομαστεί: *πράξεις -ες· λόγια -α* (συνών. *επαίσχυντιος, αισχρός, ανήθικος*)

ακατόρθωτος, -η, -ο, επίθ., που δεν μπορεί να πραγματοποιηθεί: *πέτυχε στη ζωή του πράγματα -α για πολλούς* (συνών. *ανέφικτος·* αντ. *εφικτός, πραγματοποιήσιμος, κατορθωτός*).

άκατος η, ουσ. (ναυτ.) μεγάλη βάρκα (πολεμικού πλοίου).

ακατοχύρωτος, -η, -ο, επίθ. 1. που δεν οχυρώθηκε: *θέσεις -ες· στρατόπεδο -ο* (συνών. *ακάλυπτος·* αντ. *οχυρωμένος*). 2. που δεν εξασφαλίστηκε (με μέτρα νομικά, διατάξεις, κλπ.): *διαδικασία -η· οι φοιτητές έχουν -η τη χρονιά* (= δεν εξασφάλισαν τον προβιβασμό τους στο επόμενο έτος σπουδών) (αντ. *κατοχυρωμένος, εξασφαλισμένος*).

ακατράμωτος, -η, -ο, επίθ., που δεν αλείφτηκε με κατράμι, με πίσσα: *ξύλο / πανί -ο* (συνών. *απισσάριστος·* αντ. *πισσαρισμένος*).

ακατσάρωτος, -η, -ο, επίθ. (για μαλλιά) που δεν τα κατσαρώσαν, δεν τα έκαμαν κατσαρά (αντ. *κατσαρωμένος*).

ακαυτηρίαστος, -η, -ο, επίθ. 1. που δεν καυτηριάστηκε: *πληγή -η* (αντ. *καυτηριασμένος*). 2. που δεν επικρίθηκε αυστηρά: *την τακτική του δεν την άφησα -η*.

άκαυτος, -η, -ο, επίθ. 1. που δεν κάηκε: *ξύλα -α* (αντ. *καμένος*). 2. που δεν μπορεί να καεί: *οι στολές των πυροσβεστών πρέπει να είναι -ες* (συνών. *άφλεκτος·* αντ. *εύφλεκτος*).

ακαφάσωτος, -η, -ο, επίθ. (για παράθυρα) που δεν έχει καφάσια (βλ. λ.).

ακέντητος, -η, -ο, επίθ. (ερρ.), που δεν κεντήθηκε, δε στολίστηκε με κεντήματα: *φόρεμα -ο* (αντ. *κεντητός, κεντημένος*).

ακέντριστος, -η, -ο, επίθ. (ερρ.).1. (για δέντρα) που δεν κεντρίστηκε, δεν μπολιάστηκε (αντ. *μπολιασμένος*). 2. που δεν κεντρίστηκε από μέλισσα, δεν τρυπήθηκε από το κεντρί της μέλισσας.

ακέντρωτος, -η, -ο, επίθ. (για δέντρα) που δεν μπολιάστηκε (συνών. *ακέντριστος·* αντ. *μπολιασμένος*).

ακένωτος, -η, -ο, επίθ. 1. που δεν αδειάζει, που δε στερεύει: *πηγή -η* (συνών. *αστέρευτος*). 2. (για φαγητό) που δε σερβιρίστηκε.

ακέραιος, -η, -ο και (συνιζ.) **ακέριος,** επίθ. 1. που τίποτε δεν του λείπει: *σώος και* ~· *ψωμί -ριο· κι έχει απομείν' η αγάπη μας ολόκληρη κι ακέρια* (Πολέμης) (συνών. *ολόκληρος·* αντ. *λειψός*). 2. έντιμος: *άνθρωπος / χαρακτήρας* ~ (αντ. *ανέντιμος, άτιμος*). 3. (μαθημ.) που δηλώνει ακέραιες μονάδες (αντ. *κλασματικός*). 4. (θεατρ.) ολοκληρωμένος: *ρόλος* ~.

ακεραιότητα η, ουσ. 1. το να είναι κανείς ακέραιος: ~ *σωματική* (συνών. *αρτιμέλεια*). 2. τιμιότητα: *ξέρω την* ~ *του χαρακτήρα του* (συνών. *εντιμότητα*).

ακέραστος, -η, -ο, επίθ., που δεν τον κέρασαν, δεν του πρόσφεραν: *επισκέπτης* ~ (συνών. *ατρατάριστος*).

ακέρδευτος, -η, -ο, επίθ. 1. που δεν μπορεί να κερδηθεί. 2. που δεν κέρδισε (συνών. *ακέρδητος*).

ακέρδητος, -η, -ο, επίθ. 1. που δεν κερδήθηκε: *παιχνίδι -ο· μάχη -η* (συνών. *ακέρδευτος*). 2. (για πρόσωπο) που δεν κέρδισε (αντ. *κερδισμένος*).

άκερδος, -η, -ο, επίθ., που δεν αφήνει κέρδος: *δουλειά -η* (αντ. *επικερδής*). - Επίρρ.**-α.**

ακέριος, βλ. *ακέραιος.*

ακερμάτιστος, -η, -ο, επίθ., που δεν κερματίστηκε: *οι κλήροι που δόθηκαν δεν έμειναν -οι* (συνών. *ατεμάχιστος·* αντ. *κερματισμένος, τεμαχισμένος, διαμελισμένος*).

ακέρωτος, -η, -ο, επίθ., που δεν αλείφτηκε με κερί: *νήμα / φιτίλι -ο* (αντ. *κερωμένος*).

ακετόνη η, ουσ. (χημ.) ένωση που χρησιμοποιείται στη βιομηχανία ως διαλύτης. [γαλλ. *acétone*].

ακέφαλος, -η, -ο, επίθ. 1. που δεν έχει κεφάλι: *ζώο -ο*. 2. (για ομάδα, κλπ.) που δεν έχει αρχηγό: *κράτος -ο*. 3. (για χειρόγραφο) που του λείπει η αρχή (αντ. *ακέραιος, πλήρης*).

ακεφιά, η, ουσ. (συνιζ.), έλλειψη κεφιού: *έχω μεγάλες -ες* (αντ. *κέφι*).

άκεφος, -η, -ο, επίθ., που δεν έχει κέφι (αντ. *κεφάτος*).

ακηδεμόνευτος, -η, -ο, επίθ. 1. που δεν έχει κηδεμόνα: *ορφανό παιδί -ο*. 2. απροστάτευτος: *συμφέροντα -α*.

ακήδευτος, -η, -ο, επίθ. 1. που δεν κηδεύτηκε ακόμη: *νεκρός* ~ (συνών. *άταφος, άθαφτος·* αντ. *ενταφιασμένος, θαμμένος*). 2. που γι' αυτόν δεν έγινε η τελετή της κηδείας.

ακηλίδωτος, -η, -ο, επίθ. 1. που δεν έχει κηλίδες (αντ. *κηλιδωτός*). 2. ανεπίληπτος: *βίος* ~ (αντ. *στιγματισμένος, κηλιδωμένος*).

ακήρυχτος, -η, -ο, επίθ. (για πόλεμο) που γι' αυτόν δεν προϋπήρξε δήλωση για την κήρυξή του (αντ. *κηρυγμένος*).

-άκης, κατάλ. υποκορ. αρσ. ουσ.: *κοσμάκης, πατεράκης, παπάκης*. [υποκορ. κατάλ. *-άκι·* κατάλ. υποκορ. κύρ. ον: *Δημητράκης, Παναγιωτάκης*.

-άκι, κατάλ. υποκορ. ουδ. ουσ.: *δωράκι, ψωμάκι, γαλατάκι, σπιτάκι και υποκορ. επίθ.: λιγάκι, μικράκι*. [υποκορ. σε *-ιόν: αυλάκιον -αυλάκι*].

-άκιας, κατάλ. μειωτ. αρσ. ουσ.: *γυαλάκιας, κορτάκιας, πρεζάκιας*. [πληθ. ουδ. υποκορ.: *νευράκια - νευράκιας*].

ακίβδηλος, -η, -ο, επίθ. (μεταφ.) τίμιος: *έχει χαρα-*

ακιγκλίδωτος

κτήρα -ο (συνών. ακέραιος, έντιμος).
ακιγκλίδωτος, -η, -ο, επίθ. (έρρ.), (για χώρο) που δεν έχει κιγκλίδωμα (συνών. άφραχτος· αντ. κιγκλιδωτός, καγκελόφραχτος, περιφραγμένος).
ακίδα, βλ. αγκίδα.
ακίνδυνος, -η, -ο, επίθ., που δεν εγκλείει κινδύνους: *ο ανθρώπινος βίος δεν είναι* ~ (αντ. επικίνδυνος).
ακινησία η, ουσ. 1. το να μην κινείται κάποιος ή κάτι, το να αδρανεί: *με την αρρώστια του καταδικάστηκε σε* ~· *ο γιατρός της συνέστησε* ~ *για μια βδομάδα* (αντ. *κίνηση*). 2. (μεταφ.) στασιμότητα (σε συναλλαγές, κλπ.): *στο εμπόριο επικρατεί αυτόν τον καιρό* ~ (συνών. αδράνεια· αντ. κινητικότητα).
ακίνητο το, ουσ., ιδιοκτησία γης και ό,τι βρίσκεται επάνω της (κτίσμα, δέντρα, φυτά, κλπ.): *φορολογία -ήτων* (αντ. *κινητό*).
ακινητοποίηση η, ουσ. 1. το να υποχρεώνει κανείς κάποιον ή κάτι σε ακινησία: *χρειάζεται* ~ *το χέρι για να δέσει το κάταγμα*· ~ *ενός κακοποιού*· ~ *των αεροπλάνων εξαιτίας της απεργίας των πιλότων* (αντ. *κινητοποίηση, κίνηση*). 2. τοποθέτηση σε ακίνητα κεφαλαίων μιας περιουσίας (αντ. *ρευστοποίηση*).
ακινητοποιώ, -είς, ρ. (ασυνίζ.). 1. κάνω κάποιον ή κάτι να ακινητήσει: *-ποίησαν το ληστή· η απεργία των μηχανοδηγών έγινε αφορμή να -ποιηθούν όλα τα τρένα· η κακοκαιρία -ποίησε τις θαλάσσιες συγκοινωνίες* (συνών. ακινητώ, αδρανοποιώ· αντ. κινώ, κινητοποιώ). 2. μετατρέπω σε ακίνητο την περιουσία μου: ~ *τα ρευστά μου χρήματα* (αντ. *ρευστοποιώ*).
ακίνητος, -η, -ο, επίθ. 1. που δεν κινήθηκε από τη θέση του: *με τη φωνή μου έμεινε* ~. 2. (για γιορτές) που δε μετακινείται ανάλογα με το έτος: *τα Χριστούγεννα είναι γιορτή -η* (αντ. *κινητός*) 3. (για περιουσία) που αποτελείται από ακίνητα (βλ. λ.).
ακινητώ, -είς, ρ. (μτβ.) κάνω κάποιον ή κάτι να μείνει ακίνητο: *οι ληστές -νήτησαν το αυτοκίνητο των θυμάτων τους* (συνών. ακινητοποιώ, αδρανοποιώ· αντ. κινώ, κινητοποιώ)· (αμτβ.) μένω ακίνητος: *κόπηκε το ρεύμα και οι μηχανές -ήτησαν* (συνών. αδρανοποιούμαι· αντ. κινούμαι, ενεργοποιούμαι, δραστηριοποιούμαι).
ακιτρίνιστος, -η, -ο, επίθ., που δεν κιτρίνισε (αντ. *κιτρινισμένος*).
ακκίζομαι ρ. (λόγ.), κάνω νάζια: *το κορίτσι αυτό πολύ -ίζεται* (συνών. *σκερτσάρω*).
ακκισμός ο, ουσ. (λόγ.), νάζι: *όλο -ούς κάνει αυτό ο κορίτσι* (συνών. *σκέρτσο*).
-άκλα, κατάλ. μεγεθ. θηλ. ουσ.: *χεράκλα, αντράκλα*.
ακλάδευτος, -η, -ο, επίθ., που δεν κλαδεύτηκε: *δέντρο -ο* (αντ. *κλαδεμένος*).
άκλαδος, -η, -ο, επίθ., που δεν έχει κλαδιά: *δέντρο -ο* (συνών. άκλωνος· αντ. κλαδωτός, κλαδερός).
-ακλας και **-ακλάς**, κατάλ. μεγεθ. αρσ. ουσ.: *άντρακλας, φωνακλάς*. [κατάλ. -άκλα: *χέρι - χεράκλα*].
άκλαυτος, -η, -ο, επίθ., που δεν τον θρήνησαν: *πέθανε* ~ (αντ. *κλαμένος*). - Επίρρ. **-α**.
ακλείδωτος, -η, -ο, επίθ., που δεν τον κλείδωσαν: *σπίτι -ο· πόρτα -η* (αντ. *κλειδωμένος*). - Επίρρ. **-α**.
άκλειστος, -η, -ο, επίθ. 1. (για ηλικία) που δεν έχει συμπληρωθεί: *έχει -α τα είκοσι χρόνια της* (αντ. *κλεισμένος, συμπληρωμένος*). 2. (για συμφωνία) που δεν κλείστηκε, δεν υπογράφτηκε, δεν οριστικοποιήθηκε. 3. (για λογαριασμό) που δεν ολοκληρώθηκε, δεν ταχτοποιήθηκε (συνών. *ανοιχτός*· αντ. *κλειστός*).
ακληρία και (συνιζ., λαϊκ.) **-ιά** η, ουσ., το να είναι κανείς άκληρος, να μην έχει απογόνους (συνών. *ατεκνία*).
ακληρονόμητος, -η, -ο, επίθ. 1. (για περιουσία) που δεν την κληρονόμησε κανείς. 2. (για πρόσωπο) που δεν κληρονομήθηκε.
άκληρος, -η, -ο, επίθ. 1. που δεν πήρε κληρονομική μερίδα: *μ' άφησαν -ο*. 2. δυστυχισμένος: *άμοιρος κι* ~. 3. άτεκνος.
ακλήρωτος, -η, -ο, επίθ. 1. που δεν κληρώθηκε: *χωράφια -α· λαχείο -ο* (συνών. αδιαμοίραστος· αντ. *κληρωμένος*). 2. (για στρατεύσιμο) που δε στρατολογήθηκε, που δεν πέρασε σε κληρουχία (αντ. *κληρωτός*).
ακλήτευτος, -η, -ο, επίθ. (νομ.) που δεν του κοινοποίησαν κλήτευση για να εξεταστεί σε δικαστήριο.
ακλισία η, ουσ. (γραμμ.) το να μην κλίνονται ορισμένες λέξεις: *τα επιρρήματα υπόκεινται σε* ~ (αντ. *κλίση*).
άκλιτος, -η, -ο, επίθ. (γραμμ., για λέξεις) που δεν αλλάζει τύπο ανάλογα με την πτώση ή το χρόνο: *-α μέρη του λόγου* (αντ. *κλιτός*).
ακλόνητος, -η, -ο, επίθ. 1. που δεν κλονίζεται από τις αντιλήψεις τρίτων, σταθερός στις ιδέες του: *είναι* ~ *στην άποψή του*. 2. που δεν μπορεί με τίποτα να αμφισβητηθεί: *αποδεικτικά στοιχεία -α*. - Επίρρ. **-α**.
ακλυδώνιστος, -η, -ο, επίθ. (για πλοίο) που δεν επηρεάζεται εύκολα από τα κύματα.
ακλώσσητος, -η, -ο, επίθ. (για πουλιά) που δεν κλώσσησαν ή που δεν τα έβαλαν να κλωσσήσουν.
ακλώσσιστος, -η, -ο, επίθ. (για αβγά) που δεν κλωσσήθηκε.
άκλωστος, -η, -ο, επίθ., που δεν κλώστηκε: *νήμα -ο* (αντ. *κλωσμένος*).
ακμάζω, ρ. 1. βρίσκομαι στη μεγαλύτερή μου απόδοση, στη μεγαλύτερη λάμψη: *οι πόλεις -ουν και παρακμάζουν* (αντ. *παρακμάζω*). 2. (για συγγραφείς, λογοτεχνικά είδη, κλπ.) βρίσκομαι στην ακμή μου ή απλώς στη ζωή: *το δράμα άκμασε στην ελληνική αρχαιότητα* (συνών. *ανθώ*).
ακμαίος, -α, -ο, επίθ., που βρίσκεται σε ακμή: *ακμαίος μες στην ευρωστία της σαρκός* (Καβάφης)· *οι δυνάμεις μου είναι ακόμη -ες· το ηθικό του είναι -ο*.
ακμή η, ουσ. 1. ανάπτυξη στο μεγαλύτερο δυνατό βαθμό: *η* ~ *της φιλοσοφίας στην αρχαία Ελλάδα* (αντ. *παρακμή*). 2. (μαθημ.) γραμμή τομής δύο επιφανειών. 3. (ιατρ.) δερματοπάθεια της εφηβικής ηλικίας: *σπυράκια της -ής*.
άκμονας ο, ουσ. (ανατομ.) ένα από τα τρία οστάρια που βρίσκονται στο μέσο αφτί των θηλαστικών.
ακοή η, ουσ., η αίσθηση με την οποία αντιλαμβάνεται κανείς τους ήχους με αισθητήριο όργανο το αφτί: *δεν έχω δυνατό το αίσθημα της -ής*.
ακοίμητος, -η, -ο, επίθ. 1. που δεν κοιμήθηκε ή που δεν μπορεί να κοιμηθεί (συνών. ξάγρυπνος, ξύπνιος· αντ. *αποκοιμημένος*). 2. (μεταφ.) πολύ προσεκτικός: ~ *φρουρός των συμφερόντων του / της πατρίδας* (συνών. *άγρυπνος*). 3. διαρκής: *πόθος* ~· *αγάπη -η*.

ακοινολόγητος, -η, -ο, επίθ., που δεν κοινολογήθηκε: *η διαφωνία τους έμεινε για την ώρα -η* (αντ. *γνωστός*).

ακοινοποίητος, -η, -ο, επίθ., που δεν κοινοποιήθηκε: *απόφαση δικαστηρίου -η· διορισμοί υπαλλήλων -οι* (αντ. *κοινοποιημένος*).

ακοινώνητος, -η, -ο, επίθ. 1. που δεν επικοινωνεί με τους άλλους: *άνθρωπος ~* (συνών. *αντικοινωνικός·* αντ. *κοινωνικός*). 2. που δεν πήρε τη θεία κοινωνία, δεν κοινώνησε.

ακοίταχτος, -η, -ο, επίθ. 1. που δεν κοιτάχτηκε, δεν προσέχτηκε, δε θεωρήθηκε (αντ. *κοιταγμένος*). 2. (για άρρωστο) που δεν πήγε στο γιατρό: *έμεινε ~ και χειροτέρεψε η κατάστασή του* (συνών. *αφρόντιστος·* αντ. *φροντισμένος*).

ακολάκευτος, -η, -ο, επίθ., που δεν τον έχουν κολακέψει: *δεν αφήνει κανέναν -ο*.

ακολασία η, ουσ., φιληδονία, έκλυτος βίος: *ρέπει στην -ία*.

ακολασταίνω, ρ., ζω ακόλαστα, ασελγώ.

ακόλαστος, -η, -ο, επίθ. 1. που δεν τιμωρήθηκε: *πράξη -η· έγκλημα -ο* (συνών. *ατιμώρητος*). 2. που ζει έκλυτο, άτακτο βίο (συνών. *άσωτος*). - Επίρρ. **-α** (στη σημασ. 2).

ακολλάριστος, -η, -ο, επίθ. 1. που δε βουτήχθηκε στην κόλλα: *πουκάμισο -ο* (αντ. *κολλαρισμένος, κολλαριστός*). 2. (μεταφ.) φυσικός, αυθόρμητος, όχι συμβατικός: *δε μοιάζει με πολλούς· εμφανίζεται ~*.

ακόλλητος, -η, ο, επίθ., που δεν κολλήθηκε ή δεν κόλλησε (αντ. *κολλημένος*).

ακολουθία η, ουσ. 1. συνοδεία αξιωματούχων: *ο υπουργός με την ~ του*. 2. λογική σειρά στο λόγο: *δεν υπάρχει ~ σ' αυτό το κείμενο* (αντ. *ανακολουθία*). 3. επακόλουθο: *η ~ της ενέργειας*. 4. εκκλησιαστική τελετή σύμφωνα με ορισμένους κανόνες: *~ των Χριστουγέννων*.

ακόλουθος, επίθ. και ουσ. 1. που ακολουθεί, που έρχεται κατόπιν: *η -η μέρα* (συνών. *επόμενος·* αντ. *προηγούμενος*). 2. που συνοδεύει ανώτερο αξιωματούχο: *οι -οι του υπουργού*. 3. κατώτερος βαθμός στη διπλωματική υπηρεσία.

ακολουθώ ρ. **-είς, -εί, -ούμε** και **ακολουθώ, -άς, -ά, -άμε.** 1α. έρχομαι ύστερα από άλλον: *τον -εί ο βοηθός του·* β. πηγαίνω όπου πηγαίνει κάποιος συνοδεύοντας ή αναζητώντας τον: *τον -ησε ως την άκρη της γης*. 2. (για γεγονός ή χρονική περίοδο) συμβαίνω, έρχομαι ύστερα από κάτι άλλο: *-ησαν ταραχές / δύσκολες μέρες*. 3. υπάρχω έπειτα από κάτι άλλο: *-ούν τρεις πυκνογραμμένες σελίδες*. 4. πηγαίνω όπου οδηγεί κάτι: *~ ένα δρόμο / τις πινακίδες / την κοίτη του ποταμού*. 5. (για κάτι που εξελίσσεται με ορισμένο τρόπο): *αυτό το είδος ζώου -ησε διαφορετικό τρόπο εξέλιξης*. 6. δέχομαι κάτι: *-εί τις απόψεις μου* (συνών. *παραδέχομαι*). 7. έρχομαι ως επακόλουθο: *τη φυγοπονία την -ούν πολλά κακά*. 8. εφαρμόζω, ακολουθώ συμβουλή τρίτου: *~ τη δίαιτα που μου σύστησε ο γιατρός*. Φρ. *~ κάποιον ή κάτι με τα μάτια* (= βλέπω κάποιον ή κάτι καθώς κινείται): *τον -ησα με τα μάτια ώσπου έστριψε*.

ακόμα και **ακόμη,** επίρρ. 1. έως τώρα: *βρίσκομαι ακόμα μακριά· δε γύρισε ακόμη*. 2. επιπροσθέτως: *λέω ακόμη και τούτο*. 3. (ως οριστ. αντων.) ο ίδιος: *θα θυσίαζε και το παιδί του ~ για να κερδίσει χρήματα*. Φρ. *ακόμα να ... (= δεν ... ακόμη): ακόμα να περάσει το λεωφορείο*. [αρχ. *ακμήν*].

ακομμάτιαστος, -η, -ο, επίθ., που δεν κομματιάστηκε: *κρέας -ο* (συνών. *ατεμάχιστος·* αντ. *κομματιασμένος, τεμαχισμένος*).

ακομμάτιστος, -η, -ο, επίθ. 2. που δε σχετίζεται με κάποιο πολιτικό κόμμα. 2. (μεταφ.) αμερόληπτος: *είναι ~ και μιλεί πάντα δίκαια*.

ακομπανιαμέντο το, ουσ. (ερρ. δις, συνίζ.), (μουσ.) συνοδεία. [ιταλ. *accompagnamento*].

ακομπανιάρισμα το, ουσ. (ερρ., συνιζ.), (μουσ.) υπόκρουση, συνοδεία.

ακομπανιάρω ρ. (ερρ., συνιζ.), (μουσ.) συνοδεύω με μουσικό όργανο ή με τη φωνή κάποιον που παίζει όργανο ή τραγουδά. [ιταλ. *accompagnare*].

ακόμπιαστος, -η, -ο επίθ. (ερρ., συνιζ.). 1. που δεν έχει κόμπους: *νήμα -ο*. 2. που δε δυσκολεύεται: *μιλεί ~.* - Επίρρ. **-α** (στη σημασ. 2).

ακόμψευτος, -η, -ο, επίθ., που δεν επιτηδεύεται στην εμφάνισή του, την ομιλία του, κλπ.: *παρουσιάστηκε ~* (αντ. *κομψευόμενος*).

άκομψος, -η, -ο, επίθ., που δεν έχει κομψότητα, χάρη: *γυναίκα -η· τρόποι -οι· λόγος ~* (συνών. *άχαρος·* αντ. *κομψός, χαριτωμένος*).

ακόνι το, ουσ., σκληρή πέτρα αλειμμένη με λάδι που με την τριβή επάνω της ένα εργαλείο γίνεται κοφτερό: *οκτώ μαχαίρια ακόνισαν απάνου σ' ένα ~ / και στην καρδιά μου τα 'βαλαν να με διαβούν οι πόνοι* (δημ. τραγ.). [αρχ. *ακόνη*].

ακονίζω, ρ., τροχίζω, κάνω κάτι κοφτερό: *~ το μαχαίρι·* (μεταφ.) *~ τη γλώσσα μου* (= ετοιμάζομαι να μιλήσω πολύ ή έντονα)· *~ το μυαλό μου* (= εξασκώ το μυαλό μου σε κάτι)· *~ τα δόντια μου* (= ετοιμάζομαι να φάω κάτι με λαιμαργία).

ακόνισμα το, ουσ., η εργασία που απαιτείται για να γίνει κοφτερό ένα εργαλείο, τρόχισμα: *το ψαλίδι θέλει ~*.

ακονιστήρι το, ουσ., όργανο με το οποίο ακονίζομε, ακόνι.

ακονιστής, ουσ., αυτός που ακονίζει, τροχίζει (ψαλίδια, κλπ.).

ακόνιστος, -η, -ο, επίθ. 1. που δεν τροχίστηκε, δεν ακονίστηκε (συνών. *ατρόχιστος·* αντ. *ακονισμένος*). 2. που δεν έχει ασκηθεί: *μυαλό -ο* (αντ. *ακονισμένος*).

ακονόπετρα η, ουσ., πέτρα με την οποία γίνεται το ακόνισμα, το τρόχισμα: *Ποιος άκουσε καταμεσήμερα το σύρσιμο του μαχαιριού στην ακονόπετρα;* (Σεφέρης).

ακοντίζω ρ. (ερρ.), ρίχνω ακόντιο.

ακόντιο το, ουσ. (ερρ., ασυνίζ.). 1. κοντάρι. 2. (συνεκδοχικά) το αγώνισμα του ακοντισμού: *πρωταθλητής στο ~*.

ακόντισμα το, ουσ. (ερρ.), το να ρίχνει κανείς ακόντιο.

ακοντισμός ο, ουσ. (ερρ.), το αγώνισμα της ρίψης ακοντίου: *στον -ό πέτυχε παγκόσμιο ρεκόρ*.

ακοντιστής ο, θηλ. **-ίστρια,** ουσ. (ερρ.), αθλητής του ακοντισμού.

ακοόμετρο το, ουσ., όργανο για τη μέτρηση της οξύτητας της ακοής.

ακοπάνιστος, -η, -ο, επίθ. 1. που δεν τον κοπάνισαν: *μπαχαριά -α· ελιές -ες* (αντ. *κοπανισμένος*). 2. (για ζώο) μη ευνουχισμένος. 3. που δεν «έφαγε ξύλο»: *παιδί -ο*.

ακοπιάριστος, -η, -ο, επίθ. (συνιζ.), που δε «βγήκε» κόπια του, αντίγραφο του: *κείμενο -ο*.

ακοπίαστος, -η, -ο και **ακόπιαστος,** επίθ. 1. που έγινε ή κερδήθηκε χωρίς κόπο: *πλούτη -α* (συνών.

αμόχθητος, ξεκούραστος). **2.** που δεν κόπιασε, δε μόχθησε: *άνθρωπος ~.* - Επίρρ. **ακόπιαστα.**

άκοπος, -η, -ο, Ι. επίθ., που γίνεται ή αποκτάται χωρίς κόπο: *δουλειά -η· κέρδη -α* (συνών. *αμόχθητος, ξεκούραστος*). - Επίρρ. **-α** και (λαϊκότερα) **ανέκοπα.** [αρχ. στερ. *α-* + *κόπος*].

άκοπος, -η, -ο, ΙΙ. επίθ. **1.** που δεν κόπηκε, δεν τεμαχίστηκε, ακέραιος: *καρβέλι / ύφασμα -ο· ξύλα -α* (συνών. *ατεμάχιστος*· αντ. *κομμένος, τεμαχισμένος*). **2.** (για καρπούς ή φρούτα, κλπ.) αθέριστος, ατρύγητος: *σταφύλια / τριαντάφυλλα -α· χορτάρι -ο* (αντ. *κομμένος, θερισμένος, τρυγισμένος*). [αρχ. στερ. *α-* + *κόπτω*].

ακόπριστος, -η, -ο, επίθ., που δεν του έριξαν κοπριά για λίπασμα: *λουλούδια -α· χωράφι -ο* (αντ. *κοπρισμένος*).

ακόρεστος, -η, -ο, επίθ. **1.** που δε χορταίνει: *δίψα / πείνα -η· στομάχι -ο* (συνών. *αχόρταγος·* αντ. *χορτασμένος*). **2.** (μεταφ.) ανικανοποίητος, άπληστος: *επιθυμία / φιλοδοξία -η· πόθος ~.* **3.** (χημ., για ενώσεις που περιέχουν στα μόριά τους διπλούς ή τριπλούς δεσμούς): *υδρογονάνθρακες -οι· λίπη -α* (αντ. *κορεσμένος*). [αρχ. *ακόρεστος*].

ακορνιζάριστος, -η, -ο, επίθ., που δεν κορνιζαρίστηκε: *φωτογραφία -η* (αντ. *κορνιζαρισμένος*).

ακορνίζωτος, -η, -ο, επίθ., που δεν μπήκε σε κορνίζα, σε πλαίσιο: *πίνακας ~.*

ακορντεόν το, ουσ. άκλ. (όχι έρρ.), φορητό μουσικό όργανο με μία ή δύο σειρές πλήκτρων και φυσούνα. [γαλλ. *accordéon*].

ακορόιδευτος, -η, -ο, επίθ., που δεν τον κοροϊδεψαν, δεν τον περιγέλασαν: *έχει κακή συνήθεια να μην αφήνει τίποτε -ο.*

ακορφολόγητος, -η, -ο, επίθ. (για φυτό, δέντρο, κλπ.) που δεν του έκοψαν τις άκρες των βλαστών: *κλήμα -ο· κουκκιά -α* (αντ. *κορφολογημένος*).

-άκος, κατάλ. υποκορ. αρσ. ουσ.: *δασκαλάκος, φοιτητάκος, δικηγοράκος.* [κατάλ. *-άκι* + *-ος:* γεροντάκι - γεροντάκος].

ακοσκίνιστος, -η, -ο, επίθ. **1.** που δεν πέρασε από κόσκινο: *αλεύρι -ο* (αντ. *κοσκινισμένος*). **2.** (μεταφ.) που δεν υποβλήθηκε σε λεπτομερή έλεγχο: *πληροφορία -η.*

ακόσμητος, -η, -ο, επίθ. **1.** που δε στολίστηκε (συνών. *αστόλιστος*· αντ. *στολισμένος, διακοσμημένος*). **2.** απέριττος, ακαλλώπιστος.

ακοσμία η, ουσ. **1.** έλλειψη τάξης, τακτ, απρέπεια, παρεκτροπή: *επικράτησε ~ στην αίθουσα.* **2.** (φιλος.) θεωρία σύμφωνα με την οποία ο υλικός κόσμος δεν αντιστοιχεί σε τίποτε πραγματικό.

άκοσμος, -η, -ο, επίθ., απρεπής: *συμπεριφορά -η· κινήσεις -ες.* [στερ. *α* + αρχ. *κόσμος*].

ακοστολόγητος, -η, -ο, επίθ., που δεν υπολογίστηκε το κόστος του, η αξία αγοράς ή παραγωγής του: *προϊόντα / εμπορεύματα -α* (αντ. *κοστολογημένος*).

ακοτσάριστος, -η, -ο, επίθ., που δεν μπόρεσε κανείς να τον κοτσάρει, να τον συνδέσει κάπου: *γάντζος ~.*

ακουαρέλα η, ουσ. **1.** τρόπος ζωγραφικής με χρώματα που διαλύονται στο νερό, υδατογραφία. **2.** (συνεκδοχικά) πίνακας ζωγραφισμένος με υδροχρώματα: *στον τοίχο υπήρχε μια ~.* [βενετ. *aquarela*].

ακουαρελίστας ο, ουσ., ζωγράφος που φτιάχνει ακουαρέλες.

ακουάριο το ουσ. (ασυνίζ.), ενυδρείο. [ιταλ. *aquario*<λατ. *aquarium*].

ακουβάλητος, -η, -ο και **ακουβάλιστος,** επίθ., που δεν έχει ή δεν μπορεί να μεταφερθεί: *έπιπλα / σακιά -α.* - Επίρρ. **-α.**

ακούγω, βλ. *ακούω.*

ακούμπημα το, ουσ. (έρρ.). **1.** στήριγμα, στήριξη: *έχει μπαστούνι γι' ~.* **2.** άγγιγμα: *στο πρώτο ~ σωριάστηκε κάτω.*

ακουμπίζω, ρ. (έρρ.), ακουμπώ (βλ. λ.).

ακούμπισμα το, ουσ. (έρρ.), το να στηρίζεται κάτι κάπου ή το ίδιο το στήριγμα: *~ της σκάλας στον τοίχο.*

ακουμπιστήρι το, ουσ. (έρρ.). **1.** αυτό με το οποίο ή στο οποίο στηρίζεται κάποιος: *βάλε το μαξιλάρι γι' ~.* **2.** (μεταφ.) στήριγμα, καταφύγιο: *οι γονείς έχουν τα παιδιά τους ~.*

ακουμπιστός, -η, -ο, επίθ. (έρρ.), ακουμπισμένος. - Επίρρ. **-ά.**

ακουμπώ, -άς ρ. (έρρ.). **Α.** αμτβ. **1.** στηρίζομαι: *-ησα στον τοίχο για να μην πέσω από τη ζάλη.* **2.** (μεταφ.) βασίζομαι: *μη φοβάσαι! -ησε πάνω μου κι όλα θα πάνε καλά!* **3.** πλαγιάζω, ξαπλώνω: *-ησε λίγο στο κρεβάτι να ξεκουραστεί.* **Β.** Μτβ. **1.** στηρίζω: *είχε -ήσει το κεφάλι στα χέρια κι άκουγε προσεχτικά.* **2.** αφήνω κάτι κάπου, τοποθετώ κάτι: *-ησε τα ψώνια στο τραπέζι.* **3.** αγγίζω: *-ησε με τα δάχτυλα το πονεμένο μέρος.* **4.** (μεταφ.) καταθέτω (χρήματα)· ξοδεύω, πληρώνω (συνήθως μεγάλο) χρηματικό ποσό: *ό,τι του περισσεύει τ' -ά στην τράπεζα.*

ακούνητα, επίρρ., χωρίς να κουνιέται, ακλόνητα: *στάσου ~.*

ακούνητος -η -ο, επίθ., ακίνητος, που δεν σαλεύει.

ακούνητο το, ουσ., είδος παιχνιδιού όπου ένας από τους παίκτες μένει ακίνητος.

ακουόγραμμα το, ουσ. (ιατρ.) η καμπύλη που παριστάνει το αποτέλεσμα της ακουστικής μέτρησης με ακουόμετρο (πβ. γαλλ. *audiogramme*).

ακουομετρία η, ουσ. (ιατρ.) μέτρηση της ακουστικής οξύτητας με ακουόμετρο (πβ. γαλλ. *audiométrie*).

ακουόμετρο το, ουσ. (ιατρ.) ηλεκτρονική συσκευή με την οποία προσδιορίζεται η ακουστική οξύτητα (πβ. γαλλ. *audiomètre*).

ακούραστος, -η, -ο, επίθ., που δεν κουράζεται ή δεν κουράστηκε: *πεζοπόρος ~* (συνών. *ακάματος·* αντ. *κουρασμένος*).

ακούρδιστος, -η, -ο και **ακούρντιστος,** επίθ. **1.** που δεν κουρδίστηκε, ξεκούρδιστος: *πιάνο / ρολόι -ο* (αντ. *κουρδισμένος*). **2.** (μεταφ. για άνθρωπο, λαϊκ.) που δεν τον έχει ερεθίσει κάποιος: *άνθρωπο για άνθρωπο δεν αφήνεις ακούρντιστο* (αντ. *κουρντισμένος*).

ακούρευτος, -η, -ο, επίθ., που δεν έχει κουρευτεί: *μουστάκι -ο· μαλλιά / πρόβατα -α* (αντ. *κουρεμένος*).

ακουρμαίνομαι ρ. (λαϊκ.), ακούω προσεχτικά, αφουγκράζομαι: *ο ταξιδιώτης -εται τον κρότο της μηχανής.* [<ιδιωμ. *ακουρμάζομαι*].

ακούρντιστος βλ. *ακούρδιστος.*

ακούρσευτος, -η, -ο, επίθ., που δεν κουρσεύτηκε, που δε λεηλατήθηκε: *οι πειρατές δεν άφησαν πλοίο για πλοίο -ο· πόλη -η* (αντ. *κουρσεμένος*).

ακούσιος, -α, -ο, επίθ. (ασυνίζ.). **1.** που γίνεται παρά τη θέληση κάποιου: *διέπραξε -ο έγκλημα* (συνών. *άθελος, αθέλητος·* αντ. *εκούσιος, θελημένος,*

σκόπιμος). 2. που γίνεται ανεξάρτητα από τη θέληση του ατόμου: *-ες κινήσεις του σώματός μας.*
άκουσμα το, ουσ. **1.** καθετί που ακούει κανείς: *με ξάφνιασε το ~ των πυροβολισμών* **2.** είδηση, φήμη: *στο ~ της νίκης όλοι βγήκαν στους δρόμους· έβγαλε ~.*
ακουσούρευτος, -η, -ο, επίθ., που δεν έχει κουσούρι, ελάττωμα: *άνθρωπος ~.*
ακουστά, επίρρ., «εξ ακοής», από φήμη. Φρ. *(τον) έχω ~ (= (τον) ξέρω εξ ακοής): τον έχω ~, αλλά προσωπικά δεν τον γνωρίζω.*
ακουστική η, ουσ. **1.** κλάδος της φυσικής που ασχολείται με την παραγωγή και μετάδοση του ήχου. **2.** ιδιότητα του χώρου να μεταδίδει τον ήχο: *το θέατρο της Επιδαύρου έχει περίφημη ~· αίθουσα διδασκαλίας με καλή ακουστική.*
ακουστικό το, ουσ. **1.** όργανο με το οποίο ενισχύονται οι ήχοι που φτάνουν στα αφτιά μας: *δεν ακούει καλά, γι' αυτό χρησιμοποιεί -ά.* **2.** συσκευή με την οποία τα ηλεκτρικά ρεύματα μετατρέπονται σε ηχητικά κύματα: *~ του τηλεφώνου.*
ακουστικός, -η, -ό, επίθ., που σχετίζεται με την ακοή: *νεύρα -ά· ~ τύπος (= ο άνθρωπος που αντιλαμβάνεται και απομνημονεύει καλύτερα ακούγοντας παρά διαβάζοντας).*
ακουστικότητα η, ουσ., ικανότητα χώρου ή οργάνου για καλή ή κακή μετάδοση του ήχου: *η ~ της αίθουσας είναι ικανοποιητική για τη συναυλία.*
ακουστός, -ή, -ό, επίθ. **1.** που μπορεί να ακουστεί: *η φωνή του είναι -ή ως το βάθος της αίθουσας.* **2.** φημισμένος: *ζωγράφος ~ σ' όλη την Ευρώπη* (συνών. *ξακουστός, ξακουσμένος, ονομαστός·* αντ. *άσημος, άγνωστος*).
ακούω και **ακούγω** ρ. Ι. ενεργ. Α. (αμτβ.) έχω την αίσθηση της ακοής: *~ καλύτερα με τ' ακουστικά που έβαλα.* Β. μτβ. **1.** αντιλαμβάνομαι κάτι με το αφτί: *άκουσα την τουφεκιά.* **2.** πληροφορούμαι, μαθαίνω: *~ ότι θα φύγεις σύντομα.* **3.** υπακούω, πείθομαι: *δε μ' -ει καθόλου το παιδί μου·* (μεταφ.) *δεν μ' -ούν τα πόδια μου.* **4.** ακούω προσεχτικά, προσέχω: *άκουσε τι θα σου πω για να μη δυσκολευτείς.* **5.** εισακούω: *άκουσε, Θεέ μου, την προσευχή μου!* **6.** γνωρίζω κάποιον από λόγια άλλων: *τον ~, μα δεν τον ξέρω.* **7.** (μεταφ.) αισθάνομαι: *~ έναν πόνο στην πλάτη μου.* ΙΙ. μέσ. **1.** δίνω σημεία ζωής, εμφανίζομαι: *δεν -γεσαι τώρα τελευταία.* **2.** γίνομαι γνωστός, φημίζομαι, σχολιάζομαι: *το όνομα του ποιητή ακούστηκε στα πέρατα της γης·* (απρόσ.) *-γεται = λέγεται, διαδίδεται: δεν -γεται να γίνονται διαπραγματεύσεις·* φρ. *αυτό ν' -γεται (= αυτό να λέγεται).* **3.** βρίσκομαι σε καλή οικονομική κατάσταση, «βαστιέμαι»: *-εται καλά ο θείος μου.* Φρ. *αυτά τ' ~ βερεσέ* (= δεν τα παίρνω υπόψη μου)· *άκου (πράγματα)!* (= για να δηλώσομε μεγάλη έκπληξη, αγανάκτηση, οργή, κ.τ.ό.): *άκου πράγματα που συμβαίνουν στον κόσμο! άκους εκεί!* (για να δηλώσομε αγανάκτηση ή οργή): *άκους εκεί να μου πει εμένα ότι δεν ξέρω τι κάνω! ούτε να τ' -σω* (για άρνηση προκαταβολική, χωρίς συζήτηση, κατηγορηματική)· *τ' ακούς, τ' ~ να λες* (για να βεβαιώσομε και να τονίσομε κάτι, που όμως δεν περιμέναμε να συμβεί).
άκοφτος, η, ο, επίθ., που δεν κόπηκε: *χορτάρι -ο* (αντ. *κομμένος*).
άκρα, βλ. *άκρη.*
ακράδαντος, -η, -ο, επίθ. (έρρ.), σταθερός, ακλόνητος: *πίστη -η.* - Επίρρ. **-α.**

ακραίος, -α, -ο, επίθ. α. που βρίσκεται στην άκρη ή τα άκρα: *σταθμός ~* (αντ. *μεσαίος*) **β.** (μεταφ.) που φτάνει στα άκρα: *απόψεις -ες* (αντ. *μετριοπαθής*).
ακραιφνής, -ής, -ές, επίθ., γεν. *-ούς,* πληθ. αρσ. και θηλ. *-είς,* ουδ. *-ή,* γνήσιος, ειλικρινής: *φίλος ~· δημοτικιστής ~.*
ακράτεια η, ουσ. **1.** αδυναμία συγκράτησης, έλλειψη εγκράτειας: *~ γλώσσας.* **2.** (ιατρ.) *~ ούρων =* η αδυναμία να συγκρατεί κανείς τα ούρα του.
ακράτητα, επίρρ., χωρίς συγκρατημό, ασταμάτητα: *γελούσε ~.*
ακράτητος, -η, -ο, επίθ. **1.** που δεν μπορεί να συγκρατηθεί, να χαλιναγωγηθεί, ορμητικός: *άλογο -ο· πάθος -ο· νεύρα / γέλια -α* (αντ. *συγκρατημένος*). **2.** (για δωμάτιο, εισιτήριο, θέση ταξιδιώτη) που δεν εξασφαλίστηκε: *έμειναν μερικές θέσεις -ες* (αντ. *κρατημένος*).
άκρατος, -η, -ο, επίθ., ανόθευτος, απόλυτος, ακραίος: *ιδεαλισμός ~.*
άκραχτα, επίρρ. (λαϊκ.), προτού λαλήσει ο πετεινός, πολύ πρωί: *σηκώθηκε ~.*
ακρέμαστος, -η, -ο, επίθ. **1.** που δεν κρεμάστηκε: *ρούχα -α* (αντ. *κρεμασμένος*). **2.** που δεν απαγχονίστηκε (αντ. *κρεμασμένος*).
ακρεοφαγία η, ουσ., αποχή από κρεοφαγία.
ακρεοφάγος ο, ουσ., αυτός που δεν τρώει κρέας.
άκρη, άκρα και **άκρια** η, ουσ. (ασυνίζ.). **1.** αρχή ή τέλος έκτασης: *από τη μια ~ του χωραφιού ως την άλλη· μένω στην ~ του χωριού· η ~ της θάλασσας / του ποταμού.* **2.** γωνιά, παράμερο σημείο: *μαζεμένος σε μια ~ δεν έβγαζ'ε άχνα.* **3.** μικρή έκταση ή ποσότητα: *πήρα κι εγώ μιαν ~ του χωραφιού· δώσ' μου να φάω κι εγώ μιαν ~.* Εκφρ. *μέσες -ες* (= όχι πολύ καλά, περιληπτικά, ελλιπώς)· *στην ~ του κόσμου* (= πολύ μακριά, στα πέρατα της γης)· *~ ~ (= εντελώς άκρη): έκατσε ~.* Φρ. *βάζω στην ~* (= α. παραμερίζω β. αποταμιεύω)· *βρίσκω την ~, φτάνω στην ~* (= βρίσκω τη βαθύτερη αιτία)· *είμαι στην ~* (= είμαι «στην μπάντα», παραμερισμένος)· *όπου μας βγάλει η ~* (= όποιο κι αν είναι το τέλος)· *τα βγάζω ~* (= τα καταφέρνω). - Υποκορ. **-ούλα, -ίτσα** η (στις σημασ. 2 και 3).
ακρησάριστος, -η, -ο, επίθ., που δεν κρησαρίστηκε, δεν κοσκινίστηκε: *αλεύρι -ο* (συνών. *ακοσκίνιστος·* αντ. *κοσκινισμένος*).
ακριανός, -ή, -ό, επίθ. (ασυνίζ.), που βρίσκεται στην άκρη, ακρινός: *τραπέζι -ό.*
ακριβαγάπητος, -η, -ο, επίθ., που αγαπιέται τρυφερά.
ακριβαπώ, ρ., αγαπώ τρυφερά.
ακριβαίνω, ρ. Α. αμτβ. **1.** γίνομαι ακριβός, δαπανηρός: *-ει ο καφές· -ει η ζωή* (αντ. *φτηναίνω*). **2.** τσιγκουνεύομαι. Β. (μτβ.) αυξάνω την τιμή (κάποιου πράγματος): *ο ιδιοκτήτης μου ακρίβηνε το νοίκι.*
ακριβαναθρεμμένος, -η, -ο, μτχ. επίθ., αναθρεμμένος με μεγάλη επιμέλεια και φροντίδα: *κόρη -η.*
ακρίβεια η, ουσ. (ασυνίζ.). **1.** τελειότητα, κανονικότητα: *το ρολόι δουλεύει με μεγάλη ~· ~ στις κινήσεις.* **2.** ακριβολογία: *μου απάντησε με μεγάλη ~.*
ακρίβεια η, ουσ. (συνιζ.). **1.** άνοδος των τιμών, υπερβολική τιμή των πραγμάτων: *δεν πλησιάζονται από την ~ τα παπούτσια.* **2.** (συνεκδ.) εποχή ακρίβειας: *ζούμε μες στην ακρίβεια.*
ακριβής, -ής, -ές, γεν. *-ούς,* πληθ. αρσ. και θηλ. *-είς,* ουδ. *-ή,* επίθ., που γίνεται με ακρίβεια, αλάν-

ακριβογιός

θαστος, απόλυτα σωστός: *αντίγραφο -ές· διάγνωση / ώρα ~.*
ακριβογιός ο, ουσ. (συνιζ.), πολυαγαπημένος γιος, μοναχογιός: *ένα τον είχε, ~.*
ακριβοδίκαιος, -η, -ο, επίθ. **1.** που κρίνει με μεγάλη δικαιοσύνη: *δικαστής ~.* **2.** που γίνεται με απόλυτη δικαιοσύνη: *μοιρασιά -η.*
ακριβοθυγατέρα η, ουσ., πολυαγαπημένη κόρη, μοναχοκόρη.
ακριβοθώρητος, -η, -ο, επίθ., που σπάνια εμφανίζεται· επιθυμητός: *τώρα τελευταία μας έγινες πολύ ~.*
ακριβολόγημα το, ουσ., ακριβολογία.
ακριβολογία η, ουσ. **1.** σαφής και ακριβής διατύπωση λόγου, σκέψεων. **2.** κυριολεξία.
ακριβολόγος, επίθ., που μιλεί με ακρίβεια και σαφήνεια: *συζητητής ~.*
ακριβολογώ, -είς, ρ. **1.** διατυπώνω κάτι με ακρίβεια: *θέλω να -ήσεις, για να βγάλω σωστά συμπεράσματα.* **2.** εξετάζω με ακρίβεια: *-εί τα πράγματα, γι' αυτό καθυστερεί* (συνών. *λεπτολογώ*).
ακριβόμετρο το, ουσ., όργανο μεγάλης ακρίβειας για τη μέτρηση ή ζύγιση πολύ μικρών αντικειμένων.
ακριβομετρώ, -άς, ρ., μετρώ με ακρίβεια: *αναλογία -ημένη.*
ακριβομίλητος, -η, -ο, επίθ., που δε μιλά πολύ (συνών. *λιγομίλητος*· αντ. *πολυλογάς, φλύαρος*).
ακριβοπληρώνω, ρ. **1.** πληρώνω κάτι ακριβά: *είναι φρέσκα τα ψάρια, αλλά τ' -ωσα.* **2.** τιμωρούμαι αυστηρά για σφάλμα ή παράπτωμα: *-ωσα το λάθος μου.*
ακριβοπόθητος, -η, -ο, πολύ ποθητός, πολύ αγαπητός.
ακριβοπουλώ, -άς και **-είς,** ρ., πουλώ σε υπέρογκη τιμή: *-ησα φέτος την παραγωγή μου·* (μεταφ.) *-ησε τη ζωή του* (συνών. *μοσχοπουλώ*).
ακριβός, -ή, -ό, επίθ. **1.** που στοιχίζει πολύ, που έχει υπερβολική τιμή: *ρούχα -ά* (συνών. *δαπανηρός·* αντ. *φτηνός*). **2.** που έχει μεγάλη αξία, πολύτιμος: *Ακριβό σαν την ελπίδα* (Σολωμός)· *πέτρες -ές·* *συμβουλή -ή.* **3.** πολύ αγαπητός, πολυαγαπημένος: *-έ μου φίλε.* **4.** φιλάργυρος· (παροιμ.) *του -ού το βιος σε χαρακόπου χέρια* (συνών. *τσιγγούνης·* αντ. *σπάταλος*). **5.** που πουλάει κάτι σε υπέρογκη τιμή: *μανάβης ~·* (παροιμ.) *~ στα πίτουρα και φτηνός στ' αλεύρι* (αντ. *φτηνός*). **6.** μετρημένος: *~ στα λόγια του.* - Το αρσ. ως ουσ. = σύζυγος, μνηστήρας, αγαπητικός. - Το θηλ. ως ουσ. = σύζυγος, μνηστή, αγαπητικιά. - Επίρρ. **-ά** (στις σημασ. 1 και 5): (μεταφ.) *-ά την πλήρωσε* (= τιμωρήθηκε πολύ). - Υποκορ. **-ούτσικος -η -ο**. - Επίρρ. **-ούτσικα**. [*ακριβής*].
ακριβοχέρης ο, θηλ. **-χέρα,** ουσ. (λαϊκ.), φιλοχρήματος, τσιγγούνης.
ακριβώς, επίρρ. **1.** με ακρίβεια, με λεπτομέρειες, σωστά: *μου τα διηγήθηκαν όλα ~ όπως έγιναν·* *το ρολόι μου πηγαίνει ~.* **2.** έγκαιρα, στην κατάλληλη στιγμή: *ήρθες ~.*
ακρίδα η, ουσ. (ζωολ.) έντομο με σώμα επίμηκες, κεφάλι μεγάλο με μακριές νηματοειδείς κεραίες και μακριά και δυνατά πίσω πόδια, που του επιτρέπουν να κάνει μεγάλα πηδήματα· μεταφ. για άνθρωπο με καχεκτική σωματική διάπλαση. Έκφρ. *-ες και μέλι άγριο* (για να δηλωθεί απόλυτη λιτότητα ή πείνα). [<αρχ. *ακρίς*].
ακριδοκτόνος, -α, -ο, επίθ., που σκοτώνει τις ακρίδες: *φάρμακα / μέτρα -α.*
ακριμάτιστος, -η, -ο, επίθ., που δεν έχει κρίματα, αναμάρτητος, αλάνθαστος.
ακρινός, -ή, -ό, επίθ., ακριανός (βλ. λ.): *-ό σπίτι του χωριού* (αντ. *μεσαίος*).
ακρισία η, ουσ. **1.** έλλειψη ορθής κρίσης, απερισκεψία, ανοησία. **2.** άκριτη πράξη ή ενέργεια. **3.** (για αρρώστια) το να μη φτάσει σε κρίσιμο σημείο.
ακρίτης και **ακρίτας** ο, ουσ. **1.** (μεσν.) φύλακας των «άκρων» (των ορίων) του βυζαντινού κράτους, που έχει ανεξαρτητοποιηθεί και αγωνίζεται κατά των γειτόνων αντιπάλων του. **2.** (μεταφ.) κάτοικος των παραμεθόριων περιοχών: *-ες του Έβρου.*
ακριτικός, -ή, -ό, επίθ. **1.** που ανήκει, που αναφέρεται στους ακρίτες: *τραγούδια -ά* **2.** που βρίσκεται στα σύνορα: *χωριά -ά* (συνών. *παραμεθόριος*).
ακριτολογία η, ουσ. (λόγ.), λόγος χωρίς κρίση.
ακριτολόγος ο, ουσ. (λόγ.), αυτός που μιλεί άκριτα, απερίσκεπτα.
ακριτολογώ, -είς, ρ. (λόγ.), μιλώ άκριτα, απερίσκεπτα.
ακριτομυθία η, ουσ. (λόγ.), το να μιλεί κανείς απερίσκεπτα· το να μην κρατά κανείς μυστικό.
ακριτόμυθος, -η, -ο, επίθ. (λόγ.), που μιλεί απερίσκεπτα, που δεν κρατά μυστικό (συνών. *ακριτολόγος*).
άκριτος, -η, -ο, επίθ. **1.** που δεν έχει κρίση, απερίσκεπτος: *λόγια -α· άνθρωπος ~* (συνών. *άμυαλος*). **2.** που δεν κρίθηκε, που δεν αποφασίστηκε: *μάχη -η.* **3.** που δε δικάστηκε, αδίκαστος: *καταδικάστηκε ~.* - Επίρρ. **-α** (στη σημασ. 1).
άκρο το, ουσ. **1.** το έσχατο σημείο (ενός πράγματος, μιας έκτασης), άκρη, τέρμα: *τα δύο -α της παράταξης / του γηπέδου.* **2.** (στον πληθ.) τα ακραία μέλη (χέρια και πόδια) του ανθρώπινου σώματος. **3.** (μεταφ., συνήθως στον πληθ.) το ακραίο σημείο, ο ανώτατος βαθμός, κορύφωση (συνεκδ.) υπερβολή, ακρότητα. **4.** (ιστ., στον πληθ.) τα σύνορα της βυζαντινής αυτοκρατορίας. Έκφρ. *άνθρωπος των -ων* (= ασυμβίβαστος, αδιάλλακτος, εξτρεμιστής). Φρ. *εξωθώ τα πράγματα* (ή *την κατάσταση*) *στα άκρα, φτάνω στα άκρα* (= ξεπερνώ το μέτρο ή τα φυσιολογικά όρια, *"το παρακάνω"*).
ακροάζομαι, ρ. (ιατρ.) εξετάζω τον άρρωστο με ακουστικά: *μ' -άστηκε ο γιατρός και κατάλαβε αμέσως ότι έχω βρογχίτιδα.*
ακρόαμα το, ουσ., ό,τι ακούει κανείς (συνήθως με ευχαρίστηση): *-ατα δημόσια.*
ακροαματικός, -ή, -ό, επίθ. **1.** που είναι κατάλληλος για ακρόαση. **2.** που γίνεται με την ακρόαση: *διδασκαλία -η·* (νομ.) *διαδικασία -ή.*
ακροαματικότητα η, ουσ., ο βαθμός παρακολούθησης εκπομπής του ραδιοφώνου ή της τηλεόρασης από ακροατές ή θεατές αντίστοιχα: *σίριαλ με μεγάλη ~.*
ακρόαση η, ουσ. **1.** το να ακούει κανείς με προσοχή: *~ ραδιοφωνικής εκπομπής.* **2.** το να γίνεται κανείς δεκτός και να ακούεται από επίσημα πρόσωπα, συνέντευξη ή παρουσίαση μπροστά σε κάποιο επίσημο πρόσωπο ή δημόσια αρχή για έκθεση αιτημάτων. **3.** (ιατρ.) εξέταση του αρρώστου από το γιατρό με την αφή ή με ακουστικά. Έκφρ. *ούτε φωνή, ούτε ~* (για να δηλωθεί η αδιαφορία για κάποιο πράγμα)· (μουσ.) *πρώτη ~* (= πρώτη εκτέλεση και εμφάνιση).

ακροαστικός, -ή, -ό, επίθ. 1. που είναι κατάλληλος για ακρόαση. 2. που προκύπτει από την ακρόαση: *διάγνωση -ή.* - Το ουδ. στον πληθ. ως ουσ. = συμπτώματα αρρώστου που γίνονται αντιληπτά από το γιατρό κατά την ακρόαση.

ακροατήριο το, ουσ. (ασυνίζ.). 1. το σύνολο των ακροατών: *το ~ χειροκρότησε τον ομιλητή.* 2. τόπος κατάλληλος για ακρόαση. Φρ. (νομ.) *συζητείται μια υπόθεση στο ~* (= η υπόθεση θα κριθεί κατά τη δίκη μπροστά σε *~*).

ακροατής ο, θηλ. **τρια,** ουσ. 1. αυτός που παρακολουθεί κάποιο ακρόαμα. 2. αυτός που παρακολουθεί μαθήματα χωρίς να είναι κανονικός μαθητής ή φοιτητής.

ακροβασία η, ουσ. 1. το να περπατά κάποιος με τα δάχτυλα των ποδιών. 2. η τέχνη του ακροβάτη, εκτέλεση ακροβατικών γυμνασμάτων. 3. ενέργεια αντικανονική (για παραπλάνηση): *Άδεια του λόγου ακροβασία* (Ι. Μ. Παναγιωτόπουλος)· *κείμενο με πολλές λογικές -ίες.*

ακροβάτης ο, θηλ. **-ισσα,** ουσ. 1. αυτός που περπατά στις άκρες των δακτύλων του. 2. σχοινοβάτης (βλ. λ.). [*άκρος + βαίνω*].

ακροβατικός, -ή, -ό, επίθ. 1. που ανήκει ή αναφέρεται στον ακροβάτη: *νούμερα -ά.* 2. (μεταφ., για πράξεις) παράτολμος και επικίνδυνος: *ενέργειες -ές.* - Το ουδ. στον πληθ. ως ουσ. = ασκήσεις που γίνονται από τον ακροβάτη: *τα -ά σε παράσταση τσίρκου.*

ακροβατισμός ο, ουσ., ακροβασία (βλ. λ.).

ακροβάτισσα, βλ. *ακροβάτης.*

ακροβατώ, -είς, ρ. 1. βαδίζω πάνω στα δάχτυλα των ποδιών. 2. κάνω ακροβατικά γυμνάσματα. 3. επιχειρώ επικίνδυνες και επιδέξιες ενέργειες.

ακροβολίζομαι, ρ. 1. (στρατ.) ρίχνω δοκιμαστικές βολές εναντίον του εχθρού από μακριά και πριν αρχίσει η μάχη (συνών. *αψιμαχώ*). 2. (στρατ.) ανοίγομαι, αραιώνω: *-ισθείτε!* 3. (μεταφ.) ανταλλάσσω διαπληκτισμούς με κάποιον.

ακροβολισμός ο, ουσ. 1. (στρατ.) ανταλλαγή δοκιμαστικών βολών από μακριά, αψιμαχία. 2. (στρατ.) ανάπτυξη των στρατιωτών σε αραιή τάξη, αραίωση. 3. δοκιμαστική απόπειρα· υπαινικτικός λόγος (για εξακρίβωση γεγονότος).

ακροβολιστής ο, ουσ. 1. στρατιώτης που παίρνει μέρος σε ακροβολιστική διάταξη. 2. (μεταφ.) αυτός που καταβάλλει δοκιμαστικές προσπάθειες (για να κατατοπιστεί σε κάτι).

ακρογιάλι το, ουσ. (συνίζ.), άκρη του γιαλού, παραλία, ακτή: *~ γεμάτο βότσαλα.*

ακρογιαλιά η, ουσ. (συνιζ. δις), ακροθαλασσιά, παραλία: *γέμισαν κι αυτό το καλοκαίρι οι -ιές.*

ακρογωνιαίος, επίθ., έκφρ. *~ λίθος* = η πέτρα που βρίσκεται στο σημείο όπου συναντιούνται δύο πλευρές ενός οικοδομήματος και που θεμελιώνει τη γωνία, αγκωνάρι· (συνήθως μεταφ.) το σημαντικότερο στοιχείο, βάση: *ο αλληλοσεβασμός ήταν ο ~ λίθος της φιλίας μας· ο ~ λίθος της εξωτερικής πολιτικής.*

ακροδάχτυλο το, ουσ., άκρο του δάχτυλου: *επρόβαλαν σαν -α λεπρά τα κεφάλια τους τ' αμάλλιαγα πουλιά* (Καρκαβίτσας).

ακροδέκτης ο, ουσ. (φυσ.) εξάρτημα από αγώγιμο μέταλλο που χρησιμοποιείται στη σύνδεση ηλεκτρικών συσκευών με εξωτερικά κυκλώματα.

ακροδεξιός, -ά, -ό, επίθ. (ασυνίζ.), που πολιτικά ανήκει στην άκρα δεξιά, που δέχεται ή απηχεί τις απόψεις της: *κόμμα -ό· πολιτική -ά· ιδέες -ές.* - Το αρσ. και το θηλ. ως ουσ. = οπαδός της άκρας δεξιάς.

ακροδεσιά η, ουσ. (συνιζ.), ενίσχυση μιας οικοδομής με μεγάλες πέτρες που τοποθετούνται στις γωνίες των θεμελίων.

ακροθαλάσσι το, ουσ., ακροθαλασσιά (βλ. λ.): *μυλόπετρες κομμένες από βουνό κειτόντανε στ' ~ και τις ξέπλενε το κύμα* (Κόντογλου).

ακροθαλασσιά η, ουσ. (συνιζ.), άκρη της θάλασσας κοντά στη στεριά ή αντίθετα λωρίδα της στεριάς κοντά στη θάλασσα: *κολυμπούσα στην ~· περίπατος στην ~* (συνών. *ακρογιαλιά, ακρογιάλι, ακτή, παραλία*).

ακροθιγώς, επίρρ. (λόγ.), ελαφρά, επιφανειακά· χωρίς εμβάθυνση ή ανάλυση των λεπτομερειών: *συζητήσαμε το θέμα ~.*

ακροκαθίζω, ρ. (λογοτ.), κάθομαι, ακουμπώ στην άκρη ενός πράγματος: *ο ήλιος -ισε στα βράχια* (Καζαντζάκης).

ακροκέραμο το, ουσ., διακοσμητικό κεραμίδι με ειδικό σχήμα και μορφή που τοποθετείται στις άκρες της στέγης ή στις γωνίες των αετωμάτων (σε αρχ. ελληνικά ή νεοκλασικά κτήρια).

ακροκέραμος ο, ουσ., ακροκέραμο (βλ. λ.).

ακροκιόνιο το ουσ. (ασυνίζ. δις), κορυφή κίονα (συνών. *κιονόκρανο*).

ακροκλώναρο το, ουσ., άκρη ενός κλαδιού ή το ψηλότερο κλαδί (δέντρου ή θάμνου): *το πουλί καθόταν στ' ~ της μουριάς.*

ακροκοιτάζω, ρ., κοιτάζω κάποιον με την άκρη του ματιού μου: *ο επιστάτης τον -ξε και δεν αποκρίθηκε.*

ακρολιμνιά η, ουσ. (συνιζ.), όχθη της λίμνης.

ακρομεγαλία η, ουσ. (ιατρ.) ενδοκρινική πάθηση με κύριο γνώρισμα την υπερτροφία των άκρων. [γαλλ. *acromégalie* < αρχ. *άκρον + μέγας*].

ακρομόλιο (ασυνίζ.) και (λαϊκ.) **-μόλι** το, ουσ., άκρη του λιμενοβραχίονα (μόλου) προς την ανοιχτή θάλασσα. [*άκρο + μόλος*].

άκρον άωτον· αρχαϊστ. έκφρ. = αποκορύφωμα: *βρίσκεται στο ~ της δημιουργικότητάς του.*

ακροουρανό και **ακρού-** το, ουσ. (ποιητ.) 1. άκρη του ουρανού. 2. κορυφή του βουνού.

ακροπάθεια η, ουσ. (ασυνίζ.), (ιατρ.) πάθηση των άκρων του σώματος.

ακροπατώ, -άς, ρ., βαδίζω στις μύτες των ποδιών, περπατώ «στα νύχια»: *-ούσε για να μη τον καταλάβουν.*

ακρόπολη η, ουσ. 1. το ψηλότερο οχυρό σημείο αρχαίας πόλης με πρόσθετα συνήθως τείχη, ανάκτορα και βωμούς: *~ ισχυρή / μυκηναϊκή / μεσαιωνική.* 2. (ειδικά η Ακρόπολη της Αθήνας· (ειρων.) γυναίκα μεγάλης ηλικίας· φρ. *προτού χτιστεί η Ακρόπολη* (= πάρα πολύ παλιά, στο απώτερο παρελθόν). 3. (μεταφ.) προμαχώνας, οχυρό (για άτομο ή τόπο που υπερασπίζεται μια διαφυλάσσει κάποια ιδέα, ιδανικά, κ.τ.ό.): *το Σινά υπήρξε για αιώνες η ~ της Ορθοδοξίας.*

ακροποταμιά η, ουσ. (συνιζ.), όχθη και η περιοχή κοντά στην όχθη ποταμιού: *στον καλαμιώνα τον πυκνό της -άς* (Μαλακάσης).

ακρόπρωρο το, ουσ. (ναυτ.) γλυπτή διακοσμητική μορφή που υπήρχε στο άκρο της πλώρης αρχαίων ή και νεότερων πλοίων: *τα -α των πλοίων του '21 ήταν κάποτε προτομές αρχαίων Ελλήνων.*

ακροπύργιο το, ουσ. (ασυνίζ.), ο ψηλότερος και

ακρορεματιά 48

συνήθως ο ισχυρότερος πύργος ενός φρουρίου.
ακρορεματιά η, ουσ. (συνίζ.), η άκρη της ρεματιάς.
άκρος, -α, -ο, επίθ. **1.** ακρινός, ακραίος· (συνήθως μεταφ. για πρόσωπα) ασυμβίβαστος, αδιάλλακτος, που φτάνει σε υπερβολές: ~ *δημοτικιστής* (συνών. *ανένδοτος, αμετάπειστος*)· (πολιτ.) -*α δεξιά / αριστερά* (= εξτρεμιστική). **2.** (μεταφ. για ιδιότητα ή κατάσταση) που εκδηλώνεται στον ανώτατο βαθμό, υπερβολικός: -*α ταπείνωση του Ιησού·* -*α κακοπιστία·* -*α του τάφου σιωπή* (Σολωμός) (συνών. *υπέρτατος, απόλυτος, πλήρης·* αντ. *μέτριος*). **3.** εκφρ. *τα (δυο) -α αντίθετα* (για πράγματα ή πρόσωπα εντελώς διαφορετικά)· *το -ότατο όριο ή σημείο, το -ον άωτον* = το ακραίο σημείο· ο έσχατος βαθμός, το αποκορύφωμα: *το -ότατο όριο της αντοχής· το -ον άωτον της αναίδειας*.
ακροστασία η, ουσ., γυμναστική άσκηση όπου το σώμα στηριγμένο στις μύτες των ποδιών ανυψώνεται αργά. [*άκρον + -στασία*<αρχ. *ίστημι*].
ακροστιχίδα η, ουσ., ποίημα όπου τα πρώτα γράμματα των στίχων σχηματίζουν λέξη ή σειρά από λέξεις (και συνεκδ. η λέξη ή η φράση που σχηματίζεται μ' αυτό τον τρόπο): *η ονομαστική ~ αποκαλύπτει το όνομα του ποιητή· η συμβολική λέξη ΙΧΘΥΣ είναι η αρχαιότερη χριστιανική ~· ~ αλφαβητική*.
ακροσυγγενεύω, ρ. (έρρ., ιδιωμ.) είμαι μακρινός συγγενής με κάποιον.
ακροσυγγενής ο, γεν. *-ή*, πληθ. *-είς,* θηλ. **-ισσα,** ουσ. (έρρ., ιδιωμ.), μακρινός συγγενής.
ακροτελεύτιος, -α, -ο, επίθ. (ασυνίζ.), (για άρθρο νόμου, κ.τ.ό.) που η θέση του είναι στο τέλος, έσχατος, τελευταίος: *το -ο άρθρο του Συντάγματος* (αντ. *πρώτος*).
ακρότητα η, ουσ., έλλειψη μέτρου, υπερβολή· έξαλλη ενέργεια: *αποφεύγει τις -ες· δημοτική γλώσσα χωρίς -ες· κατά τους πανηγυρισμούς σημειώθηκαν πολλές -ες*.
ακρούρανο, βλ. *ακροούρανο*.
άκρουστος, -η, -ο, επίθ. (για ύφασμα) υφασμένος αραιά (αντ. *πυκνοϋφασμένος*).
ακροφοβία η, ουσ., φόβος που αισθάνονται ορισμένα άτομα για το ύψος και τους γκρεμούς.
ακρυλικός, -ή, -ό, επίθ., που προέρχεται από το ακρυλικό οξύ ή έχει σχέση μ' αυτό: *ενώσεις -ες· καουτσούκ -ό· νήματα / χρώματα -ά.* [αγγλ. *acrylic,* γαλλ. *acrylique* < λατ. *acer + ύλη*].
ακρωνύμιο το, ουσ. (ασυνίζ.), ακρώνυμο (βλ. λ.).
ακρώνυμο το, ουσ., συνθηματικός λεκτικός σχηματισμός από τα αρχικά γράμματα ελληνικών ή ξένων λέξεων που προφέρεται σαν να πρόκειται για κανονική λέξη (λ.χ. *το ΙΚΑ, ο ΟΗΕ, η ΑΤΑ, το ΝΑΤΟ, το 'Ειτς* < *AIDS,* κ.ά.) (συνών. *αρκτικόλεξο*). [αγγλ. *acronym* < ελλην. *άκρο + όνομα*].
ακρώρεια η, ουσ. (ασυνίζ., λόγ.), κορυφή, κορυφογραμμή βουνού (συνών. *βουνοκορφή*). [*άκρος + όρος*].
ακρωτηριάζω, ρ. (ασυνίζ.). **1.** κόβω μέλος του σώματος κάποιου, ιδίως χέρι ή πόδι (με βίαιο τρόπο ή με ιατρικά μέσα για θεραπευτικούς σκοπούς): *πολλά άτομα με κρυοπαγήματα χρειάστηκε να τα -άσουν· -άστηκε από έκρηξη νάρκης.* **2.** (μεταφ.) περιορίζω υπερβολικά και επιζήμια την έκταση, τις διαστάσεις κάποιου πράγματος: *ο εκδότης -ασε το έργο του συγγραφέα* (συνών. *περικόπτω, κολοβώνω*).

ακρωτηρίαση η, ουσ., ακρωτηριασμός (βλ. λ.).
ακρωτηριασμός ο, ουσ. (ασυνίζ.). **1.** αποκοπή τμήματος ή ολόκληρου άκρου του ανθρώπινου σώματος: *σε περίπτωση γάγγραινας είναι αναγκαίος ο ~· τραγικός ~ σε αυτοκινητιστικό δυστύχημα* (συνών. *ακροτομία*). **2.** (μεταφ.) υπερβολικός περιορισμός της έκτασης, των διαστάσεων κάποιου πράγματος: *οι απόψεις του σκηνοθέτη οδήγησαν στον ~ του έργου* (συνών. *κουτσούρεμα, περικοπή, κολόβωμα*).
ακρωτήριο και **-τήρι** το, ουσ. (ασυνίζ.). **1.** τμήμα ξηράς που εισχωρεί στη θάλασσα: *-ρι χαμηλό/απόκρημνο* (συνών. *κάβος, πούντα*). **2.** (αρχιτ.) κόσμημα (ανθέμιο, άγαλμα, κ.τ.ό.) τοποθετημένο σε καθεμιά από τις τρεις γωνίες του αετώματος αρχαιοελληνικού ναού.
ακτή η, ουσ., ζώνη ξηράς που γειτνιάζει άμεσα και βρέχεται από τη θάλασσα: *οι -ές του Σαρωνικού· ~ βραχώδης / αφιλόξενη* (συνών. *παραλία, ακρογιαλιά*).
ακτήμονας, επίθ. αρσ., που δεν έχει κτηματική περιουσία: *γεωργοί / καλλιεργητές -ες·* (και ως ουσ.) *η εξέγερση των -όνων της Θεσσαλίας το 1910· παραχωρήθηκαν καλλιεργήσιμα εδάφη σε -ονες*.
ακτημοσύνη η, ουσ., το να μην έχει κάποιος κτηματική περιουσία: *η ~ υπήρξε σοβαρό κοινωνικό πρόβλημα·* (ειδικά ως γνώρισμα του μοναχικού βίου) *βασικοί κανόνες του μοναχισμού ήταν η παρθενία, η υπακοή και η ~*.
ακτίνα η, ουσ. **1.** γραμμή φωτός που εκπέμπεται από φωτοβόλο σώμα: *οι -ες του ήλιου.* **2.** (μεταφ., συνήθως στον πληθ.) στήριγμα που μπαίνει ανάμεσα στον άξονα και την περιφέρεια τροχού: *-ες του ποδηλάτου.* **3.** νοητή γραμμή από κεντρικό σημείο προς κάποια κατεύθυνση· το μήκος της γραμμής αυτής, η απόσταση έως την οποία φτάνει μια ενέργεια· εκφρ. *~ δράσης =* η μέγιστη απόσταση που καλύπτει ένα αεροσκάφος χωρίς να ανεφοδιαστεί με καύσιμα. **4.** (μαθημ.) ευθύγραμμο τμήμα που συνδέει ένα σημείο της περιφέρειας κύκλου ή σφαίρας με το κέντρο (συνών. *ημιδιάμετρος*). **5.** (φυσ.) η ευθεία πάνω στην οποία διαδίδεται μια ακτινοβολία (φως, ηλεκτρομαγνητική ακτινοβολία, κ.τ.ό.): *-ες υπεριώδεις / υπέρυθρες· -ες X (Ρέντγκεν)* (βλ. *X*) *-ες α, β, γ· -ες καθοδικές*.
ακτινίδιο το, ουσ. (ασυνίζ), (βοτ.) γένος φυτών της οικογενείας των ακτινιδιών· ο χυμώδης και πλούσιος σε βιταμίνη C καρπός του φυτού που έχει τριχωτό περίβλημα και σάρκα γλυκόξινη με πολλούς μικρούς σπόρους.[νεολατ. επιστημ. όρος *actinidia* < αρχ. *ακτίς + -ίδιον*].
ακτινικός, -ή, -ό, επίθ., που ανήκει ή αναφέρεται στην ακτίνα (βλ. λ. στη σημασ. 5): *-ή διείσδυση· βλάβες -ές*.
ακτίνιο το, ουσ. (χημ.) ραδιενεργό χημικό στοιχείο. [νεολατ. επιστ. όρος *actinium* < ελλ. *ακτίς*].
ακτινοβόληση η, ουσ., έκθεση σε ιοντίζουσες ακτινοβολίες: *η ~ της ύλης με ακτίνες γ ή X προκαλεί την παραγωγή ηλεκτρονίων*.
ακτινοβολία η, ουσ. **1.** εκπομπή φωτεινών ακτίνων: *μια εκτυφλωτική ~ κατάυγασε την ατμόσφαιρα* (συνών. *λάμψη, αντανάκλαση, ανταύγεια*) (μεταφ.) *~ χαράς / αισιοδοξίας.* **2.** (μεταφ.) ευεργετική επίδραση (ηθική, πολιτιστική, κ.τ.ό.)· επιβολή, κύρος: *συγγραφέας / πολιτικός με παγκόσμια*

~· η ~ του ελληνικού πνεύματος. 3. (φυσ.) ροή σωματιδίων και κυμάτων σχετικών με τις θερμικές, τις φωτεινές ακτίνες και τις ακτίνες Χ: ~ ηλεκτρομαγνητική / σωματιδιακή / ραδιενεργός· ~ ηλιακή ~ λέιζερ· ~ ιοντίζουσα / κοσμική.
ακτινοβόλος, -α, -ο, επίθ., που εκπέμπει ακτίνες: με βλέμμα ακτινοβόλον (Σουρής)· ήλιος ~ (συνών. λαμπρός)· (μεταφ.) ύφος / πρόσωπο -ο.
ακτινοβολώ, -είς, ρ., εκπέμπω ακτίνες, λάμπω: τ' αστέρια -ούσαν στο στερέωμα (συνών. φεγγοβολώ, φέγγω)· (μεταφ. για έντονη χαρά, ευτυχία, κ.τ.ό) η όψη του -ούσε από ευχαρίστηση (συνών. λάμπω).
ακτινογραφία η, ουσ. (ιατρ.) φωτογραφική αποτύπωση ενός οργάνου ή μέρους του σώματος με ακτίνες Χ (Ρέντγκεν)· η ειδική φωτογραφική πλάκα όπου αποτυπώνεται η εικόνα που παράγεται με τέτοιο τρόπο: η ~ εξυπηρετεί διαγνωστικούς σκοπούς · στην ~ το κάταγμα φάνηκε καθαρά· (μεταφ.) μια ~ της κρίσης στην παιδεία (= ανάλυση σύντομη, αλλά σε βάθος).
ακτινογραφικός, -ή, -ό, επίθ., που ανήκει στην ακτινογραφία ή σχετίζεται μ' αυτήν: ~ έλεγχος (επεμβάσεων σε εσωτερικά όργανα)· πλάκα -ή· μηχάνημα -ό.
ακτινογραφώ, -είς, ρ., με ακτινογραφία ελέγχω την κατάσταση οργάνων του ανθρώπινου οργανισμού: προτού αποφασίσουν την εγχείρηση, έπρεπε να τον -ήσουν.
ακτινοδερματίτιδα η, ουσ., δερματική πάθηση που οφείλεται στην επίδραση των ακτίνων Χ ή άλλων ραδιενεργών ουσιών.
ακτινοδιαγνωστική η, ουσ. (ασυνίζ.), (ιατρ.) μέθοδος εντοπισμού και διάγνωσης παθολογικών διαταραχών με τη χρήση ακτίνων Χ (δηλ. με ακτινοσκόπηση ή ακτινογραφία).
ακτινοδιαγνωστικός, -ή, -ό, επίθ. (ασυνίζ.), που έχει σχέση με την ακτινοδιαγνωστική (βλ. λ.): κέντρο -ό.
ακτινοθεραπεία η, ουσ. (ιατρ.) η χρήση ακτινοβολιών, ιδιαίτερα ακτίνων Χ ή ραδιενεργών ουσιών, για θεραπευτικούς σκοπούς: η ~ παρατείνει κάποτε τη ζωή αρρώστων από λευχαιμία.
ακτινοθεραπευτής ο, ουσ., γιατρός που εφαρμόζει ακτινοθεραπεία.
ακτινολογία η, ουσ. (ιατρ.) κλάδος που ασχολείται με τις ακτίνες Χ, με τις διάφορες μορφές ιοντίζουσας ακτινοβολίας ή τα ραδιενεργά ισότοπα και τις εφαρμογές τους για διαγνωστικούς ή θεραπευτικούς σκοπούς.
ακτινολογικός, -ή, -ό, επίθ., που ανήκει στην ακτινολογία ή σχετίζεται μ' αυτήν: εξέταση / ειδικότητα -ή· εργαστήριο -ό.
ακτινολόγος ο, ουσ., γιατρός ειδικευμένος στην ακτινολογία.
ακτινοπροστασία η, ουσ., το σύνολο των μέσων που έχουν σκοπό να προστατέψουν τα άτομα από την ιοντίζουσα ακτινοβολία.
ακτινοσκόπηση η, ουσ., παρατήρηση επάνω σε ειδική οθόνη των εσωτερικών οργάνων του σώματος ή του περιεχομένου ενός πράγματος με τη βοήθεια των ακτίνων Χ: με την ~ διαπιστώθηκε ότι η βαλίτσα περιείχε όπλα.
ακτινοσκοπικός, -ή, -ό, επίθ., που έχει σχέση με την ακτινοσκόπηση: οθόνη -ή· μηχάνημα -ό.
ακτινοσκόπος ο, ουσ., γιατρός που κάνει ακτινοσκοπήσεις.

ακτινοσκοπώ, -είς, ρ., κάνω ακτινοσκόπηση.
ακτινωτός, -ή, -ό, επίθ., που έχει ακτίνες: τροχός ~.
άκτιστος, -η, -ο, επίθ. (θεολ.) 1. (για τα πρόσωπα της Αγίας Τριάδας) αδημιούργητος. 2. εκφρ. -ον φως = η εμπειρία της υπέρλαμπρης φωτοχυσίας που δοκίμαζαν οι ησυχαστές όταν προσεύχονταν, θεωρούμενη ως μέθεξη στο αδημιούργητο θείο φως που περιέβαλε το Χριστό κατά τη Μεταμόρφωση και τελικά ως μέθεξη στο Θεό διαμέσου των άκτιστων ενέργειών του. - Βλ. και άχτιστος.
ακτοπλοΐα η, ουσ. (ναυτ.) 1. ναυσιπλοΐα κοντά στις ακτές, όχι σε ανοιχτή θάλασσα: οι φάροι βοηθούν στην ~ (συνών. παράκτια ναυτιλία). 2. θαλάσσια συγκοινωνία ανάμεσα στα λιμάνια μιας χώρας για τη μεταφορά επιβατών και εμπορευμάτων: η κίνηση στην ~ αυξάνεται κάθε καλοκαίρι εξαιτίας του τουρισμού.
ακτοπλοϊκός, -ή, -ό, επίθ., που ανήκει ή αναφέρεται στην ακτοπλοΐα: γραμμή / συγκοινωνία -ή· δρομολόγια -ά.
ακτοφυλακή η, ουσ., φρούρηση, επιτήρηση των ακτών μιας χώρας· κρατική υπηρεσία που επιτηρεί τις ακτές: στην Ελλάδα τα καθήκοντα της -ής έχουν ανατεθεί στο λιμενικό σώμα.
ακυβερνησία η, ουσ., έλλειψη κυβέρνησης, αναρχία· (συνεκδ.) κυβερνητική αστάθεια, κακή διαχείριση των δημόσιων υποθέσεων: μετά τη δολοφονία του Καποδίστρια επικράτησε ~.
ακυβέρνητος, -η, -ο, επίθ. 1. (για πλοίο) που δεν έχει κυβερνήτη ή που δεν μπορεί από κάποια αιτία να κυβερνηθεί: βάρκα -η· έσπασε η καδένα του τιμονιού κι απόμεινε το βαπόρι -ο· (μεταφ.) σπίτι -ο· και ακυβέρνητος σαν τ' άχερο στ' αλώνι (Σεφέρης)· (= που δε διαχειρίζεται καλά τις υποθέσεις του, ιδιαίτερα τις οικονομικές). 2. (για πόλη, κράτος, κ.τ.ό.) που δεν έχει κυβερνήτη ή δεν είναι δυνατόν να κυβερνηθεί· (συνεκδ.) που κακοδιοικείται.
ακυκλοφόρητος, -η, -ο, επίθ. 1. (για βιβλίο, περιοδικό κ.τ.ό.) που δεν κυκλοφόρησε, δεν παραδόθηκε στη χρήση του αναγνωστικού κοινού. 2. (για νομίσματα ή γραμματόσημα) που δε χρησιμοποιήθηκε από το κοινό (για συναλλαγές ή πληρωμή ταχυδρομικών τελών): η -η σειρά νομισμάτων κοστίζει πολύ περισσότερο.
ακύκλωτος, -η, -ο, επίθ., που δεν κυκλώθηκε ή δεν μπορεί να κυκλωθεί: το μεγαλύτερο τμήμα των εχθρικών δυνάμεων ήταν -ο (συνών. απερικύκλωτος· αντ. περικυκλωμένος).
ακύμαντος, -η, -ο, επίθ. (ερρ.), (για θάλασσα, κ.τ.ό.) που δεν ταράζουν κύματα, γαλήνιος: -η γαλάζια θάλασσα (Σεφέρης) (συνών. ήρεμος, ακυμάτιστος· αντ. πολυκύματος, τρικυμιώδης, κυματώδης)· (μεταφ.) ζωή -η (= ήσυχη, αδιατάρακτη).
ακυμάτιστος, -η, -ο, επίθ., που δεν κυματίζει, που δεν έχει κύματα: λίμνη -η (συνών. ήρεμος, γαλήνιος· αντ. κυματώδης).
ακυνήγητος, -η, -ο, επίθ. 1. που δεν τον κυνηγησαν, δεν τον καταδίωξαν: πουλάκι μου -ο, ποιος θα σε κυνηγήσει; (δημ. τραγ.)· κλέφτης ~ (συνών. ακαταδίωκτος· αντ. κυνηγημένος). 2. (μεταφ.) που δεν επιδιώκεται με ζήλο και επιμονή: δουλειά -η.
ακυοφόρητος, -η, -ο, επίθ., που δεν κυοφορήθηκε· (μεταφ.) που δε μελετήθηκε, δεν πήρε ακόμα μορφή: το νέο κυβερνητικό σχήμα είναι ακόμη -ο

ακυρίευτος

(αντ. *προμελετημένος, προσχεδιασμένος*).

ακυρίευτος, -η, -ο, επίθ., που δεν τον κυρίεψαν ή δεν είναι δυνατόν να κυριευτεί: *κάστρο -ο* (συνών. *απόρθητος, ακατάκτητος·* αντ. *κατακτημένος· ευάλωτος, αλώσιμος*)· (μεταφ.) ~ *από πάθη και επιθυμίες* (= *απρόσβλητος*).

ακυρ(ι)ολεκτώ, -είς, ρ., χρησιμοποιώ λανθασμένα μια λέξη ή φράση δίνοντάς της σημασία που δεν έχει (συνών. *ανακριβολογώ·* αντ. *ακριβολογώ, κυριολεκτώ*).

ακυρ(ι)ολεξία η, ουσ., η χρήση μιας λέξης ή φράσης λανθασμένα, με σημασία διαφορετική από την πραγματική τους: *κείμενο γεμάτο -ες* (συνών. *ανακριβολογία·* αντ. *κυριολεξία, ακριβολογία*).

άκυρος, -η, -ο, επίθ., που δεν έχει νόμιμο κύρος, που σύμφωνα με τους νόμους, τους κανονισμούς, κ.τ.ό., δεν ισχύει: *δικονομική πράξη / δικαιοπραξία -η· γάμος* ~ *βολή -η· άλμα -ο* (σε αθλητικούς αγώνες) (συνών. *καταργημένος·* αντ. *έγκυρος, νόμιμος*).

ακυρότητα η, ουσ., έλλειψη νόμιμου κύρους, νομικής ισχύος: *παρά την* ~ *οι αποσπάσεις των υπαλλήλων εξακολούθησαν να λειτουργούν ως θεσμός· λόγοι -ας* (αντ. *εγκυρότητα, νομιμότητα*).

ακυρώνω, ρ., καθιστώ κάτι άκυρο, καταργώ: *το Συμβούλιο της Επικρατείας -ωσε το διορισμό· άκυρες διοικητικές πράξεις θεωρούνται νόμιμες ωσότου -ωθούν με δικαστική απόφαση* (συνών. *ανακαλώ·* αντ. *επικυρώνω*).

ακύρωση η, ουσ., αφαίρεση κύρους, της νόμιμης ισχύος, κατάργηση: *η* ~ *μιας διοικητικής πράξης μπορεί να ζητηθεί μέσα σε εξήντα μέρες· αίτηση -ης·* ~ *της απόφασης του δικαστηρίου / των εκλογών* (συνών. *ανάκληση, άρση·* αντ. *επικύρωση, αναγνώριση*).

ακυρώσιμος, -η, -ο, επίθ., που είναι δυνατόν να καταργηθεί: *δικαιοπραξία -η· γάμος* ~ (αντ. *οριστικός, τελεσίδικος*).

ακυρωτικός, -ή, -ό, επίθ., που έχει τη δύναμη ή το δικαίωμα να ακυρώνει κάτι: *απόφαση -ή· δικαστήριο -ό* (αντ. *επικυρωτικός*).

ακύρωτος, -η, -ο, επίθ., που δεν επικυρώθηκε, δεν απέκτησε (νομικό) κύρος, εγκυρότητα: *η διεθνής σύμβαση ήταν ακόμη -η από τη Βουλή* (αντ. *επικυρωμένος*).

ακωδικοποίητος, -η, -ο, επίθ., που δεν κωδικοποιήθηκε, δεν αποτέλεσε κώδικα ή δε συμπεριλήφθηκε σε κώδικα: *νομοθεσία -η· διατάξεις -ες* (αντ. *κωδικοποιημένος*).

ακώλυτος, -η, -ο, επίθ., που δεν κωλύεται, ανεμπόδιστος: *-η άσκηση του εκλογικού δικαιώματος· -η διάβαση του ποταμού· -η υπαλληλική εξέλιξη* (συνών. *απρόσκοπτος, απαρεμπόδιστος*).

ακωμώδητος, -η, -ο, επίθ., που δεν τον διακωμώδησαν, δεν τον γελοιοποίησαν: *ο Αριστοφάνης δεν άφησε ούτε το Σωκράτη -ο* (συνών. *αδιακωμώδητος, ασατίριστος*).

άλα, επιφ. **1.** (ναυτ.) κέλευσμα προειδοποιητικό χειρισμού (= «έτοιμοι...!»): ~ *τα χέρια στα κουπιά* (Καρκαβίτσας). **2.** (γενικά) για δήλωση παρότρυνσης, ενθάρρυνσης ή ενθουσιασμού (= «εμπρός! κουράγιο!») ~ *παιδιά και το πιάσαμε!* **2.** (λαϊκ.) για δήλωση χλευασμού, ειρωνείας: ~ *κοστουμιά ο σακάτης!* [βενετ. *ala*].

-άλα, κατάλ. θηλ. ουσ.: *κρεμάλα, τρεχάλα.* [κατάλ. μεταρρημ. θηλ. ουσ. σε *-άλα* : *πηλαλώ - πηλάλα*].

αλά, πρόθ. (λαϊκ.) με αιτιατ. ονόμ. ή επίρρ. για δήλωση μίμησης ή ομοιότητας: *είχε το κεφάλι του δεμένο μ' ένα μαντήλι* ~ *κλέφτικα.* [ιταλ. *alla*].

αλαβάστρινος, -η, -ο, επίθ., φτιαγμένος από αλάβαστρο· (μεταφ.) που μοιάζει με αλάβαστρο, λείος και λαμπερός: *αγγείο -ο· χέρι -ο*.

αλάβαστρο το, ουσ. **1.** λευκός ορυκτός λίθος, ημιδιάφανος, μαλακός, που μπορεί εύκολα να λειανθεί. **2.** (αρχαιολ.) μικρό κυλινδρικό ή επίμηκες αγγείο από αλάβαστρο που το χρησιμοποιούσαν οι αρχαίοι ως αρωματοδοχείο.

αλάβωτος, -η, -ο, επίθ., που δεν τραυματίστηκε: *έμεινε* ~ *από το χτύπημα* (συνών. *απλήγωτος, ατραυμάτιστος·* αντ. *λαβωμένος, πληγωμένος*)· (μεταφ.) *κοπέλα -η από τον έρωτα*.

αλαγαλλικά, επίρρ., κατά τον τρόπο των Γάλλων, όπως συνηθίζουν οι Γάλλοι: *μαγειρεύω* ~ φρ. (λαϊκ.) *φεύγω / το σκάω / το στρίβω* ~ (= *φεύγω χωρίς να με καταλάβουν, κρυφά*).

αλαγερμανικά, επίρρ., όπως συνηθίζουν οι Γερμανοί: *συνήθως στη φρ. πληρώνουμε* ~ (= *ο καθένας από την παρέα πληρώνει το μερίδιό του στο λογαριασμό*).

αλαδιά η, ουσ. (συνιζ., λαϊκ.), έλλειψη λαδιού: *πέρυσι είχαμε* ~.

αλάδωτος, -η, -ο, επίθ. **1.** που δεν περιέχει λάδι: *φαγητό -ο· σαλάτα -η* (αντ. *λαδερός*)· έκφρ. *-ο έντερο* = *για άνθρωπο νηστικό, πολύ φτωχό· -η μέρα / βδομάδα* = *για νηστεία κατά την οποία δεν τρώγεται ούτε λάδι.* **2.** που δεν αλείφτηκε με λάδι: *μηχανή -η· μεντεσέδες -οι* (αντ. *λαδωμένος*). **3.** που δεν τον έχρισαν με άγιο μύρο: *έχουν το παιδί ακόμη -ο* (συνών. *αβάφτιστος*). **4.** που δε λερώθηκε με λάδια: *χέρια / ρούχα -α* (αντ. *λαδωμένος*). **5.** (μεταφ.) που δε δωροδοκήθηκε: *υπάλληλος / δικαστής* ~ (συνών. *αδωροδόκητος, αδέκαστος*).

αλαζόνας ο, ουσ., άνθρωπος υπερβολικά ή παράλογα υπερήφανος: *δεν τον συμπαθεί κανείς γιατί είναι* ~ (συνών. *υπερόπτης*).

αλαζονεία η, ουσ., το να είναι κανείς υπέρμετρα υπερήφανος και να περιφρονεί τους άλλους: ~ *ανυπόφορη / εκνευριστική / ανόητη* (συνών. *υπεροψία·* αντ. *μετριοφροσύνη, σεμνότητα*).

αλαζονεύομαι, ρ. (λόγ.), είμαι αλαζόνας, φέρομαι με υπεροψία: *-εται σαν νεόπλουτος* (συνών. *επαίρομαι, ξιππάζομαι*).

αλαζονικός, -ή, -ό, επίθ., που φέρεται με αλαζονεία, (για συμπεριφορά) που χαρακτηρίζει έναν αλαζόνα (συνών. *υπεροπτικός, φαντασμένος, υπερφίαλος·* αντ. *μετριοπαθής, σεμνός*). - Επίρρ. **-ά**.

αλάθευτος, -η, -ο, επίθ., που δε λαθεύει, δεν κάνει σφάλματα: *είναι* ~ *στους λογαριασμούς· πρόβλεψη -η* (συνών. *αλάθητος, αλάνθαστος, άσφαλτος·* αντ. *λαθεμένος, σφαλερός*). - Επίρρ. **-α**.

αλάθητος, -η, -ο, επίθ. **1.** που δεν κάνει λάθη: *κανείς δεν είναι* ~· *κρίση -η* (συνών. *αλάθευτος, άσφαλτος*). **2.** που δεν περιέχει λάθος: *λογαριασμός* ~ *κείμενο -ο· κινήσεις -ες* (συνών. *αλάνθαστος·* αντ. *λαθεμένος*). **3.** (μεταφ.) *αναμάρτητος*. - Το ουδ. ως ουσ. = *το να μη διαπράττει κάποιος σφάλματα: διεκδικώ το -ο σε κάτι.* Έκφρ. *το -ο της Εκκλησίας* = *διδασκαλία της ορθόδοξης Εκκλησίας* (σύμφωνη με την Αγία Γραφή και την Ιερά Παράδοση), *κατά την οποία η Εκκλησία ως σύνολο είναι αλάθητη, διότι κατευθύνεται από το Άγιο Πνεύμα· το -ο του πάπα* = *δόγμα της καθολικής Εκκλησίας σύμφωνα με το οποίο ο πάπας* είναι αλάθητος όταν μιλάει «από καθέδρας», δηλ. επίσημα, για ζητήματα δογματικά ή ηθικά.

αλακάπα, επίρρ. 1. (ναυτ.) με τον άνεμο να προσβάλλει από μπροστά τα πανιά του σκάφους ώστε αυτό να ανακόπτει την πορεία του: *στάθηκε ~ κι έστειλε όξω τη βάρκα*. 2. (μεταφ., λαϊκ.) αντίθετα, ανάποδα: συνήθως στη φρ. *το παίρνω* ~ (= εκλαμβάνω κάτι αντίθετα από την πραγματικότητα, παρεξηγώ). [βενετ. *a la capa*].

αλάκερος, βλ. *ολάκερος*.

-αλάκι, κατάλ. υποκορ. ουσ.: *ρουχαλάκι, βηχαλάκι*. [ουσ. σε *-άλι* + *-άκι*: *βουνάλι* - *βουναλάκι*].

αλαλαγμός ο, ουσ., δυνατή φωνή από ομάδα ανθρώπων, μεγάλος θόρυβος από κραυγές ή άλλους ήχους: *~ ενθουσιώδης / θριαμβευτικός· ο ~ του συγκεντρωμένου πλήθους*.

αλαλάζω, ρ., φωνάζω, βγάζω δυνατή κραυγή (συνήθως χαράς, ενθουσιασμού): *οι θεατές -άζανε*. [αρχ.<*αλαλά* - *πολεμ. κραυγή*].

αλαλητό το, ουσ. (λογοτ.), αλαλαγμός, δυνατές φωνές: *εσκόρπισαν να κρυφτούν με φωνές και ~ υπεράνθρωπο* (Καρκαβίτσας).

αλάλητος, -η, -ο, επίθ. (λαϊκ.). 1. που δεν μπορεί να λαλήσει: *πουλί -ο*. 2. (για πρόσωπο) άφωνος, αμίλητος: *στάθηκε ~ στη γωνιά*.

αλαλία και (συνιζ.) **αλαλιά** η, ουσ. 1. έλλειψη λαλιάς, το να μην μπορεί κάποιος να μιλά: *από το φόβο του έπαθε ~* (συνών. *αγλωσσία, αφασία, αφωνία*). 2. (λαϊκ.) σιωπή: *βασίλευε ~*. 3. (λαϊκ.) ανοησία, μωρία: *η -ιά της δεν έχει όρια*. 4. (λαϊκ.) κουταμάρα, ανόητη ενέργεια: *θα πληρώσει ακριβά τις -ιές που έκανε*.

αλαλιάζω, ρ. (συνιζ., λαϊκ.). Α. μτβ. 1. αποβλακώνω κάποιον, μωραίνω: *την αλάλιασαν τα βάσανα*. 2. ζαλίζω κάποιον: *μ' αλάλιασε με την πολυλογία του*. Β. αμτβ. 1. αποβλακώνομαι, μωραίνομαι: *αλάλιασε από το χτύπημα στο κεφάλι*. 2. μένω έκθαμβος· παραληρώ: *αλάλιασε από τη χαρά του! η γυναίκα τον κοίταξε -ιασμένη* (= κατάπληκτη). [*άλαλος* κατά ρ. σε *-ιάζω*].

άλαλος, -η, -ο, επίθ. 1. που δεν έχει λαλιά, που δεν μπορεί να μιλήσει: *είναι κωφός και ~* (συνών. *άγλωσσος, άφωνος, βουβός*). 2. αμίλητος, άναυδος: *Άδεια κι άλαλη και μαύρη η παράδεισο της γης!* (Σολωμός)· *από την έκπληξη έμειναν -οι*. 3. (λαϊκ.) ανόητος, χαζός.

αλαλούμ το, άκλ. 1. (παλαιότερα) εύθυμη τελετή, αστείζον (καζούρα) ή δοκιμασία (καψόνι, νίλα) σε βάρος νέου μαθητή στρατιωτικής σχολής (Ευέλπιδες) ή πρωτοεμφανιζόμενου ηθοποιού. 2. κοιν. για δήλωση αταξίας, αναρχίας, ασυναρτησίας, ακαταστασίας, κ.τ.ό.: *γλωσσικό / συνδικαλιστικό· δεν είχαν ταχτοποιηθεί ακόμη στο καινούργιο κτήριο και υπήρχε ένα γενικό ~· μέχρι να ενημερωθούμε για τις καινούργιες διαταγές γινόταν στο γραφείο / στην υπηρεσία ένα ~*. [πιθ. τουρκ. *alalim* (= ας τον πάρουμε) του ρ. *almak*, προτροπή που επικυρώνε την εισδοχή νέου σε ομάδα].

αλαμπάδιαστος, -η, -ο, επίθ. (έρρ., συνιζ., λαϊκ.), 1. που δε βγάζει φλόγες: *φωτιά -η*. 2. που τελέσθηκε χωρίς λαμπάδες, δηλ. βιαστικά ή φτωχικά: *γάμος ~ βάφτιση -η*.

αλαμπικάριστος, -η, -ο, επίθ. (έρρ., λαϊκ.). 1. (για υγρό) που δε λαμπίκαρισε, δεν έγινε διαυγές: *κρασί / λάδι -ο* (συνών. *θολός, ακαταστάλαχτος*· αντ. *λαμπικαρισμένος, λαγαρός*). 2. αγυάλιστος, θαμπός.

αλαμπουρνέζικος, -η, -ο, επίθ. (όχι έρρ., λαϊκ.). 1. εξωτικός· (συνεκδοχικά) εκκεντρικός, παράξενος: *φορούσε ένα -ο καπέλο*. 2. που δε γίνεται κατανοητός: *συμπεριφορά / λέξη -η· τρόπος ~* (συνών. *ακατανόητος, ακαταλαβίστικος*). - Το ουδ. στον πληθ. ως ουσ. = λόγια ακατανόητα, ασυνάρτητα: *μιλάει -α· πήρε ύφος και μου απάγγειλε κάτι -α* (Μυριβήλης) (συνών. *κινέζικα*). [πιθ. έκφρ. * *αλά μπουρνούζικα* ή επίθ. *λιβορνέζικος*].

αλαμπρατσέτα, επίρρ. (όχι έρρ.), στις φρ. *βαδίζω / προχωρώ / κρατιέμαι / πιάνομαι ~* (= με το μπράτσο μου συνδεδεμένο με το μπράτσο ενός άλλου) (συνών. *αγκαζέ*). [*αλά* + **μπρατσέτο* < ιταλ. *a braccetto* + *-α*].

αλάνα η, ουσ. (λαϊκ.), ανοιχτός, υπαίθριος χώρος: *τα παιδιά έπαιζαν κυνηγητό στην ~*. [*αλάνι*].

αλάνης ο, θηλ. **-ισσα,** ουσ. (λαϊκ.), άνθρωπος του δρόμου, αλήτης: *έμπλεξε μ' -ηδες* [*αλάνι*].

αλάνθαστος, -η, -ο, επίθ. 1. που δεν περιέχει λάθη: *ορθογραφία -η· γραπτό / σημάδι -ο* (συνών. *αλάθευτος, άσφαλτος·* αντ. *λαθεμένος*). 2. που δεν κάνει λάθη, σφάλματα: *άνθρωπος ~* (συνών. *αλάθευτος, αλάθητος*).

αλάνι το, ουσ. (λαϊκ.). 1. (σπανίως) ανοιχτός υπαίθριος χώρος (συνήθως μέσα σε μια πόλη): *Μέσα στ' -ια ο άνεμος σήκωνε... πέτρες* (Κόντογλου) (συνών. *αλάνα*). 2. αλητόπαιδο, αλήτης: *ένα ~ απ' το λιμάνι* (λαϊκ. τραγ.). [τουρκ. *alan*].

αλανιάρης, θηλ. **-άρα** και **-ισσα,** ουδ. **-ικο,** επίθ. (συνιζ., λαϊκ.). 1. που γυρίζει άσκοπα στους δρόμους: *παιδί -ικο·* (ως ουσ.) *γέμισε το μαγαζί -ηδες* (συνών. *αλήτης, ρέμπελος, σοκακάς*). 2. που δεν έχει καλή ανατροφή ή συμπεριφορά: *γυναίκες -ες* (συνών. *χυδαίος*).

αλανιάρικος, -η, -ο, επίθ. (συνιζ. λαϊκ.), που αναφέρεται ή ταιριάζει σε αλανιάρη: *εκφράσεις -ες· φέρσιμο -ο* (συνών. *αλήτικος*). - Επίρρ. **-α.**

αλανιάρισσα, βλ. *αλανιάρης*.

αλάνισσα, βλ. *αλάνης*.

αλάξευτος, -η, -ο, επίθ. (για πέτρα, μάρμαρο, κ.τ.ό.) που δεν έχει ή δεν μπορεί να λαξευτεί (συνών. *ακατέργαστος, απελέκητος·* αντ. *λαξευμένος, γλυπτός*).

αλαπολίτα, επίρρ., όπως συνηθίζεται στην Πόλη: *αγκινάρες ~* (= όπως τις μαγειρεύουν οι Κωνσταντινοπολίτισσες). [*αλά* + *Πολίτης* + *-α*].

αλάργα, I. επίρρ. 1. (ναυτ.) στ' ανοιχτά, στο πέλαγος: *το καράβι είναι ακόμη ~*. 2. σε απόσταση, μακριά: *Τ' Αϊβαλί δεν ήταν ~* (Κόντογλου). Έκφρ. *~ ~* = (χρον.) κατά διαστήματα, αραιά: *~ το φιλί να 'χει και νοστιμάδα* (δημ. τραγ.). [ιταλ. *al largo*].

αλάργα, II. επίρρ. (ναυτ.) πρόσταγμα σε κάποιον για να απομακρυνθεί, να κρατηθεί μακριά από κάτι: *~ από την πλώρη! / από την προπέλα!* (κοιν.) *~ γιατί θα τις φας!* [ιταλ. *allarga* προστ. του ρ. *allargar(si)*].

αλαργάρω, ρ. (συνήθως ναυτ.) 1. (μτβ.) απομακρύνω: *αλάργαραν το καράβι για ν' αποφύγουν τις ξέρες*. 2. (αμτβ.) ανοίγομαι στο πέλαγος, απομακρύνομαι: *η βάρκα δεν ήταν δεμένη κι -άργισε*. [ιταλ. *allargare*].

αλαργεύω, ρ. (λαϊκ.). Α. (μτβ.) απομακρύνω κάτι από κάπου. Β. αμτβ. 1. απομακρύνομαι, φεύγω μακριά: *Σα νύχτιο κύμα, που απ' την πρύμη αλαργεύ-*

ει (Φώτος Πολίτης)· *-εψε από το χωριό του.* **2.** αραιώνω τις σχέσεις μου, τις επαφές μου με κάποιον: *-εψε από τους συγγενείς του.*
αλαργινός, -ή, -ό, επίθ. (λαϊκ.), μακρινός: *από ξένο τόπο και απ' -ό* (δημ. τραγ.)· *συγγενείς -οί.*
αλαργοτάξιδος, -η, -ο, επίθ. (λαϊκ.), που ταξιδεύει σε μακρινούς τόπους: *καράβι -ο.*
άλας το, πληθ. *-ατα,* ουσ. (χημ., συνήθως στον πληθ.) στερεό κρυσταλλικό σώμα που σχηματίζεται κατά την αντίδραση μεταξύ οξέος και βάσεως: ~ *αμμωνιακό / νιτρικό· -ατα ένυδρα ουδέτερα.*
-αλάς, κατάλ. επιτ. αρσ. ουσ.: *κρεμανταλάς.* [κατάλ. *-αράς* με ανομοίωση: *Τουρκαράς - Τουρκαλάς*].
αλασκάριστος, -η, -ο, επίθ. (λαϊκ.), που δε λασκάρισε: *σκοινί -ο· βίδα -η* (συνών. *αχαλάρωτος*).
αλάσπωτος, -η, -ο, επίθ. **1.** που δε λερώθηκε με λάσπη: *παπούτσια -α.* **2.** (μεταφ.) ηθικά ακηλίδωτος, που δεν τον συκοφάντησαν: *στην πολιτική δε μένει κανείς ~.*
αλαταποθήκη η, ουσ., αποθήκη αλατιού (συνήθως για χοντρική πώληση).
αλατεμπόριο το, ουσ. (έρρ., ασυνίζ.), εμπόριο αλατιού.
αλατέμπορος ο, ουσ. (έρρ.), έμπορος αλατιού.
αλατερό το, ουσ. (λαϊκ.), αλατιέρα, επιτραπέζιο αλατοδοχείο.
αλατζαδένιος, -α, -ο, επίθ. (λαϊκ.). **1.** φτιαγμένος από αλατζά. **2.** ποικιλόχρωμος, κατάστικτος: *κρατούσαν από μέσα το -ιο τομάρι της καμήλας* (Ι. Μ. Παναγιωτόπουλος).
αλατζάς ο, ουσ. (λαϊκ.), ύφασμα (συνήθως βαμβακερό) με ποικιλόχρωμες ραβδώσεις ή τετραγωνάκια. [τουρκ. *alaca*].
αλάτι το, ουσ. **1.** λευκή ουσία που τρίβεται εύκολα, διαλύεται στο νερό και έχει γεύση δριμεία, το χλωριούχο νάτριο που εξάγομε είτε από το νερό της θάλασσας είτε από τη γη (= ~ *ορυκτό*) και το χρησιμοποιούμε στο καθημερινό φαγητό, για τη συντήρηση τροφίμων, κλπ.: ~ *μαγειρικό / χοντρό / ψιλό· ρίχνω ~ στο φαΐ· αποφεύγω το ~·* φρ. *φάγαμε μαζί ψωμί κι* ~ = είμαστε παλιοί φίλοι· *τον έκανε τ' -ιού =* τον έδειρε πολύ· *σπέρνει* (= ματαιοπονεί)· *νερό κι ~ να γίνουν =* οι δυσκολίες ή οι έχθρες να διαλυθούν (όπως το αλάτι στο νερό). **2.** (μεταφ.) για κάτι που ερεθίζει το ενδιαφέρον (συνήθως σε μια συζήτηση): *βάζει ~ σε όσα λέει* (= προσθέτει φανταστικά πράγματα)· *η υπόθεση έχει μπόλικο ~.* - Υποκορ. **-άκι** το. [*άλας*].
αλατιέρα η, ουσ. (συνιζ.), επιτραπέζιο αλατοδοχείο: ~ *γυάλινη / πλαστική.*
αλατίζω, ρ. **1.** ρίχνω αλάτι, πασπαλίζω με αλάτι: ~ *το φαγητό / τα ψάρια.* **2.** (μεταφ.) κάνω πιο ενδιαφέρουσα, «νοστιμίζω» την κουβέντα μου λέγοντας κάτι έξυπνο ή φανταστικό.
αλάτισμα το, ουσ. **1.** το να ρίχνει κάποιος αλάτι (στο φαγητό): *η σούπα θέλει ~.* **2.** πάστωμα.
αλατιστός, -ή, -ό, επίθ. (λαϊκ.), παστωμένος, παστός: *ψάρια -ά.*
αλατοδοχείο το, ουσ. (λόγ.), δοχείο, σκεύος συνήθως επιτραπέζιο, όπου βάζομε το αλάτι (συνών. *αλατιέρα*).
αλατόνερο το, ουσ., νερό αρμυρισμένο με πολύ αλάτι: *κάνει γαργάρες με ~·* για *το τουρσί έφτιαξα ~* (= σαλαμούρα).
αλατοπίπερο το, ουσ. **1.** αλάτι και πιπέρι ανακατεμένα: *βάλε ~ στη σαλάτα / στο ψητό.* **2.** (μεταφ.) για κάτι έξυπνο, πικάντικο ή φανταστικό (που εξάπτει το ενδιαφέρον σε μια κουβέντα): *βάζει πολύ ~ στις διηγήσεις του.*
αλατόπισσα, βλ. *ελατόπισσα.*
αλατούρκα, επίρρ. **1.** (λαϊκ.) όπως συνηθίζουν οι Τούρκοι: *κάθομαι ~* (= σταυροπόδι). **2.** (ιστ., για τον υπολογισμό της ώρας) κατά το επίσημο τουρκικό σύστημα (συνέχεια του βυζαντινού), που ίσχυε στην τουρκοκρατία, σύμφωνα με το οποίο η μέρα και η νύχτα χωρίζονταν σε δώδεκα ώρες που η μέτρησή τους άρχιζε από την ανατολή του ήλιου για τη μέρα και από τη δύση για τη νύχτα (αντ. *αλαφράγκα*). **3.** (μουσ.) τρόπος που κούρντιζαν παλιότερα οι λαϊκοί οργανοπαίκτες την αχλαδόσχημη λύρα και το λαϊκό βιολί. [*αλά + Τούρκος + -α·* πβ. ιταλ. *alla turca,* τουρκ. *alaturka*].
αλατούχος, -α, -ο, επίθ., που περιέχει αλάτι: *διάλυμα -ο· εδάφη -α.*
αλατοφόρος, -α, -ο, επίθ., που περιέχει αλάτι: *εκτάσεις -ες· στρώματα -α.*
αλατωρυχείο το, ουσ., ορυχείο αλατιού.
αλατωρύχος ο, ουσ., αυτός που εργάζεται σε αλατωρυχείο, που βγάζει ορυκτό αλάτι.
αλάφι, βλ. *ελάφι.*
αλαφιάζω, ρ. (συνιζ., λαϊκ.). **Ι** ενεργ. **Α.** (μτβ.) ξαφνιάζω, τρομάζω κάποιον: *μπήκες ξαφνικά και μ' αλάφιασες.* **Β.** (αμτβ.) ασθμαίνω, λαχανιάζω: *αλάφιασα απ' το τρέξιμο.* **ΙΙ** (μεσ.) ξαφνιάζομαι, τρομάζω, φοβάμαι: *ξυπνά, -άζεται, ο νούς του ανάφτει* (Βαλαωρίτης)· *μυαλό -ασμένο από τους φόβους· το μάτι του έλαμψε σαν -ασμένο* (Μπαστιάς). [*αλάφι + -ιάζω*].
αλάφιασμα το, ουσ. (συνιζ., λαϊκ.), ξάφνιασμα, ταραχή, τρομάρα.
αλαφίνα, βλ. *ελαφίνα.*
αλαφίσιος, βλ. *ελαφίσιος.*
αλαφράγκα, επίρρ. (έρρ.), (ιστ.) όπως συνηθίζουν οι Φράγκοι, οι Δυτικοί (συνήθως για χρονολογία κατά το γρηγοριανό ημερολόγιο —πριν καθιερωθεί στην Ελλάδα— ή για τον υπολογισμό της ώρας με το σημερινό σύστημα, όπου αρχίζομε τη μέτρηση από τα μεσάνυχτα και το μεσημέρι. [*αλά + Φράγκος + -α·* πβ. ιταλ. *alla franca*].
αλαφράδα η, ουσ. (λαϊκ.). **1.** το να είναι κάτι ελαφρύ, ελαφρότητα. **2.** (μεταφ.) έλλειψη σοβαρότητας, επιπολαιότητα: *έχει μιαν ~ αυτός ο άνθρωπος!*
αλαφραίνω, βλ. *ελαφρύνω.*
αλαφροδιαβαίνω, ρ. (συνιζ., λαϊκ.), διαβαίνω, περνώ με ελαφρό βήμα: *να πατάς σεμνά και ν' -εις* (Ρώτας).
αλαφροζυγιάζω, βλ. *ελαφροζυγιάζω.*
αλαφροήσκιωτος, -η, -ο, επίθ. **1.** (κατά λαϊκή δοξασία) που βλέπει ξωτικά και νεράιδες: *-ε καλέ, πες μας απόψε τι 'δες;* (Σολωμός). **2.** (σπανίως) που δεν κοιμάται βαθιά.
αλαφροκέφαλος, βλ. *ελαφροκέφαλος.*
αλαφροκινώ, ρ. (λογοτ.), κουνώ ελαφρά κάτι: *τα φτερουγάκια σου ανασήκωσες / τ' -κίνησες λευκά* (Σικελιανός).
αλαφροκοιμούμαι, βλ. *ελαφροκοιμούμαι.*
αλαφρομυαλιά, βλ. *ελαφρομυαλιά.*
αλαφρόμυαλος, βλ. *ελαφρόμυαλος.*
αλαφροπαίρνω, βλ. *ελαφροπαίρνω.*
αλαφροπάτητα, επίρρ., με ελαφρό βήμα: *προχωρούσε ~.*

αλαφροπατώ, βλ. *ελαφροπατώ.*
αλαφροπερπάτημα το, ουσ. (λαϊκ., λογοτ.), βάδισμα με βήμα ελαφρό: *άκουγε το -ά του.*
αλαφρόπετρα, βλ. *ελαφρόπετρα.*
αλαφρόπιστος, βλ. *ελαφρόπιστος.*
αλαφρός και **αλαφρύς,** βλ. *ελαφρός.*
αλαφροσύνη η, ουσ. (λαϊκ.), 1. έλλειψη σοβαρότητας (συνών. *ελαφρότητα).* 2. ανάλαφρη, ξένοιαστη κίνηση: *-ες μιας πεταλούδας* (συνών. *παιγνίδισμα).*
αλάφρωμα, βλ. *ελάφρωμα.*
αλαφρώνω, βλ. *ελαφρώνω.*
αλάφρωση, βλ. *ελάφρωση.*
αλαφυραγώγητος, -η, -ο, επίθ., που δε λαφυραγωγήθηκε (συνών. *αλεηλάτητος).*
αλβανικός, -ή, -ό, επίθ., που σχετίζεται με την Αλβανία και τους Αλβανούς ή προέρχεται από την Αλβανία: *απομονωτισμός ~· βουνά / σύνορα / σχολεία / προϊόντα -ά.* - Το θηλ. και ο πληθ. ουδ. ως ουσ. = η αλβανική γλώσσα. - Επίρρ. **-ά.**
αλβανομαθής, -ής, -ές, γεν. *-ούς,* πληθ. αρσ. και θηλ. *-είς,* ουδ. *-ή,* που γνωρίζει την αλβανική γλώσσα ή και τα αλβανικά πράγματα: *θα χρειαστούν -είς στο υπουργείο εξωτερικών.*
Αλβανός ο, θηλ. **-ή,** ουσ., που έχει την αλβανική εθνικότητα.
αλβανόφωνος, -η, -ο, επίθ., που μιλά την αλβανική γλώσσα ως μητρική του, δεν έχει όμως αλβανικό εθνικό αίσθημα.
άλγεβρα η, ουσ. 1. (μαθημ.) κλάδος της μαθηματικής επιστήμης που ασχολείται με τις ιδιότητες των ποσοτήτων και τις μεταξύ τους σχέσεις, απλοποιώντας και γενικεύοντας τις αριθμητικές σχέσεις με τη χρησιμοποίηση γραμμάτων που εκφράζουν τους ζητούμενους αριθμούς: *~ ανώτερη / γραμμική / στοιχειώδης.* 2. (συνεκδ.) το σχολικό μάθημα ή το διδακτικό βιβλίο της άλγεβρας: *σηκώθηκα / κόπηκα στην ~· αγόρασα / δανείστηκα μια ~.* [μεσν. λατ. *algebra,* αραβ. προέλ.].
αλγεβρικός, -ή, -ό, επίθ. (μαθημ.) που ανήκει ή χρησιμοποιείται στην άλγεβρα: *αριθμός / τύπος ~· παράσταση / συνάρτηση / τιμή διανύσματος -ή· άθροισμα / πρόβλημα -ό.* - Επίρρ. **-ά.** [*άλγεβρα*].
αλγεινός, -ή, -ό, επίθ. (λόγ.), οδυνηρός: *μόνο στις φρ. προκαλώ / προξενώ -ή εντύπωση* = για εκδηλώσεις ή ενέργειες που λυπούν ή δυσαρεστούν πολύ κάποιον.
αλγερίνικος, -η, -ο, επίθ. (λαϊκ.), που ανήκει ή αναφέρεται στο Αλγέρι ή τους Αλγερίνους: *σπαθί -ο.*
Αλγερίνος ο, θηλ. **-α,** ουσ., κάτοικος του Αλγερίου (που φημιζόταν άλλοτε ως άγριος πειρατής).
Αλγερινός ο, θηλ. **-ή,** ουσ., κάτοικος της Αλγερίας, αυτός που έχει την αλγερινή εθνικότητα.
αλγερινός, -ή, -ό, επίθ., που ανήκει ή αναφέρεται στην Αλγερία ή τους Αλγερινούς: *γλώσσα / επανάσταση -ή.*
αλέα η, ουσ., δρόμος ανάμεσα σε δυο σειρές δέντρων ή άλλων φυτών· *δεντροστοιχία.* [γαλλ. *allée*].
αλέγκρο το, ουσ., άκλ. (όχι έρρ.), (μους.) μουσικός ρυθμός αρκετά ζωηρός και γρήγορος (όμως λιγότερο από το πρέστο)· (συνεκδ.) μουσικό κομμάτι που εκτελείται σ' αυτό το χρόνο. [ιταλ. *allegro*].
αλεγράδα η, ουσ. (λαϊκ.), χαρωπή διάθεση, ευθυμία, φαιδρότητα.

αλεγράρω, ρ. (λαϊκ.). 1. (μτβ.) προκαλώ ευθυμία, φαιδρότητα, δίνω κέφι σε κάποιον: *πήγαμε να τον -ουμε τον καημένο* (συνών. *διασκεδάζω).* 2. (αμτβ.) ευθυμώ, έρχομαι στο κέφι. [*αλέγρος* + *-άρω*].
αλεγρέτσα η, ουσ. (ιδιωμ.), ευθυμία, φαιδρότητα. [βενετ. *allegrezza*].
αλεγρία η, ουσ. (λαϊκ.), χαρούμενη διάθεση, ευθυμία, φαιδρότητα: *όλο δροσιά κι ανοιχτή καρδιά κι ~* (Κόντογλου). [βενετ. *alegria*].
αλέγρος, -α, -ο, επίθ. (λαϊκ.), ευδιάθετος και γελαστός, εύθυμος, φαιδρός: *άνθρωπος ~· καρδιά -α· τραγουδάκι -ο.* [βενετ. *alegro*].
αλεηλάτητος, -η, -ο, επίθ., που δεν τον λεηλάτησαν: *χώρα -η* (συνών. *αλαφυραγώγητος).*
αλέθω, αόρ. *άλεσα,* ρ. 1. (για καρπούς δημητριακών) μετατρέπω σε αλεύρι: *~ στο μύλο σιτάρι / κριθάρι·* παροιμ. φρ. *μπάτε, σκύλοι, αλέστε,* βλ. *αλεστικός.* 2. (για διάφ. φυτικά προϊόντα) μεταβάλλω σε σκόνη: *~ καφέ / πιπέρι* (συνών. *τρίβω).* 3. (για μαγειρεμένες τροφές, φρούτα, κ.ά.) πολτοποιώ, λειώνω: *~ καρότα / κρέας / μήλα για το φαγητό του μωρού.* 4. (μεταφ. για φαγά) μασώ και καλοχωνεύω: *τα σαγόνια του -ουν·* αυτός / *στο στομάχι του -ει τα πάντα·* φρ. *ο μύλος του -ει* (= τρώει πολύ). [αρχ. *αλήθω*].
αλείβω, βλ. *αλείφω.*
άλειμμα το, ουσ. 1. το να αλείφει κανείς κάτι: *~ της μηχανής / της πληγής* (συνών. *επάλειψη).* 2. το υλικό που χρησιμοποιούμε για να αλείψομε κάτι (συνών. *λιπαντικό).* 3. (λαϊκ.) μαγειρικό λίπος (συνήθως χοιρινό).
αλειτούργητος, -η, -ο, επίθ. (για εκκλησία) που δε λειτουργείται ή δε λειτουργήθηκε: *ξωκκλήσι -ο.* 2. (για πρόσωπο) που δεν εκκλησιάζεται ή δεν εκκλησιάστηκε: *πέρασε το μεγαλοβδόμαδο ~·* (υβριστικά) *για ιδές την -η τα λόγια που του λέει* (δημ. τραγ.).
αλείφω και **αλείβω,** ρ. 1. απλώνω μια ουσία υγρή ή λιπαρή πάνω σε μια επιφάνεια: *~ (με) βούτυρο το ψωμί / με λάδι τα ταψί / με κρέμα το πρόσωπό μου* (για καλλυντικούς σκοπούς) / *με ιώδιο την πληγή* (για θεραπευτικούς λόγους) / *με γράσο τον άξονα της μηχανής* (= λιπαίνω). 2. γενικά για ρευστό υλικό· *άλειψα με πίσσα την πλάκα της οικοδομής·* (μέσ.) *αλείφτηκα με λάσπες.*
άλειωτος, βλ. *άλιωτος.*
αλέκιαστος, -η, -ο, επίθ. (συνιζ.), (για ένδυμα) που δε λεκιάστηκε. 2. (μεταφ.) άμεμπτος ηθικά: *υπόληψη -η.*
αλεκτοροειδή τα, ουσ. (ζωολ.) τάξη πτηνών (συνηθέστερα *ορνιθοειδή* ή *ορνιθόμορφα).*
αλεξανδρινός, -η, -ο και **αλεξαντρειανός** και **αλεξαντρινός,** επίθ. (έρρ.), που σχετίζεται με την Αλεξάνδρεια της Αιγύπτου και με τον πολιτισμό που αναπτύχθηκε στα χρόνια των διαδόχων του Μεγ. Αλεξάνδρου με κέντρο την πόλη αυτή: *χρόνοι -οί* (= ελληνιστικοί)· *ποίηση / βιβλιοθήκη -ή· φιλόλογοι -οί.* 2. που σχετίζεται γενικά με την Αλεξάνδρεια, κατάγεται ή προέρχεται από εκεί: *καράβι -ντρινό* (λαϊκ. για κάτι εξαιρετικό, πολύτιμο) *πουλάκι μου -ντρινό, στον κόσμο ζηλεμένο* (δημ. τραγ.)· *-ντρειανή μου γλάστρα, με τα λούλουδά σου τ' άσπρα* (λαϊκ. τραγ.). - Το αρσ. και το θηλ. ως ουσ. (με κεφ. το αρχικό γράμμα) = αυτός που κατοικεί στην Αλεξάνδρεια ή κατάγεται από εκεί: *~ πλούσιος·* έκφρ. *ο ~ ποιητής* (= ο Κ. Π.

αλεξικέραυνο

Καβάφης). - Το ουδ. ως ουσ. = ονομασία λουλουδιού.
αλεξικέραυνο το, ουσ., συσκευή που προστατεύει τα οικοδομήματα από τις συνέπειες του κεραυνού. [αλεξι- + κεραυνός].
αλεξιπτωτισμός ο, ουσ., η τεχνική και η εκτέλεση πτώσης με αλεξίπτωτο, καθώς και το σχετικό άθλημα: ~ αθλητικός / στρατιωτικός. [πβ. αγγλ. parachutism, γαλλ. parachutisme].
αλεξιπτωτιστής ο, θηλ. **-ίστρια**, ουσ. 1. αυτός που ασχολείται με τον αλεξιπτωτισμό: ~ παράτολμος / τυχερός. 2. (στρατ.) στρατιώτης ειδικά εκπαιδευμένος που μάχεται αφού κατεβεί στο έδαφος από ένα αεροπλάνο με αλεξίπτωτο: μονάδα / ρίψη / επίδομα / ατυχήματα -ών. 3. (μεταφ.) αυτός που καταλαμβάνει μια θέση απρόοπτα και αντικανονικά: ανάμεσα στους επιτυχόντες ήταν και μερικοί -ές. [πβ. αγγλ. parachutist, γαλλ. parachutiste].
αλεξίπτωτο το, ουσ., συσκευή για να επιβραδύνει και να κάνει ομαλή την πτώση ανθρώπου ή αντικειμένου από μεγάλο ύψος, κυρίως από ένα αεροπλάνο στο έδαφος, ή για να ελαττώνει την ταχύτητα του αεροπλάνου κατά την προσγείωση: ~ βοηθητικό / καλοδιπλωμένο / μεταξωτό / πολύχρωμο· κατεβαίνω / πέφτω / πηδώ / ρίχνω εφόδια με ~· ο θόλος / τα σκοινιά / η θήκη του -ου· ουραίο ~ αεροσκάφους. [αλεξι- + πίπτω].
αλεξίπυρος, -η, -ο, επίθ. (λόγ.), που δεν προσβάλλεται από τη φωτιά, που απομακρύνει τον κίνδυνο από τη φωτιά: στολή πυροσβέστη -η (συνών. άφλεκτος, πυρίμαχος). [μετάφραση γαλλ. parafeu, pare-feu].
αλεξίσφαιρος, -η, -ο, επίθ., αδιαπέραστος από σφαίρες όπλου, που προστατεύει από τα βλήματα: αυτοκίνητο / γιλέκο -ο· τζάμια -α. [αλεξι- + σφαίρα].
-αλέος, βλ. -λέος.
αλέπιστος, -η, -ο, επίθ. (λαϊκ.), (για ψάρι) που δεν του έβγαλαν τα λέπια.
αλεπονουρά και **αλεπουρά** η, ουσ. (λαϊκ.), η ουρά της αλεπούς.
αλεπότρυπα η, ουσ., τρύπα που οδηγεί στη φωλιά της αλεπούς και συνεκδοχικά αλεποφωλιά.
αλεπού, αλουπού και **αλωπού** η, ουσ. 1. σαρκοβόρο θηλαστικό με μακρύ σώμα, κοντά πόδια, λεπτό ρύγχος και φουντωτή ουρά: ~ άσπρη / ημερωμένη /κοκκινωπή· κυνηγώ -ούδες· η ~ είναι το σύμβολο της πανουργίας· (παροιμ.) όσα δε φτάνει η ~ τα κάνει κρεμαστάρια (= εκείνο που δεν μπορείς να το πετύχεις το θεωρείς ακατόρθωτο)· τι γυρεύει η ~ στο παζάρι; (όταν κανείς εκθέτει ο ίδιος τον εαυτό του σε κινδύνους)· η πονηρή ~ πιάνεται απ' τα τέσσερα (κάποτε οι υπερβολικές προφυλάξεις οδηγούν στο αντίθετο αποτέλεσμα). 2. (συνεκδ.) το δέρμα της αλεπούς: γιακάς / γούνα από ~. 3. (μεταφ.) για άνθρωπο πονηρό: είναι μια (γριά) ~! πού να τον ξεγελάσεις! [αρχ. αλώπηξ]. - Υποκορ. **-όπουλο** και **-ουδάκι** το (στη σημασ. 1)· (παροιμ.) η ~ εκατό (χρονών), τ'-όπουλο ή τ' -ουδάκι εκατόν δέκα (όταν ένας νεαρός συναγωνίζεται στις γνώσεις κάποιον μεγαλύτερο και πολύπειρο).
αλεποφωλιά η, ουσ. (συνιζ.), η φωλιά της αλεπούς.
αλεπτολόγητος, -η, -ο, επίθ., που δε λεπτολογείται, δε συζητείται λεπτομερώς: δεν αφήνει τίποτε -ο.

αλεπτούργητος, -η, -ο, επίθ., που δε λεπτουργήθηκε: έπιπλο -ο.
αλέρωτος, -η, -ο, επίθ., που δε λερώθηκε.
αλεσιά η, ουσ. (συνίζ. λαϊκ.), ποσότητα που αλέθεται σε μια δόση: ~ σιτάρι / καφές.
αλέσιμο το, ουσ. (ιδιωμ.), άλεσμα.
άλεσμα το, ουσ. 1. το να αλέθει κανείς. 2. (λαϊκ.) το προϊόν του αλέσματος.
αλέστα, επίρρ. (λαϊκ.), πρόθυμα, με ετοιμότητα ενέργειας: είμαι / στέκομαι ~· (ως ναυτ. πρόσταγμα) βαρέσανε με κάτι κουδούνες: «~!» (Κόντογλου). [επίθ. αλέστος ή προστ. allesta του ιταλ. allestare].
αλεστικός, -ή, -ό, επίθ., που σχετίζεται με το άλεσμα: μηχανή -ή. - Το ουδ. (συνήθως στον πληθ.) ως ουσ. = αμοιβή του μυλωνά για το άλεσμα· συνήθως στην παροιμ. φρ.: μπάτε σκύλοι αλέστε κι -ά μη δώστε (για σπίτι, επιχείρηση, δημόσια υπηρεσία, κ.ά., που διοικείται άσχημα ώστε να επικρατεί χαλαρότητα, αδιαφορία και αταξία).
άλεστος -η, -ο και **ανάλεστος,** επίθ. (λαϊκ.), που δεν τον άλεσαν: σιτάρι ανάλεστο.
αλέστος, -α, -ο, επίθ. (λαϊκ.), πρόθυμος, έτοιμος, ευκίνητος, επιδέξιος. - Επίρρ. **-α** (βλ. λ.). [βενετ. alesto].
αλετράς ο, ουσ. (λαϊκ.), αυτός που κατασκευάζει αλέτρια.
αλέτρι το, ουσ. 1. γεωργικό εργαλείο για το όργωμα της γης: ~ γερό /ξύλινο / πρωτόγονο· φρ. κάνω ~ = οργώνω (συνών. άροτρο). 2. (λαϊκ., συνεκδοχικά) όργωμα: το χωράφι θέλει δυο -ια· στο πρώτο ~. - Υποκορ. **-άκι** το. [* αρότριον < αρχ. άροτρον].
αλετρίζω, ρ., οργώνω (το χωράφι).
αλέτρισμα το, ουσ., όργωμα.
αλετροπόδα η, ουσ. 1. το κάτω μέρος του αρότρου όπου προσαρμόζεται το υνί. 2. ο αστερισμός του Ωρίωνα: ελάμπανε από πάνω μου όλα τ' άστρα και εξάνοιξα την ~ (Σολωμός). [παλαιότερο αροτροπόδιον < μτγν. αροτρόπους].
αλευθέρωτος -η, -ο και **αλευτέρωτος,** επίθ. 1. που δεν ελευθερώθηκε: περιοχές μιας χώρας -ες από ξένο δυνάστη. 2. που εξακολουθεί να έχει ορισμένες υποχρεώσεις: -η από οικογενειακές υποχρεώσεις. 3. (για γυναίκα έγκυο) που δε γέννησε ακόμη (αντ. ελεύθερος). [στερ. α- + ελευθερώνω].
αλεύκαντος -η, -ο και **αλεύκαστος,** επίθ., που δεν έχει λευκανθεί (συνήθως με κατάλληλη επεξεργασία): νήματα -α· πανί -ο.
αλευράδικο το, ουσ., αλευροπωλείο.
αλευραποθήκη η, ουσ., αποθήκη αλευριού.
αλευράς ο, θηλ. **-ού**, ουσ., αυτός που πουλά αλεύρι.
αλεύρι το, ουσ., σκόνη από την άλεση (κυρίως δημητριακών): ~ σκληρό / μαλακό / χοντρό / ψιλό / άσπρο / ακοσκίνιστο / κριθαρίσιο.
αλευριά η, ουσ. (ιδιωμ.). α. πολτός από αλεύρι και νερό συνήθως με ζάχαρη· β. αραιή ζύμη, από την παρασκευάζονται τηγανίτες ή και άλλα εδέσματα.
αλευροβιομηχανία η, ουσ. (ασυνίζ.), βιομηχανία που παράγει αλεύρι (διαφόρων ειδών).
αλευροβιομήχανος ο, ουσ. (ασυνίζ.), ιδιοκτήτης βιομηχανίας που παράγει αλεύρι.
αλευρόκολλα η, ουσ. 1. είδος κόλλας που γίνεται με το βράσιμο αλευριού ή αμύλου με νερό και χρησιμοποιείται κυρίως στη βιβλιοδεσία. 2. η

γλουτένη, αζωτούχα ουσία, των δημητριακών και των αλευριών.
αλευρόμυλος ο, ουσ., μηχάνημα ή συγκρότημα μηχανημάτων που αλέθει τα σιτηρά και τα μετατρέπει σε αλεύρι.
αλεύρωμα το, ουσ., πασπάλισμα με αλεύρι: *το ταψί θέλει ~.*
αλευρώνω, ρ. 1. πασπαλίζω με αλεύρι. 2. (μέσ., μεταφ.) πουδραρίζομαι, φτιασιδώνομαι: *πάλι -ώθηκες για να βγεις έξω;*
αλευτέρωτος, βλ. *αλευθέρωτος.*
αλήθεια η, ουσ. (συνιζ.). 1. ό,τι δεν είναι ψέμα, η πραγματικότητα: *αυτή είναι η καθαρή ~·* (παροιμ.) *από μικρό κι από τρελό μαθαίνεις την ~·* (σε όρκο) *μα την ~!* έκφρ. *~ κι απαλήθεια!* (για να δηλωθεί αγανάκτηση) (αντ. *ψέμα*). 2. κάτι που δε δέχεται αμφισβήτηση: *~ μαθηματική / επιστημονική* (συνών. *αρχή, αξίωμα*). 3. η τακτική του να λέει κανείς πάντα την αλήθεια: *αγαπά την ~.* - Ως επίρρ. = αληθινά, πραγματικά: *~ θέλω να 'ρθεις μαζί μου.* - Ως εισαγωγικό μόρ. (όταν αυτός που μιλάει επανέρχεται σε κάτι που είχε ξεχάσει ή που θέλει να τονίσει): *~, δάση και βουνά υπάρχουνε στον κόσμο ακόμη;* (Ουράνης)· *~, τι έγινε με τις εξετάσεις σου;*
αληθεύω, ρ., επαληθεύομαι, πραγματοποιούμαι, βγαίνω αληθινός: *-εψε το όνειρο / η ευχή·* (απρόσ.) *-εύει* = είναι αλήθεια: *-εύει ότι θα φύγεις;*
αληθινά, επίρρ., πραγματικά, ειλικρινά: *σου μιλώ ~·* έκφρ. *στ' ~* : *στην αρχή που ήμουνα άμαθος είχα την ιδέα πως δεν μπορούσε να υπάρχουν στ' ~ κάποια πράγματα* (Κόντογλου).
αληθινός, -ή, -ό, επίθ. 1. πραγματικός, όχι ψεύτικος, γνήσιος: *ιστορία - ή · Θεός ~· διαμάντι -ό.* 2. ειλικρινής, ανυστερόβουλος: *φίλος ~.*
αληθοσύνη η, ουσ. (λαϊκ.), το να είναι κάτι αληθινό.
αληθοφάνεια η, ουσ. (ασυνίζ.), επιφανειακή, εξωτερική ομοιότητα με την αλήθεια: *η δικαιολογία του είχε ~.*
αληθοφανής, -ής, -ές, γεν. *ούς*, πληθ. αρσ. και θηλ. *-είς*, ουδ. *-ή*, επίθ., που φαίνεται σαν αληθινός, που έχει επιφανειακή ομοιότητα με την αλήθεια: *πρόφαση / αιτία ~.*
αλησμόνητος, -η, -ο, επίθ., που δε λησμονείται ή δε μπορεί να λησμονηθεί: *γεγονός -ο· φίλος ~* (συνών. *αξέχαστος·* αντ. *λησμονημένος, ξεχασμένος*).
αλησμονιά, βλ. *λησμονιά.*
αλητεία η, ουσ., ο τρόπος ζωής του αλήτη, το να ζει κανείς σαν αλήτης.
αλητεύω, ρ., ζω σαν αλήτης, περιφέρομαι άσκοπα εδώ κι εκεί: *ο νους μου -ευε πολύ μακριά* (Καζαντζάκης).
αλήτης ο, θηλ. **-ισσα**, ουσ. 1. άτομο χωρίς κατάλυμα και δουλειά που περιφέρεται άσκοπα: *τα βράδια οι -ες κοιμούνται στα παγκάκια.* 2. άτομο με κακή διαγωγή και τάσεις προς το κακό: *είδες πώς μου μίλησε, ο ~ !* (συνών. *αλάνι, αλανιάρης*).
αλήτικος, -η, -ο, επίθ., που αναφέρεται ή ταιριάζει σε αλήτη: *συμπεριφορά -η· εκφράσεις -ες* (συνών. *αλάνικος, αλανιάρικος*). - Επίρρ. **-α**.
αλήτισσα, βλ. *αλήτης.*
αλητόπαιδο το, ουσ., παιδί που ζει ή συμπεριφέρεται σαν αλήτης (συνών. *αλάνι*).
αλητοτουρίστας ο, θηλ. **-ίστρια**, ουσ. (λαϊκ.), (μειωτ.) τουρίστας χωρίς χρήματα και με ατημέλητη εμφάνιση.
αλί και **αλιά**, επιφών., αλίμονο, κρίμα: *~ μου! τι κακό με βρήκε!·* (παροιμ.) *«~ του που δεν έχει νύχια να ξυστεί»· -ιά σ' εκείνον τον έναυε που θα τον πιάσουν δέκα·* (έκφρ.) *~ και τρισαλί* (για επίταση). [επιφών. α! + ευαγγελικό *ηλί ηλί*].
αλιάδα η, ουσ. (συνιζ.), σκορδαλιά. [ιταλ. *agliata*].
αλιάνιστος, -η, -ο, επίθ. (συνιζ.), που δε λιανίστηκε, δεν κόπηκε σε μικρά κομμάτια: *κρέας -ο* (αντ. *λιανισμένος*).
άλιαστος, -η, -ο, επίθ. (συνιζ.), που δεν εκτέθηκε στον ήλιο να στεγνώσει ή να ξεραθεί: *ρούχα -α· σταφίδα -η.*
αλιβάνιστος, -η, -ο και **αλιβάνωτος**, επίθ. 1. που δεν λιβανίστηκε: *εικόνες -ες* (συνών. *αθυμίατιστος*). 2. που δεν τον κολάκευσαν: *δεν άφησε διευθυντή -ο μέχρι να πάρει την προαγωγή* (συνών. *ακολάκευτος*).
αλιγάτορας ο, ουσ., ζώο που μοιάζει με κροκόδειλο και ζει σε ποτάμια θερμών χωρών. [αγγλ. *alligator* <νεολατ. *alligator*].
αλίγδωτος, -η, -ο και **αλίγδιαστος**, επίθ., που δεν έχει λίγδες, βρομιές: *ρούχα -α* (συνών. *καθαρός·* αντ. *λιγδιασμένος, βρόμικος*).
αλιεία η, ουσ., ψάρεμα (σε θάλασσα, λίμνες, ποτάμια) ή συλλογή κάθε είδους θαλασσινών: *~ θαλάσσια / εσωτερικών υδάτων / υποβρύχια / μαργαριταριών / σφουγγαριών.* 2. (μεταφ.) αναζήτηση, επιδίωξη, άγρευση: *~ ψηφοφόρων.*
αλίευμα το, ουσ., το σύνολο των ψαριών ή θαλασσινών που έπιασε κάποιος: *το ~ σήμερα ήταν πλούσιο·* (μεταφ.) *-ατα από τον τύπο.*
αλιευτικός, -ή, -ό, επίθ. (ασυνίζ.), που ανήκει ή αναφέρεται στην αλιεία, κατάλληλος για την αλιεία: *πλοίο -ό· εργαλεία -ά· καταφύγιο -ό.* - Το θηλ. ως ουσ. = η τέχνη του ψαρέματος: *γνώστης της -ής.*
αλιεύω, ρ. (ασυνίζ.). 1. ψαρεύω ή μαζεύω θαλασσινά. 2. (μεταφ.) αναζητώ, αγρεύω: *εφημερίδα που -εύει κοινωνικά σκάνδαλα.*
αλιθόστρωτος, -η, -ο, επίθ., που δε στρώθηκε με πέτρες, που δεν έχει λιθόστρωση: *δρόμος ~· αυλή -η* (αντ. *λιθόστρωτος, λιθοστρωμένος*).
άλικο το, ουσ., το κόκκινο χρώμα.
άλικος, -η, -ο, επίθ., που έχει βαθύ κόκκινο χρώμα, κατακόκκινος: *αίμα -ο· ήταν ένας λόφος ~ από τις παπαρούνες* (Μυριβήλης)· *τ' άλικα τα ρόδα* (Σικελιανός). [τουρκ. *al*].
αλιμάριστος, -η, -ο, επίθ., που δε λιμαρίστηκε, δε λειάνθηκε με λίμα: *μαχαίρι -ο* (αντ. *λιμαρισμένος*).
αλίμονο, επιφών. 1. έκφραση δυστυχίας, συμφοράς: *~ σ' αυτόν που πάει!* 2. έκφραση απειλής: *~ σου, αν δεν κάνεις ό,τι σου είπα!* [πιθ. < αρχ. *αλλ' οίμοι*].
αλίπαντος, -η, -ο, επίθ. (έρρ.). 1. που δεν αλείφτηκε με λίπος ή λιπαντικό λάδι: *μηχανή -η* (συνών. *αγρασάριστος, αλάδωτος*). 2. (για χωράφι) που δεν εισχύθηκε με λίπασμα (συνών. *αλίπαστος*).
αλίπαστος, -η, -ο, I. επίθ. (για χωράφι ή καλλιέργειες) που δεν ενισχύθηκε με λίπασμα: *-α τα δέντρα δίνουν λίγους και μικρούς καρπούς.* [στερ. α + *λίπασμα*].
αλίπαστος, -η, -ο, II. επίθ., που διατηρείται με αλάτι: *ψάρια -α· κρέας -ο* (συνών. *παστός*). - Το ουδ. πληθ. ως ουσ.: *τα -α είναι βλαβερά στην υγεία.*

αλισάχνη η, ουσ., το αλάτι που μαζεύεται από τα κοιλώματα των βράχων της παραλίας: *φύλλα... αρμυρά από την ~· Με ~ πασπάλιζε η θάλασσα τα μαλλιά μου* (Κόντογλου) (συνών. αφράλατο). [αρχ. *αλοσάχνη*].

αλισιβερίσι και **αλισιβερίσι** και **αλισφερίσι** το, ουσ., εμπορική συναλλαγή, σχέση: *δε θέλω -ια μαζί σου* (συνών. *δοσοληψία*). [τουρκ. *aliş-veriş*].

αλισίβα η, ουσ., σταχτόνερο που χρησιμοποιείται στο πλύσιμο ασπρόρουχων και μαγειρικών σκευών. [ιταλ. *lisciva*].

αλισιβερίσι και **αλισφερίσι**, βλ. *αλισβερίσι*.

αλισφακιά και **αλιφασκιά** η, ουσ. (συνιζ.), (βοτ.) φασκομηλιά (βλ. λ.). [αρχ. *ελελίσφακος*].

αλιτάνευτος, -η, -ο, επίθ. **1.** που δεν τον παρακάλεσαν με λιτανείες: *άγιος ~*. **2.** (για ιερά αντικείμενα ή εικόνες) που δεν το περιέφεραν, που δε λιτανεύθηκε.

αλιτήριος ο, ουσ. (ασυνίζ.), κακοποιός· πανούργος, κατεργάρης: *πώς μας ξεγέλασε ο ~!*

αλιφασκιά, βλ. *αλισφακιά*.

άλιωτος, -η, -ο, επίθ. (συνιζ.). **1.** που δεν έχει λιώσει: *πάγος ~· παγωτό -ο*. **2.** αδιάλυτος: *χάπι -ο*. **3.** που δεν έχει φθαρεί: *παπούτσια -α*. **4.** (για νεκρό) που δεν αποσυντέθηκε: *μη με χτυπάς, γιατί -ο θα μείνει το χέρι σου!*

αλκάλια τα, ουσ. (ασυνίζ.), υδροξείδια διαφόρων μετάλλων (ιδιαίτερα νατρίου και καλίου) διαλυτά στο νερό. [γαλλ. *alcali* < αραβ. *al-quali*].

αλκαλικός, -ή, -ό, επίθ., που ανήκει ή αναφέρεται στα αλκάλια, που έχει ιδιότητες αλκαλίων ή περιέχει άλκαλι: *γεύση / αντίδραση -ή· πηγές -ές = μεταλλικές πηγές που βοηθούν στη θεραπεία παθήσεων του στομαχιού*.

άλκιμος, -η, -ο, επίθ., που είναι γεμάτος από σωματική δύναμη (συνών. *ρωμαλέος, δυνατός*). Έκφρ. *σώμα αλκίμων* = φασιστική οργάνωση νέων παρόμοια με τον προσκοπισμό.

αλκολικός, βλ. *αλκοολικός*.

αλκοόλ το, ουσ. άκλ., το υγρό που παίρνουμε από την απόσταξη του κρασιού και των στεμφύλων, το οινόπνευμα που περιέχουν τα οινοπνευματώδη ποτά: *~ 60°/90° / ενός κρασιού / λικέρ· το ~ του κατέστρεψε την υγεία· κατάχρηση ~*. [γαλλ. *alcool* < λατ. *alco(ho)l*].

αλκοόλη η, ουσ. **1.** σειρά χημικών ενώσεων με ιδιότητες ανάλογες με εκείνες του οινοπνεύματος. **2.** η αιθυλική αλκοόλη, το φαρμακευτικό οινόπνευμα. [γαλλ. *alcool* < λατ. *alco(ho)l*].

αλκοολικός, -ή, -ό και **αλκολικός**, επίθ. **1.** που περιέχει, που έχει ως συστατικό του το αλκοόλ. **2.** που πάσχει από αλκοολισμό, που βρίσκεται σε στενή εξάρτηση από το ποτό: *έγινε ~ για να ξεχάσει τα προβλήματά του* (συνών. *μέθυσος*). **3.** (μεταφ.) που δεν μπορεί να απαλλαγεί από κάποια συνήθεια: *είναι ~ με το τσιγάρο* (συνών. *μανιώδης*).

αλκοολισμός ο, ουσ. **1.** νοσηρή εξάρτηση του ατόμου από το ποιοτό, η τάση για κατανάλωση οινοπνεύματος: *ο ~ θα σε καταστρέψει*. **2.** χρόνια δηλητηρίαση του οργανισμού που οφείλεται σε κατάχρηση οινοπνευματωδών ποτών. [γαλλ. *alcoolisme*].

αλκοολούχος, -α, -ο, επίθ., που περιέχει αλκοόλη: *ποτά -α* (συνών. *οινοπνευματούχος, οινοπνευματώδης*).

αλκοτέστ το, ουσ. άκλ., είδος εξέτασης που υφίσταται ένα άτομο (ιδίως οδηγός οχήματος) για να ελεγχθεί αν κατανάλωσε οινοπνευματώδη ποτά και σε ποιο βαθμό. [διεθν. λ. *alcotest*].

αλκυόνα η, ουσ. (ασυνίζ.), (ζωολ.) μικρό θαλασσινό πουλί, με κοντό σώμα και μακρύ ράμφος, που τρέφεται με ψάρια (συνών. *θαλασσοπούλι, ψαροπούλι*).

αλκυονίδες ημέρες οι, ουσ., ηλιόλουστες μέρες (περίπου 15) μέσα στον Ιανουάριο που διακόπτουν τη χειμερινή κακοκαιρία.

αλλά, συνδ. **1.** (αντιθ.) μα, όμως: *καλή η παρέα σας, ~ πρέπει να φύγω*. **2.** δήλωση προσθήκης στο σχήμα *«όχι μόνο..., αλλά και» = επιπλέον: όχι μόνο δε μ' έδιωξε, ~ και με ξανακάλεσε*. **3.** με έμφαση για το τελευταίο μιας σειράς ομοειδών πραγμάτων: *θαυμάσαμε το λιμάνι, την πλατεία, ~ το παλιό κάστρο μας ενθουσίασε*. **4.** (ως επίρρ. σε απάντηση) βέβαια, γιατί όχι; *τι έμαθα; θα πας κρουαζιέρα; ~ (τι)*; Φρ. *υπάρχει και ~* (για όποιον διαφωνεί με όσα λέει ο άλλος).

αλλαγή και (λαϊκ.) **αλλαή** η, ουσ. **1.** το να γίνεται κάτι διαφορετικό: *~ καιρού / κατεύθυνσης* (συνών. *μεταβολή, μετατροπή*). **2.** προσωρινή αλλαγή του τόπου όπου μένει κανείς, παραθερισμός: *χρειάζεται να πας ~ λίγες μέρες να ξεκουραστείς*. **3.** αντικατάσταση: *~ φρουράς / φορεσιάς / φρονήματος*. **4.** άλλαγμα του επιδέσμου μιας πληγής: *πηγαίνει καθημερινά στο γιατρό για ~*. **5.** ανταλλαγή. φρ. *κάνω ~ (= ανταλλάσσω): μετά τον αγώνα κάνανε ~ τα ρούχα τους*.

άλλαγμα το, ουσ. **1.** μετατροπή, αλλαγή: *η διατύπωση χρειάζεται ~*· (για νερό που ρέει) αλλαγή κοίτης: *ο υδρονομέας επιβλέπει το ~ του νερού κατά το πότισμα*. **2.** αντικατάσταση: *τα έπιπλα πάλιωσαν· θέλουν ~*. **3.** αντικατάσταση των ακάθαρτων ρούχων με καθαρά: *ασχολείται με το ~ των παιδιών*.

αλλάζω, ρ. Α. μτβ. **1.** μεταβάλλω, τροποποιώ: *ο καιρός όλα τα -ζει· τα γεραστειά δεν τον -ξαν*. **2.** αντικαθιστώ: *~ τα σεντόνια του κρεβατιού· ~ φόρεμα για τη δεξίωση*. **3.** (για αλλαγή συναλλάγματος) *θα -ξω δολάρια και θα πάρω δραχμές*. Β. αμτβ. **1.** (για την καιρική κατάσταση) μεταβάλλομαι: *το μετεωρολογικό δελτίο προβλέπει ότι ο καιρός θα -ξει*. **2.** (τριτοπρόσ. η μου λε υποκ. τη λ. πράγμα): *ύστερα απ' όσα μου λέει -ζει*. **3.** είμαι ασταθής στις απόψεις μου ή τις προθέσεις μου: *αυτός όλο -ζει*. Φρ. *~ αέρα (= πηγαίνω σ' άλλο μέρος, μετακομίζω κυρίως για λόγους υγείας)· ~ (δυο) κουβέντες ή λέξεις με κάποιον (= ανταλλάσσω)· ~ χρώμα (= κοκκινίζω από ταραχή ή ντροπή)· ~ δρόμο·* βλ. *δρόμος· ~ τον αδόξαστο ή την πίστη κάποιου* (= κουράζω, εξαντλώ, βασανίζω κάποιον)· *~ (το) φύλλο ή τροπάριο ή χαβά ή τακτική (= μεταβάλλω διαγωγή, συμπεριφορά)· ~ το παιδί (= του αντικαθιστώ τα λερωμένα ρούχα με καθαρά)· την πληγή ή τον άρρωστο (= καθαρίζω την πληγή και αντικαθιστώ τον επίδεσμο με άλλον καθαρό)· -ζει χέρια κάτι* (= μεταβιβάζεται ή γίνεται ιδιοκτησία άλλου)· *-ξε (αυτός ο άνθρωπος) = μεταβλήθηκε η εξωτερική του εμφάνιση ή ο τρόπος συμπεριφοράς του· -ξαν τα πράγματα (= μεταβλήθηκαν οι συνθήκες, οι οικονομικοί ή πολιτικοί όροι)· -ξαν οι καιροί (= μεταβλήθηκε η κατάσταση, τα χρόνια, οι περιστάσεις)*. Παροιμ. *-ξε ο Μανολιός κι έβαλε τα ρούχα του αλλιώς* (για επιφανειακή μόνο αλλαγή των πραγμάτων)· *ο λύκος* κι αν εγέρασε κι -ξε το μαλλί του, μηδέ τη γνώση του -ξε μηδέ την κεφαλή του.

άλλαι μεν βουλαί ανθρώπων, άλλα δέ Θεός κελεύει αρχαϊστ. έκφρ. = δεν μπορεί να επηρεάσει κανείς την εξέλιξη των πραγμάτων.

αλλαντικό το, ουσ. (έρρ.), παρασκεύασμα από κρέας βραστό ή ψητό ή καπνιστό και διάφορα καρυκεύματα. [αλλάς, -άντος + -ικός].

αλλαντοποιείο το, ουσ. (έρρ.), εργοστάσιο που παρασκευάζει αλλαντικά.

αλλαντοποιία η, ουσ. (έρρ.). 1. η τέχνη του αλλαντοποιού. 2. βιομηχανία αλλαντικών.

αλλαντοποιός ο, ουσ. (έρρ.), αυτός που παρασκευάζει αλλαντικά.

αλλαντοπωλείο το, ουσ. (έρρ.), κατάστημα που πουλάει αλλαντικά.

αλλαξιά η, ουσ. (συνιζ.). 1. ανταλλαγή: *κάνανε ~ τα χωράφια τους*. 2. τα εσώρουχα: *πάρε μαζί σου δυο τρεις -ιές*. 3. φορεσιά, ενδυμασία: *αγόρασε μια μοντέρνα χειμωνιάτικη ~*.

αλλαξοβασιλίκι το, ουσ., η αλλαγή της πολιτικής κατάστασης μιας χώρας και η αναστάτωση που δημιουργείται.

αλλαξοδρομώ, -είς, ρ., αλλάζω δρόμο, παίρνω άλλη κατεύθυνση: *σκόρπισε η σύναξη μονομιάς, -ησε· κοίταξαν γύρω τους, είδαν πως είχαν -ήσει* (Ι. Μ. Παναγιωτόπουλος)· (μεταφ.) *~ το νου μου από το χρέος* (Καζαντζάκης).

αλλαξοπιστία και **αλλαξοπιστιά** η, ουσ. (συνιζ.), αλλαγή θρησκεύματος.

αλλαξόπιστος, -η, -ο, επίθ., που απαρνήθηκε την πίστη του (που ασπάσθηκε άλλο θρήσκευμα): *ο Γιώργος ήτανε Τούρκος ~ (Κόντογλου)* (συνών. *εξωμότης*).

αλλαξοπιστώ, -είς, ρ., αλλάζω πίστη, θρήσκευμα, γίνομαι εξωμότης: *με φοβερίξανε και μ' -ήσανε οι δικοί σας (Κόντογλου)*.

αλλαξοστρατίζω, ρ., αλλάζω δρόμο: (μεταφ.) *ν' -ίσει ο νους της (Καζαντζάκης)* (συνών. *αλλαξοδρομώ*).

άλλαχτος, -η, -ο, επίθ. (λαϊκ.), που δεν έχει αλλάξει ρούχα.

αλλεπαλληλία η, ουσ. (λόγ.), η επισώρευση, η αλληλοδιαδοχή πολλών πραγμάτων: *~ γεγονότων / ατυχημάτων*.

αλλεπάλληλος, -η, -ο, επίθ., που γίνεται ο ένας μετά τον άλλο, συνεχής, πυκνός: *μας βρήκαν -ες συμφορές* (συνών. *απανωτός, συχνός, επανειλημμένος*).

αλλεργία η, ουσ., υπερευαισθησία σε ορισμένες ουσίες ποικίλης φύσης που εκδηλώνεται με υπερβολικές και μη κανονικές αντιδράσεις του ανθρώπινου οργανισμού· (μεταφ.): *όταν τον βλέπω με πιάνει ~· τον πιάνει ~ με τα αθλητικά* (= αντιπαθεί...). [γαλλ. *allergie* < *άλλος* + *έργον*].

αλλεργικός, -ή, -ο, επίθ., επιρρεπής σε κάποια αλλοίωση του οργανισμού του από την εισδοχή κάποιας ουσίας, που παθαίνει αλλεργία· (μεταφ.): *είναι ~ με τον κινηματογράφο*.

αλλεργιογόνος, -α, -ο, επίθ. (ασυνίζ.), που προκαλεί αλλεργία (και στη συνέχεια άλλες παθήσεις, όπως λ.χ. βρογχικό άσθμα): *ουσίες -ες* (λ.χ. σκόνη του σπιτιού, γύρη, απορρυπαντικά).

αλλεργιολόγος ο, ουσ. (ασυνίζ.), γιατρός ειδικευμένος στη θεραπεία αλλεργικών παθήσεων.

αλληγορία η, ουσ. 1. φραστικός τρόπος να παρουσιάζεται ένα αντικείμενο για να δηλωθεί ένα άλλο, του οποίου το πρώτο είναι απλώς η εικόνα ή το σύμβολο. 2. υπαινιγμός, αοριστολογία: *θέλω λόγια καθαρά κι όχι -ίες*.

αλληθωρίζω, ρ. 1. πάσχω από στραβισμό, δε βλέπω σε ευθεία γραμμή. 2. (μεταφ.): *-ισε από την πείνα· -ισε βλέποντάς του* (= από έκπληξη ή από το επίμονο βλέμμα)· (παροιμ.) *με στραβό αν κοιμηθείς, το πρωί θ' -ίζεις* (για κακές συναναστροφές).

αλληθώρισμα το, ουσ., το να μη βλέπει κανείς σε ευθεία γραμμή, στραβισμός.

αλλήθωρος, -η, -ο, επίθ., που πάσχει από στραβισμό, που δε βλέπει σε ευθεία γραμμή: *μάτια -α· παντρεύτηκε γυναίκα κουτσή κι -η!*

αλληθωρώ, -είς και λαϊκ. **-άς**, ρ., πάσχω από στραβισμό, δε βλέπω σε ευθεία γραμμή: *τα μάτια μην -άς, τη μέση μη λυγίζεις* (εδώ για ένδειξη χαριεντισμού) (Αθάνας) (συνών. *αλληθωρίζω*).

αλληλεγγύη η, ουσ. (έρρ.), αμοιβαία εξάρτηση και υποστήριξη μεταξύ δύο ή περισσότερων ατόμων: *~ κοινωνική / συναδελφική / επαγγελματική* (συνών. *αλληλοβοήθεια*).

αλληλέγγυος, -α, -ο, επίθ. (έρρ.), που έχει υποχρεώσεις ή ευθύνες κοινές με κάποιον άλλο: *εταίροι / φορείς -οι* (συνών. *συνυπεύθυνος*).

αλληλένδετος, -η, -ο, επίθ., που έχει αμοιβαία σύνδεση και εξάρτηση από κάποιον άλλο: *κρίκοι -οι·* (μεταφ.) *θέματα -α· καταστάσεις -ες* [*αλληλο- + ενδέω*].

αλληλεξάρτηση και **αλληλοεξάρτηση** η, ουσ., αμοιβαία εξάρτηση μεταξύ δύο ή περισσότερων προσώπων ή πραγμάτων: *~ κρατών / συμφερόντων / φαινομένων / γεγονότων*.

αλληλεπίδραση και **αλληλοεπίδραση** η, ουσ., αμοιβαία επίδραση μεταξύ δύο ή περισσότερων προσώπων ή φαινομένων: *οι αρχαίοι πολιτισμοί παρουσιάζουν μεγάλη ~*.

αλλη(ο)-, ά συνθ.: *αλληλοβοήθεια, αλληλέγγυος, αλληλοσκοτώνομαι.* [αρχ. αντων. *αλλήλων*].

αλληλοβοήθεια η, ουσ. (ασυνίζ.), αμοιβαία βοήθεια: *ταμείο -ας* (συνών. *αλληλεγγύη, αλληλοϋποστήριξη*).

αλληλοβοηθητικός, -ή, -ό, επίθ., που έχει σκοπό την αλληλοβοήθεια: *επαγγελματικά και -ά σωματεία*.

αλληλογραφία η, ουσ. 1. ανταλλαγή επιστολών ή άλλων εγγράφων: *δεν είναι επιμελής στην ~ του· ~ εμπορική / διοικητική / απόρρητη*. 2. (συνεκδοχικά) οι επιστολές (και γενικά τα έγγραφα) που ανταλλάσσουν κάποιοι: *στον πόλεμο λογοκρινόταν η ~ των στρατιωτών*.

αλληλογράφος ο, ουσ., αυτός που ανταλλάσσει επιστολές ή έγγραφα με κάποιον /ους άλλο(υς): *είναι -οι εδώ και δέκα χρόνια*.

αλληλογραφώ, -είς, ρ., ανταλλάσσω επιστολές ή, γενικότερα, έγγραφα με κάποιον άλλο: *-ούμε τακτικά αφότου έφυγε στο εξωτερικό*.

αλληλοδιδακτικός, -ή, -ό, επίθ., που γίνεται την αμοιβαία διδασκαλία· εκφρ. *-ή μέθοδος* = μέθοδος διδασκαλίας που εφαρμόστηκε στα σχολεία της Ευρώπης (και Ελλάδας) τον 19. αι. σύμφωνα με την οποία διδακτική εργασία ασκούσαν όχι μόνο οι δάσκαλοι, αλλά και οι άριστοι μαθητές των ανώτερων τάξεων προς τις κατώτερες τάξεις.

αλληλοενημέρωση η, ουσ., αμοιβαία ενημέρωση μεταξύ δύο ή περισσότερων προσώπων.

αλληλοεξάρτηση, βλ. *αλληλεξάρτηση*.

αλληλοεπίδραση, βλ. *αλληλεπίδραση*.
αλληλοκατανόηση η, ουσ., αμοιβαία κατανόηση: *στην οικογένειά μας έχομε ~*.
αλληλοκατηγορία η, ουσ., κατηγορία του ενός εναντίον του άλλου.
αλληλοκατηγορούμαι, ρ., κατηγορώ κάποιον και εκείνος μου ανταποδίδει κατηγορίες: *οι διάδικοι άρχισαν να -νται*.
αλληλοπάθεια η, ουσ. (ασυνίζ.). 1. το να πάσχει κανείς αμοιβαία με κάποιον άλλο. 2. (γραμμ.) κοινή ενέργεια δύο ή περισσότερων υποκειμένων που μεταβαίνει από το ένα στο άλλο και αντίστροφα.
αλληλοπαθής, -ής, -ές, γεν. -ούς, πληθ. αρσ. και θηλ. -είς, ουδ. -ή, επίθ. (γραμμ.) που δηλώνει αλληλοπάθεια, κοινή και αμοιβαία ενέργεια και επίδραση: *ρήματα -ή· αντωνυμίες -είς*.
αλληλοσεβασμός ο, ουσ., αμοιβαίος σεβασμός, αμοιβαία εκτίμηση μεταξύ δύο ή περισσότερων ατόμων: *στο ζευγάρι πρέπει να υπάρχει ο ~*.
αλληλοσκοτωμός ο, ουσ. 1. αμοιβαίος σκοτωμός, φόνος: *οι -οί των μαφιόζων τάραξαν την πόλη*. 2. (συνεκδ.) συμπλοκή ένοπλη ή μη: *στο γήπεδο έγινε ~*.
αλληλοσκοτώνομαι, ρ. 1. χτυπώ κάποιον θανάσιμα και συγχρόνως χτυπιέμαι απ' αυτόν: *-ώθηκαν για ένα κομμάτι γη*. 2. (συνεκδ.) έρχομαι σε συμπλοκή ένοπλη ή μη: *με το σφύριγμα του πέναλτι οι φίλαθλοι -ώθηκαν*.
αλληλοσπαραγμός ο, ουσ. 1. αμοιβαίος σκοτωμός: *ο ~ του εμφυλίου αφάνισε οικογένειες*. 2. (μεταφ.) σκληρός ανταγωνισμός: *~ κομμάτων / αντιπάλων εταιρειών*.
αλληλοσυμπληρώνομαι, ρ. (για πρόσωπα, πράγματα, έννοιες κτλ.) αποτελώ σύνολο με κάποιον άλλον καθώς συμπληρώνομε ο ένας τον άλλον.
αλληλοσφαγή η, ουσ., αμοιβαία σφαγή, αμοιβαίος φόνος: *η ~ ξεκλήρισε πολλές οικογένειες στη Σικελία*.
αλληλοτρώγομαι, ρ. 1. τρώω κάποιον και μετά τρώγομαι από όμοιό του: *τα ψάρια / τα άγρια ζώα -ονται*. 2. (μεταφ., στο γ΄ πληθ. πρόσ.) για όσους έχουν σφοδρές συγκρούσεις αναμεταξύ τους: *τα πολιτικά κόμματα συχνά -ονται*.
αλληλούια, επιφ. (εκκλ.) εβρ. φρ. που σημαίνει «αινείτε τον Κύριον» και χρησιμοποιείται ως επωδός σε ύμνους. Φρ. *κοντό ψαλμός ~* (για υπόθεση που είναι σύντομη ή που τα αποτελέσματά της πρέπει να φανούν γρήγορα)· *είναι ~* (= είναι μεθυσμένος). [εβρ. *hallelujah*].
αλληλοϋπονόμευση η, ουσ., το να υπονομεύει ο ένας τον άλλον.
αλληλουχία η, ουσ., αμοιβαίος σύνδεσμος· ακολουθία: *~ γεγονότων / φαινομένων*.
αλληλοφάγωμα το, ουσ. 1. αμοιβαίο φάγωμα, το να τρώγονται όμοια μεταξύ τους: *το ~ των ψαριών / των θηρίων*. 2. (μεταφ.) σκληρός ανταγωνισμός, έντονη διαμάχη: *το ~ των υποψηφίων για τη θέση του προέδρου*.
αλληλόχρεος, -η, -ο, επίθ., που αναφέρεται σε αμοιβαίο χρέος: *λογαριασμός ~*.
αλλήλων τα βάρη βαστάζετε αρχαϊστ. φρ. = να βοηθεί ο ένας τον άλλον.
αλλιώς, επίρρ. (συνιζ.). 1. διαφορετικά, με άλλο τρόπο: *~ σου το ' πα, ~ το έκανες· κάνε κι ~ αν μπορείς· έκφρ. έτσι κι ~* (= οπωσδήποτε): *έτσι κι ~ τα ' χασα τα λεφτά μου· φρ. το παίρνω ~* (= πα-

ρεξηγώ κάτι): *της είπα να προσέχει, αλλά το πήρε ~ και θύμωσε*. 2. ειδεμή: *κάτσε καλά, ~ θα φας ξύλο! υποσχέσου μου ότι θα προσέχεις, ~ δε θα πας εκδρομή!* [*αλλέως*].
αλλιώτικα, επίρρ. (συνιζ.). 1. διαφορετικά: *~ τ' άκουσα εγώ*. 2. ειδεμή: *βοήθησέ μας ~ να φύγεις!*
αλλιώτικος, -η, -ο επίθ. (συνιζ.). 1. που διαφέρει: *ρούχο -ο· όψη / εμφάνιση -η* (συνών. διαφορετικός· αντ. *ίδιος, όμοιος*). 2. παράξενος, ιδιόρρυθμος: *φέρσιμο -ο· χαρακτήρας ~*.
αλλογενής, -ής, -ές, γεν. -ούς, πληθ. αρσ. και θηλ. -είς, ουδ. -ή, επίθ., που κατάγεται από ξένο γένος, φυλή (συνών. *αλλόφυλος, αλλοεθνής*· αντ. *ομόφυλος, ομοεθνής*).
αλλόγλωσσος, -η, -ο, επίθ., που μιλάει ξένη γλώσσα: *λαοί -οι* (αντ. *ομόγλωσσος*).
αλλοδαπός, -ή, -ό, επίθ. 1. που κατάγεται από ξένο έθνος, τόπο: *παντρεύτηκε -ό* (συνών. *αλλοεθνής*· αντ. *ημεδαπός*). 2. που κατοικεί σε ξένη χώρα, της οποίας την ιθαγένεια δεν έχει αποκτήσει: *υπάρχουν χιλιάδες -οί εργάτες στη Γερμανία* (ως ουσ.) *υπηρεσία -ών*. - Το θηλ. ως ουσ. = ξένη χώρα, το εξωτερικό· ξενιτειά: *γύρισε από την ~ -ή*.
αλλόδοξος, -η, -ο, επίθ. 1. που πιστεύει σε άλλη θρησκεία (συνών. *αλλόθρησκος*· αντ. *ομόθρησκος*). 2. (εκκλ.) που ανήκει σε άλλο δόγμα (συνών. *ετερόδοξος*· αντ. *ομόδοξος*).
αλλοεθνής, -ής, -ές, γεν. -ούς, πληθ. αρσ. και θηλ. -είς, ουδ. -ή, επίθ., που ανήκει σε ξένο έθνος, τόπο (αντ. *ομοεθνής*).
άλλοθι το, ουσ. (νομ.) απόδειξη του ισχυρισμού ενός υπόπτου ή κατηγορουμένου για κάποιο αδίκημα ότι την ώρα που αυτό διαπράχθηκε ο ίδιος βρισκόταν σε άλλο τόπο διαφορετικό από εκείνο του αδικήματος: *τον άφησαν ελεύθερο, γιατί είχε ~*. [αρχ. επίρρ. *άλλοθι*].
αλλόθρησκος, -η, -ο, επίθ., που ανήκει σε άλλο θρήσκευμα (συνών. *αλλόδοξος*· αντ. *ομόθρησκος*).
αλλοίμονο, βλ. *αλίμονο*.
αλλοιώνω, ρ. (ασυνίζ.), (ενεργ. και μέσ.). 1. αλλάζω, μεταβάλλω: *-ώθηκε η κατάσταση / η πορεία των πραγμάτων*. 2. παραμορφώνω: *-ώθηκαν τα χαρακτηριστικά του· -ώθηκε η όψη του*. 3. χειροτερεύω: *τα λεφτά τού -ωσαν το χαρακτήρα* (συνών. *χαλώ*). 4. νοθεύω, παραποιώ, παραχαράσσω: *-ωσε την υπογραφή μου· -ωμένα συστατικά προϊόντων· -ώθηκαν τα εκλογικά αποτελέσματα· ~ την αλήθεια / τα γεγονότα*. 5. αποσυνθέτω: *το πτώμα της βρέθηκε -ωμένο· φαγητό -ωμένο*. 6. (μουσ.) τροποποιώ τον ήχο ενός φθόγγου.
αλλοίωση η, ουσ. 1. μεταβολή, αλλαγή: *~ συνθηκών / σχεδίων*. 2. παραμόρφωση: *~ φωνής· ~ χαρακτηριστικών*. 3. χειροτέρευση: *~ χαρακτήρα / φρονήματος*. 4. νοθεία, παραποίηση: *~ πραγματικότητας· ~ προϊόντων*. 5. αποσύνθεση: *~ νεκρού σώματος· ~ τροφίμων*. 6. (μουσ.) τροποποίηση του ήχου ενός φθόγγου.
αλλοιωτεύω, ρ. (συνιζ., ιδιωμ.), αλλοιώνομαι, μεταβάλλομαι: *το παιδί -ώτευε μέρα τη μέρα*.
αλλόκοτος, -η, -ο, επίθ., παράξενος, ασυνήθιστος: *άνθρωπος ~· φέρσιμο / ντύσιμο / όνομα / σχήμα -ο*.
αλλοπαρμένος, -η, -ο, επίθ., που έχει χάσει το λογικό του: *τρελή κι -η, με σένα μαγεμένη* (λαϊκ. τραγ.).

αλλόπιστος, -η, -ο, επίθ., που ανήκει σε άλλο θρήσκευμα, αλλόθρησκος: *έθνη -α·* (υβριστικά) *μου έκανε μεγάλη ζημιά ο ~!*

αλλοπρόσαλλος, -η, -ο, επίθ., ασταθής, που δεν υπακούει σε σταθερές αρχές: *άνθρωπος / χαρακτήρας ~· συμπεριφορά / εμφάνιση -η· χτένισμα -ο.* - Επίρρ. **-α**.

άλλος, -η, -ο, αντων., γεν. αρσ. και ουδ. *άλλου* και *αλλουνού*, θηλ. *άλλης* και *αλληνής*, γεν. πληθ. *άλλων* και *αλλωνών*. **1.** κάποιο πρόσωπο ή πράγμα που διακρίνεται από έναν ή περισσότερους ομοίους του που προαναφέρθηκαν ή εννοούνται: *αγόρασα ρωδάκινα, μήλα και -α φρούτα· ήρθαν τα ξαδέρφια και -οι συγγενείς·* (στον πληθ. επαναλαμβανόμενο) *μερικοί: -οι πηγαίνουν στη θάλασσα, -οι στο βουνό.* **2.** όμοιος, ίσης αξίας, εφάμιλλος, κλπ.: *είναι δεινός ρήτορας, ~ Δημοσθένης·* στο μπόι είναι *~ τόσος.* **3.** πρόσθετος, συμπληρωματικός: *κάθισε εκεί -ους δύο μήνες· πες το μου -η μια φορά.* **4.** υπόλοιπος (συνήθως έναρθρο): *εμείς οι δύο φύγαμε, οι -οι έμειναν· κατά τα -α είμαστε καλά· φάε το μισό και το -ο αύριο.* **5.** διαφορετικός: *έχεις στη ζωή σου -ους στόχους από τους δικούς μου· έγινες ~ άνθρωπος· δεν κάνει -ο απ' το να τρώει συνέχεια· αυτό που λες είναι κάτι -ο -ο πράμα· -η ώρα θα σου πω· -ο το ένα, -ο το -ο· -ου είδους· αυτός είναι κι ~ δεν είναι.* **6.** επόμενος: *έφυγε την -ημέρα· θα ξανάρθω τον -ο χρόνο· θα σου το δώσω την -η φορά.* **7.** - το ουδ. ως επίρρ. = **α.** πιο πέρα: *δεν πάει -ο το πράγμα* **β.** πλέον, πια: *δε σε θέλω -ο.* Εκφρ. *άλλ' αντ' -ων / -α των -ων* (= ασυναρτησίες): *έλεγε άλλ' αντ' -ων· -α κι -α* (= πολλά και συνήθως σημαντικά -πράγματα): *-α κι -α έκανες, αυτό δε θα καταφέρεις; -α τα μάτια του λαγού κι -α της κουκουβάγιας* (για διαφορετικά πράγματα)· *-οι κι -οι* (= πολλοί, διάφοροι άνθρωποι)· *-ο κεφάλαιο* (για διαφορετικό πράγμα)· *-ο κι αυτό!* (για κάτι πρωτάκουστο, παράξενο)· *-ο πάλι!* (για πράγματα, καταστάσεις παρόμοιες)· *-ο τίποτε* (για να δηλωθεί πλησμονή, πλεονασμός): *από νεύρα -ο τίποτε!· -ο τόσο* (για ίδιο ποσό, αξία, κλπ.)· *αλλουνού παπά βαγγέλιο* (για να δηλωθεί αναρμοδιότητα)· *από την άλλη* (= **α.** «για δεύτερη εκδοχή»)· **β.** επιπλέον: *δε φτάνει που μου φέρθηκε άσχημα, από την -η ζητούσε και τα ρέστα·* εκτός των -ων (= επιπλέον, ακόμη): *εκτός των -ων είσαι και λαίμαργος· η -η ζωή* (= η μεταθανάτια ζωή): *περιμένει να δικαιωθεί στην -η ζωή· κάθε -ο!* (για έντονη άρνηση)· *ο ~ κόσμος* (= ο κόσμος των νεκρών, η μεταθανάτια ζωή): *στον -ο κόσμο που θα πας, κοίτα μη γίνεις σύννεφο· ο ένας κι ο ~* (για τυχαία πρόσωπα): *του ζητούσαν συμβουλές ο ένας κι ο ~ ο ένας το μακρύ του κι ο ~ το κοντό του* (για διαφορετικές απόψεις, για διχογνωμία)· *το 'να και τ' -ο* (= διάφορα πράγματα): *μιλήσαμε για το 'να και τ' -ο* (= για διάφορα θέματα)· *κατέβαινε στην πολιτεία κάθε τόσο ν' αγοράσει το 'να και τ' -ο·* το κάτι -ο (για να δηλωθεί η ιδιαιτερότητα προσώπου ή πράγματος): *από ομορφιά είναι το κάτι -ο! χωρίς -ο ή* (το) *δίχως -ο* (= οπωσδήποτε): *το δίχως -ο θα επιστρέψω αύριο· χωρίς -ο θα σου το φέρω.* Φρ. *-α λέει η θεία μου, -α ακούν τ' αφτιά μου* (για έλλειψη συνεννόησης)· *-ο που δεν ήθελα* (για επιθυμία που ικανοποιείται)· *~ έχει τ' όνομα κι ~ (έχει) τη χάρη·* από εδώ παν κι οι -οι (για γρήγορη αναχώρηση, έκβαση)· *όποιος σκάβει το λάκκο του -ου,*

πέφτει ο ίδιος μέσα· πάρε τον ένα, χτύπα τον -ο, βλ. *χτυπώ· σου λέει ο ~!* (για να δηλωθεί αντίδραση, αντίρρηση): *δύσκολο πράμα, σου λέει ο ~! το ένα φέρνει τ' -ο* (για αλληλουχία γεγονότων).

άλλοτε και **-ες**, επίρρ., σε άλλο χρόνο, σε άλλη περίσταση (στο παρελθόν ή στο μέλλον): *~ θα μου το ανταποδώσεις.* 'Εκφρ. *παρά ποτέ ~* (= περισσότερο από οποιαδήποτε παλαιότερη εποχή). Παροιμ. *-ες ήταν οι καιροί και τα χρυσά ζαμάνια!* (για παλιούς καλούς καιρούς).

αλλοτινός, -ή, -ό, επίθ., περασμένος, παλιός: *καιροί -οί· έθιμα / λόγια -ά.*

αλλότριος, -α, -ο, επίθ. (ασυνίζ.), που ανήκει σε άλλον, ξένος (αντ. *δικός*) (νομ.) *διοίκηση -ίων* (= η επιμέλεια και διαχείριση ξένων υποθέσεων από κάποιον χωρίς να του έχει δοθεί σχετική εντολή).

αλλοτριώνομαι, ρ. (ασυνίζ.), αποξενώνομαι: *-ώθηκε από το περιβάλλον του* (αντ. *εξοικειώνομαι*).

αλλοτρίωση η, ουσ., το αίσθημα της αποξένωσης και μη κατάλληλης συμμετοχής του ατόμου στην κοινωνική δραστηριότητα· η απώλεια της προσωπικότητας· (φιλοσ.) η απώλεια κάποιου στοιχείου της προσωπικής υπόστασης, λόγω εξωτερικών συνθηκών, οικονομικών, πολιτικών ή θρησκευτικών, που έχει ως αποτέλεσμα να γίνεται ο άνθρωπος όχι μόνο «άλλος» (= ξένος) προς αυτό που ήταν, αλλά και «υποδεέστερος» από αυτό που ήταν.

αλλού, επίρρ. **1.** σε άλλο μέρος, σε άλλον τόπο: *κάθονται ~· βάλε το κάπου ~.* **2.** (μεταφ. για πρόσωπο): *το 'μαθα απ' ~ απ' ~ να ζητήσεις βοήθεια· ~ να βασιστείς.* Εκφρ. *~ ο παπάς κι ~ τα ράσα του* (για να δηλωθεί ακαταστασία)· *~ τ' όνειρο κι ~ το θάμα* (όταν διαψεύδεται κάποια ελπίδα). Φρ. (παροιμ.) *~ αστράφτει κι ~ βροντάει* (για πράξεις των οποίων οι συνέπειες αργούν να φανούν)· *~ βρέχει* (για να δηλωθεί αδιαφορία)· *~ μπαλώσου* (= ζήτησε βοήθεια από κάποιον άλλο)· *~ να τα λες / ~ να τα πουλάς / ~ αυτά!* (= πήγαινε να κοροϊδέψεις, να εξαπατήσεις άλλον!· για αμφισβήτηση των όσων λέγονται)· *~ πατάει κι ~ βρίσκεται* (για να δηλωθεί γρηγοράδα ή αδεξιότητα)· *~ τα κακαρίσματα κι ~ γεννούν οι κότες* (για τη μη αντιστοιχία φαινομένων και πραγματικότητας).

αλλούθε, επίρρ. **1.** από άλλο μέρος: *~ ήρθε ο καπνός.* **2.** (μεταφ.) από άλλο πρόσωπο, από άλλη πηγή: *~ τ' άκουσα.*

αλλοφερμένος, -η, -ο, μτχ. επίθ., που ήρθε ή τον έφεραν από άλλο μέρος, από ξένο τόπο: *έμπορος ~· προϊόντα -α* (συνών. *ξενόφερτος* αντ. *ντόπιος*).

αλλοφροσύνη η, ουσ., παραφροσύνη: *ακούγοντας τα νέα κυριεύτηκε από ~.*

αλλόφυλος, -η, -ο, επίθ., που ανήκει σε άλλη φυλή και θρησκεία: *Γύφτο οι αλλόφυλοι με κράζουν, / κι οι γύφτοι αλλόφυλο με λένε* (Παλαμάς).

άλλωστε, επίρρ., εξάλλου: *δεν ανησυχώ που άργησαν· ~ είναι μέρα ακόμη.*

άλμα το, ουσ. **1.** πήδημα (ιδίως ως αγώνισμα): *μ' ένα ~ έφτασε στην πόρτα· ~ εις μήκος / τριπλούν / επί κοντώ.* **2.** (στρατ.) γρήγορη προώθηση πεζού στρατιώτη ή ομάδας στρατιωτών από μια θέση σε άλλη: *ο λόχος προωθήθηκε με -ατα.* **3.** (μεταφ. για γραπτή ή προφορική διατύπωση σκέψεων) χάσμα, κενό: *αφήγηση με πολλά νοητικά -ατα.* **4.**

αλμανάκ

(παλαιογρ.) ~ από το ίδιο στο ίδιο = το να παραλείψει ένας αντιγραφέας τμήμα χειρογράφου που περιλαμβάνεται ανάμεσα σε δυο όμοιες λέξεις ή φράσεις. 5. (μεταφ.) απότομη μεταβολή προς το καλύτερο· (για τιμές, κ.τ.ό.) απότομη αύξηση: *μεταπολεμικά -ατα της τεχνολογίας· τον Ιούνιο ο τιμάριθμος πραγματοποίησε -ατα*.

αλμανάκ το, ουσ., άκλ. (απαρχ.), είδος ημερολογίου που περιλαμβάνει τις διαιρέσεις του χρόνου, γιορτές, εποχές, την τροχιά του ήλιου, της σελήνης, γνώσεις και πληροφορίες από το χώρο των επιστημών και των τεχνών καθώς και πρακτικές συμβουλές και οδηγίες. [γαλλ. *almanach* < μεσν. λατ. *almanachus*].

αλματικός, -ή, -ο, επίθ., που γίνεται με άλματα· (μεταφ.) ορμητικός, γοργός: *βάδισμα -ό· πρόοδος -ή* (συνών. *αλματώδης, ραγδαίος*).

αλματώδης, -ης, -ες, γεν. *-ους*, πληθ. αρσ. και θηλ. *-εις*, ουδ. *-η*, επίθ., που γίνεται με άλματα, ορμητικός, γρήγορος: *ανάπτυξη* ~ (συνών. *αλματικός, ραγδαίος*).

άλμη και **άρμη** η, ουσ. 1. θαλασσινό νερό· λεπτό στρώμα αλατιού που μένει στο δέρμα ή το έδαφος, αφού εξατμιστεί το θαλασσινό νερό: *κορμί ψημένο από την* ~. 2. (στον τ. *άρμη*) διάλυμα αλατιού σε νερό που χρησιμεύει για τη συντήρηση τροφίμων: *βάλε τις ελιές στην άρμη να μη χαλάσουν* (συνών. *σαλαμούρα, γάρος*). 3. αλμυρή αίσθηση στη γεύση ή την όσφρηση: ~ *του πελάγου*.

αλμπάνης ο, ουσ. 1. πεταλωτής. 2. (συνήθως μεταφ. και σε επίθ. χρ.) αδέξιος, ακατάρτιστος, τεχνίτης με μικρές ικανότητες: *μου έτυχε* ~ *υδραυλικός κι έπαθα χειρότερη ζημιά* (συνών. *σκιτζής*). [τουρκ. *nalband*].

άλμπατρος ο, ουσ. άκλ., (ζωολ.) μεγαλόσωμο θαλασσοπούλι από τα στεγανόποδα με πτέρωμα άσπρο και γκρίζο και με ράμφος γαμψό που ζει συνήθως σε αποικίες στον Ειρηνικό και τον Ν. Ατλαντικό. [γαλλ. *albatros*, αγγλ. *albatross*, με πορτογαλική προέλ.].

άλμπουμ και **αλμπούμ** το, ουσ. άκλ. 1. ειδικό βιβλίο με λευκές σελίδες όπου κολλούνται συλλογές γραμματοσήμων, φωτογραφιών, κ.τ.ό. (συνών. *λεύκωμα*). 2. δίσκος μουσικής με μεγάλη διάρκεια (33 στροφών). [λατ. *album*].

άλμπουρο και **άρμπουρο** το, ουσ., κατάρτι: *τσακίστηκε το* ~ *κι έπεσε στην κουβέρτα·* ~ *της μαΐστρας*. [βενετ. *alboro*].

αλμύρα και **αρμύρα** η, ουσ. 1. η ιδιότητα του αλμυρού, αλμυρή γεύση: *το φαΐ δεν τρώγεται από την* ~ (συνών. *αλμυράδα*). 2. (στον τ. *αρμύρα*) νερό που περιέχει αλάτι· θαλασσινό νερό: *βάζω τυρί στην αρμύρα· γλάροι βρέχουνε το φτερό τους στην αρμύρα* (Κόντογλου) (συνών. *άρμη*).

αλμυράδα και **αρμυράδα** η, ουσ., η ιδιότητα του αλμυρού, αλμυρή γεύση.

αλμυρίζω και **αρμυρίζω**, ρ. Α. αμτβ. 1. είμαι αλμυρός, αποκτώ αλμυρή γεύση: *το φαΐ -ει*. 2. (καί μέσο) αρέσουν κάτι αλμυρά, αισθάνομαι αλμυράδα: *δώσε μου λίγο τυρί ν' αρμυρίσω· αρμυρίζε το στόμα μου* (Κόντογλου)· (για ζώα) τρώω αλάτι. Β. (μτβ.) καθιστώ (κάποιο φαγητό) αλμυρό.

αλμυρός -ή, -ό και **αρμυρός**, επίθ. 1. που περιέχει αλάτι, που έχει γεύση αλατιού: *νερό / φαγητό -ό· αρμυρή μυρουδιά της θάλασσας* (Κόντογλου)· *αγέρας αρμυρός* (= θαλασσινός) (αντ. *ανάλατος*). 2. (μεταφ.) ακριβός: *τιμές -ές* (αντ. *φτηνός*). 3. (με-

ταφ.) πονηρός, άσεμνος: *αστεία / ανέκδοτα -ά* (αντ. *σεμνός*). - Το ουδ. συνήθως στον πληθ. ως ουσ. = α. τροφές που έχουν παστωθεί με αλάτι (συνήθως ψάρια) (συνών. *παστά*)· β. είδη ζαχαροπλαστικής που δεν περιέχουν ζάχαρη, αλλά αλάτι. - Υποκορ. (στις σημασ. 1 και 2) **-ούτσικος**.

-αλο, κατάλ. ουδ. ουσ.: *θρύψαλο, χούφταλο*. [παλαιότ. ουσ. σε *-αλον*: *κρόταλον*].

αλόγα η, ουσ. 1. θηλυκό άλογο (συνών. *φοράδα*). 2. μεγαλόσωμο άλογο (συνήθως μεταφ. για σωματώδη και άκομψη γυναίκα): *τέτοια* ~, *τα παντελόνια της έλειπαν*.

αλογάριαστος, -η, -ο, επίθ. (συνιζ.). 1. που δε λογαριάστηκε ή δεν μπορεί να λογαριαστεί: *πλούτη -α* (συνών. *αμέτρητος, ανυπολόγιστος·* αντ. *ελάχιστος*). 2. που δεν ταχτοποίησε τους λογαριασμούς του με κάποιον: *προτιμούσε να μείνουμε -οι παρά να ξαναμαλώσουμε*. 3. που δε σκέπτεται σωστά, απερίσκεπτος: *στις κουβέντες του είναι* ~ (συνών. *ασυλλόγιστος*).

αλόγιαστα, επίρρ. (συνιζ.). 1. χωρίς λογική, ανόητα: *μιλάει* ~ (συνών. *ασυλλόγιστα, απερίσκεπτα*). 2. αναπάντεχα: *τον βρήκε το κακό* ~.

αλόγιαστος, -η, -ο, επίθ. (συνιζ.), ανόητος, απερίσκεπτος: *παιδί -ο* (αντ. *συνετός*).

αλογίσιος, -α, -ο, επίθ. (συνιζ.), που ανήκει σε (ή προέρχεται) από άλογο: *κρέας / πέταλο -ιο· -ια ανάσα* (Σεφέρης).

αλόγιστος, -η, -ο, επίθ., ασυλλόγιστος, απερίσκεπτος· που δε γίνεται με ορθολογικό τρόπο: *-η διαχείριση των οικονομικών / των δημοσίων πόρων· -η ανάπτυξη / εκμετάλλευση των ενεργειακών πηγών* (αντ. *συνετός*).

άλογο το, πληθ. *-α* και (λαϊκ.) *-ατα*, ουσ. 1. μεγάλο θηλαστικό ζώο της οικογένειας των ιππιδών, εξημερωμένο από τον άνθρωπο, που χρησιμοποιείται για μεταφορές (συνήθως για το μεγάλο αρσενικό ζώο σε αντιδιαστολή με το πουλάρι ή τη φοράδα): ~ *άσπρο / μαύρο / ψαρί* ~ *αραβικό / ουγγαρέζικο / καθαρόαιμο / πολεμικό* ~ *κούρσας·* ~ *για ιππασία· αμάξι με δυο -α·* ~ *βαρβάτο* (συνήθως μεταφ. για άνθρωπο ανυπόμονο, ασυγκράτητο)· εκφρ. *πράσινα -α* (= ανοησίες, ασυναρτησίες). 2. (λαϊκ.) ίππος (ως μονάδα για τη μέτρηση ισχύος μηχανών): *το αμάξι σου πόσα -α είναι;* (= πόσων ίππων μηχανή έχει;). 3. ονομασία πιονιού στο σκάκι (από το σχήμα του). - Υποκορ. **-άκι, -ατάκι**, το. Εκφρ. *-άκι της Παναγίας* (= κοινή ονομασία του εντόμου «μάντις»)· *-άκι της θάλασσας* (= ιππόκαμπος, βλ. λ.).

αλογόκριτος, -η, -ο, επίθ., που δεν τον λογόκριναν ή δεν υποβάλλεται σε λογοκρισία: *είδηση / επιστολή / ενημέρωση -η* (αντ. *λογοκριμένος*).

αλογόμυγα η, ουσ., είδος μύγας που με τσιμπήματα ενοχλεί άλογα, μουλάρια, γαϊδούρια και βόδια· (μεταφ. για άνθρωπο ιδιαίτερα φορτικό): *για να τον εξυπηρετήσω μου έγινε* ~. Φρ. *τον τσίμπησε* ~ (για ξαφνική εκδήλωση ανησυχίας).

αλογόνα τα, ουσ. (χημ.) ονομασία των στοιχείων φθόριο, χλώριο, βρώμιο, ιώδιο και αστάτο, που παράγουν άλατα του νατρίου με όμοιες ιδιότητες και γενικά μοιάζουν στη φυσική και χημική συμπεριφορά. [*αλς* + *-γόνος* < *γίγνομαι*].

αλογοουρά η, ουσ. 1. η ουρά του αλόγου. 2. τύπος γυναικείου χτενίσματος.

αλογοπάζαρο το, ουσ., τόπος ή χρονική περίοδος όπου γίνεται αγοραπωλησία αλόγων: *φημισμένο*

σ' όλη τη Θεσσαλία το ~ της Λάρισας.

άλογος, -η, -ο, επίθ., που δεν έχει ή δε συμφωνεί με τη λογική: *ζώα -α· επιθυμία / παρόρμηση / ενέργεια -η· συναίσθημα -ο* (αντ. *λογικός*). - Το ουδ. ως ουσ. = (φιλοσ.) το να είναι κάτι αντίθετο στους κανόνες της λογικής ή να ξεπερνά τις γνωστικές και νοητικές δυνάμεις του ανθρώπου.

αλογότριχα η, ουσ., τρίχα αλόγου, ιδίως από την ουρά του: *-ες χρησιμοποιούνται από τις βιομηχανίες που κατασκευάζουν βούρτσες.*

αλόη η, ουσ., ονομασία φυτών με θεραπευτικές ιδιότητες και φαρμακευτική χρήση.

αλοιφή η, ουσ. 1. φαρμακευτικό ή καλλυντικό παρασκεύασμα από λίπος και άλλες ουσίες που χρησιμοποιείται σε επαλείψεις ή εντριβές: ~ *δερματική.* 2. μίγμα με το οποίο αλείφεται κάποιο αντικείμενο για να γανωθεί, να στιλβωθεί, να συντηρηθεί, κ.τ.ό.

αλουλούδιαστος, -η, -ο, επίθ., που σ' αυτόν δε φύτρωσαν λουλούδια, που δεν άνθισε: *λιβάδι -ο· κήπος* ~ (αντ. *ανθισμένος*).

αλουλούδιστος, -η, -ο, επίθ., που δεν άνθισε, αλουλούδιαστος (βλ. λ.): *κήπος* ~ (αντ. *ανθισμένος*).

αλουμίνα η, ουσ. (χημ.) οξείδιο του αλουμινίου που βρίσκεται στη φύση ή προκύπτει από ειδική κατεργασία με διάφορες μορφές και χρησιμοποιείται στη βιομηχανία: *εργοστάσιο για την κατεργασία του βωξίτη και την παραγωγή -ας.* [νεολατ. *alumina·* πβ. γαλλ. *alumine*].

αλουμινάς ο, ουσ., τεχνίτης που ασχολείται με κατασκευές από αλουμίνιο.

αλουμινένιος, -ια, -ιο, επίθ. (συνιζ.), φτιαγμένος από αλουμίνιο: *σύρμα -ιο· κουφώματα -ια.*

αλουμίνιο το, ουσ. (ασυνίζ.), μέταλλο αργυρόχρωμο που δεν απαντά ελεύθερο στη φύση, παράγεται με ηλεκτρόλυση της αλουμίνας και χρησιμοποιείται ευρύτατα με διάφορες μορφές στη βιομηχανία (συνών. *αργίλιο*). [νεολατ. *aluminium·* πβ. ιταλ. *alluminio*].

αλουμινόχαρτο το, ουσ., λεπτότατο φύλλο αλουμινίου.

αλουσιά η ουσ. (συνιζ.), το να μη λούζεται κανείς, απλυσιά: *ζέχνει από την* ~.

άλουστος, -η, -ο, επίθ., που δεν έλουσε τα μαλλιά του (αντ. *λουσμένος*)· (σπανιότ.) που δεν πλύθηκε σ' όλο του το σώμα (συνων. *άπλυτος·* αντ. *πλυμένος*).

αλουστράριστος , -η, -ο, επίθ., που δεν τον λουστράρισαν, δεν τον γυάλισαν: *έπιπλο -ο* (συνών. *αγυάλιστος·* αντ. *λουστραρισμένος*).

αλπάκα η, ουσ. (ζωολ.) μηρυκαστικό ζώο της Νότιας Αμερικής, που συγγενεύει με το λάμα, περίφημο για το μαλλί του, προβατοκάμηλος. [ισπανοαμερ. *alpaca*].

αλπακάς ο. Ι. ουσ., μαλλί από τρίχες αλπάκας και ύφασμα πολυτέλειας, που κατασκευάζεται από αυτό· είδος καλού ποιοτικά υφάσματος. [γαλλ. *alpaca*].

αλπακάς ο. ΙΙ. ουσ., κράμα χαλκού, νικελίου και ψευδαργύρου, που μοιάζει με ασήμι και χρησιμοποιείται για την κατασκευή ή την επικάλυψη κυρίως επιτραπέζιων σκευών. [ιταλ. *alpacca*].

αλπικός, -ή, -ό, επίθ., που ανήκει ή αναφέρεται στις Άλπεις και κατ' επέκταση ορεινός: *κοινότητες / πόλεις -ές· τοπίο -ό· βλάστηση / χλωρίδα -ή· φυτά -ά.*

αλπινισμός ο, ουσ., ορειβασία στις Άλπεις ή σε άλλα ψηλά βουνά: *η ελληνική φύση ευνοεί τη διάδοση του -ού.* [γαλλ. *alpinisme*].

αλπινιστής ο, θηλ. **-ίστρια,** ουσ., ορειβάτης που επιδίδεται στον αλπινισμό· (συνήθως στον πληθ.) στρατιώτης ειδικός για δράση σε ορεινό έδαφος: *στον πόλεμο του '40 έδρασαν και ομάδες Ιταλών -ιστών.* [γαλλ. *alpiniste*].

αλσατικός, -ή, -ό, επίθ., που ανήκει ή αναφέρεται στην Αλσατία ή τους Αλσατούς: *πεδιάδα / διάλεκτος -ή.*

Αλσατός ο, θηλ. **-ή,** ουσ., κάτοικος της Αλσατίας.

άλσος το, ουσ., μικρό δάσος (φυσικό ή τεχνητό), πάρκο: *τα -η είναι οι συνηθισμένοι τόποι αναψυχής στις μεγαλουπόλεις* (συνών. *δασάκι*).

αλσύλλιο το, ουσ. (ασυνίζ.), μικρό άλσος.

άλτ, άκλ., στρατιωτικό ή γυμναστικό πρόσταγμα για στάση, ακινησία. [γαλλ. *halte*].

αλτάνα η, ουσ. 1. είδος εξώστη, ταράτσας, συνήθως με λουλούδια. 2. στενό χώρισμα σε κήπο ή αυλή δίπλα στους τοίχους του σπιτιού όπου φυτεύουν λουλούδια: *πολλών λογιών τριανταφυλλιές στόλιζαν τις -ες.* [ιταλ. *al + ana*].

Αλτζερίνος ο, θηλ. **-ίνα,** ουσ., που κατοικεί ή κατάγεται από το Αλγέρι. [ιταλ. *Algerino*].

αλτήρας ο, ουσ. (γυμν., συνήθως στον πληθ.) όργανο προπόνησης αθλητών, που αποτελείται από δύο μεταλλικές σφαίρες ενωμένες μεταξύ τους με σιδερένια ράβδο που χρησιμοποιείται για λαβή. [αρχ. *-ες οι*].

άλτης ο, θηλ. **-τρια,** ουσ., αθλητής που αγωνίζεται στο άλμα. [*άλλομαι + -της*].

αλτρουισμός ο, ουσ., ανυστερόβουλη αγάπη και φροντίδα για τους άλλους (συνών. *φιλαλληλία*)· (φιλοσ.) θεωρία κατά την οποία σκοπός της ηθικής συμπεριφοράς είναι το συμφέρον των άλλων. [γαλλ. *altruisme*].

αλτρουιστής ο, θηλ. **-ίστρια,** ουσ., αυτός που τρέφει αισθήματα αλτρουισμού. [γαλλ. *altruiste*].

αλτρουιστικός, -ή, -ό, επίθ., που ανήκει ή αναφέρεται στον αλτρουισμό ή τον αλτρουιστή: *αισθήματα -ά· συμπεριφορά -ή.*

αλυγαριά, βλ. *λυγαριά.*

αλυγισία και (συνιζ.) **-ιά** η, ουσ. 1. το να είναι κάποιος αλύγιστος (συνών. *ακαμψία, δυσκαμψία·* αντ. *ευλυγισία*). 2. (μεταφ.) το να είναι κάποιος σκληρός (συνών. *σκληρότητα, απονιά*).

αλύγιστος, -η, -ο, επίθ. 1. που δε λύγισε, ίσιος· που δεν μπορεί να λυγίσει: *κλωνάρι / κορμί -ο· σιδερόβεργα -η* (συνών. *άκαμπτος, δύσκαμπτος·* αντ. *ευλύγιστος*). 2. (μεταφ. για πρόσωπο) που δεν υποχωρεί, που δεν καταπονείται εύκολα: *σθένος -ο· -ος στα παρακάλια* (συνών. *ακαταπόνητος, ανεπιεικής, αυστηρός, σταθερός·* αντ. *υποχωρητικός, διαλλακτικός, καλόβολος*).

αλυκή η, ουσ., μέρος της παραλίας όπου το θαλασσινό νερό περιορίζεται μέσα σε αβαθείς δεξαμενές και με την εξάτμισή του παράγεται αλάτι: *η ~ έβγαζε βουνά από αλάτι.*

αλυπησιά η, ουσ. (συνιζ.), το να συμπεριφέρεται κανείς χωρίς ευσπλαχνία, χωρίς λύπηση: *φέρθηκε μ' ~ στο θυμό του* (συνών. *ασπλαχνία, σκληρότητα*).

αλύπητος, -η, -ο, επίθ., που δε λυπάται, δεν ευσπλαχνίζεται: *θεριό -ο· καρδιά -η·* (συνεκδοχικά) *ξύλο -ο* (= πολύ δυνατό) (συνών. *άσπλαχνος, ανελέητος·* αντ. *σπλαχνικός*). - Επίρρ. **-α.**

αλυσίδα η, ουσ. 1. σειρά από κρίκους που συνδέονται ο ένας με τον άλλο: ~ του καραβιού· ~ χρυσή / ασημένια (συνών. καδένα). 2. (μεταφ.) ακολουθία, συνεχής διαδοχή ομοειδών πραγμάτων, κ.ά.: ~ μεγάλων καταστημάτων / από λίμνες· ~ συμπτώσεων / από φαντασιώσεις σ' αυτό το βιβλίο· (βιολ.) ~ τροφική (= η σειρά θηραμάτων και θηρευτών στη φύση). 3. (στον πληθ.) φυλακή: τον έχουν στις -ες (συνών. δεσμά). - Υποκορ. **-άκι** το, **-ίτσα** η.
αλυσιδώνω, ρ., δένω, φράζω ένα χώρο με αλυσίδες.
αλυσιδωτός, -ή, -ό, επίθ. 1. που έχει γίνει με αλυσίδες: θώρακας~· σκοινί -ό. 2. που συνδέεται ο ένας με τον άλλο, αλλεπάλληλος: -ά στρατιωτικά κινήματα· -ή αντίδραση· επιπτώσεις -ές.
αλυσοδένω, ρ., δένω με αλυσίδα: ~ τον κατάδικο. - Η μτχ. αλυσοδεμένος ως επίθ. = δέσμιος.
αλυσόδετος, -η, -ο, επίθ., δεμένος με αλυσίδα (συνών. δέσμιος).
αλυσοπρίονο το, ουσ., μηχανικό πριόνι που κόβει ξύλα με την κίνηση μιας αλυσίδας.
αλυτάρχης ο, ουσ., που φροντίζει να διατηρείται η τάξη στους δημόσιους αγώνες.
άλυτος, -η, -ο, επίθ. 1. που δε λύνεται: κόμπος ~ (αντ. δεμένος). 2. που δε λύθηκε ή δε λύνεται με μαθηματικό τρόπο: προβλήματα -α· (μεταφ.) -ες διαφορές.
αλυτρωτικός, -ή, -ό, επίθ., που αναφέρεται ή συνδέεται με τους αλυτρώτους: κίνημα -ό.
αλυτρωτισμός ο, ουσ., κίνηση (πολιτική και στρατιωτική) για την απελευθέρωση των αλύτρωτων (βλ. λ.) τμημάτων ενός έθνους.
αλύτρωτος, -η, -ο, επίθ., που βρίσκεται κάτω από την εξουσία αλλοεθνών, που δεν έχει ελευθερωθεί (συνών. σκλαβωμένος, κατεχόμενος).
αλυφαντής, βλ. ανυφαντής.
αλύχτημα και **αλύχτισμα** το, ουσ. (λαϊκ.), γάβγισμα (σκύλου).
αλυχτώ, -άς, ρ. 1. (για σκύλο) γαβγίζω: αλύχτησαν τα σκυλιά. 2. (μεταφ.), φωνάζω διαμαρτυρόμενος ή βρίζοντας. [παλαιότ. αλυκτώ < αρχ. υλακτώ].
άλφα το, άκλ., το πρώτο γράμμα του ελληνικού αλφαβήτου (α, Α). Έκφρ. από το ~ ως το ωμέγα = α. από την αρχή ως το τέλος· β. (για διήγηση) με κάθε λεπτομέρεια. Φρ. αρχίζω από το ~ (= από τα στοιχειώδη)· (αυτό) αποτελεί το ~ και το ωμέγα (= είναι η ουσία, το ουσιαστικό μέρος ενός πράγματος)· (για πρόσ.) είναι το ~ και το ωμέγα (στην υπόθεση) (= είναι ο κορυφαίος)· βρίσκομαι (ακόμη) στο ~ (= δεν έχω προχωρήσει αρκετά, είμαι στην αρχή)· δεν ξέρει ούτε το ~ (= δεν ξέρει τίποτα).
αλφαβήτα η και **άλφα-βήτα** το, ουσ., αλφαβήτο (βλ. λ.): δεν έμαθε ούτε την ~ (= είναι αστοιχείωτος, ακατατόπιστος).
αλφαβητάρι(ο) το, ουσ. (ασυνίζ.). 1. το αναγνωστικό με το οποίο αρχίζει η άσκηση της ανάγνωσης και της γραφής. 2. (μετρ.) είδος ακροστιχίδας με τα αρχικά γράμματα των στίχων με των στροφών τοποθετημένα σε αλφαβητική σειρά, λ.χ. Άλφα, θέλω ν' αρχινήσω, / κυρά μου να σ' ιστορήσω. / Βήτα, βέβαια σου λέω / για τα σε πονώ και κλαίω/...
αλφαβητίζω, ρ., τοποθετώ λέξεις με την αλφαβητική τους σειρά.
αλφαβητικός, -ή, -ό, επίθ., που ακολουθεί τη σειρά των γραμμάτων στο αλφαβητο: κατάλογος ~·

σειρά -ή· -ή ταξινόμηση (ερευνητικών) δελτίων.
αλφάβητο το, ουσ. 1. το σύνολο των σημείων που χρησιμοποιούνται στη γραφή μιας γλώσσας: το παιδί έμαθε το ~ (συνών. αλφαβήτα). 2. (γλωσσολ.) φωνητικό αλφάβητο = συμβατικό σύστημα στοιχείων για τη μεταγραφή ποικίλων γλωσσών.
αλφάδι το, ουσ., εργαλείο (σε σχήμα Α άλλοτε) που χρησιμοποιείται στην οικοδομική και την ξυλουργική για να χαραχτεί οριζόντια γραμμή ή για να διαμορφωθεί κατακόρυφο ή οριζόντιο επίπεδο (συνών. γωνιόμετρο, στάθμη). [άλφα].
αλφαδιά η, ουσ. (συνιζ.), το μέτρημα μιας επιφάνειας με αλφάδι (συνών. στάθμιση).
αλφαδιάζω, ρ. (συνιζ.), χαράζω οριζόντια ή κάθετη γραμμή με αλφάδι: τοίχος -σμένος· πάτωμα -σμένο (συνών. σταφνίζω).
αλφάδιασμα το, ουσ. (συνιζ.), το να επιτύχει κανείς να είναι μια επιφάνεια οριζόντια ή κατακόρυφη.
αλφαμίτης ο, ουσ., στρατιώτης που υπηρετεί στην αστυνομία μιας μονάδας. [αρχικά Α. Μ. = Αστυνομία Μονάδας].
αλφισμός ο, ουσ., δερματική ανωμαλία κατά την οποία οι τρίχες και το δέρμα γίνονται λευκά. [<αρχ. αλφός].
αλχημεία η, ουσ. 1. παλιά εμπειρική επιστήμη, που αναζητούσε θαυματουργά φάρμακα και διεκδικούσε τη μετατροπή μετάλλων σε χρυσό με το ενδιάμεσο της φιλοσοφικής λίθου. 2. (μεταφ.) (συνήθως στον πληθ.) ενέργειες πολύπλοκες και δυσνόητες ή μέσα απατηλά που χρησιμοποιούνται για την επιτυχία ενός σκοπού: με διάφορες -ες κατάφερε να πάρει την ηγεσία του κόμματος. [γαλλ. alchimie < μεσν. λατ. alchemia < αραβ. al-k īmiyā].
αλχημιστής ο, θηλ. **-ίστρια**, ουσ., αυτός που καλλιεργεί τον κλάδο της αλχημείας, αυτός που ασχολείται με την αλχημεία (βλ. λ.).
αλχημιστικός, -ή, -ό, επίθ., που συνδέεται με τους αλχημιστές.
αλχημίστρια, βλ. αλχημιστής.
αλώβητος, -η, -ο, επίθ. (λογ.). 1. που δεν έπαθε βλάβη: η δύναμη της βαρβαρότητας δε διατηρείται πάντοτε -η (συνών. σώος, άβλαβος). 2. (γλωσσολ. για λέξη ή τύπο) που δεν έπαθε αλλοίωση.
αλωνάκι το, ουσ., παιδικό παιχνίδι.
αλωνάρης ο, ουσ. (λαϊκ.). 1. αυτός που αλωνίζει. 2. (ως κύρ. όν.) ο Ιούλιος.
αλώνι το, ουσ. 1. χώρος σε σχήμα κύκλου όπου αλωνίζουν: ακυβέρνητος σαν άχερο στ' ~. 2. φωτεινός νεφελώδης κύκλος γύρω από το φεγγάρι. Φρ. στα μαρμαρένια αλώνια = (στα δημ. τραγ.) τόπος αγώνα με το Χάρο. 3. χώρος όπου αποξεραίνουν καρπούς. - Υποκορ. **-άκι** το.
αλωνίζω, ρ. 1. χωρίζω τον καρπό των δημητριακών από τα στάχυα. 2. (μεταφ.): τα γίδια -ισαν το χωράφι (= ποδοπάτησαν). 3. ψάχνω επίμονα: -ισα την πόλη για να βρω να νοικιάσω σπίτι (= «έφαγα τον κόσμο»). 4. συμπεριφέρομαι σε κάποιο χώρο αδιαφορώντας για τους άλλους ή τα συμφέροντα άλλων: πήρες αυτή τη θέση και -εις· αλώνιζε αφέντρα και κυρά (Μπαστιάς).
αλώνισμα το, ουσ., ο χωρισμός του καρπού των δημητριακών από τα στάχυα.
αλωνιστής ο, θηλ. **-ίστρια**, ουσ. 1. αυτός που κάνει το αλώνισμα. 2. (ως κύρ. όν.) ο Ιούλιος.
αλωνιστικά τα, ουσ., η αμοιβή για το αλώνισμα.
αλωνιστικός, -ή, -ό, επίθ., που σχετίζεται με το

αλώνισμα: *μηχανές -ές.*
αλώνιστος, -η, -ο, επίθ. (λαϊκ.), που δεν αλωνίστηκε: *σιτάρι -ο.*
αλωνίστρα η, ουσ., χώρος όπου συγκεντρώνονται τα δεμάτια για να τα αλωνίσει η μηχανή.
αλωπεκία η, ουσ., αλωπεκίαση (βλ. λ.).
αλωπεκίαση η, ουσ. (ιατρ.) πάθηση του τριχωτού μέρους του κεφαλιού που χαρακτηρίζεται από τριχόπτωση.
αλωπού, βλ. *αλεπού.*
άλωση η, ουσ., κατάκτηση πόλης, χώρας, φρουρίου από τον εχθρό (συνών. *εκπόρθηση, κυρίευση)* αντ. *απελευθέρωση)·* η Άλωση = η κατάκτηση της Κωνσταντινούπολης από τους Τούρκους (1453).
αμ και **εμ,** μόρ. επιτατ. ή εναντιωμ.: ~ *πώς;* ~ *φτωχός,* ~ *ακατάδεχτος.*
άμα, σύνδ. 1. (χρον.) όταν, όσες φορές: ~ *σε είδα και πάλι γερό, χάρηκα πολύ·* ~ *βλέπω τηλεόραση, νυστάζω.* 2. (υποθ.) εάν: *θά φύγω,* ~ *φύγεις κι εσύ.*
αμαγάριστος, -η, -ο, επίθ. (λαϊκ.). 1. που δε λερώθηκε: *παιδί -ο* (συνών. *αλέρωτος·* αντ. *λερωμένος).*2. (μεταφ.) αγνός, αμόλυντος (συνών. *άσπιλος·* αντ. *μολυσμένος, μαγαρισμένος).* 3. που δεν έφαγε σε μέρα νηστείας απαγορευμένο φαγητό: *πέρασα τη Σαρακοστή* ~.
αμαγείρευτος -η, -ο και **-έρευτος,** επίθ. 1. που δε μαγειρεύτηκε καλά ή καθόλου: *κρέας -ο* (συνών. *ωμός).* 2. (μεταφ.) που δεν προετοιμάστηκε με κατάλληλες ενέργειες: *η δουλειά ήταν -η.* 3. που δε μαγείρεψε: *με τις πολλές κουβέντες ξεχάστηκα και έμεινα -η.*
αμάδα, ουσ. (λαϊκ.). 1. (πληθ.) είδος παιδικού παιχνιδιού που παίζεται με μικρές επίπεδες στρογγυλές πέτρες τις οποίες τα παιδιά πετούν σ' ένα στόχο. 2. η πέτρα που χρησιμοποιείται στο ομώνυμο παιχνίδι: *αυτή η πλακουτσωτή πέτρα είναι κατάλληλη για* ~. [σημάδα].
αμάδητος, -η, -ο, επίθ. 1. που δε μαδήθηκε: *κότα -η.* 2. (μεταφ.) που δεν του αφαίρεσαν χρήματα: *για πρώτη φορά έφυγε* ~ *απ' το φιλικό χαρτάκι* (αντ. *μαδημένος).*
αμάζευτος, -η, -ο, επίθ. 1. που δε μαζεύτηκε: *ρούχα/σταφύλια -α* (συνών. *αμάζωχτος, ασύναχτος, ασώριαστος·* αντ. *μαζεμένος, συναγμένος, σωριασμένος).* 2. (μεταφ.) που δεν περιορίστηκε, που γυρίζει άσκοπα από δω κι απ' εκεί: *άφησε τα παιδιά του -α, γι' αυτό και πήραν το στραβό δρόμο* (συνών. *ασυμμάζευτος, άσωτος).*
αμαζόνα η, ουσ. 1. επιδέξια ιππεύτρια. 2. μεγαλόσωμη γυναίκα, γυναίκα με αρρενωπό χαρακτήρα (συνών. *αντρογυναίκα).*
αμάζω(χ)τος, -η, -ο, επίθ., *αμάζευτος.*
αμάθεια η, ουσ. (ασυνίζ.), έλλειψη μάθησης, άγνοια: *τον δέρνει η* ~ (συνών. *αγραμματοσύνη, αμορφωσιά·* αντ. *πολυμάθεια).*
αμάθευτος, -η, -ο, επίθ. 1. (λαϊκ.) που δεν έμαθε κάτι, άπειρος: *δικαιολογώ τα λάθη του, γιατί είναι ακόμα –* (συνών. *αδαής·* αντ. *έμπειρος).* 2. που δε μαθήτηκε, που δεν έγινε γνωστός: *το έγκλημα ήταν ακόμα -ο στο χωριό* (συνών. *άγνωστος, ακοινολόγητος·* αντ. *γνωστός).*
αμαθής, -ής, -ές, γεν. *-ούς,* πληθ. αρσ. και θηλ. *-είς,* ουδ. *-ή,* επίθ., που δεν έμαθε κάτι, αμόρφωτος, αδαής: *έκανε το σπουδαίο, αλλά κατά βάθος ήταν* ~ (συνών. *αδίδακτος, απαίδευτος·* αντ. *πολυμαθής, ευρυμαθής).*

αμάθητος, -η, -ο, επίθ. 1. που δε γνωρίζει κάτι, άπειρος, αδαής: ~ *στα γράμματα* (συνών. *αμαθής·* αντ. *έμπειρος, πολυμαθής).* 2. αγνός, απονήρευτος: *μικρό και -ο κορίτσι.* 3. που δε μελετήθηκε: *το μάθημα το έχω -ο ακόμη.* 4. που δεν έγινε γνωστός, αμάθευτος (συνών. *ακοινολόγητος).*
άμαθος, -η, -ο, επίθ., που δεν έμαθε κάτι, άπειρος, αδαής: *-η στη μαγειρική* (συνών. *αδίδακτος, αμαθής, απαίδευτος·* αντ. *έμπειρος, πολυμαθής).*
αμάκα, επίρρ., με έξοδα άλλου, δωρεάν: *τρώει πάντα* ~ (συνών. *τζάμπα, τράκα).* - Η λ. ως ουσ.: απόκτηση αγαθών σε βάρος άλλων (συνών. *παρασιτισμός, τράκα).* [βενετ. *amaca*].
αμακαδόρικος, -η, -ο, επίθ., που ταιριάζει σε αμακαδόρο: *συμπεριφορά -η.*
αμακαδόρος ο, θηλ. **-ισσα,** ουσ., αυτός που επιδιώκει να ζει σε βάρος των άλλων: *τον αποφεύγω, γιατί είναι μεγάλος* ~ (συνών. *τρακαδόρος, τζαμπατζής).*
αμακιγιάριστος, -η, -ο, επίθ. (συνιζ.), που δεν έχει μακιγιαριστεί, άβαφος (συνών. *αφτιασίδωτος·* αντ. *μακιγιαρισμένος).*
αμάλαχτος, -η, -ο και **-γος,** επίθ. 1. που δεν έχει μαλαχτεί (με ζύμωση ή άλλη επεξεργασία): *προβιές -ες· τυρί -ο* (αντ. *μαλαγμένος).* 2. που δεν επιδέχεται μάλαξη, δύσκαμπτος: *ατσάλι -ο* (αντ. *εύκαμπτος).* (μεταφ.) άθικτος, ανέπαφος: *κορίτσι -ο* (συνών. *απείραχτος, αγνός, αχάιδευτος).* 4. (μεταφ.) σκληρός, άτεγκτος (συνών. *άκαμπτος, σκληρόκαρδος).* 5. (προκ. για χρυσό και κερί) καθαρός, αμιγής: *κερί αμάλαγο.*
αμάλγαμα το, ουσ. 1. χημική ένωση υδραργύρου με οποιοδήποτε άλλο μέταλλο. 2. (μεταφ.) μίγμα ανόμοιων πραγμάτων ή προσώπων. [γαλλ. *amalgame*].
αμάλλιαστος, -η, -ο και **-γος,** επίθ. (συνιζ.). 1. που δεν έχει ή που δεν έβγαλε ακόμη τρίχες στο κεφάλι ή στο σώμα (αντ. *τριχωτός, μαλλιαρός).* 2. που δεν έχει πούπουλα. 3. (μεταφ.) φτωχός.
αμάν, επιφ. 1. (για να δηλωθεί ικεσία): ~, *μην το μαλώνεις άλλο το παιδί!* 2. (για να δηλωθεί έκπληξη και θαυμασμός): ~, *τι ωραία γυναίκα είν' αυτή!* 3. (για να δηλωθεί λύπη και δυσφορία): ~, *βρε παιδιά, δεν αντέχω άλλο!* [αραβοτουρκ. *aman*].
αμανάτι το, ουσ. 1. (για κινητά) ενέχυρο: *έβαλε τα κοσμήματά της* ~ (για ακίνητα) υποθήκη: *έβαλε το σπίτι* ~ (συνών. *παρακαταθήκη, αμάχι).* 2. (μεταφ.) (για να δηλωθεί πράγμα μικρής αξίας που εγκαταλείφθηκε): *μου το άφησε* ~ *κι έφυγε.* [αραβοτουρκ. *emanet*].
αμανές ο, πληθ. *αμανέδες,* ουσ., αργό ανατολίτικο τραγούδι, όπου επαναλαμβάνεται συχνά το επιφ. *αμάν.* Φρ. *πήρε ψηλά τον -έ* (= υπερηφανεύεται). [τουρκ. *emane*].
αμανίτης ο, ουσ., το φυτό μανιτάρι.
αμαντάλωτος, -η, -ο, επίθ. (έρρ.), που δεν κλείστηκε με μάνταλο: *πόρτα -η.*
αμαντάριστος, -η, -ο, επίθ. (έρρ.), που δεν επιδιορθώθηκε με μαντάρισμα: *ρούχο -ο.*
άμαξα η, ουσ. 1. όχημα τροχοφόρο που χρησιμεύει για μεταφορά ανθρώπων και πραγμάτων. 2. ο αστερισμός της Μεγάλης Άρκτου.
αμαξάς ο, ουσ. 1. αυτός που οδηγεί άμαξα. 2. αυτός που κατασκευάζει άμαξες.
αμάξι το, ουσ. 1. άμαξα. 2. αυτοκίνητο. 3. ο αστερισμός της Μεγάλης Άρκτου. - Υποκορ. **-άκι** το.
αμαξιά η, ουσ. (συνιζ.). 1. φορτίο μιας άμαξας: *μια*

αμαξιτός

~ άμμος φτάνει για το τσιμέντο της αυλής. 2. διαδρομή μιας άμαξας: *μια ~ ακόμη και τελειώνει η βάρδια μου.*
αμαξιτός -ή, -ό και **αμαξωτός** επίθ., που μπορεί να τον διασχίσει αμάξι: *δρόμος ~.*
αμαξόδρομος ο, ουσ., δρόμος αμαξιτός.
αμαξοστάσιο το, ουσ. (ασυνίζ.), τόπος όπου σταθμεύουν, φυλάσσονται ή επισκευάζονται αμάξια: *μετά το δρομολόγιό τους τα αυτοκίνητα σταθμεύουν στο ~* (συνών. *γκαράζ*).
αμαξοστοιχία η, ουσ., σειρά ενωμένων βαγονιών που τα τραβά μηχανή, τρένο: *η ταχεία ~ θα ξεκινήσει σε πέντε λεπτά.*
αμαξουργείο το, ουσ., εργοστάσιο κατασκευής ή επισκευής αμαξών.
αμαξουργία η, ουσ., κατασκευή αμαξών, η τέχνη του αμαξουργού.
αμαξουργός ο, ουσ., αυτός που κατασκευάζει άμαξες.
αμάξωμα το, ουσ., το τμήμα οχήματος που προορίζεται για επιβάτες ή φορτίο: *το ~ του αυτοκινήτου θέλει επισκευή· η μηχανή του είναι γερή ακόμη.*
αμαξωτός, βλ. *αμαξιτός.*
-αμάρα, κατάλ. θηλ. ουσ.: *κουταμάρα, τρελαμάρα.* [ουδ. ουσ. σε *-αμα* + κατάλ. *-άρα: σίχαμα-σιχαμάρα*].
αμάραντος, -η, -ο, επίθ. (έρρ.). 1. που δε μαραίνεται, δε φθείρεται: *με τα λουλούδια της τ' αμάραντα στολίζει* (Προβελέγγιος) (αντ. *μαραμένος, μαραζωμένος*). 2. αιώνιος, αθάνατος: *δόξα -η* (συνών. *ακατάλυτος*). - Το αρσ. ως ουσ. = γένος φυτών: *για δέστε τον -ο σε τι βουνό φυτρώνει* (δημ. τραγ.). - Το ουδ. (συνήθως στον πληθ.) ως ουσ. = φυτό που τα άνθη του δε μαραίνονται: *έβαλα στο βάζο -α.*
αμαρκάλιστος, -η, -ο, επίθ. (λαϊκ.), (προκ. για γίδα ή προβατίνα) που δε βατεύτηκε (αντ. *μαρκαλισμένος*).
αμαρκάριστος, -η, -ο, επίθ. 1. που δεν έχει μάρκα, ετικέτα: *μπλούζα -η.* 2. που δε χρεώθηκε με μάρκα (στη γλώσσα των εστιατορίων). 3. που δεν εμποδίστηκε από αντίπαλο παίχτη στη μεταφορά της μπάλας: *ο παίχτης καθώς βρέθηκε ~ πέτυχε νέο καλάθι* (αντ. *μαρκαρισμένος*).
αμαρτάνω και **-αίνω**, ρ. 1. παραβαίνω τον ηθικό ή θείο νόμο, κάνω αμαρτία (συνών. *ασεβώ, κολάζομαι*). 2. σφάλλω (συνών. *λαθεύω*). 3. διαπράττω σαρκικό αμάρτημα. - Ο αόρ. *ήμαρτον* ως επιφ. α. (για να δηλωθεί λύπη ή μεταμέλεια): *ήμαρτον, Θεέ μου!* β. (για να δηλωθεί απορία): *ήμαρτον, Θεέ μου, τι πράγματα συμβαίνουν στον κόσμο!* Φρ. *λέω το ήμαρτόν μου* (= εξομολογούμαι την αμαρτία μου).
αμάρτημα το, ουσ., αμαρτία, σφάλμα: *~ προπατορικό* (συνών. *λάθος, παράπτωμα, ανόμημα, κρίμα*).
αμαρτία η, ουσ. 1. παράβαση ηθικών ή θείων νόμων: *~ ασυγχώρητη* (συνών. *ανομία, ασέβεια*). 2. κρίμα, αδικία: *να μην περάσω και φέτος στις εξετάσεις!* 3. σαρκικό αμάρτημα. 4. λάθος, σφάλμα. Φρ. *είναι μεγάλη ή παλιά ~* (= είναι άνθρωπος που έζησε όλη του τη ζωή στη διαφθορά).
αμαρτύρητος, -η, -ο, επίθ. 1. που δε βεβαιώθηκε από μάρτυρες: *καταγγελία -η.* 2. που δε μαρτυρήθηκε: *ο δημιουργός της φασαρίας έμεινε ~.* 3. που δε μαρτύρησε.

αμάρτυρος, -η, -ο, επίθ., (για λέξη ή τύπο) που δεν κατοχυρώνεται με παλαιότερη μνεία, που δεν απαντά σε γραπτή πηγή, αλλά υποθέτομε ότι προϋπήρξε.
αμαρτωλός, -ή, -ο, επίθ., που έχει περιπέσει σε αμαρτίες ή που ρέπει στην αμαρτία: *κι εσύ ψυχή μου -ή, σύρε στους κολασμένους* (δημ. τραγ.)· *νεολαία -ή·* (μεταφ.): *χρόνια -ά· ζωή -ή·* (συνών. *ασεβής·* αντ. *αναμάρτητος, αγνός*). - Το θηλ. ως ουσ. = πόρνη.
αμαρυλλίδα η, ουσ., γένος κοσμητικών φυτών.
αμάσητος, -η, -ο, επίθ. 1. που δε μασήθηκε ή που δεν μπορεί να μασηθεί: *καταπίνω τις μπουκιές -ες·* *το κρέας είναι -ο* (αντ. *μασημένος*). 2. (μεταφ.) που δεν κατασπαταλήθηκε: *περιουσία -η* (συνών. *αφάγωτος*). 3. (μεταφ.) επιπόλαιος, αβασάνιστος: *λόγια -α.*
αμασκάρευτος, -η, -ο, επίθ., που δε μασκαρεύτηκε, που δε μεταμφιέστηκε: *στο χορό ήμασταν οι μόνοι -οι* (συνών. *αμεταμφίεστος·* αντ. *μεταμφιεσμένος, μασκαρεμένος*).
αμασκάρωτος, -η, -ο, επίθ., αμασκάρευτος.
αμασχάλη, βλ. *μασχάλη.*
αμάτιαστος, -η, -ο, επίθ., που δεν τον βάσκαναν: *παιδί -ο· δεν αφήνει κανέναν -ο* (αντ. *ματιασμένος*).
αμαυρώνω, ρ. Ι. (ενεργ.). 1. κάνω κάτι μαύρο, σκοτεινό. 2. (μεταφ.) αφαιρώ την αίγλη, μειώνω ηθικά: *τα τελευταία γεγονότα -ωσαν την υπόληψή του.* ΙΙ. (μέσ.) γίνομαι μαύρος, σκοτεινός: *-ώθηκε ο ήλιος* (συνών. *σκοτεινιάζω*).
αμαύρωση η, ουσ. 1. μαύρισμα, σκοτείνιασμα. 2. (μεταφ.) μείωση ηθική (συνών. *δυσφήμηση*). 3. (ιατρ.) εξασθένηση ή απώλεια της όρασης (συνήθως παροδική).
αμάχη η, ουσ., έχθρα, μίσος: *ως και τα παραθύρια σου ~ μου κρατούνε* (δημ. τραγ.).
αμάχητα, επίρρ., χωρίς δικαστικό αγώνα: *εφόσον οι σύζυγοι βρίσκονται σε διάσταση συνεχώς από τέσσερα τουλάχιστον χρόνια ο κλονισμός τεκμαίρεται ~* (Αστ. Κώδ.).
αμαχητί, επίρρ. (λόγ.). 1. χωρίς μάχη: *οι εχθροί παραδόθηκαν ~.* 2. (μεταφ.) χωρίς αντίδραση: *με τέτοια επιχειρηματολογία παραδόθηκε ~.*
αμαχητό το, ουσ., διαμάχη: *δε θέλει ούτε ο Θεός ούτε ο διάολος να χουμε -ά* (Μπαστιάς).
αμάχητος, -η, -ο, επίθ. (νομ. για γεγονός) που μόνο του αρκεί ως απόδειξη: *ο τεκμήριο για τη διάλυση του γάμου η αδιάλειπτη τετραετής διάσταση* (συνών. *αδιάσειστος*). - Επίρρ. *-α.*
αμάχι το, ουσ. 1. (για κινητά) ενέχυρο: *έβαλε το δαχτυλίδι της ~·* (για ακίνητα) υποθήκη (συνών. *αμανάτι, παρακαταθήκη*). 2. (για πράγμα) εγγύηση. 3. (για πρόσ.) όμηρος.
άμαχος, -η, -ο, επίθ. 1. που δεν πήρε μέρος σε μάχη. 2. που δεν είναι μάχιμος: *~ πληθυσμός.*
αμβλυγώνιος -α, -ο, επίθ., που έχει αμβλεία γωνία: (γεωμ.) *τρίγωνο -ο·* (φιλολ.) *αγκύλες -ες* = τα σύμβολα < > που περικλείουν σε κριτική έκδοση κειμένου γράμματα, λέξεις ή φράσεις που έχουν προστεθεί στο κείμενο από τον εκδότη.
αμβλύνοια η, ουσ., νωθρότητα του μυαλού (αντ. *οξύνοια*).
αμβλύνους -ους -ουν, επίθ., που έχει νωθρό μυαλό, κουτός (αντ. *οξύνους*).
άμβλυνση η, ουσ. 1. απώλεια ή αφαίρεση οξύτητας, αιχμηρότητας. 2. (μεταφ.) μείωση της έντασης: ~

παθών (συνών. *μετριασμός, ελάττωση·* αντ. *όξυνση*).
αμβλύνω, ρ. 1. κάνω κάτι αμβλύ, αφαιρώ ή ελαττώνω την οξύτητα, την αιχμηρότητα. 2. (μεταφ.) μειώνω την ένταση, μετριάζω: ~ *τα πάθη/την έχθρα/τις κακές εντυπώσεις* (συνών. *απαλύνω, ελαττώνω·* αντ. *οξύνω*).
αμβλύς, -εία, -ύ, επίθ. 1. που δεν είναι αιχμηρός, κοφτερός: *-ύ όργανο* (αντ. *οξύς*). 2. (μεταφ.) ~ *στο νου* = που δεν έχει οξύνοια (αντ. *οξύνους, έξυπνος, ξύπνιος*). 3. (γεωμ.) *γωνία -εία* = γωνία που είναι μεγαλύτερη από 90 μοίρες.
αμβλύτητα η, ουσ. 1. έλλειψη οξύτητας: ~ *δοντιών*. 2. (μεταφ.) νωθρότητα: ~ *νου/σκέψης* (συνών. *ατονία*).
αμβλυωπία η, ουσ. (ιατρ.) εξασθένηση της όρασης.
αμβλύωψ ο, γεν. *-ωπος*, ουσ., αυτός που πάσχει από αμβλυωπία, που έχει εξασθενημένη όραση.
άμβλωση η, ουσ., τεχνητή διακοπή της κύησης (συνών. *έκτρωση*).
αμβλωτικός, -ή, -ό, επίθ., που προκαλεί άμβλωση: *φάρμακα -ά· ουσίες -ές*.
αμβουργέζικος, -η, -ο, επίθ., που σχετίζεται με το Αμβούργο ή με τους κατοίκους του.
Αμβουργέζος ο, θηλ. **-α**, ουσ., αυτός που κατάγεται από το Αμβούργο ή κατοικεί σ' αυτό.
αμβροσία η, ουσ. 1. τροφή των αρχαίων θεών. 2. (μεταφ.) πολύ εύγευστο φαγητό.
άμβωνας και (λαϊκ.) **άμπωνας** ο, ουσ. (εκκλ.) το υψηλό βήμα της εκκλησίας απ' όπου διαβάζεται το Ευαγγέλιο και γίνεται το κήρυγμα.
άμε, πληθ. **άμετε** και **αμέτε** (λαϊκ.), (για να δηλωθεί προτροπή) πήγαινε, φύγε, άι: *άμε στο καλό / στο διάολο / να δεις τι γίνεται εκεί έξω*. Φρ. ~ *να δεις αν έρχομαι!* (για να πούμε σε κάποιον ότι δεν καταλαβαίνει τίποτε) (συνών. *άντε*). [υποτ. *άγωμεν* του αρχ. *άγω*].
αμέ και **αμή**, μόρ. (λαϊκ.), (απάντηση σε ερώτηση) και βέβαια: *-Πήγες εκεί που σου είπα; -αμέ!* έκφρ. *αμ' δε* (= δεν μπορώ να κάνω ό,τι ζητάς ή γενικώς για να δηλωθεί αμφιβολία ή αντίρρηση στα λεγόμενα κάποιου). [όψιμο μεσν. *αμμέ < αμμή <* αρχ. *αν μη*].
αμεθόδευτος, -η, -ο, επίθ., που δε μεθοδεύτηκε, που δεν έγινε με μέθοδο, με σύστημα: *-ες ενέργειες* (συνών. *απρογραμμάτιστος, ανοργάνωτος·* αντ. *μεθοδευμένος, μεθοδικός, οργανωμένος*).
αμέθυστος, -η, -ο, επίθ., που δεν είναι μεθυσμένος (συνών. *νηφάλιος·* αντ. *μεθυσμένος, πιωμένος*).
αμέθυστος ο, ουσ., ημιπολύτιμος λίθος.
αμείβω, ρ. 1. δίνω αμοιβή, πληρώνω την εργασία, τον κόπο κάποιου: *-ει καλά τους υπαλλήλους του*. 2. (μεταφ.) ανταμείβω, παρέχω ηθική αμοιβή: *η καλοσύνη δεν -εται πάντοτε*.
αμείλικτος, -η, -ο, επίθ., σκληρός, αδυσώπητος: *κριτής ~· τρόποι -οι* (συνών. *ασυγκίνητος, αμάλαχτος, άσπλαχνος, σκληρόκαρδος·* αντ. *μείλίχιος, ευσυγκίνητος, εύσπλαχνος*).
αμείωτος, -η, -ο, επίθ. 1. που δεν ελαττώθηκε ή δεν ελαττώνεται: *ποσά -α· ενδιαφέρον -ο· όρεξη -η* (συνών. *αδιάκοπος, συνεχής, ακατάπαυστος·* αντ. *μειωμένος, ελαττωμένος*). 2. (μεταφ.) που δεν υπέστη ηθική μείωση, ακηλίδωτος: *υπόληψη -η· όνομα -ο* (συνών. *αταπείνωτος·* αντ. *μειωμένος, ταπεινωμένος*). - Επίρρ. **-α**.
αμέλεια η, ουσ. (ασυνίζ.) και **αμελιά, αναμελιά** (συνιζ.). 1. αδιαφορία, νωθρότητα: *δείχνει μεγάλη ~ για τα μαθήματά του* (συνών. *ολιγωρία·* αντ. *επιμέλεια, μέριμνα, φροντίδα*). 2. (νομ.) απροσεξία: *φόνος από ~*.
αμελέτητα τα, ουσ., οι όρχεις των σφαγίων: *γλυκάδια και ~*.
αμελέτητος, -η, -ο, επίθ. 1. που δε μελέτησε, δε διάβασε: *πήγε στο σχολείο ~* (συνών. *αδιάβαστος*). 2. που δε μελετήθηκε, δεν εξετάστηκε: *δουλειά -η* (συνών. *πρόχειρος, απροετοίμαστος·* αντ. *μελετημένος, προγραμματισμένος*). 3. που δεν τον σκέφτηκαν ή που δεν τον ανέφεραν (συνών. *αμνημόνευτος*). 4. (προκ. για αρρώστια) πολύ άσχημος.
αμέλημα το, ουσ., λάθος από αμέλεια, παράπτωμα.
αμελής, -ής, -ές, γεν. *-ούς*, πληθ. αρσ. και θηλ. *-είς*, ουδ. *-ή*, επίθ. 1. που δεν είναι επιμελής, αδιάφορος: *μαθητής ~· ~ στις υποχρεώσεις του* (συνών. *ανέμελος*). 2. απρόσεκτος: *~ στις κινήσεις του* (αντ. *προσεκτικός*). - Επίρρ. **-ώς**.
αμελητέος -α -ο, επίθ., ασήμαντος, τιποτένιος.
αμελιά, βλ. *αμέλεια*.
αμελοποίητος, -η, -ο, επίθ., που δε μελοποιήθηκε: *ποιήματα -α*.
αμελώ, ρ. 1. αδιαφορώ, παραμελώ: *-εί την οικογένειά του / τις δουλειές του* (συνών. *παραβλέπω·* αντ. *ενδιαφέρομαι*). 2. παραλείπω: *μην -σεις να στείλεις το γράμμα*. (συνών. *ξεχνώ*).
άμεμπτος, -η, -ο, επίθ., ηθικά ακέραιος, άψογος: *γυναίκα / συμπεριφορά -η* (συνών. *ανεπίληπτος, αψεγάδιαστος·* αντ. *αξιοκατάκριτος, αξιόμεμπτος*). - Επίρρ. **-α**.
άμ' έπος, άμ' έργον αρχαϊστ. έκφρ. όταν κάποιος πραγματοποιεί κάτι μόλις γίνει γι' αυτό λόγος (από τον ίδιο ή έναν άλλον).
αμερεμέτιστος, -η, -ο, επίθ. 1. που δεν τον μερεμέτισαν, δεν τον επισκεύασαν: *δεν άφησε τίποτε στο σπίτι -ο* (συνών. *ανεπισκεύαστος*). 2. άδαρτος: *μου ξέφυγε ~, όμως δε θα μου γλυτώσει!*
Αμερικάνα, βλ. *Αμερικανίδα*.
Αμερικανάκι το, ουσ., αμερικανόπουλο.
Αμερικανίδα, βλ. *Αμερικανός*.
αμερικανίζω, ρ., φέρομαι σαν Αμερικανός, μιμούμαι τη συμπεριφορά των Αμερικανών.
αμερικανικός, -ή, -ό και **-κάνικος**, επίθ., που αναφέρεται στην Αμερική ή προέρχεται απ' αυτήν: *~ τρόπος ζωής· τσιπα -κάνικη· προϊόντα / τσιγάρα / αυτοκίνητα -κάνικα*. - Επίρρ. **-ά** και **-α**.
αμερικανισμός ο, ουσ. 1. μίμηση των αμερικανικών τρόπων και συνηθειών. 2. λέξη, φράση ή προφορά που συνηθίζεται στις Η.Π.Α. ή προέρχεται απ' αυτές.
Αμερικανός και **-άνος** ο, θηλ., **-ίδα** και **-άνα**, ουσ., αυτός που έχει αμερικανική εθνικότητα ή αυτός που κατάγεται από χώρα της Αμερικής και ιδίως τις Η.Π.Α.
αμεριμνησία η, ουσ., αφροντισιά, ξενοιασιά (συνών. *αψηφισιά·* αντ. *φροντίδα, μέριμνα*).
αμέριμνος, -η, -ο, επίθ. 1. που δεν έχει φροντίδες, ξένοιαστος: *ζωή -η* (αντ. *πολυάσχολος*). 2. ήσυχος, ανυποψίαστος: *δέχτηκε το χτύπημα ενώ καθόταν ~ και κάπνιζε*. - Επίρρ. **-α**.
αμεριμνώ, -είς, ρ. 1. είμαι ξένοιαστος, δεν έχω φροντίδες. 2. αδιαφορώ, παραμελώ (συνών. *παραβλέπω*).
αμέριστος -η, -ο, επίθ. 1. αδιαίρετος (συνών. *αμοίραστος, αδιάσπαστος*). 2. ολόκληρος: *ενδιαφέρον*

αμερόληπτος 66

-ο· αγάπη / καλοσύνη -η· θέλω -η την προσοχή σου (συνών. απεριόριστος). - Επίρρ. **-α.**

αμερόληπτος, -η, -ο, επίθ., που δε μεροληπτεί, δίκαιος: *δικαστής, κριτής, διαιτητής* ~ (συνών. *αντικειμενικός, ανεπηρέαστος, αδέκαστος·* αντ. *άδικος, μεροληπτικός*). - Επίρρ. **-α.**

αμεροληψία η, ουσ., το να μη μεροληπτεί κανείς, το να φέρεται δίκαια (συνών. *αντικειμενικότητα·* αντ. *μεροληψία*).

αμέρωτος, -η, -ο, επίθ. **1.** που δεν ημερώνεται, άγριος (συνών. *αδάμαστος, ατιθάσευτος·* αντ. *ήμερος, μερωμένος*). **2.** (μεταφ.) *μανία -η·* έγινε *θηρίο -o* (= *θύμωσε πάρα πολύ*).

άμεσος, -η, -ο, επίθ. **1.** που γίνεται ή υπάρχει χωρίς να μεσολαβεί κάποιος ή κάτι: *έχω -η αντίληψη της κατάστασης· φορολογία -η.* **2.** που συμβαίνει ή πρέπει να γίνει χωρίς χρονοτριβή: *κίνδυνος* ~· *υπάρχει -η ανάγκη αίματος· Άμεση Δράση* (= Αστυνομία άμεσης επέμβασης). **3.** (φιλοσ.) *-η γνώση* (που στηρίζεται στις αισθήσεις)· ~ *συλλογισμός* (του οποίου το συμπέρασμα προκύπτει χωρίς να μεσολαβεί μέσος όρος). **4.** (γραμμ.) *-ο αντικείμενο* = το ένα από τα δύο αντικείμενα των δίπτωτων ρημάτων στο οποίο μεταβαίνει απευθείας η ενέργεια του υποκειμένου και έτσι συμπληρώνει πρώτο την έννοια του ρήματος. - Επίρρ. **-α** στη σημασ. 1. και **-ως** στη σημασ. 2.

αμεσότητα η, ουσ., το να συμβαίνει ή το να πρέπει να γίνει κάτι χωρίς χρονοτριβή: *η* ~ *των αναγκών επιβάλλει αυτά τα μέτρα.*

άμεστος, -η, -ο, επίθ. **1.** που δεν έχει μεστώσει, άγουρος: *σιτάρι -ο* (συνών. *ανώριμος, αγίνωτος·* αντ. *γινωμένος, μεστωμένος, ώριμος*). **2.** (μεταφ.) ανώριμος σωματικά ή πνευματικά: *στήθη -α· μυαλό -ο.*

αμέστωτος, -η, -ο, επίθ., που δε μέστωσε, ανώριμος: *καρπός* ~ (συνών. *άμεστος, άγουρος, αγίνωτος·* αντ. *γινωμένος, μεστωμένος, ώριμος*).

αμετάβατος, -η, -ο, επίθ. (γραμμ. για ρήμα) που η ενέργειά του δε «μεταβαίνει» στο αντικείμενο (αντ. *μεταβατικός*). - Επίρρ. **-α.**

αμεταβίβαστος, -η, -ο, επίθ. **1.** που δε μεταβιβάστηκε ή δεν μπορεί να μεταβιβαστεί: *κυριότητα κτήματος -η· νόμιμο δικαίωμα -ο* (αντ. *μεταβιβάσιμος*). **2.** αμετάδοτος: *είδηση -η.*

αμετάβλητος, -η, -ο, επίθ., που δε μεταβλήθηκε ή δεν μπορεί να μεταβληθεί: *το χρώμα του υφάσματος έμεινε -ο* (συνών. *αναλλοίωτος, ανεξίτηλος·* αντ. *μεταβλητός, αλλοιωμένος*). - Επίρρ. **-α.**

αμετάγγιστος, -η, -ο, επίθ. (για υγρά) που δε μεταγγίστηκε σε άλλο δοχείο.

αμεταγλώττιστος, -η, -ο, επίθ., που δε μεταφέρθηκε ή δεν μπορεί να μεταφερθεί από μια γλώσσα σε μιαν άλλη: *κείμενο -ο* (συνών. *αμετάφραστος·* αντ. *μεταγλωττισμένος*).

αμεταγύριστος, -η, -ο, επίθ. **1.** που δεν αλλάζει γνώμη, επίμονος στις απόψεις του: *κεφάλι -ο* (συνών. *αγύριστος*). **2.** (για ρούχα) που δε γυρίστηκε (αντ. *γυρισμένος*).

αμετάδοτος, -η, -ο, επίθ., που δε μεταδίδεται ή δε μεταδόθηκε: *είδηση -η από τα μέσα μαζικής ενημέρωσης· αρρώστια αμετάδοτη* (αντ. *μεταδόσιμος, μεταδοτικός*).

αμετάθετος, -η, -ο, επίθ., που δε μετατέθηκε, δε μετακινήθηκε από την υπηρεσιακή του θέση: *υπάλληλος* ~ (συνών. *αμετακίνητος*). - Το ουδ. ως ουσ. = το να μην μπορεί κανείς να μετακινηθεί από την υπηρεσιακή ή άλλη θέση του: *το -ο των επισκόπων.*

αμετακίνητος, -η, -ο, επίθ., που δεν μπορεί να μετακινηθεί: *βράχος* ~· (μεταφ.) *-οι κοινωνικοί νόμοι* (συνών. *αμετατόπιστος, σταθερός, ακλόνητος, ασάλευτος·* αντ. *μετακινητός*).

αμετάκλητος, -η, -ο, επίθ., που δεν μπορεί να μετακληθεί, να ανακληθεί: *-η απόφαση* (αντ. *μετακλητός*). - Επίρρ. **-α**: *Πήρε αυτή την απόφαση -α* (= οριστικά).

αμετάλαβος, -η, -ο, επίθ., που δε μετάλαβε, δεν κοινώνησε: *παρακάλεσε να μην τον αφήσουνε -ο* (συνών. *ακοινώνητος*).

αμέταλλος, -η, -ο, επίθ. (χημ.) *-α στοιχεία*: απλά στοιχεία, χωρίς μεταλλική λάμψη, κακοί αγωγοί της θερμότητας και του ηλεκτρισμού που τα οξείδιά τους είναι όξινα ή ουδέτερα (συνών. *μεταλλοειδή·* αντ. *μέταλλα*).

αμεταμέλητος, -η, -ο, επίθ., που δε μετανόησε για το σφάλμα του (συνών. *αμετανόητος*).

αμεταμόρφωτος, -η, -ο, επίθ., που δε μεταμορφώθηκε ή δεν μπορεί να μεταμορφωθεί (συνών. *αμετάβλητος*).

αμεταμφίεστος, -η, -ο, επίθ., που δεν άλλαξε περιβολή, που δε «μασκαρεύτηκε» (συνών. *αμασκάρευτος·* αντ. *μεταμφιεσμένος, μασκαρεμένος*).

αμετανόητος, -η, -ο, επίθ., που δε μετανόησε: *φονιάς* ~ (συνών. *αμεταμέλητος*).

αμετάπειστος, -η, -ο, επίθ., που δε μεταπείστηκε, ανένδοτος (συνών. *αδιάλλακτος, ανυποχώρητος·* αντ. *διαλλακτικός, υποχωρητικός*).

αμετάπλαστος -η, -ο, επίθ., που δεν μεταπλάστηκε ή δεν μπορεί να μεταπλαστεί.

αμεταποίητος, -η, -ο, επίθ., που δεν έχει ή δεν μπορεί να μεταποιηθεί: *φόρεμα -ο* (αντ. *μεταποιημένος*).

αμεταπούλητος, -η, -ο, επίθ., που δε μεταπουλήθηκε: *εμπόρευμα -ο* (αντ. *μεταπουλημένος*).

αμετάπτωτος, -η, -ο, επίθ., που δε γνώρισε μετάπτωση, δεν υποχώρησε σε ένταση: *ενδιαφέρον -ο* (συνών. *αμείωτος*).

αμεταρρύθμιστος, -η, -ο, επίθ., που δε μεταρρυθμίστηκε.

αμετασάλευτος, -η, -ο, επίθ., που δε μετακινήθηκε καθόλου ή που δεν μπορεί κανείς να τον μετακινήσει: ~ *στις απόψεις του* (συνών. *σταθερός, αδιάλλακτος*).

αμετάστρεπτος, -η, -ο, επίθ., που δε γυρίζει πίσω. - Επίρρ. **-α.**

αμετασχημάτιστος, -η, -ο, επίθ., που δε μετασχηματίστηκε ή που δεν μπορεί κανείς να τον μετασχηματίσει.

αμετατόπιστος, -η, -ο, επίθ., που δε μετατοπίστηκε ή που δεν μπορεί κανείς να τον μετατοπίσει (αντ. *μετατοπισμένος*).

αμετάτρεπτος, -η, -ο, επίθ., που δεν μπορεί να μεταβληθεί: *ποινή -η.*

αμετάφραστος, -η, -ο, επίθ., που δεν μεταφράστηκε ή δεν μπορεί να μεταφραστεί: *ξενόγλωσσο κείμενο -ο* (αντ. *μεταφρασμένος*).

αμεταχείριστος, -η, -ο, επίθ., που δεν τον μεταχειρίστηκε ή που δεν μπορεί κανείς να τον μεταχειριστεί, να τον χρησιμοποιήσει: *σκεύη / έπιπλα -α* (συνών. *καινούργιος, αχρησιμοποίητος·* αντ. *μεταχειρισμένος*).

αμέτοχος, -η, -ο, επίθ., που δεν πήρε μέρος σε κά-

τι: *άτομο -ο στο έγκλημα* (αντ. *μέτοχος, ανακατεμένος, μπλεγμένος*).
αμέτρητος, -η, -ο, επίθ. 1. που δε μετρήθηκε: *ρέστα -α* (αντ. *μετρημένος*). 2. που δεν μπορεί να μετρηθεί: *λάθη -α· -ες φορές σου το είπα* (συνών. *άμετρος, υπερβολικός*).
αμετροέπεια η, ουσ., το να μην υπάρχει μέτρο στην ομιλία, στη συμπεριφορά (συνών. *φλυαρία, αυθάδεια*).
αμετροεπής, -ής, -ές, επίθ., που δεν έχει μέτρο στην ομιλία του, στη συμπεριφορά (συνών. *πολυλογάς, αυθάδης*).
άμετρος, -η, -ο, επίθ., που δεν μπορεί να μετρηθεί, να προσδιοριστεί: (μεταφ.) *φιλαργυρία / φιλοδοξία -η* (συνών. *υπερβολικός, αμέτρητος*).
αμετρωπία η, ουσ. (ιατρ.) ανωμαλία στην όραση (αστιγματισμός, δαλτονισμός, μυωπία, υπερμετρωπία). [γαλλ. *ametropie* < ελλην. στερ. α- + *μέτρο* + *-ωπία*].
αμή, βλ. *αμέ*.
αμήν, επιφ. άκλ., μακάρι (να γίνει), είθε· φρ. *ώσπου να πεις* ~ (= αμέσως, αυτοστιγμεί)· *έφτασα στο* ~ (= έχασα την υπομονή μου, ήρθα σε απελπισία). [εβρ. *amen*].
αμηνόρροια η, ουσ. (ασυνίζ.), (ιατρ.) έλλειψη εμμηνόρροιας (βλ. λ.).
αμηχανία η, ουσ., το να βρίσκεται κανείς σε κατάσταση που να μην ξέρει τι να κάνει: *Ένιωσα τόση* ~ *που ήθελα ν' ανοίξει η γη να με καταπιεί*.
αμήχανος, -η, -ο, επίθ., που βρίσκεται σε αμηχανία.
αμίαντος -η, -ο, επίθ., που δεν έχει μιανθεί ή δεν μπορεί να μιανθεί (συνών. *αμόλυντος, αγνός*).
αμίαντος ο, ουσ., ορυκτό. [γαλλ. *amiante*].
αμιγής, -ής, -ές, γεν. *-ούς,* πληθ. αρσ. και θηλ. *-είς,* ουδ. *-ή,* επίθ., που δεν έχει ανακατευτεί με κάτι άλλο· καθαρός, ανόθευτος: *λάδι -ές·* (μεταφ.) ~ *αυτόματη γραφή*.
αμίλητος, -η, -ο, επίθ. 1. που δε μιλά: *από τη στενοχώρια του ήταν* ~ (συνών. *σιωπηλός*). 2. που δεν είναι με το λόγο καταδεχτικός στους άλλους: ~ *κι αγέλαστος*. Έκφρ. *-ο νερό* = νερό που χρησιμοποιείται στον κλήδονα.
άμιλλα η, ουσ., συναγωνισμός: *Στους αγώνες επικρατεί πνεύμα -ας*.
αμίμητος, -η, -ο, επίθ., που δεν μπορεί κανείς να τον μιμηθεί: *κωμικός* ~ · *γκάφα -η* (συνών. *ανυπέρβλητος, ασυναγώνιστος*).
αμινοξέα τα, ουσ. (χημ.) οργανικά οξέα που προέρχονται από πρωτεΐνες. [*αμίνη* + *οξύ*· πβ. γαλλ. *amino-acides*].
άμισθος, -η, -ο, επίθ., που δεν εισπράττει μισθό (ή και για υπαλληλική θέση): *υπάλληλος* ~ (αντ. *έμμισθος, μισθωτός*).
αμίσθωτος, -η, -ο, επίθ., που δε μισθώθηκε, δε νοικιάστηκε: *το διαμέρισμα έμεινε -ο* (συνών. *ξενοίκιαστος·* αντ. *μισθωμένος, νοικιασμένος*).
αμμοθύελλα η, ουσ., θύελλα που μεταφέρει άμμο από το ένα μέρος στο άλλο.
αμμοκονίαμα το, ουσ., μίγμα από άμμο και ασβέστη που χρησιμοποιείται κυρίως για το σοβάντισμα τοίχων.
αμμόλουτρο το, ουσ., λουτρό σε (ζεστή) άμμο.
αμμόλοφος ο, ουσ., λόφος από άμμο: *-οι κιτρινοποί*.
αμμοξέρα και **αμμόξερα** η, ουσ. (λαϊκ.), «ξέρα» μέσα στη θάλασσα σχηματισμένη από άμμο, πέ-

τρωμα από άμμο· *ύφαλος, σκόπελος*: *το καράβι κάθισε πάνω στην* ~· *τα ρέματα τους ρίξανε απάνου σε μιαν αμμόξερα* (Κόντογλου).
αμμόπετρα η, ουσ., κοινή ονομασία του ορυκτού «ψαμμίτης» (βλ. λ.).
άμμος η, ουσ. (και ο), χώμα από μικρούς κόκκους στις παραλίες, στο βυθό της θάλασσας, των λιμνών, των ποταμών και στην έρημο: *ηλιοθεραπεία στην -ο*. Έκφρ. *σαν τον άμμο της θάλασσας* = πολλοί, πλήθος από... Φρ. *κτίζω στην -ο* = (μεταφ.) ματαιοπονώ.
αμμοστρωμένος, -η, -ο, επίθ. μτχ., που είναι στρωμένος με άμμο: *σκάμμα για άλματα -ο·* (συνεκδ.) που περιέχει άμμο: *ακρογιαλιά -η* (= *αμμουδερός, αμμώδης*).
αμμότοπος ο, ουσ., τόπος με πολλή άμμο.
αμμούδα η, ουσ., τόπος που περιέχει άμμο· *αμμώδης* (και συνεπώς άγονη) έκταση γης: *απέραντη* ~.
αμμουδερός, -ή, -ό, επίθ., που περιέχει άμμο: *χώμα/χωράφι -ό* (συνών. *αμμώδης*).
αμμουδιά η, ουσ. (συνιζ.), αμμώδης τόπος συνήθως παραθαλάσσιος ή παραποτάμιος.
αμμοχάλικο το, ουσ., ξηρό μίγμα από άμμο και χαλίκι.
αμμόχωμα το, ουσ., μίγμα από άμμο και χώμα ως οικοδομικό υλικό (σε ευτελείς κατασκευές λιθοδομών).
αμμώδης, -ης, -ες, γεν. *-ους,* πληθ. αρσ. και θηλ. *-εις,* ουδ. *-η,* επίθ., που περιέχει άμμο: *τόπος / βυθός* ~· *έδαφος / χωράφι -ες·* ακαλλιέργητες *εκτάσεις -εις* (συνών. *αμμουδερός*).
αμμωνία η, ουσ., άχρωμο αέριο με ιδιάζουσα καυστική οσμή· το ίδιο αέριο σε υγρή μορφή ή σε υδατικό διάλυμα για βιομηχανική ή και οικιακή χρήση. [νεολατ. *ammonia* < λατ. *ammoniacum* < μτγν. *αμμωνιακός*].
αμμωνιακός, -ή, -ό, επίθ. (ασυνίζ.), που αναφέρεται στην αμμωνία ή παράγεται από αυτήν: *διάλυμα -ό*.
αμνάδα η, ουσ., θηλυκό πρόβατο. [*αμνάς*].
αμνημόνευτος, -η, -ο, επίθ. 1. που δε μνημονεύεται, δε γίνεται λόγος γι' αυτόν, έχει ξεχαστεί: *Χρόνια αμνημόνευτα σα νάταν ξένα* (Πολέμης)· *αφήνει -ες τις βασικότερες διαφορές μας* (συνών. *ξεχασμένος·* αντ. *αείμνηστος*). 2. (εκκλ.) που δεν έγινε μνημόσυνο γι' αυτόν ή δε μνημονεύτηκε το όνομά του σε ακολουθία: *δεν είχε ο μακαρίτης κανένα συγγενή και μένει* ~.
αμνησία η, ουσ. (ιατρ.) μερική ή ολική απώλεια της μνήμης: ~ *παροδική / τραυματική / ψυχογενής*.
αμνησικακία η, ουσ., το να μη θυμάται κάποιος το κακό που του έκαμαν και να μην επιθυμεί να εκδικηθεί (αντ. *μνησικακία*).
αμνησίκακος, -η, -ο, επίθ., που δε θυμάται το κακό που του έκαμαν (αντ. *μνησίκακος*).
αμνηστεία, βλ. *αμνηστία*.
αμνήστευση η, ουσ., χορήγηση αμνηστίας (βλ. λ.): *οι στασιαστές ζήτησαν την* ~ *των πράξεών τους·* ~ *πολιτικών κρατουμένων*.
αμνηστευτικός, -ή, -ό, επίθ., που αναφέρεται στην αμνηστία· που μ' αυτόν χορηγείται αμνηστία: *διάταγμα -ό*.
αμνήστευτος, -η, -ο, επίθ., που δεν αρραβωνιάστηκε: *καλύτερα να χώριζαν όσο ήταν -οι* (αντ. *μνηστευμένος, αρραβωνιασμένος*).

αμνηστεύω, ρ., παρέχω αμνηστία σε κάποιον για αδίκημα που διέπραξε: *οι δραπέτες παραδόθηκαν όταν υποσχέθηκαν να τους -εύσουν· η κυβέρνηση -σε ορισμένες κατηγορίες αδικημάτων.*

αμνηστία η, ουσ., συγχώρηση, συνήθως συλλογική και απρόσωπη, της πολιτείας για ορισμένες πράξεις που στρέφονται εναντίον της: *δίνω / παρέχω / χορηγώ ~· ~ γενική / μερική / ψεύτικη / υπό όρους· Κατά το Σύνταγμα ~ δίνει ο Πρόεδρος της Δημοκρατίας και μόνο για πολιτικά αδικήματα· Διεθνής ~* = επωνυμία παγκόσμιας οργάνωσης που ιδρύθηκε το 1961 και έχει σκοπό την προάσπιση των ανθρώπινων δικαιωμάτων.

αμνιακός, -ή, -ό, επίθ. (ασυνίζ.), (ιατρ.) που ανήκει ή αναφέρεται στο άμνιο (βλ. λ.): *σάκος ~· η -ή κοιλότητα περιέχει το -ό υγρό (όπου κινείται το έμβρυο).* [πβ. αγγλ. *amniac*].

άμνιο το, ουσ. (ασυνίζ.), (ιατρ.) εσωτερικός υμένας που μαζί με τον εξωτερικό (το χόριο) αποτελούν τον αμνιακό σάκο, μέσα στον οποίο βρίσκεται το έμβρυο κατά την κύηση. [αρχ. *αμνίον*· πβ. αγγλ. *amnion*].

αμνιοκέντηση η, ουσ. (ασυνίζ. έρρ.), (ιατρ.) παρακέντηση του αμνιακού σάκου διαμέσου του κοιλιακού τοιχώματος ή του κόλπου με σκοπό τη λήψη αμνιακού υγρού για εξέταση.

αμνός ο, ουσ. (λόγ.). **1.** νεογέννητο πρόβατο· συνήθως ως σύμβολο του Χριστού. Έκφρ. *ο ~ του Θεού = ο Χριστός* (συνών. *αρνάκι*). **2.** (ιδιωμ.) ύφασμα του επιταφίου που εικονίζει το σώμα του Χριστού. **3.** (εκκλ.) το τμήμα της λειτουργίας που χρησιμοποιείται για τη θεία κοινωνία.

άμοιαστος, -η, -ο, επίθ. **1.** που δε μοιάζει με κάποιον: *με τον πατέρα του ήταν τελείως -οι* (συνών. *διαφορετικός, ανόμοιος*· αντ. *όμοιος, ολόιδιος, φτυστός*). **2.** αταίριαστος: *λόγια / φερσίματα -α* (συνών. *ανάρμοστος, άτοπος*). - Επίρρ. **-α**.

αμοιβάδα η, ουσ. (βιολ.) μονοκύτταρος μικροοργανισμός που ανήκει στα πρωτόζωα με χαρακτηριστικό τη συνεχή παραμόρφωση λόγω της προεκβολής ψευδοποδίων.

αμοιβαδοειδής, -ής, -ές, γεν. *-ούς*, πληθ. αρσ. και θηλ. *-είς*, ουδ. *-ή*, επίθ. (ασυνίζ.), που σχετίζεται ή μοιάζει με τις αμοιβάδες: *κύτταρο / σχήμα -ές· κίνηση ~* (που γίνεται με την προεκβολή ρευστού κυτταροπλάσματος, του ψευδοποδίου και χαρακτηρίζει την αμοιβάδα, καθώς και ορισμένους άλλους οργανισμούς και κύτταρα). [πβ. γαλλ. *amiboïde*].

αμοιβάδωση η, ουσ. (ιατρ.) αρρώστια που προκαλεί (σε ορισμένες περιπτώσεις) η παρουσία στο ανθρώπινο έντερο ενός είδους αμοιβάδας (ιστολυτική).

αμοιβαίος, -α, -ο, επίθ., που γίνεται ή υπάρχει σε ανταπόδοση: *εκτίμηση / συμπάθεια -α· έρωτας ~· αισθήματα -α· υποχρεώσεις -ες* (= που προϋπόθεση του σεβασμού τους από τη μία πλευρά είναι ότι συμβαίνει το ίδιο και από την άλλη)· *υποχωρήσεις -ες.*

αμοιβαιότητα η, ουσ., το να γίνεται κάτι με τρόπο αμοιβαίο· σχέση ατόμων ή κρατών που βασίζεται στην ισότητα δικαιωμάτων και υποχρεώσεων: *αισθημάτων/υποχρεώσεων διακρατική συμφωνία με όρο την ~ στη μεταχείριση των αλλοδαπών.*

αμοιβή η, ουσ. **1.** ανταπόδοση: *~ υλική / ηθική / χρηματική· για ό,τι έκανε πήρε την ~ που του άξιζε* (συνών. *ανταμοιβή*). **2.** μισθός που παρέχεται σε αντάλλαγμα εργασίας ή υπηρεσίας που προσφέρθηκε: *εργάζεται σκληρά, αλλά η ~ του είναι καλή· ~ συνηθισμένη / υπέρογκη· ίση ~ για ίση εργασία.*

αμοίραστος, -η, -ο, επίθ., που δε χωρίστηκε σε μερίδια, δε μοιράστηκε: *κληρονομιά / περιουσία -η· έμειναν πολλά βιβλία -α* (αντ. *μοιρασμένος*).

αμοιρολόγητος, -η, -ο, επίθ. (για νεκρό) που δεν τον θρήνησαν με μοιρολόγια: *τον έθαψαν σε ξένη γη -ο* (συνών. *άκλαυτος*).

άμοιρος, -η, -ο, επίθ. **1.** (λόγ. με γεν.) που δεν έχει μερίδιο, συμμετοχή σε κάτι: *για την κατάσταση της χώρας δεν είναι ~ ευθυνών και ο πολιτικός κόσμος* (συνών. *αμέτοχος*· αντ. *συμμέτοχος, μέτοχος*). **2.** που δεν έχει καλή μοίρα: Έχασε από τις πλημμύρες όλο του το βιός ο ~ (συνών. *άτυχος, δυστυχισμένος*· αντ. *τυχερός, ευτυχισμένος*).

αμόκ το, άκλ. **1.** είδος δολοφονικής μανίας που παρατηρείται στους κατοίκους της Μαλαισίας· (γενικά) μανία που εκδηλώνεται με πράξεις τυφλής βίας και καταστροφής: *τον έπιασε ~ και πυροβολούσε από το μπαλκόνι τους περαστικούς.* **2.** (μεταφ.) μεγάλη ακρίβεια: *~ ακρίβειας.* [γαλλ. *amok*].

αμολάρω, ρ. (ναυτ.) αφήνω, παύω να κρατώ κάτι: *~ το παλαμάρι / το σκοινί·* προστ. *αμόλα!* = άφηνε, χαλάρωνε: *αμόλα γάμπια.* [βενετ. *molar* ή ιταλ. *ammollare*].

αμόλευτος, -η, -ο, επίθ. (λαϊκ.), αμόλυντος· (μεταφ.) αγνός, αδιάφθορος: *θάλασσα -η από βρομιές· κορίτσι -ο* (= παρθένος).

αμολητός, -ή, -ό, επίθ. **1.** χαλαρός: *παλαμάρι -ό* (συνών. *λάσκος*· αντ. *σφιχτός, τεντωμένος*). **2.** που τον έλυσαν και τον άφησαν ελεύθερο· (μεταφ.) που έμεινε χωρίς επίβλεψη: *ήτανε -ό το άλογο· τον είχαν -ό από μικρό στη γειτονιά* (συνών. *ανεπιτήρητος*).

αμολόγητος, -η, -ο, επίθ., που δεν πρέπει ή δεν είναι δυνατόν να ειπωθεί: *κρίμα -ο· βάσανα -α* (συνών. *ανείπωτος*).

αμολύβδος, -η, -ο, επίθ., που δεν περιέχει μόλυβδο: *βενζίνη -η.*

αμόλυντος, -η, -ο, επίθ. (έρρ.), που δε μολύνθηκε, δεν προσβλήθηκε από μικρόβιο ή αρρώστια· (μεταφ.) αγνός: *πληγή -η· καρδιά -η από δόλο· οι βάρβαροι δεν άφησαν -α ούτε τα ιερά* (συνών. *αδιάφθορος, αβεβήλωτος*).

αμολώ και **-λάω, -άς**, ρ. (λαϊκ.). **1.** αφήνω κάτι που κρατώ: *-ησα το σκοινί* (συνών. *χαλαρώνω*· αντ. *πιάνω*). **2.** ελευθερώνω από δεσμά, περιορισμούς: *~ τα σκυλιά· όσους είχαν στο κρατητήριο τους -ήσαν* (= αποφυλάκισαν) *-ησε τα παιδιά του* (= τα άφησε χωρίς επιτήρηση, χωρίς έλεγχο)· *~ αετό* (= αφήνω να ανυψωθεί)· *η σουπιά -λάει μελάνι* (= εξαπολύει, χύνει) (αντ. *δεσμεύω, φυλακίζω*). Φρ. *αμόλα μελάνι* = (λαϊκ., μεταφ.) φύγε, εξαφανίσου· *την (ή τις) -ησε* = (ευφημ. αντί) άφησε πορδή. **3.** (μεταφ.) για λόγια ανόητα) ξεστομίζω ανεξέλεγκτα: *~ παραμύθια / κοτσάνες.* **4.** (μέσ.) ξεκινώ, φεύγω γρήγορα: *-ήθηκαν τ' αποσπάσματα να κυνηγήσουν τους ληστές· μόλις έφυγε -λιούνται κι αυτοί ξοπίσω τους.* [προστ. *αμόλα* του *αμολάρω·* πιθ. συμφ. με το *απολώ < απολύω*].

αμόνι το, ουσ., ογκώδης και συμπαγής μάζα από σφυρήλατο σίδερο ή χάλυβα πάνω στην οποία γίνεται η επεξεργασία μεταλλικών κομματιών που προηγουμένως πυρακτώθηκαν: *~ του σιδερά / του πεταλωτή / του τσαγγάρη, κ.ά.·* (σε μεταφ.)

στο ~ της υπομονής (Αθάνας). Παροιμ. φρ. μια στο σφυρί και μια στ' ~ (για κίνδυνο από δύο πλευρές). [μτγν. ακμόνιον].

αμονιμοποίητος, -η, -ο, επίθ., που δε μονιμοποιήθηκε στη θέση όπου εργάζεται: *υπάλληλος ~* (συνών. *έκτακτος*· αντ. *μονιμοποιημένος, μόνιμος*).

αμονογράφητος, -η, -ο, επίθ. (για έγγραφο) που δε μονογραφήθηκε, δεν έχει τη μονογραφή του συντάκτη του ή άλλων αρμοδίων: *σύμβαση / συμφωνία -η* (αντ. *μονογραφημένος*).

αμόνοιαστος, -η, -ο, επίθ., που δε μονοιάζει με άλλον, φιλόνικος: *παιδιά -α* (αντ. *μονοιασμένος*).

αμοραλισμός ο, ουσ. (φιλοσ.) άρνηση κάθε ηθικής και υποκατάσταση των αρχών της από προσωπικούς κανόνες σκέψης και συμπεριφοράς, που έχουν για βάση την προώθηση του συμφέροντος καθενός: *~ κοινωνικός / λογοτεχνικός / πολιτικός*. [γαλλ. *amoralisme*].

αμοραλιστής ο, θηλ. **-ίστρια**, ουσ., αυτός που ασπάζεται και εφαρμόζει τον αμοραλισμό (βλ. λ.). [γαλλ. *amoraliste*].

αμορτισέρ το, ουσ. άκλ., (τεχνολ.) σύστημα που περιορίζει τη βιαιότητα μιας σύγκρουσης, την ένταση ενός ήχου ή τους κραδασμούς μιας μηχανής ή ενός οχήματος (αλλιώς *αποσβεστήρας κραδασμών*). [γαλλ. *amortisseur*].

αμορφία η, ουσ., έλλειψη μορφής, σχήματος.

άμορφος, -η, -ο, επίθ., που δεν έχει συγκεκριμένη μορφή ή σχήμα: *μάζα -η· μετά τη σύγκρουση το αυτοκίνητο έγινε μια -η μάζα σιδερικών*.

αμορφωσιά η, ουσ. (συνιζ.), έλλειψη στοιχειωδούς μόρφωσης: *στο χωριό του βασίλευε η πρόληψη και η ~* (συνών. *αγραμματοσύνη, αμάθεια*· αντ. *μόρφωση, παιδεία*).

αμόρφωτος, -η, -ο, επίθ., που δεν έλαβε ούτε τη στοιχειώδη μόρφωση (συνών. *ανεκπαίδευτος, αμαθής, ακαλλιέργητος*· αντ. *μορφωμένος, καλλιεργημένος*).

-αμός, κατάλ. αρσ. ουσ.: *βουβαμός, σιχαμός*. [αρχ. ουσ. σε *-αγμός: στεναγμός*].

αμούδιαστος, -η, -ο, επίθ., που δε μούδιασε: *δόντια / χέρια -α* (αντ. *μουδιασμένος*).

αμουνούχιστος, -η, -ο, επίθ. (για ζώο) που δεν τον ευνούχισαν: *ταύρος ~· γουρούνι -ο* (αντ. *ευνουχισμένος, μουνουχισμένος*).

αμούσκευτος, -η, -ο, επίθ., που δε βράχηκε, που δεν τον μούσκεψαν: *ρούχα -α· φακές -ες* (αντ. *μουσκεμένος, βρεγμένος*).

άμουσος, -η, -ο, επίθ. 1. που δεν αγαπά τις τέχνες: *~ κι απολίτιστος άνθρωπος* (συνών. *ακαλαίσθητος, αγροίκος*· αντ. *καλλιεργημένος*). 2. που δεν αγαπά ή δεν καταλαβαίνει τη μουσική: *αφτί -ο* (αντ. *μουσικό*)· *κοινό -ο*.

αμούστακος -η, -ο, επίθ., που δεν έβγαλε ακόμη μουστάκι, νεαρός στην ηλικία: *παλληκάρι -ο*.

αμουτζούρωτος, -η, -ο, επίθ. (όχι έρρ.), που δε λερώθηκε με μουτζούρες: *τετράδιο -ο* (αντ. *μουτζουρωμένος*).

αμούχλιαστος, -η, -ο, επίθ., που δε μούχλιασε ή δε μουχλιάζει: *ψωμί / τυρί -ο* (αντ. *μουχλιασμένος, σαπισμένος*).

αμπαζούρ το, ουσ. άκλ. (όχι έρρ.), (κωνικό, κυλινδρικό ή άλλου σχήματος) περικάλυμμα από διάφορα υλικά (χαρτί, ύφασμα, κ.ά.) που προσαρμόζεται σε φωτιστικά σώματα για να αντανακλά το φως. [γαλλ. *abat-jour*].

άμπακας και **άμπακος** ο, ουσ. (όχι έρρ.), (παλαιότ.) μαθητική πλάκα· (συνεκδ.) άμμος· (μεταφ.) πλήθος· σήμ. μόνο στη φρ. *τρώω τον -α (ή τον -ο)* = τρώγω υπερβολικά. [ιταλ. *abbaco*].

αμπαλάζ το, ουσ.: *~ του πακέτου·* λέγε και γράφε :*συσκευασία*.

αμπαλάρισμα το, ουσ. (όχι έρρ.), συσκευασία σε δέμα ή σε κιβώτιο: *Δεν έγινε καλό ~ και στο δρόμο τα πράγματα σκόρπισαν*.

αμπαλάρω, ρ. αόρ. *-άρισα*, μτχ. *-ισμένος*, συσκευάζω σε δέμα ή σε κιβώτιο: *Μετακόμιζε κι έπρεπε ν' -άρει όλο του το νοικοκυριό*. [ιταλ. *abballare*].

αμπάλωτος, -η, -ο, επίθ. (όχι έρρ.). 1. (για ένδυμα ή υπόδημα) που δεν τον μπάλωσαν, δεν τον επιδιόρθωσαν προσθέτοντας ένα κομμάτι εκεί που σκίστηκε: *ρούχο / παντελόνι / παπούτσι -ο* (αντ. *μπαλωμένος*). 2. που δε δέχεται μπάλωμα· που δεν μπορεί να διορθωθεί: *Έτσι που το έσκισες το πουκάμισο είναι -ο*.

αμπανόζι το, ουσ., το σκληρό και μαύρο ξύλο του έβενου (συνών. *έβενος* στη σημασ. 2). [περσοτουρκ. *abanoz* < ελλην. *έβενος*].

άμπαρ και **άμπαρι** το, ουσ. (έρρ.), αρωματική ουσία. [αραβ. *anbar*].

αμπάρα η, ουσ. (όχι έρρ.), μοχλός της πόρτας για την ασφάλεια της κατοικίας. [ιταλ. *barra*].

άμπαρη η, ουσ. (έρρ.), άμπαρ. (βλ. λ.).

αμπάρι το, ουσ. (έρρ.). 1. αποθήκη σιτηρών στην πλευρά μεγαλύτερου δωματίου: *το ~ είναι αρκετά εφοδιασμένο*. 2. το εσωτερικό κύτος του πλοίου: *στο · περάσανε νερά· ανεβήκανε από τ' ~ και λιαζόντανε απάνω στην κουβέρτα*. [τουρκ. *ambar*].

αμπαριάζω, ρ. (έρρ., συνιζ.), αποθηκιάζω στο αμπάρι: *σιτάρι -ασμένο*.

αμπάριζα η, ουσ. (έρρ.), παιχνίδι των παιδιών σε ελεύθερο χώρο (συνών. *τα σκλαβάκια*). [αλβαν. *ambarezë*].

αμπαριτζής και **αμπαρτζής** ο, ουσ. (έρρ.), (ναυτ.) αυτός που επιβλέπει το αμπάρι ενός πλοίου και τα σχετικά μ' αυτό.

αμπαρκάριστος, -η, -ο, επίθ. (όχι έρρ.). 1. που δεν μπάρκαρε, δεν επιβιβάστηκε. 2. (ναυτ.) που δεν τον προσέλαβαν για υπηρεσία σε καράβι (αντ. *μπαρκαρισμένος*).

αμπάρωμα το, ουσ. (όχι έρρ.), το να ασφαλίζει κανείς την κατοικία με αμπάρα.

αμπαρώνω, ρ. (όχι έρρ.), χρησιμοποιώ την αμπάρα για να ασφαλίζω την κατοικία: *καστρόπορτες -ωμένες*.

αμπαρωτός, -ή, -ό, επίθ. (όχι έρρ.), κλεισμένος με αμπάρα: *πόρτα -ή* (συνών. *μανταλωμένος*).

αμπάς ο, ουσ. (έρρ.). 1. χοντρό ύφασμα μάλλινο. 2. (συνεκδ.) ρούχο από χοντρό μάλλινο ύφασμα. [αραβ. *aba*].

αμπατζήδικο το, ουσ. (όχι έρρ.), το κατάστημα του αμπατζή (βλ. λ.).

αμπατζής ο, ουσ. (όχι έρρ.), αυτός που ράβει ή πουλάει αμπάδες. [τουρκ. *abaci*].

αμπελακιώτικος, -η, -ο, επίθ. (έρρ., συνιζ.), που σχετίζεται με τα Αμπελάκια ή τους κατοίκους τους.

αμπελάς ο, ουσ. (έρρ.), ιδιοκτήτης αμπελιού ή αμπελιών.

αμπέλι το, ουσ. (έρρ.). 1. τόπος φυτεμένος με κλήματα (συνών. *αμπελώνας*). 2. κλήμα. Φρ. *πήγε σαν το σκυλί στ' ~* = χάθηκε, πέθανε άδικα. Παροιμ.

παλιό τ' ~, το κρασί λίγο· ~ του χεριού σου, συκιά του κυρού σου κι ελιά του παππού σου (το αμπέλι δε βαστά πολλά χρόνια, γι' αυτό για να ωφεληθεί κάποιος θα πρέπει να το φυτέψει ο ίδιος). - Υποκορ. **-άκι** το.

αμπελιάτικα τα, ουσ. (έρρ., συνιζ.). 1. αμοιβή των εργατών που εργάζονται σε αμπέλι. 2. φόρος για τα αμπέλια.

αμπελίσιος, -α, -ο, επίθ. (έρρ., συνιζ.), που ανήκει στο αμπέλι ή σχετίζεται μ' αυτό: *φύλλα / σύκα -α*.

αμπελόβεργα η, ουσ. (έρρ.), κλαδί από κλήμα αμπελιού (συνών. *αμπελοκλάδι, αμπελόκλημα*).

αμπελοκαλλιέργεια η, ουσ. (έρρ., ασυνίζ.), καλλιέργεια αμπελιών (συνών. *αμπελοκομία, αμπελουργία*).

αμπελοκαλλιεργητής ο, ουσ. (έρρ., ασυνίζ.), καλλιεργητής αμπελιού (συνών. *αμπελοκόμος, αμπελουργός*).

αμπελόκηπος ο, ουσ. (έρρ.), κήπος με αμπέλι.

αμπελοκλάδι το, ουσ. (έρρ.). 1. κλαδί από κλήμα αμπελιού (συνών. *αμπελόβεργα, αμπελόκλημα*). 2. ονομασία φυτών παρασίτων του αμπελιού: *Το αμπέλι θέλει βοτάνισμα. γιατί είναι γεμάτο -δια*. 3. το νόσημα «έρπης», που παρουσιάζεται στο κεφάλι και στο πρόσωπο των παιδιών (επειδή θεραπεύεται με αμπελοκλάδι). 4. «οξείδωση του στομάχου» (διάρροια και κωλικοί πόνοι): *τον έκοψε ~*.

αμπελόκλημα το, ουσ. (έρρ.), κλήμα αμπελιού (συνών. *αμπελόβεργα, αμπελοκλάδι*).

αμπελοκομία η, ουσ. (έρρ.), καλλιέργεια αμπελιών (συνών. *αμπελοκαλλιέργεια, αμπελουργία*).

αμπελοκόμος ο, ουσ. (έρρ.), καλλιεργητής αμπελιών (συνών. *αμπελοκαλλιεργητής, αμπελουργός*).

αμπελοστάφυλο το, ουσ. (έρρ.), σταφύλι από αμπέλι και όχι από κληματαριά.

αμπελοτόπι το, ουσ. (έρρ.), αμπελότοπος (βλ. λ.).

αμπελότοπος ο, ουσ. (έρρ.), τόπος όπου ευδοκιμούν αμπέλια (συνών. *αμπελοτόπι*).

αμπελουργία η, ουσ. (έρρ.). 1. καλλιέργεια αμπελιών (συνών. *αμπελοκαλλιέργεια*). 2. κλάδος της γεωπονίας που ασχολείται με τα αμπέλια (συνών. *αμπελοκομία*).

αμπελουργικός, -ή, -ό, επίθ. (έρρ.), που σχετίζεται με την αμπελουργία: *δάνεια -ά*. - Το θηλ. ως ουσ. = η τέχνη του αμπελουργού (βλ. λ.).

αμπελουργός ο, ουσ. (ερρ.). 1. αυτός που καλλιεργεί αμπέλι (συνών. *αμπελοκαλλιεργητής*). 2. γεωπόνος που είναι ειδικευμένος στα θέματα του αμπελιού (συνών. *αμπελοκόμος*).

αμπελοφάγος ο, ουσ. (έρρ.), έντομο που καταστρέφει τα βλαστάρια ή τα φύλλα των αμπελιών.

αμπελοφάσουλο το, ουσ. (έρρ.), φασόλι όχι πολύ πλατύ που καλλιεργείται μέσα σε αμπέλια.

αμπελοφιλοσοφία η, ουσ., ψευτοφιλοσοφία.

αμπελοφύλακας ο, ουσ. (έρρ.), φύλακας αμπελιού.

αμπελόφυλλο το, ουσ. (έρρ.), φύλλο αμπελιού (συνών. *κληματόφυλλο*).

αμπελοφυτεία η, ουσ. (έρρ.), φυτεία από αμπέλια (συνών. *αμπελώνας*).

αμπελοχώραφα τα, ουσ. (έρρ.), αμπέλια και χωράφια μαζί. Φρ. *μπαίνω στ' ~ κάποιου* = επεμβαίνω σε αλλότριο έργο, σε ξένο χώρο: *Φοβάται μην μπω στ' -ά του*. Παροιμ. *έλα παππού να σου δείξω τ' -ά σου* (για νέο που κάνει υποδείξεις σε γεροντότερο έμπειρο σε σχετικά θέματα).

αμπελώνας ο, ουσ. (έρρ.), κτήμα φυτεμένο με αμπέλια (συνών. *αμπελοφυτεία*).

αμπέρ το, ουσ. άκλ. (έρρ.), (φυσ.) μονάδα για τη μέτρηση της έντασης του ηλεκτρικού ρεύματος. [γαλλ. ampère < κύρ. όν. *Ampère*].

αμπερόμετρο το, ουσ. (έρρ.), όργανο που μετρά την ένταση του ηλεκτρικού ρεύματος.

αμπέχονο το, ουσ. (έρρ.), χιτώνιο της στολής του στρατιώτη.

αμπογιάντιστος, -η, -ο, επίθ. (όχι έρρ.), που δεν μπογιαντίστηκε: *τοίχος ~* (συνών. *άβαφος*· αντ. *βαμμένος, μπογιαντισμένος*).

αμπολή η, ουσ. (έρρ.). 1. φράγμα του κεντρικού αυλακιού που παροχετεύει το νερό σε μικρότερα αυλάκια (συνών. *δέση, κόφτρα*). 2. αυλάκι που πάει το νερό στο μύλο. [< αρχ. *εμβολή* < *εμβάλλω*].

αμπόλιαστος, -η, -ο, επίθ. (όχι έρρ.). 1. (για δέντρο) που δεν μπολιάστηκε (συνών. *ακέντρωτος*· αντ. *μπολιασμένος, κεντρωμένος*). 2. (για άνθρωπο) που δεν του έκαναν εμβόλιο. 3. που δεν προσβλήθηκε από το μικρόβιο αρρώστιας.

άμποτε(ς), επιφ. (έρρ.), μακάρι, είθε: *~ να γίνει*. [*αν + ποτέ*].

αμπούκωτος, -η, -ο, επίθ. (όχι έρρ.). 1. που δεν μπουκώθηκε, δεν του έδωσαν τροφή (αντ. *μπουκωμένος*). 2. που δε δωροδοκήθηκε.

αμπούλα η, ουσ. (έρρ.), φύσιγγα που χρησιμοποιείται για την ένεση. [γαλλ. *ampoule*].

αμπρί το, ουσ. (όχι έρρ.), στρατιωτικό σκεπαστό καταφύγιο, συνήθως τεχνητό, που χρησιμεύει ως μέσο προστασίας από τα βλήματα και την παρατήρηση του εχθρού. [γαλλ. *abri*].

άμπωνας, βλ. *άμβωνας*.

άμπωτη η, ουσ. (έρρ.), περιοδικό φαινόμενο κατά το οποίο κατεβαίνει η στάθμη της θάλασσας (συνών. *φυρονεριά, βγαλσιά*· αντ. *φουσκονεριά, πλημμυρίδα, μπασιά*). [< αρχ. *άμπωτις*].

αμυαλιά η, ουσ. (συνιζ. δις), έλλειψη φρόνησης, σύνεσης: *η ~ του του έφαγε* (συνών. *αφροσύνη*· αντ. *σύνεση, φρόνηση, σωφροσύνη, μυαλό*).

άμυαλος, -η, -ο, επίθ. (συνιζ.) και (ιδιωμ.) **ανέμυαλος**, ανόητος (συνών. *ασύνετος, άφρονας*· αντ. *συνετός, φρόνιμος, γνωστικός, μυαλωμένος*).

αμυαλοσύνη η, ουσ. (συνιζ.), το να είναι κανείς άμυαλος.

αμυγδαλάτος, -η, -ο, επίθ. 1. φτιαγμένος με αμύγδαλο: *γλυκό -ο*. 2. που έχει τη μορφή αμύγδαλου: *μάτια -α*. - Το ουδ. ως ουσ. = γλυκό φτιαγμένο με αμύγδαλα.

αμυγδαλεκτομή η, ουσ. (ιατρ.) χειρουργική επέμβαση για να αφαιρεθούν οι αμυγδαλές.

αμυγδαλένιος, -α, -ο, επίθ. (συνιζ.), φτιαγμένος με αμύγδαλα.

αμυγδαλές οι, ουσ., αδένες στη βάση του ουρανίσκου που μοιάζουν με αμύγδαλα: *υποφέρει από ~*.

αμυγδαλεώνας ο, ουσ., τόπος όπου έχουν φυτευτεί αμυγδαλιές.

αμυγδαλιά και **μυγδαλιά** η, ουσ. (συνιζ.), (βοτ.) δέντρο των εύκρατων χωρών, φυλλοβόλο, με άνθη λευκά ή λευκορόδινα, που ανθίζει Ιανουάριο με Φεβρουάριο πριν ακόμη βγάλει φύλλα και που καλλιεργείται κυρίως για τους καρπούς της.

αμυγδαλίτιδα η, ουσ., φλεγμονή των αμυγδάλων.

αμύγδαλο και **μύγδαλο** το, ουσ. 1. καρπός της αμυγδαλιάς. 2. γλύκισμα που γίνεται με αμύγδαλα.

αμυγδαλοθραύστης ο, ουσ., εργαλείο που σπάζει αμύγδαλα.

αμυγδαλόλαδο το, ουσ., λάδι από πικραμύγδαλο για τη φαρμακευτική και τη σαπουνοποιία.

αμυγδαλομάτης, -α, -ικο, επίθ., που έχει μάτια αμυγδαλωτά: *κορίτσι -ικο*.

αμυγδαλόφλουδα η, ουσ., φλούδα του αμυγδάλου.

αμυγδαλόψιχα η, ουσ., ψίχα, το εσωτερικό του αμύγδαλου που τρώγεται: *άσπρο σαν ~*.

αμυγδαλωτός, -ή, -ό, επίθ., αμυγδαλάτος (βλ.λ.): *γλυκά -ά· μάτια -ά*. - Το ουδ. ως ουσ. = είδος γλυκίσματος που γίνεται με αμύγδαλα.

αμυδρός, -ή, -ό, επίθ. **1.** που μόλις διακρίνεται: *φως -ό* (αντ. *ευδιάκριτος*). **2.** άτονος, όχι ισχυρός: *ελπίδα -ή* (αντ. *έντονος, ζωηρός*). - Επίρρ. **-ά** και **-ώς** (στη σημασ. 1).

αμύζητος, -η, -ο, επίθ. (λόγ.), (συνήθως μεταφ.) που το περιεχόμενό του δεν απομυζήθηκε.

αμύητος, -η, -ο, επίθ. (λογ.). **1.** που δεν έχει μυηθεί σε ορισμένη μυστική υπόθεση (αντ. *μυημένος*). **2.** που δεν έχει κατατοπιστεί σε επιστημονικό κλάδο, σε τέχνη, κ.λ.π. (συνών. *ακατάρτιστος, ακατατόπιστος*· αντ. *καταρτισμένος, γνώστης, κατατοπισμένος*).

αμύθητος, -η, -ο, επίθ. (για πλούτη) άπειρος: *θησαυροί -οι* (συνών. *αμέτρητος*).

αμυκτήριστος, -η, -ο, επίθ. (λόγ.), που δεν τον μυκτήρισαν (συνών. *αχλεύαστος, αλοιδόρητος, ασατίριστος*· αντ. *χλευασμένος, μυκτηρισμένος, σατιρισμένος, περίγελως*).

άμυλο το, ουσ., ουσία στα σπέρματα των δημητριακών και άλλων φυτών.

αμυλόγαλα το, ουσ., γαλάκτωμα από άμυλο (συνήθως από πατάτα).

αμυλόζη η, ουσ., το βασικό συστατικό του αμύλου. [αγγλ. *amylose*].

αμυλούχος, -α, -ο, επίθ. (για τροφές) που περιέχει (αρκετό) άμυλο (συνών. *αμυλώδης*).

αμυλώδης, -ης, -ες, γεν. -ους, πληθ. αρσ. και θηλ. -εις, ουδ. -η, επίθ., που περιέχει (αρκετό) άμυλο (συνών. *αμυλούχος*).

άμυνα η, ουσ. **1.** το να υπερασπίζεται κανείς τον εαυτό του ή άλλον που προσβάλλεται από τρίτον. **2.** το σύνολο των εφοδίων που χρησιμοποιούνται για να αμυνθεί μια χώρα από ενδεχόμενη εχθρική επίθεση: *κονδύλια για την εθνική ~· αεροπορική ~*. **3.** προσπάθεια να εμποδίσει κανείς την εισβολή ή την επέκταση μεταδοτικής ασθένειας ή οποιασδήποτε μορφής κινδύνου: *~ κατά της γρίππης / κατά του καρκίνου / κατά της εγκληματικότητας*. **4.** (για τον ανθρώπινο οργανισμό) ικανότητα να αντιμετωπίσει με επιτυχία κάποια μόλυνσή η γενικώς κάποια αρρώστια.

αμύνομαι, ρ., υπερασπίζω τον εαυτό μου αποκρούοντας οποιασδήποτε μορφής επίθεση.

αμυντικός, -ή, -ό, επίθ. (έρρ.), που ανήκει ή αναφέρεται στην άμυνα: *όπλα -ά· ζώνη -ή· πρόγραμμα -ό*.

αμυντικότητα η, ουσ. (έρρ.), ικανότητα για άμυνα: *Η ~ του ανθρώπινου οργανισμού ενισχύεται με κατάλληλα φάρμακα*.

αμύριστος, -η, -ο, επίθ. **1.** που δε μυρίζεται: *λουλούδι -ο* (συνών. *άοσμος*· αντ. *μυρωδάτος, εύοσμος*). **2.** που δεν τον μύρισε κάποιος: (μεταφ.) *κορίτσι -ο*.

αμύρωτος, -η, -ο, επίθ., που δε χρίστηκε με άγιο μύρο: *μωρό -ο* (συνών. *αβάφτιστος* αντ. *μυρωμένος, βαφτισμένος*).

αμυσταγώγητος, -η, -ο, επίθ., που δεν είναι μυημένος (συνών. *αμύητος*· αντ. *μυημένος, μυσταγωγημένος*).

αμυχή η, ουσ., επιπόλαιο τραύμα του δέρματος: *ευτυχώς, τη γλύτωσε με ελάχιστες -ές* (συνών. *γρατζουνιά*).

άμφια τα, ουσ. (ασυνίζ.). **1.** ρούχα και εξαρτήματα που φορούν οι ιερείς στις ιεροτελεστίες: *Τα ~ του ιερέα ήθελαν αντικατάσταση*. **2.** καλύμματα των ιερών σκευών ή άλλων αντικειμένων του ναού: *Τα ~ της αγίας Τράπεζας είναι χρυσοκέντητα*.

αμφιβάλλω, ρ., αόρ. *-έβαλα*, έχω αμφιβολίες, δεν είμαι σίγουρος για κάτι: *~ για το γνήσιο της υπογραφής*.

αμφίβια τα, ουσ. (ασυνίζ.), ζώα ή φυτά που ζουν και στη στεριά και στο νερό.

αμφίβιος, -α, -ο, επίθ. (ασυνίζ.). **1.** που μπορεί να ζει και στη στεριά και στο νερό: *ο βάτραχος είναι ζώο -ο*. **2.** που μπορεί να κινείται και στη στεριά και στο νερό: *οχήματα -α*.

αμφίβληστρο το, ουσ., κυκλικό δίχτυ που χρησιμοποιείται για ψάρεμα στα ρηχά (συνών. *πεζοβόλος, αθίβολος*).

αμφιβληστροειδής, -ής, -ές, γεν. -ούς, πληθ. αρσ. και θηλ. -είς, ουδ. -ή, επίθ. (ασυνίζ.), που μοιάζει με αμφίβληστρο· (ανατ.) *χιτώνας ~ = ο εσωτερικός χιτώνας του βολβού του ματιού*.

αμφιβληστροειδίτιδα η, ουσ. (ασυνίζ.), (ιατρ.) φλεγμονή του αμφιβληστροειδούς χιτώνα του ματιού.

αμφιβολία η, ουσ., η έλλειψη πεποίθησης για κάτι: *έχω πολλές ίες πάνω σ' αυτό το θέμα· δεν έχω την παραμικρή / ελάχιστη ~* (νομ.) *απαλλάχτηκε λόγω -ιών*· έκφρ. *χωρίς ~ = ασφαλώς, σίγουρα* (συνών. *αβεβαιότητα, ενδοιασμός, δισταγμός*· αντ. *βεβαιότητα, πεποίθηση, σιγουριά*).

αμφίβολος, -η, -ο, επίθ., που γι' αυτόν μπορεί κάποιος να αμφιβάλλει, που δεν είναι βέβαιο αν υπάρχει ή αν θα συμβεί: *είναι -η η επιτυχία του στις εξετάσεις· ερμηνεία -η· είναι -ο αν θα' ρθει απόψε· η λέξη είναι -ης προέλευσης / ετυμολογίας* (συνών. *αβέβαιος, ασαφής, άδηλος, διφορούμενος*· αντ. *βέβαιος, θετικός, σίγουρος, αναμφίβολος*).

αμφιβραχικός, -ή, -ό, επίθ. (μετρ.) που αποτελείται από έναν αμφίβραχυ (βλ. λ.) ή περισσότερους: *μέτρο -ό· στίχος -ός* (συνών. *μεσοτονικός*).

αμφίβραχυς ο, γεν. -εος, ουσ. (μετρ.) ρυθμικός πόδας που αποτελείται από τρεις συλλαβές, μια τονισμένη ανάμεσα σε δύο άτονες (υ-υ) (συνών. *μεσότονος*).

αμφιδρομος, -η, -ο, επίθ., που μπορεί να κινηθεί ή να ασκήσει επίδραση προς δύο αντίθετες κατευθύνσεις: *επίδραση -η· ~ χαρακτήρας των οικονομικών επιπτώσεων*· (χημ.) *αντίδραση -η = χημική αντίδραση ατελής που συνυπάρχει με την αντίστροφή της σε κατάσταση ισορροπίας*.

αμφίεση η, ουσ., το σύνολο των εξωτερικών ενδυμάτων, ενδυμασία, φορεσιά: *~ επίσημη/αστεία/πολυτελής*.

αμφιθαλής, -ής, -ές, γεν. -ούς, πληθ. αρσ. και θηλ. -είς, ουδ. -ή, επίθ. (για αδέλφια) που γεννήθηκαν από την ίδια μητέρα και τον ίδιο πατέρα (αντ. *ετεροθαλής*).

αμφιθεατρικός, -ή, -ό, επίθ. **1.** που ανήκει ή αναφέρεται στο αμφιθέατρο. **2.** που έχει σχήμα αμφιθεάτρου, ημικυκλικός και κλιμακωτός: *αίθουσα -ή*. -Επίρρ. **-ώς** και **-ά**: *η πόλη είναι χτισμένη -ώς*.

αμφιθέατρο το, ουσ. 1. κυκλικό θέατρο, χωρίς σκηνή, που γύρω του έχει κλιμακωτά θέσεις για τους θεατές: *το ~ της Ρώμης.* 2. η αίθουσα που έχει απέναντι από την έδρα ή τη σκηνή και προς τα πλάγια θέσεις κλιμακωτές: *~ της Φιλοσοφικής Σχολής.* 3. (συνεκδ.) το σύνολο των θεατών ή ακροατών ενός αμφιθεάτρου: *το ~ χειροκρότησε την παράσταση.*

αμφίκοιλος, -η, -ο, επίθ., που είναι κοίλος και από τις δύο πλευρές: (φυσ.) *φακός ~·* (ζωολ.) *σπόνδυλος ~.*

αμφικτίονες οι, ουσ. (ιστ.) 1. αντιπρόσωποι των αρχαίων ελληνικών πόλεων στις αμφικτιονίες. 2. οι πρόεδροι των πυθικών αγώνων.

αμφικτιονία η, ουσ. (ασυνίζ.), (ιστ.) θρησκευτική και πολιτική συνένωση γειτονικών πόλεων στην αρχαιότητα, που είχαν ως κέντρο κάποιο ναό κοινής λατρείας.

αμφικτιονικός, -ή, -ό, επίθ. (ασυνίζ.), (ιστ.) που ανήκει ή αναφέρεται στην αμφικτιονία: *ιερό/συνέδριο -ό.*

αμφίκυρτος, -η, -ο, επίθ., που είναι κυρτός και από τις δύο πλευρές: *τα γυαλιά της πρεσβυωπίας έχουν -ους φακούς.*

αμφιλεγόμενος, -η, -ο, επίθ., που μπορεί να αμφισβητηθεί, που γι' αυτόν δεν μπορεί κανείς να εκφράσει σίγουρη γνώμη: *αισθήματα -α· εποχή -η· χωρία -α·* (συνών. *αμφισβητούμενος, διαφιλονικούμενος·* αντ. *αναμφισβήτητος*).

αμφιρρέπω, ρ. (λόγ.), (μεταφ.) αμφιταλαντεύομαι, αμφιβάλλω, διστάζω.

αμφίρροπος, -η, -ο, επίθ. 1. που κλίνει πότε προς το ένα μέρος και πότε προς το άλλο, αβέβαιος, αμφίβολος: *μάχη -η· αγώνας ~· σχέση -η.* 2. που δεν μπορεί να πάρει κάποια απόφαση.

αμφισβήτηση η, ουσ., το να μη γίνεται παραδεκτή η αλήθεια ή η ορθότητα ενός ισχυρισμού, μιας κατάστασης, κλπ.: *θέτω υπό ~· ~ αβάσιμη / βάσιμη / αδικαιολόγητη* (συνών. *αμφιβολία·* αντ. *αποδοχή, παραδοχή*).

αμφισβητήσιμος, -η, -ο, επίθ., που μπορεί να αμφισβητηθεί: *είναι -η η εξέλιξη της πορείας· η καλή του πίστη είναι -η* (συνών. *αμφισβητούμενος, αμφίβολος* αντ. *αναμφισβήτητος, αναμφίβολος*).

αμφισβητητικός, -ή, -ό, επίθ., που συνηθίζει να αμφισβητεί, να αντιλέγει· εριστικός (συνών. *αντιρρητικός*).

αμφισβητίας ο, ουσ., αυτός που συνηθίζει να αμφισβητεί, να αντιλέγει: *~ της μαρξιστικής θεωρίας· είναι μεγάλος ~* (συνών. *εναντιολόγος*).

αμφισβητώ, -είς, ρ., δεν παραδέχομαι την αλήθεια ή την ορθότητα ενός ισχυρισμού, μιας κατάστασης, κλπ., αρνούμαι την ύπαρξη εγκυρότητας ή δικαιώματος: *~ τα λεγόμενά του· ~ τη γνησιότητα της επιταγής· ~ τη νομιμότητα της απόφασης· κάτι που δεν αποδεικνύεται μπορεί να -ηθεί·* (νομ.) *-ούμενη δικαιοδοσία* (συνών. *διαφωνώ, διαφιλονικώ, αντιτίθεμαι·* αντ. *δέχομαι, αποδέχομαι, παραδέχομαι*).

αμφισεξουαλικός, -ή, -ό, επίθ. (ψυχολ.) που έχει στη συμπεριφορά του συγχρόνως τάσεις χαρακτηριστικές και για τα δύο φύλα.

αμφισημία η, ουσ., το να υπάρχει η πιθανότητα δύο διαφορετικών ερμηνειών γραπτής ή προφορικής λέξης ή έκφρασης.

αμφίσημος -η, -ο, επίθ., που έχει δύο διαφορετικές σημασίες. *[αμφί + σημαίνω].*

Αμφισσαίος ο, θηλ **-α,** ουσ., αυτός που κατάγεται από την Άμφισσα ή κατοικεί σ' αυτήν (αλλιώς λαϊκ. *Σαλονίτης*).

αμφίστομος, -η, -ο, επίθ. 1. που έχει δύο εισόδους ή εξόδους: *όρυγμα -ο.* 2. που έχει δύο κόψεις, δίκοπος: *μαχαίρι -ο.*

αμφιταλαντεύομαι, ρ. (ερρ.), είμαι αναποφάσιστος, αμφιβάλλω, διστάζω: *~ αν πρέπει να πω το ναι ή το όχι.*

αμφιταλάντευση η, ουσ. (ερρ.). 1. το να μένει κανείς αναποφάσιστος, το να κρατά αμφίρροπη στάση: *η -ή του για το ταξίδι έσβησε γρήγορα* (συνών. *δισταγμός, αμφιβολία*). 2. (στον πληθ.) οι συχνές ή γρήγορες εναλλαγές γνωμών, αποφάσεων: *βρίσκεται σε συνεχείς -εις σχετικά με το ζήτημα.*

αμφιτρύωνας ο, ουσ., που προσφέρει πλούσιο συμπόσιο. *[αμφί + τρύω].*

αμφορέας ο, ουσ. (αρχαιολ.) μεγάλο αγγείο πήλινο ή χάλκινο (σπάνια χρυσό ή λίθινο) με δύο λαβές και στενή βάση που χρησίμευε στη φύλαξη και μεταφορά υγρών ή σιτηρών: *~ ενιαίος / με λαιμό / νεκρικός / μυκηναϊκός / μελανόμορφου ρυθμού.* - Υποκορ. **-ίσκος** ο.

αμφοτεροβαρής, -ής, -ές, γεν. *-ούς,* πληθ. αρσ. και θηλ. *-είς,* ουδ. *-ή,* επίθ. (νομ.) που επιβαρύνει εξίσου και τα δύο μέρη: *συμφωνία/σύμβαση -ής* (αν. *ετεροβαρής*).

αμωλώπιστος, -η, -ο, επίθ., που δε μωλωπίστηκε, που δεν έχει μελανώσεις στο δέρμα από χτύπημα: *ήταν ο μόνος ~ από τη σύγκρουση.*

άμωμος, -η, -ο, επίθ. (λόγ.), που δεν μπορεί κανείς να του αποδώσει μομφές, που είναι ηθικά άψογος (συνών. *άμεμπτος, ανεπίληπτος·* αντ. *αξιόμεμπτος, επίμεμπτος, επιλήψιμος*).

αν, σύνδ. 1. (υποθ.) εάν: *όλα μπορούν να γίνουν, ~ συμφωνήσεις κι εσύ.* 2. (εναντιωματικός με προηγ. ή επόμ. το *και*) αν και, ακόμη και αν: *κι ~ σου πει καμιά κακή κουβέντα, μην του αντιμιλήσεις· ~ και μεγάλος, παντρεύτηκε νέα γυναίκα.* 3. (αοριστολ. με προηγ. αναφ. αντων. ή επίρρ. και το *και*): *όποιος και ~ είσαι, σ' αγαπώ· όπου κι ~ πας, θα σ' ακολουθήσω.* 4. (απορημ.) μήπως: *ρώτησαν ~ μείνουν στο σπίτι.* 5. (επιτ.): *πήγες; ~ πήγα!* 6. (σε φρ. χωρίς απόδ. για να δηλωθεί ευχή): *~ μου' πεφτε το λαχείο! ~ ερχόσουν αύριο!*

αν-, αχώρ. μόρ. (δηλώνει στέρηση): *ανάλατος, ανέλπιστος.*

ανά, πρόθ. 1. (για να δηλωθεί χρονική διάρκεια): *παίρνω το χάπι ~ δύο ημέρες.* 2. (για να δηλωθεί διανομή, επιμερισμός): *μπήκαν ~ τέσσερις στη γραμμή· ~ κάτοικο αναλογεί...*

ανα-, στερ. πριν από αρχικό σύμφωνο: *αναμελιά, αναπαραδιά.*

ανα-, αχώρ. μόρ. (δηλώνει απάνω): *ανακάθομαι, ανασηκώνω, αναδακρύζω·* (δηλώνει ξανά, εκ νέου): *αναθυμούμαι, αναγέννηση.*

αναβαθμίζω, ρ., δημιουργώ τις προϋποθέσεις για βελτίωση· καθιστώ κάτι καλύτερο, ανεβάζω ποιοτικά το επίπεδό του: *~ μια περιοχή της πόλης / την εκπαιδευτική διαδικασία* (συνών. *βελτιώνω, καλυτερεύω·* αντ. *υποβαθμίζω, χειροτερεύω*).

αναβάθμιση η, ουσ., το να γίνεται κάτι καλύτερο, η άνοδος του επιπέδου του: *~ μιας περιοχής· ποιοτική ~ της παιδείας / του τρόπου ζωής* (συνών. *βελτίωση, καλυτέρευση·* αντ. *υποβάθμιση, χειροτέρευση*).

αναβαθμολόγηση η, ουσ., επανεξέταση βαθμολογίας: ~ *του γραπτού γίνεται μόνο με αίτηση του ενδιαφερομένου.*

αναβαθμολογώ, ρ., επανεξετάζω βαθμολογία: *ζήτησε να -ηθεί το γραπτό του.*

ανάβαθος, βλ. *άβαθος.*

αναβάθρα η, ουσ., εξωτερική κινητή σκάλα πλοίου: *με δυσκολία ανέβαινε κανείς στο πλοίο, γιατί η ~ του ήταν απότομη.*

ανάβαθρο το, ουσ. 1. (αρχαιολ., αρχιτ.) υψωμένο κάθισμα ή έδρα όπου ανέβαιναν με σκαλοπάτια. 2. εξωτερική σκάλα με πλατύσκαλο και λίγα σκαλοπάτια μπροστά στην είσοδο κτηρίων: ~ *μαρμάρινο.*

αναβαλλόμενος, -η, -ο, επίθ., φρ. *του έψαλα (ή άκουσα) τον -ο* = τον μάλωσα (ή με μάλωσαν) πολύ (από την εκκλ. φρ. *ο ~ φως ως ιμάτιον*).

αναβάλλω, ρ., δεν εκτελώ κάτι αμέσως, το αφήνω για αργότερα: *η κυβέρνηση ανέβαλε τις εκλογές· η παράσταση -βλήθηκε για αύριο* (συνών. *καθυστερώ, μεταθέτω, τρενάρω·* αντ. *επισπεύδω, συντομεύω*).

αναβαπτίζω, ρ. (λόγ.). 1. βαφτίζω για δεύτερη φορά: (μεταφ.) *-ίστηκε στη νέα πολιτική γραμμή* (συνών. *ξαναβαφτίζω*). 2. (μεταφ.) ανακαινίζομαι ηθικά, αποκαθαίρομαι, εξαγνίζομαι.

αναβαπτισμός ο, ουσ. 1. (ιστ.) η βάπτιση που γινόταν για δεύτερη φορά από τους αναβαπτιστές (βλ. λ.). 2. (μεταφ.) η ηθική και πνευματική ανακαίνιση, εξυγίανση.

αναβαπτιστές οι, ουσ., αιρετικοί του 17. αι. στη Γερμανία που θεωρούσαν άκυρο το νηπιοβαπτισμό και υποχρέωναν σε δεύτερο βάπτισμα όσους ασπάζονταν το δόγμα τους.

ανάβαση η, ουσ., πορεία σε ανηφορικό τόπο: *η -ή μας στην κορυφή του βουνού ήταν πολύ κουραστική / δύσκολη / επικίνδυνη· ~ απότομη / κατακόρυφη· η μηχανή του αυτοκινήτου έσβησε στην ~* (συνών. *ανέβασμα, άνοδος·* αντ. *κατάβαση, κάθοδος*).

αναβασταζω, ρ., ανυψώνω κάτι και το κρατώ υψηλά· χρησιμεύω ως στήριγμα σε κάτι (συνών. *αναβαστώ*).

αναβαστώ, ρ. (ιδιωμ.). 1. βοηθώ κάποιον να ανυψώσει και να μεταφέρει ένα φορτίο. 2. (μεταφ.) παρέχω υποστήριξη, περιποιούμαι, περιθάλπω κάποιον: *Να σωθεί από ποιον;... από το λαό που τον -άει* (Καζαντζάκης). 3. (μέσ.) είμαι καλά στην υγεία μου, υγιαίνω.

αναβατήρας ο, ουσ. 1. (παλαιότ.) το σκαλοπάτι άμαξας. 2. αναβολέας (βλ. λ.). 3. ανελκυστήρας: *ο ~ θέλει επισκευή.*

αναβάτης ο, θηλ. **-τρια**, ουσ. 1. αυτός που ανεβαίνει κάπου: *ύστερα από πολύωρη ανάβαση οι -ες έφτασαν στο καταφύγιο.* 2. καβαλάρης, ιππέας. 3. (ειδικ.) επαγγελματίας ιππέας με ορισμένα προσόντα που του επιτρέπουν να παίρνει μέρος σε αγωνιστικές ιπποδρομίες (συνών. *τζόκεϊ*).

αναβατόριο το, ουσ. (ασυνίζ.), συσκευή για την ανύψωση φορτίων ή αντικειμένων.

ανάβατος, -η, -ο και **ανέ-**, επίθ. (για ψωμί) που δεν ανέβηκε, που δε φούσκωσε (συνών. *λειπανάβατος*).

αναβατός, -ή, -ό, επίθ. 1. που μπορεί κανείς να τον ανεβεί. 2. (για ζυμάρι, ψωμί) που είναι ζυμωμένο με προζύμι, ώστε να φουσκώσει.

αναβάτρια, βλ. *αναβάτης.*

αναβιβάζω, ρ. (λόγ.), (γραμμ. για τόνο λέξης) μεταθέτω σε προηγούμενη συλλαβή.

αναβιβασμός ο, ουσ. (γραμμ. για τόνο λέξης) μετάθεση σε προηγούμενη συλλαβή.

αναβιώνω, ρ. (ασυνίζ.), επανέρχομαι στη ζωή, ξαναζώ (σε μεταφ. χρ.) = *-νουν παλιά ήθη και έθιμα· -ίωσαν οι ελπίδες μας.*

αναβίωση η, ουσ., επάνοδος στη ζωή· (μεταφ.) αναγέννηση: *η επανάσταση του 1821 έφερε την ~ του Έθνους· ~ παλιών εθίμων.*

ανάβλεμμα το, ουσ. (ιδιωμ.). 1. το να προσηλώνεται το βλέμμα σε κάποιον ή κάτι. 2. βλέμμα, ματιά: *με κάρφωσε το -ά σου.*

αναβλέπω, ρ. 1. ανακτώ τη χαμένη μου όραση. 2. βλέπω προς τα πάνω, προς τον ουρανό: *Σύντριψε το σώμα σου κι -ψε: Όλοι είμαστε ένα!* (Καζαντζάκης).

αναβλητικός, -ή, -ό, επίθ. 1. που συνηθίζει να αναβάλλει: *τύπος / χαρακτήρας ~.* 2. που προκαλεί αναβολή: *αίτηση -ή·* (νομ.) *ένσταση -ή.*

αναβλητικότητα η, ουσ., το να είναι κανείς αναβλητικός: *η -ά του είχε πάντα κακές συνέπειες.*

αναβλύζω, ρ. 1. αναδίδω υγρό, αναβρύζω: *ο τάφος του Αγίου -ει αγίασμα.* 2. (για πηγή, βρύση) βγάζω νερό με ορμή. 3. (αμτβ. για υγρό) πετιέμαι επάνω, ξεχύνομαι: *από την πληγή -υσε πολύ αίμα* (συνών. *αναβρύζω*).

ανάβλυσμα το, ουσ. 1. το να ξεχύνεται υγρή ή άλλη μάζα από κάπου. 2. υγρή ή άλλη μάζα που ξεχύνεται από κάπου: *πυρακτωμένο ~ ηφαιστείου* (συνών. *ανάβρυσμα*).

αναβοκοκκινίζω και **αναψοκοκκινίζω**, ρ., κοκκινίζω από έξαψη: ~ *από θυμό / από το κακό μου·* τα παιδιά γύρισαν *-ισμένα από το παιγνίδι.*

αναβολέας ο, ουσ. 1. μικρό μεταλλικό εξάρτημα σε σχήμα συνήθως αψιδωτό, που κρέμεται με ιμάντα από την κάθε πλευρά της σέλας και χρησιμεύει για να στηρίζει σ' αυτό ο αναβάτης το πόδι του όταν ανεβαίνει στο άλογο και όταν ιππεύει. 2. (ανατομ.) ένα από τα τρία οστάρια που βρίσκονται στο μέσο αφτί των θηλαστικών: *σφύρα, άκμονας και ~.*

αναβολή η, ουσ., το να μετατίθεται η εκτέλεση μιας πράξης σε μελλοντικό χρόνο: ~ *ξαφνική / τελευταία / επ' αόριστον· πήρε ~ από το στρατό· ο συνήγορος πέτυχε ~ της δίκης· το πράγμα δε σηκώνει άλλη ~· ~ πληρωμής.*

αναβολικός, -ή, -ό, επίθ., που ευνοεί τον αναβολισμό: *διαδικασίες / διεργασίες -ές.* - Το ουδ. στον πληθ. ως ουσ. = συνθετικές ουσίες που ευνοούν τον αναβολισμό, δηλ. τη βιοσύνθεση ουσιών του σώματος και χρησιμοποιούνται στην ιατρική, όταν χρειάζεται να ενισχυθεί η παραγωγή λευκωμάτων από τον οργανισμό.

αναβολισμός ο, ουσ. (βιολ.) η μία από τις δύο φάσεις του μεταβολισμού κατά την οποία γίνεται η αφομοίωση των θρεπτικών ουσιών και η σύνθεση του πρωτοπλάσματος.

αναβολιστικός, -ή, -ό, επίθ., που έχει σχέση με τον αναβολισμό: *λειτουργίες -ές.*

ανάβολος, -η, -ο, επίθ. (λαϊκ.). 1. που δεν προσφέρει άνεση, στενόχωρος: *μέρος -ο* (συνών. *άβολος·* αντ. *βολικός*). 2. (μεταφ.) δύστροπος: *άνθρωπος ~.* 3. που δε διευκολύνει την πραγματοποίηση κάποιου σκοπού, αντίξοος, ανάποδος.

αναβοσβήνω, ρ., ανάβω και σβήνω κάτι: *-ηνε συνεχώς τα φώτα για να κάνει σινιάλο·* (αμτβ.) *-ηνε*

ο σηματοδότης / ο φάρος.
ανάβρα η, ουσ. (ιδιωμ.). 1. πηγή νερού που αναβρύζει. 2. (μεταφ.) ~ *της ψυχής.*
αναβράζω, ρ. (λόγ.), βράζω, κοχλάζω: *το νερό / ο χυλός -ζει· ο μούστος -ζει* (εξαιτίας της ζύμωσης που υφίσταται)· *δισκία -ζοντα* (= που διαλύονται στο νερό προκαλώντας φαινόμενα παρόμοια με εκείνα του βρασμού).
ανάβρασμα το, ουσ. (ιδιωμ.), βράση, βρασμός.
αναβρασμός ο, ουσ., ψυχική διέγερση, αναστάτωση, ταραχή, έξαψη: ~ *κοινωνικός / μεγάλος / ψυχικός· ο υπαλληλικός κόσμος βρίσκεται σε -ό· καταλάγιασε ο ~.*
αναβροχιά και **ανεβροχιά** η, ουσ. (συνιζ.), έλλειψη βροχής: *(παροιμ.) στην* ~ *καλό΄ ν΄ και το χαλάζι* (συνών. *ανομβρία, ξηρασία*).
αναβρύζω, ρ., αναβλύζω: *-ει νερό ανάμεσα από τους βράχους.*
ανάβρυσμα το, ουσ., το να αναβλύζει, το να ξεχύνεται κάτι ορμητικά.
αναβρυτήριο το, ουσ. (ασυνίζ.), το μέρος από το οποίο εξακοντίζεται νερό ψηλά, πίδακας.
ανάβω και **ανάφτω,** ρ. Α. μτβ. 1. κάνω κάτι να πάρει φωτιά, να καεί ή να πυρακτωθεί: ~ *φωτιά / δάδα / κεριά / θερμάστρα / τσιγάρο / πίπα* (αντ. *σβήνω*). 2. (για πηγή φωτός): ~ *το φως / τη λάμπα / το ηλεκτρικό / το φακό / τα φώτα του αυτοκινήτου.* 3. (για μηχάνημα ή συσκευή) θέτω σε λειτουργία: ~ *την ηλεκτρική κουζίνα / το θερμοσίφωνα / τη μηχανή του αυτοκινήτου / το καλοριφέρ.* 4. (μεταφ.) ερεθίζω, οργίζω κάποιον: *τα λόγια σου του -ψαν.* 5. διεγείρω, ερεθίζω κάποιον ερωτικά: *τον -αψε με τα κουνήματά της κι έφυγε·* ~ *καρδιές / πόθους.* 6. χτυπώ με το χέρι ή με όπλο: *μου -αψε μια στο μάγουλο! Μην κουνηθείς, γιατί σου την άναψα!* 7. (για ταραχή, συμφορά, κ.τ.ό.) προξενώ, προκαλώ, κάνω να ξεσπάσει: *μου -αψε μεγάλο κακό στο σπίτι.* Β΄. αμτβ. 1. παίρνω φωτιά, καίγομαι, πυρακτώνομαι: *τα ξύλα -αψαν γρήγορα· -αψαν τα τουφέκια· -αψε το σίδερο·* (μεταφ.) *-αψε το στόμα μου* (από κάποιο φαγητό πολύ καυτερό)· *-αψαν τα πηρούνια* (από το πολύ και γρήγορο φαγητό)· *-αψαν τα τηλέφωνα* (για να δηλωθεί ότι λειτουργούν πολλή ώρα)· φρ. *κάθομαι σ΄ -μμένα κάρβουνα* (= έχω μεγάλη ανησυχία). 2. ζεσταίνομαι πολύ, παθαίνω έξαψη: *-αψα με τόση ζέστη· -αψε το πρόσωπό μου.* 3. (για πηγή φωτός) δίνω φως, φωτίζω: *τα φώτα στο σπίτι -αβαν όλο το βράδι.* 4. εξάπτομαι, εξοργίζομαι: *-αψε από το θυμό / κακό του· -άβει αμέσως·* φρ. *-άβουν τα αίματα κάποιου·* (λαϊκ.) *-άβουν τα λαμπάκια μου* (= θυμώνω πολύ). 5. φλέγομαι, διακατέχομαι από ερωτική επιθυμία: *την είδα κι -αψα αμέσως.* 6. ξεσπώ, εκδηλώνομαι ξαφνικά ή βίαια: *-αψε τέτοιος σκοτωμός που ... απομείναμε ζωντανοί μονάχα έντεκα* (Κόντογλου)· *-αψε ο πόλεμος.* 7. δυναμώνω, ενισχύομαι, ζωηρεύω: *-αψε η μάχη / το γλέντι.* 8. αποσυντίθεμαι, σαπίζω, αλλοιώνομαι (από την πολλή ζέστη): *-αψαν τα φρούτα και τα πέταξα.*
αναγάλλια η, ουσ. (συνιζ., ιδιωμ.), μεγάλη χαρά, ευφροσύνη, αναγάλλιασμα, αγαλλίαση.
αναγαλλιάζω, ρ. (συνιζ.), αισθάνομαι μεγάλη χαρά: *όταν σε βλέπω, -ζει η ψυχή μου* (συνών. *χαίρομαι*).
αναγάλλιαση η, ουσ. (συνιζ., ιδιωμ.), μεγάλη χαρά, αγαλλίαση, αναγάλλιασμα.
αναγάλλιασμα το, ουσ., (συνιζ., ιδιωμ.), το να αι-

σθάνεται κανείς μεγάλη χαρά (συνών. *ευφροσύνη, αγαλλίαση, αναγάλλιαση*).
αναγγελία η, ουσ., το να γνωστοποιείται (στο κοινό) μια είδηση προφορικά ή γραπτά: *διάβασα την* ~ *των γάμων τους·* ~ *θανάτου / ταξιδιού·* ~ *επίσημη / σπουδαία / γραπτή* (συνών. *γνωστοποίηση, ανακοίνωση, αγγελία·* αντ. *απόκρυψη, αποσιώπηση*).
αναγγέλλω, ρ. 1. κάνω κάτι γνωστό προφορικά ή γραπτά: *ανήγγειλα στους φίλους μου τον αρραβώνα μου* (συνών. *γνωστοποιώ, ανακοινώνω·* αντ. *αποκρύπτω, αποσιωπώ*). 2. ειδοποιώ για την επίσκεψη κάποιου: *να με -είλεις στο δήμαρχο.*
αναγέλασμα το, ουσ. (ιδιωμ.). 1. το να γελά κάποιος εις βάρος κάποιου άλλου, το να τον περιγελά (συνών. *εμπαιγμός, χλευασμός, κοροϊδία, περιγέλασμα·* αντ. *θαυμασμός, εκτίμηση, έπαινος, παίνεμα*). 2. το αντικείμενο του εμπαιγμού, περίγελως, κορόιδο: *το* ~ *της γειτονιάς·* (παροιμ.) *του κόσμου τ΄* ~, *τον κόσμον αναγέλα.*
αναγελαστής ο, θηλ. **-άστρα,** ουσ. (ιδιωμ., λογοτ.), αυτός που περιγελά κάποιον, που τον εμπαίζει: *μοίρα -άστρα* (Παλαμάς).
αναγελώ, -άς, ρ., γελώ εις βάρος κάποιου, κοροϊδεύω: *-ούσε τους πάντες και τα πάντα* (συνών. *εμπαίζω, χλευάζω, περιγελώ·* αντ. *θαυμάζω, εκτιμώ, παινεύω*).
αναγένεση η, ουσ. (βιολ.) εξελικτική αλλαγή κατά την οποία με το πέρασμα του χρόνου ένα είδος μεταβάλλεται σε άλλο είδος.
αναγέννηση η, ουσ. 1. γέννηση για δεύτερη φορά, αναδημιουργία· (μεταφ.) ψυχική ανακαίνιση, ηθική ανανέωση: ~ *του ανθρώπου με τη μετάνοια και την εφαρμογή της χριστιανικής διδασκαλίας.* 2. (μεταφ.) αναβίωση, εμφάνιση νέας ακμής: ~ *των γραμμάτων / τεχνών / του ελληνικού έθνους.* 3. (βιολ.) το φαινόμενο να ξαναφτιάχνει ο οργανισμός ένα τμήμα του που αποκόπηκε: ~ *φυσιολογική / τραυματική / τυχαία.*
Αναγέννηση η, ουσ., φιλολογική, καλλιτεχνική και επιστημονική κίνηση που εμφανίστηκε στην Ευρώπη τον 15. και 16. αι. με κύριο χαρακτηριστικό τη στροφή προς την κλασική αρχαιότητα.
αναγεννητής ο, θηλ. **-ήτρια,** ουσ., αυτός που συντελεί στην αναγέννηση, στην αναζωογόνηση (συνών. *αναζωογονητής*).
αναγεννητικός, -ή, -ό, επίθ., που μπορεί να αναδημιουργήσει, να αναπαραγάγει: (βιολ.) *ικανότητα -ή· κύτταρα -ά* (συνών. *αναζωογονητικός*).
αναγεννήτρια, βλ. *αναγεννητής.*
αναγεννώ, -άς, ρ. 1. κάνω κάποιον να αισθανθεί νέα ζωή, τον αναζωογονώ: *με -ησε ο καθαρός αέρας.* 2. (μέσ.) εμφανίζω νέα ακμή, νέες δυνάμεις, αναζωογονούμαι: *μετά τις διακοπές νιώθω -ημένος.*
αναγέρνω, ρ. (ιδιωμ., λογ.), αόρ. *ανάγειρα.* 1. σηκώνω επάνω, ανυψώνω: *Έτρεχε σαν την καλαμιά κι ανάγερνε τα μάτια* (Κρυστάλλης). 2. (αμτβ.) σηκώνομαι ελαφρά: *-γειρε λίγο για να του βάλουν ένα μαξιλάρι στην πλάτη* (συνών. *ανασηκώνομαι*).
αναγερτός, -ή, -ό, επίθ. 1. που κοχλάζει: *γάλα -ό.* 2.α που έχει κλίση προς τα κάτω: *κεφάλι -ό* β. που είναι ξαπλωμένος.
αναγκάζω, ρ., υποχρεώνω κάποιον ασκώντας βία ή πίεση να κάνει κάτι που δε θέλει: *-άστηκε να ομολογήσει· με -ασε να τον ακούω μια ολόκληρη*

ώρα (συνών. *εξαναγκάζω, καταναγκάζω, πιέζω, καταπιέζω*).

αναγκαίο το, ουσ. (λαϊκ.), αποχωρητήριο ή ουροδοχείο.

αναγκαίος, -α, -ο, επίθ. **1.** που επιβάλλεται από την ανάγκη: *προϋποθέσεις -ες· συνθήκη -α· είναι ~ ο εκσυγχρονισμός των μηχανημάτων· βελτιώσεις -ες· μέτρα -α· για να λυθεί το ζήτημα ήταν -α η προσωπική μου παρέμβαση·* έκφρ. *-ο κακό* (συνών. *απαραίτητος, αναπόφευκτος·* αντ. *προαιρετικός, εκούσιος, αβίαστος*). **2.** απαιτούμενος, χρειαζούμενος· φρ. *είναι -ο* = επιβάλλεται· συνήθως στον πληθ. ουδ. ως ουσ. = όσα χρειάζονται για τη ζωή, τη συντήρηση του ανθρώπου: *δεν έβρισκες ούτε τα -α· στερείται τα -α.*

αναγκαιότητα η, ουσ., το να είναι κάτι αναγκαίο· (φιλοσ.) το να προκύπτει κάτι από συλλογισμό ή να συμβαίνει στη ζωή και τη φύση με νόμους απαράβατους, ώστε κάτι διαφορετικό να είναι αδύνατο: *δεν αμφιβάλλω για την ~ κάποιων αλλαγών· ~ ιστορική.*

ανάγκα και θεοί πείθονται· αρχαϊστ. έκφρ. = όλοι υπόκεινται στην ανάγκη.

ανάγκασμα το, ουσ. (λαϊκ.), άσκηση βίας ή πίεσης, πιεστική προτροπή: *σωστή δουλειά μην περιμένεις με ~· χωρίς ~ δεν ξεκινάει* (συνών. *αναγκασμός, εξαναγκασμός, καταναγκασμός*).

αναγκασμός ο, ουσ., άσκηση βίας ή πίεσης, καταναγκασμός.

αναγκαστικός, -ή, -ό, επίθ., που επιβάλλεται από την ανάγκη; *ανάδυση -ή (ενός υποβρυχίου)· αλλαγή -ή (παίκτη σε αγώνα ποδοσφαίρου)· απαλλοτρίωση -ή* (συνών. *υποχρεωτικός·* αντ. *προαιρετικός*).

αναγκεμένος, -η, -ο, επίθ. (ιδιωμ.), που βρίσκεται σε μεγάλη ανάγκη, σε κακή οικονομική κατάσταση ή υγεία.

ανάγκη η, ουσ. **1.** αυτό που επιβάλλουν τα πράγματα, η αιτία που υποχρεώνει κάποιον να κάνει κάτι: *~ αδυσώπητη / επείγουσα / επιτακτική / μεγάλη· -ες κοινωνικές / ψυχολογικές· ~ αλλαγής / επικοινωνίας / θεραπείας· είναι ~ να λείψω / να σου μιλήσω / να προσέχομε.* Φρ. *μα ήταν ~; (μα) δεν ήταν ανάγκη!* (φιλοφρονητικά όταν προσφέρεται ή επιστρέφεται κάτι). Παροιμ. *η ~ λει (= λύει) το νόμο* (όταν κάτι γίνεται αντικανονικά για λόγους ανώτερης βίας)· *κάνω την ~ φιλοτιμία* (όταν μια υποχρεωτική ενέργεια παρουσιάζεται ως εκούσια)· (νομ.) *κατάσταση -ης* = κατάσταση ενός προσώπου που διαπράττει αξιόποινη πράξη με σκοπό να αποτρέψει μεγαλύτερο κίνδυνο ή καταστροφή· *κατάσταση έκτακτης -ης* = η επιβολή από δημόσια αρχή έκτακτων μέτρων σε κάποια περιοχή για την αντιμετώπιση ορισμένων κινδύνων (λ.χ. από θεομηνίες): *ο νομός εξαιτίας των πυρκαγιών κηρύχτηκε σε κατάσταση έκτακτης -ης.* **2.** το να είναι χρειαζούμενο, απαραίτητο κάποιο ή κάτι· οικονομική δυσκολία, ανέχεια: *δεν έχω την ~ σου* (δε σε χρειάζομαι)· *έχω ~ από μεγαλύτερο σπίτι / από περισσότερα χρήματα· είδη πρώτης -ης· έβαλα λίγα λεφτά στην άκρη για ώρα -ης· εξυπηρετώ / καλύπτω τις -ες μου· βρισκόταν σε μεγάλη ~ και πούλησε το σπίτι του· άνθρωποι της -ης είμαστε·* γνωμ. *ο φίλος στην ~ φαίνεται.* **3.** (ιδιωμ.) αρρώστια. **4.** αποπάτηση (βραχυλογία αντί *σωματική ανάγκη*): *κάνω την ~ μου· πάω προς ~ μου·* έκφρ. *~ και κόψιμο* (κατά-

ρα και μεταφ. για κάτι που επιβάλλεται να γίνει).

αναγλείφομαι, ρ., γλείφω τα χείλη μου βλέποντας ή επιθυμώντας ένα νόστιμο φαγητό, λιγουρεύομαι: *μην -εσαι και δεν είναι για σένα το ψητό.*

ανάγλυκος, -η, ο, επίθ., λίγο ή καθόλου γλυκός: *ψωμί -ο.*

ανάγλυφο το, ουσ., ανάγλυφη παράσταση σε πέτρα, μέταλλο ή ξύλο: *τα -α του Παρθενώνα· ~ έκτυπο / πρόστυπο* (βλ. λ.).

αναγλυφοποιός ο, ουσ. (ασυνίζ.), τεχνίτης που κατασκευάζει ανάγλυφα.

ανάγλυφος, -η, -ο, επίθ. **1.** (για παράσταση) που σκαλίστηκε έτσι ώστε να προεξέχει από μια επίπεδη επιφάνεια (πέτρας, ξύλου, κ.λ.π.)· γεν. που περιλαμβάνει απεικονίσεις ή σχέδια που προεξέχουν: *εικόνα -η· τυπογραφικοί χαρακτήρες -οι· χάρτης ~· τζάμι / τέμπλο -ο.* **2.** (μεταφ.) που αναπαριστάνει κάτι ζωηρά, με ζωντάνια: *οι διηγήσεις όσων επέζησαν δίνουν μια -η εικόνα της φοβερής καταστροφής* (συνών. *παραστατικός, ολοζώντανος*).

αναγνωρίζω, ρ. **1.** γνωρίζω και πάλι, θυμάμαι κάποιον ή κάτι που γνώρισα προηγουμένως: *παρόλο που είχε αδυνατίσει πολύ, τον -ισα αμέσως· οι μάρτυρες -ισαν το δράστη της ληστείας· τον -ισα από τη φωνή·* φρ. *δε σε αναγνωρίζω!* (για εκδήλωση μομφής, αποδοκιμασίας προς κάποιον για στάση, συμπεριφορά, ιδέες, κ.τ.ό., που δεν είχε στο παρελθόν). **2.** παραδέχομαι κάτι ως πραγματικό, επιβεβαιώνω, ομολογώ: *~ τη συμμετοχή μου σε μια πράξη / το ενδιαφέρον κάποιου / τις ευθύνες ή το σφάλμα μου· ~ την ευεργεσία / τις υπηρεσίες κάποιου* (= είμαι ευγνώμων)· *μετά την απομάκρυνση από το ταμείο κανένα λάθος δεν -εται* (συνών. *αποδέχομαι·* αντ. *αρνιέμαι, αποποιούμαι*). **3.** θεωρώ κάτι έγκυρο, θεμιτό, νόμιμο: *του -ισαν την προϋπηρεσία / το δικαίωμα να απεργεί· καμία κυβέρνηση δεν -ισε το παρόνομο καθεστώς της χώρας· προτού πεθάνει τον -ισε ως δικό του παιδί* (συνών. *επιδοκιμάζω·* αντ. *αποδοκιμάζω*). - Η μτχ. παρκ. ως επίθ. = παραδεκτός από όλους, έγκυρος, ονομαστός: *επιστήμονας -ισμένος· -ισμένη αυθεντία στον τομέα του.*

αναγνώριση η, ουσ. **1.** η επαναφορά στο νου ιδέας ή εικόνας, παλιότερα γνώριμης ύστερα από νέα επαφή μαζί τους: *αν και μεταμφιέστηκε ήταν εύκολη η -ή του· ήταν αδύνατη η ~ των θυμάτων της πυρκαγιάς·* (φιλολ.) η μετάβαση από την άγνοια στη γνώση ως βασικό δομικό στοιχείο του μύθου μιας αρχαίας τραγωδίας. **2.** αποδοχή, επιβεβαίωση, ομολογία: *~ ευθυνών / υποχρεώσεων / λάθους· ~ υπηρεσιών / ευεργεσίας* (= έκφραση ευγνωμοσύνης) (συνών. *παραδοχή·* αντ. *απάρνηση*). **3.** αποδοχή της εγκυρότητας ή της νομιμότητας: *~ προϋπηρεσίας / ως συντάξιμου χρόνου της στρατιωτικής θητείας / χρέους / εξώγαμου τέκνου / σωματείου / της Εθνικής Αντίστασης· ~ κράτους / κυβέρνησης* (= παραδοχή ότι υπόκεινται στο διεθνές δίκαιο ισότιμα με τα άλλα κράτη ή κυβερνήσεις) (συνών. *παραδοχή, επιδοκιμασία·* αντ. *αποκήρυξη*). **4.** (στρατ.) εξερεύνηση περιοχής με σκοπό τη συλλογή πληροφοριών χρήσιμων για μια επιχείρηση ή άλλη σχετική δραστηριότητα: *ο διοικητής έστειλε μια περίπολο για ~.*

αναγνωρισμός ο, ουσ. (φιλολ.) αναγνώριση (βλ. λ.): *οι -οί στον Όμηρο βασίζονται, κατά τον Ι. Θ. Κακριδή, σ' ένα θέμα λαϊκό και προομηρικό.*

αναγνωριστικός, -ή, -ό, επίθ., που οδηγεί στην αναγνώριση ή που χρησιμεύει γι' αυτήν: *σημεία -ά· ενδείξεις -ες· αποστολή -ή· αεροπλάνο -ό.*

ανάγνωση η, ουσ. 1. κατανόηση της σημασίας γραπτού κειμένου και απόδοσή του ενδόμυχα ή με προφορικό λόγο: *~ μεγαλόφωνη / ψιθυριστή / βιαστική / επιπόλαιη / προσεκτική / πρώτη· ~ ενός χάρτη* (= κατανόηση των συμβόλων του)· *~ της σφηνοειδούς γραφής / της Γραμμικής Β* (= αποκρυπτογράφηση)· *δεν ξέρω ~* (= είμαι αγράμματος, αναλφάβητος) (συνών. *διάβασμα*). 2. εκφώνηση μπροστά σε ακροατήριο: *~ του Ευαγγελίου / της ημερησίας διαταγής του τάγματος / της διαθήκης.* 3. το μάθημα της ανάγνωσης στο σχολείο: *την πρώτη ώρα είχαμε συνήθως ~.*

αναγνώσιμος, -η, -ο, επίθ., που αξίζει να διαβαστεί· ευανάγνωστος: *θεωρώ ελάχιστα λογοτεχνικά έργα -α·* το *κείμενό του δεν είναι -ο.*

ανάγνωσμα το, ουσ. 1. αυτό που διαβάζεται (συνήθως για λογοτεχνικό κείμενο): *~ ευχάριστο/διδακτικό/ωφέλιμο·* (εκκλ.) *~ ευαγγελικό* (= περικοπή). 2. (πληθ.) συλλογή λογοτεχνικών ή επιστημονικών κειμένων για διδακτικούς σκοπούς: *-ατα νεοελληνικά / ιστορικά.* 3. μυθιστορηματική διήγηση χωρίς αξιώσεις, δημοσιευμένη σε συνέχειες σε περιοδικό ή εφημερίδα: *κάθε εφημερίδα φιλοξενούσε κι ένα ληστρικό ~·* (γεν. για μακρό και ανιαρό κείμενο ή αφήγημα): *οι περιπέτειές του κατάντησαν ~.*

αναγνωσματάριο το, ουσ. (ασυνίζ.), σχολικό βιβλίο για την εκμάθηση ανάγνωσης (συνήθως συλλογή κειμένων): *ένα ~ ήταν συνήθως το μόνο βιβλίο των μαθητών της Τουρκοκρατίας* (συνών. *αναγνωστικό*).

αναγνωσματογράφος ο, ουσ., συγγραφέας αναγνωσμάτων (βλ. λ. στη σημασ. 3) σε εφημερίδες και περιοδικά: *έκανε τον ~ για βιοποριστικούς λόγους.*

αναγνωσματοποιώ, ρ., εκμεταλλεύομαι ένα γεγονός για τη συγγραφή αναγνώσματος (βλ. λ. στη σημασ. 3): *στο μεσοπόλεμο συνήθιζαν να -ούν κάθε στυγερό έγκλημα.*

αναγνωστήριο το, ουσ. (ασυνίζ.), αίθουσα βιβλιοθήκης, εκπαιδευτικού ιδρύματος, συλλόγου, κλπ. όπου μπορεί κανείς να διαβάσει: *~ σχολικό / φοιτητικό.*

αναγνώστης ο, θηλ. -**τρια**, ουσ. 1. αυτός που διαβάζει κάτι (συνήθως συστηματικά)· αυτός που αγαπά το διάβασμα και επιδίδεται σταθερά σ' αυτό: *μανιώδης ~ εφημερίδων / περιοδικών / επιφυλλίδων·* το *φιλοσοφικό βιβλίο δεν έχει πολλούς -ες· πλήθυναν τα τελευταία χρόνια οι -τριες αισθηματικών βιβλίων τσέπης.* 2. (εκκλ.) κατώτερος κληρικός ή λαϊκός με αποστολή την ανάγνωση περικοπών από την Αγία Γραφή.

αναγνωστικό το, ουσ., σχολικό βιβλίο που χρησιμοποιείται για την εκμάθηση ανάγνωσης και γεν. τη γλωσσική διδασκαλία (συνών. *αναγνωσματάριο*).

αναγνωστικός, -ή, -ό, επίθ., που ανήκει ή αναφέρεται στον αναγνώστη: *κοινό -ό· επίδοση / δεξιότητα (μαθητών) -ή.*

αναγνώστρια, βλ. *αναγνώστης.*

αναγόρευση η, ουσ., επίσημη απονομή τίτλου: *~ διδάκτορα / επίτιμου προέδρου* (συνών. *ανακήρυξη·* αντ. *καθαίρεση*).

αναγορεύω, ρ. 1. απονέμω επίσημα (σε κάποιον) τιμητικό τίτλο ή αξίωμα: *-θηκε (επίτιμος) διδάκτορας της Φιλοσοφικής Σχολής* (συνών. *ανακηρύσσω*). 2. (ιδιωμ.) κάνω λόγο για κάτι, αναφέρω, υπενθυμίζω κάτι.

αναγούλα η, ουσ. 1. τάση για εμετό, ναυτία: *τα πολλά γλυκά μου έφεραν ~· έχω -ες· με πιάνει / μου 'ρχεται ~* (συνών. *ανακάτωμα*). 2. (μεταφ.) λόγος ή συμπεριφορά που προκαλεί αντιπάθεια, αποστροφή: *μην αρχίζεις πάλι τις -ες* (συνών. *αηδία*).

αναγουλιάζω, ρ. (συνιζ.). Α. (αμτβ.) νιώθω ναυτία, μου έρχεται εμετός· (μεταφ.) νιώθω έντονη αποστροφή: *ήπια πολύ κρασί κι -ασα* (συνών. *ανακατεύομαι, αηδιάζω*). Β. (μτβ.) προκαλώ τάση για εμετό· (μεταφ.) προκαλώ αποστροφή, σιχαμάρα: *το φαΐ μ' -ασε· οι σάχλες του μ' -άζουν.*

αναγούλιασμα το, ουσ. (συνιζ.), τάση για εμετό, ναυτία, αναγούλα (βλ. λ.): *από τη βρόμα του 'ρθε ~·* (μεταφ.) *τα λόγια του μου 'φερναν ~* (συνών. *ανακάτωμα, αηδία*).

αναγουλιαστικός, -ή, -ό, επίθ. (συνιζ.), που προκαλεί αναγούλα, αηδιαστικός: (μεταφ.) *αστεία / φερσίματα -ά.*

αναγραμματισμός ο, ουσ., σχηματισμός λέξης ή πρότασης με μετάθεση των γραμμάτων άλλης λέξης ή πρότασης: *λάμπα - μπάλα.*

αναγραφή η, ουσ. 1. τιμητική εγγραφή του ονόματος κάποιου σε κατάλογο· (συνεκδ.) κατάλογος, πίνακας: *το συμβούλιο αποφάσισε την ~ των ονομάτων των ευεργετών σε περίοπτη θέση·* ~ *δημοσιευμάτων.* 2. μνεία σε εφημερίδα, περιοδικό, κ.τ.ό., δημοσίευση: *απαγορεύθηκε η ~ ειδήσεων σχετικών με το έγκλημα.*

αναγράφω, ρ. 1. καταχωρίζω σε τιμητικό κατάλογο το όνομα κάποιου: *στο ηρώο είχαν -εί τα ονόματα των πεσόντων (φοιτητών).* 2. (για έντυπο) γνωστοποιώ, δημοσιεύω: *οι εφημερίδες ανέγραψαν τα σχετικά με τη δολοφονία.*

αναγυρεύω, ρ. (ιδιωμ.), αναζητώ επίμονα· ποθώ κάτι που μου λείπει, αποζητώ: *το γιο του -εί ~ τη ζωή στο χωριό μου* (= *αναπολώ*).

αναγυρίδα η, ουσ. (ιδιωμ.), περιστροφική κίνηση· περίπατος, βόλτα: *έκαμε ~ και τους ξέφυγε· κάναμε ~ στα χωράφια* (συνών. *γύρος*).

αναγυρίζω, ρ. (ιδιωμ.). Α. (αμτβ.). 1. επιστρέφω γρήγορα *-σε.* 2. τριγυρίζω: *όλη μέρα -ει στους δρόμους.* Β. (μτβ.). 1. αναποδογυρίζω, ανακατεύω: *~ το πιάτο/τις σταφίδες.* 2. σκέφτομαι επίμονα, αναδεύω στο νου: *το γύριζα, το -ιζα στο νου μου* (συνών. *στριφογυρίζω*).

ανάγυρος ο, ουσ. (ιδιωμ.), δρόμος κυκλικός, που δεν οδηγεί κατευθείαν κάπου: *κόψε μεσ' απ' το χωράφι, μην κάνεις -ο* (συνών. *κύκλος*).

ανάγω, ρ., αόρ. *ανήγαγα.* 1. προβιβάζω, καθιστώ (συνήθως ειρων.): *έχει ανάγει τη συνωμοσία σε επιστήμη / την τεμπελιά σε φιλοσοφική θεωρία.* 2. αναφέρω την αιτία ή τη χρονική αρχή γεγονότος ή πράγματος, αποδίδω: *-ει τους λόγους της σύγκρουσης σε οικογενειακές διαφορές· οι μελετητές -ουν την ίδρυση της πόλης στην προϊστορική εποχή.* 3. (μέσ.) τοποθετούμαι, ανήκω χρονικά: *η γένεση του γλωσσικού ζητήματος -εται στους πρώτους αιώνες μ.Χ.* (συνών. *χρονολογούμαι*).

αναγωγή η, ουσ. 1. απόδοση της αιτίας, των λόγων γεγονότος σε κάτι: *δεν είναι σωστή η ~ ιστορικών αλλαγών απλώς στη δράση ή τις επιλογές* *προσώπων*. 2. μετατροπή πράγματος σε άλλο ισοδύναμο (συνήθως απλούστερο): ~ *ξένων νομισμάτων σε δραχμές* (μαθημ.) ~ *ετερώνυμων κλασμάτων σε ομώνυμα*. 3. (ιατρ.) επαναφορά τροφής από το στομάχι ή τον οισοφάγο στο στόμα (συνών. *εμετός*). 4. (χημ.) αφαίρεση οξυγόνου από μια ένωση ή προσθήκη υδρογόνου σ' αυτήν και επομένως ελάττωση του ηλεκτροθετικού σθένους ενός στοιχείου.

αναγωγικός, -ή, -ό, επίθ., που χρησιμεύει, που συντελεί στην αναγωγή: *μέθοδος -ή* (χημ.) *μέσα -ά*.

ανάγωγος, -η, -ο, επίθ. 1. που δεν έχει αγωγή, κακοαναθρεμμένος: *παιδί -ο· συμπεριφορά -η·* (συνών. *αγενής·* αντ. *ευγενής*). 2. (μαθημ. για κλάσμα) που δεν επιδέχεται αναγωγή, δεν απλοποιείται.

αναδακρύζω, ρ., δακρύζω λίγο, υγραίνονται τα μάτια μου: *στη σκέψη του -σα*.

αναδαμαλισμός ο, ουσ. (ιατρ.) επαναληπτικός δαμαλισμός, εμβολιασμός για δεύτερη φορά κατά της ευλογιάς.

αναδασμός ο, ουσ., αντικατάσταση της πολυτεμαχισμένης και διάσπαρτης αγροτικής ιδιοκτησίας με κατά το δυνατόν ενιαίο και συνεχές κομμάτι γης ίσης αξίας: *η εφαρμογή του προγράμματος του -ού είναι εθνική ανάγκη* (συνών. *αναδιανομή*).

αναδασώνω, ρ. 1. φυτεύω δέντρα σε έκταση γυμνωμένη από πυρκαγιά: *οι κάτοικοι του χωριού -ωσαν την καμένη πλαγιά*. 2. φυτεύω δέντρα σε γυμνή, φαλακρή περιοχή για τη δημιουργία δάσους.

αναδάσωση η, ουσ., φύτεμα δέντρων σε αποτεφρωμένη ή γυμνή περιοχή: *ο δήμαρχος κήρυξε εκστρατεία για την* ~ *του λόφου*.

αναδασωτέος, -α, -ο, επίθ., που χρειάζεται αναδάσωση: *περιοχή / βουνοπλαγιά -α*.

αναδαυλίζω, ρ. (σπάν.), σκαλίζω (τη φωτιά) για να ζωηρέψει, να φουντώσει (συνών. *ανασκαλίζω* (σπάν.), *συνδαυλίζω*).

αναδεικνύω, ρ., αόρ. *ανέδειξα*. I. ενεργ. 1. κάνω κάποιον (έως τώρα άσημο και αφανή) γνωστό και σπουδαίο: *είχε θείο υπουργό και τον -ειξε* (συνών. *προωθώ*). 2. αναγορεύω, ανακηρύσσω: *η ψηφοφορία στο σύλλογο δεν -ειξε πρόεδρο*. II. (μέσ.) προοδεύω, διαπρέπω, πάω μπροστά: *-είχθηκε με το ταλέντο του*.

ανάδειξη η, ουσ., διάκριση, αναγνώριση, αναγόρευση σε θέση ή αξίωμα: *η -ή του σε αρχηγό του κόμματος ήταν αποτέλεσμα δωροδοκιών* (συνών. *ανακήρυξη*).

αναδεκτός ο, ουσ., το παιδί που βαφτίζει κανείς ως νονός (συνών. *αναδεξίμι, αναδεξιμίδι, αναδεξιμιός, βαφτιστήρι, βαφτιστικός, βαφτισμιός, φιλιότσος*).

αναδεντράδα η, ουσ. (ερρ.), είδος αναρριχώμενης κληματαριάς (συνών. *αγριόκλημα*).

αναδεξίμι και **αναδεξιμίδι** το, ουσ., αναδεκτός (βλ. λ.).

αναδεξιμιός ο, θηλ. **-ιά**, ουσ. (συνιζ.), αναδεκτός (βλ. λ.).

αναδευτήρας ο, ουσ., εργαλείο με το οποίο ανακατεύουμε.

αναδευτής ο, θηλ. **-τρια** και (λαϊκ.) **-τρα**, ουσ., αυτός που ανακατεύει.

αναδεύω, ρ. I. ενεργ. Α. μτβ. 1. ανακατεύω, αναμειγνύω: *-ε μέσα στο νου του χίλιες σκέψεις*. 2. κινώ,

ανασκαλεύω, σκαλίζω: *μην -εις τα παλιά*. Β. (αμτβ.) σαλεύω, κινούμαι ελαφρά: *-ει σαν σκουλήκι*. II. (μέσ.) κουνιέμαι: *αναδεύεται και ανασηκώνεται στο στρώμα του*.

αναδέχομαι, ρ. 1. δέχομαι ως βάρος ή υποχρέωση, αναλαμβάνω: ~ *κόπους και ευθύνες*. 2. γίνομαι ανάδοχος (συνών. *βαφτίζω*). 3. αναλαμβάνω με συμφωνία την υποχρέωση να εκτελέσω ένα έργο: *η εταιρεία -χθηκε την κατασκευή του φράγματος*.

αναδεχτός ο, θηλ. **-ή**, ουσ. (λαϊκ.), βαφτιστικός: *έχω και μιαν -ή, που είναι γεμάτη χάρες* (Αθάνας) (συνών. *βαφτισιμιός, αναδεξιμιός*).

αναδημιουργία η, ουσ. (ασυνίζ.), κατασκευή, δημιουργία από την αρχή, ανάπλαση: *τα πρώτα χρόνια του 20ου αιώνα ήταν χρόνια -ας του κράτους* (συνών. *αναγέννηση*).

αναδημιουργικός, -ή, -ό, επίθ. (ασυνίζ.), ικανός, κατάλληλος για αναδημιουργία: *διάθεση -ή· προγράμματα -ά*.

αναδημιουργός ο, ουσ. (ασυνίζ.), αυτός που δημιουργεί από την αρχή, που ξαναφτιάχνει κάτι: *τον αποκάλεσαν -ό του κράτους*.

αναδημιουργώ, -είς, ρ. (ασυνίζ.), δημιουργώ από την αρχή, ξαναφτιάχνω (συνών. *αναπλάθω, ανακατασκευάζω*).

αναδημοσίευση η, ουσ., επανάληψη της δημοσίευσης: *οι αναγνώστες ζήτησαν την* ~ *της ανακοίνωσης του συνεδρίου*.

αναδημοσιεύω, ρ. (ασυνίζ.), επαναλαμβάνω τη δημοσίευση, ξαναδημοσιεύω: *η αγγελία -εύεται καθημερινά, αλλά δεν υπάρχει ανταπόκριση*.

αναδιαρθρώνω, ρ. (ασυνίζ.), ανασχηματίζω, ανασυγκροτώ: *-ώθηκε η Βουλή της χώρας*.

αναδιάρθρωση η, ουσ. (ασυνίζ.), διάρθρωση που γίνεται πάλι, ανασυγκρότηση: ~ *στην οικονομία ενός τόπου·* ~ *καλλιεργειών*.

αναδιαρθρωτικός, -ή, -ό, επίθ. (ασυνίζ.), που αναφέρεται στην αναδιάρθρωση, που επιφέρει αναδιάρθρωση, ανασχηματισμό: *προτάσεις -ές· μέτρα -ά*.

αναδιάταξη η, ουσ. (ασυνίζ.). 1. διευθέτηση, τακτοποίηση εκ νέου: ~ *βιβλιοθήκης / αρχείων* (συνών. *ανακατάταξη*). 2. (στρατ.) τοποθέτηση, παράταξη εκ νέου: ~ *οχυρωμάτων / στρατιωτικών δυνάμεων*.

αναδιατύπωση η, ουσ. (ασυνίζ.), καινούργια διατύπωση: ~ *διατάγματος / νόμου*.

αναδίνω, ρ. 1. εκπέμπω, βγάζω μυρουδιά, καπνό, υγρασία, ήχο: *συχνά -ονται αναθυμιάσεις από το εργοστάσιο χημικών προϊόντων*. 2. βλαστάνω, παράγω: *τα δέντρα -ουν καρπούς την άνοιξη*. 3. (αμτβ.) «παίρνω επάνω μου», δυναμώνω: *-ωσα επιτέλους ύστερα από τόσες μέρες αρρώστιας* (συνών. *αναλαμβάνω*).

αναδιοργανώνω, ρ. (ασυνίζ.), διοργανώνω από την αρχή πάνω σε νέες βάσεις (συνών. *ανασυγκροτώ·* αντ. *αποδιοργανώνω*).

αναδιοργάνωση η, ουσ. (ασυνίζ.), διοργάνωση από την αρχή με σκοπό τη βελτίωση αυτών που ισχύουν: ~ *του φορολογικού συστήματος* (αντ. *αποδιοργάνωση*).

αναδιορίζω, ρ. (ασυνίζ.), διορίζω και πάλι κάποιον στη θέση που κατείχε παλιότερα: *-σθηκαν όσοι εκπαιδευτικοί είχαν απολυθεί για πολιτικούς λόγους*.

αναδιορισμός ο, ουσ. (ασυνίζ.), το να διορίζεται κάποιος πάλι στη θέση που κατείχε παλιότερα:

αναδιπλασιάζω

συζητήθηκε η δυνατότητα -ού όσων είχαν υποβάλει παραίτηση (συνών. *επαναδιορισμός*).
αναδιπλασιάζω, ρ. (ασυνίζ.), κάνω κάτι διπλάσιο, ξαναδιπλασιάζω: *-στηκαν οι τιμές των τροφίμων*.
αναδιπλασιασμός ο, ουσ. (ασυνίζ.), (γραμμ.) είδος αύξησης των συντελεσμένων χρόνων, όταν προστίθενται ένας ή δύο φθόγγοι στην αρχή του ρηματικού θέματος π.χ. *δεδομένα*.
αναδιπλώνω, ρ. (συνήθως στο μέσο). 1. (για στράτευμα) συμπτύσσομαι, υποχωρώ (αντ. *αναπτύσσομαι*). 2. (μεταφ.) υποχωρώ γενικώς (αντ. *επιμένω*).
αναδίπλωση η, ουσ. 1. δίπλωση σε δύο ή περισσότερα μέρη: *~ του εντέρου*. 2. (γραμμ.) σχήμα κατά το οποίο η τελευταία λέξη φράσης ή πρότασης επαναλαμβάνεται στην αρχή της επόμενης π.χ. *είναι καημοί που μόνο ο τάφος, ο τάφος σβήνει ο σκοτεινός* (Σκίπης). 3. (για στρατεύματα) υποχώρηση (αντ. *ανάπτυξη*). 4. (γενικά) υποχώρηση (αντ. *επιμονή*).
αναδίφηση η, ουσ., ψάξιμο, έρευνα σε χώρους όπου φυλάγονται διάφορα έγγραφα, χειρόγραφα, έντυπα: *αφιέρωσε πολλές μέρες στην ~ της βιβλιοθήκης του μοναστηριού*.
αναδιφώ, ρ. 1. ερευνώ, ψάχνω χώρους με γραπτά κείμενα. 2. εξετάζω, μελετώ: *-ησε τα πρακτικά*.
αναδόμηση η, ουσ., ανοικοδόμηση, ανασχηματισμός, ανασυγκρότηση: *~ της κυβέρνησης*.
αναδομώ, ρ., ανοικοδομώ, ανασχηματίζω, ανασυγκροτώ: *ο πρωθυπουργός -ησε την κυβέρνηση· έκδοση -ημένη*.
ανάδοση η, ουσ. 1. έκρηξη, εκτίναξη νερού ή φωτιάς. 2. βλάστηση.
αναδοσιά η, ουσ. (συνιζ.). 1. μυρωδιά (ευχάριστη ή δυσάρεστη) που αναδίνεται από κάπου: *η ~ του υπονόμου ήταν ανυπόφορη* (συνών. *αναθυμίαση*). 2. τσιγγουνιά: *ήταν ονομαστός για την ~ του*. 3. προσωρινή ή μόνιμη ακαρπία των χωραφιών: *η φετινή ~ μας λύγισε οικονομικά* (συνών. *αφορία*).
αναδουλιά και **ανε-** η, ουσ. (συνιζ.), έλλειψη εργασίας, ανεργία: *στις μέρες μας υπάρχει μεγάλη ~*. [*αδουλιά* < *άδουλος* < στερ. α + *δουλεύω* με επανάληψη του στερ.].
αναδοχέας ο, ουσ. (νομ.) αυτός που αναλαμβάνει ένα χρέος απαλλάσσοντας τον οφειλέτη: *ο ~ έχει απέναντι στο δανειστή τις ίδιες υποχρεώσεις που είχε και ο παλαιός οφειλέτης* (Αστ. Κώδ.).
αναδοχή η, ουσ. (λόγ.), ανάληψη ευθύνης: *~ ξένου χρέους* (Αστ. Κώδ.).
ανάδοχος ο, ουσ. 1. αυτός που βαφτίζει ή έχει βαφτίσει ένα παιδί (συνών. *νονός*). 2. αυτός που αναλαμβάνει την υποχρέωση (με σύμβαση) να εκτελέσει ένα έργο: *~ δημόσιου έργου·* (ως επίθ.): *η ανάδοχος εταιρεία υποχρεώθηκε να παραδώσει το κτήριο σε ένα χρόνο* (συνών. *εγγυητής*).
αναδρομάρης ο, θηλ. **-ισσα**, ουσ. (λαϊκ.). 1. αυτός που διαρκώς μετακινείται, που πηγαινοέρχεται. 2. (μεταφ.) αυτός που αναζητεί και καταγράφει παλιότερα επεισόδια ή ιστορικά γεγονότα, ερευνητής (συνών. *αρχαιοδίφης*).
αναδρομή η, ουσ. 1. φορά από κάτω προς τα πάνω, ανάβαση: *~ του νερού στο δοκιμαστικό σωλήνα* (συνών. *άνοδος*). 2. δρόμος προς τα πίσω· στροφή, εξέταση ή μνημόνευση του παρελθόντος: *η ~ στο παρελθόν μας κάνει να προβληματιστούμε για το μέλλον* (συνών. *επιστροφή*).
αναδρομικός, -ή, -ό, επίθ., που κινείται, που γίνεται προς τα πίσω· που ισχύει για κάτι που έγινε στο παρελθόν: *-ή ισχύς νόμου* (= η εφαρμογή ενός νόμου πρόσφατου σε περιπτώσεις πριν από την ψήφισή του)· *-ή αύξηση αποδοχών / ζωγραφική έκθεση*. - Το ουδ. πληθ. *αναδρομικά* ως ουσ. = χρήματα που εισπράττει ο δικαιούχος συγκεντρωμένα από αύξηση που ίσχυσε αναδρομικά. - Επίρρ. **-ά**.
αναδρομικότητα η, ουσ., η αναδρομική ισχύς: *η ~ του νόμου προκάλεσε διαμαρτυρίες*.
ανάδρομος, -η, -ο, επίθ., που τρέχει αντίθετα προς το φυσικό ρου: *ψάρια -α· κίνηση / φορά -η* (= η κίνηση από τα αριστερά προς τα δεξιά, όπως οι δείκτες του ρολογιού).
αναδύομαι, ρ., ανέρχομαι, βγαίνω στην επιφάνεια· εμφανίζομαι: *το θέμα -θηκε στις στήλες των εφημερίδων· καυτή λάβα αναδύθηκε από το ηφαίστειο· Αναδυομένη* (= επίθετο της Αφροδίτης, που γεννήθηκε από τον αφρό).
ανάδυση η, ουσ., ανέβασμα, εμφάνιση στην επιφάνεια από το βυθό: *~ του υποβρυχίου* (αντ. *κατάδυση*).
αναερόβιος, -α, -ο, επίθ. (βιολ.). α. (για οργανισμό) που ζει χωρίς οξυγόνο: *βακτήρια -α·* β. *-α φάση της αναπνοής* = η φάση της αναπνοής κατά την οποία δεν χρειάζεται οξυγόνο (αντ. στις σημασ. α και β *αερόβιος*).
αναεροβίωση η, ουσ. (βιολ.) απουσία αέρα· τρόπος ζωής οργανισμών (βακτηρίων) που δεν καταναλώνουν αέρα για να ζήσουν (αντ. *αεροβίωση*).
ανάερος, -η, -ο, Ι. επίθ. 1. που αιωρείται στον αέρα, μετέωρος. 2. ελαφρός, φίνος, λεπτοκαμωμένος: *-η κοπέλα σα νεράιδα* (συνών. *ανάλαφρος*). - Επίρρ. **-α.** = στον αέρα: *εκοίταξα -α για να ξανοίξω πούθεν εβγαίνανε αυτές οι φωνές* (Σολωμός). [*ανά + αέρας*].
ανάερος, -ή, -ο, ΙΙ. επίθ., που δεν έχει επαρκή αερισμό, που δεν αερίζεται: *σπίτι -ο* (αντ. *ευάερος*). [στερ. *αν- + αέρας*].
αναζήτηση η, ουσ., προσπάθεια για να βρεθεί κάτι: *~ πληροφοριών / της αλήθειας· -εις θεωρητικές* (συνών. *διερεύνηση*).
αναζητώ, ρ. 1. ζητώ να βρω, ψάχνω, ερευνώ: *~ την αλήθεια*. 2. νιώθω την απουσία προσώπου ή την έλλειψη πράγματος, ποθώ: *θα φύγω και θα μ' -άς· -εί λίγη ησυχία* (συνών. *αποζητώ*).
αναζωογόνηση η, ουσ., ανάκτηση νέας ζωής, νέων δυνάμεων, τόνωση: *~ της οικονομίας της χώρας*.
αναζωογονητικός, -ή, -ό, επίθ., που δίνει νέα ζωή, νέες δυνάμεις: *το ταξίδι στην εξοχή ήταν -ό για μένα*.
αναζωογονώ, ρ., δίνω καινούργια ζωή, εμψυχώνω: *οι δυνάμεις του -ήθηκαν*.
αναζωπυρώνω, ρ. Α. (ενεργ.) ανάβω και πάλι· αναζωογονώ, δίνω ζωντάνια: *ο αέρας -ωσε τη φωτιά*. Β. (μέσ.) παίρνω νέα ζωή, τονώνομαι: *-ώθηκε το ενδιαφέρον για την υπόθεση*.
αναζωπύρωση η, ουσ., ξαναζωντάνεμα (της φωτιάς), τόνωση: *μετά την άρνηση του υπουργού παρατηρήθηκε ~ των απεργιών· ~ της φωτιάς*.
αναθαρρεύω, ρ., παίρνω θάρρος, ξεθαρρεύω: *-ψε που μας είδε*.
αναθάρρηση η, ουσ., ανάκτηση θάρρους, εμψύχωση: *η νίκη έφερε ~ στην ομάδα*.
αναθαρρύνω, ρ., δίνω θάρρος, εμψυχώνω, τονώνω (συνών. *ενθαρρύνω* αντ. *αποθαρρύνω*).
αναθαρρώ, ρ., παίρνω θάρρος, εγκαρδιώνομαι:

-ησε μόλις του χαμογέλασα.

ανάθεμα το, ουσ. 1. αναθεματισμός, κατάρα: **α.** (για να δηλωθεί ο άξιος αναθεματισμού, αφανισμού με αιτ. ονόματος και αναφ. πρότ.): ~ *την ώρα που πάτησες στο σπίτι μου·* έκφρ. *στ'* ~ (= κατάρα για κάποιον που του αξίζει να χαθεί): *στ'* ~ *κι εσύ και όλο σου το σόι·* φρ. *παραδίδω στο* ~ (= καταδικάζω)· *στέλνω στ'* ~ (= διαβολοστέλνω) **β.** (για να δηλωθεί έντονη άρνηση) (με αιτ.): ~ *την εξυπνάδα σου* (= δεν είσαι έξυπνος)· (με προτ. που εισάγεται με το *(κι)αν*): ~ *(κι) αν κατάλαβα τίποτα* (= δεν κατάλαβα). 2. (εκκλ.) αποκήρυξη από την εκκλησιαστική κοινωνία (συνών. *αφορισμός*).

αναθεματίζω, ρ. 1. καταριέμαι, βλαστημώ: *σ' -ει συνέχεια για το κακό που της έκανες.* 2. (εκκλ.) επιβάλλω τον αναθεματισμό (συνών. *αφορίζω*). - Η μτχ. παθ. παρκ. ως επίθ. υβριστικά: *τρωγόμουν μ' αυτόν τον -ισμενο.*

αναθεμάτισμα το, ουσ., το να αναθεματίζει κανείς, αναθεματισμός.

αναθεματισμός ο, ουσ. 1. κατάρα, αναθεμάτισμα (συνών. *ανάθεμα*). 2. (εκκλ.) αποκήρυξη από την εκκλησιαστική κοινωνία (συνών. *αφορισμός*).

αναθεμελιώνω, ρ. (ασυνίζ.). 1. θεμελιώνω από την αρχή, ενισχύω τα θεμέλια (συνών. *ξαναθεμελιώνω*). 2. στηρίζω μια θεωρία σε νέες βάσεις, με νέα επιχειρήματα.

αναθεμελίωση η, ουσ. 1. ενίσχυση των θεμελίων ενός κτίσματος, ξαναθεμέλιωμα. 2. στήριξη θεωρίας με νέα επιχειρήματα.

αναθεμελιωτής ο, ουσ. (ασυνίζ.). 1. αυτός που βάζει νέα θεμέλια, που κάνει αναθεμελίωση. 2. αυτός που ενισχύει μια θεωρία με νέα επιχειρήματα.

αναθερμαίνω, ρ. 1. ξαναζεσταίνω. 2. (μεταφ.) αναζωογονώ, ενισχύω: *-άνθηκαν οι σχέσεις των δύο χωρών μετά τη συνάντηση των ηγετών τους* (συνών. *τονώνω*· αντ. *αποναρκώνω*).

αναθέρμανση η, ουσ. 1. ξαναζέσταμα. 2. (μεταφ.) τόνωση, αναζωογόνηση: ~ *σχέσεων.*

ανάθεση η, ουσ., η εξουσιοδότηση ή η εντολή σε κάποιο πρόσωπο να διεκπεραιώσει μιαν εργασία: ~ *έργου / υπόθεσης / εργασίας* (συνών. *επιφόρτηση, αγγάρεμα*).

αναθέτω, παρατ. *ανάθετα* και *ανέθετα,* αόρ. *ανάθεσα,* ρ. 1. εξουσιοδοτώ κάποιον ή δίνω εντολή σε κάποιον να διεκπεραιώσει μιαν εργασία: *-σε την υπόθεση στον καλύτερο δικηγόρο.* 2. εμπιστεύομαι: *της -σε τη φροντίδα των παιδιών.*

αναθεώρηση η, ουσ. 1. εξέταση για μια ακόμη φορά και με μεγαλύτερη προσοχή: ~ *υπόθεσης / γραπτών* (συνών. *επανεξέταση*). 2. (νομ.) ~ *Συντάγματος* = τροποποίηση ή κατάργηση μετά ακριβή εξέταση κάποιων νόμων ή αποφάσεων· ~ *δίκης* = επανάληψη δίκης με επιμελέστερη εξέταση των σχετικών στοιχείων (συνών. *αναψηλάφηση*).

αναθεωρητής ο, θηλ. **-τρια,** ουσ. αυτός που κάνει αναθεώρηση, που του έχει ανατεθεί η αναθεώρηση (συνών. *επανεξεταστής*).

αναθεωρητικός, -ή, -ό, επίθ., που αναφέρεται στην αναθεώρηση· που εκτελεί ή επιφέρει αναθεώρηση: *-ή Βουλή· δικαστήριο -ό· αποφάσεις -ές.*

αναθεωρώ, ρ. 1. εξετάζω κάτι άλλη μια φορά και με μεγαλύτερη προσοχή: *έκδοση βιβλίου -ημένη και βελτιωμένη* (συνών. *ξαναβλέπω, ξανακοιτάζω, επανεξετάζω*). 2. μεταβάλλω, αλλάζω: *-ησε τις απόψεις του για το θέμα* (συνών. *τροποποιώ*).

ανάθημα το, ουσ., αυτό που έχει αφιερωθεί, δωρηθεί σε ναό: *υπάρχουν πολύτιμα -ματα στην Ευαγγελίστρια της Τήνου* (συνών. *αφιέρωμα, τάμα*).

αναθηματικός, -ή, -ό, επίθ., που αποτελεί ανάθημα· που αναφέρεται σε ανάθημα: *στήλη / επιγραφή -ή.*

ανάθρεμμα το, ουσ. 1. το άτομο που ανατράφηκε: *είναι* ~ *κακών γονιών* (συνών. *θρέμμα, τέκνο*). 2. ανατροφή: *πήρε λαμπρό* ~ (συνών. *διαπαιδαγώγηση, αγωγή*).

αναθρεφτός, -ή, -ό, επίθ., μεγαλωμένος σε ξένο σπίτι, από ξένους γονείς· θετός. - Το αρσ. ως ουσ. = ψυχογιός: *στο μαγαζί τον βοηθάει ο* ~ *του.* - Το θηλ. ως ουσ. = ψυχοκόρη: *φώναξε την -ή του να της πει για το προξενιό.*

αναθρέφω, βλ. *ανατρέφω.*

αναθροφή, βλ. *ανατροφή.*

αναθυμάμαι και **-ούμαι,** ρ., θυμάμαι, φέρνω στο νου μου: *-θυμήθηκε τις παλιές καλές μέρες* (συνών. *αναπολώ*).

αναθύμηση η, ουσ., επαναφορά στη μνήμη, θύμηση (συνών. *αναπόληση·* αντ. *λησμονιά, λήθη*).

αναθυμίαση η, ουσ. 1. έκλυση, διάχυση αερίων, καπνού, κλπ.: *δηλητηριώδεις -σεις των χημικών αποβλήτων.* 2. (συνεκδ.) άσχημη και βλαβερή μυρωδιά: *ζαλίστηκα από τις -σεις του υπονόμου* (συνών. *απόπνοια*).

αναθυμίζω, ρ., υπενθυμίζω: *η φωτογραφία του της -ει παλιές στιγμές* (συνών. *ξαναθυμίζω*).

αναίδεια η, ουσ. (ασυνίζ.), απουσία ντροπής, αδιαντροπιά, θρασύτητα: *-ά του είναι προκλητική* (συνών. *αναισχυντία, ξετσιπωσιά, θράσος·* αντ. *σεμνότητα, συστολή, διακριτικότητα*).

αναιδής, -ής, -ές, γεν. **-ούς,** πληθ. αρσ. και θηλ. **-είς,** ουδ. **-ή,** επίθ., αδιάντροπος, θρασύς: *συμπεριφορά / περιβολή* ~· *τρόποι -είς.* (συνών. *αναίσχυντος, ξετσίπωτος, αδιάκριτος·* αντ. *σεμνός, συνεσταλμένος, ντροπαλός*). - Το ουδ. ως ουσ. = αναίδεια: *το -ές των λόγων.* - Επίρρ. **-ώς.**

αναίμακτος, -η, -ο, επίθ., που έγινε χωρίς να χυθεί αίμα: *δυστύχημα -ο· σύγκρουση -η* (αντ. *αιματηρός, αιματοβαμμένος*)· (εκκλ.) *θυσία -η:* το μυστήριο της Θείας Ευχαριστίας.

αναιμία η, ουσ. (ιατρ.) ελάττωση της αιμοσφαιρίνης και συνήθως και του αριθμού των ερυθρών αιμοσφαιρίων του αίματος που συνοδεύεται από ωχρότητα του δέρματος και συμπτώματα κατάπτωσης του οργανισμού: *πάσχει από* ~·*κακοήθης / μεσογειακή.*

αναιμικός, -ή, -ό, επίθ. 1. που έχει σχέση με την αναιμία: *κράση -ή.* 2. που πάσχει από αναιμία: *παιδί -ό* (συνών. *καχεκτικός, ωχρός·* αντ. *υπεραιμικός, εύρωστος*)· (μεταφ.) *κείμενα με γλώσσα -ή· δέντρα -ά.*

αναίρεση η, ουσ. 1. αντίκρουση, ανασκευή: ~ *επιχειρημάτων / ψευδολογιών* (συνών. *διάψευση·* αντ. *επιβεβαίωση*). 2. αθέτηση, ακύρωση: ~ *αποφάσεων / υπόσχεσης* (αντ. *επικύρωση, τήρηση*). 3. ανθρωποκτονία που γίνεται σε βρασμό ψυχής. 4. (νομ.) **α.** το ειδικό μέσο με το οποίο ζητείται η ακύρωση από τον Άρειο Πάγο δικαστικών αποφάσεων και **β.** (συνεκδ.) η κύρωση του παραπάνω αιτήματος.

αναιρετικός, -ή, -ό, επίθ., που αναιρεί, που αντικρούει: *επιχειρήματα -ά· αποφάσεις -ές* (συνών. *ανασκευαστικός*).

αναιρώ, ρ. 1. αντικρούω, ανασκευάζω: *θα -έσω τις*

ανακρίβειες / συκοφαντίες του (συνών. *διαψεύδω, ανατρέπω·* αντ. *επιβεβαιώνω*). **2.** αθετώ, ανακαλώ: *-σε την απόφασή του / τις υποσχέσεις του* (συνών. *ακυρώνω·* αντ. *τηρώ, επικυρώνω*). **3.** (νομ.) ακυρώνω: *ο Άρειος Πάγος -εσε τις προηγούμενες αποφάσεις*. **4.** (νομ.) θανατώνω καθώς βρίσκομαι σε βρασμό ψυχής.

αναισθησία η ουσ. **1.** απουσία των αισθήσεων: *μετά το ατύχημα το δεξί του πόδι παρουσιάζει ~* (αντ. *κανονική λειτουργία των αισθήσεων· ευαισθησία*). **2.** (ιατρ.) νάρκωση: *θα εγχειριστεί με τοπική /ολική ~*. **3.** (μεταφ.) αδιαφορία, απάθεια· ασπλαχνία: *μπροστά σε τέτοιο δράμα η ~ των γειτόνων ήταν εντυπωσιακή* (συνών. *απονιά·* αντ. *ευαισθησία, ευσπλαχνία, φιλανθρωπία*).

αναισθησιολογία η, ουσ. (ασυνίζ.), επιστήμη της αναισθησίας με κυριότερο αντικείμενο μελέτης τη νάρκωση των ασθενών που υποβάλλονται σε χειρουργική επέμβαση.

αναισθησιολόγος ο, ουσ. (ασυνίζ.), γιατρός ειδικευμένος στην επιστήμη της αναισθησιολογίας και ιδιαίτερα στο να εφαρμόζει νάρκωση στους ασθενείς προκειμένου να χειρουργηθούν.

αναισθητικός, -ή, -ό, επίθ., που προκαλεί αναισθησία, νάρκωση: *φάρμακα -ά*. - Το ουδ. ως ουσ. = ουσία φαρμακευτική που χρησιμοποιείται για τη νάρκωση προκειμένου να εγχειρισθούν ασθενείς: *-ά τοπικά / γενικά· του έδωσε μεγάλη δόση -ού και άργησε να ξυπνήσει*.

αναισθητοποίηση η, ουσ., η εφαρμογή τοπικής ή γενικής αναισθησίας με αναισθητικά φάρμακα.

αναισθητοποιώ, ρ., εφαρμόζω αναισθησία, ναρκώνω.

αναίσθητος, -ή, -ο, επίθ. **1.** που δεν έχει αισθήσεις ή αισθητικότητα: *είναι -α τα κάτω άκρα του* (συνών. *παράλυτος, «νεκρός»*). **2.** που έχασε τις αισθήσεις του παροδικά, λιπόθυμος: *στη φρικτή θέα έπεσε ~*. **3.** (μεταφ.) αδιάφορος, απαθής, άσπλαχνος: *πιο ~ κι απ' τις πέτρες· καρδιά -η* (συνών. *αδιάφορος, άπονος·* αντ. *ευαίσθητος, πονετικός*).

αναισχυντία η, ουσ. (έρρ.), το να μην αισθάνεται κάποιος ντροπή (συνών. *αδιαντροπιά, αναίδεια, ξετσιπωσιά·* αντ. *ντροπαλότητα, σεμνότητα*).

αναίσχυντος, -η, -ο, επίθ. (έρρ.), που δεν αισθάνεται ντροπή: *γυναίκα -η· πράξεις -ες* (συνών. *αδιάντροπος, αναιδής·* αντ. *ντροπαλός, σεμνός*).

αναιτιολόγητος, -η, -ο, επίθ. (ασυνίζ.). **1.** που δεν αιτιολογείται, που δεν μπορεί να δικαιολογηθεί: *είναι -α τα μέτρα που πήρε η επιτροπή· απόφαση -η* (συνών. *αδικαιολόγητος·* αντ. *εύλογος*). **2.** ανεξήγητος, ασαφής: *διαγωγή -η· ενέργειες -ες* (συνών. *ακατανόητος·* αντ. *φανερός, σαφής*).

αναίτιος, -α, -ο, επίθ. (ασυνίζ.), που δεν ευθύνεται για κάτι, αθώος (συνών. *ανεύθυνος·* αντ. *υπαίτιος, υπεύθυνος, ένοχος*).

ανακαθίζω, ρ. Α. (μτβ.) ανασηκώνω κάποιον στη θέση του, στο κρεβάτι του: *η νοσοκόμα -σε τον άρρωστο για να του δώσει το φάρμακό του*. Β. (αμτβ.) ανασηκώνομαι και μένω καθιστός, ανακάθομαι: *με το θόρυβο -σε στο κρεβάτι του τρομαγμένος*.

ανακάθισμα το, ουσ., το να ανακαθίσει κάποιος, ανασήκωμα.

ανακαθιστός, -ή, -ό, επίθ., ανασηκωμένος στο κρεβάτι: *παίρνει πάντα το πρωινό της -ή στο κρεβάτι της* (συνών. *ανακαθισμένος·* αντ. *ξαπλωμένος, πλαγιασμένος*).

ανακάθομαι, ρ., ανασηκώνομαι και μένω καθιστός: *-ησε στο στρώμα* (συνών. *ανακαθίζω*).

ανακαινίζω, ρ. **1.** κάνω νέο κάτι παλιό, το επαναφέρω σε καλή κατάσταση: *-σαν την παλιά εκκλησία / τις παλιές εικόνες· ~ ένα οικοδόμημα* (συνών. *επιδιορθώνω, επισκευάζω, ξανακαινουργιώνω, αποκαθιστώ·* αντ. *φθείρω, παλιώνω*). **2.** μεταρρυθμίζω προς το καλύτερο, βελτιώνω: *αίθουσα -σμένη·* (μεταφ.) *πρόγραμμα -σμένο* (συνών. *αναμορφώνω, εκσυγχρονίζω*).

ανακαίνιση η, ουσ., το να γίνεται κάτι πάλι καινούργιο, αποκατάσταση: *~ ναού / κτηρίου·* (μεταφ.) *~ προγράμματος* (συνών. *ανανέωση, βελτίωση, αναμόρφωση·* αντ. *φθορά*).

ανακαινισμός ο, ουσ., ανακαίνιση (βλ. λ.).

ανακαινιστής ο, θηλ. **-ίστρια,** ουσ. **1.** αυτός που ανακαινίζει, που ανανεώνει (συνών. *επισκευαστής, επιδιορθωτής·* αντ. *καταστροφέας*). **2.** (μεταφ.) μεταρρυθμιστής, αναμορφωτής: *~ νομοθεσίας / προγράμματος / ιδεών*.

ανακαινιστικός, -ή, -ό, επίθ., που επιφέρει ανακαίνιση: *ενέργειες -ες· πρόγραμμα -ό* (συνών. *ανανεωτικός, μεταρρυθμιστικός, αναμορφωτικός*).

ανακαινίστρια, βλ. *ανακαινιστής*.

ανακαλύπτω, ρ. **1.** βρίσκω πρώτος κάτι άγνωστο ως τώρα: *ο Νέος Κόσμος -φτηκε το 15. αι*. **2.** εφευρίσκω, επινοώ: *~ νέες μεθόδους / τρόπους / τεχνάσματα / νέες τεχνικές / νέο εμβόλιο*. **3.** βρίσκω, μαθαίνω, διαπιστώνω ύστερα από έρευνα ή συμπτωματικά: *~ κρυμμένο θησαυρό / μυστικό / απάτη / τους δράστες της κλοπής / τις προθέσεις κάποιου* (συνών. *αποκαλύπτω, φανερώνω·* αντ. *κρύβω, σκεπάζω*). **4.** (μεταφ.) αποκτώ (καλύτερη) γνώση για κάτι: *~ τον εαυτό μου / τους άλλους / το νόημα της ζωής* (συνών. *μαθαίνω*).

ανακάλυψη η, ουσ. **1.** ανεύρεση: *η ~ της Αμερικής*. **2.** εφεύρεση, επινόηση: *η ~ της πενικιλλίνης*. **3.** διαπίστωση: *η ~ της κατάχρησης / του ψέματος* (συνών. *αποκάλυψη, φανέρωμα·* αντ. *κρύψιμο, σκέπασμα*).

ανακαλώ, ρ. **1.** καλώ κάποιον πίσω, επανακαλώ: *-σαν τον πρεσβευτή της Τουρκίας* (αντ. *εξαποστέλνω*)· (μεταφ.) *~ κάποιον στην τάξη*. *~ στη μνήμη μου* (θυμάμαι, ενθυμούμαι). **2.** ανιρώ, ακυρώνω: *-σε το λόγο / την υπόσχεσή του· -κλήθηκε η διαταγή / η παραγγελία / η δωρεά· ο υπουργός -σε τις συμβάσεις* (συνών. *καταργώ·* αντ. *επικυρώνω, επιδικάζω*).

ανάκαμψη η, ουσ. **1.** η στροφή, το γύρισμα προς τα πάνω ή προς τα πίσω (συνών. *στροφή, γύρισμα*). **2.** βελτίωση: *~ της οικονομίας*.

ανακαούρα η, ουσ. (λαϊκ.), φλόγωση του λάρυγγα που οφείλεται σε πυρετό ή σε ανωμαλία του στομάχου: *είχε -ες όλο το βράδι*.

ανάκαρα τα, ουσ. (ιδιωμ.), σωματική δύναμη, αντοχή: *δεν έχω ~ να μιλήσω*. [*ανακαρώνω < ανά + αρχ. καρόω*].

ανάκατα, επίρρ. **1.** χωρίς διάκριση, ανακατωμένα: *είχαν αφήσει τα έπιπλα και τα ρούχα ~ στην είσοδο· περνούσαν ~ μικροί μεγάλοι* (συνών. *φύρδην μίγδην*). **2.** ακατάστατα.

ανακατάληψη η, ουσ., κατάληψη εκ νέου, επανάκτηση: *~ εδαφών*.

ανακατανομή η, ουσ., νέα διανομή, νέο μοίρασμα: *~ εισοδήματος*.

ανακατασκευάζω, ρ., κατασκευάζω εκ νέου τροποποιώντας και βελτιώνοντας.

ανακατασκευή η, ουσ., κατασκευή εκ νέου· τροποποίηση και βελτίωση κάποιας κατασκευής.

ανακατάταξη, ουσ. 1. κατάταξη εκ νέου, νέα τακτοποίηση: ~ *αρχείων / πινάκων.* 2. (στρατ.) επάνοδος, νέα εθελοντική κατάταξη μετά τη λήξη της θητείας: ~ *δοκίμων.*

ανακατατάσσω, ρ. I. (ενεργ.) κατατάσσω, τακτοποιώ κάτι ξανά και προσεκτικότερα. II. (μέσ., στρατ.) κατατάσσομαι ξανά στο στρατό.

ανακάτεμα, βλ. *ανακάτωμα.*

ανακάτευτος, -η, -ο, επίθ., που δεν είναι ανακατεμένος: *φαγητό -ο* (αντ. *ανακατεμένος, αναταραγμένος*).

ανακάτεψη η, ουσ., ανακάτωση (βλ. λ.).

ανάκατος, -η, -ο, επίθ. 1. που δεν έχει τάξη, ακατάστατος: *δωμάτιο / γραφείο -ο· έκανε τον κόσμο -ο να βρει το ρολόι του* (συνών. *ανάστατος·* αντ. *τακτικός, τακτοποιημένος*). 2. ανάμικτος, ανακατωμένος: *φρούτα και λαχανικά -α* (αντ. *ανακάτευτος*). [*ανώκατος < φρ. *άνω κάτω*].

ανακάτωμα και **-τεμα** το, ουσ. 1. ανάμιξη: *το βούτυρο με τη ζάχαρη θέλουν καλό ~ για το κέικ* (συνών. *«χτύπημα», «δούλεμα»*). 2. ανακίνηση: *~ φαγητού* (συνών. *ανάδεμα, ανατάραξη*). 3. μπέρδεμα, ακαταστασία: *~ λογαριασμών / χαρτιών· το δωμάτιο έχει μεγάλο ~* (συνών. *αταξία·* αντ. *ξεχώρισμα, τακτοποίηση*). 4. αναταραχή, αναστάτωση, φασαρία· συμπλοκή: *στη δουλειά έγιναν μεγάλα -ατα· πάνω στο ~ χτύπησε το χέρι του* (αντ. *ηρεμία, καλμάρισμα*). 5. επέμβαση· συμμετοχή: *~ σε καβγά / σε υπόθεση·* ~ *σε διακίνηση ναρκωτικών.* 6. ναυτία: *νιώθω ~.*

ανακατωμός ο, ουσ., αναταραχή, αναστάτωση, φασαρία· συμπλοκή: *γίνηκε ένας μεγάλος ~.*

ανακατώνω, ρ. I. (ενεργ.). 1α. αναμιγνύω: *~ αλεύρι με σιμιγδάλι·* ~ *χρώματα·* **β.** (συνεκδοχικά) νοθεύω: *το γάλα είναι -μένο με νερό.* 2. ανακινώ, αναταράζω: *-σε το φαγητό* (συνών. *ανάδευω*). 3. μπερδεύω, κάνω άνω-κάτω: *-ωσε τα χαρτιά* (= *στην τράπουλα*) *και μοίρασε· μου -ωσες τα συρτάρια μου* (αντ. *τακτοποιώ, ξεχωρίζω*). 4. (μεταφ.) κάνω κάποιον μέτοχο σε κάτι, εμπλέκω: *μη μ' -εις στην υπόθεση* (συνών. *ενοχοποιώ*). 5. (μεταφ.) διαβάλλω, προκαλώ αναστάτωση: *τους -σε και έκαναν μεγάλη φασαρία* (αντ. *συμφιλιώνω*). 6. προκαλώ ναυτία: *μ' -ει το φαΐ.* II. (μέσ.). 1. αναμιγνύομαι· μπερδεύομαι: *-ώθηκε με τον κόσμο και την έχασα.* 2. επεμβαίνω, συμμετέχω σε κάτι: *μην -εσαι! -ώθηκε στον καβγά και βρήκε τον μπελά του* (συνών. *παρεμβαίνω·* αντ. *απέχω*). 3. συγχρωτίζομαι, έχω επαφές με κάποιους: *-ώθηκε με τον υπόκοσμο.* 4. νιώθω ναυτία: *-ώθηκα βλέποντας τα αίματα* (συνών. *αναγουλιάζω, αηδιάζω*). 5. ταράζομαι, συγχύζομαι: *τα βλέπω κι -ώνομαι.* Φρ. *-ωμένος ο ερχόμενος* (για μεγάλη αταξία). Παροιμ. *όποιος -εται με τα πίτουρα, τον τρών' οι κότες* (= *όποιος ανακατεύεται με ανθρώπους ανέντιμους ή υποθέσεις άσχημες βρίσκει το μπελά του*).

ανακάτωση η, ουσ. 1. μπέρδεμα· αναστάτωση, αταξία. 2. ναυτία (συνών. *ανακάτεψη*).

ανακωτωσιά η, ουσ. (συνιζ.). 1. ανακάτεμα, μπέρδεμα· αναστάτωση. 2. ναυτία.

ανακατωσούρα η, ουσ. 1. αταξία, ακαταστασία: στο σπίτι επικρατεί μεγάλη ~ (αντ. *τάξη*). 2. αναστάτωση· φασαρία: *γίνηκε μια φοβερή ~· στην ~ της ξέφυγε το παιδί* (συνών. *αναμπουμπούλα, ταραχή, ανωμαλία*).

ανακατωσούρης ο, ουσ., αυτός που προκαλεί ανακατώματα, φασαρίες (συνών. *συκοφάντης, διαβολέας*).

ανακάτωτος, -η, -ο, επίθ., που δεν είναι ανακατεμένος, αναταραγμένος: *φαγητό -ο* (συνών. *ανακάτευτος·* αντ. *ανακατωμένος, ανάμικτος*).

ανακατωτά, επίρρ., συνήθως στην έκφρ. *απέξω κι ~* (= *πολύ καλά*): *ξέρω το μάθημα απέξω κι ~.*

ανακεφαλαιώνω, ρ. 1. επαναλαμβάνω τα κυριότερα σημεία, συνοψίζω όσα έχω πει: *στον επίλογο ο ομιλητής -ωσε τα κυριότερα σημεία της ομιλίας του.* 2. κεφαλαιοποιώ, προσθέτω τους τόκους στο κεφάλαιο (συνών. *συγκεφαλαιώνω*).

ανακεφαλαίωση η, ουσ. 1. επανάληψη των κυριότερων σημείων, σύνοψη (συνών. *περίληψη*). 2. κεφαλαιοποίηση, πρόσθεση των τόκων στο κεφάλαιο.

ανακεφαλαιωτικός, -ή, -ό, επίθ., που ανήκει στην ανακεφαλαίωση ή έχει σχέση μ' αυτήν: *πίνακας ~· έκθεση -ή* (συνών. *συνοπτικός, σύντομος·* αντ. *λεπτομερής, διεξοδικός*).

ανακήρυξη, ουσ. 1. επίσημη απονομή τίτλου ή αξιώματος: *του έδωσε χαρά η ~ του σε επίτιμο δημότη της πόλης* (συνών. *αναγόρευση*). 2. επίσημη γνωστοποίηση, επικύρωση (μιας ιδιότητας): *η Εκκλησία αποφάσισε την ~ του πατριάρχη σε άγιο· ~ υποψηφίων βουλευτών.*

ανακηρύσσω, ρ. 1. απονέμω επίσημο τίτλο ή αξίωμα: *το συμβούλιο του ιδρύματος τον -ξε μεγάλο ευεργέτη· -χτηκε βασιλιάς* (συνών. *αναγορεύω*). 2. γνωστοποιώ, ονομάζω δημόσια: *-χτηκε νικητής / υποψήφιος βουλευτής* (συνών. *αναφωνώ, αναγγέλλω*).

ανακίνηση η, ουσ., ανακάτωμα, ανασάλεμα· επαναφορά στην επιφάνεια θέματος που είχε ξεχαστεί και πρόκληση συζήτησης γι' αυτό: *~ ενός ζητήματος / μιας υπόθεσης· σε κανένα δε συνέφερε η ~ του σκανδάλου* (συνών. *μνεία·* αντ. *αποσιώπηση*).

ανακινώ, -είς, ρ. 1. αναταράζω, ανακατεύω: *προτού χρησιμοποιήσετε το φάρμακο πρέπει να -είτε καλά το μπουκάλι* (συνών. *αναδεύω, κουνώ·* αντ. *ακινητοποιώ*). 2. επαναφέρω μια παλιά υπόθεση στην επιφάνεια, προκαλώ και πάλι συζήτηση γι' αυτήν: *έκρινε σωστό να μην -ήσει το θέμα των αποζημιώσεων* (αντ. *αποσιωπώ, αποκρύπτω*).

ανακλαδίζομαι, ρ. 1. κάθομαι σταυροπόδι: *-ίστηκε κοντά στο τζάκι.* 2. τεντώνω τα χέρια ή και τα πόδια από κούραση ή ατονία: *είχε πυρετό κι όλο -όταν* (συνών. *τεντώνομαι, τανιέμαι·* αντ. *μαζεύομαι*). [ανά + *κλαδίζω ή *οκλαδίζομαι].

ανακλάδισμα το, ουσ., τέντωμα, άπλωμα των μελών του κορμιού από κούραση ή ατονία (αντ. *συστολή, μάζεμα*).

ανακλαίω, ρ., μτχ. *-κλαμένος* και *-κλαημένος* (ιδιωμ. - λογοτ.), κλαίω (συνήθως μεταφ.). Φρ. *-ει ο καιρός* (= *προμηνύεται βροχή*). - Η μτχ. ως επιθ. (για τον καιρό) = βροχερός: *καιρός -κλαημένος* (Καζαντζάκης).

ανάκλαση η, ουσ., αντανάκλαση (βλ. λ.).

ανακλαστικός, -ή, -ό, επίθ., που αναφέρεται στην ανάκλαση (συνών. *αντανακλαστικός*).

ανάκληση η, ουσ. 1. το να καλείται ή να διατάσσεται κάποιος να επιστρέψει: *~ πρεσβευτή / επιτετραμμένου.* 2. κατάργηση της νόμιμης ισχύος, ακύρωση: *~ διοικητικής πράξης / διαταγής / διορισμού* (συνών. *κατάργηση·* αντ. *επικύρωση*). 3.

ανακλητήριος (ψυχ.) επαναφορά στη μνήμη ιδεών, εικόνων, λέξεων, κ.ά. που έγιναν γνωστά στο παρελθόν.

ανακλητήριος, -α, -ο, επίθ. (ασυνίζ.), που επιφέρει ή γνωστοποιεί την ανάκληση (διπλωματικού εκπροσώπου): *έγγραφα -α.*

ανακλητικός, -ή, -ό, επίθ., που αναφέρεται στην ανάκληση (απόφασης, διαταγής, κ.τ.ό.) ή την επιβάλλει: *πράξη -ή· διάταγμα -ό* (συνών. *ακυρωτικός·* αντ. *επικυρωτικός).*

ανακλητός, -ή, -ό, επίθ., που μπορεί να ανακληθεί: *απόφαση -ή· νόμος / υπάλληλος ~.*

ανάκλιντρο το, ουσ. (έρρ.), πλατύ κάθισμα όπου μπορεί κανείς να ξαπλώσει: *τα -α ήταν από τα συνηθισμένα έπιπλα ενός σπιτιού στην αρχαιότητα.*

ανακλώ, -άς, ρ. (λόγ.), (για φωτεινές ακτίνες ή ηχητικά κύματα) αλλάζω τη διεύθυνση, στέλνω προς τα πίσω· (μέσ.) αντανακλώμαι: *το φως -άται στον καθρέφτη.*

ανακοινωθέν το, γεν. *-θέντος,* πληθ. *-θέντα,* ουσ., ανακοίνωση επίσημης αρχής: *~ της Προεδρίας της Δημοκρατίας· ~στρατιωτικό / πολεμικό.* [ουδ. της μτχ. παθ. αορ. του *ανακοινώ* ως ουσ.].

ανακοινώνω, ρ., καθιστώ γνωστό, δηλώνω κάτι υπεύθυνα ή επίσημα: *-ωσε την απόλυσή μου / τη γέννηση της κόρης του· η Κυβέρνηση θα -ώσει νέα οικονομικά μέτρα· -ώθηκαν τα αποτελέσματα των εισαγωγικών εξετάσεων* (συνών. *γνωστοποιώ, κοινοποιώ, αναγγέλλω·* αντ. *αποσιωπώ, αποκρύπτω).*

ανακοίνωση η, ουσ. **1.** υπεύθυνη ή επίσημη γνωστοποίηση: *~ γραπτή / προφορική / κυβερνητική* (συνών. *αναγγελία, κοινοποίηση, δήλωση·* αντ. *απόκρυψη, αποσιώπηση).* **2.** έκθεση πορισμάτων επιστημονικής έρευνας: *στο συνέδριο έγιναν ενδιαφέρουσες -εις.*

ανακοινώσιμος, -η, -ο, επίθ., που μπορεί ή επιτρέπεται να ανακοινωθεί: *είδηση -η· μη ~ αριθμός τηλεφώνου.*

ανακολουθία η, ουσ. **1.** έλλειψη λογικής ακολουθίας, ειρμού: *στην αφήγησή του υπήρχαν πολλές -ες* (συνών. *ασυναρτησία·* αντ. *ακολουθία, λογικός ειρμός, συνοχή).* **2.** ασυμφωνία με προηγούμενες γνώμες, ενέργειες, υποσχέσεις, κ.τ.ό.: *επισημάνθηκαν κάποιες -ες στην εξωτερική πολιτική / στην εφαρμογή του οικονομικού προγράμματος* (συνών. *ασυνέπεια·* αντ. *συνέπεια, συμφωνία).* **3.** (γραμμ.) το ανακόλουθο σχήμα (βλ. *ανακόλουθος* σημασ. 3).

ανακόλουθος, -η, -ο, επίθ. **1.** που δεν έχει ειρμό, λογική συνέχεια: *λόγος ~· διήγηση -η* (συνών. *ασυνάρτητος).* **2.** που δε συμφωνεί με τον εαυτό του, ασυνεπής: *συμπεριφορά / πολιτική -η* (συνών. *ασύμφωνος, ασταθής·* αντ. *συνεπής, σταθερός).* **3.** (γραμμ.) *-ο σχήμα* ή απλώς *-ο* ως ουσ. = φραστικό σχήμα στο οποίο παραβιάζεται η συντακτική συνέχεια μιας πρότασης ή περιόδου.

ανακομιδή η, ουσ., εκταφή και μεταφορά του λειψάνου ή των οστών νεκρού σε άλλη τιμητικότερη θέση, νέο τάφο ή οστεοφυλάκιο: *~ λειψάνων αγίου.*

ανακοπή η, ουσ. **1.** (ιατρ.) απότομο σταμάτημα της καρδιακής ή της αναπνευστικής λειτουργίας ή και των δύο από διάφορες αιτίες: *~ της καρδιάς.* **2.** (νομ.) ένδικο μέσο με σκοπό την ακύρωση των έννομων συνεπειών πράξης δημοσίου δικαίου ή την εξαφάνιση εσφαλμένης δικαστικής απόφασης εις βάρος κάποιου που δικάστηκε ερήμην *(«ανακοπή ερημοδικίας»).*

ανακόπτω, ρ. **1.** εμποδίζω τη συνέχεια ή την πρόοδο κάποιου γεγονότος: *επιχείρησαν να -ψουν την προέλαση του εχθρού / την εξάπλωση της επιδημίας* (συνών. *συγκρατώ, αναχαιτίζω, χαλιναγωγώ).* **2.** (νομ.) κάνω ανακοπή (βλ. λ. σημασ. 2).

ανακούρκουδα, επίρρ. (ιδιωμ.), με λυγισμένα τα γόνατα και το σώμα να στηρίζεται στα δάχτυλα των ποδιών: *κάθισε ~ και κοίταζε κάτι στο χώμα.* [*ανά* + παλαιότ. επίρρ. *κλωκυδά* ή ουσ. *κουκούβα* = *κουκουβάγια*].

ανάκουστος, -η, -ο, επίθ. **1.** που δεν ακούγεται, ανεπαίσθητος στην ακοή: *~ κιλαηδισμός και λιποθυμισμένος* (Σολωμός) (συνών. *σιγανός, σιγαλός·* αντ. *φωναχτός).* **2.** που δεν έχει ξανακουστεί ως τώρα, πρωτοφανής (συνήθως για κάτι κακό): *τιμωρία / κατεργαριά -η· μου είπε λόγια -α* (συνών. *πρωτάκουστος, ανήκουστος·* αντ. *ξακουστός).*

ανακουφίζω, ρ. **I.** ενεργ. **1.** αλαφρώνω κάποιον από βάρος ή μέρος του· (συνήθως μεταφ.) παρέχω κάποια οικονομική βοήθεια, διευκολύνω: *δούλευε από μικρός για να -ίσει τον πατέρα του· το δάνειο προσωρινά μας -ισε· υποσχέθηκε να -ίσει το λαό από τη φορολογία* (συνών. *ξαλαφρώνω·* αντ. *επιβαρύνω).* **2.** απαλλάσσω κάποιον από ψυχικό βάρος ή σωματικό πόνο: *η συμπαράσταση των φίλων -ιζε το πένθος τους· έχει τόσο χειροτερέψει η κατάσταση του αρρώστου που τίποτε δεν τον -ίζει.* **II.** μέσ. **1.** απαλλάσσομαι από την ανησυχία, ξαλαφρώνω: *όταν έπιασαν τον Χ, ο κόσμος -ίστηκε* (συνών. *ξανασαίνω, ξεγνοιάζω).* **2.** αποπατώ.

ανακούφιση η, ουσ. **1.** αφαίρεση ή απαλλαγή από βάρος· (συνήθως μεταφ.) παροχή οικονομικής βοήθειας, συνδρομή, διευκόλυνση: *μια κληρονομιά, ένα λαχείο θα ήταν μεγάλη ~* (συνών. *ξαλάφρωμα·* αντ. *επιβάρυνση).* **2.** απαλλαγή από ψυχικό βάρος ή σωματικό πόνο: *αισθάνομαι ~ όταν μαθαίνω νέα σου· μετά την ομολογία σαν να 'νιωσε ~· ό,τι φάρμακο και αν έπαιρνε δεν έβρισκε ~* (συνών. *ξαλάφρωμα, ξέγνοιασμα).*

ανακουφιστικός, -ή, -ό, επίθ. **1.** που προκαλεί ανακούφιση από τους πόνους: *φάρμακο -ό.* **2.** που διώχνει την αγωνία, που καθησυχάζει: *ειδήσεις -ες· λόγια -ά* (συνών. *καθησυχαστικός, παρηγορητικός·* αντ. *ανησυχητικός).* **3.** (αρχιτ.) *τόξο -ό.*

ανακουφωτός, -ή, -ό, επίθ., που είναι σωρευμένος έτσι ώστε από κάτω να είναι κούφιος: *χώμα -ό στο μνήμα· ξύλα -ά.* **2** (για πόρτα ή παράθυρο) που τον έχουν μισοκλείσει: *είχε τα παντζούρια -ά να μπαίνει λίγο φως* (συνών. *μισόκλειστος, γερτός).*

ανακράζω, ρ. (ιδιωμ. - λογοτ.), φωνάζω, καλώ κάποιον με δυνατή φωνή: *τον ανάκραξ' απ' τη ράχη και του έλει: «...»* (Βαλαωρίτης)· *ο χρυσαετός.../ -αξε το ταίρι του* (Κρυστάλλης).

ανακρατώ, -άς, ρ., υποβαστάζω κάποιον που δεν μπορεί να στηριχτεί μόνος του: *~ έναν τραυματία* (συνών. *στηρίζω).*

ανακρεμάζω ρ. (ιδιωμ.), κρεμώ κάποιον από ψηλά· δένω κατά το τέλος της ύφανσης τα τελευταία άκρα του στημονιού σε ραβδί που κρέμεται με σκοινί από το αντί.

ανακρεμώ και **-μνώ,** ρ., κρεμώ κάτι ψηλά. Παροιμ. *-ασε τα ρόδα για να τα 'χεις το χειμώνα.* Φρ. *-ά ο*

καιρός (= συννέφιασε και προμηνύεται βροχή).
ανακρεόντειος, -α, -ο, επίθ. (ασυνίζ.), που ανήκει, αναφέρεται ή σχετίζεται με τον Ανακρέοντα: *ωδές -ες.* - Το ουδ. στον πληθ. ως ουσ. = ποιήματα γραμμένα με θεματικό και μορφολογικό πρότυπο την ποίηση του Ανακρέοντα.
ανακρίβεια η, ουσ. (ασυνίζ.), έλλειψη ακρίβειας: *~ ισχυρισμού / πληροφορίας / είδησης·* ανακριβής λόγος, ψέμα, λάθος: *λέω -ες· η κατάθεση του μάρτυρα ήταν γεμάτη -ες· το άρθρο περιέχει -ες.*
ανακριβής, -ής, -ές, γεν. *-ούς,* πληθ. αρσ. και θηλ. *-είς,* ουδ. *-ή,* επίθ., (για λόγο, ισχυρισμό, κ.τ.ό.) που δε συμφωνεί με την πραγματικότητα, λαθεμένος, ψεύτικος: *άποψη / είδηση ~* (αντ. ακριβής, αληθινός).
ανακριβολογία η, ουσ., έλλειψη ακριβολογίας, ασάφεια στη διατύπωση ενός νοήματος: *η ~ είναι σοβαρό μειονέκτημα ιδίως σε επιστημονική εργασία.*
ανακρίνω, ρ., (νομ.) υποβάλλω σε κάποιον ερωτήσεις προσπαθώντας να εξακριβώσω την αλήθεια σχετικά με αδίκημα ή να συγκεντρώσω πληροφορίες, κάνω ανάκριση: *~ τους υπόπτους / τον αιχμάλωτο.*
ανάκριση η, ουσ., (νομ.) προσεκτική εξέταση κάποιου με ερωτήσεις για να εξακριβωθεί η αλήθεια σχετικά με ένα αδίκημα, να αποκαλυφθεί ο δράστης ή γενικά να συγκεντρωθούν πληροφορίες: *κάνω / διενεργώ ~ · ~ υπόπτων / μαρτύρων / αιχμαλώτων· ~ εξονυχιστική / κύρια / τακτική / πολύωρη / τρίτου βαθμού· με καλούν για ~· με παίρνουν για ~.*
ανακριτής ο, θηλ. **-ίτρια,** ουσ., αυτός που ανακρίνει, δικαστικός στον οποίο ανατίθεται κατά το νόμο η κύρια ανάκριση για την εξακρίβωση ενός εγκλήματος ή αδικήματος και την ανακάλυψη των ενόχων: *τακτικός ~ · ~ αιχμαλώτων.*
ανακριτικός, -ή, -ό, επίθ., που σχετίζεται με τον ανακριτή και το έργο του: *πράξη -ή, γραφείο -ό· υπάλληλοι -οί* (= δημόσιοι υπάλληλοι με δικαίωμα και υποχρέωση να διενεργούν προανάκριση και προκαταρκτική εξέταση για κάποιο έγκλημα ή αδίκημα).
ανακρίτρια, βλ. *ανακριτής.*
ανάκρουση η, ουσ. **1.** (φυσ.) κίνηση ενός συστήματος, όταν εκτοξεύει κάτι, με φορά αντίθετη προς εκείνη της μάζας που εκτοξεύεται: *~ του πυροβόλου.* **2.** απόδοση μουσικού κομματιού από ορχήστρα: *~ εμβατηρίου / του εθνικού ύμνου.*
ανάκρουσμα το, ουσ., ανάκρουση (βλ. λ.).
ανακρούω, ρ. (λόγ.), εκτελώ μουσικό κομμάτι: *η φιλαρμονική ανέκρουε εμβατήρια στους δρόμους της πόλης.*
ανακρούω πρύμναν· αρχαϊστ. φρ.· για να δηλωθεί ριζική αλλαγή γνώμης.
ανάκτηση η, ουσ., το να αποκτά κάποιος πάλι κάτι που έχασε: *~ δυνάμεων / των εδαφών που κατέλαβε ο εχθρός· ~ της εμπιστοσύνης / της ελευθερίας.*
ανακτοβούλιο το, ουσ. (ασυνίζ.). **1.** το ιδιαίτερο συμβούλιο ενός μονάρχη: *τα ευρωπαϊκά -α κράτησαν δυσμενή στάση απέναντι στην ελληνική επανάσταση.* **2.** (συνεκδοχικά) η αίθουσα όπου συσκέπτονται οι σύμβουλοι του βασιλιά.
ανακτορικός, -ή, -ό, επίθ., που ανήκει στα ανάκτορα ή σχετίζεται μ' αυτά, βασιλικός: *κήπος ~· συγκρότημα -ό· φρουρά -ή.*

ανάκτορο το, ουσ. (συνήθως στον πληθ.) η κατοικία του βασιλιά: *το ~ της Κνωσού / του Οδυσσέα· τα μυκηναϊκά -α.*
ανακτοσυμβούλιο το, ουσ. (ασυνίζ.), συμβούλιο που συνέρχεται με πρόεδρο το βασιλιά.
ανακτώ, -άς, ρ., αποκτώ και πάλι κάτι που έχασα: *προσπαθούσε να -ήσει την περιουσία του· ~ δυνάμεις / την ισορροπία μου* (συνών. επανακτώ).
ανακύκληση η, ουσ. **1.** επιστροφή με κυκλική κίνηση στο ίδιο σημείο, συνεχής ή περιοδική επανάληψη: *~ του χρόνου / των ετών.* **2.** (φιλοσ.) θεωρία κατά την οποία όσα συμβαίνουν στον κόσμο και τη ζωή επαναλαμβάνονται ασταμάτητα ύστερα από ορισμένο χρονικό διάστημα.
ανακυκλώνω ρ. **1.** (αμτβ) διαγράφω κύκλο και ξαναγυρίζω: *το αίμα -κύκλωσε στο κεφάλι του* (Καζαντζάκης)· *τα προβλήματα -κλώθηκαν.* **2.** (τεχνολ.) επεξεργάζομαι ένα υλικό ώστε να μπορεί να χρησιμοποιηθεί πάλι: *το γυαλί και το χαρτί είναι από τα υλικά που μπορούν σχετικά εύκολα να -ωθούν.*
ανακύκλωση η, ουσ. (τεχνολ.) επεξεργασία ενός υλικού ώστε να είναι δυνατή μια νέα χρησιμοποίησή του: *η ~ των πλαστικών επιφέρει όχι μόνο οικονομικό αλλά και οικολογικό όφελος· ~ αλουμινίου / χαρτιού.*
ανακύπτω, ρ. αόρ. *ανέκυψα,* (για ζητήματα, δυσκολίες, κ.τ.ό.) εμφανίζομαι, παρουσιάζομαι, προκύπτω: *κατά τις διαπραγματεύσεις -έκυψαν από την αρχή σημαντικά προβλήματα.*
ανάκυψη η, ουσ., άνοδος στην επιφάνεια· (συνήθως μεταφ.) εμφάνιση: *δεν τον αποθάρρυνε η συχνή ~ τεχνικών προβλημάτων.*
ανακωχή η, ουσ., προσωρινή παύση πολεμικών ενεργειών: *ζητώ / συνάπτω / παραβιάζω την ~· η ~ δημιούργησε κάποιες προϋποθέσεις για ειρήνευση* (συνών. εκεχειρία).
αναλαβαίνω, βλ. *αναλαμβάνω.*
ανάλαδος, -η, -ο, επίθ. (ιδιωμ.), που δεν περιέχει λάδι: *φαΐ -ο.*
ανάλαιμα, επίρρ. (ιδιωμ.), προς το επάνω μέρος του λαιμού, προς το φάρυγγα (για εμετό): *μου βγήκε / μου ήρθε το φαΐ ~* (= έκανα εμετό). Φρ. *μου βγαίνει κάτι ~* (= μου βγαίνει σε κακό· όταν κάτι ευχάριστο ακολουθείται από δυσάρεστο): *τους βγήκε το γλέντι ~.* [*ανάλαιμος < ανά + λαιμός*].
αναλαμβάνω και **αναλαβαίνω,** ρ. αόρ. *ανέλαβα* και (λαϊκ.) *ανάλαβα,* παθ. αόρ. *αναλήφθηκα* και (λαϊκ.) *αναλήφτηκα.* **1.** δέχομαι να πραγματοποιήσω κάτι ως προσωπική μου υποχρέωση και με ατομική ευθύνη: *ο καθηγητής ανέλαβε να διδάξει το μάθημα των μαθηματικών· ο συνεταιρισμός ανέλαβε να συγκεντρώσει να απολύτα καπνά· ποιος θα αναλάβει να μου τους συμφιλιώσει; ανέλαβε πρωτοβουλία / αποστολή.* **2.** αρχίζω να ασκώ (λειτούργημα, δραστηριότητα): *ανέλαβε το υπουργείο εξωτερικών· ανέλαβε δήμαρχος· ανέλαβε υπηρεσία / δράση.* **3.** Φρ. *~ την ευθύνη για κάτι* (= δέχομαι ότι εκτέλεσα μια πράξη και είμαι υποχρεωμένος να λογοδοτήσω): *καμιά οργάνωση δεν ανέλαβε την ευθύνη για την απαγωγή.* **4.** (για χρήματα) αποσύρω από τράπεζα, ταμείο, κλπ.: *ανέλαβε σκατό χιλιάδες από την τράπεζα* (συνών. σηκώνω· αντ. καταθέτω). **5.** (αμτβ.) αποκτώ ξανά τις δυνάμεις μου, τη ζωτικότητά μου: *άργησε να αναλάβει από την αρρώστια του·* (μεταφ. για οικονομικές δυνάμεις): *ο έμπορος έχασε τόσα που*

δύσκολα θα αναλάβει. **6.** (μέσ., θρησκ., μόνο στον αόρ. *αναλήφθηκε* με υποκ. τα ονόματα Χριστός, Ηλίας) ανέβηκε στον ουρανό, εξαϋλώθηκε· (παιγνιωδώς για κλοπή) εξαφανίζομαι απρόοπτα: *μπρος στα μάτια τους αναλήφτηκε το πορτοφόλι.*
αναλαμπή η, ουσ. **1.** ξαφνική ή έντονη λάμψη που γρήγορα χάνεται ή λιγοστεύει, αντανάκλαση φωτεινών ακτίνων, ακτινοβολία: *σε μια ~ των αστραπών είδα το πρόσωπό της· ~ του φεγγαριού* (Σολωμός)· *θάλασσα πράσινη και χωρίς ~* (Σεφέρης), (μεταφ.) ανάκτηση της ζωτικότητας, καινούργια ακμή: *~ του φιλελευθερισμού.* **2.** (μεταφ.) αιφνίδια και παροδική ανάκτηση των σωματικών, πνευματικών και ψυχικών δυνάμεων: *έχει κάποιες -ές και μπορείς τότε να συνεννοηθείς μαζί του· -ές νηφαλιότητας / εξυπνάδας·* οι τελευταίες *-ες* (= στιγμιαία εκδήλωση ζωτικότητας λίγο πριν από το θάνατο).
ανάλατος, -η, -ο, επίθ. **1.** που δεν περιέχει αλάτι ή δεν αλατίστηκε όσο έπρεπε: *φαγητά -α* (αντ. *αλμυρός, αλατισμένος).* **2.** (μεταφ. για πρόσωπα, λόγια ή πράξεις) που του λείπει η χάρη, ανούσιος, απωθητικός: *κορίτσι -ο· αστεία / καμώματα -α* (αντ. *χαριτωμένος).*
ανάλαφρος, -η, -ο, επίθ. **1.** που δεν έχει βάρος, ελαφρύς: *φορτίο -ο· πατήματα -α· πήδημα -ο* (αντ. *βαρύς).* **2.** απαλός, γαλήνιος: *αεράκι -ο· φυσούσε -η σοροκάδα.* **3.** απαλλαγμένος από φροντίδες: *διάθεση -η.* **4.** επιφανειακός, ήπιος, επιεικής: *κριτική -η. -* Επίρρ. **-α:** *ακούμπησε -α το χέρι στο μέτωπό του.*
αναλγησία η, ουσ. **1.** (ιατρ.) το να μην αισθάνεται κάποιος, εξαιτίας μιας αρρώστιας ή μιας κάκωσης, σωματικό πόνο. **2.** (μεταφ.) έλλειψη συμπόνιας: *ηθική ~* (συνών. *απονιά, ασπλαχνία·* αντ. *ευσπλαχνία, ψυχοπονιά).*
αναλγητικός, -ή, -ό, επίθ., που καταπαύει, που καταπραΰνει τον πόνο, ηρεμιστικός· *αλοιφή -ή· φάρμακο με -ή δράση* (συνών. *καταπραϋντικός). -* Το ουδ. στον πληθ. ως ουσ. = φάρμακα που εξαφανίζουν εν μέρει ή και εντελώς τον πόνο: *τα ισχυρά -ά προκαλούν εθισμό.*
ανάλγητος, -η, -ο, επίθ., που δεν αισθάνεται πόνο· (συνήθως μεταφ.) που δεν αισθάνεται συμπόνια: *~ στις συμφορές των συνανθρώπων του· εκμετάλλευση -η* (συνών. *άπονος, απάνθρωπος, άσπλαχνος·* αντ. *συμπονετικός, πονόψυχος).*
ανάλεκτα τα, ουσ., συλλογή επιστημονικών άρθρων ή μελετών (συνήθως χωρίς ομοειδές περιεχόμενο)· εκλεκτά αποσπάσματα από το έργο ενός ή περισσότερων συγγραφέων.
ανάλεστος, βλ. *άλεστος.*
αναλήθεια η, ουσ. (ασυνίζ.), έλλειψη αλήθειας: *είναι προφανής η ~ των κατηγοριών·* ψευτιά (σε ευγενική διατύπωση): *οι -ες του επαναλαμβάνονται προκαλούν την αγανάκτηση* (αντ. *αλήθεια).*
αναληθής, -ής, -ές, γεν. *-ούς,* πληθ. αρσ. και θηλ. *-είς,* ουδ. *-ή,* επίθ., που δεν αληθεύει, ψεύτικος, αβάσιμος: *είδηση / πληροφορία~· ισχυρισμός ~* (αντ. *αληθινός, βάσιμος).*
ανάλημμα το, ουσ. (αρχιτ.) τοίχος που συγκρατεί χώματα για να μην κατολισθήσουν: *ήταν απαραίτητη η επισκευή του -ήμματος για να στηρίζει τη δυτική πλευρά του κτηρίου.*
αναλημματικός, -ή, -ό, επίθ. (αρχιτ.) που σχετίζεται με ή χρησιμεύει για ανάλημμα: *τοίχος ~.*
ανάληψη η, ουσ. **1.** το να δέχεται κάποιος να πραγματοποιήσει ένα έργο (ως εντολή, υποχρέωση, κ.τ.ό.): *~ αποστολής / πρωτοβουλίας για να εκτονωθεί η κρίση· ~ της ευθύνης για να βελτιωθεί η οικονομική κατάσταση.* **2.** το να αρχίζει κάποιος να ασκεί ένα αξίωμα ή να εργάζεται σε μια θέση: *~ της εξουσίας· ~ καθηκόντων· ~ υπηρεσίας* (αντ. *παραίτηση).* **3.** το να παίρνει κανείς πίσω, να αποσύρει χρήματα που είχε καταθέσει (σε τράπεζα, ταμιευτήριο, κ.τ.ό.): *κάνω ~ από τη θυρίδα της τράπεζας* (αντ. *κατάθεση).* **4.** (εκκλ.) η θαυματουργική άνοδος του Χριστού από τη γη προς τους ουρανούς και η χριστιανική γιορτή που τιμά το γεγονός. Παιγνιώδης λαϊκ. φρ. *έγινε κάτι της Αναλήψεως* (= κάτι εξαφανίστηκε, το έκλεψαν).
αναλίγωμα το, ουσ. (λαϊκ.), παροδική αλλά έντονη εξασθένιση των σωματικών δυνάμεων (από έντονη πείνα, ευχαρίστηση, κλπ.): *ήμουν ώρες νηστικός και μου 'ρθε ~.*
αναλιγώνω, ρ. (λαϊκ.). **1.** λειώνω, ρευστοποιώ κάτι: *~ βούτυρο / μολύβι.* **2.** (αμτβ. και μέσ.) αισθάνομαι απότομα προσωρινή εξάντληση (από πείνα ή έντονο συναίσθημα).
αναλίσκομαι, ρ. (αρχαϊστ.), ξοδεύομαι άσκοπα: *-ονται σε ανούσιες συζητήσεις.*
ανάλλαγος, -η, -ο και **-χτος,** επίθ. (λαϊκ.), που δεν άλλαξε ρούχα: *έμεινε πολλές μέρες ~.*
αναλλαξιά η, ουσ. (συνίζ.), το να μην αλλάζει κανείς τα εσώρουχά του: *μυρίζει άσχημα από την ~.*
αναλλοίωτος, -η, -ο, επίθ. **1.** που δεν αλλοιώνεται, αμετάβλητος: *ρούχα -α· πρόσωπο -ο* (αντ. *ευμετάβλητος).* **2.** σταθερός, αμετάτρεπτος: *ιδέες -ες* (αντ. *αλλαγμένος).*
αναλογία η, ουσ. **1.** συμμετρική σχέση ανάμεσα σε πράγματα ή ποσότητες που συγκρίνονται, συμμετρία, αντιστοιχία (αντ. *δυσαναλογία, ασυμμετρία).* **2.** (στον πληθ.) οι διαστάσεις ενός ανθρώπου, η αρμονική ή όχι σχέση που υπάρχει ανάμεσα στα διάφορα μέρη του σώματος: *το σώμα της έχει σωστές -ες.* **3.** ομοιότητα (εξωτερική) πραγμάτων που συγκρίνονται (αντ. *ανομοιότητα).* **4.** το μερίδιο ή ποσότητα που αντιστοιχεί (για κληρονομιά, έξοδα, κ.ά.): *πήρα την ~ μου από τα κέρδη.* **5.** (μαθημ.) η ισότητα δύο ή περισσότερων λόγων. **6.** (γραμμ.) σχηματισμός γραμματικού τύπου από επίδραση άλλων που παρουσιάζουν ομοιότητα ή και ανομοιότητα. Έκφρ. (λόγ.) *κατ' -αν* (= αναλογικά, σε αντιστοιχία).
αναλογίζομαι, ρ. **1.** σκέφτομαι, θυμούμαι: *~ τα σφάλματά μου.* **2.** υπολογίζω, λογαριάζω: *~ τις ευθύνες που αναλαμβάνω* (συνών. *συλλογίζομαι).*
αναλογικός, -ή, -ό, επίθ. **1.** που γίνεται ή υπάρχει κατ' αναλογίαν: *~ σχηματισμός γραμματικών τύπων* (συνών. *αναλογος·* αντ. *δυσανάλογος).* **2.** που έχει αναλογία, συμμετρικός (αντ. *ασύμμετρος).* **3.** (γραμμ.) *-ά αριθμητικά* = που λήγουν σε *-πλάσιος, -πλάσια, -πλάσιο. -* Το θηλ. ως ουσ. *-ή* (ενν. *ψηφοφορία*) = σύστημα εκλογικό σύμφωνα με το οποίο οι εκλεγόμενοι κατά κόμματα αντιπροσωπεύουν τους ψηφοφόρους ανάλογα με τον αριθμό των τελευταίων: *απλή / ενισχυμένη -ή.*
αναλόγιο το, ουσ. (ασυνίζ.), έπιπλο με γυρτή επιφάνεια για την τοποθέτηση βιβλίων ή μουσικών κομματιών: *οι ψάλτες τοποθετούν τα βιβλία σε ~.*
αναλογισμός ο, ουσ., σκέψη, στοχασμός: *~ των ευθυνών.*
ανάλογος, -η, -ο, επίθ. **1.** που έχει αναλογία, αντί-

στοιχος, συμμετρικός: *το ντύσιμό του δεν είναι -ο με την οικονομική του κατάσταση* (αντ. *δυσανάλογος, ασύμμετρος*). 2. που μοιάζει με κάποιον ή κάτι (συνών. *παρεμφερής, παρόμοιος*). 3. (μαθημ.) *ποσά -α* = ποσά που μεταβάλλονται με τέτοιο τρόπο ώστε να παραμένει σταθερή η μεταξύ τους σχέση: *ευθέως / αντιστρόφως -α ποσά*. - Το ουδ. ως ους. = μερίδιο: *πήρα το -ό μου από τα κέρδη*. - Επίρρ. στις σημασ. 1 και 2 -**ογα** και -**όγως**.
αναλογώ, -είς, ρ. 1. έχω αναλογία, ομοιότητα με κάτι 2. ανήκω σε κάποιον ως μερίδιο, αντιστοιχώ: *μου -ούν χίλιες δραχμές απ' τα έξοδα*.
ανάλυση η, ουσ. 1. χωρισμός ενός συνόλου στα συστατικά του στοιχεία: *~αίματος· ~ ποιοτική / λογική* (αντ. *σύνθεση*). 2. διάκριση ενός έργου ή κειμένου στα στοιχεία που το αποτελούν και λεπτομερής εξέτασή τους: *~ του περιεχομένου δημοσιεύματος· ~ ποιήματος*. 3. λεπτομερής περιγραφή και εξήγηση: *σωστή ~ των ιστορικών συνθηκών*. 4. προσδιορισμός χημικής σύνθεσης: *-η τροφίμων*. 5. (φυσ.) ο διαχωρισμός του φωτός στα επτά βασικά χρώματα με τη βοήθεια πρίσματος. 6. (γραμμ.) διαίρεση μιας πρότασης στα γραμματικά της στοιχεία. Έκφρ. *σε τελευταία ~* (γαλλισμός) = κατά βάθος.
αναλυτής ο, θηλ. **-τρια**, ουσ., αυτός που αναλύει, που διερευνά: *είναι ~ προγραμματιστής μεγάλης εταιρείας*.
αναλυτικός, -ή, -ό, επίθ. 1. που ανήκει ή αναφέρεται στην ανάλυση (αντ. *συνθετικός*). 2. λεπτομερής, διεξοδικός: *-ό πρόγραμμα εξετάσεων* (αντ. *αδρομερής*). 3. (μαθημ.) *-ή γεωμετρία* = γεωμετρία στην οποία εφαρμόζεται η άλγεβρα. 4. (λογικ.) *-ή μέθοδος* = συλλογιστική μέθοδος σύμφωνα με την οποία από τις μερικές περιπτώσεις και επιμέρους δεδομένα συνάγομε γενικό συμπέρασμα (συνών. *επαγωγική μέθοδος·* αντ. *συνθετική μέθοδος*). 5. (γλωσσολ.) *γλώσσες -ές* = γλώσσες που εκφράζουν τις λογικές σχέσεις μέσα στην πρόταση χρησιμοποιώντας ποικίλα μόρια. - Το αρσ. στον πληθ. ως ουσ. = (φιλολ.) οι ομηριστές φιλόλογοι που υποστηρίζουν ότι τα Ομηρικά έπη έχουν συγγραφεί από διαφορετικούς ποιητές ή αποτελούν συρραφή διάφορων επικών αποσπασμάτων ανώνυμων. - Επίρρ. στη σημασ. 2. **-ά** και **-ώς**.
αναλυτός, -ή, -ό, επίθ. 1. λειωμένος: *βούτυρο -ό*. 2. αραιός, νερουλός: *κρέμα -ή* (αντ. *πηχτός*). 3. ξέμπλεκος: *μαλλιά -ά*.
αναλύω, ρ. 1. κάνω ανάλυση, χωρίζω κάτι στα συστατικά του: *-υσε το αίμα του αρρώστου· ~ το νερό*. 2. διακρίνω τα στοιχεία ενός έργου ή κειμένου και τα εξετάζω διεξοδικά: *~ το ποίημα*. 3. αναπτύσσω λεπτομερειακά, εξηγώ διεξοδικά: *-υσε τους λόγους της παραίτησής του*. 4. ρευστοποιώ: *~ το βούτυρο* (συνών. *λειώνω*). 5. διαλύω: *~ τη ζάχαρη στο νερό*. Φρ. *-ομαι σε κλάμα* (= ξεσπώ σε κλάματα).
αναλφαβητισμός ο, ουσ., το να μην ξέρει κανείς να γράφει και να διαβάζει.
αναλφάβητος ο, θηλ. **-η**, ουσ. αυτός που δεν ξέρει να γράφει και να διαβάζει: *υπάρχουν πολλοί -οι στις υποανάπτυκτες χώρες* (συνών. *αγράμματος*).
αναλώνω, ρ., καταναλώνω, ξοδεύω: *πρέπει να -ωθεί μέσα σε μια βδομάδα· -ωσα όλη τη ζωή μου στη θάλασσα*. [<αρχ. *αναλόω*].
ανάλωση η, ουσ. 1. κατανάλωση: *το διάστημα -ής του λήγει στο τέλος του χρόνου* (συνών. *ξόδεμα,* *ξόδεψη*). 2. φθορά.
αναλώσιμος, -η, -ο, επίθ., που μπορεί να καταναλωθεί: *-α υλικά* (συνών. *καταναλώσιμος*).
αναλωτός, -ή, -ό, επίθ., που μπορεί να καταναλωθεί, που μπορεί να φθαρεί (συνών. *φθαρτός*).
άναμα και **ανάμα**, βλ. *νάμα*.
αναμαζώνω, ρ. (λαϊκ.), μαζεύω από δω κι από κει, περιμαζεύω: *τον -ωξα στο σπίτι μου γιατί δεν είχε πού να μείνει· -ωξαν οι μάνες τα παιδιά τους*.
αναμάζωξη η, ουσ. (λαϊκ.), συγκέντρωση: *~ στην πλατεία του χωριού*.
αναμαλλιάζω, ρ. μτχ. *-σμένος* (συνιζ.). Α. (μτβ.) ανακατώνω τα μαλλιά κάποιου. Β. (αμτβ., για ύφασμα ή νήμα) βγάζω χνούδι: *η μπλούζα -ιασε* (συνών. *χνουδιάζω*). - Η μτχ. ως επίθ. = που έχει τα μαλλιά του ανακατεμένα, αχτένιστος: *πώς βγήκες έξω έτσι -σμένη;*
αναμαλλιάρης, -α, -ικο, επίθ. (συνιζ.), που έχει ανακατεμένα μαλλιά, αχτένιστος: *περπατούσε στο δρόμο ~* (συνών. *αναμαλλιασμένος*).
αναμάλλιασμα το, ουσ. 1. ανακάτωμα των μαλλιών. 2. (για νήμα ή ύφασμα) απόκτηση χνουδιού (συνών. *χνούδιασμα*).
αναμάρτητος, -η, -ο, επίθ. 1. που δεν έχει αμαρτήσει: *κανείς δεν είναι ~· ο ~ Θεός* (αντ. *αμαρτωλός*). 2. που δεν κάνει λάθη (συνών. *αλάθητος*).
αναμάσημα το, ουσ. 1. (συνήθως για χορτοφάγα ζώα) το να μασά κανείς για δεύτερη φορά την τροφή του (συνών. *ξαναμάσημα, αναμηρυκασμός*). 2. (μεταφ.) επανάληψη, ταυτολογία: *ο λόγος του ήταν ~ του προηγούμενου* (συνών. *αναμηρυκασμός*). 3. αοριστολογία, υπεκφυγή, ασάφεια: *πες τα καθαρά και ξάστερα κι όχι με -ατα*.
αναμασώ, -άς, ρ. 1. μασώ για δεύτερη φορά την τροφή (συνών. *ξαναμασώ, μηρυκάζω*). 2. (μεταφ.) επαναλαμβάνω τα ίδια (συνών. *μηρυκάζω*). 3. μιλώ αόριστα, με υπεκφυγές: *-ούσε τα λόγια του και δεν έλεγε τι έπρεπε να κάνουν*.
αναμειγνύω, βλ. *αναμιγνύω*.
αναμένω, ρ. 1. περιμένω: *~ σύντομα γράμμα σου·* (συνήθως στο γ' πρόσ. μέσ. φωνής) *-εται αύξηση των τιμών του κρέατος*. 2. ελπίζω, προσδοκώ: *~ αύξηση τον επόμενο μήνα*.
αναμερίζω, ρ. μτχ. *-ισμένος*, Α. (μτβ.) παραμερίζω, εκτοπίζω: *τους -ισε και μπήκε πρώτος· μονοπάτι να κέδρα -ίζει* (Αθάνας). Β. (αμτβ.) παραμερίζω, πηγαίνω παραπέρα: *-ισα για να συνεννοηθούν πιο άνετα*. - Η μτχ. ως επίθ. = περιφρονημένος: *νιώθω ~ μετά την αποτυχία μου*.
ανάμεσα, επίρρ. 1. (τοπ.) μεταξύ, στο μέσο, διαμέσου: *το σπίτι μου είναι ~ στην εκκλησία και το σχολείο· η μπάλα πέρασε ~ στα πόδια μου*. 2. (χρον.) στο ενδιάμεσο χρονικό διάστημα: *~ στις δεκαπέντε Ιουλίου και στις δεκαπέντε Αυγούστου θα πάρω φέτος την άδειά μου*. 3. (για πρόσωπα) μεταξύ: *υπάρχει άμιλλα ~ στους καλούς μαθητές*. Έκφρ. *~ στ' άλλα* (= εκτός των άλλων, επιπλέον): *~ στ' άλλα θα σου πω και αυτό το νέο*. Φρ. *αυτό θα μείνει -ά μας* (= μυστικό): *αυτό που σου είπα θέλω να μείνει -ά μας*.
ανάμεσος, -η, -ο, επίθ., που είναι ανάμεσα σε δύο ή περισσότερα πρόσωπα: *είμαι -η κόρη* (συνών. *ενδιάμεσος*).
αναμεταδίδω, ρ. κάνω αναμετάδοση (βλ. λ.): *θ' -δοθεί ο τελικός αγώνας κυπέλλου*.
αναμετάδοση η, ουσ. η πράξη με την οποία περιγράφεται, γίνεται γνωστό κάτι με τα τηλεπικοι-

αναμεταδότης

νωνιακά μέσα: ~ ποδοσφαιρικού αγώνα / της συζήτησης στη βουλή.

αναμεταδότης ο, ουσ. (τεχνολ.) ενισχυτής που παίρνει εξασθενημένα σήματα και τα εκπέμπει ισχυρότερα: ~ τηλεόρασης.

αναμεταξύ, επίρρ. 1. (τοπ.) μεταξύ, ανάμεσα: *ο δρόμος θα περάσει* ~ *του σχολείου και του δημαρχείου*. 2. (χρον.) μέσα σε χρονικό διάστημα: *θα γυρίσω* ~ *Αύγουστο και Σεπτέμβρη*. 3. (για πρόσωπα) ανάμεσα, μεταξύ: *τρώγονται κάθε μέρα* ~ *τους*· ~ *σας είναι ο δράστης*. ' Εκφρ. *στο* ~ (= στο διάστημα που μεσολάβησε). Φρ. *αυτό να μείνει* ~ *μας* (= μυστικό)· *τα λέμε* ~ *μας* (= ιδιαιτέρως).

αναμέτρηση η, ουσ. 1. το να μετριέται κάτι για δεύτερη φορά (συνών. ξαναμέτρημα). 2. προσεκτικός υπολογισμός: ~ *κινδύνων / ευθυνών* (συνών. στάθμιση). 3. ανταγωνισμός, αγώνας για την ανάδειξη του καλύτερου: ~ *ποδοσφαιρική / πολεμική*· ~ *δύο πολιτικών αντιπάλων στην τηλεόραση*· ~ *δυνάμεων* (= σύγκρουση).

αναμετρώ, -άς, ρ. 1. μετρώ για δεύτερη φορά: -*ησαν τα χωράφια* (συνών. ξαναμετρώ). 2. υπολογίζω προσεκτικά: *πάντα* ~ *τις δυνάμεις μου, πριν αναλάβω κάτι*· ~ *τις ευθύνες / τις συνέπειες*· ~ *τους κινδύνους* (συνών. σταθμίζω). 3. (μέσ.) αγωνίζομαι, συναγωνίζομαι με κάποιον για την ανάδειξη του καλύτερου· αντιμετωπίζω κάποιον αντίπαλο: -*ήθηκαν οι δυο καλύτερες ομάδες του ποδοσφαίρου*.

αναμηρυκάζω, ρ. 1. (για χορτοφάγα ζώα) μασώ για δεύτερη φορά την τροφή μου: *τα πρόβατα -ουν* (συνών. αναμασώ, ξαναμασώ). 2. (μεταφ.) επαναλαμβάνω τα ίδια (συνών. αναμασώ).

αναμηρυκασμός ο, ουσ. 1. (για χορτοφάγα ζώα) μάσημα της τροφής για δεύτερη φορά (συνών. αναμάσημα, ξαναμάσημα). 2. (μεταφ.) επανάληψη, ταυτολογία (συνών. αναμάσημα).

αναμικτήρας και **αναμίκτης** ο, ουσ. (τεχνολ.) κάθε είδους συσκευή που χρησιμεύει στην ανάμιξη διάφορων ουσιών.

αναμιγνύω ρ., αόρ. *ανέμιξα*, πληθ. *αναμίξαμε*, μτχ. παρκ. *αναμεμιγμένος*. I. ενεργ. 1. συνδυάζω δύο ή περισσότερα είδη για τη δημιουργία ενός ενιαίου: ~ *χαλκό και σίδηρο*. 2. (μεταφ.) παρασύρω κάποιον, τον εμπλέκω σε μια υπόθεση: *ήθελαν να με -ίξουν στην απάτη*. II (μέσ.) επεμβαίνω, συμμετέχω σε κάτι· μεσολαβώ: *είναι -μιγμένος στη δολοφονία*· *δεν -ομαι στα προσωπικά σου* (συνών. ανακατώνω).

ανάμικτος -η, -ο, και **-χτος**, επίθ. 1. που προέρχεται από ανάμιξη δύο ή περισσότερων στοιχείων (του ίδιου πράγματος): *παγωτό -ο*· *αισθήματα -α* (συνών. ανακατωμένος). 2. που δεν είναι καθαρός, νοθευμένος: *κρασί -ο* (αντ. ανόθευτος).

ανάμιξη η, ουσ. 1. ανακάτωμα, μίγμα: ~ *χαλκού και σιδήρου*. 2. επέμβαση, μεσολάβηση, συμμετοχή: *δεν έχω καμία* ~ *στη δολοφονία*· *αποφεύγω κάθε* ~ *σε θέματα που δεν με αφορούν* (συνών. ανακάτωμα).

αναμισθώνω, ρ., ανανεώνω το συμβόλαιο μίσθωσης ακινήτου (είτε ως ιδιοκτήτης είτε ως ενοικιαστής): -*σα την εξοχική μου κατοικία* (συνών. ανανοικιάζω).

αναμίσθωση η, ουσ., ανανέωση του συμβολαίου μίσθωσης.

αναμισθωτής ο, θηλ. **-τρια**, ουσ. αυτός που ανανεώνει το συμβόλαιο μίσθωσης ακινήτου (ως ιδιοκτήτης ή ως ενοικιαστής).

άναμμα το, ουσ. 1. η ενέργεια του ανάβω· παροχή ρεύματος σε ηλεκτρική συσκευή ή λαμπτήρα: ~ *φούρνου / σόμπας / λάμπας* (αντ. σβήσιμο). 2. φούντωμα: ~ *του πυρετού*· (μεταφ.) *το* ~ *του καβγά ήταν ανέλπιστο* (συνών. έξαρση). 3. έξαψη, ερεθισμός: *νιώθω μεγάλο* ~ *μόλις τη βλέπω* (συνών. διέγερση, αναταραχή). 4. σάπισμα, αλλοίωση: ~ *σιταριού/τυριού*. 5. προσάναμμα.

ανάμνηση η, ουσ. 1. επαναφορά στη μνήμη εντυπώσεων και γεγονότων που ανήκουν στο παρελθόν: *έχω ωραίες -εις απ' αυτόν τον άνθρωπο* (συνών. μνήμη, αναπόληση). 2. αυτό που επανέρχεται στη μνήμη: *-εις της σχολικής μου ζωής*. 3. (συνεκδοχικά) ενθύμιο: *μου άφησε το σταυρό του για* ~. 4. (στον πληθ.) απομνημονεύματα: *-εις ενός πολιτικού*.

αναμνηστικός, -ή, -ό, επίθ., που συντελεί ή αναφέρεται στην ανάμνηση: *-ή φωτογραφία*· *-ό μετάλλιο*. - Το ουδ. ως ουσ.: 1. ενθύμιο. 2. (ιατρ.) το σύνολο των πληροφοριών που συγκεντρώνει κάποιος κοντά σε έναν άρρωστο και το περιβάλλον του, που αναφέρονται στην αρρώστια του και στην προσωπική του ιστορία (συνών. ιστορικό).

αναμονή η, ουσ., το να περιμένει κανείς κάποιον ή κάτι: ~ *του ερχομού σου / εξελίξεων / αποτελεσμάτων*· *αίθουσα -ής* (= αίθουσα όπου περιμένει κανείς) (συνών. προσμονή).

αναμορφώνω, ρ., δίνω νέα μορφή σε κάτι: *-ουν το χώρο του σχολείου* (συνών. ανακαινίζω).

αναμόρφωση η, ουσ., πρόσδοση νέας μορφής σε κάτι, ανακαίνιση: *αποφασίστηκε η* ~ *του σχολικού κτηρίου* (συνών. ανασχηματισμός, ανάπλαση, αναδημιουργία).

αναμορφωτήριο το, ουσ. (ασυνίζ.), ίδρυμα με σκοπό το σωφρονισμό και την εκπαίδευση ανηλίκων που έχουν παρεκτραπεί.

αναμορφωτής ο, θηλ. **-τρια**, ουσ., αυτός που αναμορφώνει, που δίνει νέα μορφή σε κάτι: ~ *του έθνους* (συνών. ανακαινιστής, μεταρρυθμιστής).

αναμορφωτικός, -ή, -ό, επίθ. 1. που αναφέρεται ή συντελεί στην αναμόρφωση: *-ό ίδρυμα*. 2. (φυσ.) *-ά κάτοπτρα* = τα κάτοπτρα που επαναφέρουν στην πραγματικότητά τους μορφή εικόνες που παραμορφώθηκαν επίτηδες.

αναμορφώτρια, βλ. *αναμορφωτής*.

αναμόχλευση η, ουσ., αναζωπύρωση: *πολλοί επιδιώκουν πολιτική* ~ (συνών. ανακίνηση).

αναμοχλεύω, ρ., φέρνω πάλι στην επιφάνεια κάτι, αναζωπυρώνω κάτι: *-ουν το διχασμό των πολιτών* (συνών. υποδαυλίζω· αντ. κατασιγάζω, γαληνεύω).

αναμπουμπούλα η, ουσ. (όχι ερρ. δις), αναστάτωση, σύγχυση: *η αναχώρησή του προκάλεσε μεγάλη* ~ (παροιμ.) *ο λύκος στην* ~ *χαίρεται* (συνών. αναταραχή). [επίρρ. *αναμπάμπουλα* < βεν. *ala babula*].

αναμφίβολος, -η, -ο, επίθ., που δεν επιδέχεται αμφιβολίες, σίγουρος, θετικός: *η παρουσία του στο χώρο αυτόν είναι -η* (συνών. βέβαιος, αναμφισβήτητος· αντ. αμφίβολος). - Επίρρ. **-α** και **-όλως**.

αναμφισβήτητος, -η, -ο, επίθ., που δεν επιδέχεται αμφισβήτηση (συνών. αναμφίβολος, βέβαιος, σίγουρος· αντ. αμφισβητήσιμος). - Επίρρ. **-α** και **-ήτως**.

ανανάς ο, ουσ., είδος εξωτικού φυτού και ο καρπός

του, που έχει μεγάλο μέγεθος, σχήμα σχεδόν ωοειδές και σάρκα χυμώδη, γλυκόξινη, κίτρινου χρώματος. [πορτογαλικό *ananas*].
ανανδρία η, ουσ. 1. έλλειψη ανδρείας, δειλία (αντ. *τόλμη*). 2. ενέργεια που δεν ταιριάζει σε ανδρικό χαρακτήρα: *έδειχνε ~ η συμπεριφορά του*.
άνανδρος -η, -ο, και **-ντρος,** επίθ. 1. που δεν είναι τολμηρός (συνών. *δειλός·* αντ. *τολμηρός*). 2. που δεν ταιριάζει σε ανδρικό χαρακτήρα: *οι προσπάθειές του αποδείχθηκαν -ες* (αντ. *ανδροπρεπής, αντρίκιος*). - Επίρρ. **-α** (στη σημασ. 1.).
ανανεώνω, ρ. 1. κάνω καινούργιο κάτι παλιό, ανακαινίζω: *-ωσα τα έπιπλα της κουζίνας* (συνών. *επισκευάζω, μεταρρυθμίζω*). 2. αναδιοργανώνω: *-ωσε το κόμμα* (αντ. *αποδιοργανώνω*). 3. παρατείνω (διάρκεια): *-ώθηκε η σύμβαση εργασίας*. 4. επαναλαμβάνω: *-ωσα την πρότασή μου*. 5. (μέσ.) ξανανιώνω: *με το ταξίδι μου -ώθηκα*.
ανανέωση η, ουσ. 1. το να κάνει κανείς καινούργιο κάτι παλιό (με αντικατάσταση ή επισκευή) (συνών. *ανακαίνιση*). 2. αναδιοργάνωση: *πολιτική ~* (αντ. *αποδιοργάνωση*). 3. παράταση (διάρκειας): *~ συμβολαίου/σύμβασης*. 4. επανάληψη: *~ παλιάς πρότασης*. 5. ξανάνιωμα.
ανανεωτής ο, θηλ. **-τρια,** ουσ., αυτός που επιφέρει ανανέωση (συνών. *ανακαινιστής, μεταρρυθμιστής, αναδιοργανωτής*).
ανανεωτικός, -ή, -ό, επίθ., που συντελεί ή αναφέρεται στην ανανέωση: *προγράμματα -ά· προσπάθεια -ή*. - Επίρρ. **-α.**
ανανεώτρια, βλ. *ανανεωτής*.
ανανήφω, ρ. (λόγ.), εύχρ. κυρ. στον αόρ. *ανένηψα,* 1. (ιατρ.) ανακτώ συνείδηση του εαυτού μου, συνέρχομαι: *ανένηψα από το λήθαργο*. 2. (μεταφ.) μετανοώ, συνετίζομαι.
ανανογιέμαι, ρ. (συνιζ., λαϊκ.), φέρνω στο νου μου, σκέφτομαι (συνών. *συλλογίζομαι*).
ανανούριστος, -η, -ο, επίθ., που δεν τον νανούρισαν, δεν τον αποκοίμισαν με νανούρισμα: *μωρό -ο*.
ανανταπόδοτος, -η, -ο, επίθ. (έρρ.), που δεν ανταποδόθηκε ή που δεν μπορεί να ανταποδοθεί: *χάρη / καλοσύνη / εξυπηρέτηση -η*.
αναντικατάστατος, -η, -ο, επίθ., που δεν μπορεί να αντικατασταθεί· πολύ αναγκαίος, πολύ χρήσιμος: *έσπασα ένα βάζο που είναι -ο· είναι ~ στη δουλειά του* (συνών. *απαραίτητος*).
αναντίρρητος, -η, -ο, επίθ., που δεν επιδέχεται αντίρρηση: *επιχειρηματολογία / πρόταση -η* (συνών. *αναμφισβήτητος·* αντ. *αμφισβητήσιμος, αμφίβολος*). - Επίρρ. **-α** και **-ως.**
αναντιστοιχία η, ουσ. (έρρ.), έλλειψη αντιστοιχίας.
άναντρος, βλ. *άνανδρος*.
αναξέω πληγάς αρχαϊστ. φρ. = ανακινώ δυσάρεστα θέματα.
αναξιοκρατία η, ουσ., επικράτηση ανάξιων ατόμων, ιδίως στο δημόσιο βίο (αντ. *αξιοκρατία*).
αναξιόλογος, -η, -ο, επίθ. (ασυνίζ.), ανάξιος λόγου: *άτομο -ο· υπόθεση -η· συμπεράσματα -α* (συνών. *ασήμαντος·* αντ. *αξιόλογος*).
αναξιοπαθώ, -είς, ρ. (ασυνίζ.), παθαίνω κάτι που δε θα άξιζε να το πάθω: *στα γηρατειά του -εί*.
αναξιοπιστία η, ουσ. (ασυνίζ.), το να είναι κανείς αναξιόπιστος (αντ. *αξιοπιστία*).
αναξιόπιστος, -η, -ο, επίθ. (ασυνίζ.), δεν πρέπει να του έχει κανείς εμπιστοσύνη, να τον εμπιστεύεται: *πρόσωπο -ο· μάρτυρας ~· μετάφραση / είδηση -η* (αντ. *αξιόπιστος*).
αναξιοπρέπεια η, ουσ. (ασυνίζ. δις), το να είναι κανείς αναξιοπρεπής (αντ. *αξιοπρέπεια*).
αναξιοπρεπής, -ής, -ές, επίθ. (ασυνίζ.), γεν. *-ούς,* πληθ. αρσ. και θηλ. *-είς,* ουδ. *-ή,* που δε σέβεται τον εαυτό του, δε σέβεται τη θέση του: *ενέργεια ~* (αντ. *αξιοπρεπής*).
ανάξιος, -α, -ο, επίθ. (ασυνίζ.). 1. που δεν έχει αξία, ανίκανος: *γυναίκα -α· παιδί -ο του πατέρα του* (αντ. *άξιος*). 2. που δεν αξίζει μια θέση, μια τιμή, αξιόμεμπτος: *στη θέση που πήρε αποδείχθηκε ~* (ως επιφ. αποδοκιμασίας προσώπου που προάγεται χωρίς να το αξίζει): *ανάξιος!* Εκφρ. *~ λόγου* (για αντικείμενα, θέματα, κλπ. = ασήμαντος). - Επίρρ. **-α.**
αναξιοσύνη η, ουσ. (συνιζ., λαϊκ.), ανικανότητα, ανεπιτηδειότητα: *~ που την έχεις!* (συνών. *αναξιότητα*).
αναξιότητα η, ουσ. (ασυνίζ.). 1. το να είναι κανείς ανάξιος: *απολύθηκε για ηθική ~* (συνών. *ανικανότητα·* αντ. *αξιοσύνη*). 2. το να μην έχει κανείς τις απαιτούμενες από το νόμο ικανότητες να κληρονομεί.
αναξιόχρεος, -η, -ο, επίθ. (ασυνίζ.), που δεν μπορεί κανείς να του έχει εμπιστοσύνη στις εμπορικές συναλλαγές.
ανάπαιστος ο, ουσ., (αρχ. μετρ.) μετρικός πους που απαρτίζεται από δύο βραχείες συλλαβές και μια μακρά· (νεοελλ. μετρ.) μετρικός πους που απαρτίζεται από τονισμένη την τρίτη, την έκτη, την ένατη, κ.λ.π. συλλαβή.
αναπαλαιώνω, ρ., επαναφέρω μνημείο, κτήριο, πίνακα, κ.τ.ό., στην αρχική του μορφή: *-ωσε το σπίτι του πατέρα του στο χωριό*.
αναπαλαίωση η, ουσ., ειδική τεχνική που αποβλέπει στην επαναφορά στην αρχική του μορφή ενός μνημείου, ενός πίνακα ζωγραφικής, μιας τοιχογραφίας, κλπ.: *~ νεοκλασικών κτηρίων*.
αναπαλλοτρίωτος, -η, -ο, επίθ., που δεν έχει απαλλοτριωθεί ή που δεν μπορεί να απαλλοτριωθεί: *οι αρχαιολογικοί χώροι είναι -οι* (αντ. *απαλλοτριωμένος, απαλλοτριώσιμος*).
αναπαμένα, επίρρ. (λαϊκ.), ήσυχα: *κάθεται ήσυχα κι ~.*
αναπαμός ο, ουσ. (λαϊκ.). 1. φρ. *δεν έχω αναπαμό* = δεν ησυχάζω: *δεν έχει -ό αυτό το παιδί*. 2. (μεταφ.) θάνατος: *ο ύπνος του -ού ο αξύπνητος*.
αναπάντεχα και **απάντεχα,** επίρρ., χωρίς να το περιμένει κανείς: *μας ήρθαν αναπάντεχα οι μουσαφιραίοι· τώρα που η ξάστερη / νύχτα μονάχους / μας ηύρε απάντεχα* (Σολωμός) (συνών. *απροσδόκητα, απρόβλεπτα, ξαφνικά*).
αναπάντεχος, -η, -ο, επίθ., απροσδόκητος: *-α μέρη αλλουνού κόσμου* (Σολωμός) (συνών. *ξαφνικός, ανέλπιστος, απρόβλεπτος*).
αναπάντητος, -η, -ο, επίθ., που δεν πήρε απάντηση: *γράμμα -ο· ερώτηση -η*.
αναπαράγω, ρ. 1. παράγω ακριβές αντίγραφο κάποιου πράγματος: *η τέχνη δεν -ει τη φύση· ~ πίνακα / βιβλίο / ήχο με το μαγνητόφωνο*. 2. (για έμβια όντα) παράγω που ανήκει στο ίδιο γένος και είδος μ' εμένα.
αναπαραγωγή η, ουσ. 1. το να αναπαράγεται κάτι. 2. ειδικά α. το να παράγεται ακριβές αντίγραφο ήχου, κειμένου, εικόνας έτσι ώστε να μπορούν να τα ακούσουν ή να τα δουν περισσότεροι άνθρωποι· β. αυτό που αναπαράγεται με τον παραπάνω

αναπαραγωγικός 88

τρόπο. **3.** (βιολ.) η παραγωγή ενός νέου οργανισμού από ένα πατρικό οργανισμό του ίδιου γένους και είδους· *φυλετική ~ =* αναπαραγωγή που στηρίζεται στην ύπαρξη φύλων (αρσενικού και θηλυκού).
αναπαραγωγικός -ή, -ό, επίθ., που σχετίζεται με την αναπαραγωγή ή που συντελεί σ' αυτήν: *όργανα -ά· σύστημα -ό.*
αναπαραδιά η, ουσ. (συνίζ.), έλλειψη χρημάτων (συνών. *αψιλία*).
αναπαραπομπή η, ουσ., (νομ.) το να εφαρμόζεται για μια υπόθεση ξένο ιδιωτικό διεθνές δίκαιο.
αναπαριστάνω, βλ. *αναπαριστώ.*
αναπαράσταση η, ουσ., πιστή περιγραφή ή μίμηση προγενέστερης πράξης ή γεγονότος: *~ της μάχης· ~ εγκλήματος* (= εικονική επανάληψη).
αναπαριστώ, -άς και **αναπαριστάνω,** ρ., περιγράφω ή μιμούμαι πιστά προγενέστερη πράξη ή γεγονός: *~ τη λογομαχία.*
ανάπαυλα η, ουσ., προσωρινή διακοπή εργασίας: *δουλεύω χωρίς ~* (συνών. *αναψυχή, ανάσα, ανασασμός*).
ανάπαυση και **ανάπαψη** η, ουσ. **1.** το να ξεκουράζεται κανείς διακόπτοντας προσωρινά την εργασία του: *σήμερα έχουμε καθισιό κι ~* (συνών. *αναψυχή*). **2.** (παράγγελμα στρατ.) *~! =* χαλάρωση της στάσης του σώματος (αντ. *προσοχή*).
αναπαυτήριο το, ουσ. (ασυνίζ.), χώρος όπου κανείς αναπαύεται: *~ των αξιωματικών.*
αναπαυτικός, -ή, -ό, επίθ., που σχετίζεται με την ανάπαυση: α. που αναπαύει: *κρεβάτι / κάθισμα -ό* β. που δεν κουράζει πολύ: *δουλειά -ή* (συνών. *άνετος, βολικός, ξεκούραστος·* αντ. *κουραστικός, άβολος*). *-* Επίρρ. **-ά:** *κάθομαι ~.*
αναπαύω, ρ. **I.** (ενεργ.) ξεκουράζω: *~ τα μέλη μου* (αντ. *κουράζω, καταπονώ*) φρ. *ο Θεός τον -σε* (= πέθανε). **II.** μέσ. **1.** ξεκουράζομαι: *ήρθα στην εξοχή ν' -τώ* (συνών. *ξαποσταίνω*). **2.** κοιμούμαι: *είναι ώρα ν' -τούμε.* **3.** καταλέγομαι στους πεθαμένους: *ο καημένος -τηκε* (συνών. *πεθαίνω*). - Η μτχ. *αναπα(υ)μένος* ως επίθ. = *ήσυχος: ήσυχος κι αναπαμένος· συνείδηση -μένη* (= που δεν έχει ενοχές).
ανάπαψη, βλ. *ανάπαυση.*
αναπηδώ, -άς, ρ., σηκώνομαι πάνω με ορμή: *-σε από τη χαρά του* (συνών. *πετιέμαι, ανατινάζομαι*).
αναπηρία η, ουσ., το να είναι κανείς ανάπηρος, έλλειψη σωματικής ακεραιότητας: *σύνταξη -ας.*
αναπηρικός, -ή, -ό, επίθ., που ανήκει ή αναφέρεται στην αναπηρία ή τον ανάπηρο: *σύνταξη -ή· καρότσι -ό.*
ανάπηρος ο, ουσ., αυτός που δεν είναι αρτιμελής, που έχει κάποια σοβαρή σωματική βλάβη: *~ πολέμου.*
αναπιάνω, ρ. (συνίζ., λαϊκ.). **I.** ενεργ. **1.** (για ζύμη) ετοιμάζω τη ζύμη προσθέτοντας αλεύρι και νερό για να ζυμώσω κατόπιν. **2.** (σπάνια) επιδιορθώνω με ράψιμο κάτι που έχει φθαρεί: *~ την κάλτσα* (συνών. *μπαλώνω*). **II.** μέσ. (σπάνια) δυναμώνω σωματικά: *έφαγα κάτι κι -άστηκα.*
ανάπλαγα τα, ουσ., τα πλάγια μέρη, οι κατωφέρειες του βουνού: *δεξιά τραβά στ' -α, ραχούλα διασελώνω* (Αθάνας) (συνών. *πλαγιά*)· φρ. *πήρε τ' -α* (= γυρίζει από δω κι από κει, άσκοπα).
ανάπλαση η, ουσ. **1.** αναμόρφωση στο καλύτερο: *ηθική ~ του λαού.* **2.** (ψυχ.) επαναφορά στη μνήμη παλαιότερων παραστάσεων.

αναπλάσσω, ρ. **1.** δίνω βελτιωμένη μορφή σε κάτι: *ο χριστιανισμός ζήτησε ν' -σει την ανθρωπότητα· ~ τη νεολαία* (συνών. *αναμορφώνω*). **2.** (ψυχ.) επαναφέρω στη συνείδηση παλαιότερες παραστάσεις.
αναπληρωματικός, -ή, -ό, επίθ., που είναι κατάλληλος για αναπλήρωση ή σχετίζεται μ' αυτήν: *-ό μέλος συμβουλίου· -ή εκλογή.*
αναπληρώνω, ρ. **1.** συμπληρώνω: *κοίταξε ν' -σεις τις ελλείψεις σου.* **2.** αντικαθιστώ: *πήρε άδεια και ο συνάδελφός του τον -ει· ο αντιπρόεδρος -ει τον πρόεδρο.*
αναπλήρωση η, ουσ., αντικατάσταση: *η ~ του θα γίνει αργότερα με προκήρυξη διαγωνισμού.*
αναπληρωτής ο, θηλ. **-τρια,** ουσ. **1.** αυτός που αναπληρώνει: *περιμένω τον -ή μου για να απουσιάσω από τη θέση μου* (συνών. *αντικαταστάτης*). **2.** *~ καθηγητής =* τίτλος πανεπιστημιακού δασκάλου μεταξύ του επίκουρου καθηγητή και του καθηγητή.
αναπλωρίζω και **αναπρωρίζω,** ρ., πλέω ανάπλωρα, αντίθετα με τον άνεμο. [*ανάπλωρα*].
αναπνευστήρας ο, ουσ. **1.** συσκευή που χρησιμοποιείται για αναπνοή, όταν ο αέρας είναι μολυσμένος ή για να υποβοηθήσει την τεχνητή αναπνοή αρρώστου. **2.** εξάρτημα μάσκας κολύμβησης.
αναπνευστικός, -ή, -ό, επίθ., που σχετίζεται με τη λειτουργία της αναπνοής: *σύστημα -ό· όργανα -ά· συσκευή -ή.*
αναπνέω, ρ. **1.** εισπνέω και εκπνέω αέρα: *πνίγομαι, δεν μπορώ ν' -εύσω* (συνών. *ανασαίνω*). **2.** εισπνέω: *στο δρόμο -ουμε όλο καυσαέρια.* **3.** ανακουφίζομαι από τις φροντίδες: *δουλεύω σκληρά· δεν μπορώ ν' -εύσω· άφησέ με ν' -εύσω* (συνών. *ξαλαφρώνω*).
αναπνιά η, ουσ. (συνίζ., λαϊκ.), αναπνοή. Φρ. *δεν παίρνει ~* (= δεν έχει σταματημό στη δουλειά του).
αναπνοή η, ουσ., εισπνοή και εκπνοή αέρα: *κρατώ την ~ μου· μου πιάστηκε η ~· τεχνητή ~ =* αποκατάσταση των αναπνευστικών κινήσεων ατόμων που βρίσκονται σε κατάσταση πνιγμονής (συνών. *ανάσα, ανασασμός, αναπνιά*). Έκφρ. σε απόσταση *-ης* (= πάρα πολύ κοντά). Φρ. *δεν μπορώ να πάρω ~ ή δεν παίρνω ~* (= είμαι φορτωμένος με δουλειές, με φροντίδες)· *δεν πήρα ~* (= δεν σταμάτησα καθόλου).
αναπόδεικτος, -η, -ο, επίθ., που δεν αποδείχτηκε ακόμη ή που δεν μπορεί να αποδειχτεί: *το θεώρημα έμεινε -ο· η ενοχή του ως την ώρα είναι -η* (αντ. *αποδειγμένος*).
αναποδιά η, ουσ. (συνίζ.). **1.** ατυχία, αντίξοες περιστάσεις: *μου ήρθαν πολλές -ές* (συνών. *αντιξοότητα, κακοτυχία*). **2.** κακός οιωνός: *το 'χω ~ όταν τον συναντήσω.* **3.** ιδιοτροπία: *όλο -ές είναι αυτός ο άνθρωπος* (συνών. *παραξενιά*).
αναποδιάζω, ρ. (συνίζ.), γίνομαι ανάποδος: *έχει πολύ -σει αυτό το παιδί.*
αναποδογυρίζω, ρ. **Α.** (μτβ.) γυρίζω τα απάνω προς τα κάτω: *-σε το πιάτο· -σα το βαρέλι* (συνών. *ανατρέπω*). **Β.** (αμτβ.). **1.** ανατρέπομαι: *η βάρκα -σε.* **2.** μεταβάλλομαι: *-σαν τα πράγματα.*
αναποδογύρισμα το, ουσ., ανατροπή: *δεν πρόλαβαν το ~ της βάρκας.*
ανάποδος, -η, -ο, επίθ. **1.** που έχει την κορυφή κάτω και τη βάση απάνω, αντίστροφος· φρ. *όλα τα βρίσκει -α* (= δε μένει με τίποτα ευχαριστημένος).

2. (για τον καιρό) ακατάστατος. 3. που φέρνει ατυχίες, δυσκολίες: *μήνας / δρόμος* ~ (αντ. *ευνοϊκός*). 4. δύστροπος: *γυναίκα -η* (συνών. *ιδιότροπος·* αντ. *βολικός*). - Το θηλ. ως ουσ.: 1. χτύπημα που καταφέρεται με το πίσω μέρος της παλάμης: *του 'δωσα μια -η* (συνών. *ξανάστροφη*). 2. η πίσω όψη ενός πράγματος: *η -η του υφάσματος* (αντ. *καλή*)· φρ. *το πήρε από την -η* (= το παρεξήγησε)· *θα του τα πω από την καλή κι από την -η* (= θα του πω τα πράγματα όπως έχουν ελέγχοντάς τον). - Επίρρ. **-α** στη σημασία 1 και 3· φρ. *ξύπνησε* ~ (= σήμερα είναι κακόκεφος, ιδιότροπος)· *μου βγήκε η ψυχή (ή η πίστη) ανάποδα* (= ταλαιπωρήθηκα πάρα πολύ)· *όλα πάνε -α* (για αλλεπάλληλες δυσκολίες και αντιξοότητες).

αναπόδραστος, -η, -ο, επίθ., που δεν μπορεί κανείς να τον αποφύγει: *ανάγκη -η* (συνών. *αναπόφευκτος*).

αναποζημίωτος, -η, -ο, επίθ., που δεν έχει αποζημιωθεί ή δεν μπορεί να αποζημιωθεί (αντ. *αποζημιώσιμος*).

αναπόληση η, ουσ., ανάμνηση, νοσταλγική θύμιση.

αναπολόγητος, -η, -ο, επίθ. 1. που δεν απολογήθηκε, δεν έδωσε λόγο για τις πράξεις του: *κρίθηκε* ~. 2. που δεν μπορεί να απολογηθεί, αδικαιολόγητος: *έμεινε* ~ *ακούγοντας τις κατηγορίες*.

αναπολώ, ρ., φέρνω κάτι στο νου μου (συνήθως με νοσταλγία): *τώρα στα γεράματα -εί τις τρέλες της νιότης του!*

αναπόσβεστος, -η, -ο, επίθ., που δεν έχει ή δεν μπορεί να αποσβεσθεί, να διαγραφεί: *έξοδα -α· λογαριασμοί -οι*.

αναπόσπαστος, -η, -ο, επίθ., που δεν έχει ή δεν μπορεί να αποσπαστεί, να απομακρυνθεί: *-ο μέρος ενός συνόλου* (συνών. *αχώριστος, απαραίτητος*). - Επίρρ. **-α**.

αναποτελεσματικός, -ή, -ό, επίθ., που δεν έφερε αποτελέσματα: *ενέργειες -ές* (συνών. *ανεπιτυχής·* αντ. *αποτελεσματικός*).

αναποτελεσματικότητα η, ουσ., το να μη φέρει κάποιος ή κάτι αποτελέσματα, έλλειψη δραστικότητας: ~ *των προσπαθειών τους*.

αναπότρεπτος, -η, -ο, επίθ., που δεν μπορεί να αποτραπεί, να αποφευχθεί: *τέλος -ο· η εξέλιξη των γεγονότων είναι -η· μοίρα -η* (συνών. *αναπόφευκτος*). - Το ουδ. ως ουσ. = το μοιραίο· ο θάνατος. - Επίρρ. **-α**: *δημιουργείται -α μια νέα κοινωνική δυναμική*.

αναποφάσιστος, -η, -ο, επίθ. 1. που δεν παίρνει εύκολα αποφάσεις: *χαρακτήρας* ~ (συνών. *διστακτικός, άβουλος·* αντ. *αποφασιστικός*). 2. που δεν πάρθηκε γι' αυτόν οριστική απόφαση: *ταξίδι -ο* (συνών. *εκκρεμής·* αντ. *τελεσίδικος*).

αναπόφευκτος, -η, -ο, επίθ., που δεν μπορεί να αποφευχθεί: *πόλεμος* ~· *ρήξη -η· συμπεράσματα -α·* το κακό ήταν -ο (συνών. *αναπότρεπτος*). - Το ουδ. ως ουσ. = το μοιραίο· ο θάνατος: *στη ζωή ο άνθρωπος πρέπει να μάθει να συμβιβάζεται με το -ο* (συνών. *αναπότρεπτο*).

αναπρωρίζω, βλ. *αναπλωρίζω*.

αναπροσανατολισμός ο, ουσ., αλλαγή στάσης, αναθεώρηση απόψεων: ~ *πολιτικός*.

αναπροσαρμογή η, ουσ., το να αναπροσαρμόζεται κάτι: ~ *τιμολογίου*.

αναπροσαρμόζω, ρ., προσαρμόζω ξανά κάτι σύμφωνα με τις νέες συνθήκες: ~ *τιμολόγια*.

αναπτερώνω και **αναφτερώνω,** ρ. (ενεργ. και μέσ.) δίνω φτερά· εξυψώνω· ενθαρρύνω: *αναφτερώνονται οι ελπίδες· του -θηκε το ηθικό με όσα του είπε*.

αναπτέρωση η, ουσ., ενθάρρυνση, τόνωση: ~ *ελπίδων / θάρρους /ηθικού*.

αναπτήρας ο, ουσ., φορητή μικρή συσκευή για το άναμμα φλόγας: *δώσε μου τον -α ν' ανάψω τσιγάρο* (συνών. *τσακμάκι*).

ανάπτυξη η, ουσ. 1. αύξηση, εξέλιξη: *το παιδί έχει πρόωρη* ~· ~ *σωματική / διανοητική / καθυστερημένη·* ~ *φυτών* (συνών. *μεγάλωμα*). 2. (μεταφ.) προαγωγή, άνοδος επιπέδου: ~ *γραμμάτων / πολιτισμού / τεχνών / κοινωνική* (συνών. *πρόοδος*). 3. λεπτομερής εξήγηση, ανάλυση: ~ *θέματος / ορισμού* (συνών. *ερμηνεία*). 4. (στρατ.) έκταση, άπλωμα: ~ *παρατάξεων·* ~ *στόλου* (συνών. *αραίωση·* αντ. *σύμπτυξη*). 5. (γραμμ.) εμφάνιση νέου φθόγγου ανάμεσα σε δύο σύμφωνα ή δύο φωνήεντα. 6. (οικον.) η διαδικασία κατά την οποία σε μια χώρα μεταβάλλεται η διάρθρωση του οικονομικού συστήματος ώστε με την υποχώρηση του γεωργικού τομέα να αναπτύσσεται ο βιομηχανικός.

αναπτυξιακός, -ή, -ό, επίθ. (ασυνίζ.), που αναφέρεται στην ανάπτυξη ή συντελεί σ' αυτήν: *-ή πορεία της οικονομίας· -ές προσπάθειες· -ό έργο τράπεζας· -ή πολιτική / διαδικασία* (συνών. *προοδευτικός*).

αναπτύσσω, ρ. 1. αυξάνω. *ο υγιεινός τρόπος ζωής -ει γρηγορότερα και το σώμα και το μυαλό των παιδιών·* (μέσ.) *στα μεσογειακά παράλια -ονται* (= ευδοκιμούν) *τα εσπεριδοειδή· από την υπερβολική ζέστη -χθηκαν πολλά μικρόβια*. 2. (μεταφ.) προάγω: (μέσ.) *οι ιωνικές πόλεις -χθηκαν γρήγορα χάρη στο εμπόριο· -γμένος πολιτισμός· -γμένη κοινωνία*. 3. εξηγώ λεπτομερώς, αναλύω: ~ *θέμα / επιχειρηματολογία / θεωρία· θα σας -ξω τους λόγους που με οδήγησαν σ' αυτό το συμπέρασμα* (συνών. *ερμηνεύω*). 4. (στρατ.) εκτείνω κατά μέτωπο (το στράτευμα, τα άρματα, το στόλο) (συνών. *απλώνω, αραιώνω·* αντ. *συμπτύσσω*).

άναρθρος, -η, -ο, επίθ. 1. (για ήχο ή φωνή) που δεν αποτελείται από χωριστές και ευδιάκριτες συλλαβές ή λέξεις, που δεν εκφέρεται καθαρά: *κραυγές -ες* (συνών. *ασυνάρτητος*). 2. (γραμμ.) που δεν έχει άρθρο: *απαρέμφατο -ο*.

αναριθμητισμός ο, ουσ., το να γράφεται ένας αριθμός με τα ψηφία του σε λαθεμένη σειρά (λ.χ. 1879 αντί 1789).

αναρίθμητος, -η, -ο, επίθ. 1. που δε μετριέται, που δεν μπορεί να μετρηθεί: *έκανε -α λάθη* (συνών. *ακαταμέτρητος*). 2. πολύς στον αριθμό, μεγάλος αριθμητικά: *πλήθη / πλούτη -α· δυστυχίες / φορές -ες* (συνών. *αλογάριαστος, αμέτρητος, απειράριθμος, άπειρος·* αντ. *μετρημένος, ολιγάριθμος*).

ανάριος, -α, -ο, επίθ. (συνιζ., λαϊκ.), αραιός: *φυτά -α* (= *αραιοφυτεμένα*)· *ύφασμα -ο* (= *αραιοϋφασμένο*)· *πλέξιμο / γάλα -ο·* (μεταφ.) *πετά στον αγέρα ένα φως πολύ -ο που δε βρίσκει τίποτα να πέσει απάνου* (Κόντογλου) - Επίρρ. **-α**. [*ανά + αραιός*].

ανάρκωτος, -η, -ο, επίθ., που δε ναρκώθηκε: *-ο τον εγχείρισαν*.

ανάρμεγος, -η, -ο και **-χτος,** επίθ. (λαϊκ.), που δεν τον άρμεξαν: *πρόβατα -α· αγελάδες -χτες*.

αναρμόδιος, -α, -ο, επίθ. (ασυνίζ.), που δεν έχει καθήκον ή δικαιοδοσία να κάνει κάτι: ~ *για μια*

τέτοια αποστολή / να σας κρίνω· υπουργείο / δικαστήριο -ο (αντ. αρμόδιος, υπεύθυνος).
αναρμοδιότητα η, ουσ. (ασυνίζ.), το να είναι κανείς αναρμόδιος: αποφεύγει να πάρει θέση με το πρόσχημα της -ας· (νομ.) ~ δικαστηρίου· ένσταση -ας.
ανάρμοστος, -η, -ο, επίθ., αντίθετος προς ό,τι θεωρούν οι περισσότεροι σωστό: ερώτηση / συμπεριφορά -η· λόγια -α· ντύσιμο -ο· χρησιμοποίησε γλώσσα -η για την περίπτωση (συνών. απρεπής, άτοπος, ακατάλληλος· αντ. ταιριαστός, πρεπούμενος).
αναρουφώ, -άς, ρ. (λαϊκ.), ρουφώ: ~ τη μύτη μου. [αρχ. αναρροφώ].
ανάρπαστος, -η, -ο και **-χτος,** επίθ., που πωλείται ή γενικά καταναλώνεται πάρα πολύ γρήγορα, περιζήτητος: είναι -α τα ρούχα στις εκπτώσεις· -ο έγινε το νέο του βιβλίο· -ες οι εφημερίδες με το νέο σκάνδαλο (αντ. αζήτητος, απούλητος).
ανάρρηση η, ουσ., άνοδος σε υψηλό αξίωμα: ~ στην αρχή / στο θρόνο / στην εξουσία (αντ. καθαίρεση).
αναρριπίζω, ρ. (λόγ.), ερεθίζω ή διεγείρω και πάλι: ~ τη διχόνοια / τα μίση (συνών. αναζωπυρώνω, αναμοχλεύω· αντ. δαμάζω, κατευνάζω).
αναρρίπιση η, ουσ. (λογ.), το να εξάπτει, να διεγείρει κανείς και πάλι κάτι: ~ των πολιτικών παθών (συνών. αναζωπύρωση, αναμόχλευση· αντ. κατευνασμός, καταστολή).
αναρρίχηση η, ουσ. 1. το να ανεβαίνει κανείς σε κάτι κατακόρυφο ή σ' ένα δύσβατο τόπο, χρησιμοποιώντας τα χέρια και τα πόδια του: ~ αργή / επικίνδυνη· ~ σε δέντρο / σκοινί / βράχους (συνών. σκαρφάλωμα). 2. (μεταφ.) το να ανέρχεται κανείς σε ανώτερο αξίωμα ή να καταλαμβάνει ανώτερη θέση αντικανονικά και χωρίς να το αξίζει: ~ στη θέση του διευθυντή / στην εξουσία.
αναρριχητικός, -ή, -ό, επίθ., που σχετίζεται με την αναρρίχηση, που έχει την ιδιότητα να σκαρφαλώνει: ικανότητα -ή· (φυτολ.) φυτά -ά (= που έχουν ευλύγιστο κορμό και αναπτύσσονται πάνω στην επιφάνεια τοίχων, σε δέντρα ή υποστηρίγματα)· (ζωολ.) πτηνά -ά (= τάξη πτηνών που έχουν δύο δάχτυλα μπροστά και δύο πίσω σε κάθε πόδι έτσι ώστε να μπορούν να σκαρφαλώνουν στα δέντρα εύκολα).
αναρριχώμαι, ρ. 1. ανεβαίνω κάπου κάθετα χρησιμοποιώντας τα χέρια και τα πόδια μου: -ήθηκε στο δέντρο σαν γάτος / στο βράχο / στη σκαλωσιά (συνών. σκαρφαλώνω). 2. (συνών. κοινωνικά ή πολιτικά) ανεβαίνω ή πτύσσομαι και ανεβαίνω στηριζόντας τον κορμό μου πάνω σε τοίχους, δέντρα ή υποστηρίγματα: ο κισσός -ήθηκε στην ακακία. 3. (μεταφ.) ανέρχομαι σε ανώτερο αξίωμα ή καταλαμβάνω ανώτερη θέση αντικανονικά, όχι με την αξία μου: -ήθηκε στη θέση του προέδρου.
αναρρούσα η, ουσ. (ιδιωμ.), το να γυρίζει προς τα πίσω ένα θαλάσσιο ρεύμα ή το κύμα που χτυπά την ακτή. [μτχ. αναρρέουσα του αρχ. αναρρέω].
αναρρόφηση η, ουσ. (λόγ.), το να ρουφά κανείς προς τα πάνω κάτι: ~ υγρών / αερίων· βρήκαν το παιδί νεκρό από ~ (φαγητού, τροφής).
αναρροφητήρας ο, ουσ. (παλαιότερα) συσκευή για την αναρρόφηση ρευστών.
αναρρώνω, ρ., γίνομαι πάλι καλά, συνέρχομαι από μια αρρώστια, ανακτώ την υγεία μου: ανάρρωσε εντελώς από το τελευταίο κρυολόγημα (συνών.

αναλαμβάνω, συνέρχομαι· αντ. χειροτερεύω). [αρχ. αναρρώνυμι].
ανάρρωση η, ουσ., αποκατάσταση της υγείας, ανάκτηση των σωματικών δυνάμεων μετά μια αρρώστια: ~ αργή / ταχεία / δύσκολη· μπαίνει / βρίσκεται στο στάδιο της -ης (= στο χρονικό διάστημα από την υπερνίκηση της αρρώστιας ή μιας διαταραχής ώσπου να ξαναβρεί ο άρρωστος εντελώς την υγεία του) (αντ. χειροτέρεμα, υποτροπή).
αναρρωτήριο το, ουσ. (ασυνίζ.), θεραπευτήριο ή συνηθέστερα αίθουσα θεραπευτηρίου, στρατώνα, κλπ., όπου νοσηλεύονται ασθενείς που βρίσκονται στην ανάρρωση.
αναρρωτικός, -ή, -ό, επίθ., που αναφέρεται στην ανάρρωση ή συντελεί σ' αυτήν: άδεια -ή.
ανάρτηση η, ουσ. (τεχν.) το σύνολο των αρθρωτών τμημάτων ενός οχήματος (αμορτισέρ, ελατήρια, κ.ά.) που εξασφαλίζουν τη μεταβίβαση του βάρους του στους άξονες και την ελαστική σύνδεσή του με τους τροχούς (συνών. σισπασιόν). [αρχ. -ις· πβ. γαλλ. suspension].
αναρτώ, -άς, ρ. (λόγ.), κρεμώ: -ημένες εικόνες· το πρόγραμμα -ήθηκε στον πίνακα ανακοινώσεων.
αναρχία η, ουσ. 1. έλλειψη νόμιμης κυβερνητικής αρχής και συνεκδοχικά η κατάσταση αταξίας και αναταραχής κυρίως σε ένα κράτος από την απουσία κυβέρνησης ή την αδυναμία της να ασκήσει την εξουσία: η χώρα / το στράτευμα περιήλθε σε ~· υποσχόταν να ανταπολεμήσει την ~ (συνών. ακυβερνησία, οχλοκρατία· αντ. τάξη, ομαλότητα). 2. (γενικός) σύγχυση από την έλλειψη σαφών οδηγιών, κανόνων, αρχών, κ.τ.ό.: στο ίδρυμα επικρατεί -· ~ γλωσσική (σ' ένα γραπτό) / οικονομική (συνών. ακαταστασία, αταξία). 3. αναρχισμός (βλ. λ.).
αναρχικός, -ή, -ό, επίθ. 1. που χαρακτηρίζεται από αναρχία, αταξία: εκδηλώσεις / τάσεις -ές. 2. που ανήκει ή αναφέρεται στον αναρχισμό: κίνημα -ό· ιδέες -ές. - Το αρσ. και το θηλ. ως ουσ. = οπαδός του αναρχισμού. - Επίρρ. **-ά.**
αναρχισμός ο, ουσ., κοινωνικοπολιτική ιδεολογία που αρνείται οποιαδήποτε νόμιμη εξουσία και επιδιώκει την κατάργηση του κράτους ως περιττού και επιζήμιου στο άτομο: ~ αθεϊστικός / ατομικός / ουτοπιστικός· οι θεωρητικοί του -ού (λ.χ. Προυντόν, Μπακούνιν, Κροπότκιν) (συνών. αναρχία).
αναρχοαυτόνομος ο, ουσ., αναρχικός με περιθωριακή πολιτική δράση, που αρνείται να ενταχθεί σε οργανωμένα κοινωνικά ή πολιτικά πλαίσια.
άναρχος, -η, -ο, επίθ. 1. που βρίσκεται σε αναρχία: χώρα -η (συνών. ακυβέρνητος). 2. που δεν έχει αρχή, αρχίνημα: Θεός ~. 3. που δεν τον διέπουν αρχές, που γίνεται χωρίς τάξη: -η δόμηση μιας περιοχής.
αναρχούμενος, -η, -ο, επίθ., που βρίσκεται σε κατάσταση αναρχίας: κράτος -ο. [μτχ. του λόγ. ρ. αναρχούμαι ως επίθ.].
αναρωτώ, -άς, ρ. I. (ενεργ., λαϊκ.) ζητώ να μάθω, ρωτώ. II. (μέσ.) ρωτώ τον εαυτό μου: -ιέμαι τι τα κάνει τόσα χρήματα· -ιέμαι πού πήγες (συνών. απορώ, διερωτώμαι).
ανάσα η, ουσ., η διαδοχή εισπνοής και εκπνοής με την οποία ένας ζωντανός οργανισμός ανανεώνει αδιάκοπα τον αέρα που του χρειάζεται για να ζήσει: ~ αδύνατη / ζεστή / ήρεμη / ρυθμική· κρατώ την ~ μου· πάρε βαθιά ~· πιάστηκε η ~ μου· πα-

ρακολουθούσε τον αγώνα με κομμένη ~ (συνών. αναπνοή, ανασαιμιά, ανασασμός)· (μεταφ. για ελαφρό αέρα) δε φύσαγε καν μιαν ~ αγεριού (Κόντογλου)· φρ. *παίρνω* ~ (= 1. ανασαίνω, 2. αναπαύομαι, ξεκουράζομαι για λίγο, κάνω ένα σύντομο διάλειμμα: *κάτσε να πάρεις (μια)* ~· *από το πρωί δεν πήρα* ~). [< ανασαίνω].

ανασαιμιά και **ανασαμιά** η, ουσ. (συνιζ., ιδιωμ., λογοτ.), ανάσα: *κάθε που κοντοστέκονταν* ~ *να πάρει (Αθάνας)· με βούταγε μέσα ως να κοπεί η -αμιά μου* (Κόντογλου).

ανασαίνω, αόρ. *ανάσανα*, ρ. 1. παίρνω με διαδοχικές εισπνοές και εκπνοές τον αέρα που χρειάζομαι για να ζήσω: *-ει ελαφρά / με δυσκολία· ο τραυματίας μόλις που ανάσαινε* (συνών. *αναπνέω·* αντ. *πνίγομαι*). 2. ξεκουράζομαι για λίγο, κάνω μικρό διάλειμμα: *στιγμή δεν ανάσανε* (συνών. *ανακουφίζομαι, ξαποσταίνω*). 3. απαλλάσσομαι από ανάγκες και προβλήματα: *δε λέει ν' -άνει απ' τα βάσανα / από τα χρέη* (συνών. *ησυχάζω, ξαλαφρώνω*). [*άνεση,* κατά τα ρ. σε *-αίνω*].

ανασασμός ο, ουσ. (ιδιωμ.). 1. ανάσα: *ο κόρφος της εσάλευε με τον -ό της* (Βαλαωρίτης)· *αηδόνι ντροπαλό μες στον -ό των φύλλων* (Σεφέρης). 2. ξεκούραση, ανακούφιση: *-ό δε βρίσκει από την πολλή δουλειά.*

ανασέρνω, ρ. (λαϊκ.). 1. σέρνω, τραβώ προς τα πάνω: *ανάσυρε, κόρη, νερό να πιουν τα διψασμένα* (δημ. τραγ.). 2. διασύρω, συκοφαντώ.

ανασήκωμα το, ουσ. 1. ανόρθωση του κορμού, ενώ τα πόδια μένουν απλωμένα (συνών. *ανακάθισμα*). 2. το να σηκώνεται κάποιος ή κάτι λίγο προς τα πάνω.

ανασηκώνω, ρ. Ι. ενεργ. 1. σηκώνω ή τραβώ κάτι λίγο προς τα πάνω: *-σήκωσα το φορτίο / το κεφάλι μου / το φόρεμα· η μαμμή -ει το μανίκι* (= *το γυρίζει προς τα πάνω*). 2. ανορθώνω ελαφρά το κορμί κάποιου: *-σήκωσε τη γιαγιά να πιει το τσάι της!* (συνών. *ανακαθίζω*). II. (μέσ.) σηκώνω το κορμί μου έχοντας όμως τα πόδια απλωμένα: *-ώθηκε στο κρεβάτι του* (συνών. *ανακάθομαι, μισοσηκώνομαι*).

ανασηκωτός, -ή, -ό, επίθ. (λαϊκ.), ανασηκωμένος, σηκωτός: *με το γιακά -ό· τον πήραν -ό κι έφυγαν.*

ανασκάλεμα το, ουσ. (λαϊκ.), σκάλισμα· ψάξιμο.

ανασκαλεύω, ρ. 1. σκαλίζω ή σκάβω συνήθως ελαφρά (με τα χέρια ή με εργαλείο): ~ *την άμμο / το χώμα· κομπρεσέρ -ουν την άσφαλτο* (Δ. Σωτηρίου). 2. (για φωτιά) υποδαυλίζω, αναζωπυρώνω. 3. (μεταφ.) κάνω λόγο, προκαλώ το ενδιαφέρον (για ένα παλιότερο ζήτημα): ~ *μια ξεχασμένη υπόθεση / το σκάνδαλο* (συνών. *ανακινώ, ξεθάβω*). 4. ανακατεύω ψάχνοντας προσεκτικά κάτι: ~ *τα αρχεία / την τσάντα μου.* 5. (μεταφ.) διεγείρω και πάλι: ~ *τα πάθη* (συνών. *αναμοχλεύω, αναρριπίζω*).

ανασκάπτω, ρ., αόρ. *ανέσκαψα,* παθ. αόρ. *ανασκάφηκα* (λόγ.), εκτελώ ανασκαφή.

ανασκαφέας ο, ουσ., αυτός που πραγματοποιεί ανασκαφές.

ανασκαφή η, ουσ., σύνολο ενεργειών που γίνονται με σκοπό να αποκαλυφθούν και να μελετηθούν λείψανα ή στοιχεία της παλιότερης ανθρώπινης ή φυσικής ιστορίας, που με το πέρασμα του χρόνου και εξαιτίας ποικίλων παραγόντων σκεπάστηκαν από τη γη: ~ *αρχαιολογική / παλαιοντολογική / λαθραία / σωστική· -ές επιφανειακές / σπηλαίων / της Βεργίνας· διενεργώ / διευθύνω / χρηματοδοτώ -ές.*

ανασκαφικός, -ή, -ό, επίθ., που σχετίζεται με την ανασκαφή ή προέρχεται από αυτήν: *έρευνα / μέθοδος / έκθεση -ή· έργο / τετράγωνο -ό* (= *καθένας από τους τετράγωνους τομείς στους οποίους χωρίζεται ο χώρος που ανασκάπτεται*)· *ευρήματα -ά.* - Το θηλ. ως ουσ. = η τεχνική της ανασκαφής: *μέθοδοι της σύγχρονης -ής.*

ανάσκελα, επίρρ., με τη ράχη προς τη γη, προς τα κάτω: *κοιμάται / κολυμπάει* ~ *πεσμένος τ'* ~· φρ. *ξύπνησε* ~ (= *με κακή διάθεση*) (συνών. *ύπτια·* αντ. *μπρούμυτα*). [*ανά + σκέλη*].

ανάσκελος, -η, -ο, επίθ. (λαϊκ.), που έχει τη ράχη προς τα κάτω: *κοιμάται* ~· *έπεφτα* ~, *με την πλάτη κατά το πέλαγος* (Κόντογλου) (συνών. *ύπτιος, αναγυρτός*).

ανασκελώνω, ρ. (λαϊκ.). I. (ενεργ.) ρίχνω κάποιον ανάσκελα: *πάνω στο φως της θυμωνιάς... το μεσημέρι -ει τις θεριστρες* (Ρίτσος). II. (μέσ.) ξαπλώνω σε ύπτια θέση: *η Πανδώρα βρισκόταν -ωμένη σύριζα στον τοίχο και βογγούσε* (Ι. Μ. Παναγιωτόπουλος).

ανασκευάζω, ρ., αποδεικνύω ότι δε συμβαίνει κάτι (που ισχυρίζεται κάποιος άλλος), ότι είναι ψεύτικο ή λαθεμένο: ~ *τις ανακρίβειες / τα επιχειρήματα του αντιπάλου / τις κατηγορίες* (συνών. *αναιρώ, ανατρέπω, αντικρούω, διαψεύδω*).

ανασκευαστής ο, ουσ., αυτός που ανασκευάζει (γνώμες, επιχειρήματα, κατηγορίες, κ.τ.ό.).

ανασκευαστικός, -ή, -ό, επίθ., που ανασκευάζει, που χρησιμοποιείται για ανασκευή: *αποδείξεις -ες· επιχειρήματα -ά* (συνών. *αναιρετικός, ανατρεπτικός·* αντ. *αποδεικτικός, βεβαιωτικός*).

ανασκευή η, ουσ., ανατροπή μιας άποψης: ~ *εύστροφη / εύκολη / πειστική·* ~ *κατηγοριών / επιχειρημάτων / μιας θεωρίας* (συνών. *αναίρεση, ανατροπή, αντίκρουση, διάψευση·* αντ. *απόδειξη, επιβεβαίωση*).

ανάσκητος, -η, -ο, επίθ. 1. που δεν ασκήθηκε, δεν εκπαιδεύτηκε: *στρατιώτες -οι* (συνών. *αγύμναστος, ανεκπαίδευτος·* αντ. *ασκημένος*). 2. (για επάγγελμα ή δικαίωμα) που δεν το άσκησε, δεν το χρησιμοποίησε ή δεν το επικαλέστηκε κάποιος (ενώ θα μπορούσε να το κάνει): *τέχνη -η.*

ανασκολοπίζω, ρ., θανατώνω κάποιον διαπερνώντας τον με πάσσαλο (συνών. *παλουκώνω, σουβλίζω*).

ανασκολόπιση η, ουσ. (λόγ.), ανασκολοπισμός (βλ. λ.).

ανασκολοπισμός ο, ουσ., το να διαπερνούν κάποιον με πάσσαλο για να τον θανατώσουν (συνών. *παλούκωμα, σούβλισμα*).

ανασκόπηση η, ουσ. 1. το να ανατρέχει κανείς στο παρελθόν και να το ξαναεξετάζει, να εκτιμά ένα παλιότερο γεγονός ή σειρά γεγονότων: ~ *ιστορική / φιλολογική·* ~ *των πολιτικών γεγονότων της χρονιάς που πέρασε.* 2. συνοπτική παρουσίαση όσων προηγουμένως ειπώθηκαν αναλυτικότερα: ~ *των κυριότερων ειδήσεων* (συνών. *ανακεφαλαίωση*).

ανασκοπώ, -είς, ρ. (λόγ.). 1. ξαναεξετάζω· κρίνω γεγονότα ή καταστάσεις του παρελθόντος. 2. παρουσιάζω με συντομία όσα προηγουμένως ειπώθηκαν αναλυτικά (συνών. *ανακεφαλαιώνω, συνοψίζω*).

ανασκούμπωμα το, ουσ. (έρρ.). 1. το να ανασηκώ-

ανασκουμπώνω νει κανείς τα μανίκια του για να κάνει πιο άνετα μια δουλειά (συνών. *ξεμπράτσωμα*). **2.** (μεταφ.) προθυμία, ζήλος για μια δουλειά. [μεσν. *ανακόμπωμα*].

ανασκουμπώνω, ρ. **1.** (ενεργ. και μέσ.) τραβώ προς τα πάνω, ανασηκώνω (τα μανίκια) για να δουλέψω πιο άνετα: ~ *τα μανίκια / τα χέρια μου· -ώθηκε για το πλύσιμο των ρούχων* (συνών. *ξεμπρατσώνω, -ομαι*). **2.** ετοιμάζομαι πρόθυμα και με όρεξη να ασχοληθώ με κάτι: *-ομαι (για) να τελειώσω τις σπουδές μου· -ωμένος για καβγά.* [μεσν. *ανακομβώ*].

ανασπάζομαι, ρ. (λαϊκ.), φιλώ: *-άστηκε το χέρι του* (Κόντογλου).

ανασταίνω, ρ. **1.** ξαναφέρνω κάποιον στη ζωή: *το κρασί σου και νεκρό -ει* (συνών. *ξαναζωντανεύω, ξυπνώ*). **2.** παρέχω (σ' ένα παιδί) τα μέσα να συντηρηθεί και να αναπτυχθεί: *δεν ήταν εύκολο ν' -ήσει μόνη τρία παιδιά* (συνών. *αναθρέφω, μεγαλώνω*). **3.** (για σπίτι, χωράφι, κ.τ.ό.) βελτιώνω, προάγω, αναπτύσσω: *πέρασε μια σκληρή ζωή ίσαμε ν' -ηθεί το υποστατικό* (Βενέζης). **4.** δίνω μεγάλη ευχαρίστηση: *η ευωδιά της άνοιξης μ' -ει* (συνών. *ευφραίνω, ζωογονώ*). **5.** γιορτάζω την ανάσταση του Χριστού. [αρχ. *ανίστημι*].

ανασταλτικός, -ή, -ό, επίθ. **1.** που έχει τη δύναμη να αναστέλλει, να εμποδίζει κάτι: *παράγοντας* ~ (συνών. *ανασχετικός, δυσμενής*). **2.** για μηχανικό εξάρτημα ή μηχάνημα που αναστέλλει την κίνηση: *μοχλός* ~.

ανάστα ο Θεός / ο Κύριος (το) αρχαϊστ. έκφρ.· για μεγάλη αναστάτωση, αταξία, φασαρία, κ.τ.ό.

ανάσταση η, ουσ. **1.** επάνοδος (ενός νεκρού) στη ζωή: ~ *θαυματουργή / ελπιδοφόρα· η* ~ *του Λαζάρου / του Σωτήρος /* (μεταφ.) *του έθνους· η σταύρωση είναι ο μόνος δρόμος της -ης* (Καζαντζάκης) (συνών. *νεκρανάσταση, ξαναζωντάνεμα, αναβίωση*). **2.** η γιορτή της ανάστασης του Χριστού, το Πάσχα: *οι καμπάνες / οι λαμπάδες της Α-ης·* έκφρ. *δεύτερη Α-η* = ο εσπερινός της Κυριακής του Πάσχα· φρ. *κάνω / έχω Α-η* (= γιορτάζω, χαίρομαι υπερβολικά): *τους έτυχε το λαχείο κι έχουν* ~ *τώρα.*

αναστάσιμος, -η, -ο, επίθ., που αναφέρεται στην ανάσταση του Χριστού ή σχετίζεται με αυτήν: *λειτουργία -η· τροπάριο -ο* (συνών. *πασχαλινός*). - Επίρρ. **-α.**

ανάστατος, -η, -ο, επίθ. **1.** που βρίσκεται σε αταξία: *γύρισα και βρήκα το σπίτι / το γραφείο -ο* (συνών. *ακατάστατος, ανακατωμένος*· αντ. *ταχτοποιημένος*). **2.** που κατέχεται από έντονη ανησυχία, ταραχή: *ο κόσμος ήταν* ~ *με τα χτεσινά δημοσιεύματα* (συνών. *αναστατωμένος, θορυβημένος, σαστισμένος, ταραγμένος*· αντ. *ατάραχος, ήρεμος, αμέριμνος, ψύχραιμος*).

αναστάτωμα το, ουσ. (λαϊκ.), αναστάτωση.

αναστατώνω, ρ. **1.** δημιουργώ αταξία: *μου -ωσε το συρτάρι / τη βαλίτσα* (συνών. *ανακατεύω*· αντ. *ταχτοποιώ*). **2.** προκαλώ έντονη ανησυχία, σύγχυση, ταράζω υπερβολικά: *ο εργομός του μας αναστάτωσε· μην τον -εις άρρωστο άνθρωπο!* (συνών. *συνταράζω, συγκλονίζω·* αντ. *ξαλαφρώνω*). **3.** προκαλώ διέγερση αισθημάτων ή παθών: *οι βρισιές τον -ωσαν κι έβγαλε μαχαίρι· το άρωμά της / το βλέμμα της -ει* (εννοείται *ερωτικά*) (συνών. *ερεθίζω, διεγείρω*).

αναστάτωση η, ουσ. **1.** δημιουργία αταξίας: ~ *γενική / ξαφνική· δημιουργώ / προκαλώ* ~· *η* ~ *οφείλεται στην αυριανή επιθεώρηση* (συνών. *ανακάτωμα, αναστάτωμα·* αντ. *ταχτοποίηση*). **2.** πρόκληση έντονης ανησυχίας, σύγχυσης: ~ *επικίνδυνη / ψυχική· πήρε τέτοια* ~ *από τον καβγά, που δεν ηρέμησε ως το βράδι* (συνών. *συγκλονισμός, τάραγμα*· αντ. *ανακούφιση, ξαλάφρωμα*). **3.** διέγερση αισθημάτων ή παθών (συνών. *ερεθισμός*).

αναστέλλω, ρ., αόρ. ανέστειλα, παθ. ανεστάλη (γ' πρόσ.) (λόγ.). **1.** εμποδίζω τη συνέχιση μιας ενέργειας, παύω να κάνω κάτι: *οι εργαζόμενοι ανέστειλαν τις απεργιακές κινητοποιήσεις· ανεστάλη επ' αόριστον η λειτουργία της επιχείρησης* (συνών. *ανακόπτω, διακόπτω, σταματώ·* αντ. *συνεχίζω, εξακολουθώ*). **2.** ελαττώνω: *θα -στείλουμε το ρυθμό που αυξάνεται ο πληθωρισμός.* **3.** (νομ.) μεταθέτω (μια πράξη) σε μελλοντικό χρόνο: *σε ορισμένες περιπτώσεις -εται η εκτέλεση μιας διοικητικής πράξης / μιας ποινής· το υπουργείο -ει την εφαρμογή των νέων μέτρων.* **4.** εμποδίζω να γίνει ή να προχωρήσει, να εξελιχθεί κάτι: *οι απώλειες ανέστειλαν την προέλαση·* ~ *την εξάπλωση της αρρώστιας* (συνών. *ανακόπτω, αναχαιτίζω*).

αναστέναγμα το, ουσ. (λαϊκ.), αναστεναγμός.

αναστεναγμός ο, ουσ., στεναγμός συνήθως βαθύς και συχνός: ~ *ελαφρός / λυπητερός / σβησμένος· τις νύχτες άκουγα τους -ούς του* (συνών. *αναστέναγμα, αχολόγημα*).

αναστενάζω, ρ., στενάζω συνήθως βαθιά και συχνά: *κάποια μάνα -ει, μέρα νύχτα ανησυχεί* (λαϊκ. τραγ.) (συνών. *αχολογώ, ιέμαι*).

αναστενάρης, ο, θηλ. **-ισσα,** ουσ., άτομο που συμμετέχει στην ομάδα όσων τελούν τα αναστενάρια (βλ. λ.). [? *αναστενάζω* ή *ανά* + *στρηνάρης* (= θεόληπτος) ή άλλες ετυμ.].

αναστενάρια τα, ουσ. (συνιζ.), (λαογρ.) λατρευτικό έθιμο που τελείται την ημέρα της γιορτής των αγίων Κωνσταντίνου και Ελένης σε χωριά της Μακεδονίας, κατά το οποίο άτομα που βρίσκονται σε έκσταση χορεύουν πάνω σε αναμμένα κάρβουνα με ενθουσιαστικά επιφωνήματα και κρατώντας τις εικόνες των δύο αγίων. [< *αναστενάρης*].

αναστενάρισσα, βλ. *αναστενάρης.*

αναστηλώνω, ρ., ξαναχτίζω, επαναφέρω στην πρώτη του μορφή ένα κτίσμα που κατέπεσε ή ερειπώθηκε: *ο δήμος θα -ώσει το παλιό θέατρο / αρχοντικό.*

αναστήλωση η, ουσ. **1.** το να ξαναχτίζει κανείς και πάλι, το να δίνει την πρώτη του μορφή ή θέση σε ένα οικοδόμημα που ερειπώθηκε ή σε όσα αρχιτεκτονικά ή διακοσμητικά μέλη ενός μνημείου περισώθηκαν: *η* ~ *του αρχαίου ναού ήταν δύσκολη και πολυδάπανη.* **2.** (εκκλ.) ~ *των εικόνων* = αποκατάσταση των εικόνων στη λατρεία και επαναφορά τους στις εκκλησίες από τη Θεοδώρα, που σήμανε τη λήξη της Εικονομαχίας (843 μ.Χ.) και γιορτάζει την Κυριακή της Ορθοδοξίας.

αναστηλωτής ο, θηλ. **-τρια,** ουσ., αυτός που πραγματοποιεί την αναστήλωση, που συντελεί σ' αυτήν.

αναστηλωτικός, -ή, -ό, επίθ., που σχετίζεται με την αναστήλωση: *έργα -ά· δαπάνες -ές.*

αναστηλώτρια, βλ. *αναστηλωτής.*

ανάστημα το, ουσ. **1.** τό μήκος του ανθρώπινου σώ-

ανασύρω

ματος από τα πέλματα ως την κορυφή του κεφαλιού: ~ *αθλητικό / επιβλητικό / κανονικό / κοντό* (συνών. *μπόι, κορμοστασιά*)· φρ. *ορθώνω / υψώνω το -ά μου* (= προβάλλω αντίσταση, αρνούμαι να υποταγώ). **2.** (μεταφ.) για την εσωτερική αξία, την ικανότητα ή τη σπουδαιότητα κάποιου: ~ *ηθικό· ένας επιστήμονας / πολιτικός με το ~ του Χ* (συνών. *ανωτερότητα, ύψος*).
αναστολή η, ουσ. **1.** το να παρεμποδίζεται ή να διακόπτεται η συνέχιση μιας ενέργειας: ~ *απρόοπτη / παράνομη·* ~ *πληρωμών* (συνών. *ανακοπή, διακοπή, σταμάτημα·* αντ. *εξακολούθηση*). **2.** το να εμποδίζεται να γίνει ή να προχωρήσει, να εξελιχθεί κάτι: ~ *της επίθεσης* (συνών. *συγκράτηση, αναχαίτιση, ανακοπή*). **3.** (νομ.) το να διακόπτεται πρόσκαιρα μια διαδικασία, το να μετατίθεται η εφαρμογή μιας απόφασης στο μέλλον ή το να αναβάλλεται και να τίθεται υπό αίρεση η καταδίκη κατά προσώπου: ~ *δίκης / πλειστηριασμού·* ~ *εκτέλεσης διοικητικών πράξεων / ποινής· αίτηση -ής· καταδικάστηκε σε φυλάκιση δύο μηνών με διετή* ~. **4.** (φυσιολ.) ελάττωση ή διακοπή της λειτουργίας ενός οργάνου: ~ *στο κυκλοφοριακό σύστημα*. **5.** (ψυχ.) η δράση μιας λειτουργίας ή ενός περιστατικού με τρόπο που να παρεμποδίζει άλλες λειτουργίες ή δραστηριότητες να εκδηλωθούν ή να φτάσουν στη συνείδηση: ~ *ενεργητική / παθητική / γενική / αμυντική·* (κοιν.) *έχω / μου δημιουργούνται -ές*.
αναστομώνω, ρ. **1.** ανοίγω, διευρύνω (άνοιγμα). **2.** (ιατρ.) συνενώνω με ραφή δύο κοίλα όργανα του σώματος. **3.** (λαϊκ.) ακονίζω. [< αρχ. *αναστομόω*].
αναστόμωση η, ουσ. **1.** άνοιγμα στομίου, διεύρυνση: ~ *του αγωγού*. **2.** λείανση του εσωτερικού μέρους ενός σωλήνα. **3.** ακόνισμα. **4.** (ιατρ.· πβ. αγγλ. *anastomosis*) ένωση με εγχείρηση δύο κοίλων οργάνων του σώματος (λ.χ. οργάνων του πεπτικού συστήματος, αιμοφόρων αγγείων).
αναστρέφω, ρ. (λόγ.). **1.** (μτβ.) αντιστρέφω, αναποδογυρίζω κάτι: ~ *το ασημένιο*. **2.** (αμτβ., ναυτ.) αλλάζω πορεία ώστε να πνέει ο άνεμος από την αντίθετη πλευρά (κοιν. *κάνω / παίρνω βόλτα*).
αναστρέψιμος, -η, -ο, επίθ., που η πορεία του μπορεί να αντιστραφεί: *οικονομική κατάσταση δυσάρεστη αλλά -η*.
άναστρος, -η, -ο, επίθ. (για ουρανό) που δεν έχει αστέρια (συνών. *ανάστερος, σκοτεινός·* αντ. *έναστρος, κατάστερος*).
ανάστροφα, επίρρ. **1.** ανάποδα, αντίστροφα. **2.** (μεταφ.) αντίθετα απ' ό,τι περιμένει κανείς: *όλα μου ήρθαν* ~ (συνών. *αντίξοα, ανάποδα, στραβά·* αντ. *ευνοϊκά*).
αναστροφή η, ουσ. **1.** αντιστροφή, αναποδογύρισμα· (μεταφ.) μεταστροφή προς την αντίθετη κατάσταση: ~ *της αναπτυξιακής διαδικασίας*. **2.** (ναυτ.) στροφή ιστιοφόρου αντίθετα προς την κατεύθυνση που φυσά ο άνεμος (συνών. *βόλτα*). **3.** (γλωσσ., για την αρχ. ελληνική) μεταβολή στη συνηθισμένη σειρά λέξεων και ανέβασμα του τόνου σε πρόθεση όταν αυτή μπαίνει μετά τη λέξη στην οποία αναφέρεται (λ.χ. *τούτου πέρι, θεών ύπο*). **4.** (νομ.) ακύρωση αγοραπωλησίας με δικαστική απόφαση, γιατί εξαπατήθηκε ο αγοραστής. **5.** (ιατρ.) θέση των εσωτερικών οργάνων του σώματος αντίθετη προς τη φυσιολογική: ~ *των σπλάχνων*. **6.** (γυμν.) στήριξη του σώματος με το κεφάλι προς τα κάτω και τα πόδια επάνω: ~ *κατακό-*

ρυφη. **7.** (μετεωρ.) ~ *θερμοκρασίας / θερμοκρασιακή =* το να αυξάνεται αντί να ελαττώνεται η θερμοκρασία του αέρα με την αύξηση του ύψους σ' ένα στρώμα της τροπόσφαιρας. **8.** (λόγ.) συναναστροφή· (μεταφ.) ενασχόληση με κάτι: ~ *του Βάρναλη με το έργο του Σολωμού*.
ανάστροφος, -η, -ο, επίθ., γυρισμένος ανάποδα, που έχει αντίθετη κατεύθυνση: *κίνηση / πορεία -η* (συνών. *αναποδογυρισμένος, αντίστροφος*). - Το θηλ. ως ουσ. **1.** το πίσω μέρος της παλάμης: *σκούπιζε τα μουστάκια του με την -η του χεριού του* (Ι. Μ. Παναγιωτόπουλος). **2.** χαστούκι με τη ράχη του χεριού: *πρόσεξε μη σου δώσω καμιά -η!* (συνών. στις σημασ. 1 και 2 *ανάποδη, ξανάστροφη*).
αναστύλωμα το, ουσ. (ιδιωμ.), το να ξαναπαίρνει κανείς δυνάμεις.
αναστυλώνω, ρ., δίνω σε κάποιον νέες δυνάμεις, ψυχικές ή σωματικές: *έφαγα καλά και αναστυλώθηκα* (συνών. *αναζωογονώ, στυλώνω*).
ανασυγκρότηση η, ουσ. (έρρ.), νέα συγκρότηση, οργάνωση από την αρχή: ~ *βαθμιαία / ολική / οικονομική·* ~ *της κοινωνίας / του κόμματος / της κυβέρνησης* (συνών. *ανασύνταξη, ανασύνθεση, ανασχηματισμός·* αντ. *διάλυση, αποσύνθεση, αποδιοργάνωση*).
ανασυγκροτώ, -είς, ρ. (έρρ.), συγκροτώ, οργανώνω κάτι με την αρχή καλύτερα: *υποσχέθηκαν να -ήσουν τις δημόσιες υπηρεσίες* (συνών. *ανασυνθέτω, αναδιοργανώνω, ανασυντάσσω·* αντ. *διαλύω, αποσυνθέτω, αποδιοργανώνω*).
ανασύνδεση η, ουσ. (λόγ.), το να ενώνεται, να συνδέεται κάτι και πάλι: ~ *των καλωδίων* (συνών. *επανασύνδεση*).
ανασυνδέω, ρ. (λόγ.), ενώνω, συνδέω κάτι και πάλι (συνών. *ξανασυνδέω, επανασυνδέω*).
ανασύνθεση η, ουσ., το να σχηματίζεται από την αρχή ένα οργανωμένο σύνολο: ~ *του υπουργικού συμβουλίου / του σχεδίου νόμου* (συνών. *ανασύνταξη, ανασχηματισμός, ανασυγκρότηση*).
ανασυνθέτω, ρ., σχηματίζω εκ καινούργιου οργανωμένο σύνολο: ~ *την εμπορική νομοθεσία / τις παρατηρήσεις μου σε μεγαλύτερες ενότητες* (συνών. *ανασυγκροτώ, ανασυντάσσω, ανασχηματίζω*).
ανασυνιστώ, -άς, ρ. (λόγ.), οργανώνω, ιδρύω κάτι και πάλι (συνών. *ανασυγκροτώ, επανιδρύω·* αντ. *καταργώ*).
ανασύνταξη η, ουσ. (έρρ.), το να συντάσσεται κάτι από την αρχή, το να οργανώνεται κάτι καλύτερα: ~ *των κεφαλαίων του βιβλίου / των δυνάμεων* (συνών. *ανασυγκρότηση, ανασύνθεση*).
ανασυντάσσω, ρ. (έρρ.), συντάσσω κάτι από την αρχή, οργανώνω κάτι καλύτερα, πληρέστερα: ~ *την αίτηση / το κεφάλαιο / τους εκλογικούς καταλόγους / τα στρατεύματα* (συνών. *ανασυγκροτώ, ανασυνθέτω*).
ανάσυρση η, ουσ. **1.** το να τραβά κανείς κάτι προς τα επάνω: ~ *του φορτίου από το βυθό* (συνών. *ανέλκυση*). **2.** (μεταφ.) για ένα θέμα που προβάλλει, που αποκαλύπτεται: ~ *του παρελθόντος* (συνών. *ανάδυση*).
ανασύρω, ρ., αόρ. *ανέσυρα, σέρνω, τραβώ προς τα επάνω:* ~ *τους τραυματίες από τα ερείπια / τους ναυαγούς από το πέλαγος·* (μεταφ.) ~ *ιδέες από το μυαλό μου* (συνών. *ανασέρνω, ανελκύω*)· φρ. ~ *τον πέπλο του μυστηρίου =* αποκαλύπτω (κάτι κρυφό).

ανασυσταίνω και **-στήνω**, ρ., ανασυνιστώ: *-ήθηκε η σχολική επιτροπή*.

ανασύσταση η, ουσ., το να οργανώνεται, να ιδρύεται κάτι από την αρχή: ~ *του τοπικού ομίλου / του ειρηνοδικείου / του σώματος στρατού* (συνών. *ανασυγκρότηση, επανίδρυση·* αντ. *κατάργηση*).

ανασυστήνω, βλ. *ανασυσταίνω*.

ανασφάλεια η, ουσ. (ασυνίζ.), έλλειψη του αισθήματος ασφάλειας, το να νιώθει κανείς ανησυχία, απογοήτευση και αποξένωση από το περιβάλλον του: ~ *έντονη / μόνιμη· παρουσιάζω / προκαλώ ~· ζω με ~* (συνών. *αβεβαιότητα·* αντ. *ασφάλεια, σιγουριά*).

ανασφάλιστος, -η, -ο, επίθ. 1. που δεν έχει ασφαλιστεί σε ασφαλιστικό ίδρυμα ή εταιρεία: *εργάτης ~· φορτίο -ο* (αντ. *ασφαλισμένος*). 2. που δεν είναι κλειδωμένος: *συρτάρι -ο*.

ανασφαλής, -ής, -ές, γεν. *-ούς*, πληθ. αρσ. και θηλ. *-είς*, ουδ. *-ή*, επίθ., που αισθάνεται ανασφάλεια: *άτομο / παιδί -ές* (συνών. *αβέβαιος·* αντ. *ασφαλής, σίγουρος*).

ανασχεδίαση η, ουσ. (αρχιτ.) το να σχεδιάζεται κάτι και πάλι: ~ *κάτοψης*.

ανάσχεση η, ουσ. (λόγ.), το να εμποδίζει, να διακόπτει, να σταματά κανείς κάτι: ~ *της αιμορραγίας / της εξόδου κεφαλαίων από τη χώρα* (συνών. *ανακοπή, αναστολή, αναχαίτιση, σταμάτημα*).

ανασχετικός, -ή, -ό, επίθ. (λόγ.), που μπορεί να προκαλέσει ανάσχεση: *παράγοντες -οί· πρόχωμα -ό για τις πλημμύρες* (συνών. *ανασταλτικός*).

ανασχηματίζω, ρ., δίνω σε κάτι νέα μορφή, συνήθως βελτιωμένη και πληρέστερη: ~ *την κυβέρνηση· το συμβούλιο του ιδρύματος θα -ισθεί* (συνών. *ανασυγκροτώ, ανασυνθέτω, ανασυντάσσω*).

ανασχηματισμός ο, ουσ. 1. το να σχηματίζεται κάτι από την αρχή: ~ *των κυττάρων* (συνών. *αναδημιουργία, ανάπλαση*). 2. το να δίνει κανείς σε κάτι νέο σχήμα και μορφή με σκοπό να το βελτιώσει: ~ *απαραίτητος / αιφνιδιαστικός / κυβερνητικός / ριζικός· κάνω -ό* (συνών. *ανασυγκρότηση, ανασύνθεση, ανασύνταξη*).

ανάταξη η, ουσ. (ιατρ.) η επαναφορά ενός οργάνου, ενός μέλους ή των μερών τους στην κανονική του θέση: ~ *κατάγματος / κήλης / μήτρας*.

ανατάραγμα το, ουσ. (λαϊκ.). 1. το να κινείται κάτι βίαια και προς διάφορες κατευθύνσεις: ~ *του διαλύματος· ακούγεται... τ' ~ του νερού που παφλάζει γύρω στο καΐκι* (Κόντογλου) (συνών. *ανάδευση, ανακίνηση, τάραγμα*). 2. σπασμοί, κλονισμός από αρρώστια: ~ *από τον πυρετό*.

αναταράζω, ρ. 1. προκαλώ βίαιη κίνηση, έντονη ταραχή: *ο άνεμος -τάραξε τα ήσυχα νερά της λίμνης* (συνών. *αναδεύω, ανακινώ, ταράζω*). 2. (ενεργ. -μέσ.) συγχύζω, αναστατώνω: *-ταράχθηκα όταν έμαθα ότι θα φύγεις*.

ανατάραξη η, ουσ., διατάραξη, κλυδωνισμός: *στο αεροπορικό μας ταξίδι είχαμε μερικές -άξεις*.

αναταραχή η, ουσ., κατάσταση μεγάλης αταξίας: *η παραίτησή του προκάλεσε μεγάλη ~ στους πολιτικούς κύκλους* (συνών. *αναστάτωση, σύγχυση*).

ανάταση η, ουσ. 1. το να ανεβαίνει και να απλώνεται κάτι προς τα επάνω: ~ *των χεριών* (συνών. *ανύψωση*). 2. (μεταφ.) έξαρση, μεταρσίωση (του πνεύματος): ~ *ψυχική / πνευματική*. 3. (φυσ.) ~ *του ήχου* = η αύξηση της έντασης του ήχου με μηχανικά μέσα.

ανατάσσω, ρ. (ιατρ.) επαναφέρω στη φυσιολογική του θέση ένα όργανο, ένα μέλος του σώματος ή μέρη τους.

ανατέλλω, ρ. αόρ. *ανέτειλα*. 1. (για ουράνιο σώμα) προβάλλω, εμφανίζομαι στον ορίζοντα: *το χειμώνα ο ήλιος αργεί ν' -είλει* (συνών. *βγαίνω·* αντ. *βασιλεύω, δύω*)· έκφρ. *η χώρα του -οντος ηλίου* (= η Ιαπωνία). 2. (μεταφ. για χρονική περίοδο) αρχίζω: *ένα νέο έτος -ει* (συνών. *ξημερώνω*). 3. (μεταφ.) για μια νέα κατάσταση, συνήθως βελτιωμένη που αρχίζει να παρουσιάζεται: *-ουν καλύτερες ημέρες* (συνών. *διαγράφομαι στον ορίζοντα, διαφαίνομαι*).

ανάτελμα το, ουσ. (ιδιωμ.), ανατολή: *και την αυγή στ' ~ θα βγω να σε ρωτήσω* (δημ. τραγ.).

ανατζούμπαλος, βλ. *ατζούμπαλος*.

ανατίμηση η, ουσ. 1. ο καθορισμός νέας αυξημένης τιμής ενός αγαθού ή μιας υπηρεσίας: ~ *γενική / ξαφνική· -ήσεις απαράδεκτες / συνεχείς· ~ των τροφίμων / του ρεύματος*. 2. (οικον., για νομισματική μονάδα) αύξηση της ανταλλακτικής αξίας σε σχέση με το χρυσό ή το νόμισμα άλλης χώρας: ~ *της δραχμής / του δολαρίου* (αντ. *υποτίμηση*).

ανατιμητικός, -ή, -ό, επίθ. (οικον.) που σχετίζεται με την ανατίμηση ή συντελεί σ' αυτήν: *πολιτική -ή· τάσεις -ές· μέτρα -ά* (αντ. *υποτιμητικός*).

ανατιμώ, -άς, ρ., αυξάνω την τιμή ενός αγαθού ή μιας υπηρεσίας ή την ανταλλακτική αξία, την ισοτιμία ενός νομίσματος: *-ώνται τα είδη πολυτελείας· -ήθηκε το μάρκο* (συνών. *ακριβαίνω·* αντ. *υποτιμώ*).

ανατίναγμα το, ουσ. (λαϊκ.), το να τινάζεται κανείς αυτόματα και ξαφνικά προς τα επάνω (από έκπληξη, φόβο, κ.τ.ό.) (συνών. *αναπήδηση, τίναγμα, τράνταγμα*).

ανατινάζω, ρ., θρυμματίζω και τινάζω στον αέρα ένα συμπαγές σώμα με τη βοήθεια εκρηκτικής ύλης, καταστρέφω με ανατίναξη: *-ξαν το βράχο για να γίνει ο δρόμος· ~ τη γέφυρα / το κτήριο*.

ανατίναξη η, ουσ., το να κάνει κάποιος να θρυμματίζεται και να τινάζεται στον αέρα ένα συμπαγές σώμα με εκρηκτικές ύλες, το να καταστρέφει με ανατίναξη ή έκρηξη: ~ *εγκληματική / ξαφνική / τυχαία· ~ βράχου / πλοίου / πυριτιδαποθήκης*.

ανατοκίζω, ρ., συνυπολογίζω τους τόκους στο κεφάλαιο και παίρνω και γι' αυτούς τόκο.

ανατοκισμός ο, ουσ., κεφαλαιοποίηση των τόκων και παραγωγή τόκου από το συνολικό ποσό: ~ *ετήσιος / νόμιμος*.

ανατολή η, ουσ. 1. η εμφάνιση ενός ουράνιου σώματος στον ορίζοντα: ~ *του ήλιου / της σελήνης / ενός άστρου·* (συνεκδοχικά) ~ *της μέρας·* (μεταφ. για την έναρξη χρονικής περιόδου) *η ~ του νέου έτους* (αντ. *βασίλεμα*). 2. σημείο του ορίζοντα από όπου εμφανίζεται ο ήλιος (συντομογρ. Α): *κοιτάζω / στρέφομαι κατά την ~· ροδίζει η ~·* έκφρ. *από τη δύση ως την ~* (= παντού). 3. ο χρόνος, η ώρα που ανατέλλει ο ήλιος: *η ψηφοφορία θ' αρχίσει την ~* (συνών. *ξημέρωμα, χάραμα*). 4. (γεωγρ.) *Α-ή* = οι χώρες, οι περιοχές που βρίσκονται ανατολικά σε σχέση με την Ευρώπη, συνήθως τη Δυτική α (παλαιότερα) οι χώρες της ανατολικής Μεσογείου: *Α-ή μυστηριώδης· τα λιμάνια / τα παζάρια της Α-ής* (συνών. *Λεβάντε* το) β. η Ασία: *Άπω Α-ή* (προς τον Ειρηνικό Ωκεανό)· *Εγγύς ή Μέση Α-ή* (= οι χώρες πιο κοντά στην Ευρώπη· συχνά και για ορισμένες μεσογειακές,

όπως λ. χ. η Αίγυπτος)· γ. (σπανιότ.) η ασιατική Τουρκία, η Μικρά Ασία (συνηθέστ. *Ανατολία*· αντ. *Ρούμελη*)· δ. (νεότερο) τα ανατολικοευρωπαϊκά κράτη, ιδίως τα σοσιαλιστικά: *εμπορικές σχέσεις Α-ής - Δύσης· συνομιλίες μεταξύ Α-ής —Δύσης για τον αμοιβαίο αφοπλισμό* (αντ. στις σημασ. 1-4 *δύση*).
ανατολικός, -ή, -ό, επίθ. 1. που βρίσκεται προς την ανατολή ή στα ανατολικά σε σχέση με έναν τόπο: *δωμάτιο / μήκος -ο· πλευρά / ακτή -ή· συνοικίες -ές· Μακεδονία / Γερμανία / Ρωμυλία Α-ή.* 2. (για άνεμο) που έρχεται από τα ανατολικά (αλλιώς *λεβάντες*). 3. που προέρχεται από την ανατολή ή ανήκει σ' αυτήν: *πολιτισμός ~· λαοί -οί· νεκρές ή ζωντανές -ές γλώσσες* (λ.χ. *χεττιτική, σουμεριακή, εβραϊκή, κινεζική*)· *θρησκείες -ές·* (αντ. στις σημασ. 1-3 *δυτικός*)· έκφρ. *Α-ή Εκκλησία* = η Ορθόδοξη Εκκλησία (αντ. *Δυτική, Καθολική*)· *-ό ζήτημα* = α. (ιστ.) το σύνολο των περίπλοκων πολιτικών και οικονομικών προβλημάτων που προκάλεσε η οθωμανική κυριαρχία στα Βαλκάνια και τη Μέση Ανατολή ιδιαίτερα στην περίοδο που βαθμιαία αλλά σταθερά εξασθενίζει και διαλύεται (19.-20. αι.) με συνέπεια τον ανταγωνισμό των ευρωπαϊκών δυνάμεων για κυριαρχία στην περιοχή· β. (μεταφ.) για κάθε σπουδαίο πρόβλημα που η λύση του εκκρεμεί εξαιτίας των δυσκολιών που προκύπτουν (συχνά ειρων. για κάτι που δεν έχει όση σπουδαιότητα του αποδίδει ο άλλος): *το έκανες / κατάντησε -ό ζήτημα· -ά κράτη, -ές χώρες, Α-ός Συνασπισμός, Α-ό Μπλόκ* = το σύνολο των ανατολικοευρωπαϊκών σοσιαλιστικών κρατών, που ανήκαν τα περισσότερα στο σύμφωνο της Βαρσοβίας. - Επίρρ. **-ά.**
ανατολιστής ο, ους., επιστήμονας που μελετά τη γλώσσα, την ιστορία και τον πολιτισμό των λαών της Ανατολής.
Ανατολίτης ο, θηλ. **-ίτισσα** η, ους., αυτός που κατάγεται από κάποια χώρα ή περιοχή της Ανατολής (ιδίως από τη Μικρά Ασία): *~ σιωπηλός/ υπομονετικός·* (ως επίθ.) *έμπορος -ης·* (για άτομο με συνήθειες των κατοίκων της Ανατολής) *καλοπερασάκιας / καλοφαγάς /ραχατζής σαν (γνήσιος) ~* (συνών. *Ασιάτης, Λεβαντίνος, Μικρασιάτης*).
ανατολίτικος, -η, -ο, επίθ., που προέρχεται από τις χώρες της Ανατολής (ιδίως από τη Μικρά Ασία) ή θυμίζει την Ανατολή: *μακρόσυρτα τραγούδια -α* (Παλαμάς)· *λέξη / νοοτροπία -η· συνήθειες -ες.* - Επίρρ. **-α.**
Ανατολίτισσα, βλ. Ανατολίτης.
ανατομείο το, ους., χώρος όπου διαμελίζουν πτώματα για επιστημονική έρευνα.
ανατομία η, ους. 1. σωστότερα *ανατομική* (βλ. λ.): *κάνω ~*. 2. (μεταφ.) διεισδυτική ανάλυση: *το έργο του Χ συγγραφέα αποτελεί μια κοινωνική ~ των μεσαίων και κατώτερων κοινωνικών τάξεων.*
ανατομική η, ους. (ιατρ.) η επιστήμη που μελετά με τεμαχισμό ή με άλλες μεθόδους, όπως λ.χ. η ακτινολογία, την κατασκευή των ζωντανών οργανισμών, τη μορφή των διαφόρων οργάνων της καθώς και τη μεταξύ τους σχέση: *~ του ανθρώπου / των ζώων / των φυτών· ~ περιγραφική / συγκριτική / μικροσκοπική· μάθημα -ής· ~ καλλιτεχνική ή πλαστική* (που μελετά μόνο την εξωτερική μορφή, για να την παραστήσει καλλιτεχνικά).
ανατομικός, -ή, -ό, επίθ., που ανήκει ή αναφέρεται στην ανατομική: *χάρτης ~· ονοματολογία -ή· εκ-*

μαγεία / όργανα -ά (για την εξωτερική μορφή του ανθρώπινου σώματος): *λεπτομέρειες -ές· αναλογίες -ές* (= κανονικές). - Επίρρ. **-ά.**
ανατόμος ο, ους. 1. επιστήμονας ειδικευμένος στην ανατομική. 2. (μεταφ.) αυτός που εξετάζει με μεγάλη προσοχή και αναλύει λεπτομερειακά ανθρώπινες εκδηλώσεις ή κοινωνικές καταστάσεις: *~ της ανθρώπινης ψυχής.*
ανατοποθέτηση η, ους. (λόγ.), (για ένα θέμα, ζήτημα, κ.τ.ό.) νέα διαφορετική τοποθέτηση.
ανατοποθετώ, -είς, ρ. (λόγ.), (για ένα θέμα, ζήτημα, κ.τ.ό.) θέτω υπό συζήτηση από διαφορετική άποψη.
ανατρεπόμενο, μτχ. ουδ. (ως ους. και επίθ.), για όχημα που η καρότσα του παίρνει μεγάλη κλίση για να ξεφορτωθεί το υλικό που μεταφέρει: *φορτηγό ~· δύο -α ξεφόρτωσαν άμμο.*
ανατρεπτικός, -ή, -ό, επίθ. 1. που είναι ικανός ή έχει σκοπό να προκαλέσει ανατροπή, κατάργηση (αρχής, νόμου, κ.τ.ό.): *κήρυγμα / κίνημα -ό· πρόταση -ή· ενέργειες -ές* (συνών. *επαναστατικός*). 2. που ματαιώνει (μια ενέργεια), που αναιρεί (έναν ισχυρισμό, κ.τ.ό.): *ένσταση -ή· προθεσμία -ή* (= που με τη λήξη της ακυρώνεται μια συμφωνία)· *συλλογισμός ~* (συνών. *ακυρωτικός, αναιρετικός, ανασκευαστικός*).
ανατρέπω, ρ. 1. ρίχνω κάποιον ή κάτι από την κανονική του θέση, γυρίζω κάτι ανάποδα: *η ανεμοθύελλα ανέτρεψε πολλά περίπτερα της έκθεσης· ο παίχτης -τράπηκε στη μικρή περιοχή* (μέσ.) *από τη μεγάλη ταχύτητα το αυτοκίνητο -τράπηκε στη στροφή* (συνών. *αναστρέφω, αναποδογυρίζω, τουμπάρω*). 2. (μεταφ. για αρχή, νόμο, κ.τ.ό.) αφαιρώ την εξουσία, την ισχύ: *επιχείρησαν να ανατρέψουν την κυβέρνηση· έτρεψαν τη διαθήκη* (συνών. *καθαιρώ, ρίχνω, καταργώ*). 3. εμποδίζω να πραγματοποιηθεί κάτι: *ο εχομός σου μου -έτρεψε τα σχέδια* (συνών. *ματαιώνω, ακυρώνω, χαλώ*). 4. (για ισχυρισμούς, δικαιολογίες, κ.τ.ό.) αποδεικνύω κάτι αβάσιμο: *ο δικηγόρος -έτρεψε όλα τους τα επιχειρήματα* (συνών. *ανασκευάζω, αναιρώ*).
ανατρέφω και **αναθρέφω,** ρ. 1.παρέχω (σ' ένα παιδί) τα μέσα να τραφεί, να συντηρηθεί και να αναπτυχθεί: *δούλευε πολύ γιατί είχε ν' -θρέψει τρία παιδιά* (συνών. *μεγαλώνω, αναστραίνω*). 2. παρέχω πνευματική και ηθική κατάρτιση (σ' έναν ανήλικο): *-ουν το παιδί τους σωστά / χριστιανικά* (συνών. *διαπαιδαγωγώ*).
ανατρέχω, ρ. (λόγ.). 1. στρέφω τη σκέψη στα περασμένα: *~ στο παρελθόν.* 2. επανέρχομαι σε πράγματα γνωστά ή ειπωμένα, ερευνώ κάτι από το παρελθόν: *ανέτρεξε σε αρχαία κείμενα / στις αποφάσεις παλιών συνεδρίων για να στηρίξει τις απόψεις του· ~ στις πηγές* (συνών. *αναφέρομαι*).
ανάτριχα, επίρρ. (λαϊκ.), αντίθετα προς τη φυσική κατεύθυνση των τριχών: *ξυρίζομαι ~* (συνών. *κόντρα*).
ανατριχιάζω, ρ. (συνιζ.), νιώθω να σηκώνονται οι τρίχες μου (από κρύο, φόβο, φρίκη, συγκίνηση, κ.τ.ό.): *-τρίχιασα που είδα το νεκρό· ~ που το σκέφτομαι.*
ανατρίχιασμα το, ους. (συνιζ.) το να ανατριχιάζει κανείς: *ένιωσα ~ ακούγοντας το θόρυβο μέσα στη νύχτα* (συνών. *ανατριχίλα*).
ανατριχιαστικός, -ή, -ό, επίθ. (συνιζ.), που κάνει κάποιον να ανατριχιάσει, που προκαλεί οδυνηρή έκπληξη, φρίκη: *έγκλημα / θέαμα -ό· περιγραφή*

-ή (συνών. φρικιαστικός, φρικτός, απαίσιος).
- Επίρρ. **-α.**
ανατριχίλα η, ουσ. 1. το να αισθάνεται κανείς (κυριολεκτικά ή πλασματικά) τις τρίχες του να σηκώνονται (από κρύο, φόβο, φρίκη, κ.τ.ό.): ~ δυνατή / σύγκορμη (συνών. ανατρίχιασμα). 2. το ρίγος που φέρνει ο πυρετός (συνών. σύγκρυο, τρεμούλα).
ανατρομάζω, ρ. (ιδιωμ.), με πιάνει ξαφνικός τρόμος.
ανατροπέας ο, ουσ., αυτός που ανατρέπει, που επιδιώκει την ανατροπή, την κατάλυση (μιας αρχής, ενός νόμου, κ.τ.ό.): ~ της έννομης τάξης / του καθεστώτος / των ηθικών αξιών.
ανατροπή η, ουσ. 1. το να πέφτει κανείς από την κανονική θέση: ~ απότομη / τυχαία· ~ του αυτοκινήτου / του ποδοσφαιριστή στη μικρή περιοχή (συνών. αναποδογύρισμα, τουμπάρισμα). 2. αφαίρεση της δυνατότητας να πραγματοποιηθεί κάτι: ~ του σχεδίου / της απόφασης (συνών. ματαίωση, ακύρωση). 3. αφαίρεση ή κατάργηση (μιας εξουσίας, ενός νόμου, κ.τ.ό.): πραξικοπηματική ~ του καθεστώτος / της κυβέρνησης (συνών. κατάλυση).
ανατροφή και **αναθροφή** η, ουσ. 1. φροντίδα για τη συντήρηση και την ανάπτυξη ενός παιδιού: μετά το θάνατο των γονιών ο θείος ανέλαβε την ~ του. 2. η εκπαίδευση ενός ανηλίκου, η κατάρτισή του πνευματικά και ηθικά: ~ λαμπρή / οικογενειακή / φιλελεύθερη· (για την κοινωνική μόρφωση) πήρε καλή ~· δεν έχει καθόλου ~! (συνών. διαπαιδαγώγηση, αγωγή).
ανάτυπο το, ουσ., απόσπασμα βιβλίου ή άρθρο επιστημονικού περιοδικού, τιμητικού κ.τ.ό. που εκδίδεται σε ιδιαίτερο τεύχος.
ανατυπώνω, ρ., τυπώνω και πάλι: η πρώτη έκδοση του βιβλίου εξαντλήθηκε και θα πρέπει να το -ώσουν (συνών. επανεκδίδω, ξανατυπώνω, αναδημοσιεύω).
ανατύπωση η, ουσ., νέα τύπωση: βιβλίο με πολλές -ώσεις· ~ λαθραία / φωτομηχανική· ~ χάρτη / σχεδίου / φωτογραφίας (= πανομοιότυπη επανάληψη)· απαγορεύεται η ~ χωρίς την άδεια του συγγραφέα (συνών. ξανατύπωμα, επανέκδοση, αναδημοσίευση, αναπαραγωγή).
άναυδος, -η, -ο, επίθ., άφωνος (από μεγάλη έκπληξη, θαυμασμό, συγκίνηση, κ.τ.ό.): μένω ~· οι ακροβασίες του άφησαν τους θεατές -ους (συνών. άλαλος, βουβός, σύξυλος, αποσβολωμένος).
άναυλος, -η, -ο, επίθ. 1. (για πλοίο) που δε ναυλώθηκε: το καράβι έμεινε για καιρό / επέστρεψε στον Πειραιά -ο (συνών. ανάυλωτος· αντ. ναυλωμένος). 2. (για πρόσωπο) που δεν πλήρωσε ναύλα: ταξιδεύω ~. 3. (μεταφ.) που μετακινήθηκε αναγκαστικά, με το ζόρι: έφυγε ~· τον γύρισαν πίσω -ο. - Επίρρ. **-α.** (στις σημασ. 2 και 3).
αναύλωτος, -η, -ο, επίθ. (για πλοίο) που δε ναυλώθηκε: πολλά πετρελαιοφόρα έμειναν -α εξαιτίας του πολέμου (συνών. άναυλος· αντ. ναυλωμένος).
αναύξητος, -η, -ο, επίθ. 1. που δεν αυξάνεται ή δεν αυξήθηκε: έσοδα -α· περιουσία -η· δεν προβλέπεται να μείνει ~ ο τιμάριθμος τον επόμενο μήνα (αντ. αυξημένος, αυξήσιμος). 2. (γραμμ.) ρήματα -α, ρηματικοί τύποι -οι = που δεν παίρνουν αύξηση στους ιστορικούς χρόνους.
αναυτολόγητος, -η, -ο, επίθ. 1. που δε ναυτολογήθηκε, δεν προσλήφθηκε ως ναύτης σε εμπορικό πλοίο: τόσους μήνες ~ πώς να ζήσει την οικογένειά του! (συνών. ανηολόγητος· αντ. ναυτολογημένος, νηολογημένος). 2. που δεν κατατάχθηκε στο ναυτικό.

αναφαγιά, βλ. αφαγία.
ανάφαγος, βλ. άφαγος.
αναφαίνομαι, ρ. 1. εμφανίζομαι: έφυγε κι έκανε καιρό ν' αναφανεί· (μεταφ.) -εται κάποια ελπίδα να λυθεί το ζήτημα (= αρχίζει να διακρίνεται) (συνών. παρουσιάζομαι, προβάλλω· αντ. χάνομαι, εξαφανίζομαι). 2. αναδεικνύομαι: στον επιστημονικό χώρο δύσκολα θ' αναφανεί κάποιος ισάξιός του.
αναφαίρετος, -η, -ο, επίθ., που δεν αφαιρείται ή δεν είναι δυνατόν να αφαιρεθεί, που ανήκει αναπόσπαστα σε κάποιον: η απεργία είναι -ο δικαίωμα των εργαζομένων (συνών. αναπόσπαστος).
αναφέρω και (λαϊκ.) **αναφέρνω,** ρ., αόρ. ανέφερα και (λαϊκ.) ανάφερα. 1. κάνω λόγο για κάποιον ή κάτι: σε -ει με πολύ κολακευτικά λόγια· είναι ζήτημα που ποτέ δεν το -ει· θα το ~ ρητά (συνών. μνημονεύω, λέγω)· (μέσ.) αναφέρομαι: η πατρίδα του -εται για πρώτη φορά στην Οδύσσεια. 2. γνωστοποιώ γραπτώς ή προφορικώς σε ανώτερη ή προϊστάμενη αρχή: θα ~ το γεγονός στο δήμαρχο / στην αστυνομία (συνών. εκθέτω)· (μέσ.): για τη σύνταξή σου πρέπει να -ρθείς στους αρμόδιους· (συνήθως στρατ.) καταγγέλλω: παρακάλεσα το λοχία να μη μ' -ει στο διοικητή. 3. (μέσ.) πραγματεύομαι κάτι γραπτώς ή προφορικώς: ο συγγραφέας -εται διεξοδικά στο γλωσσικό ζήτημα (συνών. συζητώ)· (προκ. για θέμα, ζήτημα, κ.τ.ό.) σχετίζομαι: η δήλωση του υπουργού -εται στο ζήτημα του αφοπλισμού· το κείμενο / η διήγηση -όταν στο παρελθόν (συνών. αφορώ, ανάγομαι).
αναφιλητό το, ουσ., συνεχές σιωπηλό κλάμα (συνήθως στον πληθ.): κλαίει με -ά· τα λόγια της πνίγηκαν στ' -ά της· νιώσε τ' -ά και τον καημό του κόσμου (Βιζυηνός) (συνών. λυγμός). [πιθ. αρχ. αναφλύω].
Αναφιώτης ο, θηλ. **-ισσα** (συνιζ.), ουσ., αυτός που κατάγεται από την Ανάφη ή κατοικεί σ' αυτή.
αναφιώτικος, -η, -ο, επίθ. (συνιζ.), που σχετίζεται με την Ανάφη ή τους κατοίκους της.
αναφλέγω, ρ. 1. ανάβω· (μεταφ.) εξάπτω: παρόμοια κηρύγματα μίσους έχουν σκοπό να -έξουν μια εμφύλια διαμάχη· ~ το μένος / τα πάθη (συνών. υποκινώ, αναμοχλεύω). 2. (μέσ.) παίρνω φωτιά: στη θερμοκρασία αυτή το αέριο -εται αυτόματα με τον παραμικρό σπινθήρα (συνών. καίγομαι).
αναφλεκτήρας ο, ουσ. (τεχνολ.) διάταξη των κινητήρων εσωτερικής καύσης με την οποία προκαλείται ανάφλεξη του καυσίμου (συνών. μπουζί).
ανάφλεξη η, ουσ. 1. απότομη μετάδοση φωτιάς: ένα εχθρικό βλήμα προκάλεσε την ~ της πυριτιδαποθήκης· ~ χάρτων· (τεχνολ.) σύστημα ενός κινητήρα εσωτερικής καύσης για την παραγωγή του σπινθήρα που θα αναφλέξει το μίγμα καυσίμου και αέρα· (χημ.) σημείο ή όριο -ης = η χαμηλότερη θερμοκρασία στην οποία οι ατμοί ενός πτητικού υγρού μπορούν να αναφλεγούν κάποιες με την παραμικρή σπίθα· αυτόματη ~, βλ. αυτανάφλεξη (συνών. άναμμα). 2. έκρηξη πολέμου: δε θ' αποφύγουμε την ~. 3. (μεταφ.) αναζωπύρωση: του μίσους / των παθών / της εμφύλιας σύγκρου-

σης (συνών. έξαψη, διέγερση).
αναφλογίζω, ρ., αναζωπυρώνω μια φλόγα· (μεταφ.) εξάπτω: *τα λόγια του -ουν τις καρδιές / τα πατριωτικά αισθήματα των ακροατών· κορμί... λυγερό και σφιχτό, γεμάτο -σμένα νιάτα* (Ι. Μ. Παναγιωτόπουλος) (συνών. ανάβω, διεγείρω).
αναφομοίωτος, -η, -ο, επίθ., που δεν αφομοιώθηκε ή δεν μπορεί να αφομοιωθεί: *μετανάστες -οι· γνώσεις -ες· διδάγματα -α* (= που δεν έγιναν σε βάθος κατανοητά) (αντ. αφομοιωμένος, αφομοιώσιμος).
αναφορά η, ουσ. 1. γραπτή ή προφορική μνεία, λόγος για κάτι: *στο κείμενο / στην ομιλία γίνεται μια πολύ τιμητική ~ της ανδρείας του· δεν έκανε καμία ~ στην προηγούμενη κατάσταση.* 2. διαπραγμάτευση (ενός θέματος): *στη μελέτη του γίνεται εκτενής / διεξοδική ~ στα προβλήματα της Εκκλησίας* (συνών. συζήτηση). 3. γραπτή ή προφορική έκθεση σε ανώτερη ή προϊστάμενη αρχή: *έκανε μια ~ στο δήμαρχο· ο αστυνόμος σύνταξε μια ~ για το δυστύχημα· υποβάλλω ~·* (στρατ.) καθημερινή έκθεση για την κατάσταση μιας μονάδας, που υποβάλλεται στο διοικητή της: *~ λόχου / τάγματος· βγαίνω στην ~* (= καταγγέλλομαι, είμαι υπόλογος για κάτι)· *μ' έβγαλε ~· μ' έχει στην ~·* φρ. *δίνω ~* (= λογοδοτώ, απολογούμαι): *θέλει να της δίνω διαρκώς ~ πού πάω και ποιον βλέπω·* (πολιτ.) υποβολή των αιτήσεων ή των παραπόνων ενός πολίτη στη Βουλή από έναν ή περισσότερους βουλευτές ως μέσο κοινοβουλευτικού ελέγχου· (νομ.) *δικαίωμα -άς* = το δικαίωμα που το Σύνταγμα κατοχυρώνει στους πολίτες να απευθύνονται και να ζητούν κάτι από τις αρχές, που είναι υποχρεωμένες να απαντήσουν. 4. (γραμμ.) χρήση ορισμένων γραμματικών στοιχείων (αντωνυμιών και επιρρημάτων) για να δηλωθεί κάτι που μνημονεύτηκε ήδη ή πρόκειται να μνημονευτεί· *αιτιατική της -άς* = χρήση της αιτιατικής ως προσδιορισμού για να δηλωθεί σχέση, συσχετισμός. 5. (ρητορ.) σχήμα λόγου κατά το οποίο αλεπάλληλες προτάσεις αρχίζουν με την ίδια λέξη. 6. (εκκλ.) προσφορά της Θείας Ευχαριστίας στο βασικό τμήμα της λειτουργίας· (ιδιωμ.) αντίδωρο. 7. (αστρον.) *ορθή ~* (ενός αστέρα) = μια από τις σφαιρικές συντεταγμένες που ορίζει τη θέση ενός αστεριού σε σχέση με τον ουράνιο ισημερινό. 8. (τοπογρ.) *σημείο -ας* = σημείο στην επιφάνεια της γης με γνωστές συντεταγμένες και υψόμετρο, που χρησιμοποιείται σε τοπογραφικές, κ.ά. εργασίες· (μεταφ.): *ο Θεός είναι το μόνιμο σημείο -άς στο έργο του συγγραφέα.* 9. (φυσ.) *σύστημα -άς* = σύστημα αξόνων που συνδέονται με κάποιο σώμα και χρησιμεύουν για την περιγραφή της θέσης σημείων που κινούνται σε σχέση μ' αυτό.
αναφορείο το, ουσ. (στρατ.) βιβλίο όπου καταγράφεται περιληπτικά η καθημερινή κατάσταση μιας μονάδας για να γνωστοποιηθεί στο διοικητή την ώρα της αναφοράς.
αναφόρι το, ουσ., ρεύμα της θάλασσας αντίθετο στον άνεμο.
αναφορικός, -ή, -ό, επίθ. (γραμμ., για αντων., επιρρ. ή προτάσεις) που δηλώνει σχέση με κάποιο στοιχείο του λόγου που προηγήθηκε ή ακολουθεί.
αναφορικώς και **-ά**, επίρρ., σχετικά με κάτι: *-ά με το θέμα των αδελφών δεν έχω νεότερα.*
αναφροδισία η, ουσ., έλλειψη γενετήσιας επιθυμίας· (για γυναίκα) έλλειψη οργασμού, ψυχρότητα.
αναφροδισιακός, -ή, -ό, επίθ. (ασυνίζ.). 1. που σχετίζεται με την αναφροδισία (βλ. λ.): *τάσεις -ές.* 2. που καταστέλλει τη γενετήσια επιθυμία: *φάρμακα -ά.*
αναφτερουγίζω και **αναφτερουγιάζω**, ρ. (συνιζ.), κινώ τα φτερά μου για να πετάξω: *-γιάζει το πουλί·* (ενεργ. και μέσ. μεταφ.) σκιρτώ: *-ρούγισε η καρδιά μου.*
αναφτερώνω, βλ. *αναπτερώνω.*
ανάφτω, βλ. *ανάβω.*
αναφυλακτικός, -ή, -ό, επίθ. (ιατρ.) που σχετίζεται με την αναφυλαξία (βλ. λ.)· συνήθως στην έκφρ. *-ό σοκ* = βαρύτατη αλλεργική αντίδραση που εκδηλώνεται με πολύ χαμηλή πίεση, δύσπνοια και κυάνωση.
αναφυλαξία η, ουσ. (ιατρ.) άμεση αντίδραση του οργανισμού όταν έρθει σε επαφή με ορισμένη ουσία (αντιγόνο, βλ. λ.).
αναφώνηση η, ουσ. (ρητορ.) σχήμα κατά το οποίο η ψυχική ένταση (λύπη, χαρά, θυμός, κ.τ.ό.) εκφράζεται με ζωηρές λέξεις ή λεκτικούς τρόπους.
αναχαιτίζω, ρ., εμποδίζω κάποιον να προχωρήσει, κόβω το δρόμο: *Οι πυροσβεστικές δυνάμεις πέτυχαν να -ίσουν τη φωτιά·* (μεταφ.) *~ τον πληθωρισμό / την αύξηση του εξωτερικού χρέους·* (στρατ.) *~ την προέλαση του εχθρού* (συνών. σταματώ, συγκρατώ).
αναχαίτιση η, ουσ., παρεμπόδιση της προόδου, της αύξησης κάποιου πράγματος: *~ της πυρκαγιάς·* (μεταφ.) *~ του πληθωρισμού / της ανεργίας / της ηθικής κατάπτωσης·* (στρατ.) παρεμπόδιση της κίνησης εχθρικών δυνάμεων (συνήθως αεροσκαφών ή βλημάτων) προς το στόχο τους: *αεροσκάφος -ης* (συνών. συγκράτηση, σταμάτημα).
αναχαράζω, ρ. (για ζώο) αναμασώ την τροφή: *η αγελάδα / η προβατίνα -ει* (συνών. μηρυκάζω).
αναχάραξη η, ουσ., νέα χάραξη, επανάληψη σχεδίασης: *~ ρυμοτομικού σχεδίου.*
αναχαράσσω, ρ. αόρ. *-χάραξα,* χαράσσω και πάλι, σχεδιάζω από την αρχή: *είναι απαραίτητο να -χθεί το οδικό δίκτυο.*
αναχρονισμός ο, ουσ. 1. εσφαλμένος καθορισμός της χρονολογίας ενός γεγονότος, χρονολογικό λάθος: *οι πολλοί -οί καθιστούν άχρηστη την ιστορική του μελέτη·* το να χρησιμοποιούνται στην τέχνη σκόπιμα, από άγνοια ή για άλλους λόγους, τρόποι ή συνήθειες μιας προγενέστερης εποχής στην αναπαράσταση γεγονότων του παρελθόντος (ή σπανιότ. και το αντίθετο): *οι -οί του σκηνοθέτη / του ζωγράφου υποδηλώνουν ένα γόνιμο διάλογο με το ιστορικό παρελθόν.* 2. προσήλωση σε αντιλήψεις ή συνήθειες μιας παλιότερης εποχής: *πολλοί θεωρούν τους καλούς τρόπους -ό* (συνών. οπισθοδρομικότητα).
αναχρονιστικός, -ή, -ό, επίθ., που δε συμφωνεί, δε συμβαδίζει με τη σύγχρονη εποχή: *αντιλήψεις / ιδέες / απόψεις -ές* (συνών. οπισθοδρομικός, καθυστερημένος).
ανάχωμα το, ουσ. 1. σωρός από χώμα συνήθως κατά μήκος δρόμων, ακτών, χειμάρρων, χαρακωμάτων, κ.τ.ό.: *κατασκευάστηκαν -ώματα στις όχθες του ποταμού.* 2. επιχωμάτωση (λάκκου, χαντακιού, κ.τ.ό.).
αναχωματίζω, ρ., γεμίζω με χώμα, ισοπεδώνω ένα χώρο με χώμα φερμένο από αλλού: *~ το λάκκο /*

αναχωματισμός

τα θεμέλια της οικοδομής.

αναχωματισμός ο, ουσ., το να γεμίζει κάποια κοιλότητα του εδάφους με χώμα: ~ *των θεμελίων της οικοδομής* (συνών. *αναχωμάτωση*).

αναχωμάτωση η, ουσ., το να γεμίζει κανείς μια κοιλότητα του εδάφους με χώμα: ~ *της τάφρου* (συνών. *αναχωματισμός*).

αναχώνευση η, ουσ. (για μέταλλο) λιώσιμο: *στο εργοστάσιο γίνεται ~ παλιών σιδηρικών· ~ χρυσών κοσμημάτων σε ράβδους* (συνών. *ξαναχύσιμο*)· (μεταφ.) αναμόρφωση: ~ *παλαιών θεωριών σ' ένα καινούργιο πολιτικό σύστημα.*

αναχωνεύω, ρ. (για μέταλλο) λειώνω πάλι: ~ *χρυσαφικά σε ράβδους / παλιά σίδερα σε βέργες* (συνών. *ξαναχύνω*).

αναχώνω, ρ. 1. σκεπάζω με χώμα, επιχωματίζω· ισοπεδώνω με τη συσσώρευση χώματος: ~ *το λάκκο / το χαντάκι.* 2. (ιδιωμ.) σκάβω και μαζεύω χώμα γύρω από τη ρίζα του φυτού ~ *τις ντοματιές.*

αναχώρηση η, ουσ. 1. απομάκρυνση από κάποιον τόπο με προορισμό έναν άλλο: ~ *λεωφορείου· ώρα -ης· ετοιμάζομαι για* ~·~ *βιαστική / απροειδοποίητη* (συνών. *ξεκίνημα·* αντ. *άφιξη, ερχομός*). 2. (για ασκητή) απομάκρυνση από την κοσμική ζωή.

αναχωρητήριο το, ουσ. (ασυνίζ.), μέρος που ζει ένας ασκητής (συνών. *ερημητήριο*).

αναχωρητής ο, θηλ. **-ήτρια**, ουσ. (ασυνίζ.), αυτός που απομακρύνεται από την κοσμική ζωή για να αφοσιωθεί στη σωτηρία της ψυχής του: *πολλοί -ές διάλεξαν για κατοικία την έρημο του Σινά* (συνών. *ασκητής, μοναχός*).

αναχωρητικός, -ή, -ό, επίθ., που ανήκει, αναφέρεται ή ταιριάζει στον αναχωρητή: *διάθεση / ζωή -ή· τάσεις -ές· κελί -ό.*

αναχωρητισμός ο, ουσ., τάση για απομάκρυνση από τη ζωή του κοινωνικού συνόλου και για ζωή αναχωρητή: *ο ~ οδήγησε πολλούς χριστιανούς στα βράχια και στις σπηλιές του Αγίου όρους.*

αναχωρήτρια, βλ. *αναχωρητής.*

αναχωρώ, -είς, ρ., απομακρύνομαι από κάποιον τόπο για να πάω σε άλλον (συνήθως με μεταφορικό μέσο): *-χώρησε για την Αμερική / προς άγνωστη κατεύθυνση· τι ώρα -εί το λεωφορείο;* (συνών. *ξεκινώ·* αντ. *έρχομαι*).

άναψη η, ουσ. (ιδιωμ., λογοτ.), μεγάλη ζέστη: *στο πρόσωπο καταλάβαινα την ~ από την κάψα του καλοκαιριού (Κόντογλου)·* (μεταφ.) αυξημένη ένταση: *η εργασία ήτανε σ' όλη την -ή της (Θεοτόκης)· φονιάδες... που είχανε κάνει την αμαρτία του σκοτωμού μέσα στην ~ της ψυχής τους (Κόντογλου)* (συνών. *έξαψη*).

αναψηλάφηση η, ουσ. (νομ.) έκτακτο ένδικο μέσο με το οποίο επιδιώκεται να εκδικασθεί και πάλι μια ποινική υπόθεση που ήδη έχει κριθεί αμετάκλητα· επανεξέταση της τελεσίδικης αυτής δικαστικής απόφασης, όταν για ορισμένους λόγους θεωρηθεί εσφαλμένη.

αναψηλαφώ, -είς, ρ. (νομ.) κάνω αναψηλάφηση (βλ. λ.): ~ *δίκη / υπόθεση.*

αναψοκοκκινίζω, ρ., κοκκινίζω από έξαψη ή ενθουσιασμό: *τα μάγουλά τους -ίνισαν από το παιχνίδι· τις χαιρέτισε -ισμένος.*

αναψυκτήριο το, ουσ. (ασυνίζ.), κατάστημα (συνήθως υπαίθριο) όπου πουλιούνται κυρίως αναψυκτικά: *πολλά -α προσφέρουν συχνά κι ένα μουσικό πρόγραμμα.*

αναψυκτικό το, ουσ., είδος ποτού δροσιστικού μη αλκοολούχου που περιέχει ή όχι διοξείδιο του άνθρακα: *στα παιδιά αρέσουν πολύ τα -ά.*

αναψυχή η, ουσ., ψυχική ανάπαυση: *τα λόγια σου ήταν για μένα μεγάλη ~* (συνών. *ανακούφιση, παρηγοριά*)· ξεκούραση, ψυχαγωγία: *στις μεγαλουπόλεις λείπουν οι χώροι -ής· ταξίδι -ής.*

αναψυχώνω, ρ. 1. (ενεργ.) ξαναδίνω σε κάποιον ψυχή: *όσο δείλιασαν τους -ψύχωνε* (συνών. *ενθαρρύνω*). 2. (μέσ.) ξαναπαίρνω δυνάμεις: *στάθηκε λίγο κι -χώθηκε.*

ανδαλουσίτης ο, ουσ. (ορυκτ.) ορυκτό άνυδρο πυριτικό αργίλιο.

άνδηρο το, ουσ. (αρχαιολ.) είδος «εξώστη» που δημιουργείται σε πλαγιά βουνού ή λόφου για να χτιστεί επάνω του ένα οικοδόμημα.

ανδραγάθημα και **αντρα-** το, ουσ. (έρρ.), γενναία πράξη, ηρωικό κατόρθωμα (στον πόλεμο): *οι ποιητές ύμνησαν τα -ματα των ηρώων.*

ανδραγαθία και **αντρα-** η, ουσ. (έρρ.), ανδρεία: *δείχνω ~· θαύμασαν την ~ των στρατιωτών* (συνών. *γενναιότητα·* αντ. *δειλία*)· ηρωική συμπεριφορά, γενναία πράξη: *κάνω -ες· οι -ες των αγωνιστών του Μεσολογγίου.*

ανδραγαθώ, -είς, ρ., κάνω γενναία έργα, ανδραγαθήματα: *μαχητές από τη Μάνη -γάθησαν κατά το μακεδονικό αγώνα.*

ανδραδέλφη και **αντραδέρφη** η, ουσ. (έρρ.), αδελφή του συζύγου (συνών. *κουνιάδα*).

ανδράδελφος και **αντράδερφος** ο, ουσ. (έρρ.), αδελφός του συζύγου (συνών. *κουνιάδος*).

ανδράποδο το, ουσ., αιχμάλωτος πολέμου που τον πούλησαν για δούλο· (μεταφ. για άνθρωπο άβουλο και δουλοπρεπή): *τον μεταχειρίζεται σαν ~.*

ανδρεία, αντρεία και **αντρειά** η, ουσ. (έρρ.), ψυχική διάθεση που ταιριάζει στον άντρα: *η ~ των υπερασπιστών στο Αρκάδι* (συνών. *γενναιότητα, θάρρος, ηρωισμός·* αντ. *δειλία*).

ανδρείκελο το, ουσ. 1. ομοίωμα ανθρώπου φτιαγμένο από ευτελές υλικό (κερί, ξύλο, κ.τ.ό.) (συνών. *κούκλα*)· (για νευρόσπαστο που κινείται με νήματα ή σύρματα, μαριονέτα): *θέατρο -κέλων* (= κουκλοθέατρο). 2. (μεταφ.) άνθρωπος άβουλος και ετεροκίνητος: *οι Γερμανοί εγκαθιστούσαν στις χώρες που καταλάμβαναν κυβερνήσεις -κέλων* (συνών. *πιόνι*).

ανδρείος, -α, -ο, επίθ., γενναίος, θαρραλέος: *μαχητής ~· ψυχή -α* (αντ. *δειλός, άνανδρος*).

ανδριάντας ο, ουσ., (ασυνίζ., έρρ.), ολόσωμο άγαλμα ανθρώπου φτιαγμένο από σκληρό υλικό (μάρμαρο, μέταλλο, κ.τ.ό.).

ανδριαντοποιία η, ουσ. (ασυνίζ., έρρ.), η τέχνη του ανδριαντοποιού.

ανδριαντοποιός ο, ουσ. (ασυνίζ., έρρ.), αυτός που κατασκευάζει ανδριάντες.

ανδρικός, -ή, -ό και **αντρικός**, επίθ. (έρρ.). 1. που ανήκει ή αναφέρεται σε άντρα: *ηλικία / φωνή -ή· βάδισμα / κούρεμα / μοναστήρι -ό·* που χαρακτηρίζει ως σωματικό γνώρισμα τον άντρα: *λεκάνη / τριχοφυΐα -ή· πέλμα / στήθος -ό.* 2. που χρησιμοποιείται από άντρες ή προορίζεται γι' αυτούς: *είδη -ά· παντελόνι / πουκάμισο -ό* (αντ. *γυναικείος, παιδικός* στις σημασ. 1, 2). 3. που ταιριάζει στο χαρακτήρα του άντρα, γενναίος: *στάση / συμπεριφορά -ή· κουβέντες -ές* (συνών. *λεβέντι-*

ανεβατός

κος, παλληκαρίσιος· αντ. άνανδρος).
ανδρισμός ο, ουσ. 1. ιδιότητα του άντρα· ικανότητα για πράξη που χαρακτηρίζει τον άντρα: *του έθιξε τον -ό* (για σεξουαλική ικανότητα): *μετά μια χειρουργική επέμβαση έχασε τον -ό του*. 2. γενναία, έντιμη και ειλικρινής συμπεριφορά: *είχε τον -ό να παραδεχτεί δημόσια το σφάλμα του / να παραιτηθεί* (συνών. ανδρεία, γενναιοψυχία· αντ. δειλία, μικροψυχία).
ανδρολογία η, ουσ. (ιατρ.) ειδικότητα που ασχολείται με τα προβλήματα του γεννητικού συστήματος των αντρών.
ανδρολόγος ο, ουσ., γιατρός ειδικευμένος στην ανδρολογία (βλ. λ.).
ανδροπρεπής, -ής, -ές, γεν. -ούς, πληθ. αρσ. και θηλ. -είς, ουδ. -ή, επίθ., που ανήκει ή ταιριάζει σε άντρα· γενναίος, έντιμος και ειλικρινής: *στάση / συμπεριφορά* ~ (συνών. αντρικός).
ανδρωνίτης ο, ουσ. (αρχ.) διαμέρισμα ή μέρος της αρχαίας κατοικίας όπου έμεναν οι άντρες.
ανδρώνομαι, ρ., φθάνω στην αντρική ηλικία, γίνομαι άντρας: *η γενιά του -θηκε απότομα μέσα στο καμίνι της Κατοχής*.
ανδρωνυμικό και **αντρω-** το, ουσ. (έρρ.), όνομα γυναίκας που φανερώνει το όνομα του συζύγου στην πατρεμένη ή του πατέρα στην ανύπαντρη *(Χρίσταινα = η γυναίκα του Χρίστου).*
ανεβάζω, ρ. 1. φέρνω από χαμηλότερη θέση σε ψηλότερη, κάνω ή βοηθώ κάποιον ή κάτι να ανεβεί. - *κάποιον στο δέντρο / στην καρέκλα· -βάσαμε το ψυγείο από τις σκάλες στον έβδομο όροφο· το λεωφορείο μάς ανέβασε ως την κορφή· ο πιλότος ανέβασε το αεροπλάνο στα δέκα χιλιάδες πόδια· τον ανέβασαν στο πρώτο πλοίο που πήγαινε μακριά* (= τον επιβίβασαν)· *~ κάποιον στο τρένο / στο ταξί* (= βοηθώ να ανεβεί ή απλώς συνοδεύω κατά την άνοδο)· ~ *το χέρι / τα μανίκια / το γιακά του παλτού* (= ανυψώνω, ανασηκώνω)· *~ τη σημαία* (= κάνω έπαρση)· *~ έναν ηθοποιό στη σκηνή ή ένα (θεατρικό) έργο* (= παρουσιάζω στο κοινό) (αντ. κατεβάζω). 2. κάνω κάποιον να πάει κάπου: *άδικα σας -βάσαμε στο γραφείο* (για μετακίνηση από τα νότια προς τα βόρεια): *δεν έβρισκαν λύση και χρειάστηκε να -βάσουν τον υπουργό στη Θεσσαλονίκη*. 3. εξυψώνω, προβιβάζω κάποιον (σε υψηλότερη θέση, αξίωμα, κ.τ.ό.): *~ κάποιον στα ύπατα αξιώματα / στην εξουσία / στη θέση του πρωθυπουργού / στο θρόνο* (συνών. προωθώ· αντ. καθαιρώ, υποβιβάζω). 4. εξυψώνω ηθικά, δίνω αξία σε κάποιον: *η στάση που κράτησε τότε τον ανέβασε πολύ στην εκτίμησή μου / στα μάτια μου*. Φρ. *~ κάποιον στα ουράνια = επαινώ κάποιον με μεγάλο ενθουσιασμό, εκθειάζω, εξυμνώ*. 5. προκαλώ ευδιαθεσία, ψυχική ευφορία: *το ποτό μ' -ει· του είχαν πει ότι τα ναρκωτικά θα τον ανέβαζαν*. 6. προκαλώ αύξηση, ενδυνάμωση, κ.τ.ό.: *ο πόλεμος ανέβασε την τιμή του πετρελαίου· ο δρόμος ανέβασε την αξία του οικοπέδου· οι ειδήσεις ανέβασαν το ηθικό των πολεμιστών· ~ την πίεση / τη θερμοκρασία / τον τόνο της φωνής· μιλώ με -σμένους τόνους*. 7. αυξάνω την τιμή πώλησης· αυξάνω το χρηματικό ύψος δαπάνης ή παροχής: *~ το ψωμί / το κρέας / τα εισιτήρια· ανέβασαν τους φόρους / τα νοίκια / τους μισθούς / τις συντάξεις* (συνών. ανατιμώ· αντ. μειώνω). 8. υπολογίζω, εκτιμώ (κάποτε για ποσό ανώτερο από ό,τι προηγουμένως): *η υπηρε-*
σία -ει τις στρατιωτικές δαπάνες σε μεγαλύτερο ύψος· οι πρώτες πληροφορίες -ουν τους νεκρούς σε χιλιάδες. 9. (γραμμ. για τόνο) μεταφέρω προς την αρχή της λέξης. 10. (ιδιωμ. για ζυμάρι ψωμιού) κάνω να υποστεί ζύμωση: *ζύμη -σμένη* (= που φούσκωσε όσο χρειάζεται). Παροιμ. *ο Θεός σκάλες -ζει και σκάλες κατεβάζει* (για το ευμετάβλητο της τύχης).
ανεβαίνω, ρ. 1. κινούμαι από κάτω προς τα επάνω, έρχομαι από χαμηλότερο σημείο σε ψηλότερο: ~ *στο βουνό / στο δέντρο / πάνω στην καρέκλα· ο ήλιος ανέβηκε στον ουρανό· ο ομιλητής -ει στο βήμα· το υποβρύχιο -ει στην επιφάνεια της θάλασσας* (= αναδύεται)· *ο καπνός από τις θυσίες ανέβαινε ως τον Όλυμπο* (= ανυψωνόταν)· *το ποτάμι / η θάλασσα ανέβηκε* (= υψώθηκε η στάθμη των νερών)· *~ στο άλογο* (μτβ.) *~ το βουνό / το κάστρο· τη σκάλα π' -εις ν' ανέβαινα κι εγώ* (τραγ.). Φρ. *~ στο θρόνο* (= γίνομαι βασιλιάς)· *~ στο θέατρο ή στη σκηνή* (= για ηθοποιό ή θεατρικό έργο) παρουσιάζομαι στο κοινό· *~ στα ουράνια ή στον ουρανό* (= αισθάνομαι ευτυχισμένος)· *μου -ει κάποιος στο σβέρκο* (= μου επιβάλλει τη θέλησή του)· *μου -ει το αίμα* (ή σπανιότ. *-ουν οι καπνοί) στο κεφάλι* (= εξοργίζομαι απότομα) (αντ. κατεβαίνω). 2. (γενικά) πηγαίνω σε κάποιο μέρος: *θ' ανέβω τον άλλο μήνα· θ' ανέβω για λίγο στο σπίτι· δεν -ει και τόσο συχνά στο γραφείο· (για μετακίνηση από τα νότια προς τα βόρεια): ανέβηκα για λίγες μέρες στη Θεσσαλονίκη*. 3. επιβιβάζομαι (σε μεταφορικό μέσο): *~ στο λεωφορείο / στο πλοίο / στο τρένο* (αντ. αποβιβάζομαι). 4. προβιβάζομαι, υψώνομαι (σε ανώτερη θέση, αξίωμα, κ.τ.ό.): *με το ζόρι ανέβηκε στην έκτη τάξη· ανέβηκε νέος στο αξίωμα του πρωθυπουργού· ~ στην εξουσία*. 5. εξυψώνομαι ηθικά, αποκτώ αξία: ~ *στην εκτίμηση / στην προτίμηση / στα μάτια κάποιου*. 6. αυξάνομαι: *-ει η τιμή του μάρκου / του χρυσού· -ει η θερμοκρασία / ο πυρετός· οι τιμές -ουν· το ηθικό των παικτών ανέβηκε* (συνών. ενισχύομαι, εντείνομαι· αντ. μειώνομαι). 7. γίνομαι ακριβότερος, αυξάνεται η τιμή ή γενικά το χρηματικό ύψος μου: *το ψωμί / το λάδι ανέβηκε· το δολλάριο -ει· ανέβηκαν τα (ε)νοίκια των κατοικιών / οι συντάξεις / τα έξοδα του σπιτιού*. 8. φτάνω σε ορισμένο αριθμητικό ύψος: *το χρέος ανέβηκε στις εκατό χιλιάδες· οι νεκροί από τον πόλεμο ανέβηκαν στο ένα εκατομμύριο*. 9. (γραμμ., για τόνο) μεταφέρομαι προς την αρχή της λέξης. 10. (για ζυμάρι ή ψωμί) «φουσκώνω»: *η ζύμη / το προζύμι ανέβηκε*.
ανεβασιά η, ουσ. (συνιζ., ιδιωμ.). 1. ανηφορικός δρόμος, απότομη πλαγιά: ~ *του βουνού* (αντ. κατεβασιά). 2. δύσπνοια.
ανέβασμα το, ουσ. 1. το να ανεβάσει κάποιος κάτι: *θα μας δυσκολέψει το ~ της βιβλιοθήκης από τις σκάλες* (αντ. κατέβασμα). 2. το να ανεβαίνει κάποιος κάπου: *θα σε κουράσει το ~ στην κορυφή· το ~ στο λεωφορείο* (= επιβίβαση) (συνών. ανάβαση· αντ. κατάβαση). 3. (για ζυμάρι, ψωμί) φούσκωμα.
ανεβασμός ο, ουσ. (λαϊκ.), ανέβασμα (βλ. λ.): *τους συνάντησα στον -ό· με βοήθησε στον -ό της ντουλάπας*.
ανεβατίζω ρ. (λαϊκ.), (για ζυμάρι) φουσκώνω.
ανέβατος, βλ. ανάβατος.
ανεβατός, -ή, -ό, επίθ. 1. που ζυμώθηκε με προζύμι

και φούσκωσε: ζυμάρι / ψωμί -ό· ζύμη / πίτα -ή. 2. (για είδος κεντήματος) που προεξέχει κάπως από μια επιφάνεια. - Το θηλ. ως ουσ. = (ιδιωμ.) ψωμί με προζύμι.

ανεβοκατεβάζω, ρ., ανεβάζω και κατεβάζω (επανειλημμένα): ~ το χέρι / το μωρό στην πλάτη μου· -ει κυβερνήσεις (για αλλεπάλληλες κυβερνητικές αλλαγές με τη θέληση κάποιου)· -ζουν το δολλάριο / την τιμή του χρυσού (= προκαλούν διαδοχικές ανατιμήσεις και υποτιμήσεις).

ανεβοκατεβαίνω, ρ., ανεβαίνω και κατεβαίνω (επανειλημμένα): -ουν τις σκάλες· -ει στο δέντρο· -ει στο υπουργείο για το διορισμό του / για υπόθεσή του (= πηγαινοέρχεται· για να δηλωθεί το ιδιαίτερο ενδιαφέρον)· οι κυβερνήσεις -τέβαιναν με μεγάλη συχνότητα (για αλλεπάλληλες κυβερνητικές αλλαγές)· η τιμή του πετρελαίου -ει (= γίνεται ακριβότερη και φθηνότερη διαδοχικά)· -ει η βάρκα στα κύματα / το στήθος του από την αγωνία (= κινείται πάνω και κάτω, σαλεύει, πάλλεται).

ανεβοκατέβασμα το, ουσ. 1. το να ανεβοκατεβάζει κάποιος κάτι: με κούρασαν τα -βάσματα τόσων κιβωτίων. 2. το να ανεβοκατεβαίνει κάποιος ή κάτι: με ξεποδάριασε το ~ στις σκάλες τόση ώρα.

ανεβροχιά, βλ. αναβροχιά.

ανέγγιχτος, βλ. άγγιχτος.

ανέγερση η, ουσ., οικοδόμηση, χτίσιμο, ανόρθωση: ~ νέου δημαρχείου / πολυτελούς οικοδομής (αντ. κατεδάφιση, γκρέμισμα).

ανέγνοιαστος, -η, -ο, επίθ. (συνίζ.). 1. που δε νοιάζεται για τίποτε, που δεν έχει έγνοιες: γύφτε -ε, κουβάλησε / και πελέκησε και χτίσε (Παλαμάς) (συνών. αμέριμνος, ξένοιαστος). 2. (ιδιωμ.) παραμελημένος: κήπος ~ (συνών. αφρόντιστος.).

ανεγχείρητος, -η, -ο, επίθ. (έρρ.), που δεν υποβλήθηκε σε χειρουργική επέμβαση: έμεινε ~ ώσπου να επιστρέψει ο αναισθησιολόγος (συνών. αχειρούργητος· αντ. χειρουργημένος, εγχειρισμένος). [στερ. αν- + εγχειρώ].

ανεδαφικός, -ή, -ό, επίθ. 1. που δε στηρίζεται σε πραγματικά γεγονότα: ισχυρισμός ~· απόψεις -ές (συνών. αβάσιμος, αστήρικτος, ανυπόστατος· αντ. βάσιμος, σίγουρος). 2. που δεν είναι δυνατό να πραγματοποιηθεί: μεγαλεπίβολο, μα εντελώς -ό σχέδιο· βλέψεις / φιλοδοξίες -ές (συνών. ανέφικτος).

ανεδαφικότητα η, ουσ., το να είναι κάτι ανεδαφικό (βλ. λ.).

ανεδουλειά, βλ. αναδουλειά.

ανειδίκευτος, -η, -ο, επίθ., που δεν έχει αποκτήσει ειδικές γνώσεις για την εκτέλεση ορισμένης εργασίας: εργάτης ~ (αντ. ειδικός, ειδικευμένος).

ανειδοποίητος, -η, -ο, επίθ., που δεν τον ειδοποίησαν: ήμουν ~ για τον ερχομό τόσων επισκεπτών (συνών. απροειδοποίητος· αντ. ειδοποιημένος).

ανεικονικός -ή, -ό, επίθ. (Καλ. Τέχν.) που αναφέρεται όχι στην εξωτερική μορφή, αλλά στη βαθύτερη ουσία: ζωγραφική / τέχνη -ή.

ανεικονικότητα η, ουσ. (Καλ. Τέχν.) το να αναφέρεται η τέχνη όχι στην εξωτερική μορφή, αλλά στη βαθύτερη ουσία των αντικειμένων.

ανειλημμένος, -η, -ο, επίθ., που τον έχει αναλάβει κάποιος: καθήκοντα -α· υποχρεώσεις -ες. [μτχ. παθ. παρκ. του αναλαμβάνω].

ανειλικρίνεια η, ουσ. (ασυνίζ.), έλλειψη ειλικρίνειας: είναι γνωστή η ~ του (συνών. υποκρισία, διπροσωπία· αντ. ειλικρίνεια, ανυποκρισία).

ανειλικρινής, -ής, -ές, γεν. -ούς, πληθ. αρσ. και θηλ. -είς, ουδ. -ή, επίθ., που δεν είναι ειλικρινής: είναι ~ χαρακτήρας, γι' αυτό και δεν του έχω εμπιστοσύνη (αντ. ειλικρινής, ανυπόκριτος, απροσποίητος).

ανείπωτος, -η, -ο, επίθ. 1. που δεν ειπώθηκε, δε λέχτηκε ακόμη: μυστικό -ο (αντ. ειπωμένος). 2. που δεν είναι δυνατό να ειπωθεί, απερίγραπτος: χαρά -η· συμφορές -ες (συνών. ανέκφραστος, ανεκδιήγητος, άφατος). [στερ. αν- + αόρ. είπα].

ανειρήνευτος, -η, -ο, επίθ., που δεν ζει ή δεν μπορεί να ζήσει ειρηνικά: κράτος -ο· λαός ~ (αντ. ειρηνικός).

ανείσπρακτος, -η, -ο, επίθ., που δεν εισπράχθηκε ή δεν μπορεί κανείς να τον εισπράξει: φόροι -οι· χρέος -ο.

ανέκαθεν, επίρρ., από την αρχή, από παλιά, πάντα: ~ ήταν άνθρωπος απότομος (αντ. τελευταία, πρόσφατα).

ανεκδήλωτος, -η, -ο, επίθ., που δεν εκδηλώνεται, δε φανερώνεται: πόνος ~· χαρά / αγάπη -η (συνών. μυστικός, ανομολόγητος· αντ. εκδηλωμένος, φανερός).

ανεκδιήγητος, -η, -ο, επίθ., που δεν μπορεί κανείς να τον διηγηθεί, να τον περιγράψει: βάσανα -α· περιπέτειες -ες· συμπεριφορά -η (συνών. απερίγραπτος, ανείπωτος).

ανεκδίκητος, -η, -ο, επίθ. 1. που δεν πήρε κανείς εκδίκηση γι' αυτόν: έγκλημα -ο· προσβολή -ή (συνών. ατιμώρητος). 2. που δεν πήρε ο ίδιος εκδίκηση για κάτι: προτίμησε την φυλακή παρά να μείνει ~.

ανεκδοτικός, -ή, -ό, επίθ., που εξιστορείται με ανέκδοτα: -ή περιγραφή των γεγονότων.

ανεκδοτολογία η, ουσ., αφήγηση ανεκδότων: η ~ με διασκεδάζει.

ανεκδοτολογικός, -ή, -ό, επίθ., που έχει σχέση με τη διήγηση ανεκδότων: αφήγηση -ή.

ανεκδοτολόγος ο, ουσ., αυτός που του αρέσει να συγκεντρώνει και να διηγείται ανέκδοτα.

ανέκδοτος, -η, -ο, επίθ. 1. που δεν εκδόθηκε, δεν τυπώθηκε σε βιβλίο: συγγράμματα / ποιήματα -α· μελέτη -η (συνών. αδημοσίευτος, ατύπωτος· αντ. δημοσιευμένος, τυπωμένος). 2. (για κακοποιό) που έχει καταφύγει σε ξένη χώρα και δεν παραδόθηκε στην χώρα της οποίας είναι υπήκοος για να δικαστεί ή να εκτίσει την ποινή στην οποία καταδικάστηκε ερήμην. - Το ουδ. ως ουσ. = σύντομη αφήγηση ενός γεγονότος (ιστορικού ή μη) με εύθυμο χαρακτήρα που διασώθηκε με την προφορική παράδοση: το πάθημά του το λέμε ακόμα σαν -ο στην παρέα και γελάμε.

ανέκκλητος, -η, -ο, επίθ., που δεν μπορεί να ακυρωθεί, τελεσίδικος: δικαστική απόφαση -η (συνών. οριστικός, αμετάκλητος· αντ. ακυρώσιμος, αναιρέσιμος).

ανεκμετάλλευτος, -η, -ο, επίθ. 1. που δεν γίνεται αντικείμενο εκμετάλλευσης: ο ορυκτός πλούτος της περιοχής παραμένει ακόμα ~ (μεταφ.) άφησε την ευκαιρία -η (αντ. εκμεταλλεύσιμος). 2. που δεν τον εκμεταλλεύτηκε κάποιος ώστε να αποκομίσει παράνομα κέρδη: κανένας εργάτης δεν έμεινε ~ από το αφεντικό· φίλο δεν άφησε -ο.

ανέκοπα, βλ. άκοπος.

ανεκπλήρωτος, -η, -ο, επίθ. 1. που δεν εκπληρώθηκε, δεν πραγματοποιήθηκε ή δεν είναι δυνατόν να εκπληρωθεί: ευχή / επιθυμία -η· όνειρα -α (συνών. απραγματοποίητος· αντ. πραγματοποιήσιμος). 2. που δεν εκτελέστηκε, δεν εφαρμόστηκε: συμφωνία / υποχρέωση -η.

ανεκτέλεστος, -η, -ο, επίθ. 1. που δεν πραγματοποιήθηκε, δεν εφαρμόστηκε στην πράξη: διαταγή / απόφαση -η (συνών. απραγματοποίητος). 2. που δεν είναι δυνατό να πραγματοποιηθεί: σχέδιο -ο (συνών. ακατόρθωτος, ανέφικτος· αντ. εφικτός, κατορθωτός). 3. (για καταδικασμένο σε θάνατο) που δεν εκτελέστηκε, δε θανατώθηκε.

ανεκτικός, -ή, -ό, επίθ., που δείχνει ανοχή, που ανέχεται κάποιον ή κάποια κατάσταση: είσαι πολύ ~ μαζί τους και το εκμεταλλεύονται (συνών. υπομονετικός, καρτερικός· αντ. οξύθυμος, ευέξαπτος).

ανεκτικότητα η, ουσ., η ανεκτική διάθεση απέναντι σε κάποιον ή σε κάποια κατάσταση (συνών. καρτερικότητα· αντ. δυσανασχέτηση, δυσφορία).

ανεκτίμητος, -η, -ο, και -χτίμητος, επίθ. 1. που δεν εκτιμήθηκε, που δεν καθορίστηκε ακόμα η τιμή του: σπίτι / οικόπεδο -ο (συνών. αδιατίμητος· αντ. διατιμημένος, εκτιμημένος). 2. που η αξία του δεν είναι δυνατό να υπολογιστεί, πολύτιμος: κειμήλια -α· φίλος ~.

ανεκτός, -ή, -ό, επίθ., που μπορεί κανείς να τον ανεχτεί, υποφερτός: η ζέστη κυμάνθηκε σε επίπεδα -ά (αντ. ανυπόφορος, αβάσταχτος).

ανέκφραστος, -η, -ο, επίθ. 1. που δεν εκφράζεται, δεν εκδηλώνεται: αγάπη -η· πόνος ~ (συνών. ανεκδήλωτος, αφανέρωτος· αντ. φανερός, έκδηλος). 2. που δεν είναι δυνατό να εκφραστεί με λόγια, να διατυπωθεί: χαρά / συγκίνηση -η (συνών. ανείπωτος, αφάνταστος). 3. που δεν έχει τόνο, έκφραση: πρόσωπο / βλέμμα -ο (συνών. άτονος· αντ. έντονος, εκφραστικός).

ανεκχώρητος, -η, -ο, επίθ. (λόγ.), που δεν εκχωρείται, δε μεταβιβάζεται σε άλλον: το δικαίωμα για ανάληψη είναι ακατάσχετο και -ο (αστ. κώδ.).

ανελαστικός, -ή, -ό επίθ. 1. που δεν είναι ελαστικός, δύσκαμπτος. 2. (μεταφ.) αυστηρός, σκληρός: πολιτική -ή. 3. (για οικονομικό μέγεθος) που δεν μπορεί να μεταβληθεί: δαπάνες -ές.

ανέλεγκτος -η, -ο, επίθ., που δεν έχει ελεγχθεί.

ανελέητος -η, -ο, επίθ. 1. που δεν πήρε ελεημοσύνη, δεν ελεήθηκε: ~ από το Θεό και τους ανθρώπους. 2. που δεν του αξίζει έλεος ή ελεημοσύνη: του πρέπει τιμωρία / ποινή -η. 3. που δε λυπάται τους άλλους: σκληρός και ~ (συνών. άσπλαχνος· αντ. ευσπλαχνικός). 4. (μεταφ.) υπερβολικός: φτώχεια -η· ειλικρίνεια -η. - Επίρρ. -α στη σημασ. 3.

ανελευθερία η, ουσ., έλλειψη φιλελεύθερου πνεύματος: καθεστώς -ας (αντ. φιλελευθερισμός, ελευθερία).

ανελεύθερος, -η, -ο, επίθ., που δεν έχει φιλελεύθερο φρόνημα: πολίτης ~ (συνών. δουλικός· αντ. φιλελεύθερος).

ανέλκυση η, ουσ., ανάσυρση από το βυθό της θάλασσας, λίμνης, πηγαδιού, κ.τ.ό.: ~ βυθισμένου πλοίου (αντ. καθέλκυση).

ανελκυστήρας ο, ουσ., ηλεκτροκίνητη εγκατάσταση σε πολυώροφα κτίρια για την ανύψωση ή το κατέβασμα ατόμων ή φορτίων (συνών. ασανσέρ).

ανελκύω, ρ., έλκω προς τα πάνω, ανασύρω (από το βυθό): θα -σουν το ναυάγιο από το βυθό· ανέλκυ-

σαν το αλιευτικό στη στεριά για επισκευή (αντ. καθελκύω).

ανελλήνιστος, -η, -ο, επίθ. 1. που δεν είναι ελληνικός, που δεν είναι σύμφωνος με τα ελληνικά ήθη και έθιμα. 2. που δεν ακολουθεί τους κανόνες και τύπους της ελληνικής γλώσσας: ~ σχηματισμός λέξης. 3. που δε γνωρίζει την ελληνική γλώσσα και λογοτεχνία, ειδικά την αρχαία.

ανελλιπής, -ής, -ές, γεν. -ούς, πληθ. αρσ. και θηλ. -είς, ουδ. -ή, επίθ., που δεν είναι ελλιπής· που δεν παρουσιάζει διαλείμματα, συνεχής: η φοίτησή μου στο Πανεπιστήμιο ήταν ~ (συνών. αδιάκοπος, ακατάπαυστος· αντ. ασυνεχής). - Επίρρ. -ώς.

ανέλο το, ουσ., το κάτω κυρτό μέρος της άγκυρας, ο δακτύλιος. [ιταλ. anello].

ανέλπιστος, -η, -ο, επίθ., που δεν τον ελπίζει ή δεν τον περιμένει κανείς, αναπάντεχος: ευτυχία / τύχη / χαρά -η· ήταν -ο δώρο ο ερχομός σου (συνών. απροσδόκητος, απρόβλεπτος· αντ. αναμενόμενος, προσδοκώμενος). - Επίρρ. -α.

ανεμαντλία η, ουσ., αντλία που λειτουργεί με τον άνεμο.

ανέμελα, βλ. ανέμελος.

ανεμελιά και **αναμελιά** η, ουσ., αδιαφορία, αμέλεια· ξενοιασιά.

ανέμελος, -η, -ο και **ανάμελος,** επίθ., αδιάφορος, αμελής· ξένοιαστος: -η ζωή (αντ. επιμελής, δραστήριος). - Επίρρ. -α.

ανέμη η, ουσ. 1. συσκευή που περιστρέφεται γύρω από τον άξονά της και στην οποία τοποθετείται η κούκλα του νήματος που πρόκειται να τυλιχτεί σε κουβάρι: κόκκινη κλωστή δεμένη στην ~ τυλιγμένη (παροιμ. φρ. στην αρχή των παραμυθιών) (συνών. ροδάνι). 2. (ναυτ.) είδος βαρούλκου γύρω από το οποίο περιτυλίγεται σκοινί που καταλήγει σε γάντζο ή με τον οποίο ανυψώνουν αντικείμενα από τη θάλασσα.

ανεμίζω, ρ. Α. μτβ. 1. κουνώ, σείω κάτι στον αέρα: ~ το μαντίλι. 2. λιχνίζω: ~ τα στάχια. 3. εκθέτω κάτι στον αέρα: ~ το πάπλωμα (συνών. αερίζω). Β. αμτβ. 1. κουνιέμαι, σείομαι στον αέρα: το φόρεμά της -ιζε (συνών. κυματίζω). 2. (ναυτ.) αλλάζω θέση ανάλογα με την πνοή του ανέμου.

ανεμικό το, ουσ., κακό δαιμόνιο που προκαλεί ανέμους και ταραχές (συνών. αερικό, ξωτικό). [ουδ. του επιθ. ανεμικός ως ουσ.].

ανέμισμα το, ουσ. 1. το κυμάτισμα στον αέρα: ~ του μαντηλιού / της σημαίας. 2. λίχνισμα: το ~ του σιταριού δε γίνεται πια απ' τους γεωργούς στ' αλώνια.

ανεμιστήρας ο, ουσ., ηλεκτροκίνητο μηχάνημα με το οποίο δημιουργείται ρεύμα αέρος σε κάποιο χώρο.

ανεμοβλογιά η ουσ. (συνιζ.), (ιατρ.) λοιμώδης παιδική κυρίως αρρώστια ελαφρότερης μορφής από την ευλογιά.

ανεμοβρόχι και **ανεμόβροχο** το, ουσ., ραγδαία βροχή που συνοδεύεται από δυνατό άνεμο: έρχεται ~ με χαλάζι (συνών. ανεμοθύελλα, καταιγίδα).

ανεμογεννήτρια η, ουσ. (ασυνίζ.), (τεχνολ.) συσκευή που μετατρέπει την αιολική ενέργεια απευθείας σε ηλεκτρική.

ανεμογκάστρι το, ουσ. (όχι ερρ.), υποτιθέμενη, όχι πραγματική εγκυμοσύνη.

ανεμογκάστρωτος, -η, -ο, επίθ. (όχι ερρ.), που δήθεν εγκυμονεί.

ανεμογράφος ο, ουσ. (μετεωρ.) όργανο που κατα-

ανεμόδαρτος

γράφει αυτόματα την ταχύτητα (ή και τη διεύθυνση) των ανέμων και τις μεταβολές της.

ανεμόδαρτος, -η, -ο, επίθ., που τον δέρνουν οι άνεμοι, που είναι εκτεθειμένος στον άνεμο: *καράβι / βουνό -ο· Ύδρα -η* (Παλαμάς) (συνών. *ανεμοδαρμένος·* αντ. *απάνεμος*).

ανεμοδείκτης και **-χτης** ο, ουσ. (μετεωρ.) όργανο που δείχνει τη διεύθυνση του ανέμου (συνών. *ανεμοδούρα*).

ανεμοδέρνω, ρ. (ενεργ. και μέσ.) παλεύω με τον άνεμο: *το καράβι -όδερνε στο πέλαγος, έτοιμο να βυθιστεί*. - Η μτχ. *-δαρμένος* ως επίθ. = που τον χτυπούν οι άνεμοι, ανεμόδαρτος: *-δαρμένα ύψη / βράχια*.

ανεμοδούρα η, ουσ. **1.** ανεμοδείκτης (βλ. λ.)· **β.** (μεταφ.) άνθρωπος που αλλάζει εύκολα γνώμη, άστατος και αλλοπρόσαλλος χαρακτήρας. **2.** ανέμη (βλ. λ.). **3.** ισχυρός άνεμος που φυσάει χωρίς συγκεκριμένη διεύθυνση, ανεμοστρόβιλος. **4.** τόπος που τον δέρνουν από παντού οι άνεμοι.

ανεμοδόχος ο και η, ουσ. (ναυτ.) σύστημα αερισμού του εσωτερικού των πλοίων, αεραγωγός.

ανεμοζάλη η, ουσ. **1.** ανεμοστρόβιλος, θύελλα, καταιγίδα. **2.** (μεταφ.) αναστάτωση, ταραχή, σύγχυση.

ανεμοηλεκτρικός, -ή, -ό, επίθ., που αναφέρεται σε ηλεκτροπαραγωγική εγκατάσταση η οποία κινείται με τη δύναμη του ανέμου: *μηχανή / ενέργεια -ή*.

ανεμοκυκλίζω, ρ. (λαϊκ.), περιστρέφω κάτι βίαια, στροβιλίζω: *η νοτιά -κύκλιζε τα πεσμένα φύλλα των δέντρων*.

ανεμολέσχη η, ουσ., ομάδα ατόμων που ασχολούνται με την ανεμοπορία (βλ. λ.).

ανεμολογία η, ουσ. **1.** κλάδος της μετεωρολογίας που ασχολείται με τη μελέτη των ανέμων. **2.** (μεταφ.) λόγια άσκοπα και χωρίς περιεχόμενο (συνών. *αερολογία, φλυαρία*).

ανεμολογικός, -ή, -ό, επίθ., που έχει σχέση με την ανεμολογία: *χάρτες -οί· σταθμός ~.*

ανεμολόγιο το, ουσ. (ασυνίζ.), (ναυτ.) όργανο που αποτελείται από έναν κύκλο συνδεμένο με μαγνητική βελόνα και χρησιμεύει στον καθορισμό της διεύθυνσης των ανέμων.

ανεμολόγος ο, ουσ. **1.** αυτός που ασχολείται με τη μελέτη των ανέμων. **2.** (μεταφ.) αυτός που λέει άσκοπα πράγματα, λόγια χωρίς περιεχόμενο (συνών. *αερολόγος, φλύαρος*).

ανεμομάζωμα το, ουσ., ό,τι αποκτάται με παράνομα μέσα: (παροιμ.) *-ματα διαβολοσκορπίσματα*.

ανεμόμετρο το, ουσ., όργανο που χρησιμεύει για τη μέτρηση της ταχύτητας του ανέμου.

ανεμόμυλος ο, ουσ., μύλος που λειτουργεί με τη βοήθεια του ανέμου.

ανεμοπορία η, ουσ., το αεράθλημα της πτήσης με ανεμόπτερο.

ανεμοπόρος ο, ουσ., αυτός που ασχολείται με την ανεμοπορία. (βλ. λ.).

ανεμόπτερο το, ουσ., πτητική συσκευή χωρίς κινητήρα που πετά με τη βοήθεια του αέρα.

ανεμοπύρωμα το, ουσ. **1.** δερματική αρρώστια, το ερυσίπελας. **2.** είδος δηματώδους φυτού.

άνεμος ο, ουσ. **1.** ρεύμα ατμοσφαιρικού αέρα που προκαλείται από φυσικά αίτια και χαρακτηρίζεται από κάποια ένταση και διεύθυνση: *ταξιδεύαμε έχοντας κόντρα τον -ο· -οι σφοδροί / περιοδικοί / μέτριοι / βόρειοι / ανατολικοί· ~ ούριος.* **2.** (μεταφ.) *ασχολία άσκοπη, που δεν έχει αποτέλεσμα: δουλειές / λόγια του -μου* (συνών. *ματαιοπονία*). **3.** φρ. *ας πάει στον -ο* (κατ᾽ ευφημισμό αντί για τη λ. *διάβολος*)· *(κάτι) πάει κατ᾽ ανέμου* (= καταστρέφεται, δεν προοδεύει).

ανεμοσίφουνας ο, ουσ., ανεμοστρόβιλος: *~ με τύλιξε* (Καζαντζάκης).

ανεμόσκαλα η, ουσ., κινητή σκάλα (από ξύλο ή σκοινί) που χρησιμοποιείται κυρίως στα καράβια: *κρέμασαν -ες*.

ανεμοσκορπίζω, ρ., ξοδεύω ασυλλόγιστα, κατασπαταλώ: *-όρπισε την περιουσία του πατέρα του* (συνών. *σκορπίζω·* αντ. *συγκεντρώνω, μαζεύω, αποταμιεύω*).

ανεμοσκόρπισμα το, ουσ., το να ξοδεύει, να σπαταλά κανείς ασυλλόγιστα: (παροιμ.) *ανεμομαζώματα, -ματα* (συνών. *κατασπατάληση·* αντ. *μάζεμα, αποθησαύριση*).

ανεμοσκόρπιστος, -η, -ο, επίθ. **1.** που σκορπίστηκε από τον άνεμο: *δεμάτια -α*. **2.** (μεταφ.) που σπαταλήθηκε ανόητα: *περιουσία -η*.

ανεμοστρόβιλος ο, ουσ., περιστροφική, στροβιλοειδής κίνηση του αέρα (συνήθως μικρής έντασης) γύρω από ένα σημείο, που παρασύρει σκόνη και άλλα ελαφρά αντικείμενα (συνών. *ανεμοδούρα, ανεμοζάλη, σίφουνας*).

ανεμότρατα η, ουσ., είδος ιστιοφόρου αλιευτικού.

ανεμούρι το, ουσ., υφασμάτινη λουρίδα που προσαρμόζεται στο ψηλότερο σημείο του ιστιοφόρου και δείχνει τη διεύθυνση του ανέμου.

ανεμπόδιστος, -η, -ο, επίθ. (ερρ.), που δεν εμποδίζεται, ελεύθερος: *εργάζεται ~· χαρά -η· κλάμα -ο* (συνών. *αδιακώλυτος, ανενόχλητος·* αντ. *εμποδισμένος, απαγορευμένος*).

ανέμυαλος, βλ. *άμυαλος*.

ανεμώνα η, ουσ. **1.** ποώδες φυτό των αγρών με άνθη διάφορων χρωμάτων που μοιάζει με την παπαρούνα. **2.** *θαλάσσια ~* = θαλάσσιο ζώο που ζει κοντά στις ακτές και είναι προσκολλημένο σε πέτρες ή όστρακα.

ανενδοίαστος, -η, -ο, επίθ., που ενεργεί χωρίς ηθικό (κυρίως) δισταγμό (συνών. *αδίστακτος·* αντ. *διστακτικός, επιφυλακτικός*). - Επίρρ. **-α** και **-άστως**.

ανένδοτος, -η, -ο, επίθ., που δεν υποχωρεί, επίμονος: *είναι ~ στην απόφασή του· ~ πολιτικός αγώνας* (συνών. *αδιάλλακτος, ανυποχώρητος·* αντ. *υποχωρητικός, συμβιβαστικός*). - Επίρρ. **-α**: *-α παλεύω*.

ανενεργός, -ός, -ό, επίθ., που δεν φέρνει αποτέλεσμα: *νόμος ~* (αντ. *ενεργός, αποτελεσματικός*).

ανενόχλητος, -η, -ο, επίθ., που δεν ενοχλείται: *διάβαζε όλο το απόγευμα ~ από τις φωνές των παιδιών* (συνών. *αδιατάραχτος·* αντ. *ενοχλημένος, θορυβημένος*). - Επίρρ. **-α**.

ανένταχτος, -η, -ο και **-χτος,** επίθ. (ερρ.), που δεν έχει ενταχθεί κάπου: *πολιτικά ~.*

ανέντιμος, -η, -ο, επίθ. (ερρ.), που δεν είναι ή δε θεωρείται έντιμος: *συμπεριφορά -η· υπάλληλος ~* (συνών. *ανυπόληπτος·* αντ. *έντιμος*). - Επίρρ. **-α**.

ανεξαίρετος, -η, -ο, επίθ., που δεν εξαιρείται ή απαλλάσσεται: *κανένας δεν είναι ~ από τη φορολογία* (αντ. *εξαιρέσιμος*). - Επίρρ. **-α** και **-έτως**.

ανεξακρίβωτος, -η, -ο, επίθ., που δεν εξακριβώθηκε, δεν επιβεβαιώθηκε ή δεν είναι δυνατό να εξακριβωθεί: *-η παρέμεινε η αιτία του πρόωρου θανάτου του· πληροφορία / φήμη -η* (συνών. *ανε-*

πιβεβαίωτος· αντ. εξακριβωμένος).
ανεξάλειπτος, -η, -ο, επίθ., που δεν μπορεί να εξαλειφθεί, να σβηστεί: *χρώματα -α· εντυπώσεις -ες από τη μνήμη* (συνών. *ανεξίτηλος·* αντ. *εξίτηλος*).
ανεξάντλητος, -η, -ο, επίθ. (έρρ.), που δεν εξαντλείται, ατέλειωτος: *-η πηγή πλούτου / ενέργειας· -η καλοσύνη* (συνών. *ασπείρευτος*).
ανεξαργύρωτος, -η, -ο, επίθ., που δεν εξαργυρώθηκε, δεν εξοφλήθηκε: *επιταγή -η* (συνών. *απλήρωτος*).
ανεξαρτησία η, ουσ., το να είναι κάποιος ανεξάρτητος: *αγώνας του υπόδουλου λαού για την ~ του· οικονομική ~· φεύγω, γιατί θέλω την ~ μου* (συνών. *ελευθερία, αυτεξουσιότητα·* αντ. *εξάρτηση, υποτέλεια*).
ανεξαρτητοποιώ -είς, ρ. (ασυνίζ.), κάνω κάποιον ή κάτι ανεξάρτητο: *η θυγατρική εταιρεία -ήθηκε* (αντ. *εξαρτώ*).
ανεξάρτητος, -η, -ο, επίθ. 1. που δεν εξαρτάται από κανένα, που ενεργεί σύμφωνα με τη θέλησή του: *κράτος -ο· πρόταση / σκέψη -η* (συνών. *αυτόνομος, αυτοδιάθετος·* αντ. *υποτελής, εξαρτημένος*). 2. που δεν ανήκει σε κανένα πολιτικό κόμμα: *βουλευτής / υποψήφιος ~* (συνών. *ανένταχτος*). 3. (μεταφ.) που δεν έχει οικονομική εξάρτηση από κάποιον, αυτάρκης: *είναι οικονομικά -η και ζει μόνη.* - Επίρρ. **-α** και **-ήτως**.
ανεξασφάλιστος, -η, -ο, επίθ., που δεν είναι εξασφαλισμένος: *άφησε τα παιδιά του -α* (συνών. *ανασφάλιστος·* αντ. *εξασφαλισμένος, σίγουρος*).
ανεξέλεγκτος, -η, -ο, επίθ. (έρρ.). 1. που δεν υποβλήθηκε σε έλεγχο ή δεν είναι δυνατό να ελεγχθεί, να εξακριβωθεί: *δικαιολογητικά -α· πληροφορία / φήμη -η* (συνών. *αθεώρητος, ανεξακρίβωτος·* αντ. *εξακριβωμένος*). 2. που δεν υπόκειται σε έλεγχο, ασύδοτος. - Επίρρ. **-α**.
ανεξέλικτος, -η, -ο, επίθ., που δεν εξελίχθηκε, καθυστερημένος: *κοινωνία -η· κράτος -ο· άνθρωπος ~* (συνών. *απολίτιστος·* αντ. *προηγμένος, πολιτισμένος*).
ανεξερεύνητος, -η, -ο, επίθ., που δεν εξερευνήθηκε ή δεν μπορεί να εξερευνηθεί· ανεξιχνίαστος: *χώρα / περιοχή -η· σπηλιά -η· μυστήρια -α* (συνών. *αδιερεύνητος, αδιευκρίνιστος*).
ανεξεταστέος, -α, -ο, επίθ., που πρέπει να εξεταστεί πάλι, που παραπέμπεται σε νέα εξέταση: *μαθητές -οι*.
ανεξέταστος, -η, -ο, επίθ. 1. που δεν εξετάστηκε ή δεν είναι δυνατό να εξεταστεί, να ερευνηθεί: *κανένα σημείο της υπόθεσης δεν αφήσαμε -ο* (συνών. *ανεξερεύνητος, αδιευκρίνιστος*). 2. που δεν υποβλήθηκε σε εξέταση (γνώσεων): *φοιτητής / μαθητής ~· μάρτυρες -οι*. 3. που δεν υπόκειται σε έλεγχο, ανεξέλεγκτος, ασύδοτος (αντ. *υπόλογος, υπεύθυνος*). - Επίρρ. **-α** στις σημασ. 1. και 3..
ανεξήγητος, -η, -ο, επίθ., που δεν μπορεί να εξηγηθεί, να ερμηνευτεί: *κείμενο -ο· μυστήρια -α· συμπεριφορά -η·* (το ουδ. ως ουσ.) *το ~ της ανθρώπινης ύπαρξης* (συνών. *ακατανόητος·* αντ. *κατανοητός, σαφής*).
ανεξιθρησκία η, ουσ., ανοχή των θρησκευτικών πεποιθήσεων (δογμάτων) των άλλων: *ο Βυλιέρος κήρυξε την ~*.
ανεξίθρησκος, -η, -ο, επίθ., που ανέχεται τα θρησκευτικά δόγματα των άλλων.
ανεξικακία η, ουσ., έλλειψη μνησικακίας, το να

ανέχεται κάποιος τα κακά που του προξενούν οι άλλοι (συνών. *μακροθυμία, ανεκτικότητα·* αντ. *μνησικακία*).
ανεξίκακος, -η, -ο, επίθ., που δεν κρατά κακία, που δεν είναι μνησίκακος (συνών. *ανεκτικός, μακρόθυμος·* αντ. *μνησίκακος, εκδικητικός*).
ανεξιλέωτος, -η, -ο, επίθ., που δεν μπορεί κανείς να τον εξιλεώσει, να τον εξευμενίσει.
ανεξίτηλος, -η, -ο, επίθ., που δε σβήνει, δεν ξεβάφει, ανεξάλειπτος: *χρώματα -α·* (μεταφ.) *οι εντυπώσεις του ταξιδιού θα μείνουν -ες στη μνήμη μου* (συνών. *άσβηστος, άφθαρτος·* αντ. *εξίτηλος*).
ανεξιχνίαστος, -η, -ο, επίθ., που δεν μπορεί να εξιχνιαστεί ή να εξερευνηθεί: *υπόθεση -η· μυστήριο -ο* (συνών. *ανεξακρίβωτος*).
ανέξοδος, -η, -ο, επίθ. 1. που γίνεται χωρίς πολλά έξοδα, δαπάνες: *οι διακοπές μας ήταν -ες, γιατί φιλοξενηθήκαμε από φίλους* (αντ. *δαπανηρός, πολυέξοδος*). 2. (για πρόσωπο) που δεν κάνει πολλά έξοδα, που δεν δαπανά πολλά: *παντρεύτηκε -η γυναίκα* (συνών. *φειδωλός·* αντ. *πολυέξοδος, σπάταλος*). - Επίρρ. **-α**.
ανεξοικείωτος, -η, -ο, επίθ., που δεν εξοικειώθηκε με κάτι, δε συνήθισε κάτι: *σαν νεοσύλλεκτος είναι ακόμα ~ με τη ζωή του στρατοπέδου* (συνών. *ασυνήθιστος, άμαθος·* αντ. *εξοικειωμένος, μαθημένος*).
ανεξόφλητος, -η, -ο, επίθ. 1. που δεν εξοφλήθηκε: *λογαριασμός ~· χρέος -ο*. 2. που δεν εισέπραξε το ποσόν που του οφείλεται: *έχω το μπακάλη -ο·* (μεταφ.) *καλό -ο* (συνών. *αχρεώστος, απλήρωτος·* αντ. *εξοφλημένος, πληρωμένος*).
ανεόρταστος, -η, -ο, επίθ. (λόγ.), που δε γιορτάστηκε, αγιόρταστος.
ανεπάγγελτος, -η, -ο, επίθ. (έρρ.), που δεν εξασκεί κάποιο επάγγελμα, δεν έχει επαγγελματική απασχόληση: *είμαι / δηλώνω ~ πτυχιούχος*.
ανεπαίσθητος, -η, -ο, επίθ., που δε γίνεται έντονα αισθητός, σχεδόν απαρατήρητος: *οσμή -η· ήχος ~· χρώματα -α· κούνημα -ο* (συνών. *αμυδρός, ελάχιστος·* αντ. *αισθητός, σημαντικός*). - Επίρρ. **-α** και **-ήτως**: *-ήτως μ' έκλεισαν από τον κόσμον έξω* (Καβάφης).
ανεπανάληπτος, -η, -ο, επίθ. 1. που δεν επαναλαμβάνεται: *περίπτωση / ενέργεια -η* (συνών. *αδευτέρωτος*). 2. μοναδικός, ασύγκριτος: *η παράσταση ήταν -η· ομορφιά -η* (αντ. *συνηθισμένος, ασήμαντος*).
ανεπανόρθωτος, -η, -ο, επίθ., που δεν επανορθώνεται, αδιόρθωτος: *ζημιά -η· κακό -ο* (συνών. *αθεράπευτος*).
ανεπάρκεια η, ουσ. (ασυνίζ.). α. έλλειψη, το να μην είναι κάποιος επαρκής σε ποσότητα, ποιότητα, ικανότητα, κλπ.: *~ αγαθών/ γνώσεων· ~ προσωπικού· ~ πνευματική/υπηρεσιακή* (αντ. *επάρκεια, περίσσεια*) β. (ιατρ.) το να μην μπορεί να επιτελέσει κάποιο όργανο ή ιστός του σώματος στο ακέραιο τις λειτουργίες του: *~ καρδιακή / νεφρική*.
ανεπαρκής, -ής, -ές, γεν. *-ούς*, πληθ. αρσ. και θηλ. *-είς,* ουδ. *-ή*, επίθ., που έχει ανεπάρκεια, λίγος, ελλιπής: *ικανότητα / ποσότητα / κατάρτιση ~· γνώσεις -είς* (αντ. *επαρκής, αρκετός, περίσσιος*).
ανέπαφος, -η, -ο, επίθ. 1. που δεν τον έχουν αγγίξει (συνών. *ανέγγιχτος, άθικτος*). 2. (συνεκδοχικά) ανελλιπής, ακέραιος, απείραχτος: *χρήματα -α· άφησε το πορτοφόλι -ο· το φαγητό ήταν -ο*

ανεπεξέργαστος

(αντ. *ελλιπής*). 3. που δεν έχει υποστεί σωματική βλάβη: *από το τρακάρισμα βγήκαν -οι* (συνών. *αβλαβής, σώος*).

ανεπεξέργαστος, -η, -ο, επίθ., που δεν τον έχουν επεξεργαστεί: *ύλες -ες· προϊόντα -α* (συνών. *ακατέργαστος, αδούλευτος·* αντ. *επεξεργασμένος*).

ανεπηρέαστος, -η, -ο, επίθ. 1. που δεν επηρεάζεται: *μηχανισμός ~ από τις καιρικές συνθήκες.* 2. που δε μεροληπτεί: *γνώμη / απόφαση / κρίση -η* (συνών. *αμερόληπτος·* αντ. *μεροληπτικός*). 3. που δε συγκινείται, δεν ταράζεται, απαθής: *έμεινε ~ ακούγοντας τις κατηγορίες / τα δυσάρεστα νέα* (συνών. *ασυγκίνητος, ατάραχος·* αντ. *συγκινημένος, ταραγμένος*).

ανεπιβεβαίωτος, -η, -ο, επίθ., που δεν επιβεβαιώθηκε, δεν εξακριβώθηκε: *πληροφορίες -ες* (συνών. *ανεξακρίβωτος·* αντ. *βεβαιωμένος, εξακριβωμένος*).

ανεπίγνωστα, επίρρ., χωρίς επίγνωση.

ανεπίγραφος, -η, -ο, επίθ., που δεν έχει επιγραφή, τίτλο, όνομα: *βιβλίο -ο· επιστολή -η* (αντ. *ενεπίγραφος*).

ανεπίδεκτος, -η, -ο, επίθ., που δεν επιδέχεται κάτι: *~ «μαθήσεως»* (αντ. *επιδεκτικός*).

ανεπίδοτος, -η, -ο, επίθ., που δεν επιδοθεί: *έγγραφο -ο· αγωγή -η*.

ανεπιθύμητος, -η, -ο, επίθ., που δεν τον επιθυμούν, που προκαλεί δυσαρέσκεια: *παρουσία / συνάντηση -η· είσαι ~ στην παρέα μας·* (νομ.) *διπλωμάτες -οι* (συνών. *δυσάρεστος·* αντ. *επιθυμητός*).

ανεπίκαιρος, -η, -ο, επίθ., όχι επίκαιρος, που είναι εκτός τόπου και χρόνου: *επέμβαση -η· τέχνη -η* (= που δεν είναι πια της μόδας)· *αυτοσχεδιασμός ~*. - Επίρρ. **-α**.

ανεπικύρωτος, -η, -ο, επίθ., που δεν έχει επικυρωθεί από αρμόδια αρχή, που δεν έχει νομική ισχύ: *έγγραφο -ο· υπογραφή / σύμβαση -η* (αντ. *επικυρωμένος*).

ανεπίληπτος, -η, -ο, επίθ., που δεν μπορεί κανείς να τον κατηγορήσει, να τον μεμφθεί, ακέραιος: *διαγωγή -η· σχέσεις -ες* (συνών. *άμεμπτος·* αντ. *επιλήψιμος, μεμπτός*).

ανεπίσημος, -η, -ο, επίθ. 1. που γίνεται χωρίς επισημότητα, χωρίς πανηγυρικό τόνο ή δημοσιότητα: *-η επίσκεψη του πρωθυπουργού· εορτασμός ~· ενέργειες -ες· ντύσιμο -ο* (αντ. *επίσημος*). 2. όχι κρατικός, που δεν προέρχεται από δημόσια αρχή: *έγγραφο -ο* (αντ. *επίσημος*).

ανεπιστρεπτί, επίρρ. (λόγ.), χωρίς επιστροφή: *ο χρόνος περνάει ~*.

ανεπίτευκτος, -η, -ο, επίθ., που δεν επιτεύχθηκε, που δεν μπορεί να επιτευχθεί: *στόχοι -οι* (συνών. *ακατόρθωτος, απραγματοποίητος·* αντ. *κατορθωτός*).

ανεπιτήδειος, -α, -ο, επίθ. (ασυνίζ.). 1. που δεν έχει την ικανότητα που χρειάζεται, αδέξιος: *τεχνίτης ~* (συνών. *ανίκανος·* αντ. *επιτήδειος, ικανός*). 2. ακατάλληλος, αναρμόδιος (αντ. *κατάλληλος, αρμόδιος*).

ανεπιτήδευτος, -η, -ο, επίθ., απροσποίητος, φυσικός: *φέρσιμο / ύφος -ο· λέξεις -ες· ομορφιά / εμφάνιση -η*. - Επίρρ. **-α**.

ανεπιτήρητος, -η, -ο, επίθ., που είναι ή γίνεται χωρίς επιτήρηση, χωρίς επίβλεψη: *εργασία -η· εξετάσεις -ες· μαθητής ~* (συνών. *ανεπίβλεπτος*).

ανεπιτυχής, -ής, -ές, γεν. -ούς, πληθ. αρσ. και θηλ. *-είς*, ουδ. *-ή*, επίθ. 1. που γίνεται χωρίς επιτυχία, χωρίς αποτέλεσμα: *προσπάθειες -είς· η εγχείρηση ήταν ~* (αντ. *επιτυχής, επιτυχημένος*). 2. άστοχος: *χαρακτηρισμός ~* (αντ. *επιτυχής, εύστοχος*).

ανεπιφύλακτος, -η, -ο, επίθ., που δεν έχει επιφύλαξη, δισταγμό για κάτι, κατηγορηματικός, ρητός: *γνώμη / εμπιστοσύνη/ συμπαράσταση -η* (αντ. *επιφυλακτικός, διστακτικός*).

ανεπούλωτος, -η, -ο, επίθ., που δεν έχει ή δεν μπορεί να επουλωθεί, να θεραπευθεί: *πληγή -η· τραύματα -α* (συνών. *αθεράπευτος·* αντ. *επουλωμένος, επουλώσιμος*).

ανεπρόκοβος, βλ. *ανεπρόκοπος*.

ανεπροκοπιά η, ουσ. (συνιζ.), το να αποφεύγει κανείς τους κόπους, οκνηρία (συνών. *φυγοπονία, ακαματιά·* αντ. *προκοπή, εργατικότητα, φιλοπονία*).

ανεπρόκοπος -η, -ο, ανεπρόκοβος και **ανεπρόκοφτος,** επίθ., που δεν προκόβει, δεν προοδεύει, οκνηρός: *γυναίκα -η· από άνθρωπο -ο χαίρι περιμένεις· μαθητής ~* (συνών. *φυγόπονος, τεμπέλης·* αντ. *προκομένος, εργατικός, φιλόπονος*).

ανεράιδα, βλ. *νεράιδα*.

ανέραστος, -η, -ο, επίθ. 1. που δεν έχει γνωρίσει τον έρωτα, δεν έχει αγαπηθεί: *κοπέλα -η*. 2. που δεν εμπνέει αγάπη.

ανεργία η, ουσ., έλλειψη εργασίας, αδυναμία του ατόμου να βρει επαγγελματική απασχόληση: *ποσοστό -ας αυξημένο· ταμείο -ας* (= ταμείο που αποζημιώνει ανέργους).

άνεργος, -η, -ο, επίθ., που δεν έχει για κάποιο χρονικό διάστημα επαγγελματική απασχόληση: *νέοι επιστήμονες -οι* (αντ. *εργαζόμενος*).

ανερεύνητος, -η, -ο, επίθ. (λόγ.), που δεν έχει ερευνηθεί ή που δεν μπορεί να ερευνηθεί: *θέμα -ο*.

ανερμάτιστος, -η, -ο, επίθ. 1. χωρίς έρμα, ασταθής: *πλοίο -ο*. 2. (μεταφ.) που μεταβάλλεται εύκολα, άστατος: *χαρακτήρας ~· νέοι -οι· διαγωγή -η· είναι ~ στις αποφάσεις του* (συνών. *ευμετάβολος·* αντ. *σταθερός*). 3. που δεν έχει επαρκείς γνώσεις, που δεν έχει καταρτισθεί επαρκώς: *νομικός / δάσκαλος ~* (συνών. *ακατάρτιστος·* αντ. *καταρτισμένος*).

ανερμήνευτος, -η, -ο, επίθ., που δεν έχει ή δεν μπορεί να ερμηνευτεί: *κείμενο / απόσπασμα -ο· στάση / συμπεριφορά -η· όνειρο -ο* (συνών. *ανεξήγητος·* αντ. *ερμηνευμένος, ευκολοεξήγητος*).

ανερυθρίαστος, -η, -ο, επίθ., που δεν κοκκινίζει από ντροπή, που δεν ντρέπεται (συνών. *αναίσχυντος, αναιδής·* αντ. *ντροπαλός, συνεσταλμένος*). - Επίρρ. **-α**.

ανέρωτος, -η, -ο, επίθ., που δεν ανακατώθηκε με νερό: *ούζο / κρασί / γάλα -ο* (συνών. *άκρατος·* αντ. *νερωμένος*).

άνεση η, ουσ. 1. χαλάρωση, έλλειψη έντασης ή βιασύνης: *κάν' το με ~· έχομε ~ χρόνου* (αντ. *ένταση*). 2. ευκολία ζωής: *σύγχρονες -εις· το σπίτι παρουσιάζει έλλειψη -εων*. 3. ευχέρεια σε κάτι: *υπάρχει μεγάλη ~ χώρου* (= ευρυχωρία)· *οικονομική ~· μιλάει με ~ γι' αυτά τα θέματα· έχει μια ~ στις κινήσεις της* (αντ. *δυσχέρεια*).

ανέτοιμος, -η, -ο, επίθ., που δεν έχει ετοιμαστεί, προετοιμαστεί: *-ος για τέτοιο ταξίδι· σπίτι -ο* (συνών. *απροετοίμαστος·* αντ. *έτοιμος, προετοιμασμένος*).

ανετοιμότητα η, ουσ., έλλειψη ετοιμότητας, προετοιμασίας: *βιομηχανική ~ μιας χώρας*.

άνετος, -η, -ο, επίθ. 1. που παρέχει ανάπαυση, άνεση: *καναπές* ~· *κάθισμα -ο* (συνών. *αναπαυτικός*). 2. που έχει ευκολίες ζωής, βολικός: *σπίτι -ο· διαμονή -η* (αντ. *άβολος*). 3. που παρουσιάζει ευχέρεια σε κάτι: *καθιστικό -ο* (= ευρύχωρο)· ~ *οικονομικά· ζωή -η* (= με οικονομική ευχέρεια)· *ρούχα -α· κινήσεις -ες* (= χαλαρές, αεράτες)· *φέρσιμο -ο*. 4. που έγινε ή γίνεται χωρίς κούραση, εμπόδια, κλπ., εύκολος: *δουλειά -η· ταξίδι -ο· νίκη -η* (αντ. *δύσκολος, κουραστικός*).

ανετυμολόγητος, -η, -ο, επίθ., (για λέξη) που δεν έχει ή δεν μπορεί να ετυμολογηθεί: *λέξεις -ες* (αντ. *ετυμολογημένος*).

ανεύθυνος, -η, -ο, επίθ. 1. που δεν έχει ευθύνη για κάτι, που δεν είναι υποχρεωμένος να δώσει λόγο για τις πράξεις του: *είναι ~ γι' αυτό το πόστο* (αντ. *υπεύθυνος, υπόλογος*). 2. που ενεργεί χωρίς υπευθυνότητα· (συνεκδοχικά), κάτι που γίνεται χωρίς συναίσθηση ευθύνης: *είναι ~ στη διαχείριση των οικονομικών του· κάνει -η δουλειά· πράξεις -ες* (αντ. *υπεύθυνος*). 3. που δεν μπορεί να του καταλογίσει κανείς ευθύνες: *παιδί -ο* (συνών. *ακατάγιστος, ανυπεύθυνος·* αντ. *υπεύθυνος*). 4. ανυπεύθυνος, αθώος: *είναι -οι για ό,τι ακολούθησε* (αντ. *υπεύθυνος, ένοχος*). - Το ους. ουσ. = η έλλειψη ευθύνης: «*το -ο του ανώτατου άρχοντα*». - Επίρρ. **-α**.

ανευθυνότητα η, ουσ. 1. έλλειψη ευθύνης: *ο δήμος δήλωσε ~ για το νέο σχέδιο πόλης* (αντ. *υπευθυνότητα*). 2. το να μην αισθάνεται κάποιος ευθύνη για τις πράξεις του: *είναι εξοργιστική η ~ του αρμόδιου φορέα· το αίτιο της πυρκαγιάς ήταν η εγκληματική ~ ορισμένων εκδρομέων* (αντ. *υπευθυνότητα*).

ανευλάβεια η, ουσ. (ασυνίζ.), έλλειψη ευλάβειας, ευσέβειας (συνών. *ασέβεια*).

ανευλαβής, -ής, -ές, γεν. *-ούς*, πληθ. αρσ. και θηλ. *-είς*, ουδ. *-ή*, επίθ., που δεν έχει ευλάβεια, ασεβής.

ανεύρεση η, ουσ., η ανακάλυψη πράγματος που είχε χαθεί ή που ήταν ως τώρα άγνωστο: ~ *των κλοπιμαίων· ~ του Τίμιου Σταυρού* (αντ. *απώλεια, χάσιμο*).

ανεύρυσμα το, ουσ. (ιατρ.) διόγκωση αιμοφόρου αγγείου (κυρίως αρτηρίας) από οργανική πάθηση ή κάκωση του τοιχώματός του.

ανεφάρμοστος, -η, -ο, επίθ., που δεν έχει ή δεν μπορεί να εφαρμοστεί: *μέθοδοι / θεωρίες -ες* (αντ. *εφαρμοσμένος, εφαρμόσιμος*). - Επίρρ. **-α**.

ανέφελος, -η, -ο, επίθ. 1. που δεν έχει σύννεφα: *ουρανός ~* (συνών. *αίθριος·* αντ. *συννεφιασμένος*). 2. (μεταφ.) που δεν έχει στενοχώριες: *ζωή -η* (αντ. *συννεφιασμένος*).

ανέφικτος, -η, -ο, επίθ., που δεν μπορεί να επιτευχθεί, να πραγματοποιηθεί: *στόχοι -οι* (συνών. *ακατόρθωτος, απραγματοποίητος·* αντ. *εφικτός, κατορθωτός*). - Επίρρ. **-α**.

ανεφοδιάζω ρ. (ασυνίζ.), εφοδιάζω ξανά, παρέχω τα απαραίτητα εφόδια: *τα αεροπλάνα -ονται σε καύσιμα κατά την πτήση*.

ανεφοδιασμός ο, ουσ. (ασυνίζ.), το να γίνεται πάλι εφοδιασμός, η παροχή των απαραίτητων εφοδίων: *~ στρατευμάτων*.

ανέχεια η, ουσ. (ασυνίζ.), έλλειψη των απαραίτητων μέσων για επιβίωση: *περνούν μεγάλη ~· τους λείπει και το ψωμί* (συνών. *φτώχεια*).

ανέχομαι, ρ. 1. υπομένω αδιαμαρτύρητα: *δεν ~ τις ιδιοτροπίες του· κανείς δεν -εται τις προσβολές*. 2. παραβλέπω, συγχωρώ κάτι άπρεπο: *δεν -εται την παραμικρή παραβίαση του ωραρίου*.

ανεχόρταγος, βλ. *αχόρταστος*.

ανεψιός, βλ. *ανιψιός*.

ανήθικος, -η, -ο, επίθ. 1. που ενεργεί αντίθετα προς τις ηθικές αρχές: *έμπορος ~· γυναίκα -η* (συνών. *αισχρός, αχρείος·* αντ. *ηθικός, ενάρετος*). 2. που είναι ή που έχει γίνει αντίθετα προς τους ηθικούς νόμους: *προτάσεις / πράξεις -ες· ζωή / συμπεριφορά -α* (συνών. *αισχρός, αχρείος·* αντ. *ηθικός, ενάρετος*).

ανηθικότητα η, ουσ. 1. έλλειψη ηθικών αρχών: *η ~ της σύγχρονης κοινωνίας* (αντ. *ηθική*). 2. ανήθικη πράξη (συνών. *αχρειότητα*).

άνηθο το και **άνηθος** ο, ουσ., φυτό αρωματικό που χρησιμοποιείται ως άρτυμα.

ανήκεστος, -η, -ο, επίθ. (νομ.) μόνο στην έκφρ. *-η βλάβη της υγείας* (= αθεράπευτη, ανεπανόρθωτη).

ανήκουστος, -η, -ο και **ανάκουστος**, επίθ., που δεν έχει ακουστεί ξανά, που ακούγεται για πρώτη φορά: *-α πράγματα! σκάνδαλο -ο*.

ανήκω, ρ. 1. είμαι κτήμα, ιδιοκτησία κάποιου: *το σπίτι -ει στη μητέρα τους*. 2. είμαι μέλος ή μέρος ενός συνόλου: *-ει στο χριστιανοδημοκρατικό κόμμα· τα βρεγματικά -ουν στα οστά του κρανίου*. 3. αντιστοιχώ σε κάποιον ως μερίδιο: *του -ει η μισή περιουσία* (συνών. *αναλογώ*). 4. αναφέρομαι σε κάτι, έχω σχέση με κάτι: *το σενάριο της ταινίας -ει στο χώρο της επιστημονικής φαντασίας*. 5. αρμόζω, ταιριάζω: *του -ει η δόξα / η πρωτοβουλία / ο έπαινος*. Φρ. *κάτι -ει στην ιστορία / στο παρελθόν* (= έχει περάσει, έχει ξεχαστεί).

ανήλεος, -α, -ο, επίθ., που χαρακτηρίζεται από σκληρότητα, έλλειψη οίκτου: *κριτής ~* (συνών. *ανελέητος, άσπλαχνος·* αντ. *ελεητικός, φιλεύσπλαχνος*). [*ανηλεής* κατά το σχήμα *δυστυχής - δύστυχος*].

ανήλιαγος, -η, -ο, επίθ. (συνιζ., λαϊκ.), που δεν τον βλέπει, δεν τον φωτίζει ο ήλιος: *υπόγειο -ο· σπηλιά -η* (συνών. *σκοτεινός·* αντ. *φωτεινός, ηλιόλουστος*).

ανήλικος, -η, -ο, επίθ., που δεν έχει ακόμη τη νόμιμη ηλικία: *-α παιδιά* (αντ. *ενήλικος*).

ανηλικότητα η, ουσ. (λόγ.), το να είναι κάποιος ανήλικος: *~ κληρονόμου*.

ανήλιος, -α, -ο, επίθ. (ασυνίζ.), που δεν τον βλέπει το φως του ήλιου: *υπόγειο / σπίτι -ο* (συνών. *ανήλιαγος, σκοτεινός·* αντ. *φωτεινός, ηλιόλουστος*).

ανήμερα, επίρρ. 1. την ίδια μέρα: *~ το Πάσχα θα φύγουν για το εξωτερικό*. 2. (σπάνιο) την προηγούμενη μέρα (συνών. *χθές*). 3. (σπάνιο) την επόμενη μέρα (συνών. *αύριο*). [*ανά + ημέρα*].

ανήμερος, -η, -ο, επίθ. 1. (για ζώα) άγριος, που δεν εξημερώθηκε: *οι τίγρεις είναι ζώα -α* (συνών. *ατίθασος·* αντ. *ήμερος*). 2. (μεταφ.): εχθρός / πόνος ~· *καρδιά -η*. Φρ. *έγινε θηρίο -ο* (= θύμωσε πάρα πολύ).

ανημπόρια και **-ριά** η, ουσ. (συνιζ., λαϊκ.). 1. σωματική αδυναμία, αδιαθεσία· εξάντληση (αντ. *ευρωστία, ακμαιότητα*). 2. ανικανότητα (αντ. *ικανότητα*). 3. έλλειψη χρημάτων (συνών. *φτώχεια·* αντ. *ευημερία*).

ανήμπορος, -η, -ο, επίθ. (λαϊκ.). 1. που τον χαρακτηρίζει σωματική αδυναμία, ασθενικότητα: *γέροντες -οι· έσερνε τ' -α πόδια του* (συνών. *αδύναμος, ασθενικός·* αντ. *εύρωστος, σφριγηλός*). 2.

ανήξερος

που δεν έχει την ικανότητα να κάνει κάτι: ~ να κάνει κακό (συνών. ανίκανος· αντ. ικανός). 3. που ζει στη φτώχεια (συνών. φτωχός· αντ. εύπορος).

ανήξερος, -η, -ο, επίθ., που δεν ξέρει κάτι, αδαής, άπειρος: όταν τη ρωτούσαν έκανε την -η· είναι ~ από δουλειά (αντ. γνώστης, έμπειρος).

ανηολόγητος, -η, -ο επίθ. (ασυνίζ.), (για πλοίο) που δεν είναι καταγραμμένος σε νηολόγιο (αντ. νηολογημένος).

ανησυχητικός, -ή, -ό, επίθ., που προκαλεί ανησυχία: ειδήσεις -ές (αντ. καθησυχαστικός). - Επίρρ. **-ά.**

ανησυχία η, ουσ. 1. αναταραχή, ακαταστασία: με τα παιχνίδια κάνατε μεγάλη ~ (αντ. ησυχία). 2. ψυχική ταλαιπωρία: ο άρρωστος είχε όλη τη μέρα ~ (αντ. ηρεμία). 3. αγωνία: έχω ~ για το μακρινό ταξίδι του.

ανήσυχος, -η, -ο, επίθ. 1. που του λείπει η ψυχική ηρεμία: ο άρρωστος ήταν~χτες (συνών. ταραγμένος· αντ. ήσυχος, ήρεμος). 2. που έχει αγωνία για κάτι: είναι ~ για το αποτέλεσμα των εξετάσεών του (αντ. ήρεμος). 3. που έχει ποικίλα ενδιαφέροντα: πνεύμα -ο (αντ. εφησυχασμένος). - Επίρρ. **-α.**

ανησυχώ, ρ. Α. (αμτβ.) βρίσκομαι σε ψυχική ταραχή: ~ γιατί αργεί το παιδί να γυρίσει· ~ για το μέλλον· ~ εξαιτίας των περίεργων θορύβων (αντ. ησυχάζω, ηρεμώ). Β. (μτβ.) κάνω κάποιον να ταραχτεί ψυχικά: με -εί η αδιαθεσία του· ο θόρυβος -ησε τους γείτονες (αντ. ησυχάζω, ηρεμώ).

ανηφόρα και (συνιζ.) **ανηφοριά** η, ουσ., ανηφορικός δρόμος: ~ δύσκολη / επικίνδυνη (συνών. ανηφόρι, ανήφορος· αντ. κατηφόρα, κατηφοριά).

ανηφόρι το, ουσ., ανηφορικός δρόμος: πήρα τ' ~ (συνών. ανηφόρα, ανήφορος· αντ. ανηφόρα).

ανηφορίζω, ρ. 1. ανεβαίνω τον ανήφορο (αντ. κατηφορίζω). 2. είμαι ανηφορικός: ο δρόμος -ίζει (αντ. κατηφορίζω).

ανηφορικός, -ή, -ό, επίθ. (για δρόμο) που έχει διεύθυνση προς τα ψηλά (αντ. κατηφορικός).

ανηφόρισμα το, ουσ., βάδισμα σε ανηφορικό μέρος, σε ανηφορικό δρόμο.

ανήφορος ο, ουσ., δρόμος ή τόπος ανηφορικός: παίρνω τον ~ (συνών. ανηφόρα, ανηφοριά· αντ. κατήφορος). Φρ. (για εμπόρευμα) πήρε τον -ο (= υπερτιμήθηκε): τα τρόφιμα πήραν τον -ο. Παροιμ. ετούτος ο ~ θα φέρει και κατήφορο. [αναφέρω]

ανθ-, αχώρ. μόρ. (στη θέση του αντι-): ανθυπασπιστής, ανθίσταμαι.

ανθεκτικός, -ή, -ό, επίθ., που μπορεί ν' αντέχει σε κάτι: ύφασμα / υλικό -ό (συνών. γερός, στερεός).

ανθεκτικότητα η, ουσ., το να είναι κανείς ανθεκτικός (συνών. αντοχή).

ανθελληνικός, -ή, -ό, επίθ., που έχει εχθρική διάθεση, που είναι αντίθετος στον ελληνισμό και τους Έλληνες: εκστρατεία / πολιτική -ή· βιβλίο -ό (αντ. φιλελληνικός).

ανθέμιο το, ουσ. (ασυνίζ.), διακόσμηση σε μορφή άνθους.

ανθενωτικός, -ή, -ό, επίθ. (ιστ.) αντίπαλος της ένωσης της Ορθόδοξης Ανατολικής Εκκλησίας με τη Δυτική (αντ. ενωτικός).

ανθεστήρια τα, ουσ. (ασυνίζ.), (αρχ.) γιορτή προς τιμήν του Διονύσου στην αρχαία Αθήνα κατά το μήνα Ανθεστηριώνα.

ανθήρας ο, ουσ. (βοτ.) μικρός σάκκος ή κάψα, συνήθως κίτρινος και επιμήκης, που περιέχει τη γύρη και αποτελεί μέρος του στήμονα του άνθους.

ανθηρός, -ή, -ό, επίθ. α. γεμάτος άνθη: κήπος ~ (συνών. λουλουδιασμένος)· β. (μεταφ.) ακμαίος, ζωηρός: παρά τα χρόνια του είναι ακόμη ~· γ. (για ύφος) υπερβολικά στολισμένος.

ανθηρότητα η, ουσ. (για πρόσωπο) το να είναι κανείς ανθηρός, ακμαίος: διατηρεί ακόμη την -ά του (συνών. ζωτικότητα).

άνθηση, βλ. άνθιση.

άνθι το, ουσ., λουλούδι: ~ απαλό (Σολωμός).

ανθίζω και (σπανίως) **ανθώ, -είς,** ρ. 1. (για μπουμπούκι) γίνομαι άνθος: οι παπαρούνες -ίζουν. 2. (μόνο στον τ. -ίζω· μεταφ.) -ιζε το χαμόγελο στο πρόσωπό της. 3. (για δέντρο) βγάζω άνθη: οι αμυγδαλιές -ίζουν την άνοιξη (συνών. λουλουδιάζω). 4. ακμάζω: στους πολιτισμένους τόπους -ίζουν οι τέχνες και τα γράμματα (συνών. ευημερώ, ευδοκιμώ).

άνθιση και **άνθηση** η, ουσ. α. παραγωγή άνθους (συνών. άνθισμα)· β. εποχή ανθοφορίας: είναι στην άνθισή τους οι αμυγδαλιές· γ. (μεταφ.) ακμή: η άνθιση των γραμμάτων· άνθηση του πολιτισμού.

άνθισμα το, ουσ., παραγωγή άνθους (συνών. άνθιση).

ανθίσταμαι ρ. (ελλειπτ. σε τ. και χρόνους), προβάλλω αντίσταση, άμυνα: στα χρόνια της Κατοχής οι Έλληνες -ίσταντο κατά του κατακτητή (συνών. αντιστέκομαι· αντ. υποτάσσομαι).

ανθοβολώ, -άς, ρ., βγάζω άνθη: τα δέντρα -ούν (συνών. ανθίζω).

ανθόγαλα και **-ο** το, ουσ., αφρώδης ουσία στην επιφάνεια του γάλακτος, καϊμάκι.

ανθογυάλι το, ουσ. (συνιζ.), γυάλινο ανθοδοχείο.

ανθοδέσμη η, ουσ., δέσμη, μάτσο λουλούδια.

ανθοδοχείο το, ουσ., δοχείο, βάζο με λουλούδια (συνών. ανθόβαζο).

ανθοκήπιο το, ουσ. (ασυνίζ.), κήπος με λουλούδια (συνών. ανθόκηπος).

ανθόκηπος ο, ουσ., κήπος με λουλούδια (συνών. ανθοκήπιο).

ανθοκομία η, ουσ., η τέχνη της περιποίησης των λουλουδιών· κλάδος της φυτοκομίας.

ανθοκομικός, -ή, -ό, επίθ., που αναφέρεται ή σχετίζεται με την ανθοκομία: έκθεση -ή. - Το θηλ. ως ουσ. = ανθοκομία (βλ. λ.): έχει πολλές γνώσεις πάνω στην -ή.

ανθοκόμος ο, ουσ., ειδικός που φροντίζει για τα λουλούδια.

ανθολόγηση η, ουσ., επιλογή κειμένων (με ορισμένα κριτήρια) με σκοπό τη συγκρότηση ανθολογίας.

ανθολογία η, ουσ., συλλογή πεζών ή έμμετρων κειμένων διάφορων λογοτεχνών που έρχεται στη δημοσιότητα: ~ ποιητική.

ανθολόγιο το, ουσ. (ασυνίζ.). α. συλλογή έργων διάφορων λογοτεχνών που συγκροτεί δημοσίευμα: ~ Ελλήνων λογοτεχνών· β. (εκκλ.) βιβλίο με διάφορες ακολουθίες εορτών.

ανθολόγος ο, ουσ., αυτός που ασχολείται με την επιλογή κειμένων και με τη σύνταξη μιας ανθολογίας.

ανθολογώ, -είς, ρ., συγκεντρώνω έργα διάφορων λογοτεχνών και συγκροτώ δημοσίευμα· (γενικά) συγκεντρώνω το εκλεκτότερο από ποικίλα πράγματα.

ανθόνερο το, ουσ., απόσταγμα από λουλούδια (εσπεριδοειδών κυρίως) ή από μυριστικά φύλλα.

ανθοπωλείο το, ουσ., κατάστημα όπου πουλιούνται λουλούδια.
ανθοπώλης ο, θηλ. **-ισσα**, ουσ., πωλητής λουλουδιών.
άνθος το, ουσ. 1. μέρος του φυτού με τα όργανα αναπαραγωγής: *έδεσαν τα -η* (συνών. *λουλούδι*). 2. το εκλεκτότερο μέρος ενός συνόλου: *το ~ της ελληνικής νεολαίας* (συνών. *αφρός, αφρόκρεμα, αθέρας*). 3. ακμή: *βρίσκεται στο ~ της ηλικίας του*. 4. *ρητορικά -η* = υπερβολικός ρητορισμός. -Υποκορ. **-άκι, -ουλάκι** το.
ανθός και (λαϊκ.) **αθός** ο, ουσ. 1. μέρος του φυτού με τα όργανα αναπαραγωγής: *στολισμένη με -ούς λεμονιάς*· (μεταφ.) *~ της νιότης* (συνών. *άνθος, λουλούδι*). 2. το εκλεκτότερο μέρος ενός πράγματος ή συνόλου: *διαλέγω τον -ό* (συνών. *αφρός, άνθος*).
ανθόσπαρτος, -η, -ο, επίθ., σπαρμένος με άνθη: *λιβάδι -ο*· (μεταφ. για τον ανθρώπινο βίο) *ευτυχής*.
ανθοστεφανωμένος, -η, -ο, μτχ. επίθ., που έχει λουλούδια στο κεφάλι: *ήρθαν -ένες* (Παλαμάς).
ανθοστόλιστος, -η, -ο, επίθ., στολισμένος με λουλούδια: *Απρίλη μου -ιστε* (δημ. τραγ.).
ανθότοπος ο, ουσ., τόπος με πολλά άνθη: *Δροσάτο αεράκι / μέσα σε -ο 'κειό το παιδάκι* (Σολωμός).
ανθότυρο και **αθό-** το, και **ανθότυρος** και **αθό-** ο, ουσ. 1. είδος εκλεκτού τυριού που περιέχει πολύ πάχος. 2. είδος μυζήθρας. Παροιμ. *δεν τρώει ο γάιδαρος -ο* (= ο ανάξιος δεν καταφέρνει σπουδαία πράγματα).
ανθοφορία η, ουσ. α. άνθιση των φυτών· β. εποχή άνθισης.
άνθρακας ο, ουσ. 1. κάρβουνο: *~ ορυκτός / άμορφος· ορυχείο -α* 2. *ζωικός ~* = το υπόλειμμα που μένει μετά την καύση οστών μέσα σε κλειστό δοχείο. 3. (χημ.) απλό σώμα αμέταλλο που υπάρχει με ποικίλες μορφές, είναι πολύ διαδεδομένο στη φύση μέσα σε ενώσεις και βρίσκεται σ' όλους τους ζωντανούς οργανισμούς· *~ 14* = ραδιενεργό ισότοπο του άνθρακα που χρησιμεύει στο να χρονολογηθούν υπολείμματα οργανικών ουσιών. 4. (φυσ.) *λευκός ~*: οι υδατοπτώσεις, οι καταρράχτες που χρησιμοποιούνται για την παραγωγή ηλεκτρικής ενέργειας. 5. (φυτολ.) διάφορες ασθένειες των φυτών που προκαλούνται από μύκητες: *~ ελιάς / σιτηρών*. 6. (ιατρ.) κακοήθης φλύκταινα πάνω στο ανθρώπινο σώμα που γίνεται φυσαλίδα με υποκίτρινο υγρό. 7. (κτηνιατρ.) λοιμώδης ασθένεια (ιδίως των βοοειδών) που μεταδίδεται και στον άνθρωπο: *~ συμπτωματικός / εγκεφαλικός, εντερικός*.
άνθρακες ο θησαυρός! αρχαϊστ. έκφρ.· όταν διαψεύδονται οι ελπίδες κάποιου.
ανθρακεύω, ρ. 1. παρασκευάζω ξυλάνθρακες. 2. προμηθεύομαι κάρβουνο για την κίνηση μηχανών: *τα πλοία -ουν*.
ανθρακιά η, ουσ. (συνίζ.), 1. σωρός από αναμμένα κάρβουνα μετά το χώνεμα της φωτιάς, *θράκα*. 2. στάχτη.
ανθρακικός, -ή, -ό, επίθ., που περιέχει άνθρακα: *πετρώματα -α· κάλιο -ό* (= ποτάσα).
ανθρακοφόρος, -α, -ο, επίθ., (για μεταλλικά κοιτάσματα) που περιέχει γαιάνθρακες: *στρώμα -ο*.
ανθρωπεμπορία η, ουσ., εμπόριο της ανθρώπινης σάρκας (συνών. *σωματεμπόριο*).
ανθρωπεύω, ρ. Α. αμτβ., ενεργ. και μέσ. 1. γίνομαι «άνθρωπος», σωστός άνθρωπος: *-τηκε στην ξενιτιά*. 2. εξωραΐζομαι: *-ψε η πλατεία*. Β. μτβ. 1. κάνω κάποιον «άνθρωπο»: *τον -ψε που γνώρισε κι άλλους ανθρώπους*. 2. εξωραΐζω: *-ψαμε το δωμάτιο με το συγύρισμα*.
ανθρωπιά και **αθρωπιά** η, ουσ. (συνίζ.), συμπεριφορά ανάλογη με το υψηλό νόημα «άνθρωπος»: (παροιμ.) *δείξε μου τη συντροφιά σου να σου πω την ~ σου* (συνών. *ανθρωπισμός*· αντ. *απανθρωπιά*). Έκφρ. *της ~* (= κατάλληλος για ανθρώπους): *δεν είναι ρούχο της ~*.
ανθρωπίζω, ρ., γίνομαι άνθρωπος, παύω να είμαι αγροίκος: *την αγριμιά ξεπέρασα, κοντεύω ν' -σω* (Αθάνας) (συνών. *εξανθρωπίζομαι, ανθρωπεύω* στη σημασ. Α. 1).
ανθρωπίλα η, ουσ., η μυρωδιά που αναδύει το ανθρώπινο σώμα: *πασίχαρη ~* (Αθάνας).
ανθρώπινος, -η, -ο, επίθ., που αναφέρεται γενικά στον άνθρωπο: *γένος -ο· φυλές -ες*. - Επίρρ. **-ίνως** (λόγ.): *-ίνως αδύνατον*.
ανθρωπινός, -ή, -ό, επίθ. 1. που σχετίζεται με τον άνθρωπο: *συμπεριφορά -ή*. 2. αξιόλογος, αξιοπρόσεχτος, ευπρόσωπος: *ρούχα -ά*. - Επίρρ. **-ά**: *του φέρθηκε -ά*.
ανθρωπισμός ο, ουσ. 1. συμπεριφορά που αρμόζει σε άνθρωπο. 2. αγάπη προς το συνάνθρωπο (συνών. *ανθρωπιά*). 3. (ιστ.) πνευματική κίνηση στη δυτική Ευρώπη κατά την Αναγέννηση (14.-16. αι.) που χαρακτηριζόταν από την τάση να μελετηθούν τα κλασικά γράμματα με σκοπό την καλλιέργεια του ανθρώπου με βάση τις αξίες του αρχαίου ελληνικού και λατινικού πολιτισμού (συνών. *ουμανισμός*).
ανθρωπιστής ο, θηλ. **-ίστρια**, ουσ. 1. οπαδός του ανθρωπισμού. 2. μελετητής των κλασικών γραμμάτων (συνών. *ουμανιστής*).
ανθρωπιστικός, -ή, -ό, επίθ. 1. που σχετίζεται με τον ανθρωπισμό: *σπουδές -ές*. 2. φιλανθρωπικός: *τον βοήθησα για λόγους -ούς*. - Επίρρ. **-ά** = με τρόπο ανθρωπιστικό: *του φέρθηκε -ά*.
ανθρωπίστρια, βλ. *ανθρωπιστής*.
ανθρωπογένεση η, ουσ., η ιστορία της εξέλιξης του ανθρώπου.
ανθρωπογεωγραφία η, ουσ., επιστήμη (κλάδος της βιογεωγραφίας) που μελετά την επίδραση του γεωγραφικού περιβάλλοντος στην εξέλιξη της ζωής και του πολιτισμού του ανθρώπου και αντίστροφα την επίδραση και τις μεταβολές που επιφέρει ο άνθρωπος στο γεωγραφικό περιβάλλον προς όφελός του.
ανθρωπογνωσία η, ουσ., η επιστημονική μελέτη των ψυχικών χαρακτηριστικών του ανθρώπου.
ανθρωποειδής, -ής, -ές, γεν. **-ούς**, πληθ. αρσ. και θηλ. **-είς**, ουδ. **-ή**, επίθ., που μοιάζει με τον άνθρωπο· *-ή* (τα) = οι πίθηκοι.
ανθρωποθάλασσα η, ουσ., μεγάλο πλήθος ανθρώπων: *το συλλαλητήριο ήταν μια ~* (συνών. *κοσμοπλημμύρα*).
ανθρωποθυσία η, ουσ., θυσία ανθρώπου από άνθρωπο.
ανθρωποκεντρικός, -ή, -ό, επίθ., που ξεκινά από την άποψη ή σχετίζεται με την άποψη ότι όλα ξεκίνησαν από τον άνθρωπο: *θρησκεία / κοσμοθεωρία -ή*.
ανθρωποκεντρισμός ο, ουσ. (φιλοσ.) άποψη που δέχεται τον άνθρωπο ως κέντρο του κόσμου.
ανθρωποκτονία η, ουσ., φόνος ανθρώπου από πρό-

θεση ή και χωρίς πρόθεση: *δικάζεται για* ~ · ~ *από αμέλεια* (συνών. *δολοφονία*).

ανθρωποκυνηγητό το, ουσ., επίμονη αναζήτηση ενόχου από τις αστυνομικές αρχές: *για την εξιχνίαση του εγκλήματος εξαπολύθηκε πραγματικό* ~.

ανθρωπολογία η, ουσ. 1. επιστημονική μελέτη του ανθρώπου ως μέλους του ζωικού βασιλείου. 2. *πολιτιστική ή κοινωνική* ~ = επιστήμη που μελετά τις διαφορές στις πεποιθήσεις και στους θεσμούς των ανθρώπων νοούμενους ως βάση των κοινωνικών δομών.

ανθρωπολογικός, -ή, -ό, επίθ., που σχετίζεται με την ανθρωπολογία: *έρευνα -ή.*

ανθρωπολόγος ο και η, ουσ., επιστήμονας που ασχολείται με την ανθρωπολογία.

ανθρωπολόι το, ουσ., πλήθος ανθρώπων: *άθλιο* ~ (συνών. *ανθρωπομάνι*).

ανθρωπομάζωμα το, ουσ., συγκέντρωση πολυποίκιλων ανθρώπων.

ανθρωπομάζωξη η, ουσ., συγκέντρωση πολλών ανθρώπων, πλήθος: *μεγάλη αναταραχή επικρατούσε στην αλλόκοτη* ~ (Ι. Μ. Παναγιωτόπουλος) (συνών. *ανθρωποσύναξη*).

ανθρωπομετρία η, ουσ. 1. μελέτη των μερών του ανθρώπινου σώματος που οδηγεί στην ταύτιση του ατόμου: *η* ~ *είναι πολύτιμη στην αστυνομική έρευνα.* 2. τεχνική για τη μέτρηση του ανθρώπινου σώματος και των μερών του.

ανθρωπόμετρο το, ουσ., όργανο με το οποίο μετριέται το μήκος του σώματος.

ανθρωπομορφικός, -ή, -ό, επίθ., που αναφέρεται στον ανθρωπομορφισμό: *διάκοσμος* ~.

ανθρωπομορφισμός ο, ουσ., το να αποδίδονται στο θείο η μορφή και οι ιδιότητες του ανθρώπου: *ο* ~ *της αρχαίας ελληνικής θρησκείας.*

ανθρωπόμορφος, -η, -ο, επίθ., που εμφανίζεται με μορφή ανθρώπου: *τέρας -ο· θεοί -οι.*

άνθρωπος και (λαϊκ.) **άθρωπος** ο, ουσ., γεν. *-ώπου*, πληθ. *άνθρωποι* και (λαϊκότερα) *ανθρώποι*, ον θηλαστικό, δίχειρο, με κύρια χαρακτηριστικά την όρθια στάση, το λογικό και τον έναρθρο λόγο, που αποτελεί την πιο εξελιγμένη μορφή ζωής πάνω στη γη· (συνεκδοχικά) ο κάθε άνδρας και κάθε γυναίκα σε οποιαδήποτε ηλικία: *την εκτόξευση παρακολούθησε πλήθος -ώπων· βρέθηκαν σύμφωνοι σαν να ήταν ένας* ~· *τι περίεργος* ~*!* · ~ *αγαθός / κακός / δίκαιος / άδικος / αγέλαστος / αγέραστος / έξυπνος / κοινωνικός / πολιτισμένος / μορφωμένος·* ~ *σύγχρονος* (= με σύγχρονες αντιλήψεις)· ~ *καθυστερημένος* (= με πολύ συντηρητικές αντιλήψεις) ·*-οι προϊστορικοί / παλαιολιθικοί·* ~ *του Νεάντερταλ·* ~ *της υπαίθρου* (= αγρότης) */ της θάλασσας* (= ναυτικός)·~ *του κόσμου* (= κοινωνικός ή κοσμογυρισμένος)· ~ *του λαού* (= λαϊκής καταγωγής)· ~ *των σαλονιών* (= που έχει έντονη κοσμική ζωή)· ~ *του πνεύματος / των γραμμάτων* (= λόγιος, μορφωμένος)· ~ *του καθήκοντος·* ~ *του Θεού* (= θρησκευόμενος)· ~ *της νύχτας* (= που εργάζεται ή διασκεδάζει τις νύχτες)· ~ *του υποκόσμου / του σκοινιού και του παλουκιού·* ~ *περιωπής* (= επιφανής)· ~ *της ανάγκης* (= άτομο που ζει στερημένη ζωή)· ~ *των άκρων* (= που έχει απόλυτες ή ακραίες πεποιθήσεις)· *έγινε άλλος* ~ (= άλλαξε υπερβολικά η εμφάνιση ή ο χαρακτήρας του)· *έκφρ. ο Υιός του ανθρώπου* = *ο Χριστός.* 2. (με διάφορα ουσ. ή επίθ.

για επίταση της σημασίας τους): *νοικοκύρης / φτωχός* ~· *άγιος* ~ (= πολύ καλός)· *ζωντανός* ~ (= με ισχυρή θέληση και αγάπη για τη ζωή και τις διασκεδάσεις)· *μην τον ταλαιπωρείτε γέρο -ο!* 3. (σε κλητική επιτιμητικά ή περίφρον.): *-έ μου, τι είναι αυτά που κάνεις!· άσε με ήσυχο, -έ μου!.* 4. (περιληπτικά στον εν. και πληθ.) *το ανθρώπινο γένος*, το σύνολο των ανθρώπων: *ο* ~ *είναι κυρίαρχος πάνω στη γη· ενώπιον Θεού και -ώπων· ο Χριστός ήλθε για να σώσει τον -ο· οι εφευρέσεις διευκολύνουν τη ζωή των -ώπων.* 5. ~ *οικονομικός* = (οικονομολογία) ο άνθρωπος ως λογικό ον που κινείται μόνο από οικονομικά κίνητρα για να ικανοποιήσει τις ανάγκες του μέσα σε μια ανταγωνιστική αγορά. 6. άτομο έμπιστο που βρίσκεται στις υπηρεσίες κάποιου: *-οι του προέδρου / του υπουργού· δικός του* ~ *έκανε την καταγγελία.* 7. (με κτητ. αντων.) σύζυγος ή αγαπημένος: *έχασε τον -ό της· δεν το περίμενε από τον -ό του.* 8. ο άνθρωπος ως φορέας ικανοτήτων και αρετών, άτομο με ανθρωπιά: *δεν είσαι* ~ *να ντραπείς / να σε εμπιστεύεται κανείς· ποτέ δε θα γίνεις* ~· *να φέρεσαι σαν* ~· (ειρων.) *χαρά στον -ο!· δεν είναι* ~ *αυτός μωρέ!· να μη με λένε -ο!· βρήκες τον -ο!· αυτός είναι αληθινά* ~· *κάτσε / τρώγε σαν* ~*!* 9. ο άνθρωπος ως φορέας αδυναμιών και παθών: ~ *είμαι, δεν καταφέρνω περισσότερα· -οι είμαστε και σφάλματα κάνουμε· σαν* ~ *έπεσε έξω κι αυτός μια φορά!·* ~ *είναι· παραφέρθηκε!.* 10. (χωρίς άρθρο) κάποιος: *έβαλε -ο να τον παρακολουθεί· εξαπάτησε -ώπους για να πάρει τη δουλειά.* 11. (με άρνηση) κανένας: ~ *δε μένει / δεν περνά από δω· δεν είδα -ο.* - Υποκορ. (συνήθως περιφρονητικά για άνθρωπο ασήμαντο ή τιποτένιο) **-άκι, -άριο** το, **-άκος** ο.

ανθρωποσύναξη η, ουσ., συγκέντρωση πολλών ανθρώπων: *ένας παλιάτσος γυρόφερνε την* ~ (συνών. *ανθρωπομάζωξη*).

ανθρωπότητα η, ουσ., το σύνολο του ανθρώπινου γένους.

ανθρωποφάγος, -ος, -ο, επίθ. 1. που τρώει ανθρώπινο κρέας. 2. (ως ουσ.) σκληρός στη συμπεριφορά του άνθρωπος: *είναι σωστός* ~ (συνών. *κανίβαλος*).

ανθρωπωνυμία η, ουσ., κλάδος της ονοματολογίας που μελετά τα ονόματα των προσώπων.

ανθρωπωνύμιο το, ουσ. (ασυνίζ.), όνομα ανθρώπου ως αντικείμενο μελέτης: *μελετητής των -ίων* [*άνθρωπος + αιολ. όνυμα*].

ανθυγιεινός, -ή, -ό, επίθ., που αντιμάχεται, βλάπτει την υγεία: *φαγητά -ά.* (συνών. *βλαβερός·* αντ. *υγιεινός*). - Επίρρ. **-ά.**

ανθυπασπιστής ο, ουσ., βαθμός στο στρατό και στη χωροφυλακή ανάμεσα στον υπαξιωματικό και τον αξιωματικό.

ανθυπαστυνόμος ο, ουσ., βαθμός στην αστυνομία πόλεων ανάμεσα στον υπαξιωματικό και τον αξιωματικό.

ανθυπίατρος ο, ουσ., στρατιωτικός γιατρός με βαθμό ανθυπολοχαγού.

ανθυπίλαρχος ο, ουσ., ανθυπολοχαγός του ιππικού και των τεθωρακισμένων.

ανθυπο-, α΄ συνθ. (δηλώνει βαθμολογική ιεράρχηση): *ανθυπολοχαγός, ανθυποπλοίαρχος.*

ανθυποβρυχιακός, -ή, -ό, επίθ. (ασυνίζ.), που στρέφεται εναντίον των υποβρυχίων: *η χώρα μας υστερεί στην -ή άμυνα.*

ανθυποκτηνίατρος ο, ουσ., ανθυπολοχαγός στην κτηνιατρική υπηρεσία.

ανθυπολοχαγός ο, ουσ., ο κατώτερος βαθμός αξιωματικού στο στρατό ξηράς: *έφεδρος ~.*

ανθυπομοίραρχος ο, ουσ., ανθυπολοχαγός της χωροφυλακής.

ανθυποπλοίαρχος ο, ουσ., βαθμός αξιωματικού στο ναυτικό που αντιστοιχεί με το βαθμό του υπολοχαγού.

ανθυποπυραγός ο, ουσ., κατώτερος βαθμός αξιωματικού στο πυροσβεστικό σώμα.

ανθυποσμηναγός ο, ουσ., ανθυπολοχαγός της πολεμικής αεροπορίας.

ανθυποφαρμακοποιός ο, ουσ., βαθμός του φαρμακευτικού στρατιωτικού σώματος που αντιστοιχεί με το βαθμό του ανθυπολοχαγού.

ανθυποφορά η, ουσ. (λόγ.), σχήμα λόγου με το οποίο ο ρήτορας προβάλλει και απαντά σε ενδεχόμενες ερωτήσεις ακροατών.

ανθώ, βλ. *ανθίζω.*

ανθώνας ο, ουσ., ανθόκηπος

ανία η, ουσ., πλήξη, στενοχώρια: *νιώθω μια παράξενη ~ κάθε φορά που βρίσκομαι σ' αυτό το χώρο· αυτό το θέμα μου προκαλεί ~* (συνών. *αθυμία*).

ανιαρός, -ή, -ό, επίθ. (ασυνίζ.), που προκαλεί ανία: *συντροφιά -ή* (συνών. *πληκτικός, βαρετός*).

ανίατος, -η, -ο, επίθ., που δεν μπορεί να γιατρευτεί, αγιάτρευτος: *άσυλο -ιάτων· πάσχει από -η μεγαλομανία· ασθένεια -η* (συνών. *αθεράπευτος*).

ανίδεος, -η, -ο, επίθ. **1.** που δεν έχει ιδέα για κάτι, που δε γνωρίζει κάτι: *από μαθηματικά είμαι ~.* **2.** ανυποψίαστος, αμέτοχος: *ήμουν ~ για το έγκλημα που σχεδίαζαν.* (συνών. *ανήξερος*).

ανιδιοτέλεια η, ουσ. (ασυνίζ.), το να μην αποβλέπει κανείς σε προσωπικά οφέλη: *τον διακρίνει ~ σε όλες του τις ενέργειες* (συνών. *αφιλοκέρδεια·* αντ. *ιδιοτέλεια*).

ανιδιοτελής, -ής, -ές, γεν. *-ούς,* πληθ. αρσ. και θηλ. *-είς,* ουδ. *-ή,* επίθ., που δεν αποβλέπει σε προσωπικό του κέρδος: *μας συνδέει ~ φιλία* (συνών. *αφιλοκερδής·* αντ. *ιδιοτελής*). - Επίρρ. *-ώς.*

ανίερος, -η, -ο, επίθ., που δε σέβεται τα ιερά, ανόσιος: *επέμβαση / συμμαχία -η.* - Επίρρ. *-α.*

ανικανοποίητος, -η, -ο, επίθ. **1.** που δεν ικανοποιήθηκε, δεν πραγματοποιήθηκε: *επιθυμίες / ευχές -ες· έμεινε ~ από την αποζημίωση που του έδωσαν* (συνών. *απραγματοποίητος, αδικαίωτος*). **2.** (συνεκδοχικά) που δεν ικανοποιείται με τίποτα: *είναι ~· τα θέλει όλα δικά του* (συνών. *απαιτητικός·* αντ. *ολιγαρκής*). - Επίρρ. *-α.*

ανίκανος, -η, -ο, επίθ. **1.** που δεν είναι ικανός (να κάνει κάτι): *είναι ~ για κάθε δουλειά* (συνών. *ανεπιτήδειος·* αντ. *επιδέξιος*). **2.** που δεν είναι ικανός, κατάλληλος για στρατιωτική θητεία: *δεν πήγε στρατιώτης, γιατί τον έκριναν -ο* (συνών. *ακατάλληλος*). **3.** που δεν έχει σεξουαλική ικανότητα. **4.** ανεπιτήδειος να επιτύχει κάτι: *είναι ~ να πει το παραμικρό ψέμα* **5.** (νομ.) που από το νόμο στερείται ορισμένα δικαιώματα.

ανικανότητα η, ουσ. **1.** το να είναι κανείς ανίκανος (να κάνει κάτι) (συνών. *αδεξιότητα*). **2.** το να μην είναι κανείς κατάλληλος για στρατιωτική θητεία: *δεν υπηρέτησε στο στρατό λόγω -ας* (συνών. *ακαταλληλότητα*). **3.** το να μην έχει κανείς σεξουαλική ικανότητα. **4.** (νομ.) έλλειψη ικανότητας για δικαιοπραξία.

ανίκητος, -η, -ο, επίθ., που δεν μπορεί να νικηθεί: *είναι ~ στο σκάκι· στρατός ~* (συνών. *αήττητος, ακαταμάχητος*).

ανιλίνη η, ουσ., χημική ουσία που χρησιμοποιείται για την κατασκευή χρωμάτων. [γαλλ. *aniline* < πορτογαλλ. *anil*].

ανιμισμός ο, ουσ., πίστη ότι κάθε αντικείμενο έχει ψυχή και προθέσεις. [λατ. *anima*].

ανιόν το, γεν. *ανιόντος,* ουσ. (ασυνίζ.), ιόν που είναι αρνητικά φορτισμένο. [μτχ. του *ανίημι* ως ουσ.].

ανιόντες οι, ουσ. (ασυνίζ.). **1.** οι άμεσοι πρόγονοι, συγγενείς από τους οποίους κατάγεται κανείς άμεσα. **2.** (ως επίθ.) (μουσ.) *~ χαρακτήρες* = μουσικά σημεία με τα οποία αποδίδονται οι οξύτεροι φθόγγοι. [μτχ. του *ανίημι* ως ουσ.].

ανισοβαρής, -ής, -ές, γεν. *-ούς,* πληθ. αρσ. και θηλ. *-είς,* ουδ. *-ή,* επίθ. **1.** που δεν έχει το ίδιο βάρος με κάτι άλλο. **2.** που δεν έχει τις ίδιες επιπτώσεις και για τα δύο μέρη: *συνθήκη ~* (αντ. *ισοβαρής*).

ανισοκατανομή η, ουσ., άνιση κατανομή, μοιρασιά: *~ κονδυλίων.*

ανισομεγέθης, -ης, -ες, γεν. *-ους,* πληθ. αρσ. και θηλ. *-εις,* ουδ. *-η,* επίθ. (λόγ.), που δεν έχει το ίδιο μέγεθος με κάτι άλλο: *ποσά -η* (αντ. *ισομεγέθης*).

ανισομερής, -ής, -ές, γεν. *-ούς,* πληθ. αρσ. και θηλ. *-είς,* ουδ. *-ή,* επίθ., που αποτελείται από άνισα μέρη.

ανισόπεδος, -η, -ο, επίθ., που δεν είναι ισόπεδος: *οικόπεδο -ο· διάβαση -η· κόμβος -ος.*

ανισοπέδωτος, -η, -ο, επίθ., που δεν ισοπεδώθηκε: *χώρος ~.*

ανισόπλευρος, -η, -ο, επίθ., που δεν έχει όλες τις πλευρές ίσες: *τρίγωνο -ο* (αντ. *ισόπλευρος*).

ανισορροπία η, ουσ. **1.** έλλειψη ισορροπίας (συνών. *αστάθεια*). **2.** (ιατρ.) διανοητική αστάθεια, ελαφρά φρενοπάθεια.

ανισόρροπος, -η, -ο, επίθ. **1.** που δεν έχει ισορροπία. **2.** (ιατρ.) που δεν έχει διανοητική ισορροπία, φρενοπαθής.

άνισος, -η, -ο, επίθ. **1.** που δεν είναι ίσος: *κομμάτια -α· -η κατανομή κερδών* (συνών. *δυσανάλογος*). **2.** (συνεκδοχικά) ανώμαλος, ακανόνιστος: *δρόμος ~.* **3.** άδικος: *-η απονομή δικαιοσύνης / μεταχείριση.* **4.** που δεν έχει τα ίδια δικαιώματα με κάποιον. **5.** που γίνεται ανάμεσα σε μη ίσους: *αναλάβατε -ο αγώνα.* - Επίρρ. *-α.*

ανισοσκελής, -ής, -ές, γεν. *-ούς,* πληθ. αρσ. και θηλ. *-είς,* ουδ. *-ή,* επίθ. **1.** (γεωμ.) που έχει άνισες πλευρές: *τρίγωνο -ές* (αντ. *ισοσκελής*). **2.** (οικον., για προϋπολογισμό) που παρουσιάζει σημαντική διαφορά μεταξύ εσόδων και εξόδων: *ισολογισμός ~* (αντ. *ισοσκελισμένος*).

ανισοσύλλαβος, -η, -ο, επίθ., (γραμμ., για ονόματα) περιττοσύλλαβος (βλ.λ.).

ανισότητα η, ουσ. **1.** έλλειψη ισότητας: *~ κοινωνική / των δύο φύλων / των τάξεων.* **2.** μαθηματική έννοια που εκφράζει ότι μια ποσότητα είναι μεγαλύτερη ή μικρότερη από μια άλλη.

ανισοτιμία η, ουσ., έλλειψη ισοτιμίας, αντιστοιχίας: *~ ανάμεσα στο περιεχόμενο ενός κειμένου και τον τόνο του* (Πρεβελάκης).

ανιστόρητος, -η, -ο, επίθ. **1.** που δεν ξέρει ιστορία, αμόρφωτος. **2.** που δεν μπορεί να εξιστορηθεί: *συμφορές / περιπέτειες -ες* (συνών. *ανεκδιήγητος*).

ανιστορώ, -είς, ρ., διηγούμαι, περιγράφω: *άρχισε να μας -εί τα βάσανά του* (συνών. *εξιστορώ*).

ανίσχυρος, -η, -ο, επίθ. 1. που δεν είναι ισχυρός, που δεν έχει δύναμη: *νιώθω ~ για να σε προστατέψω* (συνών. *αδύναμος*). 2. που δεν έχει νομική ισχύ: *δωρεά -η* (συνών. *άκυρος*).

ανίσως, σύνδ., αν τυχόν: *~ έρθεις, πάρε μαζί σου και το μικρό.*

ανίσωση η, ουσ. (μαθημ.) ανισότητα που περιέχει μια ή περισσότερες μεταβλητές.

άνιφτος, -η, -ο, επίθ., που δεν έπλυνε το πρόσωπό του: *έφυγε για το σχολείο ~* (συνών. *άπλυτος*).

ανίχνευση η, ουσ. 1. παρακολούθηση των ιχνών κάποιου: *~ εγκλήματος* (συνών. *έρευνα, εξιχνίαση*). 2. (στρατ.) αναζήτηση λεπτομερειών σε μια περιοχή που αφορούν το έδαφος ή τον εχθρό (από ειδική ομάδα ή αεροπλάνα). 3. (χημ.) εξακρίβωση της παρουσίας στοιχείου ή ένωσης σε ένα γνωστό δείγμα: *~ τοξικολογική.*

ανιχνεύσιμος, -η, -ο, επίθ., που μπορεί να ανιχνευθεί, να μελετηθεί: *δομή ενός φαινομένου -η.*

ανιχνευτής ο, ουσ. 1. αυτός που ανιχνεύει. 2. (στρατ.) στρατιωτικός που ανήκει σε ανιχνευτική ομάδα. 3. συσκευή ανίχνευσης: *~ μετάλλων / πυρός / αερίων.*

ανιχνευτικός, -ή, -ό, επίθ., που είναι κατάλληλος για ανίχνευση, που έχει ως σκοπό, αποστολή την ανίχνευση: *απόσπασμα -ό· αεροπλάνα -ά* (συνών. *εξερευνητικός*).

ανιχνεύω, ρ., παρακολουθώ τα ίχνη κάποιου, εξετάζω, ερευνώ προσεκτικά: *~ το μυστήριο / την περιοχή* (συνών. *εξιχνιάζω*).

ανίψι το, ουσ., παιδί της αδελφής ή του αδελφού (συνών. *ανιψιός*).

ανιψιός και **ανε-** ο, θηλ. **-ιά**, ουσ. (συνιζ.), παιδί του αδελφού ή της αδελφής. - Υποκορ. **-άκι** το, **-ίδι** το, **-ούλης** ο.

αν μη τι άλλο· αρχαϊστ. εκφρ. = πάντως: *με την προσπάθεια αυτή καταφέραμε, ~ τουλάχιστο να...*

ανοδικός, -ή, -ό, επίθ. 1. που ανήκει, που αναφέρεται στην άνοδο, που σημειώνει άνοδο: *διαδρομή / πορεία -ή* (συνών. *ανηφορικός*). 2. (φυσ.) που αναφέρεται στην άνοδο (βλ. λ. στη σημασ. 6) ή προέρχεται από αυτήν: *ακτίνες -ές* (= που εκπέμπονται από την άνοδο σε μια ηλεκτρική εκκένωση). - Επίρρ. **-ά.**

άνοδος η, ουσ. 1. ανέβασμα, ανάβαση: *~ στο βουνό.* 2. μέσο φυσικό (λ.χ. δρόμος) ή τεχνητό (λ.χ. σκάλα) για να πάει κανείς από χαμηλότερο μέρος σε ψηλότερο: *κλείνει την -ο* (αντ. *κάθοδος*). 3. (για αξίωμα) ανάρρηση, προώθηση: *~ του δημοκρατικού κόμματος στην εξουσία.* 4. αύξηση: *σημαντική ~ της θερμοκρασίας· ~ της τιμής της βενζίνης.* 5. πρόοδος: *ο μαθητής παρουσίασε σημαντική ~ αυτό το τρίμηνο.* 6. ανύψωση: *~ του υδραργύρου στο δοκιμαστικό σωλήνα.* 7. το θετικό ηλεκτρόδιο ηλεκτρικού στοιχείου ή στήλης.

ανοησία η, ουσ. α. το να είναι κανείς ανόητος, κουταμάρα, αφροσύνη: *η ~ του δεν περιγράφεται·* β. (συνεκδοχικά) λόγια ή πράξεις που φανερώνουν ανοησία: *σκέψου καλύτερα, μην κάνεις καμιά ~· μη λες -ες* (συνών. *βλακεία*).

ανοηταίνω, ρ. (ελλειπτ. σε όλους τους χρόνους), είμαι ανόητος, μιλώ και ενεργώ ανόητα: *όσο μεγαλώνεις, αντί να λογικευτείς -εις.*

ανόητος, -η, -ο, επίθ. α. (για πρόσωπο) που συμπεριφέρεται ανόητα, που λέει και κάνει ανοησίες· β.

(για λόγια ή πράξεις) που φανερώνει ανοησία (συνών. *κουτός*). - Επίρρ. **-α.**

ανόθευτος, -η, -ο, επίθ. 1. που δεν έχει νοθευτεί: *κρασί / γάλα -ο· χρυσός ~* (συνών. *αγνός*). 2. (μεταφ.) που δεν αλλοιώθηκε, πραγματικός: *εκλογικό αποτέλεσμα -ο* (συνών. *γνήσιος, αυθεντικός* αντ. *νοθευμένος*).

άνοια, η ουσ. (ασυνίζ.), (ιατρ.) εξασθένηση ολική ή μερική της διανοητικής, συναισθηματικής και βουλητικής ικανότητας ενός ατόμου: *~ γεροντική.*

άνοιγμα το, ουσ. 1. η ενέργεια και το αποτέλεσμα που έχομε όταν ανοίξει κανείς κάτι: *~ του παραθύρου / της πόρτας / των μαγαζιών.* 2. χαραμάδα, σχισμή: *η ξηρασία προκάλεσε -ατα στο χώμα* (συνών. *ρήγμα*). 3. διαπλάτυνση, διεύρυνση: *~ δρόμου / της κοίτης του χειμάρρου* (συνών. *διάνοιξη*). 4. (χρον.) έναρξη, ξεκίνημα κάποιας περιόδου: *~ της χειμερινής / σχολικής / τουριστικής περιόδου.* 5. σπάσιμο αγγείου ή ιστού του σώματος: *~ της πληγής / της μύτης.* 6. άνθιση, λουλούδισμα: *η άνοιξη έφερε το ~ των μπουμπουκιών.* 7. (οικον.) έλλειψη αντικρίσματος, αδυναμία να ανταποκριθεί κάποιος στις εμπορικές ή οικονομικές του υποχρεώσεις. 8. τάση για τη δημιουργία καλύτερων σχέσεων με κάποιον: *~ προς τις ανατολικές χώρες.* 9. *~ της ψαλίδας* η απόσταση ανάμεσα στα δύο σκέλη του ψαλιδιού· (μεταφ.) η διαφορά ανάμεσα σε δύο πράγματα ή καταστάσεις που παρουσιάζονται ως αντίθετα: *το ~ της ψαλίδας ανάμεσα στον πλούσιο Βορρά και το φτωχό Νότο συνεχώς μεγαλώνει* (αντ. στις σημασ. 1, 3, 4 *κλείσιμο*).

ανοιγοκλείνω και **-κλειώ**, ρ. (συνιζ.), διαδοχικά ανοίγω και κλείνω κάτι: *~ την πόρτα / τα μάτια / τα φώτα.*

ανοίγω, ρ. I ενεργ. Α. μτβ. 1. παύω να έχω κάτι κλειστό, «αποσφραγίζω» κάτι: *~ το παράθυρο / την πόρτα / το στόμα / το γράμμα.* 2. επιτρέπω την είσοδο ή το πέρασμα σε κάποιον: *δεν -ξε (την πόρτα) στον πλασιέ.* 3. ξεσκεπάζω, βγάζω το κάλυμμα, το πώμα, το καπάκι: *~ την κατσαρόλα / το μπουκάλι.* 4. ξεκουμπώνω: *~ το παλτό / το πουκάμισο.* 5. κάνω κάτι πιο πλατύ, διευρύνω: *θα -ξουν τον περιφερειακό δρόμο.* 6. ξεδιπλώνω, ξετυλίγω: *~ την εφημερίδα / το πακέτο / τα φτερά / τα πανιά.* 7. καταπιάνομαι με κάτι αρχίζω μια επιχείρηση: *~ μαγαζί / γραφείο.* 8. κάνω διάρρηξη: *του -ξαν το μαγαζί χτες βράδυ.* 9. (για ρούχο) φαρδαίνω: *θα σου -ξω τη φούστα στη μέση.* 10. εγχειρίζω: *τον -ξαν και τον έκλεισαν· δεν έχει σωτηρία.* 11. αρχίζω, εγκαινιάζω εμπορικές σχέσεις: *η Ιαπωνία -ξε την αγορά της στα ελληνικά προϊόντα.* Β. αμτβ. 1. παύω να είμαι κλειστός· αρχίζω να λειτουργώ: *-ξαν τα μαγαζιά / τα σχολεία / η Βουλή.* 2. (για χρονική περίοδο) αρχίζω: *-ξε η καλοκαιρινή περίοδος / το Τριώδιο· το κυνήγι -ει το φθινόπωρο.* 3. εγκαινιάζομαι: *-ξε η έκθεση γλυπτικής / ένα βιβλιοπωλείο στη γειτονιά μας.* 4. (για λουλούδια) ανθώ, λουλουδίζω: *-ξαν τα τριαντάφυλλα.* 5. (για χρώμα) γίνομαι ασθενέστερος, ξεθωριάζω: *με το αραίωμα της μπογιάς -ξε πολύ το χρώμα.* 6. προοδεύω, ευδοκιμώ, «πάω μπροστά»: *-ξαν οι δουλειές τους· -ξε η τύχη του.* 7. (για τον καιρό) βελτιώνομαι: *ο καιρός θ' -ξει το βράδυ.* 8. ξηλώνομαι: *έσκυψε πολύ και -ξε το παντελόνι σου.* 9. ελευθερώνομαι· γίνομαι διαβατός: *η* κίνηση λιγόστεψε και -ξε ο δρόμος. **10.** (για το σώμα) μου δημιουργείται πληγή: *από το αδιάκοπο ξάπλωμα -ξε η πλάτη του.* **II.** μέσ. **1.** (για πλοίο) πλέω προς το πέλαγος: *η θάλασσα γαλήνεψε και ανοίχτηκαν οι βάρκες πολύ.* **2.** μεγαλώνω την επιχείρησή μου: *πήρε πολλά δάνεια και -χτηκε πολύ.* **3.** ξοδεύω πολύ και ασυλλόγιστα: *μην αγοράζεις άχρηστα πράγματα και -εσαι τόσο πολύ!* **4.** εκφράζομαι ελεύθερα· είμαι πολύ διαχυτικός: *-εσαι εύκολα με τον καθένα και μπορεί να παρεξηγηθείς.* Φρ. ~ *δρόμο* (= γίνομαι πρωτοπόρος)· *-ξε η γη και τον κατάπιε* (= εξαφανίστηκε)· ~ *τη διαθήκη* (= αποκαλύπτω, φανερώνω, γνωστοποιώ το περιεχόμενο της)· *μου -ξες δουλειές / ιστορίες* (= *οι πράξεις σου μου δημιούργησαν προβλήματα*)· ~ *την καρδιά μου σε κάποιον* (= εκμυστηρεύομαι, αποκαλύπτω τα μυστικά, τις προθέσεις μου)· *μου -εις την καρδιά* (= με ανακουφίζεις, με βοηθείς να ευθυμήσω)· ~ *το κεφάλι κάποιου* (= τραυματίζω)· ~ *(την) κουβέντα / συζήτηση* (= αρχίζω (πρώτος) να συζητώ για κάποιο θέμα· ανακοινώνω)· ~ *το λάκκο κάποιου* (= υπονομεύω, «καταστρέφω», διαβάλλω)· ~ *τα μάτια κάποιου* (= «αφυπνίζω», ενημερώνω, διαφωτίζω)· ~ *τα μάτια μου* (= α. ξυπνώ· **β.** αντιλαμβάνομαι)· *-ει η μύτη / η πληγή κάποιου* (= τρέχει αίμα)· *-ει η όρεξή μου* (= έχω (και πάλι) όρεξη)· *μου -εις παλιές πληγές* (ή *καημούς*) (= ξαναφέρνεις στο νου μου θλιβερά γεγονότα)· ~ *πανιά* (για πλοίο = σαλπάρω, αρμενίζω)· ~ *πυρά* (= αρχίζω να πυροβολώ)· ~ *σπίτι* (= κάνω δική μου οικογένεια, νοικοκυριό)· ~ *φύλλα* (= πλάθω λεπτά φύλλα ζύμης με τον πλάστη).

ανοίκειος, -α, -ο, επίθ. (ασυνίζ.). **1.** όχι οικείος· ασυνήθιστος: *τέτοιου είδους διασκέδαση μου είναι εντελώς -α.* **2.** ανάρμοστος: *συμπεριφορά -α* (συνών. *απρεπής*).

ανοίκιαστος, -η, -ο, επίθ., που δε νοικιάστηκε: *κρατεί το σπίτι -ο για να μην του το καταστρέψουν* (συνών. *ξενοίκιαστος*).

ανοικοδόμηση η, ουσ., χτίσιμο από την αρχή, ξαναχτίσιμο: ~ *της σεισμόπληκτης πόλης.*

ανοικοδόμητος, -η, -ο, επίθ., που δεν ανοικοδομήθηκε, άχτιστος: *το παλιό σχολείο είναι ακόμη -ο.*

ανοικοδομώ, -είς, ρ., ξαναχτίζω: *το παλιό κοινοτικό μέγαρο -ήθηκε.*

ανοικοκύρευτος, -η, -ο, επίθ. **1.** που δεν είναι νοικοκύρης, που δεν έχει τάξη, αφρόντιστος: *άνθρωπος ~* (συνών. *ακατάστατος*). **2.** που δε «νοικοκυρεύτηκε», ανύπαντρος: *ως πότε θα μένεις ~;*

ανοικονόμητος, -η, -ο, επίθ. **1.** που δεν μπορεί να τακτοποιηθεί, να βολευτεί (συνών. *αβόλευτος*). **2.** (μεταφ.) ανικανοποίητος· ανυπόφορος.

άνοιξη η, ουσ., η εποχή του χρόνου ανάμεσα στο χειμώνα και το καλοκαίρι (για το βόρειο ημισφαίριο: 21 Μαρτίου - 21 Ιουνίου), κατά την οποία ο καιρός γίνεται ηπιότερος και η φύση αναγεννάται· εκφρ. ~ *της ζωής* (= η νεότητα).

ανοιξιάτικος, -η, -ο, επίθ. (συνίζ.), που ανήκει ή αναφέρεται στην άνοιξη: *καιρός -ος· φρούτα -α.*

ανοιχτά, βλ. **ανοιχτός.**

ανοιχτήρι και **ανοιχτάρι** το, ουσ., όργανο με το οποίο ανοίγουμε κάτι (κουτιά, μπουκάλια, κλπ.), κλειδί.

ανοιχτόκαρδος, -η, -ο, επίθ., εύθυμος, ευπροσήγορος: *τι ~ κόσμος σ' αυτό το χωριό!* (συνών. *ευδιάθετος·* αντ. *σκυθρωπός*). - Επίρρ. **-α.**

ανοιχτόλογος, -η, -ο, επίθ. **1.** που μιλάει ανοιχτά,

απερίφραστα. **2.** αθυρόστομος (συνών. *βωμολόχος*).

ανοιχτομάτης, -ισσα και **-α, -ικο,** επίθ., που δεν ξεγελιέται εύκολα, έξυπνος (συνών. *ξύπνιος·* αντ. *κουτός*).

ανοιχτόμυαλος, -η, -ο, επίθ., που έχει μυαλό ανοιχτό, έξυπνος (συνών. *ξύπνιος·* αντ. *κοντόμυαλος*).

ανοιχτός, -ή, -ό, επίθ. **1.** που δεν είναι κλειστός, ανοιγμένος: *πόρτα -ή·* (μεταφ.) *σπίτι -ό* (= φιλόξενο, «με κοσμικότητα») (αντ. *σφαλιστός*). **2.** που επιτρέπεται διαμέσου αυτού η επικοινωνία: *σύνορα -ά* (αντ. *κλειστός*) **3.** ακάλυπτος, ξεβούλωτος: *πηγάδι / μπουκάλι. -ό* (αντ. *βουλωμένος, σκεπασμένος*). **4.** απλόχωρος, πλατύς: *πεδιάδα / θάλασσα -ή.* **5.** ελεύθερος, χωρίς εμπόδιο: *δρόμος ~· γραμμή -ή* (= ελεύθερη επικοινωνία). **6.** απλωμένος, ξεδιπλωμένος: *εφημερίδα -ή· πανιά -ά* (αντ. *διπλωμένος*). **7.** που βρίσκεται σε χρόνο λειτουργίας ή εργασίας: *τα καταστήματα είναι -ά το απόγευμα·* οι *Τράπεζες δεν είναι -ές το Σάββατο.* **8.** (για άνθρωπο) εύθυμος, ευπροσήγορος: *χαρακτήρας ~.* **9.** (για χρώμα) άτονος, ξεθωριασμένος: *προτιμώ τα -ά χρώματα* (συνών. *ανοιχτόχρωμος·* αντ. *σκούρος*). **10.** (για λουλούδια) ανθισμένος: *τριαντάφυλλο -ό* (συνών. *λουλουδιασμένος*). **11.** εκτεθειμένος στους ανέμους: *ακτή -ή· λιμάνι -ό* (αντ. *απάνεμος*). **12.** «ακάλυπτος», οφειλέτης: *στις δοσοληψίες του έμεινε ~* (αντ. *κλειστός στη σημασ.* 1, 2, 4, 5, 6, 7, 9, 10). **13.** εκκρεμής: *θέμα -ό.* **14.** που γίνεται δημόσια: *διάλογος ~· επιστολή -ή* (= που δημοσιεύεται στις εφημερίδες). **15.** (για ρούχο) που αφήνει μέρος του σώματος γυμνό: *φόρεμα -ό στο λαιμό* (αντ. *κλειστός*). Έκφρ. ~ *λογαριασμός* (= εκκρεμής υπόθεση)· *-ό μυαλό* (= άνθρωπος έξυπνος, ευφυής)· (αθλητ.) *-ό παιχνίδι* (= αγώνας στον οποίο μπορούν να συμβούν όλα τα αποτελέσματα)· *-ή πληγή* (= όχι επουλωμένη)· *στ' ~* (= στα βαθιά, στο πέλαγος). Φρ. *έχω τα μάτια / τ' αφτιά -ά* (= προσέχω): *να έχεις τα μάτια σου -ά μη σε γελάσουν· έχω -ή καρδιά* (= είμαι ανοιχτόκαρδος, εύθυμος)· *μένω με το στόμα -ό* (= μένω έκπληκτος, εμβρόντητος)· *παίζω μ' -ά χαρτιά* (= είμαι ειλικρινής)· *έχω ανοιχτό χέρι* (= είμαι γενναιόδωρος, χουβαρντάς). - Επίρρ. **-ά.** (σ' όλες τις σημασ. και επιπροσθέτως): *α.* σε μεγάλη απόσταση, απομακρυσμένα: *-ά στο πέλαγος* **β.** χωρίς περιστροφές· σαφώς, καθαρά: *-ά ομολόγησε την προδοσία του.* Έκφρ. *-ά και ξάστερα* (= χωρίς περιστροφές, ντόμπρα): *θα σου μιλήσω ~ και ξάστερα.* Φρ. *ζω -ά* (= είμαι σπάταλος, κάνω πολλά έξοδα): *ζει -ά και ο μισθός του δεν του φτάνει·* (για τροχοφόρο) *παίρνω τη στροφή -ά* (= διαγράφω μεγάλη καμπύλη για να περάσω τη στροφή)· (για χαρτοπαίχτη) *παίζω -ά* (= *παίζω μεγάλα χρηματικά ποσά*)· *έχομε / είμαστε -ά* (= λειτουργεί το κατάστημά μας).

ανοιχτοσύνη η, ουσ. (λαϊκ.). **1.** βελτίωση του καιρού: *η σημερινή ~ δε θυμίζει καθόλου τη χθεσινή καταιγίδα.* **2.** ειλικρίνεια, ευθύτητα· γενναιοδωρία: *η ~ του χαρακτήρα του τον κάνει αγαπητό.*

ανοιχτοχέρης, -α, -ικο, επίθ., άνθρωπος γενναιόδωρος, χουβαρντάς· σπάταλος: *μην είσαι τόσο ~ δε θα σου πουν ευχαριστώ* (συνών. *απλοχέρης, γαλαντόμος·* αντ. *τσιγγούνης*).

ανοιχτόχρωμος, -η, -ο, επίθ., που έχει άτονο, ανοιχτό χρώμα: *ύφασμα -ο* (συνών. *ανοιχτός, άτονος·* αντ. *σκούρος*).

ανολοκλήρωτος, -η, -ο, επίθ., που δεν ολοκληρώθηκε: *φράση -η· έργο -ο.*

ανομβρία η, ουσ., έλλειψη βροχής: *από τη φετεινή ~ δεν αναπτύχθηκαν τα σιτάρια* (συνών. *αναβροχιά, ξηρασία*).

ανόμημα το, ουσ. (λόγ.), αδίκημα, παράβαση (του ηθικού νόμου): *θα χαθείς από τ' -ματά σου* (συνών. *αμάρτημα*).

ανομία η, ουσ. (λόγ.). 1. ανυπαρξία νόμων: *σε διαστήματα -ας γίνονταν μεγάλες αδικίες.* 2. παραβίαση, καταπάτηση του νόμου: *καταδικάστηκε για τις -ες του* (συνών. *παρανομία*).

ανομιμοποίητος, -η, -ο, επίθ., που δε νομιμοποιήθηκε, δεν αναγνωρίστηκε με νόμο: *το νέο σωματείο είναι ακόμη -ο* (αντ. *νομιμοποιημένος*).

ανομοθέτητος, -η, -ο, επίθ., που δε θεσπίστηκε, δεν καθιερώθηκε με νόμο.

ανομοιογένεια η, ουσ. (ασυνίζ. δις), σύσταση από ανόμοια στοιχεία: *~ της κοινωνίας* (συνών. *ανομοιομορφία·* αντ. *ομοιογένεια, ομοιομορφία*).

ανομοιογενής, -ής, -ές, γεν. -*ούς,* πληθ. αρσ. και θηλ. -*είς,* ουδ. -*ή,* επίθ. (ασυνίζ.), που αποτελείται από στοιχεία ανόμοια, διαφορετικής προέλευσης: *~ σύσταση του εδάφους* (αντ. *ομοιογενής*).

ανομοιοκατάληκτος, -η, -ο, επίθ. (ασυνίζ.), (για στίχο) που δεν έχει την ίδια κατάληξη με άλλον, που δεν έχει ομοιοκαταληξία.

ανομοιοκαταληξία η, ουσ. (ασυνίζ.), έλλειψη ομοιοκαταληξίας, ρίμας: *η σύγχρονη ποίηση χαρακτηρίζεται από ~* (αντ. *ομοιοκαταληξία, ρίμα*).

ανομοιομερής, -ής, -ές, γεν. -*ούς,* πληθ. αρσ. και θηλ. -*είς,* ουδ. -*ή* επίθ. (ασυνίζ.), που αποτελείται από μέρη ανόμοια μεταξύ τους (συνών. *ανομοιογενής, ανομοιόμορφος·* αντ. *ομοιομερής*).

ανομοιομορφία η, ουσ. (ασυνίζ.), έλλειψη ομοιομορφίας: *~ στα σχέδια των σπιτιών σε μια πόλη* (αντ. *ομοιομορφία*).

ανομοιόμορφος, -η, -ο, επίθ. (ασυνίζ.), που έχει διαφορετική μορφή ή σχήμα από κάποιο άλλο: -*α ρούχα / πιάτα* (αντ. *ομοιόμορφος*). - Επίρρ. -**α.**

ανομοιόπτωτος, -η, -ο, επίθ. (ασυνίζ.), (γραμμ.) που έχει διαφορετικές πτώσεις· *~ προσδιορισμός =* προσδιορισμός που βρίσκεται σε διαφορετική πτώση από το προσδιοριζόμενο π.χ. *ταξίδεψα με το πλοίο «Αλκαίος»* (συνών. *ετερόπτωτος·* αντ. *ομοιόπτωτος*).

ανόμοιος, -α, -ο, επίθ. (ασυνίζ.), που δεν είναι όμοιος, διαφορετικός: *τρίγωνα -α· χαρακτήρες -οι* (συνών. *αλλιώτικος·* αντ. *όμοιος*). - Επίρρ. -**α.**

ανομοιότητα η, ουσ. (ασυνίζ.), έλλειψη ομοιότητας: *έχουν μεγάλη ~ στο πρόσωπο και το χαρακτήρα* (συνών. *διαφορά, ανισότητα·* αντ. *ομοιότητα*).

ανομοίωση η, ουσ. (γλωσσολ.) παράλειψη ή αντικατάσταση με άλλο συγγενικό του ενός από τους δύο αλλεπάλληλους φθόγγους σε μια λέξη.

ανομολόγητος, -η, -ο, επίθ. 1. που δεν ομολογήθηκε: *ενοχή -η* (συνών. *αφανέρωτος*). 2. που δεν μπορεί να ομολογηθεί: α. αισχρός, ανήθικος: *πράξεις/ενέργειες -ες·* β. απερίγραπτος, ανεκδιήγητος: *βάσανα -α· ταλαιπωρίες -ες* (συνών. *ανέκφραστος*).

άνομος, -η, -ο, επίθ. 1. που παραβαίνει και καταπατεί τους νόμους, άδικος: *η απεργία κρίθηκε -η* (συνών. *παράνομος·* αντ. *νόμιμος*). 2. αμαρτωλός, φαύλος: *ψυχή -η* (συνών. *ανόσιος*).

ανοξείδωτος, -η, -ο, επίθ. (για μέταλλα) που δεν οξειδώθηκε ή δεν οξειδώνεται: *-α μαγειρικά σκεύη* (συνών. *ασκούριαστος·* αντ. *οξειδωμένος, σκουριασμένος*).

ανόργανος, -η, -ο, επίθ. 1. που δεν έχει όργανα, που δεν είναι οργανικός: *σώματα -α* (= ορυκτά) (αντ. *οργανικός*). 2. (χημ.) -*η χημεία* = η επιστήμη που εξετάζει όλα τα χημικά στοιχεία, εκτός από τον άνθρακα (*στοιχεία -α*) και τις ενώσεις τους (*ενώσεις -ες*).

ανοργανωσιά η, ουσ. (συνίζ.), έλλειψη οργάνωσης, συστηματοποίησης: *στην υπηρεσία τους υπήρχε μεγάλη ~.*

ανοργάνωτος, -η, -ο, επίθ. 1. που δεν έχει τάξη, οργάνωση: *υπηρεσία -η* (συνών. *ασυστηματοποίητος, αδιοργάνωτος·* αντ. *συγκροτημένος*). 2. που δεν εντάχθηκε σε κάποια οργάνωση, σωματείο: *οι -οι υπάλληλοι δεν ψήφισαν στις εκλογές του κλάδου* (συνών. *ανένταχτος·* αντ. *οργανωμένος*).

ανόργωτος, -η, -ο, επίθ. (για χωράφι) που δεν οργώθηκε, δεν καλλιεργήθηκε ή δεν επιδέχεται όργωμα (εξαιτίας της σύστασης του εδάφους) (συνών. *ακαλλιέργητος·* αντ. *οργωμένος, καλλιεργημένος*).

ανορεξία και **-ξιά** (συνιζ.) η, ουσ. 1. έλλειψη όρεξης για φαγητό (αντ. *όρεξη*). 2. έλλειψη προθυμίας, κακή διάθεση: *σήμερα έχω ~ για δουλειά* (αντ. *κέφι, προθυμία*).

ανόρεχτος, -η, -ο και **-ξος,** επίθ. 1. που δεν έχει όρεξη για φαγητό. 2. άκεφος· απρόθυμος: *γέλια -χτα* (συνών. *δύσθυμος·* αντ. *πρόθυμος, κεφάτος*). - Επίρρ. -**α** και -**ξα.**

ανορθογραφία η, ουσ. 1. ορθογραφικό λάθος: *γραπτό με -ες.* 2. το να κάνει κανείς ορθογραφικά λάθη (αντ. *ορθογραφία*). 3. (μεταφ.) χτυπητή αντίθεση, παραφωνία: *τα παπούτσια σου αποτελούν ~ με το υπόλοιπο ντύσιμό σου* (συνών. *ασχήμια, ανομοιομορφία*).

ανορθόγραφος, -η, -ο, επίθ., γραμμένος όχι σύμφωνα με τους γραμματικούς κανόνες: *κείμενο -ο· επιστολή -η* (συνών. *ορθογραφημένος*). - Το αρσ. και θηλ. ως ουσ. = αυτός ή αυτή που δεν ορθογραφεί τις λέξεις μιας γλώσσας: *είσαι ~ και δεν προσπαθείς να βελτιωθείς* (αντ. *ορθογράφος*). - Επίρρ. -**α:** *η λέξη είναι γραμμένη -α.*

ανορθογραφώ, -είς, ρ., κάνω ορθογραφικά λάθη, δεν ορθογραφώ τις λέξεις: *-ημένος τύπος μια λέξης* (αντ. *ορθογραφώ*).

ανορθόδοξος, -η, -ο, επίθ., που δεν είναι σύμφωνος με τα καθιερωμένα: *μέθοδος/τακτική -η* (αντ. *ορθόδοξη*).

ανορθώνω, ρ. (μεταφ., ενεργ. και μέσ.) αναλαμβάνω (οικονομικά): *έκανε υπερωρίες για να -θεί οικονομικά.*

ανόρθωση η, ουσ. 1. αναστήλωση, ανέγερση: *~ του παλιού ναού* (συνών. *ανύψωση*). 2. (μεταφ.) επαναφορά στην προηγούμενη καλή κατάσταση: *~ της υγείας / της οικονομίας / του πεσμένου ηθικού* (συνών. *επανόρθωση, βελτίωση*).

ανορθωτής ο, θηλ. -**ώτρια,** ρ. 1. αναστηλωτής, αναμορφωτής. 2. (φυσ.) ηλεκτρολογική συσκευή που μετατρέπει το εναλλασσόμενο ρεύμα σε συνεχές.

ανορθωτικός, -ή, -ό, επίθ., που προκαλεί ή συντελεί στην ανόρθωση, τη βελτίωση: *τάσεις / ενέργειες -ες.*

ανορθώτρια, βλ. *ανορθωτής.*

ανόρυξη η, ουσ. 1. ανασκαφή, διάνοιξη: *~ τάφρου*

διώρυγας. 2. εξαγωγή (κυρίως μεταλλεύματος) με ανασκαφή: ~ *λιγνίτη* (συνών. *εξόρυξη*).

-άνος, κατάλ. αρσ. ουσ. και εθν.: *πελεκάνος, Μεξικάνος.* [λατ. -anus].

-ανός, κατάλ. επίθ.: *αδειανός, μεσιανός.* [αρχ. ουσ. σε -*ανός*].

ανοσήλευτος, -η, -ο, επίθ., που δε νοσηλεύτηκε, δε δέχτηκε ιατρικές φροντίδες· (για νόσημα) που δεν επιδέχεται νοσηλεία (αντ. *νοσηλεύσιμος*).

ανοσία η, ουσ., η ικανότητα (φυσική ή επίκτητη) του οργανισμού να αντιστέκεται σε κάποιες μικροβιακές εισβολές ή να τις ξεπερνά εύκολα.

ανόσιος, -α, -ο, επίθ. (ασυνίζ.). **1.** ανίερος, ασεβής: *οι κατακτητές επιδόθηκαν σε* -*ες πράξεις* (αντ. *όσιος, ιερός*). **2.** που προκαλεί αποτροπιασμό, απαίσιος: *έγκλημα* -*ο*· *εκμεταλλευτής* ~ (συνών. *αποτρόπαιος*).

ανοσιότητα η, ουσ. (ασυνίζ.) ασέβεια, ανιερότητα (αντ. *οσιότητα, ιερότητα*).

ανοσιούργημα το, ουσ. (ασυνίζ.), ανόσια, ανήθικη, εγκληματική πράξη (συνών. *ασέβημα, αμάρτημα*).

ανοσιουργός, -ός, επίθ. (λόγ.), που κάνει ανόσια έργα.

ανοσιουργώ, -είς ρ. (λόγ.), κάνω έργα ανόσια, ιεροσυλώ.

ανοσολογία η, ουσ. (ιατρ.) μελέτη των μεθόδων και μηχανισμών με τους οποίους ο οργανισμός εξουδετερώνει τις ασθένειες και τις μολύνσεις.

ανοσοποίηση η, ουσ. (ιατρ.) το να αποκτά ο οργανισμός ανοσία.

ανοσοποιητικός, -ή, -ό, επίθ. (ιατρ.) που έχει σχέση με την ανοσοποίηση ή χρησιμοποιείται γι' αυτήν: *διαδικασία* -*ή*· *σύστημα* -*ό*· *μηχανισμοί* -*οί* «*σύνδρομο επίκτητης* -*ής ανεπάρκειας*» (= έιτζ, βλ.λ.).

ανοσοποιώ, -είς, ρ. (ιατρ.) με προληπτικό εμβολιασμό κάνω κάποιον οργανισμό απρόσβλητο από ορισμένες αρρώστιες.

ανοσταίνω ρ. (αόρ. -ησα) και **ανοστίζω** (αόρ. -ισα) και **ανοστεύω** (αόρ. -εψα). Α. μτβ. **1.** κάνω κάτι να γίνει άνοστο, άγευστο: *με τόσο πολύ νερό* -*ησες το φαγητό* (αντ. *νοστιμίζω*). **2.** (μεταφ.) κάνω κάποιον ή κάτι να φαίνεται άχαρος, άκομψος: *αυτό το καπέλο σε* -*αίνει* (αντ. *ομορφαίνω*). Β. αμτβ. **1.** γίνομαι άνοστος, άγευστος: *ωρίμασαν πολύ κι* -*εψαν τα φρούτα* (συνών. *νοστιμίζω*). **2.** (μεταφ.) γίνομαι άχαρος: *τα παιδιά σε κάποια ηλικία* -*αίνουν*.

ανοστάνθρωπος ο, ουσ., άνθρωπος άχαρος, κακόγουστος.

ανοστεύω, βλ. *ανοσταίνω*.

ανοστιά η, ουσ. (συνίζ.). **1.** έλλειψη νοστιμιάς: ~ *του φαγητού* (αντ. *νοστιμάδα*). **2.** έλλειψη χάρης. **3.** έλλειψη γούστου: *ντύνεται με* ~! (συνών. *κακογουστιά*). **4.** (στον πληθ.) ανόητα λόγια. **5.** ανόητη πράξη: *μην κάνεις* -*ές*.

ανοστίζω, βλ. *ανοσταίνω*.

ανοστίλα η, ουσ., (λαϊκ.) έλλειψη νοστιμιάς: *είχε μια* ~ *το φαγητό!* (συνών. *ανοστιά*· αντ. *νοστιμάδα*).

ανοστογυναίκα η, ουσ., γυναίκα άχαρη, άκομψη (αντ. *ομορφογυναίκα*).

άνοστος, -η, -ο, επίθ. **1.** που δεν έχει νοστιμιά, ανούσιος: *φαγητό* / *τυρί* -*ο* (συνών. *άγευστος*· αντ. *νόστιμος, εύγευστος*)· (μεταφ.): *κωμωδία* -*η*. **2.** άχαρος, κακόγουστος: *ντύσιμο* -*ο*· *κινήσεις* -*ες* (αντ. *χαριτωμένος*). **3.** ανόητος, σαχλός: *λόγια* / *αστεία* -*α*· *φάρσα* -*η*· *φέρσιμο* -*ο*. - Υποκορ. -**ούτσικος**.

ανοστόφαγο το, ουσ., άνοστο φαγητό.

ανότιστος, -η, -ο, επίθ., που δεν έχει υγρανθεί, στεγνός, ξερός (συνών. *αμούσκευτος*· αντ. *υγρός, βρεγμένος, μουσκεμένος*).

ανούσιος, -α, -ο, επίθ. (ασυνιζ.). **1.** που δεν έχει ευχάριστη γεύση: *φαγητό* -*ο* (συνών. *άνοστος, άγευστος*· αντ. *νόστιμος, εύγευστος*). **2.** (μεταφ.) που δεν έχει ουσιώδες περιεχόμενο: *κείμενο* -*ο*· *ομιλία* -*α*. - Επίρρ. -**α**.

ανοχή η, ουσ., ανεκτικότητα: *μεγάλη* ~ *δείχνει στα καμώματά τους* (συνών. *υπομονή, μακροθυμία*). Έκφρ.: *οίκος* -*ής* = πορνείο.

ανοχύρωτος, -η, -ο, επίθ., που δεν έχει οχυρωθεί, δεν έχει προστατευτεί με οχυρωματικά έργα: *πόλη* -*η* (αντ. *οχυρωμένος*).

ανταγωγή η, ουσ. (νομ.) αγωγή του εναγομένου.

ανταγωνίζομαι, ρ. (έρρ.), αγωνίζομαι εναντίον κάποιου, αναμετριέμαι με κάποιον διεκδικώντας την υπεροχή, νίκη, κλπ.: *τα ελληνικά προϊόντα* -*ονται τα ξένα*· -*ονται για τη διεκδίκηση της πρώτης θέσης* (συνών. *παραβγαίνω, συναγωνίζομαι*).

ανταγωνισμός ο, ουσ. (έρρ.), επιδίωξη, αναμέτρηση δύο ή περισσοτέρων ατόμων να φτάσουν στο ίδιο επίτευγμα: ~ *αθέμιτος* / *εμπορικός* / *οξύς*· ~ *των εξοπλισμών* / *της αγοράς* (συνών. *άμιλλα, συναγωνισμός*).

ανταγωνιστής ο, θηλ. -**ίστρια,** ουσ. (έρρ.). **1.** αυτός που αγωνίζεται εναντίον κάποιου για τη διεκδίκηση του ίδιου στόχου: -*ές πολιτικοί*· ως επίθ.: -*ίστριες εταιρείες* (αντ. *αντίπαλος*). **2.** αντεραστής (συνών. *αντίζηλος*).

ανταγωνιστικός, -ή, -ό, επίθ. (έρρ.). **1.** που μπορεί να ανταγωνιστεί, να αναμετρηθεί με κάποιον άλλο: *προϊόντα* -*ά*· *βιομηχανία* -*ή*. **2.** που έχει σχέση με ανταγωνισμό ή αναφέρεται σ' αυτόν.

ανταγωνιστικότητα η, ουσ. (έρρ.), ύπαρξη, ανάπτυξη ανταγωνισμού· το να είναι κανείς ανταγωνιστικός: ~ *των ελληνικών προϊόντων*.

ανταγωνίστρια, βλ. *ανταγωνιστής*.

ανταλλαγή η, ουσ. (έρρ.). **1.** το να δίνει κανείς κάτι και να παίρνει κάτι άλλο: ~ *προϊόντων* / *πληροφοριών* / *αιχμαλώτων* / *πληθυσμών* (*μετά συνθηκολόγηση μεταξύ δύο κρατών*) / *σκέψεων*· ~ *της ύλης* (= μεταβολισμός της ύλης που γίνεται με τη λειτουργία της θρέψης). **2.** αμοιβαία ανταπόδοση πράξεων ή πραγμάτων: ~ *δώρων* / *επισκέψεων* / *πυροβολισμών* / *πυρών* (= ένοπλη σύγκρουση).

αντάλλαγμα το, ουσ. (έρρ.). **1.** αυτό που δίνεται ή παίρνεται για να αντικαταστήσει κάτι άλλο, αυτό που προέρχεται από ανταλλαγή: *ζήτησαν* -*τα πολλών εκατομμυρίων*. **2.** ανταπόδοση: ~ *των κόπων* / *των υπηρεσιών*· *τους φροντίζει χωρίς* ~ (συνών. *ανταμοιβή*).

ανταλλακτικός, -ή, -ό, επίθ. (έρρ.). **1.** που χρησιμοποιείται σε ανταλλαγή: *είδη* / *προϊόντα* -*ά*· *αξία* -*ή*. **2.** που γίνεται με ανταλλαγή: *εμπόριο* -*ό*· *οικονομία* -*ή*. - Το ουδ. ως ουσ. = εξάρτημα μηχανής που αντικαθιστά άλλο φθαρμένο: -*ά αυτοκινήτου*.

ανταλλάξιμος, -η, -ο, επίθ., (έρρ.), που μπορεί να ανταλλαγεί.

ανταλλάσσω, ρ. (έρρ.). **1.** δίνω κάτι και παίρνω κάτι άλλο ως αντάλλαγμα: -*ξαμε γραμματόσημα*· (με-

αντάμα

ταφ.): *-ξαμε απόψεις / γνώμες.* **2.** ανταποδίδω: *-ξαν δώρα / επισκέψεις / πυροβολισμούς.*
αντάμα, επίρρ. (έρρ., λαϊκ.), μαζί: ~ *τρων και πίνουνε* (αντ. *χώρια*). [εν τω άμα].
ανταμείβω, ρ. (έρρ.), αμείβω, πληρώνω κάποιον για τις υπηρεσίες του: *-φθηκαν καλά για τον κόπο τους·* (μεταφ.): *η καλοσύνη δεν -βεται πάντοτε· ο Θεός -ει τους ενάρετους* (συνών. *ανταποδίδω*).
ανταμοιβή η, ουσ. (έρρ.). **1.** αμοιβή: *δεν πήρε ~ για τους κόπους του* (συνών. *πληρωμή*). **2.** ανταπόδοση: ~ *της φιλίας / της αγάπης / μιας εξυπηρέτησης.*
αντάμωμα το ουσ. (έρρ.). **1.** συνάντηση: ~ *ξαφνικό* (συνών. *αντάμωση, συναπάντημα*). **2.** σμίξιμο: *το ~ δύο διαφορετικών κόσμων.*
ανταμώνω ρ. (έρρ.), (ενεργ. και μέσ.). **1.** συναντώ: *τον -σα τυχαία στο δρόμο· θ' -θούμε το βράδυ* (συνών. *συναπαντώ*). **2.** σμίγω.
αντάμωση η, ουσ. (έρρ.), συνάντηση: *καλή ~!* (συνών. *αντάμωμα*).
αντανάκλαση η, ουσ. (έρρ.), (φυσ.). **1.** φαινόμενο κατά το οποίο κύματα ή σωματίδια που πέφτουν πάνω σε μια επιφάνεια ξαναγυρίζουν προς τα πίσω: ~ *του ήχου / του φωτός* (συνών. *ανάκλαση*). **2.** αντίκτυπος, έμμεση επίδραση.
αντανακλαστικός, -ή, -ό, επίθ. (έρρ.), που αναφέρεται στην αντανάκλαση· -*ά (φαινόμενα)* = ακούσιες κινητικές εκδηλώσεις που εμφανίζονται ύστερα από εξωτερικό ερεθισμό (συνών. *ανακλαστικός*). - Επίρρ. **-α.**
αντανακλώ, -άς, ρ. (έρρ.), (ενεργ. και μέσ.). **1.** (για φωτεινές ακτίνες ή ηχητικά κύματα) αλλάζω τη διεύθυνση, στέλνω προς τα πίσω (συνών. *ανακλώ*). **2.** (μεταφ.): *το πρόσωπό της -ούσε αισιοδοξία.* **3.** αντικατοπτρίζω: *το τοπίο -άται στη γαλήνια επιφάνεια της λίμνης.* **4.** (ενεργ., αμτβ.) (μεταφ.) επιδρώ έμμεσα: *οι πράξεις του αυτές -ούν σ' ολόκληρο το σχολείο.*
αντάντ η, ουσ. (έρρ.), (ιστ.) η συμμαχία Γαλλίας, Αγγλίας και Ρωσίας εναντίον της Γερμανίας κατά τον πόλεμο 1914-1918. [γαλλ. *entente*].
αντάξιος, -ια, -ιο, επίθ. (έρρ., ασυνίζ.), που είναι ίσης αξίας με άλλον, επάξιος: *είναι ~ του πατέρα του·* ~ *της φιλίας μου* (συνών. *ισάξιος*). - Επίρρ. **-α:** *φέρθηκε -α του ονόματός του.*
ανταπαίτηση η, ουσ. (έρρ.), προβολή αίτησης έναντι κάποιας άλλης (η λ. συνήθως νομ.).
ανταπαιτώ, -είς ρ. (έρρ.), προβάλλω αίτηση έναντι κάποιας άλλης προηγούμενης, ζητώ κάτι σε ανταπόδοση.
ανταπάντηση η, ουσ. (έρρ.), απάντηση που δίνεται για να αντικρουσθεί κάποια άλλη που δόθηκε προηγουμένως.
ανταπαντώ, -άς, ρ. (έρρ.), απαντώ σε απάντηση που δόθηκε προηγουμένως.
ανταπεργία η, ουσ. (έρρ.), άρνηση της εργοδοσίας να δεχτεί στην εργασία τους τους εργαζόμενους που διεκδίκησαν με απεργία την ικανοποίηση αιτημάτων τους.
ανταπεργός ο, ουσ. (έρρ.), ο εργοδότης που δε δέχεται την προσφορά εργασίας των εργατών του μετά τη λήξη της απεργίας τους.
ανταπόδειξη η, ουσ. (έρρ.), (συνήθως νομ.) απόδειξη που αναιρεί άλλη απόδειξη, ανασκευή των αποδεικτικών μέσων που ήδη υπάρχουν.
ανταποδίδω, ρ. (έρρ.), δίνω κάτι σε αντάλλαγμα για κάτι άλλο που πήρα, ανταμείβω ή τιμωρώ: *του*

-πέδωσε την εξυπηρέτηση που του 'χε κάνει· του -πέδωσε το χαιρετισμό· ο Θεός να σου το -ώσει· φρ. ~ *τα ίσα* (= εκδικούμαι) (συνών. *ξεπληρώνω, ανταμείβω*).
ανταπόδοση η, ουσ. (έρρ.), το να δίνει κάποιος κάτι σε αντάλλαγμα για το καλό ή το κακό που δέχτηκε: *μην περιμένεις ~ για όσα τους έκανες* (συνών. *ανταμοιβή, ξεπλήρωμα*).
ανταποκρίνομαι, ρ. (έρρ.). **1.** απαντώ σε απάντηση που έχει δοθεί (συνών. *ανταπαντώ*). **2.** ανταποδίδω: *-εται στα αισθήματά της.* **3.** έχω τη δυνατότητα να εκπληρώσω ή να εκτελέσω κάτι, τα βγάζω πέρα: *-εται στις ανάγκες της οικογένειάς του* (συνών. *επαρκώ*). **4.** (συνεκδοχικά) είμαι αντάξιος: *-εται στις προσδοκίες μας· -εται στις ελπίδες του λαού.* **5.** αντιστοιχώ: *δεν -εται στην πραγματικότητα η εικόνα που έχεις σχηματίσει· η αμοιβή αυτή δεν -εται στην υπηρεσία που προσφέρθηκε* (συνών. *ταιριάζω, συμφωνώ* αντ. *διαφέρω*).
ανταπόκριση η, ουσ. (έρρ.). **1.** ανταπάντηση. **2.** ανταπόδοση: ~ *αισθήματος / φιλίας.* **3.** αντιστοιχία, αναλογία: ~ *στα γεγονότα / στην αλήθεια / στις απόψεις κάποιου.* **4.** δημοσίευμα εφημερίδων ή ειδήσεις των ραδιοτηλεοπτικών μέσων ενημέρωσης που στέλνονται από δημοσιογράφο ή άλλο συνεργάτη που εργάζεται σε κάποια περιοχή του εσωτερικού ή σε ξένη χώρα και περιγράφουν γεγονότα του τόπου όπου βρίσκεται. **5.** συντονισμός αφίξεων και αναχωρήσεων των συγκοινωνιακών μέσων: *-εις τρένων / αεροπλάνων.*
ανταποκριτής ο, θηλ. **-τρια,** ουσ. (έρρ.). **1.** δημοσιογράφος που συνεργάζεται με εφημερίδες ή ραδιοτηλεοπτικά μέσα και στέλνει πληροφορίες ή άρθρα σχετικά με γεγονότα που συμβαίνουν στον τόπο όπου βρίσκεται: ~ *πολεμικός* (= δημοσιογράφος που στέλνεται στο μέτωπο του πολέμου). **2.** αντιπρόσωπος: ~ *εμπορικός / τραπεζικός.*
αντάρα η, ουσ. (έρρ.). **1.** θύελλα με σφοδρό άνεμο και συννεφιά (αντ. *καλοκαιρία*). **2.** σκοτείνιασμα του ουρανού, ομίχλη, καταχνιά: *τα βουνά καθαρίζουνε από τη ζεστή ~* (Κόντογλου). **3.** (μεταφ.) αναταραχή, αναστάτωση (συνών. *σάλος*). **4.** θόρυβος, βουή, φασαρία: *παντού κλάψες, παντού ~* (Σολωμός) (αντ. *ηρεμία, ησυχία*). [*αναταράσσω*].
ανταρεμένος, -η, -ο, επίθ. (έρρ., λαϊκ.). **1.** (για καιρό) ομιχλώδης ή θυελλώδης. **2.** (για θάλασσα) φουρτουνιασμένος (συνών. *τρικυμιώδης·* αντ. *γαλήνιος, ήσυχος*). **3.** (μεταφ. για πρόσωπο) αναστατωμένος (συνών. *ταραγμένος*).
ανταριάζω, ρ. (έρρ., συνιζ., λαϊκ.). Α. (μτβ.) προκαλώ σύγχυση, ταραχή: *τους -σε ο σεισμός* (συνών. *αναστατώνω*). Β. αμτβ. **1.** σκοτεινιάζω, γεμίζω ομίχλη, κλπ.: *-σαν τα βουνά* (συνών. *καταχνιάζω, συννεφιάζω*). **2.** (για θάλασσα) φουρτουνιάζω: *-σε το πέλαγος.* **3.** (για καιρό) γίνομαι θυελλώδης ή ομιχλώδης. **4.** (μεταφ. για πρόσωπα) αναστατώνομαι: *ψυχή -σμένη.*
αντάριασμα το, ουσ. (λαϊκ.), το αποτέλεσμα του ανταριάζω (βλ.λ.): ~ *του ωκεανού.*
ανταρκτικός, -ή, -ό, επίθ. (έρρ.), που βρίσκεται στο Νότιο Πόλο: *χώρες -ές· θάλασσα / ζώνη -ή.* - Το θηλ. ως κύρ. όν. = περιοχή που βρίσκεται γύρω από το Νότιο Πόλο.
ανταρσία η, ουσ. (έρρ.), ένοπλη εξέγερση, στάση, επανάσταση: *έγινε ~ στο πλοίο.*
αντάρτης ο, θηλ. **-ισσα,** ουσ. (έρρ.). **1.** επαναστάτης, άτακτος πολεμιστής: *Η Ελλάδα σέρνει το*

χορό ψηλά με τους -ες (Σικελιανός). 2. (μεταφ. για άνθρωπο ανυπάκουο, απειθή): *ο γιος του έγινε σκέτος ~*. [ανταίρω + της].
ανταρτικός, -ή, -ό και **αντάρτικος**, επίθ. (έρρ.). 1. που ανήκει ή αναφέρεται στους αντάρτες: *ο διοικητής του -ου τμήματος δεν είναι σήμερα εδώ* (Μπεράτης). 2. (συνεκδοχικά) επαναστατικός: *σήκωσε -ο κεφάλι στο Θεό* (Καζαντζάκης)· *συμπεριφορά -η*. - Το ουδ. ως ουσ. = το σύνολο των ανταρτών: *βγήκε / πήγε στο -ο*.
αντάρτισσα, βλ. *αντάρτης*.
ανταρτοπόλεμος ο, ουσ. (έρρ.), μορφή πολέμου που διεξάγεται από αντάρτες σε εχθρικό ή κατεχόμενο έδαφος (συνών. *κλεφτοπόλεμος*).
αντασφάλεια η, ουσ. (ερρ., ασυνίζ.), σύμβαση ασφάλισης με την οποία ένας ασφαλιστής ή μια ασφαλιστική εταιρεία αναθέτει την ευθύνη υποχρεώσεων που έχει αναλάβει προς τρίτους σε κάποιο άλλο ασφαλιστή ή ασφαλιστική εταιρεία.
αντασφάλιση η, ουσ. (έρρ.), το να αναθέσει ένας ασφαλιστής ή μια ασφαλιστική εταιρεία την ευθύνη για συμβάσεις που έχει κάνει σε κάποιο άλλο ασφαλιστή ή ασφαλιστική εταιρεία.
ανταύγεια η, ουσ. (έρρ., ασυνίζ.). 1. αντανάκλαση φωτός: *οι ασημένιες -ειες του φεγγαριού στην ήρεμη θάλασσα* (συνών. *αντιφέγγισμα*). 2. φωτεινή απόχρωση: *χρυσές -ειες των μαλλιών*
άντε και **άιντε**, μόρ. (όχι έρρ.). 1. (για να δηλωθεί προτροπή): ~ *προχώρα!* ~ *πάμε!* ~ *πάλι!* (= να λοιπόν που). 2. (για να δηλωθεί ειρωνεία ή περιφρόνηση): ~ *αποδώ!·* ~ *καλέ! ε,* ~ *πιά!* [< *άγετε*, προστ. του *άγω*].
αντέγκληση η, ουσ. (έρρ.), ανταλλαγή κατηγοριών, διαξιφισμός, λογομαχία.
αντεθνικός, -ή, -ό, επίθ. (έρρ.), που είναι αντίθετος προς τα συμφέροντα του έθνους: *δράση -ή*.
αντεισαγγελέας ο, ουσ. (έρρ.), ανώτερος δικαστικός λειτουργός αμέσως μετά τον εισαγγελέα.
αντένα, η, ουσ. (έρρ.). 1. κατακόρυφο ξύλο σκαλωσιάς. 2. κεραία του ιστού πλοίου: *οι -ες των καραβιών*. 3. κεραία ραδιοφώνου ή τηλεόρασης. [βενετ. *antena*].
αντενέργεια η, ουσ. (έρρ., ασυνίζ.), ενέργεια που γίνεται για να εξουδετερωθεί κάποια άλλη (συνών. *αντίπραξη*).
αντενεργώ, -είς, ρ. (έρρ.), ενεργώ εναντίον άλλων ενεργειών, κάνω αντίπραξη (συνών. *αντιδρώ*).
αντένσταση η, ουσ. (νομ.) ένσταση εναντίον άλλης ένστασης.
αντεπανάσταση η, ουσ. (έρρ.), επανάσταση που γίνεται για να εξουδετερωθεί κάποια άλλη.
αντεπαναστάτης ο, θηλ. **-τρια**, ουσ. (έρρ.). 1. αυτός που συμμετέχει σε αντεπανάσταση. 2. αυτός που είναι αντίθετος στην επανάσταση, στην επαναστατική δράση.
αντεπαναστατικός, -ή, -ό, επίθ. (έρρ.). 1. που έχει σχέση με την αντεπανάσταση: *κίνημα -ό*. 2. που είναι αντίθετος στην επανάσταση, στις επαναστατικές ιδέες: *θεωρίες -ές*.
αντεπαναστάτρια, βλ. *αντεπαναστάτης*.
αντεπεξέρχομαι, ρ. (έρρ.), ανταποκρίνομαι, επαρκώ σε κάτι, «τα βγάζω πέρα»; *-εται στα έξοδα / υποχρεώσεις / ανάγκες του*.
αντεπίθεση η, ουσ. (έρρ.), ανταπόδοση επίθεσης: ~ *τεθωρακισμένων·* ~ *σε ποδοσφαιρικό αγώνα·* (μεταφ.) *του έκανε* ~ *με λόγια προσβλητικά*.
αντεπίτροπος ο, ουσ. (έρρ.). 1. αναπληρωτής επι-

τρόπου. 2. (στρατ.) αξιωματικός της στρατιωτικής δικαιοσύνης που ασκεί καθήκοντα αντίστοιχα με εκείνα του αντιεισαγγελέα.
αντεπιχείρημα το, ουσ. (έρρ.), επιχείρημα που χρησιμοποιείται για να εξουδετερώσει άλλο επιχείρημα: *προέβαλε ισχυρά -ατα*.
αντεραστής ο, ουσ. (έρρ.), ερωτικός αντίπαλος (συνών. *αντίζηλος*).
αντεργατικός, -ή, -ό, επίθ., (έρρ.), που αντιτίθεται στους εργάτες και τα εργατικά συμφέροντα: *νόμος ~· πολιτική -ή*.
αντέρεισμα το, ουσ. (έρρ.). 1. (αρχιτ.) κατασκεύασμα λίθινο ή από άλλο υλικό που χρησιμεύει για να συγκρατεί τοίχο ή άλλο αρχιτεκτονικό μέλος (συνών. *αντιστήριγμα*). 2. (στρατ.) δευτερεύουσα κορυφογραμμή.
αντερί το, ουσ. (έρρ.). 1. μακρύ και φαρδύ ανδρικό φόρεμα. 2. εσωτερικό ράσο των κληρικών. [τουρκ. *anteri*].
άντερο, βλ. *έντερο*.
αντεροβγάλτης ο, θηλ. **-ισσα**, ουσ. (έρρ., λαϊκ.) δολοφόνος που σκοτώνει τα θύματά του ανοίγοντάς τους την κοιλιά.
αντέτι το, ουσ. (όχι έρρ., λαϊκ.), έθιμο, συνήθεια. [τουρκ. *adet*].
αντέφεση, η ουσ. (έρρ.), έφεση που ασκείται κατά της έφεσης που έχει ήδη ασκήσει ο αντίδικος.
αντέχω, ρ. (έρρ.). 1. έχω αντοχή, δύναμη: *-ει να σηκώσει το μπαούλο* (συνών. *βαστώ*). 2. εξακολουθώ να αντιστέκομαι σε κάτι: *έργα που -ουν στο χρόνο· άνθρωπος που -ουν στους πειρασμούς* (συνών. *επιβιώνω, αντιστέκομαι, αντιδρώ·* αντ. *ενδίδω, υποκύπτω*). 3. μπορώ να υφίσταμαι κάτι διατηρώντας τις δυνάμεις μου, τη μορφή ή τη σύστασή μου: *-ξε στον πυρετό· δεν -ει στην κούραση / στο κρύο / στο κρασί· το φαϊ δεν -ει έξω από το υγειείο· δεν -ξε στα βασανιστήρια και ομολόγησε* (συνών. *εγκαρτερώ, διατηρούμαι·* αντ. *υποκύπτω, υποχωρώ, λυγίζω, αλλοιώνομαι*). 4. είμαι ανθεκτικός, στερεός: *-ει το τραπέζι (κι άλλο βάρος)· το παλιό γεφύρι -ει ακόμη*. 5. μπορώ να ανταποκριθώ σε κάτι· φρ. *-ει η τσέπη μου* (= έχω οικονομική άνεση). - Συχνά το μέσ. *αντέχομαι* σε κακή χρ. αντί του «υποφέρομαι»: *δεν -εται αυτό το πράγμα* (αντί του: *δεν υποφέρεται*).
άντζα η, ουσ. (έρρ.), κνήμη. [*αντζί* < *αντίον·* πβ. γαλλ. *hanche*].
-άντζα, κατάλ. αφηρ. θηλ. ουσ.: *προστυχάντζα, μαστοράντζα, μπροστάντζα*. [βενετ. *-anza*].
αντζί το, ουσ. (έρρ.). 1. κνήμη. 2. (συνεκδοχικά) πόδι. [*αντίον* ή *αντικνήμιον*].
αντζούγια, βλ. *αντσούγια*.
αντζούρι το, ουσ., *ξυλάγγουρο* (βλ. λ.).
αντζουριά η, ουσ. (συνιζ.), *ξυλαγγουριά* (βλ. λ.).
αντηλάρισμα το, ουσ. (λαϊκ.), ανταύγεια, αντανάκλαση φωτός: *να φέγγουν στο* ~ *τα μάτια* (Σεφέρης). [*αντηλιαρίζω* < *αντηλιά*].
αντηλιά η, ουσ. (έρρ., συνιζ.). 1. αντανάκλαση του ηλιακού φωτός σε κάποια επιφάνεια: *δωμάτιο με πολλή* ~ *μας κούρασε τα μάτια η* ~. 2. *μέρος που το χτυπά δυνατός ήλιος: ας φύγουμε από την* ~.
αντήλιο το, ουσ. (έρρ., συνιζ., ιδιωμ.). 1. αντηλιά. 2. το να τοποθετώ το ένα ή και τα δύο χέρια στο μέτωπο έτσι ώστε να προφυλάσσω τα μάτια από τις ακτίνες του ήλιου και να μπορώ να διακρίνω καλύτερα πρόσωπα ή πράγματα που βρίσκονται

αντηρίδα

σε κάποια απόσταση: *έβαλε το χέρι ~ και μας έγνεφε* (Ι. Μ. Παναγιωτόπουλος).
αντηρίδα η, ουσ. (έρρ.), στήριγμα από ξύλο, μέταλλο, κλπ., που τοποθετείται κάθετα συνήθως σε υποστυλώσεις.
αντηχείο το, ουσ. (έρρ.), ξύλινο ή μεταλλικό όργανο με κοίλωμα που χρησιμεύει για την ενίσχυση ήχων.
αντήχηση η, ουσ. (έρρ.), αντανάκλαση του ήχου (συνών. *αντίλαλος*).
αντηχώ, -είς, ρ. (έρρ.). 1. αντανακλώ ήχους: *τα βουνά -ούσαν το τραγούδι των παιδιών* (συνών. *αντιλαλώ*). 2. ηχώ, ακούγομαι: *-ησαν τα όργανα·* η δυνατή φωνή του *-ήχησε στο δωμάτιο*.
αντί και (λαϊκ.) **αντίς**, πρόθ. (έρρ.). 1. για να δηλωθεί αντικατάσταση, ανταλλαγή, ανταπόδοση (καλού ή κακού), αναπλήρωση: *~ για χρήματα του 'δωσε εμπορεύματα· ~ του πρωθυπουργού ήταν παρών ο υπουργός εσωτερικών·* φρ. *έδωσε ~ του μάννα χολή* (= αδίκησε αυτόν που του είχε κάνει καλό). 2. για να δηλωθεί αντίθεση: *ζημιά ~ για όφελος*. 3. σε σύγκριση: *~ φρόνιμο και λυπημένο παιδί καλύτερα ζωηρό και χαρούμενο*.
αντί το, ουσ. (έρρ.), κυλινδρικό ξύλο του αργαλειού στο οποίο τυλίγεται αυτό που υφαίνεται.
αντι-, α´ συνθ. πριν από λ. που αρχίζουν από σύμφ.· δηλώνει: α. εναντίωση: *αντιπολίτευση, αντικαθεστωτικός,* κλπ.· β. αντίδοτο: *αντικαρκινικός·* γ. θέση σε ιεραρχία: *αντιπρόεδρος, αντιστράτηγος.*
αντιαεροπορικός, -ή, -ό, επίθ. (έρρ.), που χρησιμεύει για την απόκρουση εναέριων επιδρομών: *άμυνα -ή· ιστός ~.*
αντιαθλητικός, -ή, -ό, επίθ. (έρρ.), που είναι αντίθετος προς τον αθλητισμό, εχθρικός ή ακατάλληλος για τους αθλητές: *πνεύμα -ό· συμπεριφορά -ή.*
αντιαισθητικός, -ή, -ό, επίθ. (έρρ.). 1. που είναι αντίθετος προς τους κανόνες της αισθητικής: *βάψιμο / ντύσιμο -ό* (συνών. *ακαλαίσθητος, κακόγουστος·* αντ. *καλαίσθητος, καλόγουστος*). 2. άσχημος, αηδής.
αντιαλκοολικός, -ή, -ό, επίθ. (έρρ.), που είναι αντίθετος προς τον αλκοολισμό, που γίνεται για την καταπολέμηση του αλκοολισμού: *αγώνας ~· μέτρα -ά.*
αντιαλλεργικός, -ή, -ό, επίθ. (έρρ.), που καταπολεμά τις αλλεργίες (βλ. λ.).
αντιαμερικανικός, -ή, -ό, επίθ. (έρρ.), που είναι εχθρικός προς την πολιτική των Ηνωμένων Πολιτειών της Αμερικής: *εκδηλώσεις -ές* (αντ. *φιλοαμερικανικός*).
αντιαμερικανισμός ο, ουσ. (έρρ.), διάθεση ή κίνηση εχθρική προς την πολιτική των Ηνωμένων Πολιτειών της Αμερικής.
αντιαρματικός, -ή, -ό, επίθ. (έρρ.), που χρησιμοποιείται εναντίον αρμάτων: *όπλα -ά.*
αντιασθματικός, -ή, -ό, επίθ. (έρρ.), που χρησιμοποιείται για την θεραπεία του άσθματος: *φάρμακα -ά.*
αντιασφυξιογόνος, -α, -ο (έρρ., ασυνίζ.), επίθ. που χρησιμοποιείται για την προστασία από ασφυξιογόνα αέρια: *μάσκες -ες.*
αντιβαίνω, ρ. (έρρ., λόγ.), βρίσκομαι σε αντίθεση, αντίκειμαι σε κάτι: *-ει στους νόμους / στους κανόνες της ηθικής / του παιχνιδιού / στα συμφέροντά μας.*
αντιβαλλιστικός, -ή, -ό, επίθ. (έρρ.), που εκτοξεύει

βλήματα ή εκτοξεύεται για να αναχαιτίσει άλλα βαλλιστικά βλήματα: *πύραυλοι -οι· βλήματα -ά.* [*αντί* + *βαλλιστικός·* πβ. αγγλ. *antiballistic*].
αντίβαρο το, ουσ. (έρρ.). 1. βάρος (συνήθως από χυτοσίδηρο) που χρησιμοποιείται σε τροχαλία για την ανύψωση ή την αντιστάθμιση κάποιου άλλου βάρους. 2. (μεταφ.) αντιστάθμισμα: *~ συνεπειών.*
αντιβασιλέας ο, ουσ. (έρρ.), αυτός που κατέχει θέση βασιλέα, αναπληρωτής βασιλέας.
αντιβασιλεία η, ουσ. (έρρ.). 1. άσκηση της βασιλικής εξουσίας από ένα ή περισσότερα πρόσωπα όταν ο νόμιμος βασιλέας απουσιάζει ή ασθενεί ή είναι ανήλικος. 2. το χρονικό διάστημα που η βασιλική εξουσία ασκείται από αντιβασιλέα.
αντιβασιλικός, -ή, -ό, επίθ. (έρρ.), που είναι αντίθετος προς το βασιλέα ή το θεσμό της βασιλείας: *φρονήματα -ά* (αντ. *φιλοβασιλικός*).
αντιβενιζελικός, -ή και **-ιά, -ό**, επίθ. (έρρ.), που υπήρξε αντίθετος προς την πολιτική ή την παράταξη του Ελευθερίου Βενιζέλου.
αντιβηχικός, -ή, -ό, επίθ. (έρρ.), που καταπραΰνει το βήχα: *φάρμακα -ά.*
αντιβιοτικό το, ουσ. (έρρ., ασυνίζ.), χημική ουσία που συντίθεται από μικροοργανισμούς (με βακτηριολογικές καλλιέργειες) και εμποδίζει την ανάπτυξη ή τον πολλαπλασιασμό μικροβίων στον οργανισμό. [γαλλ. *antibiotique*].
αντιβίωση η, ουσ. (έρρ.). 1. η ενέργεια που ασκούν τα αντιβιοτικά στον οργανισμό, η θεραπεία που γίνεται με τη λήψη αντιβιοτικών. 2. (συνεκδοχικά) αντιβιοτικό (φάρμακο). [πβ. αγγλ. *antibiosis*].
αντιβόλαιο και **αντίβολο** το, ουσ. (έρρ.), (φιλολ.) ακριβές χειρόγραφο με το οποίο παραβάλλονται άλλα αντίγραφα για να εξακριβωθεί η πιστότητά τους.
αντιβολή η, ουσ. (έρρ.), (φιλολ.) παραβολή και έλεγχος παλαιοτέρων χειρογράφων για να αποτιμηθούν οι αμοιβαίες σχέσεις.
αντιβουίζω ρ. (έρρ.), αντηχώ, αντιλαλώ: *-ει το δάσος· -ουν τα βουνά· -ίζανε τα βράχια κι οι σπηλιές* (Κόντογλου).
αντιβούισμα το, ουσ. (έρρ.), αντήχηση, αντίλαλος.
αντιβράχιο το, ουσ. (έρρ., ασυνίζ.), (για ζώα) η μοίρα του προσθίου άκρου από τον καρπό ως τον αγκώνα. [νεολατ. *antibrachium·* πβ. *αντιβραχίονας*].
αντιβραχίονας ο, ουσ. (έρρ.), τμήμα του άνω άκρου από τον καρπό ως τον αγκώνα, πήχυς.
αντίγαμος ο, ουσ. (έρρ., λαϊκ.), γιορταστική συγκέντρωση που γίνεται την όγδοη μέρα του γάμου (συνών. *(ε)πιστρόφια*).
αντιγνωμία η, ουσ. (έρρ.), αντίθεση γνωμών, αντιλογία.
αντιγνωμώ, -είς ρ. (έρρ.), έχω αντίθετη γνώμη για κάτι: *ούτε μπορώ, ούτε ξέρω ν' -μήσω* (Μπαστιάς).
αντιγόνο το, ουσ. (βιολ.) ουσία που όταν εισάγεται σε έναν ζωικό οργανισμό προκαλεί μια ειδική ανοσοποιητική αντίδραση (δηλ. παραγωγή αντισωμάτων).
αντιγραφέας ο, ουσ. (έρρ.). 1. αυτός που έχει ως επάγγελμα την αντιγραφή κειμένων, χειρογράφων, εγγράφων, κλπ. 2. αυτός που αντιγράφει έργα τέχνης.
αντιγραφή η, ουσ. (έρρ.). 1. πιστή μεταγραφή κειμέ-

νου: ~ *καθαρή / πιστή / προσεκτική.* 2. απομίμηση: ~ *κακή / φανερή* ~ *έργων τέχνης / μοντέλου / μεθόδου.*
αντιγραφικός, -ή, -ό, επίθ. (έρρ.), που αναφέρεται στην αντιγραφή ή είναι κατάλληλος γι' αυτήν: *εργασία -ή· μελάνη -ή.*
αντίγραφο το, ουσ. (έρρ.). 1. κείμενο που προέρχεται από την πιστή αντιγραφή άλλου κειμένου: *-α εγγράφων / βιβλίων·* ~ *ακριβές.* 2. (μεταφ. για άτομο που μοιάζει πολύ στην εμφάνιση ή έχει τα ίδια εσωτερικά γνωρίσματα με κάποιο άλλο): *είναι πιστό* ~ *της μητέρας της.* 3. απομίμηση έργων τέχνης, αντίτυπο: ~ *της Τζοκόντας.*
αντιγραφόσημο το, ουσ. (έρρ.). ένσημο που επικολλάται στα επίσημα αντίγραφα δικαστικών πράξεων.
αντιγράφω ρ. (έρρ.). 1. μεταγράφω πιστά ένα κείμενο. 2. κατασκευάζω απομιμήσεις έργων τέχνης. 3. (μεταφ.) μιμούμαι: *-ει το φέρσιμο της μεγαλύτερης αδελφής της.* 4. μεταγράφω το κείμενο ενός εγχειριδίου ή κάποιου που διαγωνίζεται μαζί μου σε γραπτές εξετάσεις και το παραδίδω σαν δικό μου: *πέρασε τη Φυσική γιατί -έγραψε τα θέματα.*
αντιγριπικός, -ή, -ό, επίθ. (έρρ.), που θεραπεύει ή καταπολεμά τη γρίπη: *φάρμακα -ά· εμβόλιο -ό.*
αντιδάνειο το, ουσ. (έρρ., ασυνίζ.), λέξη ή λεξιλογικό στοιχείο μιας γλώσσας που, αφού γίνει δεκτό από μια άλλη γλώσσα ως δάνειο, επανέρχεται στην πρώτη με την ίδια ή άλλη σημασία· π.χ. αρχ. ελλην. *πολτός* > τουρκ. *pelte* νεοελλ. *πελτές·* αρχ. ελλην. *βραχίων* > λατ. *brachiun* > βενετ. *brazzo* > νεοελλ. *μπράτσο.*
αντιδεξιός, -ά, -ό επίθ., (έρρ., ασυνίζ.), που πολιτικά είναι αντίθετος ή εχθρικός προς τη δεξιά παράταξη. - Επίρρ. **-ά.**
αντιδεοντολογικός, -ή, -ό, επίθ. (έρρ. δις), που είναι αντίθετος προς ό,τι η δεοντολογία (βλ.λ.) ορίζει: *ενέργεια -ή* (συνών. δεοντολογικός).
αντίδερο, βλ. αντίδωρο.
αντιδήμαρχος ο, θηλ. **-ίνα,** ουσ. (έρρ.), μέλος του δημοτικού συμβουλίου μιας πόλης, που στην ιεραρχία βρίσκεται άμεσως μετά το δήμαρχο και αναλαμβάνει τη διεκπεραίωση των ευθυνών ορισμένων τομέων της ζωής της πόλης: *ο* ~ *για τα πολιτιστικά θέματα.*
αντιδημοκρατικός, -ή, -ό, επίθ. (έρρ.), που είναι αντίθετος, εχθρικός προς τη δημοκρατική ιδεολογία, προς το δημοκρατικό πολίτευμα.
αντιδημοτικιστικός, -ή, -ό, επίθ. (έρρ.), που είναι αντίθετος προς το δημοτικισμό: *σύγγραμμα -ό.*
αντιδημοτικός, -ή, -ό, επίθ. (έρρ.), που δεν είναι εύκολα ανεκτός, αποδεκτός από το λαό, που δεν είναι αγαπητός στο λαό: *νόμος* ~· *οικονομικά μέτρα -ά.*
αντίδι το, ουσ. (έρρ.), είδος λαχανικού: *μαγείρεψα μοσχαράκι με -ια· σαλάτα -ια.* [μεσν. *ιντύβιον* < *ιντύβον* < λατ. *intubus* ή *intybus*].
αντιδιαβητικός, -ή, -ό, επίθ. (έρρ., ασυνίζ.), που καταπολεμά, που θεραπεύει το διαβήτη: *φάρμακα -ά· δίαιτα -ή.*
αντιδιαβρωτικός, -ή, -ό, επίθ. (έρρ., ασυνίζ.), που δρα εναντίον της διάβρωσης: *προστασία -ή.*
αντιδιαστολή η, ουσ. (έρρ., ασυνίζ.), διάκριση δύο πραγμάτων με αντιπαράθεση.
αντιδικία η, ουσ. (έρρ.), το να είναι κανείς αντίδικος με κάποιον άλλο, το να βρίσκεται κανείς σε δικαστικό αγώνα με τρίτο.

αντίδικος, -η, -ο, επίθ. (έρρ., λόγ.), που βρίσκεται σε αντιδικία με άλλους: *κράτη / μέρη -α.* - Το αρσ. ως ουσ. = αντίπαλος σε δικαστικό αγώνα, ο καθένας από τους διαδίκους.
αντιδικώ, -είς, ρ. (έρρ.), έχω δίκη εναντίον κάποιου, είμαι αντίδικος με κάποιον.
αντιδιφθεριτικός, -ή, ό, επίθ. (έρρ.), που καταπολεμά τη διφθερίτιδα: *ορός* ~· *εμβόλιο -ό.*
αντιδογματικός, -ή, -ό, επίθ. (έρρ.). 1. που είναι αντίθετος σε δόγματα. 2. που δεν εκφράζει κατηγορηματικές και αναιτιολόγητες γνώμες.
αντιδορυφορικός, -ή, -ό, επίθ. (έρρ.), που χρησιμοποιείται εναντίον δορυφόρων: *όπλο -ό.*
αντίδοτο το, ουσ. (έρρ.), φάρμακο που χορηγείται για να εξουδετερώσει τα αποτελέσματα από τη λήψη άλλου φαρμάκου ή δηλητηρίου ή για την καταστολή οποιασδήποτε αδιαθεσίας. [ουδ. του μτγν. επιθ. *αντίδοτος*· πβ. γαλλ. *antidote*].
αντίδραση η, ουσ. (έρρ.). 1. ενέργεια που γίνεται για να εξουδετερωθεί κάποια άλλη (συνών. *αντενέργεια, αντίπραξη*). 2. έκδηλα συντηρητική ή και οπισθοδρομική στάση εναντίον προοδευτικών κοινωνικών μέτρων. 3. (χημ.) φαινόμενο που προκαλείται από την επίδραση μιας ουσίας σε κάποια άλλη, μετατροπή χημικών στοιχείων ή ενώσεων σε άλλες ενώσεις. 4. (φυσ.) δύναμη που εμφανίζει ένα σώμα όταν δέχεται την επίδραση άλλης δύναμης: ~ *πυρηνική· προώθηση αεροσκαφών με -η.* 5. (φυσιολ. και ψυχ.) κάθε εκδήλωση ή ενέργεια του οργανισμού που ακολουθεί την επίδραση ενός εξωτερικού ερεθίσματος: ~ *του οργανισμού στο τάδε φάρμακο·* οι *-εις του είναι παράξενες.*
αντιδραστήρας ο, ουσ. (έρρ.), κάθε διάταξη ή δοχείο όπου γίνονται χημικές διεργασίες για πειραματικούς ή βιομηχανικούς σκοπούς: *-ες πυρηνικοί / συνεχούς λειτουργίας.*
αντιδραστήριο το, ουσ. (έρρ., ασυνίζ.). 1. (χημ.) ουσία που χρησιμοποιείται σε χημικές διεργασίες εξαιτίας των γνωστών αντιδράσεων που προκαλεί: *-ια στερεά / υγρά.* 2. δοκιμαστήριο, όργανο όπου γίνονται δοκιμαστικά χημικές διεργασίες.
αντιδραστικός, -ή, -ό, επίθ. (έρρ.). 1. που αντιδρά σε ενέργεια. 2. που εναντιώνεται, που παίρνει εχθρική στάση εναντίον σε κάθε κοινωνικοπολιτική αλλαγή· (συνεκδοχικά) άκρως συντηρητικός: *είναι* ~ *σε κάθε καινοτομία.* - Επίρρ. **-ά.**
αντιδρώ, -άς, ρ. (έρρ.). 1. πραγματοποιώ κάποια ενέργεια με σκοπό να εξουδετερώσω μια προηγούμενη: *-έδρασε με βίαια χτυπήματα στην επίθεση που του έγινε* (συνών. *αντενεργώ, αντιπράττω*). 2. εναντιώνομαι: *οι εργαζόμενοι -ούν στα νέα κυβερνητικά μέτρα.* 3. (φυσιολ. και ψυχ.) απαντώ σε κάποιο ερεθισμό: *ο οργανισμός του δεν -ά πλέον· -έδρασε έντονα όταν άκουσε τα νέα.*
αντίδωρο και **αντίδερο** το, ουσ. (έρρ.). 1. δώρο που προσφέρεται σε ανταπόδοση άλλου δώρου· γνωμ. *το δώρο θέλει* ~. 2. (εκκλ., και στον τ. *αντίδερο*) μικρό κομμάτι άρτου (βλ. λ.) που ευλογείται και μοιράζεται στους πιστούς στο τέλος της θείας λειτουργίας.
αντιεμετικός, -ή, -ό, επίθ. (έρρ.), που προλαμβάνει ή καταπαύει τον εμετό: *φάρμακα -ά*
αντιεμπορικός, -ή, -ό, επίθ. (έρρ. δις), για πυραγωγή, συχνά καλλιτεχνική, που δεν αποφέρει κέρδη, επειδή δεν ευχαριστεί το πλατύτερο κοινό: *ταινία -ή.*

αντιεπενδυτικός, -ή, -ό, επίθ. (έρρ.), που δεν ευνοεί τις επενδύσεις: *προσπάθειες -ές· πολιτική -ή.*

αντιεπιστημονικός, -ή, -ό, επίθ. (έρρ.), που είναι αντίθετος προς την επιστήμη ή που δε βασίζεται στους κανόνες της επιστήμης: *μέθοδοι -ές· διαδικασία -ή.*

αντιευρωπαϊκός, -ή, -ό, επίθ. (έρρ.), που είναι αντίθετος προς την πολιτική ή τα συμφέροντα των ευρωπαϊκών χωρών.

αντιευρωπαϊσμός ο, ουσ. (έρρ.), πολιτική αντίθετη προς την ενότητα και την κοινή δράση των ευρωπαϊκών κρατών.

αντιζηλία η, ουσ. (έρρ.), η ιδιότητα του αντιζήλου: ~ *ανάμεσα σε δύο μαθητές* (συνών. *ανταγωνισμός, ζηλοτυπία*).

αντίζηλος ο, θηλ. -**ος** και -**η,** ουσ. **1.** αυτός που βρίσκεται σε αντίθεση με κάποιον επειδή διεκδικούν και οι δύο το ίδιο πράγμα (συνών. *ανταγωνιστής, αντίπαλος*). **2.** αντεραστής.

αντιηλιακός, -ή, -ό, επίθ. (έρρ., ασυνίζ.), που απορροφά την ακτινοβολία του ήλιου και προστατεύει από αυτήν: *τζάμι/φίλτρο -ό· κρέμα -ή.* - Το ουδ. ως ουσ. = υγρό με το οποίο προστατεύεται το δέρμα από την ακτινοβολία του ήλιου: *όταν κάνω ηλιοθεραπεία, χρησιμοποιώ -ό κι έτσι αποφεύγω τα εγκαύματα.*

αντιήρωας ο, ουσ. (έρρ.), πρόσωπο (συνήθως θεατρικό, κινηματογραφικό ή μυθιστορηματικό) που δεν έχει κανένα από τα τυπικά χαρακτηριστικά του παραδοσιακού ήρωα (π.χ. γενναιότητα ή πνευματική και ψυχική ανωτερότητα).

αντίθαμα το, ουσ. (έρρ. και όχι έρρ., ιδιωμ.), μεγάλο θαύμα: *Για δες θάμα κι ~ που γίνεται στον κόσμο* (δημ. τραγ.).

αντίθεος, -η, -ο, ουσ. (έρρ.). **1.** που είναι αντίθετος προς το Θεό, ασεβής. **2.** (ως ουσ.) ο διάβολος.

αντίθεση η, ουσ. (έρρ.). **1.** τοποθέτηση κάποιου πράγματος απέναντι σε άλλο ώστε να γίνεται αισθητή η διαφορά μεταξύ τους ή να αποκλείει το ένα το άλλο: *ωραία ~ χρωμάτων.* **2.** κατάσταση διαφωνίας ανάμεσα σε δύο άτομα: *βρίσκονται σε μεγάλη ~.* **3.** τοποθέτηση μέσα στην ίδια φράση δύο εκφράσεων ή δύο λέξεων που εκφράζουν ιδέες εντελώς αντίθετες (*πλούσιος - φτωχός*). **4.** (φιλοσ.) πρόταση που αποτελεί το δεύτερο σκέλος μιας αντινομίας της οποίας η θέση είναι το πρώτο.

αντιθετικός, -ή, -ό, επίθ. (έρρ.). **1.** που αποτελεί αντίθεση: *έννοια -ή* (συνών. *αντίθετος*). **2.** (γραμμ.) *μόρια -ά, σύνδεσμοι -οί* = μόρια ή σύνδεσμοι που εισάγουν προτάσεις με τρόπο αντιθετικό· *πρόταση -ή* = πρόταση που φανερώνει αντίθεση σε προηγούμενη ή σε επόμενη έννοια.

αντίθετος, -η, -ο, επίθ. (έρρ.). **1.** που βρίσκεται στην αντίθετη θέση: *ανήκει στην -η παράταξη* (συνών. *αντίπαλος*). **2.** που βρίσκεται σε αντίθεση με κάποιον άλλο: *έννοιες -ες* (συνών. *ενάντιος·* αντ. *σύμφωνος, όμοιος*).

αντιθρησκευτικός, -ή, -ό, επίθ. (έρρ.), που αντιτίθεται στη θρησκεία: *αγώνας ~.*

αντιιμπεριαλιστικός, -ή, -ό, επίθ. (έρρ. δις, ασυνίζ.), που αντιτίθεται στον ιμπεριαλισμό: *πολιτική / διαδήλωση -ή* (συνών. *αντιεπεκτατικός*).

αντιιστορικός, -ή, -ό, επίθ., (έρρ.) που έρχεται σε αντίθεση με την ιστορία.

αντίκα η, ουσ. (έρρ.). **1.** παλιό αντικείμενο με αισθητική, ιστορική και οικονομική αξία. **2.** (μεταφ. για άνθρωπο) ο μη σύγχρονος. **3.** άνθρωπος μεγάλης ηλικίας. **4.** πονηρός: *είναι μεγάλη ~.* [ιταλ. *antica*].

αντικαθεστωτικός, -ή, -ό, επίθ. (έρρ.), που είναι αντίθετος με το καθεστώς (πολιτικό ή κοινωνικό) που επικρατεί: *αγώνας ~.* - Το αρσ. και ως ουσ.

αντικαθιστώ, -άς, ρ., αόρ. *αντικατέστησα,* μέσ. *αντικαθίσταμαι* (έρρ.). **1.** (ενεργ., μτβ.) αλλάζω κάτι με άλλο: *έσπασα το βάζο και το αντικατέστησα με ένα άλλο παρόμοιο.* **2.** αναπληρώνω κάποιον (απόντα): *κατά την απουσία μου με αντικατέστησε ένας συνάδελφος.* **3.** (γραμμ.) κάνω αντικατάσταση (βλ. λ. στη σημασ. 3).

αντικαθρεπτίζω, ρ. (έρρ.), αντανακλώ: *στα ήρεμα νερά της λίμνης -ονται τα βουνά* (συνών. *αντικατοπτρίζω*).

αντικάμαρα η, ουσ. (έρρ.), αντιθάλαμος· φρ. *κάνω ~* = κάνω κάποιον να περιμένει στον αντιθάλαμο, αποφεύγω να τον δεχτώ.

αντικανονικός, -ή, -ό, επίθ. (έρρ.), που δεν είναι κανονικός, που τοποθετείται πέρα από τους κανόνες και δεν είναι συχνός: *προσπέραση / μετάθεση / συμπεριφορά -ή.*

αντικαρκινικός, -ή, -ό, επίθ. (έρρ.), που αποβλέπει στην πρόληψη και θεραπεία του καρκίνου: *έρανος ~· ινστιτούτο -ό.*

αντικαταβολή η, ουσ. (έρρ.). **1.** έγγραφη εντολή που δίνεται στο μεταφορέα εμπορευμάτων σύμφωνα με την οποία το εμπόρευμα θα παραδοθεί στον παραλήπτη μόνον όταν αυτός πληρώσει το αντίτιμό του. **2.** είδος χρηματιστηριακής σύμβασης για την αγορά ή πώληση αξιών με προθεσμία έναντι καταβολής ορισμένου ποσού.

αντικαταθλιπτικός, -ή, -ό, επίθ. (έρρ.), που καταπολεμά την κατάθλιψη: *πάσχει από μελαγχολία, γι' αυτό και παίρνει -ά φάρμακα.*

αντικατασκοπία η, ουσ. (έρρ.). **1.** το σύνολο των ενεργειών που αποβλέπουν στον εντοπισμό ή και στην παραπλάνηση των εχθρικών υπηρεσιών κατασκοπίας. **2.** (συνεκδοχικά) υπηρεσία που έχει ως έργο τον εντοπισμό ή την παραπλάνηση της εχθρικής κατασκοπίας.

αντικατάσταση η, ουσ. (έρρ.). **1.** αλλαγή κάποιου πράγματος με άλλο: ~ *του παλιού τηλεφωνικού δικτύου με σύγχρονο.* **2.** αναπλήρωση κάποιου προσώπου από άλλο: ~ *υπαλλήλου / τμηματάρχη.* **3.** (γραμμ.) χρονική ή εγκλιτική ~ = το να βρει κανείς ένα ρηματικό τύπο σε όλους τους χρόνους της ίδιας έγκλισης (χρονική) ή σε όλες τις εγκλίσεις του ίδιου χρόνου (εγκλιτική).

αντικαταστάτης ο, θηλ. **τρια,** ουσ. (έρρ.), αυτός που αντικαθιστά κάποιον: *ο ~ μου στο σχολείο ήταν πρωτοδιόριστος καθηγητής* (συνών. *αναπληρωτής*).

αντικαταστατός, -ή, -ό, επίθ. (λόγ.), που μπορεί να αντικατασταθεί (συνήθως για κινητή περιουσία): *χρήματα ή άλλα -ά πράγματα.*

αντικαταστάτρια, βλ. *αντικαταστάτης.*

αντικατηγορία η, ουσ. (έρρ.), αντέγκληση.

αντικατοπτρίζω, ρ. (έρρ.), αντανακλώ (βλ. λ.).

αντικατοπτρισμός, ο, ουσ. (έρρ.), (φυσ.) σχηματισμός φανταστικού ειδώλου ενός μακρινού αντικειμένου εξαιτίας της διάθλασης των φωτεινών ακτίνων, όταν αυτές περνούν από στρώματα διαφορετικής πυκνότητας: *ο ~ είναι συνηθισμένο φαινόμενο στις ερήμους.*

αντίκειμαι, ρ. (έρρ., λόγ., ελλειπτ.), είμαι αντίθετος: *η απόφαση αυτή -ειται στην εργατική νομοθεσία* (συνών. *αντιβαίνω, εναντιώνομαι·* αντ. *συμφωνώ*).

αντικειμενικός, -ή, -ό, επίθ. (έρρ.). 1. που απορρέει από το αντικείμενο, που αναφέρεται στο αντικείμενο: *αξία -ή ~ προσδιορισμός της αξίας του ακινήτου.* 2. αμερόληπτος: *-ή παρουσίαση των γεγονότων της ελληνικής ιστορίας· -ή ματιά στις εξελίξεις* (αντ. *υποκειμενικός*). 3. τελικός: *σκοπός ~.* 4. (συντακτ.) γενική *-ή* = η γενική σε επίθετα ή ουσιαστικά που, αν αυτά γίνουν ρήματα, παίρνει τη θέση αντικειμένου (αντ. *υποκειμενική*). 5. (φιλοσ.) πραγματικότητα *-ή* = γνωστικά στοιχεία που δεν προϋπάρχουν στην ανθρώπινη νόηση, αλλά πηγάζουν από την ίδια την πραγματικότητα. - Επίρρ. **-ά.**

αντικειμενικότητα η, ουσ. (έρρ.), αμεροληψία: *τον καλό ιστορικό πρέπει να τον χαρακτηρίζει ~* (αντ. *υποκειμενικότητα*).

αντικείμενο το, ουσ. (έρρ.). 1. καθετί που βρίσκεται στον εξωτερικό κόσμο και γίνεται αντιληπτό με τις αισθήσεις μας. 2. θέμα: *~ της ομιλίας ήταν το κάπνισμα.* 3. τελικός σκοπός, βλέψη: *~ προσπαθειών.* 4. (συντακτ.) λέξη ή πρόταση στην οποία μεταβαίνει η ενέργεια του ρήματος.

αντικίνητρο το, ουσ. (έρρ.), κίνητρο που εξουδετερώνει κάποιο άλλο που προϋπάρχει: *ο πληθωρισμός αποτελεί ~ για αποταμίευση.*

αντικλείδι το, ουσ. (έρρ.). 1. κλειδί με το οποίο ανοίγονται παρεμφερείς κλειδαριές: *ο διαρρήκτης χρησιμοποίησε ~.* 2. (μεταφ.) πλάγιο μέσο για να πετύχει κανείς κάτι.

αντικλεπτικός, -ή, -ό, επίθ. (έρρ.), που προστατεύει κάτι από διάρρηξη ή κλοπή: *κλειδαριά -ή· σύστημα αυτοκινήτων -ό· που δεν είναι εύκολο να τον κλέψει κανείς· χαρτοφύλακας ~.*

αντικληρικός, -ή, -ό, επίθ. (έρρ.), που στρέφεται εναντίον των κληρικών και της εκκλησίας: *εφημερίδα -ή.*

αντίκλητος ο, ουσ. (έρρ.), πρόσωπο εξουσιοδοτημένο να παραλαμβάνει ως εκπρόσωπος άλλου τα διαδικαστικά έγγραφα που επιδίδονται στον εντολέα.

αντίκλινο το, ουσ. (έρρ.), (γεωλ.) πτυχή του εδάφους που τα στρώματά της είναι κυρτά προς τα πάνω.

αντικόβω, βλ. *αντισκόβω.*

αντικοινοβουλευτικός, -ή, -ό, επίθ. (έρρ.), που είναι αντίθετος στο κοινοβουλευτικό πολίτευμα: *ιδέες / ενέργειες -ές.* 2. κοινοβουλευτικός εκπρόσωπος που είναι απροσάρμοστος στους κανόνες λειτουργίας του κοινοβουλίου: *βουλευτής ~.*

αντικοινωνικός, -ή, -ό, επίθ. (έρρ.). 1. που είναι αντίθετος με την κοινωνία και τους κοινωνικούς θεσμούς: *ιδέες -ές.* 2. ακοινώνητος: *άνθρωπος ~* (συνών. *μισάνθρωπος, μοναχικός·* αντ. *κοινωνικός, κοσμικός*).

αντικομουνισμός ο, ουσ. (έρρ.), θεωρία ή ενέργεια που αντιτίθεται στον κομουνισμό.

αντικομουνιστής ο, θηλ. **-στρια** ουσ. (έρρ.), αυτός που αντιτίθεται στη θεωρία του κομουνισμού και αγωνίζεται με θέρμη εναντίον του.

αντικομουνιστικός, -ή, -ό, επίθ. (έρρ.), που είναι σφοδρός αντίπαλος της θεωρίας του κομουνισμού: *προπαγάνδα -ή· έντυπα -ά.*

αντικομφορμισμός ο, ουσ. (έρρ.), θεωρία αντίθετη στον κομφορμισμό (βλ.λ.).

αντικομφορμιστής ο, θηλ. **-στρια,** ουσ. (έρρ.), αυτός που αντιτίθεται στον κομφορμισμό, που δε δέχεται τις συμβατικότητες, την προσαρμογή σε συνήθειες και θεσμούς.

αντικομφορμιστικός, -ή, -ό, επίθ. (έρρ.), που αντιτίθεται στον κομφορμισμό (βλ.λ.): *στοιχεία -ά· τάσεις -ές.*

αντικόφτω, βλ. *αντισκόβω.*

αντικρατικός, -ή, -ό, επίθ. (έρρ.), που στρέφεται εναντίον του κράτους: *δραστηριότητα -ή· ιδέες -ές.*

αντικρίζω ρ. (έρρ.). 1. βρίσκομαι απέναντι, αντίκρυ: *το παράθυρό μου -ει το δάσος.* 2. βλέπω, συναντώ: *τον αντίκρισα στο δρόμο, αλλά δεν του μίλησα.* 3. αντιμετωπίζω: *αντίκρισα το κακό με ψυχραιμία.* 4. βάζω κάτι απέναντι σε κάτι άλλο για να γίνει ακριβώς όμοιο: *αντίκρισα τον ποδόγυρο του φορέματος.* 5. (οικον.) παρέχω επαρκή χρηματική εγγύηση για την αγορά ή την πώληση τίτλων.

αντικρινός, -ή, -ό, επίθ. (έρρ.), που βρίσκεται απέναντι: *-ό χωριό.* - Το αρσ. στον πληθ. ως ουσ. = οι απέναντι γείτονες: *παρέα με τους -ούς μας.*

αντίκρισμα το, ουσ. (έρρ.). 1. συνάντηση πρόσωπο με πρόσωπο: *πάγωσε στο -ά της· το ~ της θάλασσας με ξεκούρασε* (συνών. *θέα*). 2. (οικον.) χρηματικό ποσό κατατεθειμένο σε τράπεζα ως εγγύηση ή ασφάλεια για να εκδίδονται επιταγές: *συνελήφθη, γιατί υπέγραφε επιταγές χωρίς ~.* 3. νόημα, αποτέλεσμα: *δεν έχει ~ η ενέργειά σου.*

αντικριστής ο, ουσ. (έρρ.), βοηθός του χρηματιστή.

αντικριστός, -ή, -ό, επίθ. (έρρ.). 1. που βρίσκεται αντίκρυ σε κάποιον άλλο: *σπίτια/καταστήματα -ά.* 2. (για χορό· και ως ουσ.) που γίνεται από δύο ή περισσότερα άτομα τοποθετημένα απέναντι: *χόρεψαν τον -ό (χορό) με πολλή χάρη.* - Επίρρ. **-ά:** *έραψα τα κουμπιά στη ζακέτα -ά.*

αντικροτικά τα, ουσ. (έρρ.), (χημ.) ουσίες που αυξάνουν τον αριθμό οκτανίου της βενζίνης όταν προστίθενται σ' αυτήν: *τα ~ τείνουν να εξαφανιστούν, γιατί μολύνουν την ατμόσφαιρα.*

αντικρούω, ρ. (έρρ.), ανασκευάζω: *~ τα επιχειρήματά του* (συνών. *αποκρούω, αντιλέγω*).

αντίκρυ και **-κρύ,** επίρρ. (έρρ.), απέναντι: *κάθισε ~ μου και με κοίταζε επίμονα.*

αντικρύζω, βλ. *αντικρίζω.*

αντίκτυπος και **-χτυπος,** ο, ουσ. (έρρ.). 1. αντήχηση (συνών. *αντίλαλος, ηχώ*). 2. (μεταφ.) απήχηση: *ο ~ της συμφωνίας των δύο υπερδυνάμεων / της Οκτωβριανής Επανάστασης.*

αντικτυπώ, βλ. *αντιχτυπώ.*

αντικυβερνητικός, -ή, -ό, επίθ. (έρρ.), που αντιτίθεται στην κυβέρνηση: *εφημερίδες -ές· προπαγάνδα / συσπείρωση -ή.*

αντικυκλώνας ο, ουσ. (έρρ.), επίκεντρο υψηλών βαρομετρικών πιέσεων.

αντιλαϊκός, -ή, -ό, επίθ. (έρρ.). 1. που στρέφεται εναντίον του λαού: *-ά οικονομικά μέτρα* (αντ. *φιλολαϊκός*). 2. που δεν αρέσει στο λαό (συνών. *αντιδημοτικός*).

αντιλάλημα το, ουσ. (έρρ.), ηχώ (συνών. *αντήχηση, αντίλαλος*).

αντιλαλητό το, ουσ. (έρρ.), αντίλαλος (συνών. *αντιλάλημα, ηχώ, αντήχηση*).
αντιλαλιά η, ουσ. (έρρ., συνιζ.), αντίλαλος (συνών. *ηχώ, αντήχηση*).
αντίλαλος ο, ουσ. (έρρ.), ηχώ: *ο ~ του τραγουδιού* (συνών. *αντήχηση, αντιλάλημα*).
αντιλαλώ, -είς, ρ. (έρρ.), αντηχώ: *-ούνε τα βουνά, -ούν κι οι κάμποι*.
αντιλαμβάνομαι, ρ., αόρ. *-λήφθηκα* (έρρ.). 1. καταλαβαίνω: *δεν -λήφθηκα τον υπαινιγμό σου*. 2. αισθάνομαι: *~ το βουητό του αέρα/τον ήχο*. 3. έχω αντίληψη: *-εται αμέσως*.
αντιλαμπίζω, ρ. (έρρ, λαϊκ.), αντιλάμπω (βλ. λ.): *το πρόσωπό του αντιλάμπιζε αλλόκοτη φεγγοβολιά* (Ι. Μ. Παναγιωτόπουλος).
αντιλάμπω, ρ. (έρρ.), αντανακλώ τη λάμψη: *είχε -λάμψει από φωτοχυσίες* (Σολωμός) (συνών. *αντιφέγγω*).
αντιλέγω, ρ. (έρρ.), φέρνω αντιρρήσεις (συνών. *αντιμιλώ, αντικρούω, διαφωνώ*).
αντιληπτικότητα η, ουσ. (έρρ.), ικανότητα να αντιλαμβάνεται, να καταλαβαίνει κανείς.
αντιλήπτορας ο, ουσ. (έρρ.), (νομ.) αυτός που διορίζεται από το δικαστήριο να εποπτεύει κάποιον ανισόρροπο διανοητικά, κ.τ.ό.: *δικαστικός ~*.
αντιληπτός, -ή, -ό, επίθ. (έρρ.). 1. αισθητός: *ο σεισμός έγινε ~· η απουσία σου έγινε αμέσως -ή* (αντ. *απαρατήρητος*). 2. κατανοητός: *ο υπαινιγμός δεν έγινε ~· το ποίημα δεν έγινε -ό* (αντ. *ακατανόητος, ακατάληπτος*).
αντίληψη η, ουσ. (έρρ.). 1. το να συλλαμβάνει κάποιος με τις αισθήσεις. 2. διανοητική ικανότητα: *έχει εξαιρετική ~*. 3. προστασία, αγωγή, βοήθεια: *~ μαθητική / θεία*. 4. (στον πληθ.) ιδέες, νοοτροπία: *έχομε διαφορετικές -λήψεις*. 5. (νομ.) *δικαστική ~* = μορφή προστασίας που παρέχεται από το νόμο σε πρόσωπα που δεν έχουν πλήρη πνευματική υγεία.
αντιλογία η, ουσ. (έρρ.), αντίρρηση: *δεν έφερε καμιά ~* (συνών. *αντιμίλημα*). Φρ. *(αυτός) είναι πνεύμα -ίας* = πάντοτε αντιμιλεί, αντιλέγει.
αντίλογος ο, ουσ. (έρρ.), αντίρρηση: *ο λόγος φέρνει -ο* (συνών. *αντιλογία*).
αντιλόπη η, ουσ. (έρρ.), ζώο θηλαστικό που ανήκει στην τάξη των αρτιοδακτύλων και ζει στην Αφρική. [γαλλ. *antilope*].
αντιλυσσικός, -ή, -ό, επίθ., (έρρ.) που χρησιμοποιείται για την πρόληψη ή τη θεραπεία της λύσσας: *ορός ~· θεραπεία -ή*.
αντιμάμαλο το, ουσ. (έρρ.). 1. παλινδρομικό κύμα: *οι θάλασσες που έρχονται από το πέλαγο... χτυπιούνται με το ~ που σηκώνεται από τα κοφτά βράχια* (Κόντογλου). 2. θαλασσοταραχή. 3. (μεταφ.) δυσκολία, ταλαιπωρία.
αντιμάχομαι, ρ. (έρρ.). 1. ανταγωνίζομαι (συνών. *αντιπαλεύω*). 2. εχθρεύομαι: *είναι συμφεροντολόγος, γι' αυτό τον -ονται όλοι* (συνών. *μισώ, αντιπαθώ*).
αντίμαχος, -η, -ο, επίθ. (έρρ.). 1. ανταγωνιστικός: *κάνω σύνθεση από -ες ροπές* (Καζαντζάκης). 2. (ως ουσ.) αντίπαλος, εχθρός: *στην πλάνη ομπρός γυμνός εστάθη ~* (Σικελιανός) (συνών. *πολέμιος·* αντ. *υπέρμαχος*).
αντιμεθαύριο, επίρρ. (έρρ., ασυνίζ.), (ως ουσ.) τη μεθεπόμενη (μέρα), την παράλλη· η ημέρα που ακολουθεί τη μεθαυριανή, την παράλλη.
αντιμετάθεση η, ουσ. (έρρ.). 1. αμοιβαία μετάθεση προσώπων ή πραγμάτων. 2. (γραμμ.) αντιμεταχώρηση (βλ. λ.).
αντιμεταρρύθμιση η, ουσ. (ιστ.) μεταρρύθμιση της καθολικής Εκκλησίας που στον 16. και τον 17. αι. ακολούθησε τη μεταρρύθμιση των διαμαρτυρομένων.
αντιμεταφυσικός, -ή, -ο, επίθ. (έρρ.), που είναι αντίθετος στη μεταφυσική: *το -ό πνεύμα του πολιτισμού μας*.
αντιμεταχώρηση η, ουσ. (έρρ.), (γραμμ.) μετάθεση φωνηέντων, συμφώνων ή συλλαβών μέσα στην ίδια λέξη: π.χ. *φαλάκρα-καράφλα* (συνών. *αντιμετάθεση*).
αντιμετριέμαι, ρ. (έρρ.), συναγωνίζομαι: *δεν μπορώ να αντιμετρηθώ μαζί του* (συνών. *παραβγαίνω*).
αντίμετρο το, ουσ. (έρρ.), μέτρο που παίρνεται για να εξουδετερώσει ή να προλάβει κάποιο άλλο μέτρο: *-α της κυβέρνησης για την καταπολέμηση του πληθωρισμού*.
αντιμετωπίζω, ρ. (έρρ.), στέκομαι αντιμέτωπος με κάποιον ή κάτι· αποκρούω, αντιπαλεύω: *~ μεγάλα οικονομικά προβλήματα· ίσαμε με επιτυχία τον εχθρό*.
αντιμετώπιση η, ουσ. (έρρ.), το να αντιμετωπίζει κάποιος κάτι: *~ του κινδύνου από τα ναρκωτικά*.
αντιμέτωπος, -η, -ο, επίθ. (έρρ.). 1. που συναντιέται πρόσωπο με πρόσωπο με κάποιον: *βρέθηκα μ' έναν παλιό μου φίλο*. 2. αντίπαλος: *δεν ήθελα να βρεθώ ~ με το συνάδελφό μου, γι' αυτό απέσυρα τη μήνυση*.
αντιμήνσιο το, ουσ. (έρρ., ασυνίζ.), ύφασμα που απλώνεται πάνω στην Αγία Τράπεζα και τελεστεί το μυστήριο της Θείας Ευχαριστίας ή που αντικαθιστά την Αγία Τράπεζα. [πρόθ. *αντί* + λατ. *mensa*].
αντιμίλημα το, ουσ. (έρρ.), αντιλογία, αντίρρηση.
αντιμιλιά η, ουσ. (έρρ., συνιζ., λαϊκ.), αντιλογία: *δε δέχεται ~*.
αντιμιλιταρισμός ο, ουσ., θεωρία που αντιτίθεται στο μιλιταρισμό (βλ.λ.).
αντιμιλιταριστής ο, θηλ. *-στρια*, ουσ. (έρρ.), αυτός που είναι αντίθετος στο μιλιταρισμό (βλ. λ.).
αντιμιλώ, -άς, ρ. (έρρ.). 1. φέρνω αντίρρηση: *δεν επιτρέπει να του -ούν* (συνών. *αντιλέγω*). 2. αυθαδιάζω: *μίλησε στον καθηγητή του*.
αντιμισθία η, ουσ. (έρρ.), αμοιβή για εργασία, μισθός: *~ γιατρού*.
αντιμοναρχικός, -ή, -ό, επίθ. (έρρ.), που είναι αντίθετος στο καθεστώς της μοναρχίας: *διαδήλωση -ή*.
αντιμόνιο το, ουσ. (έρρ., ασυνίζ.), χημικό στοιχείο, στερεό, αμέταλλο, που έχει χρώμα αργυροκύανο και μεταλλική λάμψη. [γαλλ. *antimoine*].
αντιμονοπωλιακός, -ή, -ό, επίθ. (έρρ., ασυνίζ.), που είναι αντίθετος στο μονοπώλιο: *πολιτική της κυβέρνησης -ή· έλεγχος ~*.
αντιναύαρχος ο, ουσ. (έρρ.), ανώτατος βαθμός στο πολεμικό ναυτικό.
αντινεφικός, -ή, -ό, επίθ. (έρρ.), που συντελεί στην καταπολέμηση του «νέφους», της ατμοσφαιρικής ρύπανσης: *μέτρα -ά*.
αντινομία η, ουσ. (έρρ.). 1. αντίθεση μεταξύ δύο νόμων, δύο απόψεων μέσα στο ίδιο κείμενο: *η γνώμη αυτή έρχεται σε ~ με άλλη προηγούμενη του ίδιου συγγραφέα* (συνών. *αντίφαση*). 2. (φιλοσ.) σύστημα δύο αντιθετικών προτάσεων.

αντίξοος, -η, -ο, επίθ. (έρρ.), δυσμενής: *συνθήκες -ες* (συνών. *δύσκολος*).

αντιξοότητα η, ουσ. (έρρ.), το να είναι κάτι αντίξοο: *οι -ες της ζωής* (συνών. *δυσχέρεια, δυσκολία, αναποδιά*).

αντίο, επιφών. (όχι έρρ.), (σε αποχαιρετισμό) χαίρε, χαίρετε: ~ *καλοπέραση!* [ιταλ. *addio*].

αντιοικονομικός, -ή, -ό, επίθ. (έρρ.). 1. που είναι αντίθετος με τις αρχές της οικονομίας: *μέτρα -ά*. 2. που δε συμφέρει οικονομικά: *τα εισαγόμενα προϊόντα είναι -ά· επένδυση -ή*.

αντιολισθητικός, -ή, -ό, επίθ. (έρρ., ασυνίζ.), που συντελεί στο να μη γλιστρά κάτι: *όταν χιονίζει, οι -ές αλυσίδες είναι απαραίτητες στα αυτοκίνητα*.

αντιορθολογισμός ο, ουσ. (έρρ.), τρόπος σκέψης που είναι αντίθετος στον ορθολογισμό (βλ. λ.).

αντιορθολογιστικός, -ή, -ό, επίθ. (έρρ., ασυνίζ.), που είναι αντίθετος στον ορθολογισμό (βλ. λ.): *μέτρα -ά*.

αντιπάθεια η, ουσ. (έρρ., ασυνίζ.), αποστροφή, εχθρότητα απέναντι σε κάποιον ή κάτι: *τρέφει μεγάλη ~ για τους μεγαλομανείς* (αντ. *συμπάθεια*).

αντιπαθής, -ής, -ές, γεν. *-ούς,* πληθ. αρσ. και θηλ. *-είς,* ουδ. *-ή,* επίθ. (έρρ.), αντιπαθητικός: *μου είναι πολύ ~ ο τύπος αυτός* (αντ. *συμπαθής*).

αντιπαθητικός, -ή, -ό, επίθ. (έρρ.), που δημιουργεί στον άλλον αντιπάθεια: *οικογένεια / συμπεριφορά -ή· χαρακτήρας ~* (αντ. *συμπαθητικός*). - Επίρρ. *-ά*.

αντιπαθώ, -είς, ρ. (έρρ.), αισθάνομαι αντιπάθεια για κάποιον ή κάτι: *το παιδί του -εί τα γράμματα* (αντ. *συμπαθώ*).

αντιπαιδαγωγικός, -ή, -ό, επίθ. (έρρ.), που είναι αντίθετος με τους κανόνες της παιδαγωγικής: *συμπεριφορά/μέθοδος -ή· σύστημα εξέτασης -ό* (αντ. *παιδαγωγικός*).

αντιπαλεύω, ρ. (έρρ.), (ενεργ. και μέσ.) ανταγωνίζομαι, αντιστέκομαι: *αλλά τώρα -ει/κάθε τέκνο σου μ' ορμή* (Σολωμός)· *-εσαι και νικητής λογιέσαι* (Αθάνας).

αντίπαλος ο, ουσ. (έρρ.). 1. πρόσωπο που βρίσκεται σε αντίθεση με κάποιο άλλο στο χώρο της πολιτικής, των ιδεών, της οικονομίας, κλπ., σε μάχη ή σε παιχνίδι: *είναι -οι, αλλά σέβεται ο ένας τον άλλο*. 2. (ως επίθ.) αντίθετος, εχθρικός: *δυνάμεις -ες*.

αντιπαλότητα η, ουσ. (έρρ.), έχθρα, ανταγωνισμός: *παραδοσιακή ~ Βόλου και Λάρισας*.

αντιπαραβάλλω, ρ., παρατ. *-παρέβαλλα,* πληθ. *-παραβάλλαμε,* αόρ. *-παρέβαλα,* πληθ. παθ. αόρ. *-παραβλήθηκα,* πληθ. *-παραβλήθηκαμε* (έρρ.), συγκρίνω: *δεν μπορείς να -βληθούν οι σημερινές συνθήκες ζωής με τις παλιότερες* (συνών. *παραλληλίζω*).

αντιπαραβολή η, ουσ. (έρρ.), σύγκριση: *~ δύο επαναστάσεων / δύο οικονομικών συστημάτων* (συνών. *παραλληλισμός*).

αντιπαράθεση η, ουσ. (έρρ.), αντίθεση: *~ απόψεων / πολιτικών τάσεων· οξεία ~ των κομμάτων στη Βουλή με αφορμή το νομοσχέδιο για την Παιδεία*.

αντιπαραθέτω, ρ. (έρρ.), παραθέτω κάτι ενάντια σε κάτι άλλο: *~ τα επιχειρήματά μου / τις επιφυλάξεις μου / τις αμφιβολίες μου*.

αντιπαρασιτικός, -ή, -ό, επίθ., που εξοντώνει τους παρασιτικούς οργανισμούς: *φάρμακο -ό*. - Το ουδ. ως ουσ. = φαρμακευτική ουσία για τη θανάτωση ή την απομάκρυνση των παρασίτων που ζουν μέσα σ' έναν οργανισμό ή στην επιφάνειά του.

αντιπαράσταση η, ουσ. (έρρ.), ταυτόχρονη εξέταση μαρτύρων με άλλους μάρτυρες ή με τον κατηγορούμενο πάνω στο ίδιο θέμα.

αντιπαράταξη η, ουσ. (έρρ.), παράταξη ενάντια σε κάτι: *~ στρατευμάτων·* (μεταφ.) *~ γνώμης*.

αντιπαρατάσσω, ρ. (έρρ.), αντιπαραθέτω: *αντιπαρέταξα κι εγώ τα δικά μου επιχειρήματα*.

αντιπαρατήρηση η, ουσ., παρατήρηση που γίνεται σε παρατήρηση που έχει προηγηθεί.

αντιπαρέχω, ρ. (έρρ.), δίνω ως αντιπαροχή: *ο εργολάβος -ει λίγα διαμερίσματα στον οικοπεδούχο*.

αντιπαροχή η, ουσ. (έρρ.), σύστημα ανοικοδόμησης κατά το οποίο ο οικοπεδούχος δίνει το οικόπεδο στον εργολάβο οικοδομών και παίρνει ως αντάλλαγμα διαμερίσματα: *με το σύστημα της -ής χτίζονται πολλές πολυκατοικίες*.

αντίπασχα το, ουσ. (έρρ.), η πρώτη Κυριακή μετά το Πάσχα, η Κυριακή του Θωμά (ή η εβδομάδα που ακολουθεί την εβδομάδα του Πάσχα).

αντιπατερναλιστικός, -ή, -ό, επίθ. (έρρ.), που αντιτίθεται στην πολιτική κηδεμόνευση από ξένη δύναμη: *εκδηλώσεις -ές*.

αντιπατριωτικός, -ή, -ό, επίθ. (έρρ. ασυνίζ.), που στρέφεται εναντίον των συμφερόντων της πατρίδας: *ενέργειες -ές·* που είναι γενικά αντίθετος στην έννοια της πατρίδας: *κηρύγματα -ά*.

αντιπειθαρχικός, -ή, -ό, επίθ. (έρρ.), που δεν ενεργεί ή που δε γίνεται σύμφωνα με τους κανόνες της πειθαρχίας: *υφιστάμενος ~· πλήρωμα -ό· στρατιώτης ~· συμπεριφορά / ενέργεια -ή*.

αντίπερα, επίρρ. (έρρ.), στο απέναντι μέρος, στην απέναντι πλευρά ή όχθη, αντίκρυ: *διαβαίνω ~ ποτάμι μ', για λιγόστεψε, για κάνε λίγο πίσω / για περάσω ~* (δημ. τραγ.)· *η ~ όχθη*.

αντιπερισπασμός ο, ουσ. (έρρ.). 1. (στρατ.) πολεμική επιχείρηση με στόχο να μειώσει την επιφυλακή και τις δυνάμεις του εχθρού στο σημείο όπου πρόκειται να εκδηλωθεί κύρια επιθετική ενέργεια: *ο ~ εκδηλώθηκε με αποβάσεις ολιγάριθμων δυνάμεων*. 2. (μεταφ.) ενέργεια με σκοπό να αποσπάσει την προσοχή κάποιου από εκεί όπου θα έπρεπε να είναι στραμμένη: *οι αποκαλύψεις των εγγράφων έγιναν για -ό·* (λαϊκ.) σκοτούρα, εμπόδιο, περισπασμός: *δεν τελείωσα γιατί είχα πολλούς -ούς*.

αντιπηκτικός, -ή, -ό, επίθ. (έρρ.), που εμποδίζει την πήξη μιας ουσίας (κυρίως του αίματος): *θεραπεία -ή*. - Το ουδ. ως ουσ. = 1. (χημ.) ουσία που προστίθεται σε ένα υγρό και χαμηλώνει το σημείο πήξης του: *η μηχανή των αρμάτων μάχης χρειάζεται -ό το χειμώνα* (συνών. *αντιψυκτικό*). 2. (φαρμ.) ουσία που εμποδίζει την πήξη του αίματος.

αντί πινακίου φακής· αρχαϊστ. έκφρ. για κάτι που αγοράζει κανείς πολύ φτηνά, δυσανάλογα προς την πραγματική του αξία.

αντιπληθωρισμός ο, ουσ. (έρρ.), (οικον.) πολιτική με σκοπό να περιορίσει τον πληθωρισμό, την κυκλοφορία πληθωρικού χαρτονομίσματος.

αντιπληθωριστικός, -ή, -ό, επίθ. (έρρ.), που αποβλέπει στη συγκράτηση και τη μείωση του πληθωρισμού: *αγώνας ~· πολιτική -ή· μέτρα -ά*.

αντιπλημμυρικός, -ή, -ό, επίθ. (έρρ.), που έχει σκοπό να προλάβει τις πλημμύρες και τις καταστροφές που αυτές προκαλούν: *σχεδιασμός ~· έργα -ά.*

αντιπλοίαρχος ο, ουσ. (έρρ.), (στρατ.) βαθμός ανώτερου αξιωματικού του πολεμικού ναυτικού αντίστοιχος με τον αντισυνταγματάρχη του στρατού ξηράς.

αντιπνευματικός, -ή, -ό, επίθ. (έρρ.), εχθρικός προς την πνευματική καλλιέργεια και πρόοδο ή τις πνευματικές αξίες: *περιβάλλον -ό· εποχή -ή.*

αντίποδες οι, ουσ. (έρρ.). **1.** (γεωγρ.) σημείο της γήινης επιφάνειας σε διαμετρικώς αντίθετη θέση με κάποιο άλλο: *η Αυστραλία βρίσκεται στους ~·* (συνεκδοχικά) οι κάτοικοι του σημείου αυτού. **2.** (μεταφ.) φρ. *βρίσκομαι ή είμαι στους ~ =* είμαι ριζικά αντίθετος με κάποιον ή κάτι: *η πράξη του βρίσκεται στους ~ της λογικής· στους ~ της κριτικής φιλοσοφίας είναι ο δογματισμός.*

αντιποίηση η, ουσ. (έρρ.), (δίκ.) αυθαίρετη και παράνομη οικειοποίηση ξένου ή δημόσιου πράγματος ή δικαιώματος: *~ υπηρεσίας* (= όταν κάποιος ασκεί δημόσια υπηρεσία χωρίς να έχει νόμιμο διορισμό)· *~ στολής / παρασήμου / τίτλου* (= όταν κάποιος φέρει παράνομα στολή, διακριτικά ή τίτλο πολιτικού ή στρατιωτικού υπαλλήλου ή θρησκευτικού λειτουργού).

αντιποιητικός, -ή, -ό, επίθ. (έρρ.), αντίθετος με τους κανόνες ή το πνεύμα της ποίησης: *γλώσσα / διάθεση -ή.*

αντίποινα τα, ουσ. (έρρ.). **α.** βλάβη που προκαλείται σε κάποιον με σκοπό την εκδίκηση για ζημία που εκείνος προηγουμένως επέφερε: *~ άγρια / αιματηρά / σκληρά· εφαρμόζω ~· φόβοι -ποίνων·* β. (Διεθν. Δίκ.) καταπιεστικά μέτρα ενός κράτους σε βάρος ενός άλλου, που πρώτο παρανόμησε, με σκοπό να το αναγκάσουν να συμμορφωθεί στη διεθνή έννομη τάξη και να επανορθώσει την αδικία (συνών. *αντεκδίκηση*).

αντιποιούμαι, ρ. (έρρ., ασυνίζ.), (νομ.) κάνω χρήση δικαιώματος που δεν έχω.

αντιπολεμικός, -ή, -ό, επίθ. (έρρ.), που στρέφεται εναντίον του πολέμου: *διαδήλωση -ή· κίνημα -ό* (= ειρηνιστικό)· *μυθιστόρημα -ό.*

αντιπολιτεύομαι, ρ. (έρρ.). **1.** ασκώ πολιτική αντίθετη προς την κυβερνητική, είμαι αντίπαλος του κόμματος, της παράταξης που κυβερνά: *δύο αντικυβερνητικά κόμματα μπορεί να -ονται την κυβέρνηση από εντελώς διαφορετική ιδεολογική σκοπιά· τύπος -όμενος· κόμματα -όμενα.* (αντ. *συμπολιτεύομαι*). **2.** (μεταφ.) εναντιώνομαι στα σχέδια και τις πράξεις κάποιου: *μέσα στο συμβούλιο δεν τον -όταν κανένας· με τόσα λάθη -ται τον ίδιο του τον εαυτό.* - Η μτχ. ενεστ. στον πληθ. *-όμενοι* ως ουσ. = οι αντίθετοι πολιτικά στην κυβέρνηση.

αντιπολίτευση η ουσ. (έρρ.). **1.** πολιτική δράση αντίθετη προς την κυβέρνηση και την κυβερνητική πολιτική: *~ ήπια / χαλαρή / ζωηρή / σκληρή / (εξω)κοινοβουλευτική/δομική· ~ νόμιμη / παράνομη· ασκώ / κάνω ~·* (γενικά) αντίθεση στα σχέδια και τις ενέργειες κάποιου: *το ζήτημα θα αποτελεί ένα πεδίο αιχμηρής εσωκομματικής -ης κατά του αρχηγού του κόμματος· ό,τι κι αν έλεγα μου έκανε ~* (αντ. *συμπολίτευση*). **2.** (συνεκδ.) σύνολο προσώπων που αποτελούν ομάδα ή κόμμα και αντιπολιτεύονται την κυβέρνηση προβάλλοντας στο εκλογικό σώμα μια εναλλακτική πολιτι-

κή: *~ ακέφαλη / ανύπαρκτη· αξιωματική ~* (= το μεγαλύτερο σε αριθμό βουλευτών από τα κόμματα της Βουλής που ασκούν αντικυβερνητική πολιτική)· (μεταφ.): *η ~ στο διοικητικό συμβούλιο μιας επιχείρησης.*

αντιπολιτευτικός, -ή, -ό, επίθ. (έρρ.), που σχετίζεται με την αντιπολίτευση, που στρέφεται εναντίον της κυβέρνησης και της πολιτικής της: *λόγοι -οί· διάθεση / δράση / ικανότητα -ή· δηλώσεις / ενέργειες -ές.*

αντιπολωτικός, -ή, -ό, επίθ. (έρρ., ηλεκτρολ.), που εμποδίζει την πόλωση: *περιέλιξη -ή·* (μεταφ.): *-ή κίνηση των μικρών κομμάτων· -ά αισθήματα του λαού* (= που αντιτάσσονται στην πολιτική πόλωση).

αντιπραγματισμός ο, ουσ. (έρρ.), (οικον.) άμεση ανταλλαγή προϊόντων (ή υπηρεσιών) με άλλα προϊόντα (ή υπηρεσίες) χωρίς τη μεσολάβηση του χρήματος ως μορφή συναλλαγής της πρωτόγονης εποχής ή περιόδων με σοβαρές οικονομικές αναστατώσεις.

αντίπραξη η, ουσ. (έρρ.), πράξη που γίνεται με σκοπό την ανατροπή μιας άλλης: *~ απροσδόκητη / κακόβουλη / κρυφή / ύπουλη· έστησε για ~ τον πάγκο του δυο βήματα από το δικό μου·* φρ. *κάνω ~* (συνών. *αντενέργεια, αντίδραση*).

αντιπροεδρία η, ουσ. (έρρ.), το αξίωμα του αντιπροέδρου.

αντιπρόεδρος ο, θηλ. **-δρος** και **-δρίνα,** ουσ. (έρρ.), αυτός που αναπληρώνει τον πρόεδρο, όταν εκείνος απουσιάζει ή δεν μπορεί να ασκήσει τα καθήκοντά του: *~ της κυβέρνησης / της Βουλής / του διοικητικού συμβουλίου / του συλλόγου.*

αντιπροίκι το, ουσ. (έρρ.). **1.** αυτά που δίνει ο γαμπρός στους γονείς της νύφης ως είδος ανταλλάγματος για την προίκα. **2.** πρόσθετο δώρο που δίνουν οι γονείς της νύφης μαζί με την προίκα: *χρόνους μαζεύαν τα προικιά και μήνους τ'· -ια* (δημ. τραγ.) (συνών. *απανωπροίκι*).

αντιπροπαγάνδα η, ουσ. (έρρ.), η προπαγάνδα που προέρχεται από αντίθετη — πολιτική συνήθως — κατεύθυνση και διαψεύδει την πρώτη ή διαδίδει άλλες πληροφορίες: *η προπαγάνδα είναι πολύ πιο αποδοτική όταν δεν υφίσταται ~.*

αντιπρόπερσι και **αντιπροπέρυσι,** επίρρ. (έρρ.), (κατά) τον τρίτο χρόνο πριν από το φετεινό, πριν από τρία χρόνια.

αντιπροπέρσινος, -η, -ο, επίθ. (έρρ.), που έγινε πριν από τρία χρόνια: *παγωνιά -η.*

αντιπροσωπεία η, ουσ. (έρρ.). **1.** το να είναι κάποιος αντιπρόσωπος: *~ επίσημη / νόμιμη· αναθέτω / αναλαμβάνω την ~.* **2.** το σύνολο των αντιπροσώπων: *~ αναγνωρισμένη / διπλωματική· εθνική ~* (= η Βουλή)· *ξένη ~· η ελληνική ~ στις διαπραγματεύσεις για τις βάσεις / στην Κοινή Αγορά / στον Ο.Η.Ε.· ο επικεφαλής / τα μέλη / το οίκημα της -ας.* **3.** (εμπορική) *~ =* η εκπροσώπηση ενός οίκου ή μιας επιχείρησης που εδρεύει αλλού: *έχω την ~ της εταιρείας...*

αντιπροσώπευση η, ουσ. (έρρ.). **1.** το να εκπροσωπεί κάποιος έναν άλλον και να ενεργεί για λογαριασμό του: *του ανέθεσαν την ~ της χώρας στον Ο.Η.Ε. / της εταιρείας στην πόλη μας.* **2.** (πολιτ.) δυνατότητα των πολιτών μέσα σ' ένα πολιτικό σύστημα να ασκούν τη νομοθετική και την εκτελεστική εξουσία με αντιπροσώπους που περιοδικά ορίζουν ή εκλέγουν οι ίδιοι και που μπορούν να τους αλλάξουν ή να τους καταργήσουν: ~ *αναλογική / κανονική / μερική / ουσιαστική / πλήρης· διασφάλιση / προϋποθέσεις / τρόποι - ης*. 3. (νομ.) κατάρτιση δικαιοπραξιών από ένα πρόσωπο για λογαριασμό κάποιου άλλου.

αντιπροσωπευτικός, -ή, -ό, επίθ. (έρρ.). 1. που αναφέρεται στους αντιπροσώπους ή στην αντιπροσώπευση: *σχέση -ή· θεσμοί -οί*. 2. που αντιπροσωπεύει· που συγκεντρώνει τα βασικά γνωρίσματα ενός συνόλου προσώπων ή πραγμάτων: ~ *τύπος νεοέλληνα· -ό δείγμα κακόγουστου ντυσίματος*. 3. (πολιτ.) *πολίτευμα ή σύστημα διακυβέρνησης -ό· δημοκρατία -ή* (= είδος πολιτεύματος όπου ολόκληρος ο λαός ή η μεγάλη του πλειοψηφία ασκεί την εξουσία μέσω πληρεξούσιων αντιπροσώπων που περιοδικά ορίζει ή εκλέγει με την ψήφο του)· *κυβέρνηση -ή· σώμα -ό* (= που εκλέγει ο λαός και εκφράζει τη θέλησή του σ' ένα αντιπροσωπευτικό πολίτευμα).

αντιπροσωπευτικότητα η, ουσ. (έρρ.), το να είναι κάποιος ή κάτι αντιπροσωπευτικό(ς), να μπορεί να εκπροσωπήσει ένα σύνολο προσώπων και τα συμφέροντά τους: ~ *του δείγματος (από ένα σύνολο προϊόντων, όταν ελέγχεται η ποιότητά τους)· αμφισβητείται η ~ του νέου συμβουλίου / του συνεδρίου*.

αντιπροσωπεύω, ρ. (έρρ.). 1. είμαι αντιπρόσωπος κάποιου, εκπροσωπώ κάποιον και ενεργώ για λογαριασμό του ή στο όνομά του: ~ *κάποιον στο δικαστήριο / τη χώρα (μου) στις διαπραγματεύσεις ή στους Ολυμπιακούς αγώνες ή στον Ο.Η.Ε. / τον εμπορικό οίκο στο εξωτερικό (συνών. αντικαθιστώ)*. 2. συγκεντρώνω επάνω μου τα ουσιώδη γνωρίσματα ενός συνόλου (όπου συνήθως ανήκω) ή μιας ιδιότητας που κατέχω: *ο Οδυσσέας θα -ει στους αιώνες τον Έλληνα ταξιδευτή· ο παίχτης αυτός -ει το αγγλικό ποδόσφαιρο στην Ελλάδα* (= είναι ή δίνει παράδειγμα για έναν τρόπο παιχνιδιού)· *ο πίνακας -ει την περίοδο της ωριμότητας του ζωγράφου* (= είναι δείγμα)· *τα κράτη της Ασίας -ουν μια πρόκληση για την οικονομική ανάπτυξη της Ευρώπης*. 3. εκφράζω στο μέγιστο βαθμό τις σκέψεις, τις επιθυμίες, τις επιδιώξεις κάποιου: *με -ει αυτό το βιβλίο / το τραγούδι· η ενέργεια αυτή -ει απόλυτα το λαϊκό αίσθημα* (= ανταποκρίνεται στο...).

αντιπρόσωπος ο, ουσ. (έρρ.). 1. αυτός που εκπροσωπεί κάποιον και ως απεσταλμένος του ενεργεί στο όνομα και για λογαριασμό του και προωθεί τα συμφέροντα εκείνου: *διορίζω / εκλέγω / ονομάζω / στέλνω -ο· -οι των παραγωγικών τάξεων / της τοπικής αυτοδιοίκησης / των φοιτητών· -οι του Θεού στη γη· (πολιτ.) ~ του λαού / του νομού στη Βουλή (για βουλευτή, γερουσιαστή, κ.τ.ό.)*. 2. (νομ.) το πρόσωπο που συμμετέχει σε μια δικαιοπραξία για λογαριασμό ενός άλλου, όταν εκείνο δεν επιθυμεί ή δεν μπορεί να ενεργήσει αυτοπροσώπως. 3. (διπλωματικός) ~ = αυτός που εκπροσωπεί μια χώρα ως συμφέροντά της στο έδαφος μιας άλλης ή γενικά στο εξωτερικό: *μόνιμος ~ της Ελλάδας στον Ο.Η.Ε*. 4. (εμπορικός) ~ = αυτός που διενεργεί εμπορικές πράξεις για λογαριασμό ενός οίκου ή μιας επιχείρησης μακριά από την έδρα τους: *αποκλειστικός/γενικός/έμπειρος ~*.

αντιπρόταση η, ουσ. (έρρ.), πρόταση αντίθετη ή συμπληρωματική σε άλλη προηγούμενη: *ο υπουργός αρνήθηκε την τροποποίηση του νόμου κι έκανε -άσεις*.

αντιπροτείνω, ρ. (έρρ.), υποβάλλω αντιπρόταση: *έχω να αντιπροτείνω...*

αντιπροχθές και **αντιπρόχτες**, επίρρ. (έρρ.), την τρίτη μέρα πριν από τη σημερινή, πριν από τρεις μέρες: *τ' αγόρασα ~*.

αντιπροχθεσινός, -ή, -ό και **αντιπροχτεσινός**, επίθ. (έρρ.), που έγινε πριν από τρεις μέρες: *ψωμί -ό*.

αντιπρύτανης ο, πληθ. *-τάνεις*, ουσ. (έρρ.), πανεπιστημιακός αξιωματούχος που τοποθετείται ιεραρχικώς μετά τον πρύτανη.

αντιπυραυλικός, -ή, -ό, επίθ. (έρρ.), (στρατ.) που προορίζεται να αντιμετωπίσει πυραυλική επίθεση του εχθρού: *άμυνα -ή· σύστημα αμυντικό -ό (μιας στρατιωτικής βάσης, ενός πλοίου)*.

αντιπυρετικός, -ή, -ό, επίθ. (έρρ.), που καταπολεμά τον πυρετό: *φάρμακο με -ή δράση*. - Το ουδ. συνήθως στον πληθ. ως ουσ. = φάρμακα που κατεβάζουν τον πυρετό.

αντιπυρηνικός, -ή, -ό, επίθ. (έρρ.), που αντιτίθεται στη χρήση της πυρηνικής ενέργειας, πολεμική ή και ειρηνική: *διαδήλωση / οργάνωση -ή*.

αντιπυρικός, -ή, -ό, επίθ. (έρρ.), που καταπολεμά τη φωτιά, που εμποδίζει την έκρηξη ή την εξάπλωση πυρκαγιάς: *επεξεργασία -ή (εύφλεκτου υλικού)· ζώνες -ές* (= λωρίδες χωρίς βλάστηση σ' ένα δάσος για να εμποδίζεται η εξάπλωση της φωτιάς).

αντιπυρίνη η, ουσ. (έρρ.), (φαρμ.) οργανική ουσία άχρωμη, άοσμη και κρυσταλλική με δράση αντιπυρετική, αναλγητική και αντινευραλγική.

αντιρατσισμός ο, ουσ. (έρρ.), αντίθεση στις ρατσιστικές αντιλήψεις, τάσεις και ενέργειες, στην πολιτική των φυλετικών διακρίσεων.

αντιρατσιστής ο, θηλ. *-στρια*, ουσ. (έρρ.), αυτός που είναι αντίθετος στο ρατσισμό: *οι -ές πέτυχαν να επιβληθεί εμπορικός αποκλεισμός στο ρατσιστικό κράτος*.

αντιρατσιστικός, -ή, -ό, επίθ. (έρρ.), που σχετίζεται με τον αντιρατσισμό: *αισθήματα / μέτρα -ά· διαδηλώσεις -ές*.

αντιρατσίστρια, βλ. *αντιρατσιστής*.

αντιρεβιζιονιστής ο, θηλ. *-στρια*, ουσ. (έρρ., ασυνίζ.), αυτός που είναι αντίθετος στο ρεβιζιονισμό (βλ. λ.).

αντίρεμα το, ουσ. (έρρ., λαϊκ.), ρεύμα ποταμού ή θάλασσας αντίθετης συνήθως φοράς προς το κυρίως ρεύμα: *οι ξέρες... κάνανε ένα ~ που είχε γλυτώσει τη ζωή μου* (Κόντογλου).

αντιριμ(μ)α το, ουσ. (έρρ., λαϊκ.), (συνήθως στον πληθ.) βλαστός που φυτρώνει γύρω από τη ρίζα ενός φυτού (συνών. *παραφυάδα*).

αντίρρηση η, ουσ. (έρρ.), αντίθετη ή διαφορετική άποψη προς τα λόγια, τα έργα ή τις προτάσεις κάποιου: ~ *αβάσιμη / γελοία / γνωστή / σοβαρή* (συνήθως στον πληθ.)· *έχω / προβάλλω / φέρνω ~ ή -ήσεις· τον μετέθεσαν παρά τις -ήσεις του* (συνών. *αντιλογία* αντ. *ομοφωνία, συμφωνία*).

αντιρρησίας ο, ουσ. (έρρ.). 1. αυτός που συνηθίζει να προβάλλει αντιρρήσεις, να αντιμιλά: *στην τάξη αυτός ήταν ο μόνιμος ~*. 2. έκφρ. ~ *συνείδησης* (μετάφρ. του γαλλ. *objecteur de conscience*) - αυτός που εξαιτίας της θρησκείας ή της ιδεολογίας του αρνείται να στρατευτεί, να πολεμήσει, να του γίνει μετάγγιση αίματος, κλπ.

αντιρρητικός, -ή, -ό, επίθ. (έρρ.). 1. που έχει για σκοπό την αντίρρηση, την απόκρουση αντίθετων (συνήθως θεολογικών) απόψεων: *σύγγραμμα -ό.* 2. που συνηθίζει να αντιλέγει: *χαρακτήρας ~.* 3. (θεολ.) *θεολογία -ή* = κλάδος της θεολογίας που εκφράζει τις απόψεις άλλων θρησκειών ή χριστιανικών δογμάτων, τις οποίες και αναιρεί.

αντίρροπος, -η, -ο, επίθ. (έρρ.). 1. που γέρνει προς το αντίθετο μέρος φέρνοντας έτσι ισορροπία: *βάρος -ο* (= αντίβαρο)· (ποιητ.) *στις δυο καρδιές είχε φωλιάσει / -η μια εξομολόγηση* (Σεφέρης). (φυσ.) *δυνάμεις -ες* (= που ενεργούν προς αντίθετες κατευθύνσεις). 2. (μεταφ.) που γίνεται με σκοπό να εξουδετερώσει κάτι αντίθετό του: *ενέργειες -ες· δράση -η.*

αντιρύπανση η, ουσ. (έρρ.), καταπολέμηση της ρύπανσης (κυρίως της ατμοσφαιρικής): *επιχείρηση / μέσα -ης.*

αντίς, βλ. *αντί.*

αντισεισμικός, -ή, -ό, επίθ. (έρρ.), (τεχνολ.). 1. που αντέχει στην καταπόνηση από τις σεισμικές δονήσεις: *κατασκευή -ή· σπίτι -ό.* 2. που ασχολείται με την αντιμετώπιση των δυσμενών επιπτώσεων από τους σεισμούς: *σχεδιασμός ~· τεχνολογία -ή.*

αντισήκωμα το, ουσ. (έρρ., απαρχ.), χρηματικό ποσό που πληρώνει κάποιος (στρατεύσιμος) για να απαλλαγεί από τη στρατιωτική θητεία ή από ένα μέρος της.

αντισηκώνω, ρ. (έρρ.). Α. (ενεργ.) σηκώνω λίγο: *-ωσε την πέτρα κι έκρυψε το πουγγί.* Β. (μέσ.) ανασηκώνομαι: *-ώθηκε στο στρώμα.*

αντισημίτης ο, ουσ. (έρρ.), οπαδός του αντισημιτισμού, εχθρός των Εβραίων: *τα πλαστογραφημένα πρωτόκολλα των σοφών της Σιών ήταν ένα από τα όπλα των -ών.* [αντί + Σημίτης].

αντισημιτικός, -ή, -ό, επίθ. (έρρ.), που ανήκει ή αναφέρεται στους αντισημίτες και τον αντισημιτισμό: *εκστρατεία / προπαγάνδα / εφημερίδα / χώρα -ή· ταραχές -ές· κίνημα -ό· συνθήματα -ά.*

αντισημιτισμός ο, ουσ. (έρρ.), σύνολο αισθημάτων και εκδηλώσεων που, συνειδητά ή όχι, στρέφονται εναντίον των Εβραίων: *έκρηξη -ού.*

αντισηπτικός, -ή, -ό, επίθ. (έρρ.), που σχετίζεται με την αντισηψία, που συντελεί στην καταστροφή των παθογόνων μικροβίων: *αλοιφή / πλύση -ή.* - Το ουδ. ως ουσ. = φάρμακο που καταστρέφει τα μικρόβια και προλαβαίνει ή θεραπεύει τη μόλυνση. [αντί + σηπτικός].

αντισηψία η, ουσ. (έρρ.), το σύνολο των μεθόδων που σκοπεύουν στην πρόληψη και την καταπολέμηση της μόλυνσης με την καταστροφή των μικροβίων που υπάρχουν στην επιφάνεια ή το εσωτερικό των ζωντανών οργανισμών. [αντί + σήψις].

αντίσκηνο το, ουσ. (έρρ.), μικρή και ελαφριά σκηνή από αδιάβροχο ύφασμα που χρησιμοποιείται συνήθως από στρατιώτες ή εκδρομείς: *~ ατομικό· στήνω ~.*

αντι(σ)κόβω και **-φτω,** ρ. (έρρ., λαϊκ.). 1. διακόπτω κάποιον που μιλά. 2. εμποδίζω κάποιον στο έργο του, τον εξαναγκάζω να διακόψει την εργασία του (συνών. *παρεμποδίζω*).

αντισκορβουτικός, -ή, -ό, ουσ. (έρρ.), (βιολ.) που εμποδίζει ή καταπολεμά το σκορβούτο: *βιταμίνη -ή* (= η βιταμίνη C).

αντισκόφτω, βλ. *αντισκόβω.*

αντισμήναρχος ο, ουσ. (έρρ.), (στρατ.) βαθμός ανώτερου αξιωματικού της πολεμικής αεροπορίας αντίστοιχος με το βαθμό του αντισυνταγματάρχη του στρατού ξηράς.

αντισοβιετικός, -ή, -ό, επίθ. (έρρ. ασυνίζ.), που είναι εχθρικός προς την πολιτική της Ε.Σ.Σ.Δ.: *προπαγάνδα / διαδήλωση -ή* (αντ. *φιλοσοβιετικός*).

αντισπασμωδικός, -ή, -ό, επίθ. (έρρ., ιατρ., απαρχ.), που καταπαύει τους σπασμούς: *φάρμακο -ό* (συνών. *σπασμολυτικός*).

αντισταθμίζω, ρ. (έρρ.), ισορροπώ, ισοφαρίζω: *η αποζημίωση δεν -ίζει τις απώλειες του αγροτικού εισοδήματος από τον παγετό· με την πράξη του αυτή -ισε το (προηγούμενο) σφάλμα του.*

αντιστάθμιση η, ουσ. (έρρ.), το να παρέχεται κάτι ως ισοδύναμο αντάλλαγμα για μια επιβάρυνση (συνήθως οικονομική): *~ ενός μέρους της δαπάνης με πιστωτικές διευκολύνσεις* (συνών. *ισορρόπηση*).

αντιστάθμισμα το, ουσ. (έρρ.). 1. βάρος που χρησιμοποιείται για την αποκατάσταση της ισορροπίας (συνών. *αντίβαρο*). 2. (μεταφ.) αυτό που παρέχεται ως αντάλλαγμα για προηγούμενη παροχή, ανταμοιβή για υπηρεσίες ή αποζημίωση για βλάβες: *εισαγωγή γεωργικών προϊόντων σε ~ της εξαγωγής φυσικού αερίου· θα θεωρούσες ικανοποιητικό ~ των θυσιών σου την αναγνώρισή τους και μόνο;*

αντισταθμιστικός, -ή, -ό, επίθ. (έρρ.), που σχετίζεται με την αντιστάθμιση· (οικον.) *οφέλη -ά· εισφορά -ή* (= μορφή τέλους που επιβαρύνει περιστασιακά τις εισαγωγές στην Ε.Ε. αγροτικών προϊόντων από τη διεθνή αγορά με τιμές φθηνότερες από τις κοινοτικές).

αντίσταση η, ουσ. (έρρ.). 1. το να αντιστέκεται κάποιος, το να εναντιώνεται στη θέληση, τους σκοπούς ή τις ενέργειες ενός άλλου, άρνηση υποταγής, άμυνα: *~ ανώφελη / απεγνωσμένη / ασήμαντη / ένοπλη / ηρωική / λυσσαλέα / πεισματική· προβάλλω ~· κάνω περιττή κάθε ~·* (στρατ.) *εστία / κέντρο / τοποθεσία -ης· παραδίνομαι, υποχωρώ χωρίς ~·* (και μεταφ.) *~ στα πάθη / στον πειρασμό / στην κούραση / στην πείνα* (= το να μην επηρεάζεται, να μην καταβάλλεται κάποιος απ' αυτά)· φρ. *κάνω αντίσταση* (= συμμετέχω στον αγώνα κατά των γερμανικών στα χρόνια 1940-44· βλ. και παρακάτω 2) (αντ. *υποταγή*). 2. ως κύρ. όν.: *(Εθνική) Αντίσταση* = ο απελευθερωτικός αγώνας, ένοπλος ή όχι, του ελληνικού λαού κατά των γερμανικών, ιταλικών και βουλγαρικών αρχών κατοχής στη διάρκεια του Β΄ παγκόσμιου πολέμου: *αναγνώριση της Εθνικής Αντίστασης.* 3. (νομ.) α. *παθητική ~* = η άρνηση του πολίτη να συμμορφωθεί σε κρατική απόφαση, διαταγή, νόμο, κ.τ.ό., όταν αυτά κρίνονται αντισυνταγματικά ή αντίθετα στο δίκαιο και την ηθική· *ενεργητική ~* = όταν η άρνηση υπακοής συνοδεύεται από βία, που αντιτάσσεται στη βία της εξουσίας· β. *~ κατά της αρχής* = χρήση ή απειλή βίας για να εμποδιστεί ένα κρατικό όργανο να πράξει το καθήκον του. 4. (βιολ.) η ικανότητα ενός οργανισμού να αντιμετωπίζει μολύνσεις ή αρρώστιες (συνών. *αντοχή*). 5. (φυσ.) α. το εμπόδιο που προβάλλει ένα υλικό σώμα σ' ένα άλλο, η επιβραδυντική επίδραση που ασκεί: *~ του αέρα· η ~ των υγρών εξαρτάται από το ειδικό βάρος τους·* β. *ηλεκτρική ~* = εμπόδιο που προβάλλει στη ροή του συνεχούς ηλεκτρικού ρεύματος ένα κύκλωμα ή ένα στοιχείο κυκλώματος, η μη αγωγιμότητα· ειδική ηλεκτρική ~ = χαρακτηριστική ιδιότητα κάθε υλικού ανάλογα με το πόσο καλός ή κακός αγωγός του ηλεκτρισμού είναι· (ηλεκτρολ.) τμήμα μιας συσκευής που χρησιμεύει στο να παρέχει ορισμένη αντίσταση στο ηλεκτρικό ρεύμα: *κάηκε η ~· αλλάζω ~.*

αντιστασιακός, -ή, -ό, επίθ. (έρρ., ασυνίζ.), που ανήκει ή αναφέρεται στην αντίσταση σε μια καταπιεστική εξουσία ή ένα τυραννικό καθεστώς (κυρίως σε σχέση με την περίοδο της Κατοχής ή της Επταετίας, βλ. λ.): *συγγραφέας ~· οργάνωση -ή· κείμενο / φρόνημα -ό· λογοτεχνία -ή* (= που γράφτηκε στα χρόνια κυρίως της Κατοχής ή αναφέρεται σ' αυτά). - Το αρσ. ως ουσ. = αυτός που έλαβε μέρος στην Αντίσταση ή τον αντιδικτατορικό αγώνα της περιόδου 1967-1974.

αντιστάτης ο, ουσ. (έρρ.), (φυσ.) ο αγωγός που χρησιμοποιείται σ' ένα κύκλωμα για να προβάλλει αντίσταση (εμπόδιο) στη διέλευση του ρεύματος (συνών. *αντίσταση*).

αντιστατικός, -ή, -ό, επίθ. (έρρ.), που μειώνει το φορτίο του στατικού ηλεκτρισμού σ' ένα σώμα: *δίσκος (μουσικής) ~· ουσίες -ές· ρητίνη / κεραία -ή.*

αντιστέκομαι, ρ. (έρρ.), αόρ. *-στάθηκα.* **1.** εναντιώνομαι με λόγια ή έργα στη θέληση, τους σκοπούς ή τις ενέργειες κάποιου, κόβω το δρόμο σε κάποιον: *~ στον εχθρό· ~ σε πολλαπλάσιες εχθρικές δυνάμεις· προσπάθησε να του -σταθεί αλλά μάταια· ~ στην αδικία / αυθαιρεσία / βία / καταπίεση· ~ στη θέληση του Θεού* (= δεν υπακούω) (αντ. *υποτάσσομαι*). **2.** (μεταφ.) μένω απαθής, ανεπηρέαστος από κάτι, δεν υποχωρώ: *~ στη νύστα / στην πείνα· ~ στην επιθυμία να εκδικηθώ· ~ στις επίμονες παρακλήσεις του / στις επιταγές της μόδας / στον πειρασμό* (αντ. *καταβάλλομαι, υποκύπτω*).

αντιστήριγμα το, ουσ. (έρρ.). **1.** αυτό που στηρίζει, που υποβαστάζει κάτι: *ο τοίχος / το κλαδί χρειάζεται ~* (συνών. *στήριγμα, αντιστύλι*). **2.** (μεταφ.) προφύλαξη, προστασία (συνών. *αντιστύλι*).

αντιστηρίζω, ρ. (έρρ.), συγκρατώ με αντιστήριγμα, υποστηλώνω.

αντιστήριξη η, ουσ. (έρρ.), το να στηρίζει κανείς κάτι με αντιστήριγμα.

αντιστικτικός, -ή, -ό, επίθ. (έρρ.), που σχετίζεται με την αντίστιξη (βλ. λ.): *αρμονία / γραμμή -ή.*

αντίστιξη η, ουσ. (έρρ., μουσ.), η τεχνική του συνδυασμού μέσα σε μια μουσική σύνθεση διαφορετικών μελωδιών που ακούγονται ταυτόχρονα. [*αντί + στίξη*].

αντιστοιχία η, ουσ. (έρρ.). **1.** η σχέση συμμετρικής τοποθέτησης, η παραλληλία (δύο ή περισσότερων πραγμάτων): *υπάρχει ~ των παραθύρων της μιας πλευράς με εκείνα της άλλης.* **2.** το να ισοδυναμούν, να αναλογούν, να μοιάζουν μεταξύ τους δύο ή περισσότερα πράγματα: *~ του βαθμού του λοχαγού με εκείνον του σμηναγού· ~ βαθμού ή αρχαιότητας και μισθού· η τότε κατάσταση δεν έχει καμιά ~ με τη σημερινή* (συνών. *ισοδυναμία, αναλογία*· αντ. *ανυντιστοιχία, δυσαναλογία*).

αντίστοιχος, -η, -ο, επίθ. (έρρ.). **1.** που βρίσκεται παράλληλα ή συμμετρικά (σε σχέση με κάποιον ή κάτι): *φορέστε σε κάθε χέρι το -ο γάντι.* **2.** που ισοδυναμεί, αναλογεί, έχει συνάφεια, ομοιότητα με κάποιον ή κάτι: *ο βαθμός του ιλάρχου των* τεθωρακισμένων είναι *~ με το βαθμό του λοχαγού των άλλων όπλων· ελληνική λέξη -η με μια ιταλική· στην -η περίπτωση εσύ τι θα έκανες;* (συνών. *ανάλογος, ισοδύναμος*· αντ. *δυσανάλογος, διαφορετικός*). - Επίρρ. **-α:** *τα σημεία Α και Β του πρώτου σχήματος συνδέονται -α με τα σημεία Γ και Δ του δεύτερου.*

αντιστοιχώ, -είς, ρ. (έρρ.). **1.** είμαι τοποθετημένος παράλληλα ή συμμετρικά (σε σχέση με κάποιον ή κάτι): *σε κάθε κολόνα της στοάς -ούν δύο παράθυρα στον επάνω όροφο.* **2.** έχω σχέση ισοδυναμίας, αναλογίας, ομοιότητας με κάποιον ή κάτι: *η τρίτη τάξη του λυκείου -εί στην έκτη του παλιού γυμνασίου· -εί ένα θρανίο σε δύο παιδιά· η κατάσταση -εί σε εκείνη που επικρατούσε τις παραμονές των εκλογών* (συνών. *ισοδυναμώ, αναλογώ, μοιάζω*· αντ. *δυσαναλογώ, διαφέρω*).

αντιστρατεύομαι, ρ. (έρρ., λόγ.), εναντιώνομαι, έρχομαι σε αντίθεση, αντιβαίνω: *η πράξη του -εται την κοινή λογική· μια τέτοια μεθόδευση -εται τη θέληση του νομοθέτη* (αντ. *συμφωνώ*).

αντιστράτηγος ο, ουσ. (έρρ.), (στρατ.) βαθμός ανώτατου αξιωματικού στο στρατό ξηράς.

αντιστρεπτός, -ή, -ό, επίθ. (έρρ.), που μπορεί να αντιστραφεί, να πάρει την αντίθετη κατεύθυνση ή να επαναφέρει κάτι στην αρχική του κατάσταση: *διαδικασία / μεταβολή μη -ή.*

αντιστρέφω, ρ. (έρρ.), παρατ. *αντέστρεφα,* πληθ. *αντιστρέφαμε,* αόρ. *αντέστρεψα,* πληθ. *αντιστρέψαμε,* παθ. αόρ. *αντιστράφηκα,* πληθ. *αντιστραφήκαμε,* μτχ. *αντιστραμμένος,* αναποδογυρίζω, αλλάζω διεύθυνση ή σειρά σε κάτι: *~ ένα γεωμετρικό σχήμα·* (μεταφ.) *~ τα επιχειρήματά του* (= τα στρέφω εναντίον του)· (μαθημ.) *~ τους όρους ενός κλάσματος* (= βάζω τον αριθμητή για παρονομαστή και αντίστροφα τον παρονομαστή για αριθμητή)· (μέσ., μεταφ.) φρ. *οι όροι -ονται* (= η κατάσταση μεταβάλλεται ριζικά, συμβαίνει το αντίθετο απ' ό,τι συνέβαινε): *κάποτε τα παιδιά άκουγαν τους γονείς τους· σήμερα οι όροι -ιστράφηκαν.*

αντιστροφή η, ουσ. (έρρ.). **1.** αλλαγή στη διεύθυνση, τη διάταξη, τη φορά ενός πράγματος: *επιδέξια / λογική ~ των επιχειρημάτων· ~ των όρων ενός κλάσματος / της πορείας.* **2.** (φιλολ.) η στροφή του χορού μιας τραγωδίας προς την αντίθετη κατεύθυνση απ' ό,τι προχωρούσε προηγουμένως· σύνολο στίχων ενός χορικού που ακολουθεί τη στροφή (βλ. λ.) και βρίσκεται σε μετρική αντιστοιχία μ' αυτήν. **3.** σχήμα λόγου κατά το οποίο δύο προτάσεις τελειώνουν με την ίδια λέξη. **4.** (λογική) η μεταβολή στη θέση των όρων μιας πρότασης και η καινούργια πρόταση που προκύπτει.

αντίστροφος, -η, -ο, επίθ. (έρρ.), που έχει αντιστραφεί, που έχει διεύθυνση ή διάταξη αντίθετη από την προηγούμενη ή από την κανονική: *πορεία / μέτρηση -η·* (μαθημ.) *αριθμός / -οι* (= που έχουν γινόμενο τη μονάδα, λ.χ. 5 και 1/5)· *ποσά -α* (= που ο πολλαπλασιασμός του ενός με κάποιο αριθμό συνεπάγεται τη διαίρεση του άλλου με τον ίδιο αριθμό). - Επίρρ. **-ιστρόφως** και **-ίστροφα:** *ποσά -ιστρόφως ανάλογα· το ένα τρένο κατευθυνόταν προς την Αθήνα, ενώ το άλλο κινήθηκε αντίστροφα.*

αντιστύλι το, ουσ. **1.** στήριγμα, υποστήριγμα. **2.** (μεταφ. για πρόσωπα) προστάτης, υποστηρικτής:

με το θάνατο του γιού της χάθηκε το στερνό ~ της.

αντισυλληπτικός, -ή, -ό, επίθ. (έρρ.), (φαρμ.) που έχει στόχο την αντισύλληψη (βλ. λ.): *αγωγή / μέθοδος -ή· χάπια -ά.* - Το ουδ. ως ουσ. (συνήθως στον πληθ.) = συνθετικές ορμόνες σε δισκία που παρεμποδίζουν τη σύλληψη.

αντισύλληψη η, ουσ. (έρρ.), το να παρεμποδίζεται η σύλληψη κατά τη σεξουαλική επαφή, η προσφυγή στα μέσα που αποτρέπουν την εγκυμοσύνη: *μέθοδοι -ης.*

αντισυμβαλλόμενος ο, ουσ. (έρρ.), (νομ.) το δεύτερο πρόσωπο που παίρνει μέρος σε μια σύμβαση: *αν μια σύμβαση συνομολογήθηκε στο όνομα ενός άλλου χωρίς την πληρεξουσιότητά του... ο ~ έχει το δικαίωμα να ζητήσει να εγκρίνει ρητά ο αντιπροσωπευόμενος τη σύμβαση* (αστ. κωδ.).

αντισυνδικαλιστικός, -ή, -ό, επίθ. (έρρ.), που έρχεται σ' αντίθεση με τις αρχές του συνδικαλισμού: *ενεργεία -ή.*

αντισυνταγματάρχης ο, ουσ. (έρρ. δις), βαθμός ανώτερου αξιωματικού του στρατού ξηράς και της αστυνομίας αμέσως κατώτερος από το βαθμό του συνταγματάρχη.

αντισυνταγματικός, -ή, -ό, επίθ. (έρρ. δις), (νομ.) που αντιβαίνει, είναι αντίθετος προς το Σύνταγμα ενός κράτους: *το δικαστήριο έκρινε το νόμο -ό.*

αντισυνταγματικότητα η, ουσ. (έρρ. δις), (νομ.) το να είναι (ένας νόμος, μια διάταξη, κ.τ.ό.) αντισυνταγματικός: *η ~ ενός νόμου ανατρέπει και τις διοικητικές πράξεις που στηρίχτηκαν σ' αυτόν.*

αντισυφιλιδικός, -ή, -ό, επίθ. (έρρ.), (φαρμ.) που καταπολεμά τη σύφιλη: *φάρμακο -ό.*

αντισφαίριση η, ουσ. (έρρ.), (αθλητ.) παιχνίδι που παίζεται από δύο παίκτες ή δύο ζευγάρια παικτών σε ορθογώνιο γήπεδο με ρακέτες, με τις οποίες οι παίκτες χτυπούν την μπάλα πάνω από φιλέ που βρίσκεται ανάμεσά τους (συνών. *τένις*).

αντισχέδιο το, ουσ. (έρρ., ασυνίζ.), σχέδιο που ανατρέπει ή τροποποιεί ένα προηγούμενο: *καταθέτω / προβάλλω ~.*

αντίσωμα το, ουσ. (έρρ.), (βιολ.) αμυντική ουσία του οργανισμού, που σχηματίζεται όταν παρουσιαστεί ένα αντιγόνο. [*αντί + σώμα*].

αντισωματίδιο (ασυνίζ.) ή **-σωμάτιο** (ασυνίζ.) το, ουσ., (φυσ.) υποατομικό σωματίδιο με μάζα ίδια με αυτήν ενός σωματιδίου συνηθισμένης ύλης, αλλά με ηλεκτρικό φορτίο αντίθετο (λ.χ. το ποζιτρόνιο σε σχέση με το ηλεκτρόνιο).

αντιτάσσω, ρ. (έρρ., λόγ.), παρατ. *αντέτασσα*, πληθ. *αντιτάσσαμε*, αόρ. *αντέταξα*, πληθ. *αντιτάξαμε*, μέσ. αόρ. *αντιτάχθηκα*, πληθ. *αντιταχθήκαμε*. Α. (ενεργ.) θέτω, χρησιμοποιώ κάτι εναντίον κάποιου: *το καθεστώς -έταξε στους φοιτητές / στα αιτήματα του λαού τη βία· στις κατηγορίες -ει σιωπή.* Β. (μέσ.) είμαι αντίθετος, διαφωνώ, τηρώ εχθρική στάση, εναντιώνομαι, αντιδρώ: *-ομαι στη γνώμη / στις αποφάσεις κάποιου· ο λαός της Αθήνας -τάχθηκε στην απόφαση των Γερμανών για πολιτική επιστράτευση.*

αντιτείνω, ρ. (έρρ., λόγ.), αόρ. *-έτεινα*, πληθ. *αντιτείναμε*, προβάλλω αντιρρήσεις, αντιλέγω: *ήταν τόσο πειστικός, που κανείς δε βρήκε τίποτε να του -ει.*

αντιτετανικός, -ή, -ό, επίθ. (έρρ.), (φαρμ.) που δρα εναντίον του τετάνου: *ορός ~.*

αντιτεχνολογικός, -ή, -ό, επίθ. (έρρ.), που στρέφεται εναντίον της σύγχρονης τεχνολογίας: *-ή στάση των χίπηδων.*

αντίτεχνος, -η, -ο, επίθ. (έρρ., λόγ.), αντίπαλος, ανταγωνιστής σε μια τέχνη, επιστήμη, κ.τ.ό.

αντίτιμο το, ουσ. (έρρ.), η χρηματική αξία ενός πράγματος που πουλιέται, τίμημα: *~ του εισιτηρίου·* (μεταφ.) *~ της άδικης πράξης* (= ανταπόδοση, συνέπεια). [ουδ. αρχ. επιθ. *αντίτιμος*].

αντιτορπιλικό το, ουσ. (έρρ.), πολεμικό πλοίο με σχετικά μικρή χωρητικότητα και μεγάλη ταχύτητα, εξοπλισμένο με πυροβόλα ή και πυραύλους, τορπίλες και βόμβες βυθού: *βαρύ ~· ~ συνοδείας.*

αντιτορπιλικός, -ή, -ό, επίθ. (έρρ.), που προστατεύει από τις τορπίλες: *στο λιμάνι υπήρχε -ό δίχτυ.*

αντί του μάννα χολήν, αντί του ύδατος όξος· αρχαϊστ. έκφρ.· για περιπτώσεις αγνωμοσύνης.

αντιτρομοκρατικός, -ή, -ό, επίθ. (έρρ.), που έχει στόχο την καταπολέμηση της τρομοκρατίας και την εξουδετέρωση των τρομοκρατών: *δράση / συνεργασία / υστερία -ή· -ές ομάδες της αστυνομίας.*

αντίτυπο το ουσ. (έρρ.). 1. έντυπο (συνήθως βιβλίο) εντελώς όμοιο προς ένα πρωτότυπο: *το βιβλίο εκδόθηκε σε χίλια -α· πούλησε ελάχιστα -α· ~ αριθμημένο / ελαττωματικό / υπογραμμένο / με αφιέρωση.* 2. πανομοιότυπο (φωτογραφίας): *φωτογραφία σε πολλά -α* (συνών. *αντίγραφο*).

αντιτυφικός, -ή, -ό, επίθ. (έρρ.), που έχει σκοπό την πρόληψη ή την καταπολέμηση του τύφου: *εμβολιασμός ~· θεραπεία -ή.*

αντιυπερτασικός, -ή, -ό, επίθ. (έρρ.), που καταπολεμά την υπέρταση (βλ. λ.): *φάρμακο -ό· θεραπεία -ή.*

αντιυπνωτικός, -ή, -ό, επίθ. (έρρ.), (για φάρμακο) που διεγείρει τις λειτουργίες του εγκεφάλου (πβ. *ψυχοαναληπτικός*).

αντιυποτίμηση η, ουσ. (έρρ.), (οικον.) πολιτική αντίθετη στην πώληση ενός προϊόντος στο εξωτερικό σε τιμές κατώτερες από εκείνες της εσωτερικής αγοράς (ή και στο κόστος).

αντιφάρμακο το, ουσ. (έρρ.), φάρμακο κατά της δηλητηρίασης, αντίδοτο: (παροιμ.) *κάθε φαρμάκι έχει και τ' ~.*

αντίφαση η, ουσ. (έρρ.). 1. το να μη συμφωνούν τα λόγια κάποιου με εκείνα που είχε πει προηγουμένως: *~ ολοφάνερη / σοβαρή / χονδροειδής· ο μάρτυρας πέφτει σε -φάσεις.* 2. αντίθεση, ασυμφωνία: *τα έργα του βρίσκονται σε απόλυτη ~ προς / με τα όσα υποσχόταν.* 3. (λογική) η αντίθεση δύο εννοιών ή δύο προτάσεων που η μία τους αίρει την άλλη.

αντιφασισμός, ο, ουσ. (έρρ.), ιδεολογική και πολιτική εναντίωση στο φασισμό.

αντιφασίστας ο, θηλ. **-στρια** ουσ. (έρρ.), που είναι αντίθετος ιδεολογικά και πολιτικά προς το φασισμό και τον αντιμάχεται: *-ίστες εθελοντές από πολλές χώρες πολέμησαν στον ισπανικό εμφύλιο πόλεμο* (αντ. *φασίστας*).

αντιφασιστικός, -ή, -ό, επίθ. (έρρ.), που γίνεται εναντίον του φασισμού: *αγώνας ~· διαδήλωση / εκδήλωση / οργάνωση -ή· μέτωπο -ό* (αντ. *φασιστικός*).

αντιφασίστρια, βλ. *αντιφασίστας*.

αντιφάσκω, ρ. (έρρ., λόγ.), αόρ. ελλειπτ. 1. λέω κάτι διαφορετικό ή αντίθετο από αυτό που επίσης προηγουμένως: *ο κατηγορούμενος -ει προς όσα ισχυριζόταν στην προανάκριση·* φρ. *φάσκω και ~*

(= περιπίπτω σε αντιφάσεις, «λέω και ξελέω»). 2. είμαι αντίθετος, ασυνεπής: *μια τέτοια απόφαση -ει προς τις παλιότερες εξαγγελίες.*
αντιφατικός, -ή, -ό, επίθ. (έρρ.). 1. που οι πράξεις του είναι αντίθετες με τα λόγια του: *άνθρωπος ~· προσωπικότητα -ή.* 2. που περιέχει αντίφαση, που το περιεχόμενό του είναι διαφορετικό ή αντίθετο απ' ό,τι προηγουμένως (συνήθως στον πληθ.): *ισχυρισμός ~· πορεία -ή· ειδήσεις / έννοιες -ές* (αντ. *συνεπής*).
αντιφατικότητα η, ουσ. (έρρ.), το να είναι κάποιος ή κάτι αντιφατικός.
αντιφεγγιά η, ουσ. (έρρ., συνιζ., ιδιωμ. - λογοτ.), αντανάκλαση φωτός, ανταύγεια (συνών. *αντιφέγγισμα*).
αντιφεγγίζω, ρ. (έρρ.), αντανακλώ φως: *μάτια που -ίζουν* (συνών. *αντιλάμπω*).
αντιφέγγισμα το, ουσ. (έρρ.), αντιφεγγιά (βλ. λ.).
αντιφέγγω, ρ. (έρρ.), αντανακλώ φως, φεγγοβολώ (συνών. *αντιφεγγίζω*).
αντιφεμινισμός ο, ουσ. (έρρ.), η αντίθεση προς το φεμινισμό (βλ. λ.).
αντιφεμινιστής ο, θηλ. **-στρια** ουσ. (έρρ.), αυτός που είναι αντίθετος προς το φεμινισμό (αντ. *φεμινιστής*).
αντιφεμινιστικός, -ή, -ό, επίθ. (έρρ.), που στρέφεται εναντίον του φεμινισμού (αντ. *φεμινιστικός*).
αντιφεμινίστρια, βλ. *αντιφεμινιστής.*
αντιφθειρικός, -ή, -ό, επίθ. (έρρ.), που καταπολεμά τις ψείρες στον άνθρωπο ή τα ζώα: *σκόνη -ή· σαμπουάν -ό* (συνών. *αντιψειρικός*). - Το ουδ. ως ουσ. (συνήθως στον πληθ.) = παρασκευάσματα από χημικές ουσίες που εξοντώνουν τις ψείρες.
αντιφλεγμονώδης, -ης, -ες, γεν. *-ους,* πληθ. αρσ. και θηλ. *-εις,* ουδ. *-η,* επίθ. (έρρ.), που ελαττώνει τη φλεγμονή: *~ δράση της κορτιζόνης* (αντ. *φλεγμονώδης*).
αντιφρονούντες οι, ουσ., αυτοί που είναι αντίθετοι ιδεολογικά προς ένα καθεστώς και εκφράζουν τη διαφωνία τους με ήπιες μορφές πολιτικής δράσης.
αντιφυλετικός, -ή, -ό, επίθ. (έρρ.), που αντιτίθεται στις φυλετικές διακρίσεις: *νόμοι -οί· ημέρα -ή* (= αφιερωμένη στην καταπολέμηση του ρατσισμού) (συνών. *αντιρατσιστικός·* αντ. *ρατσιστικός*).
αντιφυματικός, -ή, -ό, επίθ. (έρρ.), που αποσκοπεί στην πρόληψη ή τη θεραπεία της φυματίωσης: *εμβόλιο -ό· αγωγή -ή.*
αντιφώνηση η, ουσ. (έρρ.). 1. απάντηση σε προφώνηση: *σύντομη ~ του βραβευμένου ποιητή.* 2. (νομ.) συμφωνία με την οποία αυτός που νέμεται κάτι έως μια χρονική στιγμή μεταβιβάζει τη νομή του σ' έναν άλλον (που έτσι το αποκτά), διατηρεί ωστόσο την κατοχή του, γιατί ταυτόχρονα συνομολογούν μεταξύ τους ορισμένη έννομη σχέση (λ.χ. μίσθωση).
αντίφωνον το, ουσ. (έρρ.), (λειτουργική, εκκλ.) (συνήθως στον πληθ.) στίχοι που ψάλλουν εναλλάξ οι δυο χοροί πριν από τη Μικρή Είσοδο κατά τη λειτουργία. [ουδ αρχ, επιθ. *-ος* ως ουσ.· πβ. αρχ. *-ον*].
αντίχαρα η, ουσ. (έρρ.), γιορταστική συγκέντρωση και φαγοπότι στο πατρικό σπίτι της νύφης την όγδοη μέρα μετά το γάμο, όπου συμμετέχουν το ζευγάρι με τους στενότερους συγγενείς και φίλους του.

αντίχαρη η, ουσ. (έρρ.), ανταπόδοση ευεργεσίας: *η χάρη θέλει ~* (παροιμ. φρ.).
αντιχαρίζω, ρ. (έρρ.), ανταποδίδω το δώρο κάποιου.
αντιχαριστικός, -ή, -ό, επίθ. (έρρ.), (συντακτ.) *δοτική -ή* = στα αρχαία ελληνικά η δοτική που δηλώνει το πρόσωπο για βλάβη του οποίου γίνεται κάτι.
αντίχειρας ο, ουσ. (έρρ.), το κοντό και παχύτερο δάχτυλο του ανθρώπινου χεριού που βρίσκεται απέναντι στα άλλα τέσσερα, το μεγάλο δάχτυλο.
αντιχημικός, -ή, -ό, επίθ. (έρρ.), ιδίως στην έκφρ. *-ή άμυνα* = άμυνα κατά τον πόλεμο που γίνεται με χρησιμοποίηση χημικών όπλων.
αντιχιτλερικός, -ή, -ό, επίθ., αντίθετος στο χιτλερικό καθεστώς: *οί αξιωματικοί του γερμανικού στρατού* (αντ. *χιτλερικός*).
αντιχολερικός, -ή, -ό, επίθ. (έρρ.), που έχει σκοπό τη θεραπεία ή την καταπολέμηση της χολέρας: *εμβολιασμός ~· εκστρατεία -ή.*
αντιχριστιανικός, -ή, -ό, επίθ. (έρρ., συνιζ.), αντίθετος προς το Χριστιανισμό ή τους ηθικούς του κανόνες: *διωγμοί -οί· ιδέες -ες· διαγωγή / συμπεριφορά -ή* (αντ. *χριστιανικός*).
αντίχριστος, -η, -ο, επίθ. (έρρ.). 1. αντίθετος στο Χριστό ή το Χριστιανισμό, ασεβής, άσπλαχνος: *πολλούς πιστούς οδήγησαν στο μαρτύριο οι -οι τύραννοι·* (ως ουσ.) *τον τσάκισε στο ξύλο ο ~.* 2. (ως κύρ. όν.· θεολ.) ο διάβολος ή κάποιος εκπρόσωπός του, πιθ. μεγάλος αιρετικός, που θα εμφανιστεί ως παγκόσμιος άρχοντας ή ως ψευτομεσσίας πριν από τη συντέλεια του αιώνα.
αντίχρονος ο, ουσ. (έρρ., λαϊκ.), (συνήθως σε γεν.) ο μεθεπόμενος χρόνος. (Παροιμ. φρ.) *του χρόνου και τ' -όνου τρέχα γύρευε* (για ανεκπλήρωτη υπόσχεση, οφειλή, κ.τ.ό.).
αντίχτυπος, βλ. *αντίκτυπος.*
αντιχτυπώ και **-κτυπώ,** ρ. μέσ. *-ιέμαι* (έρρ., λογοτ.). 1. χτυπώ, πέφτω με ορμή· (συνήθως μεταφ.) αντηχώ, αντιβουΐζω· αντανακλώ: *-χτυπούσε στις ράχες ο αντίλαλος του· -χτύπαγε κι ο ήλιος / από τα βουνά τα Βιθυνιώτικα* (Παλαμάς). 2. συγκρούομαι: *οι κλώνοι -κτυπούν* (Σολωμός).
αντιψειρικός, -ή, -ό, επίθ. (έρρ.), που καταπολεμά τις ψείρες: *σκευάσματα -ά* (συνών. *αντιφθειρικός*).
αντλείν εις πίθον Δαναΐδων· αρχαϊστ. έκφρ.· για να δηλωθεί η ματαιότητα μιας ενέργειας.
άντληση η, ουσ. (έρρ.). 1. το να αντλεί κάποιος ένα υγρό: *~ νερού / πετρελαίου.* 2. το να συγκεντρώνει, να μαζεύει κανείς κάτι: *~ γνώσεων / πληροφοριών* (συνών. *συλλογή, συγκέντρωση, μάζεμα*).
αντλητικός, -ή, -ό, επίθ. (έρρ.), κατάλληλος για άντληση: *μηχάνημα -ό· κάδος ~.*
αντλία η, ουσ. (έρρ.), μηχάνημα με το οποίο αντλούμε υγρό ή αέριο από κάποιο χώρο (συνών. *τρόμπα*)· *πυροσβεστική ~* =συσκευή με την οποία το νερό εξακοντίζεται για να σβήσει φωτιά.
αντλώ, -είς, ρ. (έρρ.). 1. ανασύρω νερό ή άλλο υγρό: *~ απ' το πηγάδι νερό· ~ πετρέλαιο* (συνών. *τρομπάρω*). 2. αποκτώ, παίρνω: *~ δυνάμεις / πληροφορίες* (συνών. *πορίζυμαι*).
αντονομασία η, ουσ. (έρρ.), (γραμμ.) λεκτικό σχήμα κατά το οποίο στη θέση ενός κύριου ή προσηγορικού ονόματος χρησιμοποιείται κάποια άλλη συνώνυμη ή ισοδύναμη φράση (π.χ. ο γέρος του

αντοχή

Μοριά = Κολοκοτρώνης, *ο εθνικός ποιητής* = ο Σολωμός).
αντοχή η, ουσ. 1. αντίσταση ενός σώματος σε δυνάμεις φθοράς: *το ύφασμα αυτό έχει μεγάλη* ~ (συνών. ανθεκτικότητα· αντ. σαθρότητα). 2. (μεταφ.) υπομονή, καρτερία: *η ανθρώπινη* ~ *έχει κάποια όρια.*
αντραγάθημα, βλ. *ανδραγάθημα*.
αντραγαθία, βλ. *ανδραγαθία*.
αντραδέλφη, βλ. *ανδραδέλφη*.
αντράδελφος, βλ. *ανδράδελφος*.
αντράκι το ουσ. (έρρ.). 1. μικρόσωμος άντρας (συνήθως με ειρωνικό χρώμα): *αυτό το* ~ *πήγε να τα βάλει μαζί μου !* 2. νεαρός με σωματική ανάπτυξη άντρα: *πόσο γρήγορα μεγάλωσε·* ~ *σωστό έγινε!* 3. (σε προσφών., χαϊδευτικά), το μικρό αγόρι: *καλώς το, το* ~ *μας!* (συνών. *αγοράκι*).
αντράκλα η, ουσ. (έρρ.), είδος άγριου λαχανικού, γλιστρίδα. [αρχ. *ανδράχλη*].
άντρακλας, βλ. *άντρας*.
άντρας ο, γεν. του *αντρός* και του *άντρα*, ουσ. (έρρ.). 1. άνθρωπος αρσενικού γένους (σ' αντίθεση με τη γυναίκα): *γυναίκες, -ες και παιδιά.* 2. ενήλικος (σ' αντίθεση με το παιδί): *είσαι* ~ *πια· πάψε να φέρεσαι παιδιάστικα.* 3. σύζυγος: *πήρε* ~ *της έναν τεμπέλη.* 4. λεβέντης, παλληκάρι: *κοίταξε να φανείς* ~ (συνών. *ανδρείος, γενναίος·* αντ. *δειλός, φοβιτσιάρης*) [αιτ. του αρχ. *ανήρ*]. - Μεγεθ. *-ακλας* και *-ούκλαρος* στις σημασ. 1 και 4. - Υποκορ. *-ούλης* στη σημασ. 3.
αντρεία, βλ. *ανδρεία*.
αντρειεύω, ρ. (έρρ., συνιζ.), γίνομαι ορμητικός, ρωμαλέος: *νάτη* (ενν. η *Ρωμιοσύνη*) *πετιέται αποξαρχής κι -ει και θεριεύει* (Ρίτσος) (συνών. *δυναμώνω*).
αντρειοσύνη η, ουσ. (έρρ., συνιζ.), γενναιότητα, παλληκαριά: ~, *φιλότιμο, μεράκια λογιώ λογιώ* (Κόντογλου) (συνών. *ανδρεία·* αντ. *δειλία, ανανδρία*).
αντρειωμένος, -η, -ο, επίθ. (έρρ., συνιζ.), ρωμαλέος, δυνατός (αντ. *άνανδρος, δειλός*). - Το αρσ. ως ουσ. = γενναίος πολεμιστής: *τ' -ου τ' άρματα δεν πρέπει να πουλιώνται* (δημ. τραγ.).
αντρέσα η, ουσ. (όχι έρρ.), διεύθυνση, σύσταση: *θα σου δώσω την* ~ *μου να 'ρθεις να με βρεις.* [γαλλ. adresse].
αντρίκειος, -α, -ο, επίθ. (έρρ., συνιζ.). 1. που ανήκει ή ταιριάζει σε άντρα: *γεμάτο χρυσά ρούχα, γυναικεία και -εια* (παραμύθι) (αντ. *γυναικείος, παιδικός*). 2. λεβέντικος, παλληκαρίσιος: *λόγια -α· φέρσιμο -ο.* - Επίρρ. **-α**.
αντρικός βλ. *ανδρικός*.
άντρο το, ουσ. (έρρ.). 1. σπηλιά· καταφύγιο κακοποιών: ~ *ληστών* (συνών. *καταφύγιο, λημέρι*). 2. (ιατρ.) κοιλότητα του κρανίου: *μετωπιαίο* ~.
αντρόγενο, βλ. *αντρόγυνο*.
αντρογυναίκα η, ουσ. (έρρ.), γυναίκα που μοιάζει στην εμφάνιση ή στη συμπεριφορά με άντρα.
αντρόγυνο και **-γενο** το, ουσ. (έρρ.), ο άντρας και η γυναίκα ως σύζυγοι: *αγαπημένο / ταιριαστό / ευτυχισμένο* ~· (παροιμ.) *μήτε στ'* ~ *χολά, μήτε στ' αδέρφια μάχη.*
αντρογυνοχωρίστρα ουσ. (έρρ.), αυτή που προκαλεί το χωρισμό ενός αντρόγυνου.
αντρομίδα, η ουσ. (έρρ.), μάλλινο χοντρό κλινοσκέπασμα: *φόρτωσαν και τρεις -ες για την παγωνιά της νύχτας* (συνών. *χράμι, βελέντζα*).

αντρόπιαστος, -η, -ο, επίθ. (έρρ., συνιζ.), που δεν έκανε κάτι για το οποίο να ντρέπεται, που δε ντροπιάστηκε: *έχω το όνομά μου -ο* (αντ. *ντροπιασμένος, ταπεινωμένος*).
αντροχωρίστρα η, ουσ. (έρρ.), αυτή που προκαλεί το χωρισμό του αντρόγυνου (συνών. *αντρογυνοχωρίστρα*).
αντσούγια και **αντζού-** και **-γα** η, ουσ. (έρρ., συνιζ.), είδος μικρής παστωμένης σαρδέλας (συνών. *χαψί*). [γενουάτικο anciua].
άντυτος, -η, -ο, επίθ. (όχι έρρ.). 1. που δεν έχει ντυθεί: *χτύπα πριν μπεις μήπως είναι -η* (συνών. *γυμνός·* αντ. *ντυμένος*)· *βιβλίο -ο* (= άδετο). 2. που είναι πρόχειρα ντυμένος: *ποτέ δε βγαίνει* ~ *από το σπίτι.*
αντωνυμία η, ουσ. (έρρ.), (γραμμ.) κλιτή λέξη που μεταχειριζόμαστε στο λόγο στη θέση ονόματος, ουσιαστικού ή επιθέτου: *δεικτική / προσωπική* ~.
αντωνυμικός, -ή, -ό, επίθ. (έρρ.), που ανήκει στην αντωνυμία ή παράγεται απ' αυτήν: *επιρρήματα -ά.*
άνυδρος, -η, -ο, επίθ., που έχει έλλειψη νερού, βροχής: *τόπος* ~· *άμμος -η· καλοκαίρι -ο* (συνών. *ξερός*).
ανύμφευτος, -η, -ο, επίθ., που δεν έχει παντρευτεί, άγαμος: *Νύμφη* ~ (= προσωνυμία της Παναγίας στον Ακάθιστο Ύμνο) (συνών. *ανύπαντρος*).
ανυπαίτιος, -α, -ο, επίθ. (ασυνίζ.), (νομ.) που δεν είναι υπαίτιος, δεν έχει ευθύνη (συνών. *αθώος*). - Επίρρ. **-α**.
ανυπαιτιότητα η, ουσ. (ασυνίζ.), έλλειψη ευθύνης, υπαιτιότητας για κάποια πράξη (συνών. *αθωότητα*).
ανυπακοή η, ουσ., έλλειψη υπακοής: *ο μαθητής τιμωρήθηκε για* ~ (συνών. *απείθεια, απειθαρχία*).
ανυπάκουος, -η, -ο, επίθ., που δεν υπακούει: *παιδί -ο* (συνών. *απείθαρχος*).
ανύπαντρος, -η, -ο, επίθ. (έρρ.), που δεν παντρεύτηκε: *έχω μια αδελφή -η* (συνών. *άγαμος*).
ανύπαρκτος, -η, -ο, επίθ., που δεν υπάρχει στην πραγματικότητα, φανταστικός: *φοβάσαι έναν -ο κίνδυνο* (αντ. *υπαρκτός*).
ανυπαρξία η, ουσ., το να μην υπάρχει κάτι, απουσία, έλλειψη: ~ *αποδεικτικών στοιχείων / επιχειρημάτων·* το φιλοσοφικό ρεύμα πέρασε στην ~ (αντ. *ύπαρξη, υπόσταση*).
ανυπεράσπιστος, -η, -ο, επίθ., που δεν έχει προστασία: *ορφανά -α· πόλη -η* (συνών. *απροστάτευτος*).
ανυπέρβλητος, -η, -ο, επίθ., που δεν μπορεί να ξεπεραστεί: *εμπόδια / προβλήματα -α· δύναμη -η* (συνών. *αξεπέραστος*).
ανυπερθέτως, επίρρ., χωρίς αργοπορία, χωρίς αναβολή: *θέλω τα χρήματα αύριο* ~ (συνών. *αμέσως*).
ανυπόγραφος, -η, -ο, επίθ., που δεν έχει υπογραφεί: *διάταγμα/κείμενο/γράμμα -ο.*
ανυπόδητος, -η, -ο, επίθ., που έχει γυμνά τα πόδια, που δε φορεί παπούτσια· *οι -οι* = τάγματα μοναχών της καθολικής Εκκλησίας που υποχρεωτικά περπατούν ξυπόλυτοι (συνών. *ξυπόλυτος*).
ανυπόκριτος, -η, -ο, επίθ., που δεν υποκρίνεται, ειλικρινής: *χαμόγελο -ο· φιλία -η* (συνών. *απροσποίητος*). - Επίρρ. **-α**.
ανυπόληπτος, -η, -ο, επίθ., που δεν έχει υπόληψη, εκτίμηση: *λόγια -ου προσώπου.*

ανυποληψία η, ουσ., έλλειψη εκτίμησης, υπόληψης.

ανυπολόγιστος, -η, -ο, επίθ., που δεν μπορεί να μετρηθεί, να υπολογιστεί: *ζημιές -ες· θησαυροί -οι* (συνών. *αμέτρητος, ανεκτίμητος*).

ανυπομονησία η, ουσ., έλλειψη υπομονής, ανησυχία: *περιμέναμε τα αποτελέσματα των εξετάσεων με ~* (συνών. *αδημονία, βιασύνη*).

ανυπόμονος, -η, -ο, επίθ., που δεν έχει υπομονή, ασυγκράτητος: *οι καταρράχτες... πηδούν -οι από τα ύψη των βράχων του* (ενν. *του Βερμίου*) (Ι. Μ. Παναγιωτόπουλος) (συνών. *ανήσυχος, βιαστικός*).

ανυπομονώ, -είς, ρ., δεν έχω υπομονή, βιάζομαι: *~ να μάθω νέα σου* (συνών. *αδημονώ*).

ανύποπτος, -η, -ο, επίθ. 1. που δεν υποπτεύεται: *βάδιζε ~ για ό,τι συνέβαινε στο σπίτι του* (συνών. *ανυποψίαστος*). 2. που δεν τον υποπτεύεται κανείς, που δεν προκαλεί υποψίες: *η έκρηξη έγινε σε χρόνο -ο*.

ανυπόστατος, -η, -ο, επίθ., που δεν έχει υπόσταση, βάση, φανταστικός: *φήμες -ες· ισχυρισμοί -οι* (συνών. *αβάσιμος*).

ανυποστήριχτος, -η, -ο, επίθ., που δεν έχει υποστήριξη, απροστάτευτος: *ο κατηγορούμενος ζήτησε να μείνει ~* (= χωρίς συνήγορο υπεράσπισης) (συνών. *ανυπεράσπιστος*).

ανυποταγή η, ουσ. (λογοτ.), το να μην υποτάσσεται, να μην υπακούει κάποιος σε κανένα: *η ~ στη θάλασσα ...χρειάζεται αγριότη... πρώτα ο Θεός κι ύστερα ο καπετάνιος* (Μπαστιάς) (συνών. *ανυποταξία*).

ανυπότακτος, -η, -ο, επίθ. 1. που δεν υποτάσσεται, ατίθασος: *χαρακτήρας ~* (συνών. *απειθής*). 2. (στρατολ.) το αρσ. ως ουσ. = αυτός που κλήθηκε να υπηρετήσει στο στρατό, αλλά δεν παρουσιάστηκε εμπρόθεσμα (συνών. *φυγόστρατος*).

ανυποταξία η, ουσ. 1. έλλειψη υποταγής, απείθεια (συνών. *ανυποταγή*). 2. (στρατολ.) αδίκημα κατά το οποίο ο στρατεύσιμος δεν παρουσιάστηκε εμπρόθεσμα για ανυπόταξη.

ανυπόφορος, -η, -ο και (λαϊκ.) **ανυπόφερτος**, επίθ., που δεν μπορεί κανείς να τον υποφέρει: *ζέστη / κατάσταση -η· παιδί / κρύο -ο* (συνών. *αφόρητος*). - Επίρρ. -**α**: *πονώ -α*.

ανυποχώρητος, -η, -ο, επίθ., που δεν υποχωρεί: *οι απεργοί ήταν -οι στα αιτήματά τους* (συνών. *ανένδοτος*). - Επίρρ. -**α**.

ανυποψίαστος, -η, -ο, επίθ. 1. που δεν υποψιάζεται: *τον χτύπησε το αυτοκίνητο, ενώ βάδιζε ~ στο δρόμο*. 2. που δεν προκαλεί υποψίες (συνών. *ανύποπτος*· αντ. *ύποπτος*). - Επίρρ. -**α**.

άνυσμα το, ουσ. (μαθημ.) ευθεία γραμμή προσανατολισμένη (δηλ. που απολήγει σε βέλος) με ορισμένο μήκος, διεύθυνση και φορά που δηλώνει ένα γεωμετρικό μέγεθος (συνών. *διάνυσμα*).

ανυσματικός, -ή, -ό, επίθ., που αναφέρεται στο άνυσμα ή παριστάνεται με αυτό: *λογισμός -ός· ακτίνα -ή· μέγεθος -ό*.

ανυστερόβουλος, -η, -ο, επίθ., που δε δείχνει υστεροβουλία, ιδιοτέλεια, ειλικρινής (συνών. *ανιδιοτελής*).

ανυφαντής και **αλυ-** ο, θηλ. **-φάντρα** και **-φαντρού**, ουσ. (έρρ.), επαγγελματίας υφαντής.

ανύχτωτος, -η, -ο, επίθ., που δεν τον πρόφτασε η νύχτα: *μέρα -η* (= μεγάλη και «ατέλειωτη» καλοκαιρινή μέρα).

ανυψώνω, ρ. 1. σηκώνω κάτι ψηλά, ανεβάζω: *~ τη σημαία / τα χέρια· ~ έναν τοίχο* (= κτίζω)· *-εται το αεροπλάνο* (= απογειώνεται). 2. (μεταφ.) εξυψώνω, επαινώ, εγκωμιάζω: *πότε τον -ει, πότε τον κατηγορεί, ανάλογα με τη διάθεσή της*.

ανύψωση η, ουσ. 1. ύψωση, ανέβασμα. 2. (μεταφ.) εξύψωση, εγκωμίασμα.

ανυψωτήρας ο, ουσ. 1. μηχανή που χρησιμεύει στο να ανυψώνει βάρη. 2. *~ όπλου* = ελατήριο του οποίου ένα σκέλος πιέζει τα φυσίγγια του όπλου που βρίσκονται στην αποθήκη του.

ανώδυνος, -η, -ο, επίθ., που δεν προκαλεί πόνο: *τοκετός ~·* έκφρ. *φάρμακα -α* (= αναισθητικά). - Επίρρ. -**α**.

άνωθεν επιταγή αρχαϊστ. έκφρ. = διαταγή από ανώτερο ιεραρχικώς.

ανώι το, πληθ. *ανώγια*, ουσ., ο επάνω όροφος κατοικίας: *το πατρικό μου σπίτι διέθετε και ~* (αντ. *κατώι*). Έκφρ. *ανώγια και κατώγια* (= πλούτος).

άνω κάτω, επίρρ., ανάκατα, άτακτα. Φρ. *κάνω ~* (= αναστατώνω, συγχύζω, θέτω σε αταξία): *μ' έκανε ~· έκανε το γραφείο του ~ για να βρει το έγγραφο· είμαι / γίνομαι ~* (= αναστατώνομαι, συγχύζομαι, είμαι σε ακαταστασία): *έγινε ~ μετά το βραδινό καβγά· το σπίτι του ήταν ~*.

ανωμαλία η, ουσ. 1. έλλειψη ομαλότητας ή ομοιομορφίας: *το έδαφος παρουσιάζει ~*. 2. εκτροπή από την ομαλότητα, έλλειψη αρτιμέλειας: *~ σωματική*. 3. (για όργανα ή μηχανήματα) κακή λειτουργία, βλάβη: *~ στο νευρικό σύστημα· η γραφομηχανή παρουσίασε κάποια ~*. 4. ανισορροπία: *~ διανοητική*. 5. ακαταστασία, έλλειψη σταθερότητας: *~ πολιτική*. 6. αφύσικη σεξουαλική συμπεριφορά (συνών. *διαστροφή*). 7. (γραμμ.) παρέκκλιση από κανόνα: *το ουσιαστικό αυτό παρουσιάζει κάποια ~ στην κλίση του*.

ανώμαλος, -η, -ο, επίθ. 1. που δεν είναι ισόπεδος, ανομοιόμορφος: *αθλητές -αλου δρόμου*. 2. που δεν είναι ήρεμος, σταθερός: *-η πολιτική περίοδος*. 3. που δεν είναι φυσιολογικός, ισορροπημένος: *παρουσιάζει -η πνευματική ικανότητα* (συνών. *ανισόρροπος*). 4. που παρουσιάζει αφύσικη σεξουαλική συμπεριφορά. 5. (γραμμ.) που δε σχηματίζεται ομαλά: *κατάλογος -αλων ρημάτων*. - Επίρρ. -**α**.

ανωμερίτης ο, θηλ. -**ισσα**, ουσ. (λαϊκ.), κάτοικος ορεινών περιοχών (αντ. *κατωμερίτης*).

ανωνυμία η, ουσ., απόκρυψη ονόματος· αφάνεια: *ή ~ του πλήθους· όλη του τη ζωή έζησε στην ~*.

ανωνυμογράφημα το, ουσ., ανυπόγραφο, ανώνυμο γραπτό κείμενο.

ανωνυμογραφία η, ουσ., ανυπόγραφη, ανώνυμη αλληλογραφία και δημοσίευση.

ανωνυμογράφος ο, ουσ., αυτός που γράφει ανώνυμα γράμματα ή άρθρα.

ανωνυμογραφώ, -είς, ρ., γράφω ανώνυμα (επιστολές ή άρθρα).

ανώνυμος, -η, -ο, επίθ. 1. που δεν έχει όνομα: *πλήθος -ο*. 2. που δεν έχει υπογραφή: *καταγγελία -η*. 3. που κρύβει το όνομά του: *δωρητής ~*. 4. που δεν αναφέρεται σε ορισμένο πρόσωπο: *-η εταιρεία* (= εταιρεία που τα κεφάλαιά της είναι κατανεμημένα σε μερίδια). 5. άγνωστος, αφανής (αντ. στις σημ. 1, 2, 5 *επώνυμος*). - Επίρρ. -**α**.

άνω ποταμών· αρχαϊστ. έκφρ.· για κάτι απροσδόκητο ή παράλογο, εξωφρενικό: *αυτό που μου ζητάς πια είναι ~!*

ανώριμος, -η, -ο, επίθ., που δεν είναι ώριμος: *φρούτα -α·* (μεταφ.) *άνθρωπος ~* (συνών. *άγουρος*).

ανωριμότητα η, ουσ., η έλλειψη ωριμότητας.

άνωση η, ουσ. **1.** ώθηση από κάτω προς τα πάνω. **2.** (φυσ.) η συνισταμένη κάθετη δύναμη που ασκείται σε ένα σώμα από ένα ακίνητο υγρό (π.χ. τη θάλασσα), στο οποίο είναι βυθισμένο ή επιπλέει.

ανώτατος, -η, -ο, επίθ., που βρίσκεται πάνω από όλους ή όλα, ύψιστος: *-ο όριο ταχύτητας· ~ άρχοντας* (= ο ηγέτης ενός κράτους)· *-α κοινωνικά στρώματα* (= η άρχουσα τάξη) (αντ. *κατώτατος*).

ανώτερος, -η, -ο, επίθ., που βρίσκεται σε υψηλότερη θέση, διαβάθμιση, κλπ.: *~ δικαστικός υπάλληλος·* ποιότητα *-η· ανώτερός ~ μου* (στην ιεραρχία) (αντ. *κατώτερος*). Έκφρ. *~ άνθρωπος* (γενναιόψυχος, όχι μικροπρεπής)· *~ χρημάτων* (= αφιλοχρήματος)· *«-τέρα βία»* (= που δεν μπορεί να την υπερνικήσει κάποιος)· *και σ' -α* (ευχή για μεγαλύτερη επιτυχία ή ειρων.).

ανωτερότητα η, ουσ., ηθική ή πνευματική υπεροχή: *~ χαρακτήρα*.

ανωφέλευτος, -η, -ο, επίθ. **1.** ανώφελος: *σε τόπον -ο να μην πολυκαθίσεις* (παροιμ.). **2.** που δεν ωφελείται. - Επίρρ. **-α**.

ανώφελος, -η, -ο και ανωφελής, -ής, -ές, γεν. *-ούς,* πληθ. αρσ. και θηλ. *-είς,* ουδ. *-ή,* επίθ. **1.** που δεν ωφελεί, μάταιος: *προσπάθεια -η· κόπος ~· δάκρυα -α* **2.** βλαβερός. - Επίρρ. **-α**.

ανωφέρεια η, ουσ. (ασυνίζ., λόγ.), κλίση από κάτω προς τα επάνω: *ο δρόμος παρουσιάζει μεγάλη ~* (αντ. *κατωφέρεια*).

ανώφλι το, ουσ., το πάνω μέρος της πόρτας ή παράθυρου, υπέρθυρο: *στο ~ της πόρτας κρεμάσαμε το πρωτομαγιάτικο στεφάνι* (αντ. *κατώφλι*). [παλαιοτ. *ανώφλιον* < επίρρ. *άνω* + αρχ. ουσ. *φλιά*].

αξάκριστος, -η, -ο, επίθ., που δεν κόπηκαν οι άκρες του: *βιβλίο -ο* (= βιβλίο που κυκλοφορεί με τα φύλλα του άκοπα στα πλάγια).

αξαλάφρωτος, -η, -ο και αξε-, επίθ., που δεν έχει ξαλαφρώσει: *~ από χρέη*.

αξαστέρωτος, -η, -ο, επίθ., που δεν είναι ξάστερος, θολός: *ο ουρανός σήμερα είναι ~* (συνών. *συννεφιασμένος*).

άξαστος, -η, -ο, επίθ., που δεν είναι ξασμένος: *μαλλιά -α* (συνών. *αλανάριστος*).

άξαφνα, βλ. **έξαφνα**.

αξάφριστος, -η, -ο, επίθ., που δεν ξαφρίστηκε, που δεν του αφαιρέθηκε ο αφρός: *ξέχασα το κρέας -ο*.

αξέβγαλτος, -η, -ο, επίθ. **1.** που δεν ξεβγάλθηκε: *με το τηλεφώνημα άφησα τα ρούχα -α.* **2.** που δεν είναι ξεβαλμένος, απονήρευτος: *μικρή κι -η κοπέλα* (συνών. *άβγαλτος*).

αξεδιάλεχτος, -η, -ο, επίθ. (συνιζ.), που δεν ξεδιαλέχτηκε, ακαθάριστος: *ρωδάκινα -α*.

αξεδιάλυτος, -η, -ο, επίθ. (συνιζ.), που δεν ξεδιαλύθηκε, που δεν ερμηνεύτηκε: *υπόθεση -η· όνειρα -α*.

αξεδίπλωτος, -η, -ο, επίθ., που δεν είναι ξεδιπλωμένος: *σεντόνια -α* (αντ. *αδίπλωτος*).

αξεδίψαστος -η, -ο, επίθ., που δεν έχει ξεδιψάσει.

αξεθύμαστος, -η, -ο, επίθ. **1.** που δεν ξεθύμανε: *το άρωμα της κολόνιας παραμένει -ο για πολλές ώρες· ποτό -ο.* **2.** (μεταφ.) που δεν έχει ηρεμήσει, καταπραϋνθεί: *ζωή -η· καημός / θυμός ~* (συνών. *ακαταλάγιαστος*).

αξεκαθάριστος, -η, -ο, επίθ., που δεν ξεκαθαρίστηκε, δε διευθετήθηκε: *λογαριασμός ~· παρεξήγηση -η*.

αξεκόλλητος, -η, -ο, επίθ., που δεν ξεκολλήθηκε: *αφίσες / χαλκομανίες -ες*.

αξεκούνητος, -η, -ο, επίθ., που δεν μπορεί να μετακινηθεί: *βράχος ~* (συνών. *ακούνητος*).

αξελάκκωτος, -η, -ο και αξελάκκιστος, επίθ. (για φυτό) που δεν ανοίχτηκαν λάκκοι γύρω από τη ρίζα του για πότισμα: *τριανταφυλλιές -ες*.

αξελόγιαστος, -η, -ο, επίθ. (συνιζ.), που δεν ξελογιάστηκε, δεν αποπλανήθηκε: *κανείς δεν έμεινε ~ από τα θέλγητρά της*.

αξεμπέρδευτος, -η, -ο, επίθ. (όχι έρρ.). **1.** που δεν ξεμπερδεύτηκε: *κουβάρι / σκοινί -ο· κόμπος ~.* **2.** (μεταφ.) που δε λύθηκε, δε διευθετήθηκε, δε διαλευκάνθηκε: *υπόθεση -η* (συνών. *άλυτος*). **3.** (συνεκδοχικά) που δεν τον «ξεμπέρδεψαν», δεν τον σκότωσαν.

αξενάγητος, -η, -ο, επίθ., που δεν ξεναγήθηκε: *τουρίστες -οι*.

αξενίτευτος, -η, -ο, επίθ., που δεν ξενιτεύτηκε (αντ. *ξενιτεμένος*).

άξενος, -η, -ο, επίθ., που δεν είναι φιλόξενος: *χωριό -ο· τόπος ~* (συνών. *αφιλόξενος*).

αξέντυτος, -η, -ο επίθ. (όχι έρρ.), που δεν ξεντύθηκε: *κοιμήθηκα ~* (αντ. *άντυτος*).

αξεπέραστος, -η, -ο, επίθ., που δεν μπορεί να τον ξεπεράσει κανείς: *εμπόδια -α· αρχές -ές· ομορφιά -η* (συνών. *ανυπέρβλητος*).

αξεπλήρωτος, -η, -ο, επίθ. **1.** που δεν εξοφλήθηκε: *χρέος -ο* (συνών. *απλήρωτος, αξόφλητος*). **2.** που δεν ανταποδόθηκε: *καλό -ο*.

αξεπούλητος, -η, -ο, επίθ., που δεν πουλήθηκε εξολοκλήρου: *δεν έμεινε τίποτα -ο στο μανάβικο* (συνών. *απούλητος*).

αξερίζωτος, -η, -ο, επίθ., που δεν ξεριζώθηκε: *φυτό -ο·* (μεταφ.) *μίσος -ο*.

αξεσήκωτος, -η, -ο, επίθ. **1.** που δεν ξεσηκώθηκε, δε μετακινήθηκε από τον τόπο του. **2.** που δεν επαναστάτησε, δεν εξεγέρθηκε: *δούλοι -οι.* **3.** που δεν αντιγράφηκε: *κέντημα / χειρόγραφο -ο* (αντ. *ξεσηκωμένος*).

αξεσκάλιστος, -η, -ο, επίθ. **1.** που δεν ξεσκαλίστηκε: *ο κήπος μας φέτος έμεινε ~* (συνών. *ασκάλιστος*). **2.** που δεν εξετάστηκε, δεν ερευνήθηκε σε βάθος: *υπόθεση -η*.

αξεσκέπαστος, -η, -ο, επίθ., που δεν ξεσκεπάστηκε· που δεν αποκαλύφθηκε: *τα πόδια μου ήταν -α· υπόθεση -η* (συνών. *καλυμμένος* αντ. *ασκέπαστος*).

αξεσκόλιστος, -η, -ο, επίθ. **1.** που δεν τελείωσε το σχολείο, δεν αποφοίτησε: *παιδί -ο.* **2.** (συνεκδοχικά) αδασκάλευτος, άμαθος.

αξεσκόνιστος, -η, -ο, επίθ., που δεν ξεσκονίστηκε: *το τραπέζι έμεινε -ο*.

αξεσουάρ το, ουσ. (άκλ.). **1.** μικρό αντικείμενο απαραίτητο σε μία θεατρική παράσταση ή μία μεταμφίεση: *ντεκόρ, κοστούμια και ~.* **2.** αντικείμενο που συνοδεύει την τουαλέτα, αλλά δεν αποτελεί μέρος της: *τσάντα, παπούτσια, και άλλα ~.* **3.** κομμάτι όχι απαραίτητο σε μηχανή: *~ αυτοκινήτου.* [γαλλ. *accessoire*].

άξεστος, -η, -ο, επίθ., που η συμπεριφορά του είναι χονδροειδής, αγενής, που είναι αμόρφωτος, ακαλλιέργητος: *άνθρωπος ~· συμπεριφορά -η· τρόποι -οι* (συνών. *αγροίκος*).

αξέστρωτος, -η, -ο, επίθ., που δεν ξεστρώθηκε: *τραπέζι -ο.*

αξετέλειωτος, -η, -ο, επίθ., που δεν τελείωσε εξολοκλήρου (συνών. *ατέλειωτος*).

αξετίμητος, -η, -ο επίθ. (λαϊκ.), που δεν μπορεί να εκτιμηθεί: *πλούτη -α* (συνών. *ανεκτίμητος*).

αξετύλιχτος, -η, -ο, επίθ., που δεν ξετυλίχτηκε.

αξεφλούδιστος, -η, -ο, επίθ., που δεν είναι ξεφλουδισμένος: *φρούτα / φιστίκια -α.*

αξεφόρτωτος, -η, -ο, επίθ., που δεν ξεφορτώθηκε, που δεν του αφαίρεσαν το φορτίο: *άλογο / φορτηγό -ο.*

αξεφύλλιστος, -η, -ο, επίθ. 1. που δεν του αφαιρέθηκαν, δεν του έπεσαν τα φύλλα: *τριαντάφυλλο -ο.* 2. που δε φυλλομετρήθηκε: *βιβλίο -ο.*

αξεφύτρωτος, -η, -ο, επίθ., που δεν ξεφύτρωσε ακόμη: *σπόροι -οι.*

αξέχαστος, -η, -ο, επίθ., που δεν ξεχνιέται: *βραδιές -ες· ταξίδι -ο* (συνών. *αλησμόνητος*).

αξεχορτάριαστος, -η, -ο, επίθ., που δεν ξεχορταριάστηκε: *κήπος ~· αμπέλι -ο.*

αξεχώριστος, -η, -ο, επίθ. 1. που δεν τοποθετήθηκε χωριστά. 2. αχώριστος: *ήταν -οι φίλοι.* 3. που δεν ξεχωρίζεται, δε διακρίνεται: *οι διαφορές που υπάρχουν ανάμεσά τους είναι -ες* (συνών. *δυσδιάκριτος*). 4. που δεν τον ξεχώρισαν, δεν του έγιναν διακρίσεις. 5. που δε χωρίστηκε σε μερίδια: *-η πατρική περιουσία* (συνών. *αμοίραστος*). - Επίρρ. **-α.**

αξεψύχητος, -η, -ο, επίθ., που δεν ξεψύχησε, που δεν πέθανε ακόμη.

αξήλωτος, -η, -ο, επίθ., που δεν ξηλώθηκε: *ποδόγυρος ~· πλεκτό -ο* (αντ. *ξηλωμένος*).

αξημέρωτα, επίρρ., πριν ξημερώσει: *ξύπνησα ~ από ένα δυνατό πόνο.*

αξημέρωτος, -η, -ο, επίθ. 1. που δεν ξημερώθηκε, που δεν τον βρήκε άγρυπνο το πρωί. 2. (για κατάρα) εκείνος τον οποίο καταριέται κανείς να μην τον βρει ζωντανό η επόμενη μέρα. 3. (για νύχτα) που μας φαίνεται τόσο μεγάλη ώστε νομίζουμε ότι δε θα ξημερώσει: *βράδια -α.*

αξι-, α´ συνθ. σε λ. που αρχίζουν από φων. *αξιαγάπητος, αξιανάγνωστος.*

αξία η, ουσ. 1. τιμή, τίμημα κάποιου πράγματος: *αυξήθηκε η ~ του οικοπέδου· η ~ του είναι χίλιες δραχμές* (συνών. *κόστος*). 2. σημασία, ωφέλεια: *ο ορυκτός πλούτος έχει μεγάλη ~ για τη χώρα μας· είναι πολύ μεγάλη η ~ του ηλεκτρισμού· τα λόγια σου δεν έχουν καμιά ~* (συνών. *χρησιμότητα, σπουδαιότητα*). 3. βαθμός της ηθικής ή πνευματικής υπεροχής κάποιου, ανωτερότητα: *άνθρωπος χωρίς ~· επιστήμονας μεγάλης -ας* (συνών. *κύρος*). 4. ικανότητα, προσόντα: *πέρασε στο πανεπιστήμιο με την ~ της· ανέβηκε ψηλά με την ~ του* (συνών. *αξιοσύνη*). 5. εκτίμηση, υπόληψη: *τον έχει σε μεγάλη ~.* 6. (γραμμ.) *γενική της -ας* = η γενική που φανερώνει την αξία, την τιμή κάποιου πράγματος. 7. (οικον.) *κινητές αξίες* = χρηματόγραφα (μετοχές, ομολογίες) που η αγοραπωλησία τους γίνεται μόνο στο λεγόμενο χρηματιστήριο αξιών. 8. (κοινων.) *-ες* = γενικός παραδεκτές αρχές και ιδέες που διέπουν τη συμπεριφορά και τις σχέσεις των ατόμων: *-ες ηθικές* (συνών. *αρχές*). Έκφρ. *αντικείμενο -ας* (= πολύτιμο)· *άνθρωπος -ας* (= αξιόλογος).

αξιαγάπητος, -η, -ο, επίθ. (ασυνίζ.), που αξίζει να αγαπιέται: *γυναίκα -η· παιδί -ο.*

αξιανάγνωστος, -η, -ο, επίθ., που αξίζει να διαβαστεί: *βιβλίο -ο.*

αξίδιαστος, -η, -ο, επίθ. (λαϊκ.), 1. που δε μετατράπηκε σε ξίδι: *κρασί -ο.* 2. που δε ραντίστηκε με ξίδι: *ελιές -ες* (αντ. *ξιδάτος*).

αξιέπαινος, -η, -ο, επίθ. (ασυνίζ.), που αξίζει να επαινεθεί: *προσπάθεια / πρωτοβουλία -η· αγώνας.*

αξιέραστος, -η, -ο, επίθ. (ασυνίζ.), *αξιαγάπητος·* θελκτικός: *γυναίκα -η.*

αξίζω, ρ. 1. έχω χρηματική αξία: *το ρολόι σου -ει πολλά* (συνών. *κοστίζω*). 2. έχω αξία, βαρύτητα, χρησιμότητα: *το καλό το όνομα είναι εκείνο που -ει.* 3. είμαι ηθικώς και πνευματικώς ανώτερος: *ο καινούργιος καθηγητής μας -ει ως επιστήμονας.* 4. έχω αξία, είμαι ικανός, έχω τα προσόντα: *άξιζε και πέτυχε στη ζωή του.* 5. (τριτοπρόσ.) πρέπει, αρμόζει: *σου -ει η θέση.* Φρ. *σου άξιζε (κάτι)* (= δικαίως το έπαθες): *σου άξιζε η τιμωρία· -εις πολλά* (= είσαι σπουδαίος)· *-ει τον κόπο* (= συμφέρει, έχει νόημα): *-ει τον κόπο να μπούμε σε τέτοια ταλαιπωρία;*

αξίνα η, ουσ., σιδερένιο ή ατσάλινο εργαλείο με ξύλινη συνήθως λαβή, που χρησιμεύει για σκάψιμο και άλλες γεωργικές εργασίες (συνών. *αξινάρι, κασμάς*).

αξινάρι το, ουσ., (μικρή) αξίνα.

αξίνιστος, -η, -ο, επίθ., που δεν ξίνισε, που δεν αλλοιώθηκε: *γάλα -ο.*

αξιο-, α´ συνθ. σε λ. που αρχίζουν από σύμφ.: *αξιόλογος, αξιοπρόσεκτος, αξιολογώ.*

αξιόγραφο το, ουσ. (ασυνίζ.), (οικον.) έγγραφο που αντιπροσωπεύει κάποια αξία.

αξιοδάκρυτος, -η, -ο, επίθ. (ασυνίζ.), που αξίζει να τον λυπάται κανείς: *τον βρήκαν τόσες συμφορές που πραγματικά είναι ~* (συνών. *αξιολύπητος*).

αξιοζήλευτος, -η, -ο, επίθ. (ασυνίζ.), που αξίζει να τον ζηλεύουν ή να τον θαυμάζουν: *κοινωνική θέση -η.*

αξιοθαύμαστος, -η, -ο, επίθ. (ασυνίζ.), που αξίζει να τον θαυμάζουν: *γυναίκα -η· εργατικότητα / αντοχή -η.*

αξιοθέατος, -η, -ο, επίθ. (ασυνίζ.), που αξίζει να τον δει κανείς: *ηλιοβασίλεμα -ο.* - *Το ουδ. στον πληθ. ως ουσ.* = τα μέρη περιοχής που αξίζει κανείς να τα επισκεφθεί: *η χώρα μας έχει πολλά -α.*

αξιοθρήνητος, -η, -ο, επίθ. (ασυνίζ.), που αξίζει να τον θρηνεί κανείς, που είναι «να τον κλαις»: *κατάσταση -η* (συνών. *αξιολύπητος, άθλιος*).

αξιοκατάκριτος, -η, -ο, επίθ. (ασυνίζ.), που αξίζει να κατακριθεί, να κατηγορηθεί: *ενέργεια / συμπεριφορά -η* (συνών. *αξιόμεμπτος*).

αξιοκαταφρόνητος, -η, -ο επίθ. (ασυνίζ.), που αξίζει να τον καταφρονούν.

αξιοκρατία η, ουσ. (ασυνίζ.), το να επικρατούν οι άξιοι με μοναδικό κριτήριο τις ικανότητές τους: *στόχος του προγράμματός μας είναι η ~.*

αξιοκρατικός, -η, -ό, επίθ. (ασυνίζ.), που γίνεται με βάση την αξιοκρατία: *κριτήρια -ά· επιλογή -ή.* - Επίρρ. **-α.**

αξιολάτρευτος, -η, -ο, επίθ. (ασυνίζ.), που αξίζει να τον λατρεύει κανείς: *η μητέρα σου είναι -η* (συνών. *αξιαγάπητος*).

αξιολόγηση η, ουσ. (ασυνίζ.), απόδοση συγκεκριμένης αξίας σε πρόσωπο ή πράγμα: *~ προσόντων* (παλαιογρ.) *~ χειρόγραφης παράδοσης.*

αξιολογία η, ουσ. (ασυνίζ.), (φιλοσ.) επιστημονικός κλάδος που ασχολείται με τις φιλοσοφικές

αξίες, ιδιαίτερα τις ηθικές.
αξιολογικός, -ή, -ό, επίθ. (ασυνίζ.), που αναφέρεται στην αξιολόγηση: *διάκριση -ή· χαρακτηρισμός -ός· κριτήρια -ά.* - Επίρρ. **-α.**
αξιόλογος, -η, -ο, επίθ. (ασυνίζ.), σπουδαίος, σημαντικός: *-ες προσπάθειες για την αναβάθμιση της παιδείας.*
αξιολογώ, -είς, ρ. (ασυνίζ.), προσδιορίζω την αξία ενός προσώπου ή πράγματος με ορισμένα κριτήρια.
αξιολύπητος, -η, -ο, επίθ. (ασυνίζ.), που αξίζει να τον λυπάται κανείς, δυστυχισμένος: *ορφανό παιδάκι -ο* (συνών. *αξιοθρήνητος, αξιοδάκρυτος*).
αξιομακάριστος, -η, -ο, επίθ., που είναι άξιος μακαρισμού, ευτυχισμένος.
αξιόμαχος, -η, -ο, επίθ. (ασυνίζ.), που είναι άξιος, ικανός για μάχη: *πυροβολικό -ο· στρατός -ος.* - Το ουδ. ως ουσ. = ικανότητα για μάχη: *το -ο των ενόπλων δυνάμεων.*
αξιόμεμπτος, -η, -ο, επίθ. (ασυνίζ., έρρ.), που αξίζει να κατηγορηθεί: *στάση / ενέργεια / συμπεριφορά -η* (συνών. *αξιοκατάκριτος*).
αξιομίμητος, -η, -ο, επίθ. (ασυνίζ.), που αξίζει να τον μιμηθούν: *ενέργεια -ή· θάρρος -ο.*
αξιομνημόνευτος, -η, -ο, επίθ., αξίζει να τον μνημονεύουν, να αναφερθεί, σημαντικός: *επέτειος -η· γεγονός -ο.*
αξιοπαρατήρητος, -η, -ο, επίθ. (ασυνίζ.), που αξίζει να τον παρατηρήσει, να τον προσέξει κανείς: *πολιτικές εξελίξεις -ες* (συνών. *αξιόλογος*).
αξιοπερίεργος, -η, -ο, επίθ. (ασυνίζ.), που κινεί την περιέργεια: *στάση / συμπεριφορά -η.*
αξιοπιστία η, ουσ. (ασυνίζ.), το να είναι κάποιος αξιόπιστος (βλ. λ.): *~ του μάρτυρα / της πληροφορίας / της κυβέρνησης / της πολιτικής πρότασης / ενός κόμματος·* (για μηχανή) *ασφάλεια, εμπιστοσύνη στην καλή λειτουργία, στις επιδόσεις της.*
αξιόπιστος, -η, -ο, επίθ. (ασυνίζ.), που αξίζει να τον εμπιστεύεται ή να τον πιστεύει κανείς: *μάρτυρας / συγγραφέας -ος· μαρτυρία -η* (= αναμφισβήτητη)· *πληροφορία / πηγή -η* (= ακριβής, έγκυρη)· *κυβέρνηση -η* (= που εμπνέει στο λαό εμπιστοσύνη για τις ικανότητες της)· (για μηχανή) *ασφαλής, σίγουρη, που λειτουργεί καλά, χωρίς διακοπή* (αντ. *αναξιόπιστος*).
αξιοποίηση η, ουσ. (ασυνίζ.). 1. το να χρησιμοποιείται κάτι (όπως λ.χ. οι ικανότητες ή οι ενέργειες ενός προσώπου, οι δυνατότητες ενός θεσμού, οι υλικές αξίες, οι φυσικές πηγές μιας περιοχής, κ.ά.) έτσι ώστε να αποφέρει όφελος (ηθικό ή υλικό): *~ του εργατικού δυναμικού / των έμφυτων προσόντων κάποιου / των πλεονεκτημάτων του δημοκρατικού πολιτεύματος / της περιουσίας κάποιου / των πλουτοπαραγωγικών πηγών ενός τόπου·* β. (ειδικά για μια περιοχή) η επέμβαση με τεχνικά έργα σ' αυτήν, ώστε να γίνει κατάλληλη για οικιστική, τουριστική ή άλλη εκμετάλλευση.
αξιόποινος, -η, -ο, επίθ. (ασυνίζ.), που αξίζει να τιμωρηθεί: *πράξη -η* (συνών. *κολάσιμος*).
αξιοποιώ -είς, ρ. (ασυνίζ. δις). 1. χρησιμοποιώ κάτι (λ.χ. πνευματικό προϊόν, υλική αξία, φυσικό πόρο, κ.τ.ό.) έτσι ώστε να αποφέρει όφελος: *~ τα προσόντα μου / τις οικονομίες μου / το παλιό εργοστάσιο μετατρέποντάς το σε θέατρο / τον αέρα ή το νερό των ποταμών για την παραγωγή ηλεκτρικής ενέργειας.* 2. (για περιοχή) επεμβαίνω με τεχνικά έργα και την καθιστώ κατάλληλη για ποικίλες χρήσεις / εκμεταλλεύσεις.

αξιοπρέπεια η, ουσ. (ασυνίζ. δις), ήθος που εμπνέει το σεβασμό, σοβαρότητα, κόσμια συμπεριφορά: *αν και συκοφαντήθηκε τόσο αισχρά κράτησε την ~ του· η ~ του του το απαγορεύει.*
αξιοπρεπής, -ής, -ές, γεν. *-ούς,* πληθ. αρσ. και θηλ. *-είς,* ουδ. *-ή,* επίθ. (ασυνίζ.), (για άτομο ή για συμπεριφορά ατόμου) που προβάλλει σοβαρότητα, που εμπνέει το σεβασμό: *ήταν ~ παρά τη βαθιά λύπη του· κύριος ~· συμπεριφορά ~.* - Επίρρ. **-α.**
αξιοπρόσεχτος, -η, -ο, επίθ. (ασυνίζ.), που αξίζει να τον προσέξει κάποιος: *αντιρρήσεις / υποδείξεις -ες· χαρακτηριστικά -α* (συνών. *αξιοπαρατήρητος*).
άξιος, -α, -ο, επίθ. (ασυνίζ.). 1. που έχει την απαιτούμενη ικανότητα, άρετες, επιδέξιος: *είναι ~ να ζήσει την οικογένειά του· κυβερνήτης / τεχνίτης ~· δεν είναι ~ για τίποτα! δοκίμασε, αν είσαι ~* (= αν τολμάς). 2. που έχει χρήσιμη ιδιότητα, που αναγνωρίζεται η αξία του: *επιστήμονας / συγγραφέας ~· -ο μέλος της κοινωνίας· φίλος ~* (= πιστός)· *παλληκάρι -ο* (= γενναίο). 3. κατάλληλος, ταιριαστός, αντάξιος: *αμοιβή / τιμωρία -α* (= δίκαιη)· *απάντηση / στάση -α για Έλληνα· διάδοχος ~·* έκφρ. *~! ~!* (= αναφώνηση του εκκλησιάσματος που επιδοκιμάζει τη χειροτονία κληρικού)· *πάντα ~!* (ευχή προς τον κουμπάρο σε βάφτιση ή σε γάμο). 4. (με γεν.) που του αξίζει, του πρέπει κάτι: *μνημείο -ο προστασίας· άνθρωπος ~ εμπιστοσύνης·* έκφρ. *~ της τύχης του* (= που παθαίνει κάτι δίκαια)· *~ λόγου / μελέτης / μνείας / προσοχής* (για κάτι σπουδαίο, σημαντικό) (συνών. στις σημασ. 1 και 2 *ικανός·* αντ. στις σημασ. 1, 2, 3 και 4 *ανάξιος*). - Επίρρ. **-α.**
αξιοσέβαστος, -η, -ο, επίθ. (ασυνίζ.), που του αξίζει ο σεβασμός: *ήταν ~ όχι μόνο για την ηλικία του μα και για τη σοφία του* (συνών. *σεβάσμιος*).
αξιοσημείωτος, -η, -ο, επίθ. (ασυνίζ.). α. που αξίζει να τον σημειώσει, να τον προσέξει κάποιος ιδιαίτερα, σημαντικός: *γεγονός -ο· παράλειψη -η* (συνών. *αξιοπρόσεχτος, αξιόλογος·* αντ. *ασήμαντος, αναξιόλογος*)· β. που φτάνει σε αρκετά μεγάλο βαθμό, αισθητός, εμφανής: *ρυθμός ανάπτυξης ~· πρόοδος -η* (αντ. *ανεπαίσθητος, ασήμαντος*).
άξιος ο μισθός σου· αρχαϊστ. έκφρ.· (κυριολ. ή ειρων.) για ανταμοιβή καλής ή κακής πράξης.
αξιοσυμπάθητος, -η, -ο, επίθ. (ασυνίζ., έρρ.), που του αξίζει να τον συμπαθούν, *αξιαγάπητος.*
αξιοσύνη και **αξο-** η, ουσ. (ασυνιζ.) το να είναι κάποιος άξιος, ικανότητα (ανάλογη με τις περιστάσεις): *την είδα να συγυρίζει το σπίτι και θαύμασα την ~ της* (αντ. *αναξιοσύνη*).
αξιοσύστατος, -η, -ο, επίθ. (ασυνίζ.), που αξίζει να τον συστήσει κάποιος, *αξιόλογος: υπάλληλος ~· βιβλίο -ο· θεατρική παράσταση -η.*
αξιότιμος, -η, -ο, επίθ. (ασυνίζ., λόγ.), που του αξίζει τιμή, σεβασμός (συνήθως σε προφορικές ή γραπτές προσφων.): *-οι κύριοι.*
αξιόχρεος, -η, -ο, επίθ. (ασυνίζ., λόγ.), που εκπληρώνει τις (οικονομικές) υποχρεώσεις του, *αξιόπιστος: έμπορος ~· επιχείρηση / τράπεζα -η* (αντ. *αναξιόχρεος*).
αξίωμα το, ουσ. 1. ανώτερη δημόσια θέση, βαθμός: *έχω / κατέχω κάποιο ~· ~ εκκλησιαστικό / πολι-*

τικό / στρατιωτικό· το βουλευτικό ~· το ύπατο ~ του *Προέδρου της Δημοκρατίας*. 2. (λογική, μαθημ.) παραδεκτή και αυταπόδεικτη αλήθεια: ~ *της ισότητας / της παραλληλίας*. 3. (συνεκδοχικά) κανόνας ζωής: είχε ως ~ να μην προσπαθεί τίποτε πάνω από τις δυνάμεις του (συνών. *αρχή*).

αξιωματικός ο, θηλ. **-κίνα** ουσ. (ασυνίζ.). 1. βαθμοφόρος των ενόπλων δυνάμεων ή άλλων παρόμοια οργανωμένων σωμάτων από το βαθμό του ανθυπολοχαγού (και τους αντίστοιχους μ' αυτόν) και πάνω: ~ *του στρατού / του ναυτικού·* ~ *ανώτερος / κατώτερος / μόνιμος / έφεδρος / απόστρατος*. 2. ονομασία πιονιού στο σκάκι, ο τρελός. - Το θηλ. και με τη σημασ. «η γυναίκα του αξιωματικού».

αξιωματικός, -ή, -ό, επίθ. (ασυνίζ.). 1. που σχετίζεται με αξιώματα (βλ.λ. στη σημασ. 2) ή βασίζεται σ' αυτά: (λογική, μαθημ.) *ορισμός* ~· *μέθοδος -ή* (που ακολουθείται για τη δημιουργία ενός συστήματος λογικά θεμελιωμένου πάνω σε αξιώματα). 2. που αναγνωρίζεται επίσημα σε κάτι: *-ή αντιπολίτευση* (βλ. και *αντιπολίτευση*).

αξιωματούχος ο, ουσ. (ασυνίζ.), αυτός που κατέχει κάποιο αξίωμα (ή υψηλή θέση): *-οι του παλατιού / του καθεστώτος / του Οργανισμού Ηνωμένων Εθνών*.

αξιώνω, ρ. (ασυνίζ.). Ι. ενεργ. 1. ζητώ επιτακτικά κάτι που δικαιολογώ, απαιτώ: *οι κρατούμενοι -ίωσαν καλύτερη μεταχείριση· η οργάνωση -ώνει την αποχώρηση των ξένων στρατευμάτων*. 2. (με υποκ. τη λ. *Θεός*) κρίνω ή καθιστώ κάποιον άξιο για κάτι, παρέχω την ευτυχία: *τον -ίωσε ο Θεός να δει όλα τα παιδιά του αποκαταστημένα*. ΙΙ. μέσ. 1. θεωρούμαι άξιος για κάτι: *-ιώθηκα μεγάλες τιμές*. 2. πετυχαίνω, κατορθώνω: *είναι τόσες μέρες εδώ και δεν -ιώθηκα να τον δω*.

αξίωση η, ουσ. 1. επιτακτική αίτηση που βασίζεται στο νόμο και το δίκαιο, απαίτηση: *δεν έχομε καμιά* ~ *(πάνω) σε ξένα εδάφη· η χώρα δεν παραιτείται από τις -ώσεις της·* ~ *ενοχική / εμπράγματη / οικογενειακή*. 2. απαίτηση που βασίζεται στην αξία ή την ποιότητα (πραγματική ή υποθετική): *έχει την* ~ *να τον υπακούουν τυφλά·* έκφρ. *έργο (θεατρικό ή λογοτεχνικό) -ώσεων* ή *με -ώσεις* (= με υψηλούς στόχους, αξιόλογο).

Αξιώτης, βλ. *Νάξιος*.

αξιώτικος, βλ. *ναξιώτικος*.

αξόδευτος, -η, -ο, επίθ. α. που δεν ξοδεύτηκε, δε δαπανήθηκε: *κράτησε το μισθό του -ο* (συνών. *αδαπάνητος*· αντ. *ξοδευμένος*)· β. που δε χρησιμοποιήθηκε, δεν καταναλώθηκε: *θ' αφήσεις λίγο λάδι -ο· στο μαγαζί δεν έμεινε καθόλου πανί -ο* (συνών. *αχρησιμοποίητος, απούλητος*).

αξολόθρευτος, -η, -ο, επίθ., που δεν εξολοθρεύτηκε, που δεν μπορεί να εξοντωθεί: *με το δηλητήριο δεν έμεινε ποντικός* ~.

αξομολόγητος, -η, -ο και **αξε-**, επίθ. 1. που δεν εξομολογήθηκε τις αμαρτίες του: *πήγε να μεταλάβει* ~. 2. που δεν αποκαλύφθηκε, δεν ειπώθηκε στον εξομολόγο: *αμαρτία -η* (αντ. στις σημασ. 1 και 2 *εξομολογημένος*).

αξόμπλιαστος, -η, -ο, επίθ. (έρρ.). 1. που δεν είναι διακοσμημένος, κεντημένος. *ρούχο -ο* (συνών. *αδιακόσμητος, ακέντητος·* αντ. *ξομπλιαστός*). 2. (μεταφ.) που δεν τον κουτσομπόλεψαν, δεν τον κακολόγησαν: *δεν άφησε κανένα -ο*.

άξονας ο, ουσ. 1. το επίμηκες στέλεχος γύρω από το οποίο περιστρέφεται ένα συμμετρικό αντικεί-

μενο ή χρησιμεύει στο να μεταφέρει την κίνηση σε άλλα συνδέοντάς τα μεταξύ τους: ~ *τροχού / τροχαλίας / μηχανής / ηλεκτροκινητήρα·* κινητήριος / μπροστινός / πισινός ~ *(αυτοκινήτου)·* ~ *του κάρου / της άμαξας· τρίζει ο* ~· *πυρώνει ο* ~· (ανατομ.) ο δεύτερος αυχενικός σπόνδυλος, επιστροφέας. 2. νοητή γραμμή γύρω από την οποία γίνεται η περιστροφική κίνηση ενός σώματος· (αστρον.) ευθεία γύρω από την οποία περιστρέφεται ένα ουράνιο σώμα· (γεωμ.) γραμμή που όταν γύρω της περιστραφεί μια επιφάνεια, παράγεται ένα στερεό σώμα: ~ *περιστροφής·* ~ *κυλίνδρου / κώνου / σφαίρας*. 3. ευθεία με βάση την οποία καθορίζουμε μια θέση: (μαθημ.) *-ες χψ* (όπου παριστάνουμε τους ακέραιους αριθμούς)· (γεωμ.) ~ *συμμετρίας* (ως προς τον οποίο είναι συμμετρικά δύο σημεία, δύο σχήματα ή τα δύο μέλη του ίδιου σχήματος)· (φυσ.) *κρυσταλλογραφικός* ~ (που χρησιμεύει για να περιγραφεί η διάταξη των ατόμων σε ένα κρυσταλλικό στερεό)· *οπτικός* ~ *ενός φακού* (που συνδέει τα κέντρα καμπυλότητας των δύο επιφανειών του). 4. γραμμή που διασχίζει κάτι στη μεγαλύτερή του διάσταση περνώντας από το κέντρο του: ~ *του σώματος·* ~ *κυκλοφοριακός / οδικός·* (βοτ.) το μέρος του φυτού που φέρει πλευρικές προσφύσεις. 5. η γενική κατεύθυνση, η κατευθυντήρια γραμμή (μιας ενέργειας), το βασικότερο στοιχείο σε μια πράξη ή μια δραστηριότητα: ~ *της πολιτικής μας είναι η διαφύλαξη της εθνικής ανεξαρτησίας· αναπτυξιακός* ~ *της περιοχής είναι οι βιότοποι· νόμος* ~. 6. (στρατ.) ~ *προέλασης, εφοδιασμού, συγκοινωνιών* = η κύρια κατεύθυνση στην οποία κινείται μια στρατιωτική μονάδα για την επίτευξη κάποιου στόχου· ~ *τηλεπικοινωνιών* = η κύρια γραμμή επικοινωνίας. 7. (μεταφ.) σύνδεσμος (λ.χ. κρατών, πολιτικών δυνάμεων) για κοινή δράση: ~ *Αθηνάς-Σόφιας για προώθηση της διαβαλκανικής συνεργασίας·* (ιστ.) *Άξονας (Βερολίνου - Ρώμης)* = η συμμαχία της ναζιστικής Γερμανίας και της φασιστικής Ιταλίας από το 1936 και κατά το Β' παγκόσμιο πόλεμο· *δυνάμεις του Άξονα* = οι χώρες που πολέμησαν σ' αυτό τον πόλεμο στο πλευρό της Γερμανίας.

αξονικός, -ή, -ό, επίθ., που ανήκει ή αναφέρεται σε άξονα: *κύλινδρος* ~· *συμμετρία -ή·* (ιατρ.) *-ή τομογραφία* = ειδική μέθοδος ακτινολογικής εξέτασης με σκοπό να ληφθούν για μελέτη απεικονίσεις πολύ λεπτών στρωμάτων (τομών) ενός οργάνου κατά τον εγκάρσιο ή τον επιμήκη άξονα του σώματος· ~ *τομογράφος* = συσκευή με την οποία γίνεται η αξονική τομογραφία.

αξονοειδής, -ής, -ές, γεν. *-ούς*, πληθ. αρσ. και θηλ. *-είς*, ουδ. *-ή*, επίθ., που μοιάζει με άξονα.

αξονομετρία η, ουσ. (τεχνολ.) παράσταση ενός σχήματος σε τρεις διαστάσεις με ορθή ή πλάγια προβολή.

αξονομετρικός, -ή, -ό, επίθ., που σχετίζεται με την αξονομετρία: *προβολή -ή*.

αξόρκιστος, -η, -ο, επίθ., που δεν ξορκίστηκε, δεν αποτράπηκε με ξόρκια: *κακό -ο* (αντ. *ξορκισμένος*). - Το αρσ. ως ουσ. = (ευφ.) *διάβολος*.

αξοσύνη, βλ. *αξιοσύνη*.

αξόφλητος, -η, -ο, επίθ., που δεν ξοφλήθηκε: *λογαριασμός* ~· *χρέος -ο* (αντ. *εξοφλημένος*).

αξυλοκόπητος, -η, -ο, επίθ. 1. που δεν τον ξυλοκόπησαν (συνών. *άδαρτος·* αντ. *ξυλοκοπημένος,*

αξύπνητος   134

δαρμένος). **2.** (ιδιωμ.) που δεν εκχερσώθηκε: *λόγγος* ~.
αξύπνητος, -η, -ο και (λογοτ.) **ανεξύ-**, επίθ. **1.** που δεν ξύπνησε, δε διέκοψε τον ύπνο του: *η ώρα περνούσε κι αυτός ήταν ακόμη* ~· (μεταφ.) που δεν έχει επίγνωση της πραγματικότητας, δεν καταλαβαίνει τι συμβαίνει (αντ. *ξύπνιος, ξυπνητός*). **2.** (για ύπνο και συνεκδοχικά για το θάνατο) που απ' αυτόν δεν ξυπνάει κανείς: *δυο αδέλφια δύστυχα / κοιμούνται κάτου / τον ανεξύπνητο ύπνον θανάτου* (Σολωμός).
αξυρισιά η, ουσ. (συνιζ., λαϊκ.), το να είναι κάποιος αξύριστος: *δυο ημερών* ~ *και δεν την αντέχω·* φρ. *έχω -ές* (= μένω αξύριστος).
αξύριστος, -η, -ο και (λαϊκ.) **αξού-, αξούριγος**, επίθ., που δεν ξυρίστηκε, που μεγάλωσαν τα γένια του: *μένω* ~· *αφήνω τα γένια μου -α* (= άκοπα)· έκφρ. (σκωπτ.) *παρών κι αξούριστος!* (όταν κάποιος παρουσιάζεται ανέτοιμος· αρχικά στρατ.) (αντ. *ξυρισμένος*).
άξυστος, -η, -ο, επίθ. **1.** που δεν τον έξυσαν, δεν τον έτριψαν (για να καθαρίσει): *άφησε -ους τους λεκέδες από τις μπογιές στο πάτωμα.* **2.** που δεν τον έκαναν μυτερό με ξύσιμο: *μολύβι -ο*.
αοίδιμος, -η, -ο, επίθ. (λόγ.), (για νεκρό) αείμνηστος: *οι -οι κτήτορες της μονής· ο* ~ *εθνικός ευεργέτης* (συνών. *αλησμόνητος*).
αοιδός ο και η, ουσ.(ασυνίζ., λόγ.). **1.** ποιητής στα πρώτα χρόνια της ελληνικής παρουσίας που εμπνευσμένα με τη συνοδεία λύρας υμνούσε κατορθώματα θεών και ηρώων: *ο τυφλός* ~ (= ο Όμηρος). **2.** τραγουδιστής ή τραγουδίστρια (ιδίως της όπερας· ειρων. για εκτελεστές του λαϊκού τραγουδιού).
άοκνος, -η, -ο, επίθ. (λόγ.), ακούραστος: *μελετητής* ~· (συνεκδοχικά) *προσπάθειες -ες* (= εντατικές) (συνών. *ακαταπόνητος·* αντ. *οκνηρός*).
αόμματος, -η, -ο, επίθ. (λόγ.), τυφλός: *ζητιάνος* ~· *ελέησε τον -ο· ως κι ο* ~ *νιώθει τα ρεύματα που φέρνει η άνοιξη* (Κόντογλου).
άοπλος, -η, -ο, επίθ., που δεν έχει όπλο: *τα πλήθη των διαδηλωτών ήταν -α και ειρηνικά·* οι *λιποτάκτες ήρθαν -οι και παραδόθηκαν* (αντ. *οπλισμένος*).
αόρατος, -η, -ο, επίθ. **1.** που δεν μπορεί να τον δει κανείς: *ο Θεός είναι* ~· *κόσμος* ~· *δύναμη -η· κινήσεις -ες* (αντ. *ορατός*). **2.** ασαφής: *κίνδυνος* ~· *απειλή -η·* έκφρ. *το μέλλον -ο* (= απρόβλεπτο) (συνών. *απροσδιόριστος·* αντ. *σαφής, γνωστός*). - Επίρρ. **-άτως**.
αοριστία η, ουσ. **1.** το να είναι κάτι αόριστο: *υπάρχει μεγάλη* ~ *στη διατύπωση* (συνών. *ασάφεια, αβεβαιότητα·* αντ. *σαφήνεια*). **2.** λόγος διατυπωμένος αόριστα, χωρίς συγκεκριμένο και σαφές νόημα: *απάντησε με -ες* (συνών. *αοριστολογία*).
αοριστολογία η, ουσ., λόγος διατυπωμένος αόριστα, χωρίς συγκεκριμένο και σαφές νόημα: *οι δηλώσεις του ήταν μια συρραφή από -ες* (συνών. *αοριστίας*).
αοριστολογικός, -ή, -ό, επίθ., που διατυπώνεται με αοριστία: *ανακοίνωση -ή*.
αοριστολόγος, -α, -ο, επίθ., που εκφράζεται με αοριστία: *υπήρξε σκόπιμα* ~ *στο θέμα των προθεσμίων*.
αοριστολογώ, -είς, ρ., λέω αοριστίες, μιλώ με ασάφεια, με γενικότητες: *αντί να διατυπώσει μια συγκεκριμένη γνώμη προτιμά να -εί*.

αόριστος, -η, -ο, επίθ. **1.** που δεν καθορίστηκε ή δεν μπορεί να καθοριστεί: *περιεχόμενο / συναίσθημα -ο· διατύπωση -η· προθέσεις -ες· μέλλον -ο* (συνών. *ασαφής, αβέβαιος·* αντ. *σαφής*). **2.** που δεν έχει προκαθορισμένα όρια: *σύμβαση με χρόνο -ο.* **3.** (γραμμ.) *αντωνυμίες -ες* = οι αντωνυμίες που δηλώνουν αόριστα πρόσωπο ή πράγμα που δε θέλουμε ή δεν μπορούμε να το ονομάσουμε. - Το αρσ. ως ουσ. = (γραμμ.) χρόνος του κλιτικού συστήματος των ρημάτων που δηλώνει ότι μια πράξη έγινε σε ακαθόριστο χρονικό σημείο του παρελθόντος: ~ *ενεργητικός / παθητικός.* - Επίρρ. **-α.** (στις σημασ. 1 και 2).
αορτή η, ουσ. (ανατομ.) αρτηρία που αρχίζει από την αριστερή κοιλία της καρδιάς και μεταφέρει αίμα προς όλα τα σημεία του σώματος: *στένωση της -ής.*
αορτήρας ο, ουσ., λουρί με το οποίο κρέμεται κάτι στον ώμο: ~ *του όπλου.*
αορτικός, -ή, -ό, επίθ., που ανήκει ή αναφέρεται στην αορτή: (ανατομ.) *στόμιο -ό·* (ιατρ.) *ανεπάρκεια/στένωση -ή.*
άοσμος, -η, -ο, επίθ., που δε μυρίζει: *αέριο -ο.*
άουτ, επίρρ. άκλ., (αθλητ.) για περίπτωση που η μπάλα κατά τη διάρκεια ενός αγωνίσματος βγαίνει έξω από τον αγωνιστικό χώρο. [αγγλ. *out*].
αουτσάιντερ το, ουσ. άκλ. (όχι έρρ.). **1.** άλογο κούρσας που έχει λιγότερες πιθανότητες επιτυχίας από άλλα. **2.** (μεταφ., συνήθως αθλητ.): *σ' αυτή την ευρωπαϊκή διοργάνωση η ελληνική ομάδα ποδοσφαίρου ήταν* ~· *το* ~ *του εκλογικού αγώνα* (αντ. *φαβορί* και στις δύο σημασ.). [αγγλ. *outsider*].
απ-, α΄ συνθ. σε λ. που αρχίζουν από φων.: *απάνθρωπος, απαίτηση, απάνεμος.*
άπα, άκλ. (πεποιημ., νηπιακό) βόλτα: *πάμε* ~.
απά, βλ. *επάνω.*
απαγγελία η, ουσ. (έρρ.). **1.** εκφώνηση πεζού ή έμμετρου κειμένου με ιδιαίτερο ύφος: ~ *ποιήματος.* **2.** (νομ.) ~ *κατηγορίας* = διατύπωση.
απαγγέλλω και **-λνω**, ρ., παρατ. *απήγγελλα* και *απάγγελνα*, πληθ. *απαγγέλλαμε* και *-λναμε*, αόρ. *απήγγειλα* και *απάγγειλα*, πληθ. *απαγγείλαμε* (έρρ.). **1.** εκφωνώ πεζό ή έμμετρο κείμενο με ιδιαίτερο ύφος: *ο ηθοποιός απάγγειλε αποσπάσματα από αρχαίες τραγωδίες.* **2.** (νομ.) ~ *κατηγορία* = διατυπώνω: *ο εισαγγελέας απήγγειλε την κατηγορία στους δύο παραχαράκτες.*
απαγίδευτος, -η, -ο, επίθ., που δεν παγιδεύτηκε: *το τέχνασμα τον άφησε -ο* (αντ. *παγιδευμένος*).
απαγκιάζω, ρ. (έρρ., συνιζ.). **1.** καταφεύγω σε απάγκιο (βλ. λ. σημασ. 1). **2.** (μεταφ.) βρίσκω προστασία: *κατεβήκανε στο λιμάνι κι απαγκιάσανε με μακρινή γειτονιά* (Ι. Μ. Παναγιωτόπουλος). **3.** (απροσ.) *-ζει* = έχει απανεμιά: *το μέρος αυτό -ει.*
απάγκιο το, ουσ. (έρρ., συνιζ.). **1.** μέρος που δεν προσβάλλεται από τη βροχή ή τον άνεμο: *καθίσαμε στ'* ~. **2.** προστασία, καταφύγιο: *τον είχε για* ~ *στη ζωή της.* [επίθ. *απάγκιος* < *από* + επίθ. *άγκειος*].
απαγκιστρώνω, ρ. (έρρ.). **Α.** (ενεργ.) βγάζω το ψάρι από το αγκίστρι. **Β.** μέσ. **1.** (για στρατιωτικό σώμα) αποφεύγω τον αποκλεισμό: *με τη βοήθειά μας ο λόχος κατάφερε να -ωθεί.* **2.** (μεταφ.) απαλλάσσομαι από κάτι δυσάρεστο: *-ώθηκε από τις κακές παρέες.*
απαγκίστρωση η, ουσ. (έρρ.), το να απαγκιστρωθεί

ή να απαγκιστρώνεται κάποιος (βλ. λ.).
απαγνάντια, επίρρ. (έρρ., συνιζ.), απέναντι: ~ στο σπίτι μας είναι το πάρκο.
απαγόρευση η, ουσ. 1. το να μην επιτρέπεται να γίνει κάτι, παρεμπόδιση: ~ της κυκλοφορίας του φαρμάκου. 2. το να απαγορεύει κανείς κάτι· (νομ.) βρίσκεται σε (δικαστική ή σε νόμιμη) ~ (= δεν μπορεί να κάνει δικαιοπραξία για ποικίλους λόγους)· το δικαστήριο κήρυξε σε ~ τον αλλοδαπό.
απαγορεύσιμος, -η, -ο, επίθ., που μπορεί να απαγορευτεί: η έξοδος από τη χώρα είναι -η κάτω από ορισμένες προϋποθέσεις.
απαγορευτικός, -ή, -ό, επίθ., που αναφέρεται σε απαγόρευση: διάταξη νόμου -ή· όρος μιας συμφωνίας ~.
απαγορεύω, ρ., δεν επιτρέπω να γίνει κάτι: σου ~ να μιλάς έτσι· (μέσ., απρόσ.) -εται το κάπνισμα.
απαγχονίζω, ρ., κρεμώ κάποιον με σκοινί από το λαιμό: οι κατάδικοι -ίστηκαν.
απαγχονισμός ο, ουσ., θανάτωση με αγχόνη, κρεμάλα: καταδικάστηκε σε -ό.
απάγω, ρ., αόρ. απήγαγα, υποτ. απαγάγω, παθ. ~ αόρ. ελλειπτ. (λόγ.), απομακρύνω βίαια, αρπάζω: απήγαγαν το γιο του εφοπλιστή.
απαγωγέας ο, πληθ. -είς, -είς, ουσ., αυτός που κάνει απαγωγή: οι -είς ζήτησαν λύτρα.
απαγωγή η, ουσ. 1. αρπαγή κάποιου προσώπου με ιδιοτελείς σκοπούς (συνήθως λύτρα) ή για πολιτικούς λόγους: ~ παιδιού / αξιωματούχου. 2. (λογική) συλλογιστική μέθοδος που από το γενικό οδηγεί στο μερικό (συνών. παραγωγή· αντ. επαγωγή). 3. (μαθημ.) μέθοδος της εις άτοπον -ής = συλλογιστική μέθοδος που αποδεικνύει την αλήθεια μιας πρότασης με την απόρριψη της αντίθετης πρότασης. 4. (γυμν.) κίνηση προς τα έξω, έκταση: ~ των χεριών (αντ. προσαγωγή).
απαγωγικός, -ή, -ό, επίθ. (λογική) που σχετίζεται με τη συλλογιστική μέθοδο της απαγωγής (βλ. λ. σημασ. 2): συλλογισμός ~· μέθοδος -ή (συνών. παραγωγικός· αντ. επαγωγικός).
απαγωγός, επίθ., ~ σωλήνας = σωλήνας που απομακρύνει από ένα χώρο τον αέρα για να ανανεωθεί η ατμόσφαιρα.
απαδειάζω, ρ. (συνιζ., ιδιωμ.), αδειάζω εντελώς: -άσανε το καράβι.
απαζάρευτος, -η, -ο, επίθ., που δεν παζαρεύτηκε: τα αγόρασα -α.
απαθανατίζω, ρ., κάνω κάποιον ή κάτι αθάνατο: οι ήρωες του Εικοσιένα -ίστηκαν· ο φωτογράφος -ισε τη σκηνή.
απαθανατισμός ο, ουσ., το να αποκτήσει κανείς διαρκή φήμη εξαιτίας των μεγάλων επιτυχιών του: ~ των ηρώων του αλβανικού πολέμου / της επανάστασης του Εικοσιένα.
απάθεια η, ουσ. (ασυνίζ.). 1. αναισθησία, σκληρότητα (αντ. ευαισθησία). 2. αταραξία: το άκουσε με μεγάλη ~ (συνών. ψυχραιμία). 3. (φιλοσ.) καταστολή των παθών: η ~ υπήρξε δίδαγμα των στωικών φιλοσόφων.
απαθής, -ής, -ές, γεν. -ούς, πληθ. αρσ. και θηλ. -είς, ουδ. -ή, επίθ., που δε συγκινείται εύκολα: τον βρίζει κι αυτός μένει ~ (συνών. ατάραχος, αναίσθητος· αντ. ευαίσθητος, ευσυγκίνητος).
απαιδαγώγητος, -η, -ο, επίθ., που δεν έχει παιδαγωγική μόρφωση, που δε μορφώθηκε (συνών. απαίδευτος, αμόρφωτος· αντ. μορφωμένος).
απαιδευσία η, ουσ., έλλειψη μόρφωσης.

απαίδευτος, -η, -ο, επίθ. 1. αμόρφωτος: άνθρωπος εντελώς ~ (συνών. απαιδαγώγητος· αντ. μορφωμένος). 2. που δε γνώρισε βάσανα, ταλαιπωρίες: πέρασε ζωή -η (συνών. αβασάνιστος· αντ. βασανισμένος, δύσκολος).
απαίνευτος, -η, -ο, επίθ., που δεν τον παίνεψαν: η επιτυχία του έμεινε -η (αντ. παινεμένος). - Επίρρ. -α.
απαισιοδοξία η, ουσ. (ασυνίζ.), το να είναι κανείς απαισιόδοξος (βλ. λ.): βλέπει το μέλλον με ~· τον κυρίεψε μεγάλη ~ (αντ. αισιοδοξία).
απαισιόδοξος, -η, -ο, επίθ. (ασυνίζ.), που βλέπει τα μελλοντικά γεγονότα χωρίς ελπίδα: ο φίλος μου είναι γεννημένος ~· στο θέμα αυτό είμαι ~ (αντ. αισιόδοξος).
απαισιοδοξώ, -είς, ρ. (ασυνίζ.), βλέπω χωρίς ελπίδα ένα γεγονός: ύστερα από όσα άκουσα ~· ανήκει σ' αυτούς που πάντοτε -ούν (αντ. αισιοδοξώ).
απαίσιος, -α, -ο, επίθ. (ασυνίζ.). 1. αποτρόπαιος: έγκλημα ~ (συνών. φρικτός). 2. καθόλου ευχάριστος: η προοπτική είναι -α· ~ ο καιρός σήμερα! 3. αντιπαθητικός: άνθρωπος ~ (αντ. συμπαθητικός)· έκφρ. τον -ο! 4. άσχημος: ρούχα -α (συνών. άκομψος· αντ. ωραίος, κομψός). - Επίρρ. -α.
απαίτηση η, ουσ. 1. εκείνο που απαιτεί, που αξιώνει κανείς: κάθε επαγγελματική τάξη έχει σήμερα τις -σεις της· αυτό το παιδί έχει πολλές -ήσεις. 2. (στον πληθ.) δικαιώματα από οφειλές: είσπραξη -ήσεων. 3. αξίωση προϊσταμένου σχετικά με τις υποχρεώσεις των υφισταμένων: ο προϊστάμενός του έχει πολλές -σεις. 4. αξίωση, φιλοδοξία: η ζωή έχει πολλές -σεις.
απαιτητής ο, ουσ., εκείνος που απαιτεί, που έχει αξιώσεις: ~ του κληρονομικού μεριδίου.
απαιτητικός, -ή, -ό, επίθ., που επίμονα απαιτεί: αυτό το παιδί είναι πολύ -ό.
απαιτώ, -είς, ρ. 1. ζητώ επίμονα κάτι: δικαιούται κανείς να -ει δικαιοσύνη. 2. επιβάλλω: έτσι -εί η δικαιοσύνη / ο νόμος (συνών. ορίζω).
άπαιχτος, -η, -ο, επίθ., που δεν παίχτηκε: -α θεατρικά έργα (αντ. παιγμένος, «ανεβασμένος»).
απακετάριστος, -η, -ο, επίθ., που δε συσκευάστηκε σε πακέτο (αντ. πακεταρισμένος).
απάκι το, ουσ. 1. τα μέρη του σώματος κοντά στα νεφρά. 2. καπνιστό κρέας. [πιθ. αλωπέκιον].
απακούμπι, βλ. αποκούμπι.
απαλαίνω, βλ. απαλύνω.
απαλάμη, βλ. παλάμη.
απαλάμιστος, -η, -ο, επίθ., που δεν αλείφτηκε με πίσσα: καράβι -ο.
απαλαριά η, ουσ. (συνιζ., ιδιωμ.), στρογγυλός δίσκος όπου τοποθετείται το αντίδωρο ή κόλλυβα μνημοσύνων. [λατ. *epularia*].
απαλείφω, ρ., διαγράφω: Κατά τη συζήτηση στη Βουλή -λείφτηκαν ορισμένες διατάξεις του νομοσχεδίου· απάλειψα ό,τι ήταν περιττό στο γραπτό μου (συνών. ακυρώνω, αφαιρώ).
απαλήθεια, επίρρ. (συνιζ.), μόνο στην έκφρ. αλήθεια κι ~ = (επιτατ.) για το παραπάνω αλήθεια.
απάλιωτος, -η, -ο, επίθ., που δεν πάλιωσε: παπούτσια -α.
απαλλαγή η, ουσ., το να απαλλάσσεται κανείς από κάτι: ~ στρατιωτική -ές φορολογικές.
απαλλακτικός, -ή, -ό, επίθ., που απαλλάσσει. βούλευμα (δικαστηρίου) -ό· απόφαση -ή.
απαλλάσσω, ρ., αόρ. απάλλαξα, παθ. αόρ. απαλλάχτηκα). 1. γλυτώνω κάποιον από κάτι (κίνδυνο,

απαλλιώς 136

υποχρέωση, κλπ.): *τον απάλλαξε από τους κόπους.* 2. απομακρύνω κάποιον από θέση, αξίωμα, κ.τ.ό.: *τον απάλλαξαν από τα καθήκοντά του* (συνών. *απολύω*). 3. αθωώνω: *ο κατηγορούμενος -χτηκε από την κατηγορία.* 4. (για στρατιωτική θητεία) απολύω κάποιον από κάθε στρατιωτική υποχρέωση εξαιτίας σωματικής ανικανότητας ή οικογενειακών, ψυχολογικών, κ.ά., λόγων.

απαλλιώς, επίρρ. (συνιζ., λαϊκ.), διαφορετικά: *κάνε κι ~, αν μπορείς.*

απαλλοτριώνω, ρ. (ασυνίζ.), (νομ.) μεταβιβάζω την κυριότητα ακινήτου χωρίς τη συγκατάθεση του ιδιοκτήτη: *το κράτος -τρίωσε πολλά οικόπεδα.*

απαλλοτρίωση η, ουσ., το να περιέρχεται στο κράτος ακίνητη περιουσία χωρίς τη συγκατάθεση του ιδιοκτήτη: *~ των τσιφλικιών της Θεσσαλίας· ~ αναγκαστική.*

απαλλοτριώσιμος, -η, -ο, επίθ. (ασυνίζ.), που μπορεί να απαλλοτριωθεί: *εκτάσεις γης -ες* (συνών. *απαλλοτριωτός·* αντ. *αναπαλλοτρίωτος*).

απαλλοτριωτός, -ή, -ό, επίθ. (ασυνίζ.), που μπορεί να απαλλοτριωθεί: *δημόσια κτήματα -ά* (συνών. *απαλλοτριώσιμος·* αντ. *αναπαλλοτρίωτος*).

απαλογέρνω, ρ., γέρνω ελαφρά.

απαλοιφή η, ουσ. (μαθημ.) εξάλειψη: *~ των παρονομαστών* (συνών. *διαγραφή*).

απαλός, -ή, -ό, επίθ. 1. τρυφερός στην αφή: *στρώμα -ό· επιδερμίδα -ή* (συνών. *μαλακός·* αντ. *σκληρός*). 2. ελαφρός (στην ένταση, στον τόνο, κλπ.): *φως -ό· φωνή -ή· χρώματα -ά* (αντ. *έντονος, δυνατός*). 3. (για άνθρωπο) που δεν είναι τραχύς (στη συμπεριφορά) (συνών. *πράος, ήπιος·* αντ. *τραχύς, βίαιος*). - Το ουδ. ως ουσ. = (ανατομ.) το μέρος των οστών του κρανίου ενός βρέφους μεταξύ του βρεγματικού και των μετωπιαίων οστών ωσότου σταθεροποιηθεί. - Επίρρ. **-ά.**

απαλοσύνη η, ουσ. 1. απαλότητα: *~ του μάγουλου* (αντ. *σκληρότητα*). 2. απουσία αυστηρότητας (στη συμπεριφορά): *δείχνει μεγάλη ~ στα παιδιά του* (συνών. *πραότητα, ηπιότητα·* αντ. *τραχύτητα, βιαιότητα*).

απαλότητα η, ουσ., το να είναι κάτι απαλό (βλ. λ.): *~ του δέρματος / ύφους / συμπεριφοράς* (συνών. *απαλοσύνη, ηπιότητα·* αντ. *τραχύτητα, σκληρότητα*).

απαλόχρωμος, -η, -ο, επίθ., που τα χρώματά του είναι απαλά: *ύφασμα -ο· δειλινό -ο.*

απαλύνω και **-λαίνω,** ρ. Α. (μτβ.) 1. κάνω κάτι απαλό: *-λαίνω το παξιμάδι στο νερό* (συνών. *μαλακώνω·* αντ. *σκληραίνω*). 2. μετριάζω την ένταση, την τραχύτητα: *ο γιατρός του απάλυνε τον πόνο·* (μεταφ.) *το έργο που διάβασα μου απάλυνε την ψυχή* (συνών. *καταπραΰνω, κατευνάζω·* αντ. *ερεθίζω, εξάπτω, διεγείρω, ξανάβω*). Β. (αμτβ.) γίνομαι ήπιος: *μου απάλυνε η διάθεση / ο πόνος.*

απαλωνίζω, ρ. (λαϊκ.), τελειώνω το αλώνισμα.

απαλώνισμα το, ουσ. (λαϊκ.), το τέλος του αλωνίσματος.

απάμβλυνση η, ουσ. (λόγ.), εξασθένηση: *η όραση του παρουσιάζει ~* (αντ. *όξυνση, ενίσχυση*).

απαμβλύνω, ρ. (λόγ.). 1. ελαττώνω ή αφαιρώ την οξύτητα, κάνω κάτι αμβλύ (αντ. *οξύνω, ενισχύω*). 2. (μεταφ.) μειώνω την ένταση: *~ τις δυσμενείς εντυπώσεις· απαμβλύνονται τα πάθη* (αντ. *εντείνω, δυναμώνω*).

απανέκαθεν, βλ. *αποανέκαθεν.*

απανεμιά η, ουσ. (συνιζ.). 1. νηνεμία: *φεγγαροβρα-*

διά κι ~. 2. μέρος που δεν τον πειράζει ο άνεμος: *κάθισα στην ~ να ξεκουραστώ* (συνών. *απάγκιο*).

απάνεμος, -η, -ο, επίθ., που δεν τον πειράζει ο άνεμος: *σπίτι / ακρογιάλι / λιμάνι -ο.* - Το ουδ. ως ουσ.: *εδώ είναι -ο.* - Επίρρ. **-α.** [αρχ. *υπήνεμος*].

απάνθισμα το, ουσ., συλλογή κομματιών από κείμενα πεζά ή έμμετρα: *~ ποιημάτων.*

απανθρακώνομαι, ρ., καίγομαι ολοκληρωτικά: *-ώθηκε η βιβλιοθήκη / η γριούλα.*

απανθρωπία και (συνιζ.) **-πιά** η, ουσ., σκληρότητα: *με το φέρσιμό του έδειξε την -πιά του* (συνών. *βαναυσότητα, αγριότητα·* αντ. *ανθρωπιά, φιλανθρωπία*).

απάνθρωπος, -η, -ο, επίθ., σκληρός, άσπλαχνος: *συμπεριφορά -η· ενέργειες -ες* (συνών. *βάναυσος, άγριος·* αντ. *φιλάνθρωπος, ευσπλαχνικός, καλός*).

απάνου, βλ. *επάνω.*

Άπαντα τα, ουσ. (ερρ.), το σύνολο των συγγραμμάτων ενός συγγραφέα: *τα ~ του Παλαμά.*

(α)πανταχούσα η, ουσ. (ερρ.), εγκύκλιος πατριάρχη κυρίως στους κληρικούς της δικαιοδοσίας του· (μεταφ.) αυστηρός γραπτός έλεγχος και γενικά έγγραφο με δυσάρεστο περιεχόμενο (απόλυση, επίπληξη, φόροι, κλπ.): *Του 'ρθε η ~· του έστειλε την ~.*

απάντεχα, βλ. *αναπάντεχα.*

απαντέχω, ρ. (ερρ.), λαϊκ.), περιμένω: *μην τον -εις δε θα 'ρθει.* [αρχ. *υπαντέχω*].

απάντηση η, ουσ. (ερρ.). 1. αυτό που λέει κανείς σε κάποιον που του έθεσε μια ερώτηση, του ζήτησε κάτι ή γενικά απευθύνθηκε σ' αυτόν (προφορικά ή γραπτά): *τον ρώτησα αλλά δε μου έδωσε καμία ~· η -ή του ήταν ένα ξερό «όχι».* 2. λύση, εξήγηση που δίνεται σε κάποιο πρόβλημα από τη λογική ή την επιστήμη: *το βιβλίο αυτό δίνει τις -εις σε όλα τα ζητήματα που σε απασχολούν.*

απαντητικός, -ή, -ό, επίθ. (ερρ.), που σχετίζεται με την απάντηση: *επιστολή -ή.*

απαντικρύ, επίρρ. (ερρ.), στο απέναντι μέρος: *κάθεται ~ και με παρακολουθεί.*

άπαντο(ν) το, ουσ. (ερρ., λαϊκ.), (νεολογ., ειρων. για σύγγραμμα μικρής αξίας) όλο κι όλο: *νομίζει πως αυτό που έγραψε αποτελεί το ~ της ανθρώπινης σοφίας!* [*άπας - άπαντα*].

απαντοχή η, ουσ. (ερρ.). 1. αναμονή (συνών. *προσδοκία*). 2. στήριγμα υλικό ή ηθικό: *είσαι η μόνη μου· Τον είχα θάρρος μου, ~ κι ελπίδα* (Ερωτόκριτος).

απάντρευτος, -η, -ο, επίθ. (ερρ.), που δεν παντρεύτηκε: *αυτή έμεινε -η* (συνών. *άγαμος, ανύπαντρος·* αντ. *παντρεμένος, έγγαμος*).

απαντώ, -άς, ρ. (ερρ.). 1. δίνω απάντηση (βλ. λ.) (προφορική ή γραπτή ή με νεύμα ή χειρονομία): *θα -ήσω σε λίγο στην ερώτησή σου· μου έγραψε αλλά δεν του -ησα ακόμη· του -ησε με ένα κούνημα του κεφαλιού.* 2. (σπάνια) συναντώ: *τον -ησα στον περίπατο.*

απάνω, βλ. *επάνω.*

(α)πανώγραμμα το, ουσ., διεύθυνση γραμμένη πάνω στο φάκελο της επιστολής.

(α)πάνωθε, επίρρ. (λαϊκ.), επάνω.

απανωκαμήλαυκο, βλ. *επανωκαλύμμαυχο.*

απάνω - κάτω, βλ. *επάνω.*

(α)πανωπροίκι το, ουσ., ό,τι δίνεται στο γαμπρό πέραν από την προίκα, επιπλέον.

(α)πανωσάγονο το, ουσ., το επάνω σαγόνι (αντ. *κατωσάγονο*).

(α)πανωσέντονο το, ουσ. (έρρ.), το σεντόνι με το οποίο σκεπάζεται κανείς (αντ. *κατωσέντονο*).

απανωσήκωμα το, ουσ., προσθήκη ορόφου σε (παλαιά) οικοδομή.

απανωσιά η, ουσ. (συνιζ., λαϊκ.), επιφάνεια: *στην ~ του νερού*.

(α)πανωσκέπασμα το, ουσ., σκέπασμα του κρεβατιού.

απανωτός, -ή, -ό, επίθ., που είναι ή έρχεται ο ένας μετά τον άλλο: *κάνει λάθη -ά· απεργίες -ές* (συνών. *αλλεπάλληλος*). - Επίρρ. **-ά**: *του 'ρθαν οι συμφορές -ά* (συνών. *αλλεπάλληλα, επανειλημμένα*).

(α)πανωχείλι το, ουσ. (λαϊκ.), το επάνω χείλος: *η δρόσο στου καλού βοριά το ~* (Ελύτης).

απαξάπαντες οι, ουσ. (έρρ.), (παιγνιωδώς) όλοι ανεξαιρέτως: *~ ήρθαν στην πρόσκληση*.

άπαξ διά παντός· αρχαϊστ. έκφρ. = μια και καλή, μια για πάντα.

απαξία η, ουσ., έλλειψη (ηθικής) αξίας: *η αξία και η ~ ορισμένων πραγμάτων*.

απαξιώ, ρ. (ασυνίζ., λόγ.), δεν καταδέχομαι: *~ να σου απαντήσω*.

άπαξ λεγόμενον· αρχαϊστ. έκφρ.· (φιλολ.) για λέξη που απαντά μία και μόνη φορά.

άπαπα, επιφ., δηλώνει έντονη άρνηση: *~! δεν το κάνω!*.

απαράβατος, -η, -ο, επίθ., που δεν μπορεί κανείς να τον παραβεί: *όρος ~· νόμοι -οι* (συνών. *απαραβίαστος, ακαταπάτητος*).

απαραβίαστος, -η, -ο, επίθ., που δεν μπορεί κανείς να τον παραβιάσει: *συμφωνία -η* (συνών. *απαράβατος, ακαταπάτητος*). - Το ουδ. ως ουσ. = το να μην μπορεί κανείς να παραβιάσει κάτι: *το -ο του οικογενειακού ασύλου / του Αγίου Όρους / του Βατικανού*.

απαράβλητος, -η, -ο, επίθ. 1. που δεν παραβάλλεται με τίποτε: *η επιτυχία του στάθηκε -η· ομορφιά / τέχνη -η* (συνών. *ασύγκριτος*). 2. (για αντίγραφο) που δεν έχει παραβληθεί, ελεγχθεί με το πρωτότυπο.

απαράγγελτος, -η, -ο, επίθ. (έρρ.), που δεν τον παράγγειλε κανείς: *μου ήρθε ο καφές ~*. - Επίρρ. **-α**.

απαραγνώριστος, -η, -ο, επίθ., που δεν παραγνωρίστηκε: *δικαιώματα -α* (αντ. *παραγνωρισμένος*). - Επίρρ. **-α**.

απαράγραπτος, -η, -ο, επίθ., που δεν παραγράφεται, που ισχύει πάντα: *τα -α δικαιώματα ενός πολίτη* (συνών. *ακατάλυτος, ακατάργητος*· αντ. *παραγραμμένος, καταργημένος, ακυρώσιμος*).

απαραδειγμάτιστος, -η, -ο, επίθ., που δεν υπάρχει γι' αυτόν άλλο παράδειγμα (συνήθως σε επίκριση): *διαγωγή -η* (= αχαρακτήριστη).

απαράδεκτος, -η, -ο, και -χτος, επίθ. 1. που δεν τον παραδέχεται, δεν τον αποδέχεται κανείς: *όρος ~· άποψη -χτη* (συνών. *αναπόδεκτος·* αντ. *παραδεκτός, αποδεκτός*). 2. ανάρμοστος: *τρόποι -οι· συμπεριφορά / διαγωγή -η* (συνών. *απρεπής, αήθης*).

απαράδοτος, -η, -ο, επίθ., που δεν παραδόθηκε: *εμειναν πολλά εμπορεύματα -α* (αντ. *παραδομένος*).

απαραίτητος, -η, -ο, επίθ., αναγκαίος: *η υπογραφή σου / η παρουσία σου είναι -η* (συνών. *χρήσιμος*). - Το ουδ. στον πληθ. ως ουσ. = ό,τι χρειάζεται κανείς στη ζωή του: *φροντίζει μόνο για τα -α· πήρα μαζί μου μόνο τα εντελώς -α*. - Επίρρ. **-α** και **-τήτως**.

απαρακάλετος, -η, -ο, επίθ. 1. που δεν τον παρακάλεσαν για κάτι: *κανείς υπουργός δε μένει ~ από τους γνωστούς του για κάποια διευκόλυνση*. 2. που ενεργεί χωρίς να τον παρακαλούν, χωρίς να του το ζητήσουν: *ήρθε ~ και βοήθησε στη μετακόμιση*. - Επίρρ. **-α** (στη σημασ. 2).

απαρακίνητος, -η, -ο, επίθ., που δεν τον παρακίνησε κανείς. - Επίρρ. **-α**.

απαρακολούθητος, -η, -ο, επίθ. 1. που δεν τον παρακολουθεί κανείς: *η Ασφάλεια δεν άφηνε -ους τους υπόπτους*. 2. που δεν τον εποπτεύει κανείς: *μαθητής ~*. 3. που δεν μπορεί να τον παρακολουθήσει κανείς: *είναι ~ στις ιδέες του*.

απαράλλαχτος, -η, -ο, επίθ., απόλυτα όμοιος: *-η η αδερφή της· στίχοι -οι· έκφρ. ίδιος κι ~: ίδιος κι ~ ο πατέρας του*· - Επίρρ. **-α**: *ακολουθεί -α το παράδειγμα του δασκάλου του*.

απαραλλήλιστος, -η, -ο, επίθ., που δεν μπορεί με τίποτε να παραλληλιστεί: *επιτυχία -η* (συνών. *απαράβλητος, ασύγκριτος, μοναδικός*).

απαραμείωτος, -η, -ο, επίθ., που δε λιγόστεψε: *τα δικαιώματά σου μένουν -α*.

απαράμιλλος, -η, -ο, επίθ., που δεν μπορεί να συγκριθεί με άλλον: *παλληκαριά / τέχνη / δεξιοτεχνία / ομορφιά -η* (συνών. *ασύγκριτος, απαράβλητος*).

απαραμόρφωτος, -η, -ο, επίθ., που δεν παραμορφώθηκε, δεν τροποποιήθηκε: *η φιλοσοφία του έφτασε σ' εμάς -η* (συνών. *αμετάβλητος·* αντ. *παραμορφωμένος*).

απαραποίητος, -η, -ο, επίθ., που δεν παραποιήθηκε: *χαρτονομίσματα -α* (συνών. *γνήσιος·* αντ. *πλαστός, παραποιημένος*).

απαραπόνετος, -η, -ο και -νευτος, επίθ., που δεν παραπονιέται, που δε δυσφορεί για κάτι: *δέκα νομάτοι μπορούσανε να πλαγιάσουνε μαζί -νευτοι* (Ψυχάρης)· *δεν άφηνε θηλυκό για θηλυκό -νετο* (ανικανοποίητο) (Καζαντζάκης).

απαρασάλευτος, -η, -ο, επίθ., που δε μεταβάλλεται: *πίστη -η· ιδανικά -ά* (συνών. *σταθερός, ακλόνητος*).

απαρασημοφόρητος, -η, -ο, επίθ., που δεν παρασημοφορήθηκε: *κανείς από τους ήρωες της μάχης δεν έμεινε ~* (αντ. *παρασημοφορημένος*).

απαράσκευος, -η, -ο, επίθ., που δεν έχει κατάλληλα προετοιμαστεί: *χώρα -η για πόλεμο* (συνών. *απροετοίμαστος·* αντ. *προετοιμασμένος, έτοιμος*).

απαρατήρητος, -η, -ο, επίθ. 1. που κανείς δεν τον παρατήρησε, δεν τον πρόσεξε: *έφυγε ~*. 2. που δεν του έγινε παρατήρηση, έλεγχος: *μαθητής ~ για την αταξία του· τα λάθη στο γραπτό του έμειναν -α*. - Επίρρ. **-α**: *η γκάφα του πέρασε -α*.

απαραχάρακτος, -η, -ο, 1. που δεν παραχαράκτηκε: *χαρτονομίσματα -α* (συνών. *γνήσιος·* αντ. *παραχαραγμένος, πλαστός*). 2. (μεταφ.) που δεν παραποιήθηκε: *ιδέες -ες· αλήθεια -η*.

απαραχώρητος, -η, -ο, επίθ., που δεν παραχωρήθηκε: *δικαίωμα -ο*.

απαρέγκλιτος, -η, -ο, επίθ. (έρρ.), που δεν παρεκκλίνει: *-η τήρηση των νόμων* (συνών. *σταθερός, αμετάιρεπτος*).

απαρεμπόδιστος, -η, -ο, επίθ. (έρρ.), που δεν παρεμποδίζεται: *ελευθερία / λειτουργία του τύπου -η* (συνών. *ανεμπόδιστος, απρόσκοπτος, ακώλυτος*· αντ. *περιορισμένος, εμποδισμένος*).

απαρεμφατικός, -ή, -ό, επίθ. (γραμμ.) που αφορά το απαρέμφατο: *τύποι -οί· σύνταξη -ή· υπόταξη -ή* (= εξάρτηση απαρεμφάτου με υποκείμενο σε αιτιατική από ρήμα).

απαρέμφατο το, ουσ. (γραμμ.) τύπος ενός ρήματος άκλιτος που δε δηλώνει πρόσωπο ή αριθμό και που στην εξέλιξή του βοήθησε να σχηματιστούν ορισμένοι ρηματικοί χρόνοι και κάποια ουσιαστικά.

απαρενόχλητος, -η, -ο, επίθ., που δεν παρενοχλήθηκε από κάποιον: *δεν αφήνει κανέναν -ο* (συνών. *ανενόχλητος*· αντ. *ενοχλημένος*).

απαρέσκεια η, ουσ., το να μην αρέσει κάτι.

απαρηγόρητος, -η, -ο, επίθ., που δεν μπορεί να παρηγορηθεί: *είναι ~ για το χαμό του γιου του.* - Επίρρ. **-α:** *κλαίει -α*.

απάρθενος, -η, -ο, επίθ. (λαϊκ.), αμόλυντος: *κορίτσι -ο· δροσιά -η* (συνών. *αγνός, παρθενικός*).

απαρίθμηση η, ουσ., αναφορά ή καταγραφή σειράς γεγονότων ή αντικειμένων: *~ των σφαλμάτων / των ευεργεσιών*.

απαριθμώ, -είς, ρ., αναφέρω ή καταγράφω σειρά γεγονότων ή αντικειμένων: *-εί όσους πέτυχαν στο διαγωνισμό*.

απαρμέγω, ρ. (λαϊκ.), συμπληρώνω το άρμεγμα: *-ξαμε τα πρόβατα*.

απαρνητής ο, θηλ. **-ήτρια**, ουσ., αυτός που αρνείται τη (θρησκευτική συνήθως) πίστη του: *~ του Χριστού*.

απαρνούμαι, -είσαι, -είται και (συνιζ.) **-ιέμαι**, ρ., αρνούμαι εντελώς (συνών. *εγκαταλείπω*). Φρ. *~ τα εγκόσμια* = ακολουθώ μοναχικό βίο.

απαρομοίαστος, -η, -ο, επίθ., που δε μοιάζει με τίποτα: *η τέχνη του είναι -η* (συνών. *ασύγκριτος*).

απαρουσίαστος, -η, -ο, επίθ., που δεν παρουσιάστηκε: *έργο -ο* (= αδημοσίευτο)· *κληρωτοί -οι* (αντ. *παρουσιασμένος*).

άπαρση η, ουσ. (για πλοίο) σήκωμα της άγκυρας και αναχώρηση (συνών. *σαλπάρισμα*· αντ. *αγκυροβόληση*).

απαρταμέντο το, ουσ. (έρρ., λαϊκ.), διαμέρισμα: *αγόρασε ωραίο ~*. [ιταλ. *appartamento*].

απαρτία η, ουσ., αριθμός μελών ενός σώματος (συλλόγου, διοικητικού συμβουλίου, κ.τ.ό.) που απαιτείται κατά τη συνεδρίαση για να είναι η συνεδρία και οι αποφάσεις έγκυρες: *δεν είχαμε ~ και αναβλήθηκε η συνεδρίαση*.

απαρτίζω, ρ. **1.** (ενεργ.) συγκροτώ, σχηματίζω. **2.** (μέσ.) αποτελώ, συνίσταμαι: *το σύγγραμμα -εται από τέσσερα μέρη*.

άπαρτος, -η, -ο, επίθ. **1.** που δεν παρέλαβε, που δεν έγινε κάτοχός του κανείς: *μερίδιο από κληρονομιά -ο* (αντ. *παρμένος*). **2.** (για κάστρο, φρούριο) που δεν κυριεύεται εύκολα (συνών. *απόρθητος*).

απαρτχάιντ το, ουσ. άκλ. (όχι έρρ.), φυλετισμός (βλ.λ.). [αγγλ. *apartheid*].

απαρχαιωμένος, -η, -ο, επίθ., που έχει απαρχαιωθεί, που έχει γίνει ασυμβίβαστος προς τη σύγχρονη εποχή: *αντιλήψεις -ες* (συνών. *ξεπερασμένος*· αντ. *μοντέρνος, σύγχρονος*).

απαρχή η, ουσ., αρχή (γεγονότος): *~ νέας εποχής*.

απαρχής, επίρρ., από την αρχή: *~ σου το είπα*. [συνεκφ. *απ' αρχής*].

άπας, μόνο στην εκφρ. *στον αιώνα τον άπαντα* = αιωνίως: *αυτό που λες δε γίνεται στον αιώνα τον άπαντα* (= ποτέ).

απασβέστωση η, ουσ. (ιατρ.) αλλοίωση των οστών του ανθρώπινου οργανισμού: *~ των οστών*.

απασπρού, επίρρ. (λαϊκ.), φρ. *τον έκανα ~* = τον έλεγξα, τον επέπληξα με δριμύτητα. [*άπασπρος* + *-ού*].

απασσάλειφτος, -η, -ο, επίθ., που δεν έχει επιχρισθεί: *τοίχος ~* (αντ. *πασσαλειμμένος, επιχρισμένος*).

απαστράπτω, ρ., λάμπω σε μεγάλο βαθμό.

απάστρευτος, -η, -ο, επίθ. (για καρπούς ή και ψάρια) που δεν παστρεύτηκε (βλ. λ.): *ψάρι -ο· τρώει τα μήλα -α* (= ακαθάριστα).

απάστωτος, -η, -ο, επίθ., που δεν παστώθηκε, που δεν αλατίστηκε: *ψάρι -ο* (αντ. *παστωμένος*).

απασφαλίζω, ρ. (για πυροβόλο όπλο) κάνω να μετακινηθεί από τη θέση του ο μηχανισμός ασφάλειας ώστε να είναι το όπλο έτοιμο για βολή (αντ. *ασφαλίζω*). - Πβ. *οπλίζω*.

απασχόληση η, ουσ. **1.** ασχολία με κάτι: *στις ελεύθερές μου ώρες βρίσκω κάποια άλλη ~* (συνών. *ενασχόληση*). **2.** ενόχληση: *με συγχωρείς για την ~*.

απασχολώ, -είς, ρ. **1.** παίρνω το χρόνο κάποιου: *αυτή η δουλειά πολύ με -εί*. **2.** εμποδίζω τη συνέχιση της εργασίας κάποιου: *μη με -είς περισσότερο!* **3.** δίνω σε κάποιον απασχόληση: *τον -ησα εωσότου ήρθε η ώρα να φύγει*. **4.** (τριτοπρόσ.) με *-εί κάτι* (= μου δίνει σκοτούρα κάτι): *τον -εί έντονα η αποκατάσταση των παιδιών του*.

απατεώνας ο, θηλ. **-ισσα**, ουσ., αυτός που κάνει απάτες, που εξαπατά: *είναι μεγάλος ~*. - Υποκορ. **-ωνίσκος** ο (συνήθως ειρων.) (συνών. *μικροαπατεώνας*).

απάτη η, ουσ. **1.** το να εξαπατά κανείς κάποιον άλλο ή το κοινωνικό σύνολο: *έχει διαπράξει ως τώρα πολλές -ες· ~ μαμούθ*. **2.** ξεγέλασμα (ακούσιο): *~ οπτική* (συνών. *πλάνη*).

απατηλός, -ή, -ό, επίθ. **1.** που απατά: *όνειρα / μέσα -ά· υποσχέσεις -ές* (συνών. *παραπλανητικός*). **2.** λαθεμένος: *εντύπωση -ή*.

απάτητος, -η, -ο, επίθ. **1.** που δεν πατήθηκε ή που δεν μπορεί (εύκολα) να πατηθεί: *μονοπάτι/βουνό -ο* (συνών. *αδιάβατος, απροσπέλαστος*). **2.** (για σταφύλια) που δεν πατήθηκαν (με τα πόδια). **3.** που δεν κυριεύθηκε ή που δεν κυριεύεται εύκολα: *κάστρο -ο* (συνών. *απόρθητος*). Φρ: *έχει α...: έχει -α τα είκοσι* = (για ηλικία) δε συμπλήρωσε το εικοστό έτος της ηλικίας του.

απατίκωτος, -η, -ο, επίθ., που δεν πατικώθηκε ή δεν μπορεί να πατικωθεί (βλ. λ.): *άχυρο -ο*.

άπατος, -η, -ο, επίθ., που δεν έχει πάτο, πυθμένα: *θάλασσα -η* (συνών. *απύθμενος*· αντ. *ρηχός, αβαθής*). - Το ουδ. στον πληθ. ως ουσ. = πολύ βαθιά νερά· έκφρ. *στ' -α* = σε περιοχή (της θάλασσας) όπου δεν πατώνει κανείς, δε βρίσκει πάτο. - Επίρρ. **-α**.

απατός, -ή, -ό, οριστ. αντων. (λαϊκ.), (μόνο με τις προσωπ. αντων. *μου, σου*, κλπ.) εγώ ο ίδιος, μόνος μου: *~ σου το κατάφερες!* [*απαυτός*<*συνεκφ. απ' αυτόν*].

Απατούρια τα, ουσ. (συνίζ.), (αρχ.) θρησκευτική γιορτή στην Αθήνα και τις άλλες ιωνικές πόλεις που διαρκούσε τρεις ημέρες.

απατώ, -άς, μέσ. **-ώμαι, -άσαι**, ρ. I. ενεργ. **1.** ξεγελώ: *με απάτησαν τα όσα μου έλεγε* (συνών. *εξαπατώ*). **2.** (για συζυγικές σχέσεις) γίνομαι μοιχός: *τον -ά η γυναίκα του*. II. (μέσ.) κάνω λάθος (συνών. *σφάλλω*).

απαύγασμα το, ουσ. **1.** ακτινοβολία: ~ *φωτός* (συνών. *λάμψη)·* (εκκλ., συνεκδ.) *το ~ της δόξας του Θεού* = ο Χριστός. **2.** (μεταφ.) συμπέρασμα: *το ~ των σκέψεων/ των διαβουλεύσεων / του προβληματισμού του* (συνών. *αποτέλεσμα*).

απαυδώ, ρ. (λόγ.), αόρ. *απηύδησα.* **1.** κουράζομαι: *απηύδησα από την κούραση/από τη ζέστη* (συνών. *αποκάμνω, καταβάλλομαι*). **2.** χάνω την υπομονή μου, δεν μπορώ να ανεχτώ πια: *απηύδησα πια με την γκρίνια σου!*

άπαυτος, -η, -ο και (λόγ.) **άπαυστος,** επίθ., συνεχής: *το -ο πέρασμα του χρόνου· γκρίνια -η* (συνών. *αδιάκοπος, ακατάπαυστος*). - Επίρρ. **-α.**

απαυτός, -ή, -ό, αντων. **1.** (στη θέση του ονόματος ενός προσώπου ή αντικειμένου που έχομε ξεχάσει πώς λέγεται ή που θέλομε να χλευάσομε): *πες στον -ό να τελειώνει· πάλι με την -ή ήσουνα;* **2.** (ως ουσ., ευφημ.) πρωκτός, πισινός. - Το ουδ. στον πληθ. = όρχεις. [συνεκφ. *απ' αυτόν ή αυταυτός*].

απαυτώνω, ρ. (με αποφυγή άλλου ρήματος) συνουσιάζομαι.

απάχης ο, θηλ. **-ισσα** η, ουσ. **1.** άτομο με ανώμαλη συμπεριφορά και αντικανονικές ενέργειες (συνών. *κακοποιός*). **2.** μόρτης (συνών. *μάγκας*). [γαλλ. *apache*].

απάχικος, -η, -ο, επίθ., που ανήκει ή ταιριάζει σε απάχη: *συμπεριφορά -η· ρούχα -α.*

απάχισσα, βλ. *απάχης.*

άπαχος, -η, -ο, επίθ. **1.** που δεν έχει πάχος ή λιπαρές ουσίες: *κρέας/φαγητό/τυρί -ο.* **2.** λιπόσαρκος: *άνθρωπος ~* (συνών. *ισχνός, αδύνατος·* αντ. *παχύς*).

απάχυντος, -η, -ο, επίθ. (έρρ), που δεν πάχυνε (συνών. *άπαχος*).

απεγκλωβίζω, ρ. (έρρ.), βγάζω, ελευθερώνω κάποιον ή κάτι που είχε εγκλωβιστεί: *τα παιδιά -ίστηκαν από το ασανσέρ.*

απεγκλωβισμός ο, ουσ. (έρρ), το να απεγκλωβίζεται κάποιος ή κάτι.

απεγνωσμένος, -η, -ο, επίθ., απελπισμένος: *προσπάθειες -ες.* - Επίρρ. **-α:** *γύρευε -α το χαμένο της παιδί.* [μτχ. παρκ. του αρχ. *απογιγνώσκω*].

απειθάρχητος, -η, -ο, επίθ., που δεν πειθαρχεί, δεν υπακούει: *παιδί -ο· στρατιώτης ~* (συνών. *ανυπάκουος·* αντ. *πειθαρχημένος*).

απειθαρχία η, ουσ., έλλειψη πειθαρχίας, ανυπακοή, ανυποταγή (συνών. *απείθεια*).

απείθαρχος, -η, -ο, επίθ., που δεν πειθαρχεί, δεν υπακούει (συνών. *απειθάρχητος, ανυπάκουος·* αντ. *πειθαρχημένος*).

απειθαρχώ, -είς, ρ., δεν υπακούω σε ανωτέρους ή μεγαλυτέρους μου (συνών. *απειθώ·* αντ. *πειθαρχώ*).

απείθεια η, ουσ. (ασυνίζ.), το να μην υπακούει κανείς, ανυποταγή: *~ στους ανωτέρους/στους γονείς/στο Θεό* (συνών. *ανυπακοή·* αντ. *υπακοή*).

απειθώ, -είς, ρ., δεν υπακούω, απειθαρχώ, παρακούω.

απεικάζω, ρ. **1.** συμπεραίνω. **2.** υποθέτω. **3.** καταλαβαίνω, εννοώ.

απείκασμα το, ουσ. **1.** εικασία, υπόθεση· συμπέρασμα. **2.** «εικόνα», εντύπωση: *~ των πραγμάτων.*

απεικονίζω, ρ. **1.** παριστάνω, δίνω την εικόνα: *ο πίνακας -ει σκηνές της καθημερινής ζωής.* **2.** (μεταφ.) εκφράζω, περιγράφω: *τα τελευταία γεγονότα -ουν τη γενικότερη κατάσταση που επικρατεί στην περιοχή.*

απεικόνιση η, ουσ., περιγραφή: *~ της κατάστασης.*

απειλή η, ουσ. **1.** κίνδυνος που πλησιάζει: *~ πολέμου/επιδημίας/τυφώνα· αποτελεί σοβαρή ~ για την πόλη μας η παρουσία βιομηχανικών εγκαταστάσεων.* **2.** φοβέρισμα, εκφοβισμός: *προσπαθούσε με -ές να την κρατήσει κοντά του· τα παιδιά δε συμμορφώνονται με -ές* (συνών. *φοβέρα*).

απειλητικός, -ή, -ό, επίθ., που εκφράζει ή ενέχει απειλή: *σηκώθηκε ~ μπροστά μου· ήρθε με -ές διαθέσεις· λόγια -ά· βλέμμα -ό· στάση -ή· τηλεφωνήματα -ά· επιστολή -ή· -ές διαδόσεις μιας κατάστασης· ύφος -ό.*

απειλώ, -είς, ρ. **I.** (ενεργ.) φοβερίζω, επιδιώκω να εκφοβίσω κάποιον προβάλλοντας απειλές: *η έκλυση ραδιενέργειας -ησε την πόλη· τον -ούσε με μαχαίρι· μην -είς τα παιδιά!* Φρ. *~ θεούς και δαίμονες* (= διατυπώνω φοβερές απειλές). **II.** (μέσ.) αποτελώ κίνδυνο, απειλή: *-ούνται αντίποινα/ταραχές· -είται καταστροφή.*

απειράριθμος, -η, -ο, επίθ., άπειρος σε αριθμό (συνών. *αναρίθμητος, αμέτρητος*).

απείραχτος, -η, -ο, επίθ. **1.** που δεν τον ενόχλησαν: *δεν αφήνει άνθρωπο -ο* (συνών. *ανενόχλητος*). **2.** που δεν έχει υποστεί (σωματική) βλάβη, σώος: *η φωτιά τον άφησε -ο* (συνών. *αβλαβής*). **3.** άθικτος, ανέπαφος, ακέραιος: *φαγητό -ο· χρήματα -α.*

απειρία η, ουσ., έλλειψη πείρας, άγνοια: *έχει ~ σε τέτοια πράγματα· η ~ των παιδιών τα οδηγεί σε σφάλματα* (αντ. *εμπειρία*).

άπειρο το, ουσ. **1.** το απέραντο διάστημα, αχανείς εκτάσεις του σύμπαντος: *χάθηκε στο ~· ο άνθρωπος προσπαθεί να κατακτήσει το ~.* **2.** (φιλοσ.) αυτό που δεν έχει πέρας, τέλος, αυτό που δηλώνει τη μονιμότητα και σταθερότητα των πραγμάτων, το αντίθετο του «πεπερασμένου». **3.** (μαθημ.) έννοια απόλυτα καθορισμένη που συμβολίζεται με το σύμβολο ∞.

απειροελάχιστος, -η, -ο, επίθ., αφάνταστα μικρός, ανυπολόγιστα μικρός: *-α μόρια ύλης* (συνών. *απειροστός·* αντ. *υπερμεγέθης*).

απειρόκαλος, -η, -ο, επίθ., που δεν έχει καλό γούστο (συνών. *ακαλαίσθητος, κακόγουστος·* αντ. *φιλόκαλος, καλαίσθητος*).

απειροπόλεμος, -η, -ο, επίθ., που δεν έχει πείρα πολέμου (αντ. *εμπειροπόλεμος*).

άπειρος, -η, -ο, I. επίθ., που δεν έχει πείρα, αμαθής: *είναι -η από τη ζωή· είναι ~ στη δουλειά* (= αρχάριος)· *~ πολέμου· ~ τέχνης* (συνών. *αδαής·* αντ. *έμπειρος, ψημένος*). [αρχ.<στερ. α- + *πείρα*].

άπειρος, -η, -ο, II. επίθ. **1.** που δεν έχει τέλος, όρια, αχανής: *το -ο διάστημα· χρόνος ~· ο Θεός είναι ~·* (μεταφ.) *ευγνωμοσύνη/αγάπη -η* (συνών. *απέραντος*). **2.** αναρίθμητος: *πλούτη -α· έφτασε σε μας με -ες προφυλάξεις· φορές -ες* (συνών. *αμέτρητος·* αντ. *ελάχιστος*). [αρχ. *άπειρος*<στερ. α- + *πέρας*].

απειροστικός, -ή, -ο, επίθ., που αναφέρεται στον άπειρα μικρό: (μαθημ.) *λογισμός ~· ανάλυση -ή· γεωμετρία -ή* (που ασχολούνται με τα απειροστά).

απειροστός, -ή, -ό, επίθ. **1.** (ως τακτικό αριθμητικό του *άπειρος*): *του τα 'πα για -ή φορά.* **2.** ανυπολόγιστα μικρός, αφάνταστα μικρός: *ποσότητα -ή* (συνών. *απειροελάχιστος*). - Το ουδ. ως ουσ. = 1 το απειροελάχιστο μέρος ενός όλου, μιας ποσότητας. **2.** (μαθημ.) ποσότητα με απόλυτη τιμή μικρότερη από οποιαδήποτε «πεπερασμένη» θετική ποσότητα χωρίς να φτάνει στο μηδέν.

απειρότητα η, ουσ., το να μην έχει ένας χώρος ή ένα μέγεθος κανένα όριο, τέλος ή άκρη: ~ *του σύμπαντος*.

απείρως, επίρρ., ανυπολόγιστα, σε αφάνταστο βαθμό: ~ *ωραιότερο/καλύτερο*.

απέκκριση η, ουσ. (βιολ.) βασική λειτουργία με την οποία ο οργανισμός αποβάλλει τις άχρηστες ουσίες.

απεκκριτικός, -ή, -ό, επίθ., που συντελεί στην απέκκριση: *όργανα* (*του ανθρώπινου σώματος*) -*ά*.

απέλαση η, ουσ., εκδίωξη, βίαιη απομάκρυνση· (ως νομ. όρος) απομάκρυνση αλλοδαπών από τη χώρα συνήθως για λόγους ασφαλείας: *η κυβέρνηση ζήτησε την ~ του τρομοκράτη* (συνών. *έκδοση*).

απελάτης ο, ουσ. 1. κλέφτης ζώων. 2. είδος πολεμιστή στα σύνορα του βυζαντινού κράτους. 3. γενναίος πολεμιστής, παλληκάρι.

απελατίκι το, ουσ., ρόπαλο που χρησιμοποιούσαν οι απελάτες.

απελαύνω, ρ., εκδίδω, απομακρύνω από τα όρια της χώρας, εξορίζω: -*λάθηκαν λόγω του πολέμου όλοι οι ξένοι διπλωμάτες*.

απελέκητος, -η, -ο, επίθ. 1. που δεν πελεκήθηκε: *κούτσουρα -α* (αντ. *πελεκημένος*). 2. (μεταφ.) που έχει τραχείς τρόπους (συνών. *άξεστος, άγριος*). Παροιμ. *άνθρωπος αγράμματος, ξύλο -ο*.

απελεύθερος, -η, -ο, επίθ. (ιστ.) δούλος που απόκτησε την ελευθερία του.

απελευθερώνω, ρ. 1. αποδίδω σε κάποιον την ελευθερία του: *οι Έλληνες -ώθηκαν από τον τουρκικό ζυγό μετά από τετρακόσια χρόνια σκλαβιάς* (συνών. *ελευθερώνω*· αντ. *υποδουλώνω, σκλαβώνω*). 2. (μεταφ.) απαλλάσσω κάποιον από κάτι κακό: -*ωμένοι από πάθη τους* (αντ. *υποδουλώνω*).

απελευθέρωση η, ουσ. 1. απόδοση σε κάποιον της ελευθερίας του: ~ *της Ελλάδας από τη γερμανική κατοχή* (συνών. *λευτέρωμα*· αντ. *υποδούλωση*). 2. (μεταφ.) απαλλαγή από κάποιο κακό: *από τα πάθη* (αντ. *υποδούλωση*). 3. αποφυλάκιση (αντ. *φυλάκιση*). 4. (οικον.) ~ *αγοράς* = καθιέρωση ελεύθερου καθεστώτος εμπορικών συναλλαγών.

απελευθερωτής ο, θηλ. **-ώτρια**, ουσ., αυτός που αποδίδει σε κάποιον την ελευθερία του, λυτρωτής (συνών. *ελευθερωτής*· αντ. *υποδουλωτής*).

απελευθερωτικός, -ή, -ο, επίθ., που αναφέρεται στην απελευθέρωση: *αγώνες -οί*.

απελευθερώτρια βλ. *απελευθερωτής*.

απέλλα η, ουσ. (ιστ.) η «εκκλησία του δήμου» στην αρχαία Σπάρτη. [μτγν. πληθ. *απέλλαι*].

απελπίζω, ρ. Ι. (ενεργ.) κάνω κάποιον να χάσει την ελπίδα του: *οι γιατροί τους -ισαν*. ΙΙ. (μέσ.) χάνω την ελπίδα μου, απογοητεύομαι: *έχει -ιστεί μετά το θάνατο της γυναίκας του* (αντ. *ελπίζω*).

απελπισία η, ουσ., απώλεια κάθε ελπίδας, απόγνωση: *έπεσε σε μαύρη ~· κατάσταση/κραυγή/πράξη -ίας* (αντ. *ελπίδα, προσδοκία*).

απελπισμένος, -η, -ο, μτχ. επίθ., που έχει χάσει κάθε ελπίδα, απεγνωσμένος: *νιώθει ~*.

απελπισμός ο, ουσ., απώλεια κάθε ελπίδας (συνών. *απελπισία, απόγνωση*).

απελπιστικός, -ή, -ό, επίθ., που προκαλεί απελπισία: *κατάσταση -ή· νέα -ά· η εμφάνιση της ομάδας ήταν -ή* (συνών. *αποκαρδιωτικός*· αντ. *ελπιδοφόρος*). - Επίρρ. *-ά*: *είναι -ά απαισιόδοξος*.

απεμπλέκομαι, ρ. 1. ξεμπλέκομαι. 2. παύω να είμαι αναμεμιγμένος κάπου.

απεμπόληση η, ουσ. (ερρ., λόγ.), αθέτηση ανειλημμένων ηθικών υποχρεώσεων, εγκατάλειψη, προδοσία: ~ *των εθνικών δικαίων/της ταυτότητάς μας*.

απεμπολώ, -είς, ρ. (ερρ., λόγ.), αθετώ ανειλημμένες ηθικές υποχρεώσεις, εγκαταλείπω, προδίδω: ~ *τα συμφέροντα της πολιτείας/την ελληνική ιθαγένεια*.

απέναντι, επίρρ. (ερρ.). 1. αντίκρυ: *το σπίτι τους είναι ~ στη θάλασσα· κάθονται ~ από το μουσείο*. 2. ενώπιον, μπροστά σε κάποιον: *δεν τόλμησε να εμφανιστεί ~ μου*. 3. (μεταφ., για συμπεριφορά προς κάποιον): *δεν είσαι εντάξει ~ μου*. 4. (συγκριτικά): *η ομορφιά της κόρης ~ στης μητέρας ωχριά*.

απεναντίας, επίρρ. (ερρ.), αντιθέτως: *όχι μόνο δεν είναι αδιάφορος, αλλά ~ θα μας βοηθήσει*. [συνεκδ. μτγν. *απ' εναντίας*].

απενταρία η, ουσ. (ερρ.), έλλειψη χρημάτων, αναπαραδιά: *έχει μεγάλες -ίες* (συνών. *αδεκαρία*).

απένταρος, -η, -ο, επίθ., που δεν έχει χρήματα (συνών. *αδέκαρος*).

απεντόμωση η, ουσ. (ερρ.), η θανάτωση με τοξικά αέρια των εντόμων που βρίσκονται σε φυτά, τρόφιμα, κλπ.: ~ *τροφίμων/φυτικών προϊόντων· θάλαμος/διάρκεια -ης*.

απεντομωτήριο το, ουσ. (ερρ., ασυνίζ.), εργαστήριο καταστροφής των εντόμων που βρίσκονται στα τρόφιμα, φυτά, κλπ.: -*α τροφίμων*.

απεξάρτηση, βλ. *αποεξάρτηση*.

απέξω και (λαϊκ.) **απόξω**, επίρρ. 1. (για να δηλωθεί κίνηση) από το έξω μέρος, έξω από...: *η λιτανεία πέρασε ~ από το σπίτι τους· τι μας έφερες ~;* 2. (για να δηλωθεί στάση) στο έξω μέρος: *στάθηκε ~ από την είσοδο*. 3. (για να δηλωθεί αποκλεισμός από κάτι): *έγιναν οι νέες προσλήψεις, αλλά ο αδελφός του έμεινε πάλι ~*. 4. «από μνήμης», με αποστήθιση: *πρέπει να μάθετε το ποίημα ~· ξέρει το μάθημα ~ κι ανακατωτά* (= πολύ καλά, «νεράκι»). Εκφρ. *~ ~* (= έμμεσα, με περιστροφές, με υπαινιγμούς): *θα του πούμε τα νέα ~ ~· ~ κούκλα κι από μέσα πανούκλα* (για ανθρώπους υποκριτές). - Έναρθρ. συνήθως στον πληθ. = αυτοί που δεν είναι οικείοι ή δε μετέχουν σε κάτι: *οι ~ δεν έχουν λόγο στα οικογενειακά μας*.

απέξω-μεριά, επίρρ. (συνιζ.), από την έξω μεριά, έξω από.

άπεπτος, -η, -ο, επίθ. (για φαγητά) που δε χωνεύτηκε (συνών. *αχώνευτος*· αντ. *χωνεμένος*).

απεραντολογία η, ουσ. (ερρ.), ατέλειωτη φλυαρία: *μας κούρασε με την ~ της* (συνών. *πολυλογία*).

απεραντολόγος -α, -ο, επίθ. (ερρ.), που φλυαρεί ατελείωτα.

απεραντολογώ, -είς, ρ. (ερρ.), φλυαρώ, μιλώ ατελείωτα.

απέραντος, -η, -ο, επίθ. (ερρ.). 1. που δεν έχει τέλος, όρια: *έκταση -η· καιροί -οι* (συνών. *άπειρος, ατελείωτος*). 2. που δεν μπορεί να τον υπολογίσει κανείς: *πλήθος -ο* (συνών. *ανυπολόγιστος*). 3. (μεταφ.): *αγάπη/καλοσύνη -η* (συνών. *άπειρος, ατελείωτος*).

απεραντοσύνη η, ουσ. (ερρ.). 1. το να είναι κάτι απέραντο, άπειρο, ατελείωτο: *η ~ της θάλασσας· καταπράσινη ~ της πλαγιάς* (Ι.Μ. Παναγιωτόπουλος). **2.** (μεταφ.) στην ~ των ματιών της· η ~ της καλοσύνης του.

απέραστος, -η, -ο, επίθ. **1.** που δεν μπορεί κανείς να τον ξεπεράσει (συνών. αξεπέραστος, ανυπέρβλητος). **2.** που δεν μπορεί κανείς να τον διαβεί: ποτάμι -ο (συνών. αδιάβατος). **3.** που δεν τον έχουν περάσει (από κάπου): η κλωστή είναι -η στη βελόνα. **4.** που δεν τον έχουν καταχωρίσει (κάπου): έχω -α τα έξοδα (συνών. ακαταχώριστος). **5.** (για βιβλίο) που δεν το έχουν διαβάσει (συνών. αδιάβαστο).

απεργία η, ουσ., ομαδική αποχή των εργαζομένων από την εργασία τους με πρόθεση να επιβάλουν συγκεκριμένες αξιώσεις τους: *εργαζόμενοι κατέβηκαν σε σαρανταοχτάωρη ~· ~ γενική / μερική· ~ αλληλεγγύης.* Έκφρ. *~ πείνας* (= άρνηση κάποιου να δεχτεί τροφή με σκοπό να πετύχει ικανοποίηση αιτημάτων του).

απεργιακός, -ή, -ό, επίθ. (ασυνίζ.), που ανήκει ή αναφέρεται στην απεργία: *αγώνες -οί· κινητοποιήσεις -ές· επιτροπή -ή.*

απεργός ο και η, ουσ., ο εργαζόμενος που παίρνει μέρος σε απεργία: *οι απεργοί έκαναν πορεία προς το υπουργείο.* [μτγν. επίθ. *άπεργος*].

απεργοσπάστης ο, θηλ. **-στρια**, ουσ. **1.** ο εργαζόμενος που δεν παίρνει μέρος σε απεργία. **2.** αυτός που προσφέρεται να εργαστεί κατά τη διάρκεια απεργίας στη θέση των απεργών. [*απεργία* + *σπάζω*].

απεργοσπαστικός, -ή, -ό, επίθ., που αναφέρεται στους απεργοσπάστες: *μηχανισμός ~.*

απεργοσπάστρια, βλ. *απεργοσπάστης*.

απεργώ, -είς, ρ., κάνω απεργία, απέχω από την εργασία μου: *αύριο θα απεργήσουν οι τραπεζικοί υπάλληλοι.*

απερηφάνευτος, -η, -ο, επίθ., που δεν έχει υπερηφάνεια, αλαζονεία: *απλός κι ~* (συνών. *καταδεκτικός·* αντ. *υπερήφανος, αλαζονικός*).

απερίγραπτος, -η, -ο, επίθ. **1.** που δεν μπορεί να τον περιγράψει κανείς· απεριόριστος, εξαιρετικός: *η χαρά μας ήταν -η· τοπίο -ο* (συνών. *ανείπωτος*). **2.** (εκκλ. για το Θεό) απροσδιόριστος. **3.** (με κακή σημασ.) ανεκδιήγητος: *η συμπεριφορά του ήταν -η!*

απερίθαλπτος, -η, -ο, επίθ., που δε δέχτηκε περίθαλψη, ιατρική και άλλη φροντίδα: *τους άφησαν -ους στο διάδρομο του νοσοκομείου.*

απεριοδικός, -ή, -ό, επίθ. (ασυνίζ), που δεν τον χαρακτηρίζει περιοδικότητα, που δεν κινείται ή δε συμβαίνει σε ορισμένη περίοδο: *κινήσεις -ές* (αντ. *περιοδικός*). [στερ. *α-* + *περιοδικός*].

απεριόριστος, -η, -ο, επίθ. (ασυνίζ.). **1.** που δεν έχει όρια, παρά πολύ μεγάλος: *εκτάσεις -ες· του 'δωσαν -ο χρόνο να ετοιμαστεί· εξουσία -η· -η θέα* (συνών. *απέραντος·* αντ. *περιορισμένος*). **2.** που δεν έχει περιορισμούς, εμπόδια, ελεύθερος: *παιδί -ο· -η ελευθερία κινήσεων* (συνών. *ανεμπόδιστος·* αντ. *περιορισμένος*).

απεριποίητος, -η, -ο, επίθ. **1.** που δεν έχει δεχτεί περιποιήσεις, φροντίδες: *άρρωστος / κήπος / επισκέπτης ~* (συνών. *αφρόντιστος·* αντ. *περιποιημένος*). **2.** ατημέλητος: *εμφάνιση/γυναίκα -η* (αντ. *περιποιημένος*).

απερίσκεπτος, -η, -ο και **-φτος**, επίθ., που τον χαρακτηρίζει απερισκεψία, επιπολαιότητα, α-συλλόγιστος: *άνθρωπος ~· πράξη -η* (συνών. *επι-*

πόλαιος, ασύνετος· αντ. *συνετός*). - Επίρρ. **-α:** *ενεργεί -α.*

απερισκεψία η, ουσ. **1.** έλλειψη σύνεσης, αφροσύνη, επιπολαιότητα (συνών. *ασυλλογισιά·* αντ. *περίσκεψη*). **2.** πράξη απερίσκεπτη, ασυλλόγιστη: *μην κάνεις -ίες!*

απερίσπαστος, -η, -ο, επίθ., που δε δέχεται περισπασμούς, που δεν αποσπάται η προσοχή του: *ενδιαφέρον -ο· κάνει τη δουλειά του ~.*

απεριτίφ το, ουσ. άκλ., ποτό που σερβίρεται πριν από το φαγητό ως ορεκτικό. [γαλλ. *apéritif*].

απεριτοίχιστος, -η, -ο, επίθ., που δεν έχει περιφραχθεί, περικλεισθεί με τοίχο: *κήπος ~· αυλή -η* (συνών. *αμάντρωτος·* αντ. *περιφραγμένος*).

απέριττος, -η, -ο, επίθ., που δεν έχει τίποτε περιττό, απλός, λιτός: *τρόποι -οι· ύφος -ο· εμφάνιση/ διακόσμηση/τροφή -η.* - Το ουδ. ως ουσ. = απλότητα: *το -ο του χαρακτήρα.*

απερίφραστος, -η, -ο, επίθ., που διατυπώνεται χωρίς περιστροφές, ρητά: *γνώμη/καταγγελία -η* (συνών. *ρητός*). - Επίρρ. **-α:** *μίλησε -α.* [στερ. *α-* + *περιφράζομαι*].

απερίφραχτος, -η, -ο, επίθ., που δεν έχει περιφραχθεί: *αμπέλι -ο* (συνών. *άφραχτος·* αντ. *περιφραγμένος*).

απεριφρούρητος, -η, -ο, επίθ., που δε φρουρείται, δε φυλάγεται (συνών. *αφρούρητος, αφύλαχτος·* αντ. *φυλαγμένος*).

απερπάτητος, -η, -ο, επίθ. **1.** που δεν έχει περπατηθεί. **2.** (μεταφ.) που δεν έχει πείρα της ζωής: *άνθρωπος ~· γυναίκα -η* (αντ. *στις σημασ.* 1 *και* 2 *περπατημένος*).

απεσταλμένος ο, θηλ. **-η**, ουσ. **1.** αυτός που στέλνεται ως εκπρόσωπος με ειδικές εντολές για να διαπραγματευθεί κάποιο ζήτημα: *~ ειδικός/διπλωματικός/στρατιωτικός.* **2.** δημοσιογράφος που αποστέλλεται από μιαν εφημερίδα σε άλλη χώρα για να συγκεντρώσει πληροφορίες σχετικές με κάποιο γεγονός.

απετάλωτος, -η, -ο, επίθ., που δεν έχει πεταλωθεί: *άλογο -ο* (αντ. *πεταλωμένος*).

απευθείας, επίρρ. **1.** κατευθείαν, χωρίς ενδιάμεση στάση: *το αεροπλάνο από Θεσσαλονίκη πάει ~ στο Μόναχο.* **2.** χωρίς μεσολαβήσεις: *θα μιλήσω ~ στο διευθυντή· ~ τηλεφωνική κλήση.* [έκφρ. *απ' ευθείας*].

απευθύνω, ρ., παρατ. και αόρ. *απηύθυνα*, πληθ. *απευθύναμε*. I. ενεργ. **1.** αποτείνω. *~ το λόγο/ χαιρετισμό· τα σχόλια/το γράμμα απευθύνεται σε σένα.* **2.** αποστέλλω: *~ επιστολή/έκκληση βοήθειας.* II. μέσ. **1.** αποτείνομαι: -ύνθηκαν στον υπουργό για το ζήτημα. **2.** μιλώ σε κάποιον: -ύνθηκε σ' εμένα.

απευθυσμένο το, ουσ., το τελευταίο τμήμα του παχέος εντέρου που καταλήγει στον πρωκτό.

απευκταίο το, ουσ. (λόγ.). **1.** ατύχημα, δυστύχημα. **2.** ο θάνατος. [το ουδ. του επιθ. *απευκταίος* ως ουσ.].

απευκταίος, -α, -ο, επίθ. (λόγ.), που ευχόμαστε να μη συμβεί (συνών. *ανεπιθύμητος*).

απευχή η, ουσ. **1.** η ευχή να μη συμβεί κάτι, το να απεύχεται (βλ. λ.) κανείς κάτι. **2.** φράση που μερικές φορές συνοδεύεται από μαγική πράξη και έχει σκοπό να ματαιώσει την ενέργεια άλλης λέξης ή φράσης που δηλώνει κάτι κακό, όπως οι φράσεις «Χριστός και Παναγία», «χτύπα ξύλο», κλπ.

απεύχομαι, ρ., εύχομαι να μη συμβεί κάτι.

άπεφθος, -η, -ο, επίθ., στη λόγ. εκφρ. *άπεφθος χρυσός* = γνήσιος.

απεχθάνομαι, ρ., αισθάνομαι απέχθεια, αποστροφή για κάτι, αντιπαθώ κάτι πολύ: *~ τη συντροφιά του· την -εται· -εται τις κολακείες* (συνών. αποστρέφομαι).

απέχθεια η, ουσ., αποστροφή, αντιπάθεια: *μου προκαλεί ~ και μόνο η σκέψη του.*

απεχθής, -ής, -ές, γεν. -ούς, πληθ. αρσ. και θηλ. -είς, ουδ. -ή, επίθ., που προκαλεί απέχθεια, αποστροφή, αντιπάθεια: *θέαμα -ές· άνθρωπος ~* (συνών. αντιπαθής, αποτρόπαιος).

απέχω, ρ. 1. είμαι μακριά, βρίσκομαι σε απόσταση από κάτι: *το χωριό -ει δέκα χιλιόμετρα· αποδώ το σπίτι μας δεν -ει πολύ.* 2. (χρον.): *τα γεγονότα, για τα οποία έγινε λόγος, -ουν αρκετά χρόνια το ένα απ' τ' άλλο.* 3. δε μετέχω σε κάτι, δεν παίρνω μέρος σε κάτι: *τα περισσότερα μέλη -ουν από τα συμβούλια* (αντ. συμμετέχω). 4. (για τροφή) δεν τρώγω, είμαι εγκρατής. 5. διαφέρω πολύ: *η στάση που κράτησαν -ει πολύ από τη δική μας* (αντ. μοιάζω).

απήγανος ο και **απήγανο** το, ουσ., είδος αρωματικού και φαρμακευτικού φυτού. Φρ. *ξορκίζω κάποιον με τον -ο* (= απομακρύνω κάποιον, απαλλάσσομαι από την παρουσία του). [προθετ. α + αρχ. πήγανον].

απηνής, -ής, -ές, γεν. -ούς, πληθ. αρσ. και θηλ. -είς, ουδ. -ή, επίθ. (λόγ.), αμείλικτος, πολύ σκληρός, άτεγκτος.

απήχηση η, ουσ. 1. αντίκτυπος, αποτέλεσμα. 2. εντύπωση: *η ομιλία του είχε μεγάλη ~ στο κοινό.*

άπηχτος, -η, -ο, επίθ. 1. που δεν έχει πήξει, που δεν έχει πάρει στερεά μορφή: *τυρί -ο· γιαούρτι -ο· κρέμα -η* (αντ. πηγμένος). 2. (μεταφ.): *μυαλό -ο* (συνών. ανώριμος· αντ. ώριμος).

απηχώ, -είς, ρ. 1. εκπροσωπώ, αντιπροσωπεύω: *η δήλωση του υπουργού -εί πλήρως την κυβερνητική άποψη για το θέμα.* 2. προκαλώ αντίκτυπο, εντύπωση: *η ενέργεια αυτή -ησε ευνοϊκά.*

άπιαστος, -η, -ο, επίθ. 1. που δεν μπορεί να πιαστεί, που δεν πιάστηκε: *πουλί -ο· εγκληματίας ~* (συνών. ασύλληπτος· αντ. πιασμένος)· (μεταφ.) πολύ έξυπνος: *είναι ~· -ο πουλί.* 2. που δε χρησιμοποιήθηκε, δεν τον μεταχειρίστηκαν, ακέραιος: *βιβλίο/πουκάμισο/φαγητό -ο* (συνών. αμεταχείριστος).

απίδι το, ουσ., ο καρπός της απιδιάς (συνών. αχλάδι). Φρ. *(θα σου δείξω) πόσα -ια βάνει / παίρνει ο σάκος* (ως απειλή). - Υποκορ. **-ακι** το. [παλαιότερο *-ιον*<αρχ. *άπιον*].

απιδιά η, ουσ. (συνιζ.), οπωροφόρο δέντρο (συνών. αχλαδιά).

απίθανος, -η, -ο, επίθ. 1. που δεν είναι πιθανός, ευλογοφανής, πιστευτός: *κατάσταση / περίπτωση -η· πράγμα -ο· το θεωρώ/μου φαίνεται -ο* (συνών. απίστευτος). 2. πάρα πολύ ωραίος, εκπληκτικός: *τι ~ τύπος!* - Επίρρ. στη σημασία 2 **-α**: *πέρασα -α.*

απιθανότητα η, ουσ., το να μην μπορεί να είναι κάτι αληθινό ή δυνατόν (αντ. πιθανότητα).

απιθώνω, ρ., αφήνω, τοποθετώ: *-ωσε τη βαλίτσα κάτω.* [* *αποθώνω < αποθέτω*].

απίκο και **απίκου**, επίρρ., κάθετα, κατακόρυφα. Φρ. *είμαι ~* (= είμαι έτοιμος για αναχώρηση). [ιταλ. a picco].

απίκραντος, -η, -ο, επίθ. (έρρ., λαϊκ.), που δεν πικράθηκε, δε στενοχωρέθηκε: *άνθρωπος ~* (αντ. πικραμένος).

απιλογούμαι και **απιλογιέμαι**, ρ. (λαϊκ.), δίνω απάντηση: *δε μου -ήθηκε τίποτα* (συνών. αποκρίνομαι, απαντώ).

απίσσωτος, -η, -ο, επίθ., που δεν είναι καλυμμένος με πίσσα: *καράβι -ο* (αντ. πισσωμένος).

απίστευτος, -η, -ο, επίθ., που δε γίνεται πιστευτός: *όλα αυτά που μου λες είναι -α.* - Επίρρ. **-α** = υπερβολικά: *νιώθω -α μόνη.*

απιστία η, ουσ. 1. έλλειψη πίστης, ανειλικρίνεια, δυσπιστία: *μου φέρθηκε με ~.* 2. το να μην πιστεύει κανείς στο Θεό, έλλειψη θρησκευτικής πίστης. 3. έλλειψη ή παραβίαση συζυγικής πίστης: *του κάνει πολλές -ίες.* 4. (νομ.) το αδίκημα του δημόσιου υπαλλήλου που από δόλο μειώνει τη δημόσια περιουσία.

απίστομα και **πίστομα**, επίρρ. (λαϊκ.), μπρούμυτα: *ξάπλωσε ~.*

απιστοποίητος, -η, -ο, επίθ., που δεν πιστοποιήθηκε: *είναι -η η ώρα του θανάτου του* (αντ. πιστοποιημένος).

άπιστος, -η, -ο, επίθ. 1. που δεν πιστεύει, φιλύποπτος, δύσπιστος· εκφρ. *~ Θωμάς* (= υπερβολικά δύσπιστος) (αντ. εύπιστος). 2. που δεν πιστεύει στο Θεό, που δεν έχει θρησκευτική πίστη (αντ. πιστός). 3. που δεν τον χαρακτηρίζει πίστη, ανειλικρινής, δόλιος: *φίλος/σύζυγος ~* (αντ. πιστός). - Επίρρ. στη σημασ. 1 **-α**: *μου φέρθηκες -α.*

απιστώ, -είς, ρ. 1. δεν πιστεύω εύκολα, αμφιβάλλω: *-εί διαρκώς στα λόγια μου* (συνών. δυσπιστώ). 2. δεν πιστεύω στο Θεό, δεν έχω θρησκευτική πίστη. 3. δεν είμαι πιστός, δεν κρατώ το λόγο μου, είμαι ανειλικρινής: *-ησα στον καρδιακό μου φίλο.*

απισχνανση η, ουσ. (λόγ.), το να γίνεται κανείς ισχνός, να αδυνατίζει (συνών. αδυνάτισμα).

άπιωτος, -η, ο, επίθ. 1. που δεν τον ήπιαν: *κρασί -ο* (αντ. πιωμένος). 2. που δεν ήπιε, δε μέθυσε: *αυτές τις μέρες γυρίζει ~* (αντ. πιωμένος).

άπλα η, ουσ., άνεση χώρου: *στα καινούργια μας γραφεία έχομε μεγάλη ~* (συνών. ευρυχωρία).

απλάγιαστος, -η, -ο, επίθ. 1. που δεν πλάγιασε, δεν ξάπλωσε (αντ. πλαγιασμένος). 2. που δεν έχει κλίση, δεν είναι γυρτός (αντ. πλαγιαστός).

απλάδα η, I. ουσ., ανοιχτός υπαίθριος χώρος, απλωσιά. [*άπλα + -άδα*].

απλάδα η, II. ουσ., μεγάλη πιατέλα. [*απλάδι + -α*].

απλάδενα. η, ουσ., σκεύος φαγητού πλατύ και ρηχό, πιατέλα. [συμφ. *απλάδα + πιατέλα*<βενετ. piadena].

απλάνευτος, -η, -ο, επίθ., που δεν πλανεύτηκε, δεν παρασύρθηκε: *κοπέλα -η* (αντ. πλανεμένος).

απλανής, -ής, -ές, γεν. -ούς, πληθ. αρσ. και θηλ. -είς, ουδ. -ή, επίθ. 1. που δεν πλανιέται, δεν κινείται, σταθερός: *βλέμμα -ές.* 2. (αστρον.) που φαίνεται ότι διατηρεί σταθερή θέση στο στερέωμα: *-είς αστέρες.*

απλανιάριστος, -η, -ο, επίθ. (συνιζ.), που δε δουλεύτηκε με την πλάνη (αντ. πλανισμένος).

απλάνιστος, -η, -ο, επίθ., που δε δουλεύτηκε με την πλάνη: *δοκάρι -ο* (συνών. απλανιάριστος· αντ. πλανισμένος).

άπλαστος, -η, -ο, επίθ., που δεν πλάστηκε, δε σχηματίστηκε: *ψωμί -ο· σώμα παιδιού -ό* (συνών. ασχημάτιστος). - Το αρσ. ως ουσ. = αυτός που δεν πλάστηκε, δε δημιουργήθηκε από άλλον, ο Θεός.

απλειστηρίαστος, -η, -ο, επίθ., που δε βγήκε σε πλειστηριασμό.

άπλερος, -η, -ο, επίθ., που δε σχηματίστηκε, ατροφικός (συνών. ασχημάτιστος). [στερ. α- + πλέριος].

απλεύριστος, -η, -ο, επίθ. 1. που δεν πλεύρισε, που δεν πλησίασε: *πλοίο -ο*. 2. που δεν μπορεί κανείς να τον πλευρίσει, να τον πλησιάσει (συνών. απλησίαστος, αζύγωτος).

άπλεχτος, -η, -ο, επίθ., που δεν πλέχτηκε: *μαλλιά -α* (αντ. *πλεγμένος*).

απλήγιαστος, -η, -ο, επίθ., που δεν έχει πληγές (από αρρώστια): *είναι χρόνια κατάκοιτος, αλλά ευτυχώς παραμένει* ~ (αντ. *πληγιασμένος*).

απλήγωτος, -η, -ο, επίθ. 1. που δεν πληγώθηκε, δεν τραυματίστηκε (συνών. *ατραυμάτιστος*· αντ. *πληγωμένος, τραυματισμένος*). 2. (μεταφ.) που δε γνώρισε ψυχικές δοκιμασίες: *καρδιά -η* (αντ. *πληγωμένος*).

απλημμύριστος, -η, -ο, επίθ. 1. που δεν πλημμύρισε, δεν ξεχείλισε: *ποτάμι -ο* (αντ. *ξέχειλος*). 2. που δεν κατακλύστηκε από πλημμύρα: *πεδιάδα -η* (αντ. *πλημμυρισμένος*).

απληροφόρητος, -η, -ο, επίθ., που δεν έχει πληροφορίες για κάποιον, που δεν έχει ενημερωθεί· που δε γνωρίζει κάτι: *είμαι* ~ *για την τύχη του φίλου μου· είσαι* ~ *πάνω σ' αυτό το θέμα* (συνών. *ανειδοποίητος, ακατατόπιστος*· αντ. *πληροφορημένος, κατατοπισμένος*).

απλήρωτος, -η, -ο και **απλέρωτος**, επίθ. 1. που δεν πήρε την αμοιβή που του οφείλουν: *αυτόν το μήνα μείναμε -οι*. 2. που δεν εξοφλήθηκε: *γραμμάτιο/χρέος -ο* (συνών. *αξόφλητος*· αντ. *πληρωμένος, εξοφλημένος*).

απλησίαστος, -η, -ο, επίθ., που δεν μπορεί κανείς να τον πλησιάσει, απρόσιτος, αυστηρός: *προϊστάμενος* ~ (συνών. *αζύγωτος*).

απληστία η, ουσ., ακόρεστη επιθυμία, πλεονεξία: *η* ~ *του δεν έχει όρια!*

άπληστος, -η, -ο, επίθ., ακόρεστος, αχόρταγος, πλεονέκτης: *άνθρωπος* ~.

απλίκα η, ουσ., ηλεκτρική λάμπα τοίχου. [γαλλ. *applique*].

απλογραφία η, ουσ. (παλαιογρ.) το να γράφει ο γραφέας μια φορά κάτι που έπρεπε να γραφτεί δύο.

απλοελληνικά, επίρρ., σε απλή ελληνική γλώσσα.

απλοϊκός, -ή, -ό, επίθ. 1. απλός στους τρόπους, ανεπιτήδευτος, αφελής: *συμπεριφορά -ή· ύφος -ό*. 2. υπερβολικά αδαής και απονήρευτος, εύπιστος: *άνθρωπος/νους* ~ (συνών. *αγαθός*· αντ. *ξύπνιος, ανοιχτομάτης*).

απλοϊκότητα η, ουσ. 1. έλλειψη επιτήδευσης, αφέλεια. 2. υπερβολική ευπιστία, ανοησία.

απλοκαμός, βλ. *πλοκαμός*.

απλολογία η, ουσ. 1. σφάλμα στην προφορά που συνίσταται στο να προφέρεται μόνο η πρώτη από δύο συνεχείς όμοιες συλλαβές. 2. (γλωσσολ.) είδος ανομοίωσης κατά την οποία συμβαίνει το παραπάνω φαινόμενο. [*απλός* + *λόγος*].

απλοποίηση η, ουσ. 1. μετατροπή κάποιου σύνθετου πράγματος σε απλή μορφή: ~ *της κατάστασης/της ζωής* (συνών. *απλούστευση*). 2. (γλωσσολ.) αντικατάσταση διγνωνήτων και σύνθετων στοιχείων της γλώσσας από άλλα απλούστερα. 3. (μαθημ.) πράξη με την οποία μεταβάλλομε κλάσματα, εξισώσεις ή παραστάσεις σε απλούστερη μορφή χωρίς να μεταβάλλεται η αξία τους.

απλοποιώ, -είς, ρ. (ασυνίζ.). 1. κάνω κάτι απλό, κατανοητό: *-ήθηκε το σύστημα διδασκαλίας των ξένων γλωσσών* (συνών. *απλουστεύω*· αντ. *περιπλέκω, μπερδεύω*). 2. (μαθημ.) κάνω απλοποίηση (βλ. λ.).

απλός, -ή, -ό, συγκρ. **απλούστερος**, επίθ. 1. που τον χαρακτηρίζει φυσικότητα, έλλειψη επιτήδευσης, ειλικρινής: *άνθρωπος* ~· *ύφος -ό· -οί τρόποι συμπεριφοράς* (συνών. *ανεπιτήδευτος, φυσικός*· αντ. *επιτηδευμένος*). 2. που κατανοείται εύκολα: *μαθήματα -ά· θα σε ρωτήσω -ά πράγματα* (συνών. *εύκολος, ευκολονόητος*· αντ. *δύσκολος, πολύπλοκος*). 3α. που αποτελείται από ένα μόνο στοιχείο, μονός: (χημ.) *δεσμός* ~ *ή διπλός*· (μαθημ.) *-ή μέθοδος των τριών* (αντ. *διπλός, πολλαπλός, σύνθετος*) β. ένας, μόνος: *γράμμα/αντίγραφο -ό*. 4. που δεν έχει βαθμό, αξίωμα: ~ *στρατιώτης*. Έκφρ. *επιστολή -ή* (= που δεν είναι συστημένη). - Επίρρ. **-ά** (στις σημασ. 1 και 2). - Βλ. και *απλώς*.

απλότητα η, ουσ. 1. έλλειψη επιτήδευσης, φυσικότητα, λιτότητα: *το ντύσιμό της το διακρίνει* ~· ~ *στους τρόπους* (αντ. *εκζήτηση*). 2. το να μην αποτελείται κάτι από πολλά μέρη (αντ. *πολλαπλότητα*).

απλούμιστος, -η, -ο, επίθ., που δεν έχει πλουμίδια, στολίδια (συνών. *αστόλιστος*· αντ. *πλουμισμένος, στολισμένος*).

απλούστερος, βλ. *απλός*.

απλούστευση η, ουσ., μετατροπή σύνθετου πράγματος σε άλλο απλούστερο: ~ *της διαδικασίας/της μαγειρικής* (συνών. *απλοποίηση*).

απλουστευτικός, -ή, -ό, επίθ., που κάνει κάτι απλούστερο ή να φαίνεται απλούστερο: *εκτίμηση/ερμηνεία -ή· -ή ανάλυση της κατάστασης*.

απλουστεύω, ρ., κάνω κάτι απλούστερο: ~ *τις δουλειές του σπιτιού· με τις ηλεκτρικές συσκευές -εύτηκε η ζωή μας* (συνών. *απλοποιώ*· αντ. *δυσκολεύω*).

απλούτσικος, -η, -ο, επιθ., κάπως αφελής, εύπιστος: *άνθρωπος* ~.

απλοχέρης, -α, -ικο, επίθ. 1. γενναιόδωρος, ανοιχτοχέρης (αντ. *σφιχτοχέρης, τσιγγούνης*). 2. που ξοδεύει ασυλλόγιστα (συνών. *σπάταλος, σκορποχέρης*). - Επίρρ. **-όχερα**.

απλοχεριά η, ουσ. (συνίζ.). 1. όσο χωράει μια παλάμη, χουφτιά. 2. γενναιοδωρία.

απλοχωριά η, ουσ. (συνίζ.). 1. άνεση χώρου, ευρυχωρία, άπλα.

απλόχωρος, -η, -ο, επίθ., ευρύχωρος: *σπίτι/καλύβι -ο* (αντ. *στενόχωρος*).

απλυσιά η, ουσ. (συνίζ.), το να είναι κανείς άπλυτος, βρομιά (αντ. *καθαριότητα, πάστρα*).

άπλυτος, -η, -ο, επίθ., που δεν πλύθηκε, δεν καθαρίστηκε με νερό: *ρούχα -α· άνθρωπος* ~ (συνών. *βρόμικος, λερωμένος*· αντ. *πλυμένος, καθαρός*). Φρ. *βγάζω τα -α στη φόρα* (= φανερώνω κάτι μεμπτό).

άπλωμα το, ουσ. 1. έκθεση στο ύπαιθρο νωπών ή υγρών πραγμάτων για να στεγνώσουν: ~ *των ρούχων*· ~ *της σταφίδας*. 2. τέντωμα: ~ *των χεριών/των ποδιών*. 3. ανοιχτός χώρος: *βρήκαμε μπροστά μας ένα* ~ *και καθίσαμε να ξεκουραστούμε*.

απλωμός ο, ουσ., άπλωμα: *απλώνω τα ρούχα κι δεν έχουν*.

απλώνω, ρ. Α. μτβ. 1. εκθέτω στο ύπαιθρο νωπά ή

απλώς

υγρά πράγματα για να στεγνώσουν: ~ τα ρούχα· -ωσα τον τραχανά στον ήλιο. **2.** ξεδιπλώνω, στρώνω: -ωσε το τραπεζομάντηλο στο τραπέζι. **3α.** εκτείνω, τείνω, τεντώνω: -ωσα το χέρι μου κι έκοψα ένα τριαντάφυλλο· **β.** (συνεκδ.) αγγίζω κάτι με το χέρι: ~ στο φαγητό. **4.** επεκτείνω, μεγαλώνω: -ωσα την επιχείρηση. **Β.** αμτβ. **1.** (ενεργ. και μεσ.) εκτείνομαι, εξαπλώνομαι, μεγαλώνω: -ωσε ο κισσός σ' όλο το φράχτη· -ωσε ο λεκές· -ωσε η μπουνάτσα· -ώθηκε η φωτιά σ' όλο το δάσος. **2.** (μέσ.) ξανοίγομαι: μην -εσαι πολύ στην επιχείρηση. **3.** (μέσ.) διαδίδομαι: η είδηση -ώθηκε σ' όλο το χωριό. **Φρ.** ~ την αρίδα μου (= τεμπελιάζω)· ~ το ζωνάρι μου για καβγά (φέρομαι προκλητικά, επιδιώκω φιλονικία)· ~ το χέρι μου (= **α.** ζητιανεύω· **β.** κλέβω)· ~ χέρι επάνω σε κάποιον (σηκώνω το χέρι μου για να χτυπήσω κάποιον).

απλώς, επίρρ., μόνο, μονάχα: θέλω ~ να σου μιλήσω· ~ το ανέφερα. **Φρ.** ~ και ως έτυχε (= στην τύχη).

απλωσιά η, ουσ. (συνίζ.), ανοιχτός υπαίθριος χώρος: στην ~ της εκκλησιάς.

απλώστρα η, ουσ. **1.** κατασκευή όπου απλώνομε ρούχα για να στεγνώσουν: έβρεχε και αναγκάστηκα ν' απλώσω τα ρούχα στην ~. **2.** χώρος όπου απλώνουν καρπούς ή ρούχα για να στεγνώσουν. **3.** εξάρτημα υφαντικού ιστού.

απλωτός, -ή, -ό, επίθ., απλωμένος, ανοιχτός, επίπεδος: φάνηκε μπροστά μας μια πεδιάδα -ή. -Το θηλ. ως ουσ. = **α.** τριπλούν κατά μήκος άλμα: με δυο -ές το φτάνει· **β.** (στο κολύμπι) κίνηση κατά την οποία απλώνει κανείς το χέρι προς τα μπρος. - Επίρρ. **-ά.**

απνευμάτιστος, -η, -ο, επίθ. (γραμμ.) που δεν παίρνει, δε δέχεται πνεύμα: το σημερινό τονικό σύστημα είναι -ο.

άπνοια η, ουσ. (ασυνίζ.), νηνεμία, έλλειψη πνοής ανέμου: είχε τόσο μεγάλη ~ εκείνη την ημέρα που ούτε φύλλο δεν κουνιόταν (συνών. απανεμιά, μπουνάτσα).

από, πρόθ., για να δηλωθεί: **1.** απομάκρυνση, απόσταση (από πρόσωπο, πράγμα ή ενέργεια): το χωριό μου είναι μακριά ~ τη θάλασσα· σηκώθηκε ~ το κρεβάτι· τον απέλυσαν ~ τη δουλειά του. **2.** κίνηση μέσα από κάποιο τόπο: πέρασα απ' τα Γιάννενα για να πάω στην Κέρκυρα. **3.** στάση σε τόπο: κάθεται ~ την άλλη μεριά του χωριού. **4.** απαλλαγή: γλυτώσαμε ~ τον κίνδυνο. **5.** στέρηση: μ' έβγαλαν έξω ~ την κληρονομιά. **6.** αλλαγή, μεταβολή: ~ δήμαρχος κλητήρας· έγινε περδίκι ~ άρρωστος που ήταν. **7.** προέλευση από τόπο ή πρόσωπο: έχω εγγόνια από το γιο μου· γύρισε χτες από το χωριό. **8.** καταγωγή: κατάγομαι ~ την Πάτρα· είναι ~ μεγάλο σόι. **9.** αφετηρία (χρον.): πηγαίνω σχολείο ~ πέρυσι· δουλεύω ~ το πρωί ως το βράδυ. **10.** ποιητικό αίτιο: το βιβλίο γράφτηκε ~ σπουδαίο συγγραφέα. **11.** αναγκαστικό αίτιο: έπεσα ξερός ~ τη δίψα. **12.** αφαίρεση (από το όλο): πέρασαν μόνο οι πέντε ~ τους εκατό υποψηφίους· οχτώ ~ δέκα μας κάνουν δύο. **13.** επιμερισμός: σας αφήνω ~ ένα σπίτι· πήραν ~ χίλιες δραχμές. **14.** σύγκριση: είμαι μικρότερος ~ τον αδελφό μου. **15.** ύλη: είναι ~ μετάξι. **16.** όργανο, μέσο, τρόπο: πήρα κουράγιο απ' τα λόγια σου· ζει ~ τα σπίτια που νοικιάζει· θα έκαναν ~ μόνοι τους. **17.** αναφορά: ~ υγεία είμαι καλά· έχω άγνοια ~ μαθηματικά. **18.** ποσό: κοστίζει ~ χίλιες δραχμές και πάνω. **19.** εξάρτηση: τον κρατώ απ' το χέρι· κρέμεται ~ το φουστάνι της μάνας του. Εκφρ. ~ ένας (= ένας ένας)· ~ λόγια/υποσχέσεις άλλο τίποτε (για άνθρωπο που λέει ή υπόσχεται πολλά)· ~ μόνος μου (= **α.** με δική μου πρωτοβουλία· **β.** χωρίς την επέμβαση άλλου: ~ μόνο του διορθώθηκε το μηχάνημα)· ~ σκοπού (= σκόπιμα)· (λόγ.) αφ' υψηλού (= αλαζονικά, με υπεροψία). **Φρ.** είναι ~ χέρι (= προέρχεται από αγαπημένο πρόσωπο).

απο-, α' συνθ. σε λ. που αρχίζουν από σύμφ.: αποζητώ, αποθεραπεία, απομένω.

αποανέκαθεν και **απανέκαθεν,** επίρρ. (λαϊκ.), ανέκαθεν, από παλιά, πάντα.

αποαποικιοποίηση η, ουσ. (ασυνίζ.), η απαλλαγή μιας χώρας από την αποικιακή εξάρτηση· η διαδικασία μετατροπής μιας αποικίας σε ανεξάρτητο κράτος: η έξαρση των εθνικιστικών κινημάτων επιτάχυνε την ~. [από + αποικιοποίηση].

αποβάθρα η, ουσ., χώρος κατάλληλα διαμορφωμένος για την επιβίβαση ή αποβίβαση ανθρώπων ή εμπορευμάτων σε πλοία ή σιδηροδρόμους.

αποβάλλω, ρ. **1α.** αποπέμπω, διώχνω: τον -έβαλαν από το γυμνάσιο, γιατί ήταν πολύ ζωηρός· **β.** απαρνούμαι: ~ το ιερατικό σχήμα (= παύω να είμαι ιερέας). **2.** γεννώ πρόωρα χάνοντας το παιδί: -έβαλε πέντε μηνών.

απόβαρο το, ουσ., διαφορά ανάμεσα στο καθαρό και το μικτό βάρος εμπορεύματος: το ~ ενός βαρελιού είναι δέκα κιλά (συνών. τάρα).

απόβαση η, ουσ., επιθετική ενέργεια που στρέφεται εναντίον εχθρικής ακτής: η ~ των στρατευμάτων στην ερημική ακτή δεν έγινε αντιληπτή.

αποβασιλεύω, ρ. (λαϊκ.), δύω (εντελώς): την ώρα που -ευε ο ήλιος εμείς επιστρέφαμε απ' την εκδρομή (συνών. βασιλεύω).

αποβατικός, -ή, -ό, επίθ., που σχετίζεται με την απόβαση (βλ. λ.), που είναι κατάλληλος για απόβαση: σώματα -ά.

αποβγάζω και **αποβγάνω,** ρ. (λαϊκ.). **1.** συνοδεύω, ξεπροβοδίζω: έφευγε ταξίδι και τον -βγαλα ως τη σκάλα. **2.** διώχνω: τον -βγαλα με το ζόρι (συνών. ξαποστέλνω). **3.** ανταποδίδω, εξοφλώ: το καλό που μου 'κανες θα στ' -βγάλω.

αποβδόμαδα, επίρρ., από την προσεχή εβδομάδα: λογαριάζομε να ταξιδέψομε ~.

αποβέγγερο το, ουσ. (έρρ.), παράταση βραδινής συγκέντρωσης πέρα απ' την κανονική ώρα. [από + βεγγέρα].

αποβιβάζω, ρ. **1.** (ενεργ.) βγάζω επιβάτες ή εμπορεύματα πλοίου στην ξηρά: στο επόμενο λιμάνι το πλοίο θα -άσει και επιβάτες και εμπορεύματα (συνών. ξεμπαρκάρω, ξεφορτώνω· αντ. επιβιβάζω, μπαρκάρω). **II.** (μέσ.) βγαίνω από πλοίο στη στεριά: οι επιβάτες άργησαν να αποβιβαστούν (συνών. ξεμπαρκάρω· αντ. επιβιβάζομαι, μπαρκάρω).

αποβίβαση η, ουσ., έξοδος (επιβατών) ή εκφόρτωση (εμπορευμάτων) από το πλοίο στην ξηρά (συνών. ξεμπαρκάρισμα, ξεφόρτωμα· αντ. επιβίβαση, μπαρκάρισμα).

αποβιώνω, ρ. (ασυνίζ., λόγ.), (συνήθως στον αόρ.) πεθαίνω: απεβίωσε γνωστός καλλιτέχνης.

αποβλάκωμα το, ουσ., αποβλάκωση (βλ. λ.).

αποβλακώνω, ρ., μτχ. παρκ. -ωμένος, κάνω κάποιον βλάκα: από το πολύ ξύλο -ώθηκε (συνών. απομωραίνω).

αποβλάκωση η, ουσ., ηλιθιότητα, ξεκούτιασμα.

αποβλακωτικός, -ή, -ό, επίθ., που συντελεί στην αποβλάκωση.

αποβλέπω, ρ., έχω κάτι ως τελικό σκοπό, επιδιώκω: *τα νέα μέτρα -ουν στην αύξηση του εξαγωγικού εμπορίου* (συνών. *αποσκοπώ*). - Βλ. και *απόειδα.*

απόβλητος, -η, -ο, επίθ., που αποβλήθηκε, διώχτηκε, απόκληρος: *~ της κοινωνίας.* - Το ουδ. στον πληθ. ως ουσ. = *λύματα των εργοστασίων που προέρχονται από την επεξεργασία διάφορων υλών: τα βιομηχανικά -α δημιουργούν εστίες μόλυνσης.*

αποβολή η, ουσ. **1.** αποπομπή, απομάκρυνση: *~ μοναχού από τη μονή· ο μαθητής πήρε τρεις μέρες ~.* **2.** διακοπή κύησης, πρόωρος και ανώμαλος τοκετός (φυσικός ή τεχνητός): *η γυναίκα μου έκανε πάλι ~.* **3.** (γραμμ.) απώλεια του αρχικού φωνήεντος μιας λέξης.

αποβουβαίνομαι, ρ., μένω άφωνος, εμβρόντητος: *μόλις άκουσε τη δυσάρεστη είδηση -άθηκε.*

αποβουτυρώνω, ρ., αφαιρώ το βούτυρο από το γάλα: *το -ωμένο γάλα έχει λιγότερες θερμίδες.*

αποβουτύρωση η, ουσ., αφαίρεση του βουτύρου από το γάλα.

αποβραδινός, -ή, -ό, επίθ., που ανήκει ή αναφέρεται στο απόγευμα της προηγούμενης μέρας: *δεν τρώω ποτέ -ό φαγητό.*

αποβραδίς, επίρρ., κατά το χρονικό διάστημα μετά τη δύση του ήλιου: *~ μαλώσαμε και το πρωί μονοιάσαμε.*

απόβραδο το, ουσ., προχωρημένο βράδι: *Σάββατο κι ~.* (μεταφ.) *λυπημένα -α.*

αποβράζω, ρ. **1.** συμπληρώνω το βράσιμο. **2.** παύω να βράζω.

απόβρασμα το, ουσ., ακαθαρσία που βγαίνει με το βρασμό· (μεταφ.) αυτός που ανήκει στον υπόκοσμο, κάθαρμα: *-ατα της κοινωνίας.*

αποβρομίζω, ρ., βρομίζω εντελώς: *η βροχή ήρθε για να -ίσει την πολιτεία.*

αποβροχάρης ο, ουσ., υγρός και ψυχρός καιρός μετά τη βροχή: *(καιρός) αποβροχάρης.*

αποβροχάρικος, -η, -ο, επίθ., που είναι υγρός και ψυχρός (μετά από βροχή): *καιρός/αέρας ~.*

απόβροχο το, ουσ., κατάσταση που δημιουργείται μετά τη βροχή (υγρασία και κρύο).

αποβυζαίνω, ρ. (λαϊκ.), παύω το θηλασμό.

απόγαιο, βλ. *απόγειο.*

απογαλακτίζω, ρ., κόβω το μητρικό γάλα από το βρέφος (συνών. *αποθηλάζω*).

απογαλακτισμός ο, ουσ., το σταμάτημα του θηλασμού του βρέφους (συνών. *αποθηλασμός*).

απόγειο και **απόγαιο** το, ουσ. (ασυνίζ.). **1.** η μεγαλύτερη απόσταση ενός πλανήτη από τη γη. **2.** ύψιστο σημείο ακμής: *βρίσκεται στο ~ της δύναμής του/της δόξας του* (συνών. *αποκορύφωμα*). **3.** αέρας που φυσά από την ξηρά προς τη θάλασσα.

απογειώνομαι, ρ. (ασυνίζ.), εγκαταλείπω το έδαφος και ανεβαίνω ψηλά, ξεκολλώ από το έδαφος και σηκώνομαι: *το αεροπλάνο άργησε να -ωθεί* (αντ. *προσγειώνομαι*).

απογείωση η, ουσ., αναχώρηση του αεροπλάνου, απομάκρυνσή του από το έδαφος: *η ~ του αεροπλάνου έγινε κάτω από δύσκολες καιρικές συνθήκες* (αντ. *προσγείωση*).

απόγεμα, βλ. *απόγευμα.*

απογεματάκι, βλ. *απογευματάκι.*

απογεματινός, βλ. *απογευματινός.*

απογεμίζω, I. ρ., αφαιρώ τη γόμωση, αδειάζω (ένα πυροβόλο όπλο): *ξέχασε να -ίσει το όπλο του.* [μτγν. *απογεμίζομαι*].

απογεμίζω, II. ρ. και **-γιομίζω. Α.** (μτβ.) γεμίζω κάτι εντελώς: *-ισα το βαρέλι· ουράνια χαρά του -ισε την καρδιά* (Ψυχάρης). **Β.** (αμτβ.) παραγεμίζω: *-ισε η αποθήκη.* [*από + γεμίζω*].

απογέμιση η, ουσ., αφαίρεση της γόμωσης, άδειασμα (πυροβόλου όπλου).

απογέμισμα το, ουσ., το να γεμίζει κάτι εντελώς.

απογεννώ, -άς, ρ. (ιδιωμ.). **1.** αποτελειώνω τον τοκετό, ξεγεννώ: *-ησαν οι προβατίνες.* **2.** παύω (οριστικά ή προσωρινά) να γεννώ: *η γυναίκα του -ησε πια.*

απογέρνω, ρ. (ιδιωμ.), αόρ. *απόγειρα.* **1.** γέρνω λίγο προς μία μεριά: *το σπίτι -γειρε.* **2.** σκύβω: *~ σιγανά* ('Αγρας).

απογερνώ, -άς, ρ., αόρ. *απογέρασα,* γερνώ εντελώς, φτάνω σε προχωρημένα γερατειά: *τα βάσανα τον απογεράσανε.*

απόγευμα, -γεμα και **-γιομα** το, ουσ., το χρονικό διάστημα της ημέρας από το μεσημέρι ως τη δύση του ήλιου: *~ βροχερό/καλοκαιρινό/μελαγχολικό·* (επιρρημ.) *θά έρθω (το) ~* (συνών. *απομεσήμερο*).

απογευματάκι και **-γεματάκι** το, ουσ., απόγευμα (συνήθως για τις πρώτες του ώρες): *πέρνα τ' -γεματάκι να μας δεις· νωρίς τ' -γεματάκι* (Μπαστιάς).

απογευματινός, -ή, -ό και **-γεματινός,** επίθ. **1.** που γίνεται το απόγευμα ή σχετίζεται μ' αυτό: *περίπατος ~· παράσταση/συνεδρίαση -ή· μαθήματα -ά· εφημερίδες -ές·* (συνεκδ.) *δουλεύω/ είμαι ~ στο σχολείο είμαστε τη μια βδομάδα πρωινοί, την άλλη -οί* (= *κάνομε μάθημα το απόγευμα*). - Το θηλ. ως ουσ. = θεατρική παράσταση που δίνεται το απόγευμα: *λαϊκή -ή.*

απογίνομαι, ρ. (συνήθως στον αόρ. και το μέλλ.). **1.** φτάνω σε μια κατάσταση, καταλήγω: *τί θ' -ει το ζήτημα της πληρωμής;* (απρόσ.) *τι -έγινε με τις εξετάσεις σου;* (= *τι έκβαση είχαν;*). **2.** (για πρόσωπο) καταλήγω (συνήθως σε κάτι κακό), καταντώ: *ποιος ξέρει τι -έγινε το παιδί εκείνο! τι θ' -γίνω χωρίς κανένα στον κόσμο!* 3. βγαίνω από τα όρια, παύω να είμαι ανεκτός, χειροτερεύω: *πάντοτε ήταν ασυνεπής, μα τώρα -γίνε· η κατάσταση/ το κακό -γινε* (συνών. *παραγίνομαι*). **4.** χαλώ εντελώς: *λίγο αν το φορέσεις ακόμη θ' -ει·* εκλείπω, εξαλείφομαι: *ό,τι έγινε δεν -εται* (συνών. *ξεγίνομαι*).

απόγιομα, βλ. *απόγευμα.*

απογιομίζω, βλ. *απογεμίζω.*

απογκρεμίζω, ρ., γκρεμίζω εντελώς, συμπληρώνω το γκρέμισμα: *ο τοίχος είχε πάθει ζημιές από το σεισμό και τον -ισαν· ό,τι θωρεί που ράγισε σεισμός τ' -ει* (Παλαμάς)· (μέσ.) *το παλιό αρχοντικό -ίστηκε πια.*

απόγκρεμ(ν)ος, βλ. *απόκρημνος.*

απόγνωση η, ουσ., μεγάλη απελπισία: *βρίσκομαι/είμαι/φτάνω σε (έσχατη) ~ πράξη -ης· η καταπίεση και η πείνα οδήγησαν το λαό σε ~.*

απογοήτευση η, ουσ. **1.** διάψευση ελπίδων, προσδοκιών: *η ανακοίνωση των αποτελεσμάτων προκάλεσε ~ σε πολλούς υποψηφίους· ερωτική ~.* **2.** αποθάρρυνση: *μετά την αποτυχία κάθε προσπάθειας ένιωθε μεγάλη ~* (συνών. *αποκαρδίωση*).

απογοητευτικός, -ή, -ό, επίθ., που προκαλεί απο-

γοήτευση: η εμφάνιση της εθνικής ομάδας ποδοσφαίρου ήταν -ή (συνών. αποκαρδιωτικός).

απογοητεύω, ρ., προκαλώ σε κάποιον απογοήτευση: είχε στηρίξει πολλές ελπίδες σ' εσένα, μα τον -σες· (μέσ.) ό,τι κι αν του συμβεί δεν -εται (= αποθαρρύνεται)· έχω -τεί από όλα· μετά την ήττα τους αισθάνονταν όλοι φοβερά -μένοι (συνών. αποκαρδιώνω).

απόγονος ο, ουσ. (συνήθως στον πληθ.), αυτός που γεννήθηκε ή κατάγεται από κάποιον: *ο βασιλιάς δεν είχε -γόνους* (= διαδόχους)· *οι Δωριείς θεωρούνταν -οι του Ηρακλή· είμαστε -οι των αρχαίων Ελλήνων* (= ανάγομε την καταγωγή μας σ' αυτούς)· *καλούς -γόνους!* (ευχή σε νιόπαντρους) (αντ. *πρόγονος*).

απογραφέας ο, ουσ., αυτός που κάνει την απογραφή πληθυσμού.

απογραφή η, ουσ. **1.** (στατ.) καταμέτρηση του αριθμού των κατοίκων μιας χώρας, καθώς και η εξακρίβωση δημογραφικών, κοινωνικών ή οικονομικών δεδομένων του πληθυσμού σε ορισμένη χρονική στιγμή. **2.** (γενικά) εξέταση ενός συνόλου πραγμάτων ως προς μια ή περισσότερες ιδιότητες και καταγραφή τους σε ειδικό κατάλογο για ορισμένο σκοπό: ~ *εμπορευμάτων/υλικού/των βιβλίων βιβλιοθήκης·* ~ *αγροτική·* (νομ.) καταγραφή των περιουσιακών στοιχείων κάποιου που διατάσσεται από το δικαστήριο.

απογραφικός, -ή, -ό, επίθ., που σχετίζεται με την απογραφή του πληθυσμού: *δελτίο/κατάστιχο -ό· δεδομένα/στοιχεία -ά*.

απόγραφο το, ουσ. **1.** (νομ.) το επικυρωμένο πρώτο αντίγραφο μιας τελεσίδικης δικαστικής απόφασης που επιβάλλει την αναγκαστική εκτέλεσή της. **2.** (παλαιογρ.) αντίγραφο παλαιότερου χειρογράφου ενός συγγραφέα.

απογράφω, ρ., καταγράφω έμψυχο ή άψυχο υλικό σε ειδικό κατάλογο: ~ *τον πληθυσμό/τα αναλώσιμα υλικά της υπηρεσίας/το ζωικό κεφάλαιο μιας περιφέρειας*.

απογυμνώνω, ρ. **1.** γυμνώνω εντελώς: ~ *το στήθος·* (μεσ.) *-ώθηκε στη μέση του δρόμου.* **2.** (μεταφ.) αφαιρώ τελείως κάτι από κάποιον: *η φωτιά -ωσε την πλαγιά από κάθε βλάστηση* (= αποψίλωσε)· *τον -ωσαν από κάθε αξίωμα/εξουσία· οι κλέφτες τον -ωσαν* (= τον κατάκλεψαν).

απογύμνωση η, ουσ. **1.** γδύσιμο, ξεγύμνωμα: *δεν εντυπωσιάζει πλέον κανέναν η* ~ *τόσων σωμάτων στις παραλίες.* **2.** (μεταφ.) το να αφαιρείται κάτι εντελώς από κάποιον: ~ *του βουνού* (= αποψίλωση)· ~ *κάποιου από την περιουσία του* (= αποστέρηση, κλοπή)· ~ *καλωδίου* (= αφαίρεση του μονωτικού περιβλήματος).

απογυρεύω, ρ. (λογοτ.), αναζητώ, αποζητώ: *η γριά -ευε το τρυφερό της ταίρι* (Βλαχογιάννης).

απογυρίζω, ρ. (ιδιωμ.). **Α.** (αμτβ.) προχωρώ κυκλικά, κάνω γύρο, στροφή: *-ισε για να μην τον δουν· επιστρέφω: δεν -ισε ακόμη*. **Β.** (μτβ.) κάνω κάποιον να γυρίσει πίσω, δε δέχομαι κάποιον ή κάτι: *μ' -ίσανε από του παπά το σπίτι· θα πάρω απ' το γλυκό για να μην σ' -ίσω·* ~ *τα λόγια μου* (= ανακαλώ).

απογύρισμα το, ουσ. (ιδιωμ., λογοτ.). **1.** γύρος, λοξοδρόμισμα: *κάνω* ~. **2.** καμπή: *βρήκαν παραπέρα, στο απογύρισμα του δρόμου, έναν τοίχο* (Καζαντζάκης) (συνών. *στροφή*).

αποδεικνύω και **αποδείχνω**, ρ., αόρ. *απέδειξα* και *λόγ. απέδειξα*, παθ. *αποδείχτηκα*. **Ι.** (ενεργ.) με αναμφισβήτητα στοιχεία ή συλλογισμούς βεβαιώνω πως κάτι υπάρχει ή πως είναι αληθινό ή ψεύτικο, τεκμηριώνω μια άποψη ή μια υπόθεση: *-δειξε την αθωότητά του/την ποιότητα των προϊόντων του· θα σου -ξω πως είναι αδύνατο να ζήσει κανείς με τόσα λίγα λεφτά·* (λογική, μαθημ.) βεβαιώνω με λογικά επιχειρήματα πως μια πρόταση αληθεύει ή όχι. **ΙΙ.** (μέσ.) εμφανίζομαι, φανερώνομαι, διαπιστώνεται ορισμένη ιδιότητα ή ποιότητά μου: *-χτηκε αντάξιος των προσδοκιών μας/ανίκανος να χειριστεί το ζήτημα/κακός χαρακτήρας· τό ψυγείο -χτηκε ελαττωματικό*.

αποδεικτικός, -ή, -ό και **αποδειχτικός**, επίθ. που αναφέρεται ή συντελεί στην απόδειξη, που χρησιμοποιείται για να αποδείξει κάτι: *το επιχείρημα έχει -ή αξία· συλλογισμός -ός·* (Δίκ.) *διαδικασία / μέθοδος -ή* (= που ακολουθεί το δικαστήριο για να φτάσει σε μια απόφαση)· *μέσα / στοιχεία -ά* (= που παρέχουν στο δικαστή την αληθινή εικόνα ενός γεγονότος). - Το θηλ. ως ουσ. = (φιλοσ.) η μέθοδος της συναγωγής λογικών συμπερασμάτων. - Το ουδ. ως ουσ. = έγγραφο που βεβαιώνει κάτι: *-ό είσπραξης· του ζήτησαν ένα -ό από το γυμνάσιο που τελείωσε* (συνών. *πιστοποιητικό*).

απόδειξη η, ουσ. **1.** το να αποδεικνύεται κάτι, το να επιβεβαιώνεται η αλήθεια με τρόπο αναμφισβήτητο: ~ *ενός ισχυρισμού/μιας άποψης· τρόπος -ης* (συνών. *τεκμηρίωση*)· (λογική, μαθημ.) λογικός συλλογισμός που αποδεικνύει ότι μια πρόταση αληθεύει ή όχι: ~ *επαγωγική/παραγωγική·* (Δίκ.) η διαπίστωση της αλήθειας σχετικά με ένα έγκλημα ή άλλο πραγματικό γεγονός και η διαδικασία με την οποία φτάνει το δικαστήριο σ' αυτήν: ~ *με μάρτυρες·* ~ *ολοκληρωμένη/ατελής /άμεση/έμμεση·* έκφρ. *το βάρος της -ης* = η υποχρέωση του διαδίκου να τεκμηριώσει όσα ισχυρίζεται. **2.** αποδεικτικό στοιχείο, πειστήριο: ~ *αδιάσειστη/τρανή/χειροπιαστή·* ~ *προσκομίζω/φέρνω -δείξεις* (συνών. *τεκμήριο*). **3.** έγγραφο που πιστοποιεί πληρωμή, είσπραξη, παραλαβή, παράδοση, κ.τ.ό.: *διπλότυπη* ~ *παροχής υπηρεσιών/λιανικής πώλησης/πληρωμής·* ~ *του νερού/του ρεύματος* (= που βεβαιώνει ότι εξοφλήθηκε ο λογαριασμός)· *δίνω/εκδίδω/ζητώ* ~· *θεωρημένες -δείξεις· μπλοκ -δείξεων* (συνών. *βεβαίωση*).

απόδειπνα, επιρρ. (ιδιωμ., λογοτ.), μετά το δείπνο, αργά το απόγευμα: *να έρθεις* ~.

απόδειπνο το, ουσ. **1.** (εκκλ.) η τελευταία ακολουθία του ημερονυκτίου που διαβάζεται μετά το δείπνο (συνήθως στα μοναστήρια): *μικρό/μέγα* ~. **2.** (ιδιωμ.) ο χρόνος μετά το βραδινό φαγητό: *θα 'ρθω τ'* ~.

αποδειπνώ, -είς, ρ., τελειώνω το βραδινό φαγητό: *δεν -ήσαμε ακόμη*.

αποδείχνω, βλ. *αποδεικνύω*.

αποδειχτικός, βλ. *αποδεικτικός*.

αποδεκατίζω, ρ., προκαλώ πολλούς θανάτους, εξοντώνω ομαδικά, «θερίζω» (ανθρώπους ή ζώα): *η πείνα και οι αρρώστιες -ισαν τον πληθυσμό· τα κοπάδια του -ίστηκαν από την παγωνιά* (συνών. *εξολοθρεύω, αφανίζω*).

αποδεκάτισμα το, ουσ., μεγάλη φθορά, εξολόθρευση (ανθρώπων ή ζώων): *ο νόμος είναι δύσκολο να εμποδίσει το* ~ *των θηραμάτων* (συνών. *αποδεκατισμός, εξόντωση*).

αποδεκατισμός ο, αποδεκάτισμα (βλ. λ.).
αποδέκτης ο, ουσ., αυτός που αποδέχεται κάτι: ~ συναλλαγματικής (= που αναλαμβάνει την εξόφλησή της)· παραλήπτης: ~ τηλεγραφήματος.
αποδεκτός, -ή, -ό, επίθ., που γίνεται δεκτός με προθυμία: όροι -οί· προτάσεις -ές· που γι' αυτόν υπάρχει η συγκατάθεση ή η έγκριση κάποιου: δεν έγινε -ή (από τον πρωθυπουργό) η παραίτηση του υπουργού (συνών. δεκτός, παραδεκτός).
αποδέλοιπος, -η, -ο, επίθ. (λαϊκ.), (συνήθως στον πληθ.) υπόλοιπος: σ' εσένα έδωσα· να φάνε κι οι -οι· μες στην καρδιά μ' αγάπη μου, θρόνό 'χεις και καθίζεις/και τ' -ο κορμί εσύ 'σαι που το 'ρίζεις (δημ. τραγ.).
αποδελτιώνω, ρ. (ασυνίζ.), καταγράφω σημειώσεις από διάφορες πηγές σε δελτία, που κατατάσσονται αλφαβητικά και χρησιμοποιούνται για επιστημονικούς σκοπούς: ~ την «Οδύσσεια»/τις δάνειες λέξεις ενός κειμένου/τον ημερήσιο τύπο.
αποδελτίωση η, ουσ., η καταγραφή σε δελτία σημειώσεων για επιστημονικούς σκοπούς: ~ πλήρης / δειγματοληπτική / ενός κειμένου / ενός αρχείου.
αποδέσμευση η, ουσ. 1. απαλλαγή από δέσμευση, υποχρέωση, εμπόδιο: ~ των βουλευτών από την κομματική πειθαρχία/των δημιουργικών δυνάμεων· ~ από καθήκοντα (συνών. ελευθέρωση). 2. το να παύει να εμποδίζεται η χρησιμοποίηση (ενός χρηματικού ποσού): ~ του λογαριασμού/πιστώσεων.
αποδεσμεύω, ρ. 1. απαλλάσσω από δέσμευση, υποχρέωση, εμπόδιο: ~ κάποιον από το χειρισμό μιας υπόθεσης (συνών. ελευθερώνω). 2. παύω να παρεμποδίζω τη χρησιμοποίηση (χρηματικού ποσού): ~ καταθέσεις.
αποδέχομαι, ρ., δέχομαι κάτι πρόθυμα, ευχαρίστως: ~ την πρόσκληση / την πρόταση / το χαρακτηρισμό· παραδέχομαι, εγκρίνω: ~ τη συμφωνία / το συμβιβασμό (για διαδίκους) / το διορισμό (για δημόσιο υπάλληλο) / την εντολή να σχηματίσω κυβέρνηση / την παραίτηση της κυβέρνησης ή του υπουργού.
αποδήμηση η, ουσ., έκφρ. (λόγ.) ~ εις Κύριον = θάνατος.
αποδημητικός, -ή, -ό, επίθ. 1. που του αρέσει ή που συνηθίζει να αποδημεί: ~ χαρακτήρας του Έλληνα· διάθεση -ή. 2. (ζωολ., για πτηνό) που αλλάζει τόπο διαμονής ορισμένες εποχές του χρόνου: τα χελιδόνια είναι -ά πουλιά.
αποδημία η, ουσ. 1. το να απομακρύνεται κάποιος από τη χώρα του για να ζήσει σε μια ξένη: τα τελευταία χρόνια μειώθηκε το ρεύμα της -ας προς το εξωτερικό (συνών. ξενιτεμός, εκπατρισμός· αντ. επαναπατρισμός)· (νομ.) έξοδος από τη χώρα ατόμου που έχει ασκηθεί εναντίον του ποινική δίωξη για κακούργημα ή ορισμένο πλημμέλημα ή έχει εκκρεμείς στρατολογικές υποχρεώσεις: απαγόρευση -ας· παράνομη ~· (εκκλ.) ιερά = οργανωμένο ταξίδι πιστών για προσκύνημα στους ιερούς τόπους της θρησκείας τους. 2. (ζωολ.) η περιοδική μαζική μετακίνηση ορισμένων ζώων που συμβαίνει ορισμένες εποχές του χρόνου για να αλλάξουν κλίμα (συνών. μετανάστευση).
απόδημος, -η, -ο, επίθ. 1. που ζει μακριά από την πατρίδα του, που έχει μεταναστεύσει: Μακεδόνες -οι (συνών. ξενιτεμένος)· έκφρ. ο ~ Ελληνισμός = το σύνολο των Ελλήνων που ζουν στο εξωτερικό.

- Το αρσ. ως ουσ. = μετανάστης: συνέδριο -δήμων· ο ρόλος των -δήμων στην υπεράσπιση των εθνικών δικαιωμάτων.
αποδημοσιοποίηση η, ουσ. (ασυνίζ.), το να ενεργεί κανείς ώστε μια υπηρεσία που είναι δημόσια να γίνει ιδιωτική: ~ κρατικής επιχείρησης.
αποδημώ, -είς, ρ. 1. φεύγω μακριά από την πατρίδα μου (συνήθως για μακρό χρονικό διάστημα): στις αρχές του αιώνα πολλοί Έλληνες -ούσαν στην Αμερική (συνών. ξενιτεύομαι). 2. Φρ. (λόγ.) ~ εις Κύριον/εις τόπον χλοερόν = πεθαίνω.
αποδιαβάζω, ρ. (συνιζ.), τελειώνω το διάβασμα: δεν τ' -σα το βιβλίο ακόμη.
αποδιάλεγμα το, ουσ. (συνιζ., ιδιωμ.). 1. διαλογή διάφορων πραγμάτων για να ξεχωρίσουν τα καλά από τα άχρηστα: ~ του σταριού (συνών. ξεδιάλεγμα). 2. (πληθ.) ό,τι άχρηστο μένει ύστερα από διαλογή: σου πούλησε τ' -ατα.
αποδιαλεγούδι το, ουσ. (συνιζ., ιδιωμ.), (συνήθως στον πληθ.) ό,τι άχρηστο μένει από πολλά όμοια πράγματα, αφού διαλεχτούν τα καλύτερα: μ' άφησε τ' -δια.
αποδιαλέγω, ρ. (λαϊκ.). 1. από πολλά όμοια πράγματα διαλέγω τα καλύτερα: ~ τα πορτοκάλια (συνών. ξεδιαλέγω). 2. τελειώνω το διάλεγμα: το βράδι θα 'χουμε -ξει.
αποδιαρθρώνω, ρ. (ασυνίζ.), επιφέρω αποδιάρθρωση (βλ. λ.): -εται η κρατική μηχανή.
αποδιάρθρωση η, ουσ. (ασυνίζ.), ανατροπή της μεθοδικής και συστηματικής οργάνωσης και της αρμονικής λειτουργίας των μερών ενός συνόλου, «ξεχαρβάλωμα»: ~ του κρατικού μηχανισμού (συνών. αποδιοργάνωση· αντ. ανασυγκρότηση).
αποδίδω και **αποδίνω**, ρ., αόρ. απέδωσα και (λαϊκ.) απόδωσα. 1. δίνω πίσω, επιστρέφω (κάτι που χρωστώ): πρέπει να -δώσω έγκαιρα το χρέος μου. 2. παρέχω ή επιβάλλω κάτι όπως αξίζει σε κάποιον ή όπως είναι το δίκαιο: ~ δικαιοσύνη/τιμές (συνών. απονέμω). Φρ. ~ σημασία σε κάτι (= θεωρώ κάτι σημαντικό, αξιοπρόσεκτο) ~ τα ίσα (= εκδικούμαι)· ~ λογαριασμό (= λογοδοτώ). 3. προσάπτω (χαρακτηρισμό ή ιδιότητα): του -ουν το χαρακτηρισμό του απαίδευτου/την ιδιότητα του κατασκόπου. 4. (μτβ. και αμτβ.) αποφέρω οικονομικό, υλικό ή άλλο όφελος: η κλήρωση του λαχείου απέδωσε στους τυχερούς σημαντικά κέρδη· ~ εισπράξεις· με λίγη φροντίδα το χωράφι σου θα -δώσει το διπλάσιο· άρχισαν να -ουν τα μέτρα για τη βελτίωση της εκπαίδευσης· (για πρόσωπο) εκτελώ ικανοποιητικά κάποια εργασία, έχω καλές επιδόσεις: στην προηγούμενη θέση του απέδιδε καλύτερα· ~ το μέγιστο των ικανοτήτων μου. 5. εκφράζω, διατυπώνω κάτι με σαφήνεια ή ακρίβεια: ~ το νόημα ενός κειμένου· ερμηνεύω: δεν -δόθηκε σωστά το νόημα των δηλώσεών του. 6. εκτελώ μουσικό έργο: η ορχήστρα θα -δώσει έργα συμφωνικής μουσικής· ερμηνεύω ρόλο σε θεατρικό έργο: ο πρωταγωνιστής απέδωσε με πειστικότητα τον Άμλετ· απαγγέλλω: ~ ένα ποίημα. 7. αναφέρω την αιτία ή την πηγή, καθιστώ κάποιον υπεύθυνο για κάτι: -έδωσαν το δυστύχημα σε λάθος του οδηγού/τη νίκη στη βοήθεια των συμμάχων· η παραίτηση -εται σε προσωπικούς λόγους· σ' αυτόν -εται η εφεύρεση/η πατρότητα της φράσης (συνών. ανάγω). Φρ. ~ ευθύνη σε κάποιον (= θεωρώ κάποιον υπεύθυνο (για κάτι), του καταλογίζω ευθύνες). 8. μεταφέρω σε άλλη γλωσσική

αποδιεθνοποίηση

μορφή ώστε να γίνεται σαφέστερο το νόημα: ~ *ένα αρχαίο κείμενο στα νέα ελληνικά· είναι δύσκολο να -δώσεις στα αγγλικά τη λέξη «κέφι»* (συνών. *μεταφράζω*).

αποδιεθνοποίηση η, ουσ. (ασυνίζ.), το να παύει ένα ζήτημα να είναι διεθνές καθώς περιέρχεται στην ευθύνη ενός ή ελάχιστων κρατών: ~ *του ανατολικού ζητήματος* (αντ. *διεθνοποίηση*).

αποδιεθνοποιώ, -είς, ρ. (ασυνίζ. δις), μεταθέτω ένα ζήτημα από την ευθύνη πολλών ή όλων των κρατών στον έλεγχο ή το χειρισμό του από ένα ή ελάχιστα κράτη (αντ. *διεθνοποιώ*).

αποδίνω, βλ. *αποδίδω*.

αποδιοπομπαίος, επίθ. (ασυνίζ., έρρ.), μόνο στην έκφρ. ~ *τράγος* = ο τράγος που οι Εβραίοι κατά το θρησκευτικό τους έθιμο τον έδιωχναν στην έρημο ως φορέα των αμαρτιών ολόκληρου του λαού· (μεταφ.) πρόσωπο που το διώχνουν ως ανεπιθύμητο ρίχνοντας σ' αυτό την ευθύνη άλλων για λάθη, αποτυχίες ή καταστροφές: *έψαχναν τον -ο τράγο για την οικονομική καταστροφή της επιχείρησης*.

αποδιοργανώνω, ρ. (ασυνίζ.), προκαλώ αποδιοργάνωση (βλ. λ.).

αποδιοργάνωση η, ουσ. (ασυνίζ.), χαλάρωση ή ανατροπή της σωστής οργάνωσης και λειτουργίας ενός συνόλου (συνήθως για κράτος, οργανισμό, κ.τ.ό.): ~ *των δημόσιων υπηρεσιών* (συνών. *αποδιάρθρωση*· αντ. *αναδιοργάνωση*).

αποδίπλα, επίρρ., από πολύ κοντινή απόσταση: *πέρασε ~ μου και δε με είδε*. Φρ. *τον (ή την) παίρνω ~* = 1. παρακολουθώ κατά βήμα. 2. ακολουθώ κατά πόδας με ερωτικούς σκοπούς. 3. ξαπλώνω να κοιμηθώ, κοιμάμαι (για λίγο).

αποδιώξιμο το, ουσ. (συνιζ.), εκδίωξη, απομάκρυνση.

αποδιώχνω, ρ. (συνιζ.), διώχνω (με βίαιο ή απότομο τρόπο): *πας με τα πουλιά τ'-γμένα/απ' τη χινοπωριάτικη τη μπόρα* (Παλαμάς)· *Θα ειπώ του Χάρου: «Είσαι άχρηστος» και θα τον -ξω* (Αθάνας).

αποδοκιμάζω, ρ., εκδηλώνω την απαρέσκειά μου, δεν αποδέχομαι κάτι ως ορθό, κατακρίνω: ~ *ανεπιφύλακτα/αυστηρά/σιωπηρά· η κυβέρνηση -ει τη χρήση βίας/τις δηλώσεις του ξένου υπουργού· -στηκε η κυβερνητική πολιτική· εκφράζω έντονη αντίθεση προς κάποιον με φωνές, χειρονομίες ή άλλες θορυβώδεις εκδηλώσεις: οι «φίλαθλοι» -σαν το διαιτητή· οι θεατές -σαν τους ηθοποιούς* (συνών. *γιουχαΐζω*· αντ. *επιδοκιμάζω*).

αποδοκιμασία η, ουσ., έκφραση απαρέσκειας, έντονη κριτική: *παρόμοιες πράξεις βίας προκαλούν την ~ της κοινής γνώμης· ~ της οικονομικής πολιτικής· εκδήλωση ζωηρής αντίθεσης με φωνές, χλευασμούς, χειρονομίες, κ.τ.ό.: οι επίσημοι αποχώρησαν κάτω από τις -ες του πλήθους* (συνών. *επίκριση, γιουχάισμα*· αντ. *επιδοκιμασία*).

αποδοκιμαστικός, -ή, -ό, επίθ., που εκφράζει αποδοκιμασία: *βλέμμα -ό· χειρονομίες -ές· σχόλια/σφυρίγματα -ά* (συνών. *επιτιμητικός, επικριτικός*· αντ. *επιδοκιμαστικός*). - Επίρρ. -**ά**: *κοιτάζω/σχολιάζω -ά*.

απόδοση η, ουσ. 1. το να δίνεται ή να επιστρέφεται κάτι σ' αυτόν που του ανήκει: ~ *των κλοπιμαίων /των κρατήσεων/του δανείου* (συνών. *επιστροφή*). 2. απονομή: ~ *δικαιοσύνης/τιμών· έκφρ*. ~ *λογαριασμού* (= η οφειλόμενη έκθεση για τη διαχείριση χρηματικού ποσού, λογοδοσία). 3. οικονομικό, υλικό ή άλλο όφελος, κέρδος: ~ *κεφαλαίων· οι βιομηχανικές επενδύσεις είχαν άμεση* ~· *μ' ένα ράντισμα το χωράφι σου θα έχει διπλάσια* ~ (= καρποφορία)· (τεχνολ.) ~ *μηχανήματος* (= παραγωγικότητα)· καλή επίδοση: ~ *ενός μαθητή/ενός εργαζόμενου/των παικτών μιας ποδοσφαιρικής ομάδας*. 4. μεταφορά σε άλλη εκφραστική μορφή ώστε να προβάλλεται και να γίνεται σαφές το περιεχόμενο: ~ *του νοήματος* (= σαφής διατύπωση, ερμηνεία)· ~ *μουσικού έργου* (= εκτέλεση)· ~ *ρόλου* (= θεατρική ερμηνεία, εκτέλεση)· ~ *αρχαίου κειμένου στα νεοελληνικά· ~ μιας ξένης λέξης στην ελληνική* (= μετάφραση). 5. το να θεωρείται κάποιος υπεύθυνος για κάτι ή ο δημιουργός του: ~ *της χαμηλής παραγωγής στις κακές καιρικές συνθήκες· ~ ενός έργου σε κάποιον συγγραφέα, ζωγράφο, κ.τ.ό*. 6. (εκκλ.) ακολουθία που τελείται οχτώ μέρες ύστερα από μια μεγάλη γιορτή της Εκκλησίας: ~ *της Κοίμησης της Θεοτόκου*.

αποδοτικός, -ή, -ό, επίθ., που αποδίδει, που αποφέρει κέρδος ή όφελος: *καλλιέργειες -ές· μελέτη / προσπάθεια -ή· εργασία / διπλωματική συνάντηση -ή* (συνών. *προσοδοφόρος, αποτελεσματικός*). - Επίρρ. -**ά**.

αποδοτικότητα η, ουσ. (οικον.) η ικανότητα για παραγωγή έργου ή προϊόντος: ~ *των επιχειρήσεων/των εργαζομένων / των κεφαλαίων / του εδάφους* (συνών. *παραγωγικότητα, αποτελεσματικότητα*).

αποδοχή η, ουσ. 1. το να γίνεται κάτι πρόθυμα δεκτό: ~ *πρόσκλησης/προτάσεων· έγκριση, συγκατάθεση*: ~ *συμφωνίας/της παραίτησης*. 2. (νομ.) δήλωση της βούλησης ενός προσώπου, με την οποία εκφράζει τη συμφωνία ή τη συγκατάθεσή του σε σχέση με ένα νομικό γεγονός, μια υποχρέωση, κ.τ.ό.: ~ *αγωγής/κληρονομιάς/συναλλαγματικής* (= βεβαίωση ότι θα εξοφληθεί). 3. *πλήρεις -ές* = το σύνολο της αμοιβής ενός εργαζομένου: *-ές ακαθάριστες/καθαρές/μηνιαίες/ετήσιες· άδεια χωρίς -ές*.

απόδραση η, ουσ., δραπέτευση: ~ *αιχμαλώτου/φυλακισμένου·* (μεταφ.) ~ *από την πόλη για εκδρομή*.

αποδυναμώνω, ρ., καθιστώ κάποιον αδύναμο, ανίσχυρο: ~ *την κυβέρνηση/τις προσπάθειες επίλυσης του προβλήματος* (συνών. *εξασθενίζω·* αντ. *ενισχύω*).

αποδυνάμωση η, ουσ. 1. μείωση της ισχύος κάποιου: *επιχειρείται η ~ των ειρηνευτικών προσπαθειών· ~ της παραγωγής/του σωματείου* (συνών. *εξασθένιση*· αντ. *ενίσχυση*). 2. (νομ.) *— δικαιώματος* = το να μην μπορεί κάποιος να ασκήσει ένα δικαίωμά του, επειδή αδράνησε για πολύ καιρό ή δημιούργησε με τη συμπεριφορά του στον υπόχρεο την πεποίθηση ότι δε θα το ασκήσει.

αποδυτήριο το, ουσ. (ασυνίζ.), (συνήθως στον πληθ.) ειδικό διαμέρισμα σε αθλητικούς χώρους (γυμναστήρια, γήπεδα, κολυμβητήρια, κ.τ.ό.), όπου ξεντύνονται και φορούν την αθλητική στολή όσοι αθλούνται.

απόειδα, ρ., μόνο στον αόρ. στη φρ. *είδα κι ~* = 1. (με επόμενη αρνητ. πρότ.) ύστερα από προσπάθειες διαπίστωσα...: *είδα κι ~ πως δε γίνεται τίπο-*

τα. **2.** έχασα την υπομονή μου, απελπίστηκα: *είδε κι -ε ο πατέρας, ξεκίνησε για την πόλη χωρίς το γιο του.*

αποεξάρτηση η, ουσ., απαλλαγή από κάποια εξάρτηση: ~ *από τα ναρκωτικά.*

αποζαρώνω, ρ. Α. (μτβ.) ζαρώνω, τσαλακώνω κάτι εντελώς: *τ' -ωσες το πουκάμισό σου.* Β. (αμτβ.) ζαρώνω τελείως: *το ρούχο -ωσε·* (μεταφ.) χάνω εντελώς το θάρρος, την ορμητικότητά μου: *είχε -σει, κοίταζε τη δουλειά του και δεν έδινε καμιά αφορμή για σύγκρουση.*

αποζημιώνω, ρ. (ασυνίζ.). **1.** επανορθώνω τη ζημιά που προκάλεσα με υλική (συνήθως χρηματική) παροχή: *αν πάθει καμιά βλάβη το αμάξι σου, θα σ' -σω· ο εργοστασιάρχης αρνήθηκε να -σει τους απολυμένους εργάτες.* **2.** πληρώνω για τις ζημιές που έπαθε κάποιος: *το κράτος υποσχέθηκε να -σει τους σεισμόπληκτους/τους πρόσφυγες/τα θύματα της Εθνικής Αντίστασης.* **3.** ανταμείβω κάποιον για την υπηρεσία που πρόσφερε, τους κόπους που κατέβαλε, κ.τ.ό.: *ένας δημόσιος έπαινος δεν ήταν αρκετός για ν' -σει τους κόπους του· όταν με τα πολλά φτάνει στην κορφή, το θέαμα σε -ει πλουσιοπάροχα.* **4.** ανταμείβω, αντισταθμίζω, ισοφαρίζω: *η θριαμβευτική επιτυχία -ωσε κάθε προηγούμενη θυσία.*

αποζημίωση η, ουσ. **1.** (νομ.) υλική (συνήθως χρηματική) παροχή για την επανόρθωση της ζημιάς που προκάλεσε κάποιος: *ζήτησε ~ για την υλική και ηθική βλάβη που προκάλεσαν οι συκοφαντίες· ~ για ψυχική οδύνη· ~ των ιδιοκτητών ακινήτων που απαλλοτριώθηκαν* (= ικανοποίηση που οφείλει το κράτος σε όσους ζημιώνονται από νόμιμες ή παράνομες ενέργειές του)· *πολεμική ~* (= παροχή χρηματική ή σε είδος που υποχρεώνεται σύμφωνα με τη συνθήκη ειρήνης να πληρώσει ο επιτιθέμενος μετά την ήττα του για ζημίες που προκάλεσε)· *ο εργοδότης του τον απέλυσε χωρίς ~.* **2.** καταβολή χρημάτων σε κάποιον για τις ζημιές που έπαθε: *~ των αγροτών που έπληξε η κακοκαιρία· ~ των σεισμοπλήκτων/των πλημμυροπαθών* (συνών. στις σημασ. 1, 2 *επανόρθωση*). **3.** υλική ή ηθική ανταμοιβή για τις υπηρεσίες ή τους κόπους κάποιου: *ηθική ~· η βράβευσή του ήταν μια ~ για τις υπηρεσίες που πρόσφερε* (συνών. *επιβράβευση, αντιστάθμισμα*).

αποζητώ, -άς, ρ. **1.** ζητώ κάποιον ή κάτι με πόθο. **2.** ποθώ κάποιον ή κάτι που μου έλειψε (συνών. *αναζητώ, νοσταλγώ*).

αποζουρλαίνω, ρ. (λαϊκ.), τρελαίνω κάποιον εντελώς: *μας -ανε ο θόρυβος·* (μέσ.) *μόλις τα παιδιά άνοιξαν τα δώρα τους -άθηκαν* (συνών. *αποτρελαίνω*).

αποζώ, -είς, ρ., καταφέρνω με δυσκολία να συντηρούμαι: *~ από ένα μικρό βοήθημα.*

απόηχος ο, ουσ. **1.** αντανάκλαση ήχου, αντήχηση: (μεταφ.) *το Ναύπλιο ζει στους -ους του παρελθόντος* (συνών. *αντίλαλος, ηχώ*). **2.** (μεταφ.) η εντύπωση από ένα γεγονός, αντίκτυπος: *έφτασε ως εδώ ο ~ από τις εργατικές αναταραχές* (συνών. *απήχηση*).

αποθαίνω, βλ. *πεθαίνω.*

αποθαλασσώνομαι, ρ., (για υδροπλάνο) απομακρύνομαι από την επιφάνεια της θάλασσας και ανυψώνομαι (αντ. *προσθαλασσώνομαι*).

αποθαλάσσωση η, ουσ. (για υδροπλάνο) το να απομακρύνεται από την επιφάνεια της θάλασσας και ν' αρχίζει να παίρνει ύψος (αντ. *προσθαλάσσωση*).

αποθαμάζω, βλ. *αποθαυμάζω.*

αποθαμένος, -η, -ο, επίθ. (λαϊκ.), πεθαμένος· (μόνο στη) φρ. *να συγχωρεθούν τ' -α σου* (= οι συγγενείς σας που έχουν πεθάνει).

αποθανέτω η ψυχή μου μετά των αλλοφύλων· αρχαϊστ. έκφρ. = η τύχη μου είναι κοινή με την τύχη άλλων.

αποθάρρυνση η, ουσ. **1.** απώλεια του θάρρους: *οι αποτυχίες έφεραν στους στρατιώτες κάποια ~* (συνών. *δειλίασμα*). **2.** ανακοπή του ενθουσιασμού, αποτροπή από κάποια ενέργεια: *στο σχέδιό μου δεν περίμενα από σένα ~* (αντ. *ενθάρρυνση*).

αποθαρρυντικός, -ή, -ό, επίθ. (έρρ.), που προκαλεί αποθάρρυνση: *αποτέλεσμα -ό· ενδείξεις -ές* (συνών. *αποκαρδιωτικός, απογοητευτικός·* αντ. *ενθαρρυντικός*).

αποθαρρύνω, ρ. **1.** κάνω κάποιον να χάσει το θάρρος του, να δειλιάσει: *δεν τον -υνε η ήττα.* **2.** περιορίζω τον ενθουσιασμό κάποιου, αποτρέπω κάποιον από μια ενέργεια: *προσπάθησε να με -ει προβάλλοντας το μέγεθος του κινδύνου* (αντ. *ενθαρρύνω*).

αποθαυμάζω και (λαϊκ.) **-θαμάζω**, ρ., θαυμάζω υπερβολικά, εκπλήσσομαι για κάτι που βλέπω ή ακούω: *~ τη θέα από τον εξώστη* (= βλέπω με θαυμασμό)· (μέσ.) *ο βασιλιάς περαστικός αποθαμάστηκέν την* (δημ. τραγ.).

αποθειώνω, ρ (ασυνίζ), (χημ., τεχν.) απαλλάσσω μια ουσία ή ένα βιομηχανικό προϊόν από το θείο που περιέχει: *~ πετρελαϊκά προϊόντα.*

αποθείωση η, ουσ. (χημ., τεχν.) απαλλαγή μιας ουσίας ή ενός βιομηχανικού προϊόντος από το θείο που περιέχει: *~ της βενζίνης.*

απόθεμα το, ουσ. **1.** αυτό που έχει αποθηκευτεί για μελλοντική χρήση: *~ τροφίμων/νερού· -ατα καυσίμων για δυο μήνες/μεγάλα/ανεξάντλητα/ελάχιστα· ~ χρηματικό· -ατα χρυσού σε μια τράπεζα· δημιουργώ -ατα·* (μεταφ.) *~ ή -ατα γνώσεων/καλοσύνης/κακίας/υπομονής* (για ιδιότητες που έχει κάποιος σε πολύ μεγάλο βαθμό) (συνών. *αποταμίευμα*). **2.** (γενικά) διαθέσιμη ποσότητα: *~ ενός εμπορεύματος* (= στοκ)· *-ατα πετρελαίου στο υπέδαφος/οξυγόνου σ' έναν κλειστό χώρο· -ατα ενέργειας·* (μεταφ.): *αντιστεκόταν με τα τελευταία -ατα δυνάμεων/θάρρους που του είχαν απομείνει.* **3.** (οικον., συνήθως στον πληθ.) μέρος της περιουσίας μιας επιχείρησης, που περιλαμβάνει προϊόντα έτοιμα ή σε κάποιο στάδιο της παραγωγής, πρώτες ύλες ή αναλώσιμα υλικά: *ανανέωση/απογραφή/έλεγχος/μέγεθος -άτων.*

αποθεματικός, -ή, -ό, επίθ., που σχηματίζεται από τ' αποθέματα: *κεφάλαιο -ό.* - *Το ουδ. ως ους. =* (οικον.) **1.** το μέρος των κερδών που δε διανέμεται στους μετόχους μιας εταιρείας, αλλά παραμένει στην εταιρεία και κεφαλαιοποιείται: *-ό τακτικό/έκτακτο.* **2.** το κονδύλιο πιστώσεων του υπουργείου οικονομικών που ενισχύει τον προϋπολογισμό διάφορων υπουργείων, όταν διαπιστωθεί ότι δεν είναι επαρκής για την αντιμετώπιση μιας αυξημένης ή μιας έκτακτης δαπάνης.

αποθεματοποίηση η, ουσ. (οικον.) η δημιουργία αποθεμάτων.

αποθεραπεία η, ουσ. (ιατρ.) η ολοκλήρωση της θεραπείας ώστε να αποκατασταθεί εντελώς η υγεία του αρρώστου: *αν δεν αναπαυθείς λίγο και-*

αποθεραπεύω

ρό, θ' αργήσει η ~ σου.
αποθεραπεύω, ρ., συμπληρώνω τη θεραπεία, γιατρεύω τελείως: *θα γυρίσεις στη δουλειά σου, μόλις -τείς.*
αποθερίζω, ρ. (λαϊκ.), τελειώνω το θερισμό: *όσο που θερίζομε «Βασίλη και Βασίλη»/και σαν -ίσομε «Ποιος είσαι, βρε κασίδη;»* (παροιμ. για τους αχάριστους που περιφρονούν κάποιον μόλις πάψουν να τον έχουν ανάγκη).
αποθέρισμα το, ουσ. (λαϊκ.), το τέλος του θερισμού: *μας βρήκε πάνω στ' ~* (συνών. *αποθερισμός*).
αποθερισμός ο, ουσ., αποθέρισμα (βλ. λ.).
απόθεση η, ουσ. 1. το να αφήνει κάποιος στο έδαφος αυτό που κρατά: *~ του οπλισμού/του φορτίου.* 2. (γεωλ.) *~ ιζημάτων* = η συσσώρευση στη γήινη επιφάνεια υλικών που προέρχονται από διάβρωση και μεταφέρονται από παράγοντες όπως λ.χ. ο αέρας ή το νερό.
αποθετήριο, επίθ. ουδ. και ουσ. (ασυνίζ.), (νομ.) *(έγγραφο) ~* = έγγραφο με το οποίο αναγνωρίζει κανείς ότι παρέλαβε κάτι (συνήθως εμπορεύματα για αποθήκευση) και υπόσχεται να το παραδώσει σε όποιον του ανήκει: *εκδίδεται/μεταβιβάζεται ~ έγγραφο.*
αποθέτης ο, ουσ. 1. (ιστ.) *-ες οι* = βάραθρο του Ταϋγετου όπου οι Σπαρτιάτες έριχναν τα καχεκτικά και άρρωστα νεογέννητα. 2. (αρχαιολ.) κοιλότητα του εδάφους κοντά σε αρχαίο οικισμό ή ιερό όπου έριχναν άχρηστα ή κατεστραμμένα αντικείμενα: *σπουδαία αρχαϊκά γλυπτά βρέθηκαν κατά τις ανασκαφές στον -η της Ακρόπολης.*
αποθετικός, -ή, -ό, επίθ. (γραμ.), *ρήματα -ά* = κατηγορία ρημάτων της αρχαίας και της νέας ελληνικής που έχουν μόνο παθητική φωνή (λ.χ. *αισθάνομαι, έρχομαι, σέβομαι*, κ.ά.).
αποθέτω, ρ., αφήνω κάτι που κρατώ στο έδαφος: *μας διέταξαν να -σομε τον οπλισμό μας. Φρ. ~ τις ελπίδες μου σε κάποιον* = ελπίζω, στηρίζομαι, υπολογίζω στη βοήθεια κάποιου.
αποθεώνω, ρ. 1. θεοποιώ κάποιον, αποδίδω σε κάποιον θεϊκές τιμές: *οι Αιγύπτιοι -ωσαν το Μ. Αλέξανδρο.* 2. υποδέχομαι κάποιον με υπερβολικό ενθουσιασμό, εκδηλώνω με ζητωκραυγές, εγκώμια, κ.τ.ό., την τιμή και το θαυμασμό μου για κάποιον: *τα πλήθη -ωσαν τον ομιλητή* (συνών. *εγκωμιάζω, επευφημώ*).
αποθέωση η, ουσ. 1. η απόδοση σε κάποιον θεϊκών τιμών: *~ του Ηρακλή* (συνών. *θεοποίηση*). 2. ενθουσιώδης υποδοχή, ζωηρές εκδηλώσεις τιμής, επαίνου, κ.τ.ό.: *~ του νικητή/του ρήτορα* (συνών. *εκθειασμός*). 3. (θεατρ.) α. η κατάληξη ενός δραματικού έργου με μια φαντασμαγορική σκηνή, όπου παρουσιάζονται θεοί, αγγελούδια ή άλλα υπερφυσικά όντα· β. φαντασμαγορικό φινάλε επιθεώρησης. 4. (λαϊκ.) φρ. *«είναι ~!», «σκέτη ~!»* (για πράγμα ή γεγονός που προκαλεί έντονο θαυμασμό, χαρά, ευχαρίστηση, κ.τ.ό.).
αποθεωτικός, -ή, -ό, επίθ., που συνοδεύεται από ζωηρές εκδηλώσεις τιμής, επαίνου, κ.τ.ό., εξαιρετικά θερμός και ενθουσιώδης: *υποδοχή -ή.*
αποθηκάριος ο, ουσ. (ασυνίζ.), ο υπεύθυνος για τη φύλαξη και τη διαχείριση του υλικού που βρίσκεται σε μια αποθήκη.
αποθήκευση η, ουσ. 1. η τοποθέτηση και φύλαξη κάποιου πράγματος σε αποθήκη: *~ εμπορευμάτων / φορτίων· διάρκεια / μέθοδος -ης· ικανότητα -ης* (= χωρητικότητα). 2. (τεχνολ.) συσσώρευση, συγκέντρωση για μελλοντική χρήση: *~ ενέργειας/ηλεκτρισμού/πληροφοριών.*
αποθηκευτικός, -ή, -ό, επίθ., που αφορά ή είναι κατάλληλος για αποθήκευση: *ζήτηση -η· χώροι -οί. - Το ουδ. στον πληθ. ως ουσ.* = ποσό που καταβάλλεται ως ενοίκιο στον ιδιοκτήτη μιας αποθήκης για τη φύλαξη προϊόντων.
αποθηκεύω, ρ. 1. τοποθετώ κάτι (λ.χ. εμπορεύματα, προϊόντα, προμήθειες) σε αποθήκη με σκοπό να τα φυλάξω για μελλοντική χρήση: *~ τη σοδειά/τα καπνά/τα μηχανήματα.* 2. συσσωρεύω κάτι σε ειδική συσκευή, για να είναι μελλοντικά στη διάθεσή μου: *~ ενέργεια/θερμότητα/πληροφορίες.*
αποθήκη η, ουσ. 1. στεγασμένος ή περίφρακτος χώρος όπου τοποθετούνται για φύλαξη εμπορεύματα ή άλλα είδη προορισμένα για μελλοντική κατανάλωση, χρήση ή πώληση: *~ τροφίμων/ζωοτροφών/γεωργικών ή κτηνοτροφικών προϊόντων/ξυλείας/υφασμάτων/φαρμάκων/καυσίμων/πυρομαχικών/βενζίνης· γενικές -ες· -ες διαμετακόμισης· βιβλίο -ης* (όπου καταχωρούνται τα εμπορεύματα που παραλαμβάνει ή διαθέτει ένας έμπορος)· *τιμές -ης* (χαμηλότερες από τις συνηθισμένες λιανικές τιμές)· (στρατ.) *~ Βάσης* = χώρος όπου αποθηκεύονται στρατιωτικές προμήθειες: *~ Βάσης Υλικού Πολέμου (Α.Β.Υ.Π.)/Υγειονομικού Υλικού (Α.Β.Υ.Υ.).* 2. (γενικά) ιδιαίτερος χώρος όπου τοποθετείται για φύλαξη μια ποσότητα πραγμάτων: *~ του σπιτιού/του μαγαζιού/αποσκευών του πλοίου/του τρένου/ του αεροπλάνου* (για ογκώδεις αποσκευές των επιβατών).
αποθηκιάζω, ρ. (συνίζ., λαϊκ.), αποθηκεύω (βλ. λ.): *~ τα κάρβουνα/το λάδι/το στάρι.*
αποθηλάζω, ρ., σταματώ να θηλάζω.
αποθηλασμός ο, ουσ. (ιατρ.) η παύση του θηλασμού ενός βρέφους: *στις αναπτυγμένες χώρες ο ~ γίνεται πολύ νωρίς* (συνών. *απογαλακτισμός, «απόκομμα»*).
αποθηριώνω, ρ. (ασυνίζ.), μεταβάλλω σε θηρίο, εξοργίζω υπερβολικά: *τον είχε -σει η πείνα/η βλαστήμια που άκουσε* (συνών. *εξαγριώνω*).
αποθηρίωση η, ουσ., η μεταμόρφωση κάποιου σε θηρίο, η αποκορύφωση της οργής του: *οι αλλεπάλληλες προσβολές προκάλεσαν την ~ του* (συνών. *εξαγρίωση*).
αποθησαυρίζω, ρ., συγκεντρώνω και αποταμιεύω πολύτιμα πράγματα (συνήθως χρήματα): *~ πλούτη·* (μεταφ.) *~ γνώσεις/σοφία· ~ λέξεις/ποιήματα* (= καταχωρίζω σε συλλογές ή λεξικά γλωσσικό υλικό ακατάγραφο).
αποθησαύριση η, ουσ., συγκέντρωση και αποταμίευση πολύτιμων πραγμάτων (συνήθως χρημάτων): *~ πλούτου·* (οικον.) η μετατροπή του χρήματος σε θησαυρό, συνήθως σε χρυσό, που αποσύρεται από την κυκλοφορία, δεν κατατίθεται σε πιστωτικά ιδρύματα και δε χρησιμοποιείται για επενδύσεις· (μεταφ.) *~ γνώσεων/τραγουδιών· λεκτρονική ~ λέξεων* (= συγκέντρωση ακατάγραφου λαογραφικού ή γλωσσολογικού υλικού).
αποθησαύρισμα το, ουσ. 1. αποθησαύριση (βλ. λ.). 2. αυτό που αποθησαυρίστηκε.
αποθησαυρισμός ο, ουσ., αποθησαύριση (βλ. λ.).
αποθησαυριστικός, -ή, -ό, επίθ., που αναφέρεται ή οδηγεί στη αποθησαύριση: *τάση -ή·* (βοτ.) *ουσίες -ές* = θρεπτικές ουσίες που συγκεντρώνονται σε

ορισμένα όργανα των φυτών *(-ά όργανα)* για να χρησιμεύσουν στην ανάπτυξή τους.
αποθράσυνση η, ουσ., το να γίνεται κάποιος θρασύς: *η ατιμωρησία προκαλεί ~.*
αποθρασύνω, ρ., αόρ. *-συνα.* Ι. (ενεργ.) κάνω κάποιον θρασύ, τολμηρό, αυθάδη: *η ανεκτικότητά σου τον -συνε.* ΙΙ. (μέσ.) γίνομαι θρασύς, αυθάδης: *οι κλέφτες -νθηκαν τόσο που «δουλεύουν» και μέρα μεσημέρι.*
αποθυμιά, βλ. *επιθυμία.*
αποθυμώ, βλ. *επιθυμώ.*
αποικία η, ουσ. 1. οικισμός ιδρυμένος σε ξένη χώρα από ομάδα ανθρώπων που εγκατέλειψαν για πάντα την πατρίδα τους: *πρώτη ~ των Δωριέων στη Σικελία ήταν οι Συρακούσες· -ες ελληνικές/ ρωμαϊκές· ~ πλούσια.* 2. χώρα, συνήθως υπανάπτυκτη, που την θέτει υπό την κυριαρχία του ένα κράτος, για τα δικά του οικονομικά, στρατηγικά, κ.ά. συμφέροντα: *-ες της Ισπανίας/της Αγγλίας/ της Γαλλίας· διοίκηση/εκμετάλλευση/αυτοδιάθεση/ανεξαρτησία μιας -ας.* 3. (βιολ.) ομάδα ζώων που ζουν σε μεγάλο αριθμό μαζί, κοινωνία: *~ καστόρων/μελισσών/σπάνιων πουλιών·* (φυσ. ιστ.) σύνολο ατόμων του ίδιου ζωικού είδους που προέρχονται με εκβλάστηση από ένα αρχικό άτομο, πολλαπλασιάζονται και παραμένουν ενωμένα: *~ πρωτοζώων/κοραλλίων·* (μικροβιολ.) *~ μικροβίων* = ομάδα μικροβίων του ίδιου είδους ή ποικιλίας, που αναπτύσσονται φυσικά ή καλλιεργούνται σε εργαστήριο.
αποικιακός, -ή, -ό, επίθ. (ασυνίζ.), που σχετίζεται με τις αποικίες: *ζυγός ~· εξάπλωση/κοινωνία/δύναμη/πολιτική -ή· καθεστώς -ό· αυτοκρατορίες -ές· στρατεύματα -ά· σύμβαση -ή ή -ού χαρακτήρα* (που παραβλάπτει τα οικονομικά συμφέροντα μιας χώρας προς όφελος μιας άλλης ισχυρότερης). - *Το ουδ. στον πληθ. ως ουσ.* = προϊόντα που προέρχονται από παλιές αποικίες των ευρωπαϊκών κρατών στην Ασία, την Αφρική ή την Αμερική (λ.χ. καφές, τσάι, μπαχαρικά).
αποικίζω και σπανίως **αποικώ**, ρ., εγκαθιστώ αποίκους, ιδρύω σ' έναν τόπο αποικία: *οι Μεγαρείς -ισαν τη Χαλκηδόνα και το Βυζάντιο· η Β. Αμερική -στηκε κυρίως από Αγγλοσάξονες.*
αποίκιλτος, -η, -ο, επίθ., που δεν τον στόλισαν: *στολή -η* (συνών. αδιακόσμητος, αστόλιστος).
αποικιοκράτης ο, ουσ. (ασυνίζ.), οπαδός της αποικιοκρατίας (βλ. λ.): *οι -ες επινοούν νέους τρόπους εκμετάλλευσης.*
αποικιοκρατία η, ουσ. (ασυνίζ.), ιδεολογία που νομιμοποιεί και υποστηρίζει την εξάπλωση ενός κράτους σε ξένα εδάφη για λόγους οικονομικούς, στρατιωτικούς, κ.ά.: *με το τέλος του δεύτερου παγκόσμιου πολέμου η ~ κλονίστηκε.*
αποικιοκρατικός, -ή, -ό, επίθ. (ασυνίζ.), που σχετίζεται με την αποικιοκρατία: *βαναυσότητα/ εκμετάλλευση -ή· μέθοδοι -ές.*
αποικιοκρατούμαι, -είσαι, ρ. (ασυνίζ.), (για γεωγραφικές περιοχές) κυβερνούμαι με τους θεσμούς που επιβάλλονται σε αποικίες: (συνήθως σε μετοχή) *περιοχή -ούμενη.*
αποικιοποίηση η, ουσ. (ασυνίζ.), μετατροπή μιας χώρας ή μιας περιοχής σε αποικία (βλ. λ. στη σημασ. 2): *~ της Ινδίας/της Ινδοκίνας/της Αυστραλίας· το δόγμα Μονρόε καταδίκαζε κάθε νέα απόπειρα -ης στην Αμερική.*
αποίκιση η, ουσ., αποστολή αποίκων, ίδρυση αποικίας: *~ του Εύξεινου Πόντου/της Μικράς Ασίας/ της Αμερικής* (συνών. αποικισμός).
αποικισμός ο, ουσ., αποίκιση (βλ. λ.): *αρχαίος ελληνικός/υπερπόντιος ~· μετατροπή μιας χώρας ή περιοχής σε αποικία* (βλ. λ. στη σημασ. 2): *~ της Αφρικής από τους Ευρωπαίους.*
αποικιστής ο, ουσ., αυτός που ιδρύει μια αποικία ή εγκαθίσταται σ' αυτήν: *οι ιθαγενείς ήταν πολλαπλάσιοι σε σύγκριση με τους -ές.*
αποικιστικός, -ή, -ό, επίθ., που σχετίζεται με τον αποικισμό: *δραστηριότητα/τάση/πολιτική -ή· ρεύμα -ό.*
αποικοδόμηση η, ουσ. (χημ.) διάσπαση μιας οργανικής ένωσης με παράλληλη ελάττωση του αριθμού των ατόμων του άνθρακα στο μόριό της· (βιολ.) διάσπαση μιας ουσίας και πρόσκτησή της από ένα οικοσύστημα.
αποικοδομήσιμος, -η, -ο, επίθ., που είναι δυνατόν να υποστεί αποικοδόμηση: *μη -α μολυντικά* = μολυντικές φυσικές ή τεχνητές ουσίες που δε διασπώνται μέσα στο οικοσύστημα (βλ. λ.) (λ.χ. ενώσεις του μολύβδου ή του υδραργύρου, εντομοκτόνα, φάρμακα).
αποικοδομώ, -είς, ρ., προκαλώ αποικοδόμηση (βλ. λ.): *τα πλαστικά δεν -ούνται στη φύση, γιατί δεν υπάρχουν μικροοργανισμοί που να τα διασπούν.*
άποικος ο, ουσ. 1. αυτός που συμμετέχει σε αποικισμό ή κατοικεί σε αποικία: *συχνά το μαντείο των Δελφών όριζε πού να εγκατασταθούν οι -οι·* οι *Άγγλοι -οι της Β. Αμερικής επέμεναν στο σεβασμό των ελευθεριών τους.*
αποκαθαρίζω, ρ. 1. καθαρίζω κάτι πολύ καλά. 2. τελειώνω το καθάρισμα ενός πράγματος.
από καθέδρας· αρχαϊστ. έκφρ. = α. (για τον πάπα) από το επίσημο κάθισμα: *ο πάπας θεωρείται αλάθητος, όταν μιλά από -ας·* β. (μεταφ. λόγ.) με τρόπο που δεν επιδέχεται αντιρρήσεις ή αμφισβήτηση, δογματικά.
αποκαθηλώνω, ρ., ξεκαρφώνω, ξηλώνω.
αποκαθήλωση η, ουσ., αφαίρεση των καρφιών (συνών. ξήλωμα, ξεκάρφωμα) (εκκλ.) *Αποκαθήλωση του Χριστού* = κατέβασμα του σώματος του Χριστού από το Σταυρό.
αποκαθιστώ, -άς, ρ. 1. επαναφέρω κάποιον ή κάτι στην προηγούμενη θέση ή κατάσταση: *-καταστάθηκε η συγκοινωνία/η τάξη/η ησυχία/η υγεία του ασθενή.* 2α. εξασφαλίζω οικονομικά ή τακτοποιώ επαγγελματικά κάποιον: *τα παιδιά του είναι -καταστημένα σε καλές θέσεις·* β. παντρεύω, εξασφαλίζω έναν «καλό» γάμο σε κάποιον: *-κατάστησε την κόρη του.*
αποκαΐδι το, ουσ., ξύλο που δεν κάηκε εντελώς, κούτσουρο: *στάχτες κι -ια.*
αποκαινουργις, επίρρ., από την αρχή, ξανά: *ξήλωσε το πλεκτό και το έφτιαξε ~.*
από καιρού εις καιρόν· αρχαϊστ. έκφρ. = πότε πότε.
αποκαίω, ρ., καίω κάτι εντελώς: *-κάηκαν τα ξύλα και η φωτιά έσβησε εντελώς.*
αποκαλυπτήρια τα, ουσ. (ασυνίζ.), επίσημη τελετή κατά την οποία ξεσκεπάζεται δημόσια ένα μνημείο ή ένας ανδριάντας: *τα ~ του αγάλματος του Κολοκοτρώνη.* Φρ. μεταφ. *κάνω τα ~ κάποιου* (= κάνω γνωστές τις κακές προθέσεις κάποιου, τον ξεσκεπάζω).
αποκαλυπτήριος, -α, -ο, επίθ. (ασυνίζ.), που συ-

αποκαλυπτικός

ντελεί στο φανέρωμα κρυμμένου πράγματος (συνών. *αποκαλυπτικός*).

αποκαλυπτικός, -ή, -ό, επίθ. 1.που συντελεί στο φανέρωμα κάποιου άγνωστου πράγματος: *το τεστ ήταν -ό του επιπέδου νοημοσύνης του*. 2. (εκκλ.) που αναφέρεται στην αποκάλυψη των θείων μυστηρίων: *φιλολογία -ή* = το σύνολο των βιβλίων που έχουν ως θέμα την αποκάλυψη των θείων μυστηρίων· *αριθμός* ~ = ο μυστηριώδης αριθμός 666 που βρίσκεται στην Αποκάλυψη του Ιωάννη και αναφέρεται στο Νέρωνα ως αντίχριστο· (ως ουσ.) *οι -οί* = οι οπαδοί της αίρεσης που βασίζεται στην Αποκάλυψη του Ιωάννη. 3. (λογοτ.) *ύφος -ό* (= μυστικοπαθές).

αποκαλύπτω, ρ. I ενεργ. 1. αφαιρώ το κάλυμμα (συνών. *ξεσπεπάζω·* αντ. *καλύπτω, σκεπάζω*). 2. κάνω κάτι φανερό: ~ *το όνομά μου/το μυστικό μου/τον ένοχο* (συνών. *φανερώνω·* αντ. *αποκρύπτω, καλύπτω*). II μέσ. 1. έρχομαι στο φως, γίνομαι γνωστός: *-ύφθηκαν τα κίνητρα του εγκλήματος/οι ένοχοι* (συνών. *φανερώνομαι*). 2. βγάζω το καπέλο μου. 3. (στρατ.) βγαίνω από το προκάλυμμά μου και εκτίθεμαι στις βολές του εχθρού.

αποκάλυψη η, ουσ., το να γίνεται κάτι γνωστό, φανερό, ομολογία κάποιου άγνωστου πράγματος: ~ *του μυστικού/του ενόχου* (συνών. *φανέρωμα, γνωστοποίηση·* αντ. *απόκρυψη*). 2. (εκκλ.) φανέρωμα των θείων μυστηρίων στους ανθρώπους. 3. (ως κύρ. όν.) τίτλος βιβλίου της Καινής Διαθήκης γραμμένο από τον Ευαγγελιστή Ιωάννη, όπου αποκαλύπτεται προφητικά το μέλλον της χριστιανικής θρησκείας.

αποκαλώ, -είς, ρ., ονομάζω, επονομάζω: *τον -εσε κλέφτη και απατεώνα μπροστά σ' όλους*.

αποκάμωμα το, ουσ. το να νιώθει κανείς αποκαμωμένος: *ήταν τέτοιο το -ά μου που κοιμήθηκα αμέσως* (συνών. *κούραση, εξάντληση*).

αποκάνω, ρ., αόρ. *απόκαμα* και *-κανα,* μτχ. *-μωμένος*. Α. (αμτβ.) κουράζομαι από μια εργασία ή ενέργεια, εξαντλούμαι: *-καμα από την πολλή δουλειά· -κανε πια να την συμβουλεύει και την άφησε στην τύχη της· -καμωμένος στρατοκόπος* (συνών. *αποσταίνω, απαυδώ*). Β. (μτβ.) αποτελειώνω, αποπερατώνω κάτι.

αποκαρδιώνω, ρ. (ασυνίζ.), προκαλώ απογοήτευση, αποθαρρύνω κάποιον: *-ώθηκα απ' όσα μου είπες* (συνών. *απογοητεύω·* αντ. *ενθαρρύνω, εγκαρδιώνω*).

αποκαρδίωση η, ουσ., απογοήτευση, αποθάρρυνση (αντ. *ενθάρρυνση*).

αποκαρδιωτικός, -ή, -ό, επίθ. (ασυνίζ.), που προκαλεί απογοήτευση, αποθάρρυνση: *η πρώτη εντύπωση ήταν δυστυχώς -ή· θέαμα -ό* (συνών. *αποθαρρυντικός, απογοητευτικός·* αντ. *ενθαρρυντικός, εγκαρδιωτικός*).

αποκάρωμα το, ουσ., υπνηλία· βαθύς ύπνος, λήθαργος: *μεσημεριανό* ~.

αποκαρώνω, ρ. Α. (μτβ.) ναρκώνω, αποκοιμίζω κάποιον: *η ζέστη της αίθουσας και η ανιαρή ομιλία -ωσαν τους ακροατές*. Β. (αμτβ. ή μέσ.) ναρκώνομαι, πέφτω σε λήθαργο.

αποκάρωση η, ουσ., νάρκωση, λήθαργος.

από καταβολής κόσμου· αρχαϊστ. έκφρ. = από πολύ παλιά.

αποκαταντιά και **-κατάντια** η, ουσ. (έρρ., συνιζ.), (άθλια) κατάσταση στην οποία καταντά κάποιος.

αποκαταντώ, -άς, ρ. (έρρ.), φτάνω σε κάποια (άθλια) κατάσταση, καταντώ: *αυτά να κάνεις και να δεις πώς θ' αποκαταντήσεις*.

αποκατασταίνω, ρ. (λαϊκ.), αποκαθιστώ (βλ. λ.). [αόρ. του *αποκαθιστώ* αναλογ. με ρ. σε *-αίνω*].

αποκατάσταση η, ουσ. 1. επάνοδος σε προηγούμενη κατάσταση: ~ *της τάξης/της δημοκρατίας/ της συγκοινωνίας·* ~ *των σχέσεων* (= επανασύνδεση)· ~ *της υγείας* (= ανάρρωση). 2. (φιλολ.) ~ *(αρχαίου) κειμένου* = προσπάθεια να δοθεί σ' ένα κείμενο κατά το δυνατόν η πλησιέστερη μορφή σ' αυτήν που είχε όταν γράφτηκε από το συγγραφέα, αφού απαλειφθούν τα σφάλματα αντιγραφέων και μεταγενέστερες παρεμβολές. 3. οικονομική και επαγγελματική εξασφάλιση κάποιου (συνήθως του παιδιού με τη βοήθεια του γονιού του)· (ειδικότερα για την κόρη) πάντρεμα με τη βοήθεια των γονιών. 4. Φροντίδα του κράτους για εξασφάλιση στέγης και διατροφής πολιτών που έχουν πληγεί από κάτι (λ.χ. θεομηνία): ~ *προσφύγων/σεισμοπλήκτων*.

αποκατινός, -ή, -ό, επίθ. (λαϊκ.). 1. που βρίσκεται κάτω από κάποιον άλλον ή κάτι άλλο: *δόντια -ά· σπίτι -ό*. 2. (μεταφ.) που είναι κατώτερης ποιότητας (συνών. *παρακατιανός*).

αποκάτω, επίρρ., κάτω από, από το κάτω μέρος: *κάθισα να ξεκουραστώ στο δέντρο* ~.

απόκεντρος, -η, -ο, επίθ. (έρρ.), που βρίσκεται μακριά από το κέντρο, παράμερος: *δρόμος* ~· *γειτονιά -η* (συνών. *απόμερος·* αντ. *κεντρικός*).

αποκεντρώνω, ρ. (έρρ.). 1. απομακρύνω κάτι από το κέντρο. 2. αποχωρίζω μια υπηρεσία ή διοίκηση από την κεντρική του υπουργείου και την κάνω ανεξάρτητη, εφαρμόζω αποκέντρωση (βλ. λ.).

αποκέντρωση η, ουσ. (έρρ.). 1. απομάκρυνση από το κέντρο. 2. παροχή αυτοδιοίκησης σε μια διοίκηση ή υπηρεσία· *διοικητική* ~ = παροχή αυτοδιοίκησης σε κάποια διοικητική περιοχή (δήμο, κοινότητα) ή υπηρεσία· *πολιτική* ~ = χωρισμός των εξουσιών του κράτους σε νομοθετική, δικαστική και εκτελεστική.

αποκεντρωτικός, -ή, -ό, επίθ. (έρρ.), που αναφέρεται στην αποκέντρωση: *πολιτική -ή· αποκεντρωτικό σύστημα διοίκησης* = το σύστημα κατά το οποίο τα περιφερειακά κρατικά όργανα έχουν αποφασιστικές αρμοδιότητες για τις υποθέσεις της περιφερείας τους, ενώ οι κεντρικές υπηρεσίες έχουν μόνο τον έλεγχο και συντονισμό τους (αντ. *συγκεντρωτικός*).

αποκεφαλίζω, ρ. 1. κόβω το κεφάλι ανθρώπου ή ζώου· θανατώνω με αποκεφαλισμό (συνών. *καρατομώ*). 2. κόβω την κορυφή ενός πράγματος.

αποκεφάλιση η, ουσ., θανάτωση με κόψιμο του κεφαλιού, καρατόμηση: ~ *του Προδρόμου* (συνών. *αποκεφαλισμός*).

αποκεφαλισμός ο, ουσ., θανάτωση με κόψιμο του κεφαλιού, καρατόμηση (συνών. *αποκεφάλιση*).

αποκεφαλιστής ο, ουσ., αυτός που αποκεφαλίζει· δήμιος.

Αποκεφαλιστής ο, ουσ., προσων. του Αγίου Ιωάννη του Βαπτιστή από το γεγονός της θανάτωσής του με αποκεφαλισμό. [αντί *Αποκεφαλισθείς* κατά το *Βαπτιστής*].

αποκήρυξη η, ουσ. 1. απάρνηση ή δημόσια αποδοκιμασία θεωρίας ή προσώπου: ~ *του κόμματος·* ~ *των πολιτικών πεποιθήσεων*. 2. (νομ.) δικαστική πράξη με την οποία ο πατέρας αρνείται την πατρότητα και επομένως αποκληρώνει το παιδί του. 3.

(εκκλ.) αφορισμός, αναθεματισμός.
αποκλαίω και **-κλαίγω**, ρ. 1. κλαίω πολύ, θρηνώ μεγαλόφωνα. 2. παύω να κλαίω.
αποκλαμός, βλ. *πλοκαμός*.
αποκλείνω, βλ. *αποκλείω*.
αποκλεισμός ο, ουσ. 1α. απομόνωση κάποιου χώρου με την κατάληψη ορισμένων σημείων και παρεμπόδιση της επικοινωνίας με τους έξω από το χώρο αυτόν: ~ *φρουρίου/πόλης*· β. διακοπή της συγκοινωνίας και επικοινωνίας των ατόμων κάποιου τόπου με τους έξω από αυτόν εξαιτίας καιρικών συνθηκών: ~ *του χωριού από τα χιόνια*. 2. διακοπή της συγκοινωνίας και επικοινωνίας με άλλα κράτη, που επιβάλλεται σ' ένα κράτος από ένα άλλο ισχυρότερο με τη βοήθεια του πολεμικού του στόλου: ~ *θαλάσσιος*· ~ *εμπορικός* = άρνηση των εμπόρων ή των καταναλωτών μιας χώρας να εισάγουν ή να καταναλώνουν προϊόντα μιας άλλης, «μποϊκοτάζ»)· ~ *εργαζομένων* (= διακοπή της λειτουργίας εργοστασίου ή επιχείρησης, που κηρύσσεται από τους εργοδότες ως απάντηση στις απεργιακές κινητοποιήσεις των εργαζομένων, ανταπεργία, «λοκ-άουτ»)· ~ *ηπειρωτικός* (ιστ. = αποκλεισμός που επιβλήθηκε από το Μ. Ναπολέοντα σ' όλη την ηπειρωτική Ευρώπη από τα αγγλικά προϊόντα)· ~ *ναυτικός* (= κλείσιμο των λιμανιών από τη ναυτική δύναμη μιας χώρας ή απαγόρευσης εισόδου ή εξόδου των πλοίων, «εμπάργκο»). 3. απαγόρευση ή μη αποδοχή της αίτησης κάποιου για συμμετοχή σε αγώνες: *ο ~ του από την εθνική ομάδα τον απογοήτευσε*.
αποκλειστικός, -ή, -ό, επίθ., μοναδικός, που αποκλείει κάθε άλλον: *έχει την -ή διάθεση του προϊόντος*· *-ή απασχόληση των γιατρών*. - Το θηλ. ως ουσ. = ειδική νοσοκόμα που φροντίζει έναν άρρωστο μόνο: *πήραν -ή για τον άρρωστο πατέρα τους*.
αποκλειστικότητα η, ουσ. α. ιδιότητα του αποκλειστικού, μοναδικότητα: *έχει την ~ στο να λέει ανοησίες όταν δεν πρέπει*· β. το δικαίωμα έκδοσης και κυκλοφορίας ενός έργου, η διάθεσή του στην αγορά και η αποκλειστική εκμετάλλευσή του απ' αυτόν που έχει εξασφαλίσει με νομική πράξη το προνόμιο αυτό: *δημοσιεύεται στην εφημερίδα μας κατ' ~*.
αποκλείω και **αποκλείνω**, ρ. 1. κλείνω, εμποδίζω, περιορίζω: *οι ορειβάτες -είστηκαν· το χωριό -είστηκε από τα χιόνια*. 2. εφαρμόζω αποκλεισμό, εμποδίζω την επικοινωνία προς τα έξω: *οι εχθροί -έκλεισαν τα λιμάνια της χώρας*. 3. αρνούμαι, δεν επιτρέπω τη συμμετοχή: *ο πρωθυπουργός -έκλεισε από τον κατάλογο το βουλευτή* (αντ. *περιλαμβάνω*). 4. απορρίπτω, δε διαπραγματεύομαι: *-έκλεισε την πρότασή σου*. 5. (απρόσ.) θεωρώ αδύνατον· *αποκλείεται* = δεν είναι δυνατόν: *-εται να ήταν αυτός· έκανε λάθος*.
απόκληρος, -η, -ο, επίθ. 1. που αποκλείεται από την κληρονομική μερίδα που του ανήκει: *ο γιος του έμεινε ~* (συνών. *αποκληρωμένος*). 2. φτωχός, παραπεταμένος, άτυχος: *-οι της ζωής/της τύχης/της κοινωνίας*.
αποκληρώνω, ρ., αποκλείω κάποιον από την κληρονομική μερίδα που του ανήκει: *-ωσε την κόρη του, επειδή έφυγε από το σπίτι*.
αποκλήρωση η, ουσ., στέρηση από κάποιον της κληρονομικής μερίδας που του ανήκει.
αποκλιμακώνω, ρ., μειώνω σταδιακά, βαθμιαία, ελαττώνω, περιορίζω: *τα μέτρα της κυβέρνησης -ωσαν τη δυσφορία των εργαζομένων*· *-ώθηκε η ένταση στις σχέσεις των δύο χωρών* (αντ. *κλιμακώνω*).
αποκλιμάκωση η, ουσ., βαθμιαία, σταδιακή μείωση: *~ του πληθωρισμού* (αντ. *κλιμάκωση*).
αποκλίνω, ρ. 1. κλίνω προς τη μια μεριά, γέρνω: *η ζυγαριά -ει προς τα δεξιά*. 2. δείχνω προτίμηση σε κάτι, ρέπω προς κάτι: *~ μάλλον υπέρ της πρώτης πρότασης*. 3. παρεκκλίνω, ξεφεύγω: *μην -εις από το δρόμο που εσύ χάραξες*. 4. (ναυτ.) *~ από τον άνεμο* = στρίβω την πλώρη δεξιότερα ή αριστερότερα από την κατεύθυνση που φυσά ο άνεμος. 5. (παθ. για βολές πυροβολικού ή άρματος), διασκορπίζομαι, απομακρύνομαι από τον αρχικό στόχο. 6. (φυσ.) *αποκλίνουν φακός* = φακός που διασκορπίζει τις φωτεινές ακτίνες (αντ. *συγκλίνων*).
απόκλιση η, ουσ. 1. το να κλίνει (κάποιος ή κάτι) προς μια πλευρά· παρέκκλιση, λοξοδρόμισμα: *η ~ του κτηρίου προκλήθηκε από το σεισμό*· *~ από την πραγματικότητα* (συνών. *κλίση*). 2. (αστρον.) *~ αστέρος* = απόσταση ενός αστέρα από τον ουράνιο Ισημερινό. 3. (τοπογρ.) γωνία που σχηματίζεται από το επίπεδο του μαγνητικού μεσημβρινού ενός τόπου με το επίπεδο του μεσημβρινού. 4. (για βολή πυροβολικού ή άρματος) απόσταση του σημείου στο οποίο πέφτει το βλήμα από το κέντρο του στόχου.
αποκόβω, ρ. 1. κόβω εντελώς: *-ψε τα δέντρα από τη ρίζα τους*. 2. σταματώ το θηλασμό ενός βρέφους: *-ψα το παιδί όταν έγινε πέντε μηνών* (συνών. *απογαλακτίζω, αποθηλάζω*). 3. (μέσ.) απομακρύνομαι, αποξενώνομαι, «ξεκόβω»: *αισθάνομαι αποκομμένος από την παρέα*.
αποκοιμίζω, ρ. 1. κάνω κάποιον να κοιμηθεί: *η ανιαρή παράσταση μας -ισε όλους* (συνών. *ξυπνώ, αφυπνίζω*). 2. ξεγελώ, παραπλανώ: *μας -ιζε με το χαμόγελό του και δεν τον υποψιαστήκαμε* (συνών. *απονάρκωνω*· αντ. *ξυπνώ, αφυπνίζω*).
αποκοίμισμα το, ουσ., το να αποκοιμίζεις κάποιον: *~ του παιδιού*.
αποκοιμιστικός, -ή, -ό, επίθ., που προκαλεί νύστα, ύπνο: *τι -ό που είναι το τραγούδι σου!*
αποκοιμούμαι, -κοιμιέμαι και **-κοιμάμαι**, ρ. 1. με πιάνει ο ύπνος, κοιμούμαι: *-ήθηκα καθώς έβλεπα τηλεόραση* (αντ. *ξυπνώ*). 2. πεθαίνω γαλήνια.
από κοινού· εκφρ. = μαζί: *οι σύζυγοι αποφασίζουν ~ για κάθε θέμα του συζυγικού βίου*.
από κοίτης και τραπέζης· εκφρ. για συζύγους που βρίσκονται σε διάσταση: *εχώρισαν ~*.
αποκόλληση η, ουσ., το να αποχωρίζονται κολλημένα μεταξύ τους πράγματα: *~ ψηφιδωτών* (συνών. *ξεκόλλημα, αποχωρισμός*).
αποκολλώ, -άς, ρ., αποχωρίζω κολλημένα μεταξύ τους πράγματα: *~ ετικέτα/γραμματόσημο* (συνών. *ξεκολλώ*· αντ. *κολλώ*).
αποκολοκύνθωση η, ουσ. 1. εξομοίωση του κεφαλιού με κολοκύθι· μεγάλη πνευματική κατάπτωση, αποβλάκωση. 2. (ως κύρ. όν.) έργο του φιλοσόφου Σενέκα που παρωδεί την αποθέωση του αυτοκράτορα Τιβερίου Κλαύδιου μετά το θάνατό του.
αποκομιδή η, ουσ., το να μεταφέρει, να κουβαλά κανείς κάτι: *~ των απορριμμάτων/των λειψάνων του αγίου* (συνών. *μεταφορά, κουβάλημα*).
αποκομίζω, ρ. 1. παίρνω μαζί μου, μεταφέρω: *-ισα άριστες εντυπώσεις από τη γνωριμία μου μαζί*

σου. 2. κερδίζω, αποκτώ: *από το συνεταιρισμό - ισαν πολλά κέρδη· ~ οφέλη.*
απόκομμα το, ουσ., τμήμα, κομμάτι ενός πράγματος: *~ εφημερίδας.*
αποκοντά και **απόκοντα**, επίρρ. (έρρ.), από κοντά, από μικρή απόσταση: *με παρακολουθεί ~· παρακολουθώ την υπόθεση ~* (= ενημερώνομαι συνεχώς). Φρ. *τον ξέρω ~* (= πολύ καλά)· *τον έχω ~* (= υπό τον έλεγχό μου)· *αποκοντά κι απόκοντα* (= από πολύ κοντά).
αποκοπή η, ουσ. 1. καθορισμός της αμοιβής για το σύνολο των εργασιών που αναλαμβάνει κάποιος και όχι με βάση κάποια μονάδα μήκους, βάρους ή χρόνου: *ανέλαβε την περίφραξη κατ' ~* (ή *με ~*). 2. (γραμμ.) αποβολή του τελικού φωνήεντος μιας λέξης πριν από το αρχικό σύμφωνο της επόμενης (λ.χ. *φέρε το → φέρ' το, κάνε το → κάν' το*).
αποκορύφωμα το, ουσ., ανώτατο όριο, έπακρο: *η κυβερνητική κρίση έφτασε στο ~· ~ της τρέλας/της αγανάκτησης* (συνών. *αποκορύφωση*).
αποκορυφώνομαι, ρ., βρίσκομαι στην κορυφή, στο ανώτατο σημείο: *το ενδιαφέρον του κόσμου για τις πολιτικές εξελίξεις -ώθηκε.*
αποκορύφωση η, ουσ., ανώτατο σημείο, έπακρο (συνών. *αποκορύφωμα*).
απόκοσμος, -η, -ο, επίθ. 1. που ζει μακριά από τον κόσμο, μοναχικός, ερημικός, ακοινώνητος: *έζησε έξω από το χωριό μόνος κι ~ έως το θάνατό του* (συνών. *αποτραβηγμένος·* αντ. *κοινωνικός*). 2. που βρίσκεται έξω από τη γήινη σφαίρα ή την ανθρώπινη αντίληψη· υπέροχος, θεσπέσιος, μυστηριώδης: *άκουσε τ' -ο, το παλιό βιολί* (Πολέμης)· *φως -ο.* 3. (για τόπο) που δε βρίσκεται σε κεντρικό σημείο, ερημικός: *-η γωνιά* (συνών. *απόκεντρος·* αντ. *κεντρικός*).
αποκοτιά η, ουσ. (συνιζ.), παράτολμο θάρρος, θράσος· παράτολμη ενέργεια: *όρμησε πάνω στο φονιά με μεγάλη ~· τι ~ έκανες!*
απόκοτος, -η, -ο, επιθ., που είναι απερίσκεπτος τολμηρός, ριψοκίνδυνος· θρασύς: *παλληκάρι -ο· δε φοβάται τίποτα* (συνών. *παράτολμος*). - Επίρρ. -α: *μίλησε στο διευθυντή θαρρετά κι -α.*
αποκοτώ, -άς, ρ., αποτολμώ, επιχειρώ: *δεν -ά να πάρει απάνω του τέτοιο βάρος.*
αποκούμπι και **απακούμπι** το, ουσ. (έρρ.) α.στήριγμα· β. (μεταφ.) προστάτης: *πήραν την ψυχοκόρη να την έχουν ~ στα γεράματά τους· ήσουνα τ' ~ μου και η παρηγοριά μου.* [απακουμπώ υποχωρ.].
αποκουντώ, -άς, ρ. (έρρ.). 1. σπρώχνω. 2. ωθώ, παρακινώ κάποιον σε ενέργεια: *αν δεν τον -ούσαν οι φίλοι του, δε θα το αποφάσιζε.* [αποσκουντώ<από + σκουντώ].
αποκουτιαίνω, ρ. (συνίζ.). Α. (μτβ.) κάνω κάποιον εντελώς κουτό, βλάκα: *τον -ιανε η τηλεόραση* (συνών. *αποβλακώνω*). Β. (αμτβ.) γίνομαι εντελώς κουτός, βλάκας: *-ιανε πια και δεν ξέρει τι λέει* (συνών. *αποβλακώνομαι, ξεκουτιαίνω*).
αποκουφαίνω, ρ. Ι (ενεργ.) κάνω κάποιον εντελώς κουφό· ενοχλώ κάποιον με θόρυβο ή με τις φωνές μου: *πάψε πια! μας -ανες με τις αγριοφωνάρες σου!* (συνών. *ξεκουφαίνω*). ΙΙ (μέσ.) χάνω την ακοή μου, γίνομαι εντελώς κουφός: *ήταν λίγο κουφός από πριν, αλλά τώρα -άθηκε.*
αποκρατικοποίηση η, ουσ. (για επιχειρήσεις) μετατροπή κρατικής επιχείρησης σε ιδιωτική.
αποκρένομαι, βλ. *αποκρίνομαι.*

αποκρεύω, ρ. (λαϊκ.). 1. γιορτάζω την αποκριά. 2. τρώγω κρέας την τελευταία μέρα πριν από την περίοδο νηστείας· απολαμβάνω ένα φαγητό που σπάνια έχω τη δυνατότητα να φάω ή θα αργήσω να ξαναφάω.
απόκρημνος, -η, -ο, και **απόγκρεμ(ν)ος**, επίθ., απότομος, γεμάτος γκρεμούς: *τ' ~α ύψη του βουνού· κάβος απόκρημνος· ακρογιαλιά απόγκρεμη.*
Αποκριά και **Απόκρια** η, **Αποκριές** και **Απόκριες** οι, ουσ. (ασυνίζ., συνήθως στον πληθ.). 1. η τελευταία μέρα που τρώγεται κρέας πριν από κάθε μεγάλη νηστεία. 2. (ειδικά) οι τρεις εβδομάδες πριν από τη μεγάλη σαρακοστή. 3. οι γιορταστικές εκδηλώσεις και οι μεταμφιέσεις που γίνονται στο διάστημα της αποκριάς: *τι θα ντυθείτε στις φετεινές -ιες;* (συνών. στις σημασ. 2 και 3 *καρναβάλι*). [αρχ. *απόκρεως*].
αποκριάτικος, -η, -ο, επίθ. (ασυνίζ.), που ανήκει ή αναφέρεται στην αποκριά (χρονικώς ή εθιμικώς): *χορός ~· γλέντι -ο· κουστούμια -α· μάσκες -ες.*
αποκρίνομαι και (λαϊκ.) **αποκρένομαι**, ποκρίνομαι, ρ., δίνω απάντηση, απόκριση: *τον ρώτησα πολλές φορές, αλλά δε μου -ήθηκε* (συνών. *απαντώ*).
απόκριση η, ουσ., απάντηση: *φώναξα, αλλά δεν πήρα ~* (αντ. *ερώτηση, ρώτημα*).
αποκρισιάριος (συνίζ. δις) και **αποκρισάρης** ο, ουσ. 1. αυτός που μεταφέρει είδηση, μήνυμα: *μου έστειλε τη γειτόνισσα για αποκρισάρη* (συνών. *αγγελιοφόρος, μαντατοφόρος*). 2. (εκκλ.) αντιπρόσωπος σε άλλη εκκλησιαστική αρχή.
απόκρουση η, ουσ. 1. βίαιη απώθηση, απομάκρυνση: *~ του εχθρού/του κινδύνου/της μπάλας (του ποδοσφαίρου).* 2. αναίρεση, ανασκευή: *~ της κατηγορίας·· ~ των επιχειρημάτων.* 3. απόρριψη: *~ της πρότασης* (συνών. *άρνηση·* αντ. *αποδοχή*).
αποκρουστικός, -ή, -ό, επίθ., που έχει την ιδιότητα ή τη δύναμη να απωθεί· που προκαλεί αντιπάθεια, δυσάρεστος: *θέαμα -ό· όψη/φυσιογνωμία/μυρωδιά -ή* (συνών. *αποθητικός, αντιπαθητικός·* αντ. *ελκυστικός, συμπαθητικός*).
αποκρούω, ρ. 1. απωθώ, απομακρύνω, εξουδετερώνω: *~ τους εχθρούς/ ~ μια επίθεση/τη μπάλα (του ποδοσφαίρου).* 2. ανασκευάζω, αντικρούω: *~ τις κατηγορίες/τα επιχειρήματα κάποιου.* 3. απορρίπτω, αρνούμαι: *~ την πρόταση/την προσφορά/τον έρωτα κάποιου* (αντ. *δέχομαι, αποδέχομαι*).
αποκρυπτογράφηση η, ουσ., ανάγνωση ή ερμηνεία κρυπτογραφημένου μηνύματος: *ειδικός στην ~.*
αποκρυπτογραφώ, -είς, ρ., ερμηνεύω κρυπτογραφημένο κείμενο, το αποδίδω με γράμματα ώστε να μπορεί να διαβαστεί.
αποκρύπτω, ρ., κρύβω κάτι από άλλους με επιμέλεια ώστε να μη φαίνεται ή να μη γίνει γνωστό, κρατώ κάτι μυστικό: *~ ένα γεγονός/τα αισθήματά μου· μου -έκρυψε τις συνεννοήσεις που είχαν προηγηθεί* (αντ. *φανερώνω, αποκαλύπτω*).
αποκρυσταλλώνω, ρ. 1. δίνω σε κάτι κρυσταλλική μορφή: *~ τη ζάχαρη/το αλάτι.* 2. διαμορφώνω οριστική γνώμη πάνω σε κάποιο ζήτημα: *δεν έχω ακόμη -ωμένη άποψη γι' αυτό το θέμα.*
αποκρυστάλλωση η, ουσ. 1. μεταβολή της μορφής ενός σώματος σε κρυσταλλική: *~ της ζάχαρης/του αλατιού.* 2. διαμόρφωση οριστικής γνώμης πάνω σ' ένα ζήτημα: *~ ιδεών/αποφάσεων.*
αποκρυφισμός ο, ουσ., θεωρίες ή τελετουργικές

πράξεις που ξεκινούν από την υποθετική γνώση του κόσμου των πνευμάτων και των άγνωστων δυνάμεων του σύμπαντος και η προσπάθεια να ερμηνευτούν φαινόμενα που είναι ακόμη επιστημονικώς ανεξήγητα (συνών. *αποκρυφολογία*).

αποκρυφολογία η, ουσ., αποκρυφισμός (βλ. λ.).

απόκρυφος, -η, -ο, επίθ. **1.** κρυφός: *χαρά/γωνία -η· παράπονο -ο* (συνών. *μυστικός·* αντ. *φανερός*). **2.** (για εκκλ. βιβλία) που δεν έχουν αναγνωριστεί από την Εκκλησία ως κανονικά. - Το ουδ. ως ουσ. = μυστικό.

απόκρυψη η, ουσ., κρύψιμο: ~ *των στοιχείων/ της ταυτότητας/του προσώπου/του ενόχου/της αλήθειας*.

απόκτημα και **-χτημα** το, ουσ., ό,τι αποκτά κανείς: *μεγάλο ~ για μένα η φιλία σου*.

αποκτηνώνω, ρ., μεταβάλλω κάποιον σε κτήνος, του αφαιρώ τον ανθρωπισμό, την ανθρωπιά: *ο πόλεμος/η απληστία -ει τον άνθρωπο*.

αποκτήνωση, ουσ. **1.** μεταβολή σε κτήνος, χάσιμο της ανθρωπιάς. **2.** (ψυχ.) διανοητική ή ψυχική κατάσταση κατά την οποία το άτομο χάνει τις ανώτερες διανοητικές ή ψυχικές του ιδιότητες και μοιάζει με ζώο.

αποκτηνωτικός, -ή, -ό, επίθ., που αναφέρεται ή οδηγεί στην αποκτήνωση (βλ. λ.).

απόκτηση και **-χτηση** η, ουσ., το να αποκτά κανείς κάτι: ~ *αγαθών/περιουσίας/γνώσεων* (συνών. *κτήση*).

από κτίσεως κόσμου· αρχαϊστ. έκφρ. = από πολύ παλιά.

αποκτώ και **-χτώ, -άς,** ρ. **1.** κάνω κάτι δικό μου· κερδίζω: ~ *περιουσία/δόξα/φήμη/γνώσεις/κακές συνήθειες*. **2.** κάνω παιδιά: *από το γάμο του απόχτησε δυο κόρες* (συνών. *τεκνοποιώ*).

αποκύημα το, ουσ. **1.** γέννημα. **2.** (μεταφ.) αυτό που παράγεται ή προκύπτει από κάτι: ~ *της φαντασίας/του νου/της κεφαλής* (συνών. *επινόημα, ψέμα, φαντασίωση*).

αποκωδικοποίηση η, ουσ., ερμηνεία κωδικοποιημένου μηνύματος: ~ *γλωσσικού μηνύματος* (= το να συλλαμβάνεται το μήνυμα από τα ακουστικά ή τα οπτικά όργανα του ακροατή και με τη βοήθεια των στοιχείων του γλωσσικού κώδικα να γίνεται αντιληπτό.

αποκωδικοποιώ, -είς, ρ. (ασυνίζ.), ερμηνεύω κάποιο μήνυμα διατυπωμένο με κώδικα (χρησιμοποιώντας κάποιον άλλον κώδικα).

απολαβή η, ουσ. **1.** όφελος (συνών. *κέρδος*). **2.** (στον πληθ.) εισόδημα, μισθός: *έχει υψηλές -ές στη νέα του δουλειά*. [αόρ. *του απολαμβάνω* υποχωρ.].

απολαμβάνω, ρ. **1.** κερδίζω: *δεν -ει και σπουδαία πράγματα από το μαγαζί* (συνών. *ωφελούμαι*). **2.** χαίρομαι κάτι: *-ει τη θέα/το καλό φαγητό/την κλασική μουσική* (συνών. *ευχαριστιέμαι*).

απόλαμπρα, επίρρ. (έρρ.), μετά τη Λαμπρή, μετά τη γιορτή του Πάσχα (συνών. *απόπασχα, ξέλαμπρα, ξώλαμπρα*).

απόλαυση η, ουσ. **1.** μεγάλη ευχαρίστηση: *οι -εις της ζωής* ~ *γευστική· -εις σαρκικές* (συνών. *ηδονή*). **2.** (σκωπτικά για κάποιον ή κάτι πολύ διασκεδαστικό): *είναι ~ αυτό το παιδί!*

απολαυστικός, -ή, -ό, επίθ., που δίνει ή προκαλεί απόλαυση: *θέαμα/φαγητό -ό* (= πολύ νόστιμο) (συνών. *ευχάριστος*).

απολαύω, ρ., αόρ. *απήλαυσα* και *απόλαυσα*, χαίρομαι κάτι: *ήξερε να -λαύσει τη ζωή του· απήλαυσε τους καρπούς των κόπων του*.

απολείπω, ρ., συνήθως και στον αόρ. *απέλειψα*, δεν υπάρχω, λείπω: *δεν -ουν τα βάσανα· δεν του απέλειψε το θάρρος*.

απολείτουργα, επίρρ., μετά τη θεία λειτουργία: *στο νάρθηκα ~ κάθονταν οι παπάδες*.

απολείτουργο το, ουσ. **1.** αντίδωρο που περισσεύει μετά τη διανομή. **2.** (στον πληθ.) κομμάτια από τα πρόσφορα που δεν ευλογήθηκαν από τον ιερέα.

απολειφάδι το, ουσ. **1.** υπόλειμμα σαπουνιού. **2.** (μεταφ. για άνθρωπο πολύ αδύνατο): *έγινε σαν ~*. **3.** (γενικά) το υπόλοιπο (κάποιου πράγματος): *τ' ~ ασφάλισ' το κανείς μη μου το πάρει* (Αθάνας) *τ' -ια από τα δυο φίδια που 'χαμε φάγει* (Κόντογλου) (συνών. *απομεινάρι*). [*απαλειφάδιον<*απαλείφιον ή από + *λειφάδιον<λείπω].

απολέμητος, -η, -ο, επίθ. **1.** που δεν πολεμήθηκε: *χώρα -η*. **2.** ακαταμάχητος: *αρρώστια -η* (συνών. *ακατάβλητος*).

απόλεμος, -η, -ο, επίθ. **1.** που δεν έχει πείρα πολέμου (συνών. *απειροπόλεμος*). **2.** που αγαπά την ειρήνη (συνών. *ειρηνόφιλος, ειρηνιστής*).

απολεπίζω, ρ. **1.** (για ψάρια) αφαιρώ τα λέπια. **2.** (μέσ. για την επιδερμίδα) χάνω το επάνω στρώμα της επιδερμίδας.

απολέπιση η, ουσ. **1.** (για ψάρια) απαλλαγή από τα λέπια. **2.** ξεφλούδισμα της επιδερμίδας. **3.** διαχωρισμός συμπαγούς πετρώματος σε λεπιοειδή πλακίδια: ~ *μαρμάρου* (συνών. *αποφλοίωση*).

απολήγω, ρ., φτάνω κάπου (συνών. *καταλήγω*).

απόληξη η, ουσ., το να φτάνει κανείς κάπου (συνών. *κατάληξη*)· (φυσιολ.) *νευρικές -λήξεις* = τα άκρα των νευρικών ινών.

απολησμονώ, -άς, ρ. (ενεργ.), λησμονώ εντελώς (συνών. *ξεχνώ*)· (μέσ.) ξεχνιέμαι, αφαιρούμαι.

απόληψη η, ουσ., ανάληψη, είσπραξη: ~ *χρημάτων/καταθέσεων*.

απολίγο, επίρρ., λίγο, ελάχιστα.

απολίγο -λίγο, επίρρ., λίγο λίγο, σιγά σιγά.

απολίθωμα το, ουσ. **1.** (συνήθως στον πληθ.) απολιθωμένα λείψανα διαφόρων οργανισμών (κελύφη πρωτοζώων, όστρακα, οστά, φύλλα, καρποί, κλπ.) που έζησαν ή υπήρξαν σε παλαιότερες γεωλογικές εποχές. **2.** (μεταφ.) ~ *(γλωσσικό)* = αρχαϊστική ή λόγια φράση ή έκφραση που έχει καθιερωθεί αυτούσια στη σημερινή χρήση, π.χ. *«εκ του πονηρού»/«κακήν κακώς»/«έχε με παρητημένον»*.

απολιθώνω, ρ. **1.** μετατρέπω σε πέτρα, κάνω κάτι να αποκτήσει λίθινη φύση: *δάσος -θωμένο* (= δασώδης περιοχή με δέντρα απολιθωμένα)· *κοχύλια -θωμένα*. **2.** (μεταφ.) κάνω κάποιον να μείνει άναυδος και ακίνητος: *-θώθηκε από το φοβερό θέαμα· στάθηκαν -θωμένοι από τον τρόμο*.

απολιπαίνω, ρ., αφαιρώ το λίπος, τις λιπαρές ουσίες.

απολίπανση η, ουσ. **1.** αφαίρεση του λίπους από το μαλλί ή το δέρμα κατά την κατεργασία τους. **2.** (τεχνολ.) καθαρισμός λιπαρών ουσιών από επιφάνειες μεταλλικές.

απολίτιστος, -η, -ο, επίθ. **1.** που δεν είναι πολιτισμένος, *λαός ~* (= που δεν έχει πολιτισμό αναπτυγμένο) (αντ. *πολιτισμένος*). **2.** αγροίκος: *άνθρωπος ~· τρόποι -οι* (συνών. *άξεστος·* αντ. *καλλιεργημένος*).

απολιχνίζω, ρ., τελειώνω το λίχνισμα.

απολλώνιος, -α, -ο, επίθ. (ασυνίζ.). 1. που ανήκει ή αναφέρεται στον Απόλλωνα: *λύρα -α.* 2. ωραίος σαν τον Απόλλωνα: *ομορφιά -α.*

απολνώ, -άς, ρ. (λαϊκ.). 1. αφήνω κάτι ελεύθερο: ~ *το παιδί στην αυλή·* ~ *το νερό·* ~ *τα ζώα* (συνήθως για βοσκή) (συνών. *αμολώ*). 2. αφήνω κάτι να απλωθεί: ~ *το σκοινί/το χαλινάρι/το ζωνάρι* (συνών. *χαλαρώνω*). [απολύω].

απολογητήριο το, ουσ. (ασυνίζ.), δικόγραφο που περιέχει την απολογία κάποιου εναγόμενου.

απολογητής ο, θηλ. **-ήτρια,** ουσ. 1. αυτός που υπερασπίζει κάποιον ή κάτι (με ομιλία)· συνήγορος. 2. (εκκλ., στον πληθ.) αυτοί που υπεράσπισαν τις χριστιανικές αλήθειες και, ειδικότερα, από ο 2. αι. μ.Χ. λόγιοι χριστιανοί που με ομιλίες και συγγράμματα απέκρουσαν τις κατηγορίες εθνικών και Ιουδαίων και απόδειξαν την αλήθεια του χριστιανισμού.

απολογητική η, ουσ., κλάδος της θεολογίας που διδάσκει την άμυνα του χριστιανισμού στις επιθέσεις που δέχεται, καθώς και την απόδειξη και την κατοχύρωση των θεμελιωδών χριστιανικών αληθειών.

απολογητικός, -ή, -ό, επίθ. 1. που αναφέρεται ή χρησιμεύει σε απολογία. 2. (εκκλ.) που γίνεται από τους απολογητές (βλ. λ.) για να υπερασπίσουν την αλήθεια του χριστιανισμού: *έργα -ά· λόγιοι -οί.*

απολογήτρια, βλ. *απολογητής.*

απολογία η, ουσ., λόγος, ομιλία που γίνεται από κάποιον για να υπερασπίσει τον εαυτό του από διατυπωμένες εναντίον του κατηγορίες: *με την* ~ *του προσπάθησε να συγκινήσει τους ενόρκους.*

απολογισμός ο, ουσ. 1. γενικός λογαριασμός, τελική εκκαθάριση λογαριασμών: ~ *εσόδων και εξόδων του κράτους.* 2. λογαριασμός, απόδοση λογαριασμού: *κάνε μου -ό των ετήσιων εξόδων του σπιτιού.* 3. συνοπτική έκθεση για τα πεπραγμένα: ~ *επιχειρήσεων/τροχαίων ατυχημάτων* (συνών. *συγκεφαλαίωση*).

απολογιστικός, -ή, -ό, επίθ., που ανήκει ή αναφέρεται στον απολογισμό (βλ. λ.): *διαχείριση/γενική συνέλευση -ή.*

απόλογος ο, ουσ. 1. απολογία. 2. απάντηση. 3. τελευταία λόγια ενός ετοιμοθάνατου.

απολογούμαι και (συνιζ., λαϊκ.) **-γιέμαι,** ρ. 1. υπερασπίζω τον εαυτό μου, αποκρούω διατυπωμένες εναντίον μου κατηγορίες: *δεν του επέτρεψαν να -λογηθεί.* 2. δικαιολογούμαι: *αισθάνεται την ανάγκη να -γιέται για ό,τι κάνει.* 3. λογοδοτώ: *τι θα -λογηθείς στο Θεό;*

απολυμαίνω, ρ., καθαρίζω κάποιον ή κάτι καταστρέφοντας τα νοσογόνα μικρόβια: *-λύμανα τα χέρια.*

απολύμανση η, ουσ., καταστροφή των νοσογόνων μικροβίων ώστε να αποφευχθούν τυχόν μολύνσεις: ~ *νοσοκομειακών χώρων/ρούχων/εδάφους· χημική* ~.

απολυμαντήριο το, ουσ. (ερρ., ασυνίζ.), θάλαμος που γίνεται απολύμανση.

απολυμαντής ο, ουσ. (ερρ.), υπάλληλος που κάνει απολυμάνσεις.

απολυμαντικός, -ή, -ό, επίθ. (ερρ.), που έχει σχέση με (ή χρησιμεύει για) απολύμανση: *μέθοδοι -ές· θάλαμος* ~ (συνών. *αποστειρωτικός, αντισηπτικός*). - Το ουδ. ως ουσ. = χημική ουσία που χρησιμοποιείται για απολύμανση.

απόλυση η, ουσ. 1. απόδοση της ελευθερίας σε κάποιον: ~ *από τη φυλακή* (συνών. *απελευθέρωση*). 2. λήξη της στρατιωτικής θητείας, απαλλαγή από τη στρατιωτική υποχρέωση: *η διαταγή -ής τους ήρθε χτες* (συνών. *αποστράτευση*). 3. αποφοίτηση (των μαθητών όταν συμπληρωθεί ο κύκλος φοίτησής τους στο σχολείο). 4. οριστική απομάκρυνση κάποιου από την εργασία του: *έγιναν -λύσεις από την επιχείρηση· προσωρινή* ~ (= διαθεσιμότητα)· (συνεκδ.) έγγραφο που περιέχει την ανακοίνωση της παύσης κάποιου από την εργασία του: *ο διευθυντής υπέγραψε τις -λύσεις* (συνών. *απομάκρυνση*). 5. λήξη της θείας λειτουργίας και διάλυση των πιστών.

απολυταρχία η, ουσ., πολιτειακό καθεστώς στο οποίο η εξουσία του ανώτατου άρχοντα είναι απεριόριστη, απόλυτη μοναρχία. [*απόλυτος* + *άρχω*].

απολυταρχικός, -ή, -ό, επίθ. 1. που αναφέρεται στην απολυταρχία: *καθεστώς -ό.* 2. (για άνθρωπο) αυταρχικός, τυραννικός. 3. που ασπάζεται τις ιδέες της απολυταρχίας. - Επίρρ. **-ά.**

απολυταρχισμός ο, ουσ., απολυταρχία (βλ. λ.).

απολυτήριο το, ουσ. (ασυνίζ.), επίσημο έγγραφο που βεβαιώνει την απαλλαγή κάποιου από υποχρεωτική θητεία, την αποστράτευσή του ή την αποφοίτησή του: ~ *στρατού/λυκείου.*

απολυτήριος, -α, -ο, επίθ. (ασυνίζ.), (για εξέταση) που γίνεται για την αποφοίτηση από το σχολείο: *εξετάσεις -ες.*

απολυτίκιο το, ουσ. (ασυνίζ.), (εκκλ.) τροπάριο που ψάλλεται στη μνήμη αγίου ή εορτής: *το* ~ *της Λαμπρής.*

απόλυτος, -η, -ο, επίθ. 1. που δεν εξαρτάται ή επηρεάζεται από άλλους: (φυσ.) *-η θερμοκρασία· ο μηδέν/ύψος·* (τεχνολ.) *-ες μονάδες·* (γραμμ.) *-η σύνταξη· η μετοχή* (= που το υποκείμενό της δεν έχει άμεση σχέση με τους άλλους όρους της πρότασης)· (μαθημ.) *αριθμητικά -α* (= 1, 2, 3...)· *τιμή -η* (= συνάρτηση που σε κάθε πραγματικό αριθμό *X* θεωρεί αντίστοιχο το μη αρνητικό αριθμό |X|) (συνών. *ανεξάρτητος·* αντ. *εξαρτημένος*). 2. που δε δέχεται όρους ή περιορισμούς: *είναι* ~ *άνθρωπος· εξουσία/μοναρχία/ελευθερία -η.* 3. πλήρης: *πλειοψηφία/ανικανότητα/ησυχία -η· ανάγκη -η* (= επιτακτική) (συνών. *ολοκληρωτικός*). - Το ουδ. ως ουσ. = (φιλοσ.) εκείνο που είναι ανεξάρτητο από κάθε συσχετισμό με κάτι άλλο: *φιλοσοφίες του -ύτου* (= που υποθέτουν ταυτότητα της γνώσης και του όντος). - Επίρρ. **-α** και **-ύτως.**

απολυτός, -ή, -ό, επίθ., που αφέθηκε ελεύθερος (συνών. *αμολημένος, λυτός, αμολητός*).

απολυτότητα η, ουσ., το να είναι κάποιος ή κάτι απόλυτο(ς), να μην είναι εξαρτημένο(ς) από κάτι ή κάποιον άλλο, το να έχει κάποιος απόλυτες απόψεις (συνών. *απόλυτο*).

απολυτρώνω, ρ., απαλλάσσω από κάποιο κακό, σώζω κάποιον: *-ώθηκε από τα βάσανα* (συνών. *ελευθερώνω*).

απολύτρωση η, ουσ., απαλλαγή από κακό.

απολυτρωτικός, -ή, -ό, επίθ., που φέρνει την απολύτρωση: *αγώνες -οί.*

απολύω, ρ., αόρ. *απόλυσα* και *απέλυσα.* 1. αφήνω ελεύθερο κάποιον αιχμάλωτο ή κρατούμενο: *απόλυσαν τους αιχμαλώτους· απολύθηκε από τις φυλακές* (συνών. *απελευθερώνω, αποφυλακίζω*). 2. απομακρύνω από τη δουλειά κάποιον εργαζόμενο (συνών. παύω, διώχνω· αντ. προσλαμβάνω). 3. απαλλάσσω από τη στρατιωτική θητεία: -λύθηκαν οι κληρωτοί. 4. (αμτβ. για εκκλησιαστική ακολουθία) τελειώνω: μόλις απόλυσε η εκκλησία.

απολωλαίνω, ρ., κάνω κάποιον εντελώς τρελό (συνών. αποτρελαίνω).

απολωλός πρόβατον· αρχαϊστ. έκφρ. = άνθρωπος παραστρατημένος.

απομαγνητίζω, ρ. Α. ενεργ. 1. αφαιρώ τη μαγνητική ιδιότητα. 2. μαγνητίζω εντελώς. Β. (μέσ.) χάνω τη μαγνητική ιδιότητα.

απομαγνητοφώνηση η, ουσ., μεταφορά σε γραπτό κείμενο λόγων που διατυπώθηκαν προφορικά και εγγράφηκαν σε μαγνητόφωνο.

απομαγνητοφωνώ, -είς, ρ., μεταφέρω σε γραπτό κείμενο λόγο που διατυπώθηκε προφορικά και εγγράφηκε σε μαγνητόφωνο: -φωνημένο κείμενο συνέντευξης.

απομαδίζω, ρ., μαδίζω εντελώς: ~ το κοτόπουλο· ο άνεμος -ισε τα φύλλα των δέντρων.

απομαδώ, -άς, ρ. (αμτβ. για τρίχες) μαδίζω, πέφτω: τα μαλλιά του -μάδησαν· (μτβ.) μαδίζω εντελώς.

απομαζεύω, ρ., απομαζώνω (βλ. λ.).

απομαζώματα τα, ουσ., υπολείμματα για πέταμα (συνών. απορρίμματα, απομεινάρια).

απομαζώνω, ρ., τελειώνω το μάζεμα, μαζεύω εντελώς.

απομαθαίνω, ρ. 1. μαθαίνω κάτι εντελώς. 2. ξεχνώ ό,τι ξέρω: απόμαθε το χορό/ το πιοτό (συνών. ξεμαθαίνω).

απομακριά, επίρρ. (ασυνίζ.), από μεγάλη απόσταση: τον είδε ~· μας φώναζε ~.

απόμακρος, -η, -ο, επίθ. 1. (τοπ.) που βρίσκεται μακριά: πατρίδα -η· (ως ουσ.) ρομαντική λαχτάρα για το ξωτικό και το -ο (Καζαντζάκης) (συνών. μακρινός· αντ. κοντινός). 2. που έρχεται από μακριά: φωνές -ες· βουή -η. 3. (χρον.) α. παλιός: καιροί -οι (συνών. αρχαίος)· β. μακρινός: -η μέρα του γυρισμού. 4. (μεταφ. για πρόσωπο) κλεισμένος στον εαυτό του (συνών. απομονωμένος). - Επίρρ. **-α** (στις σημασ. 1, 2).

απομάκρυνση η, ουσ. 1. μετακίνηση: ~ του φορτίου· ~ βίαιη· ~ ευρωπυραύλων (συνών. μετατόπιση). 2. απόλυση: ~ εργαζομένων. 3. αποτροπή: ~ κινδύνου/ εμποδίου (συνών. αποσόβηση). 4. αποχώρηση: ~ από το οικογενειακό περιβάλλον.

απομακρύνω, ρ. I ενεργ. 1. οδηγώ μακριά: -μάκρυνε τα πράγματα από την είσοδο (συνών. μετακινώ, μετατοπίζω). 2. παύω κάποιον από τη δουλειά του: τους -μάκρυναν από την υπηρεσία (συνών. απολύω). 3. αποτρέπω: -μάκρυνε τον κίνδυνο/ τα εμπόδια (συνών. αποσοβώ). II (μέσ.) πηγαίνω, φεύγω μακριά: -ύνθηκε από την παρέα· πρέπει να -υνθεί από το περιβάλλον που τον επηρεάζει αρνητικά.

απομαραίνω, ρ., μαραίνω εντελώς: -ράθηκαν τα φυτά (συνών. ξεραίνω).

απομάρασμα και **-ραμα** το, ουσ., πλήρης μαρασμός.

απομαυρίζω, ρ. (μτβ.) κάνω κάτι εντελώς μαύρο· (αμτβ.) γίνομαι πολύ ή εντελώς μαύρος, γίνομαι μελαψότερος.

απομαύρισμα το, ουσ., το να γίνεται κάποιος (ή κάτι) εντελώς μαύρο(ς).

απομαχικός, -ή, -ό, επίθ., που ανήκει ή αναφέρεται σε απομάχους: ταμείο -ό.

απόμαχος ο, ουσ. 1. απόστρατος. 2. αυτός που έχει αποσυρθεί από το επάγγελμά του (συνών. συνταξιούχος). 3. (μεταφ.) -οι της ζωής (= γέροντες).

απομεινάρι το, ουσ., ό,τι απόμεινε: ~ θαυμαστό ερμιάς και μεγαλείου (Σολωμός)· ~ αρχαίου πυλώνα (συνών. υπόλειμμα, κατάλοιπο).

απομειώνω, ρ. (ασυνίζ.), μειώνω: μηχανισμός που -ει τους κραδασμούς (συνών. ελαττώνω, λιγοστεύω).

απομένω, ρ., αόρ. απόμεινα. 1. μένω ως υπόλοιπο: απόμεινε λίγο ψωμί· απόμειναν ίχνη από... 2. διατηρούμαι, μένω τελικά: ό,τι απόμεινε από το κακό (συνών. διασώζομαι). 3. μένω έρημος, εγκαταλείπομαι: απόμεινε ορφανή.

απόμερος, -η, -ο, επίθ., απόκεντρος: σοκάκι/ κέντρο -ο· τόπος ~. - Επίρρ. **-α**: κουβέντιαζαν -α.

απομέσα, επίρρ. 1. (για να δηλωθεί κίνηση από το εσωτερικό ενός χώρου προς τα έξω): μας έφερε ~ νερό για να δροσιστούμε. 2. διαμέσου: πέρασε ~ από το ποτάμι. 3. (για στάση) μέσα: στεκόταν ~ και φώναζε· εσωτερικά: δε φοράει ποτέ μάλλινα ρούχα ~. 4. (με τις προσωπ. αντων. μου, σου, κ.λ.π.) ενδόμυχα: έλεγε ~ του· διάβαζε ~ της (συνών. νοερά· αντ. απέξω).

απομεσημεριάζω, ρ. (συνιζ., σπάνιο, λαϊκ.). 1. τρώγω, κολατσίζω το απόγευμα. 2. (απρόσ.) γίνεται απόγευμα: έπιασε ν' -ζει.

απομεσήμερο το, ουσ., οι μεταμεσημβρινές ώρες: ήρθαμε προχτές το ~ (συνών. απόγευμα).

απομετρώ, -άς, ρ., μετρώ ως το τέλος, τελειώνω το μέτρημα.

από μηχανής θεός· αρχαϊστ. έκφρ.· για μη αναμενόμενη λύση σε δύσκολη περίσταση.

απομίμηση η, ουσ. 1. πιστή αντιγραφή προτύπων (συνών. μίμηση). 2. το να αντιγράφεται κάτι με σκοπό να εξαπατήσει: ~ φωνής/ υπογραφής (συνών. παραποίηση). 3. αυτό που προέρχεται από μίμηση: πίστη ~ του προτύπου· τέλεια ~ ενός ζωγραφικού πίνακα (συνών. αντίγραφο).

απομιμούμαι, ρ., μιμούμαι πιστά: ~ τη συμπεριφορά/ τις κινήσεις κάποιου.

από μνήμης· αρχαϊστ. έκφρ.· για απαγγελία ποιήματος, θεατρικού έργου, κ.λ.π., χωρίς να χρησιμοποιείται γραπτό κείμενο: είπε το ποίημα ~.

απομνημόνευμα το, ουσ. (στον πληθ.) διηγήσεις γύρω από πρόσωπα και γεγονότα που ο συγγραφέας τους τα έζησε ή τα παρακολούθησε από κοντά: -εύματα του Ιουλίου Καίσαρος/ του Μακρυγιάννη· φιλολογικά -εύματα του Βάρναλη.

απομνημόνευση η, ουσ., εκμάθηση «από μνήμης» (συνών. αποστήθιση).

απομνημονεύω, ρ., μαθαίνω κάτι απέξω: ~ ποιήματα (συνών. αποστηθίζω).

απομοναχιάζω, ρ. (συνιζ., σπάνιο, λαϊκ.), ξεμοναχιάζω (βλ. λ.). - Η μτχ παρκ. ως επίθ. = απομοναχμένος· (για δύο πρόσωπα) -χιασμένο μέρος.

απομοναχός, -ή, -ό, επίθ. (συνήθως με τις προσωπ. αντων. μου, σου, κ.λ.π.) που ενεργεί με δική του πρωτοβουλία, από μόνος του: δεν τον κάλεσαν, αλλά πήγε ~ του.

απομονώνω, ρ. I (ενεργ.) αποχωρίζω κάποιον από τους άλλους και τον αποκλείω την επικοινωνία μαζί τους: -μόνωσαν τους εγκληματίες/ τους βαριά ασθενείς/ τους φορείς της επιδημίας· (για φυσ. και χημ. στοιχεία): -μόνωσαν το μικρόβιο/ τον ήχο/ το οξυγόνο. II (μέσ.) αποτραβιέμαι από την κοινωνική ζωή, ζω μόνος: -θηκε μετά το θάνατο του άντρα της.

απομόνωση η, ουσ. 1. απομάκρυνση κάποιου από τους άλλους και απαγόρευση επικοινωνίας μαζί τους: ~ *των αιχμαλώτων· θάλαμοι -ης· η χώρα βρίσκεται σε πολιτική* ~ (= δεν έχει συμμάχους)· ~ *γεωγραφική.* 2. (συνεκδ.) το μέρος όπου απομονώνουν κάποιον: *έχουν το βαρυποινίτη/τον ετοιμοθάνατο στην* ~. 3. το να αποτραβιέται κανείς από την κοινωνική ζωή, αποφυγή συναναστροφής με τους άλλους: *ζει σε πλήρη* ~.

απομονωτήριο το, ουσ. (ασυνίζ.), τόπος, θάλαμος απομόνωσης.

απομονωτικός, -ή, -ό, επίθ., κατάλληλος για να απομονώνει, που χρησιμεύει για απομόνωση: *θάλαμος* ~· *ουσίες -ές·* (γλωσσολ.): *γλώσσες -ές* = γλώσσες στις οποίες οι φράσεις σχηματίζονται από λέξεις αμετάβλητες, ενώ το νόημα αποδίδεται από την εκάστοτε σειρά των λέξεων μέσα στη φράση, λ.χ. η κινεζική, η θιβετική, η βιρμανική, κ.λ.π.

απομονωτισμός ο, ουσ. 1. πολιτική μιας χώρας να διατηρεί όσο το δυνατόν λιγότερες διεθνείς σχέσεις. 2. (συνεκδ.): *πρέπει το πανεπιστήμιο να βγει από τον -ό του και να συνδεθεί με την παραγωγή.*

απομπροστά, επίρρ. (όχι έρρ.), από το μπροστινό μέρος ή στο μπροστινό μέρος: *πέρασε* ~ *μας· φύγε* ~ *μου* (αντ. *αποπίσω*).

απομύζηση η, ουσ. 1. απορρόφηση, βύζαγμα. 2. (μεταφ.) απόσπαση χρημάτων με επιλήψιμο τρόπο, εκμετάλλευση.

απομυζητικός, -ή, -ό, επίθ., κατάλληλος για απομύζηση: *όργανα των εντόμων -ά.*

απομυζώ, -άς, ρ. 1. απορροφώ: *οι βδέλλες -μύζησαν πολύ αίμα* (συνών. *βυζαίνω*). 2. (μεταφ.) απομυζώ χρήματα με επιλήψιμο τρόπο, εκμεταλλεύομαι: *οι συγγενείς του -μύζησαν όλη την περιουσία του.*

απομυθοποίηση η, ουσ., αναίρεση του μύθου που έχει δημιουργηθεί γύρω από ένα πρόσωπο ή μια κατάσταση, αφαίρεση της αίγλης, παρουσίαση της πραγματικής εικόνας του: ~ *ενός κινηματογραφικού αστέρα.*

απομυθοποιώ, -είς, ρ. (ασυνίζ.), αναιρώ το μύθο που έχει δημιουργηθεί γύρω από κάποιον ή κάτι, αφαιρώ την αίγλη, παρουσιάζω την πραγματική εικόνα του: *οι αστικές δυνάμεις -ποίησαν την αντίληψη για τη φύση.*

απομωραίνω, ρ., κάνω κάποιον εντελώς μωρό, ανόητο: *τον -μώρανε η στενοχώρια· την -μώραναν τα γηρατειά* (συνών. *αποβλακώνω, ξεκουτιαίνω*).

απονάρκωση η, ουσ., πλήρης νάρκωση· πρόκληση αναισθησίας, αναισθητοποίηση.

απονάρκωση η, ουσ., πλήρης νάρκωση· πρόκληση αναισθησίας, αναισθητοποίηση.

απονάρκωση η, ουσ., πλήρης νάρκωση· πρόκληση αναισθησίας, αναισθητοποίηση.

απονεκρώνω, ρ. 1. νεκρώνω (συνών. *θανατώνω*). 2. καταστρέφω: *η παγωνιά -νέκρωσε τις καλλιέργειες.* 3. (μεταφ.): *-νεκρώθηκαν τα όνειρα/οι ελπίδες/οι συγκοινωνίες.*

απονέκρωση η, ουσ. 1. νέκρωση (συνών. *θανάτωση*). 2. παράλυση: ~ *μελών του σώματος.* 3. (μεταφ.): ~ *των παθών/του εμπορίου.*

απονεκρωτικός, -ή, -ό, επίθ., που επιφέρει νέκρωση· καταστρεπτικός.

απονέμω, ρ., παρέχω σύμφωνα με το δίκαιο ή με αξιοκρατικά κριτήρια: ~ *τιμές/βραβείο· -νεμήθηκε δικαιοσύνη.*

απονενοημένος, -η, -ο, επίθ. (λόγ.), συνήθως στην έκφρ. *διάβημα -ο* (= απόπειρα αυτοκτονίας).

απόνερα τα, ουσ., νερά που αποβάλλονται από κάποια βιομηχανία και περιέχουν υπολείμματα χημικών ουσιών, βιομηχανικά απόβλητα· (γενικά) ακάθαρτα νερά.

απονέρια τα, ουσ. (συνιζ.). 1. υπολείμματα νερού: ~ *της στέρνας.* 2. νερά που μαζεύονται στο κύτος ενός πλοίου.

απόνετος, -η, -ο, επίθ., άπονος: *κόρη -η* (συνών. *άσπλαχνος*).

απονευρώνω, ρ., αφαιρώ, κόβω τα νεύρα: *ο οδοντογιατρός του -νεύρωσε δύο τραπεζίτες.*

απονεύρωση η, ουσ., αφαίρεση, αποκοπή των νεύρων (συνήθως των δοντιών).

απονήρευτος, -η, -ο, επίθ. 1. που δεν είναι πονηρός: *παιδί -ο* (συνών. *άδολος, αθώος*). 2. απλοϊκός (συνών. *αφελής*). - Επίρρ. **-α**.

απονηστεύω, ρ., παύω να νηστεύω.

απονήωση η, ουσ., ανύψωση αεροσκάφους από το κατάστρωμα ενός αεροπλανοφόρου πλοίου.

απονιά η, ουσ. (συνιζ.), έλλειψη συμπόνιας: *η* ~ *των ανθρώπων της εποχής μας* (συνών. *ασπλαχνιά·* αντ. *ευσπλαχνία*).

απονίβω, ρ., πλένω, καθαρίζω καλά.

απονομή η, ουσ., παροχή σύμφωνα με το δίκαιο ή με αξιοκρατικά κριτήρια: ~ *βραβείων / μεταλλίων / τίτλου / δικαιοσύνης* (συνών. *απόδοση*).

άπονος, -η, -ο, επίθ., που δεν αισθάνεται οίκτο: *άνθρωπος* ~· *καρδιά/ζωή -η* (συνών. *άσπλαχνος·* αντ. *σπλαχνικός*). - Επίρρ. **-α**: *φέρθηκε -α.*

απονωρίς, επίρρ. 1. νωρίς: *ήρθε* ~ *στο σπίτι.* 2. πριν από τη δύση του ήλιου: *να μαζέψεις τα ζώα* ~.

αποξαρχής, επίρρ. 1. ευθύς εξ αρχής, ανέκαθεν: *η υπόθεση πήγαινε άσχημα* ~. 2. από την αρχή: *πες τα μου* ~ (= *πάλι*)· *Να τη, πετιέται* ~ *κι αντρειεύει και θεριεύει* (εννο. η *Ρωμιοσύνη*) (Ρίτσος).

απόξενος, -η, -ο, επίθ., που δεν είναι καθόλου γνώριμος, που είναι εντελώς ξένος: *βουνά / δάση/ μέρη -α·* έκφρ. *ξένος κι -ος.*

αποξενώνω, ρ. I. ενεργ. 1. απομακρύνω κάποιον από τους οικείους του, τον καθιστώ ξένο: *την -ξένωσε από τους γονείς της.* 2.στερώ από κάποιον υλικά ή ηθικά αγαθά. II. (μέσ.) αποτραβιέμαι από κάτι, παύω να έχω σχέση με κάποιους ή κάτι: *-ώθηκε από τους φίλους/τους συγγενείς· -ωμένος.*

αποξένωση η, ουσ. 1. απομάκρυνση, αποχωρισμός από τους οικείους: *η* ~ *των μεγαλουπόλεων.* 2. αποστέρηση υλικών ή ηθικών αγαθών.

αποξεραίνω, βλ. *αποξηραίνω.*

απόξεση η, ουσ. 1. καθαρισμός που γίνεται με ξύσιμο ή τρίψιμο (συνών. *λείανση*). 2. (ιατρ.) χειρουργική επέμβαση κατά την οποία αφαιρούνται με ξέστρο σώματα ή άρρωστα μέρη οργάνων του σώματος: ~ *μήτρας/οστού.* [<αρχ. *αποξέω*].

αποξεχνώ, -άς, ρ. (ενεργ.) ξεχνώ εντελώς· (μέσ.) αποσπάται η προσοχή μου, αφαιρούμαι, ξεχνιέμαι: *κοίταζα τις παλιές φωτογραφίες κι -χάστηκα.*

αποξηραίνω και **-ξεραίνω**, ρ. 1. (για καρπούς ή φυτά) ξεραίνω εντελώς, αφυδατώνω: *ο πάγος -ξέρανε τις καλλιέργειες· σταφίδα -ξηραμένη.* 2. (στον τ. *αποξηραίνω* για λίμνες, έλη, ποτάμια, κ.λ.π.) αφαιρώ εντελώς το νερό ή την υγρασία (συνών. *αποστραγγίζω*).

αποξήρανση η, ουσ. 1. αφαίρεση της υγρασίας: ~ καρπών/φυτών (συνών. αφυδάτωση). 2. αποστράγγιση: ~ ελών/λιμνών.

αποξηραντήριο το, ουσ. (έρρ., ασυνίζ.), χώρος ή συσκευή όπου γίνεται η αποξήρανση (καρπών, φυτών, κ.λ.π.).

αποξηραντικός, -ή, -ό, επίθ. (έρρ.). 1. κατάλληλος για αποξήρανση: συσκευή -ή. 2. που γίνεται με σκοπό την αποξήρανση: έργα -ά.

αποξυλώνομαι, ρ. (σπάνιο). 1. ξυλιάζω από το κρύο (συνών. ξεπαγιάζω). 2. (μεταφ.) μένω εκστατικός, άναυδος: -ώθηκαν σαστισμένοι να βλέπουν (Μυριβήλης).

απόξω, βλ. απέξω.

αποπαίδι και **απόπαιδο** το, ουσ. 1. παιδί αποκληρωμένο, που έχει χάσει τα κληρονομικά του δικαιώματα. 2. (συνεκδ.) παιδί παραμελημένο από τους γονείς του.

αποπαίρνω, ρ., φέρομαι σε κάποιον με αυστηρότητα ή σκαιότητα: τον αποπήρε ο δάσκαλος κι έβαλε τα κλάματα· με -ει για ψύλλου πήδημα.

αποπάνω, επίρρ. 1. επάνω, επάνω από κάτι: φόρεσε κάτι ~! 2. (προθετ. για γεν. προσωπ. αντων.): στέκεται ~ μου και μ' ενοχλεί· τον έχω ~ μου (= με επιτηρεί σαν ενοχλητικός προϊστάμενος). 3. από ψηλά, από το Θεό: σα να του ήρθε φώτιση ~. 4. (χρον.) ύστερα από κάτι άλλο: ~ απ' το φαγητό έφαγε γλυκό· ~ ήπια και τσάι. 5. ως εκ περισσού, επιπλέον: δε φτάνει που έκαμε ό,τι έκαμε, γυρεύει και ρέστα ~· μας χάλασε τη μηχανή (ο μάστορας), θέλει και χρήματα ~. 6. (σε θέση επιθ.) που βρίσκεται σε ψηλότερη θέση: το ~ διαμέρισμα (= που βρίσκεται στον επάνω όροφο). 7. (σε θέση ουσ.): οι ~ (= αυτοί που κατοικούν στον επάνω όροφο: γνωρίστηκα με τους ~ (μας).

απόπαπας ο, ουσ., ιερέας που απέβαλε το σχήμα του με τη θέλησή του ή αναγκαστικά.

απόπασχα, επίρρ., ύστερα από το Πάσχα: (παροιμ.) να 'χα το Πάσχα να 'τρωα κι ~ να φόραγα (σε περιπτώσεις που υπάρχει στέρηση των απαραίτητων για τη ζωή) (συνών. απόλαμπρα, ξέλαμπρα, ξώλαμπρα).

αποπάτηση η, ουσ., αποβολή περιττωμάτων (συνών. αφόδευση).

απόπατος ο, ουσ. 1. αποχωρητήριο (συνών. αφοδευτήριο). 2. (μεταφ. υβριστ. για άνθρωπο αισχρολόγο): το στόμα του είναι ~.

αποπατώ, -είς, ρ., αποβάλλω κόπρανα (συνών. αφοδεύω).

απόπειρα η, ουσ. 1. δοκιμαστική ενέργεια, προσπάθεια: κάνε μια ~ να λύσεις το πρόβλημα. 2. ενέργεια που επιχειρείται για να γίνει κακούργημα ή πλημμέλημα και που περιέχει αρχή εκτέλεσης αξιόποινης πράξης που τελικά δεν έγινε: ~ δολοφονίας/πραξικοπήματος/βιασμού.

αποπειρώμαι, -άσαι, ρ., αόρ. -ράθηκα, κάνω απόπειρα, προσπαθώ δοκιμαστικά: -άθηκε να αυτοκτονήσει· οι φυλακισμένοι -άθηκαν να δραπετεύσουν.

αποπέμπτω, ρ. (έρρ., λόγ.), διώχνω, απομακρύνω· απολύω· μίλησε με αναίδεια στο διευθυντή κι εκείνος τον απέπεμψε.

αποπερατώνω, ρ. (λόγ.), τελειώνω: -ώθηκε η ανέγερση του κτηρίου· παντρεύτηκε πριν -τώσει τις σπουδές του.

αποπεράτωση η, ουσ. (λόγ.), ολοκλήρωση: έρανος για την ~ του ναού (συνών. τελείωμα, συμπλήρωση· αντ. έναρξη, αρχίνισμα).

απόπιμα και **απόπιωμα** το, ουσ., υπόλειμμα ποτού στο ποτήρι.

αποπίνω, ρ., αόρ. απόπια, πίνω εντελώς: ό,τι κρασί είχε το απόπιανε.

αποπίσω, επίρρ. 1. πίσω: τρέχει ~ του. Φρ. του τη φέρνω ~ (= ενεργώ ύπουλα). 2. κατόπιν: πρώτα βγαίνουν τα καΐσια κι ~ τα ροδάκινα.

απόπιωμα, βλ. απόπιμα.

αποπλάνηση η, ουσ. 1. παραπλάνηση, εξαπάτηση. 2. ξελόγιασμα· (νομ.) ενέργεια ασελγών πράξεων με ανήλικο πρόσωπο: ~ ανήλικου κοριτσιού. 3. (αστρον.) οπτικό φαινόμενο κατά το οποίο βλέπαμε τους απλανείς αστέρες να μετακινούνται γύρω από την πραγματική τους θέση εξαιτίας της κίνησης της γης γύρω από τον ήλιο.

αποπλανητικός, -ή, -ό, επίθ., που συντελεί στην αποπλάνηση: λόγια -ά.

αποπλανώ, -άς, ρ. 1. πλανεύω, ξεμυαλίζω. 2. (νομ.) ενεργώ αποπλάνηση (βλ. λ. στη σημασ. 2): -πλάνησε ένα άβγαλτο κορίτσι.

αποπλένω, βλ. αποπλύνω.

αποπλέω, ρ., αόρ. απέπλευσα (λόγ.), φεύγω από το λιμάνι, ανοίγομαι στο πέλαγος: το πλοίο απέπλευσε αργά το βράδι.

απόπληκτος, -η, -ο, επίθ. 1. που έπαθε αποπληξία (συνών. παράλυτος, ανάπηρος). 2. κατάπληκτος (συνών. εμβρόντητος).

αποπληξία η, ουσ. (ιατρ.) απότομη εγκεφαλική προσβολή: λίγο έλειψε να πάθει ~ από το τραγικό γεγονός.

αποπληρωμή η, ουσ., ολοκληρωτική εξόφληση χρέους.

αποπληρώνω, ρ., εξοφλώ: -πλήρωσε όλα του τα χρέη (συνών. ξεπληρώνω).

απόπλους ο, ουσ., αναχώρηση (πλοίου) (συνών. έκπλους· αντ. κατάπλους).

απόπλυμα το, ουσ., το ακάθαρτο νερό όπως μένει μετά το πλύσιμο.

αποπλύνω και **αποπλένω**, ρ. 1. ξεπλένω: τα ρούχα που απόπλυνα στέγνωσαν αμέσως (συνών. καθαρίζω). 2. τελειώνω το πλύσιμο. 3. (μεταφ.) ξεπλένω (προσβολή, κ.λ.π.): το έκανε για να -ει τις πομπές του.

απόπλυση η, ουσ., πλύσιμο, καθάρισμα, απολύμανση: σύστημα -ης πολεμικού πλοίου σε περίπτωση που ρίχνονται εναντίον του χημικά αέρια. [αποπλύνω].

αποπνιγμός, ρ. 1. πνίξιμο. 2. δυσκολία στην αναπνοή από βαριά ή άσχημη μυρωδιά (συνών. δύσπνοια).

αποπνίγω, ρ. 1. πνίγω, στραγγαλίζω. 2. προξενώ δύσπνοια: μας απόπνιξαν οι καπνοί από τη μεγάλη φωτιά.

αποπνικτικός, -ή, -ό και **-χτικός**, επίθ., που προκαλεί αποπνιγμό: ατμόσφαιρα -ή (συνών. πνιγηρός).

απόπνοια η, ουσ. (ασυνίζ.), ανάδοση οσμής: ~ των υπονόμων (συνών. αναθυμίαση).

αποποίηση η, ουσ. (νομ.) άρνηση αποδοχής: ~ κληρονομίας/παροχής (συνών. απόρριψη).

αποποινικοποίηση η, ουσ. (νομ.) το να πάψει να θεωρείται κάτι ως ποινικό αδίκημα: ~ των αμβλώσεων.

αποποινικοποιώ, -είς, ρ. (νομ.) κάνω αποποινικοποίηση, παύω να θεωρώ κάτι ως ποινικό αδίκημα: -ποιήθηκε η μοιχεία· -ποιούνται οι αμβλώσεις.

αποποιούμαι, -είσαι, ρ. (ασυνίζ.), (νομ.) αρνούμαι, δεν αποδέχομαι κάτι που μου προσφέρεται: ~ μια κληρονομιά/ένα δικαίωμά μου.

αποπομπή η, ους. (έρρ., λόγ.), διώξιμο: ~ υπαλλήλου (συνών. απόλυση).

αποπροσανατολίζω, ρ. Ι. ενεργ. 1. κάνω κάποιον να χάσει τον προσανατολισμό του, τον απομακρύνω από το σωστό προσανατολισμό. 2. (μεταφ.) απομακρύνω κάποιον από τα πραγματικά ενδιαφέροντα (συνήθως) παραπλανώντας τον: η υπέρμετρη προβολή του ποδοσφαίρου -ει το λαό από τα προβλήματά του. II. (μέσ.) χάνω τον προσανατολισμό μου: η νεολαία -ίστηκε.

αποπροσανατολισμός ο, ους., συνειδητή ή ακούσια απομάκρυνση κάποιου από τον ορθό προσανατολισμό, τα πραγματικά προβλήματα, ενδιαφέροντα: ~ των νέων.

αποπυρηνικοποίηση η, ους., αφοπλισμός από τα πυρηνικά όπλα, καταστροφή, εξάλειψη των πυρηνικών όπλων.

αποπυρηνικοποιώ, -είς, ρ., καταστρέφω τα πυρηνικά όπλα. - Η μτχ. παρκ. ως επίθ.: Βαλκάνια -ημένα.

αποπωματίζω, ρ., αφαιρώ το πώμα (συνών. ξεβουλώνω).

απορημάζω, ρ. Ι. (ενεργ.) ρημάζω, καταστρέφω εντελώς: οι επιδρομείς -ρήμαξαν το χωριό. II. (μέσ.) αφανίζομαι ολοσχερώς: απορήμαξε η οικογένεια/το χωράφι.

απορηματικός, -ή, -ό, επίθ. (γραμμ.) που εκφράζει απορία, αμηχανία: προτάσεις -ές· υποτακτική -ή· σύνδεσμοι -οί.

απόρθητος, -η, -ο, επίθ., που δεν κυριεύτηκε ή δεν μπορεί να κυριευτεί: κάστρο -ο.

απορία η, ους. 1. έλλειψη διεξόδου, δύσκολη θέση: βρίσκομαι σε μεγάλη ~ και δεν ξέρω τι να κάνω. 2. έλλειψη βεβαιότητας, αμηχανία: η εξήγηση του φαινομένου μου δημιούργησε -ες (συνών. αμφιβολία). 3. έκπληξη: με μεγάλη μου ~ έμαθα πως απέτυχες στις εξετάσεις. 4. έλλειψη πόρων, φτώχεια: για να πάρω την υποτροφία έπρεπε να προσκομίσω πιστοποιητικό -ας.

απορία ψάλτου βηξ· αρχαϊστ. έκφρ.· για κείνους που βρίσκονται σε αμηχανία και προσπαθούν να την καλύψουν άτεχνα.

απορίχνω, ρ. (μτβ.). 1. διώχνω μακριά: πού να τον πω τον πόνο μου, πού να τον -ξω; (Κρυστάλλης) (συνών. απομακρύνω, αποβάλλω). 2. (αμτβ.) κάνω αποβολή: η έγκυος -ξε στους πέντε μήνες.

άπορος, -η, -ο, επίθ., που δεν έχει πόρους για να ζήσει, φτωχός: οι -οι της ενορίας ενισχύονται οικονομικά από την Εκκλησία (αντ. εύπορος).

απορρέω, ρ., προέρχομαι, βγαίνω ως συμπέρασμα ή επακόλουθο: η δυστυχία μας -ει από τους τελευταίους σεισμούς· από το συλλογισμό αυτό -ει το εξής συμπέρασμα (συνών. προκύπτω, επακολουθώ).

απόρρητος, -η, -ο, επίθ., που δεν επιτρέπεται να κοινοποιηθεί: έγγραφα -α· αριθμός τηλεφώνου ~ (συνών. μυστικός, κρυφός). - Το ουδ. ως ους. = μυστικότητα, μυστικό: το -ο των τηλεφωνικών συνδιαλέξεων/της αλληλογραφίας· ιατρικό -ο.

απορρίμματα τα, ους., σκουπίδια: δοχείο -άτων.

απορριμματοδοχείο το, ους., δοχείο απορριμμάτων (συνών. σκουπιδοντενεκές).

απορριμματοφόρο, ους., επίθ. ουδ. και ους., (αυτοκίνητο) που μεταφέρει σκουπίδια (συνών. σκουπιδιάρικο).

απορρίπτω, ρ. 1. δεν εγκρίνω κάτι: -έρριψαν την αίτησή μου. 2. αρνούμαι να δεχτώ, περιφρονώ: -έρριψα τη θέση που μου πρότειναν· ~ την πρόταση κάποιου (αντ. δέχομαι). 3. δεν προάγω, δεν εισάγω (μαθητή, υποψήφιο, κ.τ.ό.): τον -έρριψαν στις εξετάσεις.

απόρριψη η, ους. 1. μη έγκριση: ~ αίτησης. 2. άρνηση αποδοχής: ~ της θέσης του διευθυντή/ μιας θεωρίας· (ιατρ.) ~ οργάνου σε περίπτωση μεταμόσχευσης. 3. μη προαγωγή ή μη εισαγωγή: ~ μαθητή στις εισαγωγικές εξετάσεις.

απορρίψιμος, -η, -ο, επίθ., που πρέπει να απορριφτεί: στην τρίτη τάξη υπάρχει μόνον ένας ~ μαθητής· θεωρία -η.

απορροή η, ους., ροή, έκχυση: λεκάνη -ής του Πηνειού.

απόρροια η, ους. (ασυνίζ.), επακόλουθο, συνέπεια: η οικονομική κρίση είναι ~ κακών πολιτικών χειρισμών.

απορρόφηση η, ους. 1. απομύζηση υγρού ή αερίου: ~ υγρασίας· (μεταφ.) ~ κεφαλαίων/παραγωγής. 2. πλήρης αφοσίωση σε κάτι: η ~ του από τα μαθήματα του άλλαξε τη συμπεριφορά. 3. (ιατρ.) λειτουργία κατά την οποία το αίμα και η λέμφος δέχονται θρεπτικές ουσίες που απορροφώνται από το λεπτό έντερο.

απορροφητήρας ο, ους., συσκευή που απορροφά οσμές, υδρατμούς ή σκόνη.

απορροφητικός, -ή, -ό, επίθ., που είναι κατάλληλος για απορρόφηση: χαρτί -ό· ~ χάρτης (= στυπόχαρτο).

απορροφητικότητα η, ους., ικανότητα απορρόφησης: χαρτί μεγάλης -ας· τα βαμβακερά υφάσματα έχουν μεγάλη ~.

απορροφώ, -άς, ρ. 1. ρουφώ, απομυζώ: έσταζε η οροφή του σπιτιού και το πάτωμα -ησε υγρασία· τα μαύρα ρούχα -ούν πολλή θερμότητα· (μεταφ.) μεγάλες ποσότητες φρούτων -ώνται από ξένες αγορές. 2. απασχολώ εντελώς: τον είχαν -ήσει οι σπουδές του. 3. (μέσ.) αφοσιώνομαι ολοκληρωτικά σε κάτι: είναι -ημένος στη μελέτη του.

απορρύθμιση η, ους., απώλεια του κανονικού ρυθμού λειτουργίας: ~ των δημόσιων ταμείων/υπηρεσιών (συνών. αποδιοργάνωση).

απορρύπανση η, ους., απομάκρυνση της βρομιάς με τη βοήθεια απορρυπαντικών: για την ~ των ρούχων χρησιμοποιούνται απορρυπαντικά (συνών. καθαρισμός).

απορρυπαντικός, -ή, -ό, επίθ. (έρρ.), που συντελεί στην απορρύπανση. - Το ουδ. ως ους. = χημική ουσία που χρησιμεύει στην απορρύπανση: τα -ά βοηθούν τη νοικοκυρά.

απορφανίζω, ρ. Ι. (ενεργ.) κάνω κάποιον ορφανό, του στερώ τους γονείς, προστάτη ή αρχηγό. II. (μέσ.) απομένω ορφανός (συνών. ορφανεύω).

απορφάνιση η, ους., το να μένει κανείς ορφανός: ~ των παιδιών κατά τη διάρκεια του πολέμου· ~ μελισσών (= το να μένουν χωρίς τη βασίλισσα).

απορφανισμός ο, ους., απορφάνιση (βλ. λ.).

απορώ, -είς, ρ. 1. βρίσκομαι σε αμηχανία, δεν ξέρω τι να κάνω. 2. παραξενεύομαι, εκπλήσσομαι: πώς αντέχεις σε τόσο μεγάλες στενοχώριες. - Η μτχ. -ημένος και -εμένος ως επίθ. = έκπληκτος: -ημένος δεν ήξερα τι να απαντήσω.

απορώ και εξίσταμαι· αρχαϊστ. έκφρ. = βρίσκομαι σε μεγάλη απορία.

αποσαθρώνω, ρ., κάνω κάτι σαθρό, ετοιμόρροπο: *οι βροχές -ωσαν το υπόστεγο·* (μεταφ.) *-ώθηκαν οι ηθικές αξίες.*

αποσάθρωση η, ουσ., φθορά· (γεωλ.) αλλοίωση ή καταστροφή των ορυκτών και πετρωμάτων που γίνεται στην επιφάνεια ή κοντά στην επιφάνειά της γης εξαιτίας διάφορων παραγόντων (π.χ. ηλιακής ακτινοβολίας, νερού κλπ.): ~ *των πετρωμάτων·* (μεταφ.) ~ *της πολιτικής ηγεσίας* (συνών. *αποσύνθεση*).

αποσαθρωτικός, -ή, -ό, επίθ., που προκαλεί αποσάθρωση: *-ή δύναμη του νερού.*

αποσαρίδι το, ουσ., σκουπίδι.

αποσαφηνίζω ρ., κάνω κάτι σαφές, ξεκαθαρίζω: *ορισμένα σημεία της ομιλίας του πρέπει να -ιστούν· ο υπουργός δεν -ισε τη θέση του* (συνών. *διευκρινίζω*).

αποσαφήνιση η, ουσ., διευκρίνιση: ~ *πολιτικών θέσεων.*

απόσβεση η, ουσ. 1. βαθμιαία εξόφληση (χρέους): ~ *χρεών.* 2. απώλεια της ισχύος ενός πράγματος, ακύρωση: (νομ.) ~ *υποχρεώσεων/δικαιώματος/ εγγύησης* (συνών. *απάλειψη*). 3. (οικον.) μείωση της αξίας ενός πάγιου περιουσιακού στοιχείου όπως εικονίζεται στις αντίστοιχες λογιστικές εγγραφές της επιχείρησης: ~ *των ηλεκτρονικών εγκαταστάσεων.*

αποσβεστικός, -ή, -ό, επίθ., που αναφέρεται ή συντελεί στην απόσβεση: *προθεσμία/διαδικασία -ή.*

αποσβήνω, ρ. Ι. ενεργ. 1. (μτβ. και αμτβ.) σβήνω εντελώς: *-ησε η φωτιά·* (μεταφ.) *-ησε το σόι* (= εξαφανίστηκε). 2. (μεταφ.) **α.** εξοφλώ: *-ησε τα χρέη του·* **β.** απαλείφω. ΙΙ. (μέσ.) απαλείφομαι, ακυρώνομαι, διαγράφομαι: (νομ.) *-εται η υποχρέωση του οφειλέτη/το δικαίωμα υπαναχώρησης του διαδίκου.*

αποσβολώνω, ρ. 1. κάνω κάποιον να σωπάσει από κατάπληξη ή ντροπή: *έμεινε -ωμένος απ' αυτά που άκουσε* (συνών. *αποστομώνω*). 2. (ιδιωμ.) αλείφω με ασβόλη, καπνιά (συνών. *μουτζουρώνω*). 3. (μεταφ.) μαραίνω, εμποδίζω την ανάπτυξη: *αχ, ο μεγάλος μου ο καημός θανά μ' -ώσει* (Κρυστάλλης).

απόσειση η, ουσ., αποτίναξη: ~ *του τουρκικού ζυγού.*

αποσείω, ρ., ρίχνω κάτι μακριά, αποτινάζω από πάνω μου: (μεταφ.) ~ *τη συκοφαντική κατηγορία/ την ευθύνη.*

αποσιώπηση η, ουσ. (ασυνίζ.). 1. το να αποκρύπτεται κάτι: ~ *των τελευταίων εξελίξεων* (συνών. *απόκρυψη*). 2. (συντακτ.) σχήμα λόγου κατά το οποίο παραλείπει κανείς κάτι που εύκολα εννοείται ή γιατί θέλει να το αποκρύψει.

αποσιωπητικός, -ή, -ό, επίθ. (ασυνίζ.), που αποσιωπά. - Το ουδ. στον πληθ. ως ουσ. = τρεις στιγμές στο γραπτό κείμενο που δηλώνουν ότι δεν τελειώνομε τη φράση εξαιτίας κάποιας συγκίνησης ή για άλλο λόγο ή ότι παραλείπομε λέξεις από φράση που παραθέτομε.

αποσιωπώ, -άς, ρ. (ασυνίζ.), παραλείπω να αναφέρω κάτι, κρύβω κάτι: *-ήθηκε το σκάνδαλο της τράπεζας* (συνών. *αποκρύπτω, συγκαλύπτω*).

αποσκεπάζω, ρ. 1. ξεσκεπάζω, φανερώνω (συνών. *αποκαλύπτω*). 2. σκεπάζω εντελώς, αποσιωπώ: *-ασε τις πομπές του.*

αποσκεπαστός, -ή, -ό επίθ., που γίνεται στα κρυφά (συνών. *συγκαλυμμένος*).

αποσκευή η, ουσ. (συνήθως στον πληθ.), το σύνολο των σκευών που έχει μαζί του ο ταξιδιώτης: *βαγόνι/φύλαξη -ών· είχα πολλές -ές* (συνών. *μπαγκάζια, βαλίτσα*).

απόσκιος, -α, -ο, επίθ. (συνίζ.), που έχει σκιά: *προσπαθήσαμε να βρούμε ένα -ο μέρος να ξαποστάσουμε* (συνών. *σκιερός*). - Το ουδ. ως ουσ. (συνήθως στον πληθ.) = μέρος σκιερό, σκιά: (εδώ ποιητ.) *ζερβά κατέβαιναν από το βουνό τ' -α* (Σεφέρης).

αποσκίρτηση η, ουσ., αιφνίδια απομάκρυνση από πολιτική παράταξη, κόμμα, ιδεολογία, κ.τ.ό. και προσχώρηση σε άλλη: ~ *των συνδικαλιστών από το σωματείο τους* (συνών. *αποστασία*).

αποσκιρτώ, ρ., εγκαταλείπω μια πολιτική παράταξη και προσχωρώ σε άλλη, αλλάζω αιφνίδια πολιτική τοποθέτηση: *πολλοί βουλευτές -ησαν από το κόμμα τους* (συνών. *αποστατώ*).

αποσκλήρυνση η, ουσ. 1. το να γίνεται κάποιος ή κάτι πιο σκληρό(ς) απ' ό,τι ήταν: ~ *πετρωμάτων.* 2. το να αφαιρούνται από κάτι οι ουσίες που το κάνουν σκληρό: ~ *νερού* (= αφαίρεση των αλάτων που το κάνουν σκληρό).

αποσκληρυντικός, -ή, -ό, επίθ. (έρρ.), που συντελεί στην αποσκλήρυνση (βλ. λ. σημασ. 2): *ουσίες -ές.*

αποσκληρύνω και **αποσκληραίνω**, ρ. 1. κάνω κάτι σκληρότερο απ' ό,τι ήταν. 2. κάνω κάποιον σκληρό, άκαρδο: *τα πολλά βάσανα τον είχαν -ει.*

αποσκοπώ, -είς, ρ., έχω ως σκοπό μου κάτι, στοχεύω σε κάτι: *δεν καταλαβαίνω σε τι -ούν όλες αυτές οι ενέργειες* (συνών. *αποβλέπω*).

αποσκορακίζω, ρ. (λόγ.). 1. διώχνω κάποιον στέλνοντάς τον στον «κόρακα» (= στο διάβολο). 2. (για αρχ. κείμενα) απορρίπτω.

αποσμητικός, -ή, -ό, επίθ., που συντελεί στην εξαφάνιση της οσμής: *σήμερα κυκλοφορούν πολλά -ά προϊόντα.* - Το ουδ. ω ουσ. = ουσία που χρησιμεύει στην εξαφάνιση της οσμής ή της κακοσμίας: *-ό χώρου/σώματος.*

αποσόβηση η, ουσ. (συνήθως για κίνδυνο) αποτροπή, απομάκρυνση: ~ *του κακού/του κινδύνου/ της απειλής.*

αποσοβώ, -είς, ρ. (λόγ.), απομακρύνω, αποτρέπω: *-ήθηκε ο κίνδυνος/η τουρκική απειλή.*

απόσπαση η, ουσ. 1. αποκοπή, αφαίρεση: ~ *χρημάτων·* (μεταφ.) ~ *υποσχέσεων* (= εξασφάλιση). 2. προσωρινή μετάθεση υπαλλήλου από την οργανική του θέση σε άλλη: *-εις εκπαιδευτικών.*

απόσπασμα το, ουσ. 1. μέρος ενός συνόλου: ~ *από την ομιλία του υπουργού·* τμήμα γραπτού κειμένου, κομμάτι που περισώθηκε από αρχαίο συγγραφέα που το έργο του χάθηκε: *-ατα αρχαίων τραγικών.* 2. τμήμα στρατού ή χωροφυλακής που αποστάταιι για να εκτελέσει ειδική υπηρεσία: *εκτελεστικό* ~ = απόσπασμα στο οποίο ανατίθεται θανατική εκτέλεση.

αποσπασματάρχης ο, ουσ., διοικητής στρατιωτικού αποσπάσματος.

αποσπασματικός, -ή, -ό, επίθ., που παίρνεται, παρέχεται ή γίνεται τμηματικά, κομματιαστά: *μέτρα -ά/περιγραφή -ή.* - Επίρρ. **-ά.**

αποσπασματικότητα η, ουσ., το να γίνεται ή να παρέχεται κάτι αποσπασματικά, τμηματικά: ~ *των οικονομικών μέτρων/της διήγησης.*

αποσπερίδα η, ουσ., συγκέντρωση γυναικών κατά τη διάρκεια της νύχτας (συνών. *νυχτέρι*).

αποσπερίτης ο, ουσ., ο πλανήτης Αφροδίτη, Έσπερος: *το φως του -η· ο ~ φάνηκε ψηλά.*
αποσπερματίζω, ρ., εκχύνω σπέρμα (συνών. *εκσπερματώνω*).
αποσπερμάτιση η, ουσ., εκσπερμάτωση (βλ. λ.).
αποσπερνός, -ή, -ό, επίθ. (λαϊκ.), εσπερινός, βραδινός.
αποσπόντα, επίρρ. (έρρ.). **1.** έμμεσα, με υπαινιγμούς: *μου το 'φερε ~* (συνών. *πλάγια*). **2.** μόλις και μετά βίας: *ξέφυγε ~.* **3.** παρεμπιπτόντως: *το είπε ~, δεν είχε σχέση με το θέμα που συζητούσαμε.* - Πβ. *και σπόντα.* [συνεκφ. *από + σπόντα*].
αποσπόρι το, ουσ. **1.** τελευταίος και κατώτερης ποιότητας σπόρος. **2.** το τελευταίο παιδί μιας οικογένειας (συνών. *στερνοπαίδι*).
αποσπώ, -άς, ρ., αόρ. *απέσπασα* και *απόσπασα*, μτχ. *απεσπασμένος* και *αποσπασμένος*. **1.** αποχωρίζω, απομακρύνω: *την -έσπασε με το ζόρι από την αγκαλιά της μητέρας της·* (μέσ.) *-άστηκαν πολλοί οπαδοί του κόμματος.* **2.** μεταθέτω προσωρινά κάποιον υπάλληλο σε άλλη θέση από την οργανική του. **3.** τραβώ, αφαιρώ, παίρνω: *~ την προσοχή κάποιου· του -έσπασα αρκετά χρήματα· θα προσπαθήσω να -άσω την υπόσχεσή του· δεν μπόρεσα να του -άσω κουβέντα.* **4.** πετυχαίνω, κερδίζω: *-έσπασε την πρώτη του νίκη.*
απόσταγμα το, ουσ. **1.** υγρό που προέρχεται από την απόσταξη διαφόρων υλών. **2.** (χημ.) υγρό που λαμβάνεται με τη συμπύκνωση των ατμών του.
αποστάζω, ρ. **1.** υποβάλλω κάτι σε απόσταξη με ειδική συσκευή: *-ουν τα σταφύλια για να παράγουν ούζο· νερό -γμένο.* **2.** σταλάζω, στάζω.
αποσταθεροποίηση η, ουσ., διατάραξη της ομαλότητας με σκοπό την κοινωνική αναταραχή: *~ του δημοκρατικού πολιτεύματος/της οικονομίας·* ανατροπή της ισορροπίας: *~ του νομίσματος* (αντ. *σταθεροποίηση*).
αποσταθεροποιώ, -είς, ρ., διαταράσσω την ομαλότητα με σκοπό την κοινωνική ταραχή, ανατρέπω μια ισορροπία, προκαλώ αποσταθεροποίηση (αντ. *σταθεροποιώ*).
αποσταίνω, ρ., κουράζομαι: *-ασα ψάχνοντας χρόνια τώρα* (συνών. *αποκάμνω·* αντ. *ξαποσταίνω*).
αποστακτήρας ο, ουσ., συσκευή που χρησιμοποιείται για απόσταξη.
αποστακτικός, -ή, -ό, επίθ., που συντελεί στην απόσταξη: *συσκευή -ή.*
αποσταλάζω, ρ. **1.** (μτβ.) καθαρίζω με απόσταξη (συνών. *διυλίζω*). **2.** (αμτβ.) χάνω το υγρό που περιέχω, στραγγίζω.
αποσταλινοποίηση η, ουσ., απόρριψη των αυταρχικών μεθόδων που χρησιμοποιούσε ο Στάλιν και της συναφούς προσωπολατρίας: *μέτρα -ης.*
αποσταμός ο, ουσ., κόπωση (συνών. *κούραση*).
απόσταξη η, ουσ., φυσικοχημική διεργασία που συνίσταται στη μετατροπή μιας ουσίας σε ατμό, ο οποίος στη συνέχεια συμπυκνώνεται σε υγρή μορφή.
απόσταση η, ουσ. **1.** το διάστημα που παρεμβάλλεται ανάμεσα σε δύο σημεία του χώρου ή του χρόνου: *~ μεγάλη/χρονική/αστρονομική/φαινομενική· δε διακρίνω τίποτε εξαιτίας της -ης.* **2.** η διαφορά που υπάρχει ανάμεσα στα διάφορα κοινωνικά επίπεδα ή άτομα: *υπάρχει μεγάλη ~ ανάμεσα στη μεγαλοαστική και την εργατική τάξη· ~ αντιλήψεων· διευρύνεται η ~ μεταξύ μας· με κρατά σε ~* (= δεν μου επιτρέπει οικειότητα)· *ξέρει να κρατά τις -άσεις* (= να διατηρεί μόνο τυπικές σχέσεις χωρίς ιδιαίτερες οικειότητες). Έκφρ. *«εξ -άσεως»* = απομακριά: *τον ξέρω «εξ -άσεως».*

αποστασία η, ουσ. **1.** αποχώρηση από έναν πολιτικό συνασπισμό, συμμαχία, κόμμα, παράταξη, ιδεολογία, κλπ.: *~ βουλευτών από το κόμμα τους / μιας πόλης-μέλους από τη συμμαχία* (συνών. *αποσκίρτηση*). **2.** εξέγερση: *~ της Μήλου από την αθηναϊκή συμμαχία* (συνών. *αποσκίρτηση*). **3.** (εκκλ.) απάρνηση της χριστιανικής θρησκείας. **4.** (για ιερείς) εκούσια αποβολή της ιεροσύνης.
αποστασιοποίηση η, ουσ. (ασυνίζ., νεολογ.). **1.** (θεατρ.) στάση του ηθοποιού ή του θεατή σύμφωνα με την οποία δεν ταυτίζονται ο πρώτος με το ρόλο που αποδίδει και ο δεύτερος με την παράσταση που παρακολουθεί αλλά αντιμετωπίζουν το έργο κριτικά. **2.** διαφοροποίηση από μια ενέργεια ή άποψη: *~ βουλευτή από το κόμμα του.*
αποστασιοποιούμαι, ρ. (ασυνίζ.). **1.** αντιμετωπίζω (ως ηθοποιός, θεατής ή αναγνώστης) κριτικά ένα έργο τέχνης χωρίς να ταυτίζομαι με τα πρόσωπα: *σύμφωνα με τις απόψεις του Μπρεχτ ο ηθοποιός πρέπει να -είται από το ρόλο του.* **2.** κρατώ διαφορετική στάση, έχω διαφορετική άποψη: *ο πρύτανης -ήθηκε από τις ενέργειες των κοσμητόρων* (συνών. *διαφοροποιούμαι*).
αποστάτης ο, θηλ. **-τρια** και **-ισσα** η, ουσ. **1.** αυτός που αποχωρεί από μια πολιτική ομάδα, αυτός που αποσκιρτά: *οι -ες της δημοκρατικής παράταξης / του κόμματος/της συμμαχίας.* **2.** επαναστάτης. **3.** αυτός που αρνείται τη θρησκεία του ή τις αρχές του: *Ιουλιανός ο ~.* **4.** κληρικός που αποβάλλει το ιερατικό σχήμα.
αποστατώ, -είς, ρ., κάνω αποστασία, αποχωρώ από μια πολιτική παράταξη ή απαρνούμαι την ιδεολογία μου (συνών. *αποσκιρτώ*).
αποστάφυλο το, ουσ., σταφύλι που μένει πάνω στα κλήματα μετά τον τρύγο.
αποστειρώνω, ρ., καταστρέφω εντελώς, χρησιμοποιώντας υψηλή θερμοκρασία ή άλλα μέσα, τα μικρόβια που υπάρχουν σε ουσίες ή αντικείμενα: *γάζες -ωμένες· ~ τα ιατρικά εργαλεία* (συνών. *απολυμαίνω*).
αποστείρωση η, ουσ., πλήρης εξόντωση των μικροβίων που υπάρχουν σε μια ουσία ή ένα αντικείμενο: *~ χειρουργικών εργαλείων* (συνών. *απολύμανση*).
αποστειρωτήρας ο, ουσ., συσκευή που χρησιμοποιείται για αποστείρωση: *έβγαλε τα χειρουργικά εργαλεία από τον -α.*
αποστειρωτικός, -ή, -ό, επίθ., που συντελεί στην αποστείρωση: *πήραμε -ά μέτρα* (συνών. *απολυμαντικός, αντισηπτικός*).
αποστέργω, ρ. **1.** αρνούμαι (συνών. *αποποιούμαι*). **2.** περιφρονώ, αντιπαθώ (συνών. *αποστρέφομαι*).
αποστέρηση η, ουσ. **1.** στέρηση, απώλεια: *~ συγγενικών προσώπων.* **2.** αφαίρεση: *~ προνομίων / δικαιώματος* (συνών. *απογύμνωση*).
αποστερώ, -είς, ρ. **1.** (ενεργ.) στερώ κάποιον από κάτι, τον κάνω να χάσει κάτι: *οι υποχρεώσεις τής -ησαν τη χαρά των διακοπών.* **2.** (μέσ.) στερούμαι, χάνω: *τα -ήθηκε όλα για να μεγαλώσει σωστά το παιδί της.*
αποστεώνομαι, ρ. **1.** γίνομαι πολύ σκληρός (συνών. *αποσκληρύνομαι*). **2.** αδυνατίζω πολύ ώστε

να φαίνονται τα κόκκαλά μου: *-ώθηκε από την υπερβολική δίαιτα.*
αποστέωση η, ουσ. 1. αποσκλήρυνση. 2. υπερβολικό αδυνάτισμα (συνών. *κοκάλιασμα*).
αποστηθίζω, ρ., μαθαίνω απέξω, απομνημονεύω μετά επανειλημμένες αναγνώσεις: *μπορεί να -ίσει εύκολα το μάθημα/το ποίημα.*
αποστήθιση η, ουσ., απομνημόνευση: *η ~ δεν προϋποθέτει εξυπνάδα· ~ των ποιημάτων / προσευχής.* - Ως επίρρ. = απέξω: *το έμαθε το μάθημα ~*.
από στήθους· αρχαϊστ. έκφρ.· για να δηλωθεί η απομνημόνευση: *το έμαθα ~*.
απόστημα το, ουσ. 1. εξόγκωμα, οίδημα του δέρματος με πύον: *το δόντι του δημιούργησε ~*. 2. (μαθημ.) απόσταση μεταξύ του κέντρου του κύκλου και μιας χορδής.
απόστιχο το, ουσ. (εκκλ.), τροπάριο που ψάλλεται στο τέλος του εσπερινού.
αποστολάτορας ο, ουσ., απεσταλμένος (βλ. λ.).
αποστολέας ο, ουσ. 1. αυτός που στέλνει κάτι: *το γράμμα έφυγε χωρίς το όνομα του -α* (αντ. *παραλήπτης*). 2. αυτός που αναλαμβάνει την αποστολή αντικειμένων που του παραδίδονται.
αποστολή η, ουσ. 1. το να στέλνει κάποιος κάτι: *πήραν τα κατάλληλα μέτρα για την ~ χρημάτων/ εμπορευμάτων.* 2. αυτό που στέλνεται: *τα παιδιά της πρώτης -ής στην κατασκήνωση.* 3. ομάδα ειδικών προσώπων που στέλνονται κάπου για ένα σκοπό: *έφυγε χτες η ελληνική ~ για το συνέδριο της Ε.Ο.Κ.* (συνών. *αντιπροσωπεία*). 4. σπουδαίο έργο που αναλαμβάνει να εκτελέσει κάποιος, σκοπός, καθήκον: *αποχώρησε από την εκπαίδευση προτού ολοκληρώσει την ~ του· έφερε σε πέρας την ~* (συνών. *προορισμός*).
αποστολικός, -ή, -ό, επίθ. 1. που σχετίζεται με τους Αποστόλους: *εκκλησία -ή· κανόνες/πατέρες -οί.* 2. ένθερμος: *ζήλος -ός.* - Επίρρ. **-ά** = κατά τον τρόπο των Αποστόλων, με τα πόδια: *ταξιδεύει -ά.*
Απόστολος ο, ουσ. 1. καθένας από τους μαθητές του Χριστού: *οι δώδεκα -οι.* 2. εκκλησιαστικό βιβλίο που περιέχει περικοπές από τις Πράξεις και τις Επιστολές των Αποστόλων. 3. (συνεκδ.) περικοπή από τις Επιστολές του Αποστόλου Παύλου που κάθε φορά διαβάζεται κατά την εκκλησιαστική ακολουθία. 4. (προσηγορ.) ένθερμος κήρυκας μιας ιδεολογίας: *-οι της ειρήνης.*
αποστομώνω, ρ. 1. κάνω κάποιον να σωπάσει από έκπληξη, ντροπή ή αμηχανία: *τον -ωσε με την απάντηση που του έδωσε* (συνών. *αποσβολώνω*). 2. κλείνω το στόμιο ενός πράγματος, φράζω. 3. αμβλύνω την κόψη μαχαιριού ή όπλου· αμβλύνομαι: *και συ σπαθί μου δαμασκί να μην -ώσεις* (δημ. τραγ.) (συνών. *στομώνω*).
αποστόμωση η, ουσ., το να κλείνει κάποιος το στόμα κάποιου, να τον κάνει να σωπάσει από έκπληξη, ντροπή ή αμηχανία.
αποστομωτικός, -ή, -ό, επίθ., που αποστομώνει: *απάντηση -ή.* - Επίρρ. **-ά.**
απόστραβος, -η, -ο, επίθ., εντελώς στραβός (συνών. *θεόστραβος*)· *στραβός κι ~*.
αποστραβώνω, ρ. 1. κάνω κάτι πιο στραβό απ' ό,τι ήταν πριν: (παροιμ.) *ήτανε στραβό το κλίμα, το 'φαγε κι ο γάιδαρος κι -ωσε* (για να δηλωθούν απανωτά παθήματα). 2. (για ανθρώπους) κάνω κάποιον εντελώς τυφλό (συνών. *αποτυφλώνω*).
αποστραγγίζω, ρ. (έρρ.). 1. στραγγίζω εντελώς:

-ισα τα ρούχα. 2. αποξηραίνω. 3. αδυνατίζω: *κοίταξε πώς -ιξε από τα βάσανα!*
αποστράγγιση η, ουσ. (έρρ.). 1. στράγγισμα, στέγνωμα. 2. αποξήρανση.
αποστραγγιστικός, -ή, -ό, επίθ. (έρρ.), που συντελεί στην αποστράγγιση: *έργα -ά* (συνών. *αποξηραντικός*).
αποστρατεία η, ουσ. 1. απομάκρυνση στρατιωτικού από την ενεργό υπηρεσία λόγω ορίου ηλικίας, ανικανότητας, κ.λ.π.: *τον έθεσαν σε ~.* 2. κατάσταση αξιωματικού που αποστρατεύτηκε: (λόγ.) έκφρ. *εν -α: στρατηγός εν -α.* 3. απομάκρυνση κάποιου από το επάγγελμά του.
αποστράτευση η, ουσ. 1. απόλυση από τις τάξεις του στρατού. 2. λήξη επιστράτευσης.
αποστρατεύω, ρ. 1. απολύω, απομακρύνω κάποιον από την ενεργό στρατιωτική υπηρεσία: *-εύτηκε πριν από λίγα χρόνια.* 2. (μεταφ.) απομακρύνω κάποιον από το επάγγελμά του (συνών. *απολύω*).
αποστρατικοποίηση η, ουσ., απομάκρυνση των στρατιωτικών δυνάμεων, αμυντικών και επιθετικών, από μια περιοχή: *~ μιας περιοχής/χώρας.*
αποστρατικοποιώ, -είς, ρ. (ασυνίζ.), απαλλάσσω μια περιοχή από την ύπαρξη στρατιωτικών δυνάμεων, αποσύρω κάθε είδους στρατιωτικές δυνάμεις: *-ημένη ζώνη/ήπειρος.*
απόστρατος ο, ουσ. 1. αξιωματικός που έχει αποστρατευτεί. 2. αυτός που δεν ασκεί πια το επάγγελμά του.
αποστρέφω, ρ. 1. γυρίζω αλλού το πρόσωπό μου. 2. (μέσ.) αντιπαθώ: *-ομαι του κόλακες* (συνών. *απεχθάνομαι*).
αποστροφή η, ουσ. 1. αντιπάθεια: *αισθάνεται ~ για το ποδόσφαιρο* (συνών. *απέχθεια*). 2. ρητορικό σχήμα κατά το οποίο ο ομιλητής ή ο συγγραφέας απευθύνεται σε ορισμένα πρόσωπα (ή πράγματα), απόντα ή παρόντα, για να δημιουργήσει κλίμα ψυχικής έντασης.
απόστροφος η, ουσ. 1. (γραμμ.) σημάδι που μπαίνει στη θέση φωνήεντος που αποβλήθηκε εξαιτίας έκθλιψης, αφαίρεσης ή αποκοπής ('). 2. (μουσ.) σημάδι της βυζαντινής μουσικής.
αποσυγκεντρώνω, ρ. (έρρ. δις), απομακρύνω από το κέντρο πρόσωπα ή πράγματα (συνών. *αποκεντρώνω*).
αποσυγκέντρωση η, ουσ. (έρρ. δις), αποκέντρωση (βλ. λ.).
αποσυμφόρηση η, ουσ., εξάλειψη ή ελάττωση της συμφόρησης, απαλλαγή από τη μεγάλη κυκλοφορία αυτοκινήτων ή ανθρώπων (για δρόμους): *~ του κέντρου της πόλης* (συνών. *αραίωση, αποσυγκέντρωση·* αντ. *συμφόρηση*).
αποσυμφορώ, -είς, ρ., κάνω αποσυμφόρηση, απαλλάσσω από τη μεγάλη κυκλοφορία: *-ήθηκαν πολλοί δρόμοι του κέντρου της πόλης.*
αποσυνάγωγος, -η, -ο, επίθ., αποκλεισμένος από κάπου, αποδιωγμένος (συνών. *απόβλητος*).
αποσυναρμολόγηση η, ουσ., το να αποσυναρμολογεί κάποιος κάτι.
αποσυναρμολογώ ρ., διαλύω κάτι συναρμολογημένο: *~ μηχανισμό* (συνών. *ξεστήνω*).
αποσύνδεση η, ουσ. 1. διαχωρισμός πραγμάτων που συνδέονται μεταξύ τους: *~ των καλωδίων από τη συσκευή* (αντ. *σύνδεση*). 2. (μεταφ.) το να θεωρείται κάτι ανεξάρτητο από κάτι άλλο: *~ του ζητήματος των προσφύγων από άλλα ζητήματα* (αντ. *σύνδεση*). 3. χωρισμός ενός συνόλου στα

συστατικά του μέρη: ~ *ενός μηχανήματος* (συνών. *ξεμοντάρισμα*· αντ. *συναρμολόγηση, μοντάρισμα*).
αποσυνδέω, ρ. 1. διαχωρίζω πράγματα που έχουν συνδεθεί: ~ *τη ρυμούλκα από το φορτηγό* (αντ. *συνδέω*). 2. (μεταφ.) θεωρώ κάτι άσχετο με κάτι άλλο: ~ *την αμοιβή από την παραγωγικότητα* (αντ. *συνδέω*). 3. χωρίζω ένα σύνολο στα μέρη που το αποτελούν: ~ *τη μηχανή* (συνών. *ξεμοντάρω*· αντ. *συναρμολογώ, μοντάρω*).
αποσύνθεση η, ουσ. 1. χωρισμός ενός σύνθετου πράγματος στα μέρη που το αποτελούν: ~ *μηχανής* (συνών. *διάλυση*). 2. (βιολ.) μεταβολή ενός νεκρού οργανισμού σε απλούστερες ουσίες, αρχή σήψης: *η ζέστη επιταχύνει την* ~ *πτώμα σε* ~. 3. (χημ.) μετατροπή μιας χημικής αντίδρασης σε απλούστερες ή στα στοιχεία της, διάσπαση. 4. (μεταφ.) έλλειψη συνοχής και πειθαρχίας ενός συνόλου, διάλυση, φθορά: ~ *του κόμματος/της οργάνωσης*· *μια κοινωνία σε* ~· *το εγχείρημα έφερε μέσα του το σπέρμα της αποσύνθεσης* (συνών. *αποδιοργάνωση*).
αποσυνθετικός, -ή, -ό, επίθ., που σχετίζεται με την αποσύνθεση ή συντελεί σ' αυτήν: *διαδικασία -ή· οργανισμοί -οί*.
αποσυνθέτω, μέσ. (λόγ.) **αποσυντίθεμαι,** ρ. I ενεργ. 1. διαλύω κάτι σύνθετο στα συστατικά του μέρη: ~ *μια μηχανή*. 2. (μεταφ.) προκαλώ αποδιοργάνωση, διάλυση, εξάρθρωση: *οι κομματικές έριδες είχαν -έσει τον κρατικό μηχανισμό* (συνών. *αποδιοργανώνω*). II (μέσ. για οργανικές ουσίες) αρχίζω να σαπίζω: *τα ψάρια που βρήκαν στο ψυγείο είχαν -συντεθεί*.
απόσυρση η, ουσ. 1. το να αποσύρεται κάτι: ~ *μήνυσης/πρότασης/τροπολογίας* (αντ. *προώθηση*). 2. (για νόμισμα) διακοπή της νόμιμης κυκλοφορίας του. 3. (για αγροτικά προϊόντα) η μη διάθεσή τους στην κατανάλωση ή για επεξεργασία και η καταστροφή τους: *άρχισε η* ~ *των ρωδακίνων*.
αποσύρω, ρ. I ενεργ. 1. τραβώ προς τα πίσω, απομακρύνω: *άρχισαν να* -*ουν τα οδοφράγματα*. 2. παίρνω πίσω κάτι που έχω καταθέσει: ~ *τις καταθέσεις μου/χρήματα από την τράπεζα*· (για διακοπή ενεργειών που απέβλεσαν κάπου ~ *αίτηση/ μήνυση/πρόταση/νομοσχέδιο* (αντ. *καταθέτω*). 3. ενεργώ ώστε κάποιος να απομακρυνθεί από κάπου: ~ *τα στρατεύματα από την περιοχή*· ~ *τον αντιπρόσωπό μου από το συνέδριο/την εθνική ομάδα από τους αγώνες/το μοντέλο του αυτοκινήτου από την κυκλοφορία* (αντ. *προωθώ*). 4. (για αγροτικά προϊόντα) παύω να διαθέτω για κατανάλωση ή για επεξεργασία και καταστρέφω: *ρωδάκινα* -*θηκε το μεγαλύτερο μέρος από την παραγωγή της βιομηχανικής ντομάτας*. II (μέσ.) αποχωρώ, διακόπτω μια δραστηριότητα: -*ομαι από την πολιτική (δράση)/από την επιχείρηση/από τη σκηνή του θεάτρου*.
αποσυσκευάζω, ρ., βγάζω κάτι από τη θήκη όπου βρίσκεται συσκευασμένο: ~ *το λάδι για να μπει σε νέα δοχεία* (αντ. *συσκευάζω*).
αποσφουγγίζω, ρ. (λαϊκ.). 1. σκουπίζω, καθαρίζω (συνήθως με σφουγγάρι ή πανί): ~ *τον ιδρώτα μου*. 2. τελειώνω το σφούγγισμα, το καθάρισμα: -*ισα το τραπέζι*.
αποσφραγίζω, ρ., ανοίγω κάτι αφαιρώντας τη σφραγίδα που φέρει: ~ *τη διαθήκη/τις προσφορές σε μειοδοτικό διαγωνισμό*· (γενικά) ανοίγω κάτι κλεισμένο σε φάκελο: ~ *ένα έγγραφο/μια επιστολή* (αντ. *σφραγίζω*).
αποσφράγιση η, ουσ., άνοιγμα ενός εγγράφου σφραγισμένου ή κλεισμένου σε φάκελο: η ~ *της διαθήκης έγινε στο γραφείο του δικηγόρου* (αντ. *σφράγιση*).
αποσφράγισμα το, ουσ., αποσφράγιση (βλ. λ.) (αντ. *σφράγισμα*).
αποσχηματίζω, ρ. (εκκλ.) καθαιρώ κληρικό ή μοναχό και του απαγορεύω να φέρει το σχήμα.
αποσχηματισμός ο, ουσ. (εκκλ.) καθαίρεση κληρικού ή μοναχού και αφαίρεση του σχήματος.
αποσχίζομαι, ρ., εγκαταλείπω μια ομάδα, μια παράταξη, μια ιδεολογία, κ.τ.ό. και προσχωρώ σε άλλη ή δημιουργώ καινούρια: *μια ομάδα βουλευτών -ίσθηκε από το κόμμα*· *η βουλγαρική εκκλησία -ίσθηκε από το πατριαρχείο της Κωνσταντινούπολης* (συνών. *αποσκιρτώ*).
απόσχιση η, ουσ., το να αποσχίζεται κάποιος: *η* ~ *ορισμένων βουλευτών επηρεάζει τις κοινοβουλευτικές ισορροπίες* (συνών. *αποσκίρτηση*).
απόσωμα, βλ. *απόσωσμα*.
αποσώνω, ρ. (λαϊκ.). 1. συμπληρώνω, ολοκληρώνω κάτι που άρχισα: ~ *την κουβέντα/το λόγο/τη δουλειά* (συνών. *αποτελειώνω*). 2. καταναλώνω, ξοδεύω εντελώς: -*ωσα το κρασί/το λάδι*. 3. φτάνω: -*ωσα το σπίτι/στο χωριό*· ν' -*ώσεις γρήγορα*.
απόσωσμα και -**σωμα** το, ουσ. (λαϊκ.), ολοκλήρωση μιας πράξης, τέλος: τ' ~ *του τρύγου*· τ' -*σωμα της μέρας*· τ' -*σωμα του τραγουδιού* (συνών. *αποτέλειωμα, αποτελειωμός*).
απότακτος, -η, -ο, επίθ. (στρατ. για αξιωματικό ή μόνιμο υπαξιωματικό) που βρίσκεται σε άποταξη (βλ. λ.).
αποταμίευμα το, ουσ., το μέρος των εισοδημάτων που κάποιος φυλάγει ή καταθέτει για μελλοντική χρήση.
αποταμίευση η, ουσ., το να μη χρησιμοποιεί ένας ιδιώτης, ένα νοικοκυριό ή μια επιχείρηση μέρος από τα εισοδήματά του για καταναλωτικές δαπάνες, αλλά να το φυλάγει ή να το καταθέτει για μελλοντική χρήση: *η* ~ *επηρεάζεται από το ύψος του εισοδήματος*· *τα «αγαθά»/τα κίνητρα/η συνήθεια της αποταμίευσης*· (μεταφ.) ~ *γνώσεων/θερμότητας/ενέργειας* (= *συσσώρευση*).
αποταμιευτής ο, θηλ. -**εύτρια,** ουσ. (ασυνίζ.), αυτός που αποταμιεύει: ~ *τακτικός/μικρός*· (φιλοτέλ.) ~ *γραμματοσήμων* (= αυτός που αγοράζει γραμματόσημα σε μεγάλες ποσότητες για επένδυση).
αποταμιευτικός, -ή, -ό, επίθ. (ασυνίζ.), που σχετίζεται με την αποταμίευση ή τον αποταμιευτή: *πράξη/συνείδηση -ή*· *κίνητρα -ά*· *ίδρυμα -ό*.
αποταμιεύτρια, βλ. *αποταμιευτής*.
αποταμιεύω, ρ. (ασυνίζ.), εξοικονομώ ένα μέρος από τα εισοδήματα ή τα κέρδη μου και το διατηρώ ή το καταθέτω για μελλοντική χρήση, κάνω αποταμίευση: *συνηθίζω/έχω μάθει να* ~· ~ *το μεγαλύτερο μέρος από το μισθό μου*· (μεταφ.) ~ *γνώσεις/δυνάμεις/ενέργεια/θερμότητα* (= *συσσώρευση*).
απόταξη η, ουσ. (στρατ.) ποινή οριστικής απομάκρυνσης από το στράτευμα που επιβάλλεται σ' έναν αξιωματικό ή μόνιμο υπαξιωματικό για βαριά παραπτώματα: *οι στασιαστές τιμωρήθηκαν με* ~.
αποτάσσω, ρ. (στρατ.) τιμωρώ με απόταξη (βλ. λ.).

αποταχιά, επίρρ. (συνιζ., λαϊκ.). 1. πρωί ή πολύ πρωί: *ξύπνα με ~*. 2. αύριο το πρωί: *~ το κουβεντιάζουμε*.
αποταχτές, βλ. *αποχτές*.
αποταψές, βλ. *αποψές*.
αποτείνω, ρ. (λόγ.). I (ενεργ.) φρ. *~ το λόγο* = μιλώ σε κάποιον. II (μέσ.) απευθύνομαι σε κάποιον (συνήθως για να ζητήσω κάτι): *για κάθε πληροφορία να -εστε στον αρμόδιο υπάλληλο·* (συνεκδ.): *να -ταθείτε στο αστυνομικό τμήμα της περιοχής σας*.
αποτέλεσμα το, ουσ., ολοκλήρωση μιας ενέργειας: *θα σε πληρώσω με τ' ~ της δουλειάς* (συνών. *αποπεράτωση, απόσωμα*).
αποτελειωμός, ο, ουσ. (συνίζ.), αποτέλειωμα (βλ. λ.).
αποτελειώνω, ρ. (συνίζ.), αόρ. -τελείωσα και -τέλειωσα. 1. τελειώνω κάτι εντελώς, αποπερατώνω, συμπληρώνω: *~ το σκάψιμο/την κουβέντα μου* (συνών. *αποσώνω*). 2. καταστρέφω (οικονομικώς): *λίγη ακόμη αναβροχιά και θα μ' -ώσει*. 3. θανατώνω, δίνω το τελειωτικό χτύπημα: *έναν που ανάπνεε ακόμη τον -ωσε με το πιστόλι*.
αποτελειωτικός, -ή, -ό, επίθ. (συνίζ.), που προκαλεί το τέλος, που επιφέρει το θάνατο: *βολή -ή· χτύπημα -ό*.
αποτέλεσμα το, ουσ. 1α. αυτό που υπάρχει, συμβαίνει ή προκαλείται εξαιτίας ορισμένης δραστηριότητας ή γεγονότος ή μετά την εφαρμογή μιας αρχής ή κανόνα: *~ της δίκης · -άμεσο/αρνητικό· φέρνω ~· οι προσπάθειές μου δεν είχαν ~· -ατα μικροβιολογικής εξέτασης* (= πορίσματα ή γενικώς στοιχεία χρήσιμα στη διάγνωση) (συνών. *έκβαση, επακόλουθο*)· β. συνέπεια μιας ενέργειας: *τα -ατα του συμβιβασμού/της απόφασης ήταν καταστροφικά* (συνών. *επακόλουθο*)· γ. αυτό που εξάγεται από μια μαθηματική πράξη, πόρισμα: *~ της πρόσθεσης/του προβλήματος*. 2. δήλωση της επιτυχίας ή αποτυχίας προσώπου ή ομάδας σε διαγωνισμό ή αγώνα· (ειδικά) ο βαθμός που παίρνει ένας μαθητής, υποψήφιος κ.τ.ό. σε μια εξέταση: *τα -ατα των ποδοσφαιρικών αγώνων/ των εκλογών· τα -ατα των εξετάσεων/της ιστορίας*.
αποτελεσματικός, -ή, -ό, επίθ., που φέρνει αποτέλεσμα, που προκαλεί ορισμένη ενέργεια, δραστικός: *δράση/επέμβαση/θεραπεία/προστασία -ή· φάρμακο -ό* (αντ. *ανώφελος*). 2. (γραμμ.) που εκφράζει αποτέλεσμα: *προτάσεις -ές· σύνδεσμοι -οί* (π.χ. *ώστε*).
αποτελματώνω, ρ., από αδράνεια και αναβλητικότητα κάνω μια υπόθεση να χρονίσει, να διαιωνίζεται χωρίς αποτέλεσμα: (συνήθως μέσ.) *-ώθηκε ένα ζήτημα* (αντ. *προωθώ*).
αποτελμάτωση η, ουσ., έλλειψη εξέλιξης και προόδου σε κάποια υπόθεση, το να αποτελματώνεται κάτι: *~ του ζητήματος* (συνών. *στασιμότητα*).
αποτελώ ρ. 1. είμαι μέρος ενός συνόλου, μαζί με άλλους συγκροτώ κάτι ενιαίο: *η Ιλιάδα -είται από εικοσιτέσσερις ραψωδίες* (συνών. *απαρτίζω*). 2. (γενικά) είμαι: *η σιωπή δεν -εί πάντοτε την καλύτερη απάντηση· το έτος 1453 -εί σταθμό στην ιστορία του Ελληνισμού*.
αποτέτοιος, -α, -ο, αντων. (συνίζ.), στη θέση ονόματος (προσώπου ή πράγματος) που δε θυμόμαστε ή αποφεύγουμε να προφέρουμε από ντροπή, τάδε,

απαυτός: *θα είναι μαζί σου κι ο ~· δώσε μου τ' -α·* (συχνά ως σεξουαλικό υπονοούμενο): *ο ~* (= πρωκτός)· *η -α* (= το *πέος*)· *τ' -α* (= οι *όρχεις*).
αποτετοιώνω, ρ. (συνίζ.), (σε περιπτώσεις που δε βρίσκουμε το κατάλληλο ρήμα ή ντρεπόμαστε να το χρησιμοποιήσουμε) κάνω κάτι, τελειώνω (ένα έργο): *σε δύο λεπτά τ' -ωσα*.
αποτεφρώνω, ρ., μεταβάλλω σε στάχτη, καίω εντελώς: *η φωτιά -ωσε το δάσος*.
αποτέφρωση η, ουσ., το να μεταβάλλεται κάτι σε στάχτη, ολοκληρωτική καύση: *~ του δάσους/ των απορριμμάτων· η ~ των νεκρών· κλίβανος/ συγκρότημα -ης*.
αποτεφρωτήρας ο, ουσ., συσκευή που χρησιμοποιείται για αποτέφρωση: *-ήρες απορριμμάτων*.
αποτεφρωτήριο το, ουσ. (ασυνίζ.), κλίβανος για αποτέφρωση νεκρών, κρεματόριο.
αποτεφρωτικός, -ή, -ό, επίθ., που αναφέρεται ή συντελεί στην αποτέφρωση: *κλίβανος ~* (= *κρεματόριο*).
αποτίμηση η, ουσ., υπολογισμός της αξίας ή του κόστους ενός πράγματος: *~ μιας περιουσίας/των ζημιών·* (μεταφ.): *~ επιστημονικής προσφοράς*.
αποτιμώ, -άς, ρ., υπολογίζω την αξία ή το κόστος ενός πράγματος: *~ τους πίνακες μιας συλλογής· ~ τις καταστροφές·* (μεταφ.) *~ τις συνέπειες ενός γεγονότος*.
αποτινάζω ρ., τινάζω μακριά, ρίχνω αποπάνω μου κάτι που με πιέζει (μόνο μεταφ.): *οι Έλληνες -αξαν το ζυγό της δουλείας· ~ τα δεσμά των προκαταλήψεων*.
αποτίναξη η, ουσ., το να ρίχνουμε κάτι μακριά· (μόνο μεταφ.) απαλλαγή από δυσάρεστη κατάσταση: *~ του τουρκικού ζυγού*.
αποτίνω και **-τίω,** ρ., αόρ. *απέτισα* (λόγ.), πληρώνω ό,τι οφείλω, συνήθως μόνο μεταφ., στη φρ. *~ φόρο τιμής* (= αποδίδω σε κάποιον την τιμή που του αξίζει): *να -ίσουμε φόρο τιμής στους μαχητές του Σαράντα*.
απότιση η, ουσ. (λόγ.), πληρωμή μιας οφειλής· συνήθως μόνο μεταφ. στην έκφρ. *~ φόρου τιμής* (= απόδοση σε κάποιον της τιμής που του οφείλεται).
απότιστος, -η, -ο, επίθ. 1. που δεν τον πότισαν, δεν τον άρδευσαν: *χωράφι -ο*. 2. που δεν του έδωσαν να πιει νερό: *άλογο -ο* (αντ. στις σημασ. 1 και 2 *ποτισμένος*).
αποτίω, βλ. *αποτίνω*.
αποτοιχίζω, ρ. (αρχαιολ.) αποσπώ (μια τοιχογραφία) από τον τοίχο όπου βρίσκεται για συντήρηση και τοποθέτηση ξανά στην προηγούμενη θέση ή για διάσωση σε περίπτωση καταστροφής του χώρου όπου βρίσκεται.
αποτοίχιση, ουσ. (αρχαιολ.) απόσπαση (μιας τοιχογραφίας) από τον τοίχο όπου βρίσκεται για να συντηρηθεί ή να διασωθεί.
αποτολμώ, ρ., επιχειρώ κάτι με (απερίσκεπτη) τόλμη: *ο εχθρός δεν -ησε νέα επίθεση* (συνών. *αποκοτώ*).
απότομος, -η, -ο, επίθ. 1. απόκρημνος, που έχει σχεδόν κάθετη κλίση: *βράχος ~· ανηφόρα/πλαγιά -η*. 2α. αιφνίδιος, απροσδόκητος: *κίνηση/μεταβολή η* (συνών. *ξαφνικός*)· β. (για στροφή) που γίνεται με βία εξαιτίας της ταχύτητας ή της στενότητας του χώρου: *έκανα/πήρα μια -η στροφή* (συνεκδ.) *ο δρόμος έχει πολλές -ες στροφές*. 3. (για πρόσωπο ή πράξη) βίαιος, βάναυσος, τραχύς:

άνθρωπος ~· *τρόποι -οι· συμπεριφορά -η* (αντ. *ήπιος*). - Επίρρ. **-α**.
αποτοξινώνω, ρ. 1. (ιατρ.) θεραπεύω κάποιον από τη συνήθεια να κάνει κατάχρηση μιας τοξικής ουσίας: ~ *έναν αλκοολικό/έναν τοξικομανή·* (μέσ.) ακολουθώ μια θεραπεία αποτοξίνωσης: *θέλει, αλλά δεν μπορεί να -ωθεί·* (συνεκδ.) *-ώνεται ο οργανισμός.* 2. (μεταφ.) απαλλάσσω κάποιον από τη βλαβερή επιρροή που έχουν σ' αυτόν κάποιες ιδέες.
αποτοξίνωση η, ουσ. 1. (ιατρ. συνηθέστερα αντί για τον επιστ. όρο αποτοξίκωση) θεραπεία με σκοπό να απαλλαγεί σταδιακά ένας αλκοολικός ή ένας τοξικομανής από τον εθισμό σε μια τοξική ουσία (αλκοόλ) ή σ' ένα ναρκωτικό: ~ *υποχρεωτική.* 2. (μεταφ.) απαλλαγή από κάτι που βλάπτει ή ενοχλεί με τη συνέχιση και την επανάληψή του: ~ *από την ατμόσφαιρα της πόλης.*
από τον Άννα εις τον Καϊάφαν αρχαϊστ. εκφρ.· για να δηλωθούν αλλεπάλληλες ταλαιπωρίες.
αποτράβηγμα το, ουσ. 1. τέντωμα των μελών του σώματος: *έχω -ατα.* 2. απομάκρυνση, αποχωρισμός: *ήταν καλή παρέα κι αυτό έκανε τ'* ~ *δύσκολο.*
αποτραβώ, -άς, ρ. 1. (ενεργ.) τραβώ προς τα πίσω ή προς τα έξω: *-ηξα το χέρι μου, γιατί το σίδερο έκαιγε· -ηξαν τη βάρκα για καλαφάτισμα·* (μέσ.) *-ήχτηκε πίσω από το φράχτη.* 2. απομακρύνω (από κάποιον ή κάτι): *τον άντρα της τον -ηξε από τους φίλους του·* (μέσ.) *-ήχτηκα από την παρέα/από το καφενείο* (συνών. ξεκόβω). 3. αποσύρω: *-ηξε τις δυνάμεις του από τη μάχη·* (μέσ.) *-ιέμαι από τη ζωή/από τον κόσμο· ζει -ηγμένος σ' ένα εξοχικό σπίτι* (= απομονωμένος).
αποτρελαίνω, ρ., τρελαίνω κάποιον εντελώς: *με τα βασανιστήρια τον -αναν·* (μεταφ.) *μας έχει -άνει ο θόρυβος* (συνών. απολωλαίνω).
αποτρεπτικός, -ή, -ό, επίθ., που έχει σκοπό ή δυνατότητα να αποτρέπει: *ενέργεια -ή· το ισχυρό ναυτικό αποτελεί την -ή δύναμη για κάθε ξένη επίθεση* (αντ. προτρεπτικός).
αποτρέπω, ρ., παρατ. *απέτρεπα,* πληθ. *αποτρέπαμε,* αόρ. *απέτρεψα,* πληθ. *αποτρέψαμε.* 1. πείθω κάποιον να μην κάνει κάτι, μεταπείθω, εμποδίζω: *η συνείδησή του τον -έπει από τέτοιες αδικίες· ήθελε να πουλήσει το χωράφι, μα τον -εψα· θα -έψουμε κάθε ξένο από το να επέμβει* (αντ. προτρέπω, παρακινώ). 2. συντελώ στο να μη γίνει κάτι, αποσοβώ: *η επέμβαση των αεροπλάνων -εψε την εξάπλωση της φωτιάς·* (μέσ.) *δυστυχώς δεν -τράπηκαν οι συγκρούσεις.*
αποτριχώνω, ρ., αφαιρώ τις τρίχες ή το χνούδι του σώματος με διάφορα μέσα: ~ *τα πόδια.*
αποτρίχωση η, ουσ., το να αφαιρεί κάποιος τις τρίχες ή το χνούδι του σώματος με διάφορα μέσα: ~ *ριζική.*
αποτριχωτικός, -ή, -ό, επίθ., κατάλληλος για αποτρίχωση: *κρέμα -ή.*
αποτροπαϊκός, -ή, -ό, επίθ. (αρχαιολ.· για μορφή ή αντικείμενο) που χρησιμεύει στο να αποτρέπει το κακό: *μορφή Μέδουσας -ή.*
αποτρόπαιος, -η, -ο, επίθ., που προκαλεί αποστροφή, ανόσιος, φρικτός: *δολοφόνος* ~· *έγκλημα -ο* (συνών. αποκρουστικός). - Το ουδ. ως ουσ. = (λαογρ. - θρησκειολ.) κάθε μέσο που χρησιμοποιούν οι άνθρωποι για να αποτρέψουν το κακό που συμβαίνει ή είναι πιθανόν να συμβεί: *θρησκευτικά/μαγικά -α.*
αποτροπή η, ουσ. 1. παρεμπόδιση μιας πράξης με την πειθώ: ~ *μιας αδικίας/της παρανομίας/ενός σφάλματος* (αντ. προτροπή, παρακίνηση). 2. το να εμποδίζεται να συμβεί κάτι κακό, απόκρουση, αποσόβηση: ~ *του κινδύνου/των καταστροφών·* (στρατ.) στρατηγική κατά την οποία μια μεγάλη δύναμη επισείοντας την απειλή των καταστρεπτικών αντιποίνων εμποδίζει τον αντίπαλο να προχωρήσει σε μια επιθετική ενέργεια (κυρίως με χρήση πυρηνικών όπλων): *οι δυνάμεις -ής που διατηρούν οι δύο υπερδυνάμεις συντελούν στο να επικρατεί στις σχέσεις τους η «ισορροπία του τρόμου».*
αποτροπιάζομαι, ρ. (ασυνίζ., λόγ.), αισθάνομαι έντονη αποστροφή (για κάποιον ή κάτι).
αποτροπιασμός ο, ουσ. (ασυνίζ.), έντονη αποστροφή, αηδία: *αισθάνομαι* ~· ~ *της κοινής γνώμης για το στυγερό έγκλημα.*
αποτροπιαστικός, -ή, -ό, επίθ. (ασυνίζ.), που προκαλεί τον αποτροπιασμό: *έγκλημα -ό* (συνών. αποτρόπαιος).
αποτρύγημα το, ουσ., τέλος του τρύγου.
αποτρυγώ και **-άω**, ρ., τελειώνω τον τρύγο: (παροιμ.) *όταν οι άλλοι -ούσαν, η Μαρία έπλεκε καλάθια* (γι' αυτούς που κάνουν ή ζητούν κάτι παράκαιρα και καθυστερημένα).
αποτρώγω, και **-τρώω**, ρ., αόρ. *απόφαγα,* τελειώνω το φαγητό μου: *μόλις είχαμε -φάει·* (παροιμ.) *νίψου και -φάγαμε* (για την πρόωρη αποτυχία μιας προσπάθειας).
αποτσακίζω, ρ., σπάζω εντελώς: *το -ισες το πιάτο.*
αποτσίγαρο το, ουσ., ό,τι απομένει από ένα τσιγάρο που το κάπνισαν, «γώπα»: ~ *αναμμένο/πατημένο· τασάκι γεμάτο -α· μαζεύει τ' -α.*
αποτυγχάνω, βλ. λ. αποτυχαίνω.
αποτυμπανισμός ο, ουσ. (ερρ.), (ιστορ.) τρόπος θανατικής εκτέλεσης στην αρχαία Αθήνα.
αποτύπωμα το, ουσ. 1. σημάδι που παραμένει από την πίεση ενός σώματος πάνω σε πρόσφορο υλικό: ~ *των ποδιών πάνω στο χιόνι· αφήνω -ατα.* 2. (ανθρωπολ. - νομ.) *δακτυλικό* ~ = (συνήθως στον πληθ.) τα σχήματα στην επιδερμίδα της παλάμης και των δαχτύλων από την εσωτερική πλευρά του χεριού: *παίρνω/σβήνω/σκουπίζω/φωτογραφίζω τα δακτυλικά -ατα.*
αποτυπώνω, ρ. 1. σχηματίζω το αποτύπωμα (βλ. λ.) ενός πράγματος: ~ *τα βήματά μου στην άμμο·* (μεταφ.) *-ώνει στο γραπτό του όλη την αγωνία των ημερών εκείνων·* (μέσ.): *ήταν -ωμένη η έκπληξη στο πρόσωπό του.* 2. (μεταφ.) συγκρατώ κάτι στη μνήμη, στο νου μου: *έχω -ώσει για πάντα την ανάμνηση κάποιου·* (μέσ.) διατηρούμαι, καταγράφομαι στη μνήμη ή γενικά στο νου κάποιου: *το γεγονός αυτό μου -ώθηκε ανεξίτηλα.* 3. (τοπογρ.-αρχιτ.) κάνω τις απαραίτητες μετρήσεις και παριστάνω μια περιοχή ή ένα κτίσμα (συνήθως μνημειακό) σε σχέδιο.
αποτύπωση η, ουσ. 1. το να σχηματίζεται το αποτύπωμα ενός πράγματος: ~ *της υπογραφής με μηχανικό μέσο ισχύει ως ιδιόχειρη υπογραφή* (Αστ. Κώδ.). 2. το να καταγράφεται, να χαράζεται κάτι στη μνήμη ή στο νου: *η ανακάλυψη ασύλητου τάφου συνέβαλε στην* ~ *της κοινωνικής δομής των κατοίκων.* 2. (τοπογρ.-αρχιτ.) πραγματοποίηση των απαραίτητων μετρήσεων και παράσταση μιας περιοχής ή ενός κτίσματος σε σχέδιο με όλα

αποφασιστικός

τους τα στοιχεία και τα μεγέθη στην επιθυμητή κλίμακα: *ακρίβεια/εργασίες/κλίμακες/ σχέδια -ης·* κάνω *-η μιας εκκλησίας/ενός μνημείου/ αρχαιολογικού χώρου.*
αποτυφλώνω, ρ. **1.** τυφλώνω κάποιον εντελώς: *η αρρώστια τον -ωσε·* (μεταφ.) αφαιρώ προσωρινά τη δυνατότητα της όρασης, θαμπώνω: *βγήκα έξω απότομα και το φως μ' -ωσε* (συνών. αποστραβώνω). **2.** (μεταφ.) μωραίνω κάποιον ώστε να μην μπορεί να διακρίνει καθαρά τα πράγματα, να σκεφτεί λογικά: *το πάθος/ο φανατισμός/η φιλοχρηματία τον -ώνει.*
αποτύφλωση η, ουσ. **1.** απόλυτη τύφλωση: *η έκρηξη του προκάλεσε ~.* **2.** (μεταφ.) αδυναμία λογικής σκέψης, αμάθεια: *ήταν τέτοια η -ή τους που έκαναν τις πιο παράλογες πράξεις.*
αποτυφλωτικός, -ή, -ό, επίθ., που προκαλεί αποτύφλωση· εκτυφλωτικός: *φώτα -ά.*
αποτυχαίνω και (λόγ.) **-τυγχάνω,** ρ., αόρ. *απέτυχα* πληθ. *αποτύχαμε.* **1.** δεν κατορθώνω να πραγματοποιήσω το σκοπό, τις επιδιώξεις μου: *-έτυχα να τον πείσω/να προσληφθώ στο δημόσιο·* (απολ.) δεν ευτυχώ, πέφτω έξω: *-έτυχε στο γάμο του/στις εξετάσεις/στις επιχειρήσεις του/στην επιλογή συμβούλων* (αντ. *πετυχαίνω*). **2.** (για επιθυμία, επιδίωξη, κ.τ.ό.) δεν εξελίσσομαι καλά, δε φέρνω το επιθυμητό αποτέλεσμα: *η επίθεση -έτυχε να ανατρέψει τον εχθρό· -έτυχε το κυβερνητικό πρόγραμμα/το σχέδιο των αντιπάλων·* η *συγκέντρωση/η συναυλία -έτυχε* (αντ. *πετυχαίνω*). - Η μτχ. παρκ. ως επίθ. = **α.** που δεν έχει φέρει αποτέλεσμα: *προσπάθεια αποτυχημένη·* **β.** (για πρόσωπο) που δεν πέτυχε στους σκοπούς του, δεν εκπλήρωσε τις φιλοδοξίες του, δεν ευδοκίμησε στη σταδιοδρομία του: *δικηγόρος/ζωγράφος αποτυχημένος· παρ' όλα τα πλούτη του αισθάνεται αποτυχημένος* (αντ. *επιτυχημένος*).
αποτυχία η, ουσ., ανεπιτυχής, κακή έκβαση μιας προσπάθειας: *δοκιμάζω/σημειώνω ~· ~ θλιβερή/ πλήρης·* δεν *απογοητεύομαι από τις -ίες· ~ στις εξετάσεις/στην εκλογή συζύγου· ~ του προγράμματος/της προσπάθειας/του σχεδίου·* η *παράσταση/η συγκέντρωση είχε ~.*
απούλητος, -η, -ο, επίθ., που δεν πουλήθηκε: *σοδειά -η·* έμειναν *τα καπνά -α* (αντ. *πουλημένος*).
απούντο, επίρρ. (ερρ., λαϊκ.), ακριβώς: (χρον.) *ήρθε ~ (=* στην καθορισμένη ώρα)· (ποσοτ.) *~ μισό κιλό.* [ιταλ. *appunto*].
απουράνωση η, ουσ. (γλωσσολ.) το φαινόμενο νεοελληνικών ιδιωμάτων κατά το οποίο τα σύμφωνα σ και ζ χάνουν το ημίφωνο ι/j/ που τα ακολουθεί σε ορισμένες συλλαβές και προφέρονται στην κανονική τους, φατνιακή δηλ. και όχι ουρανική, θέση (λ.χ. κεράσια - κεράσα, ανηψιά -ανηψά, κορίτσια - κορίτσα, μαγαζιά - μαγαζά).
απουσία η, ουσ. **1.** το να είναι κάποιος απών, το να μη βρίσκεται κάπου: *έγινε αισθητή η ~ του από τα εγκαίνια·* φρ. (λόγ.) *έλαμψε διά της -ίας του* (ειρων. αντί «απουσίασε»)(αντ. *παρουσία*). **2.** (για μαθητή ή εργαζόμενο) η μη προσέλευση (στο μάθημα ή την εργασία): *~ αδικαιολόγητη·* φρ. *κάνω -ίες* (= απουσιάζω συχνά)· *παίρνω -ίες* (= σημειώνω σε κατάλογο τα ονόματα των απόντων - κυρίως μαθητών) (αντ. *παρουσία*). **3.** (συνεκδ.) το χρονικό διάστημα που κάποιος λείπει, η διάρκεια της απουσίας: *το γράμμα έφτασε κατά την ~ σου· πολυήμερη/σύντομη ~.* **4.** ανυπαρξία, έλλειψη: *~ επιχειρημάτων/εναλλακτικών λύσεων/χρημάτων* (αντ. *ύπαρξη, αφθονία*).
απουσιάζω, ρ. (ασυνίζ.). **1.** δεν είμαι παρών σε ορισμένο χώρο, λείπω από κάπου: *ο διευθυντής θα -ιάσει από το γραφείο του για λίγες μέρες· σήμερα δεν -ιάζει κανένας.* **2.** δεν υπάρχω: *-ιάζουν από το έργο τα στοιχεία που θα του χαρίσουν τη διάρκεια.*
απουσιολόγιο το, ουσ. (ασυνίζ. δις), κατάλογος όπου σημειώνονται τα ονόματα και ο αριθμός όσων μαθητών απουσιάζουν από τα μαθήματα· φρ. *κρατώ το ~* (= είμαι απουσιολόγος).
απουσιολόγος ο, ουσ. (ασυνίζ.), ο μαθητής στον οποίο έχει ανατεθεί η καθημερινή καταγραφή στο απουσιολόγιο των ονομάτων και του αριθμού όσων μαθητών απουσιάζουν.
αποφάγι και **αποφάι** το, ουσ. (συνήθως στον πληθ.), υπόλειμμα φαγητού: *δώσε τ' -ια στο σκυλί· τρώει τ' -ια.* [*από + φαγί* ή αρχ. απαρ. *αποφαγείν*].
αποφαίνομαι, Ι. ρ., αόρ. *-φάνηκα* (λαϊκ.). **1.** γίνομαι φανερός, αποκαλύπτομαι: *το έκρυψα και δεν -φάνηκε· αυτός δεν -εται με ποιον είναι.* **2.** (τριτοπρόσ.) κάνει εντύπωση (συνήθως δυσάρεστη): *θα μας -φανεί που φεύγουμε από την εξοχή.*
αποφαίνομαι, ΙΙ. ρ., αόρ. *-φάνθηκα* (λόγ.). **1.** εκφράζω τη γνώμη μου: *περίμενε να -φανθεί κάποιος ειδικός στο θέμα.* **2.** (για δικαστήριο) εκδίδω απόφαση: *το δικαστήριο -φάνθηκε καταδικαστικά.*
απόφανση η, ουσ. (λόγ.), έκφραση γνώμης, κρίση· (για δικαστήριο) απόφαση.
αποφαντικός, -ή, -ό, επίθ. (ερρ., λόγ.), που εκφράζει μια γνώμη, μια κρίση: *πρόταση -ή·* (ρητορ.) *σχήμα -ό* = σχήμα λόγου κατά το οποίο κάποιος εκφράζει μια κατηγορηματική, μια δογματική άποψη.
απόφαση η, ουσ. **1.** τελική κρίση, οριστική γνώμη για κάτι: *~ ακλόνητη/οριστική/σοβαρή/τελική·* η *ώρα των -άσεων·* δε *δέχεται συζήτηση στις -άσεις του·* φρ. *παίρνω ~* (= *αποφασίζω*): *πήρα να κόψω το τσιγάρο· όλα είναι μια ~· το παίρνω ~* (= *παραδέχομαι* κάτι ως τετελεσμένο γεγονός, συμβιβάζομαι με ένα γεγονός): *πάρ' το πλέον ~! δεν πρόκειται να γυρίσει πίσω·* (νομ.) *δικαστική ~* = ετυμηγορία: *το δικαστήριο βγάζει/εκδίδει -άσεις· ~ άκυρη/προσωρινή/τελεσίδικη/προκατασκευασμένη· ~ σύμφωνη με το λαϊκό αίσθημα.* **2.** σκέψη, πρόθεση: *η ~ των γονιών της ήταν να την παντρέψουν νωρίς.*
αποφασίζω, ρ. **1α.** παίρνω απόφαση, καταλήγω σε οριστική γνώμη για κάτι: *-ισα να πουλήσω το χωράφι/να παντρευτώ·* η *κυβέρνηση -ισε την επίσπευση των εκλογών· -ίστηκε το πάγωμα των τιμών·* **β.** (νομ.) εκδίδω απόφαση: *οι δικαστές αποσύρθηκαν για να -ίσουν* (συνών. *αποφαίνομαι*). **2.** έχω σκοπό να κάνω οπωσδήποτε κάτι (δύσκολο ή γενναίο). **3.** (με αντικ. πρόσωπο) απελπίζομαι για κάποιον: *τον έχουν -ίσει (οι γιατροί)* (= δεν *του δίνουν ελπίδες ζωής*). - Η μτχ. παρκ. ως επίθ. = τολμηρός, ριψοκίνδυνος: *για την επιχείρηση διάλεξε τρία παλληκάρια -ισμένα.*
αποφασιστικός, -ή, -ό, επίθ. **1.** που παίρνει οριστικές ή τολμηρές αποφάσεις, τολμηρός, θαρραλέος: *άνθρωπος/χαρακτήρας ~·* (συνεκδ.) *βήματα -ά· βλέμμα -ό* (αντ. *διστακτικός, αναποφάσιστος*). **2.** που γίνεται ύστερα από απόφαση και από την έκβασή του κρίνεται κάποιο αποτέλεσμα, σπου-

αποφασιστικότητα 168

δαίος: *ενέργεια/μάχη/καμπή -ή· τηρώ στάση -ή* (= εμμένω στις αποφάσεις μου) (συνών. *κρίσιμος*). - Επίρρ. **-ά.**

αποφασιστικότητα η, ουσ., το να είναι κάποιος αποφασιστικός: *χρειάζεται ~ στην αντιμετώπιση των εξωτερικών κινδύνων* (αντ. *διστακτικότητα*).

αποφατικός, -ή, -ό, επίθ. (γραμμ.) αρνητικός: *μόρια -ά* (= που δηλώνουν άρνηση, λ.χ. *μη, δεν, ούτε*)· *λόγος ~· προτάσεις -ές* (= που εκφέρονται με αποφατικά μόρια) (αντ. *καταφατικός*). - Επίρρ. **-ά.**

αποφέρω, ρ. (λόγ.), αποδίδω ως εισόδημα: *το εργοστάσιο του -ει μεγάλα κέρδη· το κτήμα δεν -ει καρπούς·* (μεταφ.) *οι ενέργειές μου δεν απέφεραν το επιθυμητό αποτέλεσμα.*

αποφεύγω, ρ., αόρ. *απόφυγα* και *απέφυγα,* πληθ. *αποφύγαμε*. **1.** ξεφεύγω, διασώζομαι: *-έφυγα την καταστροφή/τον κίνδυνο.* **2.** κρατιέμαι μακριά (από κάποιον ή κάτι): *είναι ύπουλος άνθρωπος και όλοι τον -ουν.* **3.** αρνούμαι ή αναβάλλω να κάνω κάτι: *-ει να με κοιτάξει στα μάτια/να απαντήσει· -ει την πληρωμή των φόρων* (αντ. *επιδιώκω*).

αποφθέγγομαι, ρ. (έρρ., λόγ.), εκφράζω τη γνώμη μου με δογματικό και στομφώδη τρόπο: *δεν μπορεί να οργανώσει τη σκέψη του και -έγγεται για κοινωνική αναδιοργάνωση!*

απόφθεγμα το, ουσ., σύντομος λόγος με διδακτικό συνήθως περιεχόμενο που διατυπώνεται ως αξίωμα: ~ *αρχαίο/λαϊκό* (συνών. *γνωμικό, ρητό*).

αποφθεγματικός, -ή, -ό, επίθ., που έχει μορφή ή το χαρακτήρα αποφθέγματος: *φράση -ή· ύφος -ό* (συνών. *γνωμολογικός*).

αποφλοιώνω, ρ. (ασυνίζ.), βγάζω τη φλούδα (από έναν καρπό ή από τον κορμό δέντρου): *ντοματάκια -ωμένα* (συνών. *ξεφλουδίζω*).

αποφλοίωση, η, ουσ. **α.** αφαίρεση της φλούδας (από έναν καρπό ή από τον κορμό ενός δέντρου) (συνών. *ξεφλούδισμα*)· **β.** (γεωλ.) το να αποχωρίζονται από συμπαγή πετρώματα, όπως λ.χ. ο γρανίτης και ο βασάλτης, κομμάτια με τη μορφή φολίδων· **γ.** αφαίρεση του περιβλήματος ενός οργάνου (λ.χ. *νεφρού, εγκεφάλου*).

αποφλοιωτήρας ο, ουσ. (ασυνίζ.), συσκευή που χρησιμεύει στην αποφλοίωση.

αποφλοιωτικός, -ή, -ό, επίθ. (ασυνίζ.), που χρησιμεύει στην αποφλοίωση.

αποφοιτήριο το, ουσ. (ασυνίζ.), πιστοποιητικό που δηλώνει τη διάρκεια των σπουδών, το χρόνο (της) αποφοίτησης και την επίδοση ενός μαθητή ή σπουδαστή (συνών. *απολυτήριο*). [<*αποφοιτώ + -τήριο*].

αποφοίτηση η, ουσ., η συμπλήρωση και παύση των σπουδών μαθητή ή σπουδαστή: ~ *γρήγορη/κανονική· μετά την -ή του εγκαταστάθηκε στην επαρχία.*

απόφοιτος ο, ουσ., αυτός που τελείωσε τις σπουδές του σε εκπαιδευτικό ίδρυμα: ~ *δημοτικού/γυμνασίου·* ~ *άνεργος/παλαιός·* (συνεκδ., συνήθως ειρων.) ~ *αναμορφωτηρίου.*

αποφοιτώ, -άς, ρ., τελειώνω τις σπουδές μου σε εκπαιδευτικό ίδρυμα: *-ησα με καλό βαθμό· έχει καιρό που -ησε, μα δεν μπορεί να βρει δουλειά.*

αποφορά η, ουσ., δυσάρεστη μυρωδιά: *ανυπόφορη/φρικτή ~· βγάζει/έχει ~ το στόμα του* (συνών. *δυσοσμία*).

αποφόρι το, ουσ. (συνήθως στον πληθ.), ρούχο παλιό που κάποιος παύει να το φορεί: ~ *λειωμένο / μπαλωμένο· φοράει τ' -ια του αδελφού του.*

αποφορτίζω, ρ., αφαιρώ το ηλεκτρικό φορτίο (από ένα σώμα ή μια μηχανή, μια γεννήτρια, κ.τ.ό.) (αντ. *φορτίζω*).

αποφόρτιση η, ουσ., αφαίρεση του ηλεκτρικού φορτίου: ~ *μιας γεννήτριας·* ~ *ενός αεροπλάνου* (αντ. *φόρτιση*).

αποφράδα, επίθ., θηλ., (για ημέρα) που πιστεύεται ότι δεν προμηνύει καλό, δυσοίωνη, γρουσούζικη: *η Τρίτη είναι ~ για τους Έλληνες·* (συνεκδ', για ημέρα πένθους ή οδύνης) *η εικοστή Ιουλίου 1974 υπήρξε ~ ημέρα για τον κυπριακό ελληνισμό.*

αποφράζω, ρ., κλείνω, φράζω εντελώς: *-φραξαν το πηγάδι, γιατί είχε πια στερέψει.*

αποφρακτικός, -ή, -ό, επίθ., που αναφέρεται ή συντελεί στην απόφραξη (βλ. λ., ιατρ.): *-ή αρτηριοπάθεια.*

απόφραξη η, ουσ., κλείσιμο, φράξιμο: *δημιουργήθηκε πρόβλημα στην παροχή νερού από την ~ του σωλήνα·* (ιατρ.) *δυσκολία ή παρεμπόδιση της κυκλοφορίας υγρών ή στερεών ουσιών μέσα σε διόδους του οργανισμού:* ~ *αρτηριών/αναπνευστικής οδού/εντέρων.*

αποφυγή η, ουσ., το να αποφεύγει ή να γλυτώνει κανείς κάτι: ~ *σύγκρουσης αμαξοστοιχιών.*

από φυλακής πρωίας· αρχαϊστ. έκφρ. = από πολύ νωρίς το πρωί.

αποφυλακίζω, ρ., βγάζω κάποιον από τη φυλακή: *-ίστηκε πριν εκτίσει την ποινή του* (αντ. *φυλακίζω*).

αποφυλάκιση η, ουσ., έξοδος, απόλυση από τη φυλακή: *διατάχτηκε η -ή του* (αντ. *φυλάκιση*).

αποφυλακιστήριο το, ουσ. (ασυνίζ.), έγγραφο με το οποίο ανακοινώνεται η αποφυλάκιση.

απόφυση η, ουσ. **1.** παραφυάδα, βλάστημα. **2.** προεξοχή ενός οργάνου του σώματος: *σκωληκοειδής ~.*

απόφωνο, ουσ., φερέφωνο, ηχώ κάποιου άλλου.

αποχαζοποιούμαι, ρ. (ασυνίζ.), γίνομαι εντελώς χαζός, αποβλακώνομαι.

αποχαιρετισμός ο και **αποχαιρέτισμα** το, ουσ., χαιρετισμός κατά την αναχώρηση κάποιου.

αποχαιρετιστήριος, -α, -ο, επίθ. (ασυνίζ.), που γίνεται για αποχαιρετισμό: *τραπέζι -ο· επιστολή/τελετή -α.*

αποχαιρετώ, -άς, ρ., χαιρετώ κάποιον σε περίπτωση αποχωρισμού.

αποχαίρομαι, ρ., χαίρομαι, απολαμβάνω κάτι έως το τέλος: *δεν -χάρηκε το καινούργιο του σπίτι και το χάλασε ο σεισμός.*

αποχαλινώνομαι, ρ., βγάζω κάθε «χαλινάρι», ξεπερνώ κάθε ηθικό φραγμό, ζω ακόλαστα: *ξέφυγε από την επίβλεψη του σπιτιού του και -ώθηκε.*

αποχαλίνωση η, ουσ., αφαίρεση του χαλινού· εξαχρείωση, ακολασία: ~ *των ηθών.*

αποχαλώ και **αποχαλνώ, -άς,** ρ. **Α.** (μτβ.) καταστρέφω εντελώς: *μην πειράζεις άλλο το διακόπτη θα τον -άσεις.* **Β.** αμτβ. **1.** φθείρομαι, χαλώ: *-ασε πια το χαλί ύστερα από τόση χρήση.* **2.** διαστρέφομαι, εξαχρειώνομαι: *θ' -άσει ο γιος μας με τέτοιες κακές παρέες.*

αποχάνω, ρ., χάνω εντελώς (και ό,τι μου έχει απομείνει): *-χασε και το λίγο μυαλό που είχε.*

αποχάραγα, επίρρ., πολύ πρωί, μόλις χαράξει: *σηκώνεται ~ για τη δουλειά* (συνών. *ξημερώματα*).

αποχαρακτηρίζω, ρ., αφαιρώ τον ιδιαίτερο χαρακτηρισμό (ιδίως πολιτικό) που δόθηκε σε άτομο, ενέργεια ή έγγραφο.

αποχαρακτηρισμός ο, ουσ., εξάλειψη του ιδιαίτερου χαρακτηρισμού που δόθηκε σε κάποιο πρόσωπο ή έγγραφο.

αποχαυνώνω, ρ., κάνω κάποιον άτονο, του αφαιρώ τη δυνατότητα αντίληψης και τη ζωτικότητα· αποναρκώνω: *με κοίταζε -νωμένος σαν να μη με είχε ξαναδεί ποτέ.*

αποχαύνωση η, ουσ., απώλεια της αντιληπτικότητας και της ζωτικότητας ενός ατόμου (συνών. *απονάρκωση).*

αποχαυνωτικός, -ή, -ό, επίθ., που προκαλεί αποχαύνωση, που συντελεί στην αποχαύνωση: *καύσωνας ~.*

αποχειροβίοτος, -η, -ο, επίθ. (λόγ.), που κερδίζει τη ζωή του με τη δουλειά των χεριών του (συνών. *χειρώνακτας, βιοπαλαιστής).*

αποχερσωμένος, -η, -ο, μτχ. επιθ., (για αγροτική έκταση) που είναι ακαλλιέργητος: *χωράφι -ο.*

αποχέρσωση η, ουσ., μετατροπή έκτασης καλλιεργημένης σε χέρσα, εγκατάλειψη, ερήμωση αγροτικής έκτασης.

αποχέτευση η, ουσ., απομάκρυνση ακάθαρτου νερού ή άλλων ακαθαρσιών με σωλήνες· (συνεκδ.) σύστημα για την απομάκρυνση βρόχινων ή ακάθαρτων νερών: *βούλωσαν οι σωλήνες της -ης.*

αποχετευτικός, -ή, -ό, επίθ., που συντελεί στην αποχέτευση ή διαμέσου του οποίου γίνεται η αποχέτευση: *σωλήνες -οί· σύστημα -ό· έργα -ά.*

αποχετεύω, ρ., απομακρύνω με σωλήνες ακάθαρτα νερά ή άλλες ακαθαρσίες.

απόχη η, ουσ., δικτυωτός σάκος που στηρίζεται σ' ένα ξύλινο ή μεταλλικό στεφάνι που κρατιέται από μακριά ξύλινη λαβή προσαρμοσμένη στο στεφάνι και χρησιμοποιείται στο ψάρεμα ή στο κυνήγι. Φρ. *πιάνω κάποιον στην ~* (= τον παγιδεύω, τον συλλαμβάνω «επ' αυτοφώρω»). [μτγν. *υποχή*].

αποχή η, ουσ. 1. το να απέχει κανείς από κάτι, το να μη συμμετέχει σε κάτι συλλογικό: *~ από τα μαθήματα/από την εργασία/από τις εκλογές.* 2. (αστρον.) *~ πλανήτη* = η γωνιώδης απόστασή του από τον ήλιο.

αποχιονισμός ο, ουσ. (ασυνίζ.), απομάκρυνση του χιονιού, καθαρισμός από τα χιόνια: *ειδικά μηχανήματα φρόντισαν για τον -ό των δρόμων* (συνών. *εκχιονισμός).*

αποχλομιάζω, ρ. (συνιζ.), γίνομαι χλομός, ωχρός: *η κούραση των τελευταίων ημερών τον -χλόμιασε.*

αποχουντοποίηση η, ουσ. (ερρ.), εκδίωξη ατόμων με φιλοχουντικά φρονήματα (βλ. λ. *χούντα*) (και επομένως εχθρών της δημοκρατίας) από ένα χώρο: *~ των ενόπλων δυνάμεων/των σωμάτων ασφαλείας.*

αποχρεμπτικός, -ή, -ό, επίθ. (ερρ., λόγ.), που συντελεί στην απόχρεμψη: *φάρμακα -ά.*

απόχρεμψη η, ουσ. (λόγ.), το να βγάζει κανείς φλέγματα.

αποχρωματίζω, ρ. 1. (ενεργ.) αλλοιώνω το χρώμα, ξεβάφω κάτι: *η χλωρίνη -μάτισε το λουλουδάτο φόρεμά μου.* 2. αποχαρακτηρίζω πολιτικά. 3. (παθ.) ξεθωριάζω, ξεβάφω.

αποχρωματισμός ο, ουσ. 1. αλλοίωση του χρώματος (συνών. *ξεθώριασμα).* 2. αποχαρακτηρισμός κάποιου προσώπου.

απόχρωση η, ουσ., παραλλαγή ενός βασικού χρώματος: *-ώσεις του μπλε χρώματος·* (μεταφ.) *~ ήχου* (= ήχος που λίγο διαφέρει από το βασικό)· *~ φωνής* (= ελαφρά παραλλαγμένη από τη φυσική)· *~ έννοιας.*

αποχρωστικός, -ή, -ό, επίθ., που προκαλεί τον αποχρωματισμό, το ξεθώριασμα.

αποχτενίδι το, ουσ. (συνήθως στον πληθ.), μαλλιά που μένουν στο χτένι μετά το χτένισμα.

αποχτές και (λαϊκ.) **αποταχτές,** επίρρ., από τη χτεσινή μέρα: *~ έχει να φάει* (συνών. *αποψές).*

απόχτημα, βλ. *απόκτημα.*

απόχτηση, βλ. *απόκτηση.*

αποχτυπώ, -άς, ρ. 1. τελειώνω το χτύπημα: *~ το γάλα* (= το αποβουτυρώνω με αλλεπάλληλα χτυπήματα). 2. (μεταφ.) θυμίζω κάποια ευεργεσία με πλάγιο τρόπο: *μη μου -πάς όλη την ώρα το καλό που μου έκανες!* (συνών. *υπαινίσσομαι).*

αποχτώ, βλ. *αποκτώ.*

αποχώρηση η, ουσ. 1. αναχώρηση κάποιου με τη θέλησή του: *~ της αντιπολίτευσης από την αίθουσα της Βουλής· ~ των στρατευμάτων κατοχής.* 2. παραίτηση: *~ από την υπηρεσία.* 3. (στρατ.) επιστροφή των στρατιωτών στους στρατώνες ή στους καταυλισμούς· (συνεκδ.) ο ήχος της σάλπιγγας που ειδοποιεί για την επιστροφή των στρατιωτών.

αποχωρητήριο το, ουσ. (ασυνίζ.), απόπατος, τουαλέτα (συνών. *αφοδευτήριο).*

αποχωρίζω, ρ. 1. (ενεργ.) βάζω κάτι χωριστά από ένα άλλο: *~ τα καλά φρούτα από τα σάπια* (συνών. *ξεχωρίζω).* 2. (μέσ.) φεύγω μακριά, εγκαταλείπω κάποιον ή κάτι αγαπητό μου: *-ίστηκε τους φίλους, τους συγγενείς και την πατρίδα του.*

αποχωρισμός ο, ουσ., απομάκρυνση από κάποιον ή κάτι αγαπητό: *η σκέψη του -ού τούς γέμιζε θλίψη.*

αποχωρώ, -είς, ρ. 1. φεύγω με τη θέλησή μου: *ο υπουργός -χώρησε από την αίθουσα κατά τη συνεδρίαση* (συνών. *αποσύρομαι).* 2. παραιτούμαι: *-χώρησε από την υπηρεσία.*

αποψαρεύω, ρ., τελειώνω το ψάρεμα.

απόψε, επίρρ. 1. σήμερα το βράδι: *~ θα πάμε στο θέατρο.* 2. χτες τη νύχτα, το περασμένο βράδι: *~ είδα πολύ κακό όνειρο.*

αποψές και **αποταψές,** επίρρ. (λαϊκ.), από χτες (συνήθως το βράδι): *~ έχει να φανεί* (συνών. *αποχτές).* [συνεκφ. *από* + *ψες*].

άποψη η, ουσ. 1. θέα από μακριά (συνήθως από ψηλά): *αποδώ έχουμε πανοραμική ~ του Θερμαϊκού.* 2. τρόπος με τον οποίο βλέπει κανείς κάποιο θέμα: *διαφορετικές απόψεις* (συνών. *γνώμη, αντίληψη, θεωρία).* 3. (γλωσσ.) *~ του ρήματος* = παράσταση του χώρου μέσα στον οποίο εξελίσσεται μια ενέργεια στο οποίο τοποθετείται μια κατάσταση που δηλώνεται από το ρήμα.

αποψιλώνω, ρ. μαδώ τις τρίχες, κάνω κάποιον ή κάτι φαλακρό. 2. καταστρέφω (κόβοντας ή καίγοντας) τα δέντρα και τη βλάστηση μιας περιοχής: *αποψιλώθηκε ο απέναντι λόφος από την πρόσφατη πυρκαγιά· καθαρίζω ένα χώρο από τα χόρτα: οι στρατιώτες -ψίλωσαν το στρωμιύπεδο.*

αποψίλωση η, ουσ. 1. μάδημα, αποτρίχωση. 2. καταστροφή των δέντρων και της βλάστησης μιας περιοχής: *~ δασικών εκτάσεων από την υπερβο-*

αποψιλωτικός 170

λική υλοτομία· καθαρισμός ενός χώρου από τα χόρτα.
αποψιλωτικός, -ή, -ό, επίθ., που συντελεί στην αποψίλωση (βλ. λ. στη σημασ. 1): *παρασκεύασμα -ό* (= αποτριχωτικό).
αποψινός, -ή, -ό, επίθ., που αναφέρεται στο σημερινό βράδι: *γιορτή/βραδιά -ή· χορός ~.*
απόψυξη η, ουσ., ξεπάγωμα, λειώσιμο των πάγων: *ψυγείο με αυτόματη ~.*
αποψύχω, ρ. (λόγ.), ξεπαγώνω.
απραγματοποίητος, -η, -ο, επίθ. 1. που δεν πραγματοποιήθηκε: *σχέδια -α· υποσχέσεις -ες* (συνών. *ανεκπλήρωτος*). 2. που είναι αδύνατον να πραγματοποιηθεί: *όνειρα -α* (συνών. *ακατόρθωτος, ανέφικτος·* αντ. *εφικτός, κατορθωτός*).
άπραγος, -η, -ο, επίθ. 1. που δεν κατόρθωσε να φέρει κάτι σε πέρας: *μετά από πολλές προσπάθειες γύρισε ~.* 2. αδρανής: *μην κάθεσαι ~.* 3. άπειρος: *είναι -η σ' αυτή τη δουλειά* (συνών. *αδέξιος, αδαής*). 4. (μεταφ.) απονήρευτος: *παιδί -ο.*
άπρακτος, -η, -ο και **-χτος**, επίθ. 1. που δεν κατόρθωσε να φέρει κάτι σε πέρας: *γύρισαν -οι* (συνών. *άπραγος*). 2. που δεν κάνει τίποτα: *κάθονται στο καφενείο -οι.* 3. (νομ.) που δεν διαπράχθηκε, δεν εκτελέστηκε: *αδίκημα -ο· προθεσμία -η* (συνών. *ανεκτέλεστος*). - Επίρρ. **-α**.
απρακτώ, -είς, ρ., μένω αδρανής: *η πολιτεία -εί γύρω από το θέμα αυτό* (συνών. *αδρανώ*).
απραξία η, ουσ. 1. το να μένει κανείς αργός: *~ εκνευριστική* (συνών. *αδράνεια*). 2. έλλειψη εμπορικών συναλλαγών, στασιμότητα στο εμπόριο.
απρασίνιστος, -η, -ο, επίθ., που δεν έχει πάρει πράσινο χρώμα, που δεν έχει πρασινίσει: *χωράφια -α· κήπος ~.*
άπραχτος, βλ. *άπρακτος.*
απρέπεια η, ουσ. (ασυνίζ.). 1. απρεπής συμπεριφορά, έλλειψη ευπρέπειας. 2. ανάρμοστη πράξη: *μην κάνεις -ες!*
απρεπής, ής, -ές, γεν. *-ούς*, πληθ. αρσ. και θηλ. *-εις*, ουδ. *-ή*, επίθ., ανάρμοστος: *διαγωγή/εμφάνιση ~* (συνών. *αγενής, άπρεπος·* αντ. *ευπρεπής*).
άπρεπος, -η, -ο, επίθ., ανάρμοστος: *συμπεριφορά -η· ντύσιμο -ο· κινήσεις -ες* (συνών. *αγενής, απρεπής·* αντ. *ευπρεπής*).
απριλιανός, -ή, -ό, επίθ. (ασυνίζ.), που σχετίζεται με το πολιτικό πραξικόπημα της 21 Απριλίου 1967. - Το αρσ. ως ουσ. = αξιωματικός που συνδέθηκε με το παραπάνω πραξικόπημα.
απριλιάτικος, -η, -ο, επίθ. (συνίζ.), που ανήκει ή αναφέρεται στον Απρίλιο: *καιρός ~· πρωινό -ο.* -Επίρρ. **-α**.
Απρίλιος (ασυνίζ.) και **Απρίλης** ο, ουσ., τέταρτος μήνας του χρόνου: *ο Απρίλης με τα λουλούδια κι ο Μάης με τα ρόδα.*
Απριλομάης ο, ουσ., οι μήνες Απρίλιος και Μάιος: *η άνοιξη, του -η η χάρη* (Αθάνας).
απριλοφόρετος, -η, -ο, επίθ., (ποιητ.) που είναι ντυμένος (με) τον Απρίλη: *κοράσι -ο* (Ἀγρας)
απριόνιστος, -η, -ο, επίθ. (ασυνίζ.), που δεν κόπηκε με πριόνι: *ξύλα -α.*
αποραβίαστος, -η, -ο, επίθ., που δε δοκιμάστηκε: *παπούτσια -α· φόρεμα -ο* (συνών. *αδοκίμαστος·* αντ. *προβαρισμένος*).
αποβιβαστος, -η, -ο, επίθ., που δεν προβιβάστηκε, δεν πήρε προαγωγή: *μαθητής/υπάλληλος/ στρατιωτικός ~.*

απρόβλεπτος, -η, -ο, επίθ., απρόοπτος: *γνωριμία -η· εξελίξεις/συνέπειες -ες· κακό -ο.* - Επίρρ. **-α**.
αποβλεψία η, ουσ., έλλειψη πρόβλεψης (συνών. *απρονοησία·* αντ. *προνοητικότητα*).
απρογραμμάτιστος, -η, -ο, επίθ., που δεν προγραμματίστηκε ή που γίνεται χωρίς πρόγραμμα ή προγραμματισμό: *συνάντηση -η.*
απρογύμναστος, -η, -ο, επίθ. 1. αγύμναστος: *αθλητής ~* (συνών. *απροπόνητος*). 2. απροετοίμαστος: *μαθητής ~* (συνών. *αδιάβαστος, απαίδευτος*).
απροδιάθετος, -η, -ο, επίθ. (ασυνίζ.), που δεν προδιατέθηκε, δεν προετοιμάστηκε ψυχικά για κάτι: *ήταν -οι να ακούσουν τέτοια νέα* (αντ. *προδιατεθειμένος*).
απρόδοτος, -η, -ο, επίθ., που δεν προδόθηκε: *μυστικό -ο· συναισθήματα -α* (συνών. *αφανέρωτος·* αντ. *προδομένος*).
απροειδοποίητος, -η, -ο, επίθ. 1. που δεν τον προειδοποίησαν: *ήταν ~ για τις αλλαγές.* 2. που έγινε χωρίς προειδοποίηση: *άφιξη -η.* - Επίρρ. **-α**: *ήρθε -α.*
απροετοίμαστος, -η, -ο, επίθ., που δεν προετοιμάστηκε: *ήταν ~ για το ταξίδι* (= *ανέτοιμος*)· *μαθητής ~ για τις εξετάσεις* (= *αδιάβαστος*)· *ήταν ~ για τέτοιο σοκ* (= *απροδιάθετος*). - Επίρρ. **-α**.
απρόθετος, -η, -ο, επίθ. (γραμμ.), που δεν παίρνει πρόθεση ή πρόθεμα: *ρήματα/ουσιαστικά -α· σύνταξη -η.*
απροθυμία η, ουσ., έλλειψη προθυμίας, ζήλου: *έδειξε ~ να μας εξυπηρετήσει.*
απρόθυμος, -η, -ο, επίθ., που δεν έχει ή δε δείχνει προθυμία για κάτι: *φάνηκε ~ να τους βοηθήσει· συνεργασία -η.* - Επίρρ. **-α**.
απροίκιστος, -η, -ο, επίθ. 1. που δεν τον προίκισαν, που δεν του έδωσαν προίκα: *κορίτσι -ο· νύφη -η.* 2. (μεταφ.) *παιδί -ο από τη φύση* (αντ. *προικισμένος*).
άπροικος, -η, -ο, επίθ., που δεν έχει προίκα: *κοπέλα -η.*
απροκάλυπτος, -η, -ο, επίθ. 1. απροστάτευτος: *-ες θέσεις του εχθρού.* 2. που γίνεται χωρίς πρόσχημα: *ενέργεια/αλήθεια/προσβολή/επίθεση -η· -ες παραβιάσεις του εναέριου χώρου.* - Επίρρ. **-α**.
απροκατάληπτος, -η, -ο, επίθ., που ενεργεί χωρίς προκατάληψη: *γνώμη/εξέταση/κρίση/ανάλυση -η* (συνών. *αμερόληπτος, αντικειμενικός·* αντ. *μεροληπτικός, προκατειλημμένος*). - Επίρρ. **-α**: *εκφράστηκε -α.*
απρόκλητος, -η, -ο, επίθ., που δεν τον προκάλεσαν: *επέμβαση/επίθεση -η.* - Επίρρ. **-α**.
απρόκοπος, -η, -ο και **-κοφτος**, επίθ., που δεν προοδεύει (συνών. *ανεπρόκοπος·* αντ. *προκομμένος*).
απροκοπιά η, ουσ. (συνιζ.), έλλειψη προκοπής, προόδου.
απρολόγιστος, -η, -ο, επίθ., που δεν προλογίστηκε, που δεν έχει εισαγωγή, πρόλογο: *βιβλίο -ο· ομιλία -η.* - Επίρρ. **-α**: *μπήκα στο θέμα -α.*
απρομελέτητος, -η, -ο, επίθ., που έγινε χωρίς προπαρασκευή: *ομιλία -η·* (νομ.) *που δεν έγινε «εκ προμελέτης»: αδίκημα/έγκλημα -ο* (αντ. *προσχεδιασμένος, προμελετημένος*). - Επίρρ. **-α**: *να μη μιλάς -α!*
απρομήθευτος, -η, -ο, επίθ., που δεν έχει προμηθευτεί τα απαραίτητα εφόδια (συνών. *ανεφοδίαστος·* αντ. *εφοδιασμένος*).
απρονοησία η, ουσ., έλλειψη προνοητικότητας.

απρόοπτος, -η, -ο, επίθ. **1.** απρόβλεπτος: *εμπόδιο -ο· εξελίξεις/συνέπειες -ες* (συνών. *απροσδόκητος*). **2.** ξαφνικός, αναπάντεχος: *ανατίμηση -η· μεταβολή του καιρού -η.* - Το ουδ. στον εν. και στον πληθ. ως ουσ. = αυτό που συμβαίνει απρόβλεπτα, αναπάντεχα: *μου' τυχαν πολλά -α και δεν μπόρεσα να τελειώσω τη δουλειά.* - Επίρρ. **-α** και **-όπτως:** *το πλοίο άλλαξε πορεία απροόπτως.*
απροπαγάνδιστος, -η, -ο, επίθ. **1.** που δεν του έγινε προπαγάνδα: *ιδέες -ες.* **2.** που δε δέχεται προπαγάνδα.
απροπαράσκευος, -η, -ο, επίθ., απροετοίμαστος: *ήταν ~ για την εξέταση* (συνών. *ανέτοιμος·* αντ. *προετοιμασμένος*).
απροπόνητος, -η, -ο, επίθ., που δεν προπονήθηκε: *αθλητής ~· ποδοσφαιρική ομάδα -η* (συνών. *απρογύμναστος·* αντ. *προπονημένος*).
απροσανατόλιστος, -η, -ο, επίθ., που δεν προσανατολίστηκε, που δεν έχει εντοπίσει τις σωστές κατευθύνσεις στο χώρο που βρίσκεται: *~ στο άγνωστο μέρος·* (μεταφ.) που δεν έχει πάρει τις ορθές κατευθύνσεις σχετικά με κάποια δραστηριότητα της ζωής του: *νέος ~.*
απροσάρμοστος, -η, -ο, επίθ., που δεν έχει προσαρμοστεί ή δεν μπορεί να προσαρμοστεί: *χαρακτήρας ~· παιδί -ο* (= που από κάποιον παθολογικό συνήθως λόγο δεν μπορεί να εξελιχθεί ομαλά πνευματικώς και σωματικώς)· *~ στο περιβάλλον.* - Το ουδ. ως ουσ. = έλλειψη προσαρμογής: *το -ο του χαρακτήρα.*
απρόσβλητος, -η, -ο, επίθ. **1.** που δεν έχει προσβληθεί ή δεν μπορεί να δεχτεί προσβολή, επίθεση, μείωση ή βλάβη: *οχυρό -ο· πόλη -η· οργανισμός ~ από μικρόβια· χρώματα -α από τον ήλιο· διαθήκη -η.* **2.** που δεν τον έθιξαν, που δεν αντιμετώπισε προσβλητικά λόγια ή συμπεριφορά προσβλητική.
απροσγείωτος, -η, -ο, επίθ. **1.** (για αεροσκάφη) που δεν έχει προσγειωθεί. **2.** (μεταφ.) που δεν αντιμετωπίζει την πραγματικότητα με ρεαλισμό (συνών. *ονειροπόλος·* αντ. *προσγειωμένος*).
απροσδιόνυσος, -η, -ο, επίθ. (ασυνίζ., λόγ.), που δεν έχει συνάφεια με κάτι: *υπαινιγμοί -οι· σχόλια -α* (συνών. *άσχετος, άκαιρος*).
απροσδιόριστος, -η, -ο, επίθ. (ασυνίζ.), που δεν έχει ή δεν μπορεί να προσδιοριστεί: *χρόνος ~· έννοια/κατάσταση -η· μέγεθος/πρόβλημα -ο· ζημιές -ες* (συνών. *ακαθόριστος, αόριστος·* αντ. *προσδιορισμένος*). - Επίρρ. **-α.**
απροσδόκητος, -η, -ο, επίθ., απρόοπτος: *τύχη/συνάντηση/πρόσκληση -η· θάνατος ~* (συνών. *αναπάντεχος, ανέλπιστος*). - Επίρρ. **-α.**
απροσέγγιστος, -η, -ο, επίθ. (έρρ.), απλησίαστος (συνών. *απρόσιτος*).
απρόσεκτος, -η, -ο και **-χτος,** επίθ., που δεν προσέχει: *οδηγός ~· παιδί -ο· ~ στη δουλειά του* (συνών. *επιπόλαιος·* αντ. *προσεκτικός*). - Επίρρ. **-κτα** και **-χτα:** *οδηγεί -χτα το αυτοκίνητο.*
απροσεκτώ, -είς, ρ. (ελλειπτ., μόνο στον ενεστ.), δεν προσέχω, είμαι απρόσεχτος.
απροσεξία η, ουσ. (συνίζ.). **1.** έλλειψη προσοχής: *η ~ του δεν έχει όρια· τη ζημιά την έκανε από ~* (αντ. *προσοχή*). **2.** σφάλμα που οφείλεται σε έλλειψη προσοχής.
απρόσεχτος, βλ. *απρόσεκτος.*
απρόσιτος, -η, -ο, επίθ. **1.** απλησίαστος: *περιοχή / ακτή -η· κινηματογραφικός αστέρας ~ στους θαυμαστές του* (συνών. *απροσέγγιστος·* αντ. *προσιτός*). **2.** που δεν μπορούν να τον καταλάβουν: *σύγγραμμα -ο· τέχνη -η* (συνών. *ακατανόητος*). **3.** που δύσκολα αποκτάται, πολύ ακριβός: *είδη -α· τιμές -ες* (= πολύ υψηλές).
απροσκάλεστος, -η, -ο, επίθ., που δεν τον προσκάλεσαν: *τους επισκέφτηκε ~* (συνών. *απρόσκλητος·* αντ. *καλεσμένος*). - Επίρρ. **-α.**
απρόσκλητος, -η, -ο, επίθ., που δεν τον προσκάλεσαν: *επισκέπτης ~* (συνών. *απροσκάλεστος, ακάλεστος·* αντ. *καλεσμένος*).
απρόσκοπτος, -η, -ο, επίθ., ανεμπόδιστος: *πορεία / εργασία/ανάπτυξη -η.* - Επίρρ. **-α.**
απροσκύνητος, -η, -ο, επίθ., που δεν τον προσκύνησαν: *θεοί -οι· εικόνες -ες.* **2.** (μεταφ.) που δεν προσκυνά, δεν υποτάσσεται: *ψυχή -η.*
απρόσμενος, -η, -ο, επίθ., απροσδόκητος: *κάλεσμα -ο· επίσκεψη/συμπεριφορά/συμφορά -η· εξελίξεις/συνέπειες -ες* (συνών. *αναπάντεχος*). -Επίρρ. **-α.**
απροσμέτρητος, -η, -ο, επίθ., ανυπολόγιστος: *χαρά -η.*
απρόσοδος, -η, -ο, επίθ., που δεν αποφέρει προσόδους, μη αποδοτικός: *επιχείρηση -η· αγρόκτημα -ο* (αντ. *προσοδοφόρος, επικερδής, κερδοφόρος*).
απροσπέλαστος, -η, -ο, επίθ., απλησίαστος (συνών. *απρόσιτος·* αντ. *προσιτός*).
απροσπέραστος, -η, -ο, επίθ., ανυπέρβλητος (συνών. *αξεπέραστος*).
απροσποίητος, -η, -ο, επίθ., ανυπόκριτος: *συμπεριφορά/αγάπη -η· ύφος -ο* (συνών. *ανεπιτήδευτος·* αντ. *προσποιητός, επιτηδευμένος*). - Επίρρ. **-α.**
απροστάτευτος, -η, -ο, επίθ., που δεν προστατεύεται: *χώρα -η· παιδί/σπίτι -ο* (συνών. *ανυπεράσπιστος, αφύλακτος*).
απρόσφορος, -η, -ο, επίθ., που δεν προσφέρεται για την επίτευξη κάποιου σκοπού: *μέσα/μέτρα -α* (συνών. *ακατάλληλος, ασύμφορος·* αντ. *πρόσφορος, ενδεδειγμένος*).
απροσχεδίαστος, -η, -ο, επίθ., που δε σχεδιάστηκε από πριν: *ενέργεια -η* (συνών. *απρομελέτητος·* αντ. *προμελετημένος*). - Επίρρ. **-α.**
απροσχημάτιστος, -η, -ο, επίθ., που γίνεται χωρίς προσχήματα, χωρίς προφάσεις (συνών. *ειλικρινής, απροφάσιστος*). - Επίρρ. **-α.**
απροσωπόληπτος, -η, -ο, επίθ., που δε μεροληπτεί: *κριτική -η* (συνών. *αμερόληπτος·* αντ. *μεροληπτικός*).
απρόσωπος, -η, -ο, επίθ. **1.** που δεν αναφέρεται σε ορισμένο πρόσωπο: *κριτική -η* (αντ. *προσωπικός*). **2.** ουδέτερος: *ύφος -ο.* **3.** (γραμμ.) *ρήματα -α* = ρήματα που είναι εύχρηστα μόνο στο τρίτο ενικό πρόσωπο (λ.χ. *πρόκειται, πρέπει, συμφέρει*) ή ρήματα που εκφέρονται στο ίδιο πάλι πρόσωπο χωρίς ρητό υποκείμενο και δηλώνουν συνήθως καιρικά φαινόμενα (λ.χ. *βρέχει, αστράφτει, χιονίζει*)· εκφράσεις *-ες* (λ.χ. *είναι κρίμα, είναι καλό, είναι ανάγκη*).
απροφάσιστος, -η, -ο, επίθ., που γίνεται χωρίς προφάσεις: *άρνηση -η* (συνών. *απροκάλυπτος, απροσχημάτιστος*). - Επίρρ. **-α.**
απρόφερτος, -η, -ο, επίθ., που δεν έχει προφερθεί ή δεν πρέπει να προφερθεί: *όνομα -ο· λέξη -η.*
απρόφταστος, -η, -ο, επίθ., που δεν μπορεί κανείς να τον προλάβει: *~ στη δουλειά· -η στο νοικοκυριό* (συνών. *αξεπέραστος, άφταστος*).

απροφυλαξιά η, ουσ. (συνιζ., λαϊκ.), έλλειψη προφύλαξης: ~ *με επικίνδυνες συνέπειες.*

απροφύλαχτος, -η, -ο, επίθ., απροστάτευτος: *κοπάδι/αμπέλι/σπίτι -ο* (συνών. *αφύλακτος·* αντ. *προφυλαγμένος*). - Επίρρ. **-α.**

απροχώρητος, -η, -ο, επίθ., που δεν μπορεί να προχωρήσει περισσότερο, που δεν μπορεί να συνεχιστεί άλλο: *κατάσταση/δουλειά -η.* - Το ουδ. ως ουσ. = το σημείο πέρα από το οποίο δεν μπορεί να προχωρήσει κανείς, το έπακρο, το «άκρον άωτον»· έκφρ. *στο -ο:* η υπόθεση *έφτασε στο -ο· μ' έχεις φέρει στο -ο.*

απρωτοκόλλητος, -η, -ο, επίθ., (για έγγραφο) που δεν πρωτοκολλήθηκε: *αίτηση/αναφορά -η.*

άπταιστος, -η, -ο, επίθ. (λόγ.), αλάνθαστος: *συμπεριφορά -η·* τρόποι *-οι·* (συνήθως για έλλειψη γλωσσικών σφαλμάτων): *γραπτό -ο· μιλάει σε -η αγγλική.* - Επίρρ. **-α** και **-αίστως:** *μιλάει τα γερμανικά -αίστως.*

απτόητος, -η, -ο, επίθ., που δεν πτοείται: ~ *από τις κατηγορίες· συνέχισε ~.*

απτός -ή, -ό, επίθ. **1.** που μπορεί κανείς να τον πιάσει: *σώματα/αντικείμενα -ά* (συνών. *χειροπιαστός·* αντ. *άπιαστος*). **2.** (μεταφ.) συγκεκριμένος: *παράδειγμα -ό· αποδείξεις -ές· πραγματικότητα -η* (αντ. *αφηρημένος, αόριστος, γενικός*).

απύθμενος, -η, -ο, επίθ. **1.** που δεν έχει πυθμένα: *αγγείο -ο* (συνών. *άπατος*). **2.** που το βάθος του είναι αμέτρητο, παρά πολύ βαθύς: *θάλασσα -η·* (μεταφ.) *βάθος κακίας -ο.*

απύλωτος, -η, -ο, επίθ., που δεν έχει πύλη: (μεταφ.) *στόμα -ο* (= φλύαρο ή αθυρόστομο).

απύραυλος, -η, -ο, επίθ., που δεν έχει πυραύλους: *ζώνη -η·* Βαλκανική *-η.*

απυρεξία η, ουσ., (προσωρινή) έλλειψη πυρετού.

απύρετος, -η, -ο, επίθ., που δεν έχει πυρετό: *ασθενής ~.*

απύρηνος, -η, -ο, επίθ., που δεν έχει πυρήνα: *καρποί -οι·* (βιολ.) *κύτταρα -α.*

απυρόβλητος, -η, -ο, επίθ., που δεν προσβάλλεται από τα εχθρικά πυρά: *ζώνη/έκταση -η.*

απώθηση η, ουσ. **1.** το να ωθεί, το να σπρώχνει κανείς κάποιον ή κάτι μακριά του. **2.** (μεταφ.) άρνηση που οφείλεται σε περιφρόνηση: ~ *γνώμης/συμβουλής* (συνών. *απόρριψη*). **3.** (ψυχιατρ.) εκτόπιση στο υποσυνείδητο ιδεών και συναισθημάτων των οποίων η ενσυνείδητη εξωτερίκευση εμποδίζεται από ψυχολογικούς λόγους.

απωθητικός, -ή, -ό, επίθ. **1.** κατάλληλος για απώθηση. **2.** (μεταφ.) αποκρουστικός: *εμφάνιση/ μυρωδιά -ή· χαρακτήρας ~* (συνών. *αηδιαστικός, αντιπαθητικός*). - Το ουδ. στον πληθ. σαν ουσ. = χημικές ή φυσικές ουσίες τις οποίες αποφεύγουν τα έντομα ή τα ζώα: *-ά εντόμων.*

απωθώ, -είς, ρ. **1.** ωθώ μακριά, σπρώχνω: *τον -ώθησε με δύναμη.* **2.** (μεταφ.) απομακρύνω: ~ *στο περιθώριο· ~ τις κακές σκέψεις/τους πειρασμούς.* **3.** αποκρούω: *-ώθησε τις προτάσεις του* (συνών. *απορρίπτω·* αντ. *αποδέχομαι*). **4.** προκαλώ αντιπάθεια, είμαι αποκρουστικός, αηδιαστικός: *με -εί η ιδέα της συνεργασίας μαζί του· τον -εί η εμφάνισή της.* - Το ουδ. της μτχ. παρκ. ως ουσ. (συνήθως στον πληθ.) = καταπιεσμένες επιθυμίες και ιδέες που εξωτερικεύονται συνήθως με άδικο και καταπιεστικό τρόπο: *βγάζει τα -ημένα του.*

απώλεια η, ουσ. (ασυνίζ.). **1.** χάσιμο, στέρηση: ~ *ανταγωνιστικότητας/χρόνου/χρήματος· ~ αγώ-*

να/μάχης (= ήττα)· ~ *εθνική· ~ ελπίδων· ~ βαθμιαία· ~ εδάφους* (= υποχώρηση, οπισθοχώρηση)· ~ *εισοδήματος· ~ συνείδησης/των αισθήσεων* (η λιποθυμία)· ~ *αίματος/δυνάμεων/μνήμης.* **2.** (συνεκδ.) ζημιά: *το σπάσιμο του προφυλακτήρα του αυτοκινήτου δεν είναι μεγάλη ~· ~ ανεπανόρθωτη/ασήμαντη* (συνών. *βλάβη*). **3.** (συνεκδ.) θάνατος: *τους στοίχισε πολύ η ~ του παιδιού τους.* **4.** (στον πληθ., για πόλεμο) το σύνολο των νεκρών, τραυματιών και αιχμαλώτων ύστερα από μάχη. **5.** (μεταφ.) ηθική καταστροφή: *με τη ζωή που κάνει είναι καταδικασμένος στην ~· «υιός -λείας»* (= άσωτος)· *«οίκος -είας»* (= πορνείο) (συνών. *διαφθορά*). **6.** διαφυγή: ~ *αερίου/ατμού/ φορτίου.*

απών, -ούσα, -όν, γεν. εν. αρσ. και ουδ. *-όντος,* μτχ. επιθ., που απουσιάζει, που δεν είναι παρών: *μαθητές -όντες.* [μτχ. ενεστ. του αρχ. *άπειμι*].

άπωση η, ουσ. (λόγ.), απώθηση: ~ *δυνατή/ηλεκτρονική/μαγνητική· ~ λέμβου.*

απωστικός, -ή, -ό, επίθ., ικανός να απωθεί: (φυσ.) *δύναμη -ή.*

απώτερος, -η, -ο, επίθ. (λόγ.), μακρινός: *σκοπός ~· μέλλον -ο· συγγενείς -οι* (συνών. *απομακρυσμένος·* αντ. *κοντινός*). [συγκρ. του αρχ. *άπω*].

-άρα, κατάλ. μεγέθ. θηλ. ουσ.: *τρομάρα, μυτάρα, φωνάρα, γυναικάρα.* [ουσ. υποκορ. σε *-άρι*].

άρα, σύνδ. συμπερ., επομένως, λοιπόν: ~ *καλά έκανα που αγόρασα το βιβλίο.*

Άραβες οι, σύνολο λαών σημιτικής καταγωγής που ασπάζονται, στη μεγάλη τους πλειονότητα, τη μωαμεθανική θρησκεία, ανήκουν στην αραβική γλωσσική οικογένεια και κατοικούν στη Μέση Ανατολή και τη Β. Αφρική.

αραβικός, -ή, -ό, επίθ., που προέρχεται ή ανήκει στην Αραβία ή τους Άραβες: *τέχνη -ή· προϊόντα -ά· κόμμι -ό* (= κολλώδης ουσία που εκκρίνεται από είδος ακακίας)· *αλφάβητο -ό· αριθμοί -οί* (= τα ψηφία 0, 1, 2, 3, 4, 5, 6, 7, 8 και 9). - Το θηλ. *-ή* και το ουδ. στον πληθ. ως ουσ. = η αραβική γλώσσα.

αραβοσιτέλαιο το, ουσ., καλαμποκέλαιο (βλ. λ.).

αραβόσιτος ο, ουσ. (λόγ.), ο καρπός και το φυτό αραποσίτι (βλ. λ.).

αραβούργημα το, ουσ., σχέδιο, σύμπλεγμα διακοσμητικό αραβικής τεχνοτροπίας. [απόδοση του γαλλ. *arabesque*].

αραβόφωνος, -η, -ο, επίθ., που μιλάει την αραβική γλώσσα χωρίς να είναι υποχρεωτικά Άραβας στην εθνικότητα: *χώρες -ες.*

άραγε και **-ες,** μόρ. ερωτημ., μήπως, τάχα, σαν: ~ *θα βρέξει; ~ έμαθε τα νέα; ~ τι να θέλει;*

αράγιστος, -η, -ο, επίθ., που δε ράγισε, που δεν έχει ρωγμές: *ποτήρι/πιάτο -ο· τοίχος ~* (αντ. *ραγισμένος*).

άραγμα το, ουσ. **1.** προσόρμιση πλοίου. **2.** όρμος, αραξοβόλι. **3.** καθισιό, τεμπέλιασμα.

αράδα η, ουσ. (λαϊκ.). **1.** σειρά προσώπων, ομάδων ή πραγμάτων: *-ες από δέντρα/σπίτια· μπείτε στην ~· βάλε τα πράγματα σε μιαν ~* (= σε τάξη) (συνών. *γραμμή*). **2.** σειρά λέξεων, στίχος: *γράψε μου δυο -ες· -ες πυκνές.* **3.** σειρά (σε χρονική ακολουθία): *είναι η δική σου ~· να 'ρθεις ~* (παροιμ.) *αν είσαι και παπάς, με την ~ σου θα πας.* **4.** κοινωνική τάξη: *είναι άνθρωπος της -ας μας.* **5.** στρώση (φαγητού): *βάλε μιαν ~ φύλλα, μιαν ~ γέμιση.* **6.** (επιρρημ.): *παίρνω ~ τα σπίτια* (= τα επισκέπτομαι όλα κατά σειρά)· *παίρνω κάτι ~* (= δεν κάνω διάκριση σε κάτι)· *πηγαίνω/τραβώ ~* (= πηγαίνω κάπου κατευθείαν με αποφασιστικότητα)· κάτι πάει ~ (= κάτι γίνεται συνέχεια, χωρίς διακοπή), π.χ. *το στόμα της πήγαινε* ~ (= μιλούσε ασταμάτητα)· *βρέχει* ~· *έτρωγε* ~ έκφρ. (σε θέση επίθ.) *της -ας* = συνηθισμένος, όχι ξεχωριστός: *βουλευτής της -ας.* [βενετ. *arada*].

αραδιάζω, ρ. (συνιζ., λαϊκ.). 1. βάζω στη σειρά, τοποθετώ στη γραμμή: *-ασε τα βιβλία στα ράφια.* 2. (μεταφ.) επαναλαμβάνω κάτι: *ο δάσκαλος του -άζει μηδενικά· -ασαν πέντε παιδιά* (= γέννησαν). 3. απαριθμώ, αφηγούμαι κάτι χωρίς διακοπή: *μου -ασε ό,τι είχε περάσει στη ζωή του· -άζει παραμύθια/ψέματα.* 4. (μέσ., ειρων.) κάθομαι, παίρνω θέση κάπου: *τι μου -αστήκατε στο σαλόνι;* (συνών. *στρώνομαι*).

αράδιασμα το, ουσ. (συνιζ., λαϊκ.). 1. τοποθέτηση στη σειρά: *~ βιβλίων· ~ πρόχειρο.* 2. λεπτομερής απαρίθμηση, αφήγηση: *γρήγορο ~ γεγονότων.*

αραδιαστός, -ή, -ό, επίθ. (συνιζ., λαϊκ.), τοποθετημένος στη σειρά: *τραπέζια -ά.* - Επίρρ. **-ά**: = στη σειρά, κατά σειρά.

αράζω, ρ. 1. (μτβ. και αμτβ.) αγκυροβολώ: *το καράβι -αξε στο λιμάνι* (συνών. *προσορμίζομαι·* αντ. *σαλπάρω*). 2. εγκαθίσταμαι (μόνιμα): *σ' αυτό το σπίτι -άξαμε εδώ και δέκα χρόνια.* 3. (ειρων.) βολεύομαι: *βρήκε μια θέση στο δημόσιο και -αξε για τα καλά.* 4. ησυχάζω, ξεκουράζομαι: *θα πάω στο σπίτι να -άξω·* φρ. *την ~: άφησε το διάβασμά του και την -αξε στην τηλεόραση* (συνών. *στρώνομαι*).

αραθυμιά η, ουσ. (συνιζ., λαϊκ.). 1. νωθρότητα, τεμπελιά: *έχει μεγάλη ~ αυτός ο άνθρωπος!* 2. λιποθυμία ή τάση προς λιποθυμία: *της ήρθε ~ από τη ζέστη.* 3. κακή διάθεση, νευρικότητα: *έχω μια έντονη ~.* 4. έντονη επιθυμία έγκυας γυναίκας: *~ ακατανίκητη.*

αράθυμος, -η, -ο, επίθ. 1. οκνηρός, νωθρός (συνών. *τεμπέλης*). 2. οξύθυμος, βίαιος: *άνθρωπος αψύς κι ~· το στήθος το χορτάτο,/τ' -ο το δυνατό* (Σολωμός) (συνών. *αψύς*).

αραθυμώ, ρ. 1. είμαι νωθρός, οκνηρός (συνών. *τεμπελιάζω*). 2. λιποθυμώ. 3. χάνω την καλή μου διάθεση, αγανακτώ (συνών. *εξάπτομαι*). 4. επιθυμώ πολύ.

αραιοδόντης, -α, -ικο, επίθ. (έρρ.), που έχει αραιά δόντια.

αραιοκατοικούμαι, ρ., κατοικούμαι αραιά, δεν είμαι πυκνοκατοικημένος: *περιοχή -ημένη.*

αραιόμετρο το, ουσ., όργανο που χρησιμεύει για να υπολογιστεί το ειδικό βάρος των υγρών.

αραιός, -ή, -ό και (συνιζ., λαϊκ.) **αριός,** επίθ. 1. που δεν είναι πυκνός: *δασάκι σγουρό κι αριό* (Αθάνας)· *δέντρα/μαλλιά/γένια -ά· ύφασμα -ό* (= αραιούφασμένο)· *σύννεφα -ά· πληθυσμός ~, χτένα -ή* (= με «δόντια» αραιά)· *σχηματισμοί -οί· γραμμές/τάξεις -ές* (συνών. *ανάριος*). 2. που γίνεται σε αραιά χρονικά διαστήματα, σπάνιος: *συναντήσεις -ές· πυροβολισμοί -οί* (συνών. *σποραδικός*). 3. υδαρής: *γάλα/διάλυμα -ό* (αντ. *πυκνόρρευστος*). - Επίρρ. **-ά** και **αριά**: *φυτά σπαρμένα -ά· μας επισκέπτονται -ά·* έκφρ. *αριά και πού* (= σπάνια): *τον έβλεπε αριά και πού.*

αραιοσπαρμένος, -η, -ο, επίθ., σπαρμένος σε αραιά διαστήματα: *φυτά/καπνά -α* (αντ. *πυκνοσπαρμένος*).

αραίωμα το, ουσ. 1. ελάττωση της πυκνότητας: *~ φυτών/διαλύματος/επισκέψεων· ~ απαραίτητο/κατάλληλο* (συνών. *αραίωση*). 2. το κενό διάστημα ανάμεσα σε δύο πράγματα: *άφησε ~ στις παραγράφους/λέξεις.*

αραιώνω, ρ. (μτβ. και αμτβ.). 1. ελαττώνω την πυκνότητα: *~ τα φυτά/τις τάξεις/τα ποτά/τα καθίσματα· -ωσε ο πληθυσμός στα χωριά* (= μειώθηκε). 2. ελαττώνω τη συχνότητα: *~ τις επισκέψεις· -ωσαν τα εγκλήματα τιμής* (συνών. *λιγοστεύω*).

αραίωση η, ουσ. 1. αύξηση της απόστασης, του διαστήματος μεταξύ δυο πραγμάτων: *~ γραμμών/πληθυσμού* (= μείωση). 2. ελάττωση της πυκνότητας: *~ υγρών/αερίων.* 3. ελάττωση της συχνότητας: *~ βροχοπτώσεων.*

αραιωτικός, -ή, -ό, επίθ., που επιφέρει αραίωση.

αρακάς ο, ουσ., (φυτολ.) μπιζέλι (βλ. λ.). [αρχ. *άρακος*].

-αράκι, κατάλ. υποκορ. ουδ. ουσ.: *φυλλαράκι, μηλαράκι.* [παλαιότερα υποκορ. σε *-άριον: χορτάρι(ον) - χορταράκι*].

-αράκος, κατάλ. χαϊδευτικών: *φιλαράκος, κατεργαράκος.* [από αρσ. ουσ. σε *-άρης* + *-άκος*].

αραλίκι το, ουσ. (λαϊκ.). 1. διάστημα, χαραμάδα: *τον είδα απ' το ~ της πόρτας* (συνών. *ρωγμή*). 2. ευκαιρία, καιρός: *αν βρω ~, θα 'ρθω.* 3. ευρυχωρία (από αραίωση). 4. αργία, απραξία, τεμπελιά: *όλο ξάπλα κι ~ είσαι!* [τουρκ. *aralık*].

αραμαϊκός, -ή, -ό, επίθ., που ανήκει ή αναφέρεται στους Αραμαίους (τους αρχαίους Σημίτες νομάδες της Συρίας και της Άνω Μεσοποταμίας): *γλώσσα -ή.* - Το θηλ. στον εν. και το ουδ. στον πληθ. ως ουσ. = η αραμαϊκή γλώσσα.

αραμπάς ο, ουσ. (όχι ερρ.), κάρο που το σέρνουν βόδια ή άλογα: *~ περνά, σκόνη γίνεται* (δημ. τραγ.). [τουρκ. *araba*].

αραμπατζής ο, ουσ. (όχι ερρ.), οδηγός ή ιδιοκτήτης αραμπά. [τουρκ. *arabacı*].

αράντιστος, -η, -ο, επίθ. (ερρ.), που δε ραντίστηκε: *φυτά/λουλούδια -α.*

αραξιά η, ουσ. (συνιζ.), (για πλεούμενα) μέρος όπου αράζει κάτι: *σαν κόντευα στην ~ μου κατέβαζα το πανί* (Κόντογλου).

αραξοβόλι το, ουσ. 1. μέρος κατάλληλο για να αγκυροβολούν τα πλοία: *βρήκαμε ένα απάνεμο ~ κι αράξαμε.* 2. (μεταφ.) καταφύγιο.

Άράπης ο, ουσ., πληθ. *-ηδες* και *-άδες,* θηλ. **-ινα** και **-ισσα.** 1. κάτοικος των αφρικανικών χωρών: (παροιμ.) *τον -η κι αν τον πλένεις το σαπούνι σου χαλάς* (όταν κάποιος ματαιοπονεί προσπαθώντας να διορθώσει το χαρακτήρα ή τις συνήθειες κάποιου άλλου) (συνών. *νέγρος, μαύρος*). 2. (μεταφ.) ο πολύ μελαψός: *έγινες ~ από τον ήλιο·* φρ. *τον βγάλαμε ~* (για να δηλωθεί αποτυχία πολιτευομένου σε εκλογές). 3. δαιμονικό, μπαμπούλας: *κάτσε φρόνιμα, γιατί θα 'ρθει ο ~.* - Υποκορ. **-άκι, -όπουλο** (στις σημασ. 1, 2). [τουρκ. *arap*].

αράπικος, -η, -ο, επίθ., που ανήκει ή αναφέρεται στον αράπη: *κορμί -ο· συνήθειες -ες·* που ανήκει ή αναφέρεται στην Αραβία ή την Αφρική: *γλώσσα -η·* (μεταφ.) *πείσμα -ικο· φιστίκι -ο* (= ποικιλία φιστικιού). - Το ουδ. στον πληθ. ως ουσ. = η αραβική γλώσσα: *μιλούσε πολλές γλώσσες, ακόμη και -α.*

Αραπίνα και **Αράπισσα,** βλ. *Άράπης.*

αραποσίτι το, ουσ., καλαμπόκι (συνών. λόγ. *αραβόσιτος*). [*αραβόσιτος* με επίδρ. του ουσ. *Άράπης*].

αραποσυκιά η, ουσ. (συνίζ., λαϊκ.), φραγκοσυκιά:

αραρούτι

μπρούτζινα φύλλα -άς (Σεφέρης) (συνών. *μπαρμπαροσυκιά).*
αραρούτι το, ουσ., άμυλο, τροφή των βρεφών. [αγγλ. *arrow-root*].
-άρας, κατάλ. μεγεθ. αρσ. κυρ. ον.: *Νικολάρας.* [θηλ. κατάλ. *-άρα*].
-αράς, κατάλ. μεγεθ. αρσ. ουσ.: *κλεφταράς, ψευταράς, κοιλαράς, χορευταράς.* [ουδ. ουσ. σε -*άρι*].
άραφος, -η, -ο, επίθ. 1. που δεν έχει ραφή: *κάλτσες -ες* (βλ. και *άρραφος).* 2. (και **-φτος)** που δε ράφτηκε: *φουστάνι -ο* (αντ. *ραμμένος).*
αραχιδέλαιο το, ουσ., λάδι που βγαίνει από φυτό της Αφρικής του οποίου οι ανθισμένοι μίσχοι μετά τη γονιμοποίηση κλίνουν προς το έδαφος για να κρύψουν τους καρπούς.
άραχλος, -η, -ο και **άραχνος,** επίθ., σκοτεινός, πένθιμος, δυστυχισμένος· έκφρ. *μαύρος κι ~ (ή άραχνος)* = σκοτεινός, δυστυχισμένος: *τα βλέπω όλα γύρω μου μαύρα κι -α· μαύρη μέρα κι άραχνη.* [*άραχνος<αραχνίζω υποχωρ.*].
αράχνη η, ουσ. 1. έντομο αρθρόποδο, μικρού συνήθως μεγέθους, με μακριά πόδια και χρώμα μαύρο ή καφετί, που τρέφεται με άλλα έντομα, που τα παγιδεύει στον ιστό του (βλ. λ. *ιστός,* σημασ. 6). 2. ο ιστός της αράχνης: *το σπίτι γέμισε -ες.* 3. ονομασία διακοσμητικού φυτού.
αραχνιάζω, ρ. (συνιζ.), γεμίζω αράχνες: *το σπίτι -ασε·* (μεταφ.) εγκαταλείπομαι, ξεχνιέμαι: *τα βιβλία -άσανε.* - Η μτχ. παρκ. ως επίθ. = 1. που είναι γεμάτος αράχνες: *σπίτι -ασμένο.* 2. εγκαταλειμμένος: *μνήμα -ασμένο.*
αράχνιασμα το, ουσ. (συνιζ.), το να γεμίζει ένας χώρος από αράχνες (βλ. λ. σημασ. 2).
άραχνος, βλ. *άραχλος.*
αραχνοϋφαντος, -η, -ο, επίθ. (ερρ.), που έχει ύφανση λεπτή σαν τον ιστό της αράχνης: *φουστάνι/μετάξι -ο.*
Αραχοβίτης ο, θηλ. **-ισσα,** ουσ., αυτός που κατοικεί στην Αράχοβα ή κατάγεται από αυτήν.
αραχοβίτικος, -η, -ο, επίθ., που ανήκει ή αναφέρεται στην Αράχοβα ή τους Αραχοβίτες: *υφαντά -α.*
Αρβανίτης ο, ουσ., πληθ. **-ες** και **-άδες,** θηλ. **-ισσα,** κάτοικος της Αλβανίας (συνών. *Αλβανός).* - Μεγεθ. **-αρος.**
Αρβανιτιά η, ουσ. (συνιζ.). 1. η χώρα των Αλβανών. 2. η αλβανική εθνότητα: *συντρίβεται η ~ με τον Ομέρ Βριόνη.*
αρβανίτικος, -η, -ο, επίθ., που ανήκει ή αναφέρεται στους Αλβανούς: *πείσμα -ο·* έκφρ. *κεφάλι -ο* (= άνθρωπος πεισματάρης)· φρ. *τον έπιασε το -ό (του)* = πείσμωσε πολύ (συνών. *αρναούτικος).* - Το ουδ. στον πληθ. ως ουσ. = η αλβανική γλώσσα.
Αρβανίτισσα, βλ. *Αρβανίτης.*
αρβανιτοχώρι το, ουσ., χωριό που κατοικείται από Αλβανούς ή αλβανόφωνους Έλληνες.
άρβυλα τα, ουσ., στρατιωτικά παπούτσια από χοντρό δέρμα.
αρβύλα η, ουσ., στρατιωτικό παπούτσι από χοντρό δέρμα· έκφρ. *λόγια της -ας/ρβύλας ~* = λόγια ανεύθυνα, ειδήσεις ανεύθυνες, φήμες.
αργά, επίρρ., συγκρ. *-ότερα* και πιο ~. 1. χωρίς βιασύνη, με αργό ρυθμό: *να προχωρείς ~ στο δρόμο· το ρέμα κατεβάζει ~ βούρλα ξεριζωμένα* (συνών. *σιγά).* 2. μετά το πέρασμα μιας ορισμένης ώρας: *θα γυρίσω ~.* (παροιμ.) *κάλλιο ~ παρά ποτέ·* έκφρ. ~ *ή γρήγορα* (= κάποτε). 3. σε προχωρημένη βραδινή ώρα: *την είδα την Ξανθούλα/την*

είδα ψες ~ (Σολωμός) (αντ. *νωρίς* στις σημασ. 2, 3). - Υποκορ. **-ούτσικα.**
αργαλειός ο, ουσ. (συνιζ.), όργανο με το οποίο υφαίνουν, υφαντικός ιστός: *ετοιμάζω/ρίχνω/στήνω -ό· κάθομαι/υφαίνω στον -ό· ~ παλιός/πατροπαράδοτος/ξύλινος/πρωτόγονος/αυτόματος/ μηχανικός·* οι *-οί δούλευαν ασταμάτητα·* υφαντό *φτιαγμένο στον ~.* [μτγν. *αργαλείον*].
άργασμα το, ουσ. (λαϊκ.), κατεργασία δέρματος, δέψη (βλ. λ.).
αργαστήρι, βλ. *εργαστήρι.*
Αργείος, βλ. **Αργίτης.**
αργεντινός, -ή, -ό και **αργεντίνικος, -η, -ο,** επίθ. (ερρ.), που ανήκει ή αναφέρεται στην Αργεντινή ή τους Αργεντινούς: *ταγκό -ό·* έκφρ. *-ή δεκάρα* = απατεώνας.
Αργεντινός ο, θηλ. **-ή** και **Αργεντίνος** ο, θηλ. **-α,** ουσ. (ερρ.), αυτός που κατοικεί στην Αργεντινή ή κατάγεται από αυτήν.
άργητα η, ουσ. (λαϊκ.), αργοπορία, καθυστέρηση.
αργία η, ουσ. 1. αεργία, τεμπελιά (συνών. *οκνηρία).* 2. ημέρα κατά την οποία δεν εργάζονται, αναπαύονται οι εργαζόμενοι: *η Κυριακή είναι ημέρα -ας· -ες των Χριστουγέννων/του Πάσχα/ του καλοκαιριού· σχολικές -ες* (συνών. *σκόλη).* 3. προσωρινή παύση ιερωμένου. 4. στρατιωτική ποινή προσωρινής απομάκρυνσης στρατιωτικού εξαιτίας παραπτώματος.
αργία μήτηρ πάσης κακίας· αρχαϊστ. έκφρ. = η αργία δεν οδηγεί σε κάτι καλό.
αργίλιο το, ουσ., αλουμίνιο (βλ. λ.).
άργιλος η, ουσ., ασπρόχωμα, αγγειοπλαστική γη.
αργιλούχος, -ος, -ο, επίθ., που περιέχει άργιλο: *πέτρωμα -ο.*
αργιλόχωμα το, ουσ., χώμα που περιέχει άργιλο.
αργιλώδης, -ης, -ες, γεν. *-ους,* πληθ. αρσ. και θηλ. *-εις,* ουσ. *-η,* επίθ., που περιέχει άργιλο: *έδαφος -ες.*
Αργίτης ο, θηλ. **-ισσα** και **Αργείος** ο, θηλ. **-α,** ουσ., αυτός που κατοικεί στο Άργος ή κατάγεται απ' αυτό.
αργίτικος, -η, -ο, επίθ., που ανήκει ή αναφέρεται στο Άργος ή τους Αργίτες: *πεπόνια -α.*
αργκό η, άκλ. 1. συνθηματική γλώσσα των ανθρώπων του υποκόσμου. 2. ειδικό επαγγελματικό λεξιλόγιο. [γαλλ. *argot*].
αργοκίνητος, -η, -ο και **-κούνητος,** επίθ., που κινείται με αργό ρυθμό, νωθρός: *~ σαν τη χελώνα·* έκφρ. *καράβι -ο* (για να χαρακτηρίσομε κάποιον που ενεργεί νωθρά)· *βαγόνι αργοκούνητο* (συνών. *βραδυκίνητος).*
αργοκινώ, -άς, ρ. 1. (μτβ.) κινώ κάτι αργά: *-ησε το χέρι/ίσως για να σ' ευχηθεί* (Σολωμός). 2. (αμτβ.) ξεκινώ αργά: *-ησε για το σπίτι του.*
αργοκυλώ, -άς, ρ. 1. κυλώ, προχωρώ αργά: *στο μάγουλο ένα δάκρυ -άει.* 2. (μεταφ.): *θαμπό το βράδι -ά* (Χατζόπουλος).
αργολικός, -ή, -ό, επίθ., που ανήκει ή αναφέρεται στην Αργολίδα: *πεδιάδα -ή· χωριά -ά.*
αργομίλητος, -η, -ο, επίθ., που μιλάει αργά.
αργομισθία η, ουσ. 1. το να παίρνει κάποιος μισθό χωρίς να εργάζεται. 2. μισθός του αργόμισθου (βλ. λ.).
αργόμισθος, ουσ. και επίθ., (αυτός) που παίρνει μισθό χωρίς να εργάζεται: *οι -οι είναι μεγάλη πληγή για το κράτος.*
αργόν το, ουσ. (χημ.) άχρωμο, άοσμο και άγευστο

αέριο, που αποτελεί το ένα εκατοστό περίπου του ατμοσφαιρικού αέρα.

αργοναύτης ο, ουσ. (μυθολ., συνήθως στον πληθ.) ήρωες που μαζί με τον Ιάσονα και το καράβι τους «Αργώ» πήγαν στην Κολχίδα για να αρπάξουν το «χρυσόμαλλο δέρας».

αργοναυτικός, -ή, -ό, επίθ., που ανήκει ή αναφέρεται στους αργοναύτες: *εκστρατεία -ή.*

αργοξυπνώ, -άς, ρ., ξυπνώ αργά.

αργοπαντρεύομαι, ρ., παντρεύομαι σε μεγάλη ηλικία.

αργοπατώ, -άς, ρ., αργοπερπατώ (βλ. λ.).

αργοπεθαίνω, ρ., πεθαίνω αργά, σιγά σιγά: *ο άρρωστος -ει.*

αργοπερπατώ, -άς, ρ., περπατώ, βαδίζω αργά (συνών. *αργοπατώ*).

αργοπόρημα το, ουσ. (ιδιωμ. και λογοτ.), βραδύτητα στις κινήσεις ή στην εκτέλεση πράξης.

αργοπορία η, ουσ., καθυστέρηση, βραδύτητα σε διαδρομή ή στην εκτέλεση μιας πράξης (συνών. *βραδυπορία*).

αργοπορώ, -είς, ρ. 1. (αμτβ.) δε φτάνω έγκαιρα: *το γράμμα -ησε· -ησα κι έχασα το τρένο* (συνών. *καθυστερώ*). 2. (μτβ.) κάνω κάποιον να αργήσει, να καθυστερήσει: *μας -ησε η κακοκαιρία.*

αργός, -ή, -ό, επίθ. 1. που δεν έχει δουλειά (συνών. *άεργος*). 2. που κινείται αργά· νωθρός: *ρυθμός ~· πορεία/κίνηση -ή· είναι -ή στις δουλειές του σπιτιού* (συνών. *βραδυκίνητος*). 3. που δε γίνεται σε κανονικό ρυθμό ή ταχύτητα: *φάση του αγώνα σε -ή κίνηση στην τηλεόραση*. 4. ακατέργαστος, αδούλευτος: *πετρέλαιο -ό*. 5. ακαλλιέργητος: *χωράφι -ό*. 6. (για ιερωμένο ή στρατιωτικό) που τιμωρήθηκε με την ποινή της αργίας (βλ. λ. σημασ. 3, 4). - Υποκορ. **-ούτσικος, -η, -ο**.

αργοσάλευτος, -η, -ο, επίθ., που κινείται ή κουνιέται αργά: *καράβι -ο· σύννεφα -α.*

αργοσαλεύω, ρ., κινούμαι αργά: *-ουν τα φύλλα του δέντρου.*

αργοσβήνω, ρ. 1. σβήνω σιγά σιγά: *το καντήλι -ει*. 2. πεθαίνω σιγά σιγά: *-ει μέρα με τη μέρα από την αρρώστια* (συνών. *αργοπεθαίνω*).

αργοστολίζω, ρ., στολίζω κάποιον με αργό ρυθμό· (συνήθως μέσ.) στολίζομαι αργά· αργοπορώ, καθυστερώ.

αργοστόλιστος, -η, -ο, επίθ., που αργοστολίζεται· αργοκίνητος, νωθρός.

αργόστροφος, -η, -ο, επίθ. 1. που δεν παίρνει εύκολα «στροφές» το μυαλό του: *μαθητής ~* (αντ. *εύστροφος*). 2. που κινείται ή λειτουργεί με δυσκολία: *~ κρατικός μηχανισμός* (συνών. *δυσκίνητος*).

αργόσχολος, -η, -ο, επίθ. 1. που δεν ασχολείται με τίποτε, δεν εργάζεται· τεμπέλης: *χαρακτηριστικός τύπος -ου* (συνών. *άεργος*).

αργοτάξιδος, -η, -ο, επίθ., που ταξιδεύει αργά: *καράβι -ο* (αντ. *γοργοτάξιδος*).

αργυραμοιβός ο, ουσ., που έχει ως επάγγελμα την πώληση και την ανταλλαγή νομισμάτων (συνών. *σαράφης*).

αργύριον το, ουσ. (ασυνίζ., λόγ.), μόνο στην έκφρ. *τριάκοντα -α* (= τα χρήματα που πήρε ο Ιούδας για την προδοσία του Χριστού): *τριάκοντα -u.*

αργυρόβουλο το, ουσ., επίσημο έγγραφο με αργυρή σφραγίδα.

αργυροκόλλητος, -η, -ο, επίθ., που φέρει κολλημένα αργυρά στολίδια: *εικόνα -η* (συνών. *αργυροκόσμητος*).

αργυρολογία η, ουσ., συγκέντρωση χρημάτων που γίνεται με αναξιοπρέπεια και ιδιοτελείς σκοπούς.

άργυρος ο, ουσ., πολύτιμο μέταλλο, λευκό, ελατό και ανοξείδωτο (συνών. *ασήμι*).

αργυρός, -ή, -ό, επίθ. 1. ασημένιος· έκφρ. *γάμοι -οί ή επέτειος -ή* (= συμπλήρωση 25 χρόνων συζυγικής ζωής). 2. που μοιάζει στη λευκότητα ή τη λάμψη με τον άργυρο.

αργυρώνητος, -η, -ο, επίθ., που έχει εξαγοραστεί με χρήματα, που έχει δωροδοκηθεί: *δικαστές -οι· οπαδός ~* (συνών. (λαϊκ.) *πουλημένος·* αντ. *αδέκαστος*).

αργυρωρυχείο το, ουσ., μεταλλείο αργύρου.

αργώ, -είς, ρ. 1. δεν εργάζομαι, έχω σχόλη: *την Κυριακή όλοι οι εργαζόμενοι -ούν*. 2. (σε τρίτο πρόσ.) είναι κλειστός: *κάθε Δευτέρα τα θέατρα -ούν*. 3. αργοπορώ, χρονοτριβώ: *μην -ήσεις να γυρίσεις το βράδι·* (παροιμ.) *όπου λαλούν πολλά κοκόρια -εί να ξημερώσει* (για να δηλωθεί ότι η παράλληλη πρωτοβουλία πολλών μαζί σε ένα έργο δυσχεραίνει ή επιβραδύνει την εκτέλεσή του) (συνών. *καθυστερώ*). 4. καθυστερώ, βραδύνω: *-εί να μιλήσει/να καταλάβει· -ησαν ν' ανθίσουν οι αμυγδαλιές*. 5. (χρον.) απέχω: *-ούν ακόμη οι αποκριές*. 6. κάνω κάτι παράκαιρα ή καθυστερημένα: *-ησε να παντρευτεί/να κάνει παιδιά· το μωρό -ησε να μιλήσει/να περπατήσει*. 7. καθυστερώ (κάποιον): *μας -ησε ο φίλος που συναντήσαμε στο δρόμο* (συνών. *αργοπορώ σημασ.* 2).

άρδευση η, ουσ., πότισμα καλλιεργημένης έκτασης με διοχέτευση νερού.

αρδευτικός, -ή, -ό, επίθ., που συντελεί, που χρησιμοποιείται στην άρδευση: *δίκτυο -ό· νερά/ έργα -ά.*

αρδεύω, ρ., ποτίζω καλλιεργημένες εκτάσεις με κατάλληλη διοχέτευση νερού.

αρεγουλάριστος, -η, -ο, επίθ., που δεν έχει ρυθμιστεί, ακανόνιστος: *μηχανή αυτοκινήτου -η* (συνών. *αρρύθμιστος*).

αρειανισμός ο, ουσ., η θρησκευτική αίρεση του Αρείου.

αρειανός ο, ουσ., που ανήκει ή αναφέρεται στην αίρεση του Αρείου. - Το αρσ. ως ουσ. = οπαδός του Αρείου.

αρειμάνιος, -α, -ο, επίθ. (ασυνίζ.). α. που αγαπά τον πόλεμο, άγριος: *φυλή -α* (συνών. *πολεμοχαρής*)· β. (ειρων.) που παριστάνει το γενναίο, τον παλληκαρίσιο: *μουστάκι/ύφος -ο*. - Επίρρ. **-ίως**.

-αρείο, κατάλ. ουδ. ουσ.· δηλώνει τόπο, δοχείο ή και αφηρημένη έννοια: *καμπαναρειό, κεραμιδαρειό, πλυσταρειό, ξαπλωταρειό.* [ουσ. σε *-ειό* που σχηματίστηκαν από ουσ. σε *-άρης*].

-αρέλι, κατάλ. υποκορ. ουδ. ουσ.: *παιδαρέλι.*

άρειος, -α, -ο, επίθ. (ασυνίζ.). 1. που ανήκει ή αναφέρεται στον ´Αρη. 2. ´Αρειος Πάγος = α. ανώτατο δικαστήριο στην αρχαία Αθήνα· β. ανώτατο ελληνικό ακυρωτικό δικαστήριο.

αρένα η, ουσ., παλαίστρα, στίβος για θηριομαχίες ή ταυρομαχίες· (μεταφ.) πεδίο δράσης: *η ~ της πολιτικής*. [λατ. *arena*].

αρεοπαγίτης ο, ουσ., αυτός που είναι μέλος του Αρείου Πάγου.

αρεσιά η, ουσ. (συνιζ., λαϊκ.), η αρέσκεια στη φρ. *είναι της -ιάς μου* (= μου αρέσει): *το τι τραγούδι να σου πω και να 'ν' της -ιάς σου* (δημ. τραγ.).

αρέσκεια η, ουσ. (ασυνίζ., λόγ.), στη φρ. *είναι της -είας μου* (= μου αρέσει): *το φαγητό σήμερα είναι της -είας μου* (αντ. *απαρέσκεια*).

αρέσκομαι, ρ. (λόγ., ελλειπτ.), νιώθω ευχαρίστηση κάνοντας κάτι: *-εται να πειράζει τους άλλους*.

άρες-μάρες οι, ουσ.· μόνο στην έκφρ. *άρες-μάρες κουταμάρες / κουκουνάρες* (= ανοησίες, ασυναρτησίες). [*άρα* η (<αρχ. *αρά*) + *μάρα*].

αρεστός, -ή, -ό, επίθ., που αρέσει, ευχάριστος: *η συντροφιά του είναι -ή σε όλους* (αντ. *δυσάρεστος*).

αρέσω, ρ. 1. είμαι, γίνομαι αρεστός: *άρεσε ο τρόπος αντίδρασής του*. 2. (τριτοπρόσ.) μου κάνει ευχαρίστηση, θέλω, επιθυμώ: *μ' -σει, το διάβασμα· θα κάνω ό,τι μου -ει· αν σ' -ει, μπάρμπα-Λάμπρο, ξαναπέρνα από την Άντρο*.

αρετή η, ουσ. 1. χρηστότητα, καλοσύνη, εντιμότητα: *είμαστε σίγουροι για την ~ του*. 2. προτέρημα, χάρισμα: *γυναίκα με πολλές αρετές*. 3. ικανότητα, επιτηδειότητα: *~ πολιτική*. 4. αξία, χρησιμότητα: *η ~ της γνώσης*.

αρετσίνωτος, -η, -ο, επίθ., που δεν του έβαλαν ρετσίνι: *κρασί -ο*.

αρήμαχτος, -η, -ο, επίθ., που δε ρημάχτηκε, δεν καταστράφηκε: *δεν άφησαν κήπο για κήπο -ο* (αντ. *ρημαγμένος*).

-άρης, κατάλ. ουσ. και επιθ.: *λυράρης, περιβολάρης*. [από μεσν. κατάλ. *-άριος*].

αρθραλγία η, ουσ. (ιατρ.), επώδυνη πάθηση των αρθρώσεων.

αρθρίδιο το, ουσ. (ασυνίζ., λόγ.), μικρό άρθρο σε εφημερίδα ή περιοδικό (συνών. *αρθράκι*).

αρθρικός, -ή, -ό, επίθ. (ανατομ.) που ανήκει ή αναφέρεται στις αρθρώσεις: *θύλακοι -οί· παραμορφώσεις -ές*.

αρθρίτιδα η, ουσ. (ιατρ.) φλεγμονή των αρθρώσεων.

αρθριτικός, -ή, -ό, επίθ., που σχετίζεται με την αρθρίτιδα: *πόνοι -οί*. - *Το αρσ. ως ουσ.* = αυτός που υποφέρει από αρθρίτιδα. - *Το ουδ. στον πληθ. ως ουσ.* = η αρρώστια αρθρίτιδα: *υποφέρει από -ά*.

αρθριτισμός ο, ουσ. (ιατρ.) αρθρίτιδα (βλ. λ.).

άρθρο το, ουσ. 1. (λόγ.) άρθρωση, κλείδωση δύο οστών. 2. καθεμιά από τις διατάξεις επίσημου εγγράφου: *~ επτά του νόμου*. 3. δημοσίευμα περιοδικού ή εφημερίδας που πραγματεύεται ένα θέμα: *κύριο ~*. - *Υποκορ*. **-άκι** το. 4. σύντομο αυτοτελές κείμενο που αποτελεί οργανικό τμήμα ενός λεξικού και παρέχει τους ενδεχόμενους τύπους, την ετυμολογία και τη σημασία (ή τις σημασίες) μιας λέξης ή συνόλου συγγενών λέξεων. 5. (γραμμ.) γλωσσικό στοιχείο που δείχνει το γένος και τον αριθμό του ουσιαστικού ή και άλλη μ' αυτό σχέση: *οριστικό/αόριστο ~· αρσενικό ~*.

αρθρογραφία η, ουσ. 1. σύνταξη άρθρων σε εφημερίδα ή περιοδικό. 2. το σύνολο των άρθρων εφημερίδας ή δημοσιογράφου: *~ εμπρηστική/επιθετική*.

αρθρογράφος ο, ουσ., συντάκτης άρθρων σε εφημερίδα ή περιοδικό: *~ πολιτικός/αθλητικός*.

αρθρογραφώ, -είς, ρ., συντάσσω άρθρα σε εφημερίδες ή περιοδικά.

αρθροπάθεια η, ουσ., (ιατρ.) κάθε πάθηση των αρθρώσεων.

αρθροπλασία η, ουσ., (ιατρ.) χειρουργική επέμβαση για τη θεραπεία αγκύλωσης κάποιας άρθρωσης με αποκατάσταση των αρθρικών επιφανειών: *ολική ~ ισχίων*.

αρθροπλαστικός, -ή, -ό, επίθ., που σχετίζεται με την αρθροπλασία ή αναφέρεται σ' αυτήν: *επέμβαση -ή*. - *Το θηλ. ως ουσ.* = αρθροπλασία (βλ. λ.).

αρθρόποδα τα, ουσ. (ζωολ.) συνομοταξία του ζωικού βασιλείου που περιλαμβάνει ζώα χερσαία, γλυκού νερού ή θαλάσσια με αμφίπλευρη συμμετρία, σώμα (χωρισμένο σε δακτυλίους που συχνά συγχωνεύεται) και αρθρωτά εξαρτήματα.

αρθρώνω, ρ. 1. συνδέω μεταξύ τους τα μέλη ενός συνόλου (σώματος, μηχανής, κατασκευής) (συνών. *συναρμολογώ*). 2. προφέρω, λέω, εκφωνώ: *άρχισε το μωρό μου να -ώνει τις πρώτες του λεξούλες· -ωσε ένα διαφορετικό πολιτικό λόγο*.

άρθρωση, ουσ. 1. σύνδεση δύο ή περισσότερων μελών ενός συνόλου έτσι ώστε να μη παρεμποδίζεται η ελεύθερη κίνησή τους· (ανατομ.) συναρμογή μεταξύ δύο οστών του ανθρώπου και των σπονδυλωτών ζώων, κλείδωση: *-ώσεις της σπονδυλικής στήλης· πόνος στις -ώσεις*. 2. εκφώνηση φθόγγων και λέξεων: *έχει σωστή ~*.

αρθρωτός, -ή, -ό, επίθ., που έχει αρθρώσεις, που συνδέεται με αρθρώσεις: *λεωφορείο -ό· εξαρτήματα -ά*.

-άρι, Ι. κατάλ. ουδ. ουσ.: *βλαστάρι, δοκάρι*. [<αρχ. *-άριον*].

-άρι, ΙΙ. κατάλ. ουδ. ουσ.: *κρεμαστάρι·* δηλώνει: 1. πληθμονή ή κάτι ανάλογο: *μακρυνάρι, κεφαλάρι*. 2. ποσό: *πενηντάρι, εκατοστάρι*. 3. αποτέλεσμα: *απομεινάρι*. [*-άριον* με λατ. προέλ.: *-arium*].

άρια η, ουσ., μακριά μονωδία. [ιταλ. *aria*].

-αρία, κατάλ. θηλ. ουσ.: *αλαναρία, τζαμαρία*. [ουσ. ή επίθ. σε *-αρος* + *ία*: *αδέκαρος - αδεκαρία, απένταρος - απενταρία*].

-αριά, (συνιζ.), κατάλ. θηλ. ουσ.: *κληματαριά, πενηνταριά*.

αριάνι και **αϊράνι** το, ουσ., ξινόγαλα (βλ. λ. στη σημασία 1). [τουρκ. *ayran*].

αριβάρω, ρ., αόρ. *-ισα*, καταπλέω· (γενικά) καταφθάνω: *σε λίγο -άραμε στο νησί*. [ιταλ. *arrivare*].

αριβισμός ο, ουσ., τυχοδιωκτισμός, επιδίωξη γρήγορης ανάδειξης με κάθε μέσο: *με τον -ό που τον διακρίνει δε θα διστάσει για τίποτα*. [γαλλ. *arrivisme*].

αριβιστής και **αριβίστας** ο, θηλ. **-ίστρια**, ουσ., αυτός που επιδιώκει την ανάδειξή του με κάθε μέσο (συνών. *τυχοδιώκτης*). [γαλλ. *arriviste*].

αρίγωτος, -η, -ο, επίθ., που δεν έχει ρίγες, αχαράκωτος: *χαρτί -ο· κόλα -η* (αντ. *ριγωμένος, χαρακωμένος*).

αρίδα η, ουσ. 1. ξυλουργικό εργαλείο που ανοίγει τρύπες, τρυπάνι. 2. (ειρων.) το πόδι: *μάζεψε τις -ίδες σου να περάσω*. Φρ. *απλώνω ή τεντώνω την ~ μου* (= α. ξαπλώνω αναπαυτικά· β. δε νοιάζομαι για τίποτα).

αρίζωτος, -η, -ο, επίθ., που δεν έχει ριζώσει (αντ. *ριζωμένος*).

αριθμημός ο, ουσ. (λαϊκ.), αρίθμηση, λογάριασμα: *τα μετράς και -ό δεν έχουν* (συνών. *μέτρημα*).

αρίθμηση η, ουσ. 1. το να μετρά, να λογαριάζει κανείς: *βρήκαμε διαφορετικό αποτέλεσμα στην ~ των φακέλων* (συνών. *μέτρημα, λογάριασμα*). 2. η διάκριση πολλών ομοειδών πραγμάτων με ιδιαίτερο (αύξοντα) αριθμό: *~ των σελίδων του τετραδίου*.

αριθμητήρας ο, ουσ., μηχάνημα που αριθμεί και μετράει αυτόματα.

αριθμητήριο το, ουσ. (ασυνίζ.), σχολικό όργανο που χρησιμεύει για την πρακτική διδασκαλία της αριθμητικής.

αριθμητής ο, ουσ. 1. αυτός που μετράει, που λογαριάζει. 2. (μαθημ.) ο όρος που γράφεται σ' ένα κλάσμα πάνω από τη γραμμή και δηλώνει πόσες φορές περιέχεται στο κλάσμα η κλασματική μονάδα που δηλώνει ο παρονομαστής. 3. αριθμητήρας (βλ. λ.).

αριθμητική η, ουσ., επιστήμη που ασχολείται με τις ιδιότητες και τις πράξεις των αριθμών και η θεωρητική διδασκαλία τους: *η επίδοσή του στην ~ είναι χαμηλή*.

αριθμητικός, -ή, -ό, επίθ. 1. που αναφέρεται στην αρίθμηση και στους αριθμούς: *πράξεις -ές· -ή πρόοδος* = σειρά από αριθμούς όπου ο επόμενος σχηματίζεται κάθε φορά από τον προηγούμενο με την προσθήκη ή την αφαίρεση του ίδιου αριθμού. 2. που εκφράζεται, δηλώνεται ή αποδεικνύεται με αριθμούς (σε αντίθεση με κάτι άλλο): *κατάλογος ~* (αντ. *ονομαστικός) απόδειξη -ή· υπεροχή -ή*. -Το ουδ. στον πληθ. ως ουσ. = ονόματα ουσιαστικά ή επίθετα και επιρρήματα που δηλώνουν αριθμητικές σχέσεις.

αριθμολόγιο το, ουσ. (ασυνίζ.), είδος (δημοτικού) τραγουδιού που οι στίχοι του αρχίζουν με τους αριθμούς ένα, δύο τρία..., π.χ. *Ένας είναι ο Θεός .../δεύτερον η Παναγία.../τρία η αγιά Τριάς* (αλλιώς αριθμητικό άσμα).

αριθμομαντεία η, ουσ. (έρρ.), μαντεία με συνδυασμό αριθμών.

αριθμομηχανή η, ουσ., μηχανή που εκτελεί αριθμητικούς υπολογισμούς.

αριθμομνήμονας ο, ουσ., αυτός που έχει την ικανότητα να συγκρατεί πολλούς αριθμούς και να εκτελεί νοερά πολύπλοκες αριθμητικές πράξεις.

αριθμός ο, ουσ. 1. σύμβολο με το οποίο παριστάνονται οι μονάδες, τα είδη τους και οι συνδυασμοί τους που δηλώνουν ένα ποσό: *-οί αραβικοί* (1, 2, 3,...)· *-οί ελληνικοί* (α', β', γ',...). 2. ό,τι προκύπτει από τη μέτρηση ομοειδών πραγμάτων και η σχέση μιας ποσότητας με άλλη είναι ο δεύτερον υπολογίζεται ως μονάδα (π.χ. διακόσια πλοία, τρία βιβλία). 3. πλήθος, ποσό, σύνολο: *ο ~ των ανέργων/των μαθητών του σχολείου*. 4. ένδειξη διαστάσεων, μεγέθους: *φοράει μικρό -ό παπούτσια* (συνών. *νούμερο)*. 5. ένδειξη της θέσης ή της σειράς ανάμεσα σε ομοειδή αντικείμενα (και συχνά το ίδιο το αριθμημένο πρόσωπο ή αντικείμενο): *ο ~ του λαχείου/του αυτοκινήτου/του τηλεφώνου· οδός και ~ του σπιτιού μου·~ προτεραιότητας*. 6. (γραμμ.) κατηγορία που δηλώνει μεμονωμένη έννοια ή πλήθος: *~ ενικός/πληθυντικός*. Έκφρ. *ακέραιος ~* (= αριθμός που περιλαμβάνει την ακέραιη μονάδα μία ή περισσότερες φορές)· *~ περιοδικός ή εφημερίδας* (= το τεύχος ή το φύλλο που έχει τον αντίστοιχο αριθμό)· *αρνητικός-θετικός ~* (= ο ακέραιος αριθμός που έχει το πρόσημο — ή + αντίστοιχα· *άρτιος-περιττός ~*(= κάθε αριθμός που διαιρείται ή δε διαιρείται, αντίστοιχα, με το δύο)· *ατομικός ~* (χημ.· ο αριθμός που υποδηλώνει τη θέση ενός στοιχείου στον πίνακα του περιοδικού συστήματος των στοιχείων)· *αύξων ~* (= ο αριθμός που δηλώνει τη σειρά κάποιου ανάμεσα σε άλλα ομοειδή πράγματα ή άτομα)· *δεκαδικός ~* (= αριθμός που αποτελείται από δύο μέρη χωρισμένα με υποδιαστολή [,], ένα ακέραιο —ή το μηδέν— και ένα μικρότερο της μονάδας)· *θεωρία των αριθμών* (= η θεωρητική έρευνα των ιδιοτήτων των ακέραιων αριθμών)· *πρώτος ~* (= ο αριθμός που κερδίζει σε κλήρωση λαχείων)· *φυσικός ~* (= κάθε αριθμός της ακολουθίας 1, 2, 3,...)· *υπ' -όν ένα* (= ο σπουδαιότερος, ο σημαντικότερος): *ο υπ' -όν ένα απατεώνας*.

αριθμώ, -είς, ρ. Α. ενεργ. 1. μετρώ, υπολογίζω, λογαριάζω: *κάτσε κι αρίθμησε πόσες φορές σου το είπα·* οι θεατές *-ούνταν* σε δέκα χιλιάδες περίπου. 2. χαρακτηρίζω με αριθμό: *~ τις σελίδες του τετραδίου*. Β. (μέσ.) συγκαταλέγομαι, συμπεριλαμβάνομαι: *ο Χ -είται ανάμεσα στους ικανότερους υπαλλήλους της επιχείρησης*.

-άρικος, καταλ. επίθημα με τη σημασ. α. που σχετίζεται με κάτι: *αρκουδιάρικος*· β. που κάνει κάτι: *ζαβολιάρικος*. [κατάλ. *-άρικο*, ουδ. του *-άρης*].

-άριο, Ι. κατάλ. υποκορ. ουδ. ουσ.: *ανθρωπάριο, ζωάριο*. [αρχ. κατάλ. *-άριον*].

-άριο, ΙΙ. κατάλ. λόγ. ουδ. ουσ.: *ωράριο, συναξάριο*. [λατιν. *-arium*].

Άριοι οι, ουσ. που ανήκουν στην αρία φυλή (συνών. *Ινδοευρωπαίοι*).

άριος, -α, -ον, επίθ., που ανήκει ή αναφέρεται στους Άριους: *λαοί -οι· γλώσσες -ες· αρία φυλή* = η φυλή που συμπεριλαμβάνει τους λαούς που μιλούν ινδοευρωπαϊκές γλώσσες.

αριός, βλ. *αραιός*.

άριστα, επίρρ. 1. πάρα πολύ καλά, εξαιρετικά: *μιλά ει ~ τρεις ξένες γλώσσες*. 2. (συνήθως με άρθρο) ο μεγαλύτερος βαθμός για την επίδοση μαθητή ή σπουδαστή: *πήρε ~ στις εξετάσεις· κατάφερα να πάρω το ~*.

αριστείο το, ουσ., βραβείο υλικό ή ηθικό που δίνεται σε κάποιον που ξεχωρίζει στα γράμματα, στις τέχνες, στην κοινωνική δράση: *απονομή -είων στους καλύτερους μαθητές· ~ γραμμάτων και τεχνών*.

αριστερίζω, ρ., αποκλίνω προς τα αριστερά, ενστερνίζομαι αριστερές πολιτικές ιδέες.

αριστερισμός ο, ουσ. 1. το να ακολουθεί κάποιος ιδέες της αριστερής πολιτικής παράταξης. 2. η τάση των αριστεριστών: *ο ~ είναι «παιδική αρρώστια» του κομουνισμού*.

αριστεριστής ο, θηλ. **-τρια**, επίθ. (πολιτ.) εξτρεμιστής της αριστεράς, άτομο που υποστηρίζει ακραίες, επαναστατικές, «ανορθόδοξες» αριστερές λύσεις.

αριστερός, -ή, -ό, επίθ. 1. που βρίσκεται στην αριστερή πλευρά του σώματός μας (= στην πλευρά της καρδιάς) ή προς την αριστερή πλευρά του σώματος ενός παρατηρητή: *το -ό χέρι/μέρος του κεφαλιού· η -ή τσέπη· ο ~ ψάλτης* (συνών. *ζερβός·* αντ. *δεξιός)*. 2. που ανήκει ή αναφέρεται στην ιδεολογία της αριστεράς: *κόμματα -ά· παράταξη -ή· η πτέρυγα της βουλής* (= η πτέρυγα της αριστερής παράταξης, ιδιαίτερα τα ριζοσπαστικά κόμματα) (αντ. *δεξιός)*. - Το αρσ. και το θηλ. ως ουσ. = α. αριστερόχειρας, που χρησιμοποιεί κυρίως το αριστερό του χέρι (συνών. *ζερβός, ζερβοχέρης)· β. οπαδός της αριστεράς, αυτός που ενστερνίζεται ριζοσπαστικές ιδέες (αντ. *δεξιός)*. - Το θηλ. *αριστερά* δηλώνει και το σύνολο των ριζοσπαστικών, σοσιαλιστικών, κομμουνιστικών κομμάτων (αντ. *δεξιά) άκρα αριστερά* = οι επα-

ναστατικότεροι από τους αριστερούς, εξτρεμιστές. - Επίρρ. **-ά**: *-ά σου θα δεις μια βρύση· ένα μέρος των ψηφοφόρων μετακινήθηκε προς τ' -ά.*
αριστερόχειρας ο, ουσ., που χρησιμοποιεί κυρίως το αριστερό του χέρι (συνών. *αριστερός, ζερβοχέρης·* αντ. *δεξιόχειρας).*
αριστεύω, ρ. 1. είμαι άριστος, πρωτεύω, υπερέχω. 2. βαθμολογούμαι σε εξετάσεις ή προάγομαι με άριστα: *βραβεύτηκαν οι μαθητές που -ευσαν.*
αριστίνδην, επίρρ. 1. σύμφωνα με την αξία του άριστου, με κριτήρια αξιοκρατικά και όχι με εκλογή: *~ βουλευτής/γερουσιαστής* (= εκλεγμένοι από κάποιο συμβούλιο κι όχι από το λαό). 2. (εκκλ.) συγκρότηση της Ιεράς Συνόδου από μητροπολίτες που προέρχονται από την ελεύθερη επιλογή του οικουμενικού πατριάρχη.
αριστοβάθμιος, -α, -ο, επίθ. (ασυνίζ.), που πήρε το πτυχίο του με βαθμό άριστα: *μηχανικός ~* (συνών. *αριστούχος).*
αριστοκράτης ο, θηλ. **-ισσα**, ουσ. 1. που έχει αριστοκρατική καταγωγή, που ανήκει σε ανώτερη κοινωνική τάξη: *μας κάνει τον -η* (συνών. *ευγενής, ευπατρίδης).* 2. που συμπεριφέρεται σαν αριστοκράτης: *~ στις σχέσεις του με τον κόσμο!*
αριστοκρατία η, ουσ. 1. πολίτευμα στην αρχαιότητα κατά το οποίο κυβερνούσαν οι άριστοι (= οι ευγενείς). 2. η ανώτερη κοινωνική τάξη (και όσοι την αποτελούν): *έκανε γάμο που τον έμπασε στην ~.* (συνεκδ.) *~ του πλούτου* (= οι πλούσιοι).
αριστοκρατικός, -ή, -ό, επίθ. 1. οπαδός του αριστοκρατικού πολιτεύματος. 2. που ανήκει στην τάξη των ευγενών, αριστοκράτης. 3. που αρμόζει σ' έναν αριστοκράτη, αρχοντικός: *τρόποι -οί· συμπεριφορά -ή.* 4. που αναφέρεται σε άτομα πλούσια ή αριστοκρατικής καταγωγής: *συνήθειες -ές· τάξη -ή· βίτσια -ά.* - Επίρρ. **-ά**: *κοίταξε τι -ά που συμπεριφέρεται.*
άριστος, -η, -ο, επίθ. 1. πολύ ικανός στο αντικείμενο της εργασίας του, τέλειος: *υπάλληλος/μαθητής/τεχνίτης ~* (συνών. *εξαιρετικός).* 2. (για πράγματα) πολύ καλής ποιότητας: *ύφασμα/κρασί -ο* (συνών. *εκλεκτός).* - Το αρσ. στον πληθ. ως ουσ. = οι ευγενείς, οι αριστοκράτες.
αριστοτέλειος, -α, -ο, επίθ. (ασυνίζ.), που ανήκει ή αναφέρεται στον Αριστοτέλη: *φιλοσοφία -α.*
αριστοτελικός, -ή, -ό, επίθ., που αναφέρεται ή ανήκει στον Αριστοτέλη. - Το αρσ. ως ουσ. = οπαδός των θεωριών του Αριστοτέλη.
αριστοτέχνημα το, ουσ. 1. έργο φτιαγμένο με υψηλή τέχνη, αριστούργημα: *ο ζωγραφικός αυτός πίνακας είναι ένα ~* (αντ. *τερατούργημα).* 2. ο,τιδήποτε φτιάχτηκε με ιδιαίτερη φροντίδα και εντυπωσίασε: *το κύριο άρθρο ήταν ~ λόγου.*
αριστοτέχνης ο, θηλ. **-ισσα**, ουσ. 1. πολύ επιδέξιος, άριστος τεχνίτης ή καλλιτέχνης: *τέτοιο γλυπτό μόνο ένας ~ θα μπορούσε να φτιάξει* (συνών. *δεξιοτέχνης).* 2. άτομο με ικανότητα ιδιαίτερη σε κάποιον τομέα: *~ του λόγου/της απάτης* (συνών. *μάστορας).*
αριστοτεχνικός, -ή, -ό, επίθ. 1. που είναι καμωμένος με πολλή τέχνη· υπέροχος, εξαίσιος: *ζωγραφιά -ή* (αντ. *κακότεχνος).* 2. επιδέξιος: *ελιγμός του οδηγού ~* (αντ. *αδέξιος).*
αριστοτεχνικώσα, βλ. *αριστοτέχνης.*
αριστούργημα το, ουσ. 1. έργο καλλιτεχνικό φτιαγμένο με πολλή τέχνη, αριστοτέχνημα: *τα -ατα της Αναγέννησης.* 2. ο,τιδήποτε προκαλεί το θαυμασμό για την άριστη κατασκευή του: *σας έφτιαξα ένα φαγητό, ~! (συνών. αριστοτέχνημα, θαύμα).*
αριστουργηματικός, -ή, -ό, επίθ., που μπορεί να χαρακτηριστεί αριστούργημα, αριστοτεχνικός:- *δημιουργία -ή· μυθιστόρημα -ό.* - Επίρρ. **-ά.**
αριστούχος, -α, -ο, επίθ., που αξίζει βαθμό «άριστα» ή πήρε κάποιο τίτλο σπουδών με βαθμό «άριστα»: *μαθητής ~* (συνών. *αριστοβάθμιος).*
αριστοφάνειος, -α, -ο, επίθ. (ασυνίζ.). 1. που ανήκει ή αναφέρεται στον Αριστοφάνη: *μέτρο -ο· κωμωδίες -ες.* 2. σκωπτικός, δηκτικός: *σάτιρα -α.*
αρίφνητος, -η, -ο, επίθ. (λαϊκ.), που δεν μπορεί να μετρηθεί, πάρα πολύ μεγάλος: *πλούτη -α· πλήθος -ο* (συνών. *αμέτρητος, ανυπολόγιστος).* [*αρίφνητος<αναρίφνητος<αναρίθμητος*].
άριχτος, -η, -ο, επίθ. (λαϊκ.), που δε ρίχτηκε, δεν πετάχτηκε: *πέτρα -η· σκουπίδια -α.*
αρκαδικός, -ή, -ό, επίθ., που σχετίζεται με την Αρκαδία ή τους Αρκάδιους.
Αρκάδες οι, ουσ. αυτοί που κατοικούν στην Αρκαδία ή κατάγονται απ' αυτήν.
αρκεμπούζι, βλ. *αρκομπούζι.*
αρκετά, επίρρ. 1. επαρκώς, ικανοποιητικά: *ο καιρός είναι ~ καλός· τον βλέπω ~ συχνά· μιλάει ~ δυνατά ώστε να ακούγεται.* 2. πολύ, περισσότερο από το κανονικό: *φαίνεται ~ γέρος για την ηλικία του.* 3. (ως επιφών.) φτάνει: *~! δε σε ανέχομαι άλλο!* - Υποκορ. στις σημασ. 1 και 2 **-ούτσικα.**
αρκετόν τη ημέρα η κακία αυτής· αρχαϊστ. έκφρ. = δε χρειάζεται τίποτα άλλο (συνήθως για δυσάρεστα).
αρκετός, -ή, -ό, επίθ. 1. επαρκής, κάμποσος, ικανοποιητικός: *ο μισθός του είναι ~ για να ζει άνετα· σκοπεύω να μείνω -ές μέρες.* 2. περισσότερος από το κανονικό το επιτρεπόμενο: *έχεις -ή αυθάδεια.* - Υποκορ. **-ούτσικος.**
αρκομπούζι και **αρκεμπούζι** το, ουσ., βαρύ πρωτόγονο τουφέκι. [ιταλ. *archibuso* ή *archibugio*].
αρκοσόλιο το, ουσ. (ασυνίζ.), τάφος σε σχήμα λάρνακας, λαξευμένος σε βράχο. [λατ. *arcus + solium*].
αρκούδα η, ουσ. 1. το θηλαστικό ζώο άρκτος: *η ~ δεν χορταίνει με μυρμήγκια* (παροιμ.). 2. άνθρωπος χοντρός και άσχημος (συνών. *φάλαινα, βουβάλι).* - Υποκορ. (στη σημασ. 1) **-άκι** το, **-ίτσα** η.
αρκουδάκι, βλ. *αρκούδα.*
αρκουδάνθρωπος ο, ουσ., άνθρωπος χοντρός και αγροίκος σαν αρκούδα (συνών. *βούβαλος).*
αρκουδί το, ουσ., μικρή αρκούδα: *νηστικό ~ δε χορεύει* (παροιμ.). [*άρκος + -ούδι(ον)*].
αρκουδιάρης ο, θηλ. **-ισσα,** ουσ. (ασυνίζ.), αυτός που μεγαλώνει και γυμνάζει αρκούδες και δίνει παραστάσεις στις γειτονιές: *η αρκούδα εκτελούσε τα παραγγέλματα του -η.*
αρκουδίζω, ρ. (κυρίως για νήπια), βαδίζω με τα τέσσερα (άκρα), μπουσουλάω.
αρκουδίσιος, -α, -ο, επίθ. (συνιζ.), που προέρχεται από την αρκούδα ή τη χαρακτηρίζει: *δέρμα/κεφάλι/μουγκρητό -ο.*
αρκούδισμα το, ουσ. (κυρίως για νήπια), το να προχωράει κανείς με τα τέσσερα, μπουσούλημα.
αρκουδίτσα, βλ. *αρκούδα.*
αρκουδόβατος ο, ουσ., άγριος θάμνος.
αρκουδόγυφτος ο, ουσ. 1. γύφτος που κάνει τον αρκουδιάρη. 2. άνθρωπος μελαψός και βρομιάρης.

αρκτικόλεξο το, ουσ., συντομογραφία επωνυμίας που σχηματίζεται από τα αρχικά γράμματα δύο ή περισσότερων λέξων, π.χ. *Ε.Ο.Κ.* (= Ευρωπαϊκή Οικονομική Κοινότητα) (συνών. *ακρώνυμο*).

αρκτικός, -ή, -ό, Ι. επίθ., που βρίσκεται προς τον αστερισμό της «άρκτου», βόρειος: *πόλος/ωκεανός* ~ *θάλασσα -ή· ζώνη -ή* = η σφαιρική ζώνη που βρίσκεται ανάμεσα στο βόρειο πόλο και στο βόρειο πολικό κύκλο· *χώρες -ές* = οι χώρες που βρίσκονται στην αρκτική ζώνη. [αρχ. *άρκτος*].

αρκτικός, -ή, -ό, ΙΙ. επίθ. α. που βρίσκεται στην αρχή, αρχικός, πρώτος: *γράμμα -ό· συλλαβή -ή* (αντ. *τελικός*)· β. (γραμμ.) *-οί χρόνοι του ρήματος* = οι χρόνοι από τους οποίους σχηματίζονται οι υπόλοιποι (δηλ. ενεστώτας, παρακείμενος, μέλλοντας για τα αρχαία ελληνικά) (αντ. *ιστορικοί χρόνοι*). [<αρχ. *άρχομαι*].

άρκτος η, ουσ. (λόγ.). 1. αρκούδα: ~ *λευκή/πολική*. 2. (αστρον.) ονομασία δύο αστερισμών (μεγάλη και μικρή άρκτος) που αποτελούνται από εφτά αστέρια ο καθένας και βρίσκονται κοντά στο βόρειο πόλο.

αρκώ, ρ. (μέσ.) *-ούμαι,* αόρ. *-έστηκα,* παρκ. *έχω -εστεί,* Ι. ενεργ. 1. είμαι αρκετός, επαρκώ: *δε σας -ούν τόσα που αγοράσατε;* 2. (απρόσ.) φτάνει, είναι αρκετό: *-εί να το ζητήσεις και έγινε.* ΙΙ. (μέσ.) είμαι ευχαριστημένος, ικανοποιημένος· περιορίζομαι σε κάτι: *-ούμαι σε όσα έχω· μην -εστείς στα λόγια του.*

αρλεκίνος ο, ουσ. 1. πρόσωπο της παλιάς ιταλικής κωμωδίας. 2. αυτός που φοράει ρούχα ποικιλόχρωμα, όπως ο αρλεκίνος. 3. (μεταφ.) αυτός που έχει άστατο ή αλλοπρόσαλο χαρακτήρα. [ιταλ. *arlechino*].

αρλούμπα η, ουσ. (λαϊκ.), λόγος ανόητος, φλυαρία, κουταμάρα: *λες -ες!* [αγν. ετυμ.].

αρλουμπαρία η, ουσ., αρλούμπα, σαχλαμάρα.

αρλουμπατζής ο, ουσ., που λέει αρλούμπες, σαχλός.

αρμ, επιφών., στρατιωτικό παράγγελμα που λέγεται κατά την εκτέλεση κινήσεων με όπλα ύστερα από άλλα παραγγέλματα που δηλώνουν το είδος των κινήσεων: *παρουσιάστε! παρά πόδα ~!* [γαλλ. *armes*].

άρμα το, Ι. ουσ. 1. αρχαίο πολεμικό όχημα που σερνόταν από δύο ή τέσσερα άλογα: ~ *τέθριππο/ δρεπανηφόρο.* 2. όχημα που στολίζεται και παρελαύνει κυρίως τις απόκριες: ~ *του καρναβαλου.* 3. ~ *μάχης* = θωρακισμένο όχημα με βαρύ οπλισμό που κινείται με ερπύστριες. [αρχ. *άρμα*].

άρμα το, ΙΙ. ουσ. (συνήθως στον πληθ.) τα όπλα, ο οπλισμός: *ορκίστηκαν στ' -ατά τους.* Φρ. *ρίχνω/ βάζω κάτω τ' -ατα* (= εγκαταλείπω τον αγώνα, παραδέχομαι την ήττα μου). [λατ. *arma, -orum*].

αρμάδα και **αρμάτα** η, ουσ., μεγάλος πολεμικός στόλος: *ανίκητη ισπανική* ~. [βενετ. *armada,* ιταλ. *armata*].

αρματιά (συνιζ.) και **αρμάθα** η, ουσ., πολλά ίδια αντικείμενα περασμένα σε νήμα, ορμαθός: *μια* ~ *σύκα/κλειδιά/φλουριά·* (μεταφ.) *μια* ~ *βλαστήμιες.* [αρμαθιά<μτγν. ορμαθιον<αρχ. *ορμαθός*].

αρμαθιάζω, ρ. (συνιζ.), τοποθετώ με τη σειρά, κάνω αρμαθιές: ~ *πιπεριές* (συνών. *βουρλιάζω*).

αρμάθιασμα το, ουσ. (συνιζ.), σχηματισμός αρμαθιάς: ~ *των φύλλων του καπνού.*

αρμάρι το, ουσ., ντουλάπι για ρούχα ή τρόφιμα. [λατ. *armarium*]. - Υποκορ. **-άκι**.

αρματαγωγό το, ουσ., πολεμικό πλοίο ειδικά κατασκευασμένο για να μεταφέρει και να αποβιβάζει άρματα κατά τις αποβατικές επιχειρήσεις.

αρματοδρομία η, ουσ., αγώνας δρόμου με άρματα.

αρματοδρόμος ο, ουσ., αυτός που παίρνει μέρος σε αγώνισμα αρματοδρομίας.

αρματοδρομώ, -είς, ρ., συμμετέχω σε αγώνισμα αρματοδρομίας οδηγώντας άρμα.

αρματολίκι το, ουσ. 1. το αξίωμα του αρματολού. 2. η περιοχή που η προστασία της από τους ληστές είχε ανατεθεί στους αρματολούς. 3. το σύνολο των αρματολών: *τραγουδημένη κλεφτουριά, γένος,* ~.

αρματολισμός ο, ουσ., το κίνημα των αρματολών κατά την Τουρκοκρατία.

αρματολός ο, ουσ., ένοπλος Έλληνας που την εποχή της Τουρκοκρατίας ανήκε σε αστυνομικό σώμα με αποστολή τη φύλαξη κάποιας περιοχής από τη ληστεία. [*αρματολόγος*].

αρμάτωμα το, ουσ., το να εξοπλίζεται κανείς, πολεμική προετοιμασία· εφοδιασμός (συνών. *εξοπλισμός·* αντ. *ξαρμάτωμα*).

αρματώνω, ρ. 1. οπλίζω, εξοπλίζω: *-ωμένος σαν αστακός.* 2. εφοδιάζω κάτι με όλα τα απαραίτητα όργανα για τη λειτουργία του: ~ *το καράβι.*

αρματωσιά η, ουσ. (συνιζ.). 1. το σύνολο των αρμάτων κάποιου (συνών. *πανοπλία*). 2. το σύνολο των οργάνων και σκευών που απαιτούνται για την κίνηση πλοίου: ~ *της βάρκας.*

άρμεγμα το, ουσ. 1. η λήψη του γάλακτος από τους μαστούς των θηλαστικών ζώων: *το* ~ *των αγελάδων/των κατσικιών.* 2. (μεταφ.) η εκμετάλλευση, η υλική αφαίμαξη κάποιου (συνών. *μάδημα*).

αρμεγός ο, ουσ. (ιδιωμ.). 1. εκείνος που αρμέγει. 2. αγγείο μέσα στο οποίο αρμέγουν, καρδάρα. [παλαιότ. *αμολγός*].

αρμέγω, ρ. 1. παίρνω το γάλα από τους μαστούς των θηλαστικών ζώων: *κάθε απόγευμα -ουν το κοπάδι·* (μεταφ.) *άρμεγες με τα μάτια σου το φως της οικουμένης* (Ρίτσος). 2. εκμεταλλεύομαι, αποσπώ χρηματικά ποσά από κάποιον: *τον καλοπιάνει για να τον -ει* (συνών. *μαδώ*). [<αρχ. *αμέλγω*].

Αρμένης, βλ. *Αρμένιος.*

αρμενίζω, ρ. Ι. ενεργ. 1. πλέω με τα άρμενα· ταξιδεύω στη θάλασσα: *το καράβι -ιζε μακριά.* 2. ταξιδεύω νοερά, αφαιρούμαι: *του μιλάς κι ο νους του -ίζει.* ΙΙ (μέσ., ιδιωμ.-λογοτ., για τον καιρό) επιτρέπω το θαλασσινό ταξίδι: *Ο καιρός ήταν βοριάς, μα -ότανε ακόμα* (Κόντογλου).

αρμενικός, -ή, -ό και **αρμένικος,** επίθ., που ανήκει ή αναφέρεται στους Αρμένιους: *εκκλησία -ή· τραγούδια -ά·* Φρ. *αρμένικη βίζιτα* (= μεγάλης διάρκειας επίσκεψη)· *αρμένικο πείσμα* (= ισχυρό). - Το θηλ. στον ουδ. πληθ. ως ουσ. = η αρμενική γλώσσα.

Αρμένιος και **Αρμένης** ο, πληθ. *-οι* και *-ηδες* και (λαϊκ.) *-αίοι,* θηλ. *-ισσα,* ουσ., κάτοικος της Αρμενίας ή αυτός που κατάγεται από εκεί.

αρμένισμα το, ουσ., το να πλέει κανείς με τα άρμενα· ταξίδι στη θάλασσα: *το* ~ *του καραβιού στην ήρεμη θάλασσα.*

Αρμένισσα, βλ. *Αρμένιος.*

αρμενιστής ο, ουσ., αυτός που χειρίζεται τα άρμενα σε πολεμικό πλοίο.

άρμενο το, ουσ. 1. το πανί του πλοίου: *τρίζουν τ' -α·* (συνεκδ.) το ίδιο το πλοίο. 2. (συνήθως στον πληθ.) η αρματωσιά του ιστιοφόρου, όλα τα

σκεύη που το κάνουν ν' αρμενίζει.
αρμενοπούλα η, ουσ., κόρη Αρμενίου: *τρεις Αρμένισσες και τρεις -ες.*
άρμη, βλ. *άλμη.*
αρμήνεμα το, ουσ. (λαϊκ.), νουθεσία: *μην αρχίζει πάλι το ~* (συνών. *συμβουλή, αρμήνια).*
αρμηνεύω, βλ. *ορμηνεύω.*
αρμήνια και **-νιά, ορμήνια** και **ορμηνιά,** η, ουσ. (συνιζ., λαϊκ.), συμβουλή, νουθεσία: *δε θέλω -ιες, ξέρω τι θα κάνω!* [<αρχ. *ερμηνεία*].
αρμίδι και **-ίθι** το, ουσ. (ναυτ.) αλιευτικό όργανο που αποτελείται από πυκνοπλεγμένο σκοινί, στην άκρη του οποίου δένονται αγκίστρια και βαρίδια (συνών. *αρμιθιά*). [< *ορμίδιον,* υποκορ. του αρχ. *ορμία*].
αρμιθιά η, ουσ. (συνιζ.), αρμίδι (βλ. λ.).
αρμοδένω, ρ., δένω γερά: *αρμοδέθηκε..., όπως ο σπόρος του αντρός με το σπλάχνο της γυναίκας* (Καζαντζάκης).
αρμόδιος, -α, -ο, επίθ. (ασυνίζ.), κατάλληλος να εκφέρει κρίση σε κάποιο ζήτημα: *αρχή -α· δικαστήριο -ο· υπάλληλος ~.* - Το αρσ. ως ουσ. = ο ειδικός για κάποιο θέμα εξαιτίας της θέσης ή της ικανότητάς του: *δεν είμαι ~ να σου απαντήσω.*
αρμοδιότητα η, ουσ. (ασυνίζ.), δικαιοδοσία κάποιου που πηγάζει από το δικαίωμα που του δίνει η θέση του ή η ειδικότητά του σε κάποιο θέμα: *το ζήτημα αυτό υπάγεται στην ~ του δημάρχου· -ες περιορισμένες.*
αρμόζω, ρ., προσαρμόζω: *το πόδι του τραπεζιού δεν είναι σωστά -οσμένο* (συνών. *συνδέω, συναρμολογώ*). - (Συνήθως ως απρόσ.) πρέπει: *δεν -ζει σ' εσένα να φέρεσαι έτσι* (συνών. *ταιριάζει, είναι σωστό*).
αρμολόγημα το, ουσ. 1. συναρμολόγηση (συνών. *σύνδεση*). 2. (οικοδ.) γέμισμα των αρμών ανάμεσα στις πέτρες ή στα τούβλα με λάσπη.
αρμολογώ, -είς, ρ. 1. συναρμολογώ (συνήθως τα μέρη που απαρτίζουν μια συσκευή): (μεταφ.) *~ τους στοχασμούς μου* (Ι.Μ. Παναγιωτόπουλος) (συνών. *συνδέω*). 2. (οικοδ.) γεμίζω με λάσπη τους αρμούς ανάμεσα στις πέτρες ή στα τούβλα.
αρμονία η, ουσ. 1. ορθή αναλογία, συμμετρική διάταξη των μερών ενός συνόλου: *~ του σύμπαντος.* 2. συμφωνία, ευχάριστη συνήχηση δύο ή περισσότερων ήχων. 3. (μουσ.) κλάδος της μουσικής που ασχολείται με τη συνήχηση των ήχων, τη συγχορδία. 4. ομαλότητα, συμφωνία στις σχέσεις (συνών. *ομόνοια, σύμπνοια·* αντ. *δυσαρμονία*).
αρμόνικα η, ουσ., πνευστό μουσικό όργανο που παίζεται κυρίως από παιδιά (συνών. *φυσαρμόνικα).* [ιταλ. *armonica*].
αρμονικός, -ή, -ό, επίθ. 1. που σχετίζεται με την αρμονία στη μουσική: *-ή συνένωση των ήχων* (συνών. *μελωδικός*). 2. που έχει σωστές αναλογίες: *σώμα -ό* (συνών. *συμμετρικός*). 3. που γίνεται με ομόνοια και αγάπη: *σχέσεις -ές· συνεργασία/ συμβίωση -ή.*
αρμόνιο το, ουσ. (ασυνίζ.), μουσικό όργανο με πλήκτρα. [νεολατ. *harmonium*].
αρμός ο, ουσ., 1. συνένωση, συναρμογή· (συνεκδ.) το σημείο της συνένωσης, άρθρωση, κλείδωση. 2. χαραμάδα, ρωγμή που υπάρχει στο σημείο συναρμογής και συνήθως γεμίζει με συνδετικό υλικό. 3. *~ διαστολής* = κενό που επίτηδες αφήνεται ανάμεσα στα μέρη μιας τεχνικής κατασκευής για να υπάρχει χώρος μετατόπισής τους κατά τη διαστολή τους από τη θερμότητα.
αρμοστεία η, ουσ. 1. το αξίωμα του αρμοστή (βλ. λ.). 2. διοίκηση μιας περιοχής από κάποια χώρα με αρμοστή: *αγγλική ~ των Ιόνιων νησιών.* 3. κτήριο που εδρεύει ο αρμοστής.
αρμοστής ο, ουσ., διοικητής ημιαυτόνομης περιοχής διορισμένος από την κυβέρνηση της χώρας που έχει την κηδεμονία ή την προστασία της (συχνά αναφέρεται και ως *ύπατος αρμοστής*).
αρμπαρόριζα και **αρμπε-** η, ουσ. το καλλωπιστικό και εύοσμο φυτό πελαργόνιο (συνών. *μοσχομολόχα*). [ιταλ. *erba-rosa* με παρετυμ. προς το *ρίζα*].
αρμυρήθρα η, ουσ., ονομασία διαφόρων ειδών θαλάσσιων φυτών: *βούρλα, κάπαρη κι -θρες.*
αρμυρίζω, βλ. *αλμυρίζω.*
αρμυρίκι και **αλμυρίκι** το, ουσ., ονομασία διάφορων φυτών που φυτρώνουν στη θάλασσα.
αρμυρός, βλ. *αλμυρός.*
αρνάδα η, ουσ., νεαρή (συνήθως) προβατίνα. [*αρνάς*<μτγν. *αμνάς*].
Αρναούτης ο, θηλ. **-ισσα** η, ουσ. 1. Αρβανίτης, Αλβανός. 2. άξεστος, αγροίκος [τουρκ. *Arna(v)ut*].
αρναούτικος, -η, -ο, επίθ., αρβανίτικος (βλ. λ.): *κεφάλι -ο.*
αρνεύω, ρ. (λαϊκ.), κατευνάζω, ημερώνω. [*ειρηνεύω*].
άρνηση η, ουσ. 1. το να μην ομολογεί κάποιος κάτι: *~ κατηγορηματική.* 2. απόκρουση (μιας προσφοράς), μη αποδοχή: *~ δικαιολογημένη/αμετάκλητη/προσποιητή· ~ διορισμού· ~ κάθε προσφοράς τρίτων να βοηθήσουν.* 3. το να μη δέχεται κάποιος (να δώσει ή να κάνει κάτι): *~ βοήθειας·* (Δίκ.) *~ υπηρεσίας* = το να μην υπακούει ο υπάλληλος στις διαταγές των προϊσταμένων του· (στρατ.) *~ εκτελέσεως διαταγής* = ανυπακοή ως έγκλημα του στρατιωτικού ποινικού κώδικα. 4. περιφρόνηση, απόρριψη, αποκήρυξη· (φιλοσ.) το να μη δέχεται κάποιος πως κάτι υπάρχει ή πως υπάρχει με ορισμένο τρόπο: *~ του κόσμου/των ηθικών αρχών/ του Θεού/της αλήθειας·* (για πράξη ή στάση αντίθετη σε κάτι, στο οποίο δε δίνεται καμιά σημασία): *~ των κανόνων του κοινοβουλευτισμού.* 5. (γλωσσολ.) τρόπος με τον οποίο δηλώνεται πως κάποιος αρνείται κάτι, ή λέξη που χρησιμεύει γι' αυτό: *στις προτάσεις επιθυμίας η ~ είναι μη* (αντ. *αποδοχή στις σημασ. 1, 2, 3, 4*).
αρνησιά η, ουσ. (συνιζ., λαϊκ.), λήθη· (ειδικά) το να λησμονούν οι νεκροί τους ζωντανούς: *νερό της -άς* (Παλαμάς)· (συνεκδ.) *ο κάτω κόσμος: Πάω στης Άρνης τα βουνά, στης Αρνησιάς τους κάμπους,/π' αρνιέται η μάνα το παιδί* (δημ. τραγ.).
αρνησιδικία η, ουσ. (νομ.) άρνηση του δικαστή να εκδικάσει μια υπόθεση.
αρνησιθρησκία η, ουσ., το να αρνιέται, να αποκηρύσσει κάποιος τη θρησκεία του.
αρνησίθρησκος, -η, -ο, επίθ., που αρνιέται τη θρησκεία του, εξωμότης.
αρνησικυρία η, ουσ. (νομ.) άρνηση του ανώτατου άρχοντα ενός κράτους να επικυρώσει νόμο που ψηφίστηκε στο κοινοβούλιο ως δικαίωμά του κατοχυρωμένο συνταγματικώς· (στο διεθνές δίκαιο) άρνηση ενός από τα μέλη του Συμβουλίου Ασφαλείας του Οργανισμού Ηνωμένων Εθνών ή άλλου διεθνούς οργανισμού να εγκρίνει μια απόφαση της πλειοψηφίας· συνήθως στην έκφρ. *δικαίωμα -ας* (συνών. *βέτο*).
αρνητής ο, ουσ., αυτός που απαρνιέται, που εγκα-

ταλείπει, που αποκηρύσσει κάποιον ή κάτι: ~ των εγκοσμίων/της παράδοσης/του Χριστού/των αρχών της αστικής κοινωνίας.
αρνητικός, -ή, ό, επίθ. **1.** που εκφράζει άρνηση: απάντηση -ή (αντ. καταφατικός)· (γραμμ.): μόρια/επιρρήματα -ά (= αποφατικά). **2.** που δηλώνει αντίθεση προς κάτι θεωρούμενο υπαρκτό ή κανονικό, που ορίζεται με την απουσία του αντιθέτου του: παράγοντας ~· επίδραση/κρίση -ή· αποτέλεσμα -ό· κέρδος -ό (= ζημιά)· παίζει -ό ρόλο (= δε συμβάλλει ή αντιδρά σε κάτι)· (ιατρ.) αντίδραση -ή (σε ορισμένο αντιγόνο)· αποτελέσματα -ά (σε μια εξέταση· όταν δεν υπάρχει η πάθηση, το μικρόβιο, κ.ά. που ανιχνεύονται)· (μαθημ.) αριθμός ~ = ακέραιος μικρότερος από το μηδέν: ο αριθμός -3 είναι ~· (φυσ.) ηλεκτρισμός ~ (= αντίθετος στο θετικό)· ηλεκτρικό φορτίο -ό (= που αναπτύσσεται στον εβονίτη όταν τρίβεται με μάλλινο ύφασμα)· εικόνα -ή (= στην οποία τα φωτεινά μέρη του αντικειμένου που παριστάνεται φαίνονται σκοτεινά και αντιστρόφως)· (φιλολ.) -ό κριτικό υπόμνημα (= κριτικό, (βλ. λ.), υπόμνημα στο οποίο παραθέτονται μόνον οι γραφές των παραλλαγών ενός κειμένου που είναι διαφορετικές απ' αυτήν που εκδίδει ο εκδότης) (αντ. θετικός). - Το ουδ. ως ουσ. = φωτογραφική πλάκα ή φιλμ που φέρει την αρνητική εικόνα ενός αντικειμένου: χάθηκε το -ό της φωτογραφίας. - Επίρρ. **-ά.**
αρνητισμός ο, ουσ. (ιατρ.) σχιζοφρενικό σύμπτωμα που συνίσταται στην αντίδραση, παθητική ή ενεργητική, σε κάθε εξωτερικό ερέθισμα ή εσωτερική παρόρμηση.
αρνί το, ουσ., πρόβατο συνήθως μικρό (ή νεογέννητο): ~ άσπρο/λάγιο/μαύρο/άκακο/παιχνιδιάρικο/πασχαλιάτικο/φοβιτσάρικο· ~ ψητό/ της σούβλας/μαγειρεμένο· προβατίνα με δυο -ιά· του φτωχού τ' ~· (σε παροιμ.) ήμερος/μαλακός σαν ~· κοιμήθηκε σαν ~ (για ύπνο γαλήνιο, συνήθως παιδικό)· τον έσφαξε σαν ~ (για σφαγή αθώου ή ανυπεράσπιστου)· είναι ~ (= φρόνιμος). Φρ. γίνομαι ~ (= ησυχάζω, ημερεύω)· μόλις είδε τον πατέρα του, έγινε ~· κάνω κάποιον ~ (= μερώνω, τιθασεύω): με μια καλή κουβέντα θα σου τον κάνω ~. Παροιμ. ~ που φεύγει απ' το κοπάδι το τρώει ο λύκος (= όποιος απομονώνεται ή διαφωνεί με τους πολλούς αποτυγχάνει, κινδυνεύει, καταστρέφεται)· κάθε ~ απ' το ποδάρι του κρέμεται (= καθένας υφίσταται τις συνέπειες των πράξεών του)· όποιος γίνεται ~ τον τρώει ο λύκος (= η ανοχή στους κακούς φέρνει συμφορές)· το καλό τ' ~ από δυο μάνες βυζαίνει (= όποιος είναι καλότροπος ή καλόβολος δε χάνει). - Υποκορ. **-άκι.**
αρνιέμαι, βλ. αρνούμαι.
αρνίσιος, -α, -ο, επίθ. (συνιζ.), που προέρχεται από αρνί: μπριζόλα -α· κρέας -ο.
αρνοκάτσικα τα, ουσ. (ιδιωμ.), αρνιά και κατσίκια μαζί: βόσκουν/ξεχείμασαν/ψόφησαν τα ~.
αρνούμαι και **-ιέμαι,** ρ. **1.** δεν παραδέχομαι κάτι για αληθινό, δεν ομολογώ: ~ ότι είπα τέτοιο πράγμα -είται την κατηγορία/την ενοχή του. **2.** δεν αποδέχομαι, αποκρούω κάτι που μου προσφέρουν: ~ τις προτάσεις συνεργασίας/τα δώρα/το διορισμό/το φιλοδώρημα. **3.** δε συγκατατίθεμαι (να δώσω κάτι)· δε συμφωνώ (να κάνω κάτι): μου αρνήθηκε κάθε ενίσχυση· ~ να συνεργήσω στην αδικία/να εκτελέσω τη διαταγή. **4.** απορρίπτω: αρνήθηκε τα πλούτη/τον κόσμο/τις αξίες της καταναλωτικής κοινωνίας/την πίστη του· ο Πέτρος τρεις φορές αρνήθηκε το Χριστό (συνών. περιφρονώ, αποκηρύσσω). **5.** διακόπτω τις σχέσεις: τον αρνήθηκαν κι οι φίλοι του ακόμη· -νιέται τους συγγενείς (συνών. εγκαταλείπω, ξεχνώ).

αρόδιστος, -η, -ο, επίθ., που δε ρόδισε ακόμη, που δεν πήρε ρόδινο χρώμα: ανατολή/αυγή -ή (= που δεν άρχισε να φέγγει)· ψωμί -ο (= που δεν άρχισε να ψήνεται).
αρόδο και **αρόδου,** επίρρ. (ναυτ.) στα ανοιχτά συνήθως ενός όρμου ή ενός λιμανιού, μακριά από τη στεριά (συνήθως για καράβι που χρειάζεται να φορτώσει ή να ξεφορτώσει): το καράβι στάθηκε ~· το ξερονήσι το περνούσανε αρόδου. [βεν. *a roda*].
αροκάνιστος, -η, -ο, επίθ. (για ξύλο), που δεν έχει υποστεί επεξεργασία με ροκάνι: δοκάρια/σανίδια -α (αντ. ροκανισμένος).
αροκάρια η, ουσ. (ασυνίζ.), είδος κωνοφόρου φυτού που καλλιεργείται στην Ελλάδα ως καλλωπιστικό. [επιστ. λατ. *arancaria*].
άρον άρον, επίρρ. φρ., βιαστικά, με τη βία: έφυγε ~· τον έβγαλαν έξω ~. [Καινή Διαθήκη, Ιωάνν. ιθ' 15: «άρον άρον, σταύρωσον αυτόν», όπου άρον προστ. αορ. του αρχ. αίρω].
-αρος, κατάλ. μεγεθ. αρσ. ουσ.: μύταρος, σκύλαρος, κλέφταρος. [υποκορ. κατάλ. -άρι + μεγεθ. κατάλ. -ος: ποδάρι - πόδαρος].
άροτρο το, ουσ., αλέτρι: ~ αναστρεφόμενο/μηχανοκίνητο/σύγχρονο/ τροχοφόρο/υδραυλικό.
-αρούδι, κατάλ. υποκορ. ουδ. ουσ.: μαθηταρούδι, ξεπεταρούδι. [ουσ. σε -άρι + κατάλ. -ούδι].
αρουραίος ο, ουσ., είδος ποντικού με μεγάλο μέγεθος που ζει στα χωράφια και προκαλεί ζημιές στις καλλιέργειες.
αρούφηχτος, -η, -ο, επίθ., που δεν τον ρούφηξαν (αντ. ρουφηγμένος).
άρπα η, ουσ., έγχορδο μουσικό όργανο: ~ αιολική/ γλυκόχηση/τοξόσχημη/χρωματική· άρπα-κιθάρα/ λύρα/λαούτο (= παραλλαγές της άρπας). [ιταλ. *arpa*].
άρπαγας, επίθ. (μόνο στο αρσ.), που αποκτά κάτι με αρπαγή, αρπακτικός· πλεονέκτης: άνθρωποι -ες πλούτισαν εις βάρος του κράτους.
αρπάγη η, ουσ., μεταλλικό όργανο που καταλήγει σε άγκιστρα και χρησιμεύει στο να πιάνομε ή να κρεμάμε κάτι (συνών. γάντζος).
αρπαγή η, ουσ. **1.** βίαιη αφαίρεση ξένου πράγματος, λεηλασία: ~ των γλυπτών· την εισβολή ακολούθησαν πολλές -ές. **2.** (για πρόσωπο) απαγωγή: ~ της Περσεφόνης/των Σαβίνων· (νομ.-ποιν. δίκ.) έγκλημα κατά της προσωπικής ελευθερίας που συνίσταται στη σύλληψη ή στην παράνομη κράτηση κάποιου με βία: ~ ανηλίκου (= το να απομακρύνει κανείς με βίαιο ή δόλιο τρόπο έναν ανήλικο από τους οικείους του). **3.** σφετερισμός: ~ της Εκκλησίας από τους σχισματικούς (συνών. οικειοποίηση).
αρπάγι το, ουσ. **1.** γάντζος: οι κουρσάροι ρίχνουν τ' -για τους· (μεταφ.) τ' -για της σκλαβιάς (Παλαμάς) (συνών. αρπάγη). **2.** (ιδιωμ.) είδος αλιευτικού οργάνου.
άρπαγμα το, ουσ. **1.** βίαιη και ορμητική αφαίρεση ξένου πράγματος (συνών. αρπαγή). **2.** συμπλοκή: οι δυο τους θα 'χουν σήμερα αρπάγματα.
αρπαγμός και **αρπαμός** ο, ουσ. (ιδιωμ.), άρπαγμα (βλ. λ.).

αρπάζω και **αρπώ**, ρ., προστ. (λαϊκ.) άρπα, **1.** παίρνω κάτι στο χέρι μου βιαστικά και ορμητικά, πιάνω απότομα: ~ μια πέτρα και την πετώ -ει το χέρι μου και το σφίγγει· τον άρπαξε από το γιακά. Φρ. ~ κάποιον (από τα μούτρα) (= προσβάλλω σοβαρά, αποπαίρνω): δεν πρόλαβα να μπω στο γραφείο και μ' άρπαξε γιατί καθυστέρησα (= μου έκανε παρατηρήσεις). **2.** παίρνω με τη βία ξένο πράγμα, κλέβω· σφετερίζομαι, οικειοποιούμαι: της άρπαξαν την τσάντα· του άρπαξαν την περιουσία. Παροιμ. φρ. άρπαξε να φας και κλέψε να 'χεις... **3.** απάγω κάποιον βίαια: άρπαξαν το κορίτσι μέσα από την αυλή/τα χριστιανόπουλα μέσα από τις αγκαλιές των γονιών τους. **4.** οδηγώ κάποιον μακριά, σώζω: την άρπαξε από τη φτώχεια και την εκμετάλλευση. **5.** προσβάλλομαι ξαφνικά (από αρρώστια): ~ γρίπη/ιλαρά/συνάχι· φρ. την άρπαξα (= κρυολόγησα, αρρώστησα από γρίπη). **6.** δέχομαι χτύπημα: ενώ μάλωναν πέρασε δίπλα τους κι άρπαξε κι αυτός μία (= αποδιολίσθητο χτύπημα)· άρπαξε μια σφαίρα στο μπράτσο. **7.** Φρ. ~ (φωτιά) = αναφλέγομαι ξαφνικά, καίγομαι γρήγορα: άρπαξε (φωτιά) το σπίτι· άρπαξε η βενζίνη. **8.** (αμτβ.) καίγομαι εξωτερικά χωρίς να έχω ψηθεί απομέσα: άρπαξε το κρέας/το ψωμί στο φούρνο· (συνεκδ.) άρπαξα από τον ήλιο = κοκκίνησε το δέρμα μου. **9.** καταλαβαίνω ή μαθαίνω γρήγορα, συγκρατώ στη μνήμη μου: τα μαθηματικά τα -ει εύκολα. **10.** (μέσ.) πιάνομαι, συγκρατούμαι από κάτι: ο ναυαγός -χτηκε από μια σανίδα· (μεταφ.) -χτηκε από ένα λαθάκι και δημιούργησε ζήτημα (= βρήκε αφορμή). **11.** (μέσ.) οργίζομαι απότομα: -ζεται εύκολα · μην -ζεσαι έτσι! **12.** (μέσ.) έρχομαι στα χέρια: -ζονταν σαν τα κοκόρια· -χτηκαν για την προτεραιότητα στη διασταύρωση (συνών. τσακώνομαι).

άρπα-κόλλα, επιρρ. φρ., βιαστικά και πρόχειρα: έφτιαχνε την οικοδομή/την ταινία στο ~· μας ενημέρωσε στο ~· κατασκευή ~ (= κακοτεχνη). [προστ. των ρ. αρπώ και κολλώ].

αρπακτικός, -ή, -ό και **-χτικός**, επίθ., που έχει την ιδιότητα ή την τάση να αρπάζει· που κατευθύνει την αρπαγή: θηρίο/χέρι -χτικό· πουλιά -κτικά (= σαρκοφάγα)· διαθέσεις -κτικές· (συνεκδ.) μάτι/ύφος -χτικό (= που κοιτάζει με βουλιμία).

αρπακτικότητα η, ουσ., το να είναι κάποιος αρπαχτικός, ιδιότητα ή τάση κάποιου να αρπάζει.

αρπαχτός, -ή, -ό, επίθ. (λαϊκ.), που γίνεται βιαστικά: δουλειά -ή· επιρρ. έκφρ. στ' -ά (= βιαστικά): έφαγα/μιλήσαμε στ' -ά. - Επίρρ. **-ά** = βιαστικά.

αρπάχτρα η, ουσ., άνθρωπος (άντρας ή γυναίκα) αρπακτικός, κλέφτης: εγώ δεν είμαι καμιά ~ και καμιά φαγού! είναι αυτός μια ~!

αρπίστας ο, αρπιστής (βλ. λ.). [ιταλ. *arpista*].

αρπιστής ο, θηλ. **-ίστρια** και **-ίστρα** η, ουσ., αυτός που παίζει άρπα.

αρπώ, βλ. *αρπάζω*.

αρραβώνα η, ουσ. (λαϊκ.), αρραβώνας (βλ. λ.).

αρραβώνας ο, ουσ. **1.** χρηματική προκαταβολή που δίνει ένας αγοραστής ή μισθωτής ως εγγύηση για συμφωνημένη μελλοντική αγορά ή μίσθωση: έδωσε για το σπίτι είκοσι χιλιάδες -α. **2.** (συνήθως στον πληθ.) αμοιβαία υπόσχεση γάμου δύο μελλονύμφων, μνηστεία (ως θρησκευτική τελετή ή με την ανταλλαγή δαχτυλιδιών): κάνει τους -ες της κόρης του. **3.** (συνεκδ.) το δαχτυλίδι που φορούν οι δύο αρραβωνιασμένοι: βάλ' το χέρι στην τσέπη μου και πάρ' τον -α (δημ. τραγ.). Φρ. δίνω ή βάζω -α (= μνηστεύομαι)· γυρίζω ή δίνω πίσω τον -α (= διαλύω τη μνηστεία).

αρραβωνιάζω, ρ. (συνιζ.). **1.** συνδέω έναν άντρα και μια γυναίκα με την αμοιβαία υπόσχεση μελλοντικού γάμου (είτε σε ιεροτελεστία είτε απλώς με την ανταλλαγή δαχτυλιδιών): ~ την κόρη μου (συνών. μνηστεύω). **2.** (μέσ.) μνηστεύομαι.

αρραβωνιάρα η, ουσ. (συνιζ., λαϊκ.), αρραβωνιαστικιά.

αρραβώνιασμα και **αρρε-** το, ουσ., τελετή του αρραβώνα: πάνω στ' -νιάσματα ο νιος εψυχομάχει (δημ. τραγ.) (συνών. μνηστεία).

αρραβωνιαστικός και **αρρε-** (συνιζ.) ο, θηλ. **-κιά** (συνιζ. δις), ουσ., (το αρσ.) μνηστήρας: έκανε βόλτα με τον -ό της· (το θηλ.) μνηστή.

άρραφος, -η, -ο, επίθ. (μόνο για το χιτώνα του Χριστού, ΚΔ. Ιω. ιθ' 23) που δεν έχει ραφή, μονοκόμματος. - Βλ. και άραφος σημασ. 1.

αρρεβώνας, βλ. *αρραβώνας*.

αρρεβώνιασμα, βλ. *αρραβώνιασμα*.

αρρεβωνιαστικός, βλ. *αρραβωνιαστικός*.

αρρεναγωγείο το, ουσ. (απαρχ.), δημοτικό σχολείο όπου φοιτούσαν μόνο αγόρια.

αρρενογονία η, ουσ. **1.** (για γυναίκα) το να γεννά αρσενικά παιδιά. **2.** (βιολ.) παραγωγή σε ορισμένα ζωικά είδη απογόνων αρσενικού φύλου.

αρρενομορφισμός ο, ουσ. (βιολ., ιατρ.) το να παρουσιάζει ένα θηλυκό άτομο αρσενικούς δευτερεύοντες φυλετικούς χαρακτήρες.

αρρενωπός, -ή, -ό, επίθ., που ταιριάζει σε έναν άντρα· που έχει έντονα τα τυπικά χαρακτηριστικά του αρσενικού φύλου: παράστημα/ύφος -ό (αντ. θηλυπρεπής).

άρρηκτος, -η, -ο, επίθ. (λόγ.), που δεν μπορεί να σπάσει· μόνο στη μεταφ. φρ. -οι δεσμοί φιλίας· -οι δεσμοί φιλίας συνδέουν τους λαούς μας/τις δυο οικογένειες (συνών. ισχυρός, σταθερός).

άρρητ' αθέμιτα και (ιδιωμ.) **άρρητα** ή **άρρατα θέματα**, έκφρ., ασυναρτησίες, ανοησίες: λέει ~ (κουκιά μαγειρεμένα).

άρρητος, -η, -ο, επίθ. **1.** (λόγ.) απερίγραπτος: πόθος ~ (συνών. ανείπωτος). **2.** (μαθημ.) αριθμός ~ = που δεν είναι ρητός (βλ. λ.), που δεν είναι ακέραιος ούτε κλάσμα, αλλά έχει στη δεκαδική του μορφή άπειρα δεκαδικά ψηφία μη περιοδικά (λ.χ. $\sqrt{2}$)· αλγεβρική παράσταση -η (= που περιέχει γράμμα κάτω από το σύμβολο τετραγωνικής ρίζας).

αρρυθμία η, ουσ. **1.** έλλειψη ρυθμού. **2.** (ιατρ.) διαταραχή στο ρυθμό, στη συχνότητα των καρδιακών παλμών.

αρρύθμιστος, -η, -ο, επίθ., που δε ρυθμίστηκε: ζήτημα -ο (= ατακτοποίητο)· ρολόι -ο (= που δε λειτουργεί κανονικά (αντ. ρυθμισμένος).

άρρυθμος, -η, -ο, επίθ. **1.** που δεν έχει ρυθμό, που δεν είναι ρυθμικός: στίχος ~. **2.** που δε γίνεται με κανονική εναλλαγή των κινήσεων, που δεν έχει αρμονία: χορός ~· κίνηση -η· περπάτημα -ο.

αρρυτίδωτος, -η, -ο, επίθ., που δεν έχει ρυτίδες: μέτωπο/δέρμα -ο (αντ. ρυτιδωμένος).

αρρωσταίνω, ρ. **1.** γίνομαι άρρωστος, προσβάλλομαι από αρρώστια: ~ βαριά/εύκολα/ψυχικά· -ώστησε από τη στενοχώρια· (για ζώο ή φυτό) -ώστησε η γελάδα του / η ροδακινιά μας· (για όργανο του σώματος): -ώστησε η καρδιά/το μυαλό του (= έπαψε να λειτουργεί καλά, έπαθε βλάβη)

(μεταφ.) *όταν χρωστώ,* ~ (= στενοχωριέμαι, δεν έχω καλή διάθεση). **2.** (μτβ.) κάνω κάποιον άρρωστο, γίνομαι αιτία να αρρωστήσει: *το κλίμα/το νερό του τόπου τον -ώστησε·* (μεταφ.) *η αναμονή / η ασυνέπεια με -ει* (= με στενοχωρεί, με ενοχλεί υπερβολικά). - Η μτχ. παρκ. ως επίθ. = **α.** (ιδιωμ.) άρρωστος: *κάνει τον -στημένο·* (για άψυχα) ασθενικός, καχεκτικός: *δέντρο -στημένο·* **β.** (μεταφ.) μη ομαλός, που ξεφεύγει από τα όρια του κανονικού: *εγωισμός -στημένος· κατάσταση/συμπεριφορά -στημένη* (συνών. *νοσηρός*).
αρρώστια η, ουσ. (συνίζ.). **1.** έλλειψη υγείας, οργανική ή λειτουργική βλάβη ή γενικά ανώμαλη κατάσταση του οργανισμού: ~ *αγιάτρευτη/βαριά/ κολλητική/κρυφή/παιδική/ύπουλη· με βρίσκει/ με πιάνει* ~· *έπεσε* ~ (συνήθως για επιδημία)· ~ *του δέρματος·* ~ *ψυχική/των θερμών κλιμάτων·* (για ζώο ή φυτό): ~ *των βοοειδών/της ελιάς.* Γνωμ. *η* ~ *μπαίνει με το τσουβάλι και βγαίνει με το βελόνι· η* ~ *δεν έρχεται ακάλεστη.* Έκφρ. *κακιά* ~ = (παλαιότερα) φυματίωση ή σύφιλη· (σήμ.) *καρκίνος· γαλλική* ~ = σύφιλη. **2.** ακατανίκητη επιθυμία ή τάση για κάτι· ανικείμενο μεγάλης αγάπης, γενικό πάθος, αδυναμία: *έχει* ~ *για το ποτό· η πολιτική είναι η* ~ *του*.
αρρωστιάρης, -α, -ικο, επίθ. (συνιζ.), που από τη φύση του αρρωσταίνει εύκολα: *ήταν από μικρός* ~ (= φιλάσθενος)· *αμπέλι/δέντρο -ικο* (= ευπαθές ή *καχεκτικό*).
αρρωστιάρικος, -η, -ο, επίθ. (συνιζ.), αρρωστιάρης (βλ. λ.): *όψη -ικη* (= χλομή, αναιμική)· *χρώμα -ικο* (= υποκίτρινο ή γενικά αδύνατο).
αρρωστόκαιρος ο, ουσ., καιρός που προκαλεί βλάβες στην υγεία.
άρρωστος, -η, -ο, επίθ. **1.** που δεν είναι υγιής, που έχει προσβληθεί από αρρώστια: *βαριά/ελαφρά /σοβαρά/του θανατά* ~· *σωματικά/διανοητικά /ψυχικά* ~· *πέφτω* ~ (= αρρωσταίνω)· *νιώθω* ~· *κάνω τον -ο·* (για ζώα ή φυτά) *πρόβατο/σκυλί -ο· δέντρα / κλήματα -α·* (για όργανο του σώματος) *καρδιά -η· συκώτι -ο* (= που δε λειτουργεί καλά για παθολογικούς λόγους). **2.** (μεταφ.) που δε λειτουργεί σωστά, που δε συμφωνεί με το παραδεκτό πρότυπο: *κοινωνία/ συνείδηση/φαντασία -η*. **3.** που αισθάνεται παράφορη αγάπη για κάποιον, ακατανίκητη έλξη ή επιθυμία για κάτι: *Είναι* ~ *για τα χαρτιά/με το ποδόσφαιρο/με το ποτό* (συνών. *παθιασμένος*). -Το αρσ. ως ουσ. = άρρωστος άνθρωπος: *καλυτέρεψε/κοιμάται/βάρυνε/χειροτέρεψε/είναι καταδικασμένος ο* ~· *αβοήθητος/ απαιτητικός/λιγόζωος/υπάκουος/παρατημένος/ υπομονετικός* ~· *εγχειρίζω/επισκέπτομαι/ θεραπεύω έναν -ο· ψυχολογία του αρρώστου*. Παροιμ. *παρηγοριά στον -ο ώσπου να βγει η ψυχή του* (για μάταιες ελπίδες που δίνει κανείς σε κάποιον άλλο).
αρρωστότοπος ο, ουσ., τόπος ανθυγιεινός.
αρρωστώ, ρ., αόρ. *αρρώστησα,* μτχ. παθ. παρκ. *αρρωστημένος,* αρρωσταίνω (βλ. λ.).
αρσανάς, βλ. *ταρσανάς*.
αρσενικό το, ουσ. (χημ.) αμέταλλο στοιχείο που οι ενώσεις του είναι δηλητηριώδεις· (κοιν.) ονομασία τοξικών ενώσεων του αρσενικού: *δηλητηριάστηκε με* ~.
αρσενικοβότανο το, ουσ. (φυτολ., λαογρ.) φυτό της τάξης των ορχεοειδών που πίστευαν πως, αν το φάει μια γυναίκα, θα γεννήσει αγόρι.

αρσενικοθήλυκος, -η, -ο, επίθ., αρσενικός και θηλυκός ταυτόχρονα, ερμαφρόδιτος· (για γυναίκα) που έχει αντρική συμπεριφορά ή αντρικά χαρακτηριστικά.
αρσενικός, -ή και **-ιά, -ό,** επίθ. **1.** που ανήκει στο φύλο που έχει τη δυνατότητα να γονιμοποιεί κατά την αναπαραγωγή: *παιδί -ό·* (για ζώα) *γατί/σπουργίτι/φίδι -ό* (αντ. *θηλυκός*). **2.** (τεχνολ. για όργανο ή τμήμα μηχανισμού) που προσαρμόζεται με την προεξοχή ή τις προεξοχές του μέσα σε ένα άλλο (που λέγεται θηλυκό): *κόπιτσα/πρίζα -ή*. **3.** που ταιριάζει στο αντρικό φύλο: *ρούχα -ά· κολόνια -ή· συμπεριφορά -ή· λόγος* ~ (= δυναμικός, ευγενικός) (Καζαντζάκης). **4.** (γραμμ.) *γένος -ό* = το γένος που περιλαμβάνει ονόματα προσώπων από τη φύση τους αρσενικών, αλλά συχνότατα και προσώπων ή πραγμάτων ανεξάρτητα από το φύλο, που όμως έχουν τις γραμματικές καταλήξεις των πρώτων: *επίθετο -ού γένους·* (στο ουδ. ως ουσ.) *τα -ά της τρίτης κλίσης*. - Το αρσ. και το ουδ. ως ουσ.: **α.** το άτομο που ανήκει στο αντρικό φύλο: *έχει τρεις -ούς στο σπίτι· έχουν δυο -ά κι ένα κορίτσι·* **β.** άντρας που είναι έντονα τα τυπικά χαρακτηριστικά του φύλου του: *ένας βίαιος* ~· *όμορφο/τραχύ -ό*.
άρση η, ουσ. **1.** ανύψωση: (αθλητ.) ~ *βαρών* (= είδος αθλήματος). **2.** (μους., μετρ.) σημείο του μουσικού ρυθμού αντίθετο στη θέση, το ένα από τα δύο μέρη σε κάθε μετρικό πόδι. **3.** (μεταφ.) εξαφάνιση, κατάργηση, αψίρεση της νομικής ισχύος: ~ *αδιεξόδου/απαγόρευσης/διαφορών/εμποδίων/ εμπόλεμης καταστάσεως/λογοκρισίας/ περιορισμών*.
αρσηβαρίστας ο, ουσ., αθλητής του αγωνίσματος της άρσης βαρών.
αρσίνη η, ουσ. (χημ.) υδρογονούχο αρσενικό, άχρωμο αέριο με έντονη οσμή, ιδιαίτερα δηλητηριώδες που χρησιμοποιήθηκε ως πολεμικό αέριο. [γαλλ. *arsine*].
αρταίνω και **αρτύνω,** ρ., αόρ. *άρτυσα,* παθητ. *-ύθηκα,* μτχ. παρκ. *-υμένος, -η, -ο*. **1.** προσθέτω στο φαγητό μια ουσία που το κάνει πιο νόστιμο (λ.χ. βούτυρο, αυγολέμονο, πιπέρι). **2.** δίνω σε κάποιον να φάει απαγορευμένο φαγητό, ενώ νηστεύει, προκαλώ κατάλυση της νηστείας: *το φαΐ αυτό δεν -αίνει·* (μέσ.) *ήπιε γάλα και αρτύθηκε* (= παρέβη τη νηστεία). [αρχ. *αρτύνω*].
αρτέμονας ο, ουσ. (ναυτ.) τριγωνικό πανί του προβόλου ιστού (κοιν. ονομασία *φλόκος*). [μτγν. *αρτέμων*].
αρτεργάτης ο, θηλ. **-τρια** η, ουσ., αυτός που δουλεύει σε αρτοποιείο.
αρτεσιανός, -ή, -ό, επίθ. (ασυνίζ.), (γεωλ.) *πηγάδι -ό* ή *πηγή -ή* = τεχνητή ή φυσική εδαφική διέξοδος απ' όπου αναβλύζει στην επιφάνεια υπόγειο νερό που βρίσκεται υπό πίεση· *υδροφόρος ορίζοντας* ~ = υπόγεια λεκάνη νερού υπό πίεση εξαιτίας γεωλογικών επιδράσεων. [γαλλ. *artésien*].
αρτηρία η, ουσ. **1.** (ανατομ.) καθένα από τα σωληνοειδή αιμοφόρα αγγεία που ξεκινούν από τις κοιλίες της καρδιάς και διακλαδίζονται μεταφέροντας το αίμα σε ολόκληρο το σώμα: ~ *πνευμονική* (= που ξεκινά από τη δεξιά κοιλία και μεταφέρει στους πνεύμονες αίμα μη οξυγονωμένο)· ~ *εγκεφαλική / κροταφική / μηριαία / στεφανιαία· αλλοιώσεις / παθήσεις / ψηλάφηση -ριών*. **2.** (μεταφ.) κύρια συγκοινωνιακή οδός: *κυκλοφοριακή*

συμφόρηση στις κεντρικές -ρίες της πρωτεύουσας (συνών. *λεωφόρος*).

αρτηριακός, -ή, -ό, επίθ. (ασυνίζ.), που ανήκει ή αναφέρεται στις αρτηρίες: *σφυγμός ~· κλάδοι -οί· ροή -ή· τρίχωμα -ό· αίμα -ό* (= το κόκκινο οξυγονωμένο αίμα που φεύγει από την αριστερή κοιλία)· *πίεση -ή* (= η πίεση κατά την προώθηση του αρτηριακού αίματος).

αρτηρίδιο το, ουσ. (ασυνίζ.), (ανατομ.) μικρή αρτηρία.

αρτηριογραφία η, ουσ. (ασυνίζ.), (ιατρ.) ακτινολογική εξέταση μιας ή περισσότερων αρτηριών ύστερα από ένεση μιας ουσίας που δεν είναι διαφανής στις ακτίνες Χ.

αρτηριοπάθεια η, ουσ. (ασυνίζ. δις), (ιατρ.) πάθηση μιας αρτηρίας ή γενικά των αρτηριών: *-ες αποφρακτικές*.

αρτηριοσκλήρωση η, ουσ. (ασυνίζ.), (ιατρ.) παθολογική κατάσταση των αρτηριών που χαρακτηρίζεται από το σχηματισμό πλακών στον εσωτερικό χιτώνα τους, σκλήρυνση του μέσου χιτώνα τους ή σκλήρυνση των μικρών αρτηριών: *~ γεροντική/ ελαφρά/χρόνια*.

αρτηριοσκληρωτικός, -ή, -ό, επίθ. (ασυνίζ.), (ιατρ.) 1. που σχετίζεται με την αρτηριοσκλήρωση: *αλλοιώσεις -ές*. 2. που πάσχει από αρτηριοσκλήρωση. 3. (μεταφ.) αναχρονιστικός: *καθηγητής~· αντιλήψεις -ες* (συνών. *οπισθοδρομικός*).

άρτζι-μπούρτζι, βλ. *άρτσι-μπούρτσι*.

αρτιγέννητος, -η, -ο, επίθ. (λόγ.), που γεννήθηκε πρόσφατα: *βρέφος -ο·* (μεταφ.) *κράτος -ο· σύλλογος ~* (= νεοσύστατος).

αρτιμέλεια η, ουσ. (ασυνίζ.), το να είναι κάποιος αρτιμελής: *~ των νεοσυλλέκτων/των πιλότων* (αντ. *αναπηρία*).

αρτιμελής, -ής, -ές, επίθ., γεν. *-ούς*, πληθ. αρσ. και θηλ. *-είς*, ουδ. *-ή*, επίθ. (λόγ.), που έχει ακέραια και υγιή τα μέλη του σώματός του: *βρέφος -ές* (αντ. *ανάπηρος, σακάτης*).

αρτινός, -ή, -ό, επίθ., που ανήκει ή αναφέρεται στην Άρτα. - Το αρσ. και το θηλ. ως ουσ. (με κεφ. το αρχικό γράμμα) = αυτός που κατοικεί στην Άρτα ή κατάγεται από εκεί.

αρτιοδάκτυλα τα, ουσ. (ασυνίζ.), (ζωολ.) τάξη των θηλαστικών που περιλαμβάνει χηλοφόρα ζώα με άρτιο αριθμό δακτύλων (λ.χ. βοοειδή, καμήλες).

άρτιος, -α, -ο, επίθ. (ασυνίζ.). 1. ακέραιος, πλήρης: *φράση/μόρφωση/εξυπηρέτηση -α· νόημα -ο* (συνών. *ολοκληρωμένος, τέλειος·* αντ. *λειψός, ελλιπής*). 2. (για αριθμό) που αποτελεί πολλαπλάσιο του 2 (συνών. *ζυγός·* αντ. *μονός, περιττός*). Έκφρ. *στο -ο* (= εξολοκλήρου, στο ακέραιο)· (για ορισμένο χρηματικό ποσόν): *η μετοχή κληρώθηκε στο -ο* (= μπορεί να εξοφληθεί στην τιμή που εκδόθηκε).

αρτιότητα η, ουσ. (ασυνίζ.), το να είναι κάτι άρτιο: *~ μόρφωσης / πολιτικού προγράμματος / κατασκευής έργου* (συνών. *πληρότητα, τελειότητα*).

αρτίστας ο, θηλ. **-ίστα** η, ουσ., καλλιτέχνης· συνήθως αυτός που ερμηνεύει ένα έργο του ελαφρού ή του μουσικού θεάτρου ή ασκεί καλλιτεχνικό επάγγελμα που διασκεδάζει το κοινό. [ιταλ. *artista*].

αρτισύστατος, -η, -ο, επίθ. (λόγ.), που συστάθηκε, που ιδρύθηκε πρόσφατα: *οργανισμός/σύλλογος ~*.

αρτοβιομηχανία η, ουσ. (ασυνίζ.), βιομηχανία που κατασκευάζει ψωμί και αρτοσκευάσματα (ή ακόμα και προϊόντα ζαχαροπλαστικής): *~ μεγάλη/ σύγχρονη*.

αρτοζαχαροπλαστείο το, ουσ., κατάστημα όπου κατασκευάζονται και πουλιούνται (ή μόνο πουλιούνται) είδη αρτοποιίας και ζαχαροπλαστικής.

αρτοκλασία η, ουσ. (εκκλ.) τελετή κατά την οποία ο ιερέας ευλογεί πέντε άρτους, κρασί και λάδι που προσφέρουν οι πιστοί: *εσπερινός με ~*.

αρτοποιείο το, ουσ., μέρος όπου κατασκευάζεται ψωμί, το κατάστημα του αρτοποιού, όπου συχνά πουλιούνται και διάφορα αρτοσκευάσματα: *είδη/ εξοπλισμός -είου·* εργοστάσιο αρτοποιίας: *~ βιομηχανικό/παραδοσιακό· προσωπικό/ωράριο -είου* (συνών. *φούρνος*).

αρτοποιητικός, -ή, -ό, επίθ. (ασυνίζ.), που ανήκει ή αναφέρεται στην αρτοποιία: *μηχάνημα -ό*.

αρτοποιία η, ουσ., η τέχνη του αρτοποιού, παρασκευή στο σπίτι ή σε ειδικό κατάστημα ή εργοστάσιο ψωμιού, αρτοσκευασμάτων ή προϊόντων ζαχαροπλαστικής από αλεύρι δημητριακών: *ζύμη/μαγιά/προϊόντα/υλικά -ας*.

αρτοποιός ο, ουσ. (ασυνίζ.), αυτός που κατασκευάζει και πουλά ψωμί και αρτοσκευάσματα ή και προϊόντα ζαχαροπλαστικής (συνών. *φούρναρης, ψωμάς*).

αρτοπωλείο το, ουσ., το κατάστημα του αρτοπώλη.

αρτοπώλης ο, ουσ., αυτός που πουλά ψωμί, αρτοσκευάσματα ή και είδη ζαχαροπλαστικής.

άρτος ο, ουσ. 1. (λόγ.) ψωμί: *πρατήριο -ου·* έκφρ. *ο επιούσιος ~* (= η καθημερινή τροφή, ό,τι χρειάζεται ένας άνθρωπος για να ζήσει· συνήθως μόνο *ο επιούσιος*, βλ. λ.)· *~ και θεάματα* (για την αδιαφορία των πολλών για πνευματικά ζητήματα). 2. (εκκλ.) α. *~ (άγιος) ή ~ προθέσεως* = ο άρτος της θείας κοινωνίας, το πρόσφορο που μέρος του χρησιμοποιείται στην προσκομιδή και τη θεία ευχαριστία και που το υπόλοιπο μοιράζεται στους πιστούς ως αντίδωρο· *~ μετουσιωμένος/προηγιασμένος·* (μεταφ.) *~ της ζωής* (= ο Χριστός)· β. πρόσφορο που χρησιμοποιείται στην αρτοκλασία (βλ. λ.). - Υποκορ. (ιδιωμ.) **αρτούδι** και **αρτουδάκι** ~.

αρτοσκεύασμα το, ουσ., προϊόν αρτοποιίας παρασκευασμένο από ζυμάρι που ανέβηκε με μαγιά και δεν περιέχει γλυκαντικές ουσίες, αβγά ή μαγειρικό λίπος.

αρτοφόριο (ασυνίζ.) και **-φόρι** το, ουσ. (εκκλ.) ιερό σκεύος του ναού πάνω στην αγία Τράπεζα όπου φυλάγουν τον προηγιασμένο (βλ. λ.) άρτο.

άρτσι-μπούρτσι και **άρτζι-μπούρτζι,** επιρρ. έκφρ., συνήθως στις φρ. *είναι/γίνεται/το κάνω ~ (και λουλάς)* (για λόγια ασυνάρτητα και ανόητα ή για κατάσταση μεγάλης αταξίας, ακαταστασίας ή αναρχίας). [αρμενικό κύρ. όν. *Αρτζιβούριος*].

άρτυμα το, ουσ. 1. προσθήκη στο φαγητό μιας ουσίας που το κάνει πιο νόστιμο· ουσία που νοστιμεύει το φαγητό, καρύκευμα: *το φαγητό θέλει ~· αρτύματα αρωματικά* (= μπαχάρια). 2. κάθε φαγώσιμο που δεν είναι νηστήσιμο (συνών. *αρτυμή, αρτυσιά*).

αρτυμή η, ουσ. (λαϊκ.). 1. προσθήκη στο φαγητό ουσιών που το νοστιμεύουν. 2. φαγητό μη νηστήσιμο που περιέχει λιπαρές ουσίες (συνών. *άρτυμα, αρτυσιά*).

αρτύνω, βλ. *αρταίνω*.

αρτυσιά η, ουσ. (συνιζ.), αρτυμή (βλ. λ.).
αρτύσιμος, -η, -ο, επίθ. (για φαγητό) που δεν είναι νηστήσιμος.
αρύβαλλος ο, ουσ. (αρχαιολ.) μικρό αγγείο όπου φύλαγαν οι αθλητές το λάδι με το οποίο άλειφαν το σώμα τους στην παλαίστρα: ~ *αττικός/κορινθιακός.*
αρυμοτόμητος, -η, -ο, επίθ., που δεν έχει ρυμοτομηθεί: *συνοικισμός* ~ (αντ. *ρυμοτομημένος*).
αρυμούλκητος, -η, -ο, επίθ., που δε ρυμουλκήθηκε ή δεν μπορεί να ρυμουλκηθεί: *βαγόνι -ο* (αντ. *ρυμουλκημένος*).
αρχάγγελος ο, ουσ., αρχηγός αγγελικού τάγματος (συνήθως για το Μιχαήλ και το Γαβριήλ)· φρ. *στέκεται (αποπάνω μου) σαν τον -ο* (για κάποιον που στέκεται ενοχλητικά δίπλα μας).
αρχαΐζω, ρ. 1. μιμούμαι τους αρχαίους στις συνήθειες, τη γλώσσα, την τέχνη, κλπ.: *ο συγγραφέας σε κάποια σημεία του έργου του -ει σκόπιμα·* η *γλυπτική του -ει.* 2. (για τη γλώσσα) περιλαμβάνω απαρχαιωμένες και άχρηστες λέξεις και φράσεις: *καθαρεύουσα που -ει ανούσια.*
αρχαϊκός, -ή, -ό, επίθ. 1. που μοιάζει ή μιμείται τους αρχαίους (συνήθως εξιδανικευμένο) στη μορφή, τους τρόπους, κ.τ.ό.: *απλότητα/ομορφιά -ή.* 2. (ιστ.-αρχαιολ.) που ανήκει ή αναφέρεται στην αρχαία εποχή πριν από την κλασική (700-480 π.Χ.): *εποχή/ περίοδος/ τέχνη/ ποίηση/ γλώσσα -ή·* ειδώλιο -ό· *μειδίαμα -ό* (= συμβολική ονομασία της χαρακτηριστικής απόδοσης του στόματος των αρχαϊκών αγαλμάτων).
αρχαιογνωσία η, ουσ., η γνώση της αρχαιότητας (για τη σπουδή και ερμηνεία του αρχαίου ελληνικού και ρωμαϊκού κόσμου): ~ *των σοφών της Αναγέννησης.*
αρχαιογνωστικός, -ή, -ό, επίθ., που σχετίζεται με την αρχαιογνωσία: *ενδιαφέρον -ό· δραστηριότητα/επιστήμη -ή· μαθήματα -ά.*
αρχαιοδίφης ο, ουσ., αυτός που ασχολείται με την έρευνα και τη σπουδή του αρχαίου κόσμου.
αρχαιοκαπηλία η, ουσ., η πράξη και η δραστηριότητα του αρχαιοκάπηλου, παράνομη εμπορία και εξαγωγή αρχαιοτήτων στο εξωτερικό: *έξαρση/πάταξη της -ας.*
αρχαιοκάπηλος ο, ουσ., αυτός που εμπορεύεται παράνομα ή εξάγει λαθραία στο εξωτερικό κάθε είδους αρχαιότητες: *οι -οι λεηλατούν τους αρχαιολογικούς χώρους της Β. Κύπρου.*
αρχαιόκλιτος, -η, -ο, επίθ. (γραμμ., συνήθως στον πληθ. του ουδ. και ως ουσ.), που κλίνεται με την αρχαία κλίση: *ονόματα/επίθετα/ρήματα/ουσιαστικά -α·* τα θηλυκά -α.
αρχαιολάτρης ο, θηλ. **-ισσα,** ουσ., αυτός που θαυμάζει και αγαπά τον αρχαίο κόσμο και τις εκδηλώσεις του.
αρχαιολατρία η, ουσ., υπερβολικός θαυμασμός και αγάπη για την αρχαιότητα (κυρίως την κλασική) (συνών. *αρχαιοφιλία*).
αρχαιολογία η, ουσ. 1. η επιστήμη που εξετάζει τα υλικά κατάλοιπα των διαφόρων φάσεων της ζωής και του πολιτισμού των ανθρώπων που έζησαν κατά το παρελθόν: ~ *αιγυπτιακή/βιβλική/βυζαντινή/κλασική/προϊστορική/χριστιανική/ υποβρύχια.* 2. (λαϊκ.) πρόσωπο ή πράγμα που δεν είναι της ηλικίας ή της γενιάς μας: *τι φέρατε μαζί σας κι αυτήν την* ~*! είχε ένα δωμάτιο γεμάτο -ες.*
αρχαιολογικός, -ή, -ό, επίθ., που ανήκει ή αναφέρεται στην αρχαιολογία ή στον αρχαιολόγο: *νόμος/χώρος* ~· *θησαυροί -οί· ανακάλυψη/ανασκαφή/αξία/αποστολή/έρευνα -ή· μουσείο/ σύγγραμμα -ό· ευρήματα -ά· -ή υπηρεσία* (= κρατική υπηρεσία που φροντίζει για τις αρχαιότητες).
αρχαιολόγος ο, θηλ. **-ος** και (λαϊκ.) **-ίνα,** ουσ., επιστήμονας που μελετά τα υλικά κατάλοιπα του ανθρώπινου παρελθόντος (εργαλεία, έργα τέχνης, κτίσματα και γενικά κάθε λείψανο ανθρώπινης δραστηριότητας): ~ *κλασικός/προϊστορικός.*
αρχαιομάθεια η, ουσ. (ασυνίζ.), η γνώση της αρχαιότητας (κυρίως ελληνικής και ρωμαϊκής)· (ειδικά) η γνώση της αρχαίας ελληνικής γλώσσας: *η εκπαίδευση παλαιότερα είχε για κύριο στόχο την αρχαιομάθεια.*
αρχαιομαθής, -ής, -ές, γεν. **-ούς,** πληθ. αρσ. και θηλ. **-είς,** ουδ. **-ή,** επίθ., που χαρακτηρίζεται από αρχαιομάθεια: *ξένος/περιηγητής* ~.
αρχαιομετρία η, ουσ., επιστήμη που βασίζεται σε διάφορους κλάδους των θετικών επιστημών (φυσικής, χημείας, πληροφορικής, κ.ά.) και συμβάλλει στην επίλυση αρχαιολογικών προβλημάτων (λ.χ. εντοπισμός αρχαιοτήτων, χρονολόγηση και ανάλυση της σύστασης αντικειμένων).
αρχαιοπρέπεια η, ουσ. (ασυνίζ.), το να είναι κάποιος αρχαιοπρεπής: *ο χορός των γυναικών είχε* ~ *στις κινήσεις.*
αρχαιοπρεπής, -ής, -ές, γεν. **-ούς,** πληθ. αρσ. και θηλ. **-είς,** ουδ. **-ή,** επίθ., που ταιριάζει στους αρχαίους· (κατ' επέκταση) επιβλητικός, σεβάσμιος: *μορφή* ~· *ύφος -ές.*
αρχαιόπρεπος, -η, -ο, επίθ., αρχαιοπρεπής (βλ. λ.): *ονόματα -α.*
αρχαίος, -α, -ο, επίθ. 1. που είναι πολύ παλιός και σώζεται έως σήμερα: *πόλεις -ες· νεκροταφείο -ο· μνημεία -α.* 2. (στον συγκρ.) προγενέστερος (σε χρόνο υπηρεσίας) και επομένως ανώτερος σε ένα επάγγελμα ή σε βαθμό ιεραρχίας. 3. που έζησε ή συνέβη κατά τους προχριστιανικούς αιώνες σε αντιδιαστολή με τους μεταγενέστερους και νεότερους χρόνους: *-α Ελλάδα/ελληνική ιστορία·* ~ *ελληνικός πολιτισμός· συγγραφείς -οι· κείμενο -ο· τραγωδία -α.* - Το αρσ. στον πληθ. ως ουσ. = αυτοί που έζησαν κατά τους προχριστιανικούς αιώνες (συνήθως οι Έλληνες). - Το ουδ. στον πληθ. ως ουσ. = 1. έργα αρχιτεκτονικής, γλυπτικής, χαρακτικής, κ.ά., τεχνών της αρχαιότητας: *βρήκαν* ~· *προσπάθησε να πουλήσει* ~. 2. η αρχαία ελληνική γλώσσα: *η διδασκαλία/το μάθημα/η γραμματική/η χρησιμότητα των -ων·* (συνεκδοχικά) *ο βαθμός/η ώρα των -ων* (= του σχολικού μαθήματος).
αρχαιότητα η, ουσ. 1. οι αρχαίοι χρόνοι (και ιδίως οι κλασικοί), η εποχή ακμής του αρχαίου κόσμου: ~ *ελληνική / ρωμαϊκή / αιγυπτιακή / μακρινή.* 2. (στον πληθ.) αντικείμενα, μνημεία τέχνης ενός αρχαίου πολιτισμού: *οι -ες της Αθήνας· -ες αθάνατες* (συνών., λ. *αρχαίος,* ουδ., σημασ. 1).
αρχαιότροπος, -η, -ο, επίθ., που μιμείται τον τρόπο των αρχαίων· *τεχνίτης* ~.
αρχαιοφιλία η, ουσ., αγάπη για την αρχαιότητα ή τα αρχαία έργα τέχνης (συνών. *αρχαιολατρία*).
αρχαιόφιλος, -η, -ο, επίθ., που αγαπά την αρχαιότητα ή τα αρχαία έργα τέχνης (συνών. *αρχαιολάτρης*).

αρχαιοφύλακας ο, ουσ., φύλακας μουσείου ή άλλου χώρου αρχαιοτήτων.

αρχαιρεσία η, ουσ. (συνήθως στον πληθ.), ψηφοφορία για την ανάδειξη μελών προεδρείου ή διοικητικού συμβουλίου: *-ες σωματείου* (συνών. ε*κλογές*).

αρχαϊσμός ο, ουσ. 1. μίμηση των αρχαίων: ~ *άχρηστος/γλωσσικός.* 2. λέξη ή φράση ή γενικότερα τρόπος σύνταξης που αρχαΐζει: *το κείμενό του είναι γεμάτο -ούς· άτοπος* ~ (= η αντικατάσταση μιας λέξης του κοινού λεξιλογίου με άλλη αρχαϊστικότερη ή και αρχαία ελληνική χωρίς ιδιαίτερο λόγο, αλλά με ζημία του γλωσσικού ύφους).

αρχαϊστής ο, θηλ. **-ίστρια** η, ουσ. 1. αυτός που μιμείται τα αρχαία πρότυπα στην τέχνη. 2. αυτός που χρησιμοποιεί στο λόγο του αρχαϊσμούς.

αρχαϊστικός, -ή, -ό, επίθ. 1. που μιμείται αρχαία πρότυπα: *τέχνη/γλώσσα -ή.*

αρχαϊστρια, βλ. *αρχαϊστής.*

αρχάνθρωπος ο, ουσ., ονομασία για τους πρώτους ανθρώπους στη γη, εκείνους που έζησαν στην παλαιολιθική εποχή: ~ *των Πετραλώνων.*

αρχάριος, -ά, -ο, επίθ. (ασυνίζ.). 1. που βρίσκεται στην αρχή των σπουδών του ή της εξάσκησης ενός επαγγέλματος: *είναι* ~ *στη δουλειά του· τμήμα -ίων (μαθητών)* (συνών. *πρωτόπειρος, πρωτάρης).* 2. που είναι αδέξιος εξαιτίας της απειρίας του: *ο κουρέας είναι εντελώς* ~ (συνών. *ατζαμής).*

αρχέγονος, -η, -ο, επίθ., που εμφανίζεται με την αρχική του μορφή: *πολιτισμός/λαός* ~· *κατάσταση -η* (συνών. *παλαιός, πρωτόγονος).*

αρχειακός, -ή, -ό, επίθ., που ανήκει ή αναφέρεται σε αρχείο: *έγγραφα -ά.*

αρχείο το, ουσ. 1. το σύνολο των εγγράφων, δημοσίων ή ιδιωτικών, ή άλλων γραπτών στοιχείων τα οποία φυλάγονται για την κάλυψη σχετικών αναγκών: ~ *συλλόγου·* γενικά *-α του κράτους·* ~ *προσωπικό/ιστορικό.* 2. το μέρος όπου φυλάγονται τα παραπάνω στοιχεία: *ψάξε στο* ~· (μεταφ.) *βάζω μια υπόθεση στο* ~/*η υπόθεση μπαίνει στο* ~ (= σταματά η έρευνα είτε γιατί δεν παρουσιάζει ενδιαφέρον, είτε για άλλους λόγους).

αρχειοθέτηση η, ουσ. (ασυνίζ.), τοποθέτηση ενός εγγράφου, δελτίου, κ.τ.ό., στην κατάλληλη θέση μέσα σε αρχείο (συνών. *εναρχείωση).*

αρχειοθετώ, -είς, ρ. (ασυνίζ.), τοποθετώ ένα έγγραφο, δελτίο, κ.τ.ό., στην κατάλληλη θέση μέσα σε αρχείο: ~ *τα πιστοποιητικά/τις αποδείξεις* (συνών. *εναρχειώνω).*

αρχειοθήκη η, ουσ. (ασυνίζ.), θήκη, συρτάρι ή ντουλάπι όπου φυλάγονται τα έγγραφα ενός αρχείου.

αρχειοφύλακας ο, ουσ. (ασυνίζ.), υπάλληλος υπεύθυνος για τη φύλαξη και τακτοποίηση αρχείου.

αρχέτυπο το και **αρχέτυπος,** ουσ. 1. ό,τι χρησιμεύει ως υπόδειγμα (για αντιγραφή ή εκτύπωση) (συνών. *πρότυπο).* 2. (φιλολ.) το πρώτο κείμενο, που βρίσκεται πιο κοντά στο αρχικό, από το οποίο προέρχεται ολόκληρη η χειρόγραφη παράδοση: ~ *μιας ομάδας κωδίκων.* 3. (γενικά) πρότυπο, παράδειγμα για μίμηση: ~ *τελειότητας.*

αρχέτυπος, -η, -ο, επίθ., που χρησιμεύει ως πρότυπο, ως υπόδειγμα: *έντυπο/έγγραφο -ο· μύθος* ~ (= που χρησιμεύει ως πρότυπο ή βάση για τη δημιουργία παραλλαγών). - Το ουδ. ως ουσ. (για βι- βλίο) που τυπώθηκε τα πρώτα χρόνια της τυπογραφίας.

αρχή η, ουσ. 1. απαρχή, έναρξη, αφετηρία: ~ *φιλίας/σχέσης/διήγησης/κειμένου/βιβλίου·* ~ *καλή/εύκολη/ευοίωνη·* (χρον.) ~ *του χειμώνα/του μήνα/του πολέμου/της σταδιοδρομίας/του τέλους·* (τοπ.) ~ *του δρόμου/της ανηφόρας/της σήραγγας* (αντ. *τέλος, τέρμα)·* εκφρ. *(από) μιας -ής, από την* ~ (= εξαρχής); *από την* ~ *μου έδειξε δυσμένεια· στην* ~ (= αρχικά): *στην* ~ *μας φέρθηκε καλά·* ~ *και τέλος* (= «το παν», ό,τι είχε μεγαλύτερη σημασία σε κάτι, «το άλφα και το ωμέγα»)· φρ. *η* ~ *είναι το ήμισυ του παντός· δε βρίσκω ούτ'* ~ *ούτε τέλος* (για πράγμα ασυνάρτητο ή πολύπλοκο)· *κάθε* ~ *και δύσκολη· κάνω* ~ (= αρχίζω κάτι). 2. προέλευση, πρώτη αρχή: ~ *του κόσμου.* 3. αφορμή, πρώτη αιτία: ~ *του κακού/του σκανδάλου/των προβλημάτων/της παρεξήγησης.* 4. προϋπόθεση: (γνωμ.) ~ *σοφίας φόβος Κυρίου· βασική* ~ *για τη συνεργασία μας είναι η τήρηση του ωραρίου* (συνών. *βάση).* 5. εξουσία, κράτος, κυβέρνηση: ~ *αρμόδια/προϊστάμενη/αστυνομική/πολιτική/δημοτική/κρατική/τοπική/εφοριακή/αναγνωρισμένη· κατέλαβαν την* ~ *με τη βία· βρίσκεται στην* ~ *μια τετραετία.* 6. (στον πληθ.) εκπρόσωποι της πολιτικής, διοικητικής, αστυνομικής εξουσίας και γενικά ανώτεροι αξιωματούχοι: *οι -ές έλαβαν μέρος στην τελετή.* 7. κανόνας που είναι διατυπωμένος επιστημονικά: ~ *των συγκοινωνούντων δοχείων/του Νεύτωνα/του Αρχιμήδη·* ~ *θεμελιώδης/απόλυτη* (συνών. *αξίωμα, νόμος).* 8α. (στον πληθ.) οι θεμελιώδεις γνώσεις μιας επιστήμης που είναι διατυπωμένες με τρόπο μεθοδικό: *-ές της φιλοσοφίας/φυσικής·* -ές γενικές· **β.** (συνεκδοχικά για τέχνη, επιστημονική εμπειρία, κλπ.): *-ές της ζωγραφικής/ανατομίας/οικονομίας· -ές στοιχειώδεις.* 9. (γενικά) κανόνας, αξίες: *-ές ηθικές/πολιτικές/ιδεολογικές· δεν έχει -ές στη ζωή του· -ές ανεφάρμοστες·* ~ *απαράβατη.*

αρχή άνδρα δείκνυσι· αρχαϊστ. εκφρ. = η εξουσία δείχνει τις ικανότητες και το χαρακτήρα κάποιου.

αρχηγείο το, ουσ. 1. η έδρα αρχηγού και των υπηρεσιών που βρίσκονται κάτω από τις διαταγές του: ~ *γενικό/μυστικό.* 2. η διοίκηση και το επιτελείο στρατιωτικών υπηρεσιών: ~ *χωροφυλακής/στρατού.*

αρχηγέτης ο, ουσ., πρώτος αρχηγός, γενάρχης.

αρχηγεύω, (σπάνιο) ρ., είμαι αρχηγός, εκτελώ καθήκοντα αρχηγού.

αρχηγία η, ουσ., η εξουσία και το αξίωμα αρχηγού: *ανάληψη -ας·* ~ *γενική/προσωρινή* (συνών. *ηγεσία, αρχηγιλίκι).*

αρχηγιλίκι το, ουσ. (λαϊκ.), αρχηγία (βλ. λ.).

αρχηγός ο, θηλ. **-ός** και (λαϊκ.) **-ίνα** η, ουσ. 1. αυτός που έχει τη γενική εξουσία, ηγεμόνας, κυβερνήτης: ~ *του στρατού/ναυτικού· συνάντηση σε επίπεδο -ών κρατών* (συνών. *ηγέτης).* 2. (γενικά) ο επικεφαλής: ~ *ομάδας/σπείρας/οργάνωσης/κόμματος/αποστολής· θρησκευτικός* ~. 3. αυτός που πρωτοστατεί σε μια προσπάθεια ή που θέτει τις βάσεις για κάτι: ~ *του κινήματος* (συνών. *πρωτεργάτης).*

-άρχης, θηλ. **-άρχισσα,** β´ συνθ. που δηλώνει: 1. αξίωμα ή βαθμό: *συνταγματάρχης, λυκειάρχης, γυμνασιάρχης, νομάρχισσα, αποσπασματάρχης.* 2. εκείνον που συνηθίζει κάτι: *σκασιάρχης* = μα-

θητής που συχνά «το σκάει» = απουσιάζει (από τα μαθήματα).
αρχή σοφίας φόβος Κυρίου· αρχαϊστ. έκφρ. = προϋπόθεση για την αληθινή σοφία είναι η πίστη στο Θεό.
αρχι-, αχώρ. μόρ. 1. δηλώνει πρωτεία ή αρχηγία: *αρχιεπίσκοπος, αρχικλητήρας.* 2. δηλώνει υπερβολή: *αρχιτεμπέλης, αρχιψεύτης.* 3. δηλώνει αρχή (χρον.): *αρχιμηνιά.*
αρχιαναστενάρης ο, θηλ. **-ισσα**, ουσ. (ασυνίζ.), αρχηγός της γιορτής των αναστεναρίων και της ομάδας των αναστενάρηδων.
αρχίατρος ο, ουσ. (στρατ.) γιατρός αξιωματικός που έχει βαθμό αντίστοιχο με εκείνον του αντισυνταγματάρχη.
αρχιγραμματέας και **-εύς** ο, γεν. *-έως*, πληθ. *-είς*, ουσ. 1. προϊστάμενος γραμματέων. 2. (ιστ.) *-εύς της επικρατείας* = πρωθυπουργός στην οθωνική περίοδο.
αρχιδάτος, -η, -ο, επίθ., 1. που έχει μεγάλους όρχεις. 2. (λαϊκ., μεταφ.) που είναι πολύ ικανός σε κάτι.
αρχιδεσμοφύλακας ο, ουσ., ο επικεφαλής των δεσμοφυλάκων.
αρχίδι το, ουσ. (λαϊκ.), όρχις (βλ. λ.) (συνών. για σφαζόμενα ζώα στον πληθ. *αμελέτητα*). [μεσαιων. *ορχίδιον* <αρχ. *όρχις*].
αρχιδιάκονος ο, ουσ. (ασυνίζ.), τίτλος διακόνου που του καθορίζει την προτεραιότητα ανάμεσα σε ομοβάθμους του, ο διάκονος που βρίσκεται στην υπηρεσία του επισκόπου (συνών. *πρωτοδιάκονος*).
αρχιδικαστής ο, θηλ. **-ίνα** η, ουσ. 1. ο προϊστάμενος των δικαστών, ο πρόεδρος του δικαστηρίου. 2. τίτλος ανώτατου δικαστικού λειτουργού στην Αγγλία και τις Η.Π.Α.
αρχιδούκας ο, θηλ. **-ισσα** η, ουσ., παλαιότερος τίτλος ευγένειας στον αυτοκρατορικό οίκο της Αυστρίας.
αρχιεπισκοπή η, ουσ. (ασυνίζ.). 1. η περιφέρεια στην οποία εκτείνεται η δικαιοδοσία του αρχιεπισκόπου. 2. το οίκημα όπου βρίσκονται το γραφείο και η κατοικία του αρχιεπισκόπου.
αρχιεπίσκοπος ο, ουσ. (ασυνίζ.), ο πρώτος, ο προϊστάμενος των επισκόπων και (γενικότερα) των αρχιερέων μιας εκκλησιαστικής περιφέρειας: *~ Αθηνών και πάσης Ελλάδος.*
αρχιεπιστάτης ο, θηλ. **-ισσα** και **-τρια** η, ουσ. (ασυνίζ.), ο επικεφαλής των επιστατών, ο πρώτος (στην ιεραρχία) επιστάτης: *~ της φυτείας/του υποστατικού.*
αρχιεπιστολέας ο, ουσ. (ασυνίζ.), αρχηγός επιτελείου του στρατού.
αρχιερατεύω, ρ. (ασυνίζ.), είμαι αρχιερέας.
αρχιερατικός, -ή, -ό, επίθ. (ασυνίζ.), που ανήκει ή έχει σχέση με τον αρχιερέα: *άμφια -ά· λειτουργία -ή· αξίωμα -ό· προσευχή -ή* (= η προσευχή του Χριστού κατά το Μυστικό Δείπνο).
αρχιεργάτης ο, θηλ. **-τρια** η, ουσ. (ασυνίζ.), ο προϊστάμενος των εργατών.
αρχιερέας ο, ουσ. (ασυνίζ.), κληρικός που έχει το αξίωμα του επισκόπου.
αρχιεροσύνη η, ουσ. (ασυνίζ.), το αξίωμα του αρχιερέα.
αρχίζω, ρ. Α. (μτβ.) κάνω αρχή ενός πράγματος: *-ισε πρώτος να μιλάει· -ει δράση/τη δουλειά του/το διάβασμα/τη διήγηση/τα δικά του/της* (συνών. *ξεκινώ*· αντ. *τελειώνω*). Β. (αμτβ.) είμαι, βρίσκομαι στην αρχή, στην έναρξη: *-ει η μέρα/να βρέχει· -ισε ξαφνικά ο καβγάς* (συνών. *ξεκινώ*· αντ. *σταματώ*).
αρχικαγκελάριος ο, ουσ. (ασυνίζ.), πρωθυπουργός της Αυστρίας και της Γερμανίας στη νεότερη ιστορία.
αρχικατάσκοπος ο, ουσ. 1. ο επικεφαλής των κατασκόπων. 2. αυτός που είναι πολύ ικανός στην κατασκοπεία.
αρχικελευστής ο, ουσ., ανώτερος υπαξιωματικός του πολεμικού ναυτικού ή του λιμενικού σώματος.
αρχικλέφτης και **αρχικλέφταρος** ο, ουσ., κλέφτης πολύ επιτήδειος.
αρχικλητήρας ο, ουσ., ο προϊστάμενος των κλητήρων μιας υπηρεσίας.
αρχικός, -ή, -ό, επίθ., που βρίσκεται στην αρχή, πρώτος: *σχέδια/γράμματα/αίτια/στοιχεία -ά· σκοπός ~· εντύπωση/κατάσταση/μορφή -ή· χρόνοι -οί* (ενός ρήματος) (συνών. *αρκτικός, πρωταρχικός*· αντ. *τελικός*). - Το ουδ. στον πληθ. ως ουσ. = τα αρκτικά γράμματα ονομάτων ή άλλων λέξεων: *χάραξαν στο δέντρο τα -ά τους.* - Επίρρ.: *-ά: -ά το πρόγραμμα ήταν άλλο* (αντ. *τελικά*).
αρχιλήσταρχος ο, ουσ., ληστής σπουδαίος, διαβόητος.
αρχιληστής ο, ουσ., αρχηγός ληστών.
αρχιλογιστής ο, ουσ., ο προϊστάμενος των λογιστών μιας επιχείρησης ή υπηρεσίας.
αρχιμάγειρος και (λαϊκ.) **-ας**, θηλ. **-ισσα** η, ουσ., επικεφαλής των μαγείρων.
αρχιμανδρίτης ο, ουσ., τίτλος, αξίωμα άγαμου κληρικού.
αρχιμασόνος ο, ουσ., κορυφαίος στην ιεραρχία της μασονικής στοάς.
αρχιμάστορας ο, ουσ., ο επικεφαλής των μαστόρων (συνών. *αρχιτεχνίτης*.)
αρχιμηνιά η, ουσ. (συνιζ.), η πρώτη μέρα του μήνα· *~ κι αρχιχρονιά κι αρχή καλός μας χρόνος* (συνών. *πρωτομηνιά*).
αρχιμηνιάτικα, επίρρ., (συνιζ., ιδιωμ.), κατά την πρώτη μέρα του μήνα (συνών. *πρωτομηνιάτικα*).
αρχιμηχανικός ο, ουσ. 1. ο προϊστάμενος των μηχανικών: *~ εταιρείας.* 2. ανώτερος αξιωματικός του (πολεμικού) ναυτικού.
αρχιμουσικός ο, ουσ., ο προϊστάμενος των μουσικών, διευθυντής ορχήστρας (συνών. *μαέστρος*).
αρχίνημα το, ουσ. (λαϊκ.), αρχή, έναρξη.
αρχινίζω, ρ. (λαϊκ.), αρχίζω (βλ. λ.).
αρχίνισμα το, ουσ. (λαϊκ.), αρχή, έναρξη, αρχίνημα.
αρχινοσοκόμος ο, θηλ. **-α** η, ουσ., ο επικεφαλής των νοσοκόμων.
αρχινώ, -άς, ρ. (λαϊκ.), αρχίζω (βλ. λ.).
αρχιπέλαγος και (λαϊκ.) **αρχιπέλαγο** το, ουσ., σύνολο νησιών σε μεγάλη θαλάσσια έκταση: *~ του Αιγαίου/των Φιλιππίνων.*
αρχιραβίνος ο, ουσ., ο προϊστάμενος των ραβίνων, ο θρησκευτικός αρχηγός κάθε ισραηλιτικής κοινότητας.
αρχισμηνίας ο, ουσ., υπαξιωματικός της πολεμικής αεροπορίας.
αρχιστρατηγία η, ουσ. 1. το αξίωμα του αρχιστράτηγου. 2. το χρονικό διάστημα κατά το οποίο κάποιος είναι αρχιστράτηγος.
αρχιστράτηγος ο, ουσ. 1. ανώτατος αξιωματικός

αρχισυντάκτης

που αναλαμβάνει τη διοίκηση του στρατού. **2.** (θρησκ. για τον αρχάγγελο Μιχαήλ) αρχηγός των αγγελικών ταγμάτων.

αρχισυντάκτης ο, θηλ. **-τρια**, ουσ. (έρρ.), ο προϊστάμενος της σύνταξης εφημερίδας, περιοδικού, κλπ., ο επικεφαλής των συντακτών: *υπήρξε ~ δύο απογευματινών εφημερίδων.*

αρχισυνταξία η, ουσ. (έρρ.), η ιδιότητα και οι αρμοδιότητες, καθώς και το γραφείο του αρχισυντάκτη εφημερίδας ή περιοδικού.

αρχιτέκτονας ο, θηλ. **-ισσα**, ουσ. **1.** επιστήμονας που σχεδιάζει οικοδομήματα και επιβλέπει την κατασκευή τους: *~ διάσημος/νεοτεριστής· ~ μηχανικός* (μελετά την οργάνωση του χώρου, μέσα στον οποίο αναπτύσσονται οι διάφορες λειτουργίες της ανθρώπινης ζωής). **2.** (μεταφ.) δημιουργός, πρωτεργάτης: *~ της συνωμοσίας/πολιτικού συστήματος.*

αρχιτεκτονική η, ουσ. **1.** η τέχνη της οικοδομίας και διακόσμησης των οικοδομημάτων και η επιστήμη που τη μελετά: *~ βυζαντινή/της Αναγέννησης/θρησκευτική/νεοκλασική· κτήρια σύγχρονης -ής.* **2.** (συνεκδοχικά) το πώς δομείται ένα έργο (συνήθως λογοτεχνικό): *~ του συγγράμματος/θεατρικού έργου/τοπίου* (συνών. *διάταξη, διάρθρωση).*

αρχιτεκτονικός, -ή, -ό, επίθ. **1.** που ανήκει ή αναφέρεται στον αρχιτέκτονα: *γραφείο -ό.* **2.** που γίνεται σύμφωνα με τους κανόνες της αρχιτεκτονικής: *ρυθμοί -οί· σχέδια -ά· μελέτη -ή· διάκοσμος ~.*

αρχιτεκτόνισσα, βλ. *αρχιτέκτονας.*

αρχιτεμπέλης, ο, ουσ. (έρρ. και όχι έρρ.), άνθρωπος υπερβολικά τεμπέλης.

αρχιτεχνίτης ο, θηλ. **-ίτρα** και **-ίτισσα**, ουσ., ο επικεφαλής των τεχνιτών, πρωτομάστορας (συνών. *αρχιμάστορας*).

αρχιτσέλιγκας ο, ουσ. (έρρ.), ο επικεφαλής των τσελιγκάδων.

αρχιφύλακας ο, ουσ. **1.** ο επικεφαλής της φρουράς φυλακίου, στρατώνα, φυλακής. **2.** ανώτερος βαθμοφόρος της αστυνομίας.

αρχιχρονιά η, ουσ. (συνιζ.), η πρώτη μέρα του έτους: *αρχιμηνιά κι ~ κι αρχή καλός μας χρόνος* (συνών. *πρωτοχρονιά*).

αρχιχρονιάτικος, -η, -ο, επίθ. (συνιζ.), που ανήκει ή αναφέρεται στην πρώτη μέρα του χρόνου: *δώρα -α* (συνών. *πρωτοχρονιάτικος*). - Επίρρ. **-α.**

αρχιψεύτης ο, θηλ. **-τρα**, ουσ., άνθρωπος υπερβολικά ψεύτης: *τον πίστεψες; αυτός είναι ~.* -Μεγεθ. **-αρος** ο.

αρχομανής, -ής, -ές, γεν. *-ούς*, πληθ. αρσ. και θηλ. *-είς*, ουδ. *-ή*, επίθ., που επιδιώκει με κάθε τρόπο να καταλάβει την εξουσία (συνών. *φίλαρχος*).

αρχομανία η, ουσ., μανία, επιδίωξη με κάθε τρόπο κάποιου να καταλάβει την εξουσία (συνών. *φιλαρχία*).

αρχοντανάθρεφω, ρ. (έρρ.), ανατρέφω με τρόπο αρχοντικό, με οικονομική άνεση και ευγενικούς τρόπους: *το παιδί της είναι -μμένο.*

αρχοντάνθρωπος ο, ουσ. (έρρ.). **1.** άνθρωπος ευπαρουσίαστος, επιβλητικός και ευγενικός. **2.** άνθρωπος γενναιόδωρος: *ήταν ~ και κουβαρντάς.*

αρχοντάρης, ο, ουσ. (έρρ.), μοναχός υπεύθυνος για την υποδοχή και φιλοξενία των επισκεπτών.

αρχονταρίκι το, ουσ. (έρρ.), αίθουσα υποδοχής και ξενώνας μοναστηριού.

αρχονταρρώστια η, ουσ. (έρρ., συνιζ.), αρρώστια χρόνια και πολυέξοδη.

άρχοντας ο, θηλ. **-ισσα** η, ουσ. (έρρ.). **1.** ηγέτης, κυβερνήτης: *ανώτατος ~* (συνών. *αρχηγός*). **2.** άνθρωπος με ευγενική καταγωγή και συνήθως πλούσιος.

αρχοντιά η, ουσ. (έρρ., συνιζ.). **1.** η ιδιότητα του άρχοντα· ευγένεια καταγωγής. **2.** τρόποι ευγενικοί, αρχοντική συμπεριφορά: (παροιμ.) *η καθαριότητα είναι μισή ~.* **3.** εμφάνιση επιβλητική, αξιοθαύμαστη: *είχε ~ στο περπάτημα!*

αρχοντικός, -ή, -ό, επίθ. (έρρ.). **1.** που ανήκει ή αναφέρεται σε άρχοντα: *γενιά/καταγωγή -ή.* **2.** που ταιριάζει σε άρχοντα: *τρόποι -οί· συμπεριφορά/ευγένεια -ή* (συνών. *αριστοκρατικός*). **3.** που εμπνέει σεβασμό (συνών. *επιβλητικός*). - Το ουδ. ως ουσ. = (παλιό) σπίτι πολυτελούς κατασκευής που ανήκε σε άρχοντα ή πλούσιο: *-ά νεοκλασικά/διατηρητέα/ερειπωμένα· -ά της Καστοριάς/του Πηλίου.* - Επίρρ. **-ά:** *αναθρεμμένος -ά.*

αρχοντιλίκι το, ουσ. (έρρ. λαϊκ.), αρχοντιά (βλ. λ.).

αρχόντισσα, βλ. *άρχοντας.*

αρχοντογενιά η, ουσ. (έρρ., συνιζ.), γενιά αρχοντική, αριστοκρατική.

αρχοντογεννημένος, -η, -ο, μτχ. επίθ. (έρρ.), που είναι γόνος αριστοκρατικής οικογένειας.

αρχοντογυναίκα η, ουσ. (έρρ.), γυναίκα με εμφάνιση και τρόπους αρχοντικούς.

αρχοντοθυγατέρα η, ουσ. (έρρ.), κόρη ευγενούς ή πλούσιου (συνών. *αρχοντοκόρη*).

αρχοντοκόρη, η, ουσ. (έρρ.), θυγατέρα, κόρη ευγενικής ή πλούσιας οικογένειας (συνών. *αρχοντοθυγατέρα*).

αρχοντολόι το, ουσ. (έρρ.), η τάξη των ευγενών, των πλουσίων (συνών. *αριστοκρατία*).

αρχοντονιός ο, ουσ. (έρρ., συνιζ.), νέος ευγενούς και πλούσιας οικογένειας.

αρχοντονοικοκύρης ο, ουσ. (έρρ.), ευγενής ή πλούσιος οικοδεσπότης.

αρχοντοξεπεσμένος, -η, -ο, μτχ. επίθ. (έρρ.), που από πλούσιος έγινε φτωχός.

αρχοντόπαιδο το, ουσ. (έρρ.), γόνος πλούσιας οικογένειας (συνών. *πλουσιόπαιδο*).

αρχοντοπερνώ, -άς, ρ. (έρρ.), περνώ πλούσια, ζω με οικονομική άνεση.

αρχοντοπιάνομαι, ρ. (έρρ.). **1.** επιδιώκω κοινωνικές σχέσεις με ευγενείς ή πλούσιους. **2.** γίνομαι με γάμο συγγενής ευγενών ή πλουσίων. **3.** παριστάνω τον πλούσιο, ενώ είμαι φτωχός, μεγαλοπιάνομαι.

αρχοντοπούλα η, ουσ. (έρρ.), κόρη ευγενούς και πλούσιας οικογένειας.

αρχοντόπουλο το, ουσ. (έρρ.), γιος ευγενούς και πλούσιας οικογένειας, πλουσιόπαιδο.

αρχοντόσπιτο το, ουσ. (έρρ.), σπίτι ευγενούς ή πλούσιου, πλουσιόσπιτο, αρχοντικό (αντ. *φτωχόσπιτο, φτωχικό*).

αρχοντοχωριάτης ο, θηλ. **-ισσα**, ουσ. (έρρ., συνιζ.), χωρικός πλούσιος ή νεόπλουτος που παραμένει αγροίκος, άξεστος: *«Ο Αρχοντοχωριάτης»* (τίτλος μεταφρασμένης κωμωδίας του Μολιέρου).

αρχοντοχωριάτικος, -η, -ο, επίθ. (έρρ., συνιζ.), που ταιριάζει σε αρχοντοχωριάτη: *τρόποι -οι* (συνών. *αγροίκος, άξεστος*).

αρχοντοχωριάτισσα, βλ. *αρχοντοχωριάτης.*

αρχύτερα, επίρρ., πριν (από), νωρίτερα: *ας φύγουμε μια ώρα ~.*

άρχω, ρ., εξουσιάζω, κυβερνώ· έκφρ. (λόγ.) *-ουσα τάξη*.

-άρω, κατάλ. ρημ.: *αγκαζάρω, γουστάρω, κριτικάρω*. [ιταλ. απαρ. σε *-are*].

αρωγή η, ουσ. (λόγ.), βοήθεια, συνδρομή: *ταμείο -ής· ~ χρηματική*.

αρωγός ο, ουσ., αυτός που βοηθά, ενισχύει: *ο Ερυθρός Σταυρός στάθηκε ~ στους σεισμοπαθείς* (συνών. *βοηθός, ενισχυτής*).

άρωμα το, ουσ. 1. ευχάριστη μυρωδιά: *~ λουλουδιών/του καφέ· ~ βαρύ/διακριτικό/λεπτό/μεθυστικό* (συνών. *ευωδιά·* αντ. *δυσωδία*). 2. υγρό παρασκεύασμα που αποτελεί μίγμα διαφόρων αρωματικών ουσιών (στις κατάλληλες αναλογίες) και έχει ευχάριστη μυρωδιά.

αρωματίζω, ρ., ραντίζω ή αλείφω με άρωμα: *~ το δωμάτιο/το σώμα*.

αρωματικός, -ή, -ό, επίθ., που αναδίδει ευωδιά, που μοσχοβολάει: *ουσία -ή· φυτό -ό*. - Το ουδ. ως ουσ. = αρωματική ουσία, άρωμα.

αρωματοποιία η, ουσ., η κατασκευή αρωμάτων.

αρωματοποιός ο, ουσ. (ασυνίζ.), αυτός που κατασκευάζει αρώματα.

αρωματοπωλείο το, ουσ., κατάστημα όπου πουλιούνται αρώματα.

αρωματοπώλης ο, ουσ., αυτός που πουλάει αρώματα.

αρώτητα, επίρρ. (λαϊκ.). 1. χωρίς να γίνει ερώτηση. 2. χωρίς άδεια: *μπήκε μέσα ~*.

αρώτητος, -η, -ο, επίθ., που δεν τον ρώτησαν.

ας, μόρ., δηλώνει: 1. προτροπή: *~ μείνει κάποιος κοντά της για συντροφιά*. 2. κάτι που έπρεπε να γίνει στο παρελθόν: *~ διάβαζες περισσότερο για να έγραφες καλύτερα*. 3. συγκατάθεση, συναίνεση, παραχώρηση, αδιαφορία: *~ πάει όπου θέλει, δε με νοιάζει καθόλου*. 4. ευχή, επιθυμία, κατάρα: *Θεέ μου, ~ γίνει καλά! απ' το Θεό ~ το 'βρει*. 5. χρονικό: *~ γυρίσει και βλέπουμε*. 6. σύσταση: *βάλε τα χόρτα μέσα στο κρέας και ~ βράσουν για μια ώρα*. 7. απειλή: *~ τολμήσει να έρθει μετά απ' όσα μου έκανε*. [προστ. *άφες* του αρχ. *αφίημι*].

-άς, κατάλ. αρσ. ουσ.: *γαλατάς, φαγάς, γυναικάς, σφουγγαράς*.

ασαβάνωτος, -η, -ο, επίθ., που δε σαβανώθηκε: *θάφτηκε ~* (αντ. *σαβανωμένος*).

ασαβούρωτος, -η, -ο, επίθ. 1. που δεν έχει σαβούρα, έρμα: *καράβι -ο* (συνών. *ανερμάτιστος*). 2. (μεταφ.) επιπόλαιος: *μυαλό -ό*.

ασαγήνευτος, -η, -ο, επίθ., που δεν έχει σαγηνευτεί, γοητευτεί: *ήταν ο μόνος ~ από την ομορφιά της* (αντ. *σαγηνευμένος, γοητευμένος*).

ασακάτευτος, -η, -ο, επίθ. 1. που δε σακατεύτηκε, που δεν είναι ανάπηρος: *είναι ο μόνος ~ από το τροχαίο ατύχημα* (αντ. *σακατεμένος*). 2. (μεταφ.) που δεν έπαθε υλική ή ηθική ζημιά: *ο μεγάλος σεισμός δεν άφησε κανέναν -ο*.

ασάκιαστος, -η, -ο, επίθ., που δε μπήκε σε σακί: *σύκα -α*.

ασάλευτος, -η, -ο, επίθ. 1. που δε σαλεύει, ακίνητος: *στέκεται ~ σαν πεθαμένος· θάλασσα -η* (= γαλήνια). 2. (μεταφ.) σταθερός, αμετάβλητος: *γνώμη -η· παρ' όλες τις απειλές αυτές έμεινε ~ στην άποψή του*. Επίρρ. **-α**: *τον κοίταζε -α*.

ασάλιωτος, -η, -ο, επίθ., που δε σαλιώθηκε: *στόμα -ο* (αντ. *σαλιωμένος*).

ασαλπάριστος, -η, -ο, επίθ. 1. που δεν ανασύρθηκε από το βυθό: *άγκυρα -η*. 2. (για πλοίο) που δεν

απέπλευσε, δεν ξεκίνησε από το λιμάνι.

ασαμάρωτος, -η, -ο, επίθ. 1. που δεν έχει σαμάρι, ξεσαμάρωτος (αντ. *σαμαρωμένος*). 2. (μεταφ., λαϊκ.) ανύπαντρος.

ασανίδωτος, -η, -ο, επίθ., που δεν έχει σανίδια: *δωμάτιο -ο*.

ασανσέρ το, ουσ., συσκευή που χρησιμοποιείται σε πολυκατοικίες για την ανέλκυση ή ανύψωση ατόμων ή φορτίων: *το ~ σταματά σ' όλα τα πατώματα* (συνών. *ανελκυστήρας*). [γαλλ. *ascenseur*].

ασάπιστος, -η, -ο, επίθ., που δε σάπισε, που δε σαπίζει (αντ. *σαπισμένος*).

ασαπούνιστος, -η, -ο, επίθ., που δεν πλύθηκε με σαπούνι, άπλυτος, βρόμικος: *έχω ακόμη λίγα ρούχα -α* (αντ. *σαπουνισμένος*).

ασαράντιστος, -η, -ο, επίθ. α. (για λεχώνα ή μωρό) που δε συμπληρώθηκαν σαράντα ημέρες από τότε που γέννησε ή γεννήθηκε: *το μωρό μου είναι ακόμη -ο και δεν το βγάζω έξω*· **β**. (για νεκρό) που δε συμπληρώθηκαν σαράντα ημέρες από τότε που πέθανε.

άσαρκος, -η, -ο, επίθ. 1. που δεν έχει πολλές σάρκες, αδύνατος, ισχνός: *χείλη -α* (συνών. *λιπόσαρκος*). 2. που δεν έχει σάρκες: *κόκαλα -α*.

ασάρωτος, -η, -ο, επίθ., που δεν έχει σαρώσει, σκουπίσει: *αυλή -η* (συνών. *ασκούπιστος*). -Επίρρ. **-α**.

ασατίριστος, -η, -ο, επίθ., που δε σατιρίστηκε, δε διακωμωδήθηκε: *οι συγγραφείς επιθεωρήσεων δεν αφήνουν κανένα πολιτικό πρόσωπο -ο*.

ασάφεια η, ουσ. (ασυνίζ.), έλλειψη νοηματικής καθαρότητας, ασαφής διατύπωση, σκοτεινότητα: *τα κείμενά του περιέχουν ασυγχώρητες -ες· ~ νόμου* (αντ. *σαφήνεια*).

ασαφής, -ής, -ές, γεν. *-ούς*, πληθ. αρσ. και θηλ. *-είς*, ουδ. *-ή*, επίθ., που τον χαρακτηρίζει ασάφεια, σκοτεινός, δυσνόητος: *διατύπωση ~· νόμος ~* (αντ. *σαφής*).

ασβεστάδικο το, ουσ., εργαστήριο που παράγει ασβέστη· πρατήριο ασβέστη.

ασβεσταριό το, ουσ. (συνιζ.), ασβεστοκάμινος (βλ. λ.).

ασβεστάς ο, ουσ. 1. αυτός που παρασκευάζει ή πουλάει ασβέστη. 2. αυτός που ασβεστώνει (συνών. *μπογιατζής, ασπριτζής*).

ασβέστης ο, ουσ. 1. λευκή «γη» που προέρχεται από την πυράκτωση ασβεστολίθων. 2. «σβησμένος» (ενυδατωμένος) ασβέστης που χρησιμοποιείται κυρίως στην οικοδομική. [*ασβέστιν<άσβεστος*].

ασβεστίλα η, ουσ., μυρωδιά του ασβέστη: *το σπίτι μυρίζει ~*.

ασβέστιο το, ουσ. (ασυνίζ.), (χημ.) μέταλλο αργυρόχρωμο, μαλακό που ανήκει στην ομάδα των αλκαλικών γαιών.

ασβεστίτης ο, ουσ. (χημ.) ορυκτό που αποτελείται από ανθρακικό ασβέστιο.

ασβεστόβουρτσα η, ουσ., βούρτσα που χρησιμεύει για ασβέστωμα.

ασβεστοκάμινος η και **ασβεστοκάμινο** το, ουσ., καμίνι όπου παρασκευάζεται ο ασβέστης με ψήσιμο ασβεστόλιθων ως συνδετική ύλη σε οικοδομικές εργασίες.

ασβεστοκονίαμα το, ουσ., μίγμα από ασβέστη, νερό και άμμο που χρησιμοποιείται ως συνδετική ύλη σε οικοδομικές εργασίες.

ασβεστόκτιστος, -η, -ο και **-χτιστος**, επίθ., που έχει επίχρισμα από ασβέστη: *σπίτι -ο.*

ασβεστόλακκος ο, ουσ., λάκκος όπου σβήνεται ο ασβέστης: *έπεσε μέσα στον -ο κι έπαθε σοβαρά εγκαύματα.*

ασβεστολιθικός, -ή, -ό, επίθ., που αποτελείται από ασβεστόλιθο: *-ό πέτρωμα.*

ασβεστόλιθος ο, ουσ., ιζηματογενές πέτρωμα που αποτελείται κυρίως από ασβεστίτη (συνών. α-σβεστόπετρα).

ασβεστόνερο το, ουσ., διάλυμα ασβέστη σε νερό: *το ~ χρησιμεύει και στη ζαχαροπλαστική.*

ασβεστόπετρα η, ουσ., ασβεστόλιθος (βλ. λ.).

άσβεστος, βλ. *άσβηστος.*

ασβεστοτενεκές ο, ουσ., τενεκές που περιέχει ασβέστη.

ασβεστότοιχος ο, ουσ., τοίχος που για την κατασκευή του χρησιμοποιήθηκε ασβεστοκονίαμα.

ασβεστούχος, -α, -ο, επίθ., που περιέχει ασβέστη: *πετρώματα -α.*

ασβεστόχριστος, -η, -ο, επίθ., που έχει επιχρισθεί με διάλυμα ασβέστη (συνών. *ασβεστωμένος*).

ασβεστόχτιστος, βλ. *ασβεστόκτιστος.*

ασβέστωμα το, ουσ., επίχριση με ασβέστη: *το σπίτι θέλει ~* (συνών. *άσπρισμα*).

ασβεστώνω, ρ. 1. επιχρίω με διάλυμα ασβέστη, ασπρίζω: *όλα τα σπίτια του νησιού ήταν -ωμένα.* **2.** (μεταφ.) επαλείφω το πρόσωπο μου με κρέμες καλλυντικές: *μούτρα -ωμένα.* **3.** ανακατεύω χώμα με ασβέστη για λίπανση.

άσβηστος, -η, -ο και **άσβεστος**, επίθ. **1.** που δε σβήνει: *παρ' όλες τις προσπάθειες η φωτιά παρέμεινε -η* (συνών. *σβησμένος, σβηστός*). **2.** (μεταφ.) που δεν μπορεί να σταματήσει, να καταπραϋνθεί, διαρκής: *λύπη -η· πόθος ~· ελπίδες -ες* (συνών. *ασίγαστος*).

ασβολερός, -ή, -ό, επίθ. **1.** που έχει το χρώμα της ασβόλης, μαύρος, σκοτεινός: *βράχος μονοκόμματος κι ~.* **2.** (μεταφ.) καταραμένος: *μέρα -ή εκείνη που σε γνώρισα.*

ασβόλη η, ουσ. (ιδιωμ.), αιθάλη, καπνιά.

ασβός ο, ουσ., θηλαστικό παμφάγο, νυκτόβιο, με τρίχωμα πυκνό και σκληρό, χρώματος ανοιχτού καφέ, με κεφάλι που καταλήγει σε οξύ ρύγχος και φέρει στη μέση του μια χαρακτηριστική άσπρη λωρίδα. [*άσβος*<πιθ. *άψοος*.]

ασέβεια η, ουσ. (ασυνίζ.). α. έλλειψη σεβασμού· **β.** έλλειψη ευσέβειας στα θεία (συνών. *ανευλάβεια*· αντ. *ευλάβεια*).

ασεβής, -ής, -ές, γεν. -ούς, πληθ. αρσ. και θηλ. -είς, ουδ. -ή, επίθ. **1.** (για άνθρωπο) α. που δε σέβεται άτομα που τους ταιριάζει ο σεβασμός, που περιφρονεί καθιερωμένες ηθικές αξίες: *~ προς τους γονείς του*· **β.** που δε σέβεται τα θεία (συνών. *ευσεβής, ευλαβικός*). **2.** (για ενέργεια) που εκδηλώνει ασέβεια: *συμπεριφορά ~.*

άσειστος, -η, -ο, επίθ. **1α.** που δεν κινείται, ακλόνητος (συνών. *ακίνητος*)· **β.** που δεν προσβάλλεται από σεισμούς: *περιοχή -η.* **2.** που δε μεταβάλλεται, σταθερός: *πίστη -η* (συνών. *αμετάβλητος*).

ασεκλέτιστος, -η, -ο, επίθ. (λαϊκ.), που δεν έχει «σεκλέτια», βάσανα, στενοχώριες: *έζησε τόσα χρόνια, γιατί ήταν ~* (συνών. *αστενοχώρητος*· αντ. *σεκλετισμένος*).

ασέλγεια η, ουσ. (ασυνίζ.), ακολασία, λαγνεία, αισχρότητα· (νομ.) *αποπλάνηση ανηλίκου σε ασέλγεια.*

ασελγής, -ής, -ές, γεν. -ούς, πληθ. αρσ. και θηλ. -είς, ουδ. -ή, επίθ., ακόλαστος, λάγνος.

ασελγώ, -είς, ρ., είμαι ασελγής· *διαπράττω ασέλγεια* (βλ. λ.).

ασέληνος, -η, -ο, επίθ. (λόγ.), (για τη νύχτα) που δεν έχει σελήνη, σκοτεινή (συνών. *αφέγγαρος*).

ασέλωτος, -η, -ο, επίθ. **1.** που δε φέρει σέλα: *άλογο -ο* (αντ. *σελωμένος*).

άσεμνος, -η, -ο, επίθ., που δεν τον χαρακτηρίζει σεμνότητα, αισχρός: *κοπέλα/συμπεριφορά -η·* *ρούχα/αστεία -α· χειρονομίες -ες* (αντ. *σεμνός*). -Επίρρ. **-α**.

ασεντόνιαστος, -η, -ο, επίθ. (έρρ.), που δεν περιβλήθηκε με σεντόνι: *πάπλωμα -ο.*

ασερβίριστος, -η, -ο, επίθ. **1.** που δε σερβιρίστηκε: *φαγητό -ο* (αντ. *σερβιρισμένος*). **2.** που δεν τον σέρβιραν: *ήμουν ο μόνος ~ εκείνη τη βραδιά.*

ασεριάνιστος, -η, -ο, επίθ. (συνιζ.). **1.** που δε σεριάνισε. **2.** που δε σεριανίστηκε.

ασετιλίνη η, ουσ. (χημ.) κοινή ονομασία του ακετυλενίου: *άναψαν την ~ στο μαγαζί.* [γαλλ. *acétylène*]

ασήκωτος, -η, -ο, επίθ. **1.** που δεν μπορεί κανείς να τον σηκώσει, πολύ βαρύς: *έπιπλα -α.* **2.** που δεν τον σήκωσαν: *τα χειμωνιάτικα ρούχα τα έχω ακόμη -α.* **3.** ανυπόφορος: *~ καημός.* **4.** (για νεκρό) που δεν κηδεύτηκε: *ο νεκρός είναι ακόμη ~* (συνών. *ακήδευτος*).

ασημάδευτος, -η, -ο, επίθ. **1.** που δεν τον σημάδεψαν, δεν τον σκόπευσαν με όπλο: *στόχος ~.* **2.** που δεν του έβαλαν σημάδι, δεν τον μαρκάρισαν (συνών. *αμαρκάριστος*· αντ. *σημαδεμένος, μαρκαρισμένος*). **3.** (μεταφ.): *η μοίρα δεν άφησε κανέναν -ο* (αντ. *σημαδεμένος*). - Επίρρ. **-α:** *τον πέτυχα -α.*

ασήμαντος, -η, -ο, επίθ. (έρρ.), που δεν έχει σημασία, σπουδαιότητα, μηδαμινός: *άνθρωπος ~· επιχείρημα -ο· εισπράξεις -ες* (συνών. *άσημος*· αντ. *σημαντικός, σπουδαίος*).

ασημείωτος, -η, -ο, επίθ. **1.** που δε σημειώθηκε, δεν καταχωρήθηκε κάπου με γραπτή σημείωση: *δαπάνες -ες* (αντ. *σημειωμένος*). **2.** που δεν έγινε αντιληπτός: *η απουσία σου από την εκδήλωση έμεινε -η* (συνών. *απαρατήρητος*).

ασημένιος, -α, -ο, επίθ. (συνιζ.). **1.** που είναι κατασκευασμένος από ασήμι: *κοσμήματα -α· λαβή -α* (συνών. *αργυρός*). **2.** που έχει το χρώμα του ασημιού, λευκός: *ουρανός άσπρος, ~* (Ρίτσος)· *φύλλα -α* (συνών. *ασημής*).

ασημής, -ιά, -ί, επίθ., που έχει το χρώμα του ασημιού: *φορούσε ένα -ί φόρεμα στη δεξίωση* (συνών. *ασημένιος*).

ασήμι το, ουσ. **1.** το μέταλλο άργυρος: *κόσμημα φτιαγμένο από ~ και χρυσάφι· ~ αδούλευτο.* **2.** ασημένιο νόμισμα. **3.** (στον πληθ.) ασημένια κοσμήματα, ασημικά. [υποκορ. του μτγν. *άσημον·* αρχ. *άσημος*].

ασημικό το, ουσ., (συνήθως στον πληθ.) ασημένια κοσμήματα ή σκεύη: *το σπίτι της είναι γεμάτο βαριά -ά.*

ασημοζώναρο το, ουσ., ζώνη ασημένια ή με ασημένια διακόσμηση (συνών. *ασημόζωνη*).

ασημόζωνη η, ουσ., ζώνη φτιαγμένη από ασήμι ή που έχει ασημένια διακόσμηση (συνών. *ασημοζώναρο*).

ασημοκάντηλο το, ουσ., ασημένιο καντήλι.

ασημοκαπνίζω, ρ., καλύπτω με λεπτή επίστρωση

ασημιού: *αλυσίδα -ισμένη· άρματα -ισμένα* (συνών. *επαργυρώνω, ασημώνω*).
ασημοκέντητος, -η, -ο, επίθ. (έρρ.), που είναι κεντημένος με ασήμι: *φόρεμα -ο.*
ασημόκλωνα η, ουσ., ασημένια κλωστή.
ασημοκούδουνο το, ουσ., ασημένιο κουδούνι.
ασημόκουπα η, ουσ., ασημένιο ποτήρι: *θα γίνω κι ~ να σε κερνάω να πίνεις* (δημ. τραγ.).
ασημομάχαιρο το, ουσ., μαχαίρι ασημένιο ή που έχει ασημένια λαβή.
ασημομέταξο το, ουσ., μετάξι που έχει το χρώμα του ασημιού.
ασημοπαλάσκα η, ουσ., ασημένια φυσιγγιοθήκη: *εζήλεψε το χαϊμαλί, τις -ες* (δημ. τραγ.).
ασημοπίρουνο το, ουσ., ασημένιο πιρούνι.
ασημοπιστόλα ή, ουσ., πιστόλι με ασημένια λαβή ή με ασημένια διακόσμηση.
ασημοπρόσωπος, -η, -ο, επίθ. (λογοτ.), (για το φεγγάρι) που έχει ασημένιο «πρόσωπο», που έχει το χρώμα του ασημιού: *προβάλλει -η βασίλισσα η σελήνη* (Παλαμάς).
άσημος, -η, -ο, επίθ., που δεν έχει σημασία, σπουδαιότητα: *δικηγόρος ~* (συνών. *ασήμαντος, αφανής*· αντ. *σημαντικός*).
ασημοσελωμένος, -η, -ο, επίθ., που έχει σέλα ασημένια.
ασημόσκονη η, ουσ., σκόνη από ασήμι ή άλλο λευκό μέταλλο ή με χρώμα ασημί: *στ' αστεράκια έβαλα ~ για να λαμπυρίζουν πάνω στο χριστουγεννιάτικο δέντρο.*
ασημοσταυρός ο, ουσ., ασημένιος σταυρός.
ασημοστολισμένος, -η, -ο, επίθ., στολισμένος με ασημένια στολίδια: *σαν Παναγιά μού φαίνεσαι -η* (δημ. τραγ.).
ασημότητα η, ουσ., ασημαντότητα, μετριότητα: *η ~ της εκδήλωσης έγινε απ' όλους αντιληπτή* (αντ. *σημασία, σπουδαιότητα*).
ασημοφέρνω, ρ. (λογοτ.), παίρνω ασημένιο χρώμα: *τρέμουν -οντας τα μαύρα κυπαρίσια* (Παλαμάς).
ασημοχρύσαφο το, ουσ. (συνήθως στον πληθ.) σκεύη ή νομίσματα ασημένια και χρυσά.
ασημοχρυσωμένος, -η, -ο, επίθ., στολισμένος με ασήμι και χρυσάφι.
ασήμωμα το, ουσ. 1. επένδυση με ασήμι: *~ της εικόνας.* 2. επαργύρωση: *~ του δίσκου.* 3. τοποθέτηση ασημένιου νομίσματος σε μωρό ή νύφη που συνοδεύεται με ευχή: *άρχισε το ~ της νύφης.*
ασημώνω, ρ. 1. επενδύω με ασημένια ελάσματα: *είχε τάξει να -ώσει την εικόνα του αϊ-Γιώργη.* 2. καλύπτω με επίστρωση ασημιού: *-ωσε το σταυρό του* (συνών. *επαργυρώνω*). 3. δίνω ασημένιο χρώμα: *το φεγγάρι -ωνε τη θάλασσα.* 4. δωρίζω ασημένιο ή χρυσό νόμισμα σε νεογέννητο, νύφη ή σε κάποιον που θα μου πει τη μοίρα μου: *-ωσε για να σου πω τη μοίρα σου!*
ασημωτής ο, ουσ., τεχνίτης που ασχολείται με το ασήμωμα (συνών. *επαργυρωτής*).
ασήμωτος, -η, -ο, επίθ. 1. που δεν είναι ασημωμένος. 2. που δε δωροδοκήθηκε: *για να πετύχει το σκοπό του δεν άφησε κανέναν -ο.*
ασημωτός, ή, ό, επίθ., ασημένιος ή επάργυρος.
άσηπτος, -η, -ο, επίθ., που δε σαπίζει: *δέρματα -α.*
ασηψία η, ουσ., μέθοδος θεραπευτική με την οποία, χωρίς τη χρήση αντισηπτικών, προλαμβάνεται ή αποτρέπεται η μόλυνση.
ασθένεια, η, ουσ. (ασυνίζ.). 1. αρρώστια: *πάσχει από αθεράπευτη ~· διπλωματική ~* (βλ. *διπλωματικός,* I) (αντ. *υγεία*). **2.** επιδημία. **3.** έλλειψη ψυχικού σθένους, δύναμης: *~ χαρακτήρα.*
ασθενής, -ής, -ές, γεν. *-ούς,* πληθ. αρσ. και θηλ. *-είς,* ουδ. *-ή,* επίθ. 1. που πάσχει από κάποια αρρώστια (συνών. *άρρωστος·* αντ. *υγιής, γερός*). 2. που δεν έχει δύναμη, ανίσχυρος: *φύλο -ές· -είς βόρειοι άνεμοι* (συνών. *αδύναμος·* αντ. *δυνατός, ισχυρός*).
ασθενής ο, γεν. *-ή,* πληθ. *-εις,* ουσ., αυτός που πάσχει από κάποια ασθένεια (συνων. *άρρωστος*). Έκφρ. *«κατά φαντασίαν» ~* (αυτός που ενώ είναι υγιής, νομίζει συνεχώς ότι πάσχει από κάποια ασθένεια). **ασθενής και οδοιπόρος αμαρτίαν ουκ έχει·** αρχαϊστ. έκφρ. = στους ασθενείς και τους ανίσχυρους πρέπει να είμαστε επιεικείς.
ασθενικός, -ή, -ό και **αστε-,** επίθ. **1.** που εύκολα αρρωσταίνει: *παιδί -ό* (συνών. *φιλάσθενος, αρρωστιάρης*). **2.** καχεκτικός: *δέντρο -ό.*
ασθενοφόρος, -α, -ο, επίθ., που χρησιμεύει στη μεταφορά ασθενών: *όχημα -ο.* - Το ουδ. ως ουσ. = όχημα με ειδικό εξοπλισμό και προσωπικό εκπαιδευμένο για τη μεταφορά ασθενών.
άσθμα και (λαϊκ.) **άσμα** το, ουσ. 1. (ιατρ.) ασθένεια με παροξυσμούς δύσπνοιας: *~ βρογχικό* (= από στένεμα των βρόγχων εξαιτίας ενός ερεθισμού)· *~ καρδιακό* (= που οφείλεται σε καρδιακή ανεπάρκεια)· *~ παιδικό/αλλεργικό.* **2.** λαχάνιασμα.
ασθμαίνω, ρ., αναπνέω με δυσκολία· λαχανιάζω.
ασθματικός, -ή, -ό και (λαϊκ.) **ασμα-,** επίθ. **1.** που υποφέρει από άσθμα, από δύσπνοια: *παιδί -ό.* **2.** που ανήκει ή αναφέρεται στο άσθμα: *κρίση -ή.* **3.** που προκαλεί λαχάνιασμα, πολύ γρήγορος: *ρυθμός ~.*
ασιανολογία η, ουσ. (ασυνίζ.), επιστήμη που ερευνά την ιστορία, τη γλώσσα και τον πολιτισμό των λαών της Ασίας.
ασιανολόγος, ο, ουσ. (ασυνίζ.), επιστήμονας που ασχολείται με την ασιανολογία (βλ. λ.).
άσιαστος, βλ. *άσιαχτος.*
Ασιάτης ο, θηλ. *-ισσα,* ουσ., (ασυνίζ.), κάτοικος της Ασίας, αυτός που κατάγεται από την Ασία.
ασιατικός, -ή, -ό, επίθ. (ασυνίζ.), που ανήκει ή αναφέρεται στην Ασία: *χώρες -ές· λαοί -οί·* που προέρχεται από την Ασία: *γρίπη -ή.*
άσιαχτος, -η, -ο και **-στος,** επίθ. **1.** που δεν είναι ισιωμένος: *σανίδα -η.* **2.** που δεν είναι συγυρισμένος, τακτοποιημένος: *άφησε το σπίτι -ο κι έφυγε.* **3.** που δεν επιδιορθώθηκε: *παπούτσια -α.* **4.** που δεν έχει ολοκληρωθεί ή κατασκευή του: *σπίτι -ο* (συνών. *μισοτελειωμένος·* αντ. *τελειωμένος*).
ασίγαστος, -η, -ο, επίθ. **1.** που δε σωπαίνει: *στόμα -ο.* **2.** αδιάκοπος: *μανία καταστροφής -η· πόνος ~.*
ασίγητος, -η, -ο, επίθ. **1.** που δε μένει σιωπηλός (συνών. *ασίγαστος*). **2.** αδιάκοπος: *μίσος -ο.*
άσιγμος, -η, -ο, επίθ., που δεν περιέχει το γράμμα σίγμα (σ): *λέξη -η· αόριστος ~.*
ασιγούρευτος, -η, -ο, επίθ. (λαϊκ.), που δε σιγουρεύτηκε, που δεν είναι σίγουρος, ασφαλής: *κεφάλαια -α* (συνών. *ανασφαλής*).
ασιδέρωτος, -η, -ο, επίθ. **1.** που δε σιδερώθηκε: *πουκάμισο/παντελόνι -ο* (αντ. *σιδερωμένος*). **2.** απεριποίητος: *μούτρα -α* (συνών. *ατημέλητος*).
ασίκης ο, θηλ. **-ισσα,** ουσ. (λαϊκ.). **1.** εραστής, αγαπητικός. **2.** ωραίος νέος, λεβέντης, παλληκάρι: *πήρε -η άντρα· γυναίκα -ισσα· μη μου παριστάνεις εμένα τον -η!* [αραβοτουρκ. *âşik*].

ασίκικος, -η, -ο, επίθ., που ανήκει ή αναφέρεται στον ασίκη: *χορός* ~· *Κυρά, κυρά, ντύσου ξανά τα κλέφτικα, τ' -α* (Ρίτσος) (συνών. *λεβέντικος*). -Επίρρ. **-α:** *φέρθηκε -α.*

ασίκισσα, βλ. *ασίκης.*

ασικλίκι το, ουσ., ομορφιά, λεβεντιά· μαγκιά: *μας πουλάει* ~*!* [τουρκ. *aşiklik*].

ασίμωτος, -η, -ο, επίθ., που δεν μπορεί κανείς να τον πλησιάσει (συνών. *απρόσιτος*).

ασίτευτος, -η, -ο, επίθ. (για κρέας) που δε σίτεψε, δεν αφέθηκε αρκετό καιρό για να γίνει τρυφερό.

ασιτία η, ουσ., μερική ή ολική στέρηση τροφής: *πέθανε από* ~*.*

άσιτος, -η, -ο, επίθ., που δεν πήρε τροφή, νηστικός.

άσκαβος, βλ. *άσκαφτος.*

ασκάλιστος, -η, -ο, επίθ. **1.** που δε σκαλίστηκε: *χωράφι -ο· λουλούδια/δέντρα -α* (= που το χώμα τους δε σκάφτηκε γύρω από τη ρίζα). **2.** που δε λαξεύτηκε, δε χαράχτηκε: *τα πόδια του τραπεζιού είναι -α.* **3.** που δεν ανακατεύτηκε, δεν ερευνήθηκε με λεπτομέρειες: *συρτάρι -ο· υπόθεση -η* (αντ. *σκαλισμένος*).

ασκάλωτος, -η, -ο, επίθ., που δε σκάλωσε, δεν κρεμάστηκε από κάπου: *χαρταετός* ~· (μεταφ.) που δε «σκάλωσε», δε συνάντησε εμπόδιο: *υπόθεση -η από τη γραφειοκρατία* (αντ. *σκαλωμένος*).

ασκανδάλιστος, -η, -ο και **ασκαντά-,** επίθ. (έρρ.), που δε σκανδαλίστηκε, δεν μπήκε σε πειρασμό: *καλόγερος* ~· *μάτια -α* (αντ. *σκανδαλισμένος*). - Επίρρ. **-α.**

ασκαρίδα, η, ουσ., παρασιτικό σκουλήκι του εντέρου.

ασκάρωτος, -η, -ο, επίθ. **1.** (για πλοία) που δεν μπήκε στα σκαριά. **2.** που δεν καταστρώθηκε, δε σχεδιάστηκε ή δεν εκτελέστηκε: *σχέδιο -ο* (αντ. *σκαρωμένος*).

άσκαστος, -η, -ο, επίθ. **1.** (για λουλούδια, μάτια ή καρπούς φυτών) που δεν άνοιξε: *μπουμπούκι -ο· σύκα -α.* **2.** που δεν έχει εκραγεί: *χειροβομβίδα/βόμβα -η· βλήμα -ο.*

άσκαυλος ο, ουσ., πνευστό μουσικό όργανο από ασκί δερμάτινο και αυλούς προσαρμοσμένους σ' αυτό (συνών. *γκάιντα*). [*ασκός + αυλός*].

άσκαφτος, -η, -ο, άσκαφος και (λαϊκ.) **άσκαβος,** επίθ. **1.** που δε σκάφτηκε ή δεν καλλιεργήθηκε ακόμη: *κήπος* ~· *χωράφι -ο* (αντ. *σκαμμένος*). **2.** (στη ραπτική) που δε «σκάφτηκε» αρκετά, που δεν κόπηκε όσο έπρεπε με το ψαλίδι: *μανίκι -ο· λαιμουδιά -η.*

ασκέβρωτος, -η, -ο, επίθ., που δε σκέβρωσε, που δεν κυρτώθηκε: *σανίδι/κορμί -ο* (αντ. *σκεβρωμένος*).

ασκέπαστος, -η, -ο, επίθ. **1.** που δεν έχει κάλυμμα, σκέπασμα, στέγη: *πηγάδι/σπίτι/αυτοκίνητο -ο* (αντ. *σκεπασμένος*). **2.** που ξάπλωσε χωρίς κλινοσκέπασμα: *μωρό -ο.*

ασκεπής, -ής, -ές, γεν. *-ούς,* πληθ. αρσ. και θηλ. *-είς,* ουδ. *-ή,* επίθ. (λόγ.), που δεν έχει κάλυμμα, σκέπασμα· που δε φορεί σκούφο ή καπέλο (συνών. *ακάλυπτος, ξεσκούφωτος*).

άσκεπτος, -η, -ο και **-φτος,** επίθ., απερίσκεπτος: *ενέργειες/κουβέντες -ες· άνθρωπος* ~ (συνών. *ασυλλόγιστος*· αντ. *λογικός, μετρημένος*). - Επίρρ. **-πτα** και **-φτα.**

ασκέρι το, ουσ. **1.** στρατιωτικό σώμα τακτικό ή άτακτο: *των οχτρών τ' -ια* (Ρίτσος). **2.** τα μέλη μιας οικογένειας (συνήθως πολυμελούς). **3.** πλήθος. [τουρκ. *asker*].

άσκεφτος, βλ. *άσκεπτος.*

άσκημα, βλ. *άσχημα.*

ασκημάδα η, ουσ. (λαϊκ.), ασκήμια, δυσμορφία.

ασκημάδι το, ουσ. (λαϊκ.), αυτό που ασκημαίνει κάποιον: *δε βρίσκω πάνω του κανένα* ~ (συνών. *κουσούρι, ελάττωμα·* αντ. *προτέρημα*).

ασκημαίνω, ρ., αόρ. *ασκήμυνα.* **1.** (μτβ.) κάνω κάποιον άσχημο: *το χτένισμα αυτό την -αίνει* (αντ. *ομορφαίνω*). **2.** (αμτβ.) γίνομαι άσχημος, χάνω την ομορφιά μου: *ασκήμυνε τώρα που μεγάλωσε* (συνών. *ασκημίζω*).

ασκημάνθρωπος ο, ουσ., άσχημος, δύσμορφος άνθρωπος: *τι* ~*!* (συνών. *ασκημομούρης·* αντ. *ομορφάνθρωπος*).

ασκήμια και **-μιά** η, ουσ. (συνιζ.). **1.** έλλειψη ομορφιάς, κακή εμφάνιση: *η* ~ *του δεν περιγράφεται.* **2.** ανάρμοστη πράξη: *οι -ες των οπαδών της ομάδας στο γήπεδο/των αστυνομικών εις βάρος των διαδηλωτών.*

ασκημίζω, ρ. **1.** (μτβ.) κάνω κάποιον άσχημο, του αφαιρώ την ομορφιά: *αυτή η ραφή -ίζει όλο το φόρεμα* (αντ. *ομορφαίνω*). **2.** (αμτβ.) χάνω την ομορφιά μου: *ασκήμισε από την κατάπτωση* (συνών. *ασκημαίνω*).

ασκήμισμα το, ουσ., χάσιμο της ομορφιάς, μεταβολή της όψης προς το χειρότερο.

ασκημοβλέπω, ρ., κοιτάζω κάποιον με όχι καλοπροαίρετες διαθέσεις.

ασκημόγερος ο, ουσ., άσχημος, δύσμορφος γέρος.

ασκημόγλωσσα η, ουσ., υβριστική γλώσσα: *να φυλάγεσαι από την -ά του.*

ασκημογυναίκα η, ουσ., άσχημη, δύσμορφη γυναίκα: *παντρεύτηκε μιαν* ~ (συνών. *ασκημομούρα*).

ασκημοδόντης ο, ουσ. (έρρ.), αυτός που τα δόντια του είναι βγαλμένα, διαταγμένα άσχημα, ώστε του ασκημίζουν το πρόσωπο.

ασκημόθωρος, -η, -ο, επίθ., που έχει άσχημη όψη: *ήταν τόσο* ~ *που τρόμαξα* (συνών. *άσχημος*).

ασκημοκαμωμένος, -η, -ο, επίθ., που είναι άσχημα φτιαγμένος: *φόρεμα -ο* (συνών. *κακοφτιαγμένος·* αντ. *καλοκαμωμένος, καλοφτιαγμένος*).

ασκημοκόβω, ρ., κόβω με άσχημο τρόπο, δεν κόβω σωστά: *ασκημόκοψε το ψωμί* (αντ. *καλοκόβω*).

ασκημοκόριτσο το, ουσ., άσχημο, δύσμορφο κορίτσι (αντ. *ομορφονιά*).

ασκημόλογα τα, ουσ., αισχρολογίες: *από τέτοιον άνθρωπο μόνο* ~ *θα ακούσεις* (συνών. *βωμολοχίες*).

ασκημομιλώ, βλ. *ασχημομιλώ.*

ασκημομούρης, -α, -ικο, επίθ., που έχει άσχημο πρόσωπο: *σκύλος* ~· *μαϊμού -α· παιδί -ικο* (συνών. *δύσμορφος·* αντ. *όμορφος, ωραίος*).

ασκημόπαιδο το, ουσ., δύσμορφο, άσχημο παιδί (αντ. *ομορφόπαιδο*).

ασκημοπρόσωπος, -η, -ο, επίθ., που έχει άσχημη όψη (συνών. *ασκημομούρης, ασκημόθωρος·* αντ. *όμορφος*).

άσκημος, βλ. *άσχημος.*

ασκημοτοπιά η, ουσ. (συνιζ.), δύσβατος τόπος (συνών. *κακοτοπιά*).

άσκηση η, ουσ. **1.** εκγύμναση του σώματος ή του πνεύματος: *-ήσεις γυμναστικές/πνευματικές/ευκαμψίας* (συνών. *προπόνηση*). **2.** πρακτική εφαρμογή όσων διδάχτηκαν θεωρητικά: *-ήσεις μαθηματικών / χημείας / στρατιωτικές.* **3.** συνεχής

ασχολία με κάτι, το να επαγγέλλεται κανείς κάτι: ~ ιατρικού/δικηγορικού επαγγέλματος· ~ επαγγέλματος παράνομη. **4.** εκτέλεση καθήκοντος, δικαιώματος: ~ του εκλογικού δικαιώματος· ~ εξουσίας/κηδεμονίας/βίας (= επιβολή). **5.** (εκκλ.) αποχή από επίγεια αγαθά και απολαύσεις (συνών. *ασκητισμός*).
ασκηταρειό το, ουσ. (συνιζ.), χώρος διαμονής μοναχού που ασκητεύει (συνών. *ασκητήριο*).
ασκητεία η, ουσ., ασκητισμός (βλ. λ.).
ασκητεύω, ρ., ζω ασκητική ζωή, είμαι ασκητής.
ασκητήριο το, ουσ. (ασυνίζ.), τόπος διαμονής ασκητή (συνών. *ασκηταρειό, ερημητήριο*).
ασκητής ο, θηλ. **-ήτρια**, ουσ., άτομο που απαρνήθηκε τα εγκόσμια και ζει με εγκράτεια (συνών. *ερημίτης, μοναχός*).
ασκητική η, ουσ., ασκητισμός (βλ. λ.).
ασκητικός, -ή, -ό, επίθ., που αναφέρεται ή ταιριάζει στον ασκητή: *βίος* ~· *ζωή -ή* (= εγκρατής)· *πρόσωπο -ό· βιβλία -ά* (= όσα αναφέρονται στους κανόνες της ζωής των ασκητών) (συνών. *μοναχικός*). - Επίρρ. **-α** και **-ώς**.
ασκητισμός ο, ουσ. **1.** επιδίωξη εξύψωσης του πνεύματος και της ψυχής με απάρνηση των εγκοσμίων, διαβίωση με λιτότητα και εγκράτεια, ταλαιπώρηση του σώματος. **2.** το να ζει κάποιος ζωή ασκητική (συνών. *ασκητεία*).
ασκήτρια, βλ. *ασκητής*.
ασκί το, ουσ., δερμάτινο σακί και το περιεχόμενό του: (μεταφ.) τ'-ιά του ουρανού (Ι.Μ. Παναγιωτόπουλος) (συνών. *τουλούμι, ασκός*). Εκφρ. *με το* ~ (= πάρα πολύ): *βρέχει με το* ~ (= ραγδαία) (συνών. *με το τουλούμι*)· ~ *φουσκωμένο* = (μεταφ.) α. κοντόχοντρος άνθρωπος (συνών. *τόπι*)· β. φαντασμένος.
άσκιαχτος, -η, -ο και **-στος**, επίθ. (συνιζ.), που δε φοβάται: *παλληκάρι -ο* (συνών. *ατρόμητος*· αντ. *φοβιτσιάρης*).
άσκιστος, βλ. *άσχιστος*.
ασκλάβωτος, -η, -ο, επίθ. **1.** που δεν υποδουλώθηκε ή δεν αιχμαλωτίστηκε (συνών. *ελεύθερος*). **2.** που δεν υποτάσσεται, δεν αναγνωρίζει αφέντη: *ψυχή -ή* (συνών. *αδούλωτος, ανυπότακτος*).
Ασκληπιάδης ο, ουσ., (σπάνια) γιατρός. [*Ασκληπιός*].
Ασκληπιείο το, ουσ. (ασυνίζ.). **1.** ιερό του Ασκληπιού, όπου κατέφευγαν οι άρρωστοι. **2.** ονομασία σύγχρονων νοσοκομείων.
ασκόλαστος, -η, -ο, επίθ. **1.** που δεν έχει σκολάσει ή δεν έχει τελειώσει ακόμη τη δουλειά του. **2.** (για εργαζόμενο) που δεν απολύθηκε από τη δουλειά του. **3.** ασταμάτητος: *συζήτηση / βροχή -η* (συνών. *ατέλειωτος*). - Επίρρ. **-α** (στη σημασ. 3): *δουλεύει -α*.
ασκόνιστος, -η, -ο, επίθ., που δε σκονίστηκε: *ρούχα -α* (αντ. *σκονισμένος*).
ασκόνταφτος, -η, -ο, επίθ. (ερρ.). **1.** που δε σκόνταψε κάπου. **2.** που δε συνάντησε εμπόδιο ή κάποια δυσκολία στην εξέλιξή του: *η πρόοδός του ήταν -η και συνεχής*. - Επίρρ. **-α**: *η υπόθεση εξελίσσεται -α*.
άσκοπος, -η, -ο, επίθ. **1.** χωρίς νύημα, απερίσκεπτος: *λόγια -α* (συνών. *αστόχαστος*). **2.** που γίνεται χωρίς σκοπό ή δεν εκπληρώνει το σκοπό του: *έξοδα -α· θυσίες -ες* (συνών. *μάταιος, άχρηστος*). - Επίρρ. **-α** και **-όπως**: *περιφέρεται -α στους δρόμους*.

ασκορβικό οξύ το, ουσ. (βιοχημ.) το κυριότερο συστατικό της βιταμίνης C.
ασκόρπιστος, -η, -ο, επίθ. **1.** που δε σκορπίστηκε (αντ. *σκορπισμένος*). **2.** (για χρήματα) που δε δαπανήθηκαν άσκοπα: *περιουσία -η*.
ασκός ο, ουσ. **1.** δέρμα ζώου γδαρμένο ολόκληρο (χωρίς τομές) και κατάλληλα ραμμένο στα σημεία των ποδιών ώστε να χρησιμοποιείται ως δοχείο για τη φύλαξη ή τη μεταφορά υγρών. **2.** κύστη από μεμβράνη που περιέχει υγρό: ~ *εντερικός / δακρυοδόχος*. **3.** ~ *ναυτικός* = σάκος από στεγανό παχύ ύφασμα για πόσιμο νερό. Εκφρ. -*οί του Αιόλου* = σημείο τριβής, αφορμή διαφωνίας· συνήθως στη φρ. *άνοιξε τους -ούς του Αιόλου* (= κάποιος με τις ενέργειές του έδωσε αφορμή διαφωνίας, αντιπαράθεσης ή φιλονικίας) (συνών. *ασκί*).
ασκοτείνιαστος, -η, -ο, επίθ. (συνιζ.), που δεν έχει σκοτεινιάσει, που δεν καλύφθηκε ακόμη από το σκοτάδι: *μέρα -η*. - Επίρρ. **-α**: *έφυγε νωρίς για να φτάσει στον προορισμό του -α*.
ασκοτίδιαστος, -η, -ο, επίθ. (συνιζ., λαϊκ.), που δεν καλύφθηκε από το σκοτάδι: *ουρανός* ~ (συνών. *ασκοτείνιαστος*).
ασκότιστος, -η, -ο, επίθ. **1.** που δε σκοτίστηκε το μυαλό του, που δε ζαλίστηκε: *παρ' όλο το δυνατό χτύπημα έμεινε* ~. **2.** που δεν έχει σκοτούρες (συνών. *αμέριμνος*).
ασκούπιστος, -η, -ο, επίθ., που δε σκουπίστηκε, δεν καθαρίστηκε (με σκούπα, πετσέτα, κ.τ.ό.): *αυλή -η· τραπέζι -ο· πιάτα/χέρια -α*. - Επίρρ. **-α**: *πόσες μέρες είναι -α εδώ μέσα*;
ασκούριαστος, -η, -ο, επίθ. (συνιζ.). **1.** που δεν έπιασε σκουριά, που δεν προσβλήθηκε από σκουριά: *λαμαρίνα -η· τενεκές* ~ (αντ. *σκουριασμένος*). **2.** που δεν είναι αναχρονιστικός και οπισθοδρομικός: *μυαλό -ο· ιδέες -ες* (συνών. *προοδευτικός*).
ασκούφωτος, -η, -ο, επίθ., που δεν έχει κάλυμμα στο κεφάλι (συνών. *ξεσκούφωτος*).
ασκώ, -είς, ρ., αόρ. *άσκησα*. **1.** εξασκώ κάποιον σε κάτι: ~ *το μαθητή στην ορθογραφία/το στρατιώτη στην αντοχή/το σώμα μου*· (μέσ.) *-ούμαι στη ζωγραφική/στο τρέξιμο*· οι ηθοποιοί *-ούνται στη σωστή άρθρωση* (= εκπαιδεύονται) (συνών. *γυμνάζω, προπονώ, εκπαιδεύω*). **2.** ασχολούμαι συστηματικά με κάτι: ~ *την ιατρική*· ~ *λειτούργημα* (συνών. *επαγγέλλομαι*). **3.** κάνω χρήση δικαιώματος: ~ *τα πολιτικά μου δικαιώματα/έφεση*. **4.** επιβάλλω: ~ *αξίωση/πίεση πολιτική/επίδραση/ ποινική δίωξη/βία*.
ασλάνι το, ουσ. **1.** λιοντάρι. **2.** νέος δυνατός σαν λιοντάρι. **3.** παλαιότερο τουρκικό νόμισμα με παράσταση λιονταριού. [τουρκ. *aslan*].
άσμα το, Ι. ουσ. **1.** τραγούδι: *-ατα αφηγηματικά*. **2.** ψαλμός: *-ατα εκκλησιαστικά*· Άσμα Ασμάτων (= ένα από τα βιβλία της Π.Δ.). **3.** υποδιαίρεση μεγάλου επικού έργου: *τα -ατα της «Κόλασης» του Δάντη*. **4.** (μεταφ.) κελάδημα: ~ *αηδονιού*.
άσμα, II, βλ. *άσθμα*.
ασμάτωτος, -η, -ο, επίθ., που δεν είναι καλυμμένος με σμάλτο, που δεν έχει επίστρωμα σμάλτου: *δαχτυλίδι -ο* (αντ. *σμαλτωμένος*).
ασματικός, βλ. *ασθματικός*.
ασματογράφος ο, ουσ., αυτός που συνθέτει άσματα (ιδίως εκκλησιαστικά).
άσμιγος, βλ. *άσμιχτος*.
ασμίλευτος, -η, -ο, επίθ. **1.** που δε σμιλεύτηκε, δε

άσμιχτος 194

δουλεύτηκε με τη σμίλη: *πλάκες μαρμάρινες -ες* (συνών. *ασκάλιστος*· αντ. *σμιλευτός*). 2. (μεταφ. για λόγο) που δεν έγινε αντικείμενο λεπτομερούς επεξεργασίας, ανεπεξέργαστος (συνών. *αδούλευτος, πρόχειρος*).

άσμιχτος, -η, -ο, άσμιγος και **ανέσμιγος**, επίθ. 1. που δεν έχει ανακατωθεί ή που δε μπορεί να ανακατωθεί (συνών. *αμιγής*). 2. που δε συναντήθηκε με κάποιον: *ήταν -οι όλα αυτά τα χρόνια.* 3. που δεν ενώνεται: *φρύδια -α.* 4. ακοινώνητος: *τόπος άγριος και* ~ (συνών. *αφιλόξενος*). - Επίρρ. **-χτα** και **-γα**.

ασοβάντιστος, -η, -ο και **ασου-**, επίθ. (όχι έρρ.), που δε σοβαντίστηκε, που δεν καλύφθηκε με σοβά: *οικοδομή -η· πέτρες ασουβάντιστες* (Κόντογλου) (αντ. *σοβαντισμένος*).

ασόδιαστος, -η, -ο, επίθ. 1. που δε μαζεύτηκε: *σταφίδα -η* (αντ. *σοδιασμένος*). 2. που δεν παρέχει σοδειά: *χρονιά -η.* 3. που δεν έχει προμήθειες: *σπίτι -ο* (συνών. *ανεφοδίαστος*).

ασόλιαστος, -η, -ο, επίθ. (για παπούτσια) που δεν του έβαλαν σόλες (αντ. *σολιασμένος*).

άσος ο, ουσ. 1. ο αριθμός 1, η μονάδα (ως βαθμολογία): *πήρε -ο στο διαγώνισμα.* 2. χαρτί στην τράπουλα όπου είναι σημειωμένο το γράμμα *Α:* ~ *μπαστούνι·* (συνεκδ.) το χαρτοπαίγνιο: *ξόδεψε την περιουσία του στον -ο.* Φρ. *τα βάζω ή τα παίζω όλα στον -ο* (= διακινδυνεύω όλα)· *μένω στον -ο* (= τα χάνω όλα). 3. πλευρά στο ζάρι όπου είναι σημειωμένη μια μόνο κουκκίδα, ένα στίγμα: *έφερε -ους στο τάβλι.* 4. (μεταφ.) πρώτος σε επίδοση, ο καλύτερος: *στη δουλειά του είναι* ~· *οι -οι του ποδοσφαίρου.* [ιταλ. *asso*].

ασουβάντιστος, βλ. *ασοβάντιστος*.

ασούβλιστος, -η, -ο, επίθ., που δε σουβλίστηκε: *αρνί -ο* (αντ. *σουβλισμένος, σουβλιστός*).

ασουλούπωτος, -η, -ο, επίθ. 1. που δεν έχει ωραίο σχήμα, ωραία εμφάνιση: *γυναίκα -η* (συνών. *κακοφτιαγμένος*). 2. κακοντυμένος: *τι* ~ *άνθρωπος!* (συνών. *άκομψος·* αντ. *κομψός*).

ασουρές ο, ουσ., είδος τούρκικου γλυκίσματος από βρασμένο σιτάρι, ζάχαρη, καρύδια, σταφίδες, κλπ. [τουρκ. *asure*].

ασουρούπωτα, επίρρ., πριν σουρουπώσει, πριν βραδιάσει: *φτάσαμε στο σπίτι* ~.

ασούρωτος, -η, -ο, επίθ. 1. που δε σουρώθηκε: *μακαρόνια -α* (συνών. *αστράγγιστος·* αντ. *στραγγισμένος*). 2. που δε μέθυσε (συνών. *ξεμέθυστος·* αντ. *σουρωμένος, μεθυσμένος*). 3. (για ύφασμα) που δεν έχει πτυχές, σούρες: *φόρεμα -ο* (συνών. *ασούφρωτος·* αντ. *σουρωτός*).

ασούφρωτος, -η, -ο, επίθ. 1. που δεν έχει πτυχές: *ρούχο -ο·* χείλη *-α* (συνών. *ασούρωτος·* αντ. *σουφρωμένος*). 2. που δεν τον σούφρωσαν, δεν τον έκλεψαν: *πορτοφόλι -ο· τσάντα -η* (αντ. *κλεμμένος*).

άσοφος, -η, -ο, επίθ., που δεν είναι σοφός· *άστοχος, απρόσφορος*.

ασπάζομαι, ρ. 1. φιλώ: *οι πιστοί -στηκαν την εικόνα.* 2. (μεταφ.) δέχομαι, συμφωνώ: ~ *την άποψή σου·* -*στηκε τις ιδέες μου* (αντ. *απορρίπτω, διαφωνώ*).

ασπάλαθος ο, ουσ., είδος θάμνου με αγκάθια.

ασπάλακας ο, ουσ. (λόγ.), τυφλοπόντικας.

ασπαργάνωτος, -η, -ο, επίθ., που δεν περιτυλίχτηκε με σπάργανα: *βρέφος -ο*.

άσπαρτος, -η, -ο, επίθ. 1. που δε σπάρθηκε: *χωράφι -ο* (αντ. *σπαρμένος*). 2. αυτοφυής: *καλαμπόκι -ο.* - Επίρρ. **-α**: *η βρώμη φύτρωσε -α*.

ασπασμός ο, ουσ. 1. φίλημα· έκφρ. *τελευταίος* ~ = φίλημα που δίνεται στο νεκρό στην εκκλησία μετά το τέλος της νεκρώσιμης ακολουθίας. 2. χαιρετισμός.

άσπαστος, -η, -ο, επίθ. 1. που δεν έσπασε ή δε σπάζει (εύκολα): *πέτρα -η· καρύδια -α· γυαλικά -α* (συνών. *άθραυστος*). 2. (λαϊκ.) αδιακόρευτος.

ασπίδα η, ουσ. 1. αμυντικό όπλο στην αρχαία και τη μεσαιωνική εποχή με χοντρή πλάκα από δέρμα, ξύλο, μέταλλο, κ.ά. με σχήμα κυκλικό, ελλειψοειδές ή άλλο και ποικίλο μέγεθος, που κρατούσαν οι πολεμιστές με το αριστερό τους χέρι για να προστατεύονται: ~ *δερμάτινη/χάλκινη· κάλυμμα της -ας του Φιλίππου Β´.* 2. (μεταφ.) για πρόσωπο ή αντικείμενο που προφυλάσσει από κάτι. 3. είδος δηλητηριώδους φιδιού.

ασπιδοφόρος -α, -ο, επίθ., που κρατεί ασπίδα.

άσπιλος, -η, -ο, επίθ., καθαρός, άψογος: *συμπεριφορά/διαγωγή -η·* (προσων. της Παναγίας): *άσπιλε, αμόλυντε, αγνή Παρθένε* (συνών. *άμεμπτος, ασπίλωτος·* αντ. *σπιλωμένος*).

ασπίλωτος, -η, -ο, επίθ., άμεμπτος: *υπόληψη -η* (συνών. *άσπιλος·* αντ. *σπιλωμένος*).

ασπιρίνη η, ουσ., χάπι με αντιπυρετικές και αναλγητικές ιδιότητες, παυσίπονο. [γερμ. *Aspirin*].

ασπλαχνία και **-νιά** η, ουσ., έλλειψη ευσπλαχνίας· σκληρότητα: ~ *απάνθρωπη* (συνών. *απονιά*).

άσπλαχνος, -η, -ο, επίθ., σκληρόκαρδος: *άνθρωπος* ~ (συνών. *άπονος·* αντ. *σπλαχνικός, πονετικός*). - Επίρρ. **-α**: *φέρθηκε -α*.

άσπονδος, -η, -ο, επίθ., που δε δέχεται διαλλαγή, συμφιλίωση: *μίσος -ο* (συνών. *αδιάλλακτος, ασυμφιλίωτος*). Έκφρ. *φίλοι -οι* (= που προσποιούνται φιλία, ενώ αλληλομισούνται).

ασπόνδυλος, -η, -ο, επίθ., που δεν έχει σπονδύλους. - Το ουδ. στον πληθ. ως ουσ.: υποδιαίρεση ζώων στην οποία ανήκουν όλα όσα δεν έχουν σπονδύλους.

ασπόριαστος, -η, -ο, επίθ., που δεν απόκτησε σπόρους: *βασιλικός* ~.

ασπούδα η, ουσ. (λαϊκ.), βιασύνη: *μες στης λίμνης τα νερά/όπ' έφτασε μ' ,/έπαιξε με τον ήσκιο της γαλάζια πεταλούδα* (Σολωμός).

ασπούδαστος, -η, -ο και **-χτος**, επίθ., που δε σπούδασε· απαίδευτος, αμόρφωτος (αντ. *σπουδαγμένος*).

ασπράδα η, ουσ., λευκότητα: ~ *του χιονιού/του δέρματος* (αντ. *μαυράδα, μαυρίλα*).

ασπράδι το, ουσ. 1. λευκό σημείο, στίγμα μέσα σε μια επιφάνεια: *έχει πολλά -ια στα νύχια* (αντ. *μαυράδι*). 2. ~ *του αυγού* = λεύκωμα. 3. ~ *του ματιού* = ο λευκός χιτώνας του βολβού του ματιού. - Υποκορ. **-αδάκι** (στη σημασ. 1) (αντ. *μαυραδάκι*).

ασπριά η, ουσ. (συνιζ., λαϊκ.) άσπρο χρώμα (συνών. *λευκότητα, ασπράδα*).

ασπριδερός, -ή, -ό και **ασπρου-**, επίθ., που το χρώμα του κλίνει προς το άσπρο: *τοίχος* ~ (αντ. *μαυριδερός*).

ασπρίζω, μτχ. *-ισμένος*, ρ. Α. (μτβ.) κάνω υδροχρωματισμό σε άσπρο χρώμα, μπογιατίζω: *-ίσαμε το σπίτι μας* (συνών. *ασβεστώνω*). Β. αμτβ. 1. είμαι, φαίνομαι άσπρος: *είδα κάτι να -ίζει στο βάθος* (αντ. *μαυρίζω*). 2. χάνω το χρώμα μου: *το μαγιό μου άσπρισε* (= ξεθώριασε)· *άσπρισε από το φόβο*

αστάθμιστος

της (= χλόμιασε)· *άσπρισαν τα μαλλιά της* (ή βραχυλογικά, *άσπρισε*) *από τα γεράματα/τα βάσανα*. Φρ. *αρχίζει να -ίζει* (= αρχίζει να ξημερώνει).

ασπρίλα η, ουσ., λευκότητα: ~ *του χιονιού/του κύκνου* (συνών. *ασπράδα*· αντ. *μαυρίλα*).

άσπρισμα το, ουσ. 1. το να κάνει κάποιος άσπρο με πλύσιμο ή με καθάρισμα κάτι: ~ *των ρούχων* (αντ. *μαύρισμα*). 2. ασβέστωμα: *το δωμάτιο θέλει* ~. 3. ξεθώριασμα.

ασπριτζής και **-ιστής** ο, πληθ. *-τζήδες* και *-ιστές*, ουσ., αυτός που ασβεστώνει (ή γενικά βάφει) τοίχους, μπογιατζής (συνών. *υδροχρωματιστής*).

άσπρο το, ουσ. 1. παλιό βυζαντινό και τουρκικό νόμισμα· φρ. *δε δίνω* ~ *για τίποτα* (= δεν ενδιαφέρομαι για τίποτα). 2. (στον πληθ.) χρήματα, χρηματική περιουσία· παροιμ. *τ' -α κατεβάζουν τ' άστρα* (= κάνουν τα αδύνατα δυνατά).

ασπρογαλιάζω, ρ. (συνιζ., λαϊκ.), έχω χρώμα υπόλευκο: *-ει η θάλασσα* (από τους αφρούς των κυμάτων)· *-ουν τα βουνά*· *-ει ο ουρανός* (κατά το γλυκοχάραμα). [*ασπρογανιάζω*<*άσπρος* + *γάνος* με παρετυμ. προς το *γάλα*].

ασπρογένης ο, ουσ., που έχει άσπρα γένια.

ασπροδόντης ο, θηλ. **-α**, ουσ., αυτός που έχει άσπρα δόντια.

ασπροθαλασσίτικος, -η, -ο, επίθ., που ανήκει ή αναφέρεται στην Άσπρη Θάλασσα, δηλ. το Αιγαίο πέλαγος: *καράβια -α*· *σπίτια κάτασπρα -α*.

ασπροκέντημα το, ουσ. (ερρ.), κέντημα με άσπρη κλωστή σε άσπρο ύφασμα· (συνεκδοχικά) το ίδιο το ύφασμα: *-ήματα παραδοσιακά*.

ασπροκεντημένος, -η, -ο, επίθ. (ερρ.), που είναι κεντημένος με άσπρη κλωστή: *τραπεζομάντηλο -ο*.

ασπροκέρι το, ουσ., άσπρο κερί.

ασπροκιτρινίζω, ρ., γίνομαι άσπρος και κίτρινος: *-ίνισε από το φόβο* (= χλόμιασε).

ασπροκίτρινος, -η, -ο, επίθ., που έχει χρώμα άσπρο και κίτρινο: *λουλούδια/ρούχα -α*.

ασπροκόκκινος, -η, -ο, επίθ., άσπρος και κόκκινος: *τριαντάφυλλα -α*.

ασπροκοπώ, -άς, ρ., λάμπω από λευκότητα: *τα σπίτια του νησιού -ούσαν*.

ασπρολαίμης ο, θηλ. **-α**, ουσ., που έχει άσπρο λαιμό.

ασπρολογώ, -άς, ρ., λάμπω (από λευκότητα), φαίνομαι άσπρος: *-ούν τα κύματα*.

ασπρομάλλης, -α και **-ούσα, -ικο**, επίθ. 1. που έχει άσπρα μαλλιά: *γέρος* ~ (αντ. *μαυρομάλλης*). 2. (για ζώα) που έχει άσπρο τρίχωμα: *κατσίκι/πρόβατο -ικο*.

ασπρομανίταρο το, ουσ., άσπρο μανιτάρι.

ασπρομαντιλούσα η, ουσ. (ερρ.), αυτή που φορεί άσπρο μαντίλι: *δουλεύτρες -ούσες* (αντ. *μαυρομαντιλούσα*).

ασπρόμαυρος, -η, -ο, επίθ., που έχει χρώμα άσπρο και μαύρο: *φόρεμα -ο*· *σκύλος* ~· *τηλεόραση -η* (αντ. *έγχρωμη*)· *φιλμ -ο* (αντ. *έγχρωμο*).

ασπροντυμένος, -η, -ο, επίθ. (όχι ερρ.), ντυμένος στα άσπρα, που φορεί λευκά ρούχα: *νύφη -η* (αντ. *μαυροντυμένος*).

ασπροπράσινος, -η, -ο, επίθ., υπόχλωρος.

ασπροπρόσωπος, -η, -ο, επίθ. 1. που έχει άσπρο πρόσωπο. 2. (μεταφ.) που δεν ντροπιάστηκε, τίμιος· συνήθως στις φρ. *βγαίνω* ~ (= αντιμετωπίζω με επιτυχία δύσκολη υπόθεση) και *βγάζω -ο κάποιον* (= δεν τον ντροπιάζω με τις ενέργειές μου, με τη στάση μου).

ασπρόρουχα τα, ουσ., άσπρα ρούχα και ειδικά άσπρα εσώρουχα.

ασπρορουχού η, ουσ., αυτή που ράβει ή πουλά ασπρόρουχα.

άσπρος, -η, -ο, επίθ. 1. που έχει το χρώμα του γάλακτος: *μάρμαρα/ρούχα -α*· *ψωμί/σπίτι -ο*· ~ *σαν το χιόνι* (αντ. *μαύρος*). 2. χλομός: ~ *από το φόβο/-από τον πόνο*. 3. (μεταφ.) λαμπρός, χαρούμενος: *ουρανός* ~· *μέρα -η*. Φρ. *δε βλέπω -η μέρα* (= δεν ευτυχώ, αντιμετωπίζω πολλά προβλήματα στη ζωή μου: *από τότε που γεννήθηκε δεν έχει δει -η μέρα*. - Το θηλ. ως ουσ. = ηρωίνη. - Το ουδ. ως ουσ. = το άσπρο χρώμα. - Υποκορ. **ασπρούλης, -α, -ικο** και **ασπρούτσικος, -η, -ο**.

ασπρουδερός, βλ. *ασπριδερός*.

ασπρουλιάρης, -α, -ικο, επίθ. (συνιζ.), ασπριδερός, ωχρός.

ασπρουλός, -ή, -ό, επίθ. ασπριδερός.

ασπροφορώ, ρ., φορώ λευκά ρούχα· συνήθως στη μτχ. *-φορεμένος*: *γυναίκα -η* (συνών. *ασπροντυμένος*· αντ. *μαυροντυμένος*).

ασπρόχωμα το, ουσ. αργιλώδες λευκό χώμα (αντ. *μαυρόχωμα*).

ασπρόψαρο το, ουσ. 1. το ψάρι λευκίσκος. 2. (στον πληθ.) ψάρια ανοιχτόχρωμα (αντ. *μαυρόψαρα*).

ασσάριο το, ουσ. (ασυνίζ.), ρωμαϊκό χάλκινο νόμισμα μικρής αξίας.

ασσυριακός, -ή, -ό, επίθ. (ασυνίζ.), που ανήκει ή αναφέρεται στους Ασσυρίους ή στην Ασσυρία: *πολιτισμός* ~· *γλώσσα -ή*.

ασσυριολογία η, ουσ. (ασυνίζ.), επιστήμη που ασχολείται με τη μελέτη της γλώσσας και του πολιτισμού των Ασσυρίων.

ασσυριολόγος ο, ουσ. (ασυνίζ.), επιστήμονας που ασχολείται με την ασσυριολογία.

Ασσύριος ο, θηλ. *-ία*, ουσ. (ασυνίζ.), κάτοικος της Ασσυρίας.

αστάθεια η, ουσ. (ασυνίζ.). 1. το να μετακινείται ή να αλλάζει κανείς εύκολα κατάσταση, έλλειψη σταθερότητας: ~ *του σκελετού της οικοδομής/ του καιρού*. 2. (μεταφ.) δυνατότητα εύκολης μεταβολής (ιδίως στις ιδέες, τα αισθήματα, κ.τ.ό.): ~ *γνώμης/χαρακτήρα*· ~ *πολιτική/κυβερνητική/ διαρκής* (αντ. *σταθερότητα*).

ασταθής, -ής, -ές, γεν. *-ούς*, πληθ. αρσ. και θηλ. *-είς*, ουδ. *-ή*, επίθ. (λόγ.). 1. που μετακινείται ή αλλάζει εύκολα κατάσταση: *γέφυρα* ~· *καιρός* ~· (φυσ.) *ισορροπία* ~ (= όταν η απομάκρυνση ενός συστήματος από την κατάσταση ισορροπίας προκαλεί την εμφάνιση δυνάμεων που το απομακρύνουν ακόμη περισσότερο από την ισορροπία) (αντ. *σταθερός*). 2. (μεταφ.) που αλλάζει εύκολα (ιδίως αισθήματα, ιδέες, συμπεριφορά): *κυβέρνηση* ~· *χαρακτήρας/πολιτικός* ~· *είναι* ~ *στα φρονήματα/στις απόψεις του*.

αστάθμευτος, -η, -ο, επίθ., που δε στάθμευσε, δε σταμάτησε κάπου (λ.χ. για ανάπαυση). - Επίρρ. **-α**.

αστάθμητος, -η, -ο, επίθ., που δεν μπορεί να ζυγιστεί· (μόνο μεταφ. με το ουσ. *παράγοντας*) που δεν μπορεί να υπολογιστεί, να καθοριστεί με ακρίβεια: *οι πολιτικές εξελίξεις επηρεάζονται πολλές φορές από -ους παράγοντες*.

αστάθμιστος, -η, -ο, επίθ., που δε ζυγίστηκε ή δεν μπορεί να ζυγιστεί· (μόνο μεταφ.) που δεν υπολο-

αστακός

γίστηκε σωστά από πριν: *απόφαση/ενέργεια/κατάσταση -η* (αντ. *σταθμισμένος*).
αστακός ο, ουσ., μαλακόστρακο μεγαλόσωμο, με επίμηκες σώμα, πέντε ζευγάρια ποδιών (από τα οποία το πρώτο καταλήγει σε δυο μεγάλες δαγκάνες), χρώμα πρασινωπό ή γκρίζο-μπλε (που μετά το βράσιμο γίνεται κόκκινο) και με πολύ νόστιμο κρέας· έκφρ. *κόκκινος σαν* ~ (= κατακόκκινος, συνήθως ως ένδειξη ντροπής ή αμηχανίας)· *οπλισμένος σαν* ~ (= πάνοπλος, εφοδιασμένος με πολλά και βαριά όπλα). - Υποκορ. (ιδιωμ.) **-κουδάκι** το.
αστακόχρωμος, -η, -ο, επίθ., που έχει το χρώμα του αστακού, κόκκινος: *ήτανε κοκκινογένης* ~.
άσταλτος, -η, -ο, επίθ., που δεν τον έστειλαν: *γράμμα/δέμα -ο* (αντ. *σταλμένος*).
ασταμάτητος, -η, -ο, επίθ. 1. που κινείται, λειτουργεί ή συμβαίνει χωρίς να σταματά: *ρολόι -ο· βροχή/κουβέντα -η* (αντ. *σταματημένος*). 2. που δεν μπορεί κάποιος να τον σταματήσει: *αίμα -ο* (συνών. *ασυγκράτητος*). - Επίρρ. **-α:** *μιλούσε/έβρεχε -α*.
αστάρι και **στάρι** το, ουσ. (λαϊκ.). 1. φόδρα. 2. η πρώτη επάλειψη μιας (αχρωμάτιστης) επιφάνειας που πρόκειται να βαφεί με λαδομπογιά, καθώς και το υλικό που χρησιμοποιείται για την επάλειψη αυτή (λινέλαιο, λευκό του ψευδαργύρου και λίγο χρώμα)· υλικό για την επίστρωση της επιφάνειας δαπέδου. [περσοτουρκ. *astar*].
αστάρωμα και **στάρωμα** το, ουσ. (λαϊκ.). 1. ράψιμο της φόδρας σε ένα ρούχο. 2. βάψιμο (μιας ξύλινης επιφάνειας) με αστάρι (βλ. λ.)· τοποθέτηση μιας στρώσης υλικού σε δάπεδο.
ασταρώνω και **σταρώνω**, ρ. (λαϊκ.). 1. φοδράρω. 2. βάφω με αστάρι (μια ξύλινη επιφάνεια)· στρώνω δάπεδο με κάποιο υλικό (για να γίνει λ.χ. οριζόντιο).
αστασία η, ουσ. 1. (για χαρακτήρα ή για τον καιρό) έλλειψη σταθερότητας (συνών. *αστάθεια*). 2. (ιατρ.) παθολογική αδυναμία κάποιου να σταθεί όρθιος.
άστατο το, ουσ. (χημ.) αμέταλλο ραδιενεργό στοιχείο που προκύπτει από το βομβαρδισμό βισμουθίου με πυρήνες ηλίου.
άστατος, -η, -ο, επίθ., που μεταβάλλεται εύκολα: *καιρός/χαρακτήρας* ~· *άνθρωπος* ~ (= που αλλάζει εύκολα ιδέες, αισθήματα ή συμπεριφορά)· *ζωή -η* (= ταραχώδης, ανήσυχη, ακατάστατη) (συνών. *ασταθής*· αντ. *σταθερός*).
ασταυρία η, ουσ. (νεολογ.), το να μη χρησιμοποιείται σταυρός προτίμησης στα ψηφοδέλτια δίπλα στα ονόματα των υποψηφίων (βουλευτών, μελών συμβουλίου, κ.ά.).
ασταύρωτος, -η, -ο, επίθ. (λαϊκ.). 1. που δεν τον τοποθέτησαν σε σχήμα σταυρού: *νήμα -ο· ξύλα / χέρια -α* (αντ. *σταυρωτός*). 2. που δεν του έγινε ως ευλογία το σημείο του σταυρού: *το μωρό κοιμήθηκε -ο* (αντ. *σταυρωμένος*). 3. (ιδιωμ.) άπιστος, άθεος, κακός (συνήθως σε βρισιά).
ασταφνιστος, -η, -ο, επίθ., (για τοίχο που χτίζεται) που δεν τον ευθυγράμμισαν χρησιμοποιώντας στάθμη: *τοίχος* ~.
αστάχι, βλ. *στάχι*.
αστάχωτος, -η, -ο, επίθ., (για βιβλίο) που δε σταχώθηκε, άδετος (αντ. *σταχωμένος, δεμένος*).
αστέγαστος, -η, -ο, επίθ. 1. που δεν έχει στέγη: *σπίτι -ο*. 2. που δεν τον στέγασαν: *πρόσφυγες/σεισμόπληκτοι -οι* (συνών. *άστεγος*· αντ. *στεγασμένος*).
αστέγνωτος, -η, -ο, επίθ., που δε στέγνωσε ή που δε στεγνώνει εύκολα: *πάτωμα -ο· ρούχα -α· χώμα/χωράφι -ο* (αντ. *στεγνός, στεγνωμένος*).
άστεγος, -η, -ο, επίθ., που δεν έχει σπίτι: *οι σεισμόπληκτοι έμειναν για καιρό -οι· φοιτητές -οι·* (μεταφ.) *κομματικά* ~ (= που δεν έχει ενταχθεί σε κόμμα) (συνών. *αστέγαστος*).
αστειεύομαι, ρ., λέγω ή κάνω αστεία· δε μιλώ σοβαρά, αλλά περιπαικτικά, με ελαφρότητα: *δε διστάζει ν' -εται με τους μαθητές του· θα σας τιμωρήσω αυστηρά, δεν* ~· (το β' εν. πρόσ. ενεστ. για έντονη αρνητική ή καταφατική διαβεβαίωση) *εγώ να ζητήσω δανεικά απ' αυτόν! -εσαι βέβαια! θ' -εσαι που δε θα πληρώσω το μερίδιό μου!* (αντ. *σοβαρολογώ*). 2. (μεταφ.) αντιμετωπίζω κάποιον ή κάτι όχι τόσο σοβαρά όσο θα έπρεπε: *μην -εσαι μαζί του, γιατί μπορεί να σου κάνει κακό· μην -εσαι με το μαχαίρι, θα κοπείς*. 3. (μεταφ.) για κάποιον ή κάτι που είναι πιο σοβαρό(ς) ή επικίνδυνο(ς) από ό,τι θα περίμενε κανείς: *μην προσπαθήσεις να τον γελάσεις, γιατί δεν -εται· ο καιρός/η θάλασσα δεν -εται* (συνών. *χωρατεύω*). [*αστείος*].
αστεΐζομαι, ρ. (λόγ.), λέω ή κάνω αστεία, χωρατεύω: *δεν κάνει να -εσαι μέσα στο ναό· -εται με πράγματα σοβαρά* (συνών. *αστειεύομαι*).
αστείο το, ουσ., λόγος ή πράξη που προκαλεί το γέλιο, την ευθυμία, την ευχάριστη διάθεση: *άνοστο / κακόγουστο / αθώο / προσβλητικό· λέει / κάνει για τριάντα χρόνια τα ίδια· δε γελάσαμε με το* ~ *μου· άφησε πια τ' -α! το είπα στ' -α·* έκφρ. *όχι -α* (για να δηλωθεί η μεγάλη ένταση ή το μέγεθος ενός πράγματος): *αυτό ήταν χιόνι όχι -α!*
αστειολόγημα το, ουσ., λόγος έξυπνος με ευτράπελο χαρακτήρα.
αστειολογία η, ουσ., το να αστειολογεί κάποιος· ευφυολόγημα, χωρατό: *το βλέμμα του αποθάρρυνε τις -ες*.
αστειολογώ, -είς, ρ., λέγω αστεία, μιλώ έξυπνα με εύθυμη διάθεση: *ήταν ικανός να -εί, όσο δύσκολη κι αν ήταν η κατάσταση*.
αστείος, -α, -ο, επίθ. 1. που προκαλεί την ευθυμία το γέλιο, έξυπνος και ευχάριστος: *ιστορία/παρατήρηση -α· ανέκδοτο/επεισόδιο -ο· καμώματα/λόγια -α*. 2. που του λείπει η σοβαρότητα, γελοίος, κωμικός: *είσαι* ~ *μ' αυτά τα ρούχα· καπέλο/περπάτημα -ο· όψη/ομιλία -α* (αντ. *σοβαρός*). 3. ανάξιος λόγου, ασήμαντος: *αφορμή -α· επιχειρήματα -α· κέρδος/ποσό -ο· δεν είναι -ο πράγμα* (= πρόκειται για σοβαρό ζήτημα) (αντ. *σοβαρός, σημαντικός*). - Επίρρ. στις σημασ. 1 και 2 **-α:** *α τον κατάβρεξαν· -α το είπα· κουνιέμαι/ντύνομαι -α*.
αστειότητα η, ουσ., αστεία κουβέντα ή πράξη: *δεν ανέχεται -ες την ώρα του μαθήματος*.
αστείρευτος, -η, -ο και **αστέρευτος, -η, -ο**, επίθ., που δε στερεύετι, δεν εξαντλείται: *πηγή -η· δάκρυα -α·* (μεταφ.) *ενθουσιασμός* ~ *ζωντάνια/καλοσύνη -η* (συνών. *ανεξάντλητος*).
αστεϊσμός ο, ουσ., λόγος αστείος, πράξη με ευτράπελο χαρακτήρα: ~ *ανόητος/ενοχλητικός*.
αστέναχτος, -η, -ο, επίθ. 1. που δε στέναξε, που δε θρηνεί: *Ακίνητες, -ες, δίχως να ρίξουν δάκρυ* (Σολωμός)· (συνεκδοχικά) *μέρα -η* (που περνά

χωρίς στεναγμό). 2. που γι' αυτόν δε στέναξε κάποιος: *άκλαυτος κι ~*.
αστένευτος, -η, -ο, επίθ., που δεν τον στένεψαν ή δεν μπορεί να γίνει στενότερος: *φουστάνι -ο*.
αστενικός, βλ. *ασθενικός*.
αστενοχώρητος, -η, -ο, επίθ. α. που δε στενοχωρέθηκε, δε λυπήθηκε: *άνθρωπος ~* (αντ. *στενοχωρημένος*)· β. (συνεκδοχικά): *μέρα -η* (= που πέρασε χωρίς στενοχώρια). - Επίρρ. **-α**: *ζούσαμε -α*.
αστέρας ο, ουσ. 1. (αστρον.) ουράνιο σώμα ορατό με γυμνό μάτι ή με ειδικά όργανα, που παράγει και εκπέμπει ενέργεια (φως, θερμότητα, ακτινοβολίες) και που φαίνεται ακίνητο στην ουράνια σφαίρα, όταν το παρατηρούμε για μικρό χρονικό διάστημα: *ανατολή/δύση/λαμπρότητα/περιστροφή ενός -α· απόσταση/δημιουργία/εξέλιξη των -ων· ~ πρώτου μεγέθους· ~ πολικός* (= που βρίσκεται περίπου προς το Βόρειο Πόλο)· *-ες γίγαντες/νάνοι/διάττοντες· ~ της Βηθλεέμ/της Γέννησης/των Μάγων* (= που εμφανίστηκε κατά τη Γέννηση του Χριστού). 2. (μεταφ.) πρόσωπο με εντυπωσιακό ταλέντο, ικανότητες, φήμη, κ.τ.ό.: *~ του θεάτρου/του κινηματογράφου* (συνών. *αστέρι*). 3. γραφικό σημάδι ή έμβλημα με σχήμα που θυμίζει αστέρι: *ξενοδοχείο τριών -ων* (= που το κατατάσσουν σε ορισμένη κατηγορία σχετικά με τις υπηρεσίες που παρέχει)· *στρατηγός δύο -ων* (ως διακριτικών βαθμού).
αστερέωτος, -η, -ο και **αστέριωτος**, επίθ. 1. που δεν τον στερέωσαν: *φράχτης ~*. 2. (συνηθέστερο στον τ. *αστέριωτος*) που δε στερεώθηκε, ασταθής: *γάμος -ιωτος· φιλία -ιωτη* (αντ. στις σημασ. 1 και 2 *στερεός, στερεωμένος*).
αστέρι το, ουσ. 1. κάθε ορατό ουράνιο σώμα εκτός από τον ήλιο και το φεγγάρι, φωτεινό σημάδι στο νυχτερινό ουρανό: *~ λαμπρό/χλομό· βγήκαν/λάμπουν/κρύφτηκαν τ' -ια· εν' ~ πέφτει· ~ της αυγής* (ή, ιδιωμ., απλώς *~* = ο αυγερινός)· *~ του βοριά* (= ο πολικός αστέρας)· *το ~ της Βηθλεέμ/των Χριστουγέννων* (συνών. *άστρο*). 2. ουράνιο σώμα που πιστεύει κάποιος ότι επηρεάζει τη μοίρα του: *γεννήθηκα σε καλό ~* (= είμαι καλότυχος) (συνών. *άστρο, ζώδιο*). 3. διακοσμητικό θέμα, σημάδι, έμβλημα ή κόσμημα με σχήμα άστρου: *~ κεντημένο/χρυσό· τ' -ια της σημαίας των Η.Π.Α.· το άστρο του Δαβίδ· το κίτρινο ~* (= διακριτικό των Εβραίων κατά τη ναζιστική κατοχή)· *τ' -ια στις επωμίδες ενός αξιωματικού* (= διακριτικά βαθμού)· (ιδιωμ.) *ελάφι/βόδι μ' ένα ~ στο μέτωπο* (= λευκό σημάδι, στίγμα) (συνών. *άστρο*). 4. (μεταφ.) πρόσωπο που διακρίνεται και εντυπωσιάζει για το ταλέντο του, τις ικανότητές του: *~ κινηματογραφικό/ανερχόμενο· ~ του πενταγράμμου/του ποδοσφαίρου* (συνών. *αστέρας, άστρο*). - Υποκορ. στις σημασ. 1, 3, και 4 **-άκι**, στη σημασ. 1 **-ούδι, -ουδάκι**.
αστερίας ο, ουσ. (ζωολ.) θαλάσσιος οργανισμός που έχει σχήμα αστεριού, με πέντε βραχίονες και το σώμα του καλύπτεται από μικρές ασβεστολιθικές πλάκες (συνών. *σταυρός της θάλασσας*). [νεολατ. επιστ. όρος *asterias*<λατ. *aster* = αστήρ πβ. αρχ.].
αστερίσκος ο, ουσ. 1. (φιλολ.) σημάδι με τη μορφή αστεριού (*) που χρησιμοποιείται στο τέλος μιας λέξης για να δηλώσει παραπομπή σε υποσημείωση, σχόλια ή σχετικό πληροφοριακό κείμενο ή στην αρχή της για να δείξει πως η λέξη είναι

αμάρτυρη. 2. (εκκλ.) μεταλλικό λειτουργικό σκεύος σε σχήμα αστεριού ή σταυρού, που στηρίζει το κάλυμμα του δισκαρίου για να μην αγγίξει τον άρτο.
αστερισμός ο, ουσ. 1. (αστρον.) ομάδα απλανών αστέρων που βρίσκονται σε ορισμένη περιοχή του ουρανού (και αποτελούν ένα σύνολο σχετικά ευδιάκριτο): *~ της Μεγάλης Άρκτου/του Κενταύρου/της Παρθένου· -οί ζωδιακοί*. 2. (μεταφ.) για χώρο ή χρόνο πνευματικής ή άλλης δραστηριότητας: *άρχισε τις μελέτες του στον -ό του συγκρητισμού των λογοτεχνών· το κόμμα βρίσκεται στον -ο των προβλημάτων του*.
αστέριωτος, βλ. *αστερέωτος*.
αστεροειδής, -ή, -ές, γεν. *-ούς*, πληθ. αρσ. και θηλ. *-είς*, ουδ. *-ή*, επίθ. (λόγ.), που μοιάζει με αστέρι: *σημάδι -ές· -ή σχήματα σε αρχαιολογικές παραστάσεις*. - Το αρσ. ως ουσ. (αστρον.) = ονομασία μικρών πλανητών που δεν είναι ορατοί με γυμνό μάτι και έχουν όλοι σχεδόν την τροχιά τους ανάμεσα στον Άρη και το Δία.
αστερόεσσα η, ουσ., η σημαία των Ηνωμένων Πολιτειών της Αμερικής, που έχει πάνω της σχεδιασμένα πενήντα ένα (συμβολικά) αστέρια.
αστεροσκοπείο το, ουσ., επιστημονικό ίδρυμα όπου με τη βοήθεια ειδικών οργάνων γίνονται παρατηρήσεις και μελέτες των ουρανίων σωμάτων.
άστερχτος, -η, -ο και **άστρεχτος**, επίθ. (ιδιωμ.), που δε γίνεται δεκτός: *λόγος ~*.
αστερωτός, -ή, -ό, επίθ., που έχει σχήμα παρόμοιο με του άστρου, που η διάταξή του είναι ακτινωτή: *κόσμημα -ό*.
αστεφάνωτος, -η, -ο, επίθ., που δε στεφανώθηκε, δεν παντρεύτηκε: *είμαστε ακόμη -οι·* (για συμβίωση που δε νομιμοποιείται με γάμο): *την κρατούσε τρία χρόνια -η* (συνών. *ανύπαντρος*· αντ. *στεφανωμένος, παντρεμένος*). - Επίρρ. **-α**: *ζούνε και ρό -α*.
αστηλίτευτος, -η, -ο, επίθ., που δεν τον επέκριναν δημόσια με αυστηρότητα: *αδικία -η* (συνών. *αστιγμάτιστος*).
αστήριχτος, -η, -ο και **-κτος**, επίθ. 1. που δε στηρίζεται σε κάτι, δεν έχει στήριγμα: *τοίχος ~* (αντ. *στηριγμένος*). 2. (μεταφ.) που δε στηρίζεται σε πραγματικά γεγονότα ή δεν τεκμηριώνεται σωστά, αβάσιμος: *γνώμη/καταγγελία/κατηγορία/ υποψία -η* (αντ. *τεκμηριωμένος, βάσιμος*).
άστητος, -η, -ο, επίθ., που δεν τον έστησαν ακόμη: *φράχτης ~· σκηνή -η* (αντ. *στημένος*).
αστιατρικός, -ή, -ό, επίθ. (ασυνίζ.), που σχετίζεται με τον αστίατρο και τις δραστηριότητές του: *υπηρεσία -ή· έλεγχος ~*.
αστίατρος ο, ουσ., γιατρός με αρμοδιότητα να επιτηρεί και να ελέγχει τους όρους υγιεινής στους δημόσιους χώρους μιας πόλης (λ.χ. εστιατόρια, ξενοδοχεία), καθώς και να προτείνει μέτρα για την προστασία της υγείας των κατοίκων.
αστιγματικός, -ή, -ό, επίθ. 1. που πάσχει από αστιγματισμό: *όραση -ή*. 2. που διορθώνει τον αστιγματισμό: *φακοί -οί*. 3. (φυσ.) *φωτεινή δέσμη -ή* = δέσμη φωτεινών ακτίνων. [αγγλ. *astigmatic*].
αστιγματισμός ο, ουσ. 1. (ιατρ.) βλάβη στην κυρτότητα του κερατοειδούς του ματιού με αποτέλεσμα ένα μέρος του ειδώλου που σχηματίζεται στον αμφιβληστροειδή να είναι ασαφές. 2. (φυσ.) βλάβη οπτικού οργάνου (φακού ή κατόπτρου)

ώστε να μη δίνει το ακριβές είδωλο ενός σημείου. [αγγλ. *astigmatism*].

αστιγμάτιστος, -η, -ο, επίθ., που δεν τον στιγμάτισαν, δεν τον κατέκριναν δημόσια με δριμύτητα: *συμπεριφορά -η· παράπτωμα -ο* (συνών. *αστηλίτευτος·* αντ. *στιγματισμένος*).

αστικό το, ουσ., λεωφορείο που εξυπηρετεί τη συγκοινωνία σε μια πόλη και στην περιοχή γύρω από αυτήν: *παίρνω το/ανεβαίνω στο ~* (αντ. *υπεραστικό*).

αστικοποίηση η, ουσ. **1.** ένταξη στην αστική τάξη· απόκτηση, αποδοχή (από την εργατική τάξη) αστικών συνηθειών ή ιδεωδών: *~ εργατών/αγροτών·* με το γάμο και τη σταθερή δουλειά δεν άργησε και η *~ του παλιού «επαναστάτη».* **2.** η ολοένα πυκνότερη συγκέντρωση του πληθυσμού σε αστικά κέντρα: *μεταπολεμική ~ στην Ελλάδα.*

αστικοποιώ, ρ. (ασυνίζ.). **1.** εξομοιώνω κάποιον με αστό, τον εντάσσω στην αστική τάξη· κάνω κάποιον να αποκτήσει το πνεύμα ή τα ιδεώδη της αστικής τάξης (λ.χ. αγάπη για την έννομη τάξη, συντηρητισμός): *οι οικονομικές συνθήκες στη μεταπολεμική εποχή -ησαν τμήματα της εργατικής τάξης· με τα χρόνια και τις ανέσεις -ήθηκε.* **2.** (για περιοχή) δίνω αστικό χαρακτήρα, δημιουργώ πόλεις ή συγκεντρώνω σε πόλεις τον πληθυσμό (της περιοχής): *η περιοχή -ήθηκε ραγδαία.*

αστικός, -ή, -ό, επίθ. **1.** που ανήκει ή αναφέρεται στην πόλη: *πληθυσμός ~· συγκοινωνία -ή· κέντρο -ό* (= πόλη)· *λεωφορείο -ό* (αντ. *αγροτικός*). **2.** *τάξη -ή* = (ιστ.) κοινωνική τάξη που εμφανίστηκε στις ευρωπαϊκές πόλεις το μεσαίωνα και απαρτίστηκε κυρίως από εμπόρους και βιοτέχνες· (πολιτ.) στον καπιταλισμό, η τάξη που κατέχει τα μέσα παραγωγής και κατ' επέκταση εκείνη που τα μέλη της δεν κάνουν χειρωνακτική εργασία και έχουν σχετικά υψηλό εισόδημα και καλές συνθήκες ζωής. **3.** που σχετίζεται με την αστική τάξη ή με τους αστούς, το πνεύμα και τις συνήθειές τους: *επανάσταση -ή* (= της αστικής τάξης για την ανατροπή φεουδαρχικού καθεστώτος)· *καθεστώς -ές/τάξη/κόμμα -ό· ιδεώδη -ά· σπίτι -ό· συνήθειες -ές.* **4.** (νομ.) *δίκαιο -ό =* το δίκαιο που ρυθμίζει τις έννομες σχέσεις των ανθρώπων στην ιδιωτική τους ζωή (λ.χ. γάμος, οικογενειακές σχέσεις, οικονομικές συναλλαγές)· *~ κώδικας =* το σύνολο των νόμων του κράτους απ' όπου πηγάζει το αστικό δίκαιο· *δικαιώματα -ά =* τα δικαιώματα που έχει κάθε μέλος μιας κοινωνίας ανεξάρτητα από την ηλικία, το φύλο, την εθνικότητά του (αντ. *πολιτικά*)· *διαφορές -ές· αδικήματα/δικαστήρια -ά* (= που εμπίπτουν στις ρυθμίσεις του αστικού κώδικα).

αστίλβωτος, -η, -ο, επίθ., που δεν τον στίλβωσαν, δεν του γυάλισαν: *μέταλλα/παπούτσια -α* (συνών. *αγυάλιστος·* αντ. *στιλβωμένος*).

αστισμός ο, ουσ., όλα όσα χαρακτηρίζουν τον αστό ή την αστική τάξη· (συνήθως υποτιμητικά): *φοβόταν να απαλλαγεί από τον -ό του.*

αστοίβαχτος, -η, -ο, επίθ., που δεν τον στοίβαξαν, δεν τον μάζεψαν σε σωρό: *ξύλα -α* (αντ. *στοιβαγμένος*).

αστοιβή η, ουσ., ονομασία αγκαθωτού θάμνου, που χρησιμεύει συνήθως για προσάναμμα, αφάνα.

αστοιχείωτος, -η, -ο, επίθ., που δε στοίχειωσε, δεν κατοικείται από στοιχειό: *γεφύρι -ο* (αντ. *στοιχειωμένος*).

αστοιχείωτος, -η, -ο, επίθ., που αγνοεί ακόμη και τα πιο απλά στοιχεία μιας γνώσης ή μιας επιστήμης: *είναι εντελώς ~ στη φυσική.*

αστοκάριστος, -η, -ο, επίθ., που δεν τον στοκάρισαν, δε γέμισαν με στόκο τα κενά του: *κουφώματα -α· τζάμι -ο* (αντ. *στοκαρισμένος*).

αστόλιστος, -η, -ο, επίθ., που δεν τον στόλισαν: *νύφη -η· δωμάτιο -ο* (αντ. *στολισμένος*). - Επίρρ. **-α.**

αστοργία η, ουσ., έλλειψη στοργής, αγάπης ή φροντίδας: *~ των παιδιών προς τη γερόντισσα μητέρα τους·* (μεταφ.) *~ της κυβέρνησης προς τα θύματα του σεισμού.*

άστοργος, -η, -ο, επίθ., που δεν έχει στοργή: *πατέρας ~· γονείς -οι·* (μεταφ.) *κράτος -ο* (αντ. *στοργικός*).

αστός ο, θηλ. **-ή,** ουσ. **1.** κάτοικος της πόλης. **2.** αυτός που οικονομικά και ιδεολογικά ανήκει στην αστική τάξη: *η γαλλική επανάσταση ήταν έργο των αστών·* (συχνά υποτιμητικά): *άφησε την ιδεολογία του στα πανεπιστημιακά θρανία κι έγινε γρήγορα ένας ~.*

αστοχασιά η, ουσ. (συνιζ.). **1.** έλλειψη περίσκεψης, σύνεσης, επιπολαιότητα: *~ ασυγχώρητη·* (συνών. *απερισκεψία*). **2.** αφηρημάδα: *μεγάλη ~.*

αστόχαστος, -η, -ο, επίθ. **1.** που δεν έχει σύνεση, περίσκεψη, επιπόλαιος: *άνθρωπος ~· λόγια -α* (συνών. *απερίσκεπτος, ασύνετος·* αντ. *συνετός*). **2.** ανόητος, άμυαλος. **3.** που δεν προσέχει: *παιδί -ο* (συνών. *απρόσεκτος·* αντ. *προσεκτικός*). **4.** που δεν έχει φροντίδες, ξένοιαστος (συνών. *αμέριμνος*). - Επίρρ. στις σημασ. 1 και 3 **-α:** *μίλησε/φέρθηκε -α· παίρνω κάτι -α* (= δε δίνω μεγάλη σημασία σε κάτι).

αστόχημα το, ουσ. **1.** αποτυχία. **2.** σφάλμα, λάθος από απροσεξία. **3.** αφηρημάδα.

αστοχία και (συνιζ.) **-χιά** η, ουσ. **1.** αποτυχία στο να πετύχει κάποιος το σκοπό ή το στόχο του. **2.** σιτοδεία. **3.** έλλειψη σύνεσης, περίσκεψης (συνών. *απερισκεψία*). **4.** πλάνη, σφάλμα: *~ ασυγχώρητη.* **5.** αδεξιότητα, απροσεξία.

άστοχος, -η, -ο, επίθ. **1.** που δεν πέτυχε το στόχο ή το σκοπό του: *βολές -ες· διάβημα -ο* (αντ. *εύστοχος*). **2.** που του λείπει η περίσκεψη, η σύνεση, επιπόλαιος: *λόγια -α· φέρσιμο -ο* (συνών. *απερίσκεπτος, αστόχαστος·* αντ. *συνετός*). **3.** αδέξιος, ανεπιτυχής: *χειρισμός ~· κινήσεις/ενέργειες -ες* (αντ. *επιδέξιος, εύστοχος*). - Επίρρ. στις σημασ. 1 και 2 **-α.**

αστοχώ, -εις και (ιδιωμ.) **αστοχίζω,** ρ. **1.** δεν πετυχαίνω το σκοπό, το στόχο μου: *η σφαίρα -ησε* (συνών. *αποτυχαίνω·* αντ. *πετυχαίνω*). **2.** σφάλλω, πέφτω σε λάθος: *-ησε στις προβλέψεις του.* **3.** ξεχνώ, λησμονώ: *ήτανε μνήμη παλαιή, γλυκιά κι αστοχισμένη* (Σολωμός).

αστράβωτος, -η, -ο, επίθ., που δεν έχει ή δεν μπορεί να στραβώσει: *σίδερο/ξύλο -ο* (αντ. *στραβός, στραβωμένος*).

αστράγαλος ο, ουσ. **1.** κόκαλο του ταρσού: *το φόρεμα φτάνει στους -άλους* (συνών. *κότσι*). **2.** (λόγ., στον πληθ.) παιχνίδι που παίζεται με κότσια ζώων (συνών. *κότσια*).

αστράγγιστος, -η, -ο και **-χτος,** επίθ. (έρρ.). **1.** που δε στράγγισε, δε διηθήθηκε, ασούρωτος: *τυρί/γιαούρτι -ο* (αντ. *στραγγισμένος, στραγγιστός*). **2.** που δεν του αφαίρεσαν τα υγρά: *ρούχα -α· σφουγγάρι -ο* (αντ. *στραγγισμένος*). **3.** που δε στέγνωσε:

πιάτα -α· σταφίδα -η (αντ. στεγνός). 4. που δεν ψήθηκε στο εσωτερικό του: *ψωμί -ο.*

αστράκι το, ουσ. 1. μικρό άστρο. 2. είδος ζυμαρικού.

αστραπή η, ουσ., ισχυρή λάμψη που σε καιρό καταιγίδας δημιουργείται από κένωση ηλεκτρισμού στην ατμόσφαιρα: *μετά την ~ έρχεται η βροντή.* Έκφρ. *σαν ~* (= πολύ γρήγορα): *έφυγε σαν ~· πόλεμος ~* (= σύντομης διάρκειας)· *ταξίδι ~* (= πολύ σύντομο και απρόοπτο). Φρ. *τα μάτια του βγάζουν -ές* (= είναι πάρα πολύ ζωηρά, συνήθως από θυμό). Παροιμ. *καθαρός ουρανός -ές δε φοβάται.*

αστραπιαίος, -α, -ο, επίθ. (ασυνίζ.), που είναι πολύ γρήγορος σαν αστραπή: *ταχύτητα/ενέργεια -α* (συνών. *κεραυνοβόλος*). - Επίρρ. **-α** και **-ως:** *έφυγε -α.*

αστραποβόλημα το, ουσ. 1. το να εκπέμπονται αστραπές. 2. το να εκπέμπονται αναλαμπές που οφείλονται σε μεγάλη στιλπνότητα: *~ κοσμημάτων/σκευών.* 3. (μεταφ.) ζωηράδα: *~ των ματιών.*

αστραποβόλος, -α, -ο, επίθ., που εκπέμπει ζωηρές λάμψεις: *κόσμημα/σκεύος -ο* (συνών. *αστραφτερός*).

αστραποβολώ, -άς, ρ. 1. αστράφτω συνέχεια: *-ούσε ο ουρανός.* 2. εκπέμπω λάμψεις, ακτινοβολώ: *το περιδέραιο -ούσε· τα πετράδια -ούσαν*· (μεταφ.): *-ά το πρόσωπό του από χαρά· η ομορφιά -ά στο πρόσωπο της· -ούν τα μάτια του από θυμό/από χαρά.*

αστραπόβροντο το, ουσ. (έρρ.). 1. αστραπές και βροντές: *όλη νύχτα έριχνε -α.* 2. (μεταφ.): *-α αντεγκλήσεων.*

αστραποκαμένος, -η, -ο, επίθ., που έχει πληγεί από κεραυνό (συνών. *κεραυνόπληκτος*).

αστραποφεγγιά η, ουσ. (έρρ., συνιζ.), λάμψη αστραπής ή πολλών αλλεπάλληλων αστραπών.

αστραπόφεγγο το, ουσ. (έρρ.), το φως, η λάμψη της αστραπής (συνών. *αστραποφεγγιά*).

αστραποχάλαζο το, ουσ., αστραπές με χαλάζι: *ξαφνικό ~.*

αστράτευτος, -η, -ο, επίθ., που δε στρατεύτηκε, που δεν υπηρέτησε ως στρατιώτης (συνών. *αστρατολόγητος*).

αστρατολόγητος, -η, -ο, επίθ., που δε στρατολογήθηκε, αστράτευτος.

αστραφτερός, -ή, -ό, επίθ. 1. που εκπέμπει ζωηρές λάμψεις: *διαμάντια -ά· μέταλλο -ό· πιάτα -ά· πάτωμα -ό (από καθαριότητα)* (συνών. *αστραποβόλος*). 2. που έχει διαύγεια: *νερό -ό* (συνών. *διαυγής*). 3. (μεταφ.) που λάμπει, ζωηρός: *μάτια -ά· ματιά -ή· χαμόγελο -ό· ομορφιά -ή* (συνών. *λαμπερός*).

αστραφτοκοπώ, -άς, ρ. 1. απαστράπτω, αστραποβολώ: *το πάτωμα -ά από καθαριότητα.* 2. (μεταφ.) λάμπω: *η όψη της -ούσε από χαρά· τα μάτια του -ούσαν πονεμένα* (συνών. *αστράφτω*).

αστράφτω, ρ. Α. αμτβ. 1. (για το μετεωρολογικό φαινόμενο της αστραπής· συνήθως τριτοπρόσ.) ρίχνει, κάνει αστραπές (σε στιγμή καταιγίδας): *-ει ο ουρανός· -ει και βροντά.* 2. εκπυρσοκροτώ: *-ψαν τα κανόνια.* 3. εκπέμπω λάμψεις, απαστράπτω, ακτινοβολώ: *-ουν τα κοσμήματα· -ει ο χρυσός/το σπίτι από καθαριότητα* (συνών. *αστραψυκοπώ*). 4. (μεταφ.) λάμπω, είμαι ζωηρός: *-ει το πρόσωπο (από ομορφιά)· -ουν τα μάτια (από θυμό, χαρά)* (συνών. *αστραφτοκοπώ*). 5. (μεταφ.) αποδεικνύομαι, γίνομαι πασιφανής: *-αψε η αλήθεια/ το*

δίκαιο/η αθωότητα (συνών. *λάμπω*). Β. (μτβ.) δίνω ξαφνικό και δυνατό χτύπημα (με την παλάμη του χεριού): *θα σου -ψω μια!...· του -αψε μια σφαλιάρα· του -αψα μια, που είδε τον ουρανό σφοντύλι.* Φρ. *-αψε και βρόντησε* (= έδειξε με έντονο τρόπο την παρουσία του): *-αψε και βρόντησε στη συνέλευση.*

αστραχάν το, ουσ., πολύτιμη γούνα από πρόβατο νεογέννητο της φυλής καρακούλ: *~ γνήσιο/τεχνητό/σγουρό/βαμμένο· παλτό από ~.* [γαλλ. *astrakan* ή *astracan*].

άστρεχτος, βλ. *άστερχτος.*

άστρι το, ουσ., μικρό άστρο, αστεράκι.

αστρί το, ουσ. (λαϊκ.), άστρο: *κοιμήσου, αυγή, κοιμήσου ~, κοιμήσου νιο φεγγάρι* (δημ. τραγ.).

αστρικό το, ουσ. 1. αστερισμός κάτω από τον οποίο γεννιέται κανείς (συνών. *ζώδιο*). 2. ο χαρακτήρας του ανθρώπου όπως προσδιορίζεται από τον αστερισμό στον οποίο γεννήθηκε. 3. μοίρα, πεπρωμένο, ριζικό. 4. (στον πληθ.) οι αόρατες φυσικές δυνάμεις.

αστρικός, -ή, -ό, επίθ., που ανήκει ή αναφέρεται στα άστρα: *ακτινοβολία -ή· κινήσεις -ές· σμήνη -ά· ημέρα -ή* (= χρονικό διάστημα μιας περιστροφής της γης γύρω από τον άξονά της)· *έτος -ό* (= χρονικό διάστημα μεταξύ δύο διαδοχικών «άνω μεσουρανήσεων» του ήλιου στο ίδιο μέρος)· *χρόνος ~* (= που μετριέται με την αστρική ημέρα).

αστρίμωχτος, -η, -ο, επίθ. 1. (για πράγματα) που δεν έχει στριμωχτεί, συμπιεστεί: *τα ρούχα του είναι -α στη βαλίτσα.* 2. (για πρόσωπα) που δε βρίσκεται σε συνωστισμό, σε χώρο ασφυκτικά γεμάτο: *-οι στο λεωφορείο/στην αίθουσα.* 3. (μεταφ.) που δε βρίσκεται σε δύσκολη θέση, σε αδιέξοδο, που δε δέχεται πίεση ή εξαναγκασμό: *~ από ανάγκες της ζωής* (αντ. *στις σημασ. 1, 2 και 3 στριμωγμένος*).

άστριος ο, ουσ. (ασυνίζ.), είδος πετρώματος.

αστρίτης ο, ουσ., είδος φιδιού, είδος έχιδνας.

άστριφτος, -η, -ο, επίθ., που δεν κλώστηκε: *μαλλί/βαμβάκι/στημόνι -ο· κλωστή -η.*

αστρίφωτος, -η, -ο, επίθ., (για ύφασμα, ρούχο) που δε στριφώθηκε, που δε ράφτηκε με αναδίπλωση της άκρης του.

άστρο το, ουσ. 1. αστέρι (βλ.λ. σημασ. 1): *~ χλομό/λαμπερό· βγήκαν τ' -α* (= νύχτωσε)· *τ' ~ της αυγής* (= ο αυγερινός)· *τ' ~ της νύχτας* (= το φεγγάρι)· *τ' ~ του βορρά* (= ο πολικός αστέρας)· *πόλεμος των -ων* (= αμυντικό πρόγραμμα των Η.Π.Α., που προβλέπει τη χρησιμοποίηση του διαστήματος για πολεμικούς σκοπούς). Φρ. *βλέπω -α (το μεσημέρι)* = ζαλίζομαι (από δυνατό χτύπημα)· *κατεβάζω ή τάζω (τον ουρανό) με τ' -α* (= δίνω ανεκπλήρωτες υποσχέσεις)· *φορώ τον ουρανό με τ' -α* (= είμαι ντυμένος με πολυτέλεια). 2. (μεταφ.) το να διακρίνεται κανείς μεταξύ των ομοίων του, το να είναι τέλειος, υπέροχος, ταλέντο (συνών. *αστέρι στη σημασ. 4, αστέρας*). 3. ο αστερισμός κάτω από τον οποίο πιστεύεται ότι γεννιέται ο κάθε άνθρωπος και προσδιορίζει το χαρακτήρα και την τύχη του: *ο καθένας έχει τ' -ο του· σμίξαν τ' -α τους* (συνών. *ζώδιο, αστέρι σημασ. 2*). 4. διακριτικό βαθμού στη στολή αξιωματικού (συνών. *αστέρι σημασ. 3*). - Υποκορ. **-άκι,** **-ουλάκι, -ούλι** το.

αστροβιολογία η, ουσ. (ασυνίζ.), επιστήμη που εξετάζει ως ενότητα τα φυσικά φαινόμενα, τόσο τα βιολογικά όσο και τα αστρονομικά και ερευνά τους κοινούς νόμους που τα διέπουν.

αστροβολίδα η, ουσ., διάττοντας αστέρας.

αστροβολώ, -άς, ρ., αστράφτω: *-ούσε ο ουρανός* (συνών. *ακτινοβολώ*).

αστροκέντητος, -η, -ο, επίθ. (έρρ.), κεντημένος με αστέρια, που είναι διακοσμημένο με αστέρια: *ουρανός ~*.

αστρολάβος ο, ουσ., αστρονομικό όργανο που έδειχνε το γωνιαίο ύψος του πολικού αστέρα πάνω από τον ορίζοντα.

αστρολογία η, ουσ. **1**. επιστήμη που ερευνά και μελετά τα ουράνια σώματα: *~ ελληνιστική/βυζαντινή* (συνών. *αστρονομία*). **2**. πρόγνωση των μελλόντων από την παρατήρηση των θέσεων και των κινήσεων των άστρων.

αστρολογικός, -ή, -ό, επίθ., που ανήκει ή αναφέρεται στην αστρολογία: *χάρτης/κανόνας ~*.

αστρολόγος ο, ουσ., αυτός που ασχολείται με την αστρολογία, που προλέγει το μέλλον από την παρατήρηση των άστρων.

αστρολούλουδο το, ουσ., το λουλούδι μαργαρίτα.

αστρομαντεία η, ουσ. (έρρ.), πρόγνωση του μέλλοντος από την παρατήρηση των άστρων (συνών. *αστρομαντική*).

αστρομαντική η, ουσ. (έρρ.), αστρομαντεία (βλ. λ.).

αστροναύτης ο, θηλ. **-ισσα**, ουσ., πρόσωπο εκπαιδευμένο ώστε να πραγματοποιεί διαστημικά ταξίδια.

αστροναυτική η, ουσ., η τεχνολογία και η επιστήμη της πτήσης στο διάστημα.

αστροναυτικός, -ή, -ό, επίθ., που αναφέρεται στους αστροναύτες ή την αστροναυτική.

αστροναύτισσα, βλ. *αστροναύτης*.

αστρονομία η, ουσ., η επιστήμη που έχει ως αντικείμενο την έρευνα και μελέτη του σύμπαντος.

αστρονομικός, -ή, -ό, επίθ. **1**. που ανήκει ή αναφέρεται στην αστρονομία: *όργανα -ά· παρατηρήσεις -ές· χάρτης ~*. **2**. υπερβολικά μεγάλος, υψηλός: *αριθμός ~· ποσό -ό* (συνών. *υπέρογκος*).

αστρονόμος ο, ουσ., επιστήμονας που ασχολείται με την αστρονομία.

αστροπελέκι το, ουσ., κεραυνός (βλ.λ.): *έπεσε ~ κι έκαψε το πλατάνι*. [*αστραπολέκι* με απολογία].

αστροστόλιστος, -η, -ο, επίθ. (λογοτ.), στολισμένος με άστρα: *ουρανός ~*.

αστροφεγγιά η, ουσ. (έρρ., συνίζ.). **1**. το φως, η φεγγοβολιά, η ανταύγεια των άστρων (κυρίως όταν είναι αιθρία): *απόψε έχει μαγευτική ~*. **2**. ουρανός ξάστερος (συνών. *ξαστεριά*).

αστροφυσική η, ουσ., κλάδος της αστρονομίας που μελετά τη φυσική σύσταση και τις φυσικές ιδιότητες των ουρανίων σωμάτων.

άστρωτος, -η, -ο, επίθ. **1**. που δεν είναι στρωμένος ή που δεν έχει στρωσίδια: *χαλί/σπίτι -ο*. **2**. που δεν έχει επιστρωθεί: *δρόμος ~· αυλή -η*. **3**. που δε συγυρίστηκε: *κρεβάτι -ο* (συνών. *ασυγύριστος, ατακτοποίητος*)· (συνεκδοχικά) *τραπέζι -ο* (= που δεν έχει ετοιμαστεί με τα απαραίτητα είδη και σκεύη για φαγητό). **4**. που δε λειτουργεί ακόμη με κανονικό ρυθμό και αποδοτικότητα: *δουλειά/επιχείρηση -η· μηχάνημα -ο*. **5**. πρωτόπειρος, αδέξιος ή αμελής: *~ στη δουλειά του*. **6**. άτακτος, απείθαρχος: *παιδί -ο*.

αστυκλινική η, ουσ., κλινική μεγάλης πόλης.

αστυκτηνιατρικός, -ή, -ό, επίθ. (ασυνίζ.), που ανήκει ή αναφέρεται στον αστυκτηνίατρο (βλ. λ.): *καθήκοντα -ά· έλεγχος ~· υπηρεσία -ή* (= που ασχολείται με τον υγειονομικό έλεγχο των τροφίμων ζωικής προέλευσης στις μεγάλες πόλεις).

αστυκτηνίατρος ο, ουσ., κτηνίατρος που ασκεί καθήκοντα που ανάγονται στις αρμοδιότητες της αστυκτηνιατρικής υπηρεσίας.

αστύλωτος, -η, -ο, επίθ. **1**. που δε στηρίχτηκε με στύλους: *στέγη -η*. **2**. που δε δυναμώθηκε με φαγητό ή ποτό.

αστυμηχανικός ο, ουσ., μηχανικός υπεύθυνος για την τήρηση και εφαρμογή της οικοδομικής νομοθεσίας στην κατασκευή δημοσίων κτηρίων.

αστυνόμευση η, ουσ. **1**. αστυνομικός έλεγχος: *~ του πάρκου/των δρόμων/των υπόπτων*. **2**. (γενικά) αυστηρός έλεγχος, παρακολούθηση, επιτήρηση: *~ ενός χώρου/κινήσεων/ενεργειών*.

αστυνομεύω, ρ. **1**. εκτελώ χρέη αστυνόμου. **2**. (γενικά) ελέγχω αυστηρά, επιτηρώ: *οι γονείς του - ουν κάθε του κίνηση* (συνών. *παρακολουθώ*).

αστυνομία η, ουσ. **1**. κρατική υπηρεσία που έχει ως έργο την επιβολή και τήρηση της δημόσιας τάξης και γενικά της εσωτερικής ασφάλειας: *~ στρατιωτική/μυστική/ηθών/διεθνής· τροχαίας/τουριστική* (συνών. *χωροφυλακή*). **2**. (συνεκδοχικά) τα άτομα που υπηρετούν στο αστυνομικό σώμα: *τον έπιασε η ~*. **3**. το κτήριο όπου στεγάζεται η αστυνομική υπηρεσία: *τον πήγαν στην ~· έβαλαν βόμβα στην ~*.

αστυνομικίνα, θηλ. **-ίνα** η, ουσ., αυτός που υπηρετεί στην αστυνομία: *τον πήγαν στο δικαστήριο με συνοδεία -ών· ~· ιδιωτικός/μυστικός* (συνών. *αστυνόμος, χωροφύλακας*).

αστυνομικός, -ή, -ό, επίθ., που ανήκει ή αναφέρεται στους αστυνόμους ή την αστυνομία: *καθήκοντα/χρέη/μέτρα -α· τμήμα -ό· όργανα -ά· κράτος/καθεστώς -ό* (= αστυνομοκρατούμενο)· *επιθεωρητής ~· έρευνα -ή· σκύλος ~* (= σκυλί εκπαιδευμένο που χρησιμοποιείται από την αστυνομία για έρευνες)· *μυθιστόρημα -ό· ταινία -ή* (= λογοτεχνικό ή κινηματογραφικό αντίστοιχα έργο που η υπόθεσή του σχετίζεται με κάποιο έγκλημα και τη διαλεύκανσή του).

αστυνομοκρατία η, ουσ., αυστηρός αστυνομικός έλεγχος, αστυνόμευση: *καθεστώς -ας· ~ της περιοχής των Εξαρχείων (στην Αθήνα)*.

αστυνομοκρατούμαι, -είσαι, ρ., αστυνομεύομαι αυστηρά: *-είται η περιοχή*.

αστυνόμος ο, ουσ., ανώτερος αξιωματικός της αστυνομίας.

αστυφιλία η, ουσ., το ρεύμα της μετακίνησης από τις αγροτικές περιοχές προς τις αστικές: *η ~ είναι επιζήμια για την οικονομία της χώρας*.

άστυφτος, -η, -ο, επίθ., που δεν τον έστυψαν, που δεν του αφαίρεσαν το χυμό ή το νερό: *λεμόνι -ο· σταφύλια/ρούχα -α*.

αστυφύλακας ο, ουσ., κατώτερος βαθμοφόρος στο αστυνομικό τμήμα (συνών. *χωροφύλακας*).

ασύβαστος, -η, -ο, επίθ. (λαϊκ.), ασυμβίβαστος (βλ. λ.).

ασυγκάλυπτος, -η, -ο, επίθ. (έρρ.), που δεν μπορεί να συγκαλυφθεί, να αποκρυφθεί: *δωροδοκία -η* (συνών. *φανερός*).

ασυγκέντρωτος, -η, -ο, επίθ. (έρρ.). **1**. που δε συγκεντρώθηκε, δε μαζεύτηκε: *στρατός ~· καλαμπόκι -ο*. **2**. που δεν μπορεί να συγκεντρώσει το μυαλό

του, την προσοχή του σε κάτι: *δεν κατάλαβα το μάθημα γιατί ήμουν* ~ (συνών. *αφηρημένος).*
ασυγκέραστος, -η, -ο, επίθ. (έρρ., λόγ.), που δεν έχει αναμιχτεί με κάτι άλλο, άκρατος (συνών. *άμιχτος).*
ασυγκινησία η, ουσ. (έρρ.). **1.** έλλειψη συγκίνησης (συνών. *απάθεια).* **2.** σκληρότητα: *με εντυπωσίασε η* ~ *του.*
ασυγκίνητος, -η, -ο, επίθ. (έρρ.), δε συγκινείται, αδιάφορος, σκληρόκαρδος: *έμεινε* ~ *μπροστά στην τόση δυστυχία* (συνών. *απαθής, σκληρός* αντ. *ευσυγκίνητος, ευαίσθητος).*
ασυγκόλλητος, -η, -ο, επίθ. (έρρ.), που δεν κολλήθηκε, δεν ενώθηκε με κάτι άλλο: *μέταλλα -α.*
ασυγκράτητος, -η, -ο, επίθ. (έρρ.), που δε συγκρατείται, δεν μπορεί να χαλιναγωγηθεί, ορμητικός: *ο πληθωρισμός καλπάζει με -ο ρυθμό· πάθη -α· ορμή -η* (συνών. *ακατάσχετος).* - Επίρρ. **-α.**
ασύγκριτος, -η, -ο, επίθ. (έρρ.), που δεν μπορεί να συγκριθεί, ασυναγώνιστος: *τραγουδίστρια -η· ποιότητα/ομορφιά/ευρηματικότητα -η· ύφος/ χιούμορ / ταλέντο -ο* (συνών. *απαράμιλλος).* - Επίρρ. **-α.**
ασυγκρότητος, -η, -ο, επίθ. (έρρ.). **1.** που δεν είναι συγκροτημένος, οργανωμένος: *υπηρεσία -η.* **2.** ακατάρτιστος, ημιμαθής: *δάσκαλος* ~. - Επίρρ. **-α.**
ασυγυρισιά η, ουσ. (συνιζ.), ακαταστασία.
ασυγύριστος, -η, -ο, επίθ. **1.** που δεν έχει συμμαζευτεί, ατακτοποίητος: *το σπίτι του είναι πάντα -ο* (συνών. *ακατάστατος).* **2.** αφρόντιστος, ατημέλητος: *κυκλοφορεί πάντα -η.* **3.** που δεν τον «συγύρισε», δεν τον μάλωσε κανείς: *έννοια σου και δε θα τον αφήσω -ο.*
ασυγχρόνιστος, -η, -ο, επίθ. **1.** που δεν είναι συγχρονισμένος, δε θα γίνεται συγχρόνως με κάτι άλλο: *το βήμα μας είναι -ο· κινήσεις -ες.* **2.** που δεν είναι σύγχρονος, ξεπερασμένος, αναχρονιστικός: *οι αντιλήψεις του είναι τελείως -ες* (συνών. *οπισθοδρομικός).* -Επίρρ. **-α,**
ασύγχυστος, -η, -ο, και (λαϊκ.) **ασύχυστος,** επίθ., που δε συγχύζεται, δε στενοχωριέται, δεν οργίζεται για κάτι: *οι ιδιοτροπίες του δε μ' αφήνουν ούτε μια στιγμή -ο.* - Επίρρ. **-α.**
ασυγχώρητος, -η, -ο και **ασυχώρετος,** επίθ., που δεν μπορεί να συγχωρηθεί: *έχεις κάνει πολλά -α λάθη στη ζωή σου· είσαι* ~· *αμέλεια/παράλειψη -η* (συνών. *ανεπίτρεπτος, αδικαιολόγητος).*
ασυδοσία η, ουσ., απεριόριστη και ανεξέλεγκτη ελευθερία λόγων ή πράξεων: η ~ *των τριάκοντα τυράννων· πρωτοφανής η* ~ *των αρχαιοκαπήλων· η* ~ *είναι εντελώς διαφορετικό πράγμα από την ελευθερία.*
ασύδοτος, -η, -ο, επίθ., που τον διακρίνει ασυδοσία, που έχει απεριόριστη και ανεξέλεγκτη ελευθερία λόγων ή έργων: *κακοποιός* ~· *ατίθασο και -ο παιδί.*
ασυζήτητος, -η, -ο, επίθ., που δε συζητήθηκε: *η γνώμη του έμεινε -η* (συνών. *ακουβέντιαστος).*
ασυκοφάντητος, -η, -ο, επίθ. (έρρ.), που δε συκοφαντήθηκε: *κανένα δεν άφησε -ο στη γειτονιά* (συνών. *ακατηγόρητος).*
ασύλητος, -η, -ο, επίθ., που δε συλήθηκε, δε λεηλατήθηκε: *τάφος* ~· *ιερό -ο.*
ασυλία η, ουσ., το απαραβίαστο, το απρόσβλητο τόπου ή προσώπου: *διπλωματική* ~ = προνομιακό καθεστώς που έχουν οι ξένοι διπλωμάτες στο κράτος όπου είναι διαπιστευμένοι ώστε να ασκούν ανεμπόδιστα τα διπλωματικά τους καθήκοντα· *βουλευτική* ~ = η ασφάλεια από κάθε δικαστική δίωξη που παρέχεται από το Σύνταγμα στους βουλευτές και αίρεται μόνο με απόφαση της ίδιας της Βουλής (εκτός από περιπτώσεις κακουργημάτων επ' αυτοφώρω).
ασύλληπτος, -η, -ο, επίθ. **1.** που δεν πιάστηκε: *δράστες -οι.* **2.** που δεν μπορεί να το συλλάβει ο νους, ακατάληπτος: *φιλοσοφική θεωρία -η* (συνών. *αδιανόητος, ακατανόητος).* **3.** υπερβολικός: *έτρεχε με -η ταχύτητα.*
ασυλλόγιαστος, βλ. *ασυλλόγιστος.*
ασυλλογισιά η, ουσ. (συνιζ.). **1.** επιπολαιότητα (συνών. *απερισκεψία).* **2.** ξενοιασιά.
ασυλλόγιστος, -η, -ο και **ασυλλόγιαστος,** επίθ. **1.** που δε συλλογίζεται πριν κάνει κάτι, επιπόλαιος: *ενέργεια/κίνηση -η· νέος* ~· *έφυγε η -η κι άφησε πίσω της μικρά παιδιά* (συνών. *απερίσκεπτος).* **2.** αμέριμνος: *καθόταν* ~ *και ρέμβαζε* (συνών. *ξένοιαστος).* - Επίρρ. **-α.**
άσυλο το, ουσ. **1.** τόπος ιερός και απαραβίαστος· (νομ.) ~ *κατοικίας/οικογενειακό* = η απαγόρευση εισόδου στην κατοικία ενός πολίτη, εάν ο ίδιος δεν το επιτρέπει, εκτός αν είναι παρούσα δικαστική αρχή· *πανεπιστημιακό* ~ = περιορισμός της διοίκησης ώστε να μην επεμβαίνει και να μην παίρνει διάφορα μέτρα στους πανεπιστημιακούς χώρους παρά με την άδεια των πανεπιστημιακών αρχών. **2.** καταφύγιο: *βρήκε* ~ *κοντά του· πολιτικό* ~ = δικαίωμα που παραχωρείται σ' έναν αλλοδαπό να παραμείνει σε μια χώρα, επειδή για διάφορους λόγους δεν μπορεί να ζήσει στη δική του: *τρεις Κούρδοι ζήτησαν πολιτικό* ~ *στην Ελλάδα.* **3.** φιλανθρωπικό ή νοσηλευτικό ίδρυμα που περιθάλπει φτωχούς, γέρους, αρρώστους, κ.τ.ό.: ~ *ανιάτων.*
ασυμβίβαστος, -η, -ο, επίθ. **1.** που δε συμβιβάζεται, δεν ταιριάζει: *χαρακτήρες -οι· συμφέροντα -α* (συνών. *αταίριαστος).* **2.** δύστροπος: *άνθρωπος* ~ *ήταν σ' όλη του τη ζωή* (συνών. *στριφνός).* **3.** που δε συμβιβάστηκε, δε συμφώνησε, δεν υποχώρησε: *χαρακτήρας* ~· *είμαστε -οι ακόμη στο θέμα του οικοπέδου* (συνών. *αδιάλλακτος, άκαμπτος).*
ασυμμάζευτος, -η, -ο, επίθ. **1.** που δε μαζεύτηκε: *ρούχα -α* (συνών. *αμάζευτος).* **2.** που δεν τακτοποιήθηκε, δε συμμαζεύτηκε, ακατάστατος: *δωμάτιο/ κρεβάτι -ο* (συνών. *ασυγύριστος).* **3.** που δεν μπορεί κανείς να τον περιορίσει: *και τα δυο του παιδιά είναι -α· γυναικές* ~· *έχει τη γλώσσα της πάντα -η* (συνών. *ασυγκράτητος).* - Επίρρ. **-α.**
ασυμμετρία η, ουσ., έλλειψη αναλογιών, συμμετρίας: ~ *οικοδομήματος* (συνών. *δυσαναλογία).*
ασύμμετρος, -η, -ο, επίθ., που δεν έχει συμμετρία: *-ο ύψος με το πάχος* (συνών. *δυσανάλογος).* **2.** (μαθημ.) *αριθμός* ~ = που έχει άπειρα δεκαδικά ψηφία.
ασυμμόρφωτος, -η, -ο, επίθ., που δε συμμορφώνεται, δεν προσαρμόζεται σε κάτι: *παραμένει* ~ *στους νέους κανονισμούς· χαρακτήρας* ~ (συνών. *αδιόρθωτος).* - Επίρρ. **-α.**
ασυμπαθής, -ής, -ές, γεν. *-ούς,* πληθ. αρσ. και θηλ. *-είς,* ουδ. *-η,* επίθ., που δεν είναι συμπαθητικός, αχώνευτος.
ασυμπλήρωτος, -η, -ο, επίθ. (έρρ.), που δε συμπληρώθηκε, που δεν μπορεί να συμπληρωθεί: *πρό-*

ασυμπονιά

ταση/δουλειά -η· συγγραφικό έργο -ο (συνών. *ατέλειωτος*).

ασυμπονιά η, ουσ. (συνιζ., λαϊκ.), έλλειψη ευσπλαχνίας, σκληρότητα.

ασυμφιλίωτος, -η, -ο, επίθ. 1. που δε συμφιλιώνεται με κάποιον: *έμειναν -οι έως τα γεράματά τους.* 2. που δε συμβιβάζεται, δε συμφιλιώνεται με μια κατάσταση: *έμεινε ~ με την αλλαγή* (συνών. *αδιάλακτος, ασυμβίβαστος*).

ασύμφορος, -η, -ο, επίθ. που δε συμφέρει: *όροι εργασίας -οι· πρόταση -η* (συνών. *ανώφελος, επιζήμιος*).

ασυμφώνητος, -η, -ο, επίθ., που γίνεται χωρίς προηγούμενη συμφωνία. 2. που δεν κατέληξε σε συμφωνία. - Επίρρ. **-α**.

ασυμφωνία η, ουσ. 1. διαφωνία, αντίθεση: *~ χαρακτήρων* (αντ. *συμφωνία*). 2. έλλειψη συμφωνίας: *~ λογαριασμών.* 3. (μουσ.) έλλειψη αρμονίας: *~ μουσικών οργάνων.*

ασύμφωνος, -η, -ο, επίθ., που δε συμφωνεί με κάποιον, ασυμβίβαστος: *χαρακτήρες -οι· -οι στην τροποποίηση της οικονομικής πολιτικής* (συνών. *αταίριαστος*).

ασυμψήφιστος, -η, -ο, επίθ., που δε συμψηφίστηκε: *λογαριασμός ~.*

ασυναγώνιστος, -η, -ο, επίθ. 1. που δεν μπορεί να συναγωνιστεί κανείς μαζί του, που είναι εκτός συναγωνισμού: *παίκτης ~· είναι ~ στις τιμές του* (συνών. *ασύγκριτος, απαράμιλλος*). 2. (για τιμή) που είναι η πιο χαμηλή: *τιμές/εκπτώσεις -ες.*

ασυναίρετος, -η, -ο, επίθ. (γραμμ.) (για λέξη) που δε συναιρείται: *ρήματα -α* (αντ. *συνηρημένα*).

ασυναίσθητος, -η, -ο, επίθ. 1. που δεν έχει συναίσθηση των πράξεών του: *δολοφόνος ~.* 2. που γίνεται χωρίς συναίσθηση, επίγνωση, χωρίς να το καταλάβει κανείς: *κίνηση -η· λόγος ~.* - Επίρρ. **-α**: *το είπε -α, χωρίς να το συνειδητοποιήσει.*

ασυναπάντητος, -η, -ο, επίθ. (έρρ., λαϊκ.), που δεν τον συναντά κανείς: *κακό -ο.*

ασυναρμολόγητος, -η, -ο, επίθ., που δε συναρμολογήθηκε ή δεν μπορεί να συναρμολογηθεί: *ρολόι -ο· μηχανή αυτοκινήτου -η.*

ασυναρτησία η, ουσ. 1. έλλειψη ειρμού σε γραπτό ή προφορικό λόγο: *γραπτά με -ες.* 2. ανοησία: *λέει -ες* (συνών. *βλακεία*).

ασυνάρτητος, -η, -ο, επίθ., που δεν έχει συνάρτηση, λογικό ειρμό: *λόγια -α· σκέψεις -ες.*

ασύναχτος, -η, -ο, επίθ. (λαϊκ.), που δε συνάχτηκε, δε μαζεύτηκε: *σοδειά -η* (συνών. *αμάζευτος*).

ασύνδετος, -η, -ο, επίθ. 1. που δε συνδέεται ή δε συνδέθηκε με κάτι άλλο: *καλώδιο -ο· συσκευή -η.* 2. που δεν έχει σύνδεσμο, φιλία με κάποιον. 3. (συντακτ.) σχήμα λόγου κατά το οποίο γίνεται παράταξη εννοιών χωρίς συνδετικά μόρια. - Επίρρ. **-α** και **-δέτως**.

ασυνειδησία η, ουσ. 1. έλλειψη ευσυνειδησίας. 2. ασυνείδητη πράξη: *η ενέργειά σου ήταν σκέτη ~.* 3. προσωρινή ή παρατεταμένη απώλεια της συνείδησης.

ασυνείδητο το, ουσ. (ψυχ.) περιοχή του εγώ που βρίσκεται έξω από τη συνείδηση.

ασυνείδητος, -η, -ο, επίθ. 1. που είναι ηθικά πωρωμένος: *κακοποιός/πολιτικός ~.* 2. που δεν είναι σύμφωνος με την ηθική, άδικος: *-η εκμετάλλευση ορφανών.* 3. που γίνεται ασυναίσθητα: *χειρονομία -η* (αντ. *ευσυνείδητος*). - Επίρρ. **-α**.

ασύνειδος, -η, -ο, επίθ., που γίνεται δίχως συναίσθηση, δίχως συνείδηση: *-η εφαρμογή ορισμέ-*

νων αρχών (συνών. *ασυναίσθητος·* αντ. *συνειδητός*). - Επίρρ. **-α**: *ενέργησε -α.*

ασυνεννοησία η, ουσ., έλλειψη συνεννόησης: *η ~ τους τους οδήγησε σε αδιέξοδο* (συνών. *ασυμφωνία*).

ασυνεννόητος, -η, -ο, επίθ. 1. που δε συνεννοείται, που δε συμφωνεί με άλλον: *ζευγάρι -ο.* 2. που δεν μπορεί να συνεννοηθεί κανείς μαζί του: *άνθρωπος ~.* - Επίρρ. **-α**.

ασυνέπεια η, ουσ. (ασυνίζ.), ασυμφωνία λόγων και έργων, έλλειψη συνέπειας: *τον διακρίνει τέτοια ~ που δεν μπορείς να τον εμπιστευθείς* (συνών. *ανακολουθία*).

ασυνεπής, -ής, -ές, γεν. *-ούς*, πληθ. αρσ. και θηλ. *-είς*, ουδ. *-ή*, επίθ., που δεν είναι συνεπής: *~ στις υποχρεώσεις του* (συνών. *ανακόλουθος*).

ασυνέριστα, επίρρ., χωρίς συνερισιά, χωρίς ανταγωνισμό, με ανεκτικότητα: *συνεργαζόμαστε -α.*

ασυνέριστος, -η, -ο, επίθ., που δεν τον συνερίζεται κανείς, που δεν τον παίρνει κανείς στα σοβαρά: *παιδί -ο είναι· μην παίρνεις στα σοβαρά όσα είπε.*

ασύνετος, -η, -ο, επίθ., που δεν έχει φρόνηση: *πρόφαση/ενέργεια -η· λόγια -α* (συνών. *απερίσκεπτος, ασυλλόγιστος*). - Επίρρ. **-α**.

ασυνέχεια η, ουσ. (ασυνίζ.), έλλειψη συνέχειας: *στο διήγημα υπάρχει νοηματική και χρονική ~* (συνών. *διακοπή, χάσμα*).

ασυνέχιστος, -η, -ο, επίθ., που δε συνεχίστηκε έως το τέλος: *η προσπάθεια και το έργο του έμειναν -α* (συνών. *ασυμπλήρωτος, ατέλειωτος*). -Επίρρ. **-α**.

ασυνήθιστος, -η, -ο, επίθ. 1. που δεν είναι συνηθισμένος· περίεργος, σπάνιος: *συμπεριφορά/ομορφιά/ικανότητα/περίπτωση -η* (συνών. *παράξενος, πρωτοφανής*). 2. που δεν έχει συνηθίσει σε κάτι, άμαθος: *είμαι ~ σε τέτοια περιποίηση* (συνών. *άπειρος·* αντ. *μαθημένος, έμπειρος*). - Επίρρ. **-α**: *ντύνεται -α.*

ασυνθηκολόγητος, -η, -ο, επίθ. 1. που δεν έχει συνθηκολογήσει, αλύγιστος: *εχθρός/αντίπαλος ~* (συνών. *ανυποχώρητος*). 2. που έγινε χωρίς να υπογραφεί συνθήκη: *ανακωχή -η.* - Επίρρ. **-α**.

ασυννέφιαστος, -η, -ο, επίθ. (συνιζ.). 1. που δε σκεπάστηκε από σύννεφα: *ουρανός ~* (συνών. *ξάστερος*). 2. (μεταφ.) που δεν έχει ανησυχίες και προβλήματα: *ζωή -η* (συνών. *γαλήνιος*).

ασυνόδευτος, -η, -ο, επίθ., που δεν έχει συνοδό, μόνος: *είναι αδύνατο να σ' αφήσω -η στο θέατρο* (συνών. *ασυντρόφιαστος*).

ασυνόρευτος, -η, -ο, επίθ. 1. που δεν έχει κοινά σύνορα, δε συνορεύει με κάποιον άλλο: *χώρες -ες· χωράφια -α.* 2. που δεν έχει κοινό σημείο επαφής, προσέγγισης: *οι απόψεις μας πάνω στο θέμα είναι -ες.*

ασυνταίριαστος, -η, -ο, επίθ. (έρρ., συνιζ.), που δεν ταιριάζει, δε συμφωνεί με άλλον: *αντρόγυνο -ο· παρέα -η· ντύσιμο -ο* (συνών. *ανόμοιος, αταίριαστος*). - Επίρρ. **-α**.

ασύντακτος, -η, -ο και **-χτος,** επίθ. (έρρ.). 1. που δε βρίσκεται στη σωστή, την κανονική του θέση: *πλήθος -ο· στρατός ~* (συνών. *άτακτος*). 2. που δε διατυπώθηκε γραπτά, δε γράφτηκε: *διαθήκη/μελέτη -η· συμβόλαιο -ο* (συνών. *άγραφος*). 3. (γραμμ.) που δε συμφωνεί με τους κανόνες του συντακτικού, που περιέχει συντακτικές: *έκθεση -η· κείμενο -ο.* - Επίρρ. **-α**: *οι μαθητές βάδιζαν -α στην παρέλαση· πόσο -α γράφεις!*

ασυνταξία η, ουσ. (έρρ.), συντακτικό σφάλμα: *το*

γραπτό σου έχει πολλές -ες.
ασύνταχτος, βλ. *ασύντακτος*.
ασυντήρητος, -η, -ο, επίθ. (έρρ.). 1. που δε συντηρείται, εγκαταλειμμένος: *αυτοκίνητο/σπίτι -ο· μηχανή -η* (συνών. *παραμελημένος*). 2. που δεν έχει τα μέσα για να ζήσει ή δεν έχει οικονομική βοήθεια: *γριά ξεχασμένη και -η.*
ασυντόνιστος, -η, -ο, επίθ. (έρρ.), που δε βρίσκεται στον ίδιο τόνο με κάποιον άλλο· που δε γίνεται ταυτόχρονα ή στην ίδια ένταση με κάποιον άλλο: *κινητοποιήσεις/ενέργειες -ες* (αντ. *συντονισμένος*). - Επίρρ. **-α**.
ασύντριπτος, -η, -ο, επίθ. (έρρ.), που δε συντρίφτηκε, που δεν τον κατέβαλαν οι δοκιμασίες ή που δεν είναι δυνατό να υποστεί φθορά: *υλικό/ φρόνημα -ο· δύναμη/ψυχή -η* (συνών. *άφθαρτος, άθραυστος*).
ασυντρόφευτος, -η, -ο, επίθ. (έρρ.), που δεν έχει συνοδό, σύντροφο (ή σύζυγο), μόνος. - Επίρρ. **-α**.
ασυρματιστής ο, θηλ. **-ίστρια**, ουσ., χειριστής ασύρματου τηλεφώνου: *~ του πλοίου* (συνών. *τηλεγραφητής*).
ασύρματος, -η, -ο, επίθ., που δεν απαιτεί χρήση σύρματος (= ηλεκτρικού καλωδίου) για τη λειτουργία του: *τηλέφωνο -ο· επικοινωνίες -ες· τηλεγραφία -η*. - Το αρσ. ως ουσ. = συσκευή επικοινωνίας που λειτουργεί με ερτζιανά (βλ. λ.) κύματα: *έστειλα μήνυμα με τον -ο· ~ φορητός.*
ασυρματοφόρο το, ουσ., όχημα που μεταφέρει ασύρματο: *~ της αστυνομίας/των διαβιβάσεων.*
ασύρτωτος, -η, -ο, επίθ., που δεν κλείστηκε με σύρτη: *πόρτα -η* (συνών. *αμαντάλωτος*).
ασυσκεύαστος, -η, -ο, επίθ., που δε συσκευάστηκε, δεν πακεταρίστηκε, δεν ετοιμάστηκε για μεταφορά: *πιάτα/εμπορεύματα/πακέτα -α*.
ασύστατος, -η, -ο, επίθ. 1. που δεν έχει υπόσταση: *θεωρία -η· αβάσιμος: ισχυρισμός ~· κατηγορίες -ες* (συνών. *αστήρικτος, ανυπόστατος, ανακριβής*). 2. που δεν έγινε γνωστός με σύσταση άλλου: *ο υπηρέτης πήγε ~, αλλά τον κράτησαν.*
ασυστηματοποίητος, -η, -ο, επίθ., που δε συστηματοποιήθηκε, δεν οργανώθηκε με σύστημα: *διδασκαλία -η* (συνών. *ανοργάνωτος·* αντ. *συστηματοποιημένος, οργανωμένος*).
ασύστολος, -η, -ο, επίθ., που δεν αισθάνεται συστολή, ντροπή, αναίσχυντος: *ψεύδη -α· διαγωγή -η* (συνών. *αδιάντροπος*). - Επίρρ. **-α**.
ασύχαστος, -η, -ο, επίθ. 1. που δεν ησυχάζει, που κινείται ή εργάζεται ακατάπαυστα: *εργάτης ~· νοικοκυρά -η*. 2. που δεν έχει ηρεμήσει ύστερα από κάποια ψυχική ή σωματική δοκιμασία: *είναι ακόμη ~ από την αρρώστια που πέρασε/από την ένταση των εξετάσεων* (αντ. *ήσυχος*). 3. που δε σταματά, συνεχής, αδιάκοπος: *θόρυβος/άνεμος ~* (συνών. *ασταμάτητος*). 4. ταραγμένος, αγαλήνευτος: *θάλασσα -η* (αντ. *ήσυχος, γαλήνιος*).
ασύχναστος, -η, -ο, επίθ., που δεν τον επισκέπτονται συχνά οι άνθρωποι· απόκεντρος, ερημικός: *καφενεδάκι -ο· δρόμος ~· ακρογιαλιά -η* (αντ. *πολυσύχναστος, κεντρικός*). - Επίρρ. **-α**.
ασύχυστος, βλ. *ασύγχυστος*.
ασυχώρετος, βλ. *ασυγχώρητος.*
άσφαγος, βλ. *άσφαχτος*.
άσφαιρος, -η, -ο, επίθ., που δεν περιέχει σφαίρες, βλήματα: *στρατιωτικές ασκήσεις με -α πυρά.*
ασφάλεια η, ουσ. (ασυνίζ.). 1. σταθερότητα, βεβαιότητα, σιγουριά: *~ που μου παρέχουν οι πηγές της έρευνας· ~ που μου παρέχει η παρουσία κάποιου* (αντ. *ανασφάλεια*). 2. έλλειψη κινδύνου: *ταξιδεύω με το τρένο για μεγαλύτερη ~· μέτρα για την ~ των συνόρων· υπεράσπιση της εθνικής -ας· συστήματα -ειας* (= συστήματα συναγερμού για την προστασία αυτοκινήτων ή καταστημάτων)· *ζώνη -ειας* (= ιμάντας με τον οποίο δένεται ο οδηγός και ο συνοδηγός ή οι επιβάτες αυτοκινήτου για προστασία τους σε ενδεχόμενη σύγκρουση) (αντ. *κίνδυνος*). 3. *δημόσια ~* = η αναγνώριση και η προστασία των ατομικών δικαιωμάτων (ζωής, ελευθερίας, ιδιοκτησίας) των πολιτών από τα αστυνομικά και δικαστικά όργανα του κράτους· *μέτρα -ειας* = μέτρα που επιβάλλονται σε άτομα επικίνδυνα για τη δημόσια τάξη με σκοπό την προστασία της απ' αυτά. 4. υπηρεσία της ελληνικής αστυνομίας που ασχολείται με τη δίωξη κακοποιών: *έγινε καβγάς και κάποιος ειδοποίησε την ~· σώματα -ειας*. 5. το κτήριο που στεγάζεται η υπηρεσία της ασφάλειας: *τον κράτησαν ένα βράδι στην ~*. 6. σύμβαση μεταξύ ασφαλιστικής εταιρείας και ασφαλισμένου σύμφωνα με την οποία η πρώτη αναλαμβάνει την υποχρέωση να αποζημιώσει ζημιές του δεύτερου έναντι της καταβολής απ' αυτόν ποσού κατά τακτά χρονικά διαστήματα: *~ ζωής/πυρός/αυτοκινήτου/περιουσίας*. 7. η ασφαλιστική εταιρεία που αναλαμβάνει τη σύμβαση: *τη ζημιά θα την πληρώσει η ~*. 8. το ποσό με το οποίο ασφαλίζεται κάποιος: *τι ~ πληρώνεις για το αυτοκίνητο;* (συνών. *ασφάλιστρα*). 9α. *κοινωνική ~* = το σύνολο των μέτρων που έχουν σκοπό τη δημιουργία εγγυήσεων για το άτομο και την κοινωγένεια αν μειωθεί ή πάψει η ικανότητα για εργασία ή αν επιφορτισθεί με πρόσθετα βάρη, καθώς επίσης και το σύνολο των οργανισμών που αναλαμβάνουν την εφαρμογή των μέτρων αυτών: *η κοινωνική ~ εξασφαλίζει την κοινωνική δικαιοσύνη*. β. (συνεκδοχικά, λαϊκ.) οι ιατροφαρμακευτικές παροχές: *τι ~ έχεις;* 10. (ηλεκτρολ.) συσκευή στην ηλεκτρική εγκατάσταση που διακόπτει το κύκλωμα ύστερα από δική μας επέμβαση ή αυτόματα όταν η ένταση του ηλεκτρικού ρεύματος ξεπερνά κάποια τιμή: *κάηκε η ~· κλείνω/κατεβάζω την ~*. 11. η ασφαλιστική εγκοπή του όπλου όπου προσαρμόζεται κάποιος μοχλός που εμποδίζει την εκπυρσοκρότηση: *βάλε το όπλο στην ~*. 12. σύστημα στην πόρτα του αυτοκινήτου που την ακινητοποιεί ή στην εξωτερική πόρτα του σπιτιού που εμποδίζει την παραβίαση. 13. η εγγύηση που δίνεται από κάποιον για την εξασφάλιση δανείου. 14. *Συμβούλιο Α-είας* = το βασικότερο όργανο μετά τη Γενική Συνέλευση του Ο.Η.Ε., που σκοπό έχει τη διατήρηση της διεθνούς ειρήνης.
ασφαλής, -ής, -ές, γέν. *-ούς*, πληθ. αρσ. και θηλ. *-είς*, ουδ. *-ή*, επίθ. 1. σταθερός, ακλόνητος, σίγουρος: *θεμέλια -ή· βάσεις -είς* (αντ. *ανασφαλής*). 2. βέβαιος, βάσιμος: *συμπεράσματα -ή· -είς πηγές πληροφοριών* (αντ. *αβέβαιος, αβάσιμος*)· (λόγ. έκφρ.) *του λόγου το -ές* = η επιβεβαίωση, επαλήθευση των λόγων κάποιου. 3. που δεν εκτίθεται σε κίνδυνο: *λιμάνι/κρησφύγετο -ές* (αντ. *επικίνδυνος*).
ασφαλίζω, ρ. Ι ενεργ. 1α. κάνω κάτι ασφαλές, σίγουρο, προφυλάσσω από ενδεχόμενο κίνδυνο: *αγωνίζεται για να -ίσει το μέλλον των παιδιών του* (συνών. *σιγουρεύω*) β. (για πόρτα) κλειδώνω. 2.

ασφάλιση

κλείνω γραπτή συμφωνία δίνοντας (ως ασφαλιστική εταιρεία) ή παίρνοντας (ως ασφαλισμένος) εγγυήσεις για την αποζημίωση βλάβης ή ατυχήματος του ασφαλισμένου ή της περιουσίας του έναντι κάποιου συμφωνημένου ποσού: ~ *το σπίτι μου/την παραγωγή μου· η εταιρεία Χ -ίζει με τους ευνοϊκότερους όρους*. 3. (για πυροβόλο όπλο) μετακινώ το μηχανισμό ασφάλειας ώστε να εμποδίζεται η βολή. ΙΙ μέσ. 1. υπογράφω σύμβαση ασφάλειας με κάποια ασφαλιστική εταιρεία: *-ίστηκα στη Β εταιρεία*. 2. εντάσσομαι σε κάποιο ασφαλιστικό ταμείο για την παροχή ιατροφαρμακευτικής περίθαλψης και μελλοντικής συνταξιοδότησης με αντάλλαγμα ορισμένες κρατήσεις από το μισθό μου: *-ισμένοι του δημοσίου*.

ασφάλιση η, ουσ. 1. βεβαιότητα, σιγουριά, εξασφάλιση. 2. *κοινωνική* ~ = θεσμός που προστατεύει τον εργαζόμενο σε περίπτωση ασθένειας, αναπηρίας, ατυχήματος, ανεργίας, προστατεύει τη μητρότητα και παρέχει σύνταξη στα γηρατειά: *η κοινωνική* ~ *ήταν κατάκτηση των εργαζομένων· Ίδρυμα Κοινωνικών Α-εων*. 3. η σύμβαση με την οποία ο ασφαλιστής υποχρεώνεται να αποζημιώσει κάθε ζημιά που μπορεί να συμβεί στον ασφαλισμένο έναντι χρηματικού ποσού που ο τελευταίος πληρώνει κατά τακτά διαστήματα.

ασφάλισμα το, ουσ., το ποσό για το οποίο είναι κανείς ασφαλισμένος σε ασφαλιστική εταιρεία.

ασφαλιστήριος, -α, -ο, επίθ. (ασυνίζ.), αυτός με τον οποίο γίνεται η ασφάλεια, που πιστοποιεί τη σύμβαση ασφάλειας κάποιου με την ασφαλιστική εταιρεία: *συμβόλαιο/έγγραφο -ο· ρήτρα -α*. - Το ουδ. ως ουσ. = το ασφαλιστήριο συμβόλαιο.

ασφαλιστής ο, θηλ. **-ίστρια**, ουσ. 1. επαγγελματίας που αναλαμβάνει την ασφάλιση ή την αποκατάσταση κάποιας ζημιάς του ασφαλισμένου με την καταβολή ενός συμφωνημένου χρηματικού ποσού. 2. πράκτορας ασφαλιστικής εταιρείας.

ασφαλιστικός, -ή, -ό, επίθ. 1. που ασφαλίζει, που προφυλάσσει από τους κινδύνους: *μέτρα -ά· μοχλός* ~ *δικλείδα -ή* = βαλβίδα που επιτρέπει την έξοδο συμπιεσμένου αερίου, όταν η πίεσή του υπερβεί το όριο· *λυχνία -ή* = ειδική λυχνία των ανθρακωρυχείων που η φλόγα της δεν αναφλέγει τα εύφλεκτα αέρια. 2. που ανήκει ή αναφέρεται στην ασφάλεια (ζωής ή περιουσιακού στοιχείου)· *δίκαιο -ό* = το σύνολο των διατάξεων που ρυθμίζουν τις σχέσεις ασφάλισης· *εταιρείες -ές* = ιδιωτικές συνήθως επιχειρήσεις που ασχολούνται με τις ασφάλειες ζωής ή περιουσιακών στοιχείων· *οργανισμοί -οί* = οι οργανισμοί οι επιφορτισμένοι με το έργο των κοινωνικών ασφαλίσεων, δηλ. με την παροχή ιατροφαρμακευτικής, νοσοκομειακής περίθαλψης και ασφάλισης.

ασφάλιστος, -η, -ο, επίθ. 1. όχι κλειστός, ανοιχτός: *φεύγοντας ξέχασα το παράθυρο -ο· όλη τη νύχτα κρατούσε τα μάτια -α* (αντ. *σφαλιστός, σφαλισμένος*). 2. που δεν ασφαλίστηκε σε κάποια εταιρεία, ανασφάλιστος. - Επίρρ. στη σημασ. 1 **-α**: *άφησε -α κι έφυγε*.

ασφάλιστρο το, ουσ. 1. αυτό που ασφαλίζει, που προφυλάσσει από τον κίνδυνο: ~ *όπλου*. 2. (στον πληθ.) χρηματικό ποσό που καταβάλλεται στην ασφαλιστική εταιρεία κατά ορισμένα διαστήματα με αντάλλαγμα την αποκατάσταση ή την αποζημίωση κάποιας ζημιάς του ασφαλισμένου.

ασφαλίτης ο, ουσ., (μειωτ.) πράκτορας της ασφάλειας της αστυνομίας.

ασφαλτικός, -ή, -ό, επίθ., που αναφέρεται στην άσφαλτο ή αποτελείται απ' αυτήν: *περίβλημα -ό* (της επίστρωσης με άσφαλτο)· *πετρέλαιο/οδόστρωμα -ό*.

άσφαλτος η και ο, ουσ. 1. ορυκτός υδρογονάνθρακας, παχύρρευστος ή στερεός, με χρώμα καστανόμαυρο που χρησιμοποιείται για οδόστρωση: *έκλεισαν ένα τμήμα του δρόμου, γιατί θα ρίξουν -ο*. 2. ασφαλτοστρωμένος δρόμος: *από την -ο θα πάτε ή από το χωματόδρομο;*

άσφαλτος, -η, -ο, επίθ., που δεν κάνει σφάλματα: *κανείς μας δεν είναι* ~· *μάτι -ο* (συνών. *αλάνθαστος*). - Επίρρ. **-α**.

ασφαλτοστρώνω, ρ., επιστρώνω, καλύπτω μια επιφάνεια με άσφαλτο: ~ *την πλατεία· -ωμένος δρόμος*.

ασφαλτόστρωση η, ουσ., επίστρωση δρόμου ή πλατείας με άσφαλτο.

ασφαλτόστρωτος, -η, -ο, επίθ., σκεπασμένος με άσφαλτο: *δρόμος* ~· *πλατεία -η* (συνών. *ασφαλτοστρωμένος*).

ασφαλτώνω, ρ., καλύπτω μια επιφάνεια με άσφαλτο, ασφαλτοστρώνω.

ασφαλώς, επίρρ. 1. με βεβαιότητα· σίγουρα: ~ *και θα διαμαρτυρηθώ αν με αδικήσουν*. 2. ως καταφατική απάντηση σε ερώτηση: —*Θα έρθεις το απόγευμα;* —! (συνών. *βεβαίως*).

άσφαχτος, -η, -ο και **άσφαγος**, επίθ., που δε σφάχτηκε: *αρνιά/μοσχάρια -α* (αντ. *σφαγμένος*).

άσφιχτος, -η, -ο, επίθ., που δε σφίχτηκε, μπόσικος, χαλαρός: *ζωνάρι/σαμάρι -ο* (αντ. *σφιγμένος*).

ασφοδέλι το, ουσ., το φυτό ασφόδελος.

ασφόδελος ο, ουσ., είδος φυτών της οικογένειας των λειριοειδών (συνών. *ασφοδέλι, ασφοδίλι*).

ασφοδίλι το, ουσ., το φυτό ασφόδελος.

ασφουγγάριστος, -η, -ο, επίθ. (έρρ.), που δε σφουγγαρίστηκε, δεν καθαρίστηκε με σφουγγάρισμα: *δωμάτιο -ο* (αντ. *σφουγγαρισμένος*). - Επίρρ. **-α**.

ασφούγγιστος, -η, -ο και **ασφούγγιχτος**, επίθ. (έρρ.), που δε σφουγγίστηκε, δε σκουπίστηκε: *δάκρυα -α* (αντ. *σφουγγισμένος*).

ασφράγιστος, -η, -ο, επίθ. 1. που δεν έχει σφραγίδα: *έγγραφο -ο* (συνών. *αβούλωτος*· αντ. *σφραγισμένος, βουλωμένος*). 2. που δεν κλείστηκε, ανοιχτός: *γράμμα/μπουκάλι -ο* (συνεκδ.) *κρασί -ο* (αντ. *σφραγιστός, κλειστός*). 3. (για δόντια) που δεν έχει σφράγισμα, που δε σφραγίστηκε (με ειδικό υλικό) από τον οδοντογιατρό (αντ. *σφραγισμένος*).

ασφυκτικός, -ή, -ό και **-χτικός**, επίθ., που προκαλεί ασφυξία, αποπνικτικός: *ατμόσφαιρα -ή* (μεταφ.) *-ή συρρίκνωση εισοδήματος·* ~ *έλεγχος της αγοράς· καθεστώς -ό*. - Επίρρ. **-ά**.

ασφυκτιώ, -άς, ρ. (ασυνίζ.), μου κόβεται η αναπνοή, δεν μπορώ να αναπνεύσω καλά: *οι κάτοικοι των πόλεων -ούν μέσα στο καυσαέριο*.

ασφυξία η, ουσ. 1. δυσχέρεια ή διακοπή της αναπνοής, πνίξιμο. 2. δυσφορία (συν. από συνωστισμό): *ήταν τόσος κόσμος μαζεμένος που μας έπιασε* ~.

ασφυρηλάτητος, -η, -ο, επίθ. 1. που δε σφυρηλατήθηκε: *μέταλλο -ο*. 2. (μεταφ.) που δεν πήρε οριστική μορφή: *χαρακτήρας* ~ (αντ. στις σημασ. 1 και 2 *σφυρηλατημένος*).

ασφυχτικός, βλ. *ασφυκτικός*.

ασχεδίαστος, -η, -ο, επίθ. **1.** που δεν έχει σχεδιαστεί (αντ. *σχεδιασμένος*). **2.** που δεν έχει προμελετηθεί, που γίνεται απρόβλεπτα: *ταξίδι -ο· επίσκεψη -η* (συνών. *απρογραμμάτιστος·* αντ. *προσχεδιασμένος, προγραμματισμένος*). - Επίρρ. **-α**.

άσχετος, -η, -ο, επίθ. **1.** που δεν έχει σχέση με κάποιον ή κάτι· ανεξάρτητος: *η υπόθεσή σου είναι -η με τη δική μου* (αντ. *σχετικός*). **2.** που δεν έχει κοινωνικές σχέσεις με κάποιον, ξένος. **3.** που δεν έχει γνώσεις σε κάποιο θέμα, ακατατόπιστος: *είναι ~ με τα μαθηματικά* (αντ. *κατατοπισμένος*). - Επίρρ. στη σημασ. 1 **-έτως** και **-ετα**.

άσχημα και **άσκημα**, επίρρ. **1.** όχι ωραία, ακαλαίσθητα: *ντύνεται πάντα ~* (αντ. *όμορφα*). **2.** με τρόπο άπρεπο, βάναυσο: *μου μίλησε ~· φέρεται ~ στα παιδιά του*. **3.** αδέξια: *είχε τρακ και χόρευε ~* (αντ. *όμορφα, επιδέξια*). **4.** επιζήμια: *φέτος οι δουλειές μου πάνε ~* (αντ. *καλά*). **5.** επικίνδυνα: *ο άρρωστος πάει ~* (αντ. *καλά*). **6.** υπερβολικά: *τον έδειρε ~*. Φρ. *την έχω ~* (= δεν πηγαίνω καθόλου καλά από υγεία, δουλειές, κλπ.).

ασχημάτιστος, -η, -ο, επίθ. **1.** που δε σχηματίστηκε, δεν πήρε οριστικό σχήμα, δε μέστωσε: *κοπέλα -η· χαρακτηριστικά -α* (συνών. *αδιαμόρφωτος, αμέστωτος·* αντ. *σχηματισμένος, διαμορφωμένος*). **2.** που δε συγκροτήθηκε, αδημιούργητος: *κόμμα -ο* (συνών. *ασυγκρότητος·* αντ. *σχηματισμένος*).

ασχημομιλώ, -άς και **ασκημομιλώ**, ρ. (λαϊκ.), μιλώ με τρόπο άσχημο, άπρεπο: *μου -ησες και μου κακοφάνηκε*.

ασχημονώ, -είς, ρ., φέρομαι άπρεπα, άσεμνα: *-εί μπροστά στους καλεσμένους*.

ασχημόπαπο το, ουσ. (λαϊκ.), άσχημη πάπια· μόνο μεταφ. με συμπάθεια για νεαρό άτομο αδέξιο και ακόμη ασχημάτιστο που πιθανότατα θα γίνει πολύ όμορφο.

άσχημος, -η, -ο και **άσκημος**, επίθ. **1.** δύσμορφος, κακοφτιαγμένος: *κοπέλα/φωνή -η* (αντ. *όμορφος, ωραίος*). **2.** άπρεπος, άκοσμος, αισχρός: *λόγια -α· συμπεριφορά -η* (αντ. *όμορφος, σεμνός*). **3.** δυσάρεστος, κακός: *σου φέρνω -α νέα· -α τα χρόνια της Κατοχής* (αντ. *ευχάριστος, καλός*). **4.** επικίνδυνος: *ο άρρωστος βρίσκεται σε -η κατάσταση* (αντ. *καλός*). **5.** οικτρός, φρικτός: *βρήκε -ο θάνατο*. Φρ. *έχω -ο στόμα* (= 1. λέω -ες κουβέντες. 2. έχω δυσάρεστο αίσθημα στο στόμα μου). Υποκορ. στη σημασ. 1 **-ούλης**, και **-ούτσικος**.

ασχημοσύνη η, ουσ., απρέπεια, ανάρμοστη συμπεριφορά.

άσχιστος, -η, -ο και **άσκιστος**, επίθ., που δεν έχει σχιστεί, άκοπος: *τα φύλλα του βιβλίου είναι ακόμη -α* (αντ. *σχισμένος*).

ασχολία η, ουσ. **1.** απασχόληση, δουλειά. **2.** φροντίδα: *από τότε που έγινα μητέρα έχω πολλές -ες*. **3.** ενασχόληση: *~ με την κηπουρική*.

ασχολίαστος, -η, -ο, επίθ. **1.** που δεν του έχουν γραφεί σχόλια, που δεν έχει σχόλια: *κείμενα -α· κυκλοφόρησε η έκδοση του Αισχύλου -η*. **2.** δε σχολιάστηκε, δεν προκάλεσε το γεγονός πέρασε -ο· *συμπεριφορά -η* (αντ. *στις σημασ. 1 και 2 σχολιασμένος*). - Επίρρ. **-α**.

ασχολούμαι, -είσαι, ρ. **1.** *έχω κάποια ασχολία*, καταγίνομαι με κάτι: *διαρκώς -είται με τις δουλειές του σπιτιού*. **2.** ασκώ κάποιο επάγγελμα: *με τι ακριβώς -είσαι*;

ασώματος, -η, -ο, επίθ. **1.** που δεν έχει σώμα: *κεφαλή -η*. **2.** που δεν έχει σωματική, υλική υπόσταση (συνών. *άυλος*). - Ως κύρ. όν. *Ασώματοι* = οι αρχάγγελοι Μιχαήλ και Γαβριήλ.

ασώπαστος, -η, -ο, επίθ. **1.** που δε σωπαίνει, που μιλά συνεχώς: *γυναίκα -η* (συνών. *φλύαρος*). **2.** ακατάπαυστος, συνεχής, άσβηστος: *έχτρα -η τους χώρισε (Παλαμάς)· άνεμος ~*. - Επίρρ. **-α**.

ασώρευτος, -η, -ο, επίθ., που δε μαζεύτηκε σε σωρούς, αμάζευτος: *σοδειά -η*.

ασώριαστος, -η, -ο, επίθ. (συνιζ.). **1.** που δε σωριάστηκε, δεν κατέρρευσε: *ένας μόνο τοίχος του σπιτιού έμεινε ~ μετά το σεισμό* (αντ. *σωριασμένος*). **2.** που δεν μπορεί να συγκεντρωθεί (εξαιτίας του πλήθους): *περιουσία -η*.

άσωστος, -η, -ο, επίθ. **1.** που δε σώθηκε, δεν τελείωσε: *λάδι -ο* (αντ. *σωσμένος*). **2.** ασυμπλήρωτος, ελλιπής (αντ. *σωστός*). - Επίρρ. **-α**.

ασωτεύω, ρ. **1.** (αμτβ.) ζω άσωτα, έκλυτα: *ολάκερη ζωή -εις*. **2.** (μτβ.) σπαταλώ άσκοπα: *-ει την προίκα της γυναίκας του*.

ασωτία η, ουσ., το να ζει κανείς άσωτα, ακόλαστα.

άσωτος, -η, -ο, επίθ. **1.** ακόλαστος, διεφθαρμένος: *ήταν ~ από μικρός· ζωή -η*. **2.** σπάταλος. Έκφρ. *~ υιός*. - Επίρρ. **-α**.

ασωφρόνιστος, -η, -ο, επίθ., που δε σωφρονίστηκε, δε διορθώθηκε (συνών. *αδιόρθωτος·* αντ. *σωφρονισμένος*). - Επίρρ. **-α**.

αταβάνωτος, -η, -ο, επίθ., που δεν έχει ταβάνι: *δωμάτιο -ο*.

αταβισμός ο, ουσ. (βιολ.) η απροσδόκητη εμφάνιση στους απογόνους ενός ή περισσότερων χαρακτηριστικών κάποιου προγόνου που είχαν εξαφανιστεί από μια ή περισσότερες γενιές. [γαλλ. *atavisme*].

αταβιστικός, -ή, -ό, επίθ., που σχετίζεται με τον αταβισμό: *φαινόμενο -ό*.

ατάγιστος, βλ. *ατάιστος*.

αταίριαστος, -η, -ο και **-χτος**, επίθ. **1.** που δεν ταιριάζει, δε συμφωνεί με κάποιον: *ζευγάρι -ο· αδέρφια -α· χαρακτήρες -οι* (αντ. *ταιριαστός*). **2.** που δεν αρμόζει, δεν ταιριάζει σε κάποιον, ανάρμοστος. **3.** άπρεπος, άσχημος: *λόγια -α· συμπεριφορά -η* (αντ. *ταιριαστός, όμορφος*). **4.** που δεν είναι ταίρι κάποιου άλλου, παράταιρος: *γάντια -α*. **5.** που δεν ταιριάζει (αισθητικά): *-η η τσάντα με τα παπούτσια σου*. **6.** που δεν έχει το ταίρι του, ασύγκριτος, έξοχος: *-η στην ομορφιά* (συνών. *απαράμιλλος*).

ατάιστος, -η, -ο και **ατάγιστος**, επίθ. **1.** που δεν τον τάισαν, δεν του έδωσαν να φάει, νηστικός: *άφησε το μικρό -ο κι έφυγε* (αντ. *ταϊσμένος*). **2.** που δε δωροδοκήθηκε, δεν εξαγοράστηκε: *δεν άφησε υπάλληλο -ο για να τελειώσει τη δουλειά του*.

ατάκα η, άκλ. **1.** μουσικός όρος που σημαίνει ότι ένα μουσικό κομμάτι πρέπει να ακολουθήσει το προηγούμενο χωρίς διακοπή. **2.** θεατρικός όρος που σημαίνει την άμεση απόκριση στα διαλογικά μέρη του έργου. - Ως επίρρ. = *αμέσως*. [ιταλ. *attacca*].

ατακτοποίητος, -η, -ο και **αταχτο-**, επίθ. **1.** που δεν ταχτοποιήθηκε, δεν μπήκε στη θέση του· που δε συγυρίστηκε: *ρούχα -α· δωμάτιο -ο* (συνών. *ασυγύριστος, ακατάστατος·* αντ. *τακτοποιημένος, συγυρισμένος*). **2.** που δεν ξεκαθαρίστηκε, εκκρεμής: *υπόθεση -η· λογαριασμός ~* (αντ. *τακτοποιημένος, ξεκαθαρισμένος*). **2.** (για πρόσ.) που δεν ταχτοποιήθηκε (σε κάποια θέση, δουλειά, κ.τ.ό.):

άτακτος

από δουλειά είμαι ~ ακόμη (αντ. *τακτοποιημένος, εξασφαλισμένος*).

άτακτος, -η, -ο και **-χτος**, επίθ. 1. που δεν έχει τάξη, ακατάστατος· *φυγή -η* = απότομη ή εσπευσμένη αποχώρηση από μάχη ή (μεταφ.) συζήτηση (αντ. *τακτικός*). 2. που παραβαίνει την τάξη, που κάνει αταξίες, απειθάρχητος, ζωηρός: *παιδί -ο· μαθητής ~* (αντ. *πειθαρχικός, φρόνιμος*). 3. (για στρατό) που είναι ανοργάνωτος και δεν έχει πειθαρχία: *σώματα -α* (αντ. *τακτικός*).

αταλαιπώρητος, -η, -ο, επίθ. 1. που δε δοκίμασε ταλαιπωρίες, στενοχώριες: *πέρασε τη ζωή του ~, γι' αυτό έζησε τόσα χρόνια* (αντ. *ταλαιπωρημένος, βασανισμένος*). 2. που δεν έχει υποβληθεί σε έλεγχο: *γνώμη -η* (συνών. *αβασάνιστος*).

αταλάντευτος, -η, -ο, επίθ. (έρρ.), που δεν ταλαντεύεται, αδιάσειστος, σταθερός· *γνώμη -η*.

αταξία η, ουσ. 1. έλλειψη τάξης, ακαταστασία: *αδιόρθωτη ~ βασιλεύει στο γραφείο σου*. 2. παράβαση, παράπτωμα, απρέπεια: *τα παιδιά κάνουν πολλές -ες*. 3. (ιατρ.) έλλειψη συντονισμού στις κινήσεις, χαρακτηριστικό ορισμένων νευρικών ασθενειών· *κινητική ~* (= ανωμαλία στο βάδισμα).

αταξίδευτος, -η, -ο, επίθ. 1. που δεν ταξίδεψε ή που δεν έχει ταξιδέψει, αποδημήσει: *πουλί -ο· άνθρωπος ~* (αντ. *ταξιδεμένος*). 2. (για πλοίο) α. που δεν έχει αρχίσει ακόμη τα ταξίδια του· β. που δεν είναι κατάλληλο για ταξίδια: *το πλοίο είναι -ο εδώ και πέντε χρόνια*. 3. (για θάλασσα) που δεν την έχουν διασχίσει ταξιδεύοντας.

αταξικός, -ή, -ό, I. επίθ. (ιατρ.) που αναφέρεται στην αταξία (βλ. λ. στη σημασ. 3).

αταξικός, -ή, -ό, II. επίθ. που δεν έχει κοινωνικές τάξεις: *κοινωνία -ή* (αντ. *ταξικός*).

αταξινόμητος, -η, -ο, επίθ. 1. που δεν ταξινομήθηκε: *δελτία -α* (αντ. *ταξινομημένος*). 2. που δεν έχει υπαχθεί σε κάποια κατηγορία, ομάδα ή σύνολο: *το καινούργιο φυτό είναι ακόμη -ο*.

αταπείνωτος, -η, -ο, επίθ., που δεν ταπεινώθηκε, δεν εξευτελίστηκε: *αξιοπρέπεια -η· λαός ~* (αντ. *ταπεινωμένος*).

ατάπωτος, -η, -ο, επίθ., που δεν έχει πώμα: *μπουκάλι -ο*.

αταραξία η, ουσ. 1. το να μην ταράζεται κανείς, ηρεμία, γαλήνη. 2. ψυχραιμία: *αντιμετωπίζει τα προβλήματα με ~* (αντ. *ταραχή*).

ατάραχος, -η, -ο και **-χτος**, επίθ. 1. γαλήνιος, ήρεμος, ήσυχος: *θάλασσα -η·* (μεταφ.) *ζει -η ζωή*. 2. που δε χάνει την ψυχραιμία του, ψύχραιμος: *έμεινε -η στο χαμό του άντρα της*. 3. αμετακίνητος, ασάλευτος: *βράχος ~*. - Επίρρ. **-α**.

αταρίχευτος, -η, -ο, επίθ., που δεν έχει ταριχευτεί, βαλσαμωθεί (συνών. *αβαλσάμωτος·* αντ. *ταριχευμένος, βαλσαμωμένος*).

ατασθαλία η, ουσ., ανάρμοστη πράξη, ενέργεια που είναι ηθικά απαράδεκτη: *-ες οικονομικές*.

άταφος, -η, -ο, επίθ., που δε θάφτηκε: *νεκροί -οι* (συνών. *άθαφτος·* αντ. *θαμμένος*).

αταχτοποίητος, βλ. *ατακτοποίητος*.

άταχτος, βλ. *άτακτος*.

αταχυδρόμητος, -η, -ο, επίθ., που δεν ταχυδρομήθηκε: *γράμμα/δέμα -ο* (αντ. *ταχυδρομημένος*).

άτεγκτος, -η, -ο, επίθ. (έρρ., λόγ.), που δεν κάμπτεται, ανένδοτος, αμείλικτος: *δικαστής/διαιτητής ~* (συνών. *άκαμπτος*). - Επίρρ. **-α**.

ατείχιστος, -η, -ο, επίθ., που δεν έχει περιτειχιστεί

206

με τείχος, που δεν έχει οχυρωθεί: *πόλη -η· φρούριο -ο* (συνών. *ανοχύρωτος·* αντ. *οχυρωμένος*).

ατεκνία η, ουσ., το να μην έχει κανείς ή να μην μπορεί να αποκτήσει παιδιά.

άτεκνος, -η, -ο, επίθ., που δεν έχει αποκτήσει παιδιά.

ατέλεια η, ουσ. (ασυνίζ.). 1. έλλειψη τελειότητας, αρτιότητας, ολοκλήρωσης, κλπ.: *~ έργων/λειτουργιών· ~ οργανική*. 2. μειονέκτημα, ελάττωμα: *~ σωματική/πνευματική· άνθρωπος με -ες· -ες ενός βιβλίου· -ες σκηνοθεσίας*. 3. απαλλαγή από διάφορα τέλη ή φόρους: *~ ταχυδρομική/δημοσιογραφική ~ χάρτου*.

ατελειοποίητος, -η, -ο, επίθ. (ασυνίζ.), που δεν έχει τελειοποιηθεί: *συσκευή -η· το νέο όπλο είναι ακόμη -ο* (αντ. *τελειοποιημένος*).

ατελείωτος, -η, -ο και **ατέλειωτος**, επίθ. (συνίζ.). 1. που δεν έχει τελειώσει, δεν έχει ολοκληρωθεί, ημιτελής: *έργο/βιβλίο/σπίτι -ο* (συνών. *ανολοκλήρωτος·* αντ. *τελειωμένος, ολοκληρωμένος*). 2. διαρκής· (συνεκδοχικά) ασταμάτητος: *ομιλία -η· βάσανα -α· βροχή -η*. 3. απέραντος: *εκτάσεις -ες*. 4. ανεξάντλητος, παρά πολύς: *υπομονή -η· πλούτη -α*. - Επίρρ. στη σημασ. 2 **-α**.

ατελέσφορος, -η, -ο, επίθ. (λόγ.), που δεν έφερε αποτελέσματα, ανώφελος, μάταιος: *προσπάθειες -ες· σχέδια -α* (αντ. *αποτελεσματικός*).

ατελεύτητος, -η, -ο, επίθ. 1. που δεν έχει ολοκληρωθεί: *έργο -ο* (συνών. *ατελείωτος*). 2. που δεν έχει τέλος, διαρκής, παντοτινός: *χρόνος/πόνος ~· πάθη -α· ομιλίες -ες* (συνών. *ατελείωτος*).

ατελής, -ής, -ές, γεν. *-ούς*, πληθ. αρσ. και θηλ. *-είς*, ουδ. *-ή*, επίθ. (λόγ.). 1. που δεν έχει τελειώσει, ανολοκλήρωτος: *έργο -ές· εκμάθηση ~· διαίρεση ~* (= που δεν μπορεί να εκτελεστεί ως το τέλος, που αφήνει πάντα υπόλοιπο· αντ. *τέλειος*) (αντ. *τελειωμένος, ολοκληρωμένος*). 2. που δεν είναι τέλειος, που έχει ελαττώματα ή μειονεκτήματα, ελλιπής: *~ ανάπτυξη οργανισμού· χαρακτήρας ~*. 3. απαλλαγμένος από τέλη ή φόρους: *εγγραφή ~*. - Επίρρ. στη σημασ. 3 **-ώς**.

ατελιέ το, ουσ. άκλ., εργαστήρι ενός καλλιτέχνη, γλύπτη, ζωγράφου, φωτογράφου, κλπ. [γαλλ. *atelier*].

ατελώνιστος, -η, -ο, επίθ., που δεν υποβλήθηκε σε τελωνειακούς δασμούς: *προϊόντα -α· αυτοκίνητο -ο* (συνών. *αδασμολόγητος*). - Επίρρ. **-α**.

ατεμάχιστος, -η, -ο, επίθ., που δεν τεμαχίστηκε, δεν κομματιάστηκε: *κρέας -ο* (συνών. *ακομμάτιαστος·* αντ. *τεμαχισμένος, κομματιασμένος*).

ατενής, -ής, -ές, γεν. *-ούς*, πληθ. αρσ. και θηλ. *-είς*, ουδ. *-ή*, επίθ., που παρατηρεί επίμονα, που είναι προσηλωμένος (κάπου) σταθερά: *βλέμμα -ές*.

ατενίζω, ρ. 1. παρατηρώ, κοιτάζω σταθερά, με προσήλωση: *-ιζε τη θάλασσα· τον -ιζε χωρίς να μιλά*. 2. (μεταφ.) αντιμετωπίζω: *-ίζει το μέλλον με αισιοδοξία*. 3. αποβλέπω σε κάτι, επιδιώκω κάτι.

ατέντωτος, -η, -ο, επίθ., που δεν έχει τεντωθεί: *σκοινί -ο* (συνών. *χαλαρός·* αντ. *τεντωμένος*).

ατενώς, επίρρ. 1. επίμονα, με προσήλωση. 2. (γυμν.) παράγγελμα για την επάνοδο αυτών που ασκούνται σε στάση προσοχής.

ατερμάτιστος, -η, -ο, επίθ. 1. που δεν έχει τερματιστεί: *αγώνας ~* (συνών. *ατελείωτος·* αντ. *τερματισμένος*). 2. αδιάκοπος.

ατετραγώνιστος, -η, -ο, επίθ., που δεν έχει πάρει ή

δεν μπορεί να πάρει τετράγωνο σχήμα: *χωράφι/ δωμάτιο -ο* (αντ. *τετραγωνισμένος*).
ατεχνία η, ουσ., έλλειψη τέχνης.
άτεχνος, -η, -ο, επίθ. 1. που δε γνωρίζει καλά την τέχνη του (συνών. *αδέξιος, ατζαμής·* αντ. *επιδέξιος*). 2. που κατασκευάστηκε χωρίς τέχνη: *ύφος/έργο -ο* (συνών. *κακότεχνος, κακοφτιαγμένος, άκομψος·* αντ. *περίτεχνος, κομψός*). - Επίρρ. **-α.**
ατζαμήδικος, -η, -ο, επίθ. 1. που είναι φτιαγμένος με ατζαμοσύνη, που έγινε χωρίς τέχνη: *δουλειά -η· χτίσιμο -ο.* 2. (συνεκδοχικά) αδέξιος, ανεπιτήδειος: *φέρσιμο -ο.* - Βλ. και *ατζαμής.*
ατζαμής, -ήδικο, επίθ. 1. που δε γνωρίζει καλά την τέχνη που ασκεί: *τεχνίτης ~* (συνών. *άπειρος, αδαής·* αντ. *έμπειρος, επιδέξιος*). 2. (γενικά) πρωτόπειρος, αρχάριος: *~ στο παιχνίδι· γιατρός/ οδηγός ~.* 3. (συνεκδοχικά) αδέξιος, ανεπιτήδειος: *φέρσιμο -ο.* [τουρκ. *acemi*].
ατζαμοσύνη η, ουσ. 1. το να μη γνωρίζει κάποιος καλά την τέχνη που ασκεί (συνών. *απειρία*). 2. (γενικά) το να είναι κάποιος πρωτόπειρος, αρχάριος. 3. (συνεκδοχικά) αδεξιοσύνη (αντ. *επιδεξιότητα*).
ατζέμικος, -η, -ο, επίθ., περσικός: *πάπλωμα -ο.* [*ατζέμης*<τουρκ. εθν. *Acem* = Πέρσης].
ατζέμ-πιλάφι και **ατζεμοπίλαφο** το, ουσ., πιλάφι φτιαγμένο κατά τον περσικό τρόπο.
ατζέντα η, ουσ. (ερρ.). 1. κατάλογος ή σημειωματάριο όπου αναγράφει κανείς τις καθημερινές του υποχρεώσεις, έξοδα, τηλέφωνα, κλπ. 2. το σύνολο των θεμάτων που συζητούνται σε διάσκεψη, συμβούλιο, κλπ.: *η ~ στη συνάντηση των δύο υπουργών.* [λατ. *agenda*].
-ατζής, κατάλ. αρσ. ουσ. επαγγελμ.: *φορατζής, παγωτατζής*. [ουσ. τουρκ. προέλευσης με α' συνθ. σε *-α*, όπως *ζουρνατζής*).
ατηγάνητος, -η, -ο και **-νιστος,** επίθ. 1. που δεν έχει τηγανιστεί: *ψάρια -νητα* (αντ. *τηγανισμένος*). 2. μισοτηγανισμένος: *πατάτες -νιστες.*
ατημελησία η, ουσ., το να είναι κανείς ατημέλητος, απεριποίητος.
ατημέλητος, -η, -ο, επίθ., που δε φροντίζει την εμφάνισή του (συνών. *απεριποίητος·* αντ. *περιποιημένος, κομψός*). - Επίρρ. **-α.**
άτι το, ουσ. (ποιητ.), άλογο: *~ άγριο πολεμικό.* [τουρκ. *at*].
ατιθάσευτος, -η, -ο, επίθ. 1. που δεν έχει εξημερωθεί ή δεν μπορεί να εξημερωθεί: *άλογο -ο* (συνών. *αδάμαστος*). 2. (μεταφ.): *πάθη/αγόρια -α.*
ατίθασος, -η, -ο, επίθ. 1. ανήμερος: *άλογο -ο* (συνών. *ατιθάσευτος, άγριος*). 2. (μεταφ.) απειθάρχητος: *παιδί -ο· χαρακτήρας ~.*
-άτικος, κατάλ. επιθ.: *κυριακάτικος.* [κατάλ. *-άτος + ικος*].
ατιμάζω, ρ. 1. προσβάλλω με έργα με λόγια: *με την πράξη του ατίμασε το όνομα της οικογένειάς του* (συνών. *ντροπιάζω*). 2. προσβάλλω την τιμή (μιας γυναίκας), κακοποιώ (συνών. *βιάζω*).
ατίμασμα το και **ατιμασμός** ο, ουσ. 1. προσβολή (συνών. *ντρόπιασμα, ατίμωση*). 2. προσβολή της τιμής (μιας γυναίκας) (συνών. *κακοποίηση, βιασμός*).
ατίμητος, -η, -ο, επίθ. 1. ανεκτίμητος: *διαμάντια -α· θησαυρός ~* (συνών. *πολύτιμος*). 2. που δεν τιμήθηκε.
ατιμία η, ουσ. 1. ντροπή (συνών. *εξευτελισμός, καταισχύνη*). 2. (συνεκδοχικά) προσβολή (συνών. *ατίμωση*). 3. ανυποληψία. 4. άτιμη, αισχρή πράξη, ανήθικη ενέργεια: *-ες ανείπωτες.* 5. έλλειψη τιμιότητας: *τον χαρακτηρίζει μεγάλη ~* (συνών. *ανεντιμότητα·* αντ. *εντιμότητα*).
άτιμος, -η, -ο, επίθ. 1. ανέντιμος: *συνεργάτης/ γνωστός ~· δουλειά -η* (συνών. *ανυπόληπτος·* αντ. *έντιμος, τίμιος*). 2. αισχρός: *γυναίκα -η* (συνών. *ανήθικος*). 3. ατιμωτικός: *πράξη -η· λόγια -α.* 4. μισητός: *αρρώστια/περίσταση -η· καιρός ~.* 5. (θαυμαστικώς): *βρε τον -ο!· είναι αυτός ένας ~!...* - Επίρρ. **-α.**
ατιμωρησία και (συνιζ.) **-σιά** η, ουσ., έλλειψη τιμωρίας, το να μην τιμωρείται κάποιος για τις κακές του πράξεις: *αδικαιολόγητη/σκανδαλώδης ~.*
ατιμώρητος, -η, -ο, επίθ. 1. που δεν τιμωρήθηκε: *κακοποιός ~* (αντ. *τιμωρημένος*). 2. που δεν τιμωρείται: *πράξη -η.* 3. που δεν του ανταποδόθηκε το κακό που του έγινε, που έμεινε χωρίς εκδίκηση ή δικαίωση: *ο θάνατός του έμεινε ~.* - Επίρρ. **-α.**
ατίμωση η, ουσ. 1. το να ατιμάζεται κάποιος (συνών. *προσβολή, ντρόπιασμα*). 2. βιασμός (γυναίκας), κακοποίηση.
ατιμωτικός, -ή, -ό, επίθ. 1. που προκαλεί ατίμωση, καταισχύνη: *πράξη/απόφαση/καταδίκη -ή.* 2. προσβλητικός: *λόγια -ά.*
ατίναχτος, -η, -ο, επίθ. 1. που δεν τινάχτηκε, που δεν ξεσκονίστηκε με τίναγμα: *χαλιά/ρούχα -α* (αντ. *τιναγμένος*). 2. (για δέντρα) που δεν τινάχτηκαν, δε σείστηκαν με τα χέρια ή με ραβδιά ώστε να πέσουν κάτω οι ώριμοι καρποί τους: *μυγδαλιές/ ελιές -ες.* 3. που δεν ανατινάχτηκε: *γέφυρα -η.*
άτιτλος, -η, -ο, επίθ., που δεν έχει τίτλο, επικεφαλίδα: *βιβλίο/έργο/κεφάλαιο -ο.*
ατλαζένιος, -α, -ο, επίθ. (συνίζ.), που είναι φτιαγμένος από ατλάζι: *ρόμπα -α· πάπλωμα -ο* (συνών. *μεταξένιος, ατλαζωτός*).
ατλάζι το, ουσ., ύφασμα ολομέταξο με χρυσά κεντήματα: *φόρεμα από ~.* [αραβ. *atlas*].
ατλαζωτός, -ή, -ό, επίθ., που είναι φτιαγμένος από ατλάζι: *φούστα -ή* (συνών. *ατλαζένιος, μεταξένιος*).
άτλαντας και **άτλας** (γεν. *-αντος*), ο, ουσ. (ερρ.). 1. συλλογή γεωγραφικών χαρτών: *~ της Ευρώπης/ της Αφρικής.* 2. κάθε συλλογή χαρτών, σχεδίων, γραφικών παραστάσεων (συνήθως προσαρτημένη σε ένα έργο): *~ ανατομικός/ιστορικός· ~ γλωσσικός* (βλ. *γλωσσικός II*). 3. (ανατομ.) ονομασία του πρώτου αυχενικού σπονδύλου που βαστάζει το βάρος του κεφαλιού.
ατλαντικός, -ή, -ό, επίθ. (ερρ.). 1. που σχετίζεται με τον Ατλαντικό Ωκεανό: *-ές ακτές.* 2. *Α-ή Συμμαχία* (NATO) (= συμμαχία μεταξύ χωρών της δυτικής Ευρώπης και της βόρειας Αμερικής). [αρχ. *Άτλας*].
άτλας, βλ. *άτλαντας.*
ατμάκατος η, ουσ., άκατος που κινείται με ατμομηχανή.
ατμάμαξα η, ουσ., άμαξα που κινείται με ατμό, ατμομηχανή.
ατμοηλεκτρικός, -ή, -ό, επίθ., (για σταθμούς) που παράγουν ηλεκτρική ενέργεια χρησιμοποιώντας πετρέλαιο και λιγνίτη.
ατμοκίνητος, -η, -ο, επίθ., που κινείται με ατμό: *μηχανή/ τρένο -ο.*
ατμολέβητας ο, ουσ., λέβητας που παράγει ατμό για θέρμανση, κίνηση μηχανών, κλπ.

ατμόλουτρο το, ουσ., ιαματικό λουτρό που γίνεται με ατμό.
ατμομηχανή η, ουσ., μηχανή που κινείται με ατμό.
ατμόμυλος ο, ουσ., μύλος που κινείται με ατμό.
ατμοπλοΐα η, ουσ., συγκοινωνία που γίνεται με ατμόπλοια.
ατμοπλοϊκός, -ή, -ό, επίθ., που αναφέρεται στην ατμοπλοΐα: *εταιρεία -ή.* 2. που γίνεται με ατμόπλοια: *συγκοινωνία -ή.*
ατμόπλοιο το, ουσ. (ασυνίζ.), πλοίο που κινείται με ατμό.
ατμοποίηση η, ουσ., μετατροπή υγρού σώματος σε ατμό (συν. με βρασμό), εξάτμιση.
ατμοποιώ, -είς, ρ. (ασυνίζ.), μεταβάλλω υγρό σε ατμό (συνήθως με βρασμό), εξατμίζω.
ατμός ο, ουσ. 1. αέριο που παράγεται από τη θέρμανση κάποιας ουσίας: *ατμόσφαιρα γεμάτη -ούς.* 2. αέριο που παράγεται από το βρασμό νερού και χρησιμοποιείται για κίνηση μηχανών (συνών. *υδρατμός*). 3. (στον πληθ.) βλαβερές αναθυμιάσεις.
ατμόσφαιρα η, ουσ. 1. αέρινο στρώμα που περιβάλλει τη Γη και συντελεί στη διανομή του ηλιακού φωτός: *ανώτατα στρώματα της -ας*· ~ *καθαρή/ θολή/μολυσμένη*. 2. μετεωρολογικές συνθήκες ενός τόπου: *βαριά/υγιεινή/υγρή* ~ (συνών. *κλίμα*). 3. (μεταφ.) συνθήκες που επικρατούν κάπου, περιβάλλον όπου ζει κάποιος: ~ *οικογενειακή/ φιλική/ ζεστή/ ηλεκτρισμένη/ ευνοϊκή/ πολιτική/πολεμική/προεκλογική.* 4. (φυσ.) μονάδα μέτρησης της πίεσης.
ατμοσφαιρικός, -ή, -ό, επίθ., που ανήκει ή αναφέρεται στην ατμόσφαιρα ή προκαλείται απ' αυτήν: *αέρας* ~· *μεταβολές/συνθήκες -ές· πίεση/ ρύπανση -ή.*
ατοιχοκόλλητος, -η, -ο, επίθ., που δεν τοιχοκολλήθηκε: *αφίσα -η· δικόγραφο -ο* (αντ. *τοιχοκολλημένος*).
ατόκιστος, -η, -ο, επίθ., που δεν τοκίστηκε, που δε δόθηκε με τόκο: *χρήματα -α· κεφάλαιο/δάνειο -ο.* - Επίρρ. **-α.**
άτοκος, -η, -ο, επίθ., που δεν αποφέρει τόκο: *δάνειο -ο* (αντ. *έντοκος*). - Επίρρ. **-α.**
ατολμία η, ουσ. 1. έλλειψη τόλμης: ~ *ακατανίκητη/μεγάλη* (συνών. *δειλία* αντ. *τόλμη*). 2. (συνεκδοχικά) έλλειψη θάρρους: ~ *εφηβική* (συνών. *συστολή, διστακτικότητα*).
άτολμος, -η, -ο, επίθ. 1. που δεν έχει τόλμη (συνών. *δειλός* · αντ. *τολμηρός*). 2. που επιδεικνύει συστολή: *άντρας* ~· *φαντασία -η· μέτρα κατά του νέφους -α* (συνών. *διστακτικός, συνεσταλμένος*· αντ. *θαρραλέος, θαρρετός*). - Επίρρ. **-α.**
ατομικισμός ο, ουσ. 1. ενδιαφέρον που δείχνει κάποιος μόνο για τον εαυτό του (αντ. *αλτρουισμός*). 2. τάση του ατόμου να αποφεύγει τη συνεργασία με κάποια κοινωνική ομάδα, το να βασίζεται μόνο στις δικές του δυνάμεις (αντ. *ομαδικότητα*). 3. (φιλοσ.) ατομισμός (βλ. λ.).
ατομικιστής ο, θηλ. **-κίστρια,** ουσ. 1. αυτός που είναι φίλαυτος, εγωιστής. 2. οπαδός του ατομικισμού.
ατομικιστικός, -ή, -ό, επίθ., που ανήκει ή αναφέρεται στον ατομικιστή ή στον ατομικισμό: *πράξεις / θεωρίες -ές* (συνών. *ατομιστικός*).
ατομικίστρια, βλ. *ατομικιστής.*
ατομικός, -ή, -ό, I. επίθ., που αναφέρεται στο άτομο (= πρόσωπο) ή συνδέεται με αυτό: *δικαιώματα -ά· βιβλιάριο -ό· εκπαίδευση/ψυχολογία -ή·* (στρατ.) *οπλισμός* ~ (= οπλισμός κάθε στρατιώτη) (συνών. *προσωπικός*). - Επίρρ. **-ά.**
ατομικός, -ή, -ό, II. επίθ., που ανήκει ή αναφέρεται στο άτομο (της ύλης): *αριθμός* ~ (βλ. ά. *αριθμός*)· *μάζα -ή ή βάρος -ό* (= ο αριθμός που δείχνει πόσες φορές βαρύτερο είναι το άτομο του στοιχείου που εξετάζεται από το $^1/_{12}$ του βάρους του ατόμου του άνθρακα 12)· *επιστήμη -ή· πόλεμος* ~ (= πυρηνικός)· *ενέργεια -ή* (= που παράγεται κατά τη σχάση των πυρήνων ουρανίου και πλουτωνίου)· *βόμβα -ή* (= της οποίας η καταστρεπτική δύναμη οφείλεται στην ατομική ενέργεια)· *αντιδραστήρας* ~ (= που χρησιμοποιεί την ατομική ενέργεια για ειρηνικούς σκοπούς)· *υποβρύχιο -ό· όπλα -ά· εποχή -ή.*
ατομικότητα η, I. ουσ., το σύνολο των ιδιαίτερων ψυχικών και κυρίως σωματικών γνωρισμάτων κάθε ατόμου που το διαφοροποιούν ποιοτικά, ποσοτικά και χρονικά από τα άλλα άτομα προσδιορίζοντας τη μοναδικότητά του: ~ *του μαθητή.*
ατομικότητα η, II. ουσ., αριθμός ατόμων που αποτελούν το μόριο ενός στοιχείου: ~ *του ουρανίου/ του πλουτωνίου.*
ατομισμός ο, ουσ., φιλοσοφικό σύστημα κατά το οποίο το σύμπαν συνίσταται από τυχαίους συνδυασμούς ατόμων (συνών. *ατομικισμός* στη σημασ. 3).
ατομιστής ο, θηλ. **-ίστρια,** ουσ., αυτός που είναι φίλαυτος, εγωκεντρικός, εγωιστής (συνών. *ατομικιστής*).
ατομιστικός, -ή, -ό, επίθ., εγωιστικός, εγωκεντρικός: *συμπεριφορά -ή· αναρχισμός* ~ (= θεωρία κατά την οποία πρέπει να καταργηθεί κάθε κρατική εξουσία προκειμένου να επιτευχθεί η απόλυτη ελευθερία και ευτυχία του ατόμου).
άτομο το, I. ουσ., κάθε άνθρωπος χωριστά, κάθε πρόσωπο, κάθε ανθρώπινη υπόσταση: ~ *διακεκριμένο/παράξενο/συμπαθητικό· μίλησε άσχημα για το -ό σου* (= για σένα).
άτομο το, II. ουσ., το πιο μικρό τμήμα της ύλης κάποιου χημικού στοχείου ή απλού σώματος, που είναι αδιαίρετο, αποτελεί τη μικρότερη ποσότητα, η οποία μπορεί να ενωθεί με άτομα του ίδιου ή διαφορετικού στοιχείου και συνίσταται από μικρότερα σωματίδια που λέγονται πρωτόνια, νετρόνια και ηλεκτρόνια: *-α μικροσκοπικά/αόρατα/ ιονισμένα· πυρήνας/συμβολισμός ατόμων·* ~ *υδρογόνου/οξυγόνου· δομή ατόμου.*
ατονία η, ουσ. 1. εξασθένιση, αδυναμία σωματική, κατάπτωση των σωματικών δυνάμεων (συνών. *αδυναμία*). 2. (ιατρ.) μείωση της λειτουργικής ικανότητας του οργανισμού ή κάποιου οργάνου: ~ *καρδιάς/μήτρας/μυϊκή.* 3. (μεταφ.) έλλειψη ζωτικότητας, ενεργητικότητας: ~ *ψυχική/πνευματική/πολιτική.* 4. (μετεωρ.) ελάττωση της ατμοσφαιρικής πίεσης.
ατονικός, -ή, -ό, I. επίθ. 1. που πάσχει από ατονία. 2. που προκαλεί ατονία ή οφείλεται σε αυτήν: *κατάσταση -ή.*
ατονικός, -ή, -ό, II. επίθ. (γραμμ.). που δε χρησιμοποιεί τόνους στις λέξεις: *σύστημα -ό· γραφή -ή* (συνών. *άτονος*).
ατόνιστος, -η, -ο, επίθ. (γραμμ.), που δεν έχει τόνο: *συλλαβή/λέξη -η* (αντ. *τονισμένος*).
άτονος, -η, -ο, I. επίθ. 1. που δεν έχει ένταση, δύναμη (συνών. *χαλαρός*). 2. που δεν έχει ζωηράδα,

ζωτικότητα, έντονο χαρακτήρα: *συζήτηση -η· προσπάθειες -ες· ύφος -ο· κίνηση της αγοράς -η· βλέμμα -ο* (= όχι εκφραστικό) (αντ. *έντονος*). - Επίρρ. **-α.**
άτονος, -η, -ο, II. επίθ. (γραμμ.) που δεν έχει τόνο: *συλλαβή -η· λέξεις -ες.*
ατονώ, -είς, ρ. 1. χάνω την έντασή μου: *οι δυνάμεις μου ατόνησαν* (συνών. *εξασθενώ*). 2. χάνω το κύρος μου, παύω να ισχύω: *ατόνησαν οι διατάξεις του νόμου.*
ατόπημα το, ουσ., απρέπεια, παρεκτροπή.
άτοπος, -η, -ο, επίθ. 1. παράλογος: *συμπεράσματα -α.* 2. (μαθημ.) η *εις άτοπον απαγωγή* (βλ. ά. απαγωγή στη σημασ. 3). 3. απρεπής: *πράξεις -ες· λόγια -α* (συνών. *ανάρμοστος*). - Επίρρ. **-α.**
-(ά)τορας, κατάλ. αρσ. ουσ.: *μαγαζάτορας, συμβουλάτορας.* [παλαιότερο *-άτωρ, αυτοκράτωρ*].
ατόρνευτος, -η, -ο, επίθ., που δεν τορνεύτηκε, που δεν τον επεξεργάστηκαν με τόρνο (βλ. λ.).
-άτος, κατάλ. επιθ.: *δροσάτος, μελάτος.* [τοπων. σε *-άτα*].
ατός, βλ. *αυτός.*
ατού το, άκλ. 1. όλα τα παιγνιόχαρτα της σειράς που σε διάφορα χαρτοπαικτικά παιχνίδια ορίζουν οι παίχτες να παίζουν ρόλο ισχυρότερο από τις άλλες τρεις σειρές: *κρατώ ~.* 2. (μεταφ.) ισχυρό επιχείρημα· μέσο επιτυχίας: *έχει τα δικά του ~· θα χρησιμοποιήσει το τελευταίο της ~.* [γαλλ. *atout*].
ατουφέκιστος, -η, -ο, επίθ., που δεν τουφεκίστηκε, που δεν τον πυροβόλησαν με τουφέκι.
ατόφυος, -α, -ο, επίθ. (συνιζ.). 1. που δεν του λείπει κάποιο τμήμα: *πίτα -α* (συνών. *ολόκληρος, ακέραιος·* αντ. *λειψός*). 2. όμοιος: *είναι ~ ο πατέρας του* (συνών. *απαράλλαχτος*). 3. γνήσιος: *χρυσάρι -ο· μαχαιροπίρουνα από -ο ασήμι* (συνών. *καθαρός, ανόθευτος*). 4. (μεταφ.) αγνός, άδολος: *άνθρωπος ~.* - Επίρρ. **-α** στις σημασ. 2 και 4. [αρχ. *αυτοφυής*].
ατράβηχτος, -η, -ο, επίθ., που δεν τον τράβηξαν, που δεν τον έσυραν: *βάρκα -η στη στεριά* (αντ. *τραβηγμένος*).
ατραγάνα η, ουσ. (λαϊκ., συνήθως στον πληθ.), πέτρες που έχουν αποσπαστεί από πλαγιές βουνών και έχουν πέσει σε χαμηλότερα σημεία (π.χ. παραλίες, ρεματιές): *οι πέτρες κι οι -ες είχανε ξεσκίσει τα κρέατά τους* (Κόντογλου).
ατραγούδητος, -η, -ο και **-διστος,** επίθ., που δεν τον τραγούδησαν, που δεν είπαν τραγούδια γι' αυτόν: *γαμπρός ~· κατορθώματα -διστα* (αντ. *τραγουδημένος* και *-δισμένος*).
ατρακάριστος, -η, -ο, επίθ., (για όχημα) που δεν το τράκαραν, που δε συγκρούστηκε (αντ. *τρακαρισμένος*).
άτρακτος η, ουσ. (λόγ.). 1. αδράχτι. 2. επιμήκης μεταλλικός άξονας μηχανημάτων που αποτελεί το φορέα της κινητήριας δύναμης ή ροπής. 3. το κύριο τμήμα των αεροσκαφών που προορίζεται για το πλήρωμα και τους επιβάτες ή τα εμπορεύματα.
ατράνταχτος, -η, -ο, επίθ. (έρρ.). 1. ακούνητος: *σπίτι -ο· γέφυρα -η* (συνών. *ασάλευτος, ανθεκτικός*). 2. (μεταφ.) σταθερός, *γνώμη -η· επιχειρήματα -α* (= αδιάσειστα) (συνών. *ακλόνητος*). - Επίρρ. **-α.**
ατραπέζωτος, -η, -ο, επίθ. που δεν του παρέθεσαν γεύμα (αντ. *τραπεζωμένος*).

ατραπός η, ουσ. (λόγ.), μονοπάτι.
ατρατάριστος, -η, -ο, επίθ. 1. που δεν του πρόσφεραν γλυκό ή ποτό, που δεν τον κέρασαν (συνών. *ακέραστος*). 2. που δεν προσφέρθηκε ως κέρασμα: *ποτό/γλυκό -ο.*
άτρεμος, -η, -ο, επίθ., που δεν τρέμει (από φόβο): *φωνή -η* (συνών. *ατρεμούλιαστος*).
ατρεμούλιαστος, -η, -ο, επίθ., που δεν τρεμουλιάζει: *φως -ο* (συνών. *άτρεμος·* αντ. *τρεμουλιαστός*).
ατριγύριστος, -η, -ο, επίθ. 1. (για χώρο) που δεν τον τριγύρισε ή που δεν μπορεί να τον τριγυρίσει κάποιος (λόγω της έκτασης ή της ανωμαλίας του εδάφους): *κάμπος ~· βουνό/νησί -ο.* 2. που δεν τον περίφραξαν: *αμπέλι -ο* (αντ. *περιφραγμένος*).
ατρικύμιστος, -η, -ο, επίθ. 1. που δεν έχει τρικυμία: *θάλασσα -η* (συνών. *γαλήνιος·* αντ. *τρικυμιώδης*). 2. (μεταφ.) που δε γνωρίζει ταραχή, που δεν έχει περιπέτειες ή βάσανα: *ζωή -η* (συνών. *ήσυχος*).
άτριφτος, -η, -ο, επίθ., που δεν έχει τριφτεί: *πόδι / χέρι -ο* (= που δεν του έκαναν εντριβή)· *καζάνι -ο* (= που δεν καθαρίστηκε ή δε γυαλίστηκε με τρίψιμο)· *χαλκώματα -α· καφές ~· αλάτι -ο* (= ακοπάνιστο)· *παντελόνι -ο· μανίκια -α* (= που δεν τα έφθειρε η χρήση, καινούργια) (αντ. *τριμμένος*).
άτριχος, -η, -ο, επίθ., που δεν έχει τρίχες: *στήθος /χέρι -ο* (συνών. *ατρίχωτος·* αντ. *τριχωτός*).
ατρίχωτος, -η, -ο, επίθ., που δεν είναι τριχωτός (συνών. *άτριχος*).
ατρόμαχτος, -η, -ο, επίθ., που δεν τρόμαξε (συνών. *ατρόμητος, άφοβος*).
ατρόμητος, -η, -ο, επίθ., που δεν τρομάζει: *μαχητής /στρατιώτης ~·* (συνεκδοχικά) *ματιά -η* (συνών. *ατρόμαχτος, άφοβος, γενναίος*). - Επίρρ. **-α.**
άτρομος, -η, -ο, επίθ., άφοβος: *πολεμιστής ~·* (συνεκδοχικά) *βλέμμα -ο* (συνών. *ατρόμητος, γενναίος*).
ατροπίνη η, ουσ. (φαρμ.) δηλητηριώδης κρυσταλλική ουσία που ανήκει στα αλκαλοειδή, λαμβάνεται από φυτά, όπως λ.χ. η μπελαντόνα, και χρησιμοποιείται στην ιατρική κυρίως ως δισταλτικό της κόρης του ματιού και σπασμολυτικό. [γαλλ. *atropine*].
ατροπολόγητος, -η, -ο, επίθ. (για νόμο ή νομοσχέδιο) που δεν άλλαξε το νόημα ή η διατύπωσή του (με βάση τις προτάσεις βουλευτών).
ατροποποίητος, -η, -ο, επίθ., που δεν τον τροποποίησαν, που δεν του επέφεραν αλλαγές στο περιεχόμενο ή στη μορφή και τη διατύπωση: *κανονισμός ~· διάταγμα/νομοσχέδιο/πρόγραμμμα -ο* (αντ. *τροποποιημένος*).
ατροφία η, ουσ. 1. έλλειψη τροφής. 2. (ιατρ.) ελάττωση του μεγέθους ενός ζωντανού οργανισμού (οργάνου, ιστού, κυττάρου) από έλλειψη ή αδυναμία αφομοίωσης της τροφής, διακοπή της χρησιμοποίησης ή ελαττωμένη δραστηριότητα, γήρανση, αρρώστια, κ.ά.: *~ του δέρματος/των μυών/γεροντική.*
ατροφικός, -ή, -ό, επίθ. 1. που σχετίζεται με την ατροφία: *αλλοιώσεις -ές.* 2. (για όργανο ή μέλος του σώματος) που το μέγεθός του έχει ελαττωθεί (από ατροφία): *χέρι/πόδι -ό·* (συνεκδ.) *παιδί -ό* (= λιπόσαρκο, αδύνατο από έλλειψη τροφής).
ατροφώ, -είς, ρ., μικραίνω, συρρικνώνομαι από ατροφία (βλ. λ. στη σημασ. 2).
ατρόχιστος, -η, -ο, επίθ. 1. που δεν τον τρόχισαν, που δεν τον ακόνισαν στον τροχό: *ψαλίδι/μαχαίρι -ο* (συνών. *τροχισμένος*). 2. (μεταφ.) που δεν

ατρύγητος

απέκτησε επιδεξιότητα ή πείρα: *μυαλό -ο.*
ατρύγητος, -η, -ο, επίθ., που δεν τον τρύγησαν: *κλήμα -ο· αμπέλια / σταφύλια -α* (αντ. *τρυγημένος).* - Επίρρ. **-α.**
ατρύπητος, -η, -ο, επίθ., που δεν τρυπήθηκε ή δεν μπορεί να τρυπηθεί: *σανίδι/παντελόνι/τσιμέντο -ο* (αντ. *τρυπημένος).*
ατρύπωτος, -η, -ο, επίθ., που δεν τον τρύπωσαν, δεν τον έραψαν προσωρινά με αραιή ραφή: *φουστάνι -ο* (αντ. *τρυπωμένος).* - Επίρρ. **-α.**
άτρωτος, -η, -ο, επίθ., που δεν τραυματίστηκε, που δεν μπορεί να πληγωθεί ή να πάθει βλάβη: ~ *από τη μάχη·* (μεταφ.): ~ *από τις συκοφαντίες* (= α-πρόσβλητος)· ~ *από τα κάλλη της* (= ανεπηρέαστος, ασυγκίνητος) (αντ. *τρωτός).*
-άτσα, κατάλ. θηλ. ουσ.: *λινάτσα, κυράτσα.*
ατσάκιστος, -η, -ο, επίθ. **1.** που δεν έσπασε, δεν κομματιάστηκε: *πέτρα -η· αμύγδαλο/πιάτο -ο* (αντ. *τσακισμένος).* **2.** (λαϊκ.) που δεν έχει τσάκιση: *παντελόνι -ο.*
ατσάκωτος, -η, -ο, επίθ. **1.** που δεν τον τσάκωσαν: *πουλιά -α* (συνών. *άπιαστος).* **2.** που δεν τσακώθηκε, δε μάλωσε: *φίλοι -οι* (αντ. *τσακωμένος).*
ατσαλάκωτος, -η, -ο, επίθ. **1.** (για ύφασμα, χαρτί, κ.τ.ό.) που δεν τσαλακώθηκε ή δεν μπορεί να τσαλακωθεί: *παντελόνι/φουστάνι/ύφασμα -ο* (αντ. *τσαλακωμένος).* **2.** (για πρόσωπο) που δε φορεί τσαλακωμένα ρούχα, ντυμένος με περιποιημένα ρούχα. **3.** (μεταφ.) που δεν ταπεινώθηκε, δε μειώθηκε ηθικά.
ατσαλαπάτητος, -η, -ο, επίθ., που δεν τον τσαλαπάτησαν, δεν τον ποδοπάτησαν: *τριφύλλι -ο* (αντ. *τσαλαπατημένος, ποδοπατημένος).*
ατσαλένιος, -α, -ο, επίθ. **1.** κατασκευασμένος από ατσάλι: *λάμα/βέργα -α* (συνών. *χαλύβδινος).* **2.** (μεταφ.) δυνατός, ανθεκτικός: *χαρακτήρας* ~ *κράση -α· νεύρα -α.*
ατσάλι το, ουσ. **1.** χάλυβας (βλ. λ.): ~ *ανοξείδωτο/-γυαλιστερό· μαχαίρια/καρφιά/σκεύη από* ~· έκφρ. *γερός σαν* ~ (για άτομο με ισχυρό οργανισμό ή για κάτι ανθεκτικό). **2.** (συνεκδοχικά) αντικείμενο από χάλυβα. **3.** (μεταφ. για κάτι ανθεκτικό, σκληρό, άκαμπτο): *είναι* ~· *ματιά/νεύρα/χέρια (σαν)* ~. Φρ. *θα φάει η μύγα σίδερο και το κουνούπι* ~ (= θα συμβούν συνταρακτικά γεγονότα· συχνά ειρων.). [βενετ. *azzal*].
ατσαλιά η, ουσ. (συνιζ.). **1.** ακαταστασία: ~ *ενός παιδιού/ενός δωματίου.* **2.** έλλειψη καθαριότητας: ~ *των ρούχων.* **3.** αισχρολογία, απρέπεια: *λέει -ές.*
ατσάλινος, -η, -ο, επίθ. **1.** χαλύβδινος: *σωλήνας* ~ (συνών. *ατσαλένιος).* **2.** (μεταφ.) δυνατός, ανθεκτικός: *θέληση -η.*
ατσαλοκουβέντα η, ουσ. (έρρ., λαϊκ.), απρεπής λόγος, αισχρολογία.
άτσαλος, -η, -ο, επίθ. **1.** που κάνει κάτι χωρίς τάξη ή μεθοδικότητα: *είναι* ~ *στη δουλειά του* (συνών. *ακατάστατος).* **2.** που γίνεται χωρίς τάξη, απρόσεχτα, ακανόνιστα: *δουλειά -η· περπάτημα -ο.* **3.** ακαλαίσθητος, απεριποίητος (ή και βρόμικος): *ντύσιμο -ο.* **4.** αδέξιος: *φέρσιμο/γέλιο -ο* (συνών. *άκοσμος).* **5.** άπρεπος, άσεμνος: *κουβέντες -ες· λόγια -α· στόμα -ο.* - Επίρρ. **-α.** [πιθ.<*έξαλλος* ή *ατάσθαλος*].
ατσαλοσύνη η, ουσ., το να είναι κάποιος άτσαλος (βλ. λ.) (συνών. *ακαταστασία, ακαθαρσία, ακοσμία, απρέπεια).*
ατσάλωμα το, ουσ., σκλήρυνση της επιφάνειας του σίδερου ή σιδερένιου οργάνου με χάλυβα: ~ *τσεκουριού/αμονιού.*
ατσαλώνω, Ι. ρ. **1.** σκληραίνω την επιφάνεια (σίδερου ή σιδερένιου οργάνου) με χάλυβα: ~ *το μαχαίρι.* **2.** (μεταφ.) κάνω κάτι ισχυρό, ανθεκτικό, ενισχύω (ηθικά και ψυχικά): ~ *τα νεύρα/την καρδιά/το χαρακτήρα.* [ατσάλι].
ατσαλώνω, ΙΙ. ρ. (ιδιωμ.), λερώνω, μολύνω: *μούτρο -ωμένο.* [*άτσαλος*].
ατσάπιστος, -η, -ο, επίθ., που δεν τον έσκαψαν, δεν τον καλλιέργησαν με την τσάπα: *κήπος* ~· *χωράφι -ο* (αντ. *τσαπισμένος).*
ατσεκούρωτος, -η, -ο, που δεν τον χτύπησαν με το τσεκούρι: *δέντρο -ο·* (μεταφ.) που δεν τον τιμώρησαν αυστηρά (αντ. *τσεκουρωμένος).*
ατσιγαριά η, ουσ. (λαϊκ.), το να μην έχει κανείς τσιγάρο να καπνίσει: *έχει -ες.*
ατσιγάριστος, -η, -ο, επίθ. (για φαγητό), που δεν τσιγαρίστηκε, δε ζεματίστηκε με καυτό λάδι: *κρέας/κρεμμύδι -ο* (αντ. *τσιγαρισμένος).*
ατσίγαρος, -η, -ο, επίθ. (λαϊκ.), που δεν έχει τσιγάρο να καπνίσει: *είναι δύο μέρες* ~.
ατσιγγαναρειό και **τσι-** το, ουσ. (έρρ., συνιζ.). **1.** κατασκήνωση ή εργαστήριο ατσιγγάνων. **2.** μέρος ακατάστατο ή βρόμικο: *σπίτι* ~.
ατσιγγανιά και **τσι-,** ουσ. (έρρ., συνιζ., ιδιωμ.), ιδιότητα του ατσιγγάνου· ακαθαρσία· τσιγγουνιά.
ατσιγγάνικος, -η, -ο και **τσι-,** επίθ. (έρρ.), που ανήκει ή αναφέρεται στους ατσιγγάνους ή στον τρόπο ζωής τους: *χορός* ~· *μουσική/φορεσιά -η· βιολιά/τραγούδια τσιγγάνικα· ζωή τσιγγάνικη* (= νομαδική).
ατσιγγανόπουλο και **τσι-** το, θηλ. **ατσιγγανοπούλα** και **τσι-** η, ουσ. (έρρ., λαϊκ.), γιος (ή κόρη) ατσιγγάνου· (συνεκδοχικά) παιδί μελαψό ή βρόμικο.
Ατσίγγανος και **Τσιγγάνος** ο, θηλ. **Ατσιγγάνα, Ατσιγγάνισσα** και **Τσι-** η, ουσ. (έρρ.), εθνικό όνομα νομαδικού λαού που ήρθε στην Ευρώπη από την Ινδία (στην Ελλάδα σήμερα κατά ένας μέρος με μόνιμες κατοικίες), Γύφτος: *τσιγγάνος καλαθάς /κοσκινάς/σιδεράς· Τσιγγάνα χαρτορίχτρα.* - Υποκορ. **ατσιγγανάκι** και **τσι-** το. [εθν. *Αθίγγανος*].
ατσίδα η, ουσ. **1.** (ιδιωμ.) νυφίτσα· κουνάβι. **2.** (λαϊκ.) άνθρωπος πανέξυπνος, πολύ πονηρός ή ικανότατος: ~ *στα μαθηματικά.* [αρχ. *ίκτις*].
ατσίδας ο, ουσ. (λαϊκ.), ατσίδα (βλ. λ. στη σημασ. 2).
ατσίκνιστος, -η, -ο, επίθ. (για φαγητό), που δεν τσίκνισε, δεν «κάηκε» ώστε να μυρίζει τσίκνα (αντ. *τσικνισμένος).*
ατσίμπητος, -η, -ο, επίθ. (έρρ.). **1.** που δεν τον τσίμπησαν (με τα δάχτυλα ή με αιχμηρό αντικείμενο) (αντ. *τσιμπημένος).* **2.** που δεν του αφαίρεσαν μικρό μέρος: *ψωμί/τσαμπί -ο* (συνών. *ακέραιος·* αντ. *λειψός).*
ατσίμπλιαστος, -η, -ο, επίθ. (όχι έρρ., συνιζ.), που δεν έχει τσίμπλες: *μάτια -α·* (συνεκδοχικά): *παιδί -ο* (αντ. *τσιμπλιάρης, τσιμπλιασμένος).*
ατσίτωτος, -η, -ο, επίθ. (λαϊκ.), που δεν τον τσίτωσαν, δεν τον τέντωσαν: *πανί -ο* (συνών. *χαλαρός·* αντ. *τσιτωμένος).*
ατσούγκριστος, -η, -ο, επίθ. (έρρ.), που δεν τον τσούγκρισαν ή δεν έσπασε στο τσούγκρισμα: *αβγά/ποτήρια -α* (αντ. *τσουγκρισμένος).*
ατσούμπαλος, -η, -ο και **αναντζού-,** επίθ. (όχι

έρρ., λαϊκ.). **1.** ζημιάρης. **2.** ατημέλητος, απεριποίητος: *άνθρωπος ~· ζωγραφιές -ες.* [πιθ. μτγν. *σιπαλός*].

άτσουχτος, -η, -ο, επίθ. (λαϊκ.). **1.** που δεν τον αλάτισαν υπερβολικά: *τυρί -ο.* **2.** που δεν «τα έτσουξε», που δεν ήπιε πολύ (αντ. *τσουγμένος, μεθυσμένος*).

αττικίζω, ρ., (για συγγραφείς των μετακλασικών χρόνων, της βυζαντινής περιόδου ή για τους νεότερους χρήστες της καθαρεύουσας) μιμούμαι τη γλώσσα ή το ύφος των αττικών συγγραφέων της κλασικής εποχής: *γλώσσα -κίζουσα.*

αττικισμός ο, ουσ. (φιλολ.), εξιδανίκευση του λόγου των αττικών συγγραφέων της κλασικής εποχής, που παρουσιάζεται από το 2. αι. π.Χ. και εκδηλώνεται ως μίμηση της γλώσσας και του ύφους τους.

αττικιστής ο, θηλ. **-κίστρια** η, ουσ., οπαδός του αττικισμού: *ρήτορας/φιλόλογος ~.*

αττικιστικός, -ή, -ό, επίθ., που σχετίζεται με τους αττικιστές ή τον αττικισμό: *πνεύμα -ό· γλώσσα -ή* (= των αττικιστών της μετακλασικής περιόδου).

αττικίστρια, βλ. *αττικιστής.*

αττικός, -ή, -ό, επίθ., που ανήκει ή αναφέρεται στην Αττική και ειδικά στην Αθήνα: *ουρανός ~· μέλι -ό· βουνά -ά·* (για την κλασική εποχή): *λόγος ~· συγγραφείς -οί· διάλεκτος -ή·* (γραμμ.) *σύνταξη -ή* (στα αρχαία ελληνικά, το να δέχεται ένα ρήμα γ΄ ενικού προσώπου υποκείμενο ουδέτερου γένους σε πληθυντικό).

ατυλιγάδιαστος, -η, -ο, επίθ., (συνίζ., λαϊκ.), (για νήμα), που δεν τον περιτύλιξαν στο τυλιγάδι (βλ. λ.).

ατύλιχτος, -η, -ο, επίθ. **1.** που δεν τον τύλιξαν με ύφασμα, χαρτί ή άλλο υλικό: *δέμα -ο· βιβλία -α* (αντ. *τυλιγμένος*). **2.** που δεν τον έστρεψαν γύρω από τον εαυτό του ή από κάτι άλλο (ώστε να αποτελέσει κουβάρι, κουλούρα, κύλινδρο, κ.τ.ό.): *νήμα/σκοινί/χαλί -ο.*

ατύλωτος, -η, -ο, επίθ. (λαϊκ.), που δεν τον γέμισαν υπερβολικά: *σακί -ο· κοιλιά -η* (αντ. *τυλωμένος*).

άτυπος, -η, -ο, επίθ. **1.** που δε γίνεται σύμφωνα με τους τύπους και κανόνες που καθιέρωσε ο νόμος: *κατάσχεση εφημερίδων/συνάντηση υπουργών/ συμφωνία -η* (αντ. *τυπικός, επίσημος*). **2.** (ιατρ.) που δεν εμφανίζει τα τυπικά φυσιολογικά ή παθολογικά γνωρίσματα: *κύτταρα -α· πνευμονία -η.* - Επίρρ. **-α** (στη σημασ. 1).

ατύπωτος, -η, -ο, επίθ., που δεν τον τύπωσαν (στο τυπογραφείο): *εφημερίδα -η· έργα -α* (= αδημοσίευτα, ανέκδοτα) (αντ. *τυπωμένος*).

ατυράννιστος, -η, -ο και **-νητος,** επίθ., που δεν ταλαιπωρείται ή δεν ταλαιπωρήθηκε από σωματικά ή ψυχικά βάσανα, στενοχώριες, κ.τ.ό.: *έφτασε στα βαθιά γεράματα ~· (συνεκδοχικά) ζωή/ αρρώστια -η* (= που δεν συνοδεύεται από βάσανα) (αντ. *τυραννισμένος*).

ατύχημα το, ουσ., τυχαίο δυσάρεστο ή επιζήμιο γεγονός: *~ ανεξήγητο/ασήμαντο/εργατικό· ατυχήματα οδικά* (συνών. *πάθημα, δυστυχία*).

ατυχής, -ής, -ές, γεν. *-ούς,* πληθ. αρσ. και θηλ. *-είς,* ουδ. *-ή,* επίθ. (λόγ.), που δε συνοδεύεται από καλή τύχη, που αποτυχαίνει: *πόλεμος ~· προσπάθεια ~· σύμπτωση/συγκυρία ~* (= δυσάρεστη)· *επεισόδιο -ές* (= θλιβερό)· *ενέργεια/έκφραση ~* (= άστοχη, ανάρμοστη) (αντ. *ευτυχής, τυχερός, πετυχημένος*).

ατυχία και (ιδιωμ., συνιζ.) **-χιά** η, ουσ. **1.** το να είναι κανείς άτυχος: *~ μεγάλη/τρομερή/συνεχής· τον κατατρέχει η ~* (συνών. *κακοτυχία*). **2.** δυσάρεστο γεγονός: *είχε την ~ να χάσει μικρός τους γονείς του· τον βρήκαν πολλές -ες στη ζωή του* (συνών. *ατύχημα, συμφορά, πάθημα·* αντ. *ευτυχία*).

άτυχος, -η, -ο, επίθ. **1.** που δεν έχει (καλή) τύχη, που δεν πετυχαίνει τους σκοπούς του: *~ στην εκλογή των φίλων του* (συνών. *κακότυχος·* αντ. *καλότυχος, τυχερός*). **2.** που συνοδεύεται από κακοτυχία: *γάμος ~· επιχείρηση/εκστρατεία -η* (συνών. *αποτυχημένος·* αντ. *πετυχημένος*).

ατυχώ, -είς, ρ., είμαι άτυχος, δεν κατορθώνω κάτι, δεν πετυχαίνω σε κάτι: *ατύχησε στο γάμο της/στο εμπόριο* (συνών. *αποτυχαίνω·* αντ. *ευτυχώ, πετυχαίνω*).

ατυχώς, επίρρ., κατά κακή τύχη (συνών. *δυστυχώς·* αντ. *ευτυχώς*).

Αυγερινός ο, ουσ., το άστρο της αυγής, ο πλανήτης Αφροδίτη: *ο ~ κι η Πούλια.*

αυγή η, ουσ. **1.** ορισμένο χρονικό διάστημα ανάμεσα στο τέλος της νύχτας και στην ανατολή του ήλιου: *δουλεύω από την ~ ως το βράδι* (συνών. *χάραμα, χαραυγή*). **2.** διάστημα κατά την ανατολή του ήλιου και λίγο κατόπιν (συνών. *πρωί*). **3.** η επόμενη μέρα στην αρχή της: *θα ξεκινήσουμε την ~.* **4.** (μεταφ.) αρχή: *στην ~ της ζωής του.* Έκφρ. *άστρο της -ής* = Αυγερινός. - Ως επίρρ. *την -ή ή ~* = πολύ πρωί. - Υποκορ. **-ούλα** η.

αυγινός, -ή, -ό, επίθ., που συμβαίνει την αυγή, το πρωί: *δροσιά -ή· -ή γαλήνη του πελάγου· άστρο -ό* (= Αυγερινός) (συνών. *πρωινός*). - Το θηλ. ως ουσ. = το πρωί.

αυγό, βλ. *αβγό.*

αυγουστιάτικος, -η, -ο, επίθ. (συνιζ.), που ανήκει ή αναφέρεται στο μήνα Αύγουστο: *φεγγάρι -ο.* -Το ουδ. ως ουσ. = ποικιλία σταφυλιού που ωριμάζει το μήνα Αύγουστο.

Αύγουστος ο, ο όγδοος μήνας του έτους: (παροιμ.) *κάθε πράγμα στον καιρό του κι ο κολιός τον -ο· από -ο χειμώνα κι από Μάρτη καλοκαίρι.* [λατ. *Augustus*].

αυθ-, αχώρ. μόρ. σε λ. που αρχίζουν από φων.: *αυθυποβολή, αυθυπνωτισμός.*

αυθάδεια η, ουσ. (ασυνίζ.), το να είναι κανείς αυθάδης, θρασύς, το να συμπεριφέρεται με αναίδεια: *~ που την είχε και μου μίλησε έτσι!* (συνών. *θρασύτητα, αναίδεια*).

αυθάδης, -ης, -ικο, γεν. *-ους,* πληθ. αρσ. και θηλ. *-εις,* ουδ. *-ικα* και *-η,* επίθ., που συμπεριφέρεται με αυθάδεια, αναίδεια: *μαθητής/άνθρωπος ~* (συνών. *θρασύς, αναιδής*). - Επίρρ. **-ώς.**

αυθαδιάζω, ρ. (ασυνίζ.), μιλώ, συμπεριφέρομαι με αυθάδεια: *αποβλήθηκε από το σχολείο, γιατί -δίασε σε καθηγητή.*

αυθάδικος, -η, -ο, επίθ., αυθάδης (βλ. λ.): *συμπεριφορά -η.*

αυθαιρεσία η, ουσ. **1.** το να ενεργεί κανείς χωρίς να ακολουθεί προκαθορισμένες αρχές, νόμους ή κανονισμούς και παραβιάζοντας τα δικαιώματα των άλλων: *η ~ του τον έκανε μισητό στους γνωστούς του· ~ απαράδεκτη / ολοφάνερη / πρωτοφανής.* **2.** κατάχρηση εξουσίας: *-ες της κυβέρνησης / του δικτάτορα / των αρχών* **3.** αυθαίρετη ενέργεια, πράξη: *-ες των αιρετών αντιπροσώπων / των δασκάλων.*

αυθαίρετος, -η, -ο, επίθ. **1.** που ενεργεί σύμφωνα

αυθεντία

με τη δική του γνώμη και θέληση και όχι σύμφωνα με τις αρχές ή τους κανονισμούς: *κυβέρνηση/ απόφαση -η* (συνών. *αυταρχικός*). 2. που ενεργεί ή γίνεται αντίθετα με το νόμο: *πάρθηκαν αυστηρά μέτρα για την -η δόμηση· κτίσμα -ο* (συνών. *παράνομος*). - Το ουδ. ως ουσ. = οικοδόμημα που χτίστηκε χωρίς να έχει εκδοθεί άδεια από αρμόδια αρχή: *νόμος για τα -α.* - Επίρρ. **-α:** *ενέργησε -α*.

αυθεντία η, ουσ. (έρρ.). 1. το κύρος της γνώμης του προσώπου. 2. πρόσωπο που η κρίση του θεωρείται αλάνθαστη: *είναι ~ στα θέματα της δημόσιας οικονομίας· η ~ του δασκάλου.*

αυθεντικός, -ή, -ό, επίθ. (έρρ.), που κρύβει αδιαφιλονίκητη αλήθεια ή έχει αδιαμφισβήτητη προέλευση: *ερμηνεία/πληροφορία -ή· έγγραφο -ό· πίνακας ~* (συνών. *πρωτότυπος, γνήσιος, έγκυρος·* αντ. *πλαστός*). - Επίρρ. **-ά.**

αυθεντικότητα η, ουσ. (έρρ.), το να είναι κάτι έγκυρο, γνήσιο ή πρωτότυπο: *~ της θεωρίας/του ζωγραφικού πίνακα/της υπογραφής* (συνών. *εγκυρότητα, γνησιότητα*).

αυθημερόν, επίρρ., την ίδια μέρα: *μετά τη Ζάκυνθο επισκεφθήκαμε την Ιθάκη και επιστρέψαμε ~.*

αυθορμησία η, ουσ., ιδιότητα των εμψύχων να ενεργούν από μόνα τους χωρίς την επίδραση εξωτερικής αιτίας: *τον διακρίνει παιδική ~* (συνών. *αυθορμητισμός*).

αυθορμητισμός ο, ουσ., το να ενεργεί κανείς αυθόρμητα, αυτόβουλα ή με τρόπο ενστικτώδη, αυτοσχέδιο: *~ των νέων/του άμαθου* (συνών. *αυθορμησία*).

αυθόρμητος, -η, -ο, επίθ., που ενεργεί από μόνος του, που δεν παρακινείται από άλλους: *χαρακτήρας ~· συμπάθεια/ενέργεια -η· κινήσεις -ες· αυτοσχέδιος, αφελής: λόγια -α· συμπεριφορά -η· γέλιο -ο· είναι ~ και μπορεί να τον παρεξηγήσουν* (συνών. *αυτόβουλος, ενστικτώδης*). - Επίρρ. **-α.**

αυθύπαρκτος, -η, -ο, επίθ., που υπάρχει ή που γίνεται μόνος του, που έχει υπόσταση ανεξάρτητη και αυτοτελή: *Θεός/οικονομικό οργανισμός ~· η αρχαϊκή τέχνη είναι αξία -η* (συνών. *αυτοτελής, ανεξάρτητος*).

αυθυπαρξία η, ουσ., το να υπάρχει κάποιος ή κάτι «από μόνο του» και να μην οφείλει την ύπαρξή του σε άλλον: *~ του Θεού/μιας επιχείρησης/θεωρίας/κόμματος* (συνών. *αυτοτέλεια*).

αυθυπνωτισμός ο, ουσ., το να υπνωτίζεται κάποιος μόνος του, με τη θέλησή του, χωρίς επενέργεια άλλου.

αυθυποβάλλομαι, ρ., παθαίνω αυθυποβολή, δημιουργώ στο μυαλό μου μια ιδέα χωρίς αντίστοιχο εξωτερικό επηρεασμό αλλά με υποβολή του ίδιου μου του εγώ στον εαυτό μου.

αυθυποβολή η, ουσ., επίδραση μιας επίμονης ιδέας στη διαγωγή μας: *οι φιλόσοφοι της Ανατολής κατορθώνουν πολλά μέσω της -ής.*

αυθυπόστατος, -η, -ο, επίθ., που δεν εξαρτάται από άλλον, που είναι αυτοτελής: *η αλήθεια είναι πάντα -η* (συνών. *αυθύπαρκτος*).

αυλαία η, ουσ., παραπέτασμα που χωρίζει τη σκηνή του θεάτρου από την αίθουσα των θεατών: *~ βελούδινη/αυτόματη· ~!* (σκηνική οδηγία που δηλώνει τη λήξη μιας πράξης του θεατρικού έργου)· *ρίχνω ~· η ~ ανοίγει/πέφτει·* φρ. *έπεσε η ~* = τελείωσε μια υπόθεση: *έπεσε η ~ του συνεδρίου* (= έληξαν οι εργασίες του).

αυλάκι το, ουσ. 1. ρυάκι, χαντάκι: *~ αρδευτικό·* φρ. *μπήκε/κύλησε το νερό στ' ~* = πήρε κάτι το σωστό δρόμο, ρυθμίστηκε· *τρέχουν τα δάκρυά μου ~* = κλαίω πολύ. 2. το αυλακοειδές τμήμα των κήπων όπου σπείρονται ή φυτεύονται κηπευτικά. 3. ράβδωση. 4. ο Ισθμός της Κορίνθου· έκφρ. *κάτω απ' τ' ~* (= στην Πελοπόννησο) ή *πάνω απ' τ' ~.*

αυλακιά η, ουσ. (συνιζ.). 1. αυλάκι που ανοίγεται με γεωργικό εργαλείο· φρ. *δεν έχω ~ χωράφι* = είμαι πάμφτωχος, δεν έχω καθόλου γη δική μου. 2. ορισμένη λωρίδα εδάφους μέσα στην οποία φυτεύονται διάφορα κηπευτικά: *φέτος φύτεψα μόνο μια ~ ντομάτες.* 3. ράβδωση: *κολόνες με -ές.*

αυλακιάζω, ρ. (συνιζ.). 1. ανοίγω αυλάκι (συνών. *αυλακώνω*). 2. (μεταφ.) κάνω να σχηματιστούν ρυτίδες: *την -ιασε ο καημός.*

αυλάκωμα το, ουσ., κατασκευή αυλακιών.

αυλακώνω, ρ. 1. ανοίγω αυλάκια, οργώνω: *τους κάμπους -ουν τα ξυλάλετρα* (Κόντογλου)· (μεταφ.) *το λάδι ζεματιστό και το λειωμένο μολύβι -ουνε τα τειχιά* (Σεφέρης). 2. κάνω να σχηματιστούν σημάδια, ρυτίδες, κλπ.· έκφρ. *πρόσωπο -ωμένο* (= με ρυτίδες).

αυλακωτός, -ή, -ό, επίθ., που έχει αυλάκια, ραβδώσεις· κυματιστός: *λαμαρίνα -ή· τζάμι -ό.*

αυλαρχείο το, ουσ., γραφείο του αυλάρχη.

αυλάρχης ο, ουσ., ανώτατος αξιωματούχος της βασιλικής αυλής.

αυλή η, I. ουσ., χώρος περιφραγμένος γύρω γύρω, μπρος ή πίσω από ένα σπίτι: *~ του σχολείου/της εκκλησίας/της μονοκατοικίας· -ές ανθισμένες* (συνών. *προαύλιο*). - Υποκορ. **-ίτσα** η. - Μεγεθ. **-άρα** η.

αυλή η, II. ουσ. 1. παλάτι. 2. (συνεκδοχικά) ακολουθία του βασιλιά, αυλικοί.

αυλητής ο, θηλ. **-ήτρια,** ουσ., αυτός παίζει αυλό.

αυλητρίδα η, ουσ., αυτή που έχει ως επάγγελμα να παίζει αυλό (κυρίως στην αρχαιότητα).

αυλίζω, ρ. Α. (ενεργ.) κλείνω κάτι στην αυλή: *~ τα ζώα* (συνών. *μαντρίζω*). Β. (μέσ.) επικοινωνώ με το δρόμο: *το σπίτι μας -εται από δυο δρόμους.*

αυλικός, -ή, -ό, επίθ. 1. που ανήκει ή αναφέρεται στην αυλή του βασιλιά, στους ανθρώπους της αυλής (βλ. λ. II). 2. που είναι φιλικός με τη βασιλική αυλή: *κόμμα -ό.* - Το αρσ. ως ουσ. = αυτός που αποτελεί μέλος του προσωπικού των ανακτόρων: *οι γυναίκες των -ών.*

αυλόγυρος ο, ουσ., τοίχος της αυλής, μάντρα: *~ της εκκλησίας* (συνών. *περίβολος*).

αυλόθυρα η, ουσ., η πόρτα της αυλής (συνών. *αυλόπορτα*).

αυλοκόλακας ο, ουσ., αυτός που ανήκει στους κόλακες της αυλής (βλ. λ. II)· κόλακας ηγεμόνα ή γενικά ισχυρού προσώπου.

αυλόπορτα η, ουσ., πόρτα της αυλής (συνών. *αυλόθυρα*).

άυλος, -η, -ο, επίθ. 1. που δεν αποτελείται από ύλη, που δεν έχει υλική υπόσταση· πνευματικός: *Θεός ~· πνεύμα -ο* (συνών. *ασώματος*). 2. (μεταφ.) λεπτεπίλεπτος, αιθέριος.

αυλός ο, ουσ. 1. πνευστό μουσικό όργανο (συνών. *φλογέρα, σουραύλι*). 2. μεταλλικός σωλήνας που έχει σχήμα αυλού.

αυλότοιχος ο, ουσ., τοίχος της αυλής.

αυλωτός, -ή, -ό, επίθ., που φέρει αυλούς, σωληνωτός: *ατμολέβητας ~.*

αυνανίζομαι, ρ., ικανοποιώ χωρίς σύντροφο τη γενετήσια ορμή μου (συνών. *μαλακίζομαι*). [βιβλικό πρόσ. *Αυνάν*].

αυνανισμός ο, ουσ., αυτοϊκανοποίηση της γενετήσιας ορμής (συνών. *μαλακία*).

αυξάνεσθε και πληθύνεσθε· αρχαϊστ. έκφρ.· για γοργή αύξηση.

αυξάνω, ρ. 1. (μτβ.) κάνω κάτι μεγαλύτερο, περισσότερο, πληθαίνω κάτι: *-ήθηκαν οι μισθοί των υπαλλήλων*· *-ησε τις επιδόσεις του*· *-ησε τα σύνορα της χώρας του* (= επεξέτεινε) (συνών. *μεγαλώνω, αβγατίζω*· αντ. *ελαττώνω, μειώνω, λιγοστεύω*). 2. (αμτβ.· ενεργ. και μέσ.) γίνομαι μεγαλύτερος, πληθαίνω: *-ήθηκε η τιμή του πετρελαίου/ο πληθυσμός της γης* (συνών. *μεγαλώνω, αβγαταίνω*· αντ. *ελαττώνομαι, λιγοστεύω, μειώνομαι*).

αύξηση η, ουσ. 1. το να μεγαλώνει κάτι, να πολλαπλασιάζεται, ανάπτυξη: *~ των εσόδων/των εξόδων/των δαπανών/των ωρών εργασίας/του φυτού* (συνών. *πλήθυνση*· αντ. *ελάττωση, μείωση*). 2. μεγάλωμα μισθού: *δόθηκε ικανοποιητική ~ στους δημόσιους υπαλλήλους*. 3. (γραμ.) επέκταση του θέματος των ρημάτων στους παρελθοντικούς χρόνους, που δημιουργεί τρίτη τονιζόμενη ή άτονη συλλαβή π.χ. *γράφω έγραψα, κοιτάζω εκοίταζα*.

αυξητικός, -ή, -ό, επίθ., που έχει την τάση να αυξάνει, να μεγαλώνει: *-ή τάση του πληθωρισμού*.

αυξομειώνω, ρ. (ασυνίζ.). 1. (ενεργ.) μεγαλώνω και μικραίνω κάτι, αυξάνω και ελαττώνω κάτι: *~ την ένταση του ήχου*. 2. (μέσ.) παθαίνω αυξομειώσεις, κυμαίνομαι ποσοτικά ή αριθμητικά: *-ώνεται η ταχύτητα του αυτοκινήτου*.

αυξομείωση η, ουσ., διαδοχική αύξηση και μείωση: *~ της θερμοκρασίας* (συνών. *προσθαφαίρεση*).

αύξων, μτχ., γεν. *-οντος* (λόγ.), μόνο στην έκφρ. *~ αριθμός* = αριθμός που δείχνει την αριθμητική σειρά κατάταξης ή θέσης.

αϋπνία η, ουσ., το να μην μπορεί κάποιος να κοιμηθεί, το να μείνει άγρυπνος παρά τη θέλησή του: *έχω/υποφέρω από ~*· *ανυπόφορη/εξαντλητική/χρόνια/ψυχογενής/νευρική ~*.

άυπνος, -η, -ο, επίθ., που δεν μπορεί να κοιμηθεί: *είμαι ~ δυο βραδιές*· (συνεκδοχικά) *νύχτα -η* (= που την περνά κανείς ξάγρυπνος): *είχε περάσει νύχτες -ες διαβάζοντας* (συνών. *άγρυπνος, ξάγρυπνος*).

αύρα η, ουσ., ελαφρός και συνήθως δροσερός αέρας: *~ ευχάριστη*· (για τοπικούς ανέμους) *~ απόγεια/θαλάσσια/ορεινή/φαληρική* (συνών. *μπάτης*).

αυριανός, -ή, -ό, επίθ. (ασυνίζ.), που ανήκει ή αναφέρεται στο αύριο, στην επόμενη ημέρα: *καιρός ~*· *γιορτή/εφημερίδα -ή*· *πρόγραμμα -ό*.

αύριο, επίρρ. (ασυνίζ.). 1. την επόμενη ακριβώς ημέρα μετά τη σημερινή: *θα φύγω ~ (πρωί)*· *~ είναι Σάββατο*· *περάστε καλύτερα ~! Τι προγραμματίσατε για ~;* (γνωμ.) *ό,τι μπορείς να κάνεις σήμερα μην τ' αφήνεις για ~* (αντ. *χτες*)· έκφρ. *~ οκτώ* (βλ. λ. *οκτώ*)· *καλημέρα γι' ~* (απάντηση σε κάποιον που λέει κάτι ανόητο ή αδιάφορο)· *σήμερα ~* (από τη μια μέρα στην άλλη, στο άμεσο μέλλον)· φρ. *~ κλαίνε* (συγκαλυμμένη απειλή για βέβαιη μελλοντική τιμωρία)· *κι ~ μέρα είναι* («δικαιολογία» για αναβολή)· *σήμερα είμαστε, ~ δεν είμαστε* (για τη βραχύτητα ή την ανασφάλεια της ανθρώπινης ζωής)· (με άρθρο ως ουδ. ουσ.): με το σήμερα και με το *~ καθυστερήσαμε πολύ*. 2. στο μέλλον (κοντινό ή απώτερο): *όταν βγείτε ~ στην κοινωνία, να θυμάστε τα λόγια του δασκάλου σας*· φρ. *γι' ~ έχει ο Θεός* (σε περίπτωση αισιοδοξίας για το μέλλον)· (με άρθρο ως ουδ. ουσ.): *δε με απασχολεί το ~* (= το μέλλον).

αυστηρός, —ή, -ό, επίθ. 1. που τηρεί με άκαμπτο τρόπο ορισμένες αρχές, όρους ή τακτική, τραχύς: *δάσκαλος/δικαστής/προϊστάμενος ~*· *είναι ~ στην τήρηση του ωραρίου/σε θέματα ηθικής* (= προσέχω ιδιαίτερα, δίνω βαρύτητα)· *κρίση/τιμωρία -ή* (= σκληρή) (συνών. *σκληρός*· αντ. *υποχωρητικός, επιεικής, ελαστικός*). 2. που πρέπει να τηρείται με ακρίβεια, που δεν επιδέχεται παρεκκλίσεις: *νόμος/περιορισμός ~*· *όροι -οί*· *δίαιτα/λογοκρισία -ή*· *ωράριο -ό*· *αρχές -ές* (= ηθικές)· *ήθη -ά* (= χρηστά). 3. πολύ απλός, λιτός: *διατύπωση -ή*· *ύφος -ό*· *ζωή -ή* (= εγκρατής, ολιγαρκής) (συνών. *απέριττος*). - Επίρρ. **-α** και **-ώς**.

αυστηρότητα η, ουσ., το να είναι κάποιος αυστηρός: *~ αδικαιολόγητη/υπερβολική*· *ύφους*· *η ποινή εξάντλησε τα όρια της -ας* (αντ. *επιείκεια*).

αυστραλέζικος, -η, -ο, επίθ., που ανήκει ή αναφέρεται στην Αυστραλία ή τους κατοίκους της: *κοινωνία/πόλη -η* (συνών. *αυστραλιανός*).

αυστραλιανός, -ή, -ό, επίθ. (ασυνίζ.), που ανήκει ή αναφέρεται στην Αυστραλία ή τους Αυστραλούς: *πολιτισμοί -οί*· *γλώσσες -ές*· *ζώα/πουλιά -ά*· (ιατρ.) *αντιγόνο -ό* (ανιχνεύεται σε εξέταση για να διαπιστωθεί αν ένα άτομο είναι φορέας της ηπατίτιδας) (συνών. *αυστραλέζικος*).

Αυστραλός ο, θηλ. **-ή**, και **Αυστραλέζος** ο, θηλ. **-α**, ουσ., αυτός που κατάγεται από την Αυστραλία ή κατοικεί σ' αυτήν.

αυστριακός, -ή, -ό, επίθ. (ασυνίζ.). 1. που ανήκει ή αναφέρεται στην Αυστρία ή στους κατοίκους της: *οροσειρές -ές*. - Το αρσ. και το θηλ. ως ουσ. (με κεφ. το αρχικό γράμμα) κάτοικος της Αυστρίας.

αύτανδρος, -η, -ο, επίθ., (μόνο στο ουδ., για πλοίο που βυθίζεται) που παίρνει μαζί του όλους τους επιβάτες και το πλήρωμά του: *το καράβι πήγε στο βυθό -ο*.

αυταπάρνηση η, ουσ., το να απαρνιέται κάποιος τον εαυτό του και τα συμφέροντά του για να υπηρετήσει τους άλλους ή ένα σκοπό υψηλότερο: *δείχνω ~*· *υπηρετεί με ~ την επιστήμη/την πατρίδα*· *εκτελεί με ~ το καθήκον του*.

αυταπάτη η, ουσ., το να ξεγελά κάποιος τον εαυτό του με τη φαντασία του, να σχηματίζει λαθεμένη κρίση για κάτι: *έχω/τρέφω -ες*· *ρομαντικές -ες*.

αυταπατώμαι, -άσαι, -άται, ρ. (λόγ.), έχω αυταπάτες, ξεγελώ τον εαυτό μου, σχηματίζω λαθεμένη κρίση για κάτι: *-άσαι, αν πιστεύεις ότι θα σου επιστρέψει κάποτε το χρέος*.

αυταπόδεικτος, -η, -ο, επίθ., που αποδεινύεται από μόνος του, αυτονόητος: *αλήθεια -η* (συνών. *ολοφάνερος*).

αυταρέσκεια η, ουσ. (ασυνίζ.), το να είναι κάποιος ικανοποιημένος από εαυτό του, τις πράξεις ή τις ιδιότητές του (συνών. *καμάρι*).

αυτάρεσκος, -η, -ο, επίθ., που τον ικανοποιεί ο εαυτός του, οι πράξεις και οι ιδιότητές του. - Επίρρ. **-α**: *χαμογελούσε -α*.

αυτάρκεια η, ουσ. (ασυνίζ.), το να μπορεί κάποιος να καλύπτει μόνος τις ανάγκες του· το να ικανοποιείται κάποιος απ' ό,τι έχει: *~ οικονομική* (οικον.) η ικανότητα μιας χώρας να ικανοποιεί

αυτάρκης

την εγχώρια ζήτηση αγαθών και υπηρεσιών από εγχώρια παραγωγή και πόρους: *η Ελλάδα έχει ~ σε δημητριακά.*

αυτάρκης, -ης, -ες, γεν. *-ους,* πληθ. αρσ. και θηλ. *-εις,* ουδ. *-η,* επίθ., που έχει αυτάρκεια, που καλύπτει τις ανάγκες του μόνος του· (συνεκδοχικά) που αρκείται σε ό,τι έχει: *χώρα ~ σε σιτάρι.*

αυταρχία η, ουσ., εξουσία που ασκείται απόλυτα χωρίς να δέχεται έλεγχο, απολυταρχία, δεσποτισμός.

αυταρχικός, -ή, -ό, επίθ., που επιβάλλει τις αποφάσεις του σε κάποιον χωρίς να υπολογίζει τη γνώμη του, απολυταρχικός: *πατέρας/χαρακτήρας ~· κράτος/πολίτευμα -ό* (συνών. *δεσποτικός·* αντ. *δημοκρατικός).* - Επίρρ. **-ά:** *διοικώ/φέρομαι -ά.*

αυταρχικότητα η, ουσ., το να είναι κάποιος αυταρχικός, το να επιβάλλει κατά την άσκηση της εξουσίας τη θέλησή του δίχως να δέχεται αντιρρήσεις (συνών. *δεσποτισμός).*

αυταρχισμός ο, ουσ., η ιδέα της απαίτησης για τυφλή υπακοή στην εξουσία κάποιου και στις αποφάσεις του.

αυτασφάλιση βλ. *αυτοασφάλιση.*

αυτενέργεια η, ουσ. (ασυνίζ.), το να ενεργεί κάποιος με δική του θέληση και πρωτοβουλία, η δυνατότητα να πράττει κατά τις προσωπικές του αποφάσεις και με βάση τις προσωπικές δυνάμεις και ικανότητες (συνών. *αυτοβουλία).*

αυτενεργώ, -είς, ρ., ενεργώ σύμφωνα με τη δική μου θέληση και τις προσωπικές μου δυνάμεις χωρίς απόφαση, υπόδειξη, βοήθεια ή οποιαδήποτε επέμβαση ενός άλλου: *το σχολείο πρέπει να δίνει στο μαθητή τις ευκαιρίες να -εί.*

αυτεξούσιο το, ουσ. (ασυνίζ.), η ιδιότητα ή το δικαίωμα να είναι κάποιος αυτεξούσιος, η ελεύθερη βούληση.

αυτεξούσιος, -α, -ο, επίθ. (ασυνίζ.). **1.** που ρυθμίζει ό,τι τον αφορά σύμφωνα αποκλειστικά με τη δική του θέληση, που δεν υπάγεται στην εξουσία κανενός άλλου (συνών. *ανεξάρτητος·* αντ. *εξαρτημένος).* **2.** που μπορεί ελεύθερα να ασκήσει όλα του τα δικαιώματα, όπως λ.χ. πολιτικά και ατομικά.

αυτεπάγγελτος, -η, -ο, επίθ. (έρρ.). **1.** που κάνει κάτι με δική του απόφαση: *υποστηρικτής ~* (συνών. *αυτόβουλος).* **2.** (νομ.) που ενεργείται από υποχρέωση του αξιωματούχου: *-η επέμβαση του εισαγγελέα· δίωξη/αποστρατεία -η.* - Επίρρ. **-ως** και **-α** (στη σημασ. 2).

αυτεπιστασία, βλ. *αυτοεπιστασία.*

αυτερωτισμός, βλ. *αυτοερωτισμός.*

αυτηκοΐα η, ουσ., το να αντιλαμβάνεται κάποιος κάτι άμεσα με τη δική του ακοή.

αυτήκοος, επίθ., που άκουσε κάτι με τα δικά του αφτιά: *μάρτυρας ~.*

αυτί, βλ. *αφτί.*

αυτισμός ο, ουσ. (ψυχιατρ.) υπερβολική αναδίπλωση του ατόμου στον εαυτό του σε βαθμό που να μην επικοινωνεί με το περιβάλλον του χάνοντας ενδεχομένως το αίσθημα της πραγματικότητας.

αυτιστικός, -ή, -ό, επίθ., που υποφέρει από αυτισμό: *παιδί -ό.*

αυτο-, α΄ συνθ. σε λ. που αρχίζουν από σύμφ.: *αυτοβιογραφία, αυτοδιάθεση, αυτοδιαφήμιση.*

αυτοάμυνα η, ουσ., το δικαίωμα να υπερασπίζεται κανείς τον εαυτό του: *η ~ είναι απαραίτητη καμιά φορά.*

αυτοαναλύομαι, ρ., περιγράφω τον εαυτό μου και τις πράξεις μου.

αυτοανάλυση η, ουσ., το να αναλύει, να περιγράφει κανείς τον εαυτό του και τις πράξεις του.

αυτοανάφλεξη η, ουσ., αυτόματη ανάφλεξη ενός σώματος από υπερβολική αύξηση της θερμοκρασίας του χωρίς την επίδραση εξωτερικής θερμαντικής πηγής.

αυτοαποκαλούμαι, ρ., αποκαλώ ο ίδιος τον εαυτό μου: *-είται αρχηγός* (συνών. *αυτοκαλούμαι).*

αυτοασφάλεια η, ουσ. (ασυνίζ.), αυτασφάλιση (βλ. λ.).

αυτοασφάλιση και **αυτασφάλιση** η, ουσ., ασφάλιση με καταβολή των ασφαλίστρων αποκλειστικά από τον ασφαλιζόμενο χωρίς συμμετοχή του εργοδότη (συνών. *αυτοασφάλεια).*

αυτοβιογράφηση, ουσ. (ασυνίζ.), το να εξιστορεί κανείς γραπτά τη ζωή του.

αυτοβιογραφία η, ουσ. (ασυνίζ.), αφήγηση σε πεζό λόγο με θέμα τη ζωή και τις εμπειρίες του ίδιου του συγγραφέα.

αυτοβιογράφος ο, ουσ. (ασυνίζ.), συγγραφέας αυτοβιογραφίας.

αυτοβοήθεια η, ουσ. (ασυνίζ.), το να βοηθά κάποιος τον εαυτό του με τις δικές του δυνάμεις.

αυτοβουλία η, ουσ., το να ενεργεί κανείς με δική του βούληση (συνών. *αυτενέργεια).*

αυτόβουλος, -η, -ο, επίθ., που ενεργεί με δική του βούληση. - Επίρρ. **-βούλως:** *ενεργώ -βούλως.*

αυτοβυθίζομαι, ρ., βυθίζομαι με τη βοήθεια ειδικού μηχανισμού (στο νερό): *γέφυρα -όμενη.*

αυτογενής, -ής, -ές, γεν. *-ούς,* πληθ. αρσ. και θηλ. *-είς,* ουδ. *-ή,* επίθ. στον αρχιτ. όρο *~ οικισμός =* αυθαίρετο (βλ. λ.) κτίσμα.

αυτογνωσία η, ουσ., το να γνωρίζει κανείς τον εαυτό του: *~ εθνική =* η συνείδηση που έχει ένα έθνος για την υπόστασή του.

αυτογονιμοποίηση η, ουσ. (βιολ.), γονιμοποίηση που γίνεται με την ένωση αρσενικού και θηλυκού γεννητικού κυττάρου που υπάρχουν στον ίδιο οργανισμό.

αυτόγραφο το, ουσ. **1.** γραπτό από το ίδιο το χέρι του συγγραφέα: *κάνω συλλογή -ων· τα -α του Σολωμού.* **2.** υπογραφή διάσημων προσώπων που συνοδεύεται από κάποια έκφραση: *ζήτησαν ~ από το συγγραφέα.*

αυτόγραφος, -η, -ο, επίθ., γραμμένος με το ίδιο το χέρι: *διαθήκη -η· τα -α έργα του ποιητή.*

αυτοδηλητηριασμός ο, ουσ. (ασυνίζ.), σύνολο συμπτωμάτων που οφείλονται σε απόβλητα του οργανισμού ή σε ουσίες που δεν απομακρύνονται εύκολα: *η ουραιμία είναι χαρακτηριστικό -ού.*

αυτοδημιούργητος, -η, -ο, επίθ. (ασυνίζ.), που αναδείχτηκε με μόνο τη δική του προσπάθεια και τα δικά του μέσα: *ο ~ άνθρωπος είναι σεβαστός.*

αυτοδιάθεση η, ουσ. (ασυνίζ.), το δικαίωμα κάθε λαού να θεσπίζει τους δικούς του νόμους και να καθορίζει το πολιτικό και κοινωνικό του σύστημα: *η αρχή της -ης.*

αυτοδιαφημίζομαι, ρ. (ασυνίζ.), διαφημίζω τον εαυτό μου.

αυτοδιαφήμιση, η, ουσ. (ασυνίζ.), το να διαφημίζει κανείς τον εαυτό του.

αυτοδιαχείριση η, ουσ. (ασυνίζ.), διαχείριση των οικονομικών μιας επιχείρησης, ενός εργοστασίου, κ.τ.ό., από τους ίδιους τους εργαζόμενους.

αυτοδιαψεύδομαι, ρ. (ασυνίζ.), διαψεύδω τον εαυτό μου: *με τη στάση της η υπηρεσία/η κυβέρνηση -εύτηκε*.

αυτοδιάψευση η, ουσ., το να διαψεύδει κάποιος μόνος του τον εαυτό του.

αυτοδίδακτος, -η, -ο, επίθ., που μορφώθηκε μόνος του από μελέτη ή από την προσωπική του πείρα χωρίς να φοιτήσει σε ειδική σχολή: *ζωγράφος ~*.

αυτοδικαιώνομαι, ρ., δικαιώνω τον εαυτό μου.

αυτοδικαίως, επίρρ. 1. δικαιωματικά: *πήρε τη θέση ~*. 2. (νομ.) όταν ο νόμος ορίζει να ακολουθηθεί κάποιο έννομο αποτέλεσμα χωρίς να απαιτείται η έγκριση του ενδιαφερομένου: *μόλις το νομικό πρόσωπο διαλυθεί, βρίσκεται ~ σε εκκαθάριση*.

αυτοδικαιωτικός, -ή, -ό, επίθ., που χρησιμοποιείται για να δικαιώσει τον εαυτό μας: *~ χαρακτήρας των απομνημονευμάτων*.

αυτοδικία η, ουσ., επιδίωξη να ικανοποιήσει κάποιος μια αξίωση ή ένα δικαίωμα με τις δικές του δυνάμεις, παρακάμπτοντας τη νόμιμη δικαστική οδό: *διαπράττω ~*.

αυτοδικώ, -είς, ρ., επιδιώκω να ικανοποιήσω μια αξίωση ή ένα δικαίωμα με τις δικές μου δυνάμεις, παρακάμπτοντας τη νόμιμη δικαστική οδό.

αυτοδιοίκηση η, ουσ. 1. το να διοικείται ίδρυμα ή οργανισμός με τις δικές του αποφάσεις. 2. αποκέντρωση περιφερειών μέσα στο κράτος· *τοπική ~* = θεσμός που σύμφωνα μ' αυτόν οι κάτοικοι χωριού ή πόλης οργανώνονται και εκλέγουν τοπικούς άρχοντες (πρόεδρο ή δήμαρχο) για να ρυθμίζουν τα τοπικά προβλήματά τους.

αυτοδιοικούμαι, ρ. (για ιδρύματα, υπηρεσίες, κλπ.), ρυθμίζω διοικητικώς ό,τι με αφορά χωρίς να εξαρτώμαι από την κεντρική εξουσία.

αυτοδυναμία η, ουσ., το να μπορεί κάποιος να δράσει μόνο με τις προσωπικές του δυνάμεις.

αυτοδύναμος, -η, -ο, επίθ., που έχει δύναμη από μόνος του και δε στηρίζεται σε άλλους: *κυβέρνηση -η· οργανισμός ~. - Επίρρ. -α*.

αυτοδύτης ο, ουσ., δύτης που καταδύεται για υπηρεσιακή έρευνα: *~ του λιμεναρχείου*.

αυτοέλεγχος ο, ουσ., εσωτερική μορφή ελέγχου, που αφορά τους φραγμούς που τα ίδια τα άτομα θέτουν στη συμπεριφορά και τις ενέργειές τους είτε επειδή αποδέχονται τους κοινωνικούς κανόνες ως λογικούς είτε από το φόβο της τιμωρίας που συνεπάγεται η παράβασή τους, αυτοκριτική.

αυτοεμβολιασμός ο, ουσ. (ασυνίζ.), το να εμβολιάζεται κάποιος με στοιχεία παρμένα από τον εαυτό του.

αυτοεμβόλιο το, ουσ. (ασυνίζ.), εμβόλιο από υγρό αρρώστου που προορίζεται για ένεση στον ίδιο.

αυτοεξορίζομαι, ρ., εξορίζομαι με τη δική μου θέληση: *-ίστηκε για να αποφύγει τη σύλληψη*.

αυτοεξόριστος, -η, -ο, επίθ., που εξορίστηκε με τη δική του θέληση: *έζησε αρκετά χρόνια ~ στο εξωτερικό*.

αυτοεξυπηρέτηση η, ουσ., η ενέργεια και το αποτέλεσμα του αυτοεξυπηρετούμαι (βλ. λ.).

αυτοεξυπηρετούμαι, ρ., φροντίζω μόνος μου για όσα με αφορούν ή με ενδιαφέρουν: *οι πελάτες σε ορισμένα καταστήματα -ούνται*.

αυτοεπιστασία και **αυτεπιστασία** η, ουσ., το να φροντίζει ένα ίδρυμα ή ένα άτομο για όσα το αφορούν με τη δική του φροντίδα: *εκτέλεση έργων με ~*.

αυτοερωτισμός και **αυτερωτισμός** ο, ουσ., το να θαυμάζει κανείς υπερβολικά τον εαυτό του (συνών. *ναρκισσισμός*).

αυτοθαυμάζομαι, ρ., θαυμάζω ο ίδιος τον εαυτό μου.

αυτοθαυμασμός ο, ουσ., θαυμασμός κάποιου για τον ίδιο του τον εαυτό.

αυτοθελώς, επίρρ. (λόγ.), με τη δική μου (σου,...) θέληση, απόφαση (συνών. *οικειοθελώς, εκούσια*).

αυτοθυσία η, ουσ., εκούσια προσφορά, θυσία του εαυτού μας ή του συμφέροντός μας για όφελος κάποιου άλλου: *η ~ του ενός οδηγεί κι άλλους στον αγώνα*.

αυτοϊκανοποίηση η, ουσ. 1. ικανοποίηση του εαυτού μας. 2. αυνανισμός (βλ. λ.).

αυτοκαλούμαι, ρ., συνήθως στη μτχ. *-ούμενος*, αποκαλώ ο ίδιος τον εαυτό μου, απονέμω ο ίδιος τιμητικό τίτλο στον εαυτό μου: *-ούμενος ευεργέτης* (συνών. *αυτοαποκαλούμαι*).

αυτοκατανάλωση η, ουσ., κατανάλωση των προϊόντων (μιας κοινότητας) από τους ίδιους τους παραγωγούς.

αυτοκαταναλωτικός, -ή, -ό, επίθ., που αναφέρεται στην αυτοκατανάλωση: *-ή αγροτική κοινωνία* = κοινωνία που παράγει μόνο τα απαιτούμενα για τα άτομα που την αποτελούν και δεν ανταλλάσσει τα προϊόντα της με άλλα που παράγονται έξω απ' αυτήν.

αυτοκατάρα η, ουσ. (λαογρ.), το να καταριέται κανείς τον εαυτό του π.χ. «να μη χαρώ τα παιδιά μου».

αυτοκαταστροφή η, ουσ. το να καταστρέφει κανείς τον ίδιο του τον εαυτό.

αυτοκέφαλος, -η, -ο, επίθ., που αποφασίζει μόνος του για ό,τι τον αφορά, ανεξάρτητος (ιδίως για εκκλησία χώρας): *η Εκκλησία της Ελλάδας είναι -η* (συνών. *αυτεξούσιος*). - Το ουδ. ως ουσ. = ανεξαρτησία, αυτονομία: *το -ο της Εκκλησίας της Ελλάδας*.

αυτοκινητάδα η, ουσ. (λαϊκ.), περίπατος με αυτοκίνητο.

αυτοκινητάμαξα η, ουσ., όχημα που κινείται σε σιδηροτροχιές με ηλεκτρικό ρεύμα και μεταφέρει ταξιδιώτες.

αυτοκινητικός, -ή, -ό, επίθ., που σχετίζεται με το αυτοκίνητο: *δυστύχημα -ό* (συνών. *αυτοκινητιστικός*).

αυτοκινητιστής ο, θηλ. *-ίστρια*, ουσ. α. οδηγός αυτοκινήτου· β. αυτός που έχει ως επάγγελμα να οδηγεί αυτοκίνητο (φορτηγό δημόσιας χρήσης, αυτοκίνητο αγώνας, κλπ.).

αυτοκινητιστικός, -ή, -ό, επίθ., που έχει σχέση με το αυτοκίνητο: *δυστύχημα -ό* (συνών. *αυτοκινητικός*).

αυτοκίνητο το, ουσ., όχημα με κινητήρα που χρησιμοποιείται για μεταφορά ατόμων: *~ σύγχρονης τεχνολογίας* (συνών. *αμάξι*).

αυτοκινητοβιομηχανία η, ουσ. (ασυνίζ.). 1. τομέας της οικονομικής δραστηριότητας που ασχολείται με τη μαζική παραγωγή αυτοκινήτων: *η ~ είναι η βασικότερη οικονομική πηγή της Γερμανίας*. 2. εργοστάσιο, βιομηχανία αυτοκινήτων: *δουλεύει σε μια ~*.

αυτοκινητόδρομος ο, ουσ., δρόμος πολύ πλατύς με ξεχωριστά κράσπεδα χωρίς επίπεδες διαβάσεις, κατάλληλος για να εξυπηρετεί έντονη κυκλοφοριακή κίνηση.

αυτοκίνητος, -η, -ο, επίθ., που κινείται μόνος του:

-ες *πάντα ανοιγοκλειούνε/οι τρεις θύρες και αχό δεν προξενούνε* (Σολωμός).
αυτοκινούμενος, -η, -ο, επίθ., που κινείται μόνος του: *-ο πυροβόλο* (= ερπυστριοφόρο με πυροβόλο).
αυτόκλητος, -η, -ο, επίθ., που παρουσιάστηκε μόνος του χωρίς να τον καλέσει κανείς: *επισκέπτης ~.*
αυτοκόλλητο το, ουσ., κομμάτι χαρτιού ή πλαστικού με ειδική επάλειψη που κολλά μόνο του: ~ *διάφανο.*
αυτοκράτορας ο, θηλ. **-ειρα** και (λαϊκ.) **-όρισσα,** ουσ., απόλυτος μονάρχης μιας χώρας: *ο ~ του Βυζαντίου·* (μεταφ.) *ο ~ του πετρελαίου.*
αυτοκρατορία η, ουσ. 1. η επικράτεια του αυτοκράτορα. 2. η εξουσία του αυτοκράτορα.
αυτοκρατορικός, -ή, -ό, επίθ. 1. που αναφέρεται στον αυτοκράτορα ή την αυτοκρατορία: *εμβλήματα -ά.* 2. που αναφέρεται στην εποχή του αυτοκράτορα ή της αυτοκρατορίας: *τα ελληνιστικά και τα ρωμαϊκά -ά χρόνια· ρυθμός ~* (= τρόπος επίπλωσης και ντυσίματος που επικράτησε στη Γαλλία την εποχή του Ναπολέοντα). - Επίρρ. **-α.**
αυτοκριτική η, ουσ., κρίση ενός προσώπου πάνω στη δική του συμπεριφορά (ιδίως στον πολιτικό χώρο): *κάνω την ~ μου.*
αυτοκτονία η, ουσ. 1. το να σκοτώνει κανείς τον εαυτό του. 2. το να φέρνει κανείς τον εαυτό του σε πολύ δύσκολη θέση: *η ενέργειά του αυτή είναι σωστή ~.*
αυτοκτονώ, -είς, ρ. 1. σκοτώνω τον εαυτό μου. 2. φέρνω τον εαυτό μου σε πολύ δύσκολη θέση: *με την ενέργειά του αυτή -ησε πολιτικά.*
αυτοκυβέρνηση η, ουσ. 1. αυτοδιοίκηση, αυτονομία. 2. η ικανότητα κάποιου να εξουσιάζει τα πάθη του, αυτοκυριαρχία.
αυτοκυβέρνητος, -η, -ο, επίθ. (για χώρα ή λαό) αυτοδιοίκητος, που έχει δική του κυβέρνηση.
αυτοκυριαρχημένος, -η, -ο, επίθ., που ελέγχει, κυριαρχεί στον εαυτό του και τα πάθη του, συγκρατημένος.
αυτοκυριαρχία η, ουσ., το να επιβάλλεται κανείς στον εαυτό του: *η ~ είναι μεγάλο προτέρημα.*
αυτολεξεί, επίρρ., με τις ίδιες λέξεις, κατά λέξη: *επανέλαβε τα λόγια του ~.*
αυτόματα, επίρρ. 1. χωρίς εξωτερική επέμβαση ή αιτία: ~ *σηκώθηκαν όλοι.* 2. χωρίς ανθρώπινη επέμβαση, με μηχανισμό που επιτρέπει την αυτόματη λειτουργία: *οι ταχύτητες του αυτοκινήτου αλλάζουν ~.*
αυτοματικός, -ή, -ό, επίθ., που γίνεται από μόνος του, χωρίς εξωτερική επέμβαση ή με μηχανισμό που επιτρέπει την αυτόματη λειτουργία: *-ή λειτουργία της καρδιάς/της ηλεκτρικής ασφάλειας.*
αυτοματισμός ο, ουσ. 1. το να γίνεται κάτι από μόνο του, μηχανικά, χωρίς ανθρώπινη μεσολάβηση: *ο ~ κατακλύζει τη σύγχρονη κοινωνία.* 2. το να ξεφεύγει κάτι από τον έλεγχο της βούλησης, όπως η δραστηριότητα της καρδιάς, των ανακλαστικών οργάνων, του πεπτικού συστήματος. 3. ένας από τους τεχνικούς τρόπους που χρησιμοποίησαν οι οπαδοί του υπερρεαλισμού (βλ. *αυτόματος* στη σημασ. 4).
αυτόματο το, ουσ. 1. συσκευή που έχει μορφή ζωντανού οργανισμού, λειτουργεί με εσωτερικό μηχανισμό και εκτελεί διάφορες κινήσεις ρομπότ. 2.

(στρατ.) ελαφρό και ταχυβόλο φορητό πυροβόλο όπλο για στόχους που βρίσκονται σε μικρή απόσταση: *γεμιστήρας -ου·* οι *αντάρτες απάντησαν στην πρόκληση με τα -α.* 3. το να ενεργεί κανείς ασυνείδητα προωθούμενος από άλλες δυνάμεις και όχι από τις δικές του.
αυτοματοποιώ, -είς, ρ. (ασυνίζ.), κάνω κάτι να λειτουργήσει μόνο του: ~ *τους τραπεζικούς λογαριασμούς.*
αυτόματος, -η, -ο, επίθ. 1. που γίνεται χωρίς εξωτερική επίδραση ή αιτία: *κίνηση/ανάφλεξη -η* (συνών. *αυτοματικός, μηχανικός).* 2. (για λειτουργίες του ανθρώπινου οργανισμού) που γίνεται χωρίς επενέργεια της βούλησης: *η κυκλοφορία του αίματος είναι -η λειτουργία* (συνών. *αυτοματικός).* 3. (για μηχανήματα) που λειτουργεί χωρίς ανθρώπινη επέμβαση: *τηλέφωνο/όπλο -ο· ασφάλεια -η* (= διακόπτης του ηλεκτρικού ρεύματος όταν η ένταση του ξεπεράσει κάποιο όριο)· ~ *πιλότος* (σε αεροπλάνο). 4. *-η γραφή* = η τεχνική των υπερρεαλιστών που αποβλέπει να αποδώσει με ακρίβεια τη «μιλημένη» σκέψη περιφρονώντας το λογικό ειρμό στη διατύπωση. - Επίρρ. **-α** και **-άτως.**
αυτομόληση η, ουσ. 1. (στρατ.) εγκατάλειψη του στρατοπέδου και προσχώρηση στο εχθρικό. 2. απάρνηση μιας ιδεολογίας και προσχώρηση στην αντίπαλη (συνήθως στις σημασ. 1 και 2 *αυτομολία).*
αυτομολία η, ουσ., αυτομόληση (βλ. λ.).
αυτόμολος ο, ουσ. (στρατ.) αυτός που εγκαταλείπει τη θέση του και καταφεύγει στον εχθρό.
αυτομόλυνση η, ουσ. (ιατρ.) μόλυνση του οργανισμού από μικρόβια που υπήρχαν μέσα σ' αυτόν και δεν είχαν ως τώρα εκδηλωθεί.
αυτομολώ, -είς, ρ. 1. (στρατ.) εγκαταλείπω τη θέση μου και καταφεύγω στον εχθρό. 2. απαρνούμαι την ιδεολογία μου και προσχωρώ στην αντίπαλη.
αυτονόητος, -η, -ο, επίθ., που είναι νοητός, φανερός από μόνος του (συνήθως στο ουδ.): *είναι -ο πως ένα τόσο δύσκολο έργο δε θα το καταφέρει· λόγος ~.* - Επίρρ. **-α.**
αυτονόμηση η, ουσ., το να αποκτήσει μια περιοχή τη δυνατότητα να κυβερνάται μόνη της στα πλαίσια μιας ευρύτερης κρατικής εξουσίας.
αυτονομία η, ουσ., το να έχει μια περιοχή ή μια κοινότητα τη δυνατότητα να διοικείται με δικούς της νόμους στα πλαίσια μιας κεντρικής οργάνωσης.
αυτονομιστής ο, θηλ. **-ίστρια,** ουσ., που επιζητεί την αυτονόμηση: *-ές αντάρτες.*
αυτόνομος, -η, -ο, επίθ. 1. που δεν εξαρτάται, δεν επηρεάζεται από κάποιον άλλο: *ρόλος ~· -ο κέντρο κυβερνητικού σχεδιασμού* (συνών. *ανεξάρτητος·* αντ. *εξαρτημένος).* 2. (για περιοχή, κοινότητα, οργάνωση, κτλ.) που διοικείται με τους δικούς του νόμους στα πλαίσια μιας μεγαλύτερης οργάνωσης: *η πολιτεία του Αγίου Όρους είναι -η· -η εργατική ένωση.* - Επίρρ. **-α.**
αυτονομούμαι, -είσαι, ρ. (για περιοχή, χώρα) έχω την αυτονομία μου (βλ. λ.).
αυτοπαθής, -ής, -ές, γεν. *-ούς,* πληθ. αρσ. και θηλ. *-είς,* ουδ. *-ή,* επίθ. (γραμμ.) που δηλώνει ότι το ίδιο το πρόσωπο ενεργεί και συνάμα δέχεται την ενέργεια: *αντωνυμίες -είς· ρήματα -ή.* -Επίρρ. **-ώς.**

αυτοπαραγωγός, -ός, -ό, επίθ. (λόγ.), που παράγει μόνος του κάτι: *ενέργεια* ~.

αυτοπαρατηρησία η, ουσ. (ψυχ.) το να ερευνά κανείς τον εαυτό του και τα ψυχικά του φαινόμενα.

αυτοπειθαρχία η, ουσ., το να πειθαρχεί κανείς τον εαυτό του (συνών. *αυτοσυγκράτηση*).

αυτοπειθαρχούμαι, ρ., πειθαρχώ τον εαυτό μου.

αυτοπεποίθηση η, ουσ., εμπιστοσύνη που έχει κανείς στον εαυτό του και τις δυνάμεις του: *μιλούσε με* ~.

αυτοπεριορίζομαι, ρ. (ασυνίζ.), θέτω περιορισμούς στον εαυτό μου. [αυτός + περιορίζομαι].

αυτοπεριορισμός ο, ουσ. (ασυνίζ.), το να περιορίζει κανείς τον εαυτό του ως προς τις επιθυμίες του.

αυτοπροαιρέτως, επίρρ. (λόγ.), με δική μου προαίρεση, με δική μου απόφαση: *ήρθε* ~ (συνών. *εκούσια, αυτοθελώς*).

αυτοπροσδιορισμός ο, ουσ. (ασυνίζ.), το να αποφασίζει κανείς μόνος του για τις ενέργειές του που θα ακολουθήσουν.

αυτοπροστασία η, ουσ., το να προστατεύει κανείς μόνος του τον εαυτό του.

αυτοπροσωπογραφία η, ουσ., προσωπογραφία καλλιτέχνη φιλοτεχνημένη από τον ίδιο.

αυτοπρόσωπος, -η, -ο, επίθ., που γίνεται από το ίδιο το ενδιαφερόμενο άτομο και όχι με αντιπρόσωπο: *εμφάνιση/παρουσία -η*. - Επίρρ. **-ώπως:** *θα παρουσιαστείς -ώπως*.

αυτοπρόταση η, ουσ., το να προτείνει κανείς τον εαυτό του ως υποψήφιο για κάποιο αξίωμα ή θέση.

αυτοπροτείνομαι, ρ., υποβάλλω υποψηφιότητα, προτείνω τον εαυτό μου ως υποψήφιο για κάποια θέση ή αξίωμα.

αυτόπτης, επίθ., που είδε κάτι με τα ίδια του τα μάτια του: *μάρτυρας* ~.

αυτοπυρπόληση η, ουσ., πυρπόληση του εαυτού μας, αυτοκτονία με πυρπόληση: *προτίμησε την* ~ *για να εκφράσει τη διαμαρτυρία του για το καθεστώς*.

αυτοπυρπολούμαι, ρ., αυτοκτονώ με πυρπόληση: *-ήθηκε στη μέση της πλατείας*.

αυτός, -ή, -ό, (λαϊκ.) **ατός, -ή, -ό** και (συγκεκομμένος τ.) **τος, τη, το**, λαϊκ. γεν. εν. *αυτουνού*, θηλ. *αυτηνής*, γεν. πληθ. *αυτωνών*, αιτ. πληθ. *αυτουνούς*, αντων. I. (ως δεικτ. αντων.) **1.** για κάποιον ή κάτι (αισθητό ή νοητό) που είτε βρίσκεται συνήθως κοντά μας τοπικά ή χρονικά και αναφερόμαστε σ' αυτό είτε μιλούμε και έχουμε ήδη κάνει ή πρόκειται να κάνουμε λόγο γι' αυτό, όταν θέλουμε να οριστεί σαφώς και να διακριθεί από άλλα πρόσωπα, πράγματα, ιδέες, κλπ.: ~ *ο άνθρωπος· -ό το ζήτημα·* ~ *φταίει, όχι εγώ· τι είναι -ό που διαβάζεις; -ά μου έδωσαν μόνο· -ό μονάχα με απασχολεί· -ό το καλοκαίρι φαίνεται ατελείωτο* (= *το φετεινό*)· ~ *ζήτησε το δυσκολότερο κομμάτι* (= *μόνος του*) *-ό που θέλω είναι να με αφήσετε ήσυχο* (= *το μόνο*)· (*με επόμενο το δα, πια, κ.ά., για έμφαση*) *-ό δα είναι για γέλια!* ~ *πια δεν υποψέρεται! ή κι αν έχει κάνει θυσίες για τα παιδιά της!* έκφρ. **-ό και -ό** (= για σύντομη υπαινικτική αναφορά σε ό,τι έχει εκτεθεί προηγουμένως και είναι γνωστό στον ακροατή): *μου λέει:* «*-ό κι -ό συμβαίνει· φρόντισε να πάρεις τα μέτρα σου*» μ' *-ά και μ' -ά πέρασαν δυο μήνες χωρίς πληρωμή*. **2.** για να επαλειφθεί και να υπογραμμιστεί έτσι μια έννοια: *ό,τι είδαν τα ματάκια μου, -ό θα μαρτυρήσω* (δημ. τραγ.)· *οι γείτονες απορούσαν κι -οί*. **3.** για να δηλωθεί με έμφαση το πρόσωπο ή το πράγμα για τα οποία μιλούμε: *δε θα κάνει ό,τι θέλει* ~! **4.** για να τονιστεί η υπεροχή προσώπου ή πράγματος: ~ *είναι καφές! -ά είναι τραγούδια! -οί ήταν δάσκαλοι έναν καιρό!* (λαϊκ. για επιδοκιμασία) ~ *είσαι!* **5.** για να δηλωθεί αντιπάθεια, αγανάκτηση, περιφρόνηση, ειρωνεία: *μέσα είναι -ή; αχ!* ~ *ο μπαμπάς, δεν μπορεί να καταλάβει·* ~ *θα μιλήσει για μένα! κάτι μας είπε κι* ~! II. (ως προσωπ. αντων. γ' προσώπου, συνήθως στους συγκεκομμένους τύπους). **1.** κυρίως για έμφαση ή αντιδιαστολή: *κι* ~ *αδιαφορεί· -ούς τους είπε να φύγουν κι εμένα δε μ' άφησε*. **2.** ως αντικ. ρήματος: *του είπε τα παράπονά μας· η δασκάλα του έβαλε καλό βαθμό· την αγαπώ· πάρτε κι -όν μαζί σας· τους ξέφυγα· του επέστρεψα τα χρήματά του*. **3.** ως επαναληπτική ή προληπτική, όταν δηλ. επαναλαμβάνεται όνομα ή νόημα που έχει ειπωθεί νωρίτερα ή προεξαγγέλλεται κάτι που θα ακολουθήσει αμέσως: *είναι αργά, το καταλαβαίνω· σε χτύπησα χωρίς να το θέλω· τον ξέρετε βέβαια πόσο παράξενος είναι*· (*μετά το δεικτικό να ή το ρε. είναι*): *να τος ο πατέρας μου, έρχεται! την έφερες τη βεβαίωση; που 'ν' τη;* **4.** με επίρρ. και επιφ.: *ποτέ της δε θα με νιώσει· καλώς τον! μπράβο τους!* **5.** για να δηλώσει κτήση (γεν. κτητική): *τα παιδιά του και τα εγγόνια του· οι νέοι και τα προβλήματά τους*. **6.** (λαϊκ., συνήθως με άρθρο) σε θέση ονόματος προσώπου ή πράγματος που κάποιος λησμονεί για μια στιγμή, δεν το γνωρίζει, ή δε θέλει από σεμνότητα να το αναφέρει: *γύρισε ο...* ~; *δώστε μου τα... -ά σου* (λ.χ. *τα τετράδιά σας*)· (σε κλητ. προς β' προσ.): *κοίταξε, -έ, μην καθυστερείς* (= εσύ)· *-ή -πως σε λένε; -έ, βάλε μου ένα νεράκι* (συνών. *απατός, αποτέτοιος*). **7.** στην αιτ. ουδ. *το* και *τα* και θηλ. *τη(ν)* ως αντικ. του ρ. της πρότασης στη θέση ουσιαστικού που άλλοτε εννοείται κι άλλοτε όχι (συνήθως σε ιδιωτισμούς): *απ' το Θεό να το 'βρεις* (εν. *το κακό που έκανες*)· *τα 'χασα* (εν. *τα μυαλά*)· *τα 'βαψα μαύρα* (εν. *τα ρούχα*)· *τη γλύτωσε* (εν. *τη ζωή*)· *το βάζω στα πόδια· την έπαθα· μου την έφεραν*. - Ο τ. *ατός* μόνον ως οριστ. αντων. (και πάντα με τις αντων. *μου, σου, κλπ*.) = *εγώ ο ίδιος, μόνος μου: ατός σου να γίνεις καβαλάρης· ατή της το κατάφερε* (συνών. *απατός*).

αυτοσεβασμός ο, ουσ., το να σέβεται κανείς τον εαυτό του: *όταν λείπει ο* ~, *λείπει και ο σεβασμός προς τους άλλους*.

αυτός έφα· αρχαϊστ. έκφρ.· για κάποιον που μιλεί με κύρος.

αυτοσκοπός ο, ουσ., κάτι που αποτελεί μόνο του σκοπό: *το χρήμα ήταν γι' αυτόν* ~ *και όχι μέσο*.

αυτοστιγμεί, επίρρ. (λόγ.), την ίδια στιγμή (συνών. *αμέσως*).

αυτοσυγκέντρωση η, ουσ. (έρρ.), το να συγκεντρώνεται κανείς στις σκέψεις του για να αντιμετωπίσει ένα ζήτημα.

αυτοσυγκράτηση η, ουσ. (έρρ.), το να συγκρατεί κανείς τον εαυτό του, τις ορμές του (συνών. *αυτοπειθαρχία, αυτοκυριαρχία*).

αυτοσύμβαση η, ουσ. (νομ.) (παράτυπη) δικαιοπραξία αντιπροσώπου με τον εαυτό του.

αυτοσυναίσθημα το, ουσ., ευχάριστο ή δυσάρεστο συναίσθημα που προκαλείται κάθε φορά από τη συνειδητοποίηση της αξίας ή της απαξίας του εαυτού μας.

αυτοσυνείδηση η, ουσ., επίγνωση, συνείδηση του εαυτού μας.

αυτοσυνείδητος, -η, -ο, επίθ., που έχει πλήρη συνείδηση του εαυτού του.

αυτοσυντήρηση η, ουσ. (έρρ.), ικανοποίηση των βιοτικών μας αναγκών, συντήρηση του εαυτού μας: *το αίσθημα της -ης*.

αυτοσυντηρησία η, ουσ. (έρρ.). 1. συντήρηση του εαυτού μας, ικανοποίηση των βιοτικών μας αναγκών. 2. (βιολ.) ορμή κάθε ζωικού οργανισμού για τη συντήρηση του εαυτού του. 3. *δικαίωμα -ας* = το δικαίωμα κάθε κράτους να παίρνει τα κατάλληλα αμυντικά μέτρα για την προστασία του από ενδεχόμενη απειλή της ανεξαρτησίας του.

αυτοσυντήρητος, -η, -ο, επίθ. (έρρ.), που συντηρείται με τα προσωπικά του μέσα.

αυτοσχεδιάζω, ρ. (ασυνίζ.). 1. σκέφτομαι ή ενεργώ επιπόλαια, απρομελέτητα. 2. διατυπώνω ή κάνω κάτι χωρίς προηγούμενη σχετική απασχόληση, χωρίς προετοιμασία, αυθόρμητα: *-ίασε την ομιλία του/το νούμερό του*.

αυτοσχεδιασμός ο, ουσ. (ασυνίζ.). 1. το να ενεργεί, να μιλά, να γράφει, κλπ., κανείς πρόχειρα, χωρίς προηγούμενη προπαρασκευή. 2. (μους.) σύντομο σύνθεμα που έχει ελεύθερη μορφή.

αυτοσχεδιαστος, -η, -ο, επίθ., που έγινε χωρίς να έχει σχεδιαστεί από πριν: *ποίημα -ο· λόγος ~*.

αυτοσχέδιος, -α, -ο, επίθ. (ασυνίζ.). 1. που έγινε χωρίς σοβαρή προηγούμενη απασχόληση: *λαϊκή ποίηση -α*. 2. κατασκευασμένος με πρόχειρο τρόπο: *βόμβα -α· λόγος ~* (συνών. *πρόχειρος*). - Επίρρ. **-α**.

αυτοσχόλιο το, ουσ. (ασυνίζ.), σχολιασμός κειμένου από τον ίδιο το συγγραφέα.

αυτοτέλεια, ουσ. (ασυνίζ.), το να μην εξαρτάται κανείς από κάποιον ή κάτι άλλο (συνών. *ανεξαρτησία*).

αυτοτελής, -ής, -ές, γεν. *-ούς*, πληθ. αρσ. και θηλ. *-είς*, ουδ. *-ή*, επίθ., που μπορεί να υπάρξει μόνος του, που δεν εξαρτάται από κανέναν, που δε στηρίζεται σε τρίτους: *ποιήματα -ή* (συνών. *ανεξάρτητος, αυθύπαρκτος*). - Επίρρ. **-ώς**.

αυτοτιμωρία η, ουσ., δυσμενής συμπεριφορά προς τον εαυτό μας που οφείλεται σε αίσθημα ενοχής που έχομε.

αυτοτιτλοφορούμαι, -είσαι, ρ., τιτλοφορώ ο ίδιος τον εαυτό μου, δίνω ο ίδιος χαρακτηρισμό στον εαυτό μου (συνών. *αυτοαποκαλούμαι*).

αυτοτραυματίζομαι, ρ., τραυματίζω τον εαυτό μου.

αυτοτραυματισμός ο, ουσ., το να τραυματίζει κανείς τον εαυτό του με δική του πρωτοβουλία.

αυτότροφος, -ο, επίθ. (βιολ.) *~ οργανισμός* = οργανισμός που τρέφεται από ανόργανες μόνο ουσίες, κατασκευάζοντας μόνος του τις αναγκαίες σ' αυτόν οργανικές (αντ. *ετεροτρόφος*).

αυτού, επίρρ., σε αυτό το μέρος: *περίμενέ με ~·* σε αυτό το σημείο: (γνωμ.) *αυτού που είσαι ήμουνα κι εδώ που είμαι θά 'ρθεις* (γέρος σε νέο).

αυτουργός ο και η, ουσ., αυτός που έκανε μία πράξη, δράστης: *~ του εγκλήματος·· φυσικός* = ο άμεσος δράστης μιας (αξιόποινης) πράξης· *~ ηθικός* = αυτός που ευθύνεται ηθικά για (αξιόποινη) πράξη.

αυτούσιος, -α, -ο, επίθ. (ασυνίζ.), που δεν άλλαξε, που βρίσκεται στην ίδια κατάσταση που βρισκό-

ταν και προηγουμένως: *λόγια -α·* (συνών. *απαράλλακτος, αμετάβλητος*). - Επίρρ. **-α**.

αυτοφυής, -ής, -ές, γεν. *-ούς*, πληθ. αρσ. και θηλ. *-είς*, ουδ. *-ή*, επίθ., που φυτρώνει μόνος του· φυσικός: *φυτό -ές*. - Επίρρ. **-ώς**.

αυτόφωρος, -η, -ο, επίθ. (για αδίκημα), που διαπιστώθηκε την ώρα που γινόταν. - Το ουδ. ως ουσ. = δικαστήριο που δικάζει τα αυτόφωρα αδικήματα: *τους πήγαν στο -ο*.

αυτόφωτος, -η, -ο, επίθ., που έχει δικό του φως: *αστέρια -α* (αντ. *ετερόφωτος*).

αυτοχαρακτηρίζομαι, ρ., χαρακτηρίζομαι από τον εαυτό μου: *με την ενέργειά του -εται*.

αυτοχαρακτηρισμός ο, ουσ., το να χαρακτηρίζει κανείς τον εαυτό του ή να χαρακτηρίζεται από τις πράξεις του.

αυτόχειρας ο, ουσ., αυτός που αυτοκτονεί.

αυτοχειρία η, ουσ., το να αυτοκτονεί κάποιος (συνών. *αυτοκτονία, αυτοχειριασμός*).

αυτοχειριάζομαι, ρ. (ασυνίζ.), αυτοκτονώ.

αυτοχειριασμός ο, ουσ. (ασυνίζ.), αυτοκτονία, βλ. λ.

αυτοχειροτόνητος, -η, -ο, επίθ., που χειροτόνησε ο ίδιος τον εαυτό του, που έδωσε στον εαυτό του τίτλο ή αξίωμα όχι νόμιμα αποκτημένο: *κριτής /αρχηγός ~*.

αυτοχειροτονούμαι, ρ., δίνω στον εαυτό μου αξίωμα που δε δικαιούμαι: *-ήθηκε αρχηγός*.

αυτόχθονες οι, ουσ., όσοι γεννήθηκαν σε μια χώρα σε αντιδιαστολή με όσους έρχονται για να εγκατασταθούν (αντ. *ετερόχθονες*).

αυτοψία η, ουσ. 1. εξέταση πτώματος από ιατροδικαστή για να εξακριβωθεί η πραγματική αιτία του θανάτου. 2. παρατήρηση πράγματος από εμάς τους ίδιους.

αυτώνω, ρ. (λαϊκ.), κάνω κάτι που νοείται από τα συμφραζόμενα ή αποφεύγω να το δηλώσω για διάφορους λόγους.

αυχένας ο, ουσ. 1. το πίσω μέρος του λαιμού (συνών. *σβέρκος*). 2. (γεωγρ.· συνήθως στρατ.) χαμήλωμα ανάμεσα σε δύο κορυφές μιας οροσειράς ώστε να σχηματίζεται πέρασμα (συνών. *κλεισούρα, διάσελο*).

αυχενικός, -ή, -ό, επίθ., που ανήκει στον αυχένα ή σχετίζεται με αυτόν: *σπόνδυλος ~· νεύρα -ά· -ό σύνδρομο*.

αφ-, α΄ συνθ. σε λ. που το β΄ συνθ. αρχίζει από φων.: *αφαίμαξη, αφοπλισμός, αφυδάτωση*. [πρόθ. *από*].

αφαγία και (λαϊκ., συνιζ.) **αφαγιά, αναφαγιά** η, ουσ., το να μην τρώει κάποιος καθόλου ή το να τρώει ελάχιστα: *αδυνάτισε από την ~* (συνών. *νηστεία*).

άφαγος, -η, -ο και **ανάφαγος**, επίθ., που δεν έφαγε: *ταξιδεύει ~ για να μην τον πειράξει το λεωφορείο* (συνών. *νηστικός*).

αφάγωτος, -η, -ο, επίθ. 1. που δεν του έφαγαν ή δεν είναι κατάλληλος να φαγωθεί: *πίτα -η·* (συνεκδοχικά) *κληρονομιά/περιουσία -η* (= που δε δαπανήθηκε εντελώς) (αντ. *φαγωμένος*). 2. που δεν έφαγε (συνών. *νηστικός, άφαγος·* αντ. *χορτάτος*).

αφαίμαξη η, ουσ. 1. (ιατρ.) αφαίρεση ποσότητας αίματος από φλέβα ζωντανού οργανισμού για θεραπευτικούς σκοπούς. 2. (μεταφ.) σημαντική μείωση της περιουσίας κάποιου, αφαίρεση χρηματικών ή άλλων πόρων.

αφαιμαξομετάγγιση η, ουσ. (έρρ.), (ιατρ.) επέμβαση με την οποία αφαιρείται σε μεγάλο μέρος ή στο σύνολό του το αίμα ενός αρρώστου και αντικαθίσταται από φυσιολογικό αίμα της ίδιας ομάδας: ~ *σε νεογέννητα.*

αφαίρεση η, ουσ. **1.** το να λαμβάνεται κάτι από το σύνολο όπου ανήκει, το να αποστερείται κάποιος από κάτι που έχει: ~ *των επιδομάτων από το μισθό/ορισμένων κεφαλαίων από την εξεταστέα ύλη/βιβλίων από τη βιβλιοθήκη της σχολής* (= κλοπή)· ~ *ενός άρρωστου μέλους ή οργάνου του σώματος/των περιττών στοιχείων ενός κειμένου*· ~ *αρμοδιοτήτων/αξιώματος/της πρωτοβουλίας*· ~ *βίαιη/εύλογη/παράνομη.* **2.** (μαθημ.) πράξη με την οποία βρίσκουμε τη διαφορά δύο ακέραιων ή φυσικών αριθμών, δύο γεωμετρικών μεγεθών (ευθύγραμμων τμημάτων, γωνιών ή τόξων): *ιδιότητες /δοκιμή της -ης.* **3α.** (φιλοσ.) νοητική διαδικασία με την οποία απομονώνονται τα κοινά στοιχεία ενός συνόλου πραγμάτων αφού παραμεριστούν τα ατομικά τους χαρακτηριστικά· το να εξετάζεται ένα στοιχείο, μια ιδιότητα ή σχέση μιας παράστασης ή μιας ιδέας χωριστά από τα υπόλοιπα: *ο νους του ανθρώπου είναι ικανός για -έσεις και γενικεύσεις.* **β.** (λογική) το να αφαιρείται κάποιο γνώρισμα από μια έννοια κι έτσι να αυξάνεται το πλάτος της και να ελαττώνεται το βάθος της (αντ. *επιδιορισμός).* **4.** (γραμμ.) αποβολή του αρχικού φωνήεντος μιας λέξης, όταν βρεθεί ύστερα από λέξη που τελειώνει επίσης σε φωνήεν *(π.χ. που είναι* → *που 'ναι; μου έκανε* → *μου 'κανε).* **5.** (καλ. τέχν.) καλλιτεχνικό ρεύμα στις εικαστικές τέχνες του 20ού αιώνα με κύριο στοιχείο την έλλειψη αναπαράστασης του αισθητού κόσμου (πραγματικού ή φανταστικού) και τη χρησιμοποίηση της ύλης, της γραμμής ή του χρώματος ως αυθύπαρκτων στοιχείων (αλλιώς: *αφηρημένη τέχνη):* ~ *γεωμετρική/λυρική.*

αφαιρετέος, -α, -ο, επίθ. (μαθημ.) αριθμός τον οποίο αφαιρούμε από έναν άλλο (το μειωτέο) για να βρούμε τη διαφορά (ή το υπόλοιπο) σε μια πράξη αφαίρεσης.

αφαιρέτης ο, ουσ. (μαθημ.) αριθμός που αφαιρεί έναν άλλο αριθμό στην πράξη της αφαίρεσης.

αφαιρετική η, ουσ. (γραμμ.) πτώση του λατινικού κλιτικού συστήματος (λατ. *ablativus)* ή παλαιότερα της αρχαίου ελληνικού (που συγχωνεύτηκε με τη δοτική).

αφαιρετικός, -ή, -ό, επίθ., που σχετίζεται με την αφαίρεση (βλ. λ. στη σημασ. 3): *σκέψη -ή· νους με -ή ικανότητα.* - Επίρρ. **-ά:** *βλέπω ένα ζήτημα -ά.*

αφαιρώ, -είς, ρ., αόρ *αφαίρεσα.* **1.** παίρνω κάτι από το σύνολο όπου ανήκει, στερώ κάτι από κάποιον: ~ *ποσόν/δυνατότητα/την εξουσία/την περιουσία/τη ζωή· άγνωστοι αφαίρεσαν κοσμήματα από το κοσμηματοπωλείο* (= έκλεψαν)· *του αφαιρέθηκε το ένα νεφρό.* Φρ. ~ *το λόγο* = εμποδίζω, απαγορεύω σε ομιλητή να τελειώσει το λόγο του· ~ *το προσωπείο* = αποκαλύπτω τον πραγματικό χαρακτήρα κάποιου, του «ξεσκεπάζω». **2.** (μαθημ.) κάνω αφαίρεση (βλ. λ. στη σημασ. 2) (αντ. *προσθέτω).* **3.** (μέσ.) παύω συνήθως για σύντομο διάστημα να προσέχω: *-ρείται συχνά την ώρα του μαθήματος· -ρέθηκα κοιτάζοντας τη θάλασσα* (συνών. *ξεχνιέμαι).*

αφακέλωτος, -η, -ο, επίθ. **1.** που δεν τον έβαλαν μέσα σε φάκελο: *γράμμα -ο.* **2.** (συνήθως για πρόσωπο) που δεν τον «φακέλωσαν», δε συγκέντρω-

σαν σε ειδικό τμήμα των αρχών ασφάλειας πληροφορίες γι' αυτόν και τις (πολιτικές) δραστηριότητές του: *πολιτικός/συνδικαλιστής* ~ (αντ. *φακελωμένος).*

αφαλατώνω, ρ., απομακρύνω, αφαιρώ τα άλατα από κάτι (συνήθως από το θαλασσινό νερό) με ειδική επεξεργασία.

αφαλάτωση η, ουσ. **1.** (τεχνολ.) απομάκρυνση, αφαίρεση των αλάτων (από αλατούχα νερά και κυρίως από το νερό της θάλασσας): *διαδικασία/ μέθοδος/εγκατάσταση -ης σε περιοχές όπου δεν υπάρχει γλυκό νερό, όπως στα νησιά.* **2.** (γεωργ.) μέθοδος με την οποία μειώνεται η περιεκτικότητα αλατούχων εδαφών σε διαλυτά άλατα με σκοπό να γίνουν καλλιεργήσιμα. **3.** (ιατρ.) υπέρμετρη αποβολή (με τις απεκκρίσεις) ανόργανων ουσιών απαραίτητων στον οργανισμό.

αφάλι το, ουσ. (λαϊκ.), ομφαλός (βλ. λ. σημασ. 2).

αφαλοδένω, ρ. (λαϊκ.), δένω τον αφαλό (νεογέννητου μωρού ή ενηλίκου που υποφέρει από στομαχική ή κοιλιακή πάθηση).

αφαλοκόβω, ρ. (λαϊκ.). **1.** κόβω τον ομφάλιο λώρο (νεογέννητου μωρού). **2.** χτυπώ κάποιον στην κοιλιά: (συνήθως σε απειλή) *θα σε -ψω.* **3.** προκαλώ πόνο στην κοιλιά ή στη μέση (από βαρύ φορτίο): *παραφόρτωσε το ζώο και το -λόκοψε· σήκωσε ένα τσουβάλι και -όφτηκε.* **4.** (μεταφ.) προκαλώ φόβο κι ανησυχία: *η διαταγή τούς -λόκοψε όλους.*

αφαλόκομμα και **αφαλοκόψιμο** το, ουσ. (λαϊκ.). **1.** αποκοπή του ομφάλιου λώρου. **2.** πόνος στην κοιλιά ή στη μέση (από υπερβολικό φορτίο). **3.** κοιλιακή πάθηση (συνών. *ομφαλοκήλη).*

αφαλός, βλ. *ομφαλός.*

αφάνα η, ουσ. (λαϊκ.), ονομασία αγκαθωτών θάμνων που χρησιμοποιούνται συνήθως για προσάναμμα.

αφανάτιστος, -η, -ο, επίθ., που δε φανατίστηκε, που δεν κατέχεται από υπερβολικό (θρησκευτικό ή ιδεολογικό) ζήλο ή αδιαλλαξία (αντ. *φανατισμένος, φανατικός).*

αφάνεια η, ουσ. (ασυνίζ.). **1.** (νομ.) μακροχρόνια απουσία κάποιου χωρίς ειδήσεις ή εξαφάνισή του κάτω από επικίνδυνες συνθήκες, ώστε να θεωρείται πιθανός ο θάνατός του, και συνακόλουθος προσδιορισμός από το δικαστήριο ενός χρονικού σημείου από το οποίο θεωρείται νεκρός: *κηρύχτηκε σε* ~. **2.** το να μην είναι γνωστός κάποιος, έλλειψη φήμης, (κοινωνική) ασημότητα: *ζει στην* ~· *καταδίκη του έργου σε* ~ (από τους κριτικούς).

αφανέρωτος, -η, -ο, επίθ., που δεν τον φανέρωσαν ή δεν έγινε φανερός: *μυστικό -ο· αισθήματα -α· επιθυμίες/προθέσεις -ες* (αντ. *φανερωμένος, γνωστός).*

αφανής, -ής, -ές, γεν. *-ούς,* πληθ. αρσ. και θηλ. *-είς,* ουδ. *-ή,* επίθ., που δε φαίνεται: (αστρον.) *αστέρες -είς· άγνωστος, άσημος: ήρωας* ~ (αντ. *διάσημος, γνωστός).* - Επίρρ. **-ώς:** *ζει/εργάζεται -ώς.*

αφανίζω, ρ., καταστρέφω: *μας -άνισε ο άκαρδος!· η αρρώστια -άνισε το κοπάδι* (συνών. *εξοντώνω).*

αφανισμός ο, ουσ., καταστροφή: ~ *των καλλιεργειών/της φυλής* (συνών. *εξόντωση).*

αφανιστικός, -ή, -ό, επίθ., καταστρεπτικός (συνών. *εξοντωτικός).*

αφάνταστος, -η, -ο, επίθ. (ερρ.), που δεν μπορεί κάποιος να τον φανταστεί, παρά πολύ μεγάλος: *καταστροφές -ες· ευκολία/ταχύτητα/χαρά -η·*

αφάνταχτος

έκφρ. *σε -ο βαθμό ή σημείο* (= στο έπακρο, πάρα πολύ) (συνών. *απερίγραπτος*). - Επίρρ. **-α:** *Είναι -α γενναιόδωρος/εγωιστής*.

αφάνταχτος, -η, -ο, επίθ. (έρρ., λαϊκ.), που δε φαντάζει, δεν κάνει εντύπωση για την εμφάνισή του: *σπίτι/φόρεμα -ο* (αντ. *φανταχτερός, εντυπωσιακός*).

άφαντος, -η, -ο, επίθ. (έρρ.). 1. που δε φαίνεται, που εξαφανίστηκε (συνών. *αόρατος*)· φρ. *γίνομαι ~ = εξαφανίζομαι: ο κλέφτης έγινε ~.* 2. (νομ.) που έχει εξαφανιστεί και τον κήρυξαν σε αφάνεια (βλ. λ. στη σημασ. 1).

αφανώς, βλ. *αφανής.*

αφαρπάζομαι, ρ. (λαϊκ.), θυμώνω απότομα: *-ζεται με το παραμικρό.*

αφασία η, ουσ. 1. (ιατρ.) ολική ή μερική απώλεια ή διαταραχή της ικανότητας κάποιου να μιλάει ή να καταλαβαίνει τον προφορικό ή το γραπτό λόγο, εξαιτίας βλάβης στον εγκέφαλο, να αισθητήρια και τα φωνητικά όργανα είναι φυσιολογικά. 2. απώλεια των αισθήσεων, της αντιληπτικής ικανότητας εξαιτίας τραυματισμού.

αφασικός, -ή, -ό, επίθ., που σχετίζεται με την αφασία (βλ. λ. στη σημασ. 1): *διαταραχές -ές· παιδί -ό.* - Το αρσ. ως ουσ. = αυτός που πάσχει από αφασία.

αφάσκιωτος, -η, -ο, επίθ. 1. που δεν τον φάσκιωσαν: *μωρό -ο* (αντ. *φασκιωμένος*). 2. (μεταφ.) που δεν τον τύλιξαν με επίδεσμο: *κεφάλι/χέρι -ο.*

άφατος, -η, -ο, επίθ. (για έντονο συναίσθημα) που δεν είναι δυνατόν να περιγραφεί: *συγκίνηση/χαρά -η* (συνών. *ανείπωτος*).

αφατρίαστος, -η, -ο,επίθ., που δεν εξυπηρετεί τα συμφέροντα ορισμένου κόμματος ή (πολιτικής) παράταξης: *δικαστής ~* (συνών. *ακομμάτιστος*).

αφγανικός, -ή, -ό, επίθ., που ανήκει στο Αφγανιστάν ή σχετίζεται μ' αυτό: *γλώσσα/κυβέρνηση -ή/ χαλιά -ά.*

Αφγανός ο, θηλ. **-ή,** ουσ., αυτός που κατοικεί στο Αφγανιστάν ή κατάγεται από αυτό: *πρόσφυγες / αντάρτες -οί.*

αφέγγαρος, -η, -ο, επίθ. (έρρ. λογοτ.) που δε φωτίζεται από το φεγγάρι: *βραδιά -η.*

άφεγγος, -η, -ο, επίθ. (έρρ.), που δεν έχει φως (συνών. *σκοτεινός*).

αφεδρώνας ο, ουσ., *πρωκτός.*

αφέλεια η, ουσ. (ασυνίζ.). 1. απλότητα: *~ παιδική-/πηγαία/προσποιητή* (συνών. *φυσικότητα*). 2. έλλειψη κρίσης: *~ των χωρικών/των πιστών* (συνών. *απλοϊκότητα, ευπιστία*). 3. (συνήθως στον πληθ.) τρόπος χτενίσματος, όπου τα μαλλιά που είναι πάνω από το μέτωπο πέφτουν πλάγια και το μισοσκεπάζουν.

αφελής, -ής, -ές, γεν. *-ούς,* πληθ. αρσ. και θηλ. *-είς,* ουδ. *-ή,* επίθ. 1. απλός: *τρόποι -είς* (συνών. *φυσικός*). 2. απλοϊκός (συνών. *εύπιστος, απονήρευτος*). - Επίρρ. **-ώς.**

αφελληνίζω, ρ., κάνω κάποιον Έλληνα να χάσει την εθνική του συνείδηση, αφαιρώ από κάτι ελληνικό τον εθνικό του χαρακτήρα.

αφελληνισμός ο, ουσ., απώλεια της ελληνικότητας, της ελληνικής συνείδησης: *~ του μικρασιατικού πληθυσμού.*

αφενός, επίρρ., από τη μια (μεριά), αρχικά: *επιδιώκει ~... και αφετέρου...* (αντ. *αφετέρου*). [συνεκφ. *αφ' ενός*].

αφεντάκης ο, ουσ. (έρρ., ιδιωμ.), (δηλώνει σεβασμό). 1. *γέροντας.* 2. *πατέρας.* 3. *πεθερός.*

αφεντάνθρωπος ο, ουσ. (έρρ., λαϊκ.), άνθρωπος με παρουσιαστικό και τρόπους αρχοντικούς, επιβλητικός, ευγενικός και γενναιόδωρος (συνών. *αρχοντάνθρωπος*).

αφέντης ο, θηλ. **-ισσα** και **-έντρα,** ουσ. (έρρ.). 1. άρχοντας, ηγεμόνας, αυτός που κυριαρχεί: *~ πανίσχυρος· είμαι ~ στο σπίτι μου· ο λαός ~ στον τόπο του* (συνών. *κυρίαρχος*). 2. προϊστάμενος, αφεντικό: (γνωμ.) *κατά τον -η και τα κοπέλια του.* 3. ιδιοκτήτης: *~ του αμπελιού/του σπιτιού·* (παροιμ. φρ.) *δε γνωρίζει ο σκύλος τον -η του* (για αταξία και αναρχία)· *χάνει ο σκύλος τον -η του* (για αταξία σε κοσμοσυρροή)· *η πολλή δουλειά τρώει τον -η* (συνών. *κύριος*). 4. (ιδιωμ.) *πατέρας.* 5. (ως τιμητική προσφώνηση): *καλή σου μέρα, -η.* [αρχ. *αυθέντης*].

αφεντιά η, ουσ. (έρρ., συνιζ., λαϊκ.), με γεν. προσωπ. αντων. β' και γ' προσώπου αντί για την ίδια την αντων. ως φιλοφρονητική προσφώνηση ή για έμφαση: *τι λέει κι η ~ σου;* (= εσύ)· *ποια είσαι, κυρά μου, η ~ σου; κόπιασε κι η ~ του* (= αυτός)· *η ~ του μας έλειπε!* (σπανιότ. σε α' πρόσ. ειρων.): *μαζί με τους άλλους χόρτασε κι η ~ μου.* [μτγν. *αυθεντία*].

αφεντικά, επίρρ. (έρρ., λαϊκ.), με τρόπο που ταιριάζει σε αφέντη: (παροιμ.) *όποιος δεν ντρέπεται, ~ πορεύεται* (συνών. *αρχοντικά, πλούσια*).

αφεντικίνα, βλ. *αφεντικός.*

αφεντικό το, ουσ. (έρρ.), προϊστάμενος, εργοδότης, ιδιοκτήτης: *~ αυστηρό/ζόρικο/(το) μεγάλο· οι εργάτες και τα -ά* (= η εργοδοσία)· *το ~ του σπιτιού/του μαγαζιού/του σκύλου.*

αφεντικός ο, θηλ. **-ίνα,** ουσ. (έρρ., λαϊκ.), προϊστάμενος, εργοδότης, ιδιοκτήτης: *δεν ήρθε ακόμη ο ~ σου·*

αφεντικός, -ή, -ό, επίθ. (έρρ., λαϊκ.), που ανήκει ή αναφέρεται στον αφέντη: *λιβάδια/χτήματα -α· ζωή -ή* (= όμοια με ενός αφέντη).

αφέντισσα, βλ. *αφέντης.*

αφεντογυναίκα η, ουσ. (έρρ., λαϊκ.), γυναίκα με εμφάνιση και τρόπους αρχοντικούς, επιβλητική, ευγενική και γενναιόδωρη.

αφεντομαθημένος, -η, -ο, επίθ. (έρρ., λαϊκ.), αναθρεμμένος σαν αφέντης, που συνήθισε να ζει πλούσια και άνετα.

αφεντομουτσουνάρα η, ουσ. (έρρ., λαϊκ.), μόνο με γεν. προσωπ. αντων. περιπαικτικά αντί η *αφεντιά σου, του,* για κάποιον που νομίζει πως είναι σπουδαίος: *θα δείτε την ~ μου καπετάνιο* (Καραγκιόζης) (συνών. *αφεντοξυλιά*).

αφεντοξυλιά η, ουσ. (έρρ., συνιζ., λαϊκ.), μόνο με γεν. προσωπ. αντων. περιπαικτικά αντί η *αφεντιά σου, του* (βλ. λ.) (συνών. *αφεντομουτσουνάρα*).

αφεντόπουλο το, θηλ. **-οπούλα,** ουσ. (έρρ., λαϊκ.), παιδί του αφέντη, παιδί από καλή και πλούσια οικογένεια.

αφεντόσπιτο το, ουσ. (έρρ., λαϊκ.), σπίτι καλής ή πλούσιας οικογένειας (συνών. *αρχοντόσπιτο*).

αφέντρα, βλ. *αφέντης.*

αφέονταί σοι αι αμαρτίαι· αρχαϊστ. έκφρ. = *συγχωρείσαι.*

αφερέγγυος, -α, -ο, επίθ. (έρρ., ασυνίζ.), (συνήθως σε σχέση με οικονομικές συναλλαγές) που δεν εμπνέει εμπιστοσύνη, που δεν παρέχει εγγύηση (αντ. *φερέγγυος*).

αφερεγγυότητα η, ουσ. (έρρ., ασυνίζ.), το να είναι

κανείς αφερέγγυος (βλ. λ.) (αντ. φερεγγυότητα).
άφερτος, -η, -ο, επίθ. (λαϊκ.), που δεν τον έφεραν ακόμη (αντ. φερμένος).
άφες αυτοίς· ου γαρ οίδασι τι ποιούσι αρχαϊστ. έκφρ. = μην τους λογαριάζεις· είναι «ανεύθυνοι».
άφεση η, ουσ. 1. (εκκλ., για αμαρτίες) συγχώρηση: δίνω ~ (= συγχωρώ)· ζητώ/παίρνω ~· (μεταφ.) του δόθηκε ~ για το παράπτωμά του (= αθωώθηκε). 2. (νομ.) ~ χρέους = σύμβαση με την οποία ο δανειστής απαλάσσει τον οφειλέτη από το χρέος του.
αφετέρου, επίρρ., από την άλλη (μεριά), κι εκτός απ' αυτό, κι ύστερα· στην έκφρ. αφενός... και ~ (αντ. αφενός). [συνεκδ. αφ' ετέρου].
αφετηρία η, ουσ. 1. σημείο από όπου ξεκινούν οι δρομείς σε αγώνα (και αναλογ. για άλογα ή αυτοκίνητα στους αντίστοιχους αγώνες). 2. χώρος από όπου αρχίζει ορισμένη διαδρομή μεταφορικού μέσου: ~ λεωφορείων (αντ. τέρμα). 3. (μεταφ.) αρχή, προέλευση· γενεσιουργός αιτία, αφορμή: ~ εξελίξεων/δεινών/συλλογισμών (αντ. τέλος). [θηλ. του μτγν. επιθ. αφετήριος].
αφέτης ο, ουσ., αυτός που δίνει το σήμα της εκκίνησης σε αγώνες δρόμου (αθλητών και αναλογ. αλόγων ή αυτοκινήτων).
αφέψημα το, ουσ., υγρό που προέρχεται από το βρασμό φυτικών ουσιών ή μερών του φυτού σε νερό (όπως λ.χ. καφές, τσάι, χαμόμηλο).
αφή η, ουσ. 1. επαφή (συνών. άγγιγμα). 2. μια από τις πέντε αισθήσεις (απτική αίσθηση) που έχει αισθητήριο όργανο το δέρμα: οι τυφλοί έχουν αναπτυγμένη την ~.
αφήγημα το, ουσ., αυτό που αφηγείται κανείς, διήγημα, ιστορία.
αφηγηματικός, -ή, -ό, επίθ. 1. που αναφέρεται στην αφήγηση ή παρουσιάζεται σαν αφήγηση: λόγος ~· ταλέντο/ύφος/ποίημα -ό. 2. που έχει ικανότητα στην αφήγηση: τύπος/μαθητής/δάσκαλος ~.
αφήγηση η, ουσ., εξιστόρηση ενός γεγονότος με κάπως εκτενή έκθεση: ~ ζωντανή.
αφηγητής ο, θηλ. **-γήτρια**, ουσ., αυτός που διηγείται, που εξιστορεί: ~ ενός θεατρικού έργου· (φιλολ.) πρωτοπρόσωπος ~.
αφηγούμαι, -είσαι, ρ., εξιστορώ, περιγράφω: θα σας -ηθώ τα γεγονότα από την αρχή.
αφήλιο το, ουσ. (ασυνίζ.), (αστρον.) σημείο της τροχιάς κάποιου πλανήτη ή κομήτη που έχει τη μεγαλύτερη απόσταση από τον ήλιο. [από + ήλιος].
αφηνιάζω, ρ. (ασυνίζ.), αόρ. -νίασα και (λαϊκ., συνιζ.), αφήνιασα. 1. (για άλογο) παύω να υπακούω στον καβαλάρη (και καλπάζω ασταμάτητα). 2. (μεταφ.) ξεφεύγω από τα όρια της ηθικής και της λογικής: αφήνιασε το αφεντικό, όταν είδε τη μειωμένη παραγωγή (συνών. παραφέρομαι, παρεκτρέπομαι).
αφηνίαση η, ουσ. 1. (για άλογα) ασταμάτητος καλπασμός του αλόγου χωρίς τον έλεγχο του καβαλάρη. 2. παρεκτροπή από το δρόμο της ηθικής και της λογικής (συνών. αφηνιασμός).
αφηνιασμός ο, ουσ. (ασυνίζ.), αφηνίαση (βλ. λ.).
αφήνω, ρ., προστ. αόρ. άσε. 1. παύω να κρατώ κάτι: ~ τη βαλίτσα μου/το πακέτο (αντ. παίρνω, κρατώ). 2. τοποθετώ: ~ το βιβλίο στο γραφείο/το πιάτο στο τραπέζι. 3. επιτρέπω: δεν την -ουν οι δικοί της να έρθει· δε μ' -ει ο τροχονόμος να περάσω (αντ. απαγορεύω, εμποδίζω). 4. δεν εμποδίζω, επιτρέπω την αύξηση, το μεγάλωμα ενός πράγματος:

~ μούσι/μουστάκι/μακριά μαλλιά (αντ. κόβω). 5. ελευθερώνω, αποδεσμεύω· αποφυλακίζω: ~ το πουλί να φύγει από το κλουβί· τον πήραν στην αστυνομία, αλλά τελικά τον -ησαν (αντ. συλλαμβάνω, δεσμεύω, φυλακίζω)· (μεταφ.): ~ τον πόνο μου να ξεσπάσει/τα δάκρυά μου να τρέξουν· ~ δυνατή φωνή. 6. παρατώ, εγκαταλείπω· απαρνούμαι: -ησε την οικογένειά του κι έφυγε· (παροιμ.) ~ το γάμο και πάω για πουρνάρια· -ησε τις κακές του συνήθειες και στρώθηκε στη δουλειά· ~ το ποτό/τις κακές παρέες. 7. αναχωρώ, απομακρύνομαι: νύχτα ακόμη -ήσαμε το λιμάνι· σήμερα θα σας -ήσω νωρίς, γιατί έχω δουλειά (αντ. έρχομαι). 8. παύω, σταματώ: άσε τ' αστεία/ τις σαχλαμάρες/ εκείνα που ξέρεις! 9. παύω να ενοχλώ: άφησέ μας μόνους· άσε με ήσυχο· (μεταφ.) δεν τον αφήνει η σκέψη της/η στενοχώρια της. 10. παραλείπω, παραβλέπω: όλα τα διαβάζει ο παπάς· δεν αφήνει τίποτε· άφησε και κάτι που να μην το σχολιάσεις. 11. κληροδοτώ: άφησε στα παιδιά του ολόκληρη περιουσία. 12. αποφέρω: σίγουρη δουλειά κι -νει πολλά· η επένδυση αυτή θ' -ήσει μεγάλα κέρδη. 13. πουλώ φτηνά, σε χαμηλή τιμή: του έκανε παζάρια και της το -ησε στη μισή τιμή. 14. εμπιστεύομαι, αφήνω στη δικαιοδοσία κάποιου: θα σου -ήσω τα κλειδιά του σπιτιού όσο λείπω σ' ~ να προσέχεις το παιδί. 15. ορίζω κάποιον αρμόδιο, αναθέτω σε κάποιον τη λήψη μιας απόφασης: ~ κάτι στην κρίση σου/στην καλή σου διάθεση. 16. αναβάλλω: ας -σουμε την επίσκεψη για άλλη μέρα. 17. (για είδη ρουχισμού) παλιώνω, φθείρομαι, χαλώ: μ' -ήσαν τα παπούτσια· μ' -ησε το παλτό μου (αντ. αντέχω). 18. δίνω προθεσμία: άφησέ με μια βδομάδα να το σκεφτώ. 19. περιμένω: άσε να δεις τι απόφαση θα βγάλουν και κατόπιν ενεργείς. Φρ. μ' αφήνει κάτι αδιάφορο (= δε με νοιάζει, δε με συγκινεί): η προσφορά σου μ' αφήνει αδιάφορο· ~ γεια (= αποχαιρετώ): φεύγω σε λίγο και ήρθα να σας -σω γεια· ~ κάτι δεξιά (ή αριστερά) μου (= απομακρύνομαι έχοντας δεξιά (ή αριστερά) μου κάτι): ξεκίνησαν αφήνοντας δεξιά τους το ποτάμι· ~ στους (πέντε) δρόμους (= εγκαταλείπω, παρατώ): έφυγε κι άφησε τα παιδιά του στους πέντε δρόμους· ~ εποχή (= δε λησμονιέμαι): η παράσταση αυτή θ' -σει εποχή. ~ κατά μέρος (= παραμερίζω, παρατώ): -στε τις παρεξηγήσεις κατά μέρος κι ελάτε να ζήσουμε μαζί· ~ τα κόκαλά μου (= πεθαίνω)· ~ στα κρύα του λουτρού/ σύξυλο (= εγκαταλείπω κάποιον σε μια δύσκολη στιγμή, απογοητεύω)· ~ λάσκο (ή λάσκα) (= χαλαρώνω)· ~ μέρος/ τόπο / χώρο (= δημιουργώ κενό, κάποιον ελεύθερο χώρο): κάτω από τον τίτλο -ησε λίγο μέρος· -στε τόπο για μας· ~ όνομα ή φήμη (= φημίζομαι)· -ησε όνομα ως ο πρώτος τεχνίτης στο είδος του· ~ πίσω (= ξεπερνώ, υπερέχω): -ησε όλους τους συμμαθητές του πίσω στην επίδοση· ~ στο πόδι μου (= ορίζω αντικαταστάτη): έφυγε, αλλά -ησε στο πόδι του τον...· ~ κάτι τέντα (= ανοίγω διάπλατα ή στη μεγαλύτερη ένταση): -ησα τα παράθυρα/το ραδιόφωνο τέντα· ~ κάποιον στον τόπο (= σκοτώνω): του έδωσε μια και τον -ησε στον τόπο· δεν ~ σε χλωρό κλαδί (ή κλαρί) κάποιον (= καταδιώκω)· μας -ει χρόνους κάποιος (= πεθαίνει)· ο παππούς μάς -σε χρόνους· άστ' τα να πάνε (= άλλαξε συζήτηση, μην τα συζητάς)· άσε τι... (= μη ρωτάς, μην το συζητάς): άσε τι έμαθα για τον προϊστάμενό μας! (λαϊκ.) άστ' τον να κουρεύεται (= μη σε

αφηρημάδα

νοιάζει γι' αυτόν)· άσε που... (εκτός, χώρια που): *δε λέει ποτέ του καλή κουβέντα· άσε που δε χαμογελά ποτέ.*

αφηρημάδα η, ουσ., έλλειψη προσοχής ή πνευματικής συγκέντρωσης, απροσεξία: *από την ~ μου χτύπησα λάθος κουδούνι.*

αφηρημένος, -η, -ο, μτχ. επίθ. **1.** που δεν προσέχει τι λέει ή τι κάνει ή δεν αντιλαμβάνεται αυτό που γίνεται γύρω του, γιατί σκέφτεται κάτι άλλο: *ήμουν ~ και δεν άκουσα τι μου είπες.* **2.** (φιλοσ.) που μόνον εννοείται, αλλά δε γίνεται αντιληπτός, απτός με τις αισθήσεις: *-ες έννοιες* (= που αναφέρονται στις ιδιότητες των πραγμάτων αλλά όχι σε απτά πράγματα. **3.** (μαθημ.) *-οι αριθμοί* (= που δηλώνουν ποσότητα μονάδων αλλά όχι το είδος των μονάδων). **4.** (γραμμ.) *-α ουσιαστικά* (= που δηλώνουν ιδιότητες πραγμάτων και όχι συγκεκριμένα αντικείμενα, λ.χ. ευτυχία, ελπίδα, βάρος, κλπ.) (αντ. *συγκεκριμένα*). **5.** (καλ. τέχν.) *-η τέχνη* = μια από τις επικρατέστερες τάσεις της σύγχρονης τέχνης που δεν είναι προσηλωμένη στην αναπαραγωγή της αισθητής πραγματικότητας.

άφθα, βλ. *άφτρα.*

αφθαρσία η, ουσ. **1.** το να είναι κανείς άφθαρτος, ακατάλυτος, αθάνατος (συνών. *αθανασία, αιωνιότητα, ακατάλυτο*). **2.** (φυσ.) *~ της ύλης και της ενέργειας* = αξίωμα των φυσικών επιστημών κατά το οποίο η ύλη και η ενέργεια δεν παράγονται από το μηδέν, αλλά ούτε και υπόκεινται σε φθορά. - Έκφρ. *μεταξύ φθοράς και -ας* (= στο μεταίχμιο δύο καταστάσεων) (αντ. *φθορά στις σημασ.* 1, 2).

άφθαρτος, -η, -ο, επίθ., που δε φθείρεται ή δεν υπόκειται σε φθορά: *το πνεύμα είναι -ο* (συνών. *αιώνιος, ακατάλυτος*· αντ. *φθαρτός*).

άφθαστος, -η, -ο και **άφταστος,** επίθ. **1.** που δεν μπορεί κανείς να τον πλησιάσει, να τον φτάσει: *είναι ~ στο τρέξιμο/στα μαθηματικά· παλληκαριά -η* (συνών. *ασυναγώνιστος, απαράμιλλος, ανίκητος, ασύγκριτος, ανυπέρβλητος·* αντ. *αργός, μέτριος, κοινός*). **2.** που δεν μπορεί κανείς να τον πιάσει, επειδή είναι μακριά ή ψηλά: *είναι -α τα μήλα τόσο ψηλά που κρέμονται* (συνών. *απρόσιτος, απλησίαστος*).

αφθόνητος, -η, -ο, επίθ., που δε φθονείται ή δεν αξίζει να τον φθονούν (συνών. *αζήλευτος·* αντ. *φθονητός, επίφθονος*).

αφθονία η, ουσ., πλήθος, μεγάλη ποσότητα: *~ αγαθών/καρπών* (συνών. *πληθώρα, υπερεπάρκεια, πληρότητα·* αντ. *ανεπάρκεια*).

άφθονος, -η, -ο, επίθ., που υπάρχει σε αφθονία: *νερό -ο· τροφή/παραγωγή -η* (συνών. *περισσός, μπόλικος, περίσσιος·* αντ. *ανεπαρκής, λίγος*).

αφθονώ, -είς, ρ., υπάρχω σε μεγάλη ποσότητα, είμαι άφθονος: *-ούν οι καρποί στα δέντρα/τα τρόφιμα στην αγορά/οι κατεργάρηδες στη σημερινή κοινωνία* (συνών. *βρίθω·* αντ. *σπανίζω*).

αφθώδης, -ης, -ες, γεν. *-ους,* πληθ. αρσ. και θηλ. *-εις,* ουδ. *-η,* επίθ., που προέρχεται από την άφθα (βλ. λ. *άφτρα*): *~ στοματίτιδα· ~ πυρετός.*

-άφι, κατάλ. ουδ. ουσ.: *ξυράφι, χωράφι.* [αρχ. υποκορ. *-άφιον*].

αφιέρωμα το, ουσ. (ασυνίζ.). **1.** ό,τι προσφέρεται σε ένδειξη σεβασμού, ευγνωμοσύνης ή αγάπης: *οι πιστοί πρόσφεραν πολλά -ατα στον άγιο· το ποίημα είναι ~ σ' εσένα* (συνών. *τάμα, ανάθημα, δώρο, χάρισμα, προσφορά*). **2.** πνευματική συνάντηση που οργανώνεται από πνευματικό σύλλογο ή εταιρεία για να τιμήσει πνευματική προσωπικότητα του παρελθόντος ή και του παρόντος με ομιλίες ειδικών ομιλητών. **3.** ο τόμος που εκδίδεται όπου δημοσιεύονται κατά κύριο λόγο οι ομιλίες των ειδικών που μίλησαν στην πιο πάνω πνευματική συγκέντρωση: *οι μαθητές του του δημοσίευσαν ~.*

αφιερώνω, ρ. (ασυνίζ.). **Ι.** ενεργ. **1.** προσφέρω, χαρίζω κάτι σε κάποιον: *-ωσε στην εκκλησία μια εικόνα·* (μεταφ.) *-ωσε τη ζωή του στην ανακούφιση των φτωχών* (συνών. *δωρίζω*). **2.** (για βιβλίο, ποίημα) προσφέρω σε ένδειξη τιμής, αγάπης: *-ωσε τη μελέτη του στη γυναίκα του.* **ΙΙ.** (μέσ.) προσφέρω τον εαυτό μου, προσηλώνομαι, αφοσιώνομαι σ' ένα σκοπό: *-ώθηκε στη μελέτη και καταπολέμηση του ιού...*

αφιέρωση η, ουσ. (ασυνίζ.). **1.** προσφορά αφιερώματος (συνών. *δωρεά*). **2.** τιμητική προσφορά βιβλίου από το συγγραφέα σε κάποιο πρόσωπο γραμμένη στην πρώτη σελίδα: *μου έστειλε το βιβλίο του με εγκάρδια ~.*

αφιερωτικός, -ή, -ό, επίθ. (ασυνίζ.), που αναφέρεται στην αφιέρωση: *ύμνος ~· δίστιχο -ό* (συνών. *αναθηματικός*).

αφίλευτος, -η, -ο, επίθ., που δεν του προσφέρθηκε κάποιο δώρο ή κέρασμα ή δεν του παρατέθηκε γεύμα σε ένδειξη φιλοξενίας: *κανείς δε φεύγει ~ από το σπίτι τους* (συνών. *ακέραστος, ατρατάριστος*).

αφίλητος, -η, -ο, επίθ., που δε φιλήθηκε: *κορίτσι -ο· χείλη -α.*

αφίλιωτος, -η, -ο, επίθ. (συνιζ., λαϊκ.), που δε συμφιλιώθηκε, δε μόνοιασε με κάποιον: *τόσες μέρες είναι -οι μέσα στο ίδιο σπίτι· να φιλιώσω τ' -α* (Καζαντζ.) (συνών. *ασυμφιλίωτος, αμόνοιαστος·* αντ. *συμφιλιωμένος, μονοιασμένος*).

αφιλοκαλία η, ουσ., έλλειψη της αίσθησης του ωραίου (συνών. *ακαλαισθησία, κακογουστιά·* αντ. *καλαισθησία, γούστο, φιλοκαλία*).

αφιλόκαλος, -η, -ο, επίθ., που δεν του αρέσει το ωραίο, που δεν έχει γούστο (συνών. *ακαλαίσθητος, κακόγουστος·* αντ. *φιλόκαλος, καλαίσθητος*).

αφιλοκερδής, -ής, -ές, γεν. *-ούς,* πληθ. αρσ. και θηλ. *-είς,* ουδ. *-ή,* επίθ., αφιλόκερδος (βλ. λ.).

αφιλόκερδος, -η, -ο, που δεν επιδιώκει το κέρδος (συνών. *ανιδιοτελής, αφιλοχρήματος·* αντ. *ιδιοτελής, φιλοχρήματος, φιλοκερδής, συμφεροντολόγος*). - Επίρρ. **-ώς:** *προσφέρθηκε -ώς στον αγώνα μας.*

αφιλόξενος, -η, -ο, επίθ., που δεν προσφέρει φιλοξενία, που δεν περιποιείται τους ξένους: *σπίτι -ο· φυλή -η· λαός ~·* (μεταφ.) *παραλία/ακρογιαλιά -η* (αντ. *φιλόξενος*).

άφιλος, -η, -ο, επίθ., που δεν έχει φίλους: *μόνος κι ~* (συνών. *ακοινώνητος, αντικοινωνικός·* αντ. *κοινωνικός*).

αφιλοσόφητος, -η, -ο, επίθ. **1.** που δεν έχει φιλοσοφική μόρφωση: *από τη συζήτηση φάνηκε ότι είναι εντελώς ~.* **2.** που έχει φιλοσοφική διάθεση και βάθος: *σκέψη -η· έργο -ο.* - Επίρρ. **-α.**

αφιλόστοργος, -η, -ο, επίθ., που δεν νιώθει αγάπη και στοργή για κάποιον: *πατέρας ~* (συνών. *άσπλαχνος, άκαρδος, άπονος·* αντ. *πονόψυχος, στοργικός*).

αφιλοτιμία η, ουσ., έλλειψη του συναισθήματος της τιμής (συνών. *αδιαντροπιά, αναισθησία·* αντ.

φιλοτιμία, ευσυνειδησία, προθυμία).
αφιλότιμος, -η, -ο, επίθ. **1.** που δεν έχει φιλότιμο, που δε θίγεται ή προσβάλλεται με ό,τι αφορά την υπόληψή του: *όσο κι αν τον προσβάλλεις του -ου τ' αφτί δεν ιδρώνει* (συνών. *αναίσθητος, αδιάντροπος*· αντ. *φιλότιμος, αξιοπρεπής*). **2.** που δεν εκτελεί σωστά το καθήκον ή τη δουλειά του: *αφήνει την παραγωγή και καταστρέφεται ο ~ άνθρωπος* (συνών. *ασυνείδητος*· αντ. *ευσυνείδητος, πρόθυμος*). **3.** (με ελαφριά διάθεση κατηγορίας ή αστείσμού): *η -η ούτε ένα τηλεφώνημα δε μου έκανε!*· *βρε τον -ο, ωραία που τα λέει!* - Επίρρ. **-α** (στη σημασ. 1).
αφιλοχρηματία η, ουσ., περιφρόνηση του χρήματος (συνών. *αφιλοκέρδεια*· αντ. *φιλοχρηματία, φιλοκέρδεια, φιλαργυρία*).
αφιλοχρήματος, -η, -ο, επίθ., που δεν αγαπά τα χρήματα (συνών. *αφιλοκερδής*· αντ. *φιλοχρήματος, φιλάργυρος*).
αφιλτράριστος, -η, -ο, επίθ., που δεν φιλτραρίστηκε, δεν πέρασε από φίλτρο: *βενζίνη -η·* *λάδια -α·* *νερό -ο* (συνών. *αδιύλιστος*· αντ. *φιλτραρισμένος, διυλισμένος*).
αφίμωτος, -η, -ο, επίθ. **1.** (για ζώο) που δε φιμώθηκε, που δεν του κλείστηκε το στόμα με φίμωτρο: *σκύλος ~·* *αρκούδα -η* (αντ. *φιμωμένος*). **2.** που φλυαρεί και βρίζει ασταμάτητα: *στόμα -ο*.
άφιξη η, ουσ., ερχομός κάποιου: *η ~ της γιαγιάς έδωσε σ' όλους μας χαρά·* *~ της αμαξοστοιχίας/ των επισήμων* (συνών. *φτάσιμο, έλευση*· αντ. *αναχώρηση, ξεκίνημα, μισεμός*).
αφιόνι το, ουσ. (συνιζ.). **1.** το φυτό «μήκων η υπνοφόρος». **2.** ο χυμός του φυτού (1), το ναρκωτικό όπιο. **2.** (μεταφ.) ό,τι αποκοιμίζει ή αποπροσανατολίζει ένα άτομο ή έναν λαό. [τουρκ. *afyon*].
αφιονίζω, ρ. (συνιζ.). **1.** ναρκώνω κάποιον με αφιόνι. **2.** αποκοιμίζω κάποιον πνευματικά και τον εμποτίζω με ιδέες που τον φανατίζουν ώστε να γίνει υποχείριό μου. - Η μτχ. *-ισμένος* ως επίθ. = *γεμάτος μανία, λυσσασμένος*.
αφιόνισμα το, ουσ. (συνιζ.). **1.** η κατάσταση στην οποία έρχεται κάποιο άτομο αφού πάρει ναρκωτικό. **2.** η πνευματική απονάρκωση κάποιου ή ο εμποτισμός του με ιδέες που τον μεταβάλλουν σε φανατικό υποστηρικτή τους.
αφίσα η, ουσ. **1.** εικονογραφημένη διαφήμιση, εμπορική ή πολιτική, που επικολλάται σε δημόσιο χώρο. **2.** φωτογραφημένο αντίτυπο (ζωγραφικού πίνακα) με απεικόνιση προσώπων ή τοπίων που χρησιμοποιείται για διακόσμηση. [γαλλ. *affiche*].
αφισοκόλληση η, ουσ., το να επικολλά κάποιος αφίσες: *την ώρα που έκαναν ~ τους επιτέθηκαν οι πολιτικοί τους αντίπαλοι*.
αφισοκολλητής ο, θηλ. **-ήτρια** η, ουσ., υπάλληλος διαφημιστικής εταιρείας (ή οπαδός κόμματος) που κολλάει αφίσες σε ειδικούς χώρους ή, κυρίως, έξω από αυτούς.
αφισοκολλώ, -άς, ρ., επικολλώ αφίσες: *-ησαν παντού τη διαφήμιση της καινούργιας εφημερίδας*.
άψλεκτος, -η, ο, επίθ., που δεν αναφλέχθηκε ή δεν είναι δυνατόν να αναφλεχθεί: *ύλη -η* (αντ. *εύφλεκτος*).
αφλογιστία η, ουσ., μη εκπυρσοκρότηση κατά την πυροδότηση (αντ. *ευφλογιστία, εκπυρσοκρότηση*).
αφλόγιστος, -η, -ο, επίθ. (λαϊκ.). **1.** που δεν έχει

φλόγωση, που δεν είναι ερεθισμένος: πληγή -η. **2.** που δεν έχει πυρετό (συνών. *απύρετος*· αντ. *εμπύρετος*).
αφοβέριστος, -η, -ο, επίθ. **1.** που δεν απειλήθηκε, δε φοβερίστηκε: *δεν ησυχάζει -ο το μικρό παιδί*. **2.** που δε φοβάται, δεν πτοείται από φοβέρες: *τόσα του είπε του μικρού η μητέρα του, αλλά αυτό έμεινε -ο* (συνών. *άφοβος*).
αφοβησιά η, ουσ. (συνιζ., λαϊκ.), το να μη φοβάται κανείς (συνών. *αφοβία, τόλμη, γενναιότητα*).
αφοβία η, ουσ., έλλειψη φόβου: *δείχνει ~ μπροστά σε κάθε κίνδυνο* (συνών. *αφοβησιά, τόλμη, θάρρος, γενναιότητα*· αντ. *φόβος, δειλία, ανανδρία*).
αφόβιστος, -η, -ο, επίθ., που δε φοβάται: *νέος ~* (συνών. *άφοβος, ατρόμητος*· αντ. *φοβητσιάρης, δειλός*).
άφοβος, -η, -ο, επίθ., που δε φοβάται: *~ μπροστά στον κίνδυνο* (συνών. *τολμηρός, ατρόμητος, γενναίος*· αντ. *φοβητσιάρης, δειλός, άτολμος*). - Επίρρ. **-α.**
αφοδευτήριο το, ουσ. (ασυνίζ.), χώρος όπου αφοδεύει κανείς (συνών. *αποχωρητήριο, απόπατος*).
αφοδεύω, ρ. (λόγ.), ικανοποιώ τη φυσική μου ανάγκη (συνών. *αποπατώ, ενεργούμαι*).
αφοδράριστος, -η, -ο, επίθ., που δεν έχει φόδρα, που δεν έχει εσωτερική επένδυση: *φόρεμα -ο*.
αφομοιώνω, ρ. (ασυνίζ.). **1.** (βιολ.) απορροφώ και μετασχηματίζω τροφές: *ο ανθρώπινος οργανισμός δεν μπορεί να -ώσει ο,τιδήποτε*. **2.** κατανοώ απόλυτα, κάνω κάτι κτήμα μου: *ο αξιόλογος ποιητής -ώνει την επίδραση που δέχεται από άλλους αποφεύγοντας τη μίμηση·* *δεν -οίωσα το μαθημά μου.* **3.** (μέσ.) γίνομαι όμοιος με κάποιον, εξομοιώνομαι με κάποιον: *οι πρόσφυγες -ώθηκαν γρήγορα από τους ντόπιους*.
αφομοίωση η, ουσ. **1.** (βιολ.) λειτουργία χάρη στην οποία μια βιολογική ενότητα, κύτταρο ή οργανισμός μετασχηματίζει τις ξένες θρεπτικές ουσίες που προσλαμβάνει από το εξωτερικό περιβάλλον σε δικά του συστατικά. **2.** (γραμμ.) φαινόμενο κατά το οποίο δύο ανόμοιοι φθόγγοι τείνουν να γίνουν ταυτόσημοι ή να προσλάβουν κοινά χαρακτηριστικά ύστερα από επίδραση του ενός στον άλλο. **3.** (ψυχ.) το να ενσωματωθεί κανείς σ' ένα ξένο σύστημα. **4.** (νομ.) επέκταση της νομοθεσίας ενός κράτους σε κάποια περιοχή που προσαρτά με βαθμιαία κατάργηση των αντίστοιχων διατάξεων που ίσχυαν εκεί έως τότε. **5.** (εθνολ.) διαδικασία με την οποία άτομα ή ομάδες με διαφορετική εθνική κληρονομιά απορροφώνται από τον πολιτισμό που κυριαρχεί σε μια κοινωνία.
αφομοιώσιμος, -η, -ο, επίθ. (ασυνίζ.), που μπορεί να αφομοιωθεί: *τροφές -ες·* *ύλη -η*.
αφομοιωτικός, -ή, -ό, επίθ. (ασυνίζ.), που είναι κατάλληλος, ικανός για αφομοίωση: *λειτουργία -ή*.
αφοπλίζω, ρ. **1.** αφαιρώ από κάποιον τα όπλα του: *ο αστυνομικός κατάφερε να -ίσει το δολοφόνο* (συνών. *ξαρματώνω*· αντ. *οπλίζω, αρματώνω*). **2.** (για πλοίο) παροπλίζω (αντ. *εφοπλίζω*). **3.** εξουδετερώνω τα επιχειρήματα κάποιου, τον παίρνω με το μέρος μου: *ήρθε με εχθρικές διαθέσεις, αλλά τον -ισα με τα επιχειρήματά μου*. **4.** (μέσ.) προβαίνω σε αφοπλισμό, ελαττώνω τις πολεμικές ετοιμασίες.
αφοπλισμός ο, ουσ. **1.** αφαίρεση των όπλων κάποιου: *~ του δολοφόνου* (συνών. *ξαρμάτωμα*· αντ. *εξοπλισμός*). **2.** προοδευτική μείωση των εξοπλι-

αφοπλιστικός σμών, ύστερα από κοινή συμφωνία των κρατών, ώσπου να φτάσουν σε κατάργηση ή απαγόρευση ορισμένων όπλων: *διαπραγματεύσεις των μεγάλων δυνάμεων για τον -ό.*

αφοπλιστικός, -ή, -ό, επίθ., που είναι ικανός να αφοπλίζει: *επιχειρήματα -ικά· χαμόγελο -ικό* (συνών. *ακαταμάχητος*).

αφορεσμός, βλ. *αφορισμός*.

αφόρετος, -η, -ο, επίθ. 1. που δε φορέθηκε: *κουστούμι -ο* (συνών. *καινούργιος*· αντ. *φορεμένος*). 2. που δεν μπορεί να φορεθεί: *έκαψα το καινούργιο μου φουστάνι και είναι τώρα -ο*.

αφόρητος, -η, -ο, επίθ., που δεν μπορεί να τον υποφέρει κανείς: *ζέστη/κατάσταση -η· η παρουσία του μου είναι -η* (συνών. *ανυπόφορος, αβάσταχτος*· αντ. *υποφερτός*).

αφορία η, ουσ., έλλειψη ευφορίας, παραγωγής: *~ σιτηρών* (συνών. *ακαρπία·* αντ. *ευφορία, καρποφορία*).

αφορίζω, ρ., μτχ. παθητ. παρκ. *αφορισμένος* και *-εσμένος*, αποβάλλω πιστό από το σώμα της Εκκλησίας με επίσημη πράξη. - Η μτχ. παθητ. παρκ. ως επίθ. = 1. που έχει αφοριστεί από τις εκκλησιαστικές αρχές: *ο Λασκαράτος ήταν -ισμένος*. 2. καταραμένος: *-ισμένος να 'σαι!* ως επίθ. του διαβόλου ο τ. *αφορεσμένος*.

αφόρισμα το, ουσ., εκκλησιαστική ποινή που επιβάλλεται σε πιστούς και τους αποκλείει από το σώμα της Εκκλησίας (συνών. *αφορισμός*).

αφορισμός και **αφορεσμός** ο, ουσ. 1. εκκλησιαστική ποινή που επιβάλλεται σε πιστούς και τους αποκλείει από το σώμα της Εκκλησίας (συνών. *αφόρισμα*). 2. δογματική διατύπωση.

αφοριστής ο, ουσ., αυτός που αφορίζει, που καταριέται.

αφοριστικός, -ή, -ό, επίθ. 1. που αναφέρεται στον (εκκλησιαστικό) αφορισμό: *έγγραφο -ικό*. 2. δογματικά διατυπωμένος.

αφορμή η, ουσ. 1. αιτία, λόγος, κίνητρο: *εσύ έδωσες την ~ για ν' αρχίσει το μίσος ανάμεσά μας*. 2. ευκαιρία: *με ~ την ονομαστική του γιορτή τον επισκεφτήκαμε στο σπίτι του*. 3. δικαιολογία, πρόφαση: *~ γύρευε για να μην πάει στο σχολείο*. 4. μομφή, κατηγορία: *όλο -ές μου ρίχνεις*.

αφορμίζω, ρ. (λαϊκ.). 1. (για πληγή) ερεθίζομαι (συνών. *κακοφορμίζω*). 2. χάνω τα λογικά μου (συνών. *τρελαίνομαι*).

αφορολόγητος, -η, -ο, επίθ. 1. που δε φορολογείται: *εισόδημα -ο*. 2. που δεν του επιβάλλεται φόρος, που έχει φορολογική ατέλεια: *είδη -α*. 3. (ειρων.) που δεν εξαναγκάστηκε να καταβάλει κάποιο χρηματικό ποσό: *δεν άφησε κανένα -ο*.

άφορος, -η, -ο, επίθ. α. (για δέντρο) που δεν παράγει καρπούς (συνών. *άκαρπος·* αντ. *καρπερός*)· β. (για χωράφι, γη) που δεν είναι κατάλληλο, ικανός για καρποφορία (συνών. *χέρσος, άγονος·* αντ. *γόνιμος*)· γ. (για χρονικό διάστημα) που κατά τη διάρκειά του υπάρχει αφορία, έλλειψη (γεωργικής) παραγωγής: *τελευταία οι χρονιές είναι -ες*.

αφόρτωτος, -η, -ο, επίθ. 1. που δεν είναι φορτωμένος, δεν έχει φορτίο: *νταλίκα -η*. 2. που δε φορτώθηκε σε μεταφορικό μέσο: *αποσκευές -ες*.

αφορώ, -άς, ρ. (μόνο στον ενεστ. και τον παρατ.), έχω σχέση με κάτι, αναφέρομαι σε κάτι: *μην ανακατεύεσαι στην υπόθεση, γιατί δε σε -ά· το θέμα -ά την αποκατάσταση των σεισμοπαθών*. Φρ. (λόγ.) *όσον -ά* (= ως προς, όσο): *όσον -ά την αμοιβή, θα σας την καταβάλω αμέσως*.

αφοσιώνομαι, ρ. (ασυνίζ.), προσφέρω τον εαυτό μου εξολοκλήρου σε κάποιον· επιδίδομαι σε κάτι με πολύ ζήλο: *-ώθηκα στα παιδιά μου· -ώθηκε στην επιστήμη του* (συνών. *αφιερώνομαι, προσηλώνομαι*). - Η μτχ. παρκ. *αφοσιωμένος* = (για φίλο, οπαδό) ένθερμος, πιστός.

αφοσίωση η, ουσ. 1. συγκέντρωση της προσοχής σε κάτι: *παρακολουθεί τον ομιλητή με ~* (συνών. *προσήλωση*). 2. ακλόνητη εμμονή: *η ~ του στη γραμμή του κόμματός του καταντά εκνευριστική*. 3. επίμονη απασχόληση με κάτι: *~ στην επιστήμη/στο επάγγελμά μου* (συνών. *αφιέρωση*). 4. αγάπη: *ξεχωρίζει για την αφοσίωση στην οικογένειά του*.

αφότου, σύνδ., από τότε που: *όλα τακτοποιήθηκαν, ~ γύρισες*. [συνεκφ. αφ' ότου].

αφού, σύνδ. 1. (χρον.) από τη στιγμή που, από τότε που, όταν: *~ διαβάσεις, έλα να παίξουμε*. 2. (αιτιολ.) επειδή, μια και: *θα σου το αγοράσω, ~ το θέλεις τόσο πολύ*. 3. εφόσον: *~ δεν τον συμπαθείς, γιατί κάνεις παρέα μαζί του*· φρ. (ειρων.) *~ το κατάλαβες!* (= επιτέλους το κατάλαβες!). [συνεκφ. αφ' ού].

αφουγκράζομαι, ρ. (όχι έρρ., λαϊκ.), ακούω με προσοχή. [αρχ. *επακροώμαι*].

αφουγκραστής ο, ουσ. (όχι έρρ., λαϊκ.), αυτός που προσπαθεί να κρυφακούσει (συνών. *ωτακουστής*).

αφούντωτος, -η, -ο, επίθ. (έρρ.). 1. που δε φούντωσε, δεν έχει ακόμη πυκνό φύλλωμα: *δέντρα -α*. 2. (για φωτιά) που δεν αναδίδει ακόμη μεγάλες και ζωηρές φλόγες. 3. (μεταφ.) που δε ζωήρεψε ακόμη: *γλέντι -ο*.

αφούρνιστος, -η, -ο, επίθ., που δε φουρνίστηκε ακόμη: *ψωμί -ο* (αντ. *φουρνισμένος*).

αφουρτούνιαστος, -η, -ο, επίθ. (συνιζ.). 1. που δεν έχει φουρτούνα: *θάλασσα -η* (αντ. *φουρτουνιασμένος*). 2. (μεταφ.) που δεν έχει προβλήματα, που δεν παρουσιάζει ταραχές: *έζησε ζωή -η* (συνών. *ήσυχος, γαλήνιος*).

αφούσκωτος, -η, -ο, επίθ. 1. που δε φουσκώθηκε: *μπαλόνι -ο·* (για πανιά) που δεν τα φούσκωσε ο αέρας (αντ. *φουσκωμένος*). 2. που δε φούσκωσε, που δεν έπαθε την αναγκαία ζύμωση: *ψωμί -ο*.

αφούχτιαστος, -η, -ο και **αχούφτιαστος,** επίθ. (συνιζ., λαϊκ.). 1. που δε φουχτιάστηκε, δεν πιάστηκε μέσα στην παλάμη. 2. που δεν μπορεί να πιαστεί στην παλάμη.

αφούχτωτος, -η, -ο και **αχούφτωτος,** επίθ. (λαϊκ.), αχούφτιαστος (βλ. λ.).

άφραγκος, -η, -ο, επίθ. (έρρ.), που έχει καθόλου χρήματα: *έμεινα ~ και ατσίγαρος* (συνών. *απέντερος, φτωχός·* αντ. *παραλής, πλούσιος*).

άφραγος, βλ. *άφραχτος*.

άφραστος, -η, -ο, επίθ., που δεν μπορεί να ειπωθεί: *σφίγγει το χώμα της πατρίδας μου με -η γλύκα* (Καζαντζάκης)· *-ή αρμονία* (συνών. *ανέκφραστος, απερίγραπτος*). - Επίρρ. **-α**.

αφρατολέμονο το, ουσ., λεμόνι αφράτο.

αφράτος, -η, -ο, επίθ. 1. μαλακός και φουσκωτός σαν αφρός: *γλύκισμα/ψωμί -ο·* τα κηπευτικά θέλουν *-ο* χώμα για να ευδοκιμήσουν· *αμύγδαλα/κυδώνια -α·* ξύλο *-ο*. 2. άσπρος και παχουλός: *χέρι -ο· γυναίκα -η*. [αφρός].

άφραχτος, -η, -ο και **άφραγος,** επίθ. 1. που δεν έχει φράχτη: *αμπέλι -η* (συνών. *ξέφραγος, απερί-*

φρακτος· αντ. *φραγμένος, περιφραγμένος).* 2. που δεν έχει περιορισμό: *στόμα άφραγο.*

αφρεσκάριστος, -η, -ο, επίθ. (για πράγμα) που δεν πήρε καινούργια όψη με επισκευή, βάψιμο, κλπ.: *έπιπλα -α.* 2. (για άνθρωπο) που δεν καλλωπίστηκε, δεν περιποιήθηκε τον εαυτό του (συνών. *ακαλλώπιστος, απεριποίητος).*

αφρίζω, ρ. 1. κάνω, βγάζω αφρούς: *το σαπούνι μου δεν -ει πολύ· η θάλασσα -ει το χειμώνα.* 2. παθαίνω ζύμωση: *ο μούστος άρχισε ν' -ει* (συνών. *φουσκώνω).* 3. (για έμβιο ον) βγάζω αφρούς απ' το στόμα μου: *το ζώο -ισε απ' την πολλή κούραση.* Φρ. *~ απ' το κακό μου* (= γίνομαι έξω φρενών, οργίζομαι παράφορα).

αφρικανικός, -ή, -ό και (λαϊκ.) **-άνικος,** επίθ., που ανήκει ή αναφέρεται στην Αφρική ή στους Αφρικανούς: *χώρες/γλώσσες -ές· σκοπός αφρικάνικος.*

Αφρικανός και **Αφρικάνος** ο, θηλ. **-ή** και **-άνα,** ουσ., κάτοικος της Αφρικής ή αυτός που κατάγεται απ' την Αφρική.

άφρισμα το, ουσ. 1. σχηματισμός αφρού: *~ του σαπουνιού/της θάλασσας.* 2. μανιώδης οργή.

αφρισμός ο, ουσ., άφρισμα (βλ. λ.).

αφρόγαλα και **αφρόγαλο** το, ουσ., αφρός, καϊμάκι του γάλακτος.

αφρογέννητος, -η, -ο, επίθ., που γεννήθηκε μέσα απ' τους αφρούς της θάλασσας: *Αφροδίτη -η·* (μεταφ.) *νησί -ο.*

αφροδισία η, ουσ., ένστικτο αναπαραγωγής, γενετήσιο, σεξουαλικό ένστικτο (συνών. *σεξουαλισμός·* αντ. *αναφροδισία).*

αφροδισιακός, -ή, -ό, επίθ. (ασυνίζ.). 1. που ανήκει ή αναφέρεται στα αφροδίσια νοσήματα και την αφροδισία (συνών. *αφροδίσιος, γενετήσιος).* 2. που διεγείρει τη γενετήσια ορμή: *φάρμακα -ά* (συνών. *διεγερτικός).*

αφροδισιολόγος ο, ουσ. (ασυνίζ.), γιατρός ειδικευμένος στα αφροδίσια νοσήματα.

αφροδίσιος, -α, -ο, επίθ. (ασυνίζ.), που ανήκει ή αναφέρεται στην αφροδισία, στη γενετήσια ορμή: *η σύφιλη είναι -ο μεταδοτικό νόσημα* (συνών. *αφροδισιακός, γενετήσιος, σεξουαλικός).* - Το ουδ. στον πληθ. ως ουσ. 1. σαρκικές απολαύσεις. 2. (με παράλειψη του ουσ. νοσήματα) = αρρώστιες που μεταδίδονται με τη σεξουαλική επαφή.

αφροκοπώ, -άς, ρ. 1. βγάζω πολλούς αφρούς. 2. οργίζομαι παράφορα (συνών. *αφρίζω, εξοργίζομαι).*

αφρόκρεμα η, ουσ. 1. αφρώδης κρέμα γλυκισμάτων από ζάχαρη και αβγά. 2. καλλυντική αλοιφή προσώπου. 3. εκλεκτό μέρος κάποιου πράγματος: *δεν αγοράζει ό,τι να 'ναι· διαλέγει την ~* (συνών. *αφρός, άνθος·* αντ. *σαβούρα).* 4. τα ανώτερα κοινωνικά στρώματα: *στη δεξίωση ήταν παρούσα όλη η ~ της πόλης* (συνών. *αριστοκρατία·* αντ. *μάζα, λαουτζίκος).*

αφρόλευκος, -η, -ο, επίθ., άσπρος σαν τον αφρό: *τυρί -ο* (συνών. *χιονάτος, κατάλευκος).*

αφρόλουστος, -η, -ο, επίθ., που βρέχεται από αφρώδη νερά; *λιμάνια -α.*

αφρομανώ, -άς, ρ., αφρίζω από οργή: *αφρυμανά ει απ' το κακό του.*

αφρονημάτιστος, -η, -ο, επίθ., που δε φρονηματίσθηκε, που δε συνετίσθηκε: *παιδί -ο.*

αφροντισιά η, ουσ. (έρρ., συνίζ.). 1. έλλειψη φροντίδων: *~ της νιότης* (συνών. *αμεριμνησία, ξε-*

νοιασιά· αντ. *φροντίδα).* 2. αμέλεια, αδιαφορία: *αυτή η γυναίκα είναι η προσωποποίηση της -ιάς.*

αφρόντιστα, επίρρ. (έρρ.), χωρίς φροντίδες, αμέριμνα: *περνάει τη ζωή του ~.*

αφρόντιστος, -η, -ο, επίθ. (έρρ.), που δεν τον φρόντισαν, που δεν τον περιποιήθηκαν: *σπίτι/ντύσιμο -ο.*

αφροπλασμένος, -η, -ο, επίθ. 1. πλασμένος, ζυμωμένος έτσι ώστε να γίνει αφράτος. 2. (μεταφ.) αφράτος, απαλός: *κορμί -ο* (συνών. *αφρόπλαστος).*

αφρόπλαστος, -η, -ο, επίθ., αφροπλασμένος (βλ. λ.), αφράτος.

αφρός ο, ουσ. 1. σύνολο φυσαλίδων που σχηματίζονται στην επιφάνεια των υγρών όταν αυτά αναταράζονται ή βράζουν: *ασημένιος ~ της θάλασσας· ~ κρασιού/μπύρας.* 2. (συνεκδοχικά) η επιφάνεια ενός υγρού: *ψάρια του -ού* (= ψάρια που ζουν σε μικρό βάθος) (αντ. *βυθός, πάτος).* 3. άφθονη έκκριση σάλιου σε φυσαλίδες που είναι συνήθως σύμπτωμα ασθένειας ή μεγάλου θυμού: *από το στόμα του έβγαζε ματωμένους -ούς· έβγαζε -ούς από τη μανία του.* 4. (μεταφ.) το εκλεκτότερο, το πιο εξαιρετικό μέρος ενός πράγματος ή συνόλου: *διαλέγω, παίρνω τον -ό·* φρ. *στέκω στον -ό* (= βρίσκομαι στην επικαιρότητα) (συνών. *ανθός, αφρόκρεμα·* αντ. *σαβούρα).* [αφρός].

αφροστεφανωμένος, -η, -ο, επίθ., που έχει στην κορυφή του αφρούς σαν στεφάνι ή που περιβάλλεται από αφρούς: *κύμα -ο· βράχος ~* (συνών. *αφροστεφάνωτος).*

αφροστεφάνωτος, -η, -ο, επίθ., που έχει στην κορυφή του αφρούς σαν στεφάνι ή που περιβάλλεται από αφρούς (συνών. *αφροστεφανωμένος).*

αφροσύνη η, ουσ., έλλειψη φρόνησης: *η ~ της την κατέστρεψε* (συνών. *απερισκεψία, μωρία, αστοχασιά·* αντ. *φρόνηση, σύνεση).*

αφρούρητος, -η, -ο, επίθ., που δεν έχει φρουρά: *πόλη -η· τα σύνορα του εδώ και του εκεί μένουν -α* (Ρίτσος) (συνών. *αφύλαχτος·* αντ. *φυλαγμένος).* - Επίρρ. **-α** (συνών. *αφύλαχτα).*

αφρόψαρα τα, ουσ., ψάρια που ζουν σε μικρό βάθος από την επιφάνεια της θάλασσας.

αφρυγάνιστος, -η, -ο, επίθ., που δε φρυγανίστηκε: *ψωμί -ο.*

αφρώδης, -ης, -ες, γεν. *-ους,* πληθ. αρσ. και θηλ. *-εις,* ουδ. *-η,* επίθ. 1. που έχει αφρούς· που παράγει αφρούς: *κρασί -ες* (= κρασί που έχει υποστεί μια δεύτερη ζύμωση). 2. που μοιάζει με αφρό: *πλαστικό -ες.*

άφταιχτος, -η, -ο, και **άφταιγος,** επίθ., που δεν έφταιξε: *παιδί άφταιγο* (συνών. *αθώος·* αντ. *φταίχτης, ένοχος).* [αρχ. *άπταιστος*]. - Επίρρ. **-α** και **άφταιγα** (συνών. *αναίτια).*

άφταστος, βλ. *άφθαστος.*

αφτέρωτος, -η, -ο, επίθ., που δεν έχει φτερά: *πουλί -ο* (συνών. *άφτερος, αφτέρουγος).*

αφτί το, ουσ. 1. το μέλος του σώματος και όργανο ακοής: *~ αριστερό/δεξί· ο δάσκαλος του τράβηξε τ' -ιά·* φρ. και παροιμ. *ανοίγω/τεντώνω τ' -ιά μου* (= προσέχω πολύ)· *απ' τ' ~ και στο δάσκαλο* (προκ. για άμεση τιμωρία)· *από το ένα ~ μου μπαίνει και από το άλλο βγαίνουν* (- αδιαφορώ τελείως σε όσα μου λένε)· *από το στόμα σου και στου Θεού τ' ~* (= ευχή για να πραγματοποιηθεί αυτό που ειπώθηκε)· *γελούν και τ' -ιά μου* (= για υπερβολική χαρά)· *δεν αδειάζω να ξύσω τ' -ιά μου*

αφτιάς

(= είμαι πάρα πολύ απασχολημένος)· *(δεν) έχει* ~ (= (δεν) έχει μουσική αντίληψη)· *δεν ιδρώνει τ'* ~ *μου* (= είμαι αδιάφορος, ασυγκίνητος για κάτι)· *δίνω* ~ (= ακούω με προσοχή)· *είμαι όλος -ιά* (= προσέχω πολύ)· *είμαι ως τ' -ιά* (δεν αντέχω άλλο)· *έχουν κι οι τοίχοι -ιά* (= προτροπή να μη λεχθεί κάτι μεγαλόφωνα)· *έχω τ' -ιά μου ανοιχτά* (= προσέχω)· *κατέβασε τ' -ιά* (= ντροπιάστηκε, ταπεινώθηκε)· *κλείνω τ' -ιά μου* (= αποφεύγω ν' ακούσω)· *λέω ή σφυρίζω κάτι στ'* ~ (= λέω κάτι κρυφά)· *μοιάζει στο* ~ (= μοιάζει ελάχιστα)· *μου πήραν τ' -ιά* (= με ενόχλησαν με τις δυνατές φωνές τους)· *μου έφαγε τ' -ιά* (για επίμονες ενοχλήσεις ή παρακλήσεις)· *μπήκαν ψύλλοι στ' -ιά* (= έχω υποψίες ή ανησυχία για κάτι)· *να σου πει ο παπάς στ'* ~ *κι ο διάκος στο ριζάφτι* (κατάρα που να δηλωθεί δυσαρέσκεια για κάτι που ειπώθηκε)· *παίζει με τ'* ~ (= παίζει κάποιο μουσικό όργανο εμπειρικά)· *περήφανος στ' -ιά* (= βαρήκοος)· *πήρε τ'* ~ *μου κάτι* (= πληροφορήθηκα τυχαία)· *στήνω* ~ (= κρυφακούω)· *φτάνει στ' ιά μου* (πληροφορούμαι τυχαία)· *χρεώθηκε ως τ' ιά* (= χρεώθηκε υπερβολικά)· *χτυπούν οι φτέρνες στ' -ιά του* (= τρέχει πολύ γρήγορα). 2. λαβή σκεύους, χερούλι: *-ιά στάμνας*. 3. (στον πληθ. για βιβλίο) τα άκρα των εξωφύλλων που γυρίζουν προς τα μέσα· (για φάκελο) τα τμήματα του φακέλου που γυρίζουν προς τα μέσα για να συγκρατήσουν και να προστατέψουν το περιεχόμενο του. [συνεκφ. *τα ωτία*>*ταουτία*>*τ' αφτία*>*αφτί*]. - Υποκορ. στη σημασ. Ι **-άκι, -ούλι, -ουλάκι** το. Μεγεθ. στη σημασ. Ι **-ούκλα**.

αφτιάς ο, ουσ. (συνιζ.), αυτός που έχει μεγάλα αφτιά.

αφτιασίδωτος, -η, -ο και **αφκιασίδωτος**, επίθ. 1. που δεν έχει χρησιμοποιηθεί ή δε χρησιμοποιεί φτιασίδι, δηλ. καλλωπιστικές αλοιφές για την επάλειψη του προσώπου: *γυναίκα -η* (συνών. *αμακιγιάριστος*· αντ. *φτιασιδωμένος, μακιγιαρισμένος*).

άφτιαχτος και **άφτιαστος**, επίθ. (συνίζ.). 1. που δεν κατασκευάστηκε ή που δεν ολοκληρώθηκε η κατασκευή του: *σπίτι -ο· δρόμος* ~ (συνών. *ακατασκεύαστος*). 2. που δεν επιδιορθώθηκε, δεν επισκευάστηκε: *μηχάνημα/αυτοκίνητο -ο* (συνών. *αδιόρθωτος, ανεπισκεύαστος*· αντ. *διορθωμένος, επισκευασμένος, φτιαγμένος*). 3. που δεν τακτοποιήθηκε, δεν συγυρίστηκε: *δωμάτιο/κρεβάτι -ο* (συνών. *ασυγύριστος, ατακτοποίητος*· αντ. *συγυρισμένος, τακτοποιημένος, φτιαγμένος*). 4. που δεν έχει φροντίσει την εμφάνιση του: *ήταν* ~ *κι είχε τα χάλια του* (συνών. *ατημέλητος, απεριποίητος*· αντ. *περιποιημένος*).

αφτόπονος ο, ουσ., πόνος του αφτιού.

άφτρα και (λόγ.) **άφθα** η, Ι. ουσ. 1. έλκωση του στόματος ή εξάνθημα της γλώσσας συνήθως βρεφών. 2. έξαψη, φλόγωση. 3. υψηλός πυρετός. [*άφθρα*<αρχ. *άφθα*].

άφτρα η, II. ουσ. 1. φιτίλι. 2. προσάναμμα. 3. καπνοδόχος. [παλαιότερο *άπτρα*].

άφτω, ρ. (λαϊκ.), ανάβω.

αφυδατώνω, ρ., αφαιρώ το νερό από ένα σώμα: *επιδερμίδα -ωμένη· τροφές -ωμένες· γάλα -ωμένο*. [*από + υδατώνω*].

αφυδάτωση η, ουσ. 1. αφαίρεση του νερού από κάποιο σώμα. 2. (ιατρ.) η απώλεια του νερού από τους ιστούς των οργάνων: *η -η στα βρέφη είναι επικίνδυνη*.

αφυλάκιστος, -η, -ο, επίθ., που δε φυλακίστηκε (συνών. *ελεύθερος*· αντ. *φυλακισμένος*).

αφύλαχτος, -η, -ο, επίθ. 1. που δεν προστατεύεται ή δεν ελέγχεται από φύλακα: *πύλη -η· πέρασμα / αμπέλι -ο· διάβαση τρένων -η* (συνών. *αφρούρητος*· αντ. *φυλαγμένος*). 2. που δεν παίρνει προφυλακτικά μέτρα: *σε τόσο επικίνδυνο μέρος κυκλοφορεί* ~ (αντ. *προφυλαγμένος*).

αφυπηρέτηση η, ουσ. (στρατ.) συμπλήρωση των στρατιωτικών υποχρεώσεων κάποιου και απόλυσή του.

αφυπηρετώ, ρ. (λόγ.), (στρατ.) απολύομαι από το στρατό (συνών. *αποστρατεύομαι*).

αφυπνίζω, ρ. 1. ξυπνώ, σηκώνω κάποιον από τον ύπνο (αντ. *κοιμίζω*). 2. (μεταφ.) αναζωογονώ, αναθερμαίνω: ~ *παλιά πάθη/την περιέργεια/το ενδιαφέρον* (αντ. *κοιμίζω, ναρκώνω*). 3. (μεταφ.) κάνω κάποιον να ανακτήσει την πνευματική του διαύγεια, το ενδιαφέρον του για κάτι, τη ζωτικότητά του: *με τη σωστή ενημέρωση -ονται οι συνειδήσεις* (συνών. *ξυπνώ, διαφωτίζω*).

αφύπνιση η, ουσ. 1. το να σηκώνεται κάποιος απ' τον ύπνο: *υπηρεσία -ης* (συνών. *ξύπνημα*). 2. (μεταφ.) αναζωογόνηση, αναζωπύρωση: ~ *πάθους/ενδιαφέροντος/ηφαιστείου*. 3. ανάκτηση της πνευματικής διαύγειας ή της ζωτικότητας: ~ *συνείδησης·* ~ *του λαού* (συνών. *ξύπνημα*).

αφύσικος, -η, -ο, επίθ. 1. που παραβαίνει τους φυσικούς νόμους, που είναι αντίθετος στη φύση, μη φυσιολογικός: *διάπλαση/ανάπτυξη -η* (συνών. *ανώμαλος·* αντ. *φυσιολογικός, ομαλός*). 2. (μεταφ.) που είναι αντίθετος στους κοινωνικούς κανόνες ή νόμους (συνών. *αταίριαστος*). 3. προσποιητός, επιτηδευμένος ή παράξενος: *ύφος/βλέμμα -ο· τρόποι -οι* (αντ. *φυσικός*). - Επίρρ. στη σημασ. Ι και 3: **-α**.

αφύτευτος, -η, -ο, επίθ. 1. που δεν έχουν φυτέψει σ' αυτόν: *χώρος/κήπος* ~ (αντ. *φυτεμένος*). 2. που δεν τον έχουν φυτέψει: *σπόροι -οι· καπνός* ~.

αφύτρωτος, -η, -ο, επίθ. 1. που δε φύτρωσε, δε βλάστησε: *σιτάρι -ο* (αντ. *φυτρωμένος*). 2. (μεταφ.) *μουστάκι -ο· μαλλιά -α* (αντ. *φυτρωμένος*).

αφ' υψηλού αρχαϊστ. επιρρημ. έκφρ. = με κύρος (συνήθως ειρων.).

αφωνία η, ουσ. (ιατρ.) απώλεια της φωνής που προκαλείται από έντονες συγκινήσεις ή κάποια πάθηση των φωνητικών χορδών: *-α υστερική/ξαφνική/ολική/παροδική*.

αφωνόληκτος, -η, -ο, επίθ. (γραμμ., για ρήματα ή τριτόκλιτα ονόματα) που το θέμα του λήγει σε άφωνο φθόγγο.

άφωνος, -η, -ο, επίθ. 1. που δεν έχει φωνή: *έμεινε μετά την τραχειοτομία* (συνών. *άλαλος, βουβός*). 2. που σωπαίνει, που δε μιλά: *στέκεται* ~ *«ως ιχθύς»* (συνών. *σιωπηλός, αμίλητος*). 3. που δεν μπορεί να μιλήσει από έκπληξη, ταραχή: *έμεινε* ~ *από το σοκ* (συνών. *άναυδος, εμβρόντητος, κατάπληκτος*). 4. (γραμμ.) *-α γράμματα ή -οι φθόγγοι* = τα κλειστά σύμφωνα π, β, φ, τ, δ, θ, κ, γ, χ του ελληνικού αλφαβήτου που κατά την εκφορά τους δεν βγαίνει πνοή από το στόμα και έτσι δεν μπορούν να προφερθούν χωρίς τη βοήθεια φωνηέντων.

αφωνότερος ιχθύος· αρχαϊστ. έκφρ.: για κείνον που τηρεί επίμονη σιωπή.

αφωταγώγητος, -η, -ο, επίθ., που δε φωταγωγήθηκε, που δεν είναι φωτισμένος με πολλά φώτα: *πό-*

λη/αίθουσα -η (αντ. φωταγωγημένος).
αφώτιστος, -η, -ο, επίθ. 1. που δεν είναι φωτισμένος: χώρος ~· δρόμοι -οι (συνών. σκοτεινός· αντ. φωτισμένος). 2. (εκκλ.) που δεν έχει βαφτιστεί (συνών. αβάφτιστος· αντ. βαφτισμένος). 3. (μεταφ.) που δεν έχει διαφωτιστεί, δεν έχει δεχτεί τα «φώτα» της παιδείας: λαός ~ (συνών. αδιαφώτιστος, απληροφόρητος· αντ. διαφωτισμένος, φωτισμένος). 4. που δε ραντίστηκε με αγιασμό την ημέρα των Φώτων.
αφωτογράφητος, -η, -ο, επίθ., που δε φωτογραφήθηκε, που δεν του τράβηξαν φωτογραφίες.
άφωτος, -η, -ο, επίθ., που δεν έχει φως (συνών. σκοτεινός· αντ. φωτισμένος, φωταγωγημένος). - Επίρρ. **-α.** (συνών. σκοτεινά, αξημέρωτα).
αχ, επιφ., για να δηλωθεί 1. ευχαρίστηση, ικανοποίηση, ανακούφιση: ~! τι ωραία περάσαμε!· ~! φτάσαμε επιτέλους! 2. μεγάλη επιθυμία, πόθος: ~! να σ' έβλεπα για λίγο! 3. παράπονο, δυσαρέσκεια: ~! γιατί να συμβεί αυτό! 4. πόνος σωματικός: ~! το πόδι μου! 5. οίκτος: ~! τον καημένο! 6. στενοχώρια, θλίψη: ~! τι κακό πάθαμε! 7. πάθος, μίσος, εκδικητικότητα: ~! να δεις τι θα πάθεις!· ~! δε θα μου γλυτώσεις! 8. (ως ουσ.): άρχισε πάλι τα ~ και τα βαχ! [ηχομιμ. λ.].
αχάιδευτος, -η, -ο, επίθ. 1. που δεν τον χάιδεψαν: παιδί -ο (συνών. αθώπευτος· αντ. χαϊδεμένος). 2. (συνεκδ.) παραμελημένος: μήπως και του Χάροντα... του φανείς -ο/και σε παραπετάξει (Παλαμάς) (συνών. ακανάκευτος· αντ. κανακεμένος). 3. (μεταφ.) που δεν τον κολάκεψαν (συνών. ακολάκευτος).
αχαϊκός, -ή, -ό, επίθ., που ανήκει ή αναφέρεται στους Αχαιούς ή την Αχαΐα: διάλεκτος/συμπολιτεία -ή· στρατός ~.
αχαιρέτιστος, -η, -ο, επίθ., που δεν τον χαιρέτησαν.
αχαΐρευτος, -η, -ο, επίθ., που δεν έχει προκοπή ή που δεν μπορεί να προκόψει: άνθρωπος ~· αυτός είναι «κορμί -ο» (συνών. ανεπρόκοπος· αντ. προκομμένος). - Επίρρ. **-α.**
αχαλάρωτος, -η, -ο, επίθ. 1. που δεν τον χαλάρωσαν: σκοινί -ο (συνών. τεντωμένος, σφιγμένος· αντ. χαλαρός, ατέντωτος, μπόσικος). 2. (μεταφ.) που δε μειώθηκε η έντασή του (συνών. έντονος, ζωηρός, δυνατός· αντ. άτονος, ξεθυμασμένος).
αχάλαστος, -η, -ο, επίθ. 1. που δεν έχει καταστραφεί: παιχνίδι/σπίτι -ο (συνών. διατηρημένος· αντ. χαλασμένος, κατεστραμμένος). 2. που δεν αλλοιώθηκε: φαγητό -ο (αντ. αλλοιωμένος, σάπιος, ξινός). 3. (μεταφ.) ψυχή -η· χαρακτήρας ~ (συνών. άφθαρτος· αντ. διεφθαρμένος). 4. (για χρήματα) που δεν ξοδεύτηκαν (συνών. αξόδευτος, αδαπάνητος· αντ. δαπανημένος, ξοδεμένος). 5. (συνήθως για χαρτονόμισμα) που δεν το αντάλλαξαν με (χαρτο) νομίσματα μικρότερης αξίας.
αχαλίνωτος, -η, -ο, επίθ. 1. που δεν έχει χαλινάρια, που δεν είναι χαλινωμένος: άλογο -ο (συνών. ακαπίστρωτος, ξεκαπίστρωτος). 2. (μεταφ.) που δεν τιθασεύτηκε: ψυχές -ες· χαρακτήρας ~ (συνών. αδάμαστος, ατίθασος· αντ. πειθαρχημένος). 3. (μεταφ.) ασυγκράτητος, προπετής: γλώσσα -α· φέρσιμο -ο (συνών. θρασύς, αυθάδης· αντ. εγκρατής, σεμνός). 4. που ξεπερνά κάθε όριο, «που δεν έχει μέτρο»: φιλοδοξία/ελευθερία -η (αντ. μετριοπαθής, μετρημένος).
αχαμήλωτος, -η, -ο, επίθ., που δεν έχει χαμηλώσει

ή δεν μπορεί να χαμηλωθεί, να μειωθεί το ύψος ή η έντασή του: κουρτίνα/φωνή -η· βλέμμα/φως -ο· (μεταφ.) ψυχή -η (συνών. αμείωτος, έντονος· αντ. χαμηλωμένος, άτονος, εξασθενημένος).
αχαμνά, επίρρ. (λαϊκ.). 1. χωρίς ένταση (συνών. ασθενικά· αντ. έντονα). 2. χαλαρά (συνών. μπόσικα· αντ. ζωηρά, δυνατά).
αχαμνά τα, ουσ. (λαϊκ.), περιοχή των όρχεων: τον χτύπησε στ' ~.
αχαμνάδα η, ουσ. 1. λιποσαρκία (συνών. ισχνότητα, λεπτότητα, ατροφικότητα· αντ. παχυσαρκία). 2. σωματική αδυναμία (συνών. ατονία· αντ. ζωηράδα, σφρίγος).
αχαμναίνω, ρ. (λαϊκ.). 1. (αμτβ.) γίνομαι αχαμνός, ισχνός (συνών. αδυνατίζω· αντ. παχαίνω, χοντραίνω). 2. (μτβ.) χαλαρώνω κάτι, μειώνω την ένταση (αντ. δυναμώνω, εντείνω).
αχάμνια και **αχαμνιά** η, ουσ. (συνιζ., λαϊκ.). 1. ισχνότητα: από την ~ μοιάζει σαν σκελετός (συνών. αχαμνάδα, λιποσαρκία, ατροφικότητα· αντ. παχυσαρκία). 2. σωματική αδυναμία: από την ~ δεν μπορεί να σύρει τα πόδια του (συνών. ατονία, εξάντληση· αντ. ζωηρότητα, ζωντάνια).
αχαμνός, -ή, -ό, επίθ. 1. πλαδαρός: ζυμάρι/ κερί -ό (συνών. μαλακός· αντ. σφιχτός, σκληρός). 2. υδαρής: λάσπη -ή. 3. χαλαρός: σκοινί -ό (συνών. μπόσικος, λάσκος· αντ. σφιχτός, τεντωμένος). 4. ισχνός, αδύνατος: αρνιά -ά· κορμί -ό (συνών. λεπτός, λιπόσαρκος· αντ. παχύς, σαρκώδης, ευτραφής, γεμάτος). 5. αδύναμος: παιδί -ό (συνών. ασθενικός, καχεκτικός· αντ. γερός, δυνατός, σφριγηλός, ακμαίος). 6. (μεταφ.) που δεν είναι ζωηρός: τόσο -ές ήτανε οι θύμησές του (συνών. ασθενικός, αδύναμος, άτονος· αντ. ζωηρός, έντονος). 7. άγονος: γη -ή· χωράφι -ό (αντ. εύφορος, γόνιμος). 8. κακός: άνθρωπος/λόγος ~· μέρα -ή. [προθετ. α- + χαμνός<χαυνός<χαύνος]. - Υποκορ. **-ούτσικος** (στη σημασ. 4).
αχανές το, ουσ., το άπειρο διάστημα (συνών. άπειρο, αχανής).
αχανής, -ής, -ές, γεν. -ούς, πληθ. αρσ. και θηλ. -είς, ουδ. -ή, επίθ. 1. άπειρος: διάστημα -ές (συνών. απέραντος, ατέλειωτος· αντ. απειροελάχιστος). 2. που έχει ατέλειωτες εκτάσεις: χώρα ~· πέλαγος -ές· στέπες -είς (συνών. εκτεταμένος· αντ. μικρός, περιορισμένος).
αχάραγα, επίρρ. (λαϊκ.), πριν από τα χαράματα, πριν να ξημερώσει: ~ ξύπνησε/σηκώθηκε για τη δουλειά (συνών. αξημέρωτα). [χαράζει· βλ. χαράζω].
αχάραγος, βλ. αχάρακτος.
αχαρακτήριστος, -η, -ο, επίθ. 1. που δεν μπορεί κανείς να τον χαρακτηρίσει, να τον περιγράψει με λόγια κατάλληλα. 2. ακατονόμαστος: κατάσταση/συμπεριφορά -η (συνών. ανάρμοστος, άπρεπος· αντ. αξιέπαινος). 3. ανήθικος: άνθρωπος ~ (συνών. αδιάντροπος, αναιδής· αντ. ηθικός, ενάρετος). 4. που δεν του απέδωσαν χαρακτηρισμό σχετικά με τα πολιτικά ή άλλα φρονήματά του (αντ. δηλωμένος, χαρακτηρισμένος). - Επίρρ. **-α** (στη σημασ. 2).
αχαράκωτος, -η, -ο, επίθ. 1. ανοχύρωτος: γραμμές μετώπου -ες. 2. που δε χαράχτηκε με γραμμές παράλληλες: τετράδιο/χαρτί -ο (συνών. αρίγωτος· αντ. χαρακωμένος, ριγωμένος). 3. που δεν του έγιναν εντομές, που δεν τον χάραξαν: πεύκα -α· ελιές -ες· αμπέλι -ο.

αχαράμιστος, -η, -ο, επίθ., που δε χαραμίστηκε, που δεν ξοδεύτηκε άσκοπα: *λεπτά -α.*

αχαράτσωτος, -η, -ο, επίθ. 1. που δε φορολογήθηκε και μάλιστα βαριά (αντ. *χαρατσωμένος).* 2. (μεταφ.) που δε δάνεισε ή γενικότερα δεν ξόδεψε χρήματα παρά τη θέλησή του.

αχάραχτος, -η, -ο και **αχάραγος,** επίθ. 1. που δεν έχει ή δεν μπορεί να χαραχτεί: *διαμάντι/ξύλο/ μάρμαρο -ο* (αντ. *χαραγμένος).* 2. που δεν του έγιναν εντομές: *ελιές -ες· καρπούζι -ο.* 3. (μεταφ.) που δεν καθορίστηκε: *πορεία -η· πρόγραμμα -ο* (συνών. *ακαθόριστος, απρογραμμάτιστος·* αντ. *καθορισμένος, σχεδιασμένος).* 4. (για την ημέρα) που δε χάραξε ακόμη.

αχαριστία η, ουσ. 1. το να είναι κανείς αχάριστος: *~ αδιάντροπη/πρωτοφανής* (συνών. *αγνωμοσύνη·* αντ. *ευγνωμοσύνη, χάρη).* 2. πράξη αχάριστη: *τον πλήγωσε με τέτοια ~.*

αχάριστος, -η, -ο, επίθ., που δε δείχνει την ευγνωμοσύνη που οφείλει για τις ευεργεσίες που του γίνονται: *παιδί -ο* (συνών. *αγνώμονας·* αντ. *ευγνώμονας, υπόχρεος).* - Επίρρ. **-α.**

άχαρος, -η, -ο, I. επίθ. 1. που δεν αισθάνεται χαρά: *άνθρωπος ~· μαύρος κι ~* (συνών. *δυστυχισμένος·* αντ. *χαρούμενος, ευτυχισμένος).* 2. (συμπαθητ.) συμπαθής: *παιδί -ο* (αντ. *αντιπαθής).* 3. που δεν παρέχει χαρά ή ευχαρίστηση: *ζωή -η* (συνών. *θλιβερός·* αντ. *ευχάριστος).* [στερ. *α + χαρά].*

άχαρος, -η, -ο, II. επίθ. 1. που δεν έχει χάρη: *γυναίκα -η· κινήσεις -ες* (συνών. *άκομψος, μπατάλικος·* αντ. *κομψός, χαριτωμένος).* 2. (μεταφ.) που δεν είναι ευχάριστος: *λόγια -α· δουλειά -η· η στιγμή ήτανε -η γι' αυτόν* (συνών. *δυσάρεστος, ανιαρός, βαρετός·* αντ. *ευχάριστος, διασκεδαστικός).* [στερ. *α + χάρη].* - Επίρρ. **-α** (στη σημασ. 1).

αχαρτζιλίκωτος, -η, -ο, επίθ., που δεν του έδωσαν χαρτζιλίκι, δηλ. χρήματα για τις καθημερινές μικροανάγκες (αντ. *χαρτζιλικωμένος).*

αχαρτοσήμαντος, -η, -ο, επίθ. (έρρ.), που δεν είναι χαρτοσημασμένος, δηλ. δεν έχει χαρτόσημο επικολλημένο: *έγγραφο/συμβόλαιο -ο* (αντ. *χαρτοσημασμένος).*

αχάτης ο, ουσ., είδος ημιπολύτιμου λίθου, ποικιλία του χαλαζία.

αχάτινος, -η, -ο, επίθ. 1. που είναι φτιαγμένος από αχάτη. 2. (μεταφ.): *σιωπηλή του αχάτινου/ ματιού σου περηφάνια* (Καρυωτάκης).

αχειλιά η, ουσ. (ιατρ.) η εκ γενετής ολική ή μερική έλλειψη χειλέων.

αχείμαστος, -η, -ο, επίθ. (λόγ.), που δεν ταράζεται από τρικυμίες· (συνήθως μεταφ.) που δε δοκιμάζεται από συμφορές: *βίος ~* (συνών. *ήρεμος, γαλήνιος·* αντ. *ταραγμένος, έντονος).*

αχειραγώγητος, -η, -ο, επίθ. (λόγ.), που δεν τον χειραγώγησαν: *είσαι υποχρεωμένος να αποφασίσεις ~* (συνών. *ακαθοδήγητος·* αντ. *χειραγωγημένος, κατατοπισμένος, καθοδηγημένος).*

αχειραφέτητος, -η, -ο, επίθ., που δε χειραφετήθηκε, που εξακολουθεί να βρίσκεται κάτω από την εξουσία ή την επιρροή άλλου (αντ. *χειραφετημένος).*

αχειροποίητος, -η, -ο, επίθ. (για εικόνα) που δεν κατασκευάστηκε από χέρι ανθρώπου.

αχειροτόνητος, -η, -ο, επίθ. (για υποψήφιο ιερέα ή δόκιμο μοναχό) που δεν έχει ακόμη χειροτονηθεί (αντ. *χειροτονημένος).*

αχειρούργητος, -η, -ο, επίθ., που δεν τον υπέβαλαν σε χειρουργική επέμβαση: *άρρωστος ~* (αντ. *χειρουργημένος).*

αχεραποθήκη, βλ. *αχυραποθήκη.*

αχερένιος, βλ. *αχυρένιος.*

άχερο, βλ. *άχυρο.*

αχερόδεμα, βλ. *αχυρόδεμα.*

αχεροκαλύβα, βλ. *αχυροκαλύβα.*

αχερόλασπη, βλ. *αχυρόλασπη.*

αχερόστρωμα, βλ. *αχυρόστρωμα.*

αχερώνα, βλ. *αχυρώνα.*

αχερώνας, βλ. *αχυρώνας.*

αχηβάδα και **χηβάδα** η, ουσ. 1. κοινή ονομασία διαφόρων μαλακίων: *μαζεύω/τρώω/φέρνω -ες.* 2. (συνήθως στον τ. *χηβάδα)* κοιλότητα στον τοίχο κτιρίου (κυρ. για την κόχη του ιερού ενός ναού). [*χημάδα*<αρχ. *χήμη*].

άχθος αρούρης· αρχαϊστ. έκφρ. = βάρος της γης (για άνθρωπο τεμπέλη).

αχθοφορικά τα, ουσ., η αμοιβή του αχθοφόρου (συνών. *χαμαλιάτικα).*

αχθοφορικός, -ή, -ό, επίθ., που ανήκει ή αναφέρεται στον αχθοφόρο (συνών. *χαμαλιάτικος).*

αχθοφόρος ο, ουσ., επαγγελματίας που μεταφέρει φορτία: *στο σταθμό δεν έβρισκες -ο* (συνών. *χαμάλης, βαστάζος).*

αχιβάδα, βλ. *αχηβάδα.*

αχίλλειος πτέρνα· αρχαϊστ. έκφρ. = το αδύνατο, το τρωτό σημείο κάποιου.

αχινός και (συνιζ.) **-νιός** ο, ουσ., εχινόδερμο (βλ. λ.) με όστρακο σφαιρικό και αγκαθωτό: *~ μαύρος/ μικρός/φρέσκος· βγάζω/τρώω -ούς· πάτησα -ό* (παροιμ.) *πούθε να πιάσεις -ό και να μη σ' αγκυλώσει!* (για τους δύστροπους ανθρώπους). [αρχ. *εχίνος].*

αχιόνιστος, -η, -ο, επίθ. (συνιζ.). 1. (για τόπο) που δε σκεπάστηκε με χιόνι: *κάμπος ~· βουνοκορφή -η.* 2. (για χρον. διάστημα) που δε χιόνισε στη διάρκειά του: *χειμώνας ~.* - Επίρρ. **-α** (στη σημασ. 2).

αχλάδα η, ουσ. μεγάλο αχλάδι. Παροιμ. *πίσω έχει η ~ την ουρά* = όταν κανείς προβλέπει ότι το τέλος μιας ενέργειας ή μιας κατάστασης παρουσιάζει δυσκολίες, κρύβει κινδύνους ή έχει δυσάρεστα επακόλουθα (πιθ. αρχική μορφή: «*πίσω έχει το φίδι την ουρά»*). [παλαιότερο *αχλάς*<αρχ. *αχράς*].

αχλάδι το, ουσ., ο καρπός της αχλαδιάς: *~ άγουρο/ γινωμένο / ζουμερό· -ια βουτυράτα/ζαχαράτα/ σκοπελίτικα· κομπόστα ~* (συνών. *απίδι).* [*αχλάδιον*<παλαιότ. *αχλάς].* - Υποκορ. **-άκι** το. - Μεγεθ. **αχλάδα** η.

αχλαδιά η, ουσ. (συνιζ.), οπωροφόρο δέντρο με καρπό χυμώδη, γλυκό στη γεύση, με μικρούς σπόρους στη σάρκα του και σχήμα (συνήθως) επίμηκες που στο ένα άκρο είναι πιο πλατύ και στρογγυλό: *κλάδεψα/ράντισα τις -ιές* (συνών. *απιδιά).* Παροιμ. *σαν τίναζαν την ~ όσοι λάχαν τόσοι φάγαν* (προτροπή για σπουδή).

αχλαδόσχημος, -η, -ο, επίθ., που έχει σχήμα αχλαδιού: *ηχείο -ο·* (μουσ.) *λύρα -η* = είδος ελληνικού λαϊκού μουσικού οργάνου στην οικογένεια του λαγούτου.

αχλεύαστος, -η, -ο, επίθ., που δεν τον εχλεύασαν ή δεν πρέπει να γίνεται αντικείμενο χλευασμού: *ιερά σύμβολα -α* (συνών. *αδιακωμώδητος, ασατίριστος).*

αχμάκης ο, θηλ. **-άκισσα** και **-άκα,** επίθ. (λαϊκ.),

αργός στη σκέψη και την πράξη: *τον είδα -η και δεν τον πήρα στη δουλειά* (συνών. *βλάκας, ανόητος·* αντ. *ατσίδας, έξυπνος, «σπίρτο»*). [τουρκ. *ahmak*].
αχμάκικος, -η, -ο, επίθ. (λαϊκ.), που ταιριάζει σε άνθρωπο ανόητο και νωθρό: *φέρσιμο -ο· λόγια -α*. - Επίρρ. **-α**.
αχμάκισσα βλ. *αχμάκης*.
άχνα η, ουσ. (ιδιωμ.), ο υγρός αέρας της εκπνοής· (κοιν.) ανάσα: *να μην ακούσω ούτε ~!· δεν ακουγόταν ~* (για απόλυτη σιγή)· φρ. *δε βγάζω ~* (= μένω σιωπηλός). [*αχνίζω*].
αχνάδα η, I. ουσ. (ιδιωμ.), ομίχλη, καταχνιά· καπνός: *πέφτει ~· του λιβανιού οι -ες* (Παλαμάς) (μεταφ.) *αχνάδα ονείρου*.
αχνάδα η, II. ουσ. (ιδιωμ.), λευκότητα, χλομάδα: *η ~/που το πρόσωπο τώρα σκεπάζει* (Βαλαωρίτης)· *όταν στέλνει πίσω μίαν ~/μισοφέγγαρο χλομό* (= αδύναμο φως) (Σολωμός).
αχνάρι και **χνάρι** το, ουσ. 1. αποτύπωμα του πέλματος (ανθρώπου ή ζώου): *~ βαθύ/ματωμένο/ μισοσβησμένο· βρήκα τ' -ια του κλέφτη στο χωράφι· -ια του αλόγου/του λαγού· αφήνω -ια*. Φρ. *παίρνω τ' -ια κάποιου* (= ακολουθώ τις συνήθειες, μοιάζω με κάποιον): *στο φαΐ πήρε τ' -ια του πατέρα του*. 2. ίχνος, σημάδι: *ο χρόνος άφησε τ' -ια του στο πρόσωπό της*. 3. πρότυπο από ευτελές υλικό (συνήθως χαρτί) για τη χάραξη και την κοπή ορισμένου σχήματος: *~ για παπούτσια/για παλτό·* (για ιχνογράφημα σχεδίου) *~ για κέντημα*. [μεσν. *ιχνάριον<ίχνος + άρι(ον)*].
άχνη η, ουσ., λεπτή σκόνη: *ζάχαρη ~·* (τεχν.) πούδρα μαρμάρου που χρησιμοποιείται για επιχρίσματα. [αρχ. *άχνη*].
αχνίζω, ρ. 1. (αμτβ.) βγάζω αχνό: *το γάλα/το φαγητό -ει·* (μεταφ.) *το αίμα -ει ακόμη* (= δε λησμονήθηκε, είναι πρόσφατο το φονικό). 2. (μτβ. και αμτβ.) θαμπώνω με τους υδρατμούς της εκπνοής: *τζάμι -ισμένο*. 3. (μτβ.) α. εκθέτω στην επίδραση ατμού (κυρίως για θεραπευτικούς σκοπούς)· β. ψήνω κάτι στον ατμό που βγαίνει απ' αυτό: *~ τα μύδια/το χταπόδι*. [αρχ. *ατμίζω*].
άχνισμα το, ουσ. 1. το να βγάζει κάτι αχνό: *~ του βραστού νερού*. 2. μαγείρεμα στον αχνό.
αχνιστός, -ή, -ό, επίθ. 1. που βγάζει αχνό· (κατ' επέκταση) καυτός: *σούπα -ή· γάλα/τσάι -ό*. 2. που τον έψησαν ή τον μαγείρεψαν στον αχνό: *χταπόδι -ό· μύδια -ά*.
αχνο-, α΄ συνθ.: *αχνόξανθος, αχνόφωτο, αχνοφέγγω*. [επίθ. *αχνός* II].
αχνόγελο το, ουσ. (λογοτ.), ελαφρό χαμόγελο: *το πρώτο ~ της μέρας* (Παλαμάς).
αχνογελώ, -άς, ρ. (λογοτ.), χαμογελώ ελαφρά: *όλο περνάν οι σκλαβωμένοι εμπρός του/και πότε αναστατεύζουνε και πότε -άν* (Παλαμάς).
αχνός ο, I. ουσ. (ιδιωμ.), αλεύρι πολύ ψιλό. [*άχνη*].
αχνός ο, II. ουσ. 1. ατμός από υγρό που βράζει ή είναι ζεστό: *~ διάφανος/πυκνός· το νερό/το τσάι βγάζει -ό· ψήνω κάτι στον -ό* (= μόνο με τους δικούς του χυμούς ή με ελάχιστο νερό και λάδι). 2. ο αέρας της εκπνοής που περιέχει υδρατμούς και γίνεται ορατός τις κρύες ημέρες: *θόλωσαν τα τζάμια από τον -ό*. [*ατμός*].
αχνός, -ή, -ό, επίθ. (λογοτ.). 1. χλομός: *πρόσωπο -ό· τ' -ό του χείλι εγέλασε* (Βαλαωρίτης). 2α. αμυδρός: *τ' -ό φως του καντηλιού·* β. σιγανός: *φωνή -ή* (συνών. *ασθενικός, λιγοστός·* αντ. *δυνατός,*

ζωηρός, έντονος). [*άχνα*]. - Υποκορ. **αχνούλης**, και **αχνούτσικος**, (στη σημασ. 1). - Επίρρ. **-ά** (στη σημασ. 2).
αχνούδιαστος, -η, -ο, επίθ., που δεν έβγαλε χνούδι (συνών. *αχνούδωτος·* αντ. *χνουδιασμένος, χνουδωτός*).
αχνούδωτος, -η, -ο, επίθ., που δεν έχει χνούδι: *μάγουλα -α* (συνών. *αχνούδιαστος·* αντ. *χνουδωτός*).
αχνοφέγγω, ρ. (έρρ.), φωτίζω αμυδρά: *το φεγγάρι -ει* (συνών. *αχνοφωτίζω*).
αχνοφωτίζω, ρ., φωτίζω αμυδρά (συνών. *αχνοφέγγω*).
αχόλιαστος, -η, -ο, επίθ., που δε θύμωσε, που δε θυμώνει ή δε στενοχωριέται εύκολα (συνών. *πράος·* αντ. *ευέξαπτος, νευρικός, οξύθυμος*). [*χολιάζω*].
αχολογή και **αχολοή** η, ουσ. (ιδιωμ.), συνεχής ήχος: *η ~ του δρόμου* (συνών. *βουή*).
αχολόγημα το, ουσ., αχολογή (βλ. λ.).
αχολογώ, -άς, ρ. (ιδιωμ.). 1. αντηχώ: *-άει ο λόγγος· -ούν κουδούνια* (Κρυστάλλης) (συνών. *βουίζω*). 2. (μέσ.) στενάζω σιγανά· στενοχωριέμαι: *τη νύχτα η γιαγιά -ιόταν*.
αχολόι το, ουσ., αχολογή (βλ. λ.).
άχολος, -η, -ο, επίθ. (ιδιωμ.). 1. που δε θυμώνει: *άνθρωπος ~* (συνών. *αχόλιαστος·* αντ. *οξύθυμος, νευρικός*). 2. καλόκαρδος: *περιστέρι -ο* (Βαλαωρίτης) (συνών. *άκακος, αγαθός·* αντ. *κακόψυχος, κακός, δόλιος*).
αχόρευτος, -η, -ο, επίθ., που δε χόρεψε.
αχόρταγος. βλ. *αχόρταστος*.
αχορτάριαστος, -η, -ο, επίθ., που δε σκεπάστηκε από χόρτο: *αυλή -η· αμπέλι -ο* (αντ. *χορταριασμένος*).
αχορτασιά η, ουσ. (συνιζ., λαϊκ.), το να μη σταματά κανείς να πεινά (κυριολεκτικά και μεταφ.) (συνών. *λαιμαργία, απληστία, πλεονεξία·* αντ. *ολιγάρκεια, λιτότητα, εγκράτεια*).
αχόρταστος, -η, -ο, επίθ. και (λαϊκ.) **ανεχόρταγος, αχόρταγος**. 1. που δε χόρτασε (φαΐ, πιοτό, κ.τ.ό.): *σαν καθίσει στο τραπέζι είναι ~·* (μεταφ.) *είναι αχόρταστος στα λεφτά* (= δεν του φτάνει ό,τι έχει)/ *στο παιχνίδι/στην κουβέντα* (= δεν παύει να θέλει περισσότερο) (συνών. *αδηφάγος, λαίμαργος, άπληστος·* αντ. *χορτασμένος, ολιγαρκής, λιτός*). 2. (μεταφ. για σφοδρό ψυχικό πάθος) που δεν ικανοποιείται: *πάθος ~· φιλοδοξία/επιθυμία αχόρταγη* (συνών. *ανικανοποίητος·* αντ. *ικανοποιημένος*). - Επίρρ. **-στα** και **αχόρταγα**.
αχός ο, ουσ. (λογοτ.), ήχος, θόρυβος (συνήθως που έρχεται από μακριά): *~ του σήμαντρου· ~ βαρύς ακούγεται, πολλά τουφέκια πέφτουν* (δημ. τραγ.)· *σαν τον -ό της θάλασας* (Σεφέρης) (συνών. *βοή, αχολοή*). [*ηχώ*].
άχου, επιφών. (λαϊκ.), χρησιμοποιείται για να δηλωθεί: λύπη, στενοχώρια: *~! τι έπαθα!· ~! τι θ' απογίνω!* 2. σωματικός πόνος: *~! το χεράκι μου!* 3. στοργή, τρυφερότητα: *~ το! να το χαρώ!* [*αχ*].
αχουζούρευτος, -η, -ο, επίθ. (λαϊκ.), που δε χουζούρεψε, δεν ξεκουράστηκε τεμπέλικα.
αχούρι το, ουσ. 1. στάβλος: *βάζω το άλογο στ' ~·* (για χώρο βρόμικο και ακατάστατο) *σπίτι* (σαν) *~· βρήκα μια κουζίνα ~· την κάνατε την τάξη!* 2. (ιδιωμ.) αχυρώνας. [τουρκοπερσ. *ahur*].
αχούφτιαστος, βλ. *αφούχτιαστος*.
αχούφτωτος, βλ. *αφούχτωτος*.
άχραντος, -η, -ο, επίθ. (έρρ.), (εκκλ.) αμόλυντος:

αχρείαστος

το -ο σώμα του Χριστού· έκφρ. *τα -α μυστήρια* (= η Θεία Κοινωνία)· (ποιητ.) *μεγάλη αγάπη κι -η* (Σεφέρης) (συνών. *αγνός, άγιος).*

αχρείαστος, -η, -ο, επίθ. (σε απευχή) που μακάρι να μην τον χρειαστεί κάποιος: *σημείωσε και το τηλέφωνο του γιατρού, -ο* (ή ~) *να 'ναι!* (συνών. *αχρησίμευτος, άχρηστος·* αντ. *χρήσιμος, αναγκαίος).*

αχρειόγλωσσος, -η, -ο, επίθ. (ασυνίζ., λόγ.), που έχει γλώσσα αχρεία, που μιλεί ανάρμοστα, αισχρά (συνών. *αθυρόστομος, βρομόγλωσσος).*

αχρειολογία η, ουσ. (ασυνίζ., λόγ.). 1. το να είναι κάποιος αχρειολόγος (συνών. *αισχρολογία, χυδαιολογία·* αντ. *σεμνολογία, λεπτότητα).* 2. λόγος αισχρός, απρεπής (συνών. *βωμολοχία, βρομόλογο).*

αχρειολόγος ο, ουσ. (ασυνίζ.), αυτός που μιλεί ανάρμοστα, αισχρά (συνών. *αχρειόγλωσσος, βρομόγλωσσος).*

αχρείος, -α, -ο, επίθ. (λόγ.), αισχρός, φαύλος: *χαρακτήρας* ~· *συμπεριφορά -α· χειρονομίες -ες·* υποκείμενο ο ~ (το αρσ. ως ουσ.) *δεν είχε κανένα δισταγμό ο* ~ (συνών. *ανήθικος·* αντ. *ηθικός, ενάρετος, αγαθός).* - Επίρρ. **-α.**

αχρειόστομος, -η, -ο, επίθ., αχρειόγλωσσος (βλ. λ).

αχρειότητα η, ουσ. (ασυνίζ.). 1. το να είναι κάποιος αχρείος (συνών. *αισχρότητα, ανηθικότητα, φαυλότητα·* αντ. *ηθικότητα, αρετή).* 2. αχρεία πράξη ή λόγος (συνών. *ατιμία, αισχρουργία).*

αχρεώστητος, -η, -ο, επίθ. (για χρηματικό ποσό) που δεν τον χρωστά, δεν οφείλει να τον πληρώσει κάποιος: *φόροι -οι·* (νομ.) *απαίτηση -ήτου* = αγωγή κατά προσώπου που πλούτισε («αδικαιολόγητα») με το να πληρώσει τις δικές του υποχρεώσεις (λ.χ. φόρους, χρέος) κάποιος άλλος, που έτσι ζημιώθηκε (αντ. *χρεωστούμενος).* - Επίρρ. **-ήτως.**

αχρέωτος, -η, -ο, επίθ., που δε χρεώθηκε, που δε χρωστάει χρήματα σε άλλον: *έβγαλα το χειμώνα* ~ (αντ. *χρεωμένος).*

αχρησία η, ουσ. (συνήθως νομ.) το να μη γίνεται χρήση κάποιου πράγματος.

αχρησίμευτος, -η, -ο, επίθ., που δε χρησιμεύει σε τίποτε (συνών. *άχρηστος·* αντ. *χρήσιμος, αναγκαίος).*

αχρησιμοποίητος, -η, -ο, επίθ. 1. που δεν τον χρησιμοποίησαν αμεταχείριστος: *οι μηχανές έμειναν για καιρό -ες* (= αργές)· *εργαλεία/ρούχα -α* (συνών. *άπιαστος·* αντ. *χρησιμοποιούμενος).* 2. που δε χρησιμοποιείται πια, ακατάλληλος για χρήση: *το κτήριο είναι πια -ο* (συνών. *άχρηστος·* αντ. *χρήσιμος, χρηστικός).*

αχρήστευση η, ουσ., το να γίνει κάτι άχρηστο, ακατάλληλο για χρήση: ~ *του μηχανήματος.*

αχρηστεύω, ρ. 1. καθιστώ κάτι άχρηστο, ακατάλληλο για χρήση: *η σκουριά -εψε τα εργαλεία· το κάταγμα -εψε το χέρι μου·* (για πρόσωπο) *στη θέση που τον έβαλαν ουσιαστικά τον -εψαν.* 2.(νομ.) αφαιρώ την ισχύ, καταργώ: *ο νέος νόμος -εψε προγενέστερες διατάξεις.*

αχρηστία η, ουσ. 1. το να μη χρησιμοποιείται κάτι, το να μην είναι κάτι χρήσιμο: *επιστημονικά όργανα σε* ~· *είναι κρίμα να κρατάς σε* ~ *υπαλλήλους με τέτοια προσόντα* (αντ. *χρήση, χρησιμοποίηση).* 2. (νομ.) το να μην ισχύει πια κάτι: ~ *άρθρων ενός νόμου* (συνών. *αχρησία).*

άχρηστος, -η, -ο, επίθ. 1. που δεν είναι χρήσιμος,

που δεν τον χρειάζεται κάποιος· ανώφελος: *τα πολλά λόγια είναι -α· γνώσεις/συμβουλές -ες·* (για πρόσωπο) *υπάλληλος* ~· *είναι* ~ *για το σπίτι του/ στην πολιτεία* (συνών. *περιττός·* αντ. *χρήσιμος, ωφέλιμος, αναγκαίος).* 2. (υβριστικά) ανάξιος, φαύλος: *τι περιμένεις απ' αυτόν τον -ο!* 3. που δε χρησιμοποιείται πια ή δεν μπορεί να χρησιμοποιηθεί (επειδή πάλιωσε, χάλασε, κ.τ.ό.): *-ο ραδιόφωνο· -ες εφημερίδες·* (γραμμ.) *λέξη -η· γράμμα/ρήμα -ο* (= που δε βρίσκονται σε χρήση στο γραπτό ή προφορικό λόγο) (συνών. *αχρηστεμένος·* αντ. *χρήσιμος).* - Το ουδ. στον πληθ. ως ουσ. = πράγματα χωρίς καμιά χρησιμότητα: *κάψανε τ' -α· καλάθι -ήστων.*

αχρόνι(α)στος, -η, -ο και (ιδιωμ.) **-αγος,** επίθ. (συνιζ.). 1. που δε χρόνισε, που δε συμπληρώθηκε ένας χρόνος από τη γέννησή του ή από άλλο γεγονός: *μωρό -ο·* (ιδιωμ.) *νύφη -η·* ο *μακαρίτης είναι -αγος* (= δεν πέρασε ένας χρόνος από το θάνατό του). 2. (συνήθως σε κατάρα) που μακάρι να πεθάνει προτού έρθει ο καινούργιος χρόνος.

αχρονολόγητος, -η, -ο, επίθ. 1. που δε φέρει χρονολογία: *επιστολή -η· έγγραφο -ο.* 2. που δεν μπορεί να εξακριβωθεί η χρονολογία του: *επιδρομή -η· αρχαιολογικά ευρήματα -α* (αντ. *χρονολογημένος).*

άχρονος, -η, -ο, επίθ. (λόγ.), που δεν έχει χρονικά όρια (συνών. *αιώνιος).* 2. (μουσ.) που δεν έχει τον κανονικό χρόνο.

αχρύσωτος, -η, -ο, επίθ., που δεν τον επιχρύσωσαν: *κορνίζα -η· βραχιόλι -ο* (αντ. *επιχρυσωμένος).*

αχρωμάτιστος, -η, -ο, επίθ. 1. που δεν τον χρωμάτισαν: *τοίχος* ~· *κάγκελα -α* (συνών. *άβαφος, αμπογιάντιστος·* αντ. *βαμμένος, χρωματισμένος).* 2. (μεταφ.) που δεν ανήκει σε κανένα πολιτικό κόμμα, που δεν έχει ή δεν του αποδίδονται συγκεκριμένα πολιτικά φρονήματα: *ο πρόεδρος του συνεταιρισμού προσπαθούσε να μείνει* ~ (συνών. *ακομμάτιστος·* αντ. *κομματισμένος).*

αχρωματοψία η, ουσ. (ιατρ.) ανωμαλία της όρασης, συνήθως κληρονομική, που συνίσταται στην αδυναμία του ατόμου να διακρίνει ένα, δύο ή και τα τρία χρώματα κόκκινο, πράσινο και μπλέ (συνών. *δαλτονισμός).*

αχρωμία η, ουσ. (ιατρ.) τοπική ή καθολική έλλειψη του φυσιολογικού χρώματος από το δέρμα (συνών. *αχρωματία).*

άχρωμος, -η, -ο, επίθ. 1. που δεν έχει χρώμα: *υγρό -ο.* 2. χλομός: *πρόσωπο -ο· χείλη -α.* 3. (μεταφ.) που του λείπει η δύναμη, η ζωντάνια, η εκφραστικότητα: *προσωπικότητα/παρουσία -η· ύφος/ κείμενο -ο.*

αχτάρα ο, θηλ. **-ισσα** η, ουσ. (παλαιότερα) έμπορος μυρωδικών και βοτάνων (συνών. *ψιλικατζής).* [τουρκ. *aktar].*

αχτάρικο το, ουσ. (παλαιότερα) το κατάστημα του αχτάρη (βλ. λ.) (συνών. *ψιλικατζήδικο).*

αχταρμάς ο, ουσ. (λαϊκ.). 1. (ναυτ.) μετεπιβίβαση ή μεταφόρτωση από ένα πλοίο σε άλλο. 2. (ιδιωμ.) είδος μικρού πλοίου. 3. ανακάτωμα· σύνολο ανόμοιων πραγμάτων σε αταξία. Φρ. *κάνω -ά* (= ανακατεύω). [τουρκ. *aktarma].*

αχτενισιά η, ουσ. (συνιζ., λαϊκ.), το να μην είναι κάποιος χτενισμένος: *μαλλιά μπερδεμένα από την* ~.

αχτένιστος, -η, -ο, επίθ., που δεν έχει χτενιστεί: *μη βγαίνεις έξω* ~! *ήρθε στο γραφείο αξύριστος κι*

~· *μαλλιά -α*· (μεταφ.) *γραπτό/κείμενο -ο* (= που δεν του έγινε επεξεργασία ως προς τη γλωσσική μορφή του).
άχτι το, ουσ. άκλ., υπόσχεση· σφοδρή επιθυμία, πόθος. Φρ. *το βάζω ~ ή το έχω ~ να...* (= δίνω όρκο, υπόσχομαι στον εαυτό μου) (πβ. *το βάζω όρκο*)· κατ' επέκταση επιθυμώ έντονα κάτι: *το 'βαλε ~ να περάσει στο πανεπιστήμιο· το έχω ~ να ξεκουραστώ κι εγώ μια μέρα· βγάζω το ~ μου* = εκπληρώνω μια επιθυμία, ικανοποιούμαι (συνήθως για εκδίκηση ή τιμωρία, για κάτι μεμπτό, απαγορευμένο ή δύσκολο): *τον έδειρε για να βγάλει το ~ του· τον έχω ή του έχω ~* (= θέλω να τον εκδικηθώ): *με το πρώτο σφάλμα τού επιτέθηκε γιατί τον είχε ~ από καιρό.* [αραβοτουρκ. *ahd*].
αχτίδα η, ουσ. 1. ακτίνα φωτός: *οι -ες του ήλιου/ του φεγγαριού· ~ ασημένια/λαμπρή·* (μεταφ.) *~ παρηγοριάς.* 2. (ιδιωμ.) ελάχιστη ποσότητα: *μια ~ αλεύρι/λάδι.* [*αχτίνα* αναλογ. προς ουσ. σε *-ίδα*].
αχτιδωτός, -ή, -ό, επίθ. (ποιητ.), που έχει ακτίνες, που ακτινοβολεί: *φέγγει στο κεφάλι του κι -ή κορόνα* (Παλαμάς).
άχτιστος, -η, -ο, επίθ., που δε χτίστηκε, που δεν τελείωσε το χτίσιμό του: *εκκλησία -η* (συνών. *ανοικοδόμητος·* αντ. *χτισμένος, οικοδομημένος*).
αχτναμές ο, ουσ. (ιστ.) σουλτανικό διάταγμα που ρύθμιζε τις σχέσεις του οθωμανικού κράτους με τους υπόδουλους Έλληνες και καθόριζε τα δικαιώματά τους («προνόμια») στα χρόνια της Τουρκοκρατίας. [περσοτουρκ. *ahdname*].
αχτύπητος, -η, -ο, επίθ. 1. που δεν προσβλήθηκε από κάτι: *αμπέλι -ο από χαλάζι.* 2. που δεν τον έδειραν (συνών. *άδαρτος·* αντ. *δαρμένος*). 3. (για χταπόδι) που δεν το χτύπησαν (αντ. *χτυπημένος*). 4. (για αντικ. πλειστηριασμού) για το οποίο δεν προσφέρθηκε τιμή αγοράς. 5. για πρόσωπο ή πράγμα εντυπωσιακό, πετυχημένο, κ.τ.ό.: *-ο το καινούργιο σου αυτοκίνητο!*
αχύλωτος, -η, -ο, επίθ., που δε χύλωσε, δεν έγινε όπως ο χυλός: *σούπα -η.*
αχυράνθρωπος ο, ουσ. (μεταφ.) άνθρωπος ευτελής.
αχυραποθήκη και **αχε-** η, ουσ., αποθήκη για άχυρα (συνών. *αχυρώνας*).
αχυρένιος, -α, -ο και **αχερένιος**, επίθ. (συνιζ.), που είναι φτιαγμένος από άχυρο: *στρώμα -ο·* που έχει το χρώμα του άχυρου: *μαλλιά -α* (= πολύ ξανθά).
άχυρο και **άχερο** το, ουσ., τα κομμάτια της «καλάμης» που μένουν μετά το αλώνισμα των σιτηρών και τον αποχωρισμό του καρπού: *ακυβέρνητος σαν τ' άχερο στ' αλώνι* (Σεφέρης). Φρ. *δεν τρώω -α* (= δεν είμαι ανόητος, καταλαβαίνω)· *γυρεύω ψύλλους στ' -α* (= λεπτολογώ, πολυπραγμονώ)· *-α έχει το κεφάλι του;* (= είναι ανόητος;).
αχυρόδεμα και **αχε-** το, ουσ., δεμάτι από άχυρα.
αχυροκαλύβα και **αχε-** η, ουσ., αχυρένια καλύβα.
αχυροκάλυβο το, ουσ., αχυρένιο καλύβι.
αχυρόλασπη και **αχε-** η, ουσ., λάσπη ανάμικτη με άχυρα.
αχυροπηλός ο, ουσ., μίγμα από χώμα, νερό και άχυρο: *επίστρωση -ού.*
αχυρόστρωμα και **αχε-** το, ουσ., στρώμα γεμισμένο με άχυρα.
αχυρώνας και **αχε-** ο, **αχυρώνα** και **αχερώνα** η, ουσ., αποθήκη για άχυρα: (παροιμ.) *δυο γάιδαροι εμάλωναν σε ξένον αχυρώνα* (για πρόσωπα που φιλονικούν για πράγματα ξένα) (συνών. *αχυραποθήκη*).
αχώ, -άς, ρ. (ιδιωμ.), ηχώ, ηχολογώ: *-ούνε κάμποι και βουνά* (δημ. τραγ.). [αρχ. *ηχώ*]. Βλ. και *ηχώ.*
αχώνευτος, -η, -ο, επίθ. 1. που δε χωνεύτηκε: *το φαγητό είναι ακόμη -ο στο στομάχι μου.* 2. που χωνεύεται δύσκολα (συνών. *δύσπεπτος, βαρυστόμαχος, δυσκολοχώνευτος·* αντ. *εύπεπτος, ευκολοχώνευτος*). 3. που δεν έλειωσε, δεν ελαττώθηκε σε όγκο: *μέταλλο -ο· κοπριά -η* (αντ. *λειωμένος*). 4. (μεταφ.) αντιπαθητικός: *υπάλληλος ~* (συνών. *ασυμπαθής, ανυπόφορος·* αντ. *συμπαθής, συμπαθητικός*). 5. (μεταφ.) που δεν έγινε εντελώς αντιληπτός, κατανοητός: *ενότητα μαθήματος -η* (συνών. *δυσκολονόητος·* αντ. *ευκολονόητος, κατανοητός*).
αχώριστος, -η, -ο, επίθ. 1. που δεν χωρίζει ή δεν μπορεί να χωριστεί: *φίλοι -οι* (αντ. *χωρισμένος*). 2. αδιαίρετος: *Πατήρ, Υιός και Άγιον Πνεύμα, Τριάδα αχώριστος* (αρχ. θηλ.) (συνών. *αναπόσπαστος, ενιαίος·* αντ. *χωριστός*). 3. (γραμμ.) *-ο μόριο* = λέξη που απαντά μόνο ως πρώτο συνθετικό λέξης και ποτέ μόνη της λ.χ. *δύσ-τυχος, ζά-πλουτος.*
άχωστος, -η, -ο, επίθ., που δε θάφτηκε, δε σκεπάστηκε με χώμα: *πατάτες -ες· νεκροί -οι* (συνών. *άταφος·* αντ. *θαμμένος, χωμένος*).
αψάδα η, ουσ. 1. το να οργίζεται κανείς εύκολα: *ο ύπνος... του 'χε σβήσει... την άγρια του ~* (Βαλαωρίτης)· (συνών. *αψιθυμία·* αντ. *πραότητα*). 2. οξύτητα, δριμύτητα: *~ του ξιδιού·* (παροιμ.) *η πολλή ~ και το κρασί το κάνει ξίδι.*
αψαλίδιστος, -η, -ο, επίθ. 1. που δεν κόπηκε με ψαλίδι: *μουστάκι -ο* (αντ. *ψαλιδισμένος*). 2. (μεταφ.) που δεν του έγιναν περικοπές: *μισθός ~· κείμενο -ο* (συνών. *ακέραιος·* αντ. *ψαλιδισμένος*).
άψαλτος, -η, -ο, επίθ. 1. που δεν ψάλθηκε: *ύμνος ~.* 2. που δεν ψάλθηκε νεκρώσιμη ακολουθία: *τον έθαψαν -ο·* Φρ. *πήγε ~* (= καταστράφηκε τελείως). 3. που δεν του τα 'ψαλαν, δεν τον μάλωσαν: *δεν θα τον αφήσω -ο γι' αυτό που έκανε·* φρ. *του τα 'χω -α* (= δεν τον μάλωσα ακόμη).
αψάρευτος, -η, -ο, επίθ. 1. που δεν ψαρεύτηκε, δεν πιάστηκε στα δίχτυα: *ψάρι -ο.* 2. (για νερά, τόπο) που δεν ψάρεψαν σ' αυτόν: *ποτάμι -ο.* 3. (για άνθρωπο) που δεν του απόσπασαν με επιτηδειότητα κάποιο μυστικό.
αψαριά η, ουσ. (συνιζ.), έλλειψη ψαριών: *αυτό το καλοκαίρι είχαμε μεγάλη ~.*
άψαχνος, -η, -ο, επίθ., που δεν έχει ψαχνά: *κρέας -ο.*
αψαχούλευτος, -η, -ο, επίθ., που δεν τον ψαχούλεψαν (συνών. *άψαχτος*).
άψαχτος, -η, -ο, επίθ., που δεν τον έχουν ψάξει: *δεν άφησα γωνιά για γωνιά -η.*
αψεγάδιαστος, -η, -ο, επίθ. 1. που δεν έχει ψεγάδι, ελάττωμα: *κορμί -ο· άνθρωπος ~* (συνών. *άψογος*). 2. που δεν τον έχουν κατηγορήσει: *το στόμα της δεν ειπώθηκε κανένα -ο* (συνών. *ακατηγόρητος*). - Επίρρ. **-α.**
αψέκαστος, -η, -ο, επίθ., που δεν ψεκάστηκε, δε ραντίστηκε με φάρμακο: *κηπευτικά -α δεν προοδεύουν* (συνών. *αράντιστος·* αντ. *ψεκασμένος, ραντισμένος*).
αψέντι το, ουσ. (έρρ.), είδος οινοπνευματώδους ποτού από φύλλα αψιθιάς. [γαλλ. *absinthe*].
άψε-σβήσε, επίρρ., στην έκφρ. *στο ~* (= πάρα πο-

αψευδής μάρτυς αρχαϊστ. έκφρ.· για κείνον που η μαρτυρία του δεν μπορεί να αμφισβητηθεί.

αψεύτιστος, -η, -ο, που δεν τον έχουν ψευτίσει, νοθέψει: *κανένα πράγμα δεν έμεινε στην αγορά -ο* (συνών. *ανόθευτος, γνήσιος*· αντ. *ψευτισμένος, νόθος*).

αψηλάφητος, -η, -ο, και **αψηλάφιστος,** επίθ. που δεν τον έχουν ψηλαφήσει· (μεταφ.) που δεν τον έχουν μελετήσει, εξετάσει: *υπόθεση -η* (συνών. *απασπάτευτος, ανερεύνητος*· αντ. *ψηλαφισμένος*).

αψηλός, βλ. *ψηλός.*
αψήλου, βλ. *ψήλος.*
αψήλωτος, -η, -ο, επίθ. 1. που δεν ψήλωσε, δεν πήρε το κανονικό του ύψος: *παιδί -ο* (συνών. *κοντός*· αντ. *ψηλός*). 2. που δεν του έδωσαν μεγαλύτερο ύψος: *φράχτης ~· σπίτι -ο* (συνών. *χαμηλός*· αντ. *ψηλός*).

άψητος, -η, -ο, επίθ. 1. που δεν ψήθηκε καλά ή καθόλου: *κρέας -ο* (συνών. *ωμό·* αντ. *ψημένο*). 2. (για καρπούς) που δεν ωρίμασε καλά: *σταφύλια/στάρια -α* (συνών. *αγίνωτος, άγουρος*). 3. (για κεραμικά) που δεν καμινεύτηκε αρκετά. 4. (μεταφ. για άτομο που δεν έχει πολλές εμπειρίες): *~ στη δουλειά· παιδί -ο* (συνών. *ανώριμος, ασυνήθιστος, άπειρος·* αντ. *ψημένος, έμπειρος*). 5. που δε συμφωνήθηκε: *η δουλειά είναι -η ακόμη·* φρ. *τα έχουν -α* (= δεν έχουν συμφωνήσει).

αψηφισιά η, ουσ. (συνιζ.). 1. έλλειψη μέριμνας, φροντίδας (συνών. *αμέλεια, αμεριμνησία·* αντ. *φροντίδα*). 2. αδιαφορία, περιφρόνηση για τον κίνδυνο (αντ. *προφύλαξη*).

αψήφιστα, επίρρ., απερίσκεπτα. Φρ. *παίρνω κάτι ~* (= δεν υπολογίζω σωστά κάτι, δεν το θεωρώ σπουδαίο).

αψήφιστος, -η, -ο, επίθ. 1. που δεν ψηφίστηκε: *νομοσχέδιο -ο* (αντ. *ψηφισμένος*). 2. που δεν αξίζει να τον προσέξομε: *ζημιά -η* (συνών. *ασήμαντος*). 3. παράτολμος: *αρχηγός ~* (συνών. *απόκοτος, ριψοκίνδυνος*).

αψηφώ, -άς, ρ., περιφρονώ, δεν υπολογίζω: *~ τους κινδύνους·* τ' *-ησα όλα για σένα* (αντ. *λογαριάζω*).

αψίδα η, ουσ., τόξο, καμάρα: *οικοδόμημα με πολλές -ίδες· ~ του Γαλερίου*. [αρχ. *αψίς*].

αψιδωτός, -ή, -ό, επίθ., που σχηματίζει καμάρα: *παράθυρο -ό* (συνών. *θολωτός, καμαρωτός*).

αψιθιά η, ουσ. (συνιζ.), φυτό ποώδες, πολυετές, αρωματικό, με πικρή γεύση, από τα φύλλα του οποίου γίνεται το αψέντι. [παλαιότ. *αψινθία< μτγν. άψινθος*].

αψιθυμία η, ουσ. 1. το να οργίζεται κανείς εύκολα (συνών. *οξυθυμία*). 2. (ψυχ.) έντονη ψυχική διαταραχή από οργή, χαρά, φόβο, κ.λ.π.

αψίθυμος, -η, -ο, επίθ., που οργίζεται εύκολα (συνών. *οξύθυμος, ευέξαπτος·* αντ. *ήρεμος, πράος*).

αψίκορος, -η, -ο, επίθ., που χορταίνει αμέσως· *ευμετάβλητος, άστατος: λαός ~*.

αψιλία η, ουσ. (λαϊκ.), τέλεια έλλειψη χρημάτων: *αυτές τις μέρες έχω μεγάλες -ες* (συνών. *απενταρία*).

αψιλολόγητος, -η, -ο, επίθ., που δεν εξετάστηκε με λεπτομέρεια.

άψιλος, -η, -ο, επίθ. (λαϊκ.), που δεν έχει καθόλου χρήματα (συνών. *απένταρος, αδέκαρος*).

αψιμαχία η, ουσ. 1. ελαφρά σύγκρουση ανάμεσα σε μικρά στρατιωτικά τμήματα. 2. διαπληκτισμός, ανταλλαγή βίαιων φράσεων μεταξύ ανθρώπων που διαφωνούν (συνών. *διαξιφισμός*).

αψιμαχώ, -είς, ρ., ρίχνω ή ανταλλάσσω αραιά πυρά.

άψιμο το, ουσ., άναμμα. [άφτω].

αψιμυθίωτος, -η, -ο, επίθ. (λόγ.), που δεν έχει φτιασιδωθεί, δεν έχει καλλωπιστεί: *πρόσωπο -ο* (συνών. *αφτιασίδωτος*).

άψογος, -η, -ο, επίθ., που δεν μπορεί κανείς να του βρει σφάλματα, να τον κατηγορήσει: *συμπεριφορά -η· ντύσιμο/γραπτό -ο* (συνών. *αψεγάδιαστος*). - Επίρρ. -**α**.

αψούνιστος, βλ. *αψώνιστος.*

άψυκτος, -η, -ο, επίθ., που δε ψύχτηκε, απάγωτος: *κρέατα -α.*

αψύς, -ιά, -ύ, επίθ. 1. (για άνθρωπο) που οργίζεται εύκολα: *άνθρωπος μίζερος, ~ και αράθυμος* (συνών. *οξύθυμος, ευέξαπτος·* αντ. *ήρεμος, πράος*). 2. οξύς: *ξίδι -ύ· μυρουδιά -ιά* (συνών. *δριμύς, καυστικός*). 3. κοφτερός: *μαχαίρι -ύ*.

αψυχαγώγητος, -η, -ο, επίθ., που δεν ψυχαγωγήθηκε (αντ. *ψυχαγωγημένος*).

αψυχολόγητος, -η, -ο, επίθ., που ενεργεί ή γίνεται παρά τους κανόνες της ανθρώπινης ψυχολογίας: *-η* αντίδρασή *της· διάβημα -ο*. 2. που δεν μπορείς να τον ψυχολογήσεις: *άνθρωπος ~*.

αψυχοπόνετος, -η, -ο, επίθ., που δε λυπάται (συνών. *σκληρόκαρδος, άσπλαχνος·* αντ. *ψυχοπονιάρης, πονόψυχος*).

άψυχος, -η, -ο, επίθ. 1. που δεν έχει ψυχή: *δέντρα -α* (αντ. *έμψυχος*). 2. που δεν έχει ζωή: *κείτονταν καταγής ~· σώμα -ο* (συνών. *νεκρός·* αντ. *ζωντανός*). 3. που δεν έχει «ψυχή», γενναιότητα (συνών. *άτολμος, δειλός·* αντ. *ψυχωμένος, γενναίος*). 4. που δεν έχει δύναμη, ορμή, ζωντάνια: *μάτια/λόγια -α*.

αψώνιστος, -η, -ο και (λαϊκ.) **αψούνιστος,** επίθ. 1. που δε ψωνίστηκε, δεν αγοράστηκε: *ρούχα -α*. 2. που δεν ψώνισε. 3. (για πόρνη) που δε βρήκε πελάτη.

αψώριαστος, -η, -ο, επίθ., που δεν προσβλήθηκε από ψώρα: *δέντρα -α*.

-άω, νεότ. ρημ. κατάλ.: *ζητάω, πετάω*.

άωρος, -η, -ο, επίθ. 1. που δεν ωρίμασε (συνών. *άγουρος, ανώριμος*). 2. (μεταφ.) *παράκαιρος*.

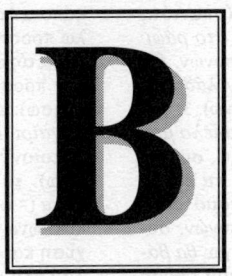

β, Β (βήτα). **1.** το δεύτερο γράμμα του ελληνικού αλφαβήτου· ένα από τα σύμφωνα της ελληνικής γλώσσας. - Βλ. και *βήτα*. **2.** αριθμητικό σημείο: **α.** (όταν έχει τόνο πάνω δεξιά ή τελεία κάτω δεξιά: *β΄, Β΄, β.*) δύο, δεύτερος, δεύτερον: *θέμα β΄· Κωνσταντίνος ο Β΄ α΄ να κάνεις ό,τι σου λένε· β΄ να μην αντιμιλάς·* **β.** (όταν έχει τόνο κάτω αριστερά: *͵β*) δύο χιλιάδες.
βαβά, βάβα και **βαβούλω** η, ουσ. (λαϊκ.), γιαγιά: *τα παραμύθια της -άς.* [λ. *πλαστή*].
βαβίλα, βλ. *βάβουλας.*
βάβουλας ο και **βαβούλα, βαβίλα** η, ουσ. σκαθάρι, κάνθαρος. [λ. *πλαστή*].
βαβούλω, βλ. *βαβά.*
βαβούρα η, ουσ. (λαϊκ.), θόρυβος, φυσαρία: *είχε πολύ κόσμο και μεγάλη ~.* [λ. *πλαστή*].
βαβυλωνία η, ουσ., αδυναμία συνεννόησης εξαιτίας του μεγάλου αριθμού των ατόμων που μετέχουν σε μια συζήτηση και των διαφορετικών τους απόψεων. [από την ομώνυμη κωμωδία του Δ. Βυζάντιου ή από το αρχ. γεωγραφικό όν. *Βαβυλών*].
βαβυλωνιακός, -ή, -ό, επίθ. (ασυνίζ.), που ανήκει ή αναφέρεται στη Βαβυλώνα ή τους Βαβυλωνίους: *κράτος -ό· θρησκεία -ή.*
βαγαπονηά, βλ. *μπαραπονηά.*
βαγγέλιο, βλ. *ευαγγέλιο.*
Βαγγελίστρα, βλ. *Ευαγγελίστρια.*
βαγενάδικο το, ουσ., το εργαστήρι του βαγενά (συνών. *βαρελάδικο*).
βαγενάς ο, ουσ., αυτός που κατασκευάζει βαγένια (συνών. *βαρελάς*).
βαγένι το, ουσ., βαρέλι. [σλαβ. *vagan* ή λατ. *vagina*].
βάγια η, ουσ. Ι. (συνιζ.), παραμάνα, νταντά. - Υποκορ. **-γίτσα** και **βαΐτσα** η.[μτγν. *βαΐα* ή ιταλ. *balia*].
βάγια, ΙΙ και **βαγιά** η, ουσ. (συνιζ.), ονομασία δέντρων που κλαδιά τους μοιράζονται στην εκκλησία την Κυριακή των Βαΐων, κυρίως όμως η δάφνη. [*βάγιο*].
βάγιο (συνιζ.), **βάγι** και **βάι** το, ουσ., (συνήθως στον πληθ.) τα κλαδιά της δάφνης που μοιράζουν στην εκκλησία την Κυριακή των Βαΐων. Έκφρ. *του Βαγιού, τω Βαγιώ = η Κυριακή των Βαΐων.* [μτγν. *βάιον*].
βαγιοβδομάδα η, ουσ. (συνιζ.), η βδομάδα πριν από την Κυριακή των Βαΐων.
βαγιόκλαδο και **βαγιόκλαρο** το, ουσ. (συνιζ.), κλαδί της βαγιάς, βάγιο: *είχαν στολίσει την εκκλησία με -α.*

βαγίτικος, βλ. *βαΐτικος.*
βαγκνερικός, -ή, -ό, επίθ., που αναφέρεται στο συνθέτη Βάγκνερ και το έργο του. [*Βάγκνερ*].
βαγκόν-λι το, ουσ., βαγόνι τρένου με κρεβάτια (συνών. *κλινάμαξα*). [γαλλ. *wagon-lit*].
βαγονέτο το, ουσ., μικρό όχημα που κινείται σε ράγες και χρησιμοποιείται για τη μεταφορά διαφόρων υλικών συνήθως στα ορυχεία ή τα εργοστάσια. [γαλλ. *wagonnet*].
βαγόνι, ουσ. **1.** σιδηροδρομικό όχημα που μεταφέρει επιβάτες ή αγαθά: *η θέση μας είναι στο τρίτο ~.* **2.** το φορτίο που μπορεί να χωρέσει ένα βαγόνι. [ιταλ. *vagone*].
βάδην, επίρρ. (λόγ.). **1.** με απλό βάδισμα (συνών. *περπατητά·* αντ. *τροχάδην*). **2.** είδος αγωνίσματος κατά το οποίο οι αθλητές διανύουν βαδίζοντας μια απόσταση: *συμμετέχει στα πενήντα χιλιόμετρα ~.*
βαδίζω, ρ. **1.** πηγαίνω με τα πόδια: *~ για να ξεμουδιάσω· - αργά γιατί βιάζομαι* (παροιμ.) (συνών. *περπατώ*). **2.** (στρατ.) προχωρώ, προελαύνω: *το σύνταγμα -ισε κατά του εχθρού.* **3.** κατευθύνομαι, εξελίσσομαι: *η εταιρεία -ει προς τη διάλυση· -ομε για εκλογές.* **4.** ενεργώ επιδιώκω, στοχεύω: *θα ίσω σύμφωνα με το σχέδιο που κατασρώσαμε· -ει για την κατάκτηση της δόξας.* Φρ. *~ επί πτωμάτων* (= με κάθε μέσο κατευθύνομαι στο σκοπό μου)· *~ στα ίχνη κάποιου* (= μιμούμαι τους τρόπους, τις συνήθειες, τη συμπεριφορά κάποιου): *ο γιος σου -ει στα ίχνη σου· ~ την πεπατημένη* (= δέχομαι και ακολουθώ τα καθιερωμένα, είμαι συντηρητικός).
βάδιση η, ουσ., το να βαδίζει κανείς (συνών. *βάδισμα, περπάτημα*).
βάδισμα το, ουσ., το να βαδίζει κανείς: *το ~ κάνει καλό στην υγεία* (συνών. *περπάτημα*).
βαδιστής ο, θηλ. **-ίστρια,** ουσ. **1.** ο ικανός στο βάδισμα, πεζοπόρος. **2.** αθλητής που συμμετέχει στους αγώνες βάδην: *στη διοργάνωση μετείχαν και Έλληνες -ές.*
βαζελίνη η, ουσ. (φαρμ.) άοσμη και άχρωμη αλοιφή παρασκευαζόμενη από τα υπολείμματα της απόσταξης του πετρελαίου. [γαλλ. *vaseline* < γερμ. *Was(nes)* + ελ(αιον)].
βάζο το, ουσ., δοχείο κατασκευασμένο από διάφορα υλικά (γυαλί, κρύσταλλο, πορσελάνη, πηλό, μέταλλο) που χρησιμοποιείται. **α.** για τη φύλαξη τροφίμων: *~ του γλυκού β.* για διακόσμηση: *κινέζικο γ.* για λουλούδια: *βάλε τα λουλούδια στο ~* (συνών. *ανθοδοχείο*).

βάζω, ρ., αόρ. *έβαλα*, (μέσ.) *βάλθηκα*, (σπανιότ., λαϊκ.) **βάνω**. 1. τοποθετώ: ~ *το βιβλίο στο ράφι* ~ *το φαγητό στη φωτιά* ~ *βεντούζες* (συνών. θέτω· αντ. *βγάζω*). 2. ρίχνω μέσα: ~ *αλάτι / λάδι στο φαγητό* ~ *νερό στο ποτήρι* (συνών. χύνω). 3. φορώ: ~ *τα ρούχα / τα παπούτσια / το καπέλο μου* (αντ. *βγάζω, γδύνομαι*). 4. συνυπολογίζω, συμπεριλαμβάνω: *βάλε στο λογαριασμό και τα έξοδα της μεταφοράς*· *τον έβαλαν στο συνδυασμό*· *δέκα άτομα χωρίς να βάλω τον εαυτό του* (συνών. συγκαταλέγω· αντ. εξαιρώ, *βγάζω*). 5. εισάγω: *θα βάλω το παιδί σε νυχτερινό σχολείο / σε μια τέχνη*· *τον έβαλαν στο νοσοκομείο / στο γηροκομείο* (αντ. *βγάζω, παίρνω*). 6. εγκαθιστώ: *μας βάλανε τηλέφωνο*· *βάλανε ρεύμα στο χωριό* (αντ. αφαιρώ). 7. προκαλώ, γίνομαι αίτιος μιας κατάστασης: ~ *φωτιά στα ξερά χόρτα*. 8. υποβάλλω κάποιον σε κάτι: *σε* ~ *σε κόπο / βάσανα / μπελάδες*. 9. αναθέτω σε κάποιον κάτι· προτρέπω, αναγκάζω: *ο δάσκαλος έβαλε τους μαθητές να καθαρίσουν τον κήπο*· *έβαλε ανθρώπους να σε παρακολουθούν*· *τον έβαλαν να χορέψει με το ζόρι*. 10. επιβάλλω: *η κυβέρνηση έβαλε νέους φόρους*· ~ *όρους* (αντ. παύω, καταργώ). 11. καταθέτω: ~ *χρήματα στην τράπεζα*. 12. βαθμολογώ: ~ *άριστα* · ~ *κάτω από τη βάση*. 13. διορίζω, τοποθετώ: *ποιον θα βάλουν διοικητή στην Τράπεζα*· *βάλανε στο υπουργείο όλους τους δικούς τους* (αντ. παύω, διώχνω, απολύω). 14. εκθέτω: *δεν* ~ *τη ζωή μου σε κίνδυνο*. 15. υποθέτω: *βάλε πως έκλεισε το εργοστάσιο· τι θα κάνουμε;* 16. υποβάλλω σε κάποιον κάτι: ~ *τη σκέψη / υποψία / ιδέα σε κάποιον ότι είναι άρρωστος* (αντ. *βγάζω*). 17. επικαλούμαι: *θα σε βάλω μάρτυρα*. 18. (για δουλειές του σπιτιού): ~ *μπουγάδα / σίδερο* (= πλένω, σιδερώνω)· ~ *τραπέζι* (= στρώνω τραπέζι). 19. (αντί μόνου του ρήματος χρησιμοποιείται ως αντικ. το οικείο προς το ρήμα ους.): ~ *στοίχημα / ενέχυρο / χρέος*· ~ *υπογραφή / υποθήκη*· ~ *τα γέλια / τα κλάματα*· ~ *τις φωνές*· ~ *πείσμα*. 20. το μέσ. στον αόρ. *βάλθηκα* = προσπαθώ με κάθε τρόπο: *βάλθηκε να κερδίσει τον αγώνα και προπονείται συνέχεια*· *βάλθηκες να με τρελάνεις*. Φρ. ~ *αφτί* (= κρυφακούω)· ~ *(κάπου) το δαχτυλίδι μου* (= ανακατεύομαι κρυφά· και παίζω ρόλο στην εξέλιξη μιας υπόθεσης)· *-ει ο διάβολος την ουρά του* (σε μια υπόθεση που εξελίσσεται διαφορετικά απ' ό,τι περιμέναμε)· ~ *τα δυνατά μου* (= καταβάλλω προσπάθειες): *βάλε τα δυνατά σου να περάσεις στο Πανεπιστήμιο*· ~ *έγνοια* (= στενοχωριέμαι, προβληματίζομαι): *μη -εις έγνοια για ξένα ζητήματα*· ~ *κάποιον στη θέση μου / στο πόδι μου* (= αφήνω αντικαταστάτη)· ~ *κάποιον στη θέση του* (= ανακαλώ στην τάξη, υποδεικνύω, μαθαίνω σε κάποιον να προσέχει τη συμπεριφορά του): *από τότε που του έβαλε στη θέση του μου μιλάει με πολλή ευγένεια*· ~ *τη θηλιά στο λαιμό κάποιου*, βλ. *θηλιά* · ~ *κατά μέρος* (= παραμερίζω, παραβλέπω)· *δεν ου* ~ *κάτω* (= δεν υποκύπτω, προσπαθώ ν' αποδείξω ότι δε νικήθηκα ή ότι αντέχω ακόμη): *παρά το ότι νικήθηκαν στις εκλογές δεν το -ουν κάτω*· *τα* ~ *κάτω* = μελετώ, υπολογίζω· εξετάζω την κατάσταση)· ~ *(κάποιον) κάτω* (= καταβάλλω, νικώ, ξεπερνώ κάποιον): *οι κακουχίες δεν τον έβαλαν κάτω*· *έβαλε κάτω στην επίδοση όλους τους συμμαθητές του*· ~ *κάτι στον κλήρο* (= κληρώνω)· ~ *λόγια / φιτίλια* (= συκοφαντώ, προκαλώ έχθρα ανάμεσα σε κάποια άτομα)· ~ *λυτούς και δεμένους* (= καταβάλλω προσπάθειες χρησιμοποιώντας κάθε μέσο για να πετύχω κάτι: ~ *κάτι στο μάτι* (= μου τράβηξε την προσοχή, μου άρεσε και επιθυμώ να το αποκτήσω): *έβαλα στο μάτι εκείνο το φόρεμα*· ~ *το μαχαίρι στο λαιμό κάποιου* (= εκβιάζω, πιέζω κάποιον)· *τα* ~ *με κάποιον* (= μαλλώνω, καβγαδίζω): *τα έβαλε μαζί μου επειδή σε κάλυψα*· ~ *μέσα* (= φυλακίζω)· ~ *κάποιον στη μέση* (= περικυκλώνω· μπερδεύω κάποιον, του δημιουργώ σύγχυση και τον κάνω να αμφιταλαντεύεται): *μ' έβαλαν στη μέση και οι δυο και δεν ήξερα ποιον να υποστηρίξω*· ~ *στην μπάντα* α. (= αποταμιεύω): *έβαλαν στην μπάντα μερικά λεφτά για τα γεράματά τους*· β. (= παραγκωνίζω): *«τα βρήκαν» οι δυο τους και σε βάλανε στην μπάντα*· ~ *μπρος* α. (= θέτω σε λειτουργία) ~ *μπρος το αυτοκίνητο / τη μηχανή* β. (= αρχίζω, ξεκινώ κάτι)· ~ *μπρος μια δουλειά / επιχείρηση / οικοδομή*· ~ *μπροστά κάποιον* (= μαλώνω, επιπλήττω κάποιον): *τον έβαλε μπροστά για τη χθεσινή συμπεριφορά του*· ~ *μυαλό / γνώση* ή ~ *σε κάποιον μυαλό / γνώση* (= φρονιμεύω ή σωφρονίζω κάποιον): *γέρασες και μυαλό δεν έβαλες*· *τώρα θα του βάλεις μυαλό!* ~ *το νερό στ' αυλάκι* (= ρυθμίζω κάτι ώστε να εξελιχθεί ευνοϊκά)· ~ *νερό στο κρασί μου* (= περιορίζω τις απαιτήσεις μου)· ~ *κάτι στο νου μου* (= σκοπεύω να κάνω κάτι): *έβαλα στο νου μου να κάνω ένα ταξίδι* ~ *με το νου μου* (= φαντάζομαι, υποθέτω): *άργησες κι έβαλα με το νου μου χίλια πράγματα* · *-ει ο νους μου* (= υποθέτω, σκέφτομαι, υπολογίζω): *δε -ει ο νους σου τι μου συνέβη χτες*· ~ *την ουρά στα σκέλια* (= υποχωρώ νικημένος)· *πανί* (= ανοίγω τα πανιά, διευθύνομαι κάπου)· ~ *πλώρη* (= διευθύνομαι· κατευθύνω τις ενέργειες μου σε κάποιο σκοπό)· ~ *σε πειρασμό* (= σκανδαλίζω, κολάζω· παρακινώ): *οι προτάσεις σου μ' έβαλαν σε πειρασμό*· *μη με -εις σε πειρασμό να το αγοράσω!* ~ *πόδι* (= πατώ πόδι, επιμένω): *βάλε πόδι να γίνει το δικό σου*· ~ *τα δυο πόδια (κάποιου) σ' ένα παπούτσι* (= φέρνω κάποιον σε δύσκολη θέση)· *το* ~ *στα πόδια*, ~ *τα πόδια στον ώμο* (= φεύγω τρέχοντας)· ~ *πόστα / τις φωνές σε κάποιον* (= μαλώνω, επιπλήττω κάποιον): *μου έβαλε τις φωνές που άργησα*· ~ *τα πράγματα στη θέση τους* (= διευθετώ τη διαφορά που υπάρχει)· ~ *κάτι στο ράφι, στο χρονοντούλαπο* (= εγκαταλείπω, παρατώ, ξεχνώ κάτι)· ~ *κάτι σε ρεγούλα* (= τακτοποιώ, διευθετώ)· ~ *στεφάνι*, ~ *την κουλούρα* (= παντρεύομαι)· ~ *υποψηφιότητα* (= θέτω υπό την κρίση των ψηφοφόρων την ικανότητα (και την εκλογή) μου για κάποια θέση ή αξίωμα)· ~ *χέρι (σε κάποιον)* (= του επιτίθεμαι με ανήθικους σκοπούς)· ~ *χέρι σε κάτι* (= αρπάζω ή ξοδεύω ένα μέρος): *τον ανακάλυψαν, αλλά είχε ήδη βάλει χέρι στην είσπραξη*· ~ *κάποιον στο χέρι* (= εξαπατώ, εκβιάζω· εκμεταλλεύομαι)· ~ *ένα χέρι* (= βοηθώ): *βάλε ένα χέρι να σηκώσουμε το κιβώτιο*· ~ *το χέρι στο Ευαγγέλιο* (= ορκίζομαι)· ~ *το χέρι στην καρδιά* (= σκέφτομαι και ομολογώ με ειλικρίνεια)· ~ *το χέρι στη φωτιά* (= εκφράζω την απόλυτη σιγουριά μου για κάτι): *για την τιμιότητά του* ~ *το χέρι μου στη φωτιά*. Παροιμ. ~ *τον τρελό να βγάλει το φίδι από την τρύπα / τα κάστανα από τη φωτιά* (= χρησιμοποιώ κάποιον — μάλλον απερίσκεπτο — για να εκτελέσει μια επικίνδυνη πράξη). [βιβάζω].

βαθαίνω, ρ. Α. (μτβ.) κάνω κάτι βαθύ: ~ *το αυλάκι*· ~ *την κοίτη του ποταμού* (συνών. *βαθουλώνω*). Β. (αμτβ.) γίνομαι βαθύς: *εδώ η θάλασσα -ει απότομα.*
βάθεμα το, ουσ., το να μεγαλώνει κανείς το βάθος (κάποιου πράγματος): *το ~ της κοίτης του ποταμού.*
βαθιοκοιμούμαι, ρ. (συνιζ., λαϊκ.), κοιμάμαι βαθιά.
βαθιόριζος, βλ. *βαθύρριζος.*
βαθμιαίος, -α, -ο, επίθ. (ασυνίζ.), που γίνεται σταδιακά και όχι μεμιάς, εξελικτικός: *-α πτώση της θερμοκρασίας· -α υποχώρηση του καύσωνα* (συνών. *σταδιακός*).
βαθμίδα η, ουσ. 1. σκαλοπάτι· (μεταφ.) στάδιο εξέλιξης, η θέση που κατέχει κάποιος σε μια ιεραρχία, μια σειρά: *-ες της εκπαίδευσης / της εξέλιξης / του πολιτισμού* (συνών. *σκαλί*). 2. (ναυτ.) μικρά και λεπτά σκοινιά που δένονται οριζόντια σε δύο μεγαλύτερα και χρησιμεύουν στο ανέβασμα των ναυτών (συνών. *σκαλιέρες*). 3. (μουσ.) η ειδική θέση που κατέχουν οι φθόγγοι στην κλίμακα.
βαθμοθηρία η, ουσ. (σχολ.) το να ενδιαφέρεται ο μαθητής να αποκτήσει όχι γνώσεις, αλλά βαθμούς, το «κυνήγι» του βαθμού.
βαθμολόγηση η, ουσ., απονομή βαθμού σε κάποιον μετά την εκτίμηση και την αξιολόγησή του: *~ της επίδοσης του μαθητή· ~ του διαγωνίσματος· ~ της έκθεσης.*
βαθμολογητής ο, θηλ. **-τρια**, ουσ., αυτός που αξιολογεί και βαθμολογεί κάτι.
βαθμολογία η, ουσ. 1. βαθμολόγηση: *~ του γραπτού* (συνών. *αξιολόγηση*). 2. ο βαθμός, οι βαθμοί: *~ του α΄ τριμήνου· στον έλεγχο αναγράφεται η αναλυτική ~ σου.* 3. η κατάταξη με βάση τους βαθμούς: *η ~ των ομάδων άλλαξε μετά τους τελευταίους αγώνες.*
βαθμολογικός, -ή, -ό, επίθ., που έχει σχέση με το βαθμό και τη βαθμολόγηση: *η διόρθωση των γραπτών γίνεται στο -ό κέντρο· κατάταξη -ή· κλίμακα -ή.*
βαθμολόγιο το, ουσ. (ασυνίζ.). 1. βιβλίο βαθμολογίας: *το ~ του καθηγητή* (συνών. *κατάλογος*). 2. η κλίμακα των βαθμών ενός υπαλλήλου.
βαθμολογώ, -είς, ρ. 1. δίνω βαθμό, αξιολογώ την επίδοση, την προσπάθεια κάποιου ατόμου: *~ του μαθητή με μικρό βαθμό.* 2. χωρίζω μια κλίμακα σε βαθμούς, χαράζω ενδείξεις που αντιστοιχούν σε βαθμούς.
βαθμόμετρο το, ουσ., όργανο με το οποίο υπολογίζεται η πυκνότητα ενός υγρού (συνών. *γράδο*).
βαθμός ο, ουσ. 1α. υποδιαίρεση της κλίμακας επιστημονικού οργάνου: *η θερμοκρασία θα κυμανθεί μεταξύ 5-10 -ών* (ενν. του θερμομέτρου) (συνών. *βαθμίδα*)· β. (για διάλυμα) το ένα εκατοστό καθαρής ύλης σε διάλυμα: *οινόπνευμα 70 -ών* (= 30% νερό). 2. μέτρο στενής ή μακρινής συγγενικής σχέσης: *τ᾽ αδέλφια είναι συγγενείς δεύτερου -ού.* 3. η θέση που κατέχει κάποιος σε μια ιεραρχική κλίμακα (στρατιωτική, εκκλησιαστική, υπαλληλική): *προάχθηκε στο -ό του στρατηγού/του μοίραρχου· διορίστηκα με τον έβδομο βαθμό* (συνών. *αξίωμα*). 4. μέτρο επίδοσης ή της ικανότητας συναγωνιζόμενων ατόμων (μαθητών, αθλητών): *πήρε μικρό -ό στη γεωμετρία.* 5. το σημείο της αξίας ή της απαξίας στο οποίο μπορεί να φτάσει κανείς: *η εταιρεία έφτασε στο μέγιστο -ό ανάπτυξης· είσαι βλάκας σε μεγάλο -ό* (συνών. *όριο*). 6. (γραμμ. στον πληθ.) οι τρεις μορφές των επιθέτων ή επιρρημάτων που δηλώνουν τη διαφορετική ποσότητα, ιδιότητα ή ποιότητα που αποδίδεται από αυτά στο όνομα ή το ρήμα που συνοδεύουν. 7. (μηχανική) *~ ελευθερίας* = ο αριθμός των δυνατών κινήσεων σώματος ή συστήματος. 8. (μαθημ.) μονάδα μέτρησης γωνιών που προκύπτει από την υποδιαίρεση του κύκλου σε 400 μέρη.
βαθμοφόρος ο, ουσ., αυτός που έχει κάποιο αξίωμα στο στρατό ή το ναυτικό σε αντίθεση με τον απλό στρατιώτη ή ναύτη.
βάθος το, ουσ. 1. η κατακόρυφη απόσταση από την επιφάνεια έως τον πυθμένα: *το ~ του πηγαδιού· το ~ του λάκκου / του ποταμού· το ~ της λίμνης* (αντ. *ύψος*). 2. (μεταφ.) σ᾽ ευχαριστώ από τα -η της καρδιάς μου/της ψυχής μου· *τα -η του είναι μου.* 3. (στον πληθ.) πάτος, πυθμένας: *πνίγηκε στα -η της θάλασσας* (αντ. *επιφάνεια*). 4. (μεταφ.) ό,τι βρίσκεται κάτω από την επιφάνεια των γεγονότων, η διείσδυση στα γεγονότα: *έρευνα της υπόθεσης σε ~.* 5α. το ύψος: *το περιστέρι πέταξε και χάθηκε στα -η τ᾽ ουρανού·* β. (μεταφ. για χρονική απόσταση): *στα -η των αιώνων.* 6. (για επίπεδη επιφάνεια ή χώρο) διάσταση αντίστοιχη με το μήκος και το πλάτος, από την αρχή της επιφάνειας ή την είσοδο του χώρου έως το εσωτερικότερο σημείο: *το ~ της σπηλιάς / της αίθουσας· το ~ του δάσους / του ορυχείου.* 7. η τρίτη διάσταση, η προοπτική: *ο τρισδιάστατος κινηματογράφος δίνει την εντύπωση του -ους· στο ~ του πίνακα φαινόταν το δάσος* (συνών. *φόντο*). 8. (για νόημα) το ουσιαστικό περιεχόμενο: *οι σκέψεις και οι στοχασμοί του έχουν ~* (συνών. *ουσία*). 9. ό,τι δεν μπορεί κανείς εύκολα να διερευνήσει: *ψυχολογία του -ους.* Εκφρ. (φιλοσ.) *~ έννοιας* (= το σύνολο των ουσιωδών γνωρισμάτων μιας έννοιας)· *κατά ~* (= ουσιαστικά, στην πραγματικότητα): *κατά ~ διαφωνείς, αλλά δεν το ομολογείς· σε ~* (= ολοκληρωτικά): *το απορρυπαντικό καθαρίζει σε ~· έρευνα σε ~· ή του ύψους ή του -ους* (για να δηλωθεί αδιαφορία κάποιου για το αποτέλεσμα παράτολμης ενέργειάς του).
βαθουλαίνω, βλ. *βαθουλώνω.*
βαθουλός, -ή, -ό, επίθ., λίγο βαθύς, κοίλος (συνών. *βαθουλωτός*).
βαθούλωμα το, ουσ. 1. το να κάνει κανείς κάτι βαθουλό. 2. μέρος βαθουλό: *ο δρόμος ήταν γεμάτος -ατα* (συνών. *γούβα*).
βαθουλώνω και **βαθουλαίνω**, ρ. Α. (μτβ.) κάνω κάτι βαθουλό, κοίλο. Β. (αμτβ.) γίνομαι βαθουλός: *-ωσαν τα μάτια του από την αϋπνία.*
βαθουλωτός, -ή, -ό, επίθ., λίγο βαθύς.
βάθρακος, βαθρακός, βλ. *βάτραχος.*
βάθρο το, ουσ. 1. η βάση πάνω στην οποία στηρίζεται κάτι: *~ του αγάλματος· ~ της έδρας* (συνών. *υπόβαθρο*). 2. (μεταφ.) βάση, στήριγμα: *ο διάλογος είναι το ~ της δημοκρατίας.*
βαθυγάλαζος, -η, -ο, επίθ., που έχει βαθύ γαλάζιο χρώμα: *πέλαγος -ο* (συνών. *βαθυγάλανος*).
βαθυγάλανος, -η, -ο, επίθ., που έχει βαθύ γαλάζιο χρώμα (συνών. *βαθυγάλαζος*).
βυθόμετρο το, ουσ. (αστρον.) όργανο με το οποίο προσδιορίζεται η κλίση του ορατού ορίζοντα.
βαθύπλουτος, -η, -ο, επίθ., που έχει πολλά πλούτη: *κληρονόμησε μια -η γριά* (συνών. *πάμπλουτος, ζάπλουτος·* αντ. *πάμφτωχος*).

βαθυπράσινος, -η, -ο, επίθ., που έχει βαθύ (σκούρο) πράσινο χρώμα: *φύλλωμα -ο*.
βαθύρριζος, -η, -ο και (συνιζ. λαϊκ.) **βαθιόριζος**, επίθ. που έχει βαθιές ρίζες: *δέντρο -ο*.
βαθύς, -ιά, -ύ, επίθ. **1.** που έχει βάθος: *ποτάμι / πιάτο -ύ*· έκφρ. *μπρος -ύ και πίσω ρέμα* (= όταν βρισκόμαστε ανάμεσα σε δύο κακά) (συνών. *βαθουλός*· αντ. *αβαθής, ρηχός, ανάβαθος*). **2.** που εκτείνεται σε μήκος, που φτάνει βαθιά: *ρίζα / σπηλιά / πληγή -ιά*. **3.** πυκνός: *δάσος -ύ* (συνών. *δασύς*· αντ. *αραιός*). **4.** (για νύχτα) προχωρημένη· έκφρ. *-ιά χαράματα* (= πολύ νωρίς το πρωί). **5.** (για ύπνο) βαρύς (αντ. *ελαφρός*). **6.** (για χρώμα) σκούρος, σκοτεινός (αντ. *ανοιχτός*). **7.** (για ηλικία) προχωρημένος: *-ιά γεράματα*. **8.** βαθυστόχαστος: *μελετητής* ~· *ανάλυση -ιά*· *νόημα -ύ* (συνών. *σοβαρός, εμβριθής*· αντ. *επιπόλαιος, επιφανειακός*). **9.** (για ψυχική κατάσταση) βαρύς: *-ιά μελαγχολία*. **10.** (για κατάσταση) πλήρης: *σιγή / περισυλλογή -ιά* (συνών. *απόλυτος*). **11.** (για φωνή) που ακούγεται από μακριά. **12.** (για καναπέ) μαλακός, αναπαυτικός. Έκφρ. *-ιά υπόκλιση* = έντονη κλίση του κεφαλιού ως εκδήλωση σεβασμού, κλπ. -Υποκορ. **βαθούτσικος**, (στη σημασ. 1). - Επίρρ. **-ιά**.
βαθυσκάφος το, ουσ., επανδρωμένο σκάφος αυτόνομης κατάδυσης σε μεγάλα βάθη, που χρησιμοποιείται για την εξερεύνηση του βυθού.
βαθύσκιος, -α, -ο, επίθ. (ασυνίζ.), που έχει βαθιά, πυκνή σκιά: *δάση -α* (συνών. *βαθύσκιωτος*).
βαθύσκιωτος, -η, -ο, επίθ., που έχει βαθιά, πυκνή σκιά: *πλατάνι -ο* (συνών. *βαθύσκιος*).
βαθυστόχαστος, -η, -ο, επίθ. **1.** που στοχάζεται βαθιά: *ποιητής* ~. **2.** που είναι αποτέλεσμα βαθιάς σκέψης: *ποιήματα -α*.
βαθύτητα η, ουσ., το να είναι κάτι βαθύ, να έχει βάθος: ~ *της θάλασσας*· (μεταφ.) ~ *σκέψεων*.
βαθύφωνος, -η, -ο, επίθ., που έχει βαθιά, βαριά φωνή (συνών. *μπάσος, βαρύτονος*· αντ. *υψίφωνος, τενόρος*).
βαθύχορδο το, ουσ., έγχορδο μουσικό όργανο (συνών. *κοντραμπάσο, μπασαβιόλα*).
βαθύχρωμος, -η, -ο, επίθ., που έχει χρώμα βαθύ, σκούρο: *φόρεμα -ο* (αντ. *ανοιχτόχρωμος*).
βάι, Ι. επιφ., αλίμονο: ~, *συμφορά που μας βρήκε!* [τουρκ. *vay*].
βάι ΙΙ, βλ. *βάγιο*.
βαΐτικος -η, -ο, και **βαγίτικος**, επίθ., που αναφέρεται στη γιορτή των Βαΐων· *τραγούδια -α*= ευχετικά τραγούδια που τραγουδιούνται το Σάββατο του Λαζάρου και την Κυριακή των Βαΐων.
βακαλάος ο, ουσ. (λόγ.), μπακαλιάρος (βλ. λ.). [ισπαν. *bacalao*].
βακελίτης ο, ουσ., τεχνητή ρητίνη που χρησιμοποιείται ως μονωτικό κατά της θέρμανσης και του ηλεκτρισμού. [γαλλ. *bakélite*].
βακέτα η, ουσ., βοδινό δέρμα: *τσάντα από* ~. [ιταλ. *vacchetta*].
βακετάς ο, ουσ., βυρσοδέψης που κατεργάζεται τη βακέτα.
βάκιλος ο, ουσ., μικρόβιο (συνών. *βακτηρίδιο*). [λατ. *bacillus*].
βακούφι το, ουσ. **α.** (τουρκ. ιστ.) κτήμα προορισμένο για τη συντήρηση τζαμιού, σχολείου ή άλλου κοινωφελούς ιδρύματος· **β.** (νεοτ.) εκκλησιαστική ή μοναστηριακή ακίνητη περιουσία. [τουρκ. *vakιf*].

βακούφικος, -η, -ο, επίθ., που αναφέρεται σε βακούφι: *κτήματα -α*.
βακτηριακός, -ή, -ό, επίθ. (ασυνίζ.), που σχετίζεται με τα βακτήρια· έκφρ. *πόλεμος* ~ (= μικροβιολογικός) (συνών. *μικροβιακός*).
βακτηρίαση η, ουσ., αρρώστια που προκαλείται από προσβολή παθογόνων βακτηρίων.
βακτηρίδιο το, ουσ. (ασυνίζ.), μικρόβιο (συνών. *βάκιλος*).
βακτήριο το, ουσ. (ασυνίζ.), μικρόβιο.
βακτηριοκτόνος, -α, -ο, επίθ. (ασυνίζ.), που καταπολεμά, που σκοτώνει τα βακτηρίδια (συνών. *μικροβιοκτόνος*).
βακτηριολογία η, ουσ. (ασυνίζ.), επιστήμη που ασχολείται με τα μικρόβια (συνών. *μικροβιολογία*).
βακτηριολογικός, -ή, -ό, επίθ. (ασυνίζ.), που αναφέρεται στη βακτηριολογία: *έλεγχος* ~ (συνών. *μικροβιολογικός*).
βακτηριολόγος ο, ουσ. (ασυνίζ.), επιστήμονας ειδικός στη βακτηριολογία (συνών. *μικροβιολόγος*).
βακχικός, -ή, -ό, επίθ., που ανήκει ή αναφέρεται στο Βάκχο, οργιαστικός: *μανία -ή*.
βαλαάδες οι, ουσ. (ιστ.) εξισλαμισμένοι Έλληνες της δυτικής Μακεδονίας που είχαν διατηρήσει τη γλώσσα τους. [τουρκ. *vallahi*].
βαλάνι και **βελάνι** το, ουσ., καρπός βαλανιδιάς (συνών. *βαλανίδι*).
βαλανιά η, ουσ. (συνιζ.), βαλανιδιά.
βαλανιδένιος, -α, -ο, επίθ. (συνιζ.), που κατασκευάστηκε από ξύλο βαλανιδιάς (συνών. *δρύινος*).
βαλανίδι και **βε-** το, ουσ., ο καρπός της βαλανιδιάς (συνών. *βαλάνι*).
βαλανιδιά και **βε-** η, ουσ. (συνιζ.). **1.** μεγάλο φυλλοβόλο ή αειθαλές δέντρο των δασών που παρέχει καλής ποιότητας ξυλεία (συνών. *δρυς*). **2.** το ξύλο της βαλανιδιάς: *έπιπλα από* ~.
βαλανοειδής, -ής, -ές, γεν. *-ούς*, πληθ. αρσ. και θηλ. *-είς*, ουδ. *-ή*, επίθ., που έχει σχήμα βαλανιδιού.
βάλανος η, ουσ. **1.** βαλανίδι. **2.** κεφαλή του πέους.
βαλάντιο το, ουσ. (έρρ., ασυνίζ.). **1.** πορτοφόλι (συνων. λαϊκ. *πουγγί*). **2.** χρήματα, περιουσία.
βαλάντωμα η, ουσ. (έρρ.). **1.** υπερκόπωση, εξάντληση. **2.** μεγάλη στενοχώρια, λύπη.
βαλαντώνω, ρ. (έρρ.). **1.** εξαντλούμαι: *-ωσε από το κλάμα το μωρό* (συνών. *αποκάμνω*). **2.** (μτβ.) στενοχωρώ, θλίβω κάποιον· (αμτβ. και μέσ.) στενοχωριέμαι, θλίβομαι.
βαλβίδα, η, ουσ. **1.** (αθλητ.) γραμμή ή περιορισμένος χώρος απ' όπου ξεκινούν οι αθλητές τα αγωνίσματα (συνών. *αφετηρία*). **2.** (ανατομ.) σχηματισμός κυρίως της καρδιάς, των φλεβών και των λεμφαγγείων που λειτουργεί κλείνοντας πρόσκαιρα μια δίοδο ή ένα στόμιο και κατευθύνει τα υγρά προς μια μόνο διεύθυνση. **3.** μηχανική διάταξη που χρησιμοποιείται για τον έλεγχο ροής ρευστών σε σωληνώσεις, αγωγούς και δίκτυα: *-ες αντλιών*.
βαλβολίνη η, ουσ., ορυκτέλαιο που χρησιμεύει για τη λίπανση των διαφορικών και των κιβωτίων ταχυτήτων στα αυτοκίνητα. [αγγλ. *valvolin*].
βαλεριάνα η, ουσ. (ασυνίζ.), ποώδες φαρμακευτικό φυτό, αγριοζαμπούκος. [ιταλ. *valeriana*].
βαλές ο, ουσ., χαρτί της τράπουλας που παριστά-

νει φιγούρα νέου άνδρα (συνών. *φάντης*). [γαλλ. valet].
βαλής ο, ουσ. (ιστ.) στην οθωμανική Τουρκία, διοικητής επαρχίας (βιλαετίου). [τουρκ. *vali*].
βαλίτσα η, ουσ., ταξιδιωτικός σάκος σε σχήμα παραλληλεπίπεδο με χερούλι που χρησιμεύει στη μεταφορά προσωπικών ειδών. [ιταλ. valigio]. - Υποκορ. **-ιτσάκι** το, **-ιτσούλα** η.
βαλκανικός, -ή, -ό, επίθ., που ανήκει ή αναφέρεται στα Βαλκάνια: *πόλεμος ~ χερσόνησος -ή· αγώνες -οί*.
βαλκανιονίκης ο, ουσ. (ασυνίζ.), αθλητής που νίκησε σε βαλκανικούς αγώνες.
βαλκανολογία η, ουσ., επιστήμη που ασχολείται με την ιστορία και τον πολιτισμό των βαλκανικών λαών.
βαλκανολόγος ο, ουσ., αυτός που ασχολείται με τη βαλκανολογία.
βαλλιστική η, ουσ. (φυσ.) επιστήμη που μελετά την κίνηση των σωμάτων που ρίχνονται στον αέρα και ειδικώς των πολεμικών βλημάτων.
βαλλιστικός, -ή, -ό, επίθ., που σχετίζεται με τη βαλλιστική: *εκκρεμές -ό·* (κατ᾽ επέκταση) *πύραυλος ~ · όπλο -ό* (= πολεμική συσκευή που μετακινείται σαν να είναι βλήμα).
βάλλω, ρ. (στρατ.) φρ. *-ει το πυροβολικό* (= πυροβολεί, κανονιοβολεί.
βαλμάς, ο, ουσ., αυτός που συντηρεί και εμπορεύεται μεγάλα ζώα (συνών. *ζωέμπορος*). [πιθ. σλαβ. *valmo*].
βαλς το, ουσ. άκλ. 1. είδος ευρωπαϊκού χορού που χορεύεται από ζευγάρι χορευτών: *~ βιεννέζικα*. 2. (συνεκδοχικά) μουσικό κομμάτι που συνοδεύει τον ομώνυμο χορό. - Υποκορ. **-άκι** το. [γαλλ. *valse*].
βάλσαμο και **μπά-** το, ουσ. 1. ευωδιαστή ρητίνη από διάφορα δέντρα, φάρμακο για τραύματα και κωλικούς. 2. βαλσαμόδεντρο. 3. (μεταφ.) καθετί που ευχαριστεί ή ανακουφίζει τον πόνο: *τα λόγια σου είναι ~ στη θλιμμένη μου καρδιά*.
βαλσαμόδεντρο το, ουσ. (έρρ.), γένος φυτών που παράγουν βάλσαμο.
βαλσαμόχορτο το, ουσ., ονομασία διάφορων αρωματικών φυτών.
βαλσάμωμα και **μπα-**, το, ουσ., ταρίχευση νεκρών ζώων ή πουλιών (συνών. *βαλσάμωση*).
βαλσαμώνω και **μπα-**, ρ. 1. ταριχεύω: *πουλί -ωμένο*. 2. επουλώνω, γιατρεύω. 3. (μεταφ.) καταπραΰνω (συνών. *ανακουφίζω, παρηγορώ*).
βαλσάμωση η, ουσ., βαλσάμωμα.
βάλσιμο το, ουσ., τοποθέτηση.
βαλτικός, -ή, -ό, επίθ., που ανήκει ή προέρχεται από τις χώρες της Βαλτικής θάλασσας: *κράτη -ά*.
βαλτόνερο το, ουσ., νερό βάλτου (συνών. *βούρκος*).
βάλτος ο, ουσ., ελώδης τόπος (συνών. *τέλμα, έλος*). [σλαβ. *blato*].
βαλτός, -ή, -ό, επίθ. 1. που ενεργεί όχι με δική του πρωτοβουλία, αλλά με υπόδειξη ή παρακίνηση άλλου: *είναι ~* (συνών. *ετεροκίνητος, βαλμένος*). 2. που δε γίνεται τυχαία: *πυρκαγιά -ή· λόγια -ά* (συνών. *υποβολιμαίος*).
βαλτότοπος ο, ουσ., τόπος γεμάτος βαλτους, ελώδης περιοχή.
βαλτώδης, -ης, -ες, γεν. *-ους*, πληθ. αρσ. και θηλ. *-εις*, ουδ. *-η*, επίθ., ελώδης, τελματώδης.
βαλτώνω, ρ. 1. μεταβάλλω κάτι σε βάλτο. 2. πέφτω σε βάλτο. 3. βρίσκομαι σε δύσκολη θέση, σε αδιέξοδο (συνών. *πελαγώνω*).

βαμβακάδα και **μπαμπα-** η, ουσ., αρρώστια των φυτών (συνών. *βαμβακίαση*).
βαμβακέλαιο και **μπαμπα-** το, ουσ., λάδι που βγαίνει απ᾽ τα σπέρματα του βαμβακιού: *το ~ είναι κατάλληλο για τηγάνισμα*.
βαμβακέμπορος και **μπαμπα-** ο, ουσ. (έρρ.), αυτός που εμπορεύεται βαμβάκι.
βαμβακένιος, -ια, -ιο και **μπαμπακένιος**, επίθ. (συνιζ.), που είναι κατασκευασμένος από βαμβάκι (συνών. *βαμβακερός, βαμβάκινος*).
βαμβακερός, -ή, -ό και **μπαμπακερός**, επίθ., που είναι κατασκευασμένος από βαμβάκι: *τα -ά υφάσματα είναι δροσερά* (συνών. *βαμβακένιος*). - Το ουδ. στον πληθ. = *βαμβακερά υφάσματα*.
βαμβάκι και (όχι έρρ.) **μπαμπάκι** το, ουσ., φυτό και ο καρπός του που χρησιμεύει ως κλωστική ύλη, καθώς και στη φαρμακευτική.
βαμβακιά και (όχι έρρ.) **μπαμπακιά** η (συνιζ.), ουσ., το φυτό που παράγει βαμβάκι.
βαμβακίαση η, ουσ., αρρώστια των φυτών (συνών. *βαμβακάδα, μπαμπάκιασμα*).
βαμβακόλαδο και (όχι ερρ.) **μπαμπα-** το, ουσ., βαμβακέλαιο (βλ. λ.).
βαμβακομάλλινος, -η, -ο και **μπαμπα-**, επίθ., κατασκευασμένος, υφασμένος από βαμβάκι και μαλλί (συνών. *μαλλοβάμβακος*).
βαμβακομέταξος, -η, -ο και **μπαμπα-**, επίθ., που αποτελείται από βαμβάκι και μετάξι: *ύφασμα -ο*.
βαμβακομηχανή η, ουσ., μηχανή που καθαρίζει το βαμβάκι από το σπόρο.
βαμβακοπαραγωγός ο, ουσ., αυτός που ασχολείται με την καλλιέργεια βαμβακιού.
βαμβακόπιτα και (όχι έρρ.) **μπαμπα-** η, ουσ., συμπιεσμένος βαμβακόσπορος που μένει μετά την αφαίρεση του βαμβακέλαιου και χρησιμοποιείται ως τροφή των ζώων.
βαμβακόσπορος και (όχι έρρ.) **μπαμπα-** ο, ουσ. σπόρος του βαμβακιού.
βαμβακοσυλλέκτης ο, ουσ. (νεολογ.), μηχανή που χρησιμεύει στο μάζεμα βαμβακιού.
βαμβακοσυλλεκτικός, -ή, -ό, επίθ. (νεολογ.), που χρησιμεύει στο μάζεμα βαμβακιού: *μηχανή -ή* (= βαμβακοσυλλέκτης).
βαμβακουργείο το, ουσ., εργοστάσιο που κατεργάζεται βαμβάκι.
βαμβακουργία η, ουσ., κατεργασία βαμβακιού.
βαμβακουργός ο, ουσ., τεχνίτης που κατεργάζεται βαμβάκι (συνών. *μπαμπακάς*).
βαμβακοφυτεία η, ουσ. 1. φύτευση και καλλιέργεια του βαμβακιού. 2. μεγάλη έκταση γης, όπου καλλιεργείται το βαμβάκι (συνών. *βαμβακοχώραφο*).
βαμβακοχώραφο και (όχι έρρ.) **μπαμπα-** το, ουσ., χωράφι όπου καλλιεργείται το βαμβάκι (συνών. *βαμβακοφυτεία*).
βάμμα το, ουσ., διάλυμα φυτικών ή ζωικών ουσιών μέσα σε οινόπνευμα ή αιθέρα: *~ ιωδίου*.
βάνα η, ουσ., διακόπτης σε δίκτυο παροχής νερού ή κεντρικής θέρμανσης (συνών. *υδατοφράκτης, νεροδεσιά*). [γαλλ. *vanne*].
βάναυσος, η, -ο, επίθ., σκληρός: *συμπεριφορά -η· τρόποι -οι* (συνών. *βάρβαρος, τραχύς, απότομος, χυδαίος, αγροίκος·* αντ. *ευγενικός, ήπιος, πράος, μειλίχιος*). - Επίρρ. **-α**.
βαναυσότητα η, ουσ., το να είναι κανείς βάναυσος

βανδαλικός 238

(συνών. σκληρότητα, βαρβαρότητα, τραχύτητα, χυδαιότητα· αντ. ευγένεια, πραότητα, αβρότητα).
βανδαλικός, -ή, -ό, επίθ., που έχει σχέση με τους βανδάλους, βαρβαρικός, βάναυσος: *αντιμετώπιση / συμπεριφορά -ή.*
βανδαλισμός ο, ουσ., πράξη που ταιριάζει σε βανδάλους (μεταφ.) καταστροφή έργων τέχνης που οφείλεται σε πολεμικές ενέργειες επιδρομέων αλλά και σε ιδεολογικό ή θρησκευτικό φανατισμό. [γαλλ. *vandalisme*].
βάνδαλος ο, ουσ. 1. καταστροφέας. 2. (ως επίθ.) βάρβαρος (συνών. *απολίτιστος, άγριος, σκληρός, βάναυσος*· αντ. *καλλιεργημένος, πολιτισμένος*).
βανίλια η, ουσ. (συνιζ.). 1. αρωματικό φυτό και η αρωματική ουσία που βγαίνει από τους καρπούς του. 2. (συνεκδοχικά) γλυκό του κουταλιού.
βάνω, ρ., βλ. *βάζω*.
βαπόρι και (λαϊκ.) **παπόρι** το, ουσ., ατμόπλοιο: *άραξε το ~ στο λιμάνι*. Φρ. (λαϊκ.) *γίνομαι ~* (= εξοργίζομαι). - Υποκορ. **-άκι** το = 1. μικρό βαπόρι. 2. (λαϊκ.) αυτό που μεταφέρει, συχνά χωρίς να το ξέρει, κλοπιμαία, λαθραία ή ναρκωτικά. - Μεγεθ. **βαπόρα** η και **βαποράκλα** η. [ιταλ. *vapore*].
βαποριά η, ουσ. (συνιζ.), ποσότητα όση χωρεί ένα βαπόρι, φορτίο ενός πλοίου.
βαπορίσιος, -α, -ο, επίθ. (συνιζ.). 1. που αναφέρεται στα βαπόρια, που είναι κατάλληλος για τα βαπόρια. 2. που παρασκευάζεται και σερβίρεται μέσα στα βαπόρια: *καφές ~· κουζίνα -α*.
βάπτισμα, βλ. *βάφτισμα*.
βαπτιστήριο το, ουσ. (ασυνίζ.), (εκκλ., αρχαιολ.) κτίσμα που συνδέεται συνήθως με ένα ναό και στο οποίο γινόταν η τελετή του βαπτίσματος: *~ θολωτό / οκταγωνικό / παλαιοχριστιανικό*.
βαπτιστής, βλ. *βαφτιστής*.
βαπτιστικός, βλ. *βαφτιστικός*.
βάραθρο το, ουσ. 1. βαθύ χάσμα γης (συνών. *χαράδρα*). 2. όλεθρος, αδιέξοδο: *βρίσκεται σε οικονομικό -ο* (συνών. *καταστροφή*).
βαραθρώνω, ρ. 1. ρίχνω κάτι σε βάραθρο. 2. (μεταφ.) καταστρέφω (συνών. *αφανίζω, εξολοθρεύω*).
βαράθρωση η, ουσ. (μεταφ.) ολοσχερής καταστροφή (συνών. *αφανισμός, εξολόθρευση*).
βαραίνω, ρ., αόρ. *βάρυνα*. Α. αμτβ. 1. γίνομαι βαρύς ή βαρύτερος: *φέτος -υνα πέντε κιλά· βράχηκαν τα ξύλα και -υναν.* 2. κλίνω, γέρνω από το βάρος: *η βάρκα -υνε στη μια πλευρά· η ζυγαριά -υνε αριστερά.* 3. (για ασθενή) επιδεινώνεται η κατάστασή μου (συνών. *χειροτερεύω*). 4. (για γέροντες) χάνω βαθμιαία τις σωματικές μου δυνάμεις: *η γιαγιά μας άρχισε να -ει πια* (συνών. *εξασθενώ*). 5. (για προχωρημένη εγκυμοσύνη): *η νύφη τους -υνε για τα καλά*. 6. (μεταφ.) έχω ηθικό βάρος, σημασία, σπουδαιότητα: *ο λόγος του -ει στο συμβούλιο* (συνών. *ζυγίζω*). Β. μτβ. 1. πιέζω κάποιον με βάρος: *θα -ύνεις το στομάχι σου με τόσο φαγητό!* 2. (μεταφ.) προκαλώ αίσθημα βάρους, στενοχωρώ: *τι σε -ει; οι κατάρες τον -ουν· δεν τους -ει ο πόλεμος, / αλλ' έγινε πνοή τους* (Σολωμός). 3. (για νομικό φορτικό: *τον έχει -ύνει με τις τόσες απαιτήσεις του* (συνών. *ενοχλώ*). 4. επιβαρύνω, προκαλώ δυσμενείς επιπτώσεις: *τον -ει κακή κληρονομιά· τον -ει η κατηγορία της απάτης*. - Βλ. και *βαρύνομαι*.
βαράκι το, ουσ., λεπτό φύλλο χρυσού με το οποίο επιχρυσώνουν βιβλία, έπιπλα, κλπ. [τουρκ. *varak*].

βαρακώνω, ρ., επιχρυσώνω με λεπτό φύλλο χρυσού. [*βαράκι*].
βαράω, βλ. *βαρώ*.
βαρβαρίζω, ρ. 1. συμπεριφέρομαι ως βάρβαρος. 2. κάνω γλωσσικά σφάλματα μιλώντας ή γράφοντας.
βαρβαρικός, -ή, -ό, επίθ. 1. που ανήκει ή αναφέρεται στους βαρβάρους: *έθνη / φύλα -ά· επιδρομή -ή*. 2. βάναυσος, βίαιος.
βαρβαρισμός ο, ουσ., το να κάνει κανείς σφάλματα (ιδίως γραμματικά) μιλώντας ή γράφοντας.
βάρβαρο το, ουσ. 1. το φυτό δίκταμος η λευκή. 2. το φυτό πετροσέλινο το ήμερο.
βάρβαρος, -η, -ο, επίθ. 1. αγροίκος, απολίτιστος: *έθνος -ο· -ο ποδάρι* (Σολωμός). 2. βάναυσος, σκληρός, απάνθρωπος: *τρόποι / διωγμοί -οι*. - Ως ουσ. = άνθρωπος άξεστος, απολίτιστος. - Επίρρ. **-α**: *φέρεται -α στη γυναίκα του*.
βαρβαρότητα η, ουσ. 1. σκληρότητα, βαναυσότητα: *~ ανήκουστη / αχαρακτήριστη*. 2. πράξη βάρβαρη: *διέπραξαν -ες κατά την κατάληψη του κτηρίου*.
βαρβαρότοπος ο, ουσ., τόπος βαρβάρων.
βαρβατεύω, ρ. (λαϊκ. για ζώα), αρχίζω να έχω γενετήσιο οργασμό: *κριάρι / άλογο -τεμένο*.
βαρβατιά η, ουσ. (συνιζ., λαϊκ.), ο γενετήσιος οργασμός.
βαρβατιάζω, ρ. (συνιζ., λαϊκ.), βρίσκομαι σε γενετήσιο οργασμό.
βαρβατίλα η, ουσ. 1. γενετήσιος οργασμός. 2. η δυσοσμία ζώων που έχουν γενετήσια ορμή. 3. κακοσμία άπλυτου ανθρώπου.
βαρβάτος, -η, -ο, επίθ. (λαϊκ. συνήθως για ζώα). 1. που έχει έντονη γενετήσια ορμή: *κόκορας / ταύρος ~*. 2. (μεταφ.) εύρωστος, δυνατός: *παλληκάρι -ο* (συνών. *νταβραντισμένος*). 3. (για πρόσωπα) πολύ ικανός, σπουδαίος: *τεχνίτης ~*. 4. (για πράγματα) σπουδαίος, αξιόλογος: *δουλειά -ά*.
βαργεστίζω και **βαργεστώ** και **βασγεστίζω, βασγεστώ**, ρ., χάνω την υπομονή μου, αποκάμω: *-ησα να κάθομαι μόνη τόσες ώρες· είναι πια -ισμένος με τη δουλειά του* (συνών. *μπουχτίζω*). [τουρκ. *vazgeçtim* αόρ. του *vaz-geçmek*].
βαργεστημάρα και **βασγεστιμάρα** η, ουσ. 1. το να χάνει κανείς την υπομονή του (συνών. *απαύδηση, μπούχτισμα*). 2. πλήξη, ανία: *σιωπή γεμάτη ~*.
βαργεστώ, βλ. *βαργεστίζω*.
βάρδα, επιφών., μακριά! προσοχή!: *βάρδα! φουρνέλο!* Παροιμ. *βάρδα που 'ρχεται το βόδι*. [βενετ. *varda*, προστ. του ρ. *vardar*].
βαρδαμάνα η, ουσ. (ναυτ.) 1. στήριγμα των χεριών για όσους ανεβαίνουν σκάλες. 2. σκοινί με το οποίο κρεμούνται τα σωσίβια (συνών. *βαρδαμάς*). [βενετ. *varda mano*].
βαρδαμάς ο, ουσ., βαρδαμάνα (βλ. λ.). [βενετ. *varda man*].
βαρδάρης ο, ουσ., παγερός και χιονοβόλος άνεμος που πλήττει την Κεντρική Μακεδονία και που έρχεται από τη Γιουγκοσλαβία ακολουθώντας την κοιλάδα του ποταμού Αξιού. [σερβ. *Vardar*].
βαρδάρω, ρ. 1. προφυλάσσω, εμποδίζω την προσέγγιση ή πορεία προς τα εμπρός. 2. απωθώ, απομακρύνω. 3. αποφεύγω κάτι, προσέχω. [βενετ. *vardar*].
βαρδάσα η, ουσ. 1. είδος δαμάσκηνου. 2. δαμασκηνιά. [βενετ. *verdazzo*].

βάρδια η, ουσ. (συνιζ.). **1.** φρουρά, φρούρηση: *κάνω ~· φυλάγω ~*. **2.** (συνεκδοχικά) αυτός που φρουρεί: *είμαι ~· αλλαγή -ιας* (συνών. *φρουρός, σκοπός*). **3.** ομάδα εργασίας ή υπηρεσίας που απασχολείται για ορισμένο χρονικό διάστημα και εναλλάσσεται με όμοιές της: *το τσούρμο, εξόν από τις -ιες, ησύχαζε* (Μπαστιάς)· *τα σχολεία δουλεύουν με -ιες*. [βενετ. *vardia*].
βαρδιάνος ο, ουσ. (συνιζ.), φρουρός, φύλακας: *ο ~ της πλώρης*. [βενετ. *vardiano*].
βαρδιάτορας ο, πληθ. *-ατόροι*, ουσ. (συνιζ.), φρουρός, φύλακας. [*βάρδια* + *-άτορας* ή βενετ. *vardiatore*].
βάρδος ο, ουσ., ποιητής, ενθουσιώδης τραγουδιστής: *ο Σολωμός είναι ο ~ της ελληνικής ανεξαρτησίας· λαϊκός ~*. [ιταλ. *bardo*].
βάρδουλο το, ουσ., λουρίδα πετσιού μεταξύ εσωτερικής σόλας και ψιδιού, όπου ράβεται η σόλα. [ιταλ. *balteolo*, υποκορ. του *balteo*].
βαρεία η, ουσ. (γραμμ.) το γραπτό σημείο (`) που έμπαινε επάνω σε συλλαβές της αρχαίας ελληνικής που δεν είχαν τόνο ώστε να χαρακτηρίζει την προφορά τους· ένα από τα τρία σημεία του παλαιότερου πολυτονικού συστήματος.
βαρέλα η, ουσ. **1.** βαρέλι μεγάλου μεγέθους: *~ με κρασί*. **2.** (σκωπτ.) γυναίκα χοντρή. [ιταλ. *barella*].
βαρελάδικο το, ουσ., εργαστήριο όπου κατασκευάζουν βαρέλια (συνών. *βαγενάδικο*).
βαρελάκι το, ουσ. **1.** μικρό βαρέλι: *ένα ~ τσίπουρο·* (αίνιγμα): *έχω ένα ~ κι έχει δυο λογιώ κρασάκι* (= το αβγό). **2.** (στον πληθ.) ονομασία παιδικού ομαδικού παιγνιδιού.
βαρελάς ο, ουσ., αυτός που κατασκευάζει βαρέλια (συνών. *βαγενάς, βαρελοποιός*).
βαρέλι το, ουσ. **1.** είδος ξύλινου στρογγυλού δοχείου που είναι φτιαγμένο από στενές σανίδες (με στεφάνια σιδερένια ή ξύλινα να τις περισφίγγουν) και εξογκωμένο στο μέσον· χρησιμοποιείται για να μεταφέρονται ή να αποθηκεύονται υγρά ή άλλα προϊόντα: *~ άδειο· άνοιξαν τα καινούργια -ια κρασί* (συνών. *βαγένι*). **2.** (σκωπτ.) άνθρωπος χοντρός. **3.** (γενικά) κάθε μεγάλο κυλινδρικό μεταλλικό δοχείο: *~ σιδερένιο· ~ πετρελαίου*. **4.** (συνεκδοχικά) το περιεχόμενο του βαρελιού. [*βαρέλα*].
βαρελίσιος, -α, -ο, επίθ. (συνιζ.), που προέρχεται από βαρέλι: *τυρί -ιο· ρετσίνα -ια* (αντ. για ποτά *εμφιαλωμένος*).
βαρελοποιείο το, ουσ. (ασυνίζ.), εργαστήριο όπου κατασκευάζουν βαρέλια (συνών. *βαρελάδικο, βαγενάδικο*).
βαρελοποιός ο, ουσ. (ασυνίζ.), αυτός που κατασκευάζει βαρέλια (συνών. *βαρελάς, βαγενάς*).
βαρελοσάνιδο το, ουσ., κάθε στενό κυρτό σανίδι που χρησιμοποιείται στην κατασκευή βαρελιών.
βαρελότο το, ουσ., μικρό κατασκεύασμα από εκρηκτική ύλη που το εκσφενδονίζουν σε στερεή επιφάνεια ώστε να εκραγεί (συνών. *κροτίδα*). [*μπουρλότο* με παρετυμ. επίδρ. του ουσ. *βαρέλι*].
βάρεμα το, ουσ. **1.** χτύπημα. **2.** μώλωπας, πληγή. [*βαρώ*].
βαρεμάρα η, ουσ. **1.** τεμπελιά, οκνηρία (συνών. *ακαματιά·* αντ. *προκοπή, εργατικότητα*). **2.** ανία, πλήξη (συνών. *βαργεστιμάρα, βαριεμός*).
βαρεμένη η, ουσ. (λαϊκ.), η έγκυος γυναίκα. [μτχ. παρκ. του *βαραίνω* ως ουσ.].
βαρεμός ο, ουσ., ανία, βαρεμάρα. [*βαριέμαι*].

βαρεσιά η, ουσ. (συνιζ.), χτύπημα. [*βαρώ*].
βαρετός, -ή, -ό, επίθ. **1.** ενοχλητικός, φορτικός, κουραστικός: *έγινε ~ με τη φλυαρία του*. **2.** ανιαρός: *συζήτηση / διάλεξη / εκπομπή -ή*. - Επίρρ. **-ά**: *μιλάει -ά*. [*βαρύνω*].
βαρηκοΐα η, ουσ., το να μην ακούει κανείς ικανοποιητικά.
βαρήκοος, -η, -ο, επίθ., που δεν ακούει ικανοποιητικά, που έχει μειωμένη ακοή.
βαριά η, ουσ. (συνιζ.), μεγάλο σφυρί, σφύρα. [*βαρέα* < *βαρεία*, θηλ. του *βαρύς*].
βαριά, επίρρ. **1.** με πολύ βάρος: *φόρτωσε το αμάξι ~*. **2.** με ορμή, με δύναμη: *ξάπλωσε ~ στην πολυθρόνα· η γροθιά του έπεσε στο τραπέζι ~* (συνών. *δυνατά*). **3.** (για άρρωστο ή τραυματισμένο) επικίνδυνα: *τραυματίστηκε ~*. **4.** πολύ, σε μεγάλο βαθμό· φρ. *το πήρε ~* (= στενοχωρήθηκε πολύ). **5.** (για αναπνοή) με δυσκολία, στενόχωρα: *αναπνέει ~*. **6.** (για ακοή) λίγο, εξασθενημένα: *ακούει ~*. **7.** (για ύπνο) βαθιά: *κοιμήθηκε ~*. **8.** (για μυρωδιά) αποπνικτικά: *το δωμάτιο μυρίζει ~*.
βαριακούω, ρ. (συνιζ.), είμαι βαρήκοος, δεν ακούω καλά.
βαριανασαίνω, ρ. (συνιζ.), ανασαίνω με δυσκολία: *ο άρρωστος -αινε*.
βαριαναστέναγμα το, ουσ. (συνιζ.), βαρύς αναστεναγμός.
βαριαναστενάζω, ρ. (συνιζ.), αναστενάζω βαθιά.
βαριαρρωσταίνω και **βαριαρρωστώ**, ρ. (συνιζ.), αρρωσταίνω σοβαρά.
βαριασιόν η άκλ. (ασυνιζ., συνιζ.), (μους.) παραλλαγή (βλ. λ. *σημασ.* 4). [γαλλ. *variation*].
βαρίδι το, ουσ. **1.** μικρό μολύβδινο βάρος (που κρέμεται συνήθως από νήμα για να τραβά προς τα κάτω): *~ του αλφαδιού· ~ του κουδουνιού* (= γλωσσίδι)· *-ια του εκκρεμούς του ρολογιού· ~ του αργαλειού*. **2.** κινητό αντίβαρο ζυγαριάς: *~ του κανταριού*.
βαριέμαι και **βαριούμαι**, ρ., αόρ. *βαρέθηκα* (συνιζ.). **1.** τεμπελιάζω, δεν έχω διάθεση για δουλειά· φρ. *-ιέται που ζει* (= είναι πολύ τεμπέλης) (συνών. *ραθυμώ*). **2.** νιώθω ανία, βαρεμάρα: *-έθηκε να περιμένει·* φρ. *δε -ιέσαι!* (για κάτι που δεν αξίζει τον κόπο) (συνών. *πλήττω*). **3.** νιώθω δυσφορία από κάτι, ενοχλούμαι: *-έθηκα πια τα παρακάλια του / τη φλυαρία του* (συνών. *μπουχτίζω*)· φρ. *το πολύ το «Κύριε ελέησον» το -ιέται κι ο Θεός / κι ο παπάς* (για ενοχλητική επανάληψη των ίδιων λόγων ή ενεργειών).
βαριετέ το, άκλ. (συνιζ.), θέατρο ποικιλιών, θέατρο του οποίου οι παραστάσεις περιλαμβάνουν «νούμερα» (ανεξάρτητα μεταξύ τους) επιθεώρησης, χορευτικά, ακροβατικά, κλπ. [γαλλ. *variété*].
βαρικός, -ή, -ό, επίθ., που έχει πολλή υγρασία, βαλτώδης: *χωράφι -ό· τόπος ~*. [*βαρύς*].
βάριο το, ουσ. (ασυνιζ.), (χημ.) μέταλλο αργυρόλευκο, μαλακό, ελαφρό, πολύ ηλεκτροθετικό που βρίσκεται πάντοτε ενωμένο με άλλα χημικά στοιχεία. [νεολατιν. *baryum*].
βαριοκαρδίζω, βλ. *βαρυκαρδίζω*.
βαριόκαρδος, βλ. *βαρύκαρδος*.
βαριοκίνητος, βλ. *βαρυκίνητος*.
βαριοκοιμάμαι ρ. (συνιζ.), κοιμούμαι βαθιά.
βαριόμοιρος, -η, -ο, επίθ. (συνιζ.), που έχει βαριά μοίρα, κακότυχος (συνών. *δυστυχής·* αντ. *καλόμοιρος, καλότυχος*).
βαριοξυπνώ, ρ. (συνιζ.), ξυπνώ δύσκολα.

βαριοπούλα η, ουσ. (συνιζ.), μικρή βαριά (βλ. λ.).
βαριοριζικό το, ουσ. (συνιζ.), κακή μοίρα, κακό ριζικό.
βαριορίζικος, -η, -ο, επίθ. (συνιζ.), που έχει κακό ριζικό (συνών. *κακότυχος, δυστυχής*· αντ. *καλότυχος, καλόμοιρος*).
βαριοστενάζω, ρ. (συνιζ.), αναστενάζω βαθιά (συνών. *βαριαναστενάζω*).
βαριούμαι, βλ. *βαριέμαι*.
βαριοχρυσώνω, ρ. (συνιζ.), επιχρυσώνω με πολύ χρυσό.
βάρκα η, ουσ., μικρό πλεούμενο για μεταφορά προσώπων ή για ψάρεμα: ~ *βενζινοκίνητη / λαστιχένια*. - Υποκορ. **-άκι** το, **-ούλα** η, **-οπούλα** η. [μεταγ. λατ. *barca*].
βαρκάδα η, ουσ., θαλάσσιος περίπατος με βάρκα: *κάμαμε μια όμορφη* ~. [βενετ. *barcada*].
βαρκαδιάτικα τα, ουσ. (συνιζ.), η αμοιβή του βαρκάρη.
βαρκαδόρος ο, ουσ. (ιδιωμ.), βαρκάρης.
βαρκάρης ο, θηλ. **-ισσα**, ουσ., ιδιοκτήτης ή κυβερνήτης βάρκας. - Το θηλ. = η γυναίκα του βαρκάρη.
βαρκαρόλα η, ουσ., είδος τραγουδιού που συνηθίζουν οι βαρκάρηδες, ιδίως οι Βενετσιάνοι γονδολιέρηδες. [ιταλ. *barcarola*].
βαρομετρικός, -ή, -ό, επίθ., που ανήκει σε βαρόμετρο ή προσδιορίζεται με αυτό: *πίεση -ή· αλλαγές -ές· ύψος / φως -ό*. - Το ουδ. ως ουσ. = η ατμοσφαιρική πίεση: *συνδυασμός χαμηλών -ών*.
βαρόμετρο το, ουσ. (φυσ.) όργανο για τη μέτρηση της ατμοσφαιρικής πίεσης: ~ *υδραργυρικό / υψομετρικό*.
βαρόνος ο, θηλ. **-η**, ουσ., τίτλος ευγένειας στη δυτική Ευρώπη που είναι ανώτερος από τον ιππότη και κατώτερος από τον υποκόμη. - Το θηλ. = σύζυγος ή θυγατέρα του βαρόνου. [γαλλ. *baron*].
βάρος το, πληθ. *βάρη* και (λαϊκ.) *βάρητα*, ουσ. **1**. (φυσ.) η κατακόρυφη ελκτική δύναμη που ασκεί η μάζα της γης στη μάζα των σωμάτων προς το κέντρο της γης. **2**. (συνεκδοχικά) η ιδιότητα των σωμάτων όταν αφήνονται ελεύθερα να πέφτουν από πάνω προς τα κάτω ή να πιέζουν κάποιο άλλο σώμα που βρίσκεται αποκάτω τους: ~ *του ανθρώπινου σώματος*· φρ. *παίρνω* ~ (= παχαίνω)· *χάνω* ~ (= αδυνατίζω). **3**. το αποτέλεσμα που προκύπτει από τη ζύγιση των σωμάτων με ορισμένες μονάδες μέτρησης, το πόσο ζυγίζει ένα σώμα: ~ *μηδαμινό/ ασήκωτο / μικτό / καθαρό* (= χωρίς απόβαρο). **4**. κάθε βαρύ σώμα, φόρτωμα, όγκος: *μετακινώ / μεταφέρω ένα* ~· *ο γιατρός του απαγόρευσε να σηκώνει -η*. **5**. κάθε βαρύ σώμα που χρησιμεύει για να επιτευχθεί ισορροπία ή ευστάθεια (συνών. *αντίβαρο*). **6**. (στον πληθ.) *ζύγια, σταθμά*. **7**. (αθλητ., συνήθως στον πληθ.) αλτήρες: *άρση -ών*. **8**. (φυσ.) **α**. *ειδικό* ~ = *πυκνότητα*· **β**. *κέντρο -ους* = το σημείο όπου εφαρμόζεται η συνισταμένη του βάρους όλων των υλικών σημείων ενός σώματος και το οποίο είναι αμετάβλητο σε όλες τις μετακινήσεις του σώματος. **9**. (χημ.) **α**. ~ *ατομικό* = βλ. *ατομικός* II· **β**. ~ *μοριακό* (στοιχείου ή χημικής ένωσης) = αριθμός που δείχνει πόσες φορές βαρύτερο είναι το μόριο του στοιχείου ή της χημικής ένωσης από το $^1/_{12}$ του βάρους του ατόμου του άνθρακα 12. **10**. (μεταφ.) αυτό που προκαλεί ενόχληση, αίσθημα δυσάρεστο, πίεση, δυσφορία: *έχω* ~ *στο στομάχι*· *το* ~ *των γερατιών*. **11**. αδιαθεσία: ~ *στο κεφάλι* (= ελαφρός πονοκέφαλος)· ~ *στα μάτια*. **12**. στενοχώρια: *έχω ένα* ~ *στην καρδιά*. **13**. το πρόσωπο που επιφέρει ενόχληση στους άλλους· Φρ. *γίνομαι / δίνω* ~ (= *ενοχλώ*): *τους έγιναν* ~ *πια οι παππούδες*. **14**. υποχρέωση, ευθύνη: (συνήθως στον πληθ.) *-η οικογενειακά / οικονομικά / φορολογικά*· φρ. *παίρνω το* ~ *επάνω μου* (= αναλαμβάνω την ευθύνη για κάτι). **15**. επιβάρυνση, καταλογισμός· κατηγορία· έκφρ. *εις* ~ *κάποιου*· *είπαν πολλά εις* ~ *της· γέλασαν εις* ~ *μου*. **16**. ζημία, βλάβη: *πλούτισε σε* ~ *άλλων*· *προκάλεσε μεγάλα -η στην εταιρεία*. **17**. ενοχή, τύψη: ~ *στη συνείδηση / στην ψυχή*· φρ. *ρίχνω το* ~ *σε κάποιον* (= αποδίδω την ενοχή σε κάποιον). **18**. δύναμη ηθικής επιβολής, κύρος, βαρύτητα: ~ *γνώμης*. **19**. κύριο σημείο, σημασία, αξία: *το* ~ *της υπόθεσης*. **20**. (νομ.) ~ *απόδειξη*· βλ. *απόδειξη*.

βαρούλκο το, ουσ., μηχάνημα με το οποίο ανυψώνομε βάρη. [μτγν. *βαρουλκός*].
βαροχειμωνιά, βλ. *βαρυχειμωνιά*.
βαρύαυλος ο, ουσ. (μουσ.) φαγκότο (βλ.λ.).
βαρυγκόμηση η, ουσ. (ερρ.), αγανάκτηση, δυσανασχέτηση, δυσφορία.
βαρυγκομιά και **βαρυγκόμια** η, ουσ. (ερρ. συνιζ.), αγανάκτηση, δυσανασχέτηση, δυσαρέσκεια.
βαρυγκομώ, -άς ρ. (ερρ.). **1**. νιώθω αίσθημα αγανάκτησης, δυσφορίας: *δεν πρέπει να -άς* (συνών. *δυσανασχετώ, αγανακτώ, δυσφορώ*). **2**. νιώθω απογοήτευση, απελπισία: *-όμησε πια η δόλια από τη ζωή της* (συνών. *απογοητεύομαι, απελπίζομαι*). [*βαρυγνωμώ*].
βαρύγλυκος, -ιά, -ό και **βαρύγλυκος**, επίθ. (για καφέ) που είναι πυκνός στη σύστασή του και γλυκός.
βαρυθυμία η, ουσ., κακή ψυχική διάθεση (συνών. *δυσθυμία*· αντ. *ευθυμία*).
βαρύθυμος, -η, -ο, επίθ., που έχει κακή ψυχική διάθεση (συνών. *δύσθυμος, βαρύκαρδος*· αντ. *εύθυμος*). - Επίρρ. **-α**.
βαρυθυμώ, -είς, ρ., έχω κακή ψυχική διάθεση, η καρδιά μου είναι βαριά (συνών. *δυσθυμώ*).
βαρυκαρδίζω και **βαριοκαρδίζω**, ρ. Α. (μτβ.) στενοχωρώ, πικραίνω κάποιον. Β. (αμτβ.) στενοχωρούμαι, πικραίνομαι, δυσθυμώ.
βαρύκαρδος, -η, -ο και (σπανιότ.) **βαριόκαρδος**, επίθ., στενοχωρημένος, πικραμένος, κακόκεφος, δύσθυμος.
βαρυκίνητος, -η, -ο και (σπανιότ.) **βαριοκίνητος**, επίθ. **1**. που κινείται βαριά: *άνθρωπος* ~ (συνών. *βραδυκίνητος*). **2**. που μετατοπίζεται, που μετακινείται με δυσκολία: *φορτίο -ο*. **3**. (μεταφ.) νωθρός: *νους* ~.
βαρύλυπος, -η, -ο, επίθ., πολύ λυπημένος.
βαρύνομαι, ρ. (νομ.) **α**. επιβαρύνομαι· είμαι υποχρεωμένος να κάνω κάτι: *ο πωλητής -εται με τα έξοδα για την παράδοση του πράγματος που πουλήθηκε* (αστ. κώδ.)· *ο ισχυριζόμενος -εται με την απόδειξη του ισχυρισμού του* (αστ. κώδ.)· **β**. ενοχοποιούμαι: *-εται με τη νέα κατηγορία*. - Πβ. *βαραίνω*.
βαρυπενθώ, -είς, ρ., έχω βαρύ πένθος.
βαρυποινίτης ο, θηλ. **-ισσα** ουσ., αυτός που έχει καταδικαστεί σε βαριά ποινή: *πτέρυγα -ών*.
βαρυποινιτικος, -η, -ο, επίθ., που ανήκει ή αναφέρεται στους βαρυποινίτες.
βαρυποινίτισσα, βλ. *βαρυποινίτης*.
βαρύς, -ιά, -ύ, πληθ. **-είς**, και (λαϊκ.) **βαριός, -ιά, -ύ**, επίθ. **1**. που έχει μεγάλο βάρος και γι' αυτό

μετατοπίζεται ή ανυψώνεται δύσκολα: *πέτρα -ιά· φορτίο -ύ* (συνών. *ασήκωτος, αμετακίνητος·* αντ. *ελαφρός*). **2.** που έχει δύναμη, δυνατός: *χτύπημα / χέρι -ύ* (συνών. *ισχυρός*). **3.** που νιώθει βάρος, πίεση, δυσφορία, αδιαθεσία: *στομάχι / κεφάλι -ύ*. **4.** (μεταφ.) που έχει κύρος, βαρύτητα: *γνώμη -ιά*. **5.** δυσβάσταχτος, πολύ δύσκολος, κουραστικός, σκληρός: *υποχρεώσεις / εντολές -ιές· έξοδα -ιά· όροι -είς· -ύ φορτίο ο γάμος· δουλειά / τιμωρία -ιά·* έκφρ. *-ιά η καλογερική* (για δουλειά που απαιτεί πολλή κούραση και προκαλεί γι' αυτό στενοχώρια και δυσφορία) (αντ. *άβαρος*). **6.** υπερβολικός, πολύς, μεγάλος: *ζέστη -ιά· χρέη -ιά· αμαρτίες -ιές· αμέλεια -ιά*. **7.** βραδυκίνητος, νωθρός: *είναι ~ στη δουλειά του* (συνών. *δυσκίνητος·* αντ. *ευκίνητος*). **8.** ανόητος: *παιδί -ύ· μαθητής ~* (αντ. *εύστροφος*). **9.** δυσνόητος, δυσκατάληπτος: *έργο -ύ* (αντ. *ελαφρός, ευκολονόητος*). **10.** ανθυγιεινός, νοσηρός: *κλίμα -ύ* (αντ. *ελαφρός, υγιεινός*). **11.** σοβαρός, επικίνδυνος: *αρρώστια -ιά· είναι σε -ιά κατάσταση* (αντ. *ελαφρός, ακίνδυνος*). **12.** θλιμμένος, πικραμένος: *καρδιά -ιά* (αντ. *ανάλαφρος, χαρούμενος*). **13.** καταθλιπτικός: *ατμόσφαιρα -ιά* (αντ. *χαρούμενος*). **14.** σκυθρωπός, ζοφερός: *ύφος -ύ· νύχτα -ιά· ουρανός ~* (= που έχει πολλά σύννεφα). **15.** δριμύς: *χειμώνας ~* (συνών. *σκληρός*). **16.** βαθύς: *ύπνος / αναστεναγμός ~* (αντ. *ελαφρός*). **17.** δύσπεπτος: *φαγητό -ύ* (συνών. *δυσκολοχώνευτος·* αντ. *ελαφρός, εύπεπτος*). **18.** πυκνός στη σύστασή του: *καφές ~· λάδι -ύ· σκοτάδι -ύ· σύννεφα -ιά* (αντ. *αραιός*). **19.** έντονος, που ενεργεί με ισχυρό τρόπο στα αισθητήρια ή ολόκληρο τον οργανισμό: *καπνός ~· πιοτό / τσιγάρο / άρωμα -ύ* (αντ. *ελαφρός*). **20.** δυσάρεστος: *μυρωδιά -ιά* (αντ. *ευχάριστος, ελαφρός*). **21.** έντονος, υπερβολικός· επίσημος: *ντύσιμο / ρούχο -ύ*. **22.** ογκώδης και άκομψος, χονδροειδής: *στιλ -ύ· διακόσμηση -ιά* (αντ. *κομψός, ανάλαφρος*). **23.** όχι οξύς, χοντρός: *φωνή -ιά· φθόγγοι -είς* (= οι κατώτεροι φθόγγοι της μουσικής κλίμακας)· *ήχος ~* (= ο πλάγιος τρίτος ήχος της βυζαντινής μουσικής) (συνών. *βαθύς, μπάσος·* αντ. *οξύς*). **24.** που δεν ακούει καλά, που έχει μειωμένη ακοή: *ο παππούς είναι ~ στ' αφτιά*. **25.** σοβαρός, ολιγόλογος· απλησίαστος, στριφνός: *άνθρωπος ~· μας κάνει το -ύ ή το -ύ πεπόνι* (αντ. *ευπροσήγορος, γλυκός*). **26.** σέρτικος: *τύπος ~ κι ασήκωτος· τραγούδι -ύ*. **27.** προσβλητικός, άσχημος: *αντάλλαξαν κουβέντες -ιές· λόγια -ιά· κατάρες -ιές·* φρ. *μου φάνηκε πολύ -ύ* (= δυσαρεστήθηκα πολύ). **28.** σπουδαίος, σημαντικός: *-ύ πράγμα να γεννηθείς Κρητικός* (Καζαντζάκης) (αντ. *ασήμαντος*). **29.** πολύτιμος, που έχει μεγάλη αξία: *κόσμημα / τάμα -ύ*. **30.** (για όρκο) που αν τον παραβεί κανείς οι συνέπειες είναι σημαντικές: *πήρε όρκο -ύ*. **31.** (στρατ.) που φέρει βαρύ οπλισμό: *όπλα -ιά· πυροβολικό -ύ* (= με πυροβόλα μεγάλου διαμετρήματος και βάρους) (αντ. *ελαφρός*). **32.** *βιομηχανία -ιά·* βλ. *βιομηχανία*. **33.** (χημ.) *νερό -ύ* (παλαιότερα *-ύ ύδωρ*) = χημική ένωση ανάλογη με το νερό, της οποίας το υδρογόνο έχει αντικατασταθεί από το δευτέριο· χρησιμοποιείται σε πυρηνικούς αντιδραστήρες και σε εργαστήρια όπου παρακολουθούνται χημικά ή βιομηχανικά φαινόμενα. - Υποκορ. στις σημασ. 1. και 8. **-ιούτσικος**.

βαρυσήμαντος, -η, -ο, επίθ. (έρρ.), που έχει μεγάλη σπουδαιότητα: *λόγος ~· δήλωση / απόφαση -η* (συνών. *σημαντικός·* αντ. *ασήμαντος, αναξιόλογος, αμελητέος*).

βαρυστομαχιά η, ουσ. (συνιζ.), βάρος στο στομάχι, ενόχληση του στομαχιού από δυσπεψία (συνών. *βαρυστομάχιασμα*).

βαρυστομαχιάζω, ρ. (συνιζ.), αισθάνομαι βάρος στο στομάχι, έχω δυσπεψία.

βαρυστομάχιασμα το, ουσ., βάρος στο στομάχι (συνών. *βαρυστομαχιά*).

βαρυστόμαχος, -η, -ο, επίθ. **1.** που προξενεί βάρος στο στομάχι, δύσπεπτος: *φαγητό -ο* (συνών. *δυσκολοχώνευτος·* αντ. *εύπεπτος*). **2.** που πάσχει από δυσπεψία.

βαρύσφαιρα η, ουσ. (γεωλ.) ο υποθετικός κεντρικός, πολύ πυκνός πυρήνας της γης.

βαρύτητα η, ουσ. **1.** (φυσ.) κατακόρυφη δύναμη που έλκει τα σώματα προς το κέντρο της γης: *νόμος της -ας*. **2.** (μεταφ.) κρισιμότητα, σοβαρότητα = *~ κάποιας κατάστασης / αρρώστιας*. **3.** το να έχει κάτι σημαντικές συνέπειες: *η ~ των λόγων του· γεγονός μεγάλης -ας·* φρ. *δίνω ~* (= αποδίδω μεγάλη σημασία) (συνών. *σπουδαιότητα*). **4.** δύναμη ηθικής επιβολής: *~ γνώμης· ~ αποφάσεων* (συνών. *κύρος, ισχύς, βάρος*). **5.** (για ύφος) η έλλειψη απλότητας, λιτότητας.

βαρύτιμος, -η, -ο, επίθ., που έχει μεγάλη αξία: *κόσμημα -ο* (συνών. *πολύτιμος, ακριβός* αντ. *ευτελής*).

βαρύτονος, -η, -ο, επίθ. (γραμμ. για τις λέξεις) που τονίζεται στην παραλήγουσα: *ρήματα / ουσιαστικά -α*.

βαρύτονος ο, ουσ., τραγουδιστής με φωνή ενδιάμεση ανάμεσα στον οξύφωνο και βαθύφωνο.

βαρυφορτώνω, ρ. I. ενεργ. **1.** φορτώνω κάποιον ή κάτι με βαρύ φορτίο: *αυτοκίνητο -ωμένο* (συνών. *παραφορτώνω*). **2.** (μεταφ.) επιβάλλω βαριές υποχρεώσεις: *το κράτος -ει τους πολίτες με φόρους*. **3.** διακοσμώ υπερβολικά, με πολλά αντικείμενα: *σπίτι -ωμένο· τοίχοι -ωμένοι με πίνακες*. **4.** (για το λόγο) χρησιμοποιώ στομφώδεις φράσεις, παρομοιώσεις, μεταφορές: (συνήθως στη μτχ.) *-ωμένος λόγος*. II. (μέσ.) παραφορτώνομαι: *-ωμένος με ψώνια*.

βαρυχειμωνιά και **βαροχειμωνιά** η, ουσ. (συνιζ.), χειμώνας βαρύς: *εκείνο το χρόνο έπεσε βαροχειμωνιά*.

βαρώ, -άς και (λαϊκ.) **-άω**, ρ. Α. μτβ. **1.** χτυπώ: *-εσε τη γροθιά του στο τραπέζι· -εσε πίσω του την πόρτα· τον -εσε η σφαίρα στο στήθος*. **2.** ξυλοκοπώ, δέρνω: *-εσε το παιδί άσχημα· -άτε τους!* **3.** ρίχνω με πυροβόλο όπλο: *-εσε στον αέρα τρεις τουφεκιές* (συνών. *πυροβολώ*). **4.** (συνεκδοχικά) τραυματίζω ή σκοτώνω: *ο κυνηγός -εσε δυο αγριόπαπιες*. **5.** παίζω μουσικό όργανο ή κάνω κάποιο όργανο να ηχήσει: *-εσε το νταούλι / την τρομπέτα·* Φρ. *η κοιλιά μου -άει ταμπουρά* (= πεινώ πάρα πολύ). **6.** ζαλίζω: *τον -εσε ο ήλιος / το κρασί*. Β. αμτβ. **1.** χτυπώ, μωλωπίζομαι: *έπεσα και -εσα*. **2.** ηχώ, σημαίνω: *-εσε το ρολόι*. Φρ. *~ διάλυση* (για αναγκαστικό πλειστηριασμό, για χρεωκόπηση)· *~ διάνα* (= πετυχαίνω ακριβώς το στόχο μου)· *-άω στο σταυρό* (= καταφέρω καίριο χτύπημα)· *~ το κεφάλι μου στον τοίχο* (= μετανιώνω πικρά)· *μου (σου, του, κλπ.) -εσε* (= πήρα ξαφνική απόφαση).

βαρώνος, βλ. *βαρόνος*.

βασάλτης ο, ουσ., πέτρωμα ηφαιστειογενές, συμπαγές, από σκουρόχρωμα υλικά. [γαλλ. *basalte*<

λατ. *basanites*<αρχ. ελλ. *βασανίτης* με αφρικανική προέλευση].

βασανάκι το, ουσ. 1. μικρό βάσανο. 2. αγαπημένο πρόσωπο που προξενεί συχνά μικρές ενοχλήσεις στο άτομο ή τα άτομα που το αγαπούν.

βασανίζω, ρ. I. ενεργ. 1. υποβάλλω κάτι σε αυστηρό έλεγχο, εξετάζω κάτι με ακρίβεια, προσεκτικά: *πολύ το -είς το πράγμα*. 2. υποβάλλω κάποιον σε βασανιστήρια: *τον -σαν για να ομολογήσει* (συνών. *τυραννώ*). 3. προξενώ σε κάποιον ταλαιπωρίες σωματικές ή ηθικές, κάνω κάποιον να υποφέρει: *έχει -ίσει πολύ τους γονείς του με τις τρέλες του· με -ει κάποιο πρόβλημα* (συνών. *τυραννώ, παιδεύω·* αντ. *ανακουφίζω, διασκεδάζω*). 4. (μεταφ. για λόγο, ύφος) γράφω με επιτήδευση. II. μέσ. 1. παιδεύομαι, περνώ βάσανα: *-ίστηκε η καημένη για να μεγαλώσει τα παιδιά της·* άνθρωπος *-ισμένος·* ψυχή *-ισμένη·* κορμί *-ισμένο* (= άνθρωπος που *λεκοπάθησε* στη ζωή του) (συνών. *υποφέρω·* αντ. *καλοπερνώ*). 2. αυτοελέγχομαι: *πάψε πια να -εσαι έτσι!* (συνών. *στενοχωρούμαι*).

βασάνισμα το, ουσ. 1. αυστηρός έλεγχος, προσεκτική εξέταση: *θέλει ~ μια τέτοια υπόθεση*. 2. το να υποβάλλεται κάποιος σε βασανιστήρια: *~ αλύπητο / απάνθρωπο / συστηματικό* (συνών. *κακοποίηση*). 3. το να υφίσταται κάποιος ταλαιπωρίες σωματικές ή ψυχικές (συνών. *παίδεμα*).

βασανισμός ο, ουσ., βασάνισμα.

βασανιστήριο το, ουσ. (ασυνίζ.). 1. (στον πληθ.) οι κακώσεις στις οποίες υποβάλλεται κάποιος για να τιμωρηθεί ή να ομολογήσει κάτι: *τον πέρασαν από -α, αλλά δεν έβγαλε λέξη* (συνών. *μαρτύριο, κακοποίηση*). 2. ταλαιπωρία: *~ είναι η ζωή μαζί του* (συνών. *τυραννία, στενοχώρια*).

βασανιστής ο, θηλ. **-ίστρια**, ουσ. (ασυνίζ.). 1. αυτός που βασανίζει, που κακοποιεί κάποιον: *οι -ές της δικτατορίας* (συνών. *τύραννος*). 2. αυτός που ταλαιπωρεί κάποιον, που τον κάνει να υποφέρει (συνών. *σαδιστής*).

βασανιστικός, -ή, -ό, επίθ., που προκαλεί βάσανα, ταλαιπωρίες: *δουλειά / αρρώστια / κατάσταση -ή· -ό πρόβλημα για την ανθρωπότητα η ειρήνη* (συνών. *τυραννικός*).

βάσανο το, ουσ. 1. βασανιστήριο (συνών. *κακοποίηση*). 2. ταλαιπωρία: *τραβώ -α· χίλια -α πέρασα γι' αυτό το παιδί* (συνών. *δεινοπάθημα*). 3. (γενικά) ενοχλητικό πρόβλημα: *έχει κι αυτός τα -ά του*.

βασγεστίζω, βλ. *βαργεστίζω*.

βασγεστιμάρα, βλ. *βαργεστιμάρα*.

βασγεστώ, βλ. *βαργεστίζω*.

βάση η, ουσ. 1. αυτό πάνω στο οποίο πατά ή στηρίζεται κάποιος ή κάτι: *~ μαρμάρινη· τετράγωνη ~ του αγάλματος· ~ ενός μηχανήματος / εργαλείου· ~ του βουνού ~* (συνών. *υπόβαθρο, θεμέλιο, στήριγμα*). 2. το κατώτατο μέρος ενός σώματος (συνήθως έργου αρχιτεκτονικού): *-εις κιόνων· ~ ιωνική· ~ πυραμίδας* (αντ. *κορυφή, κεφαλή*). 3. (γεωμ.) η σημαντικότερη πλευρά ενός σχήματος: *~ τραπεζίου / τριγώνου / κύβου* (συνών. *έδρα*). 4. (ανατομ.) το σημείο όπου στηρίζονται ή το τμήμα που έχουν πλατύτερο κάποια μέρη του σώματος: *~ του κρανίου / της καρδιάς*. 5. (ζωγραφ.) ο πρώτος χρωματισμός πάνω στον οποίο γίνονται άλλες καινούργιες χρωματικές. 6. (μεταφ.) θεμελιώδης αρχή, απαραίτητη προϋπόθεση: *~ συλλογισμού·* τέθηκαν οι *-εις για την ανάπτυξη της οικο-*

νομίας· (νομ.) *νομική ~:* το σύνολο όσων πρέπει να περιλαμβάνει ο ενάγων στο δικόγραφό του ώστε οι ισχυρισμοί του να αποδεικνύονται αληθινοί και να γίνεται δεχτή η αγωγή του. 7. εφόδιο πνευματικό ή ηθικό: *έχει γερές -εις για το λύκειο· πήρε ηθικές -εις από το σπίτι του*. 8. το πιο σπουδαίο ή λειτουργικό μέρος ενός συνόλου ή αντικειμένου: *οι τελευταίες αποφάσεις αποτελούν και τη ~ όλης της υπόθεσης* (συνών. *ουσία*). 9. το κυριότερο συστατικό ενός μίγματος: *κοκτέιλ με ~ το τζιν·* δηλητήριο *με ~ το αρσενικό*. 10. κατώτατο όριο βαθμολογίας: *πήρε 18 στα αρχαία με ~ το 10· ~ βαθμολογική·* πέφτει από τη *~ σε τρία μαθήματα·* δεν έπιασε τη *~ στις εξετάσεις*. 11. χρονικός συνήθως προσδιορισμός σχετικά με ένα γεγονός: *ο ραδιοφωνικός σταθμός εκπέμπει σε 24ωρη ~·* καθιερώνεται κάτι σε μηνιαία *~·* ο τιμάριθμος κινείται σε ετήσια *~ με ρυθμό 5%*. 12. προϊόν που τοποθετείται κάτω από ένα άλλο ώστε το δεύτερο να φαίνεται ή να ενεργεί καλύτερα. *~ στο βάψιμο νυχιών / χειλιών*. 13. (χημ.) ένωση που έχει την ηλεκτραρνητική ρίζα υδροξύλιο, το υδατικό της διάλυμα εμφανίζει ηλεκτρική αγωγιμότητα και αντιδρώντας με τα οξέα σχηματίζει άλατα. 14. (στρατ.) περιοχή όπου υπάρχουν εγκαταστάσεις κατάλληλες για τη συγκέντρωση και διακίνηση έμψυχου και άψυχου υλικού αναγκαίου σε στρατιωτικές επιχειρήσεις: *~ αεροπορική·* τα αεροπλάνα μετά το βομβαρδισμό γύρισαν στη *~ ~ υποβρυχίων· ~ ναυτική* (= όρμος ή λιμάνι οχυρωμένο και εξοπλισμένο με τα μέσα τα αναγκαία για τον ανεφοδιασμό και κάθε άλλη υποστήριξη των ναυτικών δυνάμεων)· *~ εκτόξευσης πυραύλων· -εις επιχειρήσεων / εξορμήσεων· ~ «προκεχωρημένη»* (= η βάση που βρίσκεται κοντά ή μέσα στον τόπο επιχειρήσεων)· *~ ανεφοδιασμού*. 15. το σύνολο των ατόμων που ως μέλη μιας ομάδας αποτελούν μια κοινωνικοπολιτική δύναμη: *παρέκαμψε τα κομματικά στελέχη και απευθύνθηκε στη ~*. Φρ. *δίνω ~ =* **α.** ακούω με προσοχή: *δώσε ~ σ' αυτά που θα σου πω·* **β.** εμπιστεύομαι: *έδωσα ~ στις υποσχέσεις του*.

βασιβουζούκος, βλ. *μπασιβουζούκος*.

βασίζω, ρ. I. (ενεργ.) στηρίζω: *-ισε την εφαρμογή του προγράμματός του στην κινητοποίηση όλων των στελεχών· ~ τη γνώμη μου στο γεγονός ότι... ~ την απόφασή μου...* II. μέσ. 1. στηρίζομαι, έχω ως βάση, ως πρότυπο: *το έργο -εται στην αυτοβιογραφία του συγγραφέα*. 2. υπολογίζω κάπου· επαναλαμβάνομαι: *μη -εσαι στις υποσχέσεις του* (συνών. *ελπίζω, εμπιστεύομαι*). 3. έχω ως εγγύηση, ως εξασφάλιση: *δεν ξέρω πού -ίστηκε και έκανε τόσο μεγάλες παραγγελίες*.

βασικά, επίρρ., ουσιαστικά, κατά κύριο λόγο: *το ταξίδι μου ήταν ~ ταξίδι αναψυχής*.

βασικός, -ή, -ό, επίθ. I. 1. θεμελιακός, αρχικός: *πρόγραμμα -ό· μισθός ~* (= ο μισθός με βάση τον οποίο υπολογίζονται οι κοινωνικές εισφορές). 2. κύριος, σημαντικός: *προϋποθέσεις / αιτίες -ές· λόγοι -οί· στόχος ~· συστατικό μίγματος -ό* (γραμμ.) *-ή λέξη για τη δημιουργία ενός παραγώγου* (συνών. *πρωταρχικός*). 3. ουσιώδης: *διέπραξε -ά σφάλματα· επιχειρήματα -ά* (συνών. *σπουδαίος·* αντ. *ασήμαντος, επουσιώδης*). 4. (χημ.) που αναφέρεται στις βάσεις, που έχει τις ιδιότητες των βάσεων: *άλας -ό· χρώματα -ά*. 5. (βιολ.) *μεταβολισμός ~* = η ελάχιστη ποσότητα ενέργειας που χρειάζεται ένας οργανισμός για να διατηρήσει τις διεργασίες της ζωής, ενώ το μυϊκό και τα υπόλοιπα συστήματά του βρίσκονται σε κατάσταση ηρεμίας· μετριέται με θερμίδες ανά τετραγωνικό μέτρο της επιφάνειας του σώματος και διαφέρει ανάλογα με το φύλο, την ηλικία ή τις φυσιολογικές συνθήκες. **6.** (γραμμ.) *τόνος* ~ (= ο τόνος που έχει η ονομαστική του ενικού των ουσιαστικών, η ονομαστική του ενικού στο αρσενικό γένος των επιθέτων και το πρώτο πρόσωπο του ενεστώτα της οριστικής των ρημάτων).

βασικός, -ή, -ό, επίθ. **II.** *γλώσσα -ή* = γλώσσα προγραμματισμού ηλεκτρονικών υπολογιστών υψηλού επιπέδου, για να λύνονται αριθμητικά προβλήματα, απλή και εύκολη ακόμη και για τους μη ειδικούς. [*BASIC*, αρχικά των λέξεων *Beginner's All-purpose Symbolic Instruction Code*].

βασιλέας, βλ. βασιλιάς.

βασιλεία η, ουσ. **1.** εξουσία του βασιλιά, βασιλική εξουσία. **2.** το αξίωμα του βασιλιά: ~ *κληρονομική*. **3.** το πολίτευμα που έχει βασιλιά ως ανώτατο άρχοντα: ~ *συνταγματική*. **4.** το χρονικό διάστημα που βασιλεύει κάποιος. **5.** (μεταφ.) περίοδος ακμής και επιβολής κάποιου ατόμου: *τελείωσε η* ~ *σου στο κόμμα* (συνών. *ισχύς, επικράτηση*). **6.** (εκκλ.) *η* ~ *του Θεού, η* ~ *των Ουρανών,* ουράνια = **α.** η κυβέρνηση του κόσμου από το Θεό, η Θεία εξουσία· **β.** ο Παράδεισος.

βασίλειο το, ουσ. (ασυνίζ.). **1.** βασική επικράτεια, χώρα που έχει βασιλιά ως ανώτατο άρχοντα: *Ηνωμένο* ~ = η Μεγάλη Βρετανία. **2.** η βασιλική εξουσία: *«το, -ό μου για ένα άλογο»·* φρ. *σόι πάει το* ~ (για οικογένεια ή άτομα που εμφανίζουν κληρονομικά τα ίδια προτερήματα ή — συνηθέστερα — ελαττώματα). **3.** (μεταφ.) μέρος ή κύκλος ανθρώπων όπου κάποιος μπορεί και επιβάλλεται ή δρα με απόλυτη ελευθερία: *ο κήπος είναι το -ό της*. **4.** τόπος όπου ευδοκιμεί κάτι: *η Βραζιλία είναι το* ~ *του καφέ*. **5.** (για κάτι σπουδαίο, για αγαθό μεγάλης αξίας): *έκανε σαν να του χάρισαν ένα* ~· *οι πληροφορίες σου αξίζουν ένα* ~. **6.** (βιολ. -φυσ.) καθεμιά μεγάλη ομάδα στην οποία ανήκουν ζωντανοί οργανισμοί σύμφωνα με την ταξινόμησή τους: ~ *ζωικό / φυτικό*.

βασίλεμα το, ουσ. **1.** δύση του ήλιου (συνών. *ηλιοβασίλεμα*). **2.** (συνεκδοχικά) το μέρος του ορίζοντα όπου δύει ο ήλιος: *κατά το* ~ *βρίσκονταν τούτα τα νησιά...* (Κόντογλου) (συνών. *δύση*). **3.** (για τα μάτια) το να χάνουν τη ζωηρότητά τους από νύστα ή αδιαθεσία. **4.** (μεταφ.) τέλος· *παρακμή:* ~ *της ζωής / σταδιοδρομίας*.

βασιλεύω, ρ., μτχ. **-εμένος. 1.** είμαι ή γίνομαι βασιλιάς· φρ. *ζει και -ει* (για να δηλωθεί μακροημέρευση και ευτυχία)· παροιμ. *στους τυφλούς -ει ο μονόφθαλμος*. **2.** (μεταφ.) επικρατώ: *-ει σιωπή / η ομόνοια / η αγάπη / η αλήθεια / η δικαιοσύνη / η αδικία, κλπ. στα γαλανά του μάτια βασίλευε παιδική αγαθότητα* (Βενέζης) (συνών. *κυριαρχώ*). **3.** δύω: *ο ήλιος βασίλεψε*. **4.** (μεταφ. για τα μάτια) χάνουν τη ζωηρότητά τους από νύστα ή ασθένεια: *βασίλεψαν τα μάτια του*.

βασιλιάς (συνιζ.) και **βασιλέας** ο, ουσ. **1.** ανώτατος άρχοντας ενός κράτους που παίρνει την εξουσία συνήθως κληρονομικά, ηγεμόνας που κυβερνά απόλυτα ή με αρμοδιότητες που ορίζει ο νόμος: *ο* ~ *Αλέξανδρος·* οι -*ιάδες της Σπάρτης·* (νεότερα) *ο* ~ *του Βελγίου·* ~ *άδικος / έκπτωτος / εξόριστος /*

λαοφιλής / παραμυθένιος· ο *θρόνος / η κορόνα του -ά· στέφω κάποιον -ά· διώχνω / ρίχνω το -ά·* (λαογρ.) *ο μαρμαρωμένος* ~ (= ο τελευταίος αυτοκράτορας του Βυζαντίου Κωνσταντίνος Παλαιολόγος...). Φρ. *ζω σαν* ~ (= πλούσια και με πολυτέλεια). **2.** (μεταφ.) αυτός που κυβερνά κάτι, που εξουσιάζει σ' ένα χώρο: *ο* ~ *του κόσμου / των ουρανών* (= ο Θεός)· *ο* ~ *της δημιουργίας* (= ο άνθρωπος)· φρ. *καθένας είναι στο σπίτι του* ~ (= διαχειρίζεται όπως αυτός θέλει τα οικογενειακά του θέματα)· (νεολογ.) ~ *του πετρελαίου / του χαλκού / του χάλυβα* (= αυτός που ελέγχει έναν τομέα οικονομικών δραστηριοτήτων, *«μεγιστάνας»*). **3.** αυτός που ξεχωρίζει, που πρωτεύει μέσα σ' ένα σύνολο: *ο* ~ *των ζώων* (= το λιοντάρι)· *ο* ~ *των πουλιών* (= ο αετός)· *ο αληθινός* — *μέσα σ' όλα τα ρόδα είναι το απριλιάτικο* (Ξενόπουλος). **4.** το σπουδαιότερο πιόνι στο σκάκι που κινείται σε ορισμένες θέσεις και αν απειλείται σε όλες, αυτό σημαίνει και τη λήξη της παρτίδας με ματ (βλ. λ.). **5.** (σπάνια) χαρτί της τράπουλας που εικονίζει μορφή βασιλιά, ο ρήγας (συνών. *βαλές*). **6.** (λαογρ.) *«-ά, -ά»* = ονομασία παιδικού ομαδικού παιγνιδιού.

βασιλιάτικος, -η, -ο, επίθ. (συνιζ., ιδιωμ.), που ανήκει ή αναφέρεται στη γιορτή του αγίου Βασιλείου: *νερό -ο·* (το ουδ. στον πληθ. ως ουσ.) τα δώρα που προσφέρονται ή τα ρούχα που πρωτοφοριούνται τη μέρα της ίδιας γιορτής (Κύπρος). [*αγιοβασιλιάτικος* με συγκοπή].

βασιλίδα η, ουσ. έκφρ. *η* ~ *των πόλεων* (= η Κωνσταντινούπολη).

βασιλική η, ουσ. (αρχιτ.) **1.** (στη ρωμαϊκή εποχή) μεγάλο ορθογώνιο οικοδόμημα που χωριζόταν με κιονοστοιχίες σε πτέρυγες (κλίτη) και χρησίμευε κυρίως για δικαστήριο ή για εμπορικές συναλλαγές. **2.** τύπος χριστιανικού ναού στο σχέδιο της ρωμαϊκής βασιλικής: ~ *τρίκλιτη / πεντάκλιτη / σταυροειδής / με τρούλο / ξυλόστεγη· η* ~ *του αγίου Δημητρίου στη Θεσσαλονίκη*.

βασιλίκι το, ουσ. (ιδιωμ., ποιητ.). **1.** βασιλική επικράτεια: *κι εζήτας* ~ *σου γη κι ουρανό ενωμένα* (Βάρναλης) (συνών. *βασίλειο*). **2.** βασιλικό αξίωμα: *Γιέ μου, για τη χωριάτισσα χάνεις το* ~ (δημ. τραγ.)· παροιμ. φρ. *από γενιάς πάει το* ~ (= σόι πάει το βασίλειο· βλ. λ. σημασ. 2). [*βασίλειο ή βασιλικά + ίκι*].

βασιλικός ο, ουσ. πληθ. *-οί* οι και *-ά* τα, ονομασία μυριστικού και καλλωπιστικού φυτού: ~ *πλατύφυλλος / σγουρός / στενόφυλλος / φουντωτός· αυλή πνιγμένη στα -ά· γλάστρες με -ό*. Παροιμ. ~ *κι αν μαραθεί, τη μυρωδιά την έχει* (η ευγένεια του χαρακτήρα διατηρείται και μέσα στη φτώχεια ή τη δυστυχία)· *για χάρη του -ού ποτίζεται κι η γλάστρα* (όταν κάποιος επωφελείται εξαιτίας άλλου).

βασιλικός, -ή, -ό, επίθ. **1.** που ανήκει ή σχετίζεται με το βασιλιά: *θρόνος* ~· *γενιά / περιουσία / φρουρά -ή· στέμμα -ό· τάφοι -οί* (των Μυκηνών / της Βεργίνας)· *ανάκτορα / καράβια -ά· εξουσία -ή* (= που προέρχεται από το βασιλιά)· παροιμ. *-ή διαταγή και τα σκυλιά δεμένα* (= δεν επιτρέπεται ανυπακοή ή αμφισβήτηση σε διαταγές ανωτέρου)· (για κράτος με ανώτατο άρχοντα βασιλιά) *επίτροπος* ~· *διάταγμα / ναυτικό / ταμείο -ό*. **2.** (μεταφ.) που ταιριάζει σε βασιλιά: *τραπέζι -ό* (= πλούσιο)· *έξοδα -ά* (= υπέρογκα)· *σύκα -ά* (= είδος σύκων εξαίρετης ποιότητας). **3.** (σε ονομασία

ορισμένου είδους ενός ζώου) που ξεχωρίζει για τη μεγαλόπρεπη εμφάνιση ή την ομορφιά του: *αετός / πιγκουίνος ~· τίγρη -ή.* **4.** που υποστηρίζει το βασιλιά ή τη βασιλεία: *κόμμα -ό·* (το αρσ. ως ουσ., συνήθως στον πληθ.): *η διαμάχη βενιζελικών και -ών* (= βασιλοφρόνων)· φρ. *είμαι ή γίνομαι -ότερος του βασιλέως* (= υπερασπίζομαι, εξυπηρετώ τα συμφέροντα κάποιου με μεγαλύτερο ζήλο απ' ό,τι ο ίδιος· είμαι σε κάτι απόλυτος, δογματικός). **5.** έκφρ. *~ πολτός* (= θρεπτική ουσία με την οποία τρέφονται οι νύμφες των μελισσών). **6.** έκφρ. *~ σύζυγος* (= θεσμός που ισχύει σε κράτη όπου το σύνταγμα επιτρέπει να ανέβει στο θρόνο γυναίκα, όπως στην Αγγλία). - Επίρρ. **-ά** (στη σημασ. 2).
βασιλικόσπορος ο, ουσ., σπόρος του φυτού βασιλικός.
βασιλικόσυκο το, ουσ. (ιδιωμ.), είδος μεγάλων και νόστιμων σύκων.
βασίλισσα η, ουσ. **1.** γυναίκα που ασκεί τη βασιλική εξουσία: *η ~ Κλεοπάτρα·* (μεταφ.) *~ της καρδιάς / των λογισμών μου·* έκφρ. *η ~ των ουρανών* (= η Παναγία). **2.** σύζυγος ενός βασιλιά: *~ κακιά / παραμυθένια / πεντάμορφη·* φρ. *ζω σαν ~* (= με άνεση και πολυτέλεια). **3.** το δεύτερο πιόνι στο σκάκι αλλά με μεγαλύτερη ισχύ, αυτό που μπορεί να μετακινείται προς όλες τις κατευθύνσεις και σε όλη την έκταση της σκακιέρας. **4.** γυναίκα που ξεπερνά τις άλλες (στην ομορφιά ή σε άλλο χάρισμα): *την ανακήρυξαν στα καλλιστεία ~ της ομορφιάς· ~ του χορού / της νύχτας·* (κατ' επέκταση για πόλη) *η ~ της Αδριατικής* (= η Βενετία). **5.** (ζωολ.) γόνιμη θηλυκή μέλισσα ή άλλο κοινωνικό έντομο (λ.χ. μυρμήγκι, τερμίτης), μοναδικό σε μια αποικία (κυψέλη, μυρμηγκοφωλιά), που έχει αποκλειστικό προορισμό να γεννά αβγά.
βασιλοκουλούρα η, ουσ. (ιδιωμ.), βασιλόπιτα: *φούσκωσε η ~.* [(αϊ-) *Βασίλης + κουλούρα*].
βασιλοπαίδι το, ουσ., παιδί του βασιλιά.
βασιλόπιτα η, ουσ., είδος αρωματικού ψωμιού από αλεύρι, ζάχαρη, αβγά, μυρωδικά κ.ά., που παρασκευάζεται για τη γιορτή του αγίου Βασιλείου κι έχει κρυμμένο στη ζύμη του ένα νόμισμα που θεωρείται τυχερό για όποιον το βρει: *~ πρωτοχρονιάτικη· ζυμώνω / κόβω τη ~.* [*Βασίλης + πίτα ή αγιοβασιλόπιτα* με συγκοπή].
βασιλοπούλα η, ουσ., κόρη βασιλιά: *~ μαγεμένη / όμορφη.*
βασιλοπούλι το, ουσ. (ιδιωμ.), ονομασία του πουλιού αλκυόνα (συνών. *θαλασσοπούλι, ψαροπούλι*).
βασιλόπουλο το, ουσ., γιος βασιλιά: *~ του παραμυθιού.*
βασιλοσυκιά η, ουσ. (σύνιζ., ιδιωμ.) ποικιλία συκιάς που παράγει τα βασιλόσυκα.
βασιλόσυκο το, ουσ. (ιδιωμ.) είδος μεγάλων και νόστιμων σύκων.
βασιλόφρονας ο, ουσ., οπαδός του βασιλιά ή του βασιλικού θεσμού: *παράταξη/οργάνωση -όνων* (συνών. *βασιλικός*).
βασιλόψωμο το, ουσ., βασιλόπιτα.
βάσιμος, -η, -ο, επίθ., που στηρίζεται σε πραγματικά γεγονότα: *ελπίδες / υπόνοιες -ες· πληροφορία -η* (= αξιόπιστη) (συνών. *βέβαιος, σίγουρος·* αντ. *αβάσιμος*). - Επίρρ. **-α**.
βασιμότητα η, ουσ., το να είναι κάτι βάσιμο, αναμφίβολο: *αμφισβητείται η ~ των καταγγελιών /*

των αντιρρήσεών του.
βασκαίνω, ρ. αόρ. *βάσκανα,* παθ. αόρ. *βασκάθηκα,* μτχ. *βασκαμένος* (και ιδιωμ.) **αβασκαίνω,** ασκώ βλαπτική επίδραση με το βλέμμα (κοιτάζοντας κάποιον ή κάτι με φθόνο ή θαυμασμό), προξενώ κακό: *μου -ανε το παιδί / τα λουλούδια·* φρ. *φτου (σου) να μη -αθείς!* (ευχή που δηλώνει θαυμασμό· λέγεται και κοροϊδευτικά) (συνών. *ματιάζω*).
βάσκαμα και (ιδιωμ.) **αβά-** το, ουσ., βασκανία (βλ. λ.): *με πιάνει ~* (= βασκαίνομαι) (συνών. *μάτιασμα, «μάτι»*).
βασκαμός και (ιδιωμ.) **αβα-** ο, ουσ., βασκανία (βλ. λ.): *να μη σε πιάσει αβασκαμός, να μη σε κρούξει μάτι* (δημ. τραγ.).
βασκανία η, ουσ. (λόγ.), η πρόκληση κακού σε κάποιον ή κάτι με τη «μαγική» ενέργεια του βλέμματος: *αποτρέπω τη ~· ευχή κατά της -ίας* (συνών. *μάτιασμα, βάσκαμα, «μάτι»*).
βάσκανος, -η, -ο, επίθ. (λόγ.), που βασκαίνει, που ματιάζει· μόνο στις εκφρ. *~* (ή *-η*) *μοίρα ή τύχη* (= κακή, φθονερή) *~ οφθαλμός* (= «κακό μάτι»).
βασκαντήρα η, ουσ. (έρρ., ιδιωμ.). **1.** φυλαχτό για την αποτροπή της βασκανίας. **2.** ονομασία κοχυλιών ή φυτών που πιστεύεται ότι προστατεύουν από το μάτιασμα.
βασκικός, -ή, -ό και **βάσκικος,** επίθ., που ανήκει ή αναφέρεται στους Βάσκους: *εθνικισμός ~· επαρχίες -ές* (της Ισπανίας)· *εξτρεμιστική οργάνωση -ή· γλώσσα -ή* (μη ινδοευρωπαϊκή)· *τύμπανο -ό* (= είδος ντεφιού).
Βάσκος ο, θηλ. **-α,** ουσ., αυτός που ανήκει στον αρχαίο ευρωπαϊκό λαό που κατοικεί σε περιοχές της Ισπανίας και της Γαλλίας κατά μήκος των ακτών του Βισκαϊκού κόλπου: *ο λαός / το εθνικιστικό κίνημα των -ων·* (ως επίθ.) *-οι αυτονομιστές.* [ισπαν. *Vasco*].
βασταγερός, -ή, -ό και **βασταερός,** επίθ. (ιδιωμ.), **1.** ανθεκτικός, στερεός: *κλωστή / σανίδα -ή.* **2.** δυνατός: *άλογο -ό* (συνών. *ρωμαλέος*). **3.** που διατηρείται αναλλοίωτος: *κρασί -ό· σταφύλια -ά.* **4.** καρτερικός: *καρδιά -ή* (συνών. *υπομονετικός, ψύχραιμος*). [*βασταγή + -ερός*].
βαστάγι και **βαστάι** το, ουσ. (ιδιωμ.), σχοινί (ή αλυσίδα) απ' όπου κρέμαται ή με το οποίο δένεται κάτι: *βαστάι του σακιού.* [*βασταγή*].
βάσταγμα και **βάσταμα** το, ουσ. **1.** το να βαστά, να κρατά κάποιος ένα βάρος: *κάνε καλό ~ !* (= κράτα καλά!). **2.** φορτίο που μπορεί να μεταφέρει ένας άνθρωπος ή ένα ζώο: *ένα ~ ξύλα.* **3.** αντοχή, στερεότητα.
βασταερός, βλ. *βασταγερός.*
βαστάζος ο, ουσ., αυτός που μεταφέρει φορτία: *~ της αγοράς / του λιμανιού* (συνών. *αχθοφόρος, χαμάλης*). [μτχ. *βαστάζων*].
βαστάζω ρ. (λόγ.), μτχ. (λαϊκ.) *-αζούμενος,* κρατώ (στα χέρια), βαστώ (βλ. λ.): *η Θεοτόκος -ει το Χριστό ως βρέφος.* Η (λαϊκ.) μτχ. *-αζούμενος =* ευκατάστατος.
βαστάι, βλ. *βαστάγι.*
βάσταμα, βλ. *βάσταγμα.*
βασταμός ο, ουσ. (ιδιωμ.). **1.** το να μπορεί κάποιος να βαστάξει, να ανεχθεί κάτι: *δεν έχει -ό η πείνα* (= δεν υποφέρεται). **2.** συγκρατημός: *μιλάει και -ό δεν έχει* (= δε σταματά) (συνών. *περιορισμός*).
βασταχτός, -ή, -ό, επίθ., που τον βαστούν, τον μεταφέρουν στα χέρια: *τον πήγαμε στο σπίτι του -ό* (συνών. *σηκωτός*). - Επίρρ. **-ά**.

βαστώ, -άς και **-άω**, ρ. παρατ. *βάσταγα* και *βαστούσα*, αόρ. *βάσταξα* και *βάστηξα*, μέσ. *βαστιέμαι*, μτχ. ενεστ. *βαστούμενος*, παρκ. *βαστα(γ)μένος* και *βαστη(γ)μένος*. Ι. ενεργ. Α. μτβ. **1.** παίρνω ή έχω κάτι στο χέρι: *βάστα γερά το σκοινί· -ούσε ένα μωρό στην αγκαλιά· με -ηξε από το χέρι·* παροιμ. *όπου ακούς πολλά κεράσια βάστα και μικρό καλάθι* (να μην παρασύρεται κανείς από γενναιόδωρες υποσχέσεις)· *το χωριάτη κάνεις φίλο; βάστα και κομμάτι ξύλο* (η εμπιστοσύνη σε κάποιον ας εξαρτάται και από τις παραδοσιακές «αρετές» του) (συνών. *κρατώ, πιάνω*). **2.** φέρω, έχω μαζί μου: *δε ~ (επάνω μου) πολλά χρήματα·* (σε μεταφ.) *στην καρδιά μου πάντα 'σένα* ~ (δημ. τραγ.). **3.** έχω, κατέχω (νόμιμα ή παράνομα): *ένα μαγαζί· -άει το χωράφι μας και δεν το δίνει· με τον αδελφό μου μαζί -άμε ένα δωμάτιο* (= νοικιάζομε). **4.** διευθύνω, διαχειρίζομαι: *-άει άξια το νοικοκυριό / το μαγαζί τους·* ~ *μοναχός το σπίτι* (= συντηρώ την οικογένεια). **5.** συγκρατώ: *για να περπατήσει έπρεπε να τον -άμε* (συνών. *υποβαστάζω*). **6.** στηρίζω: *το υπόστεγο το -ούν τέσσερις κολόνες· δε με -ούν τα πόδια μου* (= είμαι εξαντλημένος) (συνών. *σηκώνω*). **7.** διατηρώ: *η ελπίδα μας -άει· το σπίτι έχει μόνωση και -ά τη ζέστη· δε -ά παπούτσι παραπάνω από τρίμηνο· θα το -ήξω το μερίδιό μου· δεν μπορεί να -ήξει παιδί* (= κάνει αποβολές) (συνών. *συντηρώ, φυλάγω*). **8.** είμαι συνεπής σε κάτι: ~ *το λόγο μου / την υπόσχεσή μου* (συνών. *τηρώ·* αντ. *αθετώ*). **9.** εμποδίζω κάποιον ή κάτι (να κάνει ή να πάθει κάτι): *τον -ούσαν να μη δείρει κανέναν· το -ηξα να μην κυλήσει από το τραπέζι -άτε τ' άλογα· λίγο να ξανασάνω* (δημ. τραγ.)· *το στόμα να -άξει τη στερνή του αναπνοή* (Σολωμός) (συνών. *σταματώ·* αντ. *επιτρέπω, αφήνω*). **10.** αναγκάζω κάποιον να μείνει κάπου: *ήθελα να φύγω, αλλά με -ηξαν με το ζόρι για φαγητό.* **11.** περιορίζω: ~ *το θυμό / τα νεύρα μου·* ~ *τη γλώσσα μου* (= δε μιλώ άκαιρα ή ανόητα) (συνών. *ελέγχω, χαλιναγωγώ·* αντ. *αφήνω*). **12.** δεν αποκαλύπτομαι, κρατώ κάτι κρυφό: ~ *μυστικό· μην του πεις τίποτε, γιατί δεν το -άει.* **13.** υπομένω: *πολύ καιρό -άμε την καταφρόνια / τη μοναξιά· δεν μπορώ να -άξω τον πόνο· να σε καταραστώ δεν το -ά η καρδιά μου* (συνών. *υποφέρω, αντέχω*). Β. αμτβ. **1.** δεν αλλοιώνομαι, δεν έχω φθαρεί: *η βαφή -ά· ακόμη ένα χειμώνα θα -ήξει το παλτό / η στέγη* (συνών. *διατηρούμαι·* αντ. *αλλοιώνομαι, φθείρομαι, χαλώ*). **2.** διαρκώ: *ο μεσαίωνας -αξε πολλούς αιώνες· -ούσε χρόνια ο πόλεμος·* (συνών. *παρατείνομαι, εξακολουθώ*). **3.** αντιστέκομαι: *-άτε ως το πρωί και θα έρθουν ενισχύσεις* (αντ. *υποκύπτω*). **4.** κρατιέμαι μακριά από μια ενέργεια: *δε -αξα και τον μάλωσα* (συνών. *συγκρατιέμαι*). **5.** σταματώ (συνήθως στην προστ.): *για -α ένα λεπτό!* **6.** αντέχω (σε βάρος, πίεση, κ.τ.ό., σωματικά ή ψυχικά): *το κλαδί δε -αξε κι έσπασε· μη χοροπηδάτε, δε -άν τα σανίδια! πώς ~ ένας Θεός το ξέρει! δε ~ (άλλο) πια!* (= έχω εξαντληθεί). **7.** έχω θάρρος, τόλμη, αποφασιστικότητα, κ.τ.ό., κάνω κουράγιο: *αν σου -άει ή αν -άς, έλα! βάστα καρδιά!* **8.** προέρχομαι: *η γενιά του -ά από τον Α.· ~ από σόι* (= έχω καλή καταγωγή)· φρ. *από πού -ά η σκούφια του;* (συνών. *κατάγομαι*). ΙΙ. μέσ. **1.** κρατιέμαι (με το χέρι)· στηρίζομαι: *-ούνται χέρι χέρι· -ήχτηκα από το τραπέζι να μην πέσω.* **2.** αποφεύγω να δείξω μια ψυχική διάθεση: *το πλήθος δε -ιέται από τον ενθουσιασμό· πώς -ήχτηκα και δεν τον έβρισα!* (συνών. *συγκρατούμαι·* αντ. *εκδηλώνομαι*). **3.** βρίσκομαι σε καλή σωματική και πνευματική κατάσταση: *για την ηλικία του καλά -ιέται.* **4.** είμαι ανεκτός: *δε -ιέται τέτοιος εξευτελισμός.* **5.** βρίσκομαι σε καλή οικονομική κατάσταση: *παρ' όλες τις κρίσεις -ιέται (καλά)· ο πατέρας της είναι καλά βαστούμενος.* Φρ. *το* ~ (= θέλω να εκδικηθώ για κάτι)· ~ *το ίδιο βιολί* (= λέω ή κάνω συνεχώς τα ίδια)· ~ *γινάτι ή κακία* (= μνησικακώ)· ~ *τα γκέμια καλά* (= ασκώ τον έλεγχο ή τη διαχείριση του σπιτιού με επιτυχία)· ~ *τη θέση μου* (= αποφεύγω να κάνω κάτι που θα μειώσει την υπόληψή μου)· *-ούν τα κότσια μου* (= έχω το σθένος να κάνω κάτι)· ~ *λογαριασμό* (= σημειώνω έσοδα και έξοδα)· (μεταφ.) *παρακολουθώ προσεκτικά μια ενέργεια·* ~ *όρτσα* (= ναυτ. πλέω σχεδόν στην ευθεία του ανέμου «πλαγιάζω»· ~ *πισινή* (= παίρνω τίς απαραίτητες προφυλάξεις, φροντίζω για το μέλλον)· ~ *πλώρη / ρότα* (= ναυτ., ακολουθώ ορισμένη κατεύθυνση)· ~ *τιμόνι* (= ναυτ., κατευθύνω, κυβερνώ πλοίο· μεταφ.: διαχειρίζομαι καλά το σπιτικό μου)· ~ *απ' τα σύκα ως τα σταφύλια* (= διαρκώ ελάχιστα)· ~ *(σε κάποιον) χαρακτήρα* (= δεν αλλάζω τον καλό μου χαρακτήρα· τιμώ και σέβομαι κάποιον με ειλικρίνεια)· *το* ~ *πολύ ψηλά* (= περηφανεύομαι με το παραπάνω). [*βαστάζω*].

βατ το, άκλ., (φυσ.) μονάδα ηλεκτρικής ισχύος (σύμβολο W) ίση με την κατανάλωση ενός αγωγού που διαρρέεται από ρεύμα ενός Αμπέρ, όταν στα άκρα του επικρατεί τάση ενός βόλτ. [κύριο όν. *Watt*].

βάτα η, ουσ., λεπτό στρώμα από μπαμπάκι ή άλλο παρόμοιο υλικό (λ.χ. σφουγγάρι) που το χρησιμοποιούν στην ραπτική βάζοντάς το κυρίως ανάμεσα στο ύφασμα και τη φόδρα των ώμων σ' ένα σακάκι ή μια ζακέτα. [ιταλ. *ovatta*].

βάτεμα το, ουσ. (για ζώα) συνουσία (συνών. *πήδημα*).

βατεύω, ρ. (για αρσενικό ζώο) επιβαίνω, οχεύω: *ο τράγος -ει τη γίδα·* (μέσ.) *-ονται τα κατσίκια* (συνών. *πηδώ*).

βατήρας ο, ουσ. (αθλ.). **1.** το σημείο απ' όπου αρχίζει ένας άλτης το άλμα του. **2.** όργανο γυμναστικής με τη βοήθεια του οποίου πραγματοποιούνται άλματα ή άλλες ασκήσεις.

βατίστα και **μπατίστα** η, ουσ., λεπτό και πυκνούφασμένο λινό ύφασμα πολύ καλής ποιότητας. [ιταλ. *batista*].

βατιστένιος -α, -ο και **μπατιστένιος**, επίθ. (συνιζ.), φτιαγμένος από βατίστα: *νυχτικό / σεντόνι -ο.*

βατιστούλα και **μπατιστούλα** η, ουσ., βατίστα κατώτερης ποιότητας.

βατόμετρο το, ουσ., όργανο που μετρά την ηλεκτρική ισχύ σε αγωγούς συνεχούς ή εναλλασσόμενου ρεύματος. [βατ + *μέτρο·* πβ. αγγλ. *wattmetre*].

βατομουριά η, ουσ. (συνιζ.), άγριος και πυκνός θάμνος με πολλά αγκάθια που βγάζει βατόμουρα, βάτος.

βατόμουρο το, ουσ., ο μαύρος ή σκούρος κόκκινος καρπός του βάτου: *μαζεύω / τρώω -α· μαρμελάδα από -α.*

βάτος ο, ουσ. πληθ. *-οι* και *-α* τα και **βάτο** το, είδος άγριων, συνήθως πυκνών και αγκαθωτών θά-

βατός

μνων που βγάζουν βατόμουρα: *ρουμάνι γεμάτο -α· φράχτης από -α.*

βατός, -ή, -ό, επίθ. 1. (για δρόμο) που πάνω του μπορεί κανείς εύκολα να βαδίσει (συνών. *διαβατός·* αντ. *δύσβατος, αδιάβατος*). 2. (μεταφ.) σχετικά ευκολονόητος, απλός: *το θέμα στις εξετάσεις ήταν -ό· κείμενο -ό* (συνών. *κατανοητός*).

βατραχάνθρωπος ο, ουσ., κολυμβητής με εξοπλισμό κατάλληλο για καταδύσεις (φιάλη οξυγόνου, αδιάβροχη στολή, μάσκα, κλπ.) και δραστηριότητα πολεμική (λ.χ. υποβρύχιες καταστροφές) ή συνηθέστερα σήμερα ειρηνική (επιστημονικές έρευνες, ψάρεμα, ανέλκυση ναυαγίων, κ.τ.ό.).

βατράχι το, ουσ., μικρός βάτραχος· (συνηθέστερα απλώς) *βάτραχος.*

βατραχοπέδιλο το, ουσ., είδος εφαρμοστού υποδήματος από λάστιχο που είναι στο μπροστινό μέρος πλατυσμένο έτσι που να μοιάζει με το πόδι βατράχου και το χρησιμοποιούν κολυμβητές ή βατραχάνθρωποι.

βάτραχος και (ιδιωμ.) **βάθρακος, βαθρακός** και **βατραχός** ο, ουσ. (ζωολ.) μικρό σπονδυλωτό τετράποδο που ανήκει στα χωρίς ουρά αμφίβια, έχει δέρμα λείο, υγρό και συνήθως πρασινωπό και ζει σε τόπους υγρούς: *είναι σωστός ~* (= πίνει πολύ νερό). - Υποκορ. **-άκι** το.

βατραχόψαρο το, ουσ. (ζωολ.) το ψάρι πεσκαντρίτσα (βλ. λ.).

βατσίνα η, ουσ. (λαϊκ.), το εμβόλιο και ο εμβολιασμός εναντίον της ευλογιάς: *κάνω ~* (συνών. *δαμαλισμός*). [ιταλ. *vaccina*].

βατσινάρω, ρ. (λαϊκ.), κάνω βατσίνα, εμβολιάζω εναντίον της ευλογιάς. [ιταλ. *vaccinare*].

βατσινιά η, ουσ. (συνιζ., ιδιωμ.), βάτος: *γάμο κάνανε μ' ένα σπυρί σιτάρι / και το λιανίζανε στης -ιάς το φύλλο* (δημ. τραγ.).

βάτσινο το, ουσ. (ιδιωμ.), βατόμουρο. [μτγν. *βάτινον*].

βαυαρικός, -ή, -ό, επίθ., που σχετίζεται με τη Βαυαρία ή τους Βαυαρούς: *νομοθεσία -ή.*

Βαυαροκρατία η, ουσ. (ιστ.) το χρονικό διάστημα από τον ερχομό στην Ελλάδα του βασιλιά Όθωνα και των Βαυαρών αντιβασιλέων (1833) ως την παραχώρηση συντάγματος μετά την επανάσταση της 3ης Σεπτεμβρίου 1843.

βαυκαλίζω, ρ. (λόγ.), εξαπατώ, παραπλανώ κάποιον δημιουργώντας του ψεύτικες ελπίδες: *-ει τους ψηφοφόρους με υποσχέσεις·* (μέσ.) *η γενιά τους -όταν με μεγαλοϊδεάτικα όνειρα.* [αρχ. *βαυκαλάω·* παλαιότερα].

Βαυαρός και **Βαυαρέζος** ο, θηλ. **-ή** και **-έζα,** ουσ., αυτός που κατοικεί στη Βαυαρία ή κατάγεται από εκεί.

βαφέας και **βαφιάς** ο, ουσ. (συνιζ.) επαγγελματίας που ασχολείται με τη βαφή: *~ υφασμάτων / αυτοκινήτων.*

βαφείο το, ουσ., το εργαστήριο του βαφέα: *~ ενδυμάτων.*

βαφή η, ουσ. 1. σκλήρυνση της επιφάνειας (ενός σιδερένιου αντικειμένου) με εμβαπτισμό σε κρύο νερό ή λάδι, ενώ είναι ακόμη πυρακτωμένο. 2. το να προσδίδεται χρώμα σ' ένα αντικείμενο ή μια επιφάνεια με εμβαπτισμό σε διαλυμένη χρωστική ουσία, με επάλειψη, με ψεκασμό, κλπ.: *- εξωτερικών χώρων ενός κτηρίου· ~ μαλλιών / νημάτων· φούρνος -ής αυτοκινήτων· το παλτό μου δεν πέτυχε στη ~* (συνών. *μπογιάντισμα*). 3. η χρωστική ουσία με την οποία χρωματίζομε κάτι: *~ ανεξίτηλη / ζωηρή / σταθερή· αιματόχροη ~* (Σολωμός)· *~ αβγών* (συνών. *μπογιά*).

βαφιάς, βλ. *βαφέας.*

βαφιάτικα τα, ουσ. (συνιζ.), η αμοιβή του βαφέα.

βαφικός, -ή, -ό, επίθ., που χρησιμεύει στη βαφή, στο μπογιάντισμα.

βαφτίζω, ρ. 1. βυθίζω κάποιον στο νερό (με σκοπό το θρησκευτικό εξαγνισμό· συνήθως για το Χριστό): *ο Ιωάννης ο Πρόδρομος -ισε το Χριστό στον Ιορδάνη.* 2. τελώ το μυστήριο του βαπτίσματος και κάνω κάποιον χριστιανό, δίνοντάς του ταυτόχρονα και το ατομικό του κύριο όνομα (βαφτιστικό): *την Κυριακή -ίσαμε το μωρό· θέλει να μου -ίσει το γιο* (= να είναι νονός του)· (αμτβ.) *στεφάνωσα και -ισα, πολλά έκανα μυστήρια* (Αθάνας)· παροιμ. *το ~, το μυρώνω άρα ζήσει άρα μη ζήσει* (όταν κάποιος εκπληρώνει τυπικά τις υποχρεώσεις του και αδιαφορεί για τη συνέχεια)· *ζουρλός* (ή *τρελός*) *παπάς τον -ισε* (για άνθρωπο απερίσκεπτο και άτακτο)· (μέσ. για αλλόθρησκο): *ο Μέγας Κωνσταντίνος -ίστηκε λίγο πριν πεθάνει* (= έγινε χριστιανός). 3. δίνω όνομα (κατά τη βάφτιση): *-ισα την κόρη μου Κατερίνα·* (για παρωνύμιο) *τον -ίσανε κεφάλα και του έμεινε·* (για ονοματοθεσία πλοίου ή άλλου πράγματος) *-ισε το καΐκι του «Χαρά» πώς θα -ίσετε το νέο προϊόν;* (συνών. *ονομάζω*). 4. (λαϊκ.) νερώνω: *~ το γάλα / το κρασί.*

βάφτιση η, ουσ. 1. η βύθιση στο νερό (με σκοπό τον εξαγνισμό· συνήθως για το Χριστό). 2. η τέλεση του μυστηρίου του βαπτίσματος και η σχετική θρησκευτική τελετή: *με κάλεσαν στη ~· η ~ έγινε στο σπίτι* (συνών. *βάπτισμα, βαφτίσια*).

βαφτίσια τα, ουσ. (συνιζ.), ο εν. μόνο σε ιδιωμ., η βάφτιση (βλ. λ. σημασ. 2): *έχουμε / πήγαμε σε ~·* (συνεκδοχικά) *τα ~ του πλοίου·* παροιμ. *πήγε για μαμμή κι ήρθε στα ~* (= καθυστέρησε υπερβολικά). [πληθ. του *βαφτίσι*<απαρ. *βαπτίσειν* του *βαπτίζω*].

βαφτισίμι το, ουσ., βαφτισιμιός (βλ. λ.).

βαφτισιμιός ο, θηλ. **-ιά** ουσ. (συνιζ.), αυτός τον οποίο βάφτισε κάποιος (ως ανάδοχος): *πήρα δώρο για το -ιό μου.*

βάφτισμα και **βάπτισμα** το, ουσ. (εκκλ.) ένα από τα μυστήρια της Εκκλησίας, κατά το οποίο βυθίζεται κάποιος στο αγιασμένο νερό τρεις φορές και με τη χάρη του αγίου Πνεύματος γίνεται χριστιανός και παίρνει το προσωπικό του όνομα: (συνών. *βάφτιση, βαφτίσια*). Έκφρ. *το βάπτισμα του πυρός* (πβ. γαλλ. *baptême du feu*) (= η συμμετοχή κάποιου σε μάχη)· (μεταφ.) η πρώτη κρίσιμη δοκιμασία ή εμπειρία κάποιου: *αντιμετωπίζαμε τις εξετάσεις με δέος καθώς δεν είχαμε πάρει ακόμη το βάπτισμα του πυρός.*

βαφτιστήρας ο, ουσ., βαφτισιμιός (βλ. λ.).

βαφτιστήρι το, ουσ., το παιδί που κάποιος βάφτισε (ως ανάδοχος): *έχω παλληκαρόπουλα δικά μου -ια* (Αθάνας).

βαφτιστής και **βαπτιστής** ο, ουσ. 1. αυτός που βαφτίζει κάποιον: (για τον άγιο Ιωάννη τον Πρόδρομο) *αϊ- Γιάννη αφέντη και -ή* (κάλαντα). 2. (εκκλ. στον τ. *βαπτιστής*) οπαδός προτεσταντικής ομολογίας που αρνείται το βάπτισμα κατά τη νηπιακή ηλικία.

βαφτιστικός, -ιά, -ό και **βαπτιστικός,** επίθ., που σχετίζεται με τη βάφτιση: *όνομα -ό· ρούχα -ά·*

ποιο είναι το -ό σου (ενν. *όνομα*); *την Κυριακή θα του φορέσω τα -ά του* (ενν. *ρούχα*). - Το αρσ. και θηλ. ως ουσ. = βαφτισιμιός, -ιά.

βάφω, ρ., αόρ. *έβαψα,* μεσ. *-φηκα* και *-φτηκα,* μτχ. *βαμμένος.* 1. σκληραίνω την επιφάνεια ενός σιδερένιου αντικειμένου βυθίζοντάς το πυρακτωμένο σε υγρό: ~ *την αξίνα / το τσεκούρι.* 2. χρωματίζω: ~ *αβγά / τα δωμάτια του σπιτιού / τα μαλλιά μου / νήματα / υφάσματα·* ~ *το αυτοκίνητο.* 3. επιθέτω έγχρωμη αλοιφή ή βαφή με σκοπό τον καλλωπισμό: ~ *τα μάτια / τα νύχια / τα χείλια·* ~ *το πρόσωπο·* (μέσ.) *της αρέσει να -εται ελαφρά* (συνών. *μακιγιάρω*). Φρ. ~ *με αίμα τα χέρια μου* (= σκοτώνω άνθρωπο)· (λαϊκ.) *την έβαψα ή την έχω βαμμένη* (= βρίσκομαι σε δύσκολη θέση, φοβούμαι πως θα πάθω κάτι είτε φταίω είτε όχι). - Η μτχ. παρκ. ως επίθ. = φανατικός: *είναι βαμμένος αριστερός.*

βαχ, επιφ. (με προηγούμενο το συνών. *αχ*) δηλώνει έντονη στενοχώρια: *στο σπίτι του μακαρίτη άκουγες όλο αχ και* ~· (με άρθρο) *και με το αχ και με το* ~ *οι μέρες μου περνούνε* (δημ. τραγ.). [αραβοτουρκ. *vah*].

βάψιμο το, ουσ. 1. σκλήρυνση της επιφάνειας ενός σιδερένιου αντικειμένου. 2. χρωμάτισμα, μπογιάτισμα: ~ *ρούχου / σπιτιού·* ~ *γρήγορο / ζωηρό / σωστό.* 3. καλλωπισμός με τη χρήση χρώματος: ~ *αταίριαστο / βαρύ / γελοίο / διακριτικό / έντονο* (συνών. *μακιγιάρισμα*).

βγάζω, ρ., αόρ. *έβγαλα,* μτχ. *βγαλμένος,* (λαϊκ.) **βγάνω.** 1. τοποθετώ ή μεταφέρω κάτι έξω (από κάπου), οδηγώ κάποιον ή κάτι έξω (από κλειστό σε ανοιχτό χώρο ή κυρίως στην ύπαιθρο): ~ *τα έπιπλα στο δρόμο / τα παιδιά στην εξοχή / τα πρόβατα από το μαντρί·* (για κηδεία) *-ουν το λείψανο / το νεκρό* (= εκφέρουν)· ~ *κάποιον από τη φυλακή* (= αποφυλακίζω)· *τον έβγαλαν από το σπίτι / από το μαγαζί* (= του έκαναν έξωση)· ~ *τη βάρκα* (= τραβώ στη στεριά)· *ο καπετάνιος μας έβγαλε στη Νάξο* (= μας αποβίβασε). 2. παρουσιάζω, εμφανίζω, προβάλλω (κάτι που ήταν πρώτα κρυμμένο ή ανύπαρκτο): ~ *το κεφάλι από το παράθυρο· έβγαλαν τα μπράτσα έξω·* ~ *το σπαθί· η τριαντα-φυλλιά -ει λουλούδια / φύλλα·* ~ *δόντια / μαλλιά* (= αποκτώ)· *η πληγή -ει πύον·* (για συμπτώματα αρρώστιας ή εξανθήματα) ~ *ιλαρά·* ~ *σπυριά·* (για υγρό) *η πηγή -ει νερό· η γεώτρηση -ει πετρέλαιο* (= αναβρύζει, τινάζει προς τα έξω)· ~ *αίμα·* ~ *δάκρυα* (= χύνω)· (για αέρα) ~ *ατμό / καπνό·* ~ *μυρωδιά* (= εκπέμπω, αναδίνω)· (απρόσ.) *-ει αέρα, βροχή...* (= αρχίζει να φυσά, να βρέχει...). 3. ενεργώ ώστε κάτι να βγει, να φανερωθεί, να έρθει στην επιφάνεια ή να αποσπασθεί (από κάπου): ~ *νερό* (= αντλώ)! ~ *από το χώμα ένα πιθάρι λίρες* (= ξεθάβω)· ~ *από τα ερείπια έναν τραυματία* (= ξεχώνω)· ~ *μάρμαρο / μετάλλευμα* (= εξορύσσω)· ~ *τα χόρτα* (= ξεριζώνω)· ~ *τα μαλλιά / τα φρύδια* (= μαδώ)· ~ *το αγκάθι από το χέρι μου· μου έβγαλε δύο δόντια.* 4. εξαρθρώνω: ~ *το χέρι / το πόδι μου.* 5. (για ρουχισμό, υπόδηση, οπλισμό, κ.τ.ό.) αφαιρώ από πάνω μου: ~ *τα παπούτσια / το κράνος* (αντ. *φορώ, βάζω*). 6. εκτοξεύω, εκπέμπω: *η φωτιά -ει σπίθες·* ~ *το μηχάνημα -ει ακτίνες.* 7. (για φαγητό, κ.τ.ό.) παραθέτω, προσφέρω: *έβγαλε πολλά πιάτα· έβγαλε ένα ούζο / γλυκό.* 8. κάνω να γεννηθεί, παράγω, κατασκευάζω: *η κλώσσα -ει πουλιά* (= εκκολάπτει)· *η κατσίκα μας δε -ει γάλα·* *το χωριό μου -ει πολύ λάδι· η μηχανή -ει πλαστικά· το εργοστάσιο -ει αυτοκίνητα·* ~ *ρακί* (= αποστάζω). 9. (με υποκ. όν. πόλης, χώρας, κ.τ.ό., ή προσώπου) φέρνω στη ζωή, αναδεικνύω: *η Κρήτη έβγαλε πολλούς μακεδονομάχους· ο Α έβγαλε καλούς μαθητές.* 10. περιφέρω: *στην εκκλησία έβγαλαν δίσκο για τους σεισμόπληκτους· -αν τον Επιτάφιο.* 11. (για ήχο) παράγω, εκπέμπω: *η μηχανή -ει έναν περίεργο βόμβο.* 12. εκφωνώ: ~ *λόγο·* ~ *τον πανηγυρικό της ημέρας.* 13. αφαιρώ: *έβγαλαν από το αυτοκίνητο τις πινακίδες· από το ποσό βγάλε όσα πλήρωσες εσύ* (αντ. *βάζω*). 14. κάνω ανάληψη: ~ *λεφτά από την τράπεζα / από το λογαριασμό μου* (αντ. *βάζω, καταθέτω*). 15. εξαιρώ: *τον έβγαλαν από την κλήρωση* (αντ. *βάζω*). 16. ξεχωρίζω: *βγάλτε μερίδες και για τους απόντες.* 17. απομακρύνω: *δεν έβγαλε τα μάτια του από πάνω της·* (για συναίσθημα) ~ *το φόβο από την καρδιά* (= διώχνω). 18. «αποβάλλω», «χάνω»: *ο σωλήνας του καλοριφέρ -ει νερό·* (αμβτ.) *το πουκάμισο έβγαλε στο πλύσιμο* (= ξέβαψε). 19. απαλλάσσω, γλυτώνω: ~ *κάποιον από την αμφιβολία / τη δύσκολη θέση / το ζόρι.* 20. απομακρύνω κάποιον (από θέση ή αξίωμα): *τον έβγαλαν από υπουργό / από διοικητή / από το θρόνο* (αντ. *βάζω, διορίζω*). 21. κάνω εξαγωγή (εμπορεύματος, κ.ά.): *ολόκληρη την παραγωγή του εργοστασίου την -ουν στην Ευρώπη·* ~ *συνάλλαγμα* (συνών. *εξάγω·* αντ. *βάζω, εισάγω*). 22. (για συναίσθημα) εκδηλώνω: *-ει όλη την κακία / το θυμό του επάνω μου.* 23. εξαλείφω, εξαφανίζω: ~ *τους λεκέδες.* 24. κερδίζω: ~ *λεφτά / τα έξοδά μου·* ~ *τα διπλά απ' ό,τι έδωσα· κι αν το πεις, δε θα βγάλεις τίποτε* (= δε θα έχεις όφελος). 25. εξοφλώ: *θα βγάλουμε το χρέος μας σ' ένα χρόνο.* 26. εκλέγω: *τον έβγαλαν πρόεδρο.* 27. αποδεικνύω: *τον έβγαλα ψεύτη· με τα μάτια μου το είδα· δε θα με βγάλετε τρελό.* (ευχετ. φρ.) *ο Θεός να με βγάλει ψεύτη!* (= μακάρι να μη συμβεί το κακό για το οποίο μιλώ)· 28. ονομάζω, δίνω όνομα σε κάποιον: *τον έβγαλαν Βασίλη·* (για παρωνύμιο) *ήταν πολύ σφιχτοχέρης και τον έβγαλαν «γερο-Λαδά»* (παροιμ.) *ακόμη δεν τον είδαμε, Γιάννη τον εβγάλαμε* (για κάποιον που θεωρεί σίγουρο και σαν τελειωμένο ένα μελλοντικό ευχάριστο γεγονός). 29. εξάγω, συμπεραίνω: ~ *το συμπέρασμα· από πού το 'βγαλες ότι δε θα έρθει ο δάσκαλος;* (για λογαριασμό) *τους μέτρησα και τους έβγαλα τριάντα.* 30. οδηγώ: *ο δρόμος μ' έβγαλε στην πόρτα της· περίμενε να σε βγάλω ως την εξώπορτα* (= να σε ξεπροβοδήσω). 31. κατορθώνω να φτάσω στο τέρμα (τοπ. και χρον.): ~ *τον ανήφορο·* ~ *τη διαδρομή σε μισή ώρα* (= διανύω, καλύπτω) *-ει δε -ει το βράδυ* (ενν. *ζωντανός*)· ~ *το λύκειο* (= τελειώνω). 32. καλύπτω ανάγκες, συντηρούμαι, ζω: *με το μισθό μου δε* ~ *το μήνα· -ει με ψωμοτύρι* (= ζω λιτά). 33. παρουσιάζω στο κοινό: ~ *βιβλίο / μια μελέτη* (= δημοσιεύω)· ~ *εφημερίδα / γραμματόσημο* (= εκδίδω)· ~ *τραγούδι* (= συνθέτω)· ~ *δίσκο μουσικής* (= κυκλοφορώ)· ~ *ένα προϊόν στην αγορά* (= διαθέτω για πούλημα). 34. κοινοποιώ, εκδίδω: ~ *απόφαση / εγκύκλιο·* ~ *νόμο.* 35. παίρνω (κυρίως από δημόσια αρχή): ~ *άδεια· ~ πιστοποιητικό / ευιτήριο.* 36. διακρίνω, μπορώ να διαβάσω: *δε* ~ *τα γράμματά σου.* 37. προκαλώ: *η παράσταση -ει γέλιο· το ψυγείο μού έβγαλε δουλειές / μπελάδες.* 38. (για δημοσιογράφο) εξασφαλίζω, αποσπώ (μια πληροφορία): ~ *είδηση*· ~ *λαβράκι.* Φρ. (στρατ.) ~ *(στην) αναφορά* (= καταγγέλλω, αναφέρω κάποιον για ένα παράπτωμα: *άργησα στο προσκλητήριο κι ο επιλοχίας μ' έβγαλε αναφορά*· (ναυτ.) ~ *(ένα καράβι) στ' ανοιχτά, στο πέλαγο* (= απομακρύνω από τη στεριά)· (λαϊκ.) ~ *τ' άντερα / τα συκώτια μου* (= κάνω πολύ εμετό)· ~ *τ' άπλυτα στη φόρα,* βλ. *άπλυτος*· ~ *τα απωθημένα μου,* βλ. *απωθώ*· ~ *κάποιον ασπροπρόσωπο,* βλ. *ασπροπρόσωπος*· δε ~ *άχνα / κιχ / λέξη / μιλιά / τσιμουδιά* (= σωπαίνω απόλυτα)· ~ *το άχτι μου,* βλ. *άχτι*· ~ *γλώσσα* (= μιλώ με αυθάδεια)· ~ *δουλειά* (= εκτελώ έργο, εργάζομαι αποδοτικά)· ~ *τον επιούσιο / το καρβέλι / το ψωμί μου* (= κερδίζω ό,τι χρειάζομαι για να ζήσω)· ~ *από τη ζωή μου κάποιον* (= παύω να σχετίζομαι με κάποιον ή κάτι)· ~ *από τον ίσιο δρόμο* (= κάνω κάποιον να παρεκτραπεί)· ~ *σε κάποιον το καπέλο* (= δείχνω μεγάλο σεβασμό, παραδέχομαι κάποιον)· ~ *από την καρδιά μου* (= παύω να αγαπώ)· ~ *τα κάστανα από τη φωτιά* (= αναλαμβάνω ξένες ευθύνες)· ~ *κάτι από το κεφάλι / από το μυαλό / από το νου μου* (= επινοώ)· (λαϊκ.) ~ *κάποιον στο κλαρί / στο κουρμπέτι* (= παρασύρω σε ανήθικη ζωή)· ~ *λαγό* (= μαθαίνω —συνήθως με επίμονο τρόπο— κάτι σημαντικό)· ~ *κάποιον λάδι* (= κατορθώνω να φανεί αθώος κι ανεύθυνος ένας ένοχος): *είχε ισχυρούς προστάτες και τον έβγαλαν λάδι*· ~ *το λάδι / την Παναγία / την πίστη (ανάποδα) / την ψυχή κάποιου* (= βασανίζω αλύπητα, κατατυραννώ, εξαντλώ κάποιον)· ~ *το λαρύγγι μου* (= φωνάζω πολύ δυνατά)· ~ *τα λόγια κάποιου με το τσιγγέλι / με την τσιμπίδα* (= κάνω να μιλήσει ένας λιγομίλητος και επιφυλακτικός)· -ει *μάτι* (για κάτι ολοφάνερο και προκλητικό)· ~ *τα μάτια μου* (= κουράζω την όρασή μου)· ~ *τα μάτια σε κάτι* (= χαλώ, καταστρέφω): *ο τεχνίτης πήρε το ρολόι να το φτιάξει και του 'βγαλε τα μάτια·* ~ *από τη μέση* (= **α.** = παραμερίζω: ~ *από τη μέση τα εμπόδια*· **β.** εξαφανίζω, εξοντώνω: *ήξερε πολλά μυστικά, γι' αυτό τον έβγαλαν από τη μέση*)· ~ *στη μέση* (= φέρνω κάτι καινούργιο για συζήτηση): *έβγαλαν στη μέση τα περιουσιακά*· ~ *τη μπέμπελη* (= ζεσταίνομαι υπερβολικά)· ~ *από το μυαλό, από το νου μου* (= **α.** απομακρύνω κάποιον ή κάτι από τη σκέψη μου, δε θυμάμαι· **β.** παύω να ελπίζω, να περιμένω: *πως θα την ξαναδώ το είχα βγάλει πια απ' το μυαλό μου*)· ~ *κι απ' τη μύγα ξύγκι* (= είμαι πολύ φιλάργυρος)· ~ *από τη μύτη / ξινό* (= υποχρεώνω κάποιον να χαρεί κάτι προκαλώντας του μια στενοχώρια): *το μωρό αρρώστησε και μας έβγαλε ξινό το ταξίδι*· ~ *νόημα* (= **α.** καταλαβαίνω: *έτσι που γράφεις δε* ~ *νόημα*· **β.** γίνομαι κατανοητός: *το κείμενό του δε* -ει *νόημα*)· ~ *όνομα* (= αποκτώ φήμη καλή ή κακή)· ~ *την ουρά μου (απέξω)* (= αποφεύγω επιτήδεια τη συμμετοχή μου σε κάτι δύσκολο)· ~ *τις παρωπίδες* (= παραμερίζω τις προκαταλήψεις)· *(τα)* ~ *πέρα* (= τελειώνω με επιτυχία, κατορθώνω· εξασφαλίζω τα έξοδά μου): *θα τα βγάλεις μοναχός σου πέρα;* ~ *τον περίδρομο / το σκασμό* (= σωπαίνω)· ~ *στο σφυρί* (= πουλώ σε δημοπρασία)· ~ *το φίδι απ' την τρύπα* (= αναλαμβάνω το επικίνδυνο μέρος ενός έργου)· ~ *φωνή, φωνές* (= φωνάζω)· ~ *φωτογραφία* (= **α.** φωτογραφίζω· **β.** φωτογραφίζομαι). [αρχ. *εκβιβάζω*].

βγαίνω, ρ., αόρ. *βγήκα,* προστ. *βγες* και (λαϊκ.) *έβγα,* μτχ. παρκ. *βγαλμένος,* (χρησιμοποιείται ως μέσο του *βγάζω*). **1.** προχωρώ έξω από κάπου, κινούμαι ή οδηγούμαι προς τα έξω (συνήθως από κλειστό σε ανοιχτό χώρο), απομακρύνομαι από κάπου: ~ *από το δωμάτιο*· *βγήκα στη βεράντα / να περπατήσω*· ~ *από τη φυλακή* (= αποφυλακίζομαι)· ~ *στη στεριά* (= αποβιβάζομαι)· *το τρένο* -ει *από το σταθμό / από τη γαλαρία*· *με τέτοια βροχή δε* -ει *κανένας* (ενν. *από το σπίτι του*). Παροιμ. *από το ένα αφτί μπαίνει κι από το άλλο* -ει, βλ. *αφτί*· *η αρρώστια μπαίνει με το σακί (και)* -ει *με το βελόνι,* βλ. *αρρώστια* (αντ. *μπαίνω*). **2.** πηγαίνω έξω από το σπίτι μου για βόλτα, διασκέδαση, κ.τ.ό.: ~ *κάθε βράδυ*· -ει *συχνά μαζί της.* **3α.** (για κάτι κρυμμένο ή ανύπαρκτο) παρουσιάζομαι έξω από κάτι, εμφανίζομαι, προβάλλω: *στο παράθυρο βγήκε ένα πρόσωπο*· *μέσα από το φαρδύ πουκάμισο έβγαιναν δυο αδύνατα μπράτσα*· -ει *χορτάρι* (= φυτρώνει)· -ουν *οι φρονιμίτες του*· -ει *νερό* (= αναβρύζει)· -ει *καπνός / άσχημη μυρωδιά* -ουν *εύκολα οι πέτρες* (= εξορύσσονται)· *άρχισαν να* -ουν *τα πουλάκια* (= να εκκολάπτονται)· (για καιρικές συνθήκες) *βγήκε αέρας,* κ.ά. (= άρχισε να φυσά)· **β.** (για τηλεοπτική εκπομπή) εμφανίζομαι, προβάλλομαι: ~ *στον αέρα.* **4.** εμφανίζομαι, παρουσιάζομαι απροσδόκητα ή ως εμπόδιο: *άργησα γιατί μου βγήκε μια δουλειά*· *όλο μου* -εις *μπροστά!· δεν του* -ει *κανείς* (= δεν μπορεί να τον συναγωνιστεί). **5.** (για ουράνιο σώμα) ανατέλλω: *ξεκινήσαμε προτού βγει ο ήλιος.* **6.** έρχομαι έξω, μετατοπίζομαι ή αποσπώμαι από ένα μέρος (όπου συνήθως θα έπρεπε κανονικά να βρίσκομαι): *μου βγήκε το χέρι* (= εξαρθρώθηκε)· *το ποτάμι βγήκε από την κοίτη του* (= ξεχείλισε)· *μόλις τραβήξεις το καρφί, θα βγει*· *το τρένο βγήκε από τις γραμμές* (= εκτροχιάστηκε)· γνωμ. *κάλλιο να σου βγει το μάτι παρά το όνομα,* βλ. *μάτι.* **7.** (λαϊκ.) αποπατώ, αφοδεύω: *έχει να βγει τρεις μέρες το παιδί.* **8.** (για ρουχισμό, υπόδηση, κ.τ.ό.) αφαιρούμαι: *ξεκούμπωσε το κουμπί της μπλούζας σου, διαφορετικά δε* -ει (αντ. *φοριέμαι*). **9.** εκτοξεύομαι, εκπέμπομαι: *από τα μάτια της έβγαιναν σπίθες.* **10.** παράγομαι, κατασκευάζομαι, δημιουργούμαι: *στον Τύρναβο* -ει *πολύ καλό ούζο· από αυτό το ύφασμα* -ουν *δυο φούστες*· *ο πίνακας βγήκε από τα χέρια του Λύτρα.* **11.** προέρχομαι (από έναν τόπο), «πηγάζω» από κάπου: *από την πόλη μας βγήκαν σπουδαίοι άνθρωποι*· *ευχή που* -ει *από την καρδιά μου.* **12.** περιέχομαι, περιφέρομαι: -ουν *τα άγια* -ει *ο επιτάφιος.* **13.** (για ήχο) παράγομαι, εκπέμπομαι: *από το μηχάνημα έβγαινε ένα παράξενο βούισμα.* **14.** αποβάλλομαι, εξαλείφομαι: *από το σωλήνα* -ει *νερό*· *βγήκε η μουντζούρα.* **15.** παύω να είμαι σε μια θέση ή κατάσταση, σταματώ να κάνω κάτι: ~ *από τη δυσκολία / από την εφηβεία / από την υπηρεσία*· *βγήκε από τους υποψηφίους* (= εξαιρέθηκε)· *βγήκε από δήμαρχος* (= παραιτήθηκε)· ~ *από τη σειρά / από τις συνήθειές μου* (= εγκαταλείπω)· ~ *από το θέμα* (= καθώς μιλώ ή γράφω δε μένω σε κάτι ορισμένο)· ~ *από το πανεπιστήμιο* (= αποφοιτώ). **16.** (με κατηγορ.) καταλήγω σε ορισμένη κατάσταση, αποδεικνύομαι, γίνομαι (ύστερα από κάποια γεγονότα): *βγήκα ωφελημένος*· ~ *νικητής*· (για αξίωμα) ~ *βουλευτής* (= εκλέγομαι)· *βγήκε το ύφασμα λειψό*· *βγήκε ψεύτης* (= διαψεύστηκε)· *τα λόγια βγήκαν αληθινά* (απολ.) *ό,τι κι αν μου πεις* -ει (= πραγματοποιεί-

ται). 17. τελειώνω με ορισμένο τρόπο: *η ταλαιπωρία τού βγήκε σε καλό.* 18. για κάτι που καταφέρνει κανείς να φτάσει στο τέρμα του (τοπ. και χρον.): *τέτοια διαδρομή δε -ει με πέδιλα·* σε μια βδομάδα μπορούν να βγουν τόσα κείμενα; (= να τελειώσει η ανάγνωσή τους)· (τριτοπρόσ.) *μήνας μπαίνει* (= αρχίζει), *μήνας -νει* (= τελειώνει). 19. (τριτοπρόσ.) α. κερδίζομαι με την εργασία: *δύσκολα -ουν τα λεφτά· το ψωμί να -ει·* β. υπάρχει όφελος, αποτέλεσμα: *δούλευα σκληρά, αλλά δεν έβγαινε τίποτε.* 20. παρουσιάζομαι, διατίθεμαι στο κοινό, στην αγορά: *κάθε τόσο -ουν καινούργια προϊόντα· δε βγήκαν ακόμη τα αχλάδια.* 21. (για έντυπο) παρουσιάζομαι στο αναγνωστικό κοινό: *-ει μια εφημερίδα* (= εκδίδεται, δημοσιεύεται) 22. (για διαταγή, απόφαση, κ.τ.ό.) εκδίδομαι, κοινοποιούμαι: *βγήκαν τα αποτελέσματα των εξετάσεων.* 23. διακρίνομαι, μπορώ να διαβαστώ: *τα γράμματά του δε -ουν.* Φρ. ~ *απάν' απάνω / λάδι* (= παρουσιάζομαι αθώος, ενώ δεν είμαι)· ~ *στην επιφάνεια* (= αποκαλύπτομαι, φανερώνομαι)· ~ *από τον ίσιο δρόμο* (= ηθικώς, παρεκτρέπομαι)· ~ *από τηςν καρδιά κάποιου* (= παύει να μ' αγαπά)· ~ *στο κλαρί* [= α. γίνομαι αντάρτης ή ληστής· β. ηθικώς, διαφθείρομαι)· ~ *στο κουρμπέτι* (= αρχίζω να ζω ανήθικα)· *μου -ει το λάδι / η Παναγία / η πίστη* (επιτ. ανάποδα) */η ψυχή* (= εξαντλούμαι ή υποφέρω υπερβολικά)· ~ *από το λογαριασμό / από τα όρια* (= παρεκτρέπομαι, γίνομαι υπερβολικός, δεν είμαι πλέον ανεκτός)· ~ *από τη μέση* (= αποσύρομαι)· ~ *στη μέση* (= εμφανίζομαι, αναφαίνομαι)· *-ει από το μυαλό / από το νου μου* (= παύω να θυμάμαι ή να σκέφτομαι κάποιον ή κάτι)· *μου -ει από τη μύτη ή μου -ει ξυνό* (όταν κάτι ευχάριστο έχει δυσάρεστα επακόλουθα)· *μου -ει όνομα* (= αποκτώ φήμη, καλή ή κακή)· ~ *από τα ρούχα μου* (= αγανακτώ ή οργίζομαι υπερβολικά)· ~ *στη σύνταξη* (= συνταξιοδοτούμαι)· ~ *στο σφυρί* (= πουλιέμαι σε δημοπρασία, σε πλειστηριασμό)· ~ *από την υποχρέωση* (= απαλλάσσομαι από μια υποχρέωση εκπληρώνοντάς την)· ~ *στη φόρα ή* (σπανιότ.) *στα φόρα* (= αποκαλύπτομαι συνήθως για κακή πράξη ή διαγωγή)· *-ει η ψυχή μου* (= ξεψυχώ). [αρχ. *εκβαίνω*].
βγάλμα και **βγάρμα, έβγαλμα** το, ουσ. (λαϊκ., ιδιωμ.). 1. βγάλσιμο, εξαγωγή: *θέλει ~ το δόντι.* 2. εξάρθρωση. 3. (λαϊκ.) ανατολή: *το έβγαλμα του ήλιου.* [βγάζω].
βγαλμός ο, ουσ. (ιδιωμ.), έξοδος (από κάπου): *εδώ που 'ρθες... ποτέ βγαλμός δεν έχει* (δημ. τραγ.).
βγαλσίδι το, ουσ. (ιδιωμ.), έξοδος (από κάπου): *ο Χάρος μπασίδια έχει, αμή -ια δεν έχει.*
βγάλσιμο το, ουσ. 1. ενέργεια με σκοπό και αποτέλεσμα το να βγει, να έρθει στην επιφάνεια ή να αποσπασθεί κάτι από κάπου: ~ *δοντιού* (= εξαγωγή)· ~ *νερού* (= άντληση)· ~ *καρφιού* (= απόσπαση)· ~ *ματιού* (= εξόρυξη), ~ (για ρουχισμό, υπόδηση, κ.τ.ό.) αφαίρεση. 3. μετατόπιση από την κλείδωση, εξάρθρωση: ~ *χεριού / ώμου.* 4. ανατολή: ~ *του ήλιου.*
βγαλτός, -ή, -ό, επίθ. (ιδιωμ.). 1. που τον ξερίζωσαν: *σανός* ~ (ενν. που δεν τον θέρισαν). 2. που αναβρύζει: *νερό -ό.* - Το ουδ. ως ουσ. = σπυρί στο δέρμα (συνών. *βουζούνι*).
βγάνω, βλ. *βγάζω*.
βγάρμα, βλ. *βγάλμα*.
βδέλλα και **αβδέλλα** η, ουσ. 1. σκουλήκι σε διά-

φορα είδη (φαρμακευτική των πηγών, κλπ.): *του κόλλησαν -ες* (για αφαίμαξη). 2. (μεταφ.) άνθρωπος φορτικός και ενοχλητικός: *μου 'γινες ~.*
βδελυγμία η, ουσ. (λόγ.), έντονη αποστροφή: *αποκηρύσσω με ~ τέτοια αντικοινωνικά συνθήματα* (συνών. *αηδία*).
βδομάδα, βλ. *εβδομάδα*.
βδομαδιάτικο το, ουσ. (συνιζ.), αμοιβή ενός εργαζομένου για εργασία μιας εβδομάδας: *για ένα γλέντι ξόδεψε όλο του το ~.*
βδομαδιάτικος, -η, -ο, επίθ. (συνιζ.), που γίνεται ή παρουσιάζεται κάθε βδομάδα: *επιθεώρηση / εκπομπή -η· περιοδικό -ο* (συνών. *εβδομαδιαίος*).
βέβαια, βλ. *βεβαίως*.
βέβαιος, -η, -ο, επίθ. 1. σταθερός, αμετάβλητος: *γνώμη -η* (αντ. *αβέβαιος, ευμετάβολος*). 2. που θα συμβεί οπωσδήποτε, αναμφίβολος, σίγουρος: *θεωρεί -η την παραίτηση της κυβέρνησης· καταστροφή -η· θάνατος / κίνδυνος ~* (= αναπόφευκτος) (αντ. *αβέβαιος, αμφίβολος, άδηλος*). 3. (για πρόσωπο) που έχει πειστεί, που δεν έχει αμφιβολίες για κάτι: *είμαι ~ για την αθωότητά του· κάτι άκουσα, αλλά δεν είμαι και ~* (αντ. *αβέβαιος, διστακτικός*). Φρ. *είμαι ~ για τον εαυτό μου* (= έχω εμπιστοσύνη στις δυνάμεις και τις ικανότητές μου, έχω αυτοπεποίθηση).
βεβαιότητα η, ουσ. 1. το να είναι κάτι βέβαιο, να μην υπάρχει αμφιβολία ότι συμβαίνει ή θα συμβεί κάτι: ~ *των ισχυρισμών / του κέρδους / της νίκης* (αντ. *αβεβαιότητα, αοριστία*). 2. έλλειψη αμφιβολιών, πεποίθηση, πίστη: ~ *απόλυτη / σχετική λέω / υποστηρίζω κάτι με ~· έχω τη ~ πως έκανα το καθήκον μου* (αντ. *αβεβαιότητα, διστακτικότητα, αμφιβολία*).
βεβαιώνω, ρ. Α. (ενεργ.) κάνω κάτι βέβαιο, πιστοποιώ, επιβεβαιώνω, πείθω κάποιον για την αλήθεια ή την ορθότητα (ενός γεγονότος, μιας άποψης, κ.τ.ό.): ~ *κατηγορηματικά / υπεύθυνα· ~ την αλήθεια των ισχυρισμών του· θα σας πληρώσω αφού με -ώσετε πως έγινε σωστή δουλειά· ~ ότι ο Α έλαβε το Χ ποσόν· ~ την ασθένεια κάποιου.* Β. (μέσ.) εξακριβώνω την αλήθεια: *είχα αμφιβολίες για το χαρακτήρα του, αλλά τώρα πια -ώθηκα· δεν έχομε -ωθεί απόλυτα για την ταυτότητα των ενόχων.*
βεβαίως (λόγ.) και **βέβαια,** επίρρ., χωρίς αμφιβολία, ασφαλώς, σίγουρα: *γνωρίζετε ~ το λόγο που σας κάλεσα· είναι πολύ νωρίς βέβαια για μια συνολική εκτίμηση* (με προηγούμενο το «και» επιτ.) *και βέβαια θα 'ρθούμε· βέβαια και δεν πρέπει....*
βεβαίωση η, ουσ. 1. κατηγορηματική δήλωση ότι κάτι είναι αληθινό ή σωστό, πιστοποίηση, επιβεβαίωση: ~ *άμεση / επίσημη / υπεύθυνη· ζητώ / παρέχω ~* (νομ.) ~ *ένορκη* (= κατάθεση μαρτυρίας σε ειρηνοδίκη ή συμβολαιογράφο)· (ταυτόχρονα και για το σχετικό δημόσιο ή ιδιωτικό έγγραφο) ~ *ιατρική* (= πιστοποιητικό)· ~ *εισοδήματος·* ~ *φόρων·* (νομ.) ~ *ψευδής* (= έγκλημα δημοσίου υπαλλήλου που βεβαιώνει σε έγγραφο κάτι αναληθές). 2. απόκτηση βεβαιότητας, διαπίστωση: *μου αρκεί η ~ από τα πράγματα ότι έπραξα σωστά.*
βεβαιωτικός, -ή, -ό, επίθ. 1. που βεβαιώνει: *απάντηση -ή· αποδείξεις -ές* (συνών. *επιβεβαιωτικός*). 2. (γραμμ.) *μόρια / επιρρήματα -ά* = άκλιτες λέξεις που έχουν σκοπό να πείσουν ότι το νόημα μιας

λέξης ή πρότασης είναι αληθινό (π.χ. ναι, μάλιστα, βέβαια, αλήθεια, πράγματι).
βεβαρυμένος, -η, -ο, μτχ. επίθ., που τον «βαραίνουν» κατηγορίες ή καταδίκες: *ποινικό μητρώο -ο·* (κοιν.) *παρελθόν -ο.*
βέβηλος, -η, -ο, επίθ. 1. (λόγ.) αμύητος (σε μυστηριακή λατρεία· συνήθως μεταφ.): *ιδέες απρόσιτες για τους -ους.* 2. που προσβάλλει την ιερότητα ενός χώρου , μιας εκδήλωσης, κ.λ.π., ανόσιος: *ματιά / σκέψη -η.*
βεβηλώνω, ρ., προσβάλλω, παραβιάζω την ιερότητα (ενός χώρου, μιας εκδήλωσης, κλπ.): *-ωσαν την αγία Τράπεζα / τη γιορτή / τη μνήμη του νεκρού.*
βεβήλωση η, ουσ., προσβολή, καταπάτηση της ιερότητας (ενός χώρου, μιας συνήθειας, κλπ.): *~ αισχρή / φριχτή· ~ του ιερού / του μνημείου.*
βεβιασμένος, βλ. *βιάζω.*
βεγγαλικό το, ουσ. (έρρ.), (συνήθως στην πληθ.) πυροτέχνημα που καίγεται με ζωηρές πολύχρωμες φλόγες.
βεγγέρα η, ουσ. (έρρ.), νυχτερινή επίσκεψη. [ιταλ. *veggheria*].
βεγγερίζω ρ. (έρρ.), παίρνω μέρος σε βεγγέρα.
βεγγέρισμα το, ουσ. (έρρ.), το να δέχεται κανείς στο σπίτι του φίλους για βεγγέρα και το να προσέρχεται κανείς για βεγγέρα.
βεδούρα η, ουσ., ξύλινο δοχείο για γάλα ή γιαούρτι, καρδάρα. [*βεδούρι*<σλαβ. *vedro*].
βεζικάντι, βλ. *βιζικάντι.*
βεζίρης ο, θηλ. **-ισσα,** ουσ., ανώτατος Τούρκος κρατικός λειτουργός με διοικητική και στρατιωτική εξουσία, πρωθυπουργός. [τουρκ. *vezîr*].
βεζιροπούλα η, ουσ., κόρη του βεζίρη.
βεζιρόπουλο το, ουσ., γιος του βεζίρη.
βελάδα η, ουσ., επίσημο ανδρικό μαύρο ένδυμα παραπλήσιο με το φράκο. [βενετ. *velada*].
βελάζω, ρ., (για πρόβατα και γίδια) βγάζω τη χαρακτηριστική φωνή «μπε-μπε». Παροιμ. *αρνί που δε -ει γάλα δεν τρώει* (= όποιος δε ζητήσει δε θα πάρει). [ονοματοπ. λ.].
βελάνι, βλ. *βαλάνι.*
βελανιδιά, βλ. *βαλανιδιά.*
βέλασμα το, ουσ., χαρακτηριστική φωνή «μπε-μπε» των προβάτων και των γιδιών.
βελγικός, -ή, -ό, επίθ., που προέρχεται από το Βέλγιο ή αναφέρεται σ' αυτό: *νόμισμα -ό.*
Βέλγος ο, θηλ. **-ίδα,** ουσ., αυτός που κατοικεί στο Βέλγιο ή κατάγεται από αυτό.
βελέντζα η, ουσ., βαρύ μάλλινο σκέπασμα (συνών. *φλοκάτη*). [αρωμουν. *velentza* ή τουρκ. *velence*].
βελζεβούλης και **βερζεβούλης** ο, ουσ. 1. διάβολος, σατανάς. 2. (μεταφ.) άνθρωπος κακός, πονηρός. [μτγν. *Βεελζεβούλ*].
βελήνεκές το, ουσ., απόσταση σε ευθεία γραμμή από το σημείο βολής ως το σημείο πτώσης βλήματος πυροβόλου όπλου: *πύραυλοι μέσου -ούς.* [*βέλος* + αρχ. *ηνεκές*].
βέλο το, ουσ., πέπλο: *καπέλο με ~.* [ιταλ. *velo*].
βελοθήκη η, ουσ., θήκη για βέλη. [συνών. *φαρέτρα*].
βελόνα και **βελόνη** η, ουσ. 1. λεπτό μετάλλινο μυτερό εργαλείο (με τρύπα στο πλατύτερο μέρος του για να περνά κλωστή) για ράψιμο ή κέντημα· φρ. *τον πέρασα απ' την τρύπα της -ας* (= τον εξευτέλισα). 2. λεπτή αιχμή οποιουδήποτε αντικειμένου: *κόλλησε η ~ του πικάπ,* 3. δείχτης ρολογιού

ή μαγνητικής πυξίδας. 4. λεπτή μεταλλική ή από άλλο υλικό ράβδος που χρησιμοποιείται στο πλέξιμο. 5α. λεπτός αιχμηρός σωλήνας προσαρμοσμένος σε σύριγγα με έμβολο για τη διοχέτευση υγρού στο σώμα· β. (λαϊκ.) χρήση ναρκωτικών με σύριγγα. 6. φύλλο κωνοφόρων δέντρων: *-ες των πεύκων.* - Υποκορ. **-ίτσα** η. - Μεγεθ. **-άρα** η.
βελονάκι το, ουσ., μικρή βελόνα με αγκιστρωτό άκρο: *παλιές δαντέλες πλεγμένες με ~.*
βελόνη, βλ. *βελόνα.*
βελόνι το, ουσ., βελόνα του ραψίματος· (συνεκδοχικά) ράψιμο: *κερδίζει το ψωμί της από το ~.* Φρ. *δεν έπεφτε ~ κάτω* (= είχε πάρα πολύ κόσμο)· *κάθεται στα -ια* (= είναι πολύ ανήσυχος)· *χάνει η Βενετιά ~* (για να δηλωθεί ζημιά ασήμαντη).
βελονιά η, ουσ. (συνιζ.). 1. τρύπημα με βελόνα. 2. απόσταση ανάμεσα σε δύο διαδοχικά τρυπήματα υφάσματος με βελόνα: *οι -ιές πολύ πυκνές.* 3. είδος ραψίματος ή κεντήματος: *με τι ~ το κέντησες;* 4. ποσότητα κλωστής που περνιέται για μια φορά στη βελόνα: *μια ~ κλωστή.* 5. δυνατός και σύντομος πόνος: *αισθάνθηκα μία ~ στην καρδιά μου* (συνών. *σουβλιά*).
βελονιάζω, ρ. (συνιζ.). 1. περνώ κλωστή στη βελόνα: *-όνιασέ μου, σε παρακαλώ την κλωστή, γιατί δε βλέπω.* 2. ράβω πρόχειρα, τρυπώνω. 3. (για φύλλα καπνού) περνώ με ειδική βελόνα κλωστή σε φύλλα, αρμαθιάζω. Φρ. *-ει την τρίχα* (= είναι πολύ επιδέξιος στην απάτη). Παροιμ. *έμαθα να ~ και περνώ το μάστορή μου* (για αρχάριο που νομίζει ότι ξεπέρασε το δάσκαλό του).
βελόνιασμα το, ουσ. 1. πέρασμα της κλωστής στη βελόνα. 2. ράψιμο με βελόνα. 3. τρύπημα, αγκύλωμα από βελόνα.
βελονίδα η, ζαργάνα (βλ. λ.).
βελονίδι το, ουσ., μικρή βελόνα.
βελονισμός ο, ουσ. (ιατρ.) θεραπευτική μέθοδος με την οποία τρυπούν με λεπτότατες βελόνες καθορισμένα σημεία του σώματος.
βελονοειδής, -ής, -ές, γεν. **-ούς,** πληθ. αρσ. και θηλ. **-είς,** ουδ. **-ή,** επίθ., που μοιάζει με βελόνα: *φύλλα ~* (συνών. *βελονωτός*).
βελονοθεραπεία η, ουσ., βελονισμός.
βελονοθήκη η, ουσ., μικρή θήκη για βελόνες.
βελονόκαρφο το, ουσ., μικρό λεπτό καρφί (συνών. *καρφοβελόνα*).
βελονωτός, -ή, -ό, επίθ., που μοιάζει με βελόνα (συνών. *βελονοειδής*).
βέλος το, ουσ. 1. μικρό αιχμηρό ακόντιο που εκτινάσσεται με το τόξο (συνών. *σαΐτα*). 2. σχήμα βέλους που δείχνει την κατεύθυνση ή οτιδήποτε έχει σχήμα βέλους: *το ~ δείχνει πως πρέπει να στρίψουμε.* 3. (μεταφ.) ό,τι έχει μεγάλη ταχύτητα και χτυπά και πληγώνει, όπως το βέλος: *τα -η της αγάπης· -η συκοφαντίας.* 4. (γραμμ.) το σημείο → που ανάμεσα σε πρωτότυπη και παραγόμενη λέξη ή φθόγγο. - Υποκορ. (στις σημασ. 1 και 2) **-άκι** το.
βελουδένιος, -ια, -ιο, επίθ. (συνιζ.). 1. που είναι καμωμένος από βελούδο: *ύφασμα / φόρεμα -ιο* (συνών. *βελούδινος*). 2. (μεταφ.) μαλακός, απαλός: *επιδερμίδα -ια* (συνών. *βελούδινος*).
βελούδινος, -η, -ο, επίθ., βελουδένιος· (μεταφ.) *αναίμακτη επαναστατική κίνηση*) *-η επανάσταση της Πράγας.*
βελούδο το, ουσ., είδος πολυτελούς υφάσματος. [βενετ. *veludo*].

βελτιώνω, ρ. (ασυνίζ.), (ενεργ. και μέσ.) καλυτερεύω: *-ωσα την επίδοσή μου· -ώθηκε ο καιρός· -ώθηκε η κατάσταση του αρρώστου.*
βελτίωση η, ουσ., καλυτέρευση: *~ του καιρού.*
βελτιώσιμος, -η, -ο, επίθ. (ασυνίζ.), που μπορεί να βελτιωθεί.
βελτιωτικός, -ή, -ό, επίθ. (ασυνίζ.), που βελτιώνει· - Το ουδ. ως ουσ.: *χημικό -ό στη βενζίνη.*
βενεδικτίνη η, ουσ., γαλλικό ηδύποτο κίτρινου χρώματος. [γαλλ. *bénédictine*].
βενέτικο το, ουσ., παλιό χρυσό νόμισμα της Βενετίας.
βενετικός, -ή, -ό, επίθ., που προέρχεται ή σχετίζεται με τη Βενετία. [λατ. *veneticus* ή νεότερος σχηματισμός<*Venetia*].
Βενετός ο, δηλ. **-ή,** ουσ., αυτός που κατάγεται από τη Βενετία, ο κάτοικος της Βενετίας.
Βενετσάνος, βλ. *Βενετσιάνος.*
βενετσιάνικος -η, -ο (συνιζ.) και **βενετσάνικος,** επίθ., που προέρχεται ή σχετίζεται με τη Βενετία: *ρούχα -α· καθρέφτες -οι.*
Βενετσιάνος ο, (συνιζ.) και **Βενετσάνος,** θηλ. **-α,** ουσ., αυτός που προέρχεται από τη Βενετία, ο κάτοικος της Βενετίας. [βενετ. *venezian*].
βενζίνα, βλ. *βενζίνη.*
βενζινάδικο το, ουσ., πρατήριο βενζίνης.
βενζινάκατος η, ουσ. βενζινοκίνητο σκάφος (συνών. *μπενζίνα*).
βενζιναντλία η, ουσ. (έρρ.), αντλία σε πρατήριο βενζίνης με την οποία γεμίζονται τα ντεπόζιτα των αυτοκινήτων.
βενζίνη, βενζίνα και **μπενζίνη** η, ουσ. 1. γενικό όνομα διάφορων υγρών καυσίμων που παίρνονται με απόσταξη από το πετρέλαιο. 2. (μόνο στους τ. *βενζίνα* και *μπενζίνα*) βάρκα με βενζινοκινητήρα (συνών. *βενζινάκατος*).
βενζινοκάικο το, ουσ., καΐκι που κινείται με βενζίνη.
βενζινοκινητήρας ο, ουσ., μηχανή που λειτουργεί με βενζίνη.
βενζινοκίνητος, -η, -ο, επίθ., που κινείται με βενζινοκινητήρα: *γεννήτρια -η.*
βενζινομηχανή η, ουσ., βενζινοκινητήρας.
βενζινόπλοιο το, ουσ. (ασυνίζ.), πλοίο που κινείται με βενζινοκινητήρα.
βένθος το, ουσ., το σύνολο των ζωικών και φυτικών οργανισμών που ζουν στο βυθό των θαλασσών ή των λιμνών.
βενιαμίν ο, ουσ., στην έκφρ. *ο ~ της οικογένειας* = το μικρότερο παιδί της οικογένειας. [εβρ.].
βενιζελικός, -ή, -ό, επίθ. α. που σχετίζεται με το πρόσωπο του Ελευθέριου Βενιζέλου· *κόμμα -ό* β. που ανήκε στην παράταξη του Βενιζέλου, που ασπάζεται την πολιτική του: *αξιωματικοί -οί.* - Το αρσ. ως ουσ. = οπαδός του Βενιζέλου: *ο παππούς ήταν παλιός ~.*
βεντάλια και **βεντάγια** η, ουσ. (έρρ., συνιζ.), όργανο από χαρτί, λεπτό ύφασμα ή άλλο υλικό, συνήθως πτυσσόμενο, με το οποίο κάνουμε αέρα (συνών. *ριπίδι*). [ιταλ. *ventaglia*].
βεντέτα η, ουσ. I. (έρρ.), εκδίκηση: *~ μανιάτικη.* Φρ. *παίρνω ~* (= εκδικούμαι). [ιταλ. *vendetta*].
βεντέτα η, ουσ. II. (όχι έρρ.). 1. δημοφιλής καλλιτέχνης: *το ρόλο της πρωταγωνίστριας υποδύθηκε μια μεγάλη ~* (συνών. *φίρμα*). 2. (μεταφ.) άνθρωπος που συμπεριφέρεται αλαζονικά όταν αποκτήσει φήμη. [ιταλ. *vedetta*].

βεντετισμός ο, ουσ. (όχι έρρ.), αλαζονική συμπεριφορά που αποβλέπει σε επίδειξη: *~ ηθοποιού.*
βεντούζα η, ουσ. (έρρ.). 1α. μικρό γυάλινο ποτήρι που το θερμαίνουν και το προσαρμόζουν στη ράχη για θεραπεία κρυολογήματος: *μου πήραν / 'κοψαν -ες· -ες κοφτές* (βλ. *κοφτός*) / *κούφιες* (βλ. *κούφιος*)· φρ. *κολλάει σα ~* (= «δε μ' αφήνει από κοντά», γίνεται πολύ ενοχλητικός)· β. (μεταφ.) άνθρωπος ενοχλητικός (συνών. *βδέλλα, κολλιτσίδα*). 2. κοτυληδόνα των πολυπόδων: *-ες του χταποδιού.* 3. στέλεχος ξύλινο ή πλαστικό εφοδιασμένο με λάστιχο για το ξεβούλωμα ειδών υγιεινής. [ιταλ. *ventosa*].
βέρα η, ουσ., δαχτυλίδι αρραβώνα· φρ. *αλλάζω / βάζω / φορώ -ες* (= αρραβωνιάζομαι)· *αλλάζω τις -ες* (= γίνομαι κουμπάρος). [λατ. *vera*].
βεράντα η, ουσ. (έρρ.), χτιστός εξώστης με ή χωρίς στέγη, μπαλκόνι. [αγγλ. *veranda*].
βερβένα η, ουσ. (βοτ.) πώδες αυτοφυές φυτό με φαρμακευτικές ιδιότητες. [γαλλ. *verveine*].
βερβερίτσα η, ουσ., σκίουρος: *~ περπατεί / το Θεό περικαλεί* (δημ. τραγ.) (συνών. *λουίζα*). [σλαβ. *ververitsa*].
βέργα η, ουσ. 1. κλαδί δέντρου ή θάμνου: *~ κληματαριάς.* 2. ραβδί: *ο δάσκαλος με τη ~ στο χέρι* (συνών. *βίτσα*). 3. μακρόστενο κομμάτι μετάλλου σε σχήμα βέργας: *-ες χρυσού.* 4. λεπτό βραχιόλι. - Υποκορ. στη σημασ. 1 και 2: **-ίτσα** η, **-ούλα** η. [ιταλ. *verga*].
βεργέτα η, ουσ., βέρα. [ιταλ. *verghetta*].
βεργιά η, ουσ. (συνιζ.), χτύπημα με βέργα: *έδωσε μια ~ στο ζώο* (συνών. *βιτσιά*).
βεργόλιγνος, -η, -ο, επίθ., που είναι λεπτός και ψηλός σαν βέργα: *κορμί -ο* (συνών. *βεργολυγερός, ψηλόλιγνος*· αντ. *κοντόχοντρος*).
βεργολυγερός, -ή, -ό, επίθ., που είναι λυγερός σαν βέργα: (συνήθως το θηλ.) *κοπέλα-η* (συνών. *βεργόλιγνος, ψηλόλιγνος*).
βεργολυγίζω, ρ. (ενεργ. και μέσ.) λυγίζω σαν βέργα.
βεργολύγιστος, -η, -ο, επίθ., βεργόλιγνος.
βεργολυγώ, ρ., λυγίζω σαν τη βέργα.
βεργόπλεχτος, -η, -ο, επίθ., πλεγμένος με βέργες: *καλάθι -ο.*
βερέμης, -ισσα, -ικο, επίθ. 1. καχεκτικός, ασθενικός: *κορμί -ικο* (συνών. *αρρωστιάρης*). 2. μελαγχολικός, δύστροπος. [τουρκ. *verem*].
βερεσέ, επίρρ., με πίστωση: *αγόρασα ~ τα έπιπλα.* Έκφρ. *τζάμπα και ~* (= άδικα): *χάθηκε τζάμπα και ~.* Φρ. *τ' ακούω ~* (= δεν το παίρνω σοβαρά υπόψη μου). [τουρκ. *veresiye*].
βερεσέδικος, -η, -ο, επίθ., που γίνεται με πίστωση. [βερεσέ].
βερεσές ο, πληθ. *βερεσέδες* οι και (συνιζ.) *βερεσέδια* τα, ουσ., χρέος που έχει μαζευτεί από αγορές με πίστωση: *δεν μπόρεσα να ξοφλήσω τα βερεσέδια μου.* [τουρκ. *veresiye*].
βερζεβούλης, βλ. *βελζεβούλης.*
βερικοκιά η, ουσ. (συνιζ.), δέντρο οπωροφόρο της τάξης των ροδανθών (συνών. *καϊσιά*).
βερίκοκο το, ουσ., καρπός της βερικοκιάς. [μτγν. *βερίκοκον*<λατ. *praecox* ή αραβ. *berkuk*].
βερμούτ το, άκλ., οινοπνευματώδες ποτό από κρασί αρωματισμένο με άνθη από διάφορα φυτά. [γαλλ. *vermouth*].
βερνίκι το, ουσ. 1. ειδικό επίχρισμα για το γυάλισμα επίπλων και δερμάτινων ειδών, λούστρο: *~*

βερνίκωμα

επίπλων. 2. (μεταφ.) επιφανειακή αξία, επιφανειακή μόρφωση: ~ *πολιτισμού*· ~ *σοφίας.* [μεσν. λατ. *verenicium* ή μτγν. *βερενίκιον*].

βερνίκωμα το, ουσ., γυάλισμα με βερνίκι: *τα ξύλινα έπιπλα θέλουν τακτικά* ~ *για να μη σαπίσουν* (συνών. *λουστράρισμα*).

βερνικώνω, ρ., γυαλίζω με βερνίκι: *-ωσα την ξύλινη επένδυση* (συνών. *λουστράρω*). Έκφρ. *κέρατο -ωμένο* (= δύστροπος άνθρωπος).

βερνίκωση η, βερνίκωμα.

βερνικωτός, -ή, -ό, επίθ., βερνικωμένος, γυαλισμένος: *δέρματα -ά.*

Βεροιώτης ο, θηλ. **-ισσα**, ουσ. (συνιζ.), αυτός που κατοικεί στη Βέροια ή κατάγεται από εκεί.

βεροιώτικος, -η, -ο, επίθ. (συνιζ.), που ανήκει ή αναφέρεται στη Βέροια ή τους Βεροιώτες: *σπίτια -α*· *ιδίωμα -ο.*

βερολινέζικος, -η, -ο, επίθ., που σχετίζεται, που αναφέρεται στο Βερολίνο.

Βερολινέζος ο, θηλ. **-α,** ουσ., αυτός που κατοικεί στο Βερολίνο ή κατάγεται από εκεί.

βέρος, -α, -ο, επίθ. 1. γνήσιος, αληθινός: *είναι* ~ *αριστοκράτης* (συνών. *αυθεντικός*· αντ. *ψεύτικος*). 2. ειλικρινής, αληθινός: *άνθρωπος* ~ (συνών. *ντόμπρος*). [ιταλ. *vero*].

βέσπα η, ουσ., είδος μικρής μοτοσικλέτας. [ιταλ. *vespa*].

βεσπασιανές οι, ουσ. (ασυνίζ.), δημόσια αποχωρητήρια.

βεστιάριο το, ουσ. (ασυνίζ. δις). 1. χώρος όπου τοποθετούνται τα ρούχα: *άφησα το παλτό μου στο* ~ (συνών. *ιματιοθήκη, γκαρντερόμπα*). 2. σύνολο ενδυμασιών που διαθέτει ένα θέατρο. [λατ. *vestiarium*].

βετεράνος ο, ουσ. 1. παλαίμαχος, εμπειροπόλεμος. 2. έμπειρος, βαθύς γνώστης: ~ *της πολιτικής.* [λατ. *veteranus*].

βέτο το, ουσ., το δικαίωμα ή η εξουσία που έχει κάποιος να επικυρώνει ή να ακυρώνει αποφάσεις άλλων, δικαίωμα αρνησικυρίας: *ο πρόεδρος των Η.Π.Α. ασκεί* ~ *στις αποφάσεις της Γερουσίας*· *το* ~ *στο σπίτι μας το έχει ο πατέρας μου.* [λατ. *veto*].

βετούλι το, ουσ., χρονιάρικο κατσίκι ή πρόβατο. [λατ. *vitulus*].

βήμα το, ουσ. 1. βάδισμα: ~ *γοργό*· ~ «*σημειωτόν*» (= που γίνεται επιτόπου χωρίς μετακίνηση)· έκφρ. ~ *προς* ~, *κατά* ~ (= «*κατά πόδας*», από κοντά)· *δύο -ατα* (= πολύ κοντά)· ~ ~ (= αργά, σιγά)· φρ. *ανοίγω το* ~ *μου* (= βαδίζω πιο γρήγορα)· *κάνω τα πρώτα μου -ατα* (= για πρώτη φορά ασχολούμαι με κάτι)· (μεταφ.) ~ *προόδου.* 2. (για χορό) κάθε κίνηση που γίνεται με τα πόδια: *έμαθα τα -ατα του καλαματιανού.* 3. ήχος, κρότος των βημάτων: *ακούω -ατα να πλησιάζουν.* 4. βάθρο όπου ανεβαίνει κανείς για να μιλήσει για κάποιο χρονικό διάστημα. Έκφρ. *άγιο ή ιερό* ~ (= το ιερό της εκκλησίας, όπου υπάρχει η Αγία Τράπεζα). - Υποκορ. **-ατάκι** το (στη σημασ. 1).

βηματίζω, ρ., κάνω βήματα: *-ιζε πάνω κάτω ανήσυχος* (συνών. *βαδίζω*).

βηματισμός ο, ουσ. 1. βάδισμα, περπατησιά. 2. τρόπος βαδίσματος.

βηματοδότης ο, ουσ. 1. μηχανισμός που προκαλεί καρδιακό παλμό. 2. συσκευή που διεγείρει το μυοκάρδιο σε περιπτώσεις καρδιακών παθήσεων.

βηματόμετρο το, ουσ., όργανο που δείχνει τον αριθμό των βημάτων ενός πεζού.

βημόθυρο το, ουσ., η μεσαία πόρτα του ιερού, η Ωραία Πύλη.

βήξιμο το, ουσ. 1. βήχας: *δεν μπορεί να μιλήσει απ*' *το* ~. 2. τρόπος με τον οποίο βήχει κάποιος: *τον κατάλαβα απ*' *το -ό του.*

βήτα το, ουσ. άκλ., το δεύτερο γράμμα του ελληνικού αλφαβήτου (β, Β). Έκφρ. *ο άλφα και ο* ~ (= ο ένας και ο άλλος).

βήχας ο, ουσ., απότομη εκπνοή αέρα από τα πνευμόνια που συνοδεύεται με χαρακτηριστικό ήχο: ~ *επίμονος.* Παροιμ. *ο* ~ *και το χρήμα δεν κρύβονται.* Φρ. *κόβω το -α σε κάποιον* (= βάζω τέρμα στις απαιτήσεις του, τον αποστομώνω) (συνών. *βήξιμο*). - Υποκορ. **-άκι** και **-χαλάκι** το.

βήχω, ρ., έχω βήχα. [αρχ. *βήσσω*].

βία και **βια** η, ουσ. 1. χρήση διάφορων μέσων για να επιβληθεί η θέλησή μας: *κύμα -ας απλώθηκε σ' όλη τη χώρα*· *ένοπλη* ~· έκφρ. *ψυχολογική* ~· (= άσκηση βίας σε βάρος κάποιου, κυρίως με χρησιμοποίηση απειλών) (συνών. *βιαιότητα, καταναγκασμός*). 2. ανάγκη: *δεν είναι* ~ (για να γίνει κάτι). 3. ορμή: *χτύπησε την πόρτα με* ~ (συνών. *σφοδρότητα, δύναμη*). 4. σπουδή, βιασύνη: *σε γνωρίζω από την όψη που με βία μετράει τη γη* (Σολωμός). Έκφρ. *μόλις και μετά -ας.* = (με το ζόρι, με το στανιό)· «*ανωτέρα*» ~, βλ. *ανώτερος.*

βιάζω, ρ. I. ενεργ. 1. (ασυνίζ.) μεταχειρίζομαι βία (εναντίον κάποιου), εξαναγκάζω: *αν δε θέλεις να φας, δε σε* ~· *οι γονείς του τον βίαζαν να παντρευτεί*· *μας -ζουν οι περιστάσεις*· φρ. ~ *τον εαυτό μου* (= εντείνω τις προσπαθειές μου) (συνών. *καταναγκάζω, πιέζω, υποχρεώνω*). 2. (ασυνίζ.) εξαναγκάζω κάποιον σε συνουσία: *βίασε ανήλικο κορίτσι.* 3. (ασυνίζ.) παραβιάζω: *ο κλέφτης μπήκε -οντας την πόρτα.* II. μέσ. 1. (συνιζ.) επείγομαι, κάνω γρήγορα: *-ομαι να τελειώσω το βιβλίο· γιατί -εσαι τόσο; μη -εσαι, γιατί θα γεράσεις γρήγορα*· *όποιος βιάζεται σκοντάφτει.* 2. (συνιζ., μτβ.) έχω μεγάλη ανάγκη από κάτι, χρειάζομαι κάτι γρήγορα: *το -ομαι το ρούχο.* - Η μτχ. παρκ. *βιασμένος* (ασυνίζ.) ως επίθ. = που έχει υποστεί βιασμό. - Η λόγ. μτχ. *βεβιασμένος* ως επίθ. = που γίνεται βιαστικά: *ενέργεια / απάντηση βεβιασμένη.*

βιαιοπραγία η, ουσ. (ασυνίζ.). 1. πράξη που γίνεται με άσκηση φυσικής βίας. 2. (συνεκδοχικά) άδικη επίθεση, σωματική κάκωση: *-ίες αστυνομικών σε διαδηλωτές.*

βιαιοπραγώ, -είς, ρ. (ασυνίζ.), προβαίνω σε βιαιοπραγίες.

βίαιος, -η, -ο, επίθ. 1. που ενεργεί με βιαιότητα, με καταναγκασμό: *χαρακτήρας* ~· *υπερηφορά -η*· *χρησιμοποιεί -α μέσα*· *διαδηλωτές -οι* (συνών. *σκληρός, απότομος*). 2. ισχυρός: *άνεμοι -οι* (συνών. *ορμητικός, σφοδρός*· αντ. *αδύναμος, ανίσχυρος*). 3. που γίνεται κάτω από βίαιες συνθήκες, απότομος: *θάνατος* ~· έκφρ. *-η προσαγωγή* = καταναγκαστικό μέτρο που επιβάλλεται με έκδοση σχετικού εντάλματος κατά μάρτυρα που κλητεύτηκε νόμιμα και δεν εμφανίστηκε στο δικαστήριο. - Επίρρ. **-α** (στις σημασ. 1 και 3).

βιαιότητα η, ουσ. (ασυνίζ.). 1. σφοδρότητα: ~ *του χαρακτήρα* (συνών. *ορμητικότητα*). 2. βίαιη πράξη: *-ες των οπαδών μιας ομάδας στα γήπεδα.*

βιάση η, ουσ. (συνιζ.), βιασύνη: (παροιμ.) *η* ~ *ψήνει το ψωμί, μα δεν το καλοψήνει.* [*βιάζω*].

βιάσιμο το, ουσ. (συνιζ.), βιασύνη: *γιατί τόσο ~;*
βιασμένα, επίρρ. (ασυνίζ.). 1. καταναγκαστικά. 2. βιαστικά.
βιασμός ο, ουσ. (ασυνίζ.), ασέλγεια που γίνεται με καταναγκασμό: *~ ανήλικου κοριτσιού·* (μεταφ.) *~ γλωσσικός* (= σοβαρή παράβαση γλωσσικών κανόνων)· *~ μετρικός* (= παράβαση κανόνων στιχουργίας).
βιαστής ο, ουσ. (ασυνίζ.), αυτός που διαπράττει βιασμό.
βιαστικός, -ή, -ό, επίθ. (συνιζ.). 1. που επείγεται: *είμαι πολύ ~ γι' αυτό και θα φύγω γρήγορα.* 2. που επείγει: *έχω να τελειώσω μια -ή δουλειά.* 3. (μεταφ.) *κρίση / απόφαση -ή* (= αψυχολόγητη, πρόχειρη). Έκφρ. *στα -ά* = γρήγορα, πρόχειρα. - Επίρρ. **-ά**.
βιασύνη η, ουσ. (συνιζ.), το να είναι κανείς βιαστικός: *με την απροσεξία και τη ~ σου όλα ανάποδα μας έρχονται* (συνών. *σπουδή, βιάση*).
βίβα, βλ. **εβίβα**.
βιβάρι και **διβάρι** το, ουσ., ιχθυοτροφείο (φυσικό ή τεχνητό). [λατ. *vivarium*].
βιβλιακός, -ή, -ό, επίθ. (ασυνίζ.), που ανήκει στα βιβλία ή που προέρχεται απ' αυτά: *σοφία -ή*.
βιβλιάριθμος ο, ουσ. (ασυνίζ.), ταξινομικός αριθμός που δείχνει ποια θέση κατέχει ένα βιβλίο σε μια βιβλιοθήκη.
βιβλιάριο το, ουσ. (ασυνίζ. δις), πιστοποιητικό ή φυλλάδιο που έχει σχήμα μικρού βιβλίου: *ατομικό ~* (= βιβλιάριο κάθε στρατευμένου από την ημέρα κατάταξης ως τη διαγραφή του από τις τάξεις της εφεδρείας)· *εκλογικό ~* (= βιβλιάριο με το οποίο ψηφίζουν οι πολίτες)· *~ τράπεζας ή καταθέσεων* (= βιβλιάριο στο οποίο φαίνεται το ποσόν που έχει καταθέσει κάποιος στην τράπεζα)· *~ υγείας* (= βιβλιάριο όπου καταγράφεται η πορεία της υγείας του κατόχου του)· *~ ενσήμων* (= βιβλιάριο όπου περνιούνται τα ένσημα του εργαζομένου). - Υποκορ. *βιβλιαράκι* το.
βιβλιεκδότης, βλ. *βιβλιοεκδότης.*
βιβλιεκδοτικός, βλ. *βιβλιοεκδοτικός.*
βιβλιεμπορία, βλ. *βιβλιοεμπορία.*
βιβλικός, -ή, -ό, επίθ., που ανήκει ή αναφέρεται στη Βίβλο: *αρχαιολογία -ή.* 2. που θυμίζει τη Βίβλο ή που εμπνέεται απ' αυτήν: *σκηνή / μορφή -ή· ύφος -ό·* έκφρ. *ηλικία -ή* (= πολύ μεγάλη, βαθιά γηρατειά).
βιβλίο το, ουσ. 1. σύγγραμμα: *έχει δημοσιεύσει πολλά -α·* *το ~ είναι πηγή μόρφωσης·* *-α λογοτεχνικά·* έκφρ. *άνθρωπος του -ου* (= φιλαναγνώστης). 2. υποδιαίρεση, τμήμα συγγράμματος: *το σύγγραμμα χωρίζεται σε δέκα -α.* 3. κατάστιχο σε σχήμα βιβλίου που χρησιμεύει στη λογιστική, στις λογιστικές πράξεις ή ως πρωτόκολλο «εισερχόμενων και εξερχόμενων» εγγράφων, κλπ.: *~ ύλης· έλεγχος λογιστικών -ων.* 4. (μεταφ.) καθετί που διαφωτίζει, καθοδηγεί και διδάσκει: *το ~ της ζωής.* - Υποκορ. **-αράκι** το (στη σημασ. 1).
βιβλιογράφηση η, ουσ. (ασυνίζ.), καταρτισμός βιβλιογραφίας.
βιβλιογραφία η, ουσ. (ασυνίζ.). 1. κατάλογος δημοσιευμάτων που μνημονεύει το όνομα του συγγραφέα, τον τίτλο βιβλίου, τον τόπο και το χρόνο έκδοσης. 2. κατάλογος παλαιοτέρων κειμένων ή μελετών που αφορούν ένα θέμα που ερευνάται: *υπάρχει πλούσια ~ πάνω σ' αυτό το θέμα.*
βιβλιογραφικός, -ή, -ό, επίθ. (ασυνίζ.), που αναφέ-

ρεται στη βιβλιογραφία: *στοιχεία -ά· δελτίο -ό· οδηγός ~*.
βιβλιογράφος ο, ουσ. (ασυνίζ.), αυτός που καταρτίζει βιβλιογραφία.
βιβλιογραφώ, -είς, ρ. (ασυνίζ.), καταρτίζω βιβλιογραφία.
βιβλιοδανειστήριο το, ουσ. (ασυνίζ. δις). 1. δανειστική βιβλιοθήκη. 2. γραφείο δημόσιας βιβλιοθήκης όπου γίνεται ο δανεισμός βιβλίων.
βιβλιοδεσία η, ουσ. (ασυνίζ.), διαδικασία σύμφωνα με την οποία τα τυπογραφικά φύλλα ενός βιβλίου παίρνουν τη μορφή χαρτόδετου βιβλίου ή βιβλιοδετημένου (με χοντρό εξώφυλλο) (συνών. *βιβλιοδέτηση*).
βιβλιοδετείο το, ουσ. (ασυνίζ.), εργαστήριο όπου γίνεται η βιβλιοδεσία.
βιβλιοδέτης ο, ουσ. (ασυνίζ.), αυτός που ασχολείται με τη βιβλιοδεσία, που έχει ως επάγγελμα τη βιβλιοδεσία.
βιβλιοδέτηση η, ουσ. (ασυνίζ.), βιβλιοδεσία: *η ~ μου στοίχισε πολλά.* [*βιβλιοδετώ*].
βιβλιοδετικά τα, ουσ. (ασυνίζ.), αμοιβή του βιβλιοδέτη.
βιβλιοδετική η, ουσ. (ασυνίζ.), η τέχνη της βιβλιοδεσίας.
βιβλιοδετικός, -ή, -ό, επίθ. (ασυνίζ.), που ανήκει ή αναφέρεται στο βιβλιοδέτη ή στη βιβλιοδεσία: *μηχανήματα / είδη -ά.*
βιβλιοδετώ, -είς, ρ. (ασυνίζ.), δένω βιβλία, κάνω βιβλιοδεσία.
βιβλιοεκδότης και **βιβλιεκδότης** ο, θηλ. **-τρια**, ουσ. (ασυνίζ.), εκδότης βιβλίων.
βιβλιοεκδοτικός, -ή, -ό και **βιβλιεκδοτικός**, επίθ. (ασυνίζ.), που ανήκει ή αναφέρεται στην έκδοση βιβλίων: *εταιρεία -ή.*
βιβλιοεμπορία και **βιβλιεμπορία** η, ουσ. (ασυνίζ.), εμπόριο έκδοσης και κυκλοφορίας βιβλίων.
βιβλιοθηκάριος ο, ουσ. (ασυνίζ. δις), πρόσωπο που έχει την επιμέλεια βιβλιοθήκης: *δανείστηκα το βιβλίο από το -ο.*
βιβλιοθήκη η, ουσ. (ασυνίζ.). 1. έπιπλο, αίθουσα ή κτήριο όπου υπάρχουν και φυλάσσονται βιβλία: *~ πανεπιστημιακή.* 2. σύνολο βιβλίων που ανήκουν σε ένα άτομο, σε μια ένωση ή σε δημόσιο οργανισμό. 3. εκδοτική σειρά βιβλίων με κοινό θέμα: *~ μεσαιωνική / νεοελληνική.* 4. (συνεκδοχικά) πρόσωπο που έχει πολλές γνώσεις και έχει την ικανότητα να ενημερώνει τους άλλους: *αυτός είναι σωστή ~.* - Υποκορ. **-ούλα** η (στη σημασ. 1).
βιβλιοθηκονομία η, ουσ. (ασυνίζ.), επιστημονικός κλάδος που περιλαμβάνει το σύνολο των θεωρητικών και τεχνικών γνώσεων που αναφέρονται στην οργάνωση και στη διοίκηση βιβλιοθηκών.
βιβλιοθηκονόμος ο, ουσ. (ασυνίζ.), αυτός που ασχολείται με την επιλογή, αγορά, οργάνωση και συντήρηση του (έντυπου και μη έντυπου) υλικού μιας βιβλιοθήκης. [*βιβλιοθήκη + νέμω*].
βιβλιοκαπηλία η, ουσ. (ασυνίζ.). 1. πλουτισμός από την παράνομη ανατύπωση και διάθεση βιβλίων στην αγορά. 2. αισχροκέρδεια από την πώληση βιβλίων: *~ διδακτικών βιβλίων.*
βιβλιοκαπηλικός, -ή, -ό, επίθ. (ασυνίζ.), που ανήκει ή αναφέρεται στο βιβλιοκάπηλο ή στη βιβλιοκαπηλία.
βιβλιοκάπηλος ο, ουσ. (ασυνίζ.), αυτός που ασκεί βιβλιοκαπηλία.
βιβλιοκρισία η, ουσ. (ασυνίζ.), κριτική που δημο-

βιβλιοκρίτης

σιεύεται σε εφημερίδα, περιοδικό ή αυτοτελώς για ένα λογοτεχνικό, επιστημονικό ή άλλου περιεχομένου βιβλίο.
βιβλιοκρίτης και **-κριτής** ο, ους. (ασυνίζ.). 1. αυτός που κάνει κριτική βιβλίων (συνών. *βιβλιοκριτικός*). 2. μέλος επιτροπής που κρίνει βιβλία.
βιβλιοκριτικά τα, ους. (ασυνίζ.), αμοιβή του κριτικού βιβλίων σε εφημερίδα, περιοδικό ή επιτροπή.
βιβλιοκριτική η, ους. (ασυνίζ.), κριτική αντιμετώπιση των βιβλίων που δημοσιεύονται.
βιβλιοκριτικός, -ή, -ό, επίθ. (ασυνίζ.), που αναφέρεται στο βιβλιοκρίτη ή στη βιβλιοκρισία. - Το αρσ. ως ους. = βιβλιοκρίτης.
βιβλιολάτρης ο, θηλ. **-ισσα**, ους. (ασυνίζ.), αυτός που αγαπά υπερβολικά τα βιβλία (συνών. *βιβλιόφιλος*).
βιβλιολατρία η, ους. (ασυνίζ.), υπερβολική αγάπη για τα βιβλία (συνών. *βιβλιοφιλία*).
βιβλιολογία η, ους. (ασυνίζ.), το σύνολο των τεχνικών γνώσεων που σχετίζονται με την κατασκευή βιβλίων.
βιβλιομανής ο, γεν. **-ή**, πληθ. **-είς**, ους. (ασυνίζ.), αυτός που έχει τη μανία να συλλέγει βιβλία (ιδίως σπάνια και πολύτιμα).
βιβλιομανία η, ους. (ασυνίζ.), το να είναι κανείς βιβλιομανής.
βιβλιοπαραγωγή η, ους. (ασυνίζ.), συγγραφή, έκδοση και κυκλοφορία βιβλίων.
βιβλιοπαρουσίαση η, ους. (ασυνίζ.), παρουσίαση νέων συνήθως βιβλίων από τις στήλες περιοδικού, εφημερίδας, κ.τ.ό, ή από τα μέσα μαζικής ενημέρωσης.
βιβλιοπωλείο το, ους. (ασυνίζ.), κατάστημα όπου πουλιούνται βιβλία: ~ *φοιτητικό / παιδικό*.
βιβλιοπώλης ο, θηλ. **-ισσα**, ους. (ασυνίζ.), αυτός που πουλάει βιβλία.
βιβλιοπωλικός, -ή, -ό, επίθ. (ασυνίζ.) που σχετίζεται με το βιβλιοπώλη και το βιβλιοπωλείο: *τιμή -ή* (= τιμή ελαττωμένη που μ' αυτήν οι εκδότες και οι συγγραφείς διαθέτουν τα βιβλία τους στα βιβλιοπωλεία).
βιβλιοσάρακας ο, ους. (ασυνίζ.), σκουλήκι που τρώει τα βιβλία.
βιβλιόσημο το, ους. (ασυνίζ.), ένσημο που υπήρχε άλλοτε στα σχολικά βιβλία.
βιβλιοστάσιο το, ους. (ασυνίζ. δις). 1. διαμέρισμα στην αποθήκη μεγάλης βιβλιοθήκης. 2. έπιπλο συνήθως χαμηλό με ράφια κινητά ή σταθερά για την εναπόθεση και την έκθεση βιβλίων: *-α του σπουδαστηρίου*.
βιβλιοστάτης ο, ους. (ασυνίζ.), καθένα από τα δύο στηρίγματα που χρησιμοποιούνται για να κρατιέται μια σειρά βιβλίων σε κατακόρυφη θέση: ~ *μεταλλικός / μαρμάρινος*.
βιβλιοσυλλέκτης ο, θηλ. **-τρια**, ους. (ασυνίζ.), αυτός που κάνει συλλογή βιβλίων.
βιβλιοτεχνία η, ους. (ασυνίζ.), το σύνολο των τεχνών που έχουν σχέση με το βιβλίο.
βιβλιοφάγος ο, ους. (ασυνίζ.). 1. έντομο που τρώει τα βιβλία. 2. (μεταφ.) αυτός που με απληστία διαβάζει βιβλία.
βιβλιοφιλία η, ους. (ασυνίζ.), ιδιαίτερη αγάπη για τα βιβλία (συνών. *βιβλιολατρία*).
βιβλιόφιλος ο, ους. (ασυνίζ.), αυτός που αισθάνεται ιδιαίτερη αγάπη για το βιβλίο (συνών. *βιβλιολάτρης*).
βιβλιοφυλάκιο το, ους. (ασυνίζ. δις), μέρος όπου

φυλάγονται τα βιβλία.
βιβλιοχαρτοπωλείο το, ους. (ασυνίζ.), κατάστημα όπου πουλιούνται βιβλία και είδη γραφικής ύλης.
βιβλιοχαρτοπώλης ο, θηλ. **-ισσα**, ους. (ασυνίζ.), αυτός που πουλά βιβλία και χαρτικά.
Βίβλος η, ους. 1. συλλογή που περιλαμβάνει τα κείμενα της Παλαιάς και της Καινής διαθήκης. 2. (συνεκδοχικά, με μικρό γράμμα) τόμος που περιλαμβάνει αυτά τα βιβλία. 3. συλλογή και έκδοση δημοσίων εγγράφων ή ορισμένων στοιχείων: ~ *«λευκή» / «μαύρη»*.
βίγλα η, ους. 1. το μέρος όπου φρουρεί ο σκοπός: *φυλάω τη* ~ (συνών. *σκοπιά*). 2. φρουρός: *σαν μου το πάρεις ύπνε μου, τρεις -ες θα του βάλω, / τρεις -ες, τρεις βιγλάτορες κι οι τρεις αντρειωμένοι* (δημ. τραγ.) (συνών. *σκοπός*). [λατ. *vigilia* ή *vigiliae*].
βιγλάτορας ο, ους., φρουρός βίγλας (συνών. *σκοπός*). [λατ. *vigilator*].
βιγλίζω, ρ. 1. φυλάω σκοπός. 2. παρατηρώ από ψηλά (συνών. *κατοπτεύω*). 3. βλέπω, διακρίνω.
βιγόνια, βλ. *μπιγκόνια*.
βίδα η, ους. 1. καρφί που βιδώνει με έλικες: *έσφιξα τη* ~. 2. (μεταφ.) άνθρωπος με ιδιοτυπίες: *αυτός είναι* ~ φρ. *του 'στριψε ή του λάσκαρε η* ~ (= τρελάθηκε)· (για μηχάνημα) *το 'κανα -ες* (= το διέλυσα). - Υποκορ. **-άκι** το και **-ίτσα** η (στη σημασ. 1). [βενετ. *vida*].
βιδάνιο το, ους. (ασυνίζ.). 1. ό,τι μένει στο ποτήρι αφού πιει κανείς το ποτό του. 2. ποσοστό από τα κέρδη που κρατά η χαρτοπαικτική λέσχη. [ιταλ. *guadagno*].
βιδελένιος, -α, -ο, επίθ. (συνιζ.), που προέρχεται από βιδέλο· κατασκευασμένος από κατεργασμένο δέρμα βιδέλου: *τσάντα -α* (συνών. *βιδελίσιος*, *μοσχαρίσιος*).
βιδελίσιος, -α, -ο, επίθ. (συνιζ.), μοσχαρίσιος, βιδελένιος.
βιδέλο το, ους. 1. μοσχαράκι. 2. το κρέας του μοσχαριού. 3. κατεργασμένο δέρμα μοσχαριού. - Υποκορ. **-άκι** το (στη σημασ. 1). [βενετ. *vedelo*].
βιδολόγος ο, ους., εργαλείο που προσαρμόζεται στην εγκοπή βίδας για να είναι δυνατό το βίδωμα ή το ξεβίδωμά της (συνών. *κατσαβίδι, βιδωτήρι*).
βιδόπροκα η, ους., βιδωτό, κοχλιωτό καρφί.
βίδρα η, ους., ενυδρίδα. [σλαβ. *vidra*].
βίδωμα το, ους., σφίξιμο βίδας.
βιδώνω, ρ., σφίγγω τη βίδα, στερεώνω κάτι με το σφίξιμο βίδας.
βιδωτήρι το, ους., όργανο με το οποίο βιδώνει κανείς (συνών. *βιδολόγος, κατσαβίδι*).
βιδωτός, -ή, -ό, επίθ., που τοποθετείται ή συναρμολογείται με βίδωμα: *δόντια -ά· ντουλάπα -ή*.
βιεννέζικος, -η, -ο, επίθ. (συνιζ.), που προέρχεται από τη Βιέννη: *όπερα / μουσική -η· βαλς -ο*.
Βιεννέζος ο, θηλ. **-α**, ους. (συνιζ.), κάτοικος της Βιέννης ή αυτός που κατάγεται από τη Βιέννη.
βιετναμέζικος, βλ. *βιετναμικός*.
Βιετναμέζος ο, θηλ. **-α**, ους. (ασυνίζ.), κάτοικος ή πολίτης του Βιετνάμ ή αυτός που κατάγεται από εκεί.
βιετναμικός, -ή, -ό και **βιετναμέζικος**, επίθ. (ασυνίζ.), που ανήκει ή αναφέρεται στο Βιετνάμ ή στους Βιετναμέζους.
βίζα η, ους., θεώρηση διαβατηρίου από τις αρμόδιες αρχές. [ιταλ. *visa*].
βιζαβί, επίρρ. 1. απέναντι, αντίκρυ: *καθίσαμε* ~. 2.

(ως ουσ.) μικρό τετραθέσιο αμάξι με άλογα. [γαλλ. *vis-à-vis*].
βιζικάντι και **βιζιγάντι** το, ουσ. (έρρ.), είδος έμπλαστρου ειδικής επεξεργασίας που όταν ξεκολλά αφαιρεί μέρος της επιδερμίδας προκαλώντας έκκριση ορώδους υγρού. [βενετ. *vissigante*].
βίζιτα η, ουσ. 1. φιλική επίσκεψη: *η -ά της δεν τελειώνει*. 2. (ιατρ.) επίσκεψη, κούρα: *η ~ του γιατρού*. Εκφρ. *αρμένικη ~* (= επίσκεψη που παρατείνεται υπερβολικά, βλ. *αρμενικός*). [ιταλ. *visita*].
βικάριος ο, ουσ. (ασυνίζ.), (εκκλ.) τοποτηρητής, επίτροπος επισκόπου στην καθολική εκκλησία. [λατ. *vicarius*].
βίκος ο, ουσ., ονομασία διάφορων φυτών με γνωστότερο τον ήμερο βίκο, χρήσιμο στη ζωοτροφή.
βικτωριανός, -ή, -ό, επίθ. (ασυνίζ.), που αναφέρεται στη βασίλισσα της Αγγλίας Βικτωρία και στην περίοδο της βασιλείας της (1837-1901): *εποχή / αρχιτεκτονική / σεμνοτυφία -ή*.
βίλα η, ουσ., αγροτική κατοικία, έπαυλη. [ιταλ. *villa*].
βιλαέτι το, ουσ., στα χρόνια της Τουρκοκρατίας μεγάλη διοικητική περιφέρεια διοικούμενη από το βαλή. [τουρκ. *vilâyet*].
βιλάνος ο, ουσ., αγρότης, χωρικός: *ήτανε -οι Καλαματιανοί της κάτω χώρας, φτωχολογιά* (Τερζάκης). [ιταλ. *villano*].
βινιέτα η, ουσ. (συνιζ.), ζωγραφικό σχέδιο που στολίζει και ταυτόχρονα υποδηλώνει την αρχή ή το τέλος κεφαλαίων βιβλίου ή απλώς πλαισιώνει τις σελίδες βιβλίου. [γαλλ. *vignette*].
βίντεο το, ουσ. άκλ. (όχι έρρ.), συσκευή που χρησιμοποιείται για την προβολή βιντεοταινιών σε τηλεοπτική συσκευή και για την εγγραφή σε βιντεοταινία τηλεοπτικών προγραμμάτων: *αγόρασε ~· είδα μια ταινία στο ~*. [γαλλ.<λατ. *video*].
βιντεογραφώ, -είς, ρ. (όχι έρρ., νεολογ.), εγγράφω σε βιντεοταινία.
βιντεοεγγραφή η, ουσ. (όχι έρρ., νεολογ.), εγγραφή σε βιντεοταινία: *-ές συνομιλιών*.
βιντεοθήκη η, ουσ. (όχι έρρ., νεολογ.). 1. έπιπλο, αίθουσα ή κτήριο όπου υπάρχουν και φυλάσσονται βιντεοκασέτες. 2. σύνολο βιντεοκασετών που ανήκουν σε ένα άτομο, μια ένωση ή ένα δημόσιο οργανισμό: *ένα ειδικευμένο αρχείο περιλαμβάνει βιβλιοθήκη, ταινιοθήκη, δισκοθήκη, ~*.
βιντεοκάμερα η, ουσ. (όχι έρρ., νεολογ.), μηχανή λήψης για βιντεοταινίες (βλ. λ.).
βιντεοκασέτα η, ουσ. (όχι έρρ., νεολογ.), κασέτα που περιλαμβάνει μια βιντεοταινία: *ιδιωτικές εταιρείες παραγωγής -ών*.
βιντεοκλάμπ το, ουσ. ακλ., μαγαζί που πουλάει και νοικιάζει βιντεοταινίες.
βιντεοταινία η, ουσ. (όχι έρρ., νεολογ.). α. μαγνητική ταινία όπου εγγράφονται τηλεοπτικές εικόνες και τηλεοπτικοί ήχοι· β. (συνεκδοχικά) το έργο, η εκπομπή που εγγράφεται σε βιντεοταινία: *είδα μια ~ χτες*.
βίντσι το, ουσ., βαρούλκο: *είναι τόσο χυντρός που θέλει ~ για να σηκωθεί!* [αγγλ. *winch*].
βιο και **βιος** το, ουσ. (συνιζ.), περιουσία, πλούτος· τα υπάρχοντα κάποιου: *ξενιτεύτηκε κι έκανε μεγάλο βιος· όλο κι όλο το βιος του ήταν δύο βαλίτσες πράγματα*· φρ. *το ~ στο ~ πάει* (όταν σε κάποιον

πλούσιο προστίθεται νέο κέρδος)· *το βιος παντρεύει κούτσουρα* (για άσχημες, αλλά πλούσιες κοπέλες που παντρεύονται πιο εύκολα από τις όμορφες, αλλά φτωχές).
βιογένεση η, ουσ. (ασυνίζ.), (βιολ.) θεωρία που υποστηρίζει ότι η γένεση ζωντανών οργανισμών πραγματοποιείται μόνο από ζωντανό σπέρμα ή από γονείς με τους οποίους έχουν μεγάλες ομοιότητες (αντ. *αυτόματη γένεση*). [γαλλ. *biogenèse*].
βιογενετικός, -ή, -ό, επίθ. (ασυνίζ.), που αναφέρεται στη βιογένεση: *στοιχείο -ό· θεωρίες -ές* (= που υποστηρίζουν ότι η ζωή είναι παλιά όσο το σύμπαν)· *~ θεμελιώδης νόμος* = ο νόμος κατά τον οποίο θ οργανισμός στη διάρκεια της εμβρυϊκής του ανάπτυξης περνά από όλα τα στάδια από τα οποία πέρασαν οι πρόγονοί του (από τότε που πρωτοεμφανίστηκαν έως τη σημερινή τους μορφή).
βιογεωγραφία η, ουσ., κλάδος της γεωγραφίας που εξετάζει την κατανομή των οργανισμών στη γη στο παρόν και το παρελθόν, καθώς και τα αίτια και τα αποτελέσματα αυτής της κατανομής.
βιογονία η, ουσ. (ασυνίζ.), βιογένεση (βλ. λ.).
βιογονικός, -ή, -ό, επίθ. (ασυνίζ.), που αναφέρεται στη βιογονία ή βιογένεση: *στάδια -ά*.
βιογόνος, -α, -ο, επίθ. (ασυνίζ.), που παράγει ζωή. - Το ουδ. ως ουσ. = υποθετική ουσία στο πρωτόπλασμα των κυττάρων, έδρα της ζωής· η διάσπαση της συνεπάγεται το θάνατο.
βιογραφία η, ουσ. (ασυνίζ.). 1. εξιστόρηση της ζωής και των πράξεων κάποιου (σημαντικού συνήθως προσώπου). 2. λογοτεχνικό είδος που ασχολείται με τη ζωή σημαντικών προσώπων.
βιογραφικός, -ή, -ό, επίθ. (ασυνίζ.), που αναφέρεται στη βιογραφία: *λεξικό -ό· στοιχεία -ά*.
βιογράφος ο, ουσ. (ασυνίζ.), αυτός που συγγράφει τη βιογραφία κάποιου ή γενικώς ασχολείται με τη συγγραφή βιογραφιών.
βιογραφώ, -είς, ρ. (ασυνίζ.), γράφω τη βιογραφία κάποιου ή ασχολούμαι με τη συγγραφή βιογραφιών.
βιοθεραπεία η, ουσ. (ασυνίζ.). 1. θεραπευτική μέθοδος που χρησιμοποιεί ζωντανούς μικροοργανισμούς ή το υλικό μέσα στο οποίο ζουν (γάλα, γαστρικό υγρό, κλπ.). 2. αντιβίωση.
βιοθεραπευτικός, -ή, -ό, επίθ. (ασυνίζ.), που αναφέρεται στη βιοθεραπεία: *αγωγή -ή*. - Το ουδ. στον πληθ. ως ουσ. = τα αντιβιοτικά.
βιοϊατρικός, -ή, -ό, επίθ. (νεολογ.), που αφορά συγχρόνως τη βιολογία και την ιατρική: *τεχνολογία -ή*.
βιοκοινότητα η, ουσ. (ασυνίζ.), το σύνολο των φυτικών και ζωικών οργανισμών που ζουν αρμονικά σ' ένα βιότοπο.
βιόλα η, I. ουσ. (συνιζ.), το λουλούδι βιολέτα. [λατ. *viola*].
βιόλα η, II. ουσ. (συνιζ.), έγχορδο όργανο μεγαλύτερο και πιο βαρύτονο από το βιολί, άλτο. [ιταλ. *viola*].
βιολέ το, ουσ. άκλ. (συνιζ.), το χρώμα της βιολέτας (συνών. *ιώδες, μοβ*). [γαλλ. *violet*].
βιολέτα η, ουσ. (συνιζ.), λουλούδι αρωματικό με χρώμα συνήθως μοβ ή άσπρο. [ιταλ. *violetta*].
βιολετής, -ιά, -ί, επίθ. (συνιζ.), που έχει το χρώμα της βιολέτας: *σύννεφο στο λιόγερμα, βαθύ -ί* (Ρίτσος). - Το ουδ. ως ουσ. = το βιολετί χρώμα.
βιολί το, ουσ. (συνιζ.). 1. τετράχορδο μουσικό όρ-

γανο που παίζεται με δοξάρι. 2. έκφρ. *το πρώτο ~ = α.* ο βιολιστής που εκτελεί το κύριο μέρος της σύνθεσης· β. ο δεξιοτέχνης στο βιολί. 3. έκφρ. *αυτός το ~ του!* (για κάποιον που εξακολουθεί να λέει ή να κάνει τα ίδια παρά τις αντιρρήσεις ή τις υποδείξεις των άλλων). 4. φρ. *(βαστώ) το ίδιο ~ =* εξακολουθώ να λέω ή να κάνω τα ίδια. 5. ο πληθ. *τα -ιά =* μικρή ορχήστρα από διάφορα μουσικά όργανα και οι μουσικοί που την αποτελούν: *φώναξε και τα -ιά για το γάμο.* - Υποκορ. **-άκι** το· έκφρ. *το ~ -άκι* (για κάποιον που εξακολουθεί να υποστηρίζει ή να κάνει αυτό που πιστεύει σωστό, ενώ δεν είναι). [βενετ. *violin* ή *βιόλα + ί(ον)*].
βιολιστής ο, θηλ. **-ίστρια,** ουσ. (συνιζ.), μουσικός που παίζει βιολί.
βιολιτζής ο, ουσ. (συνιζ.), βιολιστής· (συνεκδοχικά) *οι -ήδες =* οργανοπαίχτες.
βιολογία η, ουσ. (ασυνίζ.), επιστήμη που ασχολείται με τις εκδηλώσεις και τα φαινόμενα της ζωής των οργανισμών (σημερινών και παλιότερων) από το στάδιο της δημιουργίας τους έως τα στάδια της εξέλιξης και αναπαραγωγής τους.
βιολογικός, -ή, -ό, επίθ. (ασυνίζ.), που σχετίζεται με τη βιολογία ή αναφέρεται σ' αυτήν: *έρευνες -ές· ινστιτούτο -ό· -ή ισορροπία στο οικοσύστημα* (όταν μια αύξηση ή ελάττωση της τροφής καταναλωτών (βλ. λ. σημασ. 1) συνεπάγεται την αντανάκλαση της μεταβολής σε όλα τα άλλα τροφικά επίπεδα)· *καθαρισμός ~ =* αποσύνθεση των αποβλήτων· *κύκλος -ός,* βλ. *κύκλος* σημασ. 4β.
βιολόγος ο και η, ουσ. (ασυνίζ.), επιστήμονας που ασχολείται με τη βιολογία.
βιολοντσελίστας ο, θηλ. **-ίστρια,** ουσ. (συνιζ.), μουσικός που παίζει βιολοντσέλο.
βιολοντσέλο το, ουσ. (συνιζ.), έγχορδο μουσικό όργανο μεγαλύτερο και βαθύτερο από το βιολί. [ιταλ. *violoncello*].
βιομετρία η, ουσ. (ασυνίζ.). 1. βιολογική επιστήμη, συγγενική με τη στατιστική, που ερευνά τα φαινόμενα της ζωής και τους νόμους τους και καθορίζει εκ των προτέρων την πορεία των βιολογικών φαινομένων ώστε να μπορεί ο άνθρωπος να αντιμετωπίσει τα προβλήματα που θα του παρουσιαστούν (υπερπληθυσμός, θνησιμότητα, κλπ.). 2. υπολογισμός της πιθανής διάρκειας της ανθρώπινης ζωής.
βιομετρική η, ουσ. (ασυνίζ.), βιομετρία.
βιομηχανία η, ουσ. (ασυνίζ.). 1. τομέας οικονομικής δραστηριότητας που ασχολείται με την κατεργασία των πρώτων υλών ή τη μεταποίηση των βασικών προϊόντων με μηχανικά μέσα και που έχει σκοπό την παραγωγή (σε μεγάλες ποσότητες) ειδών χρήσιμων στην καθημερινή ζωή: *~ αυτοκινήτων / χάλυβα / βάμβακος· βαριά ~* (= κεφαλαιουχικών προϊόντων ή μέσων παραγωγής)· *ελαφρά ~* (= καταναλωτικών προϊόντων). 2. βιομηχανικό συγκρότημα, εργοστάσιο: *δουλεύω σε μια ~· είναι ιδιοκτήτης της Χ -ας* (συνών. *φάμπρικα*).
βιομηχανικός, -ή, -ό, επίθ. (ασυνίζ.), που αναφέρεται στη βιομηχανία ή παράγεται απ' αυτήν: *επιμελητήριο -ό· σχολή -ή· προϊόντα -ά· ρεύμα -ό* (που χρησιμοποιείται για τις ανάγκες της βιομηχανίας και παράγεται σε χαμηλότερη τιμή). *επανάσταση -ή* (η αλλαγή στην οικονομική και την κοινωνική ζωή του κόσμου μετά το 18. αι., εξαιτίας της ανάπτυξης της τεχνικής, της βιομηχανικής παραγωγής και των συγκοινωνιών)· *κοινωνία -ή* (= η κοινωνία που η οικονομία της στηρίζεται κατά κύριο λόγο στη βιομηχανική παραγωγή).
βιομηχανοποίηση η, ουσ. (ασυνίζ.). 1. κατεργασία πρώτων υλών με βιομηχανικά μέσα: *~ του μαλλιού / του βαμβακιού.* 2. μετατροπή μιας βιοτεχνίας ή μιας εργασίας που γίνεται με τα χέρια σε βιομηχανία: *~ του πλεξίματος.* 3. μετατροπή μιας χώρας από γεωργική σε βιομηχανική (συνών. *εκβιομηχάνιση*). 4. εκμετάλλευση επιστήμης ή άλλης πνευματικής ασχολίας με βιομηχανικό τρόπο.
βιομηχανοποιήσιμος, -η, -ο, επίθ. (ασυνίζ. δις), που επιδέχεται βιομηχανική επεξεργασία: *-ες πρώτες ύλες.*
βιομηχανοποιώ, -είς, ρ. (ασυνίζ. δις). 1. κατεργάζομαι και εκμεταλλεύομαι πρώτες ύλες με βιομηχανικά μέσα. 2. μετατρέπω μια βιοτεχνία σε βιομηχανία. 3. μετατρέπω τη γεωργική οικονομία μιας χώρας σε βιομηχανική (συνών. *εκβιομηχανίζω*). 4. εκμεταλλεύομαι πνευματική ασχολία μου για να βγάλω πολλά χρήματα.
βιομήχανος ο, ουσ. (ασυνίζ.), αυτός που ασχολείται με τη βιομηχανία, ιδιοκτήτης εργοστασίου βιομηχανίας (συνών. *εργοστασιάρχης*).
βιονική η, ουσ. (ασυνίζ.), επιστήμη που μελετά τα βιολογικά φαινόμενα και εφαρμόζει τα συμπεράσματά της στην κατάστρωση και την κατασκευή ηλεκτρονικών μηχανών και διατάξεων σε συνεργασία με την ηλεκτρονική. [γαλλ. *bionique*].
βιοπαλαιστής ο, ουσ. (ασυνίζ.), αυτός που μοχθεί για να αντιμετωπίσει τις ανάγκες της ζωής.
βιοπαλαίω, ρ. (ασυνίζ., λόγ.), μοχθώ για να εξοικονομήσω τα απαραίτητα για τη ζωή μου, ζω με οικονομικές δυσκολίες.
βιοπάλη η, ουσ. (ασυνίζ.), εργασία με μόχθο και αγώνα για την εξοικονόμηση των αναγκαίων της ζωής: *από μικρός ρίχτηκε στη ~.*
βιοπορισμός ο, ουσ. (ασυνίζ.), εξοικονόμηση των αναγκαίων για τη ζωή με προσωπική εργασία.
βιοποριστικός, -ή, -ό, επίθ. (ασυνίζ.), κατάλληλος, πρόσφορος για την εξοικονόμηση των αναγκαίων: *επάγγελμα -ό.*
βιορυθμική η, ουσ. (ασυνίζ., νεολογ.), (βιολ.) κλάδος της βιολογίας που μελετά τους βιορυθμούς.
βιορυθμός ο, ουσ. (ασυνίζ., νεολογ.), βιολογικός ρυθμός, περιοδική μεταβολή ορισμένων ζωικών φαινομένων και λειτουργιών.
βίος ο, ουσ. 1. η ζωή, η ύπαρξη κάποιου και η διάρκειά της. 2. οι ενέργειες και η δράση του ατόμου σε κάποιο πεδίο της κοινωνικής ζωής: *~ συζυγικός / πολιτικός.* 3. βιογραφία: *οι αγίοι.* Έκφρ. *~ και πολιτεία* (για κάποιον που έχει παρελθόν γεμάτο από ταλαιπωρίες ή επιλήψιμες πράξεις).
βιος, βλ. *βιο.*
βιοσκόπιο το, ουσ. (ασυνίζ. δις), όργανο που χρησιμεύει στην παρατήρηση και μελέτη της ζωής των εντόμων.
βιοστατική η, ουσ. (ασυνίζ.), κλάδος της βιολογίας που εξετάζει τη διαμόρφωση των οργανισμών σε σχέση με τις λειτουργίες τους. [*βιο(λογία) + στατική*].
βιόσφαιρα η, ουσ. (ασυνίζ.), το τμήμα της γήινης σφαίρας (δηλ. μέρος της ατμόσφαιρας, υδρόσφαιρας και του στερεού φλοιού) στο οποίο οι φυσικές και οι χημικές συνθήκες επιτρέπουν την ύπαρξη της ζωής.

βιοτέχνης ο, ουσ. (ασυνίζ.), αυτός που ασκεί βιοτεχνικό επάγγελμα, που ζει από τη βιοτεχνία.

βιοτεχνία η, ουσ. (ασυνίζ.). 1. κλάδος παραγωγής που ασχολείται με τη μετατροπή πρώτων υλών σε προϊόντα καθημερινής χρήσης (είτε έτοιμα είτε που απαιτούν κι άλλη επεξεργασία) με στοιχειώδη μηχανικά μέσα ή με τα χέρια. 2. εργαστήριο που ασχολείται με βιοτεχνική παραγωγή: *δουλεύω σε μια ~.*

βιοτεχνικός, -ή, -ό, επίθ. (ασυνίζ.), που ανήκει ή αναφέρεται στη βιοτεχνία: *προϊόντα -ά· επιμελητήριο -ό· σχολές -ές.*

βιοτικός, -ή, -ό, επίθ. (ασυνίζ.), που αναφέρεται στη ζωή, στις ανθρώπινες φροντίδες για τις υλικές ανάγκες της ζωής: *ανάγκες -ές·* εκφρ. *-ό δυναμικό* (= ο αριθμός των ατόμων ενός είδους που μπορούν να επιζήσουν σε περιβάλλον με άριστες συνθήκες)· *-ό επίπεδο* (= οι συνθήκες διαβίωσης ενός ατόμου ή συνόλου ατόμων σχετικά με την κατά κεφαλή κατανάλωση αγαθών και την παροχή υπηρεσιών)· *-οί παράγοντες* (= το σύνολο των επιδράσεων που υφίστανται οργανισμοί από άλλους οργανισμούς του περιβάλλοντός τους). [αρχ. ουσ. *βίοτος* (= ζωή) + *-ικός*].

βιότοπος ο, ουσ. (ασυνίζ.), βιολογικό περιβάλλον όπου κάποιοι ζωντανοί οργανισμοί (μια βιοκοινότητα) συναντούν τις απαραίτητες συνθήκες για την εκπλήρωση μέρους ή ολόκληρου του κύκλου της ζωής τους π.χ. μια λίμνη, μια σπηλιά.

βιοφωτογραφία η, ουσ. (ασυνίζ.), φωτογράφηση των ζωντανών οργανισμών ενώ κινούνται.

βιοχημεία η, ουσ. (ασυνίζ.), κλάδος της χημείας που ασχολείται με τις χημικές αντιδράσεις που συμβαίνουν στους ζωντανούς οργανισμούς.

βιοχημικός, -ή, -ό, επίθ. (ασυνίζ.), που ανήκει ή αναφέρεται στη βιοχημεία: *εργαστήριο -ό. - Το αρσ. ως ουσ.* = επιστήμονας ειδικευμένος στη βιοχημεία.

βιοψία η, ουσ. (ασυνίζ.), μικροσκοπική εξέταση ιστού που αφαιρέθηκε από ζωντανό οργανισμό.

βίρα, (ναυτικό πρόσταγμα), τράβα, σήκωσε κάτι ψηλά: *~ τις άγκυρες.* [ιταλ. *vira*, προστ. του *virare*].

βιράρω, ρ., χρησιμοποιώ βαρούλκο για να σηκώσω την άγκυρα ή κάποιο άλλο βάρος. [ιταλ. *virare*].

βιρμανικός, -ή, -ό, επίθ., που ανήκει ή αναφέρεται στη Βιρμανία ή τους Βιρμανούς.

Βιρμανός ο, θηλ. **-ή**, ουσ., κάτοικος ή πολίτης της Βιρμανίας ή αυτός που κατάγεται από εκεί.

βιρτουόζος, -α, -ικο, επίθ., αριστοτέχνης σε κάποιο μουσικό όργανο: *~ στο βιολί.* [ιταλ. *virtuoso*].

βισκόζη η, ουσ., κολλοειδές διάλυμα κυτταρίνης που προκύπτει από επεξεργασία της και χρησιμοποιείται για την κατασκευή τεχνητού μεταξιού· (συνεκδοχικά) το ύφασμα το κατασκευασμένο από βισκόζη. [γαλλ. *viscose*].

βισμούθιο το, ουσ. (ασυνίζ.), (χημ.) λευκοκίτρινο μέταλλο που ανήκει στην ομάδα του αζώτου· βρίσκεται αυτοφυές στη φύση και εύκολα θρύβεται και μεταβάλλεται σε σκόνη. [γαλλ. *bismuth*<γερμ. *wismat*]

βίσονας ο, ουσ., μηρυκαστικό θηλαστικό ζώο που μοιάζει με μεγαλόσωμο βόδι. [λατ. *bison*].

βιταλισμός ο, ουσ., θεωρία της βιολογίας που δέχεται την ύπαρξη μιας ζωτικής αρχής διαφορετικής από τη σκεπτόμενη ψυχή, καθώς και από την ύλη. [γαλλ. *vitalisme*].

βιτάλλιο το, ουσ. (ασυνίζ.), (χημ.) κράμα από κοβάλτιο, χρώμιο, μολυβδένιο με μεγάλη αντοχή που τήκεται δύσκολα και χρησιμοποιείται στη χειρουργική, οδοντοτεχνία και στην κατασκευή χυτών αντικειμένων. [λατ. *vitallium*].

βιταμίνη η, ουσ., ονομασία διαφόρων οργανικών ενώσεων που είναι απαραίτητες για την κανονική ανάπτυξη των ανθρώπων και των ζώων ή για τη διατήρησή τους στη ζωή· παρέχονται στον οργανισμό με τις τροφές και τα φάρμακα. [γαλλ. *vitamine*].

βιταμινοθεραπεία η, ουσ., θεραπεία με παροχή βιταμινών.

βιταμινούχος, -α, -ο, επίθ., που περιέχει βιταμίνες: *τροφές -ες.*

βιτρίνα η, ουσ. 1. χώρος με τζάμι στην είσοδο καταστήματος που εκτίθενται εμπορεύματα (συνών. *προθήκη*). 2. έπιπλο με γυάλινα φύλλα όπου τοποθετούνται πράγματα ακριβά ή εκλεκτά. 3. επίδειξη: *όλες του οι ενέργειες είναι για ~· έργα -ας* (ό,τι γίνεται για επίδειξη και όχι για ωφέλεια) (συνών. *προβολή*). [γαλλ. *vitrine*].

βιτριόλι το, ουσ. (ασυνίζ.), θειικό οξύ: *τον παραμόρφωσε με ~.* [γαλλ. *vitriol*].

βιτρό το, ουσ., άκλ., υαλογράφημα (βλ. λ. σημασ. 1): *~ γοτθικά.* [γαλλ. *vitraux*, πληθ. του *vitrail*]

βίτσα η, ουσ. 1. λεπτή βέργα: *~ του δασκάλου*. 2. μαστίγιο. [σλαβ. *vitsa*<λατ. *vitea*].

βιτσιά η, ουσ. (συνιζ.), χτύπημα με βίτσα: *άρχισε το ζώο στις -ιές* (συνών. *βίτσισμα*).

βιτσίζω, ρ., χτυπώ με βίτσα: *-ισε το άλογο.*

βίτσιο το, ουσ. (συνιζ.), σοβαρό ηθικό ελάττωμα στην ανθρώπινη συμπεριφορά: *ο καθένας με τις ιδιοτροπίες του, με τα -ια του· -ια ερωτικά* (συνών. *πάθος, διαστροφή*). [ιταλ. *vizio*].

βιτσιόζος, -α, -ικο, επίθ. (συνιζ.), που έχει βίτσια.

βίτσισμα το, ουσ., χτύπημα με βίτσα (συνών. *βιτσιά*).

βίωμα το, ουσ., καθετί που έχει ζήσει κανείς: *έχω πολλά -ατα από τα γυμνασιακά μου χρόνια· -ατα προσωπικά.*

βιωματικός, -ή, -ό, επίθ., που αναφέρεται στα βιώματα, που αποτελείται από βιώματα: *υλικό -ό· το -ό υπόστρωμα ενός μυθιστορήματος.*

βιώσιμος, -η, -ο, επίθ. (ασυνίζ.), που μπορεί να ζήσει, να επιβιώσει: *οργανισμοί -οι·* (μεταφ.) *λύση -η· γνώσεις -ες· επιχείρηση -η.*

βιωσιμότητα η, ουσ. (ασυνίζ.), ικανότητα του οργανισμού να ζει: *~ των σπερμάτων· τεκμήριο -ας·* (μεταφ.) *~ μιας οικονομικής μονάδας.*

βλαβερός, -ή, -ό, επίθ., που προκαλεί βλάβη: *τροφές -ές· έντομα -ά* (συνών. *επιζήμιος·* αντ. *ωφέλιμος*).

βλάβη η, ουσ. 1. ζημία: *~ αυτοκινήτου·~ ηθική· -ές υλικές*. 2. φθορά: *~ οδικού δικτύου· το σπίτι έπαθε μεγάλη ~ από το σεισμό* (συνών. *καταστροφή*). 3. κακοποίηση: *~ σωματική*. 4. (ιατρ.) αντιληπτή μεταβολή προς το χειρότερο: *~ νευρικού συστήματος, κάποιου οργάνου,* κλπ. 5. (νομ.) *-ης δίκη* = δίκη για αποζημίωση εξαιτίας ζημιών που προκαλούνται στην περιουσία κάποιου από τρίτο· εκφρ. *ανήκεστος ~,* βλ. *ανήκεστος*.

βλαισός, -ή, -ό, επίθ. (λόγ.), (ιατρ.) χαρακτηρισμός μέλους σώματος που σχηματίζει με τον άξονα του σώματος γωνία ανοιχτή προς τα έξω: *αγκώνας ~· γόνατο -ό.*

βλάκας ο, ουσ., ανόητος· εκφρ. *~ με περικεφαλαία* (= πολύ ανόητος)· *~ από κούνια* (= «εκ γενετής»

βλακεία

βλάκας)· (συνών. *ηλίθιος, χαζός, κουτός, μωρός*· αντ. *έξυπνος, ξύπνιος,* «*ατσίδας*»). - Υποκορ. **-ούτσικος**.

βλακεία η, ουσ. **1.** ανοησία: *η ~ του δεν περιγράφεται* (συνών. *ηλιθιότητα, μωρία, κουταμάρα*· αντ. *εξυπνάδα, ευφυία*). **2.** ανόητος λόγος ή ανόητη ενέργεια: *όλο -ες λες· έκανα τη ~ να του εμπιστευτώ το μυστικό*.

βλακέντιος ο, θηλ. **-α**, ουσ. (ασυνίζ., έρρ.), (σκωπτ.) μεγάλος βλάκας (συνών. *βλακόμουτρο*· αντ. *ατσίδας*). [*βλάκας* + *-έντιος*].

βλακόμετρο το, ουσ., αυτός που μπορεί να χρησιμεύσει ως μέτρο βλακείας, κατεξοχήν βλάκας.

βλακόμουτρο το, ουσ. **1.** πρόσωπο με βλακώδη έκφραση. **2.** άνθρωπος βλάκας: *είναι μεγάλο ~* (συνών. *βλακέντιος*).

βλακοφέρνω, ρ., είμαι λίγο βλάκας: *δε σου φαίνεται ότι -ει αυτός;*

βλακώδης, -ης, -ες, γεν. *-ους*, πληθ. αρσ. και θηλ. *-εις*, ουδ. *-η*, επίθ., που ταιριάζει σε βλάκα, που γίνεται από βλάκα: *ερώτηση ~· πρόσωπο -ες* (συνών. *ανόητος, χαζός, ηλίθιος*· αντ. *έξυπνος*). - Επίρρ. **-ωδώς**.

βλάμης ο, θηλ. **-ισσα**, ουσ. **1.** θετός αδελφός, αδελφικός φίλος (συνών. *αδελφοποιτός, σταυραδερφός*). **2.** λεβέντης, παλληκαράς. [αλβαν. *vllam*].

βλάμικος, -η, -ο, επίθ., που ταιριάζει σε βλάμη: *έχεις -ους τρόπους*. - Επίρρ. **-α**.

βλάμισσα, βλ. *βλάμης*.

βλαμμένος, βλ. *βλάπτω*.

βλαπτικός, -ή, -ό, επίθ., βλαβερός: *τροφές -ές*· *επιπτώσεις -ες*· *περιορισμός -ός* (συνών. *επιζήμιος*· αντ. *ωφέλιμος, χρήσιμος*).

βλάπτω και **-φτω**, ρ., μτχ. *-μμένος*. **1.** προξενώ βλάβη, ζημία (υλική ή ηθική): *το χαλάζι έβλαψε τα δέντρα* (αμτβ.) *το πολύ κρασί -φτει* (συνών. *φθείρω*). **2.** πειράζω, ενοχλώ: *σε είχε κανέναν αυτός ο άνθρωπος;* (τρίτο πρόσ.) *δε βλάφτει αν περιμένεις και λίγο*. - Η μτχ. παρκ. **βλαμμένος** ως επίθ. = ανισόρροπος, παράφρονας.

βλαστάνω και **-αίνω**, ρ., αόρ. *(ε)βλάστησα*. **1.** βγάζω βλαστούς: *άρχισαν να -ήσουν φέτος τα αμπέλια*. **2.** φυτρώνω: *οι σπόροι που φύτεψα -ησαν γρήγορα*. **3.** (μεταφ.) εμφανίζομαι, γεννιέμαι: *ένιωσε να -αίνει μέσα της μια έγνοια για τούτον τον άντρα* (Μπαστιάς).

βλαστάρι το, ουσ. **1.** νέος βλαστός φυτού: *το δέντρο πέταξε τα πρώτα του -ια*. **2.** (μεταφ.) παιδί: *ήρθε το ~ μου!* - Υποκορ. **-άκι** το.

βλαστολογώ, -είς, ρ., κόβω τα περιττά μικρά βλαστάρια των δέντρων την εποχή που αναπτύσσεται το φύλλωμά τους.

βλασταρώνω, ρ., βγάζω βλαστάρια: *τ' αμπέλια άργησαν να -ώσουν*.

βλάστημα το, ουσ., (βιολ.) είδος αδιαφοροποίητων κυττάρων που πολλαπλασιάζονται και διαφοροποιούνται για να σχηματίσουν νέους ιστούς στο σημείο ενός τραύματος.

βλαστήμια και **-μιά** η, ουσ. (συνίζ.). **1.** εξύβριση των θείων: *είναι μεγάλη ~ να μιλάς έτσι για το Θεό*. **2.** βρισιά: *μου 'πε ένα σωρό -ες*. **3.** κατάρα: *η ~ της μάνας πιάνει*· φρ. *τρώει -ες* (= τον καταριούνται).

βλαστημιδί το, ουσ., συνεχής και έντονη βλαστήμια: *άρχισε το ~*.

βλαστημώ, -άς, ρ. **1.** βρίζω τα θεία: *-ησε το Χριστό και την Παναγία*. **2.** καταριέμαι: *-ησα την ώρα και τη στιγμή που σε γνώρισα* (συνών. *αναθεματίζω*·

αντ. *μακαρίζω*). Φρ. *-ήμα τα* (για να δηλώσομε παράπονο ή απογοήτευση). [αρχ. *βλασφημώ*].

βλάστηση η, ουσ. **1.** φύτρωμα. **2.** ο χρόνος κατά τον οποίο βλαστάνουν τα φυτά, ανάπτυξη των φυτών: *έπιασαν παγωνιές πάνω στη ~ των φυτών*. **3.** το σύνολο των φυτών ενός τόπου: *στο δάσος οργίαζε η άγρια ~* (συνών. *χλωρίδα*).

βλαστίζω, ρ. **1.** βγάζω βλαστούς: *άρχισαν να -ουν δέντρα*. **2.** φυτρώνω.

βλαστοκόπος ο, ουσ., δενδροκομικό εργαλείο με το οποίο κλαδεύουν τα δέντρα.

βλαστοκοπώ, ρ., κόβω βλαστούς από φυτά ή δέντρα.

βλαστολόγημα το, ουσ., κόψιμο βλαστών από φυτά ή δέντρα: *έγινε το αναγκαίο ~ στα δέντρα* (συνών. *κορφολόγημα*).

βλαστολόγος ο, ουσ., αυτός που κόβει τους βλαστούς (συνών. *κλαδευτής*).

βλαστολογώ, ρ., κόβω βλαστούς: *-ησα το βασιλικό* (συνών. *κορφολογώ*).

βλαστός ο, ουσ. **1.** το μέρος του φυτού που συνήθως βρίσκεται πάνω από την επιφάνεια του εδάφους: *~ ξυλώδης / αναρριχώμενος· ~ υπόγειος*. **2.** βλαστάρι φυτού, κλαδί. **3.** (μεταφ.) γέννημα, τέκνο: *είναι ~ αρχοντικής οικογένειας*.

βλάσφημος, -η, -ο, επίθ. (λόγ.). **1.** που λέει βλαστήμιες, υβριστής (των θείων). **2.** απρεπής: *λόγια -α* (συνών. *ασεβής, υβριστικός*).

βλατί το, ουσ. (λαϊκ.), (παλαιότερα) πολυτελές μεταξωτό ύφασμα, συχνά πορφυρό, με το οποίο καλυπταν συνήθως την Αγία Τράπεζα. [μεσν. *βλαττίον*].

βλάφτω, βλ. *βλάπτω*.

βλάχα, βλ. *βλάχος*.

βλαχιά η, ουσ. (συνιζ.). **1.** το σύνολο των βλάχων: *πλάκωσε η ~*. **2.** (μεταφ.) άξεστοι, απολίτιστοι χωριάτες. **3.** βάνωση συμπεριφορά του βλάχου (βλ. λ. σημασ. 4), χωριάτικη συμπεριφορά: *ο βλάχος κι αν πολιτευτεί πάλι ~ μυρίζει* (παροιμ.).

βλάχικος, -η, -ο, επίθ. **1.** που προέρχεται ή σχετίζεται με τους βλάχους: *πίτα / φορεσιά -η· σπίτι -ο*. **2.** που προέρχεται ή σχετίζεται με τους χωρικούς (συνών. *χωριάτικος*). **3.** άξεστος: *συμπεριφορά -η* (συνών. *άκομψος*). - Το ουδ. στον πληθ. = **1.** η γλώσσα των βλάχων: *μιλάει -α*. **2.** ενδυμασία των βλάχων: *φορούσε -α στο πανηγύρι*. - Επίρρ. **-α**.

βλαχίλα η, ουσ. **1.** η δυσοσμία του βλάχου και του τσομπάνη. **2.** άξεστη συμπεριφορά βλάχου.

βλαχοδήμαρχος ο, ουσ. **1.** δήμαρχος χωριού που κατοικείται από βλάχους. **2.** δήμαρχος χωριού, καθυστερημένου χωριού. **3.** νεόπλουτος χωριάτης με άξεστους τρόπους: *πού τον βρήκαν για γαμπρό αυτόν το -ο!*

βλαχόκαλτσα η, ουσ. **1.** χοντρή, μάλλινη κάλτσα που φορούν οι βλάχοι. **2.** (μεταφ.) άξεστος, χωριάτης.

βλαχοκαλύβα η, ουσ., βλαχοκάλυβο.

βλαχοκάλυβο το, ουσ. **1.** καλύβα βλάχων, χωρικών. **2.** καλύβα πρόχειρα κατασκευασμένη.

βλαχόκαπα η, ουσ., κάπα που φορούν οι βλάχοι και οι τσομπάνηδες.

βλαχοπανηγύρι το, ουσ., εμπορικό πανηγύρι στο οποίο συγκεντρώνονται βλάχοι ή χωρικοί.

βλαχοπούλα η, ουσ., κόρη βλάχου.

βλαχόπουλο το, ουσ., παιδί βλάχου.

βλάχος ο, θηλ. **-α**, ουσ. **1.** (με κεφ. το αρχικό γράμμα) Κουτσόβλαχος (βλ. λ.). **2.** (με κεφ. το αρχικό γράμμα) κάτοικος της Βλαχίας (Ρουμανίας). 3. βοσκός, τσοπάνης. 4. χωριάτης, κάτοικος της υπαίθρου. 5. άξεστος, απολίτιστος, χωριάτης. [πιθ. σλαβ. *Vlah*].

βλαχοσκούτι το, ουσ., υφαντό χοντρό μάλλινο σκέπασμα.

βλαχουριά η, ουσ. (συνιζ.) 1. το σύνολο των βλάχων (συνών. *βλαχιά*). 2. κακοσμία του βλάχου (συνών. *βλαχίλα*). 3. άξεστη συμπεριφορά.

βλαχόφωνος, -η, -ο, επίθ., που μιλά βλάχικα (χωρίς υποχρεωτικά να είναι Βλάχος): Έλληνες -οι.

βλαχοχώρι το, ουσ., χωριό βλάχων.

βλάψιμο το, ουσ., βλάβη, ζημία.

βλέμμα το, ουσ. 1. ματιά: *τότ' εσήκωνες το ~ / μες στα κλάματα θολό* (Σολωμός) (συνών. *κοίταγμα*). 2. έκφραση ματιών: *~ αγγελικό / αυστηρό / απλανές / αφηρημένο*. Έκφρ. «*υπό το ~» του...* = με την επίβλεψη του...

βλέννα η, ουσ. 1. έκκριμα της μύτης (συνών. *μύξα*). 2. ουσία γλοιώδης και ημιδιαφανής που παράγουν οι βλεννογόνοι αδένες.

βλεννογόνος, -ος, -ο, επίθ., που εκκρίνει βλέννα: *αδένες -οι.* - Το αρσ. ως ουσ. = μεμβράνη που επενδύει ορισμένες κοιλότητες του ανθρώπινου σώματος και περιέχει πολυάριθμους μικρούς αδένες που εκκρίνουν βλέννα με την οποία διατηρείται πάντοτε υγρή.

βλεννόρροια η, ουσ. (ασυνίζ.), αφροδίσιο νόσημα που προκαλείται από το γονόκοκκο (συνών. λαϊκ. *σκουλαμέντο*).

βλεννώδης, -ης, -ες, γεν. -ους, πληθ. αρσ. και θηλ. -εις, ουδ. -η, επίθ., που μοιάζει με βλέννα, που περιέχει βλέννα: *ουσία ~· έκκριμα -ες*.

βλέπω, ρ., αόρ. *είδα*, υποτ. *(να) δω*, μτχ. ειδωμένος, 1. έχω την αίσθηση της όρασης: *~ λίγο θαμπά μ' αυτά τα γυαλιά*. 2. παρατηρώ, κοιτάζω: *έβλεπε τη φωτογραφία του γιου της και την έπιασε το παράπονο· σας ~ και σας καμαρώνω*. 3. αντιλαμβάνομαι την παρουσία κάποιου, διακρίνω κάποιον ή κάτι: *πέρασε από κοντά μου και δε με είδε· στο βάθος του δρόμου είδε κάποια σκιά*. 4. αντιλαμβάνομαι, διαπιστώνω: *τώρα ~ πόσο άδικο είχα· ~ ότι θέλεις να φύγεις*. 5. συναντώ, επισκέπτομαι: *κάθε πρωί τον ~ στο λεωφορείο· πέρασε από το σπίτι να με δεις·* (μέσ.) *να βλεπόμαστε πότε πότε*. 6. (ιατρ.) εξετάζω: *πρέπει να τον δει επειγόντως γιατρός*. 7. εξετάζω, εξακριβώνω: *αυτό θα το δούμε αργότερα*. 8. προβλέπω: *να -εις το παιδί όσο θα λείπω· -ει τους εργάτες που δουλεύουν· -ε να μη γλιστρήσεις· -ε την υγεία σου μόνο* (συνών. *φυλάω· επιβλέπω*). 9. είμαι στραμμένος σε κάποια κατεύθυνση, έχω θέα προς κάτι: *το παράθυρό μου -ει στη θάλασσα· το μπαλκόνι -ει στο δρόμο*. 10. σκέφτομαι, αποφασίζω: *πρέπει όλοι μαζί να δούμε τι θα κάνουμε*. 11. αποβλέπω: *-ει στην προίκα της· -ει ν' αρπάξει* (συνών. *στοχεύω, σκοπεύω*). 12. παίρνω υπόψη μου, αναγνωρίζω: *ο έρωτας δεν τα -ει αυτά*. 13. προβλέπω: *-ει το μέλλον· πρόωρες εκλογές -ει η αντιπολίτευση*. 14. βρίσκω, πετυχαίνω: *δε ~ προκοπή· πήγαινε στο γιατρό για να δεις την υγειά σου*. 15. απολαμβάνω: *δεν είδε ούτε δεκάρα από το παιδί του*. 16. συγκατατίθεμαι: *είδε ο Θεός και έγινε καλά το παιδί μου* (συνών. *συγκατανεύω*). 17. *-εις, είδες;* (για επαλήθευση μιας κατάστασης για την οποία έχει γίνει λόγος). Φρ. *είδα κι απόειδα*, βλ. *απόειδα· ~ και δε ~* (= βλέπω αμυδρά)*· όπως σε ~ και με -εις* (για να δηλωθεί

κάτι σίγουρο)· *δε -εται* (= είναι άσχημος)· *~ το φως της δημοσιότητας* (= δημοσιεύομαι)· *δε ~ Θεού πρόσωπο* (= ποτέ δε μου 'ρχονται τα πράγματα βολικά) *-οντας και κάνοντας* (= α. ανάλογα με την περίσταση· β. απρομελέτητα)· *τον ~ σαν κουνούπι* (= δεν τον εκτιμώ, δε μου γεμίζει το μάτι)· *δε σε ~ καλά* (= δεν είσαι ασφαλής)· *να τον δεις και να τον λυπηθείς* (= είναι αξιολύπητος)· *όποιος έχει μάτια -ει* (για να δηλωθεί κάτι προφανές)· *δεν έχει μάτια να με δει* (= με ντρέπεται)· *τα ~ μαύρα ή σκούρα* (τα πράγματα) (= δυσοίωνο το μέλλον)· *δε ~ άσπρη μέρα* (= ποτέ δε μου 'ρχονται τα πράγματα βολικά)· *δε -ει πέρα από τη μύτη του* (= δεν αντιλαμβάνεται εύκολα)· *δε ~ ούτε τη μύτη μου* (= δε βλέπω καθόλου, είναι θεοσκότεινα)· *~ μακριά* (= έχω διορατικότητα)· *~ με τα (ίδια τα) μάτια μου* (για να δηλωθεί με έμφαση η όραση)· *~ με καλό μάτι* (= η στάση μου είναι ευνοϊκή απέναντι σε κάποιον ή κάτι, συμπαθώ)· *~ τον ουρανό σφοντύλι* (= ζαλίζομαι από χτύπημα ή δυσάρεστη είδηση)· *έχω δει πολλά, έχουν δει πολλά τα μάτια μου* (= έχω πολλές και ποικίλες εμπειρίες)· *απ' την πείνα δε σε ~* (= πεινώ πολύ)· *το ~ και δεν το πιστεύω* = εκπλήσσομαι (για κάτι απίθανο)· *τα ~ ρόδινα* (= αισιοδοξώ)· *~ στον ύπνο μου* (= ονειρεύομαι)· *~ κάποιον σαν το Χάρο* (= αισθάνομαι ζωηρή αποστροφή για κάποιον, τον μισώ)· *είδα κι έπαθα* (= βασανίστηκα, ταλαιπωρήθηκα)· *~ το φως (της ημέρας)* (= **α.** γεννιέμαι· **β.** αποκαλύπτομαι)· *~ φως* (= αρχίζω να αισιοδοξώ)· *~ φως κι ημέρα* (= ξενοιάζω, βγαίνω απ' το αδιέξοδο)· *δε ~ την ώρα να...* = ανυπομονώ να... Παροιμ. φρ. *όποιος πρόλαβε τον Κύριον είδε* (οι δραστήριοι και οι γρήγοροι πετυχαίνουν)· *ποιος είδε το Θεό και δεν τον φοβήθηκε!* (= μου προκάλεσε μεγάλο φόβο, μεγάλη κατάπληξη). Παροιμ. *μάτια που δε -ονται γρήγορα λησμονιούνται* (μοιραίο επακόλουθημα του αποχωρισμού η λησμονιά)· *της νύχτας τα καμώματα τα -ει η μέρα και γελά* (= ό,τι βυσσοδομείται, έρχεται στιγμή που αποκαλύπτεται)· *σπίτι που δεν το -ει ο ήλιος, το -ει ο γιατρός* (= αν δεν υπάρχει πρόνοια, έρχονται τα δυσάρεστα)· *ακόμη δεν τον είδαμε, Γιάννη τον βαφτίσαμε* (γι' αυτούς που κάνουν σχέδια με αβέβαιες προσδοκίες).

βλεφαρίδα η, ουσ. (συνήθως στον πληθ.), σκληρές τρίχες στα άκρα των βλεφάρων για να προστατεύονται τα μάτια από σκόνες και σκουπίδια κ.τ.ό.: *-ες μεγάλες / ψεύτικες* (συνών. *ματόκλαδο, ματοτσίνορο, τσίνορο*).

βλεφαρίτιδα η, ουσ. (ιατρ.) φλεγμονή των βλεφάρων: *~ οξεία*.

βλέφαρο το, ουσ. 1. κάλυμμα του ματιού: *δεν μπορώ να κρατήσω τα -ά μου ανοιχτά (από τη νύστα)· -α ανοίκτα* (συνών. *ματόφυλλο*). 2. (συνεκδοχικά) *βλέμμα, μάτια*.

βλέψη η, ουσ., σκοπός στον οποίο αποβλέπει κάποιος: *-εις αγνές / προοδευτικές· έχω -εις σε κάτι* = αποβλέπω (συνών. *πρόθεση, τάση*).

βλήμα το, ουσ., οτιδήποτε εκτοξεύεται εναντίον στόχου με το χέρι, με τόξο, με όπλο ή άλλο μέσο: *~ τηλεκατευθυνόμενο· ~ πυροβόλου όπλου· -ατα άσφαιρα*.

βληματαποθήκη η, ουσ. (στρατ.) ειδική αποθήκη όπου αποθηκεύονται τα βλήματα.

βληματοδόχη η, ουσ. (στρατ.) προστατευτικό χωμάτινο τοίχωμα που υψώνεται μπροστά από τους

στόχους στα στρατιωτικά πεδία για να δέχεται τα βλήματα που ρίχνονται.
βληματοθήκη η, ουσ., βληματαποθήκη (βλ. λ.).
βλητικός, -ή, -ό, επίθ., που είναι κατάλληλος για βολή: *σωλήνας ~. -* Το θηλ. ως ουσ. = σύγχρονη επιστήμη που ασχολείται με τους νόμους κίνησης των βλημάτων, ιδίως αυτών που εκτοξεύονται από πυροβόλα όπλα.
βλητικότητα η, ουσ., δύναμη πυροβόλου όπλου: *~ των πυροβόλων των αρμάτων.*
βλητός, -ή, -ό, επίθ., που μπορεί να χρησιμοποιηθεί ως βλήμα, να εκτοξευτεί: *βέλη -ά.*
βλίτο το, ουσ., φυτό της τάξης των αμαραντωδών Φρ. *είναι ~ ή τρώει -α* (= είναι χαζός, κουτός).
βλόγημα, βλ. *ευλόγημα.*
βλογητικός, βλ. *ευλογητικός.*
βλογιά, βλ. *ευλογία.*
βλογιοκομμένος, -η, -ο, (συνιζ.) και **βλογοκομμένος**, επίθ., που έχει στο πρόσωπο τις χαρακτηριστικές ουλές που αφήνει η ευλογιά: *πετσί -ο.* [*ευλογία + κόβομαι*].
βλογώ, βλ. *ευλογώ.*
βλοσυρός, -ή, -ό, επίθ., που κοιτάζει άγρια και εμπνέει φόβο με το βλέμμα του: *βλέμμα -ό* (συνών. *αγριωπός*).
βλοσυρότητα η, ουσ., αγριωπό βλέμμα, απειλητικό ύφος: *κοιτάζω με ~.*
βόας ο, ουσ., μεγαλόσωμο σαρκοβόρο φίδι της νότιας Αμερικής που δε διαθέτει δηλητήριο, αλλά πνίγει τη λεία του και την καταπίνει αμάσητη: *~ σφιγκτήρας.* Φρ. (λαϊκ.) *δεν είναι ~, δεν είναι κροταλίας* (παιγνιωδώς για κάτι μικρό ή ασήμαντο). [νεολατ. επιστ. όρος *boa*].
βογγερός, -ή, -ό, επίθ. (ερρ., λαϊκ.), που συνοδεύεται από στεναγμούς.
βογγητό το, ουσ. (ερρ.), βαρύς στεναγμός (από σωματικό ή ψυχικό πόνο): *~ ατέλειωτο / λυπητερό· το ~ του αρρώστου·* (μεταφ.) *το ~ του ανέμου* (= βοή) (συνών. *μούγγρισμα*).
βογγηχτά, επίρρ. (ερρ., ιδιωμ.), με βαρύ στεναγμό.
βόγγος ο, ουσ. (ερρ.), βογγητό: *~ σκλαβωμένου·* (μεταφ.) *ο ~ της άγριας θάλασσας* (= βοή).
βογγώ, -άς, ρ. (ερρ.), αναστενάζω βαριά (από σωματικό ή ψυχικό πόνο): *οι τραυματίες -ούν·* (μεταφ.) *αγέρας δέρνει τα κλαδιά του λόγγου και -άνε* (Βαλαωρίτης)· *ο χιονιάς -ούσε απόξω.* Φρ. *-ηξε η τσέπη μου* (= *πλήρωσα πάρα πολλά χρήματα*) (συνών. *μουγγρίζω*). [*γογγώ < γογγύζω*].
βογιάρος ο, ουσ. (συνιζ.), παλιότερος αριστοκρατικός ρωσικός τίτλος. [ρωσ. *bojarin*].
βογκώ, βλ. *βογγώ.*
βογόμιλοι οι, ουσ. (θρησκ. / ιστ.) αιρετικοί μανιχαίοι που εμφανίστηκαν στη Βουλγαρία το 10. αι. [βουλγ. *bogomili*].
βοδάμαξα και **βοϊδάμαξα** η, ουσ., άμαξα που τη σέρνουν βόδια (συνών. *αραμπάς*).
βόδι και **βόιδι** το, ουσ. (ζωολ.) μεγαλόσωμο κατοικίδιο μηρυκαστικό· (ειδικά) ζώο αυτού του είδους αρσενικό, ευνουχισμένο και ενήλικο: *~ αργοκίνητο / δουλευτάρικο / καματερό / παχύ· οργώνω με τα -ια· ~ στο ζυγό / στο παχνί·* Έκφρ. *χοντρός σα ~* (= πολύ χοντρός). Φρ. *είναι (ένα) ~* (*και μισό*) (μεταφ. για άνθρωπο ανόητο, χοντροκέφαλο)· *τρώω σαν ~* (= υπερβολικά)· *κρύβομαι / μπαίνω / πηγαίνω στου -ιού το κέρατο* (= καταφεύγω σε ασφαλές κρησφύγετο· χρησιμοποιείται συνήθως όταν κινδυνεύει κάποιος όπου κι αν κρυφτεί): *στου -ιού το κέρατο να κρυφτείς, θα σε βρω.* Παροιμ. *εκεί που μας χρωστούσανε, μας πήραν και το ~* (αντί να επανορθωθεί μια αδικία, προστίθεται σ' αυτήν μια δεύτερη)· *φάγαμε (όλο) το ~, στην ουρά θα κουραστούμε; (ή θα κολλήσουμε;)* (για ενίσχυση σε κάποιον που αποθαρρύνεται, όταν κάτι κοντεύει να τελειώσει). - Υποκορ. **-άκι** το.
βοδινός, -ή, -ό και **βοϊδινός**, επίθ., που ανήκει σε βόδι ή προέρχεται από αυτό: *ζωμός / λαιμός ~· σπάλα -ή· πετσί -ό.* - Το ουδ. ως ουσ. = βοδινό κρέας: *σούπα από -ό.*
βοδοβοσκός και **βοϊδο-** ο, ουσ. (ιδιωμ.), αυτός που βόσκει βόδια.
βοεβόδας, βόϊβοδας και **βοϊβόδας** ο, ουσ. (ιστ.) στρατιωτικός ή πολιτικός αξιωματούχος (σλαβικών φύλων)· στην Τουρκοκρατία, αντιπρόσωπος του σουλτάνου ή διάφορων κρατικών αξιωματούχων σε μια επαρχία (καζά) με διοικητικές και οικονομικές δικαιοδοσίες (δηλ. διαχείριση των κτημάτων τους και συγκέντρωση φόρων). [σλαβοουγγρικό *wojewode* ή *vojevoda·* πβ. τουρκ. *voynoda*].
βοή και **βουή** η, ουσ. **1**. δυνατή συνήθως ακαθόριστη φωνή: *από το πλήθος ακούστηκε μια ~.* **2**. συνεχής και υπόκωφος ήχος, συγκεχυμένος συνήθως ισχυρός θόρυβος: *~ του ανέμου / της θάλασσας· σεισμός με ~· αισθάνομαι μια βουή στ' αφτιά* (= ένα βόμβο) (συνών. *βούισμα*).
βοήθεια η, ουσ. (ασυνίζ.), συμμετοχή (με έργο, ηθικά ή υλικά μέσα) σε εργασία ή προσπάθεια ενός ή περισσοτέρων προσώπων για να ωφεληθούν, να εξυπηρετηθούν ή να ανακουφιστούν σε ώρα ανάγκης: *~ άμεση / αναγκαία / ανεκτίμητη· ~ αμοιβαία* (= αλληλοβοήθεια)· *~ ανθρωπιστική / διεθνής / κρατική / οδική· ~ υλική / ηθική / χρηματική· πρόγραμμα -ας για τις αναπτυσσόμενες χώρες· χρειάζομαι / ζητώ ~· με τη ~ του Θεού φτάσαμε γεροί·* (συνεκδοχικά, για υλικό μέσο βοήθειας) *τον λυπήθηκα και του έδωσα μια μικρή ~* (= ελεημοσύνη)· (επιφ. ως επίκληση ατόμου που κινδυνεύει) *~! πνίγομαι! προφτάστε!* ευχετ. σε άτομο που παρακολούθησε ιερή ακολουθία, κ.τ.ό.): *~ σου! ~ σας η χάρη του!* (ενν. του αγίου που γιόρταζε) (συνών. *ενίσχυση, αρωγή, συνδρομή, συμπαράσταση, υποστήριξη*). Έκφρ. *πρώτες -ες*, βλ. *πρώτος.*
βοήθημα το, ουσ. **1**. μέσο με το οποίο παρέχεται υλική, οικονομική βοήθεια: *~ χρηματικό / έκτακτο / μηνιαίο· θα χορηγηθούν -θήματα στους ανέργους* (συνών. *αρωγή, συνδρομή*). **2**. δημοσίευμα νεότερου ερευνητή που παρέχει σε κάποιον στοιχεία χρήσιμα για την εκπόνηση δικής του επιστημονικής εργασίας: *ο μελετητής χρησιμοποίησε όλες τις πηγές και τα -ατα που είχε.*
βοηθηματούχος ο, ουσ. (ασυνίζ., λόγ.), άτομο που παίρνει ή δικαιούται βοήθημα (βλ. λ. σημασ. 1).
βοηθημός ο, ουσ. (ιδιωμ.), βοήθεια.
βοηθητικός, -ή, -ό, επίθ. (ασυνίζ.). **1**. που παρέχει βοήθεια: *προσωπικό -ό· άνεμος ~* (= ευνοϊκός)· *ρόδες -ές* (= οδηλάτου) (συνών. *επικουρικός, ενισχυτικός*). **2**. (γραμμ.) *ρήματα -ά* = τα ρήματα «έχω» και «είμαι», όταν βοηθούν στο σχηματισμό των σύνθετων χρόνων. **3**. (στρατ.) μη μάχιμος: *στρατιώτες -οί· στρατεύματα -ά* (ως ουσ.) *χρησιμοποιούσε τους -ούς σε αγγαρείες.*
βοηθός ο και η, ουσ. (ασυνίζ.). **1**. αυτός που ενισχύ-

ει ένα έργο, που προσφέρει ενίσχυση σε ώρα ανάγκης: *μου στάθηκε ~ σε δύσκολες ώρες· έχω -ό τις συμβουλές σου·* (ευχετ.) *ο Θεός ~!* (συνών. *υποστηριχτής, συμπαραστάτης*). **2.** αυτός που βοηθεί κάποιον σε μια εργασία δουλεύοντας συνήθως υπό τις διαταγές ή την καθοδήγησή του: *~ αφοσιωμένος / πολύτιμος· ~ του μάστορα / του τεχνίτη* (= κάλφας, παραγιός)· *~ πανεπιστημιακός* (= μέλος του κατώτερου επιστημονικού προσωπικού)· *~ οικιακή* (= που βοηθεί στις δουλειές του σπιτιού)· (με λ. που δηλώνει επάγγελμα): *~ χημικός / λογιστής / σερβιτόρος.*
βοηθώ, -είς και **-άς**, ρ. (ασυνίζ.). **1.** εκτελώ ένα μέρος της εργασίας κάποιου, συμμετέχω στην προσπάθειά του διευκολύνοντας τον να κάνει κάτι ή κάνω κάτι για να ωφεληθεί, να εξυπηρετηθεί ή να ανακουφιστεί σε ώρα ανάγκης: *τον βοήθησα να σηκώσει το δέμα / να λύσει την άσκηση / να βγει από το νερό· -ά τον πατέρα του στα χωράφια / τους φτωχούς / τους αδύνατους μαθητές· τον βοήθησε ο Θεός και σώθηκε* (συνών. *ενισχύω, συντρέχω, υποστηρίζω, παραστέκομαι·* αντ. *ζημιώνω.* **2.** (για πράγμα) διευκολύνω κάτι: *το μεταλλικό νερό -εί στην πέψη* (αντ. *εμποδίζω*).
βοημικός, -ή, -ό, επίθ., που έχει σχέση με τη Βοημία ή τους Βοημούς.
Βοημός ο, θηλ. **-ή**, ουσ. (ασυνίζ.), αυτός που κατοικεί στη Βοημία ή κατάγεται από εκεί.
βοθροκαθαριστήρας ο, ουσ., βυτιοφόρο όχημα με ειδική συσκευή για εκκενώσεις βόθρων.
βοθροκαθαριστής ο, ουσ., επαγγελματίας που καθαρίζει βόθρους.
βοθρολύματα τα, ουσ., αστικά και βιομηχανικά απόβλητα.
βόθρος ο, ουσ., βαθύς σκεπασμένος λάκκος όπου μαζεύονται περιττώματα και βρόμικα νερά: *ανοίγω / σκάβω ένα -ο· αδειάζω το -ο·* (μεταφ.) *ο Α είναι ~· το στόμα του είναι ~* (= λέει αισχρά λόγια).
βόιβοδας, βοϊβόδας, βλ. *βοεβόδας.*
βοϊβοδίνα η, ουσ., γυναίκα του βοεβόδα· παροιμ. *ας με λένε ~ κι ας ψοφώ από την πείνα* (όταν κανείς δίνει σημασία στην κοινωνική επίδειξη και αδιαφορεί για ουσιώδεις υλικές ανάγκες).
βοϊδάμαξα, βλ. *βοδάμαξα.*
βόιδι, βλ. *βόδι.*
βοϊδινός, βλ. *βοδινός.*
βοϊδοβοσκός, βλ. *βοδοβοσκός.*
βοϊδόγλωσσα και **βουδο-** η, ουσ., γλώσσα βοδιού.
βοϊδοκεφαλή η, ουσ., κεφάλι βοδιού.
βοϊδολάτης ο, ουσ., αυτός που βόσκει βόδια.
βοϊδολίβαδο το, ουσ., λιβάδι όπου βόσκουν βόδια.
βοϊδόμαντρα η, ουσ. (ερρ.), μαντρί για βόδια.
βοϊδομάτης, -α, -ικο, επίθ., που έχει μάτια μεγάλα σαν του βοδιού. - Το αρσ. ως ουσ. = είδος σταφυλιού με μεγάλες μαύρες ρώγες.
βοϊδοματούσα, επίθ. θηλ., αυτή που έχει μεγάλα μάτια: *~ κι όμορφη* (δημ. τραγ.).
βοϊδοτόμαρο το, ουσ., δέρμα βοδιού.
βοϊδοτσάρουχο το, ουσ., τσαρούχι από δέρμα βοδιού.
βοιωτικός, -η, -ό, επίθ. (ασυνίζ.), που ανήκει ή αναφέρεται στη Βοιωτία ή τους Βοιωτούς: *κάμπος· ~ πρωτεύουσα -ή.*
Βοιωτός ο, θηλ. **-ή**, ουσ. (ασυνίζ.) κάτοικος της Βοιωτίας ή αυτός που κατάγεται από εκεί.
βολά η, ουσ. (λαϊκ.), περίσταση (επιρρημ. σε αιτ.

συνήθως με προηγούμενο το αριθμ. *μια*): *μια ~ κι έναν καιρό· είχανε μια ~ πολύ πλούτο* (= κάποτε)· *να 'ρχεσαι καμιά ~* (= κάπου κάπου) (συνών. *φορά*). [*βολή* με επίδρ. του *φορά*].
βολάν το, ουσ. **1.** μέρος του συστήματος διεύθυνσης ενός αυτοκινήτου σε σχήμα κυκλικό που χρησιμεύει στο να δίνει με το κάτωθεν άξονα κατεύθυνση στους τροχούς: *κρατώ / παίρνω το ~· άσος του ~* (= έμπειρος οδηγός αγωνιστικών αυτοκινήτων) (συνών. *τιμόνι*). **2.** πρόσθετο κομμάτι ύφασμα ή δαντέλα με ελεύθερη τη μια πλευρά που διακοσμεί το κάτω μέρος γυναικείου φορέματος ή γενικά το κάτω άκρο ενός υφάσματος: *φούστα με ~.* [γαλλ. *volant*].
βολαπίκ η ή το, ουσ. άκλ., τεχνητή διεθνής γλώσσα που επινοήθηκε στα 1880 από το Γερμανό Schleyer. [πλαστή διεθής λ. *volapük<vol* (αγγλ. *world* = κόσμος) + *pük* (αγγλ. *speak* = μιλώ)].
βολβίσκος, βλ. **βολβός**.
βολβοειδής, -ή, -ές, γεν. *-ούς*, πληθ. αρσ. και θηλ. *-είς*, ουσ. *-ή*, επίθ. (λόγ.), που έχει σχήμα βολβού.
βολβόριζα τα, ουσ., ονομασία μονοκοτυλήδονων φυτών που έχουν για ρίζα βολβό.
βολβός και λαϊκ. **βορβός** ο, ουσ. **1.** (φυτολ.) υπόγειος σφαιρικός βλαστός ορισμένων φυτών που περιβάλλεται από πολλά σαρκώδη φυλλαράκια, έχει ρίζες και συγκεντρώνει θρεπτικές ουσίες που του επιτρέπουν να βγάζει κάθε χρόνο ένα υπέργειο στέλεχος (κοιν. *κρεμμύδι*): *~ φολιδωτός / χιτωνοφόρος.* **2.** (ανατομ.) όργανο ή μέρος οργάνου με σχήμα σφαιρικό: *~ της αορτής / της ουρήθρας· ~ του ματιού.* - Υποκορ. **βολβίσκος** ο (στη σημασ. 1).
βολεί, ρ. (λαϊκ.), (απρόσ.). **1.** είναι βολικό, εύκολο: *δε μου ~ να έρθω.* **2.** είναι δυνατόν: *θέλουν, μα δε ~ να λησμονήσουν* (Μαβίλης). [μτγν. *ευβολέω*].
βόλεϊ και **βόλεϊ-μπολ** το, ουσ. άκλ., (αθλ.) είδος παιχνιδιού που παίζεται από δύο ομάδες με έξι παίχτες από τις οποίες η καθεμιά τοποθετείται σε γήπεδο, που χωρίζεται στη μέση από ένα υψωμένο δίχτυ, πάνω από το οποίο πρέπει να πετούν οι παίχτες με τα χέρια μια μπάλα (συνών. *πετόσφαιρα*). [αγγλ. *volleyball*].
βολεϊμπολίστας ο, θηλ. **-ίστρια**, ουσ., παίχτης του βόλεϊ.
βόλεμα το, ουσ. **1.** τοποθέτηση σε ορισμένη θέση: *το ~ του σπιτιού* (συνών. *ταχτοποίηση, συγύρισμα*). **2.** απαλλαγή (προσωρινή ή οριστική) από προβλήματα, δυσκολίες, στενοχώριες, κ.τ.ό.: *και λίγα να μου δανείσεις, θα είναι κάποιο ~ για μένα.*
βολεμός ο, ουσ. (λαϊκ.) ανακούφιση, ησυχία.
βολετός, -ή, -ό, επίθ. (λαϊκ.), εύκολος (συνήθως στο ουδ. σε απρόσ. εκφρ.): *έλα, αν σου είναι -ό· δε στάθηκε -ό να ξεφύγει· ας ήτο -ό να σε θωρώ, όντε θέλω* (δημ. τραγ.) (συνών. *δυνατός, κατορθωτός*). - Επίρρ. **-ά**.
βολεύω, ρ. **1.** βάζω κάτι στη θέση που πρέπει, συγυρίζω: *-εψα λίγο το σαλόνι· η βιβλιοθήκη γέμισε και δεν ξέρω πού θα τα -έψω τόσα βιβλία·* (μεταφ.) *για τιμωρία): θα σε -έψει καλά ο πατέρας σου, όταν έρθει·* (συνών. *ταχτοποιώ*). **2.** απαλλάσσω κάποιον προσωρινά ή οριστικά από προβλήματα, δυσκολίες, ανάγκες, κ.τ.ό., παρέχω άνεση: *πολύ με -εψαν τα χρήματα που μου δάνεισες· έχει πέντε παιδιά να -έψει· δεν τον -ει η καρέκλα·* (μέσ.): *όποτε -ευτείς, θα με ξεχρεώσεις· -έψου όπως μπο-

βολή

ρείς· είναι *-εμένος* (= δε χρειάζεται πια τίποτε)· *-εύτηκε σε μια πολυθρόνα· -ομαι περίφημα μοναχός μου* (συνών. *εξυπηρετώ, εξυπηρετούμαι*). Φρ. *τα ~* (= ευκολύνομαι, ξεπερνώ τις οικονομικές δυσκολίες): *μ' ένα μισθό δύσκολα τα -εις.*

βολή η, I. ουσ. (λόγ.). 1. (αθλητ., για αγωνίσματα ρίψεων) ρίξιμο, πέταγμα (ακοντίου, δίσκου ή σφαίρας) με ορμή και σε μεγάλη απόσταση: *~ άκυρη / έγκυρη / πετυχημένη / τελευταία·* (συνεκδοχικά) *πέτυχε ~ 75 μέτρων με το ακόντιο.* 2. (στρατ.) εξακόντιση του βλήματος ενός πυροβόλου όπλου (πυροβολισμός, κανονιά, κ.τ.ό.): *~ άσφαιρη / δοκιμαστική· αρχίζω ~* (= να βάλλω)· *είμαι σε / παίρνω θέση -ής·* (συνεκδοχικά) *η ~ πέτυχε το στόχο* (= το βλήμα)· (για εκπαίδευση) *πεδίο -ής· κάνω ~·* (για το είδος του όπλου) *~ πυροβόλου·* (για τον τρόπο που εκτοξεύεται το βλήμα) *~ αυτόματη / θεριστική / ταχεία·* (για το στόχο) *~ αντιαεροπορική / αντιαρματική·* (μεταφ.) *-ές εναντίον του πρωθυπουργού* (= επίθεση με δηλώσεις)· (για τη διεύθυνση του βλήματος) *~ ακριβής / καμπύλη / κατακόρυφη· ρυθμίζω τη ~·* (για την απόσταση που διανύει το βλήμα) *είμαι εκτός -ής / σε ακτίνα -ής·* (για το σκοπό που επιδιώκεται) *~ άμυνας / κάλυψης / παρενόχλησης· τιμητικές -ές· χαριστική ~* (για τη θανάτωση τραυματισμένου ύστερα από εκτέλεση και (μεταφ.) η πράξη ή το γεγονός που ολοκληρώνει μια καταστροφή).

βολή η, II. ουσ. (λαϊκ.), ανυπαρξία προβλημάτων, δυσκολιών, κλπ., ευκολία: *στο σπίτι μου έχω τη ~ μου· αυτός κοιτάζει μόνο τη ~ του· δε χαλάει τη ~ του* (συνών. *άνεση*).

βόλι το, ουσ. (λαϊκ.), το βλήμα ελαφρού πυροβόλου όπλου (πιστολιού, ντουφεκιού, πολυβόλου): *~ εχθρικό / μαύρο / μολυβένιο / φαρμακερό· πέφτουν τα -ια σα βροχή κι οι σφαίρες σα χαλάζι* (δημ. τραγ.). [*βόλος*].

Βολιβιανός ο, θηλ. **-ή**, ουσ. (ασυνίζ.), αυτός που κατοικεί στη Βολιβία ή κατάγεται από εκεί.

βολίδα η, ουσ. 1. (στρατ.) σφαίρα ελαφρού πυροβόλου όπλου: *~ σφαιρική· διαμέτρημα της -ας·* φρ. *τρέχω ή φεύγω (σαν) ~* (= με πολύ μεγάλη ταχύτητα). 2. (ναυτ.) όργανο για βυθομετρήσεις (κοιν. *σκαντάλιο*).

βολιδοσκόπηση η, ουσ., εξέταση του θαλάσσιου βυθού με βολίδα (βλ. λ. σημασ. 2)· (συνήθως μεταφ.) προσπάθεια να διαγνωσθούν, να εξακριβωθούν οι διαθέσεις, οι σκοποί, οι επιθυμίες, κλπ. κάποιου: *-ήσεις βουλευτών.*

βολιδοσκοπώ, -είς, ρ., εξετάζω το θαλάσσιο βυθό με βολίδα· (συνήθως μεταφ.) προσπαθώ με βάση εξωτερικές ενδείξεις ή τις αντιδράσεις κάποιου να συμπεράνω τις διαθέσεις, τους σκοπούς ή τις σκέψεις του: *-ήθηκαν πολλοί για το αν θα συμμετάσχουν στη νέα κυβέρνηση·* (γενικά) *~ την κατάσταση* (= εξετάζω λεπτομερώς).

βολίζω, ρ. (ναυτ.) εξετάζω με βολίδα (βλ. λ. σημασ. 2) το βάθος και τη σύσταση του θαλάσσιου βυθού (κοιν. *σκανταλιάρω*).

βολικός, -ή, -ό, επίθ. 1. που γίνεται με άνεση, με ευκολία· που παρέχει άνεση: *λύση -ή* (= *πρόσφορη*)· *καιρός ~* (= *ευνοϊκός*)· *σπίτι / ρούχο -ό· κάθισμα -ό* (= *αναπαυτικό*)· *σκεύος / χερούλι -ό* (= εύχρηστο, πρακτικό) (αντ. *άβολος*). 2. (για πρόσωπο) που έχει συμβιβαστικό χαρακτήρα: *είναι πολύ ~ και τον κάνουν ό,τι θέλουν· είμαι ~ στο*

φαΐ (= όχι ιδιότροπος) (συνών. *καλόβολος·* αντ. *δύστροπος*). - Επίρρ. **-ά** (στη σημασ. 1) φρ. *μου έρχονται -ά ή η τύχη τα φέρνει -ά* (= οι περιστάσεις είναι ευνοϊκές).

βόλισμα το, ουσ. (λόγ.), (ναυτ.) βυθομέτρηση με βολίδα· (συνεκδοχικά) ο αριθμός που σημειώνεται πάνω σε ναυτικό χάρτη και δηλώνει το βάθος.

βολιστήρας ο, ουσ. (ναυτ.) μηχανική βολίδα (βλ. λ. σημασ. 2) για μεγάλα βάθη.

Βολιώτης ο, θηλ. **-ισσα,** ουσ. (συνιζ.), κάτοικος του Βόλου ή αυτός που κατάγεται από εκεί.

βολιώτικος, -η, -ο, επίθ., που ανήκει ή αναφέρεται στο Βόλο ή τους Βολιώτες: *τρία παιδιά -α* (δημ. τραγ.)· *μήλα -α.*

Βολιώτισσα, βλ. *Βολιώτης.*

βολογύρισμα το, ουσ. (λαϊκ.), βαθύ σκάψιμο ή όργωμα χωραφιού ώστε να αναποδογυρίζει το χώμα του.

βολοδέρνω, ρ. (λαϊκ.), ταλαιπωρούμαι: *-ουν με το 'να, με τ' άλλο· χρόνια -ερνα στην ξενιτιά· ει απ' το πρωί ως το βράδι για ένα μεροκάματο* (συνήθως γυρίζοντας εδώ κι εκεί) (συνών. *βασανίζομαι*).

βόλος ο, I. ουσ. (ιδιωμ.), το να ρίχνει κάποιος τα δίχτυα στη θάλασσα για να ψαρέψει. [αρχ. *βόλος* <*βάλλω*].

βόλος, II. ουσ., βλ. *βώλος.*

βολτ το, ουσ. (φυσ.) μονάδα ηλεκτρικής τάσης (ισοδύναμη με τη διαφορά δυναμικού ανάμεσα σε δύο σημεία ενός αγωγού, που διαρρέεται από συνεχές ρεύμα με ένταση ενός αμπέρ, όταν η ισχύς που καταναλώνεται ενδιάμεσα είναι ίση με ένα βατ). [διεθν. *volt*, από το όνομα του φυσικού *Volta*].

βόλτα η, I. ουσ. 1. (λαϊκ.) στροφή, περιστροφή, γύρος: *γύρισε τη βίδα μια ~ ακόμη· το κλειδί παίρνει δυο -ες.* Φρ. *παίρνω την κάτω / την πάνω ~* (= η οικονομική, ψυχολογική, κλπ. κατάστασή μου χειροτερεύει / καλυτερεύει)· *πάρε τη ~ σου* (= κάνε ό,τι θέλεις, αδιαφορώ)· *φέρνω ~* (*το σκοινί, την κλωστή,* κ.τ.ό.) *γύρω από κάτι* (= περιτυλίγω σε κάτι)· *φέρνω ~ κάποιον* (= προσπαθώ να προσεταιριστώ κάποιον, τον κάνω να ενεργεί κατά τη θέλησή μου)· *τα φέρνω ~* (= καταφέρνω να ζω με όσα οικονομικά μέσα διαθέτω): *ο πατέρας δύσκολα τα 'φερνε ~.* 2. το να μετακινείται κανείς αργά με συγκεκριμένο σκοπό ή όχι από ένα μέρος με τα πόδια ή με μεταφορικό μέσο για την ευχαρίστηση του (συνήθως επιστρέφοντας στο σημείο από όπου ξεκίνησε: *-ες στην πλατεία· βγήκε / πήγε ~* (λαϊκ., συνεκδοχικά για τόπο περιπάτου): *με τη βροχή άδειασε η ~* (συνών. *περίπατος, γύρος, σεργιάνι*). Φρ. *κάνω / κόβω / φέρνω ~ ή -ες* (= περιφέρομαι): *το φεγγάρι κάνει ~ στης αγάπης μου την πόρτα* (δημ. τραγ.)· *μια βάρκα έκοβε -ες μέσα στο κανάλι* (συνών. *σεριανώ, τριγυρίζω, βολτάρω, βολτετζάρω, σουλατσάρω*). 3. (ναυτ.) στροφή ιστιοφόρου ώστε να πλέει με τον άνεμο από την αντίθετη πλευρά (αλλιώς: *όρτσα λα μπάντα,* λόγ. *αναστροφή*). - Υποκορ. **-ίτσα** και **-ούλα** η (στη σημασ. 2). [ιταλ. *volta*].

βόλτα η, II. ουσ.) μακρύ και γερό νήμα με μονό αγκίστρι για το ψάρεμα μεγάλων ψαριών: *στη μία κάσα είχε μικρή σκάρα, -ες για το ψάρεμα* (Ψυχάρης) (συνών. *ορμιά, ορμίδι*). [*βολετή< βόλος* με πιθ. επίδρ. του ιταλ. *volta*].

βολτάζ το, ουσ. άκλ. (φυσ.) ηλεκτρική τάση που μετριέται σε βολτ: *~ υψηλό / χαμηλό.* [γαλλ. *voltage*].

βολταϊκός, -ή, -ό, επίθ. (φυσ.) *στήλη -ή* = όργανο που επινόησε ο φυσικός Α. Volta για έρευνες σχετικές με τον ηλεκτρισμό. [γαλλ. *voltaïque*].

βολτάμετρο, βλ. *βολτόμετρο*.

βολτάρω, ρ. (λαϊκ.), κάνω βόλτα, περίπατο: *-ουν στην παραλία· -ιζε αμίλητος* (συνών. *σεριανώ, τριγυρίζω*). [ιταλ. *voltare*].

βολτετζάρω και **βολτα-**, ρ. (ιδιωμ.). 1. κάνω βόλτα, περίπατο (συνών. *βολτάρω*). 2. (ναυτ. για ιστιοφόρο) πλέω με βόλτες (βλ. βόλτα Ι σημασ. 3) λοξοδρομώντας: *-ήτανε ... βοριάς κι επειδής τον είχανε απομπροστά βολτατζάρανε* (Κόντογλου). [ιταλ. *volteggiare*].

βολτόμετρο και **βολτάμετρο** το, ουσ. (φυσ.) ειδικό όργανο που μετρά την ηλεκτρική τάση ανάμεσα σε δύο σημεία ενός αγωγού. [γαλλ. *voltamètre*].

-βολώ, β΄ συνθ. ρημάτων: *αγκυροβολώ, αστραποβολώ, μοσχοβολώ, πετροβολώ*. [αρχ. *-βολώ: ακτινοβολώ, ανθοβολώ*].

βόμβα και **μπόμπα** (όχι έρρ., έρρ.) η, ουσ. 1. κοίλο μεταλλικό βλήμα γεμάτο εκρηκτική ύλη που συνήθως το ρίχνουν από αεροπλάνο: ~ *ατομική* (βλ. *ατομικός*) / *βραδυφλεγής / βυθού / εμπρηστική* (ή *ναπάλμ*) / *νετρονίου / υδρογόνου* (όπου η ενέργεια παράγεται με σύντηξη πυρήνων υδρογόνου)· *ιπτάμενη* ~ (= είδος πυραύλου που χρησιμοποίησαν οι Γερμανοί προς το τέλος του δευτέρου παγκόσμιου πολέμου). 2. (κατ' επέκταση) μηχανισμός (ή και αντικείμενο) που είναι δυνατόν με κάποιον τρόπο να εκραγεί: ~ *πλαστικού / ωρολογιακή* (= που ο χρόνος της έκρηξής της ρυθμίζεται με τη βοήθεια ρολογιού)· ~ *μολότοφ* (= φιάλη με εύφλεκτο υγρό που εκσφενδονίζεται με πρόχειρο φιτίλι αναμμένο). 3. (μεταφ.) φρ. *πέφτει / σκάζει κάτι σαν* ~ (= για είδηση απροσδόκητη και εντυπωσιακή): *η παραίτηση του υπουργού έπεσε σαν* ~ *στους επιχειρηματικούς κύκλους*. [ιταλ. *bomba*].

βομβαρδίζω και (λαϊκ.) **μπομπαρδίζω** (όχι έρρ., έρρ.), ρ. 1. επιτίθεμαι εναντίον στόχου ρίχνοντας βόμβες, οβίδες, κ.τ.ό.: *εχθρικά αεροσκάφη -ισαν την πόλη*. 2. (μεταφ.) απευθύνω σε κάποιον (ερωτήσεις, επιστολές, κ.τ.ό.) με τρόπο εξακολουθητικό και συχνά ενοχλητικό: *οι δημοσιογράφοι -ιζαν τον κυβερνητικό εκπρόσωπο με ερωτήσεις*. 3. (φυσ.) εκθέτω (ένα στοιχείο, έναν πυρήνα) σε ακτινοβολία σωματιδίων που κινούνται με μεγάλη ταχύτητα: *τα ραδιοϊσότοπα προέρχονται από σταθερά στοιχεία, όταν τα στοιχεία αυτά -ονται με σωματίδια, όπως νετρόνια, ηλεκτρόνια, πρωτόνια, κ.ά.* [ιταλ. *bombardare* + *-ίζω*].

βομβαρδισμός ο, ουσ. 1. προσβολή ενός στοιχείου με βόμβες ή οβίδες: ~ *αδιάκοπος / αεροπορικός / καταιγιστικός / ναυτικός / νυχτερινός / σφοδρός·* ~ *μιας πόλης / αμάχων· αεροπορική μοίρα / όργανα / ύψος -ού· ατομικός* ~ (= με ατομικά όπλα). 2. (φυσ.) *ατομικός* ~ (= έκθεση (ενός πυρήνα, ενός στοιχείου) σε ακτινοβολία σωματιδίων (λ.χ. νετρονίων ή πρωτονίων).

βομβαρδιστής ο, ουσ., μέλος του πληρώματος βομβαρδιστικού αεροπλάνου με αποστολή τη σκόπευση και τη ρίψη βομβών.

βομβαρδιστικός, -ή, -ό, επίθ., που ανήκει ή αναφέρεται στο βομβαρδισμό ή το βομβαρδιστή: *αεροπορία -ή· αεροπλάνο -ό*. - Το ουδ. ως ουσ. = αεροπλάνο κατάλληλο για βομβαρδισμούς: *-ό ατομικό* (με δυνατότητα να ρίχνει ατομικές βόμβες)· *-ό βαρύ / κάθετης εφόρμησης / τετρακινητήριο*.

βομβητής ο, ουσ. (τεχνολ.) συσκευή για ακουστικές κλήσεις που χρησιμοποιείται συνήθως σε τηλεφωνικούς πίνακες και παράγει χαρακτηριστικό ήχο όμοιο με βουητό εντόμου: *προειδοποιητικός* ~ *αυτοκινήτου*.

βομβιδοβόλο το, ουσ. (στρατ.) φορητό όπλο που εκτοξεύει οπλοβομβίδες.

βομβιστής ο, ουσ., άτομο που προκαλεί την έκρηξη βόμβας (βλ. λ. σημασ. 2), συνήθως για πολιτικούς λόγους.

βομβιστικός, -ή, -ό, επίθ., που σχετίζεται με το βομβιστή: *απόπειρα / ενέργεια / επίθεση -ή*.

βόμβος ο, ουσ. 1. συνεχής και υπόκωφος ήχος που παράγουν ορισμένα έντομα καθώς πετούν: ~ *των μελισσών·* (μεταφ.) ~ *των κινητήρων του αεροπλάνου* (συνών. *βούισμα*). 2. (ιατρ.) ηχητική αίσθηση που δεν οφείλεται σε εξωτερικό ήχο αλλά σε πάθηση του οργανισμού.

βόμβυκας ο, ουσ. (ζωολ.) επιστημονική ονομασία του μεταξοσκώληκα.

βομβύκιο το, ουσ. (ασυνίζ.), (ζωολ.) περίβλημα που υφαίνουν γύρω από το σώμα τους οι προνύμφες των λεπιδοπτέρων ή και άλλων κντόμων και μέσα στο οποίο μεταμορφώνονται σε νύμφες: ~ *του μεταξοσκώληκα* (κοιν. *κουκούλι*).

βομβυκοτροφείο το, ουσ. (λόγ.), χώρος όπου εκτρέφονται μεταξοσκώληκες.

βομβυκοτροφία η, ουσ. (λόγ.), συστηματική συντήρηση μεταξοσκωλήκων με σκοπό την παραγωγή μεταξιού (συνών. *σηροτροφία*).

βοναπαρτισμός ο, ουσ., μορφή αυταρχικής διακυβέρνησης με τυπική νομιμότητα, όπου όλες οι εξουσίες —όπως στην περίπτωση του Ναπολέοντα Βοναπάρτη— συγκεντρώνονται σε ένα πρόσωπο, συνήθως στρατιωτικό, που κατέλαβε την αρχή πραξικοπηματικά. [γαλλ. *bonapartisme*].

βοναπαρτιστής ο, ουσ., οπαδός του βοναπαρτισμού.

βοξίτης ο, ουσ., μετάλλευμα που προέρχεται από την αποσάθρωση ασβεστολιθικών αργιλούχων πετρωμάτων που χρησιμοποιείται ως πρώτη ύλη για την κατασκευή αλουμίνιου: *αποθέματα / εξόρυξη / κοιτάσματα -η*. [γαλλ. *bauxite*].

βοοειδή τα, ουσ. (ζωολ.) μηρυκαστικά θηλαστικά χωρίς κοπτήρες και κυνόδοντες στην άνω σιαγόνα και με κοίλα κέρατα που δε διακλαδίζονται και στα δύο φύλα (π.χ. βόδι, κατσίκα, πρόβατο, κ.ά.).

βορά η, ουσ. (λόγ.), τροφή (σαρκοφάγων ζώων): *έγινε* ~ *των θηρίων*.

βόρβορος ο, ουσ. (λόγ.), βρόμικη και δύσοσμη λάσπη στον πυθμένα ποταμού, λίμνης ή δεξαμενής· συνήθως μεταφ. για ηθική κατάπτωση: ~ *της αμαρτίας* (συνών. *βούρκος*).

βορβορότοπος ο, ουσ., τόπος γεμάτος λάσπες, βρόμικος.

βορβός, βλ. *βολβός*.

βορειοαμερικανικός, -ή, -ό και **-κάνικος**, επίθ. (ασυνίζ.), που ανήκει ή αναφέρεται στη βόρεια Αμερική ή τους Βορειοαμερικανούς.

Βορειοαμερικανός ο, θηλ. **-ή** και **-ίδα**, ουσ. (ασυνίζ.), αυτός που κατοικεί στη Βόρεια Αμερική ή κατάγεται από εκεί.

βορειοανατολικός, -ή, -ό, επίθ. (ασυνίζ.), που βρίσκεται ανάμεσα στο βορρά και στην ανατολή, είναι στραμμένος ή κατευθύνεται προς τα εκεί ή προέρχεται από εκεί: *πλευρά -ή· άνεμος* ~ (κοιν. *γρέγος*). - Επίρρ. **-ά**.

βορειοδυτικός, -ή, -ό, επίθ. (ασυνίζ.), που βρίσκεται ανάμεσα στο βορρά και στη δύση, είναι στραμμένος ή κατευθύνεται προς τα εκεί ή προέρχεται από αυτό το σημείο του ορίζοντα: *ακτή -ή· άνεμος* ~ (κοιν. *μαΐστρος*). - Επίρρ. **-ά**.

βορειοελλαδικός, -ή, -ό, επίθ. (ασυνίζ.), που ανήκει ή αναφέρεται στη βόρεια Ελλάδα: *χώρος* ~.

Βορειοελλαδίτης ο, θηλ. **-ίτισσα,** ουσ. (ασυνίζ.), αυτός που κατοικεί στη βόρεια Ελλάδα ή κατάγεται από αυτήν.

βορειοελλαδίτικος, -η, -ο, επίθ. (ασυνίζ.), που ανήκει ή αναφέρεται στη βόρεια Ελλάδα ή στους Βορειοελλαδίτες: *εφημερίδες / ομάδες -ες*.

Βορειοηπειρώτης ο, θηλ. **-ισσα,** ουσ. (ασυνίζ.), αυτός που κατοικεί στη Βόρεια Ήπειρο ή κατάγεται από αυτην.

βορειοηπειρωτικός, -ή, -ό, επίθ. (ασυνίζ.), που ανήκει ή αναφέρεται στη Βόρεια Ήπειρο ή στους Βορειοηπειρώτες.

βόρειος, -α, -ο, επίθ. (ασυνίζ.), που βρίσκεται στο βορρά, έχει κατεύθυνση ή στρέφεται προς τα εκεί ή προέρχεται από εκεί: *χώρες -ες· ημισφαίριο -ο· Πόλος Βόρειος· σύνορα -α· πύλη -α· άνεμος* ~ (= *βοριάς*). - Το αρσ. και το θηλ. ως ουσ. = αυτός ή αυτή που κατάγεται από τις βόρειες χώρες (κυρίως της Ευρώπης) ή από τις βόρειες επαρχίες μιας χώρας. - Επίρρ. **-α**.

βοριάς ο, ουσ. (συνιζ.), άνεμος που φυσά από το βορρά: ~ *άγριος / παγωμένος· το μέρος αυτό το δέρνουν οι -άδες* (συνών. *τραμουντάνα* αντ. *νοτιάς*). - Υποκορ. **-ιαδάκι** το: *το γύρισε -ιαδάκι*. [αρχ. *βορέας*].

βορικό το, ουσ., λευκή κρυσταλλική ένωση του βορίου που διαλυμένο στο νερό χρησιμοποιείται ως αντισηπτικό.

βορινός, -ή, -ό, επίθ., βόρειος: *δωμάτιο -ό· πλευρά του σπιτιού -ή* (αντ. *νότιος*). - Επίρρ. **-ά**: *κοιτάζω / ταξιδεύω -ά*.

βόριο το, ουσ. (ασυνίζ.), (χημ.) αμέταλλο στοιχείο που εμφανίζεται με τη μορφή καστανόμαυρης σκόνης και χρησιμοποιείται στην ατομική βιομηχανία. [γαλλ. *bore*].

βορράς ο, ουσ. 1. σημείο του ορίζοντα που αντιστοιχεί στην κατεύθυνση του γήινου πόλου ο οποίος βρίσκεται στο ίδιο ημισφαίριο με την Ευρώπη και το μεγαλύτερο μέρος της Ασίας· αλλιώς το σημείο στα αριστερά ενός προσώπου που κοιτάζει προς την ανατολή (συντομογραφία *Β*): *δωμάτιο που βλέπει προς το -ά· παγεροί άνεμοι από το -ά· πυξίδα που δείχνει το -ά·* 2. (λόγ.) άνεμος που φυσά από το βορρά (κοιν. *βοριάς, τραμουντάνα·* αντ. *νοτιάς*). 3. (γεωγρ.) *Βορράς* = οι περιοχές, οι χώρες που βρίσκονται στα βορινά σε σχέση με άλλες περιοχές της ίδιας χώρας ή με ορισμένο τόπο, συνήθως την Ελλάδα ή τη (νότια) Ευρώπη: *λαοί / χώρες / πάγοι του Β-ά· ακρίτες / λίμνες του ελληνικού Β-ά* (αντ. στις σημασ. 1 και 3 *νότος*).

βοσκή η, ουσ. 1. (για χορτοφάγο ζώο ή για βοσκό) το να βόσκει: *πάει τα ζώα για* ~· ~ *ανοιξιάτικη· τόπος -ής· να βγουν τα λάφια στη* ~ (δημ. τραγ.). 2. χόρτο κατάλληλο για τροφή ζώων (εκεί που φυτρώνει): ~ *άφθονη / παχιά* (συνών. *νομή*). 3. τόπος όπου βόσκουν ζώα: *έρχονται τα γελάδια από τις -ές* (συνών. *βοσκότοπος, λιβάδι*).

βόσκημα το, ουσ. (λαϊκ.), το να βόσκουν (τα ζώα) και συνεκδοχικά το μέρος όπου βόσκουν: ~ *νυχτερινό / χορταστικό· βγάζει τα βόδια στο* ~ (συνών. *βοσκή*).

βοσκόπουλο το, θηλ. **-πούλα,** ουσ., παιδί βοσκού, παιδί που βόσκει πρόβατα, κ.τ.ό. (συνών. *τσοπανόπουλο*).

βοσκός ο, θηλ. **-ισσα,** ουσ. (ιδιωμ.), αυτός που φυλάγει ζώα (δικά του ή ξένα), που τα οδηγεί στη βοσκή: ~ *άγρυπνος / έμπιστος· γκλίτσα / φλογέρα του -ού* (συνών. *ποιμένας, τσοπάνης*).

βοσκοτόπι το, ουσ., βοσκότοπος: *-ια καλοκαιρινά / ορεινά*.

βοσκότοπος ο, ουσ., τόπος με χορτάρι κατάλληλος για βοσκή: ~ *απέραντος / καταπράσινος· νομοσχέδιο για τους -όπους* (συνών. *βοσκοτόπι, λιβάδι*).

βόσκω και **-ώ, -άς,** ρ. 1. (μτβ.) φροντίζω, φυλάγω ζώα (συνήθως σε κοπάδι) δικά μου ή ξένα, τα οδηγώ στα λιβάδια, στα μέρη όπου θα βρουν την τροφή τους: *-ει γίδια / πρόβατα / γουρούνια*. 2. (αμτβ. και μτβ., για χορτοφάγα ζώα) τρώγω (χόρτο ή πεσμένους καρπούς): *το άλογο -ει τριφύλλι· οι αγελάδες / τα ελάφια -ουν* (*στο λιβάδι*)· *το γουρούνι -ει βελανίδια· ζώα -ημένα* (= χορτάτα)· *χωράφι -ημένο* (= που δεν έχει πολύ χορτάρι, γιατί το βόσκησαν)· (λαϊκ., μεταφ. για άνθρωπο αφηρημένο): *πού -εις; πού -ει ο νους σου;* (= πού τρέχει, πού πλανιέται η σκέψη σου;).

Βόσνιος ο, θηλ. **-α,** ουσ. (ασυνίζ.), αυτός που κατοικεί στη Βοσνία της Γιουγκοσλαβίας ή κατάγεται από εκεί.

βοτανεμπόριο το, ουσ. (έρρ., ασυνίζ.), εμπόριο φαρμακευτικών βοτάνων.

βοτάνι το, ουσ., βότανο με φαρμακευτικές, θεραπευτικές ιδιότητες: *-ια της αγάπης / της νιότης* (= που τους αποδίδονται μαγικές ιδιότητες)· *στου Χάρου τις λαβωματιές -ια δε χωρούνε* (δημ. τραγ.).

βοτανίζω, ρ., ξεριζώνω ή αφαιρώ με άλλο τρόπο τα αγριόχορτα από καλλιεργημένη γη: ~ *το περιβόλι / το χωράφι·* (συνεκδοχικά) ~ *τα σπαρτά / το στάρι*.

βοτανική η, ουσ., επιστήμη με αντικείμενο τη μελέτη των φυτών: ~ *γενική / ειδική / εφαρμοσμένη* (συνών. *βοτανολογία*).

βοτανικός, -ή, -ό, επίθ., που αναφέρεται στα φυτά ή που αποτελείται από φυτά: *έρευνα -ή· βιβλία / θέματα -ά· κήπος* ~ (όπου καλλιεργούνται φυτά για επιστημονικούς και διδακτικούς σκοπούς).

βοτάνισμα το, ουσ., αφαίρεση ζιζανίων από καλλιεργημένη γη: *το χωράφι θέλει* ~ (συνών. *ξεχορτάριασμα*).

βότανο το, ουσ., ποώδες φυτό, μονοετές ή πολυετές, συνήθως με θεραπευτικές ιδιότητες: *μαζεύω / βράζω -α·* ~ *αρωματικό / μαγικό*. [αρχ. *βοτάνη*].

βοτανολογία η, ουσ., επιστήμη με αντικείμενο τα φυτά (συνών. *βοτανική*).

βοτανολογικός, -ή, -ό, επίθ., που σχετίζεται με τη βοτανολογία ή τους βοτανολόγους: *συνέδριο -ό*.

βοτανολόγος, ουσ. 1. επιστήμονας που ασχολείται με τη βοτανική. 2. αυτός που μαζεύει και πουλάει φαρμακευτικά βότανα.

βοτανολογώ, ρ. 1. ασχολούμαι με τη βοτανική. 2. μαζεύω φαρμακευτικά βότανα.

βότκα η, ουσ., εθνικό ποτό των Ρώσων από καλαμπόκι ή σιτάρι που περιέχει αλκοόλη σε μεγάλη ποσότητα. [ρωσ. *vodka*].

βότσαλο το, ουσ., μικρή στρογγυλή πέτρα συνήθως στις παραλίες και στις όχθες ποταμών και λιμνών. - Υποκορ. **-άκι** το. [παλαιότ. *βήσαλον*].

βούβα η, ουσ. 1. η κατάσταση, η πάθηση του βουβού (συνών. *βουβαμάρα, μουγγαμάρα*). 2. (ως επιφών., υβριστικά) σκασμός, σιωπή! [μεταρρημ. από το *βουβαίνω -ομαι*].

βουβαίνω, ρ. 1. κάνω κάποιον βουβό, άλαλο, του προξενώ βουβαμάρα: *-άθηκε από τροχαίο* (συνών. *μουγγαίνω*). 2. (μεταφ.) αποστομώνω, αφήνω κάποιον άναυδο: *η απάντησή σου τον -ανε*.

βουβάλα η, ουσ. 1. το θηλυκό βουβάλι. 2. (υβριστικά) γυναίκα υπερβολικά χοντρή και δυσκίνητη (συνών. *φάλαινα, αρκούδα*). 3. (υβριστικά) γυναίκα χοντροκέφαλη.

βουβάλι το, ουσ. 1. είδος μεγάλου βοδιού. 2. (υβριστικά) άνθρωπος υπερβολικά χοντρός και δυσκίνητος (συνών. *αρκουδάνθρωπος, χοντρομπαλάς*). 3. (υβριστικά) χοντροκέφαλο άτομο (συνών. *βόδι*).

βουβαλίσιος, -α, -ο, επίθ. (συνιζ.), που έχει σχέση με το βουβάλι ή προέρχεται απ' αυτό: *δέρμα / κρέας -ιο· αντοχή -ια*.

βούβαλος ο, ουσ. 1. το βουβάλι. 2. άτομο χοντρό και δυσκίνητο. 3. άτομο που δύσκολα καταλαβαίνει κάτι, χοντροκέφαλος (συνών. *βόδι*).

βουβαλοτόμαρο το, ουσ., δέρμα βουβαλιού.

βουβαμάρα η, ουσ. 1. κατάσταση, η πάθηση του βουβού (συνών. *μουγγαμάρα*). 2. σιωπή, σιγή (συνών. *μουγγαμάρα*).

βουβαμός ο, ουσ., βουβαμάρα.

βουβός, -ή, -ό, επίθ. 1. που δεν μπορεί να αρθρώσει λέξεις, να μιλήσει: *είναι* ~ (συνών. *μουγγός, κωφάλαλος*). 2. που δε μιλά, άφωνος· (ειδικά) *-ό πρόσωπο* = **α.** (θεατρ.) άτομο που εμφανίζεται στη σκηνή του θεάτρου χωρίς να μιλά, κομπάρσος (συνεκδοχικά και ~ *ρόλος*)· **β.** (μεταφ.) άτομο χωρίς δική του γνώμη. 3. που δεν κάνει θόρυβο: ~ *θρήνος* (= σιωπηλός, αθόρυβος)· (ειδικά) ~ *κινηματογράφος* = οι ταινίες παλιότερης εποχής στις οποίες δεν ακούγονταν οι ομιλίες των ηθοποιών ή άλλος ήχος (συνεκδοχικά και *-ή ταινία*· η λ. σε αντιδιαστολή με τον *ομιλούντα κινηματογράφο*, βλ. ά. *ομιλώ*). - Επίρρ. **-ά** (στη σημασ. 3). [μτγν. *βωβός*].

βουβώνα η, ουσ., βουβώνας.

βουβώνας ο, ουσ., το μέρος του σώματος ανάμεσα στο μηρό και το υπογάστριο: *πρηστήκανε οι -ες του*.

βουβωνικός, -ή, -ό, επίθ., που αναφέρεται ή ανήκει στο βουβώνα: *-ή χώρα* (= το μέρος του σώματος γύρω από τους βουβώνες)· *σύνδεσμος* ~· *κήλη -ή*.

βουβωνοκήλη η, ουσ., κήλη που σχηματίζεται στους βουβώνες.

βουδικός, -ή, -ό, επίθ., που ανήκει ή αναφέρεται στο Βούδα ή στο βουδισμό: *τέχνη / παγόδα -ή*. [γαλλ. *bouddhique*].

βουδισμός ο, ουσ., θρησκεία που βασίζεται πάνω στη φιλοσοφική και ηθικολογική διδασκαλία του Βούδα, διαδομένη στην ανατολική Ασία. [γαλλ. *bouddhisme*].

βουδιστής ο, θηλ. **-ίστρια**, ουσ., οπαδός του βουδισμού. [γαλλ. *bouddhiste*].

βουδιστικός, -ή, -ό, επίθ., που ανήκει ή αναφέρεται στο Βούδα ή τους βουδιστές: *ναός* ~· *θρησκεία -ή*.

βουδόγλωσσα, βλ. *βοϊδόγλωσσα*.

βουερός, -ή, -ό, επίθ., που παράγει δυνατή βουή: *ρυάκι / ποτάμι -ό· κύματα -ά· δρόμος* ~.

βούζουνας ο, ουσ., βουζούνι.

βουζούνι και **βυζούνι** το, ουσ., σπυράκι του δέρματος, καλόγερος (συνών. *βγαλτό*).

βουή, βλ. *βοή*.

βουητό το, ουσ., βοή, βόμβος: *το* ~ *του ανέμου / της μέλισσας* (συνών. *βούισμα*). [*βοητός, -ή, -ό*].

βουίζω, ρ. 1. παράγω βοή, βόμβο: *οι μέλισσες / οι μύγες -ουν*. 2. αισθάνομαι βουή: *-ουν τ' αφτιά μου από τον πονοκέφαλο*. Φρ. *-ιξε ο τόπος* (για κάτι που διαδόθηκε γρήγορα).

βούισμα το, ουσ., βοητό, βοή, βόμβος.

βούκα η, ουσ. (λαϊκ.), ποσότητα τροφής τόση όση χωράει στο στόμα, μπουκιά: *δε φάγανε μια* ~ *ψωμί* (συνών. *χαψιά*). - Υποκορ. **-ίτσα** η. - Βλ. και *μπούκα, μπουκιά*. [λατ. *bucca*].

βουκέντρα η, ουσ. (έρρ.), μακρύ ραβδί με άκρη μυτερή (σιδερένια), που μ' αυτήν κεντούν τα βόδια για να πηγαίνουν γρήγορα.

βουκέντρι το, ουσ. (έρρ.), βουκέντρα.

βούκεντρο το, ουσ. (έρρ.), βουκέντρα.

βουκιά, βλ. *μπουκιά*.

βούκινο το, ουσ. 1. σάλπιγγα από κέρατο. 2. μεγάλο θαλάσσιο σαρκοφάγο μαλάκιο που το όστρακό του χρησιμοποιείται σαν τηλεβόας από τους ναυτικούς (μπουρού) και το ίδιο το όστρακο. Φρ. *γίνομαι* ~ (= όλος ο κόσμος συζητά για μένα)· *κάνω κάτι* ~ (= διαλαλώ κάτι, κάνω κάτι γνωστό σε όλους).

βουκολικός, -ή, -ό, επίθ., που έχει σχέση ή ταιριάζει σε βουκόλο, ποιμενικός: *-ή ποίηση* = η ποίηση που αντλεί τα θέματά της από τη συναισθηματική ζωή των βουκόλων· (μετρ.) *-ή τομή* (αλλιώς *διαίρεση*) = η διαίρεση του στίχου μετά τον τέταρτο πόδα του δακτυλικού εξαμέτρου.

βουκολειό το, ουσ. (συνιζ.). 1. κοπάδι βοδιών. 2. τόπος όπου σταβλίζονται τα βόδια (συνών. *βουστάσιο*).

βουκόλος ο, ουσ., βοσκός γελαδιών.

βούλα, βλ. *βούλλα*.

βουλγαρικός, -ή, -ό, βουλγάρικος και (λαϊκ.) **βουργάρικος**, επίθ., που έχει σχέση με τη Βουλγαρία ή προέρχεται απ' αυτήν: *σύνορα -ά· πορσελάνη -ή*. - Το θηλ. το ουδ. στον πληθ. ως ουσ. = η βουλγαρική γλώσσα.

Βουλγκάτα η, ουσ., μετάφραση των Ευαγγελίων, έργο κυρίως του αγίου Ιερωνύμου, που θεωρήθηκε αυθεντική.

βουλεβάρτο το, ουσ. (θεατρ.) θεατρικό είδος, ελαφρά κωμωδία δημοφιλής στο πλατύτερο κοινό. [γαλλ. *boulevard*].

βούλευμα το, ουσ., προδικαστική απόφαση που εκδίδεται από δικαστικό συμβούλιο για προφυλάκιση, απαλλαγή (απαλλακτικό) ή παραπομπή σε δίκη (παραπεμπτικό).

βουλευτήριο το, ουσ. (ασυνίζ.), δημόσιο κτήριο όπου συγκεντρώνονται και συνεδριάζουν οι βουλευτές, βουλή.

βουλευτής ο, θηλ. **-ίνα**, ουσ. 1. αιρετός αντιπρόσωπος του λαού στο κοινοβούλιο. 2. ~ *επικρατείας* = βουλευτής που εκλέχτηκε όχι από το ψηφοδέλτιο συγκεκριμένης εκλογικής περιφέρειας, αλλά αριστίνδην, από κάποια λίστα που το κόμμα καταρτίζει και από την οποία εκλέγεται αριθμός βουλευτών ανάλογος με τις ψήφους που κερδίζει συνολικά το κόμμα στις εκλογές. 3. (ιδιαίτερα το θηλ.) και η σύζυγος του βουλευτή: *ας με λένε -ίνα κι ας ψοφώ από την πείνα* (παροιμ.).

βουλευτικός, -ή, -ό, επίθ., που αναφέρεται ή ανήκει στους βουλευτές και τη βουλή: *αποζημίωση / έδρα -ή· -ή ασυλία*.

βουλευτιλίκι το, ουσ. (λαϊκ.), το αξίωμα του βουλευτή.

βουλευτοκρατία η, ουσ., κατάχρηση του βουλευτικού αξιώματος και επέμβαση των βουλευτών στα έργα της διοίκησης.

βουλευτοκρατικός, -ή, -ό, επίθ., που αναφέρεται στη βουλευτοκρατία.

βουλευτοκρατούμαι, ρ. (για πολίτευμα) βρίσκομαι σε κατάσταση βουλευτοκρατίας, εξουσιάζομαι από τους βουλευτές.

βουλή η, ουσ. 1. θέληση, απόφαση (ιδίως για το Θεό): *ανεξερεύνητες οι -ές του Υψίστου*. 2. το νομοθετικό σώμα που αποτελείται από τους βουλευτές: *θα συζητηθεί το νομοσχέδιο στη ~* (συνών. *κοινοβούλιο*). 3. (συνεκδοχικά) το κτήριο που συνεδριάζουν οι βουλευτές (συνών. *βουλευτήριο*).

βούληση η, ουσ. 1. επιθυμία, θέληση· έκφρ. *κατά ~* (= όπως θέλει κανείς): *του έδωσε τη δυνατότητα να ενεργήσει κατά ~*· *πολιτική ~* (= απόφαση πολιτικού κόμματος ή κυβέρνησης να πραγματοποιήσει ορισμένο στόχο). 2. (ψυχ.) ψυχική λειτουργία που εκδηλώνεται με την επιθυμία κάποιου και τις ενέργειες που αυτή συνεπάγεται για την πραγματοποίηση ενός σκοπού.

βουλησιαρχία η, ουσ. (ασυνίζ.), βουλησιοκρατία.

βουλησιοκρατία η, ουσ. (ασυνίζ.), θεωρία φιλοσοφική που υποστηρίζει ότι η βούληση είναι η αρχή που κατευθύνει τα πάντα αναστέλλοντας συχνά και την κρίση.

βουλητικός, -ή, -ό, επίθ. 1. που αναφέρεται στη βούληση: *ενέργεια -ή*. 2. (γραμμ.) *-ές προτάσεις*: δευτερεύουσες προτάσεις που εισάγονται με το «να» και συμπληρώνουν την έννοια ρημάτων ή άλλων όρων της πρότασης που δηλώνουν επιθυμία, προτροπή, ανάγκη (π.χ. *σε παρακαλώ να μη μιλάς*). - Το ουδ. ως ουσ. = το μέρος της ψυχολογίας που αναφέρεται στη βούληση και τις εκδηλώσεις της.

βούλιαγμα και **-σμα** το, ουδ. 1. βύθισμα, καταπόντισμός: *~ της βάρκας του πλοίου*. 2. καθίζηση, κατάρρευση: *η διάβρωση του εδάφους προκάλεσε το ~ της πλατείας*. 3. υποχώρηση, «κάθισμα» του εδάφους· λακκούβα: *πρόσεξε το ~ του δρόμου μετά τη στροφή* (συνών. *βαθούλωμα*). 4. (μεταφ.) οικονομική ή ηθική καταστροφή: *τα πολλά ανοίγματα έφεραν το ~ της επιχείρησης*.

βουλιάζω, ρ. (συνιζ.). I (μτβ.) 1. βυθίζω: *η θαλασσοταραχή -ιαξε τη βάρκα*. 2. καταστρέφω οικονομικά: *θα μας -ιάξεις με τα έξοδά σου*. II (αμτβ.) 1. καταποντίζομαι, βυθίζομαι: *το πλοίο -ιαξε στ' ανοιχτά*· *-ιαξαν οι ρόδες του αυτοκινήτου στη λάσπη* (μεταφ.) *~ στην απελπισία*· *~ στο βούρκο* (για ηθική κατάπτωση). 2. παθαίνω καθίζηση: *-ιαξε η σκεπή της παλιάς εκκλησίας από το σεισμό* (συνών. *καταρρέω*). 3. βαθουλαίνω, κοιλαίνω: *-ιαξαν τα μάτια μου από την αϋπνία*. 4. καταστρέφομαι οικονομικά: *η επιχείρηση -ιαξε* (συνών. *πτωχεύω*). [*βουλώ*].

βούλιασμα, βλ. *βούλιαγμα*.

βουλίδι το, ουσ., γκρεμισμένο οικοδόμημα, ερείπιο. [*βουλώ*].

βουλιμία η, ουσ. 1. λαιμαργία, αδηφαγία: *έπεσε με ~ στη μακαρονάδα*. 2. (ιατρ.) έντονη εκδήλωση του αισθήματος της πείνας, που λαμβάνεται ως σύμπτωμα ορισμένων ασθενειών. 3. έντονη επιθυμία για κάτι: *~ του χρήματος· ερωτική ~*.

βουλκανιζατέρ το, άκλ. 1. συσκευή που συγκολλά με θερμό ατμό κομμάτια ελαστικού· χρησιμοποιείται για την επιδιόρθωση των φθαρμένων ελαστικών των αυτοκινήτων. 2. συνεργείο όπου διορθώνονται τα ελαστικά των αυτοκινήτων [πβ. γαλλ. *vulcaniser*].

βουλκανίζω, ρ., υποβάλλω σε βουλκανισμό. [γαλλ. *vulcaniser*].

βουλκανισμός ο, ουσ., επεξεργασία με (χλωριούχο ή μη) θείο των αντικειμένων από καουτσούκ για τη βελτίωση ή τη διατήρηση της ελαστικότητάς τους.

βούλλα η, ουσ. 1. σφραγίδα και το αποτύπωμά που αφήνει. 2. κηλίδα, στίγμα κυκλικό: *άσπρο φόρεμα με κόκκινες -ες*. 3. η μικρή κοιλότητα που σχηματίζεται στο μάγουλο κάποιων με το χαμόγελο (συνών. *λακκάκι*). Φρ. *βάζω ~* (= παραδέχομαι ότι κάτι είναι έγκυρο). [λατ. *bulla*].

βουλλοκέρι το, ουσ., ειδικό κερί που χρησιμοποιείται για τη σφράγιση δεμάτων, επιστολών, κλπ., «ισπανικός κηρός».

βούλλωμα το, ουσ. 1. σφράγισμα, κλείσιμο: *~ του δοντιού / της τρύπας*. 2. πώμα, καπάκι: *το ~ του μπουκαλιού*. - Υποκορ. **-ατάκι** το.

βουλλώνω, ρ. Α. (μτβ.) 1. σφραγίζω με βουλοκέρι: *~ το γράμμα / το δέμα*· φρ. *-ωμένο γράμμα διαβάζει* (= είναι πολύ έξυπνος). 2. φράζω, κλείνω: *~ ένα δόντι / το μπουκάλι* (μτφ.) *~ τ' αφτιά μου στα λόγια του κόσμου*· φρ. (λαϊκ.) *~ το στόμα κάποιου* (= α. αποστομώνω κάποιον, τον κάνω να μην μπορεί να απαντήσει: *μου έκανε τον έξυπνο, αλλά του -ωσα το στόμα*· β. εξαγοράζω τη σιωπή κάποιου): *ποιος ξέρει με πόσα χρήματα του -ωσαν το στόμα*· *το ~* (= ωμά εντελώς: (υβριστικά) *-ωσέ το* (= πάψε, σκάσε!)· *το -ωσε* (= σώπασε, έσκασε)· *έχω να -ώσω τρύπες* (= πρέπει να τακτοποιήσω εκκρεμείς οικονομικές υποθέσεις). Β. (αμτβ.) φράζω: *-ωσε ο νιπτήρας*· *-ωσε η αποχέτευση / η μύτη μου*. [*βούλλα*].

βουλλωτήρι το, ουσ., μηχάνημα με το οποίο τοποθετείται σε μπουκάλια πώμα από φελλό.

βουλοκέρι, βλ. *βουλλοκέρι*.

βουλώ, -άς, ρ., βυθίζομαι· (μεταφ.) «πνίγομαι» από τη μεγάλη ποσότητα ενός πράγματος: *-άει η αγορά από τρόφιμα*. [μτγν. *βολίζω*].

βούλωμα, βλ. *βούλλωμα*.

βουλώνω, βλ. *βουλλώνω*.

βουλωτήρι, βλ. *βουλλωτήρι*.

βούνευρο το, ουσ., μαστίγιο από δέρμα βοδιού (συνών. *βούρδουλας*). [*βους + νεύρο*].

βουνιά και **σβουνιά** η, ουσ. (συνιζ.), κοπριά βοδιού και κατ' επέκταση όλων των μεγάλων ζώων. [*βωνία<βοών*].

βουνίσιος, -ια, -ιο, επίθ. (συνιζ.). 1. που ζει στο βουνό (συνών. *ορεσίβιος* αντ. *καμπίσιος*). 2. (μεταφ.) αγροίκος, άξεστος. 3. που προέρχεται από το βουνό: *αέρας -· τσάι -ιο*.

βουνό το, ουσ., σημαντικό ύψωμα γης (συνών. *όρος*): *πάμε εκδρομή στο ~*· *να ζήσεις σαν τα ψηλά -ά* (ευχή)· *ο άνεμος σήκωσε κυριολεκτικά -ά*. Έκφρ. *στα όρη και στ' άγρια -ά* (για ξορκισμό, αποτροπή κακού). Φρ. *από το ~ κατέβηκε* (για άτομο άξεστο)· *~ με ~ δε σμίγει* (για συνάντηση

ατόμων που πρακτικά αποκλειόταν)· *μαθημένα τα -ά από τα χιόνια* (για άτομα συνηθισμένα σε κακουχίες ή ταλαιπωρίες)· *παίρνω τα -ά* (για τους ληστές παλιότερων εποχών· για άτομο που βρίσκεται σε απόγνωση)· *το ~ κοιλοπονούσε κι ένα ποντικό γεννούσε* (όταν γίνεται πολύς λόγος για κάτι, ενώ το αποτέλεσμα είναι ασήμαντο)· *έχει τύχη ~* (για άτομο υπερβολικά τυχερό)· *(μου) φαίνεται κάτι ~* (για κάτι εξαιρετικά δύσκολο). - Υποκορ. **-αλάκι** και (σπανιότ.) **-άκι, -αράκι** το.
βουνοκορφή η, ουσ., κορυφή του βουνού.
βουνοπλαγιά η, ουσ. (συνιζ.), πλαγιά όχι απόκρημνου βουνού: *θα πάρω τη ~*.
βουνοποριά η, ουσ. (συνιζ.), πέρασμα ανάμεσα από βουνά (συνών. *διάσελο*).
βουνοσειρά η, ουσ., σειρά από αλλεπάλληλα βουνά (συνών. *οροσειρά*).
βουνότοπος ο, ουσ., ορεινή περιοχή: *-ος της Ρούμελης*.
βούρδουλας ο, ουσ., μαστίγιο. [*βούρδολος<βούρδορος<βου-δόρος*].
βουρδουλιά η, ουσ. (συνιζ.), μαστίγωμα, χτύπημα με βούρδουλα.
βουρκονέρι το, ουσ., νερό με λάσπες (συνών. *λασπονέρι*).
βούρκος ο, ουσ. 1. βρομερή λάσπη, τέλμα: *το νερό σήμερα είναι ~*. 2. (μεταφ.) ηθική εξαχρείωση, κατάπτωση, ξεπεσμός· φρ. *έπεσε / κυλιέται στο -ο* (= βρίσκεται σε μεγάλη ηθική κατάπτωση). [αρχ. *βριξ*].
βουρκοτόπι το, ουσ., τόπος που έχει πολλά τέλματα.
βουρκότοπος ο, ουσ., τόπος με πολλά τέλματα.
βούρκωμα το, ουσ. 1. το θόλωμα των ματιών από συγκρατημένα δάκρυα: *το ~ των ματιών της φανέρωνε τη συγκίνησή της*. 2. (μεταφ., για τον ουρανό) συννέφιασμα: *το ~ τ' ουρανού προμηνύει καταιγίδα*.
βουρκώνω, ρ. 1. θολώνουν τα μάτια μου από συγκρατημένα δάκρυα: *ο πατέρας -ωσε από χαρά για τη γιορτή που του ετοιμάσαμε· -ωσαν τα μάτια μου από τον πόνο* (συνών. *δακρύζω*). 2. (μεταφ. για τον ουρανό ή το πέλαγος) θολώνω, σκοτεινιάζω: *πέλαγο -ωμένο από τους ήσκιους που ρίχνουν τα σύννεφα* (Κόντογλου).
βούρλα η, ουσ. (ιδιωμ.). 1. μανία, τρέλα. 2. ασθένεια των φυτοφάγων ιδίως των προβάτων.
βουρλαίνω, ρ. (ιδιωμ.). 1. τρελαίνω, κάνω κάποιον έξαλλο (συνών. *ζουρλαίνω*). 2. (μεταφ.) καταπονώ, εξαντλώ: *με βουρλάνανε οι φωνές του*. [*βουρλίζω*].
βουρλένιος, -ια, -ιο, επίθ. (συνιζ.), που είναι φτιαγμένος από βούρλα: *καλάθι -ο*.
βουρλιά η, ουσ. (συνιζ.). 1. το φυτό βούρλο. 2. πολλά βούρλα μαζί. 3. σχοινί φτιαγμένο από βούρλα. 4. (ναυτ.) σπάρτινο σχοινί με το οποίο δένουν τα πλοία. 5. (μεταφ.) ποσότητα όμοιων πραγμάτων που είναι περασμένα σε βούρλο ή σπάγγο: *μια ~ σύκα*.
βουρλιάζω ρ. (συνιζ., ιδιωμ.), περνώ κάτι σε βούρλο ή σπάγγο: *~ καπνά / σύκα / ψάρια* (συνών. *αρμαθιά(ζω)*).
βουρλίζω, ρ., μέσ. αόρ. *-ίστηκα*, μτχ. *-ισμένος*. 1. ενεργ. 1. περνώ κάτι σε βούρλο ή σπάγγο (συνών. *αρμαθιάζω*). 2. τρελαίνω, κάνω κάποιον έξαλλο: *τον -ισε ο πόνος* (παροιμ.) *το φτωχό -ει η πείνα κι η ξεφάντωση τον πλούσιο* (συνών. *ζουρλαίνω*). 3.

κάνω κάποιον να ταραχτεί, να σαστίσει, παραζαλίζω: *τον -ισαν με τη φλυαρία τους*. II. μέσ. 1. γίνομαι έξαλλος, τρελαίνομαι: *Τρελοβοριά, -ίστηκες να πάρεις τη σκεπή μου* (Αθάνας)· *κάνει σα -ισμένος· δεν πάει να -ιστεί!* (συνών. *ζουρλαίνομαι*). 2. φέρομαι σαν τρελός: *ο Νταβέλης ... κι ο Γρίβας μες στ' αχούρι / οσμίζονται, -ονται* (Αθάνας). 3. κυριεύομαι από κάποιο πάθος, από μεγάλη επιθυμία: *-ίστηκε να παντρευτεί / να γίνει πρόεδρος*.
βουρλισιά η, ουσ. (συνιζ.). 1. παραφορά, έξαψη, μανία. 2. μωρία, ανοησία. 3. (συνεκδοχικά) πράξη ανόητη.
βούρλισμα το, ουσ. 1. ψυχική ταραχή, παραφορά, μανία, τρέλα. 2. θανατηφόρα ασθένεια των φυτοφάγων ζώων.
βούρλο το, ουσ. 1. φυτό πώδες που ευδοκιμεί σε βαλτώδεις τόπους: *το σκυλί χώθηκε στα -α*. 2. κάθε κλαδί του φυτού αυτού που είναι κυλινδρικό και ευλύγιστο: *καλάθι από -α*. 3. (μεταφ. υβριστικά για πρόσωπο) μεγάλο ~ *αυτό το παιδί* (συνών. *βλάκας*).
βούρτσα η, ουσ. 1. όργανο καθαρισμού που αποτελείται από ένα επίπεδο στέλεχος πάνω στο οποίο είναι στερεωμένες φυσικές ή συνθετικές τρίχες: *~ σκληρή / μαλακή / πλαστική· ~ ρούχων / δοντιών· μαλλιά σαν ~* (= πολύ σκληρά). 2. χρωστήρας, πινέλο: *-ες μπογιατζή / ζωγράφου*. - Υποκορ. **-άκι** το, **-ίτσα** η. [πιθ. αρχ. *βύρσα* ή παλαιότ. γερμ. *burstja*].
βουρτσαδόρος ο, ουσ., αυτός που φροντίζει μεταλλικά έπιπλα.
βουρτσιά η, ουσ. (συνιζ.). 1. κάθε κίνηση που γίνεται με βούρτσα: *πέντε -ιές ακόμη και τελείωσα*. 2. σημάδι που αφήνει το καθάρισμα ή το βάψιμο με βούρτσα: *έμειναν -ιές στον τοίχο / στο γραφείο*.
βουρτσίζω, ρ. 1. καθαρίζω ή γυαλίζω κάτι με βούρτσα: *~ χαλιά / ρούχα / δόντια* 2. (για μαλλιά) χτενίζω με βούρτσα.
βούρτσισμα το, ουσ. 1. καθάρισμα ή γυάλισμα με βούρτσα: *~ χαλιών*. 2. χτένισμα με βούρτσα: *τα μαλλιά χρειάζονται συχνό ~*.
βουστάσιο το, ουσ. (ασυνίζ.), στάβλος βοοειδών: *~ πρωτόγονο / μοντέρνο* (συνών. *βουκολειό*).
βουστροφηδόν, επίρρ., από τα δεξιά προς τα αριστερά και αντίστροφα: *η ~ γραφή*.
βούτημα και **βούτηγμα** το, ουσ. 1. κατάδυση, βύθιση: *~ στο νερό / ~ στη θάλασσα*. 2. (συνεκδοχικά) βουτιά· (μεταφ.) άρπαγμα, απότομο πιάσιμο: *μ' ένα γερό ~ των ποδιών τον καθήλωσε*. 3. δύση: *~ του ήλιου*. 4. γλύκισμα, παρασκεύασμα που έχει ως βάση το ψωμί, που το βουτούν σε κάποιο ρόφημα: *τσάι / καφές με -ατα*. 5. (μεταφ.) κλοπή: *βούτηγμα χρημάτων*. 6. αφαίρεση κάποιου πράγματος με απότομη κίνηση: *μ' ένα ~ της άρπαξε την τσάντα*. - Υποκορ. (στη σημασ. 4) **-ατάκι** το.
βουτηξιά η, ουσ. (συνιζ.). 1. κατάδυση, βύθιση. 2. (συνεκδοχικά) βουτιά, μακροβούτι.
βουτηχτά, επίρρ. 1. με κατάδυση. 2. με το κεφάλι προς τα κάτω. 3. αρπαχτά, βιαστικά. 4. με απότομο άρπαγμα, με ξαφνικές κινήσεις.
βουτηχτής ο, πληθ. *-ές* και *-άδες*, ουσ. 1. δύτης που δε φορά σκάφανδρο: *~ Καλύμνιος· ~ τολμηρός*. 2. (μεταφ.) κλέφτης.
βουτηχτός, -ή, -ό, επίθ., που τον βύθισαν σε νερό ή σε άλλο υγρό, βουτηγμένος. Φρ. *έγινε ~* (= βράχηκε πολύ).

βουτιά η, ουσ. (συνιζ.). 1. η κατάδυση, το βούτηγμα του κολυμβητή με το κεφάλι προς τα κάτω: ~ θεαματική / επικίνδυνη. 2. (συνεκδοχικά) το διάστημα που μπορεί να διανύσει κανείς με το κεφάλι κάτω από το νερό: με μια ~ βγήκε απέναντι. 3. πτώση συνήθως κατακόρυφη: έκανε ~ στο κενό. 4. (λαϊκ.) τολμηρή επιθετική ενέργεια: με μια ~ της άρπαξε την τσάντα.
βουτιέμαι, βλ. βουτώ.
βουτσάς ο, ουσ. (ιδιωμ.), βαρελοποιός, βαρελάς.
βουτσί το, ουσ. (ιδιωμ.) βαρέλι: ~ γιομάτο κρασί. [πιθ. παλαιότ. βουτσίον<βουτ(τ)ίον<βούτ(τ)ις].
βουτσινάς ο, ουσ. (ιδιωμ.), βαρελοποιός, βαρελάς.
βουτυράδικο το, ουσ., το μέρος όπου παρασκευάζεται ή πουλιέται βούτυρο.
βουτυράς ο, ουσ., αυτός που παρασκευάζει ή πουλά βούτυρο.
βουτυράτος, -η, -ο, επίθ. 1. που περιέχει βούτυρο, που είναι παρασκευασμένος με βούτυρο: κουλούρια -α· καραμέλες -ες· (συνών. βουτυρένιος). 2. που έχει γεύση όμοια με βούτυρο: αχλάδια -α.
βουτυρέμπορος ο, ουσ. (έρρ.), αυτός που κάνει εμπόριο βουτύρου.
βουτυρένιος, -ια, -ιο, επίθ. (συνιζ.), που είναι παρασκευασμένος με βούτυρο (συνών. βουτυράτος).
βουτυριέρα η, ουσ. (συνιζ.), επιτραπέζιο σκεύος όπου τοποθετούμε φρέσκο βούτυρο.
βουτυρίλα η, ουσ. 1. η μυρωδιά του βουτύρου: το γλυκό μυρίζει ~. 2. (γενικά) η γεύση του βουτύρου: με λίγωσε η ~ του φαγητού.
βούτυρο το, ουσ. 1. λιπαρή θρεπτική ουσία που την παίρνομε χτυπώντας την κρέμα του γάλακτος: ~ νωπό / αλατισμένο / ελαιώμενο / αγελαδινό· μπισκότα -ύρου· μαλακός σαν ~· ~ μαγειρικό. 2. λιπαρή ουσία που εξάγεται από ορισμένα φυτά: ~ του κακάο· ~ φυτικό. Φρ. είναι (κάτι) ~ στο ψωμί του (= του παρέχεται η καλύτερη δυνατή εξυπηρέτηση για κάποια υπόθεσή του).
βουτυρόγαλα το, ουσ., το υγρό που μένει μετά την αποβουτύρωση του γάλακτος από το οποίο παρασκευάζουν τυρί κατώτερης ποιότητας.
βουτυροειδής, -ής, -ές, γεν. -ούς, πληθ. και θηλ. -είς, ουδ. -ή, επίθ., που μοιάζει με βούτυρο.
βουτυροκομείο το, ουσ., μέρος όπου παρασκευάζεται το βούτυρο (συνών. βουτυροποιείο).
βουτυροκομία η, ουσ. 1. η τέχνη του βουτυροκόμου. 2. η παρασκευή βουτύρου.
βουτυροκομικός, -ή, -ό, επίθ., που αναφέρεται ή ανήκει στη βουτυροκομία: προϊόντα -ά.
βουτυροκόμος ο, ουσ., αυτός που παρασκευάζει βούτυρο (συνών. βουτυράς).
βουτυροκομώ, ρ., είμαι βουτυροκόμος, παρασκευάζω βούτυρο.
βουτυρόμετρο το, ουσ., όργανο με το οποίο μετριέται η περιεκτικότητα του γάλακτος σε λιπαρές ουσίες.
βουτυρομηχανή η, ουσ., μηχάνημα με το οποίο γίνεται η αποβουτύρωση του γάλακτος.
βουτυρόπαιδο το, ουσ., παιδί παραχαϊδεμένο από τους γονείς, ασκληραγώγητο, μαλθακό.
βουτυροποιείο το, ουσ., βουτυροκομείο.
βουτύρωμα το, ουσ., επάλειψη με βούτυρο.
βουτυρώνω, ρ., αλείφω κάτι με βούτυρο: ~ τα ταψιά· ~ τις φρυγανιές.
βουτώ, ρ., μέσ. -ιέμαι, παθ. αόρ. -ήχτηκα, μτχ. -ημένος και -ημένος. 1. βυθίζω κάτι σε νερό ή άλλο υγρό: -ηξε τα δάχτυλά του στη σούπα / στο μέ-

λι. 2. (λαϊκ.) αρπάζω: τον -ηξε από τα μαλλιά / από το χέρι. 3. (λαϊκ.) κλέβω: -ηξε πολλά από το ταμείο. 4. παίρνω με προθυμία: το παιδί -ηξε το φιλοδώρημα κι έφυγε τρεχάτο. 5. (αμτβ. και μέσ.) βυθίζομαι: -ηξε στη θάλασσα· -ήχτηκε στη λάσπη ως τα γόνατα. 6. η μτχ. βουτηγμένος. α. βρεγμένος, μουσκεμένος: ήρθε -ηγμένος στον ιδρώτα / στο αίμα· β. (μεταφ.): είναι -ηγμένος στα χρέη (= έχει χρεωθεί πολύ)· είναι -ηγμένος στα λεφτά (= είναι πολύ πλούσιος)· -ηγμένος στο ψέμα (= έχει πει πάρα πολλά ψέματα).
βραβείο το, ουσ., δώρο, έπαθλο ή τιμητική διάκριση που απονέμεται σ' αυτόν που αριστεύει: ~ ανδρείας· ~ πρώτο / δεύτερο / χρηματικό / λογοτεχνικό· παίρνω / κερδίζω ~.
βράβευση η, ουσ. 1. απονομή βραβείου: ~ νικητών· ~ ετήσια / επίσημη / δίκαιη. 2. (συνεκδοχικά) η τελετή της απονομής βραβείου: στη ~ παρευρισκόταν ο πρωθυπουργός.
βραβεύσιμος, -η, -ο, επίθ., που είναι άξιος να βραβευτεί.
βραβεύω, ρ., απονέμω βραβείο, επιβραβεύω: οι καλύτεροι μαθητές -εύτηκαν από το σύλλογο· ποιητής -ευμένος· έργο -ευμένο.
βραγιά η, ουσ. (συνιζ.). α. τμήμα κήπου φυτεμένο, που περιβάλλεται από αυλάκι: -ιές με βασιλικούς και δυόσμους (συνών. πρασιά)· β. (κατ' επέκταση) μικρή έκταση γης: μια ~ τόπος. [μεσν. λατ. bragida<braida<bradia].
βράγχια τα, ουσ. (ασυνίζ.), τα αναπνευστικά όργανα υδρόβιων οργανισμών: ~ κόκκινα / τοξοειδή.
βραγχιακός, -ή, -ό, επίθ. (ασυνίζ.), που αναφέρεται ή γίνεται με τα βράγχια: τόξα -ά· αναπνοή -ή.
βραδάκι το, ουσ., ο χρόνος μετά τη δύση του ήλιου: (επίρρ.) ~ έφυγε.
βράδι το, γεν. (σπάνια) -ιού, ουσ., το χρονικό διάστημα από τη δύση του ήλιου έως τα μεσάνυχτα: έρχεται ~· μας πήρε το ~· κάθε ~ καλό ~! από το πρωί ως το ~ (= κατά τη διάρκεια όλης της μέρας)· περνά τα -ια του διαβάζοντας (επίρρ.)· ο Γιάννης ήρθε ~· έκφρ. πρωί ~ (= συνεχώς) (αντ. πρωινό). [ουδ. βραδύ του επιθ. βραδύς].
βραδιά η, ουσ. (συνιζ.). 1. ο χρόνος από τη δύση του ήλιου έως τα μεσάνυχτα: ~ εξαίσια / γλυκιά / φεγγαρόλουστη· το κέφι της -ιάς ήταν ανεπανάληπτο (συνών. βράδι). 2. η νύχτα (ολόκληρη): οι -ιές της τον τελευταίο καιρό είναι εφιαλτικές. 3. για εκδήλωση που οργανώνεται κατά τη διάρκεια μιας βραδιάς (σημασ. 1) με ορισμένο θέμα: ο σύλλογος οργανώνει λογοτεχνικές / μουσικές -ιές (= αφιερωμένες στη λογοτεχνία / τη μουσική). [θηλ. βραδεία του επιθ. βραδύς].
βραδιάζει, ρ. (συνιζ., απρόσ.), έρχεται, γίνεται βράδι: αρχίζει να ~ (συνών. νυχτώνει). Φρ. ~ ξημερώνει (= μέρα νύχτα, συνέχεια).
βραδιάζομαι, ρ. (συνιζ.), συνήθως στον αόρ. -ιάστηκα, μτχ. -ιασμένος, με βρίσκει το βράδι: -ιάστηκα στο δρόμο (συνών. νυχτώνομαι. αντ. ξημερώνομαι).
βράδιασμα το, ουσ. (συνιζ.), το να έρχεται το βράδι: με το ~ θα φτάσουμε (συνών. νύχτωμα).
βραδιάτικος, -η, -ο, επίθ. (συνιζ.), βραδινός. - Επίρρ. **-α** = κατά το βράδι, όταν είναι βράδι: ήρθε -α.
βραδινός, -ή, -ό, επίθ. 1. που υπάρχει, γίνεται, έρχεται, κλπ., το βράδι: ώρες / εφημερίδες -ές· τρένο -ό· διαβάτες -οί· βόλτα / βάρδια / πτήση /

παράσταση -ή. 2. που εργάζεται βραδινές ώρες: *αυτή την εβδομάδα είμαι ~.* - Το ουδ. ως ουσ. = το βραδινό φαγητό: *κοιμήθηκε χωρίς να φάει -ό.*
βραδυγλωσσία η, ουσ., η δυσχέρεια στην ομιλία (συνών. *τραύλισμα*).
βραδύγλωσσος, -η, -ο, επίθ., που πάσχει από βραδυγλωσσία (συνών. *τραυλός*).
βραδυκαρδία η, ουσ. (ιατρ.), επιβράδυνση του καρδιακού ρυθμού κάτω από τους 60 παλμούς το λεπτό.
βραδύκαυστος, -η, -ο, επίθ., που καίγεται αργά: *μίγμα -ο. [βραδύς + καίω].*
βραδυκίνητος, -η, -ο, επίθ. 1. που κινείται αργά: *όχημα -ο· βόδια -α* (συνών. *αργοκίνητος*). 2. (μεταφ.) νωθρός: *άνθρωπος ~ μυαλό -ο.* Έκφρ. *καράβι -ο* (ειρων. για άνθρωπο που ενεργεί με βραδύ ρυθμό).
βραδύνω, ρ. 1. κάνω κάτι με βραδύ ρυθμό: *-υνα να φανώ· -υνε την αναχώρησή του* (συνών. *καθυστερώ*). 2. ελαττώνω την ταχύτητα: *-υναν το βήμα τους* (συνών. *επιβραδύνω* αντ. *επιταχύνω*). 3. (αμτβ.) αργώ, καθυστερώ : *το έργο -ει πολύ.*
βραδυουρία η, ουσ. (ιατρ.), ούρηση σε πολύ αραιά διαστήματα (αντ. *συχνουρία*).
βραδυπορία η, ουσ., το να προχωρεί κάποιος με βραδύτητα, αργοπορία.
βραδυπορώ, -είς, ρ., προχωρώ με βραδύτητα (συνών. *αργοπορώ*).
βραδυσφυγμία η, ουσ. (ιατρ.), επιβράδυνση του σφυγμού.
βραδύτητα η, ουσ. 1. αργή κίνηση: *~ οχημάτων· ~ νωχελική* (αντ. *ταχύτητα, γρηγοράδα*). 2. αργοπορία, καθυστέρηση: *~ ασυγχώρητη / θεληματική.* 3. οκνηρία, νωθρότητα: *~ εκνευριστική* (αντ. *σβελτάδα*). 4. (μεταφ.) νωθρότητα στην αντίληψη, βραδύνοια.
βραδυφλεγής, -ής, -ές, γεν. *-ούς* πληθ. αρσ. και θηλ. *-είς,* ουδ. *-ή,* επίθ., που εκρήγνυται με επιβράδυνση: *ύλες -είς· βόμβα ~.*
βραζιλιάνικος, -η, -ο, επίθ. (συνιζ.), που ανήκει ή αναφέρεται στη Βραζιλία ή στους Βραζιλιάνους: *καρναβάλι / ποδόσφαιρο -ο.* - Επίρρ. **-α.**
Βραζιλιανός ο, θηλ. **-ή,** ουσ. (ασυνίζ.) και **Βραζιλιάνος,** θηλ. **-α** (συνίζ., λαϊκ.), αυτός που κατοικεί στη Βραζιλία ή κατάγεται από εκεί.
βράζω, ρ. Α. (μτβ.) υποβάλλω κάτι σε βρασμό, το κάνω να κοχλάσει από θερμότητα: *~ το γάλα / κρέας.* Β. αμτβ. 1. υφίσταμαι βρασμό, κοχλάζω από θερμότητα: *-ει το φαγητό· -ει στους 60 βαθμούς.* 2. είμαι πολύ θερμός ή θερμαίνομαι πολύ: *-ει ο τόπος / το σπίτι / η άμμος· -ει από τον πυρετό.* 3. (για τροφές) γίνομαι με βρασμό κατάλληλος για φαγητό: *έβρασε το κρέας· έβρασαν τα χόρτα.* 4. υφίσταμαι ζύμωση: *-ει ο μούστος.* 5. αναδεύομαι, αναταράζομαι, αφρίζω: *-ει η θάλασσα.* 6. (μεταφ.) αγανακτώ, οργίζομαι: *~ από θυμό / από το κακό μου· ~ από μέσα μου.* 7. βρίθω, υπάρχω σε αφθονία: *-ει η μύγα στο στάβλο· -ει η ψείρα· -ουν οι φρούτα στην αγορά.* 8. βρίσκομαι σε ακμή, σε έξαρση: *σε πολλές χώρες -ει το εμπόριο ναρκωτικών.* 9. παράγω ήχο βρασμού, ρόγχου: *-ει το στήθος του* (= είναι πολύ κρυωμένος). Φρ. *-ει το αίμα μου,* βλ. *αίμα· -ει το καζάνι* (για ταραχή που πρόκειται να ξεσπάσει)· *-ει στο ζουμί του* (για κάποιον που δεν εξωτερικεύει τη στενοχώρια ή το θυμό του)· *είμαι σαν βρασμένος* (= νιώθω σωματική καχεξία, αδιαθεσία)· *σ' ένα καζάνι -ουμε* (για

ομοιοπαθείς)· *να σε -σω!* (για να εκδηλώσομε περιφρόνηση)· *να -σω... (κάτι)!* (= περιφρονώ, δε δίνω καμία αξία σε κάτι): *να -σω τα λεφτά του!· -άσ' το(ν) και πιες το ζουμί του* (για να δηλώσομε ότι πρόκειται για κάτι ή κάποιον εντελώς άχρηστο)· *-σε ρύζι!* (όταν μια κατάσταση δεν εξελίσσεται ομαλά).
βράκα η, ουσ., ευρύχωρο ανδρικό ή γυναικείο ρούχο, που περιβάλλει το σώμα από τη μέση έως τα γόνατα ή τον αστράγαλο, σαλβάρι: *~ νησιώτικη.*
βρακάς ο, ουσ. 1. που φορεί βράκα: *-άδες νησιώτες* (συνών. *βρακοφόρος*). 2. (μεταφ.) άνθρωπος αγροίκος, άξεστος.
βρακί το, ουσ., εσώρουχο (ανδρικό, γυναικείο ή παιδικό. Φρ. *δεν έχει ~ να φορέσει* (= είναι πολύ φτωχός)· *δεν ξέρει να δέσει το ~ του* (= είναι εντελώς αδαής)· *είναι κώλος και ~* (= είναι αχώριστοι)· *πούλησε και το ~ του* (= καταστράφηκε οικονομικά)· *τα κάνω στο ~ μου* (για να δηλώσομε μεγάλη χαρά ή φόβο)· *την πήρε με το ~ της* (= χωρίς προίκα). - Υποκορ. **-άκι** το.
βρακοζώνα η, ουσ. 1. ζώνη με την οποία σφίγγεται η βράκα στη μέση του σώματος (συνών. *βρακοζώνι*). 2. (συνεκδοχικά) βρακί.
βρακοζώνι το, ουσ., ζώνη με την οποία σφίγγεται η βράκα στη μέση του σώματος (συνών. *βρακοζώνα, βρακολούρι*).
βρακολούρι το, ουσ., ζώνη για δέσιμο της βράκας στη μέση του σώματος (συνών. *βρακοζώνι*).
βρακοπόδι το, ουσ., καθένα από τα δυο σκέλη του βρακιού (συνών. *μπατζάκι*).
βρακοφόρος ο, ουσ., που φορεί βράκα (συνών. *βρακάς*).
βρακώνω, ρ., φορώ σε κάποιον βρακί: *-ωσε το μωρό για να μην κρυώσει.*
βράση η, ουσ. 1. βρασμός: *το φαγητό πήρε μια ~.* 2. πυράκτωση· φρ. *στη ~ κολλάει το σίδερο* (κάθε πράγμα πετυχαίνει όταν γίνεται στην κατάλληλη στιγμή). 3. (υπερβολική) θερμότητα, ζέστη: *στη ~ του καλοκαιριού.* 4. αλκοολική ζύμωση: *η ~ του μούστου.* 5. (μεταφ.) σφρίγος: *είναι στη ~ του επάνω.* 6. (μεταφ.) αποκορύφωμα, ακμή: *στη ~ της μάχης.*
βρασιά η, ουσ. (συνιζ.), ποσότητα από τρόφιμα που χωρεί να βράσει σε μια κατσαρόλα, μαγειριά: *έχω ακόμα μια ~ φακές.*
βράσιμο το, ουσ. 1. βράση, βρασμός: *~ του κρέατος.* 2. ρόγχος (από κρυολόγημα).
βρασμός ο, ουσ. 1. το να υποβάλλεται ένα υγρό σε θέρμανση ωσότου σχηματιστούν φυσαλλίδες που βγαίνουν στην επιφάνεια, ωσότου κοχλάσει: *σημείο -ού* (= η θερμοκρασία στην οποία βράζει ένα υγρό) (συνών. *βράση, βράσιμο*). 2. ζέστη, καύσωνας. Έκφρ. *~ ψυχής* (= ψυχική ταραχή, ψυχική ορμή).
βραστάρι το, ουσ. (ιδιωμ.), ζεστό ρόφημα: *με το ~ μαλάκωσε ο βήχας μου.*
βραστερός, -ή, -ό, επίθ. (ιδίως για όσπρια), που βράζει εύκολα: *φασόλια -ά.*
βραστήρας ο, ουσ. 1. σκεύος όπου γίνεται το βράσιμο υγρού. 2. συσκευή που χρησιμοποιείται στα πλοία για την αφαλάτωση του θαλασσινού νερού.
βραστός, -ή, -ό, επίθ., που έχει βράσει: *κρέας -ό· αβγά -ά* (συνών. *βρασμένος* αντ. *άβραστος*). 2. που καίει, ζεματιστός: *γάλα -ό* (συνών. *καυτός*). - Το ουδ. ως ουσ. = κρέας βρασμένο.
βρατσέρα, βλ. *μπρατσέρα.*

βραχάκι, βλ. *βράχος*.
βραχιόλι το, ουσ. (συνιζ.) 1. κόσμημα του χεριού: ~ *χρυσό*. 2. μεταλλικός δακτύλιος που συνδέει δύο τμήματα μηχανήματος, όπλου, κλπ. 3. (στον πληθ. ευφημ.) χειροπέδες. - Υποκορ. **-άκι** το. [πιθ. μτγν. βραχιόνιον].
βραχίονας ο, ουσ. 1. το μέρος του χεριού από τον ώμο ως τον αγκώνα (συνών. *μπράτσο*). 2. διακλάδωση ποταμού, ιδίως κοντά στις εκβολές του, όπου σχηματίζεται δέλτα. 3. μέρος της άγκυρας. 4. λαβή μουσικού οργάνου.
βραχιόνιος, -ά, -ο, επίθ. (ασυνίζ. δις), που έχει σχέση με το βραχίονα: *μυς ~· αρτηρία -α· νεύρο -ο*.
βραχμανικός, -ή, -ό, επίθ., που ανήκει ή αναφέρεται στους βραχμάνες: *ναοί -οί*.
βραχμανισμός ο, ουσ., κοινωνικό και θρησκευτικό σύστημα της Ινδίας, που αποτελεί συνέχεια του βεδισμού και προηγείται από τον ινδουϊσμό με χαρακτηριστικά στοιχεία την υπεροχή των βραχμάνων και την ολοκλήρωση της ζωής μέσα από θρησκευτικές τελετές και καθήκοντα.
Βραχμάν(ος) ο, ουσ., μέλος ανώτατης ιερατικής τάξης της Ινδίας. [μτγν. *βραχμάνες*].
βραχνάδα και **σβραχνάδα** η, ουσ., αλλοίωση της φωνής που οφείλεται σε πάθηση του λάρυγγα (συνών. *βράχνιασμα*).
βραχνάς και (λαϊκ.) **σβραχνάς** ο, ουσ. 1. τρομακτικό όνειρο. 2. (μεταφ.) ό,τι προκαλεί φόβο, άγχος: *μου 'γινες ~· με πνίγει ~* (συνών. στις σημασ. 1 και 2 εφιάλτης). [*βαρυχνάς<βαρυπνάς<βαρύς + ύπνος*].
βραχνιάζω και **σβραχνιάζω**, ρ., μτχ. *-ιασμένος,* (συνιζ.). Α. (μτβ.) κάνω κάποιον να γίνει βραχνός: *με -ιασε το τραγούδι / το κρύο*. Β. αμτβ. α. γίνομαι βραχνός: *-ιασα από το κρύο* β. (για φωνή) χάνω τη διαύγεια, την καθαρότητά μου. - Η μτχ. ως επίθ. = βραχνός [παλαιότ. *βραγχιάζω*].
βράχνιασμα και **σβράχνιασμα** το, ουσ. (συνιζ.), βραχνάδα (βλ. λ.).
βραχνιασμένα, επίρρ. (συνιζ.), βραχνά: *μιλώ ~*.
βραχνοκόκορας ο, ουσ., κόκορας με βραχνή φωνή· (μεταφ. λαϊκ. για άνθρωπο με βραχνή φωνή): *αυτός ο ~ θέλει να τραγουδήσει!*.
βραχνός, -ή, -ό και **σβραχνός,** επίθ. 1. που έχει αλλοιωθεί η φωνή του, που έχει τραχιά φωνή: *είμαι ~ και δεν ακούγομαι καθαρά*. 2. (για φωνή ή άλλο ήχο) που έχει χάσει τη διαύγεια, την καθαρότητά του: *βιολί / ψάλσιμο -ό· φωνή -ή*. - Επίρρ. **-ά**. [παλαιότ. *βραχνός*].
βραχνόφωνος, -η, -ο, επίθ., που έχει βραχνή φωνή (συνών. *βραχνός*). - Επίρρ. **-α**: *-α ο καλόγερος ανάδευε τα χείλη* (Σολωμός).
βραχονησίδα η, ουσ., βραχώδες μικρό νησί.
βραχόρεμα το, ουσ., χείμαρρος που κυλά ανάμεσα σε βραχώδη υψώματα, φαράγγι με χείμαρρο.
βράχος ο, πληθ. *-οι οι* και *-ια τα*, ουσ. 1. μεγάλος πέτρινος όγκος. 2. (συνεκδοχικά) πέτρινος λόφος, βουνό: *ο ~ της Ακρόπολης / της Μονεμβασιάς*. 3. (μεταφ.) α. καθετί σταθερό και ακλόνητο: *η δύναμή σου πέλαγο κι η θέλησή μου ~* (Σολωμός) β. άνθρωπος με σταθερό χαρακτήρα και ακλόνητη θέληση. - Υποκορ. **-άκι** το.
βραχόσπαρτος, -η, -ο, επίθ., που είναι γεμάτος βράχια, βραχώδης: *ακρογιαλιά -η*.
βραχοσπηλιά η, ουσ. (συνιζ.), σπηλιά που βρίσκεται σε κοίλωμα βράχου: *ξαγκίστρωνε χταπόδια από τις -ιές τους*.

βραχοτοπιά η, ουσ. (συνιζ.), βραχότοπος.
βραχότοπος ο, ουσ., βραχώδης περιοχή (συνών. *βραχοτοπιά*).
βραχοφωλιά η, ουσ. (συνιζ.), φωλιά σε βράχο.
βραχύβιος, -α, -ο, επίθ. (ασυνίζ.), που ζει μικρό χρονικό διάστημα: *οργανισμοί -οι* (συνών. *ολιγόζωος·* αντ. *μακρόβιος*).
βραχύγναθος, -η, -ο, επίθ., που έχει μικρό κάτω σαγόνι: *τα άλογα είναι ζώα -α*.
βραχυγραφία η, ουσ., συντομευμένη γραφή κατά την οποία παραλείπονται μερικές συλλαβές ή γράμματα από τις λέξεις ή συμφύρονται ορισμένα γράμματα (π.χ. ö = ου) ή γράφονται μόνο τα αρχικά γράμματα των λέξεων που σχηματίζουν μια ονομασία (π.χ. Ο.Τ.Ε. = Οργανισμός Τηλεπικοινωνιών Ελλάδας) ή τα πρώτα γράμματα μιας λέξης (π.χ. αρχ. = αρχαίος) ή τα σύμφωνα των συλλαβών (π.χ. μτχ. = μετοχή), κ.τ.ό. (συνών. *συντομογραφία*).
βραχυγραφικός, -ή, -ό, επίθ., που αναφέρεται σε βραχυγραφία: *σύμβολα -ά* (συνών. *συντομογραφικός*).
βραχύκαννος, -η, -ο, επίθ., που έχει κοντή κάννη: *όπλο -ο*. (συνών. *κοντόκαννος*).
βραχυκατάληκτος, -η, -ο, επίθ., (αρχ. γραμμ.) που καταλήγει σε βραχύχρονη συλλαβή: *λέξη -η*.
βραχυκεφαλία η, ουσ. (ανθρωπολ.) σχηματισμός του κρανίου με τρόπο που η μέγιστη εγκάρσια διάμετρος του κεφαλιού να τείνει να προσεγγίσει τη μέγιστη διάμετρο από το μέτωπο ως το ινίο, φαινόμενο χαρακτηριστικό ορισμένων φυλών (αντ. *δολιχοκεφαλία*).
βραχυκέφαλος, -η, -ο, επίθ. (ανθρωπολ.) που εμφανίζει το φαινόμενο της βραχυκεφαλίας: *φυλή -η* (αντ. *δολιχοκέφαλος*).
βραχύκορμος, -η, -ο, επίθ., που έχει κοντό κορμό: *δέντρο -ο*.
βραχυκύκλωμα το, ουσ. 1. (φυσ.) ηλεκτρικό φαινόμενο που συμβαίνει, όταν δύο σημεία ενός κυκλώματος που έχουν σημαντική διαφορά δυναμικού ενώνονται με έναν αγωγό μικρής αντίστασης. 2. (λαϊκ.) το αποτέλεσμα του ηλεκτρικού φαινομένου, ηλεκτρική βλάβη.
βραχυκυκλώνω, ρ. 1. (φυσ.) αποκαθιστώ σύνδεση βραχυκυκλώματος στους αποδέκτες συσκευής ή στοιχείου κυκλώματος για να την/το απομονώσω από το ρεύμα γενικότερου κυκλώματος. 2. (λαϊκ.) παθαίνω βραχυκύκλωμα: *-ωσαν τα καλώδια*.
βραχύλαιμος, -η, -ο, επίθ., που έχει κοντό λαιμό (συνών. *κοντόλαιμος*).
βραχυλογία η, ουσ. 1. συντομία στον προφορικό ή το γραπτό λόγο (συνών. *λακωνικότητα*). 2. (γραμμ.) σχήμα λόγου κατά το οποίο η σκέψη διατυπώνεται όσο γίνεται συντομότερα.
βραχυλογικός, -ή, -ό, επίθ., που αναφέρεται ή ανήκει στη βραχυλογία: *-ή διατύπωση σκέψης*.
βραχυλόγος, -η, -ο, επίθ., σύντομος στο λόγο (συνών. *λιγόλογος·* αντ. *πολυλόγος*).
βράχυνση η, ουσ. 1. το να βραχύνει, να συντομεύει κάποιος κάτι (συνών. *συντόμευση·* αντ. *επιμήκυνση*). 2. (αρχ. γραμμ.) τροπή ενός μακρόχρονου φωνήεντος ή διφθόγγου σε βραχύχρονο.
βραχύνω, ρ. 1. κάνω κάτι κοντό, ελαττώνω το μήκος, συντομεύω (αντ. *επιμηκύνω*). 2. (αρχ. γραμμ.) τρέπω μακρόχρονη συλλαβή σε βραχύχρονη.
βραχυπρόθεσμος, -η, -ο, επίθ., που διέπεται από μικρή προθεσμία, που λήγει σε σύντομο χρονικό

διάστημα: *δάνειο -ο* (αντ. *μακροπρόθεσμος*). - Επίρρ. **-α**: *-α δε με επηρεάζει το γεγονός*.
βραχύς, -εία, -ύ, επίθ. 1. που έχει μικρό μήκος, κοντός (αντ. *μακρύς*). 2. σύντομος (αντ. *μακρύς*). 3. (γραμμ.) *φωνήεντα -έα* = τα φωνήεντα *ο, ε* και τα μη μακρά δίχρονα (που στην αρχαία ελληνική γλώσσα η διάρκεια προφοράς τους ήταν συντομότερη από τη διάρκεια προφοράς των άλλων φωνηέντων)· *-εία συλλαβή* = συλλαβή που έχει βραχύ φωνήεν και ακολουθείται από άλλο φωνήεν ή σύμφωνο (συνών. *βραχύχρονος*· αντ. *μακρός, μακρόχρονος*). 4. (φυσ.) *-έα (κύματα)* = ραδιοηλεκτρικά (ερτζιανά) κύματα μήκους 10 - 100 μ.: *η εκπομπή μεταδίδεται στα -έα*.
βραχύσωμος, -η, -ο, επίθ., που έχει μικρό σώμα, κοντόσωμος: *άλογο -ο* (συνών. *μικρόσωμος*· αντ. *μεγαλόσωμος*).
βραχύτητα η, ουσ. (λόγ.). 1. συντομία. 2. το να είναι ένα φωνήεν ή μια συλλαβή βραχύχρονα.
βραχυχρόνιος, -α, -ο, επίθ. (ασυνίζ.), που διαρκεί μικρό χρονικό διάστημα: *μεταβολή -α* (συνών. *σύντομος, λιγόχρονος*· αντ. *μακροχρόνιος*).
βραχώδης, -ης, -ες, γεν. *-ους*, πληθ. αρσ. και θηλ. *-εις*, ουδ. *-η*, επίθ., που είναι γεμάτος βράχια: *βουνά -η*· *ακρογιαλιές -εις*.
βραχώνω, ρ., γίνομαι σκληρός (σαν βράχος): *-ωσε το χώμα*.
βρε, μπρε και **ρε**, επιφ. 1. (απολ.) δηλώνει απορία, έκπληξη ή θαυμασμό: ~, *τι έπαθα!* ~, *πώς τα κατάφερε!* ~, *καλώς τον* (για απρόοπτη επίσκεψη). 2. (με ουσ. ή επίθ.) περιφρόνηση, οικειότητα, λύπη, έκπληξη: ~, *τον ψεύτη!* ~, *το σκασμένο!* ~, *το φίλο!* ~, *τον αθεόφοβο!* 3. (με κλητ., καθώς και με το β΄ πρόσ. της προσωπ. αντων.) αντί του αρχ. ω: ~ *συ, πώς μιλάς έτσι;* ~ *άνθρωπέ μου, γιατί δε μ' ακούς;* ~ *καλέ μου,* ~ *χρυσέ μου!* (όταν προσπαθούμε να πείσομε κάποιον). [κλητ. *μωρέ* του επιθ. *μωρός*].
βρέγμα το, ουσ., το μέρος του κεφαλιού που βρίσκεται πάνω από το μέτωπο, όπου συναντιούνται οι ραφές του μετωπιαίου και βρεγματικού οστού.
βρεγματικός, -ή, -ό, επίθ., που ανήκει ή αναφέρεται στο βρέγμα: *οστά -ά* (= οστά πλατιά και τετράπλευρα που βρίσκονται στο μέσο τμήμα του κρανιακού θόλου).
βρέξιμο το, ουσ. 1. το να καταβρέχει κάποιος κάτι: ~ *του δρόμου* (συνών. *κατάβρεγμα*). 2. το να βάζει κάποιος κάτι σε νερό για να μαλακώσει, να μουλιάσει: ~ *των ρούχων* (συνών. *μούσκεμα, μούλιασμα*).
βρεσίδι το, ουσ. (λαϊκ.), αντικείμενο που βρίσκεται τυχαία (συνών. *εύρημα, βρέσιμο*).
βρεσιμιός, -ιά, -ιό, επίθ. (συνιζ., λαϊκ.), που τον βρίσκει κάποιος τυχαία και δεν του ανήκει: *πράμα -ιό*. - Το ουδ. ως ουσ. = 1. το αντικείμενο που βρίσκεται τυχαία: (παροιμ.) *του φτωχού το* ~ *ή καρφί ή πέταλο* (συνών. *βρεσίδι*). 2. (για βρέφος) έκθετο: *το παιδί της είναι -ιό* 3. αμοιβή που δίνεται σ' αυτόν που βρήσκει κάτι, εύρετρα.
βρέσιμο το, ουσ. (λαϊκ.). 1. το να βρίσκει κανείς κάτι: *το* ~ *του δαχτυλιδιού*. 2. το πράγμα που βρίσκεται (συνών. *βρεσίδι*).
βρεταννικός, -ή, -ό, επίθ. 1. που ανήκει ή αναφέρεται στη Βρεταννία ή τους Βρεταννούς: *αποικίες -ές*· *νησιά -ά*. 2. *-ό μέταλλο* = κράμα κασσίτερου, αντιμόνιου, ψευδάργυρου και χαλκού για να επαργυρώνονται επιτραπέζια σκεύη.

Βρεταννός ο, θηλ. **-ή**, ουσ., αυτός που κατοικεί στη Μ. Βρεταννία ή κατάγεται από εκεί (συνών. *Άγγλος*).
βρετικά τα, ουσ. (λαϊκ.), εύρετρα (συνών. *βρετίκια*).
βρετίκια τα, ουσ. (συνίζ., λαϊκ.), εύρετρα (συνών. *βρετικά*).
βρετός, -ή, -ό, επίθ. (λαϊκ.), που τον βρίσκει κανείς τυχαία. - Το ουδ. ως ουσ. = βρέφος που βρίσκει κάποιος έκθετο και το περιμαζεύει (συνών. *βρεσιμιό*).
βρεφικός, -ή, -ό, επίθ., που ανήκει ή αναφέρεται στο βρέφος: *τροφή / ηλικία -ή*.
βρεφοδόχος η, ουσ. (παλαιότερα), ειδικό κιβώτιο έξω από τα βρεφοκομεία όπου αφήνονταν τα έκθετα βρέφη.
βρεφοζυγός ο, ουσ., ειδική ζυγαριά για το ζύγισμα των βρεφών.
βρεφοκομείο το, ουσ., φιλανθρωπικό ίδρυμα όπου περιθάλπονται τα έκθετα βρέφη.
βρεφοκομία η, ουσ. 1. ανατροφή και περιποίηση βρέφους. 2. επιστήμη που διδάσκει τον τρόπο με τον οποίο πρέπει να ανατρέφονται τα βρέφη (συνών. *βρεφοκομική*).
βρεφοκομικός, -ή, -ό, επίθ., που ανήκει ή αναφέρεται στη βρεφοκομία: *σταθμοί -οί*. - Το θηλ. ως ουσ. = βρεφοκομία.
βρεφοκόμος ο και η, ουσ., αυτός ή αυτή που περιποιείται βρέφη ως ειδικός υπάλληλος βρεφοκομείου.
βρεφοκομώ, -είς, ρ., περιποιούμαι, ανατρέφω βρέφη.
βρεφοκτονία η, ουσ., ο φόνος βρέφους: ~ *φρικιαστική*.
βρεφοκτόνος ο, ουσ., που έχει φονεύσει βρέφος, παιδοκτόνος.
βρεφονηπιακός, -ή, -ό, επίθ. (ασυνίζ.), που ανήκει ή αναφέρεται στα βρέφη και τα νήπια: *σταθμοί -οί*· *ηλικία / αγωγή -ή*.
βρέφος το, ουσ., νεογέννητο παιδί: ~ *αβάφτιστο*· *θείο Βρέφος* (= ο νεογέννητος Χριστός)· *αθώος σαν* ~· (μεταφ.) *είναι ακόμη* ~ (= είναι άπειρος κι αθώος όπως ένα βρέφος) (συνών. *μωρό*).
βρέχει επί δικαίους και αδίκους αρχαϊστ. έκφρ. = για κείνον που ευνοεί όλους.
βρεχτοκούκια τα, (συνιζ., λαϊκ.), κουκιά που για πολλή ώρα μένουν σε νερό ώστε να μαλακώσουν και που τρώγονται συνήθως τη Μ. Σαρακοστή.
βρεχτός, -ή, -ό, επίθ. (συνήθως για όσπρια, καρπούς, κ.τ.ό.) που είναι διαποτισμένος με νερό ώστε να μαλακώσει: *κουκιά -ά*.
βρεχτούρα η, ουσ. 1. εργαλείο των σιδηρουργών με το οποίο καταβρέχουν τα κάρβουνα για να μετριάσουν την καύση. 2. κλωνάρι βασιλικού με το οποίο ο παπάς ραντίζει κατά τον αγιασμό: *ήρθε ο διαβολόπαπας / με την αγιαστούρα του και με τη* ~ *του* (δημ. τραγ.). [*βρεχτός*].
βρέχω, ρ., παθ. αόρ. *βράχηκα*. 1. (μτβ.) υγραίνω κάτι με νερό ή άλλο υγρό, διαβρέχω· μουσκεύω: ~ *το ψωμί / τα ρούχα*· *βράχηκα ως το κόκαλο*· *-γμένος απ' την κορφή ως τα νύχια* (αντ. *στεγνώνω*)· (παθ.) *με πιάνει βροχή*: *βράχηκα καθώς ερχόμουν*. 2. (αμτβ.) ρίχνω βροχή: *-ει ο Θεός / ο ουρανός* (συνήθως απρόσ.) πέφτει βροχή: *άρχισε να -ει· -ει με το κανάτι / με το τουλούμι*. 3. (ενεργ. και μέσ.· για μωρό) ουρώ ασυναίσθητα (συνήθως κατά τον ύπνο): *το μωρό είναι -γμένο / έβρεξε το*

βρίζα

στρώμα. Έκφρ. *τα -άμενα του πλοίου* = τα ύφαλα μέρη του πλοίου (αντ. τα στεγνά). Φρ. *αν δεν -ξεις πόδια, δεν τρως ψάρι* (= χωρίς κόπο δεν αποκτάται τίποτε)· *-ξει χιονίσει* (= σε κάθε περίσταση)· *έχω κάποιον μη στάξει και μη -ξει* (= τον προσέχω πολύ, τον περιποιούμαι)· *θέλει το παξιμάδι -γμένο* (για κάποιον που τα περιμένει όλα έτοιμα)· *να το -ξουμε!* (= να πιούμε για τον εορτασμό ή την ευόδωση κάποιου γεγονότος)· *ό,τι -ξει ας κατεβάσει* (= αδιαφορώ εντελώς)· *παίρνω τα -(γ)μένα μου* (= φεύγω ντροπιασμένος)· *πέρα -ει* (για απρόσεχτους ή αδιάφορους). *τις ~ σε κάποιον* (= τον δέρνω)· *ο -γμένος τη βροχή δεν τη φοβάται ή του -γμένου τι να του κάνει η βροχή* (για κάποιον που έχει εξοικειωθεί με τη δυστυχία και δεν τον εντυπωσιάζουν ούτε τον φοβίζουν νέες ατυχίες)· *φεύγω σαν τη -γμένη γάτα* (= φεύγω ντροπιασμένος).

βρίζα η, ουσ., είδος δημητριακού, η σίκαλη.

βριζάλευρο το, ουσ., αλεύρι από βρίζα.

βρίζω, ρ. **Ι.** (ενεργ.) λέω αισχρά και προσβλητικά λόγια, ξεστομίζω βρισιές: *τον έβρισε άσχημα· μη -ετε τα θεία* (= μη βλασφημείτε). **II.** (μέσ.) ανταλλάσσω βρισιές με κάποιον: *οι οδηγοί -ίστηκαν για το τρακάρισμα*. - Βλ. και **υβρίζω**.

βρίθω, ρ. (λόγ.), είμαι γεμάτος, έχω σε (μεγάλη) αφθονία κάτι: *η κατάσταση -ει από αντιφάσεις· το γραπτό -ει από ορθογραφικά λάθη*.

βρικόλακας ο, ουσ., σώμα αμαρτωλού ή αδικοσκοτωμένου ανθρώπου που πιστεύεται πως μένει αδιάλυτο και βγαίνει τις νύχτες από τον τάφο για να κακοποιήσει άλλους ανθρώπους και ιδίως τους οικείους του: *γυρνάει τις νύχτες σαν ~.* Παροιμ. *ο ~ απ' τη γενιά του τρώει* (για κάποιον που βλάπτει τους οικείους του). [σλαβ. *vrukolak*].

βρικολακιάζω, ρ. (συνιζ.). **1.** γίνομαι βρικόλακας: *-ουν οι κακοί και νυχτοσεριανάνε* (Αθάνας). **2.** (μεταφ. για πράγματα ανεπιθύμητα) ξαναζωντανεύω, αναβιώνω: *με το κίνημα των νεοναζιστών -ιασαν οι χιτλερικές ιδέες.* **3.** μένω άγρυπνος: *-ιασα απόψε!*

βρικολάκιασμα το, ουσ. (συνιζ.), το να βρικολακιάσει κάποιος.

βρισιά η, ουσ. (συνιζ.), αισχρή και προσβλητική κουβέντα: *-ιές πρωτάκουστες / χοντρές· άρχισε τις -ιές.*

βρισίδι το, ουσ., σωρεία ύβρεων, υβρεολόγιο: *~ καθημερινό / άγριο / βαρύ· άρχιζε το ~· του πάτησε ένα γερό ~.*

βρίσιμο το, ουσ., το να βρίζει κανείς, εξύβριση.

βρίσκω, ρ., αόρ. *βρήκα,* παθ. αόρ. *βρέθηκα.* **Ι.** ενεργ.**1.** ανακαλύπτω κάτι τυχαία ή ύστερα από αναζήτηση: *δε ~ τα κλειδιά μου· είδα κι έπαθα να το βρω· βρήκε ένα πορτοφόλι και το παρέδωσε στην αστυνομία* (αντ. *χάνω*). **2.** συναντώ: *πήγε να βρει τους φίλους του· καλώς σας βρήκα!* (συνών. *απαντώ*). **3.** (μεταφ.) καταλαμβάνω· πλήττω: *τους βρήκε η νύχτα· τους βρήκε κακό / συμφορά / η κακή ώρα· τι σε βρήκε πάλι;* **4.** θεωρώ, νομίζω: *~ υπερβολικούς τους φόβους σου· δεν το ~ σωστό.* **5.** σοφίζομαι, επινοώ· ανακαλύπτω: *-ει πάντα τρόπους να ξεφεύγει· βρέθηκε το φάρμακο μιας ανίατης αρρώστιας.* **6.** συμπεραίνω· μαντεύω· βγάζω εξαγόμενο: *το βρήκες! δεν μπορώ να βρω ποιος έκανε τη ζημιά· ~ τη λύση αριθμητικού προβλήματος.* **7.** σκοπεύω και χτυπώ το στόχο: *τον βρήκε η σφαίρα στην καρδιά.* **8.** πετυχαίνω αυτό που επιθυμώ: *βρήκε δουλειά· βρήκα την ησυχία μου.*

9. (μεταφ.) απολαμβάνω, ευχαριστιέμαι με κάτι: *τι -εις και τον πειράζεις;* **10.** κληρονομώ: *βρήκε την περιουσία απ' τους γονείς του·* (συνεκδοχικά για ό,τι έχομε από την παράδοση) *έτσι τα βρήκαμε.* **11.** φροντίζω να αποκτήσει κάποιος κάτι: *ζήτησε από το σύλλογο να του βρει έναν καλό δικηγόρο.* **12.** (αμτβ.) συναντώ εμπόδιο, σκοντάφτω: *το τρυπάνι βρήκε σε σωλήνα του νερού.* **II.** μέσ. **1.** υπάρχω, είμαι· περιέρχομαι σε κάποια κατάσταση: *-ομαι σε άμεση συνάρτηση με...· -ομαι σε κακά χάλια· βρέθηκα σε δύσκολη θέση / στην ανάγκη / σε αμηχανία· βρέθηκα μπόσικος και το υποσχέθηκα· δε -εται κανείς να σε βοηθήσει· ασ' το κι ας -εται* (για κάτι που μπορεί να φανεί χρήσιμο)· (με άρνηση για κάτι εξαιρετικής ποιότητας που σπανίζει): *τέτοιοι τεχνίτες δε -ονται σήμερα.* **2.** συναντιέμαι: *-ονται κρυφά· βρεθήκαμε τυχαία.* **3.** (μεταφ.) συμπαραστέκομαι σε κάποιον: *μας βρέθηκαν οι συγγενείς στην ανάγκη / στο πένθος.* Φρ. *απ' το Θεό να το βρει!* (= ο Θεός να τον ανταποδώσει το καλό ή το κακό που έκανε)· (ειρων.) *βρήκες άνθρωπο!* (για άτομο ακατάλληλο ή ανίκανο για κάτι)· *βρήκα το δίκιο μου* (= αναγνωρίστηκε, αποδείχτηκε ότι έχω δίκιο)· *βρήκε το μάστορή του* (δηλ. κάποιον ανώτερο σε γνώσεις ή επιτηδειότητα)· *βρήκε το διάολό του / το μπελά του* (= μπλέχτηκε σε δύσκολη υπόθεση ή συνάντησε δυσκολίες που δεν τις περίμενε)· *~ το σφυγμό / τη φλέβα κάποιου* (= κατορθώνω να συγκινήσω κάποιον)· *πού τον χάνεις, πού τον -εις...* (για άτομο που συχνάζει σε ορισμένο μέρος)· *τα βρήκαν* (συμφώνησαν): *είχαν πολλές διαφορές, αλλά τελικά τα βρήκαν· τα βρήκε μπαστούνια / σκούρα* (= συνάντησε δυσκολίες). (λαϊκ.) *τη ~ μ' αρέσει κάτι πολύ ή περνώ ευχάριστα· -ομαι στον έβδομο ουρανό* (= είμαι ευτυχισμένος).

βρογχικός, -ή, -ό, επίθ., που ανήκει ή αναφέρεται στους βρόγχους: *αδένες -οί· αναπνοή -ή· δέντρο -ό* (= το σύνολο των κλάδων στους οποίους διαιρούνται οι δύο κύριοι βρόγχοι)· *κλάδοι -οί· κοιλότητα -ή· άσθμα -ό.*

βρογχίτιδα η, ουσ. (ιατρ.) φλεγμονή των βρόγχων: *~ οξεία / ασθματική / μολυσματική.*

βρογχοδιασταλτικός, -ή, -ό, επίθ. (ασυνίζ.), (ιατρ.) που προκαλεί διαστολή των βρόγχων: *φάρμακα -ά* (υπό μορφή εισπνοών, σιροπιών, κ.ά. αλλιώς *αντιασθματικά*).

βρογχοκήλη η, ουσ. (ιατρ.) πάθηση που οφείλεται σε υπερτροφία του θυρεοειδούς αδένα: *~ εξόφθαλμη.*

βρογχοπνευμονία η, ουσ. (ιατρ.) φλεγμονή των βρόγχων και των πνευμόνων με λοιμώδη αιτιολογία, που εμφανίζεται συνήθως ως επιπλοκή κάποιας λοιμώδους ασθένειας (γρίπης, ιλαράς, κλπ.): *~ βαριά.*

βρόγχος ο, ουσ., ο καθένας από τους δύο αεροφόρους σωλήνες των πνευμόνων: *-οι κύριοι / ενδολόβιοι· απόφραξη / στένωση των -ων.*

βρογχοσκόπηση η, ουσ. (ιατρ.) εξέταση της βρογχικής κοιλότητας με βρογχοσκόπιο.

βρογχοσκόπιο το, ουσ. (ασυνίζ.), (ιατρ.) είδος ενδοσκοπίου (από ειδικούς στερεούς σωλήνες και τεχνητό εσωτερικό φως) με το οποίο εξετάζεται το εσωτερικό της τραχείας και των βρόγχων.

βρογχοστένωση η, ουσ. (ιατρ.) στένωση των βρόγχων που οφείλεται στην ανάπτυξη ουλωδών σκληρυντικών εξογκωμάτων και προκαλεί δύσπνοια.

βρογχοτομία η, ουσ. (ιατρ.) χειρουργική διάνοιξη των βρόγχων.

βρόμα η, ουσ. 1. δυσάρεστη μυρωδιά: ~ *και δυσωδία*· ~ *ανυπόφορη* (συνών. *δυσοσμία, κακοσμία, μπόχα*· αντ. *ευωδιά*)· (μεταφ.) έκφρ: ~ *η δουλειά* (= ύποπτη υπόθεση). 2. ακαθαρσία: ~ *σώματος*· ~ *αηδιαστική* (συνών. *βρομιά*). 3. (μεταφ.) αισχρή γυναίκα: *είναι μεγάλη* ~!

βρομάνθρωπος ο, ουσ. (μεταφ.), ανήθικος, φαύλος άνθρωπος (συνών. *παλιάνθρωπος*).

βρομερός, -ή, -ό, επίθ. 1. που μυρίζει άσχημα, ακάθαρτος, ρυπαρός: *σπίτι -ό*· *ρούχα -ά*. 2. (μεταφ.) ανήθικος, αχρείος: *άνθρωπος* ~· *στόμα -ό* (για άνθρωπο που λέει αισχρές κουβέντες) (συνών. *βρόμικος, αισχρός*).

βρόμη η, ουσ., είδος δημητριακού που χρησιμεύει συνήθως ως τροφή ζώων: ~ *άγρια* / *ήμερη* / *κτηνοτροφική*. [αρχ. *βρόμος*].

βρομιά η, ουσ. (συνιζ.). 1. δυσάρεστη μυρωδιά: *βγαίνει* / *έρχεται* ~ *από κάπου* (συνών. *βρόμα, δυσοσμία*). 2. έλλειψη καθαριότητας, ακαθαρσία: *η* ~ *του δε λέγεται* (συνών. *βρόμα*). 3. (μεταφ.) πράξη ανήθικη: *έκανε πολλές -ιές στη ζωή του* (συνών. *βρομοδουλειά*).

βρομιάρης, -α, -ικο, επίθ. (συνιζ.). 1. ακάθαρτος, ρυπαρός: *χέρια* / *μούτρα -ικα* (συνών. *βρόμικος*· αντ. *καθαρός*). 2. (μεταφ.) ανήθικος, αχρείος: *έμπλεξε με -ηδες*.

βρομιάρικος, -η, -ο, επίθ. (συνιζ.), βρομιάρης, βρομερός: *πρόσωπο* / *παιδί -ό* (αντ. *καθαμύς*).

βρομίζω, ρ. Α. (αμτβ.) βγάζω άσχημη μυρωδιά: *-ισαν τα ψάρια* / *τα φρούτα*. Β. μτβ. 1. λερώνω: *-ισες το πάτωμα* (αντ. *καθαρίζω*). 2. γεμίζω κάποιο χώρο με δυσοσμία: *τα σάπια φρούτα -ισαν το σπίτι* (αντ. *ευωδιάζω*).

βρόμικος, -η, -ο, επίθ. 1. που είναι γεμάτος βρομιά: *σπίτι* / *νερό -ο*· *δρόμοι -οι*· *χέρια -α* (συνών. *ακάθαρτος, λερωμένος*· αντ. *καθαρός*). 2. (μεταφ.) ανήθικος: *κάνει -ες δουλειές*· *-ο χρήμα* (= που προέρχεται από ύποπτες συναλλαγές, όπως εμπόριο ναρκωτικών, όπλων, κλπ.): *η τράπεζα* / *το χρηματιστήριο ήταν πλυντήριο -ου χρήματος*.

βρόμιο το, ουσ. (ασυνίζ.), (χημ.), αμέταλλο χημικό στοιχείο της ομάδας των αλογόνων με σκούρο κόκκινο χρώμα και δυσάρεστη μυρωδιά: ~ *βιομηχανικό* / *φωτογραφικό*. [γαλλ. brome<αρχ. *βρόμος*].

βρόμιος, -α, -ο, επίθ. (συνιζ.), που αναδίδει άσχημη μυρωδιά.

βρομιούχος, -α, -ο, επίθ. (ασυνίζ.), που περιέχει βρόμιο: *φάρμακα* / *άλατα -α*.

βρομισιά η, ουσ. (συνιζ.), βρομιά, ακαθαρσία.

βρόμισμα το, ουσ., το να βρομίζει, να λερώνει κάποιος κάτι (συνών. *λέρωμα, ρύπανση*· αντ. *καθάρισμα*).

βρομίτσα η, ουσ., βρόμα· συνήθως μεταφ. για άτομο πονηρό ή φαύλο.

βρομο-, α΄ συνθ. ουσ. και επιθ. (συνήθως υβριστικά): *βρομογύναικο, βρομόστομος, βρομόκαιρος*. [*βρόμα*]

βρομοβότανο το, ουσ., το φυτό στρύχνος ο μέλας (συνών. *βρομούσα*).

βρομόγατος ο, ουσ., βρόμικος, ρυπαρός γάτος.

βρομόγερος ο, ουσ. 1. γέρος ρυπαρός. 2. (μεταφ.-υβριστικά) γέρος αισχρός, ανήθικος.

βρομόγλωσσα η, ουσ. 1. (μεταφ.) γλώσσα που λέει αισχρές κουβέντες: *να φυλάγεσαι απ' τη -ά της!* 2. (συνεκδοχικά) άνθρωπος που λέει αισχρά ή συκοφαντικά λόγια.

βρομογλωσσιά η, ουσ. (συνιζ.), αισχρολογία, κακολογία, συκοφαντία.

βρομόγλωσσος, -η, -ο, επίθ., που λέει αισχρές κουβέντες (συνών. *βρομόστομος, αισχρολόγος*).

βρομογυναίκα η και **-γύναικο** το, ουσ., (μεταφ. υβριστικά) γυναίκα ανήθικη, κακοήθης (συνών. *παλιογυναίκα, βρομοθήλυκο*).

βρομοδουλειά η, ουσ. (συνιζ.), πράξη ή υπόθεση ανήθικη, ύποπτη: *ανακατεύεται σε -ές*· *του 'κανε μια* ~ (συνών. *βρομιά*).

βρομοζωή η, ουσ., ζωή ελεεινή, γεμάτη βάσανα και στερήσεις (συνών. *παλιοζωή*).

βρομοθήλυκο το, ουσ. (υβριστικά), κοπέλα, γυναίκα ανήθικη, κακοήθης (συνών. *βρομογύναικο*).

βρομόκαιρος ο, ουσ., καιρός άσχημος, δυσάρεστος (συνών. *παλιόκαιρος*).

βρομοκόπημα το, ουσ., το να αναδίδει κάποιος ή κάτι δυσάρεστη οσμή· βρόμα, μεγάλη δυσωδία.

βρομοκοπώ, -άς, ρ., αναδίδω δυσάρεστη οσμή: *τα ρούχα του -ούν* (συνών. *βρομώ*· αντ. *ευωδιάζω*).

βρομόλογο το, ουσ., άσχημη, αισχρή κουβέντα, αισχρολογία, βωμολοχία: *λέει -α*.

βρομολούλουδο το, ουσ., λουλούδι με δυσάρεστη μυρωδιά.

βρομόμυγα η, ουσ., είδος μεγάλης μύγας.

βρομόνερο το, ουσ., νερό βρόμικο, ακάθαρτο.

βρομόξυλο το, ουσ. 1. το φυτό ανάγυρος. 2. (μεταφ.) ξυλοδαρμός, ξυλοκόπημα άγριο: *έφαγε ένα* ~· *του 'δωσαν* / *του έριξαν* / *του τράβηξαν ένα* ~ *που θα το θυμάται*.

βρομοοικογένεια η, ουσ. (ασυνίζ.), οικογένεια ανέντιμη, φαύλη.

βρομόπαιδο το, ουσ. 1. παιδί ανήθικο, αλητόπαιδο. 2. παιδί ανάγωγο, άτακτο: *τα -α τη σκάρωσαν πάλι τη ζημιά τους!* (συνών. στις σημασ. 1 και 2 *παλιόπαιδο*).

βρομοπόδαρα τα, ουσ., πόδια που είναι πολύ βρόμικα.

βρομοσαλιάζω, ρ. (συνιζ.). 1. εκκρίνω βρομερά σάλια. 2. (μεταφ.) αισχρολογώ. 3. κακολογώ, συκοφαντώ.

βρομόσκυλο το, ουσ. 1. σκυλί βρομερό, ρυπαρό. 2. (μεταφ. υβριστικά) άνθρωπος αχρείος, ανήθικος, παλιάνθρωπος.

βρομόσογο το, ουσ., γένος φαύλο (συνήθως υβριστικά).

βρομοσόκακο το, ουσ., βρόμικο σοκάκι.

βρομόσπιτο το, ουσ. 1. σπίτι βρόμικο, ακάθαρτο. 2. (μεταφ. υβριστικά) οικογένεια ανήθικη.

βρομοσπορά η, ουσ., άνθρωπος ευτελούς καταγωγής.

βρομόστομα το, ουσ. 1. στόμα που μυρίζει άσχημα. 2. (μεταφ.) στόμα που λέει βρομόλογα. 3. (συνεκδοχικά) άνθρωπος που λέει αισχρά ή συκοφαντικά λόγια.

βρομόστομος, -η, -ο, επίθ. 1. που βρομούν τα χνότα του, το στόμα του. 2. (μεταφ.) που λέει βρομόλογα (συνών. *βρομόλογος, βρομόγλωσσος*).

βρομότοπος ο, ουσ. 1. τόπος ακάθαρτος, βρομερός. 2. (μεταφ.) τόπος άθλιος, ελεεινός.

βρομοτύρι και **βρομότυρο** το, ουσ., τυρί που βρομά ή που είναι κακής ποιότητας.

βρομοϋποκείμενο το, ουσ. (υβριστικά για άνθρωπο άθλιο, φαύλο) παλιάνθρωπος: *τι μου έκανε το* ~!

βρομούσα η, ουσ. **1.** ονομασία φυτών που έχουν έντονα δυσάρεστη μυρωδιά (συνών. *βρομοβότανο*). **2.** είδος εντόμου. **3.** γυναίκα βρομιάρα. **4.** (μεταφ.) γυναίκα ανήθικη. - Βλ. και *βρομούσης*.
βρομούσης ο, ουσ. **1.** άντρας βρομιάρης, ρυπαρός. **2.** (μεταφ.) άντρας ανήθικος, φαύλος. - Βλ. και *βρομούσα*.
βρομόχερο το, ουσ., χέρι βρόμικο, ακάθαρτο: *άπλωσε τα -ά του στο τραπέζι*· (υβριστικά) *μάζεψε τα -ά σου!*
βρομοχόρταρο το, ουσ. **1.** χόρτο που μυρίζει δυσάρεστα. **2.** ονομασία φυτών που έχουν άσχημη μυρωδιά.
βρομόχορτο το, ουσ., ονομασία φυτών που έχουν άσχημη μυρωδιά.
βρομώ και **-άω, -άς**, ρ. **1.** μυρίζω άσχημα, αποπνέω δυσάρεστη μυρωδιά: *-άει το σπίτι* · *-ούν οι δρόμοι* · *-άει τσιγαρίλα* (συνών. *βρομοκοπώ*· αντ. *ευωδιάζω, μοσχοβολώ*). **2.** (μεταφ.) είμαι ύποπτος: *-άει η ιστορία / η υπόθεση*. **3.** (μεταφ.) αποτελματώνομαι, διαιωνίζομαι: *-ησε η υπόθεση*. **4.** έχω κάτι σε αφθονία: *η αγορά / ο κόσμος / ο τόπος -άει από το τάδε προϊόν*. Φρ. *-άει μπαρούτι* (= υπάρχει κίνδυνος ένοπλης προσβολής και γενικά καβγά, φασαρίας)· *το ένα τού μυρίζει και τ' άλλο τού -άει ή όλα του -άνε* (για άτομο ιδιότροπο που δεν ικανοποιείται με τίποτα)· *απ' το κεφάλι -άει το ψάρι* (στις περιπτώσεις που η διαφθορά προέρχεται από τους ανωτέρους ιεραρχικά). [αρχ. *βρόμος*].
βροντείο το, ουσ. (έρρ.), μηχανικό κατασκεύασμα του αρχαίου θεάτρου τοποθετημένο πίσω από τη σκηνή, που παρήγε τον ήχο της βροντής, όταν οι ανάγκες της παράστασης το απαιτούσαν.
βροντερός, -ή, -ό, επίθ. (έρρ.), που μοιάζει με βροντή: *καμπάνα / φωνή -ή*· *τουφέκι -ό* (συνών. *βροντώδης*).
βροντερόφωνος, -η, -ο, επίθ. (έρρ.), που έχει βροντερή φωνή: *ομιλητής ~*.
βροντή η, ουσ. (έρρ.). **1.** ισχυρός κρότος που συνοδεύει την αστραπή και τον κεραυνό: *~ τρομερή*· *πέφτουν -ές και αστραπές* (συνών. *μπουμπουνητό*). **2.** κάθε ισχυρός κρότος: *~ τουφεκιού / κανονιού* (συνών. *βρόντος*).
βρόντημα και **-ηγμα** το, ουσ. (έρρ.). **1.** κρότος της βροντής, βροντή. **2.** ισχυρός κρότος, βρόντος. **3.** δυνατό χτύπημα: *ακούστηκε ~ στην εξώπορτα*.
βροντηχτός, -ή, -ό, επίθ. (έρρ.), που γίνεται με βροντή, με κρότο. - Επίρρ. **-ά**.
βροντοβόλημα το, ουσ. (έρρ.). **1.** βροντή: *~ του ουρανού* (συνών. *μπουμπουνητό*). **2.** το να προκαλείται συνεχής κρότος: *~ των κανονιών* (συνών. *βροντοκόπημα*).
βροντοβολώ, -άς, ρ. (έρρ.). **1.** (τριτοπρόσ.) βροντά (βλ. λ. σημασ. 1) (συνών. *μπουμπουνίζω*). **2.** (συνεκδοχικά) κροτώ συνεχώς: *-ούν τα κανόνια* (συνών. *βροντοκοπώ*).
βροντοκόπημα το, ουσ. (έρρ.), το να παράγεται συνεχής κρότος: *~ της πόρτας*· *μονότονο ~ του σφυριού* (συνών. *βροντοβόλημα*).
βροντοκοπώ, -άς, ρ. (έρρ.). Α. αμτβ. **1.** παράγω συνεχή κρότο: *-ούν τα τουφέκια* (συνών. *βροντοβολώ*). **2.** πέφτω με πάταγο. Β. (μτβ.) χτυπώ δυνατά: *μη -άς την πόρτα* (συνών. *βροντοχτυπώ*).
βροντολάλημα το, ουσ. (έρρ.). **1.** δυνατή φωνή, κραυγή. **2.** ομιλία με βροντώδη φωνή.
βροντόλαλος, -η, -ο, επίθ. (έρρ.). **1.** που μιλεί με βροντερή φωνή (συνών. *βροντόφωνος*). **2.** που παράγει βροντώδη ήχο: *ντέφια -α*.
βροντολαλώ, -είς, ρ. (έρρ.). **1.** μιλώ με βροντερή φωνή. **2.** παράγω βροντώδη ήχο: *-ησε το κανόνι*· (συνεκδοχικά) *-ησε η πλαγιά / η ρεματιά* (= αντήχησε).
βροντολόγημα το, ουσ. (έρρ.). **1.** το να προκαλείται συνεχής βρόντος (συνών. *βροντοκόπημα*). **2.** αλλεπάλληλες και αδιάκοπες βροντές.
βροντολογώ, -είς και **-άς**, ρ., παράγω συνεχή κρότο (συνών. *βροντολογώ, βροντοκοπώ*).
βρόντος ο, ουσ. (έρρ.), ισχυρός κρότος: *~ του κανονιού / των πυροβόλων*· *έπεσε με -ο*. Έκφρ. *στο -ο* = μάταια, άδικα, ανώφελα: *μιλώ στο -ο*· *τόσος κόπος και πήγε στο -ο*.
βροντοφωνάζω, ρ. (έρρ.). **1.** μιλώ με βροντερή φωνή. **2.** (συνεκδοχικά) διακηρύσσω: *-αξε την αλήθεια*· *πήρε προαγωγή και το -ει* (συνών. *βροντοφωνώ, διαλαλώ*).
βροντόφωνος, -η, -ο, επίθ. (έρρ.), που έχει βροντερή φωνή: *ψάλτης ~*. - Επίρρ. **-α**.
βροντοχτύπημα το, ουσ. (έρρ., λαϊκ.), χτύπημα που προκαλεί ισχυρό κρότο: *~ στην πόρτα*.
βροντοχτυπώ, -άς, ρ. (έρρ., λαϊκ.), (αμτβ. και μτβ.), χτυπώ και προκαλώ ισχυρό κρότο: (μεταφ.) *-ά η καρδιά μου*· *~ τα ζάρια* (συνών. *βροντοκοπώ*).
βροντώ και **-άω, -άς**, ρ., αόρ. *-ησα* και *-ηξα* (έρρ.). **1.** (αμτβ.) παράγω βροντή αντηχώ από βροντές: *-άει ο Όλυμπος*· (τριτοπρόσ.) *αστράφτει και -ά* · φρ. *άστραφε και -ούσε* (για ομιλητή που μιλά έντονα και με πάθος). **2.** ηχώ δυνατά, παράγω ισχυρό κρότο: *το κανόνι -ά*· *τα σακιά -ησαν στο πάτωμα* (= έπεσαν κάτω με πάταγο). Φρ. *-ά η τσέπη του* = είναι πλούσιος. **3.** (μτβ.) δημιουργώ θόρυβο χτυπώντας κάτι δυνατά: *-ηξε πίσω του την πόρτα*· (παροιμ., αμτβ.) *στου κουφού την πόρτα όσο θέλεις βρόντα* (για τις μάταιες εκκλήσεις ή προτροπές σε ανθρώπους αδιάφορους). **4.** (μτβ.) ρίχνω κάτω ορμητικά ή αφήνω να πέσει κάποιος ή κάτι με πάταγο: *του έβαλε τρικλοποδιά και τον -ησε κάτω*· φρ. *τα ~* (= εγκαταλείπω ένα έργο, μια προσπάθεια με αγανάκτηση ή απογοήτευση): *τα -ηξε κι έφυγε*.
βροντώδης, -ης, -ες, γεν. *-ους*, πληθ. αρσ. και θηλ. *-εις*, ουδ. *-η*, επίθ. (έρρ.), λόγ.), βροντερός: *φωνή ~* · (χημ.) *~ υδράργυρος* (= κρυσταλλική ουσία δηλητηριώδης και εκρηκτική).
βρούβα η, ουσ. (λαϊκ.), ονομασία αυτοφυών χόρτων που τρώγονται: *μαζεύω / καθαρίζω -ες*. Φρ. *πάει για -ες* (= αδιαφορεί).
βρουβοβλάσταρο το, ουσ. (λαϊκ.), τρυφερός φαγώσιμος βλαστός βρούβας.
βρουνιά, βλ. *αβρωνιά*.
βρουχητό το, ουσ. (ιδιωμ.), μουγκρητό· (μεταφ.) βοή: *της θάλασσας ~ ακούω και τρομάζω* (δημ. τραγ.).
βροχερός, -ή, -ό, επίθ., για χρονική περίοδο στη διάρκεια της οποίας βρέχει συνεχώς ή κατά διαστήματα: *καιρός / μήνας ~ μέρα -ή*.
βροχή η, πληθ. *-ές* και (λαϊκότ.) *-άδες*, ουσ. **1.** νερό που πέφτει σε σταγόνες από τα σύννεφα στη γη· το σχετικό μετεωρολογικό φαινόμενο που συνίσταται στην πτώση σταγόνων νερού στη γη: *~ ραγδαία*· *μένω κάτω από τη ~ μισή ώρα*· *πιάνει ~* (= αρχίζει να βρέχει)· *~ τεχνητή* (τρόπος άρδευσης χωραφιών). **2.** (για πράγματα που πέφτουν ή ρίχνονται άφθονα και χωρίς διακοπή ή για αλλεπάλληλα γεγονότα): (επίρρ.) *τρέχουν τα δάκρυα*

~· του έκαναν ~ τις ερωτήσεις· έφταναν ~ τα τηλεγραφήματα. - Υποκορ. **-ούλα** η (στη σημασ. 1).

βρόχι το, ουσ., μικρή θηλιά που χρησιμοποιείται ως παγίδα για πουλιά ή μικρά ζώα: *στήνω -ια· με γέλασαν, με πλάνεψαν σαν το πουλί στο* ~ (δημ. τραγ.). Φρ. *πέφτω, πιάνομαι ή τυλίγομαι στα -ια κάποιου* (= υποκύπτω στα θέλγητρα ή περιέρχομαι στην εξουσία κάποιου). [αρχ. *βρόχος*].

-βρόχι, β´ συνθ. ουδ. ουσ.: *ανεμοβρόχι, πρωτοβρόχια* (τα), *χιονοβρόχι.* [*βροχή*].

βρόχινος, -η, -ο, επίθ., που προέρχεται από βροχή: *νερό -ο.*

βροχίτης ο, ουσ. (λαϊκ.), βρογχίτιδα (βλ. λ.).

βροχογράφος ο, ουσ., είδος βροχόμετρου (βλ. λ.).

βροχόκαιρος ο, ουσ. (λαϊκ.), βροχερός καιρός: *πώς θα βγεις με τέτοιο -ο;*

βροχομετρικός, -ή, -ό, επίθ., που σχετίζεται με τη μέτρηση της βροχής: *σταθμός* ~· *καμπύλη -ή· ύψος -ό.*

βροχόμετρο το, ουσ., όργανο που χρησιμοποιείται για να μετρούμε την ποσότητα της βροχής που πέφτει σε έναν τόπο και καταγράφει ορισμένα χαρακτηριστικά της (λ.χ. διάρκεια και ένταση) (συνών. *βροχοσκόπιο*).

βροχόνερο το, ουσ., νερό της βροχής: *μαζεύουν το* ~ *σε στέρνες.*

βροχοπούλι το, ουσ. (ιδιωμ.), ονομασία του πουλιού χαραδριός ο υέτιος που πιστεύεται πως η φωνή του προαναγγέλλει βροχή.

βροχόπτωση η, ουσ. 1. πτώση βροχής: *προβλέπονται -ώσεις.* 2. το ύψος της βροχής που πέφτει σε έναν τόπο για ορισμένο χρόνο, όπως το μετρά το βροχόμετρο: ~ *ετήσια / μέση.*

βρόχος ο, ουσ., σκοινί που σχηματίζει θηλιά και χρησιμοποιείται ως αγχόνη ή ως μέσο για τη σύλληψη άγριων ζώων: *να βγάλω τ' άχτι απ' την καρδιά και απ' το λαιμό το -ο* (Αθάνας)· (μεταφ.) ~ *τα χρέη μου.*

βροχοσκόπιο το, ουσ. (ασυνίζ.), βροχόμετρο (βλ. λ.).

βροχοσταλίδα η, ουσ. (λογοτ.), σταγόνα βροχής: *οι -ες τον χτυπούσαν στο πρόσωπο.*

βροχούλα, βλ. *βροχή.*

βρύο το, ουσ., είδος ατελούς φυτού, καταπράσινου, λεπτού και χνουδωτού, που φυτρώνει σε μέρη υγρά και σκιερά πάνω στους κορμούς των δέντρων, το χώμα και τις πέτρες ή ακόμη και μέσα στη θάλασσα (συνών. *μούσκλο*).

βρύση η, ουσ. 1. μέρος όπου αναβλύζει νερό, φυσική πηγή: ~ *αστέρευτη / βουνίσια / κρύα.* 2. (συνεκδοχικά) κτίσμα ή άλλη πρόχειρη κατασκευή με έναν ή περισσότερους κρουνούς από όπου τρέχει το νερό μιας πηγής ή ενός αγωγού: ~ *μαρμάρινη / πέτρινη· πήγε στη* ~ *να γεμίσει τη στάμνα της.* 3. μικρός σωλήνας, συνήθως μεταλλικός και κυρτός που προσαρμόζεται στο άκρο ενός αγωγού για να ρυθμίζει με τη βοήθεια μιας στρόφιγγας τη ροή του νερού και να μπορεί να το χρησιμοποιεί κανείς χωρίς να πιτσιλιέται. 4. η αιτ. επιρρημ. (για κάτι υγρό) = σαν ποτάμι, άφθονα; ~ *το αίμα το ΄χυσα* (Βαλαωρίτης)· ~ *κυλούσανε τα δάκρυά του.* - Υποκορ. **-άκι** το και **-ούλα** η: *έχετε γεια, -ούλες!* (δημ. τραγ.) (για δήλωση απελπισίας ή απαισιοδοξίας, συνήθως ειρων.).

βρυσικός, -ή, -ό, επίθ. (ιδιωμ.), που προέρχεται από βρύση: *νερό -ό.*

βρυσομάνα η, ουσ. (λαϊκ.), πηγή άφθονου νερού, κεφαλόβρυσο: *οι αφροί της -ας* (συνών. *νερομάνα*).

βρυχηθμός ο, ουσ. (λόγ.), μούγκρισμα (λιονταριού).

βρυχώμαι, -άσαι και **βρυχιέμαι,** ρ. 1. (για λιοντάρι και σπανιότ. για άλλο ζώο) βγάζω δυνατό μουγκρητό, μουγκρίζω άγρια: *το θεριό -ιόταν·* (μεταφ.) *βρουχήθηκε και χύμηξε πάνω του.* 2. (μεταφ.) ηχώ άγρια, βουερά: *εδώ -ιούνται τα βουνά και τα χοντρά κοτρώνια* (Ρίτσος).

βρώμιο, βλ. *βρόμιο.*

βρώμα, βλ. *βρόμα.*

βρώση η, ουσ., τροφή. [αρχ. *βιβρώσκω*].

βρώσιμος, -η, -ο, επίθ. (λόγ.), φαγώσιμος: *ελιές -ες.*

βύζαγμα και **βύζασμα** το, ουσ. 1. το να ρουφά κάποιος με το στόμα του κάτι (συνών. *πιπίλισμα*). 2. θηλασμός: *το πρώτο* ~.

βυζαίνω, ρ., αόρ. -αξα. 1. (μτβ.) ρουφώ με το στόμα: *-ει το δάχτυλό του / μια καραμέλα / το αίμα της πληγής για να φύγει το δηλητήριο* (συνών. *απομυζώ, πιπιλίζω*). 2. (μτβ. και αμτβ. για βρέφος ή νεαρό θηλαστικό ζώο) ρουφώ με το στόμα γάλα από το μαστό: *το μωρό δεν πρόλαβε να -άξει (από) τη μάνα του* (συνεκδοχικά) *-ει ακόμη* (= είναι ανήλικος). Παροιμ. *το ήμερο αρνί -ει δυο μανάδες* (βλ. *αρνί*) (συνών. *θηλάζω*). 3. (μτβ. για μητέρα) δίνω γάλα από μαστό μου: *η μάνα του τον -αινε ώσπου έγινε τριών χρονών* (συνών. *θηλάζω*). [παλαιότ. *βυζάνω*<αρχ. *μυζάω*].

βυζανιάρης, α, -ικο και **βυζανιάρικος,** επίθ. (συνίζ., λαϊκ.), που θηλάζει, που είναι πολύ μικρός: *αρνί / μωρό -ο.* - Το ουδ. ως ουσ. = μωρό: *τι το πήρες μαζί σου το -ο!.*

βυζαντιακός, -ή, -ό, επίθ. (έρρ., ασυνίζ.), βυζαντινός (βλ. λ.).

βυζαντινισμός ο, ουσ. (έρρ.), το να είναι κανείς προσηλωμένος σε παλιές αντιλήψεις και τύπους κενούς αγνοώντας την ουσία και παραγνωρίζοντας την πραγματικότητα· τάση για συζητήσεις ατέλειωτες που χαρακτηρίζονται από επιμονή στις λεπτομέρειες, περιττολογία και τυπολατρία, που θυμίζουν έτσι κάποιες θεολογικές διενέξεις των Βυζαντινών (συνών. *σχολαστικισμός*).

βυζαντινολογία η, ουσ. (έρρ.), επιστήμη που εξετάζει την ιστορία και τον πολιτισμό των Βυζαντινών.

βυζαντινολογικός, -ή, -ό, επίθ. (έρρ.), που σχετίζεται με τη βυζαντινολογία και τους βυζαντινολόγους: *συνέδριο -ό· έρευνες -ες.*

βυζαντινολόγος ο και η, ουσ. (έρρ.), επιστήμονας που ασχολείται με τη βυζαντινολογία.

Βυζαντινός ο, θηλ. **-ή,** ουσ. (έρρ.), κάτοικος του Βυζαντίου, της μεσαιωνικής Κωνσταντινούπολης και συνεκδοχικά της βυζαντινής αυτοκρατορίας.

βυζαντινός, -ή, -ό, επίθ. (έρρ.), που ανήκει ή αναφέρεται στο Βυζάντιο, το κράτος με πολιτικό και πνευματικό κέντρο την Κωνσταντινούπολη (330-1453) ή θυμίζει ορισμένες πλευρές της ιστορίας του: *αυτοκρατορία -ή· αρχαιολογία / γραμματεία / ιστορία / τέχνη -ή· σπουδές / εικόνες -ές· ναοί -οί· δίκαιο -ό· μουσική -ή* (= μουσική που διαμορφώθηκε στο Βυζάντιο και κληροδοτήθηκε στην Ορθόδοξη Ανατολική Εκκλησία)· *μεγαλοπρέπεια -ή· συζητήσεις / συνωμοσίες -ές.*

βυζαρού η, ουσ. (λαϊκ.), αυτή που έχει μεγάλους μαστούς.

βύζασμα, βλ. *βύζαγμα*.
βυζαστάρικο το, ουσ. (ιδιωμ.), βρέφος ή νεαρό ζώο (συνήθως αρνάκι ή κατσικάκι) που θηλάζει (συνών. *βυζανιάρικο*).
βυζασταρούδι το, ουσ. (λαϊκ.), βρέφος ή μικρό ζώο (συνήθως αρνί ή κατσίκι) που θηλάζει: *χαμογελά σα μάνα στο* ~ *(Παλαμάς)* (συνών. *βυζαστάρικο, βυζανιάρικο*).
βυζάστρα η, ουσ. (λαϊκ.), γυναίκα που θηλάζει ξένο παιδί (συνών. *παραμάνα*).
βυζί το, ουσ., μαστός γυναίκας ή θηλαστικού ζώου: *ρώγα του -ιού· το* ~ *της αγελάδας· το μωρό δεν πιάνει* ~ (= δεν μπορεί να θηλάσει)· (σπανιότ. για άντρα): *τον μαχαίρωσαν λίγο πιο κάτω από το αριστερό* ~. - Υποκορ. **-άκι** και **-ούδι** το. - Μεγεθ. **-αρος** και **βύζος** ο.
βυζούνι, βλ. *βουζούνι*.
βυθίζω, ρ. **1.** (για πλοίο, κ.τ.ό.) κάνω να κατεβεί στο βυθό: *ο Κανάρης -ισε την τουρκική ναυαρχίδα·* (μέσ.) *η γέφυρα -εται μόνη της· πολιτεία -ισμένη* (συνών. *βουλιάζω, καταποντίζω*). **2.** χώνω στο νερό (ή σε άλλο υγρό): ~ *το πυκνόμετρο στο γάλα* (συνών. *βουτώ*). **3.** μπήγω: *βύθισε το μαχαίρι στο στήθος του*. **4.** (μεταφ.) κάνω κάποιον να περιέλθει σε μια κατάσταση (συνήθως ψυχική ή πνευματική): *η στάση του με -ισε σε σκέψεις· ο σεισμός -ισε στο πένθος τη χώρα· η πόλη -ίστηκε στο σκοτάδι· -ισμένος στις μελέτες του* (= απορροφημένος, αφοσιωμένος)· (μέσ., για βαρύ ύπνο, λήθαργο): *-ίστηκε σε έναν ανήσυχο ύπνο*.
βύθιση η, ουσ. **1.** (για πλοίο, κ.τ.ό.) το να βυθίζεται κάτι: ~ *αύτανδρη* (συνών. *καταποντισμός, βούλιαγμα*). **2.** (μεταφ. για αεροπλάνο) απότομη κάθοδος σε μικρότερο ύψος: *το καταδιωκτικό έκανε* ~ *και άρχισε να πυροβολεί το στόχο*. **3.** (λαϊκ.) λήθαργος: *ο άρρωστος έπεσε σε* ~.
βύθισμα το, ουσ. **1.** κάθοδος στο βυθό (συνών. *βούτηγμα*). **2.** (ναυτ.) το βάθος όπου φτάνει κάτω από την επιφάνεια της θάλασσας η καρίνα του πλοίου. **3.** (μεταφ.) λήθαργος, νάρκη: ~ *γλυκό*.
βυθοκόρηση η, ουσ. (λόγ.), εκβάθυνση ή καθαρισμός του βυθού με βυθοκόρο.
βυθοκόρος ο, ουσ. (λόγ.), πλωτή κατασκευή (λ.χ. φορτηγίδα, πλωτή γέφυρα, πλοίο) εφοδιασμένη με κατάλληλη μηχανή και τα εξαρτήματά της (κάδους, αρπάγη ή αναρροφητικούς σωλήνες) για τον καθαρισμό και την εκβάθυνση του πυθμένα ποταμών, καναλιών, λιμανιών, κ.τ.ό. (συνών. κοιν. *δράγα, φαγάνα*).
βυθοκορώ, ρ. (λόγ.), εκβαθύνω ή καθαρίζω με βυθοκόρο το βυθό (θάλασσας, ποταμού, κλπ.).
βυθομέτρηση η, ουσ., το να μετρά κάποιος με την βοήθεια κατάλληλων οργάνων ή συσκευών το βάθος της θάλασσας, μιας λίμνης ή ενός ποταμού σε ορισμένο σημείο.
βυθομετρώ, -είς, ρ., κάνω βυθομέτρηση. (βλ. λ.).
βύθος το, ουσ. **1.** ο βυθός και τα πιο χαμηλά στρώματα (κυρίως της θάλασσας). **2.** (μεταφ.) λήθαργος, βαρύς ύπνος. [*βυθίζω* υποχωρ.].
βυθός ο, ουσ., στερεή κοίτη (θάλασσας, ποταμού ή λίμνης): ~ *αμμουδερός / βραχώδης· ναυάγια στο -ό·* (συνεκδοχικά για τα κατώτερα στρώματα του νερού των θαλασσών): *το υποβρύχιο καταδύθηκε στο -ό* (συνών. *πυθμένας*).
βυθοσκόπηση η, ουσ. (λόγ.), το να εξετάζει κάποιος το είδος του βυθού (θάλασσας, λίμνης ή ποταμού).

βυθοσκοπικός, -ή, -ό, επίθ., που αναφέρεται στη βυθοσκόπηση: *έρευνες -ές*.
βυθοσκόπιο το, ουσ. (ασυνίζ., λόγ.), ναυτικό όργανο που χρησιμοποιείται (συνήθως από τους ψαράδες) για να παρατηρούν το βυθό στα ρηχά νερά (κοιν. *γυαλί της θάλασσας*).
βύνη η, ουσ., πρωτόβγαλτο κριθάρι που με ειδική κατεργασία χρησιμοποιείται για την παραγωγή μπίρας. [μτγν. *βύνη*].
βυρσοδεψείο το, ουσ. (λόγ.), εργοστάσιο όπου γίνεται κατεργασία δερμάτων· το εργαστήριο του βυρσοδέψη (συνών. λαϊκ. *ταμπάκικο*).
βυρσοδέψης ο, ουσ. (λόγ.), τεχνίτης που επεξεργάζεται δέρματα ζώων (συνών. λαϊκ.*ταμπάκης*).
βυρσοδεψία και **βυρσοδεψική** η, ουσ. (λόγ.), η τέχνη του βυρσοδέψη, η επεξεργασία που υφίστανται με τεχνικές ή χημικές μεθόδους τα δέρματα των ζώων για να γίνουν άσηπτα και αδιάβροχα.
βύρσωμα το, ουσ., επένδυση με δέρμα (συνών. *πέτσωμα*).
βυρωνικός, -ή, -ό, επίθ., που ανήκει ή αναφέρεται στον ποιητή Βύρωνα, που έχει τα χαρακτηριστικά του λόρδου Βύρωνα ή του έργου του (λ.χ. αδιαφορία ή περιφρόνηση της συμβατικής ηθικής).
βυρωνισμός ο, ουσ. **1.** μίμηση των χαρακτηριστικών της ποίησης του λόρδου Βύρωνα. **2.** λογοτεχνική τάση του 19ου αι. με κύριο γνώρισμα τη μίμηση της ποίησης του λόρδου Βύρωνα.
βυρωνιστής ο, θηλ. **-ίστρια**, ουσ., θαυμαστής ή μελετητής του λόρδου Βύρωνα.
βύσμα το, ουσ., μεταλλικό στέλεχος σε σχήμα κυλίνδρου ή κόλουρου κώνου που μπαίνει σε μια υποδοχή και συνήθως κλείνει ένα ηλεκτρικό κύκλωμα: *-ατα τηλεφωνικού πίνακα*.
βυσσινάδα η, ουσ., ποτό που παρασκευάζεται αν διαλύσομε μέσα σε νερό σιρόπι από βύσσινα.
βυσσινής, -ιά, -ί, επίθ., που έχει το χρώμα του ώριμου βύσσινου, πορφυρός: *βελούδο / χρώμα -ί.* - Το ουδ. ως ουσ. = το βυσσινί χρώμα.
βυσσινιά η, ουσ. (συνιζ.), φυλλοβόλο δέντρο που συγγενεύει με την κερασιά και παράγει βύσσινα (επιστ. ονομασία *κέρασος ο οξινόκαρπος*).
βύσσινο το, ουσ., καρπός της βυσσινιάς, όμοιος στη μορφή με το κεράσι, αλλά με σάρκα πιο μαλακή και γεύση όξινη: ~ *ανοιχτόχρωμο / σκούρο· ~ γλυκό / μαρμελάδα· ποτό από -α*. Φρ. (λαϊκ.) *να μένει ή να λείπει το* ~ (για κάτι που δεν το επιθυμούμε).
βυσσινόχρωμος, -η, -ο, επίθ., που έχει χρώμα βυσσινί.
βυσσοδομώ, -είς, ρ. (λόγ.) σχεδιάζω ύπουλα να βλάψω κάποιον: *σκοτεινές δυνάμεις -ούν εναντίον της χώρας* (συνών. *δολοπλοκώ, σκευωρώ, μηχανορραφώ*).
βυτίο το, ουσ. **1.** (λόγ.) ξύλινο βαρέλι (για νερό, κρασί ή άλλα ρευστά ή στερεά τρόφιμα). **2.** μεταλλικό κυλινδρικό δοχείο με μεγάλες διαστάσεις· χρήσιμο για μεταφορά υγρών (συνήθως νερού ή καυσίμων)· (συνεκδοχικά) βυτίο εφοδιασμένο με τροχούς που ρυμουλκείται από ένα όχημα· βυτιοφόρο: *ένα* ~ *πετρέλαιο*. [πιθ. παλαιότερα *βούτ(τ)ίον* ή *βούτ(τ)ιον*].
βυτιοποιείο το, ουσ. (ασυνίζ., λόγ., απαρχ.), εργαστήριο όπου κατασκευάζονται βυτία (συνών. *βαρελοποιείο, βαρελάδικο*).
βυτιοποιία η, ουσ. (ασυνίζ., λόγ., απαρχ.), βιοτε-

χνία κατασκευής βυτίων (συνών. *βαρελοποιία*).
βυτιοφόρο το, ουσ. (ασυνίζ.), όχημα που μεταφέρει βυτίο: *ένα ~ μας έφερε νερό / πετρέλαιο*.
-βω, κατάλ. ρημάτων στη θέση του αρχ. *-πτω: ανάβω, ράβω*.
βωλοκόπημα το, ουσ. (ιδιωμ.), το να σπάζει κανείς τους βώλους του χώματος σε ένα οργωμένο χωράφι (συνών. *σβάρνισμα*).
βωλοκόπος ο, ουσ. (ιδιωμ.). α. ο εργάτης που σπάζει τους βώλους του χώματος στο όργωμα· β. το εργαλείο που χρησιμοποιείται στο σβάρνισμα (συνών. *σβάρνα*).
βωλοκοπώ, -άς, ρ. (ιδιωμ.), σπάζω τους βώλους του χώματος σε ένα οργωμένο χωράφι (συνών. *σβαρνίζω*).
βώλος ο, ουσ., μικρό σφαιρικό αντικείμενο από γυαλί, πηλό ή άλλο υλικό που χρησίμευε για παιδικό παιχνίδι: *παίζουμε -ους* (συνών. *μπίλια, σβώλος*). - Υποκορ. (λαϊκ.) **-λαράκι** το.
βωμολοχία η, ουσ., άσεμνος λόγος, βρισιά, βλασφημία (συνών. *χυδαιολογία*).
βωμολόχος ο, ουσ. (λόγ.), αυτός που λέει βωμολοχίες, που αισχρολογεί (συνών. *χυδαιολόγος, αχρειόστομος, βρομόγλωσσος*).
βωμός ο, ουσ., είδος κτίσματος με τη μορφή τραπεζιού και ποικίλο σχήμα (λ.χ. κυβικό, κυλινδρικό) που επάνω του οι αρχαίοι τοποθετούσαν προσφορές ή έκαναν θυσίες στις θεότητες: *~ αιγυπτιακός/ δημόσιος/οικιακός* (για τη χριστιανική αγία Τράπεζα): *ο ~ του θυσιαστηρίου*· (μεταφ. για σκοπό, συνήθως ιερό, στον οποίο υποτάσσει κανείς τον εαυτό του ή κάτι άλλο): *στο -ό της ελευθερίας/του καθήκοντος/των μικροκομματικών συμφερόντων*.
βωξίτης, βλ. *βοξίτης* (ορθότερο).

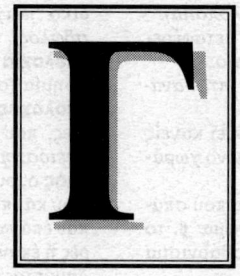

γ, Γ (γάμμα). **1.** το τρίτο γράμμα του ελληνικού αλφαβήτου· ένα από τα σύμφωνα της ελληνικής γλώσσας. - Βλ. και *γάμμα*. **2.** αριθμητικό σημείο = **α.** (όταν έχει τόνο πάνω δεξιά ή τελεία κάτω δεξιά: γ΄, Γ΄, γ.) τρία, τρίτος, τρίτον: *Ιωάννης ο Γ΄ άρθρο γ΄*. **β.** (όταν έχει τόνο κάτω αριστερά: ,γ) τρεις χιλιάδες.
γ (ευφωνικό) μεταξύ φωνηέντων: *αγέρας, ακούγω, κλαίγω.*
γ- προθετ. σε λ. που άρχιζαν από ν (π.χ. *νεύω > γνεύω, γνέθω*) και σε λ. που άρχιζαν από λ (π.χ. αρχ. *λάρος > γλάρος*).
γαβ και **γάβου**, λ. ηχομιμ. που αποδίδει τη φωνή του σκύλου.
γαβάθα η, ουσ., βαθύ πιάτο: *~ πήλινη*. - Υποκορ. **-άκι** το. - Μεγεθ. **-άρα** η. [μτγν. *γαβάθα < λατ. gabata* ανατολικής προέλ.].
γαβάθι το, ουσ., μικρή γαβάθα.
γαβαθωτός, -ή, -ό, επίθ., που είναι κοίλος σαν γαβάθα (συνών. *βαθουλός*).
γαβάρα η, ουσ. (ναυτ.) είδος πλοίου. [βενετ. *gabara*].
γαβγητό το, ουσ., φωνή σκύλου: *με ξύπνησε ~* (συνών. *γάβγισμα*).
γαβγίζω, ρ. **1.** χρησιμοποιείται για να αποδοθεί η φωνή του σκύλου (συνών. *αλυχτώ*). **2.** (μεταφ.) φωνάζω δυνατά ή άγρια. Παροιμ. *σκυλί που -ίζει δε δαγκώνει* (= αυτός που φωνάζει είναι ακίνδυνος).
γάβγισμα το, ουσ., φωνή σκύλου: *το ~ ακουγόταν όλη νύχτα* (συνών. *γαβγητό, αλύχτισμα*).
γάβου, βλ. *γαβ*.
γαβριάς ο, πληθ. **-ιάδες**, ουσ. (συνιζ.), μικρός αλήτης, χαμίνι ζωηρό και έξυπνο. [κυρ. όν. *Γαβριάς*, απόδοση του γαλλ. *gavroche*.]
γάβρος ο, ουσ., είδος δέντρου: *άνθισε η οξιά κι ο ~* (Αθάνας). [*γράβος < αρχ. γράβιον*].
γαγγλιακός, -ή, -ό, επίθ., που ανήκει ή αναφέρεται στα γάγγλια: *σύστημα -ό*.
γαγγλιεκτομή η, ουσ. (ερρ., ασυνίζ.), χειρουργική επέμβαση για να αφαιρεθεί το γάγγλιο.
γάγγλιο το, ουσ. (ερρ., ασυνίζ.), μικρό εξόγκωμα που παρατηρείται σε ορισμένα σημεία των λεμφαγγείων και των νεύρων: *~ αυχενικά*.
γάγγραινα η, ουσ. (ερρ.). **1.** (ιατρ.) τοπική νέκρωση ιστών του σώματος με αποτέλεσμα τη σήψη: *~ υγρή*. **2.** (μεταφ.) ανίατο κακό που φέρνει καταστροφή σιγά σιγά (συνών. *καρκίνωμα*). **3.** (ηθική) διαφθορά (συνών. *σαπίλα*).

γαγγραινιάζω, ρ. (ερρ., συνιζ.), παθαίνω γάγγραινα.
γαγγραίνιασμα το, ουσ. (ερρ., συνιζ.), προσβολή από γάγγραινα, σάπισμα που προέρχεται από γάγγραινα.
γαγγραινώδης, -ης, -ες, γεν. **-ους**, πληθ. αρσ. και θηλ. **-εις**, ουδ. **-η**, επίθ. (ερρ.), που μοιάζει με γάγγραινα ή που προέρχεται από γάγγραινα: *έλκος -ες*.
γάζα η, ουσ. **1.** ύφασμα λεπτό και διαφανές, τουλπάνι (συνών. *τούλι*). **2.** (φαρμ.) αραιοϋφασμένο άσπρο αποστειρωμένο ύφασμα, χρήσιμο για την επίδεση τραυμάτων: *~ χειρουργική*. [γαλλ. *gaze*].
γαζάκι, βλ. *γαζί*.
γαζέλα η, ουσ., αντιλόπη. [γαλλ. *gazelle*].
γαζέτα η, ουσ. **1.** βενετικό νόμισμα· (γενικά) νόμισμα μικρής αξίας. **2.** εφημερίδα. [βενετ. *gazeta*].
γαζί το, ουσ., είδος πυκνής ραφής που γίνεται με τη μηχανή ή με το χέρι. Έκφρ. *ψιλό ~* (=πείραγμα, «δούλεμα»). [αραβ. *quazzy*]. - Υποκορ. **-άκι** το.
γαζία η, ουσ. **α.** δέντρο μικρό, φυλλοβόλο, αγκαθωτό, που έχει άνθη κίτρινα με δυνατό ωραίο άρωμα· **β.** το άνθος του παραπάνω δέντρου: *το άρωμα -ας*. [βενετ. *gazia*].
γάζωμα το, ουσ. **1.** το να γαζώνει κανείς: *το φόρεμα θέλει ~*. **2.** (λαϊκ., μεταφ.) πείραγμα, «δούλεμα»: *άνθρωπος που δε σηκώνει*.
γαζώνω, ρ. **1.** ράβω (με τη ραπτομηχανή): *~ τη φούστα / τη ραφή*. **2.** (μεταφ.) ρίχνω πολλές πυκνές σφαίρες και πετυχαίνω κάποιον ή κάτι: *μια ριπή πολυβόλου -ωσε τον τοίχο* (Σαμαράκης)· *προσπάθησε να ξεφύγει, αλλά τον -ωσαν οι σφαίρες*. **3.** (λαϊκ., μεταφ.) πειράζω, κοροϊδεύω κάποιον: *τον περνούν για αφελή και συνεχώς τον -ώνουν* (συνών. *«δουλεύω»*).
γαζωτής ο, θηλ. **-ότρια** και (λαϊκ.) **-ώτρα**, ουσ., αυτός ή αυτή που ασχολείται με το γάζωμα, που έχει ως επάγγελμα να γαζώνει.
γαζωτός, -ή, -ό, επίθ., που είναι ραμμένος στη μηχανή, γαζωμένος.
γαζώτρια, -τρα, βλ. *γαζωτής*.
γαιάνθρακας ο, ουσ., ορυκτός άνθρακας, πετροκάρβουνο: *κοιτάσματα -άκων*.
γαιανθρακοφόρος, -α, -ο, επίθ. **1.** που περιέχει γαιάνθρακες: *στρώματα -α*. **2.** που μεταφέρει γαιάνθρακες: *όχημα -ο*.
γαιανθρακωρυχείο το, ουσ., ορυχείο γαιανθράκων, ανθρακωρυχείο.

γαιανθρακωρύχος ο, ουσ., εργάτης γαιανθρακωρυχείου, ανθρακωρύχος.
γαϊδάρα και **γαϊδούρα** η, ουσ. 1. θηλυκό γαϊδούρι. 2. (μεταφ., υβριστικώς) γυναίκα αγενής, άξεστη: *άκου τι μου είπε η ~!* 3. γυμναστικό όργανο, εφαλτήριο. 4. ομαδικό παιδικό παιχνίδι. - Υποκορ. (στις σημασ. 1 και 2) **-ουρίτσα** η.
γαϊδαράκος, βλ. *γάιδαρος*.
γαϊδαρέλος ο, ουσ., μικρόσωμο γαϊδούρι.
γάιδαρος ο, πληθ. *-αροι* και *-άροι*, ουσ. 1. ζώο μικρότερο από το άλογο, με μεγάλα αφτιά και χαρακτηριστική δυνατή φωνή (γκάρισμα). 2. (μεταφ., υβριστικώς) άνθρωπος τιποτένιος, αγενής, χοντράνθρωπος. ΄Εκφρ. *κατά φωνή κι ο ~* (= νάτος· σκωπτ.). Παροιμ. Φρ. *δυο -οι μαλώνανε σε ξένο αχυρώνα* (για όσους φιλονικούν για ξένα πράγματα)· *έδεσε τό -ό του* (= εξασφαλίστηκε, βολεύτηκε)· *είπε ο ~ τον πετεινό κεφάλα* (γι' αυτόν που αποδίδει στους άλλους ελαττώματα που έχει ο ίδιος)· *κάποιου του χαρίζανε ένα -ο και κοίταζε τ' αφτιά του / τον κοίταζε στα δόντια* (όταν κάποιος είναι πολύ απαιτητικός)· *αν δεν κλοτσήσει ο ~ δεν τονε ξεφορτώνουν* (= αυτός που αδικείται πρέπει μόνος του να ζητά το δίκιο του)· *μη στάξει η ουρά του -ου* (για ασήμαντο γεγονός)· *σκάει -ο* (για εκνευριστικό άνθρωπο)· *φάγαμε το -ο κι έμεινε η ουρά του* (= φτάσαμε στο τέλος της υπόθεσης). [παλαιότερο *γαϊδάριον* < αραβ. *gadar - gaidar*]. - Υποκορ. **άκος** ο
γαϊδούρα, βλ. *γαϊδάρα*.
γαϊδουράγκαθο το, ουσ. (έρρ.), είδος φυτού με πολλά αγκάθια.
γαϊδουράκι, βλ. *γαϊδούρι*.
γαϊδουραναθρεμμένος, -η, -ο, επίθ., που έχει κακή ανατροφή, γαϊδουράνθρωπος.
γαϊδουράνθρωπος ο, ουσ., άνθρωπος ανάγωγος, χυδαίος, αγενής (συνών. *γάιδαρος, γαϊδουρομαθημένος*).
γαϊδουρένιος, -ια, -ιο, επίθ. (συνιζ.), γαϊδουρινός.
γαϊδούρι το, ουσ., γάιδαρος. - Υποκορ. **-άκι** το. [παλαιότερο *γαϊδάριον* < gadar-gaidar]
γαϊδουριά η, ουσ. (συνιζ.), συμπεριφορά πολύ κακή, απρέπεια, χυδαιότητα, βαναυσότητα (συνών. *γαϊδουροσύνη*).
γαϊδουριάρης ο, ουσ. (συνιζ.), αγωγιάτης με γαϊδούρι. Παροιμ. *άλλα λογαριάζει ο γάιδαρος κι άλλα ο ~* (= άλλα ελπίζει κανείς κι άλλα γίνονται) (συνών. *γαϊδορολάτης*).
γαϊδουρινός, -ή, -ό, επίθ. 1. που ανήκει ή αναφέρεται στο γάιδαρο: *τομάρι -ό· γάλα -ό*. 2. (μεταφ.) που ταιριάζει σε γάιδαρο: *έχεις αφτιά -ά· υπομονή -ή* (= πολύ μεγάλη)· *πείσμα -ό· συμπεριφορά -ή* (= απρεπής, βάναυση) (συνών. στις σημασ. 1 και 2 *γαϊδουρένιος, γαϊδουρίσιος*). - Επίρ. **-ά**.
γαϊδουρίσιος, -ια, -ιο, επίθ. (συνιζ.), γαϊδουρινός.
γαϊδουρίτσα, βλ. *γαϊδάρα*.
γαϊδουρόβηχας ο, ουσ., βήχας πολύ δυνατός.
γαϊδουρόγαλα το, ουσ., γάλα γαϊδάρας.
γαϊδουρογενιά η, ουσ. (συνιζ.), οικογένεια ευτελής, χυδαία (συνών. *γαϊδουρόσογο*).
γαϊδουρογεννημένος, -η, -ο, επίθ., που κατάγεται από γένος πρόστυχο και χυδαίο.
γαϊδουρογυρεύω, ρ., αναζητώ γάιδαρο που έχω χάσει· μόνο στην παροιμ. φρ. *κάλλιο γαϊδουροδένε παρά -ευε* (= καλύτερα να εξασφαλίζεις τα συμφέροντά σου ώστε να μην κινδυνεύσεις).
γαϊδουροδένω, ρ. 1. δένω γάιδαρο· μόνο στην παροιμ. φρ. *κάλλιο -ενε παρά γαϊδουρογύρευε* (βλ. και *γαϊδουρογυρεύω*).
γαϊδουροζέστη η, ουσ., υπερβολική ζέστη.
γαϊδουροκαβάλα η, ουσ. 1. το να καβαλικεύει κανείς γάιδαρο. 2. (ως επίρρ.) πάνω σε γάιδαρο: *ανέβηκα στο λόφο ~* (συνών. στις σημασ. 1 και 2 *γαϊδουροκαβαλαρία*).
γαϊδουροκαβαλάρης ο, ουσ., αυτός που καβαλικεύει γάιδαρο.
γαϊδουροκαβαλαρία η, ουσ. 1. το να καβαλικεύει κανείς γάιδαρο. 2. (ως επίρρ.) πάνω σε γάιδαρο (συνών. *γαϊδουροκαβάλα*).
γαϊδουρόκαιρος ο, ουσ., καιρός πολύ άσχημος (συνών. *παλιόκαιρος*).
γαϊδουροκαλόκαιρο το, ουσ., υπερβολικά ζεστές μέρες του φθινοπώρου: *το ~ του αϊ-Δημήτρη*.
γαϊδουροκεφάλα, γαϊδουροκεφαλή η και **γαϊδουροκέφαλο** το, ουσ., κεφάλι γαϊδάρου.
γαϊδουροκέφαλος, -η, -ο, επίθ. 1. που αντιλαμβάνεται δύσκολα: *τέτοιος ~ πού να καταλάβει!* (συνών. *χοντροκέφαλος*). 2. ισχυρογνώμονας, πεισματάρης.
γαϊδουρόκομπος ο, ουσ., είδος στερεού κόμπου που ενώνει δύο σκοινιά.
γαϊδουρόκρυο το, ουσ., κρύο πολύ δυνατό.
γαϊδουροκυλίστρα η, ουσ. 1. τόπος όπου κυλιούνται τα γαϊδούρια. 2. (μεταφ.) τόπος όπου συχνάζουν τεμπέληδες.
γαϊδουρολάτης ο, ουσ., γαϊδουριάρης (βλ. λ.).
γαϊδουρομαθημένος, -η, -ο, επίθ., που έχει συνηθίσει να συμπεριφέρεται σα γαϊδούρι, αγροίκος, χυδαίος (συνών. *γαϊδουράνθρωπος*).
γαϊδουρόμαντρα η, ουσ., μάντρα γαϊδουριών.
γαϊδουρομούλαρο το, ουσ. 1. μουλάρι γεννημένο από θηλυκό γαϊδούρι. 2. (στον πληθ.) γάιδαροι και μουλάρια μαζί.
γαϊδουρόμουτρο το, ουσ., άνθρωπος ανάγωγος, χυδαίος (συνών. *γαϊδουράνθρωπος, γαϊδουρομαθημένος*).
γαϊδουρόμυγα η, ουσ., είδος μύγας που τσιμπά και ενοχλεί κυρίως τα γαϊδούρια.
γαϊδουροπάζαρο το, ουσ., παζάρι όπου πουλιούνται γάιδαροι. Φρ. *έβγαλαν κάποιον στο -ο* (= ντρόπιασαν κάποιον για τα αίσχη του).
γαϊδουρόσογο και **γαϊδουρόσοο** το, ουσ., οικογένεια χυδαία (συνών. *γαϊδουρογενιά*).
γαϊδουροσύνη η, *γαϊδουριά* (βλ. λ.).
γαϊδουροτόμαρο το, ουσ., δέρμα γαϊδάρου.
γαϊδουρότριχα η, ουσ., τρίχα γαϊδάρου. 2. (μεταφ.) άγρια τρίχα.
γαϊδουροφέρνω, ρ., συμπεριφέρομαι με αγένεια, βάναυσα.
γαϊδουροφωνάρα η, ουσ., δυνατή φωνή: *μας ξύπνησε πρωί πρωί με τις -ες του*.
γαϊδουρόψαρο το, ουσ., το ψάρι γάδος.
γαι(ο)-, α΄ συνθ. σε λόγ. λ., π.χ. *γαιάνθρακες, γαιοκτήμονας*. [γη].
γαιοκτήμονας ο, ουσ., αυτός που έχει στην κατοχή του μεγάλες εκτάσεις γης (συνών. *μεγαλοκτηματίας, τσιφλικάς*).
γαιοκτησία η, ουσ., ιδιοκτησία μεγάλων εκτάσεων γης.
γαιοκτητικός, -ή, -ό, επίθ., που αναφέρεται στη γαιοκτησία, την κατοχή εκτάσεων γης: *ο αστικός πλούτος συναγωνιζόταν το -ό*.
γαιοστατικός, -ή, -ό, επίθ., όρος της αστροναυτικής για τεχνητό δορυφόρο που η τροχιά του ακο-

γαϊτανάκι

λουθεί την περιστροφική κίνηση της γης ώστε να φαίνεται ακίνητος στον παρατηρητή από τη γη: *ο δορυφόρος θα τεθεί σε -ή τροχιά*.

γαϊτανάκι το, ουσ. 1. μικρό ή λεπτό γαϊτάνι. 2. χορός που χορεύεται από μεταμφιεσμένους τις αποκριές: *στηνόταν το ~ στην πλατεία*.

γαϊτανάς ο, ουσ. 1. αυτός που κατασκευάζει γαϊτάνια. 2. αυτός που διακοσμεί τις άκρες των υφασμάτων με γαϊτάνια.

γαϊτάνι το, ουσ., κορδόνι (συνήθως μεταξωτό): *και τηνε βρίσκουν κι έπλεκε τ' ολόχρυσο ~* (δημ. τραγ.)· *φρύδια σαν ~* (= λεπτά και κανονικά). Φρ. *το παίρνω σκοινί ~* (= εξακολουθώ να κάνω τα ίδια πράγματα)· *ο χορός / η δουλειά πάει ~* (για κάτι που γίνεται εύκολα και γρήγορα).

γαϊτανοφρυδάτος, -η, -ο, και **γαϊτανοφρύδης, -α** και **-ούσα, -ικο**, επίθ., που έχει φρύδια λεπτά και καμπυλωτά σαν το γαϊτάνι: *κορίτσια μαυρομάτικα και -άτα* (δημ. τραγ.).

γαϊτανόφρυδο το, ουσ., φρύδι καμπυλωτό και λεπτό σαν το γαϊτάνι.

γαϊτανοφρυδούσα, βλ. *γαϊτανοφρυδάτος*.

γαϊτανώνω, ρ., στολίζω ρούχα με γαϊτάνι.

γαϊτανωτός, -ή, -ό, επίθ., που είναι στολισμένος ή κεντημένος με γαϊτάνι: *φόρεμα -ό*.

γάλα το, γεν. *γάλα(κ)τος* και (λαϊκ.) *γαλάτου*, ουσ. 1. υγρό άσπρο ή κιτρινωπό που εκκρίνεται από τους μαστούς των γυναικών και των θηλαστικών ζώων μετά τον τοκετό: *~ μητρικό· ~ αγελαδινό / πρόβειο / του κουτιού· άσπρος σαν το ~·* έκφρ. *μέλι ~* (για συμφιλίωση)· *σαν τη μύγα μες στο ~* (για πράγμα αταίριαστο που ξεχωρίζει)· *του -ακτος* (για μικρό ζώο που θηλάζει ακόμη, τρυφερός): *αρνί / μοσχαράκι του -ακτος· και του πουλιού το ~* (για αφθονία αγαθών). Φρ. *έφτυσα / μαρτύρησα της μάνας μου το ~* (= πέρασα πολλές ταλαιπωρίες)· *κάηκε στο ~, φυσά και το γιαούρτι* (για άνθρωπο που έπαθε κάτι και προφυλάσσεται ακόμη και όταν δεν υπάρχει κίνδυνος)· *κι από στέρφα γίδα βγάζει ~* (για άνθρωπο ικανό να κερδίσει και από ασήμαντα ή ανέλπιστα πράγματα). 2. (συνεκδοχικά) γαλακτώδης χυμός φυτών και καρπών: *το ~ της συκιάς*. - Υποκορ. **-ατάκι** το.

γαλαδερφός ο, θηλ. **-ρφή**, ουσ., αυτός ή αυτή που θήλασε από την ίδια παραμάνα, ομογάλακτος αδελφός (-ή).

γαλάζιος, -ια, -ιο, επίθ. (συνιζ.), που έχει το χρώμα του ουρανού: *θάλασσα -ια* (συνών. *γαλανός*). - Το ουδ. ως ουσ. = το γαλάζιο χρώμα. [μτχ. *γαλαΐζον* του *γαλαΐζω*<μτγν. *κάλαϊς*].

γαλαζοαίματος, -η, -ο, επίθ., που στις φλέβες του κυλάει «γαλάζιο» αίμα, ευγενής: *είναι ~ και δε μας καταδέχεται!* (συνών. *αριστοκράτης*).

γαλαζόπετρα η, ουσ. 1. ο πολύτιμος λίθος κάλαϊς (συνών. *περουζές*). 2. θειικός χαλκός που με διάλυμα ασβέστη χρησιμοποιείται για ράντισμα φυτών.

γαλαζοπράσινος, -η, -ο, επίθ., που έχει χρώμα γαλάζιο και πράσινο ή ανάμεσα στο γαλάζιο και το πράσινο. - Το ουδ. ως ουσ. = το γαλαζοπράσινο χρώμα.

γαλαζόχρωμος, -η, -ο, επίθ., που έχει χρώμα γαλάζιο (συνών. *γαλάζιος, γαλανός*).

γαλακτερός, -ή, -ό και **-(χ)τερός**, επίθ. 1. που έχει πολύ γάλα: *γίδα -ή*. 2. (για φυτά) που είναι γεμάτος γαλακτώδη χυμό. 3. που έχει το χρώμα του γάλακτος. - Το ουδ. στον πληθ. ως ουσ. = φαγητά

ή γλυκίσματα που παρασκευάζονται με γάλα.

γαλακτικός, -ή, -ό, επίθ. 1. που αναφέρεται στο γάλα ή προέρχεται απ' αυτό. 2. (για φάρμακο) που καθορίζει την έκκριση του γάλακτος. 3. (βιολ.) *ζύμωση -ή* = μετατροπή σακχάρων σε γαλακτικό οξύ έξω από τον οργανισμό· *οξύ -ό* = οργανικό οξύ που περιέχεται σε ορισμένους φυτικούς χυμούς, στο αίμα και τους ζωικούς ιστούς των ζώων και του ανθρώπου.

γαλακτο-, α΄ συνθ., π.χ. *γαλακτοπωλείο, γαλακτοκόμος*.

γαλακτοβιομηχανία η, ουσ. (ασυνίζ.), βιομηχανία συσκευασίας γάλακτος και παραγωγής προϊόντων από γάλα.

γαλακτοζαχαροπλαστείο το, ουσ., κατάστημα όπου πωλούνται και σερβίρονται γάλατα και γλυκά.

γαλακτοθεραπεία η, ουσ. (ιατρ.) χρησιμοποίηση του γάλακτος και των παραγώγων του για θεραπευτικούς σκοπούς.

γαλακτοκομείο το, ουσ., κατάστημα επεξεργασίας του γάλακτος και των προϊόντων του.

γαλακτοκομία η, ουσ., τέχνη επεξεργασίας του γάλακτος και των προϊόντων που παράγονται απ' αυτό.

γαλακτοκομικός, -ή, -ό, επίθ., που αναφέρεται στη γαλακτοκομία: *είδη -ά*.

γαλακτοκόμος ο, ουσ., ειδικός τεχνίτης ή επιστήμονας που ασχολείται με τη γαλακτοκομία.

γαλα(κ)τομπούρεκο το, ουσ., είδος γλυκίσματος με φύλλα και κρέμα.

γαλα(κ)τοπαραγωγή η, ουσ., παραγωγή γάλακτος, απόδοση των ποιμνίων σε γάλα.

γαλα(κ)τοπαραγωγικός, -ή, -ό, επίθ., που έχει σχέση με το γαλακτοπαραγωγό ή τη γαλακτοπαραγωγή: *χώρες -ές*.

γαλα(κ)τοπαραγωγός, -ός, -ό, επίθ. 1. που παράγει γάλα: *ζώα -ά*. 2. (φαρμ.) που συντελεί στην αύξηση της παραγωγής γάλακτος. - Το αρσ. ως ουσ. = αυτός που ασχολείται με την γαλακτοπαραγωγή.

γαλα(κ)τόπιτα η, ουσ., είδος γλυκίσματος με κρέμα και φύλλα σαν το γαλακτομπούρεκο.

γαλα(κ)τοπωλείο το, ουσ., κατάστημα που πουλά γάλα και διάφορα παρασκευάσματα από γάλα (συνών. *γαλατάδικο*).

γαλακτούχος, -α, -ο, επίθ., που περιέχει γάλα: *τροφές -ες· άλευρο -ο*.

γαλακτώδης, -ης, -ες, γεν. *-ους*, πληθ. αρσ. και θηλ. *-εις*, ουδ. *-η*, επίθ. (λόγ.), που μοιάζει με το γάλα στη σύσταση ή το χρώμα: *~ χυμός των φρούτων*.

γαλάκτωμα το, ουσ. 1. (χημ.) υγρό που αποτελείται από δύο (τουλάχιστον) ουσίες που δεν αναμειγνύονται μεταξύ τους, από τις οποίες η μία αιωρείται μέσα στην άλλη με μορφή σταγονιδίων: *~ ασφαλτικό*. 2. καλλυντικό παρασκεύασμα που χρησιμοποιείται για τον καθαρισμό του δέρματος.

γαλανάδα η, ουσ., το γαλανό χρώμα: *~ του ουρανού*.

γαλανόλευκος, -η, -ο, επίθ., που έχει χρώμα γαλανό και λευκό. - Το θηλ. ως ουσ. = η ελληνική σημαία: *κυματίζει η -η*.

γαλανομάτης, -α, -ισσα και **-ούσα, -ικο**, επίθ., που έχει μάτια γαλανά.

γαλανόξανθος, -η, -ο, επίθ., που έχει μάτια γαλανά και μαλλιά ξανθά.

γαλανός, -ή, -ό, επίθ. 1. που έχει το χρώμα του ξάστερου ουρανού ή της ήρεμης θάλασσας: *μάτια -ά* (συνών. *γαλάζιος*). 2. που έχει μάτια γαλανά: *το παιδί τους είναι -ό* (συνών. *γαλανομάτης*). - Το ουδ. ως ουσ. = το γαλανό χρώμα.
γαλάντης ο, θηλ. **-ισσα**, ουσ. (έρρ.), γενναιόδωρος, γαλαντόμος (αντ. *φιλάργυρος, τσιγκούνης*). [ιταλ. *galante*].
γαλαντομία η, ουσ. (έρρ.), το να προσφέρει κανείς χωρίς φειδώ: *φημίζεται για τη ~ του* (συνών. *γενναιοδωρία* αντ. *φιλαργυρία*).
γαλαντόμος ο, θηλ. **-α**, ουσ. (έρρ.), που προσφέρει χωρίς φειδώ (συνών. *γενναιόδωρος, ανοιχτοχέρης* αντ. *φιλάργυρος, τσιγγούνης*). [βενετ. *galantomo*].
γαλαξιακός, -ή, -ό, επίθ. (ασυνίζ.), (αστρον.) που αναφέρεται στο γαλαξία ή σχετίζεται μ' αυτόν: *ζώνη -ή· επίπεδο -ό*.
γαλαξίας ο, ουσ. 1. (αστρον.) φακοειδές σύστημα με δισεκατομμύρια αστέρες και μεγάλα ποσά μεσοαστρικής ύλης που αποτελείται από σκόνη και αέρια: *περιστροφή του -α μας· ομάδες / σμήνη -ιών*. 2. κάθε ένα από τα πρώτα προσωρινά δόντια των παιδιών και των μικρών ζώων. 3. (ορυκτ.) ορυκτό που αποτελείται από πυριτικό μαγνήσιο και αργίλιο, σαπωνόλιθος.
Γαλαξιδιώτης ο, θηλ. **-ισσα**, ουσ. (συνιζ.), αυτός που κατοικεί στο Γαλαξίδι ή κατάγεται από εκεί.
γαλαξιδιώτικος, -η, -ο, επίθ. (συνιζ.), που ανήκει ή αναφέρεται στο Γαλαξίδι ή τους Γαλαξιδιώτες: *καράβι -ο*.
γαλάρα η, ουσ. (λαϊκ.), προβατίνα ή κατσίκα που αρμέγεται.
γαλάρι το, ουσ. (λαϊκ.). 1. μικρό αρνί που ακόμα θηλάζει. 2. γαλάρα (βλ. λ.).
γαλαρία η, ουσ. 1. υπόγεια στοά ορυχείου: *~ σκοτεινή*. 2. εξώστης ενός θεάτρου με φτηνότερο εισιτήριο. 3. (συνεκδοχικά) οι θεατές που παρακολουθούν από τη γαλαρία. 4. ομάδα από θορυβώδεις θεατές μιας εκδήλωσης ή κάποιου επεισοδίου. [βενετ. *galaria*].
γαλατ-, α΄ συνθ., π.χ. *γαλατάδικο, γαλατόπιτα*.
γαλατάδικο το, ουσ., κατάστημα που πουλά γάλα και άλλα γαλακτοκομικά προϊόντα (συνών. *γαλα(κ)τοπωλείο*).
γαλατάκι, βλ. *γάλα*.
γαλαταλευρο το, ουσ., μίγμα από αλεύρι και γάλα που χρησιμοποιείται ως τροφή βρεφών.
γαλατάς ο, ουσ., αυτός που πουλεί γάλα σε κατάστημα ή μοιράζει νωπό γάλα στα σπίτια.
γαλατένιος, -ια, -ιο, επίθ. (συνιζ.). 1. (για τροφές) φτιαγμένος από γάλα. 2. άσπρος σαν το γάλα: *πρόσωπο -ιο· χέρια -ια*.
γαλατερός, βλ. *γαλακτερός*.
Γαλάτης ο, θηλ. **-ισσα**, ουσ. (ιστ.) αυτός που κατοικούσε στη Γαλατία ή καταγόταν από εκεί.
γαλατικός, -ή, -ό, επίθ. (ιστ.) που ανήκει ή αναφέρεται στη Γαλατία ή τους Γαλάτες.
γαλατίλα η, ουσ., μυρωδιά του γάλακτος: *μυρίζεις ~*.
γαλατομπούρεκο, βλ. *γαλα(κ)τομπούρεκο*.
γαλατοπαραγωγή, βλ. *γαλυ(κ)τοπαραγωγή*
γαλατοπαραγωγικός, βλ. *γαλα(κ)τοπαραγωγικός*.
γαλατόπιτα, βλ. *γαλα(κ)τόπιτα*.
γαλατσίδα η, ουσ. (λαϊκ.), (βοτ.) α. ονομασία διάφορων φυτών που περιέχουν γαλακτώδη χυμό· β. ποώδες φυτό. [μτγν. *γαλακτίς*].

γαλαχτερός, βλ. *γαλακτερός*.
γαλαχτίζω, ρ. (λαϊκ.). 1. ασβεστώνω, αλείφω τοίχο (ή άλλη επιφάνεια) με άσπρο χρώμα (συνών. *ασπρίζω*). 2. μαλακώνω τη ζύμη ρίχνοντας νερό, για να πλάθεται ευκολότερα.
γαλάχτισμα το, ουσ. (λαϊκ.). 1. το να ασβεστώνει, να ασπρίζει κάποιος (τοίχο ή άλλη επιφάνεια) (συνών. *ασβέστωμα, άσπρισμα*). 2. το να κάνει κανείς πιο εύπλαστη τη ζύμη ρίχνοντας νερό. [*γαλακτίζω*].
γαλβανιζέ, επίθ. άκλ., που έχει γαλβανιστεί (βλ. λ.). [γαλλ. μτχ. *galvanisé*].
γαλβανίζω, ρ., επενδύω μεταλλικό αντικείμενο με λεπτό στρώμα άλλου μετάλλου με την επίδραση του ηλεκτρικού ρεύματος: *σύρμα -ισμένο· σωλήνες -ισμένοι*. [γαλλ. *galvaniser*].
γαλβάνισμα το, ουσ., διεργασία κατά την οποία επικαλύπτεται ένα σιδηρούχο συνήθως μέταλλο με στρώμα ψευδαργύρου (συνών. *επιψευδαργύρωση*).
γαλβανισμός ο, ουσ., η επιμετάλλωση, επένδυση της επιφάνειας μετάλλου με λεπτό στρώμα άλλου μετάλλου. [γαλλ. *galvanisme*<κύρ. όν. *Galvani*].
γαλβανόμετρο το, ουσ. (φυσ.) όργανο που ελέγχει την παρουσία ηλεκτρικού ρεύματος στο κύκλωμα και προσδιορίζει και μετρά τη φορά και την έντασή του. [γαλλ. *galvanomètre*].
γαλβανοπλαστική η, ουσ., η τεχνική της επιμετάλλωσης, δηλ. της επένδυσης μετάλλων με λεπτά στρώματα άλλου μετάλλου με ηλεκτρόλυση.
γαλβανοσκόπιο το, ουσ. (ασυνίζ.), όργανο με το οποίο ελέγχεται η παρουσία ηλεκτρικού ρεύματος στο κύκλωμα.
γαλβανοτεχνία η, ουσ., το σύνολο των γαλβανοπλαστικών εργασιών στη βιομηχανία.
γαλβανοτυπία η, ουσ., γαλβανοπλαστική μέθοδος που εφαρμόζεται στη δημιουργία τυπογραφικών πλακών. [γαλλ. *galvanotypie*].
γαλέος ο, ουσ., ψάρι της οικογένειας των καρχαρινιδών, που ζει στο Αιγαίο πέλαγος (επιστ. ονομασία *γαλεόρρινος ο γαλέος*).
γαλέρα η, ουσ. (παλαιότερο), τρικάταρτο πολεμικό ή εμπορικό καράβι με κουπιά, κάτεργο. [βενετ. *galera*<μεσν. ελλ. *γαλέα*].
γαλέτα η, ουσ., είδος παξιμαδιού που χρησιμοποιείται (σπάνια σήμερα) από τους ναυτικούς: *τους έστειλε κάμποσα τσουβάλια ~*. [βενετ. *galeta*].
γαλήνεμα το, ουσ., καθησύχασμα, καταπράυνση· ηρεμία, γαλήνη: *~ της θάλασσας / του ανέμου / του νου* (αντ. *αναταραχή, ταραχή*).
γαληνευτικός, -ή, -ό, επίθ., που συντελεί στο γαλήνεμα· ήρεμος: *προσπάθησα να τον ηρεμίσω με λόγια -ά* (συνών. *καθησυχαστικός* αντ. *ανησυχητικός*).
γαληνεύω, ρ. Α. αμτβ. α. (για τη θάλασσα και τους ανέμους) γίνομαι γαλήνιος, ηρεμώ, ησυχάζω: *θα ξεκινήσουμε άμα -έψει η θάλασσα·* β. (μεταφ. για άνθρωπο) -εψε το πρόσωπό του (αντ. *φουρτουνιάζω, ταράζομαι*). Β. (μτβ.) καταπραΰνω, καθησυχάζω: *~ την οργή κάποιου* (αντ. *ταράζω*).
γαλήνεψη η, ουσ., καθησύχασμα, γαλήνεμα.
γαλήνη η, ουσ. 1. (για τη θάλασσα και τους ανέμους) ηρεμία, ησυχία (συνών. *μπουνάτσα, κάλμα* αντ. *φουρτούνα*). 2. (μεταφ.) ψυχική ηρεμία, αταραξία, πραότητα: *η ηρεμία του τοπίου μού έφερε ~ στην ψυχή* (αντ. *ταραχή*).

γαλήνιος, -α, -ο, επίθ. (ασυνίζ.), ήρεμος, ατάραχος: *πέλαγος / πρόσωπο -ο* (αντ. *φουρτουνιασμένος, ταραγμένος*). - Επίρρ. **-α**.

γαληνός, -ή, -ό, επίθ. 1α. ήπιος, ατάραχος, γαλήνιος: *θάλασσα -ή* β. (μεταφ.): *βλέμμα -ό* (αντ. *ταραγμένος, ανήσυχος*). 2. στον υπερθ. α. προσηγορία ηγεμόνων και ανώτατων θρησκευτικών προσώπων· β. επίθ. του κράτους των Ενετών: *«-οτάτη αυθεντία της Βενετίας».*

γαλί το, ουσ., μικρή γαλοπούλα. [*γαλλίον*<*γάλλος*<ιταλ. *gallo*].

γαλιάντρα η, ουσ. (συνιζ., έρρ.). 1. το πουλί κορυδαλλός: *έλεγε σα να 'τανε ~*. 2. (μεταφ., συνήθως για γυναίκα) άτομο που γοητεύει με την ευγλωττία του ή (ειρων.) φλυαρεί συνεχώς. [μτγν. *κάλανδρος*].

γαλιόνι το, ουσ. (συνιζ.), μεγάλο πολεμικό ή μεταγωγικό πλοίο, ιστιοφόρο, του 16ου-17ου αι. [ιταλ. *galeone*].

γαλιοντζής, βλ. *καλιοντζής*.

γαλιότα η, ουσ. (συνιζ.), (παλαιότερα) μικρό ιστιοφόρο πλοίο του μεσαίωνα. [βενετ. *galiota*].

γαλίσιος, -ια, -ιο, επίθ., που προέρχεται από το γαλί, τη γαλοπούλα: *κρέας -ιο· αβγά -ια· σούπα -ια.*

γαλίφα, βλ. *γαλίφης*.

γαλίφεμα το, ουσ., κολακεία, γαλιφιά: *με τα -έματά του τον έκανε κληρονόμο της.*

γαλίφης ο, θηλ. **-α** και **-ισσα, -ικο,** επίθ., αυτός που κολακεύει, που κάνει κομπλιμέντα (συνών. *κόλακας*). [ιταλ. *gaglioffo*].

γαλιφιά η, ουσ. (συνιζ.), υπερβολική περιποίηση ή καλόπιασμα, κολακεία: *χύνανε τη ~ με το ασκί* (Μπαστιάς) (συνών. *γαλίφεμα*).

γαλίφικος, -η, -ο, επίθ., υπερβολικά περιποιητικός, κολακευτικός.

γαλίφισσα, βλ. *γαλίφης*.

γαλλίζω, ρ. 1. μιμούμαι τα ήθη και τους τρόπους των Γάλλων (συνών. *γαλλοφέρνω*). 2. χρησιμοποιώ λέξεις γαλλικές, ενώ μιλώ ή γράφω ελληνικά.

γαλλικά, βλ. *γαλλικός*.

γαλλικανισμός ο, ουσ., θεωρία που υποστηρίζει την ανεξαρτησία της γαλλικής καθολικής Εκκλησίας απέναντι στον Πάπα. [γαλλ. *gallicanisme*].

γαλλικανός ο, θηλ. **-ή,** ουσ., οπαδός του γαλλικανισμού. [λατ. *gallicanus*].

γαλλικός, -ή, -ό, επίθ., που ανήκει ή αναφέρεται στη Γαλλία ή προέρχεται απ' αυτήν: *μόδα / σαμπάνια -ή· κλειδί -ό* (= εργαλείο που χρησιμοποιείται για να σφίγγει βίδες και «παξιμάδια»)· *πάθη -ά* (= τα αφροδίσια νοσήματα). - Το θηλ. και το ουδ. στον πληθ. ως ουσ. = η γαλλική γλώσσα. - Επίρρ. **-ά**.

γαλλισμός ο, ουσ. 1. μίμηση των γαλλικών ηθών και τρόπων συμπεριφοράς. 2. ιδιωματισμός της γαλλικής γλώσσας. 3. η χρήση γαλλικών εκφράσεων από ομιλητή άλλης γλώσσας.

γαλλομάθεια η, ουσ. (ασυνίζ.), γνώση της γαλλικής γλώσσας.

γαλλομαθής, -ής, -ές, γεν. *-ούς*, αρσ. και θηλ. *-είς*, ουδ. *-ή,* επίθ., που γνωρίζει τη γαλλική γλώσσα.

Γάλλος ο, θηλ. **-ίδα,** ουσ., αυτός που κατάγεται από τη Γαλλία ή κατοικεί εκεί.

γαλλοφέρνω, ρ., μιμούμαι γαλλικούς τρόπους συμπεριφοράς (συνών. *γαλλίζω*).

γαλλόφιλος, -η, -ο, επίθ., που είναι φίλος της Γαλλίας και των Γάλλων: *κόμμα -ο*.

γαλλόφωνος, -η, -ο, επίθ. 1. που έχει μητρική τη γαλλική γλώσσα: *πληθυσμοί -οι*. 2. (για περιοχή) που ομιλείται η γαλλική γλώσσα: *Ελβετία -η*.

γαλονάς ο, ουσ. (ειρων.), αυτός που φορά γαλόνια, βαθμοφόρος αξιωματικός.

γαλονάτος, -η, -ο, επίθ., που φορά γαλόνια. - Το αρσ. ως ουσ. = αξιωματικός (συνών. *γαλονάς*).

γαλόνι το, I. ουσ., σιρίτι, κορδέλα στη στολή των αξιωματικών που δηλώνει το βαθμό τους (ανάλογα με το σχήμα, το χρώμα και τον αριθμό). Φρ. *παίρνω ~* (= ειρων. προάγομαι)· *του ξήλωσαν τα -ια* (= τον καθαίρεσαν)· *(έχω) πλάκα τα -ια* (= έχω μεγάλο βαθμό). [γαλλ. *galon* ή ιταλ. *gallone*].

γαλόνι το, II. ουσ., μονάδα χωρητικότητας υγρών ισοδύναμη με 4,5 περίπου κιλά. [αγγλ. *gallon*].

γαλοπούλα η, ουσ., ινδική όρνιθα, διάνος, γάλος.

γαλόπουλο το, ουσ., μικρός γάλος, γαλί.

γάλος ο, ουσ., ινδική όρνιθα, διάνος, κούρκος. [ιταλ. *gallo*].

γαλόσουπα η, ουσ., σούπα από γαλοπούλα.

γαλότσα η, ουσ. 1. παπούτσι λαστιχένιο ή δερμάτινο που φοριέται πάνω από άλλα παπούτσια για προστασία από τη βροχή και τα χιόνια. 2. (ιδιωμ.) ξύλινο πέδιλο, τσόκαρο. [βενετ. *galozze*].

γαλούχημα το, ουσ., θηλασμός.

γαλούχηση η, ουσ. 1. παροχή μητρικού γάλακτος (συνών. *θηλασμός*). 2. μόρφωση, διαπαιδαγώγηση με πνευματική και ηθική διδασκαλία.

γαλουχώ, -είς, ρ. 1. (για μητέρα) παρέχω το γάλα μου στο παιδί μου (συνών. *θηλάζω*). 2. παρέχω πνευματική τροφή σε κάποιον, διαπαιδαγωγώ, μορφώνω.

γαμέτης ο, ουσ. (βιολ.) καθένα από τα ειδικά κύτταρα που με τη συγχώνευσή τους επιτελείται η αμφιγονική παραγωγή των ζωντανών οργανισμών.

γαμήλιος, -α, -ο, επίθ. (ασυνίζ.), που αναφέρεται ή ανήκει στο γάμο: *τελετή / τούρτα -α· γλέντι / ταξίδι -ο· δώρα -α*.

γάμμα η, ουσ. άκλ., το τρίτο γράμμα του ελληνικού αλφαβήτου (γ, Γ).

γάμος ο, ουσ. 1. νόμιμη σύζευξη άντρα και γυναίκας: *~ πρώτος / δεύτερος / συμφέροντος* (συνών. *παντρειά*). 2. γαμήλια τελετή (συνών. *στεφάνωμα, στέψη*). 3. γλέντι που ακολουθεί την τελετή, το μυστήριο. Εκφρ. *~ θρησκευτικός* (= που τελείται από ιερέα)· *~ πολιτικός* (= που τελείται από τις πολιτικές αρχές)· *~ μικτός* (ανάμεσα σε πρόσωπα διαφορετικών θρησκευμάτων)· *~ άκυρος* (όταν παραβαίνονται οι κανόνες που ισχύουν)· *~ μοργανατικός* (ανάμεσα σε μέλος βασιλικής οικογένειας και σε κάποιον που δεν ανήκει σε βασιλική οικογένεια)· (στον πληθ.) *-οι αργυροί* (= η 25η επέτειος του γάμου)· *-οι χρυσοί* (= η 50ή επέτειος του γάμου)· *-οι αδαμάντινοι* (= η 60ή επέτειος του γάμου). Παροιμ. *μηδέ ~ χωρίς κλάμα, μηδέ μνήμα χωρίς γέλια* (= δεν υπάρχει χαρά ή λύπη χωρίς το αντίθετο συναίσθημα)· *όλα μας ανάποδα κι ο ~ μας Τετράδη* (όταν κάτι δε γίνεται όταν πρέπει)· *παρ' τονε στο -ο σου να σου πει: «και του χρόνου»* (όταν κάποιος λέει ανοησίες, όταν μιλάει ασυλλόγιστα).

γάμπα η, ουσ. (έρρ.), η κνήμη και το σαρκώδες τμήμα της. - Υποκορ. **-ίτσα** και **-ούλα** η. [βενετ. *gamba*].

γαμπάς ο, ουσ. (όχι έρρ., ιδιωμ.), ναυτικός επενδύτης. [βενετ. *gaban*].

γάμπια η, ουσ., (όχι έρρ., συνιζ.), (ναυτ.) τετράγωνο πανί πάνω από τη μαΐστρα του μεγάλου καταρτιού. [βενετ. *gabia*].

γαμπίτσα και **γαμπούλα**, βλ. *γάμπα*.

γαμπούνι το, ουσ. (έρρ., λαϊκ.), μηρός πουλερικών.

γαμπριάτικος, -η, -ο, επίθ. (έρρ., ασυνίζ.), που ανήκει ή ταιριάζει στο γαμπρό: *ρούχα -α*. - Το ουδ. στον πληθ. ως ουσ. = τα ρούχα του γαμπρού (συνών. *γαμπρίκιος*).

γαμπρίζω, ρ. (έρρ.), (αμτβ.) 1. συμπεριφέρομαι σαν να θέλω να παντρευτώ, επιδεικνύομαι για γαμπρός. 2. ερωτοτροπώ.

γαμπρίκιος, -ια, -ιο, επίθ. (έρρ., συνίζ.), που ανήκει ή ταιριάζει στο γαμπρό (συνών. *γαμπριάτικος*).

γαμπριλίκι το, ουσ. (έρρ., λαϊκ.), (συνήθως στον πληθ.) έξοδα που κάνει ο γαμπρός για το γάμο.

γαμπρολογώ, -άς, ρ. (έρρ.). I. (ενεργ.) ψάχνω να βρω γαμπρό για να παντρέψω κάποιον: *να στείλω τον προξενητή να με -ήσει* (Αθάνας). II. μέσ. 1. ψάχνω να βρω γαμπρό για να παντρευτώ. 2. ερωτοτροπώ (συνών. *γαμπρίζω*).

γαμπρός ο, ουσ. (έρρ.). 1. νιόπαντρος (σε αντιδιαστολή με τη *νύφη*). 2. σύζυγος της κόρης ή της αδελφής κάποιου. 3. αυτός που πρόκειται να παντρευτεί.

γαμπρούλης ο, ουσ. (έρρ.), (χαϊδευτικά) γαμπρός.

γαμψός, -ή, -ό, επίθ., κυρτός, καμπύλος: *μύτη -ή· νύχια -ά· ράμφος -ό*.

γαμψώνυχος, -η, -ο, επίθ. (λόγ.), που έχει νύχια γαμψά: *πουλιά -α*. [*κάμπτω*].

γαμώ, -άς, ρ. (χυδ.). 1. (το ενεργ. για τον άντρα· το παθ. για τη γυναίκα) συνουσιάζομαι, έρχομαι σε σαρκική μίξη. 2. σε φράσεις υβριστικά.

γάνα η, ουσ. (λαϊκ.). 1. πράσινη σκουριά αγάνωτων χάλκινων σκευών. 2. μουντζούρα της καπνιάς· ασβόλη. 3. άσπρο επίχρισμα που καλύπτει τη γλώσσα ύστερα από αρρώστια και η δυσάρεστη γεύση που δημιουργείται. [*γανώνω* υποχωρ.].

γανιάζω, ρ. (συνιζ.). 1. (για τη γλώσσα) καλύπτομαι από γάνα (εξαιτίας αρρώστιας). 2. (μεταφ.) ταλαιπωρούμαι, κουράζομαι: *-ιασα να του δώσω να καταλάβει*. 3. διψώ πολύ, «στεγνώνει» η γλώσσα μου: *-ιασε η γλώσσα μου*. 4. (για σκεύη χάλκινα) σκουριάζω. 5. (μεταφ.) μαυρίζω: *-ιασε από το κλάμα / από το κακό του*.

γάντζα η, ουσ. 1. αγκίστρι (συνών. *τσιγκέλι*). 2. θηλιά, βρόχος· (ειδικότερα) η θηλιά στο πάνω μέρος του σκοινιού της αντένας που περνά πάνω από το κατάρτι. [βενετ. *ganza*].

γάντζος ο, ουσ. 1. σιδερένιο αγκίστρι που χρησιμεύει στο κρέμασμα ή στην ανύψωση αντικειμένων: ~ *γερανού / κρεοπωλείου* (συνών. *τσιγκέλι*). 2. ξύλινο κοντάρι με σιδερένιο αγκύλη στην άκρη, με το οποίο συγκρατείται ένα πλοίο στο λιμάνι ή δύο πλοία μεταξύ τους. - Υποκορ. **-άκι** το. - Μεγεθ. **-αρος** ο. [βενετ. *ganzo*].

γάντζωμα το, ουσ. 1. κρέμασμα ή κράτημα ενός αντικειμένου από γάντζο. 2. (μεταφ.) άρπαγμα· προσκόλληση σε κάποιον.

γαντζώνω, ρ. 1. πιάνω κάτι με γάντζο (συνών. *αγκιστρώνω*). 2. (αμτβ. και μέσ.) πιάνομαι (σε *γάντζο*): *-ώθηκε το φόρεμα στο σύρμα· -ωσε το μαντήλι στο φράχτη*. 3. (μεταφ.) α. αρπάζομαι από κάποιον ή κάτι: *-ώθηκε από ένα γεγονός για να βγάλει τα δικά του συμπεράσματα*· β. προσκολλώμαι σε κάποιον: *-ώθηκε επάνω μου από το φόβο της*.

γαντζωτός, -ή, -ό, επίθ., που έχει σχήμα γάντζου (συνών. *αγκιστρωτός*).

γάντι το, ουσ. (έρρ.), κάλυμμα του κάτω μέρους των χεριών (από διάφορες ύλες) για την προφύλαξή τους από το κρύο ή τις δύσκολες δουλειές: *-ια δερμάτινα / μάλλινα*. Φρ. *μιλώ ή φέρομαι με το ~ σε κάποιον* (= συμπεριφέρομαι με ευγένεια)· *πετώ ή ρίχνω το ~ σε κάποιον* (= προκαλώ σε μονομαχία, προκαλώ)· *κάτι μου 'ρχεται ~* (για κάτι, λ.χ. ρούχο, που εφαρμόζει τέλεια στο σώμα μας ή (μεταφ.) για κάτι ευχάριστο, ταιριαστό). [γαλλ. *gant*].

γαντοφορεμένος, -η, -ο, επίθ. (έρρ.), που φορεί γάντια: *ληστής ~*.

γάνωμα το, ουσ., κάλυψη της (εσωτερικής κυρίως) επιφάνειας των χάλκινων σκευών με κασσίτερο (συνών. *επικασσιτέρωση*).

γανωματάδικο και **-ματζήδικο** το, ουσ., εργαστήρι του γανωματά.

γανωματάς, -τής και (λαϊκ.) **-τζής** ο, ουσ., τεχνίτης που έχει επάγγελμα την κάλυψη χάλκινων σκευών με κασσίτερο (συνών. *καλαϊτζής*).

γανωματζήδικο, βλ. *γανωματάδικο*.

γανώνω, ρ., καλύπτω την εσωτερική επιφάνεια χάλκινων σκευών με κασσίτερο: ~ *το ταψί / την κατσαρόλα* (συνών. *επικασσιτερώνω*). Φρ. ~ *το κεφάλι κάποιου* = (σκοτίζω κάποιον). [αρχ. *γανόω*].

γάνωση η, ουσ. (αρχιτ.) 1. λείανση. 2. επάλειψη.

γανωτής ο, ουσ., γανωματάς (βλ. λ.).

γανωτός, -ή, -ό, επίθ. (αρχιτ.) στιλβωμένος, γυαλιστερός, λουστραρισμένος.

γαργάλα η, ουσ. (λαϊκ.), το να ερεθίζει κάποιος με γαργάλεμα.

γαργάλεμα το και **-μός** ο, ουσ. (λαϊκ.), άγγιγμα ορισμένων σημείων του σώματος κάποιου ώστε να ερεθιστούν ορισμένα νεύρα και να προκληθεί ακούσιο γέλιο.

γαργαλεύω, ρ. (λαϊκ.), γαργαλώ (βλ. λ.).

γαργάλημα και **-ισμα** το, ουσ., ερεθισμός ειδικών περιφερειακών νεύρων με σκοπό την πρόκληση αθέλητου γέλιου (συνών. *γαργάλεμα*).

γαργαλίζω, ρ., γαργαλώ (βλ. λ.).

γαργάλισμα, βλ. *γαργάλημα*.

γαργαλιστά, επίρρ., με ελαφρό άγγιγμα, με γαργάλισμα.

γαργαλιστικός, -ή, -ό, επίθ. 1. που προκαλεί γαργάλισμα, που γαργαλίζει. 2. (μεταφ.) α. ερεθιστικός: *μυρωδιά (φαγητού) -ή*· β. δελεαστικός, προκλητικός: *προτάσεις -ές· ιστορίες -ες*.

γαργαλώ, -άς, ρ. 1. προκαλώ κνησμό και ακούσιο γέλιο σε κάποιον ερεθίζοντας με το άγγιγμα των χεριών μου ή με άλλο αντικείμενο ορισμένα ευαίσθητα σημεία του δέρματος: *-ιέται στα πόδια*. 2. (με υποκ. το ούζο, λαιμός) νιώθω ερεθισμό και τάση για βήχα. 3. προκαλώ κάποιον να κάνει μια ενέργεια: *τον -ά η πείνα / η γλώσσα του να πει κάτι*.

γαργάρα η, ουσ. 1. πλύση του στόματος και του φάρυγγα με νερό ή φαρμακευτικό υγρό. 2. (συνεκδοχικά) το υγρό ή το φάρμακο που χρησιμοποιείται για την πλύση του στόματος.

γαργαρίζω, ρ. 1. κάνω γαργάρα. 2. κελαρύζω: *-ει το νερό της βρύσης*. 3. βγάζω άσχημο ήχο σαν να κάνω γαργάρα: *το ρεύμα -ει / τες βλασφήμιες του θυμού* (Σολωμός). [ηχομιμ. λ.].

γαργάρισμα το και **-ισμός** ο, ουσ. 1. γαργάρα. 2. κελάρυσμα.

γάργαρος, -η, -ο, επίθ., κελαρυστός· καθαρός, διαυγής: *νερό -ο· δροσοπηγές -ες·* (μεταφ.) *γέλιο -ο.*

γαρδέλι το, ουσ., καρδερίνα. [βενετ. *gardelin*].

γαρδένια η, ουσ. (συνιζ.), καλλωπιστικό φυτό με παχιά βαθυπράσινα φύλλα και άνθη λευκά και ευωδιαστά. [γαλλ. *gardenia*].

γαρδούμι το, ουσ., γαρδούμπα (βλ. λ.).

γαρδούμπα η, ουσ. (ερρ.), είδος φαγητού που γίνεται με έντερα (συνών. *γαρδούμι*). [παλαιότερο *γαρδούμιον*<λατ. *caldumen*].

γαριάζω, ρ. (συνιζ., λαϊκ.), (συνήθως για ρούχα). 1. λερώνω: *-ιασε το άσπρο μου φουστάνι* (συνών. *λιγδιάζω*). 2. (μτβ.) κάνω κάτι κιτρινωπό: *το απορρυπαντικό αυτό δε -ει τα ρούχα·* (αμτβ.) παίρνω χρώμα κιτρινωπό: *-ιασαν τα σεντόνια* (από κακό πλύσιμο). [*γάρος*].

γάριασμα το, ουσ., λέρωμα (των ρούχων), κιτρίνισμα (από κακό πλύσιμο).

Γαριβαλδινός ο, ουσ. (ιστ.) μέλος στρατιωτικών σωμάτων που πολέμησαν κατά τον πόλεμο του 1897 και κατά τους βαλκανικούς πολέμους του 1912-13. [κύρ. όν. ιταλ. *Garibaldi*].

γαρίδα η, ουσ., θαλασσινό μαλακόστρακο: *-ες βραστές· έγινε κόκκινος σα ~.* Φρ. *το μάτι κάποιου είναι ~* (= προσέχει πολύ)· *το μάτι κάποιου έγινε ~ για κάτι* (= στερείται κάτι τελείως και το επιθυμεί πολύ): *το μάτι του παιδιού έγινε ~ για το παιχνίδι·* το *μάτι του έμεινε ~ όλη νύχτα* (= έμεινε άυπνος). - Υποκορ. **-ούλα** και **-ίτσα** η. [αρχ. *καρίς*].

γαριδάκι το, ουσ. 1. μικρή γαρίδα. 2. (συνήθως στον πληθ.) παιδική λιχουδιά σε σχήμα μικρής γαρίδας.

γαριδίτσα, βλ. *γαρίδα.*

γαριδολόγος ο, ουσ. 1. είδος μικρής απόχης κατάλληλης για το ψάρεμα της γαρίδας.

γαριδομάτης ο, θηλ. **-α,** ουσ., αυτός που τα μάτια του εξέχουν από τις κόχες (συνών. *γουρλομάτης*).

γαριδούλα, βλ. *γαρίδα.*

γαρίλα η, ουσ., γάριασμα (βλ. λ.).

γαριφαλάκι, βλ. *γαρίφαλο.*

γαριφαλιά και (λαϊκ.) **γαρου-** η, ουσ. (συνιζ.). 1. καλλωπιστικό φυτό με φύλλα στενά και επιμήκη και άνθη ευωδιαστά, διαφόρων χρωμάτων: *κήπος με πολλές -ιές.* 2. είδος δέντρου των τροπικών χωρών. - Υποκορ. **-ίτσα** η, στη σημασ. 1.

γαρίφαλο και (λαϊκ.) **γαρού-** το, ουσ. 1. λουλούδι της γαριφαλιάς (βλ. λ. σημασ. 1): *ανθοδέσμη από -α.* 2. αποξηραμένος κάλυκας του τροπικού δέντρου γαριφαλιά (βλ. λ. σημασ. 2) που χρησιμοποιείται ως αρωματικό στη μαγειρική (συνών. *μοσχοκάρφι*). - Υποκορ. **-άκι** το στη σημασ. 1. [βενετ. *garofolo*].

γαριφαλόλαδο το, ουσ., αρωματικό λάδι που παρασκευάζεται από γαρίφαλα και χρησιμοποιείται στη φαρμακευτική και στη ζαχαροπλαστική.

γαρλίνο και **καρ-** το, ουσ. (ναυτ.) είδος σκοινιού με διπλό πλέξιμο. [βενετ. *garlin*].

γαρμπής ο, ουσ. (όχι ερρ.), νοτιοδυτικός άνεμος (συνών. *λίβας*). [βενετ. *garbin·* πβ. τουρκ. *garbi*].

γαρμπίλι το, ουσ. (όχι ερρ.), χαλίκι κατάλληλο για χτίσιμο.

γαρμπόζικος, -η, -ο, επίθ. (όχι ερρ.), κομψός. - Επίρρ. **-α.**

γαρμπόζος, -α, -ο, επίθ. (όχι ερρ.), κομψός, χαριτωμένος. [ιταλ. *garboso*].

γάρμπος το, ουσ. (όχι ερρ.), κομψότητα: *γυναίκα με ~.* [ιταλ. *garbo*].

γαρνίρισμα το, ουσ. 1. πρόσθετη διακόσμηση φορεμάτων, επίπλων, κλπ.: *~ του φουστανιού·* (για φαγητά): *~ της τούρτας / του κρέατος.* 2. (μεταφ.) διάνθιση του λόγου με πρόσθετα στοιχεία.

γαρνίρω, ρ., παρατ. -ιζα, αόρ. -ισα, μτχ. παρκ. -ισμένος. 1. διακοσμώ: *-ει τα σκούρα της ρούχα· ~ το φαγητό* (= συμπληρώνω στο πιάτο το βασικό έδεσμα). 2. (μεταφ.) διανθίζω το λόγο με πρόσθετα στοιχεία: *-ει πάντα τη συζήτηση με ανέκδοτα.* [γαλλ. *garnir*].

γαρνιτούρα η, ουσ. 1. (για φαγητά) πρόσθετο στοιχείο που συμπληρώνει το βασικό έδεσμα: *~ από πατάτες και μπιζέλια* (συνών. *γαρνίρισμα*). 2. διάνθιση του λόγου με πρόσθετα στοιχεία. [γαλλ. *garniture*].

γάρος ο, ουσ., άρμη: *έβαλε κολιούς στο -ο* (συνών. *σαλαμούρα*).

γαρουφαλιά, βλ. *γαριφαλιά.*

γαρούφαλο, βλ. *γαρίφαλο.*

γάσα η, ουσ. (ναυτ.) θηλιά στην άκρη του σκοινιού (συνών. *βρόχος*). [βενετ. *gaso* ή *gassa*].

γαστέρα η, ουσ. 1. κοιλιά. 2. το μέρος του στομαχιού αρνιού ή κατσικιού που περιέχει την πυτιά.

γάστρα η, ουσ. (λαϊκ.). 1. γλάστρα. 2. πήλινο ή σιδερένιο ημισφαιρικό σκεύος με το οποίο σκεπάζουν φαγητό για να ψηθεί πάνω στη φωτιά. 3. (ναυτ.) ύφαλα πλοίου (συνων. *πλεούσα*). - Υποκορ. **-άκι** το, **-ούλα** η.

γαστρεκτομή, βλ. *γαστρ(ο)εκτομή.*

γαστρεντερικός, βλ. *γαστρ(ο)εντερικός.*

γαστρεντερίτιδα, βλ. *γαστρ(ο)εντερίτιδα.*

γαστρεντεροκολίτιδα, βλ. *γαστρ(ο)εντεροκολίτιδα.*

γαστρεντερολογία, βλ. *γαστρ(ο)εντερολογία.*

γαστρεντερολόγος, βλ. *γαστρ(ο)εντερολόγος.*

γαστρικός, -ή, -ό, επίθ., που ανήκει ή αναφέρεται στη γαστέρα (βλ. λ. σημασ. 1): *πυρετός ~· υγρά -ά.*

γαστριμαργία η, ουσ. (λόγ.), λαιμαργία.

γαστρίμαργος, -η, -ο, επίθ. (λόγ.), λαίμαργος.

γαστρο-, α΄ συνθ., π.χ. *γαστρορραγία, γαστρονομία.* [αρχ. *γαστήρ*].

γαστρ(ο)εκτομή η, ουσ., χειρουργική επέμβαση κατά την οποία αφαιρείται το στομάχι ολικώς ή μερικώς.

γαστρ(ο)εντερικός, -ή, -ό, επίθ. (ερρ.), που έχει σχέση με το στομάχι και τα έντερα: *σωλήνας ~* (= πεπτικός)· *ορμόνες -ές* (= που εκκρίνονται από το βλεννογόνο του γαστρεντερικού σωλήνα και διεγείρουν ή αναστέλλουν την έκκριση των γαστρικών υγρών).

γαστρ(ο)εντερίτιδα η, επίθ. (ερρ.), φλεγμονή του βλεννογόνου του στομάχου και των εντέρων.

γαστρ(ο)εντεροκολίτιδα η, ουσ. (ερρ.), εντεροκολίτιδα με στομαχικά συμπτώματα.

γαστρ(ο)εντερολογία η, ουσ. (ερρ.), κλάδος της παθολογίας που ασχολείται με τις παθήσεις του στομαχιού και των εντέρων.

γαστρ(ο)εντερολόγος ο και η, ουσ., γιατρός ειδικευμένος στις παθήσεις του πεπτικού συστήματος.

γαστροκήλη η, ουσ. (ιατρ.) πτώση του στομαχιού σε κηλικό σάκο.

γαστρονομία η, ουσ., το σύνολο των γνώσεων και δραστηριοτήτων που αποβλέπουν στην παρασκευή, αλλά και την εκτίμηση εκλεκτών φαγητών.

γαστρονομικός, -ή, -ό, επίθ., που ανήκει ή αναφέρεται στη γαστρονομία: *γνώσεις/απολαύσεις -ές.*
γαστρορραγία η, ουσ. (ιατρ.) ακατάσχετη αιμορραγία του στομαχιού από ρήξη αγγείου.
γαστροσκόπηση η, ουσ. (ιατρ.) εξέταση του εσωτερικού τοιχώματος του στομαχιού με τη βοήθεια γαστροσκοπίου.
γαστροσκόπιο το, ουσ. (ασυνίζ.), ιατρικό όργανο με το οποίο γίνεται η γαστροσκόπηση.
γαστρούλα, βλ. *γάστρα.*
γάτα η, ουσ., αιλουροειδές κατοικίδιο ζώο: ~ *ζημιάρα* · ~ *Αγκύρας / σιαμέζικη· ανεβήκανε σα -ες.* Εκφρ. *σα βρεγμένη* ~ (= ένοχος)· *σαν το σκύλο με τη* ~ (για ανθρώπους που μαλώνουν συνεχώς)· *ούτε* ~ *ούτε ζημιά* (όταν αποκρύπτονται πειστήρια ή ενδείξεις ενοχής). Φρ. *είναι* ~ *εφτάψυχη* (για ασθενικό ή ηλικιωμένο άνθρωπο που ξέφυγε πολλές φορές από βέβαιο θάνατο)· *σκίζει τη* ~ (για κάποιον που επιβάλλει τη θέλησή του κάπου)· (λαϊκ.) *είναι* ~ (για κάποιον έξυπνο, ευέλικτο άνθρωπο)· *τα σκεπάζει σαν τη* ~ (για κάποιον που καλύπτει, κρύβει έντεχνα τα πειστήρια της ενοχής του)· *τον παίζει όπως η* ~ *το ποντίκι* (= τον κοροϊδεύει). Γνωμ. *όταν λείπει η* ~ (ή *ο γάτος) χορεύουν τα ποντίκια* (για παιδιά ή και μεγάλους που χαλαρώνει η πειθαρχία τους όταν λείπουν οι γονείς τους, ο δάσκαλος ή ο προϊστάμενός τους αντίστοιχα)· ~ *που κοιμάται ποντικούς δεν πιάνει* (για τους οκνηρούς). - Υποκορ. **-ούλα** και **-ίτσα** η. - Μεγεθ. **-άρα** η. [ιταλ. *gatta*].
γάταρος, βλ. *γάτος.*
γατί το, ουσ. **1.** μικρή γάτα, νεογέννητο γάτας. **2.** (μεταφ.) καχεκτικό παιδί. - Υποκορ. **-ούλι** και **-άκι** το· στη σημασ. 1: παροιμ. *η γάτα τα -άκια της κι η μάνα τα παιδάκια της* (για την ιδιαίτερη αγάπη που αισθάνεται κάθε μάνα για τα παιδιά της).
γατίσιος, -ια, -ιο, επίθ. (συνίζ.), που ανήκει στη γάτα: *δέρμα -ιο· μάτια / νύχια -ια.*
γατίτσα, βλ. *γάτα.*
γατοκέφαλο το, ουσ., κεφάλι γάτας· μόνο στην φρ. *κατεβάζει -α* (για μεγάλες μπουκιές).
γατομάτης ο, ουσ., θηλ. **-α,** αυτός που έχει μάτια (γαλανά, πονηρά) σαν της γάτας.
γατόπαρδος και **κατόπαρδος** ο, ουσ., είδος σαρκοφάγου ζώου. [ιταλ. *gattopardo*].
γάτος ο, ουσ. **1.** αρσενική γάτα: ~ *ζωηρός.* **2.** είδος ψαριού που ανήκει στην οικογένεια των σκυλόψαρων. - Μεγεθ. **-αρος** στη σημασ. 1. [βενετ. *gato*].
γατόσκατο το, ουσ., κόπρανο γάτας.
γατούλα και **γατούλι,** βλ. *γάτα* και *γατί.*
γατόψαρο το, ουσ. (συνήθως στον πληθ.) ψάρι που θεωρείται κατάλληλο να τρώγεται μόνο από γάτες.
γαυγίζω, βλ. *γαβγίζω.*
γαύρος ο, ουσ., είδος ψαριού: ~ *μαγιάτικος.* [πιθ. μτγν. *έγγραυλις*].
γαύρος, -η, -ο, επίθ. (λογοτ.) **1.** περήφανος, αγέρωχος: *μέτωπο -ο.* **2.** ορμητικός, βίαιος: *ορμή -η· καιροί -οι.*
γάφα η, ουσ. (ναυτ.) είδος αρπάγης. [σαρδην. *gaffa*].
γδάρσιμο το, ουσ. **1.** αφαίρεση του δέρματος (σφαγμένου ζώου): ~ *λαγού / κατσικιού·* ειδικότερο ~ (συνών. λόγ. *εκδορά*). **2.** επιπόλαιο σκίσιμο του δέρματος: *τα πόδια του γέμισαν -ατα* (συνών. *αμυχή, γρατσουνιά, ξέγδαρμα*). **3.** (για δέντρα) αφαίρεση του φλοιού (συνών. *ξεφλούδισμα*). **4.**

(μεταφ.) οικονομική αφαίμαξη (συνών. *αισχροκέρδεια*).
γδάρτης ο, ουσ. **1.** αυτός που γδέρνει σφαγμένα ζώα. **2.** (μεταφ.) αυτός που αισχροκερδεί: *γιατρός / έμπορος* ~. Εκφρ. *Μάρτης* ~ *και παλουκοκαύτης.*
γδαρτός, -ή, -ό, επίθ., γδαρμένος: *γουρουνόπουλο -ό* (αντ. *άγδαρτος*).
γδέρνω, ρ., αόρ. *έγδαρα,* μτχ. πρκ. *γδαρμένος.* **1.** (για ζώα) αφαιρώ το δέρμα: *-ει το λαγό που σκότωσε.* **2.** γρατσουνίζω: *έπεσε κι έγδαρε τους αγκώνες του.* **3.** (για δέντρα) ξεφλουδίζω. **4.** φθείρω: *έγδαρε τα παπούτσια / τον τοίχο.* **5.** (μεταφ.) εκμεταλλεύομαι οικονομικά: *τον έγδαραν οι χαρτοπαίχτες* (συνών. *αισχροκερδώ*). Φρ. (ως απειλή) *θα σε γδάρω!* [αρχ. *εκδέρω*].
γδικιωμός ο, ουσ. (συνίζ., λαϊκ.), εκδίκηση.
γδικιώνομαι, ρ. (συνιζ., λαϊκ.), εκδικούμαι.
γδούπος ο, ουσ., βαρύς και υπόκωφος κρότος.
γδυμνός, βλ. *γυμνός.*
γδύνω, ρ. **1.** βγάζω τα ρούχα κάποιου: *έγδυσα το μωρό για να κοιμηθεί·* (μές.) *ξάπλωσε χωρίς να γδυθεί* (συνών. *ξεγυμνώνω, ξεντύνω* αντ. *ντύνω*). **2.** (μεταφ.) κατακλέβω: *οι κλέφτες έγδυσαν το διαμέρισμα* (συνών. *καταληστεύω*). **3.** εξαντλώ οικονομικά: *τον έγδυσε η εφορία.* [αρχ. *εκδύω*].
γδύσιμο το, ουσ. **1.** βγάλσιμο των ρούχων (συνών. *ξεγύμνωμα*). **2.** (μεταφ.) το να κατακλέβει κανείς κάποιον ή κάτι. **3.** (μεταφ.) οικονομική εξάντληση.
γδυτός, -ή, -ό, επίθ., γυμνός. Γνωμ. *όποιος μάθει* ~ *ντρέπεται ντυμένος.*
γεβεντίζω, βλ. *γιβεντίζω.*
γεβεντιλίκι, βλ. *γιβεντιλίκι.*
γεβέντισμα και **γεβέντισμός,** βλ. *γιβέντισμα.*
γεγονός το, γεν. **-ότος,** πληθ. **-ότα,** ουσ. **1.** κάτι που έχει γίνει: *διηγήθηκε τα -ότα με τη σειρά·* το ~ *της ημέρας* (= το πιο σημαντικό) (συνών. *συμβάν*). **2.** πράγμα βέβαιο: *είναι* ~ *ότι αντιμετωπίζει οικονομικά προβλήματα* (συνών. *αλήθεια, πραγματικότητα*).
γεια, βλ. *υγεία.*
γειάσου, γειάσας. α. χαιρετισμός απευθυνόμενος σε πρόσωπο ή πρόσωπα κατά τη συνάντηση ή τον αποχαιρετισμό· β. μπράβο: *να του πω και* ~ (= να τον επαινέσω, να του πω μπράβο). - Πβ. και *υγεία.*
γειρτός, βλ. *γερτός.*
γείσο το, ουσ. **1.** μέρος της στέγης που προεξέχει από τους τοίχους (συνών. *μαρκίζα, γείσωμα*). **2.** τμήμα του καπέλου που εξέχει πάνω από το μέτωπο ή γύρω από το κεφάλι.
γείσωμα το, ουσ. **1.** γείσο (βλ. λ. σημασ. 1). **2.** οριζόντια σανίδα στηριγμένη κάθετα στον τοίχο (συνών. *ράφι*).
γειτνίαση η, ουσ. (λόγ.), γειτονία (βλ. λ.). [*γειτνιάζω*].
γείτονας ο, θηλ. **-ισσα,** πληθ. αρσ. *γείτονες* και (λαϊκ.) *γείτονοι,* ουσ., αυτός που κατοικεί στην ίδια γειτονιά με άλλον: ~ *καλός / άγνωστος·* παροιμ. *πρώτα το -α κι ύστερα τον αδερφό.*
γειτόνεμα το, ουσ., το να είναι κανείς γείτονας με κάποιον άλλο (συνών. λόγ. *γειτνίαση*).
γειτονεύω, ρ. **1.** είμαι γείτονας με κάποιον, κατοικώ κοντά· παροιμ. *αν -έψεις με κουτσό, θα μάθεις να κουτσαίνεις* (η κακή συναναστροφή επιδρά αρνητικά). **2.** (για γεωγραφική περιοχή) συνορεύω: *η Ελλάδα -ει με τη Βουλγαρία.*

γειτονία η, ουσ. (λόγ.), το να είναι κανείς γείτονας με κάποιον άλλο· (συνήθως για χώρες): *σχέσεις καλής -ας ανάμεσα σε δύο χώρες* (συνών. *γειτνίαση*).

γειτονιά η, ουσ. (συνιζ.). 1. κοντινή περιοχή γύρω από το σπίτι ή από τον τόπο εργασίας κάποιου: ~ *ήσυχη.* 2. συνοικία: *μένουν στην ίδια ~.* 3. (συνεκδοχικά) το σύνολο των γειτόνων: *τους άκουσε όλη η ~ που καβγάδιζαν.*

γειτονικός, -ή, -ό, επίθ. 1. που ανήκει ή αναφέρεται στο γείτονα ή στη γειτονιά: *σπίτια -ά.* 2. (για χώρα) που συνορεύει: *κράτη -ά.* - Επίρρ. **-ά.**

γειτόνισσα, βλ. *γείτονας*.

γειτονόπουλο το, θηλ. **-πούλα**, ουσ., παιδί γείτονα, νεαρό παιδί που μένει στην ίδια γειτονιά με κάποιον: *παίζει με τα -α· παντρεύτηκε μια -πούλα του.*

γείωση η, ουσ. (ηλεκτρολ.) σύνδεση με τη γη ηλεκτρικής συσκευής, αντικειμένου ή μηχανήματος που τα μεταλλικά μέρη του μπορεί να βρεθούν σε τάση ρεύματος.

γελάδα, βλ. *αγελάδα*.
γελαδάρης, βλ. *αγελαδάρης*.
γελάδι, βλ. *αγελάδι*.
γελαζούμενος, βλ. *γελώ*.
γελάκι, βλ. *γέλιο*.

γέλασμα το, ουσ. 1. ξεγέλασμα, απάτη. 2. (συνεκδοχικά) αντικείμενο εμπαιγμού: *έγινε το ~ της γειτονιάς* (συνών. *περίγελος*).

γελαστά, βλ. *γελαστός*.

γελαστικός, -ή, -ό, επίθ., που προκαλεί γέλιο: *ιστορία -ή* (συνών. *αστείος, κωμικός*).

γελαστός, -ή, -ό, επίθ., που έχει χαρούμενη έκφραση: *μάτια -ά· πάντα είναι ~.* - Επίρρ. **-ά.**

γελεκάκι, βλ. *γιλέκο*.
γελεκάς ο, ουσ., αυτός που κατασκευάζει γιλέκα.
γελέκι, γελέκο, βλ. *γιλέκο*.

γέλιο το, ουσ. (συνιζ.), έκφραση χαράς ή ειρωνείας με συσπάσεις των χειλιών, του στόματος ή όλου του προσώπου και με ηχηρές εκπνοές: ~ *δυνατό / νευρικό / ψεύτικο· κρατώ την κοιλιά μου από τα -ια* (για ακατάσχετο γέλιο) (αντ. *κλάμα*). Έκφρ. *με το ~ στο στόμα* (= με καλή διάθεση). Φρ. *πέθανα / έσκασα / λύθηκα / ξεκαρδίστηκα στα -ια* (για ακατάσχετο γέλιο)· *μ' έπιασαν τα -ια ή το 'ριξα στα -ια ή έβαλα τα -ια* (= άρχισα να γελώ)· *είναι για -ια* (για κάτι γελοίο)· *σε καλό να μας βγουν τα -ια* (ευχή ύστερα από πολύ γέλιο)· *τα -ια θα βγουν ξινά σε κάποιον* (= θα στενοχωρηθεί στο άμεσο μέλλον). - Υποκορ. **-λάκι** το: *τα -άκια του μωρού.* [γελώ υποχωρ.].

Γελλού, βλ. *Γελλώ*.

Γελλώ, Γελλού και **Γιλλού** η, ουσ. (λαϊκ. μυθολ.) κακοποιό πνεύμα που βλάπτει τα παιδιά· (συνήθως ως φόβητρο για τα παιδιά) (συνών. *λάμια*).

γελοία, βλ. *γελοίος*.

γελοιογράφημα το, ουσ. (ασυνίζ.), αποτέλεσμα, προϊόν της γελοιογράφησης.

γελοιογράφηση η, ουσ. (ασυνίζ.), ιχνογράφηση προσώπου ή παρουσίαση θέματος με τρόπο που προκαλεί γέλιο.

γελοιογραφία η, ουσ. (ασυνίζ.). 1. σατιρική αναπαράσταση προσώπου ή σκηνών με κωμικό υπερτονισμό ορισμένων χαρακτηριστικών: *-ες πολιτικών προσώπων.* 2. γελοία απομίμηση ή παραμόρφωση μιας έννοιας ή κάποιου προσώπου (συνών. στις σημασ. 1 και 2 *καρικατούρα*).

γελοιογραφικός, -ή, -ό, επίθ. (ασυνίζ.). 1. που ανήκει ή αναφέρεται στη γελοιογραφία. 2. που περιέχει γελοιογραφίες: *περιοδικό -ό.*

γελοιογράφος ο και η, ουσ. (ασυνίζ.), καλλιτέχνης ή ερασιτέχνης που ασχολείται με τη γελοιογραφία: ~ *εφημερίδας.*

γελοιογραφώ, -είς, ρ. (ασυνίζ.). 1. κάνω γελοιογραφίες. 2. σατιρίζω πρόσωπα ή πράγματα.

γελοιοποίηση η, ουσ. (ασυνίζ.). 1. πρόκληση γέλιου εις βάρος κάποιου (συνών. *διακωμώδηση*). 2. μετάπτωση (σοβαρού) προσώπου ή πράγματος στη γελοιότητα.

γελοιοποιώ, -είς, ρ. (ασυνίζ. δις), μεταβάλλω σε γελοίο κάτι σοβαρό: *-ήθηκε με τη συμπεριφορά του· -ησε τη συζήτηση* (συνών. *διακωμωδώ, ρεζιλεύω*).

γελοίος, -α, -ο, επίθ. 1. άξιος για γέλια: *εμφάνιση / όψη -α.* 2. άξιος για περιφρόνηση: *άνθρωπος ~· υπόθεση -α· ποσόν -ο* (= μηδαμινό, ελάχιστο). - Το ουδ. ως ουσ. = γελοιότητα: *οι απαιτήσεις του φτάνουν στα όρια του -ου.* - Επίρρ. **-α.**

γελοιότητα η, ουσ. (ασυνίζ.), το να είναι κάτι γελοίο.

γελώ, -άς, ρ., μτχ. παρκ. *γελασμένος*, μτχ. ενεστ. (λαϊκ.) *γελαζούμενος* και *γελούμενος*. 1. ξεσπώ σε γέλια, εκφράζω με γέλια χαρά, ικανοποίηση, ειρωνεία, κλπ.: *-ασα πολύ με τα αστεία του* (αντ. *κλαίω*). 2. χαμογελώ: *τη συνάντησε και -ασε.* 3. (μεταφ.) παρουσιάζω χαρωπή όψη: *καθάριος, καταγάλανος ο ουρανός -άει* (Κρυστάλλης). 4. περιγελώ: *όλοι -ούν μαζί του* (συνών. *κοροϊδεύω, χλευάζω*). 5. εξαπατώ: *τον -ασε ο έμπορος· άλλος σου έταξε βοήθεια / και σε -ασε φρικτά* (Σολωμός)· *δε με -ούν τα μάτια μου* (= είναι βέβαιο)· (μέσ.) *σε περνούσα για λογικό, αλλά -άστηκα.* 6. αποπλανώ γυναίκα: *τη -ασε και την παράτησε.* Φρ. ~ *με την καρδιά μου / με την ψυχή μου* (για ακατάσχετο γέλιο)· *ούτε κλαίει ούτε -άει* (για κάτι μέτριας ποιότητας ή για άστατο καιρό)· *είναι να -άς!* (για υπόθεση αστεία)· *θα -άσει και το παρδαλό κατσίκι* (για υπόθεση που προβλέπεται πως θα είναι πολύ αστεία ή γελοία)· *δεν είναι παίξε-γέλασε* (για κάτι σημαντικό)· *εγώ δε ~!* (για ένδειξη σοβαρότητας ή απειλής)· *-ούν (και) τα αφτιά ή τα μουστάκια του* (για μεγάλη χαρά)· *-ά κάτω από τα μουστάκια του* (για εκδήλωση ικανοποίησης)· *-ά σα να του καθαρίζουν αβγά* (για γέλιο χωρίς αιτία)· *θα σε -άσω!* (= δεν είμαι βέβαιος για κάτι)· *σε -άσανε!* (ειρωνική και έντονη άρνηση για απόκρουση παράλογης απαίτησης). Παροιμ. *-ά καλύτερα όποιος -ά τελευταίος*. - Οι μτχ. *γελαζούμενος* και *γελούμενος* ως επίθ. = εύθυμος, γελαστός: *άνθρωπος γελούμενος· μάτια γελαζούμενα.* - Η μτχ. *γελασμένος* ως επίθ. = που εξαπατήθηκε, απατημένος: *βγήκε -ασμένος στους πολιτολογισμούς του· είσαι -ασμένος αν νομίζεις πως θα το δεχτώ.*

γελωτοποιός ο, ουσ. (ασυνίζ.), αυτός που έχει επάγγελμα να προκαλεί γέλιο, θεατρίνος που διασκεδάζει τον κόσμο με την τέχνη του, παλιάτσος: ~ *βασιλικός· -οί του τσίρκου.*

γέμα, βλ. *γεύμα*.

γεμάτα, επίρρ., υπερβολικά, πάρα πολύ: *πολεμήσανε ~ για να τα πάρει απάνω του το καΐκι τα 'δωσε ~.* έκφρ. *στα ~* (= πολύ έντονα): *σηκώθηκε να τον καταχερίσει στα ~· ο αγέρας φυσά στα ~.*

γεματίζω, βλ. *γευματίζω*.

γεμάτος, -η, -ο και (συνιζ.) **γιο-**, επίθ. 1. που είναι γεμισμένος με κάτι ή που έχει σε αφθονία κάτι, πλήρης: *ποτήρι -ο νερό· αίθουσα -η· κείμενο -ο λάθη· τουφέκι -ο* (= που έχει γόμωση)· *τσέπη -η* (= που έχει πολλά λεφτά)· *μάτια -α δάκρυα· βλέμμα -ο ανησυχία· μη μιλάς με -ο στόμα· ζωή -η (από) βάσανα· δρόμοι -οι κόσμο· πλέξη -η* (= πυκνή)· *πόρτα -η* (= χωρίς τζάμια)· *δεν μπαίνουν στη θάλασσα με το στομάχι -ο* (για άτομο χορτάτο)· *~ ικανοποίηση· ~ περιπέτειες, ~ γνώσεις* (Καβάφης)· *φεγγάρι -ο* (= πανσέληνος)· *~ υγεία/ζωή· είναι τριάντα -α* (= έχει κλείσει τα τριάντα του χρόνια) (συνών. *μεστός·* αντ. *άδειος*). 2. ευτραφής, παχουλός: *γυναίκα -η*.

γεματούτσικος, -η, -ο, επίθ., αρκετά γεμάτος, παχουλός: *γυναίκα -η· παιδί -ο*.

γεμίδι και (συνιζ.) **γιο-** το, ουσ. 1. καθετί που χρησιμοποιείται για να γεμίσει κενός χώρος, όπως βαμβάκι, μαλλί, πέτρες, κλπ.: *~ στρώματος / μαξιλαριών / καμάρας*. 2. γέμιση φαγητού.

γεμίζω και (συνιζ.) **γιο-,** ρ. Α. μτβ. 1. κάνω κάτι να είναι γεμάτο ή να έχει σε αφθονία κάποιο προϊόν, συμπληρώνω· παραγεμίζω: *~ το ποτήρι ως τα χείλη.· ~ τις τσέπες / το στρώμα· μας -ισε σκόνη/ χαρά· -ισε τρεις σελίδες.· ~ πιπεριές και τομάτες για φαγητό· ~ την μπαταρία* (= τη φορτίζω)· *ο αέρας -ει τα πανιά του πλοίου* (αντ. *αδειάζω*). 2. γομώνω, γεμίζω πυροβόλο όπλο με εκρηκτική ύλη: *~ το τουφέκι*. 3. (μεταφ.) ικανοποιώ: *η δουλειά του δεν τον -ει*. Β. αμτβ. 1. είμαι γεμάτος από κάτι, έχω σε αφθονία κάτι: *-ισα λάσπες/ψείρες/αίματα· -ισαν οι δρόμοι νερά / τα μάτια της δάκρυα· -ει το σιτάρι* (= μεστώνει) *-ισε το σπίτι μύγες* (αντ. *αδειάζω*). 2. παχαίνω, γίνομαι ευτραφής: *-ισε από τότε που παντρεύτηκε*. 3. συμπληρώνομαι, ολοκληρώνομαι: *-ει το φεγγάρι* (= γίνεται πανσέληνος). Φρ. *δε -ει εύκολα το κεφάλι του* (= δεν πείθεται ή δεν καταλαβαίνει εύκολα)· *δε μου -ει το μάτι* (= δε με ικανοποιεί ή δε μου κάνει καλή εντύπωση). Παροιμ. *φασούλι το φασούλι -ει το σακούλι* (= σιγά σιγά ολοκληρώνεται κάτι).

γέμιση, γέμωση και (συνιζ.) **γιο-** η, ουσ. 1. το να γεμίζει, να συμπληρώνεται κάτι· παραγέμισμα. 2. το υλικό με το οποίο γεμίζουμε κάτι (συνήθως στη μαγειρική): *~ της πίτας / γαλοπούλας / πιπεριάς*. 3. η εκρηκτική ύλη που τοποθετείται στο σωλήνα πυροβόλων ή στην κάννη φορητών όπλων (συνών. *γόμωση*). 4. η περίοδος κατά την οποία γεμίζει το φεγγάρι, δηλ. γίνεται πανσέληνος.

γέμισμα, γέμωσμα και (συνιζ.) **γιό-** το, ουσ. 1. το να γεμίζει κάτι με κάποιο προϊόν ή να το αποκτά σε αφθονία, παραγέμισμα: *~ του βαρελιού / μπαταρίας* (= ηλεκτρική φόρτιση) */ της γαλοπούλας· ~ αυτόματο / μηχανικό*. 2. γόμωση (βλ. λ.).

γεμιστήρας ο, ουσ. 1. μεταλλικό όργανο που χρησιμοποιείται για την ταχύτερη γέμιση πυροβόλων όπλων (συνών. *γομωτήρας*). 2. κινητή θήκη των πυροβόλων όπλων όπου τοποθετούνται τα βλήματα.

γεμιστής ο, ουσ. 1. γεμιστήρας (βλ. λ.) 2. ο στρατιώτης που γεμίζει τα πυροβόλα όπλα που δεν είναι φορητά.

γεμιστός, -ή, -ό, επίθ., γεμάτος, παραγεμισμένος: *πιπεριές -ές· κολοκυθάκια -ά· γαλοπούλα -ή·* (συνών. *παραγεμιστός*).

γεμιτζής ο, ουσ., έμπειρος ναυτικός: *οι -ήδες τρώγανε παχιές μυζήθρες και οι τσομπαναραίοι ψάρια* (Κόντογλου)· *ένα σωρό -ήδες καθαρίζανε τις μπουκαπόρτες* (Μπαστιάς). [τουρκ. *gemici*].

γεμώνω, (λαϊκ., συνιζ.) **γιομώνω, γιομώζω** και **γεμώζω,** ρ., αόρ. *γέμωσα* και (συνιζ.) *γιόμωσα,* γεμίζω.

γέμωση, βλ. *γέμιση*.

γέμωσμα, βλ. *γέμισμα*.

γεν το, ουσ. άκλ., βασική νομισματική μονάδα της Ιαπωνίας, που διαιρείται σε εκατό σεν. [ιαπωνικό *en<κινέζικο yüan, üen*].

γενάκι, βλ. *γένι*.

Γενάρης ο, γεν. *-η* και (λαϊκ.) *-ιού*, ουσ., ο μήνας Ιανουάριος.

γεναριάτικος, -η, -ο, επίθ. (συνιζ.), που συμβαίνει κατά το μήνα Ιανουάριο: *φεγγάρι / κρύο / κατσίκι -ο· βραδιές -ες*. - Επίρρ. **-α**: *ταξιδεύει -α*.

γεναρίσιος, -ια, -ιο, επίθ. (συνιζ.), που έχει σχέση με το μήνα Ιανουάριο: *σπορά -ια*.

γενάρχης ο, ουσ., αρχηγός γένους, έθνους: *ο Αβραάμ υπήρξε ο ~ των Εβραίων*.

γενάτος, -η, -ο, επίθ., που έχει γένι: *τραγιά -άτα* (συνών. *γενειοφόρος*).

γενεά η, ουσ. (λόγ.), σύνολο ανθρώπων σε ορισμένη χρονική περίοδο· έκφρ. *-ές δεκατέσσερις: τον πέρασε από -ές δεκατέσσερις* (= του έκαμε δριμύ έλεγχο). - Πβ. και *γενιά*.

γενεαλογία η, ουσ., η σειρά των προγόνων και επιγόνων μιας γενιάς, το γενεαλογικό δέντρο.

γενεαλογικός, -ή, -ό, επίθ., που ανήκει ή αναφέρεται στη γενεαλογία: *δέντρο -ό· σειρά -ή· πίνακας / κλάδος / κατάλογος ~*.

γενεαλογώ, -είς, ρ. 1. (ενεργ.) ερευνώ, αναζητώ τη γενεαλογία κάποιου. 2. (μέσ.) ανάγω την καταγωγή μου σε κάποιον, καταγομαι από κάποιον.

γενέθλια τα, ουσ. (ασυνίζ.), η επέτειος της γέννησης κάποιου: *γιορτάζω τα -ά μου*.

γενειάδα η, ουσ. (συνιζ.), μακρύ γένι: *~ λευκή / επιβλητική*.

γενειάζω, ρ. (ασυνίζ., λόγ.), βγάζω γένια.

γενειοφόρος, -α, -ο, επίθ. (ασυνίζ., λόγ.), που έχει γενειάδα (συνών. *γενάτος*).

γένεση η, ουσ. 1. η αρχή της ύπαρξης, η δημιουργία από το μηδέν: *~ των όντων· ~ αυτόματη*. 2. σχηματισμός, διαμόρφωση: *~ οροσειρών / επιστημών / πολιτισμού*. 3. η δημιουργία του κόσμου από το Θεό (συνών. *κοσμογονία*).

γενέτειρα η, ουσ., ο τόπος όπου γεννήθηκε κάποιος, η ιδιαίτερη πατρίδα του.

γενετήσιος, -α, -ο, επίθ. (ασυνίζ.), που ανήκει ή αναφέρεται στις γεννητικές λειτουργίες, αφροδισιακός: *ένστικτο -ο· διαστροφή / ορμή / έλξη -ή* (συνών. *σεξουαλικός*).

γενετική η, ουσ., κλάδος της βιολογίας που ασχολείται με τη μελέτη των φαινομένων της κληρονομικότητας.

γενετικός, -ή, -ό, επίθ., που αναφέρεται στη γένεση ή τη γενετική: *κώδικας ~* (= το σύνολο των κληρονομικών ιδιοτήτων που αποτελούν το γενετικό υλικό κάθε οργανισμού)· *έρευνα / μέθοδος -ή· μηχανισμός ~*.

γενετιστής ο, θηλ. **-ίστρια,** ουσ., επιστήμονας που ασχολείται με τη γενετική.

γένι το, ουσ., το τρίχωμα που φυτρώνει στο πρόσωπο των ανδρών: *-ια μακριά / σκληρά / γκρίζα* (για ζώα) *το ~ του τράγου·* (συνών. *γενειάδα, μούσι*). Φρ. *μόνο του σπανού τα -ια δε γίνονται* (= τίποτα δεν είναι αδύνατο ή απίθανο)· *ο παπάς* πρώτα τα -ια του ευλογεί (= ο καθένας φροντίζει πρώτα πρώτα τον εαυτό του)· όποιος έχει τα -ια έχει και τα χτένια (= όποιος χειρίζεται μια υπόθεση έχει και τα μέσα για να τη φέρει σε πέρας). - Υποκορ. **-άκι** το.

γενιά η, ουσ. (συνιζ.). **1.** σύνολο μελών ενός γένους, σόι: *ποια είναι η ~ σου; ~ αρχοντική*. **2.** σύνολο ανθρώπων σε ορισμένη χρονική περίοδο και με την ίδια περίπου ηλικία: *~ του '40 / του Πολυτεχνείου· -ιές μελλοντικές*. **3.** χρονική περίοδος περίπου τριάντα χρόνων κατά την οποία τα παιδιά μεγαλώνουν, παντρεύονται και αποκτούν με τη σειρά τους τα δικά τους παιδιά: *παραδίδω κάτι από ~ σε ~*. **4.** (για ζώα) είδος, ράτσα. - Πβ. και *γενεά*.

γενικά, βλ. *γενικός*.

γενίκευση η, ουσ. **1.** το να γίνεται κάτι κοινό, καθολίκευση: *~ των μέτρων*. **2.** η καθολική εφαρμογή ενός νόμου, αρχής, κλπ. **3.** επέκταση: *~ της συζήτησης*.

γενικεύσιμος, -η, -ο, επίθ., που μπορεί να γενικευτεί.

γενικευτικός, -ή, -ό, επίθ., που είναι κατάλληλος ή ικανός να γενικεύει: *τάση -ή*. **2.** που αναφέρεται στη γενίκευση: *μέθοδοι -ές*.

γενικεύω, ρ. Ι. ενεργ. **1.** κάνω κάτι από μερικό γενικό: *~ έναν κανόνα*. **2.** κάνω κάτι κοινό, καθολικεύω (συνήθως την εφαρμογή ενός νόμου, κλπ.)· διαδίδω. **3.** επεκτείνω: *~ τη συζήτηση*. ΙΙ. (μέσ.) γίνομαι κοινός, επεκτείνομαι, διαδίδομαι: *-τηκε η χρήση ηλεκτρονικών υπολογιστών*.

γενική η, ουσ. (γραμμ.) η δεύτερη πτώση των ονομάτων: *~ ενικού / πληθυντικού / κτητικής*.

γενικόλογος, -η, -ο, επίθ., που δεν είναι συγκεκριμένος, αόριστος, ασαφής: *κρίσεις -ες*.

γενικός, -ή, -ό, επίθ., καθολικός, κοινός: *κανόνας ~· αρχές -ές· αμνηστία / απεργία -ή· ορίστηκε ~ διαχειριστής· τον άφησε -ό κληρονόμο· κατά -ή ομολογία / απαίτηση· ο γιατρός του σύστησε να κάνει -ές εξετάσεις· εξαπολύθηκε -ή επίθεση· φροντίζει για το -ό καλό· συμπέρασμα -ό· μόρφωση -ή· -ή άποψη μιας πόλης* (συνών. *συνολικός* αντ. *μερικός*). **2.** ασαφής, αόριστος: *πήρε μια -ή ιδέα / εικόνα*. **3.** που έχει την καθολική εποπτεία σε μια υπηρεσία ή άλλο χώρο εργασίας: *~ γραμματέας / διευθυντής· Γ -ό Επιτελείο Στρατού*. - Επίρρ. **-ά** και **-ώς:** *είναι -ώς παραδεκτό· -ά κι αόριστα*.

γενικότητα η, ουσ. **1.** το να είναι κάτι γενικό: *~ θέματος* (συνών. *καθολικότητα*). **2.** ασάφεια, αοριστία: *η ομιλία του περιλάμβανε μόνο -ητες*.

γενικώς, βλ. *γενικός*.

γενιτσάραγας ο, ουσ. (ιστ.) αρχηγός γενιτσάρων. [*γενίτσαρος + αγάς*· πβ. τουρκ. *yeniçeri ağasi*].

γενιτσαρισμός ο, ουσ., συμπεριφορά που ταιριάζει σε γενίτσαρο (βλ. λ.).

γενίτσαρος και (συνιζ.) **γιανί-** ο, ουσ. (ιστ.) Τούρκος νεοσύλλεκτος στρατιώτης του πεζικού· ανήκε σε στρατιωτικό σώμα που αποτελούνταν από χριστιανούς που τους άρπαζαν με βία σε μικρή ηλικία και τους εξισλάμιζαν: *άγριος σαν ~*. [τουρκ. *yeniçeri*].

γέννα η, ουσ. **1.** η έξοδος του παιδιού από την κοιλιά της μητέρας του: *~ εύκολη / πρόωρη· πόνοι της -ας* (συνών. *τοκετός*). **2.** (λαϊκ.) γέννημα, γόνος: *κακιάς ώρας ~* (υβριστικώς) *διαβόλου ~*.

γενναία, βλ. *γενναίος*.

γενναιοδωρία η, ουσ., το να προσφέρει κανείς χωρίς φειδώ, απλοχεριά: *~ έμφυτη / συγκινητική* (συνών. *γαλαντομία*).

γενναιόδωρος, -η, -ο, επίθ. **1.** που χαρίζει χωρίς φειδώ, πρόθυμα: *δείχνεται ~· ~ ευεργέτης* (συνών. *ανοιχτοχέρης, γαλαντόμος*). **2.** (για δωρεά, προσφορά, κλπ.) πλουσιοπάροχος: *φιλοδώρημα -ο*.

γενναιόκαρδος, -η, -ο, επίθ., που έχει γενναίο φρόνημα, σθένος, ανδρεία (συνών. *ανδρείος, γενναίος*).

γενναίος, -α, -ο, επίθ. **1.** που δείχνει ανδρεία, θάρρος, τόλμη: *στρατιώτες / άνδρες -οι· έχει -α καρδιά· αντίσταση -α* (συνών. *ανδρείος, θαρραλέος*). **2.** πλουσιοπάροχος: *-α αμοιβή· -ο φιλοδώρημα* (συνών. *γενναιόδωρος* στη σημασ. 2). **3.** άφθονος, πολύς, υπέρμετρος: *έδωσαν -α μάχη· έκανε -ο κρύο· του 'δωσα -ο ξύλο*. - Επίρρ. **-α.**

γενναιότητα η, ουσ., το να είναι κανείς γενναίος, ανδρεία: *~ απαράμιλλη / ηρωική· πολέμησαν με ~* (συνών. *παλληκαριά*).

γενναιοφροσύνη η, ουσ. **1.** το να έχει κανείς ανώτερο φρόνημα, ευγένεια της ψυχής, μεγαλοψυχία (συνών. *υψηλοφροσύνη*). **2.** γενναιοδωρία.

γενναιοψυχία η, ουσ., το να είναι κανείς γενναίος, γενναιόκαρδος, ανδρείος (συνών. *ανδρεία, παλληκαριά*).

γενναιόψυχος, -η, -ο, επίθ., που τον διακρίνει γενναιότητα, ανδρεία (συνών. *γενναίος, ανδρείος*).

γεννηθήτω φως· αρχαϊστ. φρ. = ας γίνει η αποκάλυψη.

γέννημα το, ουσ. **1.** παιδί, τέκνο, απόγονος: *διαβόλου ~· σιχαίνομαι τέτοια -ατα·* έκφρ. *~ θρέμμα ή ~ ανάθρεμμα* (για κάποιον που γεννήθηκε και μεγάλωσε σε μια πόλη): *είναι ~ θρέμμα Θεσσαλονικιός*. **2.** (μεταφ.) δημιούργημα, πλάσμα, προϊόν, αποτέλεσμα: *~ φαντασίας / αγάπης· -ατα άρρωστου μυαλού*. **3.** (συνήθως στον πληθ.) καρποί της γης, κυρίως δημητριακά, γεωργικά προϊόντα.

γέννηση η, ουσ. **1.** το να γεννηθεί κάποιος: *~ του παιδιού / του Χριστού* (συνών. *τοκετός, γέννα* αντ. *θάνατος*). **2.** η γιορτή των Χριστουγέννων.

γεννησιμιός, -ιά, -ιό, επίθ. (συνιζ., ιδιωμ.), που προέρχεται ή υπάρχει από τη γέννηση· έκφρ. *από -ιό ή -ιού* (= από τη μέρα που γεννήθηκε κάποιος): *από -ιό του ήτανε θαλασσινός* (Κόντογλου)· *έχει το κουσούρι από -ιού του*.

γεννητάτα, στην έκφρ. *από ~ / από ~ του* = από τη μέρα που γεννήθηκε.

γεννητικός, -ή, -ό, επίθ., που είναι κατάλληλος ή χρήσιμος για την αναπαραγωγή: *όργανα -ά· μόριο -ό· αδένες -οί· ωριμότητα -ή*.

γεννητικότητα η, ουσ. **1.** η ικανότητα για αναπαραγωγή. **2.** (στη δημογραφία) το ετήσιο ποσοστό των γεννήσεων που υπολογίζεται σε αναλογία με το σύνολο του πληθυσμού μιας χώρας: *~ αυξημένη / μειωμένη*.

γεννήτορας ο, ουσ. (στον πληθ.), γονείς.

γεννητούρια τα, ουσ. (συνιζ.), γέννηση, τοκετός: *είχαμε ~· γιορτάσαμε τα ~*.

γεννήτρα η, ουσ. (λαϊκ.). **1.** η μάνα. **2.** αυτή που είναι γόνιμη, αυτή που γεννά συχνά ή πολλά παιδιά: *γυναίκα / κότα ~*.

γεννήτρια η, ουσ. (ασυνίζ.), μηχανή ή συσκευή που μετατρέπει τη μηχανική ενέργεια σε ηλεκτρική: *~ ατομική / ηλεκτρική / συνεχούς ρεύματος*.

γεννοβόλημα το, ουσ., συχνές γεννήσεις ή γέννηση πολλών μαζί: ~ κουνέλας / γάτας.

γεννοβόλι το, ουσ. (ιδιωμ., λογοτ.) γεννοβόλημα (βλ. λ.).

γεννοβολιά η, ουσ. (συνιζ.). 1. γέννηση, γέννα. 2. γεννοβόλημα (βλ. λ.).

γεννοβολώ, -άς, ρ., γεννώ σε συχνά χρονικά διαστήματα ή (συνήθως για ζώα) γεννώ πολλά παιδιά μαζί: -ησε η κουνέλα / η σκύλα.

γεννοφάσκια τα, ουσ. (συνιζ.), τα σπάργανα με τα οποία τυλίγουν το παιδί μόλις γεννηθεί· εκφρ. από τα ~ (= από τη βρεφική ηλικία): τον ξέρω από τα ~ του.

γεννώ, -άς, μέσ. -ιέμαι, ρ. Ι. ενεργ. 1. κάνω παιδιά, τεκνοποιώ (για ανθρώπους και ζώα): -ησε η γυναίκα του κορίτσι / δίδυμα· -ησε η αγελάδα· ανάθεμα την ώρα που -ήθηκες! (κατάρα)· μια φορά -ιέται ο άνθρωπος. 2. (για πτηνά και ψάρια) κάνω αβγά: -ούν οι κότες τους κάθε μέρα. 3. (μεταφ.) προξενώ, δημιουργώ επινοώ, εφευρίσκω: τα λόγια του μου -ησαν υποψίες· το μυαλό του -άει πολλές ιδέες. ΙΙ. μέσ. 1. έρχομαι στον κόσμο, αποκτώ ύπαρξη, υπόσταση: δεν είχε -ηθεί όταν έφυγα από το χωριό· καθένας -ιέται με την τύχη του· -ήθηκε ένα νέο έθνος. 2. (μεταφ.) δημιουργούμαι, προκαλούμαι: -ιούνται προβλήματα / δυσχέρειες / ιδέες / φιλονικίες (συνών. ανακύπτω). 3. είμαι κάτι από τη φύση μου, βρίσκομαι σε κάποια κατάσταση ή έχω μια φυσική προδιάθεση, ικανότητα, ταλέντο για κάτι: -ημένος ποιητής· ο ζωγράφος -ιέται, δε γίνεται. Παροιμ. φρ. *άλλη καμιά δε -ησε, μόν' η Μαριώ το Γιάννη* (για γονείς που επαινούν υπερβολικά τα παιδιά τους)· *αλλού τα κακαρίσματα κι αλλού -ούν οι κότες* (= άλλο περιμένει κανείς να συμβεί κι άλλο συμβαίνει)· *-άει κι ο πετεινός του* (για άτομο πολύ τυχερό)· *κάθεται (κι) αβγά -ά* (= επινοεί συνέχεια κάτι καινούργιο)· *όπως τον/τη -ησε η μάνα του/της* (= γυμνός, -ή)· εμφανίστηκε μπροστά μας *όπως τον -ησε η μάνα του· τον ξέρω σαν να τον -ησα ή αυτόν εγώ τον έχω -ήσει* (= τον ξέρω πάρα πολύ καλά).

γενοβέζικος, -η, -ο, επίθ., που προέρχεται από τη Γένοβα της Ιταλίας ή ανήκει σ' αυτήν: γαλέρες -ες.

Γενοβέζος ο, θηλ. **-α,** ουσ., αυτός που κατοικεί ή κατάγεται από τη Γένοβα της Ιταλίας. [ιταλ. *Genovese*].

γενοκτονία η, ουσ., μεθοδική εξόντωση ενός λαού ή φυλής: ~ των Αρμενίων· ~ εγκληματική / σκόπιμη / συστηματική.

γενολόγι και **-λόι** το, ουσ. 1. το γένος, η οικογένεια, το σύνολο των συγγενών (συνών. *σόι*). 2. καταγωγή, γενεαλογία.

γένος το, ουσ. 1. το σύνολο των «εξ αίματος» συγγενών, γενιά, σόι· καταγωγή: ~ βασιλικό / παρακατιανό. 2. φυλή, έθνος: ~ ελληνικό· *Διδάσκαλος του Γ-ους· η Μεγάλη του Γ-ους Σχολή.* 3. (για τους ανθρώπους) η διάκριση ανδρών και γυναικών: ~ αρσενικό / θηλυκό (συνών. *φύλο*). 4. (βιολ.) ομάδα, κατηγορία ζωντανών οργανισμών που περιλαμβάνει συγγενικά είδη που μοιάζουν μεταξύ τους σε ορισμένους μορφολογικούς και ανατομικούς χαρακτήρες· αποτελεί υποδιαίρεση της «οικογένειας» και η ονομασία του γράφεται πάντοτε στη λατινική: ~ *ανθρώπινο· ο κύων ο κατοικίδιος ανήκει στο γένος Canis.* 5. (βοτ.-φυτολ.) σύνολο από είδη φυτών που εμφανίζουν κοινούς χαρακτήρες. 6. (γραμμ.) η διάκριση των ονομάτων σε αρσενικά, θηλυκά και ουδέτερα.

γενότυπος, βλ. *γονότυπος*.

γεντέκι το, ουσ. (όχι έρρ., ιδιωμ.). 1. σκοινί με το οποίο σέρνουμε ζώο ή ρυμουλκούμε κάποιο πλεούμενο από τη στεριά. 2. άλογο ή άλλο υποζύγιο που το σέρνουν από το χαλινάρι. [τουρκ. *yedek*].

γενωμένος, βλ. *γίνομαι*.

γέρα τα, ουσ. (ιδιωμ., ποιητ.), γεράματα, γερατειά. [αρχ. *γήρας* το].

γέρακας ο, ουσ. (ιδιωμ.), γεράκι.

γερακάτος, -η, -ο, επίθ. (ιδιωμ.), που θυμίζει στο σχήμα ή στο χρώμα γεράκι: *μύτη -η* (= καμπυλωτή, γαμψή)· *τα μαύρα μάτια δυο φλουριά, τα -α δέκα* (= σταχτιά).

γεράκι το, θηλ. **-ίνα,** ουσ. 1. αρπακτικό πτηνό με κοντό γαμψό ράμφος: ~ *άγριο / γοργόφτερο / ορμητικό· γυμνάζω / εκπαιδεύω -ια για κυνήγι.* 2. (μεταφ., νεολογ.) αυτός που υποστηρίζει βίαιες ή στρατιωτικές λύσεις σε μια διένεξη.

γερακίσιος, -ια, -ιο, επίθ. (συνιζ.). 1. που ανήκει σε γεράκι ή προέρχεται από γεράκι: *νύχια / φτερά -ια.* 2. που μοιάζει με του γερακιού: *μύτη -ια· μάτι -ιο* (= δυνατή όραση).

γερακομύτης, -α και **-ισσα, -ικο,** επίθ., που έχει μύτη γαμψή σαν του γερακιού.

γεράκος ο, ουσ. (συμπαθητικά) γέρος (συνών. *γεροντάκος, γεροντάκι*).

γεράματα τα, ουσ., γεροντική ηλικία: ~ *βαθιά / ήσυχα / πρώιμα· τον πήραν τα ~· με όλα μου τα ~* (= παρά το ότι είμαι γέρος). Παροιμ. *τώρα στα ~ μάθε, γέρο, γράμματα* (όταν κάποιος αναγκάζεται να μάθει ή να κάνει κάτι που δεν ταιριάζει στη μεγάλη του ηλικία) (συνών. *γερατειά*).

γεράνι το, Ι. ουσ. (βοτ.) κοινή ονομασία καλλωπιστικών φυτών, καθώς και των λουλουδιών τους: *γλάστρα / αυλή με -ια.*

γεράνι το, ΙΙ. ουσ. (ιδιωμ.), πρωτόγονη συσκευή από δύο μεγάλα δοκάρια σε σχήμα Τ με ένα βάρος και έναν κάδο στα δύο άκρα του οριζόντιου που τη χρησιμοποιούν για να αντλούν νερό από πηγάδια. [αρχ. *γέρανος*].

γεράνιος, -α, -ο, επίθ. (ασυνίζ., ιδιωμ.), που έχει χρώμα γαλάζιο (συνήθως βαθύ) ή γαλάζια απόχρωση.

γερανογέφυρα η, ουσ. (μηχ.) γερανός που μετακινείται σε τροχιές πάνω σε οριζόντια δοκό ή σε άλλη κατασκευή με μορφή γέφυρας, δηλ. που τα άκρα της πατούν στο έδαφος: ~ *περιστροφική*.

γερανός ο, Ι. ουσ. (ζωολ.) μεγάλο αποδημητικό πτηνό της τάξης των γερανομόρφων: *πέρασαν οι -οί* (μυθολ.) *οι -οί του Ιβύκου.*

γερανός ο, ΙΙ. ουσ. (μηχ.) 1. μηχανή που ανυψώνει αντικείμενα και τα μετακινεί οριζόντια και κατακόρυφα: ~ *ηλεκτρικός / μόνιμος· ~ φορητός* (= που βρίσκεται πάνω σε πλατφόρμα αυτοκινήτου, σε βαγόνι, κλπ.)· ~ *πλωτός* (= πάνω σε φορτηγίδα)· *-οί του λιμανιού.* 2. (συνεκδοχικά) γερανοφόρο όχημα: ~ *της τροχαίας.*

γερανοφόρος, -α, -ο, επίθ., που φέρει, που έχει προσαρμοσμένο γερανό πάνω ένα γερανό: *όχημα -ο.*

γερατειά και **γη-** τα, ουσ. (συνιζ.). 1. γεροντική ηλικία: ~ *βαθιά.* 2. (συνεκδοχικά) οι γέροι: *τιμημένα γηρατειά της πατρίδας μας.*

γέρικος, -η, -ο, επίθ. 1. που η ηλικία του είναι μεγάλη: *πλατάνι -ο.* 2. που ανήκει ή ταιριάζει σε γέρο: *περπάτημα -ο* (συνών. *γεροντικός* αντ. *νεανικός*).

γέρμα το, ουσ. (λαϊκ.). **1.** (για τον ήλιο) το να κλίνει προς τη δύση· η δύση. **2.** (για την ημέρα) απόγευμα, δειλινό. [*γέρνω*].

γερμανικός, -ή, -ό, επίθ. **1. α.** που ανήκει ή αναφέρεται στη Γερμανία ή τους Γερμανούς· που προέρχεται από τη Γερμανία: *γλώσσα / ιστορία -ή· μπίρα -ή·* (ιστ.) *Κατοχή -ή* (= η περίοδος 1941-44 της ελληνικής ιστορίας)· **β.** που ανήκει ή αναφέρεται στα γερμανικά φύλα: *η ολλανδική είναι -ή γλώσσα.* **2.** που θυμίζει τους Γερμανούς: *οργάνωση / πειθαρχία -ή* (= αυστηρή)· (στρατ.) *νούμερο -ό* (= η βάρδια σκοπού ή θαλαμοφύλακα στις ώρες 2:00΄-4:00΄ π.μ., για τις δύσκολες συνθήκες της). - Το θηλ. ως ουσ. = η γερμανική γλώσσα: *μαθήματα -ής.* - Το ουδ. στον πληθ. ως ουσ. = η γερμανική γλώσσα: *μαθαίνω / μιλώ -ά.* - Επίρρ. **-ά** = όπως οι Γερμανοί.

γερμάνιο το, ουσ. (ασυνίζ.), χημικό στοιχείο —μάλλον σπάνιο— που χρησιμοποιείται για τις ημιαγώγιμες ιδιότητές του στην κατασκευή τρανζίστορ. [νεολατ. επιστ. όρος *Germanium*].

γερμανισμός ο, ουσ., εκφραστικός τρόπος χαρακτηριστικός της γερμανικής γλώσσας: *μετάφραση με -ούς.*

γερμανομάθεια η, ουσ. (ασυνίζ.), γνώση της γερμανικής γλώσσας.

γερμανομαθής, -ής, -ές, γεν. *-ούς*, πληθ. αρσ. και θηλ. *-είς,* ουδ. *-ή,* επίθ., που γνωρίζει γερμανικά.

γερμανόπληκτος, -η, -ο, επίθ., που αγαπά και θαυμάζει υπερβολικά τη Γερμανία και τους Γερμανούς.

Γερμανός ο, θηλ. **-ίδα,** ουσ., αυτός που κατοικεί στη Γερμανία, κατάγεται από εκεί ή έχει τη γερμανική υπηκοότητα: *ο στρατός / οι συνήθειες / η επίθεση των -ών.*

γερμανοφιλία η, ουσ., το να είναι κάποιος γερμανόφιλος.

γερμανόφιλος, -η, -ο, επίθ., που αγαπά τους Γερμανούς και υποστηρίζει τα συμφέροντά τους: *αξιωματικοί -οι· κυβέρνηση -η.*

γερμανόφωνος, -η, -ο, επίθ., που χρησιμοποιεί τη γερμανική γλώσσα: *λογοτεχνία / Ελβετία -η.*

γερμάς, βλ. *γιαρμάς.*

γέρνω, ρ., αόρ. *έγειρα*, μτχ. παρκ. *γερμένος.* **Α. μτβ. 1.** κάνω κάτι να λυγίσει προς τα κάτω, δίνω κλίση σε κάτι: *~ το κεφάλι / τους ώμους / το ποτήρι.* **2.** δίνω πλάγια κλίση σε κάτι: *~ το παράθυρο / την πόρτα* (συνών. *μισοκλείνω*). **Α. αμτβ. 1.** έχω ή παίρνω κλίση προς μια κατεύθυνση: *έγειρε ο φράχτης· -ει η βάρκα· γείρε στην αγκαλιά μου.* **2.** (για τον ήλιο) δύω· (για την ημέρα) κοντεύω να τελειώσω. **3.** πλαγιάζω, κατακλίνομαι για ανάπαυση: *έγειρα να κοιμηθώ.* [αόρ. *έγειρα* του αρχ. *εγείρω*].

γερνώ, -άς, ρ., αόρ. *γέρασα*, μτχ. παρκ. *γερασμένος.* **1.** (αμτβ.) φτάνω στη γεροντική ηλικία, γίνομαι γέρος: *γέρασε και μυαλό δεν έβαλε·* (για ζώο ή φυτό) *γέρασε ο γάιδαρος / η ρωδακινιά μας·* (μεταφ.) για κάτι που έχει παρακμάσει ή αλλοιωθεί: *ιδέες / αισθήματα που δε -άνε ποτέ· να ζήσετε να γεράσετε!* (ευχή συνήθως σε νεόνυμφους)· παροιμ. *ο λύκος κι αν εγέρασε κι άλλαξε το μαλλί του, / ούτε τη γνώμη άλλαξε ούτε την κεφαλή του* (όταν κάποιος μένει αδιόρθωτος και στα γεράματά του)· φρ. *ήμουνα νιος και γέρασα...* (όταν περιμένουμε πολύ καιρό να εκπληρωθεί μια υπόσχεση)· *όσο ~ μαθαίνω.* **2.** (μτβ.) κάνω κάποιον να γεράσει: *τον γέρασαν τα βάσανα / οι στενοχώριες.* [αόρ. *εγέρασα* < *εγήρασα* του αρχ. *γηράσκω*].

γεροδεμένος, -η, -ο, μτχ. επίθ., ρωμαλέος, εύρωστος, αθλητικός: *ψηλός και ~· κορμί -ο.*

γεροέλατος ο, ουσ., έλατο γέρικο.

γεροκαμωμένος, -η, -ο, μτχ. επίθ., φτιαγμένος γερά (συνών. *καλοφτιαγμένος*).

γεροκατεργάρης και **-τέργαρος** ο, ουσ., γέρος πονηρός και κακός.

γεροκολασμένος ο, ουσ. (λαϊκ.), (συνήθως υβριστικώς) γέρος έκφυλος, διεφθαρμένος.

γεροκομείο, βλ. *γηροκομείο.*

γεροκόμι το, ουσ. (ιδιωμ.). **1.** κτήματα ή χρήματα που προορίζονται για τη συντήρηση ενός γέρου. **2.** φροντίδα γερόντων.

γεροκομώ, βλ. *γηροκομώ.*

γεροκουτεντές ο, ουσ. (έρρ.), ξεμωραμένος, ανόητος γέρος.

γερόλυκος ο, ουσ. **1.** γέρικος λύκος. **2.** (μεταφ.) γέρος σκληραγωγημένος και γεμάτος πείρα από τις περιπέτειες και τις κακουχίες της ζωής (συνήθως για παλιό ναυτικό).

γερομπαμπαλής ο, ουσ. (όχι έρρ. δις, λαϊκ.), γέρος πολύ ηλικιωμένος, εξαντλημένος σωματικά.

γερομπασμένος, -η, -ο, μτχ. επίθ. (όχι έρρ., ιδιωμ.), (συνήθως για νέο) που έχει γεροντική εμφάνιση.

γερομπερμπάντης ο, ουσ. (όχι έρρ., έρρ., λαϊκ.), ανήθικος γέρος.

γερομπήχτης ο, ουσ. (όχι έρρ., λαϊκ.), ακόλαστος γέρος.

γερομυξιάρης ο, ουσ. (συνιζ., λαϊκ.), (σκωπτ.) γέρος ασθενικός και βρόμικος.

γεροντάκι το και **-άκος** ο, ουσ. (έρρ.), (συμπαθητικά) γέρος: *~ αγαθό / ανήμπορο / γελαστό· -άκος σεβάσμιος / συμπαθητικός* (συνών. *γερόντιο*).

γεροντάματα τα, ουσ. (έρρ.), γεροντική ηλικία: *τον πήραν τα ~* (συνών. *γεράματα*).

γέροντας ο, πληθ. *-ες, -όντοι*, θηλ. **-ισσα,** συγκρ. *γεροντότερος*, ουσ. (έρρ.). **1.** άτομο μεγάλης ηλικίας: *~ αιωνόβιος / σεβάσμιος· -ισσα βασανισμένη / σκυφτή γνωμ. ο ύπνος τρέφει το παιδί και ο ήλιος το μοσκάρι / και το κρασί τον -α τον κάνει παλληκάρι* (συνών. *γέρος, γριά*). **2.** (το αρσ.) ιερωμένος κάθε βαθμίδας (συνήθως ηλικιωμένος)· μοναχός (ανεξάρτητα από την ηλικία, συνήθως εκείνος που καθοδηγεί πνευματικά έναν ή περισσότερους δόκιμους ή νεότερους μοναχούς ή ακόμη και λαϊκούς)· (ιστ. στον πληθ.) οι δώδεκα μητροπολίτες που αποτελούσαν ως τα 1860 την ενδημούσα σύνοδο του Οικουμενικού Πατριαρχείου· (το θηλ.) προσων. καλογριάς. **3.** (το αρσ. ιστ.) πρόκριτος, δημογέροντας χωριού ιδίως κατά την Τουρκοκρατία: *πάνε -όντοι στον πασά, πάνε να προσκυνήσουν* (δημ. τραγ.).

γεροντοφήνω, ρ. (έρρ., λαϊκ.), εγκαταλείπω κάτι στα γεράματά μου· μόνο σε παροιμ.: *όποιος μικρομάθει δε -ει* (= οι κακές συνήθειες διατηρούνται ως τα γηρατειά).

γεροντής ο, ουσ. (έρρ.), γεροντάκι: *μου το 'πεν ένας ~ και δεν εβγήκε ψεύτης* (δημ. τραγ.).

γεροντίαση η, ουσ. (έρρ.), (ιατρ.) πάθηση που προσβάλλει άτομα παιδικής ή νεανικής ηλικίας και κάνει κυρίως το δέρμα τους να μοιάζει με γέρου (συνών. *γεροντισμός* στη σημασ. 1).

γεροντικός, -ή, -ό, επίθ. (έρρ.), που ανήκει, αναφέρεται ή ταιριάζει σε γέρο: *ηλικία / παραξενιά -ή· πείσματα -ά·* (ιατρ.) *μαρασμός ~* (= η ατροφία των

ιστών και γενική εξασθένηση ενός ηλικιωμένου ατόμου)· *άνοια -ή* (= απώλεια της διανοητικής ικανότητας στη γεροντική ηλικία).
γερόντιο το, ουσ. (έρρ., ασυνίζ.), (συμπαθητικά ή περιφρονητικά) γέρος: *στο χωριό έμειναν μόνο τα -α* (συνών. γεροντάκι).
γεροντίσιος, -ια, -ιο, επίθ. (έρρ., συνιζ.), που ανήκει ή ταιριάζει σε γέροντα: *γνώση -ια* (συνών. γεροντίστικος).
γεροντισμός ο, ουσ. (έρρ.). 1. (ιατρ.) γεροντίαση (βλ. λ.). 2. (ιστ.) το διοικητικό σύστημα που επικράτησε στο Οικουμενικό Πατριαρχείο από τα μέσα του 18. αι. ως τα 1860, οπότε κυρίαρχο όργανο ήταν η ενδημούσα σύνοδος των «γερόντων» μητροπολιτών.
γερόντισσα, βλ. *γέροντας.*
γεροντίστικος, -η, -ο, επίθ. (έρρ.), που ανήκει ή ταιριάζει σε γέρο: *φωνή -η· περπάτημα / ύφος φέρσιμο -ο· καμώματα -α* (συνών. γεροντίσιος). - Επίρρ. **-α:** *μιλά -α.*
γεροντοβότανο το, ουσ. (έρρ., λαϊκ.), ονομασία του φυτού «υοσκύαμος ο μέλας».
γεροντοέρωτας ο, ουσ. (έρρ.), έρωτας ηλικιωμένων ατόμων.
γεροντοκοπέλα η, ουσ. (έρρ., λαϊκ.), γεροντοκόρη (συνών. μεγαλοκοπέλα).
γεροντοκόρη η, ουσ. (έρρ.), γυναίκα που πέρασε την ηλικία γάμου χωρίς να παντρευτεί: ~ *απογοητευμένη / στριμμένη· έμεινε* ~ (συνών. γεροντοκοπέλα, μεγαλοκοπέλα).
γεροντοκορισμός ο, ουσ. (έρρ.), ιδιότροπη συμπεριφορά, παραξενιές γεροντοκόρης ή (συνεκδοχικά) δύστροπου ατόμου.
γεροντοκόριτσο το, ουσ. (έρρ., λαϊκ.), γεροντοκόρη.
γεροντοκρατία η, ουσ. (έρρ.), το να κυβερνούν, να εξουσιάζουν, να παίρνουν τις αποφάσεις άτομα ηλικιωμένα και με οπισθοδρομικές ιδέες: ~ *ενός κόμματος.*
γεροντοκρατούμαι, ρ. (έρρ.), κυβερνώμαι, εξουσιάζομαι από άτομα ηλικιωμένα και με οπισδοδρομικές συνήθως ιδέες: *ο σύλλογος -είται.*
γεροντολογία η, ουσ. (έρρ.), (ιατρ.) επιστημονικός κλάδος που μελετά όσα φαινόμενα συνδέονται με τη γήρανση του ανθρώπινου οργανισμού, καθώς και με τα βιολογικά, κοινωνικά, ψυχολογικά, κ.ά., προβλήματα των ηλικιωμένων.
γεροντολόγος ο και η, ουσ. (έρρ.), επιστήμονας ειδικός στη γεροντολογία.
γεροντολούλουδο το, ουσ. (έρρ., ιδιωμ.), ονομασία του φυτού «ανθρίσκος το χαιρέφυλλον» (συνών. *αγριοκαυκαλήθρα, χτενάκι).*
γεροντομοίρι το, ουσ. (έρρ., ιδιωμ.). α. μερίδιο που κράτησαν οι γονείς για να συντηρούνται μετά τη διανομή της ακίνητης περιουσίας τους στα παιδιά τους· β. μερίδιο που αφήνουν οι γονείς στο παιδί ή το εγγόνι που θα τους γηροκομήσει.
γεροντομπασμένος, -η, -ο, μτχ. επίθ. (έρρ., όχι έρρ., λαϊκ.), άτομο (συνήθως νέο) με γεροντική εμφάνιση.
γεροντονανισμός ο, ουσ. (έρρ.), (ιατρ.) γεροντίαση (βλ. λ.).
γεροντοξεχνώ, ρ. (έρρ., λαϊκ.), λησμονώ, εγκαταλείπω (μια κακή συνήθεια) στα γεράματα· μόνο σε παροιμ.: *όπου κοπελομάθει (ή μικρομάθει) δε -ά.*
γεροντοπαλλήκαρο το, ουσ. (έρρ.), άντρας που πέρασε την ηλικία γάμου χωρίς να παντρευτεί.

γεροντόπαχο το, ουσ. (έρρ.), πλαδαρό και ασύμμετρο πάχος που συχνά χαρακτηρίζει άτομα ηλικιωμένα: *τον πήραν τα -α.*
γεροντόπιασμα το, ουσ. (έρρ., ιδιωμ.), παιδί που γεννήθηκε από ηλικιωμένους γονείς (ιδίως πατέρα).
γεροντότραγος ο, ουσ. (έρρ., ιδιωμ.), τράγος μεγάλης ηλικίας.
γεροντοφέρνω, ρ. (έρρ., λαϊκ.), μοιάζω (στο σώμα, στη γνώση ή στη συμπεριφορά) με γέρο (συνών. *μεγαλοφέρνω* αντ. *παιδιαρίζω).*
γεροντοχτικιό το, ουσ. (έρρ., συνιζ., λαϊκ.), φυματίωση ατόμων γεροντικής ηλικίας.
γεροξεκούτης ο, ουσ., γέρος με μειωμένη τη διανοητική ικανότητα και αυξημένες τις ιδιοτροπίες (συνήθως υβριστικά για άντρα ηλικιωμένο) (συνών. γεροξεκουτιάρης).
γεροξεκουτιάζω, ρ. (συνιζ., λαϊκ.), γίνομαι γεροξεκούτης.
γεροξεκουτιάρης ο, ουσ. (συνιζ., λαϊκ.), γεροξεκούτης.
γεροξεμωραμένος ο, ουσ. (λαϊκ.), γεροξεκούτης.
γεροξούρας ο, ουσ. (λαϊκ.), (υβριστικά) γέρος, γεροξεκούτης.
γεροπαραλυμένος ο, ουσ. (λαϊκ.), (υβριστικά) γέρος έκφυλος, διεφθαρμένος.
γεροπαραξενιά η, ουσ. (συνιζ., λαϊκ.), γεροντική ιδιοτροπία.
γεροπαράξενος ο, ουσ. (λαϊκ.), γέρος ιδιότροπος, δύστροπος.
γεροπεύκος ο, ουσ., γέρικο πεύκο: *θυμάσαι; ο ~ μας τραγουδιστάδες είχε* (Παλαμάς).
γεροπλάτανος ο, ουσ., γέρικος πλάτανος.
γεροπόρνος ο, ουσ., γέρος φιλήδονος και ακόλαστος (συνών. *πορνόγερος).*
γεροπροβατίνα η, ουσ. (λαϊκ.), θηλυκό πρόβατο μεγάλης ηλικίας.
γέρος ο, ουσ. 1. άντρας μεγάλης ηλικίας: ~ *ανήμπορος / ασπρομάλλης· ~ καλοστεκούμενος* (ως επιθετ. προσδ.) ~ *άνθρωπος / βασιλιάς· οι γονείς·* (στον πληθ. συνεκδοχικά για ηλικιωμένους, ανεξάρτητα από το φύλο): *τους παράτησε τους μοναχούς τους -ους·* παροιμ. *τώρα στα γεράματα μάθε, -ο, γράμματα,* βλ. *γεράματα· όποιος δεν έχει -ο να πάει ν' αγοράσει· άκουε -ου συμβουλή και παιδεμένου γνώμη* (= απαραίτητοι για τις πολύτιμες συμβουλές τους οι ηλικιωμένοι)· *ο ~ κι αν στολίζεται στον ανήφορο γνωρίζεται* (= με το να καυχιέται ή να επιδεικνύεται κανείς δεν ξεπερνά τις δύσκολες περιστάσεις) (συνών. *γέροντας, παππούς·* αντ. *νέος).* 2. (λαϊκ., με επόμενη γεν.) πατέρας (συνήθως ηλικιωμένος)· (συνεκδοχικά και για τους δύο γονείς): *οι -οι μου όλο συμβουλές είναι.* 3. (σπανιότ.) σύζυγος (προχωρημένης ηλικίας): *πέθανε ο ~ μου και μ' άφησε μονάχη.*
γερός, -ή, -ό, επίθ. 1. που δεν είναι άρρωστος: *όσο είναι κανείς ~ δεν καταλαβαίνει την αξία της υγείας· πώς είσαι; ~ δυνατός· του χρόνου, -οί να 'μαστε, θα ξανάρθουμε· δόντια -ά* (συνών. *υγιής).* 2. εύρωστος, ακμαίος, ρωμαλέος: *άντρας ~· παλληκάρι -ό· μπράτσα / πόδια -ά* (συνών. *δυνατός).* 3. που έχει ανθεκτικότητα, ισχυρός, στερεός, σκληρός: *οργανισμός / φράχτης ~· ρούχο -ο· σκοινί -ό· θεμέλια -ά· ύφασμα -ό·* (σε μεταφ.) *κόκαλο / σκαρί -ό· στομάχι -ό* (για κάποιον που αντέχει στις στενοχώριες). 4. που δεν έχει βλάβη, ακέραιος: *-ή καρέκλα* (συνών. *άθικτος).* 5. (μεταφ.

γεροσαλιάρης

για πρόσωπο) που έχει σε μεγάλο βαθμό μια ιδιότητα, ικανότητα, επιτηδειότητα ή κατάρτιση σε κάτι: *ψεύτης ~· ποτήρι -ό* (= πότης)· *πιρούνι -ό* (= φαγάς)· *επιστήμονας ~· ήμουν πολύ ~ στη φυσική· κεφάλι / μυαλό -ό* (= πανέξυπνος, εύστροφος νους). **6.** (μεταφ. για πράξη ή ενέργεια ανθρώπινη, για ασθένεια ή για καιρικές συνθήκες και φυσικά φαινόμενα) δυνατός, σφοδρός, έντονος: *κλοτσιά -ή· χαστούκι -ό· καβγάς ~· συζήτηση -ή· γλέντι -ό· βήχας ~· άρπαξα ένα -ό κρυολόγημα· βροχή -ή.* **7.** (μεταφ. για ποσότητα) υπερβολικά μεγάλος: *μεροκάματο -ό· έκανε μια -ή μπάζα.* **8.** (μεταφ. για νόμισμα) που έχει σταθερή αξία (συνών. ισχυρός). Έκφρ. *στα -ά* (= με μεγάλη ένταση, υπερβολικά, σφοδρά): *τις έφαγε στα -ά· η βάρκα μπατάριζε στα -ά.* [αρχ. *υγιηρός*].

γεροσαλιάρης ο, ουσ. (συνιζ., λαϊκ.), (σκωπτ.-χλευαστικά) γέρος φιλήδονος, ερωτύλος.

γεροσαλιαρίζω, ρ. (συνιζ., λαϊκ.), (για γέρο) ερωτοτροπώ, λέω ερωτόλογα.

γερουνδιακό το, ουσ. (ασυνίζ.), (γραμμ.) ρηματικό επίθετο της λατινικής που λήγει σε *-ndus, -nda, -ndum* και αντιστοιχεί στα ρηματικά επίθετα της αρχαίας ελληνικής σε *-τέος* ή *-τός*.[λατ. *gerundivum*].

γερουνδιακός, -ή, -ό, επίθ. (ασυνίζ.), (γραμμ.) στην έκφρ. *έλξη -ή* = μετατροπή του γερουνδίου σε γερουνδιακό.

γερούνδιο το, ουσ. (ασυνίζ.), (γραμμ.) ουδέτερο δευτερόκλιτο ρηματικό ουσιαστικό της λατινικής που απαντά μόνο στον ενικό, στις τέσσερις πλάγιες πτώσεις του (καταλ. *-ndi, -ndo, -ndum, -ndo*)· αντιστοιχεί με έναρθρο απαρέμφατο ενεργητικού ενεστώτα της αρχαίας ελληνικής. [λατ. *gerundium*].

γερουσία η, ουσ. **1.** (ιστ.) ονομασία πολιτικών σωμάτων στην αρχαιότητα που τα αποτελούσαν ευγενείς (λ.χ. *σπαρτιατική ~*) ή στη νεότερη Ελλάδα (λ.χ. *«Μεσσηνιακή Γ-α» του 1821, Γ-α της Ελληνικής Δημοκρατίας, 1927-1935*). **2.** (πολιτ.) το ένα από τα δύο νομοθετικά σώματα ορισμένων δημοκρατιών, που εκλέγεται με άμεση ψηφοφορία και τα μέλη του αντιπροσωπεύουν μια εκλογική περιφέρεια. **3.** (λαϊκ.) σύνολο γερόντων: *όλη η ~ ήταν μαζεμένη στο καφενείο* (αντ. *νεολαία*).

γερουσιαστής ο, ουσ. (ασυνίζ.), μέλος της γερουσίας.

γεροφαφλατάς ο, ουσ. (λαϊκ.), γέρος φλύαρος.

γεροφαφούτης ο, ουσ. (λαϊκ.), γέρος χωρίς δόντια.

γερτός, -ή, -ό και **γειρτός**, επίθ. **1.** που έχει γείρει, που έχει πάρει κλίση προς μια κατεύθυνση: *τοίχος ~· ήταν ~ στο περβάζι του παραθύρου* (= σκυμμένος)· *ώμοι -οί* (= σκυφτοί)· *κλαδιά -ά από τους καρπούς* (συνών. *λυγισμένος, κυρτός*). **2.** μισόκλειστος: *πόρτα -ή*.

γεύμα και (λαϊκ.) **γέμα, γιόμα** το, ουσ. **1.** σύνολο ποικίλων τροφών και ποτού που καταναλώνει κάποιος σε ορισμένη ώρα της ημέρας (συνήθως το μεσημεριανό φαγητό): *~ ελαφρό / λουκούλλειο· παίρνω / προετοιμάζω / προσφέρω ~· ο πρωθυπουργός παρέθεσε ~ στους ξένους επισήμους· στρώσε την τάβλα να γευτεί, γιόμα να γιοματίσει* (δημ. τραγ.) (συνών. *φαγητό*). **2.** το να τρώει κανείς κάθε μέρα και σε ορισμένες ώρες ανάλογα με τις κοινωνικές συνθήκες του τόπου του (συχνά για μεσημεριανό φαγητό): *~ βραδινό / πρόχειρο·* (όταν ακολουθεί ή συνοδεύει μια επίσημη εκδήλωση ή δραστηριότητα) *~ αρραβώνων / γαμήλιο / αποχαιρετιστήριο / εργασίας.* **3.** (συνεκδοχικά στους τ. *γέμα* και *γιόμα*, ιδιωμ.) το μεσημέρι: *έρχεται αργά το γιόμα.*

γευματίζω και (λαϊκ.) **γε-, γιο-**, ρ., τρώγω το γεύμα μου (συνήθως το μεσημεριανό): *-ίσαμε βιαστικά / πρόχειρα.*

γεύομαι, ρ. **1.** δοκιμάζω ένα φαγητό ή ένα ποτό ως προς τη γεύση: *ο γιατρός δε μου επιτρέπει ούτε να -τώ τηγανητά·* (σε μεταφ.) *-εται τους καρπούς της απερισκεψίας του* (= υφίσταται τις συνέπειες) / *την πίκρα της εξορίας / τα αγαθά της νομιμότητας.* **2.** τρώγω ή πίνω κάτι που με ευχαριστεί πολύ: *χρόνια είχα να -τώ τέτοιο φαγητό.*

γεύση και (λαϊκ.) **γέψη** η, ουσ. **1.** εκείνη από τις πέντε αισθήσεις του οργανισμού με την οποία μπορεί κανείς να αναγνωρίζει ουσίες διαλυτές στο νερό με τη βοήθεια αισθητήριων κυττάρων που βρίσκονται στο στόμα και με κριτήριο χημικές ιδιότητες των ουσιών αυτών. **2.** η εντύπωση που σχηματίζεται με βάση τα διάφορα γευστικά ερεθίσματα, όταν δοκιμάζουμε κάτι: *~ αλμυρή / πικρή· φαΐ με πικάντικη ~· στυφή ~·* (συνεκδοχικά) *το φαγητό δεν έχει σήμερα (καμιά) ~* (= νοστιμάδα)· (ποιητ.) *είχα τη γέψη του σταριού, του τραγουδιού και του μελιού* (Σικελιανός)· *μια ~ τρικυμίας στα χείλη* (Ελύτης). **2.** (μεταφ.) το να δοκιμάζει, το να αισθάνεται κάποιος κάτι, να δημιουργεί ορισμένη εντύπωση για κάτι, να αποκτά εμπειρία από κάτι: *πήραμε μια (πρώτη) ~ της κατάστασης· το κείμενο δίνει μια ~ για τα προσόντα του συγγραφέα.*

γευστικός, -ή, -ό, επίθ. **1.** που αναφέρεται στην αίσθηση της γεύσης ή σχετίζεται με αυτή: *κάλυκες -οί (της στοματικής κοιλότητας)· ποιότητα -ή (των τροφών)· αισθητήρια -ά.* **2.** που έχει ευχάριστη γεύση, νόστιμος: *φαγητό -ό* (συνών. *εύγευστος·* αντ. *άνοστος*).

γευστικότητα η, ουσ., το να είναι κάτι γευστικό (συνών. *νοστιμάδα*).

γέφυρα η, ουσ. **1.** κατασκευή που συνδέει δύο σημεία που χωρίζονται από ένα εμπόδιο (συνήθως ποτάμι ή άλλη υδάτινη επιφάνεια, χαράδρα, δρόμο ή σιδηροδρομική γραμμή) κι έχει σκοπό να εξασφαλίσει τη συνέχεια σε μια γραμμή επικοινωνίας: *~ ξύλινη / πέτρινη / κινητή / πλωτή / σιδηροδρομική· η ανατίναξη της -ας του Γοργοπόταμου·* (γεωλ.) *φυσική ~* (= βραχώδης σχηματισμός δημιουργημένος από φυσικά αίτια που μοιάζει με γέφυρα)· έκφρ. *~ της ομορφιάς* (= πασαρέλα). **2.** (μεταφ.) αυτό που χρησιμεύει ως μέσο επικοινωνίας (πολιτιστικής, ιδεολογικής, οικονομικής, κ.ά.): *η Ελλάδα υπήρξε η ~ ανάμεσα σε Ανατολή και Δύση· ~ φιλίας μεταξύ των δύο λαών· η υπογραφή της συνθήκης· φρ. κόβω τις -ες* (= σταματώ κάθε επαφή). **3.** (ναυτ.) υπερυψωμένη κατασκευή πάνω στο κατάστρωμα πλοίου απ' όπου γίνεται η διακυβέρνησή του. **4.** (ιατρ.) τμήμα τεχνητής οδοντοστοιχίας που αντικαθιστά ένα ή περισσότερα δόντια που λείπουν. - Υποκορ. **-άκι, -ούλι** το, **-ούλα, -ίτσα** η.

γεφύρι και (συνιζ.) **γιο-** το, ουσ., γέφυρα: *το ~ της Άρτας· αν δε στοιχειώσει άνθρωπος, ~ δε στεριώνει* (δημ. τραγ.).

γεφυρίτσα, βλ. *γέφυρα.*

γεφυροπλάστιγγα η, ουσ. (ερρ.), μεγάλη πλάστιγ-

γα με τη μορφή πλατφόρμας όπου ζυγίζουν βαριά οχήματα (λ.χ. φορτηγά αυτοκίνητα, σιδηροδρομικά βαγόνια).
γεφυροποιία η, ουσ. (ασυνίζ.). 1. η τέχνη της κατασκευής γεφυρών. 2. η κατασκευή γεφυρών: (στρατ.) *άρμα -ας.*
γεφυροποιός ο, ουσ. (ασυνίζ.). 1. αυτός που κατασκευάζει γέφυρες: (στρατ.) *απόσπασμα / λόχος -ών.* 2. (μεταφ.) αυτός που επιχειρεί να συμβιβάσει διαφορετικές απόψεις: *προσπάθησε να γίνει ο ~ στη διένεξη των δύο παρατάξεων.*
γεφυροσκευή η, ουσ., το υλικό που χρειάζεται για να κατασκευαστεί στρατιωτική γέφυρα.
γεφυρόστρωση η, ουσ., τα δοκάρια μιας γέφυρας πάνω στα οποία στηρίζεται το δάπεδό της.
γεφυρούλα, βλ. *γέφυρα.*
γεφυρούλι, βλ. *γέφυρα.*
γεφύρωμα το, ουσ., η σύνδεση δύο σημείων με γέφυρα.
γεφυρώνω, ρ. 1. συνδέω δύο σημεία (λ.χ. τις όχθες ποταμού) με γέφυρα. 2. (μεταφ.) συμβιβάζω διαφορετικές απόψεις: *~ τις διαφορές / το πολιτικό χάσμα.*
γεφύρωση η, ουσ. 1. κατασκευή γέφυρας. 2. (μεταφ.) συμβιβασμός διαφορών, προσέγγιση απόψεων: *~ του χάσματος.*
γέψη, βλ. *γεύση.*
γεω-, α΄ συνθ., π.χ. γεωλόγος, γεωπόνος, γεωγραφία. [γη].
γεωγραφία η, ουσ. 1. επιστήμη με αντικείμενο την περιγραφή της γήινης επιφάνειας και τα φυσικά, βιολογικά κ.ά. φαινόμενα που συμβαίνουν πάνω σ' αυτήν, τις αιτίες που τα προκαλούν, τις δυνάμεις που τη ρυθμίζουν και τις αμοιβαίες σχέσεις τους: *~ φυσική / οικονομική / ιστορική / στρατιωτική.* 2. η διαμόρφωση του εδάφους και οι βιολογικές κ.ά. συνθήκες σ' έναν τόπο ως αντικείμενο σπουδής της επιστήμης της γεωγραφίας: *~ των ηπείρων.*
γεωγραφικός, -ή, -ό, επίθ., που σχετίζεται με τη γεωγραφία: *χάρτης ~· θέση -ή (ενός τόπου)· -ές συντεταγμένες* (= που καθορίζουν τη θέση ενός σημείου πάνω στην επιφάνεια της γης)· *-ό μήκος / πλάτος.*
γεωγράφος ο και η, ουσ., επιστήμονας που ασχολείται με τη γεωγραφία.
γεωδαισία η, ουσ., επιστήμη που ασχολείται με την ακριβή καταμέτρηση και τον προσδιορισμό του μεγέθους και της μορφής εκτάσεων γης, καθώς και με την απεικόνιση και αναπαράστασή τους.
γεωδαίτης ο, ουσ., επιστήμονας ειδικός στη γεωδαισία, που αναζητεί δηλαδή τα δεδομένα για τον προσδιορισμό των χαρακτηριστικών της γήινης σφαίρας.
γεωδαιτικός, -ή, -ό, επίθ., που αναφέρεται στη γεωδαισία: *όργανα -ά· υπηρεσίες / μελέτες -ές.*
γεωδαιτώ, -είς, ρ., χωρίζω τη γη· χωρομετρώ.
γεωδυναμική η, ουσ., κλάδος της γεωλογίας (η δυναμική γεωλογία) που μελετά τα φαινόμενα που διαμορφώνουν, μεταβάλλουν ή αλλοιώνουν το φλοιό της γης.
γεωδυναμικός, -ή, -ό, επίθ., που αναφέρεται στις δυνάμεις που διαμορφώνουν το φλοιό της γης: *ινστιτούτο -ό.*
γεωκεντρικός, -ή, -ό, επίθ. (έρρ.). 1. που αναφέρεται στο κέντρο της γης: *απόσταση -ή.* 2. που αναφέρεται ή βασίζεται στη δοξασία ότι η γη είναι το κέντρο του σύμπαντος: *σύστημα -ό* = το σύστημα των αρχαίων Ελλήνων κατά το οποίο η γη ήταν μια ακίνητη σφαίρα στο κέντρο του κόσμου, γύρω από την οποία στρεφόταν ο ουρανός με τα στερεωμένα επάνω του άστρα (αντ. *ηλιοκεντρικός).*
γεωλογία η, ουσ., επιστήμη που μελετά τη γη, που ασχολείται με την περιγραφή των διαφόρων πετρωμάτων και τα στρώματα με τα οποία εμφανίστηκαν, καθώς και με την εξέλιξή τους.
γεωλογικός, -ή, -ό, επίθ., που αναφέρεται στη γεωλογία: *αιώνες -οί* = άνισα μεταξύ τους χρονικά διαστήματα στα οποία χωρίζεται η ηλικία της γης· *περίοδοι -ές* = τα χρονικά διαστήματα στα οποία υποδιαιρείται κάθε γεωλογικός αιώνας· *χάρτης ~* = χάρτης που απεικονίζει τη γεωλογική κατασκευή ενός τμήματος του στερεού φλοιού της γης.
γεωλόγος ο, ουσ., επιστήμονας που ασχολείται με τη γεωλογία.
γεωμαγνητισμός ο, ουσ., ο μαγνητισμός που ασκεί η γη στα σώματα που βρίσκονται σε ορισμένη ακτίνα απ' αυτήν.
γεωμέτρης ο, ουσ., επιστήμονας που ασχολείται με τη γεωμετρία.
γεωμετρία η, ουσ., κλάδος των μαθηματικών που ασχολείται με τις ιδιότητες του χώρου και τη μέτρηση των επιφανειών και των όγκων των σωμάτων.
γεωμετρικός, -ή, -ό, επίθ., που αναφέρεται στη γεωμετρία: *σχήματα -ά· πρόοδος -ή* = η πρόοδος κατά την οποία το πηλίκο κάθε όρου της με τον προηγούμενο αποτελεί σταθερή ποσότητα· *τόπος ~* = το σύνολο των σημείων που έχουν (σε αντιδιαστολή με κάθε άλλο σημείο του χώρου) μια ορισμένη κοινή ιδιότητα· (ιστ.) *εποχή -ή* = τα χρόνια από τον 11. ως τον 8. αι. π.Χ., μετά την παρακμή δηλαδή του μυκηναϊκού πολιτισμού και την κάθοδο των Δωριέων· (αρχαιολ.) *τέχνη -ή* = η τέχνη των γεωμετρικών χρόνων που πήρε το όνομά της από τα γεωμετρικά σχήματα με τα οποία διακοσμούνταν κυρίως τα πήλινα αγγεία.
γεωμετρώ, ρ. (λόγ.), ασχολούμαι με τη γεωμετρία, είμαι γεωμέτρης.
γεώμορο το, ουσ., η ποσότητα των καρπών που δίνεται από τον καλλιεργητή στον ιδιοκτήτη του κτήματος ως μίσθωμα.
γεωπολιτικός, -ή, -ό, επίθ., που αναφέρεται στη σχέση ανάμεσα στις γεωγραφικές και πολιτικές συνθήκες μιας χώρας: *χάρτης ~.* - Το θηλ. ως ουσ. = η επιστήμη που μελετά τη σχέση ανάμεσα στις γεωγραφικές και πολιτικές συνθήκες ενός χώρου.
γεωπονία η, ουσ., επιστήμη που προσφέρει τις απαραίτητες για τη συστηματική καλλιέργεια της γης γνώσεις.
γεωπονικός, -ή, -ό, επίθ., που αναφέρεται στην επιστήμη της γεωπονίας: *σχολή -ή· σύγγραμμα -ό.* - Το θηλ. ως ουσ. = η γεωπονία.
γεωπόνος ο και η, ουσ., επιστήμονας που ασχολείται με τη γεωπονία, που σχεδιάζει, καταρτίζει και εφαρμόζει προγράμματα ανάπτυξης και βελτίωσης της γεωργικής παραγωγής.
γεωργία η, ουσ., καλλιέργεια της γης για την παραγωγή προϊόντων: *οι κάτοικοι της περιοχής ασχολούνται κυρίως με τη ~.*
γεωργικός, -ή, -ό, επίθ. 1. που αναφέρεται, χρησιμεύει ή ανήκει στη γεωργία: *εργαλεία / προϊόντα*

-ά· μηχανές / εργασίες -ές (συνών. αγροτικός). **2.** που ασχολείται με τη γεωργία: *πληθυσμοί -οί* (συνών. *αγροτικός*).

γεωργοκτηματίας ο, ουσ., γεωργός με μεγάλη κτηματική περιουσία (συνών. *γαιοκτήμονας*).

γεωργός ο, ουσ., αυτός που ασχολείται με την καλλιέργεια της γης (συνών. *αγρότης*).

γεώσφαιρα η, ουσ., η γήινη σφαίρα και ιδιαίτερα το στερεό της τμήμα.

γεωτεχνικός, -ή, -ό, επίθ., που αναφέρεται στις τεχνικές εφαρμογές στο χώρο της γεωλογίας: *έρευνες / υπηρεσίες -ές.* - Το αρσ. ως ουσ. = επιστήμονας που ασχολείται με τις εφαρμογές της τεχνικής στις γεωλογικές έρευνες.

γεώτρηση η, ουσ., διάνοιξη στο έδαφος (με γεωτρύπανο) κατακόρυφης τρύπας με μικρή διάμετρο, που φτάνει συνήθως σε μεγάλο βάθος: ~ *για ανεύρεση πετρελαίου / νερού.*

γεωτρύπανο το, ουσ., μηχάνημα που χρησιμοποιείται στη γεώτρηση και θρυμματίζει τους βράχους.

γεωφυσική η, ουσ., επιστήμη που ασχολείται με τις φυσικές ιδιότητες της γης, της ατμόσφαιρας και της υδρόσφαιρας (κίνηση, σύσταση, δονήσεις, βαρύτητα, κλπ.).

γεωφυσικός, -ή, -ό, επίθ., που αναφέρεται στη γεωφυσική: *έρευνες / μέθοδοι -ές· χάρτης ~* (= χάρτης που απεικονίζει τη διάπλαση του φλοιού της γης μιας περιοχής). - Το αρσ. ως ουσ. = επιστήμονας που ασχολείται με τη γεωφυσική.

γεωχημεία η, ουσ., επιστήμη που μελετά τη χημική σύσταση του φλοιού της γης, την αναλογία και την κατανομή των χημικών στοιχείων και τους νόμους που τα διέπουν.

γεωχημικός, -ή, -ό, επίθ., που αναφέρεται στη γεωχημεία: *έρευνα -ή.* - Το αρσ. ως ουσ. = επιστήμονας που ασχολείται με τη γεωχημεία.

γη και **(λαϊκ.) γης** η, ουσ. **1.** (μόνο στη σημασ. αυτή με κεφ. *Γ*) πλανήτης του ηλιακού μας συστήματος, ο πλανήτης που κατοικούμε: *η ηλικία της Γης δεν έχει καθοριστεί ακριβώς· ο νοητός άξονας / οι πόλοι / οι δορυφόροι / οι κινήσεις της Γης.* **2.** η οικουμένη, ο κόσμος: *οι δυνατοί της γης.* **3.** στεριά, ξηρά: *ύστερα από τόσες ώρες ταξίδι στη θάλασσα είδαμε τη ~.* **4.** το έδαφος, η επιφάνεια της γης: *η θέα της ανθισμένης γης με γεμίζει χαρά· σκάβει τη ~ να βρει χρυσάφι!* **5.** χώμα (όσον αφορά την υφή και τη σύσταση του εδάφους): *~ εύφορη / βρεγμένη / αργιλώδης· θηραϊκή ~.* **6.** τόπος, περιοχή: *επέστρεψε στη ~ που τον γέννησε· πατρική ~.* **7.** καλλιεργήσιμη περιοχή εδάφους: *μοίρασε τη ~ του στα παιδιά του.* **8.** (μεταφ.) η επιφάνεια υφάσματος που έχει διάφορα σχέδια: *στο φόρεμά μου η ~ είναι άσπρη με καφέ φύλλα.* Εκφρ. *~ της Επαγγελίας* (= η Χαναάν· μεταφ. εύφορη γη, πλούσια, που εγγυάται την ευτυχία)· *μαύρη ~* (= ο θάνατος, ο άδης): *έφαγε τα νιάτα του η μαύρη ~. Φρ. άνοιξε η ~ και τον κατάπιε* (για κάποιον ή κάτι που εξαφανίστηκε)· *δεν πατάει στη ~* (για άτομο υπερβολικά χαρούμενο ή υπερήφανο).

γη-, α' συνθ., π.χ. *γήπεδο, γήλοφος.* [γη].

γηγενής, -ής, -ές, γεν. *-ούς,* πληθ. αρσ. και θηλ. *-είς,* ουδ. *-ή,* επίθ., αυτόχθονας, ντόπιος: *-είς και πρόσφυγες* (αντ. *ξένος, αλλοδαπός*).

γήινος, -η, -ο, επίθ. **1.** που ανήκει ή αναφέρεται στη γη: *σφαίρα -η· μαγνητισμός / μεσημβρινός ~*

όντα / αγαθά *-α* (αντ. *εξωγήινος, ουράνιος*). **2.** (μεταφ.) φθαρτός: *το -ο σώμα* (αντ. *άφθαρτος, άυλος*). - Το αρσ. ως ουσ. = ο κάτοικος της γης (αντ. *εξωγήινος*).

γήλοφος ο, ουσ., μικρό ύψωμα της γης, λοφίσκος.

γην ορώμεν· αρχαϊστ. φρ. = γινόμαστε αισιόδοξοι.

γήπεδο το, ουσ., χώρος ρυθμισμένος κατάλληλα για αθλητικούς αγώνες, στάδιο: *~ ποδοσφαίρου.*

γηπεδούχος, -α, -ο, επίθ. (για αθλητική ομάδα) που παίζει στην «έδρα» της, που φιλοξενεί την αντίπαλη ομάδα στο γήπεδό της.

γηραιός, -ά, -ό, επίθ. (λόγ.), γέρος, ηλικιωμένος (συνήθως ειρων.): *-ά κυρία· -ά ήπειρος* (= η Ευρώπη)· *-ά Αλβιών* (= η Αγγλία).

γηραλέος, -α, -ο, επίθ., που είναι μεγάλης ηλικίας (συνών. *ηλικιωμένος·* αντ. *νεαρός*).

γήρας το, γεν. *-ατος,* μόνο στον εν., ουσ. (λόγ.), στην έκφρ. *σύνταξη γήρατος* = σύνταξη που χορηγείται σε άτομα μεγάλης ηλικίας που έχουν συμπληρώσει ορισμένα χρόνια υπηρεσίας.

γηράσκω δ' αιεί πολλά διδασκόμενος· αρχαϊστ. φρ. = με τα χρόνια αποκτώ σοφία.

γηρατειά, βλ. *γερατειά.*

γηριατρική η, ουσ. (ασυνίζ.), (ιατρ.) κλάδος της ιατρικής που ασχολείται με τη φυσιολογία και τις αρρώστιες των ηλικιωμένων.

γηροκομείο και **(λαϊκ.) γε-** το, ουσ., ίδρυμα δημόσιο ή ιδιωτικό για τη φροντίδα και την περίθαλψη γερόντων: *τον έβαλαν / έκλεισαν στο ~· γίναμε σωστό ~ εδώ μέσα* (σκωπτ. για σπίτι όπου ζουν πολλοί ηλικιωμένοι συγγενείς μαζί).

γηροκομώ, -είς και **(λαϊκ.) γε-,** ρ., τρέφω και περιποιούμαι γέροντες (συνήθως γονείς ή συγγενείς): *δεν έχει παιδιά να τον -ήσουν.*

γης, βλ. *γη.*

γης μαδιάμ· μόνο στην έκφρ. *έγινε ~ και τα έκανε ~* (για περιπτώσεις τέλειας καταστροφής ή μεγάλης σύγχυσης και αταξίας): *μπήκε σαν σίφουνας και τα 'κανε όλα ~.*

γήταυρος ο, ουσ., μυθικό θηρίο που σύμφωνα με τις λαϊκές παραδόσεις ζει στο βυθό λιμνών, ποταμών και μουγκρίζει σαν τον ταύρο, χωρίς όμως να φαίνεται.

γητειά η, ουσ. (συνιζ.). **1.** μαγική ενέργεια ή κουβέντες με σκοπό την ερωτική έλξη προσώπου ή τη θεραπεία και την αποτροπή αρρώστιας ή ματιάσματος (συνών. *ξόρκι*). **2.** (συνεκδοχικά) μάγια, αντικείμενα που χρησιμοποιούνται στη μαγεία. **3.** έλξη, θέλγητρο: *τα μέρη και οι ονομασίες δεν είχαν γι' αυτόν τη ~ που είχαν ως χτες.*

γήτεμα το, ουσ., διαδικασία με μαγικές ενέργειες και με λόγια που γίνεται για την ερωτική έλξη κάποιου ή τη θεραπεία και την αποτροπή κακού (συνών. *μάγεμα*).

γητευτής ο, θηλ. *-τρια* και (λαϊκ.) *-τρα,* ουσ. **1.** αυτός που επιδιώκει με μαγικές χειρονομίες ή λόγια για κάποιο ερωτικό σκοπό ή την αποτροπή κακού. **2.** αυτός που γοητεύει, πλανεύει με την ομορφιά του.

γητεύω, ρ. **1.** με μαγικές χειρονομίες ή λόγια προσπαθώ να γιατρέψω ή να απομακρύνω αρρώστια ή μάτιασμα ή να επιτύχω ερωτικό σκοπό: *του -έψανε το νου.* **2.** γοητεύω, θέλγω. [αρχ. *γοητεύω*].

για, Ι. Α. πρόθ. που δηλώνει: **1.** αιτία: *τον τιμώρησα ~ τις αταξίες του·* εκφρ. *~ ψύλλου πήδημα* (= για ασήμαντη αφορμή)· *~ το φόβο των Ιουδαίων.* **2.** σκοπό: *σου μιλώ ~ το καλό σου· δεν έχω καιρό* χάσιμο· το έκανα ~ σένα (= για χάρη σου) εκφρ. ~ καλό και ~ κακό (= για κάθε περίπτωση)· ~ τα μάτια του κόσμου (= για επίδειξη)· ο καβγάς ~ το πάπλωμα (= για ιδιοτελείς σκοπούς). 3. αναφορά: τι έμαθες ~ τα χτεσινά επεισόδια; ποιος θα πει κακή κουβέντα ~ σένα; 4. αντικατάσταση, ανταλλαγή: θα πάω εγώ ~ σένα· (λαϊκ.) φύκια ~ μεταξωτές κορδέλλες. 5. ανταπόδοση: ο Θεός τον αντάμειψε ~ τις καλοσύνες του. 6. αξία, τίμημα: το αγόρασε ~ ένα κομμάτι ψωμί. 7. ομοίωση: τον πήρανε ~ κλέφτη· σε πέρασα ~ τη Μαρία. 8. κατεύθυνση: φεύγω ~ Λαμία· το τρένο ~ τη Γερμανία. 9. χρονικό προσδιορισμό ή διάρκεια: θα έρθει ~ το Πάσχα· έρχεται ~ ένα μήνα. 10. (επιτ.): ο χειμώνας είχε μπει ~ (τα) καλά· πήραν ~ καλά τον ύπνο· δεν άφησαν οι πειρατές πλοίο ~ πλοίο ακούρσευτο. Φρ. κάνει ~+ (αριθμός) (= ισοδυναμεί με...): παιδί που κάνει ~ δέκα. Β. σύνδ. (μαζί με το να): 1. τελ.: κάνει θόρυβο ~ να με εκνευρίσει· ζητά νερό ~ να ξεδιψάσει. 2. αιτιολ.: ~ να κάνεις τον έξυπνο, την έπαθες! 3. αποτελεσματικός: δεν είναι μακριά ~ ν' αργήσει· εσύ είσαι αναρμόδιος ~ ν' απαντήσεις. Γ. μόρ.: σε ευχές και επικλήσεις: ~ το Θεό· ~ όνομα του Θεού! [αρχ. διά].

για, II. (σύνδ. διαζευκτικός) ή: ποιος θα πάει τελικά; εσύ ~ εγώ; ~ φέρτε την αγάπη μου ~ πάρτε με κι εμένα. [τουρκ. ya].

για, III. μόρ. προτρεπτικό, παρακελευσματικό: ~ έλα να σε δω· ~ να δοκιμάσω κι εγώ· ~ τόλμα και θα δεις. [αρχ. εία].

γιαγιά η, ουσ. (συνιζ. δις). 1. η μητέρα του πατέρα ή της μητέρας (συνών. βαβά, νενέ). 2. προσηγορία ηλικιωμένων (ιδίως σεβάσμιων) γυναικών: ζήτησα από μια ~ να μου μιλήσει για τα έθιμα του χωριού (συνών. γριούλα). - Υποκορ. **-ιάκα, -ιούλα** η. [από τη φωνή για-για].

Γιάγκης, βλ. Γιάνκης.

γιαίνω, αόρ. έγιανα, ρ. (συνιζ., λαϊκ.). Α. (μτβ.) θεραπεύω, κάνω καλά κάποιον: υποσχέθηκε να του γιάνει την πληγή (συνών. γιατρεύω). Β. (αμτβ.) γίνομαι καλά, θεραπεύομαι: ήταν άρρωστος, αλλά έγιανε (συνών. γιατρεύομαι, αποθεραπεύομαι). [αρχ. υγιαίνω].

γιακάς ο, ουσ. (συνιζ.), το μέρος του ρούχου γύρω από το λαιμό: τον άρπαξε απ' το -ά (συνών. περιλαίμιο). Φρ. τραβάω το -ά μου (= δείχνω τη δυσαρέσκειά μου για κάποιον ή κάτι). - Υποκορ. **-αδάκι** το. [τουρκ. yaka].

Γιακοβίνος, βλ. Ιακωβίνος.

γιαλαμάς ο, ουσ. (συνιζ., ιδιωμ.). 1. αρρώστια των χειλιών του στόματος. 2. (μεταφ.) άνθρωπος φλύαρος. [τουρκ. yalama].

γιαλαντζί-ντολμάδες οι, ουσ. (συνιζ., λαϊκ.), ντολμάδες με ρύζι και αμπελόφυλλα. [τουρκ. yalanci dolma].

γιαλέλι το, ουσ. (συνιζ., ιδιωμ.), ο σκοπός τραγουδιού· εκφρ. αυτός το ~ του (για κάποιον που συνεχίζει κάτι όχι σωστό). [αραβ. yal-el].

γιαλός ο, ουσ. (συνιζ.). 1. η αμμώδης λουρίδα της ζηράς που εκτείνεται κατά μήκος της θάλασσας: είναι πιο όμορφοι οι άγνωστοι γιαλοί -οί (Χατζόπουλος) (συνών. ακτή, παραλία, ακρογιαλιά)· εκφρ. -ό -ό (= κατά μήκος της ακτής, παραλιακά): τα τραγιά -ό -ό βοσκάνε τ' άσπρο αλάτι (Ρίτσος)· φρ. πηγαίνω / ταξιδεύω -ό (= ταξιδεύω κατά μήκος της ακτής). 2. η θάλασσα που είναι κοντά

στην ξηρά: βαρκούλες αρμενίζουν στο -ό· παροιμ. κάνε το καλό και ρίξ' το στο -ό (= οι καλές πράξεις πρέπει να γίνονται χωρίς την αξίωση αναγνώρισης). [αρχ. αιγιαλός].

γιαμάς, επίρρ. (συνιζ. δις), στη στιγμή, αμέσως: η επιθυμία σου θα γίνει ~ (συνών. μονομιάς). [συνεκφ. για<διά + μιάς].

γιάμπολη και **διάμπολη** η, ουσ. (συνιζ., ερρ., λαϊκ.), το φυτό γλυκόριζα (βλ. λ.) και οι ρίζες του που χρησιμεύουν στη φαρμακευτική και την ποτοποιία. [βουλγ. τοπων. Yambol, τουρκ. yambolí].

γιανίτσαρος, βλ. γενίτσαρος.

Γιάνκης ο, πληθ. -ηδες, ουσ. (μειωτ.) κάτοικος των Ηνωμένων Πολιτειών Αμερικής αγγλοσαξωνικής καταγωγής. [αγγλοαμερικανικό yankee<πιθ. ολλανδικό jankê].

Γιαννιώτης ο, θηλ. **-ισσα,** ουσ. (συνιζ. δις), αυτός που κατάγεται από τα Γιάννενα ή κατοικεί εκεί.

γιαννιώτικος, -η, -ο, επίθ. (συνιζ. δις), που προέρχεται από τα Γιάννενα: χορός ~· τραγούδια / ασημικά -α.

γιάντες το, ουσ. (συνιζ., ερρ., λαϊκ.), είδος στοιχήματος ανάμεσα σε δυο άτομα κατά το οποίο χρησιμοποιείται το διχαλωτό κόκαλο του στέρνου της κότας. [τουρκ. yâdes].

γιαούρτι το και **γιαούρτη** η, ουσ. (συνιζ.), παρασκεύασμα από πηγμένο γάλα με ελαφρώς ξινή γεύση: ~ πρόβειο / αγελαδινό / στραγγιστό. [τουρκ. yogurt].

γιαουρτομαγιά η, ουσ. (συνιζ. δις), μικρή ποσότητα γιαουρτιού που χρησιμοποιείται σαν ζύμη για την παρασκευή καινούργιου γιαουρτιού.

γιαουρτομυζήθρα η ουσ. (συνιζ.), μυζήθρα που γίνεται από γάλα ξινό.

γιαουρτόπιτα η, ουσ. (συνιζ.), είδος γλυκίσματος με βασικό υλικό το γιαούρτι.

γιαουρτοτραχανάς ο, ουσ. (συνιζ.), τραχανάς «ξινός» που για την παρασκευή του χρησιμοποιείται και λίγο γιαούρτι.

γιαπί το, ουσ. (συνιζ., λαϊκ.), σκελετός οικοδομής που χτίζεται. [τουρκ. yapí].

γιαπράκι το, ουσ. (συνιζ., λαϊκ.), είδος φαγητού φτιαγμένο από μίγμα ρυζιού και μυρωδικών χόρτων με κιμά ή όχι, τυλιγμένο σε λεπτά τρυφερά φύλλα (αμπελιού, μαρουλιού, λάχανου, κλπ.) (συνών. ντολμαδάκι). [τουρκ. yaprak].

γιαπωνέζικος, -η, -ο, επίθ. (συνιζ.), που προέρχεται από την Ιαπωνία, ιαπωνικός: αυτοκίνητο -ο· τεχνολογία -η.

Γιαπωνέζος ο, θηλ. **-α,** ουσ. (συνιζ.), αυτός που κατάγεται από την Ιαπωνία, Ιάπωνας: τουρίστες -οι. [Ιάπωνας (με συνίζ.) + -έζος].

γιάρδα η, ουσ. (συνιζ.), αγγλική μονάδα μήκους που ισοδυναμεί με 0,914 μέτρα. [αγγλ. yard].

γιαρμάς (συνιζ.) και **γερμάς** ο, ουσ. (λαϊκ.), είδος ρωδάκινου που το κουκούτσι του αποχωρίζεται εύκολα. [τουρκ. yarma].

γιασεμί το, ουσ. (συνιζ.), καλλωπιστικό φυτό, συνήθως αναρριχώμενο με μυρωδάτα άσπρα λουλούδια. [τουρκ. yasemin]. - Υποκορ. **-άκι** το.

γιασεμιά η, ουσ. (συνιζ. δις), το γιασεμί.

γιασμάκι το, ουσ. (συνιζ., λαϊκ.), καλύπτρα με την οποία οι μουσουλμάνες σκέπαζαν το πρόσωπο. [τουρκ. yasmak].

γιαταγάνι το, ουσ. (συνιζ.), σπαθί μεγάλο, πλατύ και κυρτό στο μέρος που κόβει, επιθετικό όπλο άλλοτε (συνήθως) Τούρκων και Αράβων: φου-

στανελάδες με -ια. [τουρκ. *yatağan*]. - Μεγεθ. **-να** η.

γιατάκι το, ουσ. (συνιζ., λαϊκ.). 1. τα στρωσίδια, το κρεβάτι: *στρώνω / μαζεύω το ~ μου· στριφογυρίζει στο ~ του.* 2. τόπος κατάλληλος για ύπνο ή ανάπαυση, κατάλυμα: *ο καπετάνιος στο ~ του.* [τουρκ. *yatak*].

γιατί, I. μόρ. (συνιζ.), (ερωτ., εισαγωγικό ευθείας ή πλάγιας ερώτησης) για ποιο λόγο: *~ δεν απαντάς που σε ρωτώ; δε μου εξήγησε ~ πήρε αυτή την απόφαση.*

γιατί, II. σύνδ. (συνιζ.). 1. (αιτιολ.) επειδή: *δεν πάω, ~ βαριέμαι· άργησα, ~ με πήρε ο ύπνος.* 2. (με το άρθρο ως ουσ.) ο λόγος, η αιτία: *θύμωσες και θέλω να μάθω το ~.*

γιατράκος, βλ. *γιατρός.*

γιατρειά η, ουσ. (συνιζ., ασυνίζ.). 1. αποκατάσταση της υγείας, θεραπεία: *αρρώστια που δεν έχει ~* (συνών. *γιάτρεμα*). 2. ανακούφιση από ψυχικό πάθος ή πόνο, ψυχική απολύτρωση: *ψάχνει στο ποτό να βρει ~ για τον πόνο του.*

γιάτρεμα το και **γιατρεμός** ο, ουσ. (συνιζ.), θεραπεία (συνών. *γιατρειά*).

γιατρέσσα, βλ. *γιατρός.*

γιατρεύω, μτχ. παρκ. **-εμένος,** ρ. (συνιζ.). 1. θεραπεύω, κάνω καλά κάποιον: *τον είχαν ξεγραμμένο, αλλά -τηκε.* 2. καταπαύω ψυχικό πάθος ή πόνο (συνών. *καταπραΰνω, ανακουφίζω*).

γιατρικό το, ουσ. (συνιζ., λαϊκ.), φάρμακο: *το ~ ήταν ένα κι ένα για την περίπτωση του·* (μεταφ.) *για τη ζήλεια του δεν υπάρχει ~* (συνών. *ξαρρωστικό*).

γιατρίνα, γιάτρισσα, βλ. *γιατρός.*

γιατροβότανο το, ουσ. (συνιζ., λαϊκ.), βοτάνι, φάρμακο.

γιατρολόγημα το, ουσ. (συνιζ., λαϊκ.), περιποίηση άρρωστου ατόμου· γιάτρεμα, θεραπεία (συνών. *νοσηλεία, περίθαλψη*).

γιατρολογώ, ρ. (συνιζ., λαϊκ.), περιποιούμαι, φροντίζω κάποιον άρρωστο· γιατρεύω, θεραπεύω (συνών. *περιθάλπω*).

γιατροπορεύω, ρ. (συνιζ., λαϊκ.). I. (ενεργ.) θεραπεύω κάποιον με πρόχειρα μέσα: *τον -εψε μια γριά ώσπου να έρθει ο γιατρός.* II. (μέσ.) θεραπεύω τον εαυτό μου με πρόχειρα μέσα.

γιατρός ο, θηλ. **-ίνα** και **-έσσα, -ισσα,** ουσ. (συνιζ.). 1. επιστήμονας που ασκεί την ιατρική, που ασχολείται με την έρευνα και την εφαρμογή μεθόδων και τεχνικών για την πρόληψη, τη διάγνωση και τη θεραπεία των ασθενειών του ανθρώπου: *~ οικογενειακός / αγροτικός / πρακτικός / στρατιωτικός.* 2. (μεταφ.) αυτός που παύει ψυχικά πάθη και πόνους, λυτρωτής: *η συντροφιά σου έγινε ~ στη θλίψη μου.* - Το θηλ. στον τ. *-ίνα* σημαίνει επιπλέον τη σύζυγο του γιατρού. - Υποκορ. **-άκος** ο, **-ουδάκι** το, **-ουδάκος** ο (ειρων. για νέο σε ηλικία και άπειρο γιατρό) στη σημασ. 1.

γιατροσόφι το, ουσ. (συνιζ.), πρακτικό φάρμακο που δε βασίζεται στην επιστημονική γνώση και γίνεται από παλιά συνταγή: *~ για τον τριχοφάγο / για τις θέρμες.*

γιατρουδάκι, γιατρουδάκος, βλ. *γιατρός.*

γιατσέντο, γιατσίντο, βλ. *διατσέντο.*

γιάτσο το, ουσ. (συνιζ., ιδιωμ.). 1. πάγος. 2. κρύο, παγωνιά. [ιταλ. *ghiaccio*].

γιάφκα η, ουσ. (συνιζ., λαϊκ.), κρησφύγετο ή τόπος συνάντησης μελών παράνομης οργάνωσης και αποθήκευσης συναφών αντικειμένων. [ρωσ.].

γιαχνί το, ουσ. ακλ. (συνιζ., λαϊκ.), τρόπος μαγειρέματος φαγητού με αρκετό λάδι και τσιγαριστό κρεμμύδι: *πατάτες ~.* [περσ.-τουρκ. *gahni*].

γιαχνίζω, ρ. (συνιζ.), ετοιμάζω φαγητό γιαχνί, με λάδι και τσιγαριστό κρεμμύδι.

γιάχνισμα το, ουσ. (συνιζ.), μαγείρεμα φαγητού με λάδι και τσιγαριστό κρεμμύδι.

γιαχνιστός, -ή, -ό, επίθ. (συνιζ.), μαγειρεμένος γιαχνί.

γιαχωβάς, βλ. *ιεχωβάς.*

γιβεντίζω και **γεβεντίζω,** ρ. (όχι ερρ., λαϊκ.), διαπομπεύω, διασύρω, ρεζιλεύω κάποιον. - Η μτχ. παρκ. *-ισμένος* ως επίθ. (υβριστικώς) = που είναι άξιος μομφής, κατηγορίας: *βρε -ισμένε, έχεις μούτρα και μιλάς;* [αβέβαιη ετυμ.].

γιβεντιλίκι και **γε-** το, ουσ. (όχι ερρ., λαϊκ.). 1. πράξη ανήθικη, άξια μομφής. 2. ντροπή, προσβολή (συνών. *ρεζίλεμα, ρεζιλίκι*).

γιβέντισμα και **γε-** το και **γιβεντισμός, γε-** ο, ουσ. (όχι ερρ., λαϊκ.), εξευτελισμός, διαπόμπευση, διασυρμός.

γιγαβάτ το, ουσ. άκλ., μέγιστο πολλαπλάσιο του βατ: *η κοινοτική πυρηνική δυναμικότητα έφτασε τα 86 ~.*

γίγαντας και **γίγας** ο, θηλ. **-άντισσα,** ουσ. (ερρ.). 1. υπερβολικά μεγαλόσωμο άτομο (αντ. *νάνος*). 2. άνθρωπος ρωμαλέος, γενναίος: *οι -ες των μαχών* (συνών. *ήρωας*). 3. άνθρωπος ακατάβλητος: *στις δυσκολίες ήταν ~.* 4. άνθρωπος καταξιωμένος, με σημαντική προσφορά σε κάποιο χώρο: *~ του πνεύματος / της οθόνης.* 5. (μυθολ., στον πληθ.) μυθικά όντα με υπερφυσική δύναμη, παιδιά της Γης που εξοντώθηκαν από τους θεούς. 6. (λαογρ.) πλάσμα των παραμυθιών με υπερφυσικές διαστάσεις και υπεράνθρωπη δύναμη. 7. (βοτ., στον πληθ.) είδος μεγαλύτερων από τα συνηθισμένα φασολιών. 8. (αστρον.) για αστέρες με μεγάλη επιφάνεια και λαμπρότητα (αντ. *νάνος*).

γιγάντεμα και **γιγάντωμα** ο, ουσ. (ερρ.), υπερβολική ανάπτυξη ή αύξηση σε μέγεθος, όγκο, ένταση: *το ~ του δέντρου·* (μεταφ.) *~ του θάρρους* (συνών. *υπεράνάπτυξη, θέριεμα*).

γιγαντένιος, -ια, -ιο, επίθ. (ερρ., συνιζ.), που έχει τις διαστάσεις ή τη δύναμη του γίγαντα (συνών. *πελώριος, γιγάντιος*).

γιγαντεύω και **γιγαντώνω,** ρ. (ερρ.). 1. (αμτβ.) γίνομαι γίγαντας, αυξάνομαι σε δύναμη και μέγεθος: *-εψαν τα φυτά με τόσο λίπασμα· ο Φίλιππος -ώθηκε με τις αλλεπάλληλες κατακτήσεις του* (συνών. *μεγαλώνω, δυναμώνω·* αντ. *ελαττώνομαι, μικραίνω*). 2. (αμτβ. και μτβ.) θεριεύω, φουντώνω: *η προκλητική στάση του φονιά -εψε το μίσος της οικογένειας.*

γιγαντιαίος, -α, -ο, επίθ. (ερρ., ασυνίζ.). 1. που έχει τις διαστάσεις του γίγαντα: *σώμα -ο* (συνών. *πελώριος, υπερμεγέθης·* αντ. *μικροσκοπικός*). 2. που ξεπερνά τα ανθρώπινα όρια δυνατοτήτων: *οικοδόμημα -ο·* (μεταφ.) *προσπάθεια / δύναμη -α* (συνών. *υπερφυσικός, υπεράνθρωπος*).

γιγάντιος, -α, -ο, επίθ. (ερρ., ασυνίζ.). 1. που ταιριάζει σε γίγαντα: *ύψος / μέγεθος -ο* (συνών. *γιγαντιαίος, πελώριος, υπερμεγέθης*). 2. που ξεπερνά τα ανθρώπινα όρια δυνατοτήτων: *έργο -ο· επιχείρηση -α·* (μεταφ.) *θέληση / δύναμη -α* (συνών. *ηράκλειος, κολοσσιαίος, τιτάνιος, κυκλώπειος*).

γιγαντισμός ο, ουσ. (ερρ.), (ιατρ.) πάθηση κατά την

οποία το ανθρώπινο σώμα ή κάποιο μέλος του σώματος αυξάνει υπερβολικά.

γιγάντισσα, βλ. *γίγαντας.*

γιγαντοαφίσα η, ουσ. (έρρ.), αφίσα πολύ μεγάλων διαστάσεων: *-ες διαφημιστικές / προπαγανδιστικές.* [*γίγαντας* + *αφίσα*].

γιγαντόκορμος, -η, -ο, επίθ. (έρρ.), που έχει το κορμί, τις διαστάσεις γίγαντα: *πλατάνι -ο* (συνών. *γιγαντόσωμος, υψηλόκορμος*).

γιγαντομαχία η, ουσ. (έρρ.). 1. (μυθολ.) η μάχη ανάμεσα στους γίγαντες και τους θεούς που έληξε με νίκη των θεών. 2. δυνατή μάχη ανάμεσα σε αντιπάλους ισοδύναμους και αξιόλογους (συνών. *τιτανομαχία*).

γιγαντόσωμος, -η, -ο, επίθ. (έρρ.), που έχει το σώμα, τις διαστάσεις του γίγαντα (συνών. *γιγαντόκορμος*).

γιγάντωμα, βλ. *γιγάντεμα.*

γιγαντώνω, βλ. *γιγαντεύω.*

γίγας, βλ. *γίγαντας.*

γίγνεσθαι το, απαρ. ως ουσ. άκλ., (φιλοσ.) η ακολουθία των αλλαγών, η εξέλιξη με την οποία τα γεγονότα δημιουργούνται και μετατρέπονται (συνήθως σε αντιδιαστολή προς το *είναι*)*: το ιστορικό ~.* [απαρ. ενεστ. του αρχ. ρ. *γίγνομαι*].

γίδα η, ουσ., κατσίκα: *~ άσπρη· σαν κουρεμένη ~.* - Υποκορ. **-ούλα** η. [*γίδι*].

γιδάκι, βλ. *γίδι.*

γιδάρης ο, θηλ. **-ισσα,** ουσ., βοσκός γιδιών (συνών. *γιδοβοσκός, γιδάς*).

γιδάρικος, -η, -ο, επίθ. (ιδιωμ.) που προορίζεται για τις γίδες.

γιδάρισσα, βλ. *γιδάρης.*

γιδάς ο, ουσ., γιδοβοσκός: *καλύβι -άδων* (συνών. *γιδάρης*).

γίδι το, ουσ. 1. (συνήθως στον πληθ.) κατσίκες και τράγοι: *στη ράχη του βουνού έβοσκαν τα -ια.* 2. (μεταφ.) άνθρωπος άξεστος, ακοινώνητος (συνήθως υβριστικώς)· φρ. *φυλάει ή βόσκει -ια* (= είναι αγροίκος). - Υποκορ. **-άκι** το. [αρχ. *αιγίδιον*].

γιδίσιος, -ια, -ιο, επίθ. (συνίζ.), κατσικίσιος: *γάλα/ κρέας -ιο· προβιά -ια.*

γιδοβοσκή η, ουσ., τόπος κατάλληλος για τη βοσκή κατσικιών.

γιδοβοσκός ο, ουσ., βοσκός γιδιών (συνών. *γιδάρης, γιδάς*).

γιδοβούτυρο το, ουσ., βούτυρο από κατσικίσιο γάλα.

γιδοκλέφτης ο, ουσ., κλέφτης γιδιών.

γιδομάντρι το, ουσ. (έρρ.), μαντρί για γίδια.

γιδοπρόβατα τα, ουσ. (λαϊκ.), γίδια και πρόβατα (συνών. *αιγοπρόβατα*).

γιδόστρατα η, ουσ., δρόμος ανηφορικός και απότομος που μόνο τα γίδια μπορούν να τον ανεβούν.

γιδοτόμαρο το, ουσ., δέρμα, τομάρι γίδας: *ρούχα από ~*

γιδότοπος ο, ουσ., τόπος κατάλληλος για βοσκή γιδιών.

γιδότριχα η, ουσ., τρίχα ή τρίχωμα γίδας.

γιδούλα, βλ. *γίδα.*

γιεν, βλ. *γεν.*

γιλέκο και (λαϊκ.) **γελέκο, γελέκι** το, ουσ., ανδρικό ρούχο χωρίς μανίκια που φοριέται κάτω από το σακάκι: *~ βελούδινο.* Φρ. *κομμένο (είναι) το γελέκι* (για κάτι σίγουρο, «τετελεσμένο»). - Υποκορ. **-άκι** το. [τουρκ. *yelek*].

γίλος ο, ουσ., μικρό πολύχρωμο ψάρι που κλέβει τα δολώματα χωρίς να πιάνεται: *~ είμαι, σε γελώ και το δόλωμα χαλώ* (δημ. στίχος). [αρχ. *ίλλος*].

Γιλλού, βλ. *Γελλώ.*

γινατεύω, ρ., πεισματώνω. [*γινάτι*].

γινάτι και **ινάτι** το, ουσ. (λαϊκ.). 1. πείσμα: *κάνει -ια· ~ ερωτικό· τον έπιασε το ~· το έβαλε ~* (= πείσμωσε)· *γνωμ. το ~ βγάζει μάτι.* 2. αντιπάθεια· φρ. *τον έχω / του βαστώ / του κρατώ ~* (= αντιπαθώ, είμαι οργισμένος)· *βγάζω το ~ μου* (= εκδικούμαι κάποιον). [τουρκ. *inat*].

γινατώνω, ρ. (ιδιωμ.), (μτβ. και αμτβ.) πεισματώνω, θυμώνω.

γίνομαι, ρ., αόρ. *έγινα* και (λαϊκ.) *γίνηκα,* μτχ. παρκ. *γινωμένος* και *γενωμένος.* 1. παίρνω υπόσταση, δημιουργούμαι, γεννιέμαι: *αν γίνει κορίτσι,...· από τότε που έγινε ο κόσμος.* 2. αναπτύσσομαι, παράγομαι: *έγινε πολύ σιτάρι φέτος.* 3. (για καρπούς) ωριμάζω: *δεν έγιναν ακόμη τα σταφύλια.* 4. (συνήθως σε γ´ πρόσ.) πραγματοποιείται, διεξάγεται, συμβαίνει: *τι έγινε χτες στο γλέντι; έγινε σκληρή μάχη· θα γίνει αυτό που θέλω εγώ! έγιναν διαπραγματεύσεις.* 5. εκτελούμαι, κατασκευάζομαι, προέρχομαι: *πώς -εται αυτό το φαγητό; το χαρτί -εται από ξύλο· πότε έγινε αυτό το σπίτι;* 6. είμαι, υπάρχω, βρίσκομαι σε κάποια κατάσταση: *καλύτερη ποιότητα απ' αυτή δε -εται· τι -εσαι;* 7. έρχομαι σε νέα κατάσταση, εξελίσσομαι, καταλήγω, καταντώ: *έγινε χριστιανός· το σπίτι έγινε ερείπιο· έγινε διευθυντής· η περιουσία του έγινε δική της.* 8. αυξάνομαι, μεγαλώνω: *έγινε δέκα χρονών· η εκκλησία έγινε εκατό χρονών.* 9. (για ποσό) εξάγομαι από πράξεις, προκύπτω: *πέντε και πέντε γίνονται δέκα· με τους τόκους οι καταθέσεις έγιναν σχεδόν διπλάσιες.* 10. (για χρον. διάρκεια, τριτοπρόσ.) επέρχεται, συμπληρώνεται: *έγινε βράδι· έγιναν τρία χρόνια από το θάνατό του.* 11. (απρόσ.) είναι δυνατόν να γίνει, να συμβεί: *-εται να μην πάω;* 12. (ο αόρ. τριτοπρόσ.) *έγινε!* = σύμφωνοι, εντάξει. Φρ. *~ άνω κάτω* (= αναστατώνομαι, μαλώνω)· *~ άφαντος / καπνός* (= εξαφανίζομαι, «το σκάω»)· *έγιναν από δυο χωριά* (= μάλωσαν)· *~ άνθρωπος* (= εξανθρωπίζομαι)· *~ βαπόρι / Τούρκος* (= οργίζομαι)· *~ βάρος σε κάποιον* (= επιβαρύνω κάποιον οικονομικά)· *~ ένα με κάποιον* (= πάω με το μέρος του)· *~ θέατρο ή νούμερο* (= γελοιοποιούμαι)· *~ θηρίο* (= εξαγριώνομαι)· *~ θυσία / (χίλια) κομμάτια* (= θυσιάζομαι)· *~ ερείπιο* (= καταβάλλομαι ψυχικά)· *~ κατακίτρινος / (σαν) κερί / (σαν) φλουρί* (= χλομιάζω) *μη -εσαι κουτός* (= μη φέρεσαι ανόητα)· *-εται λόγος* (= διαδίδεται, συζητείται)· *~ παιδί* (= φέρομαι με αφέλεια)· *~ (σαν) παντζάρι* (= κοκκινίζω)· *~ περδίκι* (= αναλαμβάνω από αρρώστια, γίνομαι καλά)· *~ πτώμα* (= κουράζομαι υπερβολικά)· *~ πυρ και μανία / σκυλί* (= θυμώνω)· *~ σκνίπα / φέσι* (= μεθώ)· *~ στάχτη* (= καταστρέφομαι)· *τσιμέντο να γίνει!* (για δήλωση αδιαφορίας ή περιφρόνησης)· *δεν καταλαβαίνει / δεν ξέρει τι του -εται!* (= δεν έχει επίγνωση της πραγματικότητας)· *~ κουνούπι / βδέλλα / τσιμπούρι σε κάποιον* (= τον ενοχλώ με τις ανούσιες απαιτήσεις μου)· *δε -εται τίποτα !* (για δήλωση απογοήτευσης ύστερα από μάταιη προσπάθεια). Γνωμ. *το αίμα νερό δε -εται* (= δεν μπορεί να σπάσει ο δεσμός συγγένειας, συνήθως ανάμεσα σε αδέρφια). Παροιμ. *μόνο τα γένια του σπανού δε -ονται,* βλ. *γένι*). - Η μτχ. παρκ. *γενωμένος* και *γινωμένος* = 1. καμωμένος, τελειω-

γινόμενο

μένος: *δρόμος / γάμος γενωμένος.* 2. ώριμος: *σύκα / στάρια γινωμένα.*
γινόμενο το, ουσ. (μαθημ.) αποτέλεσμα πολλαπλασιασμού, εξαγόμενο.
γίνωμα το, ουσ. 1. ωρίμασμα: ~ *των φρούτων.* 2. χρόνος κατά τον οποίο γίνεται το ωρίμασμα. 3. ζύμωση: ~ *του ψωμιού.*
γινωμένος, βλ. *γίνομαι.*
γιόγκα η, ουσ. άκλ. (συνιζ., όχι έρρ.). 1. θρησκευτικό - φιλοσοφικό σύστημα των ινδουιστών που αποβλέπει στη μυστική ένωση με το υπέρτατο Ον με την απόλυτη κυριαρχία πάνω στο σώμα και τις αισθήσεις. 2. τεχνική γυμναστική της αναπνοής και των κινήσεων. [αρχ. ινδ. *yoga*].
γιόγκι ο, ουσ., Ινδός ασκητής που ασκεί τη γιόγκα.
γιόκας ο, ουσ. (συνιζ.), (χαϊδευτικά) γιος, κανακάρης: *καλώς το -α μου!*
γιόμα, βλ. *γεύμα.*
γιοματάρι το, ουσ. (συνιζ., λαϊκ.), κρασί από βαρέλι που μόλις ανοίχτηκε.
γιοματίζω, βλ. *γευματίζω.*
γιομάτος, βλ. *γεμάτος.*
γιομίδι, βλ. *γεμίδι.*
γιομίζω, βλ. *γεμίζω.*
γιόμιση, βλ. *γέμιση.*
γιόμισμα, βλ. *γέμισμα.*
γιομώζω και **γιομώνω,** βλ. *γεμώνω.*
γιόμωση, βλ. *γέμιση.*
γιόμωμα, βλ. *γέμισμα.*
γιορντάνι το, ουσ. (συνιζ., όχι έρρ., λαϊκ.), κόσμημα του λαιμού συχνά με μορφή δικτυωτού πλέγματος από χρυσές χάντρες ή νομίσματα που καλύπτουν το στήθος. [τουρκ. *gerdan*].
γιορτάζω, βλ. *εορτάζω.*
γιορτάσι το, ουσ. (συνιζ., λαϊκ.), γιορτή: ~ *θεϊκό.* [απαρ. μέλλ. *εορτάσειν* του αρχ. *εορτάζω*].
γιορτάσιμος, βλ. *εορτάσιμος.*
γιόρτασμα το, ουσ. (συνιζ., λαϊκ.), εορτασμός.
γιορτασμός, βλ. *εορτασμός.*
γιορταστής, βλ. *εορταστής.*
γιορταστικός, βλ. *εορταστικός.*
γιορτερός, -ή, -ό, επίθ. (συνιζ., λαϊκ.), εορταστικός, εορτάσιμος.
γιορτή, βλ. *εορτή.*
γιορτιάτικος, -η, -ο, επίθ. (συνιζ. δις, λαϊκ.), που ταιριάζει σε γιορτές: *μέρα -η· ρούχα -α* (συνών. *γιορτινός*). - Επίρρ. **-α.**
γιορτινός, -ή, -ό, επίθ. (συνιζ., λαϊκ.), εορταστικός: *όλα ήταν -ά· φόρεσε τα -ά της ρούχα* (συνών. *γιορτιάτικος*). - Το ουδ. στον πληθ. ως ουσ. = ρούχα επίσημα: *ήρθε με τα -ά του.*
γιορτούλα η, ουσ. (συνιζ., λαϊκ.), εορτή μικρότερης σημασίας ή (χαϊδευτικά) εορτή: *κάναμε μια μικρή ~ στο σχολείο.*
γιος ο, ουσ. (συνιζ.), αρσενικό παιδί: ~ *πρωτότοκος / ανύπαντρος· έχει ένα γιο και μια κόρη.* Έκφρ. *από τον πατέρα στο γιο* (για άμεση διαδοχή). - Η κλητ. *γιε (μου)*= καλέ μου (χαϊδευτικά σε προσφών. μεγαλύτερου προς νεότερο). [αρχ. *υιός*].
γιόστρα και **γκιό-** η, ουσ. (συνιζ., ιδιωμ.), μονομαχία εφίππων (συνών. *κονταροχτύπημα*). [ιταλ. *giostra*].
γιοτ το, ουσ. άκλ. (συνιζ.), πλοίο αναψυχής ιστιοφόρο ή μηχανοκίνητο. [αγγλ. *yacht*<ολλανδικό *jacht*].
γιουβαρλάκι το, ουσ. (συνιζ.), (συνήθως στον πληθ.) είδος φαγητού από κιμά πλασμένο σε στρογγυλά κομμάτια και ρύζι, σε μορφή σούπας. [τουρκ. *yuvarlak*].
γιουβετσάδα και **γκιου-** η, ουσ. (συνιζ.), γιουβέτσι.
γιουβετσάκι και **γκιου-** το, ουσ. (συνιζ.), γιουβέτσι.
γιουβέτσι και **γκιου-** το, ουσ. (συνιζ.). 1. πήλινο σκεύος, μεγάλο ή μικρό, μέσα στο οποίο ψήνουν φαγητό στο φούρνο. 2. είδος φαγητού από κρέας και ζυμαρικό που ψήνεται στο παραπάνω σκεύος. [τουρκ. *güves*].
γιουβετσιά και **γκιου-** η, ουσ. (συνιζ.), (ιδιωμ.), ποσότητα φαγητού που χωρά σ' ένα γιουβέτσι (βλ. λ. σημασ. 1).
γιουγκοσλαβικός, -ή, -ό, και **-σλάβικος, -η, -ο,** επίθ. (όχι έρρ.), που αναφέρεται στη Γιουγκοσλαβία: *σύνορα -ά· νόμισμα -σλάβικο.* - Το ουδ. στον πληθ. ως ουσ. = η γιουγκοσλάβικη γλώσσα.
Γιουγκοσλάβος ο, θηλ. **-α,** ουσ., αυτός που κατάγεται από τη Γιουγκοσλαβία ή κατοικεί σ' αυτήν.
γιουκαλίλι το, ουσ. (συνιζ.), χαβανέζικη τετράχορδη κιθάρα: *πες της το μ' ένα ~* (Σεφέρης). [πιθ. χαβανέζικο *ukulele*].
γιούκος ο, ουσ. (συνιζ., λαϊκ.), ορθογώνιος σωρός από κλινοσκεπάσματα, στρώματα, χαλιά, κλπ. [τουρκ. *yük*].
γιούλι το, ουσ. (συνιζ., λαϊκ.), μενεξές. [*ιούλι*<αρχ. ουσ. *ίον*].
γιούνισεξ, επίθ. άκλ. (συνιζ.), (για ενδυμασία, για τρόπο ντυσίματος) που είναι κοινός για νέους και των δύο φύλων: *παντελόνι ~.* [αγγλ. *unisex*].
γιούρια η, ουσ., επίθεση, εφόρμηση. [τουρκ. *yürüyüs*].
γιουρούσι (συνιζ.) και (ιδιωμ.) **γιρ-** το, ουσ., έφοδος, επίθεση· φρ. *κάνω ~* (= επιτίθεμαι, εφορμώ). [τουρκ. *yürüyüş*].
γιούσουρι το, ουσ. (συνιζ., λαϊκ.), είδος μαύρου κοραλιού.
γιούχα, επιφ. (συνιζ.). 1. επιφώνημα αποδοκιμασίας: ~ *στους προδότες!* (συνών. *ντροπή, αίσχος* αντ. *ζήτω, μπράβο*). 2. (με το άρθρο το ως ουσ.) αποδοκιμασία· φρ. *τον πήραν στο ~* (= τον αποδοκίμασαν). [τουρκ. *yuha*].
γιουχαητό, βλ. *γιουχάισμα.*
γιουχαΐζω και **γιουχάρω,** ρ. (συνιζ., λαϊκ.), αποδοκιμάζω φωνάζοντας «γιούχα»: *οι θεατές γιουχάισαν το σκηνοθέτη* (αντ. *επευφημώ*).
γιουχάισμα και (σπανιότ.) **γιουχαητό** το, ουσ. (συνιζ., λαϊκ.), αποδοκιμασία (με εχθρικές φωνές).
γιουχάρω, βλ. *γιουχαΐζω.*
γιοφύλλι το, ουσ. (συνιζ., λόγ.), το φυτό ίον το άγριον ή αρουραίον, της οικογένειας των ιωδών. [*αγιοφύλλι*].
γιοφύρι, βλ. *γεφύρι.*
γιρλάντα και **γκι-** η, ουσ. (έρρ.). 1. ταινία ή στεφάνι από φύλλα, λουλούδια ή κλαδιά για διακόσμηση σε κίονες, αψίδες, πόρτες και παράθυρα: ~ *δάφνης· η νύφη φορούσε ~ από άνθη λεμονιάς.* 2. συνεχόμενο κέντημα ή ζωγραφιά σε ρούχα, τοίχους, κλπ.: *τοίχοι με χρυσοποίκιλτες -ες.* [ιταλ. *ghirlanda*].
γιρούσι, βλ. *γιουρούσι.*
γιώτα το, ουσ. (συνιζ.), το ένατο γράμμα του ελληνικού αλφαβήτου· φρ. *δεν αλλάζω ούτε ένα ~* (= δεν κάνω καμιά απολύτως αλλαγή). [αρχ. *ιώτα*].
γιωταχής ο, ουσ. (συνιζ., λαϊκ.), (συνήθως στον πληθ.) κάτοχος αυτοκινήτου ιδιωτικής χρήσης:

μέτρα της κυβέρνησης για τους -ήδες. [αρκτικόλεξο *Ι.Χ.*].
γιωταχί το, ουσ. άκλ. (συνίζ., λαϊκ.), αυτοκίνητο ιδιωτικής χρήσης. [αρκτικόλεξο *Ι.Χ.*].
γκαβαίνω και **γκαβίζω,** ρ. (λαϊκ.). 1. στραβίζω, αλληθωρίζω. 2. τυφλώνομαι.
γκαβός, -ή, -ό, επίθ. (λαϊκ.). 1. αλλήθωρος (συνών. *στραβός).* 2. τυφλός: ~ *είσαι και δεν το βλέπεις;* (συνών. *στραβός).* - Το ουδ. στον πληθ. ως ουσ. = τα μάτια (χλευαστικά): *πού τα 'χεις τα -ά σου και δε βλέπεις;* [ρουμ. *gavu* κατά τα *τυφλός, στραβός*].
γκαβούλιακας ο, ουσ. (συνίζ., λαϊκ.), (υβριστικά) τυφλός σε μεγάλο βαθμό (και μεταφ.): *πώς δε με είδες, βρε -α!* (συνών. *στραβούλιακας*).
γκαβωμάρα η, ουσ. (λαϊκ.), (χλευαστικά) το να είναι κανείς γκαβός, αλλήθωρος ή τυφλός: ~ *έχεις και δεν το βλέπεις;* (συνών. *στραβωμάρα*).
γκαβώνω, ρ. (λαϊκ.), (ενεργ.) κάνω κάποιον γκαβό (μεσ.) γίνομαι γκαβός: *-ώθηκε πια και δε διακρίνει τίποτα* (συνών. *στραβώνω*).
γκάγκαρος ο, ουσ. (όχι ερρ.). 1. (σκωπτ.) ευγενής Αθηναίος προύχοντας της εποχής της Τουρκοκρατίας. 2. γνήσιος, παλιός Αθηναίος: *Αθηναίος* ~.
γκάγκστερ, βλ. *γκάνξτερ.*
γκαζάδικο το, ουσ. 1. αποθήκη πετρελαίου. 2. πετρελαιοφόρο πλοίο: *είναι πλοίαρχος σε* ~ (συνών. *δεξαμενόπλοιο*).
γκάζι το, ουσ. 1. φωταέριο: *κουζίνα -ιού.* 2. πετρέλαιο: *τέλειωσε το* ~ *από τη λάμπα.* 3. (συνεκδοχικά) πεντάλ αυτοκινήτου: *πάτησε το* ~ *αντί για το φρένο.* φρ. *πατάω* ~ (= αναπτύσσω ταχύτητα). 4. (ναυτ.) πετρελαιοφόρο πλοίο (συνών. *γκαζάδικο*).
γκαζιέρα η, ουσ. (συνιζ.), συσκευή ειδική για μαγείρεμα, που λειτουργεί με γκάζι ή πετρέλαιο.
γκαζόζα η, ουσ., αεριούχο αναψυκτικό με άρωμα λεμονιού. [ιταλ. *gazosa*].
γκαζοζέν το, ουσ. άκλ. 1. συσκευή που χρησιμοποιείται για την παραγωγή καύσιμων αερίων. 2. όχημα που κινείται με την ομώνυμη συσκευή. [γαλλ. *gazogène*].
γκαζόλαμπα η, ουσ. (έρρ.), λάμπα πετρελαίου.
γκαζόν το, ουσ. άκλ., χόρτο που χρησιμοποιείται για τη διακόσμηση κήπων ή για την επίστρωση ποδοσφαιρικών γηπέδων: *το* ~ *θέλει τακτικά κούρεμα* (συνών. *γρασίδι, χλοοτάπητας*). [γαλλ. *gazon*].
γκαζοτενεκές και **γκαζοντενεκές** ο, ουσ., δοχείο, τενεκές πετρελαίου.
γκάιντα η, ουσ. (όχι ερρ.), πνευστό μουσικό όργανο που αποτελείται από ένα ασκί και έναν ή περισσότερους αυλούς. [τουρκ. *gayda*].
γκαϊ(ν)τατζής ο, ουσ. (όχι ερρ.), αυτός που παίζει γκάιντα. [τουρκ. *gaydaci*].
γκαλερί η, ουσ. άκλ., αίθουσα εκθέσεων έργων εικαστικών τεχνών. [γαλλ. *gallérie*].
γκαλερίστας ο, ουσ., ιδιοκτήτης γκαλερί.
γκαλντερίμι, βλ. *καλντερίμι.*
γκάλοπ το, ουσ. άκλ., μέθοδος με την οποία γίνεται δυνατή η σφυγμομέτρηση της κοινής γνώμης (συνών. *δημοσκόπηση*). [κύρ. όν. *Gallup*].
γκάμα η, ουσ. 1. μουσική κλίμακα. 2. σειρά χρωμάτων στη φυσική τους διαβάθμιση, χρωματική κλίμακα: ~ *χρωμάτων.* 3. σειρά πραγμάτων όπου εκπροσωπούνται όλα τα είδη και οι διαβαθμίσεις: ~ *απόψεων / απαντήσεων* (συνών. *ποικιλία*). [ιταλ. *gamma*<ελλην. *γάμμα*].

γκαμήλα, βλ. *καμήλα.*
γκαμπαρντίνα, βλ. *καμπαρντίνα.*
γκανίζω, ρ. (ιδιωμ.). 1. (για γάιδαρο) γκαρίζω. 2. (συνήθως μεταφ. για άνθρωπο) φωνάζω πολύ δυνατά (συγγεν. *γκαρίζω*).
γκανιότα η, ουσ. (συνιζ.), ποσοστό που κρατά η χαρτοπαικτική λέσχη από τα κέρδη των πελατών της. [γαλλ. *cagnotte*].
γκάνισμα το, ουσ. (ιδιωμ.). 1. γκάρισμα. 2. ενοχλητική φασαρία από φωνές.
γκάνξτερ ο, ουσ. άκλ., μέλος συμμορίας κακοποιών (συνήθως του αμερικάνικου υποκόσμου) (συνών. *κακοποιός*). [αγγλ. *gangster*].
γκανξτερικός, -ή, -ό, επίθ., που ταιριάζει ή αναφέρεται σε γκάνξτερ: *ταινία -ή.*
γκανξτερισμός ο, ουσ., συνήθειες, μέθοδοι, συμπεριφορά των γκάνξτερ.
γκαπ-γκουπ και **γκάπα-γκούπα,** λ. πλαστή για τον ήχο που προέρχεται από χτυπήματα τσεκουριού σε ξύλο, αξίνας στη γη, κλπ.
Γκαραγκούνης, βλ. *Καραγκούνης.*
γκαράζ (άκλ.) και (λαϊκ.) **γκαράζι** το, ουσ. 1. χώρος ειδικός για στάθμευση αυτοκινήτων: *υπόγειο* ~ (συνών. *αμαξοστάσιο*). 2. εργαστήριο επισκευής και συντήρησης αυτοκινήτων (συνών. *συνεργείο*). [γαλλ. *garage*].
γκαραζιέρης ο, ουσ. (συνιζ.). 1. ιδιοκτήτης γκαράζ. 2. υπάλληλος γκαράζ.
γκαρδιακός, -ή, -ό, επίθ. (συνιζ.). 1. επιστήθιος, ειλικρινής, πιστός: *φίλος* ~. 2. (για αδέλφια) γνήσιος, πραγματικός: *αγκαλιαστείτε σαν αδέρφια -ά.* 3. (για έννοιες) βαθύς, αληθινός: *αγάπη -ή· βαριά κατάρα -ή* (Κρυστάλλης). - Επίρρ. *-ά.*
γκαρίζω, ρ., (για γαϊδούρι) φωνάζω, βγάζω δυνατές φωνές: *όλη τη νύχτα -ιζε ο γάιδαρος* (συνών. *γκανίζω*). 2. φωνάζω δυνατά ή τραγουδώ παράφωνα: *τι -εις έτσι και δε μ' αφήνεις να κοιμηθώ; ας τον να -ει.* [αρχ. *γαρύω*].
γκάρισμα και (σε συνιζ.) **γκαρισματιά** η, ουσ. 1. φωνή του γαϊδάρου (συνών. *γκάνισμα*). 2. ενοχλητική φασαρία από φωνές ή τραγούδι παράφωνο.
γκαρνταρόμπα και **γκαρντε-** η, ουσ. (όχι ερρ.). 1. χώρος όπου φυλάσσονται τα ενδύματα (συνών. *βεστιάριο, ιματιοφυλάκιο*). 2. το σύνολο των ενδυμάτων κάποιου (συνών. *ιματισμός*). [ιταλ. *guarda-roba,* γαλλ. *garde-robe*].
γκάρντεν-πάρτι το, ουσ. άκλ. (όχι ερρ.), γιορτή, δεξίωση σε κήπο ή στο ύπαιθρο γενικά. [αγγλ. *garden party*].
γκαρντερόμπα, βλ. *γκαρνταρόμπα.*
γκαρσόνι και **γκαρσόν** το, θηλ. **-όνα,** ουσ., σερβιτόρος: ~ *περιποιητικό.* [γαλλ. *garçon*].
γκαρσονιέρα η, ουσ. (συνιζ.), διαμέρισμα ενός δωματίου, συνήθως για ανύπαντρους: ~ *απομονωμένη· νοικιάζεται* ~. - Υποκορ. *-ούλα* η.
γκάστρωμα το, ουσ. (λαϊκ.), το να μείνει μια γυναίκα έγκυος (συνών. *εγκυμοσύνη*).
γκαστρώνω, ρ. (λαϊκ.). 1. καθιστώ γυναίκα ή θηλυκό ζώο έγκυο. 2. (μεταφ.) ενοχλώ, στενοχωρώ κάποιον: *μας -ωσες με το πείσμα σου.*
γκάφα η, ουσ., άστοχη και επιπόλαιη ενέργεια ή λόγος που μπορεί να προκαλέσει ζημία ή δυσαρέσκεια: ~ *ασυγχώρητη.* [γαλλ. *gaffe*].
γκαφαδόρος και **γκαφατζής** ο, ουσ., αυτός που κάνει γκάφες: ~ *πρώτου μεγέθους.*
γκεβεζελίκι και **-ζιλίκι** το, ουσ., φλυαρία (συνών. *πολυλογία*). [τουρκ. *gevezelik*].

γκέισα η, ουσ., Γιαπωνέζα τραγουδίστρια και χορεύτρια σε ειδικό κέντρο αναψυχής: *ντύθηκα ~ τις απόκριες*. [ιαπων. λ.].
Γκέκηδες οι, ουσ., αλβανική φυλή.
γκελ, βλ. *γκέλι*.
γκέλα η, ουσ. 1. (στο τάβλι) περίπτωση κατά την οποία ο ένας παίκτης φέρνει στα ζάρια αριθμούς αντίστοιχους προς τις θέσεις που κατέχονται από τα πούλια του αντιπάλου: *έφερα -ες*. 2. (γενικά) αποτυχία, αστοχία. 3. αναπήδημα της μπάλας όταν πέφτει με δύναμη στο έδαφος. [τουρκ. *gele*].
γκελεμπία, βλ. *κελεμπία*.
γκέλι και ακλ. **γκελ** το, ουσ., αναπήδημα της μπάλας (συνών. *γκέλα* στη σημασ. 3).
γκέμι το, ουσ. (συνήθως στον πληθ.), χαλινάρι: *έπιασε γερά τα -ια του αλόγου και ξεκίνησε·* (μεταφ.) *να βάλεις -ια στην παλληκαριά σου* (συνών. *ηνία* τα). *βαστάει καλά τα ~ια* (= διευθύνω καλά, επιβάλλομαι απόλυτα). [τουρκ. *gem*].
γκεσέμι, βλ. *γκιοσέμι*.
γκεσταπίτης ο, θηλ. **-ισσα,** ουσ., μέλος της Γκεστάπο (βλ. λ.). [Γκεστάπο].
Γκεστάπο η, ουσ., πολιτική αστυνομία της ναζιστικής Γερμανίας. [βραχυγρ. του γερμ. *Geheime Staatspolizei*].
γκέτα η, ουσ., πάνινη ή δερμάτινη λουρίδα που καλύπτει το πάνω μέρος του παπουτσιού και ανεβαίνει μερικές φορές τυλίγοντας την κνήμη ως τα γόνατα: *-ες άσπρες / στρατιωτικές*. [βενετ. *gheta*].
γκέτο το, ουσ. 1. εβραϊκή συνοικία. 2. περιοχή όπου ζει μια μειονότητα αποχωρισμένη από τα υπόλοιπα μέλη της κοινωνίας: *~ των μαύρων*. [βενετ. *ghetto*].
γκι το, ουσ. άκλ., είδος φυτού. [γαλλ. *gui*].
γκιαούρης ο, ουσ. (συνιζ.), άπιστος, άθεος, κυρίως ως υβριστικός χαρακτηρισμός των χριστιανών από τους μωαμεθανούς. [τουρκ. *gâvur*].
γκιλοτίνα η, ουσ., μηχανή για τον θανάτωση με αποκεφαλισμό των καταδικασμένων (συνών. *λαιμητόμος, καρμανιόλα*). [γαλλ. *guillotine*].
γκινέα η, ουσ., παλιό χρυσό αγγλικό νόμισμα. [αγγλ. *guinea*].
γκίνια η, ουσ. (συνιζ., λαϊκ.), κακοτυχία, συνήθως στα τυχερά παιχνίδια. [γαλλ. *guigne*].
γκιόνης ο, ουσ. (συνιζ.), μικρό αρπακτικό νυχτοπούλι που έρχεται στην Ελλάδα την άνοιξη και ζει κοντά σε κατοικημένες περιοχές: *παροιμ. ~ ξεφωνίζει, άνοιξη μυρίζει*. [αλβαν. *gjon*].
γκιόσα η, ουσ. (συνιζ.). 1. γέρικη προβατίνα ή γίδα. 2. (μεταφ.) γερασμένη και άσχημη γυναίκα. [αλβαν. *gjosë*].
γκιοσέμι (συνιζ.) και **γκι-, γκε-, κε-** το, ουσ., κριάρι που προπορεύεται στο κοπάδι. [τουρκ. *kösem*].
γκιόστρα, βλ. *γιόστρα*.
γκιουβετσάδα, βλ. *γιουβετσάδα*.
γκιουβετσάκι, βλ. *γιουβετσάκι*.
γκιουβέτσι, βλ. *γιουβέτσι*.
γκιουβετσιά, βλ. *γιουβετσιά*.
γκιούμι το, ουσ. (συνιζ.), μετάλλινο κανάτι. [τουρκ. *güğüm*].
γκιρλάντα, βλ. *γιρλάντα*.
γκισέμι, βλ. *γκιοσέμι*.
γκλάβα η, ουσ. (λαϊκ.), χοντροκέφαλο· φρ. *δεν κόβει ή δεν παίρνει η ~ του* (= δεν αντιλαμβάνεται εύκολα). [σλαβ. *glava*].
γκλαβανή και **κλαβανή** η, ουσ., άνοιγμα στο πάτωμα ή στην οροφή που οδηγεί στο υπόγειο ή τη στέγη αντίστοιχα: *από μια ανοιχτή ~ το φεγγάρι έριχνε λίγο φως* (Μπαστιάς) (συνών. *καταπαχτή*). [σλαβ. *glavanie*].
γκλαν μόρ., λ. πλαστή για τον ήχο της καμπάνας: *~ ~ τα σήμαντρα· ~ ~ οι αντίλαλοι της ερημίας* (Σολωμός).
γκλασάρισμα, βλ. *γλασάρισμα*.
γκλασάρω, βλ. *γλασάρω*.
γκλασέ, βλ. *γλασέ*.
γκλίτσα, βλ. *αγκλίτσα*.
γκολ το, ουσ. άκλ. (για το ποδόσφαιρο) το να περνά η μπάλα τη γραμμή του τέρματος: *βάζω / τρώω / μπαίνει / σημειώνεται ~* (συνεκδοχικά) η δήλωση της επιτυχίας του τέρματος, το σκορ: *η ομάδα νίκησε με δύο ~· ο αγώνας έληξε χωρίς ~* (συνών. *τέρμα*). [αγγλ. *goal*].
γκολικός, -ή, -ό, επίθ., που σχετίζεται με το Γάλλο ηγέτη Ντε Γκολ. - Το αρσ. και το θηλ. ως ουσ. = γκολιστής (βλ. λ.).
γκολιστής ο, θηλ. **-ίστρια,** ουσ., ο οπαδός του Γάλλου ηγέτη Ντε Γκολ.
γκολφ το, ουσ. άκλ., παιχνίδι στο οποίο οι παίχτες χτυπούν με ειδικά μπαστούνια μια μικρή μπάλα και την κατευθύνουν πάνω από ειδικά εμπόδια σε μικρή τρύπα: *γήπεδο / μπαστούνι / παίκτης του ~*. [αγγλ. *golf*].
γκόλφι και **γκόρφι** το, ουσ. 1. εγκόλπιο, φυλαχτό. 2. (μεταφ.) πολύτιμο και αγαπητό πράγμα: *την έχει ~ και σταυρό*. [εγκόλπιον].
γκόμα, βλ. *γόμα*.
γκόμενα η, ουσ. (λαϊκ.), ερωμένη (συνών. *αγαπητικιά, φιλενάδα*). - Υποκορ. **-άκι** το, **-ούλα, -ίτσα** η. - Μεγεθ. **-άρα** η. [ιταλ. *gomena*].
γκομενάκιας και **-νιάρης** ο, ουσ. (συνιζ., λαϊκ.), που ρέπει προς τις «ερωτοδουλειές» (συνών. *μουρντάρης*).
γκομενάρα, βλ. *γκόμενα*.
γκομενίζω και (συνιζ.) **-νιάζω** ρ., (λαϊκ.) επιδιώκω ερωτικές σχέσεις με γυναίκες, κυνηγώ γυναίκες («γκόμενες»).
γκομενίτσα, βλ. *γκόμενα*.
γκόμενος ο, ουσ. (λαϊκ.), ερωμένος (συνών. *αγαπητικός, φίλος*).
γκομενούλα, βλ. *γκόμενα*.
γκοριτσιά και **γκορτσιά** η, ουσ. (συνιζ., ιδιωμ.), αγριαπιδιά (συνών. *γκοριτσαπιδιά*). [αλβαν. *goritsë*].
γκόρφι, βλ. *γκόλφι*.
γκουάνο, γκουανό, βλ. *γουάνο*.
γκουβερνάντα η, ουσ. (ερρ.), γυναικείο πρόσωπο που αναλαμβάνει τη φροντίδα και την αγωγή ενός ή περισσότερων παιδιών (συνών. *νταντά, τροφός*). [γαλλ. *gouvernante*].
γκουβέρνο και **κουβέρνο** το, ουσ. (λαϊκ.), κυβέρνηση, εξουσία: *αποφάσεις που βγάζει το ~*. [ιταλ. *governo*].
γκουλάς και **γκούλας** το, ουσ., είδος ουγγρικού φαγητού. [γαλλ. *goulasch*, αγγλ. *goulash* ουγγρικής προέλευσης].
γκούσα, βλ. *γούσα*.
γκουστέρα, βλ. *γουστέρα*.
γκουστερίτσα, βλ. *γουστερίτσα*.
γκουχ, άκλ. λ. πλαστή για τον ήχο του βήχα: *όλη νύχτα ~ και ~*.
Γκραβαρίτης ο, θηλ. **-ισσα,** ουσ. 1. αυτός που κατοικεί στα Γκράβαρα ή κατάγεται από εκεί. 2. (με-

ταφ.) άνθρωπος αγροίκος και άξεστος. [σλαβ. *kravari*].
γκραβαρίτικος, -η, -ο, επίθ., που προέρχεται από τα Γκράβαρα· έκφρ. *-ο κεφάλι* (για άνθρωπο αγροίκο και άξεστο).
Γκραβαρίτισσα, βλ. *Γκραβαρίτης*.
γκραβούρα η, ουσ., έργο, εικόνα που δημιουργείται με την αποτύπωση μιας παράστασης που είναι αποτέλεσμα χαρακτικής πάνω σε στερεό σώμα· λιθογραφία, ξυλογραφία, χαλκογραφία, χαρακτικό, κλπ. [γαλλ. *gravure*].
γκρανκάσα η, ουσ. (μουσ.) μεγάλο τύμπανο. [ιταλ. *grancassa*].
γκραν-πάπας ο, ουσ. (ειρων.) άνθρωπος που κατέχει ανώτατη κοινωνική θέση ή αξίωμα.
γκρας ο, πληθ. *γκράδες*, ουσ., είδος στρατιωτικού οπισθογεμούς τουφεκιού που χρησιμοποιήθηκε παλιότερα στο στρατό. [γαλλ. *gras*<κύρ. όν. *Gras*].
γκρεμίζω, ρ. I. ενεργ. Α. μτβ. 1. ρίχνω κάποιον ή κάτι σε γκρεμό. 2. ρίχνω καταγής: *ο αέρας -ισε δέντρα και στύλους*. 3. κατεδαφίζω, μετατρέπω κάτι σε ερείπια: *-ισαν το παλιό σπίτι / τη γέφυρα* (αντ. *χτίζω*). 4. (μεταφ.) ανατρέπω, καταλύω, καταργώ: *τον -ισαν από το θρόνο* (= τον εκθρόνισαν)· *-ισαν τα ταμπού / τα είδωλα· του -ισε τα όνειρα*. Β. (αμτβ.) πέφτω, σωριάζομαι καταγής: *-ισε ο τοίχος* (συνών. *καταρρέω*). II. μέσ. 1. πέφτω σε γκρεμό: *το άλογο -ίστηκε από το βράχο·* *-ίστηκε* (= αυτοκτόνησε), *γιατί δεν άντεξε το χωρισμό*. 2. πέφτω, σωριάζομαι κάτω: *-ίστηκε ο γερο-πλάτανος· -ίστηκαν όλα από το σεισμό* (συνών. *καταρρέω*). 2. (μεταφ.) απομακρύνομαι γρήγορα (συνήθως σε υβριστική έκφρ.): *να -ιστείς από μπροστά μου! -ίσου από δω!* (συνών. *τσακίζομαι*).
γκρεμισιά η, ουσ. (συνιζ.), γκρέμισμα, πέσιμο σε γκρεμό ή από ψηλό τόπο.
γκρέμισμα το, ουσ. 1. πτώση ακούσια ή εκούσια από γκρεμό ή γενικά από ψηλό τόπο: *~ θέλει τέτοιος που είναι*. 2. κατεδάφιση: *~ σπιτιού / τοίχου / μάντρας* (αντ. *χτίσιμο*). 2. (συνεκδοχικά συνήθως στον πληθ.) ερείπια, χαλάσματα: *γέμισε ο τόπος -ατα*. 4. το να ανατρέπεται, να καταλύεται κάτι, κατάργηση: *~ ειδώλων / προλήψεων / ονείρων* (συνών. *ανατροπή, κατάλυση*).
γκρεμός και **-μνός** ο, ουσ., βαθύ και απότομο άνοιγμα της γης, βάραθρο: *γλίστρησε κι έπεσε στο -ό*. Φρ. *μπρος ~ και πίσω ρέμα* (σε περίπτωση αδιεξόδου).
γκρεμότοπος ο, ουσ., τόπος απότομος με γκρεμούς.
γκρεμοτσακίδια τα, ουσ. (συνιζ.), στην έκφρ. *(να πας) στα ~!* (= φύγε, εξαφανίσου, γκρεμοτσακίσου!).
γκρεμοτσακίζω, ρ. I. (ενεργ.) γκρεμίζω, ρίχνω καταγής και τσακίζω κάτι ή τραυματίζω κάποιον: *τον -ισε από τις σκάλες*. II. μέσ. 1. πέφτω και χτυπώ ή σκοτώνομαι. 2. (μεταφ.) φεύγω γρήγορα, εξαφανίζομαι, επειδή είμαι δυσάρεστος σε κάποιον: *μόλις τους είδε -ίστηκε· -ίσου από μπροστά μου*.
γκρεμοτσάκισμα το, ουσ., το να γκρεμίζεται κάποιος ή κάτι και να τσακίζεται, συντριβή ή τραυματισμός που προκαλείται από πτώση.
γκρενά, ουσ. άκλ. 1. το χρώμα του ροδιού, το βαθυκόκκινο χρώμα. 2. (ως επίθ.) που έχει το χρώμα του ροδιού, βαθυκόκκινος: *ύφασμα / τριαντάφυλλο ~*. [γαλλ. *grenat*].
γκρι, ουσ. άκλ. 1. (ως επίθ.) γκρίζος, φαιός: *κουστούμι ~*. 2. το γκρίζο χρώμα. [γαλλ. *gris*].
γκριζόασπρος, -η, -ο, επίθ., που έχει χρώμα μεταξύ του γκρίζου και του άσπρου.
γκριζογάλανος, -η, -ο, επίθ., που έχει χρώμα μεταξύ του γκρίζου και του γαλανού: *ουρανός ~· θάλασσα -η· μάτια -α*.
γκριζομάλλης, -α, -ικο, επίθ., που έχει γκρίζα μαλλιά: *-α κυρία* (συνών. *ψαρομάλλης*).
γκρίζος, -α, -ο, επίθ., που έχει χρώμα μεταξύ του άσπρου και του μαύρου, φαιός: *ρούχα / μαλλιά / σύννεφα -α· ουρανός ~* (= συννεφιασμένος)· *καιρός ~* (= μουντός) (συνών. *σταχτής*). - Το ουδ. ως ουσ. = το γκρίζο χρώμα. [ιταλ. *grigio*].
γκριζωπός, -ή, -ό, επίθ., που το χρώμα του πλησιάζει στο γκρίζο: *μαλλιά -ά*.
γκριλ το, ουσ. άκλ., τμήμα ηλεκτρικού φούρνου που περιλαμβάνει σχάρα για το ψήσιμο των φαγητών με θερμότητα από ηλεκτρική πηγή που βρίσκεται αποπάνω. [γαλλ. *gril*].
γκριμάτσα η, ουσ., σύσπαση του προσώπου, μορφασμός: *κάνει αστείες -ες· ~ πόνου / αηδίας*. [γαλλ. *grimace*].
γκρίνια και **γρίνια** η, ουσ. (συνιζ.). 1. το κλαψούρισμα των νηπίων: *το μωρό έχει ~*. 2. το να μεμψιμοιρεί, να γογγύζει, να μουρμουρίζει κανείς: *κόψε πια τη ~! ~ εκνευριστική / ασταμάτητη* (συνών. *μεμψιμοιρία, μουρμούρα*). 3. (συνεκδοχικά) διχόνοια, εριστικότητα: *στο σπίτι τούς τρώει η ~·* παροιμ. *η φτώχεια φέρνει ~*. [ιταλ. διαλεκτ. *grigna*].
γκρινιάζω και **γρι-**, ρ. (συνιζ.). 1. (για νήπια) κλαψουρίζω. 2. μεμψιμοιρώ, μουρμουρίζω: *σταμάτα να -εις!*
γκρινιάρης, -α, -ικο και **γρι-**, επίθ. (συνιζ.). 1. που κλαψουρίζει: *μωρό / παιδί -ο* (συνών. *κλαψιάρης*). 2. που μεμψιμοιρεί, που μουρμουρίζει συνεχώς: *γυναίκα -α* (συνών. *μουρμούρης*). 3. που φιλονικεί συνέχεια και χωρίς λόγο· (συνεκδοχικά) δύστροπος, ανάποδος: *γέρος ~*.
γκρινιαρόγατα η και **γκρινιαρόγατος** ο, ουσ. (μόνο στη σημασ. 2), (συνιζ.). 1. γάτα που νιαουρίζει συνέχεια. 2. (μεταφ.) άνθρωπος γκρινιάρης, μεμψίμοιρος.
γκρο-μπετόν το, ουσ. άκλ., σκυρόδεμα, οπλισμένο ή όχι, επάνω στο έδαφος ή το δάπεδο. [γαλλ. *gros-béton*].
γκροτέσκος, -α, -ο, επίθ., τερατώδης, γελοίος, υπερβολικός: *χιούμορ -ο*. - Το ουδ. ως ουσ. = δημιούργημα τερατώδες, γελοίο ή εκκεντρικό που το συναντούμε στις εικαστικές τέχνες ή στο χώρο του θεάματος. [ιταλ. ή βενετ. *grot(t)esco*].
γκρουμ ο, ουσ. άκλ., νεαρός υπηρέτης ξενοδοχείου, εμπορικού οίκου, κ.τ.ό., που συνήθως φορεί στολή: *κοκκινοφορεμένος ~*. [αγγλ. *groom*].
γλαδιόλα (συνιζ.) η και **γλαδίολος** ο, ουσ. (βοτ.) φυτό ποώδες, πολυετές, βολβόριζο, με λουλούδια κόκκινα, άσπρα και ροζ, που μοιάζουν με τους κρίνους και βγαίνουν πολλά μαζί. [λατ. *gladiolus*].
γλαρομάτης, -α, -ικο, επίθ. 1. που έχει γλαρά, ζωηρά μάτια. 2. που έχει βλέμμα ηδυπαθές.
γλαρόνι το, ουσ. 1. μικρός γλάρος. 2. είδος μικρόσωμου γλάρου. [*γλάρος* + *-όνι*].
γλάρος ο, ουσ. 1. το υδρόβιο πτηνό λάρος της οικογένειας των λαριδών, θαλασσοπούλι: *~ αχόρ-*

γλαρός

τάγος / άσπρος / ψαροφάγος. 2. (μεταφ.) άνθρωπος άρπαγας και αδηφάγος. Φρ. τρώει / καταπίνει σαν ~. [αρχ. λάρος].

γλαρός, -ή, -ό, επίθ. **1.** ιλαρός, γαλήνιος: *ψέλνοντας τ' απόδειπνο -ό σκοτάδι πιάνει* (Αθάνας). **2.** (για τα μάτια) ζωηρός, γλυκός, που έχει ηδυπαθές βλέμμα. **3.** (συνεκδοχικά) έξυπνος.

γλαροφωλιά η, ουσ. (συνιζ.), φωλιά γλάρων: *νησί γεμάτο -ιές*.

γλάρωμα το, ουσ., τάση για ύπνο, υπνηλία: *μ' έπιασε ένα γλυκό* ~ (συνών. *νύστα*).

γλαρώνω, ρ. **1.** έχω την τάση για ύπνο, κατέχομαι από υπνηλία, νύστα: *-ωμένα μάτια* (συνών. *νυστάζω*). **2.** καταλαμβάνομαι από ηδυπάθεια: *την είδε και -ωσε* (συνών. *λιγώνομαι*). [αρχ. *ιλαρώνω<ιλαρώ*].

γλασάρισμα και **γκλασάρισμα** το, ουσ., επίστρωση ενός γλυκίσματος με γλάσο (βλ. λ.).

γλασάρω και **γκλασάρω,** ρ., περιβάλλω, περιχύνω τα γλυκίσματα με γλάσο (βλ. λ.).

γλασέ και **γκλασέ,** επίθ. άκλ. **1.** (για γλύκισμα) που περιβάλλεται από γλάσο, που έχει ζαχαρούχο πηχτό επίστρωμα: *πάστα / φρούτα* ~ **2.** που γυαλίζει: *ρύζι / χαρτί* ~. [γαλλ. *glacé*].

γλάσο το, ουσ., είδος γλυκού φτιαγμένου από ζάχαρη και ασπράδι αβγών, που χρησιμοποιείται ως επίστρωση στα γλυκίσματα. [γαλλ. *glace*].

γλάστρα η, ουσ., δοχείο πήλινο ή πλαστικό όπου φυτεύουν λουλούδια: *-ες ανθισμένες·* παροιμ. *για χάρη του βασιλικού ποτίζεται κι η* ~. - Υποκορ. **-άκι** το, **-ούλα** και **-ίτσα** η. [γράστρα<γράστα< αρχ. *γάστρα*].

γλαστράς ο, ουσ., αυτός που κατασκευάζει ή πουλεί γλάστρες.

γλαστρί το, ουσ., γλάστρα, γλαστράκι.

γλαστρίτσα, γλαστρούλα, βλ. *γλάστρα*.

γλαύκα η, ουσ., κουκουβάγια. [αρχ. *γλαυξ*].

γλαυκός, -ή, -ό, επίθ., που έχει το χρώμα του ουρανού: *θάλασσα -ή* (συνών. *γαλάζιος, γαλανός*).

γλαύκωμα το, ουσ. (ιατρ.) πάθηση του ματιού κατά την οποία η παθολογική αύξηση της ενδοφθάλμιας πίεσης προκαλεί σοβαρή βλάβη στο οπτικό νεύρο και τον αμφιβληστροειδή χιτώνα: ~ *οξύ / χρόνιο*.

γλαυκωματικός, -ή, -ό, επίθ. (ιατρ.) που πάσχει από γλαύκωμα.

γλαφυρός, -ή, -ό, επίθ. (για γραπτό ή προφορικό λόγο) κομψός, χαριτωμένος, ευχάριστος: *αφήγηση / γλώσσα -ή· ύφος -ό·* (συνεκδοχικά) *ομιλητής / συγγραφέας* ~ (αντ. *ανιαρός, ακαλαίσθητος*).

γλαφυρότητα η, ουσ., χάρη, κομψότητα του γραπτού ή προφορικού λόγου, καλλιέπεια.

γλειφιτσούρι και **-ούδι** το, ουσ., είδος καραμέλας προσαρμοσμένης σε πλαστικό μικρό στέλεχος, που τη γλείφουν τα παιδιά. [*γλειφίτσης* και *-ούρι* ή *-ούδι* αντίστοιχα].

γλειφοκουτάλας ο, θηλ. **-α,** ουσ. **1.** αυτός που γλείφει τα υπολείμματα φαγητού που μένουν πάνω στην κουτάλα, λαίμαργος. **2.** (μεταφ.) άνθρωπος που κολακεύει, γλείφτης (συνών. *κόλακας, γλειψιάρης*).

γλείφτης ο, θηλ. **-τρα,** ουσ. (μεταφ.) άνθρωπος κόλακας, χαμερπής, αναξιοπρεπής (συνών. *γλειψιάρης*).

γλείφω, ρ. **1.** σέρνω τη γλώσσα μου πάνω σε μια επιφάνεια για να δοκιμάσω κάτι, να το καθαρίσω ή να το χαϊδέψω: *έγλειψε το πιάτο / τα δάχτυλα /*

302

τα χείλια / την πληγή· η προβατίνα έγλειφε το αρνάκι της· *να τρως και να -εις τα δάχτυλά σου!* (για φαγητό εξαιρετικά νόστιμο)· *-ει εκεί που έφτυσε* (για άτομο που επιδοκιμάζει ό,τι προηγουμένως είχε κατηγορήσει)· (μέσ.) *μόλις μπήκε στην κουζίνα, άρχισε να -εται·* η γάτα στη γωνιά *-όταν· μη -εσαι!* (= μην κάνεις όρεξη για κάτι)· (μεταφ.) *οι φλόγες έγλειφαν τη στέγη· μαλλιά -μμένα* (= «λαδωμένα» και κολλημένα στο κεφάλι). **2.** (μεταφ.) καλοπιάνω, κολακεύω: *-ει τον προϊστάμενό του / τον υπουργό*. [αρχ. *εκλείχω*].

γλειψιά η, ουσ. (συνιζ.). **1.** το να γλείφει κάποιος: *-ιές της γάτας* (συνών. *γλείψιμο*). **2.** (συνεκδοχικά) η ποσότητα που μπορεί να βάλει κανείς στο στόμα του μ' ένα γλείψιμο. **3.** (μεταφ.) κολακεία, καλόπιασμα (συνών. *γλείψιμο*).

γλειψιάρης, -α, -ικο, επίθ. (συνιζ.). **1.** που έχει την ιδιότητα ή την τάση να γλείφει: *γάτα -α· σκύλος* ~. **2.** (μεταφ.) κόλακας, γαλίφης (συνών. *γλείφτης*).

γλείψιμο το, ουσ. **1.** το να γλείφει κάποιος: ~ *σιχαμερό* (συνών. *γλειψιά*). **2.** (μεταφ.) κολακεία, καλόπιασμα.

γλεντάκι, βλ. *γλέντι*.

γλεντζέδικος, -η, -ο, επίθ. (ερρ.), διασκεδαστικός, ευχάριστος (αντ. *ανιαρός, πληκτικός*).

γλεντζές ο, θηλ. **γλεντζού,** ουσ. (ερρ.), αυτός που αγαπά τα γλέντια, ο φίλος των διασκεδάσεων: *είναι μεγάλος* ~ (συνών. *γλεντοκόπος*). [τουρκ. *eğlence*].

γλέντι το, ουσ. (ερρ.), διασκέδαση, φαγοπότι με τραγούδι και χορό: *κάναμε ένα γεννάιο / γερό / τρικούβερτο / αξέχαστο* ~· *το ρίχνω στο* ~· *έχω -ια και χαρές* (συνών. *γλεντοκόπι, ξεφάντωμα*). - Υποκορ. **-άκι** το. [τουρκ. *eğlenti*].

γλεντίζω, βλ. *γλεντώ*.

γλεντοκόπημα το, ουσ. (ερρ.), το να διασκεδάζει κάποιος συχνά ή για πολλές ώρες, το να παίρνει μέρος σε πολύωρο φαγοπότι με χορό και τραγούδι (συνών. *γλέντι, γλεντοκόπι, ξεφάντωμα*).

γλεντοκόπι το, ουσ. (ερρ.), διασκέδαση συχνή ή παρατεταμένη (συνών. *γλέντι, γλεντοκόπημα, ξεφάντωμα*).

γλεντοκόπος ο, ουσ. (ερρ.), αυτός που γλεντά συχνά, που αγαπά τις διασκεδάσεις (συνών. *γλεντζές*).

γλεντοκοπώ, ρ. (ερρ.), παίρνω μέρος σε συχνές ή παρατεταμένες διασκεδάσεις: *-ούσαν όλη νύχτα* (συνών. *γλεντώ, ξεφαντώνω, διασκεδάζω*).

γλεντώ, -άς, ρ. και (σπανιότ.) **γλεντίζω** (ερρ.). **1.** (αμτβ.) διασκεδάζω, παίρνω μέρος σε γλέντι: ~ *σε ταβέρνες / με την ψυχή μου* (συνών. *γλεντοκοπώ, ξεφαντώνω*). **2.** (μτβ.) απολαμβάνω κάτι: ~ *τη ζωή μου·* ησε τα νιάτα του· ~ *το φαγητό μου / τον καφέ μου*. [τουρκ. *eğlendim*, αόρ. του *eğlenmek*].

γλήγορα, βλ. *γρήγορα*.

γλήγορος, βλ. *γρήγορος*.

γλίνα η, ουσ. **1.** γλοιώδης ή κολλώδης λιπαρή ακαθαρσία (συνών. *γλίτσα, λίγδα, λέρα*). **2.** λίπος κυρίως χοιρινό: *μαγειρεύω με* ~ (συνών. *λαρδί, λίγδα, ξίγγι*).

γλισίνα και **γλιτσίνα** η, ουσ., είδος αναρριχητικού φυτού. [γαλλ. *glycine* ή ιταλ. *glicine*].

γλιστερός, -ή, -ό, επίθ. **1.** που επάνω του μπορεί κάποιος ή κάτι να γλιστρήσει: *δρόμος* ~· *χέλι· σκοινί -ό* (συνών. *ολισθηρός*). **2.** ομαλός, λείος:

πλάκες -ες· ξύλο / έπιπλο -ό. [*γλιστερός<γλιστρώ].
γλίστρα η, ουσ. 1. μέρος ολισθηρό. 2. το να γλιστρήσει κανείς: *κάνω / παίρνω* ~ (συνών. *γλίστρημα, γλιστρηματιά*).
γλίστρημα το, ουσ., το να γλιστρήσει κανείς: *έκανα / έφαγα ένα* ~· ~ *επικίνδυνο / ξαφνικό* (συνών. *γλίστρα, γλιστρηματιά*).
γλιστρηματιά η, ουσ. (συνίζ.), γλίστρημα.
γλιστρίδα η, ουσ., είδος φυτού: *έκανα σαλάτα με* ~· φρ. ~ *έφαγε* (για φλύαρο άνθρωπο). [*γλιστρώ* + -ίδα].
γλιστρώ, -άς, ρ. 1. μετακινούμαι με απότομη και συνεχιζόμενη κίνηση, ηθελημένη ή όχι, πάνω σε λεία επιφάνεια: ~ *στον κατήφορο / στον πάγο με πατίνια / στο χιόνι με σκι / στο παρκέ·* -ησε *το πόδι μου·* -ησε *το σαπούνι / το ποτήρι από τα χέρια μου*. Φρ. *φέξε μου και* -ησα (για βοήθεια, φροντίδα που λαμβάνεται καθυστερημένα)· -ά *η γλώσσα του* (για κάποιον που μιλά πολύ ή άπρεπα)· (μεταφ.) -ούν *τα δάχτυλά του στο πιάνο* (συνών. *παραπατώ*). 2. πέφτω από γλίστρημα: -ησε *στον γκρεμό*. 3. προχωρώ με κίνηση που μοιάζει με γλίστρημα: *στη λίμνη οι κύκνοι* -ούσαν *απαλά*. 4. είμαι γλιστερός, ολισθηρός: -ά *ο δρόμος / η σκάλα·* -ούν *τα παπούτσια μου·* -ά *σαν χέλι / σαν ψάρι*. 5. (μεταφ.) ξεφεύγω με επιδεξιότητα: *ξέρει και* -ά·-ησε *αθόρυβα από το δωμάτιο· κατόρθωσε να* -ήσει *από την παρέα* (συνών. *ξεγλιστρώ*). [*εκλιστρώ*< αρχ. ουσ. *λίστρον*].
γλίσχρος, -η, -ο, επίθ., που είναι λίγος, ανεπαρκής: *μισθός* ~· *μέσα* -α (συνών. *πενιχρός, μίζερος, φειδωλός·* αντ. *αδρός, άφθονος, πλουσιοπάροχος*).
γλισχρότητα η, ουσ., το να υπάρχει ή να δίνεται κάτι σε μικρή, σε ανεπαρκή ποσότητα: ~ *εσόδων / πόρων / μέσων* (συνών. *ανεπάρκεια, πενιχρότητα·* αντ. *αφθονία*).
γλίτσα η, ουσ. 1. ακαθαρσία κολλώδης ή γλοιώδης: *τα ρούχα έπιασαν / γέμισαν* ~· *τα πόδια και τα χέρια του παιδιού ήταν μες στη* ~· *το δοχείο / η στέρνα έχει* ~ (συνών. *ρύπος, βρομιά*). 2. γλοιώδης και λεπτή λάσπη που σχηματίζεται στους δρόμους ύστερα από ψιλή βροχή: *το αυτοκίνητο γλίστρησε από τη* ~. [πιθ. αρχ. *κνίσα*].
γλιτσερός, -ή, -ό, επίθ., που είναι γεμάτος γλίτσα (συνών. *ακάθαρτος, γλοιώδης, γλιτσιάρικος*).
γλίτσης, -α και **-ού, -ίτσικο**, επίθ., που είναι ακάθαρτος, βρομερός.
γλιτσιάζω, ρ. (συνίζ.). 1. γίνομαι κολλώδης, γλοιώδης: -ιασε *το φαγητό / το νερό / το καρπούζι*. 2. λερώνομαι με γλίτσα: *χέρια / ρούχα* -ιασμένα· -ιασαν *οι δρόμοι απ' τη βροχή*.
γλιτσιάρης, -α, -ικο, επίθ. (συνίζ.). 1. γλοιώδης, κολλώδης. 2. ακάθαρτος, ρυπαρός, γλιτσιάρικος.
γλιτσιάρικος, -η, -ο, επίθ. (συνίζ.), γλιτσερός, ακάθαρτος, ρυπαρός.
γλίτσιασμα το, ουσ. 1. το να γίνεται κάτι κολλώδες, γλοιώδες. 2. το να λερώνεται κάποιος ή κάτι με γλίτσα.
γλίτσικος, -η, -ο, επίθ., βρόμικος, ακάθαρτος: *γιακάς* ~· *μαλλιά* -α (συνών. *γλιτσερός, γλιτσιάρικος*).
γλιτσίνα, βλ. *γλισίνα*.
γλιτσού, βλ. *γλίτσης*.
γλιτωμός, βλ. *γλυτωμός*.
γλιτώνω, βλ. *γλυτώνω*.
γλοιώδης, -ης, -ες, γεν. -ους, πληθ. αρσ. και θηλ. -εις, ουδ. -η, επίθ. (ασυνίζ.). 1. που έχει σύσταση παχύρρευστη και κολλώδη: *ουσία* ~. 2. ακάθαρτος, γλιστερός, γλιτσιάρικος. 3. (μεταφ.) που προκαλεί αποστροφή: *υποκείμενο* -ες· *συμπεριφορά* ~ (συνών. *αηδιαστικός, σιχαμερός*).
γλοίωμα το, ουσ. (ιατρ.) κακοήθης όγκος νευρικού οργάνου που σχηματίζεται με αφετηρία το συνεκτικό ιστό των νευρικών κυττάρων. [αρχ. *γλοιόω*].
γλόμπος, ο, ουσ. (έρρ.). 1. το γυάλινο περίβλημα (σφαιρικού ή άλλου σχήματος) ηλεκτρικού λαμπτήρα· (συνεκδοχικά) ηλεκτρικός λαμπτήρας: ~ *διαφανής / αναμμένος / χρωματιστός* (συνών. *λάμπα*). 2. (μεταφ.) άτομο φαλακρό ή κουρεμένο σύρριζα: *μ' έκανε* -ο *ο κουρέας* (συνών. *γουλί*). - Υποκορ. **-άκι** το, **-άκος** ο (στη σημασ. 1). [ιταλ. *globo*].
γλουτός ο, ουσ., καθένα από τα δύο σαρκώδη μέρη που σχηματίζουν τα οπίσθια του ανθρώπου και ορισμένων ζώων (συνών. στον πληθ. *οπίσθια, κωλομέρια*).
γλύκα η, ουσ. 1. γλυκιά γεύση: ~ *ζάχαρης / μελιού / φρούτων·* ~ *άμετρη / ανείπωτη / εξαιρετική* (συνών. *γλυκύτητα, ηδύτητα*). 2. (μεταφ.) απόλαυση, ευχαρίστηση, ηδονή: ~ *του φιλιού / της δουλειάς / του ύπνου / της ζεστασιάς·* φρ. *μένω με τη* ~ (στο στόμα) (= απογοητεύομαι, διαψεύδονται οι ελπίδες μου). 3. ευχάριστη εμφάνιση ή συμπεριφορά: *γυναίκα γεμάτη* ~· *έχει μια* ~ *το πρόσωπό του· είμαι όλο* -ες· (σε προσφών.) ~ *μου!* 4. ηπιότητα, απαλότητα: ~ *κουβέντας / φωνής / μελωδίας·* ~ *φωτισμού*. [*γλυκαίνω* υποχωρ.].
γλυκά, βλ. *γλυκός*.
γλυκαγκαλιάζω, ρ. (έρρ., συνίζ.), αγκαλιάζω κάποιον με γλυκύτητα, με τρυφερότητα ή με ερωτικό πάθος.
γλυκαγκάλιασμα το, ουσ. (έρρ.), αγκάλιασμα γλυκό, τρυφερό, ερωτικό.
γλυκάδι το, ουσ. 1. (συνήθως στο πληθ.) οι αδένες των σφαγμένων ζώων: -ια *τηγανητά*. 2. (κατ' ευφ.) το ξίδι. [ουδ. επιθ. *γλυκύς* + -άδι].
γλυκαιμία η, ουσ. (ιατρ.) η παρουσία σακχάρου στο αίμα.
γλυκαίνω, ρ., ενεργ. αόρ. *γλύκανα*, παθ. αόρ. *γλυκάθηκα*, μτχ. *γλυκασμένος*. Ι. ενεργ. Α. μτβ. 1. κάνω κάτι γλυκό, προσδίδω σε κάτι γλυκιά γεύση: ~ *το τσάι / το γάλα με ζάχαρη / με μέλι* (αντ. *πικραίνω*). 2. προσφέρω γλύκισμα: *τους* -ανε *με αμυγδαλωτά και κεράσι γλυκό*. 3. προξενώ, γεννώ σε κάποιον ή κάτι το αίσθημα της γλυκύτητας: *αγόρασα γλυκά να* -ουμε *το στόμα μας / το λαιμό μας*. 4. (μεταφ.) καθιστώ κάτι ήπιο, ανακουφίζω: *με τα λόγια του μου* -ανε *την καρδιά· το φάρμακο* -ανε *τους πόνους· η παρέα τους του* -ανε *την πίκρα της ξενιτειάς* (συνών. *καταπραΰνω, απαλύνω*). 5. προξενώ χαρά, ευχαρίστηση: *τη* -ει *συνέχεια με δώρα* (συνών. *ευφραίνω, χαροποιώ*). Β. αμτβ. 1. γίνομαι γλυκός, αποκτά γλυκιά γεύση: -ανουν *τα σταφύλια / τα πορτοκάλια*. 2. (μεταφ.) γίνομαι ηπιότερος, πράος: -ανε *η όψη του·* -ανε *η θάλασσα* (= ηρέμησε) / *ο καιρός* (συνών. *μαλακώνω*). II. μέσ. 1. (μεταφ.) νιώθω χαρά, ευχαρίστηση: -άθηκαν *από τα νέα / από τους καλούς βαθμούς του παιδιού τους· στη ζωή μου το χείλι μου δε* -άθηκε. 2. νιώθω ευχαρίστηση από κάτι και γι' αυτό το επιδιώκω συχνά, καλοσυνηθίζω σε κάτι: -άθηκε *στα λεφτά / στην καλοπέραση*. Παροιμ. -άθηκε *η γριά στα σύκα, θα φάει και τα συκόφυλλα*.

γλυκάκι, βλ. *γλυκό*.
γλυκανάλατος, -η, -ο, επίθ. 1. (για φαγητό) που δεν έχει όσο αλάτι χρειάζεται· άνοστος. 2. (μεταφ.) άχαρος: *άνθρωπος ~· κουβέντες -ες· αστεϊσμοί -οι*.
γλυκάνισο το, ουσ., είδος αρωματικού φυτού και συνεκδοχικά οι σπόροι του φυτού που χρησιμοποιούνται για να αρωματίζουν διάφορα αλκοολούχα ποτά: *ούζο με ~· βράζω / πίνω ~*.
γλυκανοστιά η, ουσ. (συνίζ.). 1. το να είναι ένα φαγητό γλυκό και άνοστο (συνών. *ανοστιά*). 2. (μεταφ.) αστεϊσμός άχαρος, ανόητος: *άσε τις -ιές*.
γλυκαντικός, -ή, -ό, επίθ. (έρρ.), που προσδίδει γλυκύτητα: *ουσίες -ές*.
γλυκαπαντοχή η, ουσ. (έρρ.), η γλυκιά απαντοχή, προσμονή: *η ελπίδα μου κι η ~ μου* (Γρυπάρης).
γλυκατζήδικο το, ουσ. (λαϊκ.), κατάστημα όπου παρασκευάζονται και πουλιούνται γλυκίσματα (συνών. *ζαχαροπλαστείο*).
γλυκατζής ο, θηλ. **-ού**, ουσ., αυτός που αγαπά τα γλυκίσματα: *είναι μεγάλος ~*.
γλυκερίνη η, ουσ., τρισθενής αλκοόλη γνωστή με τη μορφή παχύρρευστου υγρού, άχρωμη, άοσμη, με γεύση υπόγλυκη, που χρησιμοποιείται κυρίως στη σαπωνοποιία: *~ βιομηχανική / φαρμακευτική*. [γαλλ. *glycérine*].
γλυκερός, -ή, -ό, επίθ., που γλυκίζει, υπόγλυκος· (συνεκδοχικά) άνοστος, ανούσιος: *νότα -ή*.
γλυκίδιο το, ουσ. (ασυνίζ.), (βιοχημ.) οργανική ένωση που περιέχει άνθρακα, υδρογόνο και οξυγόνο και αποτελεί ένα από τα κυριότερα συστατικά της ζωντανής ύλης: *μεταβολισμός των -ίων· τροφές πλούσιες σε -ια*. [γαλλ. *glucide*].
γλυκίζω, ρ., έχω υπόγλυκη γεύση: *η σάλτσα -ει*.
γλυκίλα η, ουσ. (λαϊκ.), η γλυκιά γεύση, γλυκύτητα.
γλύκισμα το, ουσ., παρασκεύασμα με βάση τη ζάχαρη, το μέλι ή άλλη γλυκαντική ουσία: *~ πετυχημένο / σπιτικό· (συνεκδοχικά) το φαγητό / το κρέας ήταν ~* (συνών. *γλυκό*).
γλυκό το, ουσ., γλύκισμα: *~ κεράσι / κυδώνι / τριαντάφυλλο· ~ του κουταλιού / ταψιού·* φρ. *βγάζω ~* (= προσφέρω γλυκό)· *το ~ έδεσε* (= έγινε όσο πρέπει παχύρρευστο). - Υποκορ. **-άκι** το.
γλυκοαίματος, -η, -ο, επίθ. (μεταφ.), που προκαλεί συμπάθεια: *άνθρωπος ~· παιδί -ο* (συνών. *συμπαθής, αξιαγάπητος*).
γλυκόγελο το, ουσ. (ιδιωμ., λογοτ.), γλυκύ, ευχάριστο γέλιο (αντ. *πικρόγελο*).
γλυκογελώ, ρ., γελώ με γλυκύτητα, χαριτωμένα.
γλυκογόνο το, ουσ. (βιολ.) ζάχαρο που είναι η κύρια αποταμιευτική ουσία των ζώων και διασπάται σε πολλά μόρια γλυκόζης.
γλυκόζη η, ουσ. (βιολ.) είδος σακχάρου, γλυκίδιο πολύ συχνό στη φύση (στο μέλι, στα σταφύλια, στο άμυλο) που αποτελεί ουσιώδη πηγή ενέργειας για τον οργανισμό: *~ του αίματος· ~ κρυσταλλική· διάλυμα -ης*. [γαλλ. *glucose*].
γλυκοζίτης ο, ουσ. (βιοχημ.) αιθέρας της γλυκόζης σε κρυσταλλική μορφή που βρίσκεται κυρίως σε φυσικά προϊόντα. [γαλλ. *glucoside*].
γλυκόηχος, -η, -ο, επίθ., που παράγει γλυκό, ευχάριστο ήχο: *τραγούδι -ο· καμπάνα -η* (συνών. *γλυκόλαλος*).
γλυκοθώρητος, -η, -ο, επίθ., που έχει γλυκιά όψη, που προκαλεί αίσθημα ευχάριστο όταν τον βλέπουν: *βουνά -α· γυναίκα -η*.

γλυκοθωρώ, ρ. (λαϊκ.), κοιτάζω με γλυκύτητα, τρυφερότητα, στοργή ή με ερωτική διάθεση (συνών. *γλυκοκοιτάζω, γλυκοτηρώ*).
γλυκοκελάδημα, βλ. *γλυκοκελάιδημα*.
γλυκοκέλαδος, -η, -ο, επίθ., που κελαϊδεί γλυκά: *αηδόνι -ο*.
γλυκοκελαδώ, βλ. *γλυκοκελαϊδώ*.
γλυκοκελάιδημα και **-λάδημα** το, ουσ., γλυκό, ευχάριστο κελάιδημα (πουλιού).
γλυκοκελαϊδώ και **-κελαδώ**, ρ. 1. (για πουλί) κελαϊδώ γλυκά: *για σένα -κελαϊδούν τ' αηδόνια στους μπαξέδες* (δημ. τραγ.). 2. (μεταφ. για άνθρωπο) τραγουδώ ή μιλώ ευχάριστα.
γλυκοκοιμάμαι, βλ. *γλυκοκοιμούμαι*.
γλυκοκοιμίζω, ρ., αποκοιμίζω κάποιον ευχάριστα: *την κουνίτσα του κουνώ και το ~* (δημ. τραγ.).
γλυκοκοιμούμαι και **-κοιμάμαι**, ρ., κοιμούμαι ευχάριστα.
γλυκοκοίταγμα το, ουσ., το να κοιτάζει κάποιος με τρυφερότητα, στοργή ή με ερωτική διάθεση, πόθο: *πότε θα μου χαρίσεις / ένα σου ~ να με παρηγορήσεις;* (δημ. τραγ.).
γλυκοκοιτάζω, ρ., κοιτάζω κάποιον με τρυφερότητα, στοργή ή (συνηθέστερα) με ερωτική διάθεση (συνών. *γλυκοθωρώ, γλυκοτηρώ*).
γλυκοκολοκυθιά η, ουσ. (συνίζ.), είδος κολοκυθιάς, το φυτό κολοκύνθη η μέγιστη (συνών. *κοκκινοκολοκυθιά*).
γλυκοκολόκυθο το, ουσ., καρπός της γλυκοκολοκυθιάς (συνών. *γλυκοκολοκύθα, κοκκινοκολόκυθο*).
γλυκοκουβεντιάζω, ρ. (συνίζ.). 1. συζητώ με κάποιον ευχάριστα, ευπροσήγορα. 2. εκφράζω ερωτικά αισθήματα.
γλυκολάλημα το, ουσ., γλυκό, ευχάριστο κελάιδημα.
γλυκόλαλος, -η, -ο, επίθ. 1. που μιλά γλυκά: *στόμα -ο* (συνών. *γλυκόλογος*). 2. που κελαϊδεί γλυκά, μελωδικά: *αηδόνια -α*.
γλυκολαλώ, ρ., (για πουλί) κελαϊδώ γλυκά, μελωδικά: *τώρα οι πέρδικες -ούν και λένε* (δημ. τραγ.).
γλυκόλη η, ουσ. (χημ.) γενική ονομασία για τις δισθενείς αλκοόλες: *η ~ χρησιμοποιείται για αντιψυκτικό και για την κατασκευή εκρηκτικών υλών*. [γαλλ. *glycol*].
γλυκόλογο το, ουσ. (συνήθως στον πληθ.). 1. λόγος ευχάριστος, κολακευτικός. 2. λόγος που εκφράζει ερωτικά αισθήματα.
γλυκόλογος, -η, -ο, επίθ., που μιλά γλυκά, ευχάριστα (συνών. *γλυκομίλητος, προσηνής*).
γλυκολυπούμενος, -η, -ο, επίθ. (λαϊκ., λογοτ.). 1. που υπομένει τη θλίψη γαλήνια. 2. που χαίρεται και λυπάται ταυτόχρονα: *-η χαμογελάει* (Σολωμός).
γλυκοματούσα η, ουσ. (λαϊκ.), αυτή που έχει όμορφα, συμπαθητικά μάτια: *δεν είδανε τα μάτια μου τέτοια ~* (δημ. τραγ.).
γλυκομηλιά η, ουσ. (συνίζ.), ποικιλία μηλιάς. - Υποκορ. **-μηλίτσα** η.
γλυκόμηλο το, ουσ., καρπός της γλυκομηλιάς· γενικά νόστιμο ώριμο μήλο.
γλυκομίλημα το, ουσ., λόγος ή συζήτηση ευχάριστη ή που εκφράζει ερωτικά αισθήματα.
γλυκομίλητος, -η, -ο, επίθ., που μιλά γλυκά, ευχάριστα: *άνθρωπος πρόσχαρος και ~* (συνών. *γλυκόλογος, προσηνής, ευπροσήγορος, καλομίλητος*).
γλυκομιλώ, ρ., μιλώ γλυκά, ευχάριστα, τρυφερά ή με ερωτική διάθεση.

γλυκομυρίζω, ρ. 1. (μτβ.) οσφραίνομαι με ευχαρίστηση: *τη γλυκιά σου μυρωδιά να την -ουν* (δημ. τραγ.). 2. (αμτβ.) αποπνέω ευχάριστη οσμή: *μερικά βαλτονέρια απόμακρα... -ουν με το βράδι* (Τερζάκης).

γλυκοξημέρωμα το, ουσ. (λογοτ.), ευχάριστη, γαλήνια χαραυγή.

γλυκοξημερώνω, ρ. (λογοτ.). 1. (απρόσ.) ξημερώνει γλυκά, ευχάριστα, γαλήνια. 2. (ενεργ. και μέσ.) ξυπνώ νωρίς το πρωί με ευχάριστο τρόπο.

γλυκόξινος, -η, -ο, επίθ., που έχει γεύση γλυκιά και ξινή μαζί: *σάλτσα / σταφίδα -η*.

γλυκοξυπνώ, ρ. (λαϊκ.), (μτβ. και αμτβ.) ξυπνώ με ευχάριστο τρόπο.

γλυκοπατάτα η, ουσ., ονομασία φυτού (ιθαγενούς της Κεντρικής Αμερικής) με εδώδιμους κονδύλους όμοιους με τις πατάτες.

γλυκόπικρος, -η, -ο, επίθ., που έχει γεύση γλυκιά και πικρή ταυτόχρονα· (μεταφ.) ευχάριστος μαζί και δυσάρεστος.

γλυκόπιοτος, -η, -ο, επίθ. (συνήθως για κρασί) που παρέχει γλυκιά γεύση.

γλυκόπνοος, -η, -ο, επίθ. (λογοτ.), (για τον αέρα) που φυσά γλυκά, απαλά, ευχάριστα: *ωσάν -ο/ δροσάτο αεράκι* (Σολωμός).

γλυκόριζα η, ουσ. (φυτολ.) ονομασία θαμνώδους φυτού (της οικογένειας των ψυχανθών) και της ομώνυμης φαρμακευτικής ουσίας που εξάγεται από τις ρίζες του (συνών. *γιάμπολη*).

γλυκός, -ιά, -ό και **γλυκύς**, επίθ., συγκρ. *-ύτερος*, υπερθ. *-ύτατος*. 1. που έχει ευχάριστη γεύση όμοια ή παραπλήσια με της ζάχαρης: ~ *σαν μέλι· σταφύλια -ά· καφές -ύς* (αντ. *πικρός*)· *τραχανάς* ~ (αντ. *ξινός*)· *μουστάρδα -ιά* (αντ. *πικάντικη, καυτερή*)· *κρασί -ό* (αντ. *μπρούσκο*)· *νερό -ό* (ποταμών, λιμνών) (= πόσιμο· αντ. *αλμυρό, θαλασσινό*)· *ψάρια του -ού νερού* (= *ποταμίσια ή λιμνίσια*)· (μεταφ.) *ναύτης / καπετάνιος* και συνεκδοχικά *τεχνίτης / μηχανικός*, κ.ά., *του -ού νερού* (= *άπειρος, ανίκανος*)· *το κλεμμένο ή το ξένο είναι πιο -ό·* φρ. *τρώ(γ)ω -ό ψωμί με κάποιον* (= ζω με ομόνοια, με γαλήνη)· παροιμ. *τζάμπα ξίδι -ό σαν μέλι* (αν κάτι μας το χαρίζουν, είναι ευπρόσδεκτο κι ας μην ικανοποιεί εντελώς τις απαιτήσεις μας). 2. (μεταφ.) που είναι ευχάριστος στις αισθήσεις, που τέρπει: *μυρωδιά -ιά* (αντ. *δυσάρεστη*)· *αεράκι -ό* (= *απαλό*)· *μουσική -ιά* (= *μελωδική*)· *κελάιδημα / μουρμούρισμα / τραγούδι -ό·* *μορφή -ιά* (= *γοητευτική*)· *-ιά στην όψη· ζέστη -ιά* (συνεκδοχικά) *ζωή -ιά* (= *με απολαύσεις*)· *και με τα χίλια βάσανα πάλι η ζωή -ιά είναι·* (για καιρικές συνθήκες) *καιρός / χειμώνας* ~ (= *ήπιος*)· (μεταφ.) *πόνος* ~ (= *μαλακός·* αντ. *διαπεραστικός*)· *ύπνος* ~ (= *ατάραχος*)· *όνειρα -ά!* (ευχή σε κάποιον που πάει να κοιμηθεί). 3. (μεταφ.) που προκαλεί ευχαρίστηση, που εκφράζει ή δέχεται αισθήματα αγάπης, στοργής, τρυφερότητας, κ.τ.ό.: *ανάμνηση / ματιά / μανούλα / πατρίδα -ιά· καρδιά / ώρα -ιά· κορίτσι / μωράκι -ό·* (για πρόσωπο) *-ύτατος άνθρωπος* (συνών. *μειλίχιος, ευπροσήγορος, πράος*)· *λόγια / χείλη -ά·* (σε προσφών.) *-έ μου / -ιά μου / -ό μου·* φρ. *κάνω τα -ά μάτια σε κάποιον* (= γλυκοκοιτάζω, ερωτοτροπώ). - Επίρρ. **-ά**.

γλυκοσαλιάζω, ρ. (συνιζ., λαϊκ.). 1. τρέχουν τα σάλια μου από την επιθυμία να γευτώ κάτι (συνήθως μεταφ. και σκωπτ. για ερωτικό πόθο): *βλέπει τα κορίτσια και -ει*. 2. εκφράζω ερωτικά αισθήματα (συνών. *ερωτοτροπώ*).

γλυκοσάλιασμα το, ουσ. (λαϊκ.), (σκωπτ., συνήθως στον πληθ.), έκφραση ερωτικών αισθημάτων (συνήθως με φλύαρο, σαχλό τρόπο) (συνών. *σαλιαρίσματα, ζαχαρώματα*).

γλυκοστάφυλο το, ουσ., είδος σταφυλιού με γλυκιά γεύση.

γλυκόστομος, -η, -ο, επίθ. (ιδιωμ.), γλυκόλογος. Γνωμ. ~ *και πικράντερος* (= άνθρωπος γλυκομίλητος, που όμως κρύβει κακές προθέσεις): ~ *στο μίλημα, πικράντερος στην πράξη* (Αθάνας).

γλυκοσφυρίζω, ρ., σφυρίζω μελωδικά: *το αγεράκι -σφύριζε στα ξάρτια*.

γλυκότη η, ουσ. (ιδιωμ.). 1. γλυκιά γεύση (συνών. *γλυκύτητα·* αντ. *πικράδα*). 2. (μεταφ.) τρυφερότητα, μειλιχιότητα, γλυκύτητα (στα λόγια ή στους τρόπους).

γλυκοτηρώ, ρ. (ιδιωμ.), γλυκοκοιτάζω: *Η γλυκυτάτη άνοιξη... ροδοστεφανωμένη / τη γη -άει* (Βηλαράς).

γλυκοτραγουδώ, ρ., (για άνθρωπο) τραγουδώ γλυκά, μελωδικά· (για πουλί) γλυκοκελαϊδώ.

γλυκούλης, -α, -ικο, επίθ., (θωπευτ.) γλυκός, μειλίχιος, συμπαθητικός.

γλυκούτσικος, -η και **-ια, -ο**, επίθ. 1. που έχει σχετικά γλυκιά γεύση (συνών. *υπόγλυκος*). 2. (μεταφ.) που προκαλεί ευχαρίστηση (θωπευτ.): *καιρός* ~ (= *σχετικά ήπιος*)· *ύπνος* ~ (= *γαλήνιος*)· (για πρόσωπο) *αγόρι / μωρό -ο* (= *συμπαθητικό*).

γλυκοφέγγισμα το, ουσ. (έρρ., λαϊκ.), το απαλό φως, η ώρα της χαραυγής (συνών. *γλυκοχάραμα*).

γλυκοφέγγω, ρ. (έρρ., λαϊκ.). 1. φέγγω γλυκά, βγάζω ευχάριστη, απαλή λάμψη. 2. (τριτοπρόσ.) *-ει* = (αρχίζει να) ξημερώνει ευχάριστα, γαλήνια (συνών. *γλυκοξημερώνει, γλυκοχαράζει*).

γλυκοφίλημα το, ουσ., γλυκό, τρυφερό, στοργικό φιλί.

γλυκοφιλούσα η, ουσ., αυτή που φιλεί γλυκά, τρυφερά (επωνυμία της Παναγίας από τις παραστάσεις όπου εικονίζεται να κρατεί στην αγκαλιά της και να φιλεί το Χριστό ως βρέφος).

γλυκοφιλώ, ρ., φιλώ με τρυφερότητα, στοργή, πόθο.

γλυκόφωνος, -η, -ο, επίθ., που έχει φωνή γλυκιά, που τραγουδά, κελαϊδά ή ηχεί γλυκά: *ψάλτης* ~· *αηδόνι -ο· σήμαντρο -ο*.

γλυκοχαιρετώ, ρ., χαιρετώ γλυκά, με τρυφερότητα ή κολακεία.

γλυκοχάραγμα, βλ. *γλυκοχάραμα*.

γλυκοχαράζω, ρ. 1. (συνήθως τριτοπρόσ.) χαράζει, ξημερώνει (αργά και γαλήνια): *έπιανε να -ει* (συνών. *γλυκοξημερώνει, γλυκοφέγγει*). 2. (συνεκδοχικά) φωτίζομαι απαλά από το πρώτο φως της ημέρας: *-ουν τα βουνά, μα εγώ τα βλέπω σκοτεινά* (λαϊκ. τραγ.).

γλυκοχάραμα και **-ραγμα** το, ουσ., η ώρα που αρχίζει (αργά και συνήθως γαλήνια) να χαράζει: *με το* ~ *ξεκίνησε να φύγει· με το -ραγμα σηκώνεται* (επιρρημ.)· *τα -χαράματα χτύπησε η καμπάνα* (συνών. *χάραμα, χαραυγή*).

γλυκοχαραμέρι το, ουσ. (λογοτ.), γλυκοχάραμα: *να δείξει τα διαμάντια του στο* ~ (Σκίπης)· *ασπρογαλιάζει / θαμπός ακόμη περουζές το* ~ (Γρυπάρης).

γλυκύς, βλ. *γλυκός*.

γλυκύτητα η, ουσ. 1. γλυκιά, ευχάριστη γεύση (συ-

γλύπτης

νών. *γλύκα, γλυκάδα·* αντ. *πίκρα, πικράδα).* 2. (συνηθέστερα μεταφ.) το να προκαλεί κάτι ευχαρίστηση, το να εκφράζει ή να προκαλεί αισθήματα αγάπης, στοργής, τρυφερότητας: *έχει μια ~ στο βλέμμα / στα λόγια / στη συμπεριφορά* (συνών. *μειλιχιότητα, ηπιότητα, πραότητα).*

γλύπτης ο, θηλ. **-τρια**, ουσ., καλλιτέχνης που κατασκευάζει τρισδιάστατες μορφές (ανθρώπων ή ζώων) ή άλλες παραστάσεις από σκληρό υλικό, λ.χ. μάρμαρο, πηλό, μέταλλο ή πλαστικό (συνών. *λαξευτής).*

γλυπτική η, ουσ., η τέχνη του γλύπτη, δημιουργία τρισδιάστατων μορφών ή παραστάσεων πάνω σε σκληρό υλικό· τεχνική που επιτρέπει αυτή τη δημιουργία: *έργα -ής· ~ αρχαϊκή / κλασική* (συνών. *πλαστική).*

γλυπτικός, -ή, -ό, επίθ., που ανήκει ή αναφέρεται στο γλύπτη, στο έργο ή στην τέχνη του: *~ διάκοσμος· έργο -ό.*

γλυπτοθήκη η, ουσ., αίθουσα ή συνηθέστερα μουσείο με έργα γλυπτικής.

γλυπτός, -ή, -ό, επίθ., που δημιουργήθηκε από γλύπτη με το σκάλισμα πάνω σε σκληρή επιφάνεια και γενικά με κάθε μέθοδο της γλυπτικής (για έργο τέχνης σε τρεις διαστάσεις): *διάκοσμος ~ παράσταση -ή.* - Το ουδ. ως ουσ. = γλυπτικό έργο: *τα -ά του Παρθενώνα.*

γλύπτρια, βλ. *γλύπτης.*

γλυστήρι, βλ. *κλυστήρι.*

γλύτωμα το, ουσ. (λαϊκ.), απαλλαγή (από βάρος, κίνδυνο ή συμφορά) (συνών. *λύτρωση, σωτηρία).*

γλυτωμός ο, ουσ., το να ελευθερώνεται κάποιος από ένα βάρος ή άλλο κακό: *από τη φλυαρία της δεν έχεις -ό.* Φρ. *δεν έχει -ό* (για άρρωστο ή για κάποιον που κινδυνεύει, είναι αδύνατον να ζήσει ή να σωθεί) (συνών. *απαλλαγή, απολύτρωση, λυτρωμός, σωτηρία).*

γλυτώνω, ρ. 1. (μτβ.) ελευθερώνω κάποιον από ένα βάρος, έναν κίνδυνο ή άλλο κακό: *με -ωσε από τις φροντίδες· τα μέτρα θα -ώσουν την πόλη από το νέφος· τον -ωσε ο Θεός* (για κάποιον που πέθανε)· φρ. *τη -ωσα* (εννο. *τη ζωή μου*) (= ξέφυγα από τον κίνδυνο, σώθηκα): *φτηνά τη -ωσε· δεν τη ~ με τίποτε* (συνών. *διασώζω, λυτρώνω, απαλλάσσω).* 2. (αμτβ.) απαλλάσσομαι από κάποιον ή κάτι που με ενοχλεί: *έφυγα για να -ώσω από τη γκρίνια τους.* 3. (αμτβ.) διασώζομαι, επιζώ: *-ωσε από βέβαιο θάνατο· το πλοίο ναυάγησε και δε -ωσε κανείς·* φρ. *~ από του Χάρου τα δόντια* (= επιζώ) (συνών. *λυτρώνομαι).* 4. (μτβ. και αμτβ.) ξεφεύγω, διαφεύγω, αποφεύγω κάτι (δυσάρεστο ή ενοχλητικό): *μόλις -ωσε (από) τη συντριβή / την τιμωρία. ~ τα έξοδα / τον κόπο.* [*εκλυτόω]*

γλυφάδα η, ουσ., το να είναι κάτι γλυφό, γεύση υφάλμυρη: *το νερό έχει ~* (συνών. *γλυφίλα).*

γλυφαίνω, ρ. (τριτοπρόσ.) είναι ή γίνεται γλυφό, υφάλμυρο κάτι: *το νερό του πηγαδιού -ει* (συνών. *γλυφίζω).*

γλύφανο το, ουσ. (λόγ.), εργαλείο με το οποίο λαξεύει, σκαλίζει κανείς ένα σκληρό υλικό (συνών. *πετροκόπος, σκαρπέλο, σμίλη).* [αρχ. *γλύφανος*].

γλυφή η, ουσ. (λόγ.), σκάλισμα, εγκοπή, γλυπτή παράσταση: *οι -ές της μετόπης.*

γλυφίζω, ρ. (λαϊκ., τριτοπρόσ.), κάτι είναι υφάλμυρο: *το νερό -ίζει* (συνών. *γλυφαίνω).*

γλυφίλα η, ουσ. (λαϊκ.), το να είναι κάτι γλυφό, υφάλμυρη γεύση (συνών. *γλυφάδα).*

γλυφός, -ή, -ό, επίθ., που έχει κάπως αλμυρή γεύση: *νερό -ό* (συνών. *υφάλμυρος).* - Υποκορ. **-ούτσικος** [μτγν. **βλυχός**].

γλυφούτσικος, βλ. *γλυφός.*

γλύφω, βλ. *γλείφω.*

γλώσσα η, I. ουσ. 1. (ανατομ., κοιν.) σαρκώδες όργανο μέσα στη στοματική κοιλότητα, κάπως επίμηκες, μυώδες και πολύ ευκίνητο, που βοηθά τη μάσηση και την κατάποση της τροφής, την ομιλία ή γενικά τη φώνηση (στα ζώα) και που εξασφαλίζει το αίσθημα της γεύσης: *~ άσπρη· οι θηλές / ο χαλινός της -ας· πλαταγίζω / δαγκώνω τη ~ μου· στέγνωσε / ξεράθηκε η ~ μου* (από μεγάλη δίψα)· *βγάζω τη ~ σε κάποιον* (κοροϊδευτικά)· φρ. *μου βγήκε η ~* (επιτ. *μια πιθαμή*) (= κουράστηκα πολύ, λαχάνιασα)· **α**. για ζώα: *~ διχαλωτή / παπαγαλίσια / βοδινή·* (ως φαγητό) *~ αρνίσια / βραστή / κονσέρβα* **β**. ως αισθητήριο: *δοκιμάζω κάτι στην άκρη της γλώσσας· πικράθηκε η ~ μου·* γ. ως όργανο της ομιλίας, του λόγου, συνήθως σε μεταφ. (πβ. *γλώσσα* II): παροιμ. *η ~ κόκαλα δεν έχει και κόκαλα τσακίζει* (για τις ζημιές από την κακογλωσσιά)· *έχεις γρόσα, έχεις ~* (= ο πλούτος δίνει παρρησία, αυτοπεποίθηση)· έκφρ. *κακές -ες* (= άνθρωποι κακεντρεχείς, κουτσομπόληδες)· φρ. *βγάζω ~* (επιτ. *μια πήχη*), *έχω μακριά ~* (επιτ. *μια πιθαμή*) (= μιλώ με αυθάδεια, απρεπώς)· *δάγκωσε / φάε τη ~ σου!* (= προτροπή σε κάποιον που προλέγει κακό να σωπάσει)· *δένεται / πιάνεται η ~ μου* (= δυσκολεύομαι να μιλήσω από ντροπή, αμηχανία, κ.τ.ό.)· *καταπίνω τη ~ μου* = αποφεύγω να μιλήσω, αποσιωπώνομαι, σωπαίνω εντελώς μετανιώνοντας που μίλησα· *φοβάμαι τη ~ της* (για πρόσωπο φιλοκατήγορο, αθυρόστομο ή απερίσκεπτο)· *πρόσεχε τη ~ σου! κόβει (και ράβει) η ~ του* (επιτ. *ψαλίδι*), *πάει η ~ του ροδάνι* (= μιλεί εύκολα ή φλυαρεί)· *μαζεύω τη ~ μου* (= παύω να μιλώ με αυθάδεια, προσέχω πώς εκφράζομαι)· *μαλλιάζει η ~ μου* (= κουράζομαι να λέω κάτι ή να συμβουλεύω κάποιον χωρίς αποτέλεσμα)· *λύνεται η ~ μου* (= αρχίζω να μιλώ με ευκολία)· *μπερδεύω τη ~ μου* (= λέω άλλο από αυτό που θέλω)· *η ~ μου στάζει μέλι* (= μιλώ γλυκά, φιλικά) (αντ.) *η ~ μου στάζει δηλητήριο / φαρμάκι)· δε συγκρατώ / δεν κρατώ τη ~ μου* (= είμαι αθυρόστομος, μιλώ άπρεπα ή άκαιρα, απερίσκεπτα). 2. μεταφ. για πράγμα με σχήμα, με μορφή γλώσσας: *-ες της φωτιάς* (που «γλείφουν» κάτι· συνών. *φλόγα, λόχη* ιδιωμ.)· *~ της γης* (= χαμηλή και ευθεία προεξοχή της στεριάς που εισχωρεί στη θάλασσα· συνών. *μύτη*)· (για μικρό νησί) *μια ~ άμμο που θαρρείς πως πλέει απάνω στο νερό* (Κόντογλου)· *~ κουδουνιού* (συνών. *γλωσσίδι).· ~ παπουτσιού* (= λεπτό κομμάτι από δέρμα, πανί, κ.ά., κάτω από το σημείο όπου δένονται τα κορδόνια). 3. είδος ψαριού με πλατύ ωοειδές σώμα και νόστιμο κρέας. - Υποκορ. **-ίτσα** το και (ιδιωμ.) **-αράκι** το στη σημασ. 1. - Μεγεθ. **-άρα** στη σημασ. 1.

γλώσσα η, II. ουσ. 1α. οργανωμένο σύστημα φωνητικών σημείων (λόγος) που απεικονίζονται συνήθως με τη γραφή και τα χρησιμοποιούν οι άνθρωποι συνδυασμένα με βάση ορισμένους τρόπους και κανόνες, για να εκφράσουν σκέψεις, επιθυμίες, κ.τ.ό., και για να επικοινωνήσουν μεταξύ τους: *~ φυσική* (= που τη μιλά κανείς από μόνος του) / *τεχνητή* (= που βασίζεται σε επινοημένους

κανόνες, λ.χ. εσπεράντο) / *νεκρή* (= που δεν τη μιλάνε πια)· ~ *παιδική· στοιχεία της -ας* (φθόγγοι, φωνήεντα, μορφήματα, λέξεις, προτάσεις)· **β.** ως το μέσο έκφρασης και επικοινωνίας που χρησιμοποιεί ένα σύνολο ανθρώπων με κοινά χαρακτηριστικά (γλωσσική κοινότητα), λ.χ. ένας λαός, μια κοινωνική τάξη ή ομάδα, ένα σύνολο ομοτέχνων, κ.τ.ό.: *γνωρίζω / μαθαίνω μια* ~· ~ *μητρική / ελληνική· γραμματική / λεξικό μιας -ας· καλλιεργώ / πλουτίζω τη* ~· *φροντιστήριο ξένων -ών· μεταφράζω κάτι στη ~ μου· -ες αναλυτικές / ινδοευρωπαϊκές / ρομανικές·* (για τοπικές παραλλαγές) *η ~ του νησιού / του χωριού μου* (= διάλεκτος, ιδίωμα)· (για στάδια ή μορφές της ίδιας γλώσσας) ~ *αρχαία / νεοελληνική / δημοτική / λόγια / λαϊκή·* (για την ορολογία ή τη φρασεολογία που συνηθίζεται σε μια τέχνη, μια κοινωνική ομάδα, κ.τ.ό.): ~ *δημοσιογραφική / διπλωματική / συνθηματική· ~ της ποίησης / του στρατού / του λιμανιού.* φρ. *μιλώ την ίδια ~ με κάποιον* (= συνεννοούμαι με κάποιον, συμφωνώ σε βασικά πράγματα ή σε όλα)· **γ.** συνεκδοχικά για κάθε σύστημα συμβολικών σημείων (λ.χ. ήχων, κινήσεων, εικόνων) που επιτρέπουν την έκφραση και την επικοινωνία (χωρίς λεκτικό μήνυμα): ~ *μουσικής / του κινηματογράφου / των λουλουδιών / των κωφαλάλων·* (για ζώα) *η ~ των πουλιών / των μελισσών·* **δ.** (πληροφορ.) ~ *μηχανής / υπολογιστή / προγραμματισμού* = κωδικοποιημένο σύστημα σημείων που χρησιμεύει στο να παρακολουθεί ο ηλεκτρονικός υπολογιστής τα στάδια επίλυσης ενός προβλήματος και στο να παίρνει οδηγίες. **2.** το σύστημα του λεξιλογίου και των εκφραστικών τρόπων που χρησιμοποιεί αυτός που μιλά ή γράφει, ύφος (λογοτέχνη ή λογοτεχνικού έργου), διατύπωση (εγγράφου, δήλωσης, κ.τ.ό.): ~ *ανεπιτήδευτη / γλαφυρή / κομψή / στρωτή· μουσικότητα της -ας· η ~ του Ευαγγελίου / της αρχαίας λυρικής ποίησης / του Καζαντζάκη* (σε σχέση με το νοηματικό περιεχόμενο του λόγου, με τη χρήση για κάποιο σκοπό) ~ *αυστηρή / επαινετική / κυνική / πρόστυχη·* καταλαβαίνει *μόνο τη ~ της δύναμης· μιλώ τη ~ της αλήθειας* (= με ειλικρίνεια) */ της λογικής* (= λογική). **3.** (φιλολ.) λέξη ή έκφραση απαρχαιωμένη και ξένη προς την καθημερινή χρήση, που χρειάζεται να την ερμηνεύσομε: *-ες του Ησυχίου / ποιητικές* (συνών. *γλώσσημα*).
γλωσσάκι, βλ. *γλώσσα* I.
γλώσσα λανθάνουσα τ' αληθή λέγει· αρχαϊστ. έκφρ.· για την περίπτωση που κάποιος ομολογεί ακουσίως την αλήθεια κάνοντας γλωσσικό σφάλμα.
γλωσσαλγία η, ουσ. (ιατρ.) το να αισθάνεται κανείς κάψιμο ή τσίμπημα στη γλώσσα σε περίπτωση γλωσσίτιδας ή άλλης πάθησης.
γλωσσαμύντορας ο, ουσ., υπέρμαχος της καθαρεύουσας, φανατικός καθαρευουσιάνος.
γλωσσάρα και **γλωσσαράκι,** βλ. *γλώσσα* I.
γλωσσάριο (ασυνίζ.) και **-άρι** το, ουσ., κατάλογος από λέξεις απαρχαιωμένες, άγνωστες ή ιδιωματικές ή από όρους τεχνικούς ή επιστημονικούς που ερμηνεύονται (ή και σχολιάζονται): *το ~ του Ερωτόκριτου·~ μεσαιωνικό / λατινικό / κυπριακό / ναυτικών όρων.*
γλωσσάς, -ού, -άδικο, επίθ., που μιλάει πολύ ή και με αυθάδεια: *γυναίκα -ού* (συνών. *πολυλογάς,*

φλύαρος, αυθάδης· αντ. *λιγόλογος, λακωνικός).*
γλώσσημα το, ουσ. **1α.** (φιλολ.) λέξη απαρχαιωμένη και άγνωστη που χρειάζεται να την ερμηνεύσομε· (συνών. *γλώσσα* II σημασ. 3)· **β.** (συνεκδοχικά) λέξη που σημειώνεται στο περιθώριο ή το διάστιχο χειρογράφου παλαιότερου κειμένου με σκοπό να κατανοηθεί καλύτερα το κείμενο. **2.** (γλωσσολ.) η μικρότερη γλωσσική ενότητα ως υπόβαθρο σε κάποια σημασία.
γλωσσηματική η, ουσ. (γλωσσολ.) η μελέτη γλωσσικών ενοτήτων που η λειτουργία τους καθορίζεται από τη δομή της γλώσσας.
γλωσσίδα η, ουσ. (ανατομ.) όργανο που βρίσκεται στο στόμιο του λάρυγγα και σχηματίζεται από τις φωνητικές χορδές: *οι παλμικές κινήσεις της -ας προκαλούν τον ήχο που ονομάζομε φωνή.*
γλωσσίδι το, ουσ., μακρόστενο, κινητό μεταλλικό στέλεχος στο εσωτερικό μιας καμπάνας ή ενός κουδουνιού με τη βοήθεια του οποίου παράγεται ο χαρακτηριστικός τους ήχος (συνών. *γλώσσα*).
γλωσσικός, -ή, -ό, I. επίθ. που ανήκει ή αναφέρεται στη γλώσσα I, που είναι σχετικός μ' αυτήν: *μύες -οί· νεύρο -ό.*
γλωσσικός, -ή, -ό, II. επίθ., που ανήκει ή αναφέρεται στη γλώσσα II, που είναι σχετικός μ' αυτήν: *όργανο / ιδίωμα -ό· λάθη -ά· διδασκαλία -ή· άτλαντας ~* = συλλογή χαρτών μιας περιοχής όπου σημειώνονται τα φαινόμενα της γλώσσας ή της διαλέκτου που μιλούν εκεί· (φιλολ.) *αυτοσχεδιασμός ~· ζήτημα / πρόβλημα -ό* = η ύπαρξη σημαντικής διαφοράς ανάμεσα στην πραγματική γλώσσα που μιλούν σήμερα οι έλληνες και την αρχαϊστική ελληνική· *το σύνολο των προβλημάτων,* συζητήσεων και αγώνων για την καθιέρωση ενιαίας γραπτής νέας ελληνικής γλώσσας.
γλωσσίτιδα η, ουσ. (ιατρ.) φλεγμονή της γλώσσας.
γλωσσίτσα, βλ. *γλώσσα* I.
γλωσσογεωγραφία η, ουσ., κλάδος της γλωσσολογίας που καταγράφει τη γεωγραφική εξάπλωση και την κατανομή γλωσσών, διαλέκτων και γλωσσικών τύπων (φωνητικών, λεξιλογικών ή γραμματικών), μελετά τη σχέση των διαλέκτων ενός ορισμένου τόπου μεταξύ τους και διαπιστώνει τις ομοιότητες και τις διαφορές τους (αλλιώς *γλωσσική ή διαλεκτολογική γεωγραφία).*
γλωσσοδέτης ο, ουσ. **1.** πάθηση του χαλινού της γλώσσας που προκαλεί δυσκολία στην άρθρωση (συνήθως μεταφ. για κάποιον που δεν τολμά ή δεν μπορεί να μιλήσει): *παθαίνω -η· με πιάνει ~.* **2.** (λαογρ.) είδος λεκτικού παιγνιδιού που συνίσταται στη γρήγορη απαγγελία μιας λέξης ή φράσης δύσκολης στην προφορά (συνών. *γλωσσολύτης, καθαρογλώσσημα, μπερδογλωσσιά).*
γλωσσοδίφης ο, ουσ. (λόγ., απαρχ.), αυτός που μελετά επιστημονικά μια σύγχρονη ή νεκρή γλώσσα (πβ. *γλωσσολόγος).*
γλωσσοκοπάνα η, ουσ. (λαϊκ.), σκωπτ. για φλύαρη γυναίκα (συνών. *γλωσσού).*
γλωσσοκοπανώ, ρ. (λαϊκ.), μιλώ πολύ, γρήγορα και με αυθάδεια (συνών. *φλυαρώ, πολυλογώ, αυθαδιάζω).*
γλωσσολαβίδα η, ουσ. (ιατρ.) όργανο με τη μορφή λαβίδας για τη συγκράτηση της γλώσσας, όταν εξετάζεται η στοματοφαρυγγική κοιλότητα ή εκτελούνται επεμβάσεις εκεί.
γλωσσολογία η, ουσ., επιστήμη που μελετά τη γλώσσα, τον ανθρώπινο λόγο, που εξετάζει ό,τι

γλωσσολογικός

σχετίζεται με την προέλευση, τη δομή και την εξέλιξη των γλωσσών του κόσμου, με τη γεωγραφική τους εξάπλωση, τις σχέσεις και τις επιδράσεις ανάμεσά τους, κ.τ.ό.: ~ *γενική ή θεωρητική* = κλάδος που μελετά τις μεθόδους και τα γενικά ζητήματα περιγραφής και ανάλυσης μιας γλώσσας με σκοπό να συγκροτήσει μια γενική θεωρία για τη δομή της· ~ *ιστορική (διαχρονική ή εξελικτική)* (αφορά την εξέλιξη των γλωσσών και τις μεταβολές τους: φθογγικές, γραμματικές, σημασιολογικές, κ.ά., στο πέρασμα του χρόνου)· ~ *περιγραφική (συγχρονική)* (μελετά τη γλώσσα όπως ακριβώς είναι σε συγκεκριμένη χρονική περίοδο)· ~ *συγκριτική* (αφορά τις σχέσεις ανάμεσα στις γλώσσες, λ.χ. καταγωγή, γλωσσικές οικογένειες)· ~ *εφαρμοσμένη* (έχει σκοπό την εφαρμογή των πορισμάτων από τις γλωσσικές μελέτες σε πρακτικούς σκοπούς, ειδικά στη διδασκαλία).

γλωσσολογικός, -ή, -ό, επίθ., που σχετίζεται με τη γλωσσολογία: *έρευνες / θεωρίες / σχολές -ές.*

γλωσσολόγος ο, ουσ., επιστήμονας ειδικός στη γλωσσολογία.

γλωσσολύτης ο, ουσ. (λαϊκ., σπάνιο), γλωσσοδέτης (βλ. λ.).

γλωσσομάθεια η, ουσ. (ασυνίζ.), το να γνωρίζει κανείς ξένες γλώσσες.

γλωσσομαθής, -ής, -ές, γεν. *-ούς*, πληθ. αρσ. και θηλ. *-είς*, ουδ. *-ή*, επίθ., που γνωρίζει να μιλά ξένες γλώσσες: *γραμματέας* ~ (συνών. *πολύγλωσσος*).

γλωσσοπέδη η, ουσ. (λόγ.), γλωσσοδέτης.

γλωσσοπλάστης ο, ουσ., αυτός που πλουτίζει το λεξιλόγιο μιας γλώσσας με καινούργιες λέξεις ή εκφραστικούς τρόπους: ~ *αυθαίρετος / δημιουργικός.*

γλωσσοπλαστικός, -ή, -ό, επίθ., που αφορά τη δημιουργία νέων λέξεων ή εκφράσεων σε μια γλώσσα: *προσπάθεια / τάση / υπερβολή -ή.*

γλωσσοτρώ(γ)ω, ρ., αόρ. *γλωσσόφαγα*, μιλώ (συνεχώς) με άσχημα ή φθονερά λόγια για κάποιον, του αποδίδω από κακία ελαττώματα ή σφάλματα (συνών. *δυσφημώ, κακολογώ*· αντ. *παινεύω*).

γλωσσοφαγιά η, ουσ. (συνιζ., λαϊκ.), το να μιλά (συνεχώς) κανείς εις βάρος άλλου με άσχημα ή φθονερά λόγια: ~ *φαρμακερή* (συνών. *δυσφήμηση, κακολογία*· αντ. *παίνεμα*).

γλωσσωτός, -ή, -ό, επίθ., που έχει το σχήμα γλώσσας· που καταλήγει σε «γλώσσες», εσοχές και εξοχές: *τραπεζομάντηλο -ό.*

γναθιαίος, -α, -ο, επίθ. (ασυνίζ.), που ανήκει στη γνάθο: *αρτηρία -α.*

γνάθος η, ουσ., σαγόνι, μασέλα.

γναφιάς ο (συνιζ.), θηλ. **-ισσα**, ουσ. 1. αυτός που λευκαίνει μαλλιά ή υφάσματα (συνών. *λευκαντής, λευκαστής*). 2. εριουργός (συνών. *ξάντης, λαναράς*).

γναπτός, -ή, -ό, επίθ. (για δέρμα) κατεργασμένος, που έχει δουλευτεί το μαλλί του. [*γνάφω*].

γνάψιμο το, ουσ., η εργασία και το αποτέλεσμα της εργασίας του γναφιά.

γνεθολογώ, ρ., ασχολούμαι με το γνέσιμο.

γνέθω, ρ., κλώθω: ~ *μαλλί.* Παροιμ. *όποια το γαμπρό τον ξέρει, -ει κιόλα χέρι χέρι.* [συμφ. *νέω* + *νήθω*].

γνέμα το, Ι. ουσ., νήμα (συνών. *κλωστή*). Παροιμ. *σάπια -ατα, παλιές κλωστές.* [*γνέθω*].

γνέμα το, ΙΙ. ουσ., νεύμα (συνών. *γνέψιμο, νόημα*). [*γνέφω*].

γνέσιμο το, ουσ., μεταβολή του μαλλιού ή άλλης ύλης σε κλωστή (συνών. *νηματοποίηση, κλώσιμο*). [*γνέθω*].

γνεστός, -ή, -ό, επίθ., γνεσμένος: *μαλλί -ό* (συνών. *γνεστός, κλωσμένος, κλωστός*· αντ. *άκλωστος, άγνεστος*). [*γνέθω*].

γνευτός, -ή, -ό, επίθ., που γίνεται με νοήματα. [*γνεύω*]. - Επίρρ. **-ά**.

γνεύω και **γνέφω**, ρ., κάνω νεύμα με το κεφάλι, τα μάτια ή τα χέρια. [αρχ. *νεύω*].

γνεψιά η, ουσ. (συνιζ.), γνέψιμο.

γνέψιμο το, ουσ., νεύμα (συνών. *γνέμα, νόημα*).

γνήσιος, -α, -ο, επίθ. (ασυνίζ.). 1. (για γένος) που δεν έχει υποστεί καμιά μίξη, ανόθευτος, αγνός: *γενιά -α.* 2α. (για αδέρφια) που είναι από τον ίδιο πατέρα και την ίδια μητέρα: *αδέρφια -α·* β. πραγματικός, αυθεντικός: *νόμισμα / έγγραφο -ο·* ~ *πίνακας του ζωγράφου·* συμπεριφέρθηκε σαν Έλληνας (συνών. *βέρος, καθαρός*· αντ. *πλαστός, ψεύτικος*). 3. άδολος, ειλικρινής: *φίλος* ~· *αγάπη -α* (αντ. *ψεύτικος*). 4. νόμιμος: *είναι ο μόνος ~ κληρονόμος του· -α παιδιά του* (αντ. *νόθος, εξώγαμος, μπάσταρδος*). - Το ουδ. ως ουσ. = γνησιότητα: *το -ο της υπογραφής.* - Επίρρ. **-α**.

γνησιότητα η, ουσ. (ασυνίζ.). 1. νομιμότητα: ~ *των παιδιών.* 2. πιστότητα, αυθεντικότητα: ~ *του νομίσματος / υπογραφής / υλικών.* 3. αγνότητα, ειλικρίνεια: ~ *αισθημάτων.*

γνοιάζει, βλ. *νοιάζει.*

γνοιάζομαι, βλ. *νοιάζομαι.*

γνωμάτευση η, ουσ., έγκυρη γνώμη ειδικού πάνω σε θέματα της αρμοδιότητάς του: ~ *γιατρού / επιτροπής* (συνών. *γνωμοδότηση*).

γνωματεύω, ρ., εκφράζω γνώμη πάνω σε θέματα αρμοδιότητάς μου: *το νομικό συμβούλιο -σε ότι...* (συνών. *γνωμοδοτώ*).

γνώμη η, ουσ. 1. κρίση, αντίληψη, άποψη: *πες ελεύθερα τη* ~ *σου·* η ~ *του μετράει· είναι προσωπική μου* ~· *το θάρρος της -ης.* 2. θέληση, επιθυμία: *κάνε και μια φορά τη* ~ *του πατέρα σου.* 3. έγκριση, συγκατάθεση: *δεν παντρεύομαι χωρίς τη δική σου* ~. 4. χαρακτήρας, ήθος: παροιμ. *ο λύκος κι αν εγέρασε κι άλλαξε το μαλλί του, μηδέ τη άλλαξε, μηδέ την κεφαλή του.* Έκφρ. *κοινή* ~ (= η γνώμη που έχει ο λαός, η κοινή συνείδηση, το αίσθημα του λαού): *το απαιτεί η κοινή* ~. Φρ. *είμαι της -ης ή έχω τη* ~ (= νομίζω, πιστεύω).

γνωμικό το, ουσ., αποφθεγματική φράση, ηθικό αξίωμα (συνών. *απόφθεγμα*).

γνωμικός, -ή, -ό, επίθ., που χρησιμοποιεί αποφθέγματα, διδακτικός: *ποίηση -ή· ποιητές -οί.*

γνωμοδότης ο, ουσ., ειδικός που εκφέρει έγκυρη γνώμη για κάποιο θέμα.

γνωμοδότηση η, ουσ., έκδοση έγκυρης γνώμης: ~ *του Συμβουλίου Επικρατείας* (συνών. *γνωμάτευση*).

γνωμοδοτικός, -ή, -ό, επίθ., που αναφέρεται στη γνωμοδότηση, που είναι αρμόδιος να γνωμοδοτεί: *επιτροπή -ή.*

γνωμοδοτώ, -είς, ρ., δίνω έγκυρη γνώμη σε ζητήματα της αρμοδιότητάς μου: *το Νομικό Συμβούλιο -ησε ότι...* (συνών. *γνωματεύω*).

γνωμολογία η, ουσ., συλλογή ή συχνή χρήση γνωμικών.

γνωμολογικός, -ή, -ό, επίθ., που αναφέρεται στη

γνωμολογία (συνών. *αποφθεγματικός*). - Επίρρ. **-ώς**.
γνωμολογώ, ρ. 1. εκφράζομαι με γνωμικά. 2. κάνω συλλογή από γνωμικά.
γνώμονας ο, ουσ. 1. όργανο που χρησιμοποιείται για να χαράζομε ορθές γωνίες και κάθετες γραμμές. 2. όργανο που μετρά γωνίες, διαστάσεις, απόκλιση μοιρών, κλπ., γωνιόμετρο. 3. (μεταφ.) αξίωμα, αρχή, κανόνας: *έχει -α στη ζωή του να σέβεται τους μεγαλύτερούς του.*
γνωρίζω, ρ., μτχ. *γνωριζάμενος, γνωριζούμενος.* 1α. έχω στο νου μου ένα γεγονός, μια πληροφορία, σκέψη, κ.τ.ό., και είμαι βέβαιος για την ορθότητά του: *~ την αλήθεια· ~ ποιος το έκανε· τι -ετε για το θέμα;* (αντ. *αγνοώ*)· **β.** έχω τις απαραίτητες γνώσεις και ικανότητες για κάτι: *~ από αυτοκίνητα.* 2. κάνω γνωστό, γνωστοποιώ: *ο καθηγητής μάς -ισε τον Παλαμά.* 3. συστήνω: *να σας -ίσω την αδελφή μου!* 4. ξέρω κάποιον, έχω σχέσεις με κάποιον: *πώς τον χαιρετάς, αφού δεν τον -εις;* (αλληλ.) *-ιζόμαστε από μικρά παιδιά.* 5. αναγνωρίζω, παραδέχομαι κάτι: *~ ότι σου οφείλω πολλά* (συνών. *ομολογώ*). 6. αναγνωρίζω κάποιον ή κάτι: *έβαψες τα μαλλιά σου και τρόμαξα να σε -σω· σε ~ από την κόψη του σπαθιού την τρομερή* (Σολωμός). 7. αποκτώ εμπειρίες σε κάτι: *-ισα πίκρες και χαρές.* 8. έρχομαι σε σαρκική επαφή: *δε -ισε ποτέ γυναίκα.* - Οι μτχ. ως επίθ. = γνωστός.
γνωριμία και (συνίζ.) **-μιά** η, ουσ. α. κοινωνική σχέση, οικειότητα: *~ απλή / στενή· έχει -ες με μεγάλα πρόσωπα·* **β.** (συνεκδοχικά) άνθρωπος γνώριμος: *συνάντησα μια παλιά μου ~. Φρ. δίνω ~* (= συστήνομαι)· *κάνω τη ~ κάποιου* (= τον γνωρίζω).
γνώριμος, -η, -ο, επίθ., που είναι γνωστός, οικείος: *πρόσωπα -α· τόπος ~· ατμόσφαιρα -η* (αντ. *ξένος, άγνωστος*).
γνώρισμα το, ουσ. 1. διακριτικό σημείο, ιδιαίτερο χαρακτηριστικό από το οποίο αναγνωρίζεται κάποιος ή κάτι: *η ευγένεια είναι ~ καλής ανατροφής· το ιδιαίτερο ~ της αλεπούς είναι η πονηριά της.* 2. (λογική) *-ατα έννοιας* = οι ιδιότητες που τη διαστέλλουν από τις άλλες έννοιες.
γνώση η, ουσ. 1. το να γνωρίζει κανείς κάτι: *έχω ~ των πραγμάτων* (συνών. *επίγνωση·* αντ. *άγνοια*). 2. αυτό που γνωρίζει κανείς: *-εις επιστημονικές.* 3. σύνεση, μυαλό: *δε θα βάλει ποτέ του ~* (συνών. *φρόνηση, φρονιμάδα*). Παροιμ. *στερνή μου ~ να σ' είχα πρώτα* (γι' αυτούς που συνετίζονται όταν είναι πια αργά)· *κοντά στο νου κι η ~* (= όταν έχεις μυαλό είσαι και συνετός· για ευκόλως εννοούμενα πράγματα).
γνωσιολογία η, ουσ. (ασυνίζ.), φιλοσοφικός όρος που δηλώνει τη μελέτη της φύσης και της εγκυρότητας της γνώσης.
γνωσιολογικός, -ή, -ό, επίθ. (ασυνίζ.), (φιλοσ.) που αναφέρεται στη γνωσιολογία: *προβλήματα -ά.*
γνωσιολόγος ο, ουσ. (ασυνίζ.), (φιλοσ.) αυτός που ασχολείται με τη γνωσιολογία.
γνώστης ο, ουσ., αυτός που ξέρει κάτι καλά: *είναι ο μόνος ~ των εξελίξεων* (αντ. *αδαής*).
γνωστικά, βλ. *γνωστικός.*
γνωστικισμός ο, ουσ., θρησκευτική κίνηση που αναπτύχθηκε στους πρώτους χριστιανικούς αιώνες με κύρια αρχή την πίστη ότι η γνώση πηγάζει όχι από τις συνηθισμένες πηγές, αλλά από μια ειδική θεία αποκάλυψη.

γνωστικός, -ή, και **-ιά, -ό,** επίθ. 1. που αναφέρεται στη γνώση. 2. φρόνιμος, συνετός: *παιδί -ό· κουβέντες -ές·* παροιμ. *ελάτε σεις οι -οί να φάτε του τρελού το βιός* (συνών. *μυαλωμένος·* αντ. *άμυαλος*). - Το αρσ. στον πληθ. ως ουσ. = οι οπαδοί του γνωστικισμού. - Επίρρ. **-ά.**
γνωστοποίηση η, ουσ., το να καταστήσει κάποιος γνωστό κάτι: *~ νέων στοιχείων* (συνών. *κοινοποίηση·* αντ. *απόκρυψη*).
γνωστοποιώ, -είς, ρ. (ασυνίζ.), κάνω κάτι γνωστό: *σας -ούμε ότι η αίτησή σας έγινε δεκτή* (συνών. *κοινοποιώ, ανακοινώνω*).
γνωστός, -ή, -ό, επίθ., που τον γνωρίζουν πολλοί: *απατεώνας ~· τραγουδίστρια -ή.* - Το αρσ. και το θηλ. ως ουσ. = γνώριμος, φίλος: *έχω πολλούς -ούς στη γειτονιά σου.* - Το ουδ. στις φρ. *γίνεται -ό ότι...* (= γνωστοποιείται) και *είναι -ό ότι...* (= γνωρίζουν όλοι ότι...): *είναι -ό ότι θα φύγει σύντομα.*
γόβα η, ουσ., είδος παπουτσιού. - Υποκορ. **-άκι** το. [βενετ. *goba*].
γογγητό το, ουσ. 1. στεναγμός, βογγητό: *το ~ του αρρώστου.* 2. (μεταφ.) δυνατός ήχος των κυμάτων, βοή του πελάου το ~ (Σολωμός).
γογγύζω, ρ. αόρ. *-υξα.* 1. στενάζω, βογγώ: *-υζε όλη νύχτα απ' τους πόνους.* 2. δυσανασχετώ: *ο λαός -ει για τη βαριά φορολογία.*
γογγύλι το και **γογγύλη** η, ουσ., είδος λαχανικού με στρογγυλόσχημο υπόγειο βλαστό.
γογγυλοειδής, -ής, -ές, γεν. *-ούς,* πληθ. αρσ. και θηλ. *-είς,* ουδ. *-ή,* επίθ., που έχει σχήμα γογγυλιού, σφαιρικός.
γογγυσμός ο και **γόγγυσμα** το, ουσ. 1. στεναγμός, βογγητό: *το χλιμίντρισμα και οι κρότοι / και του ανθρώπου οι -οί* (Σολωμός). 2. γκρίνια: *οι -οί του λαού* (συνών. *διαμαρτυρία*).
γογγώ, ρ., αναστενάζω (από σωματικό πόνο ή μεγάλη θλίψη): *τι έχεις κόρη που -άς και βαριαναστενάζεις;* (δημ. τραγ.) (συνών. *βογγώ*).
γοερός, -ή, -ό, επίθ., θρηνητικός, πένθιμος: *κλάμα -ό· φωνή -ή* (συνών. *σπαραχτικός*).
γόης και **γόητας** ο, θηλ. **γόησσα,** ουσ. 1. αυτός που σαγηνεύει με την ομορφιά του· ξελογιαστής: *παριστάνει τη -ησσα· υπήρξε μεγάλος ~ του κινηματογράφου* (συνών. *σαγηνευτής, πλάνος*). 2. μάγος, γητευτής: *~ φιδιών.*
γοητεία η, ουσ., το να σαγηνεύει κανείς με την ομορφιά του, τα λόγια του ή άλλα χαρίσματα, θελκτική επίδραση: *ασκεί ακατανίκητη ~ στις γυναίκες* (συνών. *θέλγητρο, μαγεία, σαγήνη*). [γοητεύω].
γοητευτικός, -ή, -ό, επίθ., που γοητεύει, θελκτικός: *βλέμμα -ό· λόγια -ά* (συνών. *ελκυστικός*).
γοητεύω, ρ. 1. ασκώ μαγική επίδραση, μαγεύω: *-ει τα φίδια.* 2. θέλγω, σαγηνεύω: *με -ευσε ο χαρακτήρας της* (συνών. *σκλαβώνω, ξετρελαίνω*).
γόητρο το, ουσ. 1. μέσο γοητείας, θέλγητρο. 2. (συνεκδοχικά) κύρος: *έχασε το -ό του ως επιστήμονας· διεθνές ~* (συνών. *επιβολή*).
γολέτα η, ουσ., ελαφρό δικάταρτο καράβι με μικρή χωρητικότητα: *σκάρωνε μπρίκια, -ες, γολετόμπρικα.* [βενετ. *goleta*].
γολετόμπρικο και **γολετόβρικο** το, ουσ., είδος ιστιοφόρου πλοίου (συνών. *σκούνα*). [βενετ. *goleta* + αγγλ. *brick*].
γόμα και **γκόμα** η, ουσ. 1. κολλητική ουσία, κόλλα. 2. γομολάστιχα (συνών. *σβηστήρα*). 3. η αρρώστια των φυτών κομμίωση. [βενετ. *goma,* ιταλ.

γομαλάκα

gomma<λατ. *gummi*<αρχ. ελλην. *κόμμι*].
γομαλάκα η, ουσ., ρητίνη που εκκρίνουν ορισμένα δέντρα και χρησιμοποιείται για παρασκευή βερνικιών. [ιταλ. *gomma lacca*].
γομαλάστιχα και **γομολάστιχα** η, ουσ., κομμάτι από καουτσούκ που χρησιμεύει για να σβηστεί ό,τι έχει γραφεί με μελάνι ή μολύβι (συνών. *σβηστήρα, σβηστήρι*). [ιταλ. *gomma elastica*].
γομαράγκαθο το, ουσ. (έρρ.), γαϊδουράγκαθο (βλ. λ.).
γομάρι το, ουσ. 1. φορτίο, φόρτωμα που σηκώνει ένα υποζύγιο: *μακάρ' ανέβαινα βουνί να κράτουν και* ~ (δημ. τραγ.) (συνών. *γομαριά*). 2. (συνεκδοχικά) γαϊδούρι: *είκοσι χρονώ* ~ / *σήκωσα όλο το νταμάρι* (Βάρναλης). 3. (μεταφ.) άξεστος, αγροίκος. 4. αναίσθητος. 5. σωματώδης.
γομαριά η, ουσ. (συνιζ., ιδιωμ.), φορτίο (συνών. *γομάρι*).
γομαριάζω, ρ. (συνιζ.), συσκευάζω σε δέματα, φορτώνω: *-ιαζε ξύλα*.
γομοδυναμίτιδα η, ουσ., εκρηκτική ύλη κολλώδης, διάλυμα νιτροκυτταρίνης σε νιτρογλυκερίνη.
γομολάστιχα, βλ. *γομαλάστιχα*.
γόμος ο, ουσ. 1. «γέμιση», γέμισμα: *νόστιμος ο* ~ *της γαλοπούλας!* (συνών. *παραγέμισμα*). 2. υλικό με το οποίο γεμίζουν στρώματα, μαξιλάρια, κλπ. 3. γόμωση πυροβόλου όπλου.
γομφίος ο, ουσ., δόντι που έχει σχήμα γόμφου, τραπεζίτης.
γόμφος ο, ουσ. (τεχνολ.) μεταλλικό ή ξύλινο εξάρτημα που χρησιμεύει για να συνδεθούν δύο ή περισσότερα μέρη μηχανής, ξύλινης κατασκευής, λαξευμένης πέτρας ή και για την περιστροφή τους.
γόμωση η, ουσ. 1. «γέμιση», γέμισμα (συνών. *γόμος, παραγέμισμα*). 2. γέμισμα πυροβόλου όπλου με εκρηκτική ύλη (συνών. *γόμος*). 3. ποσό εκρηκτικής ύλης με το οποίο γεμίζει η θαλάμη του όπλου πριν από κάθε βολή: *τέλειωσε η* ~ *των όπλων*.
γομωτήρας ο, ουσ., εργαλείο που χρησιμοποιείται για τη γόμωση όπλων (συνών. *γεμιστήρας*).
γόνα, βλ. *γόνατο*.
γονατίζω, ρ. Α. μτβ. 1. κάνω κάποιον ή κάτι να πέσει στα γόνατα, να λυγίσει τα γόνατα: *ο παλαιστής -ισε τον αντίπαλό του*. 2. (μεταφ.) εξαντλώ κάποιον, τον κάνω να υποστεί ζημιά (συνήθως οικονομική, ηθική): *τον -ισε ο θάνατος του παιδιού*. Β. αμτβ. 1. πέφτω στα γόνατα: *-ισε για να σφουγγαρίσει το πάτωμα -ισε μπροστά στο εικόνισμα της Παναγίας*. 2. (μεταφ.) καταβάλλομαι, χάνω τις σωματικές ή οικονομικές δυνάμεις: *-ισε απ' τα έξοδα / απ' την αρρώστια* (συνών. *εξαντλούμαι*).
γονάτι(ο) το, ουσ. (ασυνίζ.), ειδικό εργαλείο για το πλάνισμα των ξύλων.
γονατισιά η, ουσ. (συνιζ.), το να γονατίζει κανείς (συνών. *γονάτισμα*).
γονάτισμα το, ουσ. 1. το πέσιμο στα γόνατα: ~ *του πιστού στην εκκλησία*. 2. (μεταφ.) παρακμή, κατάπτωση (σωματική ή ψυχική) (συνών. *εξάντληση*).
γονατιστά, βλ. *γονατιστός*.
γονατιστήρι το, ουσ., σκαμνί ή μαξιλάρι για να γονατίζει κανείς στους ναούς των χριστιανικών δυτικών εκκλησιών.
γονατιστός, -ή, -ό, επίθ., που είναι πεσμένος στα γόνατα: *-ή παρακαλεί την Παναγία* (συνών. *γονατισμένος*). - Επίρρ. **-ά**.
γόνατο και (σπανιότ.) **γόνα** το, γεν. *γονάτου*, ουσ.
1. η άρθρωση που συνδέει το μηρό με την κνήμη: *έπεσε και χτύπησε στα -α· έπεσε χιόνι ως τα -α· έπεσε στα -α και με παρακαλούσε*. 2. κόμπος στο βλαστό των φυτών. Φρ. *μου κόπηκαν ή λύθηκαν τα -α* (= αισθάνομαι εξάντληση από κούραση, συγκίνηση, φόβο)· *γράφω στο -ο* (= γράφω πρόχειρα)· *το ρούχο έκανε -α* (= ξεχείλωσε, φάρδυνε στο σημείο των γονάτων)· *πέφτω στα -α κάποιου* (= παρακαλώ, ικετεύω κάποιον)· *το ψέμα πήγε γόνα(το)* (= *παραέγινε*).
γονατοκήλη η, ουσ. (ιατρ.) χρόνια κήλη στο γόνατο.
γόνδολα και (έρρ.) **γόντολα** η, ουσ., βάρκα μακρόστενη χωρίς βάθος με ένα κουπί στην πρύμη, που χρησιμοποιείται στα κανάλια της Βενετίας. [βενετ. *gondola*].
γονδολιέρης ο, ουσ. (συνιζ.), κωπηλάτης γόνδολας. [βενετ. *gondolier*].
γονέας και (συνιζ.) **γονιός** ο, γεν. *γονέα* και *γονιού*, πληθ. *γονείς, γονιοί* και *γονέοι*, γεν. *γονέων* και *γονιών*, αιτ. *γονείς* και *γονιούς*, ουσ. 1. πατέρας 2. (στον πληθ.) ο πατέρας και η μητέρα μαζί: *σέβεται τους -είς του*. Έκφρ. *πείνα και των -έων* (= μεγάλη πείνα).
γονή η, ουσ., γέννημα, φύτρα, απόγονοι: *διαόλου μόνο είναι τα παιδιά του· τα παιδιά αποτελούν ένα μέρος αυτού απ' αυτά* (εν. *τα κτήνη*) *αναπληρώνεται από τη* ~ *των επόμενων ετών* (αστ. κώδ.) (συνών. *γόνος*).
γονίδι, βλ. *γόνος*.
γονίδιο το, ουσ. (ασυνίζ.), (βιολ.) καθένας από τους φορείς των πληροφοριών που μεταβιβάζονται από γενιά σε γενιά με τα γεννητικά κύτταρα.
γονικός, -ή, -ό, επίθ., πατρικός: *χωράφι -ό· μέριμνα / παροχή -ή* (συνών. *πατρογονικός*). - Το ουδ. ως ουσ. 1. στον εν. = πατρικό σπίτι. 2. στον πληθ. = οι γονείς: (παροιμ.) *μην κλοτσάς τα -ά σου, θα το βρεις απ' τα παιδιά σου* (συνών. *γεννήτορες*).
γονιμοποίηση η, ουσ., το να κάνει κάποιος κάτι γόνιμο· (βιολ.) συνένωση δύο γεννητικών κυττάρων διαφορετικού φύλου: ~ *εξωσωματική* / *τεχνητή* (= γονιμοποίηση που γίνεται με τεχνητά μέσα)· (μεταφ.) ~ *της φιλοσοφίας με νέες επιστημονικές κατακτήσεις*.
γονιμοποιός, -ό, επίθ. (ασυνίζ.), που γονιμοποιεί, που κάνει κάτι γόνιμο (συνών. *αναπαραγωγικός*).
γονιμοποιώ, -είς, ρ. (ασυνίζ.), καθιστώ κάτι γόνιμο, ικανό να καρποφορήσει: *η γύρη με τη βοήθεια του αέρα ή των εντόμων -εί τα φυτά*· (μεταφ.) *η επαφή με τη φύση -ποίησε τη φαντασία του*.
γόνιμος, -η, -ό, επίθ. 1. που είναι ικανός να γεννά να παράγει, εύφορος: *έδαφος* / *ζώο -ο* (συνών. *παραγωγικός*· αντ. *άγονος, στείρος*). 2. (μεταφ.) δημιουργικός, ευεργετικός: *μυαλό -ό· συγγραφέας* ~ (συνών. *επινοητικός*) (συνεκδοχικά) αποτελεσματικός, αποδοτικός: *έρευνα* / *συνεργασία -η*.
γονιμότητα η, ουσ., ικανότητα για αναπαραγωγή, ευφορία: ~ *του εδάφους* (συνών. *παραγωγικότητα*).
γονιός, βλ. *γονέας*.
γονοκήλη η, ουσ. (ιατρ.) επίσχεση του σπέρματος και διόγκωση της επιδιδυμίδας και του σπερματικού τόνου.
γονοκοκκίαση η, ουσ. (ιατρ.) προσβολή του οργανισμού από γονόκοκκο.

γονοκοκκικός, -ή, -ό, επίθ. (ιατρ.) που οφείλεται στο γονόκοκκο: *ουρηθρίτιδα -ή.*
γονόκοκκος ο, ους. (ιατρ.) παθογόνος κόκκος που προσβάλλει το ουροποιητικό και γεννητικό σύστημα του ανθρώπου και προκαλεί τη βλεννόρροια.
γονοκρατιέμαι, ρ. (συνιζ., λαϊκ.), έχω την καταγωγή μου, κατάγομαι.
γονόρροια η, ους. (ασυνίζ.), (ιατρ.) βλεννόρροια.
γονορροϊκός, -ή, -ό, επίθ. (ιατρ.) που υποφέρει από γονόρροια.
γόνος ο, ους. **1.** απόγονος: ~ *παλιάς αριστοκρατικής οικογένειας* (συνών. *βλαστάρι, γέννημα, τέκνο*). **2.** σπέρμα, σπόρος (συνών. *γονή*). **3.** (για ψάρια) το σπερματικό έκκριμα των αρσενικών και τα αβγά των θηλυκών. **4.** τα ψαράκια αμέσως μετά την εκκόλαψή τους: *η ψαριά μας σήμερα ήταν σκέτος* ~. **5.** τα αβγά και οι προνυμφικές μορφές διαφόρων ζώων, εντόμων, μελισσών. - Υποκορ. στη σημασ. 4 **-ίδι** το.
γονοτυπικός, -ή, -ό, επίθ., που ανήκει, που αναφέρεται στο γονότυπο: *έλεγχος* ~.
γονότυπος και **γενό-** ο, ους., σύνολο των κληρονομικών ιδιοτήτων ενός οργανισμού, που προκύπτει από το συνδυασμό των γονιδίων των κυττάρων του. **2.** ο κοινός τύπος μιας ομάδας γενετικά παρόμοιων οργανισμών. [*génotype*].
γοντζές, βλ. *κοντσές.*
γόντολα, βλ. *γόνδολα.*
γοντσές, βλ. *κοντσές.*
γονυαλγία η, ους. (ασυνίζ.), (ιατρ.) πόνος στα γόνατα.
γονυκλισία η, ους. (λόγ.), μετάνοια (βλ. λ. στη σημασ. 4α).
γόος ο, ους., θρήνος: *-οι και κοπετοί* (συνών. *σκούξιμο*).
γόπα, βλ. *γώπα.*
γοργά, βλ. *γοργός.*
γοργάδα η, ους. (λαϊκ.), το να είναι κανείς γρήγορος (συνών. *γρηγοράδα, σβελτάδα, ταχύτητα* αντ. *βραδύτητα, αργοπορία*).
γοργίειος, -α, -ο(ν), επίθ. (ασυνίζ.), (φιλοσ.) που ανήκει ή αναφέρεται στον αρχαίο σοφιστή Γοργία: *σχήματα -α* (= περίτεχνα σχήματα λόγου που χρησιμοποιούσε ο Γοργίας).
γοργοβασιλεύω, ρ. (λαϊκ.), (για τον ήλιο) δύω γρήγορα.
γοργοβλάσταρος, -η, -ο, επίθ. (λογοτ.), που φυτρώνει γρήγορα.
γοργογόνατος, -η, -ο, επίθ. (λαϊκ.), που έχει γρήγορα γόνατα, που τρέχει γρήγορα: *μαύρε μου -ε* (δημ. τραγ.) (συνών. *γοργοπόδαρος*).
γοργοδιαβαίνω, ρ. (συνιζ., λαϊκ.), περνώ γρήγορα (συνών. *γοργοπερνώ*).
Γοργοεπήκοος, επίθ. θηλ. σε χρήση και ως ους., για την Παναγία, που εισακούει γρήγορα τις δεήσεις των πιστών.
γοργοζυγώνω, ρ. (λαϊκ.), πλησιάζω γρήγορα.
γοργοθάνατος, -η, -ο, επίθ. (λαϊκ.), που πέθανε πρόωρα: *κόρη μου -η* (δημ. τραγ.).
γοργοκάραβο το, ους. (λαϊκ., λογοτ.), καράβι που κινείται γρήγορα: *αστέρια κινούμενα... σαν -α* (Καρκαβίτσας).
γοργοκίνητος, -η, -ο, επίθ. **1.** που κινείται γρήγορα (συνών. *ταχυκίνητος* αντ. *αργοκίνητος*). **2.** (μεταφ.) που σκέφτεται γρήγορα: *νους* ~ (συνών. *εύστροφος* αντ. *αργόστροφος*).

γοργόνα η, ους. **1.** (λαογρ.) θαλασσινός δαίμονας με μορφή γυναίκας από τη μέση και πάνω και ψαριού παρακάτω με μια ή δυο ουρές: ~ *πανώρια / παραμυθένια / χιλιόμορφη.* **2.** (για ακρόπρωρο παλιού ιστιοφόρου): *σκαλισμένη στην πλώρη* ~. **3.** γυναίκα όμορφη και γοητευτική (συνών. *νεράιδα, σειρήνα*).
γοργόνειο το, ους. (ασυνίζ.), (αρχαιολ.) παράσταση του κεφαλιού του μυθικού τέρατος Γοργώ ή της Μέδουσας πάνω στην αιγίδα της Αθηνάς, σε ασπίδες, ζωφόρους, νομίσματα, κ.ά., συνήθως με αποτρεπτικό χαρακτήρα.
γοργοπέρασμα το, ους. (λαϊκ.), γρήγορο πέρασμα.
γοργοπέραστος, -η, -ο, επίθ. (λαϊκ.), που περνά γρήγορα.
γοργοπερνώ, ρ. (λαϊκ), περνώ γρήγορα (συνών. *γοργοδιαβαίνω*).
γοργοπόδαρος, -η, -ο, επίθ., που έχει γρήγορα πόδια, που τρέχει γρήγορα: *άτι -ο* (συνών. *γοργογόνατος, γρήγορος*).
γοργόρυθμος, -η, -ο, επίθ., που έχει γρήγορο ρυθμό: *στίχος* ~ (= που αποτελείται από τροχαϊκούς πόδες ή ανάπαιστους).
γοργός, -ή, -ό, επίθ., που κινείται, που τρέχει γρήγορα: *βήμα / καράβι -ό· τ' απελπισμένα / -ά πατήματά του ακολουθούσαν* (Σολωμός) (συνών. *σβέλτος, γρήγορος·* αντ. *αργός, οκνός·*) γνωμ. *«το γοργόν και χάριν έχει».* - Επίρρ. **-ά**.
γοργοτάξιδος, -η, -ο, επίθ. (λαϊκ.), (για καράβι) που ταξιδεύει, που πλέει γρήγορα.
γοργότητα η, ους., το να είναι κανείς γοργός (συνών. *γρηγοράδα* αντ. *βραδύτητα*).
γοργοτίναγμα το, ους. (λαϊκ.), το να τινάζεται, να σείεται κάτι γρήγορα και δυνατά.
γοργοτινάζω, ρ. (λαϊκ.), τινάζω κάτι γρήγορα, σείω με δύναμη.
γοργοτρέξιμο το, ους. (λαϊκ., λογοτ.). **1.** γρήγορο τρέξιμο. **2.** (μεταφ.) γρήγορο πέρασμα: *του χρόνου το* ~ (Καρκαβίτσας).
γοργόφτερος, -η, -ο, επίθ. (λαϊκ., λογοτ.), που έχει γρήγορα φτερά, που πετά γρήγορα: *πουλί -ο·* (σε μεταφ. για καράβι) *το καΐκι πέταξε -ο* (Καρκαβίτσας).
γόρδιος επίθ. (ασυνίζ.), μόνο στην εκφρ. «~ *δεσμός*», για δύσκολο πρόβλημα που μπορεί να λυθεί μόνο δυναμικά, με αποφασιστικότητα (από το δεσμό στο ζυγό της άμαξας του μυθικού Γορδίου, βασιλιά της Φρυγίας, που μην μπορώντας να τον λύσει ο Μ. Αλέξανδρος τον έκοψε με το σπαθί του).
γορίλλας ο, ους. **1.** (ζωολ.) είδος μεγαλόσωμου ανθρωποειδούς πιθήκου: *χέρια μακριά και τριχωτά σαν του -α.* **2.** (μεταφ.) σωματοφύλακας: *οι -ες του πρωθυπουργού.* [νεολατ. *gorilla*<αρχ. *Γορίλλαι* αι].
-γος, κατάλ. στερ. επιθ.: *αχόρταγος, αμάλαγος, άπραγος, άφραγος, ξέφραγος.*
γοτθικός, -ή, -ό, επίθ. **1.** που ανήκει ή αναφέρεται στους Γότθους: *γλώσσα -ή· επιδρομές -ές.* **2.** γενικά για τη μεσαιωνική τέχνη της δυτικής Ευρώπης: *αρχιτεκτονική / ζωγραφική -ή· ρυθμός* ~· *γραφή -ή* (= τύπος γραφής με χαρακτήρες όρθιους και γωνιώδεις).
γουάνο, γκουάνο και **γκουανό** το, ους. (χημ.) υλικό που αποτελείται κυρίως από περιττώματα θαλάσσιων πουλιών (στις νοτιοαμερικανικές ακτές του Ειρηνικού) και χρησιμοποιείται ως

λίπασμα. [ισπ. *guano*, γαλλ. *guano*].
γούβα η, ουσ., κοιλότητα συνήθως μικρή στο έδαφος ή σε βράχο: ~ *στρογγυλή· -ες σκαμμένες σε γρανίτη* (συνών. *βαθούλωμα, λακκούβα, γούρνα*). - Υποκορ. **-ίτσα** η. [πιθ. αρχ. *κύβη*].
γουβιάζω, ρ. (συνιζ., λαϊκ.), (μτβ. και αμτβ.) σχηματίζω γούβα (συνών. *κοιλαίνω, -ομαι*).
γουβίτσα, βλ. *γούβα*.
γουδί το, ουσ., κοίλο σκεύος μέσα στο οποίο κανείς κοπανίζει και κάνει σκόνη ή πολτό διάφορες συνήθως σκληρές ουσίες: ~ *ξύλινο*. Παροιμ. *το ~ το γουδοχέρι (και τον κόπανο στο χέρι)* (για επιμονή σε κάτι παράλογο ή για ταυτολογία). [παλαιότερο *ιγδίον*].
γουδοχέρι το, ουσ., μακρουλό κυλινδρικό όργανο με το οποίο κοπανίζει κανείς το περιεχόμενο ενός γουδιού (συνών. *κόπανος*).
γουέστερν το, ουσ. άκλ., κινηματογραφικό έργο ή σπανιότ. (παρα)λογοτεχνικό κείμενο που αφορά τον αποικισμό του δυτικού τμήματος των Η.Π.Α. κατά τον 19ο αι. και τη ζωή των κατοίκων της περιοχής αυτής την ίδια εποχή: *βλέπω / διαβάζω ~· ο σερίφης / οι Ινδιάνοι / οι «κακοί» στα ~* (συνών. *καουμπόικο*). [αγγλ. *western (film)*].
γουιντσέρφινγκ, βλ. *ιστιοσανίδα*.
γούλα η, ουσ. (λαϊκ.). 1. πρόλοβος πτηνών (συνών. *γκούσα*). 2. (για άνθρωπο) φάρυγγας (συνών. *καταπιώνας*)· οισοφάγος ή στομάχι. 3. (μεταφ.) λαιμαργία.
γούλι το, ουσ. (λαϊκ.), ούλο: *φαίνονταν τα -ια του αναιμικά, κάτασπρα*.
γουλί το, ουσ. 1. (λαϊκ.) η στρογγυλή ρίζα ορισμένων λαχανικών (όπως λ.χ. το γογγύλι, το παντζάρι), που μπορεί να φαγωθεί. 2. (κοιν. μεταφ.) για κάτι στρογγυλό, συνηθέστερα για κεφάλι φαλακρό ή κουρεμένο σύρριζα: *κατάδικοι / νεοσύλλεκτοι κουρεμένοι ~* (συνών. *γλόμπος*). 3. μικρή, σφαιρική και λεία πέτρα που μοιάζει με βότσαλο. [*αγλίον<αρχ. *άγλις* η].
γουλιά, ουσ. (συνιζ.), ποσότητα υγρού που περιέχεται στη στοματική κοιλότητα: *μια ~ κρασί / τσάι· κατέβαζε ~ ~ το νερό·* (συνεκδοχικά για ελάχιστη ποσότητα υγρού) *ήπια μια ~ καφέ* (συνών. *ρουφηξιά, σταλιά*). - Υποκορ. **-ίτσα** η.
γουλιανός ο, ουσ. (συνιζ.), ονομασία ψαριού που ζει στα γλυκά νερά. [ιδιωμ. *γλανός<αρχ. *γλάνις* ο].
γουλίτσα, βλ. *γουλιά*.
γουλόζος, -α, -ο, επίθ. (ιδιωμ.), λαίμαργος, λειχούδης. [βενετ. *goloso*].
γούμενα η, ουσ. (ναυτ.) χοντρό σκοινί καραβιού: *έδεσε το καΐκι με μια ~ στο μόλο· κόψανε τις -ες* (συνών. *καραβόσκοινο, παλαμάρι*). [βενετ. *gómena*].
γούμενος, και **-ισσα**, βλ. *ηγούμενος*.
γούνα η, ουσ. 1. δέρμα ζώου μαζί με το τρίχωμα του, κατεργασμένο για να χρησιμοποιηθεί ως ένδυμα ή επένδυση και τμήμα ενδύματος: ~ *από αλεπού / ερμίνα / αστραχάν·* ~ *πολύτιμη / τεχνητή· παλτό από ~· εμπορεύομαι / ράβω -ες*. 2. (συνεκδοχικά) πανωφόρι ή τμήμα ενδύματος από γούνα: ~ *γυναικεία / ζεστή* (συνών. *γουναρικό*). Φρ. *(δεν) είναι της -ας μου μανίκι* (ειρων. για όταν δεν έχουμε κανείς απόψεις ή συμφέροντα με κάποιον ή μας συντροφεύει αναγκαστικά) *έχω ράμματα για τη ~ του* (= είμαι σε θέση να τον ελέγξω)· *κάηκε η ~ μου* (= ζημιώθηκα υπερβολικά). 3. το τρίχωμα

ορισμένων ζώων: ~ *της γάτας / της αρκούδας·* ~ *απαλή / γκρίζα*. - Υποκορ. **-άκι** το και **-ίτσα** η στη σημασ. 2.
γουνάδικο το, ουσ. (λαϊκ.), γουναράδικο (βλ. λ.).
γουνάκι, βλ. *γούνα*.
γουναράδικο το, ουσ., εργαστήριο του γουναρά, ο χώρος όπου κατεργάζεται, ράβει ή πουλά γούνες (συνών. *γουνάδικο*).
γουναράς ο, ουσ., τεχνίτης που κατεργάζεται ή ράβει γούνες ή ο έμπορος που τις πουλά: *οι -άδες της Καστοριάς* (συνών. λόγ. *γουνοποιός*).
γουναρική η, ουσ., η τέχνη του γουναρά.
γουναρική, βλ. *γουναρικός*.
γουναρικό το, ουσ., ένδυμα ή τμήμα ενδύματος από κατεργασμένο τριχωτό δέρμα ζώου: *εξαγωγέας / κατάστημα -ών* (συνών. *γούνα*).
γουναρικός ο, θηλ. **-ή**, ουσ., (παλαιότερα) πολιτικός οπαδός του Δημήτριου Γούναρη.
γουνέλα η, ουσ. (ιδιωμ.), κοντό γυναικείο γούνινο πανωφόρι. [ιταλ. *gonnella*].
γουνεμπόριο το, ουσ. (έρρ., ασυνίζ.), εμπόριο γούνας, γούνινων ενδυμάτων.
γουνέμπορος, ο, ουσ. (έρρ.), αυτός που αγοράζει και πουλά γούνες, έμπορος γουναρικών.
γούνινος, -η, -ο, επίθ., κατασκευασμένος από γούνα: *γιακάς ~· ζακέτα -η· καπέλο / παλτό -ο*.
γουνίτσα, βλ. *γούνα*.
γουνοποιός ο, ουσ. (ασυνίζ.), γουναράς (βλ. λ.).
γουότερ πόλο το, ουσ. άκλ., (αθλητ.) υδατόσφαιρα (βλ. λ.) (συνών. *υδατοσφαίρηση*). [αγγλ. *waterpolo*].
γούπατο το, ουσ. (λαϊκ.), χαμήλωμα του εδάφους, εδαφική κοιλότητα: *στο ~ του κάμπου* (συνών. *βαθούλωμα, γούβα*). [συμφ. *γούβα + πάτος*].
γουργουρητό και **γουργούρισμα** το, ουσ. 1. υπόκωφος διακοπτόμενος ήχος που παράγεται στο εσωτερικό της κοιλιάς ή του στομαχιού από τη μετακίνηση υγρών και αερίων: ~ *αδιάκοπο / ενοχλητικό*. 2. ήχος που παράγεται στο εσωτερικό ενός αγγείου ή άλλης κοιλότητας, όταν ένα υγρό χύνεται από το στενό του στόμιο.
γουργουρίζω, ρ., κάνω γουργουρητό: *-ει η κοιλιά μου από την πείνα· -ει το νερό καθώς χύνεται από το βαρέλι*. [λ. ηχομιμ.].
γουργούρισμα, βλ. *γουργουρητό*.
γούρι το, ουσ., σημάδι στο οποίο βασίζεται πρόγνωση μελλοντικού αγαθού, καλός οιωνός· εύνοια της τύχης, καλή τύχη: *αν έσπαζε κανένα γυαλικό, το είχε για ~· φέρνει ~· κρέμασε ένα πέταλο για ~* (συνών. *καλοτυχία* αντ. *κακοτυχία, γρουσουζιά*). [τουρκ. *uğur*].
γούρικος, -η, -ο, επίθ., που φέρνει καλή τύχη: *αριθμός ~* (συνών. *τυχερός, γουρλίδικος·* αντ. *δυσοίωνος, γουρσούζικος*).
γουρλής, -ού, -ίδικο, επίθ. (λαϊκ. για πρόσωπο) που φέρνει καλή τύχη (συνών. *καλοπόδαρος·* αντ. *γουρσούζης*). [τουρκ. *uğurlu*].
γουρλίδικος, -η, -ο, επίθ., γούρικος.
γουρλομάτης, -α, -ικο, επίθ., που έχει από φυσικού του μάτια γουρλωμένα, που τα μάτια του εξέχουν από τις κόχες τους (συνών. *εξόφθαλμος*).
γουρλού, βλ. *γουρλής*.
γούρλωμα το, ουσ. (για τα μάτια), το να ανοίγουν υπερβολικά, έτσι που να φαίνονται οι βολβοί τεντωμένοι προς τα έξω.
γουρλώνω, ρ. (για τα μάτια) ανοίγω διάπλατα τα μάτια μου και τα προσηλώνω κάπου έτσι που να

φαίνονται οι βολβοί σαν να προεξέχουν από τις κόχες: ~ τα μάτια από έκπληξη / θαυμασμό / θυμό / φόβο. - Η μτχ. ως επίθ. για μάτια που από φυσικού τους εξέχουν από τις κόχες τους (συνών. *γουρλωτός*). [μεσν. *γρυλλώνω*].

γουρλωτός, -ή, -ό, επίθ. (λαϊκ.), (για μάτια) που είναι από φυσικού τους γουρλωμένα, που εξέχουν από τις κόχες τους.

γουρμάζω, βλ. *ωριμάζω*.

γούρμασμα, βλ. *ωρίμασμα*.

γούρνα η, ουσ., φυσική ή τεχνητή κοιλότητα στο έδαφος ή σε σκληρό υλικό: ~ *βαθιά / γεμάτη νερό· ανοίγω / σκάβω ~· η ~ των αλόγων* (= ποτίστρα) */ της βρύσης* (= νιπτήρας) */ του πλυσταριού* (= λεκάνη) (συνών. *γούβα, λάκκος, λακκούβα*). [μτγν. *γρώνη*].

γουρούνα η, ουσ. **1.** θηλυκό γουρούνι: ~ *καλοθρεμμένη / τετράπαχη*. **2.** υβριστικά για γυναίκα (συνών. *σκρόφα*).

γουρουνάκι, βλ. *γουρούνι*.

γουρουνάνθρωπος ο, ουσ. (υβριστικά) άνθρωπος βρόμικος, αδιάντροπος, χυδαίος, κ.τ.ό. (συνών. *γουρούνι, χοντράνθρωπος*).

γουρουνάς ο, ουσ. (λαϊκ.), αυτός που βόσκει γουρούνια (συνών. *γουρουνοβοσκός, χοιροβοσκός*).

γουρούνι το, ουσ. **1.** θηλαστικό παμφάγο με σώμα χοντρό και πλατυσμένο ρύγχος, ζώο κατοικίδιο που το εκτρέφουν κυρίως για το κρέας και το λίπος του: ~ *παχύ / σπιτικό / βρόμικο· βόσκω / σφάζω -ια* (για άνθρωπο)*. χοντρός οα ~ τρώω οα ~* (= *λαίμαργος*)*· όταν γύρισε από το πάρκο, ήταν σα* ~ (= *πολύ λερωμένος*)*· κυλιέται στη λάσπη / στο χώμα σα* ~ (συνών. *χοίρος*)· φρ. (*παίρνω*) ~ *στο σακί* (= αγοράζω κάτι χωρίς να εξετάζω την ποιότητά του). **2.** (μεταφ.) άνθρωπος ανάγωγος, χυδαίος, κ.τ.ό. - Υποκορ. **-άκι** και **-όπουλο** το στη σημασ. 1. [υποκορ. αρχ. διαλεκτικού *γρώνα* η].

γουρουνίσιος, -ια, -ιο, επίθ. (συνιζ.). **1.** που ανήκει ή αναφέρεται στο γουρούνι: *κρέας / τομάρι -ιο* (συνών. *χοιρινός*). **2.** υβριστικά για συμπεριφορά ανάγωγη, αδιάντροπη: *τρόποι -ιοι· φάτσα -ια* (= βρομερή).

γουρουνοβοσκός ο, ουσ. (λαϊκ.), αυτός που βόσκει γουρούνια (συνών. *χοιροβοσκός, γουρουνάς*).

γουρουνοειδής, -ής, -ές, γεν. *-ούς*, πληθ. και θηλ. *-είς*, ουδ. *-ή*, επίθ. (ειρων. ή υβριστικά) για μορφή ή συμπεριφορά που μοιάζει με του γουρουνιού.

γουρουνομαθημένος, -η, -ο, επίθ., που δεν έχει αγωγή, καλή ανατροφή ή συμπεριφορά (συνών. *κακοαναθρεμμένος, κακομαθημένος*).

γουρουνόμαλλο το, ουσ. (λαϊκ.), τρίχες γουρουνιού.

γουρουνομύτης, -α, -ικο, επίθ., που έχει μύτη όμοια με του γουρουνιού (συνήθως υβριστικά) (συνών. *πλακουτσομύτης*).

γουρουνοπέτσι το, ουσ., δέρμα γουρουνιού (συνών. *γουρουνοτόμαρο*).

γουρουνόπουλο, βλ. *γουρούνι*.

γουρουνοτόμαρο το, ουσ., δέρμα γουρουνιού (συνών. *γουρουνοπέτσι*).

γουρουνότριχα η, ουσ., τρίχα γουρουνιού: *βούρτσα από* ~. Έκφρ. (παιγνιωδώς) *παρά* ~ = (για μεγάλη εγγύτητα) παρά λίγο, παρά τρίχα: *παρά* ~ *θα με πετύχαινε στο κεφάλι*.

γουρουνοτσάρουχο το, ουσ., τσαρούχι από δέρμα γουρουνιού: *φορούσε -α*.

γουρσούζης, -α, -ικο και **γρουσούζης**, επίθ.

(λαϊκ.), (για πρόσωπο). **1.** που προμηνύει κακό, που φέρνει κακή τύχη: *να μην ξαναμπεί στο σπίτι μας ο* ~! (συνών. *κακοπόδαρος, κατσικοπόδαρος*· αντ. *γουρλής, καλοπόδαρος*). **2.** που έχει παράλογες ιδέες ή απαιτήσεις, στριφνό χαρακτήρα ή κακή συμπεριφορά: *με κανένα δεν μπορεί να συνεννοηθεί τέτοιος* ~! (συνών. *δύστροπος, ανάποδος*· αντ. *βολικός, καλόγνωμος, καλόβουλος*). [τουρκ. *uğursuz*].

γουρσουζιά και **γρουσουζιά** η, ουσ. (συνιζ.). **1.** σημάδι που προμηνύει κακό, δυσοίωνο προγνωστικό· κακή τύχη (που οφείλεται σε «δαιμονική» επίδραση): ~ *άθελη / για εφτά χρόνια· φέρνω* ~· *να δει μαύρη γάτα, το είχε για γρουσουζιά* (συνών. *κακοτυχία, κακοσημαδιά, γκίνια*· αντ. *γούρι, καλοτυχία*). **2.** το να είναι κανείς στριφνός στο χαρακτήρα, στη συμπεριφορά: *μην του μιλάς, γιατί τον έχει πιάσει η γρουσουζιά* (συνών. *αναποδιά*).

γουρσούζικος, -η και **-ια, -ο** και **γρουσου-**, επίθ., που φέρνει κακή τύχη: *αριθμός / χρόνος* ~· *η Τρίτη θεωρείται γρουσούζικη μέρα* (συνών. *δυσοίωνος, κακότυχος*· αντ. *γούρικος, γουρλίδικος, καλότυχος*).

γούσα και **γκούσα** η, ουσ. (λαϊκ.). **1.** πρόλοβος πτηνών (συνών. *γούλα, σγάρα*). **2.** (μεταφ. για άνθρωπο) στομάχι. [αλβαν. *gushë*].

γουσταδόρος ο, ουσ. (λαϊκ.), αυτός που δοκιμάζει τη γεύση ενός ποτού, για να κρίνει την ποιότητά του (συνών. *δοκιμαστής*). [ιταλ. *gustatore*].

γουστάρισμα το, ουσ. (λαϊκ.), το να επιθυμεί κανείς ή να απολαμβάνει κάτι, το να αρέσει σε κάποιον κάτι.

γουστάρω, ρ., παρατ. *-ιζα* και *γούσταρα*, αόρ. *-ισα* (λαϊκ.). **1.** επιθυμώ να γευτώ (ένα φαγητό ή ποτό): ~ *μια μακαρονάδα / ένα ούζο* (συνών. *λιμπίζομαι*). **2.** (για πρόσωπο, ιδιότητα, κατάσταση, κ.τ.ό., συχνά στο τρίτο πρόσωπο) γενικά επιθυμώ πολύ· θεωρώ εξαιρετικά ευχάριστο: *πολύ* ~ *έναν υπνάκο το μεσημέρι / την ησυχία· δε* ~ *καθόλου το ψέμα / τους καβγατζήδες· ποτέ δε μου -ιζε αυτός ο άνθρωπος· απορώ πώς σου -ουνε τέτοια αστεία*· (τρίτο πρόσωπο) *έτσι μου -ει· όπου δεν του -ει, να σηκωθεί να φύγει!* **3.** (απαρχ., μτβ. και αμτβ.) τέρπομαι, διασκεδάζω (με κάτι): *καθίσανε και -ανε τα καράβια* (Μπαστιάς)*· να 'σαι πάντα δίπλα μου / μαζί σου να* ~ (λαϊκ. τραγ.). [ιταλ. *gustare*].

γουστέρα και **γκουστέρα** η, ουσ. (λαϊκ.), σαύρα: *φίδια και -ες σκαλισμένες στην πέτρα*. [παλαιότερο σλαβ. *gušter*].

γουστερίτσα και **γκουστερίτσα** η, ουσ. (λαϊκ.), σαύρα, συνήθως μικρή: *μια* ~ *λιάζεται πάνω στην πέτρα*.

γούστο το, ουσ. **1.** το να ξέρει κανείς να ξεχωρίζει και να διαλέγει το ωραίο: ~ *καλλιεργημένο / λεπτό· ντύθηκε / στόλισε το δωμάτι με* ~· *κακό* (= ακαλαισθησία) (συνών. *καλαισθησία*· αντ. *κακογουστιά*). **2.** το να διαλέγει κανείς αυτό που θέλει και του προκαλεί ευχαρίστηση, το να θεωρείται κάτι εξαιρετικά ευάρεστο και επιθυμητό (συχνά στον πληθ.): ~ *απλό / προσωπικό -α δύσκολα / ποικίλα· ταινία για όλα τα -α· καθένας με το* ~ *του* (συνών. *προτίμηση, αρέσκεια, κλίση, ιδιοτροπία*). Έκφρ. *για* ~ (= για διασκέδαση): *σκότωνε σπουργίτια έτσι για* ~! Φρ. *είναι κάτι του -ου μου / κάνω* ~ *κάτι* (= μου αρέσει, μ' ευχαρι-

γουστόζικος

στεί κάτι): *τέτοια διασκέδαση δεν είναι του -ου μου·* αυτοί δέρνονταν κι οι περαστικοί έκαναν ~· *έχω* ~ (= προκαλώ ευχάριστη εντύπωση): *έχει πολύ* ~ *αυτό το κορίτσι / το βιβλίο· έχει* ~ *να...!* (= ειρων. για κάτι απευκταίο ή παράξενο): *έχει* ~ *να έρθει κι αυτό το λεωφορείο γεμάτο! / να φύγεις χωρίς να συνεννοηθούμε!* [ιταλ. *gusto*].

γουστόζικος, -η και **-ια, -ο**, επίθ. (συνήθως για πράγμα ή ενέργεια). **1.** που διακρίνεται για την καλαισθησία της κατασκευής ή της επιλογής του: *καπέλο -ο* (συνών. *κομψός, νόστιμος·* αντ. *κακόγουστος, άχαρος, άκομψος*). **2.** που προκαλεί ευχαρίστηση ή διασκέδαση: *αστείο / έργο -ο· καμώματα -α* (συνών. *ευχάριστος, διασκεδαστικός, χαριτωμένος*). - Επίρρ. **-α**.

γουστόζος, -α, -ικο, επίθ. (λαϊκ.), (για πρόσωπο) ευχάριστος, διασκεδαστικός, αστείος: *παιδάκι -ικο*. [ιταλ. *gustoso*].

γουταπέρκα η, ουσ., ουσία που λαμβάνεται από τη στερεοποίηση του γαλακτώδους χυμού τροπικών δέντρων: *η* ~ *είναι κακός αγωγός του ηλεκτρισμού και χρησιμοποιείται για μονωτικό*. [ιταλ. *guttaperca* μαλαισιανής προέλευσης].

γούτος ο, ουσ. (λαϊκ.), το αρσενικό περιστέρι. [πιθ. λ. ηχομιμ.).

γοφάρι, γουφάρι και (λαϊκ.) **λουφάρι** το, ουσ., είδος ψαριού. [παλαιότερο *γομφάριον*].

γοφός ο, ουσ. **1.** το σημείο της άρθρωσης του μηριαίου οστού και τα μαλακά μέρη κοντά σ' αυτό (συχνότερα στον πληθ.): *-οί γεροί / καλλίγραμμοι / φαρδιοί· λίκνισμα των -ών· χτύπησα / έβγαλα το -ό μου* (συνών. *ισχίο*). **2.** (ναυτ.) καθεμιά από τις πλευρές της πρύμης, φούσκα. [αρχ. *γόμφος*].

γραβάτα η, ουσ., στενή λωρίδα υφάσματος που φορούν οι άνδρες και σπάνια οι γυναίκες γύρω από το λαιμό τους, περνά συνήθως κάτω από το γιακά του πουκαμίσου, δένεται και κρέμεται μπροστά στο στήθος: ~ *μεταξωτή / ριγωτή / φανταχτερή* (συνών. *λαιμοδέτης, περιλαίμιο*). [ιταλ. *cravatta* ή γαλλ. *cravate*].

γραβιέρα η, ουσ. (συνιζ.), είδος τυριού από αγελαδινό γάλα που παλιότερα κατασκευαζόταν μόνο στη Gruyère της Ελβετίας: *ένα κεφάλι* ~· ~ *Κρήτης*. [ιταλ. *groviera*].

γραδάρω, ρ., αόρ. *-ισα*, μετρώ την πυκνότητα ή τη θερμοκρασία ενός υγρού με το γράδο: ~ *το οινόπνευμα*. [ιταλ. *graduare*].

γράδο το, ουσ. **1.** το όργανο με το οποίο καθορίζεται η πυκνότητα ενός υγρού (συνών. *βαθμόμετρο*). **2.** (συνήθως στον πληθ.) ο βαθμός της πυκνότητας ενός υγρού: *τα -α του μούστου*. **3.** ο βαθμός οινοπνεύματος στο κρασί: *πόσα -α είναι το κρασί / το ούζο;* (μεταφ.): *τα λόγια της δε γινότανε να μην έχουνε ένα* ~ *αλήθεια* (Μπαστιάς)· φρ. *έρχομαι στα -α μου* = (λαϊκ.) βρίσκω την κανονική μου διάθεση, αισθάνομαι καλά. **4.** (ναυτ., απαρχ.) μοίρα (γεωγραφικού συντεταγμένου): *στο ένα από τα Καναρόνησα, που το λένε Τενερίφα, σε εικοσιχτώ -α βορινό πλάτος* (Κόντογλου). [ιταλ. *grado*].

γραΐδιο το, ουσ. (ασυνίζ., σκωπτ. για ηλικιωμένη γυναίκα): ~ *δύστροπο*.

γραικικός, -ή, -ό, επίθ. (παλαιότερο), ελληνικός: *να διω... κανένα -ό φύλλο* (= εφημερίδα) (Ψυχάρης).

Γραικός ο, ουσ., ονομασία των Ελλήνων που συνηθιζόταν στα χρόνια της Τουρκοκρατίας και της Επανάστασης: *«Εγώ* ~ *γεννήθηκα,* ~ *θε να πεθάνω»* (συνών. *Ρωμιός*). - Υποκορ. **-όπουλο** το. [αρχ.· πβ. λατ. *Graecus*].

Γραικύλος ο, ουσ., περιφρονητικά για Έλληνα που απαρνιέται την πατρίδα του και τις παραδόσεις της. [λατ. *Graeculus*].

γράμμα το, ουσ. **1.** καθένα από τα γραφικά σημεία ενός αλφαβήτου που χρησιμοποιείται μόνο του ή σε συνδυασμό με άλλα για να παραστήσει ένα φθόγγο (φώνημα) ή μια ομάδα φθόγγων: *τα -ατα του ελληνικού αλφαβήτου είναι είκοσι τέσσερα· λέξη με δέκα -ατα·* ~ *αρχικό / τελικό* (λ.χ. *ς* και *ν*) */ διπλό* (*ξ* και *ψ*) */ άφωνο·* (σχετικά με τη μορφή) ~ *κεφαλαίο / κυρτό / γοτθικό* (συνών. *χαρακτήρας*)· *-ατα φωτεινά·* (για τυπογραφικά στοιχεία) *η στοιχειοθεσία έγινε* ~ ~· στον πληθ. για δήλωση εκείνης από τις δύο όψεις ενός μεταλλικού νομίσματος όπου αναγράφεται η επίσημη ονομασία της χώρας και η αξία του, συνήθως στην εκφρ. *κορόνα (ή) -ατα* (= ονομασία τυχερού παιχνιδιού)· φρ. *παίζω κάτι κορόνα -ατα* (= δοκιμάζω την τύχη μου σε κάτι· ριψοκινδυνεύω, διακυβεύω τα πάντα): *παίζω τη ζωή μου / την καριέρα μου κορόνα -ατα· γράφω / χαράζω με χρυσά -ατα* (= για ιστορικό γεγονός ή πρόσωπο που αξίζει να το θυμούνται πάντοτε). **2.** (συνεκδοχικά) σύνολο λέξεων που συνθέτουν ένα κείμενο και κατ' επέκταση το ίδιο το κείμενο, στη (λαϊκ.) φρ. *ο παπάς / ο ψάλτης δεν τα είπε όλα τα -ατα* (όταν ο ιερέας ή ο ψάλτης παραλείπει ορισμένα χωρία κατά την ακολουθία) και στην εκφρ. ~ *νεκρό* (= νόμος, κανόνας που έχασε την ισχύ του που δεν έχει πρακτική εφαρμογή): *το σύνταγμα / το άρθρο του κανονισμού / η απαγόρευση έμεινε νεκρό* ~. **3.** η στενή έννοια των λέξεων που συνθέτουν μια πρόταση, μια διάταξη νόμου, κ.τ.ό.: *το* ~ *του νόμου* (αντ. *το πνεύμα*)· εκφρ. *κατά* ~ (πβ. λατ. *ad litteram*) (= σύμφωνα με τη σημασία των λέξεων, κυριολεκτικά: *μην πάρεις τα λόγια του κατά* ~ (= εντελώς στα σοβαρά)· *ακολούθησα τις οδηγίες του κατά* ~ (= πιστά). **4.** γραπτό κείμενο που απευθύνεται σε κάποιον για να του γνωστοποιήσει κάτι: ~ *ανώνυμο/ απλό / συστημένο·* έχω τρεις μήνες να λάβω ~ *σου·* -*ατα διαπιστευτήρια / ανακλητήρια* (= επίσημα έγγραφα με τα οποία επίστοιχα διορίζεται ή ανακαλείται ένας διπλωματικός εκπρόσωπος) (συνών. *επιστολή*)· φρ. *διαβάζει βουλλωμένο* ~, βλ. *βουλλώνω*. **5.** (στον πληθ.) **α.** οι γνώσεις που αποκτά κανείς, συνήθως στο σχολείο, από τα βιβλία: *-ατα βασικά / λίγα / πρώτα· μαθαίνω / ξέρω -ατα·* αν δεν τα παίρνει τα *-ατα, μάθε τους για τα τέχνη·* παροιμ. *μάθε, γέρο, -ατα τώρα στα γεράματα*, βλ. *γέρος* (συνών. *εκπαίδευση, παιδεία, μόρφωση*)· **β.** το σύνολο των λογοτεχνικών έργων ή των φιλολογικών μελετών, γενικά πνευματική παραγωγή: *-ατα κλασικά / ελληνικά / λατινικά· -ατα και τέχνες· άνθρωπος / καλλιέργεια των -άτων* (συνών. *λογοτεχνία, γραμματεία*). - Υποκορ. **-ατάκι** το (στις σημασ. 1, 4 και 5).

γραμμάριο το, ουσ. (ασυνίζ.). **1.** (φυσ.) μονάδα μάζας στο σύστημα C.G.S. ίση με το ένα χιλιοστό του χιλιογράμμου· (φυσ., κοιν.) βάρος ισοδύναμο με την έλξη που ασκείται σε μάζα ενός γραμμαρίου, το ένα χιλιοστό του κιλού. **2.** (μεταφ.) για ελάχιστη ποσότητα: *δεν έχει ένα* ~ *μυαλό* (συνών. *δράμι*). [απόδοση γαλλ. *gramme·* πβ. *-ιον,* 60 αι.].

γραμματάκι, βλ. *γράμμα*.

γραμματέας ο, πληθ. -είς, ουσ. [προτείνεται θηλ. **-άτισσα** ή **-ατεύς**, γεν. -έως, αιτ. -έα με νοούμενη ονομ. -ατεύς]. **1.** δημόσιος ή ιδιωτικός υπάλληλος που εκτελεί κυρίως γραφική εργασία και ασχολείται με την τήρηση πρακτικών, τη σύνταξη εγγράφων, την αλληλογραφία, κ.τ.ό.: ~ *διπλωματούχος / έμπιστος / ιδιαίτερος· -είς δικαστικοί·* ~ *της επιτροπής / της κοινότητας· σχολή -έων* (συνών. παλαιότερα *γραμματικός*). **2.** ανώτερος ή ανώτατος αξιωματούχος υπουργείου, δημόσιου, ιδιωτικού ή διεθνούς οργανισμού, πολιτικού κόμματος, κ.ά., που εποπτεύει την οργάνωση και τη λειτουργία τους ή και ασκεί σημαντικές εξουσίες (συχνά στην έκφρ. *γενικός* ~): *ο* ~ *της Βουλής / του Εργατικού Κέντρου / της Ακαδημίας· ο πρώτος* ~ *κόμματος· ο γενικός* ~ *υπουργείου / του Οργανισμού Ηνωμένων Εθνών·* (παλαιότερα) *γενικός γραμματεύς επικρατείας* (= υπουργός Εξωτερικών)· *γραμματεύς επικρατείας* (= υπουργός). **3.** (εκκλ.) *Γραμματείς και Φαρισαίοι* = Εβραίοι θεολόγοι που ερμήνευαν και δίδασκαν το Νόμο· (μεταφ.) αξιωματούχοι υποκριτές.

γραμματεία η, ουσ. **1.** το αξίωμα ή το γραφείο ενός (γενικού) γραμματέα ή η υπηρεσία που διευθύνει: *η* ~ *του νοσοκομείου*. **2.** το σύνολο των γραπτών μνημείων ενός λαού όχι μόνο λογοτεχνικών, αλλά και τεχνικών και επιστημονικών: ~ *ελληνική / γαλλική / μεσαιωνική / δημώδης*.

γραμματειακός, -ή, -ό, επίθ. (ασυνίζ.), που ανήκει ή αναφέρεται στα γραπτά μνημεία ενός έθνους: *είδη / μνημεία -ά*.

γραμματεύς, βλ. *γραμματέας*.

γραμματεύω, ρ. (λόγ.), ασκώ τα καθήκοντα γραμματέα (βλ. λ. σημασ. 1): *ποιος θα -ει στη συνέλευση;*

γραμματιζούμενος, -η, ουσ. και επίθ. (λαϊκ.), αυτός που ξέρει γράμματα, που έχει μορφωθεί (κάποτε ειρων. για κάποιον που δεν έχομε μεγάλη εμπιστοσύνη στην ποιότητα της μόρφωσής του): *οι -οι των χρόνων της Τουρκοκρατίας* (συνών. *εγγράμματος, γραμματισμένος, μορφωμένος, σπουδαγμένος* αντ. *αγράμματος*). [μτγν. *γραμματίζω*].

γραμματικά τα, ουσ., η γραμματική (βλ. λ.).

γραμματικά, βλ. *γραμματικός,* επίθ.

γραμματική η, ουσ. **1.** το σύνολο των κανόνων που πρέπει να ακολουθεί κανείς για να μιλά και να γράφει σωστά μια γλώσσα: *μαθαίνω* ~· *ασκήσεις / βιβλίο -ής*. **2.** (γλωσσολ.) σύστημα κανόνων που καθορίζει τους συνδυασμούς και τους συσχετισμούς φθόγγων, λέξεων και σημασιών σε μια γλώσσα: ~ *της αρχαίας ελληνικής· γαλλική / νεοελληνική· μέρη της -ής* (μορφολογικό και συντακτικό). **3.** (γλωσσολ.) ο επιστημονικός κλάδος που μελετά συστηματικά τα συστατικά στοιχεία μιας γλώσσας (φθόγγους, μορφήματα, λέξεις, προτάσεις) ως προς τη μορφή, τη σημασία, τον τρόπο που παράγονται η συνθέτονται και το πώς παρατάσσονται έτσι ώστε να μπαίνουν σε μια λογική σειρά: ~ *ιστορική / μετασχηματιστική / ρυθμιστική / συγκριτική / συγχρονική*. **4.** (συνεκδοχικά) βιβλίο, εγχειρίδιο για τη διδασκαλία της γραμματικής: ~ *σχολική*.

γραμματικίνα, βλ. *γραμματικός*.

γραμματικός, -ή, -ό, επίθ., που ανήκει ή αναφέρεται στη γραμματική: *κανόνες -οί· λάθη -ά· ελληνική -ή παράδοση· είδος -ό* (δηλ. επίθετο, ουσιαστικό, κ.τ.ό.)· *γένος -ό* (= που αφορά τον τρόπο που κλίνεται ένα όνομα σε αντίθεση συχνά με το φυσικό του γένος). ´Εκφρ. *λέξεις -ές* = λέξεις συνήθως ολιγοσύλλαβες και άκλιτες, που ο αριθμός τους είναι συγκεκριμένος σε μια γλώσσα και που τη χρήση τους καθορίζει η γραμματική, που τις αναφέρει και τις μελετά (τέτοιες είναι τα άρθρα, οι αντωνυμίες, οι προθέσεις και οι σύνδεσμοι). - Το αρσ. ως ουσ. = αυτός που ασχολείται με τη γραμματική· φιλόλογος που μελετά τη γλώσσα και καθορίζει τη σωστή της χρήση: *-οί Αλεξανδρινοί*. - Επίρρ. **-ά**.

γραμματικός ο, θηλ. **γραμματικίνα,** ουσ. (λαϊκ.), γραμματέας (βλ. λ.).

γραμμάτιο το, ουσ. (ασυνίζ.), εμπορικό έγγραφο (εντολή) με το οποίο αναγνωρίζει κανείς ότι οφείλει ένα χρηματικό ποσό και υπόσχεται να το εξοφλήσει σε συγκεκριμένη ημερομηνία: ~ *άκυρο / διαμαρτυρημένο / ληξιπρόθεσμο / τραπεζικό· έντοκα -α του δημοσίου· πληρώνω / υπογράφω* ~ (συνών. *ομόλογο*).

γραμματισμένος ο, ουσ. (λαϊκ.), που ξέρει γράμματα (συνών. *γραμματιζούμενος, εγγράμματος, μορφωμένος, σπουδαγμένος* αντ. *αγράμματος*).

γραμμάτισσα, βλ. *γραμματέας*.

γραμματοθήκη η, ουσ., ξύλινη θήκη με χωρίσματα όπου βρίσκονται τοποθετημένα τα τυπογραφικά στοιχεία σ' ένα τυπογραφείο (συνών. *στοιχειοθετείο, κάσα*).

γραμματοκιβώτιο το, ουσ. (ασυνίζ.). **1.** κιβώτιο στο ταχυδρομείο ή σε κεντρικά σημεία της πόλης όπου ρίχνει κανείς επιστολές που ταχυδρομεί. **2.** κουτί στην είσοδο του σπιτιού όπου ο ταχυδρόμος ρίχνει την αλληλογραφία των ενοίκων.

γραμματοκομιστής ο, ουσ. (απαρχ.), αυτός που παραδίδει μια επιστολή στον παραλήπτη της, ταχυδρομικός διανομέας (συνών. *ταχυδρόμος, διανομέας*).

γραμματολογία η, ουσ. **1.** κλάδος της φιλολογικής επιστήμης (στο γενικότερό της νόημα) που εξετάζει από ιστορική σκοπιά τα λογοτεχνικά έργα ως σύνολο ή το καθένα χωριστά, καθώς και άλλα γραμματειακά μνημεία κάθε έθνους στον ουσιαστικό τους σύνδεσμο μορφής και περιεχομένου: ~ *μονογραφική / καθολική / νεοελληνική*. **2.** (συνεκδοχικά) σύγγραμμα γραμματολογίας.

γραμματολογικός, -ή, -ό, επίθ., που ανήκει ή αναφέρεται στη γραμματολογία: *εργασία / έρευνα -ή*. - Επίρρ. **-ά**.

γραμματολόγος ο, ουσ., φιλόλογος που ασχολείται με τη γραμματολογία: *έργο του -ου είναι και η αναζήτηση των επιδράσεων που δέχτηκε ένα λογοτεχνικό είδος ή έργο*.

γραμματοσημαίνω, ρ. (λόγ.), κολλώ το αναγκαίο γραμματόσημο σε επιστολές ή άλλα αντικείμενα που ταχυδρομώ.

γραμματοσήμανση η, ουσ. (λόγ.), η επικόλληση του απαραίτητου γραμματοσήμου σε επιστολές ή άλλα αντικείμενα που ταχυδρομούνται.

γραμματοσημεμπορία η, ουσ. (έρρ.), (φιλοτελ.) εμπόριο γραμματοσήμων και ειδών που σχετίζονται με τη χρήση και τη συλλογή τους (φακέλων, αναμνηστικών σφραγίδων, λευκωμάτων, κ.ά.).

γραμματόσημο το, ουσ., μικρό κομμάτι χαρτί, συνήθως με σχήμα ορθογώνιο και οδόντωση στην περιφέρεια, το οποίο φέρει ορισμένη παράσταση και επιγραφή στη μπροστινή του όψη και κόλλα στην πίσω· εκδίδεται και πουλιέται από την ταχυ-

γραμματοσημολογία

δρομική υπηρεσία μιας χώρας και το χρησιμοποιεί κανείς κολλώντας το πάνω σε μια επιστολή ή άλλο αντικείμενο που ταχυδρομεί ως ένδειξη ότι προπληρώθηκε το τέλος για την αποστολή τους: ~ *αεροπορικό / ασφράγιστο / αναμνηστικό / επισημασμένο· -α ελληνικά· δημοπρασία / έμπορος / σειρά / συλλογή -ήμων· αλλάζω / μαζεύω -α*.

γραμματοσημολογία η, ουσ., μελέτη των γραμματοσήμων και των σχετικών θεμάτων (λ.χ. ταχυδρομικών σφραγίδων, επισημάνσεων, ποικιλιών, σφαλμάτων, κ.ά.).

γραμματοσύμπλεγμα το, ουσ. (έρρ., λόγ.), σύμπλεγμα συνήθως κεφαλαίων γραμμάτων, αρχικών του ονόματος προσώπου ή της επωνυμίας ιδρύματος, οργανισμού, εταιρείας, κ.τ.ό.

γραμμένο το, βλ. *γράφω*.

γραμμή η, ουσ. 1. στενόμακρο σημάδι που χαράζεται με αιχμηρό όργανο ή γράφεται με μολύβι σε μια επιφάνεια και συνεκδοχικά ό,τι μοιάζει με αυτό· (γεωμ.) επίπεδο σχήμα που έχει μία μόνο διάσταση, το μήκος, και γράφεται από ένα σημείο, όταν αυτό κινείται στο χώρο: *τραβώ -ές· ~ καμπύλη / τεθλασμένη / κάθετη / ευθεία· ~ που συνδέει τα σημεία Α και Β* (= ευθύγραμμο τμήμα)· (ως ένδειξη διαβαθμίσεων σε όργανο για μετρήσεις): *το θερμόμετρο ανέβηκε δύο -ές* (= χαράκια). 2. καθένα από τα σημάδια που ξεχωρίζουν στο δέρμα του προσώπου ή κυρίως της παλάμης: *~ της καρδιάς / της ζωής* (στη χειρομαντεία). 3. (συνήθως στον πληθ.) μορφή, σχέδιο, περίγραμμα των μερών ή του συνόλου ενός αντικειμένου, ενός σώματος, μιας ζωγραφικής παράστασης: *οι -ές του προσώπου· έπιπλα σε μοντέρνα ~·* (για ισχνότητα ή κομψότητα στο σώμα) *έχασα τη ~ μου* (= πάχυνα)· *προσέχω / κρατώ τη ~ μου* (= τη σιλουέτα μου)· (στις εικαστικές τέχνες) *η αρμονία / η καθαρότητα των -ών·* έκφρ. (μεταφ.) *σε αδρές / σε γενικές -ές* (= γενικά, περιληπτικά): *εκθέτω σε γενικές -ές την κατάσταση*. 4. συνεχής παράταξη προσώπων ή πραγμάτων: *βάζω τους στρατιώτες στη ~· φύτεψα τα λουλούδια σε δυο -ές* (συνών. *σειρά, στοίχος*) έκφρ. (τεχνολ.) *~ συναρμολόγησης / παραγωγής* (= διάταξη εγκαταστάσεων, μηχανολογικού εξοπλισμού και εργατών για συνεχή παραγωγή βιομηχανικών προϊόντων)· φρ. *παίρνω κάτι ~* (= επισκέπτομαι κατά σειρά, διαδοχικά): *για να τον βρω, πήρα ~ τα γραφεία*. 5. αυτό που σχηματίζει η τομή, η συνάντηση δύο επιφανειών, το πραγματικό ή νοητό όριο ανάμεσα σε δυο εκτάσεις: *η ~ του ορίζοντα / του ισημερινού· ~ συνοριακή·* (σ' ένα δρόμο) *~ διπλή / κίτρινη·* (σε χώρο αθλητικών αγώνων) *~ της εκκίνησης / της μεγάλης περιοχής*. 6. *~ (σιδηροδρομική)* = διπλή σειρά ράβδων πάνω στην οποία κινούνται σιδηροδρομικά οχήματα: *οι εργάτες επισκευάζουν τη ~·* (στον πληθ.) *το τρένο ξέφυγε από τις -ές* (= εκτροχιάστηκε) (συνών. *ράγα*). 7. εγκατάσταση που εξυπηρετεί την επικοινωνία (ενσύρματη ή ασύρματη) και τη μεταφορά ενέργειας: *~ τηλεφωνική / τηλεγραφική· καθώς μιλούσαμε κάποιος μπήκε στη ~· -ές φορτωμένες·* (για χειριστή τηλεφωνικού κέντρου) *δίνω ~* (= συνδέω κάποιον άμεσα ή έμμεσα με άλλον)· (για ηλεκτρισμό) *~ υψηλής τάσης·* έκφρ. *ανοιχτή ~* (= ελεύθερη και συνεχής επικοινωνία)· *θερμή / κόκκινη ~* (= άμεση τηλεφωνική ή τηλετυπική

γραμμή για να επικοινωνούν οι επικεφαλής δύο κυβερνήσεων). 8. οργανωμένο σύστημα μεταφορών που έχει ενιαία διεύθυνση και παρέχει τις υπηρεσίες του σε σταθερή βάση: *~ αεροπορική / λεωφορείων· -ές εξωτερικού· το πλοίο της -ής*. 9. η διεύθυνση που ακολουθεί κανείς προς ένα σημείο: *πήρε τις εντολές για τη ~ του καραβιού* (συνών. *ρότα*)· *η ~ Αθήνας-Κορίνθου* (= δρομολόγιο)· *χαράζω ~· αλλαγή -ής·* (στρατ.) *~ προέλασης· -ές επιχειρήσεων* (= κατευθύνσεις προς αντικειμενικούς σκοπούς)· *~ βολής* (= νοητή γραμμή που ενώνει το όπλο με το στόχο) (συνών. *κατεύθυνση, πορεία*). 10. (μεταφ.) τρόπος συμπεριφοράς ή αντιμετώπισης των πραγμάτων, δραστηριότητα σε συγκεκριμένο στόχο: *κράτησε την ίδια ~ σε όλη του τη ζωή· η εφημερίδα άλλαξε ιδιοκτησία, όχι ~· η ~ του κόμματος* (= η πολιτική που αποφάσισε να ακολουθεί) (συνών. *στάση, τακτική, πολιτική*) φρ. *δίνω ~* (= υπαγορεύω σε κάποιον τη στάση που θα κρατήσει): *το κόμμα έδωσε ~ να καταψηφιστεί η κυβερνητική πρόταση· παίρνω ~* (= μου υπαγορεύουν τη στάση που πρέπει να κρατήσω). 11. (για καταγωγή) *~ συγγένειας* (= σειρά συγγενών που κατάγονται ο ένας από τον άλλον). 12. σειρά γραμμάτων ή λέξεων σε ένα κείμενο (έντυπο ή χειρόγραφο): *δεν κατάφερα να (σου) γράψω μια ~· διάστημα ανάμεσα σε δυο -ές* (= διάστιχο) (συνών. *σειρά, στίχος, αράδα*)· φρ. *διαβάζω ανάμεσα στις -ές* (= καταλαβαίνω περισσότερα απ' όσα λένε οι λέξεις, δηλ. και όσα υπονοούνται). 13. (στρατ.) οργανωμένο σύνολο από αμυντικά έργα (οχυρά, χαρακώματα, κ.ά.) ή οι θέσεις όπου βρίσκονται τα στρατεύματα που αντιμετωπίζουν τον εχθρό: *διείσδυση στις -ές του εχθρού· ~ πυρός* (= απ' όπου βάλλουν τα όπλα του πεζικού) / *μετώπου* (= μέτωπο)· *πολεμώ στην πρώτη ~* (κυριολεκτικά στον πόλεμο και μεταφ. για όσους πρωτοστατούν σε αγώνες λ.χ. κοινωνικούς)· (μεταφ.) *οι -ές μιας οργάνωσης / ενός συλλόγου* (= σύνολο ανθρώπων που αγωνίζονται για κοινό σκοπό)· έκφρ. *πρώτης -ής* (= μεταφ. για πρόσωπο ή πράγμα με αξία, σπουδαιότητα: *επιστήμονας πρώτης -ής*. 14. (ναυτ.) σχηματισμός πολεμικών πλοίων (συνήθως μεγάλων) όταν πλέουν ή είναι αγκυροβολημένα: *~ μάχης / περιπολίας / πολλαπλή*. - Η αιτ. ως επίρρ. = ίσια, κατευθείαν: *γύρισα ~ στο σπίτι*. - Υποκορ. *-ούλα* η στη σημασ. 1.

γραμμικός, -ή, -ό, επίθ. 1. που γίνεται από γραμμές, που παριστάνεται με γραμμές: *γραφή / παράσταση -ή· σχέδιο -ό* (= που έχει χαραχτεί με κανόνα και διαβήτη) (μαθημ.). *εξίσωση -ή* (= που η γραφική παράσταση του συνόλου των λύσεών της είναι ευθεία γραμμή), *συνάρτηση -ή*. 2. (φιλολ.) *το θηλ. ως ουσ. -ή Α* = γραφή που χρησιμοποιούσαν οι Κρήτες το 1700-1600 π.Χ. (δεν έχει ακόμη αποκρυπτογραφηθεί)· β. *-ή Β* = συλλαβογραφική γραφή με την οποία αποδόθηκε μια αρχαϊκή μορφή της ελληνικής γλώσσας (15ο-12ο αι. π.Χ.).

γραμμοάτομο το, ουσ. (χημ.) ποσότητα μάζας ενός στοιχείου τόσων γραμμαρίων όσο είναι το ατομικό βάρος του.

γραμμογράφηση η, ουσ. 1. χάραξη γραμμών σε φύλλα χαρτιού με ειδικές μηχανές. 2. σχεδίαση σχημάτων με ειδικό όργανο.

γραμμογραφικός, -ή, -ό, επίθ., που σχετίζεται με

γράσο

τη γραμμογράφηση: *μηχανή -ή.*
γραμμογράφος ο, ουσ. **1.** μηχανή που χρησιμεύει για γραμμογράφηση (βλ. λ. σημασ. 1). **2.** όργανο που χρησιμοποιούν οι σχεδιαστές για τη χάραξη γραμμών με το επιθυμητό πάχος, που παραμένει κατά τη χάραξη σταθερό (συνών. *γραμμοσύρτης).*
γραμμογραφώ, -είς, ρ. (λόγ.), χαράσσω γραμμές ή σχεδιάζω σχήματα με τη βοήθεια των κατάλληλων μηχανών ή οργάνων.
γραμμοειδής, -ής, -ές, γεν. *-ούς*, πληθ. αρσ. και θηλ. *-είς*, ουδ. *-ή*, επίθ. (λόγ.), που έχει το σχήμα γραμμής: (φυτολ.) *φύλλα -ή* (= στενόμακρα).
γραμμομοριακός, -ή, -ό, επίθ. (ασυνίζ.), (χημ.) στην έκφρ. *~ όγκος* = ο όγκος των 22,4 λίτρων που καταλαμβάνει υπό κανονικές συνθήκες πίεσης και θερμοκρασίας το γραμμομόριο ενός αερίου.
γραμμομόριο το, ουσ. (ασυνίζ.), (χημ.) μάζα στοιχείου ή χημικής ένωσης σε ποσότητα γραμμαρίων ίση με το μοριακό τους βάρος.
γραμμοσκιά η, ουσ. (ασυνίζ.), τμήμα σχεδίου (γραμμικού ή εγχάρακτου) που φέρει λεπτές γραμμές, παράλληλες ή με διαφορετική διεύθυνση ώστε να φαίνεται σκοτεινότερο από το υπόλοιπο.
γραμμοσκίαση η, ουσ., η χάραξη λεπτών γραμμών σε τμήμα σχεδίου ώστε να φαίνεται σκοτεινότερο από το υπόλοιπο· συνεκδοχικά για το παραπάνω τμήμα: *οι -άσεις του χάρτη αντιστοιχούν στους πυκνοκατοικημένους νομούς της χώρας* (συνών. *διαγράμμιση).*
γραμμοσκιασμένος, -ή, -ο, επίθ. (ασυνίζ.), (για τμήμα σχεδίου) που φέρει λεπτές γραμμές, παράλληλες ή με διαφορετική διεύθυνση: *επιφάνεια -η* (συνών. *διαγραμμισμένος).*
γραμμοσύρτης ο, ουσ., μεταλλικό όργανο που χρησιμοποιούν οι σχεδιαστές για να χαράξουν γραμμές σταθερού πάχους: *~ υδατογραφίας / με σινική μελάνη* (συνών. *γραμμογράφος).*
γραμμούλα, βλ. *γραμμή.*
γραμμόφωνο το, ουσ., συσκευή για την αναπαραγωγή ήχων αποτυπωμένων σε δίσκο: *~ με χωνί· πλάκες -ου· κουρδίζω το ~* (συνών. *φωνογράφος).* - Υποκορ. **-άκι** το.
γραμμωτός, -ή, -ό, επίθ., που φέρει γραμμές ή ραβδώσεις: *χαρτί -ό· κίονες -οί·* (ανατομ.) *μύες -οί* (συνών. *ριγωτός, ραβδωτός).*
γρανάζι το, ουσ. **1.** (συνήθως στον πληθ.) οδοντωτός τροχός μηχανής που συναρμόζεται με έναν ή περισσότερους όμοιους του και μεταδίδει την περιστροφική κίνηση από τον έναν άξονα στον άλλον· (συνεκδοχικά) προεξοχή ή εγκοπή οδοντωτού τροχού: *~ κυλινδρικό / κωνικό· τα -ια του τιμονιού / του διαφορικού· βιομηχανία -ιών.* **2.** (ιδιωμ.) ο οδοντωτός κάθετος τροχός του μύλου που μεταβάλλει την κάθετη κίνηση σε οριζόντια. **3.** (μεταφ.) για περίπλοκες καταστάσεις από τις οποίες δεν μπορεί κάποιος να ξεφύγει: *μπλέκομαι / πιάνομαι στα -ια της γραφειοκρατίας / του καταναλωτισμού.* [γαλλ. *engrenage*].
γραναζωτός, -ή, -ό, επίθ. (λαϊκ.), (για τροχό) που έχει γρανάζια (συνών. *οδοντωτός).*
γρανίτα η, ουσ., είδος παγωτού με κοκκώδη μορφή από χυμούς φρούτων, που το ρουφά κανείς με καλαμάκι: *~ από λεμόνι.* [ιταλ. *granita*].
γρανιτένιος, -ια, -ιο, επίθ. (συνιζ.). **1.** που περιέχει γρανίτη, που αποτελείται από γρανίτη: *βράχος ~·*

πλάκα -ια (συνών. *γρανιτώδης*). **2.** (μεταφ.) σταθερός, άκαμπτος: *χαρακτήρας ~· θέληση -ια* (συνών. *γρανιτώδης, ατσαλένιος).*
γρανίτης ο, ουσ. **1.** είδος σκληρότατου εκρηξιγενούς πετρώματος με κοκκώδη υφή: *φλέβες -η· κτίσμα / πλάκες από -η.* **2.** (μεταφ.) για τη σθεναρή, την άκαμπτη στάση κάποιου: *~ η θέληση / η αποφασιστικότητά του* (συνών. *βράχος).* [γαλλ. *granit(e)*].
γρανιτοειδής, -ής, -ές, γεν. *-ούς*, πληθ. αρσ. και θηλ. *-είς*, ουδ. *-ή*, επίθ., που έχει μορφή όμοια με το γρανίτη ή συγγενεύει με αυτόν: *πετρώματα -ή.*
γρανιτώδης, -ης, -ες, γεν. *-ους*, πληθ. αρσ. και θηλ. *-εις*, ουδ. *-ες*, επίθ. (λόγ.). **1.** που περιέχει γρανίτη ή αποτελείται από γρανίτη (συνών. *γρανιτένιος*). **2.** (μεταφ.) σταθερός, αλύγιστος, ακατάβλητος: *άμυνα / αντίσταση / θέληση ~* (συνών. *γρανιτένιος, χαλύβδινος*).
γραντί το, ουσ. (όχι έρρ.), (ναυτ.). **1.** σκοινί ραμμένο στην περιφέρεια των ιστίων για να τα ενισχύσει και να μην αφήνει να σκιστούν από τον αέρα: *το ~ της μαΐστρας κόπηκε... κι η μαΐστρα σκίστηκε* (Κόντογλου). **2.** σκοινί που ράβεται στα άκρα του ανοίγματος της τράτας για να την κάνει πιο ανθεκτική: *στο κάτω ~ είναι δεμένα τα μολύβια, στο επάνω οι φελλοί.* [τουρκ. *gradin*].
γραντολογώ, ρ. (όχι έρρ.), (ναυτ.) ράβω σκοινί στο περίβρύο ιστίου για να το ενισχύσω ώστε να μη σκιστεί με τον αέρα, βάζω γραντί (βλ. λ.).
γραπτός, -ή, -ό, επίθ., που έχει σημειωθεί με γράμματα, γραμμένος: *~ λόγος* (αντ. *προφορικός*)· *-ά μνημεία* (αντ. *προφορική παράδοση*)· *-ό κείμενο· -ό δίκαιο* (= οι κανόνες του δικαίου που έχουν επιβληθεί από τα αρμόδια όργανα της πολιτείας) (αντ. *άγραφο*). - Το ουδ. ως ουσ. = η κόλλα, το χαρτί της εξέτασης στην οποία υποβλήθηκε κάποιος· (συνεκδοχικά στον πληθ.) οι γραπτές εξετάσεις: *πήγα καλά στα -ά αλλά άσχημα στα προφορικά.* - Επίρρ. **-ώς**: *εξετάζομαι -ώς.* — Βλ. και *γραφτό.*
γράπωμα το, ουσ., ξαφνικό και βίαιο πιάσιμο: *αισθάνθηκα ένα ~ στο μανίκι* (συνών. *άρπαγμα*).
γραπώνω, ρ. **1.** πιάνω ξαφνικά και δυνατά: *-ωσε το μπράτσο μου και δεν το άφηνε·* (μέσ.) *-ώθηκε πάνω μου* (συνών. *αδράχνω, αρπάζω*). **2.** (για πρόσωπο) συλλαμβάνω: *τον είχανε -ώσει στο σκοτάδι.* [ιταλ. *grappare*].
γρασαδόρος ο, ουσ. **1.** εργάτης που λιπαίνει μηχανές (συνών. *λιπαντής*). **2.** συσκευή για τη λίπανση μηχανών (συνών. *λιπαντήρας, λαδερό*). **3.** (στρατ.) σκωπτ. για νεοσύλλεκτο.
γρασάρισμα το, ουσ. (λαϊκ.), επάλειψη των κινητών μερών μιας μηχανής με λιπαντικό για να περιορίζονται οι τριβές ανάμεσά τους (συνών. *λίπανση*).
γρασάρω, ρ. (λαϊκ.), αλείφω με λιπαντικό τα κινητά μέρη μιας μηχανής για να ελαττώνεται η τριβή ανάμεσά τους (συνών. *λιπαίνω*).
γρασίδι το, ουσ., χορτάρι (συνήθως για τη χλόη που σπέρνεται σε κήπους ή γήπεδα αθλοπαιδιών): *~ βρεγμένο / πράσινο / τρυφερό· κουρεύω το ~· τα πρόβατα βόσκουν ~* (συνών. *γκαζόν*). [μτγν. *γράσιος*].
γρασιδότοπος ο, ουσ. (λαϊκ.), τόπος όπου φυτρώνει πολύ γρασίδι.
γράσο το, ουσ., λίπος ειδικό που χρησιμοποιείται για τη λίπανση των μηχανών. [ιταλ. *grasso*].

γρασώνω, ρ., λιπαίνω μηχανή με γράσο.
γρατζουνιά, βλ. *γρατσουνιά*.
γρατζουνίζω, βλ. *γρατσουνίζω*.
γρατζούνισμα, βλ. *γρατσούνισμα*.
γρατσουνιά, γρατζουνιά, τσαγκρουνιά, τσαργκουνιά και **τσουγκρανιά** η, ουσ. (συνιζ.), ελαφρό γδάρσιμο του δέρματος με τα νύχια ή άλλο αιχμηρό αντικείμενο (συνών. *νυχιά*). [ηχομιμητ. λ. από τον ήχο *γρατς*].
γρατσουνίζω, γρατζουνίζω, γρατσουνώ, γρατζουνώ, τσαγκρουνίζω, τσουγκρανίζω και **τσαργκουνίζω**, ρ., γδέρνω ελαφρά την επιδερμίδα με τα νύχια ή άλλο αιχμηρό αντικείμενο: -*ίστηκα με τη μύτη του μολυβιού*.
γρατσούνισμα, γρατζούνισμα, τσαγκρούνισμα, τσαργκούνισμα το, ουσ., γδάρσιμο, γρατσουνιά.
γρατσουνώ, βλ. *γρατσουνίζω*.
γραφέας και (συνιζ., λαϊκ.) **γραφιάς** ο, πληθ. -*είς* και -*ιάδες*, ουσ., υπάλληλος γραφείου ή δημόσιας υπηρεσίας που ασχολείται με γραφική δουλειά (υπαγόρευση ή αντιγραφή): -*ιάς στο πρωτοδικείο* (συνών. *καλαμαράς, αντιγραφέας, γραμματέας*).
γραφειακός, -ή, -ό, επίθ. (ασυνίζ.), που ανήκει ή αναφέρεται στο γραφείο: -*ή απασχόληση* (αντ. *εργαστηριακός*).
γραφείο το, ουσ. **1**. έπιπλο, τραπέζι πάνω στο οποίο γράφομε: *άφησε το φάκελο πάνω στο ~ μου*· – *δρύινο / καρυδένιο*. **2**. ο χώρος (δωμάτιο ή οίκημα) όπου έχει τοποθετηθεί το έπιπλο· ο ιδιαίτερος χώρος όπου γράφει ή μελετά κάποιος: *κλείστηκε στο ~ του και μελετά*· *το ~ του βουλευτή / του προέδρου*. **3**. χώρος όπου εργάζεται επαγγελματικά άτομο ή ομάδα ατόμων που κάνουν γραφική εργασία: ~*δικηγορικό / λογιστικό / συμβολαιογραφικό*· ~ *συνοικεσίων / κηδειών· είδη εξοπλισμού -είων*. **4**. χώρος όπου εργάζεται μια δημόσια υπηρεσία και η ίδια η υπηρεσία: ~ *στρατολογικό*. **5**. (στον πληθ.) ο χώρος απ' όπου ασκείται η διοίκηση και ο συντονισμός μιας υπηρεσίας, γραμματεία: *τα -α της επιχείρησης / της εφημερίδας*. Έκφρ. *πολιτικό ή εκτελεστικό ~* (= το ανώτατο καθοδηγητικό όργανο ενός κόμματος).
γραφειοκράτης ο, ουσ. (ασυνίζ.), δημόσιος υπάλληλος που εμφορείται από πνεύμα ρουτίνας ή επιδεικνύει αλόγιστη αυταρχικότητα.
γραφειοκρατία η, ουσ. (ασυνίζ.), η λειτουργία των κρατικών διοικητικών υπηρεσιών ως θεσμού που δυσχεραίνει την προώθηση των κρατικών υποθέσεων: *ο λαβύρινθος της -ας*.
γραφειοκρατικός, -ή, -ό, επίθ. (ασυνίζ.), που αναφέρεται στη γραφειοκρατία: *σύστημα -ό*· *διατυπώσεις -ές*.
γραφειοκρατισμός ο, ουσ. (ασυνίζ.), τάση για πλήρη επικράτηση της γραφειοκρατίας: *ο ~ των δημόσιων υπηρεσιών*.
γραφή η, ουσ. **1**. η απεικόνιση του λόγου με γραπτά σημεία, το γράψιμο και η ικανότητα του ατόμου να γράφει: *η ιστορία ενός λαού αρχίζει όταν αυτός γνωρίζει τη ~· έμαθε μόνο λίγη ανάγνωση και ~· μεγαλογράμματη / μικρογράμματη· γραμμική ~* (= το σύστημα γραφής του μινωικού πολιτισμού, όπου τα «γράμματα» είναι απλοποιημένα σχήματα και δεν αναγνωρίζονται με βεβαιότητα)· *ιερογλυφική ~* (= το σύστημα γραφής των αρχαίων Αιγυπτίων, όπου κάθε «γράμμα» παριστάνει ένα αντικείμενο· μεταφ. = *δυσανάγνωστα γράμματα, κακογραφία*)·

παρασημαντική ~ (= η παράσταση τραγουδιού με γραπτά σημάδια ή σύμβολα, μουσική γραφή)· *σφηνοειδής ~* (= το σύστημα γραφής των αρχαίων λαών της Μεσοποταμίας, όπου τα «γράμματα» είναι συνδυασμοί σφηνών, δηλ. των αποτυπωμάτων στο μαλακό πηλό ενός ειδικού εργαλείου)· *φωνητική ~* (= η γραφή των λέξεων με βάση την προφορά των φθόγγων και όχι σύμφωνα με την ιστορική ορθογραφία. **2**. (λαϊκ.) γράμμα, επιστολή. **3**. (φιλολ.) παραλλαγή λέξης σε παλιότερο χειρόγραφο: *γνήσια ~*. **4**. *(Αγία) Γραφή* (ή στον πληθ. -*ές*) = το σύνολο των ιερών βιβλίων της χριστιανοσύνης, η Παλαιά και η Καινή Διαθήκη, η Βίβλος. Έκφρ. *στο κάτω κάτω της -ής* (= σε τελευταία ανάλυση, τελικά, επιτέλους): *στο κάτω κάτω της -ής είναι κι αυτός χριστιανός*.
γράφημα το, ουσ. (γλωσσολ.) μονάδα διακριτική της γραφής (ανάλογη με το *φώνημα*, βλ. λ.).
-γραφία β΄ συνθ. θηλ. ουσ.: *βιβλιογραφία, κακογραφία, γελοιογραφία*.
γραφιάς, βλ. *γραφέας*.
γραφίδα η, ουσ., όργανο γραφής (ειδικά το μεταλλικό έλασμα στην άκρη του κονδυλοφόρου), πένα.
γραφιδοπόλεμος ο, ουσ., αγώνας που γίνεται με τις γραφίδες, δηλ. μέσα από τις εφημερίδες και τα περιοδικά.
γραφικός, -ή, -ό, επίθ. **1**. που έχει σχέση με τη γραφή: *ύλη -ή*· ~ *χαρακτήρας* (= τα ιδιαίτερα γνωρίσματα του γραψίματος κάποιου). **2**. που προκαλεί την προσοχή με την (συχνά παραδοσιακή) ιδιαιτερότητά του, που θα άξιζε να το ζωγραφίσει κανείς: *τοπίο / λιμανάκι -ό*· *τύπος ~*· *φορεσιές -ές*. **3**. -*ές τέχνες* = οι μέθοδοι που χρησιμοποιούν μηχανικά μέσα για την αναπαραγωγή σχεδίων, εικόνων ή φωτογραφιών σε πολλά αντίτυπα. **4**. (μαθημ.) -*ή παράσταση* = το σύνολο γραμμάτων ή αριθμών ή συνδυασμοί τους που συνδέονται μεταξύ τους με τα σύμβολα των πράξεων. **5**. (ανατομ.) ~ *σπασμός* = σύσπαση των μυών στην άκρη του χεριού που προκαλεί ανικανότητα στο γράψιμο.
γραφικότητα η, ουσ. (για τοπίο, έθιμο, κλπ.) το να είναι κάτι γραφικό (βλ. λ. *σημασ*. 2): *η ~ της πλατείας του χωριού / των εθίμων*.
γραφίστας ο, θηλ. -**ίστρια**, ουσ., τεχνίτης που σχεδιάζει διακοσμητικά μοντέλα για να χρησιμοποιηθούν στην εκτύπωση και τη διαφήμιση. [γαλλ. *graphiste*].
γραφίτης ο, ουσ., είδος ορυκτού άνθρακα που έχει χρώμα σταχτόμαυρο και λάμψη μεταλλική και χρησιμοποιείται στην κατασκευή μολυβιών.
γραφολογία η, ουσ., η επιστήμη που μελετά τα ιδιαίτερα γνωρίσματα του γραφικού χαρακτήρα κάποιου και βγάζει συμπεράσματα για τα ατομικό του χαρακτήρα: *δικαστική ~* (= γραφολογία που χρησιμοποιείται για τη διαπίστωση της γνησιότητας ή πλαστότητας κάποιου γραπτού).
γραφολογικός, -ή, -ό, επίθ., που αναφέρεται στη γραφολογία: *δεδομένα -ά*.
γραφολόγος ο, ουσ., επιστήμονας ειδικός στη γραφολογία.
γραφομανής, ής, -ές, γεν. -*ούς*, πληθ. αρσ. και θηλ. -*είς*, ουδ. -*ή*, επίθ. (ψυχιατρ.) που έχει τη μανία να γράφει.
γραφομανία η, ουσ. (ψυχιατρ.) η παθολογική μανία ατόμου να γράφει.

γραφόμετρο το, ουσ., όργανο που χρησιμοποιούνταν παλιότερα στην τοπογραφία για την ακριβή μέτρηση οριζόντιων γωνιών στο έδαφος.

γραφομηχανή η, ουσ., μηχανή με την οποία γράφομε πιέζοντας πλήκτρα που συνδέονται με τύπους γραμμάτων που με την πίεση αποτυπώνονται στο χαρτί.

-γράφος β΄ συνθ. αρσ. ουσ.: *αρθρογράφος, χρονογράφος, συμβολαιογράφος*.

γραφοστατική η, ουσ., κλάδος των μαθηματικών που μελετά τη σύνθεση των δυνάμεων και ερευνά τις συνθήκες ισορροπίας τους με μεθόδους γεωμετρικές και γραφικές.

γραφτό το, ουσ., μοίρα, πεπρωμένο: *ό,τι είναι ~, θα γίνει* (συνών. *τυχερό, γραμμένο*). Φρ. *της μοίρας το ~*. - Βλ. και *γραπτός*.

γράφω, ρ., παθ. αόρ. *-φηκα* και *-φτηκα*. **I.** ενεργ. **Α.** μτβ. **1.** εκφράζω λόγια ή σκέψεις με γράμματα, διατυπώνω ή μεταφέρω κάτι σε γραπτό λόγο: *-ψε ό,τι σου είπα για να το θυμάσαι*. **2.** γράφω και στέλνω γράμμα: *τους έγραψα να με περιμένουν στο σταθμό*. **3α.** συγγράφω (λογοτ., επιστ. έργο): *~ ένα μυθιστόρημα·* **β.** συνθέτω: *ποιος έγραψε τη μουσική στο τραγούδι αυτό;* **γ.** δημοσιεύω: *έχει -ψει τρία βιβλία*. **4.** ορίζω με διαθήκη ή άλλο επίσημο έγγραφο κληρονόμο σε κάτι: *έγραψε το σπίτι στην εγγονή της* (συνών. *κληροδοτώ* αντ. *αποκληρώνω*). **5.** σχεδιάζω, ζωγραφίζω: *~ έναν κύκλο / ένα τρίγωνο·* (μεταφ.) *ένα χαμόγελο -όταν στα χείλη του*. **6.** εγγράφω, καταγράφω σε κατάλογο, μητρώο, κλπ.: *~ το παιδί μου στο σχολείο / τους μαθητές στον κατάλογο·* (μεταφ.) *~ κάποιον στα μαύρα κατάστιχα*. Φρ. *... γράψε μου* (απόδοση σε υποθ. πρότ. για να δηλώσει ότι δεν πρόκειται να πραγματοποιηθεί η υπόθεση): *αν με ξαναδείς, -ψε μου· γράφ' τα και κλάφ' τα* (για όσους πουλούν με πίστωση)· *~ κάποιον στα παλιά μου τα παπούτσια* (για κάποιον που δεν εκτιμούμε ή δεν υπολογίζομε)· *~ κάτι στο νου μου* (για κάτι που δεν πρέπει ή δε θέλομε να λησμονήσομε)· (ειρων.) *να μας -εις* (για άτομο που η αναχώρησή του μας ευχαριστεί ή μας αφήνει αδιάφορους)· *ό,τι -ει δεν ξεγράφει* (για το αμετάτρεπτο των αποφάσεων της μοίρας)· *~ ιστορία* (= εκτελώ σημαντικό έργο που θα μείνει)· *~ εποποιία / έπος* (= μεγαλουργώ, θριαμβεύω). **Β.** αμτβ. **1.** (για γραφική ύλη) είμαι κατάλληλος για γράψιμο: *το μολύβι μου δε -ει*. **2.** έχω το επάγγελμα του δημοσιογράφου ή του συγγραφέα: *~ σε περιοδικά*. **3.** με επίρρ. **α.** (για το γραφικό χαρακτήρα κάποιου): *~ καλλιγραφικά / άτσαλα·* **β.** (για ύφος συγγραφέα): *~ κατανοητά / στρυφνά / ζωντανά*. **4.** αναφέρω, περιλαμβάνω· (για γραπτό κείμενο) *τι -ει σήμερα η εφημερίδα;* **II.** μέσ. **1.** εγγράφομαι, συμπεριλαμβάνομαι σε κατάλογο, κλπ.: *-ομαι στο σωματείο / στο σχολείο / στους εκλογικούς καταλόγους* (συνών. *εντάσσομαι·* αντ. *διαγράφομαι*). **2.** (για λ.) ορθογραφούμαι: *πώς -εται το όνομά σου;* - Η μτχ. ως επιθ. = «ζωγραφιστός», καλοσχηματισμένος: *φρύδι γραμμένο*. - Το ουδ. *γραμμένο* ως ουσ. = η μοίρα, το γραφτό (συνών. *ριζικό, τυχερό, πεπρωμένο*).

γράψιμο το, ουσ. **1.** το να γράφει κανείς, η γραφή. **2.** ο γραφικός χαρακτήρας: *~ άτσαλο / τακτικό / στρωτό*.

Γρεβενιώτης ο, θηλ. **-ισσα**, ουσ. (συνιζ.), αυτός που κατοικεί στα Γρεβενά ή κατάγεται από εκεί.

γρεβενιώτικος, -η, -ο, επίθ. (συνιζ.), που ανήκει ή αναφέρεται στα Γρεβενά ή τους Γρεβενιώτες.

γρεγολεβάντες ο, ουσ. (έρρ.), άνεμος που πνέει μεταξύ του ανατολικού και βορειοανατολικού σημείου: *καράβι στο -ε*. [βενετ. *gregolevante*].

γρέγος ο, ουσ., βορειοανατολικός άνεμος. [βενετ. *grego*].

γρεγοτραμοντάνα και **γρεγοτραμουντάνα** η, ουσ. (έρρ.), άνεμος που πνέει μεταξύ βόρειου και βορειοανατολικού σημείου. [βενετ. *gregotramontana*].

γρεναδιέρος ο, ουσ. (συνιζ.), (στον πληθ.) πεζικό σώμα από επίλεκτα συντάγματα που υπήρχε παλιότερα στη Γαλλία. [γαλλ. *grenadier*].

γρηγοράδα η, ουσ., ταχύτητα, σβελτάδα: *άλογο που δεν πιάνεται στη ~·* νοικοκυρά / εργάτης με *~ στη δουλειά* (συνών. *γοργότητα* αντ. *βραδύτητα, αργοπορία*).

γρηγοριανός, -ή, -ό, επίθ. (ασυνίζ.), στην έκφρ. *-ό ημερολόγιο* = το ημερολόγιο που ρυθμίστηκε στην εποχή του πάπα Γρηγορίου ΙΓ΄ (πβ. *ιουλιανό ημερολόγιο*).

γρήγορος, -η, -ο και **γλήγορος**, επίθ., ταχύς, σβέλτος: *~ στη δουλειά / στις αποφάσεις· άλογο -ο* (συνών. *γοργός* αντ. *αργός, οκνός, βραδυκίνητος*). - Το ουδ. του συγκρ. έναρθρο με επιρρημ. σημασ. = όσο το δυνατόν πιο γρήγορα: *έλα το γρηγορότερο*. - Επίρρ. **-α**· φρ. *κάνω γρήγορα* (= βιάζομαι)· *κάνε ~ να τελειώνουμε*. [μτγν. *εγρήγορος*].

γρηγορώ, -είς, ρ. (λόγ.), είμαι «άγρυπνος», σε εγρήγορση· επαγρυπνώ· φρουρώ: *«άνδρες γρηγορείτε!»*

γριά η, ουσ. (ασυνίζ.). **1.** γυναίκα μεγάλης ηλικίας: *~ καλοστεκούμενη* (ως επιθετ. προσδ.) *~ γυναίκα* (συνών. *γερόντισσα, γιαγιά*). **2.** (λαϊκ. με επόμ. γεν.) μητέρα (συνήθως ηλικιωμένη): *η ~ μου θα στενοχωρηθεί με τους βαθμούς μου*. **3.** (σπανιότ.) γυναίκα, σύζυγος προχωρημένης ηλικίας: *ας πάω να δω τη ~ μου*. - Υποκορ. **-ούλα** η. [αρχ. *γραία*].

γριβάδι το, ουσ., ψάρι του γλυκού νερού, κυπρίνος. [πιθ. σλαβ. *griva*].

γρίβας ο και **γριβάλογο** το, ουσ., άλογο με τρίχες άσπρες και σταχτιές, γκρίζο.

γριγρί το, ουσ. άκλ. **1.** συγκρότημα που αποτελείται από ένα πλοιάριο αλιευτικό, πετρελαιοκίνητο και βάρκες βοηθητικές με λάμπες από ασετιλίνη. **2.** (συνεκδοχικά) τρόπος ψαρέματος: *ψαρεύουν με ~*. [τουρκ. *gir gir*].

γρίλια η, ουσ. (συνιζ.), καθεμιά από τις μικρές οριζόντιες σανίδες πάνω στα παντζούρια που είναι προσαρμοσμένες με κάποια κλίση ώστε να περνά ανάμεσά τους φως και αέρας (συνών. *περσίδα*). [γαλλ. *grille*].

γρίνια, βλ. *γκρίνια*.

γρινιάζω, βλ. *γκρινιάζω*.

γρινιάρης, -α, -ικο, βλ. *γκρινιάρης*.

γριούλα, βλ. *γριά*.

γριπάρης ο, θηλ. **-ισσα**, ουσ., αυτός που ψαρεύει με γρίπο (βλ. λ.) ή κατασκευάζει γρίπους.

γρίπη η, ουσ. (ιατρ.) επιδημική μεταδοτική αρρώστια που προσβάλλει το αναπνευστικό σύστημα: *~ ασιατική· έχω / αρπάζω ~*. - Υποκορ. **-ούλα** η. [γαλλ. *grippe*].

γριπιάζω, ρ. (συνιζ.), (συνήθως η μτχ. *γριπιασμένος*) προσβάλλομαι από γρίπη.

γρίπος ο, ουσ. **1.** αλιευτική συσκευή με δίχτυα και

γριπούλα

(συνεκδοχικά) το καΐκι που έχει γρίπους (συνών. *τράτα*). 2. ειδικό σκοινί με το οποίο μαζεύουν από το βυθό της θάλασσας κάτι που έπεσε ή νάρκες.

γριπούλα, βλ. *γρίπη*.

γρίπτη, βλ. *γρίπη*.

γριπώδης, -ης, -ες, γεν. *-ους*, πληθ. αρσ. και θηλ. *-εις,* ουδ. *-η,* επίθ., που έχει τη μορφή της γρίπης: ~ *πλευρίτιδα / πνευμονία.*

γριτσανίζω και **κριτσανίζω,** ρ. Α. (μτβ.) τρώω κάτι ξερό και τραγανιστό: ~ *ένα παξιμάδι* (συνών. *ροκανίζω, τραγανίζω*). Β. (αμτβ.) τρίζω: *τα χόρτα είναι ωμά και -ουν καθώς τα τρως.* [ηχομιμ. από τον ήχο *γριτς-γρατς*].

γριφολογία η, ουσ., η ασχολία με τους γρίφους.

γρίφος ο, ουσ. 1. λόγος περίπλοκος και σκοτεινός, δυσνόητος: *μιλάς με -ους.* 2. παιχνίδι πνευματικό, αίνιγμα.

γριφώδης, -ης, -ες, γεν. *-ους*, πληθ. αρσ. και θηλ. *-εις,* ουδ. *-η,* επίθ., που μοιάζει με γρίφο, δυσνόητος (συνών. *αινιγματικός, κρυπτογραφικός, ακαταλαβίστικος* αντ. *κατανοητός, αυτονόητος, προφανής*).

γροθιά η, ουσ. (συνιζ.). 1. το κλεισμένο χέρι, η μπουνιά: *οργισμένος έσφιξε τη ~ του.* 2. (συνεκδοχικά) το χτύπημα που δίνει κανείς με τη γροθιά: *με δυο -ιές τον έριξε κάτω* (συνών. *γρόνθος*).

γροικώ, βλ. *αγροικώ*.

γροιλανδικός, -ή, -ό, επίθ., που προέρχεται από τη Γροιλανδία.

Γροιλανδός ο, θηλ. **-ή,** ουσ., αυτός που κατοικεί στη Γροιλανδία ή κατάγεται από αυτή.

γρόμπος ο, ουσ. (όχι ερρ.), κόμπος· εξόγκωμα (συνών. *θρόμβος, σβώλος, όγκος*). [ιταλ. *groppo*].

γρονθοκόπημα το, ουσ., χτύπημα με γροθιές (συνών. *μπουνίδι, γρονθοπατινάδα*).

γρονθοκοπώ, ρ. Ι. (ενεργ.) χτυπώ κάποιον με γροθιές. II. (μέσ., σε τρίτο πρόσ.) βρίσκεται σε αντίφαση, αλληλοαναιρείται.

γρονθοπατινάδα η, ουσ. (ειρων.), γρονθοκόπημα.

γρόνθος ο, ουσ., γροθιά.

γρόσι το, πληθ. *-ια* και *-α,* ουσ. 1. αυστριακό, τουρκικό και αιγυπτιακό νόμισμα που ισοδυναμεί με το ¹/₁₀₀ του αυστριακού σίλινγκ ή της τουρκικής ή της αιγυπτιακής λίρας ή με σαράντα παράδες. 2. (συνεκδοχικά στον πληθ.) τα χρήματα· η περιουσία: (παροιμ.) *τα γρόσα το Χριστό επαραδώσα·* (παροιμ.) *έχεις γρόσα; έχεις γλώσσα.* [ιταλ. *grosso*].

γρούζω, ρ., αόρ. *έγρουξα*. 1. (για ζώα ή πτηνά) βγάζω φωνή θυμού ή φόβου, κάνω «γρου-γρου»: *τα σκυλιά -ανε φοβισμένα* (συνών. *γρυλίζω*). 2. μουρμουρίζω, ψιθυρίζω. [ονοματοπ. λ.].

γρούξιμο το και **γρουξιά** η, ουσ. (συνιζ.). 1. η φωνή γουρουνιού (συνών. *γρυλισμός*). 2. μουρμούρισμα, ψιθύρισμα.

γρουσούζης, βλ. *γουρσούζης*.

γρουσουζιά, βλ. *γουρσουζιά*.

γρουσούζικος, βλ. *γουρσούζικος*.

γρυ, ουσ. άκλ. 1. η φωνή του γουρουνιού, γρύλισμα. 2. ελάχιστη φωνή ανθρώπου ή ελάχιστη ποσότητα γνώσης (μόνο αρνητ.): *δεν καταλαβαίνω ~· δε σκάμπαζε ~· δεν έβγαινε ~ απ' το στόμα του.*

γρυλίζω, ρ. 1. (για τη φωνή του γουρουνιού) γρούζω, κάνω «γρου-γρου». 2. βγάζω φωνή σαν του γουρουνιού, βογγώ, γογγύζω.

γρύλισμα το, ουσ., η φωνή του γουρουνιού (συνών. *γρυλισμός, γρούξιμο*).

γρυλισμός ο, ουσ., η φωνή του γουρουνιού (συνών. *γρύλισμα, γρούξιμο*).

γρύλος ο, ουσ. 1. είδος εντόμου, το τριζόνι. 2. μοχλός που χρησιμοποιείται για την ανύψωση βαριών αντικειμένων (ιδιαίτερα του αυτοκινήτου για την αλλαγή τροχού).

γρύπας ο, ουσ. (μυθολ.) ζώο με σώμα λιονταριού, κεφάλι και φτερά αετού, που φύλαγε από τους μονόφθαλμους Αριμασπούς ένα χρυσό θησαυρό. [αρχ. *γρυψ*].

γρυπός, -ή, -ό, επίθ. 1. γαμψός, κυρτός: *μύτη -ή· ράμφος -ό* (συνών. *καμπύλος, γερακίσιος*). 2. που έχει μύτη γαμψή (συνών. *γερακομύτης* αντ. *πλατσομύτης*).

γυάλα η, ουσ. (συνιζ.). 1. μεγάλο γυάλινο δοχείο με πλατύ στόμιο: *η ~ με τα ψάρια.* 2. λαϊκή ονομασία της θερμοκοιτίδας (βλ. λ.).

γυαλάδα η, ουσ. (συνιζ.), η ιδιότητα ενός σώματος να λάμπει: *η ~ των παπουτσιών / των επίπλων* (συνών. *λάμψη, στιλπνότητα·* αντ. *θαμπάδα*).

γυαλάδικο το, ουσ. (συνιζ.), κατάστημα που πουλά ή εργαστήριο που κατασκευάζει γυάλινα είδη (συνών. *υαλοπωλείο, υαλουργείο*).

γυαλάκι, βλ. *γυαλί*.

γυαλάκιας ο, ουσ. (συνιζ. δις), (ειρων.) αυτός που φορεί γυαλιά.

γυαλένιος, -ια, -ιο, επίθ. (συνιζ. δις), που είναι φτιαγμένος από γυαλί: *βάζο -ιο· μάτι -ιο* (= τεχνητό μάτι από γυαλί) (συνών. *γυάλινος*).

γυαλί το, ουσ. (συνιζ.). 1. σώμα στερεό, εύθραστο, διαφανές που κατακευάζεται από ειδική άμμο, μάρμαρο και σόδα με ειδική επεξεργασία: *ήταν ~ και το πλήρωσα για κρύσταλλο.* 2. κομμάτι γυαλιού, γυάλινη επιφάνεια, τζάμι: *το ~ της πόρτας / του ρολογιού μου / του γραφείου μου / της τηλεόρασης.* 3. (στον πληθ.) α. κομμάτια, θρύμματα γυαλιού: *πρόσεξε τα -ιά από το σπασμένο μπουκάλι·* β. τα ματογυάλια: *-ιά μυωπικά.* 4. (λαϊκ.) ποτήρι: *στου πικραμένου την αυλή τρία -ιά φαρμάκι* (δημ. μοιρολόι). 5. επιφάνεια λεία και στιλπνή: *έκανες το πάτωμα / το έπιπλο / τα παπούτσια ~* (συνών. *καθρέφτης, λαμπίκος, λαμπερός*)· (για υδάτινη μεγάλη επιφάνεια) ήρεμη, ακίνητη: *η θάλασσα ήτανε ~* (συνών. *λάδι*). 6. (ναυτ.) α. αλιευτικός φακός, βυθοσκόπιο· β. τηλεσκόπιο. 7. (λαϊκ.) η τηλεόραση ως θέαμα: *βγήκε στο ~* (πβ. *βγήκε στον αέρα*). Φρ. *βάζω σε κάποιον τα -ιά* (= αποδεικνύομαι ανώτερος, υπερτερώ σε κάτι σε σχέση με άλλον)· *τα κάνω -ιά καρφιά* (= κωματιάζω ρημάζω, καταστρέφω): *μάλωσαν και τα έκαναν -ιά καρφιά* (συνών. *γης Μαδιάμ*)· *ράγισε το ~* (για φιλία ή άλλη ανθρώπινη σχέση που κλονίστηκε ανεπανόρθωτα). - Υποκορ. **-άκι** το στη σημασ. 2 και **-άκια** (πληθ.) στη σημασ. 3. [υποκορ. *υάλιον* του αρχ. *ύαλος*].

γυαλίζω, ρ. (συνιζ.). Α. μτβ. 1. κάνω κάτι στιλπνό και λαμπερό: ~ *τα έπιπλα / τα παπούτσια* (συνών. *βερνικώνω, λουστράρω*)· ~ *τα ασημικά / τα μπακίρια* (συνών. *στιλβώνω*). 2. (μεταφ.) δελεάζω κάποιον με χρήματα: *αν του -ίσεις κάτι θα σ' εξυπηρετήσει.* Β. αμτβ. 1. λάμπω, είμαι στιλπνός, ακτινοβολώ: *-ει το πάτωμα· τα παπούτσια -ουν* (συνών. *λαμποκοπώ* αντ. *θαμπώνω, μαυρίζω*). 2. (μεταφ.) διατηρούμαι νέος και ακμαίος: *-ει το μούτρο του / -ουν τα μάγουλά της·* (για ζώα) είμαι καλοθρεμμένος και υγιής: *-ει η τρίχα του σκύλου.* Φρ. *-ουν τα μάτια κάποιου* (για το βλέμμα που

γυμνός

έχει κανείς όταν μεθάει ή κυριεύεται από απληστία ή σφοδρή επιθυμία): *-ισαν τα μάτια του από την πείνα / από τη θέα του χρήματος· μου -ισε κάτι (στο μάτι)* (= μου έκανε μεγάλη εντύπωση κάτι και επιθυμώ να το αποκτήσω): *πολύ μου -ισε στο μάτι το κόκκινο πουλόβερ* (συνών. *βάζω στο μάτι*). [μτγν. *υαλίζω*].

γυαλικό το, ουσ. (συνιζ.), (συνήθως στον πληθ.) το σύνολο των γυάλινων αντικειμένων (που υπάρχουν κυρίως σε μια οικοσκευή): *στο σπίτι έχει θαυμάσια -ά·* στον τρίτο όροφο του μαγαζιού έχει μόνο *-ά*.

γυάλινος, -η, -ο, επίθ. (συνιζ.), που είναι κατασκευασμένος από γυαλί: *ποτήρια -α· κανάτα -η* (συνών. *γυαλένιος*).

γυάλισμα το, ουσ. (συνιζ.), το να δίνεις σε κάτι γυαλάδα, λουστράρισμα: *τα έπιπλα χρειάζονται ~*.

γυαλιστερός, -ή, -ό, επίθ. (συνιζ.), που γυαλίζει, που λάμπει: *-ή επιδερμίδα· -ό ύφασμα / έπιπλο / μέταλλο* (συνών. *λαμπερός, στιλπνός, λουστραρισμένος*· αντ. *θολός, θαμπός, σκοτεινός*).

γυαλιστήρι ο, ουσ. (συνιζ.), όργανο με το οποίο γίνεται το γυάλισμα (συνών. *βούρτσα*).

γυαλιστός, -ή, -ό, επίθ. (συνιζ.), που έχει γυαλιστεί, λαμπερός, στιλπνός (συνών. *αστραφτερός, γυαλιστερός·* αντ. *θαμπός*).

γυαλοβάμβακας, βλ. *υαλοβάμβακας*.

γυαλοκόπημα το, ουσ. (συνιζ.), ιδιότητα ενός αντικειμένου να λάμπει, να αντινοβολεί (συνών. *λάμψη, ακτινοβολία, γυαλάδα*).

γυαλοκοπώ, -άς, ρ. (συνιζ.), εκπέμπω αστραφτερή γυαλάδα: *-ά η θάλασσα· -ούν τα χιόνια* (συνών. *ακτινοβολώ, αστράφτω, λάμπω*).

γυαλοτετράγωνο το, ουσ. (συνιζ.), γυαλί σε σχήμα τετραγώνου που τοποθετείται στα πεζοδρόμια.

γυαλόχαρτο το, ουσ. (συνιζ.), χαρτί με τρίμματα γυαλιού κολλημένα στη μια του όψη, που χρησιμεύει στη λείανση ή στο γυάλισμα ξύλινων ή μεταλλικών επιφανειών (συνών. *σμυριδόχαρτο*).

γυλιός ο, ουσ. (ασυνίζ.), στρατιωτικό σακίδιο από χοντρό αδιάβροχο ύφασμα για τα είδη ατομικής χρήσης του στρατιώτη.

γύλος ο, ουσ., είδος ψαριού.

γυμνάζω, ρ. I. ενεργ. μτβ. **1.** διδάσκω σε κάποιον τη γυμναστική, εξασκώ με κατάλληλες ασκήσεις κάποιον σωματικά για ευελιξία και ευεξία: *ο γυμναστής -ει τους μαθητές· ο προπονητής -ει τους αθλητές* (συνών. *αθλώ, εκγυμνάζω, προπονώ*). **2.** (συνεκδοχικά) εξασκώ κάποιον σε κάποια ικανότητα, εκπαιδεύω: *~ κάποιον στην υπακοή / στη νηστεία / στην ορθογραφία· τα πνευματικά παιχνίδια -ουν το μυαλό*. **II.** (μέσ.) ασκούμαι σε κάτι, προσπαθώ ν' αποκτήσω κάποια ικανότητα.

γύμναση η, ουσ., άσκηση του σώματος ή του πνεύματος με σωματικές ή πνευματικές δοκιμασίες (συνών. *εκγύμναση, εξάσκηση, εκπαίδευση*).

γυμνασιακός, -ή, -ό, επίθ. (ασυνίζ.), που ανήκει ή αναφέρεται στο γυμνάσιο, στην πρώτη βαθμίδα της μέσης εκπαίδευσης: *χρόνια / μαθήματα -ά*.

γυμνασιαρχεύω, ρ. (ασυνίζ.), εκτελώ χρέη γυμνασιάρχη.

γυμνασιάρχης ο, θηλ. **-ισσα** και **-ίνα**, ουσ. (ασυνίζ.), διευθυντής γυμνασίου: *~ αυστηρός*. - Το θηλ. *-ίνα* σημαίνει και τη σύζυγο του γυμνασιάρχη.

γυμνασιαρχία η, ουσ. (ασυνίζ.). **1.** το αξίωμα του γυμνασιάρχου. **2.** το αξίωμα του γυμνασιάρχη.

γυμνασιαρχίνα και **γυμνασιάρχισσα**, βλ. *γυμνασιάρχης*.

γυμνασιάρχος ο, ουσ., αυτός που επιβλέπει για την τήρηση και εφαρμογή όλων των αγωνιστικών κανονισμών σε αθλητικές εκδηλώσεις.

γυμνασιαρχώ, ρ. (ασυνίζ.), είμαι διευθυντής γυμνασίου.

γυμνάσιο το, ουσ. (ασυνίζ.). **1.** τριτάξιο σχολείο μέσης εκπαίδευσης (υποχρεωτικής φοίτησης): *μαθητής -ίου*, **2.** (αρχαιολ.) δημόσιο οικοδόμημα με εσωτερική υπαίθρια αυλή για γυμναστικές και αθλητικές ασκήσεις των αρχαίων εφήβων (συνών. *παλαίστρα*)· (στον πληθ.) στρατιωτικές ασκήσεις: *αεροπορικά -α*.

γυμνασιοκόριτσο το, ουσ. (ασυνίζ.), μαθήτρια γυμνασίου.

γυμνασιόπαιδο το, ουσ. (ασυνίζ.), μαθητής γυμνασίου.

γύμνασμα το, ουσ. **1.** σωματική άσκηση: *~ ακροβατικό*. **2.** πνευματική άσκηση: *~ αριθμητικό / μουσικό*.

γυμναστήριο το, ουσ. (ασυνίζ.), χώρος, ανοιχτός ή κλειστός, κατάλληλα διασκευασμένος για γυμναστικές ασκήσεις και αθλοπαιδιές.

γυμναστής ο, θηλ. **-τρια**, ουσ., καθηγητής της γυμναστικής.

γυμναστική η, ουσ. **1.** το σύνολο των ασκήσεων που αποβλέπουν στη συμμετρική ανάπτυξη του σώματος: *~ σουηδική / ενόργανη*. **2.** το μάθημα της σωματικής αγωγής: *καθηγητής της -ής*.

γυμναστικός, -ή, -ό, επίθ., που ανήκει, που αναφέρεται στη σωματική γύμναση: *επιδείξεις -ές· σύλλογος ~· παράγγελμα -ό*.

γύμναστρα τα, ουσ., δίδακτρα γυμναστικής.

γυμνάστρια, βλ. *γυμναστής*.

γύμνια η, ουσ. (συνιζ.). **1.** η κατάσταση του γυμνού (συνών. *γυμνότητα*). **2.** (μεταφ.) φτώχεια: *~ ψυχική*. **3.** (για τόπο) έλλειψη βλάστησης: *~ της ορεινής περιοχής*.

γυμνικός, -ή, -ό, επίθ., που σχετίζεται με γυμναστικές ασκήσεις και αθλήματα που εκτελούσαν στην αρχαιότητα οι αθλητές γυμνοί: *αγώνες -οί*.

γυμνισμός ο, ουσ. **1.** τάση να περιφέρεται κανείς γυμνός για λόγους υγείας ή άνεσης. **2.** τάση για μερική ή ολική επικράτηση του γυμνού.

γυμνιστής ο, θηλ. **-ίστρια**, ουσ., οπαδός του γυμνισμού: *στρατόπεδο -ών*.

γυμνογάστερα τα, ουσ. (ζωολ.) ζώα που η κοιλιά τους είναι γυμνή από τρίχες ή φτερά.

γυμνοδάκτυλα τα, ουσ. (ζωολ.) ζώα που τα δάχτυλα των ποδιών τους δεν περιβάλλονται από μεμβράνη.

γυμνοδάκτυλος ο, ουσ. (ζωολ.) είδος σαύρας.

γυμνόδερμος, -η, -ο, επίθ. (για ζώα) που το δέρμα τους δε σκεπάζεται από τρίχες ή φτερά.

γυμνοθεραπεία η, ουσ. η έκθεση του σώματος γυμνού στον ήλιο και στον αέρα για θεραπευτικούς λόγους.

γυμνόκαρπος, -ή, -ο, επίθ. (βοταν.) που έχει καρπό χωρίς περίβλημα, χωρίς φλούδα.

γυμνολαίμης, -α, -ικο, επίθ. (για ζώα) που δεν έχει στο λαιμό του τρίχες ή πούπουλα. *κότα -α*.

γυμνόλαιμος, -η, -ο, επίθ., που έχει λαιμό ακάλυπτο.

γυμνός, -ή, -ό και (λαϊκ.) **γδυμνός**, επίθ. **1.** που δε φορεί ρούχα ή που δεν είναι καλά ντυμένος: *μην* αφήνεις πολλή ώρα το παιδί -ό στον ήλιο! πόζαρε -ή μπροστά στο μεγάλο καλλιτέχνη· την παντρεύτηκε -ή (= χωρίς προίκα) (συνών. θεόγυμνος, ολόγυμνος, άντυτος, γδυτός· αντ. ντυμένος). 2. (για πράγματα) που βρίσκεται έξω από τη θήκη ή το κάλυμμά του: σπαθί / μαξιλάρι -ό. 3. (για χώρο, κτήριο, τοίχο, κλπ.) που δεν έχει έπιπλα ή διακόσμηση: τοίχος ~· δωμάτιο -ό (συνών. άδειος, αδιακόσμητος· αντ. επιπλωμένος). 4. που δεν έχει βλάστηση, δέντρα: παραλία -ή· βουνό -ό (συνών. άδεντρος, φαλακρός). Έκφρ. -ό μάτι (= μάτι που για να παρατηρήσει κάτι δε βοηθιέται από φακό ή από άλλο οπτικό όργανο)· -ή αλήθεια (= η αλήθεια σ' όλη της την έκταση, μη συγκαλυμμένη). - Το ουδ. ως ουσ. = 1. γυμνό ανθρώπινο σώμα. 2. εικόνα, ζωγραφιά ή γλυπτό γυμνού ανθρώπινου σώματος.

γυμνοσάλιαγκας και **γυμνοσάλιαγκος** ο, ουσ. (έρρ.), σαλιγκάρι χωρίς όστρακο.

γυμνοσοφιστής ο, ουσ., Ινδός φιλόσοφος που ζει ασκητικά στα δάση γυμνός.

γυμνόσπερμα τα, ουσ. (βοταν.) μια από τις δύο ομάδες στις οποίες χωρίζονται τα φανερόγαμα φυτά.

γυμνόστηθος, -η, -ο, επίθ., που έχει γυμνά τα στήθη: κολυμπούσε -η· γοργόνα -η (συνών. ξεστήθωτος).

γυμνότητα η, ουσ., γύμνια (βλ. λ.).

γύμνωμα το, ουσ. 1. αφαίρεση ρούχων (συνών. γδύσιμο, ξεγύμνωμα). 2. απογύμνωση, αρπαγή, λεηλασία.

γυμνώνω, ρ. 1. αφαιρώ τα ρούχα κάποιου, γδύνω κάποιον (συνών. ξεντύνω, ξεγυμνώνω). 2. (για σπαθί) ανασύρω: τότε ορθός πετάγομαι, τη σπάθη μου ~ (Κρυσταλλή). 3. απογυμνώνω, κλέβω: μου -ωσαν οι κλέφτες το σπίτι (συνών. ληστεύω, γδέρνω, γδύνω, κατακλέβω, ξεγυμνώνω). 4. (μέσ.) γδύνομαι: -ώθηκε και μπήκε στη θάλασσα (συνών. ξεγυμνώνομαι, ξεντύνομαι).

γύμνωση η, ουσ., γύμνωμα.

γυναίκα η, ουσ. 1. άνθρωπος θηλυκού γένους: κάθισαν οι -ες χωριστά απ' τους άντρες. 2. ώριμη γυναίκα: έγινες πια ~· με τα όλα της. 3. σύζυγος: έχει ωραία ~ (συνών. συμβία). 4. πρόσωπο που υπηρετεί άλλους: κάθε μήνα παίρνω ~ για την καθαριότητα του σπιτιού (συνών. υπηρέτρια, καθαρίστρια). Έκφρ. ~ του δρόμου (= ανήθικη, πόρνη). - Υποκορ. 1. **-άκι** το, για γυναίκα μικρόσωμη (συνήθως με τις αντων. μου, σου, του, θωπευτ.). 2. **-ούλα** η. α. μειωτ. για γυναίκα αφελή: απλή -ούλα του λαού· κουτσομπολεύει σαν τις -ούλες της γειτονιάς· β. με τις αντων. μου, σου, του θωπευτ. 3. **-άριο** το (ασυνίζ.), μειωτ. για γυναίκα ανήθικη. - Μεγεθ. **-άρα** η, για γυναίκα μεγαλόσωμη.

γυναικάδελφος ο, θηλ. **-αδέλφη**, ουσ., αδελφός της συζύγου, κουνιάδος.

γυναικάκι, βλ. γυναίκα.

γυναικάκιας ο, ουσ. (συνιζ.), αυτός που του αρέσει να συναναστρέφεται με γυναίκες (συνών. γυναικάς).

γυναικάρα, βλ. γυναίκα.

γυναικάριο, βλ. γυναίκα.

γυναικάς ο, ουσ., γυναικάκιας: μεγάλος ~.

γυναικείος, -α, -ο και (συνιζ.) **-αίκειος**, επίθ. 1. που ανήκει ή αναφέρεται σε γυναίκα: κορμί / στήθος -ο· μοναστήρι -ο (συνών. γυναικίσιος). 2. που χρησιμοποιείται από γυναίκες ή προορίζεται γι' αυτές: είδη -α· μπλούζα -α. 3. που ταιριάζει στο χαρακτήρα της γυναίκας: συμπεριφορά / στάση -α· κουβέντες -ες· έκφρ. -α πάθη ή νοσήματα = αφροδίσια (αντ. αντρικός και στις τρεις σημασ.). - Το ουδ. στον πληθ. ως ουσ. = έμμηνα. - Επίρρ. **-α** στις σημασ. 1 και 3.

γυναικίσιος, -ια, -ιο, επίθ. (συνιζ.), γυναικείος: χάρη -ια.

γυναικίστικος, -η, -ο, επίθ., γυναικείος: καμώματα -α. - Επίρρ. **-α**.

γυναικοδουλειά η, ουσ. (συνιζ.). 1. δουλειά που γίνεται από γυναίκες. 2. ερωτική περιπέτεια: καβγαδίζουν συνεχώς για -ειές (συνών. ερωτοδουλειά). 3. (στον πληθ.) ενέργειες και φερσίματα που ταιριάζουν σε γυναίκες: μην ανακατεύεσαι σε τέτοιες -ειές.

γυναικοθέμι το, ουσ. (λαϊκ.), πλήθος από γυναίκες: τι ~ ήταν αυτό στην εκκλησία! (συνών. γυναικομάνι, γυναικολόγι, γυναικόκοσμος).

γυναικοκαβγάς ο, ουσ., καβγάς ανάμεσα σε γυναίκες: στήθηκε στη γειτονιά μας άγριος ~.

γυναικοκατακτητής ο, ουσ., αυτός που κατακτά τις καρδιές των γυναικών, αυτός που τον ερωτεύονται οι γυναίκες: ~ ξακουστός (συνών. γόης, καρδιοκατακτητής).

γυναικόκοσμος ο, ουσ. 1. πλήθος από γυναίκες (συνών. γυναικοθέμι, γυναικομάνι, γυναικολόι). 2. το σύνολο των γυναικών: ο ~ αντέδρασε στα αντιφεμινιστικά μέτρα.

γυναικοκουβέντα η, ουσ., συζήτηση ανάμεσα σε γυναίκες, κουτσομπολιό: μη δίνεις σημασία σε -ες.

γυναικοκρατία η, ουσ. 1. κοινωνικό σύστημα κυριαρχίας των γυναικών (συνών. μητριαρχία· αντ. ανδροκρατία). 2. κυριαρχία, επικράτηση των γυναικών (σε κάποιο χώρο): στο σπίτι μας έχουμε ~ (αντ. ανδροκρατία).

γυναικοκρατούμαι, ρ., κυριαρχούμαι, εξουσιάζομαι από γυναίκα ή γυναίκες.

γυναικολό(γ)ι το, ουσ., πλήθος από γυναίκες (συνών. γυναικοθέμι, γυναικομάνι, γυναικόκοσμος).

γυναικολογία η, ουσ. (ιατρ.) επιστήμη που μελετά τον οργανισμό και το γεννητικό σύστημα της γυναίκας από άποψη μορφολογική, φυσιολογική και παθολογική.

γυναικολογικός, -ή, -ό, επίθ., που έχει σχέση με τη γυναικολογία: εξετάσεις -ές.

γυναικολόγος ο και η, ουσ., γιατρός ειδικευμένος στη γυναικολογία.

γυναικολόι, βλ. γυναικολό(γ)ι.

γυναικομάνι το, ουσ., γυναικολό(γ)ι: το ~ άρχισε να στριγγλίζει.

γυναικομανία η, ουσ., υπερβολικός έρωτας προς το γυναικείο φύλο.

γυναικόμορφος, -η, -ο, επίθ., που μοιάζει με γυναίκα.

γυναικόπαιδα τα, ουσ., γυναίκες και παιδιά μαζί.

γυναικούλα, βλ. γυναίκα.

γυναικοφοβία η, ουσ., παθολογική αποστροφή ορισμένων αντρών να συνάψουν ερωτικές σχέσεις με γυναίκες: πάσχει από ~ (αντ. γυναικομανία).

γυναικωνίτης ο, ουσ. 1. διαμέρισμα αρχαίου ή απλώς παλαιότερου σπιτιού προορισμένο για γυναίκες. 2. (συνεκδοχικά) οι γυναίκες που έμεναν στο γυναικωνίτη, το χαρέμι. 3. ιδιαίτερος χώρος στις ορθόδοξες εκκλησίες, συνήθως στο υπερώο, που προορίζεται για τις γυναίκες.

γυναικωνυμικά τα, ουσ., ονόματα αντρών που προέκυψαν από ονόματα γυναικών.

γυναικωτός, -ή, -ό, επίθ., που ταιριάζει σε γυναίκα, θηλυπρεπής (συνών. *γυναικείος, γυναικίστικος*· αντ. *ανδροπρεπής, αρρενωπός*).

γύναιο το, ουσ., ασήμαντη γυναίκα, παλιογυναίκα: *παντρεύτηκε ένα ~* (συνών. *παλιοθήλυκο*).

γυνή της απωλείας· αρχαϊστ. έκφρ. = κακόφημη γυναίκα.

γυπαετός ο, ουσ., είδος αρπακτικού πουλιού.

γύπας ο, ουσ., είδος αρπακτικού πουλιού που μοιάζει με αετό, όρνιο· (αρχ. μυθολ. στον πληθ.) δαίμονες του θανάτου. [αρχ. *γυψ*].

γύρα η, ουσ., περιφορά, περίπατος, βόλτα: *έκανα μια ~ στην αγορά* (συνών. *σεριάνι, σουλάτσο, τσάρκα, περιοδεία*). Φρ. *τα φέρνω ~* (= *τα καταφέρνω, τα φέρνω βόλτα*)· *βγαίνω στη ~* (= *ζητώ, ζητιανεύω*).

γυρεύω, ρ. 1. ζητώ (να βρω), ψάχνω: *-ει απ' το πρωί το παιδί της και δεν το βρίσκει· μου -ψε βοήθεια / δανεικά· να -εις εις τα ξένα / άλλα χέρια δυνατά* (Σολωμός) (συνών. *αναζητώ*). 2. ζητώ, απαιτώ: *τι -εις από μικρό παιδί*; 3. επιζητώ, επιδιώκω: *-ει να μας μπλέξει*· *μη -εις πράγματα αδύνατα*. 4. εξετάζω, ερευνώ. 5. επαιτώ, ζητιανεύω. Φρ. *~ και ρέστα* (= προβάλλω επιπλέον απαιτήσεις, ενώ είμαι υπόλογος)· *~ τον ουρανό με τ' άστρα* (= έχω παράλογες απαιτήσεις)· *στον ουρανό το -ε, στη γη το βρήκε* (για απροσδόκητη επιτυχία)· *πάει -οντας* (= προκαλεί, θέλει το κακό του)· *τι θέλεις, τι -εις!* (= μη ζητάς πολλές εξηγήσεις)· *τρέχα, -ε* (για κάτι που δεν αξίζει τον κόπο να ασχολείται κάποιος)· *φιρί φιρί* (= *ζητώ κάτι επίμονα*). Παροιμ. *τι -ει η αλεπού στο παζάρι*; (= δεν πρέπει να ανακατεύεται κάποιος σε πράγματα που δεν είναι της αρμοδιότητάς του)· *~ ψύλλους στ' άχυρα, στραβός βελόνα -ε μέσα στον αχυρώνα* (= κοπίαζε μάταια).

γύρη η, ουσ., σύνολο μικροσκοπικών κόκκων που παράγουν οι στήμονες των λουλουδιών και συντελούν στη γονιμοποίηση με τη βοήθεια των εντόμων ή του αέρα: *τα έντομα ρουφούν τη ~ των λουλουδιών*. [μτγν. *γύρις*].

γυρίζω και (λαϊκ.) **γυρνώ,** ρ. Α. μτβ. 1. περιστρέφω: *~ τη σούβλα*· *-σα δυο φορές το κλειδί στην κλειδαριά*. 2. στρέφω κάτι σε άλλη κατεύθυνση: *-σε κατά δω το πρόσωπό σου*. 3. επιστρέφω κάτι (συνήθως δανεικό): *-σα τα δανεικά / το βιβλίο*. 4. στρέφω το κάτω πάνω, το εσωτερικό προς τα έξω: *-σε τα ψάρια στο τηγάνι·* *-σα το παλτό μου κι έτσι δεν αγόρασα καινούργιο* (συνών. *αναστρέφω*). 5. περιφέρω κάποιον εδώ κι εκεί, ξεναγώ: *πού την -εις νυχτιάτικα*; *ο οδηγός μάς -σε σ' όλη την πόλη*. 6. εκτρέπω: *-σαν την κοίτη του ποταμού* (συνών. *παροχετεύω*). 7. (για συναλλαγματική) μεταβιβάζω με οπισθογράφηση. 8. παρακάμπτω: *μόλις -σα τη γωνία, τον είδα μπροστά μου*. 9. *~ ταινία* = **α.** (για ηθοποιό) παίζω σε ταινία· **β.** (για σκηνοθέτη, κλπ.) κινηματογραφώ. 10. (μεταφ.) μετατρέπω: *την εξέταση τη -σαν σε παιχνίδι*. 11. (μεταφ.) μεταπείθω κάποιον, τον κάνω να αλλάξει γνώμη: *τον -σα με το μέρος μου*· *του -σα τα μυαλά*. Β. αμτβ. 1. περιστρέφομαι: *-ζει η γη / ο τροχός*. 2. επανέρχομαι, επιστρέφω: *-σε το παιδί απ' το σχολείο*· *τα χελιδόνια -σαν στη φωλιά τους*· *να*

πας και να μη -σεις (κατάρα) (συνών. *ξαναγυρίζω, αριβάρω*· αντ. *φεύγω, μισεύω, αποδημώ*). 3. περιφέρομαι, πλανιέμαι: *~ σαν την άδικη κατάρα*· *-ει σαν τρελή στους δρόμους* (συνών. *γυροφέρνω*)· (μεταφ.) *ο νους μου -ζει σε χίλιες έγνοιες*. 4. στρέφομαι σε κάποιον ή σε αντίθετη κατεύθυνση: *γύρνα να δεις!*· *-σε και του μίλησε*. 5. περιέρχομαι, περιοδεύω: *-σα όλο τον κόσμο* (συνών. *περιηγούμαι*). 6α. υποχωρώ, μεταβάλλω γνώμη ή διάθεση: *είναι άνθρωπος που δε -ζει εύκολα*· **β.** αλλάζω: *-σε ο καιρός*. 7. κάμπτομαι, στραβώνω: *-σε η μύτη της καρφίτσας / του μαχαιριού* (συνών. *λυγίζω*). 8. ανατρέπομαι, αναποδογυρίζω: *-σε το λεωφορείο και τραυματίστηκαν πολλοί* (συνών. *ντελαπάρω*). 9. (για άνεμο) μεταπίπτω: *ο αγέρας -σε σε νοτιά*. 10. έχω ερωτικούς δεσμούς: *-ει με πολλές γυναίκες*. Φρ. *~ τον αρραβώνα* (= τον διαλύω)· *-ει το κεφάλι μου* (= ζαλίζομαι)· *~ στο καλύτερο ή στο χειρότερο* (= καλυτερεύω ή χειροτερεύω): *ο άρρωστος -σε στο καλύτερο*· *πίσω ή στα παλιά* (= θυμάμαι, ανακαλώ τα περασμένα)· *γυρνώ ή ~ την πλάτη ή τη μούτρα σε κάποιον* (= τον περιφρονώ)· *τα ~* (= προσπαθώ να δώσω άλλη έννοια στα λόγια μου ή να παραβώ τις υποσχέσεις μου): *αλλιώς μας τα 'λεγε και τώρα τα -ει· ~ (το) φύλλο* (= αλλάζω διάθεση, υπαναχωρώ, μεταπείθομαι)· *~ σαν σβούρα* (= είμαι ανήσυχος)· *~ όρτσα* (= κάνω κίνηση αναστροφής κατά την ιστιοδρομία των λέμβων). Παροιμ. *θα -σει ο τροχός, θα γελάσει κι ο φτωχός*· παροιμ. φρ. *όταν εσύ πήγαινες, εγώ -ζα* (= είμαι πιο έμπειρος, πιο πονηρός από σένα).

γυρίνος ο, ουσ., νεογέννητο βατράχι πριν ακόμη βγάλει πόδια.

γύρισμα το, ουσ. 1. περιστροφή: *το ~ της σούβλας / των δεικτών του ρολογιού / του κλειδιού*. 2. σημείο όπου κάμπτεται κάτι, στροφή, στρίψιμο: *τον είδα στο ~ του δρόμου* (συνών. *καμπή*). 3. κινηματογραφική λήψη: *τελείωσε το ~ της τηλεταινίας* (συνών. *κινηματογράφηση*). 4. στρίφωμα σε ρούχο: *ν' αφήσεις πολύ ~ στη φούστα* (συνών. *ποδόγυρος*). 5. το να ξαναφοράς ένα ρούχο από τη μέσα μεριά, το να βάζεις για καλή την ανάποδή του: *έδωσα το κουστούμι για ~*. 6. αλλαγή (χρόνου, φεγγαριού, κλπ.). 7. χορευτική φιγούρα (συνών. *γυροβολιά*). 8. στροφή προς τα πίσω ή προς άλλη κατεύθυνση: *~ της πλάτης / του προσώπου*. 9. (για συναλλαγματική) μεταβίβαση με οπισθογράφηση. 10. (για άνεμο) μεταβολή, μεταστροφή. 11α. επωδός, ρεφρέν· **β.** στίχος (ή ημιστίχιο) ξένος προς το κυρίως ποίημα που προστίθεται από τον τραγουδιστή για δημιουργία ομοιοκαταληξίας. 12. επιστροφή: *το -ά σου καρτερώ, γλυκό μου χελιδόνι* (Βαλαωρίτης)· *το ~ των δανεικών / του αρραβώνα*. Φρ. *~ όρτσα λα μπάντα* (= το να φέρεται η πλώρη πιο κοντά προς την ευθεία του ανέμου). Παροιμ. *έχει ο καιρός -ατα κι ο χρόνος εβδομάδες* (= αλλάζουν τα πράγματα με την πάροδο του χρόνου).

γυρισμός ο, ουσ., το να επιστρέφει κάποιος, να γυρίζει πίσω: *~ αβέβαιος / γρήγορος / ξαφνικός*· *του ξενιτεμένου* (συνών. *επιστροφή, επάνοδος*· αντ. *πηγαιμός, αναχώρηση*).

γυριστός, -ή, -ό, επίθ. 1. που είναι λυγισμένος, καμπυλωτός, κυρτός: *μύτη / λαβή -ή*· *σπαθί / καρφί -ό*· *χερούλια -ά*· *γιακάς -ή* (= *αναδιπλωμένος*). 2. κυκλοειδής, περιστροφικός: *σκάλα -ή*.

γυρνώ, βλ. *γυρίζω*.

γύρο, βλ. γύρω.
γυροβόλι το, ουσ. 1. κυκλική κίνηση, περιφορά (συνών. γύρος). 2. περιφερειακό φράγμα, ιδίως καλαμένιο, σε ιχθυοτροφεία (συνών. γυροβολιά).
γυροβολιά η, ουσ. (συνιζ., λαϊκ.). 1. κίνηση ή πορεία κυκλοειδής, πλήρης στροφή που γίνεται γύρω από έναν άξονα (συνών. περιστροφή, γύρος). 2. (για χορό) γρήγορη περιστροφή στο ένα πόδι: *φέρνω / κάνω -ιές* (συνών. γύρος, βόλτα). 3. περιφερειακό φράγμα, ιδίως καλαμένιο, σε ιχθυοτροφεία (συνών. γυροβόλι).
γυροβολώ, ρ., κάνω «γυροβολιά», ακολουθώ κυκλοειδή πορεία (συνών. περιστρέφομαι, περιφέρομαι, περιέρχομαι, τριγυρίζω, γυροφέρνω).
γύρωθε, βλ. γύρωθε.
γυρολόγος ο, ουσ., πλανόδιος μικροέμπορος (συνών. πραματευτής).
γύρος ο, ουσ. 1. κύκλος, περιφέρεια, περίμετρος: *~ της γης / νησιού.* 2. (συνεκδοχικά) ό,τι έχει σχήμα κυκλικό: *~ βαρελιού / καπέλου· ~ φορέματος* (= ποδόγυρος). 3. κυκλική κίνηση, περιφορά, περιστροφή. 4. περιοδεία: *έκαναν ατέλειωτους -ους με το αυτοκίνητο· ο ~ του κόσμου· κάναμε ένα -ο στα μαγαζιά* (συνών. γύρα, βόλτα). 5. (για χορό) γυροβολιά, βόλτα: *έφερνε -ους στην πίστα.* 6. φάση, στάδιο (συνομιλιών, διαπραγματεύσεων, κ.τ.ό.): *έληξε ο πρώτος ~ διαπραγματεύσεων των υπουργών της Κοινότητας.* 7. (αθλητ.) χρονικό διάστημα επαναλαμβανόμενο μετά (σύντομο) διάλειμμα κατά το οποίο γίνεται ένας αγώνας: *τον νίκησε στον πρώτο κιόλας -ο.* 8. κομμάτια κρέατος που ψήνονται καθώς περιστρέφεται η σούβλα: *πίτα με -ο.*
γυροσκοπικός, -ή, -ό, επίθ., που αναφέρεται στο γυροσκόπιο ή που είναι εφοδιασμένος με γυροσκόπιο: *πυξίδα -ή· πιλότος / πλοηγός ~* (= σύστημα αυτόματης πλοήγησης).
γυροσκόπιο το, ουσ. (ασυνίζ.). 1. (φυσ.) συσκευή με σβούρα που περιστρέφεται ταχύτατα (χρησιμοποιείται για να αποδειχτεί η περιστροφή της γης γύρω από τον άξονά της). 2. παρόμοια συσκευή που χρησιμοποιείται στα πλοία και στα αεροσκάφη για να εξασφαλίζει την ευστάθειά τους. [γαλλ. *gyroscope*].
γυροφέρνω, ρ. 1. ακολουθώ κυκλοειδή πορεία· κάνω γύρους, βόλτες: *η δημοσιά ... -ερνε την ακρολιμνιά* (Ι. Μ. Παναγιωτόπουλος)· *Πόσο γλυκό είναι, αλήθεια, να -εις τον κόσμο με χίλια κίντυνα* (Κόντογλου) (συνών. περιφέρομαι, τριγυρίζω). 2. περιφέρω: *~ τα μάτια* (= κοιτάζω ολόγυρα). 3. (μεταφ.) επιδιώκω, ζητώ με επιμονή (ή συνήθως και με κάποιες περιποιήσεις) να πετύχω κάτι από κάποιον: *τον -ει για λεφτά* (συνών. τριγυρίζω). 4. (αμτβ.) περιστρέφομαι: *η κουβέντα -ερνε στα διάφορα των ημερών.*
γυρτός, βλ. γειρτός.
γύρω, επίρρ. 1. (τοπ.) σε κυκλική διάταξη, κυκλικά: *κάθισαν ~ στο τραπέζι· μαζεύτηκαν ~ μου· ψητό με πατάτες ~·* (σε θέση επιθ.) *τα ~ βουνά / χωριά· εκφ. ~ ~, ~ τριγύρω* (= ολόγυρα, τριγύρω): *το σχολείο είχε ~ ~ δέντρα* φρ. *δεν έχω ~ μου κανένα* (= δεν έχω κανέναν να μου συμπαρασταθεί). 2. (χρον. ποσ.) περίπου: *~ στα μεσάνυχτα· ~ στις δέκα το βράδι· ~ στα 1900· κοστίζει ~ στις 10.000 δρχ.* 3. σχετικά, αναφορικά με ..., ως προς: *δε γνωρίζω τίποτε ~ από την υπόθεση· συζήτηση ~ από τις τελευταίες εξελίξεις.* [αιτιατ. του *γύρος*

ορθογραφείται κατά τα επιρρ. σε *-ω*].
γύρωθε, επίρρ. (λαϊκ.), απ' όλες τις μεριές, από όλα τα γύρω μέρη (συνών. κυκλικά, ολόγυρα, γύρω γύρω, τριγύρω).
γυρωτρίγυρα, επίρρ. (λαϊκ.), γύρω τριγύρω (συνών. ολόγυρα, περιτρίγυρα).
γυφτάκι και **γυφτάκος, βλ.** γύφτος.
γυφταριό το, ουσ. (συνιζ.). 1. τόπος όπου μένουν γύφτοι· (συνεκδοχικά) τόπος όπου επικρατεί ακαταστασία και βρομιά: *~ καταντήσαμε εδώ μέσα!* 2. πλήθος από γύφτους: *το ~ έστησε τα τσαντίρια του κοντά στο ποτάμι* (συνών. γυφτολόι).
γυφτιά η, ουσ. (συνιζ.). 1. το να είναι κάποιος ακατάστατος και ρυπαρός. 2. φιλαργυρία: *από τη ~ του δεν κερνάει ποτέ την παρέα του* (συνών. τσιγγουνιά). 3. (συνεκδοχικά) πράξη ευτελής που δείχνει τσιγγουνιά: *με τις -ές του μας ρεζιλεύει παντού.*
γύφτικος, -η, -ο, επίθ. 1. που αναφέρεται ή ταιριάζει σε γύφτους: *μαχαλάς ~· ζωή -η· αμόνι -ο· πηγαίνανε σαν ~ γάμος, ένας ορτσάριζε αποδώ, άλλος σκαμπανέβαζε αποκεί* (Κόντογλου)· Φρ. *καμαρώνει σαν -ο σκεπάρνι* (συνών. τσιγγάνικος). 2. (μεταφ.) μίζερος, τσιγγούνικος, ευτελής: *τρόποι -οι· συμπεριφορά -η.* - Το ουδ. ως ουσ. = εργαστήριο γύφτου, σιδεράδικο· (συνεκδοχικά στον πληθ.) συνοικισμός γύφτων· φρ. *κάτι τρέχει στα -α* (για είδηση ή γεγονός ανάξιο λόγου).
γύφτισσα, βλ. γύφτος.
γυφτολόι το, ουσ., πλήθος από γύφτους (συνών. γυφταριό).
γυφτοπούλα η, ουσ., κόρη γύφτου· νεαρή γύφτισσα.
γυφτόπουλο το, ουσ. 1. γιος γύφτου. 2. (μεταφ.) παιδί μελαψό, απεριποίητο και βρόμικο.
γύφτος ο, θηλ. **-ισσα,** ουσ. 1. ατσίγγανος (βλ. λ.), τσιγγάνος· φρ. *κρυώνει / τρέμει σα ~· όλοι οι -οι μια γενιά είναι· ειδ' ο ~ τη γενιά του κι αναγάλλιασ'· η καρδιά του* (σε περιπτώσεις ανθρώπων που μοιάζουν αναμεταξύ τους). 2. (λαϊκ.) σιδηρουργός ή χαλκουργός. 3. (συνήθως υβριστικά) άνθρωπος υπερβολικά μελαψός ή αφρόντιστος και ρυπαρός: *παντρεύτηκε μια -ισσα!* 4. (μεταφ.) άνθρωπος φιλάργυρος: *ούτε έναν καφέ δε μας κέρασε ο ~.* - Υποκορ. **-άκι** το, **-άκος** ο στις σημασ. 1 και 3. [αρχ. εθν. *Αιγύπτιος*].
γυφτοχώρι το, ουσ. 1. χωριό όπου μένουν γύφτοι. 2. (μεταφ.) χωριό που οι κάτοικοί του είναι πολύ φτωχοί ή όπου επικρατεί ακαταστασία και ρυπαρότητα.
γυψάδικο το, ουσ., εργαστήριο όπου κατασκευάζονται γύψινες διακοσμήσεις (συνών. γυψοποιείο).
γυψαδόρος ο, ουσ., τεχνίτης που κατασκευάζει γύψινες διακοσμήσεις (συνών. γυψάς).
γυψάς ο, ουσ., γυψαδόρος.
γύψινος, -η, -ο, επίθ., που είναι κατασκευασμένος από γύψο: *άγαλμα / εκμαγείο -ο· κορνίζα -η· επίδεσμος ~.* - Το ουδ. συνήθως στον πληθ. ως ουσ. = διακοσμήσεις από γύψο συνήθως σε οροφές.
γυψοκονίαμα το, ουσ., δομικό κονίαμα που περιέχει μεγάλη ποσότητα γύψου.
γυψόλιθος ο, ουσ., πέτρωμα με μεγάλη περιεκτικότητα σε γύψο.
γυψοπλάστης ο, θηλ. **-άστρια,** ουσ., τεχνίτης που κατασκευάζει γύψινα αντικείμενα (συνών. γυψάς).
γυψοπλαστική η, ουσ., η τέχνη της κατασκευής αντικειμένων από γύψο.

γυψοπλάστρια, βλ. *γυψοπλάστης.*
γυψοποιείο το, ουσ. (ασυνίζ.), εργαστήριο όπου κατασκευάζονται αντικείμενα από γύψο (συνών. *γυψάδικο).*
γυψοποιία η, ουσ. (ασυνίζ.). 1. κατασκευή γύψου. 2. βιομηχανία παραγωγής γύψου.
γυψοποιός ο, ουσ. (ασυνίζ.). 1. τεχνίτης ειδικός στην κατασκευή γύψου. 2. ιδιοκτήτης εργοστασίου που παράγει γύψο.
γυψοπώλης ο, ουσ., αυτός που εμπορεύεται γύψο.
γύψος και (λαϊκ.) **ύψος** ο, ουσ. 1. ορυκτό, ένυδρο θειικό ασβέστιο χρήσιμο στην οικοδομική και στη βιομηχανία: ~ *μαλακός / νερουλός / χοντρός / ψιλός / χειρουργικός.* 2. (συνεκδοχικά) κονίαμα από γύψο: *σωρός ξύλα, -οι, πέτρες· του έβαλαν το σπασμένο χέρι στο -ο.* 3. γύψινη διακόσμηση: *στο ταβάνι βλέπω τους -ους* (Καρυωτάκης).
γυψοσανίδα η, ουσ., σανίδα από πεπιεσμένο γύψο και άχυρο ή ίνες κανναβιού (για ενίσχυση) που χρησιμεύει για διακοσμητικές εργασίες.
γύψωμα το, ουσ. 1. επάλειψη, επίχριση με γύψο (συνών. *γύψωση).* 2. επίδεση μέλους του σώματος που έχει υποστεί κάταγμα ή εξάρθρωση με γύψινο επίδεσμο ώστε να μένει ακίνητο.
γυψώνω, ρ. 1. επιχρίω κάτι με γύψο. 2. επιδένω σπασμένο ή εξαρθρωμένο μέλος του σώματος με γύψινο επίδεσμο ώστε να μένει ακίνητο.
γυψωρυχείο το, ουσ., ορυχείο εξαγωγής φυσικού γύψου.
γύψωση η, ουσ., γύψωμα (βλ. λ.)
γυψωτής ο, ουσ., τεχνίτης που κάνει γυψώματα, που στη δουλειά του χρησιμοποιεί ως κύριο υλικό το γύψο.
γυψωτός, -ή, -ό, επίθ. 1. που είναι επιχρισμένος με γύψο. 2. που είναι φτιαγμένος από γύψο: *καμάρα -ή.*
-γω, Ι. κατάλ. ρημ. στη θέση αρχ. κατάλ. *-σσω: τυλίγω, φυλάγω.* [αόρ. *-ξα* κατά το σχήμα: *άνοιξα -ανοίγω].*
-γω, ΙΙ. κατάλ. ρημ. αντί αρχ. *-ω: καίγω (-ομαι).*
γωβιός, βλ. *κωβιός.*
γωνία η, ουσ. 1. (μαθημ.) γεωμετρικό σχήμα που ορίζεται από δύο ημιευθείες με κοινή κορυφή ή δύο επίπεδα που τέμνονται: *το τετράγωνο έχει τέσσερις -ες·* ~ *ορθή / οξεία / αμβλεία· σχηματίζω* ~· ~ *εσωτερική / εξωτερική· -ες συμπληρωματικές / παραπληρωματικές / κατά κορυφήν· ~ νεκρή· οπτική* ~ και (μεταφ.) *βλέπει την υπόθεση από τη δική του οπτική* ~· (στρατ.) ~ *βολής.* 2. γωνιώδης εσοχή ή εξοχή επιφάνειας ή στερεού: *χτύπησα στη* ~ *του τραπεζιού· στρογγυλεύω τις -ες* (συνων. *αγκωνή)· -ες χειλιών / ματιών.* 3. σημείο συνάντησης δύο δρόμων (συνών. *καμπή,*
στροφή). 4. (ανατομ.) ~ *προσωπική* = ανθρωπομετρικό στοιχείο που χρησιμοποιείται για τη μέτρηση της προεξοχής του γναθικού τόξου. - Βλ. και *γωνιά.*
γωνιά η, ουσ. (συνιζ.). 1. απόκεντρο σημείο χώρου: ~ *δωματίου· έψαξα σ' όλες τις -ιές του σπιτιού· από τη ~ μας βλέπαμε όλα όσα γίνονταν·* ~ *ζεστή / κρυφή / σκοτεινή·* φρ. *αδειάζω τη ~* (= φεύγω, απαλλάσσω κάποιον από την παρουσία μου (συνών. *αγκωνή, κόχη).* 2. απόμερος τόπος: *ταξίδεψε σε κάθε ~ της γης·* ~ *απόμακρη / γραφική.* 3. η (συνήθως πιο ψηλή και γι' αυτό σκληρότερη) άκρη ψωμιού, γλυκίσματος ή άλλου παρασκευάσματος: ~ *πίτας / μπακλαβά / τυριού.* 4. γνώμονας, γωνιόμετρο. - Υποκορ. στις σημασ. 1, 2 και 3 **-ίτσα** η. - Βλ. και *γωνία.*
γωνιάζω, ρ., αόρ. *-ιασα,* μτχ. παρκ. *γωνιασμένος* (συνιζ.). 1. δίνω σε κάτι μορφή γωνίας, κάνω κάτι να πάρει σχήμα γωνιώδες (συνήθως ορθογώνιο): *οικόπεδα -σμένα.* 2. διευθετώ κάτι σε δοσμένη γωνία· τοποθετώ σωστά: *καδρόνια -σμένα.* (συνών. *καταχωνιάζω).*
γωνιακός, -ή, -ό, επίθ. (ασυνίζ. και συνιζ.), που βρίσκεται σε γωνία: *σπίτι / δωμάτιο -ό· η χριστιανοσύνη ... είναι -ή πέτρα του κόσμου* (Κόντογλου).
γώνιασμα το, ουσ., χάραξη ορθής γωνίας στο έδαφος ή σε δάπεδο· χάραξη, διευθέτηση σε δοσμένη γωνία· σωστή τοποθέτηση.
γωνιαστός, -ή, -ό, επίθ. (συνίζ.). 1. που έχει υποστεί γώνιασμα (συνών. *γωνιασμένος).* 2. που έχει γωνίες ή είναι τοποθετημένος σε γωνία.
γωνιογράφος ο, ουσ. (ασυνίζ.), (ναυτ.) όργανο με το οποίο μετρούνται οι γωνίες πλεύσης στο ναυτικό χάρτη.
γωνιοειδής, -ής, -ές, γεν. *-ούς,* πληθ. αρσ. και θηλ. *-είς,* ουδ. *-ή,* επίθ. (ασυνίζ.), που έχει σχήμα γωνίας (συνών. *γωνιώδης).*
γωνιομετρία η, ουσ. (ασυνίζ.), κλάδος της γεωμετρίας για τη μέτρηση των γωνιών.
γωνιομετρικός, -ή, -ό, επίθ. (ασυνίζ.), που αναφέρεται στη γωνιομετρία: *όργανα -ά· εργασίες -ές.*
γωνιόμετρο το, ουσ. (ασυνίζ.), όργανο μέτρησης των γωνιών (συνών. *γνώμονας, μοιρογνωμόνιο, αλφάδι).*
γωνίτσα, βλ. *γωνιά.*
γωνιώδης, -ης, -ες, γεν. *-ους,* πληθ. αρσ. και θηλ. *-εις,* ουδ. *-η,* επίθ. (ασυνίζ.), που έχει σχήμα γωνίας: *αγκύλες -εις* (συνών. *γωνιοειδής).*
γώπα η, ουσ. 1. είδος ψαριού: *-ες ψητές.* 2. (μεταφ.) ό,τι έχει απομείνει από ένα τσιγάρο, που το κάπνισε κάποιος: *μαζεύω -ες* (συνών. *αποτσίγαρο).* [μτγν. *βωξ].*

δ, Δ (δέλτα). 1. το τέταρτο γράμμα του ελληνικού αλφαβήτου· ένα από τα σύμφωνα της ελληνικής γλώσσας. - Βλ. και *δέλτα*. 2. αριθμητικό σημείο = **α.** (όταν έχει τόνο πάνω δεξιά ή τελεία κάτω δεξιά: δ΄, Δ΄, δ.) τέσσερις -α, τέταρτος, τέταρτον: *Φραγκίσκος ο Δ΄· κεφάλαιο Δ΄· αναφέρθηκε στα εξής θέματα: α΄ στο... δ΄ στο...* **β.** (όταν έχει τόνο κάτω αριστερά: ͵δ, τέσσερις χιλιάδες.

δα, άκλ. μόρ. 1. επιτ. σε κατάφαση, άρνηση, θαυμασμό, ειρωνεία, κλπ.: *ναι ~! όχι ~! καλά ~!* 2. δεικτ. βεβ. ύστερα από δεικτ. αντωνυμίες και δεικτ. επιρρήματα: *αυτό ~ μας έλειπε! την ξέρω από τόση ~· ένα τόσο ~ ανθρωπάκι!* 3. (συνεκδοχικά) βέβαια, αναμφίβολα: *ξέρετε ~ πόσο σας εμπιστευόμαστε!* 4. προτρεπτικά ύστερα από προστακτική: *σώπα ~! πες μας ~! δούλευε ~ και λίγο!* 5. (ως συνδ. συμπερ. συνήθως με το *τώρα*) άρα, λοιπόν: *τώρα ~ ας πάμε κι εμείς!* 6. (ως συνδ. μτβ.) λοιπόν: *του είπε να μην το κουνήσει απ᾽ εκεί· έμεινε ~ όλη μέρα.* [αρχ. μόρ. *δη*].

δαβιδικός, -ή, -ό και **δαβιτικός**, επίθ. 1. που ανήκει ή αναφέρεται στο Δαβίδ: *ψαλμοί -οί.* 2. μεγαλόπνευστος: *έμπνευση -ή.*

δάγκαμα, βλ. *δάγκωμα*.

δαγκαματιά, βλ. *δαγκωματιά*.

δαγκάνα η, ουσ. 1. όργανο μαλακοστράκων που συλλαμβάνει: *-ες του κάβουρα / αστακού* (συνών. *ποδολαβίδα, χηλή*). 2. (μεταφ.) το κάθε σκέλος μιας λαβίδας ή κάθε άκρο από αρπάγη φορτοεκφορτωτικών μηχανημάτων: *-ες τανάλιας / μασιάς / εκφορτωτήρα / γερανού.* [δαγκάνω].

δαγκανιά, βλ. *δαγκωνιά*.

δαγκανιάρης, -α, -ικο, επίθ. (έρρ., συνίζ.), που έχει τη διάθεση να δαγκώνει: *σκύλος ~· παιδί -ικο.*

δαγκάνω, ρ. (έρρ.) αόρ. *δάγκασα*, παθ. αόρ. *δαγκάθηκα*, μέλλ. *θα δαγκάσω*, δαγκώνω (βλ. λ.).

δάγκειος ο, ουσ. (ασυνίζ., έρρ.), (ιατρ.) επιδημική αρρώστια γριπώδους ή ρευματοειδούς μορφής με κύρια χαρακτηριστικά τον υψηλό πυρετό, διάφορους πόνους (κεφαλόπονο, μυαλγίες, αρθραλγίες), έντονη εξασθένηση και ιδιόμορφο βάδισμα του αρρώστου. [γαλλ. *dengue* ισπαν. προέλευσης].

δάγκωμα και **δάγκαμα** το, ουσ. (έρρ.). 1. η ενέργεια του *δαγκώνω*. 2. (συνεκδοχικά) δαγκωματιά, δαγκωνιά: *~ γερό / επικίνδυνο / φαρμακερό· σκύλου / φιδιού.*

δαγκωματιά και **δαγκαματιά** η, ουσ. (έρρ., συνίζ.), δάγκωμα, δαγκωνιά: *~ δυνατή / ελαφριά· σημάδι -άς.*

δαγκωνιά και **δαγκανιά** η, ουσ. (έρρ., συνίζ.), δάγκωμα, δαγκωματιά: *του πάτησε μια ξαφνική ~.*

δαγκώνω, ρ. (έρρ.). I. ενεργ. Α. μτβ. 1. πιέζω επικίνδυνα, τραυματίζω ή κόβω κάτι με τα δόντια: *το μωρό τη -ωσε στο χέρι· -ωνε την πίπα του νευρικά· -ωσε το ψωμί με λαιμαργία «Προσοχή! ο σκύλος -ώνει!»* (= έχει την τάση να -ώνει) φρ. *~ τα χείλη μου* (συνήθως από νευρικότητα ή αμηχανία) *~ τη γλώσσα μου* (πιέζω τον εαυτό μου να μη μιλήσει, σιωπώ) *-ωσε τη γλώσσα σου!* (= μη λες απαισιόδοξα πράγματα!) (παροιμ.) *σκυλί που γαβγίζει δε -ώνει* (= άτομο που φωνάζει και απειλεί είναι στην πραγματικότητα ακίνδυνο). 2. (για πράγματα) πιάνω, μαγγώνω: *η μηχανή / η πόρτα του -ωσε τα δάχτυλα.* Β. (αμτβ.), (μεταφ.) *-ώνει το κρύο* (= κάνει πολύ κρύο) *η ανησυχία του -ώνει την καρδιά.* II. (μέσ., μεταφ.) αναστατώνομαι από κάποιο ξαφνικό γεγονός και ταυτόχρονα προσπαθώ να κρύψω το συναίσθημα αυτό: *τ᾽ άκουσε και -ώθηκε.* [*δάκος* + *-ώνω* ή αόρ. *έδακον* του *δάκνω*].

δαγκωτός, -ή, -ό, επίθ. 1. που έγινε με δάγκωμα. 2. που τον έχουν δαγκώσει, δαγκωμένος· φρ. *ψηφίζω -ό* (= ψηφίζω με φανατισμό).

δάδα η, ουσ. 1. σχίζα ρητινώδους ξύλου που ανάβει εύκολα (συνών. *δαδί*). 2. δαυλός από εύφλεκτο ξύλο που χρησιμοποιείται για να φωτίζει ή να μεταδίδει τη φωτιά (συνών. *πυρσός, λαμπάδα*). 3. (μεταφ.) *~ της αλήθειας / της λευτεριάς.* [αρχ. *δας*].

δαδί το, ουσ., *δάδα* (βλ. λ. σημασ. 1).

δαδούχος ο, ουσ. 1. αυτός που φέρει δάδα σε ιερή πομπή (συνών. *λαμπαδηφόρος*). 2. ανώτατο ιερατικό αξίωμα των Ελευσίνιων Μυστηρίων.

δαίδαλος, ο, ουσ. 1. πολύπλοκος διάδρομος: *οι -οι των ανακτόρων.* 2. περίπλοκη κατάσταση: *οι μνήμης / γραφειοκρατίας μπλέχτηκε σε -ο αντιφάσεων.* [αρχ. όν. *Δαίδαλος*].

δαιδαλώδης, -ης, -ες, γεν. *-ους*, πληθ. αρσ. και θηλ. *-εις*, ουδ. *-η*, επίθ. 1. που μοιάζει με δαίδαλο: *διάδρομοι -εις· στοές -εις* (συνών. *λαβυρινθώδης*). 2. (μεταφ.) περίπλοκος, πολύπλοκος: *νομοσχέδιο -ες.*

δαίμονας ο, ουσ., γεν. *-α* και (λαϊκ.) *-όνου*, πληθ. *-ες* και (λαϊκ.) *-όνοι*, θηλ. *-ισσα*. 1. πονηρό πνεύμα με αιώνια υπόσταση που προβαίνει πάντοτε σε ενέργειες εχθρικές προς την ανθρώπινη φύση και ζωή: *~ ανθρωπόμορφος· μπήκε ο ~ κι έγινε ζημιά· αυτός ο άνθρωπος είναι ο κακός μου ~· έβριζε θεούς και -ες· τι στο -α έγινε! πού στο -α πήγε!* (= πού εξαφανίστηκε;) *τον έπιασαν οι -ονοί*

(= θύμωσε πολύ) (συνών. *δαιμόνιο, διάβολος, τελώνιο, σατανάς*). **2.** (μεταφ.) άνθρωπος ραδιούργος, καταχθόνιος, κακός: *μεγάλος ~ αυτή η γυναίκα!* **3.** άτομο ανήσυχο, άτακτο: *τα παιδιά του είναι αληθινοί -ες!* **4.** άνθρωπος ευφυής, πανέξυπνος, δραστήριος. **5.** (ως προσωποποίηση παθών, ενστίκτων, συμπτώσεων, κλπ.): *~ της περιέργειας / του μίσους / του τυπογραφείου* (για τυπογραφικά λάθη).
δαιμονιακός, -ή, -ό, επίθ. (ασυνίζ.). **1.** που αναφέρεται σε δαίμονες: *πρόληψη -ή*. **2.** που βρίσκεται κάτω από την επήρεια δαιμόνων: *γυναίκα -ή*. **3.** που ταιριάζει σε δαίμονες, που προκαλείται από δαίμονες: *πράξη -ή* (συνών. *σατανικός, διαβολικός*). - Η λ. ως ουσ. = άτομο που κατέχεται από δαίμονες: *εξορκισμός / θεραπεία -ού.*
δαιμονίζω, ρ., μτχ. *-ιζόμενος, -ισμένος.* **I.** (ενεργ.) κάνω κάποιον να γίνει έξαλλος, ενοχλώ υπερβολικά: *μη με -ίζεις! με -ίζει ο πόνος· τίποτε δε με -ίζει πιο πολύ από την αγένεια!* (συνών. *ερεθίζω, τρελαίνω, πειράζω*). **II.** (μέσ.) ενοχλούμαι υπερβολικά, εξοργίζομαι, γίνομαι έξω φρενών: *μόλις τ' άκουσε -ίστηκε* (συνών. *θυμώνω, «τρελαίνομαι»*). - Οι μτχ. *-ιζόμενος* και *-ισμένος* ως ουσ. και επίθ. = **1.** άτομο που κατέχεται από δαίμονες (συνών. *δαιμονικός*). **2.** (μεταφ.) άτακτος, πολύ ανήσυχος: *παιδί -ισμένο.*
δαιμονικό το, ουσ., το πονηρό πνεύμα, το ξωτικό: *φοβάται τα -ά* (συνών. *δαιμόνιο, δαίμονας*).
δαιμονικός, -ή, -ό, επίθ. **1.** που κατέχεται από δαίμονα: *μυαλό -ό· ψυχή -ή*. **2.** που ανήκει ή ταιριάζει σε δαίμονα: *δυνάμεις -ές· όλα τα σύνεργα τα -ά τα είχαν αφημένα εκεί* (Ι. Μ. Παναγιωτόπουλος). *βλέμμα -ό.* **3.** που προέρχεται ή προκαλείται από δαίμονα: *επήρεια / ενέργεια -ή* (συνών. *σατανικός, διαβολικός, δαιμονιακός* αντ. *αγγελικός, αγαθός, καλός*).
δαιμόνιο το, ουσ. (ασυνίζ.). **1.** πονηρό, ακάθαρτο πνεύμα στην υπηρεσία του Σατανά: *~ φοβερό / βλαβερό· τον έπιασαν τα -ια* (= θύμωσε πολύ) (συνών. *δαίμονας, δαιμονικό*). **2.** (μεταφ.) παιδί πολύ ζωηρό, άτακτο: *δεν κάθεται ούτε μια στιγμή το ~!* **3.** εξαιρετική πνευματική ικανότητα, ευφυία: *~ ποιητικό / φιλολογικό / επιχειρηματικό· έχει το ~ μέσα του.* Φρ. *εισάγω καινά -α* (= νεωτερίζω, κηρύσσω νεοτεριστικές ιδέες).
δαιμόνιος, -α, -ο, επίθ. (ασυνίζ.). **1.** (για πρόσ.) που έχει κάποια ικανότητα σε εξαιρετικό βαθμό, ιδιοφυής: *σκηνοθέτης / πολιτικός / νους ~.* **2.** (για πράγμα) έξοχος, θαυμάσιος, υπέροχος, υπερβολικός: *έργο -ο· σύλληψη -α· ένστικτο -ο.*
δαιμόνισσα, βλ. *δαίμονας.*
δαιμονιώδης, -ης, -ες, γεν. *-ους,* πληθ. αρσ. και θηλ. *-εις,* ουδ. *-η,* επίθ. (ασυνίζ.), (για ήχο) πολύ ισχυρός, εκκωφαντικός, διαπεραστικός. - Επίρρ. **-ώς.**
δαιμονολογία η, ουσ. **1.** επιστήμη που ασχολείται με τη φύση των δαιμόνων ή πραγματεία που αναφέρεται σ' αυτήν. **2.** κλάδος της θρησκειολογίας που εξετάζει τις δοξασίες που υπάρχουν σε διάφορες θρησκείες σχετικά με τους δαίμονες.
δαιμονολογικός, -ή, -ό, επίθ., που αναφέρεται στη δαιμονολογία: *πραγματεία -ή.*
δαιμονολόγος ο, ουσ., επιστήμονας που ασχολείται με τη φύση των δαιμόνων ή που έχει συγγράψει πραγματείες γύρω απ' αυτήν.
δαιμονοπαρμένος, -η, -ο, επίθ., που είναι έξω φρενών σαν να κατέχεται από δαίμονες, έξαλλος.
δαιμονόσπερμα το, ουσ., σπέρμα, γόνος του διαβόλου (υβριστικώς συνήθως για άτακτο παιδί) (συνών. *διαβολόσπερμα*).
δάκος ο, ουσ., δίπτερο έντομο, παράσιτο που προσβάλλει τα ελαιόδενδρα.
δάκρυ το, πληθ. *-υα,* γεν. *-ύων,* ουσ. **1.** υγρό διαυγές και υφάλμυρο που εκκρίνεται από τους δακρυϊκούς αδένες (ιδίως εξαιτίας λύπης ή χαράς) και χρησιμεύει στο να υγραίνεται ο βολβός και να απομακρύνονται ή να διαλύονται ξένα σώματα από το μάτι: *αν πικρό την ψυχή σου το ~ τη ραίνει* (Χατζόπουλος)· *-α αστείρευτα / πικρά / καυτά· -α χαράς· ποταμοί / κόμποι -ύων· ~ κορόμηλο· κροκοδείλια -α* (= υποκριτικά)· *πρόσωπο μουσκεμένο από -α· βρέχω με -α· πνίγομαι στα -α* (= κλαίω πολύ)· *δε βγάζω ~* (= δεν είμαι ευσυγκίνητος)· *με παίρνουν τα -α* (= αρχίζω να κλαίω)· *συγκρατώ τα -α· χύνω μαύρα -α* (για μεγάλη θλίψη). **2.** χυμός που εκκρίνεται από κάποια φυτά σε μορφή δακρύων με φυσικό τρόπο ή μετά εντομή: *~ πεύκου / κλήματος / μαστίχας.*
δακρυαγωγός, -ός, -ό, επίθ. (ασυνίζ.). **1.** που φέρνει, που εκκρίνει δάκρυα: *πόροι -οί· όργανα -ά.* **2.** που προκαλεί δάκρυα: *φάρμακα -ά* (συνών. *δακρυγόνος*).
δακρυγόνος, -α, -ο, επίθ. **1.** που εκκρίνει δάκρυα: *αδένες -οι.* **2.** που προκαλεί δάκρυα: *βόμβες / χειροβομβίδες -ες.* - Το ουδ. ως ουσ. (συνήθως στον πληθ.) = αέρια που προκαλούν δάκρυα ή (προσωρινή) τύφλωση: *η αστυνομία έριξε -α για να διαλύσει τους διαδηλωτές.*
δακρυδόχος ο, ουσ. (αρχαιολ.) δοχείο όπου οι αρχαίοι συγκέντρωναν τα δάκρυα εκείνων που θρηνούσαν νεκρό.
δακρύζω, ρ. **1.** χύνω δάκρυα: *~ από λύπη / από συγκίνηση· μάτια -υσμένα.* **2.** στάζω, διαρρέω σε ελάχιστη ποσότητα: *-ει η βρύση.* **3.** (για δέντρα, φυτά) εκκρίνω χυμό σε μορφή δακρύων: *-ει το πεύκο / το κλήμα.* **4.** (για πήλινα αγγεία) βγάζω υγρό σε σταγονίδια: *-ει η στάμνα / το κανάτι.*
δακρυϊκός, -ή, -ό, επίθ., που ανήκει ή έχει σχέση με τα δάκρυα: *αδένες -οί· ασκός ~.*
δάκρυσμα το, ουσ., το να δακρύζει κανείς, το να χύνει δάκρυα.
δακτυλιδωτός, -ή, -ό, επίθ., που έχει σχήμα δακτυλίου ή δαχτυλιδιού.
δακτυλικός, -ή, -ό, επίθ. **1.** που ανήκει ή αναφέρεται στα δάχτυλα: *αποτυπώματα -ά·* (ανατομ.) *αρτηρίες / φλέβες -ές· νεύρα -ά.* **2.** (μετρ.) που αποτελείται από δακτύλους (βλ. λ.): *-ό εξάμετρο.*
δακτυλοειδής, -ής, -ές, γεν. *-ούς,* πληθ. αρσ. και θηλ. *-είς,* ουδ. *-ή,* επίθ. (ασυνίζ.), που έχει σχήμα δακτυλίου: (αστρον.) *~ έκλειψη του ηλίου* (= έκλειψη κατά την οποία η σελήνη δεν καλύπτει εντελώς το δίσκο του ήλιου και έτσι αφήνει γύρω γύρω ένα φωτεινό δακτύλιο)· (ανατομ.) *~ χόνδρος* (= ο κατώτερος χόνδρος από όσους αποτελούν το σκελετό του λάρυγγα) (συνών. *κυκλικός, κρικοειδής*).
δακτυλιόλιθος ο, ουσ. (ασυνίζ., λόγ.), πολύτιμος ή ημιπολύτιμος λίθος που στολίζει κάποιο δαχτυλίδι (συνών. *δαχτυλιδόπετρα*).
δακτύλιος ο, ουσ. (ασυνίζ.). **1.** κάθε κρικοειδές εξάρτημα από σκληρό υλικό, συνήθως μεταλλο, που χρησιμεύει για να συνδέει ή να συγκρατεί αντικείμενα: *~ μετάλλινος· ~ άγκυρας* (συνών.

δακτυλίτιδα

κρίκος, χαλκάς, στεφάνη). **2.** (ανατομ.) **α.** το κατώτατο άκρο του απευθυσμένου (συνών. *σφιγκτήρας).* **β.** *-οι καρδιάς* (= οι τέσσερις ινώδεις δακτύλιοι που περιβάλλουν τα κολποκοιλιακά και αρτηριακά στόμια και αποτελούν τον ινώδη σκελετό). **3.** (αστρον.) φωτεινή ζώνη που αποτελείται από μικρούς πλανήτες ή αστεροειδείς και περιβάλλει έναν πλανήτη: ~ *του Κρόνου.* **4.** (γεωμ.) η επιφάνεια που περιλαμβάνεται μεταξύ δύο συγκεντρικών κύκλων. **5.** η κεντρική περιοχή μεγαλούπολης που έχει οριά της ορισμένους δρόμους έτσι ώστε να σχηματίζουν περίπου κύκλο και που μέσα σ' αυτήν απαγορεύεται η περιορίζεται η κυκλοφορία των ιδιωτικών αυτοκινήτων για να μειωθεί η μόλυνση της ατμόσφαιρας ή να αποσυμφορηθεί η κίνηση ιδίως σε μέρες μεγάλης αιχμής (περίοδο γιορτών, κλπ.): ~ *κυκλοφοριακός / ευρύς / εσωτερικός / της Αθήνας.* **6.** (αρχιτ. στον πληθ.) οι περιφερικές εντομές που λαξεύονταν κάτω από τον εχίνο του δωρικού κιονόκρανου.

δακτυλίτιδα η, ουσ., είδος φυτού με πολύτιμες φαρμακευτικές ιδιότητες.

δακτυλιωτός, -ή, -ό, επίθ. (ασυνίζ.). **1.** που αποτελείται από δακτυλίους. **2.** που έχει σχήμα δακτυλίου: *απόφυση -ή.*

δακτυλογράφηση η, ουσ., το «χτύπημα», το γράψιμο ενός κειμένου στη γραφομηχανή.

δακτυλογραφία η, ουσ., η τέχνη του να γράφει κανείς στη γραφομηχανή: *τυφλό σύστημα -ίας.*

δακτυλογραφικός, -ή, -ό, επίθ., που σχετίζεται με τη δακτυλογραφία: *μηχανή -ή.*

δακτυλόγραφο το, ουσ., δακτυλογραφημένη σελίδα: *παραβολή -ων με τα χειρόγραφα.*

δακτυλογράφος ο και η, ουσ., υπάλληλος γραφείου με αποκλειστική απασχόληση τη δακτυλογράφηση.

δακτυλογραφώ, -είς, ρ., γράφω με γραφομηχανή: *κείμενο -ημένο.*

δακτυλοδεικτούμενος, -η, -ο, επίθ., που τον δείχνουν με το δάχτυλο· (συνεκδοχικά) που αποτελεί παράδειγμα για μίμηση ή για αποφυγή.

δακτυλολογία η, ουσ., τεχνική συνομιλίας των κωφάλαλων με τη βοήθεια χειρονομιών.

δάκτυλος ο, ουσ. **1.** δάχτυλο· έκφρ. ~ *Θεού / Κυρίου* (= θεία θέληση, θεϊκή επέμβαση)· *ξένος* ~ (= κρυφή ενέργεια, υποκίνηση τρίτου, συνήθως ξένου κράτους): *αμερικανικός / ρωσικός* ~. **2.** (αρχ. μετρ.) μετρικός πους που απαρτίζεται από μια μακρά συλλαβή και δύο βραχείες· (νεοελλ. μετρ.) μετρικός πους που απαρτίζεται από τονισμένη την πρώτη, τέταρτη, έβδομη, κ.ο.κ., συλλαβές.

δακτυλοσκοπία η, ουσ., μέθοδος με την οποία γίνεται εξακρίβωση της ταυτότητας ενός ατόμου από τα δακτυλικά του αποτυπώματα.

δακτυλοσκοπικός, -ή, -ό, επίθ., που ανήκει ή αναφέρεται στη δακτυλοσκοπία.

δαλάι λάμα ο, ουσ. άκλ., τίτλος που αποδίδεται στον αρχηγό της βουδιστικής θρησκείας, ο οποίος εξελέγη κανονικά στη Λάσα του Θιβέτ. [γαλλ. *dalaï-lama,* μογγολικής προέλευσης].

δαλματική η, ουσ. **1.** ρωμαϊκός χιτώνας, πολυτελής, λευκός, με κόκκινες ραβδώσεις, που είχε εισαχθεί από τη Δαλματία και τον φορούσαν οι Ρωμαίοι αριστοκράτες και αργότερα οι Βυζαντινοί αυτοκράτορες. **2.** ένδυμα λειτουργικό που φορούν οι επίσκοποι της δυτικής Εκκλησίας.

δαλματικός, -ή, -ό, επίθ., που ανήκει ή αναφέρεται στη Δαλματία ή στους Δαλματούς· που προέρχεται από τη Δαλματία.

Δαλματός, θηλ. **-ή,** ουσ., αυτός που κατοικεί στη Δαλματία ή κατάγεται από εκεί.

δαλτονικός, -ή, -ό, επίθ., που πάσχει από δαλτονισμό.

δαλτονισμός ο, ουσ., ανωμαλία της όρασης κατά την οποία δε διακρίνει κανείς όλα τα χρώματα (συνών. *αχρωματοψία*) και κυρίως το πράσινο και το κόκκινο (συνών. *δυσχρωματοψία*). [γαλλ. *daltonisme*].

δαμάζω, ρ. **1.** τιθασεύω, εξημερώνω: ~ *άγρια ζώα·* (μεταφ.) ~ *ένα ατίθασο παιδί.* **2.** (μεταφ.) συγκρατώ, καταστέλλω: ~ *τα πάθη / την οργή / τον εγωισμό.* **3.** καταβάλλω, κάμπτω: *η νηστεία -ει το σώμα.* **4.** υποτάσσω, θέτω κάτω από την εξουσία μου: ~ *τις δυνάμεις / τα στοιχεία της φύσης.*

δαμάλα η, ουσ. **1.** αγελάδα. **2.** (μεταφ.-λαϊκ.) μεγαλόσωμη γυναίκα (συνών. *νταρντάνα*).

δαμάλι το, ουσ., νεαρός ταύρος: *μούγκριζε σαν το λαβωμένο* ~. - Υποκορ. **-άκι** το.

δαμαλίδα η, ουσ. **1.** νεαρή αγελάδα. **2.** ασθένεια των βοοειδών ανάλογη με την ευλογιά. **3.** ορός εμβολιασμού κατά της ευλογιάς (συνών. *βατσίνα*).

δαμαλίζω, ρ., εμβολιάζω με δαμαλίδα (βλ. λ.) (συνών. λαϊκ. *βατσινάρω*).

δαμαλίσιος, -α, -ο, επίθ. (συνιζ.), που αναφέρεται σε δαμάλι ή δαμάλα ή προέρχεται από αυτά: *γάλα / κρέας -ιο.*

δαμαλισμός ο, ουσ., εμβολιασμός με δαμαλίδα.

δαμασκηνάτο το, ουσ., αποξηραμένος πολτός από δαμάσκηνα.

δαμασκηνάτος, -η, -ο, επίθ. **1.** που μοιάζει με δαμάσκηνο: *ελιές -ες.* **2.** (για γλύκισμα) που είναι παρασκευασμένο με δαμάσκηνα.

δαμασκηνής, -ιά, -ί, επίθ., που έχει το χρώμα του δαμάσκηνου: *φόρεμα -ί· φούστα -ιά.*

δαμασκηνιά η, ουσ. (συνιζ.), δέντρο οπωροφόρο με άνθη λευκά που βγαίνουν πριν από τα φύλλα και με καρπούς γλυκούς: ~ *ανθισμένη / άγρια.*

δαμάσκηνο το, ουσ., καρπός της δαμασκηνιάς με σχήμα στρογγυλό ή επίμηκες, λεία φλούδα και γεύση γλυκιά ή γλυκόξινη: *μαρμελάδα από -α· -α ξερά.*

δαμασκηνός, -ή, -ό, επίθ., που είναι κατασκευασμένος στη Δαμασκό ή σύμφωνα με την τεχνοτροπία που επικρατεί εκεί: *χάλυβας* ~· *σπαθί -ό· ύφασμα -ό* (= δαμάσκο, βλ. λ.). - Το αρσ. και το θηλ. (με κεφαλαίο) ως κύρ. ουσ. = αυτός που κατοικεί στη Δαμασκό ή κατάγεται από εκεί.

δαμασκηνί το, ουσ., ξίφος ή μαχαίρι κατασκευασμένο από ατσάλι της Δαμασκού με λαβή διακοσμημένη με αραβουργήματα.

δαμάσκο το, ουσ., πολυτελές δαμασκηνό ύφασμα πράσινου ή κόκκινου χρώματος, σπανίως καφέ, με σχέδια από χρυσά ή αργυρά νήματα.

δάμασμα το, ουσ. **1.** εξημέρωση, τιθάσευση: ~ *άγριων αλόγων.* **2.** (μεταφ.) καταστολή, κατανίκηση: ~ *παθών / εγωισμού.* **3.** το να θέτω κάτι στην εξουσία μου, υποταγή: ~ *των στοιχείων της φύσης* (συνών. *δαμασμός*).

δαμασμός ο, ουσ., δάμασμα (βλ. λ.).

δαμαστής ο, θηλ. **-ίστρια,** ουσ., αυτός που εξημερώνει, τιθασεύει (άγρια ζώα): ~ *θηρίων σ' ένα τσίρκο / αλόγων.*

δαμετζάνα και **δαμτζάνα,** βλ. *νταμετζάνα.*

δαμόκλειος σπάθη αρχαϊστ. έκφρ. για απειλή σοβαρού κινδύνου: *κρέμεται πάνω από το κεφάλι του η ~ της απόλυσης.*

δανδής ο, ουσ., νεαρός υπερβολικά κομψευόμενος. [αγγλ. *dandy*].

δανέζικος, -η, -ο, επίθ., που αναφέρεται στη Δανία ή στους Δανούς: *έπιπλα -α· γλώσσα -η.* - Το ουδ. στον πληθ. ως ουσ. = δανέζικη γλώσσα.

Δανέζος, βλ. *Δανός.*

δανειακός, -ή, -ό, επίθ. (ασυνίζ.), που αναφέρεται σε δάνειο ή που γίνεται με δάνειο: *ανάγκες -ές ενός κράτους· πολιτική -ή.*

δανείζω, ρ. Ι. (ενεργ.) δίνω κάτι σε κάποιον με τη συμφωνία να μου το επιστρέψει σε ορισμένο χρονικό διάστημα: *-ει χρήματα / με τόκο· δάνεισέ μου το κλαδευτήρι σου.* II. (μέσ.) 1. παίρνω κάτι με επιστροφή: *-είστηκα δύο βιβλία από τη βιβλιοθήκη.* 2. (μεταφ.) μιμούμαι: *-ομαι το ύφος κάποιου.*

δανεικός, -ή, -ό, επίθ., που έχει δοθεί με επιστροφή: *βιβλίο -ό· χρήματα -ά·* έκφρ. *δανεικά κι αγύριστα.* - Το ουδ. στον πληθ. ως ουσ. = δάνειο χρηματικό, χρέος: *δίνω / παίρνω / ζητώ -ά.*

δάνειο το, ουσ. (ασυνίζ.), χρηματικό ποσό που δίνει ή παίρνει κανείς με επιστροφή: *~ άτοκο / έντοκο / εσωτερικό / εξωτερικό / βραχυπρόθεσμο / μακροπρόθεσμο / στεγαστικό· σύναψη / χορήγηση / εξόφληση -είου· πήρε ~ από την τράπεζα· τον έφαγαν τα -α·* (μεταφ.) *~ μεταφραστικό / λεξιλογικό / γλωσσικό.*

δανειομεσίτης ο, ουσ. (ασυνίζ.), μεσίτης που αναλαμβάνει τις διαπραγματεύσεις για δάνεια μεταξύ ιδιωτών.

δάνεισμα το, ουσ., το να δίνει ή να παίρνει κανείς κάτι με επιστροφή· σύναψη δανείου.

δανεισμός ο, ουσ., το να δανείζει ή να δανείζεται κανείς κάτι: *~ ελεύθερος / ασύμφορος.*

δανειστήριο το, ουσ. (ασυνίζ.), γραφείο όπου χορηγούνται δάνεια.

δανειστής ο, θηλ. **-στρια,** ουσ., αυτός που δανείζει χρήματα συνήθως με τόκο.

δανειστικός, -ή, -ό, επίθ. 1. που αναφέρεται στο δανειστή ή στο δάνειο. 2. που δανείζει, δίνει αντικείμενα με επιστροφή: *βιβλιοθήκη -ή.*

δανείστρια, βλ. *δανειστής.*

δανικός, -ή, -ό, επίθ., που ανήκει ή αναφέρεται στη Δανία ή προέρχεται απ' αυτήν: *γλώσσα / οικονομία / τέχνη -ή* (συνών. *δανέζικος*).

Δανός και **-έζος** ο, θηλ. **-έζα,** ουσ., αυτός που κατάγεται από τη Δανία ή κατοικεί σ' αυτήν.

δαντέλα και **(ν)ταντέλα** η, ουσ. (έρρ.), ελαφρή πλεκτή ταινία με ανοίγματα και με δοντάκια στα άκρα από λεπτή κλωστή που σχηματίζει διακοσμητικά σχέδια: *~ μεταξωτή / βαμβακερή / χειροποίητη· γιακάς από ~.* [γαλλ. *dentelle*].

δαντελάδικο το, ουσ. (έρρ.), εργαστήριο όπου πλέκονται και πωλούνται δαντέλες.

δαντελάς ο, θηλ. **-ού,** ουσ. (έρρ.), αυτός που πλέκει ή πουλάει δαντέλες.

δαντελένιος, -ια, -ιο και **νταντ-,** επίθ. (έρρ.), που είναι φτιαγμένος από δαντέλα: *γιακάς ~· γάντια -α· κουρτίνα -α.*

δαντελού, βλ. *δαντελάς.*

δαντελωτός, -ή, -ό, επίθ. (έρρ.) 1. που είναι στολισμένος με δαντέλα: *μαξιλάρια -ά· φόρεμα -ό.* 2. (μεταφ.) που έχει περίγραμμα που μοιάζει με δαντέλα, που έχει εσοχές και εξοχές: *ακρογιάλια -ά.*

δαντέσκος ο, ουσ. (έρρ.), (μετρ.) στίχος ενδεκασύλλαβος που τονίζεται στην τέταρτη και έβδομη συλλαβή αντί στην έκτη. [ιταλ. *dantesco*].

δαντικός, -ή, -ό, επίθ. (έρρ.), που αναφέρεται ή ανήκει στο Δάντη ή που έχει χαρακτήρα όμοιο με εκείνον του έργου του Δάντη: *ποίηση -ή.*

δαντιστής ο, θηλ. **-τρια,** ουσ. (έρρ.), αυτός που ασχολείται με τη μελέτη και το σχολιασμό του έργου του Δάντη.

δαπάνη η, ουσ. 1. χρησιμοποίηση, ανάλωση ενός είδους και κυρίως χρημάτων για την κάλυψη αναγκών· (συνεκδοχικά) χρηματικό ποσό που ξοδεύεται για κάποια ανάγκη: *~ ετήσια / απρόοπτη / εθνική· καλύπτω / ορίζω ~· ο ποιητής κηδεύτηκε με δημόσια ~* (συνών. *έξοδα*). 2. χρησιμοποίηση (λ.χ. χρόνου, δυνάμεων, ενέργειας) για κάποιο σκοπό.

δαπανηρός, -ή, -ό, επίθ., που απαιτεί πολλές δαπάνες, μεγάλα έξοδα: *σπουδές -ές· θεραπεία / αγορά -ή* (συνών. *πολυδάπανος, πολυέξοδος, ακριβός·* αντ. *οικονομικός*).

δαπανώ, -άς, ρ. 1. αναλώνω ένα πράγμα και κυρίως χρήματα για να ικανοποιήσω κάποια ανάγκη: *~ μεγάλα ποσά· -ησε πολλά χρήματα για την επισκευή του σπιτιού· η εταιρεία -ά αρκετά χρήματα για διαφήμιση* (συνών. *ξοδεύω*). 2. σπαταλώ: *μη -άς το χρόνο / τον καιρό σου σε τέτοια πράγματα! ~ τις δυνάμεις μου / τον εαυτό μου.*

δάπεδο το, ουσ. 1. επίπεδη επιφάνεια κλειστού χώρου που έχει εξομαλυνθεί και επιστρωθεί με κάποιο υλικό: *~ μαρμάρινο / ξύλινο / πλαστικό· σκουπίζω το ~· καλύπτω το ~ με μοκέτα* (συνών. *πάτωμα*). 2. εξομαλισμένη επιφάνεια υπαίθριου χώρου: *~ πλακόστρωτο· ~ στάθμευσης αεροσκαφών* (συνών. *έδαφος, γήπεδο*).

δαρβίνειος, -α, -ο, επίθ. (ασυνίζ.), που αναφέρεται στη θεωρία του Δαρβίνου.

δαρβινισμός ο, ουσ., θεωρία διατυπωμένη από το Δαρβίνο κατά την οποία τα είδη κατάγονται το ένα από το άλλο σύμφωνα με τους νόμους της φυσικής επιλογής, που είναι το αποτέλεσμα του αγώνα επιβίωσης (αλλιώς: *θεωρία της εξέλιξης*).

δαρβινιστής ο, ουσ., οπαδός του δαρβινισμού.

δαρεικός ο, ουσ. (ιστ.) χρυσό νόμισμα των αρχαίων Περσών.

δαρεικός, -ή, -ό, επίθ. (ιστ.) που αναφέρεται στο βασιλιά των Περσών Δαρείο.

δαρμός ο, ουσ. 1. η ενέργεια του δέρνω: *~ άγριος / ανηλεής* (συνών. *δάρσιμο, ξύλο, ξυλοδαρμός, ξυλοκόπημα*). 2. (λαϊκ.) θρήνος.

δάρσιμο το, ουσ., δαρμός, ξυλοδαρμός, ξυλοκόπημα.

δάρτης ο, ουσ. 1. ξύλινο όργανο με το οποίο χτυπούν τα καλαμπόκια για να πέσουν οι σπόροι από τον κώνο. 2. ξύλο με το οποίο «χτυπούν» το γάλα για να το αποβουτυρώσουν.

δαρτός, -ή, -ό, επίθ. 1. που έχει δαρθεί, που έχει ξυλοκοπηθεί (συνών. *δαρμένος*). 2. (μεταφ. για καιρικά φαινόμενα όπως βροχή, κ.τ.ό.) που πέφτει ραγδαία: *βροχή -ή· χαλάζι -ό.*

δασάκι, βλ. *δάσος.*

δασαρχείο το, ουσ. 1. τοπική δασική αρχή υπεύθυνη για τη διαχείριση και την προστασία των δασών. 2. (συνεκδοχικά) το γραφείο του δασάρχη.

δασάρχης ο, ουσ., κρατικός υπάλληλος προϊστάμενος δασαρχείου.

δασεία η, ουσ., γραφικό σημάδι (') που σημειωνόταν άλλοτε στο αρχικό συνήθως φωνήεν ορισμέ-

δασερός

νων λέξεων για να παραστήσει το δασύ πνεύμα που πρόφεραν οι αρχαίοι Έλληνες.
δασερός, -ή, -ό, επίθ., που είναι γεμάτος δάση: *φαράγγι -ό* (συνών. *δασώδης, δασόφυτος*).
δασιασμένος, -η, -ο, επίθ. (συνίζ.), δασώδης, δασερός, δασόφυτος.
δασικός, -ή, -ό, επίθ., που ανήκει ή αναφέρεται στα δάση ή που προέρχεται από αυτά: *περιφέρεια / ζώνη -ή· νομοθεσία / πολιτική -ή· προϊόντα -ά· βιομηχανία -ή*.
δασκάλα, βλ. *δάσκαλος*.
δασκαλάκι και **δασκαλάκος**, βλ. *δάσκαλος*.
δασκάλεμα το, ουσ., το να δασκαλεύει κανείς κάποιον: ~ *υστερόβουλο / ύποπτο* (συνών. *σύσταση, διδαχή, συμβουλή, καθοδήγηση, νουθεσία*).
δασκαλεύω, ρ. 1. διδάσκω, συμβουλεύω κάποιον: *οι γονείς -ουν το παιδί τους*. 2. καθοδηγώ κάποιον (ιδίως για κακό): *τον -εψαν να πει ψέματα· εσύ -εσαι κάθε μέρα απ' το διάολο* (Κόντογλου).
δασκαλική η, ουσ. (λαϊκ.), το επάγγελμα του δασκάλου (συνών. *δασκαλίκι*).
δασκαλίκι το, ουσ. (λαϊκ.), το επάγγελμα του δασκάλου (συνών. *δασκαλική*).
δασκαλισμός ο, ουσ. 1. σχολαστικισμός (συνών. *σχολαστικότητα, στενοκεφαλιά*). 2. εξεζητημένος αρχαϊσμός στη γλώσσα.
δασκάλισσα, βλ. *δάσκαλος*.
δασκαλίστικος, -η, -ο, επίθ. 1. που έχει σχέση με το δάσκαλο (γενικά ή ειδικότερα με τον εκπαιδευτικό της πρωτοβάθμιας εκπαίδευσης). 2. σχολαστικός: *νοοτροπία -ίστικη*. - Το ουδ. στον πληθ. ως ουσ. = *πράξεις σχολαστικές*.
δασκαλίτσα, βλ. *δάσκαλος*.
δασκαλοκόρη η, ουσ., θυγατέρα δασκάλου.
δασκαλοπαίδι και **δασκαλόπαιδο** το, ουσ. 1. παιδί δασκάλου. 2. (για το *δασκαλοπαίδι*) μαθητής.
δάσκαλος ο, γεν. *-άλου*, (πληθ. λαϊκ. *-άλοι*), θηλ. **-άλα, -άλισσα**, ουσ. 1. αυτός που διδάσκει (συνήθως σε δημοτικό σχολείο): ~ *αυστηρός / συνταξιούχος· -άλα χορού / μουσικής* (συνών. *καθηγητής, παιδαγωγός, εκπαιδευτικός*). 2. (στην κλητ.) ως τιμητική προσφώνηση. 3. άνθρωπος έμπειρος, δεξιοτέχνης: *είναι -άλα στην κουζίνα* (συνών. *αυθεντία, μάνα, μάστορας, τεχνίτης·* αντ. *αδαής, ατζαμής, ανίδεος, άπειρος*). 4. «λόγιος», σχολαστικός, στενοκέφαλος (συνών. *τυπολάτρης*). Έκφρ. ~ *από τα δώδεκα σκαμνιά* (= πολύ μορφωμένος)· *απ' τ' αφτί και στο -ο* (= χωρίς καθυστέρηση, χωρίς χρονοτριβή, αμέσως). Φρ. *βρήκε το -ό του* (= αντιμετώπισε κάποιον ικανότερό του). Παροιμ. μ' *όποιο -ο καθίσεις τέτοια γράμματα θα μάθεις* (= θα μοιάσεις σ' εκείνον που συναναστρέφεσαι)· *-ε που δίδασκες και νόμο ή λόγο δεν εκράτεις* (= γι' αυτούς που αθετούν αυτά που λένε). - Υποκορ. (και με ειρωνικό χρώμα για νεαρό και άπειρο δάσκαλο) **-άκος** ο, **-ίτσα** η, **-άκι** το.
δασκαλοφέρνω, ρ., συμπεριφέρομαι σαν δάσκαλος, με σχολαστικότητα, είμαι σχολαστικός, στενοκέφαλος.
δασμολόγηση η, ουσ., επιβολή ή προσδιορισμός δασμού (συνών. *δασμολογία*).
δασμολογία η, ουσ., δασμολόγηση (βλ. λ.).
δασμολογικός, -ή, -ό, επίθ., που αναφέρεται στη δασμολογία ή στο δασμολόγιο: *διάταξη / κλάση -ή· -ή προστασία* (= το σύνολο των οικονομικών μέτρων που αποβλέπουν στην προστασία ενός

330

κλάδου της παραγωγής από τον ξένο ανταγωνισμό).
δασμολόγιο το, ουσ. (ασυνίζ.), επίσημος πίνακας όπου αναγράφονται τα διάφορα εμπορεύματα και ο αντίστοιχος εισαγωγικός ή εξαγωγικός δασμός: *προστατευτικό* ~ (= φορολογικό σύστημα που προστατεύει την εγχώρια παραγωγή με την επιβολή μεγάλων δασμών στα εμπορεύματα που εισάγονται από άλλες χώρες).
δασμολόγος ο, ουσ., ειδικός σε θέματα δασμών.
δασμολογώ, -είς, ρ. 1. επιβάλλω, προσδιορίζω το δασμό που πρέπει να επιβληθεί (συνών. *φορολογώ*). 2. (μέσ.) (για εμπορεύματα) περιλαμβάνομαι στο δασμολόγιο.
δασμός ο, ουσ., φόρος που καταβάλλεται στα τελωνεία για τα εισαγόμενα ή εξαγόμενα εμπορεύματα: ~ *ειδικός / προστατευτικός* (συνών. *φόρος, τέλος*).
δάσο, βλ. *δάσος*.
δασόβιος, -ια, -ο, επίθ. (ασυνίζ.), που ζει σε δάση: *φυτά / πουλιά -ια* (συνών. *δασοδίαιτος*).
δασοδίαιτος, -η, -ο, επίθ., δασόβιος: *ζώα -α*.
δασοκάλυψη η, ουσ., κάλυψη μιας περιοχής με δάση: *ποσοστό -ης του ελληνικού χώρου*.
δασόκλειστος, -η, -ο, επίθ., κλεισμένος από δάση: *περιοχή -η*.
δασοκομία η, ουσ., κλάδος της δασικής επιστήμης που ασχολείται με τη δημιουργία και καλλιέργεια των δασών.
δασοκομικός, -ή, -ό, επίθ., που αναφέρεται στη δασοκομία ή στο δασοκόμο: *προϊόντα -ά·* ~ *χειρισμός* (= καλλιεργητικός χειρισμός των δασικών περιοχών, σύμφωνα με τους κανόνες της δασοκομίας). - Το θηλ. ως ουσ. = *δασοκομία*.
δασοκόμος ο, ουσ. 1. ο ειδικός στη δασοκομία. 2. υπάλληλος ειδικά εκπαιδευμένος για τη φύλαξη και επιτήρηση των δασών.
δασολογία η, ουσ., επιστήμη που ασχολείται με την έρευνα της δασικής οικονομίας ή δασοπονίας.
δασολογικός, -ή, -ό, επίθ., που ανήκει ή αναφέρεται στη δασολογία: *σχολή -ή*.
δασολόγος ο, ουσ., επιστήμονας που κάνει έρευνες και εφαρμόζει μεθόδους για την ανάπτυξη, την προστασία και την καλύτερη εκμετάλλευση των δασών.
δασονομείο το, ουσ. 1. τοπική δασική αρχή που υπάγεται στο δασαρχείο και διοικείται από δασονόμο. 2. το γραφείο της υπηρεσίας του δασονομείου.
δασονομία η, ουσ., αστυνομική εποπτεία των δασών.
δασονομικός, -ή, -ό, επίθ., που ανήκει ή αναφέρεται στη δασονομία ή στο δασονόμο: *σταθμός / υπάλληλος* ~. - Το ουδ. στον πληθ. ως ουσ. = *σύνολο των γνώσεων που αναφέρονται στα δάση και η εφαρμογή τους*.
δασονόμος ο, ουσ., δασικός υπάλληλος που ασκεί διοικητικά και αστυνομικά καθήκοντα σε περιφέρεια δασαρχείου.
δασοπονία η, ουσ., πρακτική άσκηση της δασολογίας: *τεχνολόγος -ας*.
δασοπονικός, -ή, -ό, επίθ., που ανήκει ή αναφέρεται στη δασοπονία ή στο δασοπόνο.
δασοπόνος ο, ουσ. 1. ο ειδικός στη δασοπονία. 2. δασολόγος.
δασοπροστασία η, ουσ., προστασία των δασικών

εκτάσεων που συνήθως τη συντονίζουν οι αρχές μιας χώρας.
δασοπυροσβέστης ο, ουσ., πυροσβέστης που υπηρετεί σε δασική υπηρεσία.
δάσος και (λαϊκ.) **δάσο** το, ουσ. 1. μεγάλη έκταση γης που καλύπτεται από δέντρα (συνήθως άγρια): ~ *ανεκμετάλλευτο / βαθύσκιο* (συνών. *λόγγος, ρουμάνι, δρυμός*). 2. έκταση πυκνοφυτεμένη με οπωροφόρα ή άλλα ήμερα δέντρα: ~ *από ελιές / πορτοκαλιές*. 3. (μεταφ.) σύνολο αντικειμένων που μοιάζουν με δέντρα στο ύψος ή στην πυκνότητα: ~ *από λόγχες*. 4. (μεταφ. για τις τρίχες του ανθρώπινου σώματος) ~ *τα στήθια του*. Έκφρ. *παρθένο* ~ (= δάσος απάτητο εξαιτίας της πυκνής του βλάστησης). Παροιμ. *το* ~ *απ' τα ξύλα του καίγεται* (= οι άνθρωποι δυστυχούν εξαιτίας των σφαλμάτων τους). - Υποκορ. **-ύλλιο** το, **-άκι** το.
δασός, βλ. *δασύς*.
δασοσκέπαστος, -η, -ο, και **δασόσκεπος**, επίθ., που καλύπτεται με δάση: *έκταση -η* (συνών. *δασόφυτος, δασώδης*).
δασοτόπι το, ουσ., τόπος καλυμμένος από δάση.
δασότοπος ο, ουσ., δασοτόπι (βλ. λ.).
δασόφιλος, -η, -ο, επίθ., που αγαπά τα δάση.
δασοφύλακας ο, ουσ., κατώτερος υπάλληλος της δασικής υπηρεσίας επιφορτισμένος με το καθήκον της φύλαξης δασικής περιοχής.
δασοφυλακείο το, ουσ., φυλάκιο του δασοφύλακα.
δασοφυλακή η, ουσ. 1. κρατική υπηρεσία που φροντίζει για τη φύλαξη των δασών. 2. το σύνολο των δασοφυλάκων.
δασόφυτος, -η, -ο, επίθ., που καλύπτεται από δάση: *πλαγιά -η* (συνών. *δασοσκέπαστος, δασώδης*).
δασύλλιο, βλ. *δάσος*.
δασύμαλλος, -η, -ο, επίθ., που έχει πυκνό τρίχωμα: *πρόβατο -ο* (συνών. *δασύτριχος, δασύς, πυκνόμαλλος, μαλλιαρός*).
δασύνω, ρ. 1. βάζω δασεία σε αρχικό φωνήεν ή δίφθογγο. 2. (μέσ.) παίρνω δασεία: *λέξεις -όμενες*.
δασύς, -ιά, -ύ, και (λαϊκ.) **δασός, -ά, -ό,** επίθ. 1. δασύτριχος: *στήθος -ύ* (συνών. *δασύμαλλος, πυκνόμαλλος, μαλλιαρός*). 2. πυκνός, πυκνόφυλλος: *σκιά -ιά· Πού 'ναι τα δέντρα τα -ιά με τους παχείς τούς ήσκιους;*
δασύστερνος, -η, -ο, επίθ., που έχει τριχωτό στέρνο (συνών. *δασύστηθος*).
δασύστηθος, -η, -ο, επίθ., που έχει τριχωτό στήθος (συνών. *δασύστερνος*).
δασύτητα η, ουσ. 1. πυκνότητα. 2. το να έχει κάποιος πυκνές τρίχες (συνών. *δάσος στη σημασ.* 4). 3. (για φων.) το να παίρνει δασεία.
δασύτριχος, -η, -ο, επίθ., που έχει πυκνές τρίχες, τριχωτός (συνών. *πυκνόμαλλος, μαλλιαρός*).
δασύφυλλος, -η, -ο, επίθ., που έχει πυκνό φύλλωμα, πυκνόφυλλος (συνών. *δασύς, πολύφυλλος*).
δασώδης, -ης, -ες, γεν. **-ους**, πληθ. αρσ. και θηλ. **-εις**, ουδ. **-η**, επίθ., που είναι γεμάτος δάση: *περιοχή* ~ (συνών. *δασοσκέπαστος, δασόφυτος* αντ. *άδεντρος, χέρσος, γυμνός*).
δασώνω, ρ. Α. (μτβ.) δεντροφυτεύω μια περιοχή ώστε να γίνει δάσος: *-ωσαν την πλαγιά του βουνού*. Β. αμτβ. 1. γίνομαι δασώδης: *-ωσε ο κήπος*. 2. αποκτώ πυκνό φύλλωμα: *ωσαν οι τριανταφυλλιές* (συνών. *φουντώνω*). - Η μτχ. *δασωμένος* ως επίθ. = 1. δασώδης: *έκταση -ωμένη* (συνών. *δασοσκέπαστος, δασόφυτος*). 2. πυκνόφυλλος: *σαν που 'ναι ο πρίνος φουντωτός κι ο πεύκος -ωμένος* (δημ.

τραγ.). 3. δασύτριχος: *στήθη -ωμένα* (συνών. *δασύς, δασύμαλλος*).
δαύκος ο, ουσ., γένος φυτών με κυριότερο είδος το καρότο.
δαυλί το, ουσ., δαυλός: *τη νύχτα που παράδερνες μ' ένα* ~ *στο χέρι* (Βαλαωρίτης).
δαυλίτης ο, ουσ. 1. αρρώστια των φυτών, άνθρακας. 2. σιτάρι σαπισμένο από διάφορες αρρώστιες.
δαυλός ο, ουσ. 1. επίμηκες ξύλο αναμμένο ή μισοκαμένο: *η μάνα σου στον ύπνο της... είδε / να γεννηθεί* ~ *να κάψει την καρδιά της* (δημ. τραγ.) (συνών. *δαυλί*). 2. αίτιο, έναυσμα: ~ *της διχόνοιας*. 3. δαυλίτης (βλ. λ.).
δαφνέλαιο το, ουσ., λάδι που βγαίνει από τους καρπούς της δάφνης (συνών. *δαφνόλαδο*).
δάφνη η, ουσ. 1. είδος μικρού αειθαλούς δέντρου με γυαλιστερά φύλλα. 2. στεφάνι από φύλλα δάφνης (ως σύμβολο νίκης). 3. κλαδί δάφνης· φρ. (λόγ.) *έδρεψε -ες* (= είχε επιτυχία, διακρίθηκε)· *αναπαύεται στις -ες του* (= μένει αδρανής, επαναπαύεται σε παλιότερες επιτυχίες του).
δάφνινος, -η, -ο, επίθ., που είναι καμωμένος από δάφνη: *στεφάνι -ο*.
δαφνόδεντρο το, ουσ., το δέντρο της δάφνης.
δαφνόκλαδο και **-ρο**, το, ουσ., κλαδί δάφνης.
δαφνοκούκουτσο το, ουσ., καρπός της δάφνης.
δαφνόλαδο το, ουσ., δαφνέλαιο (βλ. λ.).
δαφνοστεφάνι και **-στέφανο** το, ουσ., δάφνινο στεφάνι.
δαφνοστεφανωμένος, -η, -ο, επίθ., δαφνοστεφάνωτος (βλ. λ.).
δαφνοστεφάνωτος, -η, -ο, επίθ. 1. που είναι στεφανωμένος με δάφνες. 2. ένδοξος, δοξασμένος, (συνών. *δαφνοστεφανωμένος*).
δαφνοστόλιστος, -η, -ο, επίθ., που είναι στολισμένος με δάφνες: *σχολείο -ο* (συνών. *δαφνοφόρος*).
δαφνοφόρος, -α, -ο, επίθ., που έχει δάφνες, δαφνοστόλιστος: *μέσα στες εκκλησίες τες δαφνοφόρες / με το φως της χαράς συμμαζωχτείτε* (Σολωμός).
δαφνόφυλλο το, ουσ., φύλλο δάφνης.
δαφνώνας ο, ουσ., τόπος κατάφυτος από δάφνες.
δαχτυλάκι, βλ. *δάχτυλο*.
δαχτυλάτος, -η, -ο, επίθ. 1. που έχει δάχτυλα. 2. που μοιάζει με δάχτυλο. - Το ουδ. ως ουσ. = ποικιλία σταφυλιού.
δαχτυλήθρα η, ουσ., μικρή θήκη, μεταλλική ή πλαστική, που εφαρμόζεται στην άκρη του μεσαίου δαχτύλου του χεριού και με την οποία σπρώχνεται η βελόνα στο ράψιμο ή στο κέντημα: *δεν μπορώ να κεντήσω χωρίς* ~.
δαχτύλι το, ουσ., δαχτυλίδι (βλ. λ.).
δαχτυλιά η, ουσ. (συνιζ.). 1. ίχνος δαχτύλου σε μια επιφάνεια: *τα τζάμια είναι όλο δαχτυλιές*. 2. (συνεκδοχικά) μικρή ποσότητα υγρού που το ύψος του μέσα στο δοχείο, όπου βρίσκεται, είναι ίσο με το πάχος δαχτύλου: *μια* ~ *κρασί*.
δαχτυλιδάκι, βλ. *δαχτυλίδι*.
δαχτυλιδένιος, -ια, -ιο, επίθ. (συνιζ.), που έχει σχήμα δαχτυλιδιού· έκφρ. *-α μέση* (= πολύ λεπτή και κομψή).
δαχτυλίδι το, ουσ. 1. κόσμημα (από μέταλλο συνήθως πολύτιμο) σε σχήμα κρίκου, που φοριέται στα δάχτυλα του χεριού, συνήθως στον παράμεσο: ~ *διαμαντένιο / χρυσό / ασημένιο·* φρ. *βάζω ή αλλάζω* ~ (= αρραβωνιάζομαι)· (μεταφ.) *έχει μέση* ~ (= πολύ λεπτή). 2. κρίκος, χαλκάς (συνών.

δακτύλιος). 3. είδος παιδικού παιχνιδιού. 4. μπούκλα: *τα μαλλιά της κάνουν -ια.* - Υποκορ. **-άκι** το.
δαχτυλιδόπετρα η, ουσ., πολύτιμη πέτρα που στολίζει δαχτυλίδια (συνών. *δακτυλιόλιθος*).
δαχτυλίδωμα το, ουσ., το να τοποθετείται μετάλλινος δακτύλιος σε αντικείμενα κυλινδρικού σχήματος για ενίσχυση ή διακόσμηση: ~ *μπαστουνιού.*
δαχτυλιδώνω, ρ., εφαρμόζω, προσαρμόζω δακτύλιο σε κάτι.
δάχτυλο το, ουσ. 1. καθένα από τα ελεύθερα και κινητά τμήματα στα οποία καταλήγουν τα άνω και κάτω άκρα του ανθρώπου και πολλών ζώων: *το μεγάλο μου* ~. 2. μικρή ποσότητα κάποιου πράγματος, που το πάχος, το ύψος ή το πλάτος του είναι όσο το πάχος ενός δαχτύλου: *ένα* ~ *κρασί· ένα* ~ *σκόνη·* φρ. *κρύβομαι πίσω απ' το -ό μου* (= προσπαθώ να κρύψω όσα όλοι ξέρουν για μένα)· *μετριούνται στα -α* (= είναι πολύ λίγοι)· *τον δείχνουν με το* ~ (για καλό ή κακό) (= τον ξεχωρίζουν)· *μετράει με τα -α* (= δεν ξέρει να μετράει καλά)· *το καταφέρνω ή το μπορώ με το μικρό μου το* ~ (= το κάνω με ευχέρεια)· *παίζω ή ξέρω κάτι στα -α* (= το ξέρω πολύ καλά). Παροιμ. *όλα τα -α δεν είναι ίδια* (= δεν έχουν όλοι την ίδια αξία)· *όποιο* ~ *κι αν κόψεις, πονάει* (= οι γονείς αγαπούν εξίσου όλα τα παιδιά τους)· *το ένα* ~ *αν πονά, πονά κι όλο το χέρι* (= μετέχει όλη η οικογένεια στον πόνο ενός μέλους της)· *τα δαχτυλίδια κι αν πέσανε, τα -α μείνανε* (= για πλούσιους που έχασαν τα πλούτη τους, όχι όμως την αξιοπρέπεια τους). - Υποκορ. **-άκι** το· φρ. *δεν κούνησε ούτε το -άκι του* (= δεν έκανε την παραμικρή ενέργεια).
δαχτυλομπογιά η, ουσ. (όχι έρρ., συνιζ.), είδος βαφικής ύλης που χρησιμοποιεί κάποιος για να βάψει με τα δάχτυλα.
δε, Ι. βλ. *δεν.*
δε, ΙΙ. εναντιωματικός και αντιθετικός σύνδ. 1. όμως: *εμείς φύγαμε, εκείνοι* ~ *έμειναν· οι* ~ *όμηροι αφέθηκαν ελεύθεροι.* 2. στις εκφρ. *οι μεν και οι* ~, *τα μεν και τα* ~, βλ. ά. *μεν.*
δεδηλωμένη η, ουσ. (πολιτ.-νομ.) στην έκφρ. *η* ~ *(ψήφος του λαού):* το να υποχρεώνεται ο ρυθμιστής του πολιτεύματος να αναθέτει τη διακυβέρνηση της χώρας στο κόμμα που έχει εκφρασμένη προτίμηση της πλειοψηφίας του λαού· (ιστ.) *η αρχή / το καθεστώς της -ης.*
δεδικασμένο το, ουσ. (λόγ.), (νομ.) το να υπάρχει πάνω σ' ένα θέμα δικαστική απόφαση ώστε να μην υπάρχει δυνατότητα να εκδοθεί διαφορετική (δικαστική) απόφαση. - Το ουδ. της μτχ. παθ. παρακ. του *δικάζω*].
δεδομένο το, ουσ. 1. γεγονός ή αρχή που δεν επιδέχεται αμφισβήτηση: *-α επιστημονικά· τα -α της ελληνικής οικονομίας.* 2. συγκεκριμένο γεγονός που αποτελεί τη βάση για κάποια σκέψη ή απόφαση, προϋπόθεση, όρος: *έχουμε το -ο ότι κάποτε ήταν κρατούμενος· είναι ασύμφορο το πράγμα μ' αυτά τα -α*· εκφρ. *δεδομένου ότι* (= αφού, εφόσον, επειδή). 3. (μαθημ., στον πληθ.) γνωστά μεγέθη που περιέχονται στην εκφώνηση και συνιστούν τις βάσεις ενός προβλήματος. [Το ουδ. της μτχ. παθ. παρκ. του *δίδω*.].
δεδουλευμένος, -η, -ο, μτχ. επίθ. (λόγ.), στις εκφρ. ~ *μισθός* = μισθός για τον οποίο έχει προσφερθεί ανάλογη εργασία· ~ *τόκος* = τόκος που

οφείλεται για ορισμένο χρηματικό ποσό.
δέηση η, ουσ., προσευχή, παράκληση στο Θεό: ~ *επιμνημόσυνη.*
δειάφη η και **δειάφι** το, βλ. *θειάφι.*
δείγμα το, ουσ. 1. μικρή ποσότητα ή τμήμα αντικειμένου που επιδεικνύεται ή δίνεται για δοκιμή ή έλεγχο: ~ *χρώματος / υφάσματος·* ~ *χωρίς αξία.* 2. ενδεικτικό σημείο, απόδειξη: *μας έδωσε* ~ *της μεγαλοφυΐας του·* ~ *φιλίας* (συνών. *ένδειξη, τεκμήριο, σημάδι*). Έκφρ. ~ *γραφής* = απόσπασμα γραπτού κειμένου με το οποίο αποδεικνύεται η πατρότητα ή η γνησιότητα εγγράφου ή επιστολής ή κρίνεται η ικανότητα ενός συγγραφέας.
δειγματίζω, ρ., χρησιμοποιώ δείγμα από εμπόρευμα για να το δοκιμάσει ή να το ελέγξει ο αγοραστής: *σε λίγο -ουμε τα χειμωνιάτικα ρούχα.*
δειγματολήπτης ο, ουσ. 1. αυτός που παίρνει δείγματα από διάφορα εμπορεύματα για έλεγχο της ποιότητάς τους και καθορισμό της τιμής τους ή για τη δασμολόγησή τους. 2. (ναυτ.) μικρό μηχάνημα, τμήμα των μηχανικών βολίδων, με το οποίο γίνεται η δειγματοληψία του θαλάσσιου βυθού.
δειγματοληπτικός, -ή, -ό, επίθ., που γίνεται με βάση δείγματα από ένα σύνολο: *έλεγχος* ~. - Επίρρ. **-ά.**
δειγματοληψία η, ουσ., λήψη δείγματος για δοκιμή ή καθορισμός της ποιότητας και της ανάλογης τιμής του: ~ *στρωματοποιημένη.*
δειγματολόγιο το, ουσ. (ασυνίζ.), συλλογή δειγμάτων από διάφορα εμπορεύματα για επίδειξη στους αγοραστές: ~ *χρωμάτων / υφασμάτων.*
δει δη χρημάτων αρχαϊστ. φρ. = χρειάζονται τα απαραίτητα οικονομικά μέσα.
δείκτης και **δείχτης** ο, ουσ. 1. το δεύτερο μετά τον αντίχειρα δάχτυλο του χεριού που χρησιμοποιούμε για να δείχνομε (συνών. *λιχανός*). 2. βελόνα, συνήθως μεταλλική, που δείχνει τη μέτρηση ποσότητας, χρόνου, έντασης ηλεκτρικών μεγεθών, κλπ., στις υποδιαιρέσεις πλάκας κάποιου οργάνου: *δείχτης του ρολογιού·* ~ *βαρόμετρου·* ~ *χιλιομετρικός.* 3. κάθε όργανο ή σημάδι που χρησιμεύει για να δείχνει. 4α. (μαθημ.) αριθμός τοποθετημένος πάνω στο ριζικό μιας ρίζας για να ορίσει την τάξη της υπόρριζης ποσότητας (συνών. *εκθέτης*)· β. (χημ.) αριθμός κάτω δεξιά στο σύμβολο ενός στοιχείου που δείχνει τα άτομα που περιέχονται σε κάθε μόριο. 5. (χημ.) χημική ουσία που προστίθεται σε εξεταζόμενο υγρό και αλλάζοντας χρωματισμό δείχνει το τέλος της αντίδρασης. 6. (οικον.) σχέση ανάμεσα σε ποσότητες ή τιμές που εκφράζει την εξέλιξή τους, ενδεικτικός αριθμός: ~ *τιμών καταναλωτή· γενικός* ~ *τιμών στο χρηματιστήριο·* ~ *τραπεζικών μετοχών.* 7. (ψυχ.) ~ *νοημοσύνης* = ο αριθμός που δηλώνει τη σχέση της νοητικής ηλικίας ενός παιδιού (που υπολογίζεται με τη μέθοδο των τεστ) προς την πραγματική του ηλικία ή, ακριβέστερα, η σχέση μεταξύ του βαθμού που επιτυγχάνει ένα άτομο σε ένα τεστ και του βαθμού που κατά αρχήν επιτυγχάνει ένα μέσο άτομο της ίδιας ηλικίας στο ίδιο τεστ νοημοσύνης. Έκφρ. *οδικός* ~ (= πινακίδα σε διασταύρωση όπου αναγράφονται οι τόποι και οι χιλιομετρικές αποστάσεις στους οποίους οδηγούν οι δρόμοι και δηλώνονται με βέλη οι κατευθύνσεις).
δεικτικός, -ή, -ό, επίθ. 1. που παρέχει ενδείξεις για

κάτι, ενδεικτικός. **2.** (γραμ.) *-ές αντωνυμίες* = που χρησιμεύουν για να δείχνουμε πρόσωπα ή πράγματα· *-ά μόρια* = αυτά που χρησιμοποιούνται για να δειχτεί ή να προσδιοριστεί κάτι με ακρίβεια.

δείλι το, ουσ., απόγευμα, το χρονικό διάστημα μετά το μεσημέρι και προτού σκοτεινιάσει.

δειλία η, ουσ., έλλειψη θάρρους, ατολμία: ~ *στο πεδίο της μάχης* (συνών. *φόβος, λιγοψυχία*· αντ. *τόλμη, θάρρος, αποφασιστικότητα*).

δειλιάζω, ρ. (συνιζ.), διστάζω, δεν τολμώ, δεν έχω θάρρος να κάνω κάτι: ~ *να πολεμήσω / να ζητήσω μια χάρη* (συνών. *φοβούμαι, λιποψυχώ*· αντ. *τολμώ*).

δείλιασμα το, ουσ. (συνιζ.), απώλεια του θάρρους, ατολμία (συνών. *φόβος, λιποψυχία*· αντ. *ξεθάρρεμα*).

δειλινό το, ουσ. **1.** η ώρα μετά το μεσημέρι και λίγο πριν από τη δύση του ήλιου: ~ *στην ακροθαλασσιά* (συνών. *δείλι*)· (μεταφ.) *το ~ της ζωής*. **2.** το απογευματινό φαγητό (συνών. *κολατσιό*).

δειλός, -ή, -ό, επίθ., που του λείπει η τόλμη, το θάρρος: ~ *σαν λαγός*· *μαθητής / στρατιώτης* ~ (συνών. *άτολμος, φοβιτσιάρης, λιγόψυχος, κιοτής*· αντ. *θαρραλέος, τολμηρός, άφοβος, ψυχωμένος*).

δείνα και **-ας,** θηλ. και ουδ. **-α,** αντων. άκλ., (όταν δεν αναφέρεται κανείς σε συγκεκριμένα πρόσωπα ή πράγματα, όταν δεν κατονομάζει κάτι) κάποιος (συνών. *τάδε*).

δεινόν το γήρας, ου γαρ έρχεται μόνον· αρχαίστ. φρ. = τα γηρατειά έχουν δυσάρεστες συνέπειες.

δεινοπάθημα το, ουσ., ό,τι φοβερό παθαίνει κανείς που τον ταλαιπωρεί (συνών. *συμφορά, κακοπάθημα, δυστύχημα*).

δεινοπαθώ, -είς, ρ., υφίσταμαι ταλαιπωρίες, βασανίζομαι: *θα -θήσεις με τέτοιο προϊστάμενο· -θησα ωσότου ξεμπλέξω με τα γραφειοκρατικά* (συνών. *κακοπαθώ, ταλαιπωρούμαι*).

δεινός, -ή, -ό, επίθ. **1.** που προκαλεί φόβο, τρομερός: *δοκιμασία -ή*· *πλήγμα -ό* (συνών. *φοβερός, τρομαχτικός, φριχτός*). **2.** ικανότατος, επιδέξιος: *ρήτορας / πολιτικός / κολυμβητής* ~ (συνών. *εξαιρετικός, ασυνήθιστος*· αντ. *ασήμαντος, συνηθισμένος*). - Το ουδ. στον πληθ. ως ουσ. = δεινοπαθήματα, συμφορές: *αρχή -ών* (συνών. *βάσανα, ταλαιπωρίες*).

δεινόσαυρος ο, ουσ., ερπετό της παλαιοζωικής εποχής με σώμα γιγάντιο που σήμερα σώζονται απολιθωμένα λείψανά του.

δεινότητα η, ουσ., ικανότητα, επιδεξιότητα: ~ *ρητορική* (= ευφράδεια) (συνών. *ταλέντο, μαστοριά, επιτηδειότητα*).

δείνωση η, ουσ. (λόγ.), το να παρουσιάζεται με το λόγο κάτι σπουδαιότερο απ' ό,τι είναι, το να μεγαλοποιούνται τα πράγματα (συνών. *μεγαλοποίηση*).

δείξος και **-ιος,** θηλ. **-α** και **-ια,** επίθ. (συνιζ.), εκφρ. *ο ποίσος και ο δείξος* = παλιάνθρωπος, τιποτένιος (συνών. *εξώλης και προώλης*). - Βλ. και *ποίσος*. [από το μελλ. *δείξω* του *δείχνω*].

δείπνο το, ουσ., βραδινό φαγητό: *κάλεσα τους φίλους μου σε ~*· *τι περιλαμβάνει το ~*;

δείπνος ο, ουσ., εκφρ. *Μυστικός Δείπνος* – το τελευταίο δείπνο του Χριστού με τους Αποστόλους τη Μεγάλη Πέμπτη, στο οποίο τελέστηκε για πρώτη φορά το μυστήριο της Θείας Ευχαριστίας.

δειπνώ, -άς, ρ., τρώω το βραδινό μου φαγητό.

δεισιδαίμονας ο, επίθ., αυτός που πιστεύει σε προλήψεις και δεισιδαιμονίες, που πιστεύει ότι καθετί το άγνωστο και μυστηριώδες προκαλεί κακό (συνών. *προληπτικός*).

δεισιδαιμονία η, ουσ., παράλογος φόβος που προξενεί στον αμαθή συνήθως καθετί άγνωστο και επομένως μυστηριώδες και ανεξήγητο (συνών. *πρόληψη*).

δείχνω, ρ. **Α.** μτβ. **1.** φανερώνω, αποκαλύπτω, προβάλλω στα μάτια κάποιου κάτι: *γελάει και -ει τα στραβά του δόντια*· *-ξε την ταυτότητά σου* (αντ. *κρύβω, αποσκεπάζω*)· (μεταφ.) *έδειξε το αληθινό του πρόσωπο*· *έδειξε ποιος είναι*. **2.** (για όργανα με δείκτη) σημειώνω ένδειξη (χρόνου, βάρους, θερμότητας, κλπ.): *η ζυγαριά -ει πέντε κιλά*· *το ρολόι -ει δώδεκα*. **3α.** εμφανίζω, παρουσιάζω: *η φωτογραφία σε -ει παχύ*· **β.** δίνω την εντύπωση, προσποιούμαι (ότι): *έδειξε ότι χάρηκε, αλλά δεν ήταν έτσι*. **4.** εκδηλώνω, επιδεικνύω: *ο μαθητής -ει μεγάλο ζήλο*· *έδειξε θάρρος στη συμφορά* (συνών. *εξωτερικεύω*). **5.** αποδεικνύω: *τα λόγια του -ουν άνθρωπο ενημερωμένο*· *το μέλλον θα -ξει ότι έχω δίκιο* (συνών. *μαρτυρώ, δηλώνω*). **6.** διδάσκω, επεξηγώ: *θα σου -ξω τι πρέπει να κάνεις*· ~ *στο μαθητή την ορθογραφία* (συνών. *υποδεικνύω, μαθαίνω κάτι σε κάποιον, καθοδηγώ*· αντ. *παραπλανώ, αποκρύβω*). **7.** τείνω το δάχτυλο σε μια κατεύθυνση: *μου έδειξε την πούλια*. Φρ. ~ *τα δόντια* (= απειλώ, φοβερίζω) (συνών. *τρίζω τα δόντια*) ~ *τη ράχη μου / την πλάτη μου / τις φτέρνες μου* (= *φεύγω*)· ~ *πυγμή* (= επιδεικνύω απειλητικά τη δύναμή μου)· *θα σου -ξω* (= θα σου ανταποδώσω τα ίσα, θα σ' εκδικηθώ) (απειλή). **Β.** αμτβ. **α.** φαίνομαι, δίνω την εντύπωση: *είναι είκοσι χρονών, αλλά -ει μεγαλύτερος* **β.** (απρόσ.) φαίνεται: *-ει ότι θα βρέξει*· *τη Δευτέρα θα -ξει* (= θα ξεκαθαριστεί το πράγμα).

δείχτης, βλ. *δείκτης.*

δέκα, αριθμ. άκλ. **1.** ο αριθμός 10, δηλαδή το σύνολο των μονάδων που ισούται με τα δάχτυλα των δύο χεριών: *τα ~ μέρη του λόγου*· *οι ~ εντολές* (= ο Δεκάλογος, οι εντολές που δόθηκαν από το Θεό στους Ισραηλίτες μέσω του Μωυσή ως βάση της μεταξύ τους συμφωνίας)· *οι ~ πληγές (του Φαραώ)* (= οι θεομηνίες που συνέβηκαν στην Αίγυπτο και ανάγκασαν το Φαραώ να επιτρέψει στους Εβραίους την έξοδο). **2.** (στη θέση τακτικού αριθμ. για χρόνο) *στις ~ Ιουνίου* (για όμοια πράγματα συνήθως αριθμημένα) *το δωμάτιο* ~ (συνών. *δέκατος*). **3.** (με ουδ. άρθρο) ο αριθμός δέκα (10): *η πόρτα είχε επάνω το ~*· (για βαθμολογία ως βαθμός της ανώτερης επίδοσης) *παίρνεις ~*· *με τόνο* (για το ψηφίο που αντιπροσωπεύει τον αριθμό) ~ *ελληνικό* (ι') */ λατινικό* (Χ). Έκφρ. ~ ~ (= ανά δέκα). Φρ. *πάρε* ~ (φράση που συνοδεύει φασκέλωμα).

δεκάδα η, αριθμ., σύνολο δέκα όμοιων μονάδων θεωρούμενο ως νέα μονάδα: *το 30 έχει τρεις -ες*.

δεκαδικός, -ή, -ό, επίθ., που αναφέρεται στη δεκάδα ως βάση της αρίθμησης ή που αποτελείται από δεκάδες: ~ *αριθμός* (= ο αριθμός που αποτελείται από ένα μέρος ακέραιο (ή το μηδέν) και από ένα άλλο μικρότερο της μονάδας, π.χ. 21,8 0,35) *-ύ σύστημα αρίθμησης* = το σύστημα αρίθμησης στο οποίο η βάση, δηλαδή ο αριθμός που δηλώνει πόσες μονάδες μιας τάξης σχηματίζουν μια μονάδα της αμέσως ανώτερης, είναι το δέκα 10, (10 ×

δεκάδιπλος

10) 100, (10 × 100) 1.000, (10 × 1.000)...· *-ό μετρικό σύστημα* = σύστημα μέτρων και σταθμών όπου τα πολλαπλάσια και τα υποπολλαπλάσια είναι δεκαδικές δυνάμεις των βασικών μονάδων.

δεκάδιπλος, -η, -ο, επίθ. 1. δεκαπλάσιος: *του επέστρεψα -ο ό,τι μου έδωσε.* 2. διπλωμένος δέκα φορές.

δεκάδραχμος, -η, -ο, επίθ., που έχει αξία δέκα δραχμών: *χαρτόσημο / νόμισμα -ο.* - Το ουδ. ως ουσ. = κέρμα, νόμισμα αξίας δέκα δραχμών (συνών. *δεκάρικο*).

δεκαεννέα και (συνιζ.) **δεκαεννιά,** αριθμ. άκλ., ο αριθμός που ισούται με το άθροισμα μιας δεκάδας και εννέα μονάδων (19): ~ *χρόνων πήγε στο στρατό·* ~ *δραχμές.*

δεκαεννιάρης, -α, -ικο, επίθ. (συνιζ.), που είναι δεκαεννιά χρονών: *νεαρός* ~ (συνών. *δεκαεννιάχρονος*).

δεκαεννιάχρονος, -η, -ο, επίθ. (συνιζ.). 1. που είναι δεκαεννιά χρονών: *αγόρι / κορίτσι -ο.* 2. που έχει διαρκέσει δεκαεννιά χρόνια: *υπηρεσία -η.*

δεκαεξάρης, -α, -ικο, επίθ., που είναι δεκαέξι χρονών: *παιδί -ικο* (συνών. *δεκαεξάχρονος*).

δεκαεξασέλιδος, -η, -ο, επίθ., που έχει δεκαέξι σελίδες: *περιοδικό -ο· εφημερίδα -η.* - Το ουδ. ως ουσ. = ένα τυπογραφικό φύλλο που αποτελείται (ή διπλώνεται) σε δεκαέξι σελίδες: *ο τόμος έχει είκοσι -α.*

δεκαεξασύλλαβος, -η, -ο, επίθ., που αποτελείται από δεκαέξι συλλαβές: *λέξη -η· στίχος* ~. - Το αρσ. ως ουσ. (μτφ.) = ο στίχος που έχει δεκαέξι συλλαβές.

δεκαεξάχρονος, -η, -ο, επίθ. 1. που είναι δεκαέξι χρονών: *μαθητής* ~ (συνών. *δεκαεξάρης*). 2. που έχει διαρκέσει δεκαέξι χρόνια.

δεκαέξι και **δεκάξι,** αριθμ. άκλ., ο αριθμός που ισούται με το άθροισμα μιας δεκάδας και έξι μονάδων (16).

δεκαεπτά και **δεκαεφτά,** αριθμ. άκλ., ο αριθμός που ισούται με το άθροισμα μιας δεκάδας και επτά μονάδων (17).

δεκαεπταετία και **δεκαεφταετία** η, ουσ., χρονικό διάστημα δεκαεφτά χρόνων.

δεκαεπτάμηνος, -η, -ο και **-εφτάμηνος,** επίθ. 1. που έχει ηλικία δεκαεπτά μηνών. 2. που έχει διάρκεια δεκαεπτά μηνών.

δεκαεπτασύλλαβος, -η, -ο και **-εφτασύλλαβος,** επίθ., που αποτελείται από δεκαεπτά συλλαβές. - Το αρσ. ως ουσ. = ο στίχος που έχει δεκαεπτά συλλαβές.

δεκαεπτάχρονος, -η, -ο και **-εφτάχρονος,** επίθ. 1. που είναι δεκαεπτά χρονών: *κοπέλα -η* (συνών. *δεκαεφτάρης*). 2. που έχει διαρκέσει δεκαεπτά χρόνια.

δεκαετηρίδα η, ουσ. 1. χρονική περίοδος δέκα χρόνων (συνών. *δεκαετία*). 2. γιορτή που γίνεται με τη συμπλήρωση δέκα χρόνων από κάποιο σημαντικό γεγονός.

δεκαετής, -ής, -ές, γεν. *-ούς*, πληθ. αρσ. και θηλ. *-είς*, ουδ. *-ή*, επίθ., που έχει διάρκεια δέκα χρόνων: *πόλεμος / ειρήνη* ~· *-ές αναπτυξιακό πρόγραμμα.*

δεκαετία η, ουσ., χρονικό διάστημα δέκα χρόνων: *κρύβει μια* ~ *από την ηλικία της· έχω να σε δω μια* ~ (συνών. *δεκαετηρίδα*).

δεκαεφτά, βλ. *δεκαεπτά.*
δεκαεφταετία, βλ. *δεκαεπταετία.*

δεκαεφτάμηνος, βλ. *δεκαεπτάμηνος.*
δεκαεφτάρης, -α, -ικο, επίθ., που είναι δεκαεφτά χρονών (συνών. *δεκαεπτάχρονος*).
δεκαεφτασύλλαβος, βλ. *δεκαεπτασύλλαβος.*
δεκαεφτάχρονος, βλ. *δεκαεπτάχρονος.*
δεκαημερία η, ουσ. 1. χρονικό διάστημα δέκα ημερών (συνών. *δεκαήμερο*). 2. αμοιβή εργασίας δέκα ημερών.
δεκαήμερος, -η, -ο, επίθ., που έχει διάρκεια δέκα ημερών: *διακοπές -ες· εκδρομή / περιοδεία -η.* - Το ουδ. ως ουσ. = χρονικό διάστημα δέκα ημερών.
δεκάλεπτος, -η, -ο, επίθ. 1. που έχει διάρκεια δέκα λεπτών της ώρας: *εκπομπή / σιωπή -η· διάλειμμα -ο.* 2. (παλαιότερο) που έχει αξία ίση με δέκα λεπτά της δραχμής. - Το ουδ. ως ουσ. = 1. το χρονικό διάστημα δέκα λεπτών της ώρας: *άργησες ένα -ο· θα γυρίσω σε ένα -ο.* 2. (παλαιότερο) νόμισμα αξίας δέκα λεπτών της δραχμής, δεκάρα.
δεκάλιτρος, -η, -ο, επίθ., που έχει χωρητικότητα δέκα λίτρων: *δοχείο / ντεπόζιτο -ο.* - Το ουδ. ως ουσ. = μονάδα χωρητικότητας ή όγκου που ισοδυναμεί με δέκα λίτρα.
δεκάλογος ο, ουσ. 1. (εδώ με κεφ.) οι δέκα εντολές που δόθηκαν μέσω του Μωυσή από το Θεό στους Ισραηλίτες και αποτελούν τη βάση της μωσαϊκής νομοθεσίας. 2. κάθε κατάλογος, κανόνας που έχει δέκα οδηγίες: *ο* ~ *του μαθητή / της υγείας.*
δεκαμελής, -ής, -ές, γεν. *-ούς*, πληθ. αρσ. και θηλ. *-είς*, ουδ. *-ή*, επίθ., που αποτελείται από δέκα μέλη: *επιτροπή / ομάδα / ορχήστρα* ~· *δικαστήριο / πλήρωμα -ές.*
δεκάμετρο το, ουσ., μονάδα μήκους που ισούται με δέκα μέτρα.
δεκάμηνος, -η, -ο, επίθ. 1. που έχει ηλικία δέκα μηνών: *βρέφος* ~. 2. που έχει διάρκεια δέκα μηνών. - Το ουδ. ως ουσ. = το χρονικό διάστημα δέκα μηνών: *ένα -ο τώρα καθυστερεί η υπόθεση.*
δεκανέας ο, πληθ. *-είς*, ουσ., κατώτερος βαθμοφόρος στη στρατιωτική ιεραρχία. [από το μτγν. *δεκανός*<*δεκανία*].
δεκανίκι το, ουσ. 1. ψηλό μπαστούνι που χρησιμοποιούν οι ανάπηροι με μικρό οριζόντιο στήριγμα κατάλληλα διαμορφωμένο για να στηρίζουν τη μασχάλη και με λαβή στη μέση για την παλάμη (συνών. *πατερίτσα*). 2. η ποιμαντορική ράβδος. [μτγν. *δεκανός* (λατ. *decanus*) + κατάλ. *-ίκι*].
δεκάξι, βλ. *δεκαέξι.*
δεκαοκταετία και **-οχταετία** η, ουσ., χρονικό διάστημα δεκαοκτώ χρόνων.
δεκαοκτάμηνος, -η, -ο και **-οχτάμηνος,** επίθ. 1. που έχει ηλικία δεκαοκτώ μηνών. 2. που έχει διάρκεια δεκαοκτώ μηνών· *θητεία -η.*
δεκαοκτάχρονος, -η, -ο και **-οχτάχρονος,** επίθ. 1. που είναι δεκαοκτώ χρονών: *παλληκάρι -ο.* 2. που έχει διαρκέσει δεκαοκτώ χρόνια.
δεκαοκτώ και **-οχτώ,** αριθμ. άκλ., ο αριθμός που ισούται με το άθροισμα μιας δεκάδας και οκτώ μονάδων (18).
δεκαοχταετία, βλ. *δεκαοκταετία.*
δεκαοχτάμηνος, βλ. *δεκαοκτάμηνος.*
δεκαοχτάρης, -α, -ικο, επίθ., που είναι δεκαοχτώ χρονών: *κοπέλα -α* (συνών. *δεκαοχτάχρονος*).
δεκαοχτάχρονος, βλ. *δεκαοκτάχρονος.*
δεκαοχτούρα και **δεκοχτούρα** η, ουσ., όνομα άγριου περιστεριού κοινότατου στην Ελλάδα που η φωνή του ακούγεται όπως ο αριθμός δεκαοχτώ. [ονοματοπ. λ.].

δεκαοχτώ, βλ. *δεκαοκτώ.*
δεκαπενθήμερος, -η, -ο, επίθ. 1. που διαρκεί δεκαπέντε μέρες: *-η έκθεση γεωργικών προϊόντων· εκδρομή / περιοδεία -η.* 2. που εκδίδεται κάθε δεκαπέντε μέρες: *περιοδικό -ο. -* Το ουδ. ως ουσ. = **α.** χρονικό διάστημα δεκαπέντε ημερών: *θα λείψω για ένα -ο·* **β.** η αμοιβή δεκαπέντε ημερών εργασίας: *αύριο πληρώνομαι το πρώτο -ο.*
δεκαπεντάδα η, ουσ. (έρρ.), σύνολο από δεκαπέντε πρόσωπα ή πράγματα.
δεκαπενταετία η, ουσ. (έρρ.), χρονικό διάστημα δεκαπέντε χρόνων.
δεκαπεντάμερο το, ουσ. (έρρ.). 1. χρονικό διάστημα δεκαπέντε ημερών (συνών. *δεκαπενθήμερο*). 2. το διάστημα από την πρώτη ως τις δεκαπέντε Αυγούστου (συνών. *δεκαπενταύγουστο*).
δεκαπενταριά η, ουσ. (έρρ. συνιζ.), συνήθως στην έκφρ. *καμιά* ~ = σύνολο από δεκαπέντε περίπου άτομα ή πράγματα: *βρήκα καμιά ~ άτομα στην ουρά.*
δεκαπεντασύλλαβος, -η, -ο, επίθ. (έρρ.), που έχει δεκαπέντε συλλαβές: *λέξη -η· στίχος ~. -* Το αρσ. ως ουσ. = (μετρ.) στίχος που αποτελείται από δεκαπέντε συλλαβές (ο στίχος των δημοτικών τραγουδιών και των μεσαιωνικών επών).
Δεκαπενταύγουστος ο και **-το** το, ουσ. (έρρ.). 1. η γιορτή της Κοιμήσεως της Θεοτόκου στις 15 Αυγούστου (συνών. *της Παναγίας*). 2. το διάστημα από την πρώτη ως τις δεκαπέντε Αυγούστου και η νηστεία των ημερών αυτών (συνών. *δεκαπεντάμερο*).
δεκαπεντάχρονος, -η, -ο, επίθ. (έρρ.). 1. που είναι δεκαπέντε χρονών: *κορίτσι -ο.* 2. που έχει διάρκεια δεκαπέντε χρόνων.
δεκαπέντε (έρρ.), αριθμ. άκλ., ο αριθμός που ισούται με το άθροισμα μιας δεκάδας και πέντε μονάδων (15).
δεκαπλασιάζω, ρ. (ασυνίζ.). 1. μεγαλώνω κάτι κατά δέκα φορές, πολλαπλασιάζω κάτι επί δέκα. 2. κάνω κάτι πολύ μεγαλύτερο απ' ό,τι είναι: *οι δουλειές πήγαν καλά και η περιουσία του -στηκε.*
δεκαπλασιασμός ο, ουσ. (ασυνίζ.), πολλαπλασιασμός ενός αριθμού ή ποσού επί δέκα, αύξηση κατά δέκα φορές.
δεκαπλάσιος, -α, -ο, επίθ. (ασυνίζ.), που είναι δέκα φορές μεγαλύτερος ή περισσότερος από κάποιον άλλο.
δεκάρα η, ουσ. 1. μεταλλικό νόμισμα, που χρησιμοποιούνταν παλιότερα και είχε αξία 10 λεπτών (το 1/10) της δραχμής. 2. μικρό χρηματικό ποσόν: *μου έδωσε δύο -ες για χαρτζιλίκι.* Έκφρ. *άνθρωπος (ή πράγμα)* της -*ας* = τιποτένιος, χωρίς καμιά αξία. Φρ. *δεν αξίζει(ς)* ~ (για κάτι ή κάποιον ασήμαντο, τιποτένιο)· *δε δίνω* ~ (= αδιαφορώ).
δεκάρι το, ουσ. 1. σύνολο που αποτελείται από δέκα όμοια πράγματα (συνών. *δεκάδα*). 2. μεταλλικό νόμισμα αξίας δέκα δραχμών (συνών. *δεκάρικο, δεκάδραχμο*). 3. χαρτί της τράπουλας με δέκα σημεία καθεμιάς από τις τέσσερις φυλές. 4. ο βαθμός «δέκα»: *πήρα ~ στα μαθηματικά.*
δεκαριά η, ουσ. (συνιζ.), συνήθως στην έκφρ. *καμιά* ~ = περίπου δέκα: *καμιά ~ άτομα ή πράγματα.*
δεκάρικος, -η, -ο, επίθ., που έχει την αξία μιας δεκάρας· *λόγος* ~ (= άκυκμος, ανόητος, χωρίς ουσιαστικό περιεχόμενο). - Το ουδ. ως ουσ. = μεταλλικό νόμισμα αξίας δέκα δραχμών (συνών. *δεκάδραχμο, δεκάρι*).

δεκαροδουλειά η, ουσ. (συνιζ.), δουλειά που αποφέρει ελάχιστο κέρδος: *τούτο το ψάρεμα έχει τη χάρη του στο γιαλό,* ~ *όμως* (Μπαστιάς).
δεκαρολογία η, ουσ., το να συγκεντρώνει κάποιος μικρά, ευτελή κέρδη, δεκάρες.
δεκαρολόγος ο, ουσ. 1. αυτός που επιδιώκει να αποκομίσει ασήμαντα κέρδη, «δεκάρες», και με ταπεινά ακόμη μέσα. 2. αυτός που στις δοσοληψίες του τσιγγουνεύεται ακόμα και τις δεκάρες: *μπακάλης / παπάς* ~ (συνών. *ψιλικατζής, τσιγγούνης*).
δεκαρολογώ, ρ., μαζεύω μικρά, ευτελή χρηματικά ποσά (δεκάρες) με τρόπο μικροπρεπή.
δεκασέλιδος, -η, -ο, επίθ., που αποτελείται από δέκα σελίδες: *μελέτη / έκθεση / εφημερίδα -η· τεύχος -ο.*
δεκασμός ο, ουσ., εξαγορά, διαφθορά της συνείδησης κάποιου με χρήματα: ~ *μαρτύρων / δικαστών / αντιπάλων* (συνών. *δωροδοκία, λάδωμα*).
δεκάστιχος, -η, -ο, επίθ., που αποτελείται από δέκα στίχους: *ποίημα -ο.*
δεκασύλλαβος, -η, -ο, επίθ., που αποτελείται από δέκα συλλαβές. - Το αρσ. ως ουσ. = ο στίχος που έχει δέκα συλλαβές.
δεκατέσσερις, -ις, -α, γεν. *-τεσσάρων* και (λαϊκ.) **δεκατέσσεροι, -ες, -α,** γεν. *-τέσσερων,* αριθμ.*,* ο αριθμός που ισούται με το άθροισμα μιας δεκάδας και τεσσάρων μονάδων (14)· έκφρ. *τα μάτια σου -α* (όταν συστήνουμε ιδιαίτερη προσοχή).
δεκατετραετία η, ουσ., χρονικό διάστημα δεκατεσσάρων ετών.
δεκατετράμηνος, -η, -ο, επίθ. 1. που έχει ηλικία δεκατεσσάρων μηνών. 2. που έχει διάρκεια δεκατεσσάρων μηνών.
δεκατετράστιχος, -η, -ο, επίθ., που αποτελείται από δεκατέσσερις στίχους. - Το ουδ. ως ουσ. = ποίημα που αποτελείται από δεκατέσσερις στίχους (συνών. *σονέτο*).
δεκατετρασύλλαβος, -η, -ο, επίθ., που αποτελείται από δεκατέσσερις συλλαβές. - Το αρσ. ως ουσ. = ο στίχος που αποτελείται από δεκατέσσερις συλλαβές.
δεκατετράχρονος, -η, -ο, επίθ. 1. που είναι δεκατεσσάρων χρονών: *παιδί -ο.* 2. που έχει διάρκεια δεκατεσσάρων χρόνων.
δεκάτη η, ουσ. (παλαιότερο) φόρος που ισοδυναμεί με το ένα δέκατο της γεωργικής παραγωγής ή του εισοδήματος κάποιου και ίσχυε στον ελληνικό χώρο από την αρχαιότητα έως τις αρχές του 20. αιώνα με διάφορες μορφές.
δεκατημόριο το, ουσ. (ασυνίζ., λόγ.), το ένα από τα δέκα ίσα μέρη στα οποία διαιρείται κάτι.
δεκατίζω, ρ. 1. (παλαιότερο) παίρνω το ένα δέκατο του εισοδήματος ή της παραγωγής κάποιου ως φόρο (συνών. *φορολογώ, χαρατσώνω*). 2. εξοντώνω, φονεύω αθρόα· προκαλώ μεγάλη καταστροφή: *η επιδημία -σε το χωριό* (συνών. *αποδεκατίζω, θερίζω, αφανίζω*). [ουσ. *δέκατο +* καταλ. -*ίζω*].
δεκάτισμα το, ουσ. 1. (παλαιότερο) το φόρος που δόθηκε και αντιπροσωπεύει το ένα δέκατο του εισοδήματος ή της παραγωγής. 2. δεκατισμός (βλ. λ.).
δεκατισμός ο, ουσ., αθρόα, ομαδική εξόντωση, θάνατος: ~ *του πληθυσμού / των στρατιωτών στον πόλεμο* (συνών. *αποδεκατισμός, θέρισμα, αφανισμός*).
δεκατιστής ο, ουσ., αυτός που εισπράττει το φόρο της δεκάτης.

δεκατόμετρο το, ουσ., μονάδα μήκους που ισούται με το ένα δέκατο του μέτρου (dm) (συνών. *υποδεκάμετρο, παλάμη*).

δεκάτομος, -η, -ο, επίθ., που αποτελείται από δέκα τόμους: *ιστορία / εγκυκλοπαιδεία -η.*

δέκατον, αριθμ. άκλ., σε απαρίθμηση μετά τό «ένατον»· πβ. *πρώτον, δεύτερον, τρίτον.*

δέκατος, -η, -ο, αριθμ., που έχει σε κάποια σειρά ομοίων πραγμάτων τον αριθμό δέκα: *ήρθε ~ στο τρέξιμο· Οχτώβρης, ο ~ μήνας του χρόνου.* - Το λόγ. θηλ. ως ουσ.: (με γεν.) η *-άτη του μηνός / του Ιουνίου* = η δέκατη μέρα. - Το ουδ. ως ουσ. = το ένα από τα δέκα ίσα μέρη στα οποία διαιρείται κάτι: *το ~ των τουριστών είναι Ιταλοί· ο πυρετός του είναι 38 και 2 δέκατα.* - Το ουδ. στον πληθ. ως ουσ. (συνεκδοχικά) = ο πυρετός που ανεβάζει τον υδράργυρο μερικά δέκατα πάνω από την κανονική θερμοκρασία του σώματος: *έχει δέκατα.*

δεκατρείς, -είς, -ία, γεν. *-ιών,* αριθμ., ο αριθμός που ισούται με το άθροισμα μιας δεκάδας και τριών μονάδων (13): *ανάποδος χρόνος, ~ μήνες.*

δεκατριάχρονος, -η, -ο, επίθ. (ασυνίζ.). 1. που έχει ηλικία δεκατριών χρονών: *μαθητής ~.* 2. που έχει διάρκεια δεκατριών χρόνων.

δεκατρισύλλαβος, -η, -ο, επίθ., που έχει δεκατρείς συλλαβές. - Το αρσ. ως ουσ. = ο στίχος που αποτελείται από δεκατρείς συλλαβές.

δεκάχρονος, -η, -ο, επίθ. 1. που έχει ηλικία δέκα χρονών: *αγόρι -ο.* 2. που έχει διάρκεια δέκα χρόνων: *πόλεμος ~.* - Το ουδ. στον πληθ. ως ουσ. = η δέκατη επέτειος κάποιου γεγονότος.

δεκάωρος, -η, -ο, επίθ., που έχει διάρκεια δέκα ωρών: *εκπομπή / μάχη -η.* - Το ουδ. ως ουσ. = χρονικό διάστημα δέκα ωρών: *το τρένο καθυστέρησε ένα -ο.*

δεκεμβριανός, -ή, -ό, επίθ. (ασυνίζ.), που συμβαίνει χρονικά κατά το μήνα Δεκέμβριο: *γιορτή / εκδρομή -ή.* - Το ουδ. στον πληθ. ως ουσ. = (ιστ.) τα γεγονότα που συνέβηκαν το Δεκέμβρη του 1944, δηλ. η ένοπλη σύγκρουση μεταξύ του ΕΑΜ από το ένα μέρος και της ελληνικής κυβέρνησης και αγγλικών στρατευμάτων από την άλλη.

Δεκέμβριος ο, ουσ. (ασυνίζ.), ο δωδέκατος και τελευταίος μήνας του χρόνου.

δεκεμβριστές οι, ουσ., (ιστ.) μέλη της συνωμοσίας που οργανώθηκε το 1825 στην Πετρούπολη εναντίον του τσάρου Νικολάου του Α΄ διεκδικώντας πολιτικά δικαιώματα.

δεκοχτούρα, βλ. *δεκαοχτούρα.*

δέκτης ο, ουσ. 1. αυτός που δέχεται κάτι που του έχει δοθεί ή σταλεί: (μεταφ.) *~ των ερεθισμάτων· του περιβάλλοντος·* (συνών. *αποδέκτης, παραλήπτης·* αντ. *αποστολέας*). 2. το άτομο που δέχεται αίμα από μετάγγιση (αντ. *δότης*)· *γενικός ~* = άτομο που ανήκει στην ομάδα ΑΒ και μπορεί να δεχτεί αίμα από όλες τις ομάδες, αλλά χρησιμεύει μόνο ως δότης της δικής του ομάδας. 3. *τηλεγραφικός ~* = συσκευή των ταχυδρομείων και τηλεγραφείων που δέχεται τα τηλεγραφήματα (με τη μεσολάβηση χειριστή ή χωρίς αυτόν) που διαβιβάζονται από την άλλη άκρη (αντ. *πομπός*). 4. *τηλεφωνικός ~* = το εξάρτημα της συσκευής του τηλεφώνου από το οποίο ακούμε τη φωνή του συνομιλητή μας (συνών. *ακουστικό*). 5. (στα συστήματα ηλεκτρικών επικοινωνιών) το συγκρότημα εκείνο των οργάνων στο οποίο το κύμα που μεταφέρει την πληροφορία γίνεται ορατό ή ακουστικό σήμα: *~ ραδιοφωνικός·· ~ τηλεόρασης* (αντ. *πομπός*). 6. (βιολ.) απόληξη νευρική με ιδιαίτερη ευαισθησία σε ορισμένο είδος ερεθισμάτων (συνών. *υποδοχέας*).

δεκτικός, -ή, -ό, επίθ., που είναι κατάλληλος να δεχτεί κάτι: *~ μάθησης· ~ σε εξωτερικά ερεθίσματα* (συνών. *επιδεκτικός·* αντ. *ανεπίδεκτος*).

δεκτικότητα η, ουσ. 1. δυνατότητα ή καταλληλότητα κάποιου να δέχεται κάτι: *~ του μετάλλου / του σώματος* (συνών. *επιδεκτικότητα*). 2. (ψυχολ.) κατάσταση *-τας* = η κατάσταση ενός ατόμου όταν εύκολα δέχεται την επίδραση κάποιου άλλου: *παρουσιάζει ~ στις κακές επιδράσεις των φίλων του.*

δεκτός, -ή, -ό, επίθ. 1. που τον δέχονται, παραδεχτός, αποδεκτός: *η θεωρία του έγινε -ή με επιφυλάξεις· η πρότασή σου είναι -ή.* 2. ευπρόσδεκτος: *στο σπίτι μας είσαι ~ πάντα.*

δελεάζω, ρ., εξαπατώ, παραπλανώ, προσελκύω κάποιον στο σκοπό ή στα σχέδιά μου προσφέροντάς του πράγματα που επιθυμεί και που συνήθως είναι παράνομα, αθέμιτα, κ.τ.ό.: *προσπάθησε να τον -σει δίνοντάς του πολλά χρήματα / υποσχέσεις* (συνών. *σαγηνεύω, πλανεύω, ξεγελώ*).

δέλεαρ το, (λόγ.), (μόνο στην ονομ. και στην αιτ. του εν.) κάθε μέσο παραπλανητικό με το οποίο εξαπατούμε, σαγηνεύουμε ή προσελκύουμε κάποιον: *το ~ του κέρδους.*

δελεασμός ο, ουσ., εξαπάτηση, παραπλάνηση κάποιου με πλάγια μέσα (συνών. *παγίδευση, ξεγέλασμα*).

δελεαστικός, -ή, -ό, επίθ., που έχει την ικανότητα να δελεάζει, να παραπλανά, να προσελκύει: *προτάσεις -ές· αμοιβή -ή· καλή -ά.* - Επίρρ. *-ά.*

δεληγιαννικός ο, ουσ. (συνιζ.), (ιστ.) οπαδός του κόμματος του Θεοδ. Δεληγιάννη.

δέλτα το, ουσ. άκλ. 1. το τέταρτο γράμμα του ελληνικού αλφαβήτου (Δ, δ). 2. καθετί που έχει το σχήμα του δέλτα, δηλ. το σχήμα ισόπλευρου ή ισοσκελούς τριγώνου. 3. (γεωγρ.) α. πεδινή έκταση με χαμηλό υψόμετρο που αποτελείται από ποταμίσια ιζήματα, από προσχώσεις δηλ. υλών που μεταφέρει το νερό του ποταμού καθώς πλησιάζει στις εκβολές του και που έχει το σχήμα του δέλτα (τριγωνικό) από τη μορφή του υδάτινου συστήματος που σχηματίζεται στις εκβολές· β. (κοιν.) εκβολή ενός ποταμού στη θάλασσα με δύο ή περισσότερα στόμια: *το ~ του Νείλου / του Ινδού.* 4. (χημ.) κράμα διάφορων μετάλλων με μεγάλη αντοχή που χρησιμοποιείται για την κατασκευή μηχανημάτων.

δελτάριο το, ουσ. (ασυνίζ.). 1. *ταχυδρομικό ~* = επιστολή γραμμένη σε λεπτό χαρτονάκι που στέλνεται χωρίς φάκελο. 2. *εικονογραφημένο ~* = κάρτα εικονογραφημένη από τη μια πλευρά (συνών. *κάρτ ποστάλ*).

δελτίο το, ουσ. 1. κομμάτι χαρτιού ή χαρτονιού σε σχήμα παραλληλογράμμου, όπου καταγράφονται επιστημονικό υλικό ή βιβλιοθηκονομικά στοιχεία μιας βιβλιοθήκης: *-ο βιβλιογραφικό* (συνών. *καρτέλα*). 2. έντυπο που περιέχει πληροφορίες ή οδηγίες για ορισμένο σκοπό: *~ απογραφής· παροχής υπηρεσιών* (= *απόδειξη*). 3. συνοπτική έκθεση μιας αρχής ή επιστημονικής οργάνωσης που προορίζεται για ανακοίνωση στους ενδιαφερομένους ή στο κοινό· *αστυνομικό / μετεωρολογικό / ειδήσεων / τύπου.* 4. περιοδικό που εκδίδει επιστημονική οργάνωση: *Λεξικογραφικό ~*. **5.** πίνακας των υποθέσεων που πρόκειται να εκδικαστούν σε ορισμένη δικάσιμο. **6.** τίτλος χώρου εφημερίδας όπου καταχωρίζονται άρθρα ή πληροφορίες ειδικού περιεχομένου: *~ οικονομικό*. **7.** *~ ταυτότητας* = επίσημο έντυπο που πιστοποιεί την ταυτότητα ή την ιδιότητα του κατόχου του· *~ πληροφοριών* = σημείωμα που στέλνεται από μεγάλη μονάδα στρατού στις μικρότερες μονάδες της και περιέχει πληροφορίες σχετικές με τη δύναμη και τις κινήσεις του εχθρού, καθώς και οδηγίες δράσης· *~ υγείας* = ανακοίνωση των γιατρών που παρακολουθούν έναν επίσημο ασθενή σχετικά με την πορεία της αρρώστιας του· *~ εισόδου* ή *εξόδου* = εισιτήριο ή εξιτήριο, συνήθως σε νοσοκομείο· *~ διανομής (αγαθών)* (= περιορισμένη ποσότητα σε περιόδους έλλειψης απαραίτητων στη διατροφή αγαθών που τα αγοράζει κανείς με ειδική κάρτα): *~ στο κρέας / στα καύσιμα·* έκφρ. *με το ~* (= σε περιορισμένη ποσότητα) *χωρίς ~* (= με ελεύθερη πώληση). Φρ. *παίρνω* ή *κόβω ~* (= παίρνω σειρά προτεραιότητας).

δελτιογράφηση η, ουσ. (ασυνίζ.), καταγραφή επιστημονικού ή άλλου υλικού ή βιβλίων σε δελτία.

δελτιογραφικός, -ή, -ό, επίθ. (ασυνίζ.), που αναφέρεται σε δελτιογραφία ή δελτιογράφηση.

δελτιογράφος ο, ουσ. (ασυνίζ.). **1.** αυτός που γράφει σε δελτία. **2.** υπάλληλος της Βουλής που συντάσσει το περιληπτικό δελτίο των πρακτικών που διανέμεται στον τύπο.

δελτιογραφώ, -είς, ρ. (ασυνίζ.), καταγράφω επιστημονικό ή άλλο υλικό σε δελτία.

δελτιοθήκη η, ουσ. (ασυνίζ.), κουτί ή έπιπλο όπου ταξινομούνται δελτία με πληροφορίες.

δελτιοκατάλογος ο, ουσ. (ασυνίζ.), κατάλογος των εντύπων και άλλου υλικού που περιέχει μια βιβλιοθήκη σε μορφή βιβλιοθηκονομικών δελτίων που ταξινομούνται σύμφωνα με κωδικοποιημένους κανόνες.

δελφικός, -ή, -ό, επίθ., που ανήκει ή αναφέρεται στους Δελφούς: *ιδέα -ή· χρησμός ~· γιορτές -ές*.

δελφινάκι, βλ. *δελφίνι*.

δελφινάριο το, ουσ. (ασυνίζ.). **1.** θαλάσσιο ενυδρείο, όπου εκτρέφονται και εκγυμνάζονται δελφίνια και άλλα θαλάσσια θηλαστικά για παραστάσεις. **2.** χώρος δημόσιων θεαμάτων με δεξαμενή για επιδείξεις γυμνασμένων δελφινιών.

δελφινέλαιο το, ουσ., λάδι από σκουρόχρωμο δελφίνι που χρησιμοποιείται στη σαπωνοποιία και στη βυρσοδεψία.

δελφίνι το, ουσ. **1.** θαλάσσιο μαστοφόρο σαρκοφάγο κήτος. **2.** (μεταφ.) άριστος κολυμβητής ή πολύ γρήγορο πλοίο: *είναι ~ το παιδί*. **3.** *ιπτάμενο ~* = είδος ταχύπλοου σκάφους. - Υποκ. **-άκι** το.

δελφίνος ο, ουσ., επίδοξος διάδοχος (κάποιας ηγετικής θέσης): *οι -οι του κόμματος*. [λατιν. *delphinus*].

δέμα το, ουσ., σύνολο πραγμάτων που είναι δεμένα μαζί: *~ ταχυδρομικό· κάνε τα βιβλία ένα ~* (συνών. *δέσμη, πακέτο, πάκο*). - Υποκορ. **-ατάκι** το.

δεμάτι το, ουσ., δέσμη από διάφορα πράγματα, συνήθως από κλαδιά, λουλούδια ή ξύλα: *ένα ~ ξύλα/ ζουμπούλια*. Παροιμ. *και συ κακό χερόβολο κι εγώ κακό ~* (= **α.** στη δυστροπία σου θα αντιτάξω τη δική μου· **β.** δεινά επιφυλάσσει η τύχη τόσο σε σένα όσο και σε μένα) (συνών. *μάτσο, ματσάκι*).

δεματιά η, ουσ. (συνιζ.), είδος φυτού.

δεματιάζω, ρ. (συνιζ.), κάνω δεμάτια, συσκευάζω σε δέματα: *~ ξύλα / χόρτα / δέρματα*. Παροιμ. *κακά -σες, κακό φορτίο θα κάνεις* (= δουλειά που άρχισε άσχημα δε θα έχει καλό τέλος)· *~ τ' αβγά* (= κοπιάζω μάταια).

δεμάτιασμα το, ουσ., το να δεματιάζει κανείς, συσκευασία πραγμάτων σε δέματα.

δεμιρτζής, βλ. *ντεμιρτζής*.

δεν και **δε**, αρνητ. μόρ.: *~ έχω· δε θα γυρίσω·* (ειδικότερα) **1.** με παράθεση δύο προτάσεων που έχουν το ίδιο ρήμα και που η πρώτη είναι καταφατική, ενώ η δεύτερη αποφατική δηλώνεται: **α.** η έννοια του *μόλις: φαινόταν, δε φαινόταν το σπίτι από εκεί·* **β.** εναντιωματική σχέση, της δεύτερης προς μια τρίτη πρόταση: *θέλει, δε θέλει, θα πάει* (= μολονότι δε θέλει, θα πάει). **2.** σε ρητορική ερώτηση που εκφέρεται με ιστορικό χρόνο για έμφαση: *δε σου είπα να μην πας· πόσες φορές οι εφημερίδες δε γράψανε ότι ...·* Φρ. *δεν είν' έτσι;* (επιρρημ.) (= ρητορική ερώτηση που επιζητεί τη συγκατάθεση του ακροατή): *το καταλαβαίνεις, ~ είν' έτσι;*

δενδρόβιος, -α, -ο, επίθ. (ασυνίζ.), που ζει πάνω σε δέντρα: *ζώα -α*. - Το ουδ. ως ουσ. = γένος ορχεοειδών φυτών.

δενδροκαλλιέργεια η, ουσ. (ασυνίζ. δις), συστηματική καλλιέργεια δέντρων, ιδίως οπωροφόρων (συνών. *δενδροκομία*).

δενδροκαλλιεργητής ο, ουσ. (ασυνίζ.), αυτός που καλλιεργεί δέντρα συστηματικά (συνών. *δενδροκόμος*).

δενδροκομία η, ουσ., εφαρμοσμένος κλάδος της βοτανικής που ασχολείται με τη συστηματική καλλιέργεια κυρίως των φυτών που έχουν οικονομική σημασία.

δενδροκομικός, -ή, -ό, επίθ., που ανήκει ή αναφέρεται στη δενδροκομία: *καλλιέργειες -ές*.

δενδροκόμος ο, ουσ., δενδροκαλλιεργητής (βλ. λ.).

δενδρόμετρο το, ουσ., δασικό όργανο με το οποίο μετρούνται κατά προσέγγιση οι διαστάσεις των όρθιων δέντρων και υπολογίζεται το ποσό της οικοδομήσιμης ξυλείας που μπορεί καθένα να αποδώσει.

δενδροτομία η, ουσ., το κόψιμο των δέντρων (συνών. *υλοτομία*).

δενδροτόμος ο, ουσ., ξυλοκόπος (συνών. *υλοτόμος, δεντροκόπος*).

δενδροτομώ, -είς, ρ., κόβω τα δέντρα μιας περιοχής (συνών. *δεντροκοπώ*).

δενδροφυτεία η, ουσ., δενδρόφυτη περιοχή, συνήθως με δέντρα μικρής ηλικίας.

δενδροφυτεύω και **-ντρο-**, ρ., φυτεύω δέντρα σε μια περιοχή. - Η μτχ. παρκ. ως επίθ. = δενδρόφυτος.

δενδρόφυτος, -η, -ο, επίθ., που καλύπτεται με δέντρα, κατάφυτος.

δενδρύλλιο το, ουσ. (ασυνίζ.), μικρό δέντρο (συνών. *δεντράκι*).

δεντράκι, βλ. *δέντρο*.

δεντρί το, ουσ. (λαϊκ.), δέντρο (βλ. λ.): (παροιμ.) *όντας γεράσει το ~, ξεράδια δεν του λείπουν* (= ο γέρος έχει πάντα ενοχλήσεις στην υγεία του). [*δέντρον*].

δέντρινος, -η, -ο, επίθ., που προέρχεται από δέντρο ή κατασκευάζεται από ξύλο δέντρου, κυρίως βαλανιδιάς.

δέντρο το, ουσ., ξυλώδες πολυετές φυτό που αναπτύσσει κλαδιά αρκετά ψηλά πάνω από το έδαφος: ~ οπωροφόρο / αιωνόβιο / αυτοφυές· χριστουγεννιάτικο ~ (= δέντρο ή κλαδί δέντρου, συνήθως ελάτου, αληθινό ή τεχνητό, που τοποθετείται μέσα στο σπίτι, στολισμένο με φώτα και διακοσμητικά αντικείμενα κατά την περίοδο των χριστουγέννων)· γενεαλογικό ~ (= σε μορφή δέντρου παράσταση της γενεαλογικής σειράς)· (βιολ.) φυλογενετικό δέντρο = σχεδιάγραμμα δέντρου που απεικονίζει την εξελικτική ιστορία του οργανισμού. - Υποκορ. **-άκι** το, **-ουλάκι** το.

δεντρογαλιά η, ουσ. (συνιζ.), είδος φιδιού χωρίς δηλητήριο, που σκαρφαλώνει στα δέντρα. [δέντρο + γαλή].

δεντρόκηπος ο, ουσ., κήπος με δέντρα.

δεντρόκολλα η, ουσ., παχύρρευστη κολλώδης ουσία που εκκρίνεται από τα δέντρα.

δεντροκόπος ο, ουσ., αυτός που κόβει ξύλα (συνών. ξυλοκόπος, υλοτόμος, δενδροτόμος).

δεντροκοπώ, -άς, ρ., κόβω δέντρα.

δεντρολίβανο το και **-νος** ο, ουσ., είδος αρωματικού και φαρμακευτικού φυτού.

δεντρομαλλιά η, ουσ. (συνιζ.), είδος λειχήνων.

δεντρομολόχα η, ουσ., είδος φυτού.

δεντροστοιχία η, ουσ., σειρά δέντρων κατά μήκος δρόμου, γύρω από πλατεία, κλπ. (συνών. αλέα).

δεντροστολίζω, ρ., στολίζω έναν τόπο φυτεύοντας δέντρα.

δεντροστόλιστος, -η, -ο, επίθ., στολισμένος, φυτεμένος με δέντρα.

δεντρότοπος ο, ουσ., δενδρόφυτη περιοχή.

δεντρουλάκι, βλ. δέντρο.

δεντρόφιδο το και **δεντροφίδα** η, ουσ., φίδι που σκαρφαλώνει σε δέντρα: η δεντρογαλιά είναι ~.

δεντροφιλία η, ουσ., αγάπη για τα δέντρα, ιδίως για τα δάση.

δεντροφυτεύω, βλ. δενδροφυτεύω.

δεντρωσιά η, ουσ. (συνιζ., λαϊκ.), συστάδα δέντρων.

δένω, ρ., Ι. ενεργ. Α. μτβ. 1. συγκρατώ κάτι τυλίγοντάς το με σκοινί, κλωστή, σύρμα, κλπ.: έδεσα τα μαλλιά μου· ~ τα στάχυα / τα ρούχα (αντ. λύνω, ξεδένω). 2. περιτυλίγω το σώμα ή μέλος του σώματος κάποιου σφιχτά με σχοινί, αλυσίδες, κ.τ.ό., συνήθως για να τον εμποδίσω να δραπετεύσει: δέσανε τον αιχμάλωτο στο δέντρο· έδεσε τα χέρια του με αλυσίδες· μου έδεσαν τα μάτια για να μη βλέπω (αντ. λύνω, ελευθερώνω). 3. ενώνω τις άκρες εύκαμπτων πραγμάτων, σχηματίζω κόμπο: ~ τα κορδόνια / τη γραβάτα. 4. προσδένω κάτι σε σταθερό και ακίνητο σημείο: έδεσα το σκοινί απ' τα κάγκελα· (για ζώα ή πλοία) έδεσα το ζώο στο δέντρο· έδεσα τη βάρκα μου στο μόλο. 5. τοποθετώ επίδεσμο σε τραύμα: ~ την πληγή. 6. συνδέω τα μέρη ενός πράγματος για να σχηματίσω ένα σύνολο: ~ το βιβλίο (= βιβλιοδετώ) / το βαρέλι / τη μηχανή (μεταφ.) είναι δεμένη η ιστορία του με σπάνια μαστοριά (συνών. συναρμολογώ· αντ. αποσυνδέω). 7. (για κοσμήματα) στερεώνω, προσαρμόζω: έδεσα την πέτρα στο δαχτυλίδι. 8. κάνω ένα υγρό διάλυμα παχύρρευστο με βρασμό ή με ανάμιξη με άλλα υλικά: ~ το γλυκό / τον πελτέ. 9. (μεταφ.) δεσμεύω κάποιον με νομικό είδος ή υπόσχεση: μ' έδεσαν με την υπογραφή που έβαλα· έδωσα το λόγο μου κι είμαι δεμένος. 10. (μεταφ.) δεσμεύω κάποιον σεξουαλικά κάνοντας μάγια. 11. (μεταφ.) ενώνω κάποιους, τους κάνω να νιώθουν κάποια συναισθηματική σχέση: τους δένουν δεσμοί αίματος / οι κοινές αναμνήσεις. Β. (αμτβ.) 1. (για φυτά) σχηματίζω καρπό: έδεσαν τα ρωδάκινα / τα στάχυα· (για άνθη) σχηματίζομαι, γίνομαι καρπός (συνών. μεστώνω, καρπίζω). 2. πήζω, γίνομαι παχύρρευστος ή στερεός: έδεσε το σιρόπι / η σάλτσα / το μπετόν. 3. (ναυτ.) προσορμίζομαι: δεν έδεσες σε καλό μέρος (συνών. αράζω). II. μέσ. 1. (μεταφ.) συνδέομαι συναισθηματικά με κάποιον: -θηκα μαζί σου και λυπάμαι που φεύγεις. 2. δένεται η γλώσσα μου = δεν μπορώ να εκφράσω καθαρά αυτό που σκέφτομαι: (συνήθως στον αόρ.) δέθηκε η γλώσσα μου και δεν μπόρεσα να πω το μάθημα. Φρ. ~ το γάιδαρό μου (= εξασφαλίζομαι, κυρίως οικονομικά)· (λαϊκ.) τον έχει δεμένο στη βρακοζώνα της (= είναι σκλάβος των θελγήτρων της)· δές' το κόμπο ή στο μυαλό σου (= μην το ξεχνάς)· δέσε τα λουριά σου (= ετοιμάσου να αντιμετωπίσεις δυσκολίες)· λύνει και -νει (= είναι πανίσχυρος)· ~ τα χέρια κάποιου ή χειροπόδαρα (= κάνω κάποιον ανίσχυρο, ανίκανο να δράσει, τον δεσμεύω ολοκληρωτικά)· το 'δεσε σκοινί κορδόνι / γαϊτάνι (θεωρεί σίγουρο κάτι αβέβαιο). Παροιμ. βόσκει ο γάιδαρος εκεί που τονε δένουνε (= καθένας οφείλει να ρυθμίζει τη ζωή του σύμφωνα με τις περιστάσεις)· γάιδαρος δεμένος, νοικοκύρης αναπαμένος (= όποιος φροντίζει να εξασφαλίσει τα συμφέροντά του δεν έχει σκοτούρες)· δές' το γάιδαρο όπου σου 'παν και ψοφήσει δεν ψοφήσει (= να εκτελείς τις διαταγές χωρίς αντιρρήσεις)· τον καιρό που δέναν τα σκυλιά με τα λουκάνικα (= τον -υποθετικό- καιρό που τα πράγματα φαίνονταν απλά, τα ζητήματα λύνονταν εύκολα). [αρχ. δέω].

δεξαμενή η, ουσ. 1. τεχνητή αποθήκη για τη συγκέντρωση νερού της βροχής από ρυάκι ή πηγή: ~ άδεια / άβαθη (συνών. στέρνα, χαβούζα). 2. τεχνητή εγκατάσταση ναυπηγείου ή ναυστάθμου, όπου μπαίνουν τα πλοία για έλεγχο και επισκευή ή καθαρισμό· πλωτή ~ = μεγάλο σκάφος που ορισμένα τμήματά του βυθίζονται τόσο όσο να μπορεί να γίνεται δεξαμενισμός μικρότερων σκαφών. 3. εσωτερικός χώρος όπου αποθηκεύονται υγρά, συνήθως καύσιμα.

δεξαμενισμός ο, ουσ., είσοδος σκάφους σε δεξαμενή για έλεγχο και επισκευή: το πλοίο κατευθύνεται για -ό.

δεξαμενόπλοιο το, ουσ. (ασυνίζ.). 1. φορτηγό πλοίο υγρού φορτίου (συνών. πετρελαιοφόρο). 2. βοηθητικό πολεμικό σκάφος δεξαμενισμού και μεταφοράς αποβατικών πλοιαρίων.

δεξιά, βλ. δεξιός.

δέξιμο το, ουσ., υποδοχή, καλωσόρισμα (φιλικού ή συγγενικού προσώπου). Έκφρ. καλά -ίματα (= με το καλό να τον δεχτείτε).

δεξιοκαρδία η, ουσ. (ασυνίζ.), (ιατρ.) ανωμαλία κατά την οποία η κορυφή της καρδιάς βρίσκεται στο δεξιό μέρος του θώρακα.

δεξιός, -ιά, -ιό και **-ί**, επίθ. (ασυνίζ.). 1. που βρίσκεται στην αντίθετη πλευρά του σώματος από εκείνη που βρίσκεται η καρδιά ή στη δεξιά πλευρά του σώματος ενός παρατηρητή: μάτι / αφτί / μανίκι -ί· ψάλτης -ί· πεζοδρόμιο -ί (αντ. αριστερός)· φρ. είναι το -ί του χέρι (= το είναι εντελώς απαραίτητος, πολύτιμος συνεργάτης). 2. που ανήκει ή αναφέρεται στην πολιτική ιδεολογία της δεξιάς:

κόμμα -ό· πολιτική -ά· -ά πτέρυγα της Βουλής (= πτέρυγα της δεξιάς παράταξης) (συνών. *συντηρητικός·* αντ. *αριστερός*). - Τθ αρσ. (και το θηλ.) ως ουσ. = α. αυτός που χρησιμοποιεί κυρίως το δεξί του χέρι, δεξιόχειρας (αντ. *αριστερός, αριστερόχειρας*)· β. οπαδός της δεξιάς, αυτός που ενστερνίζεται συντηρητικές πολιτικές ιδέες (αντ. *αριστερός*). - Το θηλ. δηλώνει και το σύνολο των συντηρητικών πολιτικών κομμάτων: *οι ψηφοφόροι της -άς* (αντ. *αριστερά*)· *άκρα -ά* (= οι συντηρητικότεροι από τους δεξιούς, εξτρεμιστές). - Το ουδ. ως ουσ. = το δεξί χέρι ή πόδι: *με το τουφέκι στο ί, με το σπαθί στα δόντια*. - Επίρρ. **-ά**: *έστριψε* ~· *έκφρ*. ~ *κι αριστερά* (= προς όλες τις διευθύνσεις). Φρ. *σκορπώ* ~ *κι αριστερά* (*χρήματα*) (= ξοδεύω άσκοπα, σπαταλώ).

δεξιόστροφος, -η, -ο, επίθ. (ασυνίζ.). 1. που στρέφει ή στρέφεται προς τα δεξιά: (φυσ.) ~ *κοχλίας*. 2. (χημ.) ένωση που προκαλεί κάποια απόκλιση προς τα δεξιά του επιπέδου του φωτός που διέρχεται απ' αυτήν.

δεξιοσύνη η, ουσ. (συνιζ.), ικανότητα, επιτηδειότητα: *είχε* ~ *στο ψάρεμα* (συνών. *δεξιότητα·* αντ. *αδεξιότητα*).

δεξιοτέχνης ο, ουσ. (ασυνίζ.), αυτός που είναι επιδέξιος στην τέχνη του: *είναι* ~ *στην οδήγηση·* ~ *στο πιάνο* (= βιρτουόζος) (αντ. *αδέξιος*).

δεξιοτεχνία η, ουσ. (ασυνίζ.), ιδιότητα του δεξιοτέχνη, ικανότητα, επιτηδειότητα: ~ *αφηγηματική*.

δεξιότητα η, ουσ. (ασυνίζ.), ικανότητα, επιτηδειότητα: *χειρίστηκε το θέμα με μεγάλη* ~· ~ *χειρουργική* (συνών. *δεξιοσύνη·* αντ. *αδεξιότητα*).

δεξιόχειρας ο, ουσ. (ασυνίζ.), αυτός που χρησιμοποιεί κατεξοχήν το δεξί του χέρι στις διάφορες εργασίες (αντ. *αριστερόχειρας*).

δεξιοχειρία η, ουσ. (ασυνίζ.), το να χρησιμοποιεί κανείς το δεξί του χέρι στις διάφορες εργασίες (αντ. *αριστεροχειρία*).

δεξιώνομαι, ρ. (ασυνίζ.), δίνω δεξίωση: *-ώθηκε τους καλεσμένους της στο εξοχικό τους σπίτι*.

δεξίωση η, ουσ., υποδοχή και περιποίηση καλεσμένων σε κοσμική ή γιορταστική συγκέντρωση: *έδωσαν* ~.

δέομαι, ρ. (θρησκ.), ικετεύω, προσεύχομαι ζητώντας κάτι: *-εται σιωπηλά*.

δεοντολογία η, ουσ. (έρρ.). 1. διδασκαλία ή θεωρία που διδάσκει το τι πρέπει να γίνει στην κάθε περίπτωση (συνών. *καθηκοντολογία*). 2. σύνολο κανόνων για τον τρόπο συμπεριφοράς στην άσκηση επιστημονικού ή άλλου λειτουργήματος: ~ *ιατρική / δημοσιογραφική*.

δεοντολογικός, -ή, -ό, επίθ. (έρρ.), που ανήκει ή αναφέρεται στη δεοντολογία: *επιστήμη -ή*. - Επίρρ. **-ώς**.

δεοντολογισμός ο, ουσ. (έρρ.), τάση να ερευνά κανείς τα πράγματα από δεοντολογική άποψη.

δέος το, ουσ., φόβος και έκπληξη για κάποιον ή κάτι μεγάλο και δυνατό: *τον κοίταζε με* ~.

δέρας το, ουσ., μόνο στην έκφρ. *χρυσόμαλλο* ~ (μυθολ.) = το δέρμα του μυθικού αρνιού με τις χρυσές τρίχες που μετέφερε το Φρίξο και την Έλλη στην Κολχίδα και αργότερα το έκλεψε ο Ιάσονας με τη βοήθεια της Μήδειας.

δερβέναγας και **ντε-** ο, ουσ. 1. φύλακας των διαβάσεων· αρχηγός τουρκαλβανικού σώματος που φύλαγε τα στενά περάσματα: *προσκύνα, Διάκο, τον πασά...* ~ *να γίνεις* (δημ. τραγ.). 2. (μεταφ.) άν- θρωπος αυταρχικός και τυραννικός (συνών. *σατράπης*). [τουρκ. *dervent ağa*].

δερβένι και **ντε-** το, ουσ., στενό πέρασμα ανάμεσα σε βουνά: *εκεί είναι λύκοι στα βουνά και κλέφτες στα -ια* (συνών. *κλεισούρα, διάσελο*). [τουρκ. *dervent* και *derbent*]. - Υποκορ. **-άκι** το.

δερβίσης και **ντε-** ο, ουσ. 1. μωαμεθανός καλόγερος: *λαλούν του βάλτου τα πουλιά, ακούετ' ο* ~ (Βαλαωρίτης). 2. (μεταφ.) άνθρωπος θαρραλέος (συνών. *λεβέντης*). [τουρκ. *derviş*].

δερβίσικος, -η, -ο και **ντε-**, επίθ. 1. που αναφέρεται στο δερβίση. 2. (μεταφ.) λεβέντικος: *λόγια -α· παιδί -ο*. - Επίρρ. **-α** (στη σημασ. 2).

δέρμα το, ουσ. 1. φυσικό περίβλημα του σώματος των ανθρώπων και των ζώων, κυκν. επιδερμίδα, πετσί: *ευαίσθητο* ~. 2. γδαρμένο πετσί ζώου, ακατέργαστο ή κατεργασμένο τομάρι: *γούνα από* ~ *αλεπούς*. - Υποκορ. **-ατάκι** το (στη σημασ. 1).

δερματεμπορία η (έρρ.) και **δερματεμπόριο** το (έρρ., ασυνίζ.), ουσ., εμπόριο δερμάτων.

δερμάτι το, ουσ. (λαϊκ.). 1. δέρμα ζώου (συνών. *τομάρι*). 2. ασκός από δέρμα ζώου (συνών. *τουλούμι*).

δερματικός, -ή, -ό, επίθ., που αναφέρεται στο δέρμα: *αλοιφή -ή· πάθηση -ή*.

δερματίνη η, ουσ., τεχνητή ουσία που χρησιμοποιείται για την κατασκευή διάφορων αντικειμένων που μοιάζουν με δερμάτινα: *τσάντα από* ~.

δερμάτινος, -η, -ο, επίθ., που είναι κατασκευασμένος από κατεργασμένο δέρμα ζώου: *ζώνη -η· τσάντα -η* (συνών. *πέτσινος*). - Το ουδ. ως ουσ. = επανωφόρι κατασκευασμένο από δέρμα.

δερματίτιδα η, ουσ. (ιατρ.) φλεγμονή του δέρματος.

δερματόδετος, -η, -ο, επίθ. (για βιβλία) που είναι δεμένος με δέρμα: *τόμος -ος*.

δερματόκολλα η, ουσ. (χημ.) κόλλα που παρασκευάζεται από δέρματα ζώων και άλλα απορρίμματα των σφαγείων με βρασμό και χρησιμοποιείται στη συγκόλληση ξύλινων αντικειμένων.

δερματόλη η, ουσ. (χημ.) σκόνη κίτρινη, αδιάλυτη στο νερό που χρησιμοποιείται ως αντισηπτικό φάρμακο για εξωτερική χρήση.

δερματολογία η, ουσ., ιατρικός κλάδος που εξετάζει τις παθήσεις του δέρματος και τους τρόπους θεραπείας τους.

δερματολογικός, -ή, -ό, επίθ., που ανήκει ή αναφέρεται στη δερματολογία.

δερματολόγος ο, ουσ., γιατρός ειδικευμένος στη δερματολογία.

δερματομυκητίαση η, ουσ., πάθηση του δέρματος που οφείλεται σε φυτικούς μύκητες.

δερματοπάθεια η, ουσ. (ασυνίζ.), γενική ονομασία για κάθε δερματική πάθηση: ~ *κληρονομική / από αβιταμίνωση*.

δερματοπαθολογία η, ουσ., κλάδος της ιατρικής που ασχολείται με τις παθήσεις του δέρματος.

δερματοπωλείο το, ουσ., κατάστημα που πουλά δέρματα.

δερματοπώλης ο, ουσ., αυτός που πουλά δέρματα.

δερμίτιδα η, ουσ., δερματίτιδα (βλ. λ.).

δερνοκοπιέμαι, ρ. (συνιζ., λαϊκ.), κλαίω και οδύρομαι, χτυπώ το στήθος μου: *τι έπαθες και -ίεσαι;*

δέρνω, ρ., αόρ. *έδειρα*, παθητ. αόρ. *δάρθηκα*, μτχ. *δαρμένος*. 1. χτυπώ κατ' επανάληψη κάποιον δυνατά με το χέρι ή με κάποιο όργανο (βέργα, λ.χ.) για να τον βλάψω ή να τον τιμωρήσω: *-ει τα παιδιά*

δέση

της / τη γυναίκα του (συνών. *βαρώ, ξυλοκοπώ, χειροτονώ*). **2.** χτυπώ κάτι ή πέφτω πάνω του συνεχώς ή επανειλημμένως με μεγάλη ορμή: *τους έδερνε η βροχή / τρικυμία· ο άνεμος -ει το σπίτι.* **3.** (μεταφ.) ταλαιπωρώ, βασανίζω: *τους -ει η φτώχεια· με -ει βαριά κατάρα* (συνών. *πλήττω*). **4.** (μέσ.) χτυπιέμαι (από απελπισία ή λύπη)· οδύρομαι, θρηνώ: *πώς δέρνονταν και πώς έσκουζε!* Φρ. *τον -ουν οι πέντε άνεμοι* (= από παντού ταλαιπωρείται, αντιμετωπίζει πολλές δυσκολίες)· *με -ει ο νους μου* (= ταράζομαι, ανησυχώ). Παροιμ. *του 'φταιξε ο γάιδαρος και -ει το σαμάρι* (= δεν τα βάζει με τον υπαίτιο, αλλά μ' άλλον ανίσχυρο)· *αγάς -ει εμένανε κι εγώ ~ εσένα* (σε περίπτωση αλληλοδιαδοχικών διώξεων και πιέσεων)· *-ε με, άντρα, -ε με κι εγώ τά ξέρω κάνω τα* (για ισχυρογνώμονες)· *και τον πηλό τον -νε να γίνει κεραμίδι* (= χωρίς ξύλο το παιδί δε γίνεται άνθρωπος). Γνωμ. *δείρε τον κακό να γίνει χειρότερος· αλί τον δέρνουν δεκοχτώ και δεν τον δέρνει ο νους του* (= αλίμονο σ' όποιον τον παρακινούν όλοι γύρω του κι αυτός δε συγκινείται). - Η (λαϊκ.) μτχ. μέσ. ενεστ. *δερνάμενος* στην παροιμ. *δερνάμενο σκυλί κακό κυνήγι κάνει* (με τη βία δεν επιτυγχάνεται τίποτε το καλό).

δέση και **δεσιά** η, ουσ. (συνιζ., λαϊκ.). **1.** δέσιμο, συναρμογή: *~ του καραβιού* (συνών. *σύνδεση*). **2.** φράγμα ποταμού.

δεσιματιά η, ουσ. (συνιζ., λαϊκ.). **1.** ο τρόπος με τον οποίο δένουμε κάτι: *~ φιόγκου.* **2.** στερέωση, συναρμογή: *~ στέγης.*

δέσιμο το, ουσ. **1.** το να συνδέονται αντικείμενα ώστε να αποτελέσουν μια ενότητα ή άκρες σκοινιού, ώστε να σχηματιστεί κόμπος: *~ κορδονιών· ~ γραβάτας· ~ των δεματιών* (αντ. *λύσιμο*). **2.** (συνεκδοχικά) αυτό με το οποίο δένουμε ή συνδέουμε κάτι: *τα -ίματα των παπουτσιών.* **3.** συρραφή φύλλων βιβλίου και η κάλυψή τους με χαρτόνι, πανί ή δέρμα (συνών. *βιβλιοδεσία, βιβλιοδέτηση*). **4.** προσαρμογή, στερέωση πολύτιμης πέτρας σε κόσμημα. **5.** (για μηχανή) συναρμολόγηση. **6.** τοποθέτηση μετάλλων σε κατασκευή για να γίνει στερεότυπη: *~ του βαρελιού.* **7.** τύλιγμα με επίδεσμο, επίδεση: *~ της πληγής.* **8.** μετάβαση από το άνθος στον καρπό, σχηματισμός καρπού: *το χαλάζι χτύπησε τα δέντρα πάνω στο ~ του καρπού* (συνών. *κάρπισμα*). **9.** (για υγρό διάλυμα) πύκνωση με βρασμό ή με ανάμιξη με άλλα υλικά: *~ σιροπιού / σάλτσας / πελτέ* (συνών. *σφίξιμο*). **10.** (μεταφ.) δέσμευση (με νομικό μέσο ή υπόσχεση). **11.** (μεταφ.) μαγικός κατάδεσμος για να προκληθεί σεξουαλική αδυναμία. **12.** συναισθηματικός δεσμός: *~ του αντρόγυνου.* Φρ. *είναι (τρελός) για ~* (= είναι θεότρελος).

δέσμευση η, ουσ. **1.** ανάληψη υποχρέωσης, περιορισμός ηθικής ή νομικής: *~ κομματική / προσωπική.* **2.** (νομ.) απαγόρευση ή περιορισμός που επιβάλλει η κρατική εξουσία για τα συμφέροντα του κράτους στη χρησιμοποίηση κάποιας ιδιοκτησίας: *~ περιουσίας· ~ καταθέσεων* (= απαγόρευση ανάληψης τραπεζικών καταθέσεων με κρατική απόφαση). **3.** (χημ.) συνένωση χαρακτηριστικής ομάδας οργανικής ουσίας με κατάλληλη ρίζα ώστε να προστατευτεί η ομάδα κατά τη διάρκεια χημικής αντίδρασης.

δεσμευτής ο, ουσ. (φυσ.-χημ.) στοιχείο ή χημική ένωση που δεσμεύει τα προϊόντα πυρηνικής ή χημικής αντίδρασης.

δεσμευτικός, -ή, -ό, επίθ., που επιφέρει δέσμευση: *διάταξη -ή· όροι -οί* (συνών. *περιοριστικός*). - Επίρρ. **-ώς**.

δεσμεύω, ρ. **1.** επιβάλλω σε κάποιον δέσμευση νομική ή ηθική: *τους -ευσε να τηρήσουν τις υποδείξεις του.* **2.** (μέσ.) εμποδίζομαι από ηθική ή άλλη υποχρέωση: *-ομαι με όρκο να μη μαρτυρήσω το μυστικό.* **3.** (νομ.) για κρατική αρχή) επιβάλλω κάποια απαγόρευση ή περιορισμό στη χρησιμοποίηση ιδιοκτησίας για να εξυπηρετηθούν τα συμφέροντα του κράτους: *-εύτηκαν οι καταθέσεις των ιδιωτικών τραπεζών.*

δέσμη η, ουσ. **1.** σύνολο ομοειδών πραγμάτων που συγκρατούνται με δέσιμο: *~ φύλλων χαρτιού· ~ από τριαντάφυλλα* (συνών. *μάτσο, πακέτο, δέμα*). **2.** ομάδα: *~ μαθημάτων / μέτρων / διατάξεων·* (φυσ.) *δέσμη φωτεινών ακτίνων ή φωτεινή ~* (= σύνολο ακτίνων που προέρχονται από την ίδια φωτεινή πηγή και περιορίζονται με κατάλληλα διαφράγματα).

δεσμίδα η, ουσ., (μικρή) δέσμη: *-ες χαρτονομισμάτων.*

δέσμιος, -α, -ο, επίθ. (ασυνίζ.). **1.** δεμένος: *τον μετέφεραν -ο στις φυλακές* (αντ. *λυτός*). **2.** κρατούμενος, φυλακισμένος (συνών. *δεσμώτης·* αντ. *ελεύθερος*). **3.** (μεταφ.) υποχείριος, αιχμάλωτος κάποιου: *~ των παθών του / των δανειστών του* (συνών. *δούλος, σκλάβος*).

δεσμός ο, πληθ. **-οί** και **-ά** τα, ουσ. **1α.** (στον πληθ. *δεσμά*). α. αλυσίδες: *του 'λυσαν τα -ά.* β. (συνεκδοχικά) φυλάκιση: *καταδικάστηκε σε ισόβια -ά.* **2.** (μεταφ.) ό,τι συνδέει μεταξύ τους συναισθηματικά, ηθικά ή νομικά ανθρώπους, ομάδες ή κοινωνίες: *~ αίματος / φιλίας / ερωτικός· ενώθηκαν με τα -ά του γάμου.* **3.** (μεταφ.) καθετί που καταπιέζει: *-ά του πάθους / της αμαρτίας* έκφρ. *γόρδιος ~*: βλ. *γόρδιος.* **4.** (χημ.) αλληλεπίδραση μεταξύ όμοιων ή διαφορετικών ατόμων που έχει ως αποτέλεσμα τη δημιουργία χημικών ενώσεων: *~ ομοιοπολικός / ετεροπολικός / τριπλός.*

δεσμοφύλακας ο, ουσ., φύλακας δεσμωτηρίου.

δεσμωτήριο το, ουσ. (ασυνίζ.), κρατητήριο, χώρος προσωρινού περιορισμού υποδίκου.

δεσμώτης ο, ουσ. **1.** φυλακισμένος, κρατούμενος. **2.** (μεταφ.) αιχμάλωτος: *~ του έρωτα* (συνών. *δέσμιος, δούλος, σκλάβος, υποχείριος*).

δεσπόζω, ρ. **1.** εξουσιάζω, κυριαρχώ: *το Βυζάντιο δέσποζε το 10. αι. σ' όλη την οικουμένη·* (μεταφ.) *η φυσιογνωμία του δέσποζε τον περασμένο αιώνα· μορφή -ουσα.* **2.** βρίσκομαι ψηλότερα, υπερέχω: *ο λόφος δέσποζε στην πεδιάδα.*

δέσποινα η, ουσ., οικοδέσποινα, κυρία, αφέντρα· (για την Παναγία): *Παναγία η Δέσποινα.*

δεσποινίδα η, ουσ., ανύπαντρη (νεαρή) γυναίκα. - Υποκορ. **-ούλα**.

δεσποτεία η, ουσ. **1.** πολιτικό σύστημα σύμφωνα με το οποίο εξουσιάζει ένας απόλυτος μονάρχης, αυταρχική και αυθαίρετη διακυβέρνηση (συνών. *απολυταρχία, δεσποτισμός, τυραννία*)· έκφρ. (ιστ.) *φωτισμένη ~* (= μορφή διακυβέρνησης ενός κράτους από έναν απόλυτο μονάρχη, αλλά με την καθοδήγηση του «ορθού λόγου», σύμφωνα με τις θεωρίες των φιλοσόφων του Διαφωτισμού). **2.** (λόγ., μεταφ.) επιβολή απόλυτης υποταγής, αυστηρής υπακοής: *η ~ των γονέων στα παιδιά τους.*

δεσπότης ο, Ι. ουσ., πληθ. -ες, θηλ. -ισσα. 1. ηγεμόνας με απόλυτη εξουσία, καταπιεστικός κυβερνήτης: ~ αυστηρός / σκληρός. 2. (εκκλ. για το Θεό) Κύριος: ο ~ των όλων. 3. (ιστ.) τίτλος αυτοκρατόρων, βασιλιάδων ή αρχόντων στα χρόνια του Βυζαντίου: ~ της Ηπείρου / του Μορέως.
δεσπότης ο, ΙΙ. ουσ., κλητ. δέσποτα, πληθ. -ες και (λαϊκ.) -τάδες, (εκκλ.) ονομασία που δίνεται στους αρχιερείς (επισκόπους ή μητροπολίτες)· (στην κλητ.) σε προσφών. για οποιοδήποτε κληρικό: θα λειτουργήσει ο ~. Παροιμ. *καλά είν' τα φαρδομάνικα, μα τα φορούν οι -άδες* (για όσους επιθυμούν κάτι που δεν αρμόζει στην κοινωνική τους θέση ή στις δυνατότητές τους).
δεσποτικός, -ή, -ό, Ι. επίθ. 1. που χαρακτηρίζει τον απόλυτο μονάρχη: *διοίκηση / συμπεριφορά -ή* (συνών. *απολυταρχικός, αυταρχικός, τυραννικός*). 2. (εκκλ.) που αναφέρεται στο Χριστό: *εορτές -ες· τροπάρια -ά.* - Επίρρ. **-ά** (στη σημας. Ι).
δεσποτικός, -ή, -ό, ΙΙ. επίθ., που ανήκει ή αναφέρεται στον αρχιερέα: *θρόνος ~* (= που χρησιμοποιεί ο δεσπότης όταν χοροστατεί) (συνών. *αρχιερατικός, επισκοπικός*). - Το ουδ. ως ουσ. = 1. ο δεσποτικός θρόνος: *στασίδι κοντά στο ~.* 2. (σπανιότερα) κατοικία επισκόπου.
δεσποτισμός ο, ουσ. 1. καταπιεστική μορφή διακυβέρνησης από ένα και μόνο άτομο με απόλυτη εξουσία: *~ ασιατικός* (συνών. *απολυταρχία, δεσποτεία, τυραννία*). 2. καταπιεστική συμπεριφορά (συνών. *αυταρχικότητα, σατραπισμός*).
δεσπότισσα, βλ. *δεσπότης* Ι.
δεσποτοκρατία η, ουσ. (νεολογ.), το να επιβάλλουν οι αρχιερείς αυθαίρετα τη θέλησή τους στα εκκλησιαστικά (ή και τα πολιτικά) πράγματα: *κατάργηση της -ας και καθιέρωση δημοκρατικού καθεστώτος στην Εκκλησία.*
δέστρα η, ουσ. (ναυτ.) σιδερένιος στύλος μπηγμένος στην προκυμαία ή στο κρηπίδωμα του λιμανιού για να δένονται τα πλοία.
δέτης ο, ουσ. 1. (ναυτ.) λεπτό σκοινί για διάφορα δεσίματα. 2. (παλαιότερα) ταινία που συγκρατεί τα τυπογραφικά φύλλα δεμένου βιβλίου.
δετικός, -ή, -ό, επίθ., που ανήκει ή αναφέρεται στο δέσιμο ή το δέτη. - Το ουδ. στον πληθ. ως ουσ. = χρηματικό ποσό που πληρώνει κάποιος για βιβλιοδετική εργασία.
δετός, -ή, -ό, επίθ., που έχει δεθεί ή μπορεί να δεθεί: *τον έφεραν -ό* (= δεμένο)· *παπούτσια -ά* (= που έχουν κορδόνια) (αντ. *λυτός*).
Δευτέρα η, ουσ., η ημέρα της εβδομάδας μετά την Κυριακή: *θα τα πούμε από ~· η ~ του Πάσχα* (= η επόμενη μέρα της γιορτής)· *Μεγάλη ~* (= *της Μεγάλης Εβδομάδας*)· *Καθαρά ή Καθαρή ~* (= η πρώτη μέρα της Μεγάλης Σαρακοστής). - Βλ. και *δεύτερος.*
δευτερεύων, -ουσα, -ον, επίθ. (λόγ.). 1. που έχει δεύτερη θέση ή σειρά (μετά τον πρώτο), που είναι κατώτερος ή λιγότερο σημαντικός: *προχώρησε και στους -οντες λόγους της παραίτησής του· δίνει -ουσα σημασία στους καλούς τρόπους· θεωρώ το πρόβλημα -ον· στοιχείο -ον* (συνών. *ασήμαντος, επουσιώδης* αντ. *βασικός, θεμελιώδης, πρωτεύων*)· φρ. *πιιίζω -ουσα ρόλο* (= δεν είμαι ση μαντικός). 2. (γραμμ.) *πρόταση -ουσα* (= η πρόταση που δεν μπορεί να σταθεί μόνη της στο λόγο και χρησιμεύει για να προσδιορίζει μια άλλη πρόταση ή κάποιον όρο της) (συνών. *εξαρτημένη·*

αντ. *κύρια, ανεξάρτητη*).
δευτεριάτικος, -η, -ο, επίθ. (συνιζ., λαϊκ.), που συμβαίνει τη Δευτέρα ή σχετίζεται μ' αυτήν: *επιθεώρηση -η· ξύπνημα -ο· εφημερίδες -ες.* - Επίρρ. **-α.**
δευτέριο το, ουσ. (ασυνίζ.), (χημ.) ισότοπο του υδρογόνου (ατομικό βάρος περίπου 2, σύμβολο D), από το οποίο παράγεται το βαρύ ύδωρ (αλλιώς *βαρύ υδρογόνο*). [νεολατ. επιστ. όρος *deuterium*].
δευτεροβάθμιος, -α, -ο, επίθ. (ασυνίζ.), που ανήκει ή αναφέρεται στο δεύτερο βαθμό μιας ιεραρχίας ή στη δεύτερη σειρά ενός οργανωμένου συνόλου, σώματος, δραστηριότητας, κ.τ.ό.: *υπάλληλος ~· οργάνωση -α· εκπαίδευση -α* (= μέση)· (νομ.) *επιτροπή -α· διαιτητικό / φορολογικό δικαστήριο -ο* (= που ασχολείται με μια υπόθεση για την οποία υπάρχει πρώτη απόφαση παρόμοιου οργάνου).
δευτερογενής, -ής, -ές, γεν. -*ούς,* πληθ. αρσ. και θηλ. -είς, ουδ. -ή, επίθ. (λόγ.). 1. που γίνεται μετά τον πρώτο, που ακολουθεί χρονικά τον πρώτο: *γνώρισμα -ές· παραγωγή ~* (= μεταποίηση)· *βιολογικός καθαρισμός ~·* (βιολ.) *δευτερογενής καταναλωτής* = είδος που τρέφεται από τους πρωτογενείς (βλ. λ.) καταναλωτές, δηλ. σαρκοφάγο. 2. που ακολουθεί ως συνέπεια κάτι άλλο, που χρονικά προηγείται (συνήθως ιατρ.): *νοσήματα -ή· λοιμώξεις -είς* (= που ακολουθούν το κύριο σύμπτωμα της αρρώστιας).
δευτερόγεννη, θηλ. επίθ., (για θηλυκά ζώα και σπανιότερο για γυναίκα) που γέννησε για δεύτερη φορά (συνών. *δίφορη*).
δευτεροετής, -ής, -ές, γεν. -*ούς,* πληθ. αρσ. και θηλ. -είς, ουδ. -ή, επίθ. (για φοιτητή, μαθητή, κ.τ.ό.) που διανύει το δεύτερο έτος των σπουδών του.
δευτερόκλιτος, -η, -ο, επίθ. (γραμμ.) που κλίνεται κατά τη δεύτερη κλίση της γραμματικής της αρχαίας ελληνικής.
δευτερόλεπτο το, ουσ. 1. θεμελιώδης μονάδα για τη μέτρηση του χρόνου ίση με το 1/60 του λεπτού: *τρέχει με ταχύτητα δέκα μέτρα το ~.* 2. (μεταφ.) πολύ μικρό χρονικό διάστημα: *έρχομαι σ' ένα / σε μισό ~* (= αμέσως)· *έχασα το λεωφορείο για ένα ~* (συνών. *λεπτό, στιγμή*)· έκφρ. *σε κλάσμα δευτερολέπτου* (= πάρα πολύ γρήγορα). 3. (μαθημ.) μονάδα για τη μέτρηση γωνιών και τόξων ίση με το 1/60 του πρώτου λεπτού της μοίρας ή το 1/3600 της μοίρας.
δευτερολογία η, ουσ., η δεύτερη αγόρευση ενός ομιλητή για την ίδια υπόθεση (στη Βουλή, στο δικαστήριο, κλπ.) με σκοπό να αντικρούσει επιχειρήματα: *~ του πρωθυπουργού / του εισαγγελέα.*
δευτερολογώ, -είς, ρ., μιλώ δεύτερη φορά για το ίδιο θέμα (στη Βουλή ή το δικαστήριο) αντικρούοντας επιχειρήματα.
δεύτερον, αριθμ. άκλ., σε απαρίθμηση μετά το «πρώτον» για να ακολουθήσει ενδεχομένως «τρίτον», κλπ.: *οι λόγοι που με ανάγκασαν να το κάνω είναι: πρώτον..., ~...* - Πβ. και *πρώτον.*
δευτεροξάδερφος ο, θηλ. **-ξαδέρφη,** ουσ. (λαϊκ.), παιδί του πρώτου εξαδέλφου ή της πρώτης εξαδέλφης του πατέρα ή της μητέρας κάποιου. [*δεύτερος + ξάδελφος*].
δευτερόπρυμα, επίρρ., (ναυτ.) με τον αέρα στη μία ή την άλλη πλευρά της πρύμνης (δηλ. στο γοφό):

δεύτερος

τα καράβια πάνε ~ (Κόντογλου)· αρμενίζοντας ~ κοίταζες / το λάκκο των κυμάτων (Σεφέρης).

δεύτερος, -η και **δευτέρα, -ο,** συγκρ. *-ότερος, -η, -ο,* αριθμ. **1.** που έρχεται ή γίνεται αμέσως μετά έναν όμοιό του· που ακολουθεί σε μια σειρά τον πρώτο (χρονικά ή τοπικά): *γεννήθηκα / έφτασα ~· το διάβασα για -η φορά· το -ο κεφάλαιο / ~ ενικό πρόσωπο (του ρήματος)· αξιωματικός του -ερου γραφείου·* (λαϊκ.) *~ και καταϊδρωμένος* (για ηγεμόνες ή αρχιερείς με το ίδιο όνομα· συνήθως Β΄) *Γεώργιος / Αθηναγόρας ο Β΄* (διάβ. *δεύτερος)·* (για ιστορικά γεγονότα) *ο ~ παγκόσμιος πόλεμος·* έκφρ. *από -ο χέρι* (για κάτι που έχει διορθωθεί, που έχει υποστεί επεξεργασία): *από -ο χέρι πληροφορίες* (= έμμεσες). **2.** που έρχεται ως προς τη σημασία, την αξία, την τιμή, τη σοβαρότητα, την επιτυχία, κ.τ.ό., μετά τον πρώτο, τον καλύτερο ή σπουδαιότερο: *ήρθε ~ στις εξετάσεις· το -ο κόμμα* (= η αξιωματική αντιπολίτευση) *εγκαύματα -ερου βαθμού· φρούτα -ης διαλογής· πλοίαρχος / μηχανικός·* έκφρ. *κατά -ο λόγο.* Παροιμ. *κάλλιο πρώτος στο χωριό παρά ~ στην πόλη* (για τη φιλαρχία). **3.** που αποτελεί καινούργια, ανανεωμένη ή επαυξημένη μορφή του ίδιου πράγματος: *-η νεότητα· -η εφηβεία· σκέψεις -ες* (= ωριμότερες)· *το κείμενο τυπώθηκε με -ες φροντίδες.* **4.** που μοιάζει εντελώς, που μπορεί να παραβληθεί με κάποιον άλλον (στη μορφή, τη δραστηριότητα, κ.τ.ό.): *μου στάθηκε ~ πατέρας* (συνών. *ολόίδιος, απαράλλαχτος).* **5.** (εκκλ.) *Δευτέρα Παρουσία* = η ημέρα της Κρίσης ζωντανών και νεκρών κατά το τέλος του κόσμου: *το σάλπισμα της -έρας Παρουσίας* (για κακοκαιρία με μεγάλες καταστροφές) *ο άνεμος λυσσομανούσε, λες και γινόταν η -έρα Παρουσία* (πβ. *κοσμοχαλασιά)·* ως *τη -έρα Παρουσία* (συνήθως ειρων. για κάτι που θα συμβεί ακαθόριστα στο μέλλον ή δε θα συμβεί ποτέ): *θα το χτίζουνε ως τη -έρα Παρουσία.* Έκφρ. *~ εξάδελφος ή -η εξαδέλφη,* βλ. *δευτεροξάδερφος.* - Το αρσ. ως ουσ. = αξιωματικός του εμπορικού ναυτικού που βρίσκεται μετά τον κυβερνήτη στη διοίκηση ενός καραβιού (συνών. *υποπλοίαρχος).* - Το θηλ. *δευτέρα* ως ουσ. = **α.** η δεύτερη χρονιά σχολικών σπουδών: *οι μαθητές / η δασκάλα της -έρας·* **β.** (σπανιότ.) η δευτέρα μέρα (του μήνα): *τη δευτέρα Μαΐου.* **γ.** (μαθημ.) η δεύτερη δύναμη (για πολλαπλασιασμό ενός αριθμού με τον εαυτό του· σύμβολο: $α^2$) (συνών. *τετράγωνο).* - Το ουδ. ως ουσ. = **α.** το μισό από ένα σύνολο: *το ένα -ο της περιουσίας του·* **β.** δεύτερος όροφος: *μένω στο -ο* (= πάτωμα).

δευτερότοκος, -η, -ο, επίθ. (λόγ.), που γεννήθηκε δεύτερος, μετά τον πρωτότοκο: *γιος ~.*

δευτέρωμα το, ουσ. (λαϊκ.), το να γίνεται κάτι για δεύτερη φορά, επανάληψη.

δευτερώνω, ρ. **1.** (μτβ.) κάνω κάτι για δεύτερη φορά, επαναλαμβάνω: *φύγαμε προτού -ώσει το λόγο του.* **2.** (αμτβ.) γίνομαι για δεύτερη φορά, ξαναγίνομαι, επαναλαμβάνομαι: *-ωσε το κακό.*

δεφτεράκι, βλ. *δεφτέρι.*

δεφτερδάρης ο, ουσ. (ιστ.) αξιωματούχος υπεύθυνος για τις οικονομικές υποθέσεις επαρχίας του οθωμανικού κράτους· υπουργός οικονομικών του σουλτάνου. [περσοτουρκικό *defterdar*].

δεφτέρι και **τεφτέρι** το, ουσ. (λαϊκ.), τετράδιο ή βιβλίο για σημειώσεις ή λογαριασμούς: *κοίταξε στο ~ σου τι χρωστάω* (συνών. *σημειωματάριο,*

κατάστιχο). Παροιμ. *ο Εβραίος, σα φτωχάνει, τα παλιά τεφτέρια πιάνει* (για έναν που θυμάται σε κάποια κρίσιμη περίσταση υποθέσεις του παρελθόντος). [τουρκ. *defter, tefter*<μεσν. *διφθέριον* <αρχ. *διφθέρα*].

δέχομαι, αόρ. *δέχτηκα.* ρ. **1.** παίρνω κάτι που μου δίνουν, παραλαμβάνω κάτι που μου στέλνουν: *δε -εται χρήματα / δώρα.* **2.** θεωρώ κάτι αληθινό, σωστό, παραδέχομαι: *~ τις απόψεις σας / την παραίτηση του νομάρχη· ~ ότι μπορεί να σφάλλω* (συνών. *συμφωνώ, παραδέχομαι).* **3.** αναλαμβάνω κάτι που μου προτείνουν, συμφωνώ να εκτελέσω ένα έργο: *~ να εργαστώ στην επαρχία / το διορισμό / την αναμέτρηση / τον ανταγωνισμό* (συνών. *αποδέχομαι·* αντ. *αρνιέμαι, απορρίπτω).* **4.** έχω τη διάθεση να υποστώ μια επίδραση, να ακολουθήσω τη θέληση ενός άλλου: *~ τις αντιρρήσεις σας / την καλόπιστη κριτική· δε -εται κουβέντα· δε -όμαστε επεμβάσεις ξένων στα εθνικά θέματα.* **5.** υφίσταμαι χωρίς αντίδραση ή δυσαρέσκεια την κακή ή άδικη συμπεριφορά κάποιου: *~ προσβολές / ταπεινώσεις· δε -εται αστεία* (συνών. *υπομένω, ανέχομαι).* **6.** γίνομαι χωρίς τη θέλησή μου αντικείμενο μιας ενέργειας, συνήθως εχθρικής ή βλαπτικής: *~ επίθεση / τα εχθρικά πυρά· για μέρες -όμασταν τη ραδιενεργό ακτινοβολία.* **7.** επιτρέπω την είσοδο, την προσέλευση (συνήθως για φίλους, καλεσμένους, επισκέπτες, που έρχονται ή συγκεντρώνονται τακτικά): *μας -τηκε στο καινούργιο του σπίτι· η πόλη -τηκε με ενθουσιασμό τους ελευθερωτές της· ~ κάποιον εγκάρδια / θερμά* (αμτβ.) *είναι πολύ καλή οικοδέσποινα, ξέρει να -εται· ~ κάθε Τετάρτη* (συνών. *υποδέχομαι).* **8.** συναντώ κάποιον που έρχεται με σκοπό τη συνεργασία ή την προσφορά υπηρεσιών σ᾽ αυτόν: *ο καθηγητής -εται τους φοιτητές· ο γιατρός -εται τους ασθενείς·* (αμτβ.) *ποιες ώρες -εται ο υπουργός;* **9.** επιτρέπω την είσοδο υπό ορισμένες προϋποθέσεις: *με δέχτηκαν στη σχολή / στις εξετάσεις· δε -ονται στον κύκλο τους οποιονδήποτε.* **10.** επιτρέπω να εισαχθεί στο εσωτερικό μου (χωρίς παρενέργειες): *ο οργανισμός μου δε -εται το φάρμακο.* **11.** συγκεντρώνω: *ο ποταμός -εται το νερό πολλών χειμάρρων.* **12.** (τριτοπρόσ.) χρησιμοποιεί απαραίτητα: *η πλάγια ερώτηση δε -εται ερωτηματικό.*

δεχούμενος, -η, -ο, μτχ. επίθ. (λαϊκ.), που γίνεται δεκτός ή ανεκτός, ευπρόσδεκτος· μόνο στην παροιμία *και τα καλά -α και τα κακά -α* (για την ανάγκη να υπομένει κανείς τις δύσκολες περιστάσεις).

δέψη η, ουσ. (χημ.) κατεργασία του δέρματος των θηλαστικών με διάφορες ουσίες για να διατηρεί την ευκαμψία του και σε ξηρή κατάσταση: *η δέψη με ενώσεις χρωμίου δίνει δέρματα στερεά και ανθεκτικά στο χρόνο* (συνών. λαϊκ. *άργασμα).* [*δέφω*].

δεψικός, -ή, -ό, επίθ. (χημ.) που χρησιμοποιείται για την κατεργασία δερμάτων: *ύλες -ές.*

δήθεν, μόρ., (συνήθως ειρων.), για κάτι προσποιητό, φανταστικό ή ψεύτικο: *ήθελε ~ να τα αγοράσει όλα·* (μπροστά από όνομα, με προηγ. το ά.) *οι ~ φίλοι μου* (συνών. *τάχα).*

δηκτικός, -ή, -ό, επίθ. (λόγ.), που προκαλεί ψυχικό πόνο, θλίψη, στενοχώρια, οργή: *~ στις παρατηρήσεις του· ειρωνεία -ή / ύφος -ό* (συνών. *καυστικός, πειραχτικός, φαρμακερός,* αντ. *ανώδυνος).*

δηκτικότητα η, ουσ. (λόγ.), το να είναι κάποιος δηκτικός, να προκαλεί θυμό, να ερεθίζει: *απάντησε με ~· με εξέπληξε η ~ των λόγων του* (συνών. *δριμύτητα, καυστικότητα*).

δηλαδή, μόρ. 1. (για επεξήγηση) με άλλα λόγια, σα να λέμε, που σημαίνει (ότι): *θα είμαστε μόνο οι δυο μας, ~ ο πατέρας μου κι εγώ· δεν απαντά στα γράμματά μου, ~ μ' έχει ξεχάσει τελείως.* 2. (για να μεταβαίνει καλώς ο λόγος στα επόμενα) λοιπόν: *γιατί ~ δε μ' αφήνετε ήσυχο;*

δηλητηριάζω, ρ. (ασυνίζ.). 1. δίνω σε κάποιον δηλητήριο, θανατώνω ή θέτω σε κίνδυνο τη ζωή κάποιου κάνοντας να μπει στον οργανισμό του δηλητήριο: *τη -ίασε ο άντρας της για να παντρευτεί άλλη·* (παθ.) *-άστηκε από χαλασμένο κρέας* (συνών., λαϊκ. *φαρμακώνω*). 2. ρίχνω σε κάτι δηλητήριο, μολύνω με δηλητήριο: *~ το νερό / το ποτάμι / το πηγάδι· έφαγαν κόλλυβα -ασμένα με παραθείο·* (γενικ. για βλαπτική ουσία ή επίδραση): *η ραδιενέργεια -ει τις τροφές / το φυσικό περιβάλλον· το τσιγάρο -ει τους πνεύμονες.* 3. (μεταφ.) αλλοιώνω κάτι προς το χειρότερο, επιδρώ αρνητικά σε κάτι: *μια διαφωνία δε θα -άσει τις σχέσεις μας.*

δηλητηρίαση η, ουσ. 1. σύνολο από οργανικές ανωμαλίες που προκαλούνται από την εισαγωγή δηλητηρίου στον οργανισμό, θανάτωση με δηλητήριο: *~ οξεία / ομαδική / τροφική· απόπειρα / συμπτώματα -ης.* 2. μόλυνση με δηλητήριο ή γενικά βλαπτικές ουσίες: *~ των θαλασσών με τα βιομηχανικά απόβλητα / του οργανισμού με το κάπνισμα.* 3. (μεταφ.) αρνητική επίδραση, πρόκληση ηθικής βλάβης: *~ της φιλίας μας / της παιδικής ψυχής.*

δηλητηριασμός ο, ουσ. (ασυνίζ.), δηλητηρίαση (βλ. λ.): (μεταφ.) *~ της πολιτικής ζωής από τον άκρατο φανατισμό / κομματισμό.*

δηλητηριαστής ο, θηλ. **-άστρια,** ουσ. (ασυνίζ.), αυτός που δηλητηριάζει, που σκοτώνει ή προκαλεί βλάβη με δηλητήριο.

δηλητήριο το, ουσ. (ασυνίζ.). 1. ουσία που μπορεί σε μικρή ποσότητα να προκαλέσει σοβαρή βλάβη του οργανισμού ή ακόμη και το θάνατο: *~ δραστικό / θανατηφόρο· παίρνω / πίνω / σκοτώνω με ~· φίδι με ~· για τους ποντικούς·* (για κάτι πολύ πικρό) *~ τον έφτιαξες τον καφέ* (συνών. *φαρμάκι*). 2. (μεταφ.) για κάτι που προκαλεί αρνητική επίδραση ή ηθική βλάβη: *άρθρο γεμάτο ~· ~ της διχόνοιας / της συκοφαντίας.*

δηλητηριώδης, -ης, -ες, γεν. -ους, πληθ. αρσ. και θηλ. -εις, ουδ. -η, επίθ. (ασυνίζ.). 1. που περιέχει δηλητήριο, που προκαλεί δηλητηρίαση: *αέρια / απόβλητα -η· ζώα -η (= ιοβόλα)· κεντρί του σκορπιού -ες* (συνών. *φαρμακερός*). 2. (μεταφ.) για κάτι που προσβάλλει ή ενοχλεί: *παρατηρήσεις -εις· σχόλια -η.*

Δήλιος, -α, -ο, επίθ. (ασυνίζ.), αυτός που κατοικεί στη Δήλο ή κατάγεται από εκεί. - Το ουδ. στον πληθ. ως ουσ. = γιορτή στη Δήλο αφιερωμένη στον Απόλλωνα.

δήλιος, χωρίς θηλ., **-ο,** επίθ. (ασυνίζ.), μόνο στις εκφρ.: 1. *~ κολυμβητής* = άνθρωπος έμπειρος, ικανός να αντιμετωπίσει δύσκολες και περίπλοκες καταστάσεις. 2. *-ο πρόβλημα* = δύσκολο, άλυτο πρόβλημα.

δηλώνω, ρ. 1. κάνω κάτι φανερό, φέρνω στο φως: *~ τις προθέσεις μου* (συνών. *αποκαλύπτω, φανερώνω·* αντ. *κρύβω, συγκαλύπτω*). 2. έχω ορισμένη έννοια: *η σιωπή σου -ει άγνοια / απουσία επιχειρημάτων* (συνών. *σημαίνω, εκφράζω*). 3. κάνω κάτι γνωστό (συνήθως υπεύθυνα ή επίσημα): *ο υπουργός -ωσε ότι ο τιμάριθμος δεν προβλέπεται να αυξηθεί· -ωσε ότι αποχωρεί απ' την πολιτική·* (για κάτι σχετικό με τις δημόσιες αρχές) *~ το γάμο μου / το γιο μου (στο ληξιαρχείο) / τα εμπορεύματα (στο τελωνείο)* (συνών. *ανακοινώνω, γνωστοποιώ·* αντ. *αποσιωπώ*). 4. (λαϊκ.) αποδίδω στον εαυτό μου μια ιδιότητα, έναν χαρακτηρισμό, κ.τ.ό., ομολογώ δημόσια τα φρονήματά μου: *-ει αθώος / δημοκράτης·* (στη μτχ.) *είναι δηλωμένος εχθρός της ελευθερίας.*

δήλωση η, ουσ. 1. το να γίνεται κάτι φανερό: *η ~ των αισθημάτων του ήταν αδέξια* (συνών. *φανέρωμα, εκδήλωση*). 2. το να γίνεται κάτι γνωστό (συνήθως με υπεύθυνο ή επίσημο τρόπο): *η ~ ότι παραιτείται δεν εξέπληξε κανέναν· κάνω ~ / -ώσεις· -ώσεις βαρυσήμαντες / προγραμματικές·* (για κάτι που αναφέρεται υποχρεωτικά στις δημόσιες αρχές) *~ γέννησης / γάμου / θανάτου· εμπορεύματα (στο τελωνείο) / υπεύθυνη / φορολογική ~* (συνών. *γνωστοποίηση, ανακοίνωση*). 3. το γραπτό κείμενο με το οποίο γνωστοποιείται κάτι επίσημα: *καταθέτω τη φορολογική μου ~.*

δηλωσίας ο, ουσ. (ιστορ., για την περίοδο 1936-1950) κομμουνιστής που με δήλωση αποκήρυξε της πολιτικές πεποιθήσεις του.

δηλωτικός, -ή, -ό, επίθ. (λόγ.), που δηλώνει, που φανερώνει κάτι: *συμπεριφορά -ή των βαθύτερων αισθημάτων του.*

δημαγώγηση η, ουσ. (λόγ.), το να αποσπά ένας πολιτικός το ενδιαφέρον και την εμπιστοσύνη του κοινού με παραπλανητικά μέσα.

δημαγωγία η, ουσ., το να χρησιμοποιεί ένας πολιτικός παραπλανητικά μέσα (υποσχέσεις, κολακείες, εντυπωσιακή προβολή, κλπ.), με σκοπό να κερδίσει την εμπιστοσύνη του λαού: *~ ασύστολη / φτηνή* (συνών. *δημοκοπία*).

δημαγωγικός, -ή, -ό, επίθ., που ανήκει ή αναφέρεται στη δημαγωγία ή στο δημαγωγό: *υποσχέσεις / μέθοδοι -ές·* (συνών. *δημοκοπικός*). - Επίρρ. **-ά.**

δημαγωγικότητα η, ουσ., το να είναι (ένας πολιτικός) δημαγωγός, το να συμπεριφέρεται δημαγωγικά.

δημαγωγός ο, ουσ. 1. (ιστορ. για την αρχαία Αθήνα) αρχηγός πολιτικής παράταξης, ηγέτης λαϊκός. 2. (συνηθέστερα με αρνητ. σημασ.) πολιτικός ηγέτης (αρχαίος ή σύγχρονος) που χρησιμοποιεί παραπλανητικά μέσα για να αποκτήσει την εμπιστοσύνη του λαού (συνών. *δημοκόπος, λαοπλάνος*).

δημαγωγώ, -είς, ρ., είμαι δημαγωγός, επιδιώκω την εμπιστοσύνη του λαού με απατηλά μέσα (συνών. *δημοκοπώ*).

δημαρχείο το, ουσ., κτήριο όπου βρίσκεται το γραφείο του δημάρχου, συνεδριάζει το δημοτικό συμβούλιο και συνήθως στεγάζονται οι δημοτικές υπηρεσίες (συνών. *δημαρχία*).

δημαρχεύω, ρ. (λόγ.) 1. είμαι δήμαρχος. 2. αναπληρώνω το δήμαρχο (συνών. *δημαρχώ*).

δημαρχία η, ουσ. 1. το αξίωμα, η θέση του δημάρχου: *διεκδικεί τη ~ της Αθήνας.* 2. το χρονικό διάστημα κατά το οποίο ασκεί ένας δήμαρχος τα καθήκοντά του, η δημαρχική θητεία. 3. το σύνολο των υπηρεσιών ενός δήμου: *με προσέλαβαν στη

δημαρχιακός

~. 4. το κτήριο όπου βρίσκεται το γραφείο του δημάρχου και στεγάζονται συνήθως οι δημοτικές υπηρεσίες: *πήγα στη ~ για ένα πιστοποιητικό* (συνών. *δημαρχείο*).

δημαρχιακός, -ή, -ό, επίθ. (ασυνίζ.), που ανήκει ή αναφέρεται στη δημαρχία ή στο δήμαρχο: *εκλογές / επιτροπές -ές· μέγαρο -ό* (= δημαρχείο).

δημαρχικός, -ή, -ό, επίθ., που ανήκει ή αναφέρεται στο δήμαρχο: *αξίωμα -ό· καθήκοντα -ά*.

δήμαρχος ο, θηλ. **-ινα** η, ουσ. 1. (ιστ., για την αρχαία Αθήνα) καθένας από τους προϊσταμένους του δήμου, που εκλεγόταν με αρχαιρεσίες ή κλήρωση για ένα χρόνο· (στη Ρώμη) καθένας από τους άρχοντες που εκλέγονταν για να υπερασπιστούν τα συμφέροντα των πληβείων. 2. αυτός που εκλέγεται στην ανώτερη θέση ενός δήμου, διευθύνει τις δημοτικές υπηρεσίες και χειρίζεται όσα θέματα αφορούν το δήμο: έκφρ. *από ~ κλητήρας* (για έναν που ξέπεσε κοινωνικά ή οικονομικά)· *τα παράπονά σου στο -ο* (όταν οι διαμαρτυρίες κάποιου αγνοούνται). 3. Το θηλ. **α.** η γυναίκα του δημάρχου: (παροιμ.) *ας με λένε ~ κι ας πεθαίνω από την πείνα* (όταν κανείς δίνει μεγάλη σημασία στα "μεγαλεία")· **β.** γυναίκα που την εξέλεξαν στο αξίωμα του δημάρχου.

δημαρχώ, -είς, ρ. (λόγ.). 1. είμαι δήμαρχος. 2. ασκώ καθήκοντα δημάρχου (συνών. *δημαρχεύω*).

δημεγέρτης ο, ουσ. (λόγ.), αυτός που ξεσηκώνει το λαό σε ενέργειες εναντίον της εξουσίας, που προκαλεί λαϊκή εξέγερση. [αρχ. *δήμος + εγείρω*].

δήμευση η, ουσ. (για περιουσιακά στοιχεία) αφαίρεση με δικαστική απόφαση της κυριότητας και μεταβίβασή της στο κράτος: *~ αυθαίρετη· γενική ~ περιουσίας*.

δημευτικός, -ή, -ό, επίθ., που αναφέρεται στη δήμευση ή την επιβάλλει: *νόμος ~· απόφαση -ή*.

δημεύω, ρ., (για περιουσιακά στοιχεία) αφαιρώ με δικαστική απόφαση από κάποιον την κυριότητα και τη μεταβιβάζω στο κράτος: *το κράτος -ει τα προϊόντα και τα εργαλεία του εγκλήματος*.

δημηγορία η, ουσ. (φιλολ.) πολιτικός λόγος ενός ρήτορα προς το λαό με συμβουλευτικό συχνά περιεχόμενο (σε αντίθεση με το δικανικό λόγο): *το έργο του Θουκυδίδη περιέχει λαμπρά δείγματα -ών*.

δημηγορικός, -ή, -ό, επίθ., που ανήκει ή αναφέρεται στη δημηγορία: *λόγος ~· τέχνη -ή*.

δημηγορώ, -είς, ρ., εκφωνώ πολιτικό λόγο σε λαϊκή συγκέντρωση.

Δημήτρια τα, ουσ. (ασυνίζ.). 1. γιορτή προς τιμήν του αγίου Δημητρίου στη βυζαντινή Θεσσαλονίκη. 2. εορταστικές (κυρίως καλλιτεχνικές) εκδηλώσεις που πραγματοποιούνται κάθε Οκτώβριο στη Θεσσαλονίκη.

δημητριακός, -ή, -ό, επίθ. (ασυνίζ.), που αναφέρεται στην αρχαία θεά Δήμητρα: *καρποί -οί* (= που χρησιμεύουν για την παρασκευή ψωμιού, για τη διατροφή· κατά την αρχαία μυθολογία την καλλιέργεια των σχετικών φυτών είχε διδάξει η Δήμητρα). - Το ουδ. στον πληθ. ως ουσ. = ετήσια ή διετή φυτά της οικογένειας των αγρωστωδών με άλλων ονόματα που οι καρποί τους —συνήθως αλεσμένοι— χρησιμεύουν ως βασικό είδος διατροφής για ανθρώπους και ζώα· (συνεκδοχικά) οι καρποί αυτοί (σιτάρι, κριθάρι, καλαμπόκι, κ.τ.ό.): *καλλιέργεια / αποθήκη -ών* (συνών. *σιτηρά, γεννήματα*).

δημητριάτικο το, ουσ. (ασυνίζ., λαϊκ.), χρυσάνθεμο (συνηθέστερα *αγιοδημητριάτικο*).

δημητσανίτικος, -η, -ο, επίθ., που προέρχεται από τη Δημητσάνα: *μπαρούτι -ο*.

δήμιος ο, ουσ. (ασυνίζ.). 1. αυτός που εκτελεί κάποιον καταδικασμένο σε θάνατο· (κατ' επέκταση) για κάποιον που αποφασίζει τη θανάτωση άλλων ή και τους εκτελεί ο ίδιος): *ο Χίτλερ, ο ~ των Εβραίων· οι -οι των Καλαβρύτων* (συνών. *εκτελεστής*). 2. (μεταφ.) για όποιον προκαλεί μεγάλες δοκιμασίες, μαρτύρια: *~ των λαϊκών ελευθεριών* (συνών. *τύραννος*).

δημιούργημα το, ουσ. (ασυνίζ.), αυτό που δημιουργήθηκε (συνήθως για καλλιτεχνικό ή πνευματικό έργο): *~ αθάνατο / εξαιρετικό / μνημειώδες· τα -τα του αρχαίου ελληνικού πνεύματος· το τελειότερο ~ του Θεού* (= ο άνθρωπος)· (για κάτι φανταστικό ή ψεύτικο) *~ του νου / της φαντασίας* (συνών. *κατασκεύασμα, πλάσμα*).

δημιουργία η, ουσ. (ασυνίζ.) 1. το να δημιουργεί κάποιος κάτι, το να κάνει κάποιος να υπάρξει κάτι (που δεν υπήρχε πριν): *~ λαϊκή / ομαδική / προσωπική· ~ έργου τέχνης / πολιτισμού / επιχείρησης· η χαρά της -ας* (για καλλιτεχνικό ή λογοτεχνικό έργο) *~ πρωτότυπη* (συνών. *κατασκευή, παραγωγή, σύνθεση, επινόηση·* αντ. *καταστροφή, κατάλυση*). 2. (θρησκ.) το να οδηγείται κάτι από την ανυπαρξία στην ύπαρξη, η απόκτηση οντότητας, ζωής, η αρχή όλων των πραγμάτων: *η ~ του κόσμου* (απολ.) *αρχαίοι μύθοι / φιλοσοφικές θεωρίες για τη ~· η έβδομη ημέρα της -ας* (συνών. *γένεση, κτίση, πλάση*). 3. το σύνολο των όσων δημιουργήθηκαν, οτιδήποτε υπάρχει: *τα θαύματα της -ας* (συνών. *κόσμος, φύση, πλάση, σύμπαν*). 4. το να προκύπτει μια νέα κατάσταση: *αποβλέπει στη ~ εντυπώσεων / κλίματος εμπιστοσύνης· ~ προβλημάτων / αντιθέσεων·* (συνών. *πρόκληση, διαμόρφωση·* αντ. *άρση*). 5. αυτό που δημιούργησε κανείς (συνήθως για πνευματικό ή καλλιτεχνικό έργο): *οι -ες του ανθρώπινου μυαλού / της αρχαίας τέχνης* (συνών. *δημιούργημα*). 6. νέο εμπορικό προϊόν: *η τελευταία ~ του οίκου (μόδας)* (συνών. *μοντέλο*).

δημιουργικός, -ή, -ό, επίθ. (ασυνίζ.), που έχει τη δύναμη, την ικανότητα να δημιουργεί (συνήθως κάτι καινούργιο, πρωτότυπο): *καλλιτέχνης / νους ~· δύναμη / φαντασία -ή* (= γόνιμη)· *χρόνια -ά* (= αποδοτικά) (συνών. *παραγωγικός, επινοητικός, πρωτότυπος*). - Επίρρ. **-ά**: *εργάζομαι -ά*.

δημιουργικότητα η, ουσ. (ασυνίζ.), το να είναι κανείς δημιουργικός (συνών. *παραγωγικότητα, επινοητικότητα*).

δημιουργός ο και η, ουσ. (ασυνίζ.). 1. αυτός που δημιουργεί, που παράγει κάτι που δεν υπήρχε πριν: *~ αξιόλογων έργων / της θεωρίας της σχετικότητας* (συνών. *παραγωγός, επινοητής, ιδρυτής·* αντ. *καταστροφέας*). 2. (θρησκ.) αυτός που έφερε κάτι από την ανυπαρξία στην ύπαρξη, που έδωσε σε όλους τη ζωή: *ο ~ του ανθρώπου / του κόσμου* (= ο Θεός)· (απολ.) *ο πάνσοφος / ο υπέρτατος ~· όλα τα πλάσματα υμνούν το -ό* (συνών. *κτίστης, πλάστης, πλαστουργός, ποιητής*). 3. αυτός που προκαλεί κάτι, που γίνεται αιτία για ένα αποτέλεσμα (συνήθως δυσάρεστο): *~ εντυπώσεων / προβλημάτων / συμφορών* (συνών. *πρόξενος, αίτιος*).

δημιουργώ, -είς, ρ. (ασυνίζ.). 1. κάνω να υπάρξει

κάτι (που δεν υπήρχε πριν), δίνω σε κάτι υπόσταση: *οι αρχαίοι -ησαν σπουδαία πνευματικά και καλλιτεχνικά έργα· η πτώση του νερού -ησε τις παράξενες μορφές στα βράχια· ~ μια καινούργια επιστήμη / θεωρία· -ησε μεγάλη περιουσία· -ούνται νέες θέσεις εργασίας·* (μέσ.) *δύσκολα -είται ένας θεσμός / ένας σωστός χαρακτήρας·* (απολ., συνήθως για καλλιτεχνικό ή λογοτεχνικό έργο) *ο συγγραφέας / ο ζωγράφος -εί αδιάκοπα / πηγαία* (συνών. *κατασκευάζω, παράγω, σχηματίζω, διαμορφώνω, συνθέτω, επινοώ·* αντ. *καταστρέφω, καταργώ, καταλύω*). 2. (θρησκ.) οδηγώ από την ανυπαρξία στην ύπαρξη, δίνω οντότητα, ζωή: *ο Θεός -ησε τον ουρανό και τη γη / το σύμπαν* (συνών. *κάνω, πλάθω, πλαστουργώ*). 3. γίνομαι αιτία για κάτι: *η επιπολαιότητα -εί προβλήματα· -είς συνεχώς ζητήματα· -εί εντυπώσεις·* (μέσ.) *σου -ήθηκαν ελπίδες / ψευδαισθήσεις* (συνών. *προκαλώ, προξενώ*). 4. κατασκευάζω και διαθέτω στην αγορά ένα καινούργιο προϊόν: *τα τελευταία μοντέλα που -ησε ο οίκος υψηλής ραπτικής Χ.* 5. (μέσ., για ζητήματα, δυσκολίες, κ.τ.ό.) παρουσιάζομαι, ανακύπτω: *-ούνται αντιθέσεις / εμπόδια*.

δημογέροντας ο, ουσ., πληθ. *-οντες* και (λαϊκ.) *-όντοι* (έρρ.), (ιστ.), καθένας από τους αιρετούς άρχοντες των ελληνικών κοινοτήτων στα χρόνια της Τουρκοκρατίας (συνών. *επίτροπος, κοτζάμπασης, προεστός, πρωτόγερος*).

δημογεροντία η, ουσ. (έρρ.), (ιστ.) 1. το αξίωμα του δημογέροντα. 2. το σύνολο των δημογερόντων, το σώμα των αρχόντων που διοικούσε μια κοινότητα στην Τουρκοκρατία: *~ των Ψαρών*. 3. ο τόπος όπου συνεδρίαζαν οι δημογέροντες.

δημογεροντικός, -ή, -ό, επίθ. (έρρ., λόγ.), που ανήκει ή αναφέρεται στους δημογέροντες ή στη δημογεροντία.

δημογραφία η, ουσ., στατιστική μελέτη ανθρώπινων ομάδων (με κύριο αντικείμενο το μέγεθός τους και το ρυθμό με τον οποίο μεγαλώνει αυτό ή μικραίνει τη σύνθεσή τους, κ.ά.).

δημογραφικός, -ή, -ό, επίθ., που ανήκει ή αναφέρεται στη δημογραφία: *φαινόμενα -ά· μελέτη -ή· αλλοίωση της -ής σύστασης της Κύπρου·* (με αρνητ. έννοια) *έκρηξη -ή· πιέσεις -ες· πρόβλημα -ό* (= που αφορά τον αριθμό του πληθυσμού μιας περιοχής ή ολόκληρης της Γης· συνών. *πληθυσμιακός*). - Επίρρ. **-ά**.

δημογράφος ο και η, ουσ., επιστήμονας ειδικευμένος στη δημογραφία (βλ. λ.).

δημοδιδασκαλικός, -ή, -ό, επίθ. (απαρχ.), που ανήκει ή αναφέρεται στο δημοδιδάσκαλο (βλ. λ.): *σύλλογος ~* (συνών. *διδασκαλικός*).

δημοδιδάσκαλος ο, θηλ. **-ισσα**, ουσ. (απαρχ.), ο δάσκαλος του δημοτικού, ο εκπαιδευτικός που διδάσκει στη στοιχειώδη εκπαίδευση (συνών. *δάσκαλος*).

δημοκοπία η, ουσ. (λόγ.), το να χρησιμοποιεί ένας πολιτικός παραπλανητικά μέσα (υποσχέσεις, κολακείες, κ.τ.ό.) για να παρασύρει το κοινό: *~ κατά την προεκλογική περίοδο·* (συνεκδοχικά για τους τρόπους ή τους λόγους ενός δημοκόπου) *οι δύο υποψήφιοι συναγωνίζονται στις -ες* (συνών. *δημαγωγία*).

δημοκοπικός, -ή, -ό, επίθ. (λόγ.), που ανήκει ή αναφέρεται στη δημοκοπία ή στο δημοκόπο: *πολιτική -ή· υποσχέσεις -ές* (συνών. *δημαγωγικός*). - Επίρρ. **-ά**.

δημοκόπος ο, ουσ., πολιτικός ηγέτης που χρησιμοποιεί απατηλά μέσα για να πάρει με το μέρος του το λαό (συνών. *δημαγωγός, λαοπλάνος*).

δημοκοπώ, -είς, ρ. (λόγ.), δημαγωγώ (βλ. λ.).

δημοκράτης ο, θηλ. **-ισσα**, ουσ. 1. αυτός που πιστεύει στις αρχές και τους θεσμούς της δημοκρατίας, οπαδός του δημοκρατικού πολιτεύματος. 2. (γενικ.) άτομο με δημοκρατικές αντιλήψεις, με ελεύθερο φρόνημα, προοδευτικό (αντ. *φασίστας*).

δημοκρατία η, ουσ. 1. πολιτικό σύστημα κατά το οποίο η εξουσία πηγάζει από το λαό: *~ κοινοβουλευτική / σοσιαλιστική / προεδρική / βασιλευόμενη / αβασίλευτη* (= με ανώτατο άρχοντα αιρετό από το λαό)· *λαϊκή ~* = καθεστώς των άλλοτε σοσιαλιστικών κρατών της Ανατολικής Ευρώπης (αντ. *μοναρχία, φασισμός*) 2. (συνεκδοχικά) κράτος που διακυβερνάται με πολίτευμα δημοκρατικό: *στις εκδηλώσεις έλαβε μέρος ο πρόεδρος της -ίας*.

δημοκρατικός, -ή, -ό, επίθ., που ανήκει ή αναφέρεται στη δημοκρατία· που είναι σύμφωνος με τις αρχές της δημοκρατίας: *ιδέες -ές· θεσμοί -οί· πολίτευμα -ό· κυβέρνηση -ή· -ες διαδικασίες* (αντ. *αντιδημοκρατικός, μοναρχικός, φασιστικός*). - Το αρσ. ως ουσ. = οπαδός του δημοκρατικού πολιτεύματος· *συγκέντρωση -ών*. - Επίρρ. **-ά** = με τρόπο δημοκρατικό: *η εκλογή έγινε -ά*.

δημοκρατικότητα η, ουσ., το να είναι κανείς δημοκρατικός, το να είναι σύμφωνος με τις δημοκρατικές αντιλήψεις: *~ θεσμών / διαδικασιών / αντιλήψεων*.

δημοκρατισμός ο, ουσ., πίστη στη δημοκρατική ιδεολογία, στα δημοκρατικά ιδεώδη (αντ. *φασισμός*).

δημοκράτισσα, βλ. *δημοκράτης*.

δημοκρίτειος, -α, -ο, επίθ. (ασυνίζ.), που ανήκει ή αναφέρεται στο Δημόκριτο: *φιλοσοφία / θεωρία -α· Δ-ο Πανεπιστήμιο Θράκης*.

δημοπρασία η, ουσ., δημόσια εκποίηση αντικειμένων που παρέχονται σ' εκείνον που θα πλειοδοτήσει τελευταίος: *το σπίτι / η συλλογή βγήκε στη ~· πλειοδοτική* (συνών. *πλειστηριασμός*)· *~ μειοδοτική* = δημοπρασία κατά την οποία αγοράζεται ένα αντικείμενο ή ανατίθεται κάποιο έργο σ' εκείνον που θα ζητήσει το μικρότερο ποσό): *προκήρυξη -ίας* (αλλιώς: *μειοδοτικός διαγωνισμός*).

δημοπρατήριο το, ουσ. (ασυνίζ.), χώρος όπου γίνονται δημοπρασίες.

δημοπρατικός, -ή, -ό, επίθ., που ανήκει ή αναφέρεται στη δημοπρασία: *-ό ρεκόρ· ~ οίκος*.

δημοπρατώ, -είς, ρ., εκποιώ κάτι σε δημοπρασία, βγάζω σε πλειστηριασμό.

δήμος ο, ουσ. 1. διοικητική περιφέρεια (κάθε πρωτεύουσα νομού ή επαρχίας ή πόλη με περισσότερους από 10.000 κατοίκους που έχει τοπική αυτοδιοίκηση που την ασκούν αιρετοί δήμαρχος και δημοτικό συμβούλιο. 2. το σύνολο των κατοίκων της παραπάνω περιφέρειας.

δημοσθενικός, -ή, -ό, επίθ., που αναφέρεται στο Δημοσθένη.

δημοσία η, ουσ. (ασυνίζ.), κοινή γυναίκα, πόρνη.

δημοσία, επίρρ., δημόσια, μπροστά σε όλους: *μίλησε ~*. [δοτ. του θηλ. του επιθ. *δημόσιος*].

δημοσιά η, ουσ. (συνιζ., λαϊκ.), δημόσιος αμαξιτός δρόμος: *φτάνω στη ~· φάρδυναν τη ~*.

δημοσίευμα το, ουσ., αυτό που δημοσιεύεται σε

δημοσίευση εφημερίδα ή περιοδικό, όπως άρθρο, μελέτη, κ.τ.ό.

δημοσίευση η, ουσ. **1.** το να γνωστοποιείται κάτι σε όλους με το ενδιάμεσο των εφημερίδων και των περιοδικών: ~ *νόμου / μελετών / των πρακτικών του συνεδρίου / των πορισμάτων έρευνας.* **2.** το να τυπώνεται ένα έργο και να παραδίδεται στην κυκλοφορία: ~ *ποιητικής συλλογής.*

δημοσιεύω, ρ. (ασυνίζ.). **1.** γνωστοποιώ κάτι καταχωρίζοντάς το σε εφημερίδα ή περιοδικό: *ο νόμος -τηκε στην Εφημερίδα της Κυβερνήσεως· οι εφημερίδες -σαν τα αποτελέσματα των εξετάσεων.* **2.** τυπώνω ένα έργο και το παραδίδω στην κυκλοφορία: *-τηκε νέα σειρά διηγημάτων του συγγραφέα.*

δημόσιο το, ουσ. (ασυνίζ.), η πολιτεία, το κράτος ως νομικό πρόσωπο· ο *δημόσιος τομέας*, οι *δημόσιες υπηρεσίες:* ~ *ελληνικό· κτήματα / συντάξεις του -ίου.*

δημοσιογραφία η, ουσ. (ασυνίζ.). **1.** σύνταξη και έκδοση εφημερίδας ή περιοδικού. **2.** το επάγγελμα του δημοσιογράφου: *σχολή -ίας.* **3.** (περιληπτ.) το σύνολο των δημοσιογραφικών οργάνων, εφημερίδων, περιοδικών, δημοσιογράφων: ~ *ελληνική.*

δημοσιογραφικός, -ή, -ό, επίθ. (ασυνίζ.), που ανήκει ή αναφέρεται στη δημοσιογραφία ή στους δημοσιογράφους: *χαρτί -ό· επάγγελμα -ό· αγώνας* ~· *κύκλοι -οί· ήθος -ό.*

δημοσιογράφος ο και η, θηλ. και (λαϊκότ.) **-φίνα**, ουσ. (ασυνίζ.), αυτός που εργάζεται στη σύνταξη εφημερίδας ή περιοδικού και γενικά στα μέσα μαζικής ενημέρωσης: *ο πρωθυπουργός απάντησε στις ερωτήσεις Ελλήνων και ξένων -άφων.*

δημοσιογραφώ, -είς, ρ. (ασυνίζ.), είμαι δημοσιογράφος, ασκώ το επάγγελμα του δημοσιογράφου.

δημοσιολογία η, ουσ. (ασυνίζ.), το να ασχολείται κανείς με θέματα δημόσιου δικαίου.

δημοσιολόγος ο, ουσ. (ασυνίζ.), επιστήμονας που ασχολείται με τη μελέτη θεμάτων δημόσιου δικαίου.

δημοσιολογώ, -είς, ρ. (ασυνίζ.), ασχολούμαι, ερευνώ θέματα δημόσιου δικαίου.

δημοσιονομία η, ουσ. (ασυνίζ.), επιστήμη που έχει αντικείμενο τη μελέτη μεθόδων και συστημάτων για τη σωστή διαχείριση των οικονομικών του κράτους.

δημοσιονομικός, -ή, -ό, επίθ. (ασυνίζ.), που αναφέρεται στη δημοσιονομία ή στο δημόσιο νόμο: *πολιτική / θεωρία -ή· λειτουργίες -ές· δίκαιο -ό· προβλήματα -ά· έλλειμμα -ό.*

δημοσιονόμος ο, ουσ. (ασυνίζ.), επιστήμονας που ασχολείται με τη δημοσιονομία.

δημοσιοποίηση η, ουσ. (ασυνίζ.), δημόσια ανακοίνωση, αναγγελία: ~ *των μέτρων.*

δημοσιοποιώ, -είς, ρ. (ασυνίζ. δις), ανακοινώνω κάτι δημόσια: *-είται η διάταξη του νόμου.*

δημόσιος, -α, -ο, επίθ. (ασυνίζ.). **1.** που ανήκει ή αναφέρεται στο κράτος, στο δημόσιο: *τομέας / φορέας* ~· *αρχές / υπηρεσίες -ες· έργα / κτήρια -α· δαπάνες / επενδύσεις -ες· χρέος -ο* (= το σύνολο των δανείων που έχει συνάψει το κράτος)· *έγγραφο / ταμείο -ο· υπάλληλος* ~ *κτήματα -α· διοίκηση / οικονομία -α· επιχείρηση -α* (= κάθε οικονομική δραστηριότητα που κατευθύνεται άμεσα από το κράτος ή από άλλα νομικά πρόσωπα δημόσιου δικαίου με την εποπτεία της πολιτείας και αποβλέπει στο γενικό συμφέρον): *-α επιχείρηση ηλεκτρισμού· δίκαιο -ο·* ~ *κατήγορος*

(= αυτός που ασκεί ποινική δίωξη στα πταισματοδικεία σύμφωνα με όσα ορίζει ο νόμος)· ~ *άνδρας* (= αυτός που ασχολείται με τα πολιτικά πράγματα) (συνών. *κρατικός* αντ. *ιδιωτικός).* **2.** που ανήκει ή που αφορά το κοινωνικό σύνολο: *οι δηλώσεις που προκάλεσαν το -ο αίσθημα· χρήση / ζωή / τάξη -α· συμφέρον -ο· κίνδυνος* ~· *σχέσεις -ες* (συνών. *λαϊκός).* **3.** που μπορεί να χρησιμοποιηθεί από το κοινωνικό σύνολο: *δρόμος* ~· *λουτρά -α* (συνών. *κοινός* αντ. *ατομικός, προσωπικός).* **4.** που γίνεται μπροστά σε όλους ή που απευθύνεται σε όλους: *εμφανίσεις / συναντήσεις -ες· θεάματα -α.* - Επίρρ. **-α** και **-ία.**

δημοσιότητα η, ουσ. (ασυνίζ.), το να γνωστοποιείται κάτι με τα μέσα μαζικής ενημέρωσης: *δόθηκε μεγάλη* ~· *δίνω / φέρνω στη* ~ *είδε το φως της -ας* (για προϊόν γραπτού λόγου) (= δημοσιεύτηκε, εκδόθηκε)· ~ *δικαστικής διαδικασίας.*

δημοσιοϋπαλληλικός, -ή, -ό, επίθ. (ασυνίζ.), που ανήκει ή αναφέρεται στους δημόσιους υπαλλήλους: *κώδικας* ~· *νοοτροπία -ή.*

δημοσκόπηση η, ουσ., το να διαπιστώνονται σύμφωνα με ορισμένη μέθοδο οι γνώμες, απόψεις, εντυπώσεις των λαϊκών ομάδων: *οι τελευταίες -ήσεις μάς είχαν προϊδεάσει.*

δημοσυντήρητος, -η, -ο, επίθ. (κυρίως για ιδρύματα), που συντηρείται με έξοδα του δήμου: *σχολείο / γηροκομείο -ο.*

δημότης ο, θηλ. **-ισσα**, ουσ., πολίτης ενός δήμου, αυτός που είναι γραμμένος στα μητρώα ενός δήμου: *μητρώα / κατάλογοι -ών·* ~ *επίτιμος.*

δημοτικά, βλ. *δημοτικός.*

δημοτική η, ουσ. **α.** η δημώδης γλώσσα που μιλά το σύνολο του ελληνικού πληθυσμού, η κοινή νεοελληνική εμπλουτισμένη με λόγια στοιχεία (σε αντίθεση κυρίως με την καθαρεύουσα, που ήταν η επίσημη γλώσσα της ελληνικής πολιτείας έως το 1976): *καθιέρωση της -ής· Γραμματική / Λεξικό της -ής· υπέρμαχος της -ής.* **β.** ο γραπτός δημοτικός λόγος: *έγραψε τα συγγράμματά του στη* ~.

δημοτικίζω, ρ. **1.** χρησιμοποιώ στο γραπτό και προφορικό λόγο μου τη δημοτική γλώσσα. **2.** συμπαθώ, κλίνω προς τη δημοτική και γενικά προς το δημοτικισμό (αντ. *αρχαΐζω).*

δημοτικισμός ο, ουσ., σημαντική πνευματική κίνηση στο πλαίσιο των ιδεών του 19ου αιώνα στην Ελλάδα που διακηρύσσει την ανάγκη να χρησιμοποιηθεί η δημοτική γλώσσα όχι μόνο στη λογοτεχνία, αλλά και σε κάθε πνευματική και άλλη κοινωνική εκδήλωση του νέου Ελληνισμού.

δημοτικιστής ο, θηλ. **-ίστρια**, ουσ., οπαδός του δημοτικισμού: ~ *άκρος / θερμός.*

δημοτικός, -ή, -ό, Ι. επίθ., που ανήκει ή αναφέρεται στο δήμο: *σύμβουλος / υπάλληλος* ~· *επιχείρηση -ή· συμβούλιο -ό·* ~ *ραδιοσταθμός σταθμός· εκλογές -ές* (αντ. *ιδιωτικός).* Έκφρ. *-ό σχολείο*, καθώς και το ουδ. ως ουσ. = σχολείο στοιχειώδους εκπαίδευσης, η πρώτη βαθμίδα της εκπαίδευσης.

δημοτικός, -ή, -ό, ΙΙ. επίθ., που ανήκει ή αναφέρεται στο λαό ή που προέρχεται από το λαό: *ποίηση -ή· τραγούδια -ά· γλώσσα -ή· λέξη -ή* (λέξη της δημοτικής γλώσσας) (συνών. *λαϊκός, δημώδης).* - Επίρρ. **-ά** = σε γλώσσα δημοτική.

δημοτικότητα η, ουσ., το να είναι κανείς δημοφιλής, αγαπητός στο λαό: *μετά το σκάνδαλο η -ά*

του έπεσε κατακόρυφα· ~ *αμείωτη* (αντ. *αντιδημοτικότητα).*
δημότισσα, βλ. *δημότης.*
δημοτολόγιο το, ουσ., (ασυνίζ.), επίσημος κατάλογος ονομάτων και ατομικών στοιχείων των δημοτών ενός δήμου ή μιας κοινότητας (αλλιώς: *γενικό μητρώο).*
δημοφιλής, -ής, -ές, γεν. *-ούς,* πληθ. αρσ. και θηλ. *-είς,* ουδ. *-ή,* επίθ., που είναι αγαπητός στο λαό: *πολιτικός / ηθοποιός / αθλητής* ~ (συνών. *λαοφιλής, κοσμαγάπητος).*
δημοφιλία η, ουσ., το να είναι κανείς αγαπητός στο λαό (συνών. *λαοφιλία).*
δημοψήφισμα το, ουσ., το να αποφαίνεται με την ψήφο του ο λαός σε σοβαρό εθνικό θέμα.
δημώδης, -ης, -ες, γεν. *-ους,* πληθ. αρσ. και θηλ. *-εις,* ουδ. *-η,* επίθ., που ανήκει στο λαό ή που προέρχεται από το λαό: *ποίηση / γλώσσα* ~ (συνών. *λαϊκός, δημοτικός).*
δηνάριο το, ουσ. (ασυνίζ.). **1.** (ιστ.) αργυρό ρωμαϊκό νόμισμα ισοδύναμο με 10 ασσάρια. **2.** νομισματική μονάδα της Γιουγκοσλαβίας, της Αλγερίας, της Τυνησίας, της Ιορδανίας, του Ιράκ, της Λιβύης, κ.ά.
-δήποτε, αοριστολ. μόρ. σε σύνθ.: *οποιοσδήποτε, οποτεδήποτε.* [αρχ. *δη ποτέ].*
δι-, αχώρ. μόρ. (με σημασ. σύνδεσης): *-υπουργικός, -εθνή, -ενεργώ.* [αρχ. πρόθ. *διά].*
δι-, α΄ συνθ. (δηλώνει «δύο») λέξεων: *-κοχο, -βουλος, -γλωσσος.* [δύο].
διά, πρόθ. (ασυνίζ.), αριθμητικό σύμβολο (:) για την πράξη της διαίρεσης.
δια-, αχώρ. λόγ. μόρ. με τη σημασ. **α.** ανάμεσα: *διέξοδος* β. παντού: *-κηρύττω* γ. διάλυση: *-σπώ.* [αρχ. πρόθ. *διά].*
διάβα το, ουσ. άκλ. (συνιζ.), το να διαβαίνει, το να περνά κάποιος από κάπου: *στο* ~ *του έσπερνε τον πανικό·* (χρον.) *το* ~ *του από τη ζωή* (συνών. *διάβαση, πέρασμα).*
διαβάζω, ρ. (συνιζ.). **1.** αναγνωρίζω ακολουθώντας με τα μάτια τους χαρακτήρες λέξεων, φράσεων, κειμένων και κατανοώ έτσι τη σημασία τους ή λαμβάνω γνώση του περιεχομένου τους: *ξέρει να -ζει και να γράφει· τα γράμματά σου δε διαβάζονται! -σα κάπου ότι... ζει μεγαλόφωνα·* ~ *αγγλικά.* **2.** μελετώ: *μαθητής που -ζει πολύ·* **3.** (συνεκδοχικά) διδάσκω ή βοηθώ κάποιον να μελετήσει: *θα μείνω σπίτι το απόγευμα γιατί έχω να -σω τα παιδιά.* **4.** (για ιερέα) **α.** απαγγέλλω κάποια ευχή: *κόλλυβα -σμένα·* (συνήθως για εξορκισμό) *να πας να -στείς!* **β.** ψάλλω τη νεκρώσιμη ακολουθία: *έθαψαν τον αυτόχειρα χωρίς να τον -σουν.* **5.** (μεταφ.) διαβλέπω, μαντεύω: *-ζει τα άστρα / τις γραμμές της παλάμης· στο βλέμμα του* ~ *τον πόνο / την ενοχή·* ~ *τη σκέψη του· αυτός -ζει καρδιές.* - Η μτχ. ως επίθ. = που έχει πολλές γνώσεις, μορφωμένος.
διαβαθμίζω, ρ. (ασυνίζ.), κατατάσσω με σειρά βαθμού, ταξινομώ σε βαθμίδες (συνών. *κλιμακώνω).*
διαβάθμιση η, ουσ. (ασυνίζ.), κατάταξη που γίνεται με σειρά βαθμού ή σε βαθμίδες: *ανάλογα με τις κοινωνικές αξίες γίνεται και η κοινωνική* ~· ~ *μουσική.*
διαβαίνω, ρ. (συνιζ.), αόρ. *διάβηκα,* (μτβ. και αμτβ.), περνώ: ~ *κάμπο / ποτάμι· δεν πρόλαβε να -βεί το κατώφλι του σπιτιού· μέριασε βράχε να*

-βώ (Βαλαωρίτης) (συνών. *διέρχομαι, διασχίζω)· -νει ο καιρός·* (συνών. *περνώ).*
διαβάλλω, ρ. (ασυνιζ.), παρατ. *διέβαλλα,* αόρ. *διέβαλα,* διατυπώνω ψευδείς κατηγορίες εναντίον κάποιου: *τον διέβαλλε και του έκανε και το φίλο* (συνών. *συκοφαντώ, δυσφημώ).*
διαβάλματα τα, ουσ. (συνιζ., λαϊκ.), ψευδείς κατηγορίες: *βάζω* ~ (= *συκοφαντώ κάποιον προκαλώντας έριδες)* (συνών. *συκοφαντίες).*
διάβαση η, ουσ. (ασυνίζ.). **1.** το να διαβαίνει, το να περνά κανείς από κάπου: ~ *αδύνατη / απαγορευμένη / ελεύθερη / επικίνδυνη* (συνών. *διέλευση, πέρασμα).* **2.** (συνεκδοχικά) ο τόπος από όπου περνά κανείς: ~ *απότομη / ισόπεδη / υπόγεια / αφύλακτη (σιδηροδρομικής γραμμής)·* ~ *πεζών.*
διάβασμα το, ουσ. (συνιζ.). **1.** αναγνώριση των χαρακτήρων γραπτού λόγου και κατανόηση της σημασίας του: ~ *μεγαλόφωνο / αργό· (συνών. ανάγνωση).* **2.** μελέτη: ~ *εντατικό / μεθοδικό· έπεσε με τα μούτρα στο* ~· *δε σηκώνει κεφάλι απ' το* ~. **3.** *απαγγελία ευχής· εξορκισμός: θέλει* ~! *να πας στον παπά για* ~.
διαβάστρα η, ουσ. (συνιζ., λαϊκ.), σανίδα με την οποία περνά κανείς από τη μια όχθη στην άλλη.
διαβατάρικος, -η, -ο, επίθ. (συνώ., λαϊκ.), που έχει μόνιμη εγκατάσταση, περαστικός: *πουλιά -α· σύννεφο -ο.*
διαβατήριο το, ουσ. (ασυνίζ. δις), πιστοποιητικό, σε μορφή βιβλιαρίου, ταυτότητας και εθνικότητας ενός προσώπου με το οποίο του χορηγείται άδεια μετάβασης στο εξωτερικό: *έκδοση / χορήγηση / αφαίρεση -ίου· διπλωματικό / πλαστό* ~.
διαβάτης ο, ουσ. (συνιζ.), αυτός που διανύει μια απόσταση βαδίζοντας: *-ες πρωϊνοί / βιαστικοί* (συνών. *περαστικός).*
διαβεβαιώνω, ρ. (ασυνίζ.), δηλώνω κατηγορηματικά ότι κάτι είναι βέβαιο, αληθινό ή αναμφισβήτητο: *με -ωσε για τις καλές του προθέσεις* (συνών. *βεβαιώνω).*
διαβεβαίωση η, ουσ. (ασυνίζ.). **1.** κατηγορηματική πιστοποίηση της αλήθειας ή της βεβαιότητας ενός πράγματος: *-εις επανειλημμένες / αντιφατικές·* ~ *ρητή* (συνών. *βεβαίωση).* **2.** (εκκλ.) όρκος των κληρικών.
διάβημα το, ουσ. (ασυνίζ.), σημαντική και αποφασιστική ενέργεια που απευθύνεται σε κάποιο επίσημο συνήθως πρόσωπο για να ικανοποιηθεί συγκεκριμένο και σοβαρό αίτημα: ~ *διαμαρτυρίας· έντονο / επίσημο / συλλογικό.*
διαβήτης ο, I. ουσ. (ασυνίζ.), όργανο σχήματος κεφαλαίου λάμδα, με τα δύο σκέλη κινητά γύρω από το σημείο σύνδεσής τους, ξύλινο με σιδερένιες αιχμές στα άκρα των σκελών ή εξολοκλήρου μετάλλινο, που χρησιμοποιείται για τη χάραξη κύκλων ή τη μέτρηση αποστάσεων: ~ *κυρτός.*
διαβήτης ο, II. ουσ. (ασυνίζ.), (ιατρ.) ασθένεια που χαρακτηρίζεται από υπερβολική έκκριση ούρων και έντονο αίσθημα δίψας: ~ *ζαχαροδιαβήτης* = ασθένεια που χαρακτηρίζεται από διαταραχή του μεταβολισμού των υδατανθράκων με αποτέλεσμα υπεργλυκαιμία και σακχαρουρία (δηλ. αύξηση σακχάρου στο αίμα και εμφάνισή του στα ούρα) (συνών. *ζαχαροδιαβήτης).*
διαβητικός, -ή, -ό, επίθ. (ασυνίζ.), που αναφέρεται στην ασθένεια του διαβήτη: *κώμα -ό.* - Η λ. ως ουσ. = άτομο που πάσχει από διαβήτη: *δίαιτα -ών.*
διαβητόμετρο το, ουσ. (ασυνίζ.), (ιατρ.) όργανο με

διαβιβάζω

το οποίο μετριέται η ποσότητα του σακχάρου στα ούρα.

διαβιβάζω, ρ. (ασυνίζ.), μεταφέρω κάτι ως διάμεσος: ~ αίτηση / παράκληση / χαιρετίσματα (συνών. μεταβιβάζω).

διαβίβαση η, ουσ. (ασυνίζ.), το να μεταβιβάζεται κάτι, το να μεταφέρεται με το ενδιάμεσο ενός προσώπου ή οργάνου: ~ ειδήσεων / πληροφοριών (συνών. μεταβίβαση). - Στον πληθ. (στρατ.) = σώμα του στρατού που έχει ως αποστολή την επικοινωνία των διοικήσεων των μονάδων μεταξύ τους: υπηρετεί στις -εις.

διαβιβαστής ο, ουσ. (ασυνίζ.), (στρατ.) στρατιώτης της υπηρεσίας των διαβιβάσεων (βλ. λ.).

διαβιβαστικός, -ή, -ό, επίθ. (ασυνίζ.), που με αυτόν γίνεται η διαβίβαση: έγγραφο -ό.

διαβιώνω, ρ. (ασυνίζ. δις), ζω, περνώ τη ζωή μου: -ει ακόμα σε άθλιες συνθήκες.

διαβίωση η, ουσ. (ασυνίζ.), 1. το να περνά κανείς τη ζωή του: η ~ μ' αυτές τις συνθήκες είναι αδύνατη. 2. ο τρόπος με τον οποίο ζει κανείς: ~ άθλια / συμβατική / ειδυλλιακή.

διαβλέπω, ρ., παρατ. εν. διέβλεπα, πληθ. διαβλέπαμε, αόρ. εν. διέβλεψα, πληθ. διαβλέψαμε (ασυνίζ., λόγ.), συμπεραίνω κάτι από ενδείξεις: διέβλεψε πρώτος τη χρησιμότητα / την αξία του βιβλίου· διέβλεψε τον κίνδυνο / κάποια μομφή στα λόγια του.

διαβλητικός, -ή, -ό, επίθ. (ασυνίζ.), που διαβάλλει, που συκοφαντεί: λόγια -ά· επιστολή -ή (συνών. συκοφαντικός).

διαβλητός, -ή, -ό, επίθ. (ασυνίζ.), που μπορεί να δεχτεί μομφή: εξετάσεις / πράξεις / ενέργειες -ες· -ό πρόσωπο / πόρισμα των εμπειρογνωμόνων (αντ. αδιάβλητος).

διαβόητος, -η, -ο, επίθ. (ασυνίζ.), που είναι πασίγνωστος για κάποια κακή του ιδιότητα ή ενέργεια: κλέφτης / απατεώνας / τοκογλύφος ~.

διαβολάκι το, ουσ. (συνίζ.). 1. μικρός διάβολος. 2. (μεταφ.) παιδί ζωηρό και έξυπνο (συνών. διαβολάκος). 3. (λαϊκ.) μικρό ηλεκτρικό μάτι για να ψήσει κανείς καφέ, κ.τ.ό.

διαβολάκος και **διαολάκος** ο, ουσ. (συνιζ.). 1. (μικρός) διάβολος: έβαλε πάλι ο ~ την ουρά του. 2. παιδί πολύ έξυπνο και ζωηρό: δεν κάθεται φρόνιμα ο ~ μου (συνών. διαβολάκι, διαβολόπαιδο).

διαβολάνθρωπος ο, ουσ. (συνιζ.). 1. άνθρωπος ευφυής και ιδιαίτερα ενεργητικός, άτομο τετραπέρατο. 2. άνθρωπος καταχθόνιος, σατανικός.

διαβολέας ο, ουσ. (ασυνίζ.), αυτός που διαβάλλει, ο συκοφάντης.

διαβολεμένος, -η, -ο, επίθ. (συνιζ.). 1. που έχει διαβολικές ιδιότητες, σατανικός· κακός, κακεντρεχής, πονηρός: ενέργειες -ες. 2. ευφυέστατος, δαιμόνιος, τετραπέρατος. 3. (λαϊκ.) έντονος, υπερβολικός: κέφι / κρύο -ο. - Επίρρ. **-α** (στη σημασ. 3).

διαβολή η, ουσ. (ασυνίζ.), ψευδής κατηγορία (συνών. συκοφαντία).

διαβολικός, -ή, -ό, επίθ. (συνίζ.), που σχετίζεται με το διάβολο· (συνεκδοχικά) δόλιος, καταχθόνιος: ενέργειες / σκέψεις -ές· συνεργία / σύμπτωση -ή (συνών. σατανικός, πονηρός, παμπόνηρος· αντ. αγγελικός, αγαθός, απονήρευτος).

διαβολικότητα η, ουσ. (συνιζ.), η ιδιότητα του διαβολικού, σατανικότητα· μοχθηρία, πανουργία: ~ στη σκέψη / στις ενέργειες.

διαβόλισσα, βλ. διάβολος.

διαβολογυναίκα και **διαολο-** η, ουσ. (συνιζ.), διαβόλισσα (βλ. λ.).

διαβολοθήλυκο και **διαολο-** το, ουσ. (συνιζ.), διαβολογυναίκα.

διαβολόκαιρος και **διαολο-** ο, ουσ. (συνιζ.), άσχημος, ελεεινός καιρός: όσο νύχτωνε, τόσο σκύλιαζε ο ~ (Κόντογλου) (συνών. κακοκαιρία, παλιόκαιρος, βρομόκαιρος).

διαβολοκόριτσο και **διαολο-** το, ουσ. (συνιζ.), κορίτσι πανούργο ή πανέξυπνο (συνών. διαβολοθήλυκο).

διαβολομάζωμα το, ουσ. (συνιζ.), περιουσία που αποκτήθηκε με ανήθικα, παράνομα μέσα. Παροιμ. -τα, ανεμοσκορπίσματα.

διαβολόπαιδο το, ουσ. (συνιζ.), παιδί πολύ έξυπνο και ζωηρό (συνών. διαβολάκι, διαβολάκος, διαβολόπουλο).

διαβολόπουλο και **διαολόπουλο** το, ουσ. (συνιζ.), διαβολόπαιδο (βλ. λ.).

διάβολος και **διάολος** ο, πληθ. διάβολοι, -βόλοι, θηλ. **-ισσα** (στις σημασ. 2, 3), ουσ. (συνιζ.). 1. (εκκλ., στη σημασ. αυτή με κεφ. Δ) ο αρχηγός των πονηρών πνευμάτων, σύμφωνα με τη χριστιανική θρησκεία (αλλιώς Εωσφόρος). 2. πνεύμα του κακού: ο πίνακας εικονίζει μάχη αγγέλων και -ων (αντ. άγγελος). 3. (μεταφ.) άνθρωπος πανέξυπνος, τετραπέρατος: τα κατάφερε ο ~! (αντ. βλάκας, ηλίθιος). 4. (μεταφ.) άνθρωπος πανούργος, κακός, μοχθηρός: αυτός ο ~ να σου κάνει χάρη! (αντ. άγγελος). 5. για να δηλωθεί δυσάρεστη έκπληξη, ενόχληση, επίπληξη, κ.τ.ό.: ποιος ~ χτυπά την πόρτα τέτοια ώρα; πού στο -ο είναι το μολύβι μου; (ως επιφ. έκφρ.) -ε, πώς έγινε το κακό; -ε, γιατί το 'κανες; Εκφρ. ~ μεταμορφωμένος / με τα κέρατα (= μοχθηρός)· ένα -ο λεφτά (= πολλά χρήματα): ξόδεψε ένα -ο λεφτά· -ου κάλτσα / θηλυκό (= τετραπέρατος)· σαν το -ο ή όπως ο ~ το λιβάνι (= υπερβολικά): τον αποφεύγει όπως ο ~ το λιβάνι· στου -όλου τη μάνα (= πολύ μακριά): κάθεται στου -ου τη μάνα· του -όλου (α. για να δηλωθεί επίκριση): γιδοκλέφτες του -όλου· γυναικομάνι του -όλου· (β. για κάτι έντονο, υπερβολικό): έχω μια πείνα του -όλου· (για κατάρα): στο -ο! Φρ. βρήκα το -ό μου (= βρήκα το μπελά μου)· δίνω / πουλώ την ψυχή μου στο -ο (= γίνομαι όργανο του σατανά)· έχει το -ο μέσα του (= είναι πανέξυπνος)· ο ~ να σκάσει (= χωρίς άλλο, οπωσδήποτε)· πάει κατά -όλου (= οδηγείται στην καταστροφή)· πιάνει κάποιον ο ~ (= δαιμονίζεται): φοβήθηκα μπας και τον έπιασε ο ~ (Κόντογλου)· να πας στο -ο ή να σε πάρει ο ~ (και να σε σηκώσει) (για κατάρα). Παροιμ. έσπασε ο ~ το ποδάρι του (= η τύχη φάνηκε απρόσμενα ευνοϊκή)· η γριά δεν είχε -ο και αγόρασε γουρούνι (για ανθρώπους που μπλέκουν σε βάσανα από δικό τους φταίξιμο)· ο ~ έχει πολλά ποδάρια (= όσες προφυλάξεις και αν πάρεις δεν αρκούν)· ούτε -ο να ιδείς, ούτε το σταυρό σου να κάμεις (= να αποφεύγει κανείς τους κακούς ακόμη και όταν έχει τη δύναμη να τους καταστήσει αβλαβείς)· (κάτι) πάει στο διάολο (= είναι ανεκτό): να γίνεται αυτό πάει στο διάολο, αλλά να θέλει και να μας πείσει! (= αυτό τέλος πάντων είναι ανεκτό).

διαβολοσκόρπισμα το, ουσ. (συνιζ.), πλούτος παράνομα αποκτημένος που εξανεμίζεται κακήν κακώς: ανεμομαζώματα, -τα.

διαβολόσπερμα και **-σπαρμα** το, ουσ. (συνιζ.), (υβριστ.) γέννημα, παιδί του διαβόλου: *το κοπέλι του παπά, αυτό το* ~ (δημ. τραγ.).

διαβολοστέλνω και **διαολοστέλνω**, ρ. (συνιζ.), στέλνω κάποιον στο διάβολο, τον ξαποστέλνω βρίζοντας: *ήρθε πάλι για δανεικά, μα αυτή τη φορά τον διαολόστειλα*.

διαβουκόληση η, ουσ. (ασυνίζ., λόγ.), παραπλάνηση με απατηλές ελπίδες: ~ *του λαού από πολιτικούς* (συνών. *ξεγέλασμα*).

διαβουκολώ, -είς, ρ. (ασυνίζ., λόγ.). 1. παραπλανώ, εξαπατώ με απατηλές ελπίδες: *η κυβέρνηση -εί το λαό* (συνών. *ξεγελώ*). 2. (μέσ.) τρέφομαι με αυταπάτες, αυταπατώμαι (συνών. *βαυκαλίζομαι*).

διαβουλεύομαι, ρ. (ασυνίζ.). 1. συσκέπτομαι, διασκέπτομαι. 2. σχεδιάζω κάτι κακό, μηχανορραφώ: *-ονται την ανατροπή της κυβέρνησης* (συνών. *μηχανεύομαι, σκευωρώ*).

διαβούλευση η, ουσ. (ασυνίζ.), (συνήθως στον πληθ.), σύσκεψη, διάσκεψη: *οι δυο κρατικές αντιπροσωπείες θα συναντηθούν στη Γενεύη για -εύσεις*..

διαβουλευτικός, -ή, -ό, επίθ. (ασυνίζ.), που αναφέρεται στις σχέσεις των βουλευτικών σωμάτων ορισμένων χωρών μεταξύ τους: *παγκόσμιο -ό όργανο* (συνών. *διακοινοβουλευτικός*).

διαβούλιο το, ουσ. (ασυνίζ. δις), μυστικό συμβούλιο, μυστική σύσκεψη (συνήθως για κάτι κακό): *-ια ύποπτα· αλλεπάλληλα συμβούλια και -ια*.

διαβρέχω, ρ. (ασυνιζ.), παρατ. *διέβρεχα*, πληθ. *διαβρέχαμε*, αόρ. *διέβρεξα*, πληθ. *διαβρέξαμε*, μουσκεύω, διαποτίζω (συνών. *υγραίνω*· αντ. *στεγνώνω, αποξηραίνω*).

διάβρωμα το, ουσ. (ασυνίζ.), άνοιγμα, τρύπα που προκαλείται από διάβρωση σε ξύλο, ύφασμα, κλπ., από έντομα ή διαβρωτικά υλικά.

διαβρώνω, ρ. (συνήθως στον αόρ. *διέβρωσα*), κατατρώγω, φθείρω: *το έδαφος -εται· η σκουριά διέβρωσε τα μέταλλα*· (μεταφ.) αλλοιώνω, φθείρω: *-ώθηκαν τα ήθη*.

διάβρωση η, ουσ. (ασυνίζ.), η διαδικασία με την οποία κάτι διαβρώνεται, φθείρεται, αλλοιώνεται: ~ *του εδάφους / ξύλου*· (συνών. *αλλοίωση*).

διαβρωτικός, -ή, -ό, επίθ. (ασυνίζ.). 1. που προκαλεί διάβρωση: *-ή ενέργεια της βροχής· οξέα -ά*. 2. (μεταφ.) που προκαλεί σιγά σιγά αλλοιώσεις: *επίδραση -ή*.

διαγγελέας ο, ουσ. (ασυνίζ., έρρ.), (σπαν.), αγγελιοφόρος· (συνήθως στρατ.) αξιωματικός που μεταφέρει διαταγές ανωτέρων σε κατωτέρους.

διάγγελμα το, ουσ. (ασυνίζ., έρρ.), επίσημη ανακοίνωση ανωτάτου άρχοντα ή της κυβερνητικής ηγεσίας στο λαό: ~ *του προέδρου της δημοκρατίας / της κυβέρνησης*.

διαγκωνίζομαι, ρ. (ασυνίζ., έρρ., λόγ.). 1. σπρώχνω με τους αγκώνες για να ανοίξω πέρασμα ανάμεσα στο πλήθος. 2. συνωστίζομαι, συνωθούμαι. 3. (μεταφ.) ανταγωνίζομαι: *-ονται για την πρωθυπουργία*.

διαγκωνισμός ο, ουσ. (ασυνίζ., έρρ., λόγ.), προσπάθεια για να ανοιχτεί πέρασμα καθώς σπρώχνει κανείς με τους αγκώνες· (μεταφ.) έντονος ανταγωνισμός: ~ *για την πρωτοκαθεδρία*.

διάγνωση η, ουσ. 1. (ιατρ.) ταύτιση αρρώστιας ανάλογα με τα συμπτώματά της: ~ *ακτινολογική / αιματολογική· κάνω* ~. 2. (μεταφ.) κρίση που διατυπώνεται για μια δυσάρεστη κατάσταση.

διαγνωστικός, -ή, -ό, επίθ. (ασυνίζ.), που αναφέρεται στη διάγνωση ή που είναι κατάλληλος γι' αυτήν: *συμπτώματα -ά· κέντρο -ό· μέσα -ά*. - Το θηλ. ως ουσ. = η θεωρία, αλλά και το σύνολο των μέτρων που αποσκοπούν στη διάγνωση μιας αρρώστιας.

διαγουμίζω και **διαγουμώ, -άς**, ρ. (συνιζ., λαϊκ.). 1. λεηλατώ, διαρπάζω: *διαγουμισμένα χώματα* (Παλαμάς). 2. διασκορπίζω, σπαταλώ: *-ισε την κληρονομιά*. [ετυμ. αβέβαιη].

διαγούμισμα το, ουσ. (συνιζ., λαϊκ.), βίαιη διαρπαγή, λεηλασία: ~ *συστηματικό* (συνών. *λαφυραγώγηση, κούρσεμα, σύληση*).

διαγουμιστής ο, ουσ. (συνιζ., λαϊκ.), αυτός που διαρπάζει βίαια (συνών. *λαφυραγωγός*).

διαγουμώ, βλ. *διαγουμίζω*.

διάγραμμα το, ουσ. (ασυνίζ.). 1. γραφική παράσταση ενός αντικειμένου σε γενικές γραμμές: ~ *σπιτιού / τοπογραφικό* (συνών. *σκίτσο, σκαρίφημα, σχέδιο*). 2. γραφική παράσταση φαινομένου με γραμμές (ευθείες, τεθλασμένες ή καμπύλες) κίνησης, αυξομειωμένης ενέργειας ή κατάστασης που καθορίζεται με ειδικά όργανα ή με συγκριτική έρευνα και αναπαριστάνεται σε πίνακα: ~ *πυρετού / σεισμού / τιμαρίθμου / παραγωγής / θνησιμότητας*. 3. διατύπωση συγγραφής σε γενικές γραμμές, περίληψη, σκελετός ενός έργου: ~ *συγγράμματος / θεωρίας* (συνών. *σχέδιο*). 4. το μουσικό πεντάγραμμο.

διαγραμματογράφος ο, ουσ. (ασυνίζ.), όργανο που χαράζει αυτόματα το διάγραμμα της λειτουργίας μιας ατμομηχανής.

διαγραμμίζω, ρ. (ασυνίζ.), χαράζω γραμμές, χαρακώνω.

διαγράμμιση η, ουσ. (ασυνίζ.). α. διαίρεση μιας επιφάνειας με γραμμές, χαράκωμα, ρίγωμα: *κίτρινη* ~ *των δρόμων* β. (σε επιταγές) προσθήκη διαγωνίως δύο παράλληλων γραμμών για μεγαλύτερη ασφάλεια σε περίπτωση που κλαπούν.

διαγραφή η, ουσ. (ασυνίζ.), το να διαγράφεται, να εξαλείφεται κάποιος ή κάτι: ~ *μαθητών από τον κατάλογο· αυθαίρετη* ~ *από το κόμμα·* ~ *χρεών* (συνών. *απάλειψη*· αντ. *εγγραφή*).

διαγράφω, ρ., παρατ. *διέγραφα*, πληθ. *διαγράφαμε*, αόρ. *διέγραψα*, πληθ. *διαγράψαμε* (ασυνίζ.). 1. παριστάνω με γραμμές, σχεδιάζω: *τροχιά -· τις γενικές γραμμές του νέου μοντέλου* (μεταφ.) *η σκιά της -εται πάνω στο τζάμι· το γέλιο μόλις -ηκε στο στόμα της*. 2. αφαιρώ, εξαλείφω, σβήνω: *-ψε ορισμένες φράσεις από το κείμενο· τον -ψαν από το κόμμα· -ψαν την υποθήκη* (αντίθ. *εγγράφω*).

διά γυμνού οφθαλμού, αρχαϊστ. έκφρ. για κάτι προφανές.

διαγωγή η, ουσ. (ασυνίζ.), (χωρίς πληθ.) τρόπος ζωής, συμπεριφορά, φέρσιμο: ~ *άμεμπτη / ανήθικη / αξιόποινη*.

διαγωνίζομαι, ρ. (ασυνίζ.), παίρνω μέρος σε διαγωνισμό, προσπαθώ να υπερτερήσω: *-στηκαν οι μαθητές στα αρχαία· -ονται οι αθλητές στο ακόντιο* (συνών. *αμιλλώμαι, ανταγωνίζομαι, αναμετριέμαι*).

διαγώνιος, -α, -ο, επίθ. (ασυνίζ. δις), που ενώνει δύο γωνίες που βρίσκονται η μία απέναντι στην άλλη: *δρόμος* ~· *κατεύθυνση -α*. - Το (λόγ.) θηλ. *-ος* ως ουσ. (γεωμ.) = ευθεία που ενώνει δύο απέναντι γωνίες πολυγώνου ή πολυέδρου: *-ος τετραπλεύρου*. - Επίρρ. **-ίως**.

διαγώνισμα το, ουσ. (ασυνίζ.). **1.** γραπτή μαθητική εξέταση: *αρίστεψα στο ~.* **2.** γραπτό δοκίμιο διαγωνισμού: *ο καθηγητής διόρθωσε τα -ίσματα.*

διαγωνισμός ο, ουσ. (ασυνίζ.). **1.** εντατική προσπάθεια για επικράτηση, άμιλλα για βραβείο, ανταγωνισμός: *~ καλλιστείων / μουσικός / ποιητικός* (συνών. *αναμέτρηση*). **2.** γραπτή εξέταση μαθητών για να κριθεί η επίδοσή τους (συνών. *διαγώνισμα*).

διαγωνίως, βλ. *διαγώνιος.*

διαδέχομαι, ρ. (ασυνίζ.), παίρνω τη θέση, το αξίωμα που πρωτύτερα κατείχε κάποιος άλλος: *-χτηκε τον πατέρα του στη θέση του διευθυντή* (μεταφ.) *τη λύπη -χτηκε η χαρά.*

διαδηλώνω, ρ. (ασυνίζ.). **1.** εκφράζω φανερά, διακηρύττω: *~ τα πιστεύω μου / τα αισθήματά μου* (συνών. *εξωτερικεύω, εκδηλώνω* αντ. *κρύβω*). **2.** (αμτβ.) κάνω διαδήλωση: *οι φοιτητές -ουν.*

διαδήλωση η, ουσ. (ασυνίζ.). **1.** εξωτερίκευση, εκδήλωση (φρονημάτων ή αισθημάτων): *~ λαϊκής αγανάκτησης.* **2.** παρέλαση στους δρόμους πλήθους που πανηγυρίζει ή διαμαρτύρεται για κάποιο γεγονός: *~ αιματηρή / ειρηνική* (συνών. *συλλαλητήριο*).

διαδηλωτής ο, θηλ. **-ώτρια**, ουσ. (ασυνίζ.), πρόσωπο που μετέχει σε διαδήλωση: *συγκέντρωση / πορεία -ών.*

διάδημα το, ουσ. (ασυνίζ.), ταινία ή στεφάνι από πολύτιμο μέταλλο ή πετράδια που φοριέται στο κεφάλι ως κόσμημα ή σύμβολο εξουσίας: *~ αυτοκρατορικό* (συνών. *στέμμα*).

διαδίδω, ρ., παρατ. *διέδιδα*, πληθ. *διαδίδαμε*, αόρ. *διέδωσα*, πληθ. *διαδώσαμε*, μτχ. παρκ. *διαδεδομένος* (ασυνίζ.). **1.** μεταβιβάζω από άνθρωπο σε άνθρωπο, από πράγμα σε πράγμα, εξαπλώνω, επεκτείνω: *η επιδημία -όθηκε γρήγορα* (αντ. *περιορίζω*). **2.** κοινολογώ, διασπείρω φήμη: *αντικυβερνητικές παρατάξεις -ουν υποτίμηση της δραχμής* (αντ. *αποκρύπτω, συγκαλύπτω*) (μέσ. σε γ´ πρόσ.) λέγεται, φημολογείται: *-εται ότι θα γίνει ανασχηματισμός της κυβέρνησης.*

διαδικασία η, ουσ. (ασυνίζ.), πορεία που ακολουθεί ένα γεγονός καθώς εξελίσσεται, διαδοχική σειρά των ενεργειών ή σκέψεων που κάνει κανείς για να επιτύχει ένα συγκεκριμένο αποτέλεσμα ή για να πάρει ορισμένες αποφάσεις: *~ παραγωγική / δικαστική / εκβιομηχάνισης.*

διαδικασιακός, -ή, -ό, επίθ. (ασυνίζ.), που αναφέρεται στη διαδικασία: *θέματα -ά· ενέργεια -ή· πρόβλημα -ό.*

διαδικαστικός, -ή, -ό, επίθ., βλ. το ορθότερο *διαδικασιακός.*

διάδικος ο, ουσ. (ασυνίζ.), (νομ.) αυτός που διεξάγει δικαστικό αγώνα είτε ως κατήγορος είτε ως κατηγορούμενος.

διάδοση η, ουσ. (ασυνίζ.). **α.** το να διαδίδεται, να εξαπλώνεται κάτι, να παίρνει μεγάλες διαστάσεις: *~ επιδημίας / ειδήσεων / ιδεών / προϊόντος* (συνών. *κοινολόγηση* αντ. *απόκρυψη*) **β.** (στον πληθ.) ανεξακρίβωτη πληροφορία, φήμη: *κυκλοφορούν -όσεις για πρόωρες εκλογές.*

διαδοσίας ο, ουσ. (ασυνίζ.), αυτός που διαδίδει ψεύτικες ή ανησυχητικές ειδήσεις.

διαδοχή η, ουσ. (ασυνίζ.). **1.** μεταβίβαση θέσης, τίτλου, κλπ., σε άλλον: *~ του θρόνου.* **2.** (νομ.) μεταβίβαση δικαιώματος ή υποχρέωσης ενός ατόμου σε άλλο: *~ αναγκαστική / κληρονομική.* **3.** συνεχής επανάληψη, αλλεπάλληλη σειρά: *~ εντυπώσεων / ατυχημάτων* (συνών. *συχνότητα*).

διαδοχικός, -ή, -ό, επίθ. (ασυνίζ.). **1.** που ανήκει ή αναφέρεται στο διάδοχο ή στη διαδοχή. **2.** αλλεπάλληλος: *συγκρούσεις / επιθέσεις -ές* (συνών. *απανωτός, συνεχής*). Έκφρ. *διαδοχική βασιλεία* (= μορφή βασιλείας κατά την οποία μετά το θάνατο του βασιλιά τον διαδέχεται ο μεγαλύτερος γιος του). - Επίρρ. **-ώς** και **-ά**.

διαδοχικότητα η, ουσ. (ασυνίζ.), το να γίνεται κάτι διαδοχικά, αλλεπάλληλα.

διαδοχικώς, βλ. *διαδοχικός.*

διάδοχος ο, ουσ. (ασυνίζ.). **1.** αυτός που διαδέχεται ανώτατο άρχοντα στο θρόνο, ή άλλον σε θέση ή αξίωμα. **2.** πρωτότοκος γιος.

διαδραματίζω, ρ. (ασυνίζ.). **1.** παίρνω ενεργό μέρος, παίζω κάποιο ρόλο σε υπόθεση: *σπουδαίο ρόλο στη διεθνή πολιτική -ουν οι μεγάλες δυνάμεις* (συνών. *πρωταγωνιστώ, πρωτοστατώ*). **2.** (μέσ.) εξελίσσομαι, συμβαίνω (με τρόπο δραματικό): *-ονται σκηνές βίας στα γήπεδα· το έργο -εται στους Δελφούς* (συνών. *εκτυλίσσομαι*).

διαδρομή η, ουσ. (ασυνίζ.). **1.** πορεία από ένα μέρος σε άλλο: *καθημερινά κάνω την ίδια ~ για να φτάσω στο γραφείο μου.* **2.** (συνεκδοχικά) διάστημα τοπικό ή χρονικό ανάμεσα σε δύο μέρη: *~ ευχάριστη / σύντομη.*

διάδρομος ο, ουσ. (ασυνίζ.). **1.** χώρος, συνήθως επιμήκης, διαμέσου του οποίου συγκοινωνούν μεταξύ τους και με την έξοδο δωμάτια ή διαμερίσματα του ιδίου ορόφου, δίοδος, πέρασμα: *~ πολυκατοικίας / πλοίου.* **2.** χαρακωμένες σειρές σε αθλητικούς χώρους, όπου τρέχουν οι δρομείς: *τρέχει στο δεύτερο -ο.* **3.** χώρος ειδικά διαρρυθμισμένος σε αεροδρόμια για την απογείωση και την προσγείωση των αεροπλάνων. **4.** είδος μακρόστενου χαλιού.

διαζευγμένος, -η, -ο, επίθ. (ασυνίζ.), (για συζύγους) που έχει πάρει διαζύγιο, χωρισμένος (συνών. *ζωντοχήρος, -α*).

διαζευκτικός, -ή, -ό, επίθ. (ασυνίζ.), (γραμμ.) *-οί σύνδεσμοι* = σύνδεσμοι που συνδέουν λέξεις ή φράσεις, από τις οποίες η μία αποκλείει την άλλη (π.χ. *ή, είτε... είτε*) (συνών. *διαχωριστικός*).

διάζευξη η, ουσ. (ασυνίζ.). **1.** (γραμμ.) σύνδεση προτάσεων ή όρων με διαζευκτικούς συνδέσμους. **2.** νόμιμος χωρισμός ανδρόγυνου: *βρίσκονται σε ~* (συνών. *χωρισμός*).

διάζομαι, ρ. (συνιζ.), ετοιμάζω το στημόνι στον αργαλειό: *στήνουν την ανέμη τους και -ουνται τις κλωστές τους* (Μυριβήλης) (συνών. *στημονιάζω*).

διαζύγιο το, ουσ. (ασυνίζ. δις), δικαστική απόφαση που επικυρώνει τη διάλυση γάμου.

διάζωμα το, ουσ. (ασυνίζ.). **1.** στενόμακρη επιφάνεια στους αρχαίους ναούς που βρίσκεται ανάμεσα στο γείσο και το επιστύλιο (συνών. *ζωφόρος*). **2.** ημικυκλικός διάδρομος σε στάδια ή θέατρα που χωρίζει τις θέσεις των θεατών σε ζώνες διαφορετικού ύψους.

διαθερμία η, ουσ. (ασυνίζ.), (ιατρ.) μέθοδος ηλεκτροθεραπείας με την ανάπτυξη θερμότητας στους ιστούς.

διαθερμικός, -ή, -ό, επίθ. (ασυνίζ.), που προκαλείται από διαθερμία: *ρεύματα -ά.*

διάθεση η, ουσ. (ασυνίζ.). **1.** το να χρησιμοποιεί κανείς κάποιον ή κάτι όπως θέλει, ευχέρεια χρήσης: *η ~ σύγχρονων όπλων συνέβαλε στη νίκη·*

φρ. *κάποιος ή κάτι είναι στη διάθεση κάποιου* (= μπορεί να χρησιμοποιηθεί οποιαδήποτε στιγμή ή με κάθε τρόπο): *το σπίτι είναι στη -ή μας*. 2. (για χρήματα) τοποθέτηση για εκμετάλλευση: ~ *κεφαλαίου σε επιχειρήσεις* (συνών. επένδυση). 3. δικαίωμα κατοχής και πώλησης: *έχει την αποκλειστική ~ του προϊόντος*. 4. ψυχική ή σωματική κατάσταση, προθυμία, όρεξη: ~ *για τραγούδι / για δουλειά· αγωνιστική / εριστική* ~ (συνών. *κέφι, επιθυμία·* αντ. *απροθυμία, κακοκεφιά*). 5. (συνήθως στον πληθ.) αισθήματα που τρέφει κανείς για κάποιον, σκοποί, προθέσεις: *ήρθε με άγριες -εις· δε γνωρίζω τις -εις του*. 6. (γραμμ.) η ιδιότητα των ρημάτων να δηλώνουν ότι το υποκείμενο ενεργεί, πάσχει ή βρίσκεται σε μια ουδέτερη κατάσταση: *οι -εις των ρημάτων είναι τέσσερις*.

διαθέσιμος, -η, -ο, επίθ. (ασυνίζ.). 1. που μπορεί να χρησιμοποιηθεί ή να διατεθεί κατά βούληση: *χρόνος ~· προϊόντα -α*. 2. (οικον., για κεφάλαια, μετοχές, κλπ.) που μπορούν να ρευστοποιηθούν, να μετατραπούν σε μετρητά. 3. που είναι έτοιμος να χρησιμοποιηθεί σε κάθε ανάγκη.

διαθεσιμότητα η, ουσ. (ασυνίζ.). 1. μορφή προσωρινής απομάκρυνσης από την υπηρεσία δημόσιου υπαλλήλου ή αξιωματικού: ~ *τιμητική* = αποστράτευση αξιωματικού που τραυματίστηκε βαριά, αλλά διατηρεί τα δικαιώματα των ομοβάθμων του. 2. το να μπορεί να διατεθεί, να χρησιμοποιηθεί κάτι κατά βούληση: ~ *πόρων*.

διαθέτης ο, θηλ. **-τρια,** ουσ. (ασυνίζ.), αυτός που καθορίζει την τύχη της περιουσίας του με διαθήκη (συνών. *κληροδότης*).

διαθέτω, ρ. (ασυνίζ.), παρατ. *διέθετα,* πληθ. *διαθέταμε,* αόρ. *διέθεσα,* πληθ. *διαθέσαμε.* 1. έχω κάτι στη διάθεσή μου (και μπορώ να το χρησιμοποιήσω για κάποιο σκοπό): *-ει γερό μυαλό / -ξερόντα· το ξενοδοχείο -ει διακόσια κρεβάτια -ει κεντρική θέρμανση*. 2. θέτω σε ενέργεια, χρησιμοποιώ: *-έθεσε πολλά μέσα για το διορισμό του*. 3. ξοδεύω, δαπανώ: *-ει πολλά χρήματα για βιβλία*. 4. δίνω, παραχωρώ (με διαθήκη): *-θεσε την περιουσία του στους φτωχούς* (συνών. *κληροδοτώ·* συν. *κληρονομώ*). 5. (για χρήματα) τοποθετώ για εκμετάλλευση: *-εθεσε μεγάλα κεφάλαια σε αγορά μετοχών* (συνών. επενδύω). 6. (για εμπορεύματα) έχω στην κατοχή μου και πουλώ: *το κατάστημα -ει όλα τα είδη των ηλεκτρικών συσκευών*. 7. προκαλώ σε κάποιον καλή ή κακή ψυχική διάθεση: *ο λόγος του -έθεσε ευνοϊκά το ακροατήριο*.

διαθήκη η, ουσ. (ασυνίζ.). 1. έγγραφο με το οποίο ένα άτομο ορίζει την τύχη της περιουσίας του μετά το θάνατό του: ~ *έγκυρη / ιδιόγραφη· ~ μυστική* (βλ. *μυστικός*). 2. (μεταφ.) συμβουλές σε μεταγενέστερους (συνήθως επίσημου ή σοφού προσώπου)· *Παλαιά Διαθήκη* (= το σύνολο των ιερών βιβλίων των Εβραίων πριν από το Χριστό)· *Καινή Διαθήκη* (= το σύνολο των ιερών βιβλίων του χριστιανισμού εκτός από την Παλαιά Διαθήκη, δηλ. τα Ευαγγέλια, οι Πράξεις των Αποστόλων, οι Επιστολές και η Αποκάλυψη του Ιωάννη).

διάθλαση η, ουσ. (ασυνίζ.), (φυσ.) φαινόμενο κατά το οποίο παρατηρείται αλλαγή της διεύθυνσης κατά τη διάδοση ενός κύματος (συνήθως φωτός) όταν περνά από ένα μέσο (λ.χ. τον αέρα) σ' ένα άλλο (λ.χ. το νερό) και οφείλεται στη μεταβολή ταχύτητας με την οποία μεταδίδεται.

διαθλάστης ο, ουσ. (ασυνίζ.). 1. (φυσ.) σώμα από το οποίο περνώντας ένα κύμα (φωτεινό) παθαίνει διάθλαση. 2. είδος αστρονομικής διόπτρας.

διαθλαστικός, -ή, -ό, επίθ. (ασυνίζ.), που προκαλεί διάθλαση ή είναι κατάλληλος γι' αυτήν: *σώματα -ά*.

διαθλαστικότητα η, ουσ. (ασυνίζ.), ιδιότητα των διαθλαστικών σωμάτων.

διαθλώ, -άς, ρ. (ασυνίζ.), προκαλώ διάθλαση.

διαίρει και βασίλευε· γνωμ.· σε περιπτώσεις που η διάσπαση και η διχόνοια ωφελεί εκείνον που την προκαλεί.

διαίρεση η, ουσ. (ασυνίζ.). 1. χωρισμός σε μέρη: ~ *του νομού σε επαρχίες* (συνών. *μοίρασμα, τεμαχισμός·* αντ. *ένωση, συνένωση*). 2. (μαθημ.) μια από τις τέσσερις βασικές πράξεις της αριθμητικής με την οποία ένα ποσό μοιράζεται σε ίσα μέρη. 3. (μεταφ.) διαφωνία, διχασμός (συνών. *διάσταση*). 4. κατηγορία στην ταξινομική ιεραρχία του φυτικού βασιλείου.

διαιρέσιμος, -η, -ο, επίθ., που μπορεί να διαιρεθεί (συνών. *διαιρετός·* αντ. *αδιαίρετος*).

διαιρετέος, -α, -ο, επίθ. (ασυνίζ.), που πρέπει να διαιρεθεί. - Το αρσ. ως ουσ. (μαθημ.) = ο αριθμός που πρόκειται να διαιρεθεί με άλλον σε ίσα μέρη.

διαιρέτης ο, ουσ. (ασυνίζ.), (μαθημ.) αριθμός με τον οποίο διαιρούμε έναν άλλο αριθμό σε ίσα μέρη.

διαιρετικός, -ή, -ό, επίθ. (ασυνίζ.), που είναι κατάλληλος στο να διαιρεί, να χωρίζει: *διαιρετική μηχανή* (= μηχάνημα με το οποίο χαράσσονται με ακρίβεια οι υποδιαιρέσεις μετρητικών οργάνων) (συνών. *διαχωριστικός*).

διαιρετός, -ή, -ό, επίθ. (ασυνίζ.), που μπορεί να διαιρεθεί (ακριβώς): *αριθμός ~ με το δύο·* (νομ.) *που μπορεί να γίνει μερίδιο, να μοιραστεί: πράγμα / δικαίωμα -ό· παροχή -ή*.

διαιρετότητα η, ουσ. (ασυνίζ.). 1. δυνατότητα διαίρεσης. 2. (μαθημ.) ιδιότητα ενός αριθμού να διαιρείται ακριβώς (χωρίς να αφήνει υπόλοιπο).

διαιρώ, ρ. (ασυνίζ.). 1. χωρίζω σε μέρη (συνών. *διαμελίζω, κατανέμω·* αντ. *ενώνω, συνενώνω*). 2. (μαθημ.) κάνω διαίρεση ενός αριθμού, μοιράζω ένα σύνολο σε ίσα μέρη. 3. (μεταφ.) προκαλώ διχόνοια (συνών. *διχάζω·* αντ. *συμφιλιώνω*).

διαισθάνομαι, ρ., (ασυνίζ.), αντιλαμβάνομαι κάτι ορμεμφύτως: ~ *τον κίνδυνο*.

διαίσθηση η, ουσ. (ασυνίζ.). 1. το να προαισθάνεται κανείς κάτι ορμεμφύτως (συνών. *προαίσθημα*). 2. (φιλοσ.) άμεση γνώση χωρίς την επέμβαση του λογικού (συνών. *ενόραση*).

διαισθητικός, -ή, -ό, επίθ. (ασυνίζ.), που αναφέρεται στη διαίσθηση ή που μπορεί να διαισθάνεται: *αλήθεια -ή* (συνών. *ενορατικός*). - Επίρρ. **-ά.**

διαισθητικότητα η, ουσ. (ασυνίζ.), η ικανότητα που έχει κάποιος να διαισθάνεται.

δίαιτα, η, ουσ. 1. τρόπος διατροφής (ιδίως αρρώστων): ~ *αυστηρή*. 2. ολιγοφαγία: ~ *αδυνατίσματος*.

διαιτησία η, ουσ. (ασυνίζ.). 1. επίλυση διαφοράς ανάμεσα σε άτομα ή κράτη από διαιτητή (και όχι από δικαστήριο): *η διαφορά θα λυθεί με* ~. 2. (συνεκδοχικά) η διαδικασία της επίλυσης διαφοράς από διαιτητή. 3. η εποπτεία ομαδικού αθλήματος για την τήρηση των κανονισμών και την ανάδειξη νικητή: *η ~ του αγώνα ήταν αμερόληπτη*.

διαιτητεύω, ρ. (ασυνίζ.). 1. μεσολαβώ για την επίλυση διαφοράς. 2. ασκώ καθήκοντα διαιτητή σε αθλητικό αγώνα: *στον αγώνα -ουν δύο αμερόληπτοι διαιτητές.*

διαιτητής ο, ουσ. (ασυνίζ.). 1. αυτός που επιλέγεται από τους διαδίκους για την επίλυση της διαφοράς τους. 2. επόπτης αθλήματος που εποπτεύει για την τήρηση των κανονισμών.

διαιτητική η, ουσ. (ασυνίζ.). 1. κλάδος της ιατρικής που ασχολείται με την προσαρμογή της διατροφής στις ειδικές ανάγκες των αρρώστων. 2. το σύνολο των κανόνων υγιεινής που αναφέρονται στον τρόπο διαβίωσης και ιδίως στη διατροφή των αρρώστων. 3. βιβλίο που αναφέρεται στη δίαιτα.

διαιτητικός, -ή, -ό, επίθ. 1. που αναφέρεται στη διαιτησία και στο διαιτητή: *δικαστήριο -ό· απόφαση -ή.* 2. που αναφέρεται στη δίαιτα ή που σχετίζεται μ' αυτήν: *οργανισμός ~.*

διαιτολόγιο το, ουσ. (ασυνίζ.). 1. πρόγραμμα δίαιτας. 2. βιβλίο όπου καταγράφονται δίαιτες για διάφορες αρρώστιες.

διαιτολόγος ο, ουσ. (ασυνίζ.), γιατρός που καθορίζει και εφαρμόζει τρόπους διατροφής και δίαιτας με σκοπό να βοηθήσει τους ανθρώπους να αποκτήσουν ξανά ή να διατηρήσουν την υγεία τους.

διαιωνίζω, ρ., (ασυνίζ.). 1. διατηρώ κάτι στην αιωνιότητα. 2. αναβάλλω συνεχώς, παρατείνω απεριόριστα: *η κυβέρνηση -ει το θέμα των κοινωνικών ασφαλίσεων / την οικονομική κρίση* (συνών. *τρενάρω).*

διαιώνιση η, ουσ. (ασυνίζ.). 1. το να διατηρείται κάτι επί μακρότατο χρονικό διάστημα: *~ του είδους* (βιολ.). 2. επανειλημμένη αναβολή, παράταση υπερβολική: *~ δίκης / διενέξεων* (συνών. *τρενάρισμα).*

διακαής, -ής, -ές, γεν. *-ούς,* πληθ. αρσ. και θηλ. *-είς,* ουδ. *-ή,* επίθ. (ασυνίζ.), (για συναισθήματα) θερμός, φλογερός, έντονος: *πόθος / επιθυμία ~* (συνών. *ακατανίκητος, ακράτητος·* αντ. *χλιαρός, άτονος, συγκρατημένος).*

Διακαινήσιμος η, ουσ. (ασυνίζ., λόγ.), η εβδομάδα από την Κυριακή του Πάσχα έως την Κυριακή του Θωμά (συνών. *Λαμπροβδομάδα).*

διακανονίζω, ρ. (ασυνίζ.), ρυθμίζω, τακτοποιώ κάτι εντελώς: *-ίστηκε η υπόθεση / κάθε εκκρεμότητα.*

διακανονισμός ο, ουσ. (ασυνίζ.). 1. πλήρης τακτοποίηση, διευθέτηση των εκκρεμοτήτων: *~ των λεπτομερειών.* 2. εξόφληση: *~ χρεών και οφειλών.*

διακατέχω, ρ. (ασυνίζ.), παρατ. *διακατείχα,* πληθ. *διακατείχαμε,* χωρίς αόρ. 1. έχω κάτι στην κυριότητά μου και το καρπώνομαι (συνών. *κατέχω, έχω·* αντ. *στερούμαι).* 2. *με διακατέχει... ή διακατέχομαι από...* = είμαι κυριευμένος από κάποιο συναίσθημα, αισθάνομαι, νιώθω: *με -ει οργή για την αδικία εις βάρος μου.*

διάκειμαι, ρ., μόνο στον ενεστ. (ασυνίζ., λόγ.), (με επίρρ.) τηρώ κάποια στάση, έχω κάποια ψυχική διάθεση απέναντι σε κάποιον: *ο διευθυντής -ται φιλικά / εχθρικά απέναντί μου.*

διακειμενικός, -ή, -ό, επίθ. (ασυνίζ.) που αναφέρεται στη διακειμενικότητα (βλ. λ.): *-ή λειτουργία της λογοτεχνικής παραγωγής· -ή μελέτη της λογοτεχνίας.*

διακειμενικότητα η, ουσ. (ασυνίζ.). (στη θεωρία της λογοτεχνίας) το πλέγμα των σχέσεων που συνδέει ένα (λογοτεχνικό) κείμενο με άλλα (λογοτεχνικά) κείμενα.

διακεκαυμένος, -η, -ο, επίθ. (ασυνίζ., λόγ.), *-η ζώνη της Γης* = η θερμή περιοχή της Γης γύρω από τον Ισημερινό μεταξύ των Τροπικών του Καρκίνου και του Αιγόκερω.

διακεκομμένος, -η, -ο, επίθ. (ασυνίζ., λόγ.), που δεν είναι συνεχής, που εμφανίζει κενά, διαλείψεις: *γραμμή / φωνή -η* (συνών. *ασυνεχής·* αντ. *συνεχής, αδιάλειπτος).* - Επίρρ. **-α.** [μτχ. παθ. παρκ. του *διακόπτω*].

διακεκριμένος, -η, -ο, επίθ. (ασυνίζ., λόγ.), που ξεχωρίζει ανάμεσα στους άλλους· που διαπρέπει σε κάποιο τομέα, επιφανής, εκλεκτός: *επιστήμονας / λογοτέχνης ~* (συνών. *διαπρεπής, διαλεχτός, έξοχος·* αντ. *μέτριος, άσημος).*

διάκενος, -η, -ο, επίθ. (ασυνίζ., λόγ.), που παρουσιάζει εσωτερικά κενά διαστήματα (αντ. *πλήρης, συμπαγής).* - Το ουδ. ως ουσ. = **α.** το ενδιάμεσο (κενό) διάστημα μεταξύ δύο πραγμάτων: *στη χέρσα περιοχή υπήρχαν διάκενα με βλάστηση·* **β.** (φυσ.) το μέρος του κυκλώματος που η ροή δεν είναι συνεχής.

διακήρυξη η, ουσ. (ασυνίζ.). 1. αναγγελία έγγραφη ή με τον Τύπο, γνωστοποίηση στο κοινό. 2. επίσημη ανακοίνωση των αρχών και των επιδιώξεων κόμματος, οργάνωσης, κ.τ.ό.: *η ~ της επαναστατικής οργάνωσης / των δικαιωμάτων του ανθρώπου.* 3. διεθνής σύμβαση κρατών που επιβεβαιώνει μια συμφωνία τους: *~ των Ηνωμένων Εθνών.* 4. έγγραφη ανακοίνωση μιας κυβέρνησης σε άλλες με την οποία παίρνει θέση σε σημαντικό ζήτημα.

διακηρύσσω, ρ. (ασυνίζ.), ανακοινώνω κάτι δημόσια, γραπτά ή προφορικά, διαλαλώ, διαδίδω: *απ' όλους -ονται η ανάγκη και η αξία της δημοκρατίας και της ειρήνης* (συνών. *διακοινώνω).*

διακινδυνεύω, ρ. (ασυνίζ.). 1. (μτβ.) εκθέτω κάτι σε κίνδυνο: *~ τη ζωή μου / την περιουσία μου* (συνών. *ρισκάρω·* αντ. *εξασφαλίζω, κατοχυρώνω, σιγουρεύω).* 2. (αμτβ.) εκτίθεμαι σε κίνδυνο, ριψοκινδυνεύω.

διακίνηση η, ουσ. (ασυνίζ.), παραλαβή, μεταφορά και διανομή εμπορευμάτων ή επιβατών: *~ τροφίμων / ναρκωτικών.*

διακινητής ο, ουσ. (ασυνίζ.), αυτός που διακινεί κάτι, που μεταφέρει και διανέμει κάτι: *~ τροφίμων / ναρκωτικών / βιβλίων.*

διακινώ, -είς, ρ. (ασυνίζ.), παραλαμβάνω, μεταφέρω και διανέμω κάτι.

διακλαδίζομαι, ρ. (ασυνίζ.). 1. χωρίζομαι σε κλαδιά: *ο κορμός του φυτού -στηκε στα τρία.* 2. (μεταφ.) χωρίζομαι σε διευθύνσεις: *ο ποταμός -εται σε ρυάκια.*

διακλάδωση η, ουσ. (ασυνίζ.). 1α. ο χωρισμός δέντρου σε κλαδιά· **β.** (μεταφ.) ο χωρισμός σε διευθύνσεις ή δευτερεύουσες γραμμές: *~ του δρόμου / του ποταμού / της σιδηροδρομικής γραμμής / των αιμοφόρων αγγείων.* 2. (συνεκδοχικά) το σύνολο των κλαδιών που χωρίζονται ή ένα κλαδί σε σχέση με τ' άλλα· (μεταφ.) το αποχωρισμένο τμήμα.

διακοινοβουλευτικός, -ή, -ό, επίθ. (ασυνίζ.), διαβουλευτικός (βλ. λ.).

διακοινοτικός, -ή, -ό, επίθ. (ασυνίζ.), που αναφέρεται στη σχέση δύο ή περισσότερων κοινοτήτων: *διάλογος ~· συμφωνία -ή.*

διακοινώνω, ρ. (ασυνίζ., λόγ.). 1. κάνω κάτι πλατιά γνωστό (συνών. *ανακοινώνω, δηλώνω*). 2. ειδοποιώ επίσημα με διακοίνωση (βλ. λ.).

διακοίνωση η, ουσ. (ασυνίζ., λόγ.). 1. γνωστοποίηση, κοινοποίηση. 2. υπογραμμένο διπλωματικό έγγραφο που διαβιβάζεται στην κυβέρνηση μιας χώρας από κάποια άλλη με διπλωματικό αντιπρόσωπο: *ρηματική* ~ (= ανακοίνωση με διπλωματικό έγγραφο χωρίς υπογραφή).

διακομιδή η, ουσ. (ασυνίζ., λόγ.), μεταφορά, μεταβίβαση από ένα τόπο σε άλλο: ~ *ασθενών / τραυματιών*.

διακομίζω, ρ. (ασυνίζ., λόγ.), μεταφέρω κάποιον ή κάτι από έναν τόπο σε άλλον (αντ. *επαναφέρω*).

διακομματικός, -ή, -ό, επίθ. (ασυνίζ.), που αποτελείται από εκπροσώπους όλων των κομμάτων: *καταρτίστηκε -ή επιτροπή* (αντ. *μονοκομματικός*). - Επίρρ. **-ά**.

διακόνεμα το, ουσ. (συνιζ., λαϊκ.), το να διακονεύει κάποιος, ζητιανιά (συνών. *επαιτεία, διακονιά*).

διακονεύω, αόρ. -εψα, ρ. (συνιζ., λαϊκ.), ζητιανεύω, επαιτώ· (μεταφ.) ζητώ κάτι με ταπεινό τρόπο και πολλές παρακλήσεις (σαν ζητιάνος).

διακονιά το, ουσ. (ασυνίζ.), υπηρεσία που ανατίθεται σε μοναχό από τον ηγούμενο για ορισμένο χρονικό διάστημα.

διακονία η, ουσ. (ασυνίζ.). 1. (εκκλ.) ο βαθμός του διακόνου, το έργο και η υπηρεσία του. 2. περίθαλψη, ψιλανθρωπική φροντίδα· (μεταφ.) προσφορά υπηρεσίας υψηλότερης μορφής: ~ *στα γράμματα*.

διακονιά η, ουσ. (συνιζ. δις, λαϊκ.). 1. επαιτεία, ζητιανιά (συνών. *διακόνεμα*). 2. (συνεκδοχικά) αυτό που δίνεται, που προσφέρεται στο διακονιάρη, ελεημοσύνη.

διακονιάρης ο, θηλ. **-ισσα**, ουσ. (συνιζ. δις, λαϊκ.), ζητιάνος, επαίτης: *τον παίρνανε για -η*.

διακονιάρικος, -η, -ο, επίθ. (συνίζ. δις, λαϊκ.), που ταιριάζει ή ανήκει στο διακονιάρη.

διακονιάρισσα, βλ. *διακονιάρης*.

διακονικός, -ή, -ό, επίθ. (ασυνίζ.), που ανήκει ή αρμόζει στο διάκονο: *-ά άμφια· -ές υπηρεσίες*. - Το ουδ. ως ουσ. = α. ο χώρος κοντά στο ιερό βήμα της εκκλησίας όπου συνήθως στέκονται οι διάκονοι την ώρα που τελείται η λειτουργία· **β**. (στο ουδ. πληθ.) οι δεήσεις και οι ευχές που συνήθως εκφωνούνται από το διάκονο, τα «ειρηνικά».

διάκονος ο, (ασυνίζ.), θηλ. **-ισσα**, ουσ. (εκκλ.), βοηθός επισκόπου ή ιερέα που βρίσκεται στον κατώτερο βαθμό της ιεροσύνης (συνών. *διάκος*).

διακονώ, -είς, ρ., (ασυνίζ.). 1. υπηρετώ, περιθάλπω, φροντίζω. 2. (εκκλ.) είμαι διάκονος (βλ. λ.).

διακοπή η, ουσ. (ασυνίζ.). 1. προσωρινό (ή οριστικό) σταμάτημα: *-ς εργασίαν / της συνεδρίασης / του ρεύματος* (συνών. *παύση, αναστολή* αντ. *συνέχιση, εξακολούθηση*)· ~ *δίκης* = (νομ.) προσωρινό σταμάτημα κάθε διαδικασίας που θα οδηγούσε στην πρόοδο της δίκης· ~ *διπλωματικών σχέσεων* = αναστολή της διπλωματικής επικοινωνίας δύο χωρών που επισημοποιείται με την αναχώρηση των διπλωματικών τους αντιπροσώπων (αντ. *σύναψη*). 2. (στον πληθ.) το χρονικό διάστημα κατά το οποίο δεν εργάζονται υπηρεσίες, ιδρύματα ή οργανισμοί: *θερινές / πασχαλινές -ές των μαθητών· το τμήμα -ών της Βουλής*.

διακόπτης ο, ουσ. (ασυνίζ.), όργανο που σταματά ή επιτρέπει την παροχή ηλεκτρικού ρεύματος, νερού, κτλ.: ~ *αυτόματος / ηλεκτρικός*.

διακόπτω, ρ., αόρ. *διέκοψα*, πληθ. *διακόψαμε*, παθητ. αόρ. *διακόπηκα* (ασυνίζ.). 1. σταματώ, παύω κάτι προσωρινά (ή οριστικά): *-ηκε η συγκοινωνία από τα χιόνια· θα -ψουμε τη συζήτηση / το μάθημα* (συνών. *αναστέλλω* αντ. *συνεχίζω, εξακολουθώ*)· ~ *τις σχέσεις μου με κάποιον* (αντ. *συνάπτω*). 2. παρεμβαίνω την ώρα που κάποιος μιλάει και τον αναγκάζω να σταματήσει: *μη με -εις, περίμενε να τελειώσω αυτό που λέω*.

διακόρευση η, ουσ. (ασυνίζ.), η ρήξη του παρθενικού υμένα κοπέλας (συνών. *ξεπαρθένεμα*).

διακορευτής ο, ουσ. (ασυνίζ.), αυτός που διακόρευσε κοπέλα.

διακορεύω, ρ., (ασυνίζ.), προκαλώ ρήξη του παρθενικού υμένα κοπέλας, ξεπαρθενεύω.

διάκος ο, ουσ. (συνιζ.), (εκκλ.) ιερωμένος που κατέχει τον κατώτερο βαθμό της ιεροσύνης, βοηθός επισκόπου ή ιερέα (συνών. *διάκονος, ιεροδιάκονος*).

διακοσάρης, -α, -ι, επίθ. (συνιζ., λαϊκ.), που αποτελείται από διακόσιες μονάδες ή περιέχει διακόσιες μονάδες. - Το θηλ. ως ουσ. = μπουκάλι που χωράει διακόσια δράμια. - Το ουδ. ως ουσ. = χρηματικό ποσό από διακόσιες ομοειδείς (νομισματικές) μονάδες: *θα μου στοιχίσει ένα διακοσάρι χιλιάδες η επισκευή*.

διακοσαριά η, ουσ. (συνιζ. δις), στην έκφρ. *μια ή καμιά* ~ = περίπου διακόσιοι: *θα ήταν καμιά - άτομα*.

διακοσιαπλάσιος, -α, -ο, επίθ. (συνιζ., ασυνίζ. δις), που είναι μεγαλύτερος ή περισσότερος από κάποιον κατά διακόσιες φορές.

διακοσιετηρίδα η, ουσ. (ασυνίζ.). 1. χρονική περίοδος διακοσίων χρόνων. 2. η συμπλήρωση διακοσίων χρόνων από κάποιο γεγονός και η γιορτή που γίνεται για την επέτειο αυτή.

διακόσιοι, -ες, -α, επίθ. (συνιζ. δις) και **-κόσοι**, αριθμ., ο αριθμός που αποτελείται από δύο εκατοντάδες ή είκοσι δεκάδες (200): ~ *στρατιώτες· -α κιλά*. - Το ουδ. ως ουσ. = ο αριθμός 200.

διακοσιοστός, -ή, -ό, επίθ. (συνίζ., ασυνίζ.), αριθμ., που έχει σε κάποια σειρά ομοειδών πραγμάτων τον αριθμό 200: *ήρθε* ~ *στη γενική κατάταξη*.

διακόσμηση η, ουσ. (ασυνίζ.). 1. το να επιπλώνεται ή να στολίζεται ένα κτήριο ή άλλος χώρος με ορισμένο τρόπο ώστε να δίνει ένα καλαίσθητο αποτέλεσμα: *στολισμός, εξωραϊσμός*: ~ *του σχολείου για τη γιορτή* (συνών. *καλλωπισμός*). 2. τρόπος με τον οποίο είναι επιπλωμένο και στολισμένο ένα κτήριο ή άλλος χώρος και το σύνολο των μέσων που συντελούν σ' αυτό: *η ~ του δωματίου ήταν εορταστική* (συνών. *διάκοσμος*).

διακοσμητής ο, θηλ. **-τρια**, ουσ. (ασυνίζ.), καλλιτέχνης που ασχολείται επαγγελματικά με τη διαμόρφωση και τη διακόσμηση εσωτερικών και εξωτερικών χώρων (σπιτιών, καταστημάτων, θεάτρων, εκθεσιακών χώρων, κλπ.): *η καλαισθησία του -ή μεταμόρφωσε το χώρο*.

διακοσμητικός, -ή, -ό, επίθ. (ασυνίζ.). 1. που αναφέρεται στη διακόσμηση ή συμβάλλει σ' αυτήν: *φυτά -ά· μοτίβο -ό* (συνών. *καλλωπιστικός, εξωραϊστικός*) *τέχνες -ές* = οι τέχνες που έχουν αντικείμενο τη διακόσμηση πραγμάτων. 2. που έχει δευτερεύουσα σημασία ή αξία, σχεδόν άχρηστος: *δε συμμετείχε καθόλου στη συζήτηση· ήταν -ό* στοιχείο / πρόσωπο. - Το θηλ. ως ουσ. = η τέχνη ή το σύνολο των τεχνών που έχουν αντικείμενο τη διακόσμηση εσωτερικών χώρων ή αντικειμένων. - Επίρρ. **-ώς**.

διακοσμήτρια, βλ. *διακοσμητής*.

διάκοσμος ο, ουσ. (ασυνίζ.), το σύνολο των στοιχείων που χρησιμοποιούνται για τη διακόσμηση, το στολισμό: ~ *πλούσιος / λιτός· θεατρικός* ~· ~ *του αγγείου* (συνών. *διακόσμηση*).

διακοσμώ, -είς, ρ. (ασυνίζ.), στολίζω, εξωραΐζω, καλλωπίζω.

διακόσοι, βλ. *διακόσιοι*.

διακοφτά, επίρρ. (συνιζ., λαϊκ.), με διακοπές, με διαλείμματα (συνών. *διακεκομμένα*).

διακρατικός, -ή, -ό, επίθ. (ασυνίζ.), που αναφέρεται στη σχέση δύο ή περισσότερων κρατών: *συμφωνία -ή*.

διακρίνω, ρ., παρατ. και αόρ. *διέκρινα*, πληθ. *διακρίναμε* (ασυνίζ.). Ι. (ενεργ.). 1. θεωρώ κάτι διαφορετικό από ένα άλλο, το διαχωρίζω εξαιτίας κάποιων ιδιαίτερων γνωρισμάτων του: *δε -ει το καλό από το κακό* (αντ. *ταυτίζω, συγχέω*). 2. ξεχωρίζω, αντιλαμβάνομαι, κατανοώ κάτι με τη βοήθεια των αισθήσεων: *δε -έκρινα τίποτα μέσα σε τόση ομίχλη· σε -έκρινα από τη φωνή σου* (συνών. *αναγνωρίζω*). 3. (με υποκ. αφηρ. ουσ. και με αντικ. συνήθως πρόσωπο): *τον -ει σκληρότητα / ευγένεια* (συνών. *χαρακτηρίζω*). ΙΙ. (μέσ.). α. ξεχωρίζω από τους άλλους εξαιτίας κάποιας ικανότητας ή προτερημάτων: *-εται ως επιστήμονας / σκηνοθέτης* (συνών. *διαπρέπω, υπερέχω·* αντ. *μειονεκτώ, υστερώ*)· β. κερδίζω κάποια διάκριση, βραβεύομαι: *-θηκαν οι εξής καλλιτέχνες*.

διάκριση η, ουσ. (ασυνίζ.). Ια. διαχωρισμός, ξεχώρισμα ενός πράγματος από κάτι άλλο εξαιτίας διαφορετικών γνωρισμάτων: ~ *των πολιτευμάτων / των εξουσιών* (συνών. *αντιδιαστολή·* αντ. *ταύτιση, σύγχυση*)· β. εκδήλωση προτίμησης, εύνοιας: *ο δάσκαλος δεν κάνει -ίσεις ανάμεσα στους μαθητές· ο νομάρχης τους δέχτηκε όλους, χωρίς* ~· γ. επαινετική κριτική, βράβευση: *τιμητικές -ίσεις*. 2. σωστή, ευπρεπής συμπεριφορά που πηγάζει από τη γνώση για τη πρέπον τους (συνών. *διακριτικότητα*). Φρ. *είμαι στη* ~ *κάποιου* (= είμαι στη διάθεση, την εξουσία κάποιου): *ο ένοχος είναι τώρα στη* ~ *των δικαστών*.

διακριτικός, -ή, -ό, επίθ. (ασυνίζ.). 1. που είναι ικανός να ξεχωρίζει, να διακρίνει: *γνώρισμα / στοιχείο -ό· ικανότητα -ή*. 2. που φέρεται με διακριτικότητα, με λεπτότητα: *άνθρωπος / ερώτηση -ή* (συνών. *ευπρεπής, λεπτός·* αντ. *αδιάκριτος, ανάγωγος*). 3. (νομ.) *εξουσία -ή* = δυνατότητα, εξουσία που παρέχεται στους (δικαστικούς ιδιαίτερα) υπαλλήλους να ενεργούν κατά τη δική τους κρίση σε περιπτώσεις που ο νόμος δεν προβλέπει κάτι. - Το ουδ. ως ουσ. = τα σημεία, τα διάσημα που φέρουν οι στρατιωτικοί στη στολή τους για να είναι φανερός ο βαθμός τους (συνών. *γαλόνια, αστέρια*). - Επίρρ. **-ά** = με διακριτικότητα: *έφυγε -ά χωρίς να τον καταλάβουν*.

διακριτικότητα η, ουσ. (ασυνίζ.), ευγενική, λεπτή συμπεριφορά: *να χτυπήσεις και να μπεις με* ~ (συνών. *λεπτότητα, τακτ·* αντ. *αδιακρισία*).

διακυβέρνηση η, ουσ. (ασυνίζ.), το να διευθύνει, να κυβερνά κανείς κάτι: *η* ~ *του πλοίου / της χώρας* (συνών. *διεύθυνση, διοίκηση·* αντ. *ακυβερνησία*).

διακυβερνητικός, -ή, -ό, επίθ. (ασυνίζ.), που αναφέρεται στις σχέσεις των κυβερνήσεων κρατών μεταξύ τους: *συμβούλιο / όργανο -ό· προσπάθεια / διάσκεψη -ή*.

διακύβευση η, ουσ. (ασυνίζ., λόγ.), το να διακινδυνεύει κανείς κάτι: ~ *της περιουσίας / της υπόληψης κάποιου*.

διακυβεύω, ρ. (ασυνίζ.), διακινδυνεύω: *-ονται τα εθνικά συμφέροντα* (συνών. *ριψοκινδυνεύω·* αντ. *εξασφαλίζω*).

διακυμαίνομαι, ρ. (ασυνίζ.), (για τις τιμές των προϊόντων του εμπορίου ή του χρηματιστηρίου) παρουσιάζω διακυμάνσεις, αυξομειώνομαι, ανεβοκατεβαίνω.

διακύμανση η, ουσ. (ασυνίζ.). α. ασταθής εξέλιξη κάποιας κατάστασης: *-άνσεις της πολιτικής / της θερμοκρασίας* (συνών. *ρευστότητα·* αντ. *σταθερότητα, μονιμότητα*)· β. (για τιμές εμπορευμάτων) αυξομείωση, ανεβοκατέβασμα.

διακωμώδηση η, ουσ. (ασυνίζ.), γελοιοποίηση, χλευασμός ατόμων ή γεγονότων (σε σατιρικό έργο).

διακωμωδώ, -είς, ρ. (ασυνίζ.), γελοιοποιώ, χλευάζω κάτι: *το κείμενο -εί πολιτικά πρόσωπα* (συνών. *σατιρίζω·* αντ. *επαινώ, εγκωμιάζω*).

διαλάλημα το, ουσ. (συνιζ.), βλ. *διαλαλημός*.

διαλαλημός ο, ουσ. (συνιζ.), κοινολόγηση, μετάδοση μιας είδησης· διαφήμιση.

διαλάληση η, ουσ. (συνιζ.), κοινολόγηση, διάδοση είδησης ή μυστικού.

διαλαλητής ο, ουσ. (συνιζ.), αυτός που διαλαλεί, γνωστοποιεί κάτι (συνών. *κήρυκας, ντελάλης*).

διαλαλώ, -είς, ρ. (συνιζ.). 1. κάνω κάτι ευρύτερα γνωστό, διαδίδω, γνωστοποιώ: *-εί σ' όλο τον κόσμο ότι τον ξεγέλασε* (συνών. *διατυμπανίζω, διακηρύσσω·* αντ. *αποκρύπτω, αποσκεπάζω*). 2. διαφημίζω: *γυρίζει στις γειτονιές και -εί τα εμπορεύματά του*. - Η μτχ. *-λημένος* ως επίθ. = φημισμένος, ονομαστός.

διαλαμβάνω, ρ. (ασυνίζ.). 1. περιλαμβάνω, αναγράφω, πραγματεύομαι. 2. (σε νομικό κείμενο) ορίζω, καθορίζω.

διάλεγμα το, ουσ. (συνιζ.), επιλογή, ξεχώρισμα: *το* ~ *των φρούτων* (συνών. *διαλογή, ξεδιάλεγμα*).

διαλέγω, ρ. (συνιζ.). 1. προτιμώ, εκλέγω: *-ξαν τους ψηλούς για την ομάδα· -ξε πρακτικά ρούχα για την εκδρομή· οι δημότες τον -ξαν δήμαρχό τους·* φρ. *διάλεξε την ώρα (για να...)* (όταν γίνεται κάτι σε ακατάλληλη ώρα). 2. κάνω διαλογή, ξεδιάλεγω: ~ *τα γερά από τα σάπια φρούτα*. - Η μτχ. *-γμένος* ως επίθ. = διαλεχτός, εκλεκτός.

διάλειμμα το, ουσ. (ασυνίζ.). 1. προσωρινό σταμάτημα, διακοπή: *θα κάνουμε ένα ~για φαγητό· το λιγόλεπτο διάστημα μεταξύ δύο σχολικών ωρών διδασκαλίας· το διάστημα μεταξύ των πράξεων θεατρικού έργου ή ανάμεσα στα προβαλλόμενα τμήματα κινηματογραφικής ταινίας* (συνών. *ανάπαυλα, παύση·* αντ. *συνέχεια*). 2. *φωτεινά διαλείμματα* (= τα χρονικά διαστήματα κατά τα οποία οι φρενοβλαβείς έχουν διαύγεια πνεύματος).

διάλειψη η, ουσ. (ασυνίζ.). 1. προσωρινή διακοπή, παύση: *-είψεις της μνήμης*. 2. (ιατρ.) προσωρινή διακοπή της κανονικής λειτουργίας οργάνου του σώματος: ~ *της καρδιάς*.

διαλεκτική η, ουσ. (ασυνίζ.). 1. η τέχνη της ανταλλαγής ιδεών, επιχειρημάτων, σκέψεων που χαρακτηρίζει κυρίως τις φιλοσοφικές και τις επιστημονικές συζητήσεις: *πλατωνική / αριστοτελική ~*. **2.** (φιλοσ.) η πορεία ανάπτυξης μιας ιδέας μέσα από το σχήμα θέση - αντίθεση - σύνθεση, η πορεία της σκέψης που αναγνωρίζει το αδιαίρετο των αντιθέσεων που τη ένωσή τους δίνει μια ανώτερη κατηγορία (σύμφωνα με τη θεωρία του Χέγκελ).

διαλεκτικός, -ή, -ό, επίθ. (ασυνίζ.). **1.** επιδέξιος, ικανός να συζητεί. **2.** που ακολουθεί στη φιλοσοφία τη διαλεκτική μέθοδο, οπαδός της διαλεκτικής *~ υλισμός* (= η διαλεκτική των Μαρξ - Ένγκελς). **3.** που ανήκει ή αναφέρεται σε κάποια διάλεκτο: *τα -ά στοιχεία μιας γλώσσας· τύπος ~· κατάληξη -ή* (συνών. *ιδιωματικός·* αντ. *κοινός*).

διαλεκτολογία η, ουσ. (ασυνίζ.), κλάδος της γλωσσολογίας που ασχολείται με τις διαλέκτους, την εμφάνιση και την εξέλιξή τους.

διάλεκτος η, ουσ. (ασυνίζ.). **1.** τοπική μορφή γλώσσας με σημαντικές φωνολογικές, μορφολογικές, λεξιλογικές και συντακτικές αποκλίσεις από την κοινή γλώσσα: *~ ποντιακή*. **2.** συνθηματική γλώσσα ορισμένης τάξης ή ορισμένου επαγγέλματος: *~ μάγκικη / των οικοδόμων*.

διάλεξη η, ουσ. (ασυνίζ.), ομιλία για θέμα λογοτεχνικό, καλλιτεχνικό ή επιστημονικό.

διαλευκαίνω, ρ. (ασυνίζ.), διασαφηνίζω, διευκρινίζω: *-άνθηκαν τα αίτια του εγκλήματος* (συνών. *ξεκαθαρίζω·* αντ. *συσκοτίζω*),

διαλεύκανση η, ουσ. (ασυνίζ.), διευκρίνιση, ξεκαθάρισμα: *τα νέα στοιχεία οδήγησαν στη ~ του εγκλήματος* (αντ. *συσκότιση*).

διαλεχτός, -ή, -ό, επίθ. (συνίζ.), διαλεγμένος, εξαιρετικός: *φρούτα -ά· ποιότητα -ή·* (μεταφ.) εκλεκτός, διακεκριμένος: *καλλιτέχνες / καλεσμένοι -οί*.

διαλλαγή η, ουσ. (ασυνίζ., λόγ.), λύση των διαφορών, αποκατάσταση αρμονικών σχέσεων: *~ αντιδίκων* (συνών. *συμβιβασμός, συμφιλίωση*).

διαλλακτικός, -ή, -ό, επίθ. (ασυνίζ.), που αποσκοπεί στη λύση των διαφορών, που ευνοεί την αποκατάσταση αρμονικών σχέσεων: *προτάσεις -ές· αντίπαλος ~* (συνών. *συνδιαλλακτικός, συμβιβαστικός, συμφιλιωτικός·* αντ. *αδιάλλακτος, ασυμβίβαστος*). - Επίρρ. **-ώς**.

διαλλακτικότητα η, ουσ. (ασυνίζ.), το να υπάρχει διάθεση ή πρόθεση να λυθούν οι διαφορές (συνών. *συμβιβαστικότητα, μετριοπάθεια·* αντ. *αδιαλλαξία*).

διαλληλία η, ουσ. (ασυνίζ., λόγ.), αυθαίρετος αποδεικτικός συλλογισμός στον οποίο θεωρούμε αληθινό και χρησιμοποιούμε ως απόδειξη εκείνο ακριβώς που θα έπρεπε να αποδείξουμε, όπου δηλ. χρησιμοποιούμε το συμπέρασμα ως αποδεικτικό μέσο.

διαλογή η, ουσ. (ασυνίζ.), απόφαση και πράξη με την οποία χωρίζονται και κατατάσσονται ομοειδή πράγματα σε κατηγορίες ανάλογα με την ποιότητα ή άλλα χαρακτηριστικά τους γνωρίσματα: *~ πολύπλοκη / πρώτη· μηχανή -ής· ~ φρούτων / ψηφοδελτίων* (που καταμετρούνται για να βγουν εκλογικά αποτελέσματα)· *πορτοκάλια τελευταίας -ής* (= κατώτερης ποιότητας) (συνών. *επιλογή, διάλεγμα, ξεχώρισμα, ξεδιάλεγμα*).

διαλογητήριο το, ουσ. (ασυνίζ. δις), χώρος, κτήριο όπου γίνεται η διαλογή αγροτικών προϊόντων: *~ ροδάκινων / καπνών*.

διαλογίζομαι, ρ. (ασυνίζ.), χρησιμοποιώ τις πνευματικές μου δυνάμεις για να σχηματίσω ιδέες ή απόψεις για κάτι (συνών. *σκέπτομαι, στοχάζομαι, συλλογίζομαι*).

διαλογικός, -ή, -ό, επίθ. (ασυνίζ.), που ανήκει ή αναφέρεται στο διάλογο, που γίνεται με διάλογο: *μάθημα με -ή μορφή· -ή ανάπτυξη θέματος· συζήτηση -ή*. - Επίρρ. **-ά**.

διαλογισμός ο, ουσ. (ασυνίζ.). **1.** το να διαλογίζεται κανείς, το να χρησιμοποιεί τις πνευματικές του δυνάμεις για να μελετήσει σε βάθος ένα αντικείμενο και συνεκδοχικά το αποτέλεσμα της ενέργειας αυτής: *είναι δύσκολος ο ~ μέσα στην ταραχή της καθημερινής ζωής· βυθίζομαι σε -ούς· κρύβω τους -ούς μου* (συνών. *σκέψη, στοχασμός, συλλογισμός*). **2.** (φιλοσ.) διανοητική άσκηση που πραγματοποιείται με αυτοσυγκέντρωση και βαθιά περισυλλογή σε κάτι: *~ θρησκευτικός / φιλοσοφικός*.

διάλογος ο, ουσ. (ασυνίζ.). **1.** το να συζητεί κανείς με ένα ή περισσότερα πρόσωπα: *~ ζωηρός / φιλικός· ~ γόνιμος / εποικοδομητικός* (= που καταλήγει σε ουσιαστικά συμπεράσματα ή αποτελέσματα)· *~ μεταξύ κρατών / αρχηγών κομμάτων / εκκλησιών / εργοδοτών και εργαζομένων· κάνω -ο με κάποιον· αποφεύγω / διακόπτω το -ο* (συνών. *συνομιλία, συζήτηση·* αντ. *μονόλογος*)· έκφρ. *~ κωφών* (= όπου ο ένας δεν ενδιαφέρεται για τις απόψεις του άλλου). **2.** το σύνολο των λόγων που ανταλλάσσουν τα πρόσωπα ενός θεατρικού, κινηματογραφικού ή λογοτεχνικού έργου: *~ ανόητος·* υπότιτλοι για τους *-όγους* (συνών. *στιχομυθία*). **3.** (φιλολ.) λογοτεχνικό είδος όπου ο συγγραφέας αναπτύσσει ένα θέμα με τη μορφή συνομιλίας ανάμεσα σε δύο ή περισσότερα πρόσωπα: *~ φιλοσοφικός· οι πλατωνικοί -οι*.

διάλυμα το, ουσ. (ασυνίζ.), (χημ.) ομογενές μίγμα δύο ή περισσότερων ξεχωριστών ουσιών (δηλ. με ίδια σύσταση σε όλα τα σημεία του): *~ υγρό / αέριο / στερεό· ~ αραιό / ηλεκτρολυτικό*.

διάλυση η, ουσ. (ασυνίζ.). **1.** χωρισμός ενός αθροίσματος ή ενός σύνθετου σώματος, ενός συνόλου) στα μέρη που το αποτελούν: *~ πολυβόλου* (συνών. *αποσύνδεση*)· *~ ενός νεκρού σώματος μέσα στη γη* (συνών. *αποσύνθεση*)· (γεωλ.) *~ του εδάφους* (συνών. *αποσάθρωση*)· (μεταφ.) *~ της παιδείας* (συνών. *αποδιοργάνωση*). **2.** εξαφάνιση, εξάλειψη: *~ του νέφους / πετρελαιοκηλίδας·* (μεταφ.) *~ μιας φιλονικίας σε αμοιβαίες υποχωρήσεις*. **3.** απομάκρυνση· διαχωρισμός συγκεντρωμένων ανθρώπων: *βίαιη / παράνομη ~ συγκέντρωσης* (συνών. *διασκορπισμός*). **4.** (χημ., κοιν.) διασπορά μιας ουσίας (στερεής, υγρής ή αέριας) σε μιαν άλλη ώστε να προκύψει ομογενές μίγμα. **5.** τερματισμός (συνήθως νομότυπος) μιας σχέσης ή μιας δραστηριότητας (συνήθως εμπορικής ή πολιτικής): *~ αρραβώνα / καταστήματος / σωματείου / της Βουλής·* φρ. *βάρεσε ~* (κάποιος) (= για έμπορο που κήρυξε πτώχευση, που καταστράφηκε οικονομικά· κατ' επέκταση για κάθε αποδιοργάνωση).

διαλύσιμος, -η, -ο, επίθ. (ασυνίζ.), που μπορεί να διαλυθεί.

διαλυτήριο το, ουσ. (ασυνίζ. δις), βιομηχανική εγκατάσταση όπου γίνεται διάλυση μεγάλων κατασκευών: *~ πλοίων*.

διαλύτης ο, ουσ. (ασυνίζ.), (χημ.) ουσία (συνήθως υγρή) με ικανότητα να διαλύει άλλες ουσίες· το μέρος ενός διαλύματος μέσα στο οποίο έχει διασπαρεί η διαλυμένη ουσία (αλλιώς *διαλυτικό μέσο*): *-ες βιομηχανικοί / οργανικοί* (λ.χ. *βενζίνη, αλκοόλες*).

διαλύτης ο, ουσ. (νεολογ.), ~ *πλοίων* = επαγγελματίας που αναλαμβάνει τη διάλυση παλιών πλοίων.

διαλυτικός, -ή, -ό, επίθ. (ασυνίζ.). 1. που σχετίζεται με τη διάλυση, που μπορεί να διαλύει: *δράση -ή· μέσο -ό* (= διαλύτης)· (μεταφ.) *είναι -ό στοιχείο στην ομάδα μας* (= καταστρεπτικό για τη συνοχή της). 2. που σχετίζεται με τη διάλυση (βλ. λ. στη σημασ. 5): *προθεσμία -ή· σύμβαση που καταρτίστηκε με -ή αίρεση.* - Το ουδ. ως ουσ. = 1. (στον εν.) υγρό που διαλύει, που αραιώνει το διορθωτικό (βλ. λ.). 2. (στον πληθ. γραμμ.) οι δυο στιγμές / τελείες που τοποθετούνται οριζόντια πάνω στα γράμματα ι και υ (όταν το προηγούμενο φωνήεν δεν τονίζεται) για να δηλωθεί ότι προφέρονται χωριστά από το προηγούμενό τους φωνήεν και δε σχηματίζουν δίφθογγο (π.χ. *αϊτός, πραΰνω,* αλλά *Μάιος*). - Επίρρ. **-ά.**

διαλυτικότητα η, ουσ. (ασυνίζ.), το να είναι κάτι διαλυτικό.

διαλυτός, -ή, -ό, επίθ. (ασυνίζ.), που μπορεί να διαλυθεί (μέσα σε υγρό): *η ζάχαρη είναι -ή στο νερό* (αντ. *αδιάλυτος*).

διαλυτότητα η, ουσ. (ασυνίζ.), (χημ.) ικανότητα μιας ουσίας να διαλύεται σε κάποια άλλη (υγρή, αέρια ή στερεή ουσία): ~ *ρευστού / στερεών*.

διαλύω, ρ., παρατ. *διέλυα,* πληθ. *διαλύαμε,* αόρ. *διέλυσα,* πληθ. *διαλύσαμε* (ασυνίζ.). 1. χωρίζω (ένα άθροισμα, ένα σύνολο) στα μέρη που το αποτελούν, στα συστατικά του: ~ *ένα μηχάνημα· ο σεισμός διέλυσε το σπίτι·* (μεταφ. σε απειλή) *θα σου δώσω μια να σε -ύσω!* (μέσ., μεταφ.) *έχω -υθεί από την κούραση* (συνών. *αποσυναρμολογώ, αποσυνθέτω, καταστρέφω, κονιορτοποιώ·* αντ. *συνθέτω, συγκροτώ*). 2. εξαφανίζω, εξαλείφω: *ο άνεμος διέλυσε την ομίχλη·* (μέσ.) *τα σύννεφα -θηκαν·* (μεταφ.) ~ *τις υποψίες / τις αμφιβολίες.* 3. απομακρύνω, διαχωρίζω συγκεντρωμένους ανθρώπους: *η αστυνομία διέλυσε τη συγκέντρωση / το πλήθος·* (μέσ.) *οι διαδηλωτές -θηκαν ήσυχα· τα στρατεύματα -θηκαν και τράπηκαν σε φυγή* (συνών. *διασκορπίζω*). 4. διασπώ μια στερεή, υγρή ή αέρια ουσία με μια άλλη (συνήθως υγρή) (*διαλύτης*) ώστε να αποτελέσουν ένα ομογενές μίγμα (*διάλυμα*): ~ *ασβέστη στο νερό / τη μπογιά με νέφτι* (συνών. *λειώνω, αραιώνω·* αντ. *συμπυκνώνω*). 5. θέτω τέρμα (συνήθως όπως ορίζει ο νόμος ή η συνήθεια) σ' έναν δεσμό, στη λειτουργία μιας επιχείρησης, ενός οργανισμού, κ.τ.ό.: ~ *τον αρραβώνα / την επιτροπή / το συνεταιρισμό / την εθνοσυνέλευση·* (μέσ.) *η οργάνωση -θηκε γιατί υπήρχαν διαφωνίες των μελών της· το σωματείο -εται στις περιπτώσεις που προβλέπει το καταστατικό του.*

διά μακρών· αρχαϊστ. έκφρ. = εκτενώς: *ανέπτυξε το θέμα ~.*

διαμαντάκι, βλ. *διαμάντι.*

διαμαντένιος, -α, -ο, επίθ. (συνιζ.), φτιαγμένος από διαμάντι ή στολισμένος με διαμάντι: *εργαλείο με -α αιχμή· δαχτυλίδι / σκουλαρίκι -ο· Στο -ο τάσι / τον ουρανό σου φέρνουμε* (Παλαμάς) (συνών. *αδαμάντινος*).

διαμάντι το, ουσ. (συνιζ., έρρ.). 1. πολύτιμος λίθος (χημικώς καθαρή μορφή άνθρακα) εξαιρετικά ανθεκτικός και αστραφτερός, συνήθως άχρωμος: ~ *λαμπρό / πολύεδρο / ψεύτικο· ορυχείο -ιών· κατεργάζομαι / κόβω / πουλώ -ια· περιδέραιο με -ια* (συνών. *αδάμαντας*). 2. εργαλείο με διαμαντένιο αιχμηρό άκρο που χρησιμεύει στο να χαράζουμε ή να κόβουμε σκληρές επιφάνειες (συνήθως γυαλί). 3. (μεταφ.) για άνθρωπο με ανεπίληπτη διαγωγή, για χαρακτήρα τίμιο, ακέραιο: *συγχαρητήρια, έβγαλες γιο / μαθητή ~!* - Υποκορ. **-άκι** το (στη σημασ. 1). [ιταλ. *diamante*< λατ.*adamas* <ελλην. *αδάμας*].

διαμαντικό το, ουσ. (συνιζ.), (συνήθως στον πληθ.) κόσμημα στολισμένο με διαμάντια ή γενικά με πολύτιμους λίθους: *διαρρήκτες έκλεψαν χρήματα και -ά* (συνών. *τιμαλφή τα*).

διαμαντοκάμωτος, -η, -ο, επίθ. (συνιζ., λογοτ.), φτιαγμένος από διαμάντια ή στολισμένος με διαμάντια: *μ' ένα -ο ...θρόνο* (Παλαμάς).

διαμαντοκολλημένος, -η, -ο, επίθ. (συνιζ. λαϊκ.), στολισμένος με διαμάντια: *τα σύνεργα -α* (συνών. *αδαμαντοκόλλητος*).

διαμαντοκόλλητος, -η, -ο, επίθ. (συνιζ., λαϊκ., λογοτ.), στολισμένος με διαμάντια: *-ος σταυρός* (συνών. *αδαμαντοκόλλητος*).

διαμαντόπετρα η, ουσ. (συνιζ., έρρ.), διαμάντι προσαρμοσμένο σε κόσμημα: *Αθήνα, ~ στης γης το δαχτυλίδι* (Παλαμάς).

διαμαντόσκονη η, ουσ. (συνιζ., έρρ.), σκόνη από την κατεργασία ή το θρυμμάτισμα ενός διαμαντιού.

διαμαντοχρύσαφα τα, ουσ. (συνιζ., έρρ., λογοτ.), διαμαντικά και χρυσαφικά.

διαμαρτία η, ουσ. (ασυνίζ.), (ιατρ.) έκφρ. *(συγγενής)* ~ *διάπλασης* = ανωμαλία στην κατασκευή και τη λειτουργία μέλους ή οργάνου του σώματος που εμφανίζεται στο έμβρυο, διαπιστώνεται κατά τη στιγμή της γέννησης ή αργότερα και οφείλεται στην κληρονομικότητα ή σε βλάβη από διάφορους παράγοντες (λ.χ. ερυθρά της μητέρας, χρήση φαρμάκων).

διαμαρτύρηση η, ουσ. (έρρ.). 1. (θεολ.) η θρησκευτική μεταρρύθμιση του 16ου αι. που στρεφόταν εναντίον της παπικής εξουσίας και συνεκδοχικά το σύνολο των εκκλησιών ή ομολογιών που προήλθαν απ' αυτήν (συνών. *προτεσταντισμός*). 2. (νομ.) ~ *γραμματίου / συναλλαγματικής* = συμβολαιογραφική πράξη που βεβαιώνει ότι δε γίνονται αποδεκτά ή δεν εξοφλήθηκαν εμπρόθεσμα.

διαμαρτυρία η, ουσ. (ασυνίζ.), το να εκφράζει κανείς με λόγια ή έργα την έντονη δυσαρέσκεια και αντίθεσή του για κάτι που το θεωρεί άδικο, παράνομο, επιζήμιο, κ.τ.ό.: ~ *έγγραφη / προφορική / ομαδική / θορυβώδης· φωνή / εκδηλώσεις / διαδήλωση -ας·* (για έγγραφο με τέτοιο περιεχόμενο) *ο πρεσβευτής μας επέδωσε ~ για τις παραβιάσεις του εναέριου χώρου.*

διαμαρτυρικό το, ουσ. (ασυνίζ.), (νομ.) δημόσιο έγγραφο που συντάσσει ένας συμβολαιογράφος για να διαπιστωθεί ότι γραμμάτιο ή συναλλαγματική δεν έγιναν αποδεκτά ή δεν πληρώθηκαν εμπρόθεσμα.

διαμαρτύρομαι, ρ. (ασυνίζ.), εκφράζω με λόγια ή έργα την έντονη δυσαρέσκεια και αντίθεσή μου για κάτι άδικο, παράνομο, κ.τ.ό., που θίγει ή ζημιώνει είτε εμένα είτε άλλους: ~ έντονα· -ήθηκε στον υπουργό (αντ. αποδέχομαι, εγκρίνω, αναγνωρίζω, συμφωνώ).

διαμαρτυρόμενος ο, θηλ. **-η**, ουσ. (ασυνίζ.), χριστιανός που ανήκει σε μία από τις ομολογίες, κοινότητες ή αιρέσεις που προέκυψαν από τη Μεταρρύθμιση και απορρίπτει την παπική εξουσία και ορισμένα δόγματα της ρωμαιοκαθολικής εκκλησίας: *διδασκαλία / εκκλησιαστική οργάνωση των -ένων· διαμάχη καθολικών και -ένων στη Βόρεια Ιρλανδία·* (σπανιότ. ως επίθ.) *επίσκοπος ~· εκκλησία -η* (συνών. *προτεστάντης*).

διαμαρτυρώ, -είς, ρ. (ασυνίζ.), κάνω διαμαρτύρηση (βλ. λ.), συντάσσω και κοινοποιώ διαμαρτυρικό (βλ. λ.): ~ *μια συναλλαγματική· γραμμάτιο -ημένο*.

διαμάχη η, ουσ. (ασυνίζ.), αγώνας ανάμεσα σε πρόσωπα ή ομάδες για την επικράτηση μιας γνώμης, άποψης, ιδεολογίας, κ.τ.ό.: ~ *βίαιη / εμφύλια / θρησκευτική / πολιτική* (συνών. *ανταγωνισμός, διαπάλη, αντιδικία*).

διαμεθοριακός, -ή, -ό, επίθ. (ασυνίζ. δις), που αφορά τη μεθόριο μεταξύ δύο κρατών ή γίνεται από τη μία πλευρά της προς την άλλη: *επιτροπή -ή·* αποφάσισαν *τη -ή μετακίνηση πληθυσμών*.

διαμελίζω, ρ. (ασυνίζ.), χωρίζω με βίαιο τρόπο ένα σώμα (συνήθως ανθρώπινο) στα μέλη του, σε κομμάτια: *η έκρηξη -ισε τον πυροτεχνουργό* (συνών. *κομματιάζω*).

διαμελισμός ο, ουσ. (ασυνίζ.). **1.** χωρισμός (ενός σώματος, συνήθως ανθρώπινου) με βίαιο τρόπο στα μέλη του, σε κομμάτια: *τραγικός ~ του οδηγού από τη σύγκρουση* (συνών. *κομμάτιασμα*). **2.** (ιστ.) τρόπος θανάτωσης στο μεσαίωνα. **3.** (μεταφ. για κράτος) βίαιη διαίρεση ή διανομή: ~ *της αυστροουγγρικής αυτοκρατορίας· επιδιώκουν το -ό της Κύπρου* (συνών. *κατατεμαχισμός*). **4.** (γεωλ.) ο τρόπος με τον οποίο είναι χωρισμένες οι ήπειροι σε μερικότερα γεωγραφικά στοιχεία: ~ *οριζόντιος* (που δημιουργεί χερσονήσους, κόλπους, νησιά, κ.τ.ό.) / *κάθετος* (που δημιουργεί βουνά, οροσειρές, κοιλάδες, κ.τ.ό.).

διαμένω, ρ. (ασυνίζ.), μένω, κατοικώ, παραμένω κάπου για σχετικά μικρό διάστημα: *-ει μόνιμα στο εξωτερικό*.

διαμέρισμα το, ουσ. (ασυνίζ.). **1.** καθένα από τα τμήματα στα οποία χωρίζεται ένα ενιαίο σύνολο χώρων διαμονής ή οικημάτων για να εξυπηρετήσει άτομα ή ομάδες ατόμων: ~ *στενόχωρο·* ~ *επιβατικού σιδηροδρομικού οχήματος* (= κουπέ) / *επιβατηγού πλοίου* (= καμπίνα)· *τα -ατα του πληρώματος / των ανακτόρων* (για αυτοτελές τμήμα οικήματος) *πολυκατοικία με δύο -ατα σε κάθε όροφο·* ~ *μοντέρνο / ξενοδοχείου* (= σουίτα). **2.** τμήμα ευρύτερης διοικητικής περιφέρειας: ~ *νομαρχιακό / ενός δήμου·* ~ *δυτικής Αττικής*.

διαμερισματικός, -ή, -ό, επίθ., που σχετίζεται με ένα διαμέρισμα (βλ. λ. στη σημασ. 2): *συμβούλιο -ό*.

διάμεσος η, ουσ. (ασυνίζ.), (γεωμ.), ευθύγραμμο τμήμα που ενώνει κορυφή τριγώνου με το μέσο της απέναντι πλευράς του.

διάμεσος, -η, -ο, επίθ. (ασυνίζ., λόγ.), (τοπ. ή χρον.) που βρίσκεται ανάμεσα σε δύο πράγματα ή γεγονότα: *διαμερίσματα / στρώματα του εδάφους -α·* (ανατομ.) *νεύρο -ο* (= τμήμα του προσωπικού νεύρου προς την πλευρά του ακουστικού νεύρου)·

εγκέφαλος ~ (= τμήμα του εγκεφαλικού στελέχους ανάμεσα από στον τελικό και το μέσο εγκέφαλο) (συνών. συνηθέστερα *ενδιάμεσος*). - Το αρσ. ως ουσ. = *μεσολαβητής*. - Το ουδ. ως ουσ. = (τοπ. ή χρον.) το κενό διάστημα ανάμεσα σε δύο πράγματα (συνών. *διάκενο*) ή γεγονότα (συνών. *μεσοδιάστημα*).

διαμέσου, πρόθ. (ασυνίζ., λόγ.). **1.** (τοπ.) για το πέρασμα από μέσα από έναν τόπο: ~ *της κοιλάδας· ταξιδεύω αεροπορικώς στη Γερμανία* ~ *της Ουγγαρίας* (συνών. *μέσω*). **2.** (τροπ. για μέσο ή μεσολάβηση τρίτου): *συνεννοούμαστε* ~ *της αγγλικής γλώσσας· οι δικαιούχοι θα παραλάβουν τα βοηθήματα* ~ *των τοπικών ταχυδρομικών γραφείων*.

διαμετακομίζω, ρ. (ασυνίζ.), (για εμπορεύματα) μεταφέρω από ένα κράτος σε άλλο περνώντας από το έδαφος τρίτου κράτους (όπου γίνεται και προσωρινή αποθήκευση).

διαμετακόμιση η, ουσ. (ασυνίζ.), μεταφορά (εμπορευμάτων) από ένα κράτος σε άλλο διαμέσου του εδάφους τρίτου κράτους (όπου αποθηκεύονται προσωρινά): *εμπορεύματα υπό* ~ *απαλλάσσονται από τελωνειακούς δασμούς* (συνών. *τράνζιτο*).

διαμετακομιστικός, -ή, -ό, επίθ. (ασυνίζ.), που σχετίζεται με τη διαμετακόμιση: *εμπόριο -ό*.

διαμέτρημα το, ουσ. (ασυνίζ.). **1.** (για σωλήνα) το μήκος της εσωτερικής διαμέτρου: ~ *του αγωγού*. **2.** (ειδικ. στρατ.) η εσωτερική διάμετρος της κάννης πολυβόλου όπλου, καθώς και η διάμετρος των βλημάτων του: ~ *ενός πιστολιού· πολυβόλο με* ~ *0,50* (εκατοστά της ίντσας)· *αυτοκινούμενο πυροβόλο -ατος 155 χιλιοστών· πυροβόλα / οβίδες μεγάλου / μέσου -ατος*. **3.** (μεταφ.) ικανότητα, ολκή: *επιστήμονας μεγάλου -ατος*.

διαμετρημός ο, ουσ. (συνιζ., λαϊκ.), το να υπολογίζεται ως τον τελευταίο ο αριθμός ενός πλήθους: *παπαδιές και καλογριές -ούς δεν είχαν* (δημ. τραγ.) (συνών. *μετρημός, μέτρημα*).

διαμετρικός, -ή, -ό, επίθ. (ασυνίζ.). **1.** που ανήκει ή αναφέρεται στη διάμετρο. **2.** (για αντίθεση) που αφορά έννοιες, απόψεις, κ.τ.ό. με περιεχόμενο εντελώς διαφορετικό: *οι ιδέες μου βρίσκονται σε -ή αντίθεση με τις δικές σου* (συνών. *άκρος, οξύς, ριζικός*). - Επίρρ. **-ά** (στη σημασ. 2).

διάμετρος η, ουσ. (ασυνίζ.), (γεωμ.) το μήκος του ευθύγραμμου τμήματος που περνά από το κέντρο κύκλου ή σφαίρας και ενώνει δύο σημεία τους: *η* ~ *είναι διπλάσια από την ακτίνα·* εκφρ. (λόγ.) *εκ -ου (αντίθετος)* = εξ ολοκλήρου, εντελώς: *απόψεις εκ -ου αντίθετες*.

διαμήκης, -ης, γεν. *-μήκους*, πληθ. αρσ. και θηλ. *-εις*, επίθ. (λόγ.) που εκτείνεται κατά μήκος κάποιου πράγματος: *άξονας* ~.

διαμηνύω, ρ. (ασυνίζ., λόγ.), ανακοινώνω σε κάποιον μια είδηση με τη μεσολάβηση τρίτου, διαβιβάζω ένα μήνυμα με αγγελιαφόρο ή αντιπρόσωπο (συνών. *διακοινώνω, μηνώ*).

διαμιάς, επίρρ. (ασυνιζ. δις), χωρίς να μεσολαβήσει κάποιο χρονικό διάστημα, αμέσως (συνών. *ευθύς, μεμιάς, μονομιάς*).

διαμοιράζω, ρ. (ασυνίζ.), χωρίζω κάτι σε μερίδια που τα παρέχω σε διάψυρα πρόσωπα: ~ *τα κέρδη / την κληρονομιά* (συνών. *διανέμω, μοιράζω*).

διαμοιραστής ο, ουσ. (ασυνίζ., λόγ.), αυτός που διαμοιράζει (συνών. *διανεμητής, μοιραστής*).

διαμονή η, ουσ. (ασυνίζ., χωρίς πληθ.), το να μένει,

διαμονητήριο 358

το να ζει κανείς σ' έναν τόπο για ένα σχετικά μακρό διάστημα· (νομ. για συμπτωματική εγκατάσταση σε αντίθεση προς την κατοικία): ~ προσωρινή / μόνιμη· τόπος -ής· είναι άγνωστη η ~ του (συνεκδοχικά για τόπο) ~ θερινή.

διαμονητήριο το, ουσ. (ασυνίζ. δις). 1. (παλαιότερα) έγγραφο με το οποίο επιτρέπεται σε αλλοδαπό να παραμείνει σε έναν τόπο (σήμερα άδεια παραμονής). 2. (ειδικά) έγγραφο που το εκδίδει η κοινότητα του Αγίου Όρους και μ' αυτό επιτρέπεται στους Έλληνες ή αλλοδαπούς επισκέπτες να φιλοξενηθούν για ορισμένο χρονικό διάστημα στα όρια της δικαιοδοσίας της: βγάζω ~.

διαμορφώνω, ρ. (ασυνίζ.). 1. δίνω σε κάτι ορισμένη μορφή ή σχήμα: *-ωσαν το παλιό εργοστάσιο σε θέατρο·* (μέσ.) *έκανε χιλιάδες χρόνια να -ωθεί αυτό το παράξενο τοπίο.* 2. (μεταφ.) κάνω να αναπτυχθεί (μια ικανότητα, μια ιδιότητα), να δημιουργηθεί (μια προσωπικότητα, μια κατάσταση, μια γνώμη): *~ προσωπικό ύφος / σωστό χαρακτήρα* (= διαπλάθω)· *ο δικαστής έχει -ώσει μια συνολική άποψη* (συνών. στις σημασ. 1 και 2 *σχηματίζω*).

διαμόρφωση η, ουσ. (ασυνίζ.). 1. το να δίνει κανείς σε κάτι ή το να αποκτά κάτι ορισμένη μορφή ή σχήμα: *~ των εξωτερικών χώρων του ναού· ~ του εδάφους.* 2. (μεταφ.) ανάπτυξη (ικανότητας, ιδιότητας), δημιουργία (προσωπικότητας, κατάστασης, γνώμης): *~ βαθμιαία / πνευματική / ψυχική· ελεύθερη ~ του χαρακτήρα* (= διάπλαση) (συνών. στις σημασ. 1 και 2 *σχηματισμός*). 3. (φυσ.) το να μεταβάλλεται ένα κύμα ραδιοφωνικής συχνότητας κατά ένα ή περισσότερα χαρακτηριστικά του για να μεταδοθεί ένα σήμα (λ.χ. φωνή, μουσική, εικόνα)· ενσωμάτωση αυτού του κύματος στο αρχικό κύμα: *~ κατά πλάτος / κατά συχνότητα* (διεθν. συντομογραφίες AM και FM αντίστοιχα).

διαμορφωτής ο, θηλ. **-τρια**, ουσ. (ασυνίζ.), αυτός που διαμορφώνει κάτι.

διαμορφωτικός, -ή, -ό, επίθ. (ασυνίζ.), που αναφέρεται στη διαμόρφωση, που μπορεί να διαμορφώνει.

διαμορφώτρια, βλ. *διαμορφωτής*.

διαμπερής, -ής, -ές, γεν. *-ούς*, πληθ. αρσ. και θηλ. *-είς*, ουδ. *-ή*, επίθ. (ασυνίζ., έρρ.). 1. (ιατρ.) *τραύμα -ές* = που προκλήθηκε από όργανο (συνήθως βλήμα πυροβόλου όπλου) που διαπέρασε το σώμα, που παρουσιάζει δηλ. δύο οπές (εισόδου και εξόδου). 2. (κοιν.) *διαμέρισμα / μαγαζί -ές* = που έχει άνοιγμα (συνήθως μπαλκονόπορτα) σε δύο αντίθετες όψεις μιας οικοδομής.

διάμπολη η, βλ. *γιάμπολη*.

διαμφισβήτηση η, ουσ. (ασυνίζ., λόγ.). 1. το να διαμφισβητεί κανείς, το να θέτει κάτι υπό αμφισβήτηση. 2. έγερση αξιώσεων για κάτι (συνών. *διεκδίκηση, διαφιλονίκηση*).

διαμφισβητώ, -είς, ρ. (ασυνίζ., λόγ.). 1. εκφράζω έντονη αμφιβολία για την εγκυρότητα ή την ορθότητα ενός ισχυρισμού, μιας βεβαίωσης, κ.τ.ό., θέτω υπό αμφισβήτηση: *-εί την αξιοπιστία των μαρτύρων / τα κυριαρχικά δικαιώματα μιας χώρας.* 2. ζητώ κάτι σαν να ήταν δικό μου, εγείρω αξιώσεις για κάτι ή προσπαθώ να το αποκτήσω: *-εί την κατοχή της περιοχής* (συνών. *διεκδικώ, διαφιλονικώ*).

διάνα, επίρρ. (συνίζ., λαϊκ.), στις φρ. *χτυπώ / πετυχαίνω ~* = βρίσκω το στόχο μου (στο κέντρο) και μεταφ. πετυχαίνω απόλυτα τους σκοπούς, τις προβλέψεις μου: *σημάδεψε μια πέρδικα και την πέτυχε ~· ~ είχε χτυπήσει ο καπετάνιος* (Μπαστιάς) [ιταλ. *diana*].

διάνεμα το, ουσ. (συνίζ., ιδιωμ., λογοτ.). 1. νεύμα, γνέψιμο (με το κεφάλι). 2. φευγαλέα σκιά: *στο νου του / το ~ γοργά γοργά του αλόγου του επερνούσε* (Βαλαωρίτης).

διανεμητής ο, θηλ. **-τρια**, ουσ. (ασυνίζ.). 1. αυτός που μοιράζει, που κάνει διανομή. 2. (τεχνολ.), γεωργικό μηχάνημα που σκορπίζει λίπασμα στα χωράφια.

διανεμητικός, -ή, -ό, επίθ. (ασυνίζ.), που αναφέρεται στη διανομή, που έχει την ικανότητα να διανέμει: *~ λογαριασμός οικογενειακών επιδομάτων μισθωτών* (= θεσμός για την παροχή επιδομάτων σε ασφαλισμένους).

διανέμω, ρ., παρατ. *διένεμα*, πληθ. *διανέμαμε*, αόρ. *διένειμα*, πληθ. *διανείμαμε* (ασυνίζ., λόγ.), δίνω στο καθένα από διάφορα πρόσωπα χωριστό μερίδιο ή γενικά ό,τι του ανήκει (από ένα πράγμα ή ένα σύνολο όμοιων πραγμάτων): *~ βοηθήματα στους άπορους / ξηρά τροφή στους στρατιώτες / την αλληλογραφία* (= δίνω στους παραλήπτες) */ προκηρύξεις στους περαστικούς· το βιβλίο -εται δωρεάν* (συνών. *διαμοιράζω, μοιράζω*).

διανθίζω, ρ. (ασυνίζ.), κάνω ωραιότερο, πλουτίζω (λ.χ. το λόγο) προσθέτοντας διάφορα εκφραστικά μέσα (λ.χ. ρητορικά σχήματα, γνωμικά, στοιχεία προσωπικού ύφους): *-ει τις εντυπώσεις του με κάποια θυμοσοφία / τις ομιλίες του με αρχαία ρητά* (συνών. *στολίζω, ποικίλλω*).

διανθισμός ο και **διάνθισμα** το, ουσ. (ασυνίζ., λόγ.), το να διανθίζει, το να στολίζει κανείς το λόγο του με τα κατάλληλα εκφραστικά μέσα.

διανόημα το, ουσ. (ασυνίζ.), ό,τι σκέφτεται κανείς, το αποτέλεσμα δραστηριότητας του νου: *-ατα σφαλερά / υψηλά* (συνών. *ιδέα, σκέψη, λογισμός, στοχασμός*).

διανόηση η, ουσ. (ασυνίζ.). 1. πνευματική λειτουργία με αντικείμενο το συνδυασμό εννοιών για να παραχθεί γνώση και να σχηματιστούν κρίσεις, ο τρόπος με τον οποίο σκέφτεται κανείς: *~ αναπτυγμένη / κοινή / υψηλή / φιλοσοφική* (συνών. *σκέψη*). 2. κοινωνική κατηγορία που περιλαμβάνει όσους ασχολούνται με τα πνευματικά ζητήματα ή είναι φορείς ιδεολογικών ρευμάτων σε συγκεκριμένη κοινωνία: *~ αριστερή / συντηρητική / φιλελεύθερη* (συνών. *διανοούμενοι*).

διανοητής ο, θηλ. **-τρια**, ουσ. (ασυνίζ., λόγ.), άνθρωπος αφιερωμένος στην πνευματική δραστηριότητα, διανοούμενος, στοχαστής.

διανοητικός, -ή, -ό, επίθ. (ασυνίζ.). 1. που ανήκει ή αναφέρεται στη διανόηση, στη σκέψη: *δραστηριότητα / ισορροπία / καθυστέρηση / σύλληψη -ή· επίπεδο -ό* (συνών. *νοητικός, πνευματικός*). 2. που έχει ιδιαίτερη κλίση στα πνευματικά ζητήματα, που σκέφτεται σε βάθος (συνών. *βαθυστόχαστος, στοχαστικός*). - Επίρρ. **-ά**.

διανοητικότητα η, ουσ. (ασυνίζ.), η ιδιότητα του διανοητικού, ο βαθμός της διανόησης, οι πνευματικές δυνάμεις κάποιου.

διανοήτρια, βλ. *διανοητής*.

διάνοια η, ουσ. (ασυνίζ. δις). 1. πνεύμα, νους, μυαλό: *~ γόνιμη / δημιουργική / φωτισμένη· αποκλειστικό δικαίωμα* (κάποιου) *επάνω στα προϊόντα της διάνοιάς του* (αστ. κώδ.). 2. ικανότητα του

ανθρώπου να αντιλαμβάνεται, δύναμη της σκέψης: ~ ισχυρή / οξεία. **3.** για άτομο με έμφυτη, ιδιαίτερη ικανότητα (σε κάτι): *ο Χ είναι ~ (στα μαθηματικά)* (συνών. *ιδιοφυΐα, ταλέντο, μυαλό).* **4.** σκέψη, γνώμη, ιδέα: *η νομή χάνεται μόλις... εκδηλωθεί αντίθετη ~ του νομέα·* έκφρ. *η ~ του νομοθέτη / του νόμου* (= πνεύμα)· έκφρ. *ούτε κατά ~ =* για κάτι που δεν το σκεφτήκαμε, δεν το υποψιαστήκαμε καν (συνήθως σε έντονη άρνηση): *δεν το περίμενα απ' αυτόν να με γελάσει ούτε κατά ~.*
διανοίγω, ρ. (ασυνίζ.), δημιουργώ άνοιγμα (συνήθως για να περνά κανείς μέσα από αυτό): *~ δασικούς δρόμους / θεμέλια·* (μεταφ. για κάτι που διευκολύνει μια δραστηριότητα) *η συμφωνία -ει νέες ευοίωνες προοπτικές.*
διάνοιξη η, ουσ. (ασυνίζ., λόγ.), δημιουργία ανοίγματος: *~ οδών / διώρυγας.*
διανομέας ο, ουσ. (ασυνίζ.). **1.** αυτός που διανέμει· δημόσιος ή σπανίως ιδιωτικός υπάλληλος που επιδίδει επιστολές, τηλεγραφήματα, κ.τ.ό., στους παραλήπτες τους ή εξαργυρώνει επιταγές: *~ ταχυδρομικός / τηλεγραφικός* (συνών. *ταχυδρόμος, γραμματοκομιστής).* **2.** (τεχνολ.) συσκευή ή εξάρτημα συσκευής για τη διανομή ύλης ή ενέργειας, συνήθως με αυτόματο τρόπο: *~ λιπάσματος / ατμού / ρεύματος.* **3.** αυτός που διαθέτει ένα προϊόν στην αγορά: *~ ταινιών.*
διανομή η, ουσ. (ασυνίζ.). **1.** το να δίνει κανείς στο καθένα από διάφορα πρόσωπα το μερίδιο που του αναλογεί ή γενικά ό,τι δικαιούται και πρέπει να πάρει: *~ αμερόληπτη / δίκαιη / δωρεάν·* ~ ρουχισμού στους φτωχούς / συσσιτίου στους στρατιώτες / συγγραμμάτων στους φοιτητές· *~ αλληλογραφίας·* ~ *περιουσίας / κληρονομιάς / κερδών·* (θεατρ.) *~ ρόλων ενός θεατρικού ή κινηματογραφικού έργου* και συνεκδοχικά *~ ενός έργου στους ηθοποιούς* (= ανάθεση στα μέλη του θιάσου των ρόλων που θα ερμηνεύσουν)· *~ ημερήσιου / περιοδικού τύπου* (= ο τρόπος και τα μέσα με τα οποία φτάνουν οι εφημερίδες και τα περιοδικά σε όσους θα τα διαθέσουν στο κοινό, δηλ. εφημεριδοπώλες, περίπτερα, κ.τ.ό.)· *~ ταινιών* (= η διάθεσή τους στις κινηματογραφικές αίθουσες) (συνών. *μοίρασμα, μοιρασιά).* **2.** (οικον.) *~ του πλούτου* = το σύνολο των συνθηκών που σχετίζονται με την κατανομή του πλούτου μιας χώρας στους πολίτες της ή του κόσμου στα επιμέρους κράτη. **3.** (τεχνολ.) η παραλαβή της ηλεκτρικής ενέργειας από τους κεντρικούς σταθμούς και η διάθεσή της στους καταναλωτές: *δίκτυο -ής* (ηλεκτρικού ρεύματος).
διανοούμαι, ρ. (ασυνίζ.). **1.** σκέφτομαι, συλλογίζομαι, στοχάζομαι. **2.** (συνήθως με άρνηση) έχω στο νου μου, σκέφτομαι, σκοπεύω (να κάνω κάτι): *ούτε -ήθηκε να παραιτηθεί· δε -ήθηκα να σε θίξω.*
διανοουμενίστικος, -η, -ο, επίθ. (ασυνίζ.), (συνήθως με αρνητ. απόχρωση) που χαρακτηρίζει ένα διανοούμενο: *διατύπωση / ανάλυση -η· έχει στα γραφτά του -ο ύφος* (συνών. *κουλτουριάρικος).*
διανοούμενος ο, θηλ. **-ένη,** ουσ. (ασυνίζ.), άτομο που ασχολείται συστηματικά με τα πνευματικά ζητήματα, που δείχνει ενδιαφέρον γι' αυτά ή είναι ως φορέας ιδεολογίας σε μια ορισμένη κοινωνία: *~ διακεκριμένος / φιλελεύθερος· -οι και χειρώνακτες·* (ως επίθ.) *γυναίκες -ούμενες.*

διάνος ο, θηλ. **-α,** ουσ. (συνιζ., λαϊκ.), γάλος, κούρκος. [*ινδιάνος*].
διανυκτέρευση η, ουσ. (ασυνίζ.). **1.** το να μένει κανείς κάπου κατά τη διάρκεια της νύχτας: *υποχρεωτική ~ στο ύπαιθρο·* *-εύσεις σε πολυτελές ξενοδοχείο·* (στρατ., για άδεια παραμονής τη νύχτα έξω από το στρατόπεδο). **2.** ολονύχτια αγρυπνία (συνήθως για κατάστημα που παραμένει ανοιχτό όλη τη νύχτα): *~ φαρμακείου / πρατηρίου υγρών καυσίμων.*
διανυκτερεύω, ρ. (ασυνίζ.). **1.** περνώ τη νύχτα κάπου: *~ στο καταφύγιο / στο σταθμό· θα -sei στη Ζυρίχη και θα πετάξει το πρωί για τη Ν. Υόρκη.* **2.** ξαγρυπνώ (συνήθως για κατάστημα που λειτουργεί όλη τη νύχτα): *φαρμακεία που -ουν.*
διάνυση η, ουσ. (ασυνίζ.), το να διανύει, να διατρέχει κανείς μια απόσταση και συνεκδοχικά η απόσταση αυτή.
διάνυσμα το, ουσ. (ασυνίζ.), (μαθημ.) άνυσμα (βλ. λ.): *-ατα ίσα / αντίθετα· άθροισμα -άτων.*
διανυσματικός, -ή, -ό, επίθ. (ασυνίζ.), (μαθημ.) που αναφέρεται στο διάνυσμα: *λογισμός ~.*
διανύω, ρ. (ασυνίζ.), διατρέχω: *~ δρόμο / απόσταση / πορεία / στάδιο·* (χρον.) *-ύει το εξηκοστό έτος της ηλικίας του.*
διαξιφίζομαι, ρ. (ασυνίζ.), (μεταφ.) ανταλλάσσω δηκτικά λόγια (συνών. *διαπληκτίζομαι).*
διαξιφισμός ο, ουσ. (ασυνίζ.), (μεταφ.) ανταλλαγή δηκτικών λόγων: *η ατμόσφαιρα της συζήτησης ηλεκτρίστηκε από έντονους -ούς* (συνών. *λογομαχία, αψιμαχία, διαπληκτισμός).*
διαολάκος, βλ. *διαβολάκος.*
διαολόπαιδο, βλ. *διαβολόπαιδο.*
διάολος, βλ. *διάβολος.*
διαολοστέλνω, βλ. *διαβολοστέλνω.*
διαπαιδαγώγηση η, ουσ. (ασυνίζ.), συστηματική πνευματική και ηθική κατάρτιση και καλλιέργεια των ανήλικων ατόμων με παιδαγωγικές μεθόδους *~ ηθική / εθνική / σεξουαλική· προβλήματα -ης* (συνών. *ανατροφή, αγωγή).*
διαπαιδαγωγώ, -είς, ρ. (ασυνίζ.). α. φροντίζω για τη διάπλαση του χαρακτήρα ανήλικου ατόμου καταρτίζοντάς το πνευματικά και ηθικά: *~ σωστά / συστηματικά* (συνών. *ανατρέφω, διαπλάθω, μορφώνω)* **β.** (για ενήλικους) καθοδηγώ, καλλιεργώ, καταρτίζω: *πολίτες -γωγημένοι πολιτικά.*
διαπάλη η, ουσ. (ασυνίζ., λόγ.), έντονη και συνεχής αντίθεση μεταξύ δύο αντίπαλων (ατόμων ή ομάδων) κατά την οποία η κάθε πλευρά αγωνίζεται να επιβληθεί στην άλλη και να επιτύχει τους δικούς της σκοπούς: *~ κομματική* (συνών. *ανταγωνισμός, διαμάχη).*
διαπαντός, επίρρ. (ασυνίζ., έρρ.), (χρον.) για πάντα, παντοτινά: *έφυγε ~ από το χωριό του.* [πρόθ. *διά* + γεν. επίθ. *πας*].
διαπαραταξιακός, -ή, -ό, επίθ. (ασυνίζ. δις), που αποτελείται από μέλη που ανήκουν σε δύο ή περισσότερες παρατάξεις ή που αφορά όλες τις παρατάξεις: *επιτροπή -ή· σχέσεις -ές.*
διαπασών η, (ασυνίζ.), (μουσ.). **1.** το διάστημα μιας κλίμακας, η οκτάβα. **2.** κρουστό ή πνευστό όργανο που παράγει το φθόγγο «λα». **3.** (συνεκδοχικά) οξύτατος τόνος φωνής ή γενικά ήχου: *ύψωσε τη φωνή στη ~· άνοιξε το ραδιόφωνο στη ~.* [φρ. *η διά πασών των χορδών συμφωνία·* διεθν. *diapason*].

διαπεραστικός, -ή, -ό, επίθ. (ασυνίζ.). 1. που είναι ικανός να διαπερνά, να διατρυπά· (μεταφ.) *βλέμμα -ό* (συνών. *διεισδυτικός*). 2. που γίνεται έντονα και δυσάρεστα αισθητός: *πόνος* ~ (= οξύς, σουβλερός)· *κρύο -ό* (= δριμύ, τσουχτερό)· *ήχος* ~ (= οξύς, εκκωφαντικός)· *κραυγή / φωνή -ή* (= οξεία). - Επίρρ. **-ά.**

διαπερατότητα η, ουσ. (ασυνίζ., λόγ.), η ιδιότητα των σωμάτων να διαπερνώνται από υγρά, φως, ενέργεια μαγνητική, αέρια, κλπ.: ~ *εδάφους / αγωγού / κυτταρικής μεμβράνης·* ~ *μαγνητική.*

διαπερνώ, -άς, ρ. (ασυνίζ.), περνώ διαμέσου, εισχωρώ σε κάτι διασχίζοντάς το ή τρυπώντας το πέρα ως πέρα: *το βλήμα -ασε το σώμα του· η βροχή -ασε το επανωφόρι· το φως -ά το σκοτάδι / τα διαφανή σώματα· ο θόρυβος -ούσε τους τοίχους· ρίγη -ούσαν το κορμί του.*

διαπίδυση η, ουσ. (ασυνίζ., λόγ.). 1. εκροή υγρού από τους πόρους ενός σώματος. 2. (φυσ.) το φαινόμενο κατά το οποίο έχουμε αμοιβαία διείσδυση των μορίων αερίων ή υγρών διαμέσου των πόρων ενός διαφράγματος που τα χωρίζει (συνών. *όσμωση*). 3. (φυσιολ.) μετανάστευση λευκοκυττάρων έξω από τα τριχοειδή.

διαπιδύω, ρ. (ασυνίζ., λόγ.), (φυσ. για υγρά), διαρρέω, διαχέομαι μέσα από τους πόρους ενός σώματος.

διαπιστευμένος ο, θηλ. **-η,** ουσ. (ασυνίζ.), διπλωματικός αντιπρόσωπος κράτους διορισμένος σε άλλο κράτος και εφοδιασμένος με εξουσία απαραίτητη για να παρουσιάζει τα συμφέροντα της χώρας του και να φροντίζει γι' αυτά.

διαπιστευτήρια τα, ουσ. (ασυνίζ. δις), έγγραφα με τα οποία εφοδιάζεται ο διπλωματικός αντιπρόσωπος ενός κράτους όταν διορίζεται σε άλλο κράτος και τα οποία απευθύνονται, ανάλογα με το βαθμό του διπλωμάτη, στον αρχηγό του κράτους ή στον υπουργό των εξωτερικών: *ο πρέσβης επέδωσε τα -ιά του.*

διαπιστεύω, ρ. (ασυνίζ.), (για κυβέρνηση) διορίζω διπλωματικό αντιπρόσωπο σε ξένο κράτος: *ο πρέσβης -εύθηκε σε μικρή χώρα· ομάδα -ευμένη για διάλογο.*

διαπιστώνω, ρ. (ασυνίζ.), αποδεικνύω με έρευνα την αλήθεια ενός πράγματος, πείθομαι ύστερα από έλεγχο για το αναμφισβήτητο ενός γεγονότος: ~ *την αθωότητα / την αλήθεια / τη συμμετοχή κάποιου σε κάτι / την απουσία κάποιου / καταχρήσεις* (συνών. *εξακριβώνω, επιβεβαιώνω*).

διαπίστωση η, ουσ. (ασυνίζ.), απόκτηση (ύστερα από έλεγχο) βεβαιότητας για το αναμφισβήτητο ενός γεγονότος: ~ *επιστημονική/ μια πρώτη* ~ */ της αλήθειας / της ενοχής / της απουσίας ενός γεγονότος* (συνών. *εξακρίβωση, επιβεβαίωση*).

διαπιστωτικός, -ή, -ό, επίθ. (ασυνίζ.), που με αυτόν επιβεβαιώνεται η αλήθεια ενός γεγονότος: *-ή πράξη του νομάρχη* (συνών. *εξακριβωτικός*).

διαπλάθω, ρ. (ασυνίζ.), δίνω μορφή, σχήμα σε υλικό εύπλαστο· (μεταφ.) διαμορφώνω: *έχει -άσει δικό του ύφος* (συνών. *δημιουργώ, αποκτώ*)· ~ *το ήθος / το χαρακτήρα κάποιου.*

διαπλανητικός, -ή, -ό, επίθ. (ασυνίζ.), που βρίσκεται ή συμβαίνει ανάμεσα στους πλανήτες ή που αναφέρεται σ' αυτούς: *διαστήματα -ά· ταξίδι -ό· πτήση -ή· πρόγραμμα -ό.*

διάπλαση η, ουσ. (ασυνίζ.). 1. διαδικασία κατά την οποία ένα σώμα που δεν υπήρχε προηγουμένως αποκτά μορφή, σχήμα: ~ *εμβρύου / νευρικού συστήματος·* ~ *σωματική / φυσιολογική·* (γεωλ.) ~ *στρωμάτων* (συνών. *σχηματισμός, διαμόρφωση*). 2. (μεταφ.) διαπαιδαγώγηση: ~ *ήθους / χαρακτήρα.*

διάπλατος, -η, -ο, επίθ. (συνιζ.). 1. ευρύς, πλατύς, εκτεταμένος: *θάλασσα -η.* 2. εντελώς ανοιχτός: *άφησε την πόρτα -η* (= ορθάνοιχτη)· *φτερούγες -ες.* - Επίρρ. **-α** (στη σημασ. 2): *άνοιξε -α το στόμα·* (μεταφ.) *ανοίγει -α η καρδιά.*

διαπλάτυνση η, ουσ. (ασυνίζ.), αύξηση του πλάτους: ~ *δρόμου / κοίτης ποταμού / ενός ανοίγματος* (συνών. *διεύρυνση, φάρδεμα* αντ. *στένεμα*).

διαπλατύνω, ρ. (ασυνίζ.), αυξάνω το πλάτος ενός πράγματος: ~ *δρόμο / πλατεία / ένα άνοιγμα / το στόμιο ενός αγωγού / μια τάφρο* (συνών. *διευρύνω, πλαταίνω, φαρδαίνω* αντ. *στενεύω*).

διαπλέκω, ρ. (ασυνίζ.), πλέκω, συνδέω δύο ή περισσότερα πράγματα μεταξύ τους: *γραμμές που -ονται σε διακοσμητικές συνθέσεις.*

διάπλευση η, ουσ. (ασυνίζ.), το να περάσει κάποιος με πλεούμενο διαμέσου μιας θαλάσσιας έκτασης ή από το ένα άκρο της ως το άλλο: ~ *πορθμού / ποταμού* (συνών. *διάπλους*).

διαπλέω, ρ., παρατ. *διέπλεα,* πληθ. *διαπλέαμε,* αόρ. *διέπλευσα,* πληθ. *διαπλεύσαμε,* (ασυνίζ.), περνώ με πλεούμενο διαμέσου θαλάσσιας έκτασης ή από το ένα άκρο της ως το άλλο: ~ *τον ισθμό.*

διαπληκτίζομαι, ρ. (ασυνίζ.), έρχομαι σε σύγκρουση με κάποιον, ανταλλάσσω με κάποιον υβριστικά λόγια ή χτυπήματα: *οι παίκτες -ίζονταν* (συνών. *φιλονικώ, καβγαδίζω, μαλώνω, τσακώνομαι*).

διαπληκτισμός ο, ουσ. (ασυνίζ.), το να έρχονται κάποιοι σε ανοιχτή ρήξη, το να ανταλλάσσουν υβριστικά λόγια ή χτυπήματα: ~ *έντονος / οξύτατος / σφοδρός / απαράδεκτος· η συζήτηση κατέληξε σε -ούς* (συνών. *φιλονικία, καβγάς, μάλωμα*).

διαπλοκή η, ουσ. (ασυνίζ., λόγ.), σύνδεση δύο ή περισσοτέρων πραγμάτων μεταξύ τους: ~ *διακοσμητικών μοτίβων / λέξεων·* (μεταφ.) ~ *ποικίλων επιρροών.*

διάπλους ο, ουσ. (ασυνίζ., λόγ.), διάπλευση (βλ. λ.).

διαπνέω, ρ. (ασυνίζ.). 1. (ενεργ.) διακατέχω, εμπνέω εξολοκλήρου: *το έργο του Παπαδιαμάντη το -έει θρησκευτικός ερωτισμός· τα ποιήματά του τα -έει έντονος λυρισμός / ενθουσιασμός.* 2. (μέσ.) κατέχομαι εξολοκλήρου από κάποιο συναίσθημα: *-έεται από αγάπη προς την πατρίδα / έρωτα προς την επιστήμη.*

διαπνοή η, ουσ. (ασυνίζ., λόγ.). 1. (φυσιολ.) αποβολή από τους πόρους του δέρματος υδρατμών και διοξειδίου του άνθρακα και απορρόφηση οξυγόνου: ~ *άδηλη / δερματική.* 2. (βοτ.) λειτουργία των φυτών κατά την οποία αποβάλλουν νερό από τα υπέργεια οργανά τους σε μορφή υδρατμών.

διαπολιτισμικός, -ή, -ό, επίθ. (ασυνίζ.), που αναφέρεται στις σχέσεις δύο ή περισσοτέρων πολιτισμών: *επιδράσεις / σπουδές -ές.*

διαπόμπευση η, ουσ. (ασυνίζ., έρρ.). 1. δημόσια περιφορά ατόμου που γίνεται με σκοπό να το εμπαίξουν και να το καταισχύνουν για τιμωρία: ~ *κοινών γυναικών / προδοτών* (συνών. *ρεζίλεμα, πόμπεμα, εμπαιγμός, εξευτελισμός*). 2. (συνεκδοχικά) δημόσια, προφορική ή γραπτή παρουσίαση

των αξιόμεμπτων πράξεων ενός ατόμου στην κοινή κατάκριση (συνών. *διασυρμός*).
διαπομπεύω, ρ. (ασυνίζ., έρρ.), υποβάλλω κάποιον σε δημόσιο εμπαιγμό, σε διαπόμπευση (βλ. λ.), (συνών. *πομπεύω, ρεζιλεύω, διασύρω*).
διαπόρια τα, ουσ. (ασυνίζ., δις), τα τέλη που καταβάλλουν τα πλοία που διέρχονται από πορθμό.
διαποτίζω, ρ. (ασυνίζ.). 1. υγραίνω κάτι πέρα για πέρα, μουσκεύω: *η βροχή / η υγρασία -ισε τον τοίχο / τα ρούχα* (συνών. *διαβρέχω, εμποτίζω*). 2. (μεταφ.) επηρεάζω κάποιον βαθιά, κατέχω κάποιον εξολοκλήρου, διακατέχω: *-ισμένος από τις ιδέες του Ευαγγελίου / του Μαρξ.*
διαπότιση η, ουσ. (ασυνίζ.), το να υγραίνεται κάτι πέρα για πέρα: ~ *πορώδους σώματος / εδάφους* (συνών. *εμποτισμός, μούσκεμα*).
διαπραγματεύομαι, ρ. (ασυνίζ.), διεξάγω συνεννοήσεις για τη διευθέτηση κάποιου ζητήματος: ~ *συμφωνία / συνθήκη / σύμβαση.*
διαπραγμάτευση η, ουσ. (ασυνίζ.), (συνήθως στον πληθ.), διεξαγωγή συνεννοήσεων για την επίτευξη συμφωνίας: *οι -εις οδήγησαν σε αδιέξοδο / κατέληξαν σε συμφωνία· -εις με απεργούς· αρχίζω -εις· -εις μυστικές· «κάθισαν στην τράπεζα των -εων» διεξαγωγή -εων· απευθείας -εις.*
διαπραγματεύσιμος, -η, -ο, επίθ. (ασυνίζ.), που γι' αυτόν μπορούν να γίνουν διαπραγματεύσεις: *θέματα μη -α.*
διαπραγματευτής ο, θηλ. **-εύτρια,** ουσ. (ασυνίζ.), αυτός που παίρνει μέρος σε διαπραγματεύσεις, συνήθως ως αντιπρόσωπος κυβέρνησης, σωματείου, κλπ.
διαπραγματευτικός, -ή, -ό, επίθ. (ασυνίζ.), που αναφέρεται σε διαπραγματεύσεις ή διαπραγματευτές: *θέσεις -ές· ελιγμοί -οί· ομάδα -ή.*
διαπραγματεύτρια, βλ. *διαπραγματευτής.*
διάπραξη η, ουσ. (ασυνίζ.), εκτέλεση, πραγματοποίηση (κακής πράξης): ~ *εγκλήματος.*
διαπράττω, ρ., παρατ. *διέπραττα,* πληθ. *διαπράτταμε,* αόρ. *διέπραξα,* πληθ. *διαπράξαμε* (ασυνίζ.), κάνω (κάτι κακό, αξιόποινο): *-έπραξε το σφάλμα να... / έγκλημα / αδίκημα.*
διαπρεπής, -ής, -ές, γεν. *-ούς,* πληθ. αρσ. και θηλ. *-είς,* ουδ. *-ή,* επίθ., ξεχωριστός, περίφημος, ονομαστός: *επιστήμονας / μαέστρος* ~.
διαπρέπω, ρ., παρατ. *διέπρεπα,* πληθ. *διαπρέπαμε,* αόρ. *διέπρεψα,* πληθ. *διαπρέψαμε* (ασυνίζ.), διακρίνομαι, εξέχω: *-ει στην πολιτική· -έπρεψε στο εξωτερικό.*
διαπροσωπικός, -ή, -ό, επίθ. (ασυνίζ.), που αναφέρεται σε δύο ή περισσότερα πρόσωπα: *σχέσεις -ές.*
διαπρύσιος, -α, -ο, επίθ. (ασυνίζ., λόγ.), (με το ουσ. *κήρυκας*) που υπερασπίζει τις ιδέες του, τις απόψεις του έντονα, ένθερμα.
διαπύημα το, ουσ. (ασυνίζ.), (ιατρ.) πυώδες οίδημα, απόστημα.
διαπύηση η, ουσ. (ασυνίζ.), (ιατρ.) σχηματισμός πύου: ~ *πληγής* (συνών. *εμπύηση*).
διαπυούμαι, ρ. (ασυνίζ.), (ιατρ. για πληγή, οίδημα, κ.τ.ό.) σχηματίζω πύον, γίνομαι πυώδης (συνών. *εμπυούμαι*).
διάπυρος, -η, -ο, επίθ. (ασυνίζ., λόγ.). 1. που είναι όλος φωτιά, πυρακτωμένος εντελώς: *-η μάζα του ήλιου· σφαίρα / ζώνη -η.* 2. (μεταφ.) ένθερμος: *δέηση -η·* (εκκλ.) ~ *ευχέτης.*
διά πυρός και σιδήρου, αρχαϊστ. έκφρ. = α. με κάθε είδους βία. β. με πολλές περιπέτειες.
διαρθρώνω, ρ. (ασυνίζ.), οργανώνω τα διάφορα στοιχεία ενός συνόλου σε λογική και αρμονική ακολουθία, συγκροτώ, συνθέτω: *το μυθιστόρημα -εται πάνω στη σχέση οικονομίας και άρχουσας τάξης.*
διάρθρωση η, ουσ. (ασυνίζ.). 1. σύνδεση, διάταξη των στοιχείων ενός συνόλου: *πολύμορφη* ~ *των ακτών της Μεσογείου· ~ οικονομίας.* 2. συγκρότηση της ύλης ενός έργου σε λογική και αρμονική σειρά, σύνθεση: ~ *συγγράμματος / μελέτης / λογοτεχνικού έργου.* 3. (ανατομ.) τύπος κινητής άρθρωσης που επιτρέπει στα οστά ελεύθερες κινήσεις: *μεσοκάρπια* ~.
διαρθρωτικός, -ή, -ό, επίθ. (ασυνίζ.), που αναφέρεται στη διάρθρωση: *αλλαγές -ές· -ά χαρακτηριστικά της ελληνικής οικονομίας.*
διάρκεια η, ουσ. (ασυνίζ.). 1. χρονική συνέχεια, χρονικό διάστημα κατά το οποίο υπάρχει ή συμβαίνει κάτι: ~ *χρονική / απεριόριστη / σταθερή· ~ ζωής / απουσίας / συνομιλίας / επίδρασης ενός φαρμάκου·* το *θέαμα έχει* ~ *τριών ωρών·* (γραμμ.) *οι εξακολουθητικοί χρόνοι φανερώνουν τη ~ με συνέχεια ή με επανάληψη· ~ συμφώνων.* 2. (συνεκδοχικά) ανθεκτικότητα, αντοχή, σταθερότητα: ~ *θεσμών.*
διαρκής, -ής, -ές, γεν. *-ούς,* πληθ. αρσ. και θηλ. *-είς,* ουδ. *-ή,* επίθ. (ασυνίζ.). 1. που διαρκεί, που εξακολουθεί να υπάρχει ή να συμβαίνει, που δεν παύει: *κίνηση / ένταση* ~· *επιτροπή -ής· στρατοδικείο -ές* (αντ. *έκτακτο*) (συνών. *συνεχής, αδιάκοπος, παρατεταμένος·* αντ. *στιγμιαίος, σύντομος*). 2. που παρατείνεται για μακρό χρονικό διάστημα, μόνιμος, σταθερός: *ειρήνη / φιλία / κατάσταση -ής* (αντ. *πρόσκαιρος, προσωρινός*). - Επίρρ. **-ώς** (στη σημασ. 1).
διαρκώ, -είς, ρ., παρατ. *διαρκούσα,* αόρ. *διήρκεσα,* πληθ. *διαρκέσαμε* (ασυνίζ.), συνεχίζομαι χρονικά, δεν παύω να υπάρχω ή να συμβαίνω: *το θέαμα -ήρκεσε δύο ώρες· αυτή η κατάσταση δεν μπορεί να -έσει πολύ* (συνών. *εξακολουθώ, παρατείνομαι, βαστώ, κρατώ*).
διαρκώς, βλ. *διαρκής.*
διαρπαγή η, ουσ. (ασυνίζ.). 1. λεηλασία: ~ *πόλης.* 2. αφαίρεση ξένου πράγματος με τη βία: ~ *περιουσίας / κληρονομιάς· ~ μαζική / οργανωμένη* (συνών. *αρπαγή*).
διαρπάζω, ρ., παρατ. *διήρπαζα,* πληθ. *διαρπάζαμε,* αόρ. *διήρπασα,* πληθ. *διαρπάσαμε* (ασυνίζ., λόγ.), αφαιρώ ξένο πράγμα με τη βία, αρπάζω.
διαρρέω, ρ., παρατ. *διέρρεα,* πληθ. *διαρρέαμε,* αόρ. *διέρρευσα,* πληθ. *διαρρεύσαμε* (ασυνίζ.). 1. ρέω, κυλώ διαμέσου: *μεγάλοι ποταμοί -ουν τη χώρα.* 2. (για υγρά και αέρια) ρέω, αποβάλλομαι, ξεφεύγω από κάπου. 3. (μεταφ.) διαφεύγω χωρίς να γίνει το πράγμα αντιληπτό: *-έρρευσαν πληροφορίες· -έρρευσε μυστικό· -έρρευσε ότι...· άφησαν να -εύσει...*
διαρρηγνύω, ρ., παρατ. *διερρήγνυα,* πληθ. *διαρρηγνύαμε,* αόρ. *διέρρηξα,* πληθ. *διαρρήξαμε,* μτχ. *διερρηγμένος* (ασυνίζ., λόγ.). 1. χωρίζω σε δύο ή περισσότερα μέρη ένα πράγμα (στερεό) με βίαιο τρόπο, σπάζω ή σχίζω *-έρρηξε τα δεσμά / τις αλυσίδες·* (μέσ.) *-ερράγησαν τα αιμοφόρα αγγεία στο σημείο που τραυματίστηκε.* Φρ. ~ *τα ιμάτια μου* (= διαμαρτύρομαι έντονα γιατί κατηγορούμαι άδικα). 2. (μεταφ.) διακόπτω απότομα: *-έρρηξε*

διαρρήδην 362

τους δεσμούς του με... 3. ανοίγω κάτι με τη βία, παραβιάζω (με σκοπό να κλέψω): *οι κλέφτες -έρρηξαν την πόρτα· βρήκε το χρηματοκιβώτιό της -ερρηγμένο.*

διαρρήδην, επίρρ. (ασυνίζ., λόγ.), χωρίς περιστροφές, ρητά, κατηγορηματικά: *το αρνήθηκε ~.*

διαρρήκτης και **διαρρήχτης** ο, θηλ. **-ήκτρια,** ουσ. (ασυνίζ.), αυτός που παραβιάζει κλειστό χώρο για να κλέψει: *~ διάσημος.*

διαρρηκτικός, -ή, -ό, επίθ. (ασυνίζ.). 1. (για βλήμα) που διαρρηγνύεται, που το περίβλημά του διασπάται κατά την έκρηξη σε πολλά μικρά κομμάτια και γίνεται έτσι το βλήμα καταστρεπτικότερο. 2. που χρησιμοποιείται για να γίνει διάρρηξη: *εργαλεία -ά.*

διαρρήκτρια, βλ. *διαρρήκτης.*

διάρρηξη η, ουσ. (ασυνίζ.). 1. το να γίνεται κάτι κομμάτια με βίαιο τρόπο, το να διαρρηγνύεται κάτι, ρήξη: *~ αιμοφόρων αγγείων / του ακουστικού τυμπάνου.* 2. (μεταφ.) απότομη διακοπή: *~ σχέσεων / φιλίας.* 3. παραβίαση κλειστού χώρου με σκοπό την κλοπή: *διάρρηξη καταστήματος / χρηματοκιβωτίου· κάνω ~.* 4. (συνεκδοχικά) κλοπή: *~ νυχτερινή· δράστης -ης.* 5. (νομ.) ακύρωση: *~ συμφωνίας / συμβολαίου ~ απαλλοτρίωσης· εγείρω αγωγή -ης.* 6. (βοτ.) ενέργεια με την οποία ένα όργανο κλειστό (ανθήρας, καρπός, σποριάγγειο) ανοίγει με τρόπο φυσικό και κανονικό σύμφωνα με νόμο που τον καθορίζει η κατασκευή του.

διαρρήχτης, βλ. *διαρρήκτης.*

διαρροή η, ουσ. (ασυνίζ.). 1. διαφυγή, απώλεια (συνήθως βαθμιαία και συνεχής) υγρού ή αερίου: *~ αδιάκοπη / φυσιολογική· ~ υγραερίου / αποβλήτων· ~ πετρελαίου.* 2. (μεταφ.) το να διαφεύγει κάτι χωρίς να γίνει αντιληπτό και να παρέχεται στη δημοσιότητα: *~ πληροφοριών / κρατικών μυστικών / επίσημων κειμένων.* 3. (μεταφ.) βαθμιαίος διασκορπισμός (ενός συνόλου) ή αλλεπάλληλες αποχωρήσεις (από μια ομάδα ατόμων): *~ χρημάτων / συναλλάγματος / βουλευτών από ένα κόμμα / ψηφοφόρων.*

διάρροια η, ουσ. (ασυνίζ.), (ιατρ.) συχνή και υδαρής αφόδευση: *τον έπιασε ~· έχω ~ με πόνους· το φαγητό τού έφερε ~· ~ πράσινη (= βρεφική)* (συνών. *ευκοιλιότητα* αντ. *δυσκοιλιότητα*).

διαρροϊκός, -ή, -ό, επίθ. (ασυνίζ.), που σχετίζεται με τη διάρροια: *συμπτώματα / κόπρανα -ά· κενώσεις -ές.*

διαρρυθμίζω, ρ. (ασυνίζ., λόγ.), τοποθετώ σε κάποια διάταξη, βάζω σε τάξη, τακτοποιώ, κανονίζω.

διαρρύθμιση η, ουσ. (ασυνίζ.), τοποθέτηση σε (καλή) διάταξη, διευθέτηση, τακτοποίηση· (ειδικά) ρύθμιση και τοποθέτηση πραγμάτων σε ορισμένη τάξη: *~ δωματίων / επίπλων / χώρου.*

διαρρυθμιστικός, -ή, -ό, επίθ. (ασυνίζ.), που αναφέρεται ή εξυπηρετεί τη διαρρύθμιση.

διαρχία η, ουσ. (ασυνίζ.). 1. (ιστ.) το να κυβερνούν συγχρόνως δύο πρόσωπα: *~ (βασιλέων) Σπάρτης· ~ (υπάτων) Ρώμης.* 2. (φιλοσ.) θεωρία σύμφωνα με την οποία το «είναι» αποτελείται από δύο πρωταρχικά στοιχεία, δύο αρχές, την ύλη και το πνεύμα (συνών. *δυϊσμός* αντ. *μονισμός*).

διαρχικός, -ή, -ό, επίθ. (ασυνίζ.), που αναφέρεται στη διαρχία: *φιλοσοφία -ή· αρχές -ές.*

διασάλευση η, ουσ. (ασυνίζ.), ταραχή, αναστάτωση που οφείλεται σε βίαιη (μετα)κίνηση, σε δυνατό κλονισμό· (μεταφ.): *~ της δημόσιας τάξης· ~ φρενών (= απώλεια λογικού, παραφροσύνη).*

διασαλευτής ο, ουσ. (ασυνίζ., σπάνιο), αυτός που προκαλεί διασάλευση, αναστάτωση: *~ της δημόσιας τάξης.*

διασαλεύω, ρ. (ασυνίζ.), σείω βίαια, τραντάζω· (μεταφ.) προκαλώ ταραχή, αναστατώνω: *με τις προτάσεις του -εται η τάξη των πραγμάτων.*

διασαλπίζω, ρ. (ασυνίζ., λόγ.), κάνω κάτι γνωστό παντού, διακηρύσσω, διαλαλώ, διατυμπανίζω: *~ μια επιτυχία / ένα κατόρθωμα* (αντ. *αποσιωπώ*).

διασαφηνίζω, ρ. (ασυνίζ.), καθιστώ το νόημα ενός πράγματος σαφές, εξηγώ, διευκρινίζω: *~ τις προθέσεις / τους σκοπούς / μια υπόθεση.*

διασαφήνιση η, ουσ. (ασυνίζ.), το να γίνεται κάτι σαφές, εξήγηση, διευκρίνιση.

διασάφηση η, ουσ. (ασυνίζ.). 1. διευκρίνιση, εξήγηση. 2. τελωνειακό έγγραφο που κατατίθεται από εμπόρους, εισαγωγείς ή εξαγωγείς και περιέχει δήλωση και λεπτομερή περιγραφή εμπορευμάτων τα οποία προορίζονται για εισαγωγή ή εξαγωγή: *~ εισαγωγής / εξαγωγής / διαμετακόμισης / αποταμίευσης.*

διασαφητικός, -ή, -ό, επίθ. (ασυνίζ.), που διασαφηνίζει κάτι (συνών. *διευκρινιστικός*).

διάσειση η, ουσ. (ασυνίζ.). 1. κλονισμός, τράνταγμα. 2. (ιατρ.) *~ εγκεφαλική* = πρόσκαιρη τραυματική παράλυση των εγκεφαλικών λειτουργιών που οφείλεται σε κάκωση της κεφαλής.

διάσελο το, ουσ. (συνίζ.), στενό πέρασμα ανάμεσα σε δύο λόφους ή σε δύο κορυφές βουνού: *~ επικίνδυνο / στενό / ψηλό.* [διά + σελί].

διασελώνω, ρ. (συνίζ., λογοτ.), περνώ από διάσελο: *Δεξιά τραβώ στ' ανάπλαγο, ραχούλα ~* (Αθάνας).

διάσημο το, ουσ. (ασυνίζ.), (συνήθως στον πληθ.) διακριτικό σήμα από το οποίο αναγνωρίζεται ο βαθμός, το αξίωμα, η υπηρεσία, κ.τ.ό.

διάσημος, -η, -ο, επίθ. (ασυνίζ.), που έχει μεγάλη φήμη, ονομαστός, ξακουστός: *σκηνοθέτης / μαέστρος ~· τραγουδίστρια -η* (αντ. *άσημος, αφανής, άγνωστος*).

διασημότητα η, ουσ. (ασυνίζ.). 1. το να είναι κάποιος διάσημος: *~ μεγάλη / παγκόσμια· ~ προσώπου / ονόματος / τύπου / έργου.* 2. (συνεκδοχικά) διάσημο πρόσωπο: *-ες της ημέρας / του καλλιτεχνικού κόσμου· στο συνέδριο πήραν μέρος -ες απ' όλο τον κόσμο.*

διασίδι το, ουσ. (συνιζ., ιδιωμ.), το διασμένο νήμα που έχει τοποθετηθεί στον αργαλειό και θα αποτελέσει το στημόνι: *όντα σε διάζομαν, γλυκά σε τραγουδούσα...* (Αθάνας). [διάση < διάζομαι].

διάσιμο το, ουσ. (συνιζ., ιδιωμ.), το πέρασμα του νήματος στον αργαλειό, η ετοιμασία του στημονιού.

διασκεδάζω, ρ. (ασυνίζ.). Α. (μτβ.) ψυχαγωγώ, προκαλώ σε κάποιον ευθυμία: *μας -ασε με ασ τεία του* (αντ. *στενοχωρώ*)· φρ. *~ τον καιρό μου* (= περνώ ευχάριστα το χρόνο μου). Β. (αμτβ.) μετέχω σε διασκέδαση, ψυχαγωγούμαι: *-ασα μ' όλη μου την ψυχή στο φιλικό γλέντι· -ει στις ταβέρνες* (συνών. *γλεντώ, ξεφαντώνω* αντ. *πλήττω, στενοχωριέμαι*).

διασκέδαση η, ουσ. (ασυνίζ.), το να έρχεται κανείς σε ευθυμία από κάτι ευχάριστο ή αστείο, ψυχαγωγία, γλέντι: *το παιχνίδι είναι απαραίτητη των παιδιών· καλή ~! (ευχή)· κέντρο -ης* (συνών.

ευχαρίστηση, αναψυχή αντ. πλήξη, ανία.
διασκεδασμός ο, ουσ. (ασυνίζ.), (φυσ.) ~ φωτός: ανάλυση του λευκού φωτός σε ακτινοβολίες άλλων χρωμάτων.
διασκεδαστής ο, θηλ. **-τρια**, ουσ. (ασυνίζ.), αυτός που διασκεδάζει τους άλλους.
διασκεδαστικός, -ή, -ό, επίθ. (ασυνίζ.). 1. ευχάριστος, ψυχαγωγικός: *παιχνίδι / βιβλίο / θέαμα -ό* (αντ. *δυσάρεστος, πληκτικός*). 2. κωμικός, αστείος: *τύπος ~*. - Επίρρ. **-ά**.
διασκεδάστρια, βλ. *διασκεδαστής*.
διασκελίζω και **-ώ, -άς**, ρ. (ασυνίζ., λαϊκ.), πηδώ πάνω από κάτι με ανοιχτά τα σκέλη: *-ισα τον τοίχο / το φράχτη* (συνών. *υπερπηδώ*).
διασκέλιση η, ουσ. (ασυνίζ.), διασκελισμός (βλ. λ. σημασ. 1, 2, 3).
διασκέλισμα το, ουσ. (ασυνίζ.), διασκελισμός.
διασκελισμός ο, ουσ. (ασυνίζ.). 1. άνοιγμα των ποδιών κατά το βάδισμα ή το τρέξιμο (συνών. *διασκέλισμα, διασκέλιση*). 2. η απόσταση ανάμεσα στα ανοιγμένα σκέλη: *ο πρωταθλητής είχε μεγάλο -ό* (συνών. *διασκέλισμα, διασκέλιση*). 3. το να πηδά κανείς πάνω από κάτι (συνών. *διασκέλισμα, διασκέλιση*). 4. (μετρ.) η συνέχιση του νοήματος σε δύο ή περισσότερους στίχους, π.χ. *Καλότυχοι οι νεκροί που λησμονάνε / την πίκρια της ζωής* (Μαβίλης) (συνών. *διασκέλισμα*).
διασκεπτικό το, ουσ. (ασυνίζ., νομ.), δικαστική έκθεση με πόρισμα.
διασκέπτομαι, ρ. (ασυνίζ.), συσκέπτομαι: *οι δικαστές -ονται για να αποφασίσουν*.
διασκευάζω, ρ. (ασυνίζ.), δίνω διαφορετική μορφή σε έργο λογοτεχνικό, μουσικό, θεατρικό, κλπ.: *-ασε ορισμένες σκηνές του έργου* (συνών. *τροποποιώ*).
διασκευαστής ο, θηλ. **-τρια**, ουσ. (ασυνίζ.), αυτός που διασκευάζει κάτι, αυτός που κάνει τροποποιήσεις σ' ένα έργο και το παρουσιάζει με νέα μορφή.
διασκευή η, ουσ. (ασυνίζ.). 1. ανάπλαση λογοτεχνικού, θεατρικού, μουσικού, κλπ., έργου που οδηγεί σε νέα (προσφορότερη) μορφή: *~ μυθιστορήματος για την τηλεόραση*. 2. (συνεκδοχικά) η νέα μορφή που παίρνει ένα (λογοτεχνικό, θεατρικό, μουσικό, κλπ.) έργο, αφού διασκευαστεί.
διάσκεψη η, ουσ. (ασυνίζ.), σύσκεψη αντιπροσώπων και συζήτηση για τη λήψη κοινών αποφάσεων πάνω σε σημαντικά θέματα: *~ για το κυπριακό· ~ κορυφής / κοινοβουλευτική* (συνών. *συνδιάσκεψη*).
διασκόπιο το, ουσ. (ασυνίζ. δις), (φυσ.) συσκευή προβολής που προβάλλει κείμενα και εικόνες σχεδιασμένες σε διαφανή φύλλα (συνήθως για διδακτικούς σκοπούς).
διασκορπίζω, ρ. (ασυνίζ.), σκορπίζω εδώ κι εκεί: *οι διαδηλωτές -ίστηκαν με βίαια μέσα· ο αέρας -ισε τα σύννεφα· ~ την περιουσία μου* (= διασπαθίζω) (αντ. *μαζεύω, συγκεντρώνω*).
διασκόρπιση η, ουσ. (ασυνίζ.), διασκορπισμός.
διασκορπισμός ο, ουσ. (ασυνίζ.). 1. σκόρπισμα. 2. σπατάλη (αντ. *διασπάθιση*).
διασκορπιστής ο, ουσ., αυτός που ξοδεύει ασυλλόγιστα (συνών. *σπάταλος*).
διασπαθίζω, ρ. (ασυνίζ.), (μεταφ.) ξοδεύω ασυλλόγιστα: *η αντιπολίτευση κατηγορεί την κυβέρνηση ότι -ει το δημόσιο χρήμα* (συνών. *διασκορπίζω, κατασπαταλώ*).

διασπάθιση η, ουσ. (ασυνίζ.), κατασπατάληση: *~ του δημόσιου χρήματος / της περιουσίας* (συνών. *διασκορπισμός, ανεμοσκόρπισμα·* αντ. *οικονομία*).
διασπαθισμός ο, ουσ. (ασυνίζ.), διασπάθιση.
διασπαθιστής ο, θηλ. **-ίστρια**, ουσ., (ασυνίζ.), αυτός που διασπαθίζει (βλ. λ.) περιουσίες.
διάσπαρτος, -η, -ο, επίθ. (ασυνίζ.), διασπαρμένος, σκόρπιος εδώ κι εκεί: *στον αρχαιολογικό χώρο υπάρχουν -α αρχιτεκτονικά μέλη· ελληνισμός ~*.
διάσπαση η, ουσ. (ασυνίζ.). 1α. βίαιος διαχωρισμός των μερών ενός όλου· (πυρηνική φυσ.) *~ ατόμου* = μετατροπή ενός ατομικού πυρήνα σε πυρήνες άλλων απλούστερων στοιχείων με ταυτόχρονη εκπομπή ή απορρόφηση ενέργειας· **β**. (χημ.) χημική αντίδραση κατά την οποία μια χημική ένωση μετατρέπεται σε απλούστερες ενώσεις ή στα στοιχεία της. 2. (μεταφ.) ρήξη, διχασμός: *~ της κυβέρνησης*. 3. διάλυση συνοχής: *~ μετώπου / εχθρικής παράταξης*. 4. απόσταση, απομάκρυνση: *~ προσοχής*.
διασπαστής ο, ουσ. (ασυνίζ.), αυτός που προκαλεί διάσπαση.
διασπαστικός, -ή, -ό, επίθ. (ασυνίζ.), που είναι ικανός να προκαλέσει διάσπαση: *τάσεις / ενέργειες -ές* (αντ. *ενωτικός*).
διασπείρω, ρ., παρατ. και αόρ. *διέσπειρα*, πληθ. *διασπείραμε*, μτχ. *διασπαρμένος* (ασυνίζ.). 1. διασκορπίζω σε διάφορες κατευθύνσεις (αντ. *συγκεντρώνω, μαζεύω*). 2. (μεταφ.) διαδίδω· *~ ψευδείς ειδήσεις / ζιζάνια*.
διασπορά η, ουσ. (ασυνίζ.). 1. το να ζει μια εθνική οντότητα διασκορπισμένη μακριά από τον τόπο καταγωγής της: *ο Ελληνισμός της -άς*. 2. διασκορπισμός: *~ σεισμικού κύματος* (= χωρισμός σε άλλα κύματα, όταν εισέρχεται από ένα αραιό στρώμα του εδάφους σε ένα πιο πυκνό). 3. διάδοση: *~ ανησυχητικών ειδήσεων*.
διασπώ, -άς, ρ. (ασυνίζ.). 1. χωρίζω κάτι σε δύο ή περισσότερα μέρη: *οι επιστήμονες κατάφεραν να -άσουν το άτομο*. 2. (για ομάδα ανθρώπων) διαλύω τη συνοχή: *-άστηκε το μέτωπο / το κόμμα σε πολλές τάσεις· διέσπασαν τους απεργούς*. 3. διακόπτω τη συνέχεια: *ο Αριστοφάνης -ά τη δραματική ψευδαίσθηση για χάρη του κωμικού αποτελέσματος*. 4. *~ την προσοχή κάποιου* = απομακρύνω την προσοχή του απ' αυτό που κάνει ή σκέπτεται (αντ. *προσελκύω*).
διασταλτικός, -ή, -ό, επίθ. (ασυνίζ.). 1. που μπορεί να προκαλέσει διαστολή ή που μπορεί να διαστέλλεται: *-ή δύναμη της θερμότητας· τα αέρια είναι -ά*. 2. (νομ.) *~ ερμηνεία* = ερμηνεία που επεκτείνει την έννοια του νόμου σε θέματα που δεν περιλαμβάνονται στο γράμμα του νόμου, όμως ανταποκρίνονται στο πνεύμα του.
διασταλτικότητα η, ουσ. (ασυνίζ.). 1. ιδιότητα των σωμάτων να διαστέλλονται με την επίδραση της θερμότητας, χωρίς να αποσυντίθενται (αντ. *συσταλτικότητα*). 2. ιδιότητα μιας ενέργειας να προκαλεί διαστολή: *~ της θερμότητας*.
διασταλτός, -ή, -ό, επίθ. (ασυνίζ.), που μπορεί να *διασταλεί*.
διάσταση η, ουσ. (ασυνίζ.). 1. απόσταση μεταξύ δύο σημείων, έκταση (μήκος, πλάτος, ύψος): *-εις κτηρίου· οι τρεις -εις των σωμάτων· ταινία τριών -εων* (= που δίνει την εντύπωση του πραγματικού χώρου, με βάθος). 2. (μεταφ.) μέγεθος, έκταση, σο-

βαρότητα: *το ζήτημα πήρε τεράστιες -εις.* **3.** (μεταφ.) διαφωνία: *οι μέτοχοι ήρθαν σε ~· ~ απόψεων / ιδεών* (συνών. *ρήξη*· αντ. *σύμπνοια*). **4.** (για αντρόγυνα) διακοπή της έγγαμης συμβίωσης: *το ζευγάρι είναι σε ~* (συνών. *διάζευξη, χωρισμός*). **5.** (γυμν.) *~ των ποδιών* = θέση των ποδιών κατά την οποία αυτά είναι απομακρυσμένα από τη θέση της προσοχής ένα βήμα προς τα πλάγια.

διασταυρώνω, ρ. (ασυνίζ.). **Α.** (ενεργ.) **1.** τοποθετώ σταυρωτά: *-ωσαν τα ξίφη* (= μονομάχησαν). **2.** φέρνω σε μίξη δύο διαφορετικές ποικιλίες ή είδη φυτών ή ζώων (συνών. *για φυτά, μπολιάζω*). **3.** (για ειδήσεις, κλπ.) αναζητώ από διάφορες πηγές και ελέγχω: *-ωσα τις πληροφορίες μου και έβγαλα τα συμπεράσματά μου.* **Β.** (μέσ.) **1.** τέμνομαι, συναντιέμαι: *εδώ -ονται οι σιδηροδρομικές γραμμές· τα φώτα των αυτοκινήτων -ώθηκαν.* **2.** συναντιέμαι τυχαία με κάποιον που έρχεται από αντίθετη κατεύθυνση: *-ωθήκαμε στο δρόμο.*

διασταύρωση η, ουσ. (ασυνίζ.). **1.** σταυροειδής διάταξη: *~ των δρόμων / γραμμών / πυρών* (= ανταλλαγή πυροβολισμών ή βολή κατά του εχθρού από αντίθετα σημεία). **2.** συνάντηση: *~ βλεμμάτων / ανθρώπων / τρένων.* **3.** το σημείο όπου γίνεται η συνάντηση: *θα συναντηθούμε στη ~.* **4.** (βιολ.) μέθοδος αναπαραγωγής ζώων ή φυτών ή και ανθρώπων με επιμιξία διαφορετικών ειδών, ποικιλιών ή φυλών. **5.** (για πληροφορίες, κλπ.) αναζήτηση και έλεγχος.

διαστέλλω, ρ., παρατ. *διέστελλα*, πληθ. *διαστέλλαμε*, αόρ. *διέστειλα*, πληθ. *διαστείλαμε*. **1.** διακρίνω, ξεχωρίζω κάποιον από κάτι άλλο: *~ έννοιες.* **2.** διανοίγω: *διέστειλε τα μάτια από την έκπληξη* (συνών. *διευρύνω*). **3.** προκαλώ διαστολή: *η θερμότητα -ει τα σώματα* (αντ. *συστέλλω*). **4.** (μέσ.) διογκώνομαι, φουσκώνω: *-εται η μήτρα / το στομάχι.*

διάστημα το, ουσ. (ασυνίζ.). **1.** χρονική ή τοπική έκταση ή απόσταση: *σε ~ δύο μηνών πέτυχα αυτό που επιδίωκα· είναι μικρό το ~ από το γραφείο ως το σπίτι μου·* εκφρ. *κατά -ατα* (= πού και πού, όχι συνέχεια). **2.** αχανής χώρος πέρα από τη γήινη ατμόσφαιρα, όπου κινούνται τα ουράνια σώματα: *οι κοσμοναύτες κατέκτησαν το ~.* **3.** έκταση, χώρος: *η φυτεία της έπαυλης κατέχει ένα μεγάλο ~.* **4.** τυπογραφικό στοιχείο που μπαίνει ανάμεσα στις λέξεις για να δημιουργήσει κενό, καθώς και το κενό που δημιουργείται. **5.** (μουσ.) απόσταση μεταξύ δύο φθόγγων ή μεταξύ δύο γραμμών του πενταγράμμου.

διαστημάνθρωπος ο, ουσ. (ασυνίζ.), αστροναύτης, άνθρωπος που ταξίδεψε στο διάστημα με διαστημόπλοιο (συνών. *κοσμοναύτης*).

διαστημικός, -ή, -ό, επίθ. (ασυνίζ.), που σχετίζεται με το διάστημα: *πρόγραμμα / όχημα / ταξίδι -ό· πτήση / βιολογία / ιατρική -ή· ~ σταθμός* = διαστημόπλοιο σε τροχιά γύρω από τη Γη, που χρησιμοποιείται συνήθως ως διαστημικό εργαστήριο· *-ή εποχή* (= η εποχή των επιστημονικών ερευνών στο διάστημα).

διαστημόμετρο το, ουσ. (ασυνίζ.), μικρός σιδερένιος κανόνας ή όργανο σε σχήμα διαβήτη για τη μέτρηση μικρών μηκών ή αποστάσεων (κατά τη σχεδίαση).

διαστημόπλοιο το, ουσ. (ασυνίζ.), όχημα που κινείται έξω από το γήινο πεδίο, στο διάστημα με ή χωρίς πλήρωμα: *εκτόξευση / προσεδάφιση -ου.*

διάστικτος, -η, -ο, επίθ. (ασυνίζ., λόγ.), που είναι γεμάτος στίγματα: *πρόσωπο -ο από φακίδες* (συνών. *κατάστικτος*).

διάστιξη η, ουσ. (ασυνίζ., λόγ.), παράσταση με στίγματα διάφορων σχημάτων στο ανθρώπινο δέρμα (συνών. *τατουάζ*).

διάστιχο το, ουσ. (ασυνίζ.). **1.** διάστημα ανάμεσα σε δύο στίχους ή γραμμές. **2.** τυπογραφικό στοιχείο που παρεμβάλλεται ανάμεσα σε δύο τυπογραφικές σειρές για να τις αραιώσει.

διαστολέας ο, ουσ. (ασυνίζ.). **1.** (ιατρ.) χειρουργικό όργανο με το οποίο επιτυγχάνεται η διάνοιξη στομίου ή τοιχωμάτων κοιλότητας (όπως μήτρας, κλπ.). **2.** (ιατρ.) μυς του σώματος που χρησιμεύει για τη διεύρυνση στομίου ή τοιχωμάτων κοιλότητας: *~ κόρης οφθαλμού.*

διαστολή η, ουσ. (ασυνίζ.). **1.** χωρισμός ενός γεγονότος από ένα άλλο, διάκριση (συνών. *ξεχώρισμα*). **2.** αύξηση διαστάσεων, διόγκωση: *~ φλεβών / στομάχου / μήτρας / καρδιάς* (= περίοδος κατά την οποία η καρδιά ξαναβρίσκει τον αρχικό της όγκο μετά τη συστολή) (συνών. *μεγέθυνση*· αντ. *συστολή*). **3.** (φυσ.) φυσικό φαινόμενο κατά το οποίο αυξάνεται ο όγκος των σωμάτων με θέρμανση (αντ. *συστολή*). **4.** (μουσ.) κάθετη γραμμή που σύρεται στο πεντάγραμμο και διαιρεί το μουσικό λόγο σε τμήματα ίσης αξίας φθογγοσήμων. **5.** (γραμμ.) έκταση βραχέος φωνήεντος σε μακρό.

διαστολικός, -ή, -ό, επίθ. (ασυνίζ.), που ανήκει ή αναφέρεται στη διαστολή (βλ. λ. σημασ. 2 και 3).

διαστολόμετρο το, ουσ. (ασυνίζ.), (φυσ.) όργανο για τη μέτρηση της διαστολής.

διαστρεβλώνω, ρ. (ασυνίζ.), παραμορφώνω, αλλοιώνω (κυριολεκτικά και μεταφ.): *-ωσε την αλήθεια / τα γεγονότα / το νόημα* (συνών. *διαστρέφω, μεταβάλλω, παραποιώ*).

διαστρέβλωση η, ουσ. (ασυνίζ.), παραμόρφωση, αλλοίωση (κυριολεκτικά και μεταφ.): *~ αλήθειας· ~ των ποδιών* (συνών. *διαστροφή, στράβωμα, παραποίηση*).

διαστρεβλωτικός, -ή, -ό, επίθ. (ασυνίζ.), που διαστρεβλώνει. - Επίρρ. *-ά*.

διάστρεμμα το, ουσ. (ασυνίζ.), (ιατρ.) βίαιη μετατόπιση οστού από άρθρωση, εξάρθρωση (συνών. *βγάλσιμο, στραμπούληγμα*).

διαστρέφω, ρ., παρατ. *διέστρεφα*, πληθ. *διαστρέφαμε*, αόρ. *διέστρεψα*, πληθ. *διαστρέψαμε*, μτχ. *διεστραμμένος* (ασυνίζ.). **1.** παραμορφώνω, αλλοιώνω: *μη -εις τα λόγια μου* (συνών. *διαστρεβλώνω, παραποιώ, τροποποιώ*). **2.** διαφθείρω: *οι κακές συναναστροφές -εψαν το χαρακτήρα του.* **3.** (μέσ.) παρεκτρέπομαι από τη φυσιολογική γενετήσια λειτουργία μου: *οι κρατούμενοι -ονται στη φυλακή.* - Η μτχ. ως επίθ. = κακός, μοχθηρός: *άνθρωπος διεστραμμένος.*

διαστροφέας ο, ουσ. (ασυνίζ.), αυτός που διαστρέφει, που διαστρεβλώνει: *~ των πολιτικών ηθών.*

διαστροφή η, ουσ. (ασυνίζ.). **1.** παραμόρφωση, αλλοίωση (κυριολεκτικά και μεταφ.) *~ αλήθειας / γεγονότων / του νοήματος* (συνών. *διαστρέβλωση, παραποίηση*). **2.** διαφθορά: *~ ηθική.* **3.** παρεκτροπή από τη φυσιολογική γενετήσια λειτουργία, σεξουαλική ανωμαλία.

διαστρωμάτωση η, ουσ. (ασυνίζ.), διαμόρφωση στρωμάτων, κατάταξη σε στρώματα: *~ κοινωνική.*

διασυλλογικός, -ή, -ό, επίθ. (ασυνίζ.), που γίνεται μεταξύ των συλλόγων: *αγώνες -οί.*

διασυμμαχικός, -ή, -ό, επίθ. (ασυνίζ.), που γίνεται μεταξύ των συμμάχων: *συμφωνία -ή.*

διασύνδεση η, ουσ. (ασυνίζ.), σύνδεση μεταξύ ατόμων ή ομάδων: *~ ενόχων· -έσεις πολιτικές.*

διασυνδέω, ρ., συνδέω, ενώνω.

διασυνοριακός, -ή, -ό, επίθ. (ασυνίζ. δις), που διασχίζει τα σύνορα δύο ή περισσότερων περιοχών, κρατών, νομών, κτλ.): *ποταμός ~.*

διασυρμός ο, ουσ. (ασυνίζ.), διαπόμπευση (βλ. λ. σημασ. 2): *~ του ονόματός του* (συνών. *γεβέντισμα, δυσφήμηση, ρετσινιά, χλευασμός*).

διασύρω, ρ., παρατ. και αόρ. *διέσυρα,* πληθ. *διασύραμε* (ασυνίζ.), δυσφημώ, κακολογώ: *~ το όνομα / την υπόληψη κάποιου* (συνών. *διαβάλλω, χλευάζω*).

διασφαλίζω, ρ. (ασυνίζ.), κάνω κάτι ασφαλές, εξασφαλίζω: *-εται η εθνική ακεραιότητα· ο νέος σωφρονιστικός κώδικας -ει βελτίωση της διαβίωσης των κρατουμένων.*

διασφάλιση η, ουσ. (ασυνίζ.), το να υπάρχουν μέτρα ή στοιχεία που εξασφαλίζουν τη σωστή λειτουργία ενός πράγματος, θεσμού, κλπ.: *~ όρων για τίμιες εκλογές / ευταξίας μιας επιχείρησης* (συνών. *εξασφάλιση*).

διασχίζω, ρ., παρατ. *διέσχιζα,* πληθ. *διασχίζαμε,* αόρ. *διέσχισα,* πληθ. *διασχίσαμε* (ασυνίζ.). **α.** διατρέχω από τη μία ως την άλλη άκρη: *το ποτάμι -ει την πεδιάδα· διέσχισε την έρημο·* **β.** διέρχομαι (βίαια) ανάμεσα από κάτι: *διέσχισε το πλήθος.*

διάσχιση η, ουσ. (ασυνίζ.), (ιατρ.). ανώμαλη και βίαιη λύση της συνέχειας των σαρκών.

διασώζω, ρ., παρατ. *διέσωζα,* πληθ. *διασώζαμε,* αόρ. *διέσωσα.* πληθ. *διασώσαμε* (ασυνίζ.). **1.** γλυτώνω κάποιον από κάποιο κίνδυνο ή καταστροφή, σώζω: *-ώθηκαν πολλοί ναυαγοί* (αντ. *εξοντώνω, εξολοθρεύω*). **2.** διατηρώ σώο από τη φθορά του χρόνου: *-ώθηκαν πολλά βυζαντινά χειρόγραφα· η πόλη -ει την παλαιά της αίγλη* (συνών. *περισώζω·* αντ. *καταστρέφω, εξαφανίζω*).

διασωλήνωση η, ουσ. (ασυνίζ.), (ιατρ.) **1.** αποχέτευση υγρών τραύματος με τη βοήθεια ελαστικού σωλήνα. **2.** εισαγωγή ειδικού σωλήνα μέσα στο λάρυγγα για διευκόλυνση της αναπνοής.

διάσωση η, ουσ. (ασυνίζ.). **1.** το να διαφεύγει κάποιος τον κίνδυνο, το θάνατο· σωτηρία: *~ πλοίου που ναυάγησε.* **2.** αποφυγή της καταστροφής, διατήρηση μέσα στο χρόνο: *~ πολλών αρχαίων μνημείων* (αντ. *καταστροφή*).

διασωστικός, -ή, -ό, επίθ. (ασυνίζ.), που είναι ικανός να διασώζει ή που αναφέρεται στη διάσωση: *προσπάθειες -ές· μέσα -ά* (αντ. *ολέθριος, καταστρεπτικός*).

διάτα η, ουσ. (συνίζ.), (λογοτ.), διαταγή: *έβγαλε ~ ο Κρούταγος της Βουλγαριάς ο τσάρος* (Παλαμάς). [από το *διατάζω* υποχωρ.].

διαταγή η, ουσ. (ασυνίζ.). **1.** επιτακτική διατύπωση αίτησης συνήθως ανωτέρου προς κατώτερο: *~ ανεκτέλεστη / απόρρητη· εκτελώ -ές ανωτέρων* (συνών. *εντολή, προσταγή)· ημερησία ~ =* διαταγή που εκδίδεται καθημερινά από το διοικητή στρατιωτικού σώματος. **2.** (συνεκδοχικά) το έγγραφο που περιέχει τη διαιαγή. Φρ. *είμαι στις -ές κάποιου* (= είμαι πρόθυμος να εκτελέσω τις εντολές του). Παροιμ. *βασιλική ~ και τα σκυλιά δεμένα,* βλ. *βασιλικός.*

διάταγμα το, ουσ. (ασυνίζ.), έγγραφη διαταγή της εκτελεστικής εξουσίας για ερμηνεία ή εφαρμογή νόμου: *~ προεδρικό.*

διατάζω, ρ., παρατ. *διέταζα,* πληθ. *διατάζαμε,* αόρ. *διέταξα,* πληθ. *διατάξαμε* (ασυνίζ.). **1.** δίνω διαταγή, προστάζω. **2.** (νομ.) ρυθμίζω, διευθετώ με δικαστική απόφαση· η προστ. *διατάξτε* = στους ορισμούς σας, ορίστε (απάντηση που δείχνει προθυμία για υπακοή).

διατακτική η, ουσ. (ασυνίζ.), έγγραφη άδεια παραλαβής, είσπραξης, αποθήκευσης, κλπ.: *~ τροφίμων / βιβλίων.*

διατακτικό το, ουσ. (ασυνίζ.), (νομ.) το δεύτερο μέρος δικαστικής απόφασης όπου απορρίπτονται ή γίνονται δεκτά τα αιτήματα των διαδίκων και διατάσσεται η εκτέλεσή της: *περίληψη του -ού της απόφασης δημοσιεύεται στον τύπο.*

διάτανος ο, ουσ. (συνιζ.), διάβολος (βλ. λ.) σε ηπιότερη έκφραση. - Υποκορ. **-όπουλο** το. [συμφ. *διάβολος + σατανάς*].

διάταξη η, ουσ. (ασυνίζ.). **1.** τοποθέτηση, τακτοποίηση πραγμάτων στην κατάλληλη θέση: *~ κτηρίων / εκθεμάτων* (συνών. *διευθέτηση*). **2.** παράταξη: *~ πορείας στρατού.* **3.** διάταγμα, διαταγή κάποιας αρχής: *~ αστυνομική / εκκλησιαστική.* **4.** τμήμα κειμένου νόμου, κανονισμού, καταστατικού, κλπ., που αφορά ορισμένο θέμα: *θεμελιώδεις -άξεις του συντάγματος* (συνών. *όρος, ρήτρα*). Έκφρ. *ημερήσια ~* (= πίνακας των θεμάτων που πρόκειται να συζητηθούν σε συνεδρίαση Βουλής, σωματείου, κλπ.).

διαταξικός, -ή, -ό, επίθ. (ασυνίζ.), που αναφέρεται στη σχέση δύο ή περισσότερων τάξεων: *ρόλος ~* (= ενέργειες ανάμεσα σε διαφορετικές τάξεις).

διατάραξη η, ουσ. (ασυνίζ.). **1.** δραστηριότητα που επιφέρει την ανατροπή της τάξης και της ομαλότητας σε κάτι που λειτουργούσε ομαλά ή βρισκόταν σε κατάσταση ηρεμίας: *~ της ησυχίας.* **2.** (ιατρ.) πρόκληση ανωμαλίας σε λειτουργία του ανθρώπινου οργανισμού: *~ στομαχική / του νευρικού συστήματος.* **3.** (νομ.) πρόκληση ανωμαλίας: *~ της νομής· ~ της κοινής / οικιακής ειρήνης / της ειρήνης των πολιτών.* **4.** (αστρον.) παρέκκλιση των ουρανίων σωμάτων από την ελλειπτική τους τροχιά εξαιτίας κάποιου άλλου ουρανίου σώματος. **5.** (γεωλ.) μεταβολή της αρχικής θέσης των πετρωμάτων ή διακοπή της συνέχειας γεωλογικού σώματος και μετακίνηση των τμημάτων του: *-άξεις εφαπτόμενες / ακτινωτές.*

διαταράσσω, ρ. (ασυνίζ., λόγ.), προκαλώ σύγχυση, φέρνω ανωμαλία: *οι διαδηλώσεις -ουν τη δημόσια τάξη· -γμένη ισορροπία /* (ψυχ.) *προσωπικότητα* (συνών. *αναστατώνω*).

διαταραχή η, ουσ. (ασυνίζ.). **1.** ανωμαλία, σύγχυση: *~ αγαθών σχέσεων* (συνών. *διατάραξη, διασάλευση*). **2.** ανωμαλία στην κανονική λειτουργία τμήματος ή όλου του οργανισμού: *~ στομαχική.*

διάταση η, ουσ. (ασυνίζ.), τέντωμα: *~ μυών* (αντ. *χαλάρωση*).

διατεθειμένος, -η, -ο, μτχ. επίθ., πρόθυμος να αναλάβει κάτι: *είναι ~ να ξοδέψει όσα χρειαστούν.*

διατείνομαι, ρ. (ασυνίζ., λόγ.), ισχυρίζομαι, επιμένω (συνών. *υποστηρίζω*).

διατείχισμα το, ουσ. (ασυνίζ.), εγκάρσιος τοίχος σε τάφρους για να συγκρατεί τα νερά της βροχής.

διατεσσάρων, σε θέση επιθ. (ασυνίζ.). **1.** (εκκλ.) *το Δ-ν* (Ευαγγέλιο) = το Ευαγγέλιο που συνέθεσε ο Τατιανός (2. αι.) με παράλληλα χωρία των τεσσά-

ρων Ευαγγελίων. **2.** (μουσ.) η αρμονία τεσσάρων χορδών ή φθόγγων, το διάστημα της τετάρτης.
διατεταγμένος, -η, -ο, μτχ. επίθ. (ασυνίζ., λόγ.). **1.** που έχει ανατεθεί σε κάποιον με διαταγή (ενός ανωτέρου του): *ο αστυνομικός βρισκόταν σε -η υπηρεσία.* **2.** (μαθημ.) *ζεύγος -ο* = σύνολο δύο στοιχείων *α, β* που τα παίρνουμε με μια ορισμένη σειρά και τα ξεχωρίζουμε σε πρώτο και δεύτερο.
διατετιμημένη, μτχ. επίθ., θηλ. (ασυνίζ), (νομ.) *προίκα -η:* προίκα με αντικείμενο την αξία σε χρήμα όσων παρέχονται. [μτχ. μεσ. παρκ. του *διατιμώ*].
διατήρηση η, ουσ. (ασυνίζ). **1.** το να εξακολουθεί κάποιος ή κάτι να υπάρχει, το να παραμένει σε καλή κατάσταση, το να προφυλάγεται από την καταστροφή ή την αλλοίωση: *~ ενός όντος στη ζωή / των παραδόσεων του έθνους / ενός μνημείου / τροφίμων στο ψυγείο· ~ των αισθήσεων* (αντ. *απώλεια*)· *~ απεριόριστη / δύσκολη / θαυμάσια* (συνών. *συντήρηση, διαφύλαξη, διάσωση·* αντ. *φθορά, αποσύνθεση, αλλοίωση*). **2.** (φυσ.) *~ της ενέργειας* = αρχή σύμφωνα με την οποία η ποσότητα ενέργειας που υπάρχει στο σύμπαν ή σ' ένα σύστημα παραμένει αμετάβλητη. **3.** (χημ.) *νόμος -ης της μάζας* (ή *αφθαρσίας της ύλης*) = νόμος σύμφωνα με τον οποίο η μάζα των σωμάτων που αντιδρούν είναι ίση με τη μάζα των προϊόντων της αντίδρασης.
διατηρήσιμος, -η, -ο, επίθ. (ασυνίζ.), (για τρόφιμα) που είναι δυνατόν να διατηρηθούν, να προστατευτούν από την αλλοίωση.
διατηρησιμότητα η, ουσ. (ασυνίζ.), (για τρόφιμα) το να μπορούν να διατηρηθούν, να αποφύγουν την αλλοίωση: *~ ενός προϊόντος / μιας κονσέρβας.*
διατηρητέος, -α, -ο, επίθ. (ασυνίζ.), (για κτίσμα) που πρέπει να διατηρηθεί, να προστατευτεί από την καταστροφή (για λόγους ιστορικούς, αισθητικούς, κ.ά.): *αρχοντικό / μνημείο -ο· ο οικισμός κηρύχτηκε / κρίθηκε / χαρακτηρίστηκε ~. - Το* ουδ. ως τα *-α μιας πόλης.*
διατηρώ, -είς, ρ. (ασυνίζ.). **1.** φροντίζω να εξακολουθήσει να υπάρχει ή να παραμένει κάτι σε καλή ή απλώς σε ορισμένη κατάσταση, προφυλάγω από την καταστροφή ή την αλλοίωση: *η κόρη του τον -ούσε· τον -ούν στη ζωή με τεχνητά μέσα· ~ τα παλιά έθιμα / σε υψηλό επίπεδο την απόδοση του στρατού·* (μεσ.) *το φάρμακο -είται στο ψυγείο· παρά την ηλικία του -είται μια χαρά·* (η μτχ. ως επίθ.) *τροφές -ημένες* (λ.χ. *αλλαντικά, παστά, κονσέρβες*) (συνών. *συντηρώ, διαφυλάσσω, φυλάγω, προστατεύω·* αντ. *αλλοιώνω, φθείρω, καταστρέφω, παραμελώ*). **2.** δεν αφήνω να χαθεί, φροντίζω ή κατορθώνω να διαρκέσει κάτι: *τις καλύτερες εντυπώσεις· ο αντίπαλος -ησε την υπεροχή σε όλη τη διάρκεια του αγώνα.* **3.** εξακολουθώ να έχω κάτι: *~ την ψυχραιμία / τις αισθήσεις / τις επιφυλάξεις μου· -ησε τη θέση του παρά τις κατηγορίες / την ομορφιά της* (συνών. *κρατώ·* αντ. *χάνω*).
διά της βίας· αρχαϊστ. έκφρ. = με χρησιμοποίηση βίας.
διατίμηση η, ουσ. (ασυνίζ.), καθορισμός από την αρμόδια κρατική υπηρεσία της ανώτατης τιμής για ένα προϊόν ή αμοιβής για παρεχόμενη υπηρεσία: *τα οπωροκηπευτικά μπήκαν στη ~.*
διατιμητικός, -ή, -ό, επίθ. (ασυνίζ.), που σχετίζεται με τη διατίμηση: *πίνακες -οί.*
διατιμώ, ρ. (ασυνίζ.), καθορίζω την (ανώτατη) τιμή αγαθού ή υπηρεσίας: *ο μισθωτής παρέλαβε -ημένα τα πράγματα που ανήκουν στον εξοπλισμό του μισθίου* (αστ. κώδ.).
διατοιχίζω, ρ. (ασυνίζ., λόγ.), χωρίζω δύο χώρους με ενδιάμεσο τοίχο.
διατοίχισμα το, ουσ. (ασυνίζ., λόγ.), τοίχος ανάμεσα σε δύο χώρους.
διατομή η, ουσ. (ασυνίζ.). **1.** (λόγ.) κοπή σε δύο μέρη, διχοτόμηση. **2.** (τεχνολ.) το σχήμα της νοητής τομής ενός σώματος από επίπεδο κάθετο σε έναν από τους άξονές του, συνήθως στο διαμήκη (= *εγκάρσια τομή*)· (συνεκδοχικά) το εμβαδόν του παραπάνω σχήματος. **3.** (ιατρ.) *αορτική ~* (= φλεγμονή στον υμένα της καρδιάς).
διατομικός, -ή, -ό, επίθ. (ασυνίζ.), (χημ. για μόριο) που συγκροτείται από δύο άτομα του ίδιου ή διαφορετικών στοιχείων (όπως λ.χ. το μόριο του οξυγόνου ή του μονοξειδίου του άνθρακα).
διατονικός, -ή, -ό, επίθ. (ασυνίζ., μουσ.), που αναπτύσσεται με τη διαδοχή γειτονικών φυσικών τόνων και ημιτονίων: *κλίμακα -ή* (αντ. *χρωματικός*).
διά τον φόβον των Ιουδαίων· αρχαϊστ. έκφρ. σε περιπτώσεις που κανείς φοβάται ενδεχόμενη τιμωρία ή δυσάρεστες συνέπειες μιας ενέργειάς του.
διατρανώνω, ρ. (ασυνίζ.), εκδηλώνω απροκάλυπτα, ζωηρά (σκέψεις, αισθήματα, κ.τ.ό.): *ο λαός διατράνωσε τη θέλησή του να... / την εμπιστοσύνη του στην κυβέρνηση* (συνών. *διαδηλώνω, διακηρύσσω*).
διατραπεζικός, -ή, -ό, επίθ. (ασυνίζ.), που συμβαίνει ή υπάρχει ανάμεσα σε δύο ή περισσότερες τράπεζες: *-ή αγορά συναλλάγματος.*
διατρέφω, ρ., παρατ. *διέτρεφα,* πληθ. *διατρέφαμε,* αόρ. *διέθρεψα,* πληθ. *διαθρέψαμε* (ασυνίζ.), παρέχω τακτικά σε κάποιον τροφή και γενικά ό,τι χρειάζεται για να συντηρηθεί· (μεσ.) *-ομαι κανονικά / σωστά.*
διατρέχω, ρ., παρατ. *διέτρεχα,* πληθ. *διατρέχαμε,* αόρ. *διέτρεξα,* πληθ. *διατρέξαμε* (ασυνίζ.). **1.** περνώ διαμέσου (ενός τόπου), διασχίζω απ' άκρη σ' άκρη: *διέτρεξε το νησί συγκεντρώνοντας λαογραφικό υλικό.* **2.** διανύω (μια απόσταση). **3.** φρ. *~ (τον) κίνδυνο (να...)* = κινδυνεύω, απειλούμαι: *το σκάφος διέτρεξε σοβαρό κίνδυνο (να βυθιστεί)· ο άρρωστος δε -ει πια κανένα κίνδυνο.*
διάτρηση η, ουσ. (ασυνίζ., λόγ.). **1.** το να ανοίγει (κανείς) μια τρύπα (που συνήθως διαπερνά κάτι): *~ της θωράκισης άρματος· ~ σιδηροδρομικών εισιτηρίων* (για να θεωρηθούν)· (τεχνολ.) *~ μεγάλου βάθους με τρυπάνι·* (πληροφορ.) *~ μηχανογραφικών δελτίων* (τεχνολ.)· *~ τηλευτικής ταινίας.* **2.** (ιατρ.) τραυματική ή παθολογική ρήξη του τοιχώματος ενός οργάνου, συνήθως προς μια κοιλότητα του σώματος: *~στομάχου / σκωληκοειδούς απόφυσης.*
διατρητικός, -ή, -ό, επίθ. (ασυνίζ.). **1.** που αναφέρεται στη διάτρηση, που έχει τη δυνατότητα να διατρυπά: *εργαλεία / βλήματα -ά.* **2.** (πληροφορ.) *μηχανή -ή* = μηχανή με πληκτρολόγιο για να ανοίγονται τρύπες στα δελτία όπου θα καταχωρίσουμε τα στοιχεία με τα οποία θέλουμε να τροφοδοτήσουμε έναν ηλεκτρονικό υπολογιστή (βλ. και *διάτρητος*).
διάτρητος, -η, -ο, επίθ. (ασυνίζ., λόγ.). **1.** τρυπημέ-

νος (πέρα ως πέρα), γεμάτος τρύπες: τιμολόγιο -ο· αποδείξεις παροχής υπηρεσιών -ες (= όπου σχηματίζεται με μικρές τρύπες ο αριθμός θεώρησης της οικονομικής εφορίας)· αεροσκάφος -ο από τα βλήματα των αντιαεροπορικών (συνών. κατατρυπημένος). **2.** (μεταφ. για ισχυρισμούς, αποδείξεις, κ.τ.ό.) που δεν αποδεικνύεται, που μπορεί κανείς εύκολα να τον αντικρούσει ή που έχει αντικείμενο αμφισβήτησης ή επίθεσης και έχει αντικρουστεί, έχει αποδειχτεί αβάσιμος: *κατηγορητήριο -ο· επιχειρήματα / συμπεράσματα -α.* **3.** (πληροφορ.) *κάρτα / (χαρτο) ταινία -η =* κάρτα (δελτίο) ή ταινία από χαρτί εφοδιασμένη με μικρές ορθογώνιες τρύπες που κατανέμονται σε συνδυασμούς αντίστοιχους με αριθμούς, γράμματα ή σύμβολα ώστε να μεταφέρονται πληροφορίες, τις οποίες έπειτα ένας υπολογιστής «διαβάζει» και αποθηκεύει στη μνήμη του (με τη βοήθεια της μονάδας ανάγνωσης).
διατριβή η, ους. (ασυνίζ.), ~ *(διδακτορική) =* πρωτότυπη επιστημονική εργασία πάνω σε ένα ειδικό γνωστικό αντικείμενο που συντάσσει πτυχιούχος ανώτατης εκπαίδευσης και υποβάλλει σε πανεπιστημιακό τμήμα ή σχολή για να αποκτήσει τον τίτλο του διδάκτορα: *υποστηρίζω τη ~ μου* (συνών. *διδακτορικό).*
διατροφή η, ους. (ασυνίζ.). **1.** συνεχής παροχή τροφής ή γενικά των μέσων για τη συντήρηση κάποιου, ο τρόπος που τρέφεται ένας ζωντανός οργανισμός: *~ ειδική / τεχνητή / υγιεινή· φροντίζω (για) τη ~ των παιδιών μου· κατάστημα ειδών -ής* (συνών. *δίαιτα).* **2.** (νομ.) έννομη σχέση που εκτείνεται δύο πρόσωπα με τρόπο ώστε το ένα να παρέχει στο άλλο στο σύνολό τους ή κατά ένα μέρος όσα αγαθά ή υπηρεσίες χρειάζεται για τη διαβίωσή του ή για την κάλυψη βασικών του αναγκών: *~ μερική / ελαττωμένη· η αμοιβαία υποχρέωση των συζύγων για ~ τους· η κοινή υποχρέωση για ~ των τέκνων τους· ~ εξώγαμου / σε περίπτωση διαζυγίου· δικαίωμα / επιδίκαση -ής·* (συνών. συνήθως για τις περιπτώσεις διαζυγίου και συνεκδοχικά για το ποσό που παρέχεται)· *ζητώ / πληρώνω ~· καθορίζω το ύψος της -ής.*
διατσέντο, διατσίντο, γιατσέντο και **γιατσίντο** το, ους. (συνιζ., έρρ., ιδιωμ.), είδος φυτού της οικογένειας των αμαρυλλιδιδών με κάτασπρα, ευωδιαστά λουλούδια. [ιδιωμ. ιταλ. *diacinto* οι τ. για από το ιταλ. *giacinto*<λατ. *yacinthus*<ελλ. *υάκινθος*].
διάττοντας, επίθ. αρσ. (ασυνίζ., έρρ.). **1.** (αστρον.) *~ αστέρας =* μετεωρίτης που διασχίζει ταχύτατα την ατμόσφαιρα και χάνεται αφού σχηματίσει στιγμιαία μια φωτεινή γραμμή: (και ως ους.) *βροχή από -ες (αστέρες)* (συνών. *αστροβολίδα, πεφτάστρι).* **2.** (μεταφ.) για πρόσωπα που εμφανίζονται ξαφνικά και εξαφανίζονται γρήγορα από τη δημοσιότητα: *-ες αστέρες της πολιτικής / του καλλιτεχνικού στερεώματος.* [μτχ. αρσ. ενεστ. του αρχ. *διάττω*].
διατυμπανίζω, ρ. (ασυνίζ., έρρ., λόγ.), διαδίδω κάτι με θόρυβο: *-ει τα κατορθώματά του* (συνών. *διαλαλώ·* αντ. *αποσιωπώ, παρασιωπώ*).
διατυμπάνιση η, ους. (ασυνίζ., έρρ., λόγ.), πλατιά και θορυβώδης γνωστοποίηση: *~ μιας επιτυχίας* (συνών. *διασάλπιση·* αντ. *αποσιώπηση*).
διατυπώνω, ρ. (ασυνίζ.), εκφράζω συνήθως με ακρίβεια, διαμορφώνω (μια σκέψη, κ.τ.ό.): *~ μια άποψη / μια ερώτηση / ένα αίτημα.*
διατύπωση η, ους. (ασυνίζ.). **1.** ακριβής έκφραση, έκθεση, διαμόρφωση (μιας σκέψης, κ.τ.ό.): *~ μιας απορίας / μιας γνώμης· ~ απλή / σύντομη· σφάλματα στη ~.* **2.** (στον πληθ.) τυπικές πράξεις που επιβάλλονται από το νόμο και συνδέονται με μια δραστηριότητα για να της προσδώσουν εγκυρότητα: *χρειάζονται ορισμένες -εις για να λυθεί το ζήτημα· -εις γραφειοκρατικές / περιττές / τελωνειακές / χρονοβόρες· πήρα το πιστοποιητικό χωρίς πολλές -εις.*
διαύγεια η, ους. (ασυνίζ., δις). **1.** διαφάνεια, καθαρότητα, φωτεινότητα: *~ του νερού· ~ της ατμόσφαιρας* (= καλή ορατότητα) (αντ. *θολότητα*). **2.** (μεταφ.) το να γίνεται κάτι εύκολα κατανοητό ή συνηθέστερα ιδιαίτερη αντιληπτική και νοητική ικανότητα: *~ ενός συλλογισμού* (συνών. *σαφήνεια*)· *~ του νου / πνευματική·* αντ. *σύγχυση*).
διαυγής, -ής, -ές, γεν. *-ούς,* πληθ. αρσ. και θηλ. *-είς,* ουδ. *-ή,* επίθ. (ασυνίζ., λόγ.). **1.** διαφανής, καθαρός, φωτεινός: *υδατικό διάλυμα -ές· ατμόσφαιρα ~* (αντ. *θολός*). **2.** (μεταφ.) που κατανοείται ή κατανοεί εύκολα: *σκέψη ~* (= *σαφής*)· *νους ~.*
δίαυλος ο, ους. (λόγ.). **1.** στενό που συνδέει δύο θάλασσες: (πλεοναστικά) *~ θαλάσσιος* (συνών. *πορθμός, μπουγάζι*). **2.** (στην αρχαιότητα) αγώνισμα δρόμου διπλού σταδίου, αντίστοιχο με το σημερινό δρόμο 400 μέτρων. **3.** (πληροφορ.) μέσο που συνδέει λειτουργικές μονάδες σε σύστημα πληροφορικής (συνήθως τη μονάδα επεξεργασίας με τις περιφερειακές μονάδες εισόδου και εξόδου) (συνών. *κανάλι*). **4.** (φυσ.) τμήμα του ραδιοηλεκτρικού φάσματος που προορίζεται για ραδιοφωνική ή τηλεοπτική εκπομπή ή για επικοινωνία ενσύρματη ή ασύρματη (κοιν. *κανάλι*): *φερέσυχνο τεσσάρων διαύλων.*
διαφαίνομαι, ρ. (ασυνίζ., λόγ.), (μόνο στον ενεστ.) φαίνομαι αμυδρά, διακρίνομαι κάπως (συνήθως μεταφ.) *-ονται κάποιες ελπίδες για λύση του κυπριακού ζητήματος.*
διαφάνεια η, ους. (ασυνίζ., δις). **1.** το να είναι κάτι διαφανές, το να φαίνονται μέσα από αυτό τα αντικείμενα που βρίσκονται πίσω του: *~ του νερού / ενός γυαλιού· ~ απόλυτη / μερική· ~ της ατμόσφαιρας* (= καλή ορατότητα) (αντ. *αδιαφάνεια, θολότητα*). **2.** (φυσ.) η ιδιότητα των σωμάτων να επιτρέπουν σε μεγαλύτερο ή μικρότερο βαθμό να περνά το φως μέσα από τη μάζα τους. **3.** (μεταφ.) το να επιτρέπεται να φανεί, να γίνει δημόσια γνωστή ολόκληρη η πραγματικότητα και η αλήθεια (σχετικά με μια πολιτική ή διοικητική πράξη, μια οικονομική δραστηριότητα): *υπόσχεται απόλυτη ~ στη διαχείριση των δημόσιων θεμάτων· ~ στις προσλήψεις / στις κρατικές προμήθειες* (αντ. *μυστικότητα*). **4.** (τεχνολ.) εικόνα που αποτυπώθηκε σε διαφανές υλικό (λ.χ. χαρτί, φιλμ) με μέθοδο φωτογραφική, τυπογραφική, γραφική, κ.ά.: *-ες με αρχιτεκτονικά σχέδια· (έγχρωμη) ~· προβολή -ών* (προτιμότερο αντί *σλάιτς*).
διαφανής, -ής, -ές, γεν. *-ούς,* πληθ. αρσ. και θηλ. *-είς,* ουδ. *-ή,* επίθ. (ασυνίζ.). **1.** που επιτρέπει να περνά το φως από μέσα του και να διακρίνονται καθαρά τα αντικείμενα που βρίσκονται πίσω του: *γυαλί / ύφασμα / χαρτί -ές· υγρό -ές* (= *διαυγές*)· *μεμβράνη ~· ατμόσφαιρα ~* (= *καθαρή*) (αντ.

διάφανος

αδιαφανής, σκοτεινός, θολός, θαμπός). 2. (μεταφ.) που επιτρέπει να γίνει γνωστή ολόκληρη η πραγματικότητα, η αλήθεια (σχετικά με μια δημόσια πράξη): *προαγωγές / αγορά εξοπλισμού με -είς διαδικασίες* (αντ. *μυστικός*).

διάφανος, -η, -ο, επίθ. (συνίζ.), διαφανής (βλ. λ. σημασ. 1): *γυαλί -ο· ουρανός ~· σαν τη δροσούλα -ο ένα δάκρυ* (Βαλαωρίτης)· *ένα -ο σκοτάδι αστροφεγγιάς* (Ι. Μ. Παναγιωτόπουλος).

διαφανοσκόπηση η, ουσ. (ασυνίζ.), (ιατρ.) διαφανοσκοπία.

διαφανοσκοπία η, ουσ. (ασυνίζ.), (ιατρ.) εξέταση με διαφανοσκόπιο.

διαφανοσκόπιο το, ουσ. (ασυνίζ., δις), (ιατρ.) 1. όργανο με ισχυρή φωτεινή πηγή με το οποίο φωτίζονται και αποκτούν διαφάνεια ορισμένα μέρη του σώματος (κυρίως του προσώπου) για να εξεταστούν. 2. όργανο για τη μελέτη ακτινογραφικών πλακών.

διαφέντεμα το, ουσ. (συνίζ., έρρ., λαϊκ.), υπεράσπιση, προστασία.

διαφεντευτής ο, θηλ. **-εύτρα,** ουσ. (συνιζ., έρρ., λαϊκ.), αυτός που υπερασπίζεται κάποιον ή κάτι, προστάτης.

διαφεντεύω, ρ., αόρ. *-εψα* (συνιζ., έρρ., λαϊκ.), υπερασπίζομαι, προστατεύω: *~ το κάστρο.* [μεσν. *δηφενδεύω*<λατ. *defendo*].

διαφέρον το, ουσ. (ασυνίζ.). 1. (απαρχ.) ενδιαφέρον: *νέος με ποικίλα -οντα.* 2. (νομ.) η διαφορά ανάμεσα στην κατάσταση μιας περιουσίας ύστερα από κάποια επιζήμια πράξη και την κατάσταση της ίδιας περιουσίας αν δε συνέβαινε η πράξη αυτή. [μτχ. ενεργ. ενεστ. του *διαφέρω*].

διαφέρω, ρ., παρατ. *διέφερα,* πληθ. *διαφέραμε,* (ασυνίζ.). 1. έχω ένα ή περισσότερα χαρακτηριστικά που με ξεχωρίζουν από κάποιον ή κάτι άλλο, είμαι διαφορετικός, ανόμοιος: *-ει ελάχιστα / εντελώς / σε πολλά από τον αδελφό του· οι αντιλήψεις για την τάξη -ουν στις διάφορες ηλικίες* (συνών. *διακρίνομαι·* αντ. *μοιάζω*). 2. είμαι ανώτερος, υπερέχω: *-ει αισθητά από τους αντιπάλους του* (συνών. *ξεχωρίζω*).

διαφεύγω, ρ., παρατ. *διέφευγα,* πληθ. *διαφεύγαμε,* αόρ. *διέφυγα,* πληθ. *διαφύγαμε* (ασυνίζ.). 1. φεύγω κρυφά και με επιτήδειο τρόπο από κάπου: *οι κρατούμενοι -έφυγαν από το παράθυρο* (συνών. *ξεγλιστρώ, ξεφεύγω, δραπετεύω·* αντ. *συλλαμβάνομαι, πιάνομαι*). 2. αποφεύγω, γλυτώνω: *ο δράστης -έφυγε τη σύλληψη· ο ασθενής -έφυγε τον κίνδυνο.* 3. (για υγρό ή αέριο) βγαίνω σε ελάχιστες ποσότητες, διαρρέω. 4. (συνήθως σε τρίτο πρόσ.) δε γίνομαι αντιληπτός ή κατανοητός: *του -ει η ουσία του προβλήματος.* 5. (τριτοπρόσ.) *μου -ει =* δεν μπορώ να θυμηθώ, ξεχνώ: *μου -ει η ακριβής ημερομηνία· ήθελα να σε ειδοποιήσω, αλλά μου -έφυγε εντελώς.*

διαφημίζω, ρ. (ασυνίζ.). 1. γνωστοποιώ στο κοινό με διάφορα μέσα (έντυπα, ραδιοτηλεόραση, κ.ά.) αγαθά, υπηρεσίες, απόψεις, κ.τ.ό., προβάλλοντας τα πλεονεκτήματα και τα οφέλη που παρέχουν: *~ ένα προϊόν / έναν ασφαλιστικό οργανισμό / ένα φιλανθρωπικό έρανο / την εξοικονόμηση ενέργειας.* 2. (σπανιότερα για πρόσ.) προβάλλω επαινετικά τις αρετές και τις ικανότητες κάποιου: *ξέρω πως είναι καλός μαθητής, δε χρειάζεται να μου τον -εις* (συνών. *ρεκλαμάρω·* αντ. *δυσφημώ*).

διαφήμιση η, ουσ. (ασυνίζ.). 1. το να διαφημίζει

368

κανείς κάτι, η τεχνική για την παρουσίαση στο κοινό αγαθών, υπηρεσιών, απόψεων, κ.τ.ό., με σκοπό να προκληθεί η προτίμησή του γι' αυτά: *~ καταναλωτικών αγαθών / μιας νέας εφημερίδας / ενός κόμματος· ~ ελκυστική / κακόγουστη / κινηματογραφική / τηλεοπτική / φωτεινή / θορυβώδης· καταιγισμός -εων· το βιβλίο του πουλήθηκε σχεδόν χωρίς ~·* (συνεκδοχικά για το μέσο προβολής) *ακούω / βλέπω -εις στην τηλεόραση* (συνών. *ρεκλάμα*). 2. (σπανιότερα για πρόσωπο) προβολή των αρετών ή των ικανοτήτων κάποιου: *αποφεύγει τη ~ του υποψήφιου βουλευτή.*

διαφημιστής ο, θηλ. **-ίστρια,** ουσ. (ασυνίζ.), αυτός που ασχολείται επαγγελματικά με τη διαφήμιση, που είναι υπεύθυνος για τη σύλληψη, υλοποίηση και εφαρμογή ενός διαφημιστικού προγράμματος με σκοπό την προβολή ενός προϊόντος ή μιας υπηρεσίας.

διαφημιστικός, -ή, -ό, επίθ. (ασυνίζ.), που ανήκει ή αναφέρεται στη διαφήμιση, που γίνεται με σκοπό τη διαφήμιση: *εκστρατεία / αφίσα -ή· γραφείο / μήνυμα -ό· δώρα -ά.* - Επίρρ. **-ά.**

διαφημίστρια, βλ. *διαφημιστής.*

διαφθείρω, ρ., αόρ. *διέφθειρα,* πληθ. *διαφθείραμε,* μτχ. *διεφθαρμένος* (ασυνίζ.). 1. μεταβάλλω προς το κακό τα καλά, ηθικά, υγιή, κ.τ.ό. στοιχεία του χαρακτήρα, της ψυχής κάποιου: *-ει ή / τα γούστα του κοινού· η εξουσία -ει· κατηγορούσαν το Σωκράτη ότι -ει τους νέους* (συνών. *εξαχρειώνω·* αντ. *βελτιώνω, εξυγιαίνω*). 2. παρασύρω κάποιον με τη βία, την απάτη, κ.τ.ό., σε σεξουαλική σχέση μαζί μου (συνών. *ατιμάζω, αποπλανώ*). 3. πετυχαίνω με δώρα, υποσχέσεις ή την πειθώ να ενεργήσει κάποιος αντίθετα προς τη συνείδηση, το καθήκον και τις υποχρεώσεις του: *μερικοί κρατικοί υπάλληλοι είχαν -φθαρεί από την ξένη εταιρεία* (συνών. *δωροδοκώ, εξαγοράζω*).

διαφθορά η, ουσ. (ασυνίζ.). 1. μεταβολή των στοιχείων του χαρακτήρα κάποιου προς το κακό, η κατάσταση του ατόμου που έχει διαφθαρεί: *~ των ηθών / κοινωνική / ψυχική· ζει βυθισμένος στη ~· εστία / κέντρο -άς* (συνών. *εξαχρείωση, εκφυλισμός, σήψη·* αντ. *βελτίωση, εξυγίανση*). 2. το να οδηγεί κανείς κάποιον να ενεργήσει αντίθετα προς τη συνείδηση ή τις υποχρεώσεις του· η κατάσταση εκείνου που δεν τηρεί το καθήκον του για να εξυπηρετήσει το προσωπικό ή το ξένο συμφέρον: *~ συνειδήσεων (= εξαγορά)· καταγγελίες για ~ δικαστών / πολιτικών.*

διαφθορέας ο, ουσ. (ασυνίζ.). 1. αυτός που διαφθείρει (ηθικά). 2. αυτός που παρασύρει σε ασέλγεια, που ατιμάζει. 3. αυτός που εξαγοράζει: *~ συνειδήσεων.*

διαφθορείο το, ουσ. (ασυνίζ.), τόπος όπου παρατηρείται διαφθορά· κακόφημο σπίτι, πορνείο.

διαφιλονίκηση η, ουσ. (ασυνίζ., λόγ.), προβολή αξιώσεων για κάτι (συνών. *διεκδίκηση, διαμφισβήτηση*).

διαφιλονικώ, ρ. (ασυνίζ., λόγ.), προβάλλω αξιώσεις για κάτι, προσπαθώ να αποκτήσω κάτι (συνών. *διεκδικώ, διαμφισβητώ*).

διαφορά η, ουσ. (ασυνίζ.). 1. το να διαφέρει κάποιος ή κάτι, έλλειψη ομοιότητας: *~ αισθητή / ασήμαντη / ποιοτική / ουσιώδης· ~ ανάμεσα σε δύο καταστάσεις / εποχές· οι δύο γλώσσες έχουν μεγάλες -ές στη σύνταξη· έχω ~ στις πεποιθήσεις με κάποιον· μεγάλη ~ ηλικίας· -ές στον τρόπο* γραφής των δύο κειμένων (συνών. ανομοιότητα· αντ. ομοιότητα, συγγένεια, αναλογία). Έκφρ. με τη ~ (ότι...) (= με τον όρο, με την επιφύλαξη): θα ξαναπάμε στην Αθήνα με τη ~ ότι τώρα θα οδηγείς εσύ. **2.** ανωτερότητα, υπεροχή: *η ~ του από τους άλλους υποψηφίους είναι αναμφισβήτητη.* **3.** αντίθεση (σε γνώμες, συμφέροντα, κ.τ.ό.), διαφωνία, έλλειψη αρμονικών σχέσεων: ~ *εκκρεμής / κτηματική* (νομ.) ~ *ιδιωτική / φορολογική / διοικητική / εργατική·* έγκλημα για πολιτικές *-ες·* ειρηνική επίλυση *-ών·* ~ *απόψεων* (= διάσταση)· δεν έχω *-ές* με κανέναν (συνών. ασυμφωνία, διχόνοια, φιλονικία· αντ. ομοφωνία, σύμπνοια, ομόνοια, αρμονία). **4.** (λογική) ~ *ειδοποιός* = χαρακτηριστικό γνώρισμα που διακρίνει ένα είδος από τα υπόλοιπα του ίδιου γένους. **5.** το ποσό κατά το οποίο είναι μεγαλύτερο ένα μέγεθος ή μια ποσότητα από άλλα όμοιά τους: ~ *δυο αποστάσεων / υψομετρική· καλύπτω / μεγαλώνω τη ~* (μαθημ.) ~ *δύο φυσικών αριθμών α και β,* δηλ. *α-β* = ένας αριθμός *γ* που, όταν προστεθεί στο δεύτερο, δίνει άθροισμα τον πρώτο (συνών. *υπόλοιπο*)· (για χρήματα) *άλλαξα το αυτοκίνητο με άλλο καινούργιο και πλήρωσα τη ~.* **6.** (φυσ.) ~ *δυναμικού* = ηλεκτρική τάση στα άκρα ενός αγωγού.

διαφορετικά, επίρρ. (ασυνίζ.). **1.** με διαφορετικό τρόπο, αλλιώτικα: *ο ίδιος άνθρωπος μπορεί να αντιδράσει εντελώς ~ ύστερα από λίγο* (αντ. *όμοια, παρόμοια*). **2.** στην αντίθετη περίπτωση, ειδεμή, ειδάλλως: *φρόντισε να διορθώσεις τη συμπεριφορά σου, ~ θα τιμωρηθείς.*

διαφορετικός, -ή, -ό, επίθ. (ασυνίζ.), αυτός που διαφέρει σε σύγκριση με άλλον ή άλλους: *είχα -ή γνώμη για σένα· θέλει -ή μεταχείριση από τους άλλους· πληρωσέν -ά ασφάλιστρα από τους συναδέλφους της* (συνών. *διάφορος, αλλιώτικος, ανόμοιος·* αντ. *όμοιος, παρόμοιος*).

διαφορεύω, ρ. (συνιζ., λαϊκ.), κερδίζω, ωφελούμαι.

διαφορίζω, ρ. (ασυνίζ.), (μαθημ.) υπολογίζω το διαφορικό μιας συνάρτησης.

διαφορικό το, ουσ. (ασυνίζ.). **1.** (μαθημ.) το γινόμενο της παραγώγου μιας συνάρτησης επί την ανεξάρτητη μεταβλητή της. **2.** (μηχανολ.) σύστημα οδοντοτροχών στη μηχανή αυτοκινήτου για τη μετάδοση της ισχύος στους κινητήριους τροχούς με τρόπο που να γυρίζουν στις καμπύλες του δρόμου με διαφορετική ταχύτητα: ~ *αυτόματης εμπλοκής· φορτηγό με διπλό ~.*

διαφορικός, -ή, -ό, επίθ. (ασυνίζ.), που ανήκει ή αναφέρεται στις διαφορές ή τις ποικιλίες. α. (μαθημ.) *λογισμός ~* = κλάδος των μαθηματικών με αντικείμενο τη μελέτη ποσοτήτων που μεταβάλλονται, καθώς αυξάνονται, κατά απειροελάχιστες διαφορές· *εξισώσεις -ες* = εξισώσεις που συνδέουν μια συνάρτηση με τις παραγώγους της· β. (ιατρ.) *διαγνωστική -ή* = μέθοδος για να διακρίνονται μεταξύ τους άρρωστοι με όμοια συμπτώματα· γ. *ψυχολογία -ή* = κλάδος της ψυχολογίας για τη μελέτη των διαφορών στη συμπεριφορά πολλών ατόμων που βρίσκονται στην ίδια κατάσταση.

διαφορισμός ο, ουσ. (νεολογ.). **1.** το να υπάρχει διαφορά: ~ *της γεωργικής παραγωγής στις διάφορες περιοχές της χώρας.* **2.** το να δημιουργείται διαφορά (συνών. *διαφοροποίηση*).

διάφορο το, ουσ. (συνιζ., λαϊκ.). **1.** συμφέρον, κέρδος, όφελος: ~ *κανένα δε θα 'χε από τούτη την πράξη.* **2.** (σπανίως) τόκος: ~ *βαρύ / πληρωμένο·* φρ. *το πολύ το ~ τρώει το κεφάλι* (= αν ο τόκος είναι υπερβολικός, ο τοκιστής κινδυνεύει να χάσει και το κεφάλαιο).

διαφοροποίηση η, ουσ. (ασυνίζ.). **1.** το να γίνεται κάτι διαφορετικό, ανόμοιο: ~ *βαθμιαία / συνολική / κοινωνική / γλωσσών / απόψεων* (αντ. *αφομοίωση, εξομοίωση*). **2.** (βιολ.) οριστική και μη αντιστρεπτή μεταβολή της μορφής και της λειτουργίας των κυττάρων, εμφάνιση από αρχικά όμοια κύτταρα πολλών διαφορετικών κυττάρων και ιστών ή οργάνων: ~ *φυλετική ή σεξουαλική* (όταν το έμβρυο αποκτά τους μορφολογικούς χαρακτήρες του φύλου).

διαφοροποιώ, -είς, ρ. (ασυνίζ.). **Ι.** (ενεργ.) καθιστώ κάτι διαφορετικό, ανόμοιο: *στη δεύτερη συνεδρίαση ο υπουργός -ησε τις θέσεις του σχετικά με το ζήτημα* (συνών. *τροποποιώ, αλλάζω*). **II.** (μέσ.) χαρακτηρίζομαι από μία ή περισσότερες διαφορές, γίνομαι διαφορετικός: *η πολιτική των δύο κυβερνήσεων -είται σε επιμέρους θέματα* (συνών. *ξεχωρίζω, απομακρύνομαι·* αντ. *μοιάζω, εξομοιώνομαι, ταυτίζομαι*).

διάφορος, -η, -ο, γεν. πληθ. *-άφορων* και *-όρων,* επίθ. (ασυνίζ.), (μόνο στον πληθ.). **Α.** (ως επίθ.) που καθένας τους έχει τα ιδιαίτερα χαρακτηριστικά του, παντοειδείς, ποικίλοι: *θα προτείνετε -ες λύσεις· πλοία -όρων ειδών· έφυγε για πολλούς και -όρους λόγους.* **Β.** (ως αόρ. αντων.) κάποιοι: *ήρθε να ζητήσει -ες πληροφορίες* (ως ουσ.) *με ρωτούν -οι αν θα πολιτευτώ· ακούω -α, μα δε θέλω να τα πιστέψω.*

διάφραγμα το, ουσ. (ασυνίζ.). **1.** (ανατομ.) α. θολωτή μεμβράνη από μυϊκές δεσμίδες που χωρίζει τη θωρακική κοιλότητα από την κοιλιακή· β. λεπτό τοίχωμα που χωρίζει δύο κοιλότητες ή μάζες μαλακού ιστού στο σώμα: ~ *ρινικό / μεσοκοιλιακό* (στην καρδιά). **2.** (ιατρ.) γυναικείο μηχανικό αντισυλληπτικό από ελαστικό ή πλαστικό υλικό με τη μορφή κοίλης μεμβράνης, το οποίο εφαρμόζεται στο τμήμα του τραχήλου της μήτρας που προεξέχει στο βάθος του κόλπου. **3.** (βοτ.) λεπτή μεμβράνη που χωρίζει τους σπόρους σε μια κάψα. **4.** (τεχνολ.) δίσκος με ρυθμιζόμενο άνοιγμα που επιτρέπει να περνά λιγότερο ή περισσότερο φως: ~ *(του φακού) φωτογραφικής μηχανής.*

διαφραγματοκήλη η, ουσ. (ασυνίζ.), (ιατρ.) κήλη που δημιουργείται διαμέσου των οπών του διαφράγματος με αποτέλεσμα να εισέρχονται κοιλιακά σπλάχνα στη θωρακική κοιλότητα.

διαφυγή η, ουσ. (ασυνίζ.). **1.** το να φεύγει κανείς κρυφά και με επιτήδειο τρόπο από κάπου: *οι περαστικοί δεν εμπόδισαν τη ~ των ληστών· τρόπος -ής* (συνών. *δραπέτευση, ξεγλίστρημα·* αντ. *σύλληψη*). **2.** (για υγρό ή αέριο) έξοδος σε ελάχιστες ποσότητες, διαρροή: ~ *δηλητηριαδών αερίων από χημικό εργοστάσιο.* **3.** (τεχνολ.) μηχανισμός του ρολογιού ο οποίος ρυθμίζει με τη βοήθεια ενός ανασταλτικού τροχού, που επιτρέπει να ελευθερώνονται ένα ένα τα δοντάκια του, τη μεταβίβαση ενέργειας από το κινητήριο σύστημα.

διαφυγόν, γεν. *διαφυγόντος,* μτχ. επιθ. ουσ. (ασυνιζ., λόγ.), μόνο στην έκφρ. ~ *κέρδυς -* (νομ.) εκείνο που θα ήταν λογικό να περιμένει κανείς, αν τα πράγματα ακολουθούσαν την κανονική τους πορεία: *η αποζημίωση περιλαμβάνει και το ~ κέρδος του δανειστή* (αστ. κώδ.). [ουδ. αρχ.

μτχ. αορ. του *διαφεύγω*].
διαφύλαξη η, ουσ. (ασυνίζ.), το να διατηρεί κανείς κάτι σώο και ακέραιο: ~ *της εθνικής ανεξαρτησίας / των αρχαίων μνημείων / της αγιορείτικης κληρονομιάς* (συνών. *προστασία* αντ. *παραμέληση*).
διαφυλάσσω, ρ., αόρ. *διαφύλαξα* (ασυνίζ.), προφυλάσσω από τους κινδύνους, διατηρώ κάτι σώο και ακέραιο: *είναι καθήκον μας να -ξουμε την ειρήνη / τις λαϊκές παραδόσεις* (συνών. *προστατεύω, περιφρουρώ* αντ. *παραμελώ*).
διαφωνία η, ουσ. (ασυνίζ.), διαφορά γνωμών, αντίθεση στις απόψεις άλλου: ~ *ασήμαντη / ουσιαστική· δικαίωμα -ας· -ες των υπουργών για τη φορολογική πολιτική* (συνών. *αντιγνωμία, ασυμφωνία, διχογνωμία* αντ. *συμφωνία, ομοφροσύνη, σύμπνοια*).
διαφωνώ, -είς, ρ. (ασυνίζ.), έχω για κάτι διαφορετική ή αντίθετη γνώμη από έναν άλλον: ~ *(σχετικά) με το πόρισμα του εισαγγελέα· -ούμε σε όλα* (αντ. *συμφωνώ*).
διαφωτίζω, ρ. (ασυνίζ.). 1. (λογ.) διευκρινίζω πλήρως: ~ *ένα ζήτημα*. 2. ενημερώνω σωστά κάποιον ώστε να δει καθαρά, να καταλάβει κάτι, να ξεχωρίσει και να παραδεχτεί το σωστό: *πρέπει να -ιστεί το κοινό για τους κινδύνους από το κάπνισμα*.
διαφώτιση η, ουσ. (ασυνίζ.). 1. (λόγ.) πλήρης διευκρίνιση. 2. σωστή ενημέρωση κάποιου ώστε να απαλλαγεί από τις πλάνες, να καταλάβει και να παραδεχτεί το σωστό: ~ *εθνική / θρησκευτική· των νέων πάνω στους κινδύνους των ναρκωτικών·* φρ. *κάνω* ~ *(σε κάποιον)* (= διαφωτίζω).
διαφωτισμός ο, ουσ. (ασυνίζ.), (ιστ.) πνευματικό κίνημα της Ευρώπης που ξεκίνησε από την Αγγλία και τη Γαλλία το 17. αι. και κορυφώθηκε στα μέσα του 18. αι. με βασική θέση ότι η αδέσμευτη χρήση του ορθού λόγου σε συνδυασμό με τη μάθηση ελευθερώνουν τον άνθρωπο από τις προλήψεις και τον οδηγούν στη γνώση και την ευτυχία: *ο αιώνας του -ού* (= 18. αι.)· *εκπρόσωποι του -ού·* ~ *(νεο)ελληνικός* (= παρακλάδι του ευρωπαϊκού με δράση περίπου από τα μέσα του 18. αι. ως την Επανάσταση).
διαφωτιστής ο, θηλ. **-ίστρια**, ουσ. (ασυνίζ.). 1. αυτός που διαφωτίζει (βλ. λ. σημασ. 2). 2. αυτός που εντάσσεται στο κίνημα του διαφωτισμού.
διαφωτιστικός, -ή, -ό, επίθ. (ασυνίζ.), που σχετίζεται με τη διαφώτιση: *δραστηριότητα -ή· υλικό -ό· εξήγηση -ή*.
διαφωτίστρια, βλ. *διαφωτιστής*.
διάφωτος, -η, -ο, επίθ. (συνιζ., λαϊκ.), που φωτίζεται άπλετα, κατάφωτος: *σάλα -η*.
διαχάραξη η, ουσ. (ασυνίζ.). 1. χάραγμα αυλακιού πάνω σε κάτι με μυτερό αντικείμενο. 2. καθορισμός των συνόρων ενός τόπου ή κράτους με το χάραγμα γραμμής: ~ *των συνόρων των δύο νομών / των ελληνοτουρκικών συνόρων* (συνών. *οροθέτηση*).
διαχαράσσω, ρ. (ασυνίζ., λόγ.). 1. καθορίζω τα όρια ενός τόπου χαράζοντας πραγματική ή νοητή γραμμή, οροθετώ. 2. ορίζω τον τρόπο μιας ενέργειας.
διαχειμάζω, ρ. (ασυνίζ.), περνώ κάπου το χειμώνα (συν. *ξεχειμωνιάζω* αντ. *ξεκαλοκαιριάζω*).
διαχείμαση η, ουσ. (ασυνίζ.), το να περνά κανείς κάπου το χειμώνα (συνών. *ξεχειμώνιασμα*).

διαχειρίζομαι, ρ. (ασυνίζ.). 1. διευθύνω, διοικώ κάτι: *θα -στώ το ζήτημα όπως εγώ το κρίνω σωστό·* ~ *την επιχείρηση / την περιουσία μου / τις υποθέσεις του σπιτιού μου* (συνών. *κυβερνώ, κουμαντάρω*). 2. έχω στα χέρια μου την οικονομική διαχείριση, την ευθύνη και τη φροντίδα για τις εισπράξεις και τις πληρωμές της περιουσίας κάποιου άλλου, ενός κληροδοτήματος ή κοινού ταμείου: ~ *τα χρήματα της υπηρεσίας του / του σχολείου / της πολυκατοικίας*.
διαχείριση η, ουσ. (ασυνίζ.). 1. διεύθυνση, διοίκηση: ~ *του ζητήματος*. 2. επιμέλεια της περιουσίας κάποιου άλλου ή άλλων όσον αφορά τις εισπράξεις και τις πληρωμές· (στρατ.) ειδική υπηρεσία που διαχειρίζεται, είναι υπεύθυνη για χρήματα και υλικά του στρατού.
διαχειριστής ο, θηλ. **-τρια**, ουσ. (ασυνίζ.). 1. αυτός που έχει την οικονομική διαχείριση ενός πράγματος (περιουσίας, κοινού ταμείου): *ο δικηγόρος είναι ο* ~ *της περιουσίας της όσο λείπει·* ~ *της πολυκατοικίας*. 2. υπάλληλος (σε εταιρεία ή στο στρατό) που του έχει ανατεθεί η διαχείριση χρημάτων ή υλικού.
διαχειριστικός, -ή, -ό, επίθ., που ανήκει ή αναφέρεται στη διαχείριση: *έλεγχος* ~· *εξουσία -ή* (Αστ. Κώδ.).
διαχειρίστρια, βλ. *διαχειριστής*.
διαχέω, ρ. (ασυνίζ.), μέλλ. *διαχύσω*, αόρ. *διέχυσα*, σκορπίζω σ' όλες τις κατευθύνσεις, εκπέμπω: ~ *ευωδιά / άρωμα* (συνών. *διασκορπίζω, αναδίδω*).
διαχρονία η, ουσ. (ασυνίζ.). 1. (γλωσσολ.) μελέτη και περιγραφή των γλωσσικών φαινομένων καθώς αυτά εξετάζονται μέσα στην εξέλιξη της γλώσσας στο πέρασμα του χρόνου (αντ. *συγχρονία*). 2. διαδοχή συγγενικών γεγονότων μέσα στο χρόνο.
διαχρονικός, -ή, -ό, επίθ. (ασυνίζ.), που αναφέρεται στην πορεία του αντικειμένου της έρευνας ή μελέτης μέσα στο χρόνο· που διατηρείται, αντέχει στο χρόνο, παντοτινός: *-ή εξέταση του φαινομένου· αξία -ή· -ή (ή εξελικτική ή ιστορική) γλωσσολογία*, βλ. *γλωσσολογία*. - Επίρρ. *-ά*.
διαχρονικότητα η, ουσ. (ασυνίζ.), το να είναι κάτι διαχρονικό: *η* ~ *των διδαγμάτων / αξιών του αρχαίου ελληνικού πολιτισμού* (συνών. *αιωνιότητα*).
διαχρωμία η, ουσ. (ασυνίζ.), (τεχνολ.) φωτογραφική μέθοδος μετατροπής των ασπρόμαυρων φωτογραφιών σε έγχρωμες.
διάχυση η, ουσ. (ασυνίζ.). 1. διασκόρπιση, εκπομπή: ~ *δηλητηριωδών αερίων στην ατμόσφαιρα από τις βιομηχανίες* (συνών. *ανάδοση, έκλυση*). 2. (μεταφ. στον πληθ.) θερμές εκδηλώσεις αισθημάτων χαράς, συμπάθειας, φιλικής διάθεσης. 3. (φυσ.) ~ *αερίων ή διαλυμάτων* = φαινόμενο κατά το οποίο δύο διαφορετικά μεταξύ τους υγρά ή αέρια που βρίσκονται σε επαφή εισδύουν βαθμιαία το ένα μέσα στο άλλο έως την πλήρη ανάμιξή τους: ~ *του φωτός ή της θερμότητας* = ανώμαλη, ακανόνιστη ανάκλαση των φωτεινών ή θερμικών ακτίνων, όταν προσπίπτουν πάνω σε όχι λείες επιφάνειες.
διαχυτικός, -ή, -ό, επίθ. (ασυνίζ.), που εκδηλώνει τα συναισθήματά του, ανοιχτόκαρδος (συνών. *εκδηλωτικός, συναισθηματικός* αντ. *σκυθρωπός, συγκρατημένος*).
διαχυτικότητα η, ουσ. (ασυνίζ.), εκδήλωση των

φιλικών συναισθημάτων κάποιου, τρυφερότητα (αντ. *ψυχρότητα, βαρυθυμία*).

διάχυτος, -η, -ο, επίθ. (ασυνίζ.). 1. σκορπισμένος σ' όλες τις κατευθύνσεις: *τα -α αρώματα της λεμονιάς και της πορτοκαλιάς ακινητούσαν μες στην ατμόσφαιρα* (Θεοτοκάς)· (μεταφ.) εύκολα αντιληπτός, ολοφάνερος: *-η χαρά στα πρόσωπα όλων· ποίημα με -ο λυρισμό.* 2. (φυσ.) *-ο φως* = το ηλιακό φως που διαχέεται σ' όλες τις κατευθύνσεις εξαιτίας της ανάκλασης των ακτίνων του από τα μόρια του ατμοσφαιρικού αέρα.

διαχωρίζω, ρ. (ασυνίζ.), χωρίζω, ξεχωρίζω: *ένας πρόχειρος φράχτης -ει τα χωράφια τους· ένα ποτάμι -ει τα δύο χωριά* (αντ. *συνενώνω, συνδέω*) φρ. *~ τη θέση μου / τις ευθύνες μου* (= διαφοροποιούμαι από τις θέσεις των άλλων).

διαχώρισμα το, ουσ. (ασυνίζ.), διάφραγμα που χωρίζει κάποιο χώρο σε δύο μέρη (συνών. *χώρισμα*).

διαχωρισμός ο, ουσ. (ασυνίζ.), χωρισμός· διάκριση, ξεχώρισμα: ~ *των εξουσιών*· ~ *παλαιότερων χειρογράφων σε ομάδες* (αντ. *ένωση, ταύτιση*).

διαχωριστικός, -ή, -ό, επίθ. (ασυνίζ.), που έχει την ιδιότητα να διαχωρίζει κάτι: *γραμμή / ευθεία -ή· τοίχος* ~ (αντ. *συνδετικός*).

διαψεύδω, ρ. (ασυνίζ.), παρατ. *διέψευδα,* πληθ. *διαψεύδαμε,* αορ. *διέψευσα,* πληθ. *διαψεύσαμε.* 1. παρουσιάζω ή αποδεικνύω ότι κάποιος λέει ψέματα ή ότι κάτι δεν ανταποκρίνεται στην αλήθεια: *ο δικηγόρος -έψευσε το μάρτυρα· η κυβέρνηση -έψευσε τα χθεσινά δημοσιεύματα* (αντ. *επιβεβαιώνω, επικυρώνω*). 2. αποδεικνύω κάτι αβάσιμο, αστήρικτο, πλάνη: *ο νέος υπουργός -έψευσε τις προσδοκίες των εργαζομένων* (αντ. *επαληθεύω*).

διάψευση η, ουσ. (ασυνίζ.). 1. παρουσίαση με αποδείξεις ότι κάποιος ψεύδεται ή ότι κάτι δεν ανταποκρίνεται στην αλήθεια, αποκατάσταση της αλήθειας: *αποστομωτική* ~ *του μάρτυρα* (αντ. *επιβεβαίωση, επικύρωση*). 2. απόδειξη ότι κάτι είναι αστήρικτο, μάταιο: ~ *ελπίδων / ονείρων / προσδοκιών*.

διβάμπουλο το, ουσ. (έρρ.), (ιστ.), κηροστάτης αργυρός με δύο στόμια που έκαιγε μπροστά στον αυτοκράτορα ή τον πατριάρχη κατά τις τελετές. [δις + ουσ. *βάμβουλον*].

διβάρι, βλ. *βιβάρι.*

διβολίζω, ρ., οργώνω το ίδιο χωράφι για δεύτερη φορά μέσα στο χρόνο για την καταστροφή των ζιζανίων. [μτγν. *διβολέω*].

διβόλισμα το, ουσ., δεύτερο όργωμα χωραφιού μέσα στο χρόνο για την καταστροφή των ζιζανίων.

διβουλία η, ουσ., το να έχει κανείς δύο βουλές, δύο γνώμες πάνω σε κάτι (συνών. *διγνωμία, αναποφασιστικότητα·* αντ. *αποφασιστικότητα*).

δίβουλος, -η, -ο, επίθ., που έχει δύο γνώμες σε κάποιο ζήτημα, αναποφάσιστος: *-η γνώμη· η θάλασσα είναι στοιχειό -ο και πονηρό* (Μπαστιάς) (συνών. *δίγνωμος, διστακτικός·* αντ. *αποφασιστικός*).

διγαμία η, ουσ., σύναψη δεύτερου γάμου χωρίς να υπάρχει διαζύγιο από τον πρώτο.

διγαμικός, -ή, -ό, επίθ., που αναφέρεται στο δίγαμο.

δίγαμμα το, ουσ., το έκτο γράμμα (-F-) του παλιότερου ελληνικού αλφαβήτου που φωνητικά απυδιδόταν με ένα ασθενές *β* και προήλθε από το γράμμα *βαυ* του φοινικικού αλφαβήτου.

δίγαμος, -η, -ο, επίθ., που συνάπτει δεύτερο γάμο χωρίς να υπάρχει διαζύγιο από τον πρώτο.

διγενής, -ής, -ές, *-ούς,* πληθ. αρσ. και θηλ. *-είς,* ουδ. *-ή,* επίθ. 1. που κατάγεται από δύο γένη, από γονείς διαφορετικών εθνοτήτων. 2. (για ζώα και φυτά) που έχει ταυτόχρονα και τα δύο γένη, ερμαφρόδιτος. 3. (γραμμ.) *-ή ουσιαστικά* = τα ουσιαστικά που έχουν δύο τύπους ένα για το αρσενικό και ένα για το θηλυκό (π.χ. *αδελφός, -ή· δάσκαλος, -άλα*)· *-ή επίθετα* = που έχουν μία κατάληξη και για τα δύο φυσικά γένη (π.χ. *ο, η βλάξ·* δεν υπάρχουν στα νέα ελληνικά).

διγέστα η, ουσ. (ιστ.), μεθοδική συλλογή νόμων του ρωμαϊκού δικαίου και ειδικά ο Πανδέκτης του Ιουστινιανού. [θηλ. του λατ. επιθ. *digestus*].

διγλωσσία η, ουσ. 1. φαινόμενο κατά το οποίο ένας λαός χρησιμοποιεί στον προφορικό και καθημερινό του λόγο τη ζωντανή σύγχρονη γλώσσα και στον επίσημο ή γραπτό λόγο του μιαν αρχαιοπρεπέστερη μορφή της: *η* ~ *για τη χώρα μας στάθηκε ολέθρια εθνική αδυναμία.* 2. συνύπαρξη σε μια χώρα ή περιοχή δύο διαφορετικών γλωσσών.

δίγλωσσος, -η, -ο, επίθ. 1. που χρησιμοποιεί (αναγκαστικά) στην καθημερινή του ζωή δύο γλώσσες. 2. (για γραπτό κείμενο) που είναι γραμμένος σε δύο γλώσσες: *επιγραφή / στήλη -η· χειρόγραφο -ο· γραφομηχανή -η* (= που έχει στοιχεία δύο διαφορετικών γλωσσών).

διγνωμία και (λαϊκότερο) **διγνωμιά** η, ουσ. (συνιζ.), το να έχεις κανείς δύο γνώμες πάνω σ' ένα ζήτημα (συνών. *διβουλία, αναποφασιστικότητα·* αντ. *αποφασιστικότητα*).

δίγνωμος, -η, -ο, επίθ., που έχει δύο γνώμες πάνω σ' ένα ζήτημα (συνών. *δίβουλος, αμφιταλαντευόμενος, ασταθής·* αντ. *αποφασιστικός, ανεπιφύλακτος*).

δίγραμμος, -η, -ο, επίθ., που αποτελείται από δύο γραμμές: *επιταγή -η* (= όπου αναγράφεται το είδος, η ποσότητα και η αξία του εμπορεύματος).

δίδαγμα το, ουσ. 1. αυτό που διδάσκεται κάποιος από κάτι (ή και από την πείρα του) (συνών. *μάθημα, διδασκαλία*). 2. το συμπέρασμα που εξάγεται από τη μελέτη ή τη διδασκαλία επιστημονικής, φιλοσοφικής, κ.τ.ό., θεωρίας: *τα -ατα από τη μελέτη της ιστορίας* (συνών. *πόρισμα*).

διδακτέος, -α, -ο, επίθ., που πρέπει, επιβάλλεται να διδαχτεί: *μαθήματα -α.*

διδακτήριο το, ουσ. (ασυνίζ.), κτήριο στο οποίο γίνεται διδασκαλία, σχολείο: *θεμελιώθηκε το νέο ~.*

διδακτικός, -ή, -ό, επίθ. 1. που αναφέρεται στη διδασκαλία: *μέθοδος / ώρα -ή· προσωπικό -ό.* 2. που διδάσκει, που παρέχει διδάγματα: *ομιλία -ή· βιβλία -ά* (συνήθως τα σχολικά)· *σύγγραμμα -ό· -ή ποίηση* = χαρακτηρισμός είδους της αρχαίας ποίησης που περιέχει διδάγματα ή παραγγέλματα χρήσιμα στην καθημερινή ζωή με κύριο εκπρόσωπο τον Ησίοδο. - *Το θηλ. ως ουσ.* = κλάδος της παιδαγωγικής που αναφέρεται στη μέθοδο της διδασκαλίας.

διδάκτορας ο, ουσ., τίτλος μεταπτυχιακός που παρέχεται από ανώτατη σχολή σε επιστήμονα ύστερα από έγκριση πρωτότυπης εργασίας που υποβάλλει.

διδακτορία η, ουσ., ο τίτλος του διδάκτορα: *διατριβή για ~.*

διδακτορικός, -ή, -ό, επίθ., που αναφέρεται στο διδάκτορα ή στη διδακτορία: *δίπλωμα -ό· διατριβή -ή.* - Το ουδ. *ως ουσ.* = η εργασία που υποβάλ-

λει κάποιος προκειμένου να αποκτήσει τον τίτλο του διδάκτορα (συνών. *διατριβή*).
διδακτός, -ή, -ό, επίθ., που είναι δυνατόν να τον μάθει κανείς με τη διδασκαλία, να τον διδαχτεί.
δίδακτρα τα, ουσ. (μόνο στον πληθ.), χρηματικό ποσό, αμοιβή που εισπράττεται για διδασκαλία.
διδασκαλείο το, ουσ. (παλαιότερα), εκπαιδευτικό ίδρυμα για την επιμόρφωση κυρίως των δασκάλων.
διδασκαλία η, ουσ. 1. μετάδοση γνώσεων (συνήθως από δάσκαλο σε μαθητή): *η ~ της γραμματικής / της μουσικής / του χορού / της μουσικής* ~ *προφορική / οπτική / υποδειγματική* (συνών. *μάθημα, εκπαίδευση*). 2. υπόδειξη, καθοδήγηση: *της έκανε ~ πώς να συμπεριφερθεί* (συνών. *δασκάλεμα, σύσταση, νουθεσία*). 3. τα διδάγματα ενός θρησκευτικού ή φιλοσοφικού συστήματος: *~ χριστιανική / μωαμεθανική*. 4. (αρχ.) προετοιμασία και παρουσίαση από τη σκηνή δραματικού (θεατρικού) έργου.
διδασκαλικός, -ή, -ό, επίθ., που έχει σχέση με το δάσκαλο γενικά: *ύφος -ό· τόνος* ~· (ειδικά) που έχει σχέση με τον εκπαιδευτικό της πρωτοβάθμιας εκπαίδευσης και τα θέματα της εργασίας του· *-ή ομοσπονδία Ελλάδος (ΔΟΕ)* = το συνδικαλιστικό όργανο των δασκάλων. - Το θηλ. ως ουσ. = το επάγγελμα του δασκάλου (συνών. *δασκαλίκι*).
διδάσκαλος ο, θηλ. **-ισσα**, ουσ. 1. αυτός που διδάσκει κάτι και ιδιαίτερα ο εκπαιδευτικός της πρωτοβάθμιας εκπαίδευσης (βλ. λ. *δάσκαλος* σημασ. 1). 2. τιμητικός τίτλος που αποδόθηκε σε ανθρώπους που διακρίθηκαν για την πνευματική δράση τους σε κάποιο χώρο: *-οι της Εκκλησίας* = όσοι θεολόγοι διακρίθηκαν στην ερμηνεία και εξήγηση των Γραφών· *-οι του Γένους* = οι λόγιοι που αγωνίστηκαν για το διαφωτισμό του σκλαβωμένου γένους στα χρόνια πριν από την Επανάσταση.
διδάσκω, ρ., αόρ. **-αξα**, παθητ. αόρ. **-χτηκα**, μτχ. παθητ. παρκ. **-αγμένος**. 1. μαθαίνω σε κάποιον κάτι, μεταδίδω γνώσεις: *~ σε κάποιον γραμματική / αριθμητική / χορό / οδήγηση αυτοκινήτου / να παίζει κάποιο μουσικό όργανο / τρόπους καλής συμπεριφοράς* (συνών. *μαθαίνω, εκπαιδεύω*). 2. ασκώ το επάγγελμα του εκπαιδευτικού σε κάποια από τρεις βαθμίδες της εκπαίδευσης. 3. υποδεικνύω, συμβουλεύω: *τον -σκε πώς να φερθεί για να κάνει καλή εντύπωση* (συνών. *δασκαλεύω*). 4. υποστηρίζω, πρεσβεύω, κηρύττω: *ο Χριστός -αξε την αγάπη / την ειρήνη*.
διδαχή η, ουσ. 1. διδασκαλία. 2. το κήρυγμα του θείου λόγου.
διδάχος ο, ουσ. 1. αυτός που διδάσκει, δάσκαλος: *ξέρουν γράμματα πολλά και κάνουν το -ο* (Αθάνας). 2. καθολικός ιερέας.
διδόμενο το, ουσ., σίγουρο στοιχείο που μας έχει δοθεί και μπορεί να χρησιμεύσει ως βάση συλλογισμού για την εξαγωγή συμπεράσματος.
δίδραχμο το, ουσ., μεταλλικό νόμισμα (κέρμα) αξίας δύο δραχμών (συνών. *δίφραγκο*).
διδυμάρι το, ουσ. (συνήθως στον πληθ.) τα δίδυμα παιδιά (βλ. *δίδυμος*).
διδυμάρικος, -η, -ο, επίθ., δίδυμος.
δίδυμος, -η, -ο, επίθ. 1. διπλός (για πράγματα ενωμένα μεταξύ τους): *τρόχιλος / κρύσταλλος* ~· *αντιαεροπορικό πυροβόλο -ο*. 2. (για έμβια όντα) που γεννήθηκε ταυτόχρονα με κάποιον άλλο, με

τον ίδιο τοκετό από την ίδια μήτρα: *αδελφός* ~· *κύηση -η* (συνών. *διδυμάρι*)· (συνεκδοχικά για καρπούς): *κεράσια / μήλα -α*. - Το αρσ. στον πληθ. ως ουσ. = αστερισμός του Β. ημισφαιρίου με λαμπρότερα αστέρια τους Διόσκουρους Κάστορα και Πολυδεύκη, ένα από τα δώδεκα ζώδια. - Το ουδ. στον πληθ. ως ουσ. = τα δίδυμα παιδιά.
διεγείρω, ρ. (ασυνίζ.). 1. ερεθίζω, εξάπτω: *ουσίες που -ουν το νευρικό σύστημα* (μεταφ.) *~ το μίσος κάποιου* (αντ. *κατευνάζω*). 2. τονώνω, δυναμώνω: *~ την κυκλοφορία του αίματος* (συνών. *ζωηρεύω*· αντ. *αποναρκώνω*).
διέγερση η, ουσ. (ασυνίζ.). 1. τόνωση, ζωήρεμα (αντ. *αδράνεια, νάρκη*). 2. ερεθισμός, έξαψη· κατάσταση έξαψης: *~ των νεύρων*· *~ ψυχολογική* (αντ. *κατευνασμός, καταστολή*). 3. (ηλεκτρολ.) μετάδοση ηλεκτρικού ρεύματος στους ηλεκτρομαγνήτες δυναμομηχανής για τη δημιουργία μαγνητικού κυκλώματος απαραίτητου για την παραγωγή ρεύματος.
διεγερσιμότητα η, ουσ. (ασυνίζ.), η ιδιότητα των ζωντανών οργανισμών (και ιδιαίτερα των νεύρων) να μεταβάλλονται κάτω από την επίδραση διεγερτικού αιτίου (συνών. *ερεθιστικότητα*).
διεγερτικός, -ή, -ό, επίθ. (ασυνίζ.). 1. τονωτικός, δυναμωτικός: *φάρμακα -ά* = ουσίες που διεγείρουν τους ιστούς και τα νεύρα διάφορων οργάνων του σώματος. 2. που προκαλεί διέγερση, ερεθισμό, έξαψη (αντ. *κατευναστικός*) που προκαλεί ερωτική, γενετήσια διέγερση (συνών. *αφροδισιακός*).
διέδρος, -η, -ο, επίθ. (μαθημ.), που έχει δύο έδρες: *γωνία -η* = η γωνία που σχηματίζεται από δύο επίπεδα που τέμνονται μεταξύ τους.
διεθνής, -ής, -ές, γεν. **-ούς**, πληθ. αρσ. και θηλ. **-είς**, ουδ. **-ή**, επίθ. (ασυνίζ.). 1. που αναφέρεται σε πολλά έθνη ή στις μεταξύ τους σχέσεις: *συναλλαγές / συνθήκες -είς*· *συνεργασία* ~· *εμπόριο -ές* (αντ. *εθνικός*). 2. που αποτελείται από αντιπροσώπους ή συμμετοχές πολλών κρατών: *κοινότητα / οργάνωση / έκθεση* ~· *συνέδριο -ές*· *κινητοποίηση* ~. 3. που το πεδίο δράσης του εκτείνεται έξω από τα εθνικά σύνορα: *διαβατήριο -ές*· *κύρος -ές*· *δραστηριότητα* ~· *παίκτης* ~· *-ές (δημόσιο) δίκαιο* = το σύνολο των κανόνων που ρυθμίζουν τις μεταξύ των χωρών σχέσεις ή τις σχέσεις τους με τους διεθνείς οργανισμούς· *-ές δικαστήριο (της Χάγης)* = δικαστήριο με μέλη δικαστές διαφόρων κρατών που επιδιώκει την ειρηνική επίλυση των διαφορών μεταξύ των κρατών· *~ οικονομικός έλεγχος* = έλεγχος που επιβάλλεται στα οικονομικά ενός κράτους από επιτροπή αποτελούμενη από αντιπροσώπους των κρατών-δανειστών του· *-ές νομισματικό ταμείο* = οικονομικός οργανισμός στα πλαίσια του Ο.Η.Ε. με σκοπό τη διευκόλυνση της διεθνούς συνεργασίας των εμπορικών συναλλαγών και ενίσχυση της νομισματικής σταθερότητας· *~ τράπεζα ανασυγκρότησης και ανάπτυξης* = ειδικός οργανισμός στα πλαίσια του Ο.Η.Ε. με σκοπό τη χορήγηση δανείων στα μέλη της για αναπτυξιακά έργα. - Το αρσ. ως ουσ. = αθλητής που συμμετέχει σε διεθνείς αθλητικές συναντήσεις. - Το θηλ. *Δ -ής* ως ουσ. = 1. ένωση εργατών από διάφορες εθνότητες που τους ενώνει η ανάγκη να υπερασπίσουν τα συμφέροντα της εργατικής τάξης. 2. επαναστατικός ύμνος των εργατών της Διεθνούς (βλ. προηγούμενη σημασ.). - Επίρρ. **-ώς**.

διεθνικός, -ή, -ό, επίθ. (ασυνίζ.), διεθνής.
διεθνικότητα η, ουσ. (ασυνίζ.), το να είναι κάτι διεθνές.
διεθνισμός ο, ουσ. (ασυνίζ.), η τάση για σύναψη με άλλα κράτη σχέσεων οικονομικών, επιστημονικών, πολιτικοκοινωνικών με διάθεση παραμερισμού των τοπικιστικών αντιλήψεων (αντ. *εθνικισμός*).
διεθνιστής ο, θηλ. **-ίστρια,** ουσ. (ασυνίζ.), οπαδός του διεθνισμού (αντ. *εθνικιστής*).
διεθνιστικός, -ή, -ό, επίθ. (ασυνίζ.), που αναφέρεται στο διεθνισμό ή στους οπαδούς του (αντ. *εθνικιστικός*).
διεθνίστρια, βλ. *διεθνιστής*.
διεθνολογία η, ουσ. (ασυνίζ.), κλάδος της νομικής που ασχολείται με το διεθνές δίκαιο (βλ. διεθνής), αλλά και τις άλλες σχέσεις μεταξύ των κρατών.
διεθνολόγος ο, ουσ. (ασυνίζ.), επιστήμονας που ασχολείται με τη διεθνολογία.
διεθνοποίηση η, ουσ. (ασυνίζ.). 1. το να γίνεται κάτι διεθνές: ~ *σημάτων της τροχαίας / της επιστήμης* (αντ. *εθνικοποίηση*). 2. το να περιέρχεται μια περιοχή ή ένα θέμα υπό τον έλεγχο ή την ευθύνη πολλών κρατών: ~ *του κυπριακού*.
διεθνοποιώ, ουσ. (ασυνίζ.), καθιστώ κάτι διεθνές, θέτω κάτι (ένα πρόβλημα, μια περιοχή) υπό τον έλεγχο και τη διοίκηση πολλών εθνών: ~ *το παλαιστινιακό ζήτημα / τη διώρυγα του Σουέζ*.
διεθνώς, βλ. *διεθνής*.
διεισδυση, η, ουσ. 1. εισχώρηση: ~ *του καπνού, των ακτίνων του ήλιου από τις χαραμάδες της πόρτας·* (μεταφ.) ~ *ξένου συναλλάγματος στην αγορά.* 2. εμβάθυνση: ~ *στο νόημα του ποιήματος.* 3. (φυσ.) αυτόματη ανάμιξη δύο αερίων ή ρευστών σωμάτων διαφορετικού ειδικού βάρους.
διεισδυτικός, -ή, -ό, επίθ. 1. που έχει την ιδιότητα ή την ικανότητα να εισχωρεί, να διεισδύει κάπου: *ματιά -ή.* 2. (προκ. για ακτίνες) που διαδίδονται μέσα σε κάποιο σώμα υλικό χωρίς η πορεία τους να ανακόπτεται από τα μόρια του σώματος.
διεκδίκηση η, ουσ. (ασυνίζ.). 1. η απαίτηση και η προσπάθεια απόκτησης ενός πράγματος από κάποιον: ~ *του τίτλου / μιας από τις καλύτερες θέσεις· -εις εργατών / φοιτητών για καλύτερες συνθήκες εργασίας.* 2. (νομ.) η απαίτηση για τη δικαστική οδό από τον πραγματικό δικαιούχο ενός πράγματος να αναγνωριστεί η κυριότητα και η απόδοσή του σ' αυτόν από το άτομο που το εκμεταλλεύεται.
διεκδικητής ο, θηλ. **-τρια,** ουσ. (ασυνίζ.), που διεκδικεί κάποιο δικαίωμα, που αξιώνει κάτι για τον εαυτό του: ~ *του τίτλου / της περιουσίας / του θρόνου / της εξουσίας.*
διεκδικητικός, -ή, -ό, επίθ. (ασυνίζ.), που αναφέρεται στη διεκδίκηση· *αγωγή -ή* = αγωγή από το δικαιούχο ενός πράγματος για την προστασία της κυριότητάς του όταν αυτή προσβάλλεται.
διεκδικήτρια, βλ. *διεκδικητής*.
διεκδικώ, ρ. (ασυνίζ.). 1. αξιώνω για τον εαυτό μου (ή απαιτώ με τη δικαστική οδό) κάτι που μου ανήκει ή που θεωρώ ότι μου ανήκει: ~ *το μερίδιό μου από κληρονομιά· ~ διατροφή / επιμέλεια παιδιού.* 2. αγωνίζομαι (ή συναγωνίζομαι κάποιους άλλους) για να αποκτήσω ή να επιτύχω κάτι: ~ *την πρωθυπουργία / την πρώτη θέση στους αγώνες.*

διεκπεραιώνω, ρ. (ασυνίζ.). 1. φέρνω σε πέρας, τελειώνω: *την αποστολή / την εντολή / την υπόθεση.* 2. καταχωρίζω και στέλνω στον προορισμό τους έντυπα, έγγραφα ή δέματα.
διεκπεραίωση η, ουσ. (ασυνίζ.). 1. εκτέλεση, αποπεράτωση ενός πράγματος: ~ *της υπόθεσης.* 2. καταχώριση και αποστολή εντύπων, εγγράφων ή δεμάτων στους δικαιούχους τους: *η ~ της αλληλογραφίας.* 3. ειδική υπηρεσία που διενεργεί τη διεκπεραίωση.
διεκπεραιωτής ο, θηλ. **-τρια,** ουσ. (ασυνίζ.), υπάλληλος που εργάζεται στη διεκπεραίωση (βλ. λ. σημασ. 2, 3).
διεκπεραιωτικός, -ή, -ό, επίθ. (ασυνίζ.), που έχει σχέση με τη διεκπεραίωση ή το διεκπεραιωτή.
διεκπεραιώτρια, βλ. *διεκπεραιωτής*.
διεκτραγώδηση η, ουσ. (ασυνίζ.), το να διηγείται κανείς κάτι δίνοντάς του τραγικότερες διαστάσεις από τις πραγματικές.
διεκτραγωδώ, -είς, ρ. (ασυνίζ.), διηγούμαι κάποιες καταστάσεις ή γεγονότα παρουσιάζοντάς τα πιο τραγικά από ό,τι είναι στην πραγματικότητα: *-εί τις ταλαιπωρίες του από τη γραφειοκρατία.*
διέλευση η, ουσ. (ασυνίζ.), διάβαση, πέρασμα ανάμεσα από κάτι: ~ *πεζών / οχημάτων* (συνών. *δίοδος*).
διελκυστίνδα η, ουσ. (ασυνίζ.), παιχνίδι κατά το οποίο δύο ομάδες παιδιών τραβούν το σκοινί από τις δύο άκρες του και προσπαθούν να παρασύρουν η μια την άλλη πέρα από ορισμένο όριο.
διένεξη η, ουσ. (ασυνίζ.), φιλονικία, διαμάχη: ~ *στη συνεδρίαση μεταξύ των συνέδρων* (συνών. *διαπληκτισμός, λογομαχία·* αντ. *ομόνοια, σύμπνοια*).
διενέργεια η, ουσ. (ασυνίζ., λόγ.), εκτέλεση, διεξαγωγή, πραγματοποίηση: ~ *εκλογών / ανασκαφών.*
διενεργώ, -είς, ρ. (ασυνίζ., λόγ.), διεξάγω, πραγματοποιώ: ~ *διαπραγματεύσεις / εκλογές / ανακρίσεις.*
διεξάγω, ρ. (ασυνίζ.), διενεργώ, κάνω: ~ *ανακρίσεις / έρευνες / αγώνες.*
διεξαγωγή η, ουσ. (ασυνίζ.), εκτέλεση, πραγματοποίηση: ~ *δίκης / έρευνας.*
διεξοδικός, -ή, -ό, επίθ. (ασυνίζ.), εκτενής, αναλυτικός, λεπτομερής: *ομιλία / ανάλυση / περιγραφή -ή* (αντ. *συνοπτικός, περιληπτικός*). - Επίρρ. **-ά.**
διεξοδικότητα η, ουσ. (ασυνίζ.), έκθεση λεπτομερειών, επιμήκυνση (αντ. *συντομία, περιληπτικότητα, λακωνικότητα*).
διέξοδος η, ουσ. (ασυνίζ.). 1. *άνοιγμα, μέρος απ' όπου μπορεί κάποιος να βγει:* ~ *ανύπαρκτη / μοναδική / μυστική· δρόμος χωρίς -ο* (συνών. *έξοδος, δίοδος, διάβαση, πέρασμα*). 2. (μεταφ.) τρόπος ή μέσο διαφυγής, απαλλαγής από κάποιο πρόβλημα: *ψάχνω για -ο· δεν υπάρχει άλλη ~ από...· δε βρίσκει -ο στο πρόβλημά του* (αντ. *αδιέξοδο*).
διεπιστημονικός, -ή, -ό, επίθ. (ασυνίζ.), που αναφέρεται σε δύο ή περισσότερες επιστήμες ή που αποτελείται από επιστήμονες διαφόρων κλάδων: *ομάδα / συνάντηση -ή· γλωσσολογία -ή* = η επιστήμη που μελετά τα γλωσσικά φαινόμενα χωρίς να αγνοεί εξωγλωσσικούς παράγοντες που επηρεάζουν τη γλωσσική λειτουργία.
διεπιστημονικότητα η, ουσ. (ασυνίζ.), το να σχετί-

διέπω

ζεται κάτι με δύο ή περισσότερες επιστήμες: ~ έρευνας.

διέπω, ρ. (ασυνίζ., ελλειπτ.), (για νόμο, κανόνα, κλπ.) διευθύνω, ρυθμίζω, κανονίζω: *οι φυσικοί νόμοι -ουν το σύμπαν· οι κανόνες που -ουν την αγορά γης / τη σύσταση εταιρείας· οι περιουσιακές σχέσεις των συζύγων -ονται από το δίκαιο που ρυθμίζει τις προσωπικές σχέσεις τους αμέσως μετά την τέλεση του γάμου* (αστ. κώδ.)· *-εται από την εύνοια της τύχης*.

διεργασία η, ουσ. (ασυνίζ.), ο τρόπος και η ενέργεια που οδηγούν στη διαμόρφωση μιας νέας κατάστασης: *~ δημοκρατική· σε ένα κοινωνικό σώμα / κόμμα αναπτύσσονται -ες και προβληματισμοί*.

διερεύνηση η, ουσ. (ασυνίζ.), λεπτομερειακή και επιμελής εξέταση, συστηματική έρευνα: *~ συνθηκών κάτω από τις οποίες έγινε κάτι*.

διερευνητικός, -ή, -ό, επίθ. (ασυνίζ.), που αναφέρεται στη διερεύνηση ή είναι κατάλληλος γι' αυτήν.

διερευνώ, -άς, ρ. (ασυνίζ.), εξετάζω λεπτομερώς, ερευνώ συστηματικά: *η αστυνομία -ά τα αίτια του θανάτου του*.

διερμηνέας ο, ουσ. (ασυνίζ.), πρόσωπο που βοηθεί στη συνεννόηση δύο ατόμων που δε γνωρίζουν το ένα τη γλώσσα του άλλου, δίνοντας μια άμεση προφορική μετάφραση όσων λέγονται: *~ διπλωματικής αποστολής·* (ιστ.) *μέγας ~* = ανώτατο αξίωμα στην οθωμανική αυτοκρατορία από τα μέσα του 17. αι. έως την Επανάσταση του 1821 (συνών. *δραγουμάνος*).

διερμηνευτής ο, ουσ. (ασυνίζ.), αυτός που εκφράζει κάτι εν ονόματι τρίτου ή τρίτων: *~ της κοινής γνώμης*.

διερμηνεύω, ρ. (ασυνίζ.). 1. μεταφράζω, μεταγλωττίζω (ως διερμηνέας). 2. εκφράζω κάτι εξ ονόματος τρίτου ή τρίτων: *~ τα αισθήματα του λαού / τις απόψεις των συναδέλφων*.

διερωτώμαι, ρ. (ασυνίζ.), αναρωτιέμαι, απορώ: *-ιόταν τι έπρεπε να κάνει*.

δίεση η, ουσ. (μους.) σημείο που τίθεται μπροστά από ένα φθόγγο για να δηλώσει την ανύψωσή του κατά ένα ημιτόνιο: *~ απλή / διπλή* (= ανύψωση κατά δύο ημιτόνια).

διετής, -ής, -ές, γεν. *-ούς*, πληθ. αρσ. και θηλ. *-είς*, ουδ. *-ή*, επίθ. (ασυνίζ.). 1. που διαρκεί δύο χρόνια: *φοίτηση / άδεια / προθεσμία ~*. . 2. (για μαθητή συνηθέστερα ως ουσ.) που παρακολουθεί την ίδια τάξη για δεύτερη χρονιά. 3. (βοτ.) *-ή φυτά* = φυτά που δεν ανθίζουν και δεν καρποφορούν πριν από το τέλος δύο χρόνων (όπως το καρότο, το κοκκινογούλι, κλπ.).

διετία η, ουσ. (ασυνίζ.), χρονικό διάστημα δύο χρόνων: *προγραμματισμός έργων για την επόμενη ~*.

διευθέτηση η, ουσ. (ασυνίζ.), ρύθμιση, τακτοποίηση, διακανονισμός, εξομάλυνση: *~ διαφοράς / υπόθεσης / λογαριασμών*.

διευθετώ, ρ. (ασυνίζ.), εξομαλύνω μια κατάσταση παραμερίζοντας τις δυσκολίες που υπάρχουν (συνών. *ρυθμίζω, τακτοποιώ, διακανονίζω*).

διεύθυνση η, ουσ. (ασυνίζ.). 1. διοίκηση, διακυβέρνηση, διαχείριση: *~ εργοστασίου / σχολείου / ιδρύματος / επιχειρήσεων· αναλαμβάνω τη -η· ~ γενική / καλλιτεχνική / ομαδική*. 2. (συνεκδοχικά) το γραφείο του διευθυντή. 3. (συνεκδοχικά) ο διευθυντής: *ανέφερα το γεγονός στη -η*. 4. ο

ακριβής τόπος διαμονής κάποιου (που μαζί με το όνομά του αναγράφεται συνήθως στις επιστολές, τα δέματα, κ.τ.ό.): *ξέχασα να γράψω τη ~ στο φάκελο· αλλάζω ~· ~ άγνωστη / λανθασμένη*. 5. το σημείο προς το οποίο κατευθύνεται κάποιος ή κάτι, κατεύθυνση, φορά: *αλλαγή -ης· προς όλες τις -εις·* (μηχανολ.) *σύστημα -ης* = το σύνολο των εξαρτημάτων και των μηχανισμών που επιτρέπουν την κατεύθυνση των τροχών ενός σχήματος.

διευθυντήριο το, ουσ. (ασυνίζ., δις, έρρ.). 1. το οίκημα ή τα γραφεία όπου στεγάζεται η διεύθυνση μιας υπηρεσίας. 2. (με κεφ. Δ, ιστ.) πενταμελές συμβούλιο που είχε αναλάβει την εκτελεστική εξουσία στα χρόνια 1795-1799 στη Γαλλία· (συνεκδοχικά) το πολιτικό σύστημα που επικράτησε στη Γαλλία τα χρόνια αυτά.

διευθυντής ο, θηλ. **-τρια**, ουσ. (ασυνίζ., έρρ.). 1. αυτός που διευθύνει μια υπηρεσία ή κάποιο έργο: *~ αυστηρός / απαιτητικός· ~ τράπεζας / σχολείου / νοσοκομείου / ορχήστρας*. 2. βαθμός στην ιεραρχία δημόσιων υπαλλήλων, αστυνομικών: *~ υπουργείου / αστυνομίας*.

διευθυντικός, -ή, -ό, επίθ. (ασυνίζ., έρρ.), που σχετίζεται με τη διεύθυνση ή το διευθυντή: *πυρήνας / μισθός ~*.

διευθύντρια, βλ. *διευθυντής*.

διευθύνω, ρ., παρατ. και αόρ. *διηύθυνα*, πληθ. *διευθύνομε* (ασυνίζ.). 1. έχω τη διοίκηση, είμαι προϊστάμενος, διαχειρίζομαι: *~ εργοστάσιο / επιχείρηση / εργασίες / σχολή / συζήτηση· -ύνων σύμβουλος* = μέλος του διοικητικού συμβουλίου μιας ανώνυμης εταιρείας στην οποία εκτελεί χρέη διευθυντή.

διευκόλυνση η, ουσ. (ασυνίζ.), το να παρέχεται βοήθεια επικουρική, ηθική ή υλική, για να απαλλαγεί κάποιος από μια δύσκολη κατάσταση: *μου έκανε σημαντικές -ύνσεις*.

διευκολυντικός, -ή, -ό, επίθ. (ασυνίζ., έρρ.), που διευκολύνει, που παρέχει βοήθεια ηθική ή υλική: *μέσα -ά*.

διευκολύνω, ρ. (ασυνίζ.), παρέχω τα (οικονομικά) μέσα ή τον τρόπο ώστε κάτι να γίνει ευκολότερα ή κάποιος να απαλλαγεί από μια δυσχέρεια: *με -υνε στην εργασία μου· η παρουσία του -υνε τα πράγματα*.

διευκρινίζω, ρ. (ασυνίζ.), κάνω κάτι σαφές και ευκολονόητο: *~ ένα ζήτημα· ο πολιτικός -ισε τις κυβερνητικές θέσεις / τη δήλωσή του* (συνών. *εξηγώ, διασαφηνίζω, ξεκαθαρίζω* αντ. *μπερδεύω, θολώνω, αοριστολογώ*).

διευκρίνιση η, ουσ. (ασυνίζ.), το να γίνεται κάτι σαφέστερο: *~ αναγκαία·* (συνών. *εξήγηση, διασαφήνιση, ξεκαθάρισμα*).

διευκρινιστικός, -ή, -ό, επίθ. (ασυνίζ.), που διευκρινίζει κάτι, διασαφηνιστικός: *ερωτήσεις / δηλώσεις -ές*. - Επίρρ. *-ά*.

διεύρυνση η, ουσ. (ασυνίζ.). 1. αύξηση του πλάτους, διαπλάτυνση, πλάτεμα: *~ ανοίγματος / ορίων*. 2. (μεταφ.) το να αποκτά κάτι μεγαλύτερη ευρύτητα: *~ κυβέρνησης / θεσμών / των εργασιών σε νέους τομείς*.

διευρύνω, ρ. (ασυνίζ.). 1. αυξάνω το πλάτος ενός πράγματος: *~ οπή / στόμιο* (συνών. *ευρύνω, διαπλατύνω, φαρδαίνω, πλαταίνω·* αντ. *στενεύω*). 2. (μεταφ.): *~ τον κύκλο των γνώσεων / γνωριμιών μου / τους ορίζοντες των αναζητήσεών μου·* (μέσ.) *-εται το δημόσιο έλλειμμα*.

δίζηση η, ουσ. (νομ.) το δικαίωμα του εγγυητή να αρνηθεί την καταβολή της οφειλής πριν ο δανειστής επιχειρήσει αναγκαστική εκτέλεση εναντίον του πρωτοφειλέτη: *ένσταση -ης.*

δίζυγο το, ουσ. (γυμν.) όργανο που αποτελείται από δύο ξύλινα δοκάρια στερεωμένα παράλληλα σε τέσσερις κατακόρυφους σιδερένιους στύλους και που είναι ένα από τα σημαντικότερα μέσα άσκησης της ενόργανης γυμναστικής.

διζυγωτά και **διζυγωτικά** τα, ουσ.,δίδυμα που προέρχονται από δύο ωάρια (συνών. *πολυζυγωτά* και *πολυζυγωτικά*· αντ. *μονοζύγωτα, μονοζυγωτά, μονοζυγωτικά, ομοζύγωτα* και *ομοζυγωτά*).

διήγημα το, ουσ. α. πεζό λογοτεχνικό έργο με περιορισμένη έκταση που αφηγείται γεγονότα φανταστικά ή πραγματικά: *διάβασα ένα ~· έγραψε -ατα·* β. (μόνο στον εν.) το αντίστοιχο λογοτεχνικό είδος: *το παιδικό ~· το ~ της γενιάς του 1880.* - Υποκορ. (στη σημασ. α) **-ατάκι** το.

διηγηματικός, -ή, -ό, επίθ., που αναφέρεται στο διήγημα ή τη διήγηση.

διηγηματογραφία η, ουσ. 1. η συγγραφή διηγημάτων: *ασχολείται με τη ~· ο χώρος της -ας.* 2. (συνεκδοχικά) το σύνολο των διηγηματογραφικών έργων μιας λογοτεχνίας: *~ ελληνική / ενδιαφέρουσα.*

διηγηματογραφικός, -ή, -ό, επίθ., που αναφέρεται στο διήγημα ή τη διηγηματογραφία.

διηγηματογράφος ο και η, ουσ., συγγραφέας διηγημάτων.

διηγηματογραφώ, -είς, ρ., συγγράφω διηγήματα, είμαι διηγηματογράφος.

διήγηση η, ουσ., προφορική ή γραπτή περιγραφή γεγονότων πραγματικών ή φανταστικών: *~ ανιαρή / ατέλειωτη / φανταστική* (συνών. *αφήγηση, εξιστόρηση*).

διηγούμαι και (συνιζ., λαϊκ.) **-ιέμαι**, ρ., λαϊκ. μτχ. *διηγώντας*, περιγράφω με γραπτό ή προφορικό λόγο γεγονότα πραγματικά ή φανταστικά: *~ κάποιο γεγονός· περασμένα μεγαλεία και διηγώντας τα να κλαις* (Σολωμός) (συνών. *εξιστορώ, αφηγούμαι*).

διήθημα το, ουσ. (χημ.) διαυγές υγρό που λαμβάνεται μετά τη διήθηση, απαλλαγμένο από τα στερεά σωματίδια που αιωρούνταν μέσα σ᾽ αυτό.

διήθηση η, ουσ. (χημ.) διοχέτευση ενός υγρού μέσα από φίλτρο ώστε να απαλλαγεί από τα στερεά σωματίδια που αιωρούνται μέσα σ᾽ αυτό: *~ ούρων* (συνών. *διύλιση, στράγγισμα, φιλτράρισμα*).

διηθητήριο το, ουσ. (ασυνίζ.), συσκευή ή όργανο με το οποίο γίνεται η διήθηση (συνών. *στραγγιστήρι, φίλτρο*).

διηθητικός, -ή, -ό, επίθ., που χρησιμεύει στη διήθηση: *συσκευή -ή· χάρτης ~* (= πορώδες χαρτί ειδικής κατασκευής από το οποίο κατασκευάζονται φίλτρα).

διηθώ, -είς, ρ., κάνω ένα υγρό διαυγές, το καθαρίζω από τα στερεά σωματίδια που αιωρούνται μέσα του περνώντας το από φίλτρο (συνών. *διυλίζω, στραγγίζω, φιλτράρω*).

διημέρευση η, ουσ. (λόγ.), το να μείνει κανείς κάπου όλη την ημέρα: *~ ευχάριστη / αναγκαστική.*

διημερεύω, ρ. 1. περνώ κάπου όλη την ημέρα. 2. (για κατάστημα, υπηρεσία, κ.τ.ό.) λειτουργώ, προσφέρω τις υπηρεσίες μου σε όλη τη διάρκεια της ημέρας: *φαρμακεία / νοσοκομεία που -ουν.*

διημερίδα η, ουσ., συγκέντρωση επιστημόνων κυρίως για συζήτηση θεμάτων επί ένα διήμερο.

διήμερος, -η, -ο, επίθ., που διαρκεί δύο ημέρες: *εκδρομή / άδεια -η.* - Το ουδ. ως ουσ. = διάστημα δύο ημερών: *περάσαμε ένα αξέχαστο -ο.*

διηνεκής, -ής, -ές, γεν. *-ούς*, πληθ. αρσ. και θηλ. *-είς*, ουδ. *-ή*, επίθ. (λογ.), που υπάρχει ή συμβαίνει χωρίς διακοπή (συνών. *συνεχής, διαρκής, παντοτινός*). - Επίρρ. **-ώς**.

διηπειρωτικός, -ή, -ό, επίθ., που αφορά τις σχέσεις δύο ή περισσότερων ηπείρων: *αεροπορικές γραμμές -ές.*

διθέσιος, -α, -ο, επίθ. (ασυνίζ.), που έχει δύο θέσεις: *αυτοκίνητο / αεροπλάνο / σχολείο -ο.*

διθυραμβικός, -ή, -ό, επίθ. 1. που αναφέρεται στο διθύραμβο: *ποίηση -ή.* 2. πολύ επαινετικός, εγκωμιαστικός: *σχόλια -ά· κριτική -ή.*

διθύραμβος ο, ουσ. 1. (αρχ.) είδος ενθουσιαστικού ύμνου που συνοδευόταν από αυλό και τραγουδιόταν προς τιμήν του Διονύσου ή του Απόλλωνα. 2. (συνεκδοχικά) υπερβολικός, ενθουσιώδης έπαινος: *οι κριτικοί έγραψαν -άμβους για το έργο.*

διισχυρίζομαι, ρ., προβάλλω τους ισχυρισμούς μου, διατείνομαι, υποστηρίζω.

διισχυρισμός ο, ουσ., υποστήριξη, βεβαίωση μιας γνώμης με επιμονή, ισχυρισμός.

δικάζω, ρ. 1. κρίνω, απονέμω δικαιοσύνη με την ιδιότητα του δικαστή, ασκώ καθήκοντα δικαστή: *~ μια υπόθεση / ένα έγκλημα· αμερόληπτα / επιεικώς.* 2. (συνεκδοχικά) βγάζω καταδικαστική απόφαση, ορίζω ποινή, καταδικάζω: *τους -ασαν ισόβια.* 3. (παθ.) παραπέμπομαι σε δίκη, κρίνομαι σε δικαστήριο: *-ομαι ερήμην·* (συνεκδοχικά) καταδικάζομαι: *-άστηκε πέντε χρόνια φυλακή.*

δίκαια, βλ. *δίκαιος*.

δίκαιο και (κοιν. συνιζ.) **δίκιο** το, ουσ. 1. ό,τι είναι σύμφωνο προς το (γραπτό ή άγραφο) νόμο, αυτό που σύμφωνα με τους ηθικούς και γενικά κοινωνικούς κανόνες είναι ορθό: *αίσθημα / φωνή -αίου· -ιο αναγνωρισμένο / αναμφισβήτητο / απόλυτο / ολοφάνερο· το ~ του ισχυρότερου* (= αυτό που επιβάλλεται από τον ισχυρότερο, ο νόμος του νικητή)· *με το -ιο μου, σου, κλπ.* (= *δίκαια*)· *δεν έχεις -ιο· έχει το -ιο με το μέρος του·* φρ. *για να πούμε και του στραβού / φτωχού το -ιο* (= να υποστηρίξουμε και το αδύνατον τις βάσιμες αξιώσεις ή να αναγνωρίζουμε και ελαφρυντικά σε υπόθεση που καταδικάζουμε)· *βρίσκω το -ιο μου* (= πετυχαίνω αναγνώριση του δικαιώματός μου)· *με πνίγει το -ιο* (= αισθάνομαι αγανάκτηση γιατί αδικούμαι)· *παίρνω το -ιο μου (πίσω)* (= παίρνω ικανοποίηση, εκδίκηση)· *παίρνω τα -ια του* (= τον δικαιολογώ, παίρνω το μέρος του)· *του δίνω / ρίχνω -ιο* (= κρίνω ότι δίκαια διεκδικεί ή έχει κάτι)· *τρώω το -ιο κάποιου* (= αδικώ κάποιον) (αντ. *άδικο*). 2. νόμιμη αξίωση, απαίτηση, το δικαίωμα: *διεκδικώ το -ιο μου.* 3. σύνολο γραπτών ή άγραφων κανόνων που ρυθμίζει τη συμπεριφορά των ανθρώπων και κολάζει τις παρεκκλίσεις: *~ αστικό / εκκλησιαστικό.*

δικαιόγραφο το, ουσ. (νομ.) έγγραφο που αποδεικνύει κάποιο δικαίωμα για την άσκηση του οποίου προϋποτίθεται η κατοχή του εγγράφου, τίτλος: *~ εκτελεστό / ονομαστικό.*

δικαιοδοσία η, ουσ., η εξουσία, που παίρνει κάποιο πρόσωπο με νόμο, διαταγή ανωτέρου, κλπ., ή από τη θέση που κατέχει, να ενεργεί ή να κρίνει μέσα σε όρια προκαθορισμένα· (συνεκδοχικά) τα δι-

δικαιοδοτικός 376

καιώματα και τα καθήκοντα σε μια υπηρεσία: ~ απεριόριστη / δικαστική / κυβερνητική· σύγκρουση -ών· επέκταση -ας· σφαίρα -ας· υπάγεται στη ~ μου· δεν είναι της -ας μου· ~ υπουργού.

δικαιοδοτικός, -ή, -ό, επίθ., που αναφέρεται στη δικαιοδοσία: μηχανισμός ~· ο Άρειος Πάγος κορυφαίο -ό όργανο.

δικαιοδοτώ, -είς, ρ. (λόγ.). 1. απονέμω δικαιοσύνη (ως δικαστής). 2. δίνω το δικαίωμα, εξουσιοδοτώ.

δικαιοδόχος ο, ουσ., αυτός που κληρονομεί ή αναδέχεται τα δικαιώματα κάποιου άλλου.

δικαιολόγημα το, ουσ. (σπάνια), δικαιολογία.

δικαιολογημένα, επίρρ., με τρόπο που δικαιώνει ή δικαιολογεί κάποιον για κάτι (αντ. αδικαιολόγητα).

δικαιολόγηση η, ουσ. 1. το να δικαιολογεί κανείς ή να δικαιολογείται. 2. εξήγηση της αιτίας ή των αιτίων, αιτιολόγηση· (συνεκδοχικά) το να προσδίδεται το κύρος της νομιμότητας σε μια ενέργεια, κατάσταση, κλπ.: ~ αποδοχών / εξόδων.

δικαιολογήσιμος, -η, -ο, επίθ., που μπορεί να δικαιολογηθεί (αντ. αδικαιολόγητος).

δικαιολογητικός, -ή, -ό, επίθ., που είναι χρήσιμος στη δικαιολόγηση: έγγραφα / επιχειρήματα -ά. - Το ουδ. ως ουσ. (συνήθως στον πληθ.) έγγραφα που χρησιμεύουν για να δικαιολογηθεί ενέργεια ή να αποκτήσει κύρος: επισυνάπτω τα απαιτούμενα -ά.

δικαιολογία η, ουσ. 1. αυτό που λέει κανείς για να δικαιολογήσει ή να δικαιολογηθεί: δε δέχομαι τις -ες σου· ~ επαρκής / φτηνή / απαράδεκτη / πρόχειρη· προβάλλω -ες. 2. το να αναφέρεται κάτι ως αιτία μιας ενέργειας: ~ σοβαρή· δεν υπάρχει ~ γι' αυτό.

δικαιολογώ, -είς, ρ. I ενεργ. 1. υπερασπίζομαι το δίκαιο κάποιου ή υποστηρίζω την αθωότητά του, εξηγώντας ότι η συμπεριφορά του είναι ορθή ή αποδεικνύοντας ότι η κατηγορία εναντίον του δεν είναι βάσιμη· προβάλλω δικαιολογίες για κάποιον ή κάτι: τον -ησε για το φέρσιμό του· ~ τις πράξεις / τη στάση / το σφάλμα μου (συνών. δικαιώνω, υπερασπίζω· αντ. κατηγορώ, καταδικάζω). 2. εξηγώ την αιτία για κάτι, αιτιολογώ: δεν -ούνται τέτοιες αντιδράσεις. 3. (γ' εν. παθ.) (κάτι) μπορεί να έχει θέση, μπορεί να συμβεί: μ' αυτές τις προϋποθέσεις δε -είται η σύναψη εμπορικών σχέσεων. II. (μέσ.) υπερασπίζομαι τον εαυτό μου, αποκρούω ως αβάσιμη κατηγορία ή μομφή. - Η μτχ. παρκ. ως επίθ. = εύλογος: απορία -ημένη.

δικαιοπάροχος ο, ουσ. (νομ.) αυτός που παρέχει, που μεταβιβάζει δικαιώματά του σε τρίτον, το δικαιοδόχο: νομή επιλήψιμη απέναντι στον τωρινό νομέα ή στους -όχους του.

δικαιοπρακτικός, -ή, -ό, επίθ., που αναφέρεται στη δικαιοπραξία: ανικανότητα -ή.

δικαιοπραξία η, ουσ. (νομ.) δήλωση της βούλησης ενός ατόμου, που καταλήγει σε έννομο αποτέλεσμα, με την οποία μπορεί να προβεί σε σύσταση, αλλοίωση ή κατάργηση δικαιώματός του: κάθε ενήλικος είναι ικανός για κάθε ~ (αστ. κώδ.)· επιχειρώ ~· ~ διμερής / χαριστική / απαγορευμένη.

δίκαιος, -η, -ο, επίθ. 1. που ενεργεί με σεβασμό προς τα δικαιώματα του άλλου, που καταλήγει σε κρίση ή απόφαση αμερόληπτη, σύμφωνη με τους νόμους ή τους ηθικούς και γενικά κοινωνικούς κανόνες: δικαστής / διαιτητής / βαθμολογητής ~· ο ~ Αριστείδης. 2. (για αφηρημένες έννοιες, ενέργειες, καταστάσεις, κλπ.) που είναι σύμφωνος με τους ηθικούς και γενικά κοινωνικούς νόμους και κανόνες: απόφαση / μοιρασιά / τιμωρία -η· νόμοι -οι· (δεν) είναι -ο (συνών. στις σημασ. 1 και 2 αμερόληπτος, αντικειμενικός· αντ. άδικος, μεροληπτικός). - Επίρρ. **-α**.

δικαίος ο, ουσ. (εκκλ.) μοναχός του Αγίου Όρους που εκλέγεται κάθε χρόνο με συμβούλους ως προϊστάμενος σκήτης.

δικαιοστάσιο το, ουσ. (ασυνίζ.), (νομ.) προσωρινή γενική ή μερική αναστολή του έργου της δικαιοσύνης που επιβάλλεται με νόμο εξαιτίας ανώμαλων συνθηκών: επιβολή -ίου· ο δικαιούχος εμποδίστηκε από το ~ να ασκήσει την αξίωσή του (αστ. κώδ.).

δικαιοσύνη η, ουσ. 1. η ιδιότητα του δικαίου, του σωστού. 2. ηθική αρχή που βασίζεται στον απόλυτο σεβασμό των δικαιωμάτων του άλλου: ~ κοινωνική. 3. η αναγνώριση και ο σεβασμός των δικαιωμάτων και της αξίας του άλλου: ~ αδέκαστη / αμερόληπτη· απονέμω ~. 4. η εξουσία της απονομής δικαίου: ~ ανθρώπινη / ποινική / στρατιωτική· υπουργός -ης. 5. (συνεκδοχικά) το σύνολο των δικαστικών λειτουργών. 6. η Δ-η = θεά, προσωποποίηση της δικαιοσύνης, που παριστάνεται με δεμένα συνήθως τα μάτια να κρατά ένα ξίφος και μια ζυγαριά (αντ. αδικία στις σημασ. 1, 2, 3).

δικαιούμαι, -ούσαι, ρ. (μόνο στον ενεστ. και τον παρατ.), έχω νόμιμη απαίτηση, δικαίωμα: -ούται άδεια χωρίς αποδοχές / να διαμαρτυρηθεί.

δικαιούχος, -α, -ο, επίθ., που έχει δικαίωμα σε κάτι, που μπορεί να προβάλει νόμιμη απαίτηση για κάτι: διάθεση αντικειμένου από μη -ο· έγκριση / συναίνεση -ου· ~ κληρονομίας.

δικαίωμα το, ουσ. 1. ό,τι μας ανήκει κατά το δίκαιο, απαίτηση που στηρίζεται στο (γραπτό ή άγραφο) νόμο, νόμιμη αξίωση: κάθε ~ γεννά ένα καθήκον· έχω / ασκώ / διεκδικώ / χάνω τα -ατά μου· ~ αναγνωρισμένο / αποκλειστικό / ατομικό / μεταβιβάσιμο· -ατα ίσα / κοινά / περιορισμένα / κυριαρχικά· ~ ζωής και θανάτου· -ατα πολιτικά = το δικαίωμα να μετέχει ο πολίτης έμμεσα ή άμεσα στην κρατική εξουσία. 2. (συνήθως στον πληθ.) οι νόμιμες αποδοχές, αποδοχές: -ατα συγγραφικά / συμβολαιογραφικά/ δικηγορικά. 3. (συνεκδοχικά) εξουσιοδότηση, άδεια: ποιος σου έδωσε το ~ να επέμβεις;

δικαιωματικός, -ή, -ό, επίθ., που απορρέει από δικαίωμα. - Επίρρ. **-ά**: μου ανήκει -ά.

δικαιώνω, ρ. I. (ενεργ.) αναγνωρίζω κάτι ως δίκαιο, κρίνω ότι κάποιος ενεργεί σωστά, δίκαια: το αποτέλεσμα -ει την άποψή του. II. (μέσ.) αποδεικνύομαι εκ των υστέρων ορθός, επαληθεύομαι: -ώθηκαν οι προβλέψεις μας· -ώθηκε πανηγυρικά.

δικαίωση η, ουσ. 1. το να αναγνωρίζεται κάτι ως δίκαιο: ~ άμεση / ηθική· βρίσκω ~. 2. το να αποδεικνύεται εκ των υστέρων ότι κάτι ήταν ορθό: ~ των προβλέψεων (συνών. επιβεβαίωση). 3. (εκκλ.) άφεση των αμαρτιών, ψυχική σωτηρία.

δικανικός, -ή, -ό, επίθ., που αναφέρεται στη δίκη ή το δικαστήριο: λόγος ~· ύφος -ό.

δίκαννο το, ουσ., πυροβόλο όπλο με δύο κάννες.

δικάσιμος, -η, -ο, επίθ., που προσδιορίζεται για δίκη ή (σπανίως) που μπορεί να δικαστεί. - Συνηθέστερα το θηλ. ως ουσ. με παράλειψη του ουσ.

ημέρα = η ημέρα κατά την οποία εκδικάζεται μια υπόθεση, διεξάγεται μια δίκη: *έχομε -η στις 23 του μηνός.*
δικαστηριακός, -ή, -ό, επίθ. (ασυνίζ.), που ανήκει ή αναφέρεται στο δικαστήριο.
δικαστήριο το, ουσ. (ασυνίζ.). **1.** το μέρος, το οίκημα όπου διεξάγονται δίκες και (γενικά) όπου έχει την έδρα της μια δικαστική αρχή. **2.** η δικαστική αρχή και η εξουσία της: ~ *διαιτητικό / έκτακτο / μονομελές / ορκωτό / πρωτοβάθμιο* (= πρωτοδικείο) */ δευτεροβάθμιο* (= εφετείο)· *αθωώθηκε από το ~ ενόρκων· -α πολιτικά* (= αυτά που δικάζουν αστικές διαφορές μεταξύ ιδιωτών οικονομικού ή οικογενειακού χαρακτήρα) */ ποινικά* (= αυτά που δικάζουν πράξεις ή παραλείψεις που περιγράφονται στο νόμο ως αξιόποινες) */ διεθνή* (= αυτά που αναλαμβάνουν να επιλύσουν με ειρηνικό τρόπο διαφορές ανάμεσα στα κράτη). **3.** (συνεκδοχικά) το σύνολο των δικαστών που συνέρχονται για να δικάσουν: *το ~ έκανε δεκτή την ένσταση.* **4.** δίκη, δικαστική υπόθεση: *χθες είχα ~· «τον τραβάει στα -α»· εξαιτίας της διαφοράς μας πέσαμε / φτάσαμε στα -ια.* **5.** η διεξαγωγή μιας δίκης: *το ~ κράτησε τρεις ώρες.*
δικαστής ο, θηλ. **-ίνα** και **-κάστρια,** ουσ., λειτουργός εντεταλμένος να εφαρμόζει τους νόμους, να απονέμει δικαιοσύνη: ~ *ακέραιος / αμερόληπτος / αυστηρός / τακτικός.*
δικαστικός, -ή, -ό, επίθ., που ανήκει ή αναφέρεται σε δικαστήριο, δικαστή ή δίκη: *λειτουργός / αντιπρόσωπος / αγώνας ~· απόφαση / εξουσία / πλάνη -ή· αξίωμα / έγγραφο / σώμα -ό* (= δικαστές)· *έξοδα -ά· ανεξαρτησία -ή* (= το να απονέμουν οι δικαστές δικαιοσύνη με μόνο κριτήριο το νόμο και τη συνείδησή τους). - Το αρσ. ως ουσ. = δικαστής, δικαστικός λειτουργός. - Επίρρ. **-ά** και **-ώς** = με απόφαση δικαστηρίου.
δικαστίνα, βλ. *δικαστής.*
δικάστρια, βλ. *δικαστής.*
δικατάληκτος, -η, -ο, επίθ. (γραμμ.) που έχει δύο καταλήξεις· (για επίθ.) που έχει κοινή κατάληξη για το αρσ. και θηλ. και άλλη για το ουδ.
δικάταρτος, -η, -ο, επίθ., που έχει δύο κατάρτια: *καράβι -ο.*
δικέλλα η και **δικέλλι** το, ουσ., είδος σκαπτικού εργαλείου με διχαλωτό το ένα του άκρο.
δικεροτρίκερα τα, ουσ. (εκκλ.) αρχιερατικό σκεύος που αποτελείται από δύο κηροπήγια, το ένα με δύο και το άλλο με τρία κεριά.
δικέφαλος, -η, -ο, επίθ., που έχει δύο κεφάλια: *αετός ~.*
δίκη η, ουσ. **1.** εκδίκαση υπόθεσης σε δικαστήριο: *η ~ κράτησε δέκα μέρες· ~ πολύκροτη·* φρ. *χάνω ή κερδίζω τη ~* (= καταδικάζομαι ή αθωώνομαι). **2.** τιμωρία: *θεία ~.*
δικηγοράκος, βλ. *δικηγόρος.*
δικηγορία η, ουσ., η ιδιότητα και το επάγγελμα του δικηγόρου.
δικηγορικός, -ή, -ό, επίθ., που αναφέρεται σε δικηγόρο: *σύλλογος ~· γραφείο -ό.* - Το ουδ. στον πληθ. ως αρσ. =μισθοί δικηγόρου.
δικηγυρίνα, βλ. *δικηγόρος.*
δικηγορίστικος, -η, -ο, επίθ., που ταιριάζει σε δικηγόρο: *τεχνάσματα -α.*
δικηγόρος ο και η, θηλ. και **-ίνα,** ουσ. **1.** νομικός επαγγελματίας που υπερασπίζεται στο δικαστήριο τα συμφέροντα του κατηγορουμένου ή του κατηγόρου· (μεταφ., για ανθρώπους που επεμβαίνουν σε ξένες υποθέσεις): *το -ο μού κάνεις;* **2.** καλός ομιλητής. - Υποκορ. **-άκος.**
δικηγορόσημο το, ουσ. (νομ.) ειδικό ένσημο που επικολλάται από τους δικηγόρους σε δικαστικά έγγραφα.
δικηγορώ, -είς, ρ., ασκώ το επάγγελμα του δικηγόρου.
δίκιο, βλ. *δίκαιο.*
δικλείδα η, ουσ., βαλβίδα που επιτρέπει τη δίοδο υγρών ή αερίων προς μία μόνο διεύθυνση και εμποδίζει την επιστροφή κατά την αντίθετη: ~ *ασφαλιστική.*
δίκλινος, -η, -ο, I. επίθ. (για φυτά) που τα άνθη του είναι μονογενή (τα αρσενικά χωρισμένα από τα θηλυκά).
δίκλινος, -η, -ο, II. επίθ. (για δωμάτια) που διαθέτει δύο κρεβάτια.
δίκλωνος, -η, -ο, επίθ. **1.** (για φυτά) που έχει δύο κλωνιά: *βασιλικός ~.* **2.** (για νήμα) που αποτελείται από δύο κλωστές στριμμένες μεταξύ τους: *νήμα -ο.*
δίκλωστος, -η, -ο, επίθ., που αποτελείται από δύο κλωστές (συνών. *δίκλωνος*).
δικογραφία η, ουσ., το σύνολο των εγγράφων που αναφέρονται σε δικαστική υπόθεση.
δικόγραφο το, ουσ., έγγραφο με το οποίο διενεργείται δικαστική πράξη.
δικολαβικός, -ή, -ό, επίθ., που σχετίζεται με δικολάβο: *επιχειρήματα -ά.*
δικολαβισμός ο, ουσ. **1.** στρεψόδικος τρόπος συζήτησης: ~ *συνηγόρου σε δίκη.* **2.** (μεταφ.) σοφιστικό και κακόπιστο επιχείρημα.
δικολάβος ο, ουσ. **1.** πρακτικός δικηγόρος (χωρίς δίπλωμα). **2.** (μεταφ.) κακόπιστος και στρεψόδικος συζητητής.
δικομανής, -ής, επίθ. (χωρίς ουδ.), που του αρέσει να εμπλέκεται σε δικαστικούς αγώνες.
δικομματικός, -ή, -ό, επίθ., που συμβαίνει ή υπάρχει μεταξύ δύο κομμάτων: *παιχνίδι / σύστημα -ό.*
δικομματισμός ο, ουσ., πολιτικό σύστημα που εδράζεται σε βασικό διαχωρισμό των πολιτικών δυνάμεων μόνο σε δύο κόμματα.
δικονομία η, ουσ., σύνολο κανόνων και διατάξεων που αναφέρονται στη διεξαγωγή των δικών: ~ *ποινική / πολιτική.*
δικονομικός, -ή, -ό, επίθ., που έχει σχέση με τη δικονομία: *παρατυπία -ή.* - Επίρρ. **-ά.**
δίκοπος, -η, -ο, επίθ., που έχει δύο κόψεις: *λεπίδα -η.* Έκφρ. *-ο μαχαίρι* (= κάτι που μπορεί να στραφεί και εναντίον αυτού που το χρησιμοποιεί): *η λύση / το επιχείρημα είναι -ο μαχαίρι.*
δίκορκος, βλ. *δίκροκος.*
δικός, -ή και **-ιά** (συνιζ.), **-ό, Α.** αντων. κτητ. (με την προσωπ. αντων. *μου, σου, μας,* κλπ.) για να δηλωθεί έμφαση ή αντιδιαστολή: *δε θέλω το -ό σου βιβλίο· θέλω το -ό μου· άντρας ~ σου είναι; ξοδεύω τα -ά μου χρήματα· που ήταν όλος ~ του,* βλ. *όλος· τα θέλω όλα -ά μου* (= θέλω να γίνεται πάντα ό,τι μου αρέσει). **Β.** ως ουσ. **1.** (συνήθως στον πληθ. με άρθρο στο αρσ.) φίλοι, ομοϊδεάτες, συγγενείς: *τι κάνουν οι -οί μας; ξένοι και -οί· μίλα ελευθέρα, είναι -οί μας·* τη θυμούνται οι -οί *της·* παροιμ. *με το -ό σου φάε και πιε και πραγματειά μην κάνεις.* **2.** (στον πληθ. του ουδ.) τα «προσωπικά» κάποιου, έγνοιες, φροντίδες: *δε μου φτάνουν τα δικά μου, έχω κι εσένα που με ταλαιπωρείς.*

Έκφρ. *από -ό* (*μου, σου, του,...*) (= με δική μου, σου,... πρωτοβουλία): *κανείς δεν τον κάλεσε· ήρθε από -ό του· και στα -ά σου* (ευχή) (= και στο δικό σου γάμο, κ.τ.ό.). Φρ. *κάνω το -ό μου* (= κάνω αυτό που θέλω ή θεωρώ σωστό εγώ αντίθετα με τη γνώμη των άλλων).

δικοτυλήδονος, -η, -ο, επίθ. (βοτ.) που το σπέρμα του έχει δύο κοτυληδόνες. - Το ουδ. στον πληθ. ως ουσ. = κατηγορία φανερόγαμων φυτών.

δίκοχο το, ουσ., είδος στρατιωτικού καπέλου χωρίς γείσο με δύο αιχμηρές προεξοχές μπρος και πίσω.

δικράνι και **δίκρανο** το και **δικράνα** η, ουσ., είδος γεωργικού εργαλείου σε σχήμα διχάλας κατά τη μία άκρη με μακριά λαβή που χρησιμοποιείται στο αλώνισμα ή στο λίχνισμα των σιτηρών.

δικρανωτός, -ή, -ό, επίθ., που έχει σχήμα δίκρανου, διχαλωτός.

δίκροκος, -η, -ο και **δίκορκος, -η, -ο**, επίθ., που έχει δύο κρόκους: *αβγό -ο.*

δίκροτο το, ουσ., είδος ιστιοφόρου πλοίου με δύο σειρές πυροβόλα και τετράγωνα πανιά.

δίκρουνος, -η, -ο, επίθ. (λόγ.), που έχει δύο κρουνούς: *βρύση -η.*

δίκταμο και **δίχταμο** το, ουσ., φυτό πολυετές, αυτοφυές σε (απόκρημνα) μέρη της Κρήτης, που το αφέψημά του πίνεται ως ζεστό ρόφημα· χρησιμοποιείται και για θεραπευτικούς σκοπούς.

δικτάτορας ο, ουσ. 1. αρχηγός κράτους με απεριόριστη εξουσία που κατέλαβε παράνομα την εξουσία. 2. (μεταφ.) άνθρωπος απολυταρχικός (συνών. *τύραννος*).

δικτατορία η, ουσ. 1. αυταρχικό πολίτευμα όπου ένα άτομο ή ομάδα ανθρώπων καταργεί βίαια τα ατομικά και πολιτικά δικαιώματα και κυβερνά χωρίς εκλογές και χωρίς τον έλεγχο Βουλής. 2. η εξουσία του δικτάτορα.

δικτατορικός, -ή, -ό, επίθ. 1. που αναφέρεται στο δικτάτορα ή στη δικτατορία. 2. (μεταφ.) αυταρχικός, απολυταρχικός (συνών. *τυραννικός, δεσποτικός*). - Επίρρ. **-ά**.

δίκτυο το, ουσ. 1. σύμπλεγμα στο οποίο διασταυρώνονται δρόμοι, σιδηροδρομικές γραμμές, κλπ.: *συγκοινωνιακό / επαρχιακό ~*. 2. σύνολο τηλεπικοινωνιακών γραμμών ή σταθμών: *~ τηλεοπτικό / τηλεφωνικό*. 3. οργανωμένος τρόπος για τη διευθέτηση, τη λειτουργία ή τη διακίνηση υπηρεσίας ή εργασίας (συνών. *κύκλωμα*).

δικτυώνομαι, ρ., εντάσσομαι σε δίκτυο, σε πολύπλοκη οργάνωση για την επίτευξη ορισμένων σκοπών.

δικτυωτός, -ή, -ό και **διχτυωτός**, επίθ., που είναι κατασκευασμένος ή τοποθετημένος σαν δίχτυ: *πλέγμα -ό· διάταξη -ή*. - Το ουδ. ως ουσ. = ξύλινο ή μετάλλινο πλέγμα, καφάσι.

δικυκλιστής ο, ουσ., οδηγός δικύκλου.

δίκυκλο το, ουσ., δίτροχο όχημα με ή χωρίς κινητήρα (μηχανάκι ή ποδήλατο).

δίλεπτο και **-φτο** το, ουσ. 1. παλιό νόμισμα αξίας δύο λεπτών. 2. χρονικό διάστημα δύο λεπτών.

δίλημμα το, ουσ. 1. δύσκολη θέση μπροστά σε δύο εξίσου επικίνδυνες αποφάσεις, οι οποίες ωστόσο είναι και οι μόνες δυνατές. 2. (λογική) συλλογισμός που περιέχει δύο αντιφατικές προτάσεις, μία αναγκαστικά ορθή και μία αναγκαστικά εσφαλμένη, που καταλήγουν στο ίδιο συμπέρασμα.

διλημματικός, -ή, -ό, επίθ., που αναφέρεται σε δίλημμα ή περιέχει δίλημμα.

δίλοβος, -η, -ο, επίθ., που έχει δύο λοβούς: *στομάχι -ο.*

δίλογος, -η, -ο, επίθ. (ιδιωμ.), που είναι δύο λογιών, δύο ειδών.

διλοχία η, ουσ., σώμα στρατιωτικό που αποτελείται από δύο λόχους.

διμελής, -ής, -ές, γεν. *-ούς*, πληθ. αρσ. και θηλ. *-είς*, ουδ. *-ή*, επίθ., που αποτελείται από δύο μέλη: *επιτροπή ~*.

διμερής, -ής, -ές, γεν. *-ούς*, πληθ. αρσ. και θηλ. *-είς*, ουδ. *-ή*, επίθ. 1. που γίνεται με τη συνεργασία δύο μερών: *σύμβαση / σύσκεψη ~*. 2. που αποτελείται από δύο μέρη (συνών. *διμελής*). - Επίρρ. **-ώς**.

διμεταλλισμός ο, ουσ., νομισματικό σύστημα που ως μέσο ανταλλαγής χρησιμοποιεί ελεύθερα και το χρυσό και το ασήμι.

δίμετρος, -η, -ο, επίθ. (μετρ.) που αποτελείται από δύο μετρικούς πόδες. - Το ουδ. ως ουσ. (για στίχο) = στίχος δίμετρος: *αναπαιστικό -ο*.

διμέτωπος, -η, -ο, επίθ., που έχει δύο μέτωπα (όψεις), που είναι στραμμένος σε δύο κατευθύνσεις: *πόλεμος ~·* (μεταφ.) *προσπάθεια -η*.

διμηνία η, ουσ., χρονικό διάστημα δύο μηνών (συνών. *δίμηνο*).

διμηνιαίος, -α, -ο, επίθ. (ασυνίζ.), που γίνεται κάθε δύο μήνες ή διαρκεί δύο μήνες: *περιοδικό -ο* (συνών. *δίμηνος*).

δίμηνος, -η, -ο, επίθ., που διαρκεί δύο μήνες: *άδεια / προθεσμία -η*. - Το ουδ. ως ουσ. = χρονικό διάστημα δύο μηνών (συνών. *διμηνία*).

δίμιτο το, ουσ., πυκνό ύφασμα βαμβακερό ή λινό υφασμένο με δύο κλωστές. [μτγν. *δίμιτον* (ύφασμα)].

διμοιρία η, ουσ., στρατιωτικό σώμα που αποτελείται από δύο μοίρες.

διμοιρίτης ο, θηλ. **-ίσσα** η, ουσ. 1. αρχηγός διμοιρίας. 2. ο πρώτος στη γραμμή σε σώμα στρατιωτών, μαθητών, κλπ., που κάνει παρέλαση.

διμορφία η, ουσ., διμορφισμός.

διμορφισμός ο, ουσ. 1. ιδιότητα του να έχει κανείς ή να εμφανίζει δύο μορφές. 2. (βιολ.) συνύπαρξη δύο διαφορετικών μορφών στον ίδιο ζωντανό οργανισμό (συνών. *ερμαφροδιτισμός*. 3. (γλωσσολ.) εμφάνιση και χρησιμοποίηση μιας λέξης με δύο διαφορετικές μορφές (π.χ. *άστρο - αστέρι*).

δίμορφος, -η, -ο, επίθ., που έχει δύο μορφές ή που εμφανίζεται με δύο μορφές.

δίμουρος, -η, -ο, επίθ. (λαϊκ.), που έχει δύο μούρες (πρόσωπα)· διπρόσωπος, ανειλικρινής.

διμούτσουνος, -η, -ο, επίθ. (λαϊκ.), που έχει δύο μουτσούνες, μούρες· (για πυροβόλο όπλο) που έχει δύο κάννες: *κουμπούρα -η*.

δίνη η, ουσ. 1. περιστροφική κίνηση αέρα ή νερού (συνών. *ανεμοστρόβιλος, ρουφήχτρα*). 2. (μεταφ.) μεγάλη αναστάτωση: *η ~ του πολέμου* (συνών. *σάλος, αναμπουμπούλα*).

δίνω, ρ., ενεργ. αόρ. *έδωσα*, παθ. αόρ. *δόθηκα*, μτχ. *δοσμένος*. I ενεργ. 1. μεταβιβάζω κάτι σε άλλον με το χέρι, του το βάζω στο χέρι: *το μολύβι στο συμμαθητή μου· της έδωσε το ποτήρι* (συνών. *εγχειρίζω·* αντ. *παίρνω*). 2. παρέχω, παραχωρώ: *έδωσα στα παιδιά μου ό,τι είχα και δεν είχα· έδωσε αίμα* (συνών. *προσφέρω, χαρίζω, δωρίζω*). 3. προικίζω: *της -ει κι ο πατέρας της καράβι αρματωμένο... / της -ει κι η μανούλα της τάσι μαργαριτάρι* (δημ. τραγ.). 4. καταβάλλω μισθό ή αμοιβή για εργασία: *μου* -*ει μικρό μεροκάματο* (συνών. *μισθοδοτώ, πληρώνω*). **5.** αποδίδω, αποφέρω (εισόδημα): *πόσα σου* -*ει το χρόνο το χωράφι;* (συνών. *βγάζω*). **6.** προσφέρω: *μου* -*εις λίγα για το αυτοκίνητο*. **7.** πουλώ: -*ει το σπίτι του όσο όσο* (αντ. *παίρνω, αγοράζω*). **8.** απονέμω: ~ *δίκιο* / *δίπλωμα* / *βαθμό* / *παράσημο*. **9.** (για γεύμα, χορό, κλπ.) παραθέτω, διοργανώνω: *έδωσε δείπνο* / *δεξίωση προς τιμήν του*. **10.** χτυπώ: *του 'δωσα μια στο χέρι* (συνών. *δέρνω, βαρώ*). **11.** (για το Θεό) επιτρέπω, ευδοκώ: *να δώσει ο Θεός να πάνε καλά τα πράγματα*. **12.** ορίζω: *ο γιατρός μού έδωσε φάρμακο για το βήχα*. **13.** παντρεύω: *έδωσε την κόρη του σε μεγαλέμπορο*. **14.** (με ουσ. και σημαίνει ό,τι το ρ. που παράγεται από το ουσ.): ~ *βάση* (= βασίζομαι) / ~ *όρκο* (= ορκίζομαι) / *προσοχή* (= προσέχω), κλπ. **15.** προκαλώ: *ο θάνατος αγαπημένου προσώπου* -*ει μεγάλο πόνο*. **16.** (μαθημ.) δίνω εξαγόμενο: *τι* -*ει η πρόσθεση;* **17.** (παθ., σε γ΄ πρόσ., μαθημ.) παρέχεται υποθετικά: -*εται ένα ορθογώνιο τρίγωνο*. II (μέσ.) αφιερώνομαι: *δόθηκε ολόκληρος στην ιατρική* / *στην οικογένειά του* (συνών. *αφοσιώνομαι*). Φρ. ~ *αέρα* / *θάρρος σε κάποιον* (= ενθαρρύνω, δίνω δικαιώματα σε κάποιον): *μην του* -*εις αέρα, γιατί θα αποθρασυνθεί*· ~ *βάρος σε κάποιον* (= τον κουράζω, του γίνομαι φόρτωμα)· *δε* ~ *δεκάρα* (= αδιαφορώ)· ~ *σημασία* (= υπολογίζω): *δε μου* -*ει σημασία*· ~ *σε κάποιον δρόμο* / *τα παπούτσια στο χέρι* (= διώχνω)· ~ *έτσι* (= δωρίζω, χαρίζω)· ~ *ένα χεράκι* (= βοηθώ): *δώσε ένα χεράκι κι εσύ για να τελειώσουμε γρήγορα*· ~ *ζωή* (= προβλέπω παράταση ζωής): *ο γιατρός τού έδωσε δυο μήνες ζωή*· ~ *και*... (= επιτέλους αρχίζω να*...*): *έδωκε κι εξημέρωσε* / *η ανέλπιστη αυγή* (Γρυπάρης)· ~ *και παίρνω* (= διαδραματίζω σπουδαίο ρόλο): *οι συζητήσεις* -*ουν και παίρνουν*· ~ *λαβή* (= γίνομαι αφορμή, προκαλώ): -*ει λαβές για σχόλια*· ~ *λόγο των πράξεών μου* (= λογοδοτώ)· ~ *το λόγο* (*της τιμής*) *μου* (= υπόσχομαι, διαβεβαιώνω): *έδωσα το λόγο μου να του συμπαρασταθώ*· ~ *το λόγο* (*σε κάποιον*) (= παραχωρώ την άδεια να μιλήσει)· ~ *λόγο* (= λογοδίνομαι)· *πάρε-δώσε* (= δοσοληψίες): *δεν έχω πάρε-δώσε μαζί του* (συνών. λαϊκ. *αλισβερίσι*)· ~ *παράσταση* = ανεβάζω έργο στη σκηνή· (λαϊκ.) *μου* -*ει στα νεύρα κάποιος ή κάτι* (= με εκνευρίζει, με τσατίζει)· *δώσ' του και*... (= συνέχεια, χωρίς διακοπή): *του είπα να σταματήσει, αλλά αυτός δώσ' του κι έπινε*· *του 'δωσα και κατάλαβε* (= τον έδειρα πολύ, τον χόρτασα στο ξύλο ή τον μάλωσα σκληρά)· (λαϊκ.) *του δίνω* (= φεύγω): *εγώ τώρα του* ~· ~ *τόπο στην οργή* (= συγκρατώ το θυμό μου, ξεθυμώνω)· ~ *σημεία ζωής* (= εκδηλώνω σημεία ζωής ή εμφανίζομαι κάπου): *έχει καιρό να δώσει σημεία ζωής*· ~ *το χέρι* (= **α.** συμφωνώ· **β.** συμφιλιώνομαι)· ~ *χάρη* (= χαρίζω την ποινή).

διογκώνω, ρ. (ασυνίζ., έρρ.). **1.** μεγαλώνω τον όγκο ενός πράγματος· (μεταφ.) -*ώθηκε ο λογαριασμός του τηλεφώνου*. **2.** (μεταφ.) δίνω μεγαλύτερες διαστάσεις σε κάτι ή του αποδίδω μεγαλύτερη σημασία απ' όση πραγματικά έχει (συνών. «*φουσκώνω*», *υπερβάλλω*). **3.** (μέσ.) **α.** φουσκώνω, πρήζομαι: -*ώθηκε το απόστημά του* (συνών. *εξογκώνομαι*· αντ. *ξεφουσκώνω*)· **β.** (μεταφ.) αυξάνονται οι διαστάσεις μου, παίρνω μεγάλη έκταση: *το πρόβλημα* -*εται*.

διόγκωση η, ουσ. (ασυνίζ., έρρ.). **1.** αύξηση όγκου, φούσκωμα: ~ *της σπλήνας* (συνών. *εξόγκωση, πρήξιμο*)· (μεταφ.) ~ *της παραοικονομίας*. **2.** σκόπιμη απόδοση μεγαλύτερης σημασίας σε κάτι απ' όση πραγματικά αυτό έχει: ~ *της πραγματικότητας*.

διόδια τα, ουσ. (ασυνίζ., δις). **1.** τέλη που καταβάλλονται για τη διάβαση γέφυρας, ποταμού, διώρυγας ή τη χρήση τμήματος του δρόμου από μεταφορικά μέσα ή ανθρώπους: *σταθμός* -*ίων*. **2.** (συνεκδοχικά) σταθμός όπου εισπράττονται τα τέλη: *το χωριό βρίσκεται κοντά στα* ~.

διοίκηση η, ουσ. (ασυνίζ.). **1.** ρύθμιση και έλεγχος ομαλής λειτουργίας αρχής ή οργάνωσης, διακυβέρνηση: ~ *του κράτους* / *τράπεζας* (συνών. *διεύθυνση*). **2.** (νομ.) διαχείριση (βλ. λ. σημασ. 2): ~ *της περιουσίας του παιδιού από τους γονείς*. **3.** διοικητική αρχή: *τον ανέφεραν στη* ·~ *του συλλόγου* (συνών. *διεύθυνση*). **4.** σύνολο προϊσταμένων υπηρεσίας. **5.** κτήριο όπου στεγάζεται η διοίκηση και εδρεύει ο διοικητής (συνών. *διοικητήριο*).

διοικητήριο το, ουσ. (ασυνίζ., δις), κτήριο όπου στεγάζονται οι υπηρεσίες της διοίκησης και εδρεύει ο διοικητής (συνών. *διοίκηση* σημασ. 5).

διοικητής ο, ουσ. (ασυνίζ.), αυτός που διοικεί, διευθύνει μια αρχή ή οργάνωση: ~ *στρατιωτικός*· ~ *τράπεζας*.

διοικητικός, -ή, -ό, επίθ. (ασυνίζ.), που αναφέρεται στο διοικητή ή στη διοίκηση: *ικανότητα* -*ή*· *υπάλληλος* · -*ό συμβούλιο*· *αποκέντρωση* -*ή* · (νομ.) -*ό δίκαιο* = σύνολο νομικών κανόνων που ρυθμίζουν τον οργανισμό, την αρμοδιότητα και τη λειτουργία της διοίκησης του κράτους.

διοικώ, -είς, ρ. (ασυνίζ.). **1.** κυβερνώ, διευθύνω: ~ *τράπεζα* / *αστυνομία* / *στρατό*. **2.** (νομ.) διαχειρίζομαι (βλ. λ. σημασ. 2): *το δικαίωμα των γονέων να* -*ούν την περιουσία του παιδιού*.

διολισθαίνω, ρ., αόρ. -*ίσθησα* (ασυνίζ., λόγ.), (για νόμισμα) χάνω την αξία μου απέναντι στα άλλα νομίσματα: *η δραχμή* -*ίσθησε* (συνών. *υποτιμώμαι*).

διολίσθηση η, ουσ. (ασυνίζ., λόγ.), βαθμιαία υποτίμηση της αξίας νομίσματος απέναντι στα άλλα νομίσματα (συνών. *υποτίμηση*).

δίολκος ο, ουσ. (ασυνίζ., λόγ.). **1.** (ιστ.) δρόμος στον Ισθμό της Κορίνθου από τον οποίο στην αρχαιότητα έσερναν τα πλοία από τη μια θάλασσα στην άλλη. **2.** κάθε μέσο μεταφοράς πλοίων από μια θάλασσα σε άλλη.

δίολου, επίρρ. (συνιζ.), καθόλου: *δεν κουράστηκα* ~.

διομολογήσεις οι, ουσ. (ασυνίζ.), (ιστ.) συμβάσεις που ρύθμιζαν το καθεστώς των ξένων στην οθωμανική αυτοκρατορία και σε κράτη της Άπω Ανατολής, σύμφωνα με τις οποίες οι πρόξενοι ευρωπαϊκών δυνάμεων είχαν ευρύτατες δικαιοδοσίες προκειμένου για τους ομοεθνείς τους σε θέματα αστικού, εμπορικού και ποινικού δικαίου.

διονυσιακός, -ή, -ό, επίθ. (ασυνίζ., δις). **1.** που σχετίζεται με το Θεό Διόνυσο: *θέατρο* -*ό*· *λατρεία* -*ή*. **2.** (μεταφ.) ενθουσιώδης, οργιαστικός: -*ή ατμόσφαιρα γλεντιού*· *έκσταση* -*ή*.

διονυσιασμός ο, ουσ. (ασυνίζ. δις), οργιαστική έκσταση, βακχική μανία.

διοξείδιο το, ουσ. (ασυνίζ. δις), (χημ.) ένωση στοιχείου με δύο άτομα οξυγόνου: ~ *του άνθρακα* / *θείου*· ~ *του καλίου* (= ποτάσα). [μετάφραση του γαλλ. *bioxyde*].

δίοπος ο, ουσ. (ασυνίζ.), κατώτατος υπαξιωματικός του πολεμικού ναυτικού.

διόπτρα η, ουσ. (ασυνίζ., λόγ.), (φυσ.) οπτικό όργανο με σύστημα φακών για την παρατήρηση αντικειμένων που βρίσκονται μακριά (συχνά στον πληθ.): ~ *αστρονομική* *-ες πρισματικές / σκοπευτικές* (συνών. *τηλεσκόπιο, κιάλι*).

διοπτρία η, ουσ. (ασυνίζ.), (φυσ.) μονάδα για τη μέτρηση της ισχύος φακού ή οπτικού συστήματος (σύμβολο δ) ίση με την ισχύ φακού με εστιακή απόσταση ενός μέτρου.

διοπτρική η, ουσ. (ασυνίζ.), (φυσ.) μέρος της οπτικής που ασχολείται με τις επιδράσεις των οπτικών μέσων στο φως που τα διασχίζει.

διόραμα το, ουσ. (ασυνίζ.). **1.** (παλαιότερο) πίνακας (χωρίς ορατό πλαίσιο) όπου είναι ζωγραφισμένες διάφορες μορφές ή σκηνές, οι οποίες με τον κατάλληλο φωτισμό δίνουν την ψευδαίσθηση της πραγματικότητας· (νεότερο) το να δημιουργείται με τη βοήθεια τεχνικών μέσων η ψευδαίσθηση μιας ζωντανής παρουσίας. **2.** (νεολογ.) αναπαράσταση μιας σκηνής (συνήθως δράσης) σε σμίκρυνση υπό κλίμακα: ~ *με τη μάχη του Βατερλό*.

διορατικός, -ή, -ό, επίθ. (ασυνίζ.), που μπορεί να αντιλαμβάνεται και να κατανοεί κάτι έγκαιρα και σε βάθος: ~ *νους / πολιτικός* (συνών. *οξυδερκής*).

διορατικότητα η, ουσ. (ασυνίζ.), η ικανότητα κάποιου να αντιλαμβάνεται και να κατανοεί κάτι έγκαιρα και σε βάθος: ~ *έμφυτη / πολιτική* (συνών. *οξυδέρκεια*).

διοργανώνω, ρ. (ασυνίζ.), προετοιμάζω μεθοδικά μια ενέργεια με σκοπό να πραγματοποιηθεί κανονικά και να δώσει το καλύτερο δυνατό αποτέλεσμα: ~ *επιστημονικό συνέδριο / πολιτιστικές εκδηλώσεις* (συνών. *οργανώνω*).

διοργάνωση η, ουσ. (ασυνίζ.), μεθοδική προετοιμασία μιας ενέργειας για να πραγματοποιηθεί όσο γίνεται καλύτερα και αποτελεσματικότερα: ~ *ανεπαρκής / εορταστικών εκδηλώσεων* (συνών. *οργάνωση*).

διοργανωτής ο, θηλ. **-τρια**, ουσ. (ασυνίζ.), αυτός που διοργανώνει κάτι: *αξίζουν συγχαρητήρια οι -ές της συνάντησης των οικονομολόγων* (συνών. *οργανωτής*).

διοργανωτικός, -ή, -ό, επίθ. (ασυνίζ.), που σχετίζεται με τη διοργάνωση, που μπορεί να διοργανώνει σωστά: *επιτροπή -ή· πνεύμα -ό* (συνών. *οργανωτικός*). - Επίρρ. **-ά**.

διοργανώτρια, βλ. *διοργανωτής*.

διόρθωμα το, ουσ. (ασυνίζ., λαϊκ.). **1.** επιδιόρθωση, επισκευή: *ο τοίχος / το παπούτσι μου θέλει ~*. **2.** διόρθωση, επισήμανση και αποκατάσταση των σφαλμάτων (κειμένου): *έχω πολλά τετράδια για ~*.

διορθώνω, ρ. (ασυνίζ.). **1.** επαναφέρω κάτι στη σωστή θέση ή κατάσταση: ~ *τα λάθη / το χαρακτήρα / τη συμπεριφορά του· -ωσε τα μαλλιά σου προτού βγεις έξω* (= σιάξε, φτιάξε). **2.** εξαλείφω σφάλματα, λάθη, βλάβες σε κάτι, βελτιώνω κάτι με αυτόν τον τρόπο: ~ *ένα γραπτό / μαθητικές εκθέσεις·* (τυπογραφία) ~ *τυπογραφικά δοκίμια· κείμενο εντελώς -ωμένο·* (αεροπ.-ναυτ.) ~ *την πορεία ενός πλοίου / ενός αεροπλάνου·* (για πράγμα φθαρμένο, χαλασμένο, κ.τ.ό.) *έδωσα το παλτό μου στη μοδίστρα να το -ώσει·* ~ *τις βρύσες / το ραδιόφωνο* (συνών. *επιδιορθώνω, επισκευάζω*). **3.** ξαναφέρνω κάποιον στο σωστό δρόμο, του φέρομαι με αυστηρότητα ή τον τιμωρώ (για να μην επαναλάβει τα σφάλματά του): *τον -ωσε με τις συμβουλές του·* (μέσ.) *βγήκε από τη φυλακή χωρίς να έχει -ωθεί στο ελάχιστο·* (ως απειλή) *αν το ξανακάνεις, θα σε -ώσω* (συνών. *συμμορφώνω, συνετίζω, κανονίζω*).

διόρθωση η, ουσ. (ασυνίζ.). **1.** το να διορθώνει κανείς κάτι, επαναφορά στη σωστή θέση ή κατάσταση, μεταβολή προς το καλύτερο: ~ *των σφαλμάτων / της συμπεριφοράς* (συνών. *επανόρθωση*). **2.** το να επιφέρει κανείς αλλαγές σε κάτι (εξαλείφοντας σφάλματα, κ.τ.ό.) για να το βελτιώσει: ~ *διαγωνισμάτων* (φιλολ.) *η γραφή του αρχαίου κειμένου προέρχεται από* ~ *του εκδότη του·* (ναυτ.-αεροπ.) ~ *πλεύσης / πορείας*. **3.** (τυπογραφία) επισήμανση και αποκατάσταση των τυπογραφικών σφαλμάτων κατά την εκτύπωση ενός βιβλίου: *πρώτη ~· κάνω -ώσεις στα δοκίμια· κατάλογος -εων* (στο τέλος του βιβλίου) (= *παροράματα*).

διορθωτέος, -α, -ο, επίθ. (ασυνίζ.). **1.** (λόγ.) που πρέπει να διορθωθεί. **2.** (τυπογραφία) *-α τα* (ως ουσ.) = σύνολο διορθώσεων που καταγράφονται στο τέλος βιβλίου και αφορά όσα λάθη ανακαλύπτονται μετά το τύπωμα (συνών. *παροράματα*).

διορθωτής ο, θηλ. **-τρια**, ουσ. (ασυνίζ.). **1.** αυτός που διορθώνει (ένα γραπτό), που βρίσκει τα λάθη κάποιου και τον κρίνει με βάση αυτά: *οδηγίες προς τους -ές των πανελλαδικών εξετάσεων· ~ αυστηρός*. **2.** (τυπογραφία) το πρόσωπο που θεωρεί τα τυπογραφικά δοκίμια, επισημαίνει όσα λάθη έγιναν στη στοιχειοθεσία και τα υποδεικνύει στον τυπογράφο για να τα διορθώσει.

διορθωτικός, -ή, -ό, επίθ. (ασυνίζ.), που ανήκει ή αναφέρεται στη διόρθωση, που μπορεί ή έχει σκοπό να διορθώσει: *επέμβαση -ή· ποσό -ό* (για την εξομάλυνση μισθοδοτικών ανισοτήτων, αδικιών, κ.τ.ό.)· *υγρό -ό* (βλ. *παρακάτω*). - Το ουδ. ως ουσ. = **α.** λευκό παχύρρευστο υγρό για διορθώσεις λαθών σε γραπτά κείμενα. **β.** (τυπογραφία) *-ά τα* = αμοιβή του διορθωτή (βλ. λ. σημασ. 2).

διορθώτρια, βλ. *διορθωτής*.

διορία η, ουσ. (ασυνίζ.), καθορισμός χρονικού ορίου για την εκτέλεση μιας πράξης: ~ *μικρή / τελευταία· ζητώ ~· τους έδωσε ~ ενός μηνός να παραδώσουν τις εργασίες τους* (συνών. *προθεσμία*).

διορίζω, ρ. (ασυνίζ.), τοποθετώ κάποιον σε υπεύθυνη (συνήθως δημόσια) θέση, αναθέτω επίσημα σε κάποιον μια υπηρεσία: *τον -ισαν στο υπουργείο· οι νομάρχες -ονται, δεν εκλέγονται· -ίστηκε καθηγητής στη μέση εκπαίδευση*.

διορισμός ο, ουσ. (ασυνίζ.), τοποθέτηση σε υπεύθυνη (συνήθως δημόσια) θέση, επίσημη ανάθεση υπηρεσίας: ~ *κανονικός / σκανδαλώδης· ~ διοίκησης στο σωματείο / καθηγητή· ~ και παύση κυβερνήσεων· αρνούμαι το ~·* (για το σχετικό έγγραφο) *θα παρουσιαστεί μόλις λάβει το -ό* (= *διοριστήριο*).

διοριστήριο το, ουσ. (ασυνίζ., δις), έγγραφο με το οποίο ανακοινώνεται σε κάποιον η απόφαση διορισμού του (στο δημόσιο).

διόροφος, -η, -ο, βλ. *διώροφος*.

διόρυξη η, ουσ. (ασυνίζ., λόγ.), το να δημιουργεί σκάβοντας κανείς ένα βαθύ και μακρύ χαντάκι η κατασκευή διώρυγας.

διοσημία η, ουσ. (ασυνίζ.), (αρχ.) μετεωρολογικό ή

ουράνιο φαινόμενο που το θεωρούσαν σημάδι από το Δία για την πρόγνωση του μέλλοντος.

διότι, σύνδ. (ασυνίζ., λόγ.), (αιτιολ.) για το λόγο ότι: (συνών. *επειδή*).

διούρηση η, ουσ. (ασυνίζ.), (φυσιολ.) απέκκριση ούρων από τα νεφρά.

διουρητικός, -ή, -ό, επίθ. (ασυνίζ.), (ιατρ.) που προκαλεί, που διευκολύνει τη διούρηση: *φάρμακα -ά.* - Το ουδ. στον πληθ. ως ουσ. = διουρητικά φάρμακα.

διοχέτευση η, ουσ. (ασυνίζ.). 1. μεταφορά με αγωγό (σωλήνα, αυλάκι, κ.τ.ό.): ~ *πόσιμου νερού / λυμάτων·* (για αέριο) ~ *οξυγόνου / φωταερίου·* (συνεκδοχικά) ~ *ηλεκτρικού ρεύματος* (με καλώδιο). 2. (μεταφ.) μεταβίβαση (συνήθως με σταθερό ρυθμό και αφανή ή πλάγιο τρόπο): ~ *χρημάτων στους αντικαθεστωτικούς αντάρτες / ηρωίνης στην αγορά / πληροφοριών στον τύπο*.

διοχετεύω, ρ. (ασυνίζ.). 1. μεταφέρω με αγωγό (σωλήνα, αυλάκι, κ.τ.ό.) ένα πρόσφορο υλικό (συνήθως υγρό): *τα απόβλητα του εργοστασίου -ονται κατευθείαν στη θάλασσα·* (για αέριο) *χιλιάδες αυτοκίνητα -ουν στην ατμόσφαιρα δηλητήριο·* (συνεκδοχικά) ~ *ηλεκτρικό ρεύμα*. 2. (μεταφ.) μεταβιβάζω (συνήθως με σταθερό ρυθμό και κρυφά): *-ει τα κέρδη του σε ξένες τράπεζες / όπλα στις αντιμαχόμενες παρατάξεις / τις απόψεις του κόμματος στις φιλικές εφημερίδες*.

δίπατος, -η, -ο, επίθ. (λαϊκ.), (για κτήριο) που έχει δύο πατώματα: *σπίτι -ο* (συνών. *διώροφος*).

δίπλα, επίρρ. 1. στο πλευρό, πολύ κοντά: *κάθισε ~ μου· σπίτι ~ στο δρόμο· βαδίζαμε ~* (συνών. *παραπλεύρως, πλάϊ*) *φρ.* (του/της) *πέφτω ~* = πλησιάζω (συνήθως με ιδιοτελή σκοπό)· *παίρνω ~* (*τα βουνά*) = γυρίζω (στα βουνά): *ο Κατσαντώνης τ' άκουσε... και παίρνει ~ τα βουνά, ~ τα κορφοβούνια* (δημ. τραγ.). 2. για να δηλωθεί σύγκριση: ~ *στο νέο του μυθιστόρημα τα παλιότερα δεν αντέχουν την κριτική* (συνών. *απέναντι, κοντά, μπροστά*). 3. (λαϊκ.) πλαγιαστά, λοξά, προς τα πλάγια: *το κλαδί γέρνει ~ από τον καρπό· γνωμ.* ~ *φεγγάρι, ορθός ο καραβοκύρης. Φρ. το κόβω / παίρνω ~* = ξαπλώνω να κοιμηθώ, κοιμάμαι (για λίγο). - Βλ. και *αποδίπλα*.

δίπλα η, ουσ. 1. τμήμα εύκαμπτου υλικού που μαζεύτηκε δύο (ή περισσότερες) φορές αποκτώντας έτσι διπλό πάχος, ανωμαλία, διακύμανση στην επιφάνεια ενός υλικού: *φουστάνι / πανωφόρι που κάνει -ες·* (για άτομο πολύ χοντρό) *η κοιλιά του κάνει -ες* (συνών. *πτυχή, πιέτα, ζάρα*). 2. γλύκισμα που τα φύλλα του ζυμώνονται με αβγά και ψήνονται σε βραστό λάδι. [*διπλώνω* υποχωρ.].

διπλά, βλ. *διπλός*.

διπλαμπαρώνω, ρ. (έρρ., λαϊκ.), κλείνω με διπλές αμπάρες, ασφαλίζω καλά: ~ *το σπίτι* (συνών. *διπλοκλειδώνω*).

διπλάνο το, ουσ., αεροπλάνο με δύο συστήματα πτερύγων, το ένα επάνω από το άλλο. [μετάφραση γαλλ. *biplan*].

διπλανός, -ή, -ό, επίθ., που βρίσκεται δίπλα, πολύ κοντινός: *κατά λάθος χτύπησα τη -ή πόρτα· το -ό χωριό·* (ως ουσ.) *μην πειράζεις τη -ή σου!* (= αυτή που κάθεται δίπλα σου)· *οι -οί έλειπαν όλο το καλοκαίρι* (συνών. *πλαϊνός*). - Το αρσ. ως ουσ. = ο συνάνθρωπος, ο «πλησίον»: *πρέπει να βοηθάμε το -ό μας*.

διπλάρωμα το, ουσ. (λαϊκ.), προσέγγιση, πλησίασμα (από το πλευρό), πλεύρισμα (αντ. *απομάκρυνση, ξεμάκρεμα*).

διπλαρώνω, ρ. (λαϊκ.). 1. πλησιάζω και παίρνω θέση στο πλευρό κάποιου (συνήθως με ιδιοτελή, δόλιο σκοπό), πλευρίζω: *είχε -ώσει τον επιλοχία μήπως πάρει καμιά άδεια.* 2. (για πλεούμενο) γέρνω προς μια πλευρά: *ένα μεγάλο μπάρκο... -ωμένο απ' τη φουρτούνα* (Κόντογλου).

διπλάσια, βλ. *διπλάσιος*.

διπλασιάζω, ρ. (ασυνίζ.), κάνω κάτι διπλό, αυξάνω στο διπλάσιο (έκταση, ένταση, ποσότητα, κ.ά.): ~ *το μισθό / τους φρουρούς / την ταχύτητα* (μέσ.) *σ' ένα χρόνο -στηκε η τιμή του πετρελαίου* (συνών. *διπλιάζω*).

διπλασιασμός ο, ουσ. (ασυνίζ.), το να γίνεται κάτι διπλό, να αυξάνεται στο διπλάσιο: ~ *των κερδών της επιχείρησης*.

διπλάσιος, -α, -ο, επίθ. (ασυνίζ.), που είναι δυο φορές περισσότερος ή μεγαλύτερος, διπλός στην ποσότητα, το μέγεθος, την ένταση, κ.ά.: *στον ίδιο χρόνο το αυτοκίνητό του διανύει -α απόσταση* (κοιν. *άλλη τόση*)· *έχει τα -α χρόνια / κιλά από σένα.* - Το ουδ. ως ουσ. = ποσό δυο φορές μεγαλύτερο: *τρώω το ~ απ' ό,τι εκείνος·* στη δημοπρασία *πρόσφερε για κάθε πίνακα τα -α από τους άλλους.* - Επίρρ. **-α**.

δίπλευρος, -η, -ο, επίθ., που έχει δύο πλευρές: *παράταξη -η*.

διπληγία η, ουσ. (ιατρ.) παράλυση και των δύο πλευρών του ίδιου τμήματος του σώματος.

διπλιάζω, ρ. (συνιζ., λαϊκ.). 1. διπλασιάζω: ~ *το βιος μου.* 2. διπλώνω: ~ *το σεντόνι*.

διπλόγιορτο και **-γιόρτι** το, ουσ. (συνιζ., λαϊκ.), δύο γιορτές την ίδια μέρα ή σε κοντινές ημέρες (λ.χ. Χριστούγεννα και Πρωτοχρονιά): *γαληνεμένος σα... να μη συλλογιόταν παρά το χαρούμενο -γιόρτι* (Ι. Μ. Παναγιωτόπουλος).

διπλογραφία η, ουσ. (λογιστ.) μέθοδος παρακολούθησης περιουσιακών ή οικονομικών μεταβολών που συνίσταται στο να καταχωρίζεται κάθε οικονομική πράξη με το ίδιο ποσόν δύο φορές, τη μία στη χρέωση και την άλλη στην πίστωση δύο ή περισσότερων λογαριασμών.

διπλογραφικός, -ή, -ό, επίθ. (λογιστ.) που σχετίζεται με τη διπλογραφία (βλ. λ.): *μέθοδος -ή· πράξεις -ές*.

διπλόγραφο το, ουσ. (λογιστ.) αντίγραφο εγγράφου (συνών. *κόπια*).

διπλογράφος ο, ουσ. (λογιστ.) αυτός που εφαρμόζει (στην τήρηση λογιστικών βιβλίων) τη μέθοδο της διπλογραφίας.

διπλοδοντικό, επίθ. ουδ. (έρρ.), (γραμμ.) σύμφωνα *-ά* = που αρθρώνεται ανάμεσα στα μπροστινά δόντια (σ, ζ, τσ, τζ) (συνών. *συριστικό*).

διπλοθεμελιώνω, ρ. (συνιζ., λογοτ.), βάζω διπλά θεμέλια, θεμελιώνω γερά: *κάστρο -ωμένο*.

διπλοθεμέλιωτος, -η, -ο, επίθ. (λογοτ.), που έχει διπλά θεμέλια, θεμελιωμένος γερά: *-ες εκκλησιές*.

διπλοθεσίτης ο, θηλ. **-ισσα**, ουσ., αυτός που κατέχει δύο θέσεις σε δημόσιους οργανισμούς.

διπλοκάμπανο το, ουσ. (έρρ., λαϊκ.), το να χτυπούν ταυτόχρονα δυο καμπάνες (εκκλησίας)· *φρ. του 'ρθανε ~* (= του συνέβησαν ταυτόχρονα δύο ευχάριστα ή δυσάρεστα γεγονότα).

διπλοκατάληκτος, -η, -ο, επίθ. (γραμμ.) που σχηματίζει στον ενικό ή τον πληθυντικό αριθμό και διαφορετικό τύπο, εκτός από τον κανονικό: *λέξη*

-η ουσιαστικά *-α* (π.χ. *κάμαρα - κάμαρη, νοικοκύρης,* πληθ. *νοικοκύρηδες - νοικοκυραίοι*).

διπλοκερνώ, ρ. (λαϊκ.), κερνώ δύο φορές: *κείνονε οπού αγαπάς για -κέρασέ τον* (δημ. τραγ.).

διπλοκλειδώνω, ρ., κλειδώνω γυρίζοντας δύο φορές το κλειδί, ασφαλίζω καλά: ~ *την εξώπορτα του σπιτιού* (συνών. *διπλαμπαρώνω, διπλομανταλώνω*).

διπλόκλιτος, -η, -ο, επίθ. (γραμμ., για ουσ.), που σχηματίζει διπλό γένος στον πληθυντικό αριθμό (λ.χ. *ο βάτος, οι βάτοι - τα βάτα*) ή έχει άλλο γένος στον ενικό κι άλλο στον πληθυντικό (λ.χ. *ο πλούτος - τα πλούτη*) κι έτσι ακολουθεί δύο κλίσεις.

διπλοκοσκινίζω, ρ. (λαϊκ.), κοσκινίζω δυο φορές, κοσκινίζω καλά.

διπλομανταλώνω, ρ. (έρρ., λαϊκ.), κλείνω με διπλό μάνταλο, ασφαλίζω καλά (με μάνταλο) (συνών. *διπλαμπαρώνω, διπλοκλειδώνω*).

διπλόμορφος, -η, -ο, επίθ. (γραμμ., για ουσ.) που έχει δύο τύπους, τον ένα με μια συλλαβή λιγότερη (π.χ. *γέροντας - γέρος, γίγαντας - γίγας*). - Το ουδ. ως ουσ.: *φωνητικά -α* = λέξεις με διπλή φωνητική μορφή, ανάλογα με τις περιστάσεις που τις χρησιμοποιούμε (λ.χ. *κρύσταλλο - κρούσταλλο, πετυχαίνω - επιτυχαίνω*).

διπλοπαρακαλώ, ρ. (λαϊκ.), παρακαλώ επίμονα, θερμά.

διπλοπενιά η, ουσ. (συνιζ., λαϊκ.), (μουσ.) δύο συνεχόμενες κρούσεις των χορδών μουσικού οργάνου (συνήθως μπουζουκιού) με την πένα και συνεκδοχικά ο ήχος που παράγεται με αυτό τον τρόπο.

διπλοπόδι, επίρρ. (λαϊκ.), σταυροπόδι: *κάθομαι* ~.

διπλοπρόσωπος, -η, -ο, επίθ. (λαϊκ.), διπρόσωπος, ανειλικρινής.

διπλορωτώ, ρ. (λαϊκ.), ρωτώ δύο φορές, ξαναρωτώ: *α σας -ήσουνε και δεύτερη και τρίτη...* (δημ. τραγ.).

διπλός, -ή, -ό, επίθ. 1. που είναι δύο φορές μεγαλύτερος (σε κάτι) ή περισσότερος από τον εαυτό του ή από άλλον· που επαναλήφθηκε ή υπάρχει δύο φορές· που αποτελείται από δύο όμοια πράγματα: *μισθός / φόνος* ~· *διαδρομή -ή· γραφή χειρογράφων -ή· δόση / μερίδα -ή* (= *διπλάσια από την κανονική*)· *βαλίτσα με -ό πάτο· φωτοτυπίες με -ή όψη·* (λογιστ.) *βιβλία -ά* (δηλ. με διαφορετικές καταχωρίσεις για να μην μπορεί η εφορία να ελέγξει τα κέρδη)· *έχεις -ά γραμματόσημα ν' αλλάξουμε· χαρά -ή* (δηλ. για δύο λόγους· συνεκδοχικά έντονη)· *κρεβάτι -ό* (για δύο άτομα)· (γραμμ.) *γράμματα -ά* (= που παριστάνουν δύο φθόγγους όπως το *ξ* και το *ψ*)· *παύλα -ή· τελεία / στιγμή -ή* (συνών. *διπλάσιος·* αντ. *μονός, απλός*)· έκφρ. *του χρόνου* ~ / *-ή·* = *παντρεμένοι* (ευχή σε ανύπαντρο)· φρ. *τα βλέπω -ά* (για υπερβολικό μεθύσι)· *έγινα* ~ = *πάχυνα πολύ.* 2. (μεταφ.) που έχει δύο όψεις ή πλευρές (από τις οποίες συνήθως είναι γνωστή μόνο η μία), που εκδηλώνεται με διαφορετικούς τρόπους: *προσωπικότητα -ή· κάνω -ή ζωή* (= *έχω κρυφές δραστηριότητες στο περιθώριο της συνηθισμένης μου ζωής*)· (για πρόσωπο) *πράκτορας* ~ (= *που εργάζεται για τα αντίθετα συμφέροντα δύο χωρών*). 3. (λαϊκ.) διπλωμένος (στα δύο): *έβαλα πάνω μου -ή την κουβέρτα, γιατί κρύωνα.* - Το θηλ. στον πληθ. ως ουσ. = (για παιχνίδι με ζάρια, συνήθως τάβλι) το να εμφανιστεί

και στα δύο ζάρια, ο αριθμός δύο: *θέλω / φέρνω -ές* (συνών. *δυάρες*). - Το ουδ. συνήθως στον πληθ. ως ουσ. = ποσό δύο φορές μεγαλύτερο: *με λιγότερα χρόνια υπηρεσίας παίρνει σύνταξη τα -ά.* - Επίρρ. **-ά.**

διπλόσκολο το, ουσ. (λαϊκ.), δύο γιορτές την ίδια μέρα ή σε συνεχόμενες μέρες (συνών. *διπλόγιορτο*).

διπλοσκοπιά η, ουσ. (συνιζ.), τοποθέτηση στο ίδιο σημείο δύο στρατιωτικών φρουρών (συνήθως ενός κινητού κι ενός ακίνητου): *βάζω -ές στα πυρομαχικά.*

διπλοσκοπός ο, ουσ. (συνήθως στον πληθ.) καθένας από τους δύο στρατιωτικούς φρουρούς που φυλάγουν στο ίδιο σημείο.

διπλοσυμπεθεριά η και **-συμπεθεριό** το, ουσ. (συνιζ., έρρ., λαϊκ.), διπλή συγγένεια εξ αγχιστείας.

διπλοσύνθετος, -η, -ο, επίθ. (γραμμ.) *λέξη -η* = που σχηματίζεται όταν μια σύνθετη λέξη ενωθεί με μια άλλη λέξη (λ.χ. *μισός + κακόμοιρος = μισοκακόμοιρος*) (συνών. *πολυσύνθετος, παρασύνθετος*).

διπλοτυπία η, ουσ. (γραμμ.) ~ (*γλωσσική*) = το να χρησιμοποιούνται σε μια γλώσσα διπλοί τύποι μιας λέξης (λ.χ. *ημέρα* και *μέρα, χτυπούσα* και *χτύπαγα*) (αντ. *μονοτυπία*).

διπλότυπος, -η, -ο, επίθ. 1. (γραμμ.) α. (για λέξη) που έχει δύο τύπους (λ.χ. *Μάιος - Μάης*) β. *σύνθετα -α* = σύνθετες λέξεις που τα συνθετικά τους είναι τα ίδια, μπορούν όμως να αλλάξουν αμοιβαία θέση (λ.χ. *καρδιοχτύπι - χτυποκάρδι*). 2. που τυπώθηκε «εις διπλούν»: *αποδείξεις -ες.* - Το ουδ. ως ουσ. = βιβλίο εντύπων αποδείξεων πληρωμής με φύλλα όμοια ανά δύο, από τα οποία το ένα παραμένει στον εκδότη.

διπλόφαρδος, -η, -ο, επίθ. (λαϊκ.), για ύφασμα που έχει πλάτος διπλάσιο από το κανονικό (αντ. *μονόφαρδος*).

διπλοχαιρετώ, -άς, ρ. (λαϊκ.), χαιρετώ δύο φορές, επαναλαμβάνω το χαιρετισμό: *εκεί που τρώγαν κι έπιναν και -ιούνταν* (δημ. τραγ.).

διπλοχέρης, -α, -ικο, επίθ. (λαϊκ.), που χρησιμοποιεί το ίδιο αποτελεσματικά και τα δυο του χέρια.

διπλοψηφία η, ουσ., το να ψηφίζει κανείς δύο φορές στις ίδιες εκλογές: *καταγγελία για -ες.*

διπλοψηφίζω, ρ., ψηφίζω δύο φορές στις ίδιες εκλογές.

διπλοψήφιση η και (λαϊκ.) **διπλοψήφισμα** το, ουσ., διπλοψηφία.

δίπλωμα το, I. ουσ. 1. το να διπλώνει κανείς κάτι: ~ *των ρούχων* / *του σεντονιού* (αντ. *ξεδίπλωμα*). 2. περιτύλιξη: ~ *ενός πακέτου.*

δίπλωμα το, II. ουσ., έγγραφο που αναγνωρίζει επίσημα σε κάποιον μια ικανότητα, ειδικότητα ή αξία και που αποτελεί τίτλο σπουδών ή σπανιότ. τιμής: ~ *μηχανικού / θεολογικής /* (συνών. *πτυχίο*)· ~ *διδακτορικό· -* (*οδήγησης*) *επαγγελματικό·* ~ *ευρεσιτεχνίας·* (το δίνει σε κάποιον το δικαίωμα να εκμεταλλευτεί αποκλειστικά μια εφεύρεσή του)· ~ *παρασήμου / μεταλλίου.*

διπλωμάτης ο, θηλ. **-ισσα,** ουσ. 1. πρόσωπο που αντιπροσωπεύει επίσημα τα συμφέροντα μιας χώρας σε άλλη χώρα, που διαχειρίζεται διεθνείς υποθέσεις: ~ *έμπειρος / καριέρας.* 2. (μεταφ.) αυτός που ξέρει να χειρίζεται μια υπόθεση με σύνε-

ση και λεπτότητα· (σπανιότ. μειωτ.) πρόσωπο πανούργο και ανειλικρινές: *κράτησε τόσον καιρό τη θέση του γιατί ήταν καλός* ~.
διπλωματία η, ουσ. 1. κλάδος της πολιτικής που αφορά τις διεθνείς σχέσεις, το έργο του διπλωμάτη (δηλ. αντιπροσώπευση των συμφερόντων μιας χώρας στο εξωτερικό, απασχόληση με ζητήματα εξωτερικής πολιτικής ή διακρατικών σχέσεων): ~ *μυστική / ευρωπαϊκή* · *η γλώσσα της -ας* (παλαιότερα για τα γαλλικά)· (συνεκδοχικά για το σύνολο των διπλωματών) *η δράση της ξένης -ας στα χρόνια του '21.* 2. (μεταφ.) σύνεση και λεπτότητα στο χειρισμό μιας υπόθεσης, ικανότητα στις συνεννοήσεις, διακριτικότητα· (σπανιότ. μειωτ.) ανειλικρίνεια, πονηριά: *χειρίστηκε το ζήτημα / απάντησε στην ερώτηση με* ~ (συνών. διπλωματικότητα).
διπλωματικά, βλ. *διπλωματικός*.
διπλωματική η, ουσ., επιστήμη (βοηθητική της ιστορίας) που έχει ως αντικείμενο νομικά και διοικητικά έγγραφα ή γενικά αρχειακές πηγές, εξετάζει την ηλικία και τη γνησιότητά τους και τα μελετά ως ιστορικές πηγές: ~ *βυζαντινή / παπική.*
διπλωματικός, -ή, -ό, I. επίθ. 1. που ανήκει ή αναφέρεται στη διπλωματία και τους διπλωμάτες: *αποστολή / ιστορία / υπηρεσία -ή· σχέσεις -ές·* επεισόδιο / σώμα -ό· ασθένεια -ή (= ψεύτικη αρρώστια που χρησιμοποιείται ως πρόσχημα για την αποφυγή μιας υποχρέωσης). 2. (μεταφ. για συμπεριφορά) συνετός και λεπτός, επιτήδειος, έξυπνος, διακριτικός· (μειωτ.) πονηρός, ανειλικρινής: *χειρισμός* ~ · *απάντηση / συμπεριφορά -ή.* - Επίρρ. **-ά** (στη σημασ. 2).
διπλωματικός, -ή, -ό, II. επίθ., που σχετίζεται με το δίπλωμα (βλ. λ. II): *εργασία -ή· εξετάσεις -ές* (συνών. πτυχιακός).
διπλωματικός, -ή, -ό, III. επίθ., που σχετίζεται με τη διπλωματική (βλ. λ.): *υλικό -ό· αρχεία -ά· έκδοση εγγράφων -ή* (= έκδοση που αποδίδει με απόλυτη πιστότητα παλαιότερα έγγραφα ή και άλλα γραπτά κείμενα).
διπλωματικότητα η, ουσ., διπλωματία (βλ. λ. σημασ. 2): *φέρθηκε / απάντησε με* ~.
διπλωμάτισσα, βλ. *διπλωμάτης*.
διπλωματούχος, επίθ. (χωρίς ουδ.), που έχει αποκτήσει δίπλωμα, ανώτατο τίτλο σπουδών: ~ *φιλόλογος / μαία·* (ως ουσ.) *-οι ξένων πανεπιστημίων* (συνών. πτυχιούχος).
διπλώνω, ρ. 1. περιορίζω την έκταση μιας πλατιάς επιφάνειας τσακίζοντάς την στα δύο (μία ή περισσότερες φορές): ~ *την εφημερίδα / την κουβέρτα / τα ρούχα·* (μεταφ.) *η θάλασσα διπλώνει και ξεδιπλώνει τα κύματα της* (Κόντογλου) (αντ. ξεδιπλώνω). 2. κάμπτω (κάτι ευλύγιστο): ~ *τη μέση μου·* (μέσ.) *ο φαντάρος έπιασε την κοιλιά του και -ώθηκε στα δύο.* 3. περιτυλίγω: *θάνατος ο αστυνόμος που -ει / για να ζυγίσει μια ελλιπή μερίδα* (Καρυωτάκης).
διπλωπία η, ουσ. (ιατρ.) διαταραχή της όρασης που συνίσταται στο να βλέπει κανείς δύο εικόνες του ίδιου αντικειμένου.
δίπλωση η, ουσ. 1. (σπάνια στον πληθ.) πτυχή, ζάρα: *-ώσεις υφάσματος.* 2. (γυμν.) είδος άσκησης, κάμψη του επάνω μέρους του κορμιού, ενώ η λεκάνη και τα πόδια μένουν στην όρθια θέση.
διπλωτής ο, θηλ. **-τρια**, ουσ., εργάτης (βιβλιοδετείου) που διπλώνει φύλλα χαρτιού σε ορισμένο σχήμα.
διπλωτικός, -ή, -ό, επίθ., που χρησιμεύει στο να διπλώνει κάτι: *μηχανή -ή* (= μηχανή βιβλιοδετείου που διπλώνει τα τυπωμένα φύλλα ανά δεκαέξι σελίδες).
διπλώτρια, βλ. *διπλωτής.*
διποδία η, ουσ. (μετρ.) η ένωση δύο «ποδών» σε ένα μέτρο.
δίποδος, -η, -ο, επίθ., που έχει δύο πόδια, που βαδίζει ή στηρίζεται με δύο πόδια: *τα πουλιά είναι -α.*
διπολικός, -ή, -ό, επίθ. 1. (ηλεκτρολ.) που εμφανίζει δύο ετερώνυμους πόλους: *γεννήτρια -ή.* 2. (μεταφ.) που σχετίζεται με το διπολισμό (συνών. δικομματικός).
διπολισμός ο, ουσ. (πολιτ.) η τάση να συγκεντρωθούν οι πολιτικές δυνάμεις μιας χώρας σε δύο μεγάλους αντίθετους σχηματισμούς: *τα μικρά κόμματα είναι τα θύματα του -ού* (συνών. δικομματισμός).
δίπολο το, ουσ. (φυσ.) ζεύγος ίσων και ετερώνυμων ηλεκτρικών ή μαγνητικών φορτίων που βρίσκονται σε ελάχιστη απόσταση.
δίπορτος, -η, -ο, επίθ. (λαϊκ.), που έχει δύο πόρτες: *σπίτι -ο.* Φρ. *το 'χω -ο* = μπορώ με δύο τρόπους να αποφύγω έναν κίνδυνο ή να έχω όφελος από δύο πηγές.
δίπρακτος, -η, -ο, επίθ. (για θεατρ. έργο) που έχει δύο πράξεις: *κωμωδία -η.*
διπροσωπία η, ουσ., το να είναι κανείς διπρόσωπος, το να κρύβει τα αληθινά του αισθήματα (συνών. υποκρισία· αντ. ευθύτητα).
διπρόσωπος, -η, -ο, επίθ. 1. (κυριολεκτικά) που έχει δύο πρόσωπα, δύο όψεις: ~ *Ιανός· εικόνα -η* (= ζωγραφισμένη και από τις δυο πλευρές). 2. (μεταφ.) που παρουσιάζεται διαφορετικός απ' ό,τι πραγματικά είναι, που κρύβει τα αληθινά του αισθήματα για να ξεγελάσει τους άλλους (συνών. ανειλικρινής, υποκριτής· αντ. ευθύς).
δίπτερος, -η, -ο, I. επίθ., που έχει δύο φτερά: *έντομο -ο.* - Το ουδ. στον πληθ. ως ουσ. = (ζωολ.) τάξη εντόμων μικρού μεγέθους με δύο φτερά, μαλακό σώμα και στοματικά μόρια που μπορούν να αποματικά μόρια που μπορούν να αποβμυζούν (περιλαμβάνει τις μύγες, τα κουνούπια, τις σκνίπες, κ.ά.): *αβγά / προνύμφες των -έρων.*
δίπτερος, -η, -ο, II. επίθ. (αρχαιολ., για ναό) που έχει διπλή κιονοστοιχία (περίσταση, βλ. λ.), που περιβάλλει το σηκό (βλ. λ.) και στις τέσσερις πλευρές του.
διπτέρυγα τα, ουσ. (ζωολ.) σπανιότ. αντί *δίπτερα* (βλ. *δίπτερος* I).
δίπτυχο το, ουσ. 1. (καλ. τέχν.) ζωγραφικό ή γλυπτό έργο που αποτελείται από δύο μέρη που μπορούν να διπλώνονται το ένα επάνω στο άλλο: ~ *με σκηνές από τα Πάθη / από ελεφαντόδοντο.* 2. (εκκλ.) πτυσσόμενη πινακίδα εξωτερικά διακοσμημένη, στο εσωτερικό της οποίας (παλαιότερα πάνω σε στρώμα από κερί) έγραφαν τα ονόματα ζωντανών και νεκρών για να μνημονεύονται στη θεία λειτουργία ή σε άλλες ακολουθίες· (σήμερα συνεκδοχικά) φύλλα χαρτιού όπου γράφονται τα ονόματα των πιστών «υπέρ υγείας ή αναπαύσεως» των οποίων εύχεται ο ιερέας. 3. (μεταφ.) έργο λογοτεχνικό ή καλλιτεχνικό που αποτελείται από δύο μέρη.
δίπτυχος, -η, -ο, επίθ. (συνήθως για έργο ζωγραφι-

δίπτωτος 384

κής ή γλυπτικής) που αποτελείται από δύο μέρη που διπλώνονται το ένα επάνω στο άλλο: *εικόνα -η.*

δίπτωτος, -η, -ο, επίθ. (γραμμ.). 1. που έχει δύο πτωτικές καταλήξεις διαφορετικής κλίσης: *όνομα -ο.* 2. (για ρ.) που συντάσσεται με δύο αντικείμενα (π.χ. *τα εγγόνια έδωσαν του παππού δώρα).*

δις, επίρρ. (λόγ.), δύο φορές: *καταδικάστηκε ~ «εις θάνατον»·* (ως ουσ. προφ.) το δισεκατομμύριο: *ο προϋπολογισμός παρουσίασε έλλειμμα 300 ~.*

δισ-, αχώρ. λόγ. μόρ. (δηλώνει δύο): *δισέγγονος, δισεκατομμύριο.* [*δύο*]

δισάκι το, ουσ., είδος διπλού σάκου (που χρησιμοποιούν οι χωρικοί) (συνών. *τορβάς, ταγάρι).*

δισδιάστατος, -η, -ο, επίθ., που έχει δύο διαστάσεις (μήκος και πλάτος): *παράσταση τρισδιάστατου αντικειμένου σε -η επιφάνεια.*

δισέγγονος ο και **δισέγγονο** το, θηλ. **-ονή,** ουσ. (έρρ.), το παιδί του εγγονού ή της εγγονής σε σχέση με τον παππού ή τη γιαγιά *ους.*

δισεκατομμύριο το, ουσ. (ασυνίζ.), χίλια εκατομμύρια.

δισεκατομμυριούχος, -α, επίθ., (ασυνίζ.), αυτός που έχει τεράστια περιουσία, πάμπλουτος (συνών. *βαθύπλουτος).*

δίσεχτος, -η, -ο και **δίσεχτος,** επίθ. 1. (για το έτος) που έχει 366 μέρες. 2. (μεταφ.) που φέρνει δυστυχίες, γουρσούζικος: *κι αν έρθουν χρόνια -α και μήνες οργισμένοι* (δημ. τραγ.) (συνών. *ανάποδος).* [μετάφραση *βίσεχτος*<λατ. *bisextus*].

δισέλιδος, -η, -ο, επίθ. 1. που καλύπτει δύο σελίδες: *άρθρο -ο.* 2. που αποτελείται από δύο σελίδες: *εφημερίδα -η.*

δις εξαμαρτείν ουκ ανδρός σοφού· αρχαϊστ. έκφρ. = το να επαναλαμβάνει κάποιος τα ίδια λάθη φανερώνει έλλειψη σύνεσης.

δίσεχτος, βλ. *δίσεκτος.*

δισήμαντος, -η, -ο, επίθ. (έρρ.), που έχει δύο σημασίες: *λέξη -η·* -*ο και δυσνόητο φιλοσοφικό κείμενο.*

δίσημο το, ουσ. (ναυτ.), ναυτικό σήμα με δύο σημαίες.

δισθενής, -ής, -ές, γεν. *-ούς,* πληθ. αρσ. και θηλ. *-είς,* ουδ. *-ή,* επίθ. (χημ.), που έχει ατομικότητα ή σθένος 2, που χρειάζεται δύο άτομα από άλλο στοιχείο για να κορεσθεί: *αλκοόλη ~* (συνών. *διατομικός).*

δισκάκι, βλ. *δίσκος.*

δισκάριο το, ουσ. (ασυνίζ.), (εκκλ.) λειτουργικό σκεύος πάνω στο οποίο τοποθετείται ο «άρτος της προσφοράς».

δισκέτα η, ουσ., μικρός μαγνητικός δίσκος από εύκαμπτο υλικό που χρησιμοποιείται στους μικροϋπολογιστές για την καταχώριση πληροφοριών και προγραμμάτων.

δισκίο το, ουσ., στερεό φαρμακευτικό παρασκεύασμα σε σχήμα μικρού δίσκου, που λαμβάνεται με τη συμπίεση μιας ή περισσοτέρων δραστικών ουσιών που υπάρχουν σε κατάσταση σκόνης: *-α ασπιρίνες* (συνών. *χάπι, παστίλια, ταμπλέτα).*

δισκοβολία η, ουσ., αγώνισμα στο οποίο οι αγωνιζόμενοι συναγωνίζονται ποιος θα ρίξει το δίσκο πιο μακριά.

δισκοβόλος ο, ουσ., αθλητής που αγωνίζεται στη δισκοβολία: ~ *του Μύρωνα.*

δισκογραφία η, ουσ. 1. εγγραφή σε δίσκους για ηχητική αναπαραγωγή. 2. σύνολο δίσκων μουσι-

κής: *τραγούδια από την ελληνική ~* (συνών. *δισκοθήκη* σημασ. 2).

δισκογραφικός, -ή, -ό, επίθ., που σχετίζεται με τη δισκογραφία: *εταιρεία -ή.*

δισκογραφώ, -είς, ρ., καταγράφω ήχο σε δίσκο (βλ. λ. σημασ. 7): *-ημένα μουσικά έργα.*

δισκοειδής, -ής, -ές, γεν. *-ούς,* πληθ. αρσ. και θηλ. *-είς,* ουδ. *-ή,* επίθ. (ασυνίζ.), που έχει σχήμα δίσκου, που μοιάζει με δίσκο.

δισκοθήκη η, ουσ. 1. θήκη για δίσκους μουσικής. 2. συλλογή δίσκων μουσικής σε συστηματική κατάταξη (συνών. *δισκογραφία* στη σημασ. 2).

δισκοπάθεια η, ουσ. (ιατρ.), (ιατρ.) οποιαδήποτε πάθηση των μεσοσπονδύλιων δίσκων.

δισκοπότηρο το, ουσ. (εκκλ.) ιερό σκεύος της χριστιανικής εκκλησίας, το ποτήρι της θείας Ευχαριστίας μαζί με το δίσκο.

δισκοπρίονο το, ουσ., κοπτικό εργαλείο που αποτελείται από περιστρεφόμενη κυκλική λεπίδα με «δόντια» στην περιφέρειά της.

δίσκος ο, ουσ. 1. κυκλική μεταλλική ή λίθινη πλάκα που χρησιμοποιείται στο αγώνισμα της δισκοβολίας. 2. (συνεκδοχικά) δισκοβολία: *αγωνίζεται στο -ο.* 3. σκεύος επίπεδο με σχήμα κυκλικό ή ορθογώνιο από διάφορα υλικά που χρησιμοποιείται στο σερβίρισμα: *-ασημένιος.* 4. σκεύος για τον άγιο άρτο. 5. φρ. *βγάζω -ο* = **α.** κάνω έρανο για τους φτωχούς της ενορίας και γενικά κάνω έρανο· **β.** ζητιανεύω· (συνεκδοχικά) έρανος: *τον θάψαμε με -ο.* 6. καθετί που έχει σχήμα κυκλικό (έστω και φαινομενικό): ~ *ρολογιού* (= πλάκα όπου είναι σημειωμένες οι ώρες και τα λεπτά και όπου κινούνται οι δείκτες)· ~ *της σελήνης.* ~ *συμπλέκτη αυτοκινήτου* (= εξάρτημα αυτοκινήτου)· ~ *του Νεύτωνος / ~ ιπτάμενος· ~ σημάτων σιδηροδρομικών.* 7. λεπτή, κυκλική πλάκα από πλαστική ύλη όπου εγγράφονται ηχητικά μελωδίες, κλπ., που αναπαράγονται όταν αυτή μπαίνει σε ειδική συσκευή: ~ *κλασικής μουσικής* (συνών. *πλάκα)·* (συνεκδοχικά) η μουσική, το μουσικό έργο που περιλαμβάνει ένας δίσκος: *άκουσες τον τελευταίο -ο του τάδε;* 8. (ανατομ.) *-οι μεσοσπονδύλιοι* (= μέσα συνένωσης των σπονδυλικών σωμάτων μεταξύ τους). - Υποκορ. **-άκι** το (στη σημασ. 3).

δισκόφρενο το, ουσ., σύστημα πέδησης με ελεγχόμενη δύναμη αναστολής της ταχύτητας του οχήματος από τις λειτουργίες πέδησης.

δισσογραφία, βλ. *διττογραφία.*

δισταγμός ο, ουσ., το να μην παίρνει κανείς εύκολα απόφαση: *διέλυσε το γάμο του χωρίς -ό.* (συνών. *επιφύλαξη, ενδοιασμός).*

διστάζω, ρ., αδυνατώ να πάρω οριστική απόφαση, έχω ενδοιασμούς: *δε -ει μπροστά σε τίποτε* (συνών. *αμφιταλαντεύομαι).*

διστακτικός, -ή, -ό και **-χτικός,** επίθ., που διστάζει, αναποφάσιστος (συνών. *αμφιταλαντευόμενος·* αντ. *αδίστακτος, αποφαστιστικός).* - Επίρρ. **-ά.**

διστακτικότητα η, ουσ., το να είναι κανείς διστακτικός: ~ *του τον έκανε να μην προκόψει* (συνών. *επιφυλακτικότητα* αντ. *αποφασιστικότητα)*

δισταυρία η, ουσ., σύστημα με το οποίο επιτρέπεται ή επιβάλλεται η ψήφιση με σταυρό δύο υποψήφιων βουλευτών εκλογικού ψηφοδελτίου (αντ. *μονοσταυρία, πολυσταυρία).*

δισταχτικός, βλ. *διστακτικός.*

δίστηλος, -η, -ο, επίθ., που αποτελείται από δύο

στήλες: *-ο άρθρο εφημερίδας.* - Το ουδ. ως ουσ. = δημοσίευμα σε δύο στήλες εντύπου.

δίστιχο το, ουσ., ποίημα από δύο στίχους που δίνουν πλήρες νόημα: *-α ερωτικά* (συνών. *λιανοτράγουδο*).

διστοιχία η, ουσ., παράταξη σε διπλή γραμμή.

δίστοιχος, -η, -ο, επίθ., που αποτελείται από δύο γραμμές, από δύο σειρές: *-η παράταξη αρμάτων μάχης.*

διστομίαση η, ουσ., παρασιτική ασθένεια (κυρίως των μυρηκαστικών) που την προκαλούν τα παράσιτα «δίστομα» (συνών. *κλαπάτσα, χλαπάτσα*).

δίστομο το, ουσ., παρασιτικό σκουλήκι της οικογένειας των διστομιδών, που προκαλεί τη διστομίαση.

δίστομος, -η, -ο, επίθ. **1.** που έχει δύο στόματα ή στόμια· που έχει δύο εισόδους ή εξόδους: *αγγείο / λιμάνι -ο.* **2.** (για αιχμηρά αντικείμενα) που έχει δύο κόψεις: *φαρμακερά χτυπάς με -ο μαχαίρι εκείνον π' αγαπάς* (δημ. τραγ.) (συνών. *δίκοπος*).

δίστρατο το, ουσ., σημείο όπου διχάζεται ένας δρόμος ή συναντιούνται δύο δρόμοι: *στο ~ σου μίλησα, στη ρεματιά σε φίλησα* (δημ. τραγ.) (συνών. *σταυροδρόμι, διασταύρωση*).

δίστροφος, -η, -ο, επίθ. **1.** που είναι στριμμένος δύο φορές: *σκοινί -ο.* **2.** (για ποίημα) που αποτελείται από δύο στροφές: *ποίημα -ο.*

δίστυλος, -η, -ο, επίθ., που αποτελείται από δύο στύλους ή έχει δύο στύλους.

δισύλλαβος, -η, -ο, επίθ. (γραμμ.), που αποτελείται από δύο συλλαβές: *λέξη -η.*

δισυπόστατος, -η, -ο, επίθ., που έχει διπλή υπόσταση (συνών. *διφυής*).

διτάξιος, -α, -ο, επίθ. (ασυνίζ.), (για σχολείο) που αποτελείται από δύο τάξεις ή που έχει δύο δασκάλους για όλες τις τάξεις.

δίτομος, -η, -ο, επίθ., που αποτελείται από δύο τόμους: *λεξικό -ο· έκδοση -η.*

δίτροχος, -η, -ο, επίθ., που έχει δύο τροχούς: *όχημα -ο.*

διττογραφία και **δισσο-** η, ουσ. (παλαιογρ.) το να γράφεται μια λέξη δύο φορές κατά την αντιγραφή από λάθος του αντιγραφέα (αντ. *απλογραφία*).

διττός, -ή, -ό, επίθ. (λόγ.), που αποτελείται από δύο όμοια ή διαφορετικά μέρη, που εμφανίζεται με δύο μορφές: *κίνδυνος ~* (συνών. *διπλός* αντ. *απλός*). - Επίρρ. **-ώς.**

διυλίζω, ρ. (λόγ.). **1.** καθαρίζω υγρό από ξένες ουσίες (συνών. *φιλτράρω, λαγαρίζω, διηθώ*). **2.** (μεταφ.) εξετάζω κάτι με μεγάλη προσοχή και ακρίβεια (συνών. *λεπτολογώ, κοσκινίζω, ψιλολογώ, «ψειρίζω»*).

διυλίζω τον κώνωπα· αρχαϊστ. φρ. = είμαι σχολαστικός, επιμένω σε λεπτομέρειες χωρίς επαρκή δικαιολογία.

διύλιση η, ουσ. **1.** καθαρισμός ή εξευγενισμός μιας πρώτης ύλης για να παραληφθούν χρήσιμα προϊόντα. **2.** (μεταφ.) εξέταση κάποιου πράγματος με μεγάλη προσοχή και ακρίβεια (συνών. *λεπτολόγηση, ξεψάχνισμα, ψιλολόγημα*).

διύλισμα το, ουσ., το προϊόν της διύλισης, το καθαρό υγρό που προέρχεται από διύλιση.

διυλιστήρας ο, ουσ., συσκευή με την οποία διυλίζουμε υγρό (συνών. *φίλτρο, σουρωτήρι*).

διυλιστήριο το, ουσ. (ασυνίζ.), σύνολο εγκαταστάσεων όπου γίνεται με φυσικές ή χημικές μεθόδους σε βιομηχανική κλίμακα η κάθαρση (ο εξευγενισμός) ποικίλων ουσιών ή ο διαχωρισμός μιας ουσίας στα συστατικά της: *~ πετρελαίου / νερού.*

διυπουργικός, -ή, -ό, επίθ., που γίνεται μεταξύ των υπουργών, που αναφέρεται στους υπουργούς: *επιτροπή -ή.*

διφασικός, -ή, -ό, επίθ. (φυσ.) που έχει δύο φάσεις: *ρεύμα -ό* (= σύστημα δύο ρευμάτων ή δύο εναλλασσόμενων τάσεων της ίδιας συχνότητας και του ίδιου πλάτους).

διφθέρα η, ουσ., κατεργασμένο δέρμα πάνω στο οποίο παλαιότερα έγραφαν.

διφθερίτιδα η, ουσ. (ιατρ.) παιδική λοιμώδης αρρώστια που χαρακτηρίζεται από την παραγωγή ψευδομεμβρανών στους βλεννογόνους και κυρίως στο βλεννογόνο του φάρυγγα.

διφθεριτικός, -ή, -ό, επίθ., που σχετίζεται με τη διφθερίτιδα: *λαρυγγίτιδα -ή· ιός ~.*

δίφθογγος ο, ουσ. (γραμμ.), συμπροφορά δύο φωνηέντων σε μία συλλαβή (π.χ. *αϊ, αη, οϊ, οη*).

δίφορος, -η, -ο, επίθ. (για ζώα ή φυτά) που γεννά ή καρποφορεί δύο φορές μέσα στο χρόνο: *συκιά -η· πρόβατα -α.*

διφορούμενος, -η, -ο, επίθ., που μπορεί να ερμηνευτεί με δύο ή περισσότερους τρόπους, που έχει δύο ή περισσότερες σημασίες, ασαφής, αόριστος: *χρησμός ~· έννοια -η· στάση -η· εντυπώσεις -ες·* (νομ.) *-ες φρένες* (στις περιπτώσεις που πνευματική ασθένεια δεν αποκλείει εντελώς τη χρήση λογικού) (συνών. *δισήμαντος, αμφιλεγόμενος, αβέβαιος* αντ. *σαφής, συγκεκριμένος*). - Το ουδ. στον πληθ. ως ουσ.: *μιλά με -α.*

δίφραγκο το, ουσ., χάλκινο νόμισμα αξίας δύο δραχμών (συνών. *δίδραχμο*).

διφυής, -ής, -ές, γεν. *-ούς,* πληθ. αρσ. και θηλ. *-είς,* ουδ. *-ή.* επίθ. (λόγ.), που έχει διπλή φύση, διπλή υπόσταση: *οι κένταυροι ήταν -είς* (συνών. *δισυπόστατος*).

δίφυλλος, -η, -ο, επίθ. (για πόρτα, κ.τ.ό.) που αποτελείται από δύο φύλλα: *παραθύρι -ο.*

διφωνία η, ουσ. (μουσ.) εκτέλεση τραγουδιού από δύο φωνές.

δίφωνος, -η, -ο, επίθ. (μους.) που τραγουδιέται με δύο φωνές: *τραγούδι δίφωνο.*

διχάζω, ρ. **1.** προκαλώ διάσταση, διχόνοια: *οι γνώμες -στηκαν·* ο εμφύλιος πόλεμος *-ασε τους Έλληνες* (συνών. *διαιρώ, χωρίζω* αντ. *ενώνω*). **2.** (ιατρ.-ψυχ.) *-ασμένη προσωπικότητα* βλ. *διχασμός* (στη σημασ. 2).

διχάλα η και **διχάλι** το, ουσ. **1.** κάθε φυσικό ή τεχνητό αντικείμενο που απολήγει σε δύο σκέλη: *το νερό σχημάτιζε -ες· -ες του κάβουρα· τα -ια της άγκυρας.* **2.** γεωργικό εργαλείο (συνών. *δικράνα*). **3.** παιδικό παιχνίδι με διχαλωτό σχήμα (συνών. *σφεντόνα*).

διχαλώνω, ρ. **1.** πιάνω κάτι με διχάλες: *ο κάβουρας -ωσε το δόλωμα.* **2.** κάνω κάτι διχαλωτό. **3.** (αμτβ.) γίνομαι διχαλωτός.

διχαλωτός, -ή, -ό, επίθ., που σχηματίζει διχάλα ή που μοιάζει με διχάλα. - Επίρρ. **-ά.**

διχασμός ο, ουσ. **1.** το να προκύπτει διάσταση, διαφωνία ανάμεσα στα μέλη μιας ομάδας, διχογνωμία: *εθνικός ~· ~ της οικογένειας / του κόμματος* (συνών. *διχόνοια, διαμάχη* αντ. *ένωση, συμφιλίωση*). **2.** (ιατρ.) *~ προσωπικότητας* (= διαταραχή κατά την οποία γεγονότα που σχηματίζονται στον εγκέφαλο θεωρούνται ότι συμβαίνουν έξω από τον άρρωστο ή κατά την οποία ο άρρωστος

διχαστής 386

αισθάνεται ότι συνυπάρχουν μέσα του).
διχαστής ο, θηλ. **-τρια**, ουσ., αυτός που προκαλεί διχασμό (αντ. *ειρηνευτής*).
δίχηλος, -η, -ο, επίθ. (για ζώα) που έχει δύο χηλές, με την οπλή χωρισμένη στα δύο. - Το ουδ. στον πληθ. **ως ουσ.** = γένος θηλαστικών ζώων της οικογένειας των αρτιοδακτύλων, που τα δύο μεσαία δάχτυλα των ποδιών τους είναι περισσότερο αναπτυγμένα από τα δύο πλευρικά, που είναι ατροφικά και δε στηρίζονται στο έδαφος (π.χ. το πρόβατο) (αντ. *μονόχηλα*).
διχο-, αχώρ. λόγ. μόρ. (δηλώνει χωρισμό, διάσταση): *διχόνοια, διχοτομώ.* [αρχ. *δίχα*].
διχογνωμία η, ουσ., διαφορά γνωμών, διάσταση απόψεων, διένεξη (συνών. *διαφωνία*· αντ. *ομοφωνία, συμφωνία*).
διχόνοια η, ουσ. (ασυνίζ.), ασυμφωνία γνωμών ή φρονημάτων, διαφωνία: *δεν τους αφήνει να προκόψουν* η ~· *η ομόνοια χτίζει σπίτια κι η* ~ *τα γκρεμίζει* (παροιμ. φρ.) (συνών. *ασυμφωνία, διένεξη* αντ. *ομόνοια, σύμπνοια*).
διχοστασία η, ουσ. (λόγ.), διάσταση γνωμών, διαφωνία, διένεξη (συνών. *διχόνοια, διχασμός*).
διχοτόμημα το, ουσ., τμήμα που προέρχεται από διχοτόμηση.
διχοτόμηση η, ουσ. 1. χωρισμός σε δύο (ίσα) μέρη: ~ *χώρας*. 2. (βιολ.) τρόπος αναπαραγωγής με διαίρεση του αρχικού κυττάρου.
διχοτομικός, -ή, -ό, επίθ., που αναφέρεται στη διχοτόμηση.
διχοτόμος η, ουσ. (μαθημ.) ευθεία που χωρίζει σε δύο ίσα μέρη γεωμετρικά σχήματα: ~ *οξείας γωνίας*.
διχοτομώ, -είς, ρ., χωρίζω σε δύο (ίσα) μέρη: ~ *τρίγωνο / γωνία*· *οι εισβολείς -ησαν το νησί*.
διχρονίτικος, -η, -ο, επίθ., που είναι δύο χρονών ή διαρκεί δύο χρόνια: *ζώο -ο* (συνών. *δίχρονος*).
δίχρονος, -η, -ο, επίθ. 1. (αρχ. γραμμ., για φωνήεν ή συλλαβή) που άλλοτε είναι βραχύχρονο και άλλοτε μακρόχρονο. 2. (για μηχανές, κ.τ.ό.) που συντελείται σε δύο χρόνους, που η ανάφλεξη του εκρηκτικού μίγματος που περιέχει γίνεται σε δύο χρόνους (με παλινδρομική κίνηση του εμβόλου): ~ *κινητήρας*. 3. που έχει ηλικία δύο χρονών ή που διαρκεί δύο χρόνια: *κοριτσάκι / ταξίδι -ο* (συνών. *διχρονίτικος*).
διχρωμία η, ουσ. 1. το να έχει κάποιος ή κάτι δύο χρώματα. 2. μέθοδος εκτύπωσης κειμένου ή εικόνας με δύο χρώματα.
διχρωμικός, -ή, -ό, επίθ., που ανήκει ή αναφέρεται στη διχρωμία: *έκδοση -ή*.
δίχρωμος, -η, -ο, επίθ., που έχει δύο χρώματα: *φουστάνι -ο*· *η ελληνική σημαία*.
διχτάκι, βλ. *δίχτυ*.
δίχταμο, βλ. *δίκταμο*.
δίχτυ το, ουσ. 1. πλέγμα από νήματα ή σύρματα που χρησιμοποιείται για την παγίδευση πουλιών ή ψαριών. 2. κάθε παρόμοιο πλέγμα: ~ *της αράχνης* (= ιστός της αράχνης). 3. (μεταφ.) παγίδα, πλεκτάνη: *τα -υα της αγάπης* φρ. *πέφτω ή πιάνομαι στα -υα κάποιου*. 4. δικτυωτός σάκος για ψώνια (συνών. *ζεμπίλι, φιλές*). - Υποκορ. **-άκι** το.
διχτυωτός, βλ. *δικτυωτός*.
δίχως, πρόθ., χωρίς: *θύμωσε* ~ *λόγο*· *άνθρωπος* ~ *φιλότιμο*· ~ *να δουν τα μάτια μου δεν πιστεύω τίποτε*. Έκφρ. *(το)* ~ *άλλο* (= οπωσδήποτε, ασφαλώς): *σε περιμένουμε να 'ρθείς το* ~ *άλλο*.

[από συμφ. των αρχ. *διχώς* και *δίχα*]. - Βλ. *μεδίχως* (λαϊκ.).
δίψα η, ουσ. 1. φυσιολογική ανάγκη του οργανισμού να πίνει υγρά: *πεθαίνω από* ~. 2. (μεταφ.) σφοδρή επιθυμία, πόθος: ~ *για ζωή / για απολαύσεις / για πλούτη* (συνών. *λαχτάρα*).
διψαλέος, -α, -ο, επίθ., που κατέχεται από δίψα, καταδιψασμένος (αντ. *αδίψαστος*).
διψήφιος, -α, -ο, επίθ. (ασυνίζ.), που αποτελείται από δύο ψηφία: *αριθμός* ~.
δίψηφος, -η, -ο, επίθ., που αποτελείται από δύο γράμματα: *φωνήεντα -α*· *συνδυασμοί -οι*. - Το ουδ. **ως ουσ.** = δύο γράμματα μαζί που παριστάνουν ένα φθόγγο (*ου, μπ, γκ, ντ, κλπ.*).
διψομανία η, ουσ. 1. (σπάνιο) ακατάσχετη δίψα. 2. (ιατρ.) παθολογική κατάσταση κατά την οποία περιοδικά καταλαμβάνεται κάποιος από ακατάσχετη ανάγκη να πίνει οινοπνευματώδη ποτά ή άλλα υγρά.
δίψυχος, -η, -ο, επίθ. (ποιητ.), που έχει δύο ψυχές, που έχει μέσα του αντιφατικά στοιχεία: ~ *ο άνθρωπος* (= με την αντίφαση μέσα του) (Παλαμάς).
διψώ, -άς, ρ., αόρ. **-ψασα**, μτχ. **-ασμένος**. 1. αισθάνομαι την ανάγκη να πιω κάτι, νιώθω δίψα: (μεταφ.) *τα χωράφια -ούσαν* (αντ. *ξεδιψώ*). 2. (μεταφ.) αισθάνομαι έντονη επιθυμία για κάτι: ~ *για μάθηση / για καθαρό αέρα*· *οι άνθρωποι -ούν για ελευθερία και δικαιοσύνη* (συνών. *λαχταρώ, ποθώ*).
διωγμός ο, ουσ. (ασυνίζ.), άδικη και βίαιη μεταχείριση ενός ανθρώπου ή μιας ομάδας συνήθως εξαιτίας της ιδεολογίας τους και προσπάθεια εξόντωσής τους: *-οί χριστιανών / Εβραίων*· *μεγάλος* ~ *κομουνιστών* (συνών. *καταδίωξη, δίωξη, κατατρεγμός*).
διωδία η, ουσ. (ασυνίζ.), μελωδία από δύο φωνές (συνών. *ντουέτο*).
διώκτης ο, θηλ. **-τρια**, ουσ. (ασυνίζ.), αυτός που διώκει, που κατατρέχει ή προσπαθεί να εξοντώσει κάποιον: ~ *των χριστιανών* (αντ. *προστάτης, υπερασπιστής*).
διωκτικός, -ή, -ό, επίθ. (ασυνίζ.), που αναφέρεται στο διώκτη ή στην καταδίωξη, καταδιωκτικός: *αρχή -ή*· *μέτρα -ά*.
διώκτρια, βλ. *διώκτης*.
διώκω, ρ. (ασυνίζ.). 1. (λόγ.) καταδιώκω, κατατρέχω κάποιον: (παθ.) *-εται από τους πολιτικούς του εχθρούς*. 2. (νομ.) ασκώ δίωξη: (παθ.) *η πράξη είναι αξιόποινη και ο δράστης -εται σε βαθμό κακουργήματος*.
διώνυμος, -η, -ο, επίθ. (ασυνίζ.), που έχει δύο ονόματα. - Το ουδ. **ως ουσ.** = (μαθημ.) πολυώνυμο που αποτελείται από δύο όρους.
δίωξη η, ουσ., καταδίωξη, κατατρεγμός: *-ώξεις πολιτικών αντιπάλων*· (νομ.) *ποινική* ~ (= το σύνολο των δικαστικών ενεργειών που ασκούνται από τα αρμόδια δικαστικά όργανα αυτεπαγγέλτως ύστερα από μήνυση για αξιόποινη πράξη εναντίον αυτών που διέπραξαν αδίκημα): *ασκήθηκε ποινική* ~ *σε βαθμό κακουργήματος*.
διώξιμο το, ουσ. (συνιζ.), το να διώχνει κανείς κάποιον, απομάκρυνση, αποπομπή.
δίωρος, -η, -ο, επίθ., που διαρκεί δύο ώρες: *παράσταση / στάση εργασίας / διαδρομή -η*. - Το ουδ. **ως ουσ.** = χρονικό διάστημα δύο ωρών: *συζητούσαν ένα -ο*.
διώροφος, -η, -ο, επίθ. (ασυνίζ.), (για κτήριο) που

έχει δύο ορόφους: *βίλα -η· αγγλικό λεωφορείο -ο· στρατιωτικό / παιδικό κρεβάτι -ο* (= δύο κρεβάτια από τα οποία το ένα είναι προσαρμοσμένο επάνω στο άλλο) (συνών. *δίπατος*).

διώρυγα η, ουσ. (ασυνίζ.) 1. αυλάκι με μεγάλο βάθος και πλάτος, συνήθως πλωτό, με το οποίο επιτυγχάνεται η επικοινωνία ανάμεσα σε δύο θάλασσες, λίμνες ή ποτάμια: *η ~ του Σουέζ / της Κορίνθου / του Παναμά.* 2. αυλάκι που με το ενδιάμεσό του διοχετεύεται νερό για διάφορες εργασίες (άρδευση χωραφιών, αποξήρανση ελών, κλπ.): *~ αποχετευτική / αρδευτική / αποξηραντική* (συνών. στις σημασ. 1, 2 *κανάλι*).

διώχνω, ρ. (συνιζ.), απομακρύνω, αναγκάζω κάποιον να φύγει: *ο πατέρας του θα τον διώξει από το σπίτι·* (παροιμ.) *ήρθαν τ' άγρια να διώξουν τα ήμερα·* (για ενοικιαστές) *κάνω έξωση: τους έδιωξαν από το σπίτι, γιατί χρωστούσαν πολλά νοίκια·* (για υπάλληλο, εργάτη, κ.τ.ό.) *απολύω: έδιωξαν τρία άτομα γιατί πήραν μέρος στην απεργία·* (για ανώτατο άρχοντα, βασιλιά, κ.τ.ό.) εκθρονίζω, καθαιρώ: *με το δημοψήφισμα ο λαός έδιωξε το βασιλιά.* - Η μτχ. παθ. παρκ. ως επίθ. = *κατατρεγμένος.*

διώχτης, βλ. *διώκτης.*

δοβλέτι και **ντοβλέτι** το, ουσ., η κυβέρνηση, οι άρχοντες, η εξουσία· φρ. *πάει με το ~* (= υποστηρίζει αυτούς που είναι κάθε φορά στην εξουσία). [αραβοτουρκ. *devlet*].

δόγα, δούγα και **ντούγα** η, ουσ., κυρτή σανίδα βαρελιού. [ιταλ. *doga*].

δόγης ο, ουσ., τίτλος ανώτατου αιρετού άρχοντα των δημοκρατιών της Βενετίας και Γένοβας. [βενετ. *doge*].

δόγμα το, ουσ. 1. θεμελιώδης αρχή φιλοσοφικού ή θρησκευτικού συστήματος (συνών. *θεωρία, δοξασία*). 2. (θρησκ.) άρθρο της πίστης και γενικά η ίδια η θρησκευτική πίστη, αυτό που οι οπαδοί θρησκείας πιστεύουν ως αληθινό και αναμφισβήτητο. 3. θεμελιώδης αρχή πολιτικού κόμματος ή παράταξης που οι οπαδοί της πιστεύουν στην αναμφισβήτητη αλήθεια της. 4. διακήρυξη πολιτικού ηγέτη ή κυβέρνησης μιας χώρας που ρυθμίζει πολιτικές, οικονομικές και στρατιωτικές σχέσεις της με άλλες χώρες: (ιστ.) *~ Τρούμαν / Μονρόε.*

δογματίζω, ρ. 1. (για θεωρία φιλοσοφική ή θρησκευτική) διατυπώνω δόγμα, θέτω κάτι ως αξίωμα, αρχή. 2. εκφέρω γνώμη με τρόπο δογματικό, που δε δέχεται αμφισβήτηση.

δογματικά, βλ. *δογματικός.*

δογματική η, ουσ., η επιστήμη που εξετάζει συστηματικά τη θεωρητική διδασκαλία, τα δόγματα της χριστιανικής θρησκείας.

δογματικός, -ή, -ό, επίθ. 1. που αναφέρεται στα δόγματα (θρησκευτικά ή φιλοσοφικά). 2. που η διδασκαλία του βασίζεται σε δόγματα και όχι στην έρευνα. 3. (φιλοσ.) που βασίζεται σε αξιώματα ή αυθεντίες χωρίς να δέχεται τον κριτικό έλεγχο ιδίως σ' ό,τι αφορά τα όρια της γνώσης (αντ. *σκεπτικός*). 4. που διατυπώνει γνώμη, μια άποψη με τρόπο που δε δέχεται αμφισβήτηση: *ιδεολογία -ή· κόμμα -ό· άνθρωπος ~* (συνών. *απόλυτος*). - Επίρρ. **-ά**.

δογματικότητα η, ουσ., το να είναι κάποιος δογματικός, δογματική στάση ή συμπεριφορά ενός ατόμου.

δογματισμός ο, ουσ. 1. η στάση εκείνου που εκφέρει γνώμη με τρόπο που δε δέχεται αντίρρηση ή αμφισβήτηση. 2. (φιλοσ.) διατύπωση αξιωμάτων που βασίζονται σε μια εκ των προτέρων βεβαιότητα ή σε αυθεντίες χωρίς να ελέγχονται κριτικά τα όρια της γνώσης (αντ. *σκεπτικισμός*).

δογματιστής ο, ουσ. 1. υπερασπιστής των δογμάτων της πίστης και ιδιαίτερα της χριστιανικής. 2. (φιλοσ.) οπαδός του συστήματος του δογματισμού. 3. αυτός που μιλά με τρόπο δογματικό.

δοθιήνας ο, ουσ. (ασυνίζ.), φλεγμονώδες εξάνθημα του δέρματος (συνών. *σπυρί, βουζούνι, καλόγερος*).

δοιάκι το, ουσ. (συνιζ.), (ναυτ.) μοχλός που γυρίζει το τιμόνι σφηνωμένος στο επάνω μέρος του, λαβή τιμονιού (συνών. *χέρι, λαγουδέρα*). [μεσν. *οιάκιον*<αρχ. *οίαξ*].

δοκάνη η, ουσ. 1. δόκανο (βλ. λ.). 2. είδος αλωνιστικής μηχανής.

δοκανίκι το, ουσ. 1. δεκανίκι (βλ. λ.). 2. (στον πληθ.) υποστηρίγματα που τοποθετούνται κάτω από το πλοίο και το κρατούν όρθιο στο ναυπηγείο.

δόκανο το, ουσ., όργανο για τη σύλληψη άγριων ζώων ή πουλιών· παγίδα: (μεταφ.) *δε θα μπεις στην υπηρεσία... γιατί φοβάσαι μη σου στήνουμε ~;* (Μπαστιάς). Φρ. *πιάνομαι / πέφτω στο ~* (= παγιδεύομαι και συλλαμβάνομαι).

δοκάρι το, ουσ., μεγάλη δοκός: *τα -ια της στέγης· το οριζόντιο ~ της εστίας του τερματοφύλακα* (συνών. *πάτερο, πατερόξυλο, τράβα*).

δοκησισοφία η, ουσ. (λόγ.), η εντύπωση που έχει κανείς για τον εαυτό του ότι είναι σοφός (συνών. *κενοσοφία*).

δοκησίσοφος, -η, -ο, επίθ. (λόγ.), που θεωρεί τον εαυτό του σοφό (χωρίς να είναι).

δοκιμάζω, ρ. I. ενεργ. 1. υποβάλλω κάτι σε δοκιμή για να ελέγξω την ύπαρξη κάποιας ιδιότητας ή την ποιότητά του: *~ το ύφασμα αν ξεβάφει / το μαχαίρι αν κόβει / το ρολόι αν λειτουργεί* (συνών. *ελέγχω*)· (για φαγητό) γεύομαι, παίρνω γεύση: *~ αν είναι αλμυρό / ανάλατο / ψημένο.* 2. εξετάζω· μαθαίνω, αποκτώ πείρα ενός πράγματος: *~ την τύχη μου·* (μεταφ. με λέξεις που δηλώνουν ψυχικό πάθος) *~ λύπη / χαρά / πόνο / απογοήτευση.* 3. προβάρω, φορώ ρούχο για να δω αν μου πάει ή αν είναι στα μέτρα μου: *~ το φόρεμα / το χρώμα αν μου πάει.* 4. επιχειρώ, προσπαθώ να κάνω κάτι: *-ασε να ζωγραφίσει κάτι, αλλά απέτυχε.* II. (μέσ.) βασανίζομαι, υποφέρω: *-στηκε σκληρά από το θάνατο του παιδιού της.* - Η μτχ. παρκ. *-ασμένος* ως επίθ. = που η ικανότητά του είναι αναγνωρισμένη, ικανός: *αξία -ασμένη.*

δοκιμασία η, ουσ. 1. εξέταση, έλεγχος: *προφορική / γραπτή ~·* (ιατρ.) *ηπατικές -ες* (= εξετάσεις αίματος που αφορούν το ήπαρ). 2. βάσανο, ταλαιπωρία: *το ταξίδι αυτό ήταν μια ~ για μένα· πέρασε στη ζωή του πολλές -ες* (συνών. *δεινοπάθημα, συμφορά*).

δοκιμαστήρας ο, ουσ., όργανο που χρησιμοποιείται στη μεταλλουργία για τον υπολογισμό της αντοχής των μετάλλων.

δοκιμαστήριο το, ουσ. (ασυνίζ.), ιδιαίτερος χώρος σε κατάστημα ή ραφείο όπου ο πελάτης προβάρει το ρούχο που θα αγοράσει.

δοκιμαστής ο, ουσ., που εξετάζει, που δοκιμάζει κάτι· πραγματογνώμονας: *~ κρασιού / λαδιού.*

δοκιμαστικός, -ή, -ό, επίθ. 1. που είναι κατάλληλος για δοκιμή, για τον έλεγχο ενός πράγματος: *σωλήνας ~ / κατσαβίδι -ό* (χημ.) *~ χάρτης* (= χαρτί ειδικά φτιαγμένο για να ελέγχει την παρουσία οξέων ή βάσεων σε ένα διάλυμα). 2. που γίνεται σαν δοκιμή, σαν πρόβα πριν από την τελική εκτέλεση: *παρέλαση / βολή / παράσταση -ή.* - Επίρρ. **-ά:** *τον προσέλαβαν -ά.*

δοκιμή η, ουσ. 1. εξέταση, έλεγχος για τη γνησιότητα, την ποιότητα ή κάποια ιδιότητα ενός πράγματος: *πήρε μια κουταλιά για ~.* 2. δοκιμαστική εκτέλεση, πρόβα: *-ές του έργου / πυρηνικές.* 3. τεχνικός έλεγχος μηχανής ή συσκευής πριν από την παραλαβή για την πιστοποίηση της σωστής κατασκευής ή της αντοχής της: *-ές μεταλλικών κατασκευών / κινητήρων.* 4. (μαθημ.) διαδικασία με την οποία ελέγχεται ή αποδεικνύεται η σωστή εκτέλεση μιας πράξης (συνών. *επαλήθευση*).

δοκίμιο το, ουσ. (ασυνίζ.). 1. σύγγραμμα περιορισμένης έκτασης, μεγάλο άρθρο που πραγματεύεται ελεύθερα ένα ζήτημα χωρίς να εξαντλεί το θέμα και που απηχεί προσωπικές απόψεις του συγγραφέα: *~ πολιτικό / ιστορικό / λογοτεχνικό.* 2. τυπογραφικά *-α* = πρόχειρα, δοκιμαστικά αντίτυπα του συνόλου ή μέρους βιβλίου για να σημειωθούν οι αναγκαίες διορθώσεις τυπογραφικών σφαλμάτων. 3. (ναυτ.) κάθε υψηλό σημείο της ξηράς που βοηθά στην πρόγνωση του καιρού. 4. έργο που γράφεται δοκιμαστικά, πρωτόλειο.

δοκιμιογραφία η, ουσ. (ασυνίζ.), συγγραφή δοκιμίων.

δοκιμιογραφικός, -ή, -ό, επίθ. (ασυνίζ.), που έχει σχέση με τη δοκιμιογραφία ή το δοκιμιογράφο.

δοκιμιογράφος ο, ουσ. (ασυνίζ.), συγγραφέας δοκιμίων.

δόκιμος, -η, -ο, επίθ. 1. που η αξία του δοκιμάστηκε και επιβεβαιώθηκε, που έχει αναγνωρισμένη αξία ή ικανότητα: *πολιτικός / επιστήμονας / υπάλληλος ~* (συνών. *δοκιμασμένος*· αντ. *αδόκιμος*). 2. μαθητευόμενος: *μοναχός / αξιωματικός ~.* 3. (γραμμ. για λέξη, έκφραση ή μορφή σύνταξης) που συναντιέται σε δόκιμους συγγραφείς· σωστή, ορθή (αντ. *αδόκιμος*). 4. (φιλολ.) *-οι συγγραφείς* = κλασικοί συγγραφείς από τον Ηρόδοτο ως τον Αριστοτέλη. - Το αρσ. ως ουσ. = **α.** νεαρός μαθητής ναυτικής ή στρατιωτικής σχολής που προορίζεται για αξιωματικός του στρατού, του πολεμικού ή του εμπορικού ναυτικού: *Σχολή ναυτικών -ίμων·* **β.** υποψήφιος μοναχός.

δοκός ο και η, ουσ. 1. μακρύ και χοντρό ξύλο κυρίως για τη στήριξη της στέγης, δοκάρι (συνών. *πάτερο, τράβα*). 2. όργανο γυμναστικής.

δολάριο το, ουσ. (ασυνίζ.), νομισματική μονάδα διάφορων χωρών και ιδιαίτερα των Η.Π.Α. ($) και του Καναδά. [αγγλ. *dollar*].

δολερός, -ή, -ό, επίθ., που ξεγελάει χρησιμοποιώντας δόλους, δόλιος: *η Διχόνοια... η -ή* (Σολωμός) (συνών. *πανούργος, επίβουλος*). - Επίρρ. **-ά.**

δόλια, βλ. *δόλιος* I.

δολιεύομαι, ρ. (ασυνίζ., λόγ.), φέρομαι δόλια, χρησιμοποιώ δόλο.

δόλιος, -α, -ο, I. επίθ. (ασυνίζ.), που χρησιμοποιεί δόλο και ύπουλα μέσα, πανούργος· ανειλικρινής (συνών. *ύπουλος, δολερός·* αντ. *ειλικρινής, ντόμπρος*). - Επίρρ. **-α.**

δόλιος, -ια, -ιο, II. επίθ. (συνιζ.), (συνήθως συμπαθητικά), ταλαίπωρος: *δεν τα κατάφερε ο ~.*

δολιότητα η, ουσ. (ασυνίζ.), το να είναι κάποιος δόλιος, πανουργία.

δολιοφθορά η, ουσ. (ασυνίζ.). 1. καταστροφή ή αχρήστευση ενός εργαλείου ή μηχανήματος με σκοπό τη ματαίωση μιας ενέργειας. 2. (στρατ.) πρόκληση καταστροφής σε εγκαταστάσεις ή υλικά του εχθρού (συνών. *σαμποτάζ*).

δολιοφθορέας ο, ουσ. (ασυνίζ.), που προκαλεί δολιοφθορές (βλ. λ.).

δολιχοκεφαλία η, ουσ. (ανθρωπολ.) ο σχηματισμός του κρανίου με τέτοιο τρόπο ώστε η μέγιστη διάμετρος του κεφαλιού από το μέτωπο ως το ινίο να είναι μεγαλύτερη από τη μεγίστη εγκάρσια, φαινόμενο χαρακτηριστικό ορισμένων φυλών (συνών. *μακροκεφαλία·* αντ. *βραχυκεφαλία*).

δολιχοκέφαλος, -η, -ο, επίθ. (ανθρωπολ.) που εμφανίζει το φαινόμενο της δολιχοκεφαλίας (βλ. λ.) (αντ. *βραχυκέφαλος*).

δολομίτης ο, ουσ., ορυκτό ανθρακικό άλας ασβεστίου και μαγνησίου ή πέτρωμα που περιέχει αυτά τα συστατικά. [γαλλ. *dolomite*].

δολοπλοκία η, ουσ., το να εφευρίσκει, να επινοεί κάποιος δόλους και τεχνάσματα (συνών. *μηχανορραφία, ραδιουργία*).

δολοπλόκος, -α, -ο, επίθ., που εφευρίσκει δόλους, πανούργος, δόλιος (συνών. *μηχανορράφος, ραδιούργος*).

δολοπλοκώ, ρ., εφευρίσκω, επινοώ δόλους, σκευωρώ (συνών. *ραδιουργώ, μηχανορραφώ*).

δόλος ο, ουσ. **1α.** πανούργο επινόημα για την εξαπάτηση κάποιου: *μεταχειρίστηκε -ο για να του πάρει το χωράφι* (συνών. *τέχνασμα, απάτη, κατεργαριά*)· **β.** (νομ.) η επιδίωξη και η εκτέλεση από κάποιον παράνομης ενέργειας με την επίγνωση ότι είναι δυνατή η βλάβη κάποιου άλλου. **2.** κομμάτι τροφής που τοποθετείται σε αγκίστρι ή σε παγίδα για τη σύλληψη ψαριών ή άγριων ζώων και πτηνών· (παροιμ.) *χωρίς -ο ψάρι δεν πιάνεται· λίγος ~ πολύ ψάρι* (συνών. *δόλωμα*).

δολοφονία η, ουσ., φόνος με δόλο, «εκ προμελέτης»: *~ στυγερή* (συνών. *ανθρωποκτονία, φονικό*).

δολοφονικός, -ή, -ό, επίθ. 1. που αναφέρεται στο δολοφόνο ή στη δολοφονία: *όπλα / σύνεργα -ά· ένστικτα -ά* (συνών. *φονικός*). 2. που γίνεται με σκοπό τη δολοφονία κάποιου: *απόπειρα / ενέργεια / δράση / επίθεση -ή.*

δολοφόνος ο, θηλ. (λαϊκ.) **-ισσα,** ουσ., που φονεύει με δόλο, «εκ προμελέτης» (συνών. *φονιάς*).

δολοφονώ, ρ., φονεύω με δόλο, «εκ προμελέτης».

δόλωμα το, ουσ. 1. κομμάτι τροφής που τοποθετείται κυρίως σε αγκίστρι, αλλά και σε παγίδες, με σκοπό τη σύλληψη ψαριών ή άγριων ζώων, πουλιών: *το ψάρι τσίμπησε το ~* (συνών. *δόλος*). 2. (μεταφ.) πρόσωπο ή μέσο που χρησιμοποιεί κάποιος για να παρασύρει άλλον (συνήθως σε κάτι κακό): *έπιασε το ~* (= πέτυχε το τέχνασμα).

δόλωνας ο, ουσ. (ναυτ., στον πληθ.) ιστία τετράγωνα ή σε σχήμα τραπεζίου που δένονται σε οριζόντιες κεραίες που προσαρμόζονται από το μεσαίο σημείο τους σε έναν κάθετο ιστό (συνών. *γάμπια*).

δολώνω, ρ. 1. βάζω (συνήθως στο αγκίστρι) δόλωμα. 2. ξεγελώ, απατώ.

δομέστικος και **-ιχος** ο, θηλ. **-ίκισσα,** ουσ. (ιστ.) 1. ανώτερο αξίωμα στο βυζαντινό στρατό, αρχηγός, διοικητής: *μέγας ~ ~ των σχολών.* 2. εκκλησια-

στικό αξίωμα που δινόταν σε ψάλτες και κατώτερα εκκλησιαστικά πρόσωπα.
δομή η, ουσ. 1. τρόπος κατασκευής ενός οικοδομήματος, χτίσιμο. 2. (μετάφ.) η σχέση με την οποία οργανώνονται τα συστατικά στοιχεία ενός συνόλου που αποτελεί έτσι ένα σύστημα: ~ *του λήμματος στο λεξικό / ενός κειμένου*· *συντακτική* ~ (= ο τρόπος με τον οποίο συντάσσονται οι λέξεις στη φράση)· (κοινων.) η διάρθρωση των θεσμών με τους οποίους τα μέλη μιας ανθρώπινης κοινωνίας επιδρούν το ένα στο άλλο και κατορθώνουν να συμβιώνουν· (οικον.) το σύνολο των αναλογιών και των σχέσεων που χαρακτηρίζουν μια οικονομική μονάδα σε δεδομένες συνθήκες και χρόνο· (χημ.) η διάταξη στο χώρο ατόμων, μορίων, ιόντων των διαφόρων χημικών ειδών στις φυσικές καταστάσεις που απαντούν· (πληροφορική) η συγκέντρωση πρωτογενών δεδομένων σε μια γλώσσα κάποιου προγραμματιστή· ο πίνακας όπου είναι συγκεντρωμένα τα στοιχειώδη δεδομένα του ίδιου τύπου· (στο στρουκτουραλισμό) ο τρόπος με τον οποίο τα επιμέρους στοιχεία μιας γλώσσας, ενός κώδικα —λεκτικού ή μη— είναι διευθετημένα σε σχέσεις αμοιβαίας εξάρτησης.
δομημένος, -η, -ο, επίθ. (για σύνολο) που τα συστατικά στοιχεία του οργανώνονται με τρόπο που να αποτελούν σύστημα: *έργο / κείμενο κλασικά -ο*· *φράση -η με περίπλοκο τρόπο*· *κοινωνία -η σύμφωνα με ορισμένους νόμους* (συνών. *οργανωμένος*).
δόμηση η, ουσ. (τεχνολ.) η σύνθεση κτηρίου από τα επιμέρους στοιχεία του, το χτίσιμο: *η ~ ακολουθεί τους κανόνες του γενικού οικοδομικού κανονισμού*· *συντελεστής -ης* = ο αριθμός που προσδιορίζει τη συνολική οικοδομήσιμη επιφάνεια ενός κτηρίου σε σχέση με το εμβαδόν του οικοπέδου και ποικίλλει ανάλογα με την περιοχή και το σύστημα δόμησης.
δομικός, -ή, -ό, επίθ., που έχει σχέση με τη δομή ή τη δόμηση: *-ά στοιχεία* = τμήματα κατασκευής που χρησιμεύουν στη στήριξη ή το διαχωρισμό της (δοκάρια, υποστηλώματα, κλπ.)· *-ά υλικά* = οι ύλες (στερεές, φυσικές ή τεχνητές) που χρησιμοποιούνται στην οικοδομική· *-ές μηχανές* = τα μηχανήματα αυτόματα που χρησιμοποιούνται σε κατασκευαστικά έργα· (μεταφ.) *-ά στοιχεία κειμένου / φράσης / πρότασης*· *-ή θεωρία* = δομισμός (βλ. λ.), στρουκτουραλισμός· *-ή ανάλυση* = μέθοδος ανάλυσης λογοτεχνικών κειμένων που αποκλείει τις ψυχαναλυτικές αναλύσεις και τους χαρακτήρες των ηρώων και εισάγει την έννοια των μοτίβων, δηλ. λέξεων, φράσεων ή νοηματικών σημάτων. - Το θηλ. ως ουσ. = η οικοδομική.
δομινικανός ο, θηλ. **-ή,** ουσ., μοναχός ή μοναχή του τάγματος του αγίου Δομινίκου.
δομισμός, ο, ουσ., μέθοδος ανάλυσης των φαινομένων που γίνεται για να ανακαλύψει τους νόμους των σχέσεων της δομής που κρύβονται πίσω από τους μετασχηματισμούς της ή για να ανακατασκευάσει το μοντέλο της (συνών. *στρουκτουραλισμός*).
δονζουανικός, ή, -ό, επίθ., που ανήκει ή αναφέρεται στο διάσημο Ισπανό καρδιοκατακτητή δον Ζουάν· που συμπεριφέρεται όπως ο δον Ζουάν, δηλ. επιδιώκει ερωτικές κατακτήσεις.
δονζουανισμός ο, ουσ., τρόπος ζωής, συμπεριφορά του δον Ζουάν· τάση για ερωτικές κατακτήσεις.

δόνηση η, ουσ., κραδασμός, τράνταγμα: ~ *σεισμική* (συνών. *ταρακούνημα*)· (φυσ.) παλινδρομική κίνηση των σωμάτων γύρω από τη θέση ισορροπίας.
δονητής ο, ουσ., διάταξη, σειρά οργάνων με τα οποία παράγονται και συντηρούνται δονήσεις: ~ *στην ηλεκτρολογία / στην παραγωγή σκυροδέματος*.
δονκιχοτικός, -ή, -ό, επίθ., που ανήκει ή αναφέρεται στο Δον Κιχότη, ήρωα του ομώνυμου μυθιστορήματος του Θερβάντες· που του αρέσει να δείχνεται γενναίος απέναντι σε ανύπαρκτους κινδύνους ή που παρασύρεται από ρομαντικές ιδέες και προσπαθεί να πετύχει ανέφικτους σκοπούς: *ιστορία / περιπέτεια -ή*· *τυφλή -ή προσπάθεια*.
δονκιχοτισμός ο, ουσ. 1. το να έχει κάποιος υπερβολικό ενθουσιασμό για επίτευξη χιμαιρικών σκοπών. 2. η τάση για επίδειξη ψεύτικης ανδρείας μπροστά σε ανύπαρκτο κίνδυνο. [κύρ. όν. *Δον Κιχότης*, ήρωας του ομώνυμου μυθιστορήματος του Θερβάντες].
δοντάκι, βλ. *δόντι*.
δοντάρα, βλ. *δόντι*.
δοντάς ο, θηλ. **-ού,** ουσ. (έρρ., λαϊκ.), αυτός που έχει μεγάλα δόντια.
δόντι το, ουσ. (έρρ.). 1. καθένα από τα μικρά λευκά οστάρια που βρίσκονται στις απολήξεις των διαγόνων μέσα στα ούλα και με τα οποία γίνεται το μάσημα της τροφής: *-α κούφια / χαλασμένα / με τερηδόνα / υιρωβά*· *-α τεχνητά / ψεύτικα / βιδωτά*· *-α γερά / κάταρα / μαργαριταρένια*· *έπεσαν / έχασε τα -α του από την ουλίτιδα*· *πλένω / βουρτσίζω τα -α μου*· *δεν έχω -α να μασήσω*· *έκφρ. με την ψυχή στα -α* (= λαχανιασμένος, εξουθενωμένος)· *ήλιος με (τα) -α* (= χειμωνιάτικος ήλιος που δε ζεσταίνει πολύ)· *αρματωμένος ίσαμε τα -α* (= πολύ γερά εξοπλισμένος): *στο παζάρι φυλάγανε εκατό παλληκάρια αρματωμένα ίσαμε τα -α*· φρ. (για βρέφος) *βγάζει -α / σκάζουν τα -α του* (= φυτρώνουν τα πρώτα του δόντια)· (για παιδί) *αλλάζει -α* (= πέφτουν τα δόντια της πρώτης οδοντοφυΐας και φυτρώνουν της δεύτερης)· (μεταφ.) *μιλώ / βρίζω μέσα από τα δόντια* (= μιλώ / βρίζω μουρμουρίζοντας, όχι ανοιχτά, είτε από δειλία είτε για άλλο λόγο)· *μιλώ έξω από τα δόντια* (= μιλώ με θάρρος και αυστηρότητα)· *τρίζω (δείχνω) τα -α μου σε κάποιον* (= απειλώ)· *έχω (γερό) ~* (= έχω ισχυρές γνωριμίες, «μέσα»)· *μου πονεί το ~* / *-άκι για κάποιον* (= είμαι ερωτευμένος)· *δεν είναι για τα -α του* (= δεν είναι άξιος ή δεν έχει τις προϋποθέσεις για να απολαύσει κάτι που ποθεί)· *κρατώ (βαστώ) κάποιον ή κάτι με τα -α* (= συγκρατώ κάποιον ή κάτι με το ζόρι)· *έφτασε η ψυχή μου στα -α* (= φοβήθηκα πολύ). 2. κάθε είδους προεξοχή αντικειμένου, οργάνου, κλπ.: *-α της χτένας / του μαχαιριού / του πριονιού*. 3. είδος εγκοπών που κατασκευάζονται στα ξύλα για τη μεταξύ τους συνάρθρωση. 4. (ναυτ.) καθεμιά από τις αιχμές του καμπύλου μέρους της άγκυρας με τις οποίες σκαλώνει στο βυθό. - Υποκορ. **-άκι** το (στις σημασ. 1, 2). -Μεγεθ. **-άρα** η (στη σημασ. 1).
δοντιά, η, ουσ., συνίζ.), σημάδι από δαγκωματιά: *ακόμα φαινεται η ~ στο χέρι μου*.
δοντιάζω, ρ. (έρρ., συνιζ., λαϊκ.). Α. μτβ. 1. πιάνω κάτι με τα δόντια. 2. συνδέω, συναρμολογώ δυο κομμάτια (συνήθως ξύλου) με τα δόντια τους (βλ. *δόντι* 3). Β. αμτβ. 1. βγάζω δόντια. 2. (για κοπτικό

εργαλείο) αποκτώ οδοντωτές εσοχές.
δοντόπονος ο, ουσ. (έρρ.). 1. πόνος των δοντιών· (συνών. *πονόδοντος*). 2. (μεταφ.) κρυφός έρωτας.
δοντού, βλ. *δοντάς*.
δονώ, ρ. 1. σείω, τραντάζω: *το νησί όλο -ήθηκε από το σεισμό* (συνών. *ταρακουνώ*). 2. θέτω κάτι σε παλμική κίνηση: ~ *τις χορδές μουσικού οργάνου* (συνών. *πάλλω*). 3. (μεταφ.) συγκινώ, συναρπάζω: *οι καρδιές του ακροατηρίου -ήθηκαν από την απολογία του κατηγορουμένου / την ομιλία του υποψηφίου* (συνών. *συγκλονίζω*).
δόξα η, ουσ. 1. επαινετική φήμη, καλή υπόληψη, το καλό όνομα που αποκτά κάποιος, λαμπρότητα, αίγλη: *χάρη στο ταλέντο της γνώρισε μεγάλη* ~· ~ *προγονική / αιώνια / εφήμερη* (αντ. *αφάνεια, ασημότητα*). 2. αυτό με το οποίο δοξάζεται κάποιος: *είσαι η* ~ *της οικογένειας.* 3. (εκκλ.) ~ *Θεού* = κατάσταση λαμπρότητας και ακτινοβολίας θείου φωτός. 4. το ουράνιο τόξο. 5. (σε επιφωνηματική έκφρ.) ~ *τω Θεώ ή* ~ *να 'χει ο Θεός* (για δήλωση ικανοποίησης, ευγνωμοσύνης): ~ *σοι ο Θεός που γύρισες / που είσαι καλά!*
δοξάζω, ρ. 1. προσδίδω σε κάποιον δόξα, φήμη, κάνω κάποιον ένδοξο: *οι στρατιώτες μας -σαν τη χώρα μας* (αντ. *ντροπιάζω*). 2. εξυμνώ, εγκωμιάζω κάποιον: ~ *το γιατρό που με θεράπευσε* (αντ. *κατηγορώ*). 3. (για το Θεό, τους αγίους) υμνώ, δοξολογώ: ~ *το Θεό που είσαι καλά.* Φρ. ~ *το χρήμα* (= λατρεύω το χρήμα σαν Θεό, είμαι άπληστος)· *δε ζεις*; (για άτομο που μεμψιμοιρεί παρά το γεγονός ότι απόχτησε ό,τι ήθελε). - Η μτχ. *-σμένος* ως επίθ. = ξακουσμένος, περιβόητος.
δοξάρι το, ουσ. 1. τόξο: *σαΐτες και -α* 2. όργανο με το οποίο κρούονται οι χορδές μουσικού οργάνου (καθώς με την τριβή θέτονται σε παλμική κίνηση): *το* ~ *του βιολιού / του βιολοντσέλου.* 3. εργαλείο για το ξάσιμο του βαμβακιού. 4. ξυλουργικό πριόνι. 5. το ουράνιο τόξο. 6. (ναυτ.) εξάρτημα του πλοίου σε σχήμα τόξου στερεωμένο στο κατάστρωμα έτσι ώστε να μπορεί να στρέφεται και να ασφαλίζει ή να ελευθερώνει την άγκυρα. [μτγν. *τοξάριον*].
δοξαριά η, ουσ. (συνιζ.). 1. το ρίξιμο με τόξο, σαϊτιά. 2. κρούση των χορδών μουσικού οργάνου.
δοξαρωτός, -ή, -ό, επίθ., που έχει το σχήμα τόξου: *πόρτα -ή* (συνών. *καμπύλος, κυρτός*).
δοξασία η, ουσ., θεωρία, γνώμη, εικασία.
δόξασμα το και **-μός** ο, ουσ., απόκτηση φήμης, αίγλης.
δοξαστικός, -ή, -ό, επίθ., που δοξάζει, που εξυμνεί: *ύμνος* ~· *ποίημα -ό.* - Το ουδ. ως ουσ. = εκκλησιαστικό τροπάριο με δική του μελωδία που ψάλλεται σε συγκεκριμένο σημείο της λειτουργίας και αρχίζει με τη φρ. *«Δόξα Πατρί...».*
δοξεύω, ρ., χτυπώ, τραυματίζω κάποιον με βέλος.
δοξογράφοι οι, ουσ., Έλληνες συγγραφείς της αλεξανδρινής και της ρωμαϊκής εποχής που συγκέντρωσαν τα δόγματα, τις θεωρίες των φιλοσοφικών σχολών.
δοξολόγημα το, ουσ., να να δοξάζει κανείς, να υμνεί, να εγκωμιάζει κάποιον.
δοξολογία η, ουσ. 1. σειρά από ευχαριστήριους και δοξαστικούς ύμνους αφιερωμένους στο Θεό ή και στην Αγία Τριάδα που ψάλλονται σε συγκεκριμένο σημείο της λειτουργίας και αρχίζουν με τη λέξη *«δόξα».* 2. ειδική λειτουργία στην εκκλησία με την ευκαιρία κάποιας εθνικής γιορτής όπου

ψάλλονται δοξαστικοί ύμνοι για το γεγονός.
δοξολογώ, ρ., δοξάζω, ευχαριστώ (ιδιαίτερα το Θεό) με λόγια ή ύμνους (συνών. *υμνώ*).
δοξομανής, -ής, -ές, γεν. *-ούς*, πληθ. αρσ. και θηλ. *-είς*, ουδ. *-ή*, επίθ., που επιδιώκει τη δόξα (συνών. *φιλόδοξος, μεγαλομανής·* αντ. *σεμνός, μετριόφρονας*).
δοξομανία η, ουσ., η υπερβολική αγάπη και επιθυμία της δόξας (συνών. *φιλοδοξία, μεγαλομανία·* αντ. *μετριοφροσύνη*).
-δόρος, κατάλ. αρσ. ουσ.: *αβανταδόρος, κομπιναδόρος, κολπαδόρος.* [βενετ. *-dor*].
δόρυ το, ουσ., αρχαίο πολεμικό όπλο που αποτελούνταν από ένα κυλινδρικό μακρύ ξύλο με μεταλλική αιχμή στην άκρη.
δορυφορικός, -ή, -ό, επίθ., που έχει σχέση με το δορυφόρο ή πραγματοποιείται με το ενδιάμεσο δορυφόρου: *λήψη / κεραία / τηλεόραση -ή*.
δορυφόρος ο, ουσ. 1. (αστρον.) ουράνιο σώμα που στρέφεται γύρω από κάποιον πλανήτη και τον συνοδεύει ακολουθώντας τους ίδιους νόμους έλξης και βαρύτητας που και εκείνος ακολουθεί κατά την περιστροφή του γύρω από τον ήλιο: *-οι του Άρη·* ~ *της Γης.* 2. *τεχνητός* ~ = συσκευή που εκτοξεύεται από την επιφάνεια της Γης με σκοπό την περιφορά γύρω από αυτήν σε κλειστή τροχιά: ~ *μετεωρολογικός / βομβαρδισμού·* ~ *τηλεπικοινωνίας* (με σκοπό την αύξηση του αριθμού των συνδέσεων στις ραδιοφωνικές και τηλεοπτικές εκπομπές). 3. άτομο ή κράτος που υφίσταται εξάρτηση και «προστατεύεται» από κάποιο άλλο: *χώρα* ~. 4. είδος εντόμου.
δόση η, ουσ. 1. ποσότητα ενός πράγματος που δίνεται τμηματικά: *τα αναδρομικά θα δοθούν σε τρεις -εις·* (ειδικά) α. ποσότητα φαρμάκου που ορίζεται από το γιατρό ανάλογα με την περίπτωση: ~ *θεραπευτική / τοξική / θανατηφόρα·* β. χρηματικό ποσό που δίνεται σε τακτά διαστήματα για την εξόφληση χρέους ή αντικειμένων που αγοράστηκαν: *οικόπεδο / αυτοκίνητο με -εις·* *οι -εις του δανείου.* 2. (συνεκδοχικά) μικρή ποσότητα: *στα λόγια σου δεν υπάρχει ούτε μια* ~ *αλήθειας·* φρ. *έχει μια* ~ (ενν. *τρέλας*). 3. αναλογία: *οι -εις των υλικών για το φαγητό / το γλυκό.* 4. (νομ.) ~ *αντικαταβολής* = η παροχή από μέρους του οφειλέτη κάποιου άλλου πράγματος αντί για χρήματα για την εξόφληση του χρέους του και τη συγκατάθεση και του δανειστή· ~ *κατά παράκληση* = η παροχή χωρίς αντάλλαγμα ενός πράγματος σε κάποιον με την προϋπόθεση να μπορεί ο δανειστής να το πάρει πίσω οποιαδήποτε στιγμή θελήσει.
δοσιδικία, βλ. *δωσιδικία*.
δοσίδικος, βλ. *δωσίδικος*.
δοσίλογος, βλ. *δωσίλογος*.
δοσιμετρία η, ουσ. (ιατρ.) καθορισμός και μέτρηση των δόσεων ακτινοβολίας που δέχτηκε ή πρόκειται να δεχτεί ένα άτομο.
δοσίμετρο το, ουσ. (ιατρ.-φυσ.) όργανο το οποίο χρησιμοποιείται για τον προσδιορισμό των δόσεων ακτινοβολίας που δέχτηκε ή πρόκειται να δεχτεί ένα άτομο: ~ *ατομικό.*
δόσιμο το, γεν. *-ίματος*, ουσ. 1. το να δίνει κανείς κάτι (συνών. *παροχή*). 2. (συνεκδοχικά) φόρος: (ιστ.) *-ατα βασιλικά* = οι φόροι που πλήρωναν οι χριστιανοί στους Τούρκους. 3. (λαϊκ., παλαιότερο) το ετήσιο μίσθωμα που κατέβαλαν οι γεωργοί στους γαιοκτήμονες.

δοσοληψία η, ουσ. α. εμπορική σχέση: *-ες καθημερινές / ενδιαφέρουσες / συμφέρουσες* (συνών. *συναλλαγή, λαϊκ. αλισβερίσι, νταραβέρι)*· **β.** (συνεκδοχικά) αμοιβαία σχέση, επαφή: *έχει -ες με τον υπόκοσμο· -ες μυστικές / περίεργες / ύποπτες.*

δοσολογία η, ουσ., ο καθορισμός των δόσεων ενός φαρμάκου που πρέπει να παίρνει ένας ασθενής· (συνεκδοχικά) οι δόσεις του φαρμάκου: *~ ισχυρή / μικρή.*

-δότης, β΄ συνθ. αρσ. ουσ.: *χρηματοδότης, πλειοδότης.*

δότης ο, θηλ. **-τρια**, ουσ. (ασυνίζ.), αυτός που δίνει κάτι· (συνήθως ιατρ.) *~ αίματος· ~ γενικός* (= άτομο με ομάδα αίματος Ο που μπορεί να δώσει το αίμα του για άλλο άτομο με οποιαδήποτε ομάδα αίματος)· άτομο που δωρίζει όργανο, μέλος, ιστό ή άλλο στοιχείο του σώματός του για μεταμόσχευση ή άλλη θεραπευτική χρήση: *~ νεφρού / καρδιάς / σπέρματος* (συνών. *δωρητής·* αντ. *λήπτης*).

-δότηση, β΄ συνθ. θηλ. ουσ.: *ηλεκτροδότηση, χρηματοδότηση.* [-δοτώ].

δοτική η, ουσ. (γραμμ.) η τρίτη πτώση των ονομάτων στις γλώσσες με κλιτικό σύστημα που δηλώνει κυρίως την ενέργεια της παροχής (σε θέση συνήθως έμμεσου αντικειμένου).

δοτικοφανής, -ής, -ές, γεν. *-ούς*, πληθ. αρσ. και θηλ. *-είς*, ουδ. *-ή*, επίθ. (γραμμ.) που είναι όμοιος με δοτική, που εμφανίζεται σε δοτική πτώση: *επιρρήματα -ή.*

δοτός, -ή, -ό, επίθ. α. (νομ.) που έχει διοριστεί (με νόμιμο τρόπο): *δοτή επιτροπεία... χωρεί και σε κάθε περίπτωση που ο νόμος προβλέπει διορισμό επιτρόπου* (Αστ. Κώδ.)· **β.** που αναδεικνύεται σε κάποια ανώτερη θέση με μεθόδους παράνομες και αντισυνταγματικές ή που αμφισβητείται ως προς τη συνταγματικότητα και νομιμότητά του: *πρόεδρος / πρωθυπουργός ~.*

δότρια, βλ. *δότης*.

-δοτώ, β΄ συνθ. ρ.: *ηλεκτροδοτώ, πλειοδοτώ, μισθοδοτώ.*

δούγα, βλ. *δόγα*.

δούκας ο, θηλ. **-ισσα** και (σπάν.) **δουκέσα**, ουσ. 1. (ιστ.) στρατιωτικός αρχηγός σε επαρχία κράτους κατά τη ρωμαϊκή εποχή, πολιτικός και στρατιωτικός διοικητής θέματος στους Βυζαντινούς και γενικός διοικητής ή αρμοστής κατά τη φραγκοκρατία. 2. κληρονομικός ηγεμόνας μικρού ανεξάρτητου κράτους στην Ευρώπη του μεσαίωνα και των νεότερων χρόνων. 3. (σήμερα) αυτός που έχει τον ανώτερο τίτλο ευγένειας μετά τον πρίγκιπα: *ο εκλαμπρότατος ~ της Υόρκης·* η *-ισσα της Πλακεντίας*. [μεσν. *δουξ*<λατ. *dux*].

δουκάτο το, I. ουσ., χώρα ή περιοχή που εξουσιάζει ο δούκας: *το ~ του Λουξεμβούργου· ~ πλούσιο*. [λατ. *ducatum*].

δουκάτο το, II. ουσ. (ιστ.) χρυσό ή αργυρό νόμισμα πολλών κρατών της Ευρώπης από το 12. έως το 19. αι. [λατ. *ducatum*].

δουκέσα, βλ. *δούκας*.

δουκικός, -ή, -ό, επίθ., που ανήκει ή αναφέρεται στο δούκα: *τάξη -ή· ανάκτορα -ά.*

δούκισσα, βλ. *δούκας*.

δούλα η, ουσ. (λαϊκ.), υπηρέτρια. - Υποκορ. **-άκι** το (σήμερα υβριστικά ή ειρων.), **-ίτσα** η.

δουλεία η, ουσ. 1. το να είναι κανείς δούλος, η κατάσταση του δούλου: *~ αβάσταχτη / βαριά / μακρόχρονη / πνευματική·* *ζυγός -ας* (συνών. *σκλαβιά, υποτέλεια, δουλοσύνη·* αντ. *ελευθερία, ανεξαρτησία*). 2. (νομ.) εμπράγματο δικαίωμα σε ξένο ακίνητο που παρέχει ωφέλειες υπέρ του εκάστοτε κυρίου άλλου ακινήτου (*~ πραγματική*) ή υπέρ ορισμένου προσώπου (*~ προσωπική*): *~ οδού / διοχέτευσης ή άντλησης νερού / βοσκής / υπονόμου.*

δουλειά η, ουσ. (συνιζ.). 1. διάθεση, χρησιμοποίηση σωματικών ή πνευματικών δυνάμεων για την κατασκευή πράγματος ή την παραγωγή έργου χρήσιμου, εργασία: *~ αποδοτική / διανοητική / εξαντλητική / άχαρη / βρόμικη / χειρωνακτική· -ές του σπιτιού* (= ασχολίες οικιακές)· *-ές παστρικές* (= ευσυνείδητες και ειρων. *κακοήθεις*)· *δεν αδειάζω από τις -ές· σκοτώνεται στη ~· στρώνομαι στη ~· δε σηκώνω κεφάλι απ' τη ~·* φρ. *αυτοί κάνουν τη ~ τους* (= φροντίζουν για τα συμφέροντά τους)· *γίνεται ~* (= παράγεται, επιτελείται έργο)· *~ δεν είχαμε και ~ βρήκαμε* (= όταν κανείς είναι υποχρεωμένος να κάνει κάτι ανεπιθύμητο)· *είναι άνθρωπος της -άς* (= εργατικός)· *έκανα τη ~ μου* (= πέτυχα το σκοπό μου)· *κοίτα ή να κοιτάζεις τη ~ σου* (= να μην ανακατεύεσαι σε ξένες υποθέσεις)· *λάσπη η ~* (όταν η εκτέλεση έργου ή η διεκπεραίωση υπόθεσης παρουσιάζει σοβαρές δυσχέρειες)· *μόνος μου κοιτάζω τη ~ μου* (= δεν ελπίζω στη κάποιος τρίτος θα φροντίσει για τα δικά μου συμφέροντα)· *ράβε, ξήλωνε, ~ να μη σου λείπει* (για εργασία που επαναλαμβάνεται ή που παρατείνεται χωρίς λόγο)· *τι ~ έχεις εδώ;* (= η παρουσία σου δε δικαιολογείται)· (γνωμ.) *η ~ νικάει τη φτώχεια·* η *~ ντροπή δεν έχει* (παροιμ.) *η πολλή ~ τρώει τον αφέντη* (= η πολλή εργασία προκαλεί φθορά, κούραση). 2. μόνιμη απασχόληση που γίνεται για βιοποριστικούς σκοπούς, επάγγελμα: *πηγαίνω στη ~· βρήκε καλή ~· -ές του ποδαριού* (= πρόχειρες)· *~ βαριά· τι ~ κάνεις; είμαι χωρίς ~* (= είμαι άνεργος)· *δίνω σε κάποιον ~*. 3. (γενικά) απασχόληση, ασχολία: *βρήκες ~ για να περάσεις την ώρα σου*. 4. (συνεκδοχικά) αποτέλεσμα, προϊόν εργασίας, έργο: *θα παρουσιάσουν τη νέα τους ~*. 5. (ειρων.) δυσάρεστη ή ενοχλητική υπόθεση, φασαρία, μπελάς· *ζημιά: έπαθε ~ που ήταν όλη δική του* (= έπαθε κάτι σοβαρό και επιζήμιο)· *μας άνοιξε -ές* (= μας έβαλε σε μπελάδες)· *-ές με φούντες* (= ενοχλήσεις περίπλοκες, δουλειές με κακές συνέπειες). 6. εμπορική δραστηριότητα, επιχείρηση: *δεν πάει καλά η ~ του· τον πήρε στη ~ του· δεν έχει ~* (= δεν παρουσιάζεται εμπορική κίνηση). 7. (γενικά) συναλλαγή, δοσοληψία: *τι -ές έχεις εσύ μ' αυτόν; -ες επικίνδυνες / παράνομες / ύποπτες.* 8. υπόθεση, ζήτημα: *τι έγινε με τη ~ που λέγαμε; 9.* ο σκοπός που επιδιώκει κανείς: *αυτό δεν κάνει για τη ~ που το θέλεις*. - Υποκορ. **-ίτσα** η στις σημασ. 1, 3, 8: *είχα μια -ίτσα.*

δούλεμα το, ουσ. 1α. επεξεργασία, κατεργασία: *το μίγμα θέλει ~ ακόμη· ~ ειδικό / καλό / κατάλληλο·* **β.** (για χωράφι) όργωμα, καλλιέργεια· **γ.** (μεταφ.) επεξεργασία, επιμέλεια: *~ κειμένου*. 2. πείραγμα που γίνεται για αστειότητα: *τον άρχισαν στο ~* (συνών. *κοροϊδία, λαϊκ. κούρντισμα*).

δουλεμπορία η, ουσ. (έρρ.), εμπόριο δούλων, δουλεμπόριο.

δουλεμπορικός, -ή, -ό, επίθ. (έρρ.), που ανήκει ή

αναφέρεται στο δουλεμπόριο ή το δουλέμπορο.
δουλεμπόριο το, ουσ. (ασυνίζ., έρρ.), αγοραπωλησία, εμπόριο δούλων: *κατάργηση του -ίου* (συνών. *δουλεμπορία).*
δουλέμπορος ο, ουσ. (έρρ.), έμπορος δούλων.
δουλευτάρης και **δουλευταράς** ο, θηλ. **-άρα** και **-ρού**, ουδ. **-ικο**, πληθ. *-άδες,* επίθ., που δείχνει αγάπη και αξιοσύνη στη δουλειά, πολύ εργατικός: *γυναίκα -α / -ού· παιδιά -ικα* (συνών. *φιλόπονος, φίλεργος·* αντ. *οκνηρός, τεμπέλης, ακαμάτης).*
δουλευτής ο, θηλ. **-εύτρα**, πληθ. *-άδες,* ουσ. 1. αυτός που ζει από τη (χειρωνακτική) δουλειά του, εργάτης: *-άδες της γης· -εύτρες ασπρομαντηλούσες* (Παλαμάς). 2. αυτός που δείχνει αγάπη και ικανότητα στη δουλειά, άνθρωπος εργατικός (συνών. *δουλευτάρης·* αντ. *ακαμάτης).*
δουλεύω, ρ., αόρ. *-εψα,* παθητ. *-εύτηκα,* μτχ. *-εμένος.* Α. αμτβ. 1. χρησιμοποιώ τις σωματικές ή τις πνευματικές μου δυνάμεις για να κατασκευάσω κάτι ή να παραγάγω έργο χρήσιμο, εργάζομαι: ~ *σκληρά / μεθοδικά· -ει σαν είλωτας / σκλάβος / σκυλί / απ' το πρωί ως το βράδι* (αντ. *αργώ, αδρανώ, τεμπελιάζω).* 2. απασχολούμαι σε μόνιμη δουλειά για βιοποριστικούς σκοπούς, ασκώ επάγγελμα: *-ει σε εργοστάσιο / από δεκάξι χρόνων / νυχτερινός· που -εις; δεν έχει -έψει στη ζωή του· δε -ει πια, πήρε σύνταξη.* 3. βρίσκομαι σε ενέργεια ή κίνηση, λειτουργώ: *το ρολόι -ει καλά· -ει η μηχανή / το καλοριφέρ· το μυαλό του -ει* (= έχει αντίληψη, είναι έξυπνος). 4. ενεργώ, φέρνω αποτέλεσμα (θετικό ή αρνητικό): *χρόνια -ευε η αρρώστια στον οργανισμό του· -ει το σαράκι μέσα της.* 5. (για πληγή, τραύμα απόστημα, κ.τ.ό.) σχηματίζω πύον, πυορροώ. 6. αποδίδω όφελος, αποφέρω κέρδη: *-ουν καλά τα μαγαζιά· -ουν οι τόκοι* (= ανατοκίζονται). 7. (λαϊκ., τριτοπρόσ.) χρησιμοποιείται κάτι έντονα: *-ει καμτσίκι / τιμωρία.* Β. μτβ. 1. εργάζομαι ως υπηρέτης: *τους -εψε τρία χρόνια.* 2. εκμεταλλεύομαι: ~ *τα χωράφια* (= καλλιεργώ) / *χρηματικά ποσά* (= τα τοκίζω ή κάνω επενδύσεις). 3. επεξεργάζομαι, κατεργάζομαι: ~ *τον πηλό / ζύμη / μίγμα / μάρμαρο· καλντερίμι με -μένη την πέτρα·* (μεταφ.) *δέρμα -εμένο από το ξεροβόρι* (Σεφέρης). 4. φροντίζω, ασχολούμαι με κάτι: *ο δικηγόρος -ει την υπόθεση.* 5. επιμελούμαι, τελειοποιώ: ~ *τη γλώσσα / το ύφος / ένα κείμενο.* 6. (λαϊκ.) α. κοροϊδεύω, πειράζω: *με -εις τώρα;* β. ξεγελώ, εξαπατώ: *θα μου ειπείς και για λόγου του πώς μπορεί να -έψει φίλο!* (Καρκαβίτσας). - Η μτχ. παρκ. ως επίθ. = που οφείλεται ως αμοιβή στο τέλος κάποιας εργασίας: *-εμένος μισθός· -εμένα μεροκάματα / λεφτά.* - Το ουδ. *δουλεύον, -οντος* (της παλαιότερης μτχ. *δουλεύων*) ως ουσ. = (νομ.) ακίνητο πάνω στο οποίο μπορεί να αποκτηθεί δουλεία (βλ. λ. στη σημασ. 2): *κύριος / καταστροφή του -οντος· κατασκεύασμα στο -ον.*
δούλεψη η, ουσ. (λαϊκ.). 1. εργασία, δουλειά. 2. (συνεκδοχικά) το να είναι κανείς στην υπηρεσία κάποιου: *είναι τρία χρόνια στη -ή τους.* 3. αμοιβή εργασίας (συνών. λαϊκ. *ο κόπος, τα κόπια*). 4. εξυπηρέτηση, εκδούλευση.
δούλη η, ουσ. (λόγ.), μόνο στην εκκλ. έκφρ. *η ~ του Θεού* (βλ. *δούλος*).
δουλικά, βλ. *δουλικός.*
δουλικό το, ουσ. (λαϊκ.), υπηρέτρια, δούλα.
δουλικός, -ή, -ό, επίθ., που ταιριάζει σε δούλο:

τρόποι -οί· συμπεριφορά / υποταγή / ευγένεια -ή· περιποιήσεις / κολακείες -ές· ήθος / φρόνημα -ό (συνών. *δουλοπρεπής).* - Επίρρ. **-ά**: *φέρεται -ά.*
δουλικότητα η, ουσ., έλλειψη φιλελεύθερου φρονήματος, αξιοπρέπειας· δουλική συμπεριφορά: ~ *εξευτελιστική· δείχνω ~· φέρομαι με ~* (συνών. *δουλοπρέπεια, αναξιοπρέπεια).*
δουλίτσα, βλ. *δούλα* και *δουλειά.*
δουλοκτησία η, ουσ. 1. ιδιοκτησία, κατοχή δούλων. 2. οικονομικό, πολιτικό και κοινωνικό σύστημα που στηρίζεται στην ύπαρξη τάξης δούλων.
δουλοκτητικός, -ή, -ό, επίθ., που αναφέρεται στη δουλοκτησία: *σύστημα -ό.*
δουλοπαροικία η, ουσ. (ιστ.) το να είναι κανείς υποτελής σε φεουδάρχη, η κατάσταση του δουλοπάροικου (βλ. λ.).
δουλοπάροικος ο, ουσ. (ιστ.) γεωργός κατά το μεσαίωνα υποτελής σε φεουδάρχη, του οποίου καλλιεργούσε μέρος των κτημάτων του (κατοικώντας συγχρόνως αναγκαστικά εκεί) με την υποχρέωση να καταβάλλει ετήσιο φόρο σε είδος (*δόσιμο,* βλ. λ.) ή εργασία· σε περίπτωση μεταβίβασης των κτημάτων σε άλλο φεουδάρχη πουλιόταν μαζί ως αναγκαίο εξάρτημα.
δουλοπρέπεια η, ουσ. (ασυνίζ.), δουλικότητα, δουλοφροσύνη (βλ. λ.): ~ *απερίγραπτη / ποταπή.*
δουλοπρεπής, -ής, -ές, γεν. *-ούς,* πληθ. αρσ. και θηλ. *-είς,* ουδ. *-ή,* επίθ., που ταιριάζει σε δούλο: *άνθρωπος / χαρακτήρας / συμπεριφορά ~* (συνών. *δουλικός).* - Επίρρ. **-ώς**.
δούλος ο, ουσ. 1. αυτός που έχει στερηθεί την προσωπική του ελευθερία (από αιχμαλωσία, αγορά ή εκ γενετής) και αποτελεί ιδιοκτησία άλλου: ~ *πιστός / βασανισμένος· -οι της αρχαιότητας· εμπόριο -ων· εξαγοράζω / (απ)ελευθερώνω -ο· έκφρ. ~ σας!* (παλαιότερα για φιλοφρόνηση)· ~ *του Θεού* (= **α.** (εκκλ.) πλάσμα του Θεού και **β.** ευσεβής χριστιανός) (συνών. *σκλάβος·* αντ. *ελεύθερος, κύριος, αφέντης).* 2. (μεταφ.) αυτός που είναι εντελώς υποταγμένος στο θέλημα και τις επιθυμίες άλλου: ~ *μιας γυναίκας / της οικογένειάς του* (συνών. *σκλάβος, αιχμάλωτος, δέσμιος).* 3. (μεταφ.) αυτός που είναι υποχείριος σε κάτι, που είναι κυριευμένος από μια συνήθεια, κατάσταση, ελάττωμα, κ.τ.ό.: ~ *του χρήματος / των παθών / συνηθειών του* (συνών. *σκλάβος, αιχμάλωτος, δέσμιος).*
δουλοσύνη η, ουσ., το να είναι κανείς δούλος, η κατάσταση της δουλείας· (συνεκδοχικά) δουλικό φρόνημα: *η κρυμμένη μέσα τους από αιώνες ~ έκανε να λησμονούν τους όρκους και την ανεξαρτησία τους* (Καρκαβίτσας).
δουλοφροσύνη η, ουσ., φρόνημα δουλικό, δουλοπρέπεια.
δούναι και λαβείν· αρχαϊστ. έκφρ. = δοσοληψία, πάρε-δώσε.
δούρειος, -α, -ο, επίθ. (ασυνίζ.), μόνο στην έκφρ. ~ *ίππος* = 1. (αρχ.) γιγαντιαίο ξύλινο άλογο, επινόηση του Οδυσσέα, στα πλευρά του οποίου κρύφτηκαν οι Αχαιοί για να μπουν κρυφά και να καταλάβουν την Τροία. 2. (μεταφ.) μέσο που χρησιμοποιεί κανείς για να προσελκύσει και να παραπλανήσει, παγίδα, ενέδρα.
δοχειάριος και **-ρης** ο, ουσ. (ασυνίζ., δις), μοναχός υπεύθυνος για το δοχείο, την αποθήκη τροφίμων του μοναστηριού· *μονή Δοχειαρίου* (στο Άγιο Όρος).

δοχείο το, ουσ. 1. σκεύος κατασκευασμένο από οποιοδήποτε υλικό όπου μπορούμε να φυλάξουμε κάθε ουσία (συνήθως ρευστή): ~ *πήλινο / μεταλλικό / ξύλινο / πολύτιμο·* ~ *λαδιού / απορριμμάτων.* 2. αποθήκη τροφίμων σε μοναστήρι.

δράγα και **ντράγα** η, ουσ. 1. (ναυτ.) δίχτυ με το οποίο αλιεύονται όστρακα, κοράλλια, σφουγγάρια, κ.τ.ό. που βρίσκονται στο βυθό της θάλασσας. 2. βυθοκόρος (βλ. λ.), (κοιν.) φαγάνα. [ιταλ. *draga*].

δραγάτης ο, ουσ., φύλακας κήπου ή αμπελιών· (γενικά) αγροφύλακας: *να 'μουν το Μάη μπιστικός, τον Αύγουστο δραγάτης.* [ετυμ. αβέβαιη].

δραγομάνος, βλ. *δραγουμάνος.*

δραγόνος ο, ουσ. (ιστ.) Γάλλος ιππέας του 16.-19. αι. [γαλλ. *dragon*].

δραγουμανεύω, ρ., είμαι δραγουμάνος (βλ. λ.).

δραγουμάνος και **δραγομάνος** ο, ουσ., διερμηνέας· (ιστ.) *μέγας* ~ = μέγας διερμηνέας (βλ. λ.). [αραβ. *targumân* πβ. βενετ. *dragoman*].

δράκαινα η, ουσ. 1. (μυθ.) θηλ. του δράκου (βλ. λ. στη σημασ. 2): *στο δάσος ζούσε μια* ~ (συνών. *δράκισσα, λάμια*). 2. (μεταφ.) γυναίκα μοχθηρή, πολύ κακιά: *παντρεύτηκε μια* ~. 3. (ζωολ.) είδος ψαριού που το κέντημά του είναι δηλητηριώδες: *με* -*ες φτιάχνεται νόστιμη σούπα* (συνών. *δρακόνι*). 4. (βοτ.) γένος μονοκοτυλήδονων φυτών: *το πιο γνωστό είδος της* -*ας μοιάζει με φοίνικα.*

δράκισσα, βλ. *δράκος.*

δρακόνι το, ουσ. (λαϊκ.), το ψάρι «δράκαινα» (βλ. λ.).

δράκοντας ο, ουσ. (έρρ.), μυθικό τέρας που παριστάνεται γενικά με φτερά, γαμψά νύχια και ουρά μεγάλου ερπετού: ~ *τρομερός / που βγάζει φωτιές από το στόμα·* απεικόνιση του Αγίου Γεωργίου *που σκοτώνει το* -*α* (συνών. *δράκος*).

δρακόντειος, -α, -ο, επίθ. (έρρ., ασυνίζ.), υπερβολικά αυστηρός και συγχρόνως αποτελεσματικός: *νόμος* ~· -*α μέτρα ασφάλειας.* [κυρ. όν. *Δράκων*].

δρακοντιά η, ουσ. (έρρ., συνιζ.), φιδόχορτο (βλ. λ.).

δρακοντοκτονία η, ουσ. (έρρ.), θανάτωση δράκοντα: *απεικόνιση* -*ας από τον Άγιο Γεώργιο·* τα ακριτικά τραγούδια περιγράφουν -*ες από το Διγενή.*

δρακοντομαχία η, ουσ. (έρρ.), μάχη με δράκοντα ή μεταξύ δρακόντων.

δράκος ο, θηλ. (λαϊκ.) -**ισσα**, ουσ. 1. δράκοντας (βλ. λ.). 2. ανθρωπόμορφο τέρας με υπερφυσικό μέγεθος και υπεράνθρωπη δύναμη: ~ *των παραμυθιών / τρομερός / άγριος·* φρ. *τρώω σα* ~ (= με αδηφαγία). 3. (μεταφ. για άτομο που έχει διαπράξει φρικιαστικά εγκλήματα): *η αστυνομία είναι στα ίχνη του* -*ου.* 4. (ιδιωμ.) άτομο γενναίο, παλληκάρι. 5. (ιδιωμ.) αβάφτιστο αγόρι (θηλ. *δρακούλα*). - Βλ. και *δράκαινα.*

δράμα το, ουσ. 1α. (για το αρχαίο ελληνικό θέατρο) κάθε θεατρικό έργο· (μόνο στον εν.) το αντίστοιχο λογοτεχνικό είδος: *σατυρικό* ~· β. είδος θεατρικού έργου με δράση βίαιη ή θλιβερή· (γενικά) κάθε έργο με χαρακτήρα θλιβερό, παθητικό: ~ *ερωτικό / κοινωνικό / λυρικό / μουσικό* (- ύπερα) / *λειτουργικό / θρησκευτικό·* τα πρόσωπα του -*ατος·* ηθοποιός του -*ατος* (= που παίζει σε δράματα)· *συγγραφέας* -*άτων.* 2. γεγονός ή σειρά γεγονότων με χαρακτήρα βίαιο ή θλιβερό που αφορά τη ζωή κάποιου ή κάποιων ανθρώπων: ~ *οικογενειακό / «τιμής».* - Υποκορ. -**ατάκι** το στις σημασ. 1β και 2 (συνήθως υποτιμητικά).

δραματικός, -ή, -ό, επίθ. 1. που ανήκει ή αναφέρεται στο δράμα (βλ. λ. στη σημασ. 1): *τέχνη / λογοτεχνία* -*ή· έργο / είδος* -*ό· συγγραφέας / ηθοποιός* ~. 2. (μεταφ.) που προξενεί βαθιά λύπη, τραγικός, οδυνηρός: *σκηνή / κατάσταση* -*ή·* γεγονότα -*ά· εκκλήσεις δραματικές· το έργο είχε* -*ό τέλος·* η υπόθεση παρουσίασε -*ές εξελίξεις.* 3. που δείχνει βαθιά συγκίνηση: *τόνος* ~· *ύφος* -*ό· φωνή* -*ή.* 4. (ειρων.) που αποβλέπει στη δημιουργία εντυπώσεων: *χειρονομίες* -*ές* (συνών. *θεατρινίστικος*). - Επίρρ. -**ά** στις σημασ. 2 και 4.

δραματικότητα η, ουσ. 1. το να είναι κάτι δραματικό, το να προξενεί ψυχικό πόνο: ~ *έργου / κατάστασης / εκκλήσεων* (συνών. *τραγικότητα*). 2. το να δείχνει κάτι βαθιά συγκίνηση: ~ *ύφους / φωνής / χειρονομιών.*

δραματογράφος ο και η, ουσ., ο συγγραφέας δραμάτων (συνών. *δραματοποιός, δραματουργός*).

δραματολογία η, ουσ. 1. κλάδος της γραμματολογίας που ασχολείται με τα δραματικά έργα, με το θέατρο. 2. δραματουργία (βλ. λ. στη σημασ. 2).

δραματολογικός, -ή, -ό, επίθ., που ανήκει ή αναφέρεται στη δραματολογία.

δραματολόγιο το, ουσ. (ασυνίζ.), κατάλογος θεατρικών έργων που ανεβάζει ένας θίασος, ρεπερτόριο: ~ *εναλλασσόμενο.*

δραματοποίηση η, ουσ. 1. διασκευή μύθου ή κάποιας άλλης υπόθεσης σε δράμα· (ειδικά) διασκευή ενός λογοτεχνικού έργου σε δραματική μορφή για να παιχτεί στο θέατρο, τον κινηματογράφο, την τηλεόραση· (γενικά) για κάθε απόδοση ενός θέματος με δράση, κοιν. ζωντάνεμα: ~ *τραγουδιών / αφήγησης.* 2. (μεταφ.) το να παρουσιάζεται ένα γεγονός με δραματική, τραγική μορφή: ~ *της κατάστασης* (συνών. *τραγικοποίηση*).

δραματοποιία η, ουσ. (ασυνίζ.), σύνθεση δραμάτων (συνών. *δραματουργία*).

δραματοποιός ο, ουσ. (ασυνίζ.), συγγραφέας δραμάτων (συνών. *δραματογράφος, δραματουργός*).

δραματοποιώ, ρ. 1. συγγράφω δράματα (συνών. *δραματουργώ*). 2. διασκευάζω ένα λογοτεχνικό έργο ή μύθο σε δραματική μορφή για το θέατρο, τον κινηματογράφο, την τηλεόραση: *βιογραφία* -*ημένη·* τηλεοπτικά επεισόδια -*ημένα.* 3. (μεταφ.) παρουσιάζω ένα γεγονός με δραματική, τραγική μορφή: *μη* -*είς τα πράγματα* (συνών. *τραγικοποιώ*).

δραματουργία η, ουσ. 1. σύνθεση, συγγραφή δραμάτων (συνών. *δραματοποιία*). 2. θεατρική διδασκαλία (συνών. *δραματολογία*).

δραματουργικός, -ή, -ό, επίθ., που αναφέρεται στη δραματουργία: *ικανότητα* -*ή.*

δραματουργός ο και η, ουσ., δραματογράφος, δραματοποιός.

δραματουργώ, ρ. (λόγ.), δραματοποιώ (βλ. λ. στις σημασ. 1, 2).

δράμι το, ουσ. 1. (παλαιότερα) μονάδα βάρους ίση με το 1/400 της οκάς ή 3,203 γραμμάρια: *300* -*ια ζάχαρη.* 2. (μεταφ.) ελάχιστη ποσότητα: *δεν έχει* ~ *μυαλό·* ~ *κρέας δε λέει να βάλει απάνω του·* έκφρ. *ένα* ~ (= λίγο)· *ούτε* ~ (= καθόλου). [μερσ. *diram*].

Δραμινός ο, θηλ. -**ή**, ουσ., αυτός που κατοικεί στη Δράμα ή κατάγεται από εκεί.

δράνα η, ουσ., κληματαριά, κρεβατίνα. [*δράνος* το

δραπέτευση

ή<αναδενδράνα<αναδενδράδα].
δραπέτευση η, ουσ., το να δραπετεύει κανείς, απόδραση: ~ ομαδική / παράτολμη.
δραπετεύω, ρ. 1. φεύγω κρυφά από μέρος όπου είμαι κρατούμενος, φυλακισμένος: ~ από τη φυλακή· οι αιχμάλωτοι -ευσαν από το στρατόπεδο. 2. (μεταφ.) ξεφεύγω, απομακρύνομαι: θα ήθελα να -εύσω από τους θορύβους της πόλης / από τη μονοτονία της καθημερινότητας.
δραπέτης ο, θηλ. **-ισσα**, ουσ., αυτός που έχει δραπετεύσει (συνών. φυγάς).
δραπέτσι και **δραπέτι** το, ουσ. (ιδιωμ.), το πολύ δυνατό ξίδι ή και το ξινό κρασί. [αρχ. δραπέτης (οίνος)].
δράση η, ουσ. (χωρίς πληθ.· λέγε: δραστηριότητες). 1. υλική εκδήλωση της ανθρώπινης θέλησης, ενέργεια, κίνηση, κλπ., με την οποία πραγματοποιείται μια πρόθεση, ένας σκοπός: ~ διαρκής / εντατική· είμαι / βρίσκομαι σε ~· έφτασε ο καιρός για ~· μπαίνω / περνώ σε ~· ελευθερία / πεδίο -ης· Άμεση Δράση (βλ. ά. άμεσος στη σημας. 2) (συνών. πράξη, ενέργεια· αντ. αδράνεια, απραξία). 2. το να ενεργεί κανείς ώστε να παραχθεί αποτέλεσμα πάνω σε κάτι, επενέργεια που ασκεί μια φυσική ή ηθική δύναμη σε ένα σώμα: ~ φαρμάκου / δηλητηρίου / ενός υγρού καθαρισμού· μέσα -ης· προσωπική ~ (συνών. επίδραση, επενέργεια, επήρεια). 3. σύνολο από θεληματικές ενέργειες ανθρώπου, ομάδας ή συνόλου σε ορισμένο τομέα όπου επιφέρει θετική μεταβολή ή εξέλιξη των καταστάσεων: ~ αξιόλογη / κοινωνική / ομαδική / ανατρεπτική / πολιτική / πολύπλευρη· εξαίρεται η ~ του· αναπτύσσω ~· πρόγραμμα / δυνατότητες -ης· ~ κυβέρνησης / (στρατ.) αεροπορίας / ναυτικού (= πολεμικές επιχειρήσεις) (συνών. δραστηριότητα). 4. (λογοτ.) σειρά, ακολουθία γεγονότων και ενεργειών που αποτελούν την υπόθεση ενός δραματικού έργου ή αφήγησης, των οποίων η ζωηρή εναλλαγή σε συνδυασμό με την ύπαρξη (συχνά) αντιθέσεων και συγκρούσεων κρατεί αμείωτο το ενδιαφέρον των θεατών, ακροατών ή αναγνωστών: ~ συναρπαστική (συνεκδοχικά) το έργο δεν έχει ~ / παρουσιάζει ~. 5. (φυσ.) δύναμη που ασκείται από ένα σώμα πάνω σε άλλο που με τη σειρά του ασκεί στο πρώτο μια αντίδραση ίση και αντίθετη: αξίωμα / αρχή της -ης και αντίδρασης (αντ. αντίδραση).
δρασκελιά η, ουσ. (συνιζ., λαϊκ.), το μήκος του ανοίγματος των ποδιών κατά το βηματισμό, (μεγάλο) βήμα: κατέβαινε με μεγάλες -ιές· με μια ~ έφτασε στην πόρτα· (συνεκδοχικά) δυο -ιές αυλή.
δρασκελίζω και (λαϊκ.) **δρασκελώ, -άς**, ρ. Α. (αμτβ.) προχωρώ με δρασκελιές, με μεγάλα βήματα, περνώ: κόβει δρόμο -ώντας από βράχο σε βράχο. Β. (μτβ.) περνώ πάνω από κάτι ανοίγοντας τα σκέλη, με μεγάλο βήμα: ~ το κατώφλι / την πόρτα· ο ήλιος εδρασκέλα όρη και βουνά (λαϊκ. τραγ.). [διασκελίζω].
δρασκέλισμα το, ουσ., άνοιγμα των σκελών για βηματισμό· (συνεκδοχικά) βήμα, πήδημα (συνών. δρασκελιά).
δρασκελώ, βλ. δρασκελίζω.
δραστηριοποίηση η, ουσ. (ασυνίζ.), το να αναπτύσσει κάποιος δραστηριότητα σε ορισμένο τομέα: ~ παλαιού πολιτικού (αντ. αδρανοποίηση).
δραστηριοποιώ, ρ. (ασυνίζ., δις). I. (ενεργ.) κάνω κάποιον ενεργητικό, δραστήριο: -ησε τους υπαλλήλους του· II (μέσ.) αναπτύσσω δραστηριότητα: -ήθηκαν οι δυνάμεις ασφάλειας (αντ. αδρανοποιώ).
δραστήριος, -α, -ο, επίθ. (ασυνίζ.), που τον χαρακτηρίζει έντονη ενεργητικότητα, ικανός για δράση: λαός / συνδικαλιστής / επαγγελματίας ~· πνεύμα -ο (συνών. ενεργητικός· αντ. αδρανής, οκνός, νωθρός).
δραστηριότητα η, ουσ. (ασυνίζ.). 1. δυνατότητα, ικανότητα να ενεργεί κανείς, να παράγει αποτέλεσμα: ~ επαγγελματική / επιστημονική / οικονομική· αναπτύσσω ~ (αντ. αδράνεια, νωθρότητα). 2. δράση (βλ. λ. στη σημασ. 3): ~ αξιόλογη / άσκοπη / κοινωνική· επιδεικνύω ~· κέντρο -ας· δεκαήμερο γεμάτο ~. 3. (συνήθως στον πληθ.) ενέργειες που έγιναν ή πρέπει να γίνουν για να επιτευχθεί συγκεκριμένος σκοπός: -ες μαθητικές· σφαίρα / τομείς -οτήτων (συνών. απασχόληση).
δράστης ο, θηλ. **-άστρια**, ουσ., αυτός που έχει διαπράξει αξιόποινη πράξη: ~ του εγκλήματος· σύλληψη -ών· ο κύριος ~· καταζητείται ο ~ (συνών. αυτουργός, εκτελεστής).
δραστικός, -ή, -ό, επίθ., που ασκεί δράση ιδιαίτερα ενεργητική, που παράγει γρήγορο αποτέλεσμα: μέτρα -ά· συνδυασμός ~· αναδιάρθρωση -ή· μέθοδοι -ές· φάρμακο -ό (συνών. αποτελεσματικός) - Επίρρ. **-ά**.
δραστικότητα η, ουσ., το να είναι κάτι δραστικό, το να φέρνει γρήγορο αποτέλεσμα: ~ φαρμάκου / ενεργειών / μεθόδου (συνών. αποτελεσματικότητα).
δραχμή η, ουσ. 1. (αρχ.) α. νομισματική μονάδα των αρχαίων Ελλήνων που αντιστοιχούσε με δέσμη σιδερένιων ή χάλκινων οβολών και χρησιμοποιούνταν ως μέσο ανταλλαγής· β. ασημένιο αττικό νόμισμα ίσο με έξι οβολούς (και βάρος περίπου 4,366 γραμμάρια). 2. νομισματική μονάδα της σύγχρονης Ελλάδας ίση με 100 λεπτά, βάση του νομισματικού της συστήματος: νέα ισοτιμία της -ής με το δολάριο· του ~· δεν αξίζει (= καθόλου, τίποτε). 3. ~ μεταλλική = θεωρητική νομισματική μονάδα με σταθερή αξία, που περιοδικά επαναπροσδιορίζεται και που χρησιμοποιείται για την πληρωμή δασμών, προστίμων, ποινών, τελών, κλπ.: εξαγόρασε την ποινή του προς 400 μεταλλικές -ές (την ημέρα). - Υποκορ. **-ίτσα** και **-ούλα** η (στη σημασ. 2).
δραχμοποίηση η, ουσ. (οικον.) μετατροπή ξένου νομίσματος σε δραχμές: ~ συναλλάγματος.
δραχμοσυντήρητος, -η, -ο, επίθ. (ερρ.), που συντηρείται με πενιχρά οικονομικά μέσα, που έχει φτωχό εισόδημα.
δραχμούλα, βλ. δραχμή.
δρεπανηφόρος, -ος, -ο, επίθ. (αρχ., για άρμα) που είναι οπλισμένο με δρέπανα: εδώ διαβαίνουν και θερίζουν / χιλιάδες άρματα -α (Σεφέρης).
δρεπάνι το, ουσ., εργαλείο που αποτελείται από μια μακριά σχεδόν ημικυκλική λεπίδα στερεωμένη σε ξύλινη (κοντή ή μακριά) λαβή και χρησιμοποιείται για το θέρισμα χόρτων ή δημητριακών: ~ ακονισμένο / κοφτερό· (μεταφ.) το ~ του Χάρου.
δρεπανιά η, ουσ. (συνιζ.). 1. χτύπημα με δρεπάνι. 2. ποσότητα χόρτων ή σιτηρών που μπορεί να κοπεί με ένα χτύπημα δρεπανιού.
δρεπανίζω, ρ., θερίζω με δρεπάνι.

δρεπάνισμα το, ουσ., θέρισμα που γίνεται με δρεπάνι.
δρέπανο το, ουσ. 1. δρεπάνι (βλ. λ.)· (μεταφ.) ~ του φεγγαριού (Βαλαωρίτης). 2. (ανατομ.) υμενώδης πτυχή του στόματος με σχήμα δρεπάνου.
δρεπανοειδής, -ής, -ές, γεν. -ούς, πληθ. αρσ. και θηλ. -είς, ουδ. -ή, επίθ., που έχει σχήμα δρεπάνου: αιμοσφαίρια -ή· κόσμημα -ές (συνών. δρεπανωτός, τοξοειδής, ημικυκλικός, καμπύλος).
δρεπανωτός, -ή, ό, δρεπανοειδής (βλ. λ.).
δρέπω, ρ. (λόγ.). 1. (για καρπούς και φυτά) μαζεύω, συλλέγω κόβοντας. 2. (μεταφ.) απολαμβάνω, αποκομίζω: φρ. ~ δάφνες (= θριαμβεύω) / δόξα (= δοξάζομαι) / τους καρπούς των μόχθων μου (= αμείβομαι).
δρίμες οι και (ιδιωμ.) **δρίματα** τα, ουσ., οι έξι (ή δώδεκα) πρώτες μέρες του Αυγούστου, δυσοίωνες κατά τη λαϊκή δοξασία, κατά τις οποίες πρέπει να αποφεύγεται το πλύσιμο των ρούχων για να μη σχιστούν, καθώς και το λούσιμο και το κολύμπι για να μην πάθει η υγεία (συνών. μερομήνια). [παλαιότερο δρίμαι = κρύο<επίθ. δριμύς].
δριμύς, -εία, -ύ, επίθ. (λόγ., συνήθως στο αρσ.). 1. που γίνεται έντονα ή δυσάρεστα αισθητός: γεύση -εία (= καυστική)· πόνος ~ (= οξύς, διαπεραστικός, σουβλερός)· χειμώνας ~(= βαρύς, άγριος). 2. (μεταφ. για λόγο) που είναι δηκτικός, καυστικός ή πειρακτικός: του έκανε -ύτατες παρατηρήσεις· ύφος -ύ.
δριμύτητα η, ουσ. 1. το να είναι κάτι δριμύ, το να γίνεται έντονα ή δυσάρεστα αισθητό: ~ γεύσης (= καυστικότητα) / πόνου (= οξύτητα) / κρύου / χειμώνα (= σφοδρότητα). 2. (μεταφ.) δηκτικότητα· αυστηρότητα: ~ λόγων / παρατηρήσεων / ύφους.
δρόλαπας ο, ουσ. (λαϊκ.), δρολάπι (βλ. λ.): ξερά φύλλα που τα παίρνει ο ~ (Κόντογλου).
δρολάπι το, ουσ. (λαϊκ.), ραγδαία βροχή με δυνατό άνεμο, καταιγίδα: νερό ταραγμένο από το ~ (Κόντογλου) (συνών. ανεμοβρόχι, ανεμόβροχο). [<*υδρολαιλάπιον, υποκορ. του *υδρολαίλαψ].
δρομάδα η, ουσ. (ζωολ.) είδος καμήλας με έναν μόνο ύβο, ονομαστή για την ταχύτητά της, που χρησιμοποιείται ως υποζύγιο και ως μεταφορικό μέσο στις ερήμους της Αφρικής και της Αραβίας. [παλαιότερο δρομάς].
δρομάκι, δρομάκος, βλ. δρόμος.
δρομέας ο, πληθ. -είς ουσ. 1. αθλητής που παίρνει μέρος σε αγώνες δρόμου: ~ γρήγορος / ακούραστος· ~ μεσαίων / μεγάλων αποστάσεων. 2. (ζωολ. στον πληθ.) γένος πτηνών που δεν μπορούν να πετάξουν εξαιτίας της ατροφίας των φτερών και των πτητικών μυών τους, με ανεπτυγμένη όμως ικανότητα για πολύ γρήγορο βάδισμα: η στρουθοκάμηλος ανήκει στους -είς.
δρομολόγηση η, ουσ. 1. καθορισμός της πορείας, της διαδρομής που πρέπει να ακολουθήσει ένα μέσο συγκοινωνίας: ~ πλοίου. 2. (μεταφ.) καθορισμός προγράμματος, προσδιορισμός μελλοντικής τακτικής για τη διευθέτηση ενός θέματος, εφαρμογή: ~ διαδικασιών / εξελίξεων / κατασκευών.
δρομολόγιο το, ουσ. (ασυνίζ.). 1. η πορεία που ακολουθεί ή που πρέπει να ακολουθήσει κάποιος για να μεταβεί από έναν τόπο σε άλλο: ~ έκτακτο / τακτικό / θερινό· ακολουθώ ~. ~ πλοίου. 2. κατάλογος τόπων, σταθμεύσεων, αποστάσεων και αφίξεων, κλπ. που αφορούν μια ορισμένη διαδρομή: -α σιδηροδρόμων / αστικών συγκοινωνιών / εκδρομών. 3. (μεταφ.) προκαθορισμένος τρόπος ενέργειας για κάτι, πρόγραμμα, σχέδιο.
δρομολογώ, -είς, ρ. 1. καθορίζω την πορεία, τη διαδρομή που πρέπει να ακολουθήσει ένα μέσο συγκοινωνίας: -ήθηκε ένα νέο πλοίο στη γραμμή Πειραιά-Κρήτης. 2. (μεταφ.) καθορίζω το πρόγραμμα, προσδιορίζω το μελλοντικό τρόπο ενέργειας για τη διευθέτηση ενός θέματος, βάζω σε εφαρμογή: ~ πρόγραμμα / σχέδιο· -ήθηκε η διαδικασία για να προχωρήσει η υπόθεση.
δρομομέτρηση η, ουσ., μέτρηση της ταχύτητας των πλοίων με δρομόμετρο (βλ. λ.).
δρομόμετρο το, ουσ., όργανο με το οποίο μετρούν την ταχύτητα πλοίων.
δρομομετρώ, -είς, ρ., μετρώ την ταχύτητα των πλοίων με δρομόμετρο (βλ. λ.).
δρόμος ο, ουσ. 1. λωρίδα εδάφους κατάλληλα κατασκευασμένη για να χρησιμοποιείται από πεζούς και οχήματα κατά τις μετακινήσεις από ένα μέρος σε άλλο: ~ απόκεντρος / κατηφορικός / απότομος / δημόσιος / ιδιωτικός / εθνικός / επαρχιακός / επικίνδυνος / ίσιος / τυφλός (= αδιέξοδος)· επίστρωση / χάραξη -ου· περνώ / διασχίζω το -ο· δόθηκε ο νέος ~ στην κυκλοφορία· ο ~ οδηγεί / βγάζει / πάει στο...· στη μέση του -ου (συνών. οδός, ατραπός, στράτα, δημοσιά). 2. (συνεκδοχικά) γρήγορη μετακίνηση, τρέξιμο: λαχάνιασα απ' το -ο. 3. (γενικά) πορεία, πηγαιμός: ~ ατέλειωτος· οι -οι των αστεριών / πλανητών (= τροχιές). 4. (συνεκδοχικά) το διάστημα που μπορεί κανείς να διανύσει σε ορισμένο χρόνο: ~ δύο ωρών / ημερών· κάναμε όλο το ~ με τα πόδια (συνών. απόσταση, διαδρομή). 5. διαδρομή, δρομολόγιο, γύρος: έκανε πολλούς -ους για να μεταφέρει τα πράγματα. 6. το να περνά κανείς ανάμεσα από κάποιους ή κάτι: άνοιγε -ο με δυσκολία ανάμεσα στο πλήθος (συνών. διάβαση, δίοδος, πέρασμα). 7. κατεύθυνση: ποιο -ο πήρες; ρωτώ / δείχνω το -ο· ξέρω το -ο· άλλαξε -ο. 8. η διάρκεια μιας πορείας: θα στο τα πω στο -ο· μας έπιασε λάστιχο στο -ο (συνών. πηγαιμός). 9. (μεταφ.) τρόπος ζωής, συμπεριφορά που μπορεί κάποιος να ακολουθήσει, σειρά ενεργειών που οδηγεί στην πραγμάτωση συγκεκριμένων στόχων: παίρνω (τον) στραβό / ίσιο / κακό -ο· ακολούθησε το -ο των γονιών του· ο ~ προς τη δόξα· ανοίγω / χαράζω -ο (= επιχειρώ κάτι πρώτος και με μιμούνται άλλοι)· η δουλειά πήρε το -ο της (= βρίσκεται σε εξέλιξη)· οι -οι μας είναι παράλληλοι / συναντιούνται· επιτέλους βρήκε το -ο της· (θρησκ.) ο ~ του Θεού / της σωτηρίας / της απώλειας. 10. (αθλητ.) αγώνισμα ταχύτητας και αντοχής: αγώνας / αθλητής -ου· ~ αντοχής / μετ' εμποδίων / μαραθώνιος / ταχύτητας (συνών. τρέξιμο). Έκφρ. άνθρωπος / παιδί του -ου (= αλήτης)· γυναίκα του -ου (= πόρνη)· (ως επιφών.) -ο! (= να φύγεις αμέσως!). Φρ. γυρίζει στους -ους (= αλητεύει)· δίνω -ο (σε κάποιον) (= τον διώχνω)· (σε παραμύθια) -ο παίρνει, -ο αφήνει (= προχωρεί συνέχεια)· μένω (ή αφήνω κάποιον) στους πέντε -ους (= μένω άστεγος και απροστάτευτος ή αφήνω κάποιον χωρίς στέγη και προστασία)· κόβω -ο (= λιγυυ τεύω τη διαδρομή)· παίρνω -ο (= φεύγω)· πάρε -ο! παίρνω τους -ους (= περιπλανιέμαι, γυρίζω εδώ κι εκεί)· τραβώ το -ο μου (= προχωρώ στο έργο μου, στο σκοπό μου). - Υποκορ. (στη σημασ. 1) **-άκι** το, **-άκος** ο.

δροσάτος, -η, -ο, επίθ., που είναι γεμάτος δροσιά, δροσερός: *αεράκι / πρωινό -ο· τα -α κύματα σκεπάζουνε με γλυκιά βουή* (Κόντογλου)· (μεταφ.) *στόμα -ο· χείλια -α· της αυγής το -ο ύστερο αστέρι* (Σολωμός).
δροσερά, βλ. *δροσερός.*
δροσεράδα η, ουσ. (λαϊκ.). **1.** δροσιά (βλ. λ. στη σημασ. 2). **2.** (μεταφ.) θαλερότητα, φρεσκάδα: ~ *καρδιάς.*
δροσερεύω, ρ. (λαϊκ.). **1.** (μτβ., σπανίως) κάνω κάτι δροσερό: ~ *το νερό.* **2.** (αμτβ.) γίνομαι δροσερός, μέτρια και ευχάριστα ψυχρός: *οι νύχτες άρχισαν να -ουν* (τριτοπρόσ. για τον καιρό) *μετά το μεσημέρι -εψε* (συνών. *δροσίζει* αντ. *ζεσταίνει).*
δροσερός, -ή, -ό, επίθ. **1.** που διατηρεί τη φυσική του υγρασία, σχετικά υγρός, ευχάριστα ψυχρός: *χορτάρι -ό* (συνών. *χλωρό)· φρούτο -ό* (= *νωπό)· αέρας / καιρός ~· κρασί -ό κι όχι παγωμένο· δωμάτιο -ό* (αντ. *ξερός, ζεστός).* **2.** (μεταφ.) **α.** που έχει ή διατηρεί τη λάμψη και τη ζωτικότητά του: *κοπέλα -ή* (= *γεμάτη υγεία και ζωή)· πρόσωπο -ό· μας ήρθε ~ πρωί πρωί* (συνών. *φρέσκος, θαλερός* αντ. *μαραμένος, κομμένος)·* **β.** που δίνει μια αίσθηση καθαρότητας, ζωτικότητας, υγείας, χαράς: *αναπνοή -ή· άρωμα / γέλιο -ό* (συνών. *φρέσκος).*
- Υποκορ. **-ούτσικος.** - Επίρρ. **-ά.**
δροσιά η, ουσ. (συνιζ.). **1.** μικρές σταγόνες νερού που σχηματίζονται τη νύχτα πάνω στο έδαφος, στη βλάστηση, κ.α., από τη συμπύκνωση των υδρατμών του αέρα: ~ *ανοιξιάτικη / αστραφτερή / πρωινή· πέφτει ~.* **2.** η ιδιότητα του δροσερού ή του δροσιστικού: ~ *του δωματίου* (συνών. *δροσεράδα)·* φρ. (ευχετ., από έναν που ξεδίψασε προς εκείνον που του έδωσε νερό) *τη ~ του να 'χεις!* **3.** μέτρια και ευχάριστα ψυχρή θερμοκρασία ή ατμόσφαιρα: *βγήκα να πάρω λίγη ~· υπόγειο με ευχάριστη ~· το βραδάκι κάνει ~·* (για σκιερό τόπο) *στη ~ των πλατάνων·* (για δροσερό αέρα) ~ *απογευματινή / πελαγίσια* (αντ. *ζέστα).* **4.** (μεταφ.) το να έχει ή να διατηρεί κανείς τη λάμψη, τη ζωτικότητά του: *η της νιότης.* - Υποκορ. **-ούλα** η (στις σημασ. 2 και 3).
δροσίζω, ρ. **1.** (μτβ.) ραντίζω με δροσιά, με δροσερό νερό: *η βροχή -ισε τα χορτάρια· -ισα το πρόσωπό μου.* **2.** (μτβ.) κάνω κάτι δροσερό: *άνοιξα την πόρτα να -ίσω το δωμάτιο·* (αμτβ.) *μες στο νερό το καρπούζι -ισε* (= *έγινε δροσερό).* **3.** (μτβ., συνήθως για ξεδίψαμα) δημιουργώ την αίσθηση ελαφριάς και ευχάριστης ψυχρότητας: *το κρασί με -ισε· θέλω κάτι να -ίσω το στόμα μου·* (μεσ.) *ήπια κάτι να -ιστώ· οι Αθηναίοι ξεχύθηκαν στις ακτές μήπως -ιστούν.* **4.** (μεταφ.) δίνω σε κάποιον ευχαρίστηση, ικανοποίηση: *τα νέα σου με -ισαν·* (μέσ.) *-ίστηκε η ψυχή μου* (= *ευχαριστήθηκα).* **5.** (αμτβ., τριτοπρόσ.) γίνομαι δροσερός, μέτρια και ευχάριστα ψυχρός: *ο καιρός -ισε· -ισαν οι μέρες·* (απρόσ., για τον καιρό) *θα ξεκινήσουμε όταν -ίσει* (συνών. *δροσερεύω* αντ. *ζεσταίνω).*
δροσιό (συνιζ.) και (ιδιωμ., λογοτ.) **δροσό** το, ουσ., δροσιά: (για σκιερό τόπο) *κάθομαι στο ~·* (για την ώρα του δειλινού) *είχαν πάρει με το -σό τη γιδόστρατα.*
δρόσισμα το, ουσ. **1.** ράντισμα με δροσερό νερό, φρεσκάρισμα: *τα λουλούδια του κήπου χρειάζονται ~.* **2.** το να γίνεται κάτι ελαφρά και ευχάριστα ψυχρό: ~ *του καιρού.*
δροσιστικός, -ή, -ό, επίθ., που δροσίζει: *αύρα -ή· ποτό -ό* (= *αναψυκτικό).*
δροσίτης ο, ουσ., ψάρι που μοιάζει με το γαλέο, τρέφεται με όστρακα και μαλάκια και αφθονεί στις ελληνικές θάλασσες.
δροσό, βλ. *δροσιό.*
δροσολογώ, -άς, ρ. (λογοτ.), ραντίζω με δροσιά, δροσίζω: *χίλιες βρύσες το λαγκάδι / το ξερό -ούν* (Βαλαωρίτης).
δροσολουσμένος, -η, -ο, επίθ. (λαϊκ., λογοτ.), γεμάτος σταγόνες δροσιάς, πολύ δροσερός: *έπαιξε ο ήλιος... με τα -α φύλλα* (Βλαχογιάννης) (συνών. *δροσόλουστος).*
δροσόλουστος, -η, -ο, επίθ. (λαϊκ.), δροσολουσμένος (βλ. λ.): *ακρογιάλια -α.*
δροσόπαγο το, ουσ. (λογοτ.), παγωμένη δροσιά: *είχανε σεντόνι / τη νύχτα το ~, προσκέφαλο το χιόνι* (Βαλαωρίτης).
δροσοπέταλο το, ουσ. (λογοτ.), δροσερό, τρυφερό πέταλο λουλουδιού: *έγειρα στα νιοθέριστα τα -ά τους* (Παλαμάς).
δροσοπηγή η, ουσ. (λογοτ.), πηγή με δροσερό νερό: *ρωτώ... / τις γάργαρες -ές, το πράσινο χορτάρι* (Αθάνας).
δροσός ο, ουσ. (λαϊκ.), δροσιά.
δροσοσταλιά (συνιζ.) και **δροσοσταλίδα** η, ουσ. (λαϊκ., λογοτ.), σταγόνα δροσιάς: *δάκρυα σαν -ίδες· τ' άνθια ποτίζονται -ίδες* (Παλαμάς).
δροσούλα, βλ. *δροσιά.*
Δροσουλίτες οι, ουσ. (λαογρ.) ανθρώπινες σκιές που φαίνονται στην πεδιάδα Φραγκοκάστελλου (Σφακιά Κρήτης) την ώρα της πρωινής δροσιάς (τέλη Μαΐου) και πιστεύεται ότι ανήκουν σε στρατιώτες που σκοτώθηκαν άλλοτε εκεί (μορφή αντικατοπτρισμού).
δρουγγάριος (ασυνίζ.) και **δρουγγάρης** ο, ουσ. (έρρ.), (ιστ.) ανώτερος ή ανώτατος αξιωματικός του στρατού ή του ναυτικού των Βυζαντινών, κάποτε και με δικαστικές αρμοδιότητες. [λατ. *drungarius*].
δρυ το, βλ. *δρυς* στη σημασ. 2.
δρύινος, -η, -ο, επίθ., φτιαγμένος από ξύλο βελανιδιάς: *πόρτα / βιβλιοθήκη -η.*
δρυμός ο, ουσ. (λόγ.), δάσος πυκνό και συνήθως με μεγάλα δέντρα· έκφρ. *εθνικός ~* (= δασώδης περιοχή που προστατεύεται με νόμο).
δρυοκολάπτης ο, ουσ. (ζωολ.) ονομασία αναρριχητικών πουλιών του δάσους που τρέφονται με έντομα και κάμπιες που τα βγάζουν από το φλοιό των δέντρων χτυπώντας με το κωνικό τους ράμφος (κοιν. *τσικλιτάρα).*
δρυός πεσούσης πας ανήρ ξυλεύεται· αρχαϊστ. φρ. = όταν κάποιος ισχυρός χάσει τη δύναμή του, όλοι σπεύδουν να επωφεληθούν.
δρυς η, πληθ. *δρύες,* ουσ. **1.** (βοτ.) γένος αγγειοσπέρμων φυτών που περιλαμβάνει πολλά είδη δέντρων και θάμνων (όπως λ.χ. *βελανιδιά, πουρνάρι, ρουπάκι).* **2.** (κοιν., με ιδιωμ. τ. *δρυ* το) η βελανιδιά (συνών. *δέντρο).*
δρύφρακτο και **δρύφακτο** το, ουσ. (λόγ.), ξύλινο κιγκλίδωμα που διαχωρίζει ένα χώρο (συνών. *κάγκελο).*
δρω, ρ., αόρ. *έδρασα* (συνηθέστερα στον αόρ.), πραγματοποιώ έργο (καλό ή κακό), αναπτύσσω δράση, ενεργώ: ~ *επιστημονικά / παράνομα· έδρασε ως οπλαρχηγός.*
δρώμενο το, ουσ. (συνηθέστερα στον πληθ.), (εθνογρ., λαογρ.) σύνολο από ενέργειες (λ.χ. χο-

ρό, τραγούδι, παντομίμα) με ιερό χαρακτήρα που εκτελούνται αυτόνομα ή εντάσσονται σε μια πιο σύνθετη μαγική ή θρησκευτική τελετουργία και έχουν σκοπό να προκαλέσουν τη δράση αόρατης δύναμης για ένα σκοπό: ~ γονιμικό / προγονολατρικό· -α μαγικά / θρησκευτικά / λαϊκά.

δρώπικας ο, ουσ. (ιδιωμ.), υδρωπικία (βλ. λ.).

δρωπικία η, ουσ. (ιδιωμ.), βλ. υδρωπικία.

δρωπικιάζω, ρ. (συνιζ., ιδιωμ.), παθαίνω υδρωπικία: -ιασε πια.

δρωπικιάρης, -α, -ικο, επίθ. (συνιζ., ιδιωμ.), που προσβλήθηκε από υδρωπικία.

δρωτσίλα η, ουσ. (λαϊκ.), δερματική πάθηση με εξανθήματα από τον ιδρώτα κατά τους καλοκαιρινούς μήνες.

δυάδα η, αριθμ. (ασυνίζ.), δύο πρόσωπα ή δύο όμοια πράγματα θεωρούμενα ως σύνολο: *οι μαθητές παρατάχθηκαν σε -ες* (συνών. *ζεύγος*).

δυαδικός, -ή, -ό, επίθ. (ασυνίζ.). 1. που αποτελείται από δύο μέρη: (οικον.) *οικονομία -ή* (όπου συνυπάρχουν σύγχρονος και παραδοσιακός τομέας)· (ιστ., για την Αυστροουγγαρία από το 1867 ως το 1918) *μοναρχία -ή*. 2. (μαθημ.) που έχει για βάση τον αριθμό δύο, τη δυάδα: *σύστημα αρίθμησης -ό* (= που χρησιμοποιεί μόνο δύο σύμβολα, το 0 και το 1).

δυαδισμός ο, ουσ. (ασυνίζ.), (θρησκ., φιλοσ.), θεωρία που παραδέχεται ότι στον κόσμο υπάρχουν δύο βυσικά και σταθερά αντίθετες ουσίες, αρχές ή δυνάμεις (λ.χ. *καλό-κακό, πνεύμα-σώμα, ζωή-θάνατος*) που εξηγούν ή καθορίζουν ό,τι υπάρχει (συνών. *διαρχία, δυϊσμός*).

δυάρα η, ουσ. (συνιζ., λαϊκ.). 1. (παλαιότερα) χάλκινο δίλεπτο Γεωργίου Α΄· σήμερα μόνο στις φρ. *δε δίνω ~ (τσακιστή)* (= αδιαφορώ εντελώς)· *δεν αξίζει ~* (= δεν έχει καμιά αξία). 2. (για ποδοσφαιρικό αγώνα) δύο τέρματα: *φάγαμε μια ~* (= χάσαμε 2-0). 3. (στον πληθ., για παιχνίδι με ζάρια, συνήθως τάβλι) το να εμφανιστεί ο αριθμός δύο και στα δύο ζάρια: *φέρνω / θέλω -ες* (συνών. *διπλές*).

δυάρι το, ουσ. (ασυνίζ. και συνιζ., λαϊκ.). 1. ο αριθμός 2: (για βαθμολογία) *πήρα στο διαγώνισμα ένα ~*· (για τραπουλόχαρτο) *ρίχνω το ~*· (ως σύμβολο στα προγνωστικά ποδοσφαιρικών αγώνων) *το χτεσινό δελτίο δεν είχε κανένα ~* (= διπλό· βλ. και ά. *δύο*). 2. διαμέρισμα με δύο κύρια δωμάτια.

δυϊκός, επίθ. αρσ. (γραμμ.) *αριθμός ~* = αριθμός των κλιτών μερών του λόγου που χρησιμοποιείται σε μερικές γλώσσες (αρχαία ελληνική, λατινική, αραβική, κ.ά.) για να δηλώσει δύο πρόσωπα ή δύο πράγματα.

δυϊσμός ο, ουσ. (θρησκ., φιλοσ.) δυαδισμός (βλ. λ.).

δυναμάρι το, ουσ. (ιδιωμ.), αυτό που ενισχύει τη στερεότητα, την αντοχή ή την ευστάθεια ενός πράγματος: *η σκεπή θέλει ένα ~*.

δυνάμει, επίρρ. (λόγ.). 1. (νομ.) σύμφωνα με όσα επιβάλλει ή επιτρέπει (ένας νόμος, κ.τ.ό.): *διορίστηκε ~ του τελευταίου προεδρικού διατάγματος· ~ συμβολαίου / δικαιώματος*. 2. (φιλοσ., κοιν.) με την κατάσταση να υπάρχει, να γίνει ή να ενεργεί (αντίθετα προς την εκδήλωση της ύπαρξης ή της ενέργειας): *παρά την απουσία του μεγάλου έργου ο Χ αποτελεί ~ τον καλύτερο εκφραστή του λογοτεχνικού κινήματος*.

δύναμη η, ουσ. 1. το να διαθέτει κανείς ή κάτι τα φυσικά, επίκτητα ή περιστασιακά μέσα που του επιτρέπουν να πραγματοποιήσει μια ενέργεια, η ικανότητα να εκτελέσει μια πράξη: *~ δημιουργική / σωματική* (συνών. *ρώμη*)· *~ του λόγου / εκφραστική*· *η αγοραστική ~ του κοινού·* δεν είχε τη *~ να αντισταθεί·* τροφές που δίνουν *~· έβαλα ~ για να το σηκώσω· φώναζα μ' όλη μου τη ~·* (στον πληθ.) *άτομο με υπερφυσικές -εις· χάνω / αναλαμβάνω τις -εις μου·* τα κατάφερα μόνο με τις δικές μου *-εις·* (για την οικονομική δυνατότητα) *το ενοίκιο ξεπερνά τις -εις μου* (αντ. *αδυναμία, ασθένεια, ατονία*). 2. το να μπορεί κανείς ή κάτι να κατορθώνει πολλά, να επηρεάζει πρόσωπα και καταστάσεις ή να ασκεί εξουσία πάνω σ' αυτά: *~ νοητική / ηθική / ψυχική* (συνών. *σθένος*)· η απεριόριστη *~ του Θεού·* *~ (του) χαρακτήρα* (= αποφασιστικότητα, θέληση)· *παίρνω ~ από το παράδειγμά σου* (συνών. *κουράγιο*)· (στον πληθ. συνεκδοχικά για πρόσωπα) *οι πνευματικές -εις του τόπου* (συνών. *δυναμικό*)· (απόλ.) *επίδειξη -ης· δίψα / θέληση για ~* (= επιθυμία να εξουσιάζει κανείς τους άλλους). 3. για κάτι που θεωρείται δύσκολο να αντιμετωπιστεί: *η ~ της συνήθειας / του χρήματος*. 4. το να ενεργεί κάτι γρήγορα ή έντονα, το να προκαλεί αισθητά αποτελέσματα: *~ του φαρμάκου* (= δραστικότητα) */ της προσευχής* (= αποτελεσματικότητα) */ μιας ιδέας·* η *~ της σύγκρουσης / του ανέμου / του ποταμού·* τον χτύπησε με *~* (συνών. *ένταση, σφοδρότητα, ορμή*). 5. ικανότητα ενός πράγματος να προβάλλει αντίσταση: *~ ενός φράγματος* (συνών. *στερεότητα, αντοχή*). 6. το δικαίωμα ή η άδεια να κάνει κάποιος κάτι, η ικανότητα προσώπου ή ομάδας να επηρεάζουν την πολιτική ζωή ενός συνόλου: *το νέο σύνταγμα περιόρισε τη ~ του Προέδρου·* η *~ της Εκκλησίας / ενός κόμματος·* (συνεκδοχικά για κόμμα, παράταξη) *οι πολιτικές -εις στην Ελλάδα·* (συνεκδοχικά για αριθμό οπαδών, ψήφων) *το κόμμα αύξησε / διατήρησε τη -ή του* (πβ. και σημασ. 9). 7. (για νόμο) υποχρεωτικός χαρακτήρας: *Ο νόμος δεν έχει αναδρομική ~* (αστ. κώδ.) (συνών. *ισχύς*). 8. κυρίαρχο κράτος (όταν είναι ισχυρό): *η Αγγλία ήταν θαλάσσια ~* (ιστ.) *οι Μεγάλες Δυνάμεις επιδιώκουν να καθορίζουν τις τύχες των μικρών κρατών*. 9. αριθμός, σύνολο μελών: η *~ της ελληνικής εμπορικής ναυτιλίας·* (για τον αριθμό των ανδρών μιας στρατιωτικής μονάδας) η *~ του λόχου·* *διαγράφομαι από τη ~ των οπλιτών του τάγματος* (= παίρνω μετάθεση ή απολύομαι). 10. σύνολο προσώπων και μέσων που εξυπηρετούν ένα στρατιωτικό σκοπό, έμψυχο και άψυχο πολεμικό υλικό: *~ αεροπορική / ναυτική / κρούσης·* (συνηθέστερα στον πληθ.) *οι στρατιωτικές -εις των αντιπάλων· -εις εφεδρικές· ισορροπία -εων*. 11. (οικον., συνήθως στον πληθ.) το σύνολο των προσώπων και των μέσων που διαθέτονται για να παραχθεί ένα έργο: *~ εργατική· -εις παραγωγικές μιας χώρας* (δηλ. μηχανήματα, πρώτες ύλες και εργαζόμενοι). 12α. για κάτι αφηρημένο και απροσδιόριστο που ασκεί έντονη επίδραση: *πίστευε σε μια ανώτερη ~· -εις σκοτεινές* (κοιν.) *θεωρούσε την ανατροπή του έργου των «σκοτεινών -εων»* β. η δυνατότητα να επενεργεί κάτι με μυστηριακό τρόπο (σε κάποιον ή κάτι). *μυστική ~ των αριθμών· μαγική ~ των άστρων* (συνών. *επίδραση*). 13. (θρησκ.) α. αόρατες και υπερφυσικές υποστάσεις που υπηρετούν το Θεό: *-εις αγγελικές* (κοιν.) επιφ. *Κύριε των -εων!* (για

δήλωση έκπληξης και θαυμασμού)· **β.** *Δυνάμεις* = ονομασία αγγελικού τάγματος. **14.** (φυσ.) φυσική ιδιότητα μιας ουσίας, ενός στοιχείου, ενός σώματος (υπό ορισμένες συνθήκες): ~ *θερμαντική / απορροφητική / διαβρωτική* (του νερού) / *μεγεθυντική* (ενός φακού)· ~ *του ατμού / της βαρύτητας.* **15.** (φυσ.) αιτία φυσικής ενέργειας, ό,τι παράγεται όταν η μάζα αποκτήσει επιτάχυνση ή ό,τι προκαλεί σε ένα σώμα επιτάχυνση όταν ενεργήσει σ' αυτό: ~ *της αδράνειας·* ~ *ηλεκτρική / μαγνητική* = ελκτική ή απωστική αλληλεπίδραση ανάμεσα σε σώματα ή σωματίδια με ηλεκτρικό φορτίο. **16.** (μαθημ.) γινόμενο του πολλαπλασιασμού ενός αριθμού επί τον εαυτό του: *υψώνω* (έναν αριθμό) *στη δεύτερη / τρίτη* ~ (= στο τετράγωνο, στον κύβο)· *νιοστή* ~ *του α* (= *α^ν*). **17.** έκφρ. *το κατά* ~ (= ό,τι είναι κατορθωτό).
δυναμικά, βλ. *δυναμικός.*
δυναμική η, ουσ. **1.** (φυσ.) τμήμα της μηχανικής που ασχολείται με την κίνηση των σωμάτων σε σχέση με τις δυνάμεις που την προκαλούν. **2.** (μεταφ.) σύνολο δυνάμεων που οδηγούν στην πραγματοποίηση ενός σκοπού, που έχουν στόχο την πρόοδο: ~ *της ευρωπαϊκής ιδέας.* **3.** (κοινων.) ~ *κοινωνική* = κλάδος της κοινωνιολογίας που μελετά την εξέλιξη των γεγονότων, την πρόοδο της κοινωνίας.
δυναμικό το, ουσ. **1.** (φυσ.) ~ *ηλεκτρικό* = το φυσικό μέγεθος που δηλώνει πόση από την ενέργεια ενός ηλεκτρικού πεδίου συνδέεται με κάθε σημείο του: *διαφορά -ού μεταξύ δύο σημείων αγωγού / στα άκρα ενός αγωγού* (= η αιτία που προκαλεί το ηλεκτρικό ρεύμα στον αγωγό· συνών. *τάση*)· *μονάδα διαφοράς -ού* (= *βολτ*, βλ. λ.). **2.** ικανότητα παραγωγής έργου: ~ *ενεργειακό / βιομηχανικό / οικονομικό·* (συνεκδοχικά για πρόσωπα) ~ *εργατικό* (= οι εργαζόμενοι) / *ανθρώπινο* (μιας τράπεζας) / *πνευματικό* (μιας χώρας) (συνών. *δύναμη*).
δυναμικός, -ή, -ό, επίθ. **1.** που έχει δύναμη, που μπορεί πολλά να καταφέρει: *επιχειρηματίας / πολιτικός / χαρακτήρας·* ~ *το ζήτημα λύθηκε με τη -ή παρέμβαση του πρωθυπουργού* (συνών. *ισχυρός, δραστήριος, αποφασιστικός·* αντ. *ανίσχυρος, υποτονικός*). **2.** που γίνεται, που προκαλείται με τη χρήση δύναμης, με την άσκηση βίας: -*ή επέμβαση της αστυνομίας· μέσα -ά* (συνών. *βίαιος*). **3.** (φυσ.) *ηλεκτρισμός* ~ = το ηλεκτρικό ρεύμα (αντ. *στατικός*). **4.** (οικον.) που αναφέρεται στη μελέτη των οικονομικών φαινομένων μέσα στο χρόνο και σε σχέση με τις αιτίες και τα αποτελέσματά τους: *ανάλυση -ή* (αντ. *στατικός*). **5.** (γραμμ.) *τονισμός* ~ = που τον χαρακτηρίζει η αύξηση της έντασης της φωνής στη συλλαβή που τονίζεται (όπως στα νέα ελληνικά) (αντ. *μουσικός*). - Επίρρ. -**ά.**
δυναμικότητα η, ουσ. **1.** (σπανίως) το να είναι κανείς δυναμικός: *θαύμαζα τη* ~ *του χαρακτήρα του* (συνών. *δυναμισμός·* αντ. *αδυναμία*). **2.** το ανώτερο σημείο που μπορεί να φτάσει η δύναμη κάποιου: ~ *απεριόριστη·* (οικον.) ~ *παραγωγική* = η ανώτατη ικανότητα παραγωγής μιας επιχείρησης, μιας οικονομίας σε ορισμένο χρόνο· (συνεκδοχικά) *ξενοδοχείο με* ~ *χιλίων κλινών.*
δυναμισμός ο, ουσ. **1.** το να είναι κανείς δυναμικός, το να δείχνει ζήλο, αποφασιστικότητα, ικανότητα για δράση: *βλέμμα γεμάτο -ό· νέος με -ό* (συνών. *δυναμικότητα, ενεργητικότητα·* αντ. *απά-*

θεια, υποτονικότητα). **2.** δυναμικότητα (βλ. λ. 2): *ο* ~ *του κλάδου της υφαντουργίας / της ελληνικής οικονομίας.* **3.** (φιλοσ.) δυναμοκρατία (βλ. λ.).
δυναμίτης ο, ουσ. **1.** ισχυρή εκρηκτική ύλη με βάση τη σύνθεσή της τη νιτρογλυκερίνη: *ανάβω το φιτίλι του -η· ψαρεύει με -η* (συνών. *δυναμίτιδα*). **2.** (μεταφ.) για κάποιον ή κάτι που ξαφνικά προκαλεί ζωηρά, έντονα αισθήματα: *μου σέρβιραν ένα κοκτέιλ σωστό -η.*
δυναμίτιδα η, ουσ., δυναμίτης (βλ. λ. 1): *έκρηξη / παραγωγή -ας.*
δυναμιτίζω, ρ. **1.** (σπανιότερα) ανατινάζω με δυναμίτη: ~ *μια γέφυρα.* **2.** (συνηθέστερα μεταφ.) επιχειρώ (συνήθως με προκλητικές ή βίαιες ενέργειες) να καταστρέψω κάτι, να δημιουργήσω κρίση: *-ει κάθε προσπάθεια για ειρήνευση στη Μέση Ανατολή / τα θεμέλια του πολιτεύματος.*
δυναμιτιστής ο, θηλ. **-στρια,** ουσ. **1.** αυτός που επιχειρεί ανατίναξη με δυναμίτη. **2.** (μεταφ.) αυτός που προσπαθεί με λόγια ή πράξεις να καταστρέψει κάτι, να δημιουργήσει επικίνδυνη κατάσταση: ~ *της πολιτικής ομαλότητας / της κοινωνικής γαλήνης* (συνών. *υπονομευτής*).
δυναμιτιστικός, -ή, -ό, επίθ., που ανήκει ή αναφέρεται στο δυναμιτιστή: *απόπειρα / επίθεση -ή.*
δυναμιτίστρια, βλ. *δυναμιτιστής.*
δυναμό το, ουσ. (τεχνολ.) γεννήτρια που παράγει συνεχές ηλεκτρικό ρεύμα και που ξαναφορτίζει τις μπαταρίες για να τροφοδοτήσει μια ηλεκτρική εγκατάσταση: ~ *του αυτοκινήτου / χειροκίνητο* (αλλιώς *δυναμοηλεκτρική μηχανή*). [γαλλ. *dynamo*, σύντμηση του *machine dynamo-électrique*].
δυναμογράφος ο, ουσ. (τεχνολ.) δυναμόμετρο (βλ. λ. 2). [γαλλ. *dynamographe*].
δυναμοηλεκτρικός, -ή, -ό, επίθ. (τεχνολ.) *μηχανή -ή* = μηχανή που μετατρέπει τη μηχανική ενέργεια σε ηλεκτρική γεννήτρια συνεχούς ρεύματος (πβ. *δυναμό*).
δυναμοκρατία η, ουσ. (φιλοσ.) σύστημα κατά το οποίο στα υλικά στοιχεία ενυπάρχουν και ενεργούν δυνάμεις: ~ *στον Αριστοτέλη / του Λάιμπνιτς* (συνών. *δυναμισμός·* αντ. *μηχανοκρατία*).
δυναμόμετρο το, ουσ. **1.** (τεχνολ.) όργανο για τη μέτρηση δυνάμεων (που συνήθως ισορροπούνται από την τάση ενός ελατηρίου): ~ *εφελκυσμού* (κοιν. *κανταράκι*). **2.** (φυσιολ.) όργανο για τη μέτρηση της μυϊκής δύναμης (συνών. *δυναμογράφος*).
δυνάμωμα το, ουσ., το να παίρνει κανείς δύναμη (σωματική, ψυχική, κ.ά.), το να γίνεται (περισσότερο) ρωμαλέος, ισχυρός: ~ *βαθμιαίο·* ~ *του οργανισμού / της αντίστασης* (συνών. *ενδυνάμωση, ενίσχυση, ισχυροποίηση, τόνωση·* αντ. *αδυνάτισμα, εξασθένηση*).
δυναμώνω, ρ. **Α.** (μτβ.) δίνω δύναμη, κάνω κάποιον ή κάτι (περισσότερο) δυνατό, ρωμαλέο, ισχυρό: *κάνει ασκήσεις για να -ώσει τα πόδια του· ο Κύριος να -ώνει το έργο σου·* (συνών. *ενισχύω, ισχυροποιώ, τονώνω·* αντ. *αδυνατίζω, καταβάλλω*). **Β.** (αμτβ.) αποκτώ δυνάμεις, γίνομαι (περισσότερο) δυνατός, ισχυρός, έντονος: *πρέπει να φας να -ώσεις· η βροχή / ο αέρας -ωσε· -ώνει το κρύο* (= φουντώνει)· -*ώνει η αντίσταση* (συνών. *ενισχύομαι, τονώνομαι, εντείνομαι·* αντ. *αδυνατίζω, εξασθενώ*).
δυναμωτικός, -ή, -ό, επίθ., που δίνει δύναμη (κυρίως σωματική): *το γάλα είναι πολύ -ό* (συνών.

τονωτικός). - Το ουδ. ως ουσ. = φαρμακευτικό ή φυσικό παρασκεύασμα που ενισχύει τις δυνάμεις του οργανισμού (συνών. τονωτικό).

δυναστεία η, ουσ. 1. (λόγ.) εξουσία (που συνήθως ασκείται αναγκαστικά, πιεστικά): (για αφηρ.) η ~ των παθών (συνών. τυραννία, δεσποτεία). 2. σειρά από ηγεμόνες μιας χώρας που ανήκουν στην ίδια οικογένεια: ~ των Αψβούργων / των Μακεδόνων. 3. (συνεκδοχικά) σύνολο ατόμων της ίδιας οικογένειας με μεγάλη οικονομική ή πολιτική δύναμη.

δυναστεύω, ρ. (λόγ.), κυβερνώ δεσποτικά: *ο σάχης -ευε το λαό της Περσίας* (μεταφ.) η φτώχεια και η αμάθεια -ουν ακόμη κάποιες χώρες (συνών. καταδυναστεύω, τυραννώ).

δυνάστης ο, ουσ., απόλυτος άρχοντας, ηγεμόνας που συνήθως κυβερνά αυθαίρετα και καταπιεστικά: ~ *σκληρός* οι Ευρωπαίοι -ες ήταν εχθρικοί απέναντι σε κάθε επαναστατικό κίνημα (συνών. δεσπότης, σατράπης, τύραννος).

δυναστικός, -ή, -ό, επίθ. (λόγ.), που ανήκει ή αναφέρεται στο δυνάστη ή στη δυναστεία: *εξουσία / συμπεριφορά -ή* (συνών. αυταρχικός, δεσποτικός, σατραπικός· αντ. δημοκρατικός). - Επίρρ. **-ά**.

δυνατός, -ή, -ό, λόγ. ουδ. **-όν,** επίθ. **1.** που έχει δύναμη, που διαθέτει φυσική δύναμη για δράση, για ενέργεια: *πυγμάχος* ~· *χέρι -ό* (= στιβαρό)· *άλογο -ό·* ~ *σαν ταύρος·* (λαϊκ.) *τι κάνεις, φίλε· είσαι γερός,* ~· (συνών. ισχυρός, γερός, ρωμαλέος· αντ. αδύναμος, ασθενικός, καχεκτικός). **2.** που έχει τη δύναμη να αντιστέκεται, που αντέχει: *τείχος / φρούριο -ό· οργανισμός* ~ (= που δεν αρρωσταίνει εύκολα)· (για ηθική αντοχή) *φάνηκε* ~ *σ' αυτή τη μεγάλη δοκιμασία* (συνών. ανθεκτικός, γερός, στερεός· αντ. αδύναμος, αδύνατος). **3.** που πραγματοποιείται ή εκδηλώνεται με δύναμη, με βιαιότητα, με ορμή, που γίνεται αισθητός με ένταση: *χτύπημα -ό* (= βίαιο)· *σύγκρουση / ώθηση -ή·* (για καιρικά φυσικά φαινόμενα) *αέρας / βροχή -ή* (= ραγδαία)· *κρύο -ό* (= τσουχτερό)· *θαλάσσιο ρεύμα -ό* (= ορμητικό)· (για κάτι που επιδρά έντονα στα αισθητήρια) *φως -ό* (= λαμπρό)· *ήχος* ~ (= διαπεραστικός)· *κλάμα -ό* (= βαρύ)· *τσάι -ό· καφές* ~ (= με έντονη γεύση λόγω της πυκνότητάς του)· *πόνος* ~ (= οξύς) (συνών. έντονος, σφοδρός· αντ. απαλός, ελαφρός). **4.** που ενεργεί με καλά αποτελέσματα, που έχει αξιόλογες δυνατότητες και επιδόσεις: *φάρμακο / αντίδοτο -ό* (= δραστικό, αποτελεσματικό)· (για πρόσ.) *φιλόλογος* ~ (= ικανός)· (συνεκδοχικά) *είναι -ή πένα* (= γράφει με ικανότητα)· *είναι* ~ *στη φυσική / στους λογαριασμούς.* **5.** για ό,τι μπορεί κανείς να κατορθώσει, για ό,τι υπάρχει η θέληση και τα μέσα να πραγματοποιηθεί (συνήθως με ουδ. *-όν*): *θεωρώ -ή τη συμφωνία· θα κάνω κάθε -ή προσπάθεια· με αυτές τις συνθήκες δεν είναι* ~ *ο προγραμματισμός* (συνών. πραγματοποιήσιμος, εφικτός· αντ. αδύνατος)· *εκφρ. είναι -όν* (= γίνεται, μπορεί, ενδέχεται): *δεν είναι -όν να δεχτούμε τέτοιους όρους· όσο είναι -όν· όσο το -όν, κατά το -όν, κατά το μέτρο του -ού, το* (επίθ. συγκρ.) *-όν* (= όσο γίνεται): *θα προσλάβουμε όσο το -όν περισσότερους· έλα το γρηγορότερο -όν·* φρ. *βάζω τα -ά μου* (~ *κάνω ό,τι μπορώ, επιστρατεύω όλες μου τις δυνάμεις).* - Επίρρ. **-ά**.

δυνατότητα η, ουσ. **1.** δύναμη να ενεργεί, να πραγματοποιεί κανείς κάτι, ικανότητα για δράση: *δεν έχει τη* ~ *να επιβάλλει τις απόψεις του· αλλα-*

γής / επιβίωσης· (στον πληθ.) *περιορίστηκαν οι οικονομικές μου -ες· -ες αναπτυξιακές μιας περιοχής· άτομο με μεγάλες -ες* (αντ. αδυναμία). **2.** το να είναι κάτι δυνατό (βλ. λ. δυνατός στη σημασ. 5), να μπορεί να πραγματοποιηθεί: *υπάρχει καμιά* ~ *να δοθούν αυξήσεις; εξάντλησα όλες τις -ες συμβιβασμού* (συνών. πιθανότητα).

δύνη η, ουσ. (φυσ.) μονάδα για τη μέτρηση της δύναμης (στο σύστημα CGS) ίση με τη δύναμη που, όταν επιδρά σε ένα σώμα που έχει μάζα ένα γραμμάριο (1 g), του δίνει επιτάχυνση ένα εκατοστό στο τετράγωνο του δευτερολέπτου (σύμβ. *dyn*). [γαλλ. *dyne*].

δυνητικός, -ή, -ό, επίθ. **1.** (γραμμ.) που εκφράζει την έννοια εκείνου που είναι (ήταν ή θα είναι) δυνατόν να γίνει: (στην αρχαία ελληνική) *ευκτική -ή· μόριο -ό·* (στα νέα ελληνικά) *οριστική -ή* (λ.χ. *θα είχαμε να πούμε πολλά, αν ήθελες*). **2.** που μπορεί να γίνει ή να μη γίνει (ανάλογα με την περίσταση): *ρήτρα συμβολαίου -ή* (αντ. υποχρεωτικός).

δύναμαι, ρ. (λαϊκ.), μπορώ: ~, *αφέντη μ',* ~ *να βγάλω την κυρά μου* (δημ. τραγ.).

δύνω, βλ. *δύω*.

δύο και **δυο** (συνιζ.), αριθμ. άκλ., (λαϊκ. γεν. δυ*νώ(ν)*). **1.** αυτό που προκύπτει όταν στο ένα προσθέσουμε άλλο ένα, ο πρώτος ακέραιος μετά τη μονάδα: *κρατούσε τη σημαία και με τα* ~ *χέρια· διαλέξτε το ένα από τα* ~· *δυο λογιών τυρί· τα* ~ *τρίτα ενός ποσού·* οι ~ *πόλοι της Γης· προχωρούν ανά* ~ */ δυο δυο* (= σε δυάδες)· *δυο καρπούζια σε μια μασχάλη δε χωρούν* (= για δύο δουλειές που δεν μπορεί να γίνουν ταυτόχρονα)· φρ. *δεν ξέρει / δεν μπορεί να μοιράσει δυο γαϊδάρων άχυρα* (για πρόσωπο εντελώς ανίκανο για μια δουλειά)· *μου έβαλε τα δυο πόδια σ' ένα παπούτσι* (= μου προκάλεσε μεγάλες δυσκολίες)· *γίναμε από δυο χωριά* (για μεγάλη έχθρα, διχόνοια)· *στους τρίτος δε χωρεί* (για άστοχη επέμβαση τρίτου στη σχέση ενός ζευγαριού)· *ένα κι ένα κάνουν* ~ *ή δυο και δυο κάνουν τέσσερα* (για κάτι απλούστατο, αυτονόητο, βεβαιότατο). **2.** για διαφορά: *είμαστε με* ~ *γνώμες· έχει* ~ *μέτρα και* ~ *σταθμά*. **3.** για πολύ μικρό αριθμό, για ελάχιστη ποσότητα: *θέλω να σου πω δυο λόγια· περίμενέ με δυο λεπτά· το σπίτι μου είναι δυο βήματα από δω· να φάω δυο μπουκιές κι έρχομαι* (συνών. λίγος, ελάχιστος)· εκφρ. *ένας / μια / ένα δυο, δυο τρεις* (= λιγοστοί). **4.** (στη θέση τακτικού αριθμού για χρόνο): *στις* ~ *του μηνός·* (για όμοια πράγματα, συνήθως αριθμημένα): *θα πάτε στο γραφείο* ~ (συνών. δεύτερος). **5.** (με ουδ. άρθρο) ο αριθμός δύο (2): *η πόρτα με το* ~ (για τραπουλόχαρτο)· *το* ~ *σπαθί* (για σύμβολο προγνωστικών ποδοσφαίρου)· *το χτεσινό δελτίο δεν είχε* ~ (= δυάρι, διπλό)· (για βαθμολογία) *μ' έκοψε στην ιστορία με* ~· (για το ψηφίο που αντιπροσωπεύει τον αριθμό): ~ *ελληνικό (β ́) / λατινικό (II)*.

δυοίν θάτερον· αρχαϊστ. έκφρ. = το ένα από τα δύο.

δύοσμος ο, ουσ. (συνιζ.), είδος πολυετούς πόας (συγγενικής με τη μέντα) που τα φύλλα της, αν τα τρίψει κανείς, αναδίδουν ευχάριστη μυρωδιά: ~ *άγριος / ξερός· βράζω -ο.* [μτγν. *ηδύοσμον* το].

δυσ-, αχώρ. λόγ. μόρ. (δηλώνει δυσκολία): *δυσανάλογος, δυσκίνητος.*

δυσανάγνωστος, -η, -ο, επίθ. (για γράμματα, για

δυσανάλογα

γραπτό) που δύσκολα μπορεί να τον διαβάσει κανείς: *γραφικός χαρακτήρας ~· υπογραφή -η* (συνών. *δυσκολοδιάβαστος·* αντ. *ευανάγνωστος*).

δυσανάλογα, βλ. *δυσανάλογος.*

δυσαναλογία η, ουσ., έλλειψη της ορθής λογικής σχέσης (ανάμεσα σε δύο μεγέθη, κ.ά.): *υπάρχει ~ στην αύξηση των μισθών με αυτή του τιμαρίθμου* (συνών. *ασυμμετρία·* αντ. *αναλογία, συμμετρία*).

δυσανάλογος, -η, -ο, επίθ., που παρουσιάζει δυσαναλογία: *ογκώδη έπιπλα είναι -α για μικρό χώρο·* (για κάτι υπερβολικά μεγάλο) *το ποσό που πλήρωσε είναι -ο με την πραγματική αξία του πίνακα* (συνών. *ασύμμετρος·* αντ. *ανάλογος, συμμετρικός*). - Επίρρ. **-α.**

δυσαναπλήρωτος, -η, -ο, επίθ. (λόγ.), μόνο στην έκφρ. *-ο κενό* = (συνήθως για κάποιον που πέθανε) έλλειψη, απώλεια που είναι δύσκολο (ή αδύνατο) να αναπληρωθεί: *ο θάνατός του άφησε -ο κενό.*

δυσανασχετώ, ρ. (λόγ.), αισθάνομαι στενοχώρια, δυσαρέσκεια για κάτι, δείχνω πως με δυσκολία ανέχομαι κάτι: *όλοι -ούσαν με τους τρόπους του* (συνών. *αγανακτώ, δυσφορώ*).

δυσανεξία η, ουσ. (ιατρ.) αφύσικα έντονη αντίδραση του οργανισμού σε ένα φάρμακο ή σε μια φυσική ή χημική ουσία: *η ~ συνοδεύεται συχνά από παθολογικές εκδηλώσεις.*

δυσαπόδεικτος, -η, -ο, επίθ. (λόγ.), που είναι δύσκολο να τον αποδείξει, να τον τεκμηριώσει κανείς: *ισχυρισμός ~.*

δυσαπόκτητος, -η, -ο, επίθ. (λόγ.), που είναι δύσκολο να τον αποκτήσει κανείς: *αγαθό -ο* (συνών. *απρόσιτος·* αντ. *προσιτός*).

δυσαρέσκεια η, ουσ. (ασυνίζ.). **1.** συναίσθημα στενοχώριας, αποδοκιμασίας για κάτι που δεν είναι ευχάριστο: *αισθάνομαι / δείχνω ~· η συμπεριφορά του προκαλεί σε όλους ~·* (για δήλωση μομφής) *ο πρωθυπουργός εξέφρασε βαθιά ~ για τους χειρισμούς του υπουργού* (συνών. *δυσφορία·* αντ. *ευχαρίστηση, ικανοποίηση*). **2.** διακοπή, έλλειψη αρμονικών σχέσεων: *δημιουργήθηκε ~ ανάμεσά τους* (συνών. *ψυχρότητα*).

δυσάρεστος, -η, -ο, επίθ., που προκαλεί δυσαρέσκεια, που κάνει κάποιον να στενοχωριέται: *γεύση / μυρωδιά -η· συναίσθημα -ο* (συνών. *ενοχλητικός, απωθητικός·* αντ. *ευχάριστος, απολαυστικός*). - Επίρρ. **-α.**

δυσαρεστώ, -είς, ρ., προκαλώ δυσαρέσκεια, δυσφορία σε κάποιον: *με -εί η συμπεριφορά του·* (μέσ.) *-ήθηκε επειδή δεν τον κάλεσες στη γιορτή· -είται με το παραμικρό* (συνών. *στενοχωρώ, κακοκαρδίζω, ενοχλώ·* αντ. *ευχαριστώ*).

δυσαρμονία η, ουσ., έλλειψη αρμονικής, αρμονικής συνύπαρξης ή συνεργασίας: *~ χρωμάτων· η κυβερνητική απόφαση βρίσκεται σε ~ με το λαϊκό αίσθημα* (= είναι αντίθετη) (συνών. *ασυμφωνία·* αντ. *αρμονία*).

δυσβάσταχτος, -η, -ο, επίθ. **1.** που με δυσκολία τον μεταφέρει κανείς (λόγω του βάρους του): *φορτίο -ο.* **2.** (συνηθέστερα μεταφ.) για κάτι που προκαλεί εξάντληση, που δύσκολα το ανέχεται ή το υποφέρει κανείς: *φόροι -οι· υποχρεώσεις -ες· καημός ~.*

δύσβατος, -η, -ο, επίθ. (για δρόμο) που πάνω του με δυσκολία μπορεί να βαδίσει κανείς: *μονοπάτι -ο* (συνών. *κακοτράχαλος·* αντ. *βατός*).

δυσγραφία η, ουσ. (ιατρ.) δυσκολία στο γράψιμο που παρατηρείται σ' ένα παιδί (χωρίς νοητική ανεπάρκεια ή νευρολογικές διαταραχές).

400

δυσδιάκριτος, -η, -ο, επίθ. (ασυνίζ.), που δύσκολα μπορεί να τον διακρίνει, να τον δει κανείς: *μορφές -ες μέσα στο σκοτάδι· διαφορές -ες* (αντ. *ευδιάκριτος*).

δυσδιοίκητος, -η, -ο, επίθ. (ασυνίζ., λόγ.), που με δυσκολία μπορεί να τον διοικήσει, να τον κυβερνήσει κανείς.

δυσεκπλήρωτος, -η, -ο, επίθ. (λόγ.), που δύσκολα εκπληρώνεται, πραγματοποιείται: *επιθυμίες -ες* (αντ. *πραγματοποιήσιμος*).

δυσεντερία και (λαϊκ.) **λυσεντερία** η, ουσ. (ερρ.), λοιμώδης ασθένεια που χαρακτηρίζεται από φλεγμονή των εντέρων, πόνους στην κοιλιά και έντονη διάρροια: *~ αμοιβαδική / βακτηριδιακή / ενδημική.*

δυσεντερικός, -ή, -ό, επίθ. (ερρ.), (ιατρ.), που αναφέρεται στη δυσεντερία: *διάρροια -ή.*

δυσεξήγητος, -η, -ο, επίθ. (λόγ.), που δύσκολα μπορεί κανείς να τον εξηγήσει: *απουσία / επιμονή -η· φαινόμενο -ο* (συνών. *δυσερμήνευτος·* αντ. *ευεξήγητος*).

δυσεξιχνίαστος, -η, -ο, επίθ. (λόγ.), που δύσκολα μπορεί κανείς να τον εξιχνιάσει, να τον εξηγήσει: *υπόθεση -η.*

δυσεπίλυτος, -η, -ο, επίθ. (λόγ.), που δύσκολα μπορεί κανείς να τον επιλύσει, να τον διευθετήσει: *πρόβλημα -ο· διαφορές -ες.*

δυσερμήνευτος, -η, -ο, επίθ. (λόγ.), που δύσκολα μπορεί κανείς να τον ερμηνεύσει: *χωρίο -ο· διατάξεις νόμου -ες· στάση -η* (συνών. *δυσεξήγητος·* αντ. *ευεξήγητος*).

δυσεύρετος, -η, -ο, επίθ., που δύσκολα μπορεί κανείς να τον βρει, (συνεκδοχικά) να τον αποκτήσει: *περιοδικό -ο στις ελληνικές βιβλιοθήκες* (συνών. *σπάνιος*).

δύση η, ουσ. **1.** κάθοδος, εξαφάνιση ουράνιου σώματος (κυρίως του ήλιου) στον ορίζοντα: *~ αργή / των άστρων·* (συνεκδοχικά για το θέαμα που παρουσιάζει) *απολαμβάνω μια μαγευτική / ρομαντική ~·* (μεταφ. για μια χρονική περίοδο που τελειώνει, για κάτι που παρακμάζει) *η ~ του βίου / του αρχαίου πολιτισμού* (συνών. *βασίλεμα*). **2.** σημείο του ορίζοντα όπου δύει ο ήλιος (συντομογραφία **Δ**): *βλέπω / κατευθύνομαι προς τη ~· ~ κατακόκκινη / ολόχρυση· έκφρ. από τη Δύση ως την Ανατολή* (= παντού). **3.** ο χρόνος, η ώρα που δύει ο ήλιος: *δουλεύει από την ανατολή ως τη ~· η πόρτα του μοναστηριού είναι κλειστή μετά τη ~.* **4.** (γεωγρ.) *Δύση* = οι χώρες, οι περιοχές που βρίσκονται δυτικά σε σχέση με ορισμένο τόπο, συνήθως την Ελλάδα ή την (ανατολική) Ευρώπη· έκφρ. *σ' Ανατολή και Δύση* (= σ' ολόκληρο τον κόσμο): *ο βασιλιάς έστειλε να διαλαλήσουν σ' Ανατολή και Δύση·* α. (παλαιότερο, ιστ.) οι χώρες της δυτικής Ευρώπης: *Δύση μεσαιωνική· Έλληνες λόγιοι στη Δύση· επιδρομές από τη Δύση εναντίον του Βυζαντίου* (συνών. αρχαϊστ. σπάνιο *Εσπερία*). **β.** (νεότερο) η δυτική Ευρώπη και οι Ηνωμένες Πολιτείες της Αμερικής και γενικά το σύνολο των μελών του Ν.Α.Τ.Ο. ή των καπιταλιστικών κρατών (αλλιώς *δυτικός κόσμος*): *η άμυνα της Δύσης· οικονομικές σχέσεις Ανατολής-Δύσης.* **γ.** έκφρ. *(Αμερικανική) Δύση* = η τεράστια περιοχή των σημερινών Η.Π.Α. στα δυτικά του Μισισιπή (συνήθως για τα χρόνια πριν από το 20. αι.): *τα φαράγγια / οι Ινδιάνοι της άγριας Δύσης· η κατάκτηση* (= ο εποικισμός) *της Δύσης* (αντ. στις σημασ. 1-4 *ανατολή*).

δυσθεράπευτος, -η, -ο, επίθ. (λόγ.), (για αρρώστια, κ.τ.ό.) που δύσκολα θεραπεύεται (συνών. *δυσκολογιάτρευτος*).

δυσθερμαγωγός, -ή, -ό, επίθ. (λόγ.), (φυσ.) για κακό αγωγό του ηλεκτρισμού: *σώματα -ά*.

δυσθεώρητος, -η, -ο, επίθ. (λόγ.), που με δυσκολία φαίνεται: *μόνο στη φρ. φτάνω σε -α ύψη* (= μεταφ. για κάτι που αυξήθηκε πάρα πολύ): *ο τιμάριθμος / η τιμή του χρυσού έφτασε σε -α ύψη*.

δυσθυμία η, ουσ. (λόγ.), κακή ψυχική διάθεση: *με κυριεύει ~* (συνών. *αθυμία, κακοκεφιά, μελαγχολία* αντ. *ευδιαθεσία, κέφι, ευθυμία*).

δύσθυμος, -η, -ο, επίθ. (λόγ.), που κατέχεται από δυσθυμία: *τα χρέη τον έκαναν -ο* (συνών. *βαρύθυμος, κακόκεφος, μελαγχολικός*· αντ. *ευδιάθετος, κεφάτος, εύθυμος*).

δύσκαμπτος, -η, -ο, επίθ. (έρρ. λόγ.). 1. που με δυσκολία κάμπτεται, που δε λυγίζει εύκολα: *μέλη -α* (συνών. *αλύγιστος* αντ. *εύκαμπτος, ευλύγιστος*). 2. (μεταφ.) που δεν προσαρμόζεται εύκολα στις περιστάσεις: *χαρακτήρας ~* (= μονοκόμματος)· *κομματική γραμμή / οικονομική πολιτική -η* (= ανελαστική).

δυσκαμψία η, ουσ. (λόγ.). 1. το να είναι κάτι δύσκαμπτο: *~ του σιδήρου / των χεριών* (συνών. *αλυγισία*· αντ. *ευκαμψία, ευλυγισία*). 2. (μεταφ.) για κάποιον ή κάτι που δεν επηρεάζεται εύκολα, που δεν προσαρμόζεται εύκολα στις περιστάσεις: *~ του πνεύματος* (αντ. *ευστροφία, προσαρμοστικότητα*).

δυσκινησία η, ουσ. (ιατρ.) δυσκολία στην εκτέλεση των εκούσιων κινήσεων (λ.χ. της γλώσσας, των χειλιών ή σπανιότερα του κορμού και των άκρων).

δυσκίνητος, -η, -ο, επίθ., που κινείται με δυσκολία, με βραδύτητα: *άνθρωπος παχύς και ~* (μεταφ.) *κρατικός μηχανισμός ~* (= που λειτουργεί με αργούς ρυθμούς) (συνών. *βραδυκίνητος, αργός, νωθρός*· αντ. *ευκίνητος*).

δυσκοίλιος, -η, -ο, επίθ. (ασυνίζ.). 1. που υποφέρει από δυσκοιλιότητα (συνών. *σφιχτός*· αντ. *ευκοίλιος*). 2. (συνεκδοχικά, λαϊκ.) που προκαλεί δυσκοιλιότητα: *τα φραγκόσυκα είναι -α* (συνών. *στυφτικός*· αντ. *ευκοίλιος, ενεργητικός*).

δυσκοιλιότητα η, ουσ. (ασυνίζ.), δυσκολία και σπανιότητα στις κενώσεις (αντ. *διάρροια, ευκοιλιότητα*).

δύσκολα, βλ. *δύσκολος*.

δυσκόλεμα το, ουσ. (λαϊκ.), δυσκολία, εμπόδιο.

δυσκολεύω, ρ. 1. (μτβ.) κάνω κάτι δύσκολο, προκαλώ σε κάποιον δυσκολίες, εμπόδια: *οι υπερβολικές του απαιτήσεις -αν τη συνεργασία*· *η ομίχλη με -ει στην οδήγηση*· (παθ.) *από τα χαλίκια -ομαι να περπατήσω γρήγορα*· (μέσ.) *-ομαι στο διάβασμα της επιγραφής*· *-τηκα να συνηθίσω το θόρυβο* (συνών. *δυσχεραίνω, εμποδίζω*· αντ. *ευκολύνω*). 2. (αμτβ.) με υποκ. η κατάσταση, τα πράγματα, κ.τ.ό. = δημιουργούνται (περισσότερα) προβλήματα, εμπόδια, περισπασμοί, χειροτερεύουν οι συνθήκες: *τελευταία -εψε η κατάσταση στο μέτωπο*. 3. (μέσ.) διστάζω, έχω ενδοιασμούς: *-ομαι να το πιστέψω*.

δυσκολία η, ουσ. 1. το να γίνεται κάτι με κόπο, δυσχέρεια: *~ στην αναπνοή / στην ανάγνωση / στο βάδισμα* (αντ. *ευκολία, ευχέρεια*). 2. εμπόδιο: *συναντώ -ες στο διορισμό μου*.

δυσκολοβάσταχτος, -η, -ο, επίθ., *δυσβάσταχτος* (βλ. λ.).

δυσκολόβρετος, -η, -ο, επίθ., *δυσεύρετος* (βλ. λ.).

δυσκολογιάτρευτος, -η, -ο, επίθ. (συνιζ.), που γιατρεύεται δύσκολα: *αρρώστια -η*· (μεταφ.) *καημός ~* (συνών. *δυσθεράπευτος*, αντ. *ευκολογιάτρευτος*).

δυσκολοδιάβαστος, -η, -ο, επίθ. (συνιζ.), που διαβάζεται με δυσκολία: *γραπτό -ο* (συνών. *δυσανάγνωστος* αντ. *ευανάγνωστος, ευκολοδιάβαστος*).

δυσκολοδιάκριτος, -η, -ο, επίθ. (ασυνίζ.), *δυσδιάκριτος* (βλ. λ.).

δυσκολομεταχείριστος, -η, -ο, επίθ., που δύσκολα μπορεί κανείς να τον χρησιμοποιήσει (συνών. *δύσχρηστος, δυσμεταχείριστος* αντ. *εύχρηστος*).

δυσκολονόητος, -η, -ο, επίθ., *δυσνόητος* (βλ. λ.).

δυσκολοξεδιάλυτος, -η, -ο, επίθ., που δύσκολα μπορεί κανείς να τον ξεδιαλύνει: *υπόθεση -η*.

δυσκολοπέραστος, -η, -ο, επίθ. 1. που περνιέται δύσκολα: *ποτάμι -ο* (αντ. *ευκολοπέραστος*). 2. που ξεπερνιέται δύσκολα: *καημός ~*.

δυσκολοπλησίαστος, -η, -ο, επίθ., που δύσκολα μπορεί κανείς να τον πλησιάσει.

δυσκολοπρόφερτος, -η, -ο, επίθ., που προφέρεται δύσκολα.

δύσκολος, -η, -ο, επίθ. 1. που προξενεί προβλήματα στις σχέσεις του με τους άλλους, δύστροπος: *χαρακτήρας / άνθρωπος ~*· *κάνει το -ο* (συνών. *ιδιότροπος, ανάποδος* αντ. *καλόβολος*). 2. που ενέχει ή παρουσιάζει εμπόδια, δυσκολίες (στην πραγματοποίηση, κατανόηση, αντιμετώπισή του): *ανάβαση / δουλειά / θέση -η*· *τοκετός ~*· *πρόβλημα / μάθημα -ο*· *χρόνια -α*· *μέρες -ες* (αντ. *εύκολος*). 3. (παλαιογρ.) *γραφή δυσκολότερη* = η λιγότερο κατανοητή και ταυτόχρονα η ανώτερη γραφή από ποικίλες άλλες που παραδίδονται για ένα αμφισβητούμενο χωρίο. - Το ουδ. στον πληθ. ως ουσ. = οι δυσκολίες: *τώρα αρχίζουν τα -α*. - Επίρρ. (στη σημασ. 2) **-α**.

δυσκολοχώνευτος, -η, -ο, επίθ., που χωνεύεται δύσκολα: *φαγητό -ο* (συνών. *δύσπεπτος* αντ. *εύπεπτος*).

δυσλειτουργία η, ουσ., κακή ή δύσκολη λειτουργία: *~ του οργάνου*.

δυσλεξία η, ουσ. (ιατρ.) διαταραχή του μηχανισμού της ανάγνωσης που χαρακτηρίζεται από διασταγμούς, αναστροφή συλλαβών, υποκατάσταση λέξεων και συνοδεύεται συχνά από δυσκολία στη γραφή και την ορθογραφία.

δυσλεξικός, -ή, -ό, επίθ. (ιατρ.) που πάσχει από δυσλεξία: *παιδί -ό*.

δυσμάχητος, -η, -ο, επίθ., που δύσκολα αντιμετωπίζεται: *~ επιχείρημα*.

δυσμένεια η, ουσ. (ασυνίζ.), κακή διάθεση (απέναντι σε τρίτους): *έπεσε στη ~ του διευθυντή του*· *~ της τύχης* (= αναποδιά, κακοριζικιά) (συνών. *εχθρότητα, κατατρεγμός* αντ. *ευμένεια, εύνοια*).

δυσμενής, -ής, -ές, γεν. *-ούς,* πληθ. αρσ. και θηλ. *-είς,* ουδ. *-ή,* επίθ., στοιχεία που είναι αρνητικά, εχθρικά, αντίξοος: *αντιμετώπιση / μετάθεση (υπαλλήλου)*· *περιστάσεις -είς* (αντ. *ευμενής, φιλικός, ευνοϊκός*). - Επίρρ. **-ώς**.

δυσμετακίνητος, -η, -ο, επίθ., που τον μετακινεί κανείς δύσκολα: *φορτίο -ο*.

δυσμεταχείριστος, -η, -ο, επίθ., *δυσκολομεταχείριστος* (βλ. λ.).

δυσμηνόρροια η, ουσ. (ασυνίζ.), (ιατρ.) διαταραχές

δύσμοιρος

της εμμηνόρροιας κατά κανόνα επώδυνες.

δύσμοιρος, -η, -ο, επίθ., που έχει κακή τύχη, κακότυχος: *μάνα -η· ορφανά -α* (συνών. *δύστυχος, κακόμοιρος* αντ. *καλότυχος, ευτυχής, καλόμοιρος*).

δυσμορφία η, ουσ. 1. το να είναι κανείς άσχημος (συνών. *ασχήμια* αντ. *ομορφιά*). 2. (ιατρ.) κάθε διαστροφή του ανθρώπινου σώματος από τη φυσιολογική του κατάσταση και μορφή.

δύσμορφος, -η, -ο, επίθ., που έχει άσχημη μορφή, κακοφτιαγμένος (συνών. *άσχημος, ασχημομούρης* αντ. *όμορφος, ωραίος, καλοφτιαγμένος*).

δυσνόητος, -η, -ο, επίθ., που γίνεται δύσκολα κατανοητός, δυσκολονόητος: *κείμενο -ο* (συνών. *στριφνός* αντ. *ευκολονόητος*).

δυσοίωνος, -η, -ο, επίθ., που προμηνύει κάτι κακό: *προβλέψεις -ες* (αντ. *ευοίωνος, αίσιος, ευνοϊκός*).

δυσοσμία η, ουσ., το να μυρίζει κάτι άσχημα, δυσάρεστη οσμή: ~ *στόματος / οχετού* (συνών. *δυσωδία, κακοσμία* αντ. *ευωδιά*).

δύσοσμος, -η, -ο, επίθ., που έχει δυσάρεστη οσμή: *φυτό -ο* (αντ. *ευωδιαστός, αρωματικός, μυρωδάτος*).

δυσουρία η, ουσ. (ιατρ.) δυσχέρεια στην ούρηση.

δυσουρικός, -ή, -ό, επίθ., που πάσχει από δυσουρία.

δύσπεπτος, -η, -ο, επίθ., δυσκολοχώνευτος (βλ. λ.): *τροφή -η*.

δυσπερίγραπτος, -η, -ο, επίθ. (λόγ.), που δύσκολα περιγράφεται (αντ. *ευκολοπερίγραπτος*).

δυσπεψία η, ουσ. 1. δυσκολία στη χώνεψη, κακή χώνεψη: *το φαγητό μού έφερε* ~. 2. (ιατρ.) διαταραχή της λειτουργίας της πέψης.

δυσπιστία η, ουσ., το να πιστεύει κανείς δύσκολα (συνών. *επιφυλακτικότητα* αντ. *ευπιστία*)· (πολιτ.) *πρόταση -ας* (= πρόταση για άρση της εμπιστοσύνης προς την κυβέρνηση που υποβάλλεται στη Βουλή από την αντιπολίτευση).

δύσπιστος, -η, -ο, επίθ., που δύσκολα πιστεύει σε κάποιον ή σε κάτι, που δύσκολα εμπιστεύεται κάποιον (αντ. *εύπιστος, ευκολόπιστος*).

δυσπιστώ, -είς, ρ., είμαι δύσπιστος, δύσκολα πιστεύω σε κάποιον ή κάτι: *-εί στις υποσχέσεις των πολιτικών*.

δύσπνοια η, ουσ. (ασυνίζ.). 1. δυσκολία στην αναπνοή. 2. (ιατρ.) πάθηση κατά την οποία η αναπνοή γίνεται πιο γρήγορη από την κανονική και κουραστική.

δυσπραγία η, ουσ., έλλειψη οικονομικής άνεσης (αντ. *ευημερία*).

δυσπρόσιτος, -η, -ο, επίθ., που δύσκολα πλησιάζεται: *περιοχή -η* (αντ. *προσιτός*).

δυστοκία η, ουσ., (μεταφ.) δυσκολία στην επίτευξη επιδιωκόμενου αποτελέσματος: ~ *ποιητική· ~ στον ανασχηματισμό της κυβέρνησης*.

δύστροπα, βλ. *δύστροπος*.

δυστροπία η, ουσ., στριφνότητα χαρακτήρα (συνών. *ιδιοτροπία*).

δύστροπος, -η, -ο, επίθ., που είναι δύσκολος στους τρόπους, στριφνός: *πελάτης / ενοικιαστής* ~ (συνών. *ιδιότροπος, στριμμένος, κακότροπος*). - Επίρρ. *-α*.

δυστροπώ, -είς, ρ., είμαι δύστροπος, φέρομαι δύστροπα, προβάλλω διαρκώς αντιρρήσεις.

δυστύχημα το, ουσ. 1. το να είναι κανείς σε θλιβερή κατάσταση (συνών. *ατυχία* αντ. *ευτυχία, καλοτυχία*). 2α. γεγονός που φέρνει συμφορά: *είχε το* ~ *να μείνει παράλυτος* (συνών. *ατυχία, κακο-*

τυχία, ατύχημα)· β. άτυχο, δυσάρεστο γεγονός που έχει ως αποτέλεσμα τραυματισμό ή θάνατο: ~ *αεροπορικό / εργατικό* (συνών. *ατύχημα*)· γ. θάνατος: *το* ~ *του παιδιού τους τους έστειλε γρήγορα στον τάφο* (συνών. *χαμός*).

δυστυχής, -ής, -ές, γεν. *-ούς,* πληθ. αρσ. και θηλ. *-είς,* ουδ. *-ή* και **δύστυχος, -η, -ο,** επίθ. 1. που είναι σε θλιβερή κατάσταση, άτυχος: *δυστυχής! παρηγορία / μόνη σου έμενε να λες* (Σολωμός)· *τόπος δύστυχος· μάνα -η* (συνών. *κακότυχος, συφοριασμένος, δυστυχισμένος, κακορίζικος, ταλαίπωρος* αντ. *ευτυχισμένος, καλότυχος, καλόμοιρος*). 2. (για δήλωση συμπάθειας) *έπαθε πολλά στη ζωή του ο δύστυχος! συμφορά που με βρήκε το δύστυχο!* (συνών. λαϊκ. *φουκαράς, καημένος, κακομοίρης*). 3. (για χρονική περίοδο) που στη διάρκειά της συμβαίνουν πολλές συμφορές: *χρόνια -α* (αντ. *ευτυχισμένος*). - Επίρρ. **-ώς** = κατά κακή τύχη: *-ώς δεν κέρδισε στο λαχείο* (αντ. *ευτυχώς*).

δυστυχία και (συνιζ.) **δυστυχιά** η, ουσ. 1. το να βρίσκεται κάποιος σε κατάσταση θλίψης και ψυχικής πίεσης, να ζει χωρίς ευτυχία: *η* ~ *των ανθρώπων του τρίτου κόσμου* (συνών. *κακοδαιμονία* αντ. *ευτυχία*). 2. πολύ δυσάρεστο γεγονός, κάτι που προκαλεί θλίψη ή συμφορά: *του βρήκαν πολλές -ές· είχε τη* ~ *να χάσει από μικρή τους γονείς της* (συνών. *δυστύχημα* αντ. *ευτύχημα*). 3. κατάσταση οικονομικής ανέχειας, ένδεια: *κάποτε ήταν πλούσιοι, τώρα όμως ζουν στη* ~ (συνών. *μιζέρια* αντ. *ευδαιμονία*). 4. (ως επιφωνηματική έκφρ.) ~ *μου / του!* (τι δυστυχία που με / τον βρήκε, αλίμονο).

δύστυχος, βλ. *δυστυχής*.

δυστυχώ, -είς, ρ., μτχ. παθ. *δυστυχισμένος*. 1α. πέφτω ή ζω σε δυστυχία: *μετά το θάνατο της κόρης -εί όλη η οικογένεια* β. είμαι, στέκομαι άτυχος: *-ησε στο γάμο του* (συνών. στις σημασ. α και β *κακοτυχώ·* στις σημασ. α και β *ευτυχώ*). 2. βρίσκομαι σε άθλια οικονομική κατάσταση: *η οικογένειά του -εί μετά την πτώχευση*. - Η μτχ. ως επίθ. = 1. κακότυχος, δύστυχος: *άνθρωπος / λαός -ισμένος*. 2. (για χρον. περίοδο) που στη διάρκειά της συμβαίνουν δυσάρεστα γεγονότα: *χρόνια -ισμένα* (αντ. στις σημασ. 1 και 2 *ευτυχισμένος*).

δυστυχώς, βλ. *δυστυχής*.

δυσφήμηση η, ουσ. 1. διάδοση κακόβουλης φήμης: ~ *πολιτικών αντιπάλων* (συνών. *διασυρμός, ρετσινιά, συκοφαντία* αντ. *διαφήμιση*). 2. (νομ.) αδίκημα κατά το οποίο διαβάλλεται ένα πρόσωπο μπροστά σε τρίτο: *μήνυση για συκοφαντική* ~.

δυσφημιστικός, -ή, -ό, επίθ., που περιέχει ή προκαλεί κακόβουλες φήμες: *διαδόσεις -ές*.

δυσφημώ, -είς, ρ., κακόβουλα διαδίδω κάτι ανυπόστατο σε βάρος κάποιου, θίγω την υπόληψη κάποιου, το καλό όνομά του: *τον -ησαν από φθόνο και έχασε την πελατεία του· -ήθηκε άδικα* (συνών. *διασύρω, διαβάλλω, συκοφαντώ* αντ. *εγκωμιάζω, επαινώ*).

δυσφορία η, ουσ. 1. αίσθημα στενοχώριας, ενόχλησης, κακή ψυχική διάθεση: *δεν μπόρεσε να κρύψει τη* ~ *του· αισθάνομαι* ~ (συνών. *δυσαρέσκεια, κακοδιαθεσία* αντ. *ευχαρίστηση, ευδιαθεσία*). 2. ελαφρά διαταραχή του οργανισμού: *το πολύ φαγητό μού προκάλεσε* ~.

δυσφορώ, -είς, ρ. 1. αισθάνομαι στενοχώρια, δυσανασχετώ: *-ησε για όσα του έγραψαν οι κριτι-*

κοί. **2.** (για άρρωστο) αισθάνομαι δυσφορία, ανησυχία.

δυσχεραίνω, ρ., αόρ. *-ρανα* (λόγ.), κάνω κάτι δύσκολο, προβάλλω δυσκολίες: *οι συνεχείς χιονοπτώσεις -ουν τη συγκοινωνία· η ακρίβεια -ει τις εμπορικές συναλλαγές* (συνών. *δυσκολεύω·* αντ. *ευκολύνω, διευκολύνω*).

δυσχέρεια η, ουσ. (ασυνίζ.), το να γίνεται κάτι με κόπο, με δυσκολία: ~ *κινήσεων / εκλογής / αναπνοής* (συνών. *δυσκολία·* αντ. *ευχέρεια, ευκολία*).

δυσχερής, -ής, -ές, γεν. *-ούς,* πληθ. αρσ. και θηλ. *-είς,* ουδ. *-ή,* επίθ. (λόγ.), που δύσκολα μπορεί κανείς να τον χειριστεί, που παρουσιάζει εμπόδια: *περιστάσεις -είς· λύση* ~· *έργο -ές* (συνών. *ζόρικος, δύσκολος·* αντ. *εύκολος*).

δύσχρηστος, -η, -ο, επίθ. **1.** που δύσκολα τον χρησιμοποιεί κανείς: *εργαλείο -ο· έκδοση -η· όροι -οι* (συνών. *άβολος, δυσκολομεταχείριστος·* αντ. *εύχρηστος*). **2.** που χρησιμοποιείται σπάνια: *λέξη -η.*

δυσχρωματοψία η, ουσ. (ιατρ.) διαταραχή στην αίσθηση των χρωμάτων: *ο δαλτονισμός είναι μορφή -ίας.*

δυσωδία η, ουσ. **1.** δυσάρεστη οσμή: *βρόμα και* ~ (για να δηλωθεί υπερβολική δυσωδία) (συνών. *κακοσμία, βρόμα*). **2.** (μεταφ.) ηθικός βόρβορος, ανηθικότητα.

δυσώνυμος, -η, -ο, επίθ. (λόγ.), που έχει κακόφημο όνομα: *οίκος* ~ (= πορνείο).

δύτης ο, ουσ., αυτός που κάνει καταδύσεις για να ανασύρει αντικείμενα από το βυθό: *η σπογγαλιεία γίνεται από ειδικευμένους -ες* (συνών. *βουτηχτής*).

δυτικός, -ή, -ό, επίθ. **1.** που βρίσκεται προς το μέρος της δύσης ή που προέρχεται από αυτήν: *Ελλάδα -ή· ημισφαίριο -ό· άνεμος* ~. **2.** που ανήκει ή αναφέρεται στη Δύση (δυτική Ευρώπη και Η.Π.Α.): ~ *τρόπος ζωής / πολιτισμός· Εκκλησία -ή* (= η καθολική Εκκλησία)· *δόγμα -ό* (= των καθολικών). - Επίρρ. *-ά.*

δύω και **δύνω,** ρ. **1.** (για ουράνια σώματα και κυρίως για τον ήλιο) βυθίζομαι πίσω από τον ορίζοντα: *έδυσε ο ήλιος* (συνών. *βασιλεύω·* αντ. *ανατέλλω*). **2.** (μεταφ.) σβήνω, πλησιάζω προς το τέλος μου: *έδυσε η δόξα του* (συνών. *παρακμάζω, ξεπέφτω*).

δω, βλ. *εδώ.*

δώδεκα, επίθ. αριθμ. άκλ. **1.** αριθμός που αποτελείται από μια δεκάδα και δύο μονάδες: ~ *απόστολοι / Ευαγγέλια.* **2.** (στη θέση τακτικού αριθμ. για χρόνο): *στις* ~ *του μηνός· στις* ~ *το μεσημέρι· μπαίνει στα* ~ (= στο δωδέκατο έτος)· (για όμοια πράγματα σuνήθως αριθμημένα) *το κεφάλαιο* ~ (συνών. *δωδέκατος*). **3.** (με ουδ. άρθρο) ο αριθμός δώδεκα (12): *έγραφε επάνω το 12·* (για βαθμολογία) *πήρε* ~ *στο διαγώνισμα·* (για το ψηφίο που αντιπροσωπεύει τον αριθμό) ~ *ελληνικό* (ιβ΄) / *λατινικό* (XII).

δωδεκάδα η, ουσ., σύνολο δώδεκα όμοιων μονάδων θεωρούμενο ως νέα μονάδα: *μια* ~ *μολύβια / πιάτα* (συνών. *ντουζίνα*).

δωδεκαδακτυλεκτομή η, ουσ. (ιατρ.) μερική αφαίρεση του δωδεκαδακτύλου με εγχείρηση.

δωδεκαδάκτυλο το, ουσ. (ανατομ.) το πρώτο τμήμα του λεπτού εντέρου μήκους δώδεκα δακτύλων, που συνδέεται με το στομάχι: *έλκος -ύλου.*

δωδεκάδελτος η, ουσ. (ιστ.) σύγγραμμα που αποτελεί την πρώτη κωδικοποίηση της ρωμαϊκής νομοθεσίας.

δωδεκαδικός, -ή, -ό, επίθ., που έχει ως βάση τον αριθμό δώδεκα: *σύστημα -ό.*

δωδεκαετία η, ουσ., χρονικό διάστημα δώδεκα χρόνων.

δωδεκαήμερο το και **δωδεκάμερα** τα, ουσ. (ασυνίζ.), το χρονικό διάστημα των δώδεκα ημερών μεταξύ Χριστουγέννων και Φώτων.

δωδεκάθεο το, ουσ., οι δώδεκα θεοί του Ολύμπου, στους οποίους πίστευαν οι αρχαίοι Έλληνες.

δωδεκαμελής, -ής, -ές, γεν. *-ούς,* πληθ. αρσ. και θηλ. *-είς,* ουδ. *-ή,* επίθ., που αποτελείται από δώδεκα μέλη: *επιτροπή / οικογένεια* ~.

δωδεκάμερα, βλ. *δωδεκαήμερο.*

δωδεκάμηνος, -η, -ο, επίθ., που διαρκεί δώδεκα μήνες: *θητεία -η.* - Το ουδ. ως ουσ. = χρονική περίοδος δώδεκα μηνών (συνών. *χρόνος, χρονιά*).

δωδεκανησιακός, -ή, -ό, επίθ. (ασυνίζ.), που ανήκει ή αναφέρεται στα Δωδεκάνησα: *χορός* ~· *φορεσιά -ή· έθιμα -ά.*

Δωδεκανήσιος ο, θηλ. *-α,* ουσ., αυτός που κατοικεί στα Δωδεκάνησα ή κατάγεται από εκεί.

δωδεκανησιώτικος, -η, -ο, επίθ. (συνιζ.), που προέρχεται από τα Δωδεκάνησα (συνών. *δωδεκανησιακός*).

δωδεκάρι το, ουσ., ο αριθμός δώδεκα: (για βαθμολογία) *πήρα στο διαγώνισμα ένα* ~· *έπιασα* ~ *στο ΠΡΟ-ΠΟ.*

δωδεκαριά η, ουσ. (συνιζ.), στην έκφρ. *καμιά* ~ (= περίπου δώδεκα): *θα λείψω καμιά* ~ *μέρες.*

δωδεκάστιχος, -η, -ο, επίθ., που αποτελείται από δώδεκα στίχους: *ποίημα -ο.*

δωδεκασύλλαβος, -η, -ο, επίθ. (μετρ.) που αποτελείται από δώδεκα συλλαβές: *στίχος* ~.

δωδεκατημόριο το, ουσ. (ασυνίζ.). **1.** καθένα από τα δώδεκα ίσα μέρη στα οποία έχει διαιρεθεί ένα σύνολο. **2.** το σύνολο των εσόδων και εξόδων του κρατικού προϋπολογισμού που αντιστοιχεί σε ένα μήνα.

δωδέκατος, -η, -ο, επίθ., που έχει, σε αριθμητική σειρά, τον αριθμό δώδεκα: *είμαι* ~ *στον κατάλογο· κεφάλαιο -ο·* έκφρ. *-άτη ώρα* (= η τελευταία προθεσμία, κρίσιμη στιγμή): *ήρθες τη -άτη ώρα!* - Το λόγ. θηλ. *-άτη* ως ουσ.: (με γεν.) *η -άτη του μηνός / του Οκτωβρίου* (= η δωδέκατη μέρα).

δωδεκάχρονος, -η, -ο, επίθ., που έχει ηλικία δώδεκα χρόνων ή που διαρκεί δώδεκα χρόνια: *αγόρι -ο· απουσία -η.*

δωδεκάωρος, -η, -ο, επίθ., που διαρκεί δώδεκα ώρες: *σύσκεψη -η.* - Το ουδ. ως ουσ. = χρονικό διάστημα δώδεκα ωρών: *ταξιδεύαμε ένα ολόκληρο -ο.*

δωδωναίος, -α, -ο, επίθ. (λόγ.), που προέρχεται από τη Δωδώνη. - Το αρσ. και το θηλ. ως ουσ. (με κεφ. το αρχικό γράμμα) = αυτός που κατοικεί στη Δωδώνη ή κατάγεται από εκεί.

δώθε, βλ. *εδώθε.*

δώμα το, ουσ., επίπεδη στέγη, ταράτσα, ιδίως η χωματένια των νησιώτικων σπιτιών.

δωμάτιο το, ουσ. (ασυνίζ.), καθένας από τους χώρους στους οποίους είναι χωρισμένο εσωτερικά με μεσότοιχους ένα σπίτι: *διαμέρισμα τριών -τίων·* ~ *υπηρεσίας* (συνών. *κάμαρα*). - Υποκορ. *-ιάκι* το.

δωρεά η, ουσ. **1.** ανιδιοτελής προσφορά χρημάτων ή άλλων υλικών αγαθών συνήθως για κοινωφελείς σκοπούς: *το βιβλίο είναι* ~ *του τάδε·* ~ *εθνι-*

κού ευεργέτη. **2.** (νομ.) σύμβαση με την οποία μεταβιβάζεται σε κάποιον ένα περιουσιακό στοιχείο: ~ *προγαμιαία / εν ζωή.*

δωρεάν, επίρρ. **1.** χωρίς αμοιβή, ανέξοδα: *δείγμα ~· δουλεύει ~· διανομή ~* (συνών. *τζάμπα*). **2.** άδικα, άσκοπα: *μην παιδεύεσαι ~* (συνών. *μάταια*).

δωρεάν ελάβετε, δωρεάν δότε· αρχαϊστ. φρ.· σε περιπτώσεις που πρέπει να προσφέρει κανείς κάτι που δεν απέκτησε με κόπο.

δωρεοδόχος ο, ουσ. (νομ.) αυτός που δέχεται δωρεά (αντ. *δωρητής*).

δωρητήριο το, ουσ. (ασυνίζ.), έγγραφο με το οποίο γίνεται ή αποδεικνύεται μια δωρεά.

δωρητής ο, θηλ. **-ήτρια,** ουσ., αυτός που προσφέρει δώρο ή δωρεά: *τα ονόματα των -ών· στήλη -ών* (αντ. *δωρεοδόχος*).

δωρίζω, ρ., προσφέρω κάτι χωρίς αντάλλαγμα: *δώρισε στην εκκλησία ένα μεγάλο χρηματικό ποσό· στη γιορτή μου μού -ισαν ένα δαχτυλίδι* (συνών. *χαρίζω*).

δωρικός, -ή, -ό, επίθ. **1.** που ανήκει ή αναφέρεται στους Δωριείς: *ναός -ού ρυθμού· αποικίες -ές.* **2.** (μεταφ.) λιτός, αυστηρός.

δωρισμός ο, ουσ. (γραμμ.) χρήση δωρικών λέξεων, τύπων ή συντακτικών τρόπων.

δώρο το, ουσ. **1.** καθετί που δίνεται σε κάποιον χωρίς αντάλλαγμα ή αμοιβή ως δείγμα αγάπης, φιλίας, τιμής, κλπ.: *~ γαμήλιο· -α πρωτοχρονιάτικα* (= μποναμάδες)· *ανταλλαγή -ων· -ν Θεού* (για αναπάντεχη εύνοια της τύχης) (συνών. *χάρισμα, προσφορά, ρεγάλο*). **2.** επίδομα που χορηγείται στους μισθωτούς τα Χριστούγεννα και το Πάσχα. **3.** αγαθά (ψυχικά, πνευματικά, σωματικά, κλπ.) που δίνει η φύση: *η ομορφιά είναι ~ της φύσης· το ~ της ελευθερίας·* εξαιρετικές αρετές και ικανότητες: *έχει το δώρο της ευγλωττίας* (συνών. *χαρίσματα*). Έκφρ. *άγια ή τίμια -α* (= ο άρτος και ο οίνος της Θείας Ευχαριστίας).

δωροδόκημα το, ουσ., αυτό που δίνει ή παίρνει κανείς για να δωροδοκήσει ή να δωροδοκηθεί: *~ ευτελές.*

δωροδοκία η, ουσ., προσφορά δώρου (ιδίως χρημάτων) για την επίτευξη αθέμιτου σκοπού: *~ υπαλλήλου· κατηγορήθηκε για ~* (συνών. *εξαγορά,* λαϊκ. *λάδωμα, δεκασμός·* αντ. *δωροληψία*).

δωροδοκώ, -είς, ρ., προσφέρω σε κάποιον δώρα (ιδίως χρήματα) για την επίτευξη αθέμιτου σκοπού: *-δόκησε τους μάρτυρες* (συνών. *εξαγοράζω,* (λαϊκ.) *λαδώνω*) (παθ.) *τον απέλυσαν γιατί -ήθηκε* (συνών. λαϊκ. *λαδώνομαι*).

δωρολήπτης ο, θηλ. **-πτρια,** ουσ., αυτός που παίρνει δώρα, που δωροδοκείται.

δωροληψία η, ουσ., λήψη δώρου για παράβαση καθήκοντος: *κατηγορήθηκε για ~* (αντ. *δωροδοκία*).

δώρον άδωρον· αρχαϊστ. έκφρ.· για δώρο που στην πραγματικότητα δεν προσπορίζει κέρδος ή ωφέλεια σε κείνον που το δέχεται: *τι να τα κάνω τα λεφτά του; ~ ~.*

δώσε, βλ. *πάρε-δώσε* και *δίνω.*

δωσιδικία η, ουσ. (νομ.) υπαγωγή δίκης στο αρμόδιο δικαστήριο: *ειδική ~ δικηγόρων.*

δωσίδικος, -η, -ο, επίθ. (νομ.) που είναι υποχρεωμένος να δικαστεί για κάτι, που παραδίδει τον εαυτό του στη δικαιοσύνη να κριθεί για αξιόποινη πράξη: *είναι ακόμη ~ για παλιά υπόθεση.*

δωσίλογος ο, ουσ. **1.** (νομ.) αυτός που είναι υπόχρεος να λογοδοτήσει για τη διαχείριση ξένης οικονομικής υπόθεσης. **2.** αυτός που κατά τη διάρκεια του Β΄ παγκόσμιου πολέμου συνεργάστηκε σε κατεχόμενη χώρα με τον εχθρό σε τομέα στρατιωτικό, πολιτικό ή οικονομικό: *δίκη -όγων.*

ε, Ε (έψιλον). **1.** το πέμπτο γράμμα του ελληνικού αλφαβήτου· ένα από τα φωνήεντα της ελληνικής γλώσσας. - Βλ. και *έψιλον*. **2.** αριθμητικό σημείο = **α.** (όταν έχει τόνο πάνω δεξιά ή τελεία κάτω δεξιά: ε΄, Ε΄, ε.) πέντε, πέμπτος, πέμπτον: *Γρηγόριος ο Ε΄· τόμος ε΄* **β.** (όταν έχει τόνο κάτω αριστερά: ,ε) πέντε χιλιάδες.
ε!, επιφ. **1.** μπροστά από όνομα σε κλητική για να προκαλέσει περισσότερο την προσοχή αυτού που καλείται: *ε! φίλε, δεν ακούς;* **2.** μπροστά από πρόταση που το περιεχόμενό της έρχεται σε αντίθεση με τα προηγούμενα: *νομίζεις πως τα ξέρεις όλα! Ε! σε γελάσανε* (= όμως, λοιπόν). **3.** μπροστά από πρόταση που το περιεχόμενό της συμφωνεί ή επιβεβαιώνει τα προηγούμενα (συχνά με το λοιπόν/ καλά/βέβαια): *μου είχες πει να μην του έχω εμπιστοσύνη. Ε! λοιπόν, είχες δίκιο.* **4.** μπροστά από λ. ή φρ. (σε διάλογο) για να δηλωθεί δυσφορία: *οι φίλοι σου, οι παρέες σου... Ε! σταμάτα πια! με ζάλισες!* **5.** ύστερα από ερώτηση **α.** για να επιστήσομε την προσοχή ή να προκαλέσομε το ενδιαφέρον και την απάντηση του συνομιλητή: *άκουσες τι είπα, ε; έξυπνο παιδάκι, ε;* **β.** για να δώσομε ειρωνικό χρώμα στην προηγούμενη πρόταση επαναλαμβάνοντάς την: *-κουράζομαι υπερβολικά όλη την ημέρα. -Υπερβολικά, ε; από τον ύπνο;* **γ.** για να εκφράσει απειλή: *δε δέχεσαι τους όρους μου, ε! τότε θα πάμε στα δικαστήρια.* **6.** ανεξάρτητο, πριν από φράσεις έκπληξης, απορίας: *ε! εδώ είσαι κι εσύ!* Φρ. *ε και (τι έγινε) λοιπόν* (για άρνηση ή αναίρεση της γνώμης του άλλου, συχνά ειρωνικά· σημαίνει ότι μια ενέργεια δεν είχε κανένα αποτέλεσμα ή κέρδος): *αγωνίστηκες, ε και λοιπόν τι κέρδισες;*
Εαμίτης ο, θηλ. **-ισσα,** ουσ. (ιστ.) μέλος του Εθνικού Απελευθερωτικού Μετώπου (Ε.Α.Μ.), που έδρασε κατά την Κατοχή της Ελλάδας από τους Γερμανούς (1941-1944).
εάν, βλ. *αν*.
εαρινός, -ή, -ό, επίθ., που ανήκει στην άνοιξη ή συμβαίνει κατά τη διάρκειά της: *-ή ισημερία· -ό ισημερινό σημείο· ~ κατάρρους* (συνών. *ανοιξιάτικος*).
εαυτός ο, αντων. (μόνο σε αρσ. γένος, σε όλες τις πτώσεις και πάντα έναρθρη και με τη γεν. της προσωπικής αντων. *μου, σου, του/της, μας, σας, τους*), εγώ, το άτομό μου: *με τις πράξεις σου βλάπτεις μόνο τον -ό σου· εμάς προσπαθείς να πείσεις ή τον -ό σου; κοιτάζει μόνο τον -ό του* (= φρο-ντίζει μόνο για το συμφέρον του)· *όταν πίνει, δεν ελέγχει τον -ό του/δεν είναι κύριος του -ού του· έκφρ. εκτός -ού* (= έξω φρενών, σε κατάσταση που δεν μπορεί κανείς να συγκρατηθεί)· φρ. *έρχομαι στον/βρίσκω τον -ό μου* (= συνέρχομαι, επανέρχομαι στη φυσιολογική μου κατάσταση).
εαυτούλης ο, ουσ. (σκωπτ. και με την προσωπική αντων.) για να δηλωθεί η εγωιστική αντίληψη, ο «φιλοτομαρισμός» κάποιου: *μόνο για τον -η σου νοιάζεσαι!*
εβαπορέ, επίθ. άκλ. (πάντα για το γάλα) συμπυκνωμένο γάλα χωρίς ζάχαρη, [γαλλ. *evaporé*].
έβγα το, ουσ., άκλ. (λαϊκ.). **1α.** (τοπ.) η έξοδος, το σημείο απ' όπου βγαίνει κανείς έξω από ένα χώρο: *συναντηθήκαμε στο ~ του χωριού* (αντ. *έμπα* το) **β.** το να βγαίνει κανείς από κάπου, έξοδος: *στο έμπα χίλιους έκοψε, στο ~ δυο χιλιάδες* (δημ. τραγ.). **2.** (χρον.) παρέλευση, λήξη, τέρμα: *θα γυρίσω στο ~ του καλοκαιριού* (συνών. *τέλη τα*).
έβγαλμα, βλ. *βγάλμα*.
εβγατό το, ουσ. (λαϊκ.), εξάνθημα, απόστημα.
εβδομάδα και **βδομάδα** η, ουσ. **1α.** χρονικό διάστημα επτά ημερών από την Κυριακή έως και το Σάββατο, που επαναλαμβάνεται διαδοχικά και χωρίζει συμβατικά το χρόνο σε ίσα διαστήματα ρυθμίζοντας την εξέλιξη της θρησκευτικής, της επαγγελματικής ή της κοινωνικής ζωής: *οι μέρες της -ας· μια φορά την ~· θα λείψω ως τα μέσα της άλλης -ας·* (θρησκ.) *Μεγάλη Ε-α* & *Ε-α των Παθών* (πριν από την Κυριακή του Πάσχα)· *Διακαινήσιμος Ε-α* (= που αρχίζει την Κυριακή του Πάσχα) **β.** οι μέρες εργασίας (δηλ. πέντε ή έξι): *δούλεψα όλη την ~· ~ εργάσιμη· πήρα δυο βδομάδες άδεια·* (σε σχέση με τις εργάσιμες ημέρες ή ώρες) *~ πέντε ημερών/τριάντα οκτώ ωρών*. **2.** επτάμερο: *η τελευταία ~ του μήνα· σε μια ~* (= την όγδοη μέρα από σήμερα)· (για περίοδο αφιερωμένη σε μια δραστηριότητα) *~ ελληνικών προϊόντων/κινητοποιήσεων/θεατρικών εκδηλώσεων*.
εβδομαδάριος ο, ουσ. (ασυνίζ.), μοναχός που έχει υπηρεσία για μια εβδομάδα.
εβδομαδιαίος, -α, -ο, επίθ. (ασυνίζ.). **1.** που γίνεται, εμφανίζεται, κυκλοφορεί (για έντυπο) κάθε εβδομάδα: *περιοδικό -ο* (συνών. *βδομαδιάτικος*). **2.** που διαρκεί μια εβδομάδα: *άδεια -α* (συνών. *επταήμερος*).
εβδομήκοντα· οι Εβδομήκοντα, ουσ. (ερρ., λόγ.) = οι ελληνιστές Ιουδαίοι που μετέφρασαν την Π. Διαθήκη στα ελληνικά.

εβδομηκονταετία η, ουσ. (έρρ.), χρονική περίοδος εβδομήντα χρόνων.

εβδομηκοστός, -ή, -ό, αριθμ., που έχει σε κάποια σειρά αριθμούμενων πραγμάτων τη θέση που δηλώνει ο αριθμός 70. - Το ουδ. ως ουσ. = το ένα από τα εβδομήντα ίσα μέρη στα οποία χωρίζεται μια μονάδα ή ένα σύνολο.

εβδομήντα, αριθμ. άκλ. (έρρ.). 1. ο αριθμός που αποτελείται από επτά δεκάδες: *τάξη από ~ μαθητές*. 2. με το ουδ. άρθρο αντί για το τακτικό εβδομηκοστός για να δηλωθεί χρονολογία ή ηλικία: *το ~ π.Χ.· είναι πολύ υγιής στα ~ του*.

εβδομηντάρης, -α, -ικο, επίθ. (έρρ.), που έχει ηλικία εβδομήντα ετών (συνών. *εβδομητάχρονος*).

εβδομηνταριά η, αριθμ. (έρρ., συνιζ.), πάντοτε στην έκφρ. *καμιά ~* = περίπου εβδομήντα: *επισκέφθηκαν καμιά ~ σπίτια για τον έρανο*.

εβδομηντάχρονος, -η, -ο, επίθ. (έρρ.), που έχει διάρκεια ή ηλικία εβδομήντα χρόνων: *άντρας ~*. - Το ουδ. στον πληθ. ως ουσ. = γιορταστική εκδήλωση για τα εβδομήντα χρόνια από κάποιο γεγονός.

έβδομον, αριθμ. άκλ, πβ. τα ά. *πρώτον, δεύτερον, τρίτον*.

έβδομος, -η, -ο, αριθμ., που έχει σε μια σειρά αριθμούμενων πραγμάτων τη θέση που δηλώνει ο αριθμός 7· επίθ. *η -η τέχνη* (= ο κινηματογράφος)· φρ. *πετώ/βρίσκομαι στον -ο ουρανό* (= είμαι πολύ ευτυχισμένος). - Το ουδ. ως ουσ. = το ένα από τα επτά ίσα μέρη στα οποία χωρίζεται μια μονάδα ή ένα σύνολο.

εβενίδες οι, ουσ. (φυτολ.) οικογένεια σπερματόφυτων που περιλαμβάνει θάμνους και δέντρα των τροπικών περιοχών με μαύρο σκληρό ξύλο.

εβένινος, -η, -ο, επίθ. 1. που είναι κατασκευασμένος από ξύλο εβένου: *έπιπλα -α*. 2. (μεταφ.) κατάμαυρος (σαν το ξύλο του εβένου): *μαλλιά -α*.

εβενόξυλο το, ουσ., ξύλο που παίρνεται από δέντρα της οικογένειας των εβενιδών.

έβενος ο, ουσ. 1. δέντρο της οικογένειας των εβενιδών που δίνει το ομώνυμο ξύλο. 2. το ξύλο του εβένου, μαύρο και σκληρό για πολυτελείς κατασκευές (συνών. *αμπανόζι*). 3. διάφορα είδη ξύλων που μοιάζουν με τον έβενο και χρησιμοποιούνται στην επιπλοποιία.

εβίβα και **βίβα**, επιφ., στην υγειά σου/σας! (ευχή από μέρους κάποιου που πίνει στους συμπότες του ή σ' αυτόν που του πρόσφερε το ποτό). [ιταλ. *evviva*].

εβονίτης ο, ουσ. (χημ.) πλαστική ύλη που προέρχεται από κατεργασία του καουτσούκ και χρησιμοποιείται για την κατασκευή μονωτικών στην ηλεκτροτεχνία.

Εβραία, βλ. *Εβραίος*.

εβραΐζω, ρ. 1. μιμούμαι τους Εβραίους ακολουθώντας τους τρόπους τους ή μιλώντας τη γλώσσα τους. 2. συμπαθώ τους Εβραίους.

εβραιϊκος, -η, -ο, επίθ., που ανήκει ή αναφέρεται στους Εβραίους (συνήθως με υποτιμητικό χρώμα): *γλώσσα -ή· ~ μαχαλάς·* εκφρ. *-α παζάρια* (= υπερβολική συζήτηση για την τιμή ανάμεσα στον αγοραστή και τον πωλητή). - Το ουδ. στον πληθ. ως ουσ. = α. η εβραϊκή γλώσσα· β. η συνοικία όπου μένουν Εβραίοι ή έχουν τα καταστήματά τους.

Εβραίισσα, βλ. *Εβραίος*.

εβραϊκός, -ή, -ό, επίθ., που ανήκει ή αναφέρεται στους Εβραίους: *τέχνη/θρησκεία -ή* (συνών. *ιουδαϊκός*). - Το θηλ. ως ουσ. = η γλώσσα των Εβραίων.

εβραιολογία η, ουσ., επιστήμη που ασχολείται με την ιστορία και τον πολιτισμό (την τέχνη, γλώσσα, ήθη, έθιμα, θρησκεία) των Εβραίων.

εβραιολόγος ο, ουσ., επιστήμονας που ασχολείται με την εβραιολογία (συνών. *εβραϊστής*.)

εβραιόπουλο το, ουσ., θηλ. **-οπούλα**, νεαρός Εβραίος ή παιδί Εβραίου.

Εβραίος και (μειωτ.) **Οβριός**, θηλ. **-αία** και **-αίισσα** και **Οβριά**, ουσ. 1. αυτός που ανήκει στο εβραϊκό έθνος (συνών. *Ιουδαίος, Ισραηλίτης, Ισραηλινός*). 2. (μεταφ.-μειωτ.) άνθρωπος φιλάργυρος (όπως οι Εβραίοι), συμφεροντολόγος (συνών. *τσιφούτης, σπαγγοραμμένος*).

εβραιοσύνη η, ουσ., το εβραϊκό έθνος.

εβραϊσμός ο, ουσ., εκφραστικός τρόπος που χαρακτηρίζει την εβραϊκή γλώσσα: *οί της μετάφρασης των Εβδομήκοντα*.

εβραϊστής ο, ουσ., εβραιολόγος (βλ. λ.).

έγγαμος, -η, -ο, επίθ. (έρρ.), που έχει παντρευτεί, παντρεμένος (αντ. *άγαμος, ανύπαντρος, ελεύθερος*)· *~ βίος* = ο συζυγικός βίος.

εγγαστρίμυθος, -η, -ο, επίθ. (έρρ.), που μπορεί να μιλά σχεδόν χωρίς να κινεί τα χείλη του, αλλά με την κίνηση των φωνητικών οργάνων του, πράγμα που πετυχαίνεται με εισπνοές και εκπνοές.

εγγειοβελτιωτικός, -ή, -ό, επίθ. (έρρ., ασυνίζ, δις), που αναφέρεται ή αποβλέπει στη βελτίωση της γεωργικής εκμετάλλευσης της γης και την αύξηση της παραγωγικότητας του εδάφους: *έργα -ά*.

έγγειος, -ος, -ο, επίθ. (έρρ., ασυνίζ., λόγ.) που αναφέρεται στη γη και στα προϊόντα της: *~ ιδιοκτησία* = η έκταση της γης κάποιου και οι εγκαταστάσεις πάνω σ' αυτήν· *~ φόρος* = ο φόρος που επιβάλλεται σε κάποιον για τα κέρδη που αποκομίζει από τη γη.

εγγενής, -ής, -ές, γεν. -ούς, πληθ. αρσ. και θηλ. -είς, ουδ. -ή, επίθ. (έρρ.), (για ιδιότητα) έμφυτος, σύμφυτος: *ιδέες -είς* (αντ. *επίκτητος*).

εγγλέζικος, -η, -ο, επίθ. (έρρ.), αγγλικός (βλ. λ.). - Το ουδ. στον πληθ. ως ουσ. = η αγγλική γλώσσα. - Επίρρ. -α.

εγγλεζομαθημένος, -η, -ο, επίθ. (έρρ.), που πήρε εγγλέζικη ανατροφή, που είναι μαθημένος σε αγγλικούς τρόπους συμπεριφοράς (συνών. *αγγλοθρεμμένος*).

εγγλεζόπουλο το, ουσ. (έρρ.), νεαρός Άγγλος.

Εγγλέζος ο, θηλ. **-α** (έρρ.). 1. Άγγλος. 2. αυτός που τηρεί την υπόσχεσή του ή είναι συνεπής στα ραντεβού του (όπως οι Άγγλοι): *~ στο ραντεβού του*. [ιταλ. *Inglese*].

εγγλεζοφέρνω, ρ. (έρρ.), αγγλοφέρνω (βλ. λ.).

εγγονός ο, θηλ. **εγγονή** και (λαϊκ.) **αγγόνα**, ουδ. **εγγόνι** και (λαϊκ.) **αγγόνι** ουσ. (έρρ.), το παιδί του γιου ή της κόρης κάποιου: (παροιμ.) *παπά παιδί, διαβόλου εγγόνι*. - Υποκορ. **-άκι** το, **-ούλα** η.

εγγράμματος, -η, -ο, επίθ. (έρρ.), που έμαθε «γράμματα», μορφωμένος (συνών. *γραμματισμένος, καλλιεργημένος·* αντ. *αγράμματος, αμόρφωτος*).

εγγραφή η, ουσ. (έρρ.). 1. η καταγραφή κάποιου σε κατάλογο ή πίνακα για να βεβαιωθεί η συμμετοχή του σε μια ομάδα, ομαδική ενέργεια ή σ' ένα κοινωνικό ίδρυμα: *-ές μαθητών στο σχολείο*. *~ συν-*

δρομητών (σε εφημερίδα/περιοδικό)· ~ *εργαζομένου στο σωματείο/στους δημοτικούς καταλόγους.* **2.** καταχώριση πράξης ή εγγράφου σε ειδικό βιβλίο για να πάρει χρονολογική σειρά: ~ *της αίτησης στο πρωτόκολλο·* ~ *υποθήκης πάνω σε κάποιο ακίνητο* (στο βιβλίο υποθηκών). **3.** (λογιστ.) καταχώριση στα βιβλία της επιχείρησης κάθε συναλλαγής οικονομικής φύσης. **4.** αποτύπωση με τη βοήθεια τεχνικών μέσων μιας πληροφορίας σ' έναν υλικό φορέα (μαγνητική ταινία, δίσκο, φωτογραφικό φιλμ, κ.τ.ό.) για τη διατήρηση και αναπαραγωγή της: ~ *τραγουδιού σε δίσκο·* ~ *του έργου σε βιντεοκασέτα· κινηματογραφική* ~. **5.** (μαθημ.) ο σχηματισμός κύκλου μέσα σε ευθύπλευρο σχήμα ώστε να εφάπτεται στις πλευρές του ή ευθύπλευρου σχήματος σε κύκλο ώστε να εφάπτεται στην περιφέρεια.

έγγραφος, -η, -ο, επίθ. (έρρ.), γραπτός, γραμμένος: *οδηγίες -ες· κατάθεση/μαρτυρία -η* (αντ. *προφορικός*). - Το ουδ. ως ουσ. = γραπτό κείμενο σύντομο που διατυπώνεται και συντάσσεται μ' έναν ορισμένο τρόπο και με το οποίο δηλώνεται, βεβαιώνεται, ανακοινώνεται, πιστοποιείται, διατάσσεται κάτι: ~ *δημόσιο* (που εκδίδεται από αρμόδια κρατική αρχή και απευθύνεται σε άλλες υπηρεσίες)· ~ *ιδιωτικό* (που εκδίδεται από ιδιώτη και δεν ανταποκρίνεται στους καθορισμένους νόμιμους τύπους που θα του έδιναν κύρος)· ~ *πρωτότυπο* (το πρώτο που εκδίδεται και έχει την υπογραφή του εκδότη)· ~ *διπλωματικό* (που αναφέρεται στις διεθνείς σχέσεις του κράτους). - Επίρρ. **εγγράφως:** *η απόλυσή του του ανακοινώθηκε εγγράφως.*

εγγράφω, ρ., παρατ. *ενέγραφα,* πληθ. *εγγράφαμε,* αορ. *ενέγραψα,* πληθ. *εγγράψαμε,* μτχ. παρκ. *εγγεγραμμένος* (έρρ. λόγ.). **1.** καταγράφω, περιλαμβάνω κάποιον σε αρχείο, μητρώο, κατάλογο, κλπ.: *στις εκλογές ψήφισαν οι μισοί από τους εγγεγραμμένους στο σωματείο/στους εκλογικούς καταλόγους.* **2.** (μαθημ.) σχεδιάζω γεωμετρικό σχήμα μέσα σε ένα άλλο: ~ *εξάγωνο σε κύκλο/κύκλο σε τετράγωνο.*

εγγράφως, βλ. *έγγραφος.*

εγγύηση η, ουσ. (έρρ.). **1.** διαβεβαίωση, εξασφάλιση: *η συμμετοχή σου στη διοίκηση του σωματείου αποτελεί* ~ *για την επίλυση των προβλημάτων των εργαζομένων.* **2.** η εξασφάλιση με χρηματικό ποσό ή με κάποιο άλλο μέσο που παρέχεται από τον οφειλέτη για την ασφάλεια του δανείου του δανειστή: *άφησα το ρολόι μου* ~ *για το ποσό που μου δάνεισε* (συνών. *ενέχυρο, λαϊκ. αμανάτι*). **3.** χρηματικό ποσό που καταβάλλεται από έναν φυλακισμένο (ή από κάποιον τρίτο για λογαριασμό του) για να επιτραπεί η αποφυλάκισή του: *αποφυλακίστηκε με* ~ *100.000 δρχ.* **4.** προκαταβολή που δίνεται στον πωλητή ή εκμισθωτή από μέρους του αγοραστή ή ενοικιαστή αντίστοιχα για τη δέσμευση του πρώτου όσον αφορά τη μεταξύ τους συμφωνία: *ζήτησε τα ενοίκια πέντε μηνών για* ~· *του πλήρωσα για* ~ *το ένα τρίτο της αξίας και το «έκλεισα»* (συνών. *καπάρο, αρραβώνας* λαϊκ.). **5.** (νομ.) η συμφωνητικό που γίνεται ανάμεσα σε δύο άτομα, το πρώτο από τα οποία (ο εγγυητής) αναλαμβάνει την υποχρέωση να καταβάλει στο δεύτερο (τον πιστωτή) το ποσό που του χρωστά ο οφειλέτης σε περίπτωση που εκείνος δεν το πληρώσει. **5.** έγγραφη εξασφάλιση, κατοχύρωση του αγοραστή μιας συσκευής ή μηχανήματος από την κατασκευάστρια εταιρεία ή το κατάστημα πώλησης για την καλή λειτουργία και τη δωρεάν επιδιόρθωση της συσκευής για ορισμένο χρονικό διάστημα: *το πλυντήριο έχει* ~ *για δύο χρόνια.*

εγγυητήριο το, ουσ. (έρρ., ασυνίζ.), η πράξη ή το έγγραφο με το οποίο κάποιος εγγυάται κάτι (συνών. *εγγυητικό*).

εγγυητής ο, θηλ. **-ήτρια,** ουσ. (έρρ.), αυτός που δίνει εγγύηση, που υπογράφει την εγγύηση (βλ. λ.) για λογαριασμό κάποιου οφειλέτη: ~ *για την αποφυλάκιση κάποιου·* -*ήτρια δύναμη* = χώρα που παίζει ρόλο εγγυητή για μια άλλη χώρα.

εγγυητικός, -ή, -ό, επίθ. (έρρ.), που αναφέρεται στην εγγύηση, που εγγυάται κάτι. - Το ουδ. ως ουσ. = η πράξη ή το έγγραφο με το οποίο κάποιος εγγυάται κάτι.

εγγυήτρια, βλ. *εγγυητής.*

εγγυοδοσία η, ουσ. (έρρ.), (νομ.) παροχή ασφάλειας ή εγγύησης και ο τρόπος που εκπληρώνεται ανάλογα με αυτό που κάθε φορά ορίζει ο νόμος: ~ *νόμιμη/συμβατική· συνιστώ* ~.

εγγυοδότης ο, ουσ. (έρρ.), εγγυητής (βλ. λ.).

εγγυοδοτώ, ρ. (έρρ.). **1.** δίνω εγγύηση για λογαριασμό άλλου. **2.** πληρώνω ως εγγύηση το ποσόν που μου ορίστηκε με εγγυοδοσία (βλ. λ.).

εγγυούμαι, βλ. *εγγυώμαι.*

εγγύτητα η, ουσ. (έρρ.). **1.** το να βρίσκεται κάποιος ή κάτι κοντά σε κάποιον ή κάτι, γειτνίαση. **2.** (μεταφ.) ομοιότητα, συγγένεια, συμφωνία: ~ *απόψεων.*

εγγυώμαι και (λαϊκότερο) **εγγυούμαι,** ρ. β΄ εν. -άσαι (έρρ.). **1.** διαβεβαιώνω κάποιον υπεύθυνα για το ποιόν ή την ικανότητα σε κάποιον τομέα ενός ατόμου ή για την ποιότητα ενός πράγματος: *σου* ~ *εγώ ότι πρόκειται για ικανό άτομο/ότι η μηχανή του αυτοκινήτου είναι σε καλή κατάσταση· ποιότητα -ημένη.* **2.** γίνομαι, μπαίνω εγγυητής για κάποιον, δηλαδή ότι θα εκτελέσει υποχρέωση που ανέλαβε: *-ήθηκε στην τράπεζα ο διευθυντής μου για να πάρω το δάνειο.*

Εγείρα, βλ. *Εγίρα.*

εγείρω, ρ., αόρ. *ήγειρα,* πληθ. *εγείραμε* (λόγ.). **1α.** σηκώνω· **β.** η προστ. παθ. αόρ. *εγέρθητε* (στρατιωτικό παράγγελμα για να σηκωθούν όρθιοι οι στρατιώτες μετά κάποια άσκηση). **2.** υποκινώ, προκαλώ: (νομ.) ~ *αγωγή/δίκη·* ~ *αξιώσεις.*

εγελιανισμός ο, ουσ. (ασυνίζ.), η φιλοσοφική διδασκαλία του Εγέλου (Χέγκελ) και των μαθητών του (απόλυτος ιδεαλισμός).

εγελιανός, -ή, -ό, επίθ. (ασυνίζ.), που αναφέρεται στον Έγελο: *θεωρία/φιλοσοφία -ή.* - Το αρσ. ως ουσ. = οπαδός της φιλοσοφίας του Εγέλου (Χέγκελ).

έγερση η, ουσ. (λόγ.). **1.** ξύπνημα, αφύπνιση. **2.** ανοικοδόμηση, ανέγερση: ~ *μνημείου.* **3.** υποκίνηση, πρόκληση: (νομ.) ~ *δίκης/αγωγής* (αντ. *κατάργηση, ματαίωση*). **4.** (ναυτ.) ~ *πολεμική* (= προετοιμασία για τη μάχη πολεμικού πλοίου).

εγερτήριο το, ουσ. (ασυνίζ.), πρωινό σάλπισμα για να ξυπνήσουν οι στρατιώτες.

έγια, επιφ. προτρεπτικό (συνίζ.), (ναυτ.) πάντα στη φρ. ~ *μόλα,* ~ *λέσα* (για να βοηθήσει στο συντονισμό της κωπηλασίας βάρκας με πολλά κουπιά ή στην ανύψωση αντικειμένου με μεγάλο βάρος από ομάδα ατόμων).

Εγίρα η, ουσ., η μετάβαση του Μωάμεθ από τη Μέκκα στη Μεδίνα (16 Ιουλίου 622 μ.Χ.), που δηλώνει την αρχή της μουσουλμανικής χρονολογίας. [αραβ. *higra*].

εγκάθειρκτος, -η, -ο, επίθ. (έρρ., λόγ.), που βρίσκεται σε περιορισμό, φυλακισμένος (συνών. *έγκλειστος, δέσμιος, κρατούμενος*).

εγκάθετος, -η, -ο, επίθ. (έρρ.), που βρίσκεται επίτηδες ανάμεσα στους θεατές θεατρικού έργου ή γενικά ανάμεσα σε συγκεντρωμένο πλήθος, υποκινούμενος από κάποιον, ώστε να επεμβαίνει επιδοκιμάζοντας ή αποδοκιμάζοντας τον ομιλητή: *στη συγκέντρωση υπήρχε ομάδα -έτων που συνθηματολογούσαν εναντίον του ομιλητή* (συνών. *βαλτός*).

εγκαθίδρυση η, ουσ. (έρρ.), ίδρυση, εγκατάσταση· (μεταφ., για πολίτευμα, θεσμούς) καθιέρωση: ~ *της βασιλείας/δικτατορίας/τυραννικού πολιτεύματος*.

εγκαθιδρύω, ρ. (έρρ.), τοποθετώ, εγκαθιστώ· (μεταφ., για είδος πολιτεύματος) καθιερώνω: *ο Οκτάβιος -ει την απολυταρχία στη Ρώμη*.

εγκαθιστώ, ρ., αόρ. ενεργ. *-τέστησα*, μέσ. *εγκαθίσταμαι*, αόρ. παθ. *-ταστάθηκα*, μτχ. παρκ. *εγκατεστημένος* (έρρ.). I. ενεργ. 1. τοποθετώ διορισμένο υπάλληλο στη θέση του: *ο υπουργός -έστησε το γενικό γραμματέα του υπουργείου του*. 2. τοποθετώ κάτι σε συγκεκριμένη θέση: *ο στρατός -έστησε το στρατηγείο του σε επίκαιρη θέση· - τηλεφωνική επικοινωνία·* (μέσ.) *τα γραφεία της εταιρείας -στάθηκαν στο επάνω πάτωμα*. II. (μέσ.) *κατοικώ, διαμένω: -στάθηκα με την οικογένειά μου εδώ και δυο χρόνια στο νησί*.

εγκαίνια τα, ουσ. (έρρ., ασυνίζ.). 1. ειδική τελετή για την παράδοση κοινωφελούς έργου στη χρήση του κοινού ή για την έναρξη της λειτουργίας καταστήματος, επιχείρησης, κ.τ.ό.: ~ *της γέφυρας· ~ του σχολείου/εργοστασίου/καταστήματος παιχνιδιών*. 2. τελετή με την οποία ένας τόπος, χώρος, ένας νέος ναός αφιερώνεται στη λατρεία.

εγκαινιάζω, ρ. (έρρ., ασυνίζ.). 1. τελώ τα εγκαίνια της λειτουργίας ενός καταστήματος, έκθεσης, κλπ..: *ο υπουργός θα -άσει την έκθεση μαρμάρου*. 2. κάνω αρχή της λειτουργίας ενός πράγματος ή χώρου: *χθες -ίασα το νέο μου πλυντήριο*. 3. (μεταφ.) εφαρμόζω κάτι πρώτος: *η σχολή -ίασε το νέο οπτικοακουστικό σύστημα*.

εγκαινίαση η, ουσ. (έρρ.), η τέλεση των εγκαινίων: *έγινε η ~ του εργοστασίου*.

έγκαιρος, -η, -ο, επίθ. (έρρ.), που γίνεται την κατάλληλη στιγμή ή μέσα σε ορισμένη προθεσμία: *εξυπηρέτηση / διάγνωση της αρρώστιας / καταβολή των δόσεων -η*. - Επίρρ. **εγκαίρως** και **έγκαιρα**.

εγκαιροφλεγής, -ής, -ές, γεν. *-ούς*, πληθ. αρσ. και θηλ. *-είς*, ουδ. *-ή*, επίθ. (έρρ., λόγ.), που αναφλέγεται την κατάλληλη στιγμή (για οβίδα που ρυθμίζεται κατάλληλα ώστε να αναφλέγεται σε ορισμένο σημείο της τροχιάς της).

εγκαίρως, βλ. *έγκαιρος*.

εγκάλεσμα το, ουσ. (έρρ.), (νομ.) το να υποβάλλει κανείς μήνυση εναντίον κάποιου (συνών. *καταγγελία*).

εγκαλεστής ο, ουσ. (έρρ.), (νομ.) αυτός που καταγγέλλει κάποιον (συνών. *μηνυτής, κατήγορος*).

εγκαλλώπισμα το, ουσ. (έρρ., λόγ.), καύχημα, καμάρι: ~ *της οικογένειας* (συνών. *αγλάισμα*).

εγκαλώ, ρ., (έρρ.), (νομ.) κινώ αγωγή, υποβάλλω μήνυση (συνών. *καταγγέλλω, μηνύω*). 2. κατηγορώ, καταγγέλλω.

εγκάρδιος, -α, -ο, επίθ. (έρρ., ασυνίζ.). 1. που προέρχεται από την καρδιά, που εκφράζεται με απλότητα και συμπάθεια: *χαιρετισμός ~· υποδοχή -α· συγχαρητήρια -α* (συνών. *θερμός, ειλικρινής*· αντ. *ψυχρός, παγερός*). 2. (για φίλο) πολύ αγαπημένος (συνών. *επιστήθιος, καρδιακός*). 3. (για πρόσωπο) διαχυτικός, εκδηλωτικός: *ήταν πολύ ~ χτες μαζί μου* (συνών. *ανοιχτόκαρδος·* αντ. *βλοσυρός*). - Επίρρ. **-α**.

εγκαρδιότητα η, ουσ. (έρρ., ασυνίζ.), το να είναι κάποιος εγκάρδιος: *με υποδέχτηκαν με ~* (συνών. *θέρμη, διαχυτικότητα*).

εγκαρδιώνω, ρ., (έρρ., ασυνίζ.), δίνω θάρρος, εμπνέω αυτοπεποίθηση (συνών. *εμψυχώνω, ενθαρρύνω·* αντ. *αποκαρδιώνω, αποθαρρύνω*).

εγκαρδίωση η, ουσ. (έρρ.), μετάδοση θάρρους, τόνωση ψυχική: *χρειάζεται ~ στην κατάσταση που βρίσκεται* (συνών. *εμψύχωση, ενθάρρυνση·* αντ. *αποθάρρυνση*).

εγκαρδιωτικός, -ή, -ό, επίθ. (έρρ., ασυνίζ.), που είναι ικανός να εμψυχώνει: *λόγια -ά* (συνών. *ενθαρρυντικός·* αντ. *αποκαρδιωτικός, αποθαρρυντικός*).

εγκάρσιος, -α, -ο, επίθ. (έρρ., ασυνίζ.), που σχηματίζει ορθή γωνία με κάτι άλλο, που τέμνει το μήκος ή το πλάτος του: *-α τομή δέντρου* (συνών. *κάθετος*). - Επίρρ. **-σίως** και **-σια**.

εγκαρτέρηση η, ουσ. (έρρ.), καρτερική υπομονή (συνών. *καρτερικότητα*).

εγκαρτερώ, ρ. (έρρ., λόγ.), υπομένω καρτερικά (αντ. *ανυπομονώ, αδημονώ*).

έγκατα τα, ουσ. (έρρ.), τα κατάβαθα μέρη (κάποιου πράγματος): ~ *της Γης*.

εγκαταλείπω, ρ., αόρ. *εγκατέλειψα*, πληθ. *εγκαταλείψαμε*, μτχ. παρκ. *εγκαταλειμμένος* (έρρ.). 1. αφήνω κάποιον ή κάτι στην τύχη του απροστάτευτο: *-λειψε τη θέση του/την οικογένειά του* (συνών. *παρατώ·* αντ. *κρατώ*). 2. απομακρύνομαι (για πάντα) από κάπου: *-έλειψε το χωριό του από μικρό παιδί*. 3. παραιτούμαι από κάτι: *-έλειψε τις προσπάθειες/τον αγώνα/τα νεανικά του όνειρα*. - Η μτχ. *εγκαταλειμμένος* ως επίθ. = παρατημένος, απροστάτευτος: *παιδί/σπίτι -ο*.

εγκατάλειψη η, ουσ. (έρρ.). 1. οριστική απομάκρυνση από πρόσωπο, τόπο ή πράγμα: ~ *συζυγικής στέγης/συζύγου/θέσης* (= αυτόβουλη, συνήθως κακόβουλη αποχώρηση από τη θέση στην οποία έχει ταχθεί κάποιος για να εκτελεί συγκεκριμένη υπηρεσία· ~ *αεροσκάφους με εκτινασσόμενο κάθισμα*. 2. παραμέληση, αδιαφορία: ~ *ανηλίκου*. 3. παραίτηση από κάτι: ~ *σχεδίων*.

εγκατασπείρω, ρ., αόρ. *εγκατέσπειρα*, πληθ. *εγκατασπείραμε* (έρρ., λόγ.), διασκορπίζω, διαδίδω: *-ει ψευδείς ειδήσεις*.

εγκατάσταση η, ουσ. (έρρ.). 1. μόνιμη τοποθέτηση: *-άσεις ηλεκτρικές/υδραυλικές/μηχανημάτων*. 2. μόνιμη διαμονή: *η -ή του στην πόλη του δημιουργούσε προβλήματα προσαρμογής*. 3. (νομ. για διαθήκη) διορισμός: ~ *κληρονόμου*. 4. (για πρόσωπο) ανάληψη καθηκόντων (συνήθως με τη μορφή τελετής: ~ *των νέων υπουργών*.

έγκαυμα το, ουσ. (έρρ.), (ιατρ.) κάκωση που προκαλείται στους ιστούς του σώματος από φωτιά, χημικές ουσίες ή ακτινοβολία: *εγκαύματα πρώ-*

του/δεύτερου/τρίτου βαθμού.
εγκαυστική η, ουσ. (έρρ.). 1. τεχνική ζωγραφικής κατά την οποία πάνω σε μάρμαρο ή ξύλο τοποθετούνται με πυρακτωμένη λαβίδα χρώματα διαλυμένα σε κερί. 2. πυρογραφία (βλ. λ.).
εγκαυστικός, -ή, -ό, επίθ. (έρρ.), που ανήκει ή αναφέρεται στην εγκαυστική: *εικόνα -ή.*
έγκειται, ρ. (έρρ., λόγ.), (τριτοπρόσ.) βρίσκεται, ενυπάρχει: *πού ~ η δυσκολία/το λάθος; το πρόβλημα ~ στην έλλειψη πόρων.*
εγκεφαλαλγία η, ουσ. (έρρ.), (ιατρ.) πόνος του εγκεφάλου.
εγκεφαλικός, -ή, -ό, επίθ. (έρρ.). 1. που ανήκει ή αναφέρεται στον εγκέφαλο: *διάσειση / αιμορραγία -ή· νεύρα -ά· επεισόδιο -ό.* 2. που είναι υπερβολικά λογικός, διανοητικός: *συγγραφέας / παίχτης ~.* - Το ουδ. ως ουσ. = πάθηση που προέρχεται από βλάβη των εγκεφαλικών νεύρων (συνών. *αποπληξία*). - Επίρρ. **-ά:** *μαθαίνω κάτι -ά* (= χωρίς να ζω το πράγμα από κοντά).
εγκεφαλικότητα η, ουσ. (έρρ.), αυστηρή λογική, έλλειψη συναισθηματισμού ή ποιητικής φαντασίας: *~ της ποίησης του τάδε ποιητή.*
εγκεφαλίτιδα η, ουσ. (έρρ.), (ιατρ.) φλεγμονώδης πάθηση του εγκεφάλου: *~ οξεία.*
εγκεφαλογράφημα το (έρρ.), (ιατρ.) διάγραμμα που απεικονίζει τις κυμάνσεις του ηλεκτρικού δυναμικού των εγκεφαλικών κυττάρων που χρησιμοποιείται για διαγνωστικούς σκοπούς (συνών. *ηλεκτροεγκεφαλογράφημα*).
εγκεφαλογραφία η, ουσ. (έρρ.), (ιατρ.) ανατομική περιγραφή του εγκεφάλου.
εγκεφαλοκήλη η, ουσ. (έρρ.), (ιατρ.) πρόπτωση τμημάτων του εγκεφάλου, που περιβάλλονται από μήνιγγες, μέσα από χάσμα του κρανίου.
εγκεφαλομυελίτιδα η, ουσ. (έρρ., ασυνίζ.), (ιατρ.) φλεγμονώδης πάθηση του εγκεφάλου και του νωτιαίου μυελού.
εγκεφαλονωτιαίος, -α, -ο, επίθ. (έρρ., ασυνίζ.), (ιατρ.) που ανήκει ή αναφέρεται και στον εγκέφαλο και στο νωτιαίο μυελό μαζί: *υγρό -ο.*
εγκεφαλοπάθεια η, ουσ. (έρρ., ασυνίζ.), (ιατρ.) γενική ονομασία των παθήσεων του εγκεφάλου.
εγκέφαλος ο, ουσ. (έρρ.). 1. (ανατομ.) ογκώδες κρανιακό τμήμα του κεντρικού νευρικού συστήματος που περιέχεται στην κοιλότητα του εγκεφαλικού κρανίου: *διάσειση -άλου* (συνών. *μυαλό*). 2. (μεταφ.) διευθύνων νους: *~ επιχείρησης / οργάνωσης / υπουργείου.* 3. *~ ηλεκτρονικός =* εκλαϊκευμένη ονομασία των ηλεκτρονικών υπολογιστών, βλ. *υπολογιστής.*
εγκεφαλοσκοπία η, ουσ. (έρρ.), (ιατρ.) ιατρική εξέταση της κατάστασης του εγκεφάλου.
εγκιβωτισμός ο, ουσ. (έρρ., λόγ.). 1. (τεχνολ.) αποκλεισμός νερού από κάποιο χώρο με στεγανό περίφραγμα. 2. (στη λογοτεχνία, το θέατρο, τον κινηματογράφο) το να περικλείεται μια αφήγηση ή μια σκηνή σε μια άλλη αφήγηση ή σκηνή.
εγκλεισμός ο, ουσ. (έρρ.). 1. περιορισμός σε κλειστό χώρο: *~ σε φυλακή.* 2. (μαθημ.) η ιδιότητα ενός συνόλου Α να αποτελούν όλα τα στοιχεία του μέρος ενός άλλου συνόλου Β.
έγκλειστος, -η, -ο, επίθ. (έρρ., λόγ.). 1. που είναι κλεισμένος, περιορισμένος σε κλειστό χώρο (λ.χ. φρενοκομείο, φυλακή). 2. που είναι κλεισμένος μέσα στον ίδιο φάκελο με επιστολή: *επιταγή / βεβαίωση / αναφορά -η* (συνών. *εσώκλειστος*). 3.

(στην οδοντιατρική, για δόντι) που δεν αναπτύχθηκε φυσιολογικά, αλλά παρέμεινε μέσα στο ούλο: *κυνόδοντας ~.*
έγκλειστρο το, ουσ. (έρρ., λόγ.), μικρό δωμάτιο που χρησιμεύει ως ασκητήριο των έγκλειστων μοναχών (συνών. *ερημητήριο*).
έγκλημα το, ουσ. (έρρ.). 1. (νομ.) βαριά παράβαση νόμου (γραπτού ή άγραφου): *~ στυγερό / αποτρόπαιο / εσχάτης προδοσίας / τέλειο* (συνών. *κακούργημα*). 2. πολύ κακή πράξη, πράξη επιλήψιμη. 3. μεγάλη απερισκεψία: *είναι ~ να παραμελείς την υγεία σου* (συνών. *αφροσύνη*).
έγκλημα καθοσιώσεως· αρχαϊστ. έκφρ. (ιστ.) στο ρωμαϊκό δίκαιο, έγκλημα κατά της πολιτείας και του πολιτεύματος· (κοιν.) για κάτι που είναι ή θεωρείται σοβαρό παράπτωμα (συνήθως ειρων.): *για το σόι ήταν ~ το ότι παντρεύτηκε χωρίς να τους ρωτήσει.*
εγκληματίας ο, ουσ. (έρρ.), αυτός που διαπράττει έγκλημα (συνών. *κακούργος, κακοποιός*).
εγκληματικός, -ή, -ό, επίθ. (έρρ.). 1. (νομ.) που ανήκει ή αναφέρεται στο έγκλημα: *πράξη -ή.* 2. που μπορεί να θεωρηθεί έγκλημα: *αδιαφορία/ανοχή -ή.* - Επίρρ. **-ά.**
εγκληματικότητα η, ουσ. (έρρ.). 1. τάση, ροπή προς το έγκλημα: *~ των αλητών/των ανηλίκων.* 2. σύνολο των εγκλημάτων που γίνεται σε ορισμένο χρόνο ή τόπο ή από ορισμένη κατηγορία ατόμων: *αύξηση / καταπολέμηση της -ας.*
εγκληματογραφία η, ουσ. (έρρ.), περιγραφή και κατάταξη των εγκληματικών πράξεων.
εγκληματολογία η, ουσ. (έρρ.), επιστήμη που ασχολείται με τη συστηματική και πολύπλευρη μελέτη του εγκλήματος και των μεθόδων πρόληψης και καταστολής του.
εγκληματολογικός, -ή, -ό, επίθ. (έρρ.), που ανήκει ή αναφέρεται στην εγκληματολογία: *επιστήμη/έρευνα/στατιστική -ή· συνέδριο -ό· υπηρεσία -ή.*
εγκληματολόγος ο, ουσ. (έρρ.), επιστήμονας που ασχολείται με την εγκληματολογία.
εγκληματώ, -είς, ρ. (έρρ.). 1. διαπράττω έγκλημα. 2. διαπράττω κακή ή επιβλαβή πράξη: *-εί κατά του εαυτού του.*
έγκληση η, ουσ. (έρρ.), (νομ.) καταγγελία που κάνει ο ενάγων ζητώντας την τιμωρία του δράστη εγκλήματος: *διώκεται ύστερα από ~* (συνών. *μήνυση*).
εγκλητήριο το, ουσ. (έρρ., ασυνίζ.), (νομ.) έγγραφο που κοινοποιείται στον κατηγορούμενο πριν από τη δίκη και περιέχει περιληπτικά την κατηγορία που του αποδίδεται (συνών. *κατηγορητήριο*).
εγκλητικός, -ή, -ό, επίθ. (έρρ.), (νομ.) που αναφέρεται στην έγκληση.
εγκλιματίζω, ρ. (έρρ.). 1. (ενεργ.) συνηθίζω ζωντανό οργανισμό να ζει και να αναπτύσσεται σε κλίμα ξένου τόπου: *-ουν φυτά και ζώα άλλων ηπείρων στην Ευρώπη.* II. (μέσ.) εξοικειώνομαι στο ξένο κλίμα, συνηθίζω στο νέο τρόπο ζωής: *δυσκολεύτηκε να -ιστεί στην πόλη / στη νέα του δουλειά* (συνών. *προσαρμόζομαι*).
εγκλιματισμός ο, ουσ. (έρρ.). 1. προσαρμογή ζωντανών οργανισμών σε νέο φυσικό περιβάλλον, διαφορετικό από της πατρίδας τους. 2. (μεταφ.) εξοικείωση με νέες συνήθειες ή αρχές.
εγκλίνομαι, ρ. (έρρ.), (γραμμ.) χάνω τον τόνο ή τον ανεβάζω στη λήγουσα της προηγούμενης λέξης: *λέξεις που -ονται.*

έγκλιση η, ουσ. (έρρ.). 1. (γραμμ.) απώλεια του τόνου ή αναβιβασμός του στη λήγουσα της προηγούμενης λέξης (π.χ. *άνθρωπέ μου, τα ρούχα μου).* 2. (γραμμ.) *-ίσεις ρήματος* = οι διάφορες μορφές που παίρνει το ρήμα για να φανερώσει την ψυχική διάθεση εκείνου που μιλεί: ~ *οριστική/υποτακτική/προστακτική*. 3. (φυσ.) ~ *μαγνητική* = γωνία που σχηματίζει με το οριζόντιο επίπεδο ελεύθερη μαγνητική βελόνα που ισορροπεί.
εγκλισιόμετρο το, ουσ. (έρρ., ασυνίζ.), (φυσ.) όργανο που προσδιορίζει τη μαγνητική έγκλιση.
εγκλιτικός, -ή, -ό, επίθ. (έρρ.), (γραμμ.) που ανήκει ή αναφέρεται στην έγκλιση (βλ.λ. στη σημασ. 1): *λέξεις -ές* (= μονοσύλλαβες λέξεις που ο τόνος τους χάνεται ή ανεβαίνει στη λήγουσα της προηγούμενης λέξης, επειδή προφέρονται πάντοτε στενά μ' αυτήν). - Το ουδ. στον πληθ. ως ουσ. = λέξεις που ο τόνος τους παθαίνει έγκλιση, λέξεις εγκλιτικές.
εγκλωβίζω, ρ. (έρρ., λόγ.). 1. κλείνω σε κλουβί, περιορίζω κάποιον ή κάτι σε πολύ στενό χώρο: *ο ληστής -ίστηκε από αστυνομικούς σε στενό δρομάκι· -ίστηκε σε ασανσέρ εξαιτίας της διακοπής του ρεύματος.* 2. (στρατ.) απομονώνω με πυρά πυροβολικού τμήμα των εχθρικών δυνάμεων σε περιορισμένη εδαφική περιοχή.
εγκλωβισμός ο, ουσ. (έρρ., λόγ.). 1. περιορισμός σε κλουβί ή σε πολύ στενό χώρο: ~ *του γορίλα·* ~ *σε ασανσέρ.* 2. (στρατ.) απομόνωση εχθρικών δυνάμεων με πυρά πυροβολικού σε ορισμένη εδαφική περιοχή.
εγκόλπιο το, ουσ. (έρρ., ασυνίζ.). 1. αντικείμενο που φοριέται στο στήθος για να προφυλάσσει τον κάτοχό του από κάθε κακό (συνών. *φυλαχτό, χαϊμαλί*). 2. μικρό εύχρηστο βιβλίο που περιέχει συνοπτικές γνώσεις που ανάγονται σε ορισμένο κλάδο επιστήμης, τέχνης, διδασκαλίας, κλπ., βιβλίο τσέπης: ~ *μελισσοκομικό* (συνών. *εγχειρίδιο*). 3. (εκκλ.) το επιστήθιο του αρχιερέα που εικονίζει το Χριστό ως επίσημο διακριτικό της αρχιερατικής εξουσίας.
εγκολπώνομαι, ρ. (έρρ.), αποδέχομαι κάτι με ευχαρίστηση: *-ώθηκε τις ιδέες του δασκάλου του/το σοσιαλισμό* (συνών. *ενστερνίζομαι, ασπάζομαι*).
εγκοπή η, ουσ. (έρρ.). 1. βαθύ επίμηκες χάραγμα (συνών. *χαρακιά*). 2. εσοχή που σχηματίζεται με κοφτερό όργανο σε σκληρή συνήθως επιφάνεια για υποδοχή αντίστοιχης προεξοχής άλλου αντικειμένου ώστε να αποτελέσουν ένα σώμα: *τρίζαν τα κουπιά στις -ές.*
εγκόσμιος, -α, -ο, επίθ. (έρρ., ασυνίζ.). 1. που ανήκει σ' αυτόν τον κόσμο: *ζωή -α* (συνών. *επίγειος·* αντ. *ουράνιος*). 2. (μεταφ.) εφήμερος, φθαρτός (συνών. *προσωρινός·* αντ. *αιώνιος, άφθαρτος*). - Το ουδ. στον πληθ. ως ουσ. = τα πράγματα αυτού του κόσμου, τα υλικά αγαθά: *εγκατέλειψε τα -α και κλείστηκε σε μοναστήρι.*
εγκράτεια η, ουσ. (έρρ., ασυνίζ.), το να συγκρατεί κανείς τις επιθυμίες, τις ορμές, τα πάθη του, κ.τ.ό., το να απολαμβάνει με μέτρο τις σωματικές ηδονές ή συνεκδοχικά να απέχει εντελώς από αυτές: ~ *στο φαγητό/της γλώσσας/σεξουαλική· αυστηρή/πολύχρονη* (αντ. *ασωτία*).
εγκρατής, -ής, -ές, γεν. *-ούς,* πληθ. αρσ. και θηλ. *-είς,* ουδ. *ή,* επίθ. (έρρ., λόγ.), που έχει εγκράτεια, που κυριαρχεί στα πάθη και τις επιθυμίες του (ιδίως τις σωματικές): ~ *στην τροφή* (αντ. *άσωτος*).

εγκρίνω, ρ., αόρ. *ενέκρινα,* πληθ. *εγκρίναμε,* (μέσ.) *εγκρίθηκα,* μτχ. *εγκεκριμένος* (έρρ.). 1. θεωρώ κάτι μετά εξέταση και κρίση καλό, σωστό, αξιέπαινο: *-ει σιωπηρά κάθε ενέργειά του· δεν* ~ *τη διαγωγή σου·* (για πρόσωπο) *η θεία δεν τον -ει για γαμπρό* (συνών. *επικροτώ, αποδέχομαι, επιδοκιμάζω·* αντ. *αποδοκιμάζω, απορρίπτω*). 2. αναγνωρίζω κάτι ως έγκυρο, δίνω τη συγκατάθεσή μου για κάτι: *το υπουργείο ενέκρινε τη δαπάνη / τις προσλήψεις·* οι *γιατροί δεν -ουν μια τέτοια θεραπεία* (συνών. *επικυρώνω, συμφωνώ, αναγνωρίζω·* αντ. *ακυρώνω, απορρίπτω*).
έγκριση η, ουσ. (έρρ.). 1. το να γίνεται κάτι αποδεκτό μετά εξέταση και κρίση ως καλό, σωστό, κ.τ.ό.: ~ *άμεση/ομόφωνη· δίνω* ~ (= *εγκρίνω*)· *ζητώ* ~ (συνών. *επιδοκιμασία, αποδοχή, επικρότηση·* αντ. *αποδοκιμασία, απόρριψη*). 2. το να προσδίδεται σε κάτι εγκυρότητα, το να παρέχεται η συγκατάθεση για κάτι: ~ *ισολογισμού από τη γενική συνέλευση (ανώνυμης εταιρείας) / καταλληλότητας φαρμάκου·* (συνεκδοχικά για το σχετικό έγγραφο): *περιμένω την* ~ *του νομάρχη* (συνών. *επικύρωση·* αντ. *ακύρωση*).
εγκριτικός, -ή, -ό, επίθ. (έρρ.), που μ' αυτόν εγκρίνεται κάτι: *απόφαση / πράξη -ή* (συνών. *επιδοκιμαστικός, επικυρωτικός·* αντ. *ακυρωτικός, απορριπτικός*).
έγκριτος, -η, -ο, επίθ. (έρρ., λόγ.), για πρόσωπο του οποίου τις αρετές ή τις ικανότητες όλοι παραδέχονται: *πολίτης / φιλόλογος* ~ (συνών. *διακεκριμένος, διαπρεπής*).
εγκύκλιος η, γεν. *-ίου,* πληθ. ονομ. *-ιοι,* γεν. *-ίων,* αιτ. *-ίους,* ουσ. (έρρ., ασυνίζ.), διαταγή με γενικό περιεχόμενο που μια ανώτερη δικαστική ή διοικητική αρχή την απευθύνει στους υφισταμένους της, ερμηνεύοντας ένα νόμο και διευκολύνοντας την ενιαία εφαρμογή του: ~ *ερμηνευτική / υπουργική / επισκοπική / παπική· εκδίδω / στέλνω -ο.*
εγκύκλιος, -α, -ο, επίθ. (έρρ., ασυνίζ.), σχετικός με τη γενική μόρφωση που παρέχεται σε όλους πριν από κάθε εξειδίκευση: *μόρφωση / παιδεία -α· μαθήματα -α* (αντ. *ειδικός*).
εγκυκλοπαιδεία και **-εια** η, ουσ. (έρρ., ασυνίζ.). 1. βιβλίο συνήθως πολύτομο που περιέχει σε συνοπτική μορφή και με αλφαβητική ή άλλη σειρά «όλες» τις ανθρώπινες γνώσεις: ~ *γενική/επίτομη/θεματική / σχολική·* τα *λήμματα μιας -ας·* (συνεκδοχικά για βιβλίο με ύλη από μια μόνο επιστήμη ή τέχνη) ~ *ειδική / θρησκευτική / της μουσικής·* (μεταφ. για άνθρωπο με πολλές γνώσεις σε όλα τα θέματα) *ρώτησέ τον ό,τι θέλεις, είναι ζωντανή / κινητή -εια.* 2. (ιστ.) *η Ε-α* = μνημειώδες εγκυκλοπαιδικό έργο του 18. αι. που συντάχθηκε από Γάλλους επιστήμονες, φιλοσόφους, κ.ά., υπό την καθοδήγηση του Ντιντερό και του ντ' Αλαμπέρ. [γαλλ. *encyclopédie*<ελλην. *εγκύκλιος παιδεία*].
εγκυκλοπαιδικός, -ή, -ό, επίθ. (έρρ.). 1. που ανήκει ή αναφέρεται στην εγκύκλια, τη βασική μόρφωση: *γνώσεις -ές.* 2. που καλύπτει το «σύνολο» των ανθρώπινων γνώσεων, που σχετίζεται με την εγκυκλοπαιδεία: *έργο -ό· σειρά -ή· λεξικό -ό* (= που δίνει πληροφορίες για πράγματα, για έννοιες· αντ. *γλωσσικό*). - Επίρρ. *-ά* (στη σημασ. 1).
εγκυκλοπαιδικότητα η, ουσ. (έρρ., λόγ.), το να είναι κάτι εγκυκλοπαιδικό.

εγκυκλοπαιδιστής ο, ουσ. (έρρ.), (ιστ.) καθένας από τους Γάλλους επιστήμονες, φιλοσόφους, καλλιτέχνες, κ.ά., που συνεργάστηκαν το 18. αι. στη σύνταξη της Εγκυκλοπαιδείας (βλ. λ. στη σημασ. 2). [γαλλ. *encyclopédiste*].

εγκυμονικός, -ή, -ό, επίθ. (έρρ., λόγ.), που αναφέρεται στην εγκυμοσύνη: *παθήσεις -ές*.

εγκυμονώ, ρ. (έρρ., λόγ.). 1. (σπανίως) κυοφορώ. 2. (μεταφ., για κατάσταση, ενέργεια, κ.τ.ό.) έχω, κρύβω μέσα μου κάτι κακό (που θα συμβεί στο μέλλον): συνήθως στη φρ. *η κατάσταση -εί κινδύνους*.

εγκυμοσύνη η, ουσ. (έρρ.), η κατάσταση της έγκυας γυναίκας, η φυσιολογική λειτουργία και οι μεταβολές στο σώμα της από τη σύλληψη ως τον τοκετό: ~ *ανεπιθύμητη/εξωμήτρια/φυσιολογική· φορέματα -ης· διάγνωση/διάρκεια* (συνήθως 9 μήνες) / *διακοπή της -ης* (= αποβολή ή έκτρωση) (συνών. *κύηση, κυοφορία, λαϊκ. γκάστρι*).

έγκυος, -ος και **-α, -ο**, επίθ. (έρρ.), (για γυναίκα και ζώα θηλυκού γένους) που συνέλαβε κατά τη συνουσία και έχει μέσα στη μήτρα της ένα έμβρυο που αναπτύσσεται: *μένω ~· είμαι τεσσάρων μηνών ~· επίδομα μητρότητας για -ες γυναίκες*. -Το θηλ. ως ουσ. = η έγκυος γυναίκα: *εγκατάλειψη -ύου* (συνών. *λαϊκ. γκαστρωμένη*).

έγκυρος, -η, -ο, επίθ. (έρρ.). 1. που έχει κύρος, βαρύτητα, που γίνεται πιστευτός, παραδεκτός: *πληροφορίες από -η πηγή· γνώμη/εφημερίδα -η· σχολιαστής ~* (συνών. *αυθεντικός, αξιόπιστος*). 2. που έχει νομική ισχύ: *γάμος ~· απόφαση -η* (συνών. *ισχυρός·* αντ. *άκυρος*). - Επίρρ. **-α**.

εγκυρότητα η, ουσ. (έρρ.), το να είναι κάτι έγκυρο: ~ *πληροφορίας* (συνών. *αυθεντικότητα, αξιοπιστία*)· ~ *διαθήκης* (= νομική ισχύς· αντ. *ακυρότητα*).

εγκωμιάζω, ρ. (έρρ., ασυνίζ.), επαινώ κάποιον υπερβολικά, ανεπιφύλακτα, ενθουσιωδώς: ~ *έναν ικανό επιστήμονα / τις αρετές κάποιου* (συνών. *υμνώ, εκθειάζω·* αντ. *επιπλήττω, επιτιμώ*).

εγκωμιασμός ο, ουσ. (έρρ., ασυνίζ.), το να επαινεί, να εγκωμιάζει κανείς κάποιον ή κάτι: ~ *κολακευτικός·* (νομ.) ~ *κακουργήματος* (ως πλημμέλημα κατά τον ποινικό κώδικα) (συνών. *έπαινος·* αντ. *επίπληξη*).

εγκωμιαστής ο, θηλ. **-τρια**, ουσ. (έρρ., ασυνίζ.), αυτός που επαινεί, που εγκωμιάζει (συνών. *επαινέτης, υμνητής·* αντ. *τιμητής*).

εγκωμιαστικός, -ή, -ό, επίθ. (έρρ., ασυνίζ.), που ανήκει ή αναφέρεται σε εγκώμιο: *λόγος ~· κριτική / ποίηση -ή* (συνών. *επαινετικός, εύφημος·* αντ. *επιτιμητικός*). - Επίρρ. **-ά**.

εγκωμιάστρια, βλ. *εγκωμιαστής*.

εγκώμιο το, ουσ. (έρρ., ασυνίζ.). 1. προφορικός ή γραπτός λόγος που επιδοκιμάζει τις αρετές ή τα καλά έργα κάποιου προσώπου ή τα πλεονεκτήματα και την ποιότητα κάποιου πράγματος: ~ *λαμπρό/υποκριτικό· ~ της κυβέρνησης/σκωπτικό· -α πόλεων* (= «εκφράσεις») (συνών. *έπαινος·* αντ. *επίπληξη*)· Φρ. *πλέκω / ψάλλω το ~* (= *εγκωμιάζω*). 2. (εκκλ.) *-α (του Επιταφίου)* = σύντομα τροπάρια που ψάλλονται το βράδι της Μ. Παρασκευής (στην ακολουθία του όρθρου του Μ. Σαββάτου).

έγνοια, βλ. *έννοια*.

εγρήγορση η, ουσ. (λόγ.). 1. αγρυπνία, ξαγρύπνισμα· (φυσιολ.) η κατάσταση δραστηριοποίησης του εγκεφαλικού φλοιού, όταν ο άνθρωπος δεν κοιμάται (αντ. *ύπνος*). 2. (μεταφ.) άγρυπνη, διαρκής και προσεκτική παρακολούθηση (συνήθως για αντιμετώπιση κινδύνου): *βρισκόμαστε σε διαρκή ~ περιμένοντας επίθεση· νους σε ~· ~ του συγγραφέα μπροστά στο παρόν* (συνών. *επαγρύπνηση*).

εγχάραξη η, ουσ. (λόγ.), το να χαράζει κανείς κάτι (πάνω σε σκληρό υλικό).

εγχαράσσω, ρ. (λόγ.), κάνω εγκοπές, χαράζω κάτι πάνω σε σκληρή επιφάνεια (συνών. *σκαλίζω, σμιλεύω*).

εγχείρημα το, ουσ. (λόγ.). 1. τολμηρή πράξη ή επιχείρηση (συνών. *τόλμημα*). 2. (στρατ.) μικρή επιχείρηση με τοπική σημασία: *η κατάληψη του λόφου ήταν ένα δύσκολο ~*.

εγχείρηση η, ουσ. (ιατρ., κοιν.) επέμβαση που πραγματοποιεί (συνήθως με κοφτερό όργανο) χειρουργός σε τμήμα του ζωντανού σώματος για να αποκαταστήσει βλάβη οργάνου ή ιστού, να αφαιρέσει ή να προσθέσει ξένα, να τοποθετήσει μια πρόσθετη συσκευή, να εξαγάγει ξένο σώμα, κλπ.: ~ *δύσκολη / πλαστική / ανοιχτής καρδιάς / με ακτίνες λέιζερ* (αλλιώς *χειρουργική επέμβαση*). [*εγχειρώ*].

εγχειρήσιμος, -η, -ο, επίθ., που μπορεί ή είναι έτοιμος να υποστεί εγχείρηση: *ασθενής / όγκος ~*.

εγχειρητική η, ουσ. (ιατρ.) η τέχνη και οι μέθοδοι της θεραπείας σωματικών παθήσεων με εγχείρηση (συνών. *χειρουργική*).

εγχειρητικός, -ή, -ό, επίθ. (ιατρ.) που σχετίζεται με την εγχείρηση: *τομή -ή· πεδίο -ό* (= το μέρος του σώματος όπου γίνεται η εγχείρηση) (συνών. *χειρουργικός*).

εγχειρίδιο το, ουσ. (ασυνίζ.). 1. (λόγ.) μικρό μαχαίρι ή ξίφος, συνήθως με δίκοπη λεπίδα: ~ *σιδερένιο / τελετουργικό / μουσουλμανικό* (συνών. *κάμα, στιλέτο*). 2. σχολικό βοήθημα ή γενικά διδακτικό σύγγραμμα που περιέχει τις βασικές γνώσεις μιας επιστήμης, μιας τέχνης, κ.τ.ό.: ~ *βοτανικής / κηπουρικής*.

εγχειρίζω, ρ. (λόγ.). 1. (νομ.) δίνω στο χέρι, παραδίδω, εμπιστεύομαι κάτι σε κάποιον: *οφείλει να -ίσει τον κατάλογο στο δικαιούχο*. 2. υποβάλλω κάποιον σε εγχείρηση, χειρουργώ: *χθες -ίστηκες και δεν πρέπει να σηκωθείς από το κρεβάτι*.

εγχείριση η, ουσ. (λόγ.), (νομ.) παράδοση στο χέρι κάποιου: ~ *επιστολής* (συνών. *επίδοση*)/*πράγματος στον αγοραστή*. [*εγχειρίζω*].

εγχειρώ, ρ., (σπανίως) εγχειρίζω (βλ. λ. στη σημασ. 2).

έγχορδος, -η, -ο, επίθ., (για μουσικό όργανο) που έχει χορδές. - Το ουδ. συνήθως στον πληθ. ως ουσ.: *ορχήστρα -όρδων*.

εγχρήματος, -η, -ο, επίθ., συνήθως με το ουσ. *οικονομία* = βαθμίδα στην εξέλιξη της οικονομίας όπου τα αγαθά ανταλλάσσονται με χρήμα: *η σύγχρονη μορφή της -ης οικονομίας είναι η πιστωτική*· αντ. *ανταλλακτική*.

εγχρωμάτωση η, ουσ. (τεχνολ.) προσθήκη χρώματος με τη βοήθεια ηλεκτρονικού υπολογιστή σε ασπρόμαυρη κινηματογραφική ταινία.

έγχρωμος, -η, -ο, επίθ. 1. (λόγ.) που έχει χρώμα, χρωματιστός. 2. που έχει ένα ή περισσότερα χρώματα εκτός από το άσπρο, το μαύρο και το γκρίζο:

φωτογραφία/ (κινηματογραφική) ταινία/ τηλεόραση -η (συνών. *χρωματιστός*· αντ. *ασπρόμαυρος*). **3.** (για άνθρωπο) που δεν ανήκει στη λευκή φυλή: *-οι Αμερικάνοι.*

εγχυτρισμός ο, ουσ. (αρχαιολ.) ο συνηθισμένος για τους αρχαίους τρόπος ταφής των βρεφών μέσα σε αγγεία, ιδίως χύτρες.

εγχώριος, -α, -ο, επίθ. (ασυνίζ.), που παράγεται στη χώρα κάποιου: *τόνωση της -ας παραγωγής· προϊόντα -α* (συνών. *ντόπιος*· αντ. *ξένος*).

εγώ, προσωπ. αντων. α' προσ., γεν. *εμένα -μου*, αιτ. *(ε)μένα -με*, πληθ. ονομ. *εμείς*, γεν. και αιτ. *εμάς -μας*. **1.** τη χρησιμοποιεί εκείνος που μιλά ή γράφει για να ορίσει, να φανερώσει τον εαυτό του: *~ δε φοβάμαι κανέναν·* η *γυναίκα μου κι ~.* **2.** η ονομ. ως υποκ., συνήθως για έμφαση και αντιδιαστολή: *πώς θα μπορούσα ~ να σε κατηγορήσω; ~ πονώ κι εσύ γελάς·* (ως υποκ. ελλειπτ. πρότ.) *«ποιος θα έρθει μαζί μου;» «~!»* (σε επιφωνηματική χρήση) *~ κλέφτης! για ξανατές το αν τολμάς!* (στον προφ. λόγο ως ψυχολογικό υποκ.) *~.* η *γνώμη μου είναι πως...* (αντί: *εμένα η γνώμη μου...*)· Φρ. *~ τα λέω, ~ τ' ακούω* (= δεν εισακούομαι)· *εμείς κι εμείς* (= μόνον εμείς οι (λίγοι) γνωστοί, χωρίς άλλους): *στη βάφτιση ήμαστε εμείς κι εμείς.* **3.** οι πλάγιες πτώσεις ως αντικ. ή προσδ.: *με ζήτησε κανένας; δε μας αγαπά πια; δώσε μου νερό· τι μου κάνεις; μου κρύβει τα μυστικά του· από μένα το πήρες· μεταξύ μας·* (με δεικτ. λ.) *να με!* (για έκφραση ή αντιδιαστολή, συχνά με εκφορά δύο διαφορετικών τ. της ίδιας πτώσης) *σ' εμάς μιλάτε· εμένα μου ζητούν πολλά· εμένα με νοιάζει.* **4.** οι τ. της γεν. *μου, μας, με* σε θέση κτητ. αντων.: *η μητέρα μου· η δουλειά μας.* **5.** οι λέξεις *«εγώ», «εμείς»...*: *όταν... αγωνίζονται πολλοί και φκιάνουν, τότε να λένε «εμείς». Είμαστε εις το «εμείς» κι όχι εις το «εγώ»* (Μακρυγιάννης).

εγώ το, ουσ. άκλ. **1.** (φιλοσ.) το υποκείμενο, η συνείδηση του συγκεκριμένου ατόμου (συνών. *ατομικότητα*). **2.** (ψυχ., διεθνώς *Ego*) το τμήμα της ανθρώπινης προσωπικότητας που συνδέει το άτομο με την πραγματικότητα μέσω των αισθήσεων και ενεργεί μέσα στον εξωτερικό κόσμο ελέγχοντας τις ενστικτώδεις τάσεις που τις καταδικάζει το *«υπερεγώ»: ανάπτυξη/δύναμη του ~.* **3.** η προσωπικότητα ενός ατόμου όταν αυτό προβάλλεται και επιβάλλεται υπολογίζοντας μόνο το συμφέρον του: *τον ενδιαφέρει μόνο το ~ του* (συνών. *εαυτός*).

εγωισμός ο, ουσ. **1.** η υπερβολική τάση κάποιου για τον εαυτό του, η οποία τον κάνει να επιδιώκει την ευχαρίστηση και το συμφέρον του: *~ ανυπόφορος/παθολογικός* (συνών. *ατομικισμός, φιλαυτία*· αντ. *αλτρουισμός*). **2.** η συναίσθηση της προσωπικής αξιοπρέπειας: *μου έθιξε τον -ό* (συνών. *φιλότιμο*). **3.** υπερηφάνεια, αλαζονεία: *ο ~ δεν τον αφήνει να παραδεχτεί το λάθος του.*

εγωιστάκος, βλ. *εγωιστής.*

εγωισταρος, βλ. *εγωιστής.*

εγωιστής ο, θηλ. **-στρια,** ουσ., αυτός που χαρακτηρίζεται από εγωισμό: *είναι τόσο ~ που αδιαφορεί ακόμη και για τους δικούς του* (συνών. *ατομιστής, φίλαυτος*· αντ. *αλτρουιστής*). - Υποκορ. **-άκος** ο. - Μεγεθ. **-αρος** ο.

εγωιστικός, -ή, -ό, επίθ., που ανήκει, αναφέρεται ή ταιριάζει στον εγωιστή ή τον εγωισμό: *τρόπος ~·*

κίνητρα -ά (συνών. *ατομι(κι)στικός, φίλαυτος, εγωκεντρικός*· αντ. *αλτρουιστικός*).

εγώίστρια, βλ. *εγωιστής.*

εγωκεντρικός, -ή, -ό, επίθ. (έρρ.), (για πρόσωπο και τη συμπεριφορά του) που θεωρεί τον εαυτό του κέντρο όλων των πραγμάτων (συνών. *εγωιστικός, φίλαυτος, ατομιστικός*· αντ. *αλτρουιστικός*). - Επίρρ. **-ά.**

εγωκεντρισμός ο, ουσ. (έρρ.), η τάση του ατόμου να θεωρεί τον εαυτό του κέντρο του κόσμου και να βλέπει όλα τα πράγματα σύμφωνα με τη δική του άποψη και τα δικά του ενδιαφέροντα· (ψυχ.) ο ατομιστικός και όχι κοινωνικός χαρακτήρας της παιδικής σκέψης που εκφράζεται ως έλλειψη αντικειμενικότητας.

εγωλάτρης ο, ουσ., αυτός που αγαπά υπερβολικά, χωρίς όρια τον εαυτό του (συνών. *εγωπαθής, εγωκεντρικός, ατομικιστής*).

εγωλατρία η, ουσ., υπερβολική, απεριόριστη αγάπη του εαυτού μας (συνών. *εγωμανία, εγωπάθεια, εγωκεντρισμός*).

εγωμανής, -ής, -ές, γεν. **-ούς,** πληθ. αρσ. και θηλ. **-είς,** ουδ. **-ή,** επίθ., που χαρακτηρίζεται από εγωμανία.

εγωμανία η, ουσ., υπερβολικός, νοσηρός εγωισμός (συνών. *εγωκεντρισμός, εγωπάθεια*).

εγωμορφισμός ο, ουσ., θεωρία για τη γνώση που ξεκινά από το εγώ, δηλ. από τα αισθήματα και τις παραστάσεις του ανθρώπου και όχι από τον εξωτερικό κόσμο.

εγωπάθεια η, ουσ. (ασυνίζ.), το να είναι κανείς εγωπαθής (συνών. *εγωκεντρισμός, εγωμανία*).

εγωπαθής, -ής, -ές, γεν. **-ούς,** πληθ. αρσ. και θηλ. **-είς,** ουδ. **-ή,** επίθ., που χαρακτηρίζεται από εγωπάθεια (συνών. *εγωκεντρικός, εγωμανής*). - Επίρρ. **-ώς.**

εγωτισμός ο, ουσ. **1.** (φιλολ., φιλοσ.) η προσπάθεια να αναλύει κανείς λεπτομερειακά τον εαυτό του με σκοπό τη μελέτη την ανάπτυξη της προσωπικότητάς του. **2.** (κοιν.) η τάση να μιλά κανείς συχνά για τον εαυτό του και να ασχολείται υπερβολικά μ' αυτόν. [γαλλ. *égotisme*].

εγωτιστής ο, ουσ. (φιλολ.) αυτός που χαρακτηρίζεται από εγωτισμό (βλ. λ. στη σημασ. 1), που μιλά υπερβολικά για τον εαυτό του ή ασχολείται διαρκώς μ' αυτόν. [γαλλ. *égotiste*].

εδαφιαίος, -α, -ο, επίθ. (ασυνίζ., λόγ.), που φτάνει ως το έδαφος: *υπόκλιση -α* (= βαθιά, δουλική· αλλιώς *τεμενάς*).

εδαφικός, -ή, -ό, επίθ. **1.** που ανήκει ή αναφέρεται στο έδαφος: *αναπαράσταση/μορφολογία -ή· νερό -ό* (= που υπάρχει κάτω από την επιφάνεια του εδάφους). **2.** που σχετίζεται με την κυριότητα περιοχών: *ακεραιότητα -ή· διεκδικήσεις/παραχωρήσεις -ές.* - Επίρρ. **-ά.**

εδαφικότητα η, ουσ. (διεθνές δίκ.) το κυριαρχικό δικαίωμα κράτους να τιμωρεί και τους αλλοδαπούς που στο έδαφός του διαπράττουν έγκλημα.

εδάφιο το, ουσ. (ασυνίζ.). **1.** (για νόμο, καταστατικό, κ.τ.ό., που διαιρείται σε άρθρα με αύξοντα αριθμό και παραγράφους) υποδιαίρεση παραγράφου: *οι διατάξεις του άρθρου 49, παραγράφου 1, εδάφιο δ' του νόμου (Π.) 404/93* (βραχυγρ. εδ.). **2.** (για την Αγία Γραφή) χωρίο.

εδαφογένεση η, ουσ. (γεωλ.) η διαδικασία του σχηματισμού και της εξέλιξης των εδαφών.

εδαφογνωσία η, ουσ., η επιστημονική γνώση του

εδάφους (συνηθέστερα *εδαφολογία*).
εδαφολογία η, ουσ., η επιστήμη με αντικείμενο τις φυσικές, χημικές και βιολογικές ιδιότητες, τη γένεση, την εξέλιξη και την ταξινόμηση των εδαφών, τις σχέσεις τους με τα φυτά, κ.τ.ό.
εδαφολογικός, -ή, -ό, επίθ., που ανήκει ή αναφέρεται στην εδαφολογία: *έρευνες/μελέτες -ές· χάρτες -οί*.
εδαφομηχανική η, ουσ. (τεχνολ.) επιστήμη που μελετά τις φυσικές ιδιότητες και τους τρόπους εκμετάλλευσης των εδαφών.
έδαφος το, ουσ. **1.** το λεπτό ανώτατο στρώμα του γήινου φλοιού είτε σε φυσική κατάσταση είτε με τις μορφές που παίρνει ως υπόβαθρο για την ανάπτυξη των φυτών και τη ζωή των ανθρώπων και των ζώων: ~ *άγονο/δασώδες/ορεινό· επιφάνεια/ διάβρωση/καλλιέργεια του -άφους·* πέφτω στο ~ (= στο χώμα)· (γεωλ.) *-άφη αμμώδη/αλατούχα·* (στρατ.) *πύραυλος -άφους -άφους/-άφους αέρος* (= που πυροδοτείται ή εκτοξεύεται από το έδαφος εναντίον στόχων στην επιφάνειά του ή στον αέρα)· έκφρ. *προσωπικό -άφους* (= μηχανικοί και όσοι άλλοι εξυπηρετούν ένα αεροπλάνο όταν είναι προσγειωμένο)· φρ. *βρίσκω (πρόσφορο)* ~, *υπάρχει ~ για κάτι* (= κυριολεκτικά για φυτό που αναπτύσσεται· μεταφ. για γνώμη, ιδέα, κ.τ.ό., που θεωρείται δικαιολογημένη, που επικρατεί, που έχει απήχηση): *δε βρήκε ~ η πρόταση του υπουργού για νέα συνάντηση· υπάρχει ~ για συνεννόηση/για φιλία ανάμεσα σε δύο λαούς*. **2.** έκταση γης, περιοχής, τόπος: ~ *ανεξερεύνητο/ εχθρικό· -άφη κατεχόμενα/παρθένα· ~ υπό εντολή/κηδεμονία· προσάρτηση -αφών· πάτριο ~ ή πάτρια -άφη* (= η πατρίδα, χώρα)· *το ελληνικό ~* (= η Ελλάδα)· (ως αντικ. ιδιοκτησίας) *ακίνητα πράγματα είναι το ~ και τα συστατικά του μέρη· κάλυψη/κατάτμηση/κατοχή του -άφους·* φρ. *κερδίζω ~* (= αποκτώ κάτι πρόσθετο· για ιδέα, κ.τ.ό.: = έχω απήχηση): *κερδίζει σταθερά ~ η ιδέα του αφοπλισμού· χάνω ~* (= αδυνατώ να κρατήσω τη θέση μου, να διατηρήσω την υπεροχή μου, υποχωρώ). **3.** (σπανίως για εικόνα) βάθος, φόντο (συνών. *γη* στις σημασ. 1, 3).
εδαφόστρωση η, ουσ. (λόγ.), επίστρωση του εδάφους.
εδαφόσφαιρα η, ουσ. (γεωλ.) το σύνολο των επιφανειακών στρωμάτων του φλοιού της Γης, το εξωτερικό στρώμα της λιθόσφαιρας.
εδέησε, ρ. (τριτοπρόσ., λόγ.), για κάτι που χρειάστηκε να γίνει, που πραγματοποιήθηκε μετά πολλές ενέργειες ή μακρά αναμονή: *επιτέλους ~ να απαντήσει/να εμφανιστεί* (λαϊκ. *βρέθηκε ή έγινε τρόπος*). [αόρ. του *δέομαι*].
Εδέμ η, ουσ., ακλ. **1.** (θρησκ.) ο Παράδεισος: *ο κήπος της ~*. **2.** μεταφ. για μέρος όπου ζει κανείς ευτυχισμένα και αμέριμνα. [μτγν. *Εδέμ<εβρ. Eden*].
έδεσμα το, γεν. *-ατος* ουσ. (λόγ. συνήθως στον πληθ.), τρόφιμα παρασκευασμένα για γεύμα, φαγητά: *-ατα πλούσια/καρυκευμένα/νόστιμα*.
εδεσματολόγιο το, ουσ. (ασυνίζ., λόγ.), κατάλογος εδεσμάτων, φαγητών (συνών. *λίστα, μενού*).
Εδέσσαια, βλ. *Εδεσσαίως*.
εδεσσαϊκός, -ή, -ό και **εδεσσαίικος, -η** και **-ια, -ο,** επίθ., που ανήκει ή αναφέρεται στην πόλη Έδεσσα ή προέρχεται απ' αυτήν: *κεράσια -αίικα*.
Εδεσσαίος ο, θηλ. *-αία*, ουσ., αυτός που κατοικεί στην Έδεσσα ή κατάγεται απ' αυτήν.

έδικτο το, ουσ. (ιστ.) διάταγμα άρχοντα στη Ρώμη: *~ του Διοκλητιανού/Μεδιολάνων*. [λατ. *edictum*].
έδρα η, ουσ. **1.** αντικείμενο, έπιπλο που έχει κατασκευαστεί για να μπορεί κάποιος να κάθεται επάνω σ' αυτό: ~ *ξύλινη/μεταλλική/φορητή/επίσημη* (συνών. *κάθισμα, καρέκλα, σκαμνί, θρόνος*). **2.** κάθισμα (συνήθως πάνω σε βάθρο) με γραφείο ή τραπέζι ή άλλο είδος αναλογίου τοποθετημένο μπροστά του, όπου κάθεται κάποιος προκειμένου να κάνει μια ομιλία, να διδάξει, κλπ.: ~ *καθηγητή/προέδρου/δικαστή· ο δάσκαλος σηκώθηκε από την ~ του·* (συνών. *εδώλιο, καθέδρα*). **3.** (μεταφ.) θέση ή αξίωμα καθηγητή ανώτατης σχολής (παλαιότερα), ανώτερου δικαστικού υπαλλήλου, κλπ.: ~ *ακαδημαϊκή/εισαγγελική / επισκοπική / πανεπιστημιακή / κενή· κατέχει επάξια την ~*... *παραιτήθηκε από την ~· ασιατικών μελετών στο πανεπιστήμιο· κατέλαβε την ~ της βυζαντινής φιλολογίας· πλήρωση/προκήρυξη -ας*. **4.** (συνεκδοχικά) θέση που (ύστερα από εκλογές για την ανάδειξη κυβέρνησης, προεδρείου, εκπροσώπων) καταλαμβάνει ένα μέλος κόμματος: *βουλευτική· το κόμμα πήρε μεγάλο αριθμό -ών στη Βουλή· ~ ευρωβουλευτή*. **5.** ο τόπος που εδρεύει, στη μέση μονίμα ένας υπάλληλος ή όπου λειτουργεί μια δημόσια αρχή, το κεντρικό κατάστημα μιας εταιρείας, επιχείρησης, κλπ.: *η νομαρχία Λακωνίας έχει την ~ της στη Σπάρτη· η ~ της ασφαλιστικής εταιρείας είναι στο Λονδίνο·* (αθλητ.) *η ομάδα έχασε εκτός -ας/παίζει στην ~ της* (= στο δικό της γήπεδο)· (νομ.) ~ *νομικού προσώπου* (= ο τόπος όπου λειτουργεί η διοίκησή του): *η ικανότητα του νομικού προσώπου ρυθμίζεται από το δίκαιο της -ας του* (αστ. κώδ.)· *δεν είναι δυνατή πολλαπλότητα -ας*. έκφρ. *Αγία Έδρα* = το Βατικανό ως τόπος μόνιμης διαμονής του αρχηγού της ρωμαιοκαθολικής Εκκλησίας. **6.** το σημείο, το μέρος όπου συγκεντρώνεται η δράση, το κέντρο δραστηριότητας: ~ *εργασιών/επιχειρήσεων· ~ κύρια·* (μεταφ.) ~ *της συνωμοσίας* (συνών. *βάση, κέντρο, ορμητήριο, εστία*). **7.** (ανατομ.) το μέρος του σώματος με το οποίο κάθεται κανείς, τα οπίσθια· το πίσω άκρο του πεπτικού σωλήνα, ο πρωκτός: έκφρ. *παρά φύσιν ~* (= χειρουργική αναστόμωση στο δέρμα ενός τμήματος του εντέρου ώστε να αποβάλλονται τα κόπρανα σε περίπτωση που απαιτείται εγχείρηση ή αφαίρεση του ορθού). **8.** (ιατρ.) το σημείο του σώματος όπου εμφανίζεται και αναπτύσσεται μια ασθένεια ή μια φυσιολογική ενέργεια, μια λειτουργία: *ο εγκέφαλος είναι η ~ της διανόησης/του λόγου*. **9.** (μαθημ.) a. καθένα από τα πολύγωνα επίπεδα στα οποία περατώνεται ένα πολύεδρο ή ένα στερεό σώμα: *-ες του κύβου/ της πυραμίδας*. **β.** καθένα από τα δύο ημιεπίπεδα που σχηματίζουν μία δίεδρη γωνία. **10.** (ναυτ.) κάθε υποδοχή (ή εγκοπή) που έχει το κατάλληλο σχήμα ώστε να στηρίζεται ένα αντικείμενο πάνω σε στερεό υπόβαθρο: ~ *επιστηλίου/νομέα*.
εδράζομαι, ρ. (λόγ.), στηρίζομαι: *πολιτικό σύστημα που -εται στο δικομματισμό*.
εδραίος, -α, -ο, επίθ. (λόγ.), **1.** που δε μετακινείται, που στέκεται ή κρατιέται χωρίς να κλονίζεται ή να λυγίζει: *βάρη -α* (συνών. *στερεός, σταθερός, ακίνητος, ασφαλής·* αντ. *ασταθής*). **2.** (μεταφ.) που δεν αλλάζει, που δε μεταβάλλει εύκολα κατάστα-

εδραιώνω

ση: *θέληση/πίστη -α· πεποιθήσεις/γνώσεις -ες.* 3. που στηρίζεται στην έδρα (τα οπίσθια) ή βρίσκεται κοντά σ' αυτά: *(γυμν.) -α θέση.*

εδραιώνω, ρ. (κυριολεκτικά και μεταφ.). **Ι.** (ενεργ.) κάνω κάτι εδραίο, στερεό, σταθερό: *~ τη θέση μου/την εξουσία/την ειρήνη* (συνών. στερεώνω, ισχυροποιώ, σταθεροποιώ αντ. κλονίζω, διασαλεύω). **ΙΙ.** (μέσ.) γίνομαι σταθερός, ακλόνητος: *-ώθηκε η πεποίθηση ότι...*

εδραίωση η, ουσ., το να γίνεται κάτι εδραίο, στερεό, το να επιτυγχάνεται η σταθερότητά του: *~ πεποιθήσεων/ειρήνης/του κράτους* (συνών. στερέωση, σταθεροποίηση).

έδρανο το, ουσ. **1.** στενόμακρο κάθισμα με ή χωρίς ράχη στο οποίο μπορούν να καθίσουν πολλά άτομα μαζί: *~ πέτρινο· -α κήπου/σχολείου/αμφιθεάτρου* (συνών. *πάγκος*). **2.** (μηχανολ.) στοιχείο των μηχανών που χρησιμεύει στη στήριξη των ατράκτων ή των αξόνων τους: *-α οριζόντια/εγκάρσια· λίπανση -άνων* (συνών. *κουζινέτο*).

εδρεύω, ρ., έχω την έδρα μου, είμαι εγκατεστημένος, κατοικώ μόνιμα: *η εταιρεία/επιχείρηση -εύει στη Θεσσαλονίκη·* (μεταφ.) *σημείο όπου -εύει η αρρώστια/το κακό.*

εδρικός, -ή, -ό, επίθ., που αναφέρεται στην έδρα (τον πρωκτό) ή βρίσκεται (κοντά) σ' αυτήν, εδραίος στη σημασ. **3**: *απόστημα -ό.*

εδώ και **δω**, επίρρ. **1α.** (τοπ., για στάση και κίνηση) σ' αυτό το μέρος (το μέρος όπου βρίσκεται αυτός που μιλά ή για το οποίο κάνει λόγο): *έλα ~! μένει ~ κοντά· βάλε τα ψώνια ~! κοίτα ~! ~ πάνω/κάτω· είναι καλά ~* (συνών. *αυτού, εδωδά, εδωνά·* αντ. *εκεί, αλλού, εκειδά*)· **β.** (για πόλη, χώρα, κλπ.): *το κλίμα ~ είναι υγρό· οι άνθρωποι ~ είναι πολύ φιλόξενοι· θα είμαι ~ ως αύριο·* **γ.** (για την επίγεια ζωή): *~ μένουν/πληρώνονται όλα!* **δ.** (για μετάδοση ειδήσεων, τηλεπικοινωνία, κλπ.): *~ Θεσσαλονίκη! ~ Β΄ πρόγραμμα...· ~ πύργος ελέγχου.* **2.** (για αναφορά σε συγκεκριμένο σημείο ομιλίας, διήγησης, κειμένου) σ' αυτό το σημείο: *διάβασε ~! ~ είναι γραμμένο· ~ πρέπει να τονίσομε/επαναλάβομε/αναφέρομε...· ~ τελειώνει η Γ΄ πράξη του έργου· συνέχισε από δω και κάτω.* **3.** (για κάποιο γεγονός ή ενέργεια στη θέση δεικτ. αντων. ή επιτ.): *~ διαφωνούμε· άκου δω τι θα σου πω! ~ πέφτεις έξω.* **4.** (επιτ. με δεικτ. αντων.): *αυτός ~ φταίει! τούτος δω ο άνθρωπος με βοήθησε.* **5.** (χρον.) αυτή τη στιγμή, σ' αυτό το σημείο, τότε: *~ σταμάτησε να διαβάζει και κοίταξε γύρω του.* **6.** (χρον. με επόμενο το σύνδ. *και*) **α.** (για να δηλωθεί το χρονικό διάστημα στο οποίο διαρκεί μια πράξη που άρχισε στο παρελθόν και συνεχίζεται): *είμαστε φίλοι ~ και δεκαπέντε χρόνια· έχει αλλάξει συμπεριφορά ~ και λίγο καιρό·* **β.** (για να δηλωθεί το χρονικό διάστημα που έχει περάσει ως τώρα (ή ως ένα σημείο του παρελθόντος) αφότου έγινε μια πράξη) πριν (από): *έστειλα τα χρήματα ~ και λίγες μέρες.* **7.** (με πρόθ. *όπως μέχρι(ς), (έ)ως, ίσαμε,* κ.τ.ό., για να δοθεί ακριβής ορισμός χρον. ή τοπ. σημείου): *θα τρέξετε έως ~ και θα γυρίσετε πίσω· ίσαμε ~ φτάσαμε καλά· ως ~ θα διαβάσετε· μέχρι ~ πέρασε ευχάριστα η ώρα.* **8.** (με την πρόθ. *από*) **α.** (για να δηλωθεί κίνηση): από αυτό το σημείο, το μέρος: *από δω να ξεκινήσετε· να περάσετε·* **β.** (για να δηλωθεί στάση) σ' αυτό το σημείο, απ' αυτή τη μεριά: *από δω βρίσκεται το σπίτι·* **γ.** (για να δηλωθεί προέλευση,

καταγωγή) από αυτόν τον τόπο, από την ίδια περιοχή: *από δω είσαι;* **δ.** (χρον.) από τώρα, από αυτή τη στιγμή: *από δω και πέρα/κι εμπρός·* **ε.** (επιτ. με έναρθρ. ουσ. ή κύρ. όν. στη θέση δεικτ. αντων.): *Εγώ και ο Πέτρος από δω είμαστε μαζί στο στρατό· ο φίλος μου από δω θα σας εξηγήσει·* (για σύσταση προσώπου): *από δω η γυναίκα μου.* Έκφρ. *από δω κι από κει* (= σποραδικά, από διάφορα σημεία): *μάζεψα πληροφορίες από δω κι από κει· ~ κι εκεί* (= σε διάφορα μέρη)· *ως ~ και μη παρέκει* (= δεν πρόκειται να γίνει άλλη υποχώρηση). Φρ. *από δω παν κι άλλοι* (για κάποιον ή κάτι που έφυγε, εξαφανίστηκε)· *από δω είχα, από κει είχα, τα κατάφερα* (= έκανα πολλές και διάφορες προσπάθειες, αλλά πέτυχα το ποθούμενο)· *αυτού που είσαι ήμουνα κι ~ που είμαι θα ΄ρθεις* (γέρος προς νεότερο)· *~ είμαι!* (= ήρθα)· *~ είμαστε!* (= φτάσαμε στο σημείο που μας ενδιαφέρει)· *~ είναι ο κόμπος!* (για δυσκολία)· *~ είσαι κι είμαι* (για να δηλωθεί βεβαιότητα ότι κάτι θα γίνει ή δε θα γίνει)· *~ καταντήσαμε!* (για σημείο κατάπτωσης)· *~ που τα λέμε* (= όπως συζητούμε μεταξύ μας ή για να παρουσιάσω τα πράγματα όπως έχουν)· *~ σε θέλω ή ~ σε θέλω, κάβουρα, να περπατάς στα κάρβουνα* (για δύσκολες καταστάσεις)· *τώρα τα μπλέξαμε* (για δυσχέρειες που παρουσιάζονται απρόοπτα)· *~ χάνει η μάνα το παιδί και το παιδί τη μάνα/ο σκύλος τον αφέντη* (για μεγάλο συνωστισμό)· *ως ~ με φέρνει* (= με στενοχωρεί πολύ, εξαντλεί την υπομονή και ανοχή μου). [<αρχ. επίρρ. *ώδε*].

εδωδά, επίρρ. (λαϊκ.), εδώ ακριβώς: *κάθισε στάσου ~!* (συνών. *εδωνά*). [επίρρ. *εδώ + μόρ. δα*].

εδωδιμοπωλείο το, ουσ. (λόγ.), κατάστημα όπου πωλούνται εδώδιμα, τρόφιμα (συνών. *παντοπωλείο, μπακάλικο*).

εδωδιμοπώλης ο, ουσ. (λόγ.), παντοπώλης, μπακάλης.

εδώδιμος, -η, -ο, επίθ. (λόγ.), που μπορεί να φαγωθεί: *καρποί -οι* (συνών. *φαγώσιμος*). - Το ουδ. στον πληθ. ως ουσ. = τρόφιμα, φαγώσιμα: *έμπορος/κατάστημα -ίμων· -α και αποικιακά.*

εδώθε(ς) και **δώθε**, επίρρ. (λαϊκ.), από αυτό το μέρος, από εδώ: *~ πέρασαν.* [επίρρ. *εδώ + θε(ς)* <αρχ. *-θεν*].

εδώλιο το, ουσ. (ασυνίζ.), έδρα (βλ. λ.), έδρανο (βλ. λ.), κάθισμα: *-α της Βουλής·* έκφρ. *~ του κατηγορουμένου: τον κάθισαν/τον έσυραν στο ~ του κατηγορουμένου* (συνών. (λαϊκ.) *σκαμνί*).

εδωνά, τοπ. επίρρ. (λαϊκ.), εδωδά (βλ. λ.). [επίρρ. *εδώ + μόρ. να*].

-έζος, κατάλ. εθν. ον.: *Γενοβέζος, Ολλανδέζος.*

εθελοδουλία η, ουσ. (λόγ.), θεληματική δουλεία.

εθελόδουλος, -η, -ο, επίθ. (λόγ.), που ανέχεται τη δουλεία του, που υποτάσσεται θεληματικά.

εθελοθυσία η, ουσ. (λόγ.), θεληματική θυσία του εαυτού μας ή των συμφερόντων μας για χάρη άλλου προσώπου ή πράγματος (συνών. *αυτοθυσία, αυταπάρνηση*).

εθελοντής ο, θηλ. **-τρια**, ουσ. (έρρ.). **1.** αυτός που προσφέρεται με τη θέλησή του να κάνει κάτι (συνήθως δύσκολο ή επικίνδυνο): *~ αιμοδότης· -τρια νοσοκόμα· για τα πειράματα ζήτησαν -ές.* **2.** αυτός που κατατάσσεται στο στρατό με τη θέλησή του: *σώμα -ών· ~ ηρωικός.*

εθελοντικός, -ή, -ό, επίθ. (έρρ.). **1.** που γίνεται με την προσωπική θέληση κάποιου: *αιμοδοσία/*

συμμετοχή -ή (συνών. εθελούσιος, εκούσιος, θεληματικός· αντ. υποχρεωτικός, αναγκαστικός). **2.** (για στρατ. σώμα) που αποτελείται από εθελοντές. - Επίρρ. **-ά** και **-ώς:** *προσφέρθηκε -ά ή -ώς.*

εθελοντισμός ο, ουσ. (έρρ.), προσφορά υπηρεσιών στο κοινωνικό σύνολο χωρίς ανταλλάγματα.

εθελόντρια, βλ. *εθελοντής.*

εθελοτυφλία η, ουσ., το να προσποιείται κανείς ότι δε βλέπει κάτι, δεν το προσέχει.

εθελότυφλος, -η, -ο, επίθ. (λόγ.), που προσποιείται ότι δε βλέπει, ότι δεν προσέχει κάτι.

εθελοτυφλώ, -είς, ρ., προσποιούμαι ότι δε βλέπω, «κάνω τα στραβά μάτια».

εθελούσιος, -ία, -ο, επίθ. (ασυνίζ., λόγ.), εθελοντικός (βλ. λ.), εκούσιος, θεληματικός: *-ία έξοδος από μια υπηρεσία· -ία κατάταξη στο στρατό.* -Επίρρ. **-ίως.**

εθίζω, ρ. Ι. (ενεργ.) κάνω κάποιον να συνηθίσει σε κάτι: *~ κάποιον στην κούραση/ταλαιπωρία/στο κρύο* (συνών. *συνηθίζω*). **ΙΙ.** (μέσ.) αποκτώ μια συνήθεια και εξαρτώμαι απ' αυτήν, συνηθίζω στο να κάνω κάτι ή να πάσχω από κάτι: *οργανισμός -ισμένος στα ναρκωτικά* (συνών. *συνηθίζω·* κοιν. *μαθαίνω*).

εθιμικός, -ή, -ό, επίθ., που σχετίζεται με το έθιμο: *κανόνες οί· δίκαιο -ό* (= άγραφο). - Επίρρ. **-ά:** *είναι -ά καθιερωμένο.*

έθιμο το, ουσ. **1.** συνηθισμένος τρόπος ενέργειας που ακολουθείται σε μια κοινωνία, καθιερωμένη συνήθεια της κοινωνικής ζωής που παραδίδεται από γενιά σε γενιά: *~ αρχαίο/βάρβαρο/θρησκευτικό/ξένο/τοπικό· ήθη και -α· κατά το ~· τα -α του γάμου/του τρύγου· είναι/επικρατεί ~· τηρώ το ~· το απαιτεί/επιβάλλει το ~* (συνών. *συνήθιο, συνήθεια·* αντ. *νεοτερισμός*). **2.** κοινωνική πρακτική που με την πάροδο του χρόνου γίνεται ρυθμιστικός κοινωνικός κανόνας που αποκτά γι' αυτόν που τον εφαρμόζει ισχύ νόμου: *το ~ αποτελεί πηγή δικαίου· δημιουργία -ίμου.*

εθιμολογία η, ουσ., το σύνολο των εθίμων ενός λαού ή μιας γεωγραφικής περιοχής.

εθιμοτυπία η, ουσ., το σύνολο των κανόνων συμπεριφοράς που εφαρμόζονται υποχρεωτικά σε επίσημες τελετές, εμφανίσεις, κλπ.: *~ αυστηρή/επίσημη/διπλωματική· το απαιτούν οι κανόνες -ίας* (συνών. *πρωτόκολλο*).

εθιμοτυπικός, -ή, -ό, επίθ., που αναφέρεται στην εθιμοτυπία ή γίνεται σύμφωνα μ' αυτήν: *κανόνες -οί· διατάξεις -ες· -ή συνάντηση μεταξύ αρχηγών κρατών· επίσκεψη -ή.* - Επίρρ. **-ά** και **-ώς.**

εθισμός ο, ουσ. **1.** το να συνηθίζει κάποιος ή κάτι σε κάτι (συνών. *συνήθεια, έξη*). **2.** (ιατρ.) η εξοικείωση και εξάρτηση του οργανισμού από ορισμένες ουσίες (φάρμακα, δηλητήρια, κλπ.).

εθιστικός, -ή, -ό, επίθ., που προκαλεί εθισμό: *δράση -ή.*

εθναπόστολος ο, ουσ. **1.** κήρυκας εθνικών ιδεωδών (που εργάζεται κυρίως στο εξωτερικό). **2.** (ειδικά για τους αποστόλους Πέτρο και Παύλο) απόστολος που κήρυξε το Ευαγγέλιο του Χριστού στα έθνη.

εθνάρχης ο, ουσ. **1.** αρχηγός έθνους. **2.** θρησκευτικός ή πολιτικός ηγέτης που αγωνίζεται για το υπόδουλο έθνος του ή πολιτικός ηγέτης στο πρόσωπο του οποίου ο λαός βλέπει την ενσάρκωση των ιδανικών του: *ο ~ Μακάριος.*

εθναρχία η, ουσ. **1.** το αξίωμα του εθνάρχη. **2.** η έδρα του εθνάρχη. **3.** το συμβούλιο που περιστοιχίζει τον εθνάρχη και αποφασίζει μαζί του για τα εθνικά θέματα.

εθναρχικός, -ή, -ό, επίθ., που ανήκει ή αναφέρεται στον εθνάρχη ή την εθναρχία: *συμβούλιο -ό.*

εθνεγερσία η, ουσ., επανάσταση, εξέγερση υπόδουλου έθνους για την ανάκτηση της ανεξαρτησίας του.

εθνεγέρτης ο, ουσ., αυτός που εξεγείρει το υπόδουλο έθνος σε αγώνα απελευθερωτικό.

εθνικά, βλ. *εθνικός.*

εθνικισμός ο, ουσ. **1α.** αποκλειστική προσήλωση στα εθνικά ιδεώδη· (συνεκδοχικά) πατριωτικά συναισθήματα και αρχές· **β.** (μειωτ.) σοβινισμός. **2.** τάση που υποστηρίζει τα εθνικά ιδεώδη και την παράδοση. **3.** κίνηση (σε μια χώρα που βρίσκεται υπό τον έλεγχο κάποιας άλλης) για πολιτικοοικονομική ανεξαρτησία.

εθνικιστής ο, θηλ. **-ίστρια,** ουσ., αυτός που ακολουθεί τις αρχές του εθνικισμού: *~ αδιάλλακτος* (= *σοβινιστής*)· *αντάρτες -ες* (συνών. *εθνικόφρονας·* αντ. *διεθνιστής*).

εθνικιστικός, -ή, -ό, επίθ., που ανήκει ή αναφέρεται στον εθνικισμό ή τους εθνικιστές: *κίνηση -ή· πνεύμα -ό· τάσεις -ές.* - Επίρρ. **-ά.**

εθνικίστρια, βλ. *εθνικιστής.*

εθνικοποίηση και **εθνοποίηση** η, ουσ., η μεταβίβαση στο κράτος της ιδιοκτησίας και εκμετάλλευσης όλων των παραγωγικών βιομηχανικών, τραπεζικών και ασφαλιστικών επιχειρήσεων, η οποία (ως βάση του σοσιαλισμού) αποτελεί το μέσο με το οποίο επιτυγχάνονται κοινωνικοοικονομικοί σκοποί με τελικό σκοπό την κοινή ωφέλεια και την εθνική ανεξαρτησία (συνών. *κρατικοποίηση·* αντ. *ιδιωτικοποίηση*).

εθνικοποιώ και **εθνοποιώ,** ρ., κάνω εθνικοποίηση (βλ. λ.) (συνών. *κρατικοποιώ·* αντ. *ιδιωτικοποιώ*).

εθνικός, -ή, -ό, επίθ. **1.** που ανήκει ή αναφέρεται στο έθνος: *ύμνος ~· ανεξαρτησία/υπόθεση/γιορτή -ή· κεφάλαια -ά· εισόδημα/χρέος -ό· γλώσσα -ή* (= η γλώσσα ενός κοινωνικού συνόλου που η χρήση της είναι επίσημα αναγνωρισμένη από το κράτος, στο οποίο ανήκει το σύνολο)· *μνημεία -ά* (αντ. *ξενικός, ξένος, διεθνής*). **2.** που ενδιαφέρει, που αφορά όλο το έθνος ή που το έθνος έχει αναλάβει τη συντήρηση, διαχείριση, οργάνωσή του, κλπ.: *οικονομία/άμυνα/Συνέλευση/Βιβλιοθήκη -ή· -ή οδός· Θέατρο/ Ίδρυμα Ερευνών -ό· -ή ομάδα ποδοσφαίρου,* κ.τ.ό. (αντ. *τοπικός, ιδιωτικός, επαρχιακός*). **3.** που προέρχεται από το έθνος ή που το αντιπροσωπεύει το εκφράζει: *προϊόντα -ά· ποιητής -ή· ~ συνείδηση/Αντίσταση -ή· χρώματα -ά* (= τα χρώματα της σημαίας του έθνους)· *φαγητό/ποτό -ό.* **4.** (θρησκ. παλαιότερο) που ανήκει ή αναφέρεται στα έθνη, ειδωλολατρικός· (συνήθως ως ουσ.): *οι απόστολοι κήρυξαν το Ευαγγέλιο στους -ούς.* - Το ουσ. στον πληθ. **η** ουσ. = (γραμμ.) ονόματα παράγωγα τοπωνυμίων που δηλώνουν τον κάτοικο μιας πόλης, χώρας, κλπ. ή αυτόν που κατάγεται από εκεί (λ.χ. *Σερραίος/Κρητικός/Καναδός*). - Επίρρ. **-ά** και **-ώς.**

εθνικοσοσιαλισμός ο, ουσ. (ασυνίζ.), πολιτική θεωρία που διατυπώθηκε το 1923-24 από τον Αδόλφο Χίτλερ με τάσεις ρατσιστικές (κυρίως αντιεβραϊκές) και μιλιταριστικές και με επιδιώξεις παγκόσμιας ηγεμονίας μέσα από το φανατικό εθνικισμό και τη δικτατορική διακυβέρνηση (συνών.

εθνικοσοσιαλιστής

ναζισμός, χιτλερισμός).
εθνικοσοσιαλιστής ο, θηλ. **-ίστρια**, ουσ. (ασυνίζ.), οπαδός του εθνικοσοσιαλισμού (βλ. λ.).
εθνικοσοσιαλιστικός, -ή, -ό, επίθ. (ασυνίζ.), που ανήκει ή αναφέρεται στον εθνικοσοσιαλισμό ή τους εθνικοσοσιαλιστές: *κόμμα -ό· ιδέες -ές.*
εθνικοσοσιαλίστρια, βλ. *εθνικοσοσιαλιστής.*
εθνικότητα η, ουσ. 1. το να κατάγεται κανείς από κάποιο έθνος, το να είναι κανείς μέλος ενός έθνους: ~ *ελληνική/ξένη.* 2. νομικός δεσμός προσώπου, φυσικού ή νομικού, με ορισμένο κράτος: *απόκτηση/στέρηση -ας* (συνών. *υπηκοότητα, ιθαγένεια)·* (ναυτ.) ~ *πλοίου* = δεσμός δικαίου μεταξύ πλοίου και κάποιου κράτους, ο οποίος δημιουργείται με την υπαγωγή του πρώτου στο δίκαιο της σημαίας του δευτέρου: *πλοίο χωρίς* ~ θεωρείται πειρατικό. 3. η εθνική υπόσταση, η ιδέα του έθνους.
εθνικόφρονας ο, ουσ., αυτός που διακατέχεται από εθνικά, πατριωτικά φρονήματα· (σήμερα ειδικά με αρνητ. σημασ. για άτομα με πολύ συντηρητικές πολιτικές ιδέες) (συνών. *εθνικιστής).*
εθνικοφροσύνη η, ουσ., το να έχει κανείς εθνικά, πατριωτικά φρονήματα, το να είναι εθνικόφρονας (βλ. λ.).
εθνικώς, βλ. *εθνικός.*
εθνισμός ο, ουσ., η αγάπη και προσήλωση στο έθνος, στην πατρίδα, η εθνική συνείδηση (συνών. *πατριωτισμός, φιλοπατρία).*
εθνοβιολογία η, ουσ. (ασυνίζ.), η μελέτη των σχέσεων μεταξύ των διάφορων ανθρώπινων πληθυσμών και του ζωικού ή φυτικού περιβάλλοντός τους.
εθνογένεση η, ουσ., κλάδος της ανθρωπολογίας που ασχολείται με την προέλευση και τη συγγένεια των διάφορων ανθρώπινων φυλών.
εθνογλωσσολογία η, ουσ., το σύνολο των επιστημονικών κλάδων που μελετούν τη γλώσσα των λαών που δε διαθέτουν γραφή, καθώς και τις σχέσεις μεταξύ γλώσσας, πολιτισμού και κοινωνίας, όπως διαμορφώνονται στους λαούς αυτούς.
εθνογραφία η, ουσ., επιστήμη, κλάδος της εθνολογίας, που ασχολείται με την περιγραφική μελέτη των πολιτισμών διάφορων κοινωνιών.
εθνογραφικός, -ή, -ό, επίθ., που αναφέρεται στην εθνογραφία: *έρευνες/αποστολές -ές.*
εθνογράφος ο και η, ουσ., επιστήμονας που ασχολείται με την εθνογραφία.
εθνοκαπηλεία η, ουσ., η εκμετάλλευση της ιδέας του έθνους για ρητορισμούς χωρίς περιεχόμενο.
εθνοκτόνος, -α, -ο, επίθ. (λόγ.), που είναι καταστροφικός για το έθνος: *πολιτική -α· διχασμός* ~ (αντ. *εθνοσωτήριος).*
εθνολογία η, ουσ., επιστήμη που μελετά συγκριτικά τις εκδηλώσεις πολιτισμού των διάφορων εθνών, με ιδιαίτερη έμφαση στη σπουδή των πολιτιστικών εκδηλώσεων των πρωτόγονων λαών.
εθνολογικός, -ή, -ό, επίθ., που σχετίζεται με την εθνολογία: *έρευνες -ές· Εταιρεία -ή. - Επίρρ. -ά και -ώς.*
εθνολόγος ο και η, ουσ., επιστήμονας που ασχολείται με την εθνολογία.
εθνομάρτυρας ο, ουσ., αυτός που υπέφερε μαρτύρια ή βρήκε μαρτυρικό θάνατο στον αγώνα για το έθνος του.
εθνομουσικολογία η, ουσ., επιστημονικός κλάδος που μελετά τη μουσική συμπεριφορά του ανθρώπου στις παγκόσμιες εκδηλώσεις της από τους προϊστορικούς χρόνους έως σήμερα.
εθνομουσικολογικός, -ή, -ό, επίθ., που σχετίζεται με την εθνομουσικολογία: *έρευνα -ή.*
εθνομουσικολόγος ο και η, ουσ., επιστήμονας που ασχολείται με την εθνομουσικολογία.
εθνοποίηση, βλ. *εθνικοποίηση.*
εθνοποιώ, βλ. *εθνικοποιώ.*
εθνοπρεπής, -ής, -ές, γεν. *-ούς*, πληθ. αρσ. και θηλ. *-είς,* ουδ. *-ή,* επίθ., που ταιριάζει στο έθνος ή είναι σύμφωνος με την ιστορία και τις παραδόσεις του: *αγωγή* ~.
έθνος το, ουσ., ομάδα ατόμων που έχουν συνείδηση του κοινού ιστορικού παρελθόντος τους και πολιτισμού, τους συνδέουν κοινά ιδανικά και έχουν, κατά κανόνα, κοινή γλώσσα και θρησκεία.
εθνόσημο το, ουσ., διακριτικό σήμα ή έμβλημα ενός έθνους.
εθνοσυνέλευση η, ουσ., συνέλευση των αντιπροσώπων του έθνους που συνέρχεται σε έκτακτες περιστάσεις για τη σύνταξη ή τροποποίηση του συντάγματος: *η α΄* ~ *της Ελληνικής Επαναστάσης.*
εθνοσωτήρας ο, ουσ., αυτός που σώζει το έθνος από κάποια συμφορά (συνήθως σε χρήση ειρωνική).
εθνοσωτήριος, -α, -ο, επίθ. (ασυνίζ.), που είναι σωτήριος για το έθνος: *πολιτική -α.*
εθνότητα η, ουσ., σύνολο ανθρώπων που ανήκουν στο ίδιο έθνος και κατοικούν την ίδια χώρα· *αρχή των εθνοτήτων* = αρχή που αναγνωρίζει σε κάθε έθνος την κυριαρχία πάνω στον εαυτό του και πάνω στο έδαφος που κατοικεί, την ευχέρεια να θεσπίζει και να υιοθετεί κανόνες, με σκοπό να εκλέγει μια δική του κυβέρνηση σύμφωνη με τις ανάγκες του.
εθνοφρουρά η, ουσ., ένοπλη δύναμη ενός έθνους που αποτελείται από στρατιώτες και πολίτες.
εθνοφρουρός ο, ουσ., αυτός που ανήκει στην εθνοφρουρά.
εθνοφύλακας ο, ουσ., αυτός που ανήκει στην εθνοφυλακή.
εθνοφυλακή η, ουσ., δύναμη ενόπλων πολιτών που συγκροτείται σε ανώμαλες περιστάσεις ή σε παραμεθόριες περιοχές για την τήρηση της τάξης (συνών. *πολιτοφυλακή).*
εθνοψυχιατρική η, ουσ., μελέτη των ψυχικών διαταραχών σε συνάρτηση με τις πολιτισμικές ομάδες στις οποίες ανήκουν οι άρρωστοι.
εθνοψυχολογία η, ουσ., κλάδος της ψυχολογίας που ασχολείται με την ψυχολογική έρευνα των ομάδων ως εθνικών ενοτήτων.
εθνωφελής, -ής, -ές, γεν. *-ούς*, πληθ. αρσ. και θηλ. *-είς,* ουδ. *-ή,* επίθ., που είναι ωφέλιμος για το έθνος: *πολιτική* ~. - Επίρρ. **-ώς.**
ειδάλλως και **ειδαλλιώς**, επίρρ., διαφορετικά, αλλιώς: *βιάσου* ~ *θα χάσεις το τρένο.*
ειδεμή, επίρρ., αλλιώς, διαφορετικά: *αν σ᾽ ευχαριστεί, πήγαινε και συ·* ~ *μείνε μαζί μου.*
ειδεχθής, -ής, -ές, γεν. *-ούς*, πληθ. αρσ. και θηλ. *-είς,* ουδ. *-ή,* επίθ. (λόγ.), που είναι απαίσιος στη θέα, φρικιαστικός: *δολοφονία* ~ (συνών. *αποτροπιαστικός).*
ειδή η, ουσ., εξωτερική όψη, πρόσωπο: ~ *αστραφτερή.*
ειδήμονας ο, ουσ., αυτός που γνωρίζει κάτι πολύ καλά: *πρέπει να συμβουλευτείς τους -ες* (συνών.

γνώστης· αντ. *ανίδεος, αδαής).*

ειδησεογραφία η, ουσ., το σύνολο των ειδήσεων ενός χρονικού διαστήματος (συνήθως μιας ημέρας) και η αναγραφή τους στον τύπο: *σημερινή/ ελληνική/ξένη* ~.

ειδησεογραφικός, -ή, -ό, επίθ., που αναφέρεται στην ειδησεογραφία: *σχόλια -ά.*

ειδησεογράφος ο, ουσ., αυτός που συγκεντρώνει και αναγράφει ειδήσεις στον τύπο (συνών. *ρεπόρτερ).*

ειδησεολογία η, ουσ., συλλογή ειδήσεων με επικαιρότητα και ενδιαφέρον για να δημοσιευτούν στον τύπο (συνών. *ρεπορτάζ).*

είδηση η, ουσ. 1. αναγγελία γεγονότος, πληροφορία: *δεν έχουμε -ήσεις του· διαδόθηκε γρήγορα η ~ του θανάτου του* (συνών. *νέο, μήνυμα).* 2. πληροφορία ή αγγελία που γίνεται έγκαιρα από τον τύπο ή το ραδιόφωνο ή την τηλεόραση: *δελτίο -ήσεων* (= συνοπτική ραδιοφωνική ή τηλεοπτική παρουσίαση των ειδήσεων της ημέρας)· *πρακτορείο -ήσεων* (= οργανισμός που συλλέγει ειδήσεις και τις διανέμει στον τύπο, κλπ.)· φρ. *βγάζω ~,* βλ. *βγάζω· δεν έχω* ~ (= δεν ξέρω τίποτε)· *παίρνω ~* (= αντιλαμβάνομαι): *έξω γίνεται χαμός και συ δεν πήρες ~; φέρνω ~* (= αναγγέλλω, πληροφορώ): *σας έφερα ευχάριστες -ήσεις.*

ειδικά, βλ. *ειδικός.*

ειδίκευση η, ουσ. 1. περιορισμός σε ένα μόνο είδος: *~ έρευνας/μελέτης/συζήτησης* (αντ. *γενίκευση).* 2. (συνεκδοχικά) απόκτηση ειδικών γνώσεων, επίδοση σε ειδικό κλάδο επιστήμης ή τέχνης: *πήγε για ~ στην Αμερική.*

ειδικεύω, ρ. 1. κάνω κάτι ειδικό, το περιορίζω σε μία μόνο περίπτωση: *~ το θέμα/την ερώτηση/τη συζήτηση* (αντ. *γενικεύω).* 2. κάνω κάποιον ή κάτι ειδικό σε ορισμένο κλάδο, κατάλληλο για ορισμένη χρήση ή σκοπό: *-ει το μαθητή του στην παπυρολογία.* 3. (μέσ.) αποκτώ ειδικές γνώσεις και εμπειρία σε έναν περιορισμένο επιστημονικό κλάδο ή τέχνη: *-τηκε στην αιματολογία* (συνών. *εξειδικεύομαι).*

ειδικός, -ή, -ό, επίθ. 1. που ανήκει ή αναφέρεται σε ορισμένο είδος ή περίπτωση: *επιστημονικός όρος ~· βραβείο -ό· -ές διατάξεις νόμου· νοσήματα -ά* (= αφροδίσια νοσήματα)· *βάρος -ό* (βλ. λ. στη σημασ. 8α) (αντ. *γενικός).* 2. που είναι προορισμένος για ένα σκοπό: *φάρμακο -ό για τις καρδιοπάθειες.* 3. που έχει ειδικότητα σε κάποιον επιστημονικό κλάδο ή τέχνη: *~ καρδιολόγος/ αγγειολόγος.* 4. (γραμμ.) *σύνδεσμοι -οί* (= οι σύνδεσμοι *πως, που, ότι)· προτάσεις -ές* = δευτερεύουσες προτάσεις που εισάγονται με τους ειδικούς συνδέσμους (ή με το μόριο *να,* αν εκφράζουν αμφιβολία) για να ειδικεύσουν το γενικό και αόριστο νόημα ρήματος, ουσιαστικού, επιθέτου ή περίφρασης· (αρχ. γραμμ.) *απαρέμφατο -ό.* - Το αρσ. ως ουσ. = ειδικευμένος επιστήμονας: *πρέπει να σε δει κάποιος ~· είναι ~ στη συντήρηση αρχαίων μνημείων.* - Επίρρ. **-ά** και **-ώς.**

ειδικότητα η, ουσ., αποκλειστική ικανότητα και ειδίκευση σε έναν κλάδο επιστήμης ή τέχνης: *~ στις παθήσεις ήπατος/στην παλαιογραφία· είναι έξω από την ειδικότητά μου.*

ειδικώς, βλ. *ειδικός.*

ειδοί αι, (λόγ.), το τρίτο δεκαήμερο κάθε μήνα κατά το ρωμαϊκό ημερολόγιο.

ειδολογικός, -ή, -ό, επίθ., που αναφέρεται στη μορφή των πραγμάτων και όχι στο περιεχόμενο: *μόρφωση -ή· χαρακτηριστικά -ά· διαφορές -ές* (συνών. *μορφολογικός).* - Επίρρ. **-ά** και **-ώς.**

ειδοποίηση η, ουσ. 1. προφορική ή γραπτή μετάδοση είδησης, γνωστοποίηση (συνών. *(αν)αγγελία, ανακοίνωση).* 2. (συνεκδοχικά) το έγγραφο με το οποίο γίνεται η γνωστοποίηση: *~ τράπεζας* (συνών. *ειδοποιητήριο).*

ειδοποιητήριο το, ουσ. (ασυνίζ., δις), έγγραφο που περιέχει ειδοποίηση: *~ ταχυδρομικής επιταγής/έξωσης.*

ειδοποιητικός, -ή, -ό, επίθ. (ασυνίζ.), που ειδοποιεί: *επιστολή -ή.*

ειδοποιός, -ός, -ό, επίθ. (ασυνίζ.), *~ διαφορά* = χαρακτηριστικό γνώρισμα που χρησιμεύει ως βάση για τη μόρφωση της έννοιας του είδους και που δεν απαντά σε άλλο είδος του ίδιου γένους.

ειδοποιώ, ρ., (ασυνίζ.), πληροφορώ κάποιον για κάτι: *-ήθηκα εγκαίρως· -ησα τους δικούς μου για το ατύχημα* (συνών. *ανακοινώνω, γνωστοποιώ, αναγγέλλω).*

είδος το, ουσ. 1. ποιότητα (ηθική ή υλική): *τι -ους άνθρωπος είναι;* 2. (κυρίως στον πληθ.) αντικείμενο ορισμένης χρήσης: *-η στρατιωτικά/φαρμακευτικά· ~ πολυτελείας/πρώτης ανάγκης.* 3. (λογική) κάθε έννοια που περιλαμβάνεται στο πλάτος ευρύτερης έννοιας, η οποία ονομάζεται *γένος.* 4. (ζωολ. - φυτολ.) κατώτερη μονάδα διαίρεσης ζώων και φυτών που έχουν τα ίδια κοινά χαρακτηριστικά. Έκφρ. *ειδών ειδών* (= λογιών λογιών): *υπάρχουν ειδών ειδών άνθρωποι.* Φρ. *πληρώνω σε ~* (= πληρώνω όχι με χρήματα, αλλά ανταλλάσσω το προϊόν που αγόρασα με άλλα).

ειδυλλιακός, -ή, -ό, επίθ. (ασυνίζ.). 1. που ανήκει ή αναφέρεται στο ειδύλλιο: *ποίηση -ή.* 2. που μοιάζει μ' αυτά που περιγράφονται σε ειδύλλιο: *ζωή -ή· τοπίο -ό· ~ έρωτας.*

ειδύλλιο το, ουσ. (ασυνίζ.). 1. σύντομο, περιγραφικό ή διαλογικό ποίημα εμπνευσμένο από την ποιμενική ζωή: *-ια του Θεοκρίτου.* 2. πεζό διήγημα που περιγράφει ερωτικά αισθηματικά επεισόδια. 3. (συνεκδοχικά) τρυφερή ερωτική σχέση: *το ~ πλέχτηκε το καλοκαίρι.*

ειδώλιο το, ουσ. (ασυνίζ.), μικρό άγαλμα: *~ μαρμάρινο/κυκλαδικό/γεωμετρικής εποχής* (συνών. *αγαλματάκι).*

είδωλο το, ουσ. 1. ομοίωμα, άγαλμα λατρείας ψεύτικης θεότητας κατά τη χριστιανική αντίληψη. 2. αϋλη μορφή, εικόνα της φαντασίας (συνών. *φάντασμα).* 3. (μεταφ.) πρόσωπο που αγαπιέται με πάθος, γίνεται αντικείμενο λατρείας: *ηθοποιός/ αθλητής ~ της νεολαίας* (συνών. *ίνδαλμα).* 4. (φυσ.) αναπαραγωγή εικόνας αντικειμένου (πραγματική ή φαινομενική) με τη βοήθεια φακού ή κατόπτρου που βασίζεται στα οπτικά φαινόμενα της ανάκλασης ή διάθλασης των φωτεινών ακτίνων.

ειδωλολάτρης ο, θηλ. **-ισσα,** ουσ. 1. αυτός που λατρεύει τα είδωλα, τους ψεύτικους θεούς. 2. (μεταφ.) αυτός που λατρεύει κάποιον υπερβολικά (συνών. *προσωπολάτρης).*

ειδωλολατρία η, ουσ. 1. λατρεία των ειδώλων, των ψεύτικων θεών. 2. (μεταφ.) υπερβολική αγάπη και αφοσίωση σε κάποιο πρόσωπο (συνών. *προσωπολατρία).*

ειδωλολατρικός, -ή, -ό, επίθ., που σχετίζεται με τον ειδωλολάτρη ή την ειδωλολατρία: *θρησκεία*

ειδωλολάτρισσα
-ή. - Επίρρ. -ά.
ειδωλολάτρισσα, βλ. ειδωλολάτρης.
ειδωμένος, βλ. βλέπω.
είθε, επιφ., δηλώνει ευχή (απραγματοποίητη ή που μπορεί να πραγματοποιηθεί): ~ να μην έφευγες ποτέ! ~ να περάσεις στο Πανεπιστήμιο! (συνών. μακάρι, άμποτε).
εικάζω, ρ., αόρ. είκασα, μέσ. τριτοπρόσ. -εται (ελλειπτ. στον αόρ.), υποθέτω: -εται ότι θα συνεργαστούν οι δύο πολιτικές παρατάξεις.
εικασία η, ουσ., σχηματισμός κρίσης από τα δεδομένα, υποθετική γνώμη: όλ' αυτά είναι -ες των δημοσιογράφων.
εικαστικός, -ή, -ό, επίθ. α. που έχει την ικανότητα να εικονίζει, που μορφοποιεί την ύλη: τέχνες εικαστικές (= αρχιτεκτονική, γλυπτική και ζωγραφική) (συνών. παραστατικός)· β. που σχετίζεται με τις εικαστικές τέχνες: ~ Μάιος.
εική και ως έτυχε αρχαϊστ. έκφρ. = τυχαία.
εικόνα η, ουσ. 1α. ομοίωμα, υλική αναπαράσταση πραγματικής ή φανταστικού αντικειμένου ή μορφής, με πλαστικά, διακοσμητικά ή φωτογραφικά μέσα: βιβλίο με -ες (= βιβλίο εικονογραφημένο) (συνών. ζωγραφιά, φωτογραφία)· β. ζωγραφική αναπαράσταση αγίων προσώπων της εκκλησίας: ~ του αγίου Δημητρίου/του Χριστού (συνών. εικόνισμα, αγιογραφία). 2. παράσταση στη φαντασία προσώπου, πράγματος ή γεγονότος που άφησε ζωηρή εντύπωση: δεν ξεχνώ την εικόνα του δυστυχήματος. 3. είδωλο σε καθρέφτη. 4. ζωηρή και παραστατική περιγραφή με το λόγο (γραπτό ή προφορικό): έδωσε μια γενική ~ της κατάστασης· το κείμενο είναι γεμάτο ωραίες -ες· ~ παραβολική. 5. σκηνή θεατρικού έργου. 6. άποψη, ιδέα: πήρα μια ~ της υπόθεσης. 7. απεικόνιση που δίνεται με τηλεοπτικά μέσα, λήψη: σήμερα δεν έχουμε καθαρή ~. - Υποκορ. **-ίτσα** η, στη σημασ. Ιβ: είχε μια -ίτσα της Παναγίας.
εικονίζω, ρ., παριστάνω με εικόνα: ο πίνακας -ει θαλασσινό τοπίο (συνών. απεικονίζω).
εικονικός, -ή, -ό, επίθ., που αναφέρεται στην εικόνα των πραγμάτων και όχι στην ουσία, φαινομενικός: φοροδιαφυγή από -ές δωρεές· γάμος ~· ποσά -ά (συνών. πλασματικός, ψεύτικος· αντ. πραγματικός, αληθινός). - Επίρρ. **-ά** και **-ώς.**
εικονικότητα η, ουσ., ψεύτικη και πλασματική υπόσταση: (νομ.) η ~ δε βλάπτει εκείνον που συναλλάχθηκε αγνοώντας την (Αστ. Κώδ.) (συνών. πλασματικότητα· αντ. πραγματικότητα, αλήθεια).
εικόνισμα το, ουσ., εικόνα (βλ. λ. σημασ. Ιβ): τον έχω ~ (= τον αγαπώ και τον σέβομαι πάρα πολύ). - Υποκορ. **-ατάκι** το.
εικονιστικός, -ή, -ό, επίθ., που περιγράφει ή εκφράζεται με παραστατικές εικόνες: τέχνη -ή (συνών. παραστατικός).
εικονίτσα, βλ. εικόνα.
εικονοαεροπλάνο το, ουσ., ειδικό αεροπλάνο για τη λήψη μετρητικών αεροφωτογραφιών.
εικονογράφημα το, ουσ., εικονογραφία, ζωγραφιά: παιδικό βιβλίο με -ατα.
εικονογραφημένος, -η, -ο, επίθ., που είναι διακοσμημένος με εικονογραφίες: περιοδικό/βιβλίο -ο.
εικονογράφηση η, ουσ. 1. διακόσμηση με εικόνες: ~ βιβλίου από γνωστό ζωγράφο (συνών. ζωγραφιά). 2. το σύνολο των εικόνων που στολίζουν ένα βιβλίο, κτήριο, κλπ.
εικονογραφία η, ουσ. 1. ζωγραφική απεικόνιση θρησκευτικών θεμάτων, ιδίως εικόνων αγίων: ~ βυζαντινή/αγιορείτικη (συνών. αγιογραφία). 2. αναπαράσταση με εικόνες: θέμα -ας η φύση. 3. εικονογράφηση (βλ. λ.). 4. η τέχνη της εικονογράφου.
εικονογραφικός, -ή, -ό, επίθ., που ανήκει ή αναφέρεται στην εικονογραφία ή τον εικονογράφο: -ό σύστημα γραφής = αυτό που αντί για γράμματα χρησιμοποιεί σχηματοποιημένες εικόνες. -Επίρρ. -ά.
εικονογράφος ο και η, ουσ. 1. αυτός που ζωγραφίζει εκκλησιαστικές εικόνες (συνών. αγιογράφος). 2. διακοσμητής βιβλίου ή κτιρίου με εικόνες.
εικονογραφώ, ρ. 1. διακοσμώ με εικόνες έντυπο ή κτήριο. 2. (μεταφ.) περιγράφω παραστατικά: ο ποιητής -εί με το έργο του τη ζωή του βουνού και της στάνης.
εικονοκλάστης ο, ουσ. (ιστ. - θρησκ.) εικονομάχος (βλ. λ.).
εικονοκλαστικός, -ή, -ό, επίθ. 1. που ανήκει ή αναφέρεται στον εικονοκλάστη: εποχή -ή. 2. (μεταφ.) ανατρεπτικός: -ή πολιτική πρόταση.
εικονολάτρης ο, θηλ. **-ισσα** η, ουσ. (ιστ.) αυτός που λατρεύει τις άγιες εικόνες και παραδέχεται τις θαυματουργικές τους ιδιότητες· οπαδός της εικονολατρίας (βλ. λ.) (αντ. εικονομάχος, εικονοκλάστης).
εικονολατρία η, ουσ. (ιστ.) η λατρεία των αγίων εικόνων· κίνηση αντίθεση στην εικονομαχία (βλ. λ.) (αντ. εικονομαχία).
εικονολατρικός, -ή, -ό, επίθ., που ανήκει ή αναφέρεται στην εικονολατρία ή τον εικονολάτρη: αντιλήψεις -ές.
εικονολάτρισσα, βλ. εικονολάτρης.
εικονολήπτης ο, ουσ. 1. συσκευή λήψης κινηματογραφικών ή τηλεοπτικών εικόνων (συνών. κάμερα). 2. τεχνικός που χειρίζεται τη συσκευή.
εικονομαχία η, ουσ. (ιστ.) ο αγώνας κατά της λατρείας των ιερών εικόνων και των εικονολατρών (βυζαντινή διαμάχη που ξέσπασε τον 8 αι. μ.Χ.).
εικονομαχικός, -ή, -ό, επίθ., που αναφέρεται στην εικονομαχία ή τους εικονομάχους: διαμάχη/πολιτική -ή (συνών. εικονοκλαστικός· αντ. εικονολατρικός).
εικονομάχος ο, ουσ. (ιστ.) οπαδός της εικονομαχίας (βλ. λ.) (συνών. εικονοκλάστης· αντ. εικονολάτρης).
εικονομαχώ, ρ. (ιστ.) κάνω πόλεμο κατά των ιερών εικόνων. - Βλ. και εικονομαχία.
εικονόμετρο το, ουσ., όργανο που καθορίζει την εστιακή απόσταση για φωτογράφηση.
εικονοσκόπιο το, ουσ. (ασυνίζ.), ηλεκτρονική λυχνία ανάλυσης της τηλεοπτικής εικόνας, που χρησιμοποιείται στους τηλεοπτικούς εικονολήπτες.
εικονοστάσι(ο) το, ουσ. (ασυνίζ.). 1. μέρος ή ειδικό έπιπλο όπου τοποθετούνται οι άγιες εικόνες στο σπίτι. 2. ξύλινο ή μαρμάρινο διάφραγμα με εικόνες, που χωρίζει το άγιο βήμα από τον υπόλοιπο ναό (συνών. τέμπλο).
εικοσάδα η, αριθμ., σύνολο από είκοσι ομοειδή πράγματα: μια ~ λαχεία.
εικοσάδραχμο το, ουσ., νόμισμα αξίας είκοσι δραχμών (συνών. εικοσάρικο).
εικοσαετηρίδα η, ουσ. 1. (αρχαϊστ.) χρονικό διάστημα είκοσι ετών (συνών. εικοσαετία). 2. επέτειος για τη συμπλήρωση εικοσαετίας.

εικοσαετής, -ής, -ές, γεν. -ούς, πληθ. αρσ. και θηλ. -είς, ουδ. -ή, επίθ., που έχει ηλικία είκοσι χρόνων ή που διαρκεί είκοσι χρόνια: *νέος ~· ειρήνη ~* (συνών. *εικοσάχρονος*).

εικοσαετία η, ουσ., χρονικό διάστημα είκοσι ετών (συνών. *εικοσαετηρίδα*, σημασ. 1).

εικοσαήμερος, -η, -ο, επίθ., που έχει διάρκεια είκοσι ημερών: *άδεια/εκδρομή -η.* - Το ουδ. ως ουσ. = χρονικό διάστημα είκοσι ημερών: *θα λείψω ένα -ο.*

εικοσάλεπτος, -η, -ο, επίθ., που διαρκεί είκοσι λεπτά της ώρας: *διάλειμμα -ο.* - Το ουδ. ως ουσ. = 1. νόμισμα είκοσι λεπτών (συνών. *εικοσάρα*). 2. χρονικό διάστημα είκοσι λεπτών της ώρας.

εικοσαμελής, -ής, -ές, γεν. -ούς, πληθ. αρσ. και θηλ. -είς, ουδ. -ή, επίθ., που αποτελείται από είκοσι μέλη: *επιτροπή ~.*

εικοσάμηνος, -η, -ο, επίθ., που έχει ηλικία είκοσι μηνών ή που διαρκεί είκοσι μήνες. - Το ουδ. ως ουσ. = χρονικό διάστημα είκοσι μηνών.

εικοσαπλασιάζω, ρ. (ασυνίζ.), κάνω κάτι εικοσαπλάσιο, το πολλαπλασιάζω επί είκοσι.

εικοσαπλάσιος, -α, -ο, αριθμ. (ασυνίζ.), που είναι είκοσι φορές μεγαλύτερος ή περισσότερος.

εικοσάρα η και **εικοσαράκι** το, ουσ. 1. νόμισμα αξίας είκοσι λεπτών (συνών. *εικοσάλεπτο*). 2. (λαϊκ.-στρατ. μόνο στον τ. *εικοσάρα*) φυλάκιση (ή άλλου είδους τιμωρία) είκοσι ημερών: *έφαγε μια ~ από το διοικητή του.*

εικοσάρης, -άρα, -ικο, επίθ., που έχει ηλικία είκοσι ετών (συνών. *εικοσάχρονος*). - Το ουδ. ως ουσ. = νόμισμα είκοσι δραχμών.

εικοσάρι το, ουσ. 1. νόμισμα αξίας είκοσι λεπτών, δραχμών ή χιλιάδων. 2. ο βαθμός είκοσι: *πήρα ~ στο διαγώνισμα.*

εικοσαριά η, αριθμ. (συνίζ.), στην έκφρ. *καμιά ή μια ~* = περίπου είκοσι: *καμιά ~ άνθρωποι/βιβλία.*

εικοσάφυλλος, -η, -ο, επίθ., που αποτελείται από είκοσι φύλλα: *τετράδιο -ο.*

εικοσάχρονος, -η, -ο, επίθ., που έχει ηλικία είκοσι ετών ή που διαρκεί είκοσι χρόνια: *αγόρι -ο* (συνών. *εικοσαετής, εικοσάρης*). - Το ουδ. στον πληθ. ως ουσ. = επέτειος ή τελετή για τη συμπλήρωση εικοσαετίας.

είκοσι, αριθμ. άκλ. 1. αυτό που προκύπτει αν προσθέσουμε δύο δεκάδες: *~ παιδιά· ~ χιλιάδες.* 2. (στη θέση τακτικού αριθμ.): *στις ~ Μαΐου· το κεφάλαιο ~.* 3. (με ουδ. άρθρο) α. γραφική παράσταση του αριθμού είκοσι και οτιδήποτε φέρει τον αριθμό είκοσι (όπως κάθισμα, δωμάτιο ξενοδοχείου, κλπ.)· β. το έτος 1920: *δεκαετία του ~·* γ. (για βαθμολογία) *πήρε ~ στην Ιστορία·* δ. (στον πληθ.) είκοσι χρόνια: *έκλεισε τα ~.*

Εικοσιένα το, (ασυνίζ.), το έτος που κηρύχτηκε η Επανάσταση για την απελευθέρωσή από τους Τούρκους. 2. (συνεκδοχικά) η ελληνική επανάσταση: *οι ήρωες του ~.*

εικοσ(ι)πενταετής, -ής, -ές, γεν. -ούς, πληθ. αρσ. και θηλ. -είς, ουδ. -ή, επίθ. (έρρ.), που έχει ηλικία είκοσι πέντε ετών ή που διαρκεί είκοσι πέντε χρόνια: *συμβόλαιο -ές.*

εικοσ(ι)πεντάρης, -άρα, -ικο, επίθ. (έρρ.). 1. που έχει ηλικία είκοσι πέντε ετων. 2. (για λάμπα) που έχει ισχύ είκοσι πέντε βατ.

εικοσ(ι)πενταριά η, αριθμ. (έρρ., συνιζ.), στην έκφρ. *καμιά ή μια ~* = περίπου είκοσι πέντε.

εικοσ(ι)πεντάχρονος, -η, -ο, επίθ. (έρρ.), που είναι είκοσι πέντε ετών: *κοπέλα -η.*

εικοσ(ι)τετράωρος, -η, -ο, επίθ., που έχει διάρκεια είκοσι τεσσάρων ωρών: *απεργία/προθεσμία -η.* - Το ουδ. ως ουσ. = χρονικό διάστημα είκοσι τεσσάρων ωρών (συνών. *ημερονύκτιο*).

εικοστός, -ή, -ό, αριθμ., που σε αριθμητική σειρά έχει τον αριθμό είκοσι: *αιώνας ~.* - Το ουδ. ως ουσ. = καθένα από τα είκοσι ίσα μέρη στα οποία διαιρέθηκε κάτι.

ειλεός ο, ουσ. 1. (ανατομ.) το κάτω μέρος του λεπτού εντέρου. 2. (ιατρ.) ασθένεια που προκαλείται από απόφραξη του εντέρου εξαιτίας συστροφής του.

ειλητάριο το, ουσ. (ασυνίζ.), μεμβράνη γύρω από ξύλινο κυλινδρικό κοντό όπου αναγράφονται τμήματα της θείας λειτουργίας: *εικόνα αγίου με ~ στο χέρι.*

ειλητό το, ουσ., ύφασμα που τοποθετούν οι κληρικοί πάνω στην αγία Τράπεζα κατά την τέλεση της Θείας Ευχαριστίας.

ειλικρινά, βλ. *ειλικρινής.*

ειλικρίνεια η, ουσ. (ασυνίζ.), το να εκφράζεται κανείς απροκάλυπτα, απροσποίητα: *σου φανέρωσα με ~ ό,τι αισθάνομαι* (συνών. *ευθύτητα, φιλαλήθεια, ανυποκρισία·* αντ. *ανειλικρίνεια, προσποίηση, υποκρισία*).

ειλικρινής, -ής, -ές, γεν. -ούς, πληθ. αρσ. και θηλ. -είς, ουδ. -ή, επίθ., που εκφράζεται απροκάλυπτα, που λέει την αλήθεια: *φίλος ~· αισθήματα -ή* (συνών. *ευθύς, ανυπόκριτος, φιλαλήθης, απροσποίητος·* αντ. *ανειλικρινής, υποκριτικός*). - Επίρρ. **-ά** και **-ώς.**

είλωτας ο, ουσ. 1. (ιστ.) δούλος στην αρχαία Σπάρτη. 2. (μεταφ.) κάθε άνθρωπος που βρίσκεται υπό καθεστώς εκμετάλλευσης και ανελευθερίας, αυτός που μοχθεί σαν να ήταν δούλος: *-ες του κεφαλαίου* (συνών. *σκλάβος*).

είμαι, ρ., ενεστ. ~, *είσαι, είναι, είμαστε, είσ(ασ)τε, είναι,* μτχ. *όντας·* παρατ. *ήμουν(α), ήσουν(α), ήταν(ε), ήμαστα, ήσαστα ήταν(ε)·* μέλλ. *θα ~* (οι άλλοι χρόνοι αναπληρώνονται από συνών., κυρίως *υπάρχω, γίνομαι, βρίσκομαι*) Α. υπαρκτικό. 1. υπάρχω, ανήκω στο χώρο της πραγματικότητας, έχω υπόσταση, ζω: *εδώ ήταν παλιά μια εκκλησία· όσο είναι οι γονείς του, θα τον φροντίζουν·* (για πράγματα) *δεν είναι πολύ νερό στη δεξαμενή.* 2. (για καταστάσεις, κτλ.) γίνομαι, συμβαίνω: *τότε που γεννήθηκα, ήταν πόλεμος· τι είναι και φωνάζετε έτσι;* Β. συνδετικό με κατηγορούμενο δηλώνει: 1. ιδιότητα ή ποιότητα του υποκ.: *η γη είναι στρογγυλή· ο κ. Α είναι ο νέος υπουργός παιδείας· η βροχή ήταν ραγδαία· είσαι απρόσεχτος οδηγός· δεν είναι βαρύς· είναι ο αδελφός μου* (αντιθετικά ή σπανίως συμπληρωματικά προς το φαίνομαι, κ.τ.ό.) *να προσέχεις, γιατί δεν είναι αυτό που δείχνει/τόσο καλός όσο φαίνεται·* (λαϊκ.) *είσαι* (ενν. *κάτι κακό*) *και φαίνεσαι.* 2. κατάσταση ή διάθεση: *~ άρρωστος/μελαγχολικός·* (σε περιφράσεις με μτχ. παρκ. για δήλωση μονιμότερης διάρκειας απ΄ όση εκφράζουν οι τ. με το ρ. *έχω*) *~ απογοητευμένος από την κατάσταση/βαθύτατα συγκινημένος/ερωτευμένος·* (εκ διαθέσου μου χρ.) *~ ψυχωμένος* (= *έχω φάει*)/*διαβασμένος* (= *έχω διαβάσει*). 3. (τριτοπρόσ. για δήλωση χρόνου) *τι ώρα/μέρα/ημερομηνία είναι; είναι πολλές μέρες που έφυγε* (= *πέρασαν*). 4. φρ. *είμαι κάτι για κάποιον* (= *με θεωρεί κάτι*): *τι κι αν μεγάλωσε, για* κείνους ήταν πάντοτε το μωρό τους· είσαι για μένα το παν. 5. με γεν., όταν δηλώνεται α. κτήση (κυριολεκτικά και μεταφ.) το βιβλίο είναι του Αποστόλη· είναι της μόδας η αμφισβήτηση· το κλειδί είναι της εξώπορτας· β. το σύνολο όπου ανήκει το υποκ.: ο Χ είναι της τάξεώς μου/του κόμματος· γ. ιδιότητα: τα παιδιά είναι της ηλικίας σου; δεν είναι του χαρακτήρα μου οι αστειότητες· ~ της γνώμης να περιμένεις· τ' αβγά είναι ημέρας; δ. μέτρο ή αξία: ο Γιώργος είναι τριών χρονών· η σοκολάτα του ήταν των εκατό δραχμών. Γ. με επιρρηματικό ή εμπρόθετο προσδ. (συχνά ως κατηγορούμενο) όταν δηλώνεται: 1. με την πρόθ. από α. προέλευση: ~ από τη Λαμία· β. καταγωγή: τίνος είναι ο νεαρός; (= ποιός είναι ο πατέρας του;) γ. ύλη: το σπιτάκι ήταν από άχυρο. δ. διαιρεμένο όλο/σύνολο: ο Χ είναι από τους καλύτερους δικηγόρους. 2. με την πρόθ. για α. αντικατάσταση: της μανούλας σου η ευχή είναι για φυλαχτό σου· β. προορισμός: ήμουν για το βουνό/για ταξίδι· γ. διάθεση: είσαι για ένα τάβλι; δ. καταλληλότητα, τι αξίζει σε κάποιον ή κάτι: δεν είναι για Πρόεδρος· είναι για πέταμα· είσαι για φίλημα/για τα σίδερα (= τρελός). 3. με την πρόθ. με α. συνοδεία: ήμουν με τον αδελφό μου· β. υποστήριξη σε κάποιον, ταυτότητα ιδεών και πεποιθήσεων: παλιά ήταν με το Βενιζέλο· στο θέμα της υγείας είμαι με τους πολλούς. 4. με την πρόθ. σε ή επίρρ. α. κατάσταση: ~ καλά/στα κέφια μου/σε σκέψη· έτσι είναι, αν έτσι νομίζετε· β. τόπο: ~ (στο) σπίτι· μείνε εκεί που είσαι (συνών. βρίσκομαι)· ~ στον κατάλογο (= συμπεριλαμβάνομαι) (μεταφ.) ~ αλλού (= σκέφτομαι άλλα από εκείνο που θα έπρεπε, είμαι αφηρημένος)· γ. χρόνος: είμαστε στην αρχή του καλοκαιριού (ηλικία) η κόρη μου είναι στα πέντε. 5. (με την πρόθ. χωρίς) στέρηση: ~ χωρίς δεκάρα (= δεν έχω). 6. με το μόρ. να (σε βουλητική πρότ.) α. προορισμός, προοπτική: εγώ ~ να πεθάνω κι εσύ στολίζεσαι (δημ. τραγ.)· β. καταλληλότητα: είσαι να σε κλαίνε. Δ. τριτοπρόσ. (είναι, ήταν) με πρόκ. βουλητική πρότ. 1. πρόκειται: αν είναι να 'ρθει, θε να 'ρθεί (Ουράνης)· ήταν να ξεκινήσουμε στις οχτώ· είναι να προκαλέσεις πολλούς; 2. είναι μοιραίο: ήταν να χαθεί τόσο νέος. 3. είναι δικαιολογημένο, συμβαίνει: ήταν να χάνεις το νου σου· (με το μόρ. που) είναι που τον έχω ανάγκη, αλλιώς... (= δυστυχώς συμβαίνει να). Ε. σε απόστρ. έκφρ. (το είναι και ένα ουσ., ουδ. επιθ. ή τροπ. επίρρ.) με υποκ. βουλητική πρότ.: είναι ώρα να φύγω· δεν ήταν ανάγκη να με ξυπνήσεις· είναι περιττό να το πω/παράξενο να μη με θυμάσαι· δε θα ήταν καλύτερα να πάμε μαζί; 5. Έκφρ. αυτός κι αν είναι... (ιδιότητα (συνήθως κακή) σε μεγάλο βαθμό): αυτός κι αν είναι επιπόλαιος· αυτό κι αν είναι ανοησία (= είναι και παραείναι)· εδώ είσαι/είμαστε και θα δεις (για ισχυρή διαβεβαίωση)· ~ για να 'μαι (= είμαι πανέτοιμος)· ~ που ~ (= α. κατάσταση που πρόκειται συνήθως να χειροτερέψει): ~ που ~ άρρωστος, έχω κι σένα με τις ιδιοτροπίες σου· β. (έχω μια ιδιότητα σε μεγάλο βαθμό): αυτός είναι που είναι ηλίθιος! εσύ είσαι που το λες! (για έντονη αμφισβήτηση των ισχυρισμών κάποιου)· έτσι δεν είναι; (όταν κανείς ζητά τη συγκατάθεση, τη διαβεβαίωση του συνομιλητή του): θα μείνετε απόψε μαζί μας, έτσι δεν είναι;· και πού είσαι ακόμα! (= θα συμβούν και άλλα, καλύτερα ή χειρό-

τερα)· όπου να 'ναι (= πολύ σύντομα, σε λίγο)· παροιμ. εκεί που είσαι ήμουνα, εδώ που ~ θα 'ρθεις (= οι νέοι θα φτάσουν στη γεροντική ηλικία και θα καταλάβουν τις στενοχώριες της). Ζ. βοηθ. ρ. για το σχηματισμό του παρκ., του υπερσ. και του συντελεσμένου μέλλ.: ~/ήμουν/θα ~ δεμένος (πβ. σημασ. Β2).

είμαι εν γνώσει αρχαϊστ. φρ. = είμαι ενήμερος, γνωρίζω.

ειμαρμένη η, ουσ. (λόγ.), ό,τι είναι προκαθορισμένο να συμβεί στη ζωή κάποιου (συνών. μοίρα, πεπρωμένο, ριζικό).

είναι το, ουσ. άκλ., 1. (φιλοσ.) η δεδομένη κατάσταση προσώπου ή πράγματος, η ιδιότητα του να υπάρχει κάποιος ή κάτι· η ουσία όλων όσα υπάρχουν (συνήθως σε αντιδιαστολή προς το γίγνεσθαι ή το φαίνεσθαι). 2. (κοιν., με κτητ., αντων., για έντονο συναίσθημα) ύπαρξη, ο εαυτός, το εγώ: την αγαπά με όλο του το ~.

-ειο, (ασυνίζ.), κατάλ. ουδ. ουσ.: λύκειο, βασίλειο. [αρχ. επίθ. σε -ειος].

-είο, κατάλ. ουδ. ουσ. που δηλώνει καταστήματα, κ.τ.ό.: παντοπωλείο, κουρείο, γραφείο, δημαρχείο.

-ειό, (συνιζ.), κατάλ. ουδ. ουσ. που δηλώνει καταστήματα, κ.τ.ό.: καπηλειό, λιοτριβειό.

-ειος, (ασυνίζ.), κατάλ. επιθ.: τέλειος, επιτήδειος, υπόγειος, ηράκλειος.

-είος, κατάλ. επιθ.: οικείος, ανδρείος, αχρείος.

είπα και ελάλησα και αμαρτίαν ουκ έχω αρχαϊστ. φρ. = είπα τη γνώμη μου και δεν ευθύνομαι για ό,τι θα ακολουθήσει.

ειπωμένος, -η, -ο, μτχ. παρκ. του λέγω (βλ. λ.).

είρα η, ουσ., το ζιζάνιο των σπαρτών: χωράφι γεμάτο ~ είρα μες στο στάρι και πέτρα στη φακή (δημ. τραγ.)· φρ. ξεχωρίζω την ~ από το στάρι (= ξεχωρίζω τα αρνητικά από τα θετικά στοιχεία ενός συνόλου). [αρχ. αίρα].

ειρήνευση η, ουσ., αποκατάσταση ομαλότητας στις σχέσεις ανθρώπων ή λαών, τερματισμός συγκρούσεων ή πολέμων, σύναψη ειρήνης: επιδιώκει την ~ στην εκκλησία· προσπάθειες για ~ στη Μέση Ανατολή (αντ. ρήξη, σύγκρουση).

ειρηνευτής ο, θηλ. **-τρια,** ουσ., αυτός που εργάζεται για την ειρήνευση, που φέρνει την ειρήνη (συνών. ειρηνοποιός, συμφιλιωτής).

ειρηνευτικός, -ή, -ό, επίθ., που αναφέρεται ή συμβάλλει στην ειρήνευση: συνομιλίες -ές· δύναμη -ή του Ο.Η.Ε. (συνών. συμφιλιωτικός, συμβιβαστικός).

ειρηνεύτρια, βλ. ειρηνευτής.

ειρηνεύω, ρ. 1. (μτβ.) αποκαθιστώ την αρμονία, την ομαλότητα στις σχέσεις προσώπων ή κρατών, σταματώ τις συγκρούσεις ή τους πολέμους: είναι πεισματάρηδες και δύσκολα θα τους -έψεις· παρακαλούσε το Θεό να -εύσει τον κόσμο (συνών. συμβιβάζω). 2. (αμτβ.) συνάπτω ειρήνη, ζω ειρηνικά: τα χρόνια περνούσαν χωρίς να τους αφήνει ο φανατισμός να -έψουν (αντ. πολεμώ). 3. (μεταφ. για το πνεύμα, κ.τ.ό.) καθιστώ ήσυχο, γαλήνιο: (μτβ.) η μοναξιά ολοένα και τον -εύε· η υπομονή -ει την καρδιά μας (Κόντογλου)· (αμτβ.) -ει η ψυχή μου (συνών. γαληνεύω, ηρεμώ, ησυχάζω· αντ. αναστατώνομαι, ταράζομαι). 4. (μεταφ. για τη θάλασσα) γαληνεύω, ηρεμώ: από των Φώτων -ουν -ε πέλαγα (αντ. ταράζομαι, φουρτουνιάζω).

ειρήνη η, ουσ. 1. κατάσταση ενός κράτους ή συνόλου κρατών όπου υπάρχει ηρεμία και ασφάλεια και λείπουν οι ταραχές και οι πολεμικές συγκρούσεις: *οι άνθρωποι προοδεύουν όταν υπάρχει ~· αγαπώ/προωθώ/περιφρουρώ την ~· ~ παγκόσμια· το περιστέρι της -ης· ένα κλαδί ελιάς, σύμβολο -ης·* (γνωμ.) *αν θέλεις ~, ετοιμάσου για πόλεμο* (αντ. *πόλεμος*). **2.** (συνεκδοχικά) συνθήκη, συμφωνία ανάμεσα σε εμπόλεμες χώρες: *διαπραγματεύσεις για την υπογραφή -ης· κλείνω ~· ~ χωριστή* (που τη συνάπτει ένας από τους εμπολέμους με τον εχθρό, ενώ οι σύμμαχοί του εξακολουθούν τον πόλεμο). **3.** σχέσεις μεταξύ προσώπων από τις οποίες λείπουν οι προστριβές, οι φιλονικίες, κ.τ.ό., ήρεμες και φιλικές σχέσεις: *δεν υπάρχει ~ στο σπίτι του* (συνών. *αρμονία, ομόνοια, σύμπνοια·* αντ. *διχόνοια*). **4.** τάξη και ασφάλεια στην πολιτική ζωή, απουσία βίας και ταραχών στις σχέσεις των πολιτών μεταξύ τους: *αποκαταστάθηκε η ~ στη συνοικία· διατάραξη της κοινής/θρησκευτικής -ης* (= πρόκληση ανησυχίας, φόβου, αναταραχής)· έκφρ. (ιστ.) *~ Ρωμαϊκή* (λατ. *Pax Romana*) = η ειρήνη που με την επικράτηση της Ρωμαϊκής Αυτοκρατορίας επιβλήθηκε στους λαούς της τον 1. και 2. αι. μ.Χ. **5.** (μεταφ.) ψυχική ηρεμία, το να μην έχει ο άνθρωπος ανησυχίες, προβλήματα, στενοχώριες, κ.τ.ό.: *έχω μέσα μου ~·* (συνήθως θρησκ.) *ο Χριστός θα σου χαρίσει την ~· το φιλί το γλυκό που φέρνει ~* (Σολωμός) (συνών. *γαλήνη, ησυχία·* αντ. *αγωνία, αναστάτωση, ταραχή*). - Η λ. και ως κύρ. όν.

ειρηνικός, -ή, -ό, επίθ. **1.** που γίνεται σε καιρό ειρήνης ή με ειρήνη, που περνά με ειρήνη: *έργα -ά· συνύπαρξη/επίλυση των διαφορών -ή· βίος ~* (αντ. *πολεμικός*). **2.** (για πρόσωπο) που αγαπά την ειρήνη, που έχει ειρήνη ή συμβάλλει σ' αυτήν: *άνθρωπος/λαός ~* (= *φιλειρηνικός, φιλήσυχος*) (συνεκδοχικά) *διαθέσεις -ές*. **3.** που δε γίνεται για πολεμικούς σκοπούς: *-ή χρήση της ατομικής ενέργειας* (αντ. *πολεμική*). - Το αρσ. ως γεωγραφικό όν.: *Ε-ς* (ενν. *ωκεανός*). - Επίρρ. **-ά.**

ειρηνιστής ο, θηλ. **-τρια,** ουσ., θερμός οπαδός της παγκόσμιας ειρήνης, αυτός που καταδικάζει τον πόλεμο (για οποιοδήποτε λόγο) και γενικά τη χρήση βίας (συνών. *ειρηνόφιλος*).

ειρηνιστικός, -ή, -ό, επίθ., που ανήκει ή αναφέρεται στους ειρηνιστές, που αποσκοπεί στην επικράτηση παγκόσμιας ειρήνης: *κίνηση -ή· οργανώσεις -ές* (συνών. *φιλειρηνικός*).

ειρηνίστρια, βλ. *ειρηνιστής.*

ειρηνοδικείο το, ουσ. (νομ.) το κατώτερο πρωτοβάθμιο τακτικό δικαστήριο που δικάζει αστικές υποθέσεις με αντικείμενο μικρής αξίας (λχ. μισθωτικές διαφορές, εξώσεις) και συνήθως αγροτικές διαφορές.

ειρηνοδίκης ο, θηλ. **-ισσα,** ουσ. (νομ., παλαιότ.) ο τακτικός δικαστής που συγκροτούσε το ειρηνοδικείο: *~ δόκιμος/ισόβιος· ο βαθμός του -η έχει καταργηθεί.*

ειρηνοδρομία η, ουσ. (νεολογ.), εκδήλωση με σκοπό την προώθηση των ειρηνιστικών ιδεών κατά την οποία διοργανώνεται βάδισμα ή τρέξιμο συνήθως πολλών ατόμων.

ειρηνοδρόμος ο, ουσ. (νεολογ.), αυτός που συμμετέχει σε ειρηνοδρομία.

ειρηνοποιός ο, ουσ. (ασυνίζ.), αυτός που συντελεί στην ειρήνευση, που φέρνει την ειρήνη (συνών. *ειρηνευτής, συμφιλιωτής·* αντ. *σκανδαλοποιός*).

ειρηνοφιλία η, ουσ., αγάπη για την ειρήνη (συνών. *φιλειρηνικότητα*).

ειρηνόφιλος, -η, -ο, επίθ., που αγαπά την ειρήνη και εργάζεται για την αποκατάσταση ή την εδραίωσή της: *πολιτική -η* (συνών. *φιλειρηνικός·* αντ. *φιλοπόλεμος*). - Το αρσ. ως ουσ. = *ειρηνιστής.*

ειρηνοφόρος, -α, -ο, επίθ., που φέρνει την ειρήνη, τη συμφιλίωση: *ανοίξετε αγκαλιές -ες* (Σολωμός).

ειρήσθω εν παρόδω, αρχαϊστ. έκφρ.· για κάτι που λέγεται ως παρέκβαση.

ειρκτή η, ουσ. (λόγ.). **1.** φυλακή, δεσμωτήριο. **2.** (παλαιότ.) ποινή φυλάκισης 5-10 ετών (σήμερα *κάθειρξη*).

ειρμολόγιο το, ουσ. (ασυνίζ.), (εκκλ.) λειτουργικό βιβλίο που περιέχει τους ειρμούς των κανόνων κατά ήχους και κατά ωδές.

ειρμός ο, ουσ. **1.** (λόγ., για ιδέες, συλλογισμούς, κ.τ.ό.) συνεχής σειρά, λογική αλληλουχία: *διέκοψε τον -ό των σκέψεών μου· τα λόγια του/τα νοήματά του δεν έχουν -ό* (συνών. *συνοχή*). **2.** (εκκλ.) τροπάριο που βρίσκεται στην αρχή καθεμιάς από τις εννέα ωδές του κανόνα και είναι το πρότυπο για την ψαλμωδία των άλλων τροπαρίων της.

είρωνας ο, ουσ., αυτός που μιλά ή γράφει με ειρωνεία, που περιπαίζει, που κοροϊδεύει με λεπτό τρόπο τα ελαττώματα και τις αδυναμίες των άλλων (συνών. *σαρκαστής*).

ειρωνεία η, ουσ. **1.** εμπαιγμός, κοροϊδία των ελαττωμάτων ή των αδυναμιών των άλλων γραπτά ή με λόγια (*~ λεκτική*) και με τρόπο λεπτό, συνήθως με έκφραση προσποιητής άγνοιας, με χρήση υπονοούμενων και με απόκρυψη ή αναστροφή του πραγματικού νοήματος των λόγων, λεπτός σαρκασμός: *~ λεπτή/πικρή/δηκτική·* έκφρ. *~ της τύχης* (= απροσδόκητη μεταβολή της κατάστασης, συνήθως προς το χειρότερο). **2α.** (λογοτ.) αποστασιοποίηση του καλλιτέχνη με ποικίλα μέσα από το θέμα, τους ήρωες, τον αφηγητή ή και από την ιδιότητά του· **β.** (θεατρ.) *~ τραγική/* (σπανιότ.) *θεατρική* ή *δραματική =* η ασυμφωνία ανάμεσα σ' αυτό που περιμένει ο ήρωας να συμβεί και σε ό,τι πραγματικά θα συμβεί, κάτι που ο θεατής το έχει καταλάβει και αγωνιά· **γ.** (φιλοσ.) *~ σωκρατική =* προσποίηση άγνοιας και ταπεινότητας στη συζήτηση με κάποιον με σκοπό να φανεί στο τέλος μεγαλύτερη η σύγχυση και βαθύτερη η άγνοια εκείνου.

ειρωνεύομαι, ρ., μιλώ ή γράφω με ειρωνεία, κοροϊδεύω κάποιον ή χλευάζω κάτι με τρόπο λεπτό, δηλ. με εκφράσεις προσποιητής άγνοιας, με υπαινιγμούς ή λέγοντας το αντίθετο απ' ό,τι πιστεύω, κ.ά.: *τον απέβαλαν γιατί -τηκε το γυμνασιάρχη· ~ με κακεντρέχεια* (= *σαρκάζω*).

ειρωνευτής ο, θηλ. **-τρια,** ουσ., *είρωνας.*

ειρωνευτικός, -ή, -ό, επίθ. (σπανίως), *ειρωνικός* (βλ. λ.). - Επίρρ. **-ά.**

ειρωνεύτρια, βλ. *ειρωνευτής.*

ειρωνία, βλ. *ειρωνεία.*

ειρωνικός, -ή, -ό, επίθ. **1.** που περιέχει ειρωνεία, που γίνεται με ειρωνεία: *υπαινιγμός ~· γέλιο/μειδίαμα -ό.* **2.** (για πρόσωπο) που δείχνει, που χρησιμοποιεί ειρωνεία: *ήταν ~ απέναντί μου και αυτό με εξόργισε* (συνών. *σαρκαστικός*). - Επίρρ. **-ά.**

εισ-, αχώρ. λόγ. μόρ. (δηλώνει κίνηση προς τα μέσα): *είσοδος, εισχωρώ,* κλπ.

εις, αρχ. πρόθ. (= σε) που χρησιμοποιείται σήμερα μόνο σε αρχαϊστ. εκφρ.: ~ *ανώτερα*· ~ *βάρος·* ~ *διπλούν·* ~ *έτη πολλά·* ~ *μνήμην·* (νομ.) ~ *ολόκληρον·* ~ *το επανιδείν·* ~ *τρόπον ώστε·* ~ *υγείαν.*

εισαγγελέας ο, ουσ. (έρρ.), ισόβιος δικαστικός λειτουργός με κύριες αρμοδιότητες την άσκηση ή όχι ποινικής δίωξης, τη συμμετοχή σε όλες τις φάσεις της ποινικής διαδικασίας (όπου εκπροσωπεί το δημόσιο συμφέρον και ενεργεί ως «φρουρός» του νόμου), την επιτήρηση των δικαστηρίων και των δικαστικών υπαλλήλων της περιφέρειάς του και την έκδοση γνωμοδοτήσεων προς δημόσιες αρχές.

εισαγγελεύω, ρ. (έρρ., απαρχ.), ασκώ προσωρινά τα καθήκοντα του εισαγγελέα ως αντικαταστάτης του.

εισαγγελία η, ουσ. (έρρ.). **1.** το αξίωμα και το έργο του εισαγγελέα. **2.** δημόσια αρχή στην οποία είναι προϊστάμενος ο εισαγγελέας· (συνεκδοχικά) το δημόσιο κατάστημα όπου αυτή στεγάζεται.

εισαγγελικός, -ή, -ό, επίθ. (έρρ.), που ανήκει ή αναφέρεται στον εισαγγελέα ή την εισαγγελία: *αρχή/επέμβαση/παραγγελία -ή.*

εισάγω, ρ., στον παρατ. ελλειπτ., αόρ. *εισήγαγα,* υποτ. *να εισαγάγω,* **1.** (λόγ.), βάζω κάτι μέσα (σε κάτι άλλο): *εισήγαγε το λεπτό σωληνάριο στη φλέβα* (αντ. *εξάγω).* **2.** (για πρόσωπο) οδηγώ κάποιον μέσα σ' ένα χώρο ή τον παρουσιάζω σ' επίσημο πρόσωπο: *θέλει να τον εισαγάγω στην αίθουσα του συμβουλίου.* **3.** (για εμπορεύματα, προϊόντα, κ.τ.ό.) φέρνω στη χώρα μου από το εξωτερικό: *η Ελλάδα -ει πετρέλαιο* (αντ. *εξάγω).* - Η μτχ. μέσ. ενεστ. ως επίθ.: *προϊόντα -όμενα.* **4.** (μεταφ.) φέρνω, μεταδίδω κάτι καινούργιο (ιδέες, συνήθειες, πρακτικές), καθιερώνω, εφαρμόζω κάτι πρώτος: *ο Καποδίστριας εισήγαγε στην Ελλάδα την καλλιέργεια της πατάτας·* ~ *νέες μεθόδους διδασκαλίας/προσωπικό τόνο στην αφήγηση* (= προσθέτω ένα στοιχείο που πρώτα δεν υπήρχε)· φρ. ~ *καινά δαιμόνια,* βλ. *δαιμόνιο.* **5.** (για πρόταση) παρουσιάζω με σκοπό να συζητηθεί: ~ *νομοσχέδιο στη Βουλή (για ψήφιση).* **6α.** (για ίδρυμα) κάνω να γίνει κάποιος δεκτός: *τον εισήγαγαν στο γηροκομείο·* (παθ.) *πρέπει επειγόντως να εισαχθεί στο νοσοκομείο* (συνών. *βάζω)·* **β.** (για εκπαιδευτήριο) δέχομαι (μαθητή, κ.τ.ό.) για φοίτηση (συνήθως παθ.): *πόσοι φοιτητές -ονται στη Φιλοσοφική χωρίς εξετάσεις;* **7.** (γραμμ.) συνδέω μια δευτερεύουσα πρόταση λειτουργικά με τις προηγούμενές της: *οι ειδικοί σύνδεσμοι -ουν ειδικές προτάσεις· πώς -ονται οι υποθετικές προτάσεις;*

εισαγωγέας ο, ουσ., έμπορος που εισάγει σε μια χώρα αγαθά από το εξωτερικό: *-είς κρεάτων/αυτοκινήτων* (αντ. *εξαγωγέας).*

εισαγωγή η, ουσ. **1.** το να μπαίνει κάτι μέσα (σε κάτι άλλο): ~ *βλαβερής ουσίας στον οργανισμό.* **2.** παρουσίαση, σύσταση κάποιου σε επίσημο πρόσωπο. **3.** μεταφορά στο εσωτερικό μιας χώρας αγαθών που προέρχονται από άλλες χώρες: ~ *πρώτων υλών/μηχανολογικού εξοπλισμού·* (συνεκδοχικά) ~ *τεχνολογίας/συναλλάγματος·* (συχνά στον πληθ.) *πραγματοποιώ -ές· προώθηση -ών* (αντ. *εξαγωγή).* **4.** (μεταφ.) το να μεταδίδεται, να καθιερώνεται κάτι καινούργιο (ιδέα, συνήθεια, κ.τ.ό.): ~ *της μηχανικής παραγωγής/νεοτερισμών.* **5.** (για ίδρυμα) το να γίνεται κανείς δεκτός: ~ *φοιτητών στις ανώτατες σχολές·* ~ *του αρρώστου στο νοσοκομείο· επείγουσα* ~ *στο χειρουργείο.* **6.** (φιλολ.) **α.** όσα γράφονται σχετικά με το θέμα μελέτης ή συγγράμματος πριν από την πραγμάτευση του θέματος για να κατατοπίσουν τον αναγνώστη: ~ *σύντομη/κατατοπιστική·* ~ *μιας ομιλίας* (συνών. *προοίμιο)·* **β.** βιβλίο με τα βασικά στοιχεία μιας επιστήμης ή μιας τέχνης: ~ *στην πυρηνική φυσική/στην κοινωνιολογία.* **7.** (μουσ.) μουσική σύνθεση στην αρχή μουσικού έργου (συνήθως δραματικού), που προετοιμάζει το ακροατήριο για τον τόνο ή την πλοκή του έργου· σπανιότερα ανεξάρτητο ενόργανο έργο (συνών. *ουβερτούρα).*

εισαγωγικός, -ή, -ό, επίθ. **1.** που ανήκει ή αναφέρεται στην εισαγωγή (βλ. λ. σημασ. 3): *εμπόριο -ό* (αντ. *εξαγωγικός).* **2.** που γίνεται για να μπει κάποιος σε εκπαιδευτικό ίδρυμα: *εξετάσεις -ές.* **3.** που αποβλέπει στον κατατοπισμό του αναγνώστη ή του ακροατή για ό,τι θα διαβάσει ή θα ακούσει στη συνέχεια: *σημείωμα -ό· παρατηρήσεις -ές· μάθημα -ό.* **4.** *βαθμός εισαγωγικός* = ο βαθμός της ιεραρχίας με τον οποίο αρχίζει ένας δημόσιος υπάλληλος τη σταδιοδρομία του. - Το ουδ. στον πληθ. ως ουσ. = (γραμμ.) σημάδια (« ») μέσα στα οποία κλείνουμε τα λόγια ενός άλλου ή μια λέξη του όταν τα αναφέρουμε όπως ακριβώς τα είπε. - Επίρρ. **-ά.**

εισαγώγιμος, -η, -ο, επίθ., (για προϊόν) που επιτρέπεται η εισαγωγή του (βλ. λ. σημασ. 3): *κατάλογος -ιμων ειδών.*

εισακούω, ρ. (λόγ.), ακούω με ευμένεια κάποιον και δέχομαι να γίνει αυτό που ζητά: ~ *μια αίτηση· ο Θεός -ουσε τις δεήσεις του·* (παθ.) *οι συμβουλές μου δεν -τηκαν.*

εισακτέος, -α, -ο, επίθ., που πρέπει να εισαχθεί (με εξετάσεις ή όχι) σε εκπαιδευτικό ίδρυμα: *το υπουργείο παιδείας καθόρισε τον αριθμό των -ων στις πανεπιστημιακές σχολές.*

εισβάλλω, ρ. (συνήθως στον ενεστ.), αόρ. *εισέβαλα.* **1.** (λόγ.) παρουσιάζομαι ξαφνικά, μπαίνω ορμητικά κάπου· *εισέβαλε στην αίθουσα του δικαστηρίου φωνάζοντας.* **2.** πραγματοποιώ εισβολή (βλ. λ.): *οι Τούρκοι εισέβαλαν στην Κύπρο.*

εις βάρος ρ. (για πρόσωπο ή αντικ.)· αρχαϊστ. εκφρ.· σε περίπτωση που μια ενέργεια ή κατάσταση βλάπτει κάποιον ή κάτι: *αυτό θα είναι* ~ *σου/* ~ *της μόρφωσής σου.*

εισβολέας ο, ουσ., αυτός που πραγματοποιεί εισβολή (βλ. λ.): *αποκρούω τον -α* (συνών. *επιδρομέας).*

εισβολή η, ουσ. **1.** διάβαση των συνόρων ενός κράτους από εχθρικό στρατό, μαζική διείσδυση του στρατού μιας χώρας στο έδαφος μιας άλλης με σκοπούς πολεμικούς: ~ *απρόκλητη/ξένη· αντιμετωπίζω/καταδικάζω την* ~ (συνών. *επιδρομή, επίθεση).* **2.** μετακίνηση (ενός λαού) που συνοδεύεται από βιαιότητες και καταστροφές: ~ *των Αβάρων στη Βυζαντινή αυτοκρατορία.* **3.** (μεταφ.) για κάτι επικίνδυνο αιφνίδια εμφάνιση, ξαφνική και ορμητική είσοδος κάπου: ~ *ακρίδων/πυρετού·* (για πρόσωπο) ~ *ταραξιών στο γήπεδο/μεγαλοεπιχειρηματιών στο χώρο του τύπου.*

εις διπλούν, εις τριπλούν αρχαϊστ. εκφρ.· για επίσημα έγγραφα που εκδίδονται σε δύο ή τρία αντίγραφα.

εισδοχή η, ουσ. (λόγ), το να γίνεται κανείς δεκτός κάπου: *η Τουρκία θα υποβάλει αίτημα για την ~ της στην Ε.Ο.Κ.* (συνών. *είσοδος*).

εισδύω, ρ. (λόγ.), εισχωρώ, χώνομαι κάπου χωρίς να γίνω αντιληπτός, τρυπώνω (συνών. *διεισδύω*).

εις επήκοον αρχαϊστ. έκφρ. = σε τέτοια απόσταση ή θέση, ώστε να ακούν όλοι.

εις επίμετρον αρχαϊστ. έκφρ. = για να συμπληρωθεί το πράγμα, το θέμα· ως εκ περισσού.

εις επίρρωσιν αρχαϊστ. έκφρ. = για να υπογραμμιστεί το πράγμα περισσότερο.

εισέρχομαι, ρ., αόρ. *εισήλθα* (λόγ.), μπαίνω, εισχωρώ. - Το ουδ. της μτχ. στον πληθ. *τα -όμενα* = χαρακτηρισμός εγγράφων που φτάνουν από μια υπηρεσία σε άλλη και καταχωρίζονται στο πρωτόκολλο (αντ. *εξερχόμενα*).

εις ευρείαν / εις μεγάλην κλίμακα αρχαϊστ. έκφρ. = σε μεγάλη έκταση.

εισήγηση η, ουσ. 1. η γνώμη, η πρόταση κάποιου για ένα ζήτημα, γραπτή ή προφορική, που τη θέτει στην κρίση των άλλων για να τη δεχτούν ή όχι: *~ νόμου για την καταστολή της τρομοκρατίας*. 2. υπόδειξη, συμβουλή: *-ήσεις του ΚΕΜΕ για τρόπους διδασκαλίας*.

εισηγητής ο, θηλ. **-ήτρια**, ουσ. 1. αυτός που εισηγείται, που προτείνει κάτι για συζήτηση· (ειδικά σε πολυμελείς ομάδες συνέδρων) το μέλος εκείνο που αναλαμβάνει να μελετήσει ένα θέμα, να συντάξει και να παρουσιάσει στο σύνολο μια έκθεση πάνω σ' αυτό, ώστε να σχηματίσουν γνώμη και να πάρουν απόφαση ευκολότερα: *~ νομοσχεδίου στη Βουλή· ~ της πλειοψηφίας/της αντιπολίτευσης*. 2. αυτός που συμβουλεύει, που υποδεικνύει: *~ νέων προγραμμάτων/μεθόδων διδασκαλίας*. 3. (σε στρατιωτικό ή ναυτικό δικαστήριο) ο αξιωματικός που έχει καθήκοντα ανακριτή.

εισηγητικός, -ή, -ό, επίθ., που αναφέρεται στην εισήγηση ή τον εισηγητή ή γίνεται για να εισηγηθεί κάποιος κάτι: *-ή ομιλία στο συνέδριο· -ή έκθεση σε νομοσχέδιο που κατατίθεται στη Βουλή*.

εισηγήτρια, βλ. *εισηγητής*.

εισηγούμαι, ρ., υποβάλλω μια πρόταση για συζήτηση, προτείνω κάτι γραπτά ή προφορικά: *θα -ηθώ τη μονιμοποίησή σου/την αγορά φωτοτυπικού μηχανήματος* (συνών. *συνιστώ, υποδεικνύω*).

εισιτήριο το, ουσ. (ασυνίζ.). 1. δελτίο που παίρνει κάποιος πληρώνοντας αντίτιμο και που του δίνει το δικαίωμα να παρακολουθήσει θέαμα (σε ανοιχτό ή κλειστό χώρο) ή να ταξιδέψει με συγκοινωνιακό μέσο: *~ για το θέατρο/για τον ποδοσφαιρικό αγώνα/τη συναυλία/το μουσείο· ~ τρένου· ~ με επιστροφή* (με το οποίο εξασφαλίζεται συνήθως με κάποια έκπτωση και η επιστροφή, αρκεί να γίνει σε ορισμένο χρονικό διάστημα)· *~ διαρκείας* (εκδίδεται για κάποιο χρονικό διάστημα, συνήθως ένα μήνα, και δίνει το δικαίωμα στον κάτοχό του να ταξιδέψει όσες φορές θέλει στο συγκεκριμένο τόπο κατά τη διάρκεια της ισχύος του)· *~ εργατικό* (που παρέχει ασφαλιστικούς φορέας σε εργαζομένους και τους δίνει τη δυνατότητα να παρακολουθήσουν κάποια θεάματα ή να ταξιδέψουν δωρεάν)· *~ μειωμένο/μαθητικό·* (μεταφ.) *με τη νίκη της η εθνική μας ομάδα κέρδισε το ~ για τους πανευρωπαϊκούς αγώνες*. 2. *~ νοσοκομείου* = γνωμάτευση γιατρού που παραπέμπει τον ασθενή σε νοσηλεία και ταυτόχρονα άδεια εισαγωγής του σε νοσοκομείο (αντ. *εξιτήριο*).

εισκομίζω, ρ. 1. φέρνω, κουβαλώ μέσα. 2. (νομ.) η μτχ. παθ. αορ. *τα εισκομισθέντα* ως ουσ. = τα κινητά πράγματα του μισθωτή και της οικογένειάς του που φέρνει μέσα σε διαμέρισμα, αγρόκτημα ή και δωμάτιο ξενοδοχείου που νοικιάζει και που ο εκμισθωτής έχει δικαίωμα να κρατήσει ως ενέχυρο για την εξασφάλιση των δικαιωμάτων του: *δικαιώματα τρίτων στα εισκομισθέντα δεν παραβλάπτονται από το νόμιμο ενέχυρο του εκμισθωτή* (αστ. κώδ.).

εισόδημα το, ουσ. 1. κάθε είδους έσοδο από μισθούς, συντάξεις, ενοίκια, κ.τ.ό.: *φορολογία -ήματος· ~ μηνιαίο/χαμηλό· ~ ατομικό/εθνικό* (συνών. *πόρος*). 2. ό,τι προέρχεται από την καλλιέργεια της γης (συνών. *σοδειά*).

εισοδηματίας ο, ουσ., αυτός που έχει μεγάλο εισόδημα ή ζει αποκλειστικά από αυτό χωρίς να εργάζεται ο ίδιος (αντ. *μισθωτός*).

εισοδηματικός, -ή, -ό, επίθ., που έχει σχέση με το εισόδημα του πολίτη: *-ή πολιτική της κυβέρνησης· τάξεις -ές*.

Εισόδια (της Θεοτόκου) τα, ουσ. (ασυνίζ.), γιορτή της Παναγίας που γιορτάζεται στις 21 Νοεμβρίου (ανάμνηση της εισόδου της στο ναό και της αφιέρωσής της στο Θεό).

είσοδος η, ουσ. 1. το να εισέρχεται κανείς σ' ένα χώρο: *η ~ του μαέστρου στην αίθουσα συνοδεύτηκε από θερμό χειροκρότημα* (αντ. *έξοδος*). 2. το μέρος απ' όπου μπαίνει κανείς σ' ένα χώρο: *η ~ του κινηματογράφου* (συνών. λαϊκ. *εμπατή, μπασιά·* αντ. *έξοδος*). 3. δυνατότητα που παρέχεται σε κάποιον με γραπτή άδεια να παρακολουθήσει ορισμένα θεάματα χωρίς εισιτήριο: *οι αστυνομικοί έχουν δωρεάν/ελεύθερη -ο στα γήπεδα και τους κινηματογράφους*. 4. το αντίτιμο του εισιτηρίου: *η ~ για το έργο αυτό είναι ακριβή· ~ ελεύθερη*. 5. εγγραφή νέου μέλους σ' ένα οργανωμένο σύνολο: *~ νέων μελών στο σωματείο/στην Ακαδημία* (αντ. *αποχώρηση, αποβολή*). 6. μετάβαση από ένα στάδιο σε ένα άλλο: *~ στον εικοστό αιώνα/στην εποχή του σιδήρου/στη βιομηχανική εποχή*. 7. (εκκλ.) *μικρά/μεγάλη ~* = είσοδος του ιερέα στο άγιο βήμα για τη μεταφορά του Ευαγγελίου και των τιμίων δώρων αντίστοιχα.

εις ολόκληρον ευθύνεται νομ. αρχαϊστ. φρ. = χωρίς να καταμερίζεται και σε άλλον η ευθύνη.

εισορμώ, ρ. (λόγ.), ορμώ βίαια, εισβάλλω.

εισπνέω, ρ., εισάγω κάτι στους πνεύμονές μου με την αναπνοή: *~ καθαρό αέρα/οξυγόνο/καυσαέρια* (αντ. *εκπνέω*).

εισπνοή η, ουσ. 1α. εισαγωγή αέρα στους πνεύμονες με την αναπνοή: *πάρε βαθιά ~· έχει αναπνευστικά προβλήματα από την ~· διοξείδιο του θείου* (αντ. *εκπνοή*). β. (ιατρ.) η εισαγωγή με την αναπνοή στα αναπνευστικά όργανα ασθενή φαρμακευτικών ουσιών ή οξυγόνου για θεραπευτικούς λόγους: *βρογχοδιασταλτικό που δίνεται με -ές· συσκευή -ών*. 2α. η διεύρυνση των πνευμόνων και του θώρακα κατά την αναπνοή. β. (ιατρ.) το σύνολο των κινήσεων των θωρακικών τοιχωμάτων του διαφράγματος, με τις οποίες διευρύνεται ο θώρακας και μπαίνει αέρας για την ανταλλαγή των αερίων.

εισπρακτέος, -α, -ο, επίθ. (λόγ.), που πρέπει κάποιος να τον εισπράξει: *φόροι -οι· δόσεις -ες* (αντ. *πληρωτέος*).

εισπρακτικός, -ή, -ό, επίθ., που αναφέρεται στην

είσπραξη χρημάτων: *-ή επιτυχία θεατρικού έργου.*

εισπράκτορας ο, θηλ. **-όρισσα,** ουσ., υπάλληλος που εισπράττει χρήματα για λογαριασμό της υπηρεσίας στην οποία εργάζεται παρέχοντας απόδειξη: ~ *λεωφορείου/ασφαλιστικής εταιρείας.*

είσπραξη η, ουσ. **1.** η συγκέντρωση χρημάτων που οφείλονται (από παλιότερο χρέος ή από πωλήσεις προϊόντων ή αμοιβή παρεχόμενων υπηρεσιών): ~ *δόσεων.* **2.** (συνήθως στον πληθ.) το ποσό που εισπράττεται: *του έκλεψαν την -η της ημέρας· οι -άξεις της ήταν εκδήλωση ήταν μεγάλες* (αντ. *πληρωμή, καταβολή).*

εισπράττω, ρ., συγκεντρώνω χρήματα που οφείλονται (είτε σε μένα είτε στην εταιρεία ή υπηρεσία όπου εργάζομαι): ~ *το μισθό μου/τη σύνταξή μου από το δημόσιο ταμείο/τα ασφάλιστρα από τους γραμμένους στην ασφαλιστική εταιρεία που εργάζομαι* (αντ. *καταβάλλω, πληρώνω).*

εισρέω, ρ. (λόγ.). **1.** (για υγρό) χύνομαι μέσα σε κάτι (αντ. *εκρέω).* **2.** (μεταφ., για χρήματα, αξίες) εισέρχομαι σε αφθονία: *-ουν στη χώρα μας κεφάλαια/ξενόφερτες συνήθειες.*

εισροή η, ουσ. (λόγ.). **1.** (για υγρά) η ροή μέσα σε κάτι (αντ. *εκροή).* **2.** (μεταφ., για χρήματα, αξίες) η εισαγωγή, η είσοδος σε αφθονία: ~ *ξένων κεφαλαίων/χρυσού/νέων πολιτιστικών αξιών.*

εις τα δάκτυλα της ετέρας χειρός αρχαϊστ. έκφρ.· σε περιπτώσεις που ο αριθμός αντικειμένων είναι εντελώς περιορισμένος (κάτω από το πέντε).

εις τας αιωνίους μονάς αρχαϊστ. έκφρ. = στον άλλο κόσμο, στον παράδεισο ή τον Άδη.

εις τας δέλτους της ιστορίας αρχαϊστ. έκφρ. = στην ιστορική διαδοχή των γεγονότων.

εις τας ελληνικάς καλένδας αρχαϊστ. έκφρ.· για γεγονότα που πιθανώς δεν πρόκειται να πραγματοποιηθούν.

εις την γέενναν του πυρός αρχαϊστ. έκφρ.· για φοβερό μαρτύριο ή τόπο.

εις το άνθος της νεότητος αρχαϊστ. έκφρ.· σε εποχή των νεανικών χρόνων.

εις το έλεος του Θεού αρχαϊστ. έκφρ. = χωρίς βοήθεια.

εις το έπακρον αρχαϊστ. έκφρ. = πάρα πολύ, όσο δεν παίρνει.

εις (τον) αιώνα τον άπαντα αρχαϊστ. έκφρ. = για πάντα.

εις το πυρ το εξώτερον αρχαϊστ. έκφρ. = στην κόλαση, στην καταστροφή.

εισφέρω, ρ., παρατ./αόρ. *εισέφερα.* **1.** προσφέρω ό,τι μου αναλογεί σε ένα έργο ή μια δαπάνη: ~ *στον έρανο/στο απεργιακό ταμείο* (συνών. *συνεισφέρω).* **2.** (μεταφ.) προσφέρω τη συνεργασία μου, βοηθώ στο να συντελεστεί κάτι.

εισφορά η, ουσ. **1.** συμμετοχή (κυρίως οικονομική) σε κάποιο έργο ή δαπάνη: *μεγάλη ήταν η ~ του κόσμου στο χτίσιμο της εκκλησίας·* ~ *ασφαλιστική* (συνών. *συνδρομή, συνεισφορά).* **2.** είδος φορολογικής επιβάρυνσης: *έκτακτη ~.*

εισχωρώ, ρ. (λόγ.). **1.** εισέρχομαι, μπαίνω μέσα σε κάτι: *το γεωτρύπανο δεν μπόρεσε να -ήσει βαθύτερα στο έδαφος.* **2α.** χώνομαι κάπου χωρίς να γίνω αντιληπτός ή και με τη βία: *-ησε μέσα στο συγκεντρωμένο πλήθος και μίλησε στον πρωθυπουργό* (συνών. *διεισδύω, εισδύω)·* **β.** χώνομαι κάπου χωρίς να το αξίζω: *κατάφερε να -ήσει στην εταιρεία.* **3.** διαδίδομαι, εξαπλώνομαι.

είτε, σύνδ. διαχωριστικός, συνήθως χρησιμοποιείται δύο φορές και συνδέει δύο έννοιες ισοδύναμες και αντίθετες: ~ *φύγεις* ~ *μείνεις το ίδιο μου κάνει·* ~ *σήμερα* ~ *αύριο, θα έρθω πάντως* (συνών. *ή).*

έιτζ το, ουσ. άκλ., σοβαρή αρρώστια που προκαλείται από ιό και χαρακτηρίζεται από βίαιη μείωση της ανοσοποιητικής άμυνας του οργανισμού, το σύνδρομο επίκτητης ανοσολογικής ανεπάρκειας. [αγγλ. *AIDS:* Acquired Immune Deficiency Syndrome].

εκ- και πριν από φωνήεν **εξ-,** αχώρ. λόγ. μόριο (δηλώνει το «έξω»): *εκθέτω, εκφράζω, εξέχω·* (δηλώνει αλλαγή): *εξελληνίζω·* (δηλώνει το «πολύ»): *έκθαμβος, εκθειάζω.*

εκαρτέ το, ουσ. άκλ., παιχνίδι κατά το οποίο ο κάθε παίκτης μπορεί, αν ο αντίπαλος συναινεί, να αφήσει τα χαρτιά που δεν του ταιριάζουν και να πάρει νέα. [γαλλ. *écarté*].

έκαστος εν ᾧ εκλήθη αρχαϊστ. φρ. = ο καθένας στο έργο του, στα καθήκοντά του.

έκαστος εφ᾽ ᾧ ετάχθη αρχαϊστ. φρ. = ο καθένας στο έργο του, στα καθήκοντά του.

εκάστοτε, επίρρ. (λόγ.), κάθε φορά, σε κάθε περίσταση: *ο ~ υπουργός αντιμετωπίζει το θέμα διαφορετικά.*

εκατό και **-όν** (πριν από φωνήεν), αριθμ. άκλ. **1α.** ο αριθμός που αποτελείται από δέκα δεκάδες (100): ~ *κιλά/άτομα/αυτοκίνητα/δραχμές·* **β.** (για να δηλωθεί μεγάλος αριθμός ή επανάληψη της ίδιας ενέργειας πολλές φορές, κατά υπερβολή): ~ *φορές σου το είπα.* **2α.** (στη θέση τακτικού αριθμ.): *το κεφάλαιο ~·* **β.** (για χρονολογία) το εκατοστό έτος: *το ~ π.Χ./μ.Χ.* **3.** με το ουδ. άρθρο ως ουσ. **α.** γραφική παράσταση του αριθμού εκατό και οτιδήποτε φέρει τον αριθμό εκατό: *το δωμάτιο με το ~·* (για βαθμολογία) *πήρε* ~ *με άριστα το διακόσια·* (για το ψηφίο που αντιπροσωπεύει τον αριθμό) ~ *ελληνικό/λατινικό/αραβικό·* **β.** ο αριθμός τηλεφώνου της άμεσης δράσης και η ίδια η αστυνομική υπηρεσία: *θα καλέσω το ~·* **γ.** (συνεκδοχικά) το περιπολικό της αστυνομίας και οι αστυνομικοί που επιβαίνουν σ᾽ αυτό: *το ~ μας καταδιώκει· με έγραψε το ~·* **δ.** (στον πληθ.) το εκατοστό έτος της ηλικίας κάποιου: *πέρασε τα ~ κι όμως έχει όλα της τα δόντια· και στα ~!* (ευχή). Έκφρ. *(επί) τοις* ~ *ή (σ)τα* ~ *(%)* (για να δηλωθεί το ποσοστό σε εκατό μονάδες που προστίθεται ή αφαιρείται ανάλογα με την περίπτωση): *καταθέσεις με επιτόκιο είκοσι πέντε τοις ~· έκπτωση τριάντα τοις ~· πάνω στις τιμές· το εβδομήντα τοις ~ του οργανισμού μας είναι νερό· ~ τοις ~/(λαϊκ.) (σ)τα ~* = εντελώς: *έχεις δίκιο ~ τοις ~.*

εκατόγραμμο το, ουσ. (φυσ.) μονάδα βάρους που είναι ίση με εκατό (100) γραμμάρια, το ένα δέκατο του κιλού.

εκατόλιτρο το, ουσ. (φυσ.) μονάδα όγκου ή χωρητικότητας που ισούται με εκατό λίτρα.

εκατόλογα τα, ουσ. **1.** μεσαιωνικό λαϊκό τραγούδι, ερωτικό, που αποτελείται από εκατό στίχους ή δίστιχα. **2.** (λαογρ.) ~ *της αγάπης* = είδος τραγουδιού με αριθμητική μορφή όπου κάθε στίχος ή δίστιχο αρχίζει με έναν αριθμό, από το 1 έως το 100, ανάλογα με τα αλφαβητάρια της αγάπης.

εκατόμβη η, ουσ. **1.** (ιστ.) θυσία εκατό βοδιών ή που απαιτεί δαπάνη ίση με την αξία εκατό βοδιών και γενικά κάθε πανηγυρική και πλούσια θυσία. **2.**

(μεταφ.) μεγάλος αριθμός ανθρώπινων θυμάτων σε καταστροφή ή πόλεμο.

εκατόμετρο το, ουσ., μονάδα μήκους που είναι ίση με εκατό μέτρα.

εκατομμύριο το, αριθμ. (ασυνίζ.). 1. ο αριθμός (1.000.000) που αποτελείται από εκατό μυριάδες (100 Χ 10.000) ή από χίλιες χιλιάδες (1000 Χ 1000). 2. (συνεκδοχικά, στον πληθ.) α. (για να δηλωθεί μεγάλο ποσό ή πλήθος): -α άνθρωποι πήραν μέρος στην πορεία ειρήνης· β. πολλά χρήματα: το ΠΡΟΠΟ μοιράζει -α.

εκατομμυριοστός, -ή, -ό, αριθμ. (ασυνίζ.). 1. που σε μια αριθμητική σειρά έχει τη θέση που αντιστοιχεί στον αριθμό 1.000.000. 2. (για να δηλωθεί υπερβολή) πολλοστός: για -ή φορά σου λέω όχι. - Το ουδ. ως ουσ. = το κάθε ένα από τα 1.000.000 ίσα μέρη στα οποία χωρίζεται μια μονάδα ή ένα σύνολο.

εκατομμυριούχος, -α, -ο, επίθ. (ασυνίζ.). 1. που διαθέτει περιουσία ή χρήματα αξίας ενός ή περισσότερων εκατομμυρίων. 2. (συνεκδοχικά) βαθύπλουτος (συνών. *ζάπλουτος, Κροίσος·* αντ. *πάμφτωχος*).

εκατόν, βλ. *εκατό*.

εκατοντάβαθμος, -η, -ο, επίθ. (έρρ.), που έχει εκατό βαθμούς, που έχει χωριστεί, διαιρεθεί σε εκατό βαθμίδες: *κλίμακα -η· θερμόμετρο -ο.*

εκατοντάδα η, αριθμ. (έρρ.), ποσότητα από εκατό ομοειδείς μονάδες που αποτελούν ένα σύνολο, ο αριθμός εκατό: *-ες ανθρώπων/αυτοκινήτων·* θα βρεις το όνομά μου στη δεύτερη ~ του καταλόγου.

εκατοντάδραχμος, -η, -ο, επίθ. (έρρ.), που έχει αξία εκατό δραχμών: *κουπόνι/χαρτόσημο -ο.* - Το ουδ. ως ουσ. = νόμισμα αξίας εκατό δραχμών (συνών. *(ε)κατοστάρικο*).

εκατονταετηρίδα η, ουσ. (έρρ.). 1. (αρχαϊστ.) το χρονικό διάστημα εκατό ετών (συνών. *εκατονταετία, αιώνας*). 2. εκατοστή επέτειος σημαντικού γεγονότος και οι γιορταστικές εκδηλώσεις που γίνονται γι' αυτήν.

εκατονταετής, -ής, -ές, γεν. -ούς, πληθ. αρσ. και θηλ. -είς, ουδ. -ή, επίθ. (έρρ.). 1. που έχει διάρκεια εκατό ετών: ~ *πόλεμος* (= πόλεμος μεταξύ Αγγλίας και Γαλλίας που κράτησε πάνω από εκατό χρόνια 1337-1453) (συνών. *εκατόχρονος*). 2. που έχει ηλικία εκατό ετών (συνών. *εκατόχρονος, αιωνόβιος*).

εκατονταετία η, ουσ. (έρρ.), χρονική περίοδος εκατό ετών (συνών. *αιώνας, εκατονταετηρίδα*).

εκατονταπλασιάζω, ρ. (έρρ., ασυνίζ.), πολλαπλασιάζω κάτι επί εκατό, κάνω κάτι εκατό φορές μεγαλύτερο.

εκατονταπλασιασμός ο, ουσ. (έρρ., ασυνίζ.), ο πολλαπλασιασμός ενός αριθμού επί εκατό, το να γίνεται κάτι εκατό φορές μεγαλύτερο.

εκατονταπλάσιος, -α, -ο, αριθμ. (έρρ., ασυνίζ.), που είναι εκατό φορές μεγαλύτερος ή περισσότερος. - Το ουδ. ως ουσ. = ποσό που προέρχεται από τον πολλαπλασιασμό ενός αριθμού με το 100.

εκατονταρχία η, ουσ. (έρρ.). 1. (ιστ.) το αξίωμα του εκατόνταρχου. 2. ομάδα πολιτών ή στρατιωτών αποτελούμενη από εκατό άτομα.

εκατόνταρχος ο, ουσ. (έρρ.), (ιστ.) αξιωματικός του ρωμαϊκού στρατού, διοικητής εκατονταρχίας.

εκατοντάφυλλος, -η, -ο, επίθ. (έρρ.), που έχει εκατό φύλλα: *τετράδιο/τριαντάφυλλο -ο* (συνών. *εκατόφυλλος*).

εκατοντάχρονος, -η, -ο, επίθ. (έρρ.), που έχει ηλικία ή διάρκεια εκατό ετών (συνών. *εκατονταετής*).

(ε)κατοστάρα, βλ. *εκατοστάρης*.
(ε)κατοσταράκι, βλ. *εκατοστάρι*.

(ε)κατοστάρης ο, θηλ. **-άρα**, ουσ. 1. άτομο ηλικίας εκατό ετών (συνών. *εκατόχρονος*). 2. αθλητής δρόμου εκατό μέτρων. 3. (λαϊκ., για μηχανή) που έχει ιπποδύναμη εκατό κυβικών.

(ε)κατοστάρι το, ουσ. 1α. δοχείο μεταλλικό ή μπουκάλι που έχει χωρητικότητα εκατό δράμια υγρού· β. (συνεκδοχικά) ποσότητα υγρού ίση με εκατό δράμια: *ήπιαμε δυο -ια ούζο.* 2. (παλαιότερα) μονάδα βάρους που ισοδυναμεί με εκατό δράμια. 3. χαρτονόμισμα αξίας εκατό δραχμών (συνών. *(ε)κατοστάρικο*). - Υποκορ. **-άκι** το (στις σημασ. 1 και 2).

(ε)κατοσταριά η, αριθμ. (συνίζ.), στην έκφρ. *καμιά ~* = περίπου εκατό (συνών. *εκατοστή*).

(ε)κατοστάρικος, -η, -ο, επίθ., που έχει χωρητικότητα εκατό δράμια: *μπουκάλι -ο.* - Το ουδ. ως ουσ. = χαρτονόμισμα αξίας εκατό δραχμών (συνών. *εκατοστάρι, εκατοντάδραχμο*).

εκατοστή η, ουσ., συνήθως στην έκφρ. *μια ή καμιά ~* = περίπου εκατό: *έπιασε καμιά ~ ψάρια* (συνών. *εκατοσταριά*).

εκατοστημόριο το, ουσ. (ασυνίζ.). 1. το ένα από τα εκατό ίσα μέρη στα οποία χωρίζεται μια μονάδα ή ένα σύνολο (συνών. *εκατοστό*). 2. (συνεκδοχικά) ασήμαντη ποσότητα, ελάχιστο μερίδιο: *οι αυξήσεις δεν καλύπτουν ούτε τα ~ από το χαμένο εισόδημα.*

εκατοστιαίος, -α, -ο, επίθ. (ασυνίζ.), αριθμητικός όρος που αναφέρεται σε κλάσμα με παρονομαστή το εκατό ή σε αναλογία όπου το εκατό λαμβάνεται ως βάση: *-α μονάδα.*

(ε)κατοστίζω, ρ., αυξάνω ή αποκτώ κάτι ώσπου να φτάσω τον αριθμό εκατό: *~ τα γραμματόσημα της συλλογής μου· να -ίσεις τα εγγόνια σου·* (συνήθως για ηλικία στην ευχή) *να τα -ίσεις!* (= να γίνεις εκατό χρονών).

εκατοστό το, ουσ. 1. καθένα από τα εκατό ίσα μέρη στα οποία διαιρείται ένα ποσό ή ένα μέγεθος. 2. εκατοστόμετρο (συνών. *πόντος*).

εκατοστόγραμμο το, ουσ., μονάδα βάρους και μάζας που ισούται με το ένα εκατοστό του γραμμαρίου.

εκατοστόλιτρο το, ουσ., μονάδα όγκου ή χωρητικότητας ίση με το ένα εκατοστό του λίτρου.

εκατοστόμετρο το, ουσ., μονάδα μήκους ίση με το ένα εκατοστό του μέτρου (συνών. *εκατοστό, πόντος*).

εκατοστός, -ή, -ό, αριθμ., που κατέχει σε σειρά ή τάξη τον αριθμό εκατό: *επέτειος -ή.*

εκατόφυλλος, -η, -ο, επίθ. 1. που έχει εκατό φύλλα: *τετράδιο/βιβλίο -ο.* 2. (για τριαντάφυλλο) που υποτίθεται ότι έχει εκατό πέταλα (συνών. *εκατοντάφυλλος* στις σημασ. 1, 2).

εκατοχρονίτης ο, θηλ. **-ισσα**, ουσ., αυτός που έχει ηλικία εκατό χρονών ή (γενικά) που πλησιάζει ή ξεπερνά τα εκατό χρόνια ηλικίας, ο πολύ γέρος.

εκατοχρονίτικος, -η, -ο, επίθ., που έχει ηλικία εκατό χρονών: *δέντρο -ο.*

εκατοχρονίτισσα, βλ. *εκατοχρονίτης*.

εκατόχρονος, -η, -ο, επίθ., που έχει ηλικία εκατό χρονών ή που διαρκεί εκατό χρόνια. - Το ουδ. στον πληθ. ως ουσ. = επέτειος με τη συμπλήρωση

εκβάθυνση 426

εκατό χρόνων: *τα -α από το «Ταξίδι» του Ψυχάρη* (συνών. *εκατονταετηρίδα*).

εκβάθυνση η, ους. (λόγ.). 1. εργασίες για να γίνει ένας χώρος πιο βαθύς απ' ό,τι ήταν πριν: ~ *κοίτης ποταμού*. 2. (συνεκδοχικά) το αποτέλεσμα της εκβάθυνσης: *πέτυχαν μεγάλη* ~.

εκβαθύνω, ρ. (λόγ.), κάνω κάτι βαθύτερο απ' ό,τι ήταν πριν: *-ουν το λιμάνι*.

εκβάλλω, ρ. (λόγ., ελλειπτ., μόνο στον ενεστ.), (για ποταμό) χύνομαι: *ο ποταμός -ει στο πέλαγος* (συνών. *καταλήγω*· αντ. *πηγάζω*).

έκβαση η, ους. (λόγ.), λήξη, τέλος, αποτέλεσμα μιας υπόθεσης: ~ *συνομιλιών/μάχης/δίκης* (συνών. *κατάληξη*).

εκβιάζω, ρ., παρατ. *εξεβίαζα*, πληθ. *εκβιάζαμε*, αόρ. *εξεβίασα*, πληθ. *εκβιάσαμε* (ασυνίζ.). 1. εξαναγκάζω κάποιον να κάνει κάτι χρησιμοποιώντας απειλές: *τον -ουν να παραιτηθεί/για να μην καταθέσει στο δικαστήριο*. 2. πετυχαίνω κάτι με εκβιαστικά μέσα: *εξεβίασε τη συγκατάθεση των δικών του· -ει την κατάσταση*. 3. (στρατ.) περνώ στενή διάβαση υπερνικώντας την αντίσταση του εχθρού: *το τάγμα εξεβίασε τα στενά*.

εκβίαση η, ους. 1. εκβιασμός (βλ. λ.). 2. (νομ.) αδίκημα που συνίσταται σε εξαναγκασμό κάποιου με αθέμιτα μέσα και με στόχο την οικειοποίηση ή εκμετάλλευση της περιουσίας του θύματος.

εκβιασμός ο, ους. (ασυνίζ.), άσκηση βίας ή ηθικής πίεσης για την επιτυχία ιδιοτελών (συνήθως αθέμιτων) σκοπών: *το πέτυχε με -ό* (συνών. *εκβίαση*).

εκβιαστής ο, θηλ. **-άστρια**, ους. (ασυνίζ.), αυτός που επιδιώκει να πετύχει κάτι χρησιμοποιώντας διάφορους τρόπους και μέσα εκβιασμού, συνήθως απειλές.

εκβιαστικός, -ή, -ό, επίθ. (ασυνίζ.), που γίνεται για εκβιασμό: *τηλεφωνήματα -ά· επιστολή -ή*.

εκβιάστρια, βλ. *εκβιαστής*.

εκβιομηχανίζω, ρ. (ασυνίζ.). 1. αναπτύσσω μια χώρα ώστε η βιομηχανία να αποτελεί τον κύριο παράγοντα της εθνικής οικονομίας (συνών. *βιομηχανοποιώ*). 2. εισάγω βιομηχανικές μεθόδους στην παραγωγή.

εκβιομηχάνιση η, ους. (ασυνίζ.). 1. ανάπτυξη της βιομηχανίας μιας χώρας: *στόχος της κυβέρνησης είναι η ~ της χώρας* (συνών. *βιομηχανοποίηση*). 2. εισαγωγή βιομηχανικών μεθόδων στην παραγωγή.

εκβιομηχανισμός ο, ους. (ασυνίζ.), εκβιομηχάνιση (βλ. λ.).

εκβλάστηση η, ους. (βιολ.) μονογονικός τρόπος αναπαραγωγής.

εκβολή η, ους. (συνήθως στον πληθ.), ο χώρος όπου εκβάλλει, χύνεται ένας ποταμός: *οι -ές του Νείλου* (συνών. *στόμιο*).

εκβουλγαρίζω, ρ. 1. προσδίδω βουλγαρικές ιδιότητες. 2. ενεργώ ώστε να αποκτήσουν βουλγαρική εθνική συνείδηση άτομα άλλης εθνικότητας· (παθ.) χωρίς τη θέλησή μου αλλά με τη βία γίνομαι *Βούλγαρος*.

εκβουλγαρισμός ο, ους., το να αποκτά (συνήθως με τη βία) βουλγαρική εθνική συνείδηση άτομο άλλης εθνικότητας: (ιστ.) *ο ~ μακεδονικού πληθυσμού από τους κομιτατζήδες*.

εκβράζω, ρ., παρατ. *εξέβραζα*, πληθ. *εκβράζαμε*, αόρ. *εξέβρασα*, παθ. *εκβράστηκα* (λόγ.), βγάζω στη στεριά: *η θάλασσα εξέβρασε τα πτώματα των ναυαγών* (συνών. *ξεβράζω*).

έκβρασμα το, ους. (λόγ.), ό,τι βγάζει η θάλασσα ή ένα ποτάμι στη στεριά.

εκβραχίζω, ρ., παρατ., αόρ. *εξε-* (λόγ.), αποσπώ βράχους για να εξομαλύνω βραχώδες έδαφος.

εκβραχισμός ο, ους. (λόγ.), απόσπαση και απομάκρυνση βράχων κατά την εκτέλεση τεχνικών έργων: *-οί υποβρύχιοι*.

εκβραχιστικός, -ή, -ό, επίθ., που έχει σχέση με τον εκβραχισμό: *μηχανές -ές· έργα -ά*.

εκγαλλίζω, ρ., συνήθως στον παθ. αόρ. *εξεγαλλίστηκα*, πληθ. *εκγαλλιστήκαμε*. 1. κάνω κάποιον να αποκτήσει γαλλική εθνική συνείδηση. 2. προσδίδω γαλλικές ιδιότητες.

εκγαλλισμός ο, ους. 1. το να αποκτά (συνήθως με τη βία) ένα άτομο διαφορετικής εθνικότητας γαλλική εθνική συνείδηση και το να μιλά τη γαλλική γλώσσα. 2. επίδραση της γαλλικής γλώσσας στα εκφραστικά μέσα μια άλλης: *φραστικός* ~.

εκ γενετής· αρχαϊστ. έκφρ. = από τη στιγμή της γέννησης.

εκγερμανίζω, ρ., συνήθως στον παθ. αόρ. *εκγερμανίστηκα* 1. κάνω κάποιον να αποκτήσει γερμανική εθνική συνείδηση. 2. προσδίδω γερμανικές ιδιότητες.

εκγερμανισμός ο, ους., το να αποκτά (συνήθως με βία) ένα άτομο διαφορετικής εθνικότητας γερμανική εθνική συνείδηση.

εκγυμνάζω, ρ., γυμνάζω (τέλεια), ασκώ: *-ομαι στην ιππασία· -ει σκύλους* (συνών. *προπονώ*).

εκγύμναση η, ους., συστηματική γύμναση: ~ *νεοσυλλέκτων* (συνών. *εξάσκηση*).

έκδηλος, -η, -ο, επίθ. (λόγ.), τελείως φανερός: *ανησυχία -η· -ες προθέσεις* (συνών. *ολοφάνερος, καταφανής*· αντ. *αφανέρωτος, ενδόμυχος*). -Επίρρ. **-α**.

εκδηλώνω, ρ., παρατ. *εξεδήλωνα*, πληθ. *εκδηλώναμε*, αόρ. *εξεδήλωσα*, πληθ. *εκδηλώσαμε*, παθ. αόρ. *εκδηλώθηκα*. Α. (ενεργ.) κάνω κάτι έκδηλο: *εξεδήλωσε την ευγνωμοσύνη του/τα αισθήματά του* (συνών. *φανερώνω, εξωτερικεύω, δείχνω*· αντ. *κρύβω, καταπνίγω*). Β. μέσ. 1. φανερώνω, εξωτερικεύω τις σκέψεις και τα συναισθήματά μου: *-ώθηκε υπέρ της βασιλείας·* (απόλ.) *εκδηλώθηκε* = φανέρωσε κάτι που προσπαθούσε να κρύψει (συνών. *αποκαλύπτομαι*). 2. (για πράγματα) εμφανίζομαι, ξεσπώ: *-ώθηκε επιδημία τύφου/στάση/πυρκαγιά· η πολιτική αυτή -ώνεται με ένα νεοτερισμό*.

εκδήλωση η, ους. 1. εξωτερίκευση, έκφραση: ~ *μίσους/αγάπης·* (στον πληθ.) *-ώσεις ενθουσιώδεις* (αντ. *απόκρυψη, συγκάλυψη*). 2. εμφάνιση, ξέσπασμα: ~ *κρίσης/νόσου/πυρκαγιάς* (συνών. *φανέρωμα*). 3. οργανωμένες τελετές, γιορτές, επιδείξεις: *-ώσεις καλλιτεχνικές/πολιτιστικές/αθλητικές*.

εκδηλωτικός, -ή, -ό, επίθ. 1. που φανερώνει κάτι: *συμπτώματα -ά των επιδιώξεών του*. 2. (για πρόσωπο) που φανερώνει τα αισθήματά του (συνών. *διαχυτικός, εκφραστικός·* αντ. *επιφυλακτικός, μαζεμένος*).

εκδημοκρατίζω, ρ. 1. εισάγω ιδέες και θεσμούς δημοκρατικούς: *η χώρα -ίστηκε*.

εκδημοκρατισμός ο, ους., εισαγωγή ιδεών, θεσμών και διαδικασιών δημοκρατικών: ~ *της εκπαίδευσης / μιας χώρας*.

εκδημοτικισμός ο, ους., κανονική ή όχι εφαρμογή

των κανόνων της δημοτικής σε λέξεις ή άλλα γλωσσικά στοιχεία: ~ *των λόγιων μετοχών*· ~ *άτοπος* = η αντικατάσταση μιας λέξης του κοινού λεξιλογίου με άλλη δημοτικότερη ή και ιδιωματική χωρίς ιδιαίτερο λόγο με ζημία του γλωσσικού ύφους.

εκ διαμέτρου αντίθετοι· αρχαϊστ. έκφρ. = εντελώς αντίθετοι: *αντιλήψεις εκ διαμέτρου αντίθετες.*

εκδίδω, ρ., παρατ. εξέδιδα, πληθ. εκδίδαμε, αόρ. εξέδωσα, πληθ. εκδόσαμε, παθ. αόρ. εκδόθηκα. **1.** τυπώνω και θέτω σε κυκλοφορία, δημοσιεύω (σε πολλά αντίτυπα): εξέδωσε την *πρώτη ποιητική του συλλογή.* **2.** συντάσσω και ανακοινώνω ή δημοσιεύω επίσημο ή άλλο έγκυρο έγγραφο: ~ *διαβατήριο/πιστοποιητικό/ένταλμα σύλληψης.* **3.** (για χρηματικές αξίες) εκτυπώνω σε πολλά αριθμημένα αντίτυπα και θέτω σε κυκλοφορία: *εκδόθηκαν καινούργια πεντακοσάρικα.* **4.** (για συναλλαγματική) συντάσσω και παραδίδω στον αποδέκτη. **5.** παρέχω έντυπη απόδειξη εισπράττοντας το αντίτιμο: ~ *εισιτήρια.* **6.** παραδίδω αλλοδαπό κακοποιό ή πολιτικό πρόσωπο στις αρχές του κράτους από το οποίο καταζητείται για να δικαστεί. **7.** αναγκάζω γυναίκα να ασκεί πορνεία (συνών. *εκπορνεύω*)· (μέσ. για γυναίκα) ασκώ πορνεία (συνών. *εκπορνεύομαι*).

εκδικάζω, ρ., παρατ. εξεδίκαζα, πληθ. εκδικάζαμε, αόρ. εξεδίκασα, πληθ. εκδικάσαμε, παθ. αόρ. εκδικάστηκα, (νομ.) διεξάγω δίκη: (συνήθως μέσ.) *αύριο -εται η υπόθεση της ληστείας.*

εκδίκαση η, ουσ. (νομ.) συζήτηση υπόθεσης ενώπιον του δικαστηρίου, διεξαγωγή δίκης: *αναβολή της -ης της υπόθεσης.*

εκδίκηση η, ουσ., ανταπόδοση κακού (από αυτόν που αδικήθηκε ή από γνωστό του): ~ *αμείλικτη/ σκληρή*· φρ. *παίρνω* ~ (= εκδικούμαι): *πήρε* ~ *για το θάνατο του αδελφού του* (πβ. και *βεντέτα*) (συνών. *γδικιωμός, ξεδικιωμός*).

εκδικητής ο, θηλ. *-ήτρια* και (λαϊκ.) **-ήτρα** η, ουσ., αυτός που εκδικείται, που ανταποδίδει το κακό ή την αδικία που του έκαναν.

εκδικητικός, -ή, -ό, επίθ. **1.** που ανήκει ή αναφέρεται στην εκδίκηση ή τον εκδικητή: *ενέργεια -ή.* **2.** (για πρόσωπο) που έχει την τάση να ανταποδίδει το κακό ή την αδικία που του έγινε (συνών. *μνησίκακος*· αντ. *ανεξίκακος*).

εκδικητικότητα η, ουσ., τάση για εκδίκηση: *είναι γνωστός για την -ά του* (συνών. *μνησικακία*· αντ. *ανεξικακία*).

εκδικήτρα και **εκδικήτρια**, βλ. *εκδικητής.*

εκδικούμαι και (λαϊκ., συνίζ.) **-έμαι**, ρ., ανταποδίδω το κακό ή την αδικία που μου έγινε, παίρνω εκδίκηση: *άργησε, αλλά τον -ήθηκε*· *οι αδύνατοι καταγγέλλουν, οι δυνατοί -ούνται*· *-είται σαν καμήλα* (= είναι πολύ μνησίκακος).

εκδίωξη η, ουσ. (λόγ.), βίαιη απομάκρυνση (συνών. *αποπομπή, διώξιμο*).

εκδορά η, ουσ. (λόγ.). **1.** αφαίρεση του δέρματος (συνών. *γδάρσιμο*). **2.** (ιατρ.) επιπόλαιο σχίσιμο του δέρματος (συνών. *αμυχή, γρατσουνιά, γρατσούνισμα*).

εκδορέας ο, ουσ. (λόγ.), αυτός που γδέρνει τα σφαχτά (συνών. *γδάρτης*).

εκδόριο το, ουσ. (ασυνίζ.), (παλαιότ., φαρμ.) είδος εμπλάστρου που κολλά στο δέρμα και προκαλεί ορώδη έκκριση με αφαίρεση τμήματος της επιδερμίδας.

έκδοση η, ουσ. **1.** εκτύπωση και δημοσίευση έργου (βιβλίου, εφημερίδας, περιοδικού, κλπ.): ~ *κριτική* (συνών. *δημοσίευση*). **2.** σύνολο αντιτύπων ενός βιβλίου που τυπώνονται από την ίδια στοιχειοθεσία: *μόλις κυκλοφόρησε η δεύτερη* ~ *του βιβλίου*· **3.** (συνεκδοχικά για τον τρόπο εκτύπωσης): ~ *πολυτελής.* **4.** σύνταξη και ανακοίνωση επίσημης απόφασης ή χορήγηση έγκυρου εγγράφου από αρμόδια αρχή: ~ *προεδρικού διατάγματος/διαβατηρίου.* **5.** χορήγηση δελτίου εισόδου σε χώρο θεαμάτων, σε συγκοινωνιακά μέσα, κλπ. με αντικαταβολή του αντιτίμου: ~ *εισιτηρίων.* **6.** εκτύπωση και κυκλοφορία πανομοιότυπων αντιτύπων που διαφέρουν μόνο στον αριθμό και αντιπροσωπεύουν χρηματική αξία ή ποσοστό κρατικού ή τραπεζικού δανείου ή ποσοστό συμμετοχής σε κεφάλαιο ανώνυμης εταιρείας: ~ *χαρτονομίσματος/μετοχών/ομολογιών.* **7.** παράδοση αλλοδαπού στις διωκτικές αρχές της χώρας από την οποία καταζητείται: *σύμβαση αμοιβαίας -ης κακοποιών.*

εκδοτήριο το, ουσ. (ασυνίζ.), χώρος όπου εκδίδονται από τους αρμόδιους φορείς εισιτήρια, κ.τ.ό.: *-α εισιτηρίων θεάτρου*· *-α καρτών πολλαπλών διαδρομών* (στα μέσα συγκοινωνίας).

εκδότης ο, θηλ. **-τρια**, ουσ. **1.** αυτός που αναλαμβάνει τη δαπάνη εκτύπωσης και κυκλοφορίας συγγράμματος ή εντύπου: ~ *βιβλίου*· *υπεύθυνος* ~ *εφημερίδας.* **2.** ~ *συναλλαγματικής* = αυτός που σύμφωνα με τις διατάξεις του εμπορικού κώδικα συντάσσει και υπογράφει ειδικό έγγραφο με το οποίο δίνει εντολή σε τρίτο πρόσωπο να καταβάλει το οφειλόμενο ποσό στον αποδέκτη: ~ *εντάλματος/διαβατηρίου, κλπ.* = αρμόδιος υπάλληλος ή αρμόδια αρχή για την έκδοση...· ~ *εισιτηρίων* = αυτός που παραδίδει τα δελτία εισόδου σε χώρο θεαμάτων, σε συγκοινωνιακά μέσα, κλπ. με καταβολή του αντιτίμου.

εκδοτικός, -ή, -ό, επίθ. **1.** που ανήκει ή αναφέρεται στον εκδότη ή την έκδοση: *έξοδα -ά.* **2.** που ασχολείται με εκδόσεις ή που αναλαμβάνει την έκδοση και το εμπόριο βιβλίων και άλλων εντύπων: *οίκος* ~· *εταιρεία -ή.* **3.** *τράπεζα -ή* = τράπεζα που αναλαμβάνει προνομιακά (με νόμο της πολιτείας) το δικαίωμα της έκδοσης και κυκλοφορίας τραπεζογραμματίων. - Το θηλ. ως ουσ.: *-ή κειμένων* = επιστημονική μέθοδος για την έκδοση παλαιότερων κειμένων. - Το ουδ. στον πληθ. ως ουσ. = έξοδα εκτύπωσης, εκδοτική δαπάνη.

έκδοτος, -η, -ο, επίθ. (λόγ.), που είναι παραδομένος στις αισθησιακές απολαύσεις (συνών. *ακόλαστος, έκλυτος*· αντ. *εγκρατής*).

εκδότρια, βλ. *εκδότης.*

εκδούλευση η, ουσ., εξυπηρέτηση που γίνεται χαριστικά: *νιώθει υποχρεωμένος για τις -εύσεις σου.*

εκδοχέας ο, ουσ. (νομ.) αυτός στον οποίο μεταβιβάζεται κάποιο περιουσιακό στοιχείο ή δικαίωμα ύστερα από συμφωνία (συνών. *αποδέκτης*).

εκδοχή η, ουσ., το πώς αντιλαμβάνεται κανείς ένα ζήτημα, η υποκειμενική εξήγησή του γι' αυτό: ~ *πιθανότερη/εσφαλμένη*· *σύμφωνα με άλλη* ~... (συνών. *άποψη*).

εκδρομέας ο, πληθ. *-είς*, ουσ., αυτός που παίρνει μέρος σε εκδρομή.

εκδρομή η, ουσ., σύντομο ταξίδι που πραγματοποιεί ένα άτομο ή συνηθέστερα ομάδα ατόμων για αναψυχή ή για να επισκεφτεί μια περιοχή και τα

εκδρομικός

αξιοθέατά της: *πηγαίνω/κάνω ~· ~ ημερήσια/ εκπαιδευτική/σχολική.*
εκδρομικός, -ή, -ό, επίθ., που ανήκει ή αναφέρεται στην εκδρομή ή στους εκδρομείς: *όμιλος/σάκος ~.*
εκδρομισμός ο, ουσ. **1.** κίνηση για τη δημιουργία ομαδικών εκδρομών. **2.** το να κάνει κανείς εκδρομές.
εκεί και **κει,** επίρρ. **1α.** (για στάση και κίνηση) σ' εκείνο το μέρος (μέρος μακρινό ή μέρος που το δείχνει αυτός που μιλά ή για το οποίο είχε κάνει λόγο προηγουμένως): *ήμασταν ~ όταν έγινε το ατύχημα· ακούμπησέ το ~! προς τα ~· τράβηξαν κατά κει·* **β.** (με άλλα τοπ. επίρρ. για να προσδιοριστεί ο τόπος με μεγαλύτερη ακρίβεια): *~ πάνω/ κάτω/μέσα/έξω/ψηλά· ~ μεριά (σ' εκείνη τη μεριά)* (συνών. *εκειδά·* αντ. *εδώ, αλλού).* **2.** (για αναφορά σε κάποιο σημείο ομιλίας, κειμένου, κλπ., για το οποίο γίνεται ή έχει γίνει λόγος): *ήταν ~ σημειωμένο...· ~ σταματούσε ο διάλογος.* **3.** (για να δηλωθεί κατάσταση ή ενέργεια ή απλώς επιτ.): *~ βρίσκεται/σταμάτησε η υπόθεση· ~ συνοψίζεται όλο το νόημα.* **4.** (με την πρόθ. *από* για να δηλωθεί κίνηση από κάποιον τόπο ή προέλευση): *πήγε στο Παρίσι και από ~ στο Λονδίνο· είδες το Γιώργο; από ~ έρχομαι· από ~ κατάγομαι κι εγώ·* (υβριστικά) *να πάει από κει που ήρθε!* (= να εξαφανιστεί). **5.** (χρον.) εκείνη τη στιγμή, τότε: *δε θυμάμαι τι ώρα ήταν, ~ προς τα ξημερώματα.* **6.** (επιτ. με δεικτ. αντων.) *βλέπεις εκείνην ~ την κυρία; σ' εκείνην ~ τη γωνία.* **7.** (με το αναφ. *που)* **α.** (χρον.) την ώρα που, τη στιγμή που, ενώ: *~ που περπατούσαμε άρχισε να βρέχει·* **β.** (λαϊκ., για να δηλωθεί η αιτία) αφού: *~ που πήγες για ψώνια ας μου αγόραζες και αυτό που σου ζήτησα·* **γ.** (για να δηλωθεί αντίθεση) ενώ: *~ που περίμενε ευχαριστίες τον βρίσανε κι από πάνω·* παροιμ. *~ που μας χρωστούσανε, μας πήραν και το βόδι·* αντί: *~ που έψαξες τόσο, θα πλήρωνες περισσότερα και θα πετύχαινες το σκοπό σου·* **δ.** (με τα μόρια *να, θα)* αντί, αν πρόκειται: *~ που θα του πάρει κάποιος άλλος, πάρε το εσύ· ~ που να τρέχουμε στα δικαστήρια, προτιμώ να συμβιβαστούμε.* **8.** (με πρόθ. *όπως μέχρι(ς), (έ)ως, ίσαμε,* κ.τ.ό., για να αναφερθεί με ακρίβεια κάποιο χρονικό ή τοπικό σημείο): *έτρεξε ως ~ και σταμάτησε.* **9.** (επιτ., για να τονιστεί ένας όρος της φράσης ή όλο το νόημά της): *μου 'λεγε κει πράγματα απίστευτα! τι κάνεις ~! ε, εσύ ~!* **10.** (για να δηλωθεί αποδοκιμασία, αγανάκτηση, συνήθως με ρ. που δηλώνουν αίσθηση): *ακούς ~! είδες ~ αναισθησία!* Έκφρ. *από δω κι από κει και εδώ κι ~.* - Βλ. ά. *εδώ* εκφρ.
εκειδά, επίρρ. (λαϊκ.), εκεί ακριβώς: *~ βρίσκεται/ μείνε!* (συνών. *εκειδανά).* [επίρρ. *εκεί* + μόρ. *δα*].
εκειδανά, επίρρ. (λαϊκ.), εκειδά (βλ. λ.). [επίρρ. *εκεί* + μόρ. *δα* + *να*].
εκείθε(ς) και **εκείθενες** και **κείθε(νες),** επίρρ. (λαϊκ.). **1.** από ή προς εκείνο το μέρος, το σημείο: *~ περάσανε· κατά κείθε τραβήξανε· πήγαινε δώθε - κείθε.* **2.** από εκείνη την αιτία: *~ άρχισε η διχόνοια.* **3.** (χρον.) ύστερα από εκείνο το γεγονός, από τότε. [επίρρ. *εκεί* + *-θε(ς)*<αρχ. *-θεν*].
εκείνος, -η, -ο και **κείνος,** δεικτ. αντων. **1α.** (για να δείξομε ή να δηλώσομε πρόσωπο ή πράγμα που βρίσκεται μακριά, τοπικά ή χρονικά, ή για το οποίο κάναμε προηγουμένως λόγο· η αντων. χρησιμοποιείται είτε ως επίθετο πάντοτε με έναρ-

θρο ουσ. είτε ως ουσιαστικό μόνη της): *ποιος είναι ~: -η φώναξε δυνατά! κοίταξε -ο το παιδί·* **β.** (σε αντίθεση με την *αντων. αυτός* για να διασταλούν δύο έννοιες για τις οποίες έγινε λόγος): *~ ήταν εργατικός ενώ αυτός τεμπέλης.* **2.** (επιτ.) *ο γνωστός ~ σκηνοθέτης· τι γίνεται μ' -α τα λεφτά που μου χρωστάς;* **3.** (επιτ. με το μόριο *δα* ή το επίρρ. *εκεί* για να προσδιορίσομε κάτι ακριβέστερα): *κατοικεί σ' -ο εκεί το σπίτι· -η δα είναι που δε θέλει να σε ξαναδεί.* **4.** (περιφρονητικά ή επειδή αποφεύγομε να αναφέρομε συγκεκριμένο όνομα): *είναι μια πονηρή -η! ποιος σε πείραξε, ~;* **5.** (αοριστολ. με αναφ. πρότ. για να δηλωθεί αυτός ή αυτό για το οποίο γίνεται λόγος) *όποιο, ό,τι, όσοι* (για πληθ.): *όλα -α που σου έλεγα ήταν αλήθεια· ~ που εργάζεται σκληρά πετυχαίνει τους στόχους του.* **6.** (ως επαναληπτική για να δοθεί έμφαση και έτσι να τονιστεί η έννοια προσώπου, πράγματος ή και ολόκληρου νοήματος): *τα παιδιά πηδούσαν κι -α από τη χαρά τους· οι βέργες οι καμαρωτές λαμποκοπούσαν κι -ες* (Κρυστάλλης). **7.** (με προηγούμενο ή επόμενο έναρθρο ουσ. που δηλώνει χρόνο για να αναφέρομε κάτι μακρινό): *στα χρόνια -α· -η την εποχή· -ο τον καιρό· την ώρα -η δεν μπορούσα να σκεφτώ τίποτα.* Έκφρ. *με τούτα και μ' -α* (= με διάφορες κουβέντες ή για διάφορους λόγους): *με τούτα και μ' -α πέρασε η ώρα χωρίς να το καταλάβω· με τούτα και μ' -α δεν καταφέραμε να αποχτήσομε σπίτι.*
εκεχειρία η, ουσ. **1.** προσωρινή διακοπή των εχθροπραξιών ύστερα από συμφωνία ή συνθήκη ανάμεσα στους εμπολέμους: *ζητώ ~· σύναψη/παραβίαση -ας·* (αρχ.) *Ολυμπιακή ~ =* κατάπαυση των εχθροπραξιών ανάμεσα στις ελληνικές πόλεις κατά τη διάρκεια των ολυμπιακών αγώνων (συνών. *ανακωχή).* **2.** (μεταφ.) προσωρινή διακοπή μιας διαμάχης συνήθως πολιτικής.
έκζεμα το, ουσ. (ιατρ.) φλεγμονώδης πάθηση του δέρματος, τοπική ή διάσπαρτη, χαρακτηριζόμενη από κοκκινίλα, κνησμό και εμφάνιση φυσαλλίδων (που συνήθως περιέχουν υγρό): *~ αλλεργικό.*
εκζεματικός, -ή, -ό, επίθ. **1.** που αναφέρεται ή οφείλεται σε έκζεμα: *εξάνθημα -ό.* **2.** (ως ουσ.) αυτός που υποφέρει από έκζεμα.
εκζεματογόνος, -α, -ο, επίθ., που προκαλεί έκζεμα: *ουσίες -ες.*
εκζεματοποίηση η, ουσ. (ιατρ.) μετατροπή μιας δερματικής πάθησης σε έκζεμα.
εκζήτηση η, ουσ. (λόγ.). **1.** επίμονη ζήτηση (συνών. *επιζήτηση, επιδίωξη).* **2.** αφύσικος, προσποιητός ή παράξενος τρόπος συμπεριφοράς, εκκεντρικότητα (συνών. *προσποίηση, επιτήδευση).*
έκθαμβος, -η, -ο, επίθ. (λόγ.), που κυριεύεται από θαυμαστό μπροστά σε κάτι: *έμεινε ~ από την ομορφιά της* (συνών. *θαμπωμένος, κατάπληκτος).*
εκθαμβωτικός, -ή, -ό, επίθ. (λόγ.). **1.** που προκαλεί συσκοτισμό της όρασης: *φως -ό· λευκότητα (του χιονιού) -ή* (συνών. *εκτυφλωτικός).* **2.** (μεταφ.) που κάνει κάποιον να καταληφθεί από θαυμασμό, έκσταση, κατάπληξη: *ομορφιά -ή.* -Επίρρ. **-ά.**
εκθειάζω, ρ. (ασυνίζ.), επαινώ κάποιον ή κάτι με ενθουσιασμό, εγκωμιάζω υπερβολικά: *~ τις αρετές/ικανότητες/την προσφορά κάποιου* (συνών. *εξαίρω).*
εκθειασμός ο, ουσ. (ασυνίζ., λόγ.), το να επαινείται κάποιος ή κάτι θερμά, με ενθουσιασμό (συνών. *εγκωμιασμός, έπαινος).*

εκθειαστής ο, θηλ. **-άστρια,** ουσ. (ασυνίζ., λόγ.), αυτός που επαινεί κάποιον υπερβολικά, θερμά (συνών. *εγκωμιαστής*).

εκθειαστικός, -ή, -ό, επίθ. (ασυνίζ., λόγ.), που είναι πολύ επαινετικός: *ομιλία/κριτική -ή* (συνών. *εγκωμιαστικός*). - Επίρρ. **-ά.**

εκθειάστρια, βλ. *εκθειαστής.*

έκθεμα το, ουσ. **1.** κάθε εμπόρευμα ή έργο τέχνης που εκτίθεται δημόσια για θέα, ιδίως σε οργανωμένη έκθεση, ή για πώληση: *-ατα μουσειακά.* **2.** (νομ.) πίνακας που τοιχοκολλείται στις αίθουσες των δικαστηρίων όπου αναγράφονται περιληπτικά οι δίκες οι καθορισμένες για την προσεχή συνεδρίαση (συνών. *πινάκιο*).

εκ θεμελίων· αρχαϊστ. έκφρ. = εντελώς από την αρχή.

έκθεση η, ουσ. **1.** τοποθέτηση ενός πράγματος στο ύπαιθρο ή σε άλλο (συνήθως δημόσιο, ανοιχτό ή κλειστό) χώρο: *~ καρπών για αποξήρανση/αντικειμένων στις βιτρίνες/επίπλων.* **2.** οργανωμένη επίδειξη σε δημόσιο χώρο προϊόντων, εμπορευμάτων ή έργων τέχνης για κοινή θέα, διαφήμιση ή πώληση: *~ αναμνηστική/εμπορική/παγκόσμια· ~ ζωγραφικής/βιβλίου/αυτοκινήτου· η ~ άνοιξε τις πόρτες της στο κοινό.* **3.** (συνεκδοχικά) ο τόπος ή οι εγκαταστάσεις όπου διοργανώνεται μια παρουσίαση προϊόντων. **4.** το να υποβάλλεται κάποιος ή κάτι στην επίδραση ενός παράγοντα φυσικού ή χημικού: *η παρατεταμένη ~ στον ήλιο είναι επικίνδυνη· ~ στη βροχή/στο ρεύμα/στη ραδιενέργεια· με την -ή του στο φως το φιλμ καταστράφηκε.* **5.** (λόγ.) ανάπτυξη ενός θέματος σε βάθος και πλάτος: *~ της κατάστασης* (συνών. *ανάπτυξη*). **6.** (λόγ.) περιγραφή γεγονότων: *~ συμβάντων* (συνών. *αφήγηση*). **7a.** (μεταφ.) γραπτή αναφορά που περιλαμβάνει αξιολογική περιγραφή προσώπου και ενεργειών του ή γεγονότων και που απευθύνεται συνήθως σε προϊστάμενη αρχή: *~ εισηγητική/εμπιστευτική/υπηρεσιακή· ~ ανακριτή/πραγματογνωμόνων· ~ πεπραγμένων* (= απολογισμός)· **β.** (συνεκδοχικά) το έγγραφο που περιέχει την παραπάνω αναφορά. **8.** (σχολ.) μάθημα που υπάγεται στη διδασκαλία των νέων ελληνικών και συνίσταται στη σύνταξη από το μαθητή σύντομου δοκιμίου —με θέμα που ορίζει ο καθηγητής— έτσι ώστε ο μαθητής να ασκείται στη σωστότερη χρήση του γραπτού λόγου: *ιδεών· οι μαθητές έγραψαν σήμερα ~.* **9.** (μουσ.) μέρος της μουσικής σύνθεσης όπου παρουσιάζονται τα βασικά θεματικά στοιχεία. **10.** (νομ.) εγκατάλειψη ατόμου ανήλικου ή ανίκανου να συντηρήσει ή να προστατεύσει τον εαυτό του από τυχόν κίνδυνο, από εκείνον που είναι υποχρεωμένος να του παρέχει τη φροντίδα και την επιμέλειά του: *~ βρέφους.*

εκθεσιακός, -ή, -ό, επίθ. (ασυνίζ.), που ανήκει ή αναφέρεται στην έκθεση: *χώρος ~· κέντρο -ό.*

εκθεσιόμετρο το, ουσ. (ασυνίζ.), όργανο που χρησιμεύει για τη μέτρηση του χρόνου έκθεσης στο φως μιας φωτογραφίας κατά την εμφάνισή της.

έκθεσμος, -η, -ο, επίθ. (λόγ.), που γίνεται με παράβαση των θεσμών (συνών. *αθέμιτος, παράνομος·* αντ. *ένθεσμος, θεμιτός, νόμιμος*).

εκθετήριο το, ουσ. (ασυνίζ.), χώρος όπου γίνονται εκθέσεις: *~ του δήμου.*

εκθέτης ο, I. θηλ. **-τρια** η, ουσ., αυτός του οποίου τα εμπορεύματα ή έργα παρουσιάζονται σε μια οργανωμένη έκθεση: *στην έκθεση πήρε μέρος μεγάλος αριθμός -ών.*

εκθέτης ο, II. ουσ. (μαθημ.) αριθμός (αραβικός ή αλγεβρικός) που αναγράφεται δεξιά και λίγο επάνω σε μια ποσότητα και εκφράζει τη δύναμη στην οποία υψώνεται η ποσότητα αυτή (που λέγεται βάση): *~ άγνωστος/μεταβλητός.*

εκθετικός, -ή, -ό, επίθ. (μαθημ.) που χαρακτηρίζεται από τον εκθέτη· που έχει εκθέτη μεταβλητό ή άγνωστο: *συνάρτηση/εξίσωση -ή.*

έκθετος, -η, -ο, επίθ. **1.** που έχει αφεθεί στην επίδραση παράγοντα συνήθως φυσικού: *~ στον ήλιο/στο ρεύμα* (συνών. *εκτεθειμένος*). **2.** που έχει εγκαταλειφθεί (συνήθως το ουδ. ως ουσ., για βρέφος που το εγκατέλειψαν οι γονείς του μετά τη γέννησή του). **3.** (μεταφ.) που έμεινε χωρίς υλική ή ηθική κάλυψη (συνών. *απροστάτευτος, εκτεθειμένος*).

εκθέτρια, βλ. *εκθέτης,* I.

εκθέτω, ρ., παρατ. *εξέθετα,* πληθ. *εκθέταμε,* αόρ. *εξέθεσα,* πληθ. *εκθέσαμε,* μέσ. *εκτίθεμαι και εκθέτομαι,* αόρ. *εκτέθηκα,* μτχ. *εκτεθειμένος.* **1.** τοποθετώ, αφήνω κάτι στο ύπαιθρο ή σε (συνήθως) δημόσιο χώρο: *με την έξωση έμειναν τα πράγματά της εκτεθειμένα στο δρόμο.* **2.** παρουσιάζω σε οργανωμένη έκθεση προϊόντα, εμπορεύματα ή έργα τέχνης για θέα, διαφήμιση ή πώληση: *ο γλύπτης -ει τα τελευταία έργα του.* **3.** υποβάλλω κάποιον ή κάτι στην επίδραση ενός παράγοντα φυσικού ή χημικού: *~ το σώμα μου στον ήλιο/στον αέρα/στις ακτίνες Χ.* **4.** παρουσιάζω ένα θέμα με πληρότητα, περιγράφω με λεπτομέρειες, αναλυτικά, αναπτύσσω· αφηγούμαι: *εξέθεσε την οικονομική κατάσταση της επιχείρησης· στο πρώτο μέρος ο συγγραφέας -ει τα δομικά στοιχεία του έργου.* **5.** θέτω, αφήνω κάποιον ή κάτι σε θέση ή κατάσταση που περικλείει κινδύνους: *~ τη ζωή-/την υγεία μου·* (μέσ.) *εκτίθεμαι σε κινδύνους* (συνών. *διακινδυνεύω*). **6.** διασύρω ή μειώνω την ηθική υπόσταση κάποιου, με τις ενέργειές μου θέτω κάποιον στην κρίση τρίτου ή τρίτων: *~ το όνομά/το κύρος/την υπόληψή μου· έχει εκτεθεί στον κύκλο του.*

εκθηλυμένος, -η, -ο, επίθ. (λόγ.), που έχει φυσικά χαρακτηριστικά ή επιδεικνύει χαρακτήρα ή συμπεριφορά που ανήκουν κατά την κοινή αντίληψη στο γυναικείο φύλο (συνών. *θηλυπρεπής*).

εκθλίβω, ρ. (γραμμ., συνηθέστερα μέσ.) παθαίνω έκθλιψη (βλ. λ.).

έκθλιψη η, ουσ. **1.** (γραμμ.) αποβολή του τελικού φωνήεντος μιας λέξης μπροστά από το αρχικό φωνήεν της επόμενης π.χ. *μη με αφήνετε → μη μ' αφήνετε·* η απόστροφος είναι το σημάδι με το οποίο δηλώνουμε την *~.* **2.** εξαγωγή χυμού με πίεση: *~ ελαιοκάρπου.*

εκθρονίζω, ρ., απομακρύνω κάποιον από το θρόνο του, κηρύσσω κάποιον έκπτωτο, καθαιρώ: *~ βασιλέα/πατριάρχη.*

εκθρόνιση η, ουσ., απομάκρυνση, καθαίρεση από το θρόνο (συνών. *εκθρονισμός*).

εκθρονισμός ο, ουσ., εκθρόνιση (βλ. λ.).

έκθυμα το, ουσ. (ιατρ.) λοιμώδης δερματοπάθεια που χαρακτηρίζεται από φλύκταινες και εξελκώσεις καλυμμένες από κρούστα, κάκαδο.

εκκαθαρίζω, ρ. **1a.** απαλλάσσω κάποιον ή κάτι από τα περιττά ή άχρηστα στοιχεία του· **β.** (ειδικά) απαλλάσσω μια υπηρεσία από τα ανίκανα μέλη της ή το στρατό από τους εχθρούς του: ~ τις τελευταίες εστίες εχθρικής αντίστασης (συνών. ξεκαθαρίζω). 2. (λογιστ.) εκτελώ τις αναγκαίες λογιστικές πράξεις ώστε να τακτοποιηθεί ένας λογαριασμός: ~ λογαριασμούς τριμήνου.

εκκαθάριση η, ουσ. 1. απαλλαγή από ό,τι είναι άχρηστο, περιττό ή κατώτερης ποιότητας: ~ αρχείου· ~ γενική (συνών. ξεκαθάρισμα). 2α. απομάκρυνση από ένα μέρος όλων των εμποδίων που δυσχεραίνουν τη διάβαση: ~ του εδάφους· β. (στρατ.) εξουδετέρωση από ειδικά στρατιωτικά τμήματα κάθε εστίας αντίστασης του εχθρού σε εδάφη που έχουν καταληφθεί: ~ μιας καίριας τοποθεσίας/χωριού/λόφου. 3. ομαδικη απομάκρυνση από μια υπηρεσία, οργάνωση, επιχείρηση, κλπ., ατόμων που θεωρούνται περιττά, ανίκανα ή εχθρικά: ~ του προσωπικού εταιρείας/στρατού. 4. το να διακανονίζεται μια διαφορά, ένα ζήτημα: ~ ανοικτών λογαριασμών/εκκρεμοτήτων (συνών. διευθέτηση, εξομάλυνση, ξεκαθάρισμα). 5. ακριβής και οριστικός καθορισμός ενός πράγματος: ~ εσόδων και εξόδων. 6. (λογιστ.) τελική καταγραφή των λογιστικών εγγραφών ώστε να γίνει ο καθορισμός του χρεωστικού και πιστωτικού υπολοίπου ενός προσωπικού λογαριασμού: ~ ετήσια· (νομ.) ~ ύστερα από διάλυση ή πτώχευση εταιρείας ~ τακτοποίηση των περιουσιακών στοιχείων· δικαστική ~ κληρονομιάς.

εκκαθαριστής ο, θηλ. **-ίστρια**, ουσ. 1. (νομ.) αυτός που κάνει εκκαθάριση (βλ. λ. σημασ. 6): *ο ~ ενεργεί ως διοικητής του νομικού προσώπου* (αστ. κώδ.). 2. (στρατ.) στρατιώτης που ανήκει σε ειδική ομάδα εκκαθαρίσεων (βλ. λ. σημασ. 2β).

εκκαθαριστικός, -ή, -ό, επίθ. α. που αναφέρεται στην εκκαθάριση, που γίνεται για εκκαθάριση ή χρησιμεύει γι' αυτήν: *επιχειρήσεις -ές* β. (οικον.) *σημείωμα -ό* = έγγραφο που αποδεικνύει τις αποδοχές μισθωτού και τις κρατήσεις του.

εκκαθαρίστρια, βλ. εκκαθαριστής.

εκκαλώ, ρ. (νομ.) κάνω έφεση, εφεσιβάλλω: *έχω δικαίωμα να -λέσω μια απόφαση πρωτοδικείου.*

εκκεντρικός, -ή, -ό, επίθ. (έρρ.). α. (για πρόσωπο) που συμπεριφέρεται με τρόπους ασυνήθιστους: *χαρακτήρας -·* γυναίκα *-ή·* β. (για πράγματα) που δε συνηθίζεται από τους πολλούς: *φόρεμα -ό* (συνών. στις σημασ. α και β *ιδιότυπος, παράξενος, εξεζητημένος*).

εκκεντρικότητα η, ουσ. (έρρ.), το να είναι κανείς εκκεντρικός, το να χαρακτηρίζεται από παράλογη ιδιοτυπία (συνών. *εκζήτηση, παραξενιά, ιδιορρυθμία*).

εκκενώνω, ρ., παρατ. *εξεκένωνα*, πληθ. *εκκενώναμε* (προφ. *δύο κ*), αόρ. *εξεκένωσα*, πληθ. *εκκενώσαμε* (προφ. *δύο κ*) (λόγ.). 1. εγκαταλείπω ή κάνω να εγκαταλείψουν κάποιοι μαζικά ένα χώρο (όπου είναι επικίνδυνο ή απαγορευμένο να μείνει κανείς): *οι θεατές εκκένωσαν την αίθουσα· η αστυνομία προσπάθησε να -ώσει την κερκίδα από τους ταραξίες* (συνών. *αδειάζω·* αντ. *γεμίζω*). 2. παύω να κατέχω στρατιωτικά (μια θέση, μια περιοχή): *~ το φρούριο· οι Γερμανοί εκκένωσαν την Κρήτη το 1945* (συνών. *αποσύρομαι, εγκαταλείπω·* αντ. *καταλαμβάνω*).

εκκένωση η, ουσ. 1. (λόγ.) εξαγωγή του περιεχομένου (ενός χώρου): *-ώσεις βόθρων* (συνών. *άδειασμα·* αντ. *γέμισμα*). 2. μαζική και συνήθως αναγκαστική αποχώρηση από ένα μέρος: *~ του θεάτρου/της πλατείας/της πόλης.* 3. τερματισμός στρατιωτικής κατοχής (μιας θέσης, μιας περιοχής): *βαθμιαία ~ ενός οχυρού* (αντ. *κατάληψη*). 4. (φυσ.) διέλευση (συνήθως βίαιη) ενός ηλεκτρικού φορτίου από τη μάζα ενός αερίου: *~ ηλεκτρική/ατμοσφαιρική* (ανάμεσα σε δύο περιοχές της ατμόσφαιρας με διαφορά δυναμικού, γενικά ανάμεσα σε δύο σύννεφα ή σ' ένα σύννεφο και τη γη).

εκκενωτής ο, ουσ. 1. (λόγ.) αυτός που ασχολείται επαγγελματικά με την εκκένωση κάποιου χώρου: *~ βόθρων.* 2. (φυσ.) συσκευή που χρησιμοποιούνταν για την εκφόρτωση ηλεκτρικών συμπυκνωτών.

εκκενωτικός, -ή, -ό, επίθ., που αναφέρεται ή συντελεί στην εκκένωση: *όργανα -ά.*

εκκίνηση η, ουσ. (λόγ.). 1. (για αθλητικούς αγώνες) ξεκίνημα, αναχώρηση: *~ των δρομέων/του αγώνα αυτοκινήτων· γραμμή/σήμα της -ης·* φρ. *δίνω την ~* (ενός αγώνα) = δίνω το σήμα για να αρχίσει ο αγώνας). 2. (τεχνολ.) έναρξη λειτουργίας: *~ θερμικού κινητήρα.*

εκκλησάκι, βλ. *εκκλησία.*

εκκλησάρης, εκκλησάρισσα, βλ. *εκκλησιάρης.*

έκκληση η, ουσ. (λόγ.), θερμή παράκληση, επίκληση (για βοήθεια), ικεσία: *~ δραματική/ραδιοφωνική· κάνω ~ στα πατριωτικά/φιλανθρωπικά αισθήματά σας.*

εκκλησία και (συνίζ.) **-ιά** η, ουσ. 1. (θεολ. και κοιν. με κεφ.) το συγκροτημένο σύνολο των πιστών της χριστιανικής θρησκείας (όλων των εποχών) που συνδέονται οργανικά μεταξύ τους και με την κεφαλή της, το Χριστό: *η ενότητα/οι διωγμοί/οι πατέρες της Ε-ας* (συνών. *χριστιανοσύνη*)· έκφρ. *στρατευόμενη Ε-α* (= όλοι οι πιστοί στον κόσμο). 2. (με κεφ.) το οργανωμένο σύνολο των χριστιανών (κληρικών και λαϊκών) που ζουν σε ορισμένη περιοχή ή χώρα ή ακολουθούν ορισμένο δόγμα: *Ε-α αυτοκέφαλη/ορθόδοξη/της Σερβίας· ο προκαθήμενος της Ε-ας της Ελλάδας* (= ο αρχιεπίσκοπος Αθηνών)· *η ηγεσία/οι αξιωματούχοι της Ε-ας·* έκφρ. *η μεγάλη του Χριστού Ε-α* = το Οικουμενικό Πατριαρχείο Κωνσταντινουπόλεως. 3. (και στον τ. **-ιά**) κτήριο αφιερωμένο στη χριστιανική λατρεία, χώρος όπου συγκεντρώνονται οι πιστοί για να συμμετάσχουν στις ιερές ακολουθίες: *~ βυζαντινή/ενοριακή/θολωτή· οι Τούρκοι έκαναν την ~ του αγίου Δημητρίου τζαμί* (συνών. *ναός*)· φρ. *παντρεύομαι στην ~* (= κάνω θρησκευτικό γάμο)· *πηγαίνω στην ~* (= παρακολουθώ τακτικά τις ακολουθίες, ιδίως τη θεία λειτουργία). 4. (συνεκδοχικά, λαϊκ.) κάθε ακολουθία που τελείται στο ναό (λ.χ. θεία λειτουργία, εσπερινός): *άργησε η ~· την Ανάσταση τι ώρα τέλειωσε η ~*; 5. (αρχ. ιστ.) *~ του δήμου* = επίσημη συνέλευση των πολιτών αρχαίας ελληνικής πόλης σε ορισμένο τόπο και χρόνο για να πάρουν αποφάσεις για δημόσιες υποθέσεις. -Υποκορ. **-ούλα** η, **-άκι** το και σπανιότερα **-ίδι** και **-ιδάκι** το (στη σημασ. 3).

εκκλησιάζω, ρ. (ασυνίζ.). 1. (μτβ.) οδηγώ κάποιον στο ναό για να παρακολουθήσει την ακολουθία: *στο σχολείο παλιότερα μας -ίαζαν κάθε Σάββατο.* 2. (συνηθέστερα μέσ.) πηγαίνω στην εκκλησία και συμμετέχω σε ακολουθία, ιδίως στη θεία λειτουργία: *-ομαι τακτικά* (συνών. *λειτουργιέμαι*).

εκκλησιάρης, (συνιζ.) και **(εκ)κλησάρης, κλησιά**-

ρης ο, θηλ. **-σάρισσα,** ουσ. (λαϊκ.), αυτός που φροντίζει για την καθαριότητα και την τάξη σε ένα ναό και βοηθά τον ιερέα κατά την τέλεση της θείας λειτουργίας ή άλλης ακολουθείας: *ο ~ χτύπησε την καμπάνα* (συνών. *καντηλανάφτης, νεωκόρος*).

εκκλησιάρχης ο, ουσ. (ασυνίζ.), (εκκλ.) αξιωματούχος της Εκκλησίας κατά την ύστερη βυζαντινή περίοδο που είχε ως καθήκον γενικά τη φροντίδα του ναού.

εκκλησίασμα το, ουσ., το σύνολο των πιστών που βρίσκονται μέσα στο ναό και συμμετέχουν στην ακολουθία: *~ πυκνό· όλο το ~ γονάτισε.*

εκκλησιασμός ο, ουσ. (ασυνίζ.), προσέλευση στην εκκλησία και παρακολούθηση της θείας λειτουργίας: *~ τακτικός/υποχρεωτικός.*

εκκλησιαστικός, -ή, -ό, επίθ. (ασυνίζ.). 1. που ανήκει ή αναφέρεται στην Εκκλησία του Χριστού, στη χριστιανική θρησκεία: *ιστορία/ύμνοι -ή* (συνών. *θρησκευτικός*). 2. που σχετίζεται με τη ζωή και τη δραστηριότητα του οργανωμένου συνόλου των πιστών μιας περιοχής και της επίσημης εξουσίας του: *περιουσία -ή· δίκαιο -ό* (= *κανονικό*)· *ιδρύματα -ά· αρχιτεκτονική -ή· σκεύη -ά* (= *ιερά, λειτουργικά*)· *συμβούλιο -ό·* (για την ακολουθία) *μουσική -ή* (αντ. *κοσμικός*). - Το ουδ. στον πληθ. ως ουσ. = οι υποθέσεις που αφορούν την Εκκλησία. - Επίρρ. **-ά** και **-ώς** = σύμφωνα με τους κανόνες της Εκκλησίας.

εκκλησίδι, -δάκι και **εκκλησούλα,** βλ. *εκκλησία*.

εκκλητεύω, ρ. (νομ.) προσάγω ένα μάρτυρα στο δικαστήριο διά της βίας.

εκ κοιλίας μητρός αρχαϊστ. έκφρ. = από τη στιγμή της γέννησης.

εκκοκκίζω, ρ., συνήθως στον αόρ. *εξεκόκκισα,* πληθ. *εκκοκκίσαμε* (προφ. δύο κ) (λόγ.), αποχωρίζω τους σπόρους φυτού από την ύλη (συνήθως κλωστική) που τους περιβάλλει (λ.χ. για το βαμβάκι, το λινάρι, κ.τ.ό.) ή από τον υπόλοιπο καρπό (λ.χ. για το αραποσίτι ή το ρύζι) (συνών. λαϊκ. *ξεκουκκιάζω*).

εκκόκιση η, ουσ. (προφ. δύο κ), (τεχνολ.) αποχωρισμός των σπερμάτων ενός φυτού από την ύλη που τα περιβάλλει, συλλογή των σπόρων: *~ βαμπακιού/αραβοσίτου* (συνών. *ξεκούκιασμα*).

εκκοκκισμός ο, ουσ., εκκόκκιση (βλ. λ.).

εκκοκκιστήριο το, ουσ. (ασυνίζ.), εργοστάσιο ή εργαστήριο όπου γίνεται η εκκόκκιση: *~ βάμβακος.*

εκκοκκιστικός, -ή, -ό, επίθ., που αναφέρεται ή χρησιμεύει στην εκκόκκιση: *μηχάνημα -ό.*

εκκολαπτήριο το, ουσ. (ασυνίζ.), μηχανή για την εκκόλαψη αβγών ή ο τόπος όπου γίνεται αυτό.

εκκολαπτικός, -ή, -ό, επίθ. (προφ. δύο κ), που αναφέρεται ή χρησιμεύει στην εκκόλαψη αβγών (από διάφορα κατοικίδια πουλιά): *μηχανή -ή* (αλλιώς *επωαστική*).

εκκολάπτω, ρ. (προφ. δύο κ), συνήθως στον ενεστ. I. (ενεργ., λόγ., συνήθως για πτηνό) προκαλώ την έξοδο νεοσσού από το αβγό σπάζοντάς το με το ράμφος (συνών. *ξεκλωσσώ*). II. (συνηθέστερα μέσ.). 1. βγαίνω από το αβγό. 2. (μεταφ. για πρόσωπο ή έργο) διαμορφώνομαι, προετοιμάζομαι και εμφανίζομαι: *οι γενεές που -ονται· μια νέα ποίηση -εται* (= γεννιέται)· (στη λόγ. μτχ. ενεστ.) *επιστήμονας / δικτάτορας -όμενος* (συνών. *ωριμάζω*).

εκκόλαψη η, ουσ. 1. (για νεογένητο πτηνό, ερπετό, ψάρι ή έντομο) έξοδος από το αβγό. 2. (μεταφ.) προετοιμασία και εμφάνιση: *~ της συνωμοσίας / νέου ταλέντου* (συνών. *ωρίμανση*).

εκκόλπωμα το, ουσ. (ανατομ.), μη φυσιολογική κοιλότητα που μοιάζει με σάκο, η οποία επικοινωνεί με κάποιο κοίλο όργανο.

εκκοσμίκευση η, ουσ. (λόγ.), αποδέσμευση της σκέψης, της συμπεριφοράς ή των κοινωνικών θεσμών από την επίδραση της θρησκείας.

εκκρεμές το, ουσ. 1. (φυσ.) βαρύ σώμα που κρέμεται από ένα σταθερό σημείο με ένα νήμα (ή κάτι παρόμοιο) και εκτελεί ταλαντώσεις ανάμεσα σε δύο ακραίες θέσεις, περίπου συμμετρικές σε σχέση με τη θέση ισορροπίας του νήματος: *~ φυσικό / μαθηματικό.* 2. είδος ρολογιού, συνήθως με ηχητικό μηχανισμό, που η λειτουργία του ρυθμίζεται από την κίνηση ενός εκκρεμούς (βλ. παραπάνω): *~ πολύπλοκο/αστρονομικό.*

εκκρεμής, -ής, -ές, γεν. *-ούς,* πληθ. αρσ. και θηλ. *-είς,* ουδ. *-ή,* επίθ. 1. (για ζήτημα, λογαριασμό, διαφορά) που δε ρυθμίστηκε, δεν τακτοποιήθηκε (οριστικά), δε λύθηκε ακόμη: *φορολογικές υποθέσεις -είς* (συνών. *αξεκαθάριστος* αντ. *ταχτοποιημένος, κανονισμένος*). 2. (για έργο) που δεν πραγματοποιήθηκε ακόμη: *δίκη ~* (συνών. *αδιεκπεραίωτος, αδιενέργητος* αντ. *τελειωμένος*).

εκκρεμοδικία η, ουσ. (νομ.) δικονομική κατάσταση που υφίσταται από την υποβολή μιας υπόθεσης για εκδίκαση έως την έκδοση της απόφασης από το δικαστήριο: *στη διάρκεια της -ας δεν μπορεί να γίνει δίκη για το ίδιο αντικείμενο μεταξύ των ίδιων διαδίκων.*

εκκρεμότητα η, ουσ. 1. το να είναι κάτι εκκρεμές: *~ αδικαιολόγητη/επικίνδυνη· το ζήτημα βρίσκεται σε ~.* 2. (συνεκδοχικά) εκκρεμές πρόβλημα, υπόθεση που δε διεκπεραιώθηκε: *έχω να ταχτοποιήσω κάποιες -ες με το διορισμό μου.*

εκκρεμώ, ρ., είμαι ή γίνομαι εκκρεμής (βλ.λ.): *η υπόθεση -εί στον ´Αρειο Πάγο* (αντ. *διευθετούμαι, ξεκαθαρίζω, επιλύομαι, τερματίζομαι*).

έκκριμα το, ουσ., προϊόν έκκρισης: *η παρασκευή ενός -ίματος γίνεται με ουσίες από το αίμα·* (κατ' επέκταση για φυτό) *τα -ίματα των φυτών παράγονται από εξειδικευμένα κύτταρα.*

εκκρίνω, ρ., παράγω και γύρω με έκκριση: *οι ενδοκρινείς αδένες -ουν ορμόνες·* (κατ' επέκταση για φυτό) *το ρετσίνι -εται από κωνοφόρα δέντρα.*

έκκριση η, ουσ. 1. (βιολ.) λειτουργία με την οποία οι αδένες παράγουν ουσίες που διοχετεύονται με εκφορητικό πόρο σε μια κοιλότητα του σώματος (λ.χ. γαστρικά υγρά), εισάγονται στο αίμα (λ.χ. ορμόνες) ή βγαίνουν προς τα έξω (λ.χ. σάλιο, ιδρώτας). 2. (συνεκδοχικά) έκκριμα. 3. (βοτ.) το να παράγουν τα εκκριτικά κύτταρα ορισμένων φυτών ουσίες που συγκεντρώνονται σε ειδικούς χώρους ή αποβάλλονται από τον οργανισμό (λ.χ. ρητίνη, κόμμι, αιθέρια έλαια).

εκκριτικός, -ή, -ό, επίθ., που αναφέρεται ή χρησιμεύει στην έκκριση: *σύστημα/κύτταρο/νεύρο -ό.*

έκκρουση η, ουσ. (γραμμ.) φωνολογικό φαινόμενο που δηλώνει τη σίγηση φωνήεντος πριν ή ύστερα από άλλο φωνήεν σε δύο συνεχόμενες λέξεις (λ.χ. *τα έφερα>τά 'φερα, του έφερα >του 'φερα* (πβ. *αποβολή, αφαίρεση, έκθλιψη*).

εκκρούω, ρ., συνήθως στον ενεστ., (γραμμ) κάνω να συμβεί έκκρουση (βλ. λ.): *ένα ισχυρό φωνήεν*

-ει ένα ασθενέστερο (συνών. αποβάλλει).

εκκύκλημα το, ουσ. (αρχ.) μηχάνημα του αρχαίου θεάτρου, ξύλινο και με τροχούς, που χρησίμευε για να παρουσιάζονται στους θεατές πράξεις πού έγιναν σε εσωτερικούς χώρους, δηλ. μέσα από τη σκηνή.

εκκωφαντικός, -ή, -ό, επίθ. (έρρ.), (για ήχο) που ξεκουφαίνει (βλ. λ.), υπερβολικά δυνατός: *θόρυβος* ~.

εκλαϊκευση η, ουσ., το να εκλαϊκεύεται κάτι, το να γίνεται προσιτό στο λαό, στο ευρύ κοινό, στους ανθρώπους χωρίς ανώτερη μόρφωση ή ειδίκευση (συνών. *απλούστευση*).

εκλαϊκευτής ο, θηλ. **-εύτρια,** ουσ., αυτός που εκλαϊκεύει, που κάνει τεχνικές ή επιστημονικές γνώσεις προσιτές στο ευρύ κοινό.

εκλαϊκευτικός, -ή, -ό, επίθ., που αναφέρεται ή χρησιμεύει στην εκλαϊκευση: *τάση/εκπομπή -ή· φυλλάδιο -ό.*

εκλαϊκεύτρια, ουσ., βλ. *εκλαϊκευτής.*

εκλαϊκεύω, ρ., κάνω να διαδοθεί, να γίνει προσιτό στο ευρύ κοινό και ιδίως στους ανθρώπους χωρίς ανώτερη μόρφωση ή ειδίκευση ένα σύνολο τεχνικών ή επιστημονικών γνώσεων: *βιβλίο που -ει την πληροφορική.*

εκλάκτιση η, ουσ. (γυμν.) κίνηση κατά την οποία τα πόδια —και τα δύο ή μόνο το ένα— τεντώνονται προς τα πίσω από τη θέση της συσπείρωσης, ενώ τα χέρια είναι στη στήριξη.

εκλαμβάνω, ρ., παρατ. εξελάμβανα, πληθ. εκλαμβάναμε, αόρ. εξέλαβα, πληθ. εκλάβαμε, σχηματίζω από εσφαλμένες εντυπώσεις ορισμένη γνώμη, κρίση ή άποψη (για κάποιον ή κάτι): *με εξέλαβε για πλανόδιο πωλητή·* η επιείκεια -εται συχνά ως *αδυναμία* (συνών. *παίρνω, περνώ*).

έκλαμπρος, -η, -ο, επίθ. (έρρ.). 1. (λόγ.) φωτεινότατος, ολόλαμπρος. 2. (παλαιότερα) συνηθέστερα στον υπερθετ. ως τιμητική προσφών. επίσημων προσώπων (συνών. *εξοχώτατος*).

εκλαμπρότητα η, ουσ. (έρρ., παλαιότερο), με γεν. προσωπ. αντων. ως τιμητική προσφών. επίσημων προσώπων: *η -ότητά του ο μεγάλος βεζίρης* (συνών. *εξοχότητα*).

εκλαμπτικός, -ή, -ό, επίθ. (έρρ.), (ιατρ.) που αναφέρεται στην εκλαμψία (βλ. λ.).

έκλαμψη η, ουσ. 1. (λόγ.) ξαφνική δυνατή λάμψη (συνών. *αναλαμπή*). 2. (αστρον.) *-άμψεις ηλιακές ή χρωμοσφαιρικές* = φωτεινοί σχηματισμοί με εντονότατη λάμψη που εμφανίζονται ξαφνικά στον ηλιακό δίσκο και διαρκούν πολύ λίγο.

εκλαμψία η, ουσ. (ιατρ.) σύνδρομο που προσβάλλει έγκυες γυναίκες προς το τέλος της κύησης ή κατά τον τοκετό και εκδηλώνεται με σπασμούς και κώμα.

εκλέγω, ρ., παρατ. εξέλεγα, πληθ. *εκλέγαμε,* αόρ. *εξέλεξα,* πληθ. *εκλέξαμε,* παθ. αόρ. *εκλέχτηκα,* μτχ. *εκλεγμένος.* 1. (λόγ.) διαλέγω, προτιμώ: ~ *τόπο κατοικίας.* 2. με ψήφο αναδεικνύω ένα πρόσωπο σε δημόσιο αξίωμα, του αναθέτω συγκεκριμένα καθήκοντα ή του ανανεώνω τιμητική διάκριση για κάποιο προσόν του: ~ *(κάποιον) βουλευτή/ αντιπρόσωπο στο συμβούλιο· -γμένη νέα Βουλή.*

εκλειπτική η, ουσ. (αστρον.) μεγάλος κύκλος της ουράνιας σφαίρας, τον οποίο γράφει ο ήλιος στη φαινομενική του ετήσια κίνηση ή, αλλιώς, η γη στην πραγματική της κίνηση περιφοράς γύρω από τον ήλιο, καθώς και το επίπεδο που ορίζει ο κύκλος αυτός: *λόξωση της -ής* (= η γωνία που σχηματίζει το επίπεδό της με το επίπεδο του Ισημερινού).

εκλειπτικός, -ή, -ό, επίθ. 1. (παλαιότερο) που σχετίζεται με τις εκλείψεις: *δάκτυλος* ~ (= το δωδέκατο της διαμέτρου του ήλιου ή της σελήνης με το οποίο δηλωνόταν το μέγεθος της έκλειψης). 2. που αναφέρεται στην εκλειπτική (βλ. λ.).

έκλειψη η, ουσ. 1. (λόγ.) εξαφάνιση, έλλειψη (συνήθως μεταφ.): ~ *των ηθικών αξιών·* ~ *ενός συγγραφέα (για ένα διάστημα).* 2. (αστρον.) προσωρινή εξαφάνιση ενός άστρου ή άλλου ουράνιου σώματος που οφείλεται στην παρεμβολή ενός δεύτερου ουράνιου σώματος ανάμεσα στο άστρο και στο σημείο παρατήρησης ή ανάμεσα στο άστρο και στη φωτεινή πηγή, δηλ. τον ήλιο: ~ *ηλίου / σεληνιακή/μερική/ολική/ορατή στην Ελλάδα.*

εκλεκτικισμός ο, ουσ. 1. (φιλοσ. αρχ. και νεότερη) τάση να επιλέγονται από διάφορα συστήματα σκέψης όσες θεωρίες κρίνονται σωστότερες χωρίς να υιοθετείται συνολικά το αρχικό σύστημα όπου ανήκει η κάθε θεωρία. 2. (καλ. τέχν.) τάση που εκδηλώνεται κυρίως στην ευρωπαϊκή τέχνη του 19 αι. με τη χρησιμοποίηση και τη συμφιλίωση των ρυθμών του παρελθόντος.

εκλεκτικός, -ή, -ό, επίθ. 1. (φιλοσ.) που ακολουθεί τον εκλεκτισμό (βλ. λ.), που χαρακτηρίζεται ή εμπνέεται από αυτόν: *πνεύμα -ό.* 2. (κοιν.) που διαλέγει δύσκολα, που δεν ικανοποιείται με οτιδήποτε, αλλά ψάχνει το καλύτερο: *είναι πολύ* ~ *στις σχέσεις του/στις αγορές του.* - Το αρσ. ως ουσ. = εκλεκτικός φιλόσοφος: *ο Κικέρων υπήρξε ο σπουδαιότερος* ~. - Επίρρ. **-ώς.**

εκλεκτικότητα η, ουσ., το να είναι κανείς εκλεκτικός (βλ. λ.).

εκλεκτικώς, βλ. *εκλεκτικός.*

εκλέκτορας ο, θηλ. **-όρισσα,** ουσ. 1. (ιστ.) *-ες αυτοκρατορικοί* = ηγεμόνες και επίσκοποι που είχαν το δικαίωμα να εκλέγουν τον αυτοκράτορα της Γερμανίας (14 αι. - 1806): *οι -ες της Σαξονίας.* 2. πρόσωπο με δικαίωμα ψήφου σε μια εκλογή: *κάθε* ~ *αιτιολογεί την ψήφο του· -ες για την ανάδειξη υποψηφίων στις αμερικανικές προεδρικές εκλογές.*

εκλεκτορικός, -ή, -ό, επίθ., που αναφέρεται στους εκλέκτορες, που αποτελείται από εκλέκτορες: *σώμα -ό.*

εκλεκτόρισσα, βλ. *εκλέκτορας.*

εκλεκτός, -ή, -ό, επίθ. 1. (για πρόσωπο ή πράγμα) που τον διάλεξε, τον προτίμησε κάποιος ανάμεσα σε πολλούς: *στρατιώτες -οί* (συνών. *διαλεχτός, επίλεκτος*)· έκφρ. *ο* ~ / *η -ή της καρδιάς μου* = ο αγαπημένος ή η αγαπημένη μου· *ο* ~ *του λαού* = πρόσωπο εκλεγμένο σ' ένα αξίωμα, λαοπρόβλητος ηγέτης. 2. για πρόσωπο προορισμένο για ένα έργο, προικισμένο με ένα χάρισμα: *οι -οί του Θεού / της τύχης.* 3. (συνεκδοχικά) που υπερέχει σε αξία, ικανότητα, ποιότητα: *επιστήμονας* ~· *προϊόντα -ά* (συνών. *ξεχωριστός, εξαιρετικός*).

εκλέξιμος, -η, -ο, επίθ., που αξίζει ή (κυρίως) που έχει το δικαίωμα να εκλεγεί (συνών. *εκλόγιμος*).

εκλεξιμότητα η, ουσ., το να είναι κανείς εκλέξιμος (συνών. *εκλογιμότητα*).

εκλεπισμός ο, ουσ. (λόγ.), το να αφαιρείται από ορισμένα δέντρα η φλούδα με σκοπό να χρησιμοποιηθεί βιομηχανικά.

εκλέπτυνση η, ουσ. 1. (λόγ., σπάνιο) ελάττωση του πάχους. 2. (συνηθέστερα μεταφ. για τρόπους, γούστα, κ.τ.ό.) το να γίνεται κάτι «λεπτότερο», κομψότερο, το να προάγεται αισθητικά: ~ των ηθών (συνών. καλλιέργεια, εξευγενισμός· αντ. εκχυδαϊσμός, εκτράχυνση).

εκλεπτύνω, ρ., αόρ. εκλέπτυνα, παθ. αόρ. -ύνθηκα, μτχ. -υσμένος. 1. (λόγ., σπάνιο) καθιστώ κάτι λεπτό, ελαττώνω το πάχος του. 2. (συνηθέστερα μεταφ. για τρόπους, συνήθειες, κ.τ.ό.) επιδιώκω περισσότερη αβρότητα, κομψότητα, κάνω πιο πολιτισμένο, προάγω αισθητικά: ~ το χαρακτήρα / τα ήθη· έκφραση / ευγένεια -υσμένη (συνών. καλλιεργώ, εξευγενίζω, ραφινάρω· αντ. εκτραχύνω, εκχυδαΐζω).

εκλέρ το, ουσ. άκλ., μακρόστενο γλύκισμα γεμισμένο με κρέμα βουτύρου ή σοκολάτας και περιχυμένο με γλάσο (συνήθως σοκολάτας). [γαλλ. *éclair*].

εκλιπαρώ, ρ., παρατ. εκλιπαρούσα, πληθ. εκλιπαρούσαμε, αόρ. εξελιπάρησα, εκλιπάρησα, πληθ. εκλιπαρήσαμε, παρακαλώ (κάποιον) επίμονα (για κάτι): ~ τους φίλους μου να με σώσουν (συνών. ικετεύω, θερμοπαρακαλώ· αντ. προστάζω).

εκλογέας ο, ουσ., πολίτης που έχει δικαίωμα ψήφου, που ψηφίζει σε εκλογές.

εκλογή η, ουσ. 1. το να διαλέγει κανείς, το να δείχνει την προτίμησή του για κάτι: ~ αυθαίρετη / ελεύθερη· δικαίωμα / κριτήριο -ής· ~ συζύγου (συνών. διάλεγμα, επιλογή). 2. το να δηλώνουν κάποιοι με ορισμένη διαδικασία την προτίμησή τους για έναν υποψήφιο ανάμεσα σε περισσότερους που τον θεωρούν κατάλληλο για ένα αξίωμα, μια αποστολή, μια τιμητική διάκριση, κ.ά.: ~ δημάρχου / καθηγητή πανεπιστημίου. 3. (στον πληθ.) τυπική διαδικασία για την επιλογή ανάμεσα σε περισσότερους υποψηφίους του προσώπου εκείνου που κρίνεται κατάλληλο να αναλάβει δημόσιο αξίωμα ή γενικά για την έγκριση ή την απόρριψη ενός πολιτικού προγράμματος με ψηφοφορία: -ές προεδρικές / βουλευτικές / αναπληρωματικές / νόθες· πρώτος γύρος / αποτελέσματα των -ών· κερδίζω τις -ές· (κατ' επέκταση) -ές στο σωματείο / στην οργάνωση για την ανάδειξη των μελών του διοικητικού συμβουλίου. 4. (φιλολ.) συλλογή ή επιτομή εκλεκτών αποσπασμάτων από διάφορους συγγραφείς, συλλογή λογοτεχνικών έργων.

εκλογίκευση η, ουσ. 1. το να καθιστά κανείς κάτι ορθολογικό ή κατανοητό: ~ συστημάτων. 2. (ψυχ.) διαδικασία εξήγησης και δικαιολόγησης «εκ των υστέρων» με λογικά κίνητρα ενός συμπτώματος, ενός παραληρήματος και γενικά μιας συμπεριφοράς, των οποίων αγνοούνται τα πραγματικά αίτια ή καταβάλεται προσπάθεια να συγκαλυφθούν.

εκλογικός, -ή, -ό, επίθ., που ανήκει ή αναφέρεται στις εκλογές ή στους εκλογείς: νόμος ~ βιβλιάριο -ό· περιφέρεια -ή· σύστημα -ό (= μέθοδος με την οποία κατανέμονται οι βουλευτικές έδρες ανάμεταξύ των πολιτικών κομμάτων με βάση τις ψήφους που πήραν στην εκλογική αναμέτρηση).

εκλόγιμος, -η, -ο, επίθ., εκλέξιμος (βλ. λ.).

οκλογιμότητα η, ουσ., εκλεξιμότητα (βλ. λ.).

εκλογοδικείο το, ουσ., ειδικό δικαστήριο που εκδικάζει υποθέσεις σχετικές με τη νομιμότητα των εκλογών.

εκλογολογία η, ουσ., υπερβολική συζήτηση για πολιτικές εκλογές.

έκλυση η, ουσ. 1. (χημ., για ενέργεια, ραδιενέργεια, κλπ.) αποδέσμευση, απελευθέρωση και διάχυση στο περιβάλλον. 2. (μεταφ.) ηθική χαλάρωση, απαλλαγή από ηθικές δεσμεύσεις: ~ ηθών.

έκλυτος, -η, -ο, επίθ., που δεν έχει ηθικές αναστολές και περιορισμούς: βίος ~ (συνών. ακόλαστος, έκφυλος· αντ. εγκρατής, ενάρετος).

εκλύω, ρ., παρατ. εξέλυα, πληθ. εκλύαμε, αόρ. εξέλυσα, πληθ. εκλύσαμε, παθ. αόρ. εκλύθηκα. 1. (χημ.) αποδεσμεύω, απελευθερώνω (αέριο, ενέργεια, κ.λ.π.): οι γαιάνθρακες, όταν θερμανθούν, -ουν φωταέριο. 2. (μέσ., χημ., για ενέργεια, αέριο, κλπ.) αποδεσμεύομαι και διαχέομαι στο περιβάλλον: -εται τοξικό αέριο.

εκμαγείο το, ουσ., αρνητικό αποτύπωμα μορφής ή σχήματος πάνω σε εύπλαστο υλικό (συνών. μήτρα, καλούπι).

εκμάθηση η, ουσ. (λόγ.), τέλεια μάθηση: ~ ξένης γλώσσας.

εκμαίευση η, ουσ. (λόγ.), έντεχνη απόσπαση μυστικού, ομολογίας, κλπ.

εκμαιεύω, ρ., παρατ. εξεμαίευα, πληθ. εκμαιεύαμε, αόρ. εξεμαίευσα, πληθ. εκμαιεύσαμε (λόγ.), κατορθώνω να αποσπάσω μυστικό, ομολογία, κλπ., με πλάγια μέσα: οι αστυνομικοί -ευσαν την ομολογία της ενοχής του· ~ πληροφορίες.

εκμαυλίζω, ρ. 1. μαυλίζω (βλ. λ. σημασ. 1). 2. διαφθείρω.

εκμαυλισμός ο, ουσ., διαφθορά: ~ των ηθών / των συνειδήσεων.

εκμεταλλεύομαι, ρ. 1. χρησιμοποιώ πλουτοφόρα πηγή για να αντλήσω κέρδη: ο συνεταιρισμός -εται το ιχθυοτροφείο / το μεταλλείο χαλκού· (μεταφ.) -εται τις ευκαιρίες / το ταλέντο του. 2α. αποκτώ κέρδη χρησιμοποιώντας την εργασία ή τις ιδέες άλλων χωρίς να τους ανταμείβω όπως πρέπει: -εται τους εργάτες / ανήλικα παιδιά· β. επωφελούμαι από την ιδεολογία, τα συναισθήματα ή τις αδυναμίες κάποιου και κερδοσκοπώ αθέμιτα: -εται την καλοσύνη του.

εκμετάλλευση η, ουσ. 1. κάθε επιχείρηση που αποβλέπει στο κέρδος από την παραγωγή και πώληση προϊόντων: ~ δάσους/κτήματος (συνών. κάρπωση). 2. επίτευξη κέρδους με αθέμιτα μέσα: ~ εργατών / αγροτών. 3. επιδίωξη κέρδους από κοινωνικό δεσμό, ιδεολογία ή αίσθημα: ~ συγγενών / καλοσύνης.

εκμεταλλεύσιμος, -η, -ο, επίθ., που είναι κατάλληλος για εκμετάλλευση, που προσφέρεται για εκμετάλλευση: κοιτάσματα / εδάφη -α.

εκμεταλλευτής ο, θηλ. **-εύτρια,** ουσ. 1. αυτός που εκμεταλλεύεται κερδοφόρα πηγή: ~ δάσους / ορυχείου. 2. (συνηθέστερα μεταφ.) αυτός που επωφελείται από οικονομικές ανάγκες άλλων για να κερδοσκοπήσει εις βάρος τους: στυγνός ~ των εργατών / των λαϊκών μαζών.

εκμεταλλευτικός, -ή, -ό, επίθ., που ανήκει ή αναφέρεται στην εκμετάλλευση: έρευνα -ή.

εκμεταλλεύτρια, βλ. εκμεταλλευτής.

εκμηδενίζω, ρ. 1. κάνω κάτι ίσο με το μηδέν, εξαφανίζω: το αεροπλάνο -ισε τις αποστάσεις. 2. αχρηστεύω τελείως, εξουθενώνω: -ισε τους αντιπάλους του. 3. (μέσ.) παύω να υπάρχω, εξαφανίζομαι.

εκμηδένιση η, ουσ. 1. μετάβαση από την ύπαρξη

εκμηδενισμός στην ανυπαρξία, εξαφάνιση (συνών. *εκμηδενισμός·* αντ. *δημιουργία*). **2.** αχρήστευση, εξουθένωση.

εκμηδενισμός ο, ουσ., εκμηδένιση (βλ. λ.).

εκμηδενιστικός, -ή, -ό, επίθ., που προκαλεί την εκμηδένιση ή συντελεί σ' αυτήν (συνών. *εξουθενωτικός, καταλυτικός·* αντ. *δημιουργικός, παραγωγικός*).

εκμισθώνω, ρ., αόρ. *εκμίσθωσα*, παραχωρώ κάτι ιδιόκτητο με ενοίκιο, νοικιάζω σε άλλον κάτι: ~ *σπίτι / κτήμα* (αντ. *μισθώνω*).

εκμίσθωση η, ουσ., παραχώρηση ιδιοκτησίας από τον ιδιοκτήτη σε άλλον με ενοίκιο: ~ *σπιτιού / πλοίου* (αντ. *μίσθωση*).

εκμισθωτής ο, θηλ. **-ώτρια**, ουσ., αυτός που νοικιάζει ιδιοκτησία σε άλλον (αντ. *μισθωτής, ενοικιαστής*).

εκμοντερνισμός ο, ουσ. (όχι έρρ., λόγ.), το να γίνεται κάτι μοντέρνο, σύγχρονο (συνών. *εκσυγχρονισμός*).

εκμυστηρεύομαι, ρ., εμπιστεύομαι σε κάποιον μυστικό, φανερώνω κάτι κρυφό: *του -εύτηκα τον πόνο μου*.

εκμυστήρευση η, ουσ. (λόγ.), εμπιστευτική αποκάλυψη μυστικού: ~ *σκέψεων / σχεδίων / φόβων*.

εκμυστηρευτικός, -ή, -ό, επίθ. (λόγ.), που αναφέρεται στην εκμυστήρευση: *διάλογος* ~ (αντ. *αποκαλυπτικός*).

εκ νέου· αρχαϊστ. έκφρ. = πάλι, ξανά.

εκνευρίζω, ρ., παρατ. *εξενεύριζα*, πληθ. *εκνευρίζαμε*, αόρ. *εξενεύρισα*, πληθ. *εκνευρίσαμε*, προκαλώ σε κάποιον νευρική διέγερση, ταράζω την ψυχική του ηρεμία: *με -ει η συμπεριφορά του* (συνών. *νευριάζω*).

εκνευρισμός ο, ουσ., διέγερση των νεύρων: ~ *αδικαιολόγητος* (συνών. *νευρίασμα*).

εκνευριστικός, -ή, -ό, επίθ., (για πρόσωπα και πράγματα) που προκαλεί εκνευρισμό: *συζήτηση / βροχή -ή*. - Επίρρ. **-ά**: *είναι -ά αργοκίνητος*.

έκνομος, -η, -ο, επίθ. (λόγ.), που είναι εκτός νόμου: *ενέργεια -η* (συνών. *παράνομος, άνομος·* αντ. *νόμιμος, έννομος*).

εκούσιος, -α, -ο, επίθ. (ασυνίζ.). **1.** που γίνεται με τη θέληση κάποιου: *απαγωγή / απομάκρυνση -α* (συνών. *θεληματικός·* αντ. *ακούσιος*). **2.** (για λειτουργίες του οργανισμού) που γίνεται συνειδητά: *-ες κινήσεις των μυών.* - Επίρρ. **-α** και **-ίως**.

εκπαίδευση η, ουσ. **1α.** συστηματική διδασκαλία και άσκηση συνήθως ανηλίκων σε σχολεία, σχολές, κ.τ.ό.: *η κυβερνητική πολιτική στον τομέα της -ης* ~ *δημόσια / ιδιωτική / κατώτερη / μέση / ανώτερη / τεχνική·* **β.** άσκηση με ειδική διδασκαλία για κάποιο σκοπό: ~ *οδηγών αυτοκινήτων / νεοσυλλέκτων*. **2.** η διαδικασία με την οποία κάποιος αποκτά γνώσεις και ικανότητες με τη φοίτηση σε σχολείο, σχολή, κ.τ.ό.: *κατά τη διάρκεια της -ής μου...· η* ~ *προετοιμάζει για τη ζωή*.

εκπαιδευτήριο το, ουσ. (ασυνίζ.), ίδρυμα όπου παρέχεται εκπαίδευση: *-α ιδιωτικά* (συνών. *σχολείο*).

εκπαιδευτής ο, θηλ. **-εύτρια**, ουσ., αυτός που εκπαιδεύει κάποιον σε κάτι: ~ *οδηγών·* (στρατ.) ~ *στρατιωτών*.

εκπαιδευτικός, -ή, -ό επίθ., που ανήκει στην εκπαίδευση ή σχετίζεται μ' αυτήν: *μεταρρύθμιση / τηλεόραση -ή· σύστημα -ό*. - Το αρσ. ως ουσ. = αυτός που διδάσκει σε σχολεία της κατώτερης,

μέσης ή ανώτερης εκπαίδευσης.

εκπαιδεύτρια, βλ. *εκπαιδευτής*.

εκπαιδεύω, ρ., παρατ. *εξεπαίδευα*, πληθ. *εκπαιδεύαμε*, αόρ. *εξεπαίδευσα*, πληθ. *εκπαιδεύσαμε*. **α.** διδάσκω κάποιον για μεγάλο χρονικό διάστημα σε σχολείο, σχολή, κ.τ.ό., έτσι ώστε να αποκτήσει γνώσεις και ικανότητες σε κάποιο τομέα: *το σχολείο δεν πρέπει μόνο να -ει τεχνοκράτες, αλλά και να διαπαιδαγωγεί σωστούς ανθρώπους·* **β.** ασκώ κάποιον με ειδική διδασκαλία για κάποιο σκοπό: *-ει οδηγούς αυτοκινήτων· οι στρατιώτες -εύτηκαν στα νέα όπλα*.

εκπαραθύρωση η, ουσ. (λόγ.). **1.** ρίψιμο από παράθυρο. **2.** (μεταφ. συνηθέστερα) βίαιη απομάκρυνση από θέση ή αξίωμα: ~ *υπουργού / διευθυντή*.

εκπατρίζομαι, ρ., απομακρύνομαι από την πατρίδα μου (συνών. *ξενιτεύομαι, μισεύω·* αντ. *επαναπατρίζομαι*).

εκπατρισμός ο, ουσ., απομάκρυνση από την πατρίδα (συνών. *ξενιτεμός, μισεμός·* αντ. *επαναπατρισμός*).

εκ πείρας· αρχαϊστ. έκφρ. = από όσα έχω διδαχτεί στη ζωή μου, στο έργο μου.

εκπέμπω, ρ., παρατ. *εξέπεμπα*, πληθ. *εκπέμπαμε*, αόρ. *εξέπεμψα*, πληθ. *εκπέμψαμε* (έρρ.). **1.** στέλνω προς τα έξω, διαχέω: *ο ήλιος -ει θερμότητα*. **2.** (μεταφ.) αναδίδω: *ο άνθρωπος αυτός -ει ακτινοβολία*. **3.** μεταβιβάζω ήχο και εικόνα με τη βοήθεια ηλεκτρομαγνητικών κυμάτων: *ο ραδιοφωνικός σταθμός -ει στα μεσαία κύματα*. Φρ. ~ *σήμα κινδύνου* (= αποστέλλω με τον ασύρματο σήμα κινδύνου και ζητώ βοήθεια).

εκ περιουσίας· αρχαϊστ. έκφρ. = με απόλυτη ενημέρωση στο θέμα: *μιλώ* ~.

εκ περιτροπής· αρχαϊστ. έκφρ. = (για εναλλαγή) με τη σειρά του ο καθένας.

εκπεσμός ο, ουσ. (λόγ.). **1.** υποτίμηση της αξίας κάποιου πράγματος. **2.** (μεταφ.) υλική ή ηθική κατάπτωση (συνών. *ξεπεσμός*).

εκπίπτω, ρ., παρατ. *εξέπιπτα*, πληθ. *εκπίπταμε*, αόρ. *εξέπεσα*, πληθ. *εκπέσαμε*. **1.** (λογιστ., για ποσό) αφαιρούμαι από ποσό: *φόρος του -ει από το συνολικό εισόδημα*. **2.** (στην έκδοση αρχαίου κειμένου, για στίχο, λέξη ή συλλαβή) χάνομαι: (συνήθως στον αόριστο) *εξέπεσε ένας στίχος*. **3.** (νομ.) χάνω τα δικαιώματά μου σε κάτι: *ο γονέας -ει από τη γονική μέριμνα αν καταδικάστηκε... σε φυλάκιση* (αστ. κώδ.).

εκπλειστηριάζω, ρ. (ασυνίζ.), εκποιώ σε πλειστηριασμό, βγάζω «στο σφυρί».

εκπλειστηρίασμα το, ουσ. (λόγ.), χρηματικό ποσό που καταβάλλεται σε δημόσιο πλειστηριασμό από τον πλειοδότη, αξία πράγματος που πουλήθηκε σε πλειστηριασμό: *αν το δικαστήριο διέταξε την πώληση με πλειστηριασμό, διανέμεται το* ~ (αστ. κώδ.).

εκπληκτικός, -ή, -ό, επίθ. **α.** που προκαλεί έκπληξη: *αποτελέσματα -ά· αποκάλυψη -ή·* **β.** εξαιρετικός: *ήταν* ~ *στο ρόλο του· θέα -ή* (συνών. *καταπληκτικός*). - Επίρρ. **-ά**.

έκπληκτος, -η, -ο, επίθ., που είναι κυριευμένος από έκπληξη: *μάτια -α* (συνών. *κατάπληκτος, εμβρόντητος, εκστατικός, ξαφνιασμένος*).

έκπληξη η, ουσ. **1.** ζωηρή απορία για κάτι απροσδόκητο: *μου προκάλεσε* ~ *η αντίδρασή του* (συνών. *κατάπληξη, ξάφνιασμα*). **2.** (συνεκδοχικά) το ίδιο το απροσδόκητο γεγονός (κυρίως το ευχάρι-

στο): *σας ετοιμάζω μια* ~ *το βράδι.*
εκπληρώνω, ρ., παρατ. *εξεπλήρωνα,* πληθ. *εκπληρώναμε,* αόρ. *εξεπλήρωσα,* πληθ. *εκπληρώσαμε,* εκτελώ κάτι ολοκληρωτικά: *-ώθηκε η τελευταία του επιθυμία· εκπλήρωσε την αποστολή του / τις στρατιωτικές του υποχρεώσεις* (συνών. *πραγματοποιώ*).
εκπλήρωση η, ουσ., εκτέλεση ως το τέλος· ~ *επιθυμίας / υπόσχεσης / στόχων* (συνών. *πραγματοποίηση*).
εκπλήττω και **-σσω**, ρ., παρατ. *εξέπληττα* και *-σσα,* πληθ. *εκπλήτταμε* και *-σσαμε,* αόρ. *εξέπληξα,* πληθ. *εκπλήξαμε,* προκαλώ έκπληξη: *με -σσει το θράσος του / η τόλμη του.*
εκπνέω, ρ., παρατ. *εξέπνεα,* πληθ. *εκπνέαμε,* αόρ. *εξέπνευσα,* πληθ. *εκπνεύσαμε.* **1.** (κοιν.) βγάζω τον αέρα από τα αναπνευστικά μου όργανα (αντ. *εισπνέω*). **2.** (αμτβ., λόγ.) πεθαίνω: *ο άρρωστος εξέπνευσε* (συνών. *ξεψυχώ*). **3.** (λόγ., μεταφ. για χρόνο) εξαντλούμαι: *-ει η προθεσμία* (συνών. *τελειώνω, λήγω*).
εκπνοή η, ουσ. **1.** εξώθηση του αέρα από τα αναπνευστικά όργανα (αντ. *εισπνοή*). **2.** (λόγ.) ξεψύχισμα. **3.** (λόγ., μεταφ. για χρόνο) λήξη, τέλος: ~ *προθεσμίας.*
εκποίηση η, ουσ. (λόγ.). **1.** πώληση όλου του εμπορεύματος (ύστερα από δικαστική απόφαση) σε χαμηλότερες από τις κανονικές τιμές: ~ *γενική* (συνών. *ξεπούλημα*). **2.** (μεταφ.) ξεπούλημα: *-ημα των κυριαρχικών δικαιωμάτων της χώρας.*
εκποιώ, ρ., παρατ. *εκποιούσα,* πληθ. *εκποιούσαμε,* αόρ. *εξεποίησα,* πληθ. *εκποιήσαμε* (ασυνίζ., λόγ.), ξεπουλώ όλο το εμπόρευμα (ύστερα από δικαστική απόφαση).
εκπολιτίζω, ρ. **1.** μεταδίδω τον πολιτισμό σε λαούς απολίτιστους: *οι Έλληνες -ισαν τους γειτονικούς τους λαούς.* **2.** προάγω τον πολιτισμό.
εκπολιτισμός ο, ουσ., μετάδοση ή προαγωγή του πολιτισμού: ~ *των Σλάβων από το Βυζάντιο.*
εκπολιτιστικός, -ή, -ό, επίθ., που συντελεί στον εκπολιτισμό: *σύλλογος* ~ *έργα -ά.* - Επίρρ. **-ά.**
εκπομπή η, ουσ. (έρρ.). **1.** (φυσ.) παραγωγή ακτινοβολίας ή ενέργειας από κάποια πηγή και διάδοση στο χώρο: ~ *θερμότητας / ραδιενέργειας.* **2α.** μεταβίβαση ήχου και εικόνας με τη βοήθεια ηλεκτρομαγνητικών κυμάτων: ~ *ραδιοφωνική / τηλεοπτική·* **β.** (συνεκδοχικά) οτιδήποτε μεταδίδεται από το ραδιόφωνο ή την τηλεόραση: *παρακολούθησα μια καλή* ~.
εκπόνηση η, ουσ. (λόγ.), εκτέλεση έργου με κόπο και φροντίδα: ~ *μελέτης / σχεδίου / διατριβής.*
εκπονώ, -είς, ρ., παρατ. *εκπονούσα,* πληθ. *εκπονούσαμε,* αόρ. *εξεπόνησα,* πληθ. *εκπονήσαμε,* (λόγ.), εκτελώ, επεξεργάζομαι με κόπο και φροντίδα: *η μελέτη του έργου -ήθηκε από γνωστό αρχιτέκτονα.*
εκπορεύομαι, ρ. (λόγ.), προέρχομαι: *το Άγιο Πνεύμα -εται από τον Πατέρα·* οι διαταγές *-ονται άνωθεν.*
εκπόρευση η, ουσ. (λόγ.), το να προέρχεται κάτι από κάποιον ή από κάπου: ~ *του Αγίου Πνεύματος* (συνών. *προέλευση*).
εκπόρθηση η, ουσ. (λόγ.), κατάληψη οχυρής θέσης ύστερα από πολιορκία ή μάχη: ~ *κάστρου* (συνών. *άλωση, κυρίευση*).
εκπορθητικός, -ή, -ό, επίθ. (λόγ.), που αναφέρεται στην εκπόρθηση ή συντελεί σ᾽ αυτήν: *σχέδια -ά· μηχανή -ή.*
εκπορθώ, -είς, ρ., παρατ. *εκπορθούσα,* πληθ. *εκπορθούσαμε,* αόρ. *εξεπόρθησα,* πληθ. *εκπορθήσαμε* (λόγ.), κυριεύω οχυρή θέση.
εκπόρνευση η, ουσ. **1.** το να παρασύρει κάποιος κάποιον (συνήθως γυναίκα) στην πορνεία (συνών. *μαστροπεία*). **2.** (μεταφ.) το να χρησιμοποιεί κάποιος ικανότητες, ιδέες, κ.τ.ό., για σκοπούς ανάξιους (συνήθως ιδιοτελείς): ~ *των ηθικών αξιών.*
εκπορνεύω, ρ. **I.** ενεργ. **1.** αναγκάζω κάποιον (συνήθως γυναίκα) να ασκεί πορνεία (συνών. *εκδίδω*). **2.** (μεταφ.) χρησιμοποιώ ικανότητες, ιδέες, κ.τ.ό., για σκοπούς ανάξιους (συνήθως ιδιοτελείς): *-ουν την επιστήμη.* **II.** (μέσ., συνήθως για γυναίκα) ασκώ πορνεία (συνών. *εκδίδομαι*).
εκπρόθεσμος, -η, -ο, επίθ. (λόγ.). **1.** (για πρόσωπο) που άφησε να περάσει η καθορισμένη προθεσμία για να κάνει κάτι: *υπέβαλε τα δικαιολογητικά του, αλλά ήταν* ~. **2.** (για πράγματα) που έγινε μετά την καθορισμένη προθεσμία: *-η υποβολή αίτησης* (αντ. για τις σημασ. 1, 2 *εμπρόθεσμος*). - Επίρρ. **-α** και **-έσμως.**
εκ προμελέτης· αρχαϊστ. έκφρ.· χαρακτηρισμός προσχεδιασμένης πράξης, συνήθως αξιόποινης: *φόνος* ~.
εκ προοιμίου· αρχαϊστ. έκφρ. = από μιας αρχής, από την αρχή.
εκπροσώπηση η, ουσ., αντιπροσώπευση κάποιου από έναν άλλο με την άδεια ή την εντολή του πρώτου: ~ *χώρας σε συνέδριο.*
εκπρόσωπος ο, ουσ. **1.** αυτός που εκπροσωπεί, που αντιπροσωπεύει κάποιον άλλο (με άδεια ή εντολή του): *κυβερνητικός* ~· *-οι φορέων / οργανώσεων* (συνών. *αντιπρόσωπος*). **2.** αυτός που συγκεντρώνει στο πρόσωπό του όλα τα χαρακτηριστικά μιας τάσης, ιδεολογίας, τεχνοτροπίας, ιδιότητας (καλής ή κακής), που προσωποποιεί, ενσαρκώνει κάτι: ~ *του συμβολισμού / της μετριοπάθειας / της κακίας* (συνών. *προσωποποίηση, ενσάρκωση*).
εκπροσωπώ, -είς, ρ. **1.** ενεργώ για λογαριασμό κάποιου άλλου (με την άδεια ή την εντολή του), αντιπροσωπεύω κάποιον: *την κυβέρνηση -ώπησε ο υπουργός εσωτερικών· -εί την πλειοψηφία των εργαζομένων.* **2.** συγκεντρώνω στο πρόσωπό μου τα χαρακτηριστικά μιας ιδιότητας, τάσης, τεχνοτροπίας, ιδεολογίας, προσωποποιώ κάτι: *ο διευθυντής -ει το πνεύμα της επιείκειας* (συνών. *ενσαρκώνω, συμβολίζω*).
εκ πρώτης όψεως· αρχαϊστ. έκφρ. = με την πρώτη εντύπωση, εκτίμηση.
έκπτωση η, ουσ. **1.** (λόγ.) κοινωνικός ξεπεσμός, πτώση. **2.** απώλεια εξουσίας, αξιώματος, δικαιώματος, βαθμού: ~ *του βασιλιά* (συνών. *εκθρόνιση* αντ. *ενθρόνιση, ανάρρηση*) ~ *επισκόπου* (από το βαθμό, όχι όμως από την ιεροσύνη)· ~ *αξιωματικού* (συνών. *καθαίρεση, ξήλωμα*). **3.** (νομ.) απώλεια δικαιώματος από σύμβαση, ευθύνη, κ.τ.ό., επειδή παραβιάστηκε κάποιος νόμος ή η κρατική εξουσία ή κάποιος όρος της σύμβασης (*Αστ. Κώδ.*). **4α.** μείωση της τιμής εμπορευμάτων για να υπάρξει μεγαλύτερη διάθεση και κίνητρο για κατανάλωσή τους: *το κατάστημα έχει* ~ *σε κάποια είδη του* (συνών. *υποτίμηση, σκόντο* αντ. *υπερτίμηση, προσαύξηση*). **β.** (στον πληθ.) η περίοδος κατά την οποία γίνεται έκπτωση των εμπορευμάτων

στην αγορά (με άδεια της πολιτείας): *θα αγοράσω ό,τι χρειάζομαι στις -ώσεις*. γ. μείωση στο ποσό που πρέπει κάποιος να καταβάλει ύστερα από υποβολή δικαιολογητικών: *οι φοιτητές δικαιούνται ~ στο εισιτήριο του τρένου· του έγινε ~ φόρου, επειδή συντηρεί τον πατέρα του*. 5. (ναυτ.) απόκλιση καραβιού από την κανονική του πορεία, που οφείλεται στον άνεμο. 6. (γραμμ.) αποσιώπηση φωνήεντος ή συμφώνων μέσα στη λέξη κατά την προφορά (συνών. *συγκοπή*). 7. (ιατρ.) απώλεια ορισμένων λειτουργιών: *~ διανοητική*.

έκπτωτος, -η, -ο, επίθ., που έχει χάσει το βαθμό, τη θέση, το αξίωμα ή κάποιο δικαίωμά του: *~ βασιλιάς / αξιωματικός· ~ εργολάβος* (= που έχασε τα δικαιώματά του από κάποια σύμβαση, γιατί δεν τήρησε ακριβώς τους όρους της).

εκπυρσοκρότηση η, ουσ. 1. (για εκρηκτική ύλη) ανάφλεξη με κρότο. 2. (για όπλο) το να τίθεται σε λειτουργία ο πυροδοτικός μηχανισμός και να πυροβολεί.

εκπυρσοκροτώ, ρ. 1. (για εκρηκτική ύλη) αναφλέγομαι με κρότο. 2. (για όπλο) τίθεται σε λειτουργία ο πυροδοτικός μηχανισμός και πυροβολεί.

εκρήγνυμαι και **εκρηγνύομαι**, ρ., μέλλ. *θα εκραγώ*, αόρ. (γ´ εν. πρόσ.) *εξερράγη* (λόγ.). 1. σκάζω με κρότο και ορμή εξαιτίας αύξησης εσωτερικής τάσης προξενώντας συχνά ζημιές: *εξερράγη το ηφαίστειο/η οβίδα*. 2. (μεταφ.) εκδηλώνω τα συναισθήματά μου με τρόπο απότομο, ξεσπώ: *θα εκραγώ από το θυμό μου* (συνών. *σκάω*). 3. παρουσιάζομαι ξαφνικά και έχω έντονες συνέπειες: *εξερράγη πόλεμος* (συνών. *ξεσπώ*).

εκρηκτικός, -ή, -ό, επίθ. 1. που είναι δυνατόν να εκραγεί ή να προκαλέσει έκρηξη: *μηχανισμός ~· ύλες -ές*· (μεταφ.) *γυναίκα -ή* (= εντυπωσιακή και αισθησιακή). - Το ουδ. στον πληθ. ως ουσ.: *το αυτοκίνητο βρέθηκε γεμάτο με -ά* (ύλες εκρηκτικές). 2. (μεταφ.) που είναι έτοιμος να δημιουργήσει προβλήματα, που θα έχει βαριές ή επικίνδυνες συνέπειες: *κατάσταση -ή· πολιτικό κλίμα -ό*. 3. (μεταφ.) που συμβαίνει ή εμφανίζεται απότομα και εξελίσσεται ραγδαία: *-ή αύξηση του πληθυσμού / της ανεργίας / των τιμών*.

εκρηκτικότητα η, ουσ., το να είναι κάποιος ή κάτι εκρηκτικό(ς): *όρια -ας της καύσιμης ύλης*· (μεταφ.) *~ του χαρακτήρα*.

έκρηξη η, ουσ. 1. θραύση με πάταγο κατά την οποία παράγονται ή απελευθερώνονται μέσα σε σύντομο χρονικό διάστημα μεγάλες μάζες αερίων με υψηλή πίεση, προκαλώντας φωτεινά φαινόμενα και έκλυση θερμότητας: *~ βόμβας / ατμολέβητα· πυρηνική* (με απελευθέρωση τεράστιων ποσών ενέργειας)· *~ φιάλης· κινητήρας -ης· ~ ηφαιστείου* (με εκτίναξη στερεών υλικών - πετρωμάτων, ρευστής λάβας και έκλυση αερίων από τον κρατήρα. 2. (μεταφ.) απότομη εκδήλωση συναισθημάτων: *~ χαράς / πόνου / αγανάκτησης*. 3. (μεταφ. για γεγονότα σημαντικά για το κοινωνικό σύνολο) ξαφνική έναρξη: *~ πολέμου· ~ απεργιακή*. 4. ξαφνική εμφάνιση και ραγδαία εξάπλωση ενός φαινομένου: *~ δημογραφική*.

εκρηξιγενής, -ής, -ές, γεν. *-ούς*, πληθ. αρσ. και θηλ. *-είς*, ουδ. *-ή*, επίθ., που προέρχεται από έκρηξη: (γεωλ.) *πετρώματα -ή* (που σχηματίστηκαν από διάπυρη μάζα που ανέβηκε στην επιφάνεια της γης ύστερα από έκρηξη του φλοιού της· πυριγενή).

εκρίζωση η, ουσ. (λόγ.). 1. συγκομιδή ορισμένων φυτών που καλλιεργούνται για τις ρίζες τους, με ειδικά μηχανήματα. 2. (ιατρ.) ολική αφαίρεση όγκου από τις ρίζες του.

εκριζωτής ο, ουσ. (λόγ.), γεωργικό μηχάνημα που χρησιμοποιείται για να κόβει τους υπόγειους βλαστούς και να ξεριζώνει τα διάφορα ζιζάνια (συνών. *φράζω*).

εκροή η, ουσ. (λόγ.). 1. (για υγρό) τρέξιμο, χύσιμο (αντ. *εισροή*). 2. (συνεκδοχικά) στόμιο απ' όπου τρέχει κάτι. 3. (μεταφ.) *εκροή συναλλάγματος* (= απώλεια συναλλαγματικού αποθέματος).

εκρυθμία η, ουσ. (λόγ.), διατάραξη κάποιας ομαλής κατάστασης: *~ της δημόσιας τάξης* (συνών. *ανωμαλία, σύγχυση*· αντ. *ευρυθμία, ομαλότητα*).

έκρυθμος, -η, -ο, επίθ. (λόγ.), που βρίσκεται έξω από τον κανονικό του ρυθμό, ανώμαλος: *κατάσταση -η* (συνών. *άστατος, χαώδης*· αντ. *εύρυθμος, κανονικός, ομαλός*).

εκσκαφέας ο, ουσ., μεγάλο και βαρύ μηχάνημα που χρησιμοποιείται για την εκσκαφή του εδάφους και ταυτόχρονα για τη μεταφορά των χωμάτων στη γεωργία και στα δημόσια έργα (συνών. λαϊκ. *φαγάνα*).

εκσκαφή η, ουσ. (λόγ.). 1. εξόρυξη, εξαγωγή ενός πράγματος από το έδαφος με σκάψιμο (συνών. *ξεχώνιασμα, εκταφή*). 2. διάνοιξη αυλακιών και λάκκων με σκάψιμο και απομάκρυνση του χώματος: *~ θεμελίων*.

εκσλαβίζω, ρ., κάνω κάποιον Σλάβο ωθώντας τον να αποδεχθεί τα σλαβικά ήθη και έθιμα ή δίνω σε κάτι σλαβικό χαρακτήρα.

εκσλαβισμός ο, ουσ., αποδοχή του σλαβικού τρόπου ζωής (για πρόσωπο) ή απόκτηση σλαβικού χαρακτήρα (για πράγμα).

εκσπερματίζω και **-τώνω**, ρ. I. (ενεργ.) αποβάλλω σπέρμα (συνών. *χύνω, αποσπερματίζω*). II. (μέσ.) *-ίζομαι* = παθαίνω εκσπερμάτωση (βλ. λ.) στον ύπνο μου.

εκσπερμάτιση και **-ωση** η, ουσ. 1. εκτίναξη του σπέρματος από το γεννητικό σύστημα (συνών. *αποσπερμάτιση, χύσιμο*). 2. αποβολή του σπέρματος κατά τον ύπνο (συνών. *ονείρωξη, ρεύση*).

εκσπερματώνω, βλ. *εκσπερματίζω*.

εκσπερμάτωση, βλ. *εκσπερμάτιση*.

έκσταση η, ουσ. 1. απόσπαση του πνεύματος από την κανονική του κατάσταση και απορρόφησή του από μια ισχυρή εντύπωση. 2. (φιλοσ.) ανάταση της ψυχής κατά την οποία ο άνθρωπος αποσπάται από τον αισθητό κόσμο και αφοσιώνεται ψυχικά ή νοερά στο Θεό, μεταρσίωση, μυστικοπάθεια: *η Πυθία βρισκόταν σε ~*. 3. ακραία συναισθηματική κατάσταση (συνήθως ευτυχίας). 4. (ψυχιατρ.) παροδική ψυχική κατάσταση κατά την οποία ο ασθενής διακόπτει τις επαφές του με το περιβάλλον και μεταφέρεται σ' ένα δικό του κόσμο όπου αισθάνεται ευτυχισμένος. 5. (νομ.) παραχώρηση από κάποιον οφειλέτη της περιουσίας του στους δανειστές του.

εκστατικός, -ή, -ό, επίθ. 1. που βρίσκεται σε έκσταση. 2. κατάπληκτος, έκθαμβος (από κάτι αξιοθαύμαστο): *ματιά -ή* (συνών. *εμβρόντητος*). - Επίρρ. *-ά*.

εκστομίζω, ρ., παρατ. *εξεστόμιζα*, πληθ. *εκστομίζαμε*, αόρ. *εξεστόμισα*, πληθ. *εκστομίσαμε* (με αντικ. λόγια, συνήθως τολμηρά, κ.τ.ό.) βγάζω από το στόμα μου, λέω (συνών. *ξεστομίζω*).

εκστρατεία η, ουσ. 1. έξοδος του στρατού από τη χώρα για πολεμικούς λόγους: (μυθολ.) ~ *αργοναυτική* / (ιστ.) *των Περσών κατά της Ελλάδας*. 2α. συντονισμένη προσπάθεια για την επιτυχία κάποιου σκοπού: ~ *προεκλογική* / *διαφημιστική*· ~ *για την πρόληψη του καρκίνου* / *κατά του τσιγάρου* / *κατά των ναρκωτικών* (συνών. *εξόρμηση, σταυροφορία, καμπάνια*). β. εξερευνητική αποστολή.

εκστρατευτικός, -ή, -ό, επίθ., που ανήκει ή αναφέρεται στην εκστρατεία: *σώμα -ό*.

εκστρατεύω, ρ., παρατ. εξεστράτευα, πληθ. εκστρατεύαμε, αόρ. εξεστράτευσα, πληθ. εκστρατεύσαμε. 1. βγαίνω από τη χώρα μου με στρατό εναντίον εχθρού ή για να εισβάλω κάπου, αναλαμβάνω εκστρατεία. 2. αναλαμβάνω μαζί με άλλους έναν αγώνα για την επιτυχία κάποιου σκοπού.

εκσυγχρονίζω, ρ., προσπαθώ να προσαρμόσω κάποιον ή κάτι στις απαιτήσεις της σύγχρονης ζωής και τα επιτεύγματα της επιστήμης.

εκσυγχρονισμός ο, ουσ., συμμόρφωση στις απαιτήσεις της σύγχρονης ζωής και στα επιτεύγματα της επιστήμης: ~ *της κοινωνίας* / *της νομοθεσίας* / *της βιομηχανίας* (συνών. εκμοντερνισμός).

εκσφενδονίζω, ρ. (λόγ.), ρίχνω κάτι μακριά και με ορμή: *θυμωμένος -όνισε το μπουκάλι έξω από το παράθυρο* (συνών. *εκτοξεύω, εξακοντίζω*)· (μεταφ. για λόγια): *-ισε άσχημες κουβέντες*.

εκσφενδόνιση η, και **-ισμός** ο, ουσ., ρίξιμο πράγματος μακριά και με ορμή (συνών. *εξακοντισμός, εκτόξευση*).

έκτακτος, -η, -ο, επίθ. 1. που είναι εκτός προγράμματος: *-η εμφάνιση ενός καλλιτέχνη στο πρόγραμμα*· *-η συνεδρίαση του υπουργικού συμβουλίου* (συνών. *απρόβλεπτος*· αντ. *κανονικός, τυπικός*). 2. (για υπάλληλο ή συνεργάτη) που εργάζεται προσωρινά σε εταιρεία ή υπηρεσία με σύμβαση για ορισμένο χρονικό διάστημα: *πρόσληψη -άκτων υπαλλήλων*· ~ *ανταποκριτής εφημερίδας* (αντ. *μόνιμος*). 3. που συμβαίνει σε σπάνιες, εξαιρετικές περιπτώσεις: *παράρτημα εφημερίδας -ο· δελτίο θύελλας -ο· εφημερία νοσοκομείου για -α περιστατικά*· *κατάσταση -ης ανάγκης* (συνών. *ασυνήθιστος*· αντ. *κοινός*). 4. (συνεκδοχικά) εξαιρετικός, άριστος, έξοχος: *θεατρική παράσταση -η*· *είσαι ~ μ' αυτά τα ρούχα*. - Επίρρ. **-α** (στη σημασ. 4) και **-άκτως** (στις σημασ. 1-3).

έκταξη η, ουσ. (νομ.) έγγραφη εξουσιοδότηση με την οποία κάποιο άτομο (*ο εκτάσσων*) εξουσιοδοτεί έναν άλλο (*το λήπτη*) να εισπράξει στο όνομά του από έναν τρίτο (*τον εκτασσόμενο*) μια παροχή από χρήματα ή άλλα πράγματα και ο εκτασσόμενος να τα καταβάλει στο λήπτη για λογαριασμό του εκτάσσοντος.

εκτάριο το, ουσ. (ασυνίζ.), μονάδα επιφάνειας ίση με 10.000 τετραγωνικά μέτρα. [γαλλ. *hectare*].

έκταση η, ουσ. 1. άπλωμα, τέντωμα (αντ. *συστολή, μάζεμα*)· (ειδικά) γυμναστικό παράγγελμα για το τέντωμα των χεριών στα πλάγια (συνών. *απαγωγή*). 2α. τοπικό διάστημα: *η ~ της Σαχάρας*· *-άσεις ακαλλιέργητες* / *δασικές*· β. οι διαστάσεις, η ευρύτητα μιας επιφάνειας: ~ *του οικοπέδου* / *της αυλής* (συνών. *εμβαδόν*). 3. διάρκεια χρόνου: ~ *της δίκης* / *της ομιλίας* / *της συζήτησης*. 4α. σοβαρότητα, σημαντικότητα, ηθικές διαστάσεις ενός πράγματος: *δόθηκε μεγάλη ~ στο θέμα, γιατί προβλήθηκε πολύ από τις εφημερίδες*· β. ποσότητα, μέγεθος: ~ *των ζημιών*· *πρωτοφανή σε ~ αντίποινα*. 5. (φυσ.) ιδιότητα των σωμάτων να καταλαμβάνουν θέση στο χώρο. 6. (μαθημ.) οι τρεις διαστάσεις ενός σώματος. 7. (αρχ. γραμμ.) μεταβολή βραχέος φωνήεντος σε μακρό, αύξηση της διάρκειας στην προφορά φωνήεντος. 8. *γλωσσική* ~ = η περιοχή όπου παρατηρείται ένα φαινόμενο ή μια ομάδα γλωσσικών φαινομένων. 9. (μουσ.) το διάστημα μεταξύ δύο ακραίων φθόγγων.

εκτασσόμενος ο, ουσ. (νομ.) πρόσωπο που είναι υποχρεωμένο να καταβάλει σε εξουσιοδοτημένο (από τον εκτάσσοντα) με έκταξη άτομο (το λήπτη) ποσό ή άλλο πράγμα που οφείλει: *ο ~ έχει υποχρέωση να καταβάλει την παροχή μόνο όταν του παραδοθεί το έγγραφο της έκταξης* (Αστ. Κώδ.).

εκτάσσων ο, ουσ. (νομ.) πρόσωπο που εξουσιοδοτεί με έκταξη (βλ. λ.) κάποιον άλλο (το λήπτη) να εισπράξει στο όνομά του ποσό ή άλλο πράγμα από εκείνον που του το οφείλει (τον εκτασσόμενο): *αν ο ~ κηρύχθηκε σε πτώχευση, η έκταξη... λογίζεται ότι ανακλήθηκε* (Αστ. Κώδ.).

εκτατόν το, ουσ. (φυσ.) ιδιότητα διαφόρων στερεών σωμάτων να παθαίνουν μόνιμη αλλοίωση του σχήματός τους κάτω από την επίδραση μηχανικών μέσων χωρίς να καταστρέφεται η εσωτερική συνοχή των μορίων τους.

εκταφή η, ουσ. 1. εξαγωγή πτώματος από τον τάφο ύστερα από ιατροδικαστική απόφαση για νεκροψία (συνών. *ξεθάψιμο, ξέθαμμα*· αντ. *ταφή, θάψιμο*). 2. εξαγωγή των οστών από τον τάφο μετά τη συμπλήρωση ορισμένου χρονικού διαστήματος. 3. εξαγωγή αντικειμένου κρυμμένου στη γη.

εκτείνω, ρ., παρατ. εξέτεινα, πληθ. εκτείναμε, αόρ. εξέτεινα, πληθ. εκτείναμε, παθ. αόρ. εκτάθηκα, μτχ. παρκ. εκτεταμένος. Ι. (ενεργ.) απλώνω, τεντώνω (αντ. *μαζεύω*). ΙΙ. (μέσ.) καλύπτω, καταλαμβάνω επιφάνεια, έχω κάποιες διαστάσεις: *το χωριό -έται κατά μήκος του ποταμού.* - Η μτχ. ως επίθ. = α.που έχει μεγάλη έκταση: *καλλιέργειες -μένες*· β. (μεταφ.) μεγάλος, ευρύς· αναλυτικός: *ομιλία* / *συζήτηση -μένη*· *μελέτη* / *ανάλυση -μένη*.

εκτέλεση η, ουσ. 1. επιτέλεση έργου σύμφωνα με οδηγίες ή πρόγραμμα: ~ *υπηρεσίας* / *έργων οδοποιίας*· ~ *καθήκοντος*· ~ *ποινής* / *δικαστικής απόφασης* (συνών. *πραγματοποίηση, εκπλήρωση*· αντ. *παραμέληση*). 2. (μουσ.) ο τρόπος με τον οποίο αποδίδεται ένα τραγούδι ή ένα μουσικό κομμάτι: ~ *άριας*· *πρώτη* / *δεύτερη* ~ *τραγουδιού*· ~ *μουσικού κομματιού*. 3. θανάτωση (καταδίκου): *ομαδικές -έσεις από τους αντιπάλους*. 4. (νομ.) δικαστικές πράξεις που έχουν σκοπό την εφαρμογή δικαστικής απόφασης. 5. *διοικητική* ~ = το σύνολο των μέτρων για την είσπραξη των φόρων που οφείλονται στο δημόσιο.

εκτελεστέος, -α, -ο, επίθ. (λόγ.), που πρέπει να εκτελεστεί, να εφαρμοστεί: *σύμβαση -α*.

εκτελεστήριος, -α, -ο, επίθ. (ασυνίζ., λόγ.), που αναφέρεται ή ανήκει στην εκτέλεση· (νομ.) *τύπος* ~ = φόρμουλα, τύπος με βάση τον οποίο πρέπει να διατυπωθούν τα δικαιόγραφα ώστε να εκτελεστούν υποχρεωτικά - Το ουδ. ως ουσ. = *έγγραφο* με το οποίο ένα κράτος παρέχει την άδεια σε πρόξενο άλλου κράτους να ασκήσει σ' αυτό τα καθήκοντά του.

εκτελεστής ο, ουσ. 1. αυτός στον οποίο έχει ανα-

εκτελεστικός 438

τεθεί η εκτέλεση μιας υπόθεσης: ~ *διαθήκης* = φυσικό ή νομικό πρόσωπο που έχει καθοριστεί από το διαθέτη (βλ. λ.) για να φροντίσει την εκτέλεση των διατάξεων της διαθήκης. **2.** αυτός που εκτελεί με κάποιο όργανο ένα μουσικό κομμάτι: *δεξιοτέχνης* ~. **3.** αυτός που εκτελεί, που θανατώνει καταδικασμένους σε θάνατο ή αυτός που δολοφονεί: *ψυχρός / στυγερός* ~ (συνών. *δήμιος, δολοφόνος*).

εκτελεστικός, -ή, -ό, επίθ., που αναφέρεται στον εκτελεστή ή με τον οποίο εκτελείται κάτι: *εξουσία -ή* = μια από τις τρεις εξουσίες του κράτους, που ασχολείται με την εφαρμογή των νόμων· *απόσπασμα -ό* = στρατιωτικό απόσπασμα για τη θανατική εκτέλεση καταδίκου· *όργανα -ά* (του κράτους) = το σύνολο των δημοσίων υπαλλήλων που εργάζονται για την εφαρμογή των νόμων· *γραφείο -ό* = το ανώτατο καθοδηγητικό όργανο ενός κόμματος. - Το ουδ. ως ουσ. = (ιστ.) διοικητική αρχή που θεσπίστηκε από την Α΄ Εθνοσυνέλευση στην Επίδαυρο και αποτελούσε μαζί με το «Βουλευτικό» την Προσωρινή Διοίκηση (αλλιώς *Νομοτελεστικό*).

εκτελεστός, -ή, -ό, επίθ., που είναι δυνατόν να εκτελεστεί: *δικαιόγραφο -ό* (συνών. *πραγματοποιήσιμος*· αντ. *ανεκτέλεστος, ανεφάρμοστος*)· (νομ.) *απόφαση -ή* = τελεσίδικη, οριστική απόφαση που ήδη έχει περάσει στα χέρια των οργάνων της εκτελεστικής εξουσίας.

εκτελώ, ρ., παρατ. *εκτελούσα*, πληθ. *εκτελούσαμε*, αόρ. *εκτέλεσα* και *εξετέλεσα*, πληθ. *εκτελέσαμε*, μτχ. *εκτελεσμένος*. **1.** πραγματοποιώ, επιτελώ: ~ *διαταγές / Υπηρεσία / το καθήκον μου*· *-είται η πολιτική θέληση της κυβέρνησης* (συνών. *εφαρμόζω*· αντ. *παραμελώ*). **2.** (μουσ.) αποδίδω ένα τραγούδι με τη φωνή μου ή ένα μουσικό κομμάτι με όργανο: *θα -εστούν έργα για πιάνο και ορχήστρα*. **3.** θανατώνω, σκοτώνω (κατάδικο ή άλλο άτομο): *ο δολοφόνος τον εξετέλεσε «εν ψυχρώ»* (συνών. *φονεύω, δολοφονώ*). Φρ. ~ *χρέη*... (= αναπληρώνω προσωρινά κάποιον): *-εί χρέη διευθυντή / διοικητή*.

εκτελωνίζω, ρ., παίρνω ή εξάγω εμπορεύματα από το τελωνείο εφαρμόζοντας τις νόμιμες διατυπώσεις και πληρώνοντας το νόμιμο φόρο.

εκτελώνιση η και **-ισμός** ο, ουσ., η διαδικασία των νόμιμων διατυπώσεων που επιτρέπουν σε κάποιον να εξαγάγει ή να πάρει εμπορεύματα από το τελωνείο.

εκτελωνιστής ο, θηλ. **-τρια,** ουσ., αυτός που ασχολείται επαγγελματικά με τον εκτελωνισμό, που εφαρμόζει δηλαδή τις διαδικασίες για τον καθορισμό των δασμών και τελών ώστε να χορηγηθεί άδεια του τελωνείου για την εισαγωγή ή εξαγωγή εμπορευμάτων.

εκτελωνιστικός, -ή, -ό, επίθ., που αναφέρεται στον εκτελωνισμό εμπορευμάτων: *γραφείο -ό*. -Το ουδ. στον πληθ. ως ουσ. = τα έξοδα για τον εκτελωνισμό εμπορευμάτων· ειδικότερα η αμοιβή του εκτελωνιστή για τα έξοδα και τον κόπο του.

εκτελωνίστρια, βλ. *εκτελωνιστής*.

εκτενής, -ής, -ές, γεν. *-ούς*, πληθ. αρσ. και θηλ. *-είς*, ουδ. *-ή*, επίθ. (για λόγο γραπτό ή προφορικό) που έχει μεγάλη έκταση ή διάρκεια, διεξοδικός: *σύγγραμμα / ρεπορτάζ -ές*· *συζήτηση / έκθεση / αναφορά* ~ (συνών. *εκτεταμένος, μακροσκελής*· αντ. *σύντομος, συνοπτικός*). - Το θηλ. ως ουσ. =

(εκκλ.) δέηση υπέρ κάποιων προσώπων κατά τη διάρκεια της λειτουργίας. - Επίρρ. **-ώς.**

εκτίμηση η, ουσ. **1.** καθορισμός της αξίας ή της ποιότητας ενός πράγματος ή μιας κατάστασης με τη μεγαλύτερη δυνατή προσέγγιση: ~ *των ζημιών στις καλλιέργειες από το χαλάζι*· ~ *διαμερίσματος / περιουσιακών στοιχείων* (συνών. *αποτίμηση*). **2.** υπολογισμός της σοβαρότητας, σπουδαιότητας ή αποτελεσματικότητας μιας κατάστασης ή ενός γεγονότος: ~ *της αποτελεσματικότητας των νέων μέτρων*· *δεν κάνω -ήσεις για το μέλλον*· ~ *προωπική / αμερόληπτη* (συνών. *αξιολόγηση*). **3.** εκδήλωση τιμής από μέρους κάποιου: *έχω / τρέφω βαθιά ~ για το πρόσωπό του*· *του έχουν σε* ~ (συνών. *υπόληψη, σεβασμός*· αντ. *περιφρόνηση*).

εκτιμητής ο, θηλ. **-ήτρια,** ουσ. **1.** αυτός που είναι υπεύθυνος ή αρμόδιος για την εκτίμηση της αξίας ενός πράγματος ή την παρουσίαση των αποτελεσμάτων μιας κατάστασης: ~ *ζημιών / έργων τέχνης*. **2.** αυτός που εκτιμά κατά την κρίση του γεγονότα, αξίες, καταστάσεις: *αυστηρός* ~ *της προσφοράς των γονιών του*.

εκτιμητικός, -ή, -ό, επίθ., που έχει σχέση με την εκτίμηση ενός πράγματος ή γεγονότος ή αναφέρεται σ᾽ αυτήν: *έκθεση / αναφορά -ή* (συνών. *αξιολογητικός, αποτιμητικός*)· *όρκος* ~ = (νομ.) όρκος που επιβάλλεται από το δικαστήριο για να βεβαιώσει ο εκτιμητής ότι έκανε την εκτίμηση ευσυνείδητα και αμερόληπτα. - Το ουδ. ως ουσ. = το έγγραφο που περιέχει τα πορίσματα της εκτίμησης.

εκτιμήτρια, βλ. *εκτιμητής*.

εκτιμώ, ρ. **1.** καθορίζω την τιμή, την αξία ενός πράγματος: *η περιουσία του -άται σε πολλά εκατομμύρια* ~ *την αξία του διαμερίσματος*. **2.** κρίνω, αποδίδω σε κάτι τη σημασία, τη σπουδαιότητα που νομίζω ότι του ταιριάζει: ~ *την προσπάθεια / τις διαθέσεις σου*· ~ *το μέγεθος της συμφοράς / τις πιθανότητες επιτυχίας* (συνών. *αξιολογώ*). **3.** τιμώ κάποιον, αναγνωρίζω την αξία του: ~ *το συνάδελφό μου*· *ο κόσμος τον -ά για την τιμιότητά του* (συνών. *υπολήπτομαι, σέβομαι*· αντ. *περιφρονώ*).

εκτίναξη η, ουσ., βίαιη και ταχύτατη κίνηση (του σώματος, ενός μέλους του ή ενός πράγματος) προς ορισμένη κατεύθυνση: *ο τερματοφύλακας απέκρουσε την μπάλα με μια θεαματική* ~.

εκτινάσσω, ρ., συνήθως μόνο στον ενεστ., σπάνιος αόρ. *εξετίναξα*, κινώ, ωθώ με ταχύτητα και ορμή προς ορισμένη κατεύθυνση (το σώμα ή ένα μέλος του): *η έκρηξη -αξε το σώμα σε μεγάλη απόσταση*· (μέσ.) *κάθισμα αεροπλάνου -όμενο* (= που μπορεί σε περίπτωση κινδύνου να τιναχτεί μαζί με τον πιλότο έξω από το αεροπλάνο) (συνών. *εκσφενδονίζω*).

εκτίνω, βλ. *εκτίω*.

έκτιση η, ουσ., το να εκτελεί ένας κατάδικος την ποινή που του επιβλήθηκε: ~ *των δύο τρίτων της ποινής του*.

εκτίω, και (σπανιότερα) **εκτίνω,** ρ., παρατ. *εξέτια*, πληθ. *εκτίαμε*, αόρ. *εξέτισα*, πληθ. *εκτίσαμε* (για κατάδικο) στη Φρ. ~ *ποινή* = εκτελώ την ποινή που μου επιβλήθηκε, είμαι στη φυλακή, σε περιορισμό για όσο διάστημα διαρκεί η ποινή μου: ~ *ποινή ισόβιας κάθειρξης*.

εκτομή η, ουσ. (λόγ.) **1.** αποκοπή και αφαίρεση (τμήματος ενός όλου). **2.** ευνουχισμός.

έκτον, αριθμ. άκλ., πβ. ά, *πρώτον, δεύτερον, τρίτον.*
εκτονώνω, ρ. 1. (ενεργ.) μειώνω την ένταση: ~ *μια δυσάρεστη κατάσταση.* II. μέσ. 1. (για πράγματα) μειώνεται η έντασή μου: *ο κίνδυνος -ώθηκε· προσπάθειες να -ωθεί η κρίση στην εκπαίδευση.* 2. (για πρόσωπο) ελαττώνω την εσωτερική ένταση, την πίεση ή τη στενοχώρια που νιώθω (συχνά με έντονη κίνηση ή βίαιη πράξη): *ξεφώνιζαν για να -ωθούν* (συνών. *ξεδίνω).* 3. (φυσ.) πραγματοποιώ εκτόνωση (βλ. λ. σημασ. 2): *το υδρογόνο θερμαίνεται όταν -ωθεί στη συνηθισμένη θερμοκρασία* (αντ. *συμπιέζω).*
εκτόνωση η, ουσ. 1. μείωση της έντασης: ~ *της πολιτικής κρίσης / του αντιθρησκευτικού πνεύματος*· (για πρόσωπο) χαλάρωση των τεντωμένων νεύρων, ελάττωση της εσωτερικής έντασης ή στενοχώριας: *κολυμπά για* ~. 2. (φυσ.) ελάττωση της πίεσης ενός αερίου που συνοδεύεται γενικά από αντίστοιχη αύξηση του όγκου του (αντ. *συμπίεση).*
εκτονωτήρας ο, ουσ. (τεχνολ.) συσκευή για την εκτόνωση (βλ. λ. σημασ. 2). που βοηθά δηλ. να διατηρείται κάτω από ορισμένα όρια ή πίεση σε ένα σύστημα διοχέτευσης ατμού, νερού ή αερίου (αλλιώς *μειωτής ή ρυθμιστής πίεσης).*
εκτονωτής ο, ουσ., εκτονωτήρας (βλ. λ.).
εκτονωτικός, -ή, -ό, επίθ., που αναφέρεται ή χρησιμεύει στην εκτόνωση (βλ. λ. σημασ. 2): *όργανο -ό* (αντ. *συμπιεστικός).*
εκτόξευση η, ουσ. 1. το να ρίχνει κανείς κάτι με ορμή σε μεγάλη απόσταση (συνήθως προς ορισμένη κατεύθυνση): ~ *βέλους / νερού·* (για σώμα που εξαπολύεται με τη βοήθεια προωθητικού μέσου) ~ *πυραύλου / δορυφόρου·* (αστροναυτ.) *όχημα -ης* (= πύραυλος που θέτει ένα διαστημόπλοιο, κ.τ.ό., σε γήινη τροχιά ή το απομακρύνει από την έλξη της γης). 2. (μεταφ., λόγ.) για σφοδρή λεκτική επίθεση εναντίον προσώπου: ~ *απειλών.*
εκτοξευτήρας ο, ουσ., (στρατ.) εκτοξευτής (βλ. λ.): *αεροπλάνο εφοδιασμένο με -ες ρουκετών.*
εκτοξευτής ο, ουσ., (στρατ.) όπλο με μορφή σωλήνα που χρησιμεύει για την εκτόξευση βλημάτων συνήθως αυτοπροωθούμενων: ~ *οπλοβομβίδων / πυραύλων·* ~ *αντιαρματικός* (κοιν. *μπαζούκα).*
εκτοξευτικός, -ή, -ό, επίθ., που αναφέρεται ή χρησιμεύει στην εκτόξευση: *συσκευή -ή.*
εκτοξεύω, ρ. 1. ρίχνω κάτι μακριά με έντονη ώθηση, με ορμή (συνήθως προς ορισμένη κατεύθυνση): *η αντλία -ευε νερό εναντίον των διαδηλωτών* (συνών. *εκτινάσσω)·* (για κάτι που εξαπολύεται με τη βοήθεια προωθητικού μέσου): ~ *κατευθυνόμενα βλήματα / ένα διαστημόπλοιο.* 2. (μεταφ.) κάνω έντονη επίθεση με άσχημα ή δυσάρεστα λόγια: ~ *απειλές / κατηγορίες* (συνών. *εξακοντίζω, εξαπολύω).*
εκτοπία η, ουσ., (ιατρ.) το να βρίσκεται ένα όργανο ή ένας ιστός έξω από την φυσιολογική του θέση: ~ *συγγενής / επίκτητη·* ~ *όρχεων* (= *κρυψορχία).*
εκτοπίζω, ρ. 1. απομακρύνω (απότομα και βίαια ή όχι) κάποιον ή κάτι από τη θέση του για να την καταλάβω εγώ: *κάθε σώμα που βυθίζεται στο νερό -ίζει ένα μέρος του· με δυσκολία -ίστηκε ο εχθρός από τα χαρακώματά του·* οι εισαγόμενες μπανάνες *-ίζουν από την αγορά τις εγχώριες* (συνών. *διώχνω).* 2. απομακρύνω κάποιον αναγκαστικά από τον τόπο διαμονής του (για τιμωρία)· *οι Τούρκοι -ισαν πολλούς στα βάθη της Ανατολίας* (συνών. *εξορίζω).*
εκτόπιση η, ουσ. 1. το να εκτοπίζεται κάποιος ή κάτι. 2. αναγκαστική απομάκρυνση ενός προσώπου από τον τόπο διαμονής του και εγκατάστασή του σε άλλο μέρος μέσα στα όρια της χώρας (υπό επιτήρηση) ως μέτρο περιορισμού της ελευθερίας: ~ *μακροχρόνια / ομαδική·* οι δικτάτορες *διέταξαν την* ~ *πολλών αντιπάλων τους* (συνών. *εξορία).*
εκτόπισμα το, ουσ. 1. (φυσ.) η ποσότητα υγρού την οποία εκτοπίζει ένα σώμα που βυθίζεται ή επιπλέει σ' αυτό· (ναυτ.) το βάρος του νερού που εκτοπίζει ένα πλοίο ενώ επιπλέει: *πλοίο με* ~ *35.000 τόνων·* ~ *έμφορτο ή μέγιστο* (= που αντιστοιχεί στο μέγιστο βύθισμα του φορτωμένου πλοίου). 2. (μεταφ.) κύρος: ~ *ηθικό· συγγραφέας με μεγάλο* ~ *στη λογοτεχνική ζωή.*
εκτοπισμός ο, ουσ., εκτόπιση (βλ. λ. σημασ. 2).
εκτοπιστικός, -ή, -ό, επίθ., που αναφέρεται στην εκτόπιση (βλ. λ. σημασ. 2).
εκτόπλασμα το, ουσ. 1. (βιολ.) το εξωτερικό στρώμα του ζωικού κυττάρου, ορατό μάλιστα σε μερικά πρωτόζωα (αμοιβάδες) (συνών. *εξώπλασμα).* 2. μυστηριώδης ουσία που, κατά την αντίληψη ορισμένων, εκπέμπεται από το σώμα ενός «μέντιουμ» (βλ. λ.) τη στιγμή που βρίσκεται σε δράση και η οποία αποκτά υλική υπόσταση και ορατή μορφή.
έκτοπος, -η, -ο, επίθ., (ιατρ., για όργανο ή ιστό) που δε βρίσκεται στη φυσιολογική του θέση: *όρχις* ~· (συνεκδοχικά) *κύηση -η* (= *εξωμήτρια).*
έκτος, -η, -ο, αριθμ., που έχει σε μια αριθμητική σειρά τον αριθμό 6: *μένω στον -ο όροφο.* - *Το θηλ. ως ουσ.* 1. η έκτη μέρα: *η -η Ιανουαρίου.* 2. (μουσ.) **α.** η έκτη βαθμίδα της διατονικής κλίμακας· **β.** διάστημα έξι βαθμίδων της ίδιας κλίμακας. 3. (σχολ.) η έκτη τάξη του δημοτικού ή του εξατάξιου γυμνασίου: *τα κορίτσια της -ης.* - *Το ουδ. ως ουσ.* = καθένα από τα έξι ίσα μέρη στα οποία διαιρέθηκε ένα όλον: *τα δύο -α* (= 2/6).
εκτός, επίρρ. 1. (τοπ. με επίτ.) έξω, μακριά: *ο καθηγητής βρίσκεται* ~ *Θεσσαλονίκης·* η ομάδα αγωνίζεται ~ *έδρας· βρίσκεται* ~ *κόμματος·* (μεταφ.) *ο ασθενής είναι* ~ *κινδύνου·* ~ *τόπου και χρόνου.* 2. (μεταφ., συνηθέστερα με την πρόθ. *από* και αιτ.) δηλώνει εξαίρεση: *κανένας* ~ *από σένα δεν ανησύχησε·* ~ *από αυτά θα έρθουν άλλοι δύο·* ~ *του ότι είναι κακός μαθητής κάνει και πολλές αταξίες* (= δε φτάνει που...)· (με υποθ. πρότ., όταν ακολουθεί την κύρια) *η γιορτή θα γίνει στον κήπο,* ~ *αν βρέξει* (λαϊκότ. ~ *κι αν).* Έκφρ. ~ *εαυτού,* βλ. *εαυτός.*
εκτός απροόπτου· έκφρ. = αν δεν συμβεί τίποτε απρόβλεπτο: ~ *αύριο θα είμαστε εκεί.*
εκτός κειμένου· έκφρ., (στην τυπογραφία) για εικονογράφηση ενός βιβλίου που περιέχεται σε ιδιαίτερες σελίδες έξω από τις τυπωμένες, συνήθως σε διαφορετικό χαρτί και σε ξεχωριστή αρίθμηση.
εκτός νόμου· έκφρ. = παράνομα· (ως επίθ., για κάποιον που υπάρχει ή λειτουργεί παράνομα): *το* ~ *συνδικάτο·* φρ. *θέτω* ~ (= *κηρύσσω παράνομο).*
εκτός συναγωνισμού· έκφρ. 1. (για κάποιον ή κάτι που δεν παίρνει μέρος σε διαγωνισμό): *η ταινία προβάλλεται στο φεστιβάλ* ~. 2. (για κάποιον ή κάτι που κανείς δεν μπορεί να το συναγωνιστεί): *η ποιότητά μας είναι* ~ (= *εξαίρετη).*

εκ του ασφαλούς (ενεργώ)· αρχαϊστ. έκφρ.· χωρίς να διακινδυνεύω κάτι.

εκ του αφανούς (ενεργώ)· αρχαϊστ. έκφρ.· χωρίς να το περιμένει κανείς.

εκ του μηδενός· αρχαϊστ. έκφρ. = από το τίποτε.

εκ του πονηρού· αρχαϊστ. έκφρ. = με κάποια υστεροβουλία.

εκ του προχείρου· αρχαϊστ. έκφρ. = για κάτι που λέγεται ή γίνεται χωρίς ιδιαίτερη προπαρασκευή.

εκτουρκίζω, ρ., συνήθως στον αόρ. *εξετούρκισα*, πληθ. *εκτουρκίσαμε*, μεταβάλλω κάποιον σε Τούρκο ή κάτι σε τουρκικό: *-ουν τα τοπωνύμια της Β. Κύπρου*· (μέσ.) *μέρος του πληθυσμού της Μ. Ασίας -ίστηκε* (συνών. *εξισλαμίζω, τουρκεύω*).

εκτουρκισμός ο, ουσ., το να μεταβάλλεται κάποιος σε Τούρκο ή κάτι σε τουρκικό (συνών. *εξισλαμισμός, τούρκεμα*).

εκ του συστάδην· αρχαϊστ. έκφρ.· για αντιπαράθεση μαχητών (κυριολεξία).

εκ του φυσικού· αρχαϊστ. έκφρ. = (για ζωγραφικούς πίνακες) με απόδοση της πραγματικότητας, με ακρίβεια.

εκραχηλίζομαι, ρ., παρασύρομαι σε απρέπειες, ξεφεύγω από τη σωστή συμπεριφορά (συνών. *αφηνιάζω, εκτροχιάζομαι, παρεκτρέπομαι*· αντ. *συγκρατούμαι*).

εκτραχηλισμός ο, ουσ. (λόγ.), το να παρασύρεται κανείς σε απρέπειες: *~ ηθικός* (συνών. *αποχαλίνωση, παρεκτροπή*· αντ. *αυτοσυγκράτηση, χαλιναγώγηση*).

εκτράχυνση η, ουσ. (λόγ.) 1. (σπάνιο) το να γίνει κάτι τραχύ, ανώμαλο από ομαλό: *~ μιας επιφάνειας* (αντ. *εξομάλυνση, λείανση*). 2. (συνηθέστερα μεταφ.) το να γίνεται κάτι κακό ή χειρότερο, το να επιτείνεται η ένταση σε κάτι: *~ των σχέσεων δύο κρατών* (συνών. *όξυνση, επιδείνωση*· αντ. *βελτίωση, εξομάλυνση*).

εκτραχύνω, ρ., παρατ. *εξετράχυνα*, πληθ. *εκτραχύναμε*, αόρ. *εξετράχυνα*, πληθ. *εκτραχύναμε*, παθ. αόρ. *εκτραχύνθηκα*, **1.** (σπάνιο) καθιστώ κάτι τραχύ, αδρό, ανώμαλο (συνών. *αγριεύω*· αντ. *εξομαλύνω, λειαίνω*). 2. (συνηθέστερα μεταφ.) κάνω κάτι κακό ή χειρότερο: *ας μην -ουμε τις σχέσεις μας*· (μέσ.) *η κατάσταση -εται* (συνών. *οξύνω, επιδεινώνω, χειροτερεύω*· αντ. *βελτιώνω, εξομαλύνω*).

εκτρέπω, ρ., παρατ. *εξέτρεπα*, πληθ. *εκτρέπαμε*, αόρ. *εξέτρεψα*, πληθ. *εκτρέψαμε*, παθ. αόρ. *εξετράπηκα* (λόγ.). 1. κάνω κάποιον ή κάτι να αλλάξει κατεύθυνση, τον βγάζω από την κανονική του πορεία ή θέση: *τα αέρια της έκρηξης εξέτρεψαν το αυτοκίνητο*· *~ ένα ποταμό*· (μεταφ.) *προσπαθεί να -έψει τη συζήτηση από το επίμαχο ζήτημα* (συνών. *παρεκκλίνω*). 2. (μέσ.), παρασύρομαι σε απρεπείς λόγους ή ενέργειες (συνών. *παρεκτρέπομαι, παραφέρομαι*).

εκτρέφω, ρ., παρατ. *εξέτρεφα*, πληθ. *εκτρέφαμε*, αόρ. *εξέθρεψα*, πληθ. *εκθρέψαμε*, **1.** (συνήθως για ζώα) παρέχω τακτικά τροφή και φροντίδα σε κάτι ώστε να αναπτυχθεί: *~ βοοειδή* (συνών. *διατρέφω, μεγαλώνω, συντηρώ*). 2. (μεταφ.) συντηρώ, αναπτύσσω: *η αδιαφορία -ει την κοινωνική αδικία*· *το περιβάλλον του τον εξέθρεψε ιδεολογικά*.

εκτροπή η, ουσ. 1. αλλαγή κατεύθυνσης, απομάκρυνση από την κανονική πορεία ή θέση: *~ της μαγνητικής βελόνας / βλήματος πυροβόλου*· *~ ποταμού* (= παροχέτευση των νερών του με διώρυγα, σήραγγα, κ.τ.ό.)· (φυσ.) *~ φωτεινής ακτινοβολίας / σφαιρική* (συνών. *απόκλιση, παρέκκλιση*). 2. (μεταφ.) προετοιμασία ή πραγματοποίηση παράνομων ενεργειών: *~ συνταγματική / του πολιτεύματος*.

έκτροπο το, ουσ. (συνηθέστ. στον πληθ.), ανάρμοστη πράξη: *θλιβερά -α των «φιλάθλων»* (συνών. *απρέπεια, παρεκτροπή*).

εκτροφείο το, ουσ., χώρος ειδικά διαρρυθμισμένος όπου εκτρέφονται ζώα: *~ χοίρων/θηραμάτων*.

εκτροφή η, ουσ. (συνήθως για ζώα) το να εκτρέφει κανείς κάτι: *~ προβάτων / αλόγων / μελισσών*.

εκτροχιάζω, ρ. (ασυνίζ.) 1. προκαλώ εκτροχίαση (βλ. λ.): *οι κατολισθήσεις -ίασαν την αμαξοστοιχεία*· (συνηθέστερα μέσ.) *το τρένο -ιάστηκε από υπερβολική ταχύτητα*. 2. (μέσ., μεταφ.) απομακρύνομαι από τη σωστή ή την πρέπουσα συμπεριφορά, έχω κακή ή ανήθικη διαγωγή: *ο νέος στη μεγαλούπολη -ιάστηκε* (συνών. *εκτραχηλίζομαι, παρεκτρέπομαι*).

εκτροχίαση η, ουσ. 1. εκτροπή αμαξοστοιχίας ή σιδηροδρομικού οχήματος από τις σιδηροτροχιές: *η ~ του τρένου είχε θύματα*. 2. (λόγ., μεταφ.) το να παρασύρεται κανείς σε ανήθικη συμπεριφορά (συνών. *παρεκτροπή, αποχαλίνωση, εκτραχηλισμός*· αντ. *αυτοσυγκράτηση, χαλιναγώγηση*).

εκτροχιασμός ο, ουσ. (ασυνίζ.), εκτροχίαση (βλ. λ.).

έκτρωμα το, ουσ. 1. κύημα που αποβλήθηκε με έκτρωση (συνών. *άμβλωμα, απόριγμα*). 2. (μεταφ.) πρόσωπο ή πράγμα αποκρουστικό στη μορφή, έργο ιδιαίτερα κακοφτιαγμένο: *οι αποθήκες ήταν ένα ~ που ασχήμαινε το λιμάνι*· *με τις αλλεπάλληλες τροπολογίες ψηφίστηκε τελικά ένα νομοσχέδιο ~* (συνών. *εξάμβλωμα, τερατούργημα, τέρας*).

εκτρωματικός, -ή, -ό, επίθ., που τον χαρακτηρίζει η ασχήμια ή η κακοτεχνία: *μορφή/απόφαση -ή* (συνών. *εξαμβλωματικός*).

έκτρωση η, ουσ. (ιατρ.) πρόωρη διακοπή της εγκυμοσύνης (αποβολή) και εκβολή του κυήματος για θεραπευτικό σκοπό· (κοιν.) διακοπή ανεπιθύμητης εγκυμοσύνης (συνών. *άμβλωση*).

εκτρωτικός, -ή, -ό, επίθ., (ιατρ.) που σχετίζεται με την έκτρωση, που προκαλεί έκτρωση: *φάρμακα -ά* (συνών. *αμβλωτικός*).

εκτυλίσσομαι, ρ. (λόγ.), (για γεγονότα) συμβαίνω, εξελίσσομαι, παρουσιάζω διαδοχικές φάσεις: *το επεισόδιο -ίχθηκε με κινηματογραφική ταχύτητα*· *το έργο / η υπόθεση -εται σε παλαιότερη εποχή*.

έκτυπος, -η, -ο, επίθ. (αρχαιολ., για ανάγλυφο) που έχουν επεξεργαστεί έτσι ώστε να εξέχει πολύ (από μια επιφάνεια). - Το ουδ. ως ουσ. = ανάγλυφο με παραστάσεις που εξέχουν.

εκτυπώνω, ρ., αναπαράγω (κείμενο, σχέδιο ή εικόνα) με τυπογραφικές ή άλλες παρόμοιες μεθόδους: *~ βιβλία / χαρτονομίσματα / εφημερίδα* (συνών. *τυπώνω, τραβώ*).

εκτύπωση η, ουσ., η τεχνική και η διαδικασία με την οποία αποτυπώνονται σε μια επιφάνεια, συνήθως σε χαρτί, ή και αναπαράγονται με ποικίλους τρόπους κείμενα, σχέδια ή εικόνες: *~ περιοδικού/γραμματοσήμων*· *εμφάνιση και ~ φωτογραφικών φιλμ*· *μέθοδοι -ης* (λ.χ. *μονοτυπία, φωτοστοιχειο-*

θεσία, όφσετ) (συνών. τύπωμα, τράβηγμα).
εκτυπώσιμος, -η, -ο, επίθ. (λόγ.), που είναι έτοιμος για εκτύπωση: επιστημονική μελέτη -η.
εκτυπωτής ο, ουσ. 1. τεχνίτης που φροντίζει για την εκτύπωση πάνω σε χαρτί, πλαστικό, κλπ., κειμένων ή εικόνων που έχουν προηγουμένως ετοιμαστεί με μια εκτυπωτική μέθοδο (τυπογραφία, λιθογραφία, κ.ά.). 2. (πληροφορική) όργανο που εκτυπώσει σε χαρτί τα αποτελέσματα της επεξεργασίας ενός προγράμματος από ηλεκτρονικό υπολογιστή: ~ ξηρογραφικός / λέιζερ.
εκτυπωτικός, -ή, -ό, επίθ., που αναφέρεται ή χρησιμεύει στην εκτύπωση: μέθοδοι -ές· μηχάνημα -ό. - Το ουδ. στον πληθ. ως ουσ. = τα έξοδα για την εκτύπωση.
εκτυφλώνω, ρ., συνήθως στον ενεστ., (για πολύ έντονο φως) προκαλώ παροδικό αίσθημα τύφλωσης (συνών. τυφλώνω, στραβώνω, θαμπώνω).
εκτύφλωση η, ουσ. (λόγ.), το να προκαλεί (ένα πολύ έντονο φως) παροδικό αίσθημα τύφλωσης (συνών. θάμπωμα).
εκτυφλωτικός, -ή, -ό, επίθ. (για πολύ έντονο φως) που εκτυφλώνει: λάμψη -ή. - Επίρρ. -ά.
εκ των ένδον· αρχαϊστ. έκφρ. = από πρόσωπα ή γεγονότα που έχουν εσωτερική σύνδεση με το θέμα.
εκ των ενόντων· αρχαϊστ. έκφρ. = με ό,τι υπάρχει στη διάθεσή μας, όπως μπορούμε, με ό,τι είναι δυνατόν· πρόχειρα.
εκ των πραγμάτων· αρχαϊστ. έκφρ. = με βάση την πραγματικότητα.
εκ των προτέρων· αρχαϊστ. έκφρ. = από πριν, προκαταβολικά.
εκ των υστέρων· αρχαϊστ. έκφρ. = ύστερα από το γεγονός, με καθυστέρηση.
εκ των ων ουκ άνευ· αρχαϊστ. έκφρ.· για κάτι που είναι απαραίτητο. [αντίστοιχο του λατ. sine qua non].
έκφανση η, ουσ. (λόγ.), (συνήθως στον πληθ.) η ενέργεια ή ο τρόπος που παρουσιάζεται, που εκδηλώνεται κάτι: οι -άνσεις του ανθρώπινου βίου / πνεύματος.
εκφαυλίζω, ρ., παρατ. εξεφαύλιζα, πληθ. εκφαυλίζαμε, αόρ. εξεφαύλισα, πληθ. εκφαυλίσαμε, διαφθείρω, εξαχρειώνω.
εκφαυλισμός ο, ουσ., διαφθορά, εξαχρείωση.
εκφέρω, ρ., παρατ. και αόρ. εξέφερα, πληθ. εκφέραμε, 1. (για γνώμη, κ.τ.ό.) διατυπώνω, εκφράζω. 2. (μέσ., γραμμ.) διατυπώνομαι με ορισμένο συντακτικό τρόπο: οι τελικές προτάσεις -ονται κανονικά με υποτακτική.
εκφοβίζω, ρ. (συνήθως στον ενεστ.), προκαλώ φόβο, φοβίζω: προσπαθεί με απειλές να μας -ίσει (συνών. φοβερίζω).
εκφοβισμός ο, ουσ., πρόκληση φόβου: πυροβόλησε στον αέρα για -ό.
εκφοβιστικός, -ή, -ό, επίθ. (λόγ.), που γίνεται για εκφοβισμό.
εκφορά η, ουσ. (λόγ.). 1. (για νεκρό) κηδεία, νεκρική πομπή. 2. (γραμμ.) διατύπωση με ορισμένο συντακτικό τρόπο: ~ των υποθετικών προτάσεων.
εκφορητικός, -ή, -ό, επίθ., (ανατομ.) έκφρ. πόρος ~ = σωληνοειδές σχηματιστικό για την απομάκρυνση των εκκριμάτων των εξωκρινών αδένων ή των προϊόντων του ουροποιητικού συστήματος.
εκφορτίζω, ρ., συνήθως στον ενεστ. (φυσ.) προ-
καλώ εκφόρτιση (βλ. λ.) (συνών. ξεφορτίζω· αντ. φορτίζω).
εκφόρτιση η, ουσ. 1. (φυσ.) αφαίρεση ηλεκτρικών φορτίων από συσσωρευτή, πυκνωτή ή άλλη συσκευή, όπου έχει αποθηκευτεί ενέργεια (αντ. φόρτιση). 2. (ψυχ.) το να εμφανίζεται στη συνείδηση μια συναισθηματική κατάσταση που ως τότε ήταν απωθημένη.
εκφόρτωση η, ουσ., αφαίρεση φορτίου, ξεφόρτωμα: ~ ζωοτροφών / κιβωτίων· ~ οχήματος.
εκφορτωτήρας ο, ουσ. (τεχνολ.) μηχανική διάταξη για την εκφόρτωση εμπορευμάτων από φορτηγά οχήματα (οδικά ή σιδηροδρομικά).
εκφορτωτής ο, ουσ., εργάτης που ξεφορτώνει εμπορεύματα (πβ. φορτοεκφορτωτής).
εκφορτωτικός, -ή, -ό, επίθ., που αναφέρεται ή χρησιμεύει στην εκφόρτωση: μηχάνημα -ό. - Το ουδ. στον πληθ. ως ουσ. = τα έξοδα για την εκφόρτωση.
εκφράζω, ρ., παρατ. εξέφραζα, πληθ. εκφράζαμε, αόρ. εξέφρασα, πληθ. εκφράσαμε, παθ. εκφράστηκα, μτχ. εκφρασμένος. 1. φανερώνω, καθιστώ γνωστό με το λόγο (διανόημα ή συναίσθημα): ~ την πεποίθηση ότι... / προσωπικές απόψεις· σου ~ την ευγνωμοσύνη μου / τη λύπη μου· (για λόγο) μια λέξη που -ει τρυφερότητα (συνών. εκδηλώνω, εξωτερικεύω). 2. καθιστώ κάτι αισθητό διαμέσου της τέχνης: διήγημα που -ει απαισιοδοξία· οι χρωματικές εκρήξεις στο έργο του Χ -ουν την εσωτερική του ένταση. 3. εκδηλώνω (σκέψη ή συναίσθημα) με τον τρόπο που φαίνομαι, που κινούμαι, που συμπεριφέρομαι: βλέμμα που -ει θαυμασμό / θέληση· οι κινήσεις του εξέφραζαν αμηχανία (συνών. δείχνω, φανερώνω, απεικονίζω· αντ. κρύβω, συγκαλύπτω). 4. εξωτερικεύω διανοήματα και αισθήματα η ενεργώ με τον τρόπο που ανταποκρίνεται στο μέγιστο βαθμό στις σκέψεις, τις επιδιώξεις, τις επιθυμίες κάποιου: δε με -ει κανένα κόμμα· στο συνέδριο του κόμματος -ονται όλες οι τάσεις (συνών. αντιπροσωπεύω). 5. (μέσ.) εκδηλώνω σκέψεις ή συναισθήματα με λόγια, κινήσεις ή καλλιτεχνικά μέσα: -ομαι σωστά / με σαφήνεια· ο καλλιτέχνης -εται ελεύθερα· δεν μπορούν να -στούν σωστά ούτε στη μητρική τους γλώσσα.
έκφραση η, ουσ. 1. παρουσίαση (σκέψεων ή συναισθημάτων) με το λόγο: ελεύθερη ~ των ιδεών· υποκριτική ~ λύπης (συνών. εκδήλωση, εξωτερίκευση). 2. ο τρόπος με τον οποίο κανείς εκφράζεται, η γλωσσική μορφή (λέξη ή ομάδα λέξεων): ~ ζωηρή / χυδαία· -άσεις απρεπείς / προσεκτικές· ~ αλληγορική / λαϊκή / μεταφορική / στερεότυπη (πβ. ύφος). 3. εξωτερίκευση του ψυχικού κόσμου διαμέσου της τέχνης: ο κινηματογράφος είναι ένα δυναμικό μέσο -ης. 4. εκδήλωση (σκέψεων και συναισθημάτων) με την εμφάνιση, την κίνηση, τη συμπεριφορά· συνεκδοχικά το σύνολο των ορατών σημείων (ιδίως στο πρόσωπο) με τα οποία γίνεται κάτι τέτοιο: ~ αδιάφορη / γαλήνια / ειρωνική· από την ~ φαίνεται άνθρωπος πονηρός. 5. αυτό με το οποίο εκφράζεται κάποιος ή κάτι: το Πολυτεχνείο θεωρείται η κορυφαία ~ της αντίστασης στη δικτατορία. 6. (φιλολ.) γραμματειακό είδος που συνίσταται στην περιγραφή γεωγραφικού ή τοπογραφικού θέματος, ιδίως μνημείου ή έργου τέχνης: ~ της μητρόπολης των Σερρών. 7. (μους.) ιδιότητα του ήχου που προκύπτει από το συνδυασμό, τις διαφοροποιήσεις και τις μεταβο-

λές της χροιάς, της έντασης, της διάρκειας.
εκφραστής ο, θηλ. **-τρια** ουσ., το πρόσωπο που εκφράζει κάτι, συνήθως εν ονόματι άλλων: ~ επαναστατικών ιδεών / των λαϊκών αισθημάτων / των νέων καλλιτεχνικών τάσεων (συνών. διερμηνευτής, αντιπρόσωπος).
εκφραστικός, -ή, -ό, επίθ. 1. που αναφέρεται ή χρησιμεύει στην έκφραση: δύναμη / δυνατότητα -ή· μέσα -ά. 2. που εκφράζει με τον καλύτερο τρόπο αυτό που θέλει, που εκδηλώνεται με ζωντάνια: γλώσσα / χειρονομία -ή· πρόσωπο -ό (συνών. εκδηλωτικός, παραστατικός· αντ. ανέκφραστος). - Το θηλ. ως ουσ. = σύνολο εκφραστικών μέσων (ενός λογοτέχνη ή ενός καλλιτέχνη): η -ή ενός μυθιστορήματος. - Επίρρ. **-ά.**
εκφραστικότητα η, ουσ., το να είναι κάποιος ή κάτι εκφραστικός, το να μπορεί να εκφράζει τον εσωτερικό του κόσμο με ζωντάνια: βλέμμα / πορτρέτο γεμάτο ~· η ~ ενός ηθοποιού / ενός πιανίστα· αφήγηση γεμάτη ~.
εκφράστρια, βλ. εκφραστής.
εκφυλίζω, ρ., Α. (ενεργ.) κάνω κάτι να χάσει τις φυσικές ιδιότητες του είδους ή του γένους του, μεταβάλλω τη φύση του: οι καταχρήσεις -ουν τον άνθρωπο. Β. (μέσ.) 1. παθαίνω αλλοιώσεις σωματικές ή πνευματικές: -ισμένη γενιά. 2. (μεταφ., για αρρώστιες, ενέργειες ή καταστάσεις) αλλοιώνεται ο χαρακτήρας μου: -ίστηκε η αρρώστια / η επανάσταση / η απεργία.
εκφυλισμός ο, ουσ. 1. (βιολ.) κάθε ανωμαλία στην ανάπτυξη ενός οργανισμού ως αποτέλεσμα αλλοίωσης των κυττάρων του. 2. (μεταφ., για άνθρωπο) ηθική κατάπτωση, έκλυση ηθών (συνών. διαφθορά, εξαχρείωση). 3. αλλοίωση του χαρακτήρα μιας ενέργειας ή κατάστασης: ~ απεργίας.
εκφυλιστικός, -ή, -ό, επίθ., που σχετίζεται με τον εκφυλισμό ή συντελεί σ' αυτόν: αλλοιώσεις -ές· φαινόμενο -ό.
εκφυλόμουτρο το, ουσ. (λαϊκ.), άνθρωπος πολύ διεφθαρμένος, έκφυλος.
έκφυλος, -η, -ο, επίθ. 1. που έχει αλλοιωμένη φυσική, πνευματική ή ηθική ατομικότητα: ~ πνευματικά. 2. (για πρόσωπο) που συμπεριφέρεται με τρόπο που θεωρείται προκλητικός ή φαύλος (ιδίως στη σεξουαλική του ζωή) (συνών. ασελγής, έκλυτος). 3. που ταιριάζει σε άνθρωπο έκφυλο (βλ. σημασ. 2): γούστα -α.
εκφώνηση, η, ουσ., ανάγνωση κειμένου που γίνεται μεγαλόφωνα μπροστά σε ακροατήριο: ~ θεμάτων των εξετάσεων / ονομάτων.
εκφωνητής ο, θηλ. **-τρια,** ουσ., α. αυτός που διαβάζει μεγαλόφωνα κείμενο μπροστά σε ακροατήριο: ~ θεμάτων εξετάσεων· β. αυτός που μιλά σε μικρόφωνο και η φωνή του (μαγνητοφωνημένη ή απευθείας) μεταδίδεται από το ραδιόφωνο: ~ ειδήσεων· η φωνή του -ή έγινε δραματική στο σημείο αυτό.
εκφωνητικός, -ή, -ό, επίθ., που ανήκει ή αναφέρεται στην εκφώνηση ή τον εκφωνητή.
εκφωνήτρια, βλ. εκφωνητής.
εκφωνώ, -είς, ρ., απαγγέλλω, ιδίως στην έκφρ. εκφωνώ πανηγυρικό (λόγο).
εκχερσώνω, ρ. (λόγ.), κάνω τη χέρσα γη καλλιεργήσιμη αφαιρώντας τους θάμνους, τις πέτρες, ξεχερσώνω κλπ.: -ώθηκαν μεγάλες εκτάσεις.
εκχέρσωση η, ουσ. (λόγ.), μεταβολή χέρσας έκτασης σε καλλιεργήσιμη με γεωργική ενέργεια: ~

δασώδους έκτασης (συνών. ξεχέρσωμα).
εκχερσωτής ο, ουσ., μηχάνημα που χρησιμεύει στην εκχέρσωση.
εκχιονισμός ο, ουσ. (ασυνίζ.), αφαίρεση χιονιού συσσωρευμένου ύστερα από χιονοπτώσεις.
εκχιονιστήρας ο, ουσ. (ασυνίζ.), μηχάνημα καθαρισμού των δρόμων από το χιόνι: -ες φυγοκεντρικοί.
εκχιονιστικός, -ή, -ό, επίθ. (ασυνίζ.), που συντελεί στον εκχιονισμό: μηχανήματα -ά.
εκχριστιανίζω, ρ. (συνίζ.), προσηλυτίζω στο χριστιανισμό.
εκχριστιανισμός ο, ουσ. (συνίζ.), προσηλυτισμός αλλοθρήσκων στο χριστιανισμό: ~ των Σλάβων.
εκχυδαΐζω, ρ. (λόγ.), μεταβάλλω κάτι ευγενικό σε χυδαίο: -ίστηκαν τα ήθη (αντ. εξευγενίζω).
εκχυδαϊσμός ο, ουσ., μεταβολή του ευγενικού και σεμνού σε χυδαίο: ~ της τέχνης (αντ. εξευγενισμός).
εκχυδαϊστικός, -ή, -ό, επίθ., που συντελεί στον εκχυδαϊσμό: τάσεις -ές.
εκχυλίζω, ρ., βγάζω το χυμό από φυτά, καρπούς, κ.λ.π., με διάφορους τρόπους.
εκχύλιση, η, ουσ. 1. εξαγωγή χυμού. 2. (χημ.) μέθοδος παραλαβής ορισμένων συστατικών ενός μίγματος με τη βοήθεια κατάλληλου διαλυτικού μέσου.
εκχύλισμα το, ουσ. 1. το προϊόν της εκχύλισης: -ατα φυτικά· ~ βύνης. 2. (χημ.) φαρμακευτικό παρασκεύασμα που προέρχεται από εκχύλιση.
εκχυλισματικός, -ή, -ό, επίθ., που προέρχεται από εκχύλισμα ή εκχύλιση: ουσίες -ές.
εκχύμωση η, ουσ. (ιατρ.). 1. ροή αίματος από τα τριχοειδή αγγεία μεταξύ των διάφορων ιστών που οφείλεται σε ρήξη των αγγείων από εξωτερική κάκωση. 2. η κηλίδα που σχηματίζεται από αυτή τη ρήξη αγγείων (συνών. μελανιά, αιμάτωμα).
εκχωματώνω, ρ., αφαιρώ χώμα από το έδαφος (για να το ισοπεδώσω ή για να ανοίξω χαντάκι) (αντ. επιχωματώνω).
εκχωμάτωση η, ουσ., αφαίρεση χώματος (για ισοπέδωση ή άνοιγμα χαντακιού).
εκχώρηση η, ουσ. (νομ.). α. παραχώρηση, μεταβίβαση περιουσιακού στοιχείου ή οποιουδήποτε δικαιώματος σε άλλον με επίσημη πράξη: ~ δικαιωμάτων· β. (συνεκδοχικά) η σύμβαση για τη μεταβίβαση από δανειστή σε νέο διανειστή της ενοχικής απαίτησης από οφειλέτη.
εκχωρητήριο το, ουσ. (ασυνίζ.), έγγραφο της εκχώρησης (συνών. παραχωρητήριο).
εκχωρητής ο, θηλ. **-τρια,** ουσ. (νομ.). α. αυτός που εκχωρεί, που μεταβιβάζει σε άλλον κάτι (συνών. παραχωρητής)· β. (ειδικότερα) δανειστής που μεταβιβάζει την απαίτησή του σε άλλο δανειστή.
εκχωρητικός, -ή, -ό, επίθ., που σχετίζεται με την εκχώρηση: πράξη -ή.
εκχωρήτρια, βλ. εκχωρητής.
εκχωρώ, -είς, ρ., παραχωρώ, μεταβιβάζω αντικείμενο ή δικαίωμα σε άλλον: ~ τίτλους ιδιοκτησίας / απαίτηση.
έλα, ελάτε (για ένα ή περισσότερα άτομα αντιστοίχως). 1. ως μόριο προτρεπτικό: έλα! εμπρός! ~ τώρα να δούμε τις λεπτομέρειες! φρ. έγινε το ~ να δεις (όταν προκαλείται μεγάλη αναστάτωση, φασαρία). 2. ως επιφ. έκπληξης ή δυσπιστίας: ~ δα, τι μου λες! - Πώς τα κέρδισαν αυτοί τόσα χρήματα; - ~ ντε! έκφρ. ~ Χριστέ και Παναγιά!

3. με το *που* για εναντίωση: *κοντοστεκόταν ο διάκος, μα, ~ που ήθελε ο δεσπότης.* [προτ. του ρ. *έρχομαι*].

ελαΐνη η, ουσ., υγρή λιπαρή ουσία που αποτελεί το κύριο συστατικό των ζωικών και φυτικών λιπαρών υλών.

έλαιο το, ουσ. 1. λιπαρό υγρό που παράγεται από τη συμπίεση του καρπού της ελιάς και χρησιμοποιείται κυρίως στη μαγειρική (συνών. *ελαιόλαδο*). 2. κάθε ρευστή και λιπαρή ύλη που μοιάζει με το έλαιο: *-α φυτικά / λιπαρά / πτητικά / αιθέρια* (συνών. *λάδι*).

ελαιογραφία η, ουσ. 1. ζωγραφικός πίνακας που έγινε με λαδομπογιές. 2. είδος ζωγραφικής που χρησιμοποεί ελαιοχρώματα.

ελαιόδεντρο και (συνίζ., λαϊκ.) **(ε)λιόδεντρο**, ουσ. (έρρ), το δέντρο ελιά.

ελαιοδοχείο το, ουσ., δοχείο για λάδι.

ελαιόκαρπος ο, ουσ., ο καρπός της ελιάς (συχνά και περιληπτικά).

ελαιοκομία η, ουσ., κλάδος της δενδροκομίας που ασχολείται με τη συστηματική καλλιέργεια της ελιάς.

ελαιοκομικός, -ή, -ό, επίθ., που ανήκει ή αναφέρεται στην ελαιοκομία: *προϊόντα -ά*.

ελαιοκόμος ο, ουσ., αυτός που ασχολείται με την επιστημονική καλλιέργεια της ελιάς.

ελαιόλαδο και (συνίζ., λαϊκ.) **λιόλαδο** το, ουσ., λάδι από τον καρπό της ελιάς.

ελαιόμετρο το, ουσ., αραιόμετρο που χρησιμοποιείται για τον προσδιορισμό της πυκνότητας του λαδιού.

έλαιον εις την πυράν αρχαϊστ. έκφρ.· όταν επεμβαίνει κάποιος σε μια διένεξη, σε μια τεταμένη κατάσταση ερεθίζοντας τα πνεύματα.

ελαιοπαραγωγή η, ουσ. 1. παραγωγή λαδιού. 2. σοδειά ελιάς ή λαδιού: *καταστράφηκε όλη περσινή ~*.

ελαιοπαραγωγικός, -ή, -ό, επίθ., που αναφέρεται στην ελαιοπαραγωγή ή τον ελαιοπαραγωγό: *χώρα -ή· συνεταιρισμός ~*.

ελαιοπαραγωγός ο, ουσ., παραγωγός λαδιού ή ελιών.

ελαιοπιεστήριο το, ουσ. (ασυνίζ. δις), πιεστήριο που χρησιμοποιείται για την έκθλιψη (βλ. λ.) του ελαιοκάρπου.

ελαιόπιτα η, ουσ., στερεό υπόλειμμα που απομένει μετά τη συντριβή ελαιούχων καρπών ή σπόρων και την αποστράγγιση του λαδιού (συνών. *πυρήνα* η).

ελαιοπυρήνας ο, ουσ., πυρήνας, κουκούτσι της ελιάς.

ελαιοτριβείο και (λαϊκ.), (συνίζ.), **λιοτρίβι** και (συνίζ. δις) **λιοτριβειό** το, εργαστήριο ή εργοστάσιο παραγωγής λαδιού από τις ελιές.

ελαιουργείο το, ουσ., εργοστάσιο παραγωγής ή επεξεργασίας του λαδιού.

ελαιουργία η, ουσ., βιομηχανική παραγωγή ή επεξεργασία του λαδιού.

ελαιουργικός, -ή, -ό, επίθ., που ανήκει ή αναφέρεται στην ελαιουργία: *σύγχρονα -ά μηχανήματα*.

ελαιοφοίνικας ο, ουσ., είδος φοίνικα από τους καρπούς του οποίου βγαίνει λάδι (το φοινικέλαιο) που χρησιμοποιείται κυρίως στη σαπωνοποιία.

ελαιοφυτεία η, ουσ., έκταση γεμάτη ελαιόδεντρα (συνών. *ελαιώνας, λιοστάσι*).

ελαιόφυτος, -η, -ο, επίθ., που είναι κατάφυτος από ελιές: *περιοχή -η*.

ελαιόχρωμα το, ουσ., χρώμα που παρασκευάζεται από την ανάμιξη λαδιού και χρωστικής ουσίας (συνών. *λαδομπογιά*).

ελαιοχρωματίζω, ρ., βάφω με λαδομπογιά.

ελαιοχρωματισμός ο, ουσ., βάψιμο με λαδομπογιά.

ελαιοχρωματιστής ο, ουσ., αυτός που έχει ως επάγγελμα να βάφει κτήρια (συνών. *μπογιατζής, ασπριτζής*).

ελαιοχρωμία η, ουσ., χρήση ελαιοχρωμάτων στη ζωγραφική ή τη βαφή.

ελαιώνας ο, ουσ., τόπος κατάφυτος από ελιές (συνών. *λιοστάσι, ελαιοφυτεία, λιόφυτα*).

ελασίτης ο, θηλ. **-ισσα,** ουσ. (ιστ.), αντάρτης του Ε.Λ.Α.Σ. (= αντιστασιακής οργάνωσης στα χρόνια της Κατοχής).

έλασμα το, ουσ. 1. λεπτή μετάλλινη πλάκα ή φύλλο μετάλλου που σχηματίστηκε με σφυρηλάτηση ή πίεση: *-ατα χαλκού*. 2. (βοτ.) το πλατύ μέρος των φύλλων.

ελασματοποίηση η, ουσ., μετατροπή μετάλλου σε ελάσματα.

ελασματοποιώ, -εις, ρ. (ασυνίζ.), μετατρέπω μέταλλα σε ελάσματα.

ελασματουργείο το, ουσ., εργαστήριο κατασκευής ελασμάτων.

ελασματουργός ο, ουσ., τεχνίτης που με τη βοήθεια ειδικών μηχανημάτων δίνει την πρώτη μορφή, το σχήμα και τις διαστάσεις στα μέταλλα που ελασματοποιεί.

ελαστικό το, ουσ. 1. κόμμι που λαμβάνεται από το γαλακτικό χυμό διάφορων τροπικών δέντρων (συνών. *λάστιχο, καουτσούκ*). 2. (συνήθως στον πληθ.) το λαστιχένιο μέρος των τροχών αυτοκινήτου, τρακτέρ, κλπ. (συνών. *λάστιχο*).

ελαστικός, -ή, -ό, επίθ. 1. που έχει την ιδιότητα να εκτείνεται και να επανέρχεται στις αρχικές του διαστάσεις μόλις αφεθεί ελεύθερος: *ιστός ~· κάλτσες -ές* (= που είναι καμωμένες από ύφασμα και νήματα από λάστιχο ώστε να έχουν ελαστικότητα). 2. (μεταφ.) που λυγίζει εύκολα, που αλλάζει εύκολα τα συναισθήματα και τις ιδέες του για ιδιοτελείς σκοπούς: *συνείδηση -ή· χαρακτήρας ~* (αντ. *αλύγιστος, άκαμπτος*). 3. (μεταφ.) ήπιος, ανεκτικός: *προϊστάμενος ~* (συνών. *μαλακός*).

ελαστικότητα η, ουσ. 1. ιδιότητα ορισμένων σωμάτων να επανέρχονται στις αρχικές τους διαστάσεις, όταν πάψει να ενεργεί η δύναμη που προκάλεσε τη μεταβολή. 2. ευκαμψία, ευλυγισία: *~ του σώματος της χορεύτριας*. 3. (μεταφ.) έλλειψη ηθικής αυστηρότητας, διαλλακτικότητα εις βάρος των ηθικών αρχών: *~ συνείδησης / χαρακτήρα*. 4. (μεταφ.) ανεκτικότητα, ηπιότητα: *~ προϊσταμένου*.

ελατένιος, βλ. *ελάτινος*.

ελατήριο το, ουσ. (ασυνίζ.). 1. σπειροειδές χαλύβδινο όργανο, τμήμα ενός μηχανισμού, που, αφού συμπτυχθεί με την ενέργεια πάνω του μιας εξωτερικής δύναμης, μπορεί να επανέλθει στην προηγούμενη μορφή του παράγοντας συγχρόνως κίνηση: *~ δακτυλιοειδές / ισχυρό / τεντωμένο· πετάχτηκε από τη θέση του σαν ~* (συνών. *σούστα*). 2. (μεταφ.) το αίτιο που παρακινεί σε κάτι: *-α ευγενικά / ταπεινά / ύποπτα· το χρήμα / η προβολή είναι το ~ των πράξεών του* (συνών. *κίνητρο*).

ελάτι το, βλ. *έλατο.*
ελάτινος, -η, -ο και (συνίζ.) **ελατένιος**, επίθ., που είναι κατασκευασμένος από ξύλο ελάτου: *κατάρτια -α· πόρτες / δοκοί -ες.*
ελατίσιος, -α, -ο, επίθ. (συνίζ.), ελάτινος (βλ. λ.): *γάλα σ' -ο κάδο* (Ρίτσος).
έλατο το και **έλατος** ο και (λαϊκ.) **ελάτι** το, ουσ., ψηλό, αειθαλές δέντρο, κωνοφόρο, με φύλλωμα σε σχήμα πυραμίδας, που ευδοκιμεί σε ορεινές περιοχές: *τα Χριστούγεννα στολίζανε -α.*
ελατοβούνι το, ουσ., βουνό κατάφυτο από έλατα.
ελατοδάσος και **ελατόδασο** το, ουσ., δάσος από έλατα: *άγγελοι από γυαλί και φως... / φωτάνε τα ελατόδασα και τ' αϊτομονοπάτια* (Ρίτσος).
ελατόξυλο το, ουσ., το ξύλο του ελάτου.
ελατόπισσα και **αλατόπισσα** η, ουσ., η ρητίνη του ελάτου που χρησιμοποιείται ως φάρμακο για τις βρογχικές παθήσεις και σε αλοιφές κατά των δοθιήνων.
έλατος, βλ. *έλατο.*
ελατός, -ή, -ό, επίθ., (για μέταλλο) που έχει την ιδιότητα να μπορεί να μετατρέπεται σε ελάσματα, σε φύλλα με σφυρηλάτηση ή πίεση: *ο άργυρος είναι μέταλλο -ό.*
ελατοσκέπαστος, -η, -ο, επίθ., που είναι σκεπασμένος από έλατα, που έχει έλατα: *βουνό -ο.*
ελάττωμα το, ουσ. **1.** (για πρόσωπο) σωματική ή ψυχική μειονεξία: *~ βαρηκοΐας / χαρακτήρα / της ματαιοδοξίας* (αντ. *προσόν, προτέρημα, αρετή*). **2.** (για πράγμα) υλική ατέλεια: *~ μηχανήματος / γυαλιού / κάλτσας* (συνών. *ψεγάδι, μειονέκτημα, κουσούρι*). **3.** υστέρηση στο καλλιτεχνικό πεδίο: *~ λογοτεχνικού / εικαστικού έργου.* **4.** (νομ.) *~ νομικό* = νομικό μειονέκτημα που παρουσιάζει ένα κληρονομούμενο αντικείμενο.
ελαττωματικός, -ή, -ό, επίθ., που παρουσιάζει κάποιο ελάττωμα, που λειτουργεί πλημμελώς: *όραση / κυκλοφορία -ή· εμπόρευμα -ό· συσκευή -ή.* - Επίρρ. **-ά.**
ελαττωματικότητα η, ουσ., το να είναι κάτι ελαττωματικό.
ελαττώνω, ρ., κάνω κάτι λιγότερο ή μικρότερο: *~ τα έξοδα / το κάπνισμα* (= περιορίζω)· *~ την ένταση του ήχου* (= χαμηλώνω) (μέσ.) *-ώθηκε ο πυρετός / η αντίσταση* (συνών. *μειώνω* αντ. *αυξάνω*).
ελάττωση η, ουσ., το να γίνεται κάτι λιγότερο ή μικρότερο: *~ βαθμιαία / σοβαρή· ~ όρασης / τιμής / φόρων / των δυνάμεων* (συνών. *μείωση, λιγόστεμα* αντ. *αύξηση*).
ελάφι και (λαϊκ.) **(α)λάφι** το, ουσ. (ζωολ.) θηλαστικό μηρυκαστικό που ζει στα δάση, πολύ γρήγορο στο τρέξιμο· το αρσενικό φέρει στο κεφάλι κέρατα. - Υποκορ. **-άκι, -όπουλο** το.
ελαφίδες οι, ουσ. (ζωολ.) οικογένεια μηρυκαστικών θηλαστικών που περιλαμβάνει το ελάφι και άλλα συγγενή γένη.
ελαφίνα και (λαϊκ.) **(α)λαφίνα** η, ουσ., το θηλυκό ελάφι.
ελαφίσιος, -α, -ο και (λαϊκ.) **(α)λαφίσιος**, επίθ. (συνίζ.), που ανήκει ή ταιριάζει σε ελάφι ή που προέρχεται από αυτό: *κρέας / περπάτημα -ο.*
ελαφοειδής, -ής, -ές, γεν. *-ούς*, πληθ. αρσ. και θηλ. *-είς*, ουδ. *-ή*, επίθ., που μοιάζει με ελάφι. - Το ουδ. στον πληθ. ως ουσ. = ελαφίδες (βλ.λ.).
ελαφοκέρατο το, ουσ., το κέρατο του ελαφιού.
ελαφοπόδαρος, -η, -ο, επίθ., που είναι γρήγορος σαν ελάφι.

ελαφόπουλο, βλ. *ελάφι.*
ελαφρόγνωμος, -η, -ο, επίθ., επιπόλαιος, ανόητος.
ελαφροζυγιάζω και **αλαφροζυγιάζω**, ρ. (συνίζ.). **1.** ενεργ. **Α.** (μτβ.) ζυγίζω κάτι δηλώνοντας βάρος μικρότερο από το πραγματικό. **Β.** (αμτβ.) ζυγίζω, βαραίνω λίγο. **ΙΙ** (μέσ., για πτηνά) ζυγιάζομαι, αιωρούμαι στον αέρα με ελαφρό τρόπο, μετεωρίζομαι.
ελαφροκέφαλος, -η, -ο και **αλαφροκέφαλος**, επίθ., ανόητος, ελαφρόμυαλος, επιπόλαιος.
ελαφροκοιμούμαι και **αλαφροκοιμούμαι**, ρ., κοιμούμαι έτσι ώστε να ξυπνώ με τον παραμικρό θόρυβο (συνών. *λαγοκοιμούμαι*).
ελαφροκόκαλος, -η, -ο, επίθ., που έχει λεπτά κόκαλα, ελαφρύ σκελετό, επομένως ευκίνητος, ακούραστος.
ελαφρολογία η, ουσ., το να λέει κανείς ελαφρότητες, ανοησίες· (συνεκδοχικά) ελαφρός λόγος, ανοησία, αερολογία.
ελαφρολογώ, -είς, ρ., λέγω ελαφρότητες, ανοησίες, μωρολογώ.
ελαφρομυαλιά και **αλαφρομυαλιά** η, ουσ. (συνίζ. δις), επιπολαιότητα, ακρισία.
ελαφρόμυαλος, -η, -ο και **αλαφρόμυαλος**, επίθ. (συνίζ.), που οι σκέψεις του δε δείχνουν σοβαρότητα, επιπόλαιος, ανόητος.
ελαφροπαίρνω και **αλαφροπαίρνω**, ρ., εκτιμώ κάτι με επιπολαιότητα, δε δίνω σε κάτι τη σημασία που πρέπει.
ελαφροπατώ, -άς και **αλαφροπατώ**, ρ., περπατώ, βαδίζω με ελαφρά βήματα: *αλαφροπάτα, σώπαινε και κράτα την ανάσα* (Αθάνας).
ελαφρόπετρα και **(α)λαφρόπετρα** η, ουσ., πέτρα ελαφριά και σπογγοειδής που χρησιμοποιείται ως λειαντικό μέσο, κίσηρη.
ελαφρόπιστος, -η, -ο και **αλαφρόπιστος**, επίθ., που πιστεύει εύκολα ό,τι ακούει, ιδίως επιπολαιότητες ή ανοησίες, ευκολόπιστος.
ελαφροποινίτης ο, θηλ. **-ισσα**, επίθ., κατάδικος που εκτίει ελαφρά ποινή (αντ. *βαρυποινίτης*).
ελαφρός, -ή, -ό και **αλαφρός** και **ελαφρύς, -ιά, -ύ** και **αλαφρύς**, επίθ. **1.** που έχει μικρό βάρος και γι' αυτό μετατοπίζεται ή ανυψώνεται εύκολα: *φορτίο -ύ· βαλίτσα/πέτρα -ιά· -ύς σαν πούπουλο· -ύ να 'ναι το χώμα σου* (για νεκρό). *αβαρής, ελαφρύς και ελαφρός* αντ. *βαρύς, ασήκωτος*). **2.** (φυσ.) που έχει χαμηλό ειδικό βάρος: *το λάδι είναι -ύτερο από το νερό· μέταλλα -ά.* **3α.** που δεν έχει δύναμη, αδύνατος, ανίσχυρος: *χτύπημα -ύ* (αντ. *βαρύς, δυνατός, ισχυρός*)· **β.** που ενεργεί ήπια και όχι με δύναμη (ή βιαιότητα): *η νοσοκόμα αυτή έχει πολύ -ύ χέρι.* **4.** (για ρούχο ή σκέπασμα) που το βάρος του δεν είναι ιδιαίτερα αισθητό σ' αυτόν που το φορά ή είναι σκεπασμένος μ' αυτό: *επανωφόρι -ύ· παπούτσια -ιά· κουβέρτα -ιά.* **5.** (μεταφ.) που δεν προκαλεί κούραση ή στενοχώρια, που δεν είναι καταπονητικός: *δουλειά / ποινή -ιά· πόνος ~* (συνών. *ξεκούραστος, εύκολος·* αντ. *δυσβάσταχτος, κουραστικός*). **6.** που δεν είναι βίαιος, ασθενής, αδύναμος ανάλαμπρος: *αεράκι -ό· η θάλασσα έχει -ό κύμα* (αντ. *σφοδρός, δυνατός*). **7α.** (για τροφή) που χωνεύεται εύκολα ή αποτελείται από μικρή ποσότητα: *φαγητό / γεύμα -ύ* (συνών. *εύπεπτος, ευκολοχώνευτος·* αντ. *βαρύς*)· **β.** (συνεκδοχικά) που τη νιώθει βάρος, δυσφορία: *στομάχι -ό.* **8.** ήπιος, απαλός, ανεπαίσθητος: *χάδι / τρίψιμο / βήμα -ό· κινήσεις -ες·*

(μεταφ.) *επίπληξη -ιά* (αντ. *έντονος, δριμύς*). 9. που δεν είναι εμφανής, έντονος: *το ατύχημα του άφησε μια -ιά αναπηρία·* (μεταφ.) *υπαινιγμός ~ ειρωνεία -ιά*. 10. που δεν είναι σοβαρός, επικίνδυνος για την υγεία: *αρρώστια -ιά*. 11. (για τον ύπνο) που δεν είναι βαρύς, που απ' αυτόν μπορεί κάποιος να ξυπνήσει εύκολα: (ευχετ.) *ύπνο -ό!* 12. (για οσμή) που δεν προσβάλλει με ένταση τα οσφρητικά νεύρα: *άρωμα -ύ*. 13. που δεν ενεργεί με ισχυρό τρόπο στα αισθητήρια ή ολόκληρο τον οργανισμό: *τσιγάρο / ποτό / φάρμακο -ύ* (αντ. *βαρύς*)· *χειμώνας -ύς* (αντ. *δριμύς*). 14. (για τρόφιμα, φυσικά προϊόντα) που δεν έχει πλούσια συστατικά, που δεν περιέχει το κύριο συστατικό του σε μεγάλη ποσότητα, αραιός: *καπνός -ύς* (αντ. *βαρύς, σέρτικος*)· *καφές -ύς· κρασί -ύ· γάλα -ύ* (= χωρίς πολλά λιπαρά). 15. που είναι έντονος ή υπερβολικός, απαλός, λεπτός: *πινελιές -ιές*. 16. αεράτος, ανάλαφρος: *στιλ -ύ* (αντ. *χονδροειδής*). 17. υγιεινός, όχι νοσηρός: *κλίμα -ύ*. 18. (μεταφ.) επιπόλαιος, απερίσκεπτος, ανόητος: *είναι ~ στα μυαλά!* (αντ. *σοβαρός*). 19. που συμπεριφέρεται άσεμνα, ελευθέριος, ανήθικος: *γυναίκα -ιά*. 20. που δεν έχει βαθύ νόημα, που δεν προορίζεται για σοβαρή ψυχαγωγία, ευκολονόητος, διασκεδαστικός: *μουσική -ά· θέατρο -ό· τραγούδια -ά* (αντ. *βαρύς, δυσκολονόητος*). 21. που είναι απαλλαγμένος από μέριμνα ή τύψεις: *ψυχή / συνείδηση -ιά·* έκφρ. *με -ιά καρδιά* = α. χωρίς τύψεις, ασυνείδητα· β. απερίσκεπτα, χωρίς να πολυενδιαφέρομαι για τις συνέπειες. 22. (αθλητ.) *πυγμάχος -ων βαρών* (δηλ. με βάρος από 57 έως 61 κιλά). 23. (στρατ.) α. για (οπλισμό) που είναι εύκολο στη μεταφορά, που τον χειρίζεται κανείς με ευχέρεια: *όπλο -ύ* (συνών. *φορητός*)· β. (για αεροσκάφη και πλοία) που έχει μικρό βάρος και επομένως μεγάλη ευκινησία: *-ά σκάφη*. - Υποκορ. **-ούτσικος, -η, -ο**. - Επίρρ. **-ά, -ώς**.

ελαφρότητα η, ουσ. 1. η έλλειψη μεγάλου βάρους, το να μη ζυγίζει κάτι πολύ, το να είναι ελαφρό (συνών. *αλαφράδα·* αντ. *βαρύτητα*). 2. (μεταφ.) η έλλειψη σοβαρότητας, επιπολαιότητα, ακρισία: *~ του χαρακτήρα*. 3. έλλειψη αυστηρότητας των ηθών, ανηθικότητα.

ελαφρούτσικος, βλ. *ελαφρός*.

ελάφρυνση, ουσ. 1. απαλλαγή ή μείωση βάρους (συνών. *ελάφρωση, αλάφρωμα*). 2. (μεταφ.) ελάττωση ηθικών ή άλλων υποχρεώσεων: *-ύνσεις φορολογικές* (συνών. *ξαλάφρωμα, ανακούφιση*).

ελαφρυντικός, -ή, -ό, επίθ. (έρρ.). 1. που συντελεί στην ελάφρυνση, ανακουφιστικός. 2. (νομ.) που επιφέρει μετριασμό στον καταλογισμό αδικήματος: *περιστάσεις -ές· δεδομένα / στοιχεία / περιστατικά -ά* (αντ. *επιβαρυντικός*). - Το ουδ. ως ουσ. = λόγος που επιβάλλει επιείκεια σε κάποια κρίση, περίπτωση που μετριάζει τη σοβαρότητα του σφάλματος ή της ενοχής: *-ό εγκλήματος*.

ελαφρύνω, βλ. *ελαφρώνω*.

ελαφρύς, βλ. *ελαφρός*.

ελάφρωμα και **αλάφρωμα** το, ουσ., ελάφρυνση (βλ. λ.), ελάφρωση, ξαλάφρωμα.

ελαφρώνω και **ελαφρύνω** και (λαϊκ.) **αλαφραίνω** και **αλαφρώνω**, ρ. Α. μτβ. 1. κάνω κάτι ελαφρό, αφαιρώ από το βάρος του: *~ το φορτίο*. 2. ανακουφίζω κάποιον, τον απαλλάσσω από ηθικό ή υλικό βάρος: *τον -ωσε από τα χρέη του· ~ τη συνείδησή μου* (συνών. *ξαλαφρώνω*). Β. αμτβ. 1. γίνομαι ελαφρότερος, απαλλάσσομαι από βάρος. 2. (μεταφ.) λιγοστεύω, χάνω από την έντασή μου: *με την ένεση -ωσαν οι πόνοι*. 3. (μεταφ.) ανακουφίζομαι.

ελαφρώς, βλ. *ελαφρός*.

ελάφρωση και **αλάφρωση** η, ουσ., ελάφρυνση (βλ. λ.), ελάφρωμα, ξαλάφρωμα, ανακούφιση.

ελάχιστα, βλ. *ελάχιστος*.

ελαχιστοποιώ, -είς, ρ. (ασυνίζ.), ελαττώνω, μειώνω, υπολογίζω κάτι σε όσο το δυνατόν μικρότερο ποσό ή βαθμό· (μεταφ.) μειώνω τη σπουδαιότητα από κάτι, λέω ότι δεν είναι σοβαρό: *~ τις πιθανότητες / συνέπειες / το ρόλο κάποιου* (αντ. *μεγαλοποιώ*).

ελάχιστος, -η, -ο, επίθ., που είναι εξαιρετικά λίγος ή μικρός σε ποσότητα, αριθμό, βαθμό, μέγεθος, έκταση, ένταση, κλπ.: *-η δόση φαρμάκου· κατέλαβε -ο χώρο· χρειάστηκε ~ χρόνος για να το τελειώσουμε· θερμοκρασία -η· -α άτομα·* (μαθημ.) *-ο κοινό πολλαπλάσιο* = το μικρότερο από τα κοινά πολλαπλάσια δύο ή περισσοτέρων φυσικών αριθμών, που είναι διαφορετικό από το μηδέν. - Το ουδ. ως ουσ. = το κατώτατο όριο ενός ποσού, μεγέθους, κλπ. σε επίρρημ. χρ. = τουλάχιστον. - Επίρρ. **-α**: *τον γνωρίζω -α*.

ελβετικός, -ή, -ό, επίθ., που ανήκει ή αναφέρεται στην Ελβετία ή προέρχεται από αυτήν: *καντόνια / τυριά / ρολόγια -ά*.

Ελβετός ο, θηλ. **ή και -ίδα**, ουσ., αυτός που κατοικεί στην Ελβετία ή κατάγεται από εκεί.

ελγίνειος, -α, -ο, επίθ. (ασυνίζ.), *-α μάρμαρα* τα και (ως ουσ.) *-α τα* = όλα τα (μαρμάρινα, καθώς και από άλλο υλικό, π.χ. αγγεία) αρχαία ελληνικά έργα τέχνης που άρπαξε ο Άγγλος λόρδος Έλγιν στις αρχές του 19ου αι. από την Ελλάδα και ιδιαίτερα από την Ακρόπολη της Αθήνας· σήμερα βρίσκονται στο Βρεττανικό Μουσείο.

ελεγεία η, ουσ. (φιλολ.). 1. (αρχ. ποίηση) ποίημα, με οποιοδήποτε θέμα, που αποτελείται από εναλλασσόμενους δακτυλικούς εξαμέτρους και πεντάμετρους και απαγγέλλεται συνήθως με συνοδεία αυλού: *~ ερωτική / πολεμική / πολιτική / συμποσιακή*. 2. (νεότερη ποίηση) μικρό λυρικό ποίημα με περιεχόμενο μελαγχολικό, θρηνητικό.

ελεγειακός, -ή, -ό, επίθ. (ασυνίζ.). 1. που ανήκει ή αναφέρεται στην ελεγεία: *ποιητής / στίχος ~· δίστιχο -ό*. 2. (μεταφ.) που έχει το μελαγχολικό τόνο της ελεγείας: *τόνος ~· ύφος -ό*. - Το αρσ. ως ουσ. = ποιητής που συνθέτει ελεγείες.

ελεγείο το, ουσ., ελεγεία (βλ. λ.).

ελεγειογράφος ο, ουσ. (ασυνίζ.), (φιλολ.) ποιητής που συνθέτει ελεγείες.

ελεγειοποιός ο, ουσ. (ασυνίζ.), (φιλολ.) ελεγειογράφος (βλ. λ.).

ελεγκτής ο, ουσ. 1. υπάλληλος ή λειτουργός που ελέγχει το έργο άλλων υπαλλήλων ή την καλή κατάσταση προϊόντων: *~ εφορίας / τράπεζας / τρένων / λεωφορείων / τελωνείου· ~ γενικός δημόσιος· ~ εναέριας κυκλοφορίας* (= αυτός που ρυθμίζει την κυκλοφορία των αεροσκαφών τόσο στο αεροδρόμιο κατά την προσγείωση και την απογείωσή τους όσο και στον εναέριο χώρο που υπόκειται στην ευθύνη του αεροδρομίου). 2. συσκευή ελέγχου με την οποία διαπιστώνεται η καλή λειτουργία μηχανημάτων: *~ ταχύτητας*.

ελεγκτικός, -ή, -ό, επίθ. (έρρ.). 1. που ανήκει ή αναφέρεται στον έλεγχο: *-ά όργανα της Τράπεζας*

έλεγχος

της Ελλάδος. **2.** που είναι αρμόδιος ή κατάλληλος να ελέγχει: *συσκευή -ή·* (πολιτ.) *Συνέδριο -ό =* διοικητική και δικαστική αρχή με διπλή αρμοδιότητα: **α.** ως διοικητική αρχή έργο του έχει τον έλεγχο των κρατικών εξόδων και τη γνωμοδότητη σε θέματα συνταξιοδότησης από το δημόσιο· **β.** ως δικαστική αρχή εξετάζει διαφορές που προκύπτουν από τα παραπάνω θέματα. **3.** που εκφράζει έλεγχο, επίκριση: *ύφος -ό.*

έλεγχος ο, ουσ. **1.** έρευνα, εξέταση λεπτομερής για να διαπιστωθεί η ακρίβεια, η κανονικότητα ή ορθότητα μιας κατάστασης ή μιας πράξης, η γνησιότητα ή καλή λειτουργία ενός προϊόντος, η ισχύς ή η νομιμότητα ενός έργου, κλπ.: *ασκώ / διενεργώ -ο· υποβάλλω σε -ο· ~ αυτόματος / αυστηρός / ιατρικός / τελωνειακός· ~ εισιτηρίων / στοιχείων ταυτότητας / εναέριας κυκλοφορίας· ~ κοινοβουλευτικός· πύργος / ζώνη -ου.* **2.** (συνεκδοχικά) υπηρεσία που είναι εντεταλμένη να ελέγχει το έργο άλλων υπηρεσιών: *διεθνής οικονομικός / στρατιωτικός ~.* **3.** λήψη μέτρων για τον περιορισμό του αριθμού ή της έκτασης ενός φαινομένου· συγκράτηση, αναχαίτιση: *~ των γεννήσεων / εξοπλισμών / της πυρκαγιάς· η κατάσταση βρίσκεται υπό -ο.* **4.** (μεταφ.) δαμασμός, χαλιναγώγηση: *~ παθών· δεν έχει τον -ο του εαυτού του.* **5.** παρακολούθηση· επιβολή: *~ των παιδιών από τους γονείς· ~ των μαθητών από το δάσκαλο.* **6.** το να κατευθύνει ή να διευθύνει κανείς κάτι έτσι ώστε να κινηθεί ή να εξελιχτεί όπως αυτός θέλει ή όπως πρέπει: *έχασε τον -ο του αυτοκινήτου.* **7.** διοίκηση, διακυβέρνηση, εξάρτηση: *~ μιας περιοχής.* **8.** δυσμενής κριτική, επίκριση, μομφή: *η αντιπολίτευση άσκησε δριμύτατο -ο.* **9.** (για τη συνείδηση) αίσθημα ενοχής, τύψεις. **10.** (σχολ.) ατομικό δελτίο στο οποίο αναφέρονται οι βαθμοί προόδου, οι απουσίες και ο χαρακτηρισμός της διαγωγής του μαθητή και το οποίο συμπληρώνεται κάθε τρίμηνο και παραδίδεται στο μαθητή και τον κηδεμόνα του.

ελέγχω, ρ., αόρ. *έλεγξα*, παθ. *ελέγχθηκα.* **1.** κάνω, ασκώ έλεγχο (βλ. λ. σημασ. 1): *~ ποσά / εισιτήρια / τα λογιστικά βιβλία.* **2.** ασκώ (δυσμενή) κριτική, επικρίνω, μέμφομαι: *τον -γξε για την άσχημη συμπεριφορά του· τον -ει η συνείδησή του* (= έχει τύψεις). **3.** περιορίζω (με τη λήψη ορισμένων μέτρων τον αριθμό ή την ένταση ενός φαινομένου, συγκρατώ, αναχαιτίζω: *~ την εξάπλωση μιας επιδημίας / την πυρκαγιά.* **4.** (μεταφ.) δαμάζω, χαλιναγωγώ: *δεν -ει τα πάθη του / τα νεύρα του.* **5.** παρακολουθώ (τον τρόπο ζωής κάποιου, τη συμπεριφορά του, κλπ.)· επιβάλλω σε κάποιον: *οι γονείς -ουν τα παιδιά τους.* **6.** διευθύνω κάτι έτσι ώστε να κινείται ή να εξελίσσεται όπως θέλω ή όπως πρέπει: *~ το αυτοκίνητο / την κατάσταση.* **7.** διοικώ, εξουσιάζω, είμαι κύριος σε κάτι: *την περιοχή -ουν οι δυνάμεις των επαναστατών.* **8.** (μέσ.) αυτοελέγχομαι, έχω τύψεις.

ελεεινολόγηση η, ουσ., το να χαρακτηρίζει κανείς κάποιον ως ελεεινό (αντ. *μακαρισμός*).

ελεεινολογώ, -είς, ρ., χαρακτηρίζω κάποιον ελεεινό (συνών. *οικτείρω*· αντ. *μακαρίζω*).

ελεεινός, -ή, -ό, επίθ. **1.** που είναι άξιος οίκτου, αξιολύπητος, οικτρός, θλιβερός: *τον βρήκαν σε -ή κατάσταση· ζουν σε -ές συνθήκες· ιππότης -ής μορφής* (= ο Δον Κιχώτης). **2.** άξιος να κατακριθεί, άθλιος, αχρείος, ποταπός: *άνθρωπος / χαρα-*

κτήρας ~· συμπεριφορά -ή· (υβριστ.) *α! τον -ό, τι μας έκανε!* **3.** (για πράγματα) που η ποιότητα ή η κατάστασή τους είναι κατώτατη ή πολύ άσχημη: *ξενοδοχείο / φαγητό -ό· δρόμος / καιρός ~.* - Επίρρ. **-ά** (στη σημασ. 2): *μας φέρθηκαν -ά.*

ελεεινότητα η, ουσ., το να διακρίνεται κάποιος ή κάτι από κακή ποιότητα ή κακοήθεια (συνών. *αθλιότητα, αχρειότητα, ποταπότητα, αισχρότητα*).

ελεήμονας, επίθ. (λόγ.), (συνήθως για το Θεό) που κάνει ελεημοσύνη, φιλεύσπλαχνος.

ελεημοσύνη η, ουσ., βοήθημα που δίνεται σε φτωχούς: *ζει από -ες* (συνών. *ελέηση*).

ελέηση η, ουσ., ελεημοσύνη (βλ. λ.).

έλεος το, πληθ. *ελέη*, ουσ. **1.** ευσπλαχνία, ελεημοσύνη (συνών. *συμπόνια·* αντ. *απονιά*). **2.** ελεημοσύνη, βοήθημα που δίνεται στους φτωχούς. **3.** (ως επιφ.) λυπηθείτε με: *~, ~ Χριστιανοί!* Έκφρ. *αδελφή του -έους* (=νοσοκόμα)· *τα -η του Θεού* (= αφθονία αγαθών, πλούτη)· *στο ~ του Θεού* (= χωρίς βοήθεια). Φρ. *είμαι ή βρίσκομαι στο ~ κάποιου* (= είμαι στην απόλυτη διάθεση κάποιου)· *δεν έχει ~* (= είναι αμείλικτος)· *πήγαινε στο ~ του Θεού* (= ο Θεός να σε λυπηθεί, να σε βοηθήσει).

ελεύθερα, βλ. *ελεύθερος.*

ελευθερία και (συνίζ.) **λευτεριά** η, ουσ. **1.** έλλειψη καταναγκασμού, δυνατότητα ή δικαίωμα κάποιου να εκφράζεται ή να σκέπτεται ελεύθερα, να ενεργεί σύμφωνα με τη θέλησή του· (νομ.) δυνατότητα του πολίτη να κάνει ή να μην κάνει κάτι μέσα στα όρια των νόμων: *~ επιλογής / λόγου· ελευθερία του τύπου =* δυνατότητα να παρέχεται από τον τύπο η απαραίτητη πληροφόρηση· *~ βούλησης =* η ευχέρεια αυτοπροσδιορισμού του ανθρώπου χωρίς να παρεμβάλεται οποιοδήποτε αίτιο ή κίνητρο· *~ προσωπική =* διασφάλιση από το Σύνταγμα της ελευθερίας του ατόμου, ώστε να μη διώκεται ή να περιορίζεται παρά μόνο όταν και όπως ορίζει ο νόμος· *~ θρησκευτική =* το δικαίωμα κάθε ατόμου να λατρεύει ελεύθερα το Θεό που πιστεύει και να διατηρεί απαραβίαστη τη θρησκευτική του συνείδηση (αντ. *δέσμευση, εξάρτηση*). **2.** κατάσταση κατά την οποία κάποιος δεν είναι φυλακισμένος. **3.** εθνική ή πολιτική ανεξαρτησία: *θέλει αρετήν και τόλμην η ~* (Κάλβος) (συνών. *αυτοδιάθεση·* αντ. *δουλεία, σκλαβιά*). **4.** ευχέρεια, άνεση: *~ κινήσεων / δράσης.* **5.** (στον τ. *λευτεριά*) τοκετός, γέννα: *καλή λευτεριά!* (ευχή).

ελευθεριάζω, ρ. (ασυνίζ.). **1.** μιλώ ή ενεργώ ξεπερνώντας τα επιτρεπόμενα όρια. **2.** συμπεριφέρομαι με τρόπο που δε συμφωνεί με την ηθική του κοινωνικού συνόλου.

ελευθέριος, -α, -ο, επίθ. (ασυνίζ.). **1.** (για επάγγελμα) που ασκείται ατομικά, από επιστήμονες, συγγραφείς, καλλιτέχνες, χωρίς να εξαρτάται από ορισμένο ωράριο ή μισθό: *οι γιατροί ασκούν -ο επάγγελμα.* **2.** (για ήθη) που δεν συμφωνούν με την ηθική του κοινωνικού συνόλου: *γυναίκα -ίων ηθών.*

ελευθεριότητα η, ουσ. (ασυνίζ.), παράβαση των ηθικών κανόνων (συνών. *ακολασία*).

ελευθεροκοινωνία η, ουσ., επικοινωνία πλοίου με τους κατοίκους ενός τόπου, έπειτα από άδεια της υγειονομικής αρχής.

ελευθεροκοινωνώ, -είς, ρ., (για επιβάτες πλοίου) επικοινωνώ ελεύθερα με τους κατοίκους ενός τόπου ύστερα από άδεια της υγειονομικής αρχής.

ελεύθερος, -η, -ο και **λεύτερος,** επίθ. 1. που διαθέτει τον εαυτό του, ρυθμίζει τη ζωή του, παίρνει και εκτελεί τις αποφάσεις του κατά τη δική του κρίση σύμφωνα με τις επιθυμίες, τις επιδιώξεις και τα συμφέροντά του (συνών. *ανεξάρτητος, αυτεξούσιος, αδέσμευτος*). 2. που έχει πολιτική και εθνική ελευθερία: *πολίτης ~· χώρα -η· καλύτερα μιας ώρας -η ζωή παρά σαράντα χρόνια σκλαβιά και φυλακή* (Ρήγας Βελεστινλής) (αντ. *υπόδουλος*). 3. που δεν είναι περιορισμένος κάπου, που δεν είναι φυλακισμένος: *ο κατηγορούμενος αφέθηκε ~*. 4. που δεν απαγορεύεται από νόμο ή διαταγή: *-ες εισαγωγές προϊόντων*. 5. απαλλαγμένος από υποχρεώσεις: (για πρόσωπο) *είμαι ~ το απόγευμα·* (για χρον. διάστημα) *σήμερα θα έχουμε το απόγευμα -ο· ~ χρόνος* (συνών. *αδέσμευτος, διαθέσιμος*). 6. που δεν είναι κατειλημμένος: *θέση -η* (συνών. *αδειανός, διαθέσιμος·* αντ. *κατειλημμένος*). 7. που αρμόζει σε ελεύθερο άνθρωπο: *φρόνημα -ο*. 8. που δεν παντρεύτηκε ακόμη: *η κόρη τους είναι ακόμη -η* (συνών. *ανύπαντρος, άγαμος·* αντ. *παντρεμένος*). 9. (για περιουσιακά στοιχεία) που δεν είναι υποθηκευμένος ή που δε διεκδικείται από ανταπαιτητές: *το ακίνητο είναι -ο* (συνών. *ανυποθήκευτος*). 10. που δεν ακολουθεί τους συνηθισμένους κανόνες ηθικής: *διαγωγή -η* (συνών. *ελευθέριος, ανήθικος*). 11. που γι᾽ αυτό δεν πρέπει να πληθωρεί αντίτιμο: *είσοδος -η*. 12. που δε συνδέεται με κάτι (συνήθως για άκρη σκοινιού, αλυσίδας, κ.τ.ό.): *έδεσε το σχοινί στο στύλο και κρατούσε την -η άκρη του*. 13. (για χέρι) που δεν κρατά τίποτε: *κρατούσε τα ψώνια στο ένα χέρι και με το -ο έκανε νόημα*. 14α. (για επάγγελμα) ελευθέριο (βλ. λ.)· β. (για επαγγελματία) που ασκεί ελευθέριο επάγγελμα. 15. που δεν ακολουθεί πιστά το πρωτότυπο: *μετάφραση / διασκευή -η*. ́Εκφρ. *στίχος ~* (= που δεν ακολουθεί μετρικούς κανόνες)· *ζώνη -η* (= περιοχή λιμανιού όπου τα εμπορεύματα δε φορολογούνται)· *~ σκοπευτής* = οπλίτης, επιλεγμένος κυρίως για τη σκοπευτική του δεινότητα και επιφορτισμένος με την εξουδετέρωση εκτεθειμένων αντίπαλων στρατιωτών και ιδίως βαθμοφόρων· και μεταφ. = αυτός που δεν κατατάσσεται σε ορισμένη κατηγορία, όπως άλλοι. - Επίρρ. **-α.**

ελευθερόστομα, βλ. *ελευθερόστομο*.

ελευθεροστομία η, ουσ., το να εκφράζεται κανείς χωρίς εκφραστικούς περιορισμούς (συχνά υβριστικά): *η ~ του Αριστοφάνη*.

ελευθερόστομος, -η, -ο, επίθ., που εκφράζεται χωρίς εκφραστικούς περιορισμούς, με αυθάδεια ή και χυδαιότητα: *παιδί / έργο -ο*. - Επίρρ. **-α.**

ελευθεροτυπία η, ουσ., το να έχει τη δυνατότητα ο τύπος να διατυπώνει ελεύθερα τις απόψεις του και να πληροφορεί χωρίς περιορισμούς και απαγορεύσεις.

ελευθερόφρονας, επίθ., που σκέφτεται ελεύθερα, που είναι απαλλαγμένος από δογματισμούς ή άλλες προκαταλήψεις.

ελευθεροφροσύνη η, ουσ., το να σκέφτεται κανείς ελεύθερα, χωρίς δογματισμούς ή άλλες προκαταλήψεις.

ελευθέρωμα και **λευτέρωμα** το, ουσ. 1. απόδοση της ελευθερίας, απελευθέρωση, απολύτρωση, απαλλαγή (συνών. *λυτρωμός*). 2. (στον τ. *λευτέρωμα* για γυναίκα έγκυο) τοκετός, γέννα (συνών. *λευτεριά*).

ελευθερώνω και (λαϊκ.) **λευτερώνω,** ρ. Ι. ενεργ. 1. δίνω την ελευθερία σε δούλο ή κρατούμενο (συνών. *απελευθερώνω·* αντ. *υποδουλώνω, σκλαβώνω*). 2. απαλλάσω κάποιον ή κάτι από βάρος, υποχρέωση, δέσμευση, κλπ. (συνών. *λυτρώνω*). II. μέσ. 1. αποκτώ την ελευθερία μου. 2. (συνήθως στον αόρ. για γυναίκες εγκύους) απαλλάσσομαι από το βάρος της εγκυμοσύνης (συνών. *γεννώ*).

ελευθέρωση η, ουσ. 1. απόδοση της ελευθερίας (συνών. *απελευθέρωση, απολύτρωση, αποδέσμευση·* αντ. *υποδούλωση*). 2. (για έγκυο γυναίκα) τοκετός, γέννα (συνών. *λευτεριά*).

ελευθερωτής ο, θηλ. **-ώτρια** και (λαϊκ.) **-τρα,** ουσ., αυτός που ελευθερώνει (συνών. *λυτρωτής, απελευθερωτής*).

έλευση η, ουσ. (λόγ.), το να πηγαίνει κανείς όπου τον καλούν ή τον περιμένουν (συνών. *άφιξη, ερχομός·* αντ. *αναχώρηση*).

ελευσινιακός, -ή, -ό, επίθ. (ασυνίζ.), ελευσίνιος (βλ. λ.).

ελευσίνιος, -α, -ο, επίθ. (ασυνίζ.), που ανήκει ή αναφέρεται στην Ελευσίνα (αρχ. θρησκ.) *Ε-α μυστήρια* = θρησκευτική γιορτή που τελούνταν στην Ελευσίνα προς τιμήν της Δήμητρας και της Περσεφόνης. - Το αρσ. και το θηλ. ως ουσ. (με κεφ. το αρχικό γράμμα) = αυτός που κατοικεί στην Ελευσίνα ή κατάγεται από εκεί (αλλιώς, συνίζ., λαϊκ., *Λεψινιώτης*, θηλ. *-ισσα*).

ελέφαντας ο, (έρρ.), και σπάνια **ελέφας,** ουσ., μεγάλο παχύδερμο χορτοφάγο θηλαστικό της Αφρικής και της Ασίας, που έχει κυρίοτερα χαρακτηριστικά τη μύτη του, που έχει επιμηκυνθεί σε προβοσκίδα, και τους χαυλιόδοντές του. - Υποκορ. **-άκι** το.

ελεφαντένιος, -α, -ο, επίθ. (έρρ., συνίζ.), που είναι κατασκευασμένος από ελεφαντόδοντο (συνών. *φιλντισένιος, ελεφάντινος*).

ελεφαντίαση η, ουσ. (έρρ.). 1. (ιατρ.) διάχυτη υπέρμετρη πάχυνση του δέρματος και του υποδόριου ιστού, που οφείλεται σε παθολογικά αίτια, με αποτέλεσμα να παραμορφωθούν πόδια, χέρια ή γεννητικά όργανα. 2. (ιατρ.) πάθηση του δέρματος με χρόνια φλεγμονή και σκλήρυνση που το κάνει να μοιάζει σαν του ελέφαντα.

ελεφαντίνη η, ουσ. (έρρ.), ουσία του δοντιού που αποτελεί τον κύριο ιστό του (συνών. *οδοντίνη*).

ελεφάντινος, -η, -ο, επίθ. (έρρ.). 1. που ανήκε ή αναφέρεται στον ελέφαντα. 2. που είναι κατασκευασμένος από ελεφαντόδοντο. ́Εκφρ. *~ πύργος* (στην περίπτωση που κάποιος κλείνεται στον εαυτό του και αποξενώνεται από την πρακτική ή την αγωνιστική ζωή για να προαγάγει τις προσωπικές του επιδιώξεις) (συνών. *ελεφαντένιος*).

ελεφαντόδοντο το, ουσ. (έρρ. δις). 1. υλικό ιδιαίτερα σκληρό που μοιάζει με κόκαλο και προέρχεται από τα δόντια του ελέφαντα (συνών. *φίλντισι, ελεφαντοστούν*). 2. δόντι του ελέφαντα.

ελεφαντόκοκαλο το, ουσ. (έρρ.), ελεφαντόδοντο (βλ. λ.).

ελεφαντοστούν το, ουσ. (έρρ., λόγ.). 1. ελεφαντόδοντο (βλ. λ.). 2. *χαρτί -ού* = είδος διακοσμητικού χαρτιού που χρησιμοποιείται για ζωγραφικές μικρογραφίες.

ελεφαντουργία και **ελεφαντουργική** η, ουσ. (έρρ.), τέχνη κατεργασίας του ελεφαντόδοντου.

ελεφαντουργός ο, ουσ. (έρρ.), τεχνίτης ειδικευμένος στην κατεργασία του ελεφαντόδοντου.

ελέφας, βλ. *ελέφαντας*.
ελεώ, -είς, ρ., δίνω ελεημοσύνη, βοήθεια σε όποιον έχει ανάγκη.
ελζεβίρ, άκλ. ουσ., δίπαχα τυπογραφικά στοιχεία με τριγωνικές προεξοχές όμοια με τον τύπο των στοιχείων που είχαν επινοήσει και χρησιμοποιούσαν οι Ελζεβίρ. [*Elzévir*, όν. Ολλανδών τυπογράφων].
ελιά η, ουσ. (συνίζ.). 1. δέντρο αειθαλές της οικογένειας των ελαιϊδών που από τον καρπό του παράγεται το λάδι: *κλαδί -άς* (σύμβολο συνδιαλλαγής και ειρήνης) (συνών. *ελαιόδεντρο*). 2. ο μικρός στρογγυλωπός καρπός του δέντρου με χρώμα μαύρο ή πράσινο: *-ές τσακιστές / χαραχτές / καλαμών·* φρ. *τρώει (ή την περνάει) με ψωμί κι -ές.* 3. σκουρόχρωμη, μερικές φορές τριχωτή, φυσική κηλίδα του δέρματος: *έχεις ~ στα στήθη σου, / ~ στην αμασκάλη* (δημ. τραγ.)· (παροιμ.) *οι -ές με το κουκούτσι βάζουν στον άνθρωπο παπούτσι* (= με την ολιγάρκεια μπορεί κανείς να αποκτήσει περιουσία).
έλιγκας, βλ. *έλικας*.
ελιγμός ο, ουσ. 1. ελικοειδής και περιστροφική κίνηση: *~ φιδιού* (συνών. *στριφογύρισμα*). 2. ελικοειδής κατεύθυνση: *-οί ποταμού* (συνών. *μαίανδρος*). 3. (μεταφ.) πλάγιος τρόπος ενέργειας: *~ διπλωματικός / έξυπνος* (συνών. *πονηριά, κατεργαριά*). 4. ενέργεια έξυπνη ή πονηρή που γίνεται με επιδέξιο ή πλάγιο τρόπο για να αλλάξει μια κατάσταση ή για να διευθετηθεί ένα ζήτημα σύμφωνα με τα συμφέροντα αυτού που ενεργεί: *~ πολιτικός*. 5. (ναυτ.) σύνολο κινήσεων και μεταβολών πορείας ενός πλοίου που πετυχαίνεται με κατάλληλους χειρισμούς των πανιών, των μηχανών ή του πηδαλίου (συνών. *μανούβρα*).
έλικας και (έρρ.) **έλιγκας** ο και **έλικα** η, ουσ. 1. εξάρτημα μηχανής, προώθησης, έλξης ή αιώρησης, που περιστρέφεται με τη βοήθεια κινητήρα και χρησιμοποιείται σε πλοία, τορπίλες, αεροσκάφη: *~ τετράφυλλος* (συνών. *προπέλα*). 2. (ανατομ.) ελικοειδής ανατομικός σχηματισμός: *έλικα του πτερυγίου του αφτιού· -ες των εγκεφαλικών ημισφαιρίων*. 3. (βοτ.) λεπτό, εύκαμπτο τμήμα των αναρριχητικών φυτών που προκύπτει από τη μεταμόρφωση ενός φύλλου, ενός μίσχου ή μιας ταξιανθίας και συμβάλλει στην αναρρίχηση του φυτού (συνών. *ψαλίδα*). 4. (μαθημ.) γεωμετρική καμπύλη περιτυλιγμένη με τρόπο σπειροειδή σε επίπεδο ή στο χώρο. 5. (αρχαιολ.) σπειροειδές άκρο του ιωνικού κιονόκρανου.
ελικοδρόμιο το, ουσ. (ασυνίζ.), αεροδρόμιο για ελικόπτερα.
ελικοειδής, -ής, -ές, γεν. *-ούς*, πληθ. αρσ. και θηλ. *-είς*, ουδ. *-ή*, επίθ. (λόγ.), που έχει το σχήμα έλικας (βλ. λ. σημασ. I): *αρχαίο -ές κόσμημα* (συνών. *ελικωτός, κοχλιωτός, σπειροειδής*). -Επίρρ. **-ώς**.
ελικόπτερο το, ουσ. (αεροναυτ.) τύπος αεροσκάφους που ανυψώνεται και προωθείται με έναν ή περισσότερους μεγάλους έλικες τοποθετημένους οριζόντια επάνω του: *~ απογειώνεται κατακόρυφα· ~ επιβατικό / μαχητικό / ναυαγοσωστικό*.
ελικοπτεροφόρο το, ουσ., μεγάλο πολεμικό πλοίο με γέφυρα για την απογείωση και προσγείωση ελικοπτέρων (πβ. *αεροπλανοφόρο*).
ελικοπτεροφόρος, -α, -ο, επίθ., που μεταφέρει ελικόπτερα: *αντιτορπιλικό -ο*.

ελικοφόρος, -α, -ο, επίθ. 1. που έχει έλικα, που κινείται με έλικα: (σπανίως) *πλοίο -ο* (αντ. *ιστιοφόρο*)· *αεροπλάνο -ο* (αντ. *αεριωθούμενο*). 2. που έχει επάνω του χαραγμένους έλικες: *κύλινδρος ~*.
Ελικωνιάδες, επίθ., θηλ. στον πληθ. (ασυνίζ.), (μυθολ., για τις Μούσες) που κατοικούν στον Ελικώνα.
ελικωτός, -ή, -ό, επίθ., που έχει σχήμα έλικα (στο σύνολο ή ένα μέρος του): *προϊστορικό αγγείο με -ά γραμμικά θέματα· κρατήρας ~* (= με ελικοειδείς λαβές) (συνών. *ελικοειδής, σπειροειδής, κοχλιωτός*). - Το ουδ. ως ουσ. = ελικοειδές καρφί για τη στερέωση των σιδηροτροχιών πάνω στους ξύλινους στρωτήρες.
ελιξίριο το, ουσ. (ασυνίζ.), (φαρμ.) υγρό παρασκεύασμα από σιρόπι και φαρμακευτικές ή αρωματικές ουσίες διαλυμένες σε οινόπνευμα (παλαιότερα για αλχημικό φάρμακο που του απέδιδαν θαυματουργές ιδιότητες): *~ παρηγορικό* (= φάρμακο αντιδιαρροϊκό με βάση το όπιο)· *~ της νεότητας / της ζωής*. [γαλλ. *elixir*<αραβ. *al-iksir*<ξηρός ή *ξηρίον*].
ελιόβουνο και **λιόβουνο** το, ουσ. (συνιζ., ιδιωμ.), βουνό γεμάτο λιόδεντρα.
ελιόδεντρο, βλ. *ελαιόδεντρο*.
ελιοπερίβολο και **λιοπερίβολο** το, ουσ. (συνιζ., ιδιωμ.), ελαιώνας.
ελισαβετιανός, -ή, -ό, επίθ. (συνίζ.), που αναφέρεται ή ανήκει στα χρόνια της Ελισάβετ Α΄ της Αγγλίας (1533-1633): *λογοτεχνία -ή· αγγλικά -ά*. - Το αρσ. ως ουσ. = πρόσωπο που έζησε εκείνο τον καιρό (λ.χ. ο Σέξπιρ).
ελίσιος, -α, -ο, επίθ. (συνιζ., λαϊκ.), που προέρχεται από την ελιά, που φτιάχτηκε από το ξύλο της: *κλαδί / κουκούτσι / ραβδί -ο*.
ελίσσομαι, ρ., συνήθως στον ενεστ. 1. περιστρέφομαι γύρω από τον εαυτό μου ή από ένα κέντρο, συστρέφομαι, τυλίγομαι: *βόστρυχοι / κληματίδες που -ονται*. 2. (στρατ.) κινούμαι με ελιγμούς για άμυνα ή επίθεση: *η ανώμαλη διαμόρφωση του εδάφους εμπόδιζε τη μεραρχία να -ιχθεί*. 3. (μεταφ.) ενεργώ με πλάγιο τρόπο για να πετύχω ένα σκοπό.
ελίτ η, ουσ. άκλ., η θεωρούμενη εκλεκτή κοινωνική τάξη ή εκλεκτή μερίδα μιας κοινωνικής τάξης (συνών. *αφρόκρεμα*). [γαλλ. *élite*].
ελιτισμός ο, ουσ., (πολιτική ή και άλλη) τάση να εκτιμώνται και να προτιμώνται όσοι θεωρούνται κοινωνικώς εκλεκτοί σε αντίθεση προς την περιφρονούμενη μάζα των άλλων ανθρώπων. [γαλλ. *élitisme*].
ελιτίστικος, -η, -ο, επίθ., που ανήκει στην ελίτ (βλ. λ.) ή που σχετίζεται με τον ελιτισμό (βλ. λ.).
έλκηθρο το,ουσ., φορτηγό ή επιβατηγό όχημα χωρίς τροχούς, με ολισθητήρες ή στενά πέδιλα, που έλκεται (ή σπανιότερα ωθείται) συνήθως επάνω στον πάγο ή στο χιόνι: *~ ιπποκίνητο / λαπωνικό*.
ελκοπαθής, -ής, -ές, γεν. *-ούς*, πληθ. αρσ. και θηλ. *-είς*, ουδ. *-ή*, επίθ., που πάσχει από έλκος.
έλκος το, ουσ. (ιατρ.) απώλεια ουσίας από το δέρμα ή έναν βλεννογόνο με τη μορφή πληγής που δεν επουλώνεται, αλλά διαρκώς εξελίσσεται: *~ στομάχου / δωδεκαδακτύλου*.
ελκτικός, -ή, -ό, επίθ., που ανήκει, αναφέρεται ή συμβάλλει στην έλξη: *ελκυστήρας με μεγάλη -ή ικανότητα*.
ελκυστήρας ο, ουσ. (τεχνολ.) μηχανοκίνητο όχημα

ισχυρό και βραδυκίνητο για τη ρυμούλκηση άλλου τροχοφόρου οχήματος ή μηχανήματος σε διάφορα είδη εδαφών: ~ πετρελαιοκίνητος / γεωργικός (κοιν. τρακτέρ).
ελκυστικός, -ή, -ό, επίθ., που έχει την ιδιότητα να ελκύει, να δημιουργεί μια ευχάριστη διάθεση και την επιθυμία για κάτι ή για προσέγγιση σε κάποιον: *πρόσωπο -ό· πρόταση / γυναίκα -ή* (συνών. *γοητευτικός, θελκτικός, δελεαστικός* αντ. *απωθητικός, αποκρουστικός*). - Επίρρ. **-ά**.
ελκυστικότητα η, ουσ., το να είναι κάτι ή κάποιος ελκυστικός (συνών. *γοητεία* αντ. *αποκρουστικότητα*).
ελκύω, ρ., αόρ. *έλκυσα*. **1**. δημιουργώ ευχάριστη διάθεση σε κάποιον (με προσόντα ή χαρίσματα που έχω) και τον κάνω να έρχεται κοντά μου, να θέλει να συνδεθεί μαζί μου: *θέρετρο που -ει πολλούς επισκέπτες· τον -ει με την ομορφιά της* (συνών. *προσελκύω, θέλγω, γοητεύω, σαγηνεύω* αντ. *απομακρύνω, απωθώ*). **2**. προκαλώ: ~ *το βλέμμα / το ενδιαφέρον / την προσοχή* (συνών. *προσελκύω*).
έλκω, ρ. (λόγ.). **1**. τραβώ, κάνω με τη βοήθεια μιας δύναμης ή ενός υλικού μέσου να έρχεται κοντά μου κάποιος ή κάτι: *ο μαγνήτης -ει ρινίσματα σιδήρου· όχημα που -ει βαρύ πυροβόλο* (= σέρνει)· (μτφ.) *οι πλανήτες -ονται μεταξύ τους* (αντ. *απωθώ*). **2**. (μεταφ.) ελκύω (βλ. λ. σημασ. 1).
ελκώδης, -ης, -ες, γεν. -*ους*, πληθ. αρσ. και θηλ. -*εις*, ουδ. -*η*, επίθ. (ιατρ.) όμοιος με έλκος, που χαρακτηρίζεται από έλκη: *νόσος ~*.
έλκωμα το, ουσ. (ιατρ.) τραύμα που έγινε έλκος.
έλκωση η, ουσ. (ιατρ.) σχηματισμός έλκους.
ελλαδικός, -ή, -ό, επίθ. **1**. (σπάνιο) που ανήκει ή αναφέρεται στην Ελλάδα (συνηθέστερα *ελληνικός*). **2**. (αρχαιολ.) *εποχή / περίοδος -ή* = η εποχή του χαλκού στην ηπειρωτική Ελλάδα (3000/2500 έως 1100 π.Χ.). **3**. (νεότερο) που ανήκει ή αναφέρεται στο ελληνικό κράτος (διαφορετικό το *ελληνικός*, που αφορά την ελληνική εθνότητα).
Ελλαδίτης ο, θηλ. **-ισσα**, ουσ. εθν., αυτός που κατάγεται από το ελληνικό κράτος (για διαφοροποίηση προς το Έλληνας, που αφορά όλους όσοι ανήκουν στην ελληνική φυλή): *αξιωματικός ~*.
ελλαδίτικος, -η, -ο, επίθ., που ανήκει ή αναφέρεται στους Ελλαδίτες: *νοοτροπία -η*.
Ελλαδίτισσα, βλ. *Ελλαδίτης*.
έλλαμψη η, ουσ. (λόγ.). **1**. λάμψη, ακτινοβολία. **2**. (μεταφ., θρησκ.) έκστασή, ενθουσιασμός που προκαλεί η επαφή με το Θεό.
ελλανοδίκης ο, ουσ. **1**. (αρχ. ιστ.) άρχοντας και κριτής των αγώνων στην Ολυμπία, τη Νεμέα και τα Ασκληπιεία. **2**. κριτής σε αθλητικούς αγώνες (συνών. *αγωνοδίκης*).
ελλανοδίκος, -η και **-ος, -ο**, ουσ. (λόγ.), μόνο στην εκφρ. ~ *επιτροπή* = ομάδα ατόμων που εποπτεύουν τη διεξαγωγή αθλητικών αγώνων και αναγορεύουν τους νικητές: ~ *επιτροπή ανακοίνωσε τα βραβεία*.
έλλειμμα το, ουσ., ποσό σε χρήμα ή σε είδος που λείπει από ένα σύνολο που προϋπήρχε, προβλεπόταν ή θα έπρεπε κανονικά να υπάρχει, η διαφορά των εσόδων από τα έξοδα, των εισπράξεων από τις δαπάνες και τις πληρωμές: *στην αποθήκη εμπορευμάτων διαπίστωσα σοβαρά ελλείμματα*· ~ *του προϋπολογισμού·* ~ *ισοζυγίου εξωτερικών πληρωμών / τρεχουσών συναλλαγών* (αντ. *πλεόνασμα*).

ελλειμματίας ο, ουσ. (λόγ.), ταμίας ή διαχειριστής με (αδικαιολόγητο) έλλειμμα.
ελλειμματικός, -ή, -ό, επίθ., που παρουσιάζει έλλειμμα: *στην Ελλάδα το εμπορικό ισοζύγιο είναι μονίμως -ό*. - Επίρρ. **-ά**.
ελλειπτικός, -ή, -ό, επίθ. **1**. που παρουσιάζει έλλειψη (βλ. λ.)· (γραμμ.) που χαρακτηρίζεται από την απουσία ορισμένων μορφολογικών ή συντακτικών στοιχείων του: *ονόματα / ρήματα -ά· πρόταση -ή* (που της λείπουν ένας ή περισσότεροι όροι ή προσδιορισμοί, επειδή εννοούνται εύκολα). **2**. (για ύφος του λόγου) που διατυπώνεται σκόπιμα με βραχυλογίες και υπονοούμενα: *αφήγηση / έκφραση -ή*. **3**. (γεωμ.) που έχει το σχήμα έλλειψης, που σχετίζεται με την έλλειψη (βλ. λ. σημασ. 4): *τροχιά -ή* (συνών. *ελλειψοειδής*)· *γεωμετρία / εξίσωση -ή*. - Επίρρ. **-ά**.
ελλειπτικότητα η, ουσ., το να είναι κάποιος ή κάτι ελλειπτικό(ς) (βλ. λ.).
έλλειψη η, ουσ. **1**. το να μην υπάρχει κάτι ή κάποιος ή το να μην φτάνει για να ικανοποιήσει ορισμένες ανάγκες: *θάνατος από* ~ *οξυγόνου· ~ νερού / υγρών καυσίμων / πείρας·* -*είψεις σε προσωπικό* (συνών. *ανυπαρξία, ανεπάρκεια, απουσία* αντ. *ύπαρξη, επάρκεια*). **2**. (συνήθως στον πληθ.) μειονέκτημα, ατέλεια: *γραπτό / υποψήφιος με φανερές* -*είψεις*. **3**. (γραμμ.) παράλειψη κάποιων συστατικών μιας πρότασης που εννοούνται εύκολα (βασικό χαρακτηριστικό του προφορικού ιδίως λόγου). **4**. (γεωμ.) κλειστή καμπύλη με χαρακτηριστικό το σταθερό άθροισμα των αποστάσεων κάθε σημείου της από δύο συγκεκριμένα σημεία που ονομάζονται εστίες.
ελλειψογράφος ο, ουσ. (τεχνολ.) όργανο για τη σχεδίαση ελλείψεων.
ελλειψοειδής, -ής, -ές, γεν. -*ούς*, πληθ. αρσ. και θηλ. -*είς*, ουδ. -*ή*, επίθ. (γεωμ.) που έχει σχήμα έλλειψης. - Το ουδ. ως ουσ. = κλειστή επιφάνεια που όλες οι επίπεδες τομές της είναι ή κύκλοι ή ελλείψεις.
Έλληνας ο, θηλ. **-ίδα, 1**. αυτός που κατάγεται από την Ελλάδα ή που ανήκει στην ελληνική φυλή: *αρχαίος / γνήσιος· ~ νεότερος / σύγχρονος* (συνών. *Γραικός, Ρωμιός*)· *~ ξενιτεμένος·* (περιληπτικά) *ο ~ είναι φιλότιμος·* (σε θέση επίθ.) -*ες εργάτες / επιστήμονες / πολίτες· η -ίδα μητέρα*. **2**. αυτός που έχει την ελληνική ιθαγένεια ή υπηκοότητα: *μωαμεθανός ~* (ενν. *πολίτης*) *της Θράκης*. - Υποκορ. **-άκι** (σε ορισμ. σημασ. 1).
ελληνίζω, ρ. (λόγ.), μιμούμαι τους (αρχαίους) Έλληνες στη γλώσσα, τις συνήθειες, κ.τ.ό.
ελληνικός, -ή, -ό, επίθ., που ανήκει ή αναφέρεται στην Ελλάδα ή τους Έλληνες: *έθνος -ό· ιστορία -ή· πολιτισμός / στρατός ~ προϊόντα -ά* (για την ελληνική γλώσσα) *γραμματική -ή*. - Το θηλ. στον εν. και το ουδ. στον πληθ. ως ουσ. = η ελληνική γλώσσα: *-ή μεσαιωνική/νέα -ά* φρ. *(δεν) καταλαβαίνεις -ά;* (όταν κάποιος δεν καταλαβαίνει κάτι απλό που του λέμε)· *πες το στα -ά για να το καταλάβουμε* (= με απλά και κατανοητά λόγια). - Επίρρ. **-ά**.
ελληνικότητα η, ουσ., η ιδιότητα του Έλληνα, ο ελληνικός χαρακτήρας: *~ των αρχαίων Μακεδόνων·* ~ *στην πεζογραφία του Κόντογλου*.
ελληνικούρα η, ουσ. (απαρχ., συνήθως σκωπτ.), σπάνια και εξεζητημένη λόγια λέξη ή φράση που λέγεται ανάμεσα σε συμφραζόμενα της κοινής

νεοελληνικής, συνήθως από πρόσωπο μέτριας μόρφωσης, για εντυπωσιασμό ή και με λαθεμένο τρόπο: *ο δήμαρχος όλο και πετούσε από καμιά ~ άσε τις -ες να σε καταλάβουμε!*

ελληνισμός ο, ουσ. 1. το σύνολο των Ελλήνων σε όλο τον κόσμο: ~ *απόδημος / υπόδουλος· ο ~ της Κύπρου / της Αυστραλίας·* (για παλαιότερες εποχές και σε σχέση με έργα του πολιτισμού) *μνημεία του κλασικού / του μεσαιωνικού -ού.* 2. (σπανίως) φραστικός τρόπος που ανήκει στην ελληνική γλώσσα: *οι -οί της λατινικής.*

ελληνιστής ο, θηλ. **-τρια**, ουσ. 1. επιστήμονας που ασχολείται με την αρχαία ελληνική γλώσσα και φιλολογία. 2. (φιλολ.) Ιουδαίος συγγραφέας των ελληνιστικών χρόνων που έγραψε στα ελληνικά (λ.χ. ο Ιώσηπος.)

ελληνιστικός, -ή, -ό, επίθ., που ανήκει ή αναφέρεται στην ιστορική περίοδο από το θάνατο του Μεγάλου Αλεξάνδρου έως τη ρωμαϊκή κατάκτηση, ιδίως σε ό,τι αφορά τη διάδοση του ελληνικού πολιτισμού στην Ανατολή την εποχή αυτή: *πολιτισμός ~· ποίηση -ή* (συνών. *αλεξανδρινός*)· *κράτη -ά* (λ.χ. των Πτολεμαίων στην Αίγυπτο, των Αντιγονιδών στη Μακεδονία).

ελληνίστρια, βλ. *ελληνιστής.*

ελληνο- (ως α΄ συνθ. με β΄ συνθ. εθνικά επίθ., π.χ. *αγγλικός*), που αναφέρεται στις σχέσεις των Ελλήνων και του άλλου λαού (αντίστοιχα) όπως *ελληνοβρετανικός, ελληνοτουρκικός*): *λεξικό ελληνοαγγλικό / ελληνολατινικό· συμφωνία ελληνοαμερικανική· σύνδεσμος ελληνορωσικός· φιλία ελληνογαλλική· πόλεμος ελληνοϊταλικός.*

ελληνοαμερικανικός, -ή, -ό, επίθ. 1. που αφορά ταυτόχρονα τους Έλληνες και τους Αμερικανούς, καθώς και τις σχέσεις των χωρών τους: *-ές συνομιλίες για τις βάσεις.* 2. που ανήκει ή αναφέρεται στους Ελληνοαμερικανούς: *εφημερίδα / οργάνωση -ή.*

Ελληνοαμερικανός ο, θηλ. **-ίδα**, ουσ., πολίτης των Η.Π.Α. με ελληνική καταγωγή: *ένας ~ υποψήφιος για το προεδρικό αξίωμα στις Η.Π.Α.*

ελληνόγλωσσος, -η, -ο, επίθ. (συνήθως για αλλοεθνή) που έχει για μητρική του γλώσσα τα ελληνικά: *Τούρκοι -οι* (συνών. *ελληνόφωνος*).

ελληνογνωσία η, ουσ., η βαθιά γνώση των ελληνικών πραγμάτων.

ελληνοδιδάσκαλος ο, ουσ. (παλαιότερα) δάσκαλος που υπηρετούσε στο «ελληνικό σχολείο» (τριτάξιο σχολείο της μέσης εκπαίδευσης που λειτουργούσε έως το 1929).

ελληνολάτρης ο, θηλ. **-ισσα**, ουσ., αυτός που κατέχεται από ελληνολατρία.

ελληνολατρία η, ουσ., υπερβολική αγάπη για την Ελλάδα και τους Έλληνες.

ελληνολάτρισσα, βλ. *ελληνολάτρης.*

ελληνομάθεια η, ουσ. (ασυνίζ.), γνώση της ελληνικής γλώσσας.

ελληνομαθής, -ής, -ές, γεν. **-ούς**, πληθ. αρσ. και θηλ. **-είς**, ουδ. **-ή**, επίθ., που γνωρίζει την ελληνική γλώσσα.

ελληνομουσείο το, ουσ. (ιστ.) σχολείο ανώτερων σπουδών στην Ελλάδα στα χρόνια της Τουρκοκρατίας.

ελληνόπαιδο το, ουσ., ελληνόπουλο (βλ. λ.).

ελληνοπούλα η, Ελληνίδα μικρής ηλικίας, κορίτσι που έχει γονείς Έλληνες.

ελληνόπουλο το, ουσ., νεαρός Έλληνας, αγόρι που έχει γονείς Έλληνες.

ελληνοπρέπεια η, ουσ. (ασυνίζ.), το να συμπεριφέρεται κανείς με τρόπο που ταιριάζει στους Έλληνες.

ελληνοπρεπής, -ής, -ές, γεν. **-ούς**, πληθ. αρσ. και θηλ. **-είς**, ουδ. **-ή**, επίθ., που συμφωνεί, που ανταποκρίνεται στα ιδανικά και στις παραδόσεις των Ελλήνων: *αγωγή / μόρφωση ~.* - Επίρρ. **-ώς**.

ελληνορθόδοξος, -η, -ο, επίθ., που είναι ελληνικής καταγωγής και χριστιανός ορθόδοξος κατά το θρήσκευμα: *πληθυσμός ~.*

ελληνορωμαϊκός, -ή, -ό, επίθ., που αποτελείται από την ένωση, το συνδυασμό στοιχείων ελληνικών και ρωμαϊκών: *πολιτισμός ~· πάλη -ή.*

ελληνότροπος, -η, -ο, επίθ., που γίνεται σύμφωνα με τα ελληνικά πρότυπα.

ελληνόφωνος, -η, -ο, επίθ., (για άτομα ξένης εθνικότητας) που έχει ως γλώσσα του τα ελληνικά: *ο ~ πληθυσμός της Αλβανίας* (συνών. *ελληνόγλωσσος*).

ελληνοχριστιανικός, -ή, -ό, επίθ. (συνιζ.), που ανήκει ή αναφέρεται στους Έλληνες και τους Χριστιανούς, που έχει στοιχεία ελληνικά και χριστιανικά: *πολιτισμός ~· μόρφωση / παιδεία -ή.*

ελλησποντιακός, -ή, -ό, επίθ. (ασυνίζ., έρρ.), που ανήκει ή αναφέρεται στον Ελλήσποντο και τις γύρω απ' αυτόν περιοχές.

-έλ(λ)ι, κατάλ. ουδ. υποκορ. (συνήθως ιδιωμ.): *παιδαρέλ(λ)ι, μωρουδέλ(λ)ι.*

ελλιμενίζω, ρ., αόρ. ενεργ. **-ένισα**, παθ. **-ίστηκα**. Ι. ενεργ. οδηγώ πλοίο μέσα στο λιμάνι (συνών. *προσορμίζω*). ΙΙ. μέσ. (για πλοίο) μπαίνω και παραμένω σε λιμάνι ή όρμο (συνών. *προσορμίζομαι·* αντ. *αποπλέω*).

ελλιμένιση η και **-σμός** ο, ουσ., είσοδος και παραμονή πλοίου σε λιμάνι ή όρμο (συνών. *άραγμα·* αντ. *απόπλους*).

ελλιμενιστής ο, ουσ., εισπράκτορας τελωνειακών δασμών που καταβάλλονται σε λιμάνι.

ελλιπής, -ής, -ές, γεν. **-ούς**, πληθ. αρσ. και θηλ. **-είς**, ουδ. **-ή**, επίθ., που παρουσιάζει ελλείψεις, όχι αρκετός: *~ φοίτηση στο σχολείο· γνώσεις -είς* (συνών. *ανεπαρκής, λειψός·* αντ. *πλήρης, επαρκής*). - Επίρρ. **-ώς**.

ελλοβόκαρπα τα, ουσ. (βοτ.) φυτά που ο καρπός τους αναπτύσσεται μέσα σε λοβό (όπως το *κουκί, φασόλι, αρακάς,* κ.λ.π.).

ελλόγιμος, -η, -ο, επίθ. (λόγ.), στον υπερθ. **-ότατος**, ως προσηγορία επιστημόνων.

ελλογιμότητα η, ουσ. (λόγ.), το να είναι κάποιος διαπρεπής, διακεκριμένος στο χώρο των γραμμάτων (συνών. *λογιότητα*).

έλλογος, -η, -ο, επίθ. (λόγ.), λογικός, συνετός (αντ. *άλογος, παράλογος*). - Επίρρ. **-όγως**.

ελλοχεύω, ρ. (λόγ.), παραμονεύω, στήνω ενέδρα: (μεταφ.) *ο κίνδυνος -ει* (συνών. *ενεδρεύω, καραδοκώ*).

έλμινθα η, ουσ., ονομασία όλων των ειδών των σκουληκιών που ζουν παρασιτικά στον εντερικό σωλήνα ανθρώπου και ζώων (συνών. *λεβίθα, όρμιγγας*). [αρχ. *έλμινς -ινθος*].

ελμινθίαση η, ουσ. (ιατρ.) αρρώστια παρασιτική που οφείλεται στην παρουσία ελμίνθων στον ανθρώπινο ή ζωικό οργανισμό.

ελμινθοβότανο το, ουσ., χόρτο, βοτάνι που θεραπεύει την ελμινθίαση.

έλξη η, ουσ. 1. το να έλκει κάποιος, να τραβά κάτι

προς μια ορισμένη διεύθυνση (συνών. *τράβηγμα·* αντ. *απώθηση*). **2.** (μεταφ.) γοητεία, ελκυστικότητα: *ασκεί σ' αυτόν μεγάλη ~*. **3.** η δύναμη που χρησιμοποιείται για τη μετακίνηση φορτίων και μεταφορικών μέσων: *~ με ατμό / με πεπιεσμένο αέρα / με θερμικούς κινητήρες· ~ ηλεκτρική* (στο τελεφερίκ). **4.** (φυσ.) ιδιότητα των υλικών σωμάτων και των μορίων τους να ασκούν αμοιβαίες δυνάμεις που τείνουν να φέρουν σε επαφή το ένα με το άλλο ή τα κάνουν να διατηρούν τη συνοχή τους: *~ μοριακή / μαγνητική· νόμος της παγκόσμιας -ης των σωμάτων* (= νόμος του Νεύτωνα). **5.** (χημ.) η τάση των αντίθετα φορτισμένων ιόντων να σχηματίζουν κυψελίδες. **6.** (συντακτ.) σχήμα λόγου κατά το οποίο ένας όρος μιας πρότασης δέχεται συντακτική επίδραση (έλκεται) από άλλο όρο της ίδιας ή άλλης σχετικής πρότασης της περιόδου και εκφέρεται σε συντακτική συμφωνία μ' αυτόν και όχι όπως απαιτεί το νόημα και η σειρά του λόγου. Συμβαίνει σε ονόματα και ρήματα, π.χ. *θα σε σκοτώσουν· αυτός* (αντί *αυτό*) *είναι ο σκοπός τους·* της αμμουδιάς ήθελα να ήμουνα (αντί *να είμαι*) *άμμος*. **7.** (γυμν.) κατακόρυφη ανύψωση του σώματος με εξάρτηση των χεριών από γυμναστικό όργανο ή το έδαφος και οι συνεχείς κάμψεις των χεριών για μεγαλύτερη προσέγγιση του σώματος σε συγκεκριμένο γυμναστικό όργανο ή το έδαφος. **8.** (ιατρ.) *~ της γλώσσας* = τράβηγμα της γλώσσας σε μέθοδο τεχνητής αναπνοής ή κατά τη διάρκεια νάρκωσης.

ελόβιος, -α, -ο, επίθ. (ασυνίζ.), (για φυτά και ζώα) που ζει και αναπτύσσεται στα έλη. - Το ουδ. στον πληθ. ως ουσ. = τάξη πτηνών που ζουν στα έλη (μπεκάτσα, λελέκι, κ.ά.).

ελόγου μου και **τουλόγου** μου (σου, του, κλπ.) (λαϊκ.), έκφρ. σε θέση προσωπ. αντων. συχνά με ειρωνικό χρώμα = εγώ, εσύ, κλπ.: *ποια είναι τουλόγου της; ~ σου τις λες;*

ελονοσία η, ουσ., λοιμώδης αρρώστια που προκαλείται από την παρουσία στα ερυθρά αιμοσφαίρια διάφορων τύπων πλασμωδίων (= αιματοζωαρίων της ελονοσίας).

έλος το, ουσ., έκταση που καλύπτεται μόνιμα από αβαθή στάσιμα νερά (συνών. *βάλτος, τέλμα*).

ελοχαρής, -ής, -ές, γεν. *-ούς,* πληθ. αρσ. και θηλ. *-είς,* ουδ. *-ή,* επίθ. (για φυτά και ζώα) που αρέσκεται να ζει, που ευδοκιμεί στα έλη.

ελπίδα η, ουσ. **1.** αίσθημα της προσδοκίας ενός ευχάριστου, επιθυμητού γεγονότος: *δεν χάνει / έχει πάντα την ~· ότι θα κερδίσει το λαχείο· ζω με την ~ ότι... · δίνω σε κάποιον ελπίδες* (= τον κάνω να ελπίζει)· *αναπτέρωση -ίδων· -ες μάταιες / φρούδες / χιμαιρικές* (συνών. *προσμονή, απαντοχή·* αντ. *απελπισία, απόγνωση)·* έκφρ. *παρ' ελπίδα* = προσδοκημένο, χωρίς να το περιμένει κανείς. **2.** αυτός ή αυτό στο οποίο στηρίζει κάποιος τις ελπίδες του: *η κληρονομιά είναι μοναδική μου ~* (συνών. *στήριγμα, καταφύγιο*).

ελπιδοφόρος, -α, -ο, επίθ., που φέρνει ελπίδα, αισιοδοξία: *μήνυμα -ο* (συνών. *ενθαρρυντικός·* αντ. *απελπιστικός*).

ελπίζω, ρ., παρατ. *ήλπιζα,* πληθ. *ελπίζαμε,* αόρ. *ήλπισα,* πληθ. *ελπίσαμε* (με δευτερεύουσα ειδική ή τελική πρόταση ή με εμπρόθετο προσδιορισμό με την πρόθ. *σε*). **1.** προσδοκώ, περιμένω να (μου) συμβεί κάτι ευχάριστο: *~ να καλοσυνέψει ο καιρός· ~ στην ευόδωση των προσπαθειών μου* (συνών. *προσμένω, απαντέχω·* αντ. *απελπίζομαι*). **2.** θεωρώ πιθανό, έχω τη γνώμη ότι θα πραγματοποιηθεί κάτι: *ο υπουργός -ει σε ανάκαμψη της οικονομίας· ~ ότι αύριο θα μπορέσω να ταξιδέψω* (συνών. *υποθέτω, φαντάζομαι*). **3.** (με την πρόθ. *σε*) βασίζομαι στη βοήθεια κάποιου για να πετύχω κάτι: *~ σ' εσένα / στο Θεό* (συνών. *υπολογίζω*). **4.** (αμτβ.) έχω ελπίδες για το μέλλον.

ελώδης, -ης, -ες, γεν. *-ους,* πληθ. αρσ. και θηλ. *-εις,* ουδ. *-η,* επίθ. **1.** (για τόπο) που είναι γεμάτος έλη: *περιοχή ~* (συνών. *βαλτώδης, τελματώδης*). **2.** που προέρχεται ή προκαλείται από έλη: *πυρετοί -εις* (= ελονοσία).

εμ, Ι. επιφ. **1.** (για δήλωση δυσανασχέτησης) *εμ! πάψε πια να επαναλαμβάνεις τα ίδια και τα ίδια.* **2.** (για δήλωση εγκαρτέρησης, αποδοχής του μοιραίου) *εμ! έτσι είναι ζωή, και χαρές, αλλά και κλάματα.* Έκφρ. *εμ πώς* (= και βέβαια): *θα πάτε τελικά; Εμ πώς δε θα πάμε.* [πιθ. ε μα].

εμ, ΙΙ. σύνδ. συμπλεκτικός, (λαϊκ.), και... και: *πολλά δε ζητάς· εμ να κάθεσαι, εμ να πληρώνεσαι;* [τουρκ. *hem*].

εμ-, αχώριστο λόγ. μόρ. (δηλώνει το «μέσα» με λ. όπως *εμπρόσθετος, εμπράγματος,* κλπ. [πρόθ. *εν*].

εμαγέ (συνιζ.), άκλ. **1.** (για σκεύος ή άλλο αντικείμενο πήλινο ή μεταλλικό) που η επιφάνειά του έχει επικαλυφθεί με εφυάλωμα (σκόνη γυαλιού και οξείδια) ή σμάλτο για καλύτερη εμφάνιση και προστασία από την υγρασία. **2.** (ως ουσ. ουδ.) σκεύος ή αντικείμενο με εφυάλωμα ή σμάλτο στην επιφάνειά του. [γαλλ. *émaillé*].

εμβαδομέτρηση η, ουσ., οι υπολογισμοί και οι μέθοδοι που χρησιμοποιούνται για την ανεύρεση του εμβαδού μιας εδαφικής έκτασης.

εμβαδόμετρο το, ουσ., όργανο που χρησιμοποιείται για τον υπολογισμό του εμβαδού επιφανειών (συνών. *επιπεδόμετρο*).

εμβαδόν το, ουσ., ο αριθμός (σε τετραγωνικά μέτρα) που προκύπτει από τη μέτρηση μιας επιφάνειας.

εμβάζω, ρ., μόνο στον ενεστ., στέλνω χρηματικό ποσό με ταχυδρομική ή άλλου είδους επιταγή.

εμβάθυνση η, ουσ., έρευνα σε βάθος· διείσδυση στο νόημα, ανάλυση και κατανόηση του νοήματος: *~ στην υπόθεση / στο ποίημα.*

εμβαθύνω, ρ., ερευνώ σε βάθος, μελετώ αναλύοντας για να κατανοήσω κάτι.

εμβαπτίζω, ρ., μόνο στον ενεστ., (λόγ.), βυθίζω μέσα σε υγρό, βουτώ.

έμβασμα το, ουσ. **1.** αποστολή χρηματικού ποσού σε κάποιον με ταχυδρομική ή άλλου είδους επιταγή. **2.** χρηματικό ποσό που αποστέλλεται συνήθως με το ενδιάμεσο τράπεζας.

εμβαστικά τα, ουσ., δαπάνη που απαιτείται για την αποστολή εμβάσματος.

εμβατήριο το, ουσ. (ασυνίζ.), μουσικό κομμάτι ή τραγούδι που ρυθμίζει και συντονίζει το βάδισμα συνταγμένων ομάδων: *~ πολεμικό / πένθιμο / νεκρώσιμο / γαμήλιο.*

εμβατίκια, βλ. *εμπατίκια.*

εμβέλεια η, ουσ. (ασυνίζ.). **1.** το μακρύτερο σημείο όπου μπορούν να φτάσουν τα βλήματα πυροβόλων όπλων και η απόσταση ως το σημείο αυτό (συνών. *βεληνεκές*). **2.** η μέγιστη απόσταση έως την οποία φτάνουν τα ηχητικά κύματα που εκπέμπονται από ραδιοφωνικό ή ραδιογραφικό σταθμό: *σταθμός μικρής -ας.* **3.** (νομ.) η εκτεινόμενη

έμβιος

ισχύς μιας νομικής διάταξης. **4.** (μεταφ.) επιρροή, ακτινοβολία: *καλλιτέχνης / επιστήμονας μεγάλης -ας*.

έμβιος, -α, -ο, επίθ. (ασυνίζ.), που είναι στη ζωή, ζωντανός: *οργανισμοί -οι· όντα -α* (συνών. *έμψυχος·* αντ. *άψυχος, ανόργανος*).

έμβλημα το, ουσ. **1.** συμβολική παράσταση, απεικόνιση που χρησιμεύει ως διακριτικό σημάδι: ~ *της ποτοποιίας τους είναι ένα τσαμπί σταφύλι* (αλλιώς *«σήμα κατατεθέν»*). **2.** (για τιτλούχους) οικόσημο, θυρεός. **3.** το ρητό που συνοδεύει τις συμβολικές παραστάσεις ιδιαίτερα των οικοσήμων ή εθνοσήμων: ~ *των ενόπλων δυνάμεων είναι το «αιέν αριστεύειν»*. **4.** (βοτ.) μόσχευμα για τον εμβολιασμό των δέντρων.

εμβληματικός, -ή, -ό, επίθ., που αναφέρεται στο έμβλημα (συνών. *συμβολικός*).

εμβληματολογία η, ουσ., η μελέτη των εμβλημάτων και οικοσήμων ατόμων, οικογενειών, κλπ., κατά τη διάρκεια της ιστορίας και η ερμηνεία τους.

εμβολέας ο, ουσ. **1.** εξάρτημα πυροβόλου όπλου. **2.** κυλινδρικό εξάρτημα μηχανής ή συσκευής που κινείται μέσα σε κύλινδρο παλινδρομικά, έμβολο. **3.** (ναυτ.) ναύτης που συμμετέχει σε άγημα εμβολής.

εμβολή η, ουσ. **1.** (ναυτ.) **α.** σύγκρουση, τρακάρισμα πλοίων από κακό χειρισμό· **β.** επίθεση πολεμικού πλοίου εναντίον εχθρικού με το έμβολο με σκοπό την καταβύθιση ή την κατάληψή του. **2.** (στρατ.) επίθεση εναντίον εχθρικής δύναμης από τα πλάγια. **3.** (ιατρ.) φράξιμο αιμοφόρου αγγείου από θρόμβο αίματος: ~ *εγκεφαλικής / στεφανιαίας αρτηρίας*. **4.** κίνηση στην πάλη. **5.** αυλάκι απ' όπου διοχετεύεται το νερό πηγής.

εμβολιάζω (ασυνίζ.) και **μπολιάζω** (συνιζ.), ρ. **1.** εισάγω, χορηγώ σε ζωντανό οργανισμό ουσία μικροβιακής προέλευσης με σκοπό τη δημιουργία αντισωμάτων και επομένως την ανοσοποίηση του οργανισμού απέναντι σε συγκεκριμένη λοιμώδη αρρώστια: ~ *κάποιον κατά της χολέρας* (συνών. *δαμαλίζω*). **2.** προσδένω με ειδική διαδικασία στο βλαστό φυτού ή δέντρου τμήμα από βλαστό άλλου φυτού με *«μάτια»* για να αποκτήσει το πρώτο φυτό τις ιδιότητες του δεύτερου: ~ *την άγρια τριανταφυλλιά* (συνών. *ενοφθαλμίζω, μεταμοσχεύω, κεντρώνω*).

εμβολιασμός ο, ουσ. (ασυνίζ.). **1.** η εισαγωγή στον οργανισμό υγειούς ατόμου κάποιου εμβολίου με σκοπό την πρόκληση ανοσίας απέναντι στην αντίστοιχη προς το εμβόλιο αρρώστια (συνών. *δαμαλισμός*). **2.** (γεωπ.) μέθοδος με την οποία κάποιο φυτό αναπτύσσει τις ιδιότητες κάποιου άλλου με την προσαρμογή στο πρώτο ενός ζωντανού οφθαλμοφόρου τμήματος του άλλου, μπόλιασμα. **3.** (μεταφ.) μετάδοση ιδεών και συναισθημάτων.

εμβόλιμος, -η, -ο, επίθ. **1.** που παρεμβάλλεται ανάμεσα σε δύο συνεχόμενα πράγματα: *στίχοι -οι· ημέρα -η* (η 29η ημέρα που προστίθεται στο Φεβρουάριο κατά τα δίσεκτα χρόνια). **2.** (ανατομ.) *οστά -α* = πολύ μικρά οστά στις ραφές των οστών του κρανίου. - Το ουδ. ως ουσ. = μουσικό ή θεατρικό κομμάτι ανεξάρτητο από το θέμα του έργου, που παρεμβάλλεται ανάμεσα στα επεισόδια (συνών. *ιντερμέδιο*).

εμβόλιο το, ουσ. (ασυνίζ.). **1.** ουσία μικροβιακής προέλευσης που εισάγεται στον οργανισμό με ένεση ή από το στόμα για προφυλακτικούς ή θεραπευτικούς σκοπούς: ~ *αντιγριπικό* (συνών. *μπόλι*). **2.** (ειδικά) βατσίνα (βλ. λ.). **3.** κλωνάρι δέντρου με *«μάτια»* που χρησιμοποιείται για δενδροκομικό εμβολιασμό (συνών. *μπόλι*).

εμβολιοθεραπεία και **εμβολιοθεραπευτική** η, ουσ. (ασυνίζ.), (ιατρ.) θεραπευτική χρήση εμβολίων για την ενίσχυση της άμυνας του οργανισμού απέναντι σε λοιμώδεις αρρώστιες.

εμβολισμός ο, ουσ. **1.** προώθηση βλήματος με τη βοήθεια του εμβολέα (βλ. λ.) στο κοίλο μέρος του πυροβόλου. **2.** προσβολή εχθρικού πλοίου με το έμβολο την ώρα της εμβολής (βλ. λ. σημασ. 1β). **3.** εκτέλεση μιας ολόκληρης διαδρομής του εμβόλου των μηχανών.

έμβολο το, ουσ. **1.** εξάρτημα μηχανής, αντλίας ή σύριγγας που κινείται παλινδρομικά μέσα σε κύλινδρο: ~ *αντλίας / πιεστηρίου*. **2.** (ναυτ.) χάλκινη προέκταση της πλώρης των παλιών πολεμικών σκαφών, που διαπερνούσε τα ύφαλα του εχθρικού σκάφους. **3.** (ιατρ.) κάθε αδιάλυτη στο αίμα ουσία του ίδιου του σώματος ή ξένης προέλευσης που μεταφέρεται με την κυκλοφορία και μπορεί να προκαλέσει εμβολή (βλ. λ. σημασ. 3).

εμβρίθεια η, ουσ. (ασυνίζ.), σοβαρότητα σκέψης, περισπούδαστο ύφος (αντ. *επιπολαιότητα, ελαφρότητα*).

εμβριθής, -ής, -ές, γεν. -ούς, πληθ. αρσ. και θηλ. -είς, ουδ. -ή, επίθ., σοφός, βαθυστόχαστος: *επιστήμονας / έρευνα* ~ (αντ. *επιπόλαιος*). - Επίρρ. **-ώς.**

εμβρόντητος, -η, -ο, επίθ. (έρρ.), που είναι σαν να χτυπήθηκε από κεραυνό, κατάπληκτος (συνών. *αποσβολωμένος, σαστισμένος*).

εμβρυϊκός, -ή, -ό και **εμβρυακός,** επίθ. **1.** που ανήκει ή αναφέρεται στο έμβρυο: *περίβλημα -ό· ζωή -ή*. **2.** (μεταφ.) αδιαμόρφωτος όπως το έμβρυο, στοιχειώδης: *-ακές μορφές τέχνης*.

έμβρυο το, ουσ. (ασυνίζ.). **1.** αγέννητος οργανισμός (ανθρώπου ή ζώου) στα πρώτα στάδια της ανάπτυξής του, δηλ. ανάμεσα στη σύλληψη και τη γέννησή του. **2.** (μεταφ.) καθετί που βρίσκεται στη γένεσή του προτού ακόμη πάρει την οριστική του μορφή.

εμβρυογένεση η, ουσ. (ασυνίζ.), σειρά αλλεπάλληλων μεταβολών του αβγού ή του εμβρύου εωσότου εκκολαφθεί ή γεννηθεί (αντίστοιχα).

εμβρυογονία η, ουσ. (ασυνίζ.). **1.** γένεση του εμβρύου. **2.** βιολογική θεωρία για τη γένεση και διάπλαση του εμβρύου.

εμβρυογραφία η, ουσ. (ασυνίζ.), (ιατρ.) περιγραφή της εξέλιξης του εμβρύου στην ενδομήτρια ζωή.

εμβρυοθυλάκιο ο, ουσ. (ασυνίζ. δις), και **εμβρυοθύλακας** ο, ουσ., θυλάκιο γεμάτο υγρά που σχηματίζεται στη μήτρα και μέσα σ' αυτό αναπτύσσεται το έμβρυο.

εμβρυοκτονία η, ουσ. (ασυνίζ.), θανάτωση του εμβρύου κατά τον τοκετό ή κατά τη διάρκεια της κύησης (συνών. *άμβλωση, έκτρωση*).

εμβρυοκτόνος, -α, -ο, επίθ. (ασυνίζ.), που σκοτώνει έμβρυο.

εμβρυολογία η, ουσ. (ασυνίζ.), επιστήμη που μελετά τη γένεση και την εξέλιξη του εμβρύου.

εμβρυολογικός, -ή, -ό, επίθ. (ασυνίζ.), που ανήκει ή αναφέρεται στην εμβρυολογία: *έρευνες -ές*.

εμβρυολόγος ο, ουσ. (ασυνίζ.), επιστήμονας ειδι-

κευμένος στην εμβρυολογία.
εμβρυομεμβράνα η, ουσ. (ασυνίζ.), (ιατρ.) υμένας που περιβάλλει το έμβρυο, εμβρυϊκό περίβλημα.
εμβρυοπλαστία η, ουσ. (ασυνίζ.), διάπλαση του εμβρύου.
εμβρυοτομία η, ουσ. (ασυνίζ.), (ιατρ.) τεμαχισμός του σώματος του εμβρύου μέσα στη μήτρα με χειρουργική επέμβαση για διευκόλυνση επικίνδυνου τοκετού.
εμβρυοτομικός, -ή, -ό, επίθ. (ασυνίζ.), που αναφέρεται στην εμβρυοτομία ή τον εμβρυοτόμο.
εμβρυοτόμος ο, ουσ. (ασυνίζ.), (ιατρ.) χειρουργικό εργαλείο για το διαμελισμό του εμβρύου και την εξαγωγή του σε κομμάτια σε περίπτωση επικίνδυνου τοκετού.
εμβρυοτομώ, -είς, ρ. (ασυνίζ.), (ιατρ.) διαμελίζω το έμβρυο με τη βοήθεια του εμβρυοτόμου για να αφαιρεθεί εύκολα από τη μήτρα.
εμβρυουλκία η, ουσ. (ασυνίζ.), (ιατρ.) χρησιμοποίηση εμβρυουλκού από το μαιευτήρα σε περίπτωση δύσκολου τοκετού.
εμβρυουλκός ο, ουσ. (ασυνίζ.), (ιατρ.) ειδικό εργαλείο με μορφή λαβίδας για την εξαγωγή του εμβρύου από τη μήτρα σε περίπτωση δύσκολου τοκετού.
εμβρυώδης, -ης, -ες, γεν. -ους, πληθ. αρσ. και θηλ. -εις, ουδ. -η, επίθ. (ασυνίζ.). 1. που ανήκει ή αναφέρεται στο έμβρυο. 2. (μεταφ.) που βρίσκεται σε πρωτογενή κατάσταση, που είναι ατελώς οργανωμένος: *η επιχείρηση βρίσκεται ακόμη σε -η κατάσταση* (συνών. *υποτυπώδης*· αντ. *ανεπτυγμένος*).
εμετικός, -ή, -ό, επίθ. 1. που προκαλεί εμετό: *φάρμακο -ό* (αντ. *αντιεμετικό*). 2. (μεταφ.) αηδιαστικός: *αστείο -ό*.
εμετοδοχείο το, ουσ., δοχείο για εμετό.
εμετός ο, ουσ., αντανακλαστικό φαινόμενο κατά το οποίο εκβάλλεται από το στόμα το περιεχόμενο του στομάχου και συνεκδοχικά το περιεχόμενο του στομάχου που εκβάλλεται.
εμετώδης, -ης, -ες, γεν. -ους, πληθ. αρσ. και θηλ. -εις, ουδ. -η, επίθ. 1. (ιατρ.) που συνοδεύεται από τάση για εμετό. 2. (μεταφ.) αηδιαστικός.
εμιγκρές ο, πληθ. -έδες (όχι ερρ.). 1. αυτός που εκπατρίζεται με τη θέλησή του (συνών. *αυτοεξόριστος*). 2. (ιστ.) Γάλλος ευγενής που αναζήτησε άσυλο στο εξωτερικό κατά τη γαλλική επανάσταση του 1789. [γαλλ. *émigré*].
εμιράτο το, ουσ., κράτος που διοικείται από εμίρη.
εμίρης ο, θηλ. **-ισσα**, πληθ. -ηδες, ουσ., τίτλοι φυλάρχων και ηγεμόνων των μουσουλμανικών λαών ή κρατών. - Το θηλ. = γυναίκα του εμίρη και κατ' επέκταση αρχόντισσα. [τουρκ. *emîr*].
εμιροπούλα η, ουσ., κόρη του εμίρη και κατ' επέκταση αρχοντοπούλα.
εμμένω, ρ., μόνο στον ενεστ., μένω σταθερός ή πιστός σε κάτι: *-ει στις αποφάσεις του* (αντ. *ανακαλώ*).
έμμεσος, -η, -ο, επίθ., που γίνεται ή λέγεται με τρόπο πλάγιο και όχι απευθείας: *-η υπόδειξη*· *-οι φόροι* = φόροι που εισπράττονται από το κράτος όχι απευθείας, αλλά με την δασμολογική επιβάρυνση διάφορων ειδών· (γραμμ.) *-ο αντικείμενο* = αντικείμενο στο οποίο δε μεταβαίνει απευθείας η ενέργεια του υποκειμένου του ρήματος και μπορεί να αναλυθεί σε εμπρόθετο (αντ. *άμεσος*). - Επίρρ. **-α** και **-έσως**.

έμμετρος, -η, -ο, επίθ., που είναι γραμμένος σε στίχους με (ποιητικό) μέτρο: *-η μετάφραση*· ~ *λόγος* (αντ. *πεζός*). - Επίρρ. **-α**.
έμμηνα τα, ουσ. 1. εμμηνόρροια (βλ. λ.) (συνών. *περίοδος*). 2. ουσίες που αποβάλλονται κατά την εμμηνόρροια.
εμμηναγωγός, -ός, -ό, επίθ. (ιατρ.) που προκαλεί την εμφάνιση της εμμηνόρροιας: *φάρμακα -ά*.
εμμηνόπαυση η, ουσ., οριστική διακοπή της ωορρηξίας και της εμμηνόρροιας της γυναίκας.
εμμηνορραγία η, ουσ. (ιατρ.) αυξημένη από παθολογικά αίτια εμμηνορρυσία.
εμμηνορραγικός, -ή, -ό, επίθ., που σχετίζεται με την εμμηνορραγία.
εμμηνόρροια η, ουσ. (ασυνίζ.), (ιατρ.) περιοδική εκροή από τον κόλπο της γυναίκας αίματος, εκκρίσεων και κατεστραμμένου βλεννογόνου της μήτρας (συνών. *εμμηνορρυσία, έμμηνα, περίοδος*).
εμμηνορροϊκός, -ή, -ό, επίθ., (ιατρ.) που σχετίζεται με την εμμηνόρροια: *αίμα -ό*.
εμμηνορροώ, -είς, ρ., (ιατρ.) έχω εμμηνόρροια.
εμμηνορρυσία η, ουσ. (ιατρ.) εμμηνόρροια (βλ. λ.).
εμμηνοστασία η, ουσ., φυσιολογική ή παθολογική διακοπή της εμμηνορρυσίας.
έμμισθος, -η, -ο, επίθ. 1. που εισπράττει μισθό: *υπάλληλος* ~ (συνών. *μισθωτός*· αντ. *άμισθος*). 2. που γίνεται με μισθό, με αμοιβή: *υπηρεσία -η*.
εμμονή η, ουσ., σταθερότητα σε κάτι: ~ *πεισματική* (συνών. *επιμονή*).
έμμονος, -η, -ο, επίθ., που επιμένει σε κάτι: *-η ιδέα* = ψυχική παράσταση που επιβάλλεται με επιμονή στη συνείδηση ενός ατόμου που δεν αναγνωρίζει τον παθολογικό της χαρακτήρα (συνών. *επίμονος, σταθερός*).
έμμορφος, -η, -ο, επίθ. (ιατρ.) που έχει μορφή: *-α συστατικά του αίματος*.
εμορφάδα, βλ. *ομορφάδα*.
εμορφαίνω, βλ. *ομορφαίνω*.
εμορφιά, βλ. *ομορφιά*.
έμορφος, βλ. *όμορφος*.
έμπα το, ουσ. άκλ. (όχι ερρ.). 1. το να μπαίνει κανείς κάπου: *στο ~ χίλιους έκοψε, στο έβγα δυο χιλιάδες* (δημ. τραγ.) (συνών. *είσοδος, μπάσιμο*· αντ. *έβγα, έξοδος*). 2. σημείο εισόδου: *στο ~ του λιμανιού*. 3. αρχή χρονικής περιόδου: *με το ~ του Νοέμβρη*. [η προστ. του *μπαίνω* ως ουσ.].
εμπάθεια η, ουσ. (ερρ., ασυνίζ.), το να κατέχεται κανείς από πάθος εχθρικό, μίσος.
εμπαθής, -ής, -ές, γεν. -ούς, πληθ. αρσ. και θηλ. -είς, ουδ. -ή, επίθ. (ερρ.), που κατέχεται ή εμπνέεται από εμπάθεια: *άνθρωπος / κριτική* ~. - Επίρρ. **-ώς**.
εμπαιγμός ο, ουσ. (ερρ.). 1. περιφρονητικός αστεϊσμός, χλευασμός (συνών. *περιγέλασμα*). 2. εξαπάτηση, ξεγέλασμα (συνών. *απάτη*).
εμπαίζω, ρ., παρατ. *ενέπαιζα*, πληθ. *εμπαίζαμε*, αόρ. *ενέπαιξα*, πληθ. *εμπαίξαμε* (ερρ.). 1. περιγελώ, κοροϊδεύω: *οι πολιτικοί μάς -ουν* (συνών. *χλευάζω, περιπαίζω*). 2. κοροϊδεύω, εξαπατώ (συνών. *γελώ, ξεγελώ*).
εμπαικτικός, -ή, -ό, επίθ. (ερρ.). 1. που γίνεται για εμπαιγμό: *μορφασμός* ~ (συνών. *χλευαστικός, περιπαικτικός*). 2. που συνηθίζει ή αρέσκεται να εμπαίζει τους άλλους.
εμπάργκο το, ουσ. (ερρ.). 1. διαταγή (μιας κυβέρ-

νησης) με την οποία απαγορεύεται σε ξένα πλοία να πλεύσουν στα λιμάνια της χώρας της ή να αποπλεύσουν από αυτά, ναυτικός αποκλεισμός (βλ. λ. σημασ. 2). 2. διαταγή, αναγκαστικό μέτρο που εμποδίζει την ελεύθερη διακίνηση ενός προϊόντος: ~ οικονομικό· ~ όπλων. [διεθνής όρος<ισπαν. embargo].
εμπασιά, βλ. μπασιά.
εμπατή η, ουσ. (έρρ.). 1. είσοδος υπογείου. 2. (συνεκδοχικά) υπόγειο.
εμπατίκια (έρρ.) και **εμβατίκια** (ασυνίζ.) και **μπατίκια** τα, ουσ. (συνιζ.), (παλαιότερο) τα χρήματα που κατέβαλλαν οι ιερείς στον επίσκοπο για να τοποθετηθούν σε κάποια ενορία.
έμπεδο το, ουσ. (έρρ.), (στρατ.) μονάδα που συγκροτείται σε καιρό πολέμου και αντικαθιστά μόνιμη μονάδα που έχει φύγει σε αποστολή.
εμπεδώνω, ρ. (έρρ.), (μεταφ.) κάνω κάτι σταθερό, αμετάβλητο, συνεχές ή μόνιμο: ~ *μια κατάσταση· οι σπουδαστές -ουν καλύτερα τις γνώσεις τους χρησιμοποιώντας οπτικοακουστικά συστήματα*.
εμπέδωση η, ουσ. (έρρ.), το να γίνεται κάτι σταθερό, αμετάβλητο: ~ *της τάξης / ειρήνης* (συνών. εδραίωση, σταθεροποίηση, στερέωση).
εμπειρία η, ουσ. (έρρ.). 1. πείρα, γνώση που αποκτάται από την πρακτική εφαρμογή (επιστημονικών) γνώσεων: ~ *μεγάλη / πολύχρονη* (αντ. *απειρία*). 2. (συνεκδοχικά) το γεγονός, η πράξη με την οποία αποκτά κανείς πείρα: *έχω / αποκτώ -ές· ~ δυσάρεστη / προσωπική*. 3. (φιλοσ.) γνώση της αντικειμενικής πραγματικότητας διαμέσου των αισθήσεων.
εμπειρικός, -ή, -ό, επίθ. (έρρ.). 1. που στηρίζεται, που ενεργεί ή γίνεται με βάση την παρατήρηση και την πείρα: *θεραπεία -ή· -ό πόρισμα εργασίας· δεδομένα -ά*. 2. (φιλοσ.) που αναφέρεται στην εμπειρία, που στηρίζεται στην αντίληψη που απορρέει από τις αισθήσεις: *φιλόσοφος ~· επιστήμες -ές*. - Επίρρ. **-ά**.
εμπειριοκρατία η, ουσ. (έρρ., ασυνίζ.), (φιλοσ.) γνωσιολογικό σύστημα σύμφωνα με το οποίο κύρια πηγή γνώσης και κριτήριο της αλήθειας είναι η εμπειρία (βλ. λ. σημασ. 3) (συνών. *εμπειρισμός*).
εμπειριοκρατικός ο, ουσ. (έρρ., ασυνίζ.), ο οπαδός της εμπειριοκρατίας.
εμπειρισμός ο, ουσ. (έρρ.). 1. το να γίνεται κάτι με βάση μόνο την πείρα και χωρίς επιστημονικές γνώσεις. 2. (φιλοσ.) εμπειριοκρατία.
εμπειριστής ο, ουσ. (έρρ.), ο οπαδός του εμπειρισμού.
εμπειρογνώμονας ο, θηλ. **-ισσα**, ουσ. (έρρ.), αυτός που με τις ειδικές γνώσεις του και τη μεγάλη πείρα του εκφέρει έγκυρη γνώμη σε ζητήματα της ειδικότητάς του, ο πραγματογνώμονας.
εμπειρογνωμοσύνη η, ουσ. (έρρ.), η γνωμοδότηση ενός εμπειρογνώμονα, πραγματογνωμοσύνη.
εμπειροπόλεμος, -η, -ο, επίθ. (έρρ.), που έχει πολεμική πείρα (αντ. *απειροπόλεμος*).
έμπειρος, -η, -ο, επίθ. (έρρ.), που έχει πείρα, γνώσεις σε κάτι, πεπειραμένος: *γιατρός / οδηγός ~· άνθρωπος ~* (στη ζωή) (αντ. *άπειρος*).
εμπειροτέχνης ο, θηλ. **-ισσα**, ουσ. (έρρ.), αυτός που είναι έμπειρος στην πρακτική εφαρμογή μιας τέχνης και μπορεί να έχει έγκυρη γνώμη σχετικά μ' αυτήν.

εμπειροτεχνία η, ουσ. (έρρ.), το να είναι κανείς εμπειροτέχνης.
εμπειροτεχνικός, -ή, -ό, επίθ. (έρρ.), που ανήκει ή αναφέρεται στον εμπειροτέχνη.
εμπειροτέχνισσα η, βλ. *εμπειροτέχνης*.
εμπεριέχω, ρ. (έρρ., ασυνίζ., λόγ.), μόνο στον ενεστ. και παρατ., περιέχω, περιλαμβάνω, εμπερικλείω.
εμπερικλείω, ρ. (έρρ., λόγ.), μόνο στον ενεστ. και παρατ., (εμ)περιέχω, περιλαμβάνω.
εμπεριστατωμένος, -η, -ο, μτχ. επίθ. (έρρ.), που έγινε με μεγάλη προσοχή και ακρίβεια, προσεκτικός: *μελέτη / πραγματεία -η*. - Επίρρ. **-ως**.
εμπίπτω, ρ. (έρρ., λόγ.), μόνο στον ενεστ., περιλαμβάνομαι σε κάποια κατηγορία, υπάγομαι, ανήκω: *δεν -ει στις διατάξεις του νόμου*.
εμπιστεμένος, -η, -ο, (έρρ.) και (όχι έρρ.) **μπιστεμένος**, επίθ. (λαϊκ.), έμπιστος.
εμπιστεύομαι, ρ. (έρρ.). 1. έχω εμπιστοσύνη σε κάποιον: *δεν τον ~ καθόλου, γιατί στο παρελθόν με ξεγέλασε*. 2. λέω κάτι σε κάποιον τον οποίο θεωρώ εχέμυθο, εκμυστηρεύομαι: *του -εύθηκε τη στενοχώρια / τα μυστικά του*. 3. αναθέτω κάτι σε κάποιον που του έχω εμπιστοσύνη: *-εύθηκαν το παιδί στη φροντίδα των γιατρών*. 4. δίνω κάτι σε κάποιον που του έχω εμπιστοσύνη για να μου το φυλάξει: *δεν του ~ αυτά τα απόρρητα έγγραφα / χρήματα*.
εμπιστευτικός, -ή, -ό, επίθ. (έρρ.), που απαιτεί εχεμύθεια, που βασίζεται στην εμπιστοσύνη: *θέση / αποστολή -ή*. - Επίρρ. **-ώς** = με μυστικότητα.
έμπιστος, -η, -ο, επίθ. (έρρ.), που εμπνέει εμπιστοσύνη, που μπορεί κανείς να τον έχει εμπιστοσύνη: *φίλος / υπάλληλος ~·* (ως ουσ.) άνθρωπος που έχει κερδίσει την εμπιστοσύνη κάποιου στου οποίου συνήθως την υπηρεσία βρίσκεται: *ο ~ του διευθυντή / υπουργού*.
εμπιστοσύνη η, ουσ. (έρρ.). 1. το να πιστεύει κανείς στις αρετές ή ικανότητες κάποιου: *έχω / δείχνω ~· κερδίζω / χάνω την ~ κάποιου· κλίμα / έλλειψη / κατάχρηση -ης· αμοιβαία / μεγάλη / τυφλή* (αντ. *δυσπιστία*). 2. (πολιτ.) *ψήφος -ης* (στη Βουλή) = το να εκφράζει η Βουλή με ψηφοφορία την εμπιστοσύνη της στην κυβέρνηση.
έμπλαστρο το, ουσ. (έρρ.), θεραπευτικό παρασκεύασμα με ειδική αλοιφή που τοποθετείται επάνω στο δέρμα: *βάζω / φτιάχνω ~· ~ δραστικό* (συνών. *κατάπλασμα, μπλάστρι*).
εμπλέκω, ρ. (έρρ.), συνήθως στον ενεστ., σπάνιος αόρ. *ενέπλεξα*. I. (ενεργ.) παρασύρω κάποιον σε κάτι κακό, αναμιγνύω, μπερδεύω, μπλέκω: ~ *κάποιον σε μια υπόθεση*. II. (μέσ.) παρασύρομαι χωρίς τη θέλησή μου: *μπλέω σε περιπέτειες / σε συζήτηση*. - Βλ. και *μπλέκω*.
εμπλοκή η, ουσ. (έρρ.). 1. το να εμπλέκεται κάποιος, να αναμιγνύεται σε κάτι, (κοιν.) μπλέξιμο. 2. (μεταφ.) το να παρουσιάζεται κάποιο εμπόδιο: ~ *στις ειρηνευτικές συνομιλίες*. 3. (στρατ.) η πρώτη φάση μιας μάχης αμέσως μετά την επαφή με τον εχθρό: ~ *πολεμική*. 4. προσωρινή παύση της λειτουργίας ή αχρήστευση όπλου ή μηχανικού εξαιτίας ατέλειας ή βλάβης.
εμπλουτίζω, ρ. (έρρ.). 1. κάνω κάτι πλουσιότερο σε χρήσιμα συστατικά, αυξάνω την περιεκτικότητά του: ~ *το έδαφος με λιπάσματα*. 2. κάνω κάτι πλουσιότερο, πληρέστερο, τελειότερο: ~ *τις γνώσεις μου / τη συλλογή μου*.

εμπλουτισμός ο, ουσ. (έρρ.). 1. το να γίνεται κάτι πλουσιότερο σε χρήσιμα συστατικά, η αύξηση της περιεκτικότητάς του: ~ εδάφους με λιπάσματα· ~ ιχθυοτροφείου (με τη διασπορά γόνου ψαριών)· «~ μικροβίων» = καλλιέργεια μικροβίων για διαγνωστικούς σκοπούς. 2. το να γίνεται κάτι πλουσιότερο σε ποσότητα, πληρέστερο, τελειότερο: ~ γνώσεων / εμπορεύματος / συλλογής / βιβλιοθήκης.

έμπνευση η, ουσ. (έρρ.). 1. η ξαφνική γένεση μιας ιδέας στη συνείδηση χωρίς να παρεμβληθεί η βούληση: είχα την ~ να...· ~ πρωτότυπη· κάτι αποτελεί πηγή -ης. 2. λογοτεχνική ή καλλιτεχνική σύλληψη: ~ πηγαία / ποιητική.

εμπνευστής ο, θηλ. **-τρια,** ουσ. (έρρ.), αυτός που εμπνέει.

εμπνέω, ρ., παρατ. *ενέπνεα,* πληθ. *εμπνέαμε,* αόρ. *ενέπνευσα,* πληθ. *εμπνεύσαμε,* μτχ. παρκ. *εμπνευσμένος, -η, -ο* (έρρ.). 1. εμφυσώ, εμβάλλω σε κάποιον μια ιδέα ή ένα συναίσθημα: ~ *εμπιστοσύνη* / *σεβασμό.* 2. συντελώ ώστε να γεννηθεί, να δημιουργηθεί στη σκέψη ή τη φαντασία επιστήμονα, λογοτέχνη ή καλλιτέχνη μια ιδέα, μια σύλληψη: *το θέμα της ταινίας είναι -σμένο από το βιβλίο του τάδε.* - Η μτχ. ως επίθ. = α. που διακρίνεται την πρωτοτυπία, την ευαισθησία και την αξία των εμπνεύσεών του, των ιδεών του: ~ *ποιητής* / *μουσικός* / *ηγέτης·* **β.** που εμπνέει, που συγκινεί: *λόγια -α· ομιλία -η.*

εμποδίζω, ρ. (έρρ.), 1. βάζω εμπόδια, παρεμποδίζω: *τον -σε με το σώμα του να περάσει από την πόρτα.* 2. παρακωλύω μια ενέργεια, δεν επιτρέπω κάτι, το απαγορεύω: *τίποτε δε σ' -ει να παραιτηθείς από τη θέση σου.* 3. (μέσ.) κάτι μου αφαιρεί τη δυνατότητα να πράξω κάτι: *-ομαι να προοδεύσω* (συνών. *κωλύομαι).*

εμπόδιο το, ουσ. (έρρ., ασυνίζ.). 1. καθετί που δυσκολεύει ή ματαιώνει μια κίνηση, μια ενέργεια, ένα αποτέλεσμα, κλπ.: ~ *ανυπέρβλητο* / *απρόοπτο·* συναντώ / υπερπηδώ -α· έκφρ. *κάθε* ~ *για καλό.* 2. (αθλητ.) φραγμός που τοποθετείται για υπερπήδηση σε ορισμένα αγωνίσματα: *δρόμος μετ' -ων.*

εμπόδιση η, ουσ. (έρρ.), παρεμβολή εμποδίου, παρεμπόδιση.

εμποδιστής ο, ουσ. (έρρ.), αθλητής που ασχολείται ειδικά με το αγώνισμα του δρόμου μετ' εμποδίων.

εμπόλεμος, -η, -ο, επίθ. (έρρ.), που παίρνει μέρος σε πόλεμο ή που βρίσκεται σε κατάσταση πολέμου: *κράτη -α· ζώνη* / *κατάσταση -η.* - Το αρσ. στον πληθ. ως ουσ. = αυτοί που διεξάγουν πόλεμο μεταξύ τους: *συμφωνία των -ων για ανακωχή.*

έμπολο και **έμπουλο** το, ουσ. (έρρ.), (ναυτ.) καθένα από τα νήματα κλωστών τα οποία συστρέφονται μαζί και αποτελούν ένα σκοινί: *τα -α μιας γούμενας.*

εμποράκος, βλ. *έμπορος.*

έμπορας, βλ. *έμπορος*

εμπόρευμα το, ουσ. (έρρ.), κάθε κινητό είδος, προϊόν που μπορεί να αποτελέσει αντικείμενο αγοραπωλησίας, (κοιν.) πραμάτεια: ~ *αδασμολόγητο* / *νοθευμένο· μεταφέρω ~.*

εμπορευματικός, -ή, -ό, επίθ. (έρρ.), που ανήκει ή αναφέρεται στο εμπόρευμα: *παραγωγή -ή· ισοζύγιο -ό.*

εμπορευματογνωσία η, ουσ. (έρρ.), εμπορευματολογία (βλ. λ.).

εμπορευματοκιβώτιο το, ουσ. (έρρ., ασυνίζ.), μεγάλο μεταλλικό κιβώτιο που χρησιμοποιείται για τη μεταφορά εμπορευμάτων με τρένο, πλοίο, αεροπλάνο ή φορτηγό όχημα.

εμπορευματολογία η, ουσ. (έρρ.), κλάδος των εμπορικών σπουδών που ασχολείται με τη μελέτη των εμπορευμάτων από εμπορική σκοπιά.

εμπορευματολογικός, -ή, -ό, επίθ. (έρρ.), που ανήκει ή αναφέρεται στην εμπορευματολογία.

εμπορευματολόγος ο, ουσ. (έρρ.), αυτός που ασχολείται με την εμπορευματολογία.

εμπορευματοποίηση η, ουσ. (έρρ.), το να γίνεται κάτι αντικείμενο οικονομικών συναλλαγών: ~ *της ολυμπιακής ιδέας.*

εμπορεύομαι, ρ. (έρρ.). 1. αγοράζω και πουλώ για κερδοσκοπικούς λόγους, κάνω εμπόριο· ασκώ το επάγγελμα του εμπόρου: *η εταιρεία μας -εται με πολλές χώρες.* 2. εκμεταλλεύομαι, καπηλεύομαι: ~ *τη θέση* / *το επάγγελμά μου.* - Η μτχ. ενεστ. *εμπορευόμενος* ως ουσ. = αυτός που ασχολείται με το εμπόριο, έμπορος.

εμπορεύσιμος, -η, -ο, επίθ. (έρρ.), που μπορεί να γίνει αντικείμενο εμπορίου: *είδη* / *προϊόντα -α.*

εμπορία η, ουσ. (έρρ.). 1. εμπόριο (βλ. λ.): ~ *αυτοκινήτων* / *κρεάτων.* 2. άσκηση του εμπορικού επαγγέλματος, το επάγγελμα του εμπόρου.

εμπορικό το, ουσ. (έρρ.), κατάστημα όπου πουλιούνται υφάσματα και είδη νεοτερισμού.

εμπορικός, -ή, -ό, επίθ. (έρρ.), που ανήκει ή αναφέρεται στο εμπόριο ή τον έμπορο: *οίκος* / *σύλλογος* / *σύμβουλος* / *κώδικας* ~· *επωνυμία* / *αλληλογραφία -ή· οδοί* / *οργανώσεις* / *συμφωνίες -ές· κατάστημα* / *κέντρο* / *δίκαιο* / *βιβλίο* / *ισοζύγιο* / *ναυτικό -ό.*

εμπορικότητα η, ουσ. (έρρ.). 1. ικανότητα στη διεξαγωγή εμπορίου. 2. εμπορική ιδιότητα που προσδίδεται σε ορισμένες πράξεις ή αποκτάται από ένα φυσικό ή νομικό πρόσωπο.

εμπόριο το, ουσ. (έρρ., ασυνίζ.). 1. ενέργεια που συνίσταται στην πώληση εμπορευμάτων ή αξιών ή την αγορά τους με σκοπό τη μεταπώληση: ~ *διαμετακομιστικό* / *διεθνές* / *προσοδοφόρο·* *εσωτερικό* = που γίνεται μέσα στα σύνορα μιας χώρας· *εξωτερικό* = το σύνολο των εμπορικών συναλλαγών μιας χώρας με άλλες χώρες. 2. ηθική εκμετάλλευση ενός αντικειμένου: *κάνει* ~ *το όνομά του.*

εμποριολογία η, ουσ. (έρρ., ασυνίζ.), επιστήμη που ασχολείται με τις αρχές και τα συστήματα με τα οποία διεξάγεται το εμπόριο.

εμποριολόγος ο, ουσ. (έρρ., ασυνίζ.), επιστήμονας που ασχολείται με την εμποριολογία.

εμπόρισσα, βλ. *έμπορος.*

εμποροδικείο το, ουσ. (έρρ.), ειδικό δικαστήριο που εκδικάζει διαφορές που προκύπτουν μεταξύ εμπόρων ή που αφορούν πράξεις εμπορικές.

εμποροδίκης ο, ουσ. (έρρ.), δικαστής εμποροδικείου.

εμποροκαπετάνιος ο, ουσ. (έρρ., συνίζ.). 1. (παλαιότερο) καπετάνιος ιδιόκτητου πλοίου που εμπορεύεται για λογαριασμό του. 2. εμποροπλοίαρχος (βλ. λ.).

εμπορομανάβης ο, θηλ. **-ισσα,** ουσ. (έρρ.), έμπορος χονδρικής πώλησης φρούτων και λαχανικών.

εμπορομεσίτης ο, θηλ. **-τρια,** ουσ. (έρρ.), μεσίτης

σε εμπορικές αγοραπωλησίες.

εμπορομπακάλης ο, θηλ. **-ισσα,** ουσ. (έρρ., όχι έρρ.), έμπορος χονδρικής πώλησης ειδών παντοπωλείου.

εμποροπανήγυρη η, πληθ. *-ύρεις,* ουσ. (έρρ.), συγκέντρωση εμπόρων και έκθεση εμπορευμάτων για πώληση που γίνεται συνήθως σε υπαίθριο χώρο μια φορά το χρόνο και με την ευκαιρία θρησκευτικής γιορτής: ~ *των Σερρών κατά την Τουρκοκρατία / της Λάρισας·* η ανάπτυξη των συγκοινωνιών μείωσε τη σημασία των *-ύρεων* (συνών. *πανηγύρι, παζάρι).*

εμποροπλοίαρχος ο, θηλ. **-ινα** η, ουσ. (έρρ.), πλοίαρχος του εμπορικού ναυτικού (για διάκριση από τον πλοίαρχο του πολεμικού ναυτικού).

εμπορορσφείο το, ουσ. (έρρ.), το κατάστημα του εμπορορράφτη.

εμπορορράφτης ο, ουσ. (έρρ.), υφασματέμπορος μαζί και ράφτης αντρικών ρούχων.

έμπορος και (λαϊκ.) **-ας** ο, θηλ. **-ος** και **-ισσα,** ουσ. (έρρ.), αυτός που έχει για κύριο επάγγελμα το να πουλά φυσικά ή τεχνητά προϊόντα, πρώτες ύλες ή καταναλωτικά αγαθά, που συνήθως τα έχει αγοράσει από άλλον· (νομ.) γενικά για κάθε φυσικό ή νομικό πρόσωπο που πραγματοποιεί εμπορικές πράξεις· (λαϊκ.) για τον έμπορο υφασμάτων και ειδών νεοτερισμού: *~ ειδών διατροφής / γραμματοσήμων / όπλων / ναρκωτικών·* οι *παραγωγοί πούλησαν τα καπνά τους στους -όρους.* ~ *πλανόδιος· ταμείο -όρων·* (μεταφ.) -οι *του μίσους·* (υποτιμητικά για έναν που ενδιαφέρεται έντονα ή αποκλειστικά για το κέρδος) *αυτός ο γιατρός είναι* ~. - Υποκορ. **-άκος** ο.

εμποροϋπαλληλικός, -ή, -ό, επίθ. (έρρ.), που ανήκει ή αναφέρεται στους εμποροϋπαλλήλους: *οργανώσεις -ές.*

εμποροϋπάλληλος ο και η, ουσ. (έρρ.), υπάλληλος εμπορικού καταστήματος: *ωράριο εργατών -ήλων.*

εμποτίζω, ρ. (έρρ.). 1. καθιστώ κάτι υγρό σε όλη του τη μάζα: ~ *το ύφασμα με πετρέλαιο* (συνών. *διαβρέχω, μουσκεύω).* 2. (μεταφ.) κάνω κάποιον να αποκτήσει σταθερές ιδέες ή συναισθήματα, να αφοσιωθεί σε κάτι: *η οργάνωση τον -σε με συντηρητικές αντιλήψεις·* (συνηθέστερα παθ.): *-ίστηκε από αναρχικές ιδέες.*

εμπότιση η, ουσ. (έρρ., λόγ.), το να διαβρέχεται κάτι (συνών. *μούσκεμα).*

εμπότισμα το, ουσ. (έρρ., λόγ.). 1. (μεταλλειολογία) η παρουσία μέσα σε πέτρωμα πολύ λεπτών μορίων από ένα μέταλλο. 2. η ρευστή ουσία που διαπότισε κάτι, το υγρό που απορροφήθηκε από ένα σώμα.

εμποτισμός ο, ουσ. (έρρ.), εμπότιση (βλ. λ.).

έμπουλο, βλ. *έμπολο.*

εμπράγματος, -η, -ο, επίθ. (έρρ.), (νομ.) που αναφέρεται στα πράγματα και στις έννομες σχέσεις των ανθρώπων με αυτά: *συμβάσεις για ακίνητο / αξιώσεις -ες· δικαιώματα -α =* όσα παρέχουν εξουσία άμεση και «εναντίον όλων» πάνω στο πράγμα, π.χ. κυριότητα, δουλείες, ενέχυρο, υποθήκη· *δίκαιο -ο =* το σύνολο των κανόνων του ιδιωτικού δικαίου που ρυθμίζουν τα εμπράγματα δικαιώματα.

έμπρακτος, -η, -ο, επίθ. (έρρ.), που εκδηλώνεται με πράξεις, με έργα που διαπιστώνεται από τα πράγματα: *η αγάπη / η μετάνοια πρέπει να είναι -η, όχι μόνο λόγια· έδωσε μια -η απόδειξη των*

δυνατοτήτων του. - Επίρρ. **-α** και **-άκτως.**

εμπρεσιονισμός και **ιμπρεσιονισμός** ο, ουσ. (έρρ., ασυνίζ.), (Καλ. Τέχν.) κίνηση κυρίως στη Γαλλία του τέλους του 19. αι. με βασικό γνώρισμα την προσπάθεια να εκφραστεί στα έργα των ζωγράφων —και αργότερα των μουσικών— η γενική ατμόσφαιρα μιας σκηνής ή οι φευγαλέες εντυπώσεις που προκαλούν τα πράγματα και το φως· (λογοτ.) τεχνοτροπία που προσπαθεί να εκφράσει τις φευγαλέες εντυπώσεις, τις πιο λεπτές αποχρώσεις των συναισθημάτων. [γαλλ. *impressionisme].*

εμπρεσιονιστής και **ιμπρεσιονιστής** ο, θηλ. **-ίστρια,** ουσ. (έρρ., ασυνίζ.), καλλιτέχνης που ακολουθεί τον εμπρεσιονισμό (βλ. λ.): *ζωγράφοι / συνθέτες -ές.*[γαλλ. *impressioniste].*

εμπρεσιονιστικός, -ή, -ό και **ιμπρεσιονιστικός,** επίθ. (έρρ., ασυνίζ.), που ανήκει ή αναφέρεται στον εμπρεσιονισμό ή τους εμπρεσιονιστές (βλ. λ.): *ποίηση / ζωγραφική / μουσική -ή.* - Επίρρ. **-ά.**

εμπρεσιονίστρια, βλ. *εμπρεσιονιστής.*

εμπρησμός, ο, ουσ. (έρρ.), το να προκαλείται, με πρόθεση ή από αμέλεια, πυρκαγιά, από την οποία μπορεί να κινδυνεύσουν ξένα πράγματα: ~ *δάσους / καταστήματος / εγκληματικός.*

εμπρηστής ο, θηλ. **-τρια,** ουσ. (έρρ.). 1. αυτός που προκαλεί εμπρησμό: *οι χωρικοί παρέδωσαν τον -ή στην αστυνομία.* 2. (μεταφ.) αυτός που παροξύνει τα πάθη, που προκαλεί αναταραχή (συνήθως πολιτική): ~ *της ομαλότητας.*

εμπρηστικός, -ή, -ό, επίθ. (έρρ.). 1. που αναφέρεται στον εμπρησμό, που μπορεί να προκαλέσει δυνατή φωτιά: *μηχανισμός* ~· (στρατ.) *ύλη -ή =* εύφλεκτη ύλη που δύσκολα σβήνει· *βόμβα -ή =* ναπάλμ. 2. (μεταφ.) που έχει την πρόθεση ή τη δυνατότητα να εξάψει τα πάθη, να προκαλέσει αναταραχή, εξέγερση: *αρθρογραφία -ή· δηλώσεις -ές.*

εμπρήστρια, βλ. *εμπρηστής.*

εμπριμέ, επίθ. άκλ. (έρρ.), (για ύφασμα) που διακοσμείται με σχέδια (συνήθως πολύχρωμα), αποτυπωμένα με την τυπογραφική μέθοδο: *μουσελίνα /* (συνεκδοχικά) *πουκάμισο* ~· (ως ουσ.) *κομψό* ~ (αντ. *μονόχρωμος).* [γαλλ. *étoffe imprimée].* -Υποκορ. του ουσ. **-εδάκι** το.

εμπρόθεσμος, -η, -ο, επίθ. (έρρ.), που γίνεται μέσα σε ορισμένη προθεσμία: *υποβολή δικαιολογητικών / πληρωμή χρέους -η·* (συνεκδοχικά για πρόσωπο) *αρνήθηκαν να παραλάβουν την αίτησή μου, γιατί μεν ήμουν* ~ (συνών. *έγκαιρος·* αντ. *εκπρόθεσμος).* - Επίρρ. **-α** και **-έσμως.**

εμπρόθετος, -η, -ο, επίθ. (έρρ.), (συντακτ.) που εκφέρεται με πρόθεση: *αντικείμενο -ο· προσδιορισμός* ~ = σύνολο λέξεων που αποτελείται από πρόθεση και τη λέξη (ή τις λέξεις) που η πρόθεση αυτή συνοδεύει.

εμπρός και **μπρος** και σπανίως (λαϊκ.) **ομπρός,** επίρρ. (έρρ.), 1. (τοπ., για στάση ή κίνηση) μπροστά, απέναντι, αντίκρυ: *στάθηκε με θάρρος* ~ *στο δικαστή· προχωρείτε* ~, *παρακαλώ!* (μεταφ. για κάτι πιθανό) *δισταζω μπρος στους κινδύνους / στις ευθύνες·* (με πρόθ.) *ήρθε από* ~, *γιατί ήταν κλειστή η πίσω πόρτα· κινούμαι / προχωρώ προς τα* ~· (ως πρόθ.) ~ *μου βρισκόταν το ωραιότερο τοπίο·* (σε θέση επιθ.) *το* ~ *κάθισμα* (= μπροστινό) (αντ. *πίσω).* έκφρ. (χρον.) *από δω κι* ~ (= στο εξής, *στο μέλλον): μην περιμένεις από δω κι* ~ *βοήθεια· ένα βήμα μπρος και δύο πίσω* (για παλινδρομήσεις, συνήθως ιστορικές). Φρ. *βάζω μπρός* (= **α.**

λαϊκ., για πρόσωπο, μαλώνω, κατσαδιάζω κάποιον· **β.** για πράγμα ή έργο, αρχίζω να ασχολούμαι με κάτι, να εργάζομαι για να γίνει κάτι: *βάλαμε μπρος την υπόθεση / την καινούργια πτέρυγα του νοσοκομείου*· **γ.** για μηχανή, κάνω ό,τι χρειάζεται για να λειτουργήσει: *βάζω μπρος το αυτοκίνητο*· *παίρνω μπρος* (= αρχίζω να λειτουργώ)· (παροιμ.) *μπρος γκρεμός και πίσω ρέμα*, βλ. *γκρεμός*. **2.** (χρον.) πριν, προηγουμένως: *με όσα είπες πιο μπρος* (= πρωτύτερα) *δε συμφωνώ*. **3.** συγκριτικά (με κάτι ή κάποιον): *μπρος στον αδελφό του δεν αξίζει καθόλου*· *μπρος στα κάλλη τι 'ναι ο πόνος*; **4.** (ως προτρεπτικό, με ρ. στην προστ. ή απολ. και ως επιφ.) για να παρακινηθεί κάποιος να ξεκινήσει ή να προχωρήσει ή να αρχίσει να κάνει κάτι: *~ γράφετε! μπρος, πάρε δρόμο!* (συνών. *άιντε*)· (στρατ. - γυμν., για έναρξη βηματισμού) *~ μαρς!* (σε τηλεφώνημα, για έναρξη ή αποκατάσταση επικοινωνίας) *~, ποιος είναι;* (συνών. *ορίστε, παρακαλώ*).

εμπροσθογεμής, -ής, -ές, γεν. -*ούς*, πληθ. αρσ. και θηλ. -*είς*, ουδ. -*ή*, επίρ. (έρρ.), (για παλιό πυροβόλο όπλο) που γεμίζει από μπροστά, από το στόμιο.

εμπροσθοφυλακή η, ουσ. (έρρ.), (στρατ.) τμήμα στρατού που προχωρεί μπροστά από το κύριο τμήμα της φάλαγγας για αναγνώριση και προστασία από εχθρικό αιφνιδιασμό (συνών. *προφυλακές*· αντ. *οπισθοφυλακή*).

εμπτυσμός ο, ουσ. (έρρ., λόγ.), φτύσιμο (εναντίον κάποιου): *ο Χριστός υπέμενε τους -ούς του όχλου*.

εμπυάζω και **ομπυάζω**, ρ. (έρρ., συνιζ., λαϊκ.), (για τραύμα, πληγή, κ.τ.ό.) σχηματίζω, μαζεύω πύον.

εμπύασμα και **όμπυασμα** το, ουσ. (έρρ., λαϊκ.), εμπύημα (βλ. λ.).

εμπύημα το, ουσ. (έρρ.), (ιατρ.) σχηματισμός πύου σε μια φυσική κοιλότητα του σώματος: *~ άρθρωσης / του θώρακα*.

εμπυηματικός, -ή, -ό, επίθ. (έρρ.), (ιατρ.) που εμφανίζει ή προκαλεί εμπύημα.

εμπύηση η, ουσ. (έρρ., λόγ.), σχηματισμός πύου σε πληγή (συνών. *διαπύηση, έμπυασμα*).

έμπυο και **όμπυο** το, ουσ. (έρρ., συνιζ., λαϊκ.), πύον.

εμπύρετος, -η, -ο, επίθ. (έρρ.). **1.** (για πρόσωπο) που έχει πυρετό (αντ. *απύρετος*). **2.** (για αρρώστια) που συνοδεύεται από πυρετό: *νόσημα -ο*· *κατάσταση -η*.

εμπύρευμα το, ουσ. (λόγ.), καψούλι (βλ. λ.).

εμφανής, -ής, -ές, γεν. -*ούς*, πληθ. αρσ. και θηλ. -*είς*, ουδ. -*ή*, επίθ. (λόγ.), φανερός, έκδηλος, ευδιάκριτος: *κόπωση ~*· *συμπτώματα ασθένειας -ή*. - Επίρ. -**ώς**.

εμφανίζω, ρ. **1.** καθιστώ κάτι ορατό, μετακινώ ή φέρνω σε μια θέση όπου μπορεί κανείς να το δει: *έκρυψε το έγγραφο και αρνείται να το -ίσει* (συνών. *δείχνω, παρουσιάζω*· αντ. *αποκρύπτω*)· (μέσ.) -*ίστηκαν σύννεφα στον ορίζοντα*· (για πρόσωπο) επειδή μου χρωστά έχει μήνες να -*ιστεί* (συνών. *φαίνομαι· ~ εδώ*, *εμφανίζομαι*). **2.** (για κάτι καινούργιο ή διαφορετικό από πριν) αρχίζει (σε μέσα) να υπάρχει κάτι ή αναπτύσσεται σε βαθμό που να γίνει αντιληπτό: *~ σημεία ζωής*· *η οργάνωση -ει αδυναμίες*· (για ασθένεια) -*ει συμπτώματα ηπατίτιδας* (συνών. *εκδηλώνω*)· (μέσ.) *ο πρώτος άνθρωπος -ίστηκε πριν από εκατομμύρια χρόνια*· -*ονται προβλήματα* (= *αναφαίνονται*)· (για ασθέ-

νεια) -*ίστηκαν κρούσματα τύφου* (συνών. *παρουσιάζω*). **3.** (για το δικαστήριο) ενεργώ ώστε να παρουσιαστεί κάποιος για να καταθέσει: *ο δικηγόρος -ισε το βασικότερο μάρτυρα τελευταίο*· (συνηθέστερα μέσ.) -*ομαι στο ακροατήριο/σε συμβολαιογράφο* = πηγαίνω να αντιμετωπίσω μια κατηγορία, να καταθέσω ως μάρτυρας ή να συμμετάσχω σε μια πράξη. **4.** (μέσ., για προϊόν, βιβλίο, κ.τ.ό.) παρουσιάζομαι στο κοινό για πώληση: -*ίστηκε ένας νέος τύπος μαγνητοφώνου*· *τον περασμένο χρόνο -ίστηκαν πολλά μυθιστορήματα*. **5.** (μέσ., για καλλιτέχνη ή για το έργο του) παίρνω μέρος σε μια καλλιτεχνική εκδήλωση μπροστά σε ακροατήριο, παρουσιάζομαι στο κοινό: *ο βιολιστής αυτός -ίστηκε στις μεγαλύτερες πρωτεύουσες*· *αυτός ο ηθοποιός -εται στην παράσταση*· *ένα θεατρικό έργο -εται για πρώτη φορά*. **6.** (ενεργ., φωτογρ.) επεξεργάζομαι τη φωτογραφική πλάκα μετά τη φωτογράφηση για να γίνει η εικόνα ορατή: *έδωσα να μου -ίσουν το φιλμ*.

εμφάνιση η, ουσ. **1.** το να γίνεται κάποιος ή κάτι ορατός: *~ ενός ουράνιου σώματος* (συνών. *φανέρωμα*· αντ. *εξαφάνιση*)· (για χαρτονόμισμα) *Χ δραχμές πληρωτέες με την ~* (συνών. *προσκόμιση*). **2.** το να φανερώνεται κάτι καινούργιο, το να γίνεται κάτι αντιληπτό για πρώτη φορά: (για ασθένεια) *~ δάκου στις ελιές*· *~ ενθαρρυντικών σημείων στην οικονομία*. **3.** προσέλευση κάποιου σε ένα χώρο (συνήθως δημόσιο): *~ απρόοπτη/επίσημη*· (για κατάθεση σε δικαστήριο) *είναι απαραίτητη η -ή σου στη δίκη*· (ειδικά για ξαφνική, απροσδόκητη προσέλευση) *η ~ της αστυνομίας ανέτρεψε τα σχέδια των διαρρηκτών*. **4.** (για προϊόν, βιβλίο, κ.τ.ό.) διάθεση στο καταναλωτικό κοινό: *~ νέας σειράς ηλεκτρικών συσκευών*. **5.** (για καλλιτέχνη ή καλλιτεχνικό έργο) παρουσίαση στο κοινό: *καθιερώθηκε στον κινηματογράφο με την πρώτη του ~*. **6.** η εικόνα που παρουσιάζει κάποιος ή κάτι στους άλλους, ο τρόπος που φαίνεται στα μάτια τους, η εντύπωση που δίνει: *~ γοητευτική*· *έχει ~ παλιού δασκάλου*· *αδιαφορώ/φροντίζω για την -ή μου* (συνών. *παρουσιαστικό*). **7.** (φωτογρ.) το σύνολο των επεξεργασιών της φωτογραφικής πλάκας μετά τη φωτογράφιση για να προκύψει η εικόνα: *~ φωτογραφικών φιλμ*.

εμφανίσιμος, -η, -ο, επίθ., που μπορεί ή αξίζει να παρουσιαστεί (δημοσίως, που έχει ωραία εξωτερική εμφάνιση (βλ. λ. σημασ. 6): *ο νεαρός ήταν πολύ ~, αλλά χωρίς πνευματική καλλιέργεια*· (για πράγμα) *όσα φρούτα προορίζονται για εξαγωγή πρέπει να είναι και -α* (συνών. *ευπαρουσίαστος, ευπρόσωπος*).

εμφανιστήριο το, ουσ. (ασυνίζ.), (φωτογρ.) χώρος όπου γίνεται η εμφάνιση φωτογραφικών φιλμ.

εμφανιστής ο, ουσ., (φωτογρ.) χημική ουσία που χρησιμοποιείται για την εμφάνιση φωτογραφικών φιλμ.

εμφαντικός, -ή, -ό, επίθ. (έρρ., λόγ.), που δείχνει κάτι ή που δηλώνεται με δύναμη: *το «μπα» χρησιμοποιείται για να εκφραστεί -ή άρνηση* (συνών. *εκφραστικός, έντονος*· αντ. *υπαινικτικός*). - Επίρ. -**ά**.

εμφανώς, βλ. *εμφανής*.

έμφαση η, ουσ., έντονη έκφραση, ενάργεια στη δήλωση μιας λέξης και υπογράμμιση του περιεχομένου της: *πρόφερε την τελευταία λέξη με ~*· *υπερβολική* (συνών. *έξαρση, υπογράμμιση*) φρ.

εμφατικός

δίνω ~ *σε κάτι* (= α. τονίζω, εξαίρω: *ο ηθοποιός έδωσε* ~ *στο λυρικό χαρακτήρα του έργου·* β. θεωρώ κάτι σημαντικό, σπουδαίο: *η πολιτεία δίνει ιδιαίτερη* ~ *στην προστασία των δασών*).

εμφατικός, -ή, -ό, επίθ. (λόγ.), που δηλώνει κάτι με έμφαση, που τονίζει ιδιαίτερα κάτι: *εκφορά -ή του συνδέσμου «και»* (συνών. *έντονος, εμφαντικός·* αντ. *υπαινικτικός*). - Επίρρ. **-ά**.

εμφιαλώνω, ρ. (ασυνίζ.), (για ποτό ή άλλο υγρό) βάζω σε μπουκάλια, που τα σφραγίζω καλά: ~ *μεταλλικό νερό· κρασί -ωμένο*.

εμφιάλωση η, ουσ. (ασυνίζ.), το να γεμίζει κανείς μπουκάλια με ποτό ή άλλο υγρό και να τα σφραγίζει καλά: *εργοστάσιο -ης*.

εμφορούμαι, -είσαι, ρ. (λόγ.), μόνο στον ενεστ., είμαι γεμάτος από ένα αίσθημα, κατέχομαι, κυριεύομαι από συναισθήματα ή ιδέες: *-είται από ευγενή αισθήματα/εθνικά ιδεώδη*.

έμφραγμα το, ουσ. (ιατρ.) νέκρωση ενός ιστού ή ενός οργάνου που οφείλεται στο φράξιμο της αρτηρίας που εξασφαλίζει τη θρέψη του: ~ *εγκεφαλικό/πνευμονικό/του μυοκαρδίου*. 2. (στην οδοντιατρική) το υλικό με το οποίο φράζεται η κοιλότητα του χαλασμένου δοντιού (κοιν. *σφράγισμα*).

έμφραξη η, ουσ. 1. (ιατρ.) απόφραξη (βλ. λ.) αρτηρίας. 2. (στην οδοντιατρική) εισαγωγή υλικού σε προπαρασκευασμένη κοιλότητα του δοντιού: ~ *προσωρινή/της ρίζας/μπροστινού δοντιού* (κοιν. *σφράγισμα*).

εμφυλιοπολεμικός, -ή, -ό, επίθ. (ασυνίζ.), (νεολογ.) που σχετίζεται ή προκαλεί εμφύλιο πόλεμο: *κηρύγματα/επακόλουθα -ά*.

εμφύλιος, -α, -ο, επίθ. (ασυνίζ.), που γίνεται ανάμεσα σε ομοφύλους, σε πολίτες του ίδιου κράτους: *πόλεμος* ~· *διαμάχες -ες*.

εμφύσημα το, ουσ. (ιατρ.) εξόγκωση ή διαστολή που δημιουργείται από την υπερβολική ή μη φυσιολογική παρουσία αέρα σε ιστούς, όργανα ή κοιλότητες του σώματος: ~ *πνευμονικό*.

εμφυσηματικός, -ή, -ό, επίθ., που ανήκει ή αναφέρεται στο εμφύσημα.

εμφυσώ, ρ., αόρ. *εμφύσησα* και *ενεφύσησα*, πληθ. *εμφυσήσαμε* (λόγ.). 1. (συνήθως για το Θεό) φυσώ και βάζω κάτι κάπου, μεταδίδω κάτι με φύσημα: *ο Θεός ενεφύσησε τη ζωή στο πλάσμα του*. 2. (μεταφ. για ιδέα, συναίσθημα, κ.τ.ό.) κάνω να δημιουργηθεί κάτι σε κάποιον: ~ *θάρρος/την αγάπη για την ελευθερία* (συνών. *εμπνέω*).

εμφύτευση η, ουσ. 1. (νομ. για τη βυζαντινή εποχή) μακροχρόνια μίσθωση ξένου κτήματος με απεριόριστη χρήση και κάρπωση από το μισθωτή, που ήταν υποχρεωμένος να φροντίζει για την καλή κατάσταση του κτήματος και να πληρώνει κάποιο μίσθωμα. 2. (νεολογ.) μέθοδος τοποθέτησης και ανάπτυξης φυσικής τρίχας σε επιφάνειες του σώματος (συνήθως κεφάλι) που έχουν χάσει το φυσικό τους τρίχωμα.

εμφυτευτής ο, ουσ. (ιστ.) γεωργός που μισθώνει ένα κτήμα με εμφύτευση (βλ. λ. σημασ. 1).

εμφυτεύω, ρ., (νεολογ.) τοποθετώ με σύγχρονες τεχνικές μεθόδους και βοηθώ να αναπτυχθεί φυσική τρίχα σε επιφάνειες του σώματος (συνήθως κεφάλι) που έχουν χάσει το τρίχωμά τους.

έμφυτος, -η, -ο, επίθ., που υπάρχει σε κάποιον από τη γέννησή του: *χάρισμα -ο* (συνών. *φυσικός·* αντ. *επίκτητος*).

εμφωλεύω, ρ. (λόγ.). 1. φωλιάζω. 2. (μεταφ. συνήθως για κακό) κρύβομαι κάπου, υπάρχω σε λανθάνουσα κατάσταση: *-ει ο κίνδυνος*.

έμψυχος, -η, -ο, επίθ., που έχει ψυχή (δηλ. ζωή), ζωντανός: *όντα -α* (συνών. *έμβιος·* αντ. *άψυχος*)· *υλικό -ο* = (υπηρεσιακή γλώσσα - στρατ.) για το προσωπικό των δημόσιων υπηρεσιών ή των ενόπλων δυνάμεων (σε αντιδιαστολή προς τα υλικά μέσα που χρησιμοποιούν).

εμψυχώνω, ρ. 1. δίνω ζωή, ζωντανεύω (συνήθως μεταφ.): *ο γλύπτης -ει το μάρμαρο*. 2. μεταδίδω σε κάποιον θάρρος, ενθουσιασμό, τον ενισχύω ηθικά: *πριν από τη μάχη οι αξιωματικοί -ωναν τους στρατιώτες τους* (συνών. *εγκαρδιώνω, ενθαρρύνω·* αντ. *αποθαρρύνω*).

εμψύχωση η, ουσ. 1. ζωντάνεμα. 2. μετάδοση θάρρους, ενίσχυση του ηθικού (συνών. *ενθάρρυνση, εγκαρδίωση·* αντ. *αποθάρρυνση*).

εμψυχωτής ο, θηλ. **-τρια**, ουσ., αυτός που εμψυχώνει.

εμψυχωτικός, -ή, -ό, επίθ., που έχει σκοπό ή μπορεί να εμψυχώσει: *λόγια -ά* (συνών. *εγκαρδιωτικός, ενθαρρυντικός·* αντ. *αποθαρρυντικός*). -Επίρρ. **-ά**.

εμψυχώτρια, βλ. *εμψυχωτής*.

εν-, αχώριστο λόγ. μόρ. (δηλώνει «μέσα»): *ενήλικος, ενορία, εναντιώνομαι*.

ένα, βλ. *ένας*.

εναγκαλίζομαι, ρ. (έρρ., λόγ.), αγκαλιάζω.

εναγκαλισμός ο, ουσ. (έρρ., λόγ.). 1. αγκάλιασμα. 2. (μεταφ.) απόλυτη επιδοκιμασία, στενές σχέσεις συνεργασίας: *τον βαρύνουν ηθικά οι -οί με τη δικτατορία*.

εν αγνοία μου· αρχαϊστ. έκφρ. = χωρίς να το ξέρω.

εναγόμενος ο, ουσ. (νομ.) ο διάδικος που εναντίον του στρέφεται αγωγή (συνών. *κατηγορούμενος, υπόδικος*).

ενάγουσα, βλ. *ενάγων*.

ενάγω, ρ. (νομ.) οδηγώ κάποιον στο δικαστήριο, εγείρω αγωγή εναντίον κάποιου (συνών. *καταγγέλλω, μηνύω*).

ενάγων ο, γεν. *-οντος*, θηλ. **-ουσα**, ουσ. (νομ.) ο διάδικος που ασκεί την αγωγή εναντίον κάποιου: *πολιτικός* ~ = αυτός που επιδιώκει με την πολιτική αγωγή να ικανοποιηθούν οι ηθικές και οι οικονομικές ζημιές που υπέστη (συνών. *κατήγορος, μηνυτής*).

εναγώνιος, -α, -ο, επίθ. (ασυνίζ.), που γίνεται με αγωνία: *-ες προσπάθειες/κραυγές βοήθειας* (συνών. *αγωνιώδης*). - Επίρρ. **-ίως**.

εναέριος, -α, -ο, επίθ. (ασυνίζ.). 1. που βρίσκεται στον αέρα, μετέωρος: *σύρματα/καλώδια -α· χώρος* ~· *σιδηρόδρομος* ~ = που κινείται σε εναέρια σύρματα· *φωτισμός* ~ = με λάμπες που δε βρίσκονται σε στύλους, αλλά κρέμονται από καλώδια. 2. που γίνεται με αεροπλάνο ή έχει σχέση με την αεροπορική συγκοινωνία: *κυκλοφορία/συγκοινωνία -α* (= αεροπορική)· *σύγκρουση/μάχη -α* (με αεροπλάνα)· *περιοχή -ας κυκλοφορίας* = τομέας εναέριου χώρου όπου ασκείται έλεγχος της εναέριας κυκλοφορίας. 3. (νομ.) *Δίκαιο -ο* = το σύνολο των κανόνων που ρυθμίζουν τις σχέσεις που δημιουργούνται από τη χρήση του εναέριου χώρου από αεροπλάνα και τα μέσα ραδιοεπικοινωνίας. 4. (βοτ.) *ρίζες -ες* = οι ρίζες που αναπτύσσονται στον αέρα και όχι στο έδαφος (αντ. *υπόγειες*). - Επίρρ. **-ίως**.

εναίσιμος, -η, -ο, επίθ. (λόγ.), μόνο στον όρο *-η*

διατριβή = πρωτότυπη μελέτη που υποβάλλεται από υποψήφιο διδάκτορα για έγκριση.

εναιώρημα το, ουσ. (λόγ.). 1. αυτό που αιωρείται στη μάζα υγρού ή επιπλέει στην επιφάνειά του. 2. (φαρμ.) διάλυμα στερεάς ουσίας που τα μόριά της δεν έχουν διαλυθεί σε υγρό, αλλά αιωρούνται.

ενάλιος, -α, -ο, επίθ. (ασυνίζ., λόγ.), που βρίσκεται μέσα στη θάλασσα: *πλούτος ~· θεοί -οι· αρχαιολογία -α* (συνών. *θαλάσσιος·* αντ. *χερσαίος*).

εναλλαγή η, ουσ. 1. διαδοχική αλλαγή, αλλαγή εκ περιτροπής: ~ *χαράς και απογοήτευσης/μέρας και νύχτας/λιακάδας και συννεφιάς.* 2. (βιολ.) α. ~ *της ύλης* = αφομοίωση των θρεπτικών ουσιών των τροφών από τον οργανισμό και η μετατροπή τους σε άλλες δικές του (συνών. *μεταβολισμός)·* β. ~ *ενέργειας* = μεταβολή ενέργειας που λανθάνει στις θρεπτικές ουσίες που προσλαμβάνει ένας οργανισμός σε ενέργεια κινητική και ιδιαίτερα σε θερμότητα· γ. φαινόμενο κατά το οποίο φυτικοί ή ζωικοί οργανισμοί δεν παρουσιάζουν χαρακτηριστικά των γονέων τους, αλλά μακρινών προγόνων τους. 3. (φυσ.) ημιπερίοδος ενός εναλλασσόμενου μεγέθους κατά την οποία δεν παρατηρείται μεταβολή στη φορά και την έντασή του. 4. (λογοτ.) σχήμα λόγου κατά το οποίο γίνεται ξαφνική αλλαγή του ρήματος κατά το χρόνο, το πρόσωπο ή τον αριθμό. 5. (νομ.) ~ *κατάστασης* = μεταβολή που παρατηρείται στην προσωπικότητα ατόμου εξαιτίας κάποιας ιδιότητας που απόχτησε ή έχασε σχετικά με την ανάληψη υποχρεώσεων ή την απόκτηση δικαιωμάτων. 6. (διεθνές δίκ.) ~ *των εδαφών/αιχμαλώτων* = η ανταλλαγή εδαφών ή αιχμαλώτων που συμφωνείται ή εκτελείται μεταξύ των κρατών.

εναλλακτικός, -ή, -ό, επίθ., που διαδέχεται ή αντικαθιστά κάποιον ή κάτι άλλο: *λύση/δυνατότητα/ θεραπεία -ή.*

εναλλάξ, επίρρ. 1. εκ περιτροπής, μια ο ένας και μια ο άλλος (αντ. *συνεχώς*). 2. (γεωμ.) ~ *γωνίες* = οι γωνίες που σχηματίζονται από τη μια και από την άλλη πλευρά ευθείας που τέμνει δύο παράλληλες.

εναλλάσσω, ρ., συνήθως στον ενεστ. Ι. (ενεργ.) εκτελώ εκ περιτροπής κάτι μαζί με κάποιον άλλο. ΙΙ. (μέσ.) διαδέχομαι, αντικαθιστώ κάποιον: *στη ζωή η χαρά και η λύπη -ονται συχνά· το δραματολόγιο περιλαμβάνει πέντε έργα που θα -ονται· στο κείμενο -ονται ο διάλογος με την αφήγηση.* - Η μτχ. μέσ. ενεστ. ως επίθ. = 1. που αντικαθίσταται από άλλον: *καλλιέργειες -σσόμενες.* 2. (φυσ.) *ρεύμα -σσόμενο* = ηλεκτρικό ρεύμα που μεταβάλλεται περιοδικά κατά τη φορά και την έντασή του· *κίνηση -η* = κίνηση που γίνεται πότε κατά τη μια διεύθυνση και πότε κατά την άλλη.

ενάμισης και **-σος, μιάμισης, ενάμισι,** αριθμ., ένας και μισός: *-σι μέτρο ύφασμα/κιλό ζάχαρη.*

εν ανάγκη· αρχαϊστ. έκφρ. = σε περίπτωση ανάγκης.

ενανθράκωση η, ουσ. 1. η θέρμανση ενός κομματιού μετάλλου από την επαφή του με ειδικές ουσίες με σκοπό να αποκτήσει το μέταλλο ορισμένες ιδιότητες. 2. (παλαιοντολογία) τρόπος απολίθωσης κυρίως φυτικών λειψάνων που έμειναν καιρό σε υγρό περιβάλλον χωρίς επαφή με τον αέρα.

ενανθρωπίζομαι, ρ. (για το Θεό) αποκτώ τη φύση ανθρώπου, παίρνω σάρκα και οστά (συνών. *ενσαρκώνομαι*).

ενανθρώπιση η, ουσ. 1. (θρησκ.) η ενσάρκωση του Ιησού και η παραμονή του στη Γη ανάμεσα στους ανθρώπους με σκοπό τη σωτηρία τους. 2. (ιατρ.) η διαβίβαση ποσότητας εμβολίου μέσα από το ανθρώπινο σώμα.

έναντι, επίρρ. (έρρ.), (για να δηλωθεί μέρος ποσού) αντί, σε αντίκρισμα: *πήρα μια προκαταβολή ~ του συνολικού ποσού.*

ενάντια, βλ. *εναντίον.*

εναντιολογία η, ουσ. (έρρ., ασυνίζ.), αντίρρηση, αντιλογία (αντ. *συμφωνία, ομοφωνία*).

εναντιολογώ, -είς, ρ. (έρρ., ασυνίζ.), προβάλλω αντιρρήσεις, υποστηρίζω το αντίθετο απ' αυτό που λέει κάποιος (συνών. *αντιλέγω·* αντ. *συμφωνώ*).

εναντίον και **ενάντια,** επίρρ. (έρρ.). 1. (δηλώνει εχθρική διάθεση) κατά, απέναντι κάποιου: *οι εχθροί βάδισαν ~ μας· υπέβαλε μήνυση ~ σου· τι έχεις ~ μου; παλεύουμε -α στην εθνική εξάρτηση.* 2. το ~ = αντίθετα, απεναντίας: *δεν ήταν εχθρικός απέναντί μου, το ~ με βοήθησε πολύ.*

ενάντιος, -α, -ο, επίθ. (έρρ., ασυνίζ.). 1. αντίθετος, που ενεργεί αντίθετα σε κάποιον: *οι πράξεις σου είναι -ες στα συμφέροντα της εταιρείας· ό,τι και να πω είσαι πάντα ~* (αντ. *σύμφωνος*). 2. αντίξοος, ανάποδος: *με ό,τι και να καταπιαστεί, όλα του έρχονται -α* (συνών. *ευνοϊκός, ευμενής*).

εναντιότητα η, ουσ. (έρρ., ασυνίζ.). 1. αντίθεση, ασυμφωνία (αντ. *συμφωνία*). 2. αντιξοότητα, αναποδιά.

εναντιωματικός, -ή, ό, επίθ. (έρρ., ασυνίζ.), που δηλώνει αντίθεση, αντιθετικός: (γραμμ.) *πρόταση/μετοχή -ή· σύνδεσμος ~.*

εναντιώνομαι, ρ. (έρρ., ασυνίζ.), αντιτίθεμαι, είμαι αντίθετος σε όσα λέει ή κάνει κάποιος· αντιδρώ: *ο κόσμος -ώθηκε στις νέες φορολογικές ρυθμίσεις* (αντ. *συμφωνώ*).

εναντίωση η, ουσ. (έρρ.). 1. αντίθεση, αντίρρηση (αντ. *συμφωνία, ομοφωνία*). 2. (νομ.) *δικαίωμα -ωσης* = το δικαίωμα κάθε ενδιαφερόμενου να προσπαθεί να ματαιώσει την πραγματοποίηση κάποιας απόφασης.

εναποθέτω, ρ., αόρ. *εναπόθεσα,* αφήνω κάτι σε κάποιο μέρος, αποταμιεύω, συγκεντρώνω· φρ. ~ *τις ελπίδες μου σε κάποιον* (= στηρίζομαι, ελπίζω σε κάποιον).

εναπόκειμαι, ρ. (λόγ.). 1. βρίσκομαι σε κάποιο μέρος. 2. Το γ' εν. πρόσ. = εξαρτάται (από κάποιον), βρίσκεται στη διάθεση ή την εξουσία (κάποιου): *σ' εμάς -ειται να τηρήσουμε τους όρους της συμφωνίας.*

ενάργεια η, ουσ. (ασυνίζ.), σαφήνεια, καθαρότητα· (ειδικά για το λόγο) διαύγεια νοημάτων και περιγραφική δύναμη: ~ *κειμένου/πνεύματος/νοήματος* (αντ. *ασάφεια, σκοτεινότητα*).

εναργής, -ής, -ές, γεν. *-ούς,* πληθ. αρσ. και θηλ. *-είς,* ουδ. *-ή,* επίθ., ευκρινής, σαφής· (ειδικά για το λόγο) καθαρός, διαυγής (αντ. *ασαφής, σκοτεινός*).

ενάρετος, -η, -ο, επίθ. 1. (για πρόσωπο) που ζει με αρετή, ηθικός, τίμιος (συνών. *χρηστός·* αντ. *ανήθικος, φαύλος*). 2. (για πράξεις) που αποδεικνύουν την αρετή κάποιου. - Επίρρ. **-α.**

έναρθρος, -η, -ο, επίθ. 1. που είναι συναρμολογημένος με αρθρώσεις (συνών. *αρθρωτός)·* (για το λόγο) που αποτελείται από φθόγγους συναρμολογημένους με τρόπο ώστε το νόημα να είναι σαφές (αντ. άναρθρος). **2.** (γραμμ.) που εκφέρεται με άρθρο: *απαρέμφατο -ο* (αντ. *άναρθρος*).

εναρκτήριος, -α, -ο, επίθ. (ασυνίζ.), που γίνεται στην αρχή, κατά την έναρξη: *συνεδρίαση -α· λόγος* ~ = λόγος που εκφωνείται στην αίθουσα τελετών του Πανεπιστημίου από νεοδιορισμένο καθηγητή (αντ. *καταληκτικός*).

εναρκτικός, -ή, -ό, επίθ., που σχετίζεται με την έναρξη, αρκτικός, αρχικός: (αρχ.) *ρήματα -ά* = ρήματα που δηλώνουν την έναρξη αυτού που δηλώνει το πρωτότυπο ρήμα, π.χ. *γηράσκω* (αντ. *τελικός*).

εναρμονίζω, ρ. **1.** (σπάνιο) δίνω σε κάτι μουσική αρμονία, κάνω κάτι αρμονικό. **2.** (μεταφ.) προσαρμόζω, συνταιριάζω κάτι με μια κατάσταση, με κάτι δεδομένο ή διαφορετικές καταστάσεις ή δεδομένα μεταξύ τους: *να -ίσεις τις ενέργειές σου με τις δικές μας· -ίζονται τα συμφέροντα των δύο χωρών* (συνών. *συντονίζω, συνδυάζω·* αντ. *διαφοροποιώ*).

εναρμόνιος, -α, -ο, επίθ. (ασυνίζ.), ευχάριστος στην ακοή, μελωδικός, αρμονικός· (μους.) *φθόγγοι -οι* = φθόγγοι με διαφορετική ονομασία, που όμως συμπίπτουν ακουστικά (αντ. *παράτονος, φάλτσος*).

εναρμόνιση η, ουσ. **1.** το να κάνει κάποιος κάτι αρμονικό, εύρυθμο· (ειδικά μους.) προσαρμογή σ' ένα μελωδικό θέμα της κατάλληλης μουσικής αρμονίας· συσχετισμός μεταξύ δύο συνεχόμενων ήχων: ~ *ενός δημοτικού τραγουδιού*. **2.** η προσαρμογή ενός πράγματος σε μια δεδομένη κατάσταση (συνών. *συντονισμός, συνταίριασμα*).

εναρμονιστής ο, θηλ. **-ίστρια,** ουσ. **1.** αυτός που προσαρμόζει την κατάλληλη μουσική αρμονία σε ένα μελωδικό θέμα. **2.** ειδικός που εναρμονίζει τις συστοιχίες των εκκλησιαστικών οργάνων κατά την κατασκευή τους.

έναρξη η, ουσ., αρχή, ξεκίνημα μιας ενέργειας και η χρονική στιγμή κατά την οποία αρχίζει: ~ *των σχολικών μαθημάτων/των εργασιών της Βουλής/ της θεατρικής παράστασης·* ~ *πυρός* (αντ. *λήξη, περάτωση, τερματισμός*).

εναρχειώνω, ρ. (ασυνίζ.), τοποθετώ μέσα σε επιστημονικό (ή άλλο) αρχείο επιστημονικό (ή άλλο) υλικό (συνών. *αρχειοθετώ*).

εναρχείωση η, ουσ., τοποθέτηση επιστημονικού (ή άλλου) υλικού σε επιστημονικό (ή άλλο) αρχείο (συνών. *αρχειοθέτηση*).

ένας, μία και **μια, ένα,** γεν. αρσ. και ουδ. *ενός* και (λαϊκ.) *μιανού,* θηλ. *μιας* και (λαϊκ.) *μιανής,* αριθμ. **1.** εκφράζει την έννοια της μονάδας: *μισθός ενός μήνα· απόσταση ενός χιλιομέτρου· ένα βιβλίο.* **2.** μοναδικός· ξεχωριστός, σημαντικός: ~ *είναι στο είδος του, αξεπέραστος· θα τον βρεις εύκολα,* ~ *είναι στο χωριό του.* **3.** ο ίδιος: *με το Νίκο είμαστε μια χρονιά γεννημένοι·* ~ *Θεός μας έπλασε όλους· πλούσιους και φτωχούς ένα μας έχει ο Θεός.* **4.** (με ουσ. που δηλώνουν ποσό για να δηλωθεί λίγο απ' αυτό που δηλώνει το ουσ.) λίγος, ελάχιστος: *τρώει τόσο και ένα δράμι κρέας δεν έχει επάνω του· δώσε μου μια στάλα κρασί να πιω.* **5.** κάποιο α. ως αόρ. άρθρο: *σ' ένα δέντρο φουντωμένο θα γείρω να ξεκουραστώ* β. ως αόρ. αντων.: ~ *που θα σε δει έτσι θα τρομάξει· χτύπησα και ήρθε* ~ *και μου άνοιξε·* γ. κανένας, ούτε ένας (σε προτάσεις αποφατικές ή ερωτηματικές, που όμως περιέχουν άρνηση) ~ *δίκαιος άνθρωπος δεν υπάρχει σήμερα·* ~ *συγγενής δεν ήρθε να τον αποχαιρετήσει στο σταθμό·* δ. (για να δηλωθεί ένα από τα πολλά ομοειδή που δηλώνει το κατηγορούμενο) *σήμερα ο γάμος είναι ένα εμπόριο.* **6.** εξαίρει α. εκείνο που σημαίνει το κατηγορούμενο: *η ζωή του ήταν* ~ *αγώνας· είσαι* ~ *κύριος·* β. την αντίθεση ανάμεσα σ' ένα άτομο και τις ενέργειές του: ~ *βοσκός κατάφερε να γίνει βασιλιάς·* ~ *παπάς να κλέψει την εκκλησία!* **7.** με την αντων. *άλλος* για να δηλωθεί α. αλληλοπάθεια: *κοίταξε ο* ~ *τον άλλο και κρυφογέλασαν· βοηθάνε πολύ ο* ~ *τον άλλο στις δύσκολες στιγμές·* β. σειρά, διαδοχή: *οι παρευρισκόμενοι βγήκαν έξω ο* ~ *μετά τον άλλο·* γ. περιτροπή: *οι γείτονες πότε ο* ~ *πότε ο άλλος του δίνουν ένα πιάτο φαγητό·* δ. διαστολή, διαφοροποίηση (με τόνο περιφρόνησης): *μην ακούς τι σου λένε ο* ~ *κι ο άλλος·* ε. ποικιλία: *είπαμε το 'να και τ' άλλο.* **8.** (λαϊκ.) στη θέση τακτικού αριθμ. α. για όμοια πράγματα συνήθως αριθμημένα: *το κεφάλαιο ένα·* β. το ουδ. σε ρο αριθμ. *δύο* αντί για τα τακτικά *πρώτο, δεύτερο* για να απαριθμήσουμε κάτι: *σου αφήνω παραγγελιά ένα να προσέχεις τα λουλούδια, δύο να πληρώνεις τα κοινόχρηστα όσο θα λείπω.* **9.** το θηλ. σε συνεκφ. με το *και* εισάγει δευτερεύουσα αιτιολ. πρότ.: *μια και δεν το τρως εσύ, ας το φάω εγώ.* **10.** (με ουδ. άρθρο) ο αριθμός ένα (1): *το δωμάτιο είχε στην πόρτα το ένα·* (για το ψηφίο που αντιπροσωπεύει τον αριθμό) *ένα ελληνικό (α΄)/λατινικό (Ι)/αραβικό (1).* ΄Εκφρ. *από μιας αρχής* (= ανέκαθεν)· *ένα κι ένα* (= κατάλληλο, μοναδικό): *το τσάι αυτό είναι ένα κι ένα για το στομάχι σου· ένα(ν) προς ένα(ν)* (= λεπτομερώς και με προσοχή): *θα σου διηγηθώ τα γεγονότα ένα προς ένα· ένα φεγγάρι* (για να δηλωθεί μικρό χρονικό διάστημα): *έμεινε για ένα φεγγάρι κι έφυγε· ένα χέρι/χεράκι* (= βοήθεια, συνεργασία): *βάλε/δώσε ένα χέρι να τελειώσουμε γρήγορα·* ~ *αέρας* (για να δηλωθεί ελάχιστο ποσό), *έφτασαν στο τέρμα με έναν αέρα διαφορά· ένας-δυο* (για να δηλωθεί μικρός αριθμός): *ένας-δυο μόνον αντέδρασαν στις αποφάσεις του προέδρου· θα λείψω μια-δυο* (ή λαϊκ. *ένα-δυο*) *βδομάδες, όχι πολύ·* ~ ~ (= ο καθένας ξεχωριστά): ~ ~ *έρχονταν στο δήμαρχο και έλεγαν τα παράπονά τους·* ~ *κι* ~ (= διαλεχτοί, διακεκριμένοι): *είναι παρακατιανοί, όχι* ~ *κι* ~. Φρ. *γίνομαι ένα με κάποιον* (= ομονοώ, συμμαχώ): *έγιναν ένα με το Χαρίλαο εναντίον μου·* (παροιμ. φρ.) *ένα κι ένα κάνουν δυο* (για κάτι για το οποίο δε χωράει αμφιβολία)· *ένα σου κι ένα μου* (για κάποιον που δεν υποχωρεί στις συστάσεις και νουθεσίες κάποιου συνήθως ανώτερου): *ένα σου κι ένα μου να πήγαινε με τον πατέρα του στη συζήτηση·* ~ *Θεός ξέρει μόνο* (για να δηλωθεί αβεβαιότητα ή απουσία σαφούς πληροφόρησης): ~ *Θεός ξέρει μόνο αν θα γίνει καλά· ένας κούκος/ένα χελιδόνι δε φέρνει την άνοιξη* (όταν, για την εκτέλεση ενός έργου, υπάρχει μόνο ένας, ενώ απαιτείται η συνεργασία πολλών)· ~ *λόγος είναι...* (για να δηλωθεί ότι το περιεχόμενο του λόγου δεν είναι δυνατό να πραγματοποιηθεί): ~ *λόγος είναι να τον πείσω·* ~ *το μακρύ του κι άλλος το κοντό του* (για να δηλωθεί αδυναμία συνεννόησης)· *οι πολλοί θέλουν πολλά κι ο* ~ *θέλει απ' όλα* (για να δηλωθεί ότι τα έξοδα της οικογένειας είναι τα ίδια άσχετα αν αποτελείται από ένα ή πολλά άτομα). - Βλ. και *ά. μία.*

έναστρος, -η, -ο, επίθ., που είναι γεμάτος άστρα: *ουρανός* ~ (αντ. *άναστρος*).

ενατένιση η, ουσ. (λόγ.), η προσήλωση του βλέμματος σε κάποιον ή κάτι.

ένατον, επίρρ., πβ. *πρώτον, δεύτερον, τρίτον.*

ένατος, -η, και (λόγ. **ενάτη**), **-ο,** αριθμ., που σε κάποια σειρά έχει τη θέση που αντιστοιχεί στον αριθμό εννέα (9), ο επόμενος του όγδοου και προηγούμενος του δέκατου: ~ *μήνας του χρόνου· την -άτη πρωινή* (ενν. *ώρα) της Πέμπτης.* - Το θηλ. ως ουσ. **1.** η ενατη μέρα: *την -άτη του μηνός.* **2.** (μους.) ο ένατος φθόγγος της διατονικής κλίμακας. - Το ουδ. ως ουσ. = το ένα από τα εννέα ίσα μέρη στα οποία χωρίζεται μια μονάδα.

έναυσμα το, ουσ. (μεταφ.) αυτό που διεγείρει, εξάπτει: ~ *της ισχυρής λογομαχίας ήταν η προσβλητική σου έκφραση.*

εν βρασμώ ψυχής· αρχαϊστ. έκφρ.· σε περιπτώσεις ψυχικής ταραχής.

εν γένει, επίρ. (λόγ.), γενικά, συνολικά.

εν γνώσει (μου, σου...)· αρχαϊστ. έκφρ. = συνειδητά.

ενδεδειγμένος, -η, -ο, μτχ. επίθ. (λόγ.), που εξαιτίας κάποιας φανερής ικανότητας ή ιδιότητάς του είναι κατάλληλος για κάτι: *είναι ο* ~ *για τη θέση του διευθυντή· λύση -η· τρόπος ενέργειας* ~ (συνών. *αρμόδιος·* αντ. *ακατάλληλος).* - Επίρρ. **-ως.**

ένδεια η, ουσ. (ασυνίζ., λόγ.). **1.** στέρηση, έλλειψη: ~ *χρημάτων* (αντ. *επάρκεια).* **2.** στέρηση των αναγκαίων, φτώχεια (αντ. *πλούτος, ευπορία).*

ενδεικτικός, -ή, -ό, επίθ., που παρουσιάζει ενδείξεις, που φανερώνει, υποδηλώνει κάτι: *οι ενέργειές του είναι -ές της διάθεσής του να παραιτηθεί* (συνών. *δηλωτικός).* - Το ουδ. ως ουσ. = σχολικό έγγραφο που βεβαιώνει ότι ο μαθητής έχει προαχθεί στην επόμενη τάξη. - Επίρρ. **-ά.**

ένδειξη η, ουσ. **1.** σημάδι που δείχνει, φανερώνει κάτι, δείγμα, βεβαίωση: *το προσωπικό έκανε στάσεις εργασίας σε* ~ *διαμαρτυρίας για την απόλυση του προέδρου του σωματείου·* ~ *στη διασταύρωση.* **2.** (νομ.) στοιχείο ή περιστατικό πραγματικό που μόνο του ή σε συνδυασμό με άλλα φανερώνει με πιθανότητα την αλήθεια σχετικά με την ενοχή ή την αθωότητα του κατηγορουμένου (αντ. *απόδειξη).* **3.** (ιατρ.) εκδήλωση συμπτώματος κάποιας αρρώστιας που επιβάλλει ειδική θεραπευτική αγωγή.

ένδεκα και (έρρ.) **έντεκα,** αριθμ. άκλ. **1.** αυτό που προκύπτει όταν στο δέκα προσθέσουμε μια μονάδα: ~ *άτομα·* οι *έντεκα παίχτες μιας ποδοσφαιρικής ομάδας.* **2.** (στη θέση τακτικού αριθμ. για χρόνο) *στις* ~ *Μαρτίου·* (για όμοια πράγματα συνήθως αριθμημένα) *το κουτί/κεφάλαιο έντεκα* (συνών. *ενδέκατος).* **3.** (με ουδ. άρθρο) ο αριθμός ένδεκα (11): *η κάρτα είχε επάνω το έντεκα·* (για το ψηφίο που αντιπροσωπεύει τον αριθμό) ~ *ελληνικό* (ια')/*λατινικό (XI).*

ενδεκάγωνος, -η, -ο, επίθ., που έχει ένδεκα γωνίες. - Το ουδ. ως ουσ. = (μαθημ.) γεωμετρικό σχήμα με ένδεκα γωνίες και ένδεκα πλευρές.

ενδεκάδα η, αριθμ. **1.** σύνολο ένδεκα μονάδων, αφηρημένη έννοια του αριθμού ένδεκα (11): *μια* ~ *πιάτα.* **2.** το σύνολο των παικτών μιας ποδοσφαιρικής ομάδας: *οι αντίπαλες -ες προθερμαίνονται στο γήπεδο.*

ενδεκαδικός, -ή, -ό, επίθ., που έχει ως βάση τον αριθμό ένδεκα· *σύστημα -ό* = σύστημα αρίθμησης κατά το οποίο οι αριθμοί χωρίζονται σε τάξεις μονάδων και κάθε τάξη έχει ένδεκα μονάδες της αμέσως κατώτερης.

ενδεκαετής, -ής, -ές, γεν. *-ούς,* πληθ. αρσ. και θηλ. *-είς,* ουδ. *-ή,* επίθ., που έχει ηλικία ή διάρκεια ένδεκα ετών: *μαθητής* ~· *απουσία/συνεργασία* ~ (συνών. *ενδεκάχρονος).*

ενδεκαετία η, ουσ., χρονικό διάστημα ένδεκα ετών.

ενδεκαήμερος, -η, -ο, επίθ., που έχει διάρκεια ένδεκα ημερών: *ταξίδι -ο.* - Το ουδ. ως ουσ. = χρονικό διάστημα ένδεκα ημερών.

ενδεκαμελής, -ής, -ές, γεν. *-ούς,* πληθ. αρσ. και θηλ. *-είς,* ουδ. *-ή,* επίθ., που αποτελείται από ένδεκα μέλη: *ομάδα/επιτροπή* ~.

ενδεκάμηνος, -η, -ο, επίθ., που έχει ηλικία ή διάρκεια ένδεκα μηνών: *βρέφος -ο· θητεία/άδεια -η.* - Το ουδ. ως ουσ. = το χρονικό διάστημα ένδεκα μηνών.

ενδεκαπλασιάζω, ρ. (ασυνίζ.), κάνω κάποιον ένδεκα φορές μεγαλύτερο ή περισσότερο, πολλαπλασιάζω επί ένδεκα.

ενδεκαπλασιασμός ο, ουσ. (ασυνίζ.), πολλαπλασιασμός ενός ποσού επί ένδεκα.

ενδεκαπλάσιος, -α, -ο, (ασυνίζ.), που είναι μεγαλύτερος ή περισσότερος από κάποιον άλλο ένδεκα φορές.

ενδεκασύλλαβος, -η, -ο, επίθ., που αποτελείται από ένδεκα συλλαβές: *λέξη -η· στίχος* ~. - Το αρσ. ως ουσ. = στίχος που αποτελείται από ένδεκα συλλαβές.

ενδεκάτομος, -η, -ο, επίθ., που αποτελείται από ένδεκα τόμους: *ιστορία -η.*

ενδέκατος, -η, και λόγ. **-άτη, -ο,** αριθμ., που σε μια σειρά αριθμούμενων πραγμάτων έχει τη θέση που αντιστοιχεί στον αριθμό ένδεκα, επόμενος του δέκατου και προηγούμενος του δωδέκατου. - Το λόγ. θηλ. *-άτη* ως ουσ. = η ενδέκατη μέρα: *η -άτη Μαΐου.* - Το ουδ. ως ουσ. = το ένα από τα ένδεκα ίσα μέρη στα οποία χωρίζεται μια μονάδα.

ενδεκάχρονος, -η, -ο, και (έρρ.) **εντεκάχρονος,** επίθ., που έχει ηλικία ή διάρκεια ένδεκα χρόνων (συνών. *ενδεκαετής).*

ενδέχομαι, ρ., μόνο στο γ' εν. *ενδέχεται* ως απρόσ., είναι πιθανό, δυνατόν να συμβεί, δεν αποκλείεται: *σήμερα -εται να βρέξει.* - Η μτχ. *-όμενος* ως επίθ. = που είναι δυνατόν να συμβεί, πιθανός: *ο πυροσβεστήρας είναι απαραίτητος για μια -όμενη ανάφλεξη της μηχανής.* - Το ουδ. της μτχ. ως ουσ. = **α.** αυτό που είναι πιθανόν να συμβεί, που δεν αποκλείεται· πιθανότητα, περίπτωση: *υπάρχει και το -όμενο να λείπω από το σπίτι αύριο·* **β.** (φιλοσ.) καθετί που δεν είναι αναγκαστικά έτσι όπως φαίνεται, αλλά θα μπορούσε να είναι και διαφορετικό ή και να μην υπάρχει καθόλου. - Επίρρ. **-μένως.**

ενδημία η, ουσ. (ιατρ.) τακτική εμφάνιση λοιμώδους αρρώστιας σε κάποιο τόπο με μορφή επιδημίας ή σποραδικά.

ενδημικός, -ή, -ό, επίθ. (λόγ.). **1.** που παρουσιάζεται, που διαμένει σ' ένα μόνο τόπο· *φυτά -ά* = με περιορισμένη εξάπλωση, που καλλιεργούνται συνήθως στη χώρα καταγωγής τους· *ζώα -ά* = που ζουν συνήθως σε ένα τόπο ή σε ένα βιότοπο, επειδή το είδος τείνει να εξαφανιστεί ή βρίσκονται στην αρχή της ανάπτυξής τους. **2.** (ιατρ., για λοιμώδη αρρώστια) που μόνιμα εκδηλώνεται σ' ένα

ενδημώ, **-είς**, ρ. 1. (ιατρ., για λοιμώδη αρρώστια) είμαι ενδημικός, εκδηλώνομαι μόνιμα σε κάποιο τόπο και προσβάλλει μέρος του πληθυσμού. 2. η μτχ. ενεστ. *ενδημούσα* για τη μόνιμη σύνοδο του οικουμενικού πατριαρχείου ή της ιεραρχίας.

έν διά δυοίν· αρχαϊστ. έκφρ.· (γραμμ.) σχήμα κατά το οποίο μια έννοια εκφράζεται με δύο λέξεις που συνδέονται με το *και*, ενώ σύμφωνα με το νόημα η μία από αυτές έπρεπε να αποτελεί προσδιορισμό της άλλης, π.χ. *αστροπελέκι και φωτιά να πέσει στις αυλές σου* (αντί: *αστροπελέκι φλογερό...*).

ενδιάθετος, **-η**, **-ο**, επίθ. (ασυνίζ., λόγ.), που βρίσκεται μέσα στην ψυχή, στη διάνοια, που δεν εξωτερικεύεται: *λόγος* ~ (συνών. *ενδόμυχος*).

ενδιαίτημα το, ουσ. (ασυνίζ., λόγ.). 1. ο χώρος όπου μένει κάποιος, κατοικία. 2. (πληθ.) τα χωριστά διαμερίσματα στα πολεμικά πλοία που προορίζονται για τη διαμονή των αξιωματικών του πλοίου.

ενδιάμεσος, **-η**, **-ο**, επίθ. (ασυνίζ.). 1. που βρίσκεται ανάμεσα σε δυο άλλους, διάμεσος: *τοίχος* ~. 2. (χρον.) που μεσολαβεί ανάμεσα σε δυο χρονικά σημεία: *δεν αναζητούνται οι καρποί (του χρέους) του -ου χρόνου*. - Το ουδ. ως ουσ. = α. ο κενός χώρος που παρεμβάλλεται ανάμεσα σε δύο μέρη ενός συνόλου: *να αφήνεις κάποιο -ο ανάμεσα στις παραγράφους* (συνών. *διάμεσο*, *διάκενο*) β. χρονικό διάστημα που μεσολαβεί ανάμεσα σε δύο χρονικά σημεία, περιόδους, εποχές: *στο -ο μπορείτε ν' ασχοληθείτε με κάτι άλλο*.

ενδιαφέρον το, ουσ. (ασυνίζ.). 1. φροντίδα για κάποιον ή κάτι: *έδειξε μεγάλο* ~ *για το ζήτημα*· ~ *αυξημένο*· *το* ~ *του ήταν στραμμένο προς τα γεγονότα του πολέμου* (συνών. *μέριμνα*· αντ. *αδιαφορία*). 2. ό,τι προκαλεί ιδιαίτερη εντύπωση: *βιβλίο χωρίς* ~. 3. ερωτική συμπάθεια: *δείχνει ιδιαίτερο* ~ *για τη Μαρία*. 4. συμφέρον: *τα -οντα των Μεγάλων Δυνάμεων στην περιοχή*.

ενδιαφέρω, ρ., παρατ. *ενδιέφερα*, (ασυνίζ.). I ενεργ. (μόνο στον ενεστ. και παρατ.). 1. (σπάνιο στο α' και β' πρόσ.) προκαλώ την προσοχή κάποιου, παρουσιάζω ενδιαφέρον: *έπαψαν να μ' -ουν οι ξένες υποθέσεις* (συνών. *νοιάζω*). 2. (σε γ' πρόσ.) έχει σημασία, σπουδαιότητα: *με -ει μόνον η ποιότητα*. - Η μτχ. ενεργ. ενεστ. *-ων*, *-ουσα*, *-ον* ως επίθ. = **α.** που είναι άξιος ιδιαίτερα να τον προσέξει κανείς, σπουδαίος: *-ουσα προσωπικότητα/ περίπτωση/είδηση*· *-ον ζήτημα* (συνών. *σημαντικός*· αντ. *ασήμαντος*)· **β.** *-ουσα (κατάσταση)* = εγκυμοσύνη. II. μέσ. 1. δείχνω ιδιαίτερη φροντίδα για κάποιον ή κάτι: *δεν -εται για τα παιδιά του/ την υγεία του, μόνον για τον εαυτό του*· *-ουνται, νοιάζομαι, αδιαφορώ*). 2. στρέφω την προσοχή μου, επιδίδομαι σε κάτι: *-εται για τη ζωγραφική*. 3. δείχνω ερωτική συμπάθεια: *-εται για την καινούργια του γειτόνισσα*. 4. έχω συμφέρον από κάτι. - Η μτχ. μέσ. ενεστ. ως επίθ. = που έχει ενδιαφέρον, συμφέρον για κάτι, που τον αφορά κάτι: *οι -όμενοι πρέπει να παρουσιαστούν την καθορισμένη ημέρα*.

ενδίδω, ρ., παρατ. *ενέδιδα*, αόρ. *ενέδωσα* (λόγ.), υποχωρώ: ~ *σε πιέσεις*· *ενέδωσε στις προτάσεις του* (συνών. *υποκύπτω*, *λυγίζω*).

ένδικος, **-η**, **-ο**, επίθ., που γίνεται σύμφωνα με το δίκαιο, με το νόμο: *μέσα -α* = διαδικαστικές πράξεις με τις οποίες ζητείται η ακύρωση ή η μεταρρύθμιση βλαπτικής δικαστικής απόφασης ύστερα από έλεγχό της.

ένδο-, α' συνθ. ουσ. και επίθ. π.χ. *ενδοφλέβιος*, *ενδοσκόπηση*. [αρχ. *ένδον*].

ενδοαγγειακός, **-ή**, **-ό**, επίθ. (έρρ., ασυνίζ.), (ιατρ.) που βρίσκεται ή δρα μέσα στα αιμοφόρα αγγεία: *οξυγονωτήρας* ~.

ενδοαυχενικός, **-ή**, **-ό**, επίθ. (ιατρ.) που βρίσκεται μέσα στον αυχένα της μήτρας.

ενδογαμία η, ουσ., το να συνάπτουν γάμο τα μέλη φυλετικού σχηματισμού, θρησκείας ή κοινωνικής τάξης αποκλειστικά και μόνο με μέλη του ίδιου σχηματισμού (αντ. *εξωγαμία*).

ενδογαμικός, **-ή**, **-ό**, επίθ., (για κοινωνικό σχηματισμό) που σ' αυτόν ισχύει η ενδογαμία: *κοινωνία -ή*· *σύστημα -ό* (αντ. *εξωγαμικός*).

ενδογένεση η, ουσ. (βιολ.) αναπαραγωγή κυττάρων κατά την οποία τα θυγατρικά κύτταρα που προκύπτουν παραμένουν μέσα στο μητρικό κύτταρο.

ενδογενής, **-ής**, **-ές**, γεν. *-ούς*, πληθ. αρσ. και θηλ. *-είς*, ουδ. *-ή*, επίθ. 1. (βιολ.) που γεννιέται ή παράγεται μέσα στον οργανισμό (αντ. *εξωγενής*). 2. (μεταφ.) που παράγεται από κάποια εσωτερική αιτία: ~ *φθορά της κυβέρνησης*.

ενδοδερμικός, **-ή**, **-ό**, επίθ., (ιατρ.) που βρίσκεται ή γίνεται μέσα στο δέρμα: *ραφή -ή*.

ενδοθερμικός, **-ή**, **-ό**, επίθ. (φυσ. - χημ.) που η τέλεσή του συνοδεύεται από απορρόφηση θερμότητας: *-ες χημικές αντιδράσεις* (αντ. *εξωθερμικός*).

ενδοιασμός ο, ουσ. (ασυνίζ.). 1. δισταγμός προκειμένου για απόφαση: *έχω -ούς για το αν πρέπει να επενδύσω* (συνών. *επιφύλαξη*, *δισταγμός*). 2. έλλειψη πεποίθησης, αμφιβολία: *έχω -ούς για την επιτυχία της προσπάθειας* (συνών. *αβεβαιότητα*).

ενδοιαστικός, **-ή**, **-ό**, επίθ. (ασυνίζ.), (γραμμ.) *προτάσεις -ές* = δευτερεύουσες προτάσεις που εισάγονται με διστακτικούς συνδέσμους και φανερώνουν φόβο ή ανησυχία μήπως γίνει κάτι δυσάρεστο ή ανεπιθύμητο ή μήπως δεν γίνει κάτι επιθυμητό (συνών. *διστακτικός*).

ενδοκάρδιο το, ουσ. (ασυνίζ.), (ανατομ.) λεπτός υμένας στο εσωτερικό των κόλπων και των κοιλιών της καρδιάς.

ενδοκάρπιο το, ουσ. (ασυνίζ.), (βοτ.) το εσωτερικό μέρος του καρπού, ο πυρήνας.

ενδοκομματικός, **-ή**, **-ό**, επίθ., που εμφανίζεται μέσα στο κόμμα ή που αναφέρεται σ' αυτό: *ζητήματα -ά*.

ενδόκριμα το, ουσ., έκκριμα των ενδοκρινών αδένων.

ενδοκρινής, **-ής**, **-ές**, γεν. *-ούς*, πληθ. αρσ. και θηλ. *-είς*, ουδ. *-ή*, επίθ., που εκκρίνει κάτι εσωτερικά: *αδένες -είς* = αδένες που το έκκριμά τους δεν αποχετεύεται με εκφορητικό πόρο, αλλά εισέρχεται στην κυκλοφορία του αίματος.

ενδοκρινικός, **-ή**, **-ό**, επίθ., που έχει σχέση με τους ενδοκρινείς αδένες: *σύστημα -ό*.

ενδοκρινολογία η, ουσ. (ιατρ.) επιστήμη που ασχολείται με τη φυσιολογία και την παθολογία των ενδοκρινών αδένων.

ενδοκρινολογικός, **-ή**, **-ό**, επίθ., που ανήκει ή αναφέρεται στην ενδοκρινολογία ή τον ενδοκρινολόγο.

ενδοκρινολόγος ο, ουσ., επιστήμονας ειδικός στην ενδοκρινολογία.

ενδοκυβερνητικός, **-ή**, **-ό**, επίθ., που εμφανίζεται ή συμβαίνει στα πλαίσια κυβέρνησης: *διένεξη -ή*.

ενδοκυτταρικός, -ή, -ό, επίθ. (ιατρ.) που βρίσκεται ή γίνεται μέσα στο κύτταρο: *υγρό -ό· πέψη -ή.*
ενδολεξικός, -ή, -ό, επίθ. (γραμμ.) που βρίσκεται στο εσωτερικό μιας λέξης: *σύμπλεγμα -ό.*
ενδομήτριος, -α, -ο, επίθ. (ασυνίζ.), (ιατρ.) που γίνεται ή αναπτύσσεται μέσα στη μήτρα: *κύηση -α· θάνατος* ~ (αντ. *εξωμήτριος*). - Το ουδ. ως ουσ. = (ανατομ.) ο βλεννογόνος που επενδύει την κοιλότητα της μήτρας.
ενδομητροσκόπιο το, ουσ. (ασυνίζ.), (ιατρ.) γυναικολογικό εργαλείο για εξέταση της κοιλότητας της μήτρας.
ενδομυελικός, -ή, -ό, επίθ. (ασυνίζ.), (ιατρ.) που εντοπίζεται ή εκτελείται στο εσωτερικό του νωτιαίου μυελού ή του μυελού των οστών: *όγκος* ~.
ενδομυϊκός, -ή, -ό, επίθ. (ιατρ.) που εντοπίζεται ή εκτελείται στους μύες του σώματος: *ένεση -ή· αγγεία -ά.* - Επίρρ. **-ά** και **-ώς.**
ενδόμυχος, -η, -ο, επίθ. **1.** που είναι κρυμμένος στο βάθος της ψυχής: *σκέψη -η* (συνών. *απόκρυφος, εσώτατος*). **2.** (για συναισθήματα) που δεν εκδηλώνεται, που δεν εκφράζεται (συνών. *ανεκδήλωτος, μυστικός*). - Επίρρ. **-α** και **-ύχως.**
ένδοξος, -η, -ο, επίθ., που έχει δόξα, δοξασμένος, διάσημος: *πατρίδα -η* (συνών. *ξακουστός, φημισμένος, ονομαστός·* αντ. *άδοξος, αφανής*). -Επίρρ. **-α.**
ενδοξότητα η, ουσ., το να είναι κανείς ένδοξος.
ενδοπερικαρδίτιδα η, ουσ. (ιατρ.) ταυτόχρονη φλεγμονή του ενδοκαρδίου και του περικαρδίου.
ενδοπλευρικός, -ή, -ό, επίθ. (ανατομ.) που βρίσκεται στο κοίλωμα των πλευρών.
ενδοπνευμονικός, -ή, -ό, επίθ. (ανατομ.) που γίνεται ή υπάρχει μέσα στον πνεύμονα: *πίεση/ διασπορά -ή.*
ενδόσιμος, -η, -ο, επίθ., ενδοτικός (βλ. λ.).
ενδοσκόπηση η, ουσ. **1.** (ιατρ.) εξέταση της εσωτερικής κοιλότητας του σώματος με τον κατάλληλο φωτισμό: ~ *οισοφάγου.* **2.** (ψυχ.) ψυχολογική μέθοδος κατά την οποία εξετάζει κανείς τα ψυχικά του φαινόμενα.
ενδοσκοπικός, -ή, -ό, επίθ., που ανήκει ή αναφέρεται στην ενδοσκόπηση: *μέθοδος -ή.*
ενδοσκόπιο το, ουσ. (ασυνίζ.), (ιατρ.) συσκευή που προορίζεται να φωτίζει και να κάνει ορατό το εσωτερικό μιας κοιλότητας του σώματος διευκολύνοντας την εξέτασή της.
ενδοστρέφεια η, ουσ. (ασυνίζ.), (ψυχ.) προσανατολισμός των ενδιαφερόντων και των συγκινήσεων ατόμου προς τον εσωτερικό του κόσμο περισσότερο παρά προς τον εξωτερικό (συνών. *εσωστρέφεια*).
ενδοστρεφής, -ής, -ές, γεν. *-ούς,* πληθ. αρσ. και θηλ. *-είς,* ουδ. *-ή,* επίθ., που κατέχει ενδοστρέφεια (συνών. *εσωστρεφής·* αντ. *εξωστρεφής*).
ενδότερος, -η, -ο, επίθ., που βρίσκεται πιο μέσα: *η -η ζωή ενός συγγραφέα* (αντ. *εξώτερος*). - Το ουδ. στο πληθ. ως ουσ. = τα μέρη, κυρίως περιοχής, που βρίσκονται πιο μέσα: *ο πληθυσμός αποσύρθηκε στα -α.*
ενδοτικός, -ή, -ό, επίθ. **1.** που υποχωρεί εύκολα (συνών. *υποχωρητικός, συγκαταβατικός·* αντ. *πεισματάρης*). **2.** (γραμμ.) *προτάσεις -ές* = δευτερεύουσες προτάσεις που εκφράζουν παραχώρηση σε κάτι πραγματικό ή μη, εναντίωση ή αντίθεση (συνών. *παραχωρητικός*).
ενδοτικότητα η, ουσ., υποχωρητικότητα (συνών.

συγκαταβατικότητα· αντ. *πείσμα*).
ενδοφλέβιος, -α, -ο, επίθ. (ασυνίζ.), (ιατρ.) που γίνεται διαμέσου μιας φλέβας: *ένεση/νάρκωση -α.*
ενδοφλεβίτιδα η, ουσ. (ιατρ.) φλεγμονή του εσωτερικού τοιχώματος μιας φλέβας.
ενδοχώρα η, ουσ. **α.** το εσωτερικό μιας περιοχής σε αντίθεση με την ακτή, το λιμάνι: *στα παράλια υπάρχουν πολλά χωριά, αλλά η* ~ *είναι αραιοκατοικημένη·* (μεταφ.) *η* ~ *ενός ποιητή·* **β.** αγροτική ή αστική περιοχή που έχει στενούς οικονομικούς δεσμούς με κάποια κοντινή πόλη ή κωμόπολη: *αφήσαμε την πόλη και προχωρήσαμε προς την* ~.
ένδυμα το, ουσ. **1.** κάθε αντικείμενο κατασκευασμένο από οποιοδήποτε υλικό, κατεργασμένο ή όχι, που χρησιμοποιείται για να καλύψει το σώμα: *-ατα έτοιμα* (συνών. *φόρεμα, ρούχο*). **2.** η όλη ενδυμασία: ~ *επίσημο.*
ενδυμασία η, ουσ., το σύνολο των ενδυμάτων που απαρτίζουν την εξωτερική εμφάνιση του ανθρώπου: *-ες τοπικές/θεατρικού έργου* (συνών. *φορεσιά, κοστούμι*).
ενδυματολογία η, ουσ., κλάδος της θεατρικής τέχνης που ασχολείται με τη μελέτη των ενδυμασιών διαφόρων εποχών και τη χρησιμότητά τους από θεατρική ή κινηματογραφική άποψη.
ενδυματολογικός, -ή, -ό, επίθ., που ανήκει ή αναφέρεται στην ενδυματολογία ή τον ενδυματολόγο: *έργα -ά.*
ενδυματολόγιο το, ουσ. (ασυνίζ.), το σύνολο των ενδυμασιών ενός ατόμου, θιάσου, κλπ. (συνών. *βεστιάριο, γκαρνταρόμπα*).
ενδυματολόγος ο, ουσ., αυτός που ασχολείται με τις ενδυμασίες και ειδικά ο σχεδιαστής των θεατρικών κοστουμιών.
ενδυνάμωμα, το, ουσ., ενδυνάμωση (βλ. λ.).
ενδυναμώνω, ρ. **1.** κάνω κάτι δυνατό, δυναμώνω κάτι (συνών. *ενισχύω, ισχυροποιώ·* αντ. *εξασθενίζω*). **2.** (μεταφ.) ενισχύω κάποιον ψυχικά, ενθαρρύνω (αντ. *αποδυναμώνω*).
ενδυνάμωση η, ουσ. **1.** αύξηση της δύναμης (συνών. *ενίσχυση, ισχυροποίηση·* αντ. *εξασθένιση, εξάντληση*). **2.** (μεταφ.) ενθάρρυνση.
ενέδρα η, ουσ. **1.** ξαφνική επίθεση εναντίον κάποιου ύστερα από αναμονή του και σε ανεχόμενη συνεννόηση με τρίτους: *έστησαν* ~ *στον εχθρό* (συνών. *καρτέρι*). **2.** ο τόπος όπου παραμονεύει κανείς. **3.** (μεταφ.) πλεκτάνη, δόλος (συνών. *παγίδα*).
ενεδρεύω, ρ., περιμένω το πέρασμα κάποιου για να του επιτεθώ αιφνίδια, ενδεχομένως ύστερα από συνεννόηση με άλλα άτομα, στήνω καρτέρι (συνών. *παραμονεύω, παραφυλάω*).
ένεκα, πρόθ. (λόγ., σπάνιο), εξαιτίας.
εν ενεργεία· αρχαϊστ. εκφρ.· για (δημόσιο) υπάλληλο που δεν έχει ακόμη συνταξιοδοτηθεί.
ενενηκοστός, -ή, -ό, αριθμ., που έχει σε σειρά ή τάξη τον αριθμό ενενήντα. - Το ουδ. ως ουσ. = καθένα από τα ενενήντα ίσα μέρη, στα οποία διαιρέθηκε κάτι.
ενενήντα, αριθμ. άκλ. (ερρ.), αριθμός που αποτελείται από εννιά δεκάδες.
ενενηντάρης ο, θηλ. **-άρα,** ουσ. (ερρ.), αυτός που έχει ηλικία ενενήντα χρόνων (συνών. *ενενηντάχρονος*).
ενενηνταριά η, αριθμ. (ερρ., συνιζ.), (συνήθως με

το *καμιά*) περίπου ενενήντα: *στην άσκηση πήραν μέρος καμιά ~ στρατιώτες.*

ενενηντάχρονος, -η, -ο, επίθ. (έρρ.), που έχει ηλικία ή διάρκεια ενενήντα χρόνων.

ενεπίγραφος, -η, -ο, επίθ., που φέρει επιγραφή: *πλάκα -η* (αντ. *ανεπίγραφος).*

ενέργεια η, ουσ. (ασυνίζ.). **1.** δράση, κίνηση ή δραστηριότητα για την εκτέλεση έργου (αντ. *αδράνεια, απραξία).* **2.** δραστικότητα, αποτελεσματικότητα: *~ φαρμάκου* (συνών. *επίδραση, επενέργεια).* **3.** προσπάθεια για επιτυχία αποτελέσματος: *-ες άκαρπες·* συντονισμός *-ών* (συνών. *ενεργητικότητα).* **4.** έμπρακτη εκδήλωση διαθέσεων, τάσεων: *~ φιλική/κακόβουλη.* **5.** (φυσ.) ικανότητα σώματος ή συστήματος σωμάτων για παραγωγή έργου: *~ ηλεκτρική/πυρηνική/ατομική/αιολική.* **6.** (γραμμ.) διάθεση του ρήματος που εκφράζει δράση του υποκειμένου. Φρ. *βάζω σε ~ κάτι* (= ξεκινώ, αρχίζω κάτι).

ενεργειακός, -ή, -ό, επίθ. (ασυνίζ.), (φυσ.) που σχετίζεται με την ενέργεια (βλ. λ. σημασ. 5): *πρόβλημα -ό· πλούτος ~· τροφές -ές* = που παρέχουν στον οργανισμό την αναγκαία ενέργεια. -Επίρρ. **-ά.**

ενεργειοκρατία η, ουσ. (ασυνίζ.). **1.** (φιλοσ.) φιλοσοφική θεωρία που ανάγει τα πάντα στην ενέργεια που την θεωρεί ως πηγή και υπέρτατο σκοπό των πραγμάτων. **2.** (ψυχ.) θεωρία κατά την οποία η ψυχή δεν είναι ουσία, αλλά ενέργεια. **3.** (φυσ.) θεωρία που δέχεται ότι η ύλη είναι άθροισμα διαφόρων ενεργειών στο χώρο. **4.** (μηχ.) μηχανικό σύστημα που αντικαθιστά την έννοια της δύναμης με την έννοια της ενέργειας.

ενεργητικά, βλ. *ενεργητικός.*

ενεργητικό το, ουσ. **1.** σύνολο αγαθών που κατέχει οικονομική μονάδα ή επιχείρηση ως μέσων λειτουργίας της (αντ. *παθητικό).* **2.** σύνολο επιτυχημένων ενεργειών (κάποιου): *η επιτυχία αυτή γράφεται στο ~ του.* **3.** (νομ.) *ενεργητικό κληρονομίας* = το ύψος στο οποίο ανέρχεται κληρονομούμενη περιουσία (χωρίς να αφαιρούνται τα χρέη ή τα βάρη με τα οποία βαρύνεται).

ενεργητικός, -ή, -ό, επίθ. **1.** που ενεργεί και φέρνει αποτέλεσμα, που έχει δύναμη ή ικανότητα για δράση: *-ή παρουσία ενός επιστήμονα σε ορισμένο θέμα· αντίδραση -ή* (= που εκδηλώνεται με πράξεις· αντ. *παθητική)· για τη θέση του πρύτανη χρειαζόμαστε έναν -ό άνθρωπο* (συνών. *αποτελεσματικός, δραστήριος, δυναμικός, ζωηρός·* αντ. *αδρανής, ράθυμος).* **2.** (για ομοφυλόφιλο) που έχει τον αντρικό ρόλο σε μια σχέση (αντ. *παθητικός).* **3.** (για φάρμακο) που διευκολύνει την κένωση (συνών. *ευκοίλιος, υπακτικός·* αντ. *δυσκοίλιος, στυπτικός).* **4.** (γραμμ.) που εκφράζει πως το υποκείμενο ενεργεί: *διάθεση/φωνή -ή· ρήμα -ό* (αντ. *παθητικός).* - Επίρρ. **-ά.**

ενεργητικότητα η, ουσ., το να είναι κανείς ενεργητικός, το να μπορεί να εργάζεται δραστήρια και αποτελεσματικά σε έναν τομέα: *έδειξε καταπληκτική ~· αστείρευτη* (συνών. *δραστηριότητα, δυναμικότητα, κινητικότητα·* αντ. *αδράνεια, παθητικότητα, ραθυμία).*

ενεργοποίηση η, ουσ. **1.** το να γίνει κάτι ή κάποιος ενεργός: *~ των συνδικαλιστικών οργανώσεων· ~ άρθρου συμφωνίας* (συνών. *δραστηριοποίηση·* αντ. *αδρανοποίηση).* **2.** (φυσ. - χημ.) αύξηση των φυσικών ή χημικών ιδιοτήτων μιας ουσίας κυρίως με την έκθεσή της σε μια ακτινοβολία· (ειδικότερα) το να γίνεται ραδιενεργό ένα άτομο, όταν εκτίθεται σε δέσμη σωματιδιακής ακτινοβολίας (συνήθως νετρονίων). **3.** (ψυχ.) η διέγερση του εγκεφαλικού φλοιού προς γενική εγρήγορση και προσοχή.

ενεργοποιώ, -είς, ρ. (ασυνίζ.). **1.** καθιστώ κάτι ή κάποιον ενεργό: *η εισβολή στην Κύπρο -ησε την ελληνική ομογένεια·* (μέσ.) *το φοιτητικό κίνημα -ήθηκε για καλύτερες συνθήκες σπουδών* (συνών. *δραστηριοποιώ·* αντ. *αδρανοποιώ).* **2.** (φυσ. - χημ.) προκαλώ την ενεργοποίηση (βλ. λ. σημασ. 2): *για να -ηθεί ένα δείγμα υλικού τοποθετείται στην καρδιά ενός πυρηνικού αντιδραστήρα.*

ενεργός, -ός, -ό, επίθ. **1.** (λόγ.) ενεργητικός (βλ. λ. σημασ. 1): *επίθεση του στρατού ~· στρατιωτική δύναμη ~* (αντ. *εφεδρείες)· αποχωρώ από την/ επανέρχομαι στην -ό δράση/υπηρεσία· βίος ~* = το διάστημα της ζωής ενός ανθρώπου στο οποίο μπορεί να δράσει παραγωγικά· *πληθυσμός ~* = τμήμα του πληθυσμού μιας χώρας που ασκεί παραγωγική δραστηριότητα· (οικον.) *κεφάλαιο -ό* = που έχει διατεθεί σε επιχειρήσεις (αντ. *αργό, νεκρό).* **2.** (χημ.) *άνθρακας ~* = άνθρακας που παράγεται με τη φρύξη ανθρακούχων ουσιών και έχει απορροφητικές ιδιότητες με ποικίλες εφαρμογές, λ.χ. στην ιατρική, τη φαρμακευτική και τη χημική βιομηχανία. **3.** (για ηφαίστειο) που βρίσκεται σε δραστηριότητα ή είναι πιθανό να εκραγεί. - Επίρρ. **-ώς** (προτιμότερο από το *-ά).*

ενεργούμενο το, ουσ., πρόσωπο που ενεργεί σύμφωνα με τις επιθυμίες και τις εντολές κάποιου, που υπακούει σ' αυτόν τυφλά και με φανατισμό: *τα -α της δικτατορίας/του αρχηγού του κόμματος* (συνών. *όργανο).*

ενεργώ, -είς, ρ. **1.** (αμτβ.) πραγματοποιώ ένα σύνολο ενεργειών σε ορισμένο τομέα για να πετύχω κάποιο αποτέλεσμα: *φτάνουν πια τα λόγια, τώρα πρέπει να -ήσουμε· ~ για να εγκριθεί το δάνειο/ για τη μετάθεσή μου* (συνών. *δρω, κινούμαι·* αντ. *αδρανώ).* **2.** (μτβ., συνήθως στην υπηρεσιακή γλώσσα) πραγματοποιώ, προσπαθώ να τελειώσω ένα έργο σύμφωνα με τις επιθυμίες, τα καθήκοντά μου ή τις οδηγίες, τις εντολές, κλπ., ενός άλλου: *~ επίθεση/έρευνα·* προανάκριση *για το δυστύχημα -εί το τμήμα τροχαίας* (συνών. *εκτελώ, διεξάγω, διενεργώ, επιχειρώ).* (για έγγραφο) διεκπεραιώνω. **3.** έχω ισχύ, κύρος: *η απόφαση του δικαστηρίου -εί αναδρομικά.* **4.** (για φάρμακο, κ.τ.ό.) φέρνω αποτέλεσμα: *το υπνωτικό/το δηλητήριο άρχισε να -εί* (συνών. *επενεργώ, επιδρώ).* **5.** (μέσ.) αποπατώ: *είχα τέσσερις μέρες να -ηθώ.*

ενεργώς, βλ. *ενεργός.*

ένεση η, πληθ. *-έσεις* και (λαϊκ.) **ενέσα** η, πληθ. *-έσες,* ουσ. **1.** (ιατρ.) εισαγωγή υγρού ή αερίου υπό πίεση σε έναν ιστό, στο εσωτερικό περιβάλλον ή σε μια κλειστή κοιλότητα του οργανισμού με τη βοήθεια σύριγγας ή άλλου οργάνου (λ.χ. φιάλη που συνδέεται διαμέσου πλαστικού σωλήνα με μια βελόνα, καθετήρας)· (η λ. και ο τ. κοινός) τρύπημα της σάρκας ή φλέβας με μια σύριγγα για να εισαχθεί θεραπευτικό υγρό: *~ ενδομυϊκή/ενδοφλέβια/φαρμάκου στην κοιλότητα του περικαρδίου· κάνω -έσεις.* **2.** (η λ. και ο τ. λαϊκ., συνεκδοχικά) το όργανο που χρησιμοποιείται για ενέσεις, σύριγγα: *πέταξε την ~ στο καλάθι.* **3.** (συνεκδοχικά) η ουσία, το φαρμακευτικό προϊόν που εισάγεται στον οργανισμό: ~ καρδιοτονωτική· στην αμπούλα υπήρχε μια ~ πενικιλίνης· (μεταφ. για ψυχική ενίσχυση, για ενθάρρυνση) -έσεις ηθικού· ~ αισιοδοξίας για την πορεία της οικονομίας. **4.** εισαγωγή ρευστού υλικού με πίεση (μέσα σε κάτι στερεό): για να στερεωθεί το μνημείο έγιναν -έσεις τσιμέντου στις ρωγμές.

ενεστώτας ο, ουσ. (γραμμ.) ο χρόνος του ρήματος που φανερώνει αυτό που γίνεται στο παρόν και βρίσκεται σε εξέλιξη: ~ γνωμικός (σε εκφράσεις με γενικό κύρος, γνωμικά, παροιμίες)/ιστορικός ή δραματικός (σε θέση αορίστου για να δώσει ζωντάνια στην αφήγηση)/εναρκτικός/βουλητικός/αποπειρατικός.

ενεστωτικός, -ή, -ό, επίθ., που ανήκει ή αναφέρεται στον ενεστώτα: θέμα -ό· αναδιπλασιασμός ~ = η επανάληψη του αρχικού συμφώνου του θέματος με ένα -ι- στον ενεστώτα ορισμένων ρημάτων της αρχαίας ελληνικής, λ.χ. δίδωμι, γιγνώσκω.

ενετικός, -ή, -ό, επίθ. (ιστ.) που ανήκει ή αναφέρεται στην πόλη της Βενετίας, στην παλιά δημοκρατία που την είχε πρωτεύουσα, καθώς και στους κατοίκους της: στόλος ~· κάστρο -ό (αλλιώς βενετικός, βενετσιάνικος).

ενετοκρατία η, ουσ. (ιστ.) η περίοδος της κυριαρχίας των Ενετών σε περιοχές του ελληνικού χώρου κατά τα μεσαιωνικά και νεότερα χρόνια (αλλιώς βενετοκρατία).

Ενετός ο, θηλ. **-ή,** ουσ. (ιστ.) ο κάτοικος της Βενετίας, ο πολίτης της ενετικής δημοκρατίας: οι αποικίες / το εμπόριο των -ών (αλλιώς Βενετός, Βενετσιάνος).

ενέχομαι, ρ. (λόγ.), μόνο στον ενεστ. και τον παρατ., είμαι υπεύθυνος (συνήθως μαζί με άλλους) ή ένοχος για αξιόποινη πράξη: πολλά άτομα -ονται στην υπόθεση της τοκογλυφίας.

ενεχυράζω, ρ. (νομ.) παραδίδω με ενέχυρο (βλ. λ.): πράγμα που έχει -ασθεί· απαίτηση -ασμένη.

ενεχύραση η, ουσ. (νομ.) το να παραδίδεται κάτι στο δανειστή με ενέχυρο: ~ πράγματος/τίτλου/ δικαιώματος.

ενεχυραστής ο, ουσ. (νομ.) αυτός που δίνει κάτι με ενέχυρο: παράδοση του πράγματος σε τρίτον με κοινή συναίνεση δανειστή και -ή.

ενεχυριάζω, ρ. (ασυνίζ., λόγ.), δίνω κάτι σε δανειστή ως ενέχυρο, ως εγγύηση, για την πληρωμή του δανείου (κοινώς βάζω ενέχυρο, αμανάτι).

ενεχυρίαση η, ουσ. (λόγ.), το να παραδίδεται κάτι στο δανειστή ως ασφάλεια για την πληρωμή του δανείου.

ενεχυριασμός ο, ουσ. (ασυνίζ., λόγ.), ενεχυρίαση (βλ. λ.).

ενεχυριαστής ο, θηλ. **-τρια,** ουσ. (ασυνίζ.), αυτός που ενεχυριάζει κάτι.

ενέχυρο το, ουσ. (νομ.) εμπράγματο δικαίωμα που μπορεί να συσταθεί σε ξένο κινητό πράγμα (ή και σε τίτλο, απαίτηση κ.ά.), το οποίο παραδίδεται από τον κύριο στο δανειστή με συμφωνία των δύο για να εξασφαλίσει μια απαίτηση με την προνομιακή ικανοποίηση του δανειστή από το πράγμα: ~ πλασματικό (λ.χ. βιομηχανικού εξοπλισμού, αυτοκινήτων)/δικαιώματος (λ.χ. πνευματικής ιδιοκτησίας, ευρεσιτεχνίας)· πράγμα που βαρύνεται με ~· (κοινώς) αντικείμενο που έχει αξία μεγαλύτερη από το δάνειο και το δίνει ο κύριος του στο δανειστή ως εγγύηση ότι θα εξοφλήσει το δάνειο: έβαλε ~ το δαχτυλίδι του για να πληρώ-

σει το νοίκι (συνών. λαϊκ. αμανάτι).

ενεχυρόγραφο το, ουσ. (νομ.) έγγραφο που ενσωματώνει απαίτηση πληρωμής ορισμένου χρηματικού ποσού, εξασφαλισμένη με ενέχυρο πάνω σε αποθηκευμένα εμπορεύματα ή σε γεωργικά προϊόντα και εργαλεία: ~ της γενικής αποθήκης/ γεωργικό.

ενεχυροδανεισμός ο, ουσ., επαγγελματική δραστηριότητα της χορήγησης δανείων σε άτομα που παρέδωσαν ως εγγύηση στο δανειστή πολύτιμα προσωπικά αντικείμενα ή πράγματα του νοικοκυριού.

ενεχυροδανειστήριο το, ουσ. (ασυνίζ.), πιστωτικό ίδρυμα ή γραφείο που χορηγεί δάνεια σε πρόσωπα που έχουν παραδώσει ως εγγύηση προσωπικά τους αντικείμενα ή πράγματα του νοικοκυριού: ~ δημόσιο· τα πρώτα -ια ιδρύθηκαν στα Επτάνησα το 16. αι.

ενεχυροδανειστής ο, ουσ., άτομο που έχει ως επάγγελμα τον ενεχυροδανεισμό: ~ ιδιώτης.

ενεχυροδανειστικός, -ή, -ό, επίθ., που ανήκει ή αναφέρεται στον ενεχυροδανεισμό ή τον ενεχυροδανειστή: γραφείο -ό.

ενεχυρούχος ο, και η, ουσ. (νομ.) αυτός που κατέχει ένα ξένο πράγμα με ενέχυρο: ~ δανειστής.

ενέχω, ρ., παρατ. ενείχα (λόγ.), (για πράξη, λόγο, γεγονός) έχω μια ιδιότητα, κάποιο συστατικό ή χαρακτηριστικό στοιχείο (καλό ή κακό) που δε φαίνεται ή δεν εκδηλώνεται άμεσα: ο εορτασμός -ει και πολιτική σημασία· η επιχείρηση -ει κινδύνους (συνών. εμπεριέχω, περικλείω).

ενζυματικός, -ή, -ό, και **ενζυμικός,** επίθ., που σχετίζεται με τα ένζυμα ή προέρχεται από αυτά: δράση/εξειδίκευση/προσαρμοστικότητα -ή.

ενζυματολογία και **ενζυμολογία** η, ουσ., κλάδος της βιοχημείας που ασχολείται με τα ένζυμα και τη δράση τους.

ενζυμικός, βλ. ενζυματικός.

ένζυμο το, ουσ. (βιοχημ.) καθεμία από τις πρωτεΐνες (συνηθέστατα με κατάλ. -άση) που δρουν ως βιολογικοί καταλύτες ή επιταχύνουν όλες σχεδόν τις πολυάριθμες και πολύπλοκες βιοχημικές αντιδράσεις που συντελούνται σε κάθε ζωντανό οργανισμό: η μετατροπή του χυμού των σταφυλιών σε κρασί οφείλεται στη δράση -ύμου (παλαιότ. ονομασία διαστάση, φύραμα).

ενζυμολογία, βλ. ενζυματολογία.

ένζυμος, -η, -ο, επίθ. (λόγ.), (για το ψωμί) που περιέχει, που έγινε με προζύμι (αντ. άζυμος).

εν ζωή αρχαϊστ. έκφρ.· για να δηλωθεί ενέργεια που κάνει κανείς ενώ βρίσκεται ακόμη στη ζωή.

ενηλικιότητα η, ουσ. (ασυνίζ.), το να είναι κανείς ενήλικος.

ενηλικιώνομαι, ρ. (ασυνίζ.), γίνομαι ενήλικος· (γενικά) μεγαλώνω, ωριμάζω· (νομ.) συμπληρώνω το δέκατο όγδοο έτος της ηλικίας μου: όποιος -ωθεί είναι ικανός για κάθε δικαιοπραξία· (μεταφ.) το συνδικαλιστικό κίνημα άργησε να -ωθεί.

ενηλικίωση η, ουσ. **α.** το να πάψει κανείς να είναι ανήλικος, το να γίνεται ενήλικος: για τη συμπλήρωση της -ης υπολογίζεται και η ημέρα της γέννησης· **β.** (βιολ.) το τελικό στάδιο της ανάπτυξης ενός οργανισμού, όταν αυτός έχει φτάσει στην πληρότητά του.

ενήλικος, -η, -ο, επίθ., που έχει περάσει από την εφηβική στην ηλικία του ατόμου που θεωρείται ότι μπορεί να εξουσιάζει τον εαυτό του· (νομ.)

ενήμερος 466

όποιος έχει συμπληρώσει το δέκατο όγδοο έτος της ηλικίας του και είναι έτσι ικανός για κάθε δικαιοπραξία: *βιβλίο που απευθύνεται σε -ους αναγνώστες*· κοινό *-ο*. - Το αρσ. ως ουσ. = ενήλικο άτομο: *πρόγραμμα για την εκπαίδευση -ίκων* (συνών. *μεγάλος*· αντ. *ανήλικος*).

ενήμερος, -η, -ο, επίθ. 1. που γνωρίζει τι συμβαίνει κάθε μέρα, που έχει λάβει γνώση ενός ζητήματος σε βάθος, στις λεπτομέρειές του: *ήταν από πριν ~ για την κυβερνητική αλλαγή*· *να με κρατάς -ο* (συνών. *ενημερωμένος*, *κατατοπισμένος*· αντ. *ακατατόπιστος, απληροφόρητος*). 2. (λογιστ.) *λογαριασμός* ~ = εκείνος στον οποίο έχουν καταχωριστεί όλες οι μεταβολές που έγιναν.

ενημερότητα η, ουσ. 1. το να είναι κανείς ενήμερος σε κάτι: *έχει απόλυτη ~ για τις τελευταίες οικονομικές εξελίξεις*. 2. πλήρης γνώση ενός θέματος (ιδίως επιστημονικού): *είναι αξιοθαύμαστη η -ά του στα ζητήματα της πυρηνικής ιατρικής*. 3. (οικον.) ~ *φορολογική* = το να έχει κανείς τακτοποιημένους τους λογαριασμούς του με την εφορία.

ενημερώνω, ρ. 1. καθιστώ κάποιον ενήμερο για κάτι, τον κάνω να γνωρίσει ένα γεγονός, μια κατάσταση, ένα ζήτημα, συνήθως σε βάθος ή λεπτομερειακά: *μην απομακρυνθείς χωρίς να με -ώσεις*· *ο νομάρχης -ώθηκε (πάνω) σε θέματα της αρμοδιότητάς του*· (μέσ.) *-ώνομαι έγκαιρα για τις καινούργιες εκδόσεις* (συνών. *πληροφορώ, κατατοπίζω*). 2. (λογιστ., για λογαριασμό, κ.τ.ό.) καταχωρίζω όσες μεταβολές έγιναν.

ενημέρωση η, ουσ. 1. το να ενημερώνει ή να ενημερώνεται κανείς για κάτι: ~ *πλήρης/ανεπαρκής/βιβλιογραφική*· *γραφείο -ης*· ~ *του κοινού για τους κινδύνους από χρήση πολλών φαρμάκων*· *μέσα μαζικής -ης* = το σύνολο των μέσων που συμβάλλουν στη μαζική διάδοση πληροφοριών (κυρίως εφημερίδες, ραδιόφωνο και τηλεόραση) (συνών. *κατατοπισμός, πληροφόρηση*). 2. (λογιστ. για λογαριασμό, κ.τ.ό.) καταχώριση όσων μεταβολών έγιναν: ~ *τραπεζικού βιβλιαρίου*.

ενημερωτικός, -ή, -ό, επίθ., που ενημερώνει ή γίνεται με σκοπό την ενημέρωση: *σύσκεψη/εμπομπή -ή*· *σημείωμα -ό* (συνών. *πληροφοριακός, κατατοπιστικός*). - Επίρρ. **-ά**.

ενθάδε κείται αρχαϊστ. φρ. = εδώ αναπαύεται· συνηθισμένος εκφραστικός τρόπος επιτάφιας επιγραφής πριν από το όνομα του νεκρού.

ενθάρρυνση η, ουσ. 1. η μετάδοση θάρρους: ~ *διαρκής/φιλική*· *το παιδί που πρωτοπηγαίνει σχολείο χρειάζεται* ~ (συνών. *εγκαρδίωση, εμψύχωση, ενίσχυση*· αντ. *αποθάρρυνση*). 2. λόγος ή πράξη με σκοπό να δοθεί σε κάποιον θάρρος: *οι -ύνσεις του είχαν αποτέλεσμα* (συνών. *προτροπή*).

ενθαρρυντικός, -ή, -ό, επίθ. (έρρ.), που ενθαρρύνει ή γίνεται με σκοπό την ενθάρρυνση: *αποτελέσματα/σημεία -ά*· *λόγοι -οί* (συνών. *εγκαρδιωτικός, εμψυχωτικός*· αντ. *αποκαρδιωτικός, αποθαρρυντικός*). - Επίρρ. **-ά**.

ενθαρρύνω, ρ., παρατ. και αόρ. *ενεθάρρυνα*, πληθ. *ενθαρρύναμε*, δίνω θάρρος, ενισχύω το ηθικό, τονώνω την αυτοπεποίθηση κάποιου: ~ *μια προσπάθεια* (= υποστηρίζω)· *ο λοχαγός ενεθάρρυνε τους στρατιώτες με ζωηρά λόγια* (συνών. *εγκαρδιώνω, εμψυχώνω, ενισχύω*· αντ. *αποθαρρύνω*).

ένθεν κακείθεν αρχαϊστ. έκφρ. = από δω κι από κει· από τη μια μεριά και από την άλλη.

ένθεος, -η, -ο, επίθ. (λόγ.). 1. (για πρόσωπο) που είναι σαν να έχει μέσα του το Θεό (συνών. *θεόληπτος, θεόπνευστος*). 2. (για πράξη, ιδιότητα, κ.τ.ό.) που εμπνέεται από το Θεό: *ζήλος* ~ (συνών. *θεόπνευστος*).

ένθερμος, -η, -ο, επίθ. 1. υπερβολικά θερμός, που γίνεται με υπερβολική εγκαρδιότητα: *υποδοχή -η* (συνών. *εγκάρδιος*). 2. (για πρόσωπο) που αισθάνεται σε έντονο βαθμό κάτι, που είναι γεμάτος ζήλο: *οπαδός/υποστηρικτής* ~.

ένθεση η, ουσ., τοποθέτηση υλικού σε εσοχή κάποιου αντικειμένου: ~ *φύλλων από φίλντισι στο καπάκι λαγούτου*.

ένθετος, -η, -ο, επίθ., τοποθετημένος μέσα σε κάτι: *διακόσμηση -η*· (ιατρ.) *δόντι -ο* = τεχνητό δόντι που μπαίνει και στερεώνεται στην κοιλότητα της ρίζας ενός κατεστραμμένου δοντιού. - Το ουδ. ως ουσ. = εικόνα εκτός κειμένου ή έντυπο στο εσωτερικό άλλου εντύπου (λ.χ. βιβλίου, εφημερίδας, περιοδικού) ανεξάρτητα από τη σελιδοποίησή του.

ενθουσιάζω, ρ. (ασυνίζ.). 1. προκαλώ ενθουσιασμό: *η είδηση της απελευθέρωσης -ίασε το λαό*. 2. προκαλώ χαρά ή ευχαρίστηση: *είμαι -ιασμένος από τη γνωριμία*· *δε με -άζει καθόλου η ιδέα να κάνουμε μαζί διακοπές*.

ενθουσιασμός ο, ουσ. (ασυνίζ.), ευχάριστη έξαρση ψυχικών διαθέσεων που είτε μένει στην ψυχή, είτε εξωτερικεύεται με εκδηλώσεις χαράς ή ορμητικές ενέργειες για κάποιο σκοπό: ~ *έξαλλος/ιερός/παράλογος*· *η πρόταση έγινε δεκτή με -ό*· *τον παρασέρνει ο* ~ *σε απερίσκεπτες έσβησε ο* ~.

ενθουσιαστικός, -ή, -ό, επίθ. (ασυνίζ.), που προκαλεί, που εμπνέει ενθουσιασμό: *λόγια -ά*.

ενθουσιώδης, -ης, -ες, γεν. *-ους*, πληθ. αρσ. και θηλ. *-εις*, ουδ. *-η*, επίθ. (ασυνίζ.). 1. γεμάτος ενθουσιασμό: *επευφημίες -εις*· *χειροκροτήματα -η*. 2. που εύκολα ενθουσιάζεται: *είσαι νέος και* ~. - Επίρρ. **-ώς**.

ενθρονίζω, ρ. 1. (για ηγεμόνα) ανεβάζω στο θρόνο: (συνηθέστατα μέσ.) *μετά το θάνατο του Τσιμισκή -ίστηκε ο Βασίλειος Β΄ ο Βουλγαροκτόνος* (αντ. *εκθρονίζω*). 2. (εκκλ.) εγκαθιστώ επίσκοπο στο θρόνο του.

ενθρόνιση η, ουσ. 1. (για ηγεμόνα) άνοδος, εγκατάσταση στο θρόνο (αντ. *εκθρόνιση*). 2. (εκκλ.) α. τελετή εγκατάστασης επισκόπου στο θρόνο της περιοχής για την οποία χειροτονήθηκε ή εκλέχτηκε· β. η τελετή της πανηγυρικής εγκατάστασης νέου ηγουμένου μονής· γ. η εγκαθίδρυση και καθιέρωση της αγίας Τράπεζας.

ενθρονισμός ο, ουσ., ενθρόνιση (βλ. λ. σημασ. 1).

ένθρονος, -η, -ο, επίθ. (για ιερό πρόσωπο) που εικονίζεται καθιστό σε θρόνο: *Χριστός* ~· *Παναγία -η*.

ενθυλακώνω, ρ. (λόγ.), εισπράττω (ειρων. και συνηθέστερα για ανέλπιστη είσπραξη ή για αφαίρεση χρημάτων): *βρήκε το πορτοφόλι και δε δίστασε να -ώσει το περιεχόμενό του* (συνών. *τσεπώνω*).

ενθύμημα το, ουσ. (λογ.). 1. ενθύμιο: ~ *της διαμονής μας στη γραφική λουτρόπολη*. 2. (λογική) συλλογισμός που εκφέρεται ατελώς, δηλ. χωρίς μία από τις προκείμενες προτάσεις (λ.χ. *είμαι θνητός ως άνθρωπος*, όπου λείπει η προκείμενη: *όλοι οι άνθρωποι είναι θνητοί*).

ενθύμηση η, ουσ. 1. (λόγ.) σκέψη, στοχασμός, ανάμνηση (κοινώς *θύμηση*). 2. (φιλολ.) σύντομο και συνήθως πρόχειρο σημείωμα στα παράφυλλα, το περιθώριο ή σε άγραφα φύλλα χειρογράφου ή σπανιότ. εντύπου με το οποίο ο γραφέας θέλει να διατηρήσει την ανάμνηση κάποιου συμβάντος από την προσωπική του ζωή ή το περιβάλλον του, ενός ιστορικού γεγονότος ή φυσικού φαινομένου, γενικά οποιουδήποτε πράγματος που το θεωρεί εκείνος αξιομνημόνευτο.

ενθυμίζω, ρ., θυμίζω (βλ. λ.).

ενθύμιο το, ουσ. (ασυνίζ.), οτιδήποτε (συνήθως υλικό) φέρνει κάτι στη μνήμη κάποιου: ~ *αιώνιο/παιδικό/πολύτιμο· δίνω/παίρνω κάτι για ~· ~ φιλίας* (συνών. λαϊκ. *θυμητάρι*).

ενθυμούμαι, -είσαι, ρ., θυμούμαι (βλ. λ.).

ενιαίος, -α, -ο, επίθ. (ασυνίζ.), που αποτελεί ένα σύνολο, μια ενότητα, που δε χωρίζεται σε τμήματα: *αγορά/διοίκηση/Κύπρος -α· μέτωπο -ο* (συνών. *ενωμένος*· αντ. *διαιρεμένος, χωριστός*). - Επίρρ. **-α**.

ενιαύσιος, -α, -ο, επίθ. (ασυνίζ., λόγ.), που διαρκεί, που παραμένει ένα χρόνο, ετήσιος: *άρχοντες με -α θητεία· φυτά -α.* [*ενιαυτός* = έτος].

ενικός, επίθ. (μόνο γραμμ. *ενικός αριθμός* ή και ως ουσ. *ενικός* ο). 1. οι χαρακτηριστικοί τύποι κλινόμενης λέξης που χρησιμοποιούνται για να δηλωθεί ένα πρόσωπο ή πράγμα (π.χ. η *πράξη, το παιδί*) ή και πολλά που εννοούνται ως ένα (π.χ. ο *λαός*) *ρήμα στον -ό αριθμό*. 2. η ίδια η λέξη όταν απαντά στον ενικό αριθμό: *ο ~ του «τέρατα» είναι «τέρας»*. Φρ. *μιλώ στον -ό (αριθμό)* (= μιλώ με οικειότητα σε κάποιον χρησιμοποιώντας το β΄ εν. πρόσ.) (αντ. στις σημασ. 1 και 2 *πληθυντικός*).

-ένιος, (συνιζ.), καταλ. επιθ.: *ασημένιος*.

ενισμός ο, ουσ. (φιλοσ.) μονισμός (βλ. λ.).

ενίσταμαι, ρ. (λόγ.). 1. προβάλλω αντίρρηση, αντιτίθεμαι: ~ *στην απόφαση του συμβουλίου*. 2. (νομ.) υποβάλλω ένσταση.

ενιστικός, -ή, -ό, επίθ., που ανήκει ή αναφέρεται στον ενισμό: *θεωρία/διδασκαλία -ή*.

ενίσχυση η, ουσ. 1. αύξηση της δύναμης, ενδυνάμωση (συνών. *ισχυροποίηση*· αντ. *αποδυνάμωση, εξασθένηση*). 2. υλική ή ηθική βοήθεια: *η στέγη χρειάζεται ~*. 3. (στρατ.) αποστολή βοηθητικών δυνάμεων σε ασθενές σημείο του μετώπου ή σημείο που κινδυνεύει και συνεκδοχικά η ίδια η βοηθητική δύναμη: *ήρθαν -ύσεις*. 4. αύξηση τάσης, έντασης ρεύματος ή ηλεκτρικής ισχύος που πετυχαίνεται με τη βοήθεια ενισχυτή.

ενισχυτής ο, θηλ. **-τρια**, ουσ. 1. αυτός που ενισχύει (συνών. *βοηθός, υποστηρικτής*). 2. (φυσ., ηλεκτρ. στο αρσ.) συσκευή που χρησιμεύει για την ενίσχυση κάποιας ενέργειας: ~ *τηλεόρασης*.

ενισχυτικός, -ή, -ό, επίθ., που ανήκει ή αναφέρεται στην ενίσχυση: *ερέθισμα -ό* (συνών. *ενδυναμωτικός*· αντ. *αποδυναμωτικός*). - Επίρρ. **-ά**.

ενισχύτρια, ουσ., βλ. *ενισχυτής*.

ενισχύω, ρ. 1. δυναμώνω, ισχυροποιώ: *-υμένη αναλογική* (είδος εκλογικού συστήματος) (αντ. *αποδυναμώνω*). 2. βοηθώ υλικά ή ηθικά.

εν καιρώ αρχαϊστ. έκφρ. = α. σε περίοδο, εποχή: ~ *πολέμου·* β. σε κατάλληλη περίσταση, σε δεδομένη στιγμή: *θα τα πούμε ~*.

εν κατακλείδι αρχαϊστ. έκφρ. = τελικά, συμπερασματικά.

εν κινήσει αρχαϊστ. έκφρ. = σε κατάσταση κίνησης, κινούμενος, όχι σε στάση: *τράβηξα τις φωτογραφίες ~*.

εν κρυπτώ και παραβύστω αρχαϊστ. έκφρ. = πολύ κρυφά, μυστικά.

εν λευκώ αρχαϊστ. εκφρ. = με απόλυτη εξουσιοδότηση.

εν μέρει· αρχαϊστ. έκφρ. = μερικώς, ως προς ένα τμήμα.

εν μια νυκτί και μόνη· αρχαϊστ. έκφρ. = με πολλή βιασύνη.

εννέα και (συνιζ.) **εννιά**, αριθμ. άκλ. 1. αυτό που προκύπτει όταν προσθέσουμε στο οκτώ μία μονάδα: ~ *μέτρα ύφασμα*. 2. (στη θέση τακτικού αριθμ. για χρόνο): *στις ~ Δεκεμβρίου·* (για όμοια πράγματα συνήθως αριθμημένα): *το κεφάλαιο ~* (συνών. *ένατος*). 3. (συνήθως με ουδ. άρθρο) ο αριθμός εννέα (9): (για τραπουλόχαρτο) *το ~ καρό·* (για βαθμολογία) *πέρασε το μάθημα με ~·* (για ψηφίο που αντιπροσωπεύει τον αριθμό) = *ελληνικό (θ΄)*. Φρ. *ο μήνας έχει εννιά* (για δήλωση αδιαφορίας ή ανεμελιάς).

εννεακοσ(ι)απλάσιος, -α, -ο, αριθμ. (ασυνίζ. δις), που είναι εννιακόσιες φορές μεγαλύτερος ή περισσότερος από κάποιον άλλο.

εννεακοσιοστός, -ή, -ό, αριθμ. (ασυνίζ.), που σε σειρά κατέχει τον αριθμό εννιακόσια (900). - Το ουδ. ως ουσ. = καθένα από τα εννιακόσια ίσα μέρη στα οποία διαιρέθηκε κάτι.

εννεαμελής, -ής, -ές, γεν. *-ούς*, πληθ. αρσ. και θηλ. *-είς*, ουδ. *-ή*, επίθ., που αποτελείται απο εννέα μέλη: ~ *οικογένεια/ορχήστρα*.

εννεάμηνος, -η, -ο, επίθ. και (συνιζ.) **εννιά-**, που έχει ηλικία ή διάρκεια εννέα μηνών: *φοίτηση -η*. - Το ουδ. στον πληθ. ως ουσ. = μνημόσυνο που γίνεται εννέα μήνες μετά το θάνατο κάποιου.

εννεαπλασιάζω, ρ. (ασυνίζ.), κάνω κάτι εννεαπλάσιο.

εννεαπλασιασμός ο, ουσ. (ασυνίζ.), το να γίνεται κάτι εννεαπλάσιον.

εννεαπλάσιος, -α, -ο, αριθμ. (ασυνίζ.), που είναι εννιά φορές μεγαλύτερος ή περισσότερος από κάποιον άλλο.

εννεασύλλαβος, -η, -ο, επίθ., που αποτελείται από εννέα συλλαβές. - Το αρσ. ως ουσ. = (μετρ.) στίχος που αποτελείται από εννέα συλλαβές.

εννιά, βλ. *εννέα*.

εννιάγωνος, -η, -ο, επίθ. (συνιζ.), που έχει εννέα γωνίες. - Το ουδ. ως ουσ. = πολύγωνο που έχει εννιά γωνίες και εννιά πλευρές.

εννιακόσιοι, -ιες, -ια, και (συνιζ.) **-κόσοι**, αριθμ., που αποτελούνται από εννέα εκατοντάδες. - Το ουδ. = αριθμός, ποσότητα, εννέα εκατοντάδες.

εννιάμερα και **νιάμερα** τα, ουσ. (συνιζ.). 1. μνημόσυνο που γίνεται την ένατη μέρα από το θάνατο κάποιου. 2. γιορτή που γιορτάζεται εννέα ημέρες μετά την Κοίμηση της Παναγίας (στις 23 Αυγούστου).

εννιάμηνος, βλ. *εννεάμηνος*.

εννιάρι το, ουσ. (συνιζ.). 1. τραπουλόχαρτο που έχει τον αριθμό εννιά. 2. (σχολικός βίος) ο βαθμός εννιά: *πήρε ~ στο διαγώνισμα*.

εννιάχρονος, -η, -ο, επίθ. (συνιζ.), που έχει ηλικία ή διάρκεια εννιά χρόνων: *αγόρι -ο· ειρήνη -η*.

έννοια και **έγνοια** η, ουσ. (συνιζ.). 1. φροντίδα, ενδιαφέρον· φρ. *έχω την ~ κάποιου* (= φροντίζω, ανησυχώ για κάποιον): *σήμερα έχω εγώ την ~ των παιδιών*. 2. σκοτούρα, μπελάς: *δε μου φτάνουν* οι δικές μου -ες, έχω τώρα και τις δικές σου. 3. σκέψη, λογισμός: *έχω την ~ μου διαρκώς στις εξετάσεις!* 4. (με τους τ. της προσωπ. αντων. *σου, σας, του, τους*) α. αναμφίβολα, ασφαλώς: *που θα μου πάει; θα τονε πιάσω~ έγνοια σου!* β. (ως απειλή): *~ σου και θα λογαριαστούμε!*

έννοια η, ουσ. (ασυνίζ.). 1. αντίληψη, σύλληψη με το νου του περιεχομένου ενός συγκεκριμένου ή αφηρημένου πράγματος: *~ του δέντρου/χρόνου.* 2. (λογική, ψυχ.) καθολική εικόνα ή παράσταση που περιλαμβάνει τα κύρια γνωρίσματα ενός ή περισσότερων αντικειμένων με τα οποία εκφράζεται η ουσία των αντικειμένων αυτών: *βάθος/πλάτος της -ας.* 3. σημασία, ερμηνεία, νόημα: *~ μαθήματος/λέξης.* 4. σπουδαιότητα: *~ διαβήματος.*

εννοιοκρατία η, ουσ. (ασυνίζ.), (φιλοσ.) θεωρία κατά την οποία οι έννοιες υπάρχουν στη συνείδηση εκείνου που τις διανοείται, δεν προέρχονται από την εμπειρία αλλά εκδηλώνονται με την ευκαιρία ορισμένων εμπειριών.

εννοιοκρατικός, -ή, -ό, επιθ. (ασυνίζ.), που αναφέρεται στην εννοιοκρατία. - Το αρσ. ως ουσ. = οπαδός της εννοιοκρατίας.

έννομος, -η, -ο, επίθ., που καθορίζεται από το νόμο: *συμφέρον -ο· σχέση/προστασία -η* (συνών. *νόμιμος·* αντ. *παράνομος*). - Επίρρ. **-α.**

εννοώ, -είς, ρ. 1. κατανοώ, καταλαβαίνω κάτι: *δεν ~ τη θεωρία της σχετικότητας* (συνών. *αντιλαμβάνομαι*). 2. (για λέξεις, φρ., κλπ., σε γ΄ πρόσ.) σημαίνει, δηλώνει: *τι -εί αυτή η πρόταση*; 3. αξιώνω, θέλω επίμονα: *-ει να γίνεται πάντα το δικό του* (συνών. *απαιτώ*). 4. υπονοώ: *δεν κατάλαβα τι -ούσες.* 5. (παθ. σε γ΄ πρόσ.) είναι αυτονόητο, εξυπακούεται: *-είται ότι θα επιστρέψουμε σήμερα.* Φρ. *τα ευκόλως -ούμενα παραλείπονται.*

ενοικιάζω, βλ. *νοικιάζω.*

ενοικίαση η, ουσ., παραχώρηση ή λήψη ιδιοκτησίας με ενοίκιο: *συμβόλαιο -ης* (συνών. *νοίκιασμα*).

ενοίκιασμα, βλ. *νοίκιασμα.*

ενοικιαστήριο το, ουσ. (ασυνίζ. δις). 1. συμφωνητικό ενοικίασης: *λήξη -ίου* (συνών. *μισθωτήριο*). 2. έγγραφη ή έντυπη αγγελία που γνωστοποιεί την προσφορά ακινήτου για ενοικίαση: *είχαν τοιχοκολλήσει δύο -α.*

ενοικιαστήριος, -α, -ο, επίθ., που ανήκει ή αναφέρεται στο νοίκιασμα: *συμβόλαιο -ο.*

ενοικιαστής ο, θηλ. **-άστρια**, ουσ. (ασυνίζ.), αυτός που χρησιμοποιεί ή εκμεταλλεύεται κάτι με ενοίκιο: *~ ιδιότροπος* (συνών. *μισθωτής*).

ενοίκιο (ασυνίζ.) και **νοίκι** το, ουσ., χρηματικό ποσό που δίνεται για τη μίσθωση κινητού ή ακινήτου: *αύξηση -ίου* (συνών. *μίσθωμα*).

ενοικιοστάσιο το, ουσ. (ασυνίζ. δις), (νομ.) αναγκαστική με νόμο παράταση του χρόνου λήξης των μισθώσεων με παράλληλο περιορισμό του δικαιώματος αύξησης του μισθώματος, για ορισμένο χρόνο εξαιτίας κοινωνικών αναγκών.

ενοικοδόμηση η, ουσ. (νομ.) υπέρβαση των ορίων του οικοπέδου κατά την ανέγερση οικοδομής και επέκταση της οικοδομής στο γειτονικό ξένο οικόπεδο.

ένοικος ο, ουσ., αυτός που διαμένει σε κάποιο οίκημα: *-οι πολυκατοικίας/ξενοδοχείου.*

εν ονόματι· αρχαϊστ. έκφρ. (με γεν.) = εκ μέρους κάποιου, ως εκπρόσωπος κάποιου: *~ του νόμου/της κυβέρνησης.*

ένοπλος, -η, -ο, επίθ. 1. που φέρει όπλο: *-ες δυνάμεις* = το σύνολο των στρατιωτικών δυνάμεων ενός κράτους (συνών. *οπλισμένος·* αντ. *άοπλος*). 2. που διαπράττεται με όπλα: *ληστεία/αντίσταση -η.* - Το αρσ. ως ουσ. = οπλοφόρος: *συμμορία -όπλων.* - Επίρρ. **ενόπλως.**

ενοποίηση η, ουσ. 1. ένωση, σύμπτυξη πολλών πραγμάτων σε ένα: *~ αρχείου/υπηρεσιών* (συνών. *συνένωση, συγχώνευση*). 2. (για ύλες) ένωση σε ένα συμπαγές σύνολο.

ενοποιητικός, -ή, -ό, επίθ., που σχετίζεται με την ενοποίηση: *προσπάθειες -ές· συστατικά -ά.*

ενοποιώ, είς ρ. (ασυνίζ.), ενώνω πολλά πράγματα σε ένα (συνών. *συνενώνω, συγχωνεύω*).

ενόραση η, ουσ. (φιλοσ.) σαφής και άμεση γνώση της αλήθειας χωρίς τη μεσολάβηση της διάνοιας ή των αισθήσεων (συνών. *διαίσθηση*).

ενορατικός, -ή, -ό, επίθ. 1. που ανήκει ή αναφέρεται στην ενόραση: *φαινόμενα -ά.* 2. που έχει την ικανότητα της ενόρασης.

ενόργανος, -η, -ο, επίθ. 1. που διαθέτει όργανα ή οργανισμό για τη συντήρησή του (συνών. *οργανικός·* αντ. *ανόργανος*). 2. που εκτελείται με όργανα: *γυμναστική/μουσική -η.*

ενοργανώνω, ρ., αναθέτω σε ορισμένο όργανο ή ομάδα οργάνων την κάθε φωνή μουσικού έργου (πβ. *ενορχηστρώνω*).

ενοργάνωση η, ουσ. 1. κατανομή των μερών ενός μουσικού έργου στα απαραίτητα για την εκτέλεσή του μουσικά όργανα (πβ. *ενορχήστρωση*). 2. (συνεκδοχικά) η τέχνη που διδάσκει τους νόμους και τους κανόνες της τέχνης της κατανομής.

ενορία η, ουσ. 1. μικρή εκκλησιαστική περιφέρεια που παίρνει το όνομά της από την εκκλησία που βρίσκεται σ' αυτήν: *η ~ του Αγίου Δημητρίου.* 2. (συνεκδοχικά) το σύνολο των ενοριτών.

ενοριακός, -ή, -ό, επίθ. (ασυνίζ.), που ανήκει ή αναφέρεται στην ενορία: *συμβούλιο -ό.*

ενορίτης ο, θηλ. **-ισσα**, ουσ., αυτός που ανήκει σε μια ενορία.

ένορκος, -η, -ο, επίθ., που γίνεται με όρκο: *κατάθεση/μαρτυρία ~.* — Το αρσ. ως ουσ. = πολίτης που ορίζεται από την πολιτεία με κλήρωση για να συμβάλει σε δικαστική απόφαση για ποινικά αδικήματα. - Επίρρ. **ενόρκως.**

ενορχηστρώνω, ρ., επεξεργάζομαι μουσική σύνθεση γράφοντας τα ειδικά για κάθε όργανο μέρη, ώστε να παιχτούν από ορχήστρα σε ενιαία μορφή (πβ. *ενοργανώνω*).

ενορχήστρωση η, ουσ. 1. κατανομή των μερών μιας μουσικής σύνθεσης στα διάφορα όργανα της (συμφωνικής) ορχήστρας (πβ. *ενοργάνωση*). 2. (συνεκδοχικά) η σχετική μουσική τέχνη.

ενός κακού (δοθέντος) μύρια έπονται· αρχαϊστ. φρ. = όταν έρχεται ένα κακό ακολουθούν και πολλά άλλα.

ενόσω, σύνδ., ενώ (βλ.λ.).

ενότητα η, ουσ. 1. το να αποτελούν δύο ή περισσότερα πράγματα ή στοιχεία ένα σύνολο ενιαίο και αδιαίρετο: *~ πολιτική/θρησκευτική· κυβέρνηση εθνικής -ας·* (γραμμ.) *~ γλωσσική/συλλαβική* (μετρ.) *~ ρυθμική.* 2. το να μη διασπάται η συνέχεια ενός πράγματος, μιας κατάστασης: *~ γεωγραφική/τόπου/χρόνου.* 3. αρμονία, συμφωνία, ταυτότητα: *~ στόχων/αισθημάτων.* 4. λογική ακολουθία: *η ομιλία/το σύγγραμμα δεν είχε ~ θεματική.* 5. καθένα από τα μέρη στα οποία χωρίζεται

ένα σύγγραμμα, κ.τ.ό. (συχνά συνοδεύεται από τίτλο ή αριθμό): *το βιβλίο χωρίζεται σε δέκα -ες.*
ενούρηση η, ουσ. (ιατρ.) η ακούσια και ασυνείδητη ούρηση παιδιών που έχουν ηλικία μεγαλύτερη των δυόμισι ετών: ~ *επίκτητη/νυχτερινή.*
ενοφθαλμίζω, ρ. 1. (γεωπ.) μπολιάζω ένα φυτό με οφθαλμοφόρο βλαστό. 2. (ιατρ.) εισάγω στον οργανισμό ανθρώπου ή ζώου θεραπευτικό εμβόλιο. 3. (μεταφ.) εισάγω, εντάσσω σε ένα σύνολο: *λέξεις που ο παλαιότερος δημοτικισμός είχε επιδιώξει να -σει στη γλώσσα μας.*
ενοφθαλμισμός ο, ουσ. 1. (γεωπ.) μπόλιασμα φυτού με οφθαλμοφόρο βλαστό. 2. (ιατρ.) η εισαγωγή θεραπευτικού εμβολίου στον οργανισμό ανθρώπου ή ζώου.
ενοχή η, ουσ. 1α. το να είναι κάποιος ένοχος, υπαίτιος για αξιόποινη πράξη: *απόδοση/συναίσθημα -ής· αναγνωρίζω/αρνούμαι την ~ μου·* ~ *φανερή* (αντ. *αθωότητα)·* β. (συνήθως στον πληθ.) συναίσθημα ενοχής, τύψη: *έχει -ές για τον τρόπο που φέρθηκε.* 2. (νομ.) η σχέση με την οποία ένα πρόσωπο έχει υποχρέωση προς ένα άλλο σε παροχή: *απόσβεση -ής.*
ενοχικός, -ή, -ό, επίθ. (νομ.) που ανήκει ή αναφέρεται στην αστική ενοχή (βλ.λ. στη σημασ. 2): *σχέση/ενέργεια -ή· δίκαιο -ό =* το μέρος του αστικού δικαίου που περιλαμβάνει τους κανόνες εκείνους που ρυθμίζουν τις ενοχές.
ενόχλημα το, ουσ. 1. καθετί που ενοχλεί. 2. (ιατρ.) αδιαθεσία: ~ *ακαθόριστο/ελαφρό/τυπικό.*
ενόχληση η, ουσ. 1. το να διαταράσσεται η ηρεμία ή η τάξη κάποιου, το να προκαλείται δυσαρέσκεια, στενοχώρια: ~ *ανυπόφορη/εκνευριστική· -ήσεις διαρκείς· φέρνω/δίνω* ~. 2. σωματική δυσφορία, ελαφρύς πόνος, αδιαθεσία: *-ήσεις καρδιακές/στομαχικές.*
ενοχλητικός, -ή, -ό, επίθ., που ενοχλεί, δυσάρεστος: *θόρυβος* ~· *έντομα -ά· παρατηρήσεις -ές· μη γίνεσαι* ~! (συνών. *οχληρός).*
ενοχλητικότητα η, ουσ., το να είναι κάποιος ενοχλητικός (συνών. *οχληρότητα).*
ενοχλώ, -είς, ρ., προξενώ ενόχληση σε κάποιον, γίνομαι οχληρός, δυσάρεστος: *με -εί η φλυαρία του· μην -είστε.*
ενοχοποίηση η, ουσ., το να επιρρίπτεται σε κάποιον ενοχή, το να του καταλογίζεται υπαιτιότητα για αξιόποινη πράξη: ~ *άδικη.*
ενοχοποιητικός, -ή, -ό, επίθ., που ενοχοποιεί: *έγγραφα/στοιχεία -ά· μαρτυρία -ή.*
ενοχοποιώ, -είς, ρ. (ασυνίζ.), επιρρίπτω σε κάποιον υπαιτιότητα αξιόποινης πράξης, αποδεικνύω κάποιον ένοχο: *οι μαρτυρίες τον -ούν.*
ένοχος, -η, -ο, επίθ. 1. που έχει διαπράξει αξιόποινη πράξη: ~ *φόνου/ληστείας·* (ως ουσ.) ~ *ασύλληπτος/ατιμώρητος.* 2. που αισθάνεται ή δείχνει ενοχή: *συνείδηση/σιωπή -η.* 3. ύποπτος, παράνομος, επιλήψιμος: *σχέσεις -ες/πράξη -η* (αντ. σε όλες τις σημασ. *αθώος).*
ενόψει, επίρρ. α. (τοπ.) σε θέση από όπου μπορεί να δει κανείς κάτι· μπροστά: *εχθρός* ~! (νομ.) *άτοκα γραμμάτια πληρωτέα* ~· β. (χρον.) για κάτι που πρόκειται να συμβεί πολύ σύντομα: ~ *των εκλογών· γ.* (αιτιολ.) εξαιτίας: ~ *της κρισιμότητας των περιστάσεων η κυβέρνηση πήρε έκτακτα μέτρα.*
εν παρενθέσει/εντός παρενθέσεως, αρχαϊστ. έκφρ. για κάτι που απομακρύνεται από το κύριο θέμα της ομιλίας.

εν περιλήψει· αρχαϊστ. έκφρ. = με λίγα λόγια, με συντομία: *θα σας διηγηθώ* ~ *το περιεχόμενο του κειμένου.*
εν πρώτοις· αρχαϊστ. έκφρ. = καταρχήν, πρώτα πρώτα: ~ *θα αναφερθώ στο εξής.*
ένρινος, -η, -ο, εσφαλμένη γραφή αντί για *έρρινος* (βλ.λ.).
εν ριπή οφθαλμού· αρχαϊστ. έκφρ. = στη στιγμή, ακαριαία.
ενσαρκώνω, ρ. 1. δίνω σάρκα, υλική υπόσταση σε κάποιον, προσδίδω ανθρώπινη μορφή: *ο Χριστός -ώθηκε για τη σωτηρία των ανθρώπων·* αυτός *ο δεσμοφύλακας είναι ένας -μένος διάβολος.* 2. (μεταφ.) εμφανίζω κάτι αφηρημένο (μια ιδέα, ένα ιδανικό) σε υλικό σχήμα, υλοποιώ· αποτελώ την προσωποποίηση μιας ιδέας, ιδιότητας, κλπ.: *ο Διγενής -ει τα ηρωικά ιδεώδη του μεσαιωνικού Ελληνισμού.*
ενσάρκωση η, ουσ. 1. το να αποκτά κανείς σάρκα, υλική υπόσταση: *η* ~ *του Χριστού.* 2. (μεταφ.) η εμφάνιση μιας ιδέας, ιδιότητας, ιδανικού, κλπ., σε υλικό σχήμα, υλοποίηση, προσωποποίηση: *είσαι η* ~ *της κακίας.*
ένσημο το, ουσ., μικρό κομμάτι χαρτιού τυπωμένο με επίσημο διακριτικό έμβλημα, το οποίο εκδίδεται από το κράτος ή άλλον εξουσιοδοτημένο οργανισμό και αντιπροσωπεύει ένα ορισμένο ποσό που πρέπει να εισπραχτεί κατά την καταβολή τελών ή ασφαλιστικών εισφορών: -*α ακυρωμένα/δικαστικά· βιβλιάριο αγοράς -ήμων· εξαγοράζω -α.*
ενσκήπτω, ρ., παρατ. *ενέσκηπτα*, πληθ. *ενσκήπταμε*, αόρ. *ενέσκηψα*, πληθ. *ενσκήψαμε*, (λόγ.) έρχομαι αιφνίδια ή ορμητικά: *-έσκηψε θύελλα/ επιδημία.*
ενσπείρω, ρ., παρατ. και αόρ. *ενέσπειρα*, πληθ. *ενσπείραμε*, διαδίδω, διασκορπίζω, προξενώ: ~ *φόβο/πανικό/αμφιβολίες/ζιζάνια* (= αφορμές για διένεξη).
ενσταλάζω, ρ. 1. (λόγ.) στάζω, χύνω μέσα σε κάτι υγρό κατά σταγόνες. 2. (μεταφ.) εισάγω, εμβάλλω σε κάποιον βαθμιαία μια ιδέα, ένα συναίσθημα: *έχει -ξει στην καρδιά του το μίσος.*
ενστάλλαξη η, ουσ., εισαγωγή, χύσιμο ενός υγρού μέσα σε κάτι κατά σταγόνες: ~ *σε διάλυμα·* (ιατρ.) ~ *σταγόνων στο μάτι.*
ενσταντανέ το, ουσ. άκλ. (έρρ.) 1. κλισέ φωτογραφικό που επιτυγχάνεται με έκθεση στο φως πολύ μικρής διάρκειας (αντ. *πόζα).* 2. κάτι που γίνεται σε πολύ σύντομο χρονικό διάστημα, στιγμιότυπο. [γαλλ. *instantané*].
ένσταση η, ουσ. 1. η αντίθεση, η αντίρρηση που προβάλλει κανείς εναντίον απόφασης, επιχειρήματος, κλπ., παρουσιάζοντας τους λόγους και τα επιχειρήματα στα οποία βασίζεται, εναντιολογία: ~ *βάσιμη/απαράδεκτη.* 2. (νομ.) ένδικο μέσο που συνίσταται στην προβολή από τον εναγόμενο νέων πραγματικών γεγονότων διαφορετικών από εκείνα που προβάλλει η αγωγή: ~ *άκυρη/αναβλητική· αντιτάσσω/υποβάλλω* ~.
ενστερνίζομαι, ρ., αποδέχομαι κάτι πρόθυμα, θερμά, επιδοκιμάζω κάτι: ~ *μια ιδέα/ένα ιδανικό* (συνών. *εγκολπώνομαι).*
ένστικτο το, ουσ. 1. φυσική ροπή, τάση να συμπεριφέρεται κανείς (άνθρωπος ή ζώο) με ορισμένο τρόπο χωρίς να βασίζεται στη λογική, την πείρα ή το σχεδιασμό: ~ *της αυτοσυντήρησης/πρωτόγονο/γενετήσιο/μητρικό·* τα *πουλιά πετούν από*

ενστικτώδης 470

~. 2. έμφυτη εσωτερική ορμή ή διαίσθηση: ~ άγριο/αχαλίνωτο/διεστραμμένο: έχει ένα αλάνθαστο ~ να κάνει πάντα αυτό που πρέπει. [γαλλ. instinct <λατ. instinctus].
ενστικτώδης, -ης, -ες, γεν. -ους, πληθ. αρσ. και θηλ. -εις, ουδ. -η, επίθ. 1. που γίνεται από ένστικτο: κινήσεις -εις· αντίδραση ~ (συνών. ορμέμφυτος). 2. που αποβλέπει στην ικανοποίηση του ενστίκτου, πρωτόγονος. - Επίρρ. **-ωδώς.**
ενσυνείδητος, -η, -ο, επίθ. 1. που υπάρχει ή συμβαίνει στη συνείδηση. 2. που γίνεται με επίγνωση, συνειδητός (αντ. ασυνείδητος). - Επίρρ. -α.
ενσύρματος, -η, -ο, επίθ., που γίνεται διαμέσου συρμάτων: επικοινωνία -η (αντ. ασύρματος).
ενσφαιρος, -η, -ο, επίθ., που γίνεται με σφαίρα ή βλήμα: βολή -η· πυρά -α (αντ. άσφαιρος).
ενσφράγιστος, -η, -ο, επίθ. (λόγ.). 1. που είναι σφραγισμένος: φάκελος ~ (αντ. ασφράγιστος). 2. που είναι κλεισμένος μέσα σε κάτι σφραγισμένο, εσώκλειστος.
ενσώματος, -η, -ο, επίθ. (νομ.) που έχει συγκεκριμένη υπόσταση: πράγματα, κατά την έννοια του νόμου, είναι μόνο -α αντικείμενα (αστ. κώδ.).
ενσωματώνω, ρ., ενώνω δύο ή περισσότερα πράγματα σε ένα σώμα, εντάσσω, ενοποιώ: είχε -ώσει στο έργο του αποσπάσματα άλλων ποιητών.
ενσωμάτωση η, ουσ., συνένωση δύο ή περισσότερων πραγμάτων σε ένα σώμα, ενοποίηση: ~ στην κοινωνία· ~ της ελληνικής οικονομίας στην ευρωπαϊκή κοινότητα.
ένταλμα το, ουσ. έρρ., γεν. -ατος, έγγραφο που εκδίδεται από κάποια αρχή και μ' αυτό διατάσσεται η εκτέλεση εντολής: εκδίδω ~· ~ πληρωμής/ σύλληψης· ~ απλήρωτο/δικαστικό/ταχυδρομικό/τραπεζικό.
εντάξει, επίρρ. (έρρ.), (συνήθως προφ.). 1α. (για να δηλωθεί η καλή ή σωστή κατάσταση στην οποία βρίσκεται ένα πρόσωπο ή πράγμα): όλα είναι ~· ~ είναι το παιδί· μόνο τρόμαξε λίγο· είσαι σίγουρος ότι το αυτοκίνητο είναι ~; β. (μτβ.): ~, πάμε παρακάτω!· ~, κάνε τώρα τη δουλειά σου! 2α. (για να δηλωθεί συμφωνία): θα συναντηθούμε το βράδι· ~, θα σου πω τότε τα νέα· β. (ερωτ.): θα γυρίσω σε 10΄ ~; 3. (επιτ., για να δοθεί τέλος σε μια διαφωνία): ~! άσε με τώρα ήσυχο!
ένταξη η, ουσ. (έρρ.), το να τοποθετείται, να συμπεριλαμβάνεται ή να προχωρεί κάποιος σε μια σειρά, τάξη, ομάδα, κοινότητα, κλπ., μαζί με άλλους: ~ χώρας ισότιμης στην Κοινή Αγορά· περιοδική ~ εορτών στο έτος.
ένταση η, ουσ. (έρρ.). 1. τράβηγμα ενός πράγματος προς τα έξω σε όλο του το μήκος· ο βαθμός με τον οποίο γίνεται αυτό: ~ χορδής/καλωδίου/σχοινιού· χαλαρώνω την ~· ~ σταθερή (συνών. τέντωμα). 2. αύξηση μιας δύναμης ή ενέργειας, επίταση, κοιν. φούντωμα: ~ πυρός· ~ αμείωτη/αμετάβλητη/ισχυρή. 3. (μεταφ. για αφηρημένες έννοιες): ~ προσοχής/σκέψης. 4. ο βαθμός της δύναμης με την οποία γίνεται ή εκδηλώνεται κάτι: ~ ήχου/φωνής (= τόνος)/ραδιοφώνου/ηλεκτρικού ρεύματος/ανέμου· (φυσ.) ~ βαρύτητας/ακτινοβολίας/φωτεινής πηγής· ~ σεισμού = καταστρεπτικότητα· ~ μουσική· η δύναμη με την οποία εκτελείται ένας φθόγγος ή μουσική φράση· (ψυχ.) ~ αισθήματος = οξύτητα με την οποία αντιλαμβάνεται ο άνθρωπος τον εξωτερικό ερεθισμό. 5. (μεταφ.) το να φτάνει μια κατάσταση σε

κρίσιμο σημείο· το αίσθημα που δημιουργείται σε μια κατάσταση όταν μεταξύ των ατόμων επικρατεί ανησυχία και έλλειψη εμπιστοσύνης: ~ στις σχέσεις δύο χωρών/στην οικογένεια. 6. αίσθημα ανησυχίας και νευρικότητας που εμποδίζει το άτομο να νιώσει άνετα ή ήρεμα: ένιωθε τα χαρακτηριστικά της τραβηγμένα από την ~. 7. έντονη δραστηριότητα: ζήσαμε με ~ τις διακοπές. 8. (αρχαιολ.) ελαφρά κύρτωση που παρατηρείται στις πλευρές των ελληνικών κιόνων, κυρίως του δωρικού και ιωνικού ρυθμού.
εντάσσω, ρ., παρατ. ενέτασσα, αόρ. ενέταξα, παθ. εντάχθηκα, μτχ. ενταγμένος (έρρ.). 1. καθιστώ κάποιον μέλος μιας κοινωνικής ομάδας· (μέσ.) -ομαι σε μια πολιτική παράταξη (συνών. ενσωματώνω, συγκαταλέγω). 2. συμπεριλαμβάνω κάτι σε μια γενικότερη ή ευρύτερη ιδέα, κατάσταση, καθεστώς, έτσι ώστε να συνδεθεί στενά μαζί τους ή να αποτελέσει μέρος του συνόλου τους: ~ σε σύστημα/πρόγραμμα (σπουδών/ερευνών)· η Σχολή Καλών Τεχνών έχει -χθεί στο Πανεπιστήμιο.
εντατικά, βλ. εντατικός.
εντατικοποίηση η, ουσ. (έρρ.), το να γίνεται κάτι εντατικά, το να αυξάνεται η δύναμη, η ποσότητα, ο βαθμός ή ο ρυθμός του: ~ παραγωγής/σπουδών.
εντατικοποιώ, -είς, ρ. (έρρ., ασυνίζ.), κάνω κάτι εντατικό, αυξάνω τη δύναμη, την ποσότητα, το βαθμό ή το ρυθμό του.
εντατικός, -ή, -ό, επίθ. (έρρ.), που γίνεται με έντονη δραστηριότητα, που κατά την πραγματοποίησή του καταβάλλεται μεγάλη προσπάθεια ώστε να επιτευχθεί θεαματικό αποτέλεσμα σε σύντομο χρονικό διάστημα: θεραπεία/καλλιέργεια -ή· -ό τμήμα σπουδών· μονάδα -ής παρακολούθησης νοσοκομείου. - Επίρρ. **-ά** και **-ώς.**
εντατικότητα η, ουσ. (έρρ.), το να είναι κάτι εντατικό· ο βαθμός της έντασης με την οποία γίνεται κάτι.
εντατικώς, βλ. εντατικός.
ενταύθα, επίρρ. (έρρ.), (λόγ.), χρησιμοποιείται μόνο στο τέλος διευθύνσεων οι οποίες αναγράφονται σε επιστολές, δέματα, κλπ., που ο παραλήπτης τους μένει στην ίδια πόλη με τον αποστολέα· εδώ, σ' αυτό το ίδιο μέρος.
ενταφιάζω, ρ. (έρρ., ασυνίζ.). 1. θάβω (βλ.λ.). 2. (μεταφ.) ενεργώ ώστε κάτι να εξασφανιστεί.
ενταφίαση η, ουσ. (έρρ.), ενταφιασμός, ταφή (βλ. λ.).
ενταφιασμός ο, ουσ. (έρρ., ασυνίζ.). 1. ταφή (βλ.λ.). 2. (μεταφ.) οριστική καταστροφή ή ματαίωση: ~ ονείρων/ελπίδων.
ενταφιαστής ο, ουσ. (έρρ., ασυνίζ., λόγ., σπάνιο), (μεταφ.) αυτός που προξενεί καταστροφή, αφανιστής: ~ της μεγάλης ιδέας.
εντάφιος, -α, -ο, επίθ. (έρρ., ασυνίζ., λόγ.). 1. που χρησιμοποιείται στον ενταφιασμό νεκρού: σκεύη -α. 2. που βρίσκεται μέσα σε τάφο: μαύρη η -α συντροφιά (Σολωμός). 3. που υπάρχει πάνω σε τάφο ή γύρω από αυτόν: χόρτα -α.
εντείνω, ρ., παρατ. και αόρ. ενέτεινα, πληθ. εντείναμε, παθ. αόρ. εντάθηκα (έρρ.), αυξάνω την ένταση, τη δύναμη ενός πράγματος: ~ τις δυνάμεις/ενέργειες/την προσοχή μου.
εντειχίζω, ρ. (έρρ.), προσαρμόζω κάτι μέσα σε τείχος ή τοίχο (συνών. εντοιχίζω).
εντειχισμός ο, ουσ. (έρρ.), προσαρμογή ενός αντικειμένου μέσα σε τείχος ή τοίχο (συνών. εντοιχισμός).

εντεκαριά η, αριθμ. (έρρ., συνίζ.), πάντα στη φρ. *καμιά ~* (= περίπου έντεκα).
εντεκάχρονος, βλ. *ενδεκάχρονος*.
εντελβάις το, ουσ. άκλ. (όχι έρρ.), φυτό του βουνού, που ευδοκιμεί κυρίως στις Άλπεις και είναι καλυμμένο με λευκό χνούδι. [γερμ. *Edelweiss*].
εντέλεια η, ουσ. (έρρ., ασυνίζ.), τελειότητα, πληρότητα, αρτιότητα· φρ. *στην ~*(= τέλεια): *ετοιμάσαμε τα πάντα στην ~* (αντ. *ατέλεια, έλλειψη*).
εντελέχεια η, ουσ. (έρρ., ασυνίζ.), (φιλοσ.). 1. (κατά τον Αριστοτέλη) μετάβαση της ύλης από την αδρανή στην ενεργό κατάσταση με την πρόσληψη μορφής, μορφοποίηση της ύλης και η αιτία που προκαλεί τη μετάβαση αυτή. 2. η πράξη που έχει ολοκληρωθεί και η τελειότητα που απορρέει από την ολοκλήρωση αυτήν· (ειδικά στη νεότερη φιλοσοφία) όλες οι απλές υποστάσεις ή δημιουργημένες μονάδες (γιατί περιέχουν την τελειότητα). 3. η ζωτική αρχή που διέπει και διαμορφώνει τα οργανικά όντα.
εντελώς, επίρρ. (έρρ.), πλήρως, εξολοκλήρου: *έχω τελειώσει ~ τη δουλειά μου* (συνών. *τελείως*).
εντεραλγία η, ουσ. (έρρ.), οξύς πόνος των εντέρων.
εντεραλγικός, -ή, -ό, επίθ. (έρρ.), που έχει σχέση με την εντεραλγία ή τη θεραπεύει: *πόνος ~· φάρμακα -ά*. - Το αρσ. ως ουσ. = αυτός που πάσχει από εντεραλγίες.
εντερεκτομή η, ουσ. (έρρ.), (ιατρ.) αφαίρεση τμήματος του εντέρου με χειρουργική επέμβαση.
εντερικός, -ή, -ό, επίθ. (έρρ.), που έχει σχέση με το *έντερο: κρίση ή πόνος/σωλήνας ~· σκώληκες -οί· υγρό -ό* = που εκκρίνεται από αδένες του βλεννογόνου του εντέρου και συντελεί στην πέψη των τροφών. - Το ουδ. στον πληθ. ως ουσ. = οι αρρώστιες του εντέρου.
εντέρινος, -η, -ο, επίθ. (έρρ.), που είναι φτιαγμένος από έντερο.
εντερίτιδα η, ουσ. (έρρ.), (ιατρ.) φλεγμονή του εντέρου (ειδικά του λεπτού) που εκδηλώνεται με πυρετό, διάρροια και κολικούς.
εντεριτικός, -ή, -ό, επίθ. (έρρ.), που αναφέρεται στην εντερίτιδα.
εντεριώνη η, ουσ. (έρρ., ασυνίζ.), (φυτολ.) το εσωτερικό μέρος του βλαστού και της ρίζας του φυτού από μαλακό ιστό σε σχήμα κυλίνδρου.
έντερο το και (λαϊκ.) **άντερο** (έρρ.), ουσ. 1. τμήμα του πεπτικού σωλήνα από το στομάχι έως τον πρωκτό που βρίσκεται μέσα στην κοιλία και στο οποίο συμπληρώνεται η πέψη των τροφών: *~ λεπτό/παχύ*. 2. (στον πληθ.) τα εντόσθια. Εκφρ. *στριμμένο άντερο* (= άνθρωπος ιδιότροπος). Φρ. *βγάζω τ' άντερά μου* (= κάνω εμετό)· *η κοιλιά με τ' άντερα μαλώνουν* (για φιλονικίες στενών συγγενών)· *μου γυρίζουν τ' άντερα* (= νιώθω αηδία, ναυτία). - Υποκορ. **-άκι** το: *αγόρασα -άκια για τη μαγειρίτσα*.
εντερογραφία η, ουσ. (έρρ.), (ιατρ.) η καταμέτρηση με τη βοήθεια του εντερογράφου των περισταλτικών κινήσεων του εντέρου.
εντερογράφος ο, ουσ. (έρρ.), συσκευή μέτρησης και καταγραφής των συσπάσεων του εντέρου.
εντεροκήλη η, ουσ. (έρρ.), (ιατρ.) κήλη που δημιουργείται από πτώση τμήματος του εντέρου μέσα στο περιτύναιο.
εντεροκολίτιδα η, ουσ. (έρρ.), (ιατρ.) μορφή εντερίτιδας που προσβάλλει ιδιαίτερα το παχύ έντερο και χαρακτηρίζεται από την παρουσία βλεννών στα περιττώματα και εναλλασσόμενες περιόδους διάρροιας και δυσκοιλιότητας.
εντερολιθίαση η, ουσ. (έρρ.), (ιατρ.) πάθηση των εντέρων κατά την οποία σχηματίζεται πέτρα στον εντερικό σωλήνα.
εντερολογία η, ουσ. (έρρ.), κλάδος της ιατρικής που ασχολείται με τη μελέτη των εντέρων.
εντεροπάθεια η, ουσ. (έρρ., ασυνίζ.), οποιαδήποτε πάθηση των εντέρων.
εντεροπλαστική η, ουσ. (έρρ.), (ιατρ.) υποκατάσταση με χειρουργική επέμβαση τμήματος του γαστρεντερικού σωλήνα με εντερική έλικα που παίρνεται από το παχύ ή το λεπτό έντερο.
εντερόπονος ο, ουσ. (έρρ.), πόνος των εντέρων, εντεραλγία.
εντερορραγία η, ουσ. (έρρ.), (ιατρ.) τοπική ή διάχυτη αιμορραγία του εντέρου που οφείλεται σε φλεγμονή, εξέλκωση ή όγκο του εντερικού τοιχώματος.
εντερορραφία η, ουσ. (έρρ.), (ιατρ.) χειρουργική ραφή που ενώνει τα χείλη ανοιγμένου εντερικού τοιχώματος.
εντεροσκόπηση και **-πία**, η, ουσ. (έρρ.), (ιατρ.) ενδοσκοπική εξέταση του εντέρου με τη βοήθεια του εντεροσκοπίου.
εντεροσκόπιο το, ουσ. (έρρ., ασυνίζ.), όργανο με το οποίο εξετάζονται ενδοσκοπικά τα έντερα και ειδικά το απευθυσμένο (συνών. *ορθοσκόπιο*).
εντεροτομία η, ουσ. (έρρ.), (ιατρ.) εκτέλεση τομής στο εντερικό τοίχωμα με σκοπό την απομάκρυνση εντερικού περιεχομένου ή την αφαίρεση ξένου σώματος.
εντεταλμένος, -η, -ο, μτχ. ως επίθ. (έρρ., λόγ.), που έχει πάρει την εντολή να κάνει κάτι, αρμόδιος: *σύμβουλος/δικαστής ~*. — Το ουδ. στον πληθ. ως ουσ. = οι διαταγές.
εντευκτήριο το, ουσ. (έρρ., ασυνίζ.). 1. αίθουσα συγκεντρώσεων, συναντήσεων. 2. ειδική αίθουσα ιδρύματος ή λέσχης όπου γίνονται δεκτοί επισκέπτες ή συγκεντρώνονται τα μέλη.
έντεχνος, -η, -ο, επίθ. (έρρ.). 1. που γίνεται με τέχνη, με επιδεξιότητα: *-η παρουσίαση του σχεδίου ώστε να είναι πειστικό* (συνών. *αριστοτεχνικός, επιδέξιος·* αντ. *άτεχνος, αδέξιος*). 2. που βασίζεται σε αρχές και κανόνες της τέχνης, καλλιτεχνικός: *-ο λαϊκό τραγούδι· λόγος ~* = λογοτεχνία. -Επίρρ. **-α**.
εν τη παλάμη (ενν. **το χρήμα**) **και ούτω βοήσομεν**· αρχαϊστ. φρ.· σε περιπτώσεις που πρέπει να γίνει μια συγκεκριμένη πράξη για να υπάρξει συνέχεια· ειδικότερα σε περιπτώσεις οικονομικής συναλλαγής.
εν τη ρύμη του λόγου μου (*σου,...*)· αρχαϊστ. έκφρ. = κατά τη γρήγορη ροή της ομιλίας μου.
έντιμος, -η, -ο, επίθ. (έρρ.). 1. ηθικός, τίμιος, ευυπόληπτος: *υπάλληλος ~* (αντ. *άτιμος, ανέντιμος*). 2. που δέχεται το σεβασμό και την εκτίμηση των άλλων, ευυπόληπτος (αντ. *ανυπόληπτος, ανέντιμος*). - Επίρρ. **-α**.
εντιμότητα η, ουσ. (έρρ.), τιμιότητα, ευσυνειδησία: *τον εκτιμούσαν όλοι εξαιτίας της -άς του* (αντ. *ασυνείδητα, ανυπολήψία*).
εντοιχίζω, ρ. (έρρ.) 1. προσαρμόζω, στερεώνω κάτι στην επιφάνεια τοίχου: *ηλεκτρικές συσκευές/ντουλάπες -σμένες*. 2. κλείνω κάτι μέσα σε τοίχο ή περικλείω με τοίχο φράζοντας ταυτόχρονα τις εισόδους.

εντοίχιση η, και **-ισμός** ο, ουσ. (έρρ.). 1. προσαρμογή, στερέωση ενός πράγματος στην εξωτερική επιφάνεια τοίχου. 2. κλείσιμο μέσα σε τοίχο ή περίφραξη με τοίχο.
εντοίχισμα το, ουσ. (έρρ.), αυτό που είναι χτισμένο μέσα σε τοίχο.
εντοιχισμός, βλ. *εντοίχιση.*
έντοκος, -η, -ο, επίθ. (έρρ.), που αποφέρει τόκο: *δάνειο -ο· -α γραμμάτια του δημοσίου* (αντ. *άτοκος).* - Επίρρ. **-ως.**
εντολέας ο, ουσ. (έρρ.). 1. αυτός που δίνει σε κάποιον μια εντολή. 2. (νομ.) αυτός που αναθέτει σε κάποιον τη διεξαγωγή μιας υπόθεσης: *με τη σύμβαση της εντολής ο εντολοδόχος έχει υποχρέωση να διεξαγάγει...την υπόθεση που του ανέθεσε ο ~* (αστ. κώδ.) (συνών. *εντολοδότης·* αντ. *εντολοδόχος).*
εντολή η, ουσ. (έρρ.). 1. παραγγελία, προσταγή, διαταγή (προφορική ή γραπτή): *του έδωσα ~ να γυρίσει γρήγορα· η μετάθεσή μου έγινε με ~ του νομάρχη· ~ στρατιωτική* (= που απευθύνεται σε έναν ή όλους τους στρατιωτικούς και αποκλείει οποιαδήποτε δική τους ενέργεια για τη συγκεκριμένη περίπτωση)· εκφρ. *στις -ές σας* (για να δηλωθεί διάθεση εξυπηρέτησης ή υποταγής). 2. (εκκλ.) θεία επιταγή· *δέκα -ές* = ο δεκάλογος που έδωσε ο Θεός στους Εβραίους διαμέσου του Μωϋσή. 3. δικαίωμα να ενεργεί κανείς για λογαριασμό άλλου, εξουσιοδότηση, πληρεξουσιότητα: *έχω ~ από το διευθυντή να πάρω μέρος στο συμβούλιο αντί γι' αυτόν.* 4. έμβασμα, ποσό που αποστέλλεται μέσω τράπεζας. 5. (νομ.) σύμβαση με την οποία ο ένας από τους συμβαλλόμενους (ο εντολέας) αναθέτει στον άλλο (τον εντολοδόχο) τη διεξαγωγή υπόθεσης χωρίς αμοιβή με την υποχρέωση να τη φέρει σε πέρας: *η ~ λύνεται...με το θάνατο του εντολέα* (αστ. κώδ.). 6. (πολιτ.) *διερευνητική ~* = το να αναθέτει (σύμφωνα με το ελληνικό σύνταγμα) ο πρόεδρος της δημοκρατίας στον αρχηγό κόμματος να διερευνήσει αν μπορεί να σχηματίσει κυβέρνηση που θα έχει την εμπιστοσύνη της βουλής. 7. (διεθνές δίκ., παλαιότερα) καθεστώς περιορισμένης διάρκειας κατά το οποίο μια ισχυρή δύναμη αναλάμβανε μαζί με την κηδεμονία μιας φτωχής και υπανάπτυκτης χώρας ορισμένα δικαιώματα από την Κ.Τ.Ε. ως αντάλλαγμα.
εντολοδότης ο, ουσ. (έρρ.). 1. αυτός που δίνει μια εντολή, εντολέας. 2. (νομ.) αυτός που με δικαστική πράξη αναθέτει στον εντολοδόχο τη διεξαγωγή κάποιας υπόθεσης για λογαριασμό του (αντ. *εντολοδόχος).*
εντολοδόχος ο, ουσ. (έρρ.). 1. αυτός που ενεργεί για λογαριασμό άλλου: *~ πρωθυπουργός* = αυτός που παίρνει την εντολή από τον ανώτατο άρχοντα μιας χώρας να σχηματίσει κυβέρνηση και ασκεί τα καθήκοντα του πρωθυπουργού εωσότου πάρει ψήφο εμπιστοσύνης από το κοινοβούλιο. 2. (νομ.) αυτός που με δικαστική πράξη αναλαμβάνει τη διεξαγωγή υπόθεσης που του αναθέτει ο εντολέας: *ο ~ έχει υποχρέωση να παρέχει πληροφορίες στον εντολέα σχετικά με την υπόθεση που του ανατέθηκε* (αστ. κώδ.).
εντομή η, ουσ. (έρρ.). 1. σχισμή, εγκοπή. 2. (ανατομ.) κάθε σχισμή ή αυλάκωμα πάνω στα οστά ή σε άλλα όργανα του σώματος. 3. (φυτολ.) κάθε χάραξη του φλοιού του φυτού με σκοπό τη δυνάμωσή του.

έντομο το, ουσ. (έρρ.), γενική ονομασία μικρών σε μέγεθος ζώων, που είναι αρθρωτά, το σώμα τους διαιρείται σε τρεις δακτυλίους (κεφάλι, θώρακας, κοιλιά), έχουν τρία ζευγάρια πόδια και δύο ζευγάρια φτερά (συνών. *ζουζούνι, μαμούδι, ζούφιο).*
εντομοαπωθητικός, -ή, -ό, επίθ. (έρρ.), που απομακρύνει τα έντομα από κάποιο χώρο: *ταμπλέτες, -ές.* - Το ουδ. ως ουσ. = μικρή ηλεκτρική συσκευή που απομακρύνει τα έντομα από το χώρο όπου λειτουργεί εξαιτίας της μυρωδιάς που αναδίδουν οι ειδικές ταμπλέτες.
εντομογραφία η, ουσ. (έρρ.), κλάδος της εντομολογίας που ασχολείται με την περιγραφή των εντόμων.
εντομογράφος ο, ουσ. (έρρ.), επιστήμονας που ασχολείται με την εντομογραφία.
εντομοκτόνος, -α, -ο, επίθ. (έρρ.), που εξοντώνει τα έντομα: *ουσίες -ες.* - Το ουδ. ως ουσ. = προϊόν του εμπορίου με μορφή υγρού, αερίου ή σκόνης που χρησιμοποιείται εναντίον των βλαβερών εντόμων.
εντομολογία η, ουσ. (έρρ.). 1. κλάδος της ζωολογίας που ασχολείται με τη μελέτη των εντόμων. 2. κλάδος της ιατροδικαστικής που ασχολείται με την έρευνα των εντόμων που αναπτύσσονται στα πτώματα.
εντομολογικός, -ή, -ό, επίθ. (έρρ.), που αναφέρεται στην εντομολογία: *έρευνες -ές.*
εντομολόγος ο, ουσ. (έρρ.), επιστήμονας που ασχολείται με την εντομολογία.
εντομοφάγος ο, ουσ. (έρρ.). 1. που τρέφεται με έντομα. 2. (ζωολ.) ονομασία μικρών θηλαστικών ζώων που έχουν συνήθως αγκάθια στο σώμα τους και τρέφονται κυρίως με έντομα. 3. (βοτ.) ονομασία φυτών που αιχμαλωτίζουν έντομα και τα απορροφούν.
εντομόφιλος, -η, -ο, επίθ. (έρρ.). 1. (βοτ.) ονομασία φυτών που η επικονίασή τους γίνεται με έντομα. 2. (ζωολ.) ονομασία πτηνών που τρέφονται με έντομα.
έντονος, -η, -ο, επίθ. (έρρ.). 1. που έχει μεγάλη ένταση, δυνατός, ισχυρός, ζωηρός: *~ ήχος καμπάνας· άνεμος ~· έχω την εικόνα σου -η στο μυαλό μου· ζωγραφιά με -α χρώματα· φωτισμός ~* (αντ. *άτονος).* 2. (για αισθήματα) οξύς, δριμύς: *πόνος/πόθος ~· επιθυμία/λύπη -η* (αντ. *ήπιος, χαλαρός).* 3. αυξημένος, υπερβολικός: *η αντίδραση του κόσμου για τα νέα φορολογικά μέτρα ήταν -η· δημιουργήθηκε -η φημολογία γύρω από το θέμα* (αντ. *συγκρατημένος, άτονος).* 4. αυστηρός, επιτακτικός: *τον επέπληξε με -ο ύφος.* 5. γεμάτος δραστηριότητες ή διασκεδάσεις: *ζωή -η.* - Επίρρ. **-α.**
εντοπίζω, ρ. (έρρ.). 1. περιορίζω σε κάποιο χώρο ή σημείο: *οι πυροσβέστες -ουν την πυρκαγιά· οι παρατηρήσεις μου -ονται στη δομή του κειμένου.* 2. ανακαλύπτω πού βρίσκεται κάποιος ή κάτι: *~ την αιτία της αρρώστιας/τη θέση μιας αρχαίας πολιτείας* (συνών. *επισημαίνω).*
εντόπιος, -α, -ο, (έρρ., ασυνίζ.) και **ντόπιος, -ια, -ιο,** (συνίζ.), επίθ. 1. (για πρόσωπο) που ζει εκεί όπου γεννήθηκε ή από όπου κατάγεται: *πληθυσμός ~· προτιμώ τους ντόπιους τεχνίτες* (συνών. *ιθαγενής, γηγενής·* αντ. *ξένος, αλλοδαπός).* 2. (για πράγμα ή συνήθεια, κ.τ.ό.) που υπάρχει ή χρησιμοποιείται στον τόπο όπου παράγεται ή σ' εκεί-

νον για τον οποίο γίνεται κάθε φορά λόγος: *προϊόντα -α·* ντόπια *έθιμα·* ντόπιο *κρασί* (συνών. *εγχώριος·* αντ. *ξένος).* - Το αρσ. και το θηλ. ως ουσ. (συνήθως στον τ.) = άνθρωπος που ζει στην ίδια χώρα όπου γεννήθηκε ή από όπου κατάγεται: *οι τουρίστες δεν καταλαβαίνουν τη νοοτροπία των ντόπιων* (αντ. *ξένος, αλλοδαπός).*
εντοπιότητα η, ουσ. (έρρ., ασυνίζ.), η καταγωγή δημόσιου υπαλλήλου ή λειτουργού από ορισμένο τόπο και ο επηρεασμός της υπηρεσιακής του κατάστασης από αυτό το γεγονός: *στις τοποθετήσεις/στους διορισμούς θα ισχύσει το κριτήριο της -ας· οι δικαστικοί λειτουργοί υπάγονται στο κώλυμα της -ας.*
εντοπίση η, ουσ. (έρρ., λόγ.), εντοπισμός (βλ.λ.).
εντοπισμός ο, ουσ. (έρρ.). 1. περιορισμός σε κάποιο χώρο, παρεμπόδιση της επέκτασης: *~ της πυρκαγιάς.* 2. ανακάλυψη της θέσης προσώπου ή πράγματος: *~ του δράστη της δολοφονίας· συσκευή για τον -ό υποβρυχίων· ~ των αιτιών της έκρηξης* (= εξακρίβωση).
εντοπιστικός, -ή, -ό, επίθ. (έρρ.), που συντελεί στον εντοπισμό: *μηχάνημα -ό.*
εντός, επίρρ. (έρρ., σπάνιο), μέσα: (τοπ.) *~ έδρας* (σπανίως, για ποδοσφαιρική ομάδα που αγωνίζεται στην έδρα της)· (χρον.) *~ ολίγου* (κοιν. σε λίγο)· (με προσωπ. αντων.) *νιώθω ~ μου κάποιο δισταγμό* (= στο νου, στην ψυχή μου) (αντ. *εκτός).*
εντόσθια τα, ουσ. (έρρ., ασυνίζ.). 1. τα σπλάχνα που βρίσκονται στην κοιλιακή κοιλότητα ανθρώπου ή ζώου: *στα ~ του νεκρού βρέθηκαν ίχνη από δηλητήριο* (συνών. *σωθικά, σπλάχνα).* 2. (ειδικά για φαγητό) τα σπλάχνα του αρνιού και η κοιλιά, το συκώτι και η καρδιά των πουλερικών: *αγόρασα ~ για το κοκορέτσι/τη μαγειρίτσα.*
εντούτοις, επίρρ. (έρρ.), ωστόσο.
εν τούτω νίκα αρχαΐστ. φρ.· σε περιπτώσεις παρότρυνσης προς τη νίκη ή χαράς για τη νίκη.
εντράδα η, ουσ. (έρρ.), φαγητό από κρέας και λαχανικά. [βενετ. *entrada*].
εντριβή η, ουσ. (έρρ.), (ιατρ.) τριβή της επιφάνειας του δέρματος με κινήσεις των δακτύλων, της παλάμης ή ειδικού οργάνου για να προκληθεί αύξηση της αιμάτωσης και ανάπτυξη θερμότητας στους ιστούς ή για να διευκολυνθεί η απορρόφηση ενός φαρμάκου από το δέρμα (κοιν. *τρίψιμο*): *χρειάζομαι μια ~ στην πλάτη με οινόπνευμα.*
έντρομος, -η, -ο, επίθ. (έρρ.), γεμάτος τρόμο, τρομαγμένος, καταφοβισμένος: *μετά το σεισμό βγήκε ~ από το σπίτι.*
εντροπή, βλ. *ντροπή.*
εντροπία η, ουσ. (έρρ.), (φυσ.) συνάρτηση στη θερμοδυναμική που εκφράζει τη λειτουργία εκείνη ενός φυσικού συστήματος, η οποία ρυθμίζει την κατάσταση αταξίας του και να αυξάνεται κάθε φορά που παρατηρείται σ' αυτό μεταβολή προς μιαν άλλη κατάσταση μεγαλύτερης αταξίας. [γερμ. *Entropie*<αρχ. ελλ. *εντροπία*].
εντρύφημα το, ουσ. (έρρ., λόγ.), ό,τι ευχαριστεί πολύ τις αισθήσεις (συνών. *απόλαυση, χάρμα).*
εντρύφηση η, ουσ. (έρρ., λόγ.), το να βρίσκει κανείς ιδιαίτερη ευχαρίστηση στην ασχολία του με κάτι (πβ. *διασκέδαση).*
εντρυφώ άς, ρ. (έρρ., λόγ.), βρίσκω ευχαρίστηση ασχολούμενος με κάτι: *~ στη σπουδή της ιστορίας/στη μελέτη του Ευαγγελίου.*
έντυπο το, ουσ. (έρρ.), οτιδήποτε παράγεται με εκτύπωση (λ.χ. βιβλίο, εφημερίδα, περιοδικό, κ.τ.ό.), το προϊόν της τυπογραφίας (σε αντιδιαστολή προς το χειρόγραφο, το δακτυλόγραφο ή και το πολυγραφημένο κείμενο): *~ διαφημιστικό/ εικονογραφημένο· συλλογή παλιών -ύπων·* (συνεκδοχικά για το περιεχόμενό του) *~άσεμνο/ επαναστατικό.*
έντυπος, -η, -ο, επίθ. (έρρ.), που παράγεται με εκτύπωση, τυπωμένος: *υλικό -ο· εικόνες/προκηρύξεις -ες.* - Επίρρ. **-ύπως**.
εντυπώνω, ρ. (έρρ.), (συνήθως μέσ.) διατηρώ στη συνείδησή μου την έντονη εντύπωση από κάτι, αποτυπώνω κάτι ζωηρά: *-ώθηκε στη μνήμη μου η εικόνα της· το κεφάλαιο των μαθηματικών μου -ώθηκε* (στο *μυαλό).*
εντύπως, βλ. *έντυπος.*
εντύπωση η, ουσ. (έρρ.). 1. ό,τι δημιουργεί στη συνείδηση ένας εξωτερικός ερεθισμός, το αποτέλεσμα που μια αιτία (λ.χ. θέαμα, ακρόαμα) παράγει στο νου και την καρδιά κάποιου, η επίδραση που ασκεί στις ιδέες και τη συμπεριφορά του: *η αναγγελία του γάμου/η ξαφνική αναχώρηση έκανε τεράστια ~* (= *ζωηρή αίσθηση)· δεν ήταν ευχάριστη η ~ από τον καινούργιο καθηγητή· προκαλώ μεγάλη ~* (= *συγκίνηση)·* φρ. *κάνω ~* (= επηρεάζω έντονα κάποιον, τον κάνω να με προσέξει, να ενδιαφερθεί για μένα ή και να με θαυμάσει): *γυναίκα που ξέρει να κάνει ~· μου κάνει ~ κάτι* (= μου κινεί το ενδιαφέρον, την προσοχή): *μου έκανε ~ το ύψος των κτηρίων.* 2. μορφή στοιχειώδους γνώσης για πρόσωπο, πράγμα ή κατάσταση, τα αισθήματα, οι απόψεις, κ.τ.ό. που ως άμεση αντίδραση σχηματίζει κανείς από τα αντικειμενικά δεδομένα χωρίς να τα επεξεργαστεί νοηματικά: *οι πρώτες εντυπώσεις από το νεόκτιστο σπίτι· -ώσεις φευγαλέες/ταξιδιωτικές.* 3. το να πιστεύει κανείς κάτι, το να έχει για την πραγματικότητα ορισμένη αντίληψη, συχνά εσφαλμένη: *δεν θα ήθελα να μείνεις μ' αυτή την ~· προσπαθούν να δημιουργήσουν -ώσεις στους ψηφοφόρους· κερδίζω τη μάχη των -ώσεων·* φρ. *δίνω την ~ ότι...* (= κάνω κάποιον να σκεφτεί, να νομίσει κάτι)· *έχω την ~* (= μου φαίνεται, νομίζω): *έχω την ~ ότι μας παρακολουθούν/ότι μ' εμπιστεύεσαι· είχα την ~ ότι μ' αγαπούσε* (συνών. *ιδέα, ψευδαίσθηση·* αντ. *πεποίθηση).*
εντυπωσιάζω, ρ. (έρρ., ασυνίζ.), (για πρόσωπο ή πράγμα που έχει κάτι υπερβολικό, έντονο, εξαιρετικό) προκαλώ έντονη εντύπωση (βλ.λ.), κάνω να με θαυμάσουν και να με υπολογίζουν: *στη Νέα Υόρκη με -ασαν οι ουρανοξύστες· η περιγραφική ικανότητα του συγγραφέα -ει τον αναγνώστη· δε με -ουν τα πλούτη.*
εντυπωσιακός, -ή, -ό, επίθ. (έρρ., ασυνίζ.), που εντυπωσιάζει: *θέα -ή* (= *μεγαλόπρεπη)· ερμηνεία ενός ηθοποιού -ή* (= *συγκλονιστική)· αλλάζει γνώμη με -ή ευκολία* (= πολύ μεγάλη)· *συγκέντρωση -ή.* - Επίρρ. **-ά**.
εντυπωσιασμός ο, ουσ. (έρρ., ασυνίζ.), πρόκληση έντονων εντυπώσεων: *ενέργεια που γίνεται για -ό των πολιτών· κίνηση -ού.*
εν τω Άδη ουκ έστι μετάνοια αρχαΐστ. φρ.· σε περιπτώσεις που είναι πια ξεπερασμένη κάθε ενέργεια.
εν τω άμα και το θάμα ημιαρχαΐστ. έκφρ. = το αποτέλεσμα υπήρξε άμεσο.
εντωμεταξύ, επίρρ. (έρρ.), στο μεταξύ.

ενυδάτωση η, ουσ. 1. προσθήκη νερού σε χημική ένωση. 2. το να πίνει κανείς πολλά υγρά για να καταπολεμήσει την αφυδάτωση (βλ.λ.). 3. (για το δέρμα) αποκατάσταση της φυσικής υγρασίας δέρματος με φαρμακευτικά παρασκευάσματα.

ενυδρείο το, ουσ., δοχείο ή δεξαμενή με τοιχώματα συνήθως από γυαλί, ή και ίδρυμα ή επιχείρηση με παρόμοιους χώρους, όπου διατηρούνται υδρόβιοι οργανισμοί (ψάρια, πουλιά, κ.ά., καθώς και φυτά) της θάλασσας ή του γλυκού νερού για έκθεση στο κοινό, για παρατήρηση και μελέτη, ή και για εκμετάλλευση.

ενυδρίδα η, ουσ. (ζωολ.) μικρό σαρκοφάγο υδρόβιο θηλαστικό με σώμα σαν της νυφίτσας και καφετιά γούνα ανθεκτική και πολύ καλής ποιότητας (κοιν. *βίδρα*).

ένυδρος, -η, -ο, επίθ. (χημ., για ένωση) που περιλαμβάνει στη σύνθεσή του νερό: *θειικός χαλκός ~* (κοιν. *γαλαζόπετρα*)· *ανθρακικό νάτριο -ο* (κοιν. *σόδα*)· (το ουδ. ως ουσ.) *κρυσταλλικό -ο* (= ένυδρη ένωση).

ενυπάρχω, ρ. (λόγ.), υπάρχω, βρίσκομαι μέσα σε κάτι: (συνήθως μεταφ.) *στο λυρικό έργο του -ει μια ελαφρά απαισιοδοξία.*

ενυπόγραφος, -η, -ο, επίθ. (λόγ.), (για έγγραφο) που έχει υπογραφή, είναι υπογεγραμμένος: *δήλωση -η* (αντ. *ανυπόγραφος*).

ενυπόθηκος, -η, -ο, επίθ. (νομ.) 1. (για πράγμα) που έχει επιβαρυνθεί με υποθήκη, που σ' αυτό έχει παραχωρηθεί υποθήκη: *ακίνητο/κτήμα -ο· απαίτηση -η* (συνών. *υποθηκευμένος*). 2. (για πρόσωπο) που έχει αποκτήσει υποθήκη σε κάτι: *δανειστής ~*.

εν χορδαίς και οργάνοις· αρχαϊστ. έκφρ. = πανηγυρικά, με εορτασμό.

εν ψυχρώ· αρχαϊστ. έκφρ. = χωρίς καμιά ιδιαίτερη διαδικασία ή χωρίς αναστολές (συνήθως για εκτέλεση ανθρώπου): *τον πυροβόλησαν ~, χωρίς καμιά προειδοποίηση.*

-ένω, κατάλ. ρημ.: *πλένω.*

ενώ, σύνδ. 1. (χρον.) για δήλωση πράξης σύγχρονης με άλλη: *~ κατεβαίναμε τη σκάλα, ακούστηκε ένας πυροβολισμός* (συνών. *καθώς, όπως, εκεί που*). 2. (εναντ.) για δήλωση εναντίωσης προς κάτι που ο ομιλητής το δέχεται ως πραγματικό: *τον θεωρούσαν σοφό, ~ δεν ήτανε· ~ δεν είχε εισιτήριο, επέμενε να μπει στο θέατρο* (συνών. *αν και, μολονότι, παρόλο που*).

ένωμα το, ουσ. (λαϊκ.), ένωση.

ενωμοτάρχης και (λαϊκ.) **ενωματάρχης** και **νωματάρχης** ο, ουσ. (στρατ., παλαιότερο) βαθμός υπαξιωματικού του στρατού και της χωροφυλακής: *στο απόσπασμα των χωροφυλάκων ήταν επικεφαλής ένας ~*.

ενωμοτία η, ουσ. 1. (στρατ., παλαιότερο) μικρή ομάδα δέκα έως δώδεκα πεζών ή ιππέων που τη διοικούσε ένας ενωμοτάρχης. 2. (σήμερα) ομάδα προσκόπων.

ενώνω, ρ. 1. (για δύο ή περισσότερα πρόσωπα) φέρνω πολύ κοντά το ένα με το άλλο ώστε να αποτελέσουν μια ομάδα ή ένα σύνολο ή να εργαστούν για έναν κοινό σκοπό: *ο Μ. Αλέξανδρος -ωσε τους Έλληνες στον αγώνα κατά των Περσών·* (μέσ.) *οι πόλεις -ώθηκαν και αποτέλεσαν ένα κράτος· λαός -ωμένος ποτέ νικημένος·* (μεταφ.) *μας -ει δεσμός φιλίας* (συνών. *ενοποιώ, συνδέω·* αντ. *χωρίζω*). 2. (για πράγματα) φέρνω σε επαφή (συνήθως άμεση), συνδέω αρμονικά και με ακρίβεια δημιουργώντας συχνά ένα καινούργιο σύνολο, ενιαίο και αδιαίρετο: *-ώσαμε τα χέρια/τα χείλη· ~ δύο κομμάτια ύφασμα* (= τα ράβω μαζί) /*τις άκρες των καλωδίων/δύο χρώματα* (= ανακατεύω)· (*για ζεύξη*) *η γέφυρα -ει τις δύο όχθες.* 3. (χημ.) από δύο ή περισσότερα στοιχεία δημιουργώ μια χημική ένωση (βλ.λ.): *αν -ώσουμε υδρογόνο και οξυγόνο παράγεται νερό.* - Η παλαιότερη μτχ. παρκ. *ηνωμένος* σε ονομασία κρατών: *Ηνωμένες Πολιτείες Αμερικής· Ηνωμένο Βασίλειο.*

ενώπιον, επίρρ. (ασυνίζ.), (υπηρεσιακή γλώσσα) μπροστά σε κάποιον (για πρόσωπο που παρίσταται υποχρεωτικά ή τιμητικά σε πράξη, τελετή, κ.τ.ό.): *σύμβαση για μεταβίβαση περιουσίας απαιτείται να γίνει ~ συμβολαιογράφου· ~ του Προέδρου της Δημοκρατίας έγινε η ορκωμοσία των νέων ανθυπολοχαγών.*

ενωρίς, βλ. *νωρίς.*

ένωση η, ουσ. 1. δημιουργία μιας σχέσης ή μιας κατάστασης ώστε δύο ή περισσότερα πρόσωπα ή πράγματα να σχηματίζουν ένα ενιαίο οργανικό σύνολο· (συνεκδοχικά) μια τέτοια σχέση ή κατάσταση: *επιβάλλεται η ~ των Ελλήνων για να αντιμετωπίσουν τον κοινό κίνδυνο· ~ αδιάσπαστη· η μυστική ~ της ψυχής με το Θεό·* (για φυσικά ή νομικά πρόσωπα που τα συνδέει μια συμφωνία ή ο κοινός σκοπός) *~ τελωνειακή των ευρωπαϊκών κρατών* (συνών. *συνένωση, σύνδεση·* αντ. *χωρισμός*). 2. το να έρχονται δύο ή περισσότερα πράγματα σε επαφή, η αρμονική και ακριβής σύνδεσή τους: *~ των καλωδίων* (= συναρμογή) /*δύο υλικών* (= ανάμιξη) /*σαρκική* (= σμίξιμο)· *κατασκευάστηκε μια γιγάντια γέφυρα για την ~ της Ευρώπης με την Ασία* (συνεκδοχικά για το σημείο σύνδεσης) *παρατήρησα μια ρωγμή στην ~ των δύο τοίχων* (πβ. *αρμός*). 3. (νομ.) το σύνολο όσων έχουν ενωθεί· ομάδα ανθρώπων ή οργανωμένων συνόλων υπό ενιαία διοίκηση που έχουν τα ίδια ιδεώδη και συνεργάζονται για τον ίδιο σκοπό: *~ προσώπων που επιδιώκει σκοπό μη κερδοσκοπικό· ~ εργατική* (= σωματείο, συνδικάτο) /*σωματείων ή πολιτειών* (= ομοσπονδία)· *τοπικές -ώσεις δήμων και κοινοτήτων* (συνών. *οργάνωση*)· (για κράτος) *Έ-η Σοβιετικών Σοσιαλιστικών Δημοκρατιών.* 4. (ιστ.) η θεληματική υπαγωγή μιας αυτόνομης χώρας ή περιοχής στην κεντρική εξουσία ομοεθνούς ανεξάρτητου κράτους: *~ της Επτανήσου/της Κρήτης με την Ελλάδα.* 5. (εκκλ.) η άρση του σχίσματος ανάμεσα στην Ορθόδοξη και την Καθολική Εκκλησία: *πατριάρχης που ευνόησε την ~* (των *Εκκλησιών*). 6. (χημ.) *~ χημική* = σύνθετη ουσία που αποτελείται από χημικά στοιχεία τα οποία βρίσκονται στην ίδια πάντοτε αναλογία, ανεξάρτητα από τον τρόπο παρασκευής της: *~ ανόργανη/οργανική -ώσεις του άνθρακα.*

ενωτικό το, ουσ. (γραμμ.) οριζόντια γραμμή πιο μικρή από την παύλα (-) που σημειώνεται: α. στο τέλος της γραμμής, όταν μια λέξη δε χωρά εκεί ολόκληρη και χωρίζεται (λ.χ. *μέλις-σα*) β. ανάμεσα σε λέξεις αντίθετες που συναναφέρονται (λ.χ. *πρωί-βράδι*), δείχνουν σχέση ή σύνδεσμο (λ.χ. *σχέσεις Ε.Ο.Κ. - Κομεκόν, εκδοτικού οίκου Πάλλη-Κοτζιά, γραμμή Θεσσαλονίκης-Αθηνών*) ή συνθέτονται περιστασιακά και είναι μακρόσυρτες (λ.χ. *κοινωνικο-οικονομικός*), και γ. ύστερα από

προτακτικά που προσδιορίζουν το κύριο όνομα (λ.χ. *ο παπα-Συναδινός, ο γερο-Δήμος*).
ενωτικός, -ή, -ό, επίθ. 1. που αναφέρεται ή αποβλέπει στην ένωση, που έχει για χαρακτηριστικό την ενότητα: *προσκλητήριο -ό· γιορτασμός ~ της Πρωτομαγιάς.* 2. που επιδιώκει την πολιτική ή θρησκευτική ένωση (βλ.λ. σημασ. 4,5): *παράταξη -ή·* (το αρσ. ως ουσ.) *η μερίδα/οι αγώνες των Ε-ών* (αντ. *ανθενωτικός*).
ενώτιο το, ουσ. (ασυνίζ.), (αρχαιολ.) είδος κοσμήματος που το φορούσαν στο αφτί, σκουλαρίκι: *~ σε σχήμα κρίκου· ζεύγος -ίων*.
εξ-, βλ. *εκ-*.
εξαγγελία η, ουσ. (έρρ., λόγ.), αναγγελία, γνωστοποίηση, επίσημη ανακοίνωση: *~ δημοψηφίσματος/του κυβερνητικού προγράμματος*.
εξαγγέλλω, ρ., αόρ. *εξήγγειλα*, πληθ. *εξαγγείλαμε* (έρρ., λόγ.), αναγγέλλω, γνωστοποιώ, ανακοινώνω επίσημα είδηση ή απόφαση: *ο πρωθυπουργός θα -είλει τα σχέδια της κυβέρνησης*.
εξάγγελος ο, ουσ. (έρρ.), (φιλολ.) το πρόσωπο του αρχαίου δράματος που ανήγγελλε στα πρόσωπα που βρίσκονταν στη σκηνή όσα συνέβαιναν ή είχαν συμβεί στο ανάκτορο ή γενικότερα στο χώρο πίσω από τη σκηνή (πβ. *άγγελος* σημασ. 4).
εξαγγελτικός, -ή, -ό, επίθ. (έρρ.). 1. (λόγ.) κατάλληλος στο να εξαγγέλλει. 2. (μους.) *μοτίβο -ό =* μελωδικό, αρμονικό ή ρυθμικό θέμα που χαρακτηρίζει ένα πρόσωπο, μια ιδέα ή μια κατάσταση σε μουσικό έργο και με τις επανεμφανίσεις του κάνει τον ακροατή να τα φέρνει στο νου του (ξενικός όρος *λάϊτ-μοτίβ*<γερμ. *leitmotiv*).
εξαγγλισμός ο, ουσ. (έρρ.), το να μεταβάλλεται κάποιος σε Άγγλο ή κάτι σε αγγλικό, η εξομοίωση με τους Άγγλους: *~ της δημόσιας διοίκησης στις παλιές βρετανικές αποικίες*.
εξαγιάζω, ρ. (ασυνίζ.). 1. καθιστώ κάποιον ή κάτι άγιο, καθαγιάζω. 2. καθαρίζω ηθικά, εξαγνίζω.
εξαγιασμός ο, ουσ. (ασυνίζ.). 1. μεταβολή κάποιου σε άγιο, καθαγιασμός· (για τόπο) καθιέρωση. 2. ηθικός καθαρμός, εξαγνισμός.
εξάγκωνα, επίρρ. (έρρ., ιδιωμ.), με τα χέρια δεμένα πίσω, πισθάγκωνα.
εξαγνίζω, ρ., καθαρίζω από ηθικό μόλυσμα, από αμαρτία: *με την αυτοθυσία του -ίστηκε από όλα τα παλιά του σφάλματα* (συνών. *εξιλεώνω*).
εξαγνισμός ο, ουσ., κάθαρση από ηθικό μόλυσμα, από αμαρτία ή παράπτωμα: *~ ψυχικός* (συνών. *εξιλέωση, καθαρμός*).
εξαγνιστήριος, -α, -ο, επίθ. (ασυνίζ., λόγ.), που εξαγνίζει ή που χρησιμεύει για εξαγνισμό: *τελετές -ες* (συνών. *εξιλαστήριος, εξαγνιστικός*).
εξαγνιστικός, -ή, -ό, επίθ., *εξαγνιστήριος* (βλ.λ.).
εξαγόμενο το, ουσ. 1. (λόγ.) συμπέρασμα, πόρισμα από συλλογισμό. 2. (μαθημ.) το αποτέλεσμα αριθμητικής πράξης ή μαθηματικού υπολογισμού: *~ ενός προβλήματος*. - Βλ. και *εξάγω*.
εξαγορά η, ουσ. 1. απόκτηση πλήρους κυριότητας με καταβολή ορισμένου τιμήματος, αγορά στο ακέραιο: *~ μεριδίου·* (μεταφ. για δωροδοκία) *~ συνειδήσεων/ηθική* (συνών. *εξώνηση*). 2. απελευθέρωση με καταβολή λύτρων: *~ αιχμαλώτων·* (μεταφ. για εξιλέωση ως αντάλλαγμα κάποιας θυσίας) *~ αμαρτημάτων*. 3. (νομ.) απαλλαγή από τις συνέπειες καταδίκης (έκτιση ποινής) ή από υποχρέωση με την πληρωμή χρημάτων: *~ ποινής/της στρατιωτικής θητείας*.

εξαγοράζω, ρ. 1. αποκτώ πλήρη κυριότητα σε κάτι, αγοράζω στο ακέραιο: *~ τις μετοχές του συνεταίρου μου·* (μεταφ. για δωροδοκία) *-ασε τα μέλη της επιτροπής*. 2. απελευθερώνω πληρώνοντας λύτρα: *ήταν σκλάβος και τον -ασε κάποιος άγνωστος·* (μεταφ. για συγχώρεση που την πετυχαίνει κανείς με θυσίες): *-ασε τις αμαρτίες του με τον αγώνα του*. 3. (νομ.) απαλλάσσομαι από έκτιση ποινής ή από υποχρέωση πληρώνοντας ορισμένο χρηματικό ποσό: *-ασε την ποινή του προς Χ μεταλλικές και αφέθηκε ελεύθερος*.
εξαγόρευση (σπάνιο) και (ιδιωμ.) **ξαγόρεψη** η, ουσ., εξομολόγηση αμαρτιών (πβ. *ξαγόρεμα*).
εξαγορευτής (σπάνιο) και **ξαγορευτής** ο, ουσ., εξομολόγος.
εξαγορεύω (σπάνιο) και **ξαγορεύω**, ρ., εξομολογώ· (μέσ.) εξομολογούμαι.
εξάγραμμο και **εξάγραμμα** το, ουσ., σχήμα που αποτελείται από δύο ισόπλευρα τρίγωνα που διασταυρώνονται συμμετρικά (συνών. αλλιώς *εξάκτινο αστέρι, άστρο του Δαβίδ*).
εξαγριώνω, ρ. (ασυνίζ.), κάνω κάποιον να αγριέψει, ταράζω, νευριάζω ή εξοργίζω κάποιον σε υπερβολικό βαθμό: *η αδιαφορία των αρμοδίων τον είχε -ώσει·* (μέσ.) *-ώθηκε γιατί αποφάσισαν κρυφά για την τύχη του*.
εξαγρίωση η, ουσ. 1. μεταβολή από την ήρεμη κατάσταση στην άγρια (αντ. *ημέρωμα*). 2. (μεταφ.) το να ταράζεται, να εξοργίζεται κάποιος.
εξ αγχιστείας· αρχαϊστ. έκφρ. = *από πλάγια, εμμεση συγγένεια: συγγενείς ~*.
εξάγω, ρ., παρατ. α´ πρόσ. *άχρηστο*, β´ πρόσ. *εξήγες*, γ´ *εξήγε*, αόρ. *εξήγαγα*, πληθ. *εξαγάγαμε*, υποτ. *να εξαγάγω*. 1. (για προϊόντα ή εμπορεύματα) διαθέτω στις αγορές του εξωτερικού· (για συνάλλαγμα) βγάζω στο εξωτερικό (αντ. *εισάγω*). 2. (σε γ´ πρόσ.) βγαίνει το συμπέρασμα: *από τα δεδομένα του προβλήματος -εται ότι...* - Βλ. και *εξαγόμενο*.
εξαγωγέας ο, ουσ. 1. αυτός που εξάγει εμπορεύματα από τον τόπο παραγωγής τους στο εξωτερικό (αντ. *εισαγωγέας*). 2. εργαλείο με το οποίο εξάγεται κάτι.
εξαγωγή η, ουσ. 1α. αφαίρεση, βγάλσιμο: *~ αερίων·* β. (οδοντιατρική) αφαίρεση χαλασμένου δοντιού: *έκανε δύο σφραγίσματα και μια ~.* 2α. μεταφορά προϊόντων ή εμπορευμάτων από μια χώρα σε άλλη για πώληση: *~ σταφίδας/αυτοκινήτων·* (για συνάλλαγμα) μεταφορά στο εξωτερικό: *λαθραία ~ συναλλάγματος* (αντ. *εισαγωγή*)· β. (στον πληθ.) το σύνολο των εξαγόμενων προϊόντων μιας χώρας, το εξαγωγικό εμπόριο: *αύξηση των -ών* (αντ. *εισαγωγές*). 3. (για συμπέρασμα) σχηματισμός, διατύπωση: *το τελικό στάδιο της αναφοράς ήταν η ~ συμπερασμάτων*. 4. (μαθημ.) εύρεση αποτελέσματος με υπολογισμό: *~ τετραγωνικής ρίζας*.
εξαγωγικός, -ή, -ό, επίθ. 1. που ανήκει ή αναφέρεται στην εξαγωγή: *εμπόριο -ό· δασμοί -οί· μονάδα -ή* (αντ. *εισαγωγικός*). 2. που χρησιμεύει για εξαγωγή: *σωλήνας ~.*
εξαγώγιμος, -η, -ο, επίθ., που είναι κατάλληλος ή προορίζεται για εξαγωγή: *προϊόντα -α*.
εξαγωνικός, -ή, -ό, επίθ., που έχει σχήμα εξαγώνου: *ναός ~.*
εξάγωνος, -η, -ο, επίθ., που έχει έξι γωνίες. - Το

ουδ. ως ουσ. (μαθημ.) = πολύγωνο που έχει έξι γωνίες και έξι πλευρές.

εξάδα η, αριθμ., σύνολο έξι μονάδων: *μια ~ ποτήρια/πιάτα/σεντόνια*.

εξαδάκτυλος, -η, -ο και **-χτυλος**, επίθ., που έχει έξι δάχτυλα.

(ε)ξάδελφος και **(ε)ξάδερφος**, θηλ. **(ε)ξαδέλφη** και **(ε)ξαδέρφη**, ουσ. πληθ. κανονικός και ουδ. *(ε)ξαδέλφια*, το παιδί του θείου ή της θείας: *πρώτος/δεύτερος/αγαπημένος ~*. - Υποκορ. **ξαδερφάκι** το, **ξαδελφούλης** ο και θηλ. **ξαδελφούλα**.

εξ αδιαθέτου αρχαϊστ. έκφρ. = (νομ.) χωρίς να υπάρχει διαθήκη: *κληρονόμησε ~*.

εξ αδιαιρέτου αρχαϊστ. έκφρ. = (νομ.) χωρίς να διαιρεθεί το αντικείμενο, χωρίς να γίνει μοιρασιά: *κτήμα ~*.

εξαδικός, -ή, -ό, επίθ., που έχει ως βάση την εξάδα: *-ό σύστημα μέτρησης*.

εξαδιπλος, -η, -ο, αριθμ. (λαϊκ.), εξαπλάσιος.

εξαεδρικός, -ή, -ό, επίθ., που έχει σχήμα εξαέδρου.

εξάεδρος, -η, -ο, επίθ., που έχει έξι έδρες (= επιφάνειες). - Το ουδ. ως ουσ. = (μαθημ.) πολύεδρο με έξι έδρες: *-ο κανονικό* (= κύβος).

εξαερίζω, ρ., βγάζω από κλειστό χώρο τον αέρα (συνών. *αερίζω*).

εξαερισμός ο, ουσ., πρόκληση κυκλοφορίας του αέρα σε έναν χώρο, που πετυχαίνεται είτε με άντληση φυσικού ή κλιματισμένου αέρα, είτε με εξαγωγή του μολυσμένου αέρα ή με συνδυασμό των δύο μεθόδων: *εγκαταστάσεις -ού*.

εξαεριστήρας ο, ουσ., συσκευή ή διάταξη που χρησιμοποιείται για την προσαγωγή καθαρού αέρα σε έναν κλειστό χώρο ή την απομάκρυνση μολυσμένου ή στάσιμου αέρα από αυτόν.

εξαεριωτής ο, ουσ. (ασυνίζ.), (μηχανολ.) συσκευή σε βενζινοκινητήρα για την αυτόματη ανάμιξη του αέρα της ατμόσφαιρας με τους ατμούς της βενζίνης σε κατάλληλη αναλογία ώστε να τροφοδοτείται ο κινητήρας (κοιν. *καρμπιρατέρ*).

εξαερώνω, ρ. 1. μεταβάλλω στερεό ή υγρό σώμα σε αέρα ή αέριο. 2. (για καλοριφέρ) αφαιρώ τον αέρα για να μπορεί να κυκλοφορεί καλύτερα το νερό στις σωληνώσεις του, ώστε να αποδίδει ικανοποιητική θέρμανση.

εξαέρωση η, ουσ. 1. μεταβολή στερεού ή υγρού σώματος σε αέρα ή αέριο. 2. (για συσκευές) αφαίρεση του αέρα για την καλύτερη κυκλοφορία του νερού μέσα στις σωληνώσεις του και μεγαλύτερη θερμαντική απόδοση: *~ καλοριφέρ/θερμοσίφωνα*.

εξαερωτής ο, ουσ., συσκευή με την οποία αφαιρούνται τα διαλυμένα σε υγρό αέρια.

εξαετής, -ής, -ές, γεν. *-ούς*, πληθ. αρσ. και θηλ. *-είς*, ουδ. *-ή*, επίθ., που έχει ηλικία ή διάρκεια έξι χρόνων: *σύμβαση ~*.

εξαετία η, ουσ., χρονική περίοδος έξι χρόνων.

εξαήμερος, -η, -ο, επίθ., που έχει διάρκεια έξι ημερών: *άδεια -η*. - Το ουδ. ως ουσ. = χρονικό διάστημα έξι ημερών.

εξαθλιώνω, ρ. (ασυνίζ.), φέρνω κάποιον ή κάτι σε άθλια κατάσταση: *η εκμετάλλευση -ίωσε τους αγρότες*· (για ήθος, χαρακτήρα, κ.τ.ό.) διαφθείρω, εκφυλίζω: *η ζωή στις φυλακές τον -ίωσε* (συνών. *εξαχρειώνω*).

εξαθλίωση η, ουσ. (ασυνίζ.), το να οδηγείται κάποιος ή κάτι σε άθλια κατάσταση: *~ των συνθηκών ζωής*· *~ οικονομική*· (για ήθος, χαρακτήρα, κ.τ.ό.) διαφθορά, εκφυλισμός: *~ ηθική/κοινωνική* (συνών. *κατάπτωση, εξαχρείωση*).

εξ αίματος αρχαϊστ. έκφρ.· για συγγένεια που έχει ως βάση τη δεσμούς αίματος, για συγγενείς με κοινούς προγόνους (γονείς-παιδιά, αδέρφια, ξαδέρφια, θεία, παππούδες, κλπ.).

εξαίρεση η, ουσ. **1α.** απομάκρυνση, παρέκκλιση από το κανονικό ή το συνηθισμένο: *όλοι στο σπίτι του είναι φιλοχρήματοι· αυτός όμως αποτελεί ~*· *η ~ στον κανόνα*. **β.** (ειδικότερα, γραμμ.) παρέκκλιση από γενικό κανόνα ή νόμο· φρ. *εξαίρεση που επιβεβαιώνει τον κανόνα* (για περιπτώσεις που η παρέκκλιση δεν αναιρεί τη γενική διαπίστωση). **2.** προτίμηση, διάκριση: *ο προϊστάμενός μου δεν κάνει -έσεις*. **3.** απαλλαγή προσώπου από τα καθήκοντά του εξαιτίας ειδικών συνθηκών: *~ μάρτυρα/δικαστή*. Έκφρ. *κατ' ~* (= παρά το κανονικό, το συνηθισμένο).

εξαιρέσιμος, -η, -ο, επίθ. **1.** που έχει ουσιαστικούς λόγους απαλλαγής: *μάρτυρας ~*. **2.** (για μέρα) μη εργάσιμη.

εξαίρετα, βλ. *εξαίρετος*.

εξαιρετέος, -α, -ο, επίθ. **1.** που πρέπει να εξαιρεθεί. **2.** (για μέρα) μη εργάσιμη.

εξαιρετικός, -ή και (λαϊκ.) **-ιά, -ό**, επίθ. **1.** που αποτελεί εξαίρεση από το κανονικό: *συνθήκες -ές* (συνών. *ασυνήθιστος, έκτακτος*· αντ. *συνηθισμένος, κανονικός*). **2.** εξαίρετος, σπουδαίος: *δικηγόρος/χαρακτήρας ~· κοπέλα -ή* (συνών. *εκλεκτός*). **3.** που είναι πέρα από το μέτρο, υπερβολικός: *ανάγκη -ή*. - Το ουδ. ως ουσ. = (νομ.) περιουσιακό στοιχείο που αφήνει ο κληρονομούμενος με διαθήκη στον κληρονόμο, ξέχωρα και επιπλέον από την κληρονομική του μερίδα. - Επίρρ. **-ά** και **-ώς** = **1.** πάρα πολύ, υπερβολικά: *είναι -ά φιλότιμος*. **2.** πολύ ωραία: *περάσαμε -ά μαζί τους*. **3.** παρά το κανονικό, το συνηθισμένο: *-ά σήμερα δεν πήγα στο γραφείο μου*.

εξαίρετος, -η, -ο, επίθ., που ξεχωρίζει, πάρα πολύ καλός, εκλεκτός: *φίλος ~· κοπέλα -η· ποιότητα -η* (συνών. *εξαιρετικός, έξοχος*· αντ. *κοινός, συνηθισμένος*). - Το ουδ. ως ουσ. = (νομ.) κληροδότημα που παίρνει ένας από τους κληρονόμους επιπλέον της κληρονομικής του μερίδας. - Επίρρ. **-α** (ακολουθούμενο από μια σκέψη, μια κρίση, κλπ.): *Δε θέλεις να μ' ακούσεις; -α! θα δεις το αποτέλεσμα*.

εξαίρω, ρ., παρατ. και αόρ. *εξήρα*, (λόγ.). **1.** τονίζω ιδιαίτερα, δηλώνω με έμφαση: *-ει τη σοβαρότητα της κατάστασης*. **2.** (μεταφ.) εξυψώνω, ηθικά, εκθειάζω: *-ει τις αρετές του νέου* (συνών. *επαινώ*).

εξαιρώ, είς, ρ. **1.** δε συμπεριλαμβάνω με άλλους, κάνω εξαίρεση: *οι παρόντες -ούνται* (συνών. *αποκλείω*). **2.** απαλλάσσω από υποχρέωση για ιδιαίτερους λόγους: *από τη φορολογία -ούνται οι σεισμοπαθείς*. **3.** (μέσ. γραμμ.) παρεκκλίνω από κάποιον γενικό κανόνα.

εξαίσιος, -α, -ο, επίθ. (ασυνίζ.), πολύ καλός, έξοχος: *γυναίκα/μουσική -α· κρασί -ο· παρουσιαστικό -ό* (συνών. *υπέροχος, θαυμάσιος, εξαιρετικός*· αντ. *κακόμοιρος*). - Επίρρ. **-α**.

εξαιτίας, πρόθ. (για να δηλωθεί αιτία): *αναβλήθηκε η εκδήλωση ~ της βροχής*.

εξάκλινος, -η, -ο, επίθ., που έχει έξι κρεβάτια: *θάλαμος ~*.

εξάκλωνος, -η, -ο, επίθ. **1.** που έχει έξι κλωνιά

(βλαστούς). **2.** που αποτελείται από έξι κλωστές: *νήμα -ο.*
εξ ακοής αρχαϊστ. έκφρ. = από φήμη, από ακούσματα, όχι προσωπικά: *τον γνωρίζω ~.*
εξακολούθηση η. ουσ., συνέχιση, τήρηση συνέχειας: *~ του έργου του προκατόχου του* (αντ. *διακοπή*).
εξακολουθητικός, -ή, -ό, επίθ. **1.** που συμβαίνει χωρίς διακοπή, συνεχής: *προσπάθεια -ή* (συνών. *αδιάκοπος, ακατάπαυστος*). **2.** (γραμμ.) **α.** *φθόγγοι -οί =* που η προφορά τους διαρκεί περισσότερο από των άλλων φθόγγων (π.χ. *β, χ)·* (αντ. *στιγμιαίος)·* **β.** *χρόνοι -οί =* που δηλώνουν ότι η ενέργεια του ρήματος εξελίσσεται στο παρόν, το παρελθόν ή το μέλλον: *μέλλοντας ~* (αντ. *στιγμιαίος*). - Επίρρ. **-ά.**
εξακολουθώ, είς, ρ. **1.** συνεχίζω χωρίς διακοπή: *-εί να γυμνάζεται* (αντ. *διακόπτω, σταματώ*). **2.** εμμένω, επιμένω σε κάτι: *-εί να την αγαπά.* **3.** (αμτβ.) συνεχίζομαι, διαρκώ: *η κακοκαιρία -εί.*
εξακοντίζω, ρ. (έρρ.). **1.** ρίχνω κάτι μακριά με ορμή: *~ δόρυ* (συνών. *εκσφενδονίζω, εκτοξεύω*). **2.** (μεταφ.) απευθύνω με σθένος, ξεστομίζω: *-ει φοβέρες/βαριά κατηγορία* (συνών. *εξαπολύω*).
εξακόντιση η, ουσ. (έρρ.). **1.** ορμητική βολή από μακριά (συνών. *εκσφενδόνιση, εκτόξευση*). **2.** (μεταφ.) διατύπωση με σθένος: *~ κατηγοριών.*
εξακοντιστικός, -ή, -ό, επίθ. (έρρ.), που χρησιμεύει για εξακόντιση: *συσκευή -ή.*
(ε)ξακοσάρι το, ουσ., ποσό εξακοσίων δραχμών: *κέρδισα ένα ~ σήμερα.*
εξακοσαριά η, αριθμ. (συνιζ.), στην έκφρ. *καμιά ~ =* περίπου εξακόσιοι: *καμιά ~ χιλιάδες.*
εξακοσιαπλάσιος, -α, -ο, αριθμ. (συνιζ., ασυνίζ.), που είναι εξακόσιες φορές μεγαλύτερος ή περισσότερος από κάποιον άλλο.
εξακοσιετηρίδα η, ουσ. (ασυνίζ.). **1.** επέτειος για τη συμπλήρωση εξακοσίων χρόνων. **2.** εορτασμός για την επέτειο αυτή.
εξακόσιοι, -ες, -α, (συνιζ.) και **εξακόσοι,** αριθμ., που αποτελούν σύνολο έξι εκατοντάδων. - Το ουδ. ως ουσ. = αριθμός από έξι εκατοντάδες: *σημειώνω το -α·* (σε χρονολογίες αντί του τακτικού) *το -α μ.Χ.*
εξακοσιοστός, -ή, -ό, αριθμ. (ασυνίζ.), που κατέχει σε σειρά ή τάξη τον αριθμό εξακόσια. - Το ουδ. ως ουσ. = το ένα από τα εξακόσια ίσα μέρη, στα οποία διαιρείται ένα σύνολο.
εξακόσοι, βλ. *εξακόσιοι.*
εξακριβώνω, ρ., εξετάζω κάτι με ακρίβεια, ερευνώ προσεκτικά, διαπιστώνω: *~ τα αίτια του πολέμου· δεν -ώθηκε η ταυτότητα του θύματος· έχω -ωμένες πληροφορίες.*
εξακρίβωση η, ουσ., έλεγχος, διαπίστωση της αλήθειας: *~ είδησης/χρονολογίας* (συνών. *επαλήθευση*).
εξακύλινδρος, -η, -ο, επίθ. (για μηχανή) που έχει έξι κυλίνδρους.
έξαλα τα, ουσ. (ναυτ.) τα μέρη του πλοίου που βρίσκονται πάνω από την ίσαλο γραμμή (αντ. *ύφαλα*).
εξαλείφω, ρ., αόρ. εξάλειψα **1.** αφαιρώ κάτι από μία επιφάνεια, σβήνω: *-ειψε τους λεκέδες με μπογιά.* **2.** συντελώ ώστε να λείψει, να εξαφανισθεί κάτι, το εξαφανίζω: *ο εγκληματίας -ειψε τα ίχνη του εγκλήματος.* **3.** διαγράφω, καταργώ: *-είφθηκε η υποθήκη από το βιβλίο υποθηκών* (συνών. *ξεγρά-*

φω). **4.** συντελώ ώστε να μην υπολογίζεται κάτι: *η κατάσταση άμυνας -ει το αξιόποινο της πράξης.* **5.** κάνω να ξεχαστεί κάτι: *η ζωντανή παρουσία του -ει τη δυσάρεστη ατμόσφαιρα.*
εξάλειψη η, ουσ. **1.** εξαφάνιση: *~ κινδύνων.* **2.** διαγραφή: *~ υποθήκης.* **3.** (νομ.) *~ του αξιοποίνου =* άρση αδικήματος που τιμωρείται.
έξαλλος, -η, -ο, επίθ. **1.** που είναι εκτός εαυτού, που έχει χάσει την αυτοκυριαρχία του εξαιτίας ισχυρού συναισθήματος ή έντονου πάθους: *~ από θυμό/ευτυχία.* **2.** ιδιαίτερα έντονος: *πανηγυρισμοί -οι· ενθουσιασμός ~* (συνών. *ξέφρενος*). **3.** που είναι εντελώς διαφορετικός, παράξενος, ασυνήθιστος: *νιάτα -α· ντύσιμο -ο.* - Επίρρ. **-α.**
εξαλλοσύνη η, ουσ. **1.** το να κατέχεται κανείς από ακατανίκητο πάθος, το να συμπεριφέρεται έξαλλα (συνών. *αλλοφροσύνη*). **2.** το να συμπεριφέρεται κανείς αλλόκοτα, έξαλλα: *η ~ τους σκανδάλιζε τους ντόπιους.* **3.** εκδήλωση έξαλλης συμπεριφοράς: *τι -ες είναι αυτές!*
εξάλλου, επίρρ., εκτός τούτου, άλλωστε: *θα έρθω απόψε ~ δεν έχω να κάνω τίποτε καλύτερο.*
εξάμβλωμα το, ουσ., έκτρωμα (βλ.λ.).
εξαμβλωματικός, -ή, -ό, επίθ. **1.** που συντελεί ή αναφέρεται στην εξάμβλωση. **2.** εκτρωματικός (βλ.λ.).
εξαμβλώνω, ρ., προκαλώ έκτρωση.
εξάμβλωση η, ουσ., έκτρωση (βλ.λ.).
εξαμβλωτικός, -ή, -ό, επίθ. **1.** που ανήκει ή αναφέρεται στην εξάμβλωση: *μέθοδος -ή.* **2.** που προκαλεί εξάμβλωση: *φάρμακο -ό.*
εξαμελής, -ής, -ές, γεν. *-ούς,* πληθ. αρσ. και θηλ. *-είς,* ουδ. *-ή,* επίθ., που αποτελείται από έξι μέλη: *επιτροπή ~.*
εξαμερής, -ής, -ές, γεν. *-ούς,* πληθ. αρσ. και θηλ. *-είς,* ουδ. *-ή,* επίθ., που αποτελείται από έξι μέρη ή που διαιρείται σε έξι μέρη.
εξαμερικανίζω, ρ. **α.** μεταβάλλω βαθμιαία ανθρώπους άλλης εθνικότητας σε Αμερικανούς ως προς τη γλώσσα, την εθνική συνείδηση, κλπ. **β.** μεταβάλλω κάτι σε αμερικανικό: *-άνισε το ντύσιμό του.*
εξαμερικανισμός ο, ουσ., το να μεταβάλλεται κάποιος σε Αμερικανό ή κάτι σε αμερικανικό: *~ εθνικών μειονοτήτων/τρόπου ζωής.*
εξάμετρος, -η, -ο, επίθ. (για στίχους) που αποτελείται από έξι μετρικούς πόδες. - Το αρσ. και το ουδ. ως ουσ. = στίχος εξάμετρος: *δακτυλικός ~.*
εξαμηνία τα, ουσ. (συνίζ.), μνημόσυνο που γίνεται τον έκτο μήνα από το θάνατο κάποιου προσώπου.
εξαμηνία η, ουσ. **1.** χρονική περίοδος έξι μηνών (συνών. *εξάμηνο*). **2.** (συνεκδοχικά) ενοίκιο ή αμοιβή για χρονική περίοδο έξι μηνών: *προκαταβολή -ας.*
εξαμηνιαίος, -α, -ο, επίθ. (ασυνίζ.). **1.** που έχει ηλικία ή διάρκεια έξι μηνών. **2.** που γίνεται ή εμφανίζεται κάθε εξαμηνία: *έκδοση -α.*
εξάμηνος, -η, -ο, επίθ., εξαμηνιαίος (βλ.λ.). - Το ουδ. ως ουσ. = **1.** χρονικό διάστημα έξι μηνών. **2.** καθεμιά από τις δύο χρονικές περιόδους στις οποίες είναι διαιρεμένο το ακαδημαϊκό έτος: *εξετάσεις πρώτου -ήνου· ελάχιστος δυνατός αριθμός -ήνων που απαιτούνται για τη λήψη πτυχίου ανώτατης σχολής.*
εξαναγκάζω, ρ. (έρρ.), αναγκάζω, υποχρεώνω ασκώντας βία ή πίεση: *τον -ασαν να παραιτηθεί/ να σιωπήσει.*

εξαναγκασμός ο, ουσ. (έρρ.), επιβολή με βία ή πίεση.

εξαναγκαστικός, -ή, -ό, επίθ. (έρρ.), που γίνεται με εξαναγκασμό (συνών. *καταναγκαστικός*).

εξανδραποδίζω, ρ. 1. (λόγ.) κάνω κάποιον δούλο, στερώ την προσωπική ελευθερία κάποιου (συνών. *υποδουλώνω, σκλαβώνω*). 2. (συνηθέστερα μεταφ.) κάνω κάποιον υποχείριό μου.

εξανδραποδισμός ο, ουσ., στέρηση της προσωπικής ελευθερίας (συνών. *υποδούλωση*).

εξανεμίζω, ρ., (μεταφ.) μεταβάλλω κάτι σε «άνεμο», ματαιώνω, εξαφανίζω: *-ίστηκαν οι ελπίδες μου* (συνών. *καταστρέφω*)· (για χρήματα) κατασπαταλώ, διασκορπίζω: *-ισε την περιουσία του πατέρα του* (συνών. *καταξοδεύω*).

εξάνθημα το, ουσ. (ιατρ.) δερματικός ερεθισμός που αποτελεί εκδήλωση δερματοπάθειας ή άλλης αρρώστιας (κοιν. *σπυράκια*).

εξανθηματικός, -ή, -ό, επίθ. (ιατρ.) που συνοδεύεται από εξάνθημα: *πυρετός/τύπος ~.*

εξανθηματολογία η, ουσ. (ιατρ.) κλάδος της ιατρικής που ασχολείται ιδιαίτερα με τις δερματικές εξανθηματικές νόσους.

εξανθρωπίζω, ρ., φέρω κάποιον πιο κοντά στην ευπρέπεια και κοσμιότητα που ταιριάζει στον άνθρωπο, εκπολιτίζω.

εξανθρωπισμός ο, ουσ., εκπολιτισμός· βελτίωση: *~ των ηθών* (συνών. *εξευγενισμός·* αντ. *εκβαρβαρισμός*).

εξανίσταμαι, ρ. (ελλειπτ. λόγ.), πετιέμαι όρθιος (σε ένδειξη διαμαρτυρίας ή από έκπληξη ή αγανάκτηση), εξεγείρομαι.

εξάντας ο, ουσ. (έρρ.). 1. αστρονομικό γωνιομετρικό όργανο εφοδιασμένο με κάτοπτρα, το βαθμολογημένο κυκλικό χείλος του οποίου εκτείνεται σε τόξο 60⁰. 2. (με κεφ.) μικρός αστερισμός κοντά στον Ισημερινό, νότια από τον αστερισμό του Λέοντα. [αρχ. *εξάς, -άντος,* ως απόδ. του λατ. επιστ. όρου *sextans,* πβ. γαλλ. και αγγλ. *sextant*].

εξάντληση η, ουσ. (έρρ.). 1. (ιατρ.) κατάσταση έντονης μείωσης της ικανότητας του οργανισμού στο σύνολό του ή τμήματός του εξαιτίας υπερβολικής καταπόνησης: *νιώθω γενική ~* (συνών. *ατονία, εξασθένηση, αδυναμία*). 2. πλήρης ανάλωση: *~ τροφίμων/πυρομαχικών·* (μεταφ.) *~ υπομονής* (συνών. *τελείωμα*).

εξαντλήσιμος, -η, -ο, επίθ. (έρρ.), που μπορεί να εξαντληθεί, να καταναλωθεί.

εξαντλητικός, -ή, -ό, επίθ. (έρρ.). 1. που προκαλεί εξάντληση: *προσπάθεια/δουλειά -ή* (συνών. *καταπονητικός·* αντ. *αναπαυτικός*). 2. (μεταφ.) που εξετάζει με κάθε λεπτομέρεια τα σημεία μιας υπόθεσης: *ανάκριση/έρευνα -ή.* - Επίρρ. **-ά.**

εξαντλώ, -είς, ρ. (έρρ.). 1. ξοδεύω ως το τέλος (για βιβλία, εκδόσεις) πουλώ όλα τα αντίτυπα: *βιβλίο -ημένο*. 2. (μεταφ.) χρησιμοποιώ ως το τέλος: *-ήσαμε όλα τα χρονικά περιθώρια· -ήθηκε η υπομονή μου*. 3. (μεταφ.) προκαλώ ελάττωση των σωματικών, πνευματικών ή ψυχικών δυνάμεων: *τον -ησε ο πυρετός· -ήθηκε από την πολλή δουλειά* (συνών. *εξασθενίζω, καταβάλλω*).

εξαόροφος, -η, -ο, επίθ., που έχει έξι ορόφους: *οικοδομή -η.*

εξ απαλών ονύχων· αρχαϊστ. έκφρ. = από την παιδική ηλικία.

εξάπαντος, επίρρ. (έρρ.), ασφαλώς, οπωσδήποτε: *θα σου γράψω ~* (αντ. *ενδεχομένως*). [συνεκφ. της πρόθ. *εκ* και της γεν. του επιθ. *άπας*].

εξαπάτηση η, ουσ., διάπραξη απάτης εις βάρος κάποιου: *μέσο -ης* (συνών. *ξεγέλασμα, παραπλάνηση*).

εξαπατώ, -άς, ρ. 1. απατώ κάποιον, κοροϊδεύω: *τον -ησε με δόλιο τρόπο* (συνών. *ξεγελώ*). 2. αποπλανώ γυναίκα με απατηλά λόγια ή έργα: *την -ησε δίνοντάς της υπόσχεση γάμου.*

εξάπηχος, -η, -ο, επίθ., που έχει μήκος έξι πήχες.

εξαπλάσια, βλ. *εξαπλάσιος.*

εξαπλασιάζω, ρ. (ασυνίζ.), πολλαπλασιάζω με το έξι, κάνω κάτι εξαπλάσιο.

εξαπλασιασμός ο, ουσ. (ασυνίζ.), το να γίνεται κάτι εξαπλάσιο.

εξαπλάσιος, -α, -ο, αριθμ. (ασυνίζ.), που είναι μεγαλύτερος ή περισσότερος έξι φορές από κάποιον άλλο: *ποσότητα -α.* - Επίρρ. **-α.**

εξάπλευρος, -η, -ο, επίθ., που έχει έξι πλευρές. -Το ουδ. ως ουσ. = γεωμετρικό σχήμα που έχει έξι πλευρές: *~ κανονικό.*

εξαπλώνω, ρ., διαδίδω, επεκτείνω: *-ωσαν το χριστιανισμό· -ώθηκε η αγγλική γλώσσα· -ώθηκε η επιδημία.*

εξάπλωση η, ουσ., επέκταση, διάδοση, μετάδοση: *~ πυρκαγιάς/νόσου/νέων ιδεών.*

εξαποδία η, ουσ. (μετρ.) μετρικό σύστημα κατά το οποίο κάθε στίχος αποτελείται από έξι μετρικούς πόδες.

εξάποδος, -η, -ο, επίθ., που έχει έξι πόδια: *ερπετό -ο.*

εξαποδώ και **οξαποδώ(ς)** ο, ουσ. άκλ. (λαϊκ.), (κατ' ευφημισμό) διάβολος, σατανάς.

εξαπόλυση η, ουσ., το να εξαπολύει κανείς κάτι: *~ διαδοχικών επιθέσεων.*

εξαπολύω, ρ., αόρ. *εξαπέλυσα* και *εξαπόλυσα* (λόγ.). 1. στέλνω ανθρώπους να εκτελέσουν ορμητική και (συνήθως) επιθετική ενέργεια: *~ επίθεση/ανθρωποκυνηγητό.* 2. (μεταφ.) εκστομίζω: *-έλυσε ύβρεις εναντίον του· -έλυσε μύδρους κατά των πολιτικών του αντιπάλων.*

εξ απορρήτων· αρχαϊστ. έκφρ.· για πρόσωπο που δρα ως μυστικοσύμβουλος σημαντικών προσώπων.

εξ αποστάσεως· αρχαϊστ. έκφρ. = από μακριά.

εξαποστειλάριο το, ουσ. (ασυνίζ.), (εκκλ.) καθένα από τα εκκλησιαστικά τροπάρια που ψάλλονται πριν από τους αίνους κατά τη διάρκεια του όρθρου, στα οποία επαναλαμβάνεται η προστακτική «εξαπόστειλον το φως Σου...» (συνών. *φωταγωγικό*).

εξαποστέλλω, (λόγ.) και (λαϊκ.) **ξαποστέλνω,** ρ., αόρ. *εξαπέστειλα* και *ξαπόστειλα.* 1. στέλνω εσπευσμένα έξω ή μακριά ή προς όλες τις κατευθύνσεις: *-έστειλε τους δικούς του να τον ανακαλύψουν.* 2. διώχνω, ξεφορτώνομαι: *τον ξαπόστειλα αμέσως.*

εξ απροόπτου· αρχαϊστ. έκφρ. = ξαφνικά, χωρίς να το περιμένει κανείς.

εξαπτέρυγα και (λαϊκ.) **ξαφτέρουγα** τα, ουσ. (εκκλ.) απλοί ή ακτινωτοί μετάλλινοι δίσκοι στην κορυφή κονταριών που εικονίζουν τα εξαπτέρυγα Σεραφείμ και χρησιμοποιούνται σε θρησκευτικές πομπές.

εξαπτέρυγος, -η, -ο, επίθ., που έχει έξι φτερούγες: *άγγελοι -οι.*

εξάπτω, ρ. (λόγ.). 1. διεγείρω, «ανάβω»: *-εται η φαντασία του* (συνών. *παροξύνω, ερεθίζω*). 2. (μέσ.)

οργίζομαι απότομα, «ανάβω»: *μην -εσαι.*
εξάρα η, ουσ. 1. η πλευρά του ζαριού ή του ντόμινου με τα έξι στίγματα. 2. (στον πληθ., για τα παιγνίδια που παίζονται με ζάρια) η περίπτωση που και οι δύο κύβοι σταματούν με την πλευρά τους που φέρει έξι στίγματα προς τα πάνω.
εξαργυρώνω, ρ., μετατρέπω κάτι σε χρήμα, εισπράττω ή πληρώνω σε μετρητά την αξία επιταγής, συναλλαγματικής, λαχείου που κερδίζει, κ.τ.ό.: ~ *το έμβασμα* (πβ. ρευστοποιώ)· (μεταφ.) ~ *τις υπηρεσίες μου σε κάποιον* (= αμείβομαι υλικά, συχνά με πλάγιο τρόπο).
εξαργύρωση η, ουσ., μετατροπή χρηματικών τίτλων, κ.τ.ό. σε μετρητά: ~ *επιταγής/μετοχών* (πβ. ρευστοποίηση).
εξαργυρώσιμος, -η, -ο, επίθ. (λόγ.), που μπορεί να εξαργυρωθεί.
εξάρθρημα το, ουσ. (ιατρ.) μετατόπιση των άκρων των οστών που σχηματίζουν άρθρωση ώστε να μεταβάλλεται μόνιμα η σχέση τους: ~ *τραυματικό/συγγενές* (= εκ γενετής) ~ *του ισχίου·* αποκατάσταση/θεραπεία *-ατος.*
εξάρθρωμα το, ουσ., εξάρθρωση (βλ.λ.).
εξαρθρώνω, ρ. 1. προκαλώ εξάρθρημα (βλ.λ.), κάνω να μεταβληθεί η κανονική θέση των οστών σε μια άρθρωση (συνήθως μέσ.): *από μια απότομη κίνηση -ώθηκε ο αγκώνας μου* (συνών. *βγάζω, στραμπουλίζω·* αντ. *ανατάσσω).* 2. (μεταφ.) αποδιοργανώνω, διαλύω: ~ *το κοινωνικό σύστημα/ επαναστατικί οργάνωση.*
εξάρθρωση η, ουσ. 1. μετατόπιση οστών από την κανονική τους θέση σε μια άρθρωση (πβ. *εξάρθρημα):* οδυνηρή ~ *του ώμου* (συνών. *βγάλσιμο, διάστρεμμα, στραμπούλιγμα·* αντ. *ανάταξη).* 2. (μεταφ.) αποδιοργάνωση, διάλυση: ~ *της κοινωνικής συνοχής/δικτύου κακοποιών.*
εξαρθρωτικός, -ή, -ό, επίθ., που αναφέρεται ή συντελεί στην εξάρθρωση (βλ.λ.).
εξάρι το, ουσ., ο αριθμός έξι: (για βαθμολογία) *μου' βαλε ένα ~ στη φυσική·* (για τραπουλόχαρτα) *ρίχνω το ~·* (για ζαριά) *ήρθαν -ια* (πβ. ά. *έξι, εξάρες).*
έξαρμα το, ουσ. 1. (λόγ.) εξόγκωμα· (γεωλ.) έξαρση, ύψωμα. 2. (αστρον.) ~ *πόλου* = το ύψος του πόλου πάνω από τον ορίζοντα, ίσο με τη γωνία ανάμεσα στον άξονα της Γης και στον ορίζοντα.
έξαρση η, ουσ. 1. (γεωλ.) φαινόμενο κατά το οποίο παρατηρείται για διάφορους λόγους ανύψωση μικρών ή μεγάλων τμημάτων του γήινου φλοιού· συνεκδοχικά ως αποτέλεσμα μιας τέτοιας κίνησης: *εξάρσεις εδαφικές* (= υψώματα). 2. (ψυχ.) πνευματική ανάταση, ψυχική μεταρσίωση, κατάσταση έντονου ενθουσιασμού όπου κυριαρχεί η έμπνευση, η φαντασία και το συναίσθημα: ~ *ηθική/μυστική/ποιητική.* 3. (λόγ.) το να τονίζεται ιδιαίτερα κάτι ή το να επαινείται θερμά: ~ *του ηρωικού πνεύματος/των αρετών κάποιου* (συνών. *υπογράμμιση, εξύμνηση).* 4. το να συμβαίνει κάτι εντονότερα ή συχνότερα απ' ό,τι πιο πριν: ~ *διαρρήξεων/κρουσμάτων τύφου* (= αύξηση) /*της κακοκαιρίας* (= επιδείνωση) /*της βίας στα γήπεδα* (= ένταση, φούντωμα).
εξάρτημα το, ουσ. 1. καθένα από τα βασικά μέρη που αποτελούν ένα μηχανικό σύνολο (μηχάνημα, συσκευή, κ.τ.ό.) ή τα αυτοτελή όργανα που είναι προσαρτημένα σ' αυτό: ~ *απλό/δυσεύρετο· -ατα ποδηλάτου/ψυγείου·* η *μηχανή δε λειτουργούσε,* γιατί *έλειπε ένα* ~ (πβ. *ανταλλακτικό).* 2. (για ενδυμασία) αντικείμενο απαραίτητο ή συνηθέστερα απλώς διακοσμητικό που συνοδεύει το κυρίως ένδυμα (όπως λ.χ. ζώνη, αγκράφα): *-ατα ενδυμασίας/στολής.* 3. (εκκλ.) μικρή εκκλησία που υπάγεται σε άλλη ή σε μονή (πβ. *σκήτη, μετόχι).* 4. (λόγ.) άνθρωπος που εξαρτάται από άλλον, που είναι υποταγμένος στη θέληση άλλου. 5. (ανατομ.) *-ατα της μήτρας* = οι σάλπιγγες και οι ωοθήκες.
εξάρτηση η, ουσ. 1. σχέση κατά την οποία ένα πρόσωπο ή πράγμα βρίσκεται υπό την εξουσία, την κυριαρχία, τον έλεγχο ενός άλλου, υποτάσσεται στη βούληση του άλλου: *απόλυτη ~ από τη μητέρα του·* πολιτική/οικονομική *μιας χώρας από μιαν άλλη* (συνών. *υποτέλεια·* αντ. *ανεξαρτησία).* 2. σχέση αιτίας και αποτελέσματος, το να προέρχεται κάτι ως συνέπεια από κάτι άλλο: *υπάρχει άμεση ~ της απόδοσης των μαθητών από την ποιότητα των διδακτικών βιβλίων.* 3. (ψυχ.) το να επηρεάζεται ή να αλλάζει η συμπεριφορά με τη δημιουργία προσωρινών σχέσεων ανάμεσα στα ερεθίσματα του περιβάλλοντος και τις αντιδράσεις του οργανισμού: *μερικοί θεωρούν την ~ ρυθμιστικό παράγοντα της συμπεριφοράς· ναρκωτικά που δημιουργούν ~* (πβ. *εθισμός).* 4. (γραμμ.) η σχέση ανάμεσα σε προτάσεις ή όρους που προσδιορίζουν και σ' εκείνα που προσδιορίζονται: ~ *του αντικειμένου από το ρήμα/μιας δευτερεύουσας πρότασης από μια κύρια.* 5. (βιολ.) ~ *τροφική* = η απουσία τροφικής αυτονομίας, δηλ. η αδυναμία ενός οργανισμού να δεσμεύσει ενέργεια χωρίς την ύπαρξη άλλων οργανισμών.
εξαρτίζω, ρ. (σπάνιο, λόγ.), (για πλοίο) εφοδιάζω με ό,τι χρειάζεται για να πλεύσει, αρματώνω.
εξάρτιση η, ουσ. (λόγ.), εξοπλισμός πλοίου, αρμάτωμα.
εξάρτυση η, ουσ. (στρατ.) το σύνολο των ατομικών ειδών με εξαίρεση τον οπλισμό· (ειδικά) δερμάτινα εξαρτήματα του χιτωνίου στολής αξιωματικού.
εξαρτώ, -άς, ρ., μέσ. *-ώμαι,* γ' εν. *-άται,* γ' πληθ. *-ώνται.* 1. (για υλική ή ψυχική κατάσταση) θεωρώ προϋπόθεση, δέχομαι ότι κάτι βρίσκεται υπό την άμεση επίδραση προσώπου, πράγματος ή κατάστασης, καθορίζεται από τις διαθέσεις κάποιου ή είναι επακόλουθο, συνέπεια μιας κατάστασης: ~ *την επιτυχία μου από το αποτέλεσμα μιας προσπάθειας·* (παθ.) *το ποσό της αμοιβής θα -ηθεί από την ποιότητα της εργασίας·* (το γ' πρόσ. και/ό. σε απαντήσεις για να δηλωθεί πιθανότητα) *θα έρθεις τελικά στη γιορτή; -άται* = είναι ενδεχόμενο, μπορεί, ανάλογα με τις περιστάσεις). 2. (παθ., για πρόσωπο) βρίσκομαι υπό την κυριαρχία, την εξουσία, τον έλεγχο κάποιου, μου λείπει η ανεξαρτησία: *-ώμαι οικονομικά από τους γονείς μου· -άται από τις ιδιοτροπίες του εργοδότη του· άτομα -ημένα.* - Η μτχ. ως επίθ. = **α.** (γραμμ.) *πρόταση -ημένη* = δευτερεύουσα (βλ. ά. *δευτερεύων)* (αντ. *κύρια, ανεξάρτητη)·* **β.** (ψυχ.) *αντανακλαστικό -ημένο* = αυτόματη αντίδραση του οργανισμού όχι σε ένα κανονικό ερέθισμα, αλλά σε ένα ερέθισμα που έχει συνδεθεί προκαταβολικά μ' εκείνο (συνών. *συμπαθητικό).*
εξαρχαΐζω, ρ. (λόγ.), καθιστώ κάτι αρχαϊκό, δίνω σε κάτι αρχαία ή αρχαιοπρεπή μορφή: ~ *τη γλώσσα* (αντ. *ανακαινίζω, ανανεώνω).*
εξαρχαϊσμός ο, ουσ. (λόγ.), το να αποκτά κάτι αρ-

χαϊστική μορφή: ~ λεξιλογικός (αντ. ανανέωση).
εξαρχάτο το, ουσ. (ιστ.) μεγάλη διοικητική περιφέρεια της βυζαντινής αυτοκρατορίας (6.- 8. αι.) με προϊστάμενο έναν έξαρχο (βλ.λ. στη σημασ. 2): ~ της Ραβέννας/της Β. Αφρικής.
εξαρχής, επίρρ. χρον., από την αρχή, από παλιά, ανέκαθεν: *ήμουν ~ αντίθετος στην ιδέα αυτή·* η *ακυρώσιμη δικαιοπραξία μετά την ακύρωσή της εξομοιώνεται με την ~ άκυρη* (αστ. κώδ.).
εξαρχία η, ουσ. **1.** (ιστ.) το αξίωμα του εξάρχου (βλ.λ. στη σημασ. 2) ή το διάστημα κατά το οποίο διοικούσε το εξαρχάτο (βλ.λ.). **2.** (εκκλ.) **α.** η αποστολή που ανατίθεται σε έναν έξαρχο (βλ.λ. στη σημασ. 3α)· **β.** περιφέρεια στην οποία προΐσταται ένας έξαρχος (βλ.λ. στη σημασία 3β): *η ~ υπό τη διοικητική της έννοια είναι σήμερα ψιλός τίτλος·* (ιστ.) *~ βουλγαρική* = η διοικητική αρχή της βουλγαρικής Εκκλησίας που την έχει κηρύξει σχισματική το οικουμενικό πατριαρχείο (1870-1915).
εξαρχικός, -ή, -ό, επίθ. (εκκλ.) που ανήκει ή αναφέρεται στον έξαρχο (βλ.λ. στη σημασ. 3α) και τα καθήκοντά του: *αποστολή -ή· γράμμα -ό.* -Το αρσ. ως ουσ. = (ιστ.) οπαδός της βουλγαρικής εξαρχίας (βλ. ά. *εξαρχία* στη σημασ. 2β) (αντ. *πατριαρχικός).*
έξαρχος ο, ουσ. **1.** (ιστ., φιλολ.) ο κορυφαίος του χορού στο αρχαίο δράμα. **2.** (ιστ.) ανώτατος αξιωματούχος της βυζαντινής αυτοκρατορίας που διοικούσε ως αντιπρόσωπος του αυτοκράτορα με ευρύτατες πολιτικές, στρατιωτικές και δικαστικές αρμοδιότητες το εξαρχάτο (βλ.λ.) της Ιταλίας ή της Β. Αφρικής. **3.** (εκκλ.) **α.** ιεράρχης στον οποίον ο πατριάρχης ή η Ιερά Σύνοδος αναθέτει την αποστολή να πάει σε κάποιον τόπο για να διευθετήσει προβλήματα που έχουν παρουσιαστεί εκεί: *~ πατριαρχικός/συνοδικός·* **β.** ιερατικό πρόσωπο που διοικούσε συγκεκριμένη εκκλησιαστική περιφέρεια (σήμερα απλός τιμητικός τίτλος).
εξασελίδος, -η, -ο, επίθ., που έχει έξι σελίδες: *φυλλάδιο -ο.*
εξασθένηση η, ουσ. **1.** το να εξασθενεί κάποιος ή κάτι: *~ βαθμιαία/γενική· ~ του οργανισμού* (συνών. *εξάντληση, κατάπτωση) /των βόρειων ανέμων* (συνών. *υποχώρηση·* αντ. *ενδυνάμωση, ενίσχυση*). **2.** (φυσ.) σταδιακή ελάττωση ενός φυσικού μεγέθους στο χώρο (λ.χ. *της έντασης του ήχου*) ή με την πάροδο του χρόνου (λ.χ. *του πλάτους ταλάντωσης ενός συστήματος).* - Πβ. *εξασθένιση.*
εξασθενητής ο, ουσ. (ηλεκτρον.) διάταξη που επιτρέπει την εξασθένηση (βλ.λ.) ενός ηλεκτρικού μεγέθους (έντασης, τάσης ή ισχύος).
εξασθενητικός, -ή, -ό, επίθ. (λόγ.), που προκαλεί εξάντληση, εξαντλητικός (αντ. *δυναμωτικός, ενισχυτικός*).
εξασθενίζω, ρ., καθιστώ κάποιον ή κάτι αδύνατο, κάνω να μειωθούν οι δυνάμεις του: *η μόλυνση από τον ιό -ει τον οργανισμό* (συνών. *αδυνατίζω·* αντ. *δυναμώνω, ενισχύω*).
εξασθένιση η, ουσ. το να καθιστά κανείς ασθενέστερο κάποιον ή κάτι (πβ. *εξασθένηση).*
εξασθενώ, -είς, ρ., γίνομαι ασθενέστερος, χάνω τη δύναμή μου: *από την κακή διατροφή -ησε* (= εξαντλήθηκε)· *προβλέπεται ότι θα -ήσει η κακοκαιρία* (= θα υποχωρήσει).
εξάσκηση η, ουσ. **1.** το να εξασκείται κανείς σε κάτι: *~ εντατική/καθημερινή· συστηματική ~ των στρατιωτών στις αναρριχήσεις* (συνών. *εκπαίδευση, εκγύμναση, προπόνηση*). **2.** (για επάγγελμα, τέχνη, κ.τ.ό.) εφαρμογή θεωρητικών γνώσεων, χρησιμοποίησή τους στην πράξη: *οι γεωπόνοι πήγαν στο αγρόκτημα για πρακτική ~.*
εξασκώ, -είς, ρ. **1.** κάνω να αναπτύξει κάποιος σε μεγάλο βαθμό μια ικανότητα, να βελτιώσει την επίδοσή του σε κάτι με τη συνεχή επανάληψη μιας δραστηριότητας: *~ τους μαθητές στο κολύμπι/το αφτί μου στο να ξεχωρίζει διάφορους ήχους·* (μέσ.) *-ούμαι στις καταδύσεις* (συνών. *εκπαιδεύω, εκγυμνάζω, προπονώ*). **2.** εφαρμόζω στην πράξη όσα διδάχτηκε θεωρητικά: *~ τα αγγλικά μου·* σπούδασε ηλεκτρονικός, αλλά δεν *-ησε την τέχνη του·* (γενικότερα) *~ ελεύθερα/νόμιμα/προσωρινά ένα επάγγελμα* (συνών. *ασκώ*).
εξάστηλος, -η, -ο, επίθ. (για δημοσίευμα εφημερίδας) που αποτελείται από έξι τυπογραφικές στήλες. - Το ουδ. ως ουσ.
εξάστιχος, -η, -ο, επίθ., για γραπτό κείμενο, ποίημα ή στροφή ποιήματος που αποτελείται από έξι σειρές, από έξι στίχους. - Το ουδ. ως ουσ. = *εξάστιχο ποίημα.*
Εξάστρα η, ουσ. (δημοτικό, ποιητ.), η Πούλια.
εξάστυλος, -η, -ο, επίθ. (για οικοδόμημα) που έχει έξι στύλους: *στοά -η.*
εξασύλλαβος, -η, -ο, επίθ. (για λ. ή στίχο) που αποτελείται από έξι συλλαβές.
εξασφαλίζω, ρ. **1.** καθιστώ κάτι ασφαλές, προφυλάγω (συνήθως κάτι που μου ανήκει) από τον κίνδυνο να χαθεί, να πάθει ζημιά, κ.τ.ό.: *έβαλε τα λεφτά του στην τράπεζα για να τα -ίσει· ο στρατηγός φρόντισε να -ίσει τα νώτα της φάλαγγας* (συνών. *σιγουρεύω*). **2.** πετυχαίνω ή αποκτώ με βεβαιότητα κάτι, κάνω να μην υπάρχει αμφιβολία ότι κάτι θα γίνει, θα εξελιχτεί όπως το θέλω: *~ τη νίκη/την ευτυχία/τον τίτλο·* η *τροχαία -ισε την ομαλή επιστροφή των εκδρομέων· -ισα το μέλλον μου.* - Η μτχ. ως επίθ. = *επιτυχία -ισμένη* (= βέβαιη) (συνών. *κατοχυρώνω*). **3.** (ειδικά) **α.** καθιστώ βέβαιη τη μελλοντική οικονομική επάρκεια κάποιου: *θέλω να -ίσω τα παιδιά μου* (πβ. *αποκαθιστώ και αποκατασταίνω*)· (μέσ.) *-ομαι οικονομικά·* **β.** αποκτώ με κάποιο μέσο, από κάποια πηγή: *η κυβέρνηση -ισε τις απαραίτητες πιστώσεις για το έργο· ~ τα προς το ζην· -ισα ένα εισιτήριο για το θέατρο* (συνών. *εξοικονομώ*).
εξασφάλιση η, ουσ. **1.** το να γίνεται κάτι ασφαλές: *~ των κοσμημάτων σε τραπεζική θυρίδα.* **2.** το να γίνεται κάτι βέβαιο: *~ της ειρήνης/της αναίμακτης μετάβασης στο νέο καθεστώς* (συνών. *κατοχύρωση*)· *~ επάρκειας τροφίμων στην αγορά.* **3α.** το να φυλάγεται κάποιος από τον κίνδυνο να ζημιωθεί οικονομικά: *για την -ή του ζήτησε ενέχυρο·* **β.** εξοικονόμηση: *~ των αναγκαίων χρημάτων.*
εξασφαλιστικός, -ή, -ό, επίθ., που εξασφαλίζει, που γίνεται για εξασφάλιση.
εξατάξιος, -α, -ο, επίθ. (ασυνίζ.), (για σχολείο, για εκπαιδευτική βαθμίδα) που περιλαμβάνει έξι τάξεις: *-ο γυμνάσιο.*
εξατμίζω, ρ. **1.** μετατρέπω υγρό σε αέριο, σε ατμό: *~ νερό·* (μέσ.) *η βενζίνη -εται γρήγορα* (συνών. *εξαερώνω·* αντ. *υγροποιώ*) (λαϊκ., για υγρό με πτητικές ουσίες) *το κρασί/το άρωμα -ίστηκε* (= ξεθύμανε). **2.** (μέσ., λόγ., μεταφ.) εξαφανίζομαι

εντελώς: *το ενδιαφέρον του για την υπόθεση γρήγορα -ίστηκε* (συνών. *ξεθυμαίνω*).

εξάτμιση η, ουσ. **1.** (φυσ. - κοιν.) φυσικό φαινόμενο της μετάβασης ενός υγρού από την υγρή κατάσταση στην αέρια, δηλ. στην κατάσταση ατμού (αντ. *υγροποίηση*)· (κοιν.) η μετατροπή υγρού σε αέριο, σε ατμό: ~ *βαθμιαία/τεχνητή* · ~ *του νερού* · *ψύξη με* ~ (συνών. *εξαέρωση*). **2.** (λόγ.) διαφυγή ατμού ή αερίου από κλειστό δοχείο ή μηχανή· (κοιν., συνεκδοχικά) εξάρτημα οχήματος (λ.χ. αυτοκινήτου, μοτοποδηλάτου), συνήθως με μορφή σωλήνα, από το οποίο διαφεύγουν στην ατμόσφαιρα τα καυσαέρια του κινητήρα του. **3.** (λόγ., μεταφ.) πλήρης εξαφάνιση: ~ *ελπίδων/υποσχέσεων*.

εξατμιστήρας ο, ουσ. (τεχνολ.) βιομηχανική συσκευή για τη μετατροπή υγρών σε ατμό, που χρησιμοποιείται για τη συμπύκνωση διαλυμάτων, την αφαλάτωση του θαλασσινού νερού, την αποξήρανση ορισμένων προϊόντων ή σε ψυκτικές μηχανές.

εξατμιστικός, -ή, -ό, επίθ., που χρησιμεύει στην εξάτμιση.

εξατομίκευση η, ουσ. (λόγ.), το να αποκτά κάποιος ή κάτι ατομικό χαρακτήρα, το να διαφοροποιείται από όλα τα όντα ή πράγματα του ίδιου γένους: ~ *των γενικών χαρακτηριστικών*· (φιλοσ.) *αρχή της -ης·* (νομ.) ~ *ποινής*.

εξατομικεύω, ρ. (λόγ.), διαφοροποιώ κάτι ανάλογα με το άτομο, με το πρόσωπο που αφορά ή στο οποίο απευθύνεται: ~ *τις παρατηρήσεις μου για την επίδοση των μαθητών·* (νομ.) ~ *την ποινή* (= επιβάλλω ποινή ανάλογα όχι μόνο με το αδίκημα αλλά και με το πρόσωπο που του διέπραξε).

εξάτομος, -η, -ο, επίθ. (για σύγγραμμα) που αποτελείται από έξι τόμους: *εγκυκλοπαίδεια -η*.

εξάτροχος, -η, -ο, επίθ. (για όχημα) που κινείται με τη βοήθεια έξι τροχών (πβ. *τριαξονικός*).

εξαττικισμός ο, ουσ. (φιλολ.) προσαρμογή της γλώσσας (λ.χ. λέξεων, συντακτικών τρόπων) στους κανόνες της αττικής διαλέκτου.

εξαϋλώνω, ρ., κάνω ένα σώμα άυλο, του αφαιρώ την υλική υπόσταση: *από τη νηστεία φαινόταν σαν -ωμένος*.

εξαΰλωση η, ουσ. **1.** το να χάνει ένα σώμα την υλική του υπόσταση. **2.** (φυσ.) στην ατομική φυσική, φαινόμενο αλληλεπίδρασης σωματιδίων και αντισωματιδίων που προκαλεί την εξαφάνισή τους, καθώς μετατρέπονται σε άλλα σωματίδια ελαφρότερα από τα αρχικά ή κάποτε σε κινητική ενέργεια.

εξαφανίζω, ρ. **Ι.** ενεργ. **1.** κάνω κάτι άφαντο εντελώς, το αφανίζω τελείως ώστε ποτέ κανείς να μην το ξαναδεί: *άνισε τα ενοχοποιητικά έγγραφα/τους λεκέδες· αυτό το φάρμακο -ίζει τον πονοκέφαλο* (αντ. *εμφανίζω*). **2.** κρύβω κάτι, το κάνω άφαντο από τους άλλους: *-άνισαν τα τρόφιμα από την αγορά· -ίστηκαν οι φωτογραφίες από το συρτάρι μου.* **3.** καταστρέφω, εξοντώνω, ιδίως ξαφνικά ή βίαια: *ο ισχυρός σεισμός -άνισε μια ολόκληρη πόλη· η επιδημία -άνισε μεγάλο μέρος του πληθυσμού.* **4.** (μεταφ.): *σε μια νύχτα -άνισε μια περιουσία.* **ΙΙ.** μέσ. **1.** παύω να φαίνομαι, φεύγω από κάπου και δεν μπορούν πια να με βλέπουν: *-ίστηκε στον ορίζοντα/στην κουζίνα· έστριψε από τη γωνία και -ίστηκε* (αντ. *εμφανίζομαι*). **2.** φεύγω από κάπου και χάνονται τα ίχνη μου, πηγαίνω κάπου όπου κανείς δεν μπορεί να με βρει, γίνομαι άφαντος, χάνομαι: *-ίστηκε πέρυσι και δεν ξανακούσαμε τίποτε για το άτομό του.* **3.** παύω να υπάρχω ή να συμβαίνω, εκλείπω, εξαλείφομαι: *οι δεινόσαυροι έχουν -ιστεί πριν από χιλιάδες χρόνια.* **4.** (μεταφ.): *η ανησυχία του -ίστηκε μόλις άκουσε τα αποτελέσματα.*

εξαφάνιση η, ουσ. **1.** η απομάκρυνση ενός ατόμου από κάπου ώστε κανείς να μην μπορεί να το βρει ούτε να ξέρει πού βρίσκεται, το να χάνονται τα ίχνη κάποιου, το να γίνεται άφαντος: ~ *μυστηριώδης/ξαφνική·* κανείς δεν ενδιαφέρθηκε για την ~ *του* (αντ. *εμφάνιση*). **2.** (για πράγματα) το να μην μπορεί να βρεθεί κάτι επειδή χάθηκε ή το έκλεψαν: *κάλεσε την αστυνομία για την* ~ *των κοσμημάτων της·* ~ *αινιγματική/οριστική.* **3.** απόκρυψη ενός πράγματος: ~ *αναγκαίων ειδών από την αγορά/προσωρινή.* **4.** καταστροφή, βίαιη εκμηδένιση, εξολόθρευση: ~ *απότομη/στιγμιαία·* ~ *μιας πόλης από τους βομβαρδισμούς.* **5.** το να γίνεται κάτι σπανιότερα και τελικά να πάψει να υπάρχει ή να συμβαίνει: ~ *βαθμιαία/τελική· ολική* ~ *αυτού του είδους των πτηνών.*

εξαφανισμός ο, ουσ., εξαφάνιση (βλ.λ.).

έξαφνα και **άξαφνα**, επίρρ. (λαϊκ.). **1.** ξαφνικά, αιφνίδια, απροσδόκητα: *πετάχτηκε* ~ *μπροστά του.* **2α.** λόγου χάριν, παραδείγματος χάριν: *πολλοί άνθρωποι ασχολούνται με την κηπουρική· οι γείτονές μας* ~ **β.** (υποθ.): ~ *σου πέφτει το λαχείο: πώς θα το αντιμετωπίσεις;*

εξάφυλλος, -η, -ο, επίθ., που έχει έξι φύλλα.

εξάφωτος, -η, -ο, επίθ. (σπάνιο), που έχει έξι φώτα: *λυχνία -η*.

εξαχνίζω, ρ., υποβάλλω σε εξάχνωση.

εξάχνιση η, ουσ., η μετατροπή ενός υγρού σε ατμό.

εξάχνωση η, ουσ., η μετατροπή ενός στερεού σώματος κατευθείαν σε αέριο -χωρίς δηλ. να μεσολαβήσει η υγρή κατάσταση- και το αντίστροφο.

εξαχορδία η, ουσ. (μους.) το σύστημα του εξάχορδου (βλ.λ.).

εξάχορδο το, ουσ. (μους.) κλίμακα έξι συνεχών φθόγγων με ένα μόνο ημιτόνιο ακριβώς στο μέσον, η οποία χρησίμευε ως βάση του μουσικού συστήματος στη Δύση κατά το 17. αιώνα.

εξάχορδος, -η, -ο, επίθ. (για μους. όργανο) που έχει έξι χορδές.

εξαχρειώνω, ρ. (ασυνίζ.), επηρεάζω κάποιον έτσι ώστε να αποκτήσει χαρακτήρα αχρείο και ανήθικο, τον διαφθείρω: *κυκλοφορούν βιβλία που -ουν τη νεολαία.*

εξαχρείωση η, ουσ., το να γίνεται το ήθος, ο χαρακτήρας κάποιου αχρείος: ~ *των ηθών/γενική* (συνών. *διαφθορά, εκφαυλισμός*).

εξάχρονος, -η, -ο, επίθ., που έχει ηλικία ή διάρκεια έξι ετών, εξαετής: *παιδί -ο· απουσία -η*. - Το ουδ. ως ουσ. = το χρονικό διάστημα έξι ετών, εξαετία.

εξάψαλμος ο, ουσ. **1.** οι έξι ψαλμοί (3, 37, 62, 87, 102 και 142) που διαβάζονται στην αρχή της ακολουθίας του όρθρου. **2.** (μεταφ. και συνήθως ειρων.) αυστηρή και μεγάλης διάρκειας επιτίμηση φρ. *άκουσε/του έψαλε τον -ο* (= τον επιτίμησε πολύ).

έξαψη η, ουσ. **1.** το αίσθημα θερμότητας και το κοκκίνισμα του προσώπου που εμφανίζει κανείς όταν βρεθεί σε στενόχωρη ή δύσκολη θέση ή όταν νιώθει ζέστη ή αδιαθεσία: *το κρασί του έφε-*

εξάωρος

ρε ~. 2. (ιατρ.) τα παραπάνω συμπτώματα της θερμότητας και του κοκκινίσματος του προσώπου που εμφανίζονται απότομα και είναι παροδικά, τα οποία οφείλονται σε αγγειοκινητική διαταραχή και αποτελούν ένα από τα παθολογικά συμπτώματα της εμμηνόπαυσης. 3. (μεταφ.) αύξηση της έντασης, διέγερση, κρίση, παροξυσμός: ~ *παθών/νευρική*. 4. η κατάσταση στην οποία βρίσκεται κανείς όταν αισθάνεται θυμωμένος ή συγκινημένος, αναστάτωση, παραφορά: *είμαι σε ~· δεν ήξερε τι έλεγε από την ~*.

εξάωρος, -η, -ο, επίθ., που έχει διάρκεια έξι ωρών: *μελέτη/προπόνηση -η*. - Το ουδ. ως ουσ. = χρονικό διάστημα έξι ωρών: *-ο δουλειάς/συνεχόμενο*.

εξεγείρω, ρ., αόρ. εξήγειρα, πληθ. εξεγείραμε, παθ. εξεγέρθηκα. I. ενεργ. 1. κάνω, παρακινώ κάποιον να επαναστατήσει, ξεσηκώνω. 2. προκαλώ σε κάποιον υπερβολική συγκίνηση ή ερεθισμό έτσι ώστε να παρακινηθεί σε δράση, ερεθίζω, εξάπτω: *-ήγειρε τα πλήθη με την ομιλία του*. II. (μέσ.) ξεσηκώνομαι, επαναστατώ: *ο λαός -έρθηκε κατά των κατακτητών·* φρ. (μεταφ.) *-εται η συνείδησή μου* (= αγανακτώ, εξοργίζομαι, επειδή αποδοκιμάζω κάτι).

εξέγερση η, ουσ. 1. επαναστατική κίνηση ανθρώπων με σκοπό να επιφέρουν πολιτικές ή κοινωνικές αλλαγές, να κατακτήσουν την ελευθερία τους ή την εξουσία: ~ *λαϊκή/ένοπλη·* ~ *σκλάβων* (συνών. *στάση, επανάσταση, αντάρσια*). 2. το να συγκινείται κάποιος ή να εξάπτεται και να προβαίνει σε έντονη διαμαρτυρία: ~ *συνειδήσεων* (συνών. *έξαψη, ερεθισμός, αναστάτωση*).

εξέδρα η, ουσ. 1. τεχνική ξύλινη, μεταλλική ή πέτρινη κατασκευή που μοιάζει με γέφυρα, εισχωρεί στη θάλασσα, λίμνη ή ποταμό και χρησιμεύει για επιβιβάσεις και αποβιβάσεις, περίπατο και ψυχαγωγικές εκδηλώσεις ή να είναι εγκατεστημένη στην ξηρά και χρησιμεύει για έργα ή άλλες επιχειρήσεις: ~ *άντλησης πετρελαίου/εκτόξευσης πυραύλων*. 2. ξύλινο ή μετάλλινο λυόμενο κατασκεύασμα με αρκετό ύψος που τοποθετείται προσωρινά σε κάποιο (συχνά ψηλό) μέρος για να παρακολουθούν από εκεί οι θεατές (συνήθως οι αρχές του τόπου) τελετές, παρελάσεις ή άλλες εκδηλώσεις ή για να στέκονται οι ομιλητές σε συγκεντρώσεις: ~ *επισήμων* (συνών. *βάθρο*). 3. κλιμακωτός εξώστης σε θέατρα, ιπποδρόμια, γήπεδα, κλπ.

εξεζητημένος, -η, -ο, μτχ. ως επίθ., που δεν τον χαρακτηρίζει φυσικότητα και απλότητα, που γίνεται με εκζήτηση: *-οι τρόποι συμπεριφοράς· γούστο/ύφος -ο* (συνών. *επιτηδευμένος, εκκεντρικός, αφύσικος*). - Επίρρ. **-α**.

εξειδίκευση, η, ουσ. 1. η κατάρτιση κάποιου σε ιδιαίτερο τομέα, το να αποκτά κάποιος ειδικές γνώσεις, ειδίκευση: ~ *υπηρεσιακών στελεχών*. 2. το να περιορίζεται κάτι σε ένα ορισμένο είδος, σε ένα μόνο τομέα: ~ *αποφάσεων/γεωργικής παραγωγής*.

εξειδικεύω, ρ., καταρτίζω κάποιον σε έναν ιδιαίτερο τομέα, κάνω κάποιον να αποκτήσει ειδικές γνώσεις, ειδικεύω: *η εταιρεία -ει τους τεχνικούς της στη χρήση ηλεκτρονικών υπολογιστών·* (μέσ.) *η πολιτική των υπουργείων -εύεται σε ιδιαίτερους τομείς*.

εξεικονίζω, ρ. (λόγ.), απεικονίζω (βλ.λ.), παριστάνω.

εξεικόνιση η, ουσ. (λόγ.), το να δίνεται η εικόνα, η περιγραφή ενός πράγματος, απεικόνιση (βλ.λ.), (ανα)παράσταση.

εξελεγκτικός, -ή, -ό, επίθ. (έρρ.), που υποβάλλει σε αυστηρό έλεγχο, ελεγκτικός.

εξελικτικός, -ή, -ό, επίθ., που ανήκει ή αναφέρεται στην εξέλιξη (βλ.λ.) ή που γίνεται με εξέλιξη: *πορεία/αλλαγή -ή· φαινόμενα -ά* (συνών. *βαθμιαίος, προοδευτικός*). - Επίρρ. **-ά**.

εξελικτισμός ο, ουσ., η τάση προς τις δαρβινιστικές θεωρίες, η θεωρία της εξέλιξης (βλ.λ. στη σημασ. 5), δαρβινισμός (βλ.λ.), μεταμορφισμός.

εξέλιξη η, ουσ. 1α. η συνεχής, με την πάροδο του χρόνου, πορεία και βαθμιαία διαμόρφωση την οποία ένα άτομο, πράγμα, φαινόμενο ή κατάσταση αναπτύσσεται, ωριμάζει, μεταβάλλεται ή περνά σε άλλο στάδιο ή φάση: ~ *απρόβλεπτη/σταδιακή/σταθερή·* ~ *πολιτικής κατάστασης/πυρκαγιάς* (συνών. *ανάπτυξη, μεταλλαγή·* αντ. *στασιμότητα, αποτελμάτωση, καθυστέρηση*)· β. ~ *γλωσσική* = το σύνολο των μεταβολών που υφίσταται μια γλώσσα καθώς περνά από την παλαιότερη μορφή της στη νεότερη· ~ *σημασιολογική* = καμπύλη την οποία σχηματίζουν οι μεταβολές που παρουσιάζονται στις σημασίες του λεξιλογικού υλικού μιας γλώσσας. 2. βαθμιαία και αδιάκοπη αλλαγή και ανάπτυξη προς το καλύτερο ενός ιδιαίτερου τομέα ή κατάστασης μέσα σε ένα ορισμένο χρονικό διάστημα: ~ *κοινωνική/πολιτιστική/τεχνική·* ~ *ανθρώπου/τεχνών και γραμμάτων/γεωργίας/βιομηχανίας* (συνών. *προαγωγή, πρόοδος·* αντ. *κατάπτωση, παρακμή*). 3. (για πρόσωπα) διαδοχική τοποθέτηση κάποιου συνήθως σε ανώτερη κάθε φορά θέση στον επαγγελματικό ή άλλο χώρο δραστηριότητάς του, η άνοδος ή σπανιότερα το αντίθετο: *ήταν γρήγορη η ~ του στο βαθμό του διευθυντή·* ~ *στην κομματική ιεραρχία· έχασε κάθε ευκαιρία για ~*. 4. γεγονός ή επεισόδιο που έχει συμβεί πρόσφατα και ενδέχεται να επηρεάσει την παρούσα κατάσταση: *-εις γρήγορες/νέες/ραγδαίες/ομαλές· η κυβέρνηση παρακολουθεί με ανησυχία τις πρόσφατες πολιτικές -ίξεις*. 5. (βιολ.) η πορεία της βαθμιαίας μεταβολής που συντελείται με το πέρασμα των αιώνων, κατά την οποία τα διάφορα είδη ζώων, φυτών, εντόμων και όλων των υπολοίπων όντων αλλάζουν με αργό ρυθμό μερικά από τα φυσικά χαρακτηριστικά τους, (συνεκδοχικά) η μετάβαση από απλούστερη ή κατώτερη μορφή σε πιο σύνθετη ή ανώτερη: ~ *βιολογική/των ειδών· πορεία/στάδιο -ης· θεωρία της -ης* (πβ. *δαρβινισμός*).

εξελίσσομαι, ρ. 1. μεταβάλλομαι βαθμιαία με την πάροδο του χρόνου, περνώ σε άλλο στάδιο ή φάση αλλάζοντας με ραγδαίο ή αργό ρυθμό μορφή ή κατάσταση: *τα γεγονότα -ίχθηκαν γρήγορα· η αρρώστια του -ίχθηκε άσχημα· η σχέση τους -εται αργά· η πόλη -ίχθηκε σε υφαντουργικό κέντρο· μια γλώσσα -εται αδιάκοπα* (συνών. *αλλάζω, αναπτύσσομαι·* αντ. *οπισθοδρομώ, αποτελματώνομαι*). 2. αλλάζω βαθμιαία και αδιάκοπα και αναπτύσσομαι προς το καλύτερο μέσα σε ένα ορισμένο χρονικό διάστημα: *-ονται οι άνθρωποι/οι πολιτισμοί· -εται μια επιχείρηση ή ένας τομέας βιομηχανικός* (= επεκτείνεται με επιτυχία) *-εται μια περιοχή* (= ανοικοδομείται με κατοικίες και εργοστάσια και παρουσιάζει ανάπτυξη στους πολιτιστικο-οικονομικούς τομείς)· *οι νέοι τύποι μη-*

χανημάτων είναι πολύ -ιγμένοι (= έχουν βελτιωθεί ως προς τον αρχικό σχεδιασμό και την κατασκευή τους) (συνών. *προάγομαι, προοδεύω, βελτιώνομαι·* αντ. *παρακμάζω*). **3.** (για χώρες, κράτη) μεταβάλλομαι από φτωχή ή γεωργική χώρα σε βιομηχανική, με μεγαλύτερους οικονομικούς πόρους και πολυπλοκότερο οικονομικο-πολιτικό σύστημα (συνών. *αναπτύσσομαι*). **4.** (για πρόσωπα) τοποθετούμαι διαδοχικά σε ανώτερη κάθε φορά θέση στον επαγγελματικό ή άλλο χώρο δραστηριοτήτων, προάγομαι: *έχει -ιχτεί σε λαμπρό επιστήμονα.* **5.** (για έμβια όντα) μεταβάλλομαι βαθμιαία με το πέρασμα των αιώνων αλλάζοντας μερικά από τα φυσικά χαρακτηριστικά μου, μεταβαίνω από απλούστερη ή κατώτερη μορφή σε πιο σύνθετη ή ανώτερη. - Η μτχ. παρκ. ως επίθ. = **α.** (για πρόσωπα) πολιτισμένος, μορφωμένος, προοδευμένος: *άνθρωπος -ιγμένος· κοινωνία -ιγμένη·* **β.** (για πράγματα ή καταστάσεις) ανεπτυγμένος: *κράτη -ιγμένα* (αντ. *υπανάπτυκτος, καθυστερημένος*).
εξέλκωση η, ουσ. (ιατρ.) **1.** ο σχηματισμός έλκους: ~ *γρήγορη/οδυνηρή* (συνών. *έλκωση, κοινώς πλήγιασμα*). **2.** έλκωση της επιδερμίδας που προκαλείται από τη διάρρηξη φλύκταινας.
εξελκωτικός, -ή, -ό, επίθ. **1.** που προκαλεί εξέλκωση. **2.** που πάσχει από εξέλκωση.
εξελληνίζω, ρ. **1.** (για πρόσωπα) κάνω κάποιο άτομο ξένης εθνικότητας να αισθάνεται, να μιλά και να φέρεται σαν Έλληνας (αντ. *αφελληνίζω*). **2.** (για πράγματα) προσδίδω σε κάτι ελληνικό τύπο, χαρακτήρα. **3.** (γλωσσ.) προσδίδω σε λέξεις ξενικές ελληνικό γραμματικό τύπο και χρήση αντίστοιχη με εκείνη των ελληνικών.
εξελληνισμός ο, ουσ. **1.** το να αισθάνεται ένα άτομο άλλης εθνικότητας και να φέρεται σαν Έλληνας (αντ. *αφελληνισμός*). **2.** το να προσδίδεται σε κάτι τύπος ελληνικός. **3.** το να αποκτούν ξενικές λέξεις ελληνικό γραμματικό τύπο.
εξεμέτρησε το ζην· αρχαϊστ. φρ. = πέθανε.
εξ επαφής· αρχαϊστ. έκφρ. = από πολύ κοντά: *τον πυροβόλησαν ~.*
εξεπίτηδες και **ξεπίτηδες,** επίρρ., επίτηδες, σκόπιμα: *τον χτύπησε ~* (αντ. *τυχαία*).
εξεργασία η, ουσ. (λόγ.). **1.** φροντισμένη επεξεργασία υλικού, κατεργασία. **2.** (ιατρ.) το σύνολο των φαινομένων που εμφανίζει μια ασθένεια κατά την εξέλιξή της.
εξερεθίζω, ρ., ερεθίζω υπερβολικά, εξεγείρω· εξοργίζω.
εξερεθισμός ο, ουσ., ισχυρός ερεθισμός, έξαψη, διέγερση.
εξερεθιστικός, -ή, -ό, επίθ., που ερεθίζει υπερβολικά, ερεθιστικός, διεγερτικός· εξοργιστικός.
εξερεύνηση η, ουσ., επίσκεψη, επιτόπια έρευνα και συστηματική μελέτη τόπων που δεν τα είχε επισκεφτεί ποτέ ο άνθρωπος ή περιοχών με τις οποίες δεν είχε ασχοληθεί η επιστήμη ως προς ορισμένους τομείς: ~ *υποβρύχια/επικίνδυνη/αρχαιολογική/γεωλογική/του διαστήματος.*
εξερευνήσιμος, -η, -ο, επίθ., που μπορεί ή αξίζει να εξερευνηθεί: *σπήλαιο -ο.*
εξερευνητής ο, θηλ. **-τρια,** ουσ., αυτός που επισκέπτεται μέρη που είναι ελάχιστα ή καθόλου γνωστά για να ανακαλύψει τι υπάρχει εκεί και να το μελετήσει: ~ *νέος/τολμηρός.*
εξερευνητικός, -ή, -ό, επίθ., που ανήκει ή αναφέρεται στην εξερεύνηση ή τον εξερευνητή, που γίνεται για εξερεύνηση: *αποστολή -ή· ταξίδια -ά· πύραυλος ~.*
εξερευνήτρια, βλ. *εξερευνητής.*
εξερευνώ, -άς, ρ., διενεργώ εξερεύνηση (βλ.λ.): ~ *περιοχές της ζούγκλας· το νησί έχει -ηθεί ως την τελευταία γωνία του.*
εξέρχομαι, ρ., αόρ. *εξήλθα* (λόγ.), βγαίνω από κάπου. - Το ουδ. της μτχ. ενεστ. *-όμενο* = χαρακτηρισμός εγγράφου που μια υπηρεσία, επιχείρηση, κλπ., στέλνει σε κάποιον παραλήπτη (αντ. *εισερχόμενο*).
έξεστι Κλαζομενίοις ασχημονείν· αρχαϊστ. έκφρ.· σε περιπτώσεις που δικαιολογημένα περιμένει κανείς κακή συμπεριφορά.
εξετάζω, ρ. **1.** παρατηρώ με προσοχή, περιεργάζομαι, επιθεωρώ: ~ *με το βλέμμα μου το χώρο/τα αντικείμενα/τους παρευρισκόμενους.* **2.** δοκιμάζω, ελέγχω: ~ *την καλή ή κακή κατάσταση του κινητήρα/την ποιότητα του υφάσματος.* **3.** αναζητώ, ερευνώ: *οι εμπειρογνώμονες θα -άσουν τα αίτια του δυστυχήματος* (συνών. *διερευνώ*). **4.** (για διδάσκοντες) ελέγχω προφορικά ή γραπτά την επίδοση μαθητή, αξιολογώ τις γνώσεις του: *οι μαθητές θα -στούν σήμερα στη χημεία και την έκθεση·* (γενικά) ελέγχω τις γνώσεις και τις ικανότητες κάποιου προκειμένου για την πρόσληψή του σε κάποια υπηρεσία ή για την απόκτηση ειδικού διπλώματος: *οι ενδιαφερόμενοι για πρόσληψη στην τράπεζα θα -στούν τον ερχόμενο μήνα* (συνών. *διαγωνίζομαι*). **5.** (ιατρ.) κάνω επιστημονική έρευνα στον ανθρώπινο οργανισμό για τη διάγνωση αρρώστιας του και τον καθορισμό θεραπευτικής αγωγής. **6.** (για δικαστή ή ανακριτή) υποβάλλω σε ανάκριση, παίρνω κατάθεση: *ο εφέτης ανακριτής -ασε τους μάρτυρες.* **7.** (για συνήγορο) οδηγώ στο δικαστήριο μάρτυρες υπεράσπισης να καταθέσουν για την υπόθεσή μου.
εξέταση η, ουσ. **1.** προσεκτική παρατήρηση με το βλέμμα: *έκανε μια βιαστική ~ του δωματίου πριν αφήσει τη βαλίτσα του.* **2.** έλεγχος, δοκιμασία: *της γνησιότητας του χρυσού/της αντοχής των χρωμάτων.* **3.** μελέτη, έρευνα: ~ *ενός ζητήματος/των δακτυλικών αποτυπωμάτων.* **4.** (στον πληθ.) γραπτή ή προφορική δοκιμασία για τον έλεγχο της επίδοσης μαθητή και γενικότερα για την εξακρίβωση των γνώσεων και ικανοτήτων εξεταζομένου: *-άσεις επαναληπτικές/απολυτήριες/εισαγωγικές/κατατακτήριες·* ~ *υποψηφίου οδηγού στα σήματα/στην οδήγηση.* **5.** (ιατρ.) το σύνολο μεθόδων που χρησιμοποιούνται για την ακριβή γνώση της κατάστασης των οργάνων του σώματος: ~ *καρδιολογική/κλινική· ~ αίματος/ούρων* (συνών. *ανάλυση*). **6.** (για δικαστή, ανακριτή) κατάθεση μάρτυρα, ανάκριση: *ένορκη ~ μάρτυρα.* **7.** (ιστ.) *Ιερά ~* = διαρκές δικαστήριο, με πρόεδρο επίσκοπο, ιππότες και παπάδες που ήταν προορισμένο να καταπολεμήσει τις αιρέσεις.
εξεταστέος, -α, -ο, επίθ., που πρέπει να εξεταστεί: *ύλη -έα* = η ύλη στην οποία θα εξεταστεί κάποιος.
εξεταστής ο, θηλ. **-τρια,** ουσ., αυτός που εξετάζει, που ερευνά· (ειδικά) αυτός που εξετάζει μαθητές, υποψηφίους.
εξεταστικός, -ή, -ό, επίθ. **1.** παρατηρητικός, ερευνητικός: *έριξε γύρω του μια -ή ματιά.* **2.** που αναφέρεται στην εξέταση ή τις εξετάσεις· που γίνεται με σκοπό τη διεξαγωγή εξετάσεων: *περίοδος -ή·*

κέντρο -ό· -ή των πραγμάτων επιτροπή (της Βουλής). - Επίρρ. **-ά.**

εξέταστρα τα, ουσ., χρήματα που καταβάλλονται από τον εξεταζόμενο (για την αμοιβή των εξεταστών, κλπ.) για τη συμμετοχή του σε κάποια εξέταση.

εξετάστρια, βλ. *εξεταστής.*

εξευγενίζω, ρ. **1.** εξυψώνω το ήθος κάποιου, προάγω πολιτιστικά και ηθικά: *η μουσική -ει τα ήθη* (συνών. *εκπολιτίζω·* αντ. *εκχυδαΐζω, εκφαυλίζω*). **2.** βελτιώνω κάποιο ζωικό ή φυτικό είδος με επιστημονικές μεθόδους.

εξευγενισμός ο, ουσ. **1.** πνευματική και ηθική βελτίωση, εκπολιτισμός: *~ των ηθών* (αντ. *εκχυδαϊσμός*). **2.** βελτίωση φυτικού ή ζωικού είδους: *~ των καλλιεργειών/του ανθρώπινου είδους* (αντ. *εκφυλισμός*). **3.** (χημ.) βελτίωση των ιδιοτήτων ενός προϊόντος με ειδική κατεργασία.

εξευγενιστικός, -ή, -ό, επίθ., κατάλληλος να χρησιμοποιηθεί για εξευγενισμό.

εξευμενίζω, ρ., καταπραΰνω, μαλακώνω την οργή, το θυμό κάποιου (συνών. *εξιλεώνω·* αντ. *εξοργίζω*).

εξευμενισμός ο, ουσ., η καταπράυνση του θυμού κάποιου, εξιλέωση (αντ. *εξόργιση*).

εξευμενιστικός, -ή, -ό, επίθ., που έχει σκοπό να εξιλεώσει, να καταπραΰνει την οργή κάποιου: *λόγια -ά.*

εξεύρεση η, ουσ. **1.** εξοικονόμηση, εξασφάλιση: *~ των αναγκαίων.* **2.** επινόηση, σύλληψη ιδέας: *~ λύσης.*

εξευρωπαΐζω, ρ., κάνω κάποιον Ευρωπαίο ή δίνω σε κάτι την όψη του ευρωπαϊκού, εντάσσω κάτι στον ευρωπαϊκό τρόπο ζωής και πολιτισμό.

εξευρωπαϊσμός ο, ουσ., το να γίνει κάποιος Ευρωπαίος ή κάτι ευρωπαϊκό· ένταξη, προσαρμογή κάποιου στον ευρωπαϊκό τρόπο ζωής.

εξευτελίζω, ρ. **1.** υποβιβάζω την αξία ενός πράγματος στο ελάχιστο, ελαττώνω υπερβολικά. **2.** υποβιβάζω την υπόληψη, την αξιοπρέπεια κάποιου, μειώνω ηθικά (συνών. *ταπεινώνω, ρεζιλεύω·* αντ. *εγκωμιάζω, εξυψώνω*). - Η μτχ. *-ισμένος* ως επίθ. = *τιποτένιος, αχρείος.*

εξευτελισμός, ο, ουσ. **1.** υποβίβαση, μείωση της αξίας ή της ποιότητας ενός πράγματος στο ελάχιστο: *~ του νομίσματος.* **2.** ηθική μείωση, ταπείνωση, καταρράκωση: *του στοίχισε πολύ ο ~ μπροστά στους φίλους του* (συνών. *ρεζίλεμα·* αντ. *εξύψωση, εγκωμιασμός*).

εξευτελιστικός, -ή, -ό, επίθ. **1.** που προκαλεί εξευτελισμό, ταπεινωτικός, μειωτικός: *λόγια -ά.* **2.** υπερβολικά υποτιμημένος ως προς την αξία ή την ποιότητα: *αμοιβή -ή.*

εξ εφόδου· αρχαϊστ. έκφρ. = ορμητικά και απρόοπτα.

εξέχω, ρ., παρατ. *εξείχα* (ελλειπτ. στους άλλους χρόνους). **1.** υψώνομαι ή εκτείνομαι πέρα από τους άλλους: *η μαρκίζα -ει αρκετά πάνω στο δρόμο* (συνών. *προεξέχω, προβάλλω*). **2.** (μεταφ.) υπερέχω, διακρίνομαι, διαπρέπω: *-ει ανάμεσα στους συναδέλφους του.*

έξη η, ουσ. **1.** τρόπος συμπεριφοράς, ενέργειας ή ιδιότητα που αποκτάται με την επανάληψη μιας πράξης ή με την επίδραση του ίδιου παράγοντα. **2.** (ιατρ.) τα ιδιαίτερα χαρακτηριστικά του σώματος και του προσώπου κάποιου ατόμου που μπορούν να δώσουν πληροφορίες ή ενδείξεις για τη σωματική ή την ψυχική κατάσταση του οργανισμού.

εξήγηση η, ουσ. **1.** ερμηνεία, διασάφηση, αιτιολόγηση: *~ του φαινομένου/του ονείρου.* **2.** ορισμός της σημασίας μιας λέξης. Φρ. *δίνω -ήσεις* (= δικαιολογούμαι, διευκρινίζω κάτι)· *ζητώ -ήσεις* (= καλώ κάποιον να δικαιολογηθεί ή να ζητήσει συγγνώμη για κάτι).

εξηγητής ο, θηλ. **-τρια,** ουσ. **1.** αυτός που ερμηνεύει, που αναλύει κάτι (συνών. *ερμηνευτής*). **2.** (εκκλ.) ο ερμηνευτής της Αγίας Γραφής και των θεολογικών κειμένων.

εξηγητικός, -ή, -ό, επίθ., που εξηγεί, που διευκρινίζει, που χρησιμεύει στο να παρέχει εξηγήσεις (συνών. *(επ)εξηγηματικός, ερμηνευτικός·* αντ. *παρερμηνευτικός*).

εξηγήτρια, βλ. *εξηγητής.*

εξηγώ, ρ., μέσ. *εξηγούμαι* και (λαϊκ.) *ξηγιέμαι.* **I.** ενεργ. **1.** διευκρινίζω, δικαιολογώ κάτι: *θα σας - ήσω γιατί δε δέχτηκα τη θέση που μου πρότειναν.* **2.** αναλύω, ερμηνεύω, βρίσκω τα αίτια: *ο μηχανικός -ησε πώς συνέβη η ανάφλεξη του κινητήρα.* **3.** δίνω τη σημασία, τον ορισμό μιας λέξης. **II.** μέσ. **1.** ερμηνεύομαι, γίνομαι σαφής: *έτσι -είται η περίεργη συμπεριφορά του τις τελευταίες μέρες.* **2.** δίνω εξηγήσεις, διαλύω κάποια παρεξήγηση που είναι πιθανό να δημιουργηθεί, συνεννοούμαι: *να -ηθούμε από τώρα για να μην έχουμε ιστορίες αργότερα.* **3.** (λαϊκ. στον τ. *ξηγιέμαι*) φέρομαι, συμπεριφέρομαι, κρατώ κάποια στάση: *δεν ξηγήθηκες σωστά.*

εξηκονταετία η, ουσ. (έρρ.), χρονικό διάστημα εξήντα ετών.

εξηκοστός, -ή, -ό, αριθμ., που έχει σε κάποια σειρά τη θέση που αντιστοιχεί στον αριθμό εξήντα (60): *πέρασε ~ στη σχολή του.* - Το ουδ. ως ουσ. = το ένα από τα εξήντα ίσα μέρη στα οποία χωρίζεται η μονάδα.

εξηλεκτρισμός ο, ουσ., χρησιμοποίηση της ηλεκτρικής ενέργειας αντί κάποιας άλλης για την καλύτερη εκμετάλλευση και αξιοποίηση των πλουτοπαραγωγικών δυνατοτήτων μιας χώρας.

εξημέρωμα το, ουσ. **1.** δάμασμα, μέρωμα: *~ άγριων ζώων.* **2.** (συνεκδοχικά) εκπολιτισμός.

εξημερώνω, ρ. **1.** δαμάζω, τιθασσεύω, μερώνω κάποιον ή κάτι άγριο: *-ει άγρια άλογα για το τσίρκο.* **2.** (συνεκδοχικά) εκπολιτίζω, εξευγενίζω. - Η μτχ. *-ωμένος* ως επίθ. = *ήμερος: μαϊμού/αρκούδα -η* (αντ. *άγριος, ανήμερος*).

εξημέρωση η, ουσ., εξημέρωμα (βλ.λ.).

εξημερωτικός, -ή, -ό, επίθ., που προκαλεί εξημέρωση (συνών. *κατευναστικός·* αντ. *εξοργιστικός*).

εξήντα, αριθμ. άκλ. (έρρ.). **1.** ο αριθμός που αποτελείται από έξι δεκάδες: *θίασος από ~ ηθοποιούς·* έκφρ. *τρεις κι ~* (για να δηλωθεί εξευτελιστικό, μηδαμινό ποσό): *άντε να τα βγάλεις πέρα με τρεις κι ~ μισθό.* **2.** με το ουδ. άρθρο αντί για το τακτικό εξηκοστό για να δηλωθεί χρονολογία ή ηλικία: *το ~ π.Χ. παντρολογιέται στα ~ του.*

εξηνταβελόνης ο, θηλ. **-ισσα,** ουσ. (έρρ., λαϊκ.), υπερβολικά φιλάργυρος (συνών. *τσιγγούνης, σπαγκοραμμένος·* αντ. *γενναιόδωρος, ανοιχτοχέρης*).

εξηντάρης ο, θηλ. **-άρα,** ουσ. (έρρ.), αυτός που έχει ηλικία εξήντα χρονών (συνών. *εξηντάχρονος*).

εξηντάρι το, ουσ. (έρρ., λαϊκ.), εξήντα δραχμές.

εξηνταριά η, αριθμ. (έρρ., συνιζ.), (με την αόρ. αντων. *μια* ή *καμιά* ~) = περίπου εξήντα.

εξηντάχρονος, -η, -ο, επίθ. (έρρ.), που έχει ηλικία ή διάρκεια εξήντα χρόνων: *γυναίκα/ειρήνη -η.* - Το ουδ. στον πληθ. ως ουσ. = η εξηκοστή επέτειος.

εξής, επίρρ. **1.** στη συνέχεια, ακολούθως· έκφρ. *ως ~* (= κατά τον ακόλουθο τρόπο): *θα εφαρμόσετε τις οδηγίες μου ως ~· στο ~* (= από 'δω κι εμπρός, από δω και πέρα): *στο ~ να μην ξαναγίνει αυτό.* **2.** σε θέση επιθέτου με προηγούμενο το άρθρο για να ακολουθήσει απαρίθμηση προσώπων ή πραγμάτων = ο επόμενος, ο ακόλουθος: *στη συναυλία θα πάρουν μέρος οι ~ καλλιτέχνες· έχω να κάνω τα ~ ψώνια.*

έξι, αριθμ. άκλ. **1.** ο αριθμός που αποτελείται από το άθροισμα μιας πεντάδας και μιας μονάδας: *~ βιβλία/πόλεις/στρατιώτες.* **2.** για χρονολογία, ώρα, ηλικία, στη θέση του αντίστοιχου τακτικού αριθμ. έκτος: *στις ~ Σεπτεμβρίου* (= την έκτη ημέρα)· *στις ~ το απόγευμα* (= την έκτη ώρα)· *μπήκε το παιδί στα ~* (= στον έκτο χρόνο της ηλικίας του). **3.** (με ουδ. άρθρο) ο αριθμός έξι (6): *το τετράδιο έγραφε επάνω το ~·* (για τραπουλόχαρτο) *το ~ σπαθί·* (για βαθμολογία) *πήρα ~ στα μαθηματικά·* (για το ψηφίο που αντιπροσωπεύει τον αριθμό) *~ αραβικό (6)/ελληνικό (ς´)/λατινικό (VI).*

εξιδανίκευση η, ουσ., η ανύψωση ενός πράγματος σε ιδανικό, το να προσδίδεις σε κάτι το χαρακτήρα ιδανικού (αντ. *απομυθοποίηση).*

εξιδανικευτικός, -ή, -ό, επίθ., που είναι ικανός ή κατάλληλος να εξιδανικεύει.

εξιδανικεύω, ρ., ανυψώνω κάτι σε ιδανικό, προσδίδω σε κάτι το χαρακτήρα του ιδανικού, του ιδεώδους.

εξ ιδίων (δαπανώ)· αρχαϊστ. έκφρ. = από την προσωπική μου περιουσία.

εξ ιδίων (κρίνειν) τα αλλότρια· αρχαϊστ. φρ.· σε περιπτώσεις που κρίνει κανείς ξεκινώντας από όσα ισχύουν για τον εαυτό του.

εξίδρωμα το, ουσ. **1.** υγρό σε μορφή ορού που βγαίνει από τα αγγεία κατά την εξέλιξη μιας φλεγμονώδους πάθησης. **2.** συσσώρευση υγρού σε κάποια κοιλότητα του σώματος εξαιτίας φλεγμονής.

εξιδρωματικός, -ή, -ό, επίθ. (ιατρ.) που οφείλεται σε εξίδρωση ή συνοδεύεται από παραγωγή εξιδρώματος: *φυματίωση -ή.*

εξίδρωση η, ουσ. **1.** παραγωγή εξιδρώματος (βλ.λ. στη σημασ. 1). **2.** (γεωλ.) απόσχιση τμημάτων ενός πετρώματος εξαιτίας της κρυστάλλωσης νερού στα διάκενα της μάζας του. **3.** (βοτ.) το φαινόμενο κατά το οποίο τα φυτά αποβάλλουν νερό σε μορφή σταγόνων από υδροφόρα στόματα ή ρωγμές.

εξιλασμός ο, ουσ. **1.** (λόγ.) εξευμενισμός, μαλάκωμα της οργής κάποιου και η συγγνώμη που κερδίζει από αυτό (συνών. *εξιλέωση*· αντ. *εξόργιση).* **2.** (θρησκ.) τελετουργική ενέργεια για τον εξευμενισμό του Θεού (συνών. *εξαγνισμός)·* ημέρα *-ού* = μεγάλη γιορτή δημόσιας μετάνοιας και άφεσης των αμαρτιών των Εβραίων.

εξιλαστήριος, -α, -ο, επίθ. (ασυνίζ.), που γίνεται ή χρησιμεύει για εξιλασμό: *θυσία/προσφορά -α· θύμα -ο* (συνών. *εξιλεωτικός).*

οξιλεώνω, ρ. I. (ενεργ.) εξευμενίζω, μαλακώνω την οργή κάποιου (αντ. *εξοργίζω).* II. (μέσ.) κερδίζω τη συγγνώμη κάποιου, συγχωρούμαι.

εξιλέωση η, ουσ. **1.** εξευμενισμός, καταπράϋνση της οργής κάποιου (αντ. *εξόργιση).* **2.** κάθαρση της ψυχής κάποιου από αμαρτήματα με την επιβολή τιμωρίας στον εαυτό του (συνών. *εξαγνισμός).*

εξιλεωτικός, -ή, -ό, επίθ., που γίνεται με σκοπό την εξιλέωση (συνών. *εξιλαστήριος).*

εξισλαμίζω, ρ., κάνω κάποιον οπαδό άλλου θρησκεύματος να ασπαστεί το Ισλάμ, να γίνει μωαμεθανός.

εξισλαμισμός ο, ουσ., η προσχώρηση κάποιου στο Ισλάμ, ο ασπασμός της θρησκείας του Μωάμεθ.

εξισορρόπηση, ουσ. **1.** το να έρχεται σε κατάσταση ισορροπίας υλικό σημείο ή στερεό σώμα ή αντίθετες μεταξύ τους δυνάμεις ή τάσεις (φυσικές, οικονομικές, κοινωνικές, κ.ά.): *~ ζυγαριάς/έλξης και αντίστασης/αισθητικής και τεχνικής.* **2.** (στην επικοινωνία) εργασία τερματισμού των τηλεπικοινωνιακών δισύρματων γραμμών της αστικής τηλεφωνίας και η προσαρμογή τους στα τετρασύρματα ηλεκτρονικά συστήματα που απαιτούνται για την ενίσχυση των σημάτων.

εξισορροπώ, -είς, ρ., φέρνω ισορροπία: *στη ζυγαριά το ένα βάρος -εί το άλλο· -ούνται οι αντίθετες τάσεις στην πολιτική.*

εξίσου, επίρρ. **1.** σε ίση ποσότητα: *μοίρασε την περιουσία του ~ στα παιδιά του.* **2.** σε ίσο βαθμό, όμοια: *είναι ~ καλές και οι δύο.*

εξιστόρηση η, ουσ., λεπτομερειακή περιγραφή γεγονότων, διήγηση: *~ των περιπετειών.*

εξιστορώ, -είς, ρ., περιγράφω γεγονότα με λεπτομέρειες: *-ούσε τα παθήματά του.*

εξισώνω, ρ. **1.** κάνω κάτι ίσο με κάτι άλλο: *η κυβέρνηση προσπαθεί να -ώσει μισθολογικά τους δημοσίους υπαλλήλους.* **2.** (μαθημ.) σχηματίζω εξίσωση.

εξίσωση η, ουσ. **1.** το να είναι ή να γίνεται κάτι ίσο με κάτι άλλο: *~ μισθολογική.* **2.** (μαθημ.) ισότητα που τα δύο μέλη της είναι ίσα, όταν ένα ή περισσότερα στοιχεία της λάβουν συγκεκριμένες τιμές: *~ αλγεβρική/δεύτερου βαθμού/λογαριθμική·* τα δύο μέλη μιας *-ης* (αντ. *ανίσωση).*

εξιωτής ο, ουσ. (τεχνολ.) ηλεκτρική συσκευή που αποτελείται συνήθως από συνδυασμό πηνίων, πυκνωτών και αντιστάσεων και χρησιμοποιείται στα συστήματα παραγωγής, μετάδοσης ή εγγραφής ήχου ή γενικότερα ηλεκτρονικών σημάτων.

εξισωτικός, -ή, -ό, επίθ., που επιφέρει εξίσωση: *-ές προσπάθειες του προϋπολογισμού· ποσά -ά.* - Επίρρ. **-ά.**

εξιτήριο το, ουσ. (ασυνίζ.), δελτίο αποθεραπείας ασθενούς που χορηγείται από νοσοκομείο (αντ. *εισιτήριο).*

εξιχνιάζω, ρ. (ασυνίζ.), αποκαλύπτω τα άγνωστα ή σκοτεινά σημεία υπόθεσης ύστερα από λεπτομερειακή έρευνα (συνών. *διαλευκαίνω).*

εξιχνίαση η, ουσ., ανακάλυψη ύστερα από επίμονη έρευνα: *~ του εγκλήματος.*

εξιχνιαστής ο, ουσ. (ασυνίζ.), αυτός που εξιχνιάζει (συνών. *ανιχνευτής).*

εξοβελίζω, ρ. **1.** (φιλολ.) απορρίπτω μέρος ή χωρίο κειμένου ως νόθο ή παρέμβλητο. **2.** (μεταφ.) απομακρύνω, βγάζω από τη μέση.

εξοβελισμός ο, ουσ. **1.** (φιλολ.) αποβολή αποσπάσματος ή χωρίου από ένα κείμενο επειδή χαρακτηρίζεται νόθο. **2.** (μεταφ.) απομάκρυνση, αποδίωξη από κάπου.

εξόγκωμα το, ουσ. (έρρ.). **1.** ό,τι έχει σχηματιστεί

από εξόγκωση ή ανύψωση (συνών. *φούσκωμα, προεξοχή*). 2. πρήξιμο: *έβγαλα ένα ~ στο λαιμό και ανησυχώ*.
εξογκώνω, ρ. (έρρ.). 1. αυξάνω τον όγκο κάποιου πράγματος. 2. (μεταφ.) παρουσιάζω κάτι εξογκωμένο, υπερβολικά μεγαλύτερο ή σπουδαιότερο απ' ό,τι πραγματικά είναι: *τα γεγονότα παρουσιάζονται πολύ -ωμένα* (συνών. *μεγαλοποιώ*).
εξόγκωση η, ουσ. (έρρ.). 1. αύξηση όγκου. 2. το να παρουσιάζεται κάτι ως μεγαλύτερο ή σοβαρότερο απ' ό,τι πραγματικά είναι (συνών. *μεγαλοποίηση*). 3. το σημείο που έχει εξογκωθεί (συνών. *εξόγκωμα*, βλ.λ. στη σημασ. 2).
έξοδο το, ουσ. (συνηθέστερα στον πληθ.), χρηματικό ποσό που ξοδεύει κανείς για κάποιο σκοπό: *με -ά μου τύπωσα το βιβλίο· -α δίκης/οδοιπορικά* (= έξοδα υπαλλήλων για υπηρεσιακά ταξίδια) (συνών. *δαπάνη*· αντ. *έσοδο*)· φρ. *βάζω στα -α* (= γίνομαι αιτία να ξοδέψει κάποιος χρήματα)· *μπαίνω σε -α* (= αναλαμβάνω δαπάνες).
έξοδος η, ουσ. 1. μετακίνηση από μέσα προς τα έξω: *του απαγορεύτηκε η ~ από τη χώρα* (αντ. *είσοδος*). 2. άνοιγμα, πέρασμα από όπου βγαίνει κανείς: *~ κινηματογράφου/κινδύνου* (αντ. *είσοδος*). 3. εξόρμηση πολιορκουμένων για να διασπάσουν τον πολιορκητικό κλοιό (ιστ.): *~ του Μεσολογγίου*. 4. απομάκρυνση, αναχώρηση από έναν τόπο ή χώρο για λόγους αναψυχής: *~ των Αθηναίων από την πόλη· σήμερα έχουμε -ο*. 5. (φιλολ.) το τμήμα της τραγωδίας μετά το τελευταίο στάσιμο. 6. (στρατ.) δικαίωμα εξόδου από το στρατόπεδο. 7. αποχώρηση, απομάκρυνση από υπηρεσία: *~ εθελουσία*.
εξοδούχος ο, ουσ. (στρατ.) στρατιώτης που έχει άδεια εξόδου: *επιθεώρηση -ων*.
εξ οικείων τα βέλη αρχαϊστ. έκφρ.· σε περιπτώσεις που δέχεται κανείς επιθέσεις από δικούς του ανθρώπους (συγγενείς, φίλους ή συναδέλφους).
εξοικειώνω, ρ. (ασυνίζ.). 1. κάνω κάποιον να συνηθίσει σε κάτι. 2. (μέσ.) προσαρμόζομαι: *-ώθηκε γρήγορα με το καινούργιο περιβάλλον*.
εξοικείωση η, ουσ., το να συνηθίζει κανείς σε κάτι, προσαρμογή.
εξοικονόμηση η, ουσ. 1. (πρόχειρη) εξεύρεση των αναγκαίων: *~ δέκα χιλιάδων δραχμών*. 2. δημιουργία αποθέματος με περιορισμό των δαπανών: *~ ενέργειας* (συνών. *εφοδιασμός*).
εξοικονομώ, -είς, ρ. 1. εξασφαλίζω τα αναγκαία για κάθε περίπτωση, «τα βολεύω»: *-ησε τα χρήματα της εγχείρησης*. 2. δημιουργώ απόθεμα περιορίζοντας τις δαπάνες.
εξοκέλλω, ρ., *-*κανο στον αόρ. *εξόκειλα*. 1. (για πλοία) πέφτω στην ξηρά: *το πλοίο -όκειλε σε βραχώδη ακτή*. 2. (μεταφ.) παίρνω τον κακό δρόμο: *τα παιδιά του -όκειλαν* (συνών. *παραστρατώ*).
εξολκέας ο, ουσ. (τεχν.) 1. εργαλείο με το οποίο επιτυγχάνεται η εξαγωγή ενός εξαρτήματος προσαρμοσμένου με πίεση σε κάποιο άλλο εξάρτημα. 2. εξάρτημα του κλείστρου των πυροβόλων ή του κινητού ουραίου των φορητών όπλων που με κατάλληλο διαμορφωμένο όνυχα εξάγει, μετά από κάθε βολή, τον κενό κάλυκα από τη θαλάμη του όπλου.
εξολοθρεμός ο, ουσ. (λαϊκ.), εξολόθρευση (βλ.λ.).
εξολόθρευση η, ουσ., ολοκληρωτικός αφανισμός: *~ εντόμων* (συνών. *εξόντωση, εξολθρεμός*).
εξολοθρευτής ο, ουσ., αυτός που εξολοθρεύει, που

καταστρέφει τελείως (συνών. *καταστροφέας*· αντ. *σωτήρας*).
εξολοθρευτικός, -ή, -ό, επίθ., που είναι ικανός για εξολόθρευση (συνών. *καταστρεπτικός, εξοντωτικός*). - Επίρρ. **-ά**.
εξολοθρεύω, ρ., καταστρέφω τελείως: *το νέο εντομοκτόνο -ει τα κουνούπια*· *-ευσαν τους εχθρούς* (συνών. *εξοντώνω, θανατώνω, αφανίζω*).
εξ ολοκλήρου· αρχαϊστ. έκφρ. = ολοκληρωτικά, εντελώς: *το φταίξιμο ανήκει ~ στον οδηγό*· *το πουλόβερ είναι φτιαγμένο ~ από μαλλί*.
εξομαλισμός ο, ουσ. (γραμμ.) γλωσσικό φαινόμενο όπου τα λιγότερα αφομοιώνονται στην κλίση προς τα περισσότερα ή προς τα ομαλότερα.
εξομαλυντικός, -ή, -ό, επίθ., που αναφέρεται ή συντελεί στην εξομάλυνση.
εξομάλυνση η, ουσ. 1. αφαίρεση, άρση ανωμαλιών ή διαφορών: *επίδομα (μισθολογικής) -ης* (συνών. *ισοπέδωση*). 2. (μεταφ.) άρση των εμποδίων, διευθέτηση (διαφορών), βελτίωση σχέσεων: *~ σχέσεων* (αντ. *εκτράχυνση*).
εξομαλύνω, ρ. 1. κάνω κάτι από ανώμαλο ομαλό (συνών. *ισοπεδώνω, ισιάζω, εξομαλίζω*). 2. (μεταφ.) διευθετώ, τακτοποιώ: *-ύνθηκαν οι σχέσεις των δύο χωρών* (αντ. *εκτραχύνω*).
εξομοιώνω, ρ. (ασυνίζ.), τοποθετώ σε όμοια σειρά ή τάξη, υπάγω στην ίδια κατηγορία: *η κυβέρνηση προσπαθεί να -ώσει όλους τους δημόσιους υπαλλήλους*.
εξομοίωση η, ουσ., τοποθέτηση σε όμοια σειρά ή κλάση, υπαγωγή σε όμοια ρύθμιση: *~ δημόσιων υπαλλήλων με τους τραπεζικούς*· *~ μισθολογική*.
εξομολόγηση η, ουσ. 1. πλήρης ομολογία, εμπιστευτική αποκάλυψη μυστικών: *ερωτική ~*. 2. (εκκλ.) ένα από τα επτά μυστήρια της Εκκλησίας κατά το οποίο ο εξομολογούμενος στον πνευματικό ύστερα από ειλικρινή μετάνοια παίρνει άφεση των αμαρτιών του.
εξομολογητήριο (ασυνίζ.), (λαϊκ.) **ξομολογητήρι** και **ξομολογητάρι** το, ουσ., ειδικός τόπος στον οποίο τελείται το μυστήριο της εξομολόγησης.
εξομολογητής ο, ουσ., ιερέας που εξομολογεί τους πιστούς (συνών. *εξομολόγος, πνευματικός*).
εξομολογητικός, -ή, -ό, επίθ. 1. που ανήκει ή αναφέρεται στην εξομολόγηση. 2. που περιέχει εξομολόγηση: *συζήτηση -ή*. Επίρρ. **-ά**.
εξομολόγος και (λαϊκ.) **ξομολόγος** ο, ουσ. εξομολογητής (βλ.λ.).
εξομολογώ, -είς και (λαϊκ.) **ξομολογώ, -άς,** ρ., μέσ. *εξομολογούμαι* και (συνιζ., λαϊκ.) *ξομολογιέμαι*. Ι. (ενεργ.) (για ιερέα) ακούω την εξομολόγηση πιστού. ΙΙ. είδ. 1. ομολογώ, αποκαλύπτω εμπιστευτικά: *της -ήθηκε τον έρωτά του* (συνών. *εκμυστηρεύομαι*). 2. (εκκλ.) ομολογώ τα αμαρτήματά μου στον εξομολόγο για να συγχωρηθώ· (παροιμ. φρ.) *αμαρτία -ημένη δεν είναι αμαρτία*.
εξόν, επίρρ. (λαϊκ.), (με αιτ., με το σύνδ. *αν* ή την πρόθ. *από*) εκτός (όλοι σηκωθήκανε, *~ τα παιδιά δε θα το μαρτυρήσω, ~ αν με αναγκάσουν*. [μτχ. ουδ. του αρχ. *έξεστι*, με σημασιολογική επίδραση του *έξω*].
εξοντώνω, ρ. (έρρ.), εξολοθρεύω (βλ.λ.).
εξόντωση η, ουσ. (έρρ.), εξολόθρευση (βλ.λ.).
εξοντωτικός, -ή, -ό, επίθ. (έρρ.), εξολοθρευτικός (βλ.λ.): (συνήθως μεταφ.) *συναγωνισμός ~*· *ποινή -ή* = πάρα πολύ βαριά). - Επίρρ. **-ά**.
εξονυχίζω ρ. (λόγ.), εξετάζω και ερευνώ με μεγάλη

προσοχή: *-ει τους όρους της σύμβασης* (συνών. *λεπτολογώ*).

εξονύχιση η, ουσ. (λόγ.), έρευνα που γίνεται λεπτομερειακά και με ακρίβεια (συνών. *λεπτολόγηση*).

εξονυχιστικός, -ή, -ό, επίθ., που γίνεται με σχολαστική λεπτολογία: *έρευνα/ανάκριση -ή*. -Επίρρ. **-ά**.

εξ όνυχος τον λέοντα· αρχαϊστ. έκφρ. = από το παραμικρό μπορεί κανείς να καταλάβει τα σοβαρότερα.

εξοπλίζω, ρ. Ι. ενεργ. **1.** (στρατ.) εφοδιάζω με όλα τα απαραίτητα όπλα: *-ισε το στόλο με νέα όπλα* (συνών. *αρματώνω*· αντ. *αφοπλίζω*). **2.** (μεταφ.) εφοδιάζω με όλα τα αναγκαία εξαρτήματα, σκεύη, μηχανήματα και αναγκαίο προσωπικό: *τέλεια - ισμένο εργοστάσιο*. II. (μέσ., στρατ.) εφοδιάζομαι με όλα τα απαραίτητα όπλα και, συνεκδοχικά, ετοιμάζομαι για πόλεμο: *οι αντίπαλες χώρες -ονται για νέο πόλεμο*.

εξοπλισμός ο, ουσ. **1.** (στρατ.) το σύνολο των επιθετικών και αμυντικών μέσων κάθε είδους που είναι ή θεωρούνται αναγκαία σε ένα κράτος για την ασφάλειά του: *μείωση των -ών· ανταγωνισμός -ών* (αντ. *αφοπλισμός*). **2α.** (μεταφ.) εφοδιασμός με τα απαραίτητα εξαρτήματα, σκεύη, εργαλεία, όργανα, κλπ.: *~ χημικού εργαστηρίου·* **β.** (συνεκδοχικά) τα απαραίτητα εξαρτήματα, όργανα, μηχανήματα, κλπ.: *~ ξενοδοχείου/γραφείου/γυμναστηρίου*. **3.** (μεταφ.) σύνολο πνευματικών εφοδίων: *~ επιστήμονα*.

εξοπλιστής ο, θηλ. **-τρια**, ουσ. (λόγ.), αυτός που εξοπλίζει: *χώρες -τριες των εμπολέμων στην περιοχή*.

εξοπλιστικός, -ή, -ό, επίθ., που αναφέρεται στον εξοπλισμό ή που σχετίζεται μ' αυτόν: *πρόγραμμα -ό*.

εξοπλίστρια, βλ. *εξοπλιστής*.

εξοργίζω, ρ., προκαλώ την οργή κάποιου, τον κάνω να θυμώσει (πολύ): *τα δημοσιεύματα είχαν -ίσει τον υπουργό* (αντ. *εξευμενίζω*)· (παθ.) *-ομαι από τις ψευδολογίες*.

εξοργισμός ο, ουσ. (λόγ.), το να εξοργίζεται κανείς.

εξοργιστικός, -ή, -ό, επίθ., που προκαλεί οργή, που κάνει κάποιον να θυμώνει, να αγανακτεί: *αδιαφορία/ασυνέπεια -ή*. - Επίρρ. **-ά**.

εξορία η, ουσ. **1.** το να εξορίζεται κάποιος: *~ θεληματική* (συνών. *εξορισμός*· πβ. *απέλαση*). **2.** εκτόπιση (βλ.λ. στη σημασ. 2): *το δικαστήριο τού επέβαλε πολύχρονη ~· στέλνω κάποιον ~* (= *εξορίζω*). **3.** (συνεκδοχικά) η κατάσταση του εξορίστου ή ο τόπος όπου εξορίζεται κανείς: *ήταν σκληρή η ζωή στην ~*· φρ. *~ του Αδάμ* (= πολύ απομακρυσμένος και σχεδόν έρημος τόπος): *κατοικώ/μ' έστειλαν/πηγαίνω στην ~ του Αδάμ*.

εξορίζω και (λαϊκότερο) **ξορίζω**, ρ. **1.** αναγκάζω κάποιον να φύγει από την πατρίδα του και να ζήσει μακριά από αυτήν, σε ξένη χώρα (πβ. *απελαύνω*). **2.** εκτοπίζω (βλ.λ. στη σημασ. 2): *η στρατιωτική κυβέρνηση -ισε τους πολιτικούς αντιπάλους της*.

εξορισμός ο, ουσ. (λόγ.), εξορία (βλ.λ. στη σημασ. 1).

εξ ορισμού· αρχαϊστ. έκφρ. = ως συνέπεια λογικών συμβάσεων που είναι εξαρχής παραδεκτές: *κάτι έχει ~ μια ιδιότητα*.

εξόριστος, -η, -ο, επίθ., που βρίσκεται σε εξορία, που τον έχουν εξορίσει (πρόσωπα ή συνθήκες): *βουλευτές/κομμουνιστές -οι· κυβέρνηση -η·* (μεταφ. για κάποιον που βρίσκεται σε απομακρυσμένο τόπο) *ζω ~ σ' αυτή τη γωνιά της γης/της επαρχίας*. - Το αρσ. και το θηλ. ως ουσ. = άτομο που έχει εξοριστεί (με τη βία ή θεληματικά): *~ πολιτικός* (συνών. *εμιγκρές*).

εξορκίζω και (λαϊκ.) **ξορκίζω**, ρ. **1.** προτρέπω κάποιον επίμονα, τον παρακαλώ θερμά να κάνει κάτι επικαλούμενος ιερά πρόσωπα ή πράγματα: *σε ~ στο όνομα του Θεού, μην κάνεις τέτοιο κακό*. **2.** (συνηθέστερα στον τ.) διώχνω με ξόρκια ή προσευχές πονηρά πνεύματα ή την αρρώστια που αυτά προκαλούν: *φώναξαν τον παπά να ξορκίσει το κακό·* φρ. *ξορκισμένο(ς) να 'ναι* (*με τον απήγανο*) (= για πρόσωπο ή πράγμα ανεπιθύμητο).

εξορκισμός ο, ουσ. **1.** θερμή και επίμονη προτροπή με την επίκληση ιερού προσώπου ή πράγματος. **2.** απομάκρυνση με ευχές ή μαγικά μέσα των κακών πνευμάτων που προκαλούν σε πρόσωπα, ζώα ή πράγματα διάφορες βλάβες (συνών. *ξόρκισμα*). **3.** (συνεκδοχικά) εκκλησιαστική ευχή ή ιεροπραξία για τον παραπάνω σκοπό: *ο παπάς διάβασε έναν -ό*.

εξορκιστής ο, θηλ. **-τρια** και (λαϊκ.) **ξορκιστής**, θηλ. **-τρα**, ουσ., που εξορκίζει τα κακά πνεύματα, που κάνει εξορκισμό (βλ.λ. στη σημασ. 2).

εξορκιστικός, -ή, -ό, επίθ., που αναφέρεται ή συμβάλλει στον εξορκισμό (βλ.λ. στις σημασ. 2, 3).

εξορκίστρια, βλ. *εξορκιστής*.

εξόρμηση η, ουσ. **1.** ορμητικό ξεκίνημα, σφοδρή επίθεση· (στρατ.) εξαπόλυση επίθεσης από τοποθεσία οργανωμένη αμυντικά: *η αποφασιστική ~ του Ελληνισμού το 1912-13·* ~ *του λόχου για κατάληψη ενός υψώματος*. **2.** (μεταφ.) οργανωμένη εντατική προσπάθεια για την επίτευξη ορισμένου σκοπού: *~ αντικαρκινική· προπαγανδιστική ~ ενός κόμματος* (συνών. *εκστρατεία*).

εξορμώ, -άς, ρ. **1.** ξεκινώ ορμητικά, επιτίθεμαι σφοδρά: *το πρώτο κύμα των βομβαρδιστικών -ησε τα μεσάνυχτα* (συνών. *εφορμώ*). **2.** (μεταφ.) αναπτύσσω έντονη δράση, αναλαμβάνω μια εξόρμηση (βλ.λ. στη σημασ. 2): *δεκάδες υποψήφιοι -ούν για την κατάληψη μιας θέσης* (συνών. *εκστρατεύω*).

εξόρυξη η, ουσ. **1.** (γεωλ.) το σύνολο των εργασιών που πραγματοποιούνται σε ένα ορυχείο με σκοπό να αποσπαστεί από τη γη και να μεταφερθεί στην επιφάνεια του εδάφους ένα μετάλλευμα: *~ λιγνίτη*. **2.** (ιατρ.) *~ του οφθαλμού* = τραυματική εκβολή ή αφαίρεση με χειρουργική επέμβαση του βολβού του ματιού.

εξορύσσω, ρ., αόρ. **-υξα**, (γεωλ.) πραγματοποιώ εξόρυξη (βλ.λ. στη σημασ. 1).

εξοστρακίζω, ρ. **1.** (αρχ. ιστ.) εξορίζω με οστρακισμό, δηλ. με ψηφοφορία που γινόταν με όστρακα. **2.** (λόγ., μεταφ.) απορρίπτω, αποβάλλω.

εξοστρακισμός ο, ουσ. **1.** (αρχ. ιστ.) εξορία κάποιου με οστρακισμό (βλ.λ.). **2.** (λόγ., μεταφ.) απόρριψη, αποβολή.

εξού, επίρρ. (λόγ.), από αυτό, γι' αυτό το λόγο: *στη συνεδρίαση υποστήριξα την αντίθετη άποψη, ~ και η ψυχρότητα μεταξύ μας*. [συνεκφ. *εξ ού*].

εξουδετερώνω, ρ. **1.** εκμηδενίζω κάτι ενεργώντας αντίθετα: *η έγκαιρη ιατρική επέμβαση -ωσε τις*

εξουδετέρωση

επικίνδυνες παρενέργειες του φαρμάκου· ~ μια εχθρική προσπάθεια. **2.** εμποδίζω κάποιον ή κάτι να ενεργήσει, να προκαλέσει βλάβη: *η αστυνομία -ωσε μια σπείρα λαθρεμπόρων* (= διέλυσε)· *~ μια νάρκη/μια βόμβα* (= αφοπλίζω)· *~ μια δολοφονική απόπειρα* (= ματαιώνω). **3.** (χημ.) πραγματοποιώ εξουδετέρωση (βλ.λ. σημασ. 3).

εξουδετέρωση η, ουσ. **1.** εκμηδένιση με αντίθετη ενέργεια: *άμεση ~ μιας επιθετικής ενέργειας του εχθρού·* (φυσ.) *~ αντίθετων δυνάμεων.* **2.** παρεμπόδιση προσώπου ή πράγματος να ενεργήσει, να προκαλέσει βλάβη: *~ επαναστατικής ομάδας* (= διάλυση) */του εκρηκτικού μηχανισμού* (= αφοπλισμός) */βομβιστικής απόπειρας.* **3.** (χημ.) κατεργασία οξέος με βάση ή το αντίστροφο ώστε το διάλυμα να γίνει ουδέτερο.

εξουθενώνω, ρ. **1.** εκμηδενίζω, αφανίζω εντελώς (σε υπερβολή για να δηλωθεί μεγάλη καταπόνηση): *οι στρατιώτες ήταν -ωμένοι από την ολονύκτια πορεία.* **2.** (λόγ.) περιφρονώ, εξευτελίζω: *με -ωσε η αδιαφορία του.*

εξουθένωση η, ουσ. (λόγ.). **1.** εκμηδένιση, εξόντωση. **2.** περιφρόνηση, εξευτελισμός, καταρράκωση.

εξουθενωτικός, -ή, -ό, επίθ. **1.** που εξουθενώνει (βλ.λ. στη σημασ. 1): *πρόγραμμα -ό· ασκήσεις -ες* (συνών. *εξοντωτικός).* **2.** (λόγ.) εξευτελιστικός. - Επίρρ. **-ά.**

εξουσία η, ουσ. **1.** η δύναμη, το δικαίωμα ή η άδεια να κάνει κάποιος κάτι: *ως δημιουργός έχω την ~ να μεταβάλω τη μορφή του έργου μου· ~ αντιπροσώπευσης· ~ διακριτική υπαλλήλου/δικαστή* (= η δυνατότητα να αποφασίζει μόνος του για κάτι που δεν προβλέπει ο νόμος· πβ. *ευχέρεια)* φρ. *δίνω την ~* (= επιτρέπω)· *είναι κάτι στην ~ μου* (= εξαρτάται από εμένα· αντ. *δέσμευση, καθήκον, υποχρέωση).* **2α.** (δίκ. - κοιν.) το δικαίωμα κάποιου να διατάξει, η δύναμη (νόμιμη και αναγνωρισμένη ή και όχι) να επιβάλλει την υπακοή, να περιορίζει την ελευθερία των άλλων με προσταγές ή καταναγκασμό: *~ του ηγεμόνα (πάνω) στους υπηκόους του· ~ απόλυτη/βασιλική· ~ κρατική* (= το δικαίωμα του κράτους να επιτάσσει ελεύθερα πρόσωπα και να τα εξαναγκάζει να τηρούν τις επιταγές του)· *οι -ες του πρωθυπουργού/ του ανώτατου άρχοντα· αμφισβήτηση της πατρικής -ας· ~ αυθαίρετη/δικτατορική· κατάχρηση -ας· περιβάλλω κάποιον με έκτακτες -ες· κόμμα -ας* (= που έχει τη δύναμη και επιδιώκει να κυβερνήσει)· *σύμβολα της -ας* (συνών. *ηγεμονία, κυριαρχία) ασκώ την ~* (= κυβερνώ)· *ανέρχομαι στην ~, καταλαμβάνω την ~* (= γίνομαι κυβερνήτης) (πβ. *αρχή).* **β.** (συνεκδοχικά) το κράτος: *τα όργανα/οι αντιπρόσωποι/η βία της -ας* (συνεκδοχικά για κρατικά όργανα) *αποφάσεις της -ας· ~ τοπική.* **3.** (δίκ.) *-ες (συντεταγμένες)* = εξουσίες που απορρέουν από την κυρίαρχη κρατική εξουσία και ασκούνται σύμφωνα με το σύνταγμα, θεσμοθετημένες λειτουργίες των οργάνων του κράτους: *~ νομοθετική/εκτελεστική/δικαστική· αρχή της διάκρισης των -ών· έκφρ. τέταρτη ~* (= ο τύπος, οι δημοσιογράφοι). **4.** (θρησκ.) *Ε-ες* = αγγελικό τάγμα.

εξουσιάζω, ρ. (ασυνίζ.). **1.** έχω εξουσία (βλ.λ. στη σημασ. 2): (αμτβ.) *ήταν δυνατός βασιλιάς και -ίαζε σε Δύση κι Ανατολή·* (μτβ., μεταφ.) *τον -ουν τα πάθη του· το αίσθημα της ανασφάλειας -ει τις ψυχές* (συνών. *δυναστεύω, κυβερνώ, κυριαρχώ).* **2.** μπορώ να διαχειριστώ, να διαθέσω κάτι όπως εγώ θέλω: *~ το βιός μου· ~ τον εαυτό μου* (= είμαι αυτεξούσιος) (συνών. *ορίζω).*

εξουσιασμός ο, ουσ. (ασυνίζ.), επιβολή υπακοής, περιορισμός της ελευθερίας: *οι γονείς επιδιώκουν το βαθμιαίο -ό πάνω στα παιδιά τους.*

εξουσιαστής ο, θηλ. **-τρια,** ουσ. (ασυνίζ.), αυτός που εξουσιάζει (συνών. *άρχοντας, αφέντης, δεσπότης, κυρίαρχος, κύριος).*

εξουσιαστικός, -ή, -ό, επίθ. (ασυνίζ.), που ανήκει ή αναφέρεται στην εξουσία ή τον εξουσιαστή: *επίδραση -ή* (συνών. *κυριαρχικός).* - Επίρρ. **-ά.**

εξουσιάστρια, βλ. *εξουσιαστής.*

εξουσιοδότηση η, ουσ. (ασυνίζ.), (νομ.) **α.** στο δημόσιο δίκαιο, η μεταβίβαση ορισμένης αρμοδιότητας από το όργανο που την έχει σε ένα άλλο, υποκείμενο ως προς την τάξη ή την ιεραρχία: *~ διοικητική/νομοθετική.* **β.** στο αστικό δίκαιο, η εξουσία που παρέχεται σε κάποιον να καταρτίσει στο όνομά του και για το προσωπικό του συμφέρον δικαιοπραξία ή να πραγματοποιήσει νομική ή υλική πράξη που αποτελεί επέμβαση στην περιουσία εκείνου που παρέχει την εξουσία· (συνεκδοχικά) το σχετικό έγγραφο: *μου έκανε/υπέγραψε μια ~ να εισπράξω το ποσό από τον τραπεζικό λογαριασμό του· ~ έγκυρη/προφορική* (πβ. *πληρεξουσιότητα).*

εξουσιοδοτώ, ρ. (ασυνίζ.), (νομ.) **α.** μεταβιβάζω ορισμένη αρμοδιότητα σε κατώτερο όργανο: *η πολιτική εξουσία ασκείται από τα -ημένα κρατικά όργανα·* **β.** παρέχω εξουσιοδότηση (βλ.λ. στη σημασ. β): *για να εξοφλήσω το χρέος μου στον Χ, τον -ησα να πουλήσει το κτήμα μου για λογαριασμό του.*

εξοφθαλμία η, ουσ. (ιατρ.) το να προεξέχει το μάτι έξω από τον οφθαλμικό κόγχο εξαιτίας παθολογικής κατάστασης.

εξοφθαλμισμός ο, ουσ. (γεωπ.) αφαίρεση από τα οπωροφόρα δέντρα των άχρηστων οφθαλμών.

εξόφθαλμος, -η, -ο, επίθ. (λόγ.). **1.** (για πρόσ.) που τα μάτια του προεξέχουν, επειδή παρουσιάζει εξοφθαλμία (βλ.λ.). **2.** (για ασθένεια) που έχει ως σύμπτωμα την εξοφθαλμία: *βρογχοκήλη -η* (αλλιώς *θυρεοτοξίκωση).* **3.** (μεταφ.) οφθαλμοφανής, ολοφάνερος: *απόδειξη/αλήθεια -η.*

εξόφληση η, ουσ. **1.** πληρωμή (χρέους), κλείσιμο λογαριασμού: *~ εμπρόθεσμη/σε μηνιαίες δόσεις* (συνεκδοχικά, για τη σχετική απόδειξη) *κομιστής έγγραφης -ης.* **2.** (μεταφ.) ανταπόδοση υποχρέωσης, εκπλήρωση υπόσχεσης.

εξοφλητήριο το, ουσ. (ασυνίζ.), γραπτή βεβαίωση ότι ένα χρέος εξοφλήθηκε.

εξοφλητικός, -ή, -ό, επίθ., που αναφέρεται στην εξόφληση (βλ.λ.): *απαιτώ/κομίζω έγγραφη -ή απόδειξη.*

εξοφλώ, -είς και (λαϊκ.) **ξοφλώ, -άω,** ρ. **1.** πληρώνω (χρέος), αποδίδω χρηματικό ποσό που οφείλω σε κάποιον, κλείνω το λογαριασμό που έχω μαζί του: *κατά την εκκαθάριση πρώτα -ούνται τα κοινά χρέη των εταίρων απέναντι σε τρίτους·* (συνεκδοχικά, για πράγμα) *~ το ψυγείο με έξι μηνιαίες δόσεις* (= ξεχρεώνω)· (συνεκδοχικά, για πρόσ.) *~ το δανειστή· πήγαινε στον ταμία να σε ξοφλήσει.* **2.** (μεταφ.) εκπληρώνω υποχρέωση που ανέλαβα, πραγματοποιώ ό,τι υποσχέθηκα: *με την επίσκεψη αυτή -ησα το τάμα μου* (συνών. *ξεπληρώνω).* **3α.** (λαϊκ. στον τ., μεταφ.) παύω να ασχολούμαι με κάτι ή να σχετίζομαι με κάποιον: *ξόφλησα γρήγορα με το εμπόριο· να ξοφλήσεις μ' αυτούς τους χασομέρηδες.* **β.** χάνω κάθε αξία, παύω να θεωρούμαι σημαντικός, πέφτω στην αφάνεια: *βρέθηκε ντοπαρισμένος στους Ολυμπιακούς και τώρα έχει πια ξοφλήσει ως αθλητής·* η μτχ. ως επίθ.: *ξοφλημένος πολιτικός* (συνών. σβήνω)· γ. (μειωτ.) *πεθαίνω: δε λέει να ξοφλήσει ο τύραννος!*

έξοχα, βλ. *έξοχος.*

εξοχάρης και **'ξο-** ο, ουσ. (ιδιωμ.) αυτός που δουλεύει στην εξοχή, στα χωράφια (συνών. *ξωμάχος*).

εξοχή η, ουσ. **1.** (λόγ.) προεξοχή, εξόγκωμα: ~ *ανώμαλη/οστεώδης* (αντ. *εσοχή*). **2.** οι περιοχές (συνήθως καλλιεργημένες) που βρίσκονται έξω από κατοικημένους τόπους: *εργάζεται στην* ~ (συνών. *ύπαιθρος*). **3.** κάθε τόπος έξω από τις πόλεις που είναι κατάλληλος για αναψυχή, για παραθερισμό: ~ *δροσερή/ ερημική/καταπράσινη· αγόρασα σπίτι στην* ~· *είδη -ής·* φρ. *πηγαίνω* ~ (= παραθερίζω, κάνω διακοπές): *φέτος που θα πάτε* ~, *σε βουνό ή σε θάλασσα;*

εξοχικός, -ή, -ό, επίθ. **1.** που βρίσκεται στην εξοχή: *σπίτι/καφενείο -ό.* **2.** που γίνεται στην εξοχή: *περίπατος* ~ (συνών. *υπαίθριος*). - Το ουδ. ως ουσ. = **1.** σπίτι στην εξοχή, που χρησιμοποιείται για αναψυχή (συνήθως δεύτερη κατοικία κάποιου): *πέρασε το Σαββατοκύριακο στο -ό του.* **2.** (μαγειρ.) είδος φαγητού με κομμάτια κρέας που ψήνονται μαζί με καρυκεύματα.

έξοχος, -η, -ο, επίθ. **1.** (για πρόσ.) που ξεχωρίζει για τα προσόντα ή τις αρετές του: *επιστήμονας/ χαρακτήρας* ~ (συνών. *εξαιρετικός, θαυμάσιος, περίφημος, υπέροχος·* αντ. *άθλιος, απαίσιος, φρικτός*). **2.** (για πράγμα, ιδιότητα, κατάσταση κ.τ.ό.) που έχει άριστη ποιότητα, είναι πολύ καλός, ικανοποιητικός, ευνοϊκός κ.τ.ό.): *καιρός* ~· *παράσταση/ευκαιρία/περιγραφή -η· γεύμα -ο· τα ελληνικά σου είναι -α* (συνών. *εξαιρετικός, θαυμάσιος, περίφημος, υπέροχος·* αντ. *άθλιος, απαίσιος, φρικτός*). - Επίρρ. **-α** στη σημασ. 2.

εξοχότατος, -η, -ο, επίθ., τιμητικός τίτλος ή προσφώνηση επίσημων προσώπων: *-ε κύριε πρόεδρε.*

εξοχότητα η, ουσ. (με κτητ. αντων.) τιμητικός τίτλος επίσημων προσώπων.

εξ όψεως· αρχαϊστ. έκφρ.· όταν γνωρίζουμε κάποιον ή κάτι μόνο από την εξωτερική του εμφάνιση κι όχι από προσωπική επαφή ή ενασχόληση.

εξπρές, επίθ. άκλ. **1.** που εξασφαλίζει γρήγορη μεταφορά ή εξυπηρέτηση: *αμαξοστοιχία* ~ (= γρήγορο τρένο που σταματάει σε πολύ λίγους σταθμούς)· *λεωφορείο* ~ (= που πηγαίνει στον προορισμό του χωρίς ενδιάμεση στάση ή με ελάχιστες)· το ουδ. ως ουσ.: *πήρα το* ~ *για Βέροια* (εννπ *λεωφορείο*) */για Ειδομένη* (εννπ *τρένο*). **2.** (για γράμμα, δέμα, κ.τ.ό.) που στέλνεται ταχυδρομικά στον παραλήπτη με τρόπο ταχύτερο από το συνηθισμένο (συνών. *κατεπείγον*)· (ως επίρρ.) *για να φτάσει αύριο η αίτησή σου στείλ' την* ~. [γαλλ. *express*].

εξπρεσιονισμός ο, ουσ. (ασυνίζ.), (καλ. τέχν.) κίνηση που αναπτύχθηκε στην κεντρική Ευρώπη (περίπου 1900-1935), αρχικά στη ζωγραφική και αργότερα στη λογοτεχνία, το θέατρο κ.ά., με βασικά γνωρίσματα την άρνηση της φυσικής πραγματικότητας και των καθιερωμένων αρχών, τον έντονο υποκειμενισμό και την έκφραση βίαιων αισθημάτων με την ελευθερία και την υπερβολή στη χρησιμοποίηση των εκφραστικών μέσων: ~ *γερμανικός/ρομαντικός· ο δυναμισμός/η παρακμή του -ού.* [γαλλ. *expressionisme*].

εξπρεσιονιστής ο, θηλ. **-τρια,** ουσ. (ασυνίζ.), καλλιτέχνης που ανήκει στο κίνημα του εξπρεσιονισμού (βλ.λ.): *-ές ζωγράφοι* (λ.χ. Καντίνσκι, Μαρκ, Κλέε) */λογοτέχνες* (λ.χ. Κάφκα)*/σκηνοθέτες* (λ.χ. Λανγκ). [γαλλ. *expressioniste*].

εξπρεσιονιστικός, -ή, -ό, επίθ. (ασυνίζ.), που ανήκει ή αναφέρεται στον εξπρεσιονισμό ή τους εξπρεσιονιστές (βλ.λ.): *τέχνη/έκφραση/όπερα -ή· θέατρο -ό* (Στρίντμπερκ). - Επίρρ. **-ά.**

εξπρεσιονίστρια, βλ. *εξπρεσιονιστής.*

έξτρα και σπανιότ. **-ά,** επίρρ. (λαϊκ.). **1.** επιπλέον, παραπάνω από το κανονισμένο: *αν δουλέψω και τα απογεύματα, θα πληρωθώ* ~. **2.** εξαιρετικής ποιότητας: *με κέρασαν ένα τσίπουρο* ~. [γαλλ. *extra*].

εξτρεμισμός ο, ουσ. **1.** συμπεριφορά ή ιδεολογία ενός ατόμου ή μιας ομάδας με τις οποίες εκφράζονται ριζοσπαστικές και ακραίες πολιτικές ή κοινωνικές τάσεις: *ο* ~ *των πολιτικών δυνάμεων οδήγησε τη χώρα στην καταστροφή* (συνών. *αδιαλλαξία·* αντ. *μετριοπάθεια*). **2.** (συνεκδοχικά) άρνηση κάθε συμβιβασμού, η οποία οδηγεί σε υπερβολές: ~ *γλωσσικός* (συνών. *αδιαλλαξία*). [γαλλ. *extrémisme*].

εξτρεμιστής ο, θηλ. **-τρια,** ουσ., αυτός που χαρακτηρίζεται από εξτρεμισμό, άτομο με ακραίες απόψεις που επιδιώκει την κοινωνική ή πολιτική αλλαγή με έντονη δράση και ανατρεπτικές πράξεις, συχνά και με τη χρήση βίας: *-ές της δεξιάς/της αριστεράς·* (συνεκδοχικά) *στο μοναστήρι υπερίσχυσαν οι -ές* (= οι αδιάλλακτοι). [γαλλ. *extremiste*].

εξτρεμιστικός, -ή, -ό, επίθ., που ανήκει ή αναφέρεται στον εξτρεμισμό ή τον εξτρεμιστή: *ομάδα -ή· απόψεις -ές* (συνών. *αδιάλλακτος, ακραίος·* αντ. *μετριοπαθής*). - Επίρρ. **-ά.**

εξτρεμίστρια η, βλ. *εξτρεμιστής.*

εξυβρίζω, ρ. (λόγ.), προσβάλλω κάποιον με υβριστικά λόγια, βρίζω.

εξύβριση η, ουσ. **α.** το να εκστομίζονται υβριστικά λόγια σε βάρος κάποιου, βρίσιμο. **β.** (νομ.) προσβολή της τιμής κάποιου με λόγια, έργα ή οποιοδήποτε άλλο τρόπο, που δεν αποτελεί δυσφήμηση απλή ή συκοφαντική: *μήνυση για* ~· (στρατ.) ~ *ανωτέρου/σημαίας.*

εξυβριστικός, -ή, -ό, επίθ., που γίνεται για εξύβριση ή που την προκαλεί: *λόγοι -οί* (συνών. *υβριστικός, προσβλητικός·* αντ. *επαινετικός, κολακευτικός*).

εξυγιαίνω, ρ., αόρ. *εξυγίανα,* παθ. *εξυγιάνθηκα,* μτχ. παρκ. *εξυγιασμένος* (ασυνίζ.). **1.** καταπολεμώ τη νοσηρότητα, επαναφέρω στην υγιεινή κατάσταση· (ειδικότερα για χώρους) καθιστώ υγιεινό, απαλλάσσω από νοσογόνες εστίες. **2.** (μεταφ.) επαναφέρω σε καλή κατάσταση κάτι που έχει περιέλθει σε κακή λειτουργία ή έχει διαφθαρεί: ~ *την οικονομία/το κύκλωμα εμπορίας κρεάτων* (συνών. *επανορθώνω*).

εξυγίανση η, ουσ. **1.** καταπολέμηση της νοσηρότητας, επαναφορά στην υγιεινή κατάσταση· (ειδικότερα για χώρους) απαλλαγή από νοσογόνες εστίες. **2.** (μεταφ.) επαναφορά σε καλή κατάστα-

ση, επανόρθωση: ~ *οικονομικών/οργανισμού/ κρατικού φορέα*.
εξυγιαντικός, -ή, -ό, επίθ. (ασυνίζ., έρρ.). **1.** που γίνεται για εξυγίανση, που συντελεί σ' αυτήν. **2.** (μεταφ.) επανορθωτικός, διορθωτικός: *μέτρα -ά*.
εξύμνηση η, ουσ., το να εκφράζεται ενθουσιώδης, υπερβολικός έπαινος για κάποιον ή κάτι: ~ *του μεγαλείου/της πατρίδας/του έργου ή της προσφοράς ενός μεγάλου επιστήμονα* (συνών. *εκθειασμός, εγκώμιο* αντ. *μομφή, επιτίμηση, επίπληξη*).
εξυμνητικός, -ή, -ό, επίθ., που γίνεται για εξύμνηση (συνών. *εκθειαστικός, εγκωμιαστικός* αντ. *επιτιμητικός*).
εξυμνώ, -είς, ρ., εκφράζω ενθουσιώδεις, υπερβολικούς επαίνους για κάποιον ή κάτι (συνών. *εξαίρω, εκθειάζω, εγκωμιάζω* αντ. *κατηγορώ, μέμφομαι, επιτιμώ*).
εξυπακούεται, ρ. (απρόσ.), κάτι είναι ευνόητο χωρίς να αναφέρεται, εννοείται: ~ *ότι θα τηρείς τους κανονισμούς της Σχολής*.
εξυπηρέτηση η, ουσ., το να παρέχεται χωρίς αμοιβή βοήθεια σε κάποιον ή άλλη υπηρεσία που θα τον διευκολύνει ή θα τον ωφελήσει: *μου έκανε μεγάλη/προσωπική ~ ταχεία ~ -ήσεις αμοιβαίες* ~ *συμφερόντων* (συνών. *εκδούλευση, διευκόλυνση*).
εξυπηρετικός, -ή, -ό, επίθ. (για πρόσωπο) που εξυπηρετεί: *υπάλληλος ~* (για πράγματα, ενέργειες, κλπ.) που γίνεται για εξυπηρέτηση ή συντελεί σ' αυτήν: *τα νέα δρομολόγια των λεωφορείων είναι πολύ -ά*. - Επίρρ. **-ά**.
εξυπηρετώ, -είς, ρ., παρέχω σε κάποιον βοήθεια χωρίς αμοιβή, του προσφέρω υπηρεσία που θα τον διευκολύνει ή θα τον ωφελήσει: *στην υπηρεσία οι υπάλληλοι με -ησαν με προθυμία* οι νέες *προτάσεις δεν -ούν τα συμφέροντα της εταιρείας*.
έξυπνα, βλ. *έξυπνος*.
εξυπνάδα η, ουσ. **1.** αναπτυγμένη νοημοσύνη, ικανότητα να καταλαβαίνει και να μαθαίνει κανείς εύκολα· οι εκδηλώσεις της αντιληπτικής του ικανότητας: ~ *έμφυτη/κληρονομική/σπάνια* από *μικρός ξεχώριζε για την ~ του* (συνών. *ευφυΐα, νοημοσύνη, διανοητικότητα* αντ. *κουταμάρα, ανοησία, βλακεία, μωρία, αμυαλιά, αμβλύνοια*). **2.** ανόητος και άνοστος αστεϊσμός (συνήθως στον πληθ.): *μας εκνεύρισε με τις -ες του* φρ. *κάνω -ες* (= ενεργώ έτσι ώστε να εντυπωσιάσω με λόγια ή πράγματα που τα θεωρώ έξυπνα).
εξυπνάκιας ο, ουσ. (συνίζ.), πληθ. *-ηδες* (λαϊκ.), αυτός που με μη έξυπνες κουβέντες ή ενέργειες προσπαθεί να παραστήσει το σπουδαίο ή να ξεγελάσει τους άλλους για να ωφεληθεί ο ίδιος, αυτός που κάνει τον έξυπνο.
έξυπνος, -η, -ό, επίθ. **1.** που διαθέτει αναπτυγμένη νοημοσύνη, που είναι ικανός να αντιλαμβάνεται και να μαθαίνει εύκολα: *μαθητής ~* (συνών. *ευφυής, νοήμονας* αντ. *κουτός, ανόητος, βλάκας*)· φρ. *κάνω τον -ο* (= προσπαθώ να εντυπωσιάσω λέγοντας ή κάνοντας πράγματα που θεωρώ έξυπνα). **2.** που δείχνει εξυπνάδα: *μάτια -α· μουτράκι -ο*. **3.** (για πράγματα ή αφηρημένες έννοιες) που είναι αποτελεσματικός ή πρακτικός και φανερώνει εξυπνάδα: *τρόπος ~· σχέδιο -ο· ιδέες/ερωτήσεις -ες*. - Επίρρ. **-α**.
εξ υπογυίου αρχαϊστ. έκφρ.· που δηλώνει το «πρόχειρα», «στο πόδι».

εξυφαίνω, ρ., αόρ. *εξύφανα*, παθ. *εξυφάνθηκα*, (μεταφ.) σχεδιάζω κάτι κακό μυστικά και ύπουλα: ~ *συνωμοσία/σκευωρία* (συνών. *δολοπλοκώ, μηχανεύομαι, μηχανορραφώ, ραδιουργώ*).
εξ υφαρπαγής αρχαϊστ. έκφρ.· που δηλώνει ότι κάτι έγινε βιαστικά και χωρίς την απαιτούμενη περίσκεψη: *αυτή την απόφαση την πήρε το συμβούλιο ~*.
εξυψώνω, ρ. **1.** επηρεάζω ή βοηθώ κάποιον να αποκτήσει ηθική υπεροχή, τον καθιστώ ηθικά ανώτερο: *το καλό βιβλίο -ει τον άνθρωπο*. **2.** επαινώ κάποιον υπερβολικά, με ενθουσιασμό (συνών. *εξαίρω, εγκωμιάζω*).
εξύψωση η, ουσ. **1.** το να γίνεται κάποιος ηθικά ανώτερος: ~ *πνευματική/ψυχική* (αντ. *κατάπτωση*). **2.** ενθουσιώδης, υπερβολικός έπαινος (συνών. *έξαρση, εγκωμιασμός*).
εξυψωτικός, -ή, -ό, επίθ., που γίνεται για εξύψωση, για έπαινο (συνών. *εγκωμιαστικός, επαινετικός*).
έξω και (λαϊκ.) **όξω**, επίρρ. (απολ. ή συνηθέστερα με επόμενη την πρόθ. *από*). **1α.** (για να δηλωθεί κατεύθυνση ή κίνηση απομάκρυνσης από το εσωτερικό ενός χώρου, π.χ. δωματίου, κτηρίου, οχήματος, κλπ.): *βγήκε βιαστικά ~ μη σκύβεις ~! κοιτώ ~ με φώναζε ~* (αντ. *μέσα*). **β.** (για να δηλωθεί το εξωτερικό μέρος ενός αντικειμένου ή ενός χώρου): *άφησες ~ πράγματα που έπρεπε να τα φυλάξεις· ~ από το σπίτι· ~ στην αυλή/από το κουτί* **γ.** (όταν κάτι φοριέται πάνω από φούστα ή παντελόνι): *δείχνει πάντα τόσο ατημέλητος με τα ρούχα του να κρέμονται ~*. **δ.** (για να δηλωθεί ότι κάτι βρίσκεται ή συμβαίνει στο ύπαιθρο, σε ανοιχτό χώρο): *κάνει κρύο ~· το καλοκαίρι κοιμούνται ~· έμεινε ~ στη βροχή επί ώρες·* **ε.** (για να δηλωθεί η ξηρά σε αντίθεση με τη θάλασσα): *έμεινα στο καράβι· δεν βγήκα ~*. **2α.** (για να δηλωθεί αποπομπή): *απάδε!* (σε σύνθημα) *«~ οι βάσεις του θανάτου»!* **β.** (για να δηλωθεί απευχή): ~ *από μας τέτοιο κακό!* (= μακριά...)· *όξω σκοτούρες*. **3α.** (για να δηλωθεί ότι κάποιος απουσιάζει από το σπίτι ή την εργασία του για σύντομο χρονικό διάστημα): *όταν τον ζήτησαν στο τηλέφωνο, έλειπε για λίγο ~* **β.** (για να δηλωθεί ότι κάποιος απουσιάζει από το σπίτι του για διασκέδαση ή άλλη κοινωνική δραστηριότητα): *δεν βγαίναμε ~ συχνά· θα περάσουν το βράδυ ~*. **4.** η αλλοδαπή, το εξωτερικό: *πήγε για σπουδές ~· έχει τα χρήματά του ~· φέρνουν τα εμπορεύματά τους απ' ~* (αντ. *εσωτερικό*). **5.** (για να δηλωθεί εξαίρεση) εκτός (από): ~ *από σας δεν γνωρίζει άλλος την υπόθεση*. **6.** (για να δηλωθεί αποκλεισμός από κάτι): *απέτυχε στο διαγωνισμό· έμεινε ~*. **7.** (έναρθρ. συνήθως σε θέση επιθ.) α. που βρίσκεται στο εξωτερικό μέρος: *η ~ μεριά/γωνία· ο ~ κόσμος*. **β.** που βρίσκεται σε ξένη χώρα: *ο ~ ελληνισμός*. Εκφρ. ~ (= στο χείλος, στο πιο ακραίο σημείο)· ~ *νου!* (= μακριά από φροντίδες)· ~ *φτώχεια!* (= ειρωνικά από ανθρώπους φτωχούς όταν βρίσκονται εκτάκτως σε ευχάριστη οικονομική κατάσταση ή απλώς στο κέφι)· *μια κι ~* (= χωρίς διακοπή, διαμιάς). Φρ. *γυρίζω το μέσα ~* (συνήθως για ρούχα) = μετατρέπω την εσωτερική σε εξωτερική πλευρά· *είμαι στα μέσα και στα ~* (= έχω τη γενική, την απόλυτη εμπιστοσύνη, με εμπιστεύεται κάποιος απόλυτα)· *τα λέω ~ από τα δόντια* (= λέω κάτι απερίφραστα, χωρίς επιφυλάξεις)· *πετώ κά-*

ποιον ~ (= διώχνω κάποιον βίαια)· πέφτω ~ = **α.** αποτυγχάνω: *έπεσε ~ στις δουλειές του*· **β.** σφάλλω, απατώμαι: *τον θεωρούσα ειλικρινή, αλλά έπεσα ~*· το ρίχνω ~ (= διασκεδάζω): *οι συνάδελφοι το 'ριξαν πάλι ~ χθες βράδυ.*

εξω-, α΄·συνθ. κυρίως επιθ. και σπανιότερα ουσ.: *εξωκοινοβουλευτικός, εξώγαμος, εξωγήινος, εξωκάρπιο.* - Βλ. και **ξω-**.

εξωαισθητικός, -ή, -ό, επίθ., που δεν υπόκειται σε αισθητική κρίση.

εξωατμοσφαιρικός, -ή, -ό, επίθ., που βρίσκεται, κινείται ή συμβαίνει έξω από την ατμόσφαιρα: *έρευνες -ές.*

εξώγαμος, -η, -ο, επίθ. **1.** (για τέκνα) που γεννήθηκε από γονείς οι οποίοι δεν παντρεύτηκαν με νόμιμο γάμο: *παιδιά -α* (συνών. *νόθος*)· (το ουδ. ως ουσ.): *νέες μητέρες που έχουν -α*. **2.** (για καταστάσεις) που δε συμβαίνει μέσα σε νόμιμο γάμο: *σχέσεις -ες.*

εξωγενής, -ής, -ές, γεν. *-ούς*, πληθ. αρσ. και θηλ. *-είς*, ουδ. *-ή*, επίθ. **1.** που δημιουργείται από εξωτερικά αίτια: *ασθένεια ~* (= που οφείλεται σε αίτια που βρίσκονται έξω από τον οργανισμό) (αντ. *ενδογενής*). **2.** (γεωλ.) *δυνάμεις -είς* = γεωλογικές δυνάμεις (όπως αυτές του πάγου, του νερού, της ατμόσφαιρας, κλπ.) που έχουν την έδρα της ενέργειάς τους έξω από το στερεό φλοιό της γης. - Επίρρ. **-ώς.**

εξωγήινος, -η, -ο, επίθ., που συμβαίνει ή υπάρχει στο διάστημα ή έρχεται από αυτό: *δραστηριότητες -ες.* - Το αρσ. ως ουσ. (συνήθως στον πληθ.) = όντα που οι άνθρωποι νομίζουν ότι (ίσως) υπάρχουν σε κάποιο άλλο μέρος του σύμπαντος: *επίσκεψη -ων.*

εξωγλωσσικός, -ή, -ό, επίθ., που δεν ανήκει στη γλώσσα ή δεν υπόκειται στους κανόνες της, ωστόσο συντελεί στην εξέλιξη και διαμόρφωσή της: *παράγοντες -οί.*

εξωγναθία η και **εξωγναθισμός** ο, ουσ. (ανατομ.) η υπερβολική ανάπτυξη της μιας από τις δύο γνάθους η οποία προβάλλει προς τα εμπρός (συνών. *προγναθισμός*).

εξώδικος, -η, -ο, επίθ., που γίνεται χωρίς την επέμβαση των δικαστικών αρχών, χωρίς δικαστήριο: *πρόσκληση/διαμαρτυρία -η*· *μέτρα -α* (αντ. *δικαστικά*). - Το θηλ. με την αρχαϊστ. κατάλ. *-ος* ως ουσ. = γραπτή διατύπωση της θέσης που παίρνει κάποιος για συγκεκριμένη έννομη σχέση του, συμβατική ή δημιουργημένη από το νόμο ή από τα πράγματα, και συνεκδοχικά το σχετικό έγγραφο: *του έστειλε -ο γιατί καθυστερούσε τα νοίκια.* - Επίρρ. **-ίκως** = **1.** τρόπο δικαστήριο: *αντιπροσωπεύω -ίκως* (αντ. *δικαστικώς, -ά*). **2.** (μεταφ.) ανεπίσημα, άτυπα: *πληροφορούμαι -ίκως.*

έξωθεν καλή μαρτυρία· αρχαϊστ. έκφρ. = ευνοϊκή γνώμη που έχουν πολλοί για τη συμπεριφορά και τη δράση γνωστού προσώπου σε περίπτωση που κρίνεται.

εξωθερμικός, -ή, -ό, επίθ. (φυσ. - χημ.) που εκλύει θερμότητα: *-ή χημική αντίδραση* (αντ. *ενδοθερμικός*).

εξώθηση η, ουσ. **1.** ώθηση προς τα έξω. **2.** (μεταφ.) παρακίνηση, προτροπή, παρότρυνση· υποκίνηση: *~ σε ακρότητες.* **3.** (ιατρ.) το τελικό στάδιο του τοκετού μετά τη συμπλήρωση της διαστολής, κατά το οποίο το έμβρυο ωθείται με τις ωδίνες της μήτρας προς τα έξω: *περίοδος/ωδίνες -ης.*

εξώθυρα η, ουσ. (λόγ.), η εξωτερική πόρτα του σπιτιού (συνών. *εξώπορτα*).

εξωθώ, -είς, ρ. (συνήθως μεταφ.) παρακινώ, προτρέπω, παροτρύνω, υποκινώ: *~ σε ακραίες ενέργειες.*

εξωκάρπιο το, ουσ. (ασυνίζ.), (φυτολ.) το εξωτερικό στρώμα του περικαρπίου (βλ.λ.).

εξωκκλήσι, βλ. *ξωκκλήσι*.

εξωκομματικός, -ή, -ό, επίθ., που δε σχετίζεται με την εσωτερική δραστηριότητα πολιτικού κόμματος.

εξωκρινής, -ής, -ές, γεν. *-ούς,* πληθ. αρσ. και θηλ. *-είς,* ουδ. *-ή,* επίθ. (φυσιολ., για αδένα) που χύνει το προϊόν των εκκρίσεών του στην επιφάνεια του δέρματος ή των βλεννογόνων: *οι σιελογόνοι αδένες είναι -είς*· *~ έκκριση του παγκρέατος* (αντ. *ενδοκρινής*).

εξωλεκτικός, -ή, -ό, επίθ. **1.** που δεν ανήκει στο λεξιλόγιο μιας γλώσσας: *ήχοι -οί.* **2.** που γίνεται χωρίς λεκτικά μηνύματα: *επικοινωνία -ή.*

εξωλέμβιος, -α, -ο, επίθ. (ασυνίζ.), που τοποθετείται στο έξω μέρος της πρύμνης μιας βάρκας: *κινητήρας ~* (σε χρήση ουσ.) *αγόρασα μια -ια* (εvv. *μηχανή*· συνεκδοχικά και για μικρό σκάφος εφοδιασμένο με τέτοια μηχανή).

εξώλης και προώλης· αρχαϊστ. έκφρ.· για άνθρωπο διεστραμμένο, ανήθικο.

εξωμερίτης, βλ. *ξωμερίτης*.

εξωμερίτικος, -η, -ο, βλ. *ξωμερίτικος*.

εξωμήτριος, -α, -ο, επίθ. (ασυνίζ.), που γίνεται έξω από τη μήτρα: *κύηση -α* (αντ. *ενδομήτριος*).

εξωμονάστηρο το, ουσ., μοναστήρι απομονωμένο τοπικά.

έξωμος, -η, -ο, επίθ., που αφήνει ακάλυπτους τους ώμους: *τουαλέτα -η.*

εξωμότης ο, θηλ. **-ισσα,** ουσ., αυτός που έχει απαρνηθεί την πίστη του, τη θρησκεία του (συνών. *αρνησίθρησκος, αλλαξόπιστος*· κοιν. *μουρτάτης*).

εξωμοτικός, -ή, -ό, επίθ., που ανήκει ή αναφέρεται στον εξωμότη.

εξωμότισσα, βλ. *εξωμότης*.

εξωνάρθηκας ο, ουσ. (εκκλ.) ο πρόναος των πρωτοβυζαντινών ναών, που κτιζόταν κατά μήκος της δυτικής πλευράς τους, ήταν στενότερος από τον εσωνάρθηκα (βλ.λ.) και σ' αυτόν είχαν το προνόμιο ταφής οι κτήτορες και οι ανώτατοι αξιωματούχοι (συνών. *παρανάρθηκας*).

εξώνηση η, ουσ. (νομ.) απόκτηση πλήρους κυριότητας, εξαγορά: *δικαίωμα/σύμφωνο -ης* = συμφωνία με την οποία ο πωλητής δικαιούται να πάρει πίσω το πράγμα με συμφωνημένο τίμημα και μέσα σε ορισμένη προθεσμία.

εξώνω, ρ., (λαϊκ., συνήθως στον ενεστ. και την υποτ. αορ.), αναγκάζω με δικαστική απόφαση έναν ενοικιαστή να εγκαταλείψει σπίτι ή άλλο ακίνητο που είναι ιδιοκτησία μου, του κάνω έξωση.

εξώπασχα, βλ. *ξώπασχα*.

εξώπετσα, βλ. *ξώπετσα*.

εξώπλασμα το, ουσ., εκτόπλασμα (βλ.λ.).

εξώπορτα και (λαϊκ.) **ξώπορτα** η, ουσ., η εξωτερική πόρτα του σπιτιού (συνών. *εξώθυρα*).

εξωπραγματικός, -ή, -ό, επίθ., που δε λαμβάνει υπόψη του, δεν υπολογίζει την αλήθεια και τα γεγονότα μιας κατάστασης, που είναι έξω από την πραγματικότητα: *όνειρο -ό*· *προσδοκίες -ές* (αντ.

εξώπροικα

πραγματικός, ρεαλιστικός). - Επίρρ. **-ά:** *σκέφτεται -ά.*
εξώπροικα τα, ουσ., εξωπροίκια (βλ.λ.).
εξωπροίκια τα, ουσ. (συνιζ.), προσωπική περιουσία της συζύγου που δεν έχει δοθεί ως προίκα στο σύζυγο (συνών. *εξώπροικα).*
εξώπροικος, -η, -ο, επίθ., που δεν περιλαμβάνεται στην προίκα: *περιουσία -η.*
εξωραΐζω, ρ. 1. κάνω κάτι ωραίο, καλλωπίζω, ομορφαίνω. 2. διακοσμώ, στολίζω κάτι. 3. παρουσιάζω ή θεωρώ κάτι ωραιότερο απ' ό,τι είναι στην πραγματικότητα: *-ει τη θλιβερή πραγματικότητα* (συνών. *μυθοποιώ).*
εξωραϊσμός ο και (σπάνια) **εξωραΐση** η, ουσ. 1. το να εξωραΐζεται κάτι, το να γίνεται ωραίο: ~ *σπιτιού/αίθουσας/σχολείου* (συνών. *καλλωπισμός).* 2. το να παρουσιάζεται κάτι ωραιότερο απ' ό,τι είναι στην πραγματικότητα: ~ *της αλήθειας.*
εξωραϊστικός, -ή, -ό, επίθ., που ανήκει ή αναφέρεται στον εξωραϊσμό ή που εξωραΐζει: *σύλλογος ~* (= που αναλαμβάνει τον εξωραϊσμό χώρων) (συνών. *καλλωπιστικός).*
έξωση η, ουσ. 1. (νομ.) το να αναγκάζεται με δικαστική απόφαση μισθωτής να εγκαταλείψει κατοικία ή άλλο ακίνητο, επειδή καθυστέρησε το μίσθωμα ή έληξε ο χρόνος της μίσθωσης ή παραβίασε όρο της συμφωνίας με τον ιδιοκτήτη: *κάνω ~· ~ αυθαίρετη/παράνομη.* 2. (σπάνιο) απομάκρυνση βασιλιά από το θρόνο, εκθρόνιση, εκτοπισμός.
εξώστεγο το, ουσ., στεγασμένος εξώστης συχνά με τζαμαρία.
εξώστης ο, ουσ. 1. περιφραγμένη προεξοχή ορόφου που συγκοινωνεί με το εσωτερικό οικοδόμημα με πόρτες (συνών. *μπαλκόνι, βεράντα).* 2. τμήμα του εσωτερικού αίθουσας θεάτρου ή κινηματογράφου σε ψηλότερο επίπεδο από την πλατεία.
εξωστικός, -ή, -ό, επίθ. (λόγ.), που αποβλέπει στην έξωση: *αγωγή -ή.*
εξωστρέφεια η, ουσ. (ασυνίζ.), (ψυχ.) τάση για εξωτερίκευση των συναισθημάτων (αντ. *εσωστρέφεια, ενδοστρέφεια).*
εξωστρεφής, -ής, -ές, γεν. *-ούς,* πληθ. αρσ. και θηλ. *-είς,* ουδ. *-ή,* επίθ., που χαρακτηρίζεται από εξωστρέφεια (αντ. *εσωστρεφής).*
εξωσυζυγικός, -ή, -ό, επίθ., που συμβαίνει έξω από τα πλαίσια της συζυγικής ζωής: *σχέσεις -ές· δεσμός ~.*
εξώσφαιρα η, ουσ. (γεωφυσική) το μέρος της ατμόσφαιρας που εκτείνεται πέρα από τα 750 χλμ., όπου τα ελαφρότερα μόρια ξεφεύγουν από την επίδραση της βαρύτητας και κινούνται αργά προς το διαπλανητικό χώρο.
εξωσχολικός, -ή, -ό, επίθ., που υπάρχει ή συμβαίνει έξω από τα πλαίσια του σχολείου: *δραστηριότητες -ές· νεολαία/αγωγή -ή.*
εξωσωματικός, -ή, -ό, επίθ., που βρίσκεται ή γίνεται έξω από το σώμα: *γονιμοποίηση -ή· κυκλοφορία -ή* (= προσφορική, τεχνητή, παράλληλη κυκλοφορία του αίματος κατά τη διάρκεια χειρουργικών επεμβάσεων).
εξωτερικά, βλ. *εξωτερικός.*
εξωτερίκευση η, ουσ. 1. εκδήλωση αισθημάτων ή σκέψεων με λόγια ή έργα (συνών. *έκφραση).* 2. (ψυχ.) η ενέργεια με την οποία κάποιο εσωτερικό γεγονός της συνείδησης εκδηλώνεται με εξωτερικές ενδείξεις.

εξωτερικεύω, ρ., εκδηλώνω ό,τι αισθάνομαι ή σκέφτομαι με λόγια ή έργα, φανερώνω κάτι ενδόμυχο: *δεν -ει ποτέ τις στενοχώριες του.*
εξωτερικός, -ή, -ό, επίθ. 1. που βρίσκεται ή υπάρχει έξω ή προς τα έξω: *σκάλα -ή.* 2. που ανήκει ή αναφέρεται σε πράγματα που βρίσκονται ή γίνονται έξω: *-ά γυρίσματα της ταινίας· -ά γνωρίσματα/χαρίσματα.* 3. που αναφέρεται στις σχέσεις με τις ξένες χώρες: *-ή πολιτική της χώρας· υπουργείο εξωτερικών* (ενν. *υποθέσεων).* 4. που προέρχεται από το εξωτερικό ή αναφέρεται σ' αυτό: *δανεισμός ~· ειδήσεις -ές.* 5. (φιλοσ.) που υπάρχει έξω από τη συνείδηση, που υπάρχει πραγματικά: *κόσμος ~* (συνών. *αντικειμενικός·* αντ. *υποκειμενικός).* 6. (μεταφ.) που δεν πηγάζει από την ψυχή, που δεν έχει βάθος (συνών. *επιπόλαιος, επιφανειακός·* αντ. *εμβριθής).* 7. *ιατρεία -ά* = κρατικά ιατρεία σε νοσοκομεία (αντ. στις σημασ. 1, 2, 3, 4, 5, 6 *εσωτερικός).* - Το ουδ. ως ουσ. = 1. εξωτερική όψη προσώπου ή πράγματος (συνών. *εμφάνιση).* 2. το σύνολο των χωρών που βρίσκονται έξω από τα όρια ενός κράτους: *ταξιδεύει συχνά στο ~ για δουλειές* (συνών. *αλλοδαπή·* αντ. *εσωτερικό).* - Επίρρ. **-ά.**
εξωτικός, -ή και **-ιά, -ό,** επίθ., που είναι ασυνήθιστος και παράξενος, γιατί προέρχεται από ξένη και μακρινή χώρα (όχι πάντως δυτική και αναπτυγμένη): *λουλούδια/πουλιά -ά· νησιά -ά· ομορφιά -ή.*
εξωτισμός ο, ουσ. 1. το να είναι κάτι εξωτικό: ~ *μιας χώρας.* 2. τάση για χρησιμοποίηση εξωτικών θεμάτων στην τέχνη.
έξω του νυμφώνος· αρχαϊστ. εκφρ.· σε περιπτώσεις αποκλεισμού από ορισμένα αγαθά.
εξωφρενικός, -ή, -ό, επίθ., που είναι εντελώς παράλογος και προκαλεί αγανάκτηση: *πράγματα -ά· ενέργειες -ές· συμπεριφορά -ή·.* - Επίρρ. **-ά.**
εξωφρενικότητα η, ουσ., εξωφρενισμός (βλ.λ.).
εξωφρενισμός ο, ουσ., εξωφρενική ενέργεια ή κατάσταση.
έξω φρενών *(είμαι/γίνομαι)·* αρχαϊστ. φρ. = *(είμαι/γίνομαι)* έξαλλος.
εξώφυλλο και (σπάνιο λαϊκ.) **ξώ-** το, ουσ., εξωτερικό (προστατευτικό) φύλλο εντύπου, τετραδίου, παραθύρου (αντ. *εσώφυλλο).*
εξωχριστιανικός, -ή, -ό, επίθ. (ασυνίζ.), που δεν ανήκει ή δεν αναφέρεται στο χριστιανισμό: *πίστη -ή.*
εορτάζω, ρ. (λόγ.) και (συνιζ.) **γιορτάζω.** 1. (αμτβ. και μτβ.) πανηγυρίζω για κάποιο σπουδαίο γεγονός: *η Θεσσαλονίκη γιόρτασε τα 2300 χρόνια της· εορτάζει την επιτυχία του· η Εκκλησία -ει τη μνήμη του αγίου· γιορτάζει η εκκλησία της ενορίας μας.* 2. (αμτβ.) έχω την ονομαστική μου εορτή: *τί δώρο θα πάρεις στην Ελένη που γιορτάζει μεθαύριο;* 3. (αμτβ., μεταφ.) έχω γιορτή: *σήμερα γιορτάζει όλη η γη.*
εορτάσιμος, -η, -ο, και (συνιζ., λαϊκ.) **γιορτάσιμος,** επίθ. 1. που αξίζει να γιορταστεί: *επέτειος -η· γεγονός -ο.* 2. που είναι κατάλληλος για εορτασμό: *περιβολή -η.*
εορτασμός και (συνιζ., λαϊκ.) **γιορτασμός** ο, ουσ., το να γιορτάζει κάποιος κάτι, τέλεση γιορτής: ~ *της εργατικής πρωτομαγιάς.*
εορταστής (λόγ.) και (συνιζ.) **γιορταστής** ο, ουσ., αυτός που γιορτάζει, αυτός που συμμετέχει σε εορτασμό.

εορταστικός, -ή, -ό, και (συνιζ.) **γιορταστικός,** επίθ., που ανήκει ή αναφέρεται σε γιορτή ή εορτασμό: *περιβολή -ή· ατμόσφαιρα -ή.*
εορτή και (συνιζ.) **γιορτή** η, ουσ. **1.** πανηγυρισμός για σπουδαίο γεγονός: *γιορτή εθνική/θρησκευτική/ονομαστική· θα κάνουμε γιορτή στο σχολείο·* (εκκλ.) *-ές δεσποτικές/θεομητορικές* (για γεγονότα που αφορούν τη ζωή του Χριστού ή της Παναγίας)· (παροιμ.) *Κυριακή κοντή γιορτή.* **2.** (συνεκδοχικά) ημέρα που τιμάται ένα σπουδαίο γεγονός με πανηγυρισμούς και άλλες εκδηλώσεις και που συνήθως χαρακτηρίζεται αργία: *η 25η Μαρτίου είναι εθνική γιορτή.* **3.** (μεταφ.) χαρά· (συνεκδοχικά) μέρα χαράς: *κάθε μέρα έχουν γιορτή· σήμερα είναι γιορτή για μένα.* - Υποκορ. **γιορτούλα** η.
εορτολόγιο το, ουσ. (ασυνίζ.). **1.** κατάλογος που περιλαμβάνει τις γιορτές του εκκλησιαστικού έτους. **2.** οι γιορτές στο σύνολό τους. **3.** (εκκλ.) λειτουργικό βιβλίο όπου αναγράφεται η ιστορία των εορτών του έτους.
επαγγελία η, ουσ. (ερρ., λόγ.), διαβεβαίωση που μας δεσμεύει να κάνουμε ή να μην κάνουμε κάτι: *-ες προεκλογικές* (συνών. *υπόσχεση, τάξιμο*) έκφρ. *γη της Ε-ας* (= η χώρα που υποσχέθηκε ο Θεός στους Εβραίους και συνεκδοχικά κάθε εύφορη και πλούσια σε αγαθά χώρα).
επαγγέλλομαι, ρ. (ερρ., λόγ.). **1.** ασκώ ένα επάγγελμα: *τι -εσαι;* **2.** (σπάνιο) υπόσχομαι: *η νέα κυβέρνηση -εται μείωση της ανεργίας.*
επάγγελμα το, ουσ. (ερρ.), μόνιμη βιοποριστική απασχόληση: *~ του χτίστη/γιατρού· -ατα κλειστά* (βλ. ά. *κλειστός* στη σημασ. 8) */ελευθέρια* (βλ.ά. *ελευθέριος* στη σημασ. 1) (συνών. *δουλειά, εργασία*).
επαγγελματίας ο, ουσ. (ερρ.), αυτός που ασκεί κάποιο επάγγελμα (συνήθως για πρόσωπο που δεν είναι μισθωτός ή υπάλληλος): *ελεύθερος ~* (συνών. *επιτηδευματίας*)· (σε θέση επιθ.) *είναι ~ μουσικός* (αντ. *ερασιτέχνης*).
επαγγελματικός, -ή, -ό, επίθ. (ερρ.), που ανήκει ή αναφέρεται σε επαγγελματία ή επάγγελμα: *αποκατάσταση/στέγη/εκπαίδευση -ή· δίπλωμα οδήγησης -ό· προσανατολισμός ~· ευσυνειδησία -ή· μυστικό -ό.* - Επίρρ. **-ά.**
επαγρύπνηση η, ουσ., συνεχής επίβλεψη και φροντίδα για κάτι *~ για την ασφάλεια των συνόρων της χώρας.*
επαγρυπνώ, -είς, ρ., αγρυπνώ πάνω σε κάτι, επιτηρώ άγρυπνα, παρακολουθώ συνεχώς: *-ούν στην ανατροφή του ανηλίκου· -εί στην τήρηση των νόμων.*
επαγωγέας ο, ουσ. (φυσ.) σύστημα που χρησιμεύει για την παραγωγή μαγνητικού πεδίου σε μηχανές παραγωγής ηλεκτρικού ρεύματος.
επαγωγή η, ουσ. **1.** (λογική) πνευματική διαδικασία που κινείται από ορισμένες μερικές κρίσεις σε ένα γενικό συμπέρασμα και ενδιαφέρεται ταυτόχρονα και για την ουσία των προτάσεων αυτών ώστε κατά το περιεχόμενό τους να είναι έγκυρες: *~ τέλεια/ατελής.* **2.** (φυσ.) διέγερση ηλεκτρικής τάσης ή ανάπτυξη μαγνητικού πεδίου με ηλεκτρικά ρεύματα ή με μαγνήτες. **3.** (νομ.) *~ όρκου* = πρόσκληση του αντιδίκου να βεβαιώσει ενόρκως τους ισχυρισμούς του· *~ κληρονομίας* = πρόσκληση ενός προσώπου να συμμετάσχει στην κληρονομιά συγγενούς που πέθανε.
επαγωγικός, -ή, -ό, επίθ. (λογική) που ανήκει ή αναφέρεται γενικά στην επαγωγή: *μέθοδος/ανάπτυξη θέματος -ή· συλλογισμός ~* = *επαγωγή* (βλ.λ. στη σημασ. 1). - Επίρρ. **-ά.**
επαγώγιμος, -η, -ο, επίθ., που γίνεται ή μπορεί να γίνει με επαγωγή. - Το ουδ. ως ουσ. = (φυσ.) **1.** ηλεκτρικό ρεύμα που παράγεται με επαγωγή. **2.** κύκλωμα ηλεκτρικής μηχανής στο οποίο παράγεται ηλεκτρικό ρεύμα από επαγωγή.
έπαθλο το, ουσ., βραβείο που απονέμεται σε νικητή αγώνας ή διαγωνισμών.
επαινετικός, -ή, -ό, επίθ., που γίνεται για έπαινο ή που περιέχει έπαινο: *λόγια/σχόλια -ά* (συνών. *εγκωμιαστικός, εξυμνητικός·* αντ. *επικριτικός*). - Επίρρ. **-ά.**
επαινετός, -ή, -ό, επίθ., που αξίζει να τον επαινέσει κανείς: *προσπάθεια -ή* (συνών. *αξιέπαινος·* αντ. *αξιοκατάκριτος*).
έπαινος ο, ουσ. **1.** έκφραση επιδοκιμασίας, λόγος επαινετικός για τις ικανότητες ή τα επιτεύγματα κάποιου (αντ. *επίκριση*). **2.** ηθική αμοιβή· (σχολ.) μορφή διάκρισης μαθητών κατώτερη από το βραβείο.
επαινώ, -είς, και (λαϊκ.) **παινώ, -άς,** ρ., επιδοκιμάζω κάποιον ή κάτι λέγοντας καλά λόγια (συνών. *παινεύω, εγκωμιάζω·* αντ. *επικρίνω, ψέγω*).
επαίσχυντος, -η, -ο, επίθ. (ερρ.), που προκαλεί ντροπή: *διαγωγή/συμπεριφορά -η* (συνών. *επονείδιστος*). - Επίρρ. **-α.**
επαιτεία η, ουσ., το να ζητιανεύει κανείς συστηματικά (συνών. *ζητιανιά, διακονιά*).
επαίτης ο, ουσ., αυτός που ζητιανεύει (συνών. *ζητιάνος, διακονιάρης*).
επαιτώ, -είς, ρ. **1.** ζητώ ελεημοσύνη (συνών. *ζητιανεύω, διακονεύω*). **2.** (μεταφ.) ζητώ επίμονα και εξευτελιστικά κάτι: *-εί τη συμπάθειά μου/μια θέση.*
επακολούθημα το, ουσ., αυτό που ακολουθεί ως αποτέλεσμα ή ως συνέπεια μια ενέργεια (συνών. *επακόλουθο*).
επακολούθηση η, ουσ., το να επακολουθεί, να έρχεται κάτι ως συνέπεια ή αποτέλεσμα μιας ενέργειας.
επακόλουθος, -η, -ο, επίθ., που ακολουθεί ύστερα από κάτι, που έρχεται στη συνέχεια ως αποτέλεσμα ή συνέπεια μιας ενέργειας. - Το ουδ. (συνήθως στον πληθ. ως ουσ.) = αποτέλεσμα: *το -ο της προκλητικής συμπεριφοράς του ήταν η απόλυσή του* (συνών. *επακολούθημα*).
επακολουθώ, -είς, ρ., ακολουθώ, έρχομαι μετά από κάτι, αποτελώ τη συνέχεια ή συνέπεια άλλης ενέργειας: *το τι -θησε την αποβολή του παίκτη δεν περιγράφεται.*
επακριβώς, επίρρ., με μεγάλη ακρίβεια, ακριβώς.
έπακρον το, ουσ., το ακρότατο σημείο· φρ. *στο ~* (= πάρα πολύ, υπερβολικά, σε μέγιστο βαθμό): *καθώς αργούσες, η αγωνία μου είχε φτάσει στο ~* (= στο ακοκορύφωμα).
επαλείφω, ρ. (λόγ.), αλείφω κάτι σ' όλη την επιφάνεια με κάποια ουσία (βαφή, αλοιφή, κ.ά.).
επάλειψη η, ουσ. α. (λόγ.) άλειμμα· β. (ειδικά) το άλειμμα κάποιου τμήματος του δέρματος ή του βλεννογόνου με αλοιφή ή άλλη ρευστή φαρμακευτική ουσία εωσότου απορροφηθεί για θεραπευτικούς λόγους.
επαλήθευση η, ουσ. **1.** επιβεβαίωση από την εξέλιξη των γεγονότων μιας πρόβλεψης, μιας πρόγνωσης που είχε διατυπωθεί προηγουμένως: ~

επαληθευτικός

της πρόβλεψής μου για τη βροχή/για το αποτέλεσμα του αγώνα (αντ. *διάψευση*). **2.** πραγματοποίηση, εκπλήρωση αυτού που κάποιος κάποτε φαντάστηκε: ~ *των ονείρων/των προσδοκιών μου.* **3.** διαπίστωση ύστερα από έλεγχο της αλήθειας ή της ακρίβειας: (για μαθηματική πράξη) ~ *της εξίσωσης· την παραγραφή διακόπτει... η αναγγελία για ~ σε πτώχευση* (αστ. κώδ.) (συνών. *δοκιμή, έλεγχος*).

επαληθευτικός, -ή, -ό, επίθ., που αναφέρεται στην επαλήθευση ή χρησιμεύει σ' αυτήν (συνών. *δοκιμαστικός, εξακριβωτικός*).

επαληθεύω, ρ. **Ι.** (ενεργ.) αποδεικνύω ύστερα από έλεγχο την αλήθεια ή (για μαθηματικό πρόβλημα) την ακρίβεια, υποβάλλω σε έλεγχο (συνών. *εξακριβώνω*). **ΙΙ.** μέσ. **1.** (για πρόβλεψη) επιβεβαιώνομαι: *τα όσα έλεγα χτες -εύτηκαν*(αντ. *διαψεύδομαι*). **2.** πραγματοποιούμαι, εκπληρώνομαι: *άραγε θα -ευτούν ποτέ τα όνειρά μας για το μέλλον;*

επαλλαγή η, ουσ. (λόγ.), συχνή και γρήγορη αλλαγή (συνών. *εναλλαγή·* αντ. *μονιμότητα, παγιότητα*).

επαλλάσσω, ρ. (λόγ.), αλλάζω αμοιβαία ή διαδοχικά τη θέση κάποιων πραγμάτων μεταξύ τους (συνών. *εναλλάσσω*)· (λογική) *έννοιες -ουσες* = οι έννοιες που κάποια μέρη από το πλάτος τους συμπίπτουν (π.χ. *χριστιανοί-Ασιάτες· στρατιώτες-ιππείς*).

επαλληλία η, ουσ. (λογ.), σειρά επάλληλων πραγμάτων ή γεγονότων, διαδοχική επανάληψη (συνών. *αλληλοδιαδοχή, αλλεπαλληλία*)· (φυσ.) *αρχή της -ας* = αρχή της φυσικής κατά την οποία σε κάθε φαινόμενο ή αλλαγή της κατάστασης ενός συστήματος κάθε αίτιο επιφέρει το αντίστοιχο αποτέλεσμα ανεξάρτητα από το αν υπάρχουν και άλλα.

επάλληλος, -η, -ο, επίθ. (λόγ.), που γίνεται κατ' επανάληψη ή με διαδοχική σειρά (συνών. *αλλεπάλληλος, διαδοχικός·* αντ. *ασυνεχής*)· (λογική) *έννοιες -ες* = έννοιες του ίδιου πλάτους.

έπαλξη η, ουσ. **α.** αμυντικό προτείχισμα οδοντωτό (γιατί είχε ανοίγματα, από τα οποία μάχονταν οι υπερασπιστές της πόλης) που κατασκευαζόταν στο υψηλότερο σημείο φρουρίου ή πύργου· **β.** (μεταφ.) ο χώρος, ο τομέας όπου κάποιος αγωνίζεται για ένα ιδανικό: *οι -άλξεις του καθήκοντος·* φρ. *έπεσε στις -άλξεις* (= πέθανε κάνοντας το καθήκον του).

επαμφοτερίζω, ρ. **1.** κλίνω και προς τα δύο μέρη, πότε είμαι υπέρ του ενός και πότε υπέρ του άλλου, ταλαντεύομαι, είμαι αναποφάσιστος (συνών. *αμφιταλαντεύομαι*). **2.** (για λέξεις) **α.** (γραμμ.) έχω διπλούς τύπους, γράφομαι ή προφέρομαι με δύο τρόπους· **β.** επιδέχομαι δύο ή περισσότερες ερμηνείες.

επαμφοτερισμός ο, ουσ. **1.** το να ταλαντεύεται κάποιος ανάμεσα σε δύο γνώμες (συνών. *ενδοιασμός, αβουλία·* αντ. *αποφασιστικότητα*). **2.** το να επιδέχεται κάτι δύο ή περισσότερες ερμηνείες.

επαναβεβαιώνω, ρ., διαβεβαιώνω και πάλι, για μια ακόμη φορά: *ο υπουργός -ωσε την υποστήριξη της χώρας του.*

επαναδιαπραγμάτευση η, ουσ., διαπραγμάτευση για μια ακόμη φορά: ~ *συμφωνίας.*

επαναδίπλωση η, ουσ. **1.** το δίπλωμα για μια ακόμα φορά, ξαναδίπλωμα. **2.** ρητορικό σχήμα κατά το οποίο μια λέξη μπαίνει στην αρχή και στο τέλος μιας φράσης.

επαναδραστηριοποίηση η, ουσ. (ασυνίζ.), η δραστηριοποίηση εκ νέου: ~ *των φορέων για το θέμα.*

επανακάμπτω, ρ. (λόγ.), επιστρέφω, ξαναγυρίζω σε κάτι.

επανάκαμψη η, ουσ. (λόγ.), επιστροφή, επαναφορά σε κάτι.

επανακρίνω, ρ., κρίνω για μια ακόμη φορά: ~ *δημόσιο υπάλληλο.*

επανάκτηση η, ουσ. (λόγ.), απόκτηση και πάλι ενός πράγματος που χάθηκε (συνών. *επανεύρεση*).

επανακτώ, -άς, ρ. (λόγ.), αποκτώ και πάλι κάτι που έχασα: ~ *χαμένα εδάφη/δικαιώματα* (συνών. *ξαναβρίσκω*).

επαναλαμβάνω, ρ., αόρ. ενεργ. *επανέλαβα*, πληθ. *επαναλάβαμε*, μέσ. *επαναλήφθηκα*, μτχ. παρκ. *επανειλημμένος*. **1.** λέω κάτι ή εκτελώ κάποια ενέργεια πάλι, για δεύτερη ή πολλοστή φορά: *το -εις, σε παρακαλώ, γιατί δε σ' άκουσα· οι συνομιλίες για το κυπριακό θα -ληφθούν την άνοιξη.* **2.** λέω ή εκτελώ κάτι που είπε ή έκανε κάποιος άλλος πριν από μένα: *ο γυμναστής ζήτησε να -λάβουμε την άσκηση, όπως ακριβώς την εκτέλεσε ο ίδιος.* - Η μτχ. παρκ. ως επίθ. = που έχει συμβεί πολλές φορές στο παρελθόν: *προσπάθειες/παρατηρήσεις -ειλημμένες.* - Επίρρ. **επανειλημμένως** και **-α** (= κατ' επανάληψη).

επαναλειτουργία η, ουσ., η εκ νέου λειτουργία: ~ *της έκθεσης.*

επαναλήπτης ο, ουσ. (τεχνολ.) το σύνολο των ενισχυτών και των οργάνων που προσαρτώνται σ' αυτούς, με τους οποίους ενισχύονται τα τηλεφωνικά σήματα και προς τις δύο κατευθύνσεις στα συστήματα τηλεφωνίας και τηλεγραφίας.

επαναληπτικός, -ή, -ό, επίθ. **1.** που επαναλαμβάνεται, ξαναγίνεται για δεύτερη, τρίτη, κλπ. φορά: *ψηφοφορία -ή· εμβόλιο -ό· αγώνας ~ εξετάσεις Σεπτεμβρίου -ές· καραμπίνα -ή* (με την οποία μπορεί κανείς να πυροβολήσει πολλές φορές μόνο με ένα γέμισμα). **2.** που γίνεται με σκοπό την επανάληψη, την ανακεφαλαίωση ύλης: *ασκήσεις -ές· τεστ -ό.* **3.** (γραμμ.) *αντωνυμία -ή* = η αντωνυμία «αυτός», με την οποία επαναλαμβάνεται ουσιαστικό που είχε προηγουμένως αναφερθεί. - Επίρρ. **-ά.**

επανάληψη η, ουσ. **1.** το να διεξάγεται, να εκτελείται ή να λέγεται κάτι για δεύτερη, τρίτη, κλπ. φορά: ~ *της προβολής της ταινίας/του πειράματος·* (νομ.) ~ *δίκης ή διαδικασίας* = εκτέλεση και πάλι της δίκης υπέρ αυτού που καταδικάστηκε εναντίον αυτού που αθωώθηκε έστω κι αν στην προηγούμενη είχε εκδοθεί οριστική απόφαση, επειδή διαπιστώθηκε δικαστική πλάνη. **2.** (μουσ.) μέρος μουσικού κομματιού που είναι προορισμένο να εκτελείται απανωτά δύο φορές. **3.** (γραμμ.) σχήμα λόγου κατά το οποίο επαναλαμβάνεται σε ένα κείμενο κάποια λέξη ή φράση για να δοθεί έμφαση. **4.** μελέτη εξεταστέας συνήθως ύλης από μαθητή, σπουδαστή για μια ακόμη φορά με σκοπό την εμπέδωση της: ~ *του τελευταίου κεφαλαίου της φυσικής.* Έκφρ. *κατ' επανάληψη* (= επανειλημμένως).

επαναπατρίζομαι, ρ., επιστρέφω και εγκαθίσταμαι στην πατρίδα ύστερα από εκούσια ή βίαιη απομάκρυνσή μου.

επαναπατρισμός ο, ους., επάνοδος και εγκατάσταση κάποιου στην πατρίδα του ύστερα από εκούσια ή βίαιη απομάκρυνσή του: ~ *των πολιτικών προσφύγων·* (μεταφ.) ~ *κεφαλαίων*.

επαναπαύομαι, ρ. **1.** εφησυχάζω, απαλλάσσομαι από κάθε φροντίδα ή ανησυχία, γιατί στηρίζομαι σε κάποιον ή σε κάτι άλλο: *-τηκε σε σένα και τις υποσχέσεις σου*. **2.** αδιαφορώ, αμελώ, το ρίχνω έξω: *-εσαι γιατί έχεις τον πατέρα σου και πληρώνει*.

επαναπροσδιορίζω, ρ. (ασυνίζ.), εκ νέου προσδιορίζω, επανεκτιμώ, ξαναϋπολογίζω.

επαναπροσδιορισμός ο, ους. (ασυνίζ.), εκ νέου προσδιορισμός, επανεκτίμηση: ~ *της αξίας του οικοπέδου*.

επαναπροσλαμβάνω, ρ., αόρ. ενεργ. *-έλαβα*, πληθ. *-λάβαμε*, μέσ. *-λήφθηκα*, προσλαμβάνω ξανά κάποιον: *-λήφθηκαν οι δημόσιοι υπάλληλοι που είχαν απολυθεί*.

επαναπρόσληψη η, ους., πρόσληψη εκ νέου: *μου πρότειναν την ~ μου στην εταιρεία*.

επανάσταση η, ους. **1.** εξέγερση μεγάλης μερίδας του λαού, συχνά βίαιη, για την ανατροπή του πολιτικού καθεστώτος μιας χώρας ή για την απελευθέρωση από ξένο κατακτητή: ~ *ελληνική του 1821/γαλλική του 1789·* ~ *αναίμακτη*. **2.** σημαντική και απότομη αλλαγή των καθιερωμένων ή βελτίωση σε κάποιον τομέα της ανθρώπινης δραστηριότητας: ~ *γλωσσική/βιομηχανική·* ~ *στον τρόπο διδασκαλίας/στην επικοινωνία/στη μόδα*. **3.** στάση, αποστασία, ανταρσία.

επαναστάτης ο, θηλ. **-τρια**, ους. **1.** αυτός που παίρνει μέρος σε κάποια επανάσταση: *οι Γάλλοι -ες ζητούσαν ισότητα ανάμεσα στους πολίτες*. **2.** αυτός που διακατέχεται από επαναστατικές, ριζοσπαστικές αρχές και υποστηρίζει τη βίαιη μεταβολή των καθιερωμένων (συνών. *ριζοσπάστης*). **3.** αυτός που ρέπει στην ανταρσία (συνών. *ανυπότακτος, ανάρτης*).

επαναστατικός, -ή, -ό, επίθ. **1.** που ανήκει στην επανάσταση ή έχει σχέση μ' αυτήν: *στρατός ~· οργάνωση/απόπειρα -ή*. **2.** που οδηγεί στην απότομη μεταβολή των καθιερωμένων: *λύση -ή· ιδέες -ές* (συνών. *ριζοσπαστικός*). - Επίρρ. **-ά**.

επαναστατικότητα η, ους., το να είναι κάποιος επαναστάτης ή κάτι επαναστατικό: ~ *του χαρακτήρα/των απόψεών του*.

επαναστάτρια, βλ. *επαναστάτης*.

επαναστατώ, -είς, ρ. **1.** εξεγείρομαι (μαζί με άλλους) εναντίον αυτών που εξουσιάζουν μια χώρα για την ανατροπή του πολιτικού και κοινωνικού καθεστώτος ή για την ανάκτηση της ελευθερίας. **2.** αποστατώ, στασιάζω. **3.** (μεταφ.) αντιδρώ, δυσανασχετώ ενάντια σε κάποια κατάσταση ή άτομο: *-άτησε μέσα της ο παλιός της εαυτός*.

επαναστροφή η, ους. **1.** (ιατρ.) επάνοδος ιστού ή οργάνου σε προηγούμενα στάδια της εξέλιξής του. **2.** (φιλοσ.) επανάληψη των όντων και των φαινομένων με την ίδια σειρά της εξέλιξής τους ύστερα από τη συμπλήρωση ενός πολύ μεγάλου χρονικού διαστήματος (συνών. *ανακύκλωση*).

επανασύνδεση η, ους., σύνδεση εκ νέου δύο πραγμάτων που είχαν αποχωριστεί παλιότερα: ~ *του καλωδίου/τηλεφωνικής επικοινωνίας/των σχέσεων των δύο χωρών*.

επανασυνδέω, ρ., συνδέω μεταξύ τους δύο πράγματα που είχαν αποχωριστεί, ξανασυνδέω: ~ *το κύκλωμα/το καλώδιο*.

επανατάκτης ο, ους., εξάρτημα πυροβόλου που προκαλεί την αυτόματη επαναφορά στην προηγούμενη θέση του σωλήνα του όπλου, όταν αυτός μετατοπίζεται ύστερα από κάθε βολή, επαναφορέας.

επανατοποθέτηση η, ους. **1.** η τοποθέτηση εκ νέου ενός αντικειμένου στο ίδιο μέρος. **2.** (για συμπεριφορά, στάση, πολιτική) αλλαγή, μεταστροφή απέναντι σε κάτι: ~ *της χώρας στην εξωτερική πολιτική της* (συνών. *αναθεώρηση*).

επανατοποθετώ, ρ. **I.** (ενεργ.) τοποθετώ εκ νέου αντικείμενο στην ίδια θέση. **II.** (μέσ.) αναθεωρώ τη στάση, τη συμπεριφορά μου απέναντι σε κάποιον ή κάτι: *-ήθηκα απέναντι στο ζήτημα*.

επαναφέρω, ρ., παρατ. και αόρ. *επανέφερα*, πληθ. *επαναφέραμε*, φέρνω κάτι πάλι (στην προηγούμενη θέση ή κατάστασή του), ξαναφέρνω: *οι εφημερίδες -έφεραν το γεγονός στην επικαιρότητα·* ~ *το θέμα για συζήτηση στη Βουλή·* ~ *στην τάξη τους άτακτους μαθητές·* ~ *κάτι στο νου/στη μνήμη μου* (= *ξαναθυμάμαι*).

επαναφορά η, ους. **1.** το να επανέρχεται κάποιος ή κάτι στην προηγούμενη θέση του, επάνοδος, επιστροφή: *το τιμόνι του αυτοκινήτου έχει αυτόματη* ~· ~ *του ζητήματος για συζήτηση*. **2.** (γραμμ.) σχήμα λόγου κατά το οποίο μια ή περισσότερες λέξεις επαναλαμβάνονται στην αρχή αλλεπάλληλων στίχων (προκ. για ποίημα) ή περιόδων. **3.** (στη μεταλλοτεχνία) ομοιόμορφη θέρμανση βαμμένου μετάλλου και ψύξη του στη συνέχεια με σκοπό την εξαφάνιση των εσωτερικών τάσεων που αναπτύσσονται εξαιτίας της βαφής.

επαναφορέας ο, ους. **1.** όργανο που προκαλεί την επαναφορά εξαρτήματος μηχανής ή μηχανήματος στη θέση του. **2.** εξάρτημα πυροβόλου όπλου, επανατάκτης (βλ.λ.).

επαναχάραξη η, ους., νέος καθορισμός (πορείας, επιδιώξεων, κλπ.): ~ *οικονομικής πολιτικής*.

επανδρώνω, ρ. **1.** τοποθετώ τον απαιτούμενο αριθμό υπαλλήλων σε κάποια υπηρεσία. **2.** τοποθετώ πλήρωμα σε σκάφος, κ.τ.ό.: *πύραυλος -ωμένος*.

επάνδρωση η, ους. **1.** τοποθέτηση του αναγκαίου αριθμού υπαλλήλων σε κάποια υπηρεσία. **2.** τοποθέτηση πληρώματος σε σκάφος.

επανειλημμένα και **επανειλημμένως**, βλ. *επαναλαμβάνω*.

επανεκδίδω, ρ., παρατ. *επανεξέδιδα*, πληθ. *επανεκδίδαμε*, αόρ. ενεργ. *επανεξέδωσα*, πληθ. *επανεκδώσαμε*, μέσ. *επανεκδόθηκα*, **1.** τυπώνω και παραδίδω στην κυκλοφορία κάτι για μια ακόμη φορά (συνών. *ανατυπώνω, ξαναδημοσιεύω*). **2.** επαναλαμβάνω την έκδοση εντύπου που είχε διακοπεί: *-εται η τοπική εφημερίδα*.

επανέκδοση η, ους. **1.** νέα έκδοση έργου: ~ *των Απάντων του Παλαμά* (συνών. *ανατύπωση, αναδημοσίευση*). **2.** επανάληψη της έκδοσης εντύπου που είχε διακοπεί.

επανεκλέγω, ρ., αόρ. *επανεξέλεξα*, πληθ. *επανεκλέξαμε*, εκλέγω ξανά, εκλέγω κάποιον σε θέση στην οποία είχε εκλεγεί και στο παρελθόν: *η συνέλευση τον -εξέλεξε για τρίτη συνεχή χρονιά γενικό γραμματέα*.

επανεκλέξιμος, -η, -ο, επίθ. (λόγ.), που έχει τη δυνατότητα να εκλεγεί και πάλι.

επανεκλογή η, ους., το να επανεκλέγεται κανείς: *επιδιώκω/θεωρώ βέβαιη την ~ μου*.

επανεκτίμηση η, ους., η διαμόρφωση μιας και-

επανεκτιμώ 496

νούργιας άποψης για κάτι: ~ της πολιτικής κατάστασης μετά τις τελευταίες εξελίξεις (συνών. επαναπροσδιορισμός).

επανεκτιμώ, -άς, ρ., διαμορφώνω καινούργια άποψη για κάτι: το κόμμα θα -ήσει τη στάση του στο ζήτημα (συνών. επαναπροσδιορίζω).

επανεμφανίζω, ρ., εμφανίζω κάτι και πάλι: ο ασθενής -ισε τα ίδια συμπτώματα· ~ φωτογραφικό φιλμ· (μέσ.) με την πρώτη ευκαιρία -ίστηκαν οι παλαιοί εχθροί του πολιτεύματος (συνών. ξαναεμφανίζω· αντ. εξαφανίζω).

επανεμφάνιση η, ουσ., το να εμφανίζεται κάποιος ή κάτι και πάλι: η ~ του στην πολιτική ζωή προκάλεσε αντιδράσεις· ~ φωτογραφικού φιλμ.

επανένταξη η, ουσ. (ερρ.), τοποθέτηση και πάλι ανάμεσα σε άλλους: ~ στην κοινωνία περιθωριακών ατόμων/επιστημονικού υλικού στο οικείο αρχείο.

επανεξετάζω, ρ. (λόγ.), εξετάζω και πάλι, επαναλαμβάνω την εξέταση: ~ μια υπόθεση/το γραπτό ενός μαθητή.

επανεξέταση η, ουσ., νέα εξέταση, επανάληψη εξέτασης: ~ ενός ζητήματος/της υποψηφιότητας του Χ/ενός μάρτυρα (στη δίκη).

επανέρχομαι, ρ., αόρ. επανήλθα, έρχομαι και πάλι στη θέση όπου βρισκόμουν, στο σημείο απ' όπου ξεκίνησα: δεν έχουν -έλθει ακόμη όλοι οι υπάλληλοι από τις θερινές διακοπές· (για αποκατάσταση) ~ στην υπηρεσία/στο στράτευμα με ανώτερο βαθμό· (για επανάληψη) ο πυρετός -ήλθε· (για νέα συζήτηση ή εξέταση) ~ σε ένα ζήτημα· να είσαι καλύτερα προετοιμασμένος όταν -έλθει το θέμα στη συνέλευση (συνών. επιστρέφω, ξαναγυρίζω, ξαναέρχομαι, ξανάρχομαι).

επανίδρυση η, ουσ. (για οργάνωση, εταιρεία, κ.τ.ό.) το να ιδρύεται και πάλι, το να σχηματίζεται ξανά συγκροτημένο σύνολο (συνών. ανασύσταση, ανασυγκρότηση).

επανιδρύω, ρ., ιδρύω και πάλι, πραγματοποιώ επανίδρυση (βλ.λ.): ~ σύλλογο/σωματείο (συνών. ανασυγκροτώ).

επάνοδος η, ουσ. **1.** (λόγ.) το να επανέρχεται κάποιος ή κάτι, επιστροφή, γυρισμός: ~ στην πατρίδα· ~ της μοναρχίας. **2.** (γραμμ.) σχήμα λόγου κατά το οποίο δύο ή περισσότερες προτάσεις στη σειρά αρχίζουν με την ίδια λέξη, λ.χ. Ακούω κούφια τα τουφέκια, ακούω σμίξιμο σπαθιών (Σολωμός) (συνών. επαναφορά).

επανορθώνω, ρ., εξαφανίζω ή μειώνω με μια πράξη μου τις συνέπειες από το κακό που προκλήθηκε σε κάποιον είτε από εμένα είτε από έναν άλλο (συχνά δίνοντας αποζημίωση), ξαναφέρνω στην προηγούμενη κανονική κατάσταση: ~ το λάθος μου/τις ζημιές/τις αδικίες του εξεταστικού συστήματος (συνών. διορθώνω, θεραπεύω).

επανόρθωση η, ουσ. **1.** το να επανορθώνει κανείς κάτι (βλ.λ.): ο υπουργός υποσχέθηκε την ~ των μισθολογικών ανισοτήτων· ο πολιτικός σάλος ανάγκασε την εφημερίδα να κάνει μια ~ (= ανασκευή ψεύτικου ή ανακριβούς δημοσιεύματος) (συνών. διόρθωση, θεραπεία). **2.** (γραμμ.) σχήμα λόγου κατά το οποίο μια έννοια εκφράζεται από τον ομιλητή με κάποια λέξη ή φράση και αμέσως κατόπιν με κάποιαν άλλη, που τροποποιεί, βελτιώνει ή συμπληρώνει την πρώτη (λ.χ. ήταν ψηλός, πανύψηλος· μπήκαμε στο σπίτι του, ή καλύτερα στο καλύβι του). **3.** (διεθν. δίκ.) -ώσεις (πολεμικές) = (κυρίως για τους δύο παγκόσμιους πολέμους) αποζημίωση που υποχρεώθηκαν να καταβάλουν σε χρήμα ή σε είδος οι ηττημένες χώρες στους νικητές για τις καταστροφές τις οποίες προκάλεσαν κατά τον πόλεμο: πληρώνω/εισπράττω -ώσεις.

επανορθώσιμος, -η, -ο, επίθ. (λόγ.), που είναι δυνατόν να επανορθωθεί.

επανορθωτής ο, θηλ. **-τρια,** ουσ., αυτός που επανορθώνει.

επανορθωτικός, -ή, -ό, επίθ., που έχει σκοπό να επανορθώσει κάτι: (συνήθως για αξιόποινη συμπεριφορά) φυλακές/ποινές -ές· (ιατρ.) -ή χειρουργική.

επανορθώτρια, βλ. επανορθωτής.

επάνω, απάνω, πάνω, απάνου, πάνου, επίρρ. τοπ., (με τις προθ. από, σε ή προσωπ. αντων. σε γεν.). **1α.** (για στάση ή κίνηση) σε σημείο ή τόπο ψηλότερο σε σχέση με άλλο ή με το πρόσωπο που μιλά: στον τοίχο ~ από την έδρα βρισκόταν η εικόνα του Χριστού· ένας βράχος κρεμόταν ~ από τα κεφάλια μας· (για κάτι που βρίσκεται στον ουρανό): κατασκοπευτικοί δορυφόροι πάνω από τον Περσικό κόλπο· το αεροπλάνο πέταξε χαμηλά πάνω από το πλήθος· (για κάτι που βρίσκεται ψηλότερα από κάτι άλλο με ένα μικρό ενδιάμεσο κενό): υπήρχαν δύο φωτιστικά ~ από το τραπέζι· ο γιατρός έσκυψε πάνω στον άρρωστο. **β.** (για προέλευση από σημείο ή τόπο ψηλότερο): το νερό κυλούσε από ~ με θόρυβο· μια γλάστρα έπεσε από πάνω από την ταράτσα· **γ.** (για κατεύθυνση προς ένα σημείο ψηλότερο): όλοι κοίταξαν ~· (λαϊκ.) κατά πάνω· το αερόστατο ήταν έτοιμο για πάνω· ο πύραυλος κινούνταν προς τα ~ με ταχύτητα. **2.** (για μετακίνηση του σώματος ή ενός μέλους του ώστε να βρεθεί σε θέση ψηλότερη από πριν): σηκώνομαι ~ (= σε όρθια στάση)· σήκωσε ~ το κεφάλι· όλοι οι μαθητές είχαν το χέρι ~· (ως προστ.) ~! (= σήκω! σηκωθείτε!). **3.** στο πιο ψηλό, στο ακραίο σημείο ή στο ανώτερο τμήμα του πράγματος για το οποίο γίνεται λόγος: πουκάμισο κουμπωμένο ως ~· μου γέμισε ως ~ το ποτήρι· η σημαία υψώθηκε πάνω στον ιστό. **4.** για τμήμα κτηρίου που βρίσκεται πιο ψηλά σε σχέση με ένα άλλο: το γραφείο είναι στον έκτο όροφο πάνω από την τράπεζα· πάνω από μας/από πάνω μας μένει ένα νεαρό ζευγάρι. **5.** (για μέλος του σώματος) λίγο πιο ψηλά και πολύ κοντά: η σφαίρα το βρήκε πάνω από το δεξί μάτι. **6.** (για τόπο) σε θέση ψηλότερη από κάτι και σε μια πλευρά του: οι λόφοι πάνω από τη Θεσσαλονίκη. **7.** (για τόπο που βρίσκεται στα βόρεια ενός άλλου): όταν έρθεις ~ στη Θεσσαλονίκη, θα το κουβεντιάσουμε καλύτερα· πώς ζείτε εκεί πάνω στη Γερμανία με τόσο κρύο! (πβ. ανεβαίνω). **8.** (μεταφ. για πρόσωπο ή πράγμα σπουδαιότερο, ανώτερο, ισχυρότερο, κ.τ.ό.): πάνω κι από τη ζωή είχαν την τιμή της πατρίδας (= σε σημαντικότερη θέση)· θεωρεί τον εαυτό του πάνω από τους άλλους (= πιο άξιο)· πήρα διαταγές από πάνω (= από ανώτερη αρχή)· (για δυνατότερο ή καθαρότερο ήχο): πάνω από όλες τις φωνές μέσα στην τάξη ακουγόταν η δική σου. **9.** (σε θέση επιθ. προσδ.) που βρίσκεται σε ψηλή ή ψηλότερη θέση: το ~ μέρος/πάτωμα· η ~ γειτονιά· πάνω νερά· (ως ουσ.) έχουμε καλές σχέσεις με τους ~ (= μ' αυτούς που κατοικούν στο πάνω πάτωμα. **10α.** για δήλωση της θέσης προσώπου ή πράγματος, όταν βρίσκονται - ακίνητα ή σε κίνηση - σε κάποια επιφάνεια ή ειδικά στην ανώτερη επιφάνεια ενός αντικειμένου και το βάρος τους στηρίζεται σ' αυτό: *άφησα τα βιβλία πάνω στο τραπέζι· πάτησες ~ στο πόδι μου· καράβι πάνω στα κύματα·* (για ορεινό τόπο): *πάρε με πάνω στα βουνά, τι θα με φάει ο κάμπος* (Κρυστάλλης)· (επιτ.): *πάνω πάνω στο δέμα έβαλα το καινούργιο βιβλίο* (= εντελώς επάνω)· **β.** (όταν κανείς ή κάτι αγγίζει ή πιέζει ένα τμήμα του σώματος κάποιου): *πάρε το χέρι σου από πάνω μου!* (σε μεταφ.) *έφυγε από πάνω μου ένα βάρος* (= έπαψα να στενοχωριέμαι)· **γ.** (για μεταφορικό ή συγκοινωνιακό μέσο): *πάνω στ' άλογο· δεν υπήρχαν πολλοί επιβάτες πάνω στο λεωφορείο.* **11.** (για την επιφάνεια προς την οποία κινείται κάθετα και όπου σταματά κάτι): *ακούγονται νομίσματα να πέφτουν πάνω στο τραπέζι* (Σεφέρης). **12.** (για κάθετη επιφάνεια όπου στηρίζεται ένα μέρος ή μια πλευρά ενός αντικειμένου): *άφησα το κλειδί πάνω στην πόρτα.* **13.** (για χώρο που βρίσκεται πολύ κοντά σε κάτι ή εφάπτεται σε κάτι): *οικόπεδο πάνω στη θάλασσα· το διαμέρισμα ήταν ~ σε κεντρικό δρόμο.* **14.** (για φως, υγρό, κ.τ.ό., όταν καλύπτουν κάποιον ή κάτι): *ένα γαλάζιο φως απλώθηκε πάνω στη σκηνή· έριχνε πάνω του νερό με τον κουβά·* (γενικά για κάτι υλικό) *έχεις χρώματα πάνω στα ρούχα σου.* **15.** για υλικό, επιφάνεια ή αντικείμενο που έχει δεχτεί επίδραση με τη γραφή, τη ζωγραφική, την τυπογραφία, κ.τ.ό., ώστε ν' αλλάξει η μορφή του: *το ψήφισμα χαράχτηκε πάνω σε μάρμαρο· Πάνω στην άμμο την ξανθή/ γράψαμε τ' όνομά της* (Σεφέρης). **16.** (για ρούχο που καλύπτει κατά ένα μέρος ή ολότελα ένα άλλο ρούχο ή το σώμα): *φόρεσα πάνω από το πουκάμισο το γιλέκο μου· έριξα τη ρόμπα ~ μου και βγήκα στο μπαλκόνι·* (συνεκδοχικά) *πυκνά μαλλιά έπεφταν πάνω στους ώμους της·* **β.** (μεταφ. για αδύνατο άνθρωπο): *δεν έχει/δε βάζει/δεν πιάνει κρέας ~ του.* **17.** (για να δηλωθεί ότι κάποιος μεταφέρει κάτι, συνήθως μια άμεση χρήση, το οποίο μάλιστα είναι τόσο μικρό ώστε να το έχει βάλει στις τσέπες του): *έχεις ~ σου ψιλά/ένα μολύβι; δεν έχω ταυτότητα ~ μου.* **18.** (για το θέμα μιας συζήτησης, ενός βιβλίου, κλπ., για το αντικείμενο μιας διαφοράς) *σχετικά με: ανταλλαγή απόψεων πάνω σε επίκαιρα προβλήματα· διατύπωσε ορισμένες προτάσεις πάνω στο ζήτημα των εξετάσεων.* **19α.** (για να δηλωθεί ότι κάποιος δέχεται μια επίδραση, επηρεάζεται - είτε θετικά είτε αρνητικά - από μια ενέργεια): *οι συμβουλές σου δεν είχαν ~ του καμιά επίδραση·* (για το πρόσωπο που κοιτάζει κανείς) *ούτε στιγμή δεν πήρε το βλέμμα του από πάνω μου·* (σε μεταφ.) *ασκούν ~ μου πολλές πιέσεις· όποτε πάει κάτι στραβά, ρίχνεις το βάρος/τις ευθύνες ~ μου* (= με παρουσιάζεις υπεύθυνο)· **β.** (για το πρόσωπο που είναι ή γίνεται κύριος, ιδιοκτήτης, κ.τ.ό., ενός πράγματος) *στο όνομά μου: τον πίεζε να γράψει το σπίτι ~ του· το συμβόλαιο έγινε ~ μου.* **20α.** (για το πρόσωπο που μια ενέργεια έχει σκοπό, πρόκειται ή είναι πιθανό να το βλάψει) *εναντίον: πυροβόλησαν πάνω στους διαδηλωτές· το νερό ερχόταν ορμητικό ~ μου· ενώ ήμασταν σταματημένοι, ένα φορτηγό ήρθε και έπεσε ~ μας·* (σε έντονη προτροπή για επίθεση): *απάνω τους και τους φάγαμε!* (συνών. καταπάνω)· **β.** (για τυχαία -κάποτε ανεπι-

θύμητη - συνάντηση): *βγαίνοντας από το γραφείο έπεσα απάνω του· γ.* (για κατεύθυνση αντίθετη σε κάτι): *ο καπετάνιος έδωσε πορεία πάνω στον καιρό* (συνών. *κόντρα*). **21.** (χρον.) **α.** (με το αναφ. *που* ή την πρόθ. *σε* για να δηλωθεί το σύγχρονο): ~ *στο θυμό του μίλησε άσχημα· πάνω πάνω στον κίνδυνο δεν μπορείς να σκεφτείς ψύχραιμα· πάνω στο ταξίδι ο καπετάνιος αρρώστησε· μπήκε πάνω που μιλούσαμε γι' αυτόν* (= ακριβώς τη στιγμή)· έκφρ. *πάνω στην ώρα* (= έγκαιρα, την καθορισμένη ή την κατάλληλη στιγμή)· **β.** με το αναφ. *που* ή την πρόθ. *σε* για να δηλωθεί το υστερόχρονο): *πάνω που τέλειωσα το διάβασμα, με κάλεσε ο δάσκαλος* (= μόλις)· *πάνω στον τρίτο χρόνο η εταιρεία διαλύθηκε· γ.* (με την πρόθ. *από*) μετά: *πάνω από το φαΐ δε θέλω τίποτε·* **δ.** έκφρ. *πιο πάνω* (σε γραπτό κείμενο ή ομιλία, για κάτι που αναφέρθηκε ή συζητήθηκε πιο πριν, προηγουμένως): *εξήγησα πιο πάνω τα αίτια της απόφασής μου* (συνών. *παραπάνω*). **22.** (ποσ.) (συνήθως με την πρόθ. *από,* για να δηλωθεί μέγεθος, δηλ. ποσό, ηλικία, τιμή, κ.τ.ό., μεγαλύτερο από ένα άλλο ή από ορισμένο σημείο) περισσότερο (-οι, -ες, -α) από: *τα εισιτήρια που λήθηκαν εκατό τοις εκατό ~* (εννοείται: *από την κανονική τιμή*)· *ρώτησα πάνω από δέκα· παίρνει πάνω από εκατό χιλιάδες· αυτό είναι πάνω από τις δυνάμεις μου·* (απολ., με προηγ. *το και*): *ένα δέντρο εκατόχρονο και πάνω· εισόδημα από τριακόσιες πενήντα χιλιάδες και πάνω φορολογείται* (συνών. *παραπάνω*)· έκφρ. *πέντε πάνω πέντε κάτω* (= με διαφορά μιας πεντάδας, για δήλωση μικροδιαφορών): *πέντε πάνω πέντε κάτω στο τέλος συμφωνήσαμε.* **23.** (με την πρόθ. *σε,* για προσθήκη): *κουβέντα πάνω στην κουβέντα θυμηθήκαμε και κάποιες παλιές ιστορίες·* έκφρ. *πάνω σ' όλα* (= εκτός απ' όλα τ' άλλα, κιόλας): *πάνω σ' όλα καθυστερούσαν και την αναχώρηση·* (αντ. σε όλες σχεδόν τις σημασ. *κάτω*). Έκφρ. *~ ~* (= **α.** επιφανειακά, επιπόλαια: *ό,τι του πεις το παίρνει απάνω απάνω· είδα το θέμα ~ ~* **β.** σε γενικές γραμμές, όχι σαφώς ή λεπτομερειακά): *τα είπαμε ~ ~· ο ~ κόσμος* (= η επίγεια ζωή· αντ. *ο άλλος/ο κάτω κόσμος*)· *~ κάτω* (= **α.** εδώ κι εκεί: *από την αγωνία περπατούσε πάνω-κάτω·* **β.** περίπου: *πόσο πάνω κάτω θα στοιχίσουν οι επισκευές;*) *ο ένας ~ στον άλλο* (για μεγάλο συνωστισμό, για πολυκοσμία· πβ. *πατείς με, πατώ σε*). Φρ. *βγαίνω απάν' απάνω* (βλ. *βγαίνω* φρ.)· *βγαίνω από πάνω* (= καταφέρνω να φαίνομαι αθώος, ανεύθυνος για κάτι)· *τα κάνω ~ μου* (= **α.** αφοδεύω ή ουρώ φορώντας τα ρούχα μου: *τριών χρονών παιδί κι ακόμη τα κάνει απάνω του·* **β.** μεταφ., αισθάνομαι υπερβολικό φόβο)· *παίρνω ~ μου* (= αποκτώ δυνάμεις): *ύστερα από εκείνη την αρρώστια δεν μπόρεσε να πάρει απάνω του·* (μεταφ.) *με τη συνεργασία όλων η εταιρεία πήρε γρήγορα ~ της· παίρνω κάτι ~ μου* (= αναλαμβάνω): *παίρνω ~ μου την ευθύνη/την υπόθεση· το παίρνω ~ μου* (= υπερηφανεύομαι υπερβολικά συνήθως για την υποτιθέμενη αξία μου, υπερεκτιμώ τον εαυτό μου): *μην τον παινεύεις τόσο, γιατί θα το πάρει ~ του.*

επανωκαλύμμαυχο, (ε)πανωκαλύμμαυκο και **(α)πανωκαμήλαυκο** το, ουσ. (εκκλ.) το μαύρο λεπτό ύφασμα που φορούν ιερομόναχοι, αρχιμανδρίτες ή επίσκοποι πάνω από το καλυμμαύχι τους ή οι καλόγεροι πάνω το μοναχικό τους σκούφο: *ορισμένοι μητροπολίτες των σλαβικών εκκλησι-*

ών φέρουν λευκό ~ (συνών. *επιρριπτάριο, κουκούλι*).

επανωτόκι, βλ. *πανωτόκι.*

επανωφόρι, βλ. *πανωφόρι.*

επάξιος, -α, -ο, επίθ. (ασυνίζ.), που γίνεται ή παρέχεται όπως αξίζει, όπως πρέπει: *αμοιβή -α (για τις υπηρεσίες κάποιου)* (συνών. *αντάξιος*). - Επίρρ. **-α** και **-ίως:** *η ομάδα αντιπροσώπευσε -α τη χώρα μας στους αγώνες.*

επ' αόριστον· αρχαϊστ. έκφρ. = χωρίς καθορισμό χρονολογίας: *αναβάλλω/κηρύσσω απεργία* ~.

επ' άπειρον· αρχαϊστ. έκφρ. = χωρίς τέλος, συνέχεια, αιώνια: *η γη γυρίζει* ~· *δεν μπορείς να κάνεις* ~ *τέτοια πράγματα· αυτή η σχέση δε θα συνεχιστεί* ~.

επάρατος, -η, -ο, επίθ. (λόγ.), καταραμένος, απαίσιος, μισητός: *τα χρόνια του -ου εμφύλιου πολέμου·* (συνηθέστερα στην έκφρ.) *η -η νόσος* (για να αποφύγουμε τη λ. *καρκίνος*).

επάργυρος, -η, -ο, επίθ., (για σκεύος, όπλο, κ.ά.) καλυμμένος με λεπτό στρώμα από άργυρο (συνών. *επαργυρωμένος, ασημωμένος, ασημοκαπνισμένος*).

επαργυρώνω, ρ., επικαλύπτω με άργυρο (ένα μεταλλικό αντικείμενο ή σκεύος) (συνών. *ασημώνω, ασημοκαπνίζω*).

επαργύρωση η, ουσ. **1.** (τεχνολ.) επικάλυψη μεταλλικού αντικειμένου ή σκεύους με στρώμα αργύρου: ~ *θερμή/ηλεκτροχημική*· ~ *γυαλιού* (για να κατασκευάσουμε καθρέφτη) (συνών. *ασήμωμα, ασημοκάπνισμα*). **2.** (συνεκδοχικά) επίστρωμα από άργυρο.

επάρκεια η, ουσ. (ασυνίζ.). **1.** το να υπάρχει κάτι στην ποσότητα που χρειάζεται, που ικανοποιεί τις ανάγκες κάποιου: *πλήρης* ~ *αγαθών στην αγορά·* ~ *νερού/σε ηλεκτρικό ρεύμα* (αντ. *ανεπάρκεια, έλλειψη*). **2.** δύναμη να πράττει κανείς κάτι ανάλογα με τις περιστάσεις, ικανότητα που απαιτείται για ορισμένο έργο: ~ *γνώσεων· αμφιβάλλω για την -ά του στην ξένη γλώσσα* (συνών. *αξιοσύνη·* αντ. *ανεπάρκεια, αναξιότητα*).

επαρκής, -ής, -ές, γεν. *-ούς,* πληθ. αρσ. και θηλ. *-είς,* ουδ. *-ή,* επίθ. (λόγ.). **1.** (για ποσότητα) που μπορεί να καλύψει τις ανάγκες κάποιου: *τρόφιμα -ή· γνώσεις -είς* (συνών. *αρκετός·* αντ. *ανεπαρκής*). **2.** (για πρόσωπο) που ανταποκρίνεται ικανοποιητικά σε ορισμένες ανάγκες: *δεν κρίνεται* ~ *για τη θέση του διευθυντή* (συνών. *άξιος*). - Επίρρ. **-ώς:** *δε συνειδητοποίησε -ώς το πρόβλημα* (= αρκετά, όσο χρειάζεται, όσο πρέπει).

επαρκώ, -είς, ρ. (συνήθως στον ενεστ.). **1.** είμαι επαρκής, υπάρχω στην αναγκαία ποσότητα: *τα καύσιμα -ούν για δύο μήνες* (συνών. *φτάνω·* αντ. *λείπω*). **2.** (για πρόσωπο) είμαι όσο χρειάζεται ικανός σε κάτι.

επαρκώς, βλ. *επαρκής.*

έπαρση η, ουσ. **1.** (για τη σημαία) ανύψωση στον ιστό (αντ. *υποστολή*). **2.** υπερβολική υπερηφάνεια που δείχνει κανείς για τις ικανότητες ή τις επιτυχίες του, το να έχει μεγάλη ιδέα για τον εαυτό του χωρίς να το αξίζει: ~ *της νιότης· μίλησε με* ~ (συνών. *οίηση·* αντ. *μετριοφροσύνη*).

επαρχείο το, ουσ., δημόσιο κτήριο όπου έχει την έδρα του ο *έπαρχος.*

επαρχεύω, ρ., είμαι έπαρχος, ασκώ τα καθήκοντα επάρχου (είτε φέροντας το αξίωμα είτε αναπληρώνοντας τον έπαρχο).

επαρχία η, ουσ. **1.** διοικητική περιφέρεια του κράτους μικρότερη από το νομό: *ο νομός ... περιλαμβάνει τις -ες...·* ~ *καπνοπαραγωγική.* **2.** (συνήθως υποτιμητικά, σε αντιδιαστολή προς την πρωτεύουσα) κάθε περιοχή της χώρας εκτός από την περιοχή της Αθήνας (ή και της Θεσσαλονίκης): *οι καθηγητές/τα περιοδικά της -ας·* το φέρσιμό του έδειχνε ότι κατέβηκε από την ~· ~ *απομονωμένη/παραμελημένη* (συνών. *περιφέρεια*). **3.** μεγάλη διοικητική περιφέρεια ενός κράτους: *οι -ες της Ισπανίας·* (ιστ.) *οι -ες της βυζαντινής αυτοκρατορίας.* **4.** (εκκλ.) περιφέρεια που περιέχει περισσότερες ή και μία επισκοπή.

επαρχιακός, -ή, -ό, επίθ. (ασυνίζ.). **1.** που ανήκει ή αναφέρεται στην επαρχία (βλ.λ. στη σημασ. 1): *συμβούλιο -ό.* **2α.** που ανήκει ή αναφέρεται στις περιοχές της χώρας πέρα από την πρωτεύουσα: *τόπος* ~· *βιομηχανία -ή.* **β.** (συχνά υποτιμητικά, για να δηλωθεί καθυστέρηση, αδράνεια, έλλειψη καλλιέργειας ή κοινωνικότητας): *νοοτροπία/πλήξη -ή· ήθη -ά* (συνών. *επαρχιώτικος·* πβ. *χωριάτικος*). **3.** που βρίσκεται στην επαρχία (βλ.λ. στη σημασ. 3): *φρουρές -ές.* **4.** (εκκλ.) *σύνοδος -ή* = που παλαιότερα τη συγκροτούσαν οι επίσκοποι μιας επαρχίας.

επαρχίνα, επάρχισσα, βλ. *έπαρχος.*

επαρχιώτης, θηλ. *-ισσα,* ουσ. (ασυνίζ.), αυτός που κατοικεί στην επαρχία (βλ.λ. στη σημασ. 2) ή κατάγεται από εκεί (συχνά υποτιμητικά ή κοροϊδευτικά για πρόσωπο που υστερεί σε πνευματική καλλιέργεια ή κοινωνική συμπεριφορά): ~ *απονήρευτος/άξεστος/κουτοπόνηρος* (πβ. *χωριάτης·* αντ. *πρωτευουσιάνος*). - Υποκορ. **-άκι** και **-όπουλο** το, θηλ. **-οπούλα** η.

επαρχιώτικος, -η, -ο, επίθ. (ασυνίζ.), που ανήκει ή αναφέρεται στην επαρχία (βλ.λ. στη σημασ. 2) ή στους επαρχιώτες: *εφημερίδες/συνήθειες -ες· προφορά -η* (συνών. *επαρχιακός* στη σημασ. 2· αντ. *πρωτευουσιάνικος, κοσμοπολίτικος*). - Επίρρ. **-α.**

επαρχιωτισμός ο, ουσ. (ασυνίζ.), (περιφρονητικά) έλλειψη πνευματικής καλλιέργειας, αδεξιότητα στους κοινωνικούς τρόπους ή καθυστερημένη νοοτροπία που χαρακτηρίζει συχνά έναν επαρχιώτη.

επαρχιώτισσα, βλ. *επαρχιώτης.*

επαρχιωτοπούλα, βλ. *επαρχιώτης.*

επαρχιωτόπουλο, βλ. *επαρχιώτης.*

έπαρχος ο, θηλ. **-ίνα** και **-ισσα,** ουσ. **1.** ανώτερος διοικητικός υπάλληλος, προϊστάμενος της επαρχίας (βλ.λ. στη σημασ. 1): ~ *Κυκλάδων.* **2.** (ιστ.) ανώτατος αξιωματούχος της βυζαντινής αυτοκρατορίας: ~ *του Ιλλυρικού/της Κωνσταντινούπολης.*

έπαυλη η, πληθ. *επαύλεις,* ουσ. **1.** (αρχαιολ.) αγρόκτημα με οικοδομικό συγκρότημα για κατοικία, καθώς και βοηθητικούς χώρους (αποθήκες, στάβλους, κ.ά.): *ανασκαφή μιας ρωμαϊκής -ης στην Όλυνθο·* η ~ *του Αδριανού στο Τίβολι.* **2.** πολυτελής εξοχική κατοικία (συνών. *βίλα*).

επαυξάνω, ρ. (λόγ.). **1.** (μτβ.) αυξάνω κάτι περισσότερο (σε μέγεθος ή σε ποσότητα), προσαυξάνω: ~ *την ποινή.* **2.** (αμτβ. και μέσ.) αυξάνομαι περισσότερο: *με την προαγωγή -ουν/-ονται οι υποχρεώσεις σου. Φρ. συμφωνώ και* ~ (= α. (κυριολ.) *την ποινή.* **β.** (μεταφ.) για να δηλωθεί τέλεια αποδοχή, απόλυτη επιδοκιμασία μιας άποψης). - Η μτχ. ως επίθ. = (γραμμ.) *πρόταση -ημένη* = η πρόταση που

έχει εκτός από τους κύριους όρους και δευτερεύοντες.
επαύξηση η, ους. (λόγ.), μεγαλύτερη αύξηση, προσαύξηση.
επαύριον η, ους. (άκλ. λόγ. ασυνίζ.), η αυριανή, η επόμενη μέρα: *την ~ (αύριο) θα ξανασυναντηθούμε· η ~ θα είναι ημέρα γιορτής.*
επ᾽ αυτοφώρω αρχαϊστ. έκφρ.· σε περιπτώσεις αδικήματος που γίνεται ενώ είναι παρών εκείνος που το ανακαλύπτει: *τον συνέλαβαν ~* (βλ. και *αυτόφωρος*).
επαφή η, ους. **1α.** η θέση δύο σωμάτων, όταν βρίσκονται τόσο κοντά ώστε τίποτε να μην υπάρχει ανάμεσά τους που να τα χωρίζει: *~ ελαφρά· σημείο -ής* (συνών. *άγγιγμα*) **β.** (ιατρ.) για τη δράση ουσιών ή μικροβίων ή για θεραπευτική αγωγή: *δερματίτιδα εξ -ής* (= όταν ακουμπήσει στο δέρμα μια ουσία αλλεργιογόνος): *~ άμεση με μολυσμένο αντικείμενο· φακοί -ής* (= λεπτοί πλαστικοί διορθωτικοί φακοί που τους προσαρμόζει κανείς στην επιφάνεια των βολβών των ματιών αναπληρώνοντας την όραση που χάνει κανείς εξαιτίας κάποιας πάθησης)· **γ.** το να γίνεται κάτι αντιληπτό με τις αισθήσεις: *~ οπτική.* **2.** (ηλεκτρολ.) **α.** σημείο ή περιοχή όπου δύο αγώγιμα σώματα ενώνονται έτσι που να υπάρχει μεταξύ τους ηλεκτρική σύνδεση· **β.** σύστημα δύο ή περισσότερων αγωγών που βρίσκονται μόνιμα, περιοδικά ή στιγμιαία σε σύνδεση που επιτρέπει τη ροή ηλεκτρικού ρεύματος· (συνεκδοχικά) η λειτουργία που αποκαθιστά τη σύνδεση αυτή: *καλώδια που κάνουν ~.* **3α.** αμοιβαία προσέγγιση και σχέση ανάμεσα σε δύο ή περισσότερα άτομα: *~ προσωπική/κοινωνική/ψυχική ~ τηλεφωνική ~ της δασκάλας με τους γονείς των μαθητών· -ές πολιτιστικές· -ές διερευνητικές των δύο αντιπροσωπειών·* **β.** (ειδικά) *~ σεξουαλική/ερωτική* ή απλώς *~ = συνουσία·* **γ.** (στρατ.) προσέγγιση προς τον εχθρό που κινείται ή σταθμεύει, η οποία διαπιστώνεται με τα πρώτα πυρά πεζικού ή πυροβολικού: *διαλύθηκαν στην πρώτη ~ με τον εχθρό.* Φρ. *αποκτώ/παίρνω ~* (= καταφέρνω να επικοινωνήσω γραπτά ή προφορικά με κάποιον) *έρχομαι σε ~* (= **α.** επικοινωνώ με κάποιον· **β.** συνουσιάζομαι· **γ.** για πράγμα, γνωρίζω)· *έχω ~ ή -ές* (= **α.** ανταλλάσσω μηνύματα με τον ασύρματο ή άλλο μέσο· **β.** διατηρώ κοινωνικές σχέσεις· **γ.** συνεργάζομαι)· *έχω ~ με την πραγματικότητα* (= καταλαβαίνω καλά τι συμβαίνει γύρω μου)· *χάνω ~* (= παύω να συναντώ κάποιον ή να μαθαίνω νέα του)· *χάνω την ~ με την πραγματικότητα* (= δεν επικοινωνώ, δεν καταλαβαίνω τι συμβαίνει γύρω μου).
επαφίεμαι, ρ. (αρχαϊστ., μόνο στον εν. της οριστ. ενεστ.), αφήνομαι στη φροντίδα κάποιου: *η τήρηση του Συντάγματος -εται στον πατριωτισμό των Ελλήνων· αυτό -εται στην καλή του διάθεση.*
επαχθής, -ής, -ές, γεν. -ούς, πληθ. αρσ. και θηλ. -είς, ουδ. -ή, επίθ. (λόγ.), βαρύς, καταθλιπτικός, δυσβάστακτος: *φορολογία ~· η παροχή του οφειλέτη έγινε υπέρμετρα ~.*
Επαχτίτης, ο, θηλ. *-ισσα*, ους., αυτός που κατάγεται από τον Έπαχτο (= Ναύπακτος).
επαχτίτικος, -η, -ο, επίθ., που σχετίζεται με τον Έπαχτο (= Ναύπακτος) ή τους κατοίκους του.
επείγει (λόγ.), τριτοπρόσ. (μόνο ενεστ.), είναι επιτακτική ανάγκη να γίνει κάτι αμέσως: *~ η εγχείρηση/η αποστολή τροφίμων· ~ το ζήτημα της πρόσληψης συνεργατών.*
επείγομαι, ρ. (λόγ.), βιάζομαι να κάνω κάτι: *~ να συζητήσω μαζί του.*
επειγόντως, επίρρ. (έρρ.), χωρίς καθυστέρηση: *τον μετέφεραν ~ στο νοσοκομείο.*
επείγων, -ουσα, -ον, επίθ. **1.** (για ενέργεια) **α.** που επείγει, που επιβάλλεται να γίνει αμέσως: *έλεγχος του δικτύου ~· χειρουργική επέμβαση -ουσα·* **β.** που γίνεται βιαστικά, γρήγορα: *αναχώρηση/διαβίβαση -ουσα.* **2.** (για ζήτημα, πρόβλημα, κ.τ.ό.) που πρέπει να αντιμετωπιστεί χωρίς καθυστέρηση: *η κλινική δέχεται μόνο τα -οντα περιστατικά.* **3.** (για αντικείμενο που στέλνει κάποιος με το ταχυδρομείο) που πρέπει να φτάσει στον προορισμό του το γρηγορότερο: *επιστολή -ουσα· τηλεγράφημα -ον.*
επειδή, σύνδ. αιτιολ., (εισάγει αιτιολ. πρότ.) για το λόγο ότι: *ήρθα σ᾽ εσένα ~ ξέρω ότι θα με βοηθήσεις· δεν το αγόρασα ~ ήταν πανάκριβο* (συνών. *γιατί*). Έκφρ. *κι ~* (σε διάλογο για να δηλωθεί αδιαφορία ή αντίρρηση για κάτι που ειπώθηκε πιο πριν).
επείσακτος, -η, -ο, επίθ. (λόγ.), που έχει εισαχθεί απ᾽ έξω, ξενόφερτος: *συνήθεια -η.*
επεισοδιακός, -ή, -ό, επίθ. (ασυνίζ.). **1.** συμπτωματικός. **2.** που κατά τη διάρκειά του παρουσιάζονται επεισόδια (βλ.λ. στη σημασ. 1): *ποδοσφαιρικός αγώνας ~· τηλεοπτική συζήτηση -ή* (συνών. *περιπετειώδης, ταραχώδης·* αντ. *αδιατάρακτος*). **3.** που ανήκει σε ένα μόνο επεισόδιο (βλ.λ. στη σημασ. 5): *πρόσωπα ενός μυθιστορήματος -ά.* - Επίρρ. **-ά.**
επεισόδιο το, ους. (ασυνίζ.). **1α.** αυτοτελές συμβάν που παρεμβάλλεται απροσδόκητα στη συνέχεια μιας διαδικασίας, μιας επιχείρησης, κ.τ.ό.: *~ ασήμαντο/κωμικό·* **β.** (για την κοινωνική ή την πολιτική ζωή) απροσδόκητη λογομαχία, φιλονικία ή σύγκρουση που διαταράσσει την τάξη: *δημιουργώ -ια· κατά τα -ια τραυματίστηκαν σοβαρά έξι άτομα.* **2.** γεγονός με περιορισμένη έκταση και σημασία, το οποίο όμως μπορεί να έχει σοβαρές συνέπειες στις διεθνείς σχέσεις: *~ διπλωματικό/συνοριακό.* **3.** ξαφνική δυσλειτουργία του οργανισμού: *~ εγκεφαλικό/καρδιακό.* **4.** (φιλολ.) διαλογικό μέρος του αρχαίου δράματος που παρεμβάλλεται ανάμεσα στα χορικά. **5.** (λογοτ. - θεατρ.) **α.** σχετικά αυτοτελές τμήμα έργου, το οποίο εντάσσεται μέσα σε μια ευρύτερη ενότητα: *θα προβληθεί το πρώτο ~ της τηλεοπτικής σειράς·* **β.** περιστασιακό συμβάν ή σκηνή που συνοδεύει την κύρια δράση και συνδέεται λιγότερο ή περισσότερο φυσικά με αυτήν: *παρέμβλητα -ια με καθαρά κωμικό αποτέλεσμα.*
έπειτα, I. επίρρ. χρον. **1.** δηλώνει ότι ένα πρόσωπο, μια πράξη, κ.τ.ό. ακολουθούν (άλλο πρόσωπο, πράξη, κ.ά.): *ξεκινήσαμε για το θέατρο κι ~ θυμήθηκε ότι είχε αφήσει τα εισιτήρια στο σπίτι· πήγαινε πρώτα εσύ, εγώ έρχομαι ~* (με επόμενη την πρόθ. *από*) *~ από λίγους μήνες παντρεύτηκαν* (συνών. *κατόπιν, ύστερα·* αντ. *προηγουμένως, πρώτα*). **2.** δηλώνει το: *από τόσες διαφωνίες, ήταν φυσικό να διακοπεί η συνεργασία.* **3.** δηλώνει προσθήκη: *τον προσλάβαμε γιατί έγραψε καλά, ~ είχε και άριστες συστάσεις* (συνών. *άλλωστε, εξάλλου, ύστερα*). **II.** σύνδ. **1.** (συμπερ., συνήθως σε διάλογο ή ερωτ. πρότ.) δηλώνει συμπέρα-

σμα που βασίζεται σε πραγματικό γεγονός (ως έκφραση έντονου πάθους, λ.χ. αγανάκτησης, δυσαρέσκειας, κ.ά.): *δεν έφερε και σήμερα το βιβλίο· ~ πώς να μη θυμώνεις μαζί του!* (με προηγ. *το και*) *κι ~ μου λες γιατί δεν τον προσκαλώ! Μια φορά μας ήρθε και μας αναστάτωσε.* 2. (αντιθ., με προηγ. *το και* όταν συνδέονται με τα προηγούμενα περίοδοι ή κώλα περιόδου) και όμως, και εντούτοις: *χιονίζει, βρέχει, μας έφαγαν οι λάσπες· κι ~ λένε πως ήρθε η άνοιξη.*

επέκταση η, ουσ. **1α.** η επιπλέον αύξηση στο μήκος ή την έκταση: *~ της σιδηροδρομικής γραμμής.* **β.** (συνεκδοχικά) το τμήμα που προσθέτει κανείς για να αυξήσει κάτι σε διαστάσεις: *αγόρασα μια ~ για το καλώδιο της γραφομηχανής* (αντ. *βράχυνση, ελάττωση, περιορισμός*). **2.** το να αποκτά (μια χώρα) περισσότερο έδαφος ή μεγαλύτερη δύναμη, το να βελτιώνει καθώς αναπτύσσεται τη θέση της στον κόσμο: *~ μιας χώρας έξω από τα σύνορά της· ~ οικονομική* (αντ. *συρρίκνωση*). **3.** το να διαδίδεται κάτι ευρύτερα, το να γίνεται κοινό σε περισσότερους: *~ της χρήσης γεωργικών μηχανημάτων/του συνταξιοδοτικού δικαιώματος* (συνών. *εξάπλωση*).

επεκτατικός, -ή, -ό, επίθ., που ανήκει, αναφέρεται ή αποσκοπεί στην επέκταση (βλ.λ. στη σημασ. 2): *τάσεις -ές· πόλεμος ~* (= *κατακτητικός*)· *πολιτική -ή* (= *επεκτατισμός*) (συνών. *ιμπεριαλιστικός*). - Επίρρ. **-ά**.

επεκτατισμός ο, ουσ., η πολιτική ενός κράτους που επιδιώκει να αυξήσει την έκτασή του καταλαμβάνοντας άλλα εδάφη ή να θέσει άλλα κράτη υπό τον πολιτικό ή τον οικονομικό του έλεγχο: *~ τουρκικός/μιας υπερδύναμης* (συνών. *ιμπεριαλισμός*).

επεκτατιστής ο, ουσ., αυτός που υποστηρίζει και επιδιώκει την εδαφική και την οικονομική επέκταση ή την επιρροή σε ξένες χώρες (συνών. *ιμπεριαλιστής*).

επεκτείνω, ρ., παρατ. - αόρ. *επέκτεινα* και *επεξέτεινα*, μέσ. *επεκτάθηκα*. **1.** αυξάνω κάτι στο μήκος ή την έκταση: *πρέπει να -ουν τον κεντρικό δρόμο·* (μέσ.) *η πόλη δυστυχώς -εται χωρίς σχέδιο και πρόγραμμα·* (σε μεταφ.) *~ τον κύκλο των δραστηριοτήτων/των συνεργατών μου* (συνών. *διευρύνω·* αντ. *ελαττώνω, περιορίζω*)· (μέσ., γραμμ.) *-εται η σημασία μιας λέξης* (λ.χ. *φύλλο δέντρου -φύλλο χαρτιού*) (συνών. *πλαταίνω·* αντ. *περιορίζομαι, στενεύω*). **2.** (για χώρα) κάνω να αποκτήσει περισσότερο έδαφος ή μεγαλύτερη δύναμη και επιρροή: (συνηθέστερα μέσ.) *οι Οθωμανοί άρχισαν να επεκτείνονται προς τη Δύση.* **3.** κάνω να διαδοθεί κάτι ευρύτερα, να γίνει κοινό σε πιο πολλούς: *~ τη χρήση φυτοφαρμάκων·* (συνηθέστερα μέσ.) *η απεργία -εται και σε άλλους χώρους* (συνών. *εξαπλώνω*).

επέλαση η, ουσ. (λόγ.), έφοδος (ιδίως ιππικού), ορμητική επίθεση.

επεμβαίνω, ρ., συνήθως στον ενεστ. **1.** αναλαμβάνω δραστηριότητα για να επηρεάσω μια κατάσταση, κυρίως για να βοηθήσω στην επίλυση διαφοράς: *-ει ο γενικός γραμματέας του Ο.Η.Ε. για να διευθετηθεί το ζήτημα* (συνών. *μεσολαβώ, παρεμβαίνω*). **2.** αναμιγνύομαι (συνήθως απρόσκλητος) σε ξένες υποθέσεις: *μην -εις στα οικογενειακά του* (συνών. *ανακατεύομαι*).

επέμβαση η, ουσ. **1α.** δραστήρια ανάμιξη κάποιου με σκοπό την επίλυση προβλήματος ή διαφοράς: *με την ~ του προέδρου αποφεύχθηκε η διάσπαση της εταιρείας* (συνών. *παρέμβαση, μεσολάβηση*)· **β.** προσθήκη με σκοπό συνήθως τη διόρθωση: *-άσεις στο κείμενο·* *οι -άσεις που έχουν γίνει στα βιβλία από τους αναγνώστες προσφέρουν ενδιαφέρουσες πληροφορίες.* **3.** (διεθνές δίκ.) απρόσκλητη ανάμιξη μιας χώρας στα εσωτερικά μιας άλλης: *στρατιωτική ~* (= *εισβολή*). **3.** (ιατρ.) *χειρουργική ~* = *εγχείρηση*.

επεμβατισμός ο, ουσ. (νεολογ.) θεωρία σύμφωνα με την οποία το κράτος μπορεί να επεμβαίνει στις ιδιωτικές υποθέσεις (ή και στις διαφορές άλλων κρατών) (συνών. *παρεμβατισμός*).

επένδυση η, ουσ. **1.** επικάλυψη αντικειμένου ή επιφάνειας με στρώμα από άλλο υλικό για προφύλαξη, ενίσχυση ή διακόσμηση: *~ των επίπλων με ύφασμα·* (οικοδ.) *~ τοίχου με μάρμαρο* (συνών. *ντύσιμο*). **2.** (συνεκδοχικά) κάλυμμα, επίστρωμα, «στρώση»: *ασημένια ~ εικόνας· ξύλινη ~ των τοίχων.* **3.** (οικον.) τοποθέτηση κεφαλαίων σε επιχείρηση (με σκοπό το κέρδος): *δημόσιες -ύσεις.*

επενδύτης ο, ουσ. (λόγ.), πανωφόρι: *στρατιωτικός ~*.

επενδυτής ο, θηλ. **-τρια**, ουσ. (οικον.) αυτός που επενδύει, τοποθετεί κεφάλαια σε κάποια επιχείρηση (με σκοπό το κέρδος): *~ επιφυλακτικός· -ές ξένοι.*

επενδυτικός, -ή, -ό, επίθ. **1.** (σπανίως) που χρησιμεύει για επένδυση (βλ.λ. στη σημασ. 1): *ύφασμα -ό των επίπλων.* **2.** (οικον.) που ανήκει ή αναφέρεται στην επένδυση (βλ.λ. στη σημασ. 3): *δραστηριότητα/προσπάθεια -ή· πρόγραμμα -ό της κυβέρνησης.*

επενδύτρια, βλ. *επενδυτής*.

επενδύω, ρ. **1.** καλύπτω την επιφάνεια αντικειμένου με επίστρωμα από άλλο υλικό για προφύλαξη, ενίσχυση ή διακόσμηση: *οι τοίχοι -ύθηκαν με ξύλινη διακόσμηση.* **2.** (οικον.) τοποθετώ κεφάλαιο σε επιχείρηση με σκοπό το κέρδος: *για τη δημιουργία του νέου βιομηχανικού συγκροτήματος επένδυσε κεφάλαια και τη τράπεζα·* (συνεκδοχικά) *~ σε γη/δραχμές/σε ξένο νόμισμα.*

επενέργεια η, ουσ. (ασυνίζ.), ενέργεια πάνω σε κάτι: *παράνομες -ες των γειτονικών εγκαταστάσεων στο ακίνητο κάποιου* (αστ. κώδ.)· *~ φαρμάκου* (= *δράση*) (συνών. *επίδραση*).

επενεργώ, -είς, ρ., ενεργώ πάνω σε κάτι (συνών. *επιδρώ*).

επένθεση η, ουσ. (γλωσσολ.) φαινόμενο κατά το οποίο το ημίφωνο *ι* μετακινείται στην αμέσως προηγούμενη συλλαβή και σχηματίζει με το φωνήεν της δίφθογγο, λ.χ. *πόδια -πόιδα· μάτια - μάιτα* (ιδίωμα Μάνης).

επεξεργάζομαι, ρ. **1.** επιφέρω αλλαγές σε υλικό για να του δώσω νέα μορφή, σχήμα, κ.τ.ό.: *-ονται την πέτρα· δέρματα -ασμένα* (συνών. *κατεργάζομαι, δουλεύω*). **2.** καταγίνομαι με τη διόρθωση ή τη συμπλήρωση κάποιου έργου, του δίνω ολοκληρωμένη μορφή: *-εται το σχέδιο/το γλυπτό του.*

επεξεργασία η, ουσ. **1.** το να επεξεργάζεται κανείς κάποιο υλικό: *~ πρώτων υλών/μετάλλων* (συνών. *κατεργασία, δούλεμα*). **2.** προσεκτική και λεπτομερής συμπλήρωση ή διόρθωση κάποιου έργου ώστε να πάρει ολοκληρωμένη μορφή: *ασχολείται με την ~ του νέου συγγράμματος.*

επεξεργάσιμος, -η, -ο, επίθ., που επιδέχεται επεξεργασία (βλ.λ. στη σημασ. 1): *ύλες -ες.*

επεξεργαστής ο, θηλ. **-τρια,** ους., αυτός που επεξεργάζεται κάτι (βλ.λ. στη σημασ. 1): *~ δερμάτων* (συνών. *κατεργαστής*).

επεξεργαστικός, -ή, -ό, επίθ., που χρησιμεύει στην επεξεργασία (βλ.λ. στη σημασ. 1), στην κατεργασία κάποιου πράγματος: *μηχανήματα -ά.*

επεξεργάστρια, βλ. *επεξεργαστής.*

επεξηγηματικός, -ή, ό, επίθ., που αναφέρεται στην επεξήγηση, που γίνεται ή χρησιμεύει για επεξήγηση: *παρένθεση -ή· προσδιορισμός/σύνδεσμος ~* (συνών. *διευκρινιστικός, επεξηγητικός*). - Επίρρ. **-ά** και **-ώς.**

επεξήγηση η, ους. **α.** πρόσθετη ή λεπτομερειακή, πληρέστερη εξήγηση (συνών. *διευκρίνιση, διασάφηση*)· **β.** (συντακτ.) προσδιορισμός που χρησιμεύει για να διασαφηνίσει μια προηγούμενη έννοια γενική ή αόριστη, π.χ. *η Θεά της ομορφιάς και του έρωτα, η Αφροδίτη.*

επεξηγητικός, -ή, -ό, επίθ., επεξηγηματικός (βλ.λ.).

επεξηγώ, -είς, ρ., δίνω πρόσθετες ή λεπτομερέστερες εξηγήσεις (συνών. *διευκρινίζω, διασαφηνίζω, αποσαφηνίζω*).

επέρχομαι, ρ. (λόγ.), μόνο τρίτο πρόσ., συνήθως στον αόρ. *επήλθε,* πραγματοποιείται: *ύστερα από μακρό διάλογο επήλθε συμφωνία· επήλθε διάλυση του σωματείου· η παραγραφή -εται όταν περάσουν έξι μήνες* (αστ. κώδ.).

επερώτηση η, ους., γραπτή ερώτηση μέλους ή ομάδας μελών του κοινοβουλίου - που απευθύνεται στην κυβέρνηση ή σε συγκεκριμένο κυβερνητικό στέλεχος - με την οποία ελέγχεται κυβερνητική πράξη ή η γενική πολιτική της κυβέρνησης: *υποβολή/συζήτηση -ης στη Βουλή.*

επερωτητής ο, θηλ. **-τρια,** ους. μέλος του κοινοβουλίου που καταθέτει επερώτηση (βλ.λ.) στη Βουλή.

επερωτώ, -άς, ρ. (για μέλη του κοινοβουλίου) καταθέτω επερώτηση στη Βουλή.

έπεται, ρ., απρόσ., μόνο στον ενεστ., προκύπτει, βγαίνει συμπέρασμα: *επειδή δεν του έγραψα, δεν ~ πως τον ξέχασα.*

έπεται συνέχεια· αρχαϊστ. έκφρ. = ακολουθούν και άλλα.

επετειακός, -ή, -ό, επίθ. (ασυνίζ.), που ανήκει ή αναφέρεται σε επέτειο: *αφιέρωμα -ό· τηλεοπτική -ή εκπομπή.*

επέτειος η, ους. (ασυνίζ.), ημέρα κατά την οποία συμπληρώνεται χρόνος ή χρόνια από τότε που συνέβη κάποιο σημαντικό γεγονός: *~ εθνική/γάμων.*

επετηρίδα η, ους. **1.** ετήσια έκδοση ιδρύματος, επιστημονικού συλλόγου ή δημόσιας υπηρεσίας που περιλαμβάνει πληροφορίες για το προηγούμενο έτος ή επιστημονικές εργασίες: *Επιστημονική -α του Πανεπιστημίου Θεσσαλονίκης.* **2.** επίσημος ονομαστικός κατάλογος αξιωματικών, υπαλλήλων, κλπ., κατά σειρά αρχαιότητας: *~ φιλολόγων/δασκάλων/αξιωματικών του πολεμικού ναυτικού.*

επ' ευκαιρία· αρχαϊστ. έκφρ. = με την αφορμή (γεγονότος).

επευφήμηση η, ους., επευφημία (βλ.λ.).

επευφημία η, ους., ζωηρή επιδοκιμασία με φωνές (συνών. *ζητωκραυγή·* αντ. *γιουχάισμα*).

επευφημώ, -είς, ρ., εκφράζω με ζητωκραυγές ενθουσιασμό ή αφοσίωση σε κάποιον: *οι βουλευτές -φήμησαν το νέο πρόεδρο του κόμματος* (αντ. *γιουχάρω*).

επηρεάζω, ρ. **1.** ασκώ επίδραση (στον τρόπο που κάτι συμβαίνει ή που κάποιος ενεργεί): *η υγρασία -ει τα μέταλλα· ο καιρός -ει τη διάθεσή μου· τα γεγονότα -ασαν την εξωτερική πολιτική* (συνών. *επενεργώ, επιδρώ*). **2.** (για πρόσωπα) κάνω κάποιον να ενεργεί με συγκεκριμένο τρόπο σύμφωνα με τη θέλησή μου, ασκώ επίδραση στη βούλησή του: *-εται εύκολα από τους φίλους του.*

επηρεασμός ο, ους., άσκηση επίδρασης στη διαμόρφωση αντιλήψεων, αισθημάτων, ιδεών (συνών. *επήρεια*).

επήρεια η, ους. (ασυνίζ., λόγ.), επίδραση, επιρροή που ασκεί ή δέχεται κάποιος ή κάτι: *~ φαρμάκου/μέθης/ναρκωτικών.*

επί, πρόθ. (λόγ.), δηλώνει: **I.** (με γεν.) χρονική περίοδο κατά την οποία έγινε ή γίνεται κάτι: *~ Τουρκοκρατίας/δικτατορίας.* **II.** με αιτ. **1.** διεύθυνση, κατεύθυνση: *~ δεξιά· επ' αριστερά.* **2.** χρονική διάρκεια: *~ σαράντα μέρες.* **3.** (μαθημ.) πολλαπλασιασμό: *τρία ~ πέντε.*

επι(ι)-, α΄ συνθ.: *επιδέχομαι, επίσκοπος, επαναστατώ, επανάληψη.* [πρόθ. *επί*].

επίατρος ο και η, ους. (στρατ.) αξιωματικός της υγειονομικής υπηρεσίας του στρατού με βαθμό αντίστοιχο του ταγματάρχη.

επιβαίνω, ρ., παρατ. *επέβαινα,* πληθ. *επιβαίναμε,* ελλειπτ. στον αόρ. (λόγ.), βρίσκομαι σε μεταφορικό μέσο, ταξιδεύω με αυτό: *στο αεροπλάνο επέβαιναν συνολικά 268 άτομα.*

επιβάλλον το, ους. (σπάνιο), ικανότητα επιβολής (συνών. *επιβλητικότητα*).

επιβάλλω, ρ., παρατ. *επέβαλλα,* πληθ. *επιβάλλαμε,* αόρ. *επέβαλα,* πληθ. *επιβάλαμε,* παθ. αόρ. *επιβλήθηκα,* **I.** ενεργ. **1.** ορίζω: *~ ποινή/πρόστιμο· το υπουργείο επέβαλε νέους φόρους.* **2.** αναγκάζω κάποιον να κάνει κάτι: *του επέβαλε να παραιτηθεί· ~ σιωπή.* **3.** κατορθώνω να πετύχω ή να εφαρμόσω κάτι με την επιβολή ή τη βία: *~ την παρουσία μου/το νόμο και την τάξη.* **4.** (σε γ΄ πρόσ.) απαιτεί, επιτάσσει: *η κατάσταση του ασθενή -ει άμεση επέμβαση.* **II.** μέσ. **1.** κατορθώνω να αναγνωρίσουν την αξία ή τη δύναμή μου, αποκτώ κύρος: *-βλήθηκε στον επιστημονικό χώρο με το σύγγραμμά του* (συνών. *καθιερώνομαι*). **2.** (απρόσ.) *-εται* = είναι ανάγκη, απαραίτητο, πρέπει να...: *-εται να ξεκουραστείς.*

επιβάρυνση η, ους. **1.** αύξηση του βάρους. **2.** (συνεκδοχικά) αυτό που προκαλεί αύξηση του βάρους. **3.** πρόσθετη δαπάνη: *πλήρωσε εκπρόθεσμα με μικρή ~* (οικον.) *~ φορολογική.* **4.** χειροτέρευση, επιδείνωση: *~ της θέσης του κατηγορουμένου* (αντ. *ελάφρυνση*).

επιβαρυντικός, -ή, -ό, επίθ. (έρρ.), που προκαλεί επιδείνωση: *στοιχεία -ά για τον κατηγορούμενο* (αντ. *ελαφρυντικός*)· *συμπτώματα -ά μιας αρρώστιας.* - Επίρρ. **-ά.**

επιβαρύνω, ρ., παθ. αόρ. *-ύνθηκα,* μτχ. παθ. παρκ. *-ρημένος.* **1.** επαυξάνω το βάρος ή τη δαπάνη: *-ύνθηκε ο κρατικός προϋπολογισμός με τα έξοδα για τους σεισμόπληκτους.* **2.** επιφορτίζω κάποιον με (ενοχλητική) υποχρέωση ή δέσμευση: *ο διευθυντής του τον επιβαρύνει με επιπλέον καθήκοντα.* **3.** επιδεινώνω, χειροτερεύω: *με την απολογία του*

επιβατηγός

επιβάρυνε τη θέση του (αντ. *ελαφρύνω*).
επιβατηγός, -ό, επίθ., που μεταφέρει επιβάτες: *πλοία -ά· στόλος* ~. - Το ουδ. ως ουσ. = μεταφορικό μέσο για τη διακίνηση επιβατών (συνών. *επιβατικό*).
επιβάτης ο, θηλ. **-τισσα** και **-τρια**, ουσ. αυτός που ταξιδεύει με (οποιοδήποτε) μεταφορικό μέσο: *-ες αεροπλάνου/τρένου* (συνών. *ταξιδιώτης*).
επιβατικός, -ή, -ό, επίθ., που ανήκει ή αναφέρεται στους επιβάτες, που προορίζεται γι' αυτούς: *αμαξοστοιχία -ή· αυτοκίνητα -ά· κοινό -ό* (= που αποτελείται από επιβάτες). - Το ουδ. ως ουσ. = μέσο μεταφοράς επιβατών (συνήθως *πλοίο*).
επιβάτισσα, επιβάτρια, βλ. *επιβάτης*.
επιβεβαιώνω, ρ. 1. παρέχω πρόσθετη βεβαίωση για κάτι, επικυρώνω. 2. δικαιώνω, επαληθεύω κάποιον ή κάτι: *οι εξελίξεις -ωσαν τις ανησυχίες μου*.
επιβεβαίωση η, ουσ. 1. πρόσθετη βεβαίωση για κάτι. 2. επαλήθευση: ~ *πληροφοριών/φόβων*.
επιβεβαιωτικός, -ή, -ό, επίθ., που γίνεται, που χρησιμεύει για επιβεβαίωση. - Επίρρ. **-ά**.
επιβήτορας ο, ουσ., αρσενικό ζώο που χρησιμοποιείται αποκλειστικά για γονιμοποίηση των θηλυκών (λόγω της ράτσας του): ~ *ίππος·* έκφρ. ~ *της εξουσίας* (= αυτός που κατέχει παράνομα την εξουσία).
επιβιβάζω, ρ., ανεβάζω κάποιον σε μεταφορικό μέσο για να ταξιδέψει· (συνήθως το μέσ. **-ομαι**) ανεβαίνω σε μεταφορικό μέσο για να ταξιδέψω (αντ. *αποβιβάζομαι*).
επιβίβαση η, ουσ., άνοδος σε μεταφορικό μέσο (αντ. *αποβίβαση*).
επιβιώνω, ρ. (ασυνίζ.). 1. εξακολουθώ να ζω ύστερα από γεγονός που θα μπορούσε να προκαλέσει το θάνατό μου ή παρά τις αντίξοες συνθήκες: *ήταν η μόνη που -ίωσε μετά την καταστροφή·* (μεταφ.) *για να -ιώσει κανείς πρέπει να κάνει συμβιβασμούς*. 2. (για πράγματα ή καταστάσεις) εξακολουθώ να υπάρχω παρά το γεγονός ότι το σύνολο στο οποίο ανήκω έχει καταστραφεί ή εξαφανιστεί: *-ιώνουν μεσαιωνικά έθιμα· δεν -ίωσε το είδος των δεινοσαύρων* (συνών. στις σημασ. 1, 2 *επιζώ*).
επιβίωση η, ουσ. 1. παράταση της ζωής ύστερα από κάποιο (συνήθως δυσάρεστο) γεγονός: ~ *της ψυχής*. 2. διατήρηση στη ζωή παρά τις μεγάλες δυσχέρειες: *αγώνας για την* ~. 3. (λαογρ.) φαινόμενο κατά το οποίο εκδηλώσεις παλιότερου πολιτισμού διατηρούνται σε περισσότερο εξελιγμένες βαθμίδες παρόλο που έχουν εκλείψει οι αιτίες που τις είχαν προκαλέσει: ~ *μύθου*.
επιβλαβής, -ής, -ές, γεν. **-ούς**, πληθ. αρσ. και θηλ. **-είς**, ουδ. **-ή**, επίθ., που προκαλεί βλάβη: *έντομα -ή* (συνών. *βλαβερός, επιζήμιος*). - Επίρρ. **-ώς**.
επιβλέπω, ρ., παρατ. *επέβλεπα*, πληθ. *επιβλέπαμε*, αόρ. *επέβλεψα*, πληθ. *επιβλέψαμε*, παρακολουθώ με υπευθυνότητα την εκτέλεση μιας εργασίας: *-ει τους υποψηφίους/τους νεοσύλλεκτους στρατιώτες* (συνών. *εποπτεύω, επιτηρώ*).
επίβλεψη η, ουσ., προσεκτική και υπεύθυνη παρακολούθηση μιας εργασίας (συνών. *επιτήρηση, εποπτεία*).
επιβλητικός, -ή, -ό, επίθ., που επιβάλλεται, που εμπνέει στους άλλους σεβασμό, υπακοή, αναγνώριση, κλπ.: *αξιωματικός/υπουργός* ~· *εμφάνιση*

-ή· παράστημα -ό· θέαμα/οικοδόμημα -ό (= εντυπωσιακό, μεγαλόπρεπο). - Επίρρ. **-ά**.
επιβλητικότητα η, ουσ., ιδιότητα του επιβλητικού, δύναμη, ικανότητα επιβολής (συνών. *επιβάλλον*).
επιβολή η, ουσ. 1. εξαναγκασμός σε ενέργεια, παράλειψη ή τήρηση ορισμένης στάσης: ~ *φόρου/ποινής/θέλησης*. 2. άσκηση αποφασιστικής επιρροής: *πολιτικός με μεγάλη* ~ (συνών. *κύρος, επιβλητικότητα*). 3. εδραίωση με τη βία: ~ *έννομης τάξης*.
επιβουλεύομαι, ρ. (λόγ.), επιδιώκω να βλάψω ύπουλα, ενεργώ με ύπουλο τρόπο εναντίον προσώπων ή καταστάσεων: *-εται την ειρηνική ζωή του τόπου*.
επιβουλή η, ουσ., ύπουλη σκέψη ή ενέργεια εναντίον κάποιου.
επίβουλος, -η, -ο, και (λαϊκ.) **'πίβουλος**, επίθ. 1. που ενεργεί ύπουλα για να βλάψει κάποιον (συνών. *δόλιος, ύπουλος*). 2. που γίνεται για επιβουλή ή από επιβουλή: *ενέργεια -η*.
επιβράβευση η, ουσ., έμπρακτη αναγνώριση καλής πράξης ή αρετής: ~ *των κόπων*.
επιβραβεύω, ρ., αναγνωρίζω έμπρακτα την αξία ή τις ενέργειες κάποιου.
επιβράδυνση η, ουσ. 1. ελάττωση ταχύτητας: ~ *ρυθμού ανάπτυξης·* (φυσ.) *ελάττωση της ταχύτητας σώματος που κινείται στη μονάδα του χρόνου* (αντ. *επιτάχυνση*). 2. χρονική καθυστέρηση, αργοπορία: *διαπίστωση -ης στην ψήφιση του νομοσχεδίου*.
επιβραδυντήρας ο, ουσ. (ερρ.), συσκευή που χρησιμεύει στο να επιβραδύνει τη λειτουργία μηχανής.
επιβραδυντικός, -ή, -ό, επίθ. (ερρ.), που προκαλεί επιβράδυνση ή συντελεί σ' αυτήν: *παράγοντες -οί* (αντ. *επιταχυντικός*). - Επίρρ. **-ά**.
επιβραδύνω, ρ. 1. κάνω κάτι να κινείται με βραδύτερο ρυθμό, ελαττώνω την ταχύτητα: *-εται ο ρυθμός της παγκόσμιας ανάπτυξης* (αντ. *επιταχύνω, επισπεύδω*). 2. αργοπορώ, καθυστερώ.
επιγαμία η, ουσ., επιμιξία με γάμο μεταξύ δύο διαφορετικών οικογενειών, φυλών, εθνών, κοινωνικών τάξεων.
επίγειος, -α, -ο, επίθ. (ασυνίζ.). 1. που είναι, συμβαίνει ή αναπτύσσεται πάνω στη γη: *βλαστός* ~ (συνών. *γήινος·* αντ. *υπόγειος*). 2. που ανήκει ή συμβαίνει στον υλικό, γήινο κόσμο (κι όχι στη μεταθανάτια ζωή): *παράδεισος* ~· *απολαύσεις -ες· ζωή -α* (συνών. *εγκόσμιος·* αντ. *ουράνιος*). - Το ουδ. στον πληθ. ως ουσ. = αγαθά που υπάρχουν σ' αυτό τον κόσμο, υλικά αγαθά.
επιγένεση η, ουσ. (βιολ.) θεωρία κατά την οποία τα όργανα και οι ιστοί αναπτύσσονται κατά το εμβρυϊκό στάδιο με διαδοχικές προσθήκες.
επιγλωττίδα η, ουσ. (ανατομ.), λεπτός χόνδρος στην είσοδο του λάρυγγα που φράζει την είσοδό του κατά την κατάποση.
επίγνωση η, ουσ., ακριβής και ενσυνείδητη γνώση, πλήρης κατανόηση της σημασίας μιας κατάστασης: ~ *των πράξεων/του κινδύνου/των καθηκόντων* (συνών. *συναίσθηση*).
επιγονατίδα η, ουσ. 1. μικρό τριγωνικό κινητό κόκκαλο που βρίσκεται στο γόνατο. 2. προστατευτικός επίδεσμος στο γόνατο.
επιγονάτιο το, ουσ. (ασυνίζ.), (εκκλ.) διακοσμητικό άμφιο τετράγωνο στην αρχή και αργότερα ρομβοειδές που κρέμεται από τη ζώνη προς το

δεξί γόνατο και το φορούσαν παλαιότερα επίσκοποι, αργότερα και πρεσβύτεροι.
επίγονος ο, ουσ., απόγονος, διάδοχος: *οι -οι του Μεγάλου Αλεξάνδρου.*
επίγραμμα το, ουσ. 1. (αρχ.) α. επιγραφή με ορισμένη μετρική μορφή χαραγμένη σε μνημείο ή ανάθημα: ~ *επιτύμβιο* β. (κατ' επέκταση) σύντομο ποίημα, κατά κανόνα σε ελεγειακό δίστιχο με ποικίλο περιεχόμενο και χωρίς καμιά σχέση με το μνημείο, κ.τ.ό.: *-ατα συμποτικά/της Παλατινής Ανθολογίας.* 2. (φιλολ.) μικρό ποίημα σοβαρού ή σατιρικού περιεχομένου.
επιγραμματικός, -ή, -ό, επίθ. 1. που ανήκει ή αναφέρεται στο επίγραμμα: *ποίηση -ή.* 2. που έχει χαρακτήρα επιγράμματος, περιεκτικός και σύντομος, που χαρακτηρίζει κάτι λακωνικά και εύστοχα: *φράση/διατύπωση -ή.* - Επίρρ. **-ά.**
επιγραμματικότητα η, ουσ., λακωνικότητα και συντομία στην έκφραση.
επιγραμματογράφος ο, ουσ., επιγραμματοποιός (βλ.λ.).
επιγραμματοποιός ο, ουσ. (ασυνίζ.), ποιητής επιγραμμάτων (συνών. *επιγραμματογράφος*).
επιγραφή η, ουσ. 1. (αρχαιολ.) σύντομος γραπτός λόγος χαραγμένος σε σκληρή επιφάνεια για ανάμνηση προσώπου ή γεγονότος. 2. (φιλολ.) τίτλος συγγράμματος. 3. πινακίδα καταστήματος: *-ές φωτεινές/καλλιτεχνικές* (συνών. *ταμπέλα*).
επιγραφική η, ουσ., κλάδος της αρχαιολογίας που ασχολείται με την ανάγνωση και ερμηνεία των επιγραφών που διασώθηκαν σε αρχαία μνημεία.
επιγραφικός, -ή, -ό, επίθ., που ανήκει ή αναφέρεται σε επιγραφές.
επιγραφοποιός ο, ουσ. (ασυνίζ.), ειδικός τεχνίτης που γράφει ή χαράζει επιγραφές καταστημάτων, κλπ.
επιγράφω, ρ., παρατ. *επέγραφα,* πληθ. *επιγράφαμε,* αόρ. *επέγραψα,* πληθ. *επιγράψαμε,* (λόγ.), δίνω τίτλο σε κείμενο (συνών. *τιτλοφορώ*).
επιδαψιλεύω, ρ. (λόγ.), παρέχω σε αφθονία, χορηγώ πλουσιοπάροχα.
επιδεικνύω, ρ., αόρ. *επέδειξα,* πληθ. *επιδείξαμε.* I. ενεργ. 1. προβάλλω, παρουσιάζω κάτι ως δείγμα, ως αξιόλογο για θέα ή ως πειστήριο: *-ει τα νέα κοσμήματα· -ει τα πειστήρια του εγκλήματος.* 2. εμφανίζω και προβάλλω κάποιο προσόν ή γνώρισμά μου για να προκαλέσω θαυμασμό: *-ει τις γνώσεις του/τα πλούτη του.* II. (μέσ.) επιδιώκω να προκαλέσω την προσοχή των άλλων ώστε να προσέξουν τα προτερήματά μου: *του αρέσει να -εται.*
επιδεικτικός, -ή, -ό, επίθ. 1. που κάνει επίδειξη, που θέλει να εντυπωσιάσει: *συμπεριφορά -ή.* 2. που γίνεται για επίδειξη, εντυπωσιακός: *ντύσιμο -ό.* - Επίρρ. **-ά.**
επιδεινώνω, ρ., κάνω κάτι χειρότερο από ό,τι ήταν πριν: *το φάρμακο -ωσε την κατάσταση του αρρώστου* (συνών. *χειροτερεύω·* αντ. *βελτιώνω*).
επιδείνωση η, ουσ., το να γίνεται κάτι χειρότερο από ό,τι ήταν πριν: ~ *του καιρού/της διεθνούς κατάστασης/του ισοζυγίου πληρωμών* (συνών. *χειροτέρευση·* αντ. *βελτίωση*).
επιδεινωτικός, -ή, -ό, επίθ., που αναφέρεται στην επιδείνωση ή σχετίζεται μ' αυτήν: *συμπτώματα -ά* (αντ. *βελτιωτικός, διορθωτικός*).
επίδειξη η, ουσ. 1. παρουσίαση στη θέα των άλλων, εντυπωσιακή εμφάνιση για διαφήμιση: ~ *μόδας/καλλυντικών·* (στον πληθ.) *γυμναστικές -είξεις.* 2. συμπεριφορά που έχει σκοπό τη δημιουργία εντυπώσεων: ~ *γνώσεων/πλούτου·* ~ *δύναμης.* 3. (νομ.) δικαίωμα να δει και να εξετάσει κανείς ένα πράγμα για το οποίο έχει αξίωση κατά του κατόχου του πράγματος: ~ *εγγράφου/πρωτοτύπων.*
επιδειξίας ο, ουσ. (ιατρ.) αυτός που πάσχει από επιδειξιομανία (βλ.λ. στη σημασ. 2) (συνών. *επιδειξιομανής*).
επιδειξι(ο)μανής ο, ουσ. 1. αυτός που κατέχεται από έντονη τάση για επίδειξη (βλ.λ. στη σημασ. 2). 2. (ιατρ.) άτομο που πάσχει από ψυχικό νόσημα και παρορμητικά επιδεικνύει τα γεννητικά του όργανα στο κοινό (συνών. *επιδειξίας*).
επιδειξι(ο)μανία η, ουσ. 1. έντονη τάση για επίδειξη (βλ.λ. στη σημασ. 2). 2. (ιατρ.) παθολογική τάση για επίδειξη των γεννητικών οργάνων.
επιδεκτικός, -ή, -ό, επίθ. (λόγ.) που μπορεί να δεχτεί κάτι: ~ *βελτίωσης* (αντ. *ανεπίδεκτος*).
επιδεκτικότητα η, ουσ., ικανότητα ή καταλληλότητα να δέχεται κανείς κάτι.
επιδέξιος, -α, -ο, επίθ. (ασυνίζ.). 1. που έχει επιδεξιότητα: *τεχνίτης/οδηγός* ~ (συνών. *επιτήδειος, ικανός·* αντ. *αδέξιος, λαϊκ. ατζαμής*). 2. που γίνεται με επιδεξιότητα: *ελιγμός* ~ *βολή -α.* - Επίρρ. **-α.**
επιδεξιοσύνη (ασυνίζ.) και (συνιζ., λαϊκ.) **πιδεξιοσύνη** η, ουσ., επιδεξιότητα (βλ.λ.).
επιδεξιότητα η, ουσ. (ασυνίζ.), ικανότητα, που αποκτιέται συνήθως με άσκηση, ή γνώσεις που κάνουν κάποιον να έχει καλές επιδόσεις σε κάτι, επιτηδειότητα: ~ *στη μαγειρική* (συνών. *μαστοριά, επιδεξιοσύνη*).
επιδερμίδα η, ουσ. (ανατομ.) εξωτερική στιβάδα του δέρματος, παράγωγο του εξωδέρματος του εμβρύου.
επιδερμικός, -ή, -ό, επίθ. 1. που ανήκει ή αναφέρεται στην επιδερμίδα: *κύτταρα -ά· ιστός* ~. 2. (μεταφ.) επιφανειακός, επιπόλαιος: *-ή εξέταση του θέματος· αίσθημα -ό.* - Επίρρ. **-ά.**
επίδεση η, ουσ. (ιατρ.) εφαρμογή επάνω σε ένα τραύμα γάζας και φαρμακευτικών ουσιών που προορίζονται να το προστατεύσουν από κακώσεις και μολύνσεις, να απορροφήσουν τις εκκρίσεις του και ενδεχομένως να το θεραπεύσουν.
επιδεσμολογία η, ουσ., ειδίκευση στην κατασκευή και εφαρμογή επιδέσμων.
επιδεσμοποιός ο, ουσ. (ασυνίζ.), κατασκευαστής επιδέσμων.
επίδεσμος ο, ουσ. 1. λωρίδα από ύφασμα που τυλίγεται γύρω από τραύματα για να τα προστατεύσει από μολύνσεις ή για να ακινητοποιήσει μέρος του σώματος: ~ *ελαστικός/αποστειρωτικός.* 2. (ναυτ.) γενική ονομασία της ένωσης δύο ή περισσότερων σχοινιών ή ξύλων με ένα λεπτό σχοινί.
επιδέχομαι, ρ. (ελλειπτ. στον αόρ.), δέχομαι, ανέχομαι, επιτρέπω: *η εγχείρηση δεν -εται αναβολή· το κείμενο -εται βελτιώσεις.*
επιδημητικός, -ή, -ό, επίθ. (για πουλιά) που δεν εγκαταλείπει μια ευρύτερη περιοχή και παραμένει εγκαταστημένο σε έναν τόπο (αντ. *αποδημητικός*).
επιδημία η, ουσ. 1. (ιατρ.) εμφάνιση μεταδοτικού νοσήματος και προσβολή μεγάλου αριθμού ατόμων στον ίδιο τόπο και σε μικρό χρονικό διάστημα: ~ *γρίπης/χολέρας· αντιμετώπιση/υποχώρη-*

επιδημικός 504

ση -ας· (μεταφ. για γεγονότα, συνήθως δυσάρεστα, όταν συμβαίνουν πολύ συχνότερα από ό,τι συνήθως) ~ *διαζυγίων/πτωχεύσεων* (= συρροή). 2. (θρησκειολ.) η παρουσία μιας θεότητας σε έναν τόπο (συνήθως σε χώρο αφιερωμένο σ' αυτήν). 3. παραμονή στον τόπο κατοικίας ή εργασίας για ορισμένο σκοπό: *άδεια -ας αρχαιολογικών υπαλλήλων.*

επιδημικός, -ή, -ό, επίθ., που ανήκει ή αναφέρεται στην επιδημία: *νόσος -ή* (= που εμφανίζεται συνήθως με τη μορφή επιδημίας)· *έξαρση μιας αρρώστιας -ής* (συνών. *κολλητικός·* αντ. *ενδημικός*).

επιδημικότητα η, ουσ., τάση ή δυνατότητα μιας αρρώστιας να εμφανίζεται με τη μορφή επιδημίας.

επιδημιολογία η, ουσ. (ασυνίζ.), (ιατρ.) ιατρικός κλάδος που ασχολείται με τη διάδοση των νοσημάτων (μεταδοτικών ή όχι) σε έναν πληθυσμό: ~ *της στεφανιαίας νόσου.*

επιδημιολόγος ο, ουσ. (ασυνίζ.), (ιατρ.) γιατρός ειδικός στην επιδημιολογία (βλ.λ.).

επιδημώ, -είς, ρ. (λόγ.), (για αρρώστια) που εμφανίζεται με τη μορφή επιδημίας (βλ.λ.) (αντ. *ενδημώ*).

επιδιαιτησία η, ουσ. (ασυνίζ.), (νομ.) προσφυγή σε επιδιαιτητή (βλ.λ.) όταν οι διαιτητές ή οι εμπειρογνώμονες διαφωνούν ή έχουν ισοψηφίσει· (συνεκδοχικά) η τελεσίδικη απόφαση του επιδιαιτητή.

επιδιαιτητής ο, ουσ. (ασυνίζ.), (νομ.) ο διαιτητής που τον ορίζουν οι αρμόδιες δικαστικές αρχές ή οι διάδικοι για να αποφασίσει αμετάκλητα σχετικά με μια διαφορά, όταν οι διαιτητές ή οι εμπειρογνώμονες στους οποίους αρχικά υποβλήθηκε η διαφορά διαφωνούν ή έχουν ισοψηφίσει.

επιδιασκόπιο το, ουσ. (ασυνίζ. δις), (φυσ.) συσκευή προβολής, η οποία αποτελεί συνδυασμό επισκοπίου, που επιτρέπει να αναπαραχθεί η εικόνα αδιαφανών αντικειμένων με ανάκλαση, και διασκοπίου, που προβάλλει κείμενα και εικόνες σχεδιασμένες σε διαφανή φύλλα (συνήθως για διδακτικούς σκοπούς). [γαλλ. *épidiascope*].

επί διδακτορία· αρχαϊστ. έκφρ.· σε περιπτώσεις επιστημονικής διατριβής με την οποία επιδιώκεται ο πανεπιστημιακός τίτλος του διδάκτορα.

επιδιδυμίδα η, ουσ. (ανατομ.) μικρός μακρουλός σχηματισμός που περιβάλλει από επάνω και από πίσω καθέναν από τους όρχεις: *κύρια λειτουργία των -ων είναι η αποθήκευση σπέρματος.*

επιδιδυμίτιδα η, ουσ. (ιατρ.) φλεγμονή της επιδιδυμίδας (βλ.λ.).

επιδίδω, ρ., παρατ. *επέδιδα*, πληθ. *επιδίδαμε*, αόρ. *επέδωσα*, πληθ. *επιδώσαμε*, *επιδόθηκα* (λόγ.). 1. (ενεργ., για έγγραφο δικαστικό διπλωματικό, κ.τ.ό.) παραδίδω στα χέρια κάποιου με ειδικό ή επίσημο τρόπο: ~ *αγωγή· το ψήφισμα -δόθηκε στον πρόεδρο της Βουλής· ο πρεσβευτής επέδωσε στον πρόεδρο της Δημοκρατίας τα διαπιστευτήριά του.* 2. (μέσ.) ασχολούμαι ιδιαίτερα με κάτι, αναπτύσσω μια δραστηριότητα για ορισμένο σκοπό: *-εται στον αθλητισμό.*

επιδικάζω, ρ. (νομ., για δικαστήριο) αναγνωρίζω ότι κάποιος έχει δικαίωμα για κάτι και επιβάλλω να του αποδοθεί: *το δικαστήριο μπορεί να -άσει εύλογη αποζημίωση/χρηματική ικανοποίηση.*

επιδίκαση η, ουσ. (νομ.) αναγνώριση δικαιώματος ή απαίτησης με δικαστική απόφαση: ~ *κυριότητας/γηπέδου/διατροφής.*

επίδικος, -η, -ο, επίθ. (νομ., για πράγμα) που ζητά κανείς με αγωγή να του αναγνωριστεί το δικαίωμα γι' αυτό και κατ' επέκταση να του αποδοθεί: *κτήμα -ο·* (συνεκδοχικά) *απαίτηση -η· δικαίωμα -ο* (= που βρίσκονται υπό την κρίση του δικαστηρίου).

επιδιόρθωμα το, ουσ. (ασυνίζ.), επιδιόρθωση, επισκευή.

επιδιορθώνω, ρ. (ασυνίζ.), επαναφέρω στην κανονική κατάσταση και λειτουργία του ένα πράγμα φθαρμένο ή χαλασμένο: ~ *τις ηλεκτρικές εγκαταστάσεις/το ρολόι μου/ένα παλτό·* (συνεκδοχικά) ~ *μια βλάβη* (συνών. *επισκευάζω·* αντ. *αποχαλώ*).

επιδιόρθωση η, ουσ. (ασυνίζ.). 1. το να επιδιορθώνει κανείς κάτι: *-ώσεις υποδημάτων/ποδηλάτων* (συνών. *επισκευή*). 2. (γραμμ.) επανόρθωση (βλ.λ. στη σημασ. 2).

επιδιορθωτής ο, θηλ. **-τρια** ουσ. (ασυνίζ.), αυτός που επιδιορθώνει (βλ.λ.) (συνών. *επισκευαστής*).

επιδιορθωτικός, -ή, -ό, επίθ. (ασυνίζ.), που ανήκει, αναφέρεται ή συντελεί στην επιδιόρθωση (βλ. λ.) (συνών. *επισκευαστικός*).

επιδιορθώτρια, βλ. *επιδιορθωτής.*

επιδιορισμός ο, ουσ. (ασυνίζ.), (λογική) το να προστίθεται καινούργιο γνώρισμα σε έννοια και έτσι να ελαττώνεται το πλάτος της (να γίνεται δηλ. πιο συγκεκριμένη) και να αυξάνεται το βάθος της (αντ. *αφαίρεση*).

επιδιώκω, ρ. (ασυνίζ.), προσπαθώ (συνήθως επίμονα και για καιρό) να πετύχω ή να αποκτήσω κάτι: ~ *τη βελτίωση των συγκοινωνιών/διορισμό/τα υλικά αγαθά· η Τουρκία -ει να ενταχθεί στην Ε.Ο.Κ.* (συνών. *αναζητώ, επιζητώ·* αντ. *αποφεύγω*).

επιδίωξη η, ουσ. α. προσπάθεια, συνήθως επίμονη και μακροχρόνια, για να πετύχει ή να αποκτήσει κάποιος κάτι: ~ *αξιωμάτων/κερδών/της εξουσίας* (συνών. *αναζήτηση, επιζήτηση·* αντ. *αποφυγή*)· β. (συνηθέστερα στον πληθ.) τάση που οδηγεί τον άνθρωπο σε ένα αποτέλεσμα, σε έναν ιδανικό· (συνεκδοχικά) σκοπό, βλέψη: ~ *μεγαλεπήβολοι -όξεις ευγενείς/ύποπτες.*

επιδοκιμάζω, ρ., δείχνω με λόγια ή άλλο τρόπο ότι θεωρώ κάτι καλό ή σωστό, ότι το αποδέχομαι: ~ *την απόφασή σου· η κυβέρνηση δεν -ει πράξεις βίας* (συνών. *εγκρίνω, επικροτώ·* αντ. *αποδοκιμάζω*).

επιδοκιμασία η, ουσ., το να επιδοκιμάζει κανείς κάτι: ~ *ειλικρινής/ομόφωνη· με ενθαρρύνει η ~ ενός αυστηρού κριτή* (συνών. *έγκριση, επικρότηση·* αντ. *αποδοκιμασία*).

επιδοκιμαστικός, -ή, -ό, επίθ., που ανήκει, αναφέρεται ή αποβλέπει στην επιδοκιμασία: *βλέμμα -ό· σχόλια -ά.* - Επίρρ. **-ά.**

επίδομα το, ουσ. 1. πρόσθετη παροχή που καταβάλλεται σε δημόσιους ή ιδιωτικούς υπαλλήλους μαζί με τον κανονικό μισθό: ~ *αδείας/οικογενειακό/τοκετού/ανθυγιεινής εργασίας.* 2. χρηματικό βοήθημα για την αντιμετώπιση έκτακτων αναγκών: ~ *ανεργίας.*

επιδοματικός, -ή, -ό, επίθ., που σχετίζεται με το επίδομα: *πολιτική -ή.*

επίδοξος, -η, -ο, επίθ., που πρόκειται ή που επιδιώκει να γίνει ή να κάνει κάτι: *διάδοχος/πρωθυπουργός ~.*

επιδόρπιο το, ουσ. (ασυνίζ.), γλυκό ή φρούτο που

προσφέρεται μετά το κύριο γεύμα: *για ~ θα τους βγάλω παγωτό.*

επίδοση η, ουσ. **1.** παράδοση σε κάποιον επίσημου εγγράφου (δικαστικού, διπλωματικού, κ.ά.), η οποία καθορίζεται λεπτομερειακά από το νόμο ή το πρωτόκολλο. **2α.** ιδιαίτερη ενασχόληση με κάτι, ανάπτυξη δραστηριότητας για ορισμένο σκοπό: *~ στον αθλητισμό·* **β.** (συνεκδοχικά) το αποτέλεσμα της παραπάνω δραστηριότητας, όσα πετυχαίνουν οι προσπάθειες ενός ατόμου: *έχει μέτρια ~ στα μαθήματα· στους αγώνες σημειώθηκαν πολλές νέες -όσεις.*

επιδοτήριο το, ουσ. (ασυνίζ.), έγγραφο το οποίο συντάσσεται από το πρόσωπο που πραγματοποιεί την επίδοση δικαστικού εγγράφου ως αποδεικτικό γι' αυτήν: *αντίγραφο του -ίου δικαιούται όποιος έχει έννομο συμφέρον.*

επιδότηση η, ουσ. **1.** παροχή επιδόματος: *~ ανέργου.* **2.** μονομερής οικονομική παροχή του δημοσίου προς επιχειρήσεις, ιδρύματα ή πρόσωπα που παράγουν ορισμένα αγαθά ή παρέχουν υπηρεσίες, η οποία εξυπηρετεί αναπτυξιακούς ή κοινωνικούς στόχους: *~ εξαγωγικών εταιρειών/του κλάδου της υφαντουργίας/νέων θέσεων εργασίας· ~ ενοικίου* = κρατική ενίσχυση στους ενοικιαστές με τη μορφή φορολογικών απαλλαγών (πβ. *επιχορήγηση).*

επιδοτώ, -είς, ρ. **1.** παρέχω επίδομα (βλ.λ.): *άνεργος -ούμενος.* **2.** πραγματοποιώ επιδότηση (βλ.λ. στη σημασ. 2): *η κυβέρνηση -εί τη γεωργική παραγωγή/τις εξαγωγές.*

επίδραση η, ουσ. **1.** ενέργεια προσώπου ή πράγματος σε άλλο πρόσωπο, πράγμα ή κατάσταση, καθώς και τα αποτελέσματα, οι μεταβολές που αυτή προκαλεί στη σκέψη, τη συμπεριφορά ή τη δραστηριότητα των ανθρώπων ή στα όσα συμβαίνουν: *~ του σχολικού περιβάλλοντος στη διαμόρφωση της προσωπικότητας/της Εκκλησίας πάνω στην κοινωνία/των μέσων μαζικής ενημέρωσης· ασκώ/έχω ~.* (φυσ.) *~ της ηλιακής ακτινοβολίας·* (για φαρμακευτική ουσία) *άργησε να περάσει η ~ του αναισθητικού* (συνών. *επενέργεια, δράση, επήρεια, επιρροή).* **2.** (συνήθως στον πληθ., για λογοτεχνικό ή καλλιτεχνικό έργο) η διαδικασία κατά την οποία μια ιδιαίτερη τεχνοτροπία, το ύφος ή τα εκφραστικά μέσα ενός δημιουργού χρησιμοποιούνται και από άλλους ή συντελούν στη διαμόρφωση νέων τεχνοτροπιών: *~ της αρχαίας ελληνικής τέχνης στους ζωγράφους της Αναγέννησης·* (συνεκδοχικά) *ξένες -άσεις σε ελληνικό έργο* (συνών. *επιρροή).*

επιδρομέας ο, ουσ., αυτός που κάνει επιδρομή (βλ.λ.): *αναχαιτίζω/απωθώ τον -έα* (συνών. *εισβολέας).*

επιδρομή η, ουσ., αιφνιδιαστική επίθεση συνήθως στο έδαφος ξένης χώρας με σκοπό την κατάκτηση, τη λεηλασία, την καταστροφή στόχων, τον κλονισμό του ηθικού ή την τρομοκράτηση των αντιπάλων, κ.τ.ό.: *~ αεροπορική/πειρατική· κάνω/αποκρούω μια ~·* (ιστ.) *-ές των Βανδάλων/των Αβάρων·* (μεταφ.) *~ ακρίδων* (συνών. *εισβολή).*

επιδρομικός, -ή, -ό, επίθ., που ανήκει ή αναφέρεται στην επιδρομή ή τον επιδρομέα: *απόσπασμα -ό.*

επιδρώ, -άς, ρ., αόρ. *επέδρασα,* πληθ. *επιδράσαμε,* (αμτβ.) ασκώ επίδραση (βλ.λ.), μεταβάλλω και διαμορφώνω σύμφωνα με τα δικά μου χαρακτηριστικά ή τις επιθυμίες μου τη σκέψη ή τη δραστηριότητα των ανθρώπων, την κατάσταση των πραγμάτων ή την πορεία των γεγονότων: *παράγοντες που -ούν αρνητικά στην εξέλιξη των ελληνοτουρκικών σχέσεων· οι κλιματολογικές συνθήκες -ούν στην ψυχική διάθεση των ανθρώπων· ο Παλαμάς επέδρασε σε σύγχρονούς του λογοτέχνες* (συνών. *επηρεάζω).*

επιείκεια η, ουσ. (ασυνίζ.). **α.** ιδιότητα μιας κρίσης ή ενός κριτή, όταν δεν είναι απόλυτα αντικειμενικοί και άκαμπτοι, αλλά μαλακοί και μετριοπαθείς στον έλεγχο ή την τιμωρία κάποιου προσώπου και των πράξεών του: *γι' αυτό το πρώτο μου μυθιστόρημα ζητώ την ~ του αναγνώστη· εξαντλώ την ~ μου* (= είμαι υπερβολικά επιεικής) (συνών. *ηπιότητα, συγκαταβατικότητα·* αντ. *αυστηρότητα).* **β.** (νομ.) η άσκηση της εξουσίας με όσο γίνεται πιο ήπιο, συγκαταβατικό και ανθρωπιστικό τρόπο για όσους εξουσιάζονται.

επιεικής, -ής, -ές, γεν. *-ούς,* πληθ. αρσ. και θηλ. *-είς,* ουδ. *-ή,* επίθ., (για πρόσωπο ή τάση, συμπεριφορά) που δεν εφαρμόζει με απόλυτη αντικειμενικότητα και ακαμψία το νόμο ή κάποιους κανόνες, όταν ελέγχει ή τιμωρεί ένα πρόσωπο ή τις πράξεις του: *δικαστής/κριτής ~· τιμωρία ~·* (νομ.) *δίκαιο -ές* (συνών. *ήπιος, συγκαταβατικός·* αντ. *αυστηρός).* - Επίρρ. **-ώς.**

επίζηλος, -η, -ο, επίθ. (λόγ.), που προκαλεί τη ζήλια των άλλων, ζηλεμένος: *τίτλος ~· θέση -η.*

επιζήμιος, -α, -ο, επίθ. (ασυνίζ., λόγ.), που προκαλεί ζημία, βλαβερός, επιβλαβής: *διχογνωμία -ια για τα εθνικά συμφέροντα.* - Επίρρ. **-α.**

επιζητώ, -είς, ρ. (λόγ.), προσπαθώ να πετύχω ή να αποκτήσω κάτι: *-εί την αναγνώριση/τη φιλία των δυνατών* (συνών. *επιδιώκω, γυρεύω·* αντ. *αποφεύγω).*

επιζώ, -είς, ρ., αόρ. *επέζησα,* πληθ. *επιζήσαμε,* εξακολουθώ να ζω ύστερα από ένα γεγονός που ήταν δυνατό να προκαλέσει το θάνατό μου: *από την έκρηξη στο διαστημόπλοιο δεν επέζησε κανείς·* (μεταφ.) *από τα τόσο δημοφιλή δράματά του δεν επέζησε κανένα* (συνών. *γλυτώνω, διασώζομαι, επιβιώνω·* αντ. *πεθαίνω, χάνομαι).*

επιζωής και **πιζωής,** επίρρ. (λαϊκ.), σε όλη τη διάρκεια της ζωής· ισόβια: *δεν μπόρεσε ~ να καταφέρει τίποτα· δε με δικάσαν 'ξάμηνο, δε με δικάσαν χρόνο/μον' με δικάσαν 'πιζωής στα έρημα μπουντρούμια* (δημ. τραγ.). [συνεκφ. *επί ζωής].*

επιζωίτης ο, ουσ. (λαϊκ.), αυτός που καταδικάστηκε σε ισόβια δεσμά (συνών. *ισοβίτης).* [λόγ. εκφρ. *επί ζωής* = *ισόβια].*

επιζωοτία η, ουσ. (κτηνιατρ.) λοιμώδης ή παρασιτική ασθένεια που προσβάλλει ταυτόχρονα στον ίδιο τόπο μεγάλον αριθμό ζώων, συνήθως κατοικίδιων (λ.χ. αφθώδης πυρετός ή ευλογιά των αιγοπροβάτων). [γαλλ. *épizootie].*

επιζωοτικός, -ή, -ό, επίθ. (κτηνιατρ.) που ανήκει ή αναφέρεται στην επιζωοτία (βλ.λ.): *αποβολή -ή (αγελάδων ή φοράδων).*

επιθαλάμιο το, ουσ. (ασυνίζ.), (φιλολ.) γαμήλιο τραγούδι, που το τραγουδούσαν συνήθως μπροστά στο νυφικό δωμάτιο, ποίημα γραμμένο προς τιμήν ενός νεόνυμφου ζευγαριού.

επιθανάτιος, -α, -ο, επίθ. (ασυνίζ.), που αναφέρεται σε ετοιμοθάνατο, που συμβαίνει την ώρα που κάποιος κοντεύει να πεθάνει: *αγωνία -ια· ρόγχος ~.*

επίθεμα το, ουσ. (ιατρ.) μέσο, συνήθως κομμάτι γάζας, για την εφαρμογή φαρμακευτικών ουσιών (λ.χ. αλοιφής ή σκόνης) στην επιφάνεια του δέρματος: ~ *θερμό*.

επίθεση η, ουσ. **1.** το να ακουμπά κανείς κάτι επάνω σε κάτι άλλο: (μόνον εκκλ.) ~ *των χειρών* = χειροθεσία (βλ.λ.). **2.** εχθρική κίνηση εναντίον κάποιου, ενέργεια με σκοπό την καταστροφή ή τη βλάβη του, βίαιη προσπάθεια να υποταγεί, να του επιβληθεί η θέληση ενός άλλου: *κάνω/αποκρούω* ~· *οι αστυνομικοί δέχτηκαν* ~ *με πέτρες*· ~ *δολοφονική· θύμα -ης* (συνών. *έφοδος, προσβολή, χτύπημα·* αντ. *άμυνα*). **3α.** (στρατ.) γρήγορη και αποφασιστική προέλαση ενός στρατεύματος προς τον αντίπαλο για να αρχίσει μια μάχη, καθώς και το σύνολο των ενεργειών που αυτό πραγματοποιεί για να καταστρέψει τις δυνάμεις του εχθρού και να πετύχει τη νίκη: *προετοιμάζω/εξαπολύω/ανταποδίδω μια* ~·. ~ *μετωπική· αιφνιδιαστική* ~ *για την κατάληψη ενός λόφου·* ~ *αεροπορική* (= επιδρομή) (αντ. *άμυνα*)· **β.** (για κράτος) ένοπλη ενέργεια που δεν την επιβάλλουν αμυντικοί λόγοι: *η γερμανική* ~ *εναντίον της Πολωνίας* (πβ. *εισβολή*). **4.** (μεταφ.) προσπάθεια να προκληθεί βλάβη σε κάποιον με τα λόγια· συνεκδοχικά κατηγορίες, βίαιη κριτική, κ.τ.ό. για το σκοπό αυτό: ~ *δυσφημιστική/συκοφαντική·* ~ *της αντιπολίτευσης κατά της κυβέρνησης· αδιαφορώ για τις -έσεις* (συνών. *κατακραυγή*). **5.** (αθλητ., για ομαδικό παιχνίδι) προσπάθεια μιας ομάδας να πετύχει τέρμα, να κερδίσει ένα σημείο (έναν πόντο) εις βάρος του αντιπάλου· συνεκδοχικά οι παίκτες που έχουν για κύριο καθήκον τους τα παραπάνω: *η ομάδα βρίσκεται/πέρασε στην* ~ *η* ~ *αποτελείται από τέσσερις παίκτες* (αντ. *άμυνα*).

επιθετικός, -ή, -ό, Ι. επίθ. **1.** (για πρόσωπο ή ζώο) που έχει την τάση ή την πρόθεση να επιτίθεται: *η έλλειψη στοργής και η ανασφάλεια κάνουν ένα παιδί -ό*. **2.** (για ενέργεια, κ.τ.ό.) που έχει χαρακτήρα επίθεσης, που εκδηλώνεται ως επίθεση ή με επίθεση (βλ.λ. στις σημασ. 2-4): *πολιτική/ συμπεριφορά/χειρονομία -ή· ύφος -ό· πόλεμος* ~ (συνών. *εχθρικός·* αντ. *αμυντικός*). **3.** (για πράγμα) που είναι κατάλληλο ή χρησιμεύει για επίθεση: (βλ.λ. στις σημασ. 2, 3): *όπλα -ά* (αντ. *αμυντικός*). **4.** (αθλητ.) που ανήκει ή αναφέρεται στην επίθεση (βλ.λ. στη σημασ. 5): *παίκτης* ~ (αντ. *αμυντικός*). - Επίρρ. **-ά.**

επιθετικός, -ή, -ό, ΙΙ. επίθ. (γραμμ.) **1.** που ανήκει ή αναφέρεται στο επίθετο: *επίρρημα σε -ή χρήση*. **2.** *προσδιορισμός* ~ = επίθετο που προσδιορίζει ουσιαστικό, με το οποίο συμφωνεί στην πτώση, το γένος και τον αριθμό, και φανερώνει μια μόνιμη ιδιότητά του (λ.χ. *ψηλό βουνό, αρχαία πόλη*), καθώς και άλλα μέλη του λόγου που δηλώνουν το ίδιο (λ.χ. *τόσοι άνθρωποι, στοιχειωμένο σπίτι, γιατρός με πείρα*).

επιθετικότητα η, ουσ. **1.** το να είναι κανείς επιθετικός (βλ.λ. *επιθετικός* Ι στις σημασ. 1, 2): *με ξάφνιασε η* ~ *του ανακριτή·* ~ *των παλιών στρατιωτών απέναντι στους νέους*. **2.** (βιολ.) σύνολο τάσεων και διαδικασιών που μπορούν να εκδηλωθούν στη συμπεριφορά των ζώων ως ενέργειες με σκοπό την καταστροφή, την ταπείνωση ή την καταπίεση άλλων όντων: *εκδηλώσεις -ας*. **3.** (ψυχ.) η εχθρική και καταστροφική τάση ενός μη προσαρμοσμένου και «ανώμαλου» ατόμου: ~ *παιδική*.

επίθετο το, ουσ. **1.** (γραμμ.) κλιτή λέξη που φανερώνει ποιότητα ή ιδιότητα ενός ουσιαστικού το οποίο προσδιορίζει (λ.χ. *κίτρινο φύλλο*): ~ *αριθμητικό/δευτερόκλιτο/κοσμητικό/ρηματικό -α ανώμαλα/ελλειπτικά· βαθμοί του -έτου* (θετικός, συγκριτικός, υπερθετικός). **2.** επώνυμο (βλ.λ.).

επιθεώρηση η, ουσ. **1.** προσεκτική παρατήρηση και έλεγχος της απόδοσης, της κατάστασης ή της λειτουργίας ατόμων, πραγμάτων, υπηρεσιών, κ.τ.ό.: ~ *αιφνιδιαστική/αυστηρή/πρόχειρη·* ~ *των μηχανημάτων/αστιατρική· κάνω* ~ · (στρατ.) ~ *πρωινή/τάγματος*. **2.** (στρατ.) στρατιωτική τελετή κατά την οποία μια μονάδα ακίνητη ή κινούμενη παρουσιάζεται σε έναν ανώτερο ή ανώτατο αξιωματικό ή κρατικό αξιωματούχο: ~ *τιμητικού αγήματος· ετήσια* ~ *του στόλου από τον πρόεδρο της δημοκρατίας*. **3.** (συνεκδοχικά) δημόσια υπηρεσία με αρμοδιότητα να εποπτεύει και να ελέγχει την καλή λειτουργία άλλων υπηρεσιών, επιχειρήσεων, κ.τ.ό.: *Ε~ Εργασίας·* (παλαιότερα) ~ *στοιχειώδους/μέσης εκπαίδευσης* (σήμερα *γραφείο*). **4.** (για έντυπο) περιοδικό με θέματα από ορισμένο χώρο της επιστήμης, της τέχνης ή της λογοτεχνίας: *εβδομαδιαία πολιτική* ~· ~ *ιατρική/ φιλολογική*. **5.** (θεατρ.) είδος ελαφρού θεατρικού έργου που αποτελείται από νούμερα με χαλαρή εξάρτηση μεταξύ τους, κρίνει και σατιρίζει θεσμούς, γεγονότα και κυρίως πρόσωπα της εποχής και στηρίζεται ιδιαίτερα στην αυτοσχεδιαστική διάθεση των ηθοποιών: ~ *αθηναϊκή/μουσική*.

επιθεωρησιακός, -ή, -ό, επίθ. (ασυνίζ.), που ανήκει, αναφέρεται ή ταιριάζει στην επιθεώρηση (βλ.λ. στη σημασ. 5): *τύποι -οί· κοινό -ό*.

επιθεωρησιογράφος ο και η, ουσ. (ασυνίζ.), θεατρικός συγγραφέας που γράφει επιθεωρήσεις (βλ.λ. στη σημασ. 5).

επιθεωρητής ο, θηλ. **-τρια,** ουσ., δημόσιος ή ιδιωτικός υπάλληλος με καθήκον και αρμοδιότητα να εποπτεύει και να ελέγχει τη λειτουργία υπηρεσίας ή επιχείρησης, την πιστή εφαρμογή των νόμων ή των κανονισμών: ~ *αστυνομικός/οικονομικός/στρατού·* (παλαιότερα) ~ *σχολικός* (σήμερα *σύμβουλος*).

επιθεωρώ, -είς, ρ., εξετάζω και ελέγχω κάποιον ή κάτι (ανάλογα με τα καθήκοντα και τις αρμοδιότητές μου), πραγματοποιώ επιθεώρηση (βλ.λ. στις σημασ. 1-3): ~ *τις ηλεκτρικές εγκαταστάσεις του κτηρίου· ο πρωθυπουργός -εί το παρατεταμένο στρατιωτικό τμήμα*.

επιθηλιακός, -ή, -ό, επίθ. (ασυνίζ.), που ανήκει ή αναφέρεται στο επιθήλιο (βλ.λ.): *υμένας/ιστός* ~· *κύτταρα -ά*.

επιθήλιο το, ουσ. (ασυνίζ.), (ανατομ.) στρώμα κυττάρων που συνδέονται στενά μεταξύ τους σχηματίζοντας συνεχείς υμένες, οι οποίοι καλύπτουν εξωτερικές ή εσωτερικές επιφάνειες που μπορεί να έρχονται σε επαφή με ξένες ουσίες (αλλιώς *επιθηλιακός ιστός*): ~ *προστατευτικό/απορροφητικό·* ~ *πολύστιβο* (λ.χ. η επιδερμίδα)/ *κυλινδρικό*.

επιθηλίωμα το, ουσ. (ιατρ.) κακοήθης όγκος από ανώμαλη ανάπτυξη του επιθηλίου.

επίθημα το, ουσ. **1.** (αρχαιολ.) μαρμάρινο αρχιτεκτονικό μέλος σε σχήμα ανάποδης κόλουρης πυραμίδας τοποθετημένο πάνω στο κιονόκρανο παλαιοχριστιανικού ναού ή λαξευμένο μαζί με αυτό. **2.** (γραμμ.) κάθε σχηματιστικό παραγωγικό στοιχείο που προστίθεται στο τέλος της λέξης (μετά τη ρίζα, το θέμα), για να δηλωθεί ορισμένη σημασία (συνών. *κατάληξη* αντ. *πρόθημα*).

επιθυμητός, -ή, -ό, επίθ., που αξίζει να τον επιθυμούν, που προκαλεί την επιθυμία: *λύση -ή* (συνών. *ποθητός, ευκταίος* αντ. *ανεπιθύμητος*). - Επίρρ. **-ά**.

επιθυμία, (λαϊκ., συνιζ.) **αποθυμιά** και **πεθυμιά** η, ουσ. 1. (ψυχ. - κοιν.) ψυχική τάση όπου συνδυάζονται ενστικτώδης ορμή και συνειδητή βούληση του ανθρώπου να αποκτήσει ή να απολαύσει κάτι (γνωστό ή φανταστικό): *έμφυτη ~ για γνώση· ~ φυγής· η τελευταία ~ (ενός μελλοθανάτου)* (συνών. *θέληση*)· *εκφράζω/πραγματοποιώ/ προκαλώ μια ~· έχω την ~ να...· εκλαμβάνω τις -ες μου για πραγματικότητα* (συνών. *διάθεση, έφεση, όρεξη* αντ. *αδιαφορία, αποστροφή*). 2. (ειδικά) ενστικτώδης και μαζί συνειδητή τάση για ερωτική ικανοποίηση: *~ αισθησιακή διεγείρω/ καταστέλλω τις (σαρκικές) -ες· δέσμιος των -ών του* (συνών. *πόθος*).

επιθυμώ, -είς, (λαϊκ.) **αποθυμώ, πεθυμώ** και **πιθυμώ, -άς,** ρ., ζητώ ενστικτωδώς ή (και) συνειδητά να αποκτήσω ή να απολαύσω κάτι, αισθάνομαι την επιθυμία (να κάνω κάτι): *δεν ~ να κερδίσω/τη δόξα· έβρισκες ό,τι -ούσε η καρδιά σου· θα γίνει ό,τι -είτε* (για πρόσωπο) *να 'ξερες πόσο σ' αποθύμησα* (συνών. *θέλω, αναζητώ, επιδιώκω* αντ. *αδιαφορώ, αποστρέφομαι*).

επί θύραις, αρχαϊστ. εκφρ.· για κάτι απειλητικό που βρίσκεται πολύ κοντά: *ο πόλεμος/ο κίνδυνος είναι ~*.

επικαιρικός, -ή, -ό, επίθ., που έχει σχέση ή αναφέρεται στην επικαιρότητα: *κείμενο -ό· εκπομπή -ή*.

επίκαιρος, -η, -ο, επίθ. 1. που συμβαίνει στο σωστό ακριβώς σημείο μιας κατάστασης έτσι ώστε τυχόν προβλήματα ή δυσκολίες να αποφεύγονται ή να προλαμβάνονται: *άφιξη/συνάντηση/επέμβαση -η* (συνών. *καίριος* αντ. *ανεπίκαιρος, άκαιρος*). 2. που υφίσταται, συντελείται ή χρησιμοποιείται στο παρόν: *θέμα -ο*. 3. που αφορά σύγχρονα γεγονότα ή αναφέρεται σ' αυτά: *ερώτηση -η· το άρθρο της εφημερίδας είναι κατεξοχήν -ο· σχόλια -α*. 4. που έχει μεγάλη σημασία, ζωτικός: *οι μηχανισμοί τοποθετήθηκαν σε -α σημεία*. 5. που παρουσιάζει πραγματικά ενδιαφέρον για τους συγχρόνους: *πρόβλημα -ο. - Το ουδ. στον πληθ. ως ουσ. = σύγχρονα γεγονότα που παρουσιάζουν οι κινηματογράφοι πριν από την κανονική προβολή της ταινίας*. - Επίρρ. **επικαίρως** στη σημασ. 1.

επικαιρότητα η, ουσ. 1. το να είναι κάτι επίκαιρο (βλ.λ. στη σημασ. 1), το να γίνεται την κατάλληλη στιγμή: *~ παρέμβασης*. 2. πολιτικά και κοινωνικά γεγονότα που παρουσιάζουν συνήθως παγκόσμιο ενδιαφέρον και σπουδαιότητα και τα οποία συζητούνται στις εφημερίδες και στα προγράμματα της τηλεόρασης και του ραδιοφώνου: *~ διεθνής· εκπομπή με θέματα από την ~*. 3. το να εκδηλώνεται ενδιαφέρον για σύγχρονα γεγονότα: *φακός της -ας*. 4. το να αφορά κάτι σύγχρονα γεγονότα ή να αναφέρεται σ' αυτά: *~ ενός έργου/ενός ρεπορτάζ*. 5. καταλληλότητα, σπουδαιότητα, ζωτικότητα: *~ τόπου*.

επικαίρως, βλ. *επίκαιρος*.

επικαλούμαι, -είσαι, ρ. 1. (λόγ.) φέρω, εκτός από το κανονικό, και άλλο όνομα, με το οποίο είμαι ευρύτερα γνωστός, επονομάζομαι (συνήθως στη μτχ. ενεστ.): *Βασίλειος ο Β' ο -ούμενος Βουλγαροκτόνος*. 2. καλώ κάποιον να έλθει σε βοήθειά μου, κάνω έκκληση για βοήθεια ή προστασία: *~ το Θεό/τους αγίους*· φρ. *-είται θεούς και δαίμονες* (= για άνθρωπο αδίστακτο ακόμη και στο να ζητήσει τη βοήθεια των δαιμόνων). 3. ζητώ να παρουσιαστεί ή να χρησιμοποιηθεί κάτι για όφελος ή υπεράσπισή μου: *~ άρθρο του νόμου/μαρτυρίες/πληροφορίες·* φρ. *~ τα φώτα κάποιου* (= ζητώ τη συμβουλή του ή τη γνώμη του για κάποιο θέμα).

επικάλυμμα το, ουσ. 1. κάλυμμα μιας επιφάνειας, επένδυση: *~ δερμάτινο/πλαστικό· ~ τοίχου*. 2. (στην ιχθυολογία) *βραγχιακά -ατα* = πτυχές του δέρματος που βρίσκονται στην κάθε πλευρά του κεφαλιού των ψαριών και χρησιμεύουν για να προστατεύουν τα βράγχια, καθώς και για να διευκολύνουν την κυκλοφορία του θαλάσσιου νερού.

επικαλύπτω, ρ. 1. καλύπτω κάτι απ' απάνω, το σκεπάζω. 2. καλύπτω την επιφάνεια ενός πράγματος, επενδύω, επιστρώνω.

επικάλυψη η, ουσ. 1. το να καλύπτει κανείς κάτι, το να σκεπάζει από πάνω. 2. το να τοποθετεί κάποιος σε κάτι επικάλυμμα (βλ.λ.), επένδυση, επίστρωση: *~ επιφάνειας/τοίχου· ~ χρυσού*.

επικαρπία η, ουσ. (νομ.) το εμπράγματο δικαίωμα να χρησιμοποιεί ή να καρπώνεται κανείς ξένο πράγμα, κινητό ή ακίνητο, διατηρώντας ακέραιη την ουσία του: *σύσταση/νομή/απόσβεση -ίας· ~ δικαιώματος*.

επικαρπωτής ο, ουσ., αυτός που έχει το δικαίωμα επικαρπίας: *δικαιώματα/υποχρεώσεις -ωτών· ~ πράγματος*.

επικασσιτερώνω, ρ., επικαλύπτω μεταλλικό σκεύος, ιδίως χάλκινο, με λεπτό στρώμα από κασσίτερο για να μη σκουριάσει ή και για διακοσμητικούς λόγους (συνών. *γανώνω*).

επικασσιτέρωση η, ουσ., το να επικασσιτερώνεται (βλ.λ.) ένα σκεύος (συνών. *γάνωμα*).

επίκειται, ρ. τριτοπρόσ. (λόγ.), (μόνο στον ενεστ.) πρόκειται να συμβεί πολύ σύντομα (συνήθως για κάτι κακό ή δυσάρεστο): *~ πόλεμος/το μοιραίο* (συνών. *προμηνύεται, επαπειλείται, επικρέμαται*).

επικελευστής ο, ουσ. (στρατ.) ανώτερος βαθμός υπαξιωματικού του ναυτικού, αντίστοιχος με εκείνον του επιλοχία.

επίκεντρο το, ουσ. (έρρ.). 1. αυτό που βρίσκεται επάνω στο κέντρο: *~ του στόχου·* (γεωφυσική) *σεισμού* = σημείο της επιφάνειας της γης ακριβώς επάνω από την εστία του σεισμού, το υπόκεντρο, που βρίσκεται σε βάθος. 2. (μεταφ.) κεντρικό σημείο, το σπουδαιότερο σημείο μιας κατάστασης ή ενός γεγονότος ή το σημείο εκείνο που ελκύει το μεγαλύτερο ενδιαφέρον: *η υπόθεση βρίσκεται στο ~ των σημερινών προβλημάτων· βρέθηκε ξαφνικά στο ~ του σκανδάλου*.

επίκεντρος, -η, -ο, επίθ. (έρρ.), αυτός που βρίσκεται επάνω στο κέντρο· (μαθημ.) *-η γωνία* = εσωτερική γωνία κύκλου, της οποίας η κορυφή συμπίπτει με το κέντρο του κύκλου.

επικεντρώνω, ρ. (έρρ.). 1. τοποθετώ στο επίκεντρο (βλ.λ.): *~ το στόχο*. 2. (μεταφ.) συγκεντρώνω (συνήθως την προσοχή ή το ενδιαφέρον μου) πάνω σε κάτι: *η κυβέρνηση -ει το ενδιαφέρον της στην παιδεία·* (μέσ.) *η προσοχή όλων -ώθηκε στο νέο υπουργό οικονομικών*.

επικέντρωση η, ουσ. (έρρ.). 1. το να τοποθετείται κάτι στο επίκεντρο. 2. προσδιορισμός του άξονα κυλινδρικού σώματος.

επικερδής, -ής, -ές, γεν. -ούς, πληθ. αρσ. και θηλ. -είς, ουδ. -ή, επίθ., που αποφέρει κέρδος, χρηματικά ή άλλα υλικά οφέλη: *επιχείρηση ~· εμπόριο -ές* (συνών. *κερδοφόρος, επωφελής, προσοδοφόρος·* αντ. *επιζήμιος*). - Επίρρ. **-ώς:** *εργάζεται -ώς.*

επικεφαλής, επίρρ., στην πρώτη θέση ή σειρά και συνεκδοχικά στη θέση αρχηγού ή προϊσταμένου: *μπαίνω/είμαι ~. -* Έναρθρο σε θέση ουσ. και επιθ. = αυτός που είναι αρχηγός, προϊστάμενος ή υπεύθυνος: *ο ~ τμήματος/ομάδας· ο ~ αξιωματικός.*

επικεφαλίδα η, ουσ., λέξη ή φράση που γράφεται ή τυπώνεται στο επάνω μέρος μιας σελίδας και αποτελεί τον τίτλο του κειμένου που ακολουθεί: *~ άρθρου/κεφαλαίου.*

επικήδειος, -α, -ο, επίθ. (ασυνίζ.), που συμβαίνει ή λέγεται στην κηδεία: *τελετή -α· λόγος ~·* (στο αρσ. ως ουσ.) *εκφωνώ τον -ο.*

επικήρυξη η, ουσ., προκήρυξη αμοιβής με πράξη της πολιτείας για την ανακάλυψη, σύλληψη, αποτελεσματική κατάδειξη ή και το φόνο κάποιου δράστη αξιόποινης πράξης ως επικίνδυνου για τη δημόσια ασφάλεια· *~ επίσημη· τοιχοκολλώ/γνωστοποιώ ~.*

επικηρύσσω, ρ., προκηρύσσω αμοιβή για τη σύλληψη ή εξόντωση προσώπου που καταζητείται ως επικίνδυνο για τη δημόσια ασφάλεια: *τον -ήρυξαν για 50.000.000 δραχμές.*

επικίνδυνος, -η, -ο, επίθ. 1. που περιέχει ή παρουσιάζει κίνδυνο ή που εκθέτει σε κίνδυνο: *αποστολή/αρρώστια/εγχείρηση -η· δρόμος ~· είναι επικίνδυνο να οδηγείς με μεγάλη ταχύτητα* (συνών. *επίφοβος, παράτολμος·* αντ. *ακίνδυνος, ασφαλής, σίγουρος*). 2. που είναι ικανός να πληγώσει ή να βλάψει κάποιον ή κάτι: *κακοποιός ~ για τη δημόσια ασφάλεια.* - Επίρρ. **-α** (στη σημασ. 1).

επίκληση η, ουσ., η έκκληση για βοήθεια ή προστασία: *~ της Μούσας ή Θεάς στα προοίμια των επών·* ~ *του ονόματος του Θεού/των αγίων* (που συνήθως συνοδεύεται από ικεσίες ή προσευχές).

επικλινής, -ής, -ές, γεν. -ούς, πληθ. αρσ. και θηλ. -είς, ουδ. -ή, επίθ. (λόγ.). 1. (για τόπο) που έχει κλίση ομαλή προς τα κάτω, κατωφερής, κατωφερικός: *έδαφος/χωράφι -ές.* 2. (για κτίσμα) που δεν είναι κάθετο, που εμφανίζει κάποια κλίση: *τοίχος ~.*

επίκοινος, -η, -ο, επίθ., που ανήκει συγχρόνως σε δύο ή περισσότερους, κοινός· (γραμμ. για ονόματα ζώων) που με το ίδιο γραμματικό γένος δηλώνονται και τα δύο φύλα, π.χ. *αετός, αλεπού, οχιά.*

επικοινωνία η, ουσ. 1. αμοιβαίες σχέσεις μεταξύ ατόμων (που συνήθως βρίσκονται μακριά το ένα από το άλλο), ομάδων ή χωρών ή άλλων έμβιων όντων που ανταλλάσσουν μεταξύ τους πληροφορίες κάνοντας χρήση προφορικού ή γραπτού λόγου, μέσων τηλεπικοινωνίας, κινήσεων ή σημάτων: *μέσα -ας· έχω/είμαι σε στενή/τακτική ~ μ' ένα φίλο· ανεπτυγμένο σύστημα -ας των εντόμων·* (νομ.) *δικαίωμα -ας* (= **α.** το δικαίωμα των πολιτών κάθε χώρας να ταξιδεύουν ελεύθερα σε άλλες χώρες από ξηρά, θάλασσα ή αέρα. **β.** το δικαίωμα του γονέα που δεν έχει την επιμέλεια του τέκνου να επικοινωνεί με αυτό σε τακτά χρονικά διαστήματα) (συνών. *επαφή, σχέση*). 2. σύστημα επαφής ή διακίνησης πληροφοριών: *-ες ασύρματες/δορυφορικές· βλάβη στις -ες στρατιωτικών μονάδων με τη βάση τους.* 3. σχέση πνευματική ή ηθική: *~ του γονιού με το παιδί του.*

επικοινωνιακός, -ή, -ό, επίθ. (ασυνίζ.), που έχει σχέση με την επικοινωνία: *διευκόλυνση -ή.*

επικοινωνώ, -είς, ρ. 1. έχω επικοινωνία (βλ.λ. στη σημασ. 1) με κάποιον, έρχομαι σε επαφή μαζί του: *είναι αδύνατο να -ήσω με το νησί· ~ με κάποιον τηλεφωνικά.* 2. έχω με κάποιον πνευματική ή ηθική σχέση, καταλαβαίνω τα αισθήματα και τις απόψεις του: *είναι σπουδαίο να -ούν οι γονείς με τα παιδιά τους/οι δάσκαλοι με τους μαθητές τους.* 3. (για δοχεία ή χώρους) έχω άνοιγμα που χρησιμεύει ως πέρασμα (σε άλλο δοχείο ή χώρο): *στο ξενοδοχείο μείναμε σε δωμάτια που -ούσαν μεταξύ τους* (συνών. *συνδέομαι, συγκοινωνώ*).

επικόλληση η, ουσ. 1. το να κολλά κανείς κάτι επάνω σε μια επιφάνεια: *~ γραμματοσήμων.* 2. επένδυση ενός επίπλου ή τμήματός του με λεπτά φύλλα ξύλου καλύτερης ποιότητας.

επικολλώ, -άς, ρ. κολλώ κάτι επάνω σε μια επιφάνεια: *στην αίτηση πρέπει να -ηθεί χαρτόσημο.*

επικονίαση η, ουσ. 1. επίστρωση με κονίαμα. 2. (βοτ.) μεταφορά της γύρης από τον ανθήρα των λουλουδιών στο στίγμα του υπέρου: *~ άμεση/έμμεση/σταυρωτή* (= που γίνεται με τον άνεμο ή τα έντομα).

επικοντιστής ο, ουσ. (έρρ.), αθλητής του άλματος επί κοντώ.

επικός, -ή, -ό, επίθ. **1α.** που ανήκει ή αναφέρεται στο έπος: *ποίηση -ή· ήρωας ~·* **β.** (φιλολ.) *~ κύκλος* = συλλογή επικών ποιημάτων που δεν είναι ούτε ομηρικά ούτε ησιόδεια, αλλά ανήκουν σε ποιητές που τοποθετούνται στα χρόνια 800-550 π.Χ. περίπου και τα θέματά τους συμπληρώνουν τον τρωικό μύθο. 2. που αξίζει να υμνηθεί με έπος, ηρωικός, θρυλικός: *μάχη -ή. -* Το αρσ. ως ουσ. (συνήθως στον πληθ.) = *ποιητής επικών έργων.*

επικούρειος, -α, -ο, επίθ. (ασυνίζ.), που ανήκει ή αναφέρεται στον Επίκουρο ή το φιλοσοφικό του σύστημα: *φιλοσοφία/σχολή/διδασκαλία -α.* - Το αρσ. ως ουσ. **1α.** οπαδός της φιλοσοφίας του Επίκουρου· **β.** *οι Ε-οι* = οι φιλόσοφοι του ασπάσθηκαν τις αρχές του Επίκουρου. 2. (συνεκδοχικά) που είναι επιρρεπής στις σαρκικές ηδονές, που είναι ευδαιμονιστής, ηδονιστής.

επικουρία η, ουσ. 1. (λόγ.) βοήθεια (βλ.λ.), ενίσχυση, αρωγή, συνδρομή: *έρχομαι/φτάνω για ~.* 2. (στρατ.) εφεδρική δύναμη που αποστέλλεται για να ενισχύσει μονάδες του πολεμούν.

επικουρικός, -ή, -ό, επίθ. 1. που χρησιμεύει για επικουρία: *σύνταξη -ή· επίδομα/ταμείο -ό* (συνών. *ενισχυτικός, βοηθητικός*). 2. (στρατ.) που ενισχύει τις κύριες δυνάμεις, εφεδρικός. 3. που έχει δευτερεύουσα σημασία.

επικουρισμός ο, ουσ. 1. η ηθική και φιλοσοφική διδασκαλία του Επίκουρου. 2. το να αποβλέπει κανείς στην αναζήτηση και απόλαυση της ηδονής, ευδαιμονισμός, ηδονισμός, τρυφηλότητα.

επίκουρος, -η, -ο, επίθ., επικουρικός (βλ.λ.), που χρησιμοποιείται εφεδρικά ή βοηθητικά· (ειδικά) *~ καθηγητής* (βαθμίδα του διδακτικού προσωπικού της ανώτατης εκπαίδευσης). - Το αρσ. ως ουσ. = *βοηθός, αρωγός.*

επικουρώ, -είς, ρ. (λόγ.), βοηθώ, ενισχύω, συντρέχω.

επίκρανο το, ουσ. (αρχιτ.) το επάνω μέρος πεσσού ή παραστάδας που αποτελείται από ένα ή περισσότερα κυμάτια διακοσμημένα ή όχι.

επικράτεια η, ουσ. (ασυνίζ.), εδαφική έκταση που είναι οργανωμένη και πολιτικά ανεξάρτητη, χώρα που βρίσκεται κάτω από ενιαία εξουσία, κράτος: *οι εκλογές διεξήχθηκαν ομαλά σε ολόκληρη την ~ βουλευτής -είας* (βλ. *βουλευτής* σημασ. 2)· *υπουργός -είας· σύμβουλος -είας· Συμβούλιο -είας* = ανώτατο δικαστήριο για διοικητικές διαφορές και συγχρόνως όργανο συμβουλευτικό της κεντρικής διοίκησης του κράτους.

επικρατέστερος, -η, -ο, επίθ. 1. που επικρατεί, που υπερέχει, που είναι ισχυρότερος: *άποψη -η· θέσεις -ες*. 2. που χρησιμοποιείται περισσότερο ή που απαντά συχνότερα, συνηθέστερος: *περίπτωση -η· ~ τύπος μιας λέξης*.

επικράτηση η, ουσ. 1. υπερίσχυση, υπερτέρηση που επιτυγχάνεται με δυναμικό τρόπο, κυριαρχία, επιβολή: *~ των επαναστατικών δυνάμεων στην περιοχή*. 2. υπεροχή σε μια κατάσταση, η απόκτηση του ελέγχου της: *~ ειρηνιστικών τάσεων*. 3. το να αποτελεί κάτι το πιο σημαντικό ή αισθητό γνώρισμα μιας κατάστασης ή χρονικής περιόδου: *~ βίας/ανορθόδοξων μεθόδων/ειρήνης*. 4. το να γίνεται κάτι γενικά αποδεκτό, το να καθιερώνεται ή να εφαρμόζεται από συνήθεια ή προτίμηση: *~ ιδεών/εθίμων/μόδας/προϊόντων*.

επικρατώ, -είς, ρ. 1. επιβάλλομαι με δυναμικό ή βίαιο τρόπο, υπερνικώ, υπερισχύω: *οι Ρωμαίοι -άτησαν εύκολα στην Ανατολή*. 2. κερδίζω την υπεροχή σε μια κατάσταση, αποκτώ τον έλεγχο της συνήθως ύστερα από αρκετό αγώνα ή προσπάθειες, υπερέχω, υπερτερώ: *στο τέλος -άτησε η κοινή λογική/η πολιτική σκοπιμότητα*. 3. (σε γ΄ πρόσ. με υποκ. αφηρημένη έννοια) γίνεται το πιο σημαντικό χαρακτηριστικό στοιχείο μιας κατάστασης ή μιας χρονικής περιόδου: *-εί ειρήνη/σύγχυση/ανεργία/ενθουσιασμός*. 4. γίνομαι γενικά αποδεκτός, καθιερώνομαι ή εφαρμόζομαι από συνήθεια ή προτίμηση: *-ούν οι προοδευτικές αντιλήψεις· τα ελληνικά κρασιά -ούν στην ευρωπαϊκή αγορά*.

επικρέμαται, ρ., απροσ. (λόγ.), (μόνο στον ενεστ. για κάτι κακό) πρόκειται να συμβεί πολύ σύντομα, επίκειται: *~ κίνδυνος/συμφορά* (συνών. *προμηνύεται, επαπειλείται*).

επικρίνω, ρ., παρατ. και αόρ. *επέκρινα*, πληθ. *επικρίναμε*, κρίνω ή σχολιάζω δυσμενώς: *~ τη στάση/την απόφαση κάποιου* (συνών. *κατακρίνω, αποδοκιμάζω, ψέγω, κατηγορώ·* αντ. *εγκρίνω, επιδοκιμάζω, επαινώ*).

επίκριση η, ουσ., το να κρίνεται ή να σχολιάζεται κάτι δυσμενώς: *~ αβάσιμη/άδικη/δηκτική* (συνών. *κατάκριση, αποδοκιμασία, κατηγορία·* αντ. *έγκριση, επιδοκιμασία, έπαινος*).

επικριτής ο, θηλ. **-τρια**, ουσ. αυτός που επικρίνει (βλ.λ.): *~ αυστηρός/κακόβουλος*.

επικριτικός, -ή, -ό, επίθ., που εκφράζει επίκριση (βλ.λ.): *δημοσίευμα -ό· σχόλια -ά* (συνών. *κατακριτικός, αποδοκιμαστικός·* αντ. *επιδοκιμαστικός, επαινετικός*). - Επίρρ. **-ά**.

επικρίτρια, βλ. *επικριτής*.

επικρότηση η, ουσ., επιδοκιμασία (βλ.λ.), έγκριση.

επικροτώ, -είς, ρ., επιδοκιμάζω (βλ.λ.), εγκρίνω: *η προσπάθεια της πολιτείας -ήθηκε απ' όλους*.

επίκρουση η, ουσ. 1. κρούση, χτύπημα πάνω σε κάτι. 2. ανάφλεξη του καψουλιού που γίνεται με κρούση. 3. (ιατρ.) διαγνωστική μέθοδος που εφαρμόζεται με κρούση των δαχτύλων ή με τη χρήση της επικρουστικής σφύρας.

επικρουστήρας ο, ουσ. 1. πλήκτρο, κρούστης, ρόπτρο. 2. στενόμακρο χαλύβδινο στέλεχος που καταλήγει σε ακίδα και αποτελεί το τμήμα του πυροδοτικού μηχανισμού στα κλείστρα όπλων πυροβόλων ή φορητών και που χρησιμεύει για να προκαλεί με επίκρουση (βλ.λ.) την ανάφλεξη και εκπυρσοκρότηση (κοιν. *λύκος, πετεινός, κόκορας*).

επικρουστικός, -ή, -ό, επίθ., που έχει σχέση με την επίκρουση ή που χρησιμεύει σ' αυτήν: *μέθοδος· /σφύρα -ή*.

επικρούω, ρ. 1. (λόγ.) χτυπώ κάτι από πάνω. 2. (ιατρ.) εξετάζω με επίκρουση (βλ.λ.).

επικτηνίατρος ο, ουσ. (στρατ.) βαθμός κτηνιάτρου αντίστοιχος με εκείνου του ταγματάρχη ή του επιάτρου.

επίκτητος, -η, -ο, επίθ. 1. που δεν υπάρχει στην κατοχή κάποιου εξαρχής, που αποκτήθηκε κατόπιν. 2. (βιολ.) που δεν υπάρχει εκ γενετής, που δεν είναι κληρονομικός ή έμφυτος: *τάση/πάθηση/ιδιότητα/ανοσία -η· σύνδρομο -ης ανοσοποιητικής ανεπάρκειας* (= έιτζ, βλ.λ.).

επικυριαρχία η, ουσ. (ασυνίζ.), το δικαίωμα μιας χώρας να ασκεί εξουσία, κυριαρχία σε μια άλλη που έχει δική της κυβέρνηση, αλλά μειωμένη αυτονομία.

επικυριαρχικός, -ή, -ό, επίθ. (ασυνίζ.), που ανήκει ή αναφέρεται στην επικυριαρχία: *δικαιώματα -ά* (συνών. *εξουσιαστικός*).

επικυρίαρχος ο, ουσ., (για κράτος, χώρα) αυτό που έχει την επικυριαρχία πάνω σε ένα άλλο κράτος.

επικυρώνω, ρ. 1. προσδίδω εγκυρότητα σε κάτι: *-ώθηκε η πράξη αδελφοποίησης ανάμεσα στις δύο πόλεις* (συνών. *επισημοποιώ·* αντ. *ακυρώνω*). 2. επιβεβαιώνω κάτι ως ορθό.

επικύρωση η, ουσ. 1. έγκριση: *~ συνθήκης ειρήνης* (συνών. *επισημοποίηση·* αντ. *ακύρωση*). 2. επιβεβαίωση: *~ πληροφορίας*.

επικυρωτικός, -ή, -ό, επίθ., που χρησιμεύει για επικύρωση, που προσδίδει εγκυρότητα: *έγγραφο -ό* (αντ. *ακυρωτικός*).

επίκυψη η, ουσ. (γυμν.) κάμψη του κορμού προς τα εμπρός, ώστε τα δάχτυλα των τεντωμένων χεριών να αγγίζουν το έδαφος χωρίς να λυγίσουν τα γόνατα.

επιλαρχία η, ουσ. (στρατ.) μονάδα του ιππικού και των τεθωρακισμένων αντίστοιχη του τάγματος: *~ μέσων αρμάτων*.

επίλαρχος ο, ουσ. (στρατ.) αξιωματικός του ιππικού και των τεθωρακισμένων αντίστοιχος του ταγματάρχη.

επιλαχών, -ούσα, -όν, (μτχ. επίθ. λόγ.), που έχει σειρά αμέσως μετά τον τελευταίο που πέτυχε σε εξετάσεις, εκλογές, κλπ.: *βουλευτές -όντες·* (ως ουσ.) *πρώτος ~ για την κατάληψη της θέσης*. [μτχ. αορ. του αρχ. *επιλαγχάνω*].

επιλέγω, ρ., παρατ. *επέλεγα*, πληθ. *επιλέγαμε*, αόρ. *επέλεξα*, πληθ. *επιλέξαμε*, αόρ. παθ. *επιλέχθηκα*, μτχ. παθ. παρκ. *επιλεγμένος*, κάνω επιλογή, διαλέγω ανάμεσα σε πολλούς ή πολλά: *η επιτροπή επέλεξε τρεις υποψηφίους για την κάλυψη των κενών θέσεων*.

επιλεκτικός, -ή, -ό, επίθ., που επιλέγει, που διαλέγει ανάμεσα σε πολλά: *συναγωγή κειμένων -ή.* - Επίρρ. **-ά.**

επίλεκτος, -η, -ο, επίθ. **1.** που επιλέχθηκε ανάμεσα σε πολλούς: *τμήματα -α· στρατιωτικές δυνάμεις -ες.* **2.** εκλεκτός, διακεκριμένος, επιφανής.

επιληπτικός, -ή, -ό, επίθ., που ανήκει ή αναφέρεται στην επιληψία (βλ.λ.): *συμπτώματα -ά· κρίση -ή.* - Το αρσ. και το θηλ. ως ουσ. = άτομο που πάσχει από επιληψία.

επιληψία η, ουσ. (ιατρ.) χρόνια πάθηση του νευρικού συστήματος, που χαρακτηρίζεται από κρίσεις και εκδηλώνεται με απώλεια των αισθήσεων, με σπασμούς, κ.ά. (πβ. *σεληνιασμός*).

επιλήψιμος, -η, -ο, επίθ. (λόγ.), που δίνει αφορμή για επίκριση: *διαγωγή/συμπεριφορά -η* (συνών. *αξιοκατάκριτος, αξιόμεμπτος·* αντ. *άμεμπτος, άψογος, ανεπίληπτος*).

επιλιμενάρχης ο, ουσ., γενική ονομασία ανώτερων αξιωματικών του λιμενικού σώματος.

επιλογέας ο, πληθ. *-είς,* ουσ., ηλεκτρομηχανικό σύστημα αυτόματης τηλεφωνικής ζεύξης.

επιλογή η, ουσ. **1.** το να επιλέγει κανείς κάτι: ~ *αντιπροσώπων/στρατιωτικής ηγεσίας· δικαίωμα -ής* (συνών. *εκλογή, διάλεγμα*). **2.** (συνεκδοχικά) καθετί που επιλέγεται ως περισσότερο ενδεδειγμένο για ορισμένη περίσταση: ~ *στάσης· το εκλογικό σύστημα είναι πολιτική* ~ *της κυβέρνησης.* **3.** (βιολ.) επιβίωση (φυσική ή τεχνητή από τον άνθρωπο) των ανώτερων ζωικών ή φυτικών ειδών: *θεωρία της φυσικής -ής του Δαρβίνου.* **4.** (στρατ.) διαλογή, ξεχώρισμα (ύστερα από ειδική εξέταση) των ικανών από τους στρατεύσιμους και κατανομή τους στα διάφορα όπλα.

επιλογικά, επίρρ., τελικά, τελειώνοντας: ~ *θα αναφέρω τα παρακάτω.*

επίλογος ο, ουσ. **1.** το τελευταίο μέρος κειμένου ή λόγου, που συνοψίζει τα προηγούμενα: ~ *βιβλίου/δημηγορίας* (συνών. *κατακλείδα*). **2.** (μεταφ.) αποτέλεσμα ενέργειας ή γεγονότος: *δραματικός* ~ *φιλονικίας* (συνών. *επακόλουθο, συνέπεια, κατάληξη*).

επίλοιπος, -η, -ο, επίθ. (λαϊκ.), που απομένει: *βίος* ~ (συνών. *υπόλοιπος, λοιπός*).

επιλόχειος, -α, -ο, επίθ. (ασυνίζ.), (ιατρ.) που γίνεται ή εμφανίζεται στη γυναίκα, όταν είναι λεχώνα: *πυρετός* ~.

επιλοχίας ο, ουσ. (στρατ.) **α.** ανώτερος βαθμός μόνιμου αξιωματικού του στρατού ξηράς· **β.** υπαξιωματικός μόνιμος (επιλοχίας, κ.ά.) ή έφεδρος (λοχίας) που βοηθά το διοικητή του λόχου στο έργο του και φροντίζει γενικά για τα θέματα της μονάδας και των ανδρών της (προφ. *μάνα του λόχου*).

επίλυση η, ουσ., οριστική, τελική λύση: ~ *διαφοράς/προβλήματος* (= διευθέτηση).

επιλύω, ρ., παρατ. (σπάνιος) *επέλυα*, πληθ. *επιλύαμε,* αόρ. *επέλυσα,* πληθ. *επιλύσαμε,* δίνω οριστική λύση σε κάτι: *επιλύθηκαν τα αιτήματα των απεργών.*

επιμάνικα και **επιμανίκια** τα, ουσ. (ασυνίζ.) (εκκλ.) οι χειροθήκες που συγκρατούν τα μανίκια των κληρικών όταν ιερουργούν.

επιμαχία η, ουσ. (λόγ.), αμυντική συμμαχία.

επίμαχος ο, ουσ. (ζωολ.) είδος παραδείσιων πουλιών της Νέας Γουινέας.

επίμαχος, -η, -ο, επίθ., που προκαλεί διαμάχη,

αντιδικία: *-α σημεία ενός ζητήματος· θέμα/νομοσχέδιο -ο* (συνών. *αμφισβητούμενος*).

επιμειξία, βλ. *επιμιξία.*

επιμέλεια η, ουσ. (ασυνίζ.). **1.** ενεργό ενδιαφέρον για κάτι, φροντίδα για την εκτέλεση κάποιου έργου: *είχε την* ~ *έκδοσης βιβλίου/κατασκευής της γέφυρας* (συνών. *επιστασία, μέριμνα*). **2.** σταθερή και προσεκτική προσπάθεια για κάποιο σκοπό: ~ *μαθητή* (συνών. *ζήλος, εργατικότητα·* αντ. *αμέλεια*). **3.** (νομ.) ανάθεση με δικαστική απόφαση σε κάποιον της φροντίδας συνήθως ανήλικου ή ανίκανου προσώπου: *η* ~ *διέπεται από το δίκαιο της ιθαγένειας* (αστ. κώδ.).

επιμελής, -ής, -ές, γεν. *-ούς,* πληθ. αρσ. και θηλ. *-είς,* ουδ. *-ή,* επίθ., που ασχολείται με κάτι με ιδιαίτερο ενδιαφέρον, που δείχνει επιμέλεια, ιδιαίτερη φροντίδα για κάτι: *μαθητής* ~ (συνών. *εργατικός, φιλόπονος, προκομμένος·* αντ. *αμελής*). -Επίρρ. **-ώς.**

επιμελητεία η, ουσ. (στρατ., παλαιότερα) οικονομική υπηρεσία που είχε ως έργο τον ανεφοδιασμό του στρατού σε τρόφιμα, ρουχισμό, κ.ά.

επιμελητήριο το, ουσ. (ασυνίζ.), επαγγελματικός οργανισμός που αποσκοπεί στην προώθηση και την προστασία των συμφερόντων των μελών του: ~ *βιοτεχνικό/εμπορικό.*

επιμελητής ο, θηλ. **-τρια,** ουσ. **1.** αυτός που φροντίζει για κάτι (σχολ.) ~ *της τάξης* = μαθητής με καθήκοντα τον αερισμό και την καθαριότητα της αίθουσας διδασκαλίας σε ώρα διαλείμματος. **2.** δημόσιος ή ιδιωτικός υπάλληλος που φροντίζει για την καλή διεξαγωγή ενός έργου: ~ *αρχαιοτήτων/βιβλιοθήκης·* ~ *εκδόσεων* (= υπάλληλος εκδοτικού οίκου που εποπτεύει την έκδοση συγγραμμάτων)· (νομ.) ~ *δικαστικός* (= δικαστικός υπάλληλος που φροντίζει για την επίδοση των δικαστικών εγγράφων, κοιν. *δικαστικός κλητήρας*). **3.** επιστημονικός συνεργάτης πανεπιστημιακής σχολής: ~ *παθολογικής κλινικής/εργαστηρίου.* **4.** (νομ.) πρόσωπο που του έχει ανατεθεί η φροντίδα ανήλικου ή ανίκανου προσώπου (βλ. και *επιμέλεια* στη σημασ. 3). **5.** (στρατ., παλαιότερα) αξιωματικός της επιμελητείας (βλ.λ.) αντίστοιχος του αντισυνταγματάρχη.

επιμελούμαι, -είσαι, ρ., αόρ. *-ήθηκα,* μτχ. παρκ. *-λημένος.* **1.** καταγίνομαι με προθυμία και ενδιαφέρον με κάτι, φροντίζω για κάτι (συνών. *περιποιούμαι, προσέχω*). **2.** εποπτεύω, επιστατώ σε κάποιο έργο: *-λήθηκε την έκδοση των Απάντων του ποιητή.* Η μτχ. παρκ. ως επίθ. = που έγινε με ιδιαίτερη φροντίδα: *γράψιμο/ντύσιμο -ημένο· έκδοση/δουλειά/εμφάνιση -ημένη* (συνών. *περιποιημένος, φροντισμένος*).

επιμελώς, βλ. *επιμελής.*

επίμεμπτος, -η, -ο, επίθ. (έρρ., λόγ.), που αξίζει να τον κατηγορήσει κανείς: *συμπεριφορά -η* (συνών. *αξιοκατάκριτος, επιλήψιμος·* αντ. *ανεπίληπτος, άψογος*).

επιμένω, ρ., παρατ. *επέμενα,* πληθ. *επιμέναμε,* αόρ. *επέμεινα,* πληθ. *επιμείναμε.* **1.** μένω σταθερός στην αρχική μου άποψη: *η κυβέρνηση -ει στην πολιτική της λιτότητας* (συνών. *εμμένω*). **2.** δείχνω επιμονή σε κάτι, υποστηρίζω ή επιδιώκω κάτι με πείσμα: *-ει να φέρεται απότομα στους συναδέλφους του.*

επιμερισμός ο, ουσ. (λόγ.), χωρισμός σε μερίδια (συνών. *διαίρεση, διανομή, μοίρασμα*).

επιμεριστικός, -ή, -ό, επίθ., που ανήκει ή αναφέρεται στον επιμερισμό (βλ.λ.): (γραμμ.) *-ές αόριστες αντωνυμίες* (λ.χ. *άλλος, κανείς, καθένας*).

επιμέρους, επίρρ., έναρθρ. ως επίθ., για να δηλωθεί μερισμός ή αναλογία: *τα ~ κεφάλαια ενός βιβλίου.*

επιμεταλλώνω, ρ., επικαλύπτω επιφάνεια με στρώμα πολύτιμου μετάλλου.

επιμετάλλωση η, ουσ., επικάλυψη επιφάνειας με στρώμα πολύτιμου μετάλλου.

επιμέτρηση η, ουσ. (νομ.) *~ ποινής =* τελικός προσδιορισμός, καθορισμός.

επίμετρο το, ουσ., αυτό που μπαίνει ως συμπλήρωμα, προσθήκη (συνήθως σε σύγγραμμα).

επιμετρώ, -άς, ρ. (νομ.) *~ ποινή =* (για δικαστήριο) προσδιορίζω τελικά, καθορίζω την ποινή για αξιόποινη πράξη.

επιμήκης, -ης, -ιμηκες, γεν. *-ους,* πληθ. αρσ. και θηλ. *-εις,* ουδ. *-η,* επίθ. (λόγ.), που έχει μήκος μεγαλύτερο από το πλάτος του.

επιμήκυνση η, ουσ. (λόγ.), αύξηση του μήκους: *~ του σιδηροδρομικού δικτύου της χώρας.*

επιμηκύνω, ρ., παρατ. και αόρ. *επιμήκυνα* (λόγ.), αυξάνω το μήκος κάποιου πράγματος.

επιμηχανικός ο, ουσ. (στρατ., παλαιότερα) βαθμός αξιωματικού του μηχανικού στο πολεμικό ναυτικό αντίστοιχος με το βαθμό του πλωτάρχη μηχανικού.

επιμιξία και **επιμειξία** η, ουσ. **1.** διασταύρωση ομάδων, φύλων ή λαών με επιγαμία (βλ.λ.). **2.** επικοινωνία, συνάφεια, σχέσεις των ανθρώπων μεταξύ τους. **3.** τεχνική αναπαραγωγής κατά την οποία χρησιμοποιούνται ζώα μιγάδες με σκοπό τη μεγαλύτερη βελτίωση του είδους.

επιμίσθιο το, ουσ. (ασυνίζ., λόγ.), χρηματικό ποσό που προστίθεται στον κανονικό μισθό, συμπληρωματική αμοιβή.

επιμνημόσυνος, -η, -ο, επίθ., που γίνεται κατά το μνημόσυνο: *δέηση/τελετή -η· λόγος ~.*

επιμολυβδώνω, ρ., επικαλύπτω επιφάνεια με στρώμα μολύβδου.

επιμολύβδωση η, ουσ. **1.** επικάλυψη επιφάνειας με στρώμα μολύβδου. **2.** (συνεκδοχικά) λεπτό στρώμα μολύβδου στην εσωτερική επιφάνεια της κάνης των πυροβόλων όπλων, που δημιουργείται από τη χρήση βλημάτων.

επίμονα, βλ. *επίμονος.*

επιμονή η, ουσ. **1.** εμμονή, σταθερότητα σε κάτι: *με την υπομονή και την ~ πολλά πετυχαίνονται.* **2.** πείσμα.

επίμονος, -η, -ο, επίθ. **1.** που εξακολουθεί με την ίδια ένταση, που επιμένει: *προσπάθειες -ες· βήχας/πόνος ~* (συνών. *ανυποχώρητος, σταθερός, ακλόνητος*). **2.** (για πρόσ.) που δείχνει επιμονή (βλ.λ. στη σημασ. 2) ή πείσμα: *χαρακτήρας ~.* - Επίρρ. **-α** και **επιμόνως.**

επίμορτος, -η, -ο, επίθ. (λόγ.), που γίνεται με βάση τη «μορτή» (= μερίδιο του γαιοκτήμονα από την παραγωγή των κτημάτων του, που καλλιεργούνται από ακτήμονες γεωργούς): (νομ.) *αγρός ~* (= μισιακό χωράφι)· *στη μίσθωση αγροτικού κτήματος το μίσθωμα μπορεί να συμφωνηθεί σε ποσοστό -των καρπών (-η αγρόληψία)* (Αστ. Κώδ.).

επιμορφώνω, ρ., παρέχω επιπλέον μόρφωση, συμπληρώνω και προάγω τη μόρφωση κάποιου.

επιμόρφωση η, ουσ., περαιτέρω μόρφωση, συμπλήρωση και προαγωγή της μόρφωσης: *~ στελεχών επιχειρήσεων/λαϊκή· πρόγραμμα -ης εκπαιδευτικών.*

επιμορφωτικός, -ή, -ό, επίθ., που ανήκει ή αναφέρεται στην επιμόρφωση (βλ.λ.): *σεμινάρια/ προγράμματα/μαθήματα -ά.*

επιμύθιο το, ουσ. (ασυνίζ.), πνευματώδης φράση στο τέλος κάθε μύθου, που αποτελεί και το ηθικό του δίδαγμα.

επιναυπηγός ο, ουσ., παλιότερος βαθμός ανώτερου τεχνικού ναυπηγού στο ναυτικό, ο σημερινός πλωτάρχης ναυπηγός.

επίνειο το, ουσ. (ασυνίζ.), λιμάνι που εξυπηρετεί πόλη που βρίσκεται μακριά από τη θάλασσα: *η Ιτέα είναι το ~ της Άμφισσας.*

επίνευση η, ουσ. (λόγ.). **1.** (γυμν.) θέση του κεφαλιού σε κάμψη προς τα εμπρός. **2.** (ναυτ.) *~ κεραιών =* η τοποθέτηση των κεραιών του καραβιού σε στάση που δηλώνει πένθος.

επινεφριδίνη η, ουσ. (βιοχημ.) αδρεναλίνη (βλ.λ.).

επινεφρίδιος, -α, -ο, επίθ. (ασυνίζ.), που βρίσκεται πάνω στα νεφρά: *αδένες -οι, φλέβα -α.* - Το ουδ. στον πληθ. ως ουσ. = (ανατομ.) οι δύο ενδοκρινείς αδένες, ο καθένας από τους οποίους βρίσκεται πάνω από το αντίστοιχο νεφρό.

επινεφριδίτιδα η, ουσ. (ιατρ.) φλεγμονή των επινεφριδίων που εμφανίζεται σε σοβαρές και λοιμώδεις αρρώστιες.

επινικελώνω, ρ., επενδύω κάποια μεταλλική επιφάνεια με λεπτό στρώμα νικελίου, νικελώνω.

επινικέλωση η, ουσ., επένδυση κάποιας μεταλλικής επιφάνειας με λεπτό στρώμα νικελίου (συνών. *νικέλωμα*).

επινικελωτήριο το, ουσ. (ασυνίζ.), εργαστήριο όπου γίνονται επινικελώσεις.

επινικελωτής ο, ουσ., τεχνίτης ειδικευμένος στην επινικέλωση.

επινίκιος, -α, -ο, επίθ. (ασυνίζ.), που ακολουθεί τη νίκη, που λέγεται ή τελείται μετά τη νίκη: *γιορτές -ες· τραγούδια -α· ύμνος ~* (ύμνος της θείας λειτουργίας). - Το ουδ. στον πληθ. ως ουσ. = πανηγυρισμοί και γιορτές για τη νίκη.

επινόημα το, ουσ., αυτό που κάποιος σοφίζεται ή μηχανεύεται, τέχνασμα: *δικό του ~ ήταν η δήθεν απόφασή σου να παραιτηθείς· ~ της αρρωστημένης φαντασίας της είναι η καταδίωξη που λέει.*

επινοηματικός, -ή, -ό, επίθ., εφευρετικός, επινοητικός.

επινόηση η, ουσ., η σύλληψη με το νου ιδέας, σχεδίου, πρωτότυπης δημιουργίας, κ.τ.ό. και η ίδια η ιδέα ή το πρωτότυπο δημιούργημα: *~ της γραφής.*

επινοητής ο, θηλ. **-τρια,** ουσ. (ασυνίζ.), αυτός που επινοεί ή επινόησε κάτι: *~ του σχεδίου/του νέου προγράμματος εργασίας.*

επινοητικός, -ή, -ό, επίθ., που εφευρίσκει, σοφίζεται λύσεις και τεχνάσματα με μεγάλη ευχέρεια, πολυμήχανος: *νους ~· φαντασία -ή* (συνών. *εφευρετικός*).

επινοητικότητα η, ουσ., η ικανότητα κάποιου να εφευρίσκει, να μηχανεύεται λύσεις και τεχνάσματα: *η ~ του Οδυσσέα* (συνών. *ευρηματικότητα*).

επινοήτρια, βλ. *επινοητής.*

επίνοια η, ουσ. (ασυνίζ.), επινόηση (βλ.λ.).

επινοώ, -είς, ρ. **1.** ανακαλύπτω, εφευρίσκω: *ο άνθρωπος -όησε τα μουσικά όργανα και μετέτρεψε τον ήχο σε μουσική.* **2.** (συνεκδοχικά) σοφίζομαι, μηχανεύομαι: *τι παραμύθια -όησε ο απατεώνας*

επί ξύλου κρεμάμενος

και μας ξεγέλασε! (συνών. *τεχνάζομαι*).
επί ξύλου κρεμάμενος· αρχαϊστ. έκφρ.· για κάποιον που βρίσκεται σε κατάσταση αβεβαιότητας, συνήθως εξαιτίας οικονομικής ανέχειας.
επί ξυρού ακμής· αρχαϊστ. έκφρ. = στην πιο κρίσιμη στιγμή μιας επικίνδυνης κατάστασης (κατά λέξη «στην κόψη του ξυραφιού»).
επιορκία η, ουσ. (ασυνίζ.), καταπάτηση, παράβαση όρκου· (ειδικά νομ.) θεληματική αθέτηση υπόσχεσης που δόθηκε στο δικαστήριο και επιβεβαιώθηκε με όρκο.
επίορκος, -η, -ο, επίθ., που καταπάτησε τον όρκο του· (ειδικά νομ.) ένοχος για παράβαση όρκου.
επιορκώ, -είς, ρ. (ασυνίζ.), αθετώ, πατώ τον όρκο μου.
επιούσα η, ουσ. (ασυνίζ., λόγ.), η επόμενη μέρα. [το θηλ. της μτχ. *επιών* του ρ. *έπειμι* ως ουσ.].
επιούσιος, -α, -ο, επίθ. (ασυνίζ. δις), μόνο στη φρ. *~ άρτος* = το ψωμί (και γενικά η τροφή) που χρειάζεται ο άνθρωπος μια μέρα. - Το αρσ. ως ουσ. = η απαραίτητη καθημερινή τροφή· φρ. *βγάζω τον -ο* (= κερδίζω όσα μου χρειάζονται για να ζω) (συνών. *μεροφάι*).
επίπεδο το, ουσ. 1. (γεωμ.) η επιφάνεια (βλ. *επίπεδος*, σημασ. 2). 2. (τοπογρ.) τμήμα εδάφους παράλληλο με τον ορίζοντα. 3. (φυσ.) *~ κεκλιμένο,* βλ. *κεκλιμένος.* 4. (μεταφ.) βαθμίδα οικονομικής ή κοινωνικής ανάπτυξης: *-ο βιοτικό/οικονομικό· υψηλό ~ ζωής.* 5. (ανατομ.) *-α σώματος* = νοητά επίπεδα για την ακριβή περιγραφή και τον καθορισμό οργάνων του σώματος. 6. (μεταφ.) βαθμίδα πνευματικής και πολιτιστικής προόδου: *υψηλό/χαμηλό διανοητικό -ο· οι επιδόσεις των μαθητών ήταν ιδιαίτερα υψηλού -ου· μην κατεβαίνεις στο -ό του.* 7. βαθμός έντασης ή πυκνότητας ή ποσότητα ενός πράγματος σε δεδομένο χρόνο: *η ρύπανση κυμάνθηκε σε υψηλά -α· η ανεργία έφτασε σε υψηλό -ο.* 8. (μεταφ.) ο βαθμός ποιότητας ή παρεχόμενης υπηρεσίας: *το εργοστάσιό μας εγγυάται υψηλά -α ποιότητας.* 9. (μεταφ.) συγκεκριμένο αξίωμα ή θέση σε πολιτική ή άλλου είδους οργάνωση: *οι συνομιλίες θα γίνουν σε -ο αρχηγών κρατών.* 10. συγκεκριμένη οπτική από την οποία χρησιμοποιεί κανείς για να εξετάσει κάτι: *ας δούμε την κατάσταση σε καθαρά πρακτικό ~· σε ~ κοινωνικών θεσμών παρατηρείται ότι...*
επιπεδογράφηση η, ουσ., παράσταση σφαιρικής επιφάνειας σε επίπεδο.
επιπεδογραφία η, ουσ., χαρτογραφική αναπαράσταση τμήματος ή ολόκληρης της υδρόγειας σφαίρας σε επίπεδο.
επιπεδογράφος ο, ουσ., κάθε όργανο που χρησιμεύει στην παράσταση σφαιρικής επιφάνειας σε επίπεδο και ειδικά στη σχεδίαση τμημάτων της γήινης επιφανείας σε χάρτη.
επιπεδόκοιλος, -η, -ο, επίθ. (για φακό) που κατά τη μία επιφάνειά του είναι επίπεδος και κατά την άλλη κοίλος.
επιπεδόκυρτος, -η, -ο, επίθ. (για φακό) που κατά τη μία του επιφάνεια είναι επίπεδος και κατά την άλλη κυρτός.
επιπεδομέτρηση η, ουσ. 1. μέτρηση επίπεδων σχημάτων. 2. ενασχόληση με την επιπεδομετρία.
επιπεδομετρία η, ουσ. 1. κλάδος της γεωμετρίας που εξετάζει τις ιδιότητες επίπεδων σχημάτων. 2. κλάδος της τοπογραφίας που εξετάζει τις μεθόδους και τα όργανα που χρησιμοποιούνται για

την καταμέτρηση και τη σχεδίαση μικρών τμημάτων επίπεδου εδάφους της γήινης επιφάνειας.
επιπεδομετρικός, -ή, -ό, επίθ., που ανήκει ή αναφέρεται στην επιπεδομετρία.
επίπεδος, -η, -ο, επίθ. 1. που έχει ομαλή επιφάνεια χωρίς διακυμάνσεις ως προς το ύψος: *χωράφι/οδόστρωμα/πάτωμα -ο* (συνών. *ομαλός·* αντ. *τραχύς, ανώμαλος*). 2. (γεωμ.) *επιφάνεια -η* = η επιφάνεια πάνω στην οποία και προς οποιαδήποτε κατεύθυνση μπορεί να εφαρμοστεί απόλυτα η ευθεία. 3. (γεωμ.) *σχήμα -ο· γωνία -η* = το γεωμετρικό σχήμα ή η γωνία που χαράζεται σε επίπεδη επιφάνεια. 4. που έχει επίπεδες επιφάνειες: *τοίχος ~.* 5. (ζωγρ.) *τέχνη -η* = η τέχνη που αναπαριστάνει τα διάφορα αντικείμενα σε ένα μόνο επίπεδο, που δεν έχει δηλαδή προοπτική, βάθος. - Βλ. και *επίπεδο.*
επιπεδώνω, ρ. (σπανίως) εξομαλύνω ανώμαλη επιφάνεια (συνών. *ισοπεδώνω*).
επιπέδωση η, ουσ. (σπανίως), εξομάλυνση ανώμαλης επιφάνειας (συνών. *ισοπέδωση*).
επιπεφυκίτιδα η, ουσ. (ιατρ.) φλεγμονή του επιπεφυκότος του ματιού.
επιπεφυκώς ο, γεν. *-ότος,* ουσ. (ανατομ.) λεπτός βλεννογόνος υμένας που καλύπτει την εσωτερική επιφάνεια των βλεφάρων και την εξωτερική επιφάνεια του βολβού και του κερατοειδούς του ματιού.
επίπλαστος, -η, -ο, επίθ., που έχει μορφή πλαστή, ψεύτικος: *χαμόγελο -ο· ευγένεια -η* (συνών. *προσποιητός·* αντ. *πραγματικός*).
επιπλέον, επίρρ., επιπροσθέτως, παραπάνω· μάλιστα: *προσλήφθηκε γιατί έχει τρία παιδιά και ~ γιατί το ένα είναι ανάπηρο.*
επιπλέω, ρ., παρατ. *επέπλεα,* πληθ. *επιπλέαμε,* αόρ. *επέπλευσα,* πληθ. *επιπλεύσαμε.* 1. ανεβαίνω ή παραμένω στην επιφάνεια υγρού, δε βυθίζομαι (αντ. *βυθίζομαι, βουλιάζω*). 2. (φυσ., για στερεό σώμα) βρίσκομαι σε ισορροπία με την επιφάνεια του νερού έχοντας ένα μέρος του όγκου μου βυθισμένο σ' αυτό. 3. (μεταφ.) διακρίνομαι, επικρατώ: *σε κάθε πολιτική κατάσταση βρίσκει τον τρόπο να -ει.*
επιπληκτικός, -ή, -ό, επίθ., που επιπλήττει, που γίνεται για επίπληξη: *ύφος -ό· λόγια -ά* (συνών. *επιτιμητικός·* αντ. *επαινετικός, εγκωμιαστικός*).
επίπληξη η, ουσ. 1. αυστηρή παρατήρηση σε κάποιον που παρεκτράπηκε (συνών. *επιτίμηση, μάλωμα·* αντ. *έπαινος*). 2. έγγραφη επιτίμηση που την επιβάλλει προϊστάμενος σε υφιστάμενό του και που θεωρείται μια η κατώτερη ποινή.
επιπλήττω, ρ., παρατ. *επέπληττα,* πληθ. *επιπλήτταμε,* αόρ. *επέπληξα,* πληθ. *επιπλήξαμε,* απευθύνω σε κάποιον αυστηρή, δριμεία παρατήρηση (συνών. *επιτιμώ, μαλώνω·* αντ. *επαινώ, εγκωμιάζω*).
έπιπλο το, ουσ., κινητό αντικείμενο για τον εξοπλισμό ή τη διακόσμηση εσωτερικών ή και εξωτερικών χώρων του σπιτιού ή και άλλων χώρων, φτιαγμένο από διάφορα υλικά (ξύλο, μέταλλο, γυαλί) με σχήμα και μέγεθος ποικίλο: *-α μεταλλικά/εξοχής/γραφείου· -α μοντέρνα/κλασικά.*
επιπλοκή η, ουσ., αύξηση των δυσκολιών που παρουσιάζει σε μια ήδη περίπλοκη κατάσταση με την εμφάνιση νέων στοιχείων· (ειδικά) παθολογική εκδήλωση που προστίθεται στη συνηθισμένη εξέλιξη μιας αρρώστιας και επιβαρύνει την πρόγνωση.

επιπλοποιείο το, ουσ., εργοστάσιο ή εργαστήριο όπου κατασκευάζονται έπιπλα.

επιπλοποιία η, ουσ., η τέχνη της κατασκευής επίπλων.

επιπλοποιός ο, ουσ. (ασυνίζ.), τεχνίτης που χρησιμοποιεί ξύλα ή και άλλα υλικά για να κατασκευάσει έπιπλα.

επιπλοπωλείο το, ουσ. (σπανίως), κατάστημα όπου πουλιούνται έπιπλα.

επιπλοπώλης ο, ουσ. (σπανίως), πωλητής επίπλων.

επιπλώνω, ρ., εξοπλίζω κατοικία ή άλλο χώρο με τα αναγκαία έπιπλα: *διαμέρισμα/δωμάτιο -ωμένο.*

επίπλωση η, ουσ. 1. εξοπλισμός κατοικίας ή άλλου χώρου με τα απαραίτητα έπιπλα. 2. το σύνολο των επίπλων κατοικίας, γραφείου ή άλλου χώρου: ~ *μοντέρνα/κλασική/λιτή· υφάσματα -ώσεων.*

επί ποδός· αρχαϊστ. έκφρ.· για να δηλωθεί αναστάτωση, αναταραχή: *όλο το σπίτι ήταν ~· χώρα ~ πολέμου.*

επιπόλαιος, -α, -ο, επίθ. 1. που βρίσκεται στην επιφάνεια και δεν εισχωρεί σε βάθος: *τραύμα -ο* (συνών. *επιφανειακός·* αντ. *εσωτερικός*). 2. (μεταφ.) που δε σκέφτεται κάτι βαθύτερα, ελαφρόμυαλος, απερίσκεπτος (συνών. *αστόχαστος*). - Επίρρ. **-α.**

επιπολαιότητα η, ουσ., έλλειψη σοβαρότητας και περίσκεψης: *ενεργείς με ~ και πάντα πέφτεις έξω* (συνών. *ελαφρότητα, απερισκεψία·* αντ. *σύνεση*).

επίπονος, -η, -ο, επίθ., που γίνεται με πολύ κόπο, που απαιτεί πολύ μόχθο: *προσπάθειες -ες* (συνών. *κοπιώδης*).

επί προσβολή της δημοσίας αιδούς· αρχαϊστ. έκφρ.· σε περιπτώσεις που προσβάλλεται το δημόσιο αίσθημα της σεμνότητα.

επιπρόσθετος, -η, -ο, επίθ., που προστίθεται επιπλέον σ' αυτό που ήδη υπάρχει: *δαπάνη -η· φόρος ~.* - Επίρρ. **-έτως.**

επίπτωση η, ουσ., συνέπεια, επακόλουθο συνήθως κακό: *η υπερβολική κούραση θα έχει (αρνητικές) -ώσεις στην υγεία σου.*

επιρρεπής, -ής, -ές, γεν. -*ούς,* πληθ. αρσ. και θηλ. *-είς,* ουδ. *-ή,* επίθ., που κλίνει, ρέπει σε κάτι: ~ *στο κάπνισμα/στις κακές συνήθειες.*

επίρρημα το, ουσ., άκλιτη λέξη που προσδιορίζει κυρίως το ρήμα, αλλά και ένα επίθετο, ουσιαστικό ή άλλο επίρρημα φανερώνοντας τόπο, τρόπο, χρόνο, ποσό, κ.ά.: ~ *χρονικό/τοπικό/ποσοτικό/ βεβαιωτικό.*

επιρρηματικός, -ή, -ό, επίθ., που ανήκει ή αναφέρεται στο επίρρημα: *κατάληξη -ή· προσδιορισμός ~* (= προσδιορισμός του ρήματος και του κατηγορουμένου - όταν αυτό είναι επίθετο -που εκφέρεται με επίρρημα, με πλάγιες πτώσεις που συνοδεύονται ή όχι με πρόθεση ή και με φράσεις και εκφράζουν σχέσεις τόπου, τρόπου, χρόνου, οργάνου, αιτίου, ποσού, αναφοράς π.χ. *μου φέρθηκε άσχημα· τελειώνω τις σπουδές μου του χρόνου· μου είπε να πλησιάσω χωρίς να μιλώ)· πρόταση -ή* (δευτερεύουσα πρόταση που προσδιορίζει το ρήμα της κύριας όπως ο επιρρηματικός προσδιορισμός, δηλ. χρονική, αιτιολογική, κλπ.). - Επίρρ. **-ά** και **ώς.**

επιρριπτάριο το, ουσ. (ασυνίζ.), (εκκλ.) επανωκαλύμμαυκο (βλ.λ.).

επιρρίπτω, ρ., παρατ. *επέρριπτα,* πληθ. *επιρρίπτα-με,* αόρ. *επέρριψα,* πληθ. *επιρρίψαμε* (λόγ.), αποδίδω, καταλογίζω σε κάποιον κάτι κακό, θεωρώ κάποιον υπεύθυνο για κάτι: ~ *ευθύνες στους υπεύθυνους.*

επίρριψη η, ουσ., το να επιρρίπτει, να καταλογίζει κανείς κάτι κακό σε έναν άλλο: ~ *ευθύνης* (συνών. *καταλογισμός*).

επιρροή η, ουσ., το να επηρεάζει κανείς κάποιον σημαντικά στις κρίσεις και τις αποφάσεις του: *ο βουλευτής αυτός ασκεί μεγάλη ~ στον υπουργό· ασκεί μεγάλη ~ στη γυναίκα του* (συνών. *επιβολή*).

επισείω, ρ., παρατ. *επέσεια,* πληθ. *επισείαμε,* αόρ. *επέσεισα,* πληθ. *επισείσαμε* (λόγ.), χρησιμοποιώ ή προβάλλω κάτι ως μέσο εκφοβισμού ή απειλής: ~ *τον κίνδυνο της υγείας σου από την κακή διατροφή.*

επίσημα το, ουσ. 1. σφραγίδα πάνω σε χαρτόσημο που μεταβάλλει την αξία του· *κινητό ~* (= χαρτόσημο). 2. ~ *βιβλίου* = μικρό κομμάτι χαρτί που επικολλάται σε βιβλία και δηλώνει τα στοιχεία της βιβλιοθήκης στην οποία ανήκει, καθώς και τον αριθμό εισαγωγής του σ' αυτήν. 3. ~ *ασπίδας* = (αρχαιολ.) σχέδιο συνήθως ανάγλυφο πάνω σε ασπίδα που χρησιμεύει ως διακόσμηση ή ως διακριτικό γνώρισμα. 4. διακριτικό σημάδι πάνω σε χρυσό ή ασημένιο αντικείμενο που πιστοποιεί τη γνησιότητά του και υποδηλώνει την περιεκτικότητά του σε χρυσό ή ασήμι. 5. (ναυτ.) κατασκεύασμα με σχήμα και χρώματα συμβολικά για την υπόδειξη των επικίνδυνων για τους ναυτιλλομένους σημείων (σκοπέλων, υφάλων, κλπ.). 6 ~ *λέβητα* = διακριτικό σημάδι πάνω σε λέβητα που υποδηλώνει την πίεση στην οποία δοκιμάστηκε η αντοχή του.

επίσημα, βλ. *επίσημος.*

επισημαίνω, ρ. 1. βάζω σημάδι σε ένα αντικείμενο για να το αναγνωρίσω, σφραγίζω, μαρκάρω: *γραμματόσημο -ασμένο.* 2. (μεταφ.) εντοπίζω και υποδεικνύω κάτι, τονίζω με έμφαση, γνωστοποιώ: ~ *τις αδυναμίες του εκλογικού συστήματος/τον κίνδυνο/ένα κοινωνικό φαινόμενο/την ανάγκη να...* (συνών. *υπογραμμίζω*). 3. (ναυτ.) υποδεικνύω επικίνδυνη θέση στους ναυτιλλομένους με την τοποθέτηση σημαντήρα ή πασσάλου.

επισήμανση η, ουσ. 1. τοποθέτηση σφραγίδας ή διακριτικού σήματος πάνω σε αντικείμενο για την αναγνώρισή του, σημάδεμα (συνών. *σταμπάρισμα, μαρκάρισμα*). 2. εκτύπωση σε γραμματόσημο ενσήμου που μεταβάλλει την αξία του ή υποδεικνύει κάτι. 3. (μεταφ.) εντοπισμός και υπόδειξη, υπογράμμιση, γνωστοποίηση: ~ *των δυσκολιών στην εφαρμογή του προγράμματος.* 4. (ναυτ.) τοποθέτηση συμβολικών σημάτων σε επικίνδυνα σημεία της θάλασσας για την προστασία των ναυτιλλομένων. 5. ο καθορισμός της ακριβούς θέσης και κλίσης του πυροβόλου από το σκοπευτή μετά τη σκόπευση για να το επαναφέρει σ' αυτές εύκολα μετά την εκπυρσοκρότηση.

επισήμασμα το, ουσ., επίσημα που τυπώνεται ή σφραγίζεται σε γραμματόσημα που ήδη κυκλοφορούν για να τροποποιήσει τη χρήση ή την αξία τους, για να ενθυμίσει κάποιο γεγονός, για να γνωστοποιήσει κάποιο μήνυμα της χώρας στον κόσμο ή με την ευκαιρία κάποιου εορτασμού.

επισημοποίηση η, ουσ., το να αποκτά μια πράξη επίσημο χαρακτήρα (συνών. *επικύρωση, καθιέρωση*).

επισημοποιώ, -είς, ρ. (ασυνίζ.), προσδίδω επίσημο

χαρακτήρα σε κάτι: *-ησαν το δεσμό τους.*
επίσημος, -η, -ο, επίθ. **1α.** που προέρχεται από κάποια δημόσια αρχή: *έγγραφο -ο· ανακοίνωση -η·* **β.** που έχει ξεχωριστή σημασία γιατί προέρχεται ή επικυρώνεται από δημόσια αρχή: *η -η γλώσσα του κράτους·* **γ.** που γίνεται από πρόσωπο που κατέχει δημόσια θέση στα πλαίσια των αρμοδιοτήτων του: *-η επίσκεψη του πρωθυπουργού* (αντ. *ανεπίσημος*). **2α.** εορταστικός: *ημέρα -η·* **β.** (για ενδυμασία) που φοριέται σε γιορτές ή άλλες εκδηλώσεις με ξεχωριστή σημασία: *ένδυμα -ο·* (στον πληθ. ως ουσ.) *στη γιορτή τα παιδιά ήρθαν με τα -ά τους* (αντ. *πρόχειρος*). - Το αρσ. ως ουσ. = πρόσωπο που κατέχει ανώτατα δημόσια αξιώματα: *η εξέδρα των -ήμων.* - Επίρρ. **-α** και **-ήμως.**
επισημότητα η, ουσ. **1.** προέλευση από δημόσια αρχή, αυθεντικότητα: *~ εγγράφου* (συνών. *κύρος, εγκυρότητα*). **2.** επίσημος χαρακτήρας: *~ εγκαινίων/υποδοχής.* **3.** (συνήθως στον πληθ.) επίσημοι: *-ες του τόπου.*
επισήμως, βλ. *επίσημος.*
επίσης, επίρρ. **1.** σε όμοιο βαθμό. **2.** επιπλέον: *πες του επίσης ότι θα επιστρέψω σύντομα.* **3.** παρομοίως: *-Καλές γιορτές! - Ευχαριστώ, ~!*
επισιτίζω, ρ., εφοδιάζω με τρόφιμα: *~ το στρατό* (συνών. *τροφοδοτώ*).
επισιτισμός ο, ουσ., εφοδιασμός με τρόφιμα (συνών. *τροφοδότηση*).
επισιτιστικός, -ή, -ό, επίθ., που ανήκει ή αναφέρεται στον επισιτισμό: *υπηρεσία -ή.*
επισκεπτήριο το, ουσ. (ασυνίζ.). **1.** μικρή ορθογώνια κάρτα με τυπωμένο ή χαραγμένο το ονοματεπώνυμο και διάφορα άλλα στοιχεία του κατόχου (συνών. *κάρτα, μπιλιέτο*). **2.** χρονικό διάστημα κατά το οποίο επιτρέπονται επισκέψεις σε νοσοκομεία, φυλακές, κλπ.: *τί ώρα είναι το ~; το ~ τελειώνει.*
επισκέπτης ο, θηλ. **-τρια,** ουσ., αυτός που επισκέπτεται κάποιον ή κάτι: *-ες της διεθνούς έκθεσης· στη γιορτή του πατέρα μου είχαμε πολλούς -ες· ιατρικός επισκέπτης* (= υπάλληλος φαρμακευτικής εταιρείας που επισκέπτεται γιατρούς και φαρμακοποιούς και τους ενημερώνει για τα προϊόντα της εταιρείας).
επισκέπτομαι, ρ. **1.** πηγαίνω σε ορισμένο μέρος για να παρατηρήσω, να εξετάσω ή να θαυμάσω κάτι: *-έφθηκα πολλά μέρη της Ελλάδας.* **2.** πηγαίνω να συναντήσω κάποιον στον τόπο διαμονής του ή απασχόλησής του ως εκδήλωση φιλοφρόνησης ή για άλλο σκοπό, κάνω επίσκεψη: *οι ξένοι επίσημοι -έφθηκαν τον πρωθυπουργό· μας -έφθηκαν πολλοί για συγχαρητήρια.* **3.** (για γιατρό) πηγαίνω σε ασθενείς για ιατρική εξέταση: *ο γιατρός του τον -εται καθημερινά.*
επισκέπτρια, βλ. *επισκέπτης.*
επισκευάζω, ρ., επαναφέρω κάτι χαλασμένο σε καλή κατάσταση: *-άσαμε τη στέγη του σπιτιού/ την τηλεόραση* (συνών. *επιδιορθώνω, ανακαινίζω·* αντ. *χαλώ*).
επισκευάσιμος, -η, -ο, επίθ., που επιδέχεται επισκευές.
επισκευαστής ο, θηλ. **-τρια,** ουσ. αυτός που επισκευάζει κάτι (συνών. *επιδιορθωτής*).
επισκευή η, ουσ. επιδιόρθωση χαλασμένου πράγματος, ανακαίνιση: *~ ηλεκτρικής συσκευής/σπιτιού.*
επίσκεψη η, ουσ. **1.** μετάβαση σε έναν τόπο ή χώρο και παρατήρηση των αξιοθεάτων: *~ αρχαιολογικού χώρου.* **2α.** μετάβαση στο σπίτι κάποιου από φιλοφρόνηση ή για άλλο σκοπό: *ανταλλάσσουμε συχνά -έψεις·* ~ *εθιμοτυπική* (συνών. *βίζιτα*). **β.** (συνεκδοχικά) επισκέπτης: *περιμένω -έψεις.* **3.** (για γιατρό) μετάβαση σε σπίτι ασθενούς για εξέταση. **4.** (συνεκδοχικά) αμοιβή γιατρού για επίσκεψη (συνών. *κούρα*).
επισκιάζω, ρ. (ασυνίζ.), (μεταφ.) με την υπεροχή μου κάνω άλλους να θεωρούνται κατώτεροι ή και ασήμαντοι: *το σκάνδαλο -ασε κάθε άλλη είδηση.*
επισκίαση η, ουσ., (μεταφ.) το να μένει κάποιος σε αφάνεια με την υπεροχή κάποιου άλλου: *~ του ονόματός μου με την εμφάνιση του νέου λαμπρού επιστήμονα.*
επισκοπάτο το, ουσ. (εκκλ.) εκκλησιαστική περιφέρεια που υπάγεται στη δικαιοδοσία του επισκόπου (συνών. *επισκοπή στη σημασ.* 3).
επισκοπεία η, ουσ., το αξίωμα του επισκόπου (συνών. *επισκοπή στη σημασ.* 1).
επισκοπείο το, ουσ., κατοικία επισκόπου (συνών. *επισκοπή στη σημασ.* 2).
επισκοπεύω, ρ., είμαι επίσκοπος ή εκτελώ χρέη επισκόπου αναπληρώνοντάς τον.
επισκοπή η, ουσ. **1.** το αξίωμα του επισκόπου (συνών. *επισκοπεία*). **2.** κατοικία επισκόπου (συνών. *επισκοπείο*). **3.** εκκλησιαστική περιφέρεια που υπάγεται στη δικαιοδοσία επισκόπου (συνών. *επισκοπάτο*).
επισκόπηση η, ουσ. **1.** εξέταση του συνόλου, επιθεώρηση: *~ εργασιών συνεδρίου.* **2.** (συνεκδοχικά) γραπτό κείμενο ή εκπομπή που συγκεφαλαιώνει όλα όσα συνέβησαν σε ένα χώρο, σε ένα υποδίκιο, σε μια ιστορική περίοδο ή πολιτική δραστηριότητα, κ.τ.ό.: *~ του τύπου/ιστορική.*
επισκοπικός, -ή, -ό, επίθ., που ανήκει ή αναφέρεται στον επίσκοπο ή την επισκοπή: *κατοικία -ή· κατάλογοι -οί· δικαστήριο -ό* (συνών. *αρχιερατικός, δεσποτικός*). - Το ουδ. ως ουσ. = επισκοπικός θρόνος, δεσποτικό.
επισκόπιο το, ουσ. (ασυνίζ.), συσκευή προβολής που επιτρέπει την αναπαραγωγή εικόνας αδιαφανών αντικειμένων με ανάκλαση.
επίσκοπος ο, ουσ. (εκκλ.) κληρικός (άγαμος) που κατέχει τον υψηλότερο βαθμό της ιεροσύνης και είναι βασικά ο υπεύθυνος για την καθοδήγηση μιας χριστιανικής κοινότητας: *εκλογή/χειροτονία -όπου·* ~ *συνοδικός/τιτουλάριος·* παροιμ. *θεωρία -όπου και καρδιά μυλωνά* (για άνθρωπο που έχει ωραία εξωτερική εμφάνιση, αλλά περιορισμένη αξία ή που φαίνεται ενάρετος, αλλά είναι πονηρός) (συνών. *ιεράρχης, δεσπότης, μητροπολίτης*).
επισκοπώ, -είς, ρ. **1.** βλέπω, εξετάζω από ψηλά, επιθεωρώ. **2.** επισκοπεύω (βλ.λ.).
επισκότιση η, ουσ. (ιατρ.) διαταραχή της εγρήγορσης που χαρακτηρίζεται από δυσχέρεια σχηματισμού ιδεών, ανικανότητα συγκράτησης της προσοχής και βραδύτητα στη σύλληψη των σκέψεων, στην αντίληψη και στον προσανατολισμό.
επισμηναγός ο, ουσ. (στρατ.) αξιωματικός της πολεμικής αεροπορίας με βαθμό αντίστοιχο του ταγματάρχη.
επισμηνίας ο, ουσ. (στρατ.) ανώτερος υπαξιωματικός της πολεμικής αεροπορίας με βαθμό αντίστοιχο του επιλοχία.
επίσπαση η, ουσ. (ιατρ.) προσέλκυση αίματος ή

υγρών του σώματος στο δέρμα, με τη βοήθεια ειδικών μέσων, που αποβλέπει στην ανακούφιση της υπεραιμίας ή της φλεγμονής ενός οργάνου που βρίσκεται σε βάθος.

επισπαστικός, -ή, -ό, επίθ. (ιατρ.) που προκαλεί επίσπαση: *φάρμακα/μέσα -ά.*

επισπεύδω, ρ., σπάνιος παρατ. *επέσπευδα*, πληθ. *επισπεύδαμε*, αόρ. *επέσπευσα*, πληθ. *επισπεύσαμε* (λόγ.), ενεργώ ώστε να γίνει κάτι όσο γίνεται γρηγορότερα (συνών. *επιταχύνω* αντ. *επιβραδύνω*).

επίσπευση η, ουσ. (λόγ.), ανάπτυξη ταχύτητας, προσπάθεια για γρηγορότερη πραγματοποίηση (συνών. *επιτάχυνση* αντ. *επιβράδυνση*).

επισταμένως, επίρρ. (λόγ.), με πολλή προσοχή, εξονυχιστικά: *ερεύνησε το ζήτημα ~.*

επιστασία η, ουσ. 1. παρακολούθηση και καθοδήγηση: *έχει τη γενική ~ του έργου* (συνών. *επίβλεψη, εποπτεία*). 2. καθεμιά από τις υπηρεσίες, στις οποίες κατανέμεται το προσωπικό και το υλικό πολεμικού πλοίου: *~ μηχανών*. 3. (εκκλ.) εκτελεστική εξουσία της ιερής κοινότητας των μοναστηριών του Αγίου Όρους.

επιστάτης ο, θηλ. **-τρια** και **-τισσα**, ουσ., αυτός που ορίστηκε να επιβλέπει ένα έργο: *~ αγροκτήματος· ~ σχολείου* (= υπάλληλος που φροντίζει για την καθαριότητα και την τάξη του σχολείου) (συνών. *επόπτης, επιτηρητής*).

επιστατώ, -είς, ρ. είμαι επιστάτης, επιβλέπω στην εκτέλεση έργου.

επιστεγάζω, ρ. 1. καλύπτω με στέγη: *~ το οικοδόμημα.* 2. (μεταφ.) συμπληρώνω, ολοκληρώνω έργο, προσπάθεια (με τελευταία σημαντική πράξη) (συνών. *επισφραγίζω*).

επιστέγασμα το, ουσ. 1. αυτό με το οποίο στεγάζεται κάτι (συνών. *στέγη, σκεπή*). 2. (μεταφ.) ολοκλήρωση (με τελευταία σημαντική πράξη): *ως ~ της φιλίας του του χάρισε κάτι* (συνών. *επισφράγιση*).

επιστήθιος, -α, -ο, επίθ. (ασυνίζ.). 1. (λόγ.) που φοριέται πάνω στο στήθος: *σταυρός ~*. 2. (μεταφ.) πολύ αγαπητός: *φίλος ~* (συνών. *προσφιλής, καρδιακός*).

επιστήλιο το, ουσ. (ασυνίζ.), (ναυτ.) καθένας από τους ξύλινους στύλους με τους οποίους μεγαλώνει το ύψος καταρτιού (συνών. *τσιμπούκι σημασ. 2*).

επιστήμη η, ουσ. 1. συστηματική μελέτη της φύσης, του ανθρώπου και της κοινωνίας και το σύνολο των γνώσεων που αποκτά ο άνθρωπος γι' αυτά χρησιμοποιώντας την παρατήρηση και το πείραμα για να ανακαλύψει τους κανόνες που τα διέπουν: *οι πρόοδοι/αρχές της -ης· ~ του πολέμου/μέλλοντος· η πληροφορική είναι μια σύγχρονη ~· καθαρή ~* (που καλλιεργείται ανεξάρτητα από την πρακτική της εφαρμογή). 2. (στον πληθ.) σύνολο επιστημών που ανήκουν στην ίδια γενικότερη κατηγορία, που μελετούν το ίδιο γενικό αντικείμενο (από διαφορετική πλευρά) και χρησιμοποιούν τις ίδιες μεθόδους: *φυσικές/ανθρωπιστικές -ες· -ες εφαρμοσμένες* (που αποβλέπουν στην πρακτική εφαρμογή των πορισμάτων τους)· *-ες πειραματικές* (που χρησιμοποιούν ως κύρια μέθοδο το πείραμα). 3. (μεταφ.) για πολύ καλή γνώση: *είχε κάνει τη μαγειρική ~.*

επιστημολογία η, ουσ. (φιλοσ.) συστηματική εξέταση των αρχών, των μεθόδων και των ορίων της επιστήμης, καθώς και η μελέτη των σχέσεων μεταξύ των επιστημών.

επιστημολογικός, -ή, -ό, επίθ., που ανήκει ή αναφέρεται στην επιστημολογία ή τον επιστημολόγο.

επιστημολόγος ο, ουσ., αυτός που ασχολείται με την επιστημολογία.

επιστήμονας ο, θηλ. **-νισσα**, ουσ. α. ειδικός γνώστης μιας επιστήμης: *~ διακεκριμένος·* β. (ειδικά) αυτός που ασχολείται συνήθως με την έρευνα: *πυρηνικός ~.*

επιστημονικός, -ή, -ό, επίθ. 1. που ανήκει ή αναφέρεται στην επιστήμη: *δεδομένα -ά· αρχές -ές.* 2. που γίνεται με τρόπο επιστημονικό: *-ή μελέτη της γλώσσας· μέθοδος/έρευνα -ή* (αντ. *αντιεπιστημονικός*). 3. *-ή φαντασία* = λογοτεχνικό και κινηματογραφικό είδος που επινοεί κόσμους, κοινωνίες και όντα σε χώρο ή χρόνο φανταστικό, προϋποθέτοντας ριζικά διαφορετικές επιστήμες, τεχνολογίες και καταστάσεις. - Επίρρ. **-ά**.

επιστημονισμός ο, ουσ., τάση να ανάγεται κάθε έγκυρη γνώση στη γνώση που προέρχεται από την επιστήμη και ιδιαίτερα στη φυσική και στη χημεία.

επιστημόνισσα, βλ. *επιστήμονας.*

επιστημοσύνη η, ουσ., πλήρης γνώση επιστημονικού θέματος με το οποίο ασχολείται κανείς (αντ. *ανεπιστημοσύνη*).

επιστητό το, ουσ., το σύνολο των γνώσεων που μπορεί να αποκτήσει ο άνθρωπος: *οι σφαίρες του -ού.*

επιστολάριο το, ουσ. (ασυνίζ.), βιβλίο που περιέχει υποδείγματα επιστολών και γενικές οδηγίες για σύνταξη επιστολών διαφορετικών τύπων.

επιστολή η, ουσ. (λόγ.), γραπτή ανακοίνωση που στέλνεται σε απόντα (συνήθως σε φάκελο με γραμματόσημο): *~ εμπορική/συστημένη· το απόρρητο των -ών· ~ ανοιχτή* = άρθρο εφημερίδας με τη μορφή επιστολής και περιεχόμενο συνήθως πολεμικό (συνών. *γράμμα*)· (εκκλ.) *-ές των Αποστόλων* = οι 21 επιστολές που διασώθηκαν και γράφηκαν από τους Αποστόλους.

επιστολικός, -ή, -ό, επίθ., που ανήκει ή αναφέρεται σε επιστολή: *ύφος -ό· δελτάρια -ά.*

επιστολογραφία η, ουσ. 1. επικοινωνία με επιστολές: *~ εμπορική/ιδιωτική* (συνών. *αλληλογραφία*). 2. τέχνη της συγγραφής επιστολών: *~ νεοελληνική/εκκλησιαστική*. 3. βιβλίο που περιέχει υποδείγματα επιστολών ποικίλου περιεχομένου (συνών. *επιστολάριο*).

επιστολογραφικός, -ή, -ό, επίθ., που ανήκει ή αναφέρεται στην επιστολογραφία ή τον επιστολογράφο.

επιστολογράφος ο, ουσ., συντάκτης επιστολής: *οι εφημερίδας.*

επιστολόχαρτο το, ουσ., χαρτί κατάλληλο για αλληλογραφία.

επίστομα και **πίστομα**, επίρρ. (λαϊκ.), με το στόμα προς το έδαφος: *έπεσε ~* (συνών. *μπρούμυτα*).

επιστόμιο το, ουσ. (ασυνίζ.). 1. καθετί που προσαρμόζεται στο στόμιο αγγείου, βρύσης ή σωλήνα και χρησιμεύει ως πώμα, βρύση ή για άλλο πρακτικό σκοπό. 2. άκρο πνευστού μουσικού οργάνου στο οποίο εφαρμόζουν τα χείλη του μουσικού.

επιστράτευση η, ουσ. 1. πρόσκληση κλάσεων εφέδρων αξιωματικών και οπλιτών για κατάταξη τους στον ενεργό στρατό με σκοπό την ενίσχυση του στρατού ειρήνης κατά τη μετατροπή της σύνθεσής του σε εμπόλεμη· *~ απεργών* = κυβερνητική τακτική κατά την οποία η κυβέρνηση βίαια

επιστρατευτικός

διακόπτει απεργία εργαζομένων υποχρεώνοντάς τους να εργαστούν. **2.** (μεταφ.) κινητοποίηση επιχειρημάτων ή μέσων για την επιτυχία κάποιου σκοπού.

επιστρατευτικός, -ή, -ό, επίθ., που ανήκει ή αναφέρεται στην επιστράτευση: *οδηγίες -ές.*

επιστρατεύω, ρ. **1.** προσκαλώ και κατατάσσω στο στρατό κλάσεις εφέδρων. **2.** (μεταφ.) χρησιμοποιώ ανθρώπους, επιχειρήματα ή μέσα για να πετύχω κάτι: *~ το μυαλό μου/την πονηριά μου.*

επίστρατος ο, ουσ., έφεδρος που σε καιρό επιστράτευσης κλήθηκε στα όπλα, επιστρατευμένος.

επιστρέφω, ρ., παρατ. *επέστρεφα,* πληθ. *επιστρέφαμε,* αόρ. *επέστρεψα,* πληθ. *επιστρέψαμε,* **Α.** (μτβ.) δίνω ή στέλνω πίσω κάτι που πήρα: *επέστρεψα τα βιβλία/τα δανεικά* (συνών. *γυρίζω*). **Β.** (αμτβ.) γυρίζω πίσω, επανέρχομαι: *θα -στρέψω αύριο·* (μεταφ.) *ανάμνηση που -ει* (συνών. *ξαναγυρίζω*).

επιστροφέας ο, ουσ. (ανατομ.) ο πρώτος αυχενικός σπόνδυλος (συνών. *άτλαντας*).

επιστροφή η, ουσ. **1.** απόδοση πράγματος (οφειλής ή δώρου): *~ χρημάτων.* **2.** (συνεκδοχικά) ό,τι δεν πουλήθηκε και επιστράφηκε (εφημερίδες, περιοδικά, κλπ.). **3.** επάνοδος σε έναν τόπο: *~ από την ξενιτιά· εισιτήριο με ~* (= μετάβασης και επανόδου) (συνών. *γυρισμός*).

(ε)πιστρόφια τα, ουσ. (συνιζ.), γιορταστική συγκέντρωση που γίνεται την όγδοη μέρα του γάμου (συνών. *αντίγαμος,* βλ.λ.).

(ε)πιστρόφι(ο) το, ουσ. (ασυνίζ.), (ναυτ.) σειρά σανίδων στα ξύλινα σκάφη.

επίστρωμα το, ουσ., αυτό που στρώνεται ή απλώνεται επάνω σε κάτι άλλο, λεπτό στρώμα: *~μολύβδινο/χάλκινο/χρυσό* (συνών. *επικάλυμμα*).

επιστρώνω, ρ., επικαλύπτω επιφάνεια με λεπτό στρώμα από κάποιο υλικό.

επίστρωση η, ουσ., επικάλυψη επιφάνειας με λεπτό στρώμα: *~ με ανοξείδωτο χάλυβα· ~ με άσφαλτο* (συνών. *στρώση*).

επιστρωτήρας ο, ουσ., μηχάνημα ή εργαλείο που χρησιμοποιείται για επίστρωση (συνών. *επιστρωτήριο*).

επιστρωτήριο το, ουσ. (ασυνίζ.), επιστρωτήρας (βλ.λ.).

επιστύλιο το, ουσ. (ασυνίζ.), (αρχιτ.) το αμέσως επάνω από τις κολόνες μέρος του θριγκού στους αρχαίους ναούς.

επισυνάπτω, ρ., αόρ. *επισύναψα,* προσθέτω, προσαρτώ (και συνήθως κλείνω στον ίδιο φάκελο) έγγραφο, επιταγή, σχέδιο, κ.λ.π. σε επιστολή, αίτηση ή διαβιβαστικό έγγραφο· υποβάλλω πιστοποιητικό, έγγραφο, κλπ., συνημμένο σε αίτηση, επιστολή, κλπ.: *στην αίτηση πρέπει να -αφθούν τα απαραίτητα δικαιολογητικά.*

επισύναψη η, ουσ., το να επισυνάπτει (βλ.λ.) κανείς κάτι.

επισύρω, ρ., παρατ. και αόρ. *επέσυρα,* πληθ. *επισύραμε,* (λόγ.), προκαλώ: *η στάση του/ο λόγος του επέσυρε το θαυμασμό/τη γενική αγανάκτηση* (συνών. *προκαλώ*).

επισφαλής, -ής, -ές, γεν. *-ούς,* πληθ. αρσ. και θηλ. *-είς,* ουδ. *-ή* επίθ. (λόγ.). **1.** που δεν είναι ασφαλής, που διατρέχει κίνδυνο: *υγεία/απαίτηση/μνήμη ~· η θέση της κυβέρνησης είναι ~* (συνών. *αβέβαιος, ασταθής·* αντ. *σταθερός, ασφαλής*). **2.** (για κτίσματα) που κινδυνεύει να πέσει: *θεμέλια -ή·*

γέφυρα ~ (συνών. *ετοιμόρροπος·* αντ. *στέρεος*).

επισφραγίζω, ρ. **1.** δίνω κύρος σε κάτι, επικυρώνω: *τα λόγια του -ισαν την άποψή μου* (συνών. *επιβεβαιώνω, επιδοκιμάζω*). **2.** (μεταφ.) ολοκληρώνω, συμπληρώνω: *η πατριωτική δράση του -ίστηκε με τη θυσία του* (συνών. *επιστεγάζω*).

επισφράγιση η, ουσ. **1.** επικύρωση, επιβεβαίωση. **2.** (μεταφ.) ολοκλήρωση, συμπλήρωση.

επισφράγισμα το, ουσ., επισφράγιση (βλ.λ.).

επίσχεση η, ουσ. (λόγ.). **1.** παρεμπόδιση, συγκράτηση, σταμάτημα: (ιατρ.) *~ αιμορραγίας/ούρων/εμμήνων.* **2.** (νομ.) **α.** συνέχιση της φυλάκισης οφειλέτη και μετά την παύση του λόγου που προκάλεσε την πρώτη φυλάκιση ύστερα από αίτηση του δανειστή· **β.** *~ εγγράφου* = κατακράτηση από δικηγόρους, συμβολαιογράφους, κ.ά., εγγράφων που έχουν στα χέρια τους ως την πληρωμή οφειλομένων σ' αυτούς τελών και δικαιωμάτων: *Όταν η πληρεξουσιότητα πάψει, ο πληρεξούσιος δεν έχει το δικαίωμα να αντιτάξει ~ του εγγράφου* (αστ. κώδ.).

επισχετικός, -ή, -ό, επίθ. (λόγ.), που ανήκει ή αναφέρεται στην επίσχεση (βλ.λ.)· που προκαλεί επίσχεση: *φάρμακα -ά* (συνών. *παρεμποδιστικός*).

επισώρευση η, ουσ. (λόγ.), συγκέντρωση πολλών πραγμάτων, του ενός επάνω στο άλλο: (μεταφ.) *~ δεινών/προβλημάτων* (συνών. *συσσώρευση*).

επισωρεύω, ρ. (λόγ.), συγκεντρώνω πολλά πράγματα το ένα επάνω στο άλλο, μαζεύω σε σωρό: (μεταφ.) *η αδράνεια της διοίκησης -ευσε κινδύνους για την εταιρεία* (συνών. *συσσωρεύω, δημιουργώ*).

επιταγή η, ουσ. **1.** διαταγή, εντολή: *η τήρηση των νόμων είναι ~ του Συντάγματος·* *οι -ές των καιρών επιβάλλουν συνεχή επαγρύπνηση* (= οι τωρινές συγκυρίες). **2.** έγγραφη εντολή για την πληρωμή ορισμένου χρηματικού ποσού: *~ ταχυδρομική/τραπεζική/ακάλυπτη· εξαργύρωση -ής· πληρώνεται με ~.* **3.** (νομ.) αντίγραφο εκτέλεσης τίτλου που κοινοποιείται από το δανειστή στον οφειλέτη και τον καλεί να εξοφλήσει την υποχρέωσή του στη νόμιμη προθεσμία.

επί τα ίχνη (βαδίζω)· αρχαϊστ. έκφρ.· σε περιπτώσεις που προβλέπεται προσεχής ανακάλυψη, συνήθως εγκλήματος.

επιτακτικός, -ή, -ό, επίθ. **1.** που γίνεται με διαταγή, που μοιάζει με διαταγή: *ύφος -ό* (συνών. *προστακτικός*). **2.** υποχρεωτικός: *καθήκον -ό· ανάγκη -ή* (συνών. *αναπόφευκτος, επιβεβλημένος*). - Επίρρ. *-ά.*

επίτακτος, -η, -ο, επίθ., που επιτάχτηκε (βλ.λ.): *σπίτια/αυτοκίνητα -α* (συνών. *επιταγμένος*).

επίταξη η, ουσ. **1.** αυθαίρετη κατάληψη από το κράτος κινητής ή ακίνητης περιουσίας ιδιωτών (με αποζημίωση) σε καιρό επιστράτευσης για την κάλυψη αναγκών του κράτους: *~ αυτοκινήτων σε ακριτικές περιοχές.* **2.** υποχρεωτική εισφορά πολιτών σε είδος ή σε προσωπική εργασία για άμεση κοινωνική ανάγκη ύστερα από κυβερνητική εντολή: *~ οικημάτων για την εγκατάσταση δημοσίας ή στρατιωτικής υπηρεσίας.*

επί τάπητος· αρχαϊστ. έκφρ.· για θέμα που έρχεται σε συζήτηση: *θέτω το ζήτημα ~.*

επίταση η, ουσ. **1.** ενδυνάμωση, ένταση, αύξηση: *~ της οικονομικής κρίσης.* **2.** (ιατρ.) χειροτέρευση, επιδείνωση: *~ της ασθένειας.* **3.** (συντακτ.) ενί-

σχυση της έννοιας ενός όρου της πρότασης με ειδικές λέξεις ή μόρια, λ.χ. το *και.*
επιτάσσω, ρ., μόνο στον ενεστ. 1. διατάζω, προστάζω: *η οικονομική κρίση -ει τη λήψη δραστικών μέτρων* (συνών. *επιβάλλω*). 2. κάνω επίταξη (βλ.λ.): *-τάχτηκαν οι απεργοί.* - Η μτχ. παθ. παρκ. *επιταγμένος* ως επίθ. = *επίτακτος* (βλ.λ.): *κτήρια -γμένα.*
επιτακτικός, -ή, -ό, επίθ. 1. που επιτείνει, που συντελεί στην επίταση (βλ.λ. στη σημασ. 1) (συνών. *έντονος, ζωηρός*). 2. (συντακτ., για λέξεις, μόρια, κλπ.) που ενισχύει τη σημασία ενός όρου της πρότασης: *προσδιορισμός ~.* - Επίρρ. **-ά** (στη σημασ. 1).
επιταυτού, επίρρ., γι' αυτό το σκοπό (συνών. *επίτηδες, επιτούτου*). [συνεκφ. *επί του αυτού*].
επιτάφιος, -α, -ο, επίθ. (ασυνίζ.). 1. που βρίσκεται επάνω στον τάφο: *στήλη/πλάκα -α·* (αρχιτ.) *θάλαμος ~* (συνών. *επιτύμβιος*). 2. που αναφέρεται στον ενταφιασμό, που γίνεται κατά τον ενταφιασμό: *λόγος ~* (συνών. *επικήδειος, νεκρώσιμος*). - Το αρσ. ως ουσ. = (εκκλ.) **α.** η ακολουθία της κήδευσης του Χριστού κατά τη Μεγάλη Παρασκευή, ο *επιτάφιος θρήνος·* **β.** ιερό άμφιο με κεντημένη ή ζωγραφισμένη εικόνα της ταφής του Χριστού, που τοποθετείται μέσα σε ειδικό κουβούκλιο την ημέρα της Μεγάλης Παρασκευής· **γ.** το ίδιο το κουβούκλιο όπου τοποθετείται η εικόνα της ταφής του Χριστού τη Μεγάλη Παρασκευή για την προσκύνηση και περιφέρεται στους δρόμους: *περιφορά του -ίου.*
επιτάχυνση η, ουσ. 1. αύξηση της ταχύτητας, κίνηση ή ενέργεια με ταχύτερο ρυθμό: *~ της ανοδικής πορείας της οικονομίας* (συνών. *επίσπευση·* αντ. *επιβράδυνση*). 2. (φυσ.) αύξηση της ταχύτητας ενός σώματος που κινείται στη μονάδα του χρόνου.
επιταχυντήρας ο, ουσ. (ερρ.), (μηχανολ.) μοχλός σε μηχανή εσωτερικής καύσης που ρυθμίζει τη ροή του καυσίμου προς τους κυλίνδρους, μοχλός επιτάχυνσης (κοιν. *γκάζι*).
επιταχυντικός, -ή, -ό, επίθ. (ερρ.), που επαυξάνει την ταχύτητα (αντ. *επιβραδυντικός*).
επιταχύνω, ρ., αόρ. *επιτάχυνα.* 1. αυξάνω την ταχύτητα κίνησης ή ενέργειας, κάνω κάτι να κινείται ταχύτερα: *~ το βήμα/τη λειτουργία της μηχανής· -ύνθηκε η βιομηχανική ανάπτυξη* (αντ. *επιβραδύνω*). 2. επισπεύδω κάτι, συντομεύω το χρόνο: *~ την επιστροφή.*
επιτείνω, ρ., παρατ. και αόρ. *επέτεινα,* πληθ. *επιτείναμε* (λόγ.), κάνω κάτι εντονότερο, αυξάνω την ένταση: *επέτεινε τις προσπάθειές του· επιτείνεται η αγωνία* (συνών. *εντείνω*).
επιτείχισμα το, ουσ., τεχνικό έργο σε σιδηροδρομική γραμμή.
επιτελάρχης ο, ουσ. (στρατ.) αρχηγός του επιτελείου.
επιτελείο το, ουσ. 1. ομάδα αξιωματικών που βοηθά τον αρχηγό ανώτερης στρατιωτικής μονάδας στη διοίκησή της: *Γενικό Ε-ο Ναυτικού.* 2. (μεταφ.) κύριοι συνεργάτες οργανισμού ή επιχείρησης: *~ εφημερίδας/εκδοτικού οίκου.*
επιτέλεση η, ουσ. (λόγ.), πραγματοποίηση (έργου) (συνών. *εκτέλεση, περάτωση*).
επιτελής ο, γεν. *-ή,* πληθ. *-είς,* ουσ. 1. (στρατ.) αξιωματικός που συμμετέχει στο επιτελείο. 2. (μεταφ.) βασικό στέλεχος επιχείρησης, οργανισμού,

κλπ.: *-είς της εφημερίδας/του κόμματος.*
επιτελικός, -ή, -ό, επίθ., που ανήκει ή αναφέρεται στο επιτελείο: *καθήκοντα -ά· χάρτης ~· σχέδιο -ό.*
επιτέλους, επίρρ., (για δήλωση ανυπομονησίας ή ανακούφισης ύστερα από αναμονή) τελικά, στο τέλος: *θα έρθεις ~; ~ γύρισες!*
επιτελώ, -είς, ρ., πραγματοποιώ, εκτελώ: *ο σύλλογος έχει -τελέσει σπουδαίο έργο.*
επιτετραμμένος ο, ουσ., ανώτερος διπλωματικός υπάλληλος που αναπληρώνει τον πρεσβευτή. [το αρσ. της μτχ. παθ. παρκ. του αρχ. *επιτρέπω* ως ουσ.].
επίτευγμα το, ουσ., θετικό, ικανοποιητικό αποτέλεσμα κοπιαστικής προσπάθειας, κατόρθωμα: *τα -τεύγματα του πολιτισμού.*
επίτευξη η, ουσ. (λόγ.), πραγματοποίηση: *~ συμφωνίας/στόχων* (συνών. *επιτυχία, πραγμάτωση*).
επιτήδειος, -α, -ο, επίθ. (ασυνίζ.). 1. που είναι κατάλληλος για ορισμένο σκοπό: *ενέργειες -ες· τρόπος ~.* 2. (για πρόσωπο) που έχει την ικανότητα και την πείρα να κάνει κάτι: *τεχνίτης/απατεώνας* (συνών. *επιδέξιος·* αντ. *αδέξιος*). - Επίρρ. **-α.**
επιτηδειότητα η, ουσ. (ασυνίζ.), επιδεξιότητα, ικανότητα.
επίτηδες, επίρρ., γι' αυτό το σκοπό, από πρόθεση: *~ γύρισα πιο νωρίς· το έκανε ~!* (συνών. *σκόπιμα, ηθελημένα, επιτούτου·* αντ. *άθελα*).
επιτήδευμα το, ουσ. (λόγ.), στην έκφρ. *φόρος -εύματος* (= φόρος που πληρώνει κανείς για το επάγγελμα που ασκεί).
επιτηδευματίας ο, ουσ., επαγγελματίας (βλ.λ.).
επιτηδεύομαι, ρ., ασχολούμαι με κάτι με επιδεξιότητα, με ικανότητα: *-όταν στις μαραγκοδουλειές.* - Η μτχ. ως επίθ. = *υπερφροντισμένος,* τεχνητός: *ύφος -δευμένο.*
επιτήδευση η, ουσ., το να είναι κάτι επιτηδευμένο, προσποιητό, εξεζητημένη λεπτολογία: *το ύφος του χαρακτηρίζεται από ~* (συνών. *εκζήτηση*).
επιτήρηση η, ουσ., το να επιβλέπει κανείς κάτι (συνών. *εποπτεία, επίβλεψη*).
επιτηρητής ο, θηλ. **-τρια,** ουσ., αυτός που επιτηρεί κάτι: *~ στις εξετάσεις* (συνών. *επόπτης*).
επιτηρητικός, -ή, -ό, επίθ., που είναι κατάλληλος για επιτήρηση ή έχει εντολή να επιτηρεί.
επιτηρήτρια, βλ. *επιτηρητής.*
επιτηρώ, -είς, ρ., παρατηρώ κάτι ή κάποιον με προσοχή, επιβλέπω: *-εί τους διαγωνιζόμενους υποψηφίους* (συνών. *εποπτεύω*).
επιτίθεμαι, ρ., αόρ. *επιτέθηκα.* 1. ορμώ εναντίον κάποιου, κάνω επίθεση (βλ.λ.): *ο δολοφόνος -τέθηκε ξαφνικά στο θύμα·* (στρατ.) *τα αεροπλάνα· οι αντάρτες -τέθηκαν στην πόλη·* (για κράτος) *η Ιταλία -τέθηκε στην Ελλάδα* (αντ. *αμύνομαι*). 2. (μεταφ.) κατακρίνω δημόσια κάποιον, καταφέρομαι εναντίον κάποιου: *βουλευτές -τέθηκαν στον υπουργό με αφορμή το νομοσχέδιο.*
επιτιμητής ο, θηλ. **-τρια,** ουσ., αυτός που επικρίνει κάποιον ή κάτι: *~ της ανηθικότητας.*
επιτιμητικός, -ή, -ό, επίθ., που γίνεται για επίπληξη: *λόγος ~* (συνών. *επικριτικός·* αντ. *επαινετικός*). - Επίρρ. **α:** *του μίλησα -ά.*
επιτιμήτρια, βλ. *επιτιμητής.*
επιτίμιο το, ουσ. (ασυνίζ., λόγ.), (εκκλ.) τιμωρία, ποινή, προπάντων αυτή που επιβάλλεται από πνευματικό (ιερέα) σε χριστιανό που αμάρτησε.
επίτιμος, -η, -ο, επίθ., που φέρει τιμητικά έναν τίτ-

λο χωρίς να έχει τα σχετικά δικαιώματα ή καθήκοντα: ~ *πρόεδρος κόμματος/διδάκτορας της Φιλοσοφικής Σχολής.*

επιτιμώ, -άς, ρ. κάνω παρατηρήσεις, επιπλήττω κάποιον (συνών. κατσαδιάζω αντ. επαινώ).

επίτιτλος ο, ουσ., τίτλος που τίθεται πολλές φορές πάνω από τον κύριο τίτλο άρθρου, μελέτης ή άλλου δημοσιεύματος σε εφημερίδα ή περιοδικό.

επί το έργον· αρχαϊστ. έκφρ.· προτροπή για την έναρξη της εργασίας.

επί τοις εκατόν και **τοις εκατό**· αρχαϊστ. έκφρ.· για δήλωση ποσοστού σε εκατοστά: *ποσοστό ~ του ακαθάριστου εθνικού προϊόντος που διατίθεται για έρευνα· δάνειο με επιτόκιο έξι τοις εκατό (6%).*

επιτόκιο το, ουσ. (ασυνίζ.), τόκος που αποφέρουν εκατό νομισματικές μονάδες όταν τοκίζονται για ένα χρόνο: *αύξηση/μείωση -ίου.*

επιτομή η, ουσ. 1. αποχωρισμός τμήματος από σύνολο· σύντμηση (συνών. *σύμπτυξη*). 2. (συνεκδοχικά) μικρό σύγγραμμα που αποτελεί περίληψη άλλου μεγαλύτερου: ~ *εγκυκλοπαιδείας/ιστορίας.*

επίτομος, -η, -ο, επίθ., που έγινε με επιτομή, περιληπτικός: *ιστορία -η· λεξικό -ο* (συνών. *συνοπτικός*· αντ. *διεξοδικός*).

επιτόνιο το, ουσ. (ασυνίζ.), (μουσ.) όργανο με το οποίο τεντώνουν τις χορδές μουσικού οργάνου, κλειδί.

επιτόπιος, -α, -ο, επίθ. (ασυνίζ.), που γίνεται ή βρίσκεται στον ίδιο τόπο: *έρευνα -α* (συνών. *τοπικός*). - Επίρρ. **-α.**

επιτούτου, επίρρ., επίτηδες (συνών. *σκόπιμα*).

επιτραπέζιος, -α, -ο, επίθ. (ασυνίζ.), που τοποθετείται στο τραπέζι, που προορίζεται για το τραπέζι: *ημερολόγιο/κρασί -ο· παιχνίδια -α.*

επιτρεπτός, -ή, -ό, επίθ., που επιτρέπεται: *δεν είναι -ή η παραβίαση του επισκεπτηρίου των νοσοκομείων· -ά όρια ρύπανσης/ταχύτητας* (αντ. *ανεπίτρεπτος*).

επιτρέπω, ρ., παρατ. *επέτρεπα,* πληθ. *επιτρέπαμε,* αόρ. *επέτρεψα,* πληθ. *επιτρέψαμε.* 1. δίνω σε κάποιον την άδεια, τη συγκατάβαση ή την ελευθερία να κάνει ή να πει κάτι: *δε μου επέτρεψαν να μιλήσω· ο γιατρός δε μου -ει να καπνίζω* (αντ. *εμποδίζω, απαγορεύω*). 2. (μέσ. σε γ΄ πρόσ.) επιτρέπεται = υπάρχει άδεια, ελευθερία για κάτι: *-εται η είσοδος* (αντ. *απαγορεύεται*).

επιτροπεία η, ουσ. 1. (νομ.) θεσμός οικογενειακού δικαίου προστατευτικός των συμφερόντων προσωπικότητας και περιουσίας προσώπων που, εξαιτίας πραγματικών ή νομικών αιτίων, αδυνατούν να μεριμνήσουν για τις υποθέσεις τους. 2. άτομα στα οποία έχει ανατεθεί η διοίκηση, η επιμέλεια, η φροντίδα.

επιτρόπευση η, ουσ., επιτροπεία (βλ.λ.): ~ *ανηλίκου.*

επιτροπεύω, ρ. 1. ασκώ καθήκοντα επιτρόπου, είμαι επίτροπος. 2. (παθ.) είμαι κάτω από την επίβλεψη επιτρόπου.

επιτροπή η, ουσ., συμβούλιο ατόμων στα οποία έχει ανατεθεί κάποιο έργο ή ομάδα προσώπων που έχουν επιλεγεί από μια αρχή ή συνέλευση ή ένωση ιδιωτών για έρευνα ορισμένων θεμάτων ή για άσκηση ορισμένης εξουσίας: ~ *εξεταστική/ εφορευτική·* ~ *ολυμπιακών αγώνων/ειρήνης· πολυκατοικίας.*

επιτροπικός, -ή, -ό, επίθ., που ανήκει ή αναφέρεται στον επίτροπο ή την επιτροπεία. - Το ουδ. ως ουσ. = 1. έγγραφο με το οποίο διορίζεται κάποιος επίτροπος: *υπογραφή -ού.* 2. ιδιαίτερος χώρος στην εκκλησία ή δίπλα σ' αυτήν που τον χρησιμοποιεί η ενοριακή επιτροπή.

επίτροπος ο, ουσ. 1. πρόσωπο που του ανατέθηκε η εκτέλεση ορισμένης εντολής (διοικητικής, διαχειριστικής, γνωμοδοτικής, κλπ.): ~ *της Ε.Ο.Κ.* 2. (νομ.) πρόσωπο που ασκεί επιτροπεία ανηλίκου ή ανίκανου. 3. (εκκλ.) πρόσωπο που έργο του έχει τη συντήρηση του ναού και τη διαχείριση των εισπράξεων και των δαπανών του.

επιτροχάδην, επίρρ., γρήγορα, στα πεταχτά: *το διάβασα ~.*

επιτύμβιος, -α, -ο, επίθ. (ασυνίζ.), που βρίσκεται πάνω στον τύμβο (τάφο): *στήλη -α* (συνών. *επιτάφιος*).

επιτυχαίνω, βλ. *πετυχαίνω.*

επιτυχής, -ής, -ές, γεν. *-ούς,* πληθ. αρσ. και θηλ. *είς,* ουδ. *-ή,* επίθ., που πετυχαίνει το σκοπό ή το στόχο του: *έκβαση ~·* ~ *προσπάθεια προσθαλάσσωσης* (συνών. *εύστοχος, πετυχημένος*· αντ. *ανεπιτυχής, άστοχος*). - Επίρρ. **-ώς.**

επιτυχία η, ουσ. 1. το να πραγματοποιεί κανείς κάτι που επιχειρεί: *προσπάθησα να τον εμποδίσω, αλλά χωρίς ~* (συνών. *πραγματοποίηση, επίτευξη*). 2. το να κατορθώνει κανείς ή κάτι να καταλάβει κάποια υψηλή θέση, να γίνει διάσημος, κλπ.: *είχε τρομερή ~ στην τελευταία του ταινία· έχει -ες στις γυναίκες· καλή ~!* (ευχή) (αντ. *αποτυχία*).

επιτυχώς, βλ. *επιτυχής.*

επιφαινόμενο το, ουσ. 1. το φαινόμενο που συνοδεύει ή επακολουθεί σε μια κατάσταση, το εξωτερικό και δευτερεύουσας σημασίας φαινόμενο που αντιδιαστέλλεται προς το κυρίως φαινόμενο που συγκεντρώνει το ενδιαφέρον. 2. (ιατρ.) διαγνωστικό σύμπτωμα αρρώστιας.

επιφάνεια η, ουσ. (ασυνίζ.). 1. το εξωτερικό, κυρίως το επάνω, τμήμα ενός σώματος: ~ *της γης/ της θάλασσας·* ~ *ανώμαλη* (αντ. *βάθος*)· *σκουπίστε μ' ένα πανί όλες τις -ες.* 2. (μεταφ.) φαινομενική όψη σε αντίθεση με την πραγματικότητα: *εξετάζει την ~ των πραγμάτων* (συνών. *φαινομενικότητα*). 3. (μαθημ.) γεωμετρικός τόπος των σημείων στα οποία τελειώνει ένα ορισμένο τμήμα του χώρου, τα όρια στα οποία τελειώνει ένα στερεό σώμα. Φρ. *βγαίνω στην ~* (= αποκαλύπτομαι, φανερώνομαι): *το σκάνδαλο βγήκε στην ~· έχω οικονομική και κοινωνική ~* (= έχω οικονομική και κοινωνική δύναμη)· *φέρνω στην ~* (= αποκαλύπτω): *οι ανασκαφές έφεραν στην ~ μιαν άγνωστη αρχαία πόλη· οι δημοσιογράφοι έφεραν στην ~ την υπόθεση.*

επιφανειακός, -ή, -ό, επίθ. (ασυνίζ.). 1. που ανήκει ή αναφέρεται στην επιφάνεια: *ρωγμή -ή· τραύμα -ό* (συνών. *άβαθος, επιπόλαιος*). 2. που σχετίζεται με την φαινομενική όψη των πραγμάτων και όχι με την πραγματικότητα: *αλλαγή -ή· ενδιαφέρον/ αίσθημα -ό.* - Επίρρ. **-ά.**

επιφανής, -ής, -ές, γεν. *-ούς,* πληθ. αρσ. και θηλ. *-είς,* ουδ. *-ή,* επίθ., διακεκριμένος, διάσημος: *πολιτικός ~* (συνών. *ονομαστός*· αντ. *αφανής, άσημος*).

επίφαση η, ουσ. (λόγ.), εξωτερική όψη σε αντίθεση με την πραγματικότητα: *υπάρχει ~ δημοκρα-*

τίας κι όχι αληθινή δημοκρατία (βλ. και κατ' επίφασιν).
επιφέρω, ρ., παρατ. και αόρ. επέφερα, πληθ. επιφέραμε, φέρνω ως αποτέλεσμα, προκαλώ: *ο αιφνίδιος θάνατος του πατέρα επέφερε σύγχυση στην οικογένεια·* *οι βροχές επέφεραν καταστροφή των σπαρτών*. 2. επενεργώ, επιδρώ για δεύτερη φορά: *η κυβέρνηση επέφερε αλλαγές στο νομοσχέδιο*.
επίφοβος, -η, -ο, επίθ. 1. που προκαλεί το φόβο: *ληστής ~ (συνών. φοβερός)*. 2. (για οικοδόμημα) ετοιμόρροπος, επικίνδυνος: *μπαλκόνι/κτήριο -ο*.
επιφοίτηση η, ουσ., κάθοδος, ερχομός από τον ουρανό· μόνο στην εκφρ.: *~ του αγίου Πνεύματος* (= θεία έμπνευση, φώτιση από το Θεό): (ειρων.) *με την ~ του Αγίου Πνεύματος θα τα μάθεις!*
επιφορτίζω, ρ., αναθέτω σε κάποιον κάτι: *με -ισαν να σας αναγγείλω κάτι δυσάρεστο· ήταν -ισμένος με την τήρηση της τάξης*.
επιφυλακή η, ουσ. 1. (στρατ.) κατάσταση ετοιμότητας για την αντιμετώπιση έκτακτων περιστατικών: *λόχος -ής·* (γενικά) *όρια -ής για τη μόλυνση της ατμόσφαιρας*. 2. (μεταφ.) ψυχική προετοιμασία για αντιμετώπιση δυσκολίας.
επιφυλακτικός, -ή, -ό, επίθ. α. προσεκτικός, που δεν εκδηλώνει εύκολα τις σκέψεις του και δεν εκτίθεται με απερίσκεπτες ενέργειες: *είναι ~ απέναντι στους καινούργιους συναδέλφους·* β. που δε βιάζεται να πάρει αποφάσεις, δε διακινδυνεύει εύκολα: *είμαι ~ σ' αυτό το θέμα·* γ. (για ενέργειες, κ.τ.ό.) που εκδηλώνει επιφύλαξη: *γνώμη/στάση -ή (συνών. στις σημασ. α, β, γ διστακτικός)*. - Επίρρ. **-ά**.
επιφυλακτικότητα η, ουσ., το να είναι κανείς επιφυλακτικός: *ενεργεί με ~ η -ά του σ' αυτό το θέμα με κάνει κι εμένα προσεκτικό*.
επιφύλαξη η, ουσ. 1. διστάγμός, έλλειψη βεβαιότητας: *έχω/διατηρώ τις -άξεις μου για το ζήτημα· το λέω με κάποια ~*. 2. (νομ.) διατήρηση του δικαιώματος για μερική ή ολική αναίρεση σχετικά με υπόσχεση που δίνεται ή με υποχρέωση που αναλαμβάνεται.
επιφυλάσσω, ρ. I. (ενεργ.) προετοιμάζω κάτι και περιμένω την κατάλληλη στιγμή για να ενεργήσω: *του -ουν ενθουσιώδη υποδοχή· σου ~ μια έκπληξη·* (μεταφ.) *η τύχη μας επιφύλαξε συμφορές*. II. (μέσ.) διστάζω, αναβάλλω να ενεργήσω περιμένοντας καταλληλότερο χρόνο: *-ομαι να σας απαντήσω*.
επιφυλλίδα η, ουσ., δημοσίευμα (αυτοτελές ή σε συνέχειες) εγκυκλοπαιδικού, λογοτεχνικού ή φιλολογικού περιεχομένου που καταχωρίζεται συνήθως στο κάτω μέρος σελίδας εφημερίδων: *μυθιστόρημα δημοσιευμένο σε -ίδες*.
επιφυλλιδογραφία η, ουσ., το να γράφει κανείς επιφυλλίδες.
επιφυλλιδογραφικός, -ή, -ό, επίθ., που ανήκει ή αναφέρεται στην επιφυλλίδα ή στον επιφυλλιδογράφο.
επιφυλλιδογράφος ο, ουσ., αυτός που γράφει επιφυλλίδες.
επιφυλλιδογραφώ, -είς, ρ., γράφω επιφυλλίδες.
επίφυση η, ουσ. 1. μεταγενέστερη, πρόσθετη έκφυση στο δέρμα ή σε άλλο μέρος του σώματος (συνών. εξόγκωμα). 2. (για οστά) το καθένα από τα δύο άκρα επιμήκους οστού που βρίσκονται από τις δύο πλευρές του κυρίως σώματός του.

επιφυσικός, -ή, -ό, επίθ., που αναφέρεται στην επίφυση: *οστεΐτιδα -ή*.
επιφώνημα το, ουσ. (γραμμ.) άκλιτες μονοσύλλαβες (κυρίως) λέξεις που εκφράζουν συναισθήματα φόβου, θαυμασμού, χαράς, λύπης, κλπ. και αποτελούν ένα από τα δέκα μέρη του λόγου.
επιφωνηματικός, -ή, -ό, επίθ. 1. που ανήκει ή αναφέρεται στο επιφώνημα. 2. που λέγεται ως επιφώνημα ή ως επιφώνηση: *έκφραση -ή*. - Επίρρ. **-ά**.
επιφώνηση η, ουσ. 1. έκφραση αισθημάτων ή συναισθημάτων με επιφώνημα: *~ θαυμασμού/αποδοκιμασίας*. 2. σχήμα λόγου, σύμφωνα με το οποίο στην αρχή ή στο τέλος των προτάσεων παρεμβάλλονται λέξεις ή φράσεις επιφωνηματικές για επίκληση σε κάποιο πρόσωπο ή για εκδήλωση έντονου συναισθήματος (π.χ. *σώπασε, κυρά Δέσποινα, και μην πολυδακρύζεις*).
επιχαίρω, ρ., παρατ. *επέχαιρα*, πληθ. *επιχαίραμε*, ελλειπτ. στον αόρ., (λόγ.), χαίρομαι για κάτι (συνήθως κακό).
επιχάλκωμα το, ουσ., επικάλυψη με στρώμα χαλκού (συνών. επιχάλκωση).
επιχαλκώνω, ρ., επικαλύπτω με στρώμα ή φύλλο χαλκού (συνών. μπακιρώνω).
επιχάλκωση η, ουσ. 1. επιχάλκωμα (βλ.λ.). 2. επικάλυψη μετάλλινων ή γύψινων αντικειμένων με λεπτό στρώμα χαλκού που γίνεται με ηλεκτρόλυση (συνών. γαλβάνισμα). 3. το φαινόμενο του σχηματισμού χάλκινου στρώματος στην κάνη των πυροβόλων όπλων.
επιχαλύβδωση, βλ. *επιχαλύβωση*.
επιχαλυβώνω, ρ., επικαλύπτω με κατάλληλη κατεργασία σιδερένιο αντικείμενο με στρώμα ατσαλιού.
επιχαλύβωση και **-χαλύβδωση** η, ουσ., επικάλυψη με κατάλληλη κατεργασία της επιφάνειας σιδερένιου αντικειμένου με ατσάλι.
επιχείλιος, -α, -ο, επίθ. (ασυνίζ.), (ιατρ.) που αναπτύσσεται πάνω στα χείλη: *έρπητας ~*.
επίχειρα τα, ουσ. (λόγ. μόνο στην ονομ. και αιτ. πληθ.) τιμωρία για μια κακή πράξη: συνηθέστερα στις φρ. *λαμβάνω/υφίσταμαι τα ~ της κακίας μου/της αμαρτίας* (= τιμωρούμαι όπως μου αξίζει).
επιχείρημα το, ουσ., συλλογισμός ή σειρά αλληλένδετων συλλογισμών που συνθέτει κανείς για να αποδείξει ότι μια πρόταση είναι αληθινή ή ψευδής, να επιβεβαιώσει αναμφισβήτητα ή να αναιρέσει κάτι: *~ ατράνταχτο/σοβαρό· ανατροπή -άτων· προβάλλω κάτι ως ~*.
επιχειρηματίας ο, ουσ., άτομο που ασχολείται επαγγελματικά με την παραγωγή και την αγοραπωλησία αγαθών ή υπηρεσιών, που έχει την ευθύνη για την ίδρυση και τη λειτουργία μιας επιχείρησης (βλ.λ. στη σημασ. 3): *~ δυναμικός· σύνδεσμος -ών*.
επιχειρηματικός, -ή, -ό, επίθ., που ανήκει, αναφέρεται ή ταιριάζει στον (καλό) επιχειρηματία: *δραστηριότητα -ή· κόσμος ~* (= το σύνολο των επιχειρηματιών)· *κίνδυνος ~· ενώσεις -ές· πνεύμα/δαιμόνιο -ό*.
επιχοιρηματικότητα η, ουσ., το να είναι κανείς ικανός επιχειρηματίας και η δραστηριότητα για την ανάπτυξη μιας επιχείρησης.
επιχειρηματολογία η, ουσ., χρήση επιχειρημάτων σε μια συζήτηση ή το σύνολο επιχειρημάτων που προβάλλει κανείς: *~ αβάσιμη/πειστική· διακό-*

πτω/ανατρέπω την ~ του αντιπάλου.
επιχειρηματολογώ, ρ., χρησιμοποιώ, προβάλλω επιχειρήματα: *η άποψή μου επικράτησε τόσο εύκολα που δε χρειάστηκε να -ήσω.*
επιχείρηση η, ουσ. **1.** οργανωμένη δραστηριότητα όπου συνδυάζονται πολλές επιμέρους ενέργειες ή συνεισφέρουν πολλοί άνθρωποι, οι οποίοι κάνοντας διαφορετικά πράγματα συμβάλλουν στο να πετύχει ένας κοινός σκοπός: ~ *διάσωσης· μεγάλη αστυνομική* ~ *για τη σύλληψη των δολοφόνων· κέντρο -ήσεων της Τροχαίας.* **2.** (στρατ.) ~ *πολεμική/στρατιωτική* (ή απλώς ~· συχνά στον πληθ.) σύνολο συνδυασμένων ενεργειών ενός στρατού (λ.χ. μετακινήσεων, επιθέσεων, μαχών, κ.ά.) που αποτελούν συνήθως μέρος ευρύτερου πολεμικού σχεδίου: *η κατάληψη της γέφυρας ήταν δύσκολη* ~· *πολεμικές -ήσεις· -ήσεις στρατηγικές/τακτικές· θέατρο -ήσεων.* **3.** (οικον.) αυτοτελής οικονομική μονάδα με διάφορες νομικές μορφές (ανώνυμη εταιρεία, εταιρεία περιορισμένης ευθύνης, κ.ά.), στην οποία ένα ή περισσότερα πρόσωπα διαθέτουν κεφάλαιο και αποφασίζουν σχετικά με την παραγωγή αγαθών και υπηρεσιών και τη διάθεσή τους στο κοινό με σκοπό το κέρδος: ~ *γεωργική/εμπορική·* ~ *μικρομεσαία· συγχώνευση/χρηματοδότηση/εθνικοποίηση -ήσεων·* έκφρ. ~ *δημοσίου/κοινής ωφέλειας* (= που υπόκειται από το κράτος ή ένα δήμο, κ.τ.ό. - για να εξυπηρετήσει σπουδαία κοινωνική ανάγκη, αλλά ταυτόχρονα έρχεται σε συναλλαγές και λειτουργεί περίπου με τις αρχές της ιδιωτικής οικονομίας· συνών. *οργανισμός)·* ~ *μικτή/μικτής οικονομίας* (= επιχείρηση στη διοίκηση και το κεφάλαιο της οποίας συμμετέχουν κράτος και ιδιώτες).
επιχειρησιακός, -ή, -ό, επίθ. (ασυνίζ.), που ανήκει ή αναφέρεται σε επιχείρηση ή επιχειρήσεις (βλ.λ.): *έρευνα -ή· εφαρμογή σε -ό επίπεδο· ετοιμότητα -ή· ανάγκες -ές του στρατού.*
επιχειρώ, -είς, ρ. **1.** δοκιμάζω, προσπαθώ: *οι αθλητές -ούν να καταρρίψουν το παγκόσμιο ρεκόρ.* **2.** (στρατ.) πραγματοποιώ επιχείρηση (βλ.λ. στη σημασ. 2): *οι αντάρτες -ούν αποβάσεις σε γειτονική χώρα.*
επιχορήγηση η, ουσ., χρηματική ενίσχυση από το δημόσιο προϋπολογισμό προς νομικά πρόσωπα δημοσίου ή ιδιωτικού δικαίου (δήμους, νοσοκομειακά ή εκπαιδευτικά ιδρύματα, κ.ά.), επιχειρήσεις, εταιρείες, κ.τ.ό. ή ακόμη και σε φυσικά πρόσωπα όταν υπάρχει ανάγκη και εκπληρώνεται κάποιος αναπτυξιακός ή κοινωνικός στόχος: *το υπουργείο δίνει* ~ *στους ιδιοκτήτες διατηρητέων κτισμάτων για να τα επισκευάσουν·* ~ *έκτακτη/ετήσια* (συνεκδοχικά για το ποσό της πληρωμής) ~ *ανεπαρκής/γενναία.*
επιχορηγία η, ουσ. (λόγ.), πρόσθετη βοήθεια, επιχορήγηση (βλ.λ.): *λύση προβλήματος με* ~.
επιχορηγώ, -είς, ρ., ενισχύω οικονομικά από το δημόσιο προϋπολογισμό (δημόσιους οργανισμούς, δημόσια ή ιδιωτικά ιδρύματα ή επιχειρήσεις, φυσικά πρόσωπα).
επίχριση η, ουσ. (λόγ.), επάλειψη ή επικάλυψη με μια ρευστή ουσία.
επίχρισμα το, ουσ. (λόγ.). **1α.** υλικό με το οποίο αλείβουμε ή καλύπτουμε μια επιφάνεια: ~ *διαφανές/λεπτό/χημικό·* **β.** (στην οικοδομική) πολτώδες μίγμα, συνήθως από ασβέστη, νερό και άμμο,

που σκληραίνει όταν ξεραθεί και το χρησιμοποιούμε για να επικαλύψουμε τοίχους, οροφές, κ.τ.ό. (κοιν. *σοβάς*). **2.** (ιατρ.) στρώμα από διάφορες ύλες που αναπτύσσεται σε ορισμένες επιφάνειες του σώματος (λ.χ. στις αμυγδαλές, στη γλώσσα, σε τραύματα).
επιχρίω, ρ., παρατ. *επέχρια*, πληθ. *επιχρίαμε*, αόρ. *επέχρισα*, πληθ. *επιχρίσαμε* (λόγ.), αλείφω ή καλύπτω επιφάνεια με ρευστό υλικό (κοιν. *αλείβω, χρίζω*).
επίχρυσος, -η, -ο, επίθ., που τον έχουν επιχρυσώσει (βλ.λ.): *αλυσίδα -η· ξύλο -ο.*
επιχρύσωμα το, ουσ. **1.** επιχρύσωση (βλ.λ.). **2.** λεπτό στρώμα ή φύλλο χρυσού που καλύπτει την επιφάνεια επίχρυσων αντικειμένων (λαϊκ. *βαράκι*).
επιχρυσώνω, ρ., επικαλύπτω την επιφάνεια ενός αντικειμένου με στρώμα ή φύλλο χρυσού: ~ *ένα χάλκινο σκεύος/την κορνίζα του πίνακα* (συνών. *χρυσώνω, μαλαματώνω, μαλαματοκαπνίζω, βαρακώνω*).
επιχρύσωση η, ουσ. (τεχν.) η επικάλυψη της επιφάνειας αντικειμένου με στρώμα ή φύλλο χρυσού (συνών. *χρύσωμα, μαλαμάτωμα, μαλαματοκάπνισμα*).
επιχρυσωτής ο, ουσ., τεχνίτης που κάνει επιχρυσώσεις.
επιχρωμίωση η, ουσ. (τεχν.) επικάλυψη μεταλλικής επιφάνειας με στρώμα χρωμίου κυρίως για προστασία από τη διάβρωση: ~ *οικιακών σκευών/χειρουργικών εργαλείων.*
επίχωμα το, ουσ., όγκος χωμάτων ή και άλλων υλικών που συγκεντρώνονται σε κάποια θέση για να ανυψωθεί η επιφάνεια του εδάφους ή να γεμίσει μια κοιλότητα: ~ *οχυρωματικό.*
επιχωματώνω, ρ., συγκεντρώνω χώματα ή και άλλα υλικά για να γεμίσω μια κοιλότητα του εδάφους, να ανυψώσω την επιφάνειά του ή να σκεπάσω κάτι: ~ *σκάμμα/έλος/απορρίμματα* (λαϊκ. *μπαζώνω·* πβ. *ισοπεδώνω*).
επιχωμάτωση η, ουσ., το να επιχωματώνει κανείς κάτι και το αποτέλεσμα της εργασίας αυτής: ~ *της ακτής· -ώσεις για την κατασκευή του διαδρόμου προσγείωσης* (λαϊκ. *μπάζωμα*).
επιχωριάζω, ρ. (ασυνίζ., λόγ.), (συνήθως τρίτο πρόσ. για συνήθεια, κατάσταση, κ.τ.ό.) απαντά συχνά, επικρατώ σε κάποιον τόπο: *στη Μάνη -ει το έθιμο της βεντέτας· σε ορισμένες περιοχές της Ασίας -ει η πανώλης* (= ενδημεί).
επίχωση η, ουσ. **1.** (λόγ., αρχαιολ.) επιχωμάτωση (βλ.λ.): ~ *ενός πηγαδιού κοντά στο Ερέχθειο* (συνεκδοχικά για το συγκεντρωμένο υλικό): *αντέρεισμα που συγκρατεί -ώσεις.* **2.** (γεωλ.) σταδιακή εξαφάνιση γεωλογικών στρωμάτων κάτω από νεότερα στρώματα.
επιψευδαργύρωση η, ουσ. (τεχν.) επικάλυψη μεταλλικής επιφάνειας με στρώμα ψευδαργύρου για προστασία από τη σκουριά (πβ. *γαλβάνισμα*).
επιψηφίζω, ρ. (λόγ.), αποδέχομαι ή επικυρώνω με ψήφο (συνών. *υπερψηφίζω, ψηφίζω·* αντ. *καταψηφίζω*).
επιψήφιση η, ουσ. (λόγ.), αποδοχή ή επικύρωση με ψηφοφορία (συνών. *υπερψήφιση, ψήφιση·* αντ. *καταψήφιση*).
εποικίζω, ρ., κάνω να εγκατασταθούν νέοι κάτοικοι (ή εγκαθίσταμαι ο ίδιος) σε τόπο ακατοίκητο ή αραιοκατοικημένο ή σε χώρα όπου προηγουμέ-

νως ζούσαν άνθρωποι άλλων πολιτισμών: *οι Γάλλοι -ισαν τον Καναδά.*
εποίκιση η, ουσ. (λόγ.), εγκατάσταση σε ξένη χώρα.
εποικισμός ο, ουσ. **α.** το γεγονός και η διαδικασία της εγκατάστασης σε τόπο όπου δε ζούσαν προηγουμένως άνθρωποι ή ζούσαν μόνο λιγοστοί: ~ *της δυτικής ακτής των Η.Π.Α.* (συνών. *εποίκιση)·* **β.** (νομ.) μετακίνηση πληθυσμών και εγκατάστασή τους σε ορισμένο τόπο που επιβάλλεται συνήθως από την κεντρική εξουσία για την εξυπηρέτηση πολιτικών, στρατιωτικών, οικονομικών, κ.ά. σκοπών: ~ *αγροτικός/αστικός.*
εποικιστικός, -ή, -ό, επίθ., που ανήκει ή αναφέρεται στον εποικισμό (βλ.λ.): *πολιτική -ή.*
εποικοδόμημα το, ουσ. (φιλοσ.) στο μαρξισμό το σύνολο των ιδεολογικών σχέσεων, των αντιλήψεων και των θεσμών κάθε κοινωνίας, δηλ. το ιδεολογικό της σύστημα (νομοθεσία, εκπαίδευση, πολιτισμός, θρησκεία) μαζί με το πολιτικό (σε αντιδιαστολή με την οικονομική βάση που το στηρίζει, την *υποδομή*).
εποικοδομητικός, -ή, -ό, επίθ. **1.** που συντελεί στην προαγωγή της αρετής, ψυχωφελής: *ανάγνωσμα -ό.* **2.** που βελτιώνει μια κατάσταση, που συντελεί στην επίλυση ενός προβλήματος: *διάλογος ~· προτάσεις -ές.*
έποικος ο, ουσ., άτομο που μετακινείται για να εγκατασταθεί σε καινούργιο τόπο: *μεταφορά εποίκων για να αλλοιωθεί ο δημογραφικός χαρακτήρας ενός τόπου.*
επόμενος, -η και **-ένη, -ο,** (μτχ. επίθ.) **1.** (χρον.) που έρχεται κατόπι, που ακολουθεί, που συμβαίνει ύστερα από κάποιο γεγονός: *θα μετακομίσουμε τον -ο μήνα· θα ταξιδέψω με την -η πτήση· να είσαι προσεκτικότερος την -η φορά* (= την πρώτη φορά που θα επαναλάβεις κάτι) (συνών. *ερχόμενος, κατοπινός·* αντ. *προηγούμενος, προγενέστερος*). **2.** (τοπ.) ο πιο κοντινός: *θα κατεβώ στην -η στάση* (*του λεωφορείου*) (αντ. *προηγούμενος*). - Το θηλ. *-ένη* ως ουσ. = η επόμενη, η άλλη μέρα (συνών. *επαύριον·* αντ. *παραμονή*). - Το ουδ. ως ουσ. = η απόδοση ενός υποθετικού λόγου. Φρ. *είναι -ο* = ακολουθεί ως συνέπεια: *αφού δε διάβασες, ήταν -ο να μη γράψεις καλά* (είναι *φυσικό/λογικό*).
επομένως, επίρρ., δηλώνει συμπέρασμα ή αποτέλεσμα: *έχει πληρωθεί καλά, ~ δεν πρέπει να διαμαρτύρεται· ανέβηκε η τιμή του χαρτιού, ~ και τα βιβλία θα γίνουν ακριβότερα* (συνών. *άρα, συνεπώς, ώστε*).
επονείδιστος, -η, -ο, επίθ. (λόγ.), που αξίζει την περιφρόνηση, που προκαλεί την ντροπή: *συμπεριφορά/συνθήκη -η* (συνών. *εξευτελιστικός, ντροπιαστικός*).
Επονίτης ο, θηλ. **-ισσα,** ουσ. (ιστ.) μέλος της αριστερής αντιστασιακής οργάνωσης νέων κατά την Κατοχή Ε.Π.Ο.Ν.
επονομάζω, ρ., δίνω νέο, πρόσθετο όνομα σε πρόσωπο (ή σπανιότερα σε πράγμα) από κάποια αιτία ή περιστατικό: *για την καταστρεπτική του δράση -ασαν τον Αττίλα «μάστιγα του Θεού»* (συνών. *αποκαλώ, ονομάζω*).
επονομασία η, ουσ., πρόσθετο όνομα που δίνεται για κάποιο λόγο σε πρόσωπο ή πράγμα: ~ *τιμητική/χλευαστική* (= παρατσούκλι) (συνών. *παρωνύμιο*).

εποποιία η, ουσ. **1.** επικό ποίημα ή η επική ποίηση: *η βυζαντινή ~ του «Διγενή Ακρίτα»· ~ ασιατική/σκανδιναβική.* **2.** (μεταφ.) ηρωική πράξη ή δράση, κατόρθωμα σαν εκείνα που υμνούσαν τα αρχαία έπη: η ~ *του Σαράντα* (συνών. *έπος*).
εποπτεία η, ουσ. **1α.** το να εποπτεύει κανείς, το να παρακολουθεί αν ένα έργο γίνεται σωστά και να δίνει οδηγίες για το σκοπό αυτό: ~ *γενική/οικονομική· την ~ του προσωπικού την έχει ο διευθυντής* (συνών. *επίβλεψη, επιστασία, επιτήρηση*). **β.** δημόσια υπηρεσία που έχει ως καθήκοντα τα παραπάνω για το συμφέρον του δημοσίου και του κοινού: *Ε~ Αλιείας/Εμπορίου.* **2.** (στο δημόσιο δίκαιο) η σχέση επιρροής και εξάρτησης ανάμεσα στο κράτος και σε ένα δημόσιο νομικό πρόσωπο που δέχεται κατευθύνσεις από το πρώτο και υπόκειται σε έλεγχο για τη νομιμότητα των πράξεών του: *ασκείται χαλαρή ~ στους δημόσιους οργανισμούς.* **3.** (φιλοσ.) **α.** η άμεση αντίληψη φυσικών ή ψυχικών φαινομένων· **β.** (και κοιν.) η γνώση μιας αλήθειας για τα πράγματα ή τις σχέσεις ανάμεσά τους, όπου έχουν συντεθεί επιμέρους στοιχεία και όπου προέχει η συνολική θεώρηση: *ευρεία ~ ενός επιστημονικού χώρου.* **4.** (ψυχ.) παράσταση αισθητού, η οποία αναπαράγεται με εξαιρετική σαφήνεια.
επόπτευση η, ουσ., η εποπτεία (βλ.λ. στη σημασ. 1).
εποπτεύω, ρ. **1α.** (για πρόσωπο) παρακολουθώ αν κάποιος κάνει μια δουλειά σωστά ή και τον καθοδηγώ για το σκοπό αυτόν: *ένας λιμενικός -ει τους μεταφορείς καθώς φορτώνουν·* **β.** (για δραστηριότητα, κ.τ.ό.) παρακολουθώ αν κάτι γίνεται σωστά ή νόμιμα: *οι δυνάμεις του Ο.Η.Ε. -ουν την τήρηση της εκεχειρίας* (συνών. στις σημασ. α και β *επιβλέπω, επιτηρώ, ελέγχω*). **2.** (στο δημόσιο δίκαιο) ασκώ εποπτεία (βλ.λ. στη σημασ. 2): *ο οργανισμός -εται από το υπουργείο πολιτισμού.*
επόπτης ο, θηλ. **-τρια,** ουσ. **1.** πρόσωπο που εποπτεύει (βλ.λ. στη σημασ. 2) (ειδικότερα) εργαζόμενος που του έχουν αναθέσει να επιβλέπει άλλους εργάτες που εκτελούν ένα έργο: *ο ~ τον παρατήρησε γιατί καθυστερούσε.* **2.** (για δημόσιο υπάλληλο) άτομο με αρμοδιότητα να ελέγχει έναν κοινωνικό χώρο για να διαπιστώσει τις συνθήκες που επικρατούν και αν όλα γίνονται σωστά και νόμιμα: ~ *δημόσιας υγείας/εργασίας.* **3.** (αθλητ.) ~ (*γραμμών*) = βοηθός του διαιτητή σε αγώνα ιδίως ποδοσφαίρου με κύριο έργο να παρακολουθεί μήπως η μπάλα βγήκε έξω από τις γραμμές του γηπέδου.
εποπτικός, -ή, -ό, επίθ. **1.** που ανήκει ή αναφέρεται στον επόπτη ή την εποπτεία (βλ.λ. στη σημασ. 1). **2.** που χαρακτηρίζεται από συνολική θεώρηση των πραγμάτων (βλ. *εποπτεία* στη σημασ. 3β): *αντίληψη -ή.* **3.** (στην παιδαγωγική) που αποβλέπει στο να εμπεδώσει ο μαθητής ορισμένες γνώσεις με την άμεση παρατήρηση: *διδασκαλία -ή· -ά μέσα διδασκαλίας.* - Επίρρ. **-ά** (στη σημασ. 2).
επόπτρια, βλ. *επόπτης.*
έπος το, ουσ. **1.** (φιλολ.) μεγάλο αφηγηματικό ποίημα που εξιστορεί συνήθως ηρωικά κατορθώματα: *τα ομηρικά -η· ~ διδακτικό* (~ *του Ησιόδου*) ~ *λατινικό/ινδικό· ~ ακριτικό* (συνών. *εποποιία*). **2.** (συνεκδοχικά) μυθιστόρημα ή κινηματογραφικό έργο με έκταση μεγαλύτερη από τα άλλα, το οποίο έχει συνήθως ηρωικό θέμα και καλύ-

επουλώνω πτει αφηγηματικά μια μεγάλη χρονική περίοδο. 3. (μεταφ.) ηρωική πράξη ή δράση: ~ *του μακεδονικού αγώνα/της Αλβανίας* (συνών. *εποποιία*).

επουλώνω, ρ. (για πληγή) βοηθώ να αποκατασταθούν οι βλάβες που προκλήθηκαν στους ιστούς και τα όργανα κατά τον τραυματισμό: *ουσία που -ει ένα τραύμα·* (συνηθέστερα μέσ.) *η πληγή -εται αργά/εύκολα* (= κλείνει)· (σε μεταφ.) *ο χρόνος -ει κάθε πληγή/πόνο* (= κάνει να ξεχαστεί μια θλίψη, μια συμφορά).

επούλωση η, ουσ. (ιατρ.) το φαινόμενο της αποκατάστασης των βλαβών που προκάλεσε στους ιστούς ή τα όργανα ένας τραυματισμός: ~ *δύσκολη/φυσική.*

επουλωτικός, -ή, -ό, επίθ., που αναφέρεται ή συντελεί στην επούλωση (βλ.λ.): *αλοιφή -ή.*

επουράνιος, -α, -ο, επίθ. (ασυνίζ.), που βρίσκεται στον ουρανό: *σώματα -α* (= τα άστρα) (συνηθέστερα για θρησκ. πρόσωπα) *ο ~ πατέρας* (= ο Θεός)· *οι -ες δυνάμεις* (= οι άγγελοι) (συνών. *ουράνιος*· αντ. *καταχθόνιος*). - Το ουδ. στον πληθ. ως ουσ. (δημοτικό) = ο ουρανός, τα ουράνια, τα μεσούρανα: *Σημαίνει ο Θεός... σημαίνουν τα -α* (δημ. τραγ.).

επουσιώδης, -ης, -ες, γεν. -*ους*, πληθ. αρσ. και θηλ. -*εις*, ουδ. -*η*, επίθ. (ασυνίζ., λόγ.), που έχει μικρή σημασία, δευτερεύων: *τα λάθη του περιορίζονται σε δύο-τρία -η σημεία· διαφορά* ~ (αντ. *βασικός, κύριος, πρωταρχικός*).

εποφθαλμιώ, -άς, ρ. (ασυνίζ., λόγ.), επιθυμώ και επιδιώκω κάτι στα κρυφά, έχω βλέψεις για κάτι: ~ *τη θέση του αντιπροέδρου.*

εποχή η, ουσ. 1. χρονικό διάστημα που επανέρχεται περιοδικά μέσα στο χρόνο και χαρακτηρίζεται από σχετικά σταθερές κλιματολογικές συνθήκες, καθώς και από την κατάσταση του φυσικού περιβάλλοντος, ιδίως της βλάστησης, ή τις ασχολίες των ανθρώπων, ιδίως τις αγροτικές (αστρον., κοιν.) καθεμιά από τις τέσσερις μεγάλες υποδιαιρέσεις στις οποίες χωρίζουν το έτος οι ισημερίες (βλ.λ.) και τα ηλιοστάσια (βλ.λ.): *οι τέσσερις -ές* (= άνοιξη, καλοκαίρι, φθινόπωρο, χειμώνας)· *η ~ των μουσώνων* (σε τροπική χώρα)/*που πέφτουν τα φύλλα* (= το φθινόπωρο)/*του τρύγου· κάνει κρύο ασυνήθιστο για την ~· τα λαχανικά είναι φτηνά στην ~ τους* (= τότε που φυτρώνουν κανονικά)· *φρούτα -ής* (συνών. *καιρός*). 2α. διάστημα του έτους κατάλληλο για ορισμένη δραστηριότητα: ~ *του κυνηγιού/των διακοπών* (συνών. *καιρός*)· β. (ειδικότερα για καταστήματα ή ξενοδοχεία) *στο τέλος της -ής οι τιμές είναι χαμηλότερες·* ~ *νεκρή* (= όταν δεν υπάρχει κίνηση, δεν έρχονται πολλοί ή καθόλου πελάτες). 3. ιστορική περίοδος, η οποία χαρακτηρίζεται από σημαντικά γεγονότα που συνέβησαν σ' αυτήν: *η ~ των ανακαλύψεων/του νεοελληνικού διαφωτισμού·* ~ *κλασική/βυζαντινή·* ~ *του Ιουστινιανού* (= βασιλεία) ~ *μεταβατική* (= περίοδος)· ~ *ένδοξη/κοσμογονική· συγγραφέας που εκφράζει την ~ του·* φρ. *αφήνω* ~ (= για γεγονός ή πρόσωπο, μένω αξέχαστος εξαιτίας της σημασίας ή της επιτυχίας που είχα): *η παράσταση άφησε* ~ (συνών. *χρόνοι, χρόνια*). 4. χρονική περίοδος που χαρακτηρίζεται από γεγονότα και καταστάσεις με ιδιαίτερη σημασία κατά την άποψη του ομιλητή: (για το παρελθόν) *περνούσα την πιο κρίσιμη* ~ *της ζωής μου· την* ~ *που πέθανε ο πατέρας του ήταν μικρός·* (για

το παρόν) συνήθως στην εκφρ. *η ~ μας* (= η σύγχρονη, η σημερινή εποχή): *η ~ μας είναι η ~ της ταχύτητας* (συνών. *αιώνας, καιρός, χρόνια*). 5. μεγάλη υποδιαίρεση της προϊστορίας (παίρνει το όνομά της από το βασικό υλικό που χρησιμοποιούσε ο άνθρωπος): ~ *παλαιολιθική/του σιδήρου/του χαλκού.* 6. (γεωλ.) υποδιαίρεση γεωλογικής περιόδου (χωρίζεται σε «αιώνες» ή «ηλικίες»): *πλειστόκαινος* ~.

εποχιακός, -ή, -ό, επίθ. (ασυνίζ.). 1. που ανήκει ή συμβαίνει σε μια εποχή: *ασθένειες -ές.* 2. που διαρκεί μόνο μια ορισμένη εποχή: *ευημερία -ή· τραγούδι με -ή επιτυχία.* 3. (για πρόσωπο) που απασχολείται ορισμένο χρονικό διάστημα και όχι ολόκληρο το χρόνο: *εργάτες -οί.* - Επίρρ. **-ά.**

εποχικός, -ή, -ό, επίθ. (λόγ.), εποχιακός (βλ.λ.): *διακυμάνσεις -ές της θερμοκρασίας.*

επτά και **εφτά**, αριθμ., άκλ. 1. αυτό που προκύπτει όταν στο έξι προσθέσουμε μια μονάδα: *οι ~ ημέρες της εβδομάδας·* (αρχ., θρησκ., με μυστικό ιερό νόημα) *τα ~ θαύματα του κόσμου· οι ~ σοφοί· τα ~ θανάσιμα αμαρτήματα· τα εφτά καρφιά/θε να μας βάλει ο νέος πόνος* (Γρυπάρης)· (σε συνδυασμό με άλλο αριθμ.) *σαράντα ~ χρόνια· ~ χιλιάδες.* 2. (στη θέση τακτικού αριθμ. για χρόνο) *στις εφτά Ιανουαρίου·* (για όμοια πράγματα συνήθως αριθμημένα) *το κεφάλαιο* ~ (συνών. *έβδομος*). 3. (με ουδ. -ά) ο αριθμός επτά (7): *το λεωφορείο είχε στην πινακίδα το εφτά·* (για τραπουλόχαρτο) *το εφτά καρό·* (για βαθμολογία) *πέρασα τη γλωσσολογία με εφτά·* (για το ψηφίο που αντιπροσωπεύει τον αριθμό) ~ *ελληνικό (ζ΄)/λατινικό (VII)*

επτα-, α΄ συνθ. σε λ. όπως: *επτάγωνος, επτάεδρος.*

επταγωνικός, -ή, -ό, επίθ., που ανήκει ή αναφέρεται στο επτάγωνο (βλ.λ.), που έχει επτά γωνίες.

επτάγωνος, -η, -ο, επίθ., που έχει επτά γωνίες. - Το ουδ. ως ουσ. = γεωμετρικό σχήμα με επτά γωνίες και επτά πλευρές (συνών. *επτάπλευρο*).

επτάδυμος, -η, -ο και **εφτάδυμος**, επίθ., που γεννήθηκε μαζί με άλλους έξι κατά τον ίδιο τοκετό: *γατάκια -α.*

επτάεδρος, -η, -ο, επίθ., που έχει επτά έδρες. - Το ουδ. ως ουσ. = γεωμετρικό πολύεδρο σχήμα που έχει επτά έδρες.

επταετής, -ής, -ές, γεν. -*ούς*, πληθ. αρσ. και θηλ. -*είς*, ουδ. -*ή*, επίθ., που έχει ηλικία ή διάρκεια επτά ετών: *μαθητής/πόλεμος* ~ (συνών. *εφτάχρονος*).

επταετία η, ουσ. 1. χρονικό διάστημα επτά ετών: *σε μια ~ βγαίνει στη σύνταξη.* 2. (ειδικά, ιστ.) η περίοδος 1967-1974, οπότε τη διακυβέρνηση της Ελλάδας ασκούσε η «χούντα» (βλ. και *χούντα*).

επταήμερος, -η, -ο, επίθ., που έχει διάρκεια επτά ημερών: *διακοπές -ες.* - Το ουδ. ως ουσ. = το χρονικό διάστημα επτά ημερών: *θα λείψω για ένα -ο* (συνών. *εβδομάδα*).

επτακοσιετηρίδα η, ουσ. (ασυνίζ., λόγ.). 1. χρονικό διάστημα επτακοσίων ετών. 2. συμπλήρωση επτακοσίων χρόνων από κάποιο γεγονός.

επτακόσιοι, -ιες, -ια και (λαϊκ.) **εφτακόσιοι** (συνίζ.) και **-κόσοι**, αριθμ., που αποτελείται από επτά εκατοντάδες: ~ *στρατιώτες.* - Το ουδ. ως ουσ. σε χρονολογίες αντί του τακτικού: *το -ια π.Χ.*

επτακοσιοστός, -ή, -ό, αριθμ. (ασυνίζ.), που έχει σε μια σειρά αριθμούμενων πραγμάτων τη θέση που αντιστοιχεί στον αριθμό επτακόσια.

επτάλοφος, -η, -ο, επίθ. (για πόλη, τοποθεσία) που έχει κτιστεί πάνω σε επτά λόφους. - Το θηλ. ως ους. (με τη λόγ. κατάλ. -ος) ως προσωνυμία της Ρώμης και της Κωνσταντινούπολης.

επταμελής, -ής, -ές, γεν. -ούς, πληθ. αρσ. και θηλ. -είς, ουδ. -ή, επίθ., που αποτελείται από επτά μέλη: *οικογένεια ~· συμβούλιο -ές.*

επταμερής, -ής, -ές, γεν. -ούς, πληθ. αρσ. και θηλ. -είς, ουδ. -ή, επίθ., που αποτελείται από επτά μέρη, τμήματα.

επταμηνία η, ους., χρονικό διάστημα επτά μηνών.

επτάμηνος, -η, -ο, επίθ., που έχει διάρκεια ή ηλικία επτά μηνών. - Το ουδ. ως ους. = το χρονικό διάστημα επτά μηνών.

επτανησιακός, -ή, -ό, επίθ. (ασυνίζ.) και **εφτανησιώτικος** (συνιζ.), που ανήκει ή αναφέρεται στα Επτάνησα: *τραγούδια -ά· χοροί -οί· προφορά -ή·* (φιλολ.) *Ε-ή Σχολή.*

Επτανήσιος ο, θηλ. **-α,** ους. (ασυνίζ.), αυτός που κατοικεί στα Επτάνησα ή κατάγεται από αυτά.

επταόροφος, -η, -ο, επίθ., που αποτελείται από επτά ορόφους: *πολυκατοικία -η.*

επταπλασιάζω, ρ. (ασυνίζ.), κάνω κάτι μεγαλύτερο ή περισσότερο κατά επτά φορές.

επταπλασιασμός ο, ους. (ασυνίζ.), το να αυξάνει κάποιος ή κάτι σε αριθμό ή ποσότητα κατά επτά φορές.

επταπλάσιος, -α, -ο, επίθ. (ασυνίζ.), που είναι μεγαλύτερος ή περισσότερος από κάποιον άλλο κατά επτά φορές.

επτάστερος, -η, -ο, επίθ., που αποτελείται από επτά αστέρια. - Το ουδ. ως ους. = ο αστερισμός της Μεγάλης Άρκτου.

επτασύλλαβος, -η, -ο, επίθ., που αποτελείται από επτά συλλαβές: *λέξη -η.* - Το αρσ. ως ους. = ο στίχος που αποτελείται από επτά συλλαβές.

επτάτομος, -η, -ο, επίθ., που αποτελείται από επτά τόμους: *ανθολογία -η.*

επτάχορδος, -η, -ο, επίθ., που έχει επτά χορδές. -Το ουδ. ως ους. = αρχαίο μουσικό όργανο με επτά χορδές.

επύλλιο το, ους. (ασυνίζ.), (φιλολ.) μικρό επικό ποίημα.

επωάζω, ρ. 1. (για πουλιά) κάθομαι πάνω σε αβγά και τα θερμαίνω για να εκκολαφθούν τα μικρά πουλιά. **2.** (μεταφ.) ετοιμάζω, σχεδιάζω κάτι κρυφά (συνών. *εξυφαίνω*): *η επανάσταση -όταν για πολύ χρόνο.*

επώαση η, ους. **1.** (για πουλιά) κλώσσημα αβγών για να εκκολαφθούν τα πουλάκια: *~ τεχνητή* (= επώαση που γίνεται με τεχνητά μέσα). **2.** (βιολ.) η φυσιολογική εξέλιξη του αυγού από τη μέρα της γονιμοποιήσής του έως την εκκόλαψη του νεοσσού. **3.** (ιατρ.) το διάστημα πριν εκδηλωθεί κάποια αρρώστια, από τη στιγμή δηλαδή που προσβάλλει το μικρόβιο τον οργανισμό ως τη στιγμή που εκδηλώνεται η αρρώστια. **4.** μακρά προετοιμασία.

επωαστήρας ο, ους., συσκευή με σταθερή θερμοκρασία όπου τοποθετούνται τα αβγά που προορίζονται για την εκκόλαψη, εκκολαπτική μηχανή (συνών. *επωαστήριο*).

επωαστήριο το, ους. (ασυνίζ.), εκκολαπτική μηχανή (συνών. *επωαστήρας*).

επωαστικός, -ή, -ό, επίθ., που έχει σχέση με την εκκόλαψη ή συντελεί σ' αυτήν: *μηχανή -ή* = συσκευή με σταθερή θερμοκρασία όπου επωάζονται τεχνητά τα αβγά των κατοικίδιων πτηνών· *κλίβανος ~* = συσκευή όπου καλλιεργούνται μικρόβια σε σταθερή θερμοκρασία.

επωδή η, ους., μαγικό ποίημα ή τραγούδι που λέγεται για τη θεραπεία αρρώστου ή για την απομάκρυνση κακού (συνών. *ξόρκι, γητειά*).

επωδός η, ους. **1.** σύντομο, απλό μέρος ποιήματος ή τραγουδιού με διαφορετικό ρυθμό από το υπόλοιπο που λέγεται ύστερα από κάθε στροφή: *~ του μοιρολογιού.* **2.** (φιλολ.) το τμήμα αρχαίου ποιήματος σε ύμνους και χορικά άσματα που ακολουθεί τη στροφή και την αντιστροφή. **3.** ό,τι επαναλαμβάνει κάποιος στερεότυπα: *το «να κάνεις το καλό και δε βαριέσαι» ήταν η ~ του.*

επώδυνος, -η, -ο, επίθ., που προκαλεί πόνο, οδύνη: *εμπειρία -η* (συνών. *οδυνηρός·* αντ. *ανώδυνος*)· *σημεία -α* = διάφορα σημεία στην επιφάνεια του δέρματος, σε ειδικές παθήσεις, όπου και η ελαφριά πίεση με το δάχτυλο προκαλεί δυνατό πόνο. -Επίρρ. **-α.**

επωμίδα η, ους., εξάρτημα της στολής των αξιωματικών, πάνω στον κάθε ώμο, όπου βρίσκονται τα διακριτικά του βαθμού τους (συνών. *σπαλέτα*).

επωμίζομαι, ρ. (μεταφ.) αναλαμβάνω την ευθύνη για κάποιον ή για κάτι: *-ίστηκε τα βάρη της οικογένειας.*

επ' ώμου αρχαϊστ. έκφρ. στρατιωτικό παράγγελμα για να τοποθετηθεί κατάλληλα το όπλο στον ώμο: *δεν μπόρεσε να μάθει καν το «~».* (Καρυωτάκης).

επωνυμία η, ους. **1.** πρόσθετη ονομασία προσώπου ή πράγματος από κάποια του ιδιότητα, λ.χ. *Μιχαήλ ο Μέθυσος.* **2.** διακριτικό όνομα σωματείου, εταιρείας, νομικού προσώπου, κλπ., λ.χ. *Αρσάκειος Σχολή, Ευγενίδειο Ίδρυμα* (συνών. *επονομασία, τίτλος*). **3.** χλευαστικό όνομα που δίνεται σε κάποιον, παρατσούκλι, λ.χ. *ο Νίκος ο αφτιάς* (συνών. *παρωνύμιο*).

επώνυμο το, ους., το όνομα που έχουν τα μέλη μιας οικογένειας, το οικογενειακό (σε αντίθεση με το βαφτιστικό) όνομα (συνών. *επίθετο*).

επώνυμος, -η, -ο, επίθ. **1.** που γίνεται ή συνοδεύεται με το επώνυμο, με την υπογραφή κάποιου: *καταγγελία/επιστολή -η.* **2.** που το όνομά του είναι γνωστό: *-οι ήρωες της επανάστασης· οι -οι ενός κόμματος* (συνών. *ονομαστός, επιφανής·* αντ. *ανώνυμος*).

επωφελής, -ής, -ές, γεν. -ούς, πληθ. αρσ. και θηλ. -είς, ουδ. -ή, επίθ., που παρέχει ωφέλεια, χρήσιμος, ωφέλιμος (συνών. *επικερδής·* αντ. *επιζήμιος*).

επωφελούμαι, ρ., ωφελούμαι από κάτι, χρησιμοποιώ κάτι με τρόπο επωφελή: *~ από την ευκαιρία/από τις περιστάσεις για να πετύχω κάτι* (συνών. *εκμεταλλεύομαι·* αντ. *ζημιώνω*).

εραλδικός, -ή, -ό, επίθ., που αναφέρεται στα οικόσημα και τα εμβλήματα: *επιστήμη -ή.* - Το ουδ. ως ους. = η επιστήμη που μελετά τα οικόσημα και τα εμβλήματα. [γαλλ. *héraldique*].

ερανίζομαι, ρ. (λόγ.), αντλώ από κάπου στοιχεία (πληροφορίες ή αποσπάσματα από κείμενα συγγραφέων) για να τα χρησιμοποιήσω.

ερανικός, -ή, -ό, επίθ., που έχει σχέση με τον έρανο.

εράνισμα το, ους. (λόγ.), σύγγραμμα που περιέχει αποσπάσματα ή γνώμες από έργα διάφορων συγγραφέων.

ερανιστής ο, θηλ. **-ίστρια**, ουσ., αυτός που συγκεντρώνει αποσπάσματα ή γνώμες από έργα διάφορων συγγραφέων και τα παραθέτει σε δικά του συγγράμματα.

ερανιστικός, -ή, -ό, επίθ., που αναφέρεται στον ερανιστή ή τον έρανο.

ερανίστρια, βλ. *ερανιστής*.

έρανος ο, ουσ., συλλογή συνεισφορών (σε είδος ή σε χρήμα) για κοινωφελή ή φιλανθρωπικό σκοπό: ~ *αντικαρκινικός· κάνω -ο.*

ερασιτέχνης ο, θηλ. **-ισσα**, ουσ. **1**. αυτός που ασχολείται με κάτι όχι επαγγελματικά, αλλά για την ευχαρίστησή του: (επιθετικώς) ~ *ψαράς/ζωγράφος* (αντ. *επαγγελματίας*). **2**. επαγγελματίας που δεν έχει αρκετή κατάρτιση ώστε να ασκεί σωστά το επάγγελμά του.

ερασιτεχνία η, ουσ., ενασχόληση κάποιου με κάτι για την προσωπική του ευχαρίστηση και όχι επαγγελματικά.

ερασιτεχνικός, -ή, -ό, επίθ. **1**. που έχει σχέση μ' αυτό που ασχολείται κάποιος για την προσωπική του ευχαρίστηση και όχι με το επάγγελμά του: *δίπλωμα οδήγησης -ό* (αντ. *επαγγελματικός*). **2**. που έγινε πρόχειρα και όχι συστηματικά: *έκδοση -ή* (αντ. *συστηματικός*). - Επίρρ. **-ά**.

ερασιτεχνισμός ο, ουσ., η ενασχόληση κάποιου με κάτι ερασιτεχνικά, για την ευχαρίστησή του και όχι για βιοποριστικούς λόγους.

ερασιτέχνισσα, βλ. *ερασιτέχνης*.

ερασμιακός, -ή, -ό, επίθ. (ασυνίζ.). **1**. που βασίζεται στη θεωρία του Ολλανδού ελληνιστή Εράσμου: *προφορά -ή*. **2**. οπαδός της θεωρίας του Εράσμου.

εράσμιος, -α, -ο, επίθ. (ασυνιζ., λόγ.), θελκτικός, αξιέραστος, αξιαγάπητος (αντ. *άχαρος*).

εραστής ο, ουσ. **1**. αυτός που έχει «παράνομη» ερωτική σχέση με κάποια γυναίκα: *γυναίκα με πολλούς -ές* (συνών. *ερωμένος*). **2**. (μεταφ.) που αγαπά κάτι υπερβολικά και η ενασχόλησή του μ' αυτό είναι γι' αυτόν ευτυχία: ~ *της κλασικής μουσικής.*

εργάζομαι, ρ. Α. αμτβ. **1**. δαπανώ χρόνο και προσπάθεια χρησιμοποιώντας τις σωματικές και τις πνευματικές μου δυνάμεις σε κάποιο καθήκον ή άλλη δραστηριότητα (ειδικά σε κάτι χρήσιμο και αναγκαίο): *-εται πολύ/όπου βρει δουλειά· ο παππούς -εται στον κήπο* (συνών. *δουλεύω·* αντ. *αργώ, τεμπελιάζω*). **2**. ασχολούμαι με κάτι επαγγελματικά, ασκώ κάποιο επάγγελμα: ~ *στη νομαρχία/σε υφαντουργείο· απεργία των -ομένων στις δημόσιες υπηρεσίες*. **3α**. απασχολούμαι με ό,τι ή όσο απαιτεί το επάγγελμά μου: *-εται στο τμήμα πωλήσεων/ως τις επτά το απόγευμα·* **β**. (συνεκδοχικά για τα καταστήματα, υπηρεσίες) δέχομαι το κοινό, λειτουργώ: *το δημόσιο ταμείο -εται ως τις δύο το μεσημέρι*. **4**. σπαταλώ χρόνο και καταβάλλω προσπάθειες για κάποιο σκοπό: *-άστηκε πολύ για την ειρήνη και τον αφοπλισμό*. **5**. (για μαθητή) ετοιμάζω τα μαθήματά μου μελετώντας ή λύνοντας ασκήσεις: *δεν -άστηκες όσο έπρεπε στο σπίτι σου χτες*. **6**. (για μηχανή ή εξάρτημά της) βρίσκομαι σε κίνηση, λειτουργώ: *οι μηχανές του εργοστασίου -ονται κανονικά* (συνών. *δουλεύω*). Β. (μτβ.) (για μέταλλο, ξύλο ή άλλο υλικό) επεξεργάζομαι, κατεργάζομαι: ~ *το ασήμι/το χαλκό/το γυαλί* (συνών. *δουλεύω*).

εργαλείο το, ουσ. **1**. το όργανο που κρατά στα χέρια του ένας ειδικός και εργάζεται μ' αυτό για να πετύχει ένα συγκεκριμένο είδος εργασίας: ~ *ξυλουργικό/χειρουργικό/γεωργικό*. **2**. οποιοδήποτε αντικείμενο χρησιμοποιούμε στη δουλειά μας ή εξυπηρετεί μια ανάγκη μας: *το αυτοκίνητο είναι για μένα* ~ *κι όχι είδος πολυτέλειας· το* ~ *του μαθητή είναι το βιβλίο.*

εργαλειοθήκη η, ουσ. (ασυνίζ.), η θήκη όπου τοποθετούνται τα εργαλεία όταν δε χρησιμοποιούνται.

εργασία η, ουσ. **1**. η καταβολή ανθρώπινης προσπάθειας σωματικής και πνευματικής για την παραγωγή έργου ή προϊόντος: ~ *σωματική/χειρωνακτική/πνευματική/καλλιτεχνική·* ~ *εξαρτημένη* (όταν ο εργαζόμενος υποβάλλεται σε επιτήρηση και καθοδήγηση ώστε να μη διατηρεί ελευθερία στις ενέργειές του κατά την άσκηση του έργου του)· *καταμερισμός -ας* (= οι διαδοχικές ενέργειες που κατανέμονται σε διάφορα πρόσωπα ώστε ο καθένας να κάνει κάτι απλούστερο)· *ζήτηση -ας* (= η ζήτηση εργατικών χεριών από τις επιχειρήσεις)· *προσφορά -ας* (= το σύνολο της εργατικής δύναμης ή ικανότητας προς εργασία μετρούμενης σε ώρες ή ημέρες που τα άτομα μιας οικονομίας θέτουν με αμοιβή στη διάθεση των εργοδοτών)· *σύμβαση -ας· συλλογική σύμβαση -ας* (βλ. *σύμβαση*)· *Επιθεώρηση -ας* (= υπηρεσία που μελετά τις συνθήκες εργασίας των εργαζομένων και επιβλέπει την τήρηση των νόμων που προστατεύουν τους εργαζομένους καταγγέλλοντας στην αντίθετη περίπτωση τους εργοδότες)· *Υπουργείο -ας*. **2**. δουλειά για την οποία κάποιος αμείβεται, το επάγγελμα κάποιου: *η* ~ *του χρυσοχόου· είναι δύσκολο να βρεις* ~ *σε περίοδο οικονομικής κρίσης*. **3**. απασχόληση κάποιου με ό,τι ή όσο απαιτεί το επάγγελμά του: *η τακτοποίηση των αιτήσεων είναι μιας μέρας* ~· *ώρες -ας των καταστημάτων*. **4**. το έργο που αναλαμβάνει κάποιος να εκτελέσει: *ανάθεση -ας*. **5**. δραστηριότητα που απαιτεί χρόνο και προσπάθεια από μέρους κάποιου ή κάποιων για έναν ειδικό σκοπό: *-ες συνεδρίου/επιτροπής/της Βουλής*. **6**. μελέτη ή έρευνα σ' ένα ειδικό θέμα: *η* ~ *του για τους ιθαγενείς της Αμερικής του πήρε πολύ χρόνο*. **7**. τεχνοτροπία κατασκευής: ~ *μοντέρνα/καλλιτεχνική*. **8**. συνεκδοχικά για αμοιβή που εισπράττει κάποιος για τον κόπο που κατέβαλε για κάποια δουλειά: *μου ζήτησε δέκα χιλιάδες για ανταλλακτικά και* ~ *μαζί*.

εργασιακός, -ή, -ό, επίθ. (ασυνίζ.), που έχει σχέση με την εργασία: *σχέση -ή· καθεστώς -ό· χώρος* ~.

εργάσιμος, -η, -ο, επίθ. (για χρονικό διάστημα) που κατά τη διάρκειά του οφείλει κάποιος να εργάζεται: *ημέρες -ες* (αντ. *εξαιρέσιμος*).

εργασιοθεραπεία η, επίθ. (ασυνίζ.), μέθοδος θεραπείας ελαφρών ψυχικών παθήσεων κατά την οποία ο ασθενής απασχολείται με απλή και διευθυνόμενη χειρωνακτική εργασία.

εργασιοθεραπευτής ο, ουσ. (ασυνίζ.), ειδικά καταρτισμένο άτομο που σε συνεργασία με γιατρούς και άλλους ειδικούς οργανώνει και κατευθύνει δραστηριότητες και εργασίες για άτομα με σωματικά ή ψυχικά προβλήματα για θεραπευτικούς λόγους.

εργαστηριακός, -ή, -ό, επίθ. (ασυνίζ.), που έχει σχέση με το εργαστήριο: *εγκαταστάσεις -ές· χώρος/εξοπλισμός* ~· *περιβάλλον -ό· έρευνα -ή*

(αντ. *γραφειακός, θεωρητικός*).
εργαστήριο (ασυνίζ.) και **εργαστήρι** το, ουσ. 1. χώρος εξοπλισμένος με απλά εργαλεία ή μηχανήματα όπου εργάζεται ένας τεχνίτης ή γίνεται χειροτεχνική εργασία από ομάδα ατόμων: ~ *του ξυλουργού*. 2. χώρος εργασίας ενός καλλιτέχνη: *το εργαστήρι του γλύπτη/του κεραμίστα*. 3. κτήριο ή δωμάτιο που περιλαμβάνει ειδικό επιστημονικό εξοπλισμό που οι επιστήμονες χρησιμοποιούν για έρευνα ή πειράματα: ~ *μικροβιολογικό/χημικό*. 4. αίθουσα σε σχολείο ή πανεπιστήμιο που περιέχει επιστημονικό εξοπλισμό και όπου οι μαθητές ή σπουδαστές διδάσκονται το αντικείμενο μιας επιστήμης παρακολουθώντας σχετικά πειράματα.
εργάτης ο, θηλ. **-τρια,** ουσ. 1. άτομο που εργάζεται με ημερήσια αμοιβή εκτελώντας χειρωνακτική εργασία: *πήρανε -ες για το μάζεμα του βαμβακιού· δουλεύει* ~ *στην οικοδομή* (συνών. *μεροκαματιάρης*). 2. άτομο που εργάζεται (με σύμβαση) ως μισθωτός και παρέχει χειρωνακτική εργασία σε εργοστάσιο, εργαστήριο, ορυχείο ή γεωργική επιχείρηση: *η εργατία είναι νομικά κατοχυρωμένο δικαίωμα των -ών* ~ *ειδικευμένος/ανειδίκευτος*. 3. άτομο που εργάζεται σε ένα ειδικό χώρο, που παρέχει ειδικής φύσεις εργασία: *-ες της θάλασσας* (= όλοι όσοι εργάζονται στη θάλασσα, ναυτικοί, αλιείς, δύτες, κλπ.)· *-ες του πνεύματος* (= οι λόγιοι)· *-ες της σκηνής* (= οι καλλιτέχνες του θεάτρου). 4. (μεταφ.) δράστης, αυτός που προκαλεί κάτι: ~ *της καταστροφής τους/της επανάστασης*. 5. (ζωολ.) στα κοινωνικά έντομα (μυρμήγκια, μέλισσες), στείρο μέλος της κοινότητας που φροντίζει για τη διατροφή και την άμυνά της· (ειδικά το θηλ. στον πληθ.) οι μέλισσες που εργάζονται για την παραγωγή μελιού (αντ. *κηφήνας*). 6. (τεχν.) βαρούλκο με κατακόρυφο άξονα για την ανέλκυση της άγκυρας και άλλων βαρών. 7. πλάγιο ξύλο, μοχλός, με τον οποίο περιστρέφεται το πιεστήριο του ελαιοτριβείου και το αντίστοιχο όργανο στο πατητήρι των σταφυλιών.
εργατιά η, ουσ. (συνιζ.), το σύνολο των εργατών, η εργατική τάξη (συνών. *εργατόκοσμος*).
εργατικός, -ή, -ό, επίθ. 1. που ανήκει ή αναφέρεται στον εργάτη: *ατύχημα -ό· διαφορές -ές* (που προκύπτουν μεταξύ εργατών-εργοδοτών από τη σχέση εργασίας)· *δύναμη -ή* (= το σύνολο των πνευματικών και φυσικών ικανοτήτων που έχει ο άνθρωπος και την ποσότητα που παρέχει έργο ή προϊόν)· *δυναμικό -ό* (= ο συνολικός αριθμός των ατόμων που εργάζονται σε ένα εργοστάσιο)· *Κώδικας* ~ (= συλλογή διατάξεων που αναφέρονται στην προστασία της εργασίας)· *μισθός* ~· *νομοθεσία -ή· κατοικίες -ές· Κέντρο -ό* (= ένωση των εργατικών σωματείων μιας πόλης ή περιοχής για την καλύτερη επίτευξη των εργατικών διεκδικήσεων)· *σωματεία -ά· τάξη -ή· χέρια -ά* (= εργάτες)· *εστία -ή* (= υπηρεσία που έχει σκοπό την ψυχαγωγία, την άνοδο του πνευματικού επιπέδου και την εξασφάλιση της στέγης των εργατών και υπαλλήλων)· *εισιτήρια -ά* (για κάποιες διαδρομές ή κινηματογραφικά και θεατρικά έργα που εκδίδονται από την εργατική Εστία)· *πρωτομαγιά -ή*. 2. που αγαπά την εργασία (συνών. *φιλόπονος, προκομμένος·* αντ. *φυγόπονος, τεμπέλης*)· (για μαθητή) επιμελής. - Το ουδ. στον πληθ. ως ουσ. = η αμοιβή του εργάτη για υπηρεσία που πρόσφερε: *πόσα σου πήρε για -ά;*
εργατικότητα η, ουσ., ζήλος, αγάπη κάποιου για δουλειά, το να είναι κάποιος εργατικός (αντ. *οκνηρία, φυγοπονία*).
εργατόκοσμος ο, ουσ., το σύνολο των εργατών, εργατιά.
εργατολογώ, ρ. (λαϊκ.), μισθώνω εργάτες να δουλέψουν για λογαριασμό μου.
εργατόπαιδο το, ουσ., νεαρός εργάτης.
εργατοπατέρας ο, ουσ., ο δήθεν προστάτης των εργατών και των συμφερόντων τους.
εργατόσκοινο το, ουσ. 1. (ναυτ.) σκοινί που δένεται σε καθεμιά από τις δύο σκυτάλες του εργάτη (βλ. λ. σημασ. 6) των πλοίων για να τις συγκρατεί σε περίπτωση ανατροπής του μηχανήματος. 2. χοντρό σκοινί του ελαιοτριβείου δεμένο στον εργάτη (βλ.λ. σημασ. 7).
εργατόσπιτο το, ουσ., οικογένεια που τα μέλη της δουλεύουν ως εργάτες.
εργατοϋπάλληλοι οι, ουσ., εργάτες και υπάλληλοι μαζί: *σωματείο των -ων του οργανισμού*.
εργάτρια, βλ. *εργάτης*.
εργένης ο, θηλ. **-ισσα,** ουσ., αυτός που δεν έχει ακόμα παντρευτεί, άγαμος· (γενικά) αυτός που ζει μόνος (συνών. *μπεκιάρης·* αντ. *έγγαμος*). [τουρκ. *ergen*]
εργένικος, -η, -ο, επίθ., που έχει σχέση με τον εργένη ή ταιριάζει σ' αυτόν: *ζωή -η· συνήθειες -ες*.
εργένισσα, βλ. *εργένης*.
έργο το, ουσ., πληθ. *έργα* και (λαϊκ.) *έργατα*. 1. το αποτέλεσμα ή το προϊόν σωματικής ή πνευματικής εργασίας, ό,τι παράγεται από κάποιον: *το μαγαζί αυτό είναι το* ~ *μιας ολόκληρης ζωής* (συνών. *δημιούργημα, κατασκεύασμα·* -*α δημόσια* (= κατασκευή διάφορων μηχανικών εργασιών για κοινωφελείς σκοπούς από το δημόσιο ή από τρίτους για λογαριασμό του δημοσίου)· *-α αρδευτικά/εγγειοβελτιωτικά/οδοποιίας· -α υποδομής· -α κατανανγκαστικά* (= οι βαρύτατες εργασίες στις οποίες υποβάλλονται οι κατάδικοι). 2α. καλλιτεχνικό δημιούργημα: ~ *ζωγραφικό/τέχνης· γνωστοί ζωγράφοι εκθέτουν τα -α τους·* β. πνευματικό δημιούργημα, σύγγραμμα: *μεταφράσεις -ων ξένων λογοτεχνών·* γ. θεατρικό έργο ή κινηματογραφική ταινία: *τι* ~ *έχει σήμερα στην τηλεόραση/στο σινεμά;* δ. μουσική σύνθεση: *στη συναυλία θα παιχτούν -α για βιολί και ορχήστρα*. 3. καθήκον, υποχρέωση· αρμοδιότητα: ~ *της αστυνομίας είναι η διατήρηση της τάξης· η απονομή της δικαιοσύνης είναι* ~ *του δικαστηρίου*. 4. (στον πληθ.) πράξεις, ενέργειες (σε αντίθεση με τα λόγια): *για να σε πιστέψω θέλω να δω -α, όχι μόνο λόγια*. 5. αποτέλεσμα ενέργειας που κρίνεται με βάση τους κανόνες της ηθικής: ~ *φιλανθρωπικό/θεάρεστο*. 6. εργασία που αναλαμβάνεται από κάποιον με ορισμένη αμοιβή: *σύμβαση/μίσθωση/εκτέλεση -ου· ανάδοχος -ου*. 7. (φυσ.) το προϊόν μιας δύναμης που υπερνικά κάποια αντίσταση 8. (μηχ.) το γινόμενο της δύναμης επί το διάστημα που διανύεται κατά τη διεύθυνση στην οποία ενεργεί η δύναμη. Έκφρ. *ευχής* ~, βλ. *ευχή*.
εργογράφος ο, ουσ., συσκευή για τη μέτρηση και μελέτη της μυϊκής εργασίας.

εργοδηγός ο, ουσ., τεχνίτης επικεφαλής ομάδας εργατών σε εργοστάσιο ή που επιβλέπει την εκτέλεση ενός έργου με την καθοδήγηση μηχανικού ή αρχιτέκτονα: ~ *δημόσιων έργων.*

εργοδοσία η, ουσ. **1.** ανάθεση έργου ή εργασίας σε κάποιον από τον εργοδότη με αμοιβή (αντ. *εργοληψία, εργολαβία*). **2.** το σύνολο των εργοδοτών: *σχέσεις -ας-εργαζομένων.*

εργοδότης ο, θηλ. **-τρια**, ουσ. **1.** άτομο που αναθέτει σε άλλον ή άλλους την εκτέλεση έργου: *ο ~ έχει την υποχρέωση να καταβάλει τη συμφωνημένη αμοιβή* (αντ. *εργολήπτης*). **2.** ιδιοκτήτης επιχείρησης που χρησιμοποιεί για τον εαυτό του την εργασία άλλων με αμοιβή: *ο ~ απέλυσε δέκα υπαλλήλους.*

εργοδοτικός, -ή, -ό, επίθ., που ανήκει ή αναλογεί στον εργοδότη: *εισφορά -ή.*

εργοδότρια, βλ. *εργοδότης.*

εργοδοτώ, ρ., παρέχω εργασία σε κάποιον ή κάποιους με αμοιβή.

εργοκεντρικός, -ή, -ό, επίθ. (κυρίως για γραμματολογική επιστημονική μέθοδο) που εξετάζει το λογοτέχνημα γενετικά, περιγραφικά και ιστορικά, δηλαδή από την πλευρά της γένεσής του, των χαρακτηριστικών του και της ιστορικής του τοποθέτησης.

εργολαβία η, ουσ. **1.** η υποχρέωση που αναλαμβάνει κάποιος να εκτελέσει ένα έργο με συμφωνημένη αμοιβή (συνών. *εργοληψία·* αντ. *εργοδοσία*)· ~ *δίκης* (= η ανάληψη διεξαγωγής δίκης από δικηγόρο με αμοιβή μέρος του αντικειμένου της δίκης). **2.** (παλαιότερα) ερωτοτροπία, φλερτάρισμα: *έκανε ~ της Μαρίνας.*

εργολαβικός, -ή, -ό, επίθ. **1.** που έχει σχέση με τον εργολάβο ή την εργολαβία: *εταιρεία -ή.* **2.** (ειρων.) πρόχειρος, ευτελής: *δουλειά -ή· υλικά -ά.* - Επίρρ. **-ά.**

εργολάβος ο, ουσ. **1.** το άτομο που αναλαμβάνει την υποχρέωση να εκτελέσει ένα έργο με συμφωνημένη αμοιβή: ~ *οικοδομών/κηδειών/δημόσιων έργων* (συνών. *εργολήπτης·* αντ. *εργοδότης*). **2.** είδος γλυκίσματος με αμύγδαλα και ασπράδι αβγών.

εργολήπτης ο, ουσ., εργολάβος (βλ.λ.), συνήθως δημόσιων έργων.

εργοληπτικός, -ή, -ό, επίθ., που αναφέρεται στον εργολήπτη ή την εργοληψία, εργολαβικός.

εργοληψία η, ουσ., εργολαβία (βλ.λ.).

εργονομία η, ουσ., επιστημονικός κλάδος που ερευνά τη μεθοδικότερη οργάνωση της εργασίας από άποψη μηχανημάτων, εξοπλισμού και γενικά περιβάλλοντος εργασίας ώστε οι συνθήκες της εργασίας να προσαρμόζονται στον άνθρωπο. [γαλλ. *ergonomie*].

εργοστασιακός, -ή, -ό, επίθ. (ασυνίζ.), που ανήκει ή αναφέρεται στο εργοστάσιο: *εξοπλισμός -·* *ορολογία -ή.*

εργοστασιάρχης ο, θηλ. **-ισσα**, ουσ. (ασυνίζ.), ιδιοκτήτης εργοστασίου.

εργοστάσιο το, ουσ. (ασυνίζ.), μεγάλο κτήριο ή κτηριακό συγκρότημα όπου με τη χρήση μηχανημάτων, εργαλείων και άλλων τεχνικών μέσων γίνεται η μεταποίηση πρώτων υλών και αγαθών σε προϊόντα που παράγονται σε μεγάλες ποσότητες: ~ *ταπητουργίας/πυρηνικό·* ~ *παραγωγής ηλεκτρικού ρεύματος.*

εργοτάξιο το, ουσ. (ασυνίζ.), προσωρινή εγκατάσταση τεχνικών μέσων και ανθρώπινου δυναμικού σε ένα χώρο με σκοπό την εκτέλεση ή κατασκευή έργου.

εργοτίνη η, ουσ. (φαρμ.) ονομασία δηλητηριώδους ουσίας (του αραιού εκχυλίσματος της ερυσιβώδους ολύρας) που περιέχει πολλά αλκαλοειδή και χρησιμοποιείται ως φάρμακο στις αιμορραγίες.

εργόχειρο το, ουσ., κεντητό ή πλεκτό χειροτέχνημα.

έρεβος το, γεν. **-έβους**, ουσ. **1.** (λόγ.) απόλυτο, πυκνό σκοτάδι (συνών. *ζόφος*). **2.** (μυθολ.) το βασίλειο των νεκρών, η κατοικία της Περσεφόνης και των Ερινύων και (γενικά) ο χώρος των ασεβών.

ερεθίζω, ρ. **1.** κάνω κάποιον να θυμώσει, διεγείρω, εξάπτω, παροξύνω: *είναι που είναι θυμωμένος, μην τον -ίζεις κι εσύ περισσότερο!* (μέσ.) *-εται με το παραμικρό· -ίστηκαν τα πνεύματα.* **2.** κάνω κάτι σφοδρότερο, ζωηρότερο: ~ *το ενδιαφέρον/την περιέργεια·* (μέσ.) *-ισμένη φαντασία.* **3.** διεγείρω ερωτικά, προκαλώ ερωτικό πόθο: *τον -ίζει η θέα του γυμνού.* **4α.** (ιδίως για το δέρμα) αυξάνω την ευαισθησία του, το κάνω να εμφανίσει συμπτώματα φλόγωσης, φαγούρας, τσουξίματος ή και πόνου: *οι χημικές ουσίες συχνά -ίζουν το δέρμα·* **β.** (για παθήσεις του δέρματος) επιδεινώνω, παροξύνω: ~ *το τραύμα/την πληγή/το εξάνθημα· γ.* (για όργανο του σώματος) το κάνω να εμφανίσει υπερευαισθησία ή πόνο: *ο καπνός -ισε τα μάτια του.*

ερέθισμα το, γεν. **-ατος**, πληθ. **-ατα**, ουσ. **1.** (φυσιολ.) κάθε εξωτερική ή εσωτερική αιτία που μπορεί να διεγείρει τα αισθητήρια νεύρα: *δεν αντιδρά στα εξωτερικά -ατα·* ~ *ζωηρό/οπτικό·* ~ *εξαρτημένο* (= τεχνητό ερέθισμα που προκαλεί εξαρτημένο αντανακλαστικό). **2.** (μεταφ.) εξωτερική αιτία ή εσωτερική αναζήτηση ή παρόρμηση που μπορεί να διεγείρει το ενδιαφέρον του ατόμου για ενημέρωση, μάθηση και γενικά ολοκλήρωση της προσωπικότητάς του: *-ατα που παρέχει στο παιδί το οικογενειακό/σχολικό περιβάλλον.*

ερεθισμός ο, ουσ. **1.** κατάσταση εκείνου που έχει ερεθιστεί (βλ.λ. στη σημασ. 1), διέγερση, έξαψη, παρόξυνση: ~ *έντονος/των πνευμάτων.* **2.** ερωτική διέγερση, πρόκληση ερωτικού πόθου. **3α.** η εμφάνιση υπερευαισθησίας (με συμπτώματα όπως φλόγωση, φαγούρα, τσούξιμο) ή πόνου: ~ *του δέρματος/ματιών/λαιμού·* **β.** (για παθήσεις του δέρματος) επιδείνωση, παρόξυνση: ~ *του τραύματος/των εγκαυμάτων.* **4.** (φυσιολ.) μεταβολή που επέρχεται στον οργανισμό στο σημείο όπου ασκείται ένα ερέθισμα, αντίδραση που εκδηλώνεται στο σημείο αυτό με μια φυσιολογική ή ψυχολογική ενέργεια: ~ *εξωτερικός/περιοδικός.* **5α.** ερέθισμα (βλ.λ. στη σημασ. 1): *-οί οπτικοί·* **β.** (μεταφ.) ερέθισμα (βλ.λ. στη σημασ. 2). **6.** (μεταφ.) το να γίνεται κάτι σφοδρότερο, ζωηρότερο: ~ *της φαντασίας/της περιέργειας.*

ερεθιστικός, -ή, -ό, επίθ., που προκαλεί ερεθισμό: *εικόνες -ές* (= διεγερτικές, προκλητικές)· *φάρμακα -ά· αλοιφές -ές* (= που προκαλούν φλόγωση του δέρματος ή των παθήσεών του)· (φυσιολ.) *παράγοντες -οί.*

ερεθιστικότητα η, ουσ. **1.** το να είναι κανείς ερεθιστικός, η ικανότητα κάποιου να προκαλεί ερεθισμό. **2.** (βιολ.) η γενική ιδιότητα της ζωντανής ύλης να αντιδρά με τρόπο ειδικό στα ερεθίσματα: ~ *διάχυτη.*

ερείκη η, ουσ. (λόγ.), *ρείκι* (βλ.λ.).

ερείπιο το, ουσ. (ασυνίζ.). **1α.** κτίσμα, οικοδόμημα που έχει καταστραφεί εν μέρει ή έχει γκρεμιστεί εντελώς: *το παλιό σπίτι στο χωριό έχει γίνει πια ~* (συνών. *χάλασμα, γκρέμισμα, ρημάδι*)· **β.** (συνεκδοχικά) καθετί που έχει καταστραφεί, που έχει χαλάσει: *η μηχανή/το αυτοκίνητο είναι ~.* **2.** (στον πληθ.) **α.** υπολείμματα από την καταστροφή κτηρίων ή και ολόκληρης πόλης: *συνεργεία διάσωσης ερευνούν στα -ια·* **β.** λείψανα αρχαίων κτισμάτων, ναών, κλπ.: *-ια αρχαία/βυζαντινά.* **3.** (μεταφ. για άνθρωπο) αυτός που έχει καταβληθεί ψυχικά και σωματικά.
ερειπώνω, ρ., μεταβάλλω κάτι σε ερείπια: *η πόλη -ώθηκε από τον ισχυρό σεισμό· χωριά -ωμένα.*
ερείπωση η, ουσ., το να μεταβάλλεται κάτι σε ερείπια: *~ κτηρίων.*
ερεισίνωτο το, ουσ. (λόγ.), το μέρος ενός καθίσματος όπου στηρίζει αυτός που κάθεται την πλάτη του (συνών. *ράχη*).
έρεισμα το, ουσ. **1.** αυτό επάνω στο οποίο στηρίζεται κανείς, στήριγμα, υποστήριγμα. **2.** (ειδικά) στενή λωρίδα γης που βρίσκεται στις δύο πλευρές ενός δρόμου ή μιας σιδηροδρομικής γραμμής και χρησιμεύει για στήριγμα του οδοστρώματος ή του έρματος της γραμμής. **3.** (μεταφ.) **α.** (για πρόσωπο) αυτός στου οποίου τη βοήθεια ή την προστασία βασίζεται κανείς· **β.** (για πράγματα ή αφηρημένες έννοιες) βάση πάνω στην οποία μπορεί κάποιος να στηρίξει την αλήθεια των απόψεων ή την ορθότητα των πράξεών του: *~ νομικό/ηθικό.*
ερειστικός, -ή, -ό, επίθ. (βιολ.) που χρησιμεύει για τη στήριξη: *υφίσταμα -ό* (= το σύνολο των δομών που χρησιμεύουν για τη στήριξη και την προστασία ενός ζωντανού συστήματος, είτε αυτό είναι κύτταρο είτε πολυκύτταρος οργανισμός)· *ζωικός ~ ιστός* (= που στηρίζει όλα τα μέρη του σώματος και συνδέει τα όργανα μεταξύ τους). -Πβ. και *στηρικτικός.*
έρευνα η, ουσ. **1α.** η προσπάθεια που κάνει κανείς για να βρει κάτι ψάχνοντας σε κάποιο μέρος προσεκτικά και με επιμέλεια: *~ για κοιτάσματα πετρελαίου· έκαναν ~ στο σπίτι του για ναρκωτικά· ~ σωματική* (= που γίνεται σε ύποπτα άτομα από την αστυνομία για την ανεύρεση όπλων, κλοπιμαίων, κλπ.) (συνών. *ψάξιμο*)· **β.** (στρατ.) εξερεύνηση που γίνεται με την ανίχνευση ορισμένης περιοχής ώστε να εντοπισθούν σ' αυτήν οι θέσεις του εχθρού ή η κατευθυνση πορείας του, καθώς και να υπολογιστούν κατά το δυνατόν οι δυνάμεις του: *η ~ στη ζούγκλα ήταν επικίνδυνη.* **2.** επισταμένη εξέταση όλων των λεπτομερειών ενός θέματος ή μιας κατάστασης ώστε να εξακριβωθεί η πραγματική αλήθεια: *η αστυνομία διενεργεί ~ για τον φόνο· δημοσιογραφικές -ες για το σκάνδαλο.* **3.** λεπτομερής μελέτη ενός θέματος, προσεκτική συλλογή και αναλυτική εξέταση πληροφοριών και γεγονότων γύρω από αυτό ώστε να αποκτηθούν νέες γνώσεις (που θα χρησιμοποιηθούν στη γενική πρόοδο και βελτίωση) ή κάποια νέα θεώρηση του ίδιου του θέματος: *~ επιστημονική· οι συστηματικές -ες οδήγησαν τελικά στην ανακάλυψη του εμβολίου κατά της ευλογιάς· Εθνικό Ίδρυμα Ερευνών.*
ερευνητής ο, θηλ. **-ήτρια,** ουσ., αυτός που διενεργεί έρευνα (βλ. λ.): *~ της Αγίας Γραφής* (συνών. *μελετητής*).
ερευνητικός, -ή, -ό, επίθ., που ανήκει ή αναφέρεται στην έρευνα, που γίνεται για έρευνα ή που είναι κατάλληλος γι' αυτήν: *πρόγραμμα/έργο -ό· πνεύμα -ό.*
ερευνήτρια, βλ. *ερευνητής.*
ερευνητικότητα η, ουσ., το να είναι κανείς ερευνητικός, η τάση για έρευνα.
ερευνώ, -άς, ρ. (μτβ. και αμτβ.). **1.** ψάχνω κάπου προσεκτικά και με επιμέλεια για να βρω κάτι: *συνεργεία του στρατού -ούν για επιζώντες· η περιοχή -άται για κοιτάσματα χρυσού* (συνών. *ανιχνεύω, ψάχνω*). **2.** εξετάζω όλες τις λεπτομέρειες ενός θέματος ή μιας κατάστασης για να εξακριβώσω την πραγματική αλήθεια: *ο αστυνομικός επιθεωρητής -ά για τη μεγάλη ληστεία.* **3.** μελετώ λεπτομερώς ένα θέμα συλλέγοντας και εξετάζοντας αναλυτικά πληροφορίες και γεγονότα γύρω από αυτό, ώστε να οδηγηθώ σε πληρέστερη ή τυχόν νέα θεώρησή του ή να αποκτήσω νέες γνώσεις: *οι επιστήμονες -ούν για νέες εφαρμογές της πυρηνικής φυσικής· ~ το διάστημα.*
ερήμην, επίρρ. (νομ.) με απουσία ενός από τους διαδίκους, (συνήθως) του κατηγορουμένου: *δικάστηκε/καταδικάστηκε ~.*
ερημητήριο το, ουσ. (ασυνίζ.), τόπος ερημικός που αποτελεί ενδιαίτημα ερημίτη (συνών. *αναχωρητήριο, ασκητήριο*).
ερημιά η, ουσ. (συνιζ.). **1.** έρημος, ακατοίκητος τόπος: *~ άγρια.* **2.** απουσία ανθρώπων: *~ στήμερα στους δρόμους/στο χωριό.* **3.** το να ζει κανείς μόνος· το να μην έχει επικοινωνία ή ψυχική επαφή με άλλους ανθρώπους, μοναξιά, εγκατάλειψη: *~ πικρή.*
ερημικός, -ή, -ό, επίθ. **1.** που ανήκει ή αναφέρεται στην ερημιά ή (συνεκδοχικά) τον ερημίτη: *ζωή -ή.* **2.** που βρίσκεται σε ερημιά, απομονωμένος, ασύχναστος, ακατοίκητος: *τόπος/δρόμος ~· νησί -ό.*
ερημίτης ο, ουσ., πρόσωπο, συνήθως μοναχός, που ζει μόνος του, με μεγάλη λιτότητα, μακριά από τους ανθρώπους και τη συνηθισμένη κοινωνία, ασκητής, αναχωρητής: *ζει σαν ~* (για άνθρωπο ακοινώνητο).
ερημιτικός, -ή, -ό, επίθ., που ανήκει ή αναφέρεται στον ερημίτη: *ζωή/παράδοση -ή* (συνών. *ασκητικός*).
ερημοδικάζομαι και **ερημοδικώ,** ρ., δικάζομαι ερήμην (βλ. λ.).
ερημοδικία η, ουσ., δίκη που γίνεται ενώ απουσιάζει ο ένας από τους διαδίκους, συνήθως ο κατηγορούμενος.
ερημοδικώ, βλ. *ερημοδικάζομαι.*
ερημόκαστρο το, ουσ., κάστρο έρημο, εγκαταλειμμένο.
ερημοκκλήσι και **ρημοκκλήσι** το, ουσ., εξοχικό εγκαταλειμμένο εκκλησάκι (συνών. *εξωκκλήσι, ερημοκκλησιά, ερημόκκλησο*)
ερημοκκλησιά η, ουσ. (συνίζ.), ερημοκκλήσι (βλ. λ.).
ερημόκκλησο το, ουσ., ερημοκκλήσι (βλ. λ.)..
ερημονήσι το, ουσ., νησί έρημο, ακατοίκητο.
έρημος η, ουσ., μεγάλη ακατοίκητη έκταση γης συνήθως αμμώδης, όπου δεν υπάρχει πολύ λίγο νερό, βρέχει σπανιότατα και υπάρχει αραιή βλάστηση: *~ απέραντη· Αλμυρά/Λιβυκή ~· η ~ της Σαχάρας· η καυτή άμμος της -ήμου.*
έρημος, -η, -ο και **έρμος,** επίθ. **1.** (για τόπο) που δεν κατοικούν ή δε συχνάζουν άνθρωποι σ' αυτόν: *πλανήτης ~· περιοχή/πόλη -η· δρόμοι -οι·*

ερημοσπίτης

το σπίτι από μακριά έδειχνε -ο (συνών. *ακατοίκητος, ασύχναστος, ερημικός* αντ. *κατοικημένος, πολυσύχναστος*). **2.** (για πρόσωπο) που είναι στερημένος ή εγκαταλειμμένος από ανθρώπους, μόνος: ~ *από φίλους·* έκφρ. *μόνος κι* ~ (= ολομόναχος, εγκαταλειμμένος)· *μένω έρμος και σκοτεινός.* **3.** που τον έχουν αφήσει χωρίς επιτήρηση, αφύλαχτος, αδέσποτος: (παροιμ.) *ο φόβος φυλάει τα έρμα* (= κάτι εκτεθειμένο χωρίς προφυλάξεις δεν υπόκειται σε κίνδυνο κλοπής για το φόβο της αποκάλυψης και τιμωρίας). **4.** (συνεκδοχικά) **α.** (για πρόσωπο) που διακατέχεται από αισθήματα λύπης, μοναξιάς, δύστυχος: *ξενοδουλεύει μια ζωή η -η η μάνα του· χάθηκα ο έρμος!* (συνών. *ταλαίπωρος, κακόμοιρος, φτωχός, εγκαταλειμμένος*)· **β.** (για καταστάσεις) που προκαλεί το αίσθημα της ερημιάς, της μοναξιάς· *άτυχος, δυστυχής: ζωή/τύχη -η· νιάτα -α.* **5.** που αποτελεί αιτία δυστυχίας· *καταραμένος: ξενιτειά/αρρώστια -η.*

ερημοσπίτης ο, θηλ. **-ίτισσα**, επίθ., αυτός που δεν έχει σπίτι να μείνει ή που στερείται τα απαραίτητα για το σπίτι του: (παροιμ.) *πολυτεχνίτης κι* ~ (ειρων. για άνθρωπο που επιδιώκει, που ασχολείται με πολλά και αποτυχαίνει σε όλα ώστε στο τέλος δεν έχει ούτε σπίτι για να μείνει).

ερημόσπιτο το, ουσ. **1.** σπίτι ερημικό. **2.** σπίτι ακατοίκητο, εγκαταλειμμένο και ερειπωμένο.

ερημοτόπι και **ερμοτόπι** το, ουσ., ερημότοπος (βλ. λ.).

ερημότοπος ο, ουσ., τόπος ερημικός, ακατοίκητος (συνών. *ερημοτόπι*).

ερημοφοβία η, ουσ. (ιατρ.) ψυχοπαθολογική εκδήλωση φόβου αμέσως μόλις βρεθεί κάποιος σε ανοιχτό χώρο.

ερημώνω, ρ. **Α.** (μτβ.) κυθιστώ (έναν τόπο) έρημο, καταστρέφω, ρημάζω: *ο πόλεμος -ωσε τη χώρα.* **Β.** (αμτβ.) μένω έρμος, χωρίς ανθρώπους: *μετά τη διαρροή της πυρηνικής ενέργειας -ωσε όλη η γύρω περιοχή· -ωσαν οι δρόμοι από το πολύ κρύο.*

ερήμωση η, ουσ., το να γίνεται (ένας τόπος) έρημος: ~ *της πόλης* (συνών. *καταστροφή, ρήμαγμα*).

έριδες οι, ουσ. (στον πληθ., αρχ. εν. *έρις* η), φιλονικίες, διενέξεις, προστριβές, καβγάδες: *αιτία/αφορμή για -ες· προκαλώ* ~.

ερίζω, ρ. (λόγ.), φιλονικώ, έρχομαι σε διένεξη, μαλώνω με κάποιον.

ερινιός και **ορνιός** (συνιζ.) και **ορνός ο**, ουσ. (ιδιωμ.). **1.** αγριοσυκιά· (παροιμ.) *τ' Αϊ-Πνεμάτου βάλε ορνό και τ' Αϊ-Λιά φάε σύκα.* **2.** αγριόσυκο.

έριο το, ουσ. (ασυνίζ.), το τρίχωμα των ζώων και ιδίως του προβάτου, μαλλί: ~ *ακατέργαστο.*

εριοβιομηχανία η, ουσ. (ασυνίζ., δις), βιομηχανία επεξεργασίας μαλλιών και κατασκευής μάλλινων ειδών (συνών. *εριουργία*).

εριουργείο το, ουσ. (ασυνίζ.), εργοστάσιο κατεργασίας μαλλιών και κατασκευής μάλλινων ειδών.

εριουργία η, ουσ. (ασυνίζ.), βιομηχανία κατεργασίας μαλλιών και κατασκευής μάλλινων ειδών.

εριουργός ο, ουσ. (ασυνίζ.). **1.** βιομήχανος μάλλινων ειδών. **2.** τεχνίτης που κατεργάζεται μαλλιά, εργάτης εριουργείου.

εριστική η, ουσ., η τέχνη της συζήτησης και της αντιλογίας.

εριστικός, -ή, -ό, επίθ., που αγαπά τις έριδες ή που τις προκαλεί: *διάθεση -ή· πνεύμα -ό* (αντ. *(συν)διαλλακτικός, συμφιλιωτικός*).

ερίτιμος, -η, -ο, επιθ. (λόγ.), (για πρόσωπο) που αξίζει βαθιά εκτίμηση και σεβασμό: (συνηθέστερα στην έκφρ.) *η* ~ *κυρία (τάδε).*

ερίφης ο, θηλ. **-ισσα**, ουσ. **1.** (μειωτ.) άνθρωπος κακόμοιρος, άθλιος, φουκαράς. **2.** (ειρων. ή υβριστικά) άνθρωπος πονηρός ή αφιλότιμος. [τουρκ. *herif*].

ερίφι το, ουσ. (ασυνίζ.) και **ερίφι**, μικρό κατσίκι, κατσικάκι.

ερίφισσα, βλ. *ερίφης.*

έρμα το, γεν. -ατος, ουσ. (λόγ.). **1.** (μεταφ.) βάση, στήριγμα: ~ *γλωσσικό.* **2.** υπόστρωμα από σκύρα σκληρού πετρώματος (χαλίκι) που αποτελεί την υποδομή κατά την κατασκευή σιδηροδρομικών οδών και μέσα στο οποίο τοποθετούνται οι στρωτήρες (= τραβέρσες) που στηρίζουν τις τροχιές του σιδηροδρόμου. **3.** (ναυτ.) πρόσθετο βάρος (άμμος, σίδερα ή νερό) που τοποθετείται στο κύτος του πλοίου για να αυξηθεί η ευστάθειά του, (κοιν.) σαβούρα. **4.** (μεταφ.) σταθερότητα αρχών: ~ *ηθικό· χωρίς πίστη κι αγάπη, χωρίς* ~, */εγίναμε το λάφυρο του ανέμου* (Καρυωτάκης).

έρμαιο το, ουσ. **1.** κάθε αντικείμενο που επιπλέει αδέσποτο στη θάλασσα ή που εκβράζεται στην ακτή, π.χ. συντρίμια ναυαγίου, κοράλλια ή κοχύλια, κλπ.· σήμερα συνήθως στη φρ. *το σκάφος έγινε/έμεινε* ~ *των κυμάτων.* **2.** (μεταφ.) άτομο άβουλο που παρασύρεται εύκολα από κάποιο άλλο ή από κάποια κατάσταση: ~ *της τύχης/των παθών του* (συνών. *θύμα, παίγνιο, πιόνι*).

ερμάρι, βλ. *αρμάρι.*

ερματίζω, ρ. (λόγ.), τοποθετώ έρμα σε πλοίο ή αερόστατο, (κοιν.) σαβουρώνω.

ερμάτιση η και **ερματισμός** ο, ουσ., τοποθέτηση έρματος σε πλοίο ή αερόστατο (συνών. *σαβούρωμα*).

ερμαφροδισία η, ουσ., ερμαφροδιτισμός (βλ. λ.).

ερμαφροδιτισμός ο, ουσ. **α.** συνύπαρξη αρσενικών και θηλυκών γεννητικών κυττάρων ή οργάνων στον ίδιο οργανισμό: ~ *παθολογικός· ο* ~ *στα μαλάκια/τους σπόγγους* (συνών. *ερμαφροδισία*). **β.** διττή σεξουαλική συμπεριφορά του ατόμου.

ερμαφρόδιτος, -η, -ο, επίθ. **1.** που έχει αρσενικά και θηλυκά γεννητικά κύτταρα ή όργανα, (κοιν.) αρσενικοθήλυκος: *οργανισμοί -οι· μαλάκια/φυτά -α.* **2.** (βιολ.) που αρχίζει την ανάπτυξή του με το φύλο που κληρονομεί και την τελειώνει με το αντίθετο· που εμφανίζει διττή σεξουαλική συμπεριφορά: *άτομο -ο.* **3.** (μεταφ.) που παρουσιάζει αντιφατικές ιδιότητες, αμφίρροπος, ακαθόριστος, απροσδιόριστος: *η κατάσταση είναι -η.* [*Ερμαφρόδιτος* = γιος του Ερμή και της Αφροδίτης].

ερμηνεία η, ουσ. **1.** σαφής και λεπτομερής απόδοση του νοήματος ή της σημασίας ιδέας, γνώμης, εκδήλωσης, κατάστασης, ενέργειας ή γεγονότος: *διαφορετικές -ες για το ίδιο πράγμα· η* ~ *του φαινομένου/ιστορικών γεγονότων* (συνών. *εξήγηση, διασάφηση, αποσαφήνιση·* αντ. *παρερμηνεία, παρανόηση*). **2.** μετάφραση (λέξεων/κειμένου) από ξένη γλώσσα ή από παλαιότερη μορφή της ίδιας γλώσσας και η συνήθως σχολιασμένη απόδοση του νοήματος: ~ *φιλολογική/ετυμολογική.* **3.** (θεολ.) ανάπτυξη του περιεχομένου εκκλησιαστικού κειμένου: ~ *των Γραφών/αλληγορική/γραμματική/ιστορική.* **4.** (νομ.) επιστημονική εργασία που συνίσταται στην εξακρίβωση, διασάφηση και προσδιορισμό της αληθούς έννοιας νόμου, σύμβασης, δικαιοπραξίας, κλπ., ιδιαίτερα εκείνων που εμφανίζουν σκοτεινά ή διφορούμενα σημεία: ~ διασταλτική/συσταλτική. 5. ιδιαίτερος τρόπος με τον οποίο ένας καλλιτέχνης εκτελεί μουσικό ή θεατρικό έργο: ~ τραγουδιού· πήρε το βραβείο -ας.

ερμήνευμα το, ουσ., ορισμός που διατυπώνεται για να αποδώσει το νόημα ή τη σημασία μιας λέξης ή έκφρασης: -ατα των λημμάτων ενός λεξικού (συνών. εξήγηση).

ερμηνευτής ο, θηλ. **-τρια**, ουσ. 1. αυτός που ασχολείται με την ερμηνεία (βλ. λ. στις σημας. 1, 2, 3, 4): ~ πολιτικής κατάστασης/αρχαίου κειμένου/του Ευαγγελίου/νόμου (συνών. εξηγητής, μεταφραστής, σχολιαστής). 2. καλλιτέχνης που εκτελεί μουσικό ή θεατρικό έργο: ~ κωμικών ρόλων/έργων κλασικής μουσικής.

ερμηνευτική η, ουσ. **α**. κλάδος της φιλολογίας που ασχολείται με την ερμηνεία φιλολογικών κειμένων. **β**. ~ βιβλική = κλάδος της θεολογίας.

ερμηνευτικός, -ή, -ό, επίθ., που αναφέρεται στην ερμηνεία ή που βοηθά σ' αυτήν: σχόλια -ά· γραμματική -ή (= που περιγράφει και ερμηνεύει τη δομή και τη λειτουργία των γλωσσικών στοιχείων και φαινομένων).

ερμηνεύτρια βλ. ερμηνευτής.

ερμηνεύω, ρ. 1. αποδίδω με σαφήνεια και λεπτομέρεια το νόημα ή τη σημασία μιας ιδέας, γνώμης, εκδήλωσης, κατάστασης, ενέργειας ή γεγονότος ώστε να είναι κατανοητό: ~ τη συμπεριφορά κάποιου/ένα όνειρο (συνών. εξηγώ, διασαφηνίζω, αποσαφηνίζω· αντ. παρερμηνεύω). 2. μεταφράζω (λέξεις/κείμενο) από ξένη γλώσσα ή από παλαιότερη μορφή της ίδιας γλώσσας (π.χ. ελληνικής, λατινικής, εβραϊκής) και αναπτύσσω το νόημα σχολιάζοντάς το. 3. (θεολ.) αναπτύσσω το περιεχόμενο ενός εκκλησιαστικού κειμένου: ~ τους Προφήτες. 4. εξακριβώνω και προσδιορίζω την αληθή έννοια ενός νόμου ή μιας δικαιοπραξίας, κλπ., ιδιαίτερα εκείνων που εμφανίζουν σκοτεινά ή διφορούμενα σημεία. 5. (συνηθέστερα για καλλιτέχνη) εκτελώ μουσικό ή θεατρικό έργο με δικό μου ιδιαίτερο τρόπο: ο ηθοποιός -ευσε θαυμάσια το ρόλο.

ερμητικός, -ή, -ό, επίθ. 1. που αναφέρεται στον ερμητισμό (βλ. λ. στη σημασ. 1): επιστήμη/φιλοσοφία -ή· σύγγραμμα -ό. 2. που είναι τελείως κλειστός, αδιαπέραστος από αέρα και νερό: κλείσιμο/σφράγισμα -ό (συνών. στεγανός). - Επίρρ. **-ά** (στη σημασ. 2): δοχείο κλεισμένο -ά.

ερμητικότητα η, ουσ., το να είναι κάτι εντελώς κλειστό, αδιαπέραστο από αέρα και νερό (συνών. στεγανότητα).

ερμητισμός ο, ουσ. 1. απόκρυφη διδασκαλία των αλχημιστών που θεωρούσαν πατέρα της επιστήμης τους τον Ερμή τον Τρισμέγιστο. 2. (μεταφ.) χαρακτήρας, ιδιότητα εκείνου που είναι ακατάληπτος, δυσνόητος για τους πολλούς: ο ~ της σύγχρονης ποίησης.

ερμίνα η, ουσ. 1. μικρό και αρπακτικό σαρκοφάγο θηλαστικό ζώο της οικογένειας των μουστελιδών με τρίχωμα ανοιχτό καστανό το καλοκαίρι, που γίνεται εντελώς λευκό το χειμώνα, εκτός από το άκρο της ουράς, που μένει πάντοτε μαύρο. 2. πολύτιμο γουναρικό από ερμίνα. [γαλλ. hermine].

έρμος, βλ. έρημος.
ερμοτόπι, βλ. ερημοτόπι.

-ερό, κατάλ. ουσ. που σημαίνουν σκεύος: λαδερό, τσαγερό.

-ερός, κατάλ. επιθ. αντί αρχ. -ηρός: λαμπερός και κατάλ. νεώτ. επιθ.: βροχερός, ζουμερός.

ερπετό και (λαϊκότερα) **σερπετό** το, ουσ. 1. ψυχρόαιμο ζώο σπονδυλωτό, χερσαίο ή υδρόβιο, που προχωρεί στο έδαφος με την κοιλιά ή με τα πόδια έρποντας και γεννά αβγά: τα φίδια, οι χελώνες, οι σαύρες και οι κροκόδειλοι είναι -ά. 2. (μεταφ.) άνθρωπος χαμερπής και γλοιώδης, κόλακας: ο ιδιαίτερος του προέδρου είναι ένα βρομερό ~.

ερπετολογία η, ουσ., κλάδος της ζωολογίας που ασχολείται με τα ερπετά.

ερπετολογικός, -ή, -ό, επίθ., που ανήκει ή αναφέρεται στην ερπετολογία ή τον ερπετολόγο: μελέτες -ες.

ερπετολόγος ο, ουσ., ειδικός ζωολόγος που ασχολείται με την ερπετολογία.

ερπετοφάγος ο, ουσ., που τρώει ερπετά, που τρέφεται με ερπετά.

έρπης και **έρπητας** ο, ουσ. (ιατρ.) οξεία επώδυνη πάθηση του δέρματος με χαρακτηριστικό την απότομη εμφάνιση ομάδων από φυσαλλίδες που έχουν ερυθρή βάση: ~ αυχενικός/επιχείλιος/ζωστήρ(ας)/θωρακοκοιλιακός.

ερπηστικός, εσφαλμένη ορθογράφηση αντί ερπυστικός.

έρπητας, βλ. έρπης.

ερπητικός, -ή, -ό, επίθ. (ιατρ.) που ανήκει ή αναφέρεται στον έρπητα: -ή μορφή έλκους· -ή στοματίτιδα· νόσημα -ό.

ερπυστικός, -ή, -ό, επίθ., που έχει τάση να έρπει: φυτά -ά· έλκος -ό.

ερπύστρια η, ουσ. (ασυνίζ.). **α**. ατέρμονη αλυσίδα από ανεξάρτητα μεταλλικά ελάσματα που συνδέονται με χαλύβδινους συνδετήρες στα οποίοι σχηματίζονται τις αρθρώσεις της· περιβάλλει δύο τροχούς οχήματος (τον ένα κινητήριο) εξασφαλίζοντας έτσι την ασφαλή κίνηση του οχήματος σε κάθε είδους ανώμαλα εδάφη: τα άρματα μάχης/οι ελκυστήρες κινούνται με -ες· **β**. (συνεκδοχικά) το άρμα μάχης που κινείται με ερπύστριες (συνών. τανξ).

ερπυστριοφόρο το, ουσ. (ασυνίζ.), όχημα που κινείται με ερπύστριες.

έρπω, ρ. (ελλειπτ.). 1. σέρνομαι στο έδαφος με την κοιλιά ή στηριγμένος στα χέρια και τα γόνατα: οι κομάντος -οντας πέρασαν κάτω από τα κομμένα συρματοπλέγματα· μια σαύρα -ει πάνω στον τοίχο. 2. (μεταφ.) κολακεύω (κάποιον ισχυρότερο) με δουλικό τρόπο για να πετύχω ιδιοτελείς σκοπούς: έφτασε στη θέση που κατέχει -οντας.

έρρινος, -η, -ο, επίθ., (για ήχο) που παράγεται στη ρινική κοιλότητα καθώς ο αέρας βγαίνει συγχρόνως από τη μύτη και το στόμα, ενώ κάποιος μιλά: φωνή/ομιλία -η· φθόγγος/τόνος ~· (γραμμ.) σύμφωνα -α (το μ και το ν).

ερτζιανός, -ή, -ό, επίθ. (ασυνίζ.), που ανήκει ή αναφέρεται στις θεωρίες του Γερμανού φυσικού Χερτζ σχετικά με την παραγωγή και διάδοση ηλεκτρομαγνητικών κυμάτων· (συνεκδοχικά) ηλεκτρομαγνητικός: κύματα -ά· (το ουδ. στον πληθ. συνήθως ως ουσ. για το ραδιόφωνο): ακούει ερασιτεχνικούς σταθμούς στα -ά. [κύριο ον. Hertz].

ερύθημα το, ουσ. 1. (ιατρ.) υπεραιμία του δέρματος που προκαλεί ερυθρότητα· (κοιν.) κοκκινάδα, κοκκινίλα: ~ κνιδώδες/πολύμορφο. 2. ξαφνική

ερυθρότητα του προσώπου που οφείλεται σε ψυχολογικούς λόγους, ιδίως ντροπή ή αμηχανία (συνών. *ερυθρίαση*).
ερυθρά η, ουσ. (ιατρ.) εξανθηματική λοιμώδης ασθένεια που μοιάζει με την ιλαρά και προσβάλλει (συνήθως) τα παιδιά: *η ~ είναι επικίνδυνη κατά τη διάρκεια της εγκυμοσύνης* (συνών. λαϊκ. *κοκκινίτσα*).
ερυθραιμία η, ουσ. (ιατρ.) παθολογική ανωμαλία του αίματος που οφείλεται σε υπερπαραγωγή ερυθρών αιμοσφαιρίων.
ερυθρίαση η, ουσ. (λόγ.), ερύθημα (βλ. λ. στη σημασ. 2), κοκκίνισμα του προσώπου.
ερυθριώ, ρ. (ασυνίζ., λόγ.), κοκκινίζω από ντροπή ή αμηχανία.
ερυθρογράφος ο, ουσ. (παλαιογρ.) γραφέας που είχε έργο να γράφει κατά διακοσμητικό τρόπο αρχικά γράμματα που ο κανονικός γραφέας ή αντιγραφέας του χειρογράφου τα άφηνε ασυμπλήρωτα.
ερυθρόδερμος ο, θηλ. -**η**, ουσ., άτομο που ανήκει στη φυλή των ιθαγενών της βόρειας Αμερικής (συνών. *Ινδιάνος*).
ερυθροκύτταρο το, ουσ. (βιολ.) ερυθρό αιμοσφαίριο.
ερυθρόμορφος, -η, -ο, επίθ. (αρχαιολ.) που παρουσιάζει ερυθρές μορφές σε μαύρο φόντο: *ρυθμός ~· κεραμική -η· αγγεία/όστρακα -α* (πβ. *μελανόμορφος*).
ερυθρομυκίνη η, ουσ. (φαρμ.) αντιβιοτικό με ευρύ φάσμα.
ερυθρός, -ά και **-ή, -ό**, επίθ. **1**. που έχει το χρώμα του αίματος, κόκκινος: *αιμοσφαίρια -ά· -ά οξείδια του σιδήρου· Ε-ς Σταυρός* (= διεθνής οργανισμός με σκοπό την παροχή βοήθειας στα θύματα πολέμου). **2**. κομουνιστικός· επαναστατικός, εξτρεμιστικός: *δάκτυλος ~*.
ερυθρότητα η, ουσ. το να είναι κάτι ερυθρό, (κοιν.) κοκκινάδα.
ερυθροφοβία η, ουσ. (ιατρ.) νευροπάθεια κατά την οποία εκδηλώνει κανείς παθολογικό φόβο μήπως ερυθριάσει και δείξει έτσι την ταραχή του για κάτι.
ερυθρωπός, -ή, -ό, επίθ., κοκκινωπός.
ερυσίπελας το, γεν. *-ατος*, ουσ. (ιατρ.) οξεία δερματική πάθηση που οφείλεται στο στρεπτόκοκκο, (κοιν.) *ανεμοπύρωμα: ~ αυτόματο/χειρουργικό*.
έρχομαι, ρ., παρατ. *ερχόμουν(α)*, αόρ. *ήρθα*, προστ. *έλα, -άτε*. **1**. κατευθύνομαι, πλησιάζω σε κάποιον τόπο ή πρόσωπο: *-εται προς το μέρος μας*. **2**. επιστρέφω, γυρίζω πίσω: *ήρθε η μαμά! ήρθε από το ταξίδι* (συνών. *επανέρχομαι*). **3**. προσέρχομαι: *ήρθαν όλα τα μέλη στη γενική συνέλευση* (αντ. *απουσιάζω*). **4**. φτάνω (σε κάποιον τόπο): *το τρένο -εται στις πέντε· καλώς ήρθες/ήρθατε* (= χαιρετισμός σ' αυτόν που φτάνει) (αντ. *φεύγω*). **5**. προέρχομαι, έχω την προέλευση ή την αρχή: *από την κουταμάρα του ήρθε όλο το κακό*. **6**. προβαίνω σε κάποια ενέργεια: *πρώτον ~ να ρωτήσω για την καλή σου υγεία* (συνών. *προτίθεμαι*). **7**. εμφανίζομαι, παρουσιάζομαι: *δεν ήρθε για καλό· ήρθε μάρτυρας στο δικαστήριο· στα καλά καθούμενα -εται και μας δημιουργεί προβλήματα*. **8**. (για φυσ. φαινόμενα) εμφανίζομαι, καταφθάνω: *-εται μεγάλη μπόρα· ήρθε η νύχτα*. **9**. (για χρον. διαιρέσεις) φτάνω: *ήρθε η άνοιξη* (αντ. *φεύγω*). **10**. καταλαμβάνω κάποιον ξαφνικά: *μου ήρθε ζάλη·* φρ. *μου ήρθε κουτί/λουκούμι* (= συνέβη κάτι χωρίς να το περιμένω, ενώ το επιθυμούσα). **11**. καταλαμβάνω ορισμένη θέση, σειρά, κατατάσσομαι σε ορισμένη σειρά: *ήρθε πρώτος στις εξετάσεις*. **12**. ταιριάζω: *μου -εται καλά το φουστάνι·* **13α**. (σε γ' πρόσ.) *δε μου -εται να...* (= δε θεωρώ σωστό): *δε μου -εται να ζητήσω τέτοιο πράγμα·* **β**. καταλαμβάνομαι από επιθυμία, διάθεση, κλπ.: *μου ήρθε να κλάψω*. **14**. περιέρχομαι, καταντώ: *ήρθε σε αμηχανία*. **15**. (με το *ως* ή με το *ίσαμε*) φτάνω σε ύψος ως ορισμένο σημείο: *το νερό τού ήρθε ως τα γόνατα· η φούστα μού -εται ως τα γόνατα*. **16**. βγάζω συμπεράσματα, οδηγούμαι στη σκέψη: *μ' αυτά που μας λες ~ να πιστέψω πως έχεις άδικο*. **17**. (με ουσ. και σημαίνει ό,τι το ρήμα που παράγεται από το ουσ.): *ήρθαν σε συμβιβασμό· ~ σε κίνδυνο*. Φρ. *-εται στο μυαλό/στο νου μου κάτι* (= θυμάμαι κάτι)· *~ σε επαφή* (= **α**. επικοινωνώ· **β**. συνουσιάζομαι)· *~ σε λογαριασμό* (= βολεύομαι, συμβιβάζομαι)· *~ στα λόγια κάποιου* (= συμφωνώ τελικά με τα λεγόμενα κάποιου)· *~ στα λογικά μου/στα συγκαλά μου/ στον εαυτό μου* (= συνέρχομαι, ξαναβρίσκω τις αισθήσεις μου ή την ψυχική μου ισορροπία)· *~ στα πράγματα* (= αναλαμβάνω την εξουσία)· *~ στα χέρια* (= συμπλέκομαι)· *~ στην επιφάνεια/στο φως* (= αποκαλύπτομαι, φανερώνομαι)· *~ στον κόσμο* (= γεννιέμαι)· *ήρθε η ώρα* (= ήρθε η κατάλληλη στιγμή)· *ήρθε η ώρα κάποιου* (= έφτασε η στιγμή του θανάτου του)· *κάτι πάει κι -εται* (= κάπως υποφέρεται (για πρόσωπο ή πράγμα μέτριο)· *μου -εται γάντι* (= μου ταιριάζει απόλυτα)· *μου -εται κεραμίδα/κόλπος* (= μένω έκπληκτος από κάτι αναπάντεχο)· *μου -εται μια ιδέα* (= σκέφτομαι κάτι)· *όσα πάνε κι όσα έρθουν* (για άσωστους που δεν τους κάνουν αίσθηση οι μεγάλες δαπάνες)· *(το) πήγαινε έλα/(το) σύρε κι έλα* (για συχνές και άσκοπες μετακινήσεις).
ερχόμενος, -η, -ο, μτχ. επίθ. **1**. που ακολουθεί, προσεχής: *στο -ο μάθημα· τον -ο μήνα*. **2**. που αναμένεται: *ευλογημένος ο ~·* έκφρ. *ανακατωμένος ο ερχόμενος* (= φύρδην-μίγδην, για ακαταστασία, παρωδία του εκκλησιαστικού *ευλογημένος ο ερχόμενος*).
ερχομός ο, ουσ. **1**. το να έρχεται κανείς κάπου: *ο ~ του πλοίου/της άνοιξης* (συνών. *άφιξη*). **2**. επιστροφή: *τον συνάντησα στον -ό μου για το σπίτι· στον -ό μας έπιασε καταιγίδα* (συνών. *γυρισμός*).
ερωδιός ο, (ασυνίζ.) και λαϊκ. **ρωδιός** (συνίζ.), ουσ., γενική ονομασία ελόβιων πελαργόμορφων πτηνών μεγάλου ή μετρίου μεγέθους με μακριά πόδια (συνών. *ψαροφάγος*).
ερωμένος ο, θηλ. -**η**, ουσ., αυτός (-ή) με τον οποίο κάποιος έχει ερωτικές σχέσεις χωρίς να είναι παντρεμένοι: *τον έπιασαν με την -η του* (συνών. *εραστής, αγαπητικός*).
ερωταπόκριση η, ουσ., διαλογικός τρόπος συζήτησης, ερώτηση και απάντηση.
έρωτας ο, ουσ. **1**. έντονη συναισθηματική έλξη συνδυαζόμενη με το γενετήσιο ένστικτο: *~ τρελός/ κεραυνοβόλος· ~ πλατωνικός* (= ερωτική προσήλωση, συναισθηματική αφοσίωση χωρίς σαρκικές σχέσεις). **2**. (μεταφ.) υπερβολική προσήλωση, αφοσίωση σε κάτι: *έχει -α με την επιστήμη του/με το χρήμα*. **3**. (συνεκδοχικά) το αντικείμενο του έρωτα, ό,τι αγαπάει υπερβολικά κάποιος: *το θέατρο είναι ο μεγάλος του ~*. **4**. ερωτική πράξη, σαρκική επαφή· φρ. *κάνω -α* (= συνουσιάζομαι). **5**.

ερωτική σχέση, ερωτικές περιπέτειες: *με τους έρωτές του κατάστρεψε το σπίτι του.* 6. είδος φυτού: *ο ~ άνθισε.*
ερωτεύομαι, ρ. 1. καταλαμβάνομαι από ερωτικό συναίσθημα: *τον -εύτηκε μόλις τον είδε* (ειρων.) *είναι ερωτευμένος με τα εκατομμύριά της.* 2. είμαι αφοσιωμένος σε κάτι, αγαπώ υπερβολικά κάτι: *-εύτηκα τη θάλασσα.*
ερώτημα και **ρώτημα** το, ουσ. 1. απορία για διευκρίνηση, πρόβλημα για λύση: *δόθηκε απάντηση στο ~· ιδού το ~!* φρ. *θέλει και ρώτημα;* (= είναι τόσο αυτονόητο, ώστε να μη χρειάζεται συζήτηση)· *(για) να 'χουμε καλό ρώτημα* (σε περιπτώσεις που ζητούμε εξηγήσεις): *για να 'χουμε καλό ρώτημα για πού ετοιμάζεσαι;* 2. πρόταση που υποβάλλεται σε αρμόδια αρχή ή υπηρεσία και με την οποία ζητείται απάντηση ή απόφαση πάνω σε ορισμένο θέμα. 3. κατηγορία που πρέπει να εξεταστεί: *παραπέμφθηκε στο πειθαρχικό με το ~ της διαγραφής από το κόμμα· ~ απόταξης.*
ερωτηματικός, -ή, -ό, επίθ. 1. (γραμμ.) που περικλείει ερώτηση: *αντωνυμία/πρόταση -ή.* 2. που έχει έκφραση απορίας, αμηχανίας: *βλέμμα -ό.* - Το ουδ. ως ουσ. 1. σημείο στίξης (;) στο τέλος πρότασης που εκφράζει ερώτηση. 2. (μεταφ.) για προβλήματα, υποθέσεις, κλπ., στα οποία δε δόθηκε ικανοποιητική λύση: *η στάση του δημιούργησε πολλά -ά.*
ερωτηματολόγιο το, ουσ. (ασυνίζ.). 1. ειδικό έντυπο που περιέχει έναν αριθμό ερωτήσεων: *σχεδιασμός -ίου.* 2. σειρά ερωτήσεων που υποβάλλονται σε κάποιον προφορικά.
ερώτηση η, ουσ. 1. πρόταση που εκφράζει απορία και με την οποία ζητούνται πληροφορίες: *μου έκανε πολλές -ήσεις, αλλά εγώ έκανα πως δεν άκουγα·* (γραμμ.) *~ πλάγια/ευθεία* (= ερωτηματική πρόταση). 2. πρόταση που απευθύνεται σε κάποιον και έχει εξεταστική χαρακτήρα: *απάντησα σωστά μόνο στη μία ~* (αντ. *απάντηση*). 3. (νομ.) *παραπειστική ~* = άδολη φαινομενικά και σχετική τάχα με το ζήτημα που εξετάζεται ερώτηση που δικηγόρος ή άλλος παράγοντας δίκης την υποβάλλει σε μάρτυρα, κατηγορούμενο, κ.ά., για να τον παγιδεύσει έτσι ώστε από την απάντηση να προκύψει έμμεση απάντηση ενοχοποιητική· η χρήση και γενικότερη.
ερωτιάρης, -α, -ικο, επίθ. (συνιζ.). 1. που είναι επιρρεπής σε ερωτοτροπίες (συνών. *ερωτύλος*). 2. που εκφράζει έρωτα: *μάτια -ικα.* - Επίρρ. **-ικα.**
ερωτικός, -ή, -ό, επίθ. 1. που ανήκει ή αναφέρεται στον έρωτα ή τους ερωτευμένους: *πάθος -ό· σχέση -ή· τρίγωνο -ό* (= το εξώγαμο ή του εραστή ή την ερωμένη)· *εξομολόγηση -ή*. 2. που εκφράζει έρωτα: *ποίηση/επιστολή -ή.* - Επίρρ. **-ά.**
ερωτισμός ο, ουσ. 1. (ιατρ.) υπερβολική επιθυμία για ικανοποίηση του γενετήσιου ενστίκτου και επιζήτηση αισθησιασμού. 2. (για την Τέχνη) ερωτικός χαρακτήρας έργου τέχνης: *ο ~ σε έργο μεγάλου ζωγράφου· η ταινία αποπνέει -ό.*
ερωτοδουλειά η, ουσ. (συνιζ.), ερωτική υπόθεση, μυστική ερωτική σχέση: *κάποια ~ είναι στη μέση.*
ερωτόκαστρο το, ουσ. (λαϊκ.), μυθικό ανάκτορο του Έρωτα.
ερωτόληπτος, -η, -ο, επίθ. α. που διακατέχεται από έρωτα, ερωτευμένος· β. που ερωτεύεται εύκολα ή συχνά, που είναι επιρρεπής σε ερωτικές περιπέτειες (συνών. *ερωτιάρης*).
ερωτοληψία η, ουσ. (ιατρ.) νοσηρή κατάσταση του ερωτόληπτου, ροπή σε ερωτικές συγκινήσεις.
ερωτόλογα τα, ουσ., φιλοφρονητικά λόγια που εκφράζουν τον έρωτα κάποιου (συνών. *γλυκόλογα*).
ερωτομανής, -ής, -ές, γεν. *-ούς,* πληθ. αρσ. και θηλ. *-είς,* ουδ. *-ή,* επίθ., που κατέχεται από ερωτομανία.
ερωτομανία η, ουσ. (ψυχιατρ.) παραληρητική κατάσταση στην οποία ο άρρωστος κατέχεται από σφοδρό έρωτα για κάποιο πρόσωπο συνήθως απρόσιτο ή νομίζει ότι αγαπιέται απ' αυτό: *παραλήρημα -ας.*
ερωτοπάθεια η, ουσ. (ασυνίζ.). 1. έντονη κλίση, διάθεση για τον έρωτα. 2. παθολογική κατάσταση της ερωτομανίας.
ερωτοπλανταγμένος, -η, -ο, επίθ. (έρρ.), που έχει πλαντάξει απ' τον έρωτα, που συνταράζεται από σφοδρό ερωτικό πάθος.
ερωτόπληκτος, -η, -ο, επίθ., ερωτοχτυπημένος (βλ. λ.).
ερωτοπλουμισμένος, -η, -ο, επίθ., που είναι στολισμένος με ερωτικά θέλγητρα· που είναι γεμάτος θέλγητρα: *νησί -ο* (Παλαμάς).
ερωτοτροπία η, ουσ., ερωτική συμπεριφορά, επιδίωξη ερωτικών σχέσεων: *επιρρεπής σε -ες* (συνών. *φλερτάρισμα*).
ερωτοτροπώ, ρ., προσπαθώ να προκαλέσω με λόγια ή τρόπους την ερωτική έλξη.
ερωτοχτυπημένος, -η, -ο, επίθ., που χτυπήθηκε από τα βέλη του έρωτα, που κατέχεται από έντονη ερωτική διάθεση (συνών. *ερωτόπληκτος*).
ερωτύλος ο, ουσ., αυτός που είναι επιρρεπής σε ερωτοτροπίες (ως επίθ.): *νέος ~* (συνών. *ερωτιάρης*).
(ε)ρωτώ, βλ. *ρωτώ.*
εσατζής ο, ουσ. (ιστ.) άτομο ειδικά στρατευμένο για τη στρατιωτική αστυνομία ΕΣΑ.
ες αύριον αρχαΐστ. έκφρ.· σε περιπτώσεις που αναβάλλουμε κάτι για την επόμενη μέρα.
ες αύριον τα σπουδαία αρχαΐστ. έκφρ. = σε λίγο θα ξεκαθαριστεί η υπόθεση.
εσθονικός, -ή, -ό, επίθ., που ανήκει ή αναφέρεται στην Εσθονία ή τους Εσθονούς: *γλώσσα -ή.*
Εσθονός ο, ουσ., θηλ. *-ή* αυτός που κατάγεται από την Εσθονία ή κατοικεί σ' αυτήν.
εσκαμπό και **σκαμπό** ο, ουσ. άκλ. (όχι έρρ.), κάθισμα ξύλινο χωρίς μπράτσα και πλάτη, είδος σκαμνιού. [γαλλ. *escabeau*].
εσκεμμένος, -η, -ο, επίθ., που γίνεται με πρόθεση, επίτηδες: *λάθος -ο.* - Επίρρ. **-α.** [η μτχ. του παρκ. του *σκέπτομαι* ως επίθ.].
Εσκιμώος ο, ουσ., θηλ. *-α* αυτός που κατοικεί στις αρκτικές περιοχές της Αμερικής ή της Γροιλανδίας ή κατάγεται από αυτές τις περιοχές.
εσκούδο το, ουσ., νομισματική μονάδα της Πορτογαλίας και της Χιλής. [πορτογ. *escudo*].
εσμός ο, ουσ. (λόγ.), σμήνος· πλήθος, ομάδα: *~ κακοποιών.*
εσοδεία (λόγ.) και (συνιζ., λαϊκ.) **σοδειά** η, ουσ. 1. σύνολο καρπών ή προϊόντων που συγκεντρώνονται αφού ωριμάσουν: *καπνά νέας -ας· δεν είχαμε καλή σοδειά φέτος* (συνών. *συγκομιδή*). 2. φύλαξη αγαθών για μελλοντική χρήση.
έσοδο το, ουσ., ό,τι αποκομίζει κάποιος από την

εσοχή

προσωπική του εργασία ή από την ακίνητη και την κινητή του περιουσία: *-α και έξοδα του μήνα· δημόσια -α* (= το σύνολο των εισπράξεων του δημοσίου σε χρήμα από φόρους, μισθώματα, κλπ.) (συνών. *εισόδημα·* αντ. *έξοδα*).

εσοχή η, ους., μέρος επιφάνειας που εισχωρεί κάπου: ~ *εδάφους/κτίσματος* (συνών. *κοιλότητα, βαθούλωμα·* αντ. *προεξοχή*).

εσπέρα η, ους. (λόγ.), χρονικό διάστημα από τη δύση του ήλιου ως τη νύχτα (συνών. *βράδι*).

εσπεράντο η, ους., άκλ. (έρρ.), διεθνής γλώσσα που δημιουργήθηκε για να βοηθήσει στην επικοινωνία ανθρώπων από διάφορες χώρες και αποτελείται από στοιχεία διαφόρων γλωσσών (κυρίως νεολατινικών). [διεθνές *esperanto*].

Εσπερία η, ους. (λόγ.), συνολικά οι χώρες της δυτικής Ευρώπης (συνών. *Δύση*).

εσπερίδα η, ους. (λόγ.), φιλική συγκέντρωση σε σπίτι για διασκέδαση κατά τις βραδινές ώρες (συνών. *βεγγέρα*).

εσπεριδοειδή τα, ους. 1. οικογένεια αειθαλών θάμνων ή δένδρων που περιλαμβάνει τα καρποφόρα δέντρα πορτοκαλιά, λεμονιά, κ.ά. 2. οι καρποί των παραπάνω δέντρων: *εξαγωγή* ~.

εσπερινός, -ή, -ό, επίθ., βραδινός, νυχτερινός. - Το αρσ. ως ους. = εκκλησιαστική ακολουθία που ψάλλεται κατά τη δύση του ήλιου και υπάγεται στην ημερονύχτια προσευχή της επόμενης ημέρας και γι' αυτό ψάλλονται τροπάρια και απολυτίκια της γιορτής της επόμενης μέρας.

εσπευσμένος, -η, -ο, επίθ. (λόγ.), που γίνεται γρήγορα, βιαστικά: *αναχώρηση -η*. - Επίρρ. **-α**. [μτχ. παρκ. του *σπεύδω*].

εσταυρωμένος, -η, -ο, επίθ. (λόγ.), μόνο το αρσ. ως ους. = (θρησκ.) ο Ιησούς Χριστός, η εικόνα του πάνω στο σταυρό.

εστεμμένος, -η, -ο, επίθ. (λόγ.). 1. που βραβεύτηκε με στεφάνι, στεφανωμένος. 2. που φέρει βασιλικό στέμμα. [μτχ. παρκ. του *στέφομαι*].

εστία η, ους. 1. (αρχιτ.) χώρος ανοιχτής πυράς στο εσωτερικό κατοικίας, που χρησιμοποιείται για θέρμανση και συχνά για μαγείρεμα (συνών. *τζάκι, παραγώνι*). 2. (συνεκδοχικά) τόπος διαμονής, κατοικία: ~ *φοιτητική*. 3. τόπος, σημείο στο οποίο δημιουργείται κάτι και διαδίδεται και σε άλλα μέρη: ~ *πολιτισμού/μόλυνσης/σεισμού* (συνών. *κοιτίδα, κέντρο*). 4. (για μηχανές, συσκευές) μέρος όπου καίγεται η καύσιμη ύλη ή εμφανίζεται η θερμότητα: *-ες ηλεκτρικής κουζίνας*. 5. (φυσ.) σημείο που συγκεντρώνονται οι ακτίνες φωτεινής δέσμης, αφού περάσουν από φακό ή αφού γίνει αντανάκλαση σε κοίλα και κυρτά κάτοπτρα: ~ *κατόπτρου/φακού*. 6. (αθλητ.) περιοχή γηπέδου που ορίζεται από δοκάρια και δίχτια που πρέπει να παραβιάσει ο αντίπαλος για να σημειώσει επιτυχία.

εστιάζω, ρ. (ασυνίζ.), (φυσ.) συγκεντρώνω με οπτικά ή ηλεκτρομαγνητικά μέσα μια δέσμη ακτίνων ή σωματιδίων: ~ *φακό*.

εστιακός, -ή, -ό, επίθ. (ασυνίζ.). 1. που ανήκει ή αναφέρεται στην εστία. 2. (φυσ.) *απόσταση -ή* = η απόσταση της κύριας εστίας ενός κεντρωμένου οπτικού συστήματος από το κύριο επίπεδο του συστήματος.

εστίαση η, ους. (φυσ.) συγκέντρωση μιας δέσμης ακτίνων ή σωματιδίων με οπτικά ή ηλεκτρομαγνητικά μέσα: ~ *φακού/ηλεκτρονίων*.

εστιάτορας ο, (ασυνίζ.), ιδιοκτήτης εστιατορίου.

εστιατόριο το, ους. (ασυνίζ. δις). 1. κατάστημα παρασκευής και διάθεσης φαγητών (συνών. *ρεστοράν*). 2. αίθουσα φαγητού σε ξενοδοχείο, κ.τ.ό., τραπεζαρία: ~ *της φοιτητικής λέσχης*.

έστω, επίρρ. 1. ας είναι: *χρειάζομαι δανεικά*, ~ *και λίγα*. 2. ας υποθέσουμε, ας παραδεχτούμε: ~ *ότι σου μίλησα άσχημα*. 3. έκφρ. ~ *και αν* (= ακόμη και αν): *θα έρθω οπωσδήποτε*, ~ *κι αν χιονίσει!* [γ' εν. προστ. ενεστ. του *ειμί*].

εσύ, (λόγ.) **συ**, γεν. *εσένα - σου*, αιτ. *(ε)σένα - σε*, πληθ. ονομ. *εσείς*, (λόγ.) *σεις*, αιτ. *εσάς - σας·* σ' μπροστά από φωνήεν ή τα άρθρα *το, τα,* προσωπ. αντων. β' προσ. που χρησιμοποιεί εκείνος που μιλά ή γράφει για να απευθυνθεί στο άτομο ή την ομάδα ατόμων προς τα οποία μιλά ή για τα οποία γράφει: *μα* ~ *είσαι ακόμα παιδί! εσείς καπνίζετε; το ίδιο ισχύει και για σένα.* 1. η ονομ. χρησιμοποιείται ως υποκ. σε καταφ. ή ερωτ. προτάσεις πριν από ή μετά το ρ. κυρίως για να δηλωθεί έμφαση ή αντιδιαστολή: ~ *μόνο μπορείς να ... · είπες* ~ *κάτι τέτοιο;* ~ *κι όχι άλλος!* 2. (επιφωνηματικά: *α,* ~, *τι καλό παιδί που είσαι!* 3. (στον πληθ. αντί *εσύ* για χρήση ευγενική ή τιμητική): *εσείς, κύριε πρόεδρε, επιβάλλεστε με το λόγο σας*. 4. (αοριστολ., όταν κανείς θέλει να αναφερθεί σε γενικώς συνήθεις καταστάσεις ή για να κάνει ζωντανότερο το λόγο του σχετικά με κάποιο θέμα): *και βέβαια* ~ *θέλεις να πας μπροστά, όμως...* (λαϊκ.) *πώς πας,* ~ *κύριε, και πώς βαδίζεις ότι ...* 5. (σε κλητ. προσφών.): ~, *έλα πιο κοντά! προχωρείτε, εσείς!* 6α. οι πλάγιες πτώσεις ως αντικ. ή προσδ. (οι δυνατότεροι τύποι όταν υπάρχει έμφαση ή αντιδιαστολή): *εσένα μόνο αγαπώ· σου είπαν τα νέα; σας είδα από μακριά·* (με πρόθ.): *είναι για σένα· σε σας μένει;* (= στο σπίτι σας;) β. (σε ευγενική χρήση απρόθετη αντί σε σας παρακαλώ... γ. (με δεικτ. λ.): *να σου/σε ξαφνικά μπροστά μου!* 7. (συχνά με εκφορά δύο διαφορετικών τ. της ίδιας πτώσης): *εσένα σε πήρε ο κατήφορος· εσένα κόβει το μυαλό σου.* 8. οι τ. *σου, σας* α. με ονομ. στη θέση κτητ. αντων.: *η μητέρα σου· το σπίτι σας·* β. με αφ. αντων. και απόλ. αριθμ. για να δηλωθεί επιμεριστική έννοια ή έμφαση: *όλοι σας· οι δυο σας* (= οι δύο από σας ή - αντί ονομ. - εσείς οι δύο). 9. η ονομ. και οι δυνατότεροι τ. ως μονολεκτική απάντηση σε ερωτήσεις συνήθως με τα *ποιος, ποιον: ποιος θα πάει;* ~! *ποιον ζητούν; εσένα!*. Έκφρ. *με το «σεις» και με το «σας»* (για να δηλωθεί υπερβολική ευγένεια): *έγινες κοπέλα...θα χρειαστεί να σου μιλούμε με το «σεις» και με το «σας».*

εσφαλμένος, -η, -ο, μτχ. επίθ., που έχει σφάλματα, λάθη: *γραφή/σκέψη -η* (συνών. *λανθασμένος, σφαλερός*). - Επίρρ. **-α**.

εσχάρα η, ους. (αρχαιολ.) τόπος όπου καίγεται η φωτιά, βωμός (συνών. *εστία*). - Βλ. και ά. *σκάρα*.

εσχατιά η, ους. (ασυνίζ.), έσχατο μέρος ή σημείο έκτασης, τελευταίο άκρο.

εσχατόγηρος ο, ους. (μειωτ.) πρόσωπο πολύ μεγάλης ηλικίας.

εσχατολογία η, ους., διδασκαλία για το τέλος του ανθρώπου και του κόσμου.

έσχατος, -η, -ο, επίθ. (λόγ.). 1. που είναι πολύ μακρινός, ακρότατος. 2. που είναι ανώτερος, ο πιο βαρύς: *-άτη προδοσία* (= ενέργεια που στρέφεται εναντίον της ασφάλειας της πατρίδας) *-άτη των* ποινών (= ποινή του θανάτου). Έκφρ. *μέχρις εσχάτων* = ως το τέλος· *(άνθρωπος) της -άτης υποστάθμης* (για να δηλωθεί περιφρόνηση ή και απόρριψη). - Επίρρ. **-ως** = τώρα τελευταία.

εσώκλειστος, -η, -ο, επίθ., που είναι κλεισμένος μέσα σε κάτι (συνήθως σε φάκελο): *σημείωμα -ο.*

εσωκλείω, ρ., κλείνω μέσα (συνήθως σε φάκελο): *σου -σα δύο χιλιάδες.*

εσωκομματικός, -ή, -ό, επίθ., που συμβαίνει μέσα στο κόμμα, που αναφέρεται στην εσωτερική δραστηριότητα ενός πολιτικού κόμματος: *αντιπολίτευση/διαμάχη -η.*

εσωνάρθηκας ο, ουσ., εσωτερικός νάρθηκας εκκλησίας (βλ. και *εξωνάρθηκας*).

εσώρουχο το, ουσ., εσωτερικό ρούχο, ρούχο που φοριέται κατάσαρκα: *-α ανδρικά/γυναικεία.*

εσωστρέφεια η, ουσ. (ασυνίζ.), (ψυχ.) αναδίπλωση του ατόμου στον εαυτό του (αντ. *εξωστρέφεια*).

εσωστρεφής, -ής, -ές, γεν. *ούς*, πληθ. αρσ. και θηλ. *-είς*, ουδ. *-ή*, επίθ. (ψυχ.) που τα ενδιαφέροντα και οι συγκινήσεις του στρέφονται προς τον εσωτερικό του κόσμο (αντ. *εξωστρεφής*).

εσωτερικός, -ή, -ό, επίθ. **1.** που ανήκει στο εσωτερικό ενός πράγματος, που βρίσκεται ή συμβαίνει μέσα σε κάτι: *-ή διακόσμηση σπιτιού· λουλούδια -ού χώρου· σκάλα -ή· αιμορραγία -ή· κόσμος* ~ (= ψυχοπνευματικός, συναισθηματικός κόσμος) (αντ. *εξωτερικός*). **2.** που αφορά τη χώρα που διαμένει κανείς, που σχετίζεται με τη διοίκηση της χώρας που διαμένει κανείς: *πολιτική -ή· υπουργείο -ών* (ενν. υποθέσεων) (αντ. *εξωτερικός*). **3.** που προέρχεται από το εσωτερικό ή αναφέρεται σ' αυτό: *ειδήσεις -ές· δανεισμός* ~ (αντ. *εξωτερικός*). **4.** (για φάρμακα) που παίρνεται εσωτερικά (με πόση): *-ή χρήση φαρμάκου.* **5.** (συντακτ.) *αντικείμενο -ό* = το αντικείμενο σε πτώση αιτιατική που έχει την ίδια ρίζα με το ρήμα, σύστοιχο αντικείμενο. **6.** (ως ουσ.) (για σπουδαστή) που διαμένει και τρέφεται σε οικοτροφείο σχολείου (συνών. *οικότροφος*). - Το ουδ. ως ουσ. = **1.** το μέσα μέρος ή η μέσα όψη ενός πράγματος: *-ό του σπιτιού.* **2.** η χώρα στην οποία διαμένει κανείς σε αντιδιαστολή προς τις άλλες: *γραμματόσημα για το -ό* (αντ. *εξωτερικό*). - Επίρρ. **-ά.**

εσωτερικότητα η, ουσ. **1.** εσωτερική όψη, εσωτερική εμφάνιση. **2.** (μεταφ.) ύπαρξη σε κάποιο άτομο αναπτυγμένου εσωτερικού κόσμου.

εταζέρα η, ουσ., έπιπλο τοίχου με οριζόντια ή και κάθετα χωρίσματα για την τοποθέτηση διάφορων αντικειμένων. [γαλλ. *étagère*].

ετάζω καρδίας και νεφρούς αρχαϊστ. φρ. = εξετάζω και τα πιο σκοτεινά σημεία, αναζητώ τα βαθύτερα αίτια.

εταίρα η, ουσ., γυναίκα που σε παλιότερες εποχές συντηρούνταν από έναν εύπορο ή σπουδαίο άντρα με τον οποίο είχε ερωτική σχέση, παλλακίδα· πόρνη.

εταιρεία η, ουσ. **1.** ομάδα ανθρώπων που συνεργάζονται για τον ίδιο σκοπό: *Ε-α Μακεδονικών Σπουδών·* (ιστ.) *Φιλική* ~ *~ αρχαιολογική* (συνών. *σύνδεσμος, σύλλογος*). **2.** ένωση προσώπων για την επιδίωξη θεμιτού κέρδους με κοινές, ίσες ή άνισες εισφορές και αντίστοιχα κέρδη: ~ *ανώνυμη/ομόρρυθμη.*

εταιρικός, -ή, -ό, επίθ., που ανήκει ή αναφέρεται σε εταιρεία ή σε εταίρους: *μέρισμα/κεφάλαιο -ό·*

δίκαιο -ό (κλάδος του εμπορικού δικαίου) (συνών. *συνεταιρικός*). - Το ουδ. ως ουσ. = συστατικό έγγραφο εταιρείας.

εταίρος ο, ουσ., αυτός που είναι μέλος ή μέτοχος εταιρείας: *δικαιώματα και υποχρεώσεις των -ων* (συνών. *συνεταίρος*).

εταστικός, -ή, -ό, επίθ., παρατηρητικός, ερευνητικός: ~ *μελετητής* (Παλαμάς)· *βλέμμα -ό.*

ετεροβαρής, -ής, -ές, γεν. *-ούς*, πληθ. αρσ. και θηλ. *-είς*, ουδ. *-ή*, επίθ., που βαρύνει ή κλίνει προς το ένα μέρος· που επιβάλλει άνισες υποχρεώσεις: *σύμβαση* ~ (συνών. *ανισοβαρής*).

ετερογένεια η, ουσ. (ασυνίζ.). **1α.** (για ανθρώπους και ζώα) το να ανήκει κάποιος σε διαφορετικό γένος· **β.** το να είναι κάτι διαφορετικό, ανόμοιο από κάτι άλλο: ~ *των πολιτισμών* (συνών. στις σημασ. α και β *ανομοιογένεια, ανομοιομορφία·* αντ. *ομοιογένεια, ομοιομορφία*). **2.** βιολογικό φαινόμενο εναλλαγής γενεάς. **3.** γένεση όντων από άτομα άλλου είδους.

ετερογενής, -ής, -ές, γεν. *-ούς*, πληθ. αρσ. και θηλ. *-είς*, ουδ. *-ή*, επίθ. **1.** που ανήκει σε διαφορετικό γένος ή φυλή: *πληθυσμοί -είς· ζώα -ή.* **2.** που δεν αποτελείται από τα ίδια στοιχεία ή τις ίδιες ιδιότητες (αντ. *ομοιογενής, ομοιόμορφος*).

ετεροδημότης ο, θηλ. **-ισσα,** ουσ., αυτός που είναι γραμμένος σε δημοτολόγιο άλλου δήμου και όχι εκείνου στον οποίο διαμένει.

ετεροδικία η, ουσ. (νομ.) **1.** διεξαγωγή δίκης σύμφωνα με άλλο δίκαιο και όχι με το επιχώριο. **2.** δικαίωμα από το διεθνές δίκαιο σύμφωνα με το οποίο παρέχεται σε ορισμένους αλλοδαπούς το προνόμιο να δικάζονται όχι σύμφωνα με τους νόμους της χώρας όπου διαμένουν, αλλά σύμφωνα με τους νόμους της δικής τους πατρίδας.

ετεροδοξία η, ουσ. (εκκλ.) το να ανήκει κανείς σε άλλη Εκκλησία, να πρεσβεύει άλλο δόγμα από αυτό που επικρατεί στη χώρα όπου διαμένει.

ετερόδοξος, -η, -ο, επίθ., που πιστεύει σε θρησκευτικό δόγμα διαφορετικό από το επίσημο της χώρας όπου διαμένει (αντ. *ομόδοξος*).

ετεροζήτηση η, ουσ. (λόγ.), αποδεικτικό σφάλμα κατά το οποίο το συμπέρασμα δε συμφωνεί ούτε ποιοτικά ούτε ποσοτικά μ' αυτό που πρέπει να αποδειχτεί.

ετεροθαλής, -ής, -ές, γεν. *-ούς*, πληθ. αρσ. και θηλ. *-είς*, ουδ. *-ή*, επίθ. (για αδέλφια) που είναι από τον ίδιο πατέρα και από άλλη μητέρα ή από την ίδια μητέρα και από άλλο πατέρα.

ετεροίωση η, ουσ. (γραμμ.) μεταβολή φωνήεντος ή διφθόγγου σε άλλο του ίδιου χρόνου (π.χ. *αλείφω - αλοιφή, νέμω - νομή*).

ετεροκατάληκτος, -η, -ο, επίθ. (για στίχους) που έχει διαφορετική κατάληξη (συνών. *ανομοιοκατάληκτος·* αντ. *ομοιοκατάληκτος*).

ετερόκεντρος, -η, -ο, και **ετεροκεντρικός, -ή, -ό,** επίθ. (έπρ.), (για φωτεινή πηγή) που οι ακτίνες της δεν τέμνονται σε κοινό κέντρο και δεν είναι παράλληλες.

ετεροκίνητος, -η, -ο, επίθ. **1.** που δεν μπορεί να κινηθεί μόνος του, αλλά με την επίδραση εξωτερικής δύναμης: *η ανόργανη ύλη είναι -η* (αντ. *αυτοκίνητος*). **2.** που δεν έχει πρωτοβουλία ή αυτενέργεια, αλλά δρα σύμφωνα με τη θέληση άλλου: *όργανο -ο.*

ετερόκλητος (κατά παρεξήγηση του γαλλ. *hétéroclite*), βλ. *ετερόκλιτος.*

ετερόκλιτος, -η, -ο, επίθ. 1. (γραμμ.) που κλίνεται σύμφωνα με δύο κλίσεις σε μερικές ή σε όλες τις πτώσεις του, στον ένα ή τον άλλο αριθμό (π.χ. *ο δεσμός - οι δεσμοί* και *τα δεσμά*). 2. που δεν ταιριάζει, που είναι ανόμοιος με κάτι άλλο: *στοιχεία -α* (συνών. *αταίριαστος, ανόμοιος*). 3. για σύνολο που αποτελείται από στοιχεία ανόμοια: *πλήθος -ο* (συνών. *ανομοιογενής*).

ετεροκυκλικός, -ή, -ό, επίθ. (χημ.) *-ές ενώσεις* = οργανικές ενώσεις που τα μόριά τους περιέχουν έναν ή περισσότερους κυκλικούς δακτυλίους που περιλαμβάνουν ένα τουλάχιστον άτομο χημικού στοιχείου διαφορετικού από τον άνθρακα.

έτερον εκάτερον· αρχαϊστ. έκφρ.· σε περιπτώσεις που δικαιολογημένα διαχωρίζομε δύο θέματα που συζητούνται.

ετεροπροσωπία η, ουσ. (αρχ. συντακτ.) συντακτικό φαινόμενο κατά το οποίο το υποκείμενο του ρήματος μιας πρότασης είναι διαφορετικό από το υποκείμενο του απαρεμφάτου (αντ. *ταυτοπροσωπία*).

ετεροπρόσωπος, -η, -ο, επίθ., που ακολουθεί το συντακτικό φαινόμενο της ετεροπροσωπίας: *σύνταξη -η*.

ετερόπτωτος, -η, -ο, επίθ. (συντακτ.) που βρίσκεται σε διαφορετική πτώση από αυτό που προσδιορίζει: *προσδιορισμός ~* (αντ. *ομοιόπτωτος*).

ετερόρρυθμος, -η, -ο, επίθ. 1. (για εταιρεία) που στη διεύθυνσή της δε μετέχουν όλοι οι εταίροι ή οι μέτοχοι. 2. (για εταίρους) που δε μετέχει στη διοίκηση της εταιρείας και δεν ευθύνεται παρά μόνο για το ποσό συμμετοχής του σ' αυτή.

ετερόσημος, -η, -ο, επίθ. (μαθημ.) (για αριθμούς) που έχει αντίθετο πρόσημο από έναν άλλο (θετικό ή αρνητικό) (αντ. *ομόσημος, ταυτόσημος*).

ετερότροφος, -η, -ο, επίθ. (βιολ.) *οργανισμός -ος* = ο οργανισμός που χρειάζεται έτοιμες οργανικές ενώσεις για να αναπτυχθεί (αντ. *αυτότροφος*).

ετερόφυλος, -η, -ο, επίθ. 1. που ανήκει σε άλλο φύλο. 2. που ανήκει σε άλλη φυλή (συνών. *αλλόφυλος*). 3. που ανήκει σε είδος του οποίου το αρσενικό και το θηλυκό παρουσιάζουν διαφορετική διάπλαση.

ετερόφωτος, -η, -ο, επίθ. 1. (για πλανήτες) που παίρνει φως από άλλο ουράνιο σώμα: *-οι πλανήτες του ηλιακού συστήματος* (αντ. *αυτόφωτος*). 2. (μεταφ.) που δέχεται τις γνώμες και υποδείξεις των άλλων, που δεν έχει δική του κρίση ή αντίληψη.

ετεροχρονισμός ο, ουσ., το να γίνεται κάτι σε άλλο χρονικό διάστημα από το κανονικό και προκαθορισμένο: *~ των αυξήσεων*.

ετερόχρονος, -η, -ο, επίθ., που γίνεται σε χρόνο διαφορετικό από τον κανονικό και συνηθισμένο.

ετεροχρωμία η, ουσ. (ιατρ.) διαφορά του χρώματος της ίριδας στα δύο μάτια.

ετερώνυμος, -η, -ο, επίθ. 1. (μαθημ.) (για κλάσματα) που έχουν διαφορετικό παρονομαστή (αντ. *ομώνυμος*). 2. (φυσ.) που διαφέρει κατά το φορτίο του ηλεκτρισμού ή έχει αντίθετη ελκτική ικανότητα: *ιόντα -α· οι -οι πόλοι έλκονται*.

ετησίες οι, ουσ. (λόγ.), μελτέμια (βλ.λ.).

ετήσιος, -α, -ο, επίθ. (ασυνίζ.). 1. που διαρκεί μόνο ένα έτος: *θητεία συμβουλίου -α· φυτά -α* (αντ. *αειθαλή*). 2. που γίνεται σε ορισμένο χρονικό σημείο κάθε έτος ή όταν συμπληρωθεί ένα έτος: *-α σύνοδος των κρατών μελών του Ο.Η.Ε.· μνημόσυνο -ο.*

3. (για ποσό, ποσότητα, κ.τ.ό.) που συγκεντρώνεται, δημιουργείται ή πραγματοποιείται μέσα σε ένα χρόνο: *εισόδημα -ο· γεωργική παραγωγή -α· αύξηση του πληθωρισμού -α* (συνών. *χρονιάτικος*).

ετικέτα η, ουσ. 1. μικρό κομμάτι χαρτί ή χαρτόνι που τοποθετείται πάνω σε ένα αντικείμενο για να δηλώσει το είδος, το περιεχόμενο, την τιμή, τον προορισμό ή τον ιδιοκτήτη του: *κολλώ μια ~ στο κιβώτιο· το όνομα μαθητή στην ~ του τετραδίου*. 2. (μεταφ.) συνοπτικός χαρακτηρισμός της προσωπικότητας ενός ατόμου ή δήλωση ιδιότητάς του που χρησιμοποιείται για να καταταχτεί ένα άτομο σε μια ενότητα: *κυκλοφορεί με την ~ του αντιστασιακού* (συνών. *ταμπέλα*). 3. εθιμοτυπία, τα καθιερωμένα ήθη: *τηρώ την ~*.

ετοιμάζω, και (λαϊκ.) **τοιμάζω,** ρ. 1α. κάνω με προηγούμενη εργασία να μπορεί κάτι να χρησιμοποιηθεί κατάλληλα, να εκπληρώσει άμεσα τον προορισμό του: *~ το χώρο για τους αγώνες/ένα δωμάτιο για τους καλεσμένους· σου ετοίμασα τα ρούχα για την εκδρομή.* β. (για φαγητό, κ.τ.ό.) κάνω τις προπαρασκευαστικές εργασίες, το μαγειρεύω, κλπ., ώστε να είναι έτοιμο να καταναλωθεί, να φαγωθεί: *~ ένα γλυκό* (συνών. *κάνω*)· (συνεκδοχικά) *~ γεύμα για δέκα άτομα.* 2. κάνω από πριν ό,τι απαιτείται για να εφαρμοστεί με τον καλύτερο τρόπο ένα σχέδιο, να πραγματοποιηθεί ένα έργο, μια επιχείρηση, κ.τ.ό.: *~ εκδρομή/εκστρατεία* (= οργανώνω)· *~ τις παραδόσεις μου/ μια διάλεξη/την απολογία μου·* (για κάτι που είναι δυνατόν ή πιθανόν να συμβεί σε κάποιον) *σου ~ μια έκπληξη* (= επιφυλάσσω)· (για κάτι κακό που σχεδιάζεται κρυφά) *για να μην ακούγεται, κάτι θα -ει* (= θα «μαγειρεύει»). 3α. (για πρόσωπο) καθιστώ κάποιον ικανό ή έτοιμο από πριν για μια εκδήλωση ή μια πράξη που θα συμβεί στο μέλλον: *~ τους μαθητές για τις εξετάσεις* (= προπαρασκευάζω)*/ το λαό για μακροχρόνιο αγώνα·* (μέσ.) *η ομάδα -εται για τους Ολυμπιακούς·* οι επιβάτες *-στηκαν για αποβίβαση.* β. (μέσ.) κάνω σχέδια από πριν ώστε, όταν γίνει κάτι, να είναι καλά οργανωμένο: *ενώ έκαναν διαπραγματεύσεις, ο στρατός τους -όταν για την απόβαση.* 4. (μέσ.) έχω την πρόθεση να κάνω κάτι και αρχίζω να το πραγματοποιώ: *σήκωσα το χέρι κι -στηκα να αμυνθώ· -όταν να πηδήσει από το παράθυρο*. 5. (για μια καινούργια κατάσταση) κάνω κάποιον να συνηθίσει στην ιδέα ότι κάτι θα αλλάξει (κάποτε μάλιστα με τρόπο δυσάρεστο), του δημιουργώ την απαιτούμενη γι' αυτό ψυχική διάθεση: *-ουμε τον κρατικό μηχανισμό για τις νέες συνθήκες ανταγωνισμού· δεν τον είχαν -σει για το θάνατο της μητέρας του·* (μέσ.) *-σου ν' ακούσεις τις μεταθέσεις·* (για λογοτεχνικό ή θεατρικό έργο, κ.τ.ό.) *ο συγγραφέας είχε -άσει τους θεατές για το δραματικό τέλος του έργου* (συνών. στις σημασ. 1-5 *προετοιμάζω*).

ετοιμασία η, ουσ., η ενέργεια και το αποτέλεσμα του ετοιμάζω: *κάναμε -ες για την υποδοχή* (συνών. *προετοιμασία*).

ετοιματζήδικο το, ουσ. (λαϊκ.). 1. κατάστημα όπου πουλιούνται έτοιμα ενδύματα. 2. (ως επίθ.) *ρούχο -ο* = που δεν είναι ραμμένο σε ράφτη, έτοιμο.

ετοιμόγεννος, -η, -ο, επίθ. (για γυναίκα ή θηλυκό ζώο) που πρόκειται σε λίγες μέρες ή ώρες να γεννήσει: (ποιητ.) *μια θάλασσα -η με χίλια δύο καράβια* (Ελύτης).

ετοιμοθάνατος, -η, -ο, επίθ., που πλησιάζει η ώρα να πεθάνει: *τραυματίας ~·* (μεταφ.) *λυχνάρι -ο* (Βαλαωρίτης).

ετοιμολογία η, ουσ., άνεση στη συζήτηση, το να δίνει κανείς εύκολα τις κατάλληλες απαντήσεις.

ετοιμόλογος, -η, -ο, επίθ., που δίνει εύκολα και γρήγορα κατάλληλες απαντήσεις.

ετοιμοπαράδοτος, -η, -ο, επίθ. (για εμπόρευμα, οικοδομή, κ.τ.ό.) που είναι κατασκευασμένος από πριν ώστε να παραδοθεί αμέσως στον αγοραστή: *αυτοκίνητο/διαμέρισμα -ο.*

ετοιμοπόλεμος, -η, -ο, επίθ., που είναι έτοιμος για πόλεμο: *χώρα -η· στρατιώτες -οι.*

ετοιμόρροπος, -η, -ο, επίθ. 1. που είναι έτοιμος να πέσει, να καταρρεύσει: *κτήριο -ο.* 2. (μεταφ.) που κοντεύει να καταστραφεί, να διαλυθεί, να χρεωκοπήσει: *καθεστώς -ο· επιχείρηση -η.*

έτοιμος, -η, -ο, επίθ. 1. που τον έχουν ετοιμάσει όπως πρέπει για να κάνει κάτι ή να χρησιμοποιηθεί για ορισμένο σκοπό: *τα παιδιά ήταν -α για ύπνο· φαγητό -ο για διακόσια άτομα·* (για λόγο) *απάντηση -η* (= γρήγορη, έξυπνη και πετυχημένη)· *δικαιολογία/εξήγηση -η* (= πρόχειρη, εύκολη και συνήθως επιφανειακή). - Το ουδ. στον πληθ. ως ουσ. σε φρ. όπως *τρώει από τα -α* (όταν κανείς δε θέλει ή δεν μπορεί να δουλέψει ή δεν κερδίζει όσα χρειάζεται και συντηρείται ξοδεύοντας τις οικονομίες του). 2. (για πρόσωπο) κατάλληλος ή ικανός να κάνει κάτι ή να ασχοληθεί με κάτι: *στρατιωτική μονάδα -η για δράση.* 3α. πρόθυμος για κάτι, που δεν έχει δισταγμούς (να κάνει ή να υποστεί κάτι): *είμαι ~ να παραιτηθώ αν υπάρξει και η ελάχιστη ένδειξη ότι ευθύνομαι· είμαι ~ για κάθε θυσία.* β. που έχει συνηθίσει, που δεν ταράζεται στη σκέψη ότι κάτι καινούργιο (συνήθως δυσάρεστο) θα συμβεί: *σαν ~ από καιρό, σα θαρραλέος αποχαιρέτα την την Αλεξάνδρεια που φεύγει* (Καβάφης). 4. που πλησιάζει η ώρα να κάνει ή να πάθει κάτι, που θα αρχίσει κάτι σε ελάχιστο χρόνο: *είμαι ~ να πέσω από τη νύστα· ήμασταν -οι να φάμε, όταν χτύπησε η πόρτα.* 5. (για καταναλωτικά αγαθά) που έχει από πριν κατασκευαστεί στο σύνολό του ώστε να μπορεί κανείς να τον χρησιμοποιήσει αμέσως μόλις τον αγοράσει: *ενδύματα/φαγητά -α.*

ετοιμότητα η, ουσ., το να είναι κανείς έτοιμος για κάτι: *~ του κρατικού μηχανισμού για την αντιμετώπιση θεομηνίας· για κάθε ενδεχόμενο ο στόλος έχει τεθεί σε κατάσταση -ας* (= επιφυλακή)· *έχει μεγάλη ~ στις απαντήσεις.* Έκφρ. *~ μνήμης* (= η ικανότητα να θυμάται κανείς εύκολα)· *~ πνεύματος* (= το να διατηρεί κανείς το πνεύμα του έτοιμο να ανταποκριθεί ή να αντιδράσει με επιτυχία σε οποιοδήποτε ερέθισμα).

ετοιμοτύπωτος, -η, -ο, επίθ. (για γραπτό) έτοιμος για τύπωμα: *μελέτη -η* (συνών. *εκτυπώσιμος*).

έτος το, ουσ. 1. (αστρον.) α. ο χρόνος μιας πλήρους περιφοράς της Γης γύρω από τον Ήλιο, ίσος περίπου με 365 1/4 ημέρες· β. *~ ηλιακό ή τροπικό =* η περίοδος της φαινομενης περιφοράς του Ήλιου γύρω από τη Γη· γ. *~ σεληνιακό =* έτος που αποτελείται από δώδεκα σεληνιακούς κύκλους, ίσο περίπου με 354 ημέρες. 2. περίοδος δώδεκα μηνών που αρχίζει την 1 Ιανουαρίου και τελειώνει στις 31 Δεκεμβρίου (αλλιώς *ημερολογιακό ~*): *δί-σεκτο·* *το τρέχον/το νέο ~·* η πρώτη του *-ους* (= πρωτοχρονιά)· (με επόμενο απόλ. αριθμ. για χρονολογία) *το ~ 1955· το σωτήριον ~ 1900.* 3α. κάθε περίοδος από 365 συνεχόμενες ημέρες (άσχετα από το πότε αρχίζει): *η συμφωνία που υπογράφηκε θα ισχύσει για πέντε -η·* (για τη διάρκεια της δραστηριότητας ή κατάστασης) *το τρίτο ~ της βασιλείας του Ηρακλείου· πρώτο ~ σπουδών* (συνών. *χρόνος, χρονιά)·* β. (εκκλ.) *~ εκκλησιαστικό =* το διάστημα από την 1η Σεπτεμβρίου ως τις 31 Αυγούστου· γ. *~ οικονομικό =* το χρονικό διάστημα για το οποίο συντάσσεται ο προϋπολογισμός του κράτους, δημόσιων οργανισμών ή ιδιωτικών επιχειρήσεων ή αποδίδεται λογαριασμός για οικονομική διαχείριση. 4. χρονική περίοδος μικρότερη από ένα έτος που σχετίζεται με κάποια δραστηριότητα, αρχίζει ορισμένη ημερομηνία και επαναλαμβάνεται διαρκώς: *~ σχολικό/ακαδημαϊκό ή πανεπιστημιακό/θεατρικό* (αρχίζουν και τα τρία το φθινόπωρο)· (συνών. *χρονιά, χρόνος).* 5α. με απόλυτο ή τακτικό αριθμό για δήλωση ηλικίας: *το μωρό έγινε ενός -ους·* *συμπλήρωσε το δέκατο όγδοο ~ (της ηλικίας του)·* β. (σπανίως) έκφρ. *(εις) -η πολλά =* χρόνια πολλά, ευχή σε κάποιον που γιορτάζει. 6. (αστρον.) *~ φωτός =* μονάδα για τη μέτρηση της απόστασης μακρυνών ουράνιων σωμάτων, ίση με το διάστημα που διανύει το φως σε ένα έτος.

-**έτος,** θηλ. **-έτα,** κατάλ. υποκορ. κύρ. ον.: *Περικλέτος, Νικολέτα.*

ετούτος, βλ. *τούτος.*

ετρουσκικός, -ή, -ό, επίθ., που ανήκει ή αναφέρεται στο λαό των Ετρούσκων: *πολιτισμός ~· γλώσσα/νεκρόπολη -ή* (συνών. *τυρρηνικός*).

Ετρούσκος ο, ουσ. (ιστ.) αυτός που ανήκει στον αρχαίο μη ινδοευρωπαϊκό λαό που ζούσε στην Ετρουρία και γνώρισε πολιτιστική ακμή γύρω στον 6. αι. π.Χ. (συνών. *Τυρρηνός*). [λατ. *Etruscus*].

έτσι, επίρρ. 1. (τροπικό) α. με αυτό τον τρόπο, με τον ίδιο ή με τέτοιο τρόπο: *γιατί μου μιλάς ~;* (με το *όπως*): *ήταν ντυμένος ~ όπως συνηθιζαν στην πατρίδα του·* έκφρ. *~ ή αλλιώς* (= πάντως, οπωσδήποτε): *εμείς ~ ή αλλιώς κάναμε τη δουλειά μας·* *~ κι αλλιώς* (= οπωσδήποτε): *~ κι αλλιώς δεν μπορείς να τον αποφύγεις, παρ' το λοιπόν απόφαση να συνεργαστείτε·* β. παραδείγματος χάριν: *όλοι μίλησαν συνετά· ~ ο Θόδωρος είπε...·* γ. σ' αυτή την κατάσταση, στην ίδια ή σε τέτοια κατάσταση: *λυπάμαι να τον βλέπω ~, ανήμπορο και απελπισμένο·* φρ. *~ τα 'φερε ο Θεός* (εννοεί. τα πράγματα βολικά ή ότι πρέπει να τα υπομείνουμε αγόγγυστα)/*ο διάβολος* (εννοεί. ανάποδα)· δ. (επιτ.) τόσο, τόσο πολύ: *μη φωνάζεις ~, σ' ακούσαμε· ~ όμορφα κανείς δεν τραγουδούσε·* ε. (σε ερώτηση, όταν ζητά κανείς τη συγκατάθεση, την καταφατική απάντηση του συνομιλητή του): *θα με πάρετε μαζί σας, ~; δε θ' αργήσεις, ~;* (αλλιώς: *~ δεν είναι;*)· (ως καταφ. απάντηση αντί *ναι, μάλιστα*) *πιστεύεις ότι θα τα καταφέρεις μόνος σου; - ~, και θα το δείτε* (εννοεί. *~ πιστεύω*)· στ. (ως απάντηση σε ερώτηση, απολ.) χωρίς λόγο, αναιτίως: *- γιατί έσπασες το τζάμι; - ~· ή ~ για γούστο·* φρ. *το είπε ~* (= το είπε αστειευόμενος, δεν το εννοούσε)· ζ. (με επόμενο το *να,* ευχετ.) μακάρι: *~ να χαρείς τα νιάτα σου, άφησέ με να φύγω·* η. δωρεάν: *μόνο τα δύο βιβλία πλήρωσα, το τρίτο μου τό 'δωσε ~.* 2.

(αιτιολ.). α. γι' αυτό το λόγο, εξαιτίας αυτού του γεγονότος: *είναι απατεώνας, ~ όλοι τον αποφεύγουν· δεν έβρισκα δουλειά κι ~ αναγκάστηκα να ξενιτευτώ·* β. (με επόμενο το *που*) επειδή, αφού: *~ που τη ζωή σου χάλασες εδώ, σ' όλη τη γη τη χάλασες* (Καβάφης). 3. (με επόμενο το *και* σε θέση χρον. συνδ.) μόλις, άμα, αφού: *~ και φτάσεις εκεί, να μου τηλεφωνήσεις αμέσως* (προτιμότερο: *μόλις*). 4. (με επόμενο το *και* σε θέση υποθ. συνδ.) αν, σε περίπτωση που: *~ και μ' αφήσει ο πατέρας μου, θα έρθω μαζί σας·* (συνηθέστατα για να δηλωθεί ένα είδος απειλής) *~ και γίνει αυτός αρχηγός, εγώ θα φύγω· ~ κι ακούσω τσιμουδιά, καήκατε!* 5. (με επόμενο το *που* σε θέση συμπερ. συνδ.) ώστε: *θα πρέπει η κυβέρνηση να λάβει μέτρα ~ που να λυθεί το πρόβλημα· ταράχτηκα ~ που δεν μπόρεσα να απαντήσω* (= τόσο πολύ, ώστε...). ´Εκφρ. *~ κι ~* (= α. ούτε πολύ καλά, ούτε πολύ άσχημα, σχετικά καλά, μέτρια: *έγραψε ~ κι ~ στο διαγώνισμα·* β. αφού, οπωσδήποτε): *~ κι ~ θα πας εκεί, δε μου φέρνεις κι εκείνο που σου είπα;* γ. (αυτό κι αυτό, βλ. *αυτός*): *~ κι ~ να του πεις, δεν είναι δυνατή άλλη αναβολή.* Φρ. *~ μού 'ρχεται/μου καπνίζει/μου κατεβαίνει* (= αποφασίζω ή επιθυμώ κάτι αιφνίδια και αβασάνιστα): *~ μου 'ρχεται να τα παρατήσω και να φύγω· ~ σε θέλω* (= για να δείξει κανείς σ' ένα πρόσωπο την επιδοκιμασία του για κάτι που εκείνο είπε ή έκανε). [πιθ. αρχ. *ουτωσί*].

ετσιδά, επίρρ. (λαϊκ.), (τροπικά) έτσι ακριβώς.

ετσιθελικώς, επίρρ., (προφ.) αυθαίρετα, με αδιαφορία για τους κανονισμούς ή τα δικαιώματα των άλλων. [φρ. *έτσι θέλω* + *-ικώς*].

ετσιθελισμός ο, ουσ., το να συμπεριφέρεται κανείς αυθαίρετα, το να προσπαθεί να επιβάλει στους άλλους τη θέλησή του: *δημιουργείται ζήτημα με τον -ό του!* (συνών. *αυθαιρεσία*). [φρ. *έτσι θέλω* + *-ισμός*].

ετυμηγορία η, ουσ. 1. (νομ.) α. (παλαιότερα) γραπτή απάντηση των ενόρκων ενός ορκωτού δικαστηρίου στα ερωτήματα σχετικά με την ενοχή του κατηγορουμένου: *~ ευμενής/ομόφωνη·* β. (κοιν.) απόφαση (του δικαστηρίου): *~ αθωωτική* (συνών. *κρίση*). 2. εκφρ. *~ λαϊκή* = η προτίμηση του λαού, των ψηφοφόρων, που εκφράζεται στις εκλογές (συνών. *θέληση*).

έτυμο το, ουσ. (γραμμ.) η αρχική σημασία μιας λέξης με βάση την καταγωγή της, καθώς και η αρχή, η προέλευσή της.

ετυμολόγηση η, ουσ., έρευνα και καθορισμός της προέλευσης και της ιστορίας μιας λέξης.

ετυμολογία η, ουσ. 1. (γλωσσολ.) κλάδος της γλωσσολογίας που ερευνά την καταγωγή και την ιστορία των λέξεων προσπαθώντας να βρει τον αρχικό τύπο (ρίζα, πρόσφυμα, κατάληξη, κ.τ.ό.) ή την αρχική σημασία τους: *~ ιστορική/συγχρονική.* 2. καθορισμός της προέλευσης μιας λέξης: *~ αβέβαιη/άγνωστη· ανευρίσκω/προτείνω μια ~.*

ετυμολογικός, -ή, -ό, επίθ., που ανήκει, αναφέρεται ή χρησιμεύει στην ετυμολογία: *έρευνα/μέθοδος -ή· λεξικό/σχήμα -ό.* - Επίρρ. *-ά* και *-ώς.*

ετυμολόγος ο, ουσ., αυτός που ετυμολογεί, επιστήμονας που ασχολείται με την ετυμολογία (βλ.λ. σημασ. 1).

ετυμολογώ, ρ. (για λέξη) αναζητώ και καθορίζω την αρχική μορφή ή σημασία της, ερευνώ την ιστορία της.

ευαγγελικός, -ή, -ό, επίθ. (έρρ.). 1. (θρησκ.) που ανήκει ή αναφέρεται στο Ευαγγέλιο, που είναι σύμφωνος με αυτό: *περικοπή -ή· χωρία -ά· διδασκαλία -ή* (= χριστιανική). 2. (εκκλ.) *Ευαγγελικές Ε-ές* = ονομασία των προτεσταντικών Εκκλησιών, επειδή θεωρούν το Ευαγγέλιο μοναδική πηγή της πίστης. 3. (ιστ.) ο πληθ. ουδ. *Ε-ά* τα ως ουσ.: τα αιματηρά επεισόδια που συνέβησαν στην Αθήνα στις 8.11.1901 με αφορμή τη μεταγλώττιση του Ευαγγελίου στη δημοτική. - Το αρσ. και το θηλ. ως ουσ. = ο διαμαρτυρόμενος -η (βλ.λ.). - Επίρρ. *-ά* και *-ώς* (στη σημασ. 1).

Ευαγγέλιο το, (έρρ., ασυνίζ.) και (λαϊκ.) **Βαγγέλιο** (έρρ., συνιζ.) το, ουσ. 1. (θρησκ.) η διδασκαλία του Χριστού: *ο Χριστός κήρυξε στους ανθρώπους το ~ της Σωτηρίας.* 2. (θεολ.) α. καθένα από τα τέσσερα κανονικά θεόπνευστα βιβλία της Καινής Διαθήκης όπου καταγράφονται η ζωή και η διδασκαλία του Χριστού: *-α συνοπτικά* (= τα κατά Ματθαίον, Μάρκον και Λουκάν)· *το κατά Ιωάννην ~*. β. *-α απόκρυφα* = όσα δε δέχεται η Εκκλησία ως αυθεντικά· γ. (κατ' επέκταση) ολόκληρη η Καινή Διαθήκη· (συνεκδοχικά) το βιβλίο που περιέχει την Καινή Διαθήκη: *ο θεολόγος είπε να φέρουμε στο σχολείο από ένα ~* (για δικαστήριο) *βάζω το χέρι στο ~* (κυριολεκτικά για όρκο και μεταφ. για έντονη διαβεβαίωση ότι κάτι είναι αληθινό, «βάζω το χέρι στην καρδιά»). 3. (εκκλ.) α. το κείμενο, η περικοπή του Ευαγγελίου που διαβάζεται κάθε μέρα κατά τις ακολουθίες: *ο παπάς διαβάζει/εξηγεί το ~· τα δώδεκα -α* (της Μ. Πέμπτης)· *~ αναστάσιμο.* εκφρ. *αλλονού παπά βαγγέλιο,* βλ. *άλλος·* β. (συνεκδοχικά) το λειτουργικό βιβλίο που περιλαμβάνει όλες τις περικοπές του Ευαγγελίου κατά την τάξη που πρέπει να διαβάζονται στη διάρκεια του λειτουργικού έτους: *~ χρυσόδετο· ασπάζομαι το ιερό ~.* 4α. βασικό κείμενο με αδιαμφισβήτητο κύρος που το συμβουλεύεται κανείς συχνά: *«Το Ταξίδι μου» του Ψυχάρη, ~ του δημοτικισμού· «Το Κεφάλαιο» του Μάρξ, ~ του κομουνισμού·* β. (μεταφ.) για ιδεολογικό κήρυγμα που υπόσχεται την ευτυχία: *το ~ της κοινωνικής απελευθέρωσης.*

Ευαγγελισμός ο, ουσ. (έρρ.). 1. (θρησκ.) το χαρμόσυνο μήνυμα του αρχάγγελου Γαβριήλ στην Παρθένο Μαρία ότι θα γεννήσει το Σωτήρα του Κόσμου. 2. (εκκλ.) η θεομητορική γιορτή που τελεί η Εκκλησία σε ανάμνηση του Ευαγγελισμού (25 Μαρτίου).

ευαγγελιστάριο το, ουσ. (έρρ., ασυνίζ.), (εκκλ.) λειτουργικό βιβλίο που περιλαμβάνει περικοπές των Ευαγγελίων, οι οποίες χρησιμεύουν ως αναγνώσματα ανάλογα με τις λατρευτικές ανάγκες.

ευαγγελιστής ο, ουσ. (έρρ.), ονομασία καθενός από τους τέσσερις συγγραφείς των ιερών Ευαγγελίων (Ματθαίος, Μάρκος, Λουκάς, Ιωάννης).

Ευαγγελίστρια και **Βαγγελίστρα** η, ουσ., (έρρ.), προσωνυμία της Παναγίας.

ευαγής, -ής, -ές, γεν. *-ούς,* πληθ. αρσ. και θηλ. *-είς,* ουδ. *-ή,* επίθ. (λόγ.), μόνο στην έκφρ. *ίδρυμα -ές* (συνήθως στον πληθ.) για ίδρυμα με φιλανθρωπικούς σκοπούς (λ.χ. ορφανοτροφείο, γηροκομείο).

ευάερος, -η, -ο, επίθ. (για σπίτι) που αερίζεται με επάρκεια: *διαμέρισμα -ο και ευήλιο.*

ευαισθησία η, ουσ. 1. το να είναι κάποιος ή κάτι ευαίσθητο(ς), το να αισθάνεται κάτι ή να αντιδρά σε κάτι εύκολα και γρήγορα: *λουλούδια με εξαιρετική ~ στο άγγιγμα* (αντ. *αναισθησία*). 2. το να επηρεάζεται κάποιος ή κάτι εύκολα από φυσική δύναμη, ουσία ή κατάσταση δείχνοντας γρήγορα, συνήθως με πάθηση ή βλάβη, τις συνέπειες από τη δράση τους: ~ *παθολογική· τα χέρια μου έχουν ~ στα απορρυπαντικά* (συνών. *ευπάθεια*). 3. το να επηρεάζεται κανείς εύκολα από ηθικές εντυπώσεις, το να συγκινείται, να προσβάλλεται ή να στενοχωριέται για κάτι: ~ *στην κριτική/στα πειράγματα* (= *ευθιξία*) (αντ. *αναισθησία*). 4α. το να δείχνει κανείς ότι γνωρίζει κάτι καλά, το κατανοεί σε βάθος ή ενδιαφέρεται ιδιαίτερα γι' αυτό: ~ *της κοινής γνώμης σε οικολογικά θέματα· -ες δημοκρατικές του λαού* (αντ. *απάθεια*)· β. (για καλλιτέχνη, λογοτέχνη, κ.τ.ό.): *ζωγράφος με ~ στη χρήση του χρώματος· ~ ενός ποιητή* (συνών. *αισθαντικότητα*). 5. (για επιστημονικό όργανο) το να μπορεί να μετρά πολύ μικρές αλλαγές ενός μεγέθους ή να αντιδρά σε φυσική επίδραση (λ.χ. ήχο, φως) που δύσκολα γίνεται αισθητή: ~ *ζυγαριάς· ~ φωτοκυττάρου·* (φωτογρ.) ~ *φωτογραφικού φιλμ*.

ευαισθητοποίηση η, ουσ. 1. το να γίνεται κανείς ευαίσθητος (βλ.λ. στη σημασ. 4α): ~ *του κοινού στο ζήτημα του ελέγχου των εξοπλισμών*. 2. (ιατρ.) πρόκληση ευαισθησίας του οργανισμού προς ένα αντιγόνο ύστερα από επαφή μαζί του και παραγωγή αντισωμάτων.

ευαισθητοποιώ, ρ. (ασυνίζ.). 1. καθιστώ κάποιον ευαίσθητο (βλ.λ. στη σημασ. 4α): *πρέπει να -ηθούν οι πολίτες για την προστασία των δασών*. 2. (ιατρ.) προκαλώ ευαισθησία προς ένα αντιγόνο.

ευαίσθητος, -η, -ο, επίθ. 1. που αισθάνεται κάτι ή αντιδρά σε κάτι εύκολα (αντ. *αναίσθητος*). 2α. που επηρεάζεται ή παθαίνει κάτι εύκολα εξαιτίας φυσικής δύναμης, ουσίας ή κατάστασης: *δέρμα -ο στον ήλιο* (συνών. *ευπαθής·* αντ. *ανθεκτικός*)· έκφρ. *σημείο -ο, χορδή -η* = εκεί όπου κανείς επηρεάζεται ευκολότερα, παρουσιάζει αδυναμία, δεν μπορεί να αντισταθεί: *βρήκα το -ο σημείο του· άγγιξα την -η χορδή του* (πβ. *σφυγμός*)· β. για θέμα, κ.τ.ό., που μπορεί να προκαλέσει διαφωνίες και συγκρούσεις: *το -ο ζήτημα των φυλετικών διακρίσεων*. 3. που επηρεάζεται εύκολα από ηθικές εντυπώσεις, που προσβάλλεται εύκολα για κάτι και στενοχωριέται συχνά γι' αυτό: *πρόσεχε πως θα του μιλήσεις· είναι -ο παιδί·* (συνεκδοχικά) *ηλικία -η·* (πβ. *εύθικτος, ευσυγκίνητος·* αντ. *αναίσθητος*). 4. που γνωρίζει κάτι (λ.χ. θέμα, πρόβλημα, κατάσταση) σε βάθος, καταλαβαίνει τη σημασία του ή ενδιαφέρεται ιδιαίτερα γι' αυτό: *η κοινή γνώμη είναι πλέον -η σχετικά με τους κινδύνους από τη μόλυνση* (αντ. *απαθής*). 5. (για επιστημονικό όργανο) που μπορεί να μετρά τις ελάχιστες μεταβολές ενός μεγέθους ή αντιδρά σε ανεπαίσθητη φυσική επίδραση: *θερμόμετρο/φιλμ -ο*.

ευάλωτος, -η, -ο, επίθ. 1. (για πόλη, κάστρο, κ.τ.ό.) που καταλαμβάνεται εύκολα (αντ. *απόρθητος, άπαρτος*). 2. που δεν μπορεί να αντιτάξει άμυνα, που είναι απροστάτευτος μπροστά σε κάτι: *οργανισμός ~ από τις ασθένειες· συγγραφέας ~ από τις κριτικές* (συνών. *ευπρόσβλητος·* αντ. *απρόσβλητος, ανθεκτικός*).

ευανάγνωστος, -η, -ο, επίθ. (για γραπτό κείμενο) που διαβάζεται εύκολα: *επιταγή/υπογραφή -η*

(αντ. *δυσανάγνωστος*). - Επίρρ. **-α**.

ευαρέσκεια η, ουσ. (ασυνίζ.), (στην έκφρ. *εκφράζω την ευαρέσκειά μου*) ικανοποίηση που εκφράζει η διοίκηση με αφορμή τη συμπλήρωση μακράς και ευδόκιμης υπηρεσίας δημόσιου υπαλλήλου.

ευάρεστος, -η, -ο, επίθ. (λόγ.), που αρέσει, που ευχαριστεί: *θυσία -η στο θεό* (αντ. *δυσάρεστος*).

Ευβοέας ο, πληθ. *Ευβοείς*, ουσ., αυτός που κατάγεται από την Εύβοια ή κατοικεί σ' αυτήν (συνών. λαϊκ. *Γριπονησιώτης*).

ευβοϊκός, -ή, -ό, επίθ., που ανήκει ή αναφέρεται στην Εύβοια ή τους κατοίκους της.

εύγε, επιφ. (λόγ.), (έκφρ. επιδοκιμασίας) έξοχα! μπράβο!

ευγένεια η, ουσ. (ασυνίζ.). 1. καταγωγή από αρχοντική γενιά, ιδιότητα του ευγενούς: *τίτλος -ειας* (συνών. *αριστοκρατικότητα, αρχοντιά*). 2. ξεχωριστή ποιότητα ήθους, αξία και ανωτερότητα: ~ *ψυχής/πνεύματος· ~ στον τρόπο που αντιμετώπιζε την ήττα* (= *αξιοπρέπεια*)· (για υποδήλωση χαρακτήρα με τις παραπάνω ιδιότητες) ~ *των χαρακτηριστικών/στις κινήσεις*. 3. (ειδικά για τη συμπεριφορά) λεπτότητα στους τρόπους που φανερώνει καλή ανατροφή και κοινωνική μόρφωση: ~ *επιτηδευμένη/φυσική* (συνήθως στον πληθ. ειρων. για φιλοφρονητικές εκδηλώσεις) *άφησε τις -ες και εξήγησέ μου τί έγινε* (= *τσιριμόνιες*). 4. (απαρχ., κάποτε και με τ. *ία*) ως τιμητική προσφών.: *να 'ρθει και η -ία σας*.

ευγενής, -ής, -ές, γεν. -ούς, πληθ. αρσ. και θηλ. -είς, ουδ. -ή, επίθ. 1. (συνήθως για παλαιότερη εποχή) α. που κατάγεται από αρχοντική γενιά, που κατέχει τιμητικούς τίτλους: *γαιοκτήμονας/ οικογένεια ~·* (συνεκδοχικά) *καταγωγή ~* (συνών. *αριστοκρατικός*)· β. το αρσ. ως ουσ. = πρόσωπο που ανήκει σε ευγενή οικογένεια, που φέρει τίτλο: ~ *Γάλλος/ξεπεσμένος· οι πύργοι/τα προνόμια των -ών· οι -είς* (= η προνομιούχα κοινωνική τάξη) *και ο λαός* (συνών. *αριστοκράτης, ευπατρίδης*). 2. που έχει ηθικές και διανοητικές αρετές, που επιβάλλει με την αξία και την ανωτερότητά του το σεβασμό και το θαυμασμό: *χαρακτήρας ~· αισθήματα -ή·* (λόγ., για έκφραση, εμφάνιση) *φυσιογνωμία ~*. 3. (λόγ., για πρόσωπο) που τον χαρακτηρίζει λεπτότητα στους τρόπους, γνώση των κανόνων της καλής συμπεριφοράς (συνηθέστερα *ευγενικός*). 4. (για υλικό, συνήθως φυσικό και όχι τεχνητό) που έχει καλή ποιότητα και χρησιμοποιείται με το καλύτερο αποτέλεσμα: *φαρμακευτικό προϊόν/καλλυντικό με -ή συστατικά*. 5. (χημ.) α. *αέρια -ή* = που δύσκολα αποβάλλουν ή προσλαμβάνουν ηλεκτρόνια (βλ. *ήλιο, νέο, αργό, κρυπτό, ξένο, ραδόνιο·* αλλιώς *αδρανή*)· β. *μέταλλα -ή* = που τα χαρακτηρίζει εξαιρετική αντοχή στην οξείδωση (λ.χ. *άργυρος, χρυσός, λευκόχρυσος·* αλλιώς *πολύτιμα*). - Επίρρ. **-ώς**.

ευγενικός, -ή, -ό, επίθ. 1. που αναφέρεται σε έναν ευγενή (βλ.λ. στη σημασ. 1β), που τον χαρακτηρίζει: *καταγωγή -ή*. 2. που προκαλεί το θαυμασμό και το σεβασμό για την εντιμότητα, την ανιδιοτέλεια και τη γενναιότητά του, γενικώς για την αξία και την ανωτερότητά του: *ο Άγρας υπήρξε από τις πιο -ές μορφές του μακεδονικού αγώνα· χειρονομία/προσφορά -ή·* (για έκφραση, εμφάνιση) *χαρακτηριστικά -ά*. 3. (για πρόσωπο ή συμπεριφορά) που χαρακτηρίζεται από λεπτότητα στους

τρόπους, που ακολουθεί τους κανόνες καλής συμπεριφοράς: *καταστηματάρχης ~ τρόποι -οί· παράκληση -ή* (αντ. *αγενής*). - Επίρρ. **-ά.**
ευγενώς, βλ. *ευγενής.*
εύγευστος, -η, -ο, επίθ. (λόγ.), που έχει ευχάριστη γεύση, νόστιμος.
ευγηρία η, ουσ. (λόγ.), «καλά γεράματα» μόνο στην έκφρ. *οίκος -ίας* = ίδρυμα όπου διαμένουν και βρίσκουν φροντίδα ηλικιωμένα άτομα.
ευγλωττία η, ουσ., το να μιλά κανείς ωραία και πειστικά: ~ *χειμαρρώδης* (συνών. *ευφράδεια, λέγειν*).
εύγλωττος, -η, -ο, επίθ. (λόγ.). 1. (συνήθως για ρήτορα) που μιλά ωραία και πειστικά (συνών. *ευφραδής*). 2. (μεταφ. για συμπεριφορά) που φανερώνει με κατανοητό τρόπο τα αισθήματα ή τις αντιδράσεις κάποιου υπονοώντας αυτά που δε διατυπώνονται: *βλέμμα -ο· σιωπή -η.*
ευγνώμονας, επίθ., μόνο στο αρσ., που αισθάνεται ή εκφράζει ευγνωμοσύνη: *είμαι* ~ (= νιώθω ή χρωστώ ευγνωμοσύνη) (αντ. *αγνώμονας, αχάριστος*).
ευγνωμονώ, ρ. (μόνο στον ενεστ., παρατ. και μέλλ.) αναγνωρίζω σε κάποιον το καλό που μου έκανε, αισθάνομαι ή του εκφράζω την ευγνωμοσύνη μου: *θα σε* ~ *πάντοτε για τη βοήθειά σου* (πβ. *ευχαριστώ*· αντ. *αγνωμονώ*).
ευγνωμοσύνη η, ουσ., το να αισθάνεται κανείς φιλικά αισθήματα απέναντι σε κάποιον για ενεργεσία, χάρη ή προσφορά του και να τα εκδηλώνει: *χρωστώ* ~ *στους γονείς μου· εκφράζω/δείχνω την* ~ *μου* (συνών. *χάρη·* αντ. *αγνωμοσύνη, αχαριστία*).
ευγονία η, ουσ. (λόγ.), απόκτηση υγιών απογόνων.
ευγονική η, ουσ. (βιολ.) ειδικός κλάδος της εφαρμοσμένης βιολογίας που ασχολείται με τη βελτίωση των ειδών.
ευγονικός, -ή, -ό, επίθ. (βιολ.) που σχετίζεται με την ευγονική.
ευδαιμονία η, ουσ., η ευχάριστη και ήρεμη ψυχική διάθεση ανθρώπου (ιδίως του ενάρετου) ικανοποιημένου από τις πράξεις του (συνών. *ευτυχία·* αντ. *δυστυχία*).
ευδαιμονικός, -ή, -ό, επίθ. (λόγ.). 1. που ανήκει ή αναφέρεται στην ευδαιμονία. 2. (για πρόσωπο) που επιδιώκει και υπέρτατο αγαθό την ευδαιμονία.
ευδαιμονισμός ο, ουσ. 1. (φιλοσ.) ηθικό δόγμα κατά το οποίο το σημαντικότερο αγαθό του ανθρώπου και ο υπέρτατος σκοπός των ενεργειών του είναι η ευδαιμονία: ~ *επικούρειος.* 2. (κοιν.) θεωρία που προβάλλει ως υπέρτατο αγαθό του ανθρώπου την υλική ευμάρεια, τις υλικές απολαύσεις.
ευδαιμονιστής ο, θηλ. **-τρια,** ουσ., οπαδός του ευδαιμονισμού (βλ.λ.).
ευδαιμονώ, ρ. (λόγ.), ζω σε κατάσταση ευδαιμονίας (βλ.λ.) (συνών. *ευτυχώ*).
ευδία η, ουσ. (λόγ.), αιθρία, καλοκαιρία.
ευδιάζει, ρ. (ασυνίζ., λόγ.), (απρόσ.) ο καιρός βελτιώνεται, ανοίγει, γαληνεύει.
ευδιαθεσία η, ουσ. (ασυνίζ.), ευχάριστη ψυχική διάθεση: *ξυπνώ/αρχίζω τη δουλειά με* ~ (συνών. *κέφι·* αντ. *αθυμία, ακεφιά*).
ευδιάθετος, -η, -ο, επίθ. (ασυνίζ.), που αισθάνεται ευδιαθεσία (βλ.λ.): *τα καλά νέα μ' έκαναν -ο* (συνών. *καλοδιάθετος, κεφάτος·* αντ. *άκεφος, δύσθυμος, κακοδιάθετος*).

ευδιάκριτος, -η, -ο, επίθ. (ασυνίζ.). 1. που διακρίνεται, που φαίνεται εύκολα: *από την ομίχλη το καράβι δεν ήταν -ο* (αντ. *δυσδιάκριτος*). 2. (μεταφ.) που γίνεται εύκολα αισθητός, αντιληπτός: *διαφορά/επίδραση -η* (συνών. *εμφανής, σαφής, φανερός*).
ευδιάλυτος, -η, -ο, επίθ. (ασυνίζ.), (για στερεό, υγρό ή αέριο) που μπορεί εύκολα να διαλυθεί (αντ. *δυσδιάλυτος*).
ευδιέγερτος, -η, -ο, επίθ. (ασυνίζ.), που διεγείρεται εύκολα: *μυς* ~.
ευδιόμετρο το, ουσ. (ασυνίζ.), (χημ.) όργανο που χρησιμεύει στην ογκομετρική ανάλυση αερίων μιγμάτων (ιδίως του αέρα της αναπνοής για ιατρικούς σκοπούς).
ευδοκία η, ουσ. (λόγ.), (για το Θεό) ευμενής διάθεση, εύνοια.
ευδοκίμηση η, ουσ. (λόγ.), επιτυχία, ανάδειξη, προκοπή.
ευδόκιμος, -η, -ο, επίθ. (λόγ.), (για υπηρεσία) πετυχημένος, αποτελεσματικός, αποδοτικός: *συνταξιοδοτήθηκε ύστερα από τριάντα χρόνια -ης θητείας στη μέση εκπαίδευση.*
ευδοκιμώ, ρ. 1. (λόγ., για πρόσωπο) πετυχαίνω σε κάτι, αναδεικνύομαι, προκόβω: *με σκληρή δουλειά κατόρθωσε γρήγορα να -ήσει.* 2α. (για φυτό σε μέρος όπου το ευνοούν οι συνθήκες) αναπτύσσομαι εύκολα και αποδίδω πολύ καρπό: *στον κάμπο της Ημαθίας -εί η ροδακινιά* (συνών. *ακμάζω*)· **β.** (μεταφ., συνήθως ειρων.) εμφανίζομαι εύκολα: *στο χώρο αυτό δεν -εί η ευθιξία.*
ευδοκώ, ρ. (λόγ.). 1. δέχομαι κάτι με ευμενή διάθεση, δίνω πρόθυμα τη συγκατάθεσή μου. 2. (ειρων.) συμφωνώ με πολλή δυσκολία και καθυστέρηση να κάνω κάτι που ανήκει συνήθως στα καθήκοντα ή τις υποχρεώσεις μου: *ο γραμματέας -ησε επιτέλους να ετοιμάσει τη βεβαίωση* (συνών. *ευαρεστούμαι*).
εύδρομο το, ουσ. (ναυτ.) είδος πολεμικού πλοίου ελαφρότερου, ασθενέστερου αλλά και ταχύτερου από το θωρηκτό, με αποστολή συνήθως την αναγνώριση, τη συνοδεία ή την προστασία των θαλάσσιων οδών: ~ *βαρύ* (ως δέκα χιλιάδων τόννων)/*ελαφρό* (πέντε έως επτάμισυ χιλιάδων τόννων) (αλλιώς *καταδρομικό*).
ευέλικτος, -η, -ο, επίθ. 1. (λόγ.) που ελίσσεται, που συστρέφεται εύκολα: *σώμα -ο* (συνών. *εύκαμπτος, ευλύγιστος·* αντ. *δύσκαμπτος*). 2. (μεταφ. συνήθως για πρόσωπο) που μπορεί να αλλάξει εύκολα και να προσαρμόζεται στις περιστάσεις: *πολιτικός· συμπεριφορά -η.* 3. (για στρατιωτικό τμήμα) που πραγματοποιεί εύκολα ελιγμούς (βλ.λ.).
ευελιξία η, ουσ., το να είναι κάποιος ευέλικτος (βλ.λ.): *ποδοσφαιριστής με ιδιαίτερη* ~ *στην επίθεση·* ~ *του νέου κυβερνητικού σχήματος στη λήψη αποφάσεων·* ~ *ενός λόχου καταδρομέων.*
εύελπης ο, γεν. **-η,** πληθ. **-ιδες, -ίδων,** ουσ., μαθητής της παραγωγικής σχολής των ενόπλων δυνάμεων (*Στρατιωτική Σχολή Ευελπίδων*) που εκπαιδεύεται στη στρατιωτική επιστήμη και τέχνη για να σταδιοδρομήσει ως μόνιμος αξιωματικός του στρατού ξηράς.
ευελπιστώ, ρ. (λόγ.), ελπίζω, έχω μεγάλες ελπίδες: ~ *ότι θα δεχτείτε το αίτημά μου.*
ευέξαπτος, -η, -ο, επίθ., που εξάπτεται, που θυμώνει εύκολα (συνών. *οξύθυμος, οργίλος, αψύς·* αντ. *πράος*).

ευεξήγητος, -η, -ο, επίθ. (λόγ.), που μπορεί εύκολα να εξηγηθεί: *συμπεριφορά -η* (πβ. *ευνόητος·* αντ. *δυσερμήνευτος*).

ευεξία η, ουσ. **1.** καλή κατάσταση της υγείας: ~ *σωματική* (αντ. *καχεξία*). **2.** (μεταφ. για καλή οικονομική κατάσταση): ~ *οικονομική/υλική* (αντ. *καχεξία*).

ευεπηρέαστος, -η, -ο, επίθ. (λόγ.), που μπορεί εύκολα να επηρεαστεί: *χαρακτήρας* ~ (πβ. *ευαίσθητος* στη σημασ. 3).

ευεπίφορος, -η, -ο, επίθ. (λόγ.), που παρασύρεται εύκολα σε κάτι: *άτομο* ~ *σε παράτολμες ενέργειες.*

ευεργεσία η, ουσ., φιλάνθρωπη πράξη, παροχή βοήθειας χωρίς προσδοκία ανταλλάγματος: ~ *αλησμόνητη·* αναγνωρίζω τις *-ες* κάποιου (συνών. *αγαθοεργία*).

ευεργέτημα το, ουσ. **1.** πράξη ή παροχή προς όφελος κάποιου. **2.** (νομ.) ~ *νόμου* = δικαίωμα, χάρη ή προνόμιο που παραχωρείται από το νόμο σε ορισμένα πρόσωπα πέρα από τη γενικότερη ρύθμιση ενός ζητήματος: *επωφελούμαι από τα -ατα του νόμου Χ για τους συνταξιούχους.*

ευεργέτης ο, θηλ. **-ιδα** ή **-ισσα,** ουσ., πρόσωπο που κάνει μεγάλο καλό σε κάποιον ή σε πολλούς, που προσφέρει σημαντική βοήθεια (ιδίως οικονομική για την πραγματοποίηση ενός έργου): ~ *εθνικός· μεγάλος* ~ *του πανεπιστημίου.*

ευεργετικός, -ή, -ό, επίθ. **1.** που κάνει καλό, που έχει ωφέλεια ή χρησιμότητα: *βροχή -ή για τις καλλιέργειες· επίδραση -ή* (συνών. *ευνοϊκός, ωφέλιμος·* αντ. *άχρηστος, βλαβερός*). **2.** (νομ.) για νόμο ή διάταξη νόμου με τα οποία παρέχεται ένα ευεργέτημα (βλ.λ. στη σημασ. 2). - Επίρρ. **-ά.**

ευεργέτισσα, βλ. *ευεργέτης.*

ευεργετώ, ρ., κάνω μεγάλο καλό, παρέχω σημαντική ωφέλεια σε κάποιον ή σε πολλούς: ~ *την πατρίδα· έδειξε αχαριστία σ' αυτόν που τον -ησε* (αντ. *βλάπτω*).

ευερέθιστος, -η, -ο, επίθ. **1.** που ταράζεται ή οργίζεται εύκολα (πβ. *ευέξαπτος*). **2.** (για όργανα ή μέρη του σώματος, ιδίως για το δέρμα) που εύκολα ερεθίζεται (βλ.λ.).

ευζωία η, ουσ., ευτυχισμένη και άνετη ζωή, καλοπέραση.

εύζωνας και **-ος** ο, πληθ. **-ες** και **-ώνοι,** ουσ. (στρατ. - ιστ.) στρατιώτης του ελληνικού στρατού με στολή που μιμείται την παραδοσιακή φορεσιά της ηπειρωτικής Ελλάδας (χαρακτηριστικά: φουστανέλα, τσαρούχια, φέσι) και οπλισμό πεζού, αλλά με ελαφρότερο φόρτο: (σήμερα) *-ες της προεδρικής φρουράς* (κοιν. *τσολιάς*). - Υποκορ. **-άκι** το.

ευζωνικός, -ή, -ό, επίθ., που ανήκει ή αναφέρεται στον εύζωνο, που αποτελείται από ευζώνους: *στολή/φρουρά -ή· σύνταγμα -ό.* - Το ουδ. ως ουσ. = (παλαιότερα) για τις μονάδες ευζώνων ως σύνολο: *υπηρετεί στο* ~.

εύζωνος, βλ. *εύζωνας.*

ευήλιος, -α, -ο, επίθ. (ασυνίζ., λόγ.), που δέχεται άφθονο ηλιακό φως, που λιάζεται καλά: *σπίτι/δωμάτιο -ο* (συνών. *προσήλιος, προσηλιακός·* αντ. *ανήλιος*).

ευημερία η, ουσ., το να ζει κανείς άνετα, χωρίς στερήσεις (συνών. *ευπορία, καλοπέραση·* αντ. *φτώχεια, δυστυχία*).

ευημερισμός ο, ουσ., διδασκαλία του αρχαίου φιλοσόφου Ευήμερου (4.-3. αι. π.Χ.) κατά την οποία οι θεοί ήταν αρχικά άνθρωποι που θεοποιήθηκαν αργότερα.

ευημεριστής ο, θηλ., **-ίστρια,** ουσ. οπαδός του ευημερισμού (βλ.λ.).

ευημερώ,-είς, ρ., ζω άνετα, χωρίς στερήσεις (συνών. *καλοπερνώ, καλοζώ·* αντ. *στερούμαι, δυστυχώ*).

εύηχος, -η, -ο, επίθ., που ηχεί, που ακούγεται ευχάριστα: *όνομα -ο* (αντ. *κακόηχος*).

ευθαλής, -ής, -ές, γεν. *-ούς,* πληθ. αρσ. και θηλ. *-είς,* ουδ. *-ή,* επίθ. (λόγ.), που έχει πλούσια βλάστηση ή άνθιση: *τόπος* ~ (συνών. *θαλερός*).

ευθανασία η, ουσ., ανώδυνος θάνατος, που προκαλείται ή επισπεύδεται με τη χρήση ιατρικών μέσων σε περίπτωση ανίατης ασθένειας: *υπέρμαχος της -ίας.*

ευθαρσής, -ής, -ές, γεν. *-ούς,* πληθ. αρσ. και θηλ. *-είς,* ουδ. *-ή,* επίθ. (λόγ.), που έχει θάρρος: *λόγος* ~ (συνών. *θαρραλέος, θαρρετός·* αντ. *δειλός, άτολμος*). - Επίρρ. **-ώς** = με θάρρος, με παρρησία.

ευθειακός, -ή, -ό, επίθ. (ασυνίζ.), που ανήκει ή αναφέρεται στην ευθεία: *γεωμετρία -ή.*

ευθερμαγωγός, -ός, -ό, επίθ. (φυσ.) που επιτρέπει στη θερμότητα να περάσει εύκολα από τη μάζα του, που είναι καλός αγωγός της θερμότητας: *ο χαλκός είναι -ό μέταλλο* (συνών. *θερμαγωγός·* αντ. *δυσθερμαγωγός*).

εύθετος, -η, -ο, επίθ. (λόγ.), κατάλληλος (συνήθως για χρόνο).

ευθέως, βλ. *ευθύς.*

εύθικτος, -η, -ο, επίθ. (λόγ.), που θίγεται, που προσβάλλεται εύκολα (συνών. *ευερέθιστος*).

ευθιξία η, ουσ. (λόγ.), ιδιαίτερη ευαισθησία σε προσβολή ή πείραγμα: *παραιτήθηκε για λόγους -ίας/από πολιτική* ~.

εύθραυστος, -η, -ο, επίθ. (λόγ.). **1.** που σπάζει εύκολα: *τζάμι -ο* (αντ. *άθραυστος*). **2.** (μεταφ.) που προσβάλλεται εύκολα, ευπαθής: *υγεία -η· η ισορροπία της φύσης είναι ιδιαίτερα -η* (συνών. *ευαίσθητος*). **3.** (για πρόσωπο) λεπτεπίλεπτος, ντελικάτος: *κοπέλα -η.*

ευθύαυλος, ουσ. (λόγ.) πνευστό μουσικό όργανο, κοινώς κλαρίνο.

ευθυβολία η, ουσ. (λόγ.). **1.** βολή εύστοχη. **2.** το να είναι κάτι ευθύβολο (βλ.λ.).

ευθύβολος, -η, -ο, επίθ., που πετυχαίνει το στόχο, που κάνει εύστοχη βολή: *όπλο -ο· κυνηγός* ~.

ευθυβολώ, ρ., πετυχαίνω (εύκολα) το στόχο, κάνω εύστοχη βολή.

ευθυγραμμία η, ουσ., το να είναι κάτι ευθύγραμμο.

ευθυγραμμίζω, ρ. **1.** τοποθετώ σε ευθεία γραμμή: ~ *τους μαθητές που θα παρελάσουν.* **2.** κάνω κάτι ευθύγραμμο: ~ *τη σιδερένια βέργα* (συνών. *ισιώνω·* αντ. *στραβώνω*). **3.** (μεταφ.) προσαρμόζω, συνταιριάζω: *οι υπουργοί συμφώνησαν να -ίσουν την πολιτική τους.*

ευθυγράμμιση η, ουσ. **1.** τοποθέτηση σε ευθεία γραμμή. **2.** το να γίνει κάτι ευθύγραμμο, ίσιο: ~ *του δρόμου.* **3.** (μεταφ.) κοινή γραμμή, ταύτιση: *στη συνάντηση αποφασίστηκε* ~ *των δύο χωρών σε θέματα παιδείας.* **4.** (γλωσσολ.) εξομάλυνση αναλογικά σ' ένα ουδέτερο πρότυπο.

ευθύγραμμος, -η, -ο, επίθ. **1.** που βρίσκεται (ή κινείται) σε ευθεία (γραμμή): *δρόμοι -οι* (συνών. *ευθύς, ίσιος*). **2.** που αποτελείται από ευθείες γραμ-

ευθυκρισία

μές: *σχήματα -α.* 3. (γεωμ.) που μελετά τα ευθύγραμμα σχήματα: *γεωμετρία -η.*
ευθυκρισία η, ουσ., ορθή, δίκαιη σκέψη και κρίση (αντ. *ακρισία*).
εύθυμα, βλ. *εύθυμος.*
ευθυμία η, ουσ. 1. το να είναι κανείς εύθυμος (βλ.λ.), χαρούμενη διάθεση (συνών. *κέφι·* αντ. *αθυμία, δυσθυμία, ακεφιά*). 2. ευδιαθεσία εξαιτίας ποτού, ελαφρά μέθη.
ευθυμογράφημα το, ουσ., κείμενο (σε εφημερίδα ή περιοδικό) που προκαλεί γέλιο, ευθυμία.
ευθυμογραφία η, ουσ., συγγραφή ευθυμογραφημάτων (βλ.λ.).
ευθυμογραφικός, -ή, -ό, επίθ., που ανήκει ή αναφέρεται σε ευθυμογράφημα: *άρθρο -ό.*
ευθυμογράφος ο, ουσ., αυτός που γράφει ευθυμογραφήματα (βλ.λ.): *νεοέλληνες -οι.*
ευθυμογραφώ, ρ., γράφω ευθυμογραφήματα.
ευθυμολόγημα το, ουσ., λόγος αστείος, ευχάριστος, εύθυμος, λόγος που προκαλεί γέλιο (συνών. *ευθυμολογία* στη σημασ. 2).
ευθυμολογία η, ουσ. 1. το να λέει κανείς αστεία. 2. (συνεκδοχικά) λόγος αστείος (συνών. *ευθυμολόγημα*).
ευθυμολόγος ο, ουσ., αυτός που λέει ευθυμολογήματα (συνών. *χαριτολόγος, χωρατατζής*).
εύθυμος, -η, -ο, επίθ. 1. που έχει καλή διάθεση, που είναι γελαστός και ευδιάθετος: *συντροφιά -η* (συνών. *χαρούμενος, κεφάτος·* αντ. *δύσθυμος, σκυθρωπός, άκεφος, κατσούφης*). 2. που προκαλεί χαρούμενη διάθεση, φαιδρός: *κείμενο -ο· υπόθεση -η· επεισόδιο -ο* (συνών. *αστείος, κωμικός*). -Επίρρ. **-α.**
ευθυμώ, ρ. 1. είμαι εύθυμος, βρίσκομαι σε χαρούμενη ψυχική κατάσταση (αντ. *δυσθυμώ*). 2. διασκεδάζω πίνοντας.
ευθύνη η, ουσ. 1. υποχρέωση που έχει κάποιος να εκτελέσει κάποιο έργο και να λογοδοτήσει γι' αυτό: *την ~ για το πρόγραμμα έχει το υπουργείο· εγώ δε συμφωνώ· θα το κάνεις με δική σου ~· αίσθημα -ης.* 2. (νομ.) συνέπειες για κακή διαχείριση έργου ή για παραβίαση ηθικής υποχρέωσης, αρχών ή εντολής: *ο οδηγός του αυτοκινήτου έχει την ~ για το ατύχημα.* Φρ. *αναλαμβάνω την ~ (για κάτι)* (= παραδέχομαι ότι προκάλεσα κάτι): *την ~ για τη βομβιστική ενέργεια ανέλαβε η τρομοκρατική οργάνωση.*
ευθυνολογία η, ουσ., το να μιλά κανείς υπερβολικά για ευθύνες.
ευθύνομαι, ρ., είμαι υπαίτιος για κάτι, προκαλώ κάτι κακό: *για την κακή κατάσταση της εταιρείας -εται το διοικητικό συμβούλιο.*
ευθυνοφοβία η, ουσ., το να φοβάται κανείς να αναλάβει ευθύνες.
ευθυνόφοβος, -η, -ο, επίθ., που φοβάται να αναλάβει ευθύνες: *υπάλληλοι -οι.*
ευθύπλευρος, -η, -ο, επίθ. (μαθημ.) που έχει ευθείες πλευρές. - Πβ. *εγγραφή.*
ευθύς, επίρρ., (λόγ.), αμέσως, χωρίς καθυστέρηση: *~ ως...· ~ αμέσως...*
ευθύς, -εία, -ύ, γεν. *-έος*, πληθ. αρσ. *-είς* επίθ. (λόγ.). 1. που εκτείνεται σε μια διεύθυνση μόνο χωρίς καμπές, ευθύγραμμος: *γραμμή -εία· δρόμος ~* (συνών. *ίσιος*). 2. (νόμ., για πρόσωπα που κατάγονται άμεσα το ένα από το άλλο): *συγγενείς αίματος σε -εία γραμμή* (αντ. *πλάγια*). 3. (μεταφ. για πρόσωπο) ειλικρινής: *χαρακτήρας ~· λόγος ~*

540

(συνών. *ντόμπρος, έντιμος·* αντ. *ανειλικρινής*). - Το θηλ. ως ουσ. = α. (γεωμ.) ίσια γραμμή, γραμμή που πάνω της εφαρμόζει μια τεντωμένη κλωστή: *η -εία είναι η πιο απλή από τις γραμμές·* β. εκφρ. *τελική -εία* (α. προς μια κατεύθυνση): *οι δρομείς μπήκαν όλοι μαζί στην τελική -εία της διαδρομής·* (β. μεταφ. το τελευταίο στάδιο ενέργειας, δραστηριότητας, κατάστασης, κλπ.): *η χώρα μπήκε στην τελική -εία για τις εκλογές.* 2. (ως επίρρ. για να δηλωθεί σταθερή κατεύθυνση): *στρίψε αριστερά και ύστερα προχώρησε -εία* (συνών. *ίσια*). - Επίρρ. **ευθέως** στη σημασ. 3: *δεν τόλμησε να του μιλήσει ευθέως.*
ευθυτενής, -ής, -ές, γεν. *-ούς*, πληθ. αρσ. και θηλ. *-είς*, ουδ. *-ή*, επίθ. (λόγ.), ευθύς, ίσιος· (για ανθρώπινο σώμα) που στέκεται ίσιο και καμαρωτό: *παράστημα -ές* (αντ. *σκυφτός, καμπουριασμένος*).
ευθύτητα η, ουσ. 1. (λόγ.) το να είναι κάτι ευθύ (βλ.λ. σημασ. 1), ευθύγραμμη τοποθέτηση ή διεύθυνση: *~ του δρόμου* (συνών. *ισιάδα·* αντ. *κυρτότητα, καμπυλότητα*). 2. (μεταφ.) ειλικρίνεια, *~ χαρακτήρα* (συνών. *ντομπροσύνη, ακεραιότητα, εντιμότητα·* αντ. *ανεντιμότητα*).
ευκαιρία η, ουσ. 1α. ευνοϊκή, κατάλληλη περίσταση: *είναι ~ να κάνουμε αυτό το ταξίδι·* β. δυνατότητα: *δος μου την ~ να επανορθώσω.* 2. χρόνος διαθέσιμος, ελεύθερος από υποχρεώσεις: *με την πρώτη ~ θα σου γράψω.* 3. (συνήθως στον πληθ.) εμπορεύματα που αγοράζονται φτηνά.
εύκαιρος, -η, -ο, επίθ. 1. (για πρόσωπο) που είναι διαθέσιμος, που έχει χρόνο ελεύθερο: *σπάνια είναι ~* (αντ. *απασχολημένος, πολυάσχολος*). 2. (για χώρο, κτήριο, σκεύος, κλπ.) άδειος: *σπίτι/ καΐκι/βαρέλι -ο* (συνών. *κενός·* αντ. *πλήρης, γεμάτος*). 3. (για λόγο) ανόητος, κούφιος.
ευκαιρώ, ρ., έχω διαθέσιμο χρόνο, δεν είμαι απασχολημένος: *δεν -ησα για να σε επισκεφθώ* (συνών. *αδειάζω*).
ευκάλυπτος ο, ουσ., ψηλό αειθαλές δέντρο με αρωματικά φύλλα που χρησιμοποιούνται στη φαρμακευτική.
εύκαμπτος, -η, -ο, επίθ. (ερρ., λόγ.), που κάμπτεται, που λυγίζει εύκολα: *σώμα -ο* (συνών. *ευλύγιστος, ελαστικός·* αντ. *δύσκαμπτος*).
ευκαμψία η, ουσ., το να κάμπτεται, να λυγίζει κάποιος ή κάτι εύκολα: *~ του χαλκού/του κορμιού* (συνών. *πλαστικότητα, ελαστικότητα, λυγεράδα·* αντ. *δυσκαμψία*).
ευκατάστατος, -η, -ο, επίθ., που βρίσκεται σε καλή οικονομική κατάσταση, που είναι σχετικά πλούσιος: *κατάγεται από οικογένεια -η* (συνών. *εύπορος·* αντ. *άπορος, φτωχός*).
ευκαταφρόνητος, -η, -ο, επίθ., που αξίζει να τον περιφρονούν, που δεν τον υπολογίζει κανείς: *χρηματικό ποσό -ο· αντίπαλος διόλου ~* (συνών. *ασήμαντος·* αντ. *υπολογίσιμος*).
ευκέλαιο, βλ. *ευχέλαιο.*
ευκή, βλ. *ευχή.*
ευκινησία η, ουσ. 1. ευχέρεια, ευκολία κινήσεων: *τα παιδιά έχουν μεγάλη ~* (συνών. *σβελτάδα, ευλυγισία·* αντ. *δυσκινησία, δυσκαμψία*). 2. (μεταφ.) ευστροφία: *~ του μυαλού* (συνών. *εξυπνάδα·* αντ. *νωχέλεια, νωθρότητα*).
ευκίνητος, -η, -ο, επίθ. (κυριολεκτικά και μεταφ.) που κινείται εύκολα και γρήγορα: *ζώο -ο* (συνών. *σβέλτος·* αντ. *δυσκίνητος, δύσκαμπτος, αργός*).
ευκλείδειος, -α, -ο, επίθ. (ασυνίζ.), που αναφέρε-

ται στον Ευκλείδη: *θεώρημα -ο· γεωμετρία -α.*
ευκοίλιος, -α, -ο, επίθ. (ασυνίζ). **1.** (για τροφή ή φάρμακο) που διευκολύνει την κένωση του εντέρου: *τα χόρτα είναι -α· χάπια -α.* **2.** (για πρόσωπο) που αφοδεύει εύκολα (αντ. στις σημασ. 1 και 2 *δυσκοίλιος*). - Το θηλ. ως ουσ. = ευκοιλιότητα (βλ.λ.).
ευκοιλιότητα η, ουσ. (ασυνίζ.), (ιατρ.) εντερική πάθηση που χαρακτηρίζεται από συχνές και υδαρείς κενώσεις (συνών. *διάρροια·* αντ. *δυσκοιλιότητα*).
εύκολα, βλ. *εύκολος.*
ευκολία η, ουσ. **1.** το να είναι κάτι εύκολο (βλ.λ.), ευχέρεια: *διαβάζει με ~* (αντ. *δυσκολία, δυσχέρεια, ζόρι*). **2.** (μεταφ.) εξυπηρέτηση, (χρηματική) διευκόλυνση: *ζήτησε να του κάνει μια μικρή ~* (συνών. *δανεισμός, εκδούλευση*). **3.** (στον πληθ.) οι ανέσεις της ζωής, η αφθονία των αγαθών: *έχει πολλές -ίες στο σπίτι του.*
ευκολόβραστος, -η, -ο, επίθ., που βράζει εύκολα: *όσπρια -α* (αντ. *δυσκολόβραστος*).
ευκολοδιάβαστος, -η, -ο, επίθ. (συνιζ.), που διαβάζεται εύκολα: *κείμενο/βιβλίο/γράμμα -ο* (συνών. *ευανάγνωστος·* αντ. *δυσκολοδιάβαστος, δυσανάγνωστος*).
ευκολονόητος, -η, -ο, επίθ., που εύκολα τον καταλαβαίνει κανείς: *είναι -ο ότι...* (συνών. *ευνόητος·* αντ. *δυσκολονόητος, δυσνόητος*).
ευκολόπιστος, -η, -ο, επίθ. α. που πιστεύει κάτι εύκολα: *γυναίκα -η* (συνών. *εύπιστος·* αντ. *δύσπιστος, δυσκολόπιστος*) β. αφελής, αγαθός.
εύκολος, -η, -ο, επίθ., **1.** που χρειάζεται λίγο χρόνο ή λίγο κόπο για να γίνει: *δουλειά -η· δεν είναι -ο να κρίνουμε τον εαυτό μας* (συνών. *άνετος, άκοπος·* αντ. *δύσκολος*). **2.** (για πρόσωπο) που δε δημιουργεί δυσκολίες, βολικός (συνών. *καλόβολος·* αντ. *δύσκολος, δύστροπος*). - Επίρρ. **-α** (στη σημασ. 1): *το βρήκα να το σπίτι σας.*
ευκολοχώνευτος, -η, -ο, επίθ., που χωνεύεται εύκολα: *φαγητό -ο* (συνών. *εύπεπτος, χωνευτικός·* αντ. *δύσπεπτος, δυσκολοχώνευτος*).
ευκολύνω, ρ. **1.** φροντίζω, ενεργώ έτσι ώστε κάτι να γίνει εύκολο: *η πρωτοβουλία σου κάθε άλλο παρά -ει τα πράγματα* (συνών. *διευκολύνω, βοηθώ·* αντ. *δυσχεραίνω, δυσκολεύω*). **2.** βοηθώ κάποιον να αντιμετωπίσει δύσκολες περιστάσεις, δίνω υλική βοήθεια: *τον -όλυνε ο πατέρας μου, όταν είχε οικονομικά προβλήματα.* **3.** (μέσ.) είμαι σε θέση να κάνω κάτι: *δεν -λύνθηκε ακόμη να πληρώσει το χρέος του.*
ευκοσμία η, ουσ. (λόγ.), κοσμιότητα: *η επέτειος γιορτάστηκε με ~* (συνών. *ευπρέπεια·* αντ. *απρέπεια, ακοσμία*).
εύκρατος, -η, -ο, επίθ., που δεν είναι ούτε πολύ ψυχρός ούτε πολύ θερμός: *κλίμα -ο· ζώνη -η· χώρες -ες* (συνών. *ήπιος, μαλακός*).
ευκρίνεια η, ουσ. (ασυνίζ., λόγ.), σαφήνεια, καθαρότητα: *~ ύφους/νοημάτων.*
ευκρινής, -ής, -ές, γεν. *-ούς,* πληθ. αρσ. και θηλ. *-είς,* ουδ. *-ή,* επίθ. (λόγ.), που διακρίνεται εύκολα και καθαρά: *ήχος/λόγος ~* (συνών. *σαφής, καθαρός·* αντ. *συγκεχυμένος, ασαφής*). - Επίρρ. **-ώς.**
ευκταίος, -α, -ο, επίθ. (λόγ), που ευχόμαστε να γίνει, επιθυμητός: *θα ήταν -ο να τον είχαμε συνεργάτη* (αντ. *ανεπιθύμητος, απευκταίος*). [*εύχομαι*].
ευκτική η, ουσ. (γραμμ.) μια από τις εγκλίσεις του ρήματος στην αρχαία ελληνική γλώσσα που φανερώνει ευχή.

ευλάβεια η, ουσ. (ασυνίζ.), σεβασμός προς τα θεία: *προσκύνησε την εικόνα με ~· ~ βαθιά/επιφανειακή/υποκριτική* (συνών. *ευσέβεια, θεοσέβεια·* αντ. *ασέβεια*).
ευλαβής, -ής, -ές, γεν. *-ούς,* πληθ. αρσ. και θηλ. *-είς,* ουδ. *-ή,* επίθ., που σέβεται τα θεία: *χριστιανός ~* (συνών. *θεοσεβούμενος, ευσεβής, θρήσκος·* αντ. *ασεβής*). - Επίρρ. **-ώς.**
ευλαβητικός, -ή, -ό, επίθ., ευλαβής (βλ.λ.). - Επίρρ. **-ά.**
ευλαβικός, -ή, -ό, επίθ., ευλαβής (βλ.λ.). - Επίρρ. **-ά.**
ευλαβώς, βλ. *ευλαβής.*
εύληπτος, -η, -ο, επίθ. (λόγ.), (μεταφ.) που γίνεται εύκολα κατανοητός: *μάθημα/βιβλίο -ο* (συνών. *ευκολονόητος, απλός·* αντ. *δυσνόητος, στριφνός, ακαταλαβίστικος*).
εύλογα, βλ. *εύλογος.*
ευλόγημα και (λαϊκ.) **βλόγημα** το, ουσ. **1.** ευλογία που γίνεται από τον παπά (συνών. *ευλόγηση, εξαγιασμός*). **2.** (ο τ. στον πληθ., λαϊκ.) στέγη, γάμος, στεφάνωμα: *καλά βλογήματα.*
ευλόγηση η, ουσ., ευλογία που γίνεται από τον παπά (συνών. *ευλόγημα, αγιασμός*).
ευλογητάρια τα, ουσ. (ασυνίζ.), (εκκλ.) τροπάρια που ψάλλονται στον όρθρο (βλ.λ.) και αρχίζουν με τη φράση: «Ευλογητός εί...».
ευλογητικός, -ή, -ό, και (λαϊκ.) **βλογητικός,** επίθ., που ανήκει ή αναφέρεται στην ευλογία. -Το θηλ. ως ουσ. = (λαϊκ.) νόμιμη σύζυγος (συνών. *στεφανωτός*).
ευλογητός, -ή, -ό, επίθ., που πρέπει ή είναι άξιος να ευλογηθεί από κάποιον, να δοξαστεί: *~ ο Θεός.* - Το ουδ. ως ουσ. (λαϊκ.) = σύντομη εκφώνηση με την οποία αρχίζει ο ιερέας μια ακολουθία· φρ. *βάζω -ό(ς)* = (για ιερέα) αρχίζω μια ακολουθία· (μεταφ.) κάνω αρχή, αρχίζω μια εργασία.
ευλογία η, ουσ. **1.** αγιασμός που γίνεται από τον ιερέα με ευχές, ραντισμούς, θυμίαμα, κλπ. (συνών. *καθαγιασμός*). **2.** ευχετική κίνηση του χεριού ιερωμένου. **3.** (εκκλ.) ο «άρτος» που προσφέρεται από τους πιστούς για την τέλεση του μυστηρίου της Θείας Ευχαριστίας, καθώς και τα κομμάτια του «άρτου» που μοιράζονται στους πιστούς, το πρόσφορο και το αντίδωρο. **4α.** ευχή που δίνουν οι γέροι στους νεότερους: *τον ακολουθεί παντού η ~ των γονιών του* (αντ. *κατάρα*) **β.** (στον πληθ.) ενθάρρυνση ή ανοχή: *έκανε αταξίες με τις -ες των συναδέλφων του.* Έκφρ. *~ Θεού* για κάτι που προκαλεί ευτυχία): *τα παιδιά είναι ~ Θεού.*
ευλογιά και (λαϊκ.) **βλογιά** η, ουσ. (ασυνίζ.), λοιμώδης εξανθηματική αρρώστια.
εύλογος, -η, -ο, επίθ. **1.** λογικός: *αντίδραση -η· η εκκρεμότητα τακτοποιήθηκε σε -ο χρονικό διάστημα· προθεσμία -η* (συνών. *δικαιολογημένος·* αντ. *παράλογος, αδικαιολόγητος*). **2.** αληθοφανής, πιθανός: *δικαιολογία -η.* - Επίρρ. **-α.**
ευλογοφάνεια η, ουσ. (ασυνίζ.), το να φαίνεται κάτι εύλογο και πιθανό: *τα επιχειρήματά του έχουν ~* (συνών. *αληθοφάνεια*).
ευλογοφανής, -ής, -ές, γεν. *-ούς,* πληθ. αρσ. και θηλ. *-είς,* ουδ. *-ή,* επιθ., που φαίνεται εύλογος, δικαιολογημένος: *συμπεράσματα -ή* (συνών. *αληθοφανής*).
ευλογώ,-είς, και (λαϊκ.) **βλογώ,** ρ. **1.** (για ιερωμένο) δίνω την ευχή μου με συμβολική κίνηση του

ευλυγισία

δεξιού χεριού: *ο ιεράρχης ευλόγησε τους πιστούς.* 2. (για ιερέα) τελώ ένα μυστήριο (συνήθως το γάμο). 3. (για γονιό ή ηλικιωμένο) δίνω την ευχή μου στα παιδιά μου ή σε νεότερούς μου: *τον ευλόγησε ο πατέρας του* (αντ. *καταριέμαι*). - Οι μτχ. παθ. παρκ. *ευλογημένος* και *βλογημένος* ως επίθ. = α. που έχει ευλογηθεί ή είναι άξιος ευλογίας: *-ο το όνομα του Κυρίου* (συνών. *αγιασμένος*)· έκφρ. *-η η ώρα κι η στιγμή* (λ.χ. *που τον γνώρισα*)· β. (έκφραση δυσφορίας) δυστυχισμένος, ταλαίπωρος, απρόσεχτος: *τον ευλογημένο! ευλογημένε, πρόσεχε!*

ευλυγισία η, ουσ., το να είναι κάτι ευλύγιστο, να κάμπτεται εύκολα: *~ του παιδικού σώματος* (συνών. *ευκαμψία, ευκινησία, ελαστικότητα*· αντ. *δυσκαμψία, αλυγισιά*).

ευλύγιστος, -η, -ο, επίθ. 1. που λυγίζει εύκολα: *βλαστός ~* (συνών. *εύκαμπτος, λυγερός, ευκίνητος*· αντ. *δύσκαμπτος*). 2. (μεταφ.) που εύκολα αλλάζει γνώμη (συνών. *άστατος, ασταθής, ενδοτικός*· αντ. *αμετάπειστος, ισχυρογνώμονας*). - Επίρρ. **-α.**

ευμάρεια η, ουσ. (ασυνίζ., λόγ.), αφθονία υλικών αγαθών (συνών. *ευπορία, ευημερία, άνεση, πλούτος*· αντ. *ανέχεια, απορία, πενία*).

ευμένεια η, ουσ. (ασυνίζ.), ευνοϊκή διάθεση, αγαθή πρόθεση: *είδαν το νέο συνάδελφο με ~* (συνών. *εύνοια, συμπάθεια*· αντ. *δυσμένεια*).

ευμενής, -ής, -ές, γεν. *-ούς*, πληθ. αρσ. και θηλ. *-είς*, ουδ. *-ή*, επίθ., που είναι ευνοϊκά διατεθειμένος απέναντι σε κάποιον: *κρίση/υποδοχή ~* (συνών. *ευνοϊκός, καλοπροαίρετος*· αντ. *δυσμενής*). - Επίρρ. **-ώς.**

ευμετάβλητος, -η, -ο, επίθ., που μεταβάλλεται εύκολα: *καιρικές συνθήκες -ες· πολιτική κατάσταση -η* (συνών. *άστατος, ασταθής*· αντ. *αμετάβλητος, σταθερός*).

ευνόητος, -η, -ο, επίθ., που κατανοείται εύκολα: *δεν ήρθε για -ους λόγους· είναι -ο ότι...* (συνών. *ευκολονόητος*· αντ. *δυσνόητος*).

εύνοια η, ουσ. (ασυνίζ.). 1. ευμενής διάθεση απέναντι σε κάποιον: *~ της τύχης* (συνών. *προτίμηση*). 2. μεροληπτικό ενδιαφέρον: *έχει την ~ του διευθυντή* (συνών. *ευμένεια*· αντ. *δυσμένεια*).

ευνοϊκός, -ή, -ό, επίθ. 1. που είναι ευμενής απέναντι σε κάποιον: *κριτική -ή* (συνών. *φιλικός*· αντ. *δυσμενής*). 2. που συμφωνεί με την επιθυμία ή με το συμφέρον κάποιου: *όροι -οί· ρυθμίσεις -ές.* 3. κατάλληλος, που βοηθά: *άνεμος/καιρός ~* (αντ. *ακατάλληλος, απρόσφορος*). - Επίρρ. **-ά.**

ευνοιοκρατία η, ουσ. (ασυνίζ.), το να προτιμούνται φιλικά ή συγγενικά πρόσωπα για την κατάληψη ανώτερων θέσεων και αξιωμάτων αντί των ικανών και των κατάλληλων: *πάταξη της -ας* (συνών. *φαβοριτισμός*· αντ. *αξιοκρατία*).

ευνομία η, ουσ., ύπαρξη και εφαρμογή δίκαιων νόμων, χρηστή διοίκηση.

εύνομος, -η, -ο, επίθ. (λόγ.), που κυβερνάται με σωστούς και δίκαιους νόμους: *χώρα -η* (συνών. *καλοδιοίκητος*· αντ. *κακοδιοίκητος, κακοκυβέρνητος*).

ευνομούμαι, ρ. (συνήθως για χώρα) διοικούμαι με δίκαιους νόμους: *κράτος -ούμενο* (αντ. *κακοδιοικούμαι*).

ευνουχίζω, ρ. 1. αφαιρώ ή καταστρέφω τους γεννητικούς αδένες άνδρα ή ζώου (συνών. *μουνουχίζω*). 2. (μεταφ.) αφαιρώ τα δικαιώματα κάποιου: *ο νόμος -ει την ελευθερία του τύπου* (συνών. *περιορίζω*).

ευνούχισμα το, ουσ., ευνουχισμός (βλ.λ.).

ευνουχισμός ο, ουσ. 1. αφαίρεση ή καταστροφή των γεννητικών αδένων άνδρα ή ζώου (συνών. *μουνούχισμα, ευνούχισμα, εκτομή*). 2. (μεταφ.) περιορισμός δικαιώματος: *~ των ατομικών ελευθεριών.*

ευνούχος ο, ουσ. 1. άνδρας ή ζώο που του αφαίρεσαν ή του κατέστρεψαν τους γεννητικούς αδένες (συνών. *μουνούχος*). 2. (ειδικά) θαλαμηπόλος και φύλακας των γυναικών της Ανατολής.

ευνοώ, ρ. 1. δείχνω μεροληπτικό ενδιαφέρον απέναντι σε κάποιον: *η ομάδα ευνοήθηκε από το διαιτητή* (συνών. *μεροληπτώ*). 2. έχω ευνοϊκή διάθεση απέναντι σε κάποιον ή κάτι, βλέπω με καλό μάτι: *ο πρόεδρος δεν -εί μια τέτοια πρωτοβουλία.* 3. βοηθώ κάποιον να πετύχει το σκοπό του, συμβάλλω στην επιτυχία κάποιου σκοπού: *-ήθηκε από την τύχη· η οικονομική ανάπτυξη -όησε την άνθηση των γραμμάτων.* - Η μτχ. μέσ. ενεστ. *ευνοούμενος* ως ουσ. = που έχει την εύνοια ισχυρού προσώπου, που εκμεταλλεύεται την εύνοια κάποιου άλλου και επωφελείται από αυτήν: *-οι του προέδρου.*

ευοδώνω, ρ. (λόγ.). Ι. (ενεργ.) βάζω κάτι σε καλό δρόμο, οδηγώ κάτι σε καλό τέλος: *η επιτροπή ευόδωσε το έργο της* (συνών. *πραγματοποιώ*· αντ. *ματαιώνω, υπονομεύω*). ΙΙ. (μέσ.) μπαίνω σε καλό δρόμο, έχω καλό τέλος: *ευοδώθηκαν οι διαπραγματεύσεις/οι προσπάθειές του* (συνών. *εκπληρώνομαι, πετυχαίνω, τελεσφορώ*· αντ. *αποτυχαίνω, ματαιώνομαι*).

ευόδωση η, ουσ. (λόγ.), καλή πορεία, αίσια έκβαση: *~ των προσπαθειών* (συνών. *επιτυχία, ευδοκίμηση*· αντ. *αποτυχία, ματαίωση*).

ευοίωνος, -η, -ο, επίθ. (λόγ.), που προμηνύει κάτι καλό, αισιόδοξος: *προβλέψεις/προοπτικές -ες* (αντ. *δυσοίωνος, απαισιόδοξος*).

ευπάθεια η, ουσ. (ασυνίζ.). 1. έλλειψη αντοχής του οργανισμού στις παθήσεις, το να προσβάλλεται εύκολα από αρρώστιες: *έχει ~ στα μάτια/στα νεύρα* (συνών. *ευαισθησία*). 2. (φυσ.) ιδιότητα οργάνου να σημειώνει και τις ελάχιστες εξωτερικές αλλοιώσεις ή επιδράσεις: *~ πυξίδας/βαρόμετρου* (συνών. *ακρίβεια, ευαισθησία*).

ευπαθής, -ής, -ές, γεν. *-ούς*, πληθ. αρσ. και θηλ. *-είς*, ουδ. *-ή*, επίθ. (λόγ.). 1. που αρρωσταίνει εύκολα, που ο οργανισμός του δεν έχει αντοχή: *άτομο/στομάχι -ές* (συνών. *ευαίσθητος, ασθενικός, ευπρόσβλητος, φιλάσθενος*· αντ. *εύρωστος, γερός*). 2. (για τρόφιμα) που υπόκειται σε αλλοίωση με το πέρασμα του χρόνου και με την έλλειψη κατάλληλης θερμοκρασίας. 3. (φυσ., για όργανο) που σημειώνει και τις πιο μικρές εξωτερικές αλλαγές και επιδράσεις: *σεισμογράφος ~* (συνών. *ακριβής, ευαίσθητος*).

ευπαρουσίαστος, -η, -ο, επίθ., που έχει καλή εμφάνιση, καλό παρουσιαστικό: *κοπέλα -η* (συνών. *εμφανίσιμος*· αντ. *άσχημος, δύσμορφος*).

ευπατρίδης ο, ουσ. 1. αυτός που κατάγεται από αριστοκρατική οικογένεια (συνών. *ευγενής*· αντ. *πληβείος, αστός*). 2. (ειδικά) που ανήκε στην ανώτερη κοινωνική τάξη των αρχαίων Αθηναίων και της Ρώμης.

ευπείθεια η, ουσ. (ασυνίζ., λόγ.), το να υπακούει κανείς πρόθυμα: *~ στους νόμους* (συνών. *υπακοή,*

υποταγή· αντ. *απείθεια, ανυπακοή).*
ευπειθής, -ής, -ές, γεν. *-ούς,* πληθ. αρσ. και θηλ. *-είς,* ουδ. *-ή,* επίθ. (λόγ.), που υπακούει με προθυμία: *πολίτης ~* (συνών. *πειθήνιος, υπάκουος, πειθαρχικός·* αντ. *απειθής, ανυπάκουος, απείθαρχος).*
εύπεπτος, -η, -ο, επίθ. (για τροφή) που χωνεύεται εύκολα: *τα όσπρια δεν είναι -α* (συνών. *ευκολοχώνευτος·* αντ. *δύσπεπτος, δυσκολοχώνευτος).*
ευπιστία η, ουσ. (λόγ.). 1. το να πιστεύει κανείς κάτι με ευκολία (αντ. *δυσπιστία).* 2. αφέλεια, απλοϊκότητα.
εύπιστος, -η, -ο, επίθ. 1. που πιστεύει κάτι εύκολα (συνών. *ευκολόπιστος·* αντ. *δύσπιστος).* 2. αφελής (συνών. *απλοϊκός, αγαθός, μωρόπιστος).*
εύπλαστος, -η, -ο, επίθ. 1. που πλάθεται εύκολα: *υλικά -α· χαρακτήρας των παιδιών ~* (αντ. *άπλαστος).* 2. (μεταφ.) που έχει καλή διάπλαση, καλοφτιαγμένος: *σώμα -ο* (συνών. *αρμονικός, σύμμετρος·* αντ. *ασουλούπωτος, κακοφτιαγμένος).*
ευπορία η, ουσ. (λόγ.), πλούτος, αφθονία αγαθών (συνών. *ευημερία, ευμάρεια, ευπραγία·* αντ. *απορία, ανέχεια).*
εύπορος, -η, -ο, επίθ., που έχει άφθονους πόρους, άφθονα υλικά αγαθά: *κατάγεται από -η οικογένεια* (συνών. *ευκατάστατος, πλούσιος·* αντ. *άπορος, φτωχός).*
ευπορώ, ρ., είμαι εύπορος, ευκατάστατος.
ευπραγία η, ουσ. (λόγ.), καλή οικονομική κατάσταση, οικονομική άνεση (συνών. *ευπορία, ευμάρεια, πλούτος·* αντ. *απορία, ανέχεια).*
ευπρέπεια η, ουσ. (ασυνίζ.). 1. επιμελημένη εξωτερική εμφάνιση: *~ σπιτιού/γραφείου.* 2. καλοί τρόποι, ευγενική συμπεριφορά (συνών. *κοσμιότητα, ευγένεια·* αντ. *απρέπεια).*
ευπρεπής, -ής, -ές, γεν. *-ούς,* πληθ. αρσ. και θηλ. *-είς,* ουδ. *-ή,* επίθ. 1. που έχει επιμελημένη εξωτερική εμφάνιση: *βιβλίο/κτήριο -ές* (συνών. *ευπαρουσίαστος, όμορφος, ευπρόσωπος).* 2. που συμφωνεί με τους καλούς τρόπους: *συμπεριφορά /γλώσσα ~· άνθρωπος ~* (συνών. *ευγενικός, κόσμιος·* αντ. *αγενής, απρεπής, ανάρμοστος).* - Επίρρ. **-ώς.**
ευπρεπίζω, ρ. (λόγ.), τακτοποιώ, συγυρίζω, στολίζω, καλλωπίζω, διακοσμώ.
ευπρεπισμός ο, ουσ. (λόγ.), τακτοποίηση, συγύρισμα, στολισμός, καλλωπισμός.
ευπρεπώς, βλ. *ευπρεπής.*
ευπροσάρμοστος, -η, -ο, επίθ., που προσαρμόζεται εύκολα κάπου (αντ. *δυσπροσάρμοστος).*
ευπρόσβλητος, -η, -ο, επίθ. (λόγ.). 1. που προσβάλλεται εύκολα, που δεν μπορεί να προβάλλει (μεγάλη) αντίσταση: *οι εχθρικές θέσεις δεν είναι -ες* (συνών. *ευάλωτος, τρωτός·* αντ. *απρόσβλητος, άτρωτος).* 2. (για άνθρωπο) που έχει κράση ασθενική: *είναι ~ στη γρίπη* (συνών. *ευπαθής).*
ευπρόσδεκτος, -η, -ο, επίθ., που τον δέχεται κανείς με ευχαρίστηση: *επισκέπτης ~* (συνών. *καλοδεχούμενος).*
ευπροσήγορος, -η, -ο, επίθ. (λόγ.), καταδεχτικός: *τρόπος/άνθρωπος ~* (συνών. *γλυκομίλητος, μειλίχιος, προσηνής·* αντ. *απρόσιτος, αμίλητος, ψυχρός).*
ευπρόσιτος, -η, -ο, επίθ. (λόγ.) α. που μπορεί κανείς να τον πλησιάσει εύκολα: *το βουνό δεν είναι -ο* (συνών. *προσιτός·* αντ. *απρόσιτος, απλησίαστος, απροσπέλαστος).* β. (για άνθρωπο) καταδε-

χτικός (συνών. *ευπροσήγορος, προσηνής).*
ευπρόσωπος, -η, -ο, επίθ. (λόγ.), που έχει ωραία (εξωτερική) εμφάνιση· που κάνει καλή εντύπωση: *παρουσία στην παρέλαση/στην εκδήλωση -η* (συνών. *ευπρεπής, αξιοπρεπής, ευπαρουσίαστος·* αντ. *άσχημος).* - Επίρρ. **-ώπως:** *εκπροσώπησε -ώπως τη χώρα μας στους αθλητικούς αγώνες.*
ευρασιατικός, -ή, -ό, επίθ. (ασυνίζ.), που σχετίζεται με την Ευρώπη και την Ασία ως σύνολο.
εύρεση η, ουσ. 1. ανεύρεση: *~ κοιτασμάτων πετρελαίου* (συνών. *ανακάλυψη·* αντ. *εξαφάνιση, απώλεια).* 2. επινόηση (συνών. *εφεύρεση).*
ευρεσιτέχνης ο, ουσ. (λόγ.), αυτός που εφεύρε κάποιο τεχνικό μέσο και πήρε δίπλωμα ευρεσιτεχνίας (βλ.λ.).
ευρεσιτεχνία η, ουσ., επινόηση νέου (ή τελειοποίηση υπάρχοντος) τεχνικού μέσου ή οργάνου· έκφρ. *δίπλωμα -ας =* επίσημος τίτλος που δίνει στον εφευρέτη το δικαίωμα της αποκλειστικής εκμετάλλευσης του τεχνικού μέσου που επινόησε (συνών. *πατέντα).*
ευρετηριάζω, ρ. (ασυνίζ.), συντάσσω ένα ευρετήριο επιλέγοντας και ταξινομώντας το εκάστοτε υλικό: *~ περιοδικά των αρχών του αιώνα.*
ευρετηριακός, -ή, -ό, επίθ. (ασυνίζ.), που ανήκει σε ευρετήριο ή αναφέρεται σ' αυτό: *καταγραφή -ή.*
ευρετηρίαση η, ουσ., σύνταξη ευρετηρίων: *~ περιεχομένων ενός βιβλίου.*
ευρετήριο το, ουσ. (ασυνίζ.), κατάλογος ή συλλογή που η ύλη της είναι ταξινομημένη σύμφωνα με ορισμένη τάξη (συνήθως αλφαβητικώς) για να διευκολύνει την ανεύρεση του εκάστοτε ζητουμένου: *~ κύριων ονομάτων* (σε βιβλίο)· *~ διευθύνσεων.*
ευρέτης ο, ουσ. (νομ.) αυτός που βρήκε κάποιο χαμένο αντικείμενο: *ο ~ δεν έχει υποχρέωση να ειδοποιήσει, αν η αξία του αντικειμένου δεν ξεπερνά τις εκατό δραχμές* (Αστ. Κώδ.).
εύρετρα τα, ουσ., αμοιβή που καταβάλλεται σ' αυτόν που βρήκε κάτι (συνήθως το 10% της αξίας του πράγματος που βρήκε): *ο ευρέτης έχει δικαίωμα να απαιτήσει ~ από το δικαιούχο* (Αστ. Κώδ.) (συνών. *βρετίκια, βρετικά, βρεσιμιό).*
εύρηκα! σε θέση επιφ. για να δηλωθεί η αιφνίδια ανακάλυψη μιας λύσης, μιας μεθόδου, μιας ιδέας.
εύρημα το, ουσ. 1. οτιδήποτε βρίσκει κάποιος: *-ατα αρχαιολογικά.* 2. ό,τι επινοεί κάποιος· (ειδικά) πρωτότυπη και επιτυχημένη λογοτεχνική ή καλλιτεχνική επινόηση: *τα σκηνικά -ατα των τραγικών της αρχαιότητας* (συνών. *επινόηση, εφεύρεση).* 3. (μεταφ.) εξαιρετικό και ανέλπιστο απόκτημα.
ευρηματικός, -ή, -ό, επίθ. 1. (για καλλιτέχνη ή λογοτέχνη) που επινοεί κάτι πρωτότυπο: *σκηνοθέτης/ζωγράφος ~* (συνών. *εφευρετικός, επινοητικός).* 2. (για πράγμα) που χαρακτηρίζεται από ευρηματικότητα (βλ.λ.): *μεθόδευση/σκηνοθεσία -ή.*
ευρηματικότητα η, ουσ. α. το να είναι κάποιος ευρηματικός, ικανότητα κάποιου να επινοεί κάτι πρωτότυπο: *~ του λογοτέχνη/του μουσικοσυνθέτη·* β. το να είναι κάτι ευρηματικό: *~ της παράστασης.*
εύρος το, ουσ., απόσταση ανάμεσα σε δύο πλευρές ενός σώματος ή σχήματος: (γεωμ.) *~ τόξου* (= απόσταση ανάμεσα στα δύο άκρα του) (συνών. *πλά-*

ευρυθμία

τος, φάρδος)· (μεταφ.) *το ~ της προσπάθειας για προσέγγιση.*
ευρυθμία η, ουσ. (λόγ.), το να είναι κάτι εύρυθμο, το να έχει κανονικό ρυθμό (συνών. *συμμετρικότητα, κανονικότητα, αρμονία·* αντ. *αρρυθμία*).
εύρυθμος, -η, -ο, επίθ. (λόγ.), που έχει καλό, κανονικό ρυθμό: *λειτουργία -η* (συνών. *ρυθμικός, συμμετρικός, αρμονικός·* αντ. *άρρυθμος*).
ευρύνω, ρ. (λόγ.), κάνω κάτι ευρύ (συνών. *πλαταίνω, ανοίγω·* αντ. *στενεύω*).
ευρύς, -εία, -ύ, γεν. *-έος* επίθ. (λόγ., σπάνιο, συνήθως στον εν.). 1. που έχει αρκετή ή μεγάλη έκταση: *εκλογική περιφέρεια -εία* (συνών. *εκτεταμένος, πλατύς·* αντ. *στενός, μικρός*). 2. (μεταφ.) που ξεπερνά τα συνηθισμένα όρια: *-ύ φάσμα γνώσεων· μόρφωση -εία·* ανασχηματισμός της κυβέρνησης *~· προβληματισμός ~.*
Ευρυτάνες οι, ουσ., οι κάτοικοι της Ευρυτανίας ή όσοι κατάγονται από εκεί.
ευρύτητα η, ουσ., το να είναι κάτι ευρύ (βλ.λ.): *~ χώρου·* (μεταφ.) *~ σκέψης/αντίληψης* (συνών. *πλάτος, φάρδος·* αντ. *στενότητα*).
ευρυχωρία η, ουσ., εκτεταμένος χώρος που εξασφαλίζει άνεση στην κίνηση: *το σπίτι του έχει ~* (συνών. *απλοχωριά, άπλα, απλωσιά·* αντ. *στενότητα*).
ευρύχωρος, -η, -ο, επίθ., που εξασφαλίζει άνεση στην κίνηση, εκτεταμένος: *δωμάτια -α* (συνών. *απλόχωρος·* αντ. *στενόχωρος*).
ευρω-, α´ συνθ. λέξεων που αναφέρονται στην Ευρώπη ή την Ευρωπαϊκή Ένωση: *ευρωκομουνισμός, ευρωκοινοβούλιο.* [συντομογραφία της λ. *ευρωπαϊκός·* αγγλ., γαλλ. *euro*].
ευρωαγορά η, ουσ. (πολιτ.) οι οικονομικές συναλλαγές, καθώς και το καταναλωτικό κοινό των χωρών-μελών της ευρωπαϊκής κοινότητας.
ευρωαριστερά η, ουσ., το σύνολο των αριστερών κομμάτων της Ευρώπης (σοσιαλιστικών, ευρωκομουνιστικών, κλπ.).
ευρωβουλευτής, θηλ. **-τίνα,** ουσ., μέλος του ευρωπαϊκού κοινοβουλίου, της ευρωβουλής (βλ.λ.).
ευρωβουλή η, ουσ., ευρωκοινοβούλιο (βλ.λ.).
ευρωδεξιά η, ουσ. (ασυνίζ.), το σύνολο των δεξιών κομμάτων της Ευρώπης.
ευρωδικαστής ο, θηλ. **-ίνα,** ουσ., δικαστής στο δικαστήριο της Ευρωπαϊκής Ένωσης.
ευρωδίπλωμα το, ουσ., δίπλωμα οδήγησης αυτοκινήτου για τους κατοίκους των χωρών μελών της Ευρωπαϊκής Ένωσης.
ευρωδολάριο το, ουσ. (ασυνίζ.), δολάριο των Η.Π.Α. που κινείται μέσω των ευρωπαϊκών τραπεζών.
ευρωκοινοβούλιο το, ουσ. (ασυνίζ.), κοινοβούλιο που αποτελείται από εκλεγμένους αντιπροσώπους των χωρών μελών της ευρωπαϊκής κοινότητας, ευρωπαϊκό κοινοβούλιο (συνών. *ευρωβουλή*).
ευρωκομουνισμός ο, ουσ., πολιτική τάση που εκδηλώθηκε από ορισμένα κομουνιστικά κόμματα της δυτικής Ευρώπης προς το τέλος της δεκαετίας του '60 και τις αρχές της δεκαετίας του '70 με κύρια χαρακτηριστικά την ανεξαρτητοποίηση από το τότε κομουνιστικό κόμμα της Σοβιετικής Ένωσης και την αναθεώρηση ορισμένων αρχών του μαρξισμού-λενινισμού.
ευρωκομουνιστής ο, θηλ. **-ίστρια,** ουσ., οπαδός του *ευρωκομουνισμού* (βλ.λ.).
ευρωκράτης ο, θηλ. **-ισσα,** ουσ., υπάλληλος των ιδρυμάτων της Ευρωπαϊκής Ένωσης.

ευρωπαΐζω, ρ., μιμούμαι τον τρόπο ζωής και το φέρσιμο των Ευρωπαίων: *ήτανε -ισμένος, φορούσε στενό πανταλόνι και ναυτικό σκουφί.*
ευρωπαϊκός, -ή, -ό, επίθ. 1. που ανήκει ή αναφέρεται στη (δυτική κυρίως) Ευρώπη ή στους Ευρωπαίους: *χώρες -ές· αγορά -ή* (= το καταναλωτικό κοινό των χωρών μελών της Ευρωπαϊκής Ένωσης)· *ιδέα/ένωση -ή* (= οργάνωση συνεργασίας σε όλα τα επίπεδα ανάμεσα στα κράτη της Ευρώπης)· *-ή νομισματική μονάδα* (διεθνής όρος E.C.U.) = θεωρητικό νόμισμα της Ευρωπαϊκής Ένωσης στη διαμόρφωση του οποίου συμμετέχουν τα εθνικά νομίσματα των χωρών μελών σε ποσοστό που καθορίζεται περιοδικώς από τα αρμόδια όργανά της. 2. που προέρχεται από τη (δυτική κυρίως) Ευρώπη: *μόδα -ή· προϊόντα -ά· πολιτισμός ~.*
Ευρωπαίος ο, θηλ. **-α,** ουσ., κάτοικος της Ευρώπης ή αυτός που κατάγεται από την Ευρώπη.
ευρωπύραυλος ο, ουσ. (νεολογ.) πύραυλος με πυρηνική κεφαλή τοποθετημένος στο ευρωπαϊκό έδαφος από τους δύο στρατιωτικούς συνασπισμούς, το ΝΑΤΟ και το Σύμφωνο της Βαρσοβίας: *συμφωνία των δύο υπερδυνάμεων για σταδιακή απομάκρυνση των -αύλων.*
ευρωστία η, ουσ. (λόγ.). 1. σωματική δύναμη, καλή υγεία (συνών. *σφρίγος, ευεξία, ακμή·* αντ. *καχεξία, αδυναμία, ατονία*). 2. (μεταφ.) το να βρίσκεται κάτι σε ανάπτυξη, σε ακμή: *~ οικονομική/καλλιτεχνική.*
εύρωστος, -η, -ο, επίθ. (λόγ.). 1. που έχει σωματική δύναμη (συνών. *ρωμαλέος, σφριγηλός, δυνατός, υγιής·* αντ. *αδύνατος, ασθενικός, καχεκτικός*). 2. (μεταφ.) ακμαίος: *οικονομία -η.*
ευρωτηλεόραση η, ουσ., ταυτόχρονη εκπομπή ραδιοτηλεοπτικών προγραμμάτων σε πολλές χώρες της Ευρώπης. [απόδοση του αγγλ. *eurovision*].
εύσαρκος, -η, -ο, επίθ. (λόγ.), που είναι σωματώδης, παχύσαρκος (συνών. *ευτραφής, εύσωμος, χοντρός·* αντ. *λιπόσαρκος, ισχνός, αδύνατος*).
ευσέβαστος, -η, -ο, επίθ. (λόγ.), που είναι άξιος σεβασμού (συνών. *αξιοσέβαστος*). - Επίρρ. **-άστως.**
ευσέβεια η, ουσ. (ασυνίζ.), σεβασμός προς τα θεία (συνών. *ευλάβεια, θεοσέβεια·* αντ. *ασέβεια*).
ευσεβής, -ής, -ές, γεν. *-ούς,* πληθ. αρσ. και θηλ. *-είς,* ουδ. *-ή,* επίθ., που σέβεται τα θεία: *χριστιανοί -είς* (συνών. *θεοσεβής, ευλαβής, θρήσκος·* αντ. *ασεβής*). Έκφρ. *~ πόθος* (= κρυφή, ανεκπλήρωτη επιθυμία). - Επίρρ. **-ώς.**
ευσεβισμός ο, ουσ. (ιστ.) προτεσταντική θρησκευτική κίνηση του 17. αι. που είχε ως σκοπό την αναζωογόνηση της ευσέβειας και τόνιζε τη σημασία του συναισθήματος στον ηθικό βίο.
ευσεβώς, βλ. *ευσεβής.*
εύσημο το, ουσ. (λόγ.), διακριτικό σημάδι που δίνεται σε κάποιον για καλή επίδοση (συνών. *βραβείο*).
ευσπλαχνία και (λαϊκ.) **σπλαχνιά** η, ουσ., το να είναι κάποιος ευσπλαχνικός: *ο θεός ρίχνει με σπλαχνιά το μάτι του απάνω μας* (Κόντογλου) (συνών. *φιλανθρωπία, συμπόνια, πονοψυχιά·* αντ. *απονιά, ασπλαχνιά, απανθρωπία*).
ευσπλαχνίζομαι και (λαϊκ.) **σπλαχνίζομαι,** ρ., συμπονώ κάποιον (συνών. *λυπούμαι, βοηθώ*).
ευσπλαχνικός, -ή, -ό και (λαϊκ.) **σπλαχνικός, -ή,**

-ό, επίθ., που έχει διάθεση να βοηθήσει τους συνανθρώπους του, που νιώθει συμπόνια: *γυναίκα -ή* (συνών. *φιλεύσπλαχνος, φιλάνθρωπος, συμπονετικός·* αντ. *άσπλαχνος, άπονος, σκληρόκαρδος*). - Επίρρ. **-ά.**

εύσπλαχνος, -η, -ο, επίθ., που λυπάται, που πονάει τον άλλο (συνών. *ευσπλαχνικός, πονόψυχος·* αντ. *άσπλαχνος, άπονος*).

ευστάθεια η, ουσ. (ασυνίζ.), (κυριολεκτικά και μεταφ.) σταθερότητα: ~ *χαρακτήρα·* ~ *πολιτικών φρονημάτων* (συνών. *στερεότητα·* αντ. *αστάθεια, ρευστότητα*).

ευσταθώ, -είς, ρ. (λόγ.), (μεταφ., τριτοπρόσ.) *-εί* = αντέχει σε έλεγχο, είναι λογικό: *η άποψή σου/η δικαιολογία σου δεν -εί· τα επιχειρήματά του δεν -ούν* (συνών. *στέκει*).

εύστοχα, βλ. *εύστοχος.*

ευστοχία η, ουσ. **1.** ικανότητα στο σημάδι, πετυχημένη βολή: ~ *στη σκοποβολή·* ~ *όπλου* (συνών. *ευθυβολία·* αντ. *αστοχία*). **2.** (μεταφ.) έξυπνος χειρισμός: ~ *στην επιλογή συνεργατών.*

εύστοχος, -η, -ο, επίθ. **1.** που πετυχαίνει το στόχο του: *στρατιώτης/παίχτης* ~ (συνών. *επιτυχής, ακριβής·* αντ. *άστοχος*). **2.** (μεταφ.) που συντελεί στην επιτυχία του επιδιωκόμενου σκοπού: *ενέργεια/απάντηση -η· επιχείρημα -ο* (συνών. *κατάλληλος*). - Επίρρ. **-α.**

ευστοχώ, ρ. **1.** πετυχαίνω το στόχο (αντ. *αστοχώ*). **2.** (μεταφ.) χειρίζομαι κατάλληλα, αποτελεσματικά μια υπόθεση, πετυχαίνω το σκοπό μου: *η κυβέρνηση δεν ευστόχησε στις επιλογές της στην οικονομία* (αντ. *αποτυγχάνω*).

ευστροφία η, ουσ., πνευματική ετοιμότητα, ταχύτητα αντίληψης και σκέψης: ~ *αξιοθαύμαστη* (συνών. *οξύνοια, εξυπνάδα*).

εύστροφος, -η, -ο, επίθ., γρήγορος στην αντίληψη και στη σκέψη, που τον χαρακτηρίζει πνευματική ετοιμότητα: *μυαλό/πνεύμα -ο* (συνών. *έξυπνος·* αντ. *αργόστροφος*).

ευσυγκίνητος, -η, -ο, επίθ. (ερρ., λόγ.), που συγκινείται εύκολα (συνών. *ευαίσθητος, λεπτός·* αντ. *ασυγκίνητος*).

ευσυνειδησία η, ουσ., βαθιά συναίσθηση των υποχρεώσεων και της ευθύνης, αφοσίωση στην εκτέλεση του καθήκοντος: ~ *επαγγελματική* (αντ. *ασυνειδησία*).

ευσυνείδητος, -η, -ο, επίθ. **1.** (για πρόσωπο) που έχει συνειδητοποιήσει τις υποχρεώσεις του και ενεργεί με σοβαρότητα, εντιμότητα και υπευθυνότητα, που είναι προσηλωμένος στο καθήκον: *υπάλληλος/δικαστής* ~ (συνών. *ακέραιος, έντιμος·* αντ. *ασυνείδητος*). **2.** (για πράξη, εργασία, κλπ.) που υπαγορεύεται από τη συνείδηση και είναι απόρροια ηθικών αντιλήψεων, που έχει γίνει με ευσυνειδησία (βλ.λ.): *ενέργεια/δουλειά/απόφαση -η.* - Επίρρ. **-α:** *εργάζεται -α.*

ευσύνοπτος, -η, -ο, επίθ. (λόγ.), που είναι συνοπτικός: *φράση -η· εγχειρίδιο -ο* (συνών. *περιληπτικός·* αντ. *αναλυτικός, διεξοδικός*). - Επίρρ. **-α.**

εύσχημος, -η, -ο, επίθ. (λόγ.), (μεταφ.) που φαίνεται εύλογος: *δικαιολογία/άρνηση/αποχώρηση -η* (συνών. *ευλογοφανής, δικαιολογημένος*). - Επίρρ. **-α** και **-σχήμως.**

εύσωμος, -η, -ο, επίθ., που είναι σωματώδης: *άντρας* ~ (συνών. *ευτραφής, μεγαλόσωμος·* αντ. *λιπόσαρκος, μικρόσωμος*).

ευταξία η, ουσ. (λόγ.), τήρηση της τάξης, καλή τάξη (συνών. *πειθαρχία·* αντ. *αταξία, παρεκτροπή*).

ευταξίας ο, ουσ. (λόγ.), αυτός που φροντίζει για την τήρηση της τάξης, επιμελητής, επιτηρητής της τάξης· (ειδικά) παλαιότερο εκκλησιαστικό αξίωμα με καθήκοντα τη μέριμνα για την τήρηση της τάξης στους ναούς στη διάρκεια της ιερής ακολουθίας.

ευτέλεια η, ουσ. (ασυνίζ., λόγ.). **1.** μικρή αξία (συνών. *φτήνια*). **2.** (μεταφ.) μικροπρέπεια: ~ *χαρακτήρα* (συνών. *ποταπότητα, χυδαιότητα*).

ευτελής, -ής, -ές, γεν. *-ούς,* πληθ. αρσ. και θηλ. *-είς,* ουδ. *-ή,* επίθ. (λόγ.). **1.** που έχει χαμηλή τιμή και κακή ποιότητα: *προϊόντα -ή* (συνών. *φτηνός*). **2.** ταπεινός, μικροπρεπής, τιποτένιος: *-είς συνήθειες και μικροπρέπειες· άνθρωπος* ~ (συνών. *χαμερπής, ποταπός*). - Επίρρ. **-ώς.**

εύτηκτος, -η, -ο, επίθ. (λόγ.), που λειώνει εύκολα: *μέταλλο -ο· υλικά -α* (αντ. *δύστηκτος*).

ευτράπελος, -η, -ο, επίθ. **1.** αστείος (συνών. *φαιδρός, κωμικός*). **2.** πνευματώδης: *διηγήσεις -ες* (συνών. *χαριτολόγος*). - Επίρρ. **-α.**

ευτρεπίζω, ρ. (λόγ.). **1.** (ενεργ.) τακτοποιώ: *-ει το δωμάτιο* (συνών. *συγυρίζω*). **2.** (μέσ.) φροντίζω το ντύσιμό μου: *-ίστηκε για τη βραδινή έξοδό της* (συνών. *καλλωπίζομαι*).

ευτρεπισμός ο, ουσ. (λόγ.). **1.** τακτοποίηση: ~ *του θαλάμου* (συνών. *συγύρισμα*). **2.** το να φροντίζει κανείς το ντύσιμό του (συνών. *καλλωπισμός*).

ευτύχημα το, ουσ., ευτυχές γεγονός, ευτυχής περίπτωση: *είναι* ~ *που δεν έπαθαν χειρότερα* (συνών. *καλοτυχία·* αντ. *ατύχημα, κακοτυχία*).

ευτυχής, -ής, -ές, γεν. *-ούς,* πληθ. αρσ. και θηλ. *-είς,* ουδ. *-ή,* επίθ. **1.** ευτυχισμένος (βλ.λ.): *είμαι* ~ *που σε γνώρισα· πατέρας* ~ (συνών. *καλότυχος·* αντ. *δυστυχής*). **2.** που φέρνει ευτυχία: *πριν από λίγο έμαθα το -ές γεγονός.* **3.** που είναι πολύ πετυχημένος: *σύμπτωση/συγκυρία* ~ (αντ. *ατυχής*). - Επίρρ. **ευτυχώς** (βλ.λ.).

ευτυχία η, ουσ. **1.** το να αισθάνεται κάποιος ευχαρίστηση για την επιτυχία των δραστηριοτήτων του ή ικανοποίηση από τη ζωή του: *η* ~ *βρίσκεται στην άκρη του χεριού μας* (Καζαντζάκης)· *σου εύχομαι κάθε* ~ (συνών. *ευδαιμονία*). **2.** καλό αποτέλεσμα μιας προσπάθειας, καλή έκβαση, επιτυχία (αντ. *ατυχία*).

ευτυχιανοί οι, ουσ. (ασυνίζ.), (εκκλ.) οπαδοί της αίρεσης του Ευτυχούς (378-454 μ.Χ.), του ιδρυτή του μονοφυσιτισμού.

ευτυχισμένος, -η, -ο, μτχ. επίθ. **1.** που αισθάνεται ευχαριστημένος για κάποιο γεγονός ή για την καλή του τύχη ή ικανοποιημένος από τη ζωή του: *να ζήσετε -οι· οικογένεια -η* (συνών. *ευτυχής·* αντ. *δυστυχισμένος*). **2.** που φέρνει ευτυχία: ~ *ο καινούργιος χρόνος.* - Επίρρ. **-α.**

ευτυχισμός ο, ουσ. (λογοτ.) υπερβολικό αίσθημα ευτυχίας, συχνά αδικαιολόγητο: *ένας αλλόκοτος* ~ *περπατούσε στα μάτια του* (Παναγιωτόπουλος).

ευτυχώ, ρ. **1.** (αμτβ.) είμαι ευτυχισμένος (συνών. *ευδαιμονώ·* αντ. *δυστυχώ*). **2.** (μτβ.) πετυχαίνω το σκοπό μου, αξιώνομαι: *δεν ευτύχησε να δει τη δικαίωση των αγώνων του.*

ευτυχώς, επίρρ., δηλώνει την ευχαρίστηση ή την ικανοποίηση κάποιου για την καλή του τύχη ή την επιτυχία ή την καλή έκβαση μιας ενέργειας: ~ *που η ζημιά ήταν μικρή·* ~ *σώθηκαν όλοι από το δυστύχημα* (αντ. *δυστυχώς*).

ευυπόληπτος, -η, -ο, επίθ., που έχει καλή υπόληψη στην κοινωνία: *πολίτης ~* (συνών. *αξιοπρεπής, αξιότιμος·* αντ. *ανυπόληπτος).*
ευφάνταστος, -η, -ο, επίθ. (έρρ.), που έχει ζωηρή φαντασία, που φαντάζεται πράγματα ανύπαρκτα ή μεγαλοποιεί καταστάσεις (συνών. *φαντασιόπληκτος).*
ευφημισμός ο, ουσ., σχήμα λόγου κατά το οποίο χρησιμοποιούμε λέξεις με καλή σημασία αντί για λέξεις που έχουν την αντίθετη (π.χ. *γλυκάδι* αντί *ξύδι, Εύξεινος Πόντος* αντί *'Αξενος Πόντος).*
ευφημιστικός, -ή, -ό, επίθ. (λόγ.), που γίνεται για έπαινο: *δημοσίευμα -ό* (συνών. *εγκωμιαστικός, επαινετικός·* αντ. *επικριτικός, συκοφαντικός). -* Επίρρ. **-ά.**
εύφημος, -η, -ο, επίθ. (λόγ.), που εκφράζεται με καλά λόγια: *μνεία -η* (συνών. *επαινετικός, εγκωμιαστικός·* αντ. *δυσφημιστικός).*
εύφλεκτος, -η, -ο, επίθ., που ανάβει εύκολα, που παίρνει εύκολα φωτιά: *υλικά -α·* (μεταφ.): *-η κατάσταση στο χώρο της παιδείας* (αντ. *άφλεκτος).*
ευφορία η, ουσ. 1. γονιμότητα: *~ γης* (αντ. *αφορία).* 2. άφθονη καρποφορία, πλούσια παραγωγή: *~ ελιών·* (μεταφ.) *~ ιδεών.* 3. αίσθημα ευεξίας: *~ ψυχική* (αντ. *δυσφορία) .*
εύφορος, -η, -ο, επίθ. 1. που είναι γόνιμος: *τόπος ~* (αντ. *άγονος, άφορος).* 2. που παράγει πολλούς καρπούς (συνών. *καρπερός).*
ευφράδεια η, ουσ. (ασυνίζ.), ευχέρεια λόγου: *ομιλητή* (συνών. *ευγλωττία).*
ευφραδής, -ής, -ές, γεν. *-ούς,* πληθ. αρσ. και θηλ. *-είς,* ουδ. *-ή,* επίθ. (λόγ.), που έχει ευχέρεια λόγου, που μιλάει άνετα (συνών. *εύγλωττος).*
ευφραίνω, ρ. (μέσ.) (λαϊκ.) **φραίνομαι. 1.** προκαλώ σε κάποιον έντονη ευχαρίστηση (συνών. *χαροποιώ·* αντ. *λυπώ).* 2. (μέσ.) αισθάνομαι ευχαρίστηση: *-άνθηκε η καρδιά μου· τα φέρνουνε ανόθευτα στα χείλη και τα φραίνουνται...* (Μπαστιάς) (συνών. *ευχαριστιέμαι).*
ευφραντικός, -ή, -ό, επίθ. (έρρ., λόγ.), που προκαλεί μεγάλη ευχαρίστηση: *κρασί -ό* (συνών. *απολαυστικός).*
ευφροσύνη η, ουσ. (λόγ.), μεγάλη χαρά, βαθιά ευχαρίστηση.
ευφρόσυνος, -η, -ο, επίθ. (λόγ.), που προξενεί μεγάλη χαρά: *μήνυμα -ο* (συνών. *χαρμόσυνος).*
ευφυής, -ής, -ές, γεν. *-ούς,* πληθ. αρσ. και θηλ. *-είς,* ουδ. *-ή,* επίθ. 1. που είναι προικισμένος με οξεία αντίληψη: *παιδί -έστατο* (συνών. *έξυπνος, οξύνους·* αντ. *ανόητος, μωρός).* 2. που δείχνει, φανερώνει, νοημοσύνη: *τέχνασμα -έστατο. -* Επίρρ. **-ώς.**
ευφυΐα η, ουσ., αναπτυγμένη νοημοσύνη, εξυπνάδα: *τεστ -ας* (συνών. *οξύνοια·* αντ. *ανοησία, μωρία).*
ευφυώς, βλ. *ευφυής.*
ευφυολόγημα το, και **ευφυολογία** η, ουσ., πνευματώδης αστεϊσμός, έξυπνο αστείο (συνών. *ευφυολογία, εξυπνάδα·* αντ. *κουταμάρα, ανοησία).*
ευφυολόγος ο, ουσ., αυτός που λέει έξυπνα αστεία.
ευφυολογώ, ρ., λέω ευφυολογήματα (βλ.λ.).
ευφωνία η, ουσ. 1. (γραμμ.) αρμονική αλληλουχία φθόγγων (αντ. *χασμωδία).* 2. καλή άρθρωση, καθαρή προφορά.
ευφωνικός, -ή, -ό, επίθ., που αναφέρεται στην ευφωνία ή συντελεί σ' αυτήν: *σύμφωνο -ό.*
ευχάριστα, βλ. *ευχάριστος.*

ευχαριστήριος, -α, -ο, επίθ. (ασυνίζ.), που εκφράζει ευχαριστίες, που γίνεται σε ένδειξη ευχαριστίας: *επιστολή -α· ύμνος ~.*
ευχαρίστηση η, ουσ. 1. πνευματική ή συναισθηματική ικανοποίηση, ευχάριστη ψυχική κατάσταση: *δε βρίσκω πια καμιά ~ στη ζωή.* 2. καλή θέληση: *έχετε την ~ να προχωρήσετε λίγο μπροστά;*
ευχαριστία η, ουσ. 1. έκφραση ευγνωμοσύνης. 2. (εκκλ.) *Θεία Ευχαριστία* = το μυστήριο της Θείας Κοινωνίας. 3. ευχαριστήρια δέηση, δοξολογία. 4. *γιορτή των Ευχαριστιών* = θρησκευτική γιορτή (στις Η.Π.Α. και τον Καναδά) που γιορτάζεται το φθινόπωρο και εκφράζει την ευγνωμοσύνη των πιστών για το τέλος της συγκομιδής και τη σοδειά.
ευχαριστιέμαι, βλ. *ευχαριστώ.*
ευχάριστος, -η, -ο, επίθ., που προκαλεί ευχαρίστηση ή χαρά: *νέα -α· τόπος/τύπος ~· συντροφιά -η* (αντ. *δυσάρεστος). -* Επίρρ. **-α** = ωραία, χαρούμενα: *πέρασα ~ τις διακοπές μου* (αντ. *δυσάρεστα)* και **-ίστως** = με προθυμία, με χαρά, με ευχαρίστηση: *έρχεσαι μαζί μας; ~.*
ευχαριστώ, -είς, ρ. και (λαϊκ.) **φχαριστώ,** (μέσ.) **ευχαριστιέμαι** (συνιζ.), **ευχαριστούμαι** και (λαϊκ.) **φχαριστιέμαι** (συνιζ.). **1α.** εκφράζω την ευγνωμοσύνη μου σε κάποιον: *σας ~ για την εξυπηρέτηση· ~ το θεό για όσα μου χάρισε·* **β.** (για ευγενική αποδοχή ή άρνηση ενός πράγματος που προσφέρεται ή γενικά ως ευγενική απάντηση σε ερώτηση): *θα πάρεις ένα σοκολατάκι; (όχι) ~· πώς είστε; καλά, ~.* 2. προσφέρω ευχαρίστηση, ικανοποίηση: *μ' -ίστησαν τα καλά σου λόγια.* 3. (μέσ.) νιώθω ευχαρίστηση, ικανοποίηση: *-ιστήθηκα που γύρισες· ευχαριστιέμαι να σ' ακούω· είμαι ευχαριστημένος από τη δουλειά μου* (συνών. *ικανοποιούμαι).*
ευχαρίστως, βλ. *ευχάριστος.*
ευχέλαιο και (λαϊκ.) **ευκέλαιο** το, ουσ., ένα από τα επτά μυστήρια της ορθόδοξης Εκκλησίας, κατά το οποίο ο ιερέας χρίει με αγιασμένο λάδι τους πιστούς και επικαλείται τη θεία χάρη σ' αυτούς.
ευχέρεια η, ουσ. (ασυνίζ.). 1. το να γίνεται κάτι χωρίς προσπάθεια: *~ στο διάβασμα· ζωγραφίζει με ~* (συνών. *ευκολία, άνεση·* αντ. *δυσκολία, δυσχέρεια).* 2. οικονομική άνεση (αντ. *δυσχέρεια).*
ευχερής, -ής, -ές, γεν. *-ούς,* πληθ. αρσ. και θηλ. *-είς,* ουδ. *-ή,* επίθ. (λόγ.), που γίνεται ή πραγματοποιείται εύκολα (αντ. *δυσχερής).*
ευχετήριος, -α, -ο, επίθ. (ασυνίζ.), που εκφράζει ευχές: *τηλεγράφημα -ο. -* Το ουδ. ως ουσ. = έντυπο ή γράμμα που εκφράζει ευχές.
ευχετικός, -ή, -ό, επίθ. (γραμμ., για έγκλιση) που δηλώνει ευχή: *οριστική -ή.*
ευχή και (λαϊκ.) **ευκή** η, ουσ. 1. έκφραση επιθυμίας για την πραγματοποίηση κάποιου καλού: *διατυπώνω την ~ να σταματήσει ο πόλεμος· κάνε μια ~!* 2. επίκληση (θείας) προστασίας (συνήθως από γονείς ή ιερωμένους): *σου δίνω, παιδί μου, την ~ μου* (συνών. *ευλογία·* αντ. *κατάρα).* 3. (εκκλ., συνήθως στον πληθ.) γραπτές χριστιανικές προσευχές που απευθύνονται στο Θεό και τους αγίους και εκφράζουν ευχαριστίες σ' αυτούς ή διατυπώνουν αιτήματα των πιστών (συνών. *προσευχή, δέηση).* 'Εκφρ. *-ής έργο* (για κάτι που επιθυμούμε πολύ): *-ής έργο θα ήταν η ειρήνη στον κόσμο· κατ' ευχήν* (= όπως θα ευχόταν κανείς): *τα πράγματα*

εξελίχθηκαν κατ' -ήν. Φρ. να πάρει η ~, τι στην ~ (= ευφημισμός αντί *(τι) στο διάβολο).* - Υποκορ. **-ούλα,** η.
ευχής έργο, βλ. *ευχή.*
ευχολόγιο το, ουσ. (ασυνίζ.), (εκκλ.) λειτουργικό βιβλίο της Ορθόδοξης Εκκλησίας που περιέχει ευχές· (μεταφ.) ευχή ανεκπλήρωτη: *παρέμεινε ~.*
εύχομαι, ρ. **1.** επιθυμώ για τον εαυτό μου ή για τους άλλους να πραγματοποιηθεί ένα γεγονός: *~ να επιτύχεις στο διαγωνισμό· σας ~ καλά Χριστούγεννα.* **2.** εκφράζω ευχή: *-ηθήκαμε στο νέο ζευγάρι.* **3.** παρακαλώ το Θεό, προσεύχομαι: *~ ο Θεός να σ' έχει καλά.* **4.** δίνω την ευχή μου, την ευλογία μου: *ευχήσου μου να πετύχω* (συνών. *ευλογώ·* αντ. *καταριέμαι, αναθεματίζω*).
ευχούλα, βλ. *ευχή.*
εύχρηστος, -η, -ο, επίθ. **1.** που χρησιμοποιείται εύκολα: *λεξικό -ο· σκεύη -α·* (συνών. *ευκολομεταχείριστος·* αντ. *δύσχρηστος*). **2.** που χρησιμοποιείται σε μεγάλη κλίμακα: *-οι γραμματικοί τύποι.*
εύχυμος, -η, -ο, επίθ. (λόγ.), που έχει πολύ χυμό: *φρούτα -α* (συνών. *ζουμερός*).
ευψυχία η, ουσ. (λόγ.), θαρραλέα αντιμετώπιση δύσκολων περιστάσεων, ψυχικό σθένος (συνών. *ανδρεία, γενναιότητα·* αντ. *δειλία*).
εύψυχος, -η, -ο, επίθ. (λόγ.), που αντιμετωπίζει θαρραλέα τις δύσκολες περιστάσεις (συνών. *γενναίος, ανδρείος·* αντ. *δειλός*).
-εύω, κατάλ. ρ.: *λιγοστεύω, τελεύω.*
ευώδης, -ης, -ες, γεν. *-ους,* πληθ. αρσ. και θηλ. *-εις,* ουδ. *-η,* επίθ. (λόγ.), που αναδίδει ευχάριστη οσμή: *άνθη -η* (συνών. *ευωδιαστός, μυρωδάτος·* αντ. *δύσοσμος*).
ευωδιά (συνιζ.) και **ευωδία** η, ουσ., ευχάριστη οσμή: *~ λουλουδιών* (συνών. *άρωμα·* αντ. *δυσωδία, κακοσμία*).
ευωδιάζω, ρ. (ασυνίζ.), αναδίδω ευχάριστη οσμή: *-ουν τα κρίνα/τα τριαντάφυλλα* (συνών. *μοσχοβολώ, μοσχομυρίζω·* αντ. *βρομώ*)
ευωδιαστός, -ή, -ό, επίθ. (συνιζ.), που αναδίδει ευχάριστη μυρωδιά: *λουλούδια -ά* (συνών. *ευώδης, μυρωδάτος·* αντ. *δύσοσμος*).
ευωχία η, ουσ. (λόγ.), διασκέδαση με φαγοπότι, χορό και τραγούδι (συνών. *γλέντι*).
εφ-, αχώρ. λόγ. μόρ. (δηλώνει επάνω): *εφησυχάζω, εφαρμογή.* [αρχ. πρόθ. *επί*].
εφαλτήριο το, ουσ. (ασυνίζ.). **1.** όργανο γυμναστικής για άλματα (συνών. (λαϊκ.) *γαϊδάρα).* **2.** (μεταφ.) μέσο ή τρόπος για να περάσει ή να βρεθεί κάποιος σε μια κατάσταση ή ένα χώρο ανώτερο ιεραρχικά απ' ό,τι ήταν προηγουμένως: *η εκλογή του αποδείχτηκε ~ για την κατοπινή σταδιοδρομία του.*
εφάμιλλος, -η, -ο, επίθ., που μπορεί να παραβληθεί με κάποιον ή κάτι: *ελληνικά προϊόντα -α των ευρωπαϊκών* (συνών. *ισάξιος*).
εφάπαξ, επίρρ. (για χρηματικό ποσό) σε μια μόνο δόση, για μια φορά: *θα πάρει καλή σύνταξη και ένα εκατομμύριο ~· η διατροφή μπορεί να καταβληθεί ~.* - Με το άρθρο του ουδ. ως ουσ. = χρηματικό ποσό που καθορίζεται από το νόμο και εισπράττει ο υπάλληλος ύστερα από πολυετή υπηρεσία αποχωρώντας από την υπηρεσία του.
εφάπτομαι, ρ. **1.** αγγίζω κάτι στην εξωτερική του επιφάνεια, έρχομαι σε επαφή με κάτι (συνών. *ακουμπώ).* **2.** (μαθημ., για γεωμ. σχήμα) έχω ορισμένα σημεία ή επιφάνειες κοινά με άλλου σχήματος: *κύκλοι που -ονται.*
εφαπτομένη η, ουσ. (μαθημ.) **1.** ευθεία γραμμή που έχει ένα μόνο κοινό σημείο με κάποια καμπύλη και ιδιαίτερα με την περιφέρεια κύκλου: *~ κύκλου.* **2.** *~ γωνίας* = τριγωνομετρικός αριθμός που ισούται με το λόγο των δύο κάθετων πλευρών ορθογώνιου τριγώνου.
εφαρμογή, ουσ. **1.** το να έχει κάτι το κατάλληλο σχήμα και μέγεθος ώστε να τοποθετείται ακριβώς πάνω σε κάτι άλλο ή να ταιριάζει σε κάποιο άτομο: *το φόρεμα έχει τέλεια ~.* **2.** (μεταφ.) πραγματοποίηση: *~ σχεδίου/θεωρίας/κυβερνητικής πολιτικής* (συνών. *υλοποίηση*). **3.** πρακτική χρήση (επιστημονικής γνώσης): *~ νέων μεθόδων· -ές του ηλεκτρισμού.* **4.** εργασία που έχει σκοπό να δώσει σε ένα κομμάτι τις ακριβείς διαστάσεις που πρέπει να έχει για να μπορεί να εφαρμόσει ακριβώς σε ένα άλλο κομμάτι, καθώς και το αποτέλεσμα αυτής της εργασίας: *-ές αλουμινίου.* **5.** τοποθέτηση: *τοπική ~ ουσιών για θεραπευτικό σκοπό.* **6.** (φυσ.) *σημείο -ής* = σημείο στο οποίο εκδηλώνεται αμέσως η ενέργεια μιας δύναμης.
εφαρμόζω, ρ. **Α.** μτβ. **1.** τοποθετώ κάτι πάνω σε κάτι άλλο με σκοπό την εφαρμογή (συνών. *συνταιριάζω, συναρμολογώ).* **2.** (μεταφ.) θέτω κάτι σε εφαρμογή: *η κυβέρνηση -ει σταθεροποιητικά προγράμματα· θα -σω άλλα μέτρα* (συνών. *πραγματοποιώ, υλοποιώ).* **3.** χρησιμοποιώ επιστημονικές γνώσεις για πρακτικούς σκοπούς: *~ τα αποτελέσματα της έρευνας στη διδασκαλία· εφαρμοσμένες επιστήμες.* **Β.** (αμτβ.) έχω το κατάλληλο σχήμα και μέγεθος ώστε να τοποθετούμαι ακριβώς πάνω σε κάτι άλλο: *-ει το παπούτσι· δεν -ει το κλειδί/η βίδα* (συνών. *ταιριάζω*).
εφαρμόσιμος, -η, -ο, επίθ. **1.** που μπορεί να εφαρμοστεί, να συνταιριάσει με άλλο ή άλλα και να αποτελέσει ένα σύνολο. **2.** (μεταφ.) που μπορεί να εφαρμοστεί, να πραγματοποιηθεί: *πρόγραμμα/ σχέδιο -ο* (συνών. *κατορθωτός, πραγματοποιήσιμος·* αντ. *ανεφάρμοστος, απραγματοποίητος*).
εφαρμοστής ο, ουσ., ειδικός τεχνίτης για τη συναρμολόγηση και τοποθέτηση μηχανημάτων: *~ μηχανουργείου.*
εφαρμοστός, -ή, -ό, επίθ., που εφαρμόζει απόλυτα πάνω σε κάτι άλλο: *φόρεμα/παπούτσι -ό.*
εφεδρεία η, ουσ. **1.** (στρατ.) σύνολο στρατεύσιμων ατόμων σε καιρό επιστράτευσης: *πρώτη/δεύτερη σειρά -ας.* **2.** (στρατ.) στρατιωτική δύναμη έτοιμη για βοήθεια μαχομένων. **3.** (μεταφ.) κάθε δύναμη διαθέσιμη για τη χρησιμοποίηση σε ώρα ανάγκης.
εφεδρεύω, ρ., παραμένω σε αναμονή έτοιμος για δράση, είμαι σε επιφυλακή.
εφεδρικός, -ή, -ό, επίθ. **1.** που ανήκει ή αναφέρεται στην εφεδρεία ή του εφεδρο: *στρατεύματα -ά· ηλικία -ή.* **2.** που μπορεί να χρησιμοποιηθεί σε ώρα ανάγκης: *καύσιμα -ά· λάστιχο -ό αυτοκινήτου* (συνών. *ρεζέρβα).* - Επίρρ. **-ά.**
έφεδρος ο, ουσ. **1.** αξιωματικός ή οπλίτης που ανήκει στην εφεδρεία. **2.** (ως επίθ.) που υπηρετεί τη θητεία του ως αξιωματικός: *σχολή -εδρων αξιωματικών.*
εφεκτικός, -ή, -ό, επίθ. (λόγ.), που αναβάλλει να κάνει ή να πει κάτι, επιφυλακτικός (συνών. *αναποφάσιστος, διστακτικός·* αντ. *αποφασιστικός, αδίστακτος*). - Επίρρ. **-ά.**

εφεκτικότητα η, ουσ. (λόγ.), έλλειψη αποφασιστικότητας, επιφυλακτικότητα, διστακτικότητα.
εφ' ενός ζυγού αρχαϊστ. έκφρ. = (γυμν.) ο ένας πίσω από τον άλλο.
έφεση η, ουσ. 1. (νομ.) ένδικο μέσο με το οποίο επιδιώκεται είτε η εξαφάνιση της πρωτόδικης απόφασης ως εσφαλμένης, ώστε να κριθεί ξανά η υπόθεση είτε η μεταρρύθμισή της προκειμένου η απόφαση να προσαρμοστεί στην κατάσταση που στο μεταξύ έχει δημιουργηθεί. 2. ζωηρή επιθυμία, κλίση: *έχει ~ στις θετικές επιστήμες*.
εφεσιβάλλω, ρ. (νομ.) ασκώ έφεση.
εφεσίβλητος, -η, -ο, επίθ. (νομ.) που εναντίον του μπορεί να ασκηθεί έφεση: *απόφαση -η*.
εφέσιμος, -η, -ο, επίθ. (νομ.) που υπόκειται σε έφεση.
εφέστιος, -α, -ο, επίθ. (ασυνίζ.), (αρχ.) *-οι θεοί* = επίκληση των θεών που οι Έλληνες τους θεωρούσαν φύλακες και προστάτες της οικογενειακής εστίας επιτηρητές του δικαίου και της φιλοξενίας.
εφετειακός, -ή, -ό, επίθ. (ασυνίζ.), που σχετίζεται με το εφετείο: *περιφέρεια -ή* (= περιοχή της δικαιοδοσίας εφετείου).
εφετείο το, ουσ. (νομ.) δευτεροβάθμιο ποινικό δικαστήριο ή δικαστικό συμβούλιο που επανεξετάζει σε δεύτερο βαθμό υπόθεση που έχει ήδη κριθεί από πρωτοβάθμιο ποινικό δικαστήριο ή δικαστικό συμβούλιο.
εφέτης ο, ουσ., ανώτερος δικαστής που μετέχει στη συγκρότηση εφετείου.
εφετινός, -ή, -ό, βλ. *φετινός*.
(ε)φέτος, επίρρ., αυτή τη χρονιά: *~ είχαμε βαρύ χειμώνα* (αντ. *πέρ(υ)σι*).
εφεύρεση η, ουσ. 1. κάθε δημιουργία του ανθρώπινου πνεύματος που λύνει κάποιο τεχνικό πρόβλημα ή προβάλλει νέα τεχνική μέθοδο που βελτιώνει, διευκολύνει ή επιταχύνει τη λύση παλιών τεχνικών προβλημάτων: *~ της τυπογραφίας* (συνών. *ευρεσιτεχνία*). 2. αυτό που επινοεί κανείς (συνών. *επινόημα, εφεύρημα*).
εφευρέτης ο, θηλ. **-τρια**, ουσ., αυτός που έκανε κάποια εφεύρεση: *~ της τυπογραφίας*.
εφευρετικός, -ή, -ό, επίθ., που έχει την ικανότητα να εφευρίσκει: *μυαλό -ό* (συνών. *επινοητικός*).
εφευρετικότητα η, ουσ., ικανότητα που έχει κάποιος να επινοεί, να εφευρίσκει (συνών. *επινοητικότητα*).
εφευρέτρια, βλ. *εφευρέτης*.
εφεύρημα το, ουσ., αυτό που επινοεί, που εφευρίσκει κάποιος (συνών. *εφεύρεση, επινόηση*).
εφευρίσκω, ρ., αόρ. συνήθως στο γ' πρόσ. *εφεύρε*, επινοώ κάτι νέο (μέχρι τώρα άγνωστο) (συνών. *ανακαλύπτω*).
εφήβαιο το, ουσ., το τριχωτό μέρος της ηβικής περιοχής.
εφηβεία η, ουσ., περίοδος της ανθρώπινης ζωής μεταξύ της παιδικής ηλικίας και της ωριμότητας που χαρακτηρίζεται από την εμφάνιση του γεννητήσιου ενστίκτου και την έκρηξη του ψυχικού κόσμου: *αντιμετωπίζει προβλήματα -ας* (συνών. *ήβη*).
εφηβικός, -ή, -ό, επίθ., που ανήκει ή αναφέρεται στον έφηβο ή την εφηβεία: *ηλικία -ή· ρούχα/ προβλήματα -ά* (συνών. *νεανικός*).
έφηβος ο, ουσ., νέος άνθρωπος που βρίσκεται στην περίοδο της εφηβείας.

εφημερεύω, ρ. 1. εκτελώ (ειδική) υπηρεσία ή αποστολή για ένα ολόκληρο εικοσιτετράωρο ή είμαι σε υπηρεσία όλη την ημέρα: *το φαρμακείο/ νοσοκομείο -ει· γιατρός που -ει*. 2. (για ιερείς) είμαι εφημέριος σε εκκλησία.
εφημερία η, ουσ. 1. λειτουργία ή υπηρεσία που επιβάλλεται για ένα εικοσιτετράωρο, επίβλεψη κατά τη διάρκεια της ημέρας: *~ γιατρού/φαρμακείου*. 2. χρονική περίοδος κατά την οποία ο ιερέας ασκεί τα καθήκοντά του στο ναό.
εφημεριακός, -ή, -ό, επίθ. (ασυνίζ.), που ανήκει ή αναφέρεται στην εφημερία ή τον εφημέριο.
εφημερίδα η, ουσ., έντυπο με ειδήσεις, σχόλια, άρθρα, αγγελίες, διαφημίσεις και άλλη ύλη που εκδίδεται και κυκλοφορεί συνήθως καθημερινά ή και σε αραιότερα χρονικά διαστήματα: *~ πρωινή /απογευματινή/εβδομαδιαία*.
εφημεριδογραφία η, ουσ., σύνταξη και έκδοση εφημερίδας (συνών. *δημοσιογραφία*).
εφημεριδογράφος ο, ουσ., αυτός που γράφει, που συντάσσει εφημερίδα ή συνεργάζεται στην έκδοση εφημερίδας.
εφημεριδοθήκη η, ουσ., θήκη για εφημερίδες.
εφημεριδοπώλης ο, ουσ., αυτός που πουλά εφημερίδες: *σωματείο -ών*.
εφημεριδοφάγος ο, ουσ., μανιώδης αναγνώστης εφημερίδας.
εφημέριος ο, ουσ. (ασυνίζ.), ιερέας διορισμένος σε ενοριακό ναό.
εφήμερος, -η, -ο, επίθ. 1. που διαρκεί ή ζει μόνο μια μέρα: *έντομα/λουλούδια -α* (συνών. *ημερόβιος*). 2. που διαρκεί μικρό χρονικό διάστημα, πρόσκαιρος: *απολαύσεις -ες· πλούτη -α* (συνών. *προσωρινός, παροδικός·* αντ. *αιώνιος*). - Το ουδ. στον πληθ. ως ουσ. = τάξη εντόμων που έχει σύντομη ζωή στο ενήλικο στάδιο.
εφησυχάζω, ρ., είμαι ήσυχος (συνών. *επαναπαύομαι·* αντ. *ανησυχώ, αδημονώ*).
εφησυχασμός ο, ουσ., κατάσταση κατά την οποία δεν επιδεικνύει κανείς ιδιαίτερο ενδιαφέρον για κάτι.
εφθημιμερής, -ής, -ές, γεν. **-ούς**, πληθ. αρσ. και θηλ. **-είς**, ουδ. **-ή**, επίθ. (μετρ.) *τομή ~* = τομή που γίνεται μετά την πρώτη συλλαβή του τέταρτου ποδός σε στίχους του δακτυλικού εξαμέτρου και του ιαμβικού τριμέτρου.
εφιάλτης ο, ουσ. (ασυνίζ.). 1. τρομακτικό όνειρο με γενική δυσφορία που προκαλείται εξαιτίας διαταραχής του οργανισμού: *έχει στον ύπνο του -ες*. 2. (μεταφ.) καθετί που προκαλεί φόβο και αγωνία και πιέζει ψυχικώς: *μου έγιναν ~ οι εξετάσεις· ~ των χημικών όπλων/του πολέμου* (συνών. *βραχνάς*).
εφιαλτικός, -ή, -ό, επίθ. (ασυνίζ.), που ανήκει ή αναφέρεται στον εφιάλτη, τρομακτικός: *όνειρα -ά· σκηνές/ώρες -ές* (συνών. *αγωνιώδης, αποπνικτικός*).
εφίδρωση η, ουσ. (λόγ.), παραγωγή και αποβολή ιδρώτα από τους ιδρωτοποιούς αδένες του δέρματος.
εφικτός, -ή, -ό, επίθ., που μπορεί να γίνει: *λύση -ή· αποτέλεσμα -ό* (συνών. *δυνατός, κατορθωτός, πραγματοποιήσιμος·* αντ. *ανέφικτος, ακατόρθωτος*).
έφιππος, -η, -ο, επίθ., που ιππεύει, που είναι καβάλα σε ζώο (συνών. *καβαλάρης·* αντ. *πεζός*).
εφιστώ, ρ. (λόγ.), στη φρ. *~ την προσοχή κάποιου*

σε κάτι = κατευθύνω την προσοχή του σε κάτι, τον ειδοποιώ να προσέξει κάτι: ~ *την προσοχή σου στον ενδεχόμενο κίνδυνο.*
εφοδιάζω, ρ. (ασυνίζ.). **1.** (στρατ.) παρέχω εφόδια, προμηθεύω τα αναγκαία για την πορεία ή εκστρατεία: ~ *το στρατό με νέα όπλα.* **2.** παρέχω τα μέσα ή τα εφόδια για την εκτέλεση έργου ή επίτευξη σκοπού: *τον -ίασε με συστατικές επιστολές* (συνών. *προμηθεύω*). **3.** (μέσ.) αποκτώ κάτι για τον εαυτό μου: *-άστηκα με χοντρά ρούχα.*
εφοδιασμός ο, ουσ. (ασυνίζ.). **1.** (στρατ.) διαδικασία εξασφάλισης των υλικών αναγκών του στρατεύματος: ~ *στρατού με νέα όπλα·* *ανεπαρκής ~ στρατού.* **2.** παροχή εφοδίων, προμήθεια των αναγκαίων.
εφοδιαστής ο, ουσ. (ασυνίζ.), αυτός που παρέχει, που χορηγεί τα αναγκαία εφόδια (συνών. *προμηθευτής*).
εφόδιο το, ουσ. (ασυνίζ.). **1.** (συνήθως στον πληθ.) ό,τι χρειάζεται κανείς (υλικό ή άλλο μέσο) για την επίτευξη κάποιου σκοπού ή την εκτέλεση κάποιου έργου: *επιστημονικά/πνευματικά -α· απαραίτητα -α για το ταξίδι.* **2.** (στρατ.) καθετί που χρειάζεται για τη διεξαγωγή πολέμου.
εφοδιοπομπή η, ουσ. (ασυνίζ., έρρ.), φάλαγγα οχημάτων ή υποζυγίων με εφόδια.
έφοδος η, ουσ. **1.** (στρατ.) ορμητική επίθεση ενάντίον του εχθρού, ιδιαίτερα σε ορισμένη σημαντική τοποθεσία που ο στρατός θέλει να καταλάβει: *κάνω/δέχομαι -ο· κατέλαβαν το ύψωμα με -ο* (συνών. *εφόρμηση*). **2.** βίαιη είσοδος σε κάποιο χώρο, εισβολή: *η υπηρεσία δίωξης ναρκωτικών έκανε -ο στο διαμέρισμα των υπόπτων.* **3.** (στρατ.) αιφνιδιαστική νυχτερινή επιθεώρηση φρουράς: *ο αξιωματικός έκανε -όδους στις σκοπιές.*
εφ' όλης της ύλης· αρχαϊστ. έκφρ. για συζήτηση, εξέταση, διαπραγμάτευση, κ.τ.ό. όλων των πλευρών ενός θέματος.
εφοπλιστής ο, θηλ. **-ίστρια,** ουσ., ιδιοκτήτης πλοίων (συνών. *πλοιοκτήτης*).
εφοπλιστικός, -ή, -ό, επίθ., που ανήκει ή αναφέρεται στους εφοπλιστές: *επιχειρήσεις -ές.*
εφοπλίστρια, βλ. *εφοπλιστής.*
εφορεία η, βλ. *εφορία.*
εφορειακός, -ή, -ό, βλ. *εφοριακός.*
εφορευτικός, -ή, -ό, επίθ., που είναι αρμόδιος να εφορεύει, να επιτηρεί: *επιτροπές -ές σε εκλογικά τμήματα* (συνών. *εποπτικός, επιτηρητικός*).
εφορεύω, ρ. (μόνο στον εν.). **1.** εποπτεύω, επιτηρώ, επιβλέπω. **2.** (λόγ.) είμαι έφορος, ασκώ καθήκοντα εφόρου.
εφορία η, ουσ. **1.** δημόσια υπηρεσία που εκπροσωπεί το υπουργείο Οικονομικών ή άλλο υπουργείο στις οικονομικές σχέσεις του δημοσίου και που έχει ως έργο της τη βεβαίωση των άμεσων φόρων, τελών, δικαιωμάτων, κ.τ.ό. και την είσπραξή τους, καθώς και κάθε άλλη φροντίδα που έχει σχέση με οικονομικές προσόδους που ανατίθενται σ' αυτήν: ~ *οικονομική/τοπική.* **2.** (συνεκδοχικά) το κτήριο όπου εδρεύει μια εφορία. **3.** (γενικά) νομικό πρόσωπο που ασκεί επίβλεψη σε κάποια υπηρεσία, ίδρυμα, κλπ.: ~ *αρχαιοτήτων/ σχολική/ευαγούς ιδρύματος.*
εφοριακός, -ή, -ό, επίθ. (ασυνίζ.), που ανήκει ή αναφέρεται στην εφορία ή τον έφορο. - Το αρσ. ως ουσ. = υπάλληλος οικονομικής εφορίας.

εφόρμηση η, ουσ., ορμητική επίθεση, έφοδος (βλ.λ.).
έφορος ο, ουσ. **1.** ανώτερος δημόσιος υπάλληλος που εποπτεύει κρατική υπηρεσία: *οικονομικός ~· ~ αρχαιοτήτων* (= που επιβλέπει τη συντήρηση μνημείων και συλλογών και διενεργεί ανασκαφές)· (συνεκδοχικά): ~ *σχολείου/βιβλιοθήκης.* **2.** (ιστ.) καθένας από τους πέντε πολιτικούς άρχοντες της αρχαίας Σπάρτης.
εφ' όρου ζωής· αρχαϊστ. έκφρ. = ισοβίως.
εφτά, βλ. *επτά.*
εφτα-, α' συνθ. σε λ. όπως: *εφτάδιπλος, εφτάψυχος.*
εφτάδιπλος, -η, -ο, επίθ. **1.** που αποτελείται από εφτά μέρη, εφταπλάσιος. **2.** που είναι διπλωμένος εφτά φορές, που έχει εφτά δίπλες.
εφτάδυμος, βλ. *επτάδυμος.*
εφτάζυμος, -η, -ο, επίθ. (για ψωμί) που ζυμώνεται με μαγιά και αλεύρι ρεβιθιάς και όχι με τη συνηθισμένη μαγιά. - Το ουδ. ως ουσ. = *το εφτάζυμο ψωμί.* [μτγν. *αυτόζυμος* κατά παρετυμ. από το *εφτά*].
εφτάκοιλο το, ουσ. (ιδιωμ.), ποικιλία σταφυλιού.
εφτακοσάρι το, ουσ., ποσό επτακοσίων δραχμών.
εφτακοσαριά η, αριθμ. (συνίζ.), πάντα στη φρ. *καμιά ~* = περίπου εφτακόσιοι.
εφτακόσιοι, βλ. *επτακόσιοι.*
εφτακόσοι, βλ. *επτακόσιοι.*
εφταμηνίτης ο, θηλ. **-ίτισσα,** ουσ. **1.** που γεννήθηκε στον έβδομο μήνα από τη σύλληψή του (συνών. *επταμηνίτικος*). **2.** (μεταφ.) που δεν είναι κανονικά ανεπτυγμένος, μικροκαμωμένος (συνών. *ατροφικός.*
εφταμηνίτικος, -η, -ο, επίθ., εφταμηνίτης (βλ.λ.).
εφταμηνίτισσα, βλ. *εφταμηνίτης.*
Εφτανησιώτης ο, θηλ. **-ισσα,** ουσ. (συνίζ.), που κατοικεί στα Επτάνησα ή κατάγεται απ' αυτά.
εφτανησιώτικος, -η, -ο, επίθ., που ανήκει στον Εφτανησιώτη ή τα Επτάνησα ή αναφέρεται σ' αυτόν/-ά (συνών. *επτανησιακός*).
εφταπάρθενος, -η, -ο, επίθ., έκφρ. *Ε-ος χορός* = ονομασία του αστερισμού της Μεγάλης Άρκτου.
εφτάρι το, ουσ. **1.** ο αριθμός επτά (7). **2.** σύνολο από επτά ομοειδείς μονάδες: *πλήρωσα ένα ~* (= επτά χιλιάδες δραχμές). **3.** τραπουλόχαρτο με τον αριθμό επτά: *μπλόφαρε κρατώντας -ια.*
εφτασφράγιστος, -η, -ο, επίθ., που είναι πολύ καλά σφραγισμένος ή φυλαγμένος.
εφτάφωτος, -η, -ο, επίθ. (λογοτ.), που έχει εφτά φώτα: *κηροστάτης ~.*
εφτάχρονος, -η, -ο, επίθ., που έχει ηλικία ή διάρκεια επτά ετών.
εφτάψυχος, -η, -ο, επίθ., που δύσκολα υποκύπτει στο θάνατο, που έχει μεγάλη αντοχή στις ταλαιπωρίες και τις αρρώστιες: *γάτα -η.*
εφυάλωμα το, ουσ., σκόνη από γυαλί και οξείδια που χρησιμοποιείται για επίχριση σκεύους.
εχέγγυος, -α, -ο, επίθ. (έρρ., ασυνίζ.), που παρέχει εγγύηση, που είναι άξιος εμπιστοσύνης ή πίστης (συνών. *αξιόπιστος, φερέγγυος*). - Το ουδ. ως ουσ. = αυτό που θεωρείται, που παρέχεται ως εγγύηση: *οι κληρονόμοι δεν παρέχουν τα -α για την κατάλληλη εκμετάλλευση του κτήματος* (Αστ. Κώδ.).
έχει το, ουσ. άκλ. (λαϊκ.), περιουσία, πλούτος: *Πούθε κρατούσε η σκούφια του, ποια η δουλειά του και ποιο το ~ του* (Μπαστιάς)· (παροιμ.) *Τα ~*

πάνε κι έρχονται, η αρχοντιά απομένει (συνών. βιός). [απαρ. έχειν του έχω].
έχει καλώς· αρχαϊστ. φρ.· σε περιπτώσεις που εκφράζεται ικανοποίηση για κάποιο γεγονός.
εχεμύθεια η, ουσ. (ασυνίζ.), το να μην αποκαλύπτει κανείς το μυστικό που του έχουν εμπιστευτεί: *η υπηρεσία απαιτεί απόλυτη* ~· *τήρηση -ας* (αντ. *ακριτομυθία, εκμυστήρευση*).
εχέμυθος, -η, -ο, επίθ., που κρατά το μυστικό που του έχουν εμπιστευτεί: *υπάλληλος* ~ (αντ. *ακριτόμυθος*).
έχερη η, ουσ. (λαϊκ.), το μέρος του αρότρου που κρατά ο γεωργός όταν οργώνει.
εχεφροσύνη η, ουσ. (λόγ.), σύνεση, σωφροσύνη.
έχθρα και **έχτρα** η, ουσ., το να αισθάνεται κανείς μεγάλη απέχθεια, μίσος απέναντι σε κάποιον άλλο: *προαιώνια/θανάσιμη* ~ (συνών. *εχθρότητα, εχθρικότητα, εμπάθεια*· αντ. *φιλία, αγάπη, συμπάθεια*).
εχθρά, βλ. *εχθρός*.
εχθρεύομαι, και (λαϊκ.) **οχτρεύομαι**, ρ., αισθάνομαι μίσος, μεγάλη απέχθεια για κάποιον: ~ *κάποιον θανάσιμα* (συνών. *μισώ*· αντ. *αγαπώ, συμπαθώ*).
εχθρικός, -ή, -ό, επίθ. 1. που ανήκει ή αναφέρεται στον εχθρό ή που προέρχεται από αυτόν: *στρατός* ~· *έδαφος* -ό· *δυνάμεις* -ές. 2. που δείχνει, εκδηλώνει έχθρα: *συμπεριφορά -ή· ατμόσφαιρα -ή· ύφος -ό* (αντ. *φιλικός*).
εχθρικότητα η, ουσ., το να είναι κανείς εχθρικός απέναντι σε κάποιον.
εχθροπάθεια η, ουσ. (ασυνίζ.), το να έχει κανείς έμμονη έχθρα σε κάποιον.
εχθροπραξία η, ουσ., πράξη, ενέργεια εχθρική· (συνήθως στον πληθ.) ένοπλες συγκρούσεις, πολεμικές επιχειρήσεις: *-ες άμεσες· περιοχή -ών*.
εχθρός και (λαϊκ.) **οχτρός** ο, θηλ. **εχθρά**, ουσ. 1. αυτός που μισεί κάποιον ή θέλει να του κάνει κακό: *έχει πολλούς -ούς· θανάσιμος* ~ (αντ. *φίλος*). 2. αυτός που βλάπτει κάποιον ή κάτι: *φυσικοί -οί ενός ζωικού είδους· το κάπνισμα είναι* ~ *της υγείας*. 3. αυτός που είναι αντίθετος, που εκδηλώνει αντιπάθεια ή αποστροφή σε κάποιον ή κάτι: ~ *του καθεστώτος/της κοινωνίας/της προόδου*. 4. χώρα που βρίσκεται σε πόλεμο με κάποιαν άλλη και ειδικώς οι υπήκοοί της και οι στρατιωτικές και άλλες δυνάμεις της: *τα στρατεύματα/οι δυνάμεις του -ού· υποχώρηση του -ού* (συνών. *πολέμιος, αντίπαλος*· αντ. *σύμμαχος*).
εχθρότητα η, ουσ., εχθρική διάθεση, έχθρα (βλ.λ.).
έχιδνα η, ουσ. (λόγ.), οχιά (βλ.λ.), όχεντρα.
εχινόδερμα τα, ουσ. (ζωολ.) μεγάλη συνομοταξία του ζωικού βασιλείου που περιλαμβάνει θαλάσσια ασπόνδυλα ζώα, όπως οι εχίνοι, οι αστερίες, τα κρινοειδή, κλπ. (συνών. *εχινόζωα*).
εχινοειδή τα, ουσ. (ζωολ.) ομοταξία των εχινοδέρμων (βλ.λ.).
εχινόζωα τα, ουσ., εχινόδερμα (βλ.λ.).
εχινοκοκκίαση η, ουσ. (ιατρ.) παρασιτογενής ασθένεια που οφείλεται στη μόλυνση του ανθρώπινου οργανισμού με αβγά εχινόκοκκου.
εχινόκοκκος ο, ουσ., ζωικό παράσιτο που ζει στο έντερο του σκύλου και μεταδίδεται και στον άνθρωπο στον οποίο προκαλεί εχινοκοκκίαση (βλ.λ.).
εχίνος ο, ουσ., αχινός (βλ.λ.).

έχουσι γνώσιν οι φύλακες· αρχαϊστ. φρ. = οι αρμόδιοι είναι ενήμεροι και παρακολουθούν.
εχτές, βλ. *χτές*.
έχτρα, βλ. *έχθρα*.
έχω, ρ., παρατ. *είχα*. 1α. κρατώ στα χέρια μου, βαστώ: ~ *όπλο/πακέτα*· β. φέρω επάνω μου κάτι, κουβαλώ: *δεν* ~ *πορτοφόλι/τα αντίγραφα μαζί μου*· γ. φέρω κάποιον μαζί μου, συνοδεύομαι από κάποιον: *είχε μαζί της το μικρό της γιο*· δ. (για μέρος του σώματος) κρατώ σε μια ορισμένη θέση: *είχε το ένα πόδι πάνω στ' άλλο/την πλάτη του στον ομιλητή*. 2. κρατώ κάποιον ή κάτι περιορισμένο σε κάποιο χώρο· φυλάγω: *τους -ουν στην ασφάλεια· -ει τα έγγραφα στο συρτάρι του*. 3. (για να δηλωθεί κάτι που αποτελεί μέλος ή στοιχείο ενός ατόμου ή πράγματος): *-ει ωραία μάτια· το σπίτι -ει μεγάλη αυλή· το έγγραφο δεν -ει ημερομηνία*. 4. (για να δηλωθεί κάτι που αποτελεί χαρακτηριστικό γνώρισμα, προτέρημα, ελάττωμα: *-ει γερή μνήμη· οι καμήλες -ουν μεγάλη αντοχή*· φρ. *τα 'χει τετρακόσια* (= είναι λογικός)· *το μέσα μου ή στο αίμα μου* (= μου είναι έμφυτο): *είναι άνθρωποι...που το 'χουν στο αίμα τους να προκοβουν* (Χατζής). 5. (συνεκδοχικά) συνηθίζω: *τα -ει αυτά η θάλασσα· χωρίζει για χρόνια και σμίγει μια στιγμή* (Καρκαβίτσας)· *έτσι το -ουμε εδώ*. 6. νιώθω, αισθάνομαι και συνεκδοχικά εκδηλώνω τα αισθήματά μου αυτά σε κάποιον: *του -ει μεγάλη αδυναμία/μανία!* 7α. είμαι κάτοχος, ιδιοκτήτης: *-ει μεγάλη περιουσία· ξόδεψα ό,τι είχα και δεν είχα*· φρ. *τι είχαμε, τι χάσαμε!* (δηλ. δεν κερδίσαμε τίποτε, αλλά και δε ριψοκινδυνεύσαμε τίποτε)· β. κατέχω κάτι και συγχρόνως το εκμεταλλεύομαι ώστε να αποκομίζω κέρδη: *-ει κατάστημα στο κέντρο της πόλης· το κράτος -ει τώρα την Ολυμπιακή· -ουμε κοινό λογαριασμό στην τράπεζα*. 8α. (για αφηρ. έννοιες) κατέχω ή έχω στη διάθεσή μου: *-ει πολλές γνώσεις·* ~ *το λόγο σου*; β. διαθέτω τα μέσα ή τις δυνατότητες: *το ξενοδοχείο -ει τις ανέσεις που θέλομε· δεν* ~ *τι να κάνω/να πω·* φρ. *-ει ο Θεός!* 9. περιέχω: *τι -ει ο σάκος σου; απ' όλα -ει ο μπαξές!* 10. (για να δηλωθεί συγγένεια ή άλλη διαπροσωπική σχέση): *-ει δύο παιδιά/πολλούς φίλους·* ~ *αυστηρό προϊστάμενο· κορίτσι* (= γέννησε) φρ. *τα* ~ *με κάποιον* (= α. είμαι ενοχλημένος, θυμωμένος με κάποιον): *τα -ει με όλο τον κόσμο·* (= β. έχω ερωτική σχέση με κάποιον): *τα -ει με την κόρη του αφεντικού του*. 11. (μεταφ.) αξίζω, κοστίζω: *πόσο -ει; -ει τριάντα χιλιάδες*. 12. θεωρώ κάποιον ή κάτι ως...: *τον είχα για έξυπνο/σαν πατέρα/σε υπόληψη· σε* ~ *άξιο για οτιδήποτε· μικρό πράγμα το 'χεις να...; δεν το 'χει (για) τίποτα να...· το* ~ *σε καλό/συνήθεια/για γούρι· καλύτερα* ~ *να...* (= προτιμώ). 13α. πάσχω, υποφέρω από κάποια αρρώστια: ~ *πονοκέφαλο/πυρετό/καρδιά· τι έχεις;* β. (γενικά) υποφέρω: ~ *βάσανα/στενοχώριες· τ' είχες Γιάννη; - τ' είχα πάντα!* γ. παθαίνω, μου συμβαίνει κάτι ξαφνικό: *είχαμε ατύχημα/τρικυμία στο ταξίδι*. 14. αποκτώ, κερδίζω: *αν με εξυπηρετήσεις, θα 'χεις από μένα δέκα χιλιάδες δρχ.· από τις εισπράξεις κάθε μήνα -ει το 10%*. 15. δέχομαι την επίσκεψη κάποιου ή τον φιλοξενώ: *σήμερα είχαμε στο σχολείο τον επιθεωρητή· -ομε ξένους στο σπίτι*. 16α. (για χρόνο) περιλαμβάνω, αποτελούμαι από...: *ο χρόνος -ει δώδεκα μήνες*· β. διανύω, βρίσκομαι σε ορισμένο σημείο: *ο μήνας*

-ει δεκαεπτά. **17.** (με όν. που δηλώνει χρόνο και συνήθως βουλητική πρότ.) **α.** (για να δηλωθεί ότι έχει κανείς στη διάθεσή του ένα ορισμένο χρον. διάστημα να κάνει κάτι): *-εις δύο μήνες να μελετήσεις· -εις καιρό μπροστά σου...· -εις δύο λεπτά να σου πω;* **β.** (για να δηλωθεί ότι έχει περάσει ένα ορισμένο χρον. διάστημα): *-ει τρία χρόνια στο εξωτερικό* (= μένει)· *-ει ώρα που έφυγε·* ~ *ημέρες να τον δω.* **18.** (για χρον. περίοδο) διανύω: *-ομε 1988/πόλεμο/Πάσχα.* **19.** (σε περίφρ. με κάποιο όν. ουσ. για να δηλωθεί μια συγκεκριμένη κατάσταση): *-ομε ζέστη/κρύο· εκλογές θα -ομε τον Ιούνιο·* ~ *πένθος/κέφια/δίκιο/τρεχάματα·* ~ *νεύρα* (= είμαι νευριασμένος)· *μας -ουν τραπέζι* (= είμαστε καλεσμένοι για φαγητό)· *δεν* ~ *ύπνο/διάθεση·* ~ *το νου μου* (= προσέχω)/*στο νου μου* (= σκέπτομαι, λογαριάζω να...)· *-ομε την ίδια ηλικία· δεν -ει δουλειά* (= δεν εργάζεται)· *κάτι -ει αποτέλεσμα/επίδραση· οι υπουργοί είχαν συνομιλίες για...· -εις αμφιβολίες; -ει σωστή μέθοδο στη δουλειά του* (= ακολουθεί)· *-ει πολλές δυσκολίες στα μαθήματα* (= συναντά) *έχε γειά! (δεν) -ει σημασία.* **20.** (σε περίφρ. με άρνηση για να δηλωθεί κάτι το αδύνατο): *δεν -ει γλυτωμό· αυτά δεν -ουν τέλος/μετρημό.* **21.** (με κατηγορηματικό προσδ. ή επίρρ. για να δηλωθεί μια σχέση ή αναλυμένη μια ρηματική έννοια): *τον* ~ *φίλο/του χεριού μου/πώς και πώς· το* ~ *σκοπό/ακουστά· τον -ει με το μέρος του· τα -ομε καλά* (= έχομε καλές σχέσεις)· *την* ~ *καλά/άσχημα* (= **α.** ασθενώ βαριά· **β.** κινδυνεύω). **22.** (με επόμενο το μόρ. *να*) **α.** σκοπεύω, προτίθεμαι να..., πρόκειται να...: ~ *να ψωνίσω· δεν -εις να πας πουθενά! -εις να φας ξύλο...* **β.** είμαι υποχρεωμένος να...: ~ *να μελετήσω/να τελειώσω αυτή τη δουλειά·* **γ.** (για να δηλωθεί το αντικείμενο διαρκούς ενασχόλησης): *όλοι στο νησί είχανε να κάνουνε με την ξυπνάδα του (Μπαστιάς)·* ~ *να το λέω...* **δ.** (για να δηλωθεί σχέση, συμμετοχή ή δικαίωμα σε κάτι): ~ *να παίρνω λεφτά· δεν* ~ *να κάμω μ' αυτόν ή μ' αυτό το ζήτημα* (= δεν έχω καμιά σχέση)· *θα 'χεις να κάνεις με μένα...·* φρ. *δεν -ει να κάνει* (= δεν -ει διαφέρει). **23.** (σε επανάληψη για να δηλωθεί επιτυχές αποτέλεσμα ύστερα από επανειλημμένες προσπάθειες): *αποδώ τον είχε, αποκεί τον είχε τελικά τον έπεισε·* (με άρνηση): *είχε δεν είχε «έβγαλε είδηση» στη συνέντευξή του· είχε δεν είχε διάθεση, πήγε...* **24α.** (συμπερ.): *-ομε και λέμε·* **β.** (για να γίνει αναφορά σε μια συγκεκριμένη κατάσταση ή θέμα): *-ομε την περίπτωση του τάδε επιχειρηματία·* **γ.** (για να δηλωθεί κάποιο παράδειγμα): *-ομε π.χ. το εξής αριθμητικό πρόβλημα...* **25.** (συνήθως σε γ' εν. ή πληθ.) υπάρχει, συμβαίνει: *-ει τίποτα να φάμε; δεν -ει μάθημα σήμερα· -ει κρύο· έτσι -ουν τα πράγματα· το πράγμα -ει ως εξής.* **26.** (ως βοηθ. ρ. στο σχηματισμό των σύνθετων χρόνων): *-ει περάσει τις εξετάσεις· θα -ει φτάσει πριν από μένα· είχα ξεχάσει ότι...* Φρ. *δεν -ει λ.χ. «γιατί»* (ως δικαιολογία) *ή «γιατί»;* (ως ερώτηση), *ή άλλη λέξη* = (με εκδήλωση διαμαρτυρίας) δε σου επιτρέπεται να λες «γιατί» ή «γιατί»; κλπ.

έχω δούναι και λαβείν αρχαϊστ. φρ. = έχω δοσοληψίες ή σχέσεις με κάποιον.

εψές, βλ. *ψες.*

έψιλον το, άκλ., το πέμπτο γράμμα του ελληνικού αλφαβήτου (ε, Ε). [μεσν. *έψιλον*<αρχ. *ε ψιλόν*].

εωθινός, -ή, -ό, επίθ., πρωινός (συνήθως στην εκκλ. γλώσσα): *ακολουθία/προσευχή -ή· τροπάρια -ά* (= που ψάλλονται στο τέλος του όρθρου και πριν από τη μεγάλη δοξολογία) *ευαγγέλιο -ό* (= η ευαγγελική περικοπή που διαβάζεται στον όρθρο της Κυριακής). - Το ουδ. ως ουσ. = **α.** (στρατ. παλαιότερα) εγερτήριο σάλπισμα· **β.** (εκκλ.) τροπάριο εωθινό.

έως και **ως,** πρόθ. **1.** (για να δηλωθεί το σημείο ή το όριο στο οποίο ένα γεγονός, μια ενέργεια ή κατάσταση σταματά ή τελειώνει) μέχρι, ίσαμε: **α.** (τοπικώς) *έγινε κόκκινος* ~ *τ' αφτιά· ως τ' αστέρια· ως τα νύχια· από πάνω ως κάτω· ως το σπίτι μου/το χωριό· ως εδώ και μη παρέκει· σήκωσέ το, ως που φτάνει το χέρι σου* (= μέχρι εκεί όπου...)· (σε σύνδεση αφετηρίας και τέρματος: *από...ως...*) σύνολο προσώπων (ή πραγμάτων) αντίθετων ή διαφορετικών: *όλοι, από το μικρό ως το μεγάλο γονατίσαμε* (= μικροί και μεγάλοι μαζί)· *τον γνώριζαν όλοι, από τον καφετζή ως τον τελευταίο πελάτη* (= και ο καφετζής και ο κάθε πελάτης του καφενείου)· **β.** (χρονικώς) *εργάζεται* ~ *τις 3 μμ.· έμεινε στο Βόλο ως τα δέκα του χρόνια· απ' το πρωί ως το βράδι· ως σήμερα/το τέλος· μαζί ως το θάνατο.* **2.** (για να δηλωθεί προσέγγιση ή όριο προκειμένου για ποσό) περίπου: *πληρώνω* ~ *10.000 δρχ.· είχε μαζί του ως χίλιους ανθρώπους· ένα κοριτσάκι ως δέκα χρονών· φαινόταν ως εβδομήντα χρονών.* **3.** (συνήθως το *ως*) (με επόμενο το και επιτ.) ακόμη και: *τη λυπήθηκαν ως και τα δέντρα· (έ)ως και τη νύχτα κάθεται στο γραφείο του και δουλεύει.* **4.** (λαϊκ.) (το *ως* με επόμενο το *να* ως χρον. σύνδ.) εωσότου, ώσπου: *ως να γυρίσουμε να δούμε, το φάγανε.*

εωσότου και **ωσότου,** σύνδ., μέχρις ότου, ώσπου: *θα επιμείνω* ~ *συμφωνήσεις.*

εωσφορικός, -ή, -ό, επίθ., που ανήκει ή αναφέρεται στον Εωσφόρο, το Σατανά (συνών. *σατανικός, διαβολικός*).

Εωσφόρος ο, ουσ. **1.** το άστρο της αυγής, ο Αυγερινός, ο πλανήτης Αφροδίτη. **2.** (εκκλ.) ο αρχηγός του αγγελικού τάγματος που ξέπεσε, θηλ. των δαιμόνων, ο Σατανάς, ο διάβολος.

Ζ, ζ (ζήτα). **1.** το έκτο γράμμα του ελληνικού αλφαβήτου· ένα από τα σύμφωνα της ελληνικής γλώσσας. - Βλ. και *ζήτα*. **2.** αριθμητικό σημείο = α. (όταν έχει τόνο πάνω δεξιά ή τελεία κάτω δεξιά: ζ΄, Ζ΄, ζ.) έβδομος, έβδομον: *Ερρίκος ο Ζ΄· σελίδα ζ΄· β.* (όταν έχει τόνο κάτω αριστερά: ,ζ) εφτά χιλιάδες.

ζαβάδα η, ουσ. (λαϊκ.). **1.** (για πράγμα) το να είναι κάτι ζαβό, στραβό: ~ *της σανίδας* (συνών. *στρεβλότητα*, *στραβάδα* αντ. *ισιάδα*). **2.** ανοησία, μωρία: *κάνει πολλές -ες* (συνών. *ζαβομάρα*, *χαζομάρα*). **3.** (συνήθως στον πληθ.) ιδιοτροπία, αναποδιά: *αυτές οι -ες του τον κάνουν να δείχνει κακός.*

ζάβλακας ο, ουσ. (λαϊκ), ζαβλακωμένος (βλ. *ζαβλακώνω*) σε μεγάλο βαθμό: *τι περιμένεις απ' αυτόν το -α;*

ζαβλάκωμα το, ουσ. (λαϊκ.), ατονία (συνήθως προσωρινή) των ψυχοσωματικών και διανοητικών δυνάμεων κάποιου: *η ζέστη του έφερε* ~ (συνών. *αποχαύνωση*, *ζαβλακωμάρα*).

ζαβλακομάρα η, ουσ. (λαϊκ.), ζαβλάκωμα.

ζαβλακώνω ρ. (λαϊκ.), προξενώ διανοητική κατάπτωση, κάνω να ατονήσουν οι ψυχοσωματικές δυνάμεις κάποιου (συνήθως προσωρινά): *τον -ωσε ο ήλιος / η τηλεόραση / το ποτό* (συνών. *αποχαυνώνω*). [με επίδραση του *βλάκας - αποβλακώνομαι*]. - Η μτχ. παρκ. -ωμένος = ζαλισμένος, αποχαυνωμένος: *ήταν -ωμένοι απ' την αϋπνία* (αντ. *ξύπνιος*).

ζαβολιά η, ουσ. (συνιζ.). **1.** παραβίαση κανόνων παιχνιδιού: *κάνει -ιές και τ' άλλα παιδιά δεν τον θέλουν.* **2.** το να συμπεριφέρεται κανείς ανέντιμα για να κερδίσει κάτι ασήμαντο: *άσε τις -ιές·* [διαβολιά].

ζαβολιάρης ο, θηλ. **-α** και **-ισσα**, **-ικο** επίθ. (συνιζ.), που κάνει ζαβολιές (σε παιχνίδι) ή που αναφέρεται στις ζαβολιές: *δεν παίζω μ' αυτόν το -η· παίξιμο -ικο.*

ζαβομάρα η, ουσ. (λαϊκ.). **1.** έλλειψη ορθής κρίσης (συνών. *ζαβάδα*, *χαζομάρα* αντ. *εξυπνάδα*). **2.** ιδιοτροπία, αναποδιά.

ζαβός, -ή, -ό, επίθ. (λαϊκ.). **1.** (για πράγμα) στραβός, στρεβλός (αντ. *ίσιος*). **2.** (μεταφ.) που φέρνει ατυχίες, που προκαλεί δυστυχία: *φταίει το -ό το ριζικό μας* (Βάρναλης) (συνών. *ανάποδος*). **3.** (για πρόσωπο) που το μυαλό του δε λειτουργεί κανονικά, διανοητικώς καθυστερημένος (συνών. *βλαμμένος*). **4.** (για πρόσωπο) δύστροπος, ιδιότροπος. [αβέβαιη ετυμ.].

ζαβώνω, ρ. (λαϊκ.). **Α.** μτβ. **1.** κάνω κάτι ζαβό, στραβό: *πρόσεχε θα -ώσεις τη σανίδα* (συνών. *στραβώνω* αντ. *ισιάζω*). **2.** (μεταφ.) δημιουργώ προβλήματα σε μια υπόθεση· ματαιώνω: *-ωσες στρωμένη δουλειά* (συνών. *χαλώ*) φρ. *τα -ώνω* (= δημιουργώ προσκόμματα). **Β.** αμτβ. **1.** γίνομαι ζαβός, στραβός (συνών. *στραβώνω* αντ. *ισιάζω*). **2.** (μεταφ.) έχω κακή εξέλιξη: *-ωσε η δουλειά.*

ζαγάρι το, ουσ. (λαϊκ.). **1.** κυνηγετικό σκυλί (συνών. *κυνηγόσκυλο*, *λαγωνικό*). **2.** (μεταφ. για πρόσωπο) **α.** (μειωτ.): *α, να χαθεί το* ~! **β.** (συμπαθητικά συνήθως για μικρό παιδί): *πώς τα κατάφερε το* ~! [τουρκ. *zagar*].

Ζαγοραίος ο, θηλ. **-α** και (συνιζ.) **-ριανός**, θηλ. **-ή**, ουσ., αυτός που κατοικεί στη Ζαγορά ή κατάγεται από εκεί.

Ζαγοριανός, -ή, -ό, επίθ. (συνιζ.), που ανήκει ή αναφέρεται στη Ζαγορά ή στους Ζαγοραίους.

ζακάρ ο, ουσ. άκλ. **1.** τρόπος πλεξίματος με νήματα πολλών χρωμάτων που σχηματίζουν διάφορα σχέδια: *πλέκω* ~. **2.** (ως επίθ.) που είναι πλεγμένος με τον παραπάνω τρόπο: *ζακέτα* ~. [γαλλ. *jacquard*].

ζακέτα η και (σπανιότερα) **ζακέτο** το, ουσ., ελαφρύ, κοντό πανωφόρι που φοριέται συνήθως την άνοιξη και το φθινόπωρο: ~ *πλεχτή· ρίξε μια* ~ *πάνω σου.* [γαλλ. *jaquette* το ουδ. <ιταλ. *giacchetto*].

ζακόνι το, ουσ. (λαϊκ., απαρχ.), συνήθεια, έθιμο: *έτσι είναι το* ~ *του τόπου.* [σλαβ. *zakonŭ*].

Ζακυ(v)θινός ο, θηλ. **-ή** και (λαϊκ.) **-ιά**, ουσ., που κατάγεται από τη Ζάκυνθο ή ζει σ' αυτήν.

ζακυνθινός, -ή, -ό, επίθ., που ανήκει ή αναφέρεται στη Ζάκυνθο ή προέρχεται απ' αυτήν: *διάλεκτος -ή.*

ζαλάδα η, ουσ., ζάλη (βλ. λ. στη σημασ. 1): *έχω μια* ~ *σήμερα, το κεφάλι μου γυρίζει.*

ζαλεύω, ρ. (ιδιωμ.-λογοτ.), κινούμαι, σαλεύω, σκιρτώ: *κι όταν χορτάτα δυστυχά τα μάτια μου -ουν / αργά, κι ονείρατα σκληρά την ξανακυντανεύουν* (Σολωμός)· *ο Στρυμών χαμοσυρτός στα πόδια της (ενν. της Ροδόπης) -εύει* (Γρυπάρης) [ζάλο, ιδιωμ. = βήμα].

ζάλη η, ουσ. **1.** το να αισθάνεται κανείς πως χάνει την ισορροπία του, πως είναι έτοιμος να λιποθυμήσει εξαιτίας κούρασης ή αρρώστιας: *με πιάνει / μου έρχεται / νιώθω* ~· *νιώθω πως γυρίζει ο κόσμος από τη* ~ (συνών. *ζαλάδα*). **2.** το να αισθάνεται κανείς ανήσυχος και συγχυσμένος (συνήθως ως αποτέλεσμα της αδυναμίας να κατανοήσει κάτι, έκπληξης, έντονης σκέψης, κλπ.): *από τη ~ του άφησε εδώ τα πράγματά του* (συνών. *σύγχυση, σάστισμα, ταραχή*). 3. κατάσταση που προκαλεί σύγχυση και ταραχή: *στη ~ της δουλειάς το ξέχασα*. 4. (μεταφ.) έγνοια, φροντίδα που απασχολεί κάποιον: *έχει πολλές -ες, μην τον κουράζεις κι εσύ* (συνών. *σκοτούρα*).

ζαλιά η, ουσ. (συνιζ., λαϊκ.), φορτίο που σηκώνει κάποιος στην πλάτη του: *φορτώθηκα μια ~ ξύλα* (συνών. *ζαλίκα*).

ζαλίζω, ρ. I. ενεργ. 1. προκαλώ σε κάποιον ζάλη: *· τον -ισαν οι αναθυμιάσεις της βενζίνης· -ίστηκε από το πολύ ποτό / το ταξίδι* (αντ. *ξεζαλίζω*). 2. (μεταφ.) ενοχλώ, κουράζω κάποιον ώστε να χάσει την πνευματική του διαύγεια: *με -ισε με όσα μου είπε· αρκετές σκοτούρες έχω, μη με -εις κι εσύ*. II. (μέσ.) νιώθω ζάλη: *θα βγω λίγο έξω γιατί -ομαι*.

ζαλίκα η και **ζαλίκι** το, ουσ. (λαϊκ.), ζαλιά (βλ. λ.). Φρ. *παίρνω / σηκώνω / φορτώνομαι* (κάποιον ή κάτι) *~* (= στους ώμους).

ζαλίκωμα το, ουσ. (λαϊκ.), φόρτωμα.

ζαλικώνω, ρ. (λαϊκ.). 1. φορτώνω κάποιον (άνθρωπο ή ζώο): *-ωσε το γάιδαρο*. 2. (μεταφ.) επιφορτίζω κάποιον με έργο δύσκολο και δυσάρεστο (που θα έπρεπε να αναλάβω ο ίδιος): *τον -ωσε με όλα όσα δεν ήθελε να κάνει·* (παθ.) *-ώθηκε τα βάρη του σπιτιού* (συνών. *αγγαρεύω, φορτώνω*).

ζαλώνω, ρ. (λαϊκ.), φορτώνω: *-ώθηκε ξύλα*.

ζαμάνι το, ουσ. (λαϊκ.), μεγάλο χρονικό διάστημα· μόνο στην έκφρ. *χρόνια (ή καιρούς) και -ια: κύναμε χρόνια και -ια να μάθουμε νέα του / ν' ανταμωθούμε*. [τουρκ. *zaman*].

ζαμπάκι το, ουσ. (έρρ., λαϊκ. - λογοτ.), κρίνο. [τουρκ. *zambak*].

ζαμπόν το, ουσ. άκλ. (έρρ.), χοιρινό κρέας παρασκευασμένο με ειδικό τρόπο για να μπορεί να διατηρηθεί: *σάντουιτς με ~*. [γαλλ. *jambon*]. - Υποκορ. **-άκι** το = κονσέρβα ζαμπόν.

ζάντα η, ουσ. (έρρ.), μεταλλική στεφάνη τροχού που περιβάλλεται από το ελαστικό του: *-ες των τροχών αυτοκινήτου / ποδηλάτου· -ες αλουμινίου*. [γαλλ. *jante*].

ζάπλουτος, -η, -ο, επίθ., πάρα πολύ πλούσιος (συνών. *πάμπλουτος, βαθύπλουτος* αντ. *πάμφτωχος, θεόφτωχος*).

ζαπονέ το, ουσ., είδος μανικιού που δε συνδέεται με το υπόλοιπο ένδυμα με ραφή, αλλά αποτελεί συνέχειά του. [γαλλ. (*costume*) *japonais*].

ζάρα η, ουσ. α. μικρή πτυχή σε ύφασμα: *πουκάμισο ασιδέρωτο, γεμάτο -ες* (συνών. *ζαρωματιά*)· β. αναδίπλωση του δέρματος (συνήθως στα χέρια ή το πρόσωπο): *γέρικο πρόσωπο γεμάτο -ες* (συνών. *ρυτίδες* για το πρόσ.). [*ζαρώνω*].

ζαργάνα η, ουσ. 1. είδος ψαριού με ρύγχος μακρύ και οξύ: *μακριά σα φίδι* (συνών. *βελονίδα*). 2. (μεταφ.) για όμορφη, λυγερόκορμη γυναίκα. [πιθ. αρχ. *σαργάνη*].

ζαρζαβάτι και **ζαρζαβατικό** το, ουσ. (συνήθως στον πληθ.) κάθε είδους λαχανικό ή χορταρικό που καλλιεργείται και τρώγεται· (στον πληθ. περιληπτικά) τα λαχανικά. [τουρκ. *zarzavat*].

ζάρι το, ουσ. 1. (συνήθως στον πληθ.) μικρός κύβος με κουκκίδες σε κάθε πλευρά του που χρησιμοποιείται σε (τυχερά) παιχνίδια: *ρίχνω τα -ια*. 2. (στον πληθ.) τυχερό παιχνίδι που παίζεται με ζάρια: *έχασε τα λεφτά του στα -ια* (συνών. (λαϊκ.) *μπαρμπούτι*). [μεσν. *αζάριν*<αραβ. *az-zahar*].

ζαριά η, ουσ. (συνιζ.), το ρίξιμο των ζαριών· το αποτέλεσμα που επιτυγχάνεται από το ρίξιμο των ζαριών: *ρίξε μια ~ καλή*.

ζαρίφης, -ισσα, επίθ. (λαϊκ.), κομψός, ευγενικός. [τουρκ. *zarif*].

ζαρκάδι το, θηλ. **ζαρκάδα**, ουσ., θηλαστικό ζώο που μοιάζει με το ελάφι, ζει στα δάση και διακρίνεται για το γρήγορο τρέξιμό του. [μτγν. *ζορκάδιον*<αρχ. *ζορκάς* και *δορκάς*].

ζαρκαδίσιος, -α, -ο, επίθ. (συνιζ.), που αναφέρεται ή ταιριάζει σε ζαρκάδι: *περπάτημα -ο*.

ζαρντινιέρα η, ουσ. (όχι έρρ., συνιζ.), κατασκευή ξύλινη ή μεταλλική μέσα στην οποία φυτεύονται καλλωπιστικά φυτά ή τοποθετούνται γλάστρες και στολίζει μπαλκόνια ή δημόσιους χώρους. [γαλλ. *jardinière*].

ζαρτιέρα η, ουσ. (συνιζ.), εξάρτημα της γυναικείας ενδυμασίας από ελαστικό υλικό, που χρησιμοποιείται για να στηρίζει τις ψιλές κάλτσες. [γαλλ. *jarretière*].

ζάρωμα η, ουσ., το να ζαρώνει κάποιος ή κάτι (αντ. *τέντωμα*).

ζαρωματιά (συνιζ.) και **-μάδα** η, ουσ., ζάρα (βλ. λ.).

ζαρώνω, ρ., μτχ. παρκ. **-ωμένος**. Α. (αμτβ.). 1. μαζεύω, συμπτύσσω το σώμα μου ώστε να κατέχω περιορισμένο χώρο, μαζεύομαι: *-ωσε από ντροπή· είχε -ώσει σε μια γωνιά και δεν έβγαζε άχνα* (αντ. *τεντώνομαι*). 2. αδυνατίζω: *-ωσε το πρόσωπό του από την αρρώστια*. 3α. κάνω, αποκτώ ζάρες (ιδίως για ύφασμα): *η φούστα μου -ωσε* (συνών. *τσαλακώνω* αντ. *τσιτώνω*)· β. (για πρόσωπο) αποκτώ, κάνω ρυτίδες: *τα χέρια / το πρόσωπό της -ωσαν από τα χρόνια* (συνών. *ρυτιδιάζω,* (λαϊκ.) *σουρώνω*). Β. (μτβ.) κάνω κάτι να ζαρώσει: *~ το ύφασμα* (= *τσαλακώνω*)· *~ τα φρύδια μου* (για δήλωση δυσαρέσκειας) (αντ. *τεντώνω*). [*οζαρώνω*<*οζάριον*<αρχ. *όζος*]. - Η μτχ. ως επίθ. = καχεκτικός: *άνθρωπος κακομοίρης, -ωμένος*.

ζατρίκιο το, ουσ. (ασυνίζ., λόγ.), είδος παιχνιδιού, σκάκι. [περσ. *sachrats* ή *schatranj*].

ζαφειρένιος, -α, -ο, επίθ. (συνιζ.). 1. που είναι κατασκευασμένος από ή κοσμημένος με ζαφειρόπετρες: *περιδέραιο -ο*. 2. που μοιάζει στο χρώμα με ζαφείρι, γαλανός: *ουρανός ~*.

ζαφείρι το, ουσ., πολύτιμος λίθος με ποικίλες αποχρώσεις του γαλανού χρώματος: *δαχτυλίδι από -ια*. [ιταλ. *saffiro*, λατ. *sapphirus*<αρχ. *σάπφειρος*].

ζαφειρόπετρα η, ουσ., κατεργασμένο ζαφείρι σε κόσμημα: *Αθήνα, ~ στης γης το δαχτυλίδι* (Παλαμάς). [*ζαφείρι* + *πέτρα*].

ζαφορά και **σαφορά** η και **σαφράνι** το, ουσ. 1. φυτό με χρωστικές και φαρμακευτικές ιδιότητες (συνών. *κρόκος*). 2. το κίτρινο χρώμα που παράγεται απ' αυτό το φυτό. [αραβ. *zâfaran*, τουρκ. *zafran*].

ζάφτι το, ουσ. άκλ. (λαϊκ.), μόνο στη φρ. *κάνω ~* (= υποτάσσω, καταβάλλω κάποιον· επιβάλλομαι σε κάποιον, χειραγωγώ): *δεν μπορεί να κάνει ~ τους μαθητές του*. [αραβ. *zabt*].

ζαχαρατός, -η, -ο, επίθ. (για φαγώσιμο), που έχει παρασκευαστεί με ζάχαρη (συνών. *ζαχαρένιος*).

ζαχαρένια η, ουσ. (συνιζ.), (με την κτητ. αντων. *μου, σου, του,* κλπ.) καλή διάθεση· κυρίως στη φρ. *δε χαλώ τη ~ μου* (= δε στενοχωριέμαι, δε χαλώ την καρδιά μου): *δε χαλά τη ~ του για τα πολιτικά* (συνών. λαϊκ. *κέφι*).

ζαχαρένιος, -α, -ο, επίθ. (συνιζ.), που παρασκευάζεται με ζάχαρη: *χαλβάς* ~· (μεταφ.) πολύ γλυκός, θελκτικός: *στόμα / χαμόγελο -ο.*

ζάχαρη η, ουσ., γλυκιά κρυσταλλική ουσία με λευκό χρώμα που εξάγεται από χυμούς διάφορων φυτών, κυρίως από ζαχαροκάλαμο και ζαχαρότευτλα, και κατεργασμένη χρησιμοποιείται στη ζαχαροπλαστική και την ποτοποιία: *καφές με λίγη ~· δύο κύβους ~, παρακαλώ! ~ άχνη* (= σε σκόνη)· *άνθρωπος γλυκός σαν ~·* (μεταφ.) *καρπούζι ~* (= πολύ γλυκό). [μτγν. *σάκχαρις*].

ζαχαρί το, ουσ. άκλ. 1. (ως επίθ.) που μοιάζει στο χρώμα με τη ζάχαρη: *ζακέτα ~.* 2. (στο ουδ. ως ουσ.) το χρώμα που μοιάζει με το χρώμα της ζάχαρης, του υπόλευκο.

ζαχαριάζω, ρ. (συνιζ.), ζαχαρώνω (βλ. λ. σημασ. 2).

ζαχαριέρα η, ουσ. (συνιζ.), σκεύος επιτραπέζιο που χρησιμοποιείται για τη φύλαξη της ζάχαρης.

ζαχαρίνη η, ουσ., χημική ουσία λευκή που δίνει τη γεύση της ζάχαρης και χρησιμοποιείται για τη δίαιτα των διαβητικών.

ζάχαρο, βλ. *σάκχαρο.*

ζαχαροδιαβήτης, βλ. *σακχαροδιαβήτης.*

ζαχαροζυμωμένος, -η, -ο, επίθ. 1. που είναι ζυμωμένος με ζάχαρη. 2. (μεταφ.) πολύ γλυκός, ευχάριστος: *κοπέλα -η.*

ζαχαροκάλαμο το, ουσ., τροπικό φυτό, από το οποίο παράγεται ύστερα από βιομηχανική κατεργασία ζάχαρη: *φυτείες / εκμετάλλευση -άμου.*

ζαχαρομύκητας, βλ. *σακχαρομύκητας.*

ζαχαρομυκητίαση, βλ. *σακχαρομυκητίαση.*

ζαχαροπλάσταινα, βλ. *ζαχαροπλάστης.*

ζαχαροπλαστείο το, ουσ., εργαστήριο όπου παρασκευάζονται ή κατάστημα όπου πουλιούνται γλυκίσματα.

ζαχαροπλάστης ο, θηλ. **-ισσα** και **-τρια** και **-αινα,** ουσ., ιδιοκτήτης ζαχαροπλαστείου ή τεχνίτης που παρασκευάζει ή αυτός που πουλά γλυκίσματα· το θηλ. *-αινα* = και η γυναίκα του ζαχαροπλάστη.

ζαχαροπλαστική η, ουσ., τέχνη του ζαχαροπλάστη, τέχνη της παρασκευής γλυκισμάτων.

ζαχαροπλάστισσα και **-τρια,** βλ. *ζαχαροπλάστης.*

ζαχαροποίηση η, ουσ., χημική ή βιομηχανική μετατροπή κάποιας ουσίας σε ζάχαρο με την επίδραση ενζύμων ή ανόργανων οξέων.

ζαχαροποιία η, ουσ. (ασυνίζ.), η παρασκευή ή η βιομηχανία κατασκευής ζάχαρης.

ζαχαρότευτλο το, ουσ., φυτό (τεύτλο) από τη ρίζα του οποίου παράγεται ύστερα από βιομηχανική κατεργασία ζάχαρη.

ζαχαρούχος, -α, -ο, επίθ. (λόγ.), που περιέχει ζάχαρο (ή ζάχαρη) ή παρασκευάζεται απ' αυτό· (ιδίως το ουδ.): *γάλα -ο· ουσίες -ες.*

ζαχαρώδης, -ης, -ες, γεν. *-ους,* πληθ. αρσ. και θηλ. *-εις,* ουδ. *-η,* επίθ. α. που περιέχει ζάχαρη ή ζάχαρο· β. (ιατρ.) *~ διαβήτης,* βλ. *διαβήτης* (II).

ζαχάρωμα το, ουσ. 1. το να σχηματίζονται κρύσταλλοι ζάχαρης σε γλυκά και φρούτα (συνών. *καραμέλιασμα*). 2. (μεταφ., συνήθως στον πληθ.) ερωτοτροπίες, ερωτικές διαχύσεις.

ζαχαρώνω, ρ., μτχ. παρκ. *-ωμένος.* 1. (μτβ.) σκεπάζω ένα φαγώσιμο με ζάχαρη. 2. (αμτβ.) (για υγρά, γλυκά, φρούτα) παθαίνω κρυστάλλωση του ζαχάρου που περιέχω: *-άρωσε η μαρμελάδα (ο χυμός)*· (συνών. *καραμελιάζω, ζαχαριάζω*). 3. (μεταφ.) ερωτοτροπώ: *-νει με τη γειτόνισσα.*

ζαχαρωτό το, ουσ. (συνήθως στον πληθ.), φτηνό και μικρό γλύκισμα, όπως καραμέλες, κουφέτα, κλπ.: *στα παιδιά αρέσουν τα -ά.*

ζεβζέκης, -ισσα, -ικο, επίθ. (λαϊκ.). 1. ιδιότροπος, ανάποδος: *όλο μπελάδες δημιουργεί ο ~! παιδί -ικο.* 2. πονηρός, κατεργάρης: *ο ~, όλο πονηριές σκαρώνει.* [τουρκ. *zevzek*].

ζεβζεκιά η, ουσ. (συνιζ., λαϊκ.). 1. η ιδιότητα του ζεβζέκη, το να είναι κανείς ζεβζέκης, ιδιότροπος, ανόητος ή πονηρός: *η ~ του τον έφαγε.* 2α. ιδιότροπη πράξη ή ιδιότροπος λόγος· β. πονηρή πράξη ή λόγος, κατεργαριά (συνών. *πονηριά*).

ζέβρα και **ζέμπρα** η, ουσ. (όχι έρρ.), θηλαστικό ζώο που ζει στην Αφρική, μοιάζει με το άλογο και διακρίνεται για τις χαρακτηριστικές μαύρες ή καστανές ραβδώσεις στο τρίχωμά του. [γαλλ. *zèbre*].

ζεϊμπέκης ο, ουσ., πληθ. *-κοι* και *-κηδες* (όχι έρρ.), (ιστ.) α. ονομασία εξισλαμισμένου Έλληνα της Μ. Ασίας την εποχή της οθωμανικής αυτοκρατορίας με ιδιότυπα έθιμα και ενδυμασία, που ανήκε σε ομάδα του πληθυσμού από την οποία επανδρωνόταν η τοπική χωροφυλακή· β. άτακτος χωροφύλακας ή στρατιώτης της οθωμανικής αυτοκρατορίας (συνήθως εξισλαμισμένος Έλληνας). [τουρκ. *zeybek*].

ζεϊμπεκιά και **ζεμπεκιά** η, ουσ. (όχι έρρ., συνιζ., λαϊκ.), ζεϊμπέκικος χορός: *χόρεψε / έριξε μια ~* (συνών. *ζεϊμπέκικο*).

ζεϊμπέκικος, -η, -ο και **ζεμπέκικος** (όχι έρρ.), που ανήκει ή αναφέρεται στους ζεϊμπέκους: *ενδυμασία -η· έθιμα -α· ρυθμός / χορός ~.* Το αρσ. και το ουδ. ως ουσ. = αντρικός χορός, βαρύς και αυστηρός με μικρασιατική προέλευση που σχετίζεται με τα ρεμπέτικα τραγούδια: *χόρεψε -ο* (συνών. λαϊκ. *ζεϊμπεκιά*).

ζελατίνα και **τζε-** η, ουσ. 1. κολλώδης πολτός από βρασμένο κρέας, ψάρι ή φρούτα που χρησιμοποιείται στη μαγειρική ή τη ζαχαροπλαστική. 2α. διαφανές φύλλο από στερεοποιημένη ζελατίνα που χρησιμοποιείται για περιτύλιγμα ή κάλυμμα· β. διαφανής φάκελος από ζελατίνα. [γαλλ. *gélatine*].

ζελατίνη η, ουσ. (χημ.) πρωτεϊνική κολλώδης ουσία, άχρωμη και άγευστη, που παράγεται από βρασμό οστών και απορριμμάτων του δέρματος ζώων και χρησιμοποιείται στη βιομηχανία, τη φαρμακευτική, κλπ.: *πλάκα -ης.* 2. εκρηκτική ύλη σε μορφή ζελατίνης (συνών. *γομοδυναμίτιδα*). [γαλλ. *gélatine*].

ζελέ το, ουσ. άκλ. και **ζελές** ο. 1α. μαλακή, ημιστερεά τροφή από ζελατίνα (βλ. λ. σημασ. 1) που επήξε σε χαμηλή θερμοκρασία· β. παρόμοια ουσία από χυμό φρούτων και ζάχαρη. 2. γλύκισμα με χρώμα και γεύσεις συνήθως φρούτων που παρασκευάζεται με βάση το ζελέ. 3. *~ μαλλιών* = χημικό παρασκεύασμα κολλώδες που μοιάζει στην εμφάνιση με ζελέ (σημασ. 2) και χρησιμοποιείται στην κομμωτική για να δίνει στα μαλλιά συγκεκριμένη ή σταθερή φόρμα. [γαλλ. *gelée*].

ζεμάτημα, βλ. *ζεμάτισμα.*

ζεματίζω και **ζεματώ** και **-άω, -άς,** ρ. Α. (μτβ.). 1. περιβρέχω κάτι με ζεματιστό νερό ή υγρό ή το βυθίζω σ' αυτό: *~ τα πράσα στο νερό / με λάδι.* 2. προξενώ εγκαύματα: *με -ισε το καυτό νερό* (συνών. *καίω*). **3.** (μεταφ.) προκαλώ σε κάποιον οδυνηρή έκπληξη, στενοχωρώ: *τον -ισε η απόφαση του διευθυντή του* (μέσ.) δοκιμάζω μεγάλη στενοχώρια: *-ίστηκε όταν είδε τον άντρα της με άλλη* (συνών. *πικραίνω* μέσ. *φαρμακώνομαι*). **Β.** (αμτβ.) είμαι καυτός, καίω πολύ: *-άει ο ήλιος / το φαγητό*.

ζεμάτισμα και **ζεμάτημα** το, ουσ., το να ζεματίζει κάποιος κάτι και το αποτέλεσμα αυτής της πράξης: ~ *των χόρτων* (συνών. *κάψιμο*).

ζεματιστός, -ή, -ό, επίθ., που είναι πάρα πολύ ζεστός, καυτός, που ζεματάει: *νερό -ό·* (μεταφ.) *δάκρυα -ά*. - Επίρρ. **-ά**.

ζεματώ, βλ. *ζεματίζω*.

ζεμένος, βλ. *ζεύω*.

ζεμπεκιά, βλ. *ζεϊμπεκιά*.

ζεμπέκικος, βλ. *ζεϊμπέκικος*.

ζεμπίλι το, ουσ. (ερρ.), σάκος από ψάθα, δέρμα ή άλλο υλικό με δύο λαβές που χρησιμοποιείται συνήθως για πρόχειρες μεταφορές: *το ~ της νοικοκυράς*. [τουρκ. *zempil*]. - Υποκορ. **-άκι** το.

ζεμπούλι, βλ. *ζουμπούλι*.

ζέμπρα, βλ. *ζέβρα*.

ζενίθ το, ουσ. άκλ. **α.** (αστρον.) σημείο της ουράνιας σφαίρας που τοποθετείται στο ψηλότερο σημείο της καθέτου που βρίσκεται ακριβώς πάνω από τον παρατηρητή: *ο ήλιος βρίσκεται στο ~* (αντ. *ναδίρ*)· **β.** (μεταφ.) το ύψιστο σημείο μιας εξέλιξης: *βρίσκεται στο ~ της καριέρας της / της επιτυχίας* (συνών. *μεσουράνημα, ακμή, απόγειο, κολοφώνας*· αντ. *ναδίρ*). [γαλλ. *zenith*].

ζενιθιακός, -ή, -ό (ασυνίζ.) και **ζενιθικός**, επίθ., που αναφέρεται στο ζενίθ: *-ή απόσταση άστρου* (= η γωνία με την οποία μετρούν την απόστασή του από το ζενίθ).

ζένω και **-ομαι**, ρ., βασανίζομαι, ταλαιπωρούμαι: *-εται ο καημένος·* φρ. *ζω και ~ / -ομαι*. [*οζένω*<αόρ. *ώζεσα* του αρχ. *όζω*].

ζέον το, γεν. *ζέοντος*, ουσ. **α.** ζεστό νερό που χρησιμοποιείται στη Θεία Κοινωνία· **β.** (συνεκδοχικά) το σκεύος όπου θερμαίνεται το νερό για τη Θεία Κοινωνία. [μτχ. του αρχ. *ζέω*].

ζέπελιν το, ουσ. άκλ., κατευθυνόμενο αερόστατο με μεταλλικό σκελετό που κατασκευάστηκε στη Γερμανία στις αρχές του αιώνα. [*Zeppelin*, το όνομα του εφευρέτη].

ζερβά, βλ. *ζερβός*.

ζερβόδεξα, επίρρ. **α.** δεξιά και αριστερά: *βλέπει ~*· **β.** (συνεκδοχικά) παντού: *την έψαχνε ~*.

ζερβόδεξος, -η, -ο, επίθ., που χρησιμοποιεί το ίδιο εύκολα και το αριστερό και το δεξί του χέρι.

ζερβοκουτάλα η, ουσ. (λαϊκ.), (ειρων.) αριστερόχειρας, ζερβοχέρης.

ζερβός, -ή, -ό και (σπάνια) **ζερβύς, -ιά, -ί**, επίθ. (λαϊκ.), που βρίσκεται στο αριστερό μέρος, αριστερός: *το -ό πόδι* (αντ. *δεξιός*). [*ζαρβός*<*ζαβρός*<*ζαβός*]. - Το αρσ. ως ουσ. για πρόσωπο = αριστερόχειρας. - Το ουδ. *ζερβί* ως ουσ. = το αριστερό χέρι: *τα κατάφερνε να γράφει και με το ζερβί και με το δεξί*. - Επίρρ. **-ά**.

ζερβοχέρης, -η, -ικο, επίθ., αριστερόχειρας (συνών. *αριστερός, ζερβός·* αντ. *δεξιόχειρας*).

ζερβύς, βλ. *ζερβός*.

ζέρσεϊ το, ουσ. άκλ. **α.** είδος λεπτού πλεκτού υφάσματος· **β.** είδος πλέξης (συνών. *«κάλτσα»*)· **γ.** (ως επίθ.): *εσώρουχα ~*. [αγγλ. *Jersey*].

ζέση η, ουσ. (χωρίς πληθ.). **1.** βρασμός: (φυσ.) *ση-

μείο / βαθμός· -ης ενός υγρού*. **2.** (μεταφ.) έντονη προθυμία, εξαιρετικός ζήλος: *αναλαμβάνω με ~ μια εργασία·* υποστήριζε *τους αδικημένους με μεγάλη ~* (συνών. *θέρμη*).

ζέστα η, ουσ. (λαϊκ.). **1.** ζέστη. **2.** (μεταφ.) εγκαρδιότητα, φιλική διάθεση, συναίσθημα αγάπης για τον άνθρωπο: *ζεσταίνονται στη ~ της καρδιάς του* (Σταύρου). - Υποκορ. **-ούλα** η (= ευχάριστη ζέστα). Πβ. και *ζέστη*.

ζεστά, βλ. *ζεστός*.

ζεσταίνω, ρ.. **Ι.** ενεργ. **Α.** μτβ. **1.** κάνω κάτι ζεστό, θερμό, αυξάνω τη θερμοκρασία κάποιου πράγματος: *~ νερό στη φωτιά· -άθηκα κι έβγαλα τη ζακέτα μου·* (για πηγή θερμότητας) *ο ήλιος -ει τον κόσμο·* η *σόμπα -ανε το δωμάτιο·* φρ. *-άθηκε το κοκαλάκι μου·* ~ *την καρέκλα μου* (για άνθρωπο εργατικό, αφοσιωμένο στη δουλειά του) (συνών. *θερμαίνω·* αντ. *κρυώνω*). **2.** (μεταφ.) συμπεριφέρομαι σε κάποιον με φιλική διάθεση, εγκαρδιότητα: *μας -ανε με την αγάπη του·* η *ατμόσφαιρα -άθηκε με τη συζήτηση* (συνών. *τονώνω, εγκαρδιώνω*). **Β.** (αμτβ.) γίνομαι ζεστός, θερμός: *-ανε ο καιρός*. **ΙΙ.** (μέσ.) (γυμν.) προετοιμάζω το σώμα μου με ελαφρές ασκήσεις για έντονη σωματική δραστηριότητα: *οι αθλητές -ονται πριν από τον αγώνα* (συνών. *προθερμαίνομαι*).

ζέσταμα το, ουσ. **1.** το να ζεσταίνεται κάτι, να αυξάνει η θερμοκρασία του: *~ του νερού / του φαγητού·* 2. (γυμν.) προετοιμασία των αθλητών με ελαφρές ασκήσεις πριν από έντονη σωματική δραστηριότητα: *~ του δρομέα πριν από τον αγώνα* (συνών. *προθέρμανση*).

ζεστασιά η, ουσ. (συνιζ.). **1.** ευχάριστη ζέστη: *~ του κρεβατιού / του σπιτιού*. **2.** (μεταφ.) **α.** περιβάλλον φιλικό, οικείο, ευχάριστο: *~ οικογενειακή· κοντά του βρήκα ~·* **β.** εγκαρδιότητα, φιλική διάθεση, συναίσθημα αγάπης για τον άνθρωπο: *η ~ της ψυχής του*.

ζέστη η, ουσ. **α.** υψηλή θερμοκρασία: *έχει / κάνει πολλή ~ σήμερα* (αντ. *κρύο, ψύχρα*)· φρ. *(δε μου κάνει) ούτε κρύο ούτε ~* (για δήλωση αδιαφορίας)· **β.** (στον πληθ.) περίοδος υψηλής θερμοκρασίας: *άρχισαν / πιάσανε / σφίξανε οι -ες*. Πβ. και *ζέστα*.

ζεστοκοπιά η, ουσ. (συνιζ., λαϊκ.), ευχάριστη ζέστη, ζεστασιά.

ζεστοκοπώ, -άς, ρ. (λαϊκ.), ζεσταίνω, θερμαίνω, κάποιον: *τους -ήσανε και τους ταΐσανε* (Κόντογλου)· *πιες κάτι να -ηθείς*.

ζεστός, -ή, -ό, επίθ. **1α.** που έχει υψηλή θερμοκρασία: *καφές ~· μηχανή (αυτοκινήτου) -ή· καιρός ~· μέρα -ή* (συνών. *θερμός·* αντ. *κρύος, ψυχρός*)· **β.** που θερμαίνει, που διατηρεί κάτι θερμό: *ρούχα -ά· σπίτι -ό* (αντ. *κρύος*). **2.** (μεταφ.) φιλικός, οικείος: *άνθρωπος ~· χαμόγελο -ο· ατμόσφαιρα -ή· χρώματα -ά* = που είναι ευχάριστα και σε κάνουν να νιώθεις ευχάριστα (π.χ. *πράσινο*) (αντ. *ψυχρός*). **3.** (για άρρωστο) που έχει πυρετό: *~ μου φαίνεσαι· έβαλες θερμόμετρο;* - Το ουδ. ως ουσ. = ρόφημα: *πιες ένα -ό να σου περάσει το κρυολόγημα*. - Υποκορ. **-ούτσικος, -η, -ο**, (= λίγο και ευχάριστα ζεστός) στις σημασ. 1 και 3. - Επίρρ. **-ά** στις σημασ. 1 και 2: *είναι -ά εδώ μέσα·* φρ. *πιάνω κάτι (στα) -ά* (= με ζήλο): *πήρε -ά την υπόθεση*. - Επίρρ. υποκορ. **-ούτσικα**.

ζεστούλα, βλ. *ζέστα*.

ζεστουλός, -ή, -ό, επίθ., ελαφρά και ευχάριστα ζε-

στός: *τα μεσημέρια γίνονται -ά τελευταία* (συνών. ζεστούτσικος).
ζεστούτσικος, -η, -ο, επίθ., βλ. *ζεστός.*
ζευγαράκι το, ουσ. (συμπαθητικά) ζεύγος ερωτευμένων: ~ *χαριτωμένο / ρομαντικό· τα -ια προχωρούσαν πιασμένα χέρι χέρι.*
ζευγάρι το, ουσ. **1α.** δύο πράγματα που έχουν το ίδιο σχήμα και μέγεθος και χρησιμοποιούνται μαζί: ~ *παπούτσια / γάντια*· **β.** (γενικά) δύο περίπου όμοια πράγματα: *ένα ~ μαξιλαροθήκες / αλλαξιές*· **γ.** αντικείμενο που αποτελείται από δύο μέρη συμμετρικά που έχουν το ίδιο σχήμα και μέγεθος: *ένα ~ γυαλιά.* **2α.** δύο ζώα (συνήθως βόδια) που είναι ζεμένα μαζί· φρ. *κάνω ~* (= οργώνω με άροτρο)· **β.** δύο ζώα, αρσενικό και θηλυκό: *έχει ένα ~ σκυλιά.* **3α.** δύο άνθρωποι, άντρας και γυναίκα, που έχουν συζυγική ή ερωτική σχέση (συνών. *αντρόγυνο*)· **β.** δύο πρόσωπα που συνεργάζονται σε κάτι: ~ *καλλιτεχνικό· ο χοντρός και ο λιγνός αποτελούν αμίμητο ~ του κινηματογράφου.* **4.** *το ~ κάποιου* = το πράγμα που έχει το ίδιο σχήμα και μέγεθος με κάτι και χρησιμοποιείται μαζί με αυτό: *έχω μόνο τη μια κάλτσα· μήπως ξέρεις πού είναι το ~ της;* (συνών. *ταίρι*)· (συνών. *ζεύγος* στη σημασ. 1α, γ, 3α, β).
ζευγαρίζω, ρ., οργώνω με άροτρο που το σέρνει ένα ζευγάρι ζώα (συνήθως βόδια ή άλογα).
ζευγάρισμα το, ουσ., το να οργώνει κανείς με άροτρο που το σέρνει ένα ζευγάρι ζώα (βόδια ή άλογα).
ζευγαροπλεχτός, -ή, -ό, επίθ. (μετρ.) *ομοιοκαταληξία -ή* = ομοιοκαταληξία κατά την οποία σ' ένα εξάστιχο ομοιοκαταληκτεί ο πρώτος στίχος με το δεύτερο, ο τέταρτος με τον πέμπτο και ο τρίτος με τον έκτο.
ζευγάρωμα το, ουσ. **1.** ένωση δύο ζώων, πουλιών, ψαριών αντίθετου φύλου με σκοπό την αναπαραγωγή: *εποχή του -ατος.* **2.** αρμονικός συνδυασμός δύο (συνήθως διαφορετικών) πραγμάτων, καταστάσεων, ιδιοτήτων, κ.τ.ό.: ~ *των αντιθέτων τάσεων* (συνών. *πάντρεμα*).
ζευγαρώνω, ρ. Α. μτβ. **1.** σχηματίζω ζευγάρια από όμοια πράγματα. **2.** ενώνω ζώα, πουλιά ή ψάρια αντίθετου φύλου με σκοπό την αναπαραγωγή: ~ *τα περιστέρια.* **3.** (μεταφ.) συνδυάζω αρμονικά δυο (συνήθως διαφορετικά) πράγματα, καταστάσεις, ιδιότητες, κ.τ.ό. Β. (αμτβ.) (για ζώα, πουλιά, ψάρια) ενώνομαι με άτομο του αντίθετου φύλου με σκοπό την αναπαραγωγή: *πότε -ώνουν οι φώκιες;*
ζευγαρωτός, -ή, -ό, επίθ. **1.** που είναι, γίνεται κατά ζεύγη· (μετρ.) *ομοιοκαταληξία -ή* = ομοιοκαταληξία κατά την οποία ομοιοκαταληκτεί ο πρώτος στίχος με το δεύτερο, ο τρίτος με τον τέταρτο, κ.ο.κ. **2.** (λογοτ.) που αποτελεί ζευγάρι με άλλο όμοιό του, ζευγαρωμένος: *πουλάκι -ό* (Βηλαράς).
ζευγάς ο, ουσ., γεωργός που οργώνει με άροτρο: (παροιμ.) *ή παπάς παπάς ή ~ ~* (δεν πρέπει να κάνει κανείς δύο δουλειές συγχρόνως) (συνών. *ζευγολάτης, ζευγίτης*).
ζευγίτης ο, ουσ. (λαϊκ.), γεωργός που οργώνει με άροτρο (συνών. *ζευγάς, ζευγολάτης*). Στον πληθ.: κοινωνική τάξη της αρχαίας Αθήνας.
ζεύγλη, ζεύγλα και **ζεύλα** η, ουσ., το καμπύλο μέρος του ζυγού μέσα από το οποίο περνά ο λαιμός του ζώου.
ζεύγμα το, ουσ. **1.** (λόγ.) πρόχειρη συνήθως κατασκευή που συνδέει δύο ακτές: ~ *ποταμού* (= πρόχειρη γέφυρα ή πλωτό κινητό φράγμα). **2.** (γραμμ.) σχήμα συντακτικό σύμφωνα με το οποίο το ρήμα μιας πρότασης έχει δύο ομοειδείς προσδιορισμούς (αντικείμενα ή εμπρόθετους προσδιορισμούς), ενώ λογικά ο ένας από τους δύο θα ταίριαζε σε άλλο ρήμα, π.χ. *ακούει τουφέκια να βροντούν, σπαθιά λαμποκοπάνε* (αντί: *βλέπει σπαθιά*). **3.** (αρχ. ελλην. μετρ.) έλλειψη τομής εκεί που κανονικά θα έπρεπε να υπάρχει.
ζευγολατειό το, ουσ. (συνιζ., λαϊκ.). **1.** χωράφι καλλιεργήσιμο ή καλλιεργημένο. **2.** αγρόκτημα, υποστατικό. **3.** (ιδιωμ.) ζώα ζεμένα στο ζυγό.
ζευγολάτης ο, ουσ., ζευγάς (βλ. λ.).
ζεύγος το, ουσ. **1α.** δύο πράγματα που έχουν το ίδιο σχήμα και μέγεθος και χρησιμοποιούνται μαζί: *δύο -η κάλτσες*· έκφρ. *κατά -η* (= ζευγαρωτά)· **β.** αντικείμενο που αποτελείται από δύο μέρη συμμετρικά που έχουν το ίδιο σχήμα και μέγεθος: *ένα ~ γυαλιά.* **2α.** δύο άνθρωποι, άντρας και γυναίκα, που έχουν συζυγική ή ερωτική σχέση: ~ *ερωτευμένο*· **β.** δύο πρόσωπα που συνεργάζονται σε κάτι: ~ *καλλιτεχνικό.* **3.** (φυσ.) ~ *δυνάμεων* = σύστημα δύο ίσων και παράλληλων δυνάμεων που έχουν αντίθετη φορά. **4.** (γλωσσ.) δύο λέξεις που έχουν μεταξύ τους κάποια ομοιότητα ή αντιστοιχία: *-η σημασιολογικά / αντιθετικά· παραβολικό ~* (συνών. *ζευγάρι* στις σημασ. 1 και 2).
ζεύγω, βλ. *ζεύω.*
ζεύλα, βλ. *ζεύγλη.*
ζεύξη η, ουσ. **1.** σύνδεση δύο ακτών με γέφυρα: ~ *Ρίου - Αντιρρίου·* η ~ *του Ελλήσποντου από τον Ξέρξη.* **2.** (τεχνολ.) σύνδεση δύο διατάξεων, μηχανών, εξαρτημάτων, κλπ., με σκοπό τη λειτουργία τους στις ίδιες συνθήκες: ~ *τηλεφωνικών καλωδίων στον κατανεμητή.*
ζεύω και **-γω,** ρ. αόρ. *ζέεψα,* πληθ. *ζέψαμε,* μτχ. *ζεμένος.* **1α.** βάζω κάτω από το ζυγό ζώο για να σύρει άροτρο ή άμαξα: ~ *τα βόδια· άλογο ζεμένο*· **β.** (νεολογ.) προσαρμόζω γεωργικά μηχανήματα σε ελκυστήρα: *πάμε να ζέψουμε τη σβάρνα.* **2.** (μεταφ.) υποχρεώνω κάποιον να κάνει κάτι ανεπιθύμητο και κουραστικό: *τον έζεψε στη δουλειά.*
ζέφκι το, ουσ. (λαϊκ.), γλέντι, διασκέδαση, φαγοπότι. [τουρκ. *zevk*].
ζέφυρος ο, ουσ., δυτικός άνεμος (συνών. *πουνέντες*).
ζέχνω, ρ. (λαϊκ.), αποπνέω δυσάρεστη μυρωδιά: *-ει από την απλυσιά· βρομά και -ει* (συνών. *βρομώ*· αντ. *ευωδιάζω*).
ζέψιμο το, ουσ. **1α.** το να ζεύει κανείς ζώο στο ζυγό (αντ. *ξεζέψιμο*)· **β.** (νεολογ.) το να προσαρμόζει κανείς γεωργικό μηχάνημα σε ελκυστήρα. **2.** (μεταφ.) το να υποχρεώνει κανείς κάποιον να κάνει κάτι ανεπιθύμητο: *θέλει ~ στη δουλειά για να βάλει μυαλό.*
ζέω, ρ. (λόγ., σπάνιο),(για υγρά) βράζω, κοχλάζω: *το νερό -ει στους 100° C.*
ζηλαδέλφια τα, ουσ. (συνιζ., λαϊκ.), ετεροθαλή αδέλφια (συνών. *μηλαδέρφια*). [*μηλαδέρφια,* παρετυμ. *ζηλεύω*].
Ζηλανδικός, -ή, -ό, επίθ., που ανήκει ή αναφέρεται στη Νέα Ζηλανδία ή στους Ζηλανδούς.
Ζηλανδός ο, θηλ. *-ή,* ουσ., αυτός που κατοικεί στη Νέα Ζηλανδία ή κατάγεται από εκεί.
ζήλεια και (λαϊκ.) **ζού-** η, ουσ. (συνιζ.). **1.** αίσθημα πικρίας και φθόνου που νιώθει κανείς επειδή κάποιος άλλος έχει κάτι (πράγμα ή ιδιότητα) που ο

ίδιος το επιθυμεί: *πάει να σκάσει από τη ~ του· νιώθει ~ για τις επιτυχίες του αδελφού του.* **2α.** αίσθημα φόβου μήπως ο σύζυγος ή ο ερωτικός σύντροφος κάποιου ενδιαφέρεται για άλλο πρόσωπο: *~ παθολογική· την τρώει η ~* (= βασανίζεται)· **β.** εκδήλωση ζήλειας, ενέργεια που δείχνει ζήλεια: *βαρέθηκα τις -ες σου* (συνών. *ζηλοτυπία*).

ζηλειάρης, -α, -ικο και (λαϊκ.) **ζου-**, επίθ. (συνιζ.). **1.** που νιώθει ζήλεια, που αισθάνεται φθόνο γιατί κάποιος άλλος έχει αγαθά ή ικανότητες που θα ήθελε να τα έχει ο ίδιος: *είναι τόσο ~ που αγοράζει ό,τι βλέπει να έχουν οι γείτονές του.* **2.** που ζηλεύει (βλ. λ. *σημασ.* 2) τον ερωτικό του / της σύντροφο ή το σύζυγό του / της (συνών. *ζηλότυπος*).

ζηλειαρόγατα η και **-ος** ο, (σπάνια) **-ο** το, ουσ. (συνιζ.), άνθρωπος (ανεξαρτήτως φύλου) υπερβολικά ζηλειάρης.

ζηλευτός, -ή, -ό, επίθ., που αξίζει να τον ζηλεύουν, να τον θαυμάζουν: *ομορφιά / καλοσύνη -ή* (συνών. *αξιοζήλευτος*). - Επίρρ. **-ά**

ζηλεύω, ρ. **1.** αισθάνομαι φθόνο επειδή κάποιος άλλος έχει κάτι (πράγμα ή ιδιότητα) που εγώ το επιθυμώ: *-ει τα πλούτη του γείτονά του.* **2.** διακατέχομαι από αίσθημα φόβου μήπως ο σύζυγος ή ο ερωτικός μου σύντροφος ενδιαφέρεται για άλλο πρόσωπο ή μήπως δε μου είναι πιστός: *-ει παθολογικά τη γυναίκα του.* **3α.** επιθυμώ έντονα κάτι: *είδα τα σταφύλια και τα -εψα· τα νιάτα σου* (συνών. *λαχταρώ*)· **β.** αισθάνομαι θαυμασμό για κάποιον και επιθυμώ να ήμουν όμοιός του: *σε ~ για το κέφι σου.* - Η μτχ. παρκ. *ζηλεμένος* = αξιοζήλευτος, ζηλευτός: *παλληκάρι -ο.*

ζήλια, ζηλιάρης, ζηλιαρόγατα, βλ. *ζήλεια, ζηλειάρης, ζηλειαρόγατα.*

ζήλος ο, ουσ., μεγάλο ενδιαφέρον, έντονη προθυμία, ενθουσιασμός στην ανάληψη και την υλοποίηση μιας δραστηριότητας, ιδίως σε σχέση με την εργασία, τη θρησκεία ή την πολιτική· αφοσίωση: *δείχνω -ο για κάτι· εργάζομαι με -ο· ~ υπερβάλλων* (= πολύ μεγάλος) (συνών. *ζέση, θέρμη·* αντ. *αδιαφορία, απροθυμία*).

ζηλότυπα, βλ. *ζηλότυπος.*

ζηλοτυπία η, ουσ. **1.** το να είναι κάποιος ζηλότυπος, το να ενεργεί ζηλότυπα: *κατέχομαι από ~* (συνών. *ζηλοφθονία*). **2α.** πράξη ή λόγος που δείχνει ζήλεια: *κουράστηκα απ' όλες αυτές τις -ες και τους καβγάδες·* **β.** εκδήλωση ερωτικής ζήλειας: *σκηνές -ας σ' ένα ζευγάρι.*

ζηλότυπος, -η, -ο, επίθ. **1.** που κατέχεται από συναισθήματα ζήλειας, φθόνου, που λυπάται με την υπεροχή ή τις επιτυχίες του άλλου: *άνθρωπος ~* (συνών. *ζηλόφθονος*). **2.** που κατέχεται από ερωτική ζήλεια, που ανησυχεί για τη συζυγική πίστη του συντρόφου (συνών. *ζηλειάρης*). - Επίρρ. **-α**.

ζηλόφθονα, βλ. *ζηλόφθονος.*

ζηλοφθονία η, ουσ., αίσθημα ζήλειας και φθόνου για ό,τι έχει επιτύχει ή κατέχει κάποιος άλλος (συνών. *ζηλοτυπία, φθόνος*).

ζηλόφθονος, -η, -ο, επίθ., που ζηλεύει και φθονεί την επιτυχία των άλλων: *χαρακτήρας ~· μοίρα -η* (συνών. *φθονερός, ζηλότυπος*), - Επίρρ. **-α**.

ζηλοφθονώ, -είς, ρ., τρέφω αισθήματα ζήλειας και φθόνου για κάποιον ή κάτι (συνών. *ζηλεύω, φθονώ*).

ζηλωτής ο, θηλ. **-τρια**, επίθ. (μόνο στη σημασ. 1). **1.** πρόσωπο που ενεργεί με φανατισμό για ένα πολιτικό ή θρησκευτικό ιδεώδες: *θρησκευτικοί -ές.* **2.** (ιστ.) οπαδός ιουδαϊκής θρησκευτικοπολιτικής αίρεσης στην Παλαιστίνη τον 1. μ.Χ. αι. που διακρινόταν για το φανατισμό και την αδιαλλαξία του. **3.** οπαδός πολιτικής και θρησκευτικής ομάδας που δρα κυρίως το 14. αι. στο Βυζάντιο (και ειδικά στη Θεσσαλονίκη) και χαρακτηρίζεται από συντηρητισμό: *η στάση των Ζηλωτών* (το 1431 στη Θεσσαλονίκη).

ζημιά (συνιζ.) και **ζημία** η, ουσ. **1.** φθορά, βλάβη σε κάτι (από αδέξιο χειρισμό ή ατύχημα) που το κάνει να μην είναι ή να μη λειτουργεί πια όπως πριν: *το παιδί κάνει συνέχεια -ιές· ~ οικονομική· παθαίνω ~* (από ατύχημα, κλπ.)· *ο σεισμός προκάλεσε μεγάλες -ιές· -ιές στο αυτοκίνητο* (συνών. *καταστροφή*). **2.** καταστροφή, φθορά στον οικονομικό τομέα, απώλεια χρημάτων: *η καταιγίδα προκάλεσε -ιές στους γεωργούς· η επιχείρηση παρουσίασε φέτος -ία* (συνών. (λαϊκ) *χασούρα·* αντ. *κέρδος*). **3.** βλαβερή επίδραση που υφίσταται κάποιος σε κάτι (συνήθως στον ηθικό τομέα): *παθαίνω / υφίσταμαι ~· απώλεια πλεονεκτήματος: τα λόγια του έκαναν ~ στην υπόθεσή μας.* ΄Εκφρ. *ούτε γάτα ούτε ~* βλ. *γάτα.* Φρ. *τώρα έγινε η ~* (= είναι αργά για επανόρθωση).

ζημιάρης, -α, -ικο, επίθ. (συνιζ.), που κάνει ή προξενεί συνέχεια ζημιές από απροσεξία ή αδεξιότητα.

ζημιαρόγατος ο, θηλ. **-α**, επίθ., (συνιζ.), λέγεται για τη γάτα επειδή κάνει πολλές ζημιές· (συνήθως μεταφ. - ειρων.) άνθρωπος ζημιάρης, που κάνει συχνά ζημιές: *αυτό το παιδί μου σκέτος ~ είναι!*

ζημιώνω, ρ. (συνιζ. και συνίζ.). **1.** (μτβ.) προκαλώ σε κάποιον ζημία ή βλάβη οικονομική ή ηθική: *η οικονομική πολιτική της κυβέρνησης -ίωσε τους χαμηλόμισθους· οι ιδέες του -ώνουν την υπόθεσή μας* (συνών. *βλάπτω·* αντ. *ωφελώ*). **2.** (αμτβ. και μέσ.) παθαίνω ζημιά, απώλεια οικονομική ή ηθική: *δε -ίωσα που άκουσα τις συμβουλές του* (συνών. *χάνω·* αντ. *ωφελούμαι*).

ζήση η, ουσ. (μόνο στον εν.), (λογοτ.) ζωή, βίος: *~ μικρή· στη ~ αυτή που τη μισούμε* (Βάρναλης) **β.** τρόπος ζωής: *~ πεζή· ανάθεμ' έτοια ~* (Βιτσ. Κορνάρος).

ζήτα το, ουσ. άκλ., το έκτο γράμμα του ελληνικού αλφαβήτου (ζ, Ζ).

ζητείτε και ευρήσετε αρχαϊστ. φρ.· σε περιπτώσεις που συνιστάται η επίμονη αναζήτηση.

ζήτημα το, ουσ. **1.** πρόβλημα, ερώτημα ή υπόθεση που μας απασχολεί και που προκαλεί συζήτηση ή χρειάζεται επίλυση· δύσκολη περίσταση: *~ άλυτο / επίμαχο / πολιτειακό / λεπτό* (= που απαιτεί προσεκτικούς χειρισμούς)· *προκύπτει / δημιουργείται / ανακύπτει ~· πραγματεύομαι / ερευνώ ένα ~· είναι προσωπικό μου ~* (= είναι δική μου υπόθεση, δε σε αφορά)· (ιστ.) *αγροτικό ~· ανατολικό ~*, βλ. *ανατολικός·* ΄Εκφρ. (φιλογ.) *γλωσσικό ~*, βλ. *γλωσσικός* (II) (συνών. *θέμα*). **2.** πρόβλημα που τίθεται σε μια εξέταση για να ελέγξει τις γνώσεις του εξεταζομένου και απαιτεί λύση ή ανάπτυξη (συνών. *θέμα, ερώτηση*). **3.** αιτία για διένεξη, διαφορά, πρόβλημα που προκαλεί δυσκολία ή διαφωνία: *προέκυψε ~ ανάμεσά μας· μην το κάνεις ~ / μη δημιουργείς ~* (= μην το ανάγεις σε σοβαρό πρόβλημα, μην προκαλείς διένεξη) (συνών. *θέμα*). **4.** με γεν. ουσ. για να δηλωθεί πόσο σημαντικό ή καθοριστικό είναι για το θέμα που συζη-

ζήτηση

τείται αυτό που δηλώνει το ουσ.: ~ *ζωής και θανάτου* (= που απ' αυτό εξαρτάται η ζωή ή ο θάνατος κάποιου ή κυρίως μεταφ. πολύ σημαντικό για το μέλλον, ζωτικό θέμα)· ~ *αρχών / τιμής· είναι* ~ *ύφους / γνώσεων / χρημάτων*, κλπ. (= εξαρτάται από το ύφος, τις γνώσεις, κλπ.)· ~ *χρόνου* (= για κάτι που θα γίνει και πιθανώς σύντομα): *θεωρώ τη διευθέτηση του προβλήματός σου* ~ *χρόνου*. 5. (νομ.) καθένα από τα ερωτήματα που υποβάλλονται στους ενόρκους σχετικά με την ενοχή του κατηγορουμένου, για τα οποία πρέπει να γνωμοδοτήσουν. Φρ. *είναι* ~ *αν...* (= είναι αμφίβολο αν...): *είναι* ~ *αν ένας στους χίλιους πολίτες έχει διαβάσει το Σύνταγμα· δεν είναι / τίθεται* ~ (= δεν υπάρχει, δεν προκύπτει πρόβλημα, θέμα που πρέπει να μας απασχολεί). - Πβ. και *θέμα*.

ζήτηση η, ουσ. 1. έρευνα για κάτι, επιδίωξη για απόκτηση ενός πράγματος (συνήθως πολύτιμου ή που το εκτιμά κάποιος ιδιαίτερα): ~ *της αλήθειας* (συνών. *αναζήτηση*). 2. (οικον.) α. αγοραστική διάθεση του καταναλωτικού κοινού για ορισμένα αγαθά ή υπηρεσίες, κατανάλωση ορισμένων προϊόντων από μεγάλο αριθμό αγοραστών: ~ *περιορισμένη / αυξημένη*. β. αγοραστική κίνηση: *στην αγορά φέτος δεν υπάρχει* ~ (αντ. *προσφορά*)· *νόμος προσφοράς και -ης* = θεμελιώδης νόμος της ελεύθερης οικονομίας σύμφωνα με τον οποίο η παραγωγή ενός προϊόντος αυξάνει όσο αυξάνει η κατανάλωσή του, ενώ η τιμή του πέφτει· αντίθετα όσο σπανίζει ένα προϊόν τόσο ανεβαίνει η τιμή του. Έκφρ. *σε πρώτη* ~ (= αμέσως μόλις ζητηθεί κάτι): *καταβάλλεται χρηματικό ποσό σε πρώτη* ~.

ζητιάνα, βλ. *ζητιάνος*.

ζητιάνεμα το, ουσ. (συνιζ.), το να ζητιανεύει κάποιος (συνών. *ζητιανιά*).

ζητιανεύω, ρ. (συνιζ.). 1. ζητώ χρήματα ή τροφή συνήθως από αγνώστους προκαλώντας τον οίκτο τους, ζητώ ελεημοσύνη (συνών. *επαιτώ, διακονεύω, ψωμοζητώ*). 2. ζητώ από κάποιον κάτι παρακλητικά, σαν ζητιάνος (συνών. *εκλιπαρώ*).

ζητιανιά η, ουσ. (συνιζ. δις). 1. το να ζητιανεύει κάποιος, να ζητά από αγνώστους, παρακαλώντας τους, οικονομική συνήθως βοήθεια: *βγήκε στη* ~· *ζει από τη* ~· *έχουν κάνει τη* ~ *επάγγελμα* (συνών. *διακονιά, επαιτεία*). 2. (μεταφ., συνήθως στον πληθ.) το να ζητά κανείς από κάποιον κάτι εκλιπαρώντας τον σαν ζητιάνος: *νόμιζε πως με τις -ιές του θα με συγκινούσε*.

ζητιάνικος, -η, -ο, επίθ. (συνιζ.), που ανήκει ή αναφέρεται στο ζητιάνο: *συμπεριφορά -η*.

ζητιάνος ο, θηλ. **-α** ουσ. (συνιζ.), αυτός που ζει ζητώντας από τους ανθρώπους ελεημοσύνη: *οι -οι είναι κοινωνική πληγή* (μεταφ.) ~ *της αγάπης σου* (συνών. *επαίτης, διακονιάρης, ζήτουλας*).

ζήτουλας ο, ουσ. (μόνο στον εν., λαϊκ.), ζητιάνος, διακονιάρης: *έκανε το -α από σπίτι σε σπίτι* (συνών. *επαίτης*).

ζήτω, επιφών. 1. για εκδήλωση ενθουσιασμού, χαράς ή επιδοκιμασίας (συνήθως από ομάδες ατόμων) ως κραυγή: ~*! κραύγασαν όλοι οι συγκεντρωμένοι* (με ονομ. ουσ.): ~ *το έθνος! η ειρήνη!* (συνών. *μπράβο* αντ. *κάτω, γιούχα, αίσχος*)· φρ. ~ *που κάηκαμε* (ειρων. για αναπόφευκτη αποτυχία ή δυσάρεστη εξέλιξη): *έτσι όπως ήρθαν τα πράγματα,* ~ *που κάηκαμε*. 2. (ως ουσ. άκλ.) ζητωκραυγή, επευφημία: *χαλούσε ο κόσμος από τα* ~ (αντ. *αποδοκιμασία*). [γ΄ εν. πρόσ. προστ. ενεστ. του αρχ. *ζω*].

ζητώ, -είς και **-άς**, ρ., μέσ. **-ούμαι** και **-ιέμαι**. 1. προσπαθώ να βρω κάτι: ~ *τόση ώρα το μολύβι μου*· ~ *πληροφορίες* (συνών. *ψάχνω, γυρεύω*)· (παθ.) *το τάδε προϊόν -ιέται πολύ* (= οι πελάτες ζητούν να το αγοράσουν). 2α. προσπαθώ να συναντήσω κάποιον: *ποιον -άς τέτοια ώρα;* (συνών. *γυρεύω*)· β. λέω πως θέλω να μιλήσω με κάποιον: *τηλεφώνησε και σε -ησε*. 3. προσφέρω θέση εργασίας και ψάχνω το κατάλληλο πρόσωπο: *-είται δακτυλογράφος*. 4. προσπαθώ να πετύχω ή να αποκτήσω κάτι: *-ά να φύγει*· *-άς τ' αδύνατα*· *-άει καβγά* (με αφηρ. ουσ.) ~ *βοήθεια / συγγνώμη / αναβολή της δίκης / εκδίκηση* (συνών. *επιδιώκω, επιθυμώ*). 5. έχω την αξίωση να αποκτήσω κάτι, απαιτώ: ~ *μερίδιο απ' τα κέρδη / αύξηση των αποδοχών μου*. 6. λέω σε κάποιον (με ευγενικό ή επιτακτικό τρόπο) πως θέλω να κάνει κάτι: *-ησε να τον συγχωρέσουμε*· *μου -ησε να φύγω αμέσως*. 7α. λέω σε κάποιον να μου δώσει κάτι: ~ *δανεικά*· β. λέω πως θα ήθελα να έχω κάτι (να μου το προσφέρουν ή να μου το σερβίρουν): *-ησε ένα ποτήρι νερό / μια πίτσα*. 8. ερευνώ, προσπαθώ με τη σκέψη να ανακαλύψω κάτι: ~ *τη λύση του προβλήματος*. 9. έχω ως προϋπόθεση, απαιτώ κάτι ως απαραίτητο στοιχείο: *έχει τις ικανότητες που -ά ο ρόλος του αρχηγού*. Φρ. (για άντρα) ~ *κάποια γυναίκα (σε γάμο)*· ~ *το λόγο* = α. (για μια πράξη) θέλω να μου δοθούν εξηγήσεις· β. (σε συνέλευση, επίσημη συζήτηση, κ.τ.ό.) δηλώνω πως θέλω να μιλήσω· ~ *και ρέστα* (= προβάλλω απαιτήσεις, ενώ είμαι υπαίτιος για κάτι)· *ψύλλους στ' άχερα* (= λεπτολογώ για ασήμαντο ζήτημα). - Το ουδ. της μτχ. του ενεστ. *ζητούμενο* = αντικείμενο έρευνας, ό,τι προσπαθεί κανείς ν' ανακαλύψει με τη σκέψη: *το -ούμενο μαθηματικού προβλήματος*· *το -ούμενο είναι να μπορέσουμε να αντεπεξέλθουμε στις ανάγκες της αγοράς*.

ζητωκραυγάζω, ρ., κραυγάζω «ζήτω» για να δείξω ενθουσιασμό, επιδοκιμασία: *ο λαός -αζε τους ελευθερωτές*· *το πλήθος -αζε τον ομιλητή*.

ζητωκραυγή η, ουσ. (συνήθως στον πληθ.), κραυγή «ζήτω», δυνατή φωνή (που προέρχεται από πολλούς ανθρώπους) που εκφράζει ενθουσιασμό, επιδοκιμασία: *-ές του πλήθους*.

ζητώ την κεφαλήν του επί πίνακι· αρχαϊστ. φρ. σε περιπτώσεις που αξιώνεται αυστηρή τιμωρία ενόχων.

ζιβάγκο το, ουσ. άκλ. (όχι έρρ.). α. είδος γυριστού γιακά που περιβάλλει το λαιμό: *γιακάς* ~· *σου πάει το* ~. β. είδος μπλούζας με τέτοιο γιακά: *φορούσε ένα κόκκινο* ~. [από το ρωσ. τίτλο *Doktor Zivago*, μυθιστορήματος του Παστερνάκ].

ζιβελίνα, βλ. *ζιμπελίνα*.

ζιγκ-ζαγκ (όχι έρρ.) και **ζικ-ζακ**, επίρρ. 1. με γωνιώδεις ελιγμούς, έτσι ώστε να σχηματίζεται σειρά από γραμμές που ανάμεσά τους σχηματίζονται διαδοχικά γωνίες που κατανέμονται προς τα πάνω και προς τα κάτω: *ο δρόμος πάει* ~. (ως ουσ.): *προχωρούσε με πολλά* ~. [γαλλ. *zigzag*, γερμ. *zick zack*].

ζιγκολό ο, ουσ. άκλ., νέος άντρας που αμειβόμενος έχει ερωτικές σχέσεις με γυναίκες συνήθως κάποιας ηλικίας. [γαλλ. *gigolo*].

ζιζάνιο το, ουσ. (ασυνίζ.). 1. κάθε άγριο χορτάρι που φυτρώνει ανάμεσα σε άλλα χρήσιμα χόρτα·

φρ. *σπέρνω -α* (= προκαλώ έριδες, φιλονικίες). 2. (μεταφ., συμπαθητικά) ζωηρό και άτακτο παιδί: *βρε ~, δε θα μ' αφήσεις καθόλου ήσυχη;* (συνών. *ζούζουλο*).
ζιζανιοκτόνο το, ουσ. (ασυνίζ.), χημικό προϊόν που καταστρέφει τα ζιζάνια: *-α εκλεκτικά / καθολικά.*
ζικ-ζακ, βλ. *ζιγκ-ζαγκ.*
ζιλέ το, ουσ. άκλ. και (σπάνια) **ζιλές** ο, είδος πλεχτού γιλέκου. [γαλλ. *gilet*]. - Υποκορ. **-εδάκι** το.
ζίλι το, ουσ. (συνήθως στον πληθ.), λαϊκό μουσικό όργανο που αποτελείται από δύο ελαφρά κοίλους μεταλλικούς δίσκους που ο οργανοπαίκτης τους χτυπά μεταξύ τους και συνοδεύει το τραγούδι [τουρκ. *zil*].
ζιμπελίνα (όχι έρρ.) και **ζιβελίνα** η, ουσ. 1. μικρό θηλαστικό ζώο που ζει στη βόρεια Ευρώπη, την Ασία και την Αμερική και έχει θαυμάσια γούνα. 2. γούνα καμωμένη από τρίχωμα ζιμπελίνας. [γαλλ. *zibeline*].
ζιμπούλι, βλ. *ζουμπούλι.*
ζίνα η, ουσ. 1. ιπτάμενο έντομο με χρυσοπράσινο χρώμα. 2. (για μαλλιά μαύρα και στιλπνά): *μαλλιά ~· έβαψε ~ τα μαλλιά της.* [ηχομιμ. λ.].
ζιπούνι και **ζιπό-** το, ουσ., είδος εσώρουχου (συνήθως) για μωρά. [βενετ. *zipon*]. Υποκορ. **-άκι** το.
ζο, βλ. *ζώο.*
ζλότι, βλ. *σλότι.*
ζορζέτα η, ουσ., είδος μεταξωτού υφάσματος. [αγγλ. κύρ. όν. *Georgette*].
ζόρι το, ουσ., χωρίς γεν. 1. άσκηση βίας, πίεση, καταναγκασμός· (συνήθως στις) εκφρ. *με το ~* (= βίαια, αναγκαστικά, με δυσκολία): *την τράβηξε μέσα με το ~· με (τα) χίλια -ια* (= με πολλές δυσκολίες): Φρ. *με το ~ παντρειά (δε γίνεται)* (= δεν κάνει κανείς σωστά κάτι που δε θέλει). 2. δύναμη, αυξημένη (συνήθως σωματική) προσπάθεια που καταβάλλει κανείς για να κάνει κάτι δύσκολο: *έβαλα ~ για να μετακινήσω τα κιβώτια.* 3. αντίσταση, δυσκολία που συναντά κανείς σε μια εργασία: *βρίσκω ~.* [τουρκ. *zor*].
ζορίζω, ρ. 1. χρησιμοποιώ κάτι με τρόπο βίαιο, έτσι ώστε να κινδυνεύει να καταστραφεί: *-ισες το κλειδί κι έσπασε· μη -ίζεις το αυτοκίνητο στην ανηφόρα* (συνών. *πιέζω*). 2. προσπαθώ με πίεση να πείσω κάποιον να κάνει κάτι: *τον -ισε να πει την αλήθεια· μη -ίζεσαι, έχεις πολύ χρόνο στη διάθεσή σου* (συνών. *πιέζω, εξαναγκάζω, στενοχωρώ*). Φρ. *~ τα πράγματα* (= εκβιάζω μια κατάσταση, ασκώ πίεση για να εξελιχτεί κάτι γρήγορα).
ζόρικος, -η, -ο, επίθ. 1. που ενέχει ή προκαλεί δυσκολίες: *η θέση μας ήταν -η· δουλειά -η· -α τα πράγματα* (συνών. *δύσκολος, περίπλοκος*· αντ. *εύκολος, άνετος*)· φρ. *τα βρίσκω -α* (= αντιμετωπίζω δυσκολίες). 2. (για άνθρωπο) που συμπεριφέρεται με τρόπο απότομο, που δημιουργεί προβλήματα στους άλλους: *κάνω / παριστάνω το -ο* (συνών. *δύστροπος, ανάποδος·* αντ. *βολικός, καλόβολος*). 3. που ταιριάζει σε άνθρωπο ζόρικο: *κουβέντες -ες.* - Επίρρ. **-α**.
ζοριλίδικος, -η και **-ια, -ο**, επίθ. (λαϊκ.), *ζόρικος.*
ζοριλίκι το, ουσ. (λαϊκ.), συμπεριφορά ανθρώπου ζόρικου, συμπεριφορά απότομη που προκαλεί προβλήματα στους άλλους: *πουλάει ~· με τα -ια προσπαθεί να πετύχει αυτό που θέλει* (συνών. *νταηλίκι*).
ζόρισμα το, ουσ. 1. το να χρησιμοποιεί κανείς κάτι με τρόπο βίαιο, έτσι ώστε να κινδυνεύει να το καταστρέψει: *δε θέλει ~ το μηχάνημα* (συνών. *πίεση*). 2. το να αναγκάζει κανείς κάποιον να κάνει κάτι: *χρειάζεται ~ για να στρωθεί στη δουλειά* (συνών. *πίεση, καταναγκασμός*).
ζορμπαλίκι και **ζορμπαδιλίκι** το, ουσ., βιαιότητα, αυθαιρεσία, τυραννική συμπεριφορά.
ζορμπάς ο, ουσ. (όχι έρρ.). 1. οπλοφόρος άτακτου στρατιωτικού σώματος που εκτρεπόταν σε πράξεις βίας. 2. (μεταφ.) αυθαίρετος, βίαιος άνθρωπος. [τουρκ. *zorba*].
ζούγκλα η, ουσ. (έρρ.). 1. παρθένο δάσος τροπικών χωρών όπου ευδοκιμεί πλούσια βλάστηση και ζουν πολλά άγρια ζώα: *οι -ες του Αμαζονίου.* 2. (μεταφ.) χώρος, περιβάλλον ή κατάσταση απ' όπου δεν μπορεί κανείς να βρει διέξοδο, επειδή όλα χαρακτηρίζονται από πολυπλοκότητα και αυθαιρεσία: *η ~ των μεγαλουπόλεων / της πολιτικής· ο νόμος της -ας* (= σκληρός, απάνθρωπος ανταγωνισμός). [γαλλ. *jungle*, ινδικής προέλευσης].
ζούδι το, ουσ. 1. μικρό ζώο ή έντομο, ζωύφιο, μικροοργανισμός που ζει πάνω σε άλλα ζώα: *τα -ια του γιαλού.* 2. (περιφρονητικά) για άνθρωπο **α**. ασήμαντο, χωρίς καμιά αξία· **β**. μικρόσωμο. [μεσν. *ζούδιον*<αρχ. *ζώδιον*].
ζούζουλο το, ουσ. **α**. ζωύφιο, ζουζούνι· **β**. (μεταφ.) ζωηρό ή άτακτο μικρό παιδί: *πολύ ~ είναι το μωρό σου* (συνών. *ζιζάνιο*). [σλαβ. *zuze*].
ζουζούνι το, ουσ., κάθε μικρό έντομο απ' αυτά που συνήθως ανυπτίσσονται στα όσπρια ή τα δημητριακά ή που παράγουν βόμβο καθώς πετούν· (μεταφ. - χαϊδευτικά για αγαπημένο πρόσωπο, συνήθως παιδί): *~ μου!* [ηχομιμ. λ.]. - Υποκορ. **-άκι** το.
ζουζουνίζω, ρ. (για έντομα) παράγω παρατεταμένο ήχο ζζ... (συνών. *βουίζω*).
ζουζούνισμα το, ουσ., ο ήχος που κάνουν συνήθως τα έντομα όταν πετούν και μοιάζει με παρατεταμένο ζζ... (συνών. *βούισμα*).
ζούλα η, ουσ. (λαϊκ.). **α**. κλοπή (συνών. *ξάφρισμα*)· **β**. μυστικότητα· συνήθως στην εκφρ. *στη ~* = κρυφά: *έφυγε στη ~* - [*ζουλώ* υποχωρ.].
ζουλάπι το, ουσ. 1. άγριο ζώο: *τα μάτια του έπαιζαν σαν του -ιού.* 2. (μεταφ. για πρόσωπο, υβριστικά) ζώο: *βρε ~, εμένα πας να ξεγελάσεις;* [πιθ. από το αλβαν. *zullâp*].
ζούληγμα, ζούλισμα και **ζούλημα** το, ουσ., το να ζουλάς κάτι· το αποτέλεσμα της ενέργειας αυτής (συνών. *ζούπηγμα*).
ζούλια, βλ. *ζήλια.*
ζουλιάρης, βλ. *ζηλιάρης.*
ζουλώ, -άς και **ζουλίζω**, ρ. 1. πιέζω κάτι σταθερά (συνήθως με τα χέρια) απ' όλες τις πλευρές έτσι ώστε να αλλάξει το σχήμα του ή να ελαττώνεται ο όγκος του: *της -ηξε το μάγουλο* (συνών. *ζουπώ*). 2. (για υγρό ή μαλακή ουσία) πιέζω κάτι ώστε να του αφαιρέσω το υγρό ή το περιεχόμενο· (για φρούτα) παίρνω το χυμό τους πιέζοντάς τα: *ζουλη(γ)μένα φρούτα· ~ πορτοκάλια* (συνών. *στύβω, στραγγίζω, ζουπώ*). 3. (παθ.) στριμώχνομαι, πιέζομαι ανάμεσα σε πολλά άτομα: *-ηχτήκαμε πάλι στο λεωφορείο.*
ζουμάκι, βλ. *ζουμί.*
ζουμερός, -ή, -ό και **ζουματος, -η, -ο**, επίθ. 1. (για φρούτα) που έχει πολύ χυμό: *πορτοκάλια -ά* (συνών. *χυμώδης*). 2. που έχει νόημα, ουσιαστικό περιεχόμενο: *λόγια -ά· περιγραφή -ή.*

ζουμί το, ουσ. 1α. υγρό που εξάγομε από τα φυτά ή τα φρούτα (συνών. χυμός)· β. το υγρό που βγαίνει από το κρέας ή γενικώς από τα τρόφιμα όταν τα βράζομε: *πολύ ~ έχει το φαγητό* (συνών. ζωμός). 2. (μεταφ.) α. ουσία ενός θέματος ή μιας σκέψης: *κουβέντες χωρίς ~· το ~ της υπόθεσης είναι ότι...*· β. ενδιαφέρον, κέρδος: *από αυτή τη δουλειά δε βγαίνει ~.* Φρ. *βράζει στο ~ του*, βλ. *βράζω*· τι είναι ο *κάβουρας*, τι είναι το ~ του (για κάτι που έχει ελάχιστη ποσότητα ή αξία· *η γριά η κότα έχει το ~* (για ώριμη γυναίκα που είναι ελκυστική). - Υποκορ. **-άκι** το.

ζουμπάς ο, ουσ. (έρρ.). 1. μικρό εργαλείο από μέταλλο που χρησιμοποιείται για να ανοίγομε τρύπες, είδος μικρού τρυπανιού. 2. (χλευαστικά) πολύ κοντός άνθρωπος (συνών. *κοντοστούπης*). [τουρκ. *zimba*].

ζουμπούλι, ζιμπούλι και **ζεμπούλι** το, ουσ. (έρρ.), φυτό με πολλά μικρά λουλούδια, ευωδιαστά, σε χρώμα μπλε, άσπρο ή ροζ, που αναπτύσσονται πυκνά γύρω από ένα μικρό μίσχο· το άνθος του φυτού (συνών. *υάκινθος*). [τουρκ. *zümbül*]. - Υποκορ. **-άκι** το.

ζουνάρι, βλ. *ζωνάρι*.

ζούπηγμα, ζούπημα και **ζούπηεμα** το, ουσ., το να πιέξει κάποιος κάτι· το αποτέλεσμα της ενέργειας αυτής (συνών. *ζούληγμα, στύψιμο*).

ζουπώ, -άς και **ζουπίζω,** ρ., πιέζω κάτι ώστε να αλλάξει το σχήμα του, να ελαττωθεί ο όγκος του ή να αφαιρεθεί ο χυμός ή το περιεχόμενό του: *μη μου -άς το χέρι· ~ πορτοκάλια* (= στύβω) (συνών. *ζουλώ*). [*ζουπίζω*<*ζουπ. *διοπίζω*].

ζουπωτός, -ή, -ό, επίθ. (συνήθως χλευαστικά), κοντόχοντρος (συνών. *ζουμπάς*).

ζούρα η, ουσ., κατακάθι (συνήθως βουτύρου). [ιταλ. *usura*].

ζούρλα και **ζούρλια** η, ουσ. 1. έλλειψη πνευματικής ωριμότητας, διανοητική ανισορροπία, τρέλα: *η ~ του δεν έχει όρια* (συνών. *λωλάδα, παλαβομάρα, μούρλα*). 2. συμπεριφορά ή πράξη ανόητη, παράλογη: *μην κάνεις -ες* (συνών. *τρέλα, παλαβομάρα*). 3. (λαϊκ.) μανιώδης ενασχόληση με κάτι: *έχει ~ με το χορό*.

ζουρλαίνω, ρ. 1. οδηγώ κάποιον σε κατάσταση τρέλας, πνευματικής ή ψυχικής ανισορροπίας, τρελαίνω: *με -αναν με τις βλακείες τους· πήγε να -αθεί από την αγωνία του* (συνών. *μουρλαίνω*). 2. ξετρελαίνω, ξεμυαλίζω κάποιον: *-άθηκα από τη χαρά μου· τον -ανε με τα γλυκόλογά της*.

ζουρλαμάρα η, ουσ. (λαϊκ.), το να είναι κάποιος ζουρλός· λόγος ή πράξη του ζουρλού: *~ που τον δέρνει! όλο -ές λέει* (συνών. *ζούρλα, παλαβομάρα, λωλαμάρα, τρέλα*).

ζούρλια, βλ. *ζούρλα*.

ζουρλομανδύας ο, ουσ., ένδυμα με μακριά μανίκια που δένονται πίσω στην πλάτη, ειδικό για τους ψυχασθενείς έτσι ώστε να δένονται τα χέρια τους. Φρ. *θέλει / του χρειάζεται ~* (για άνθρωπο τρελό ή συνήθως παράλογο, εκκεντρικό).

ζουρλοπαντιέρα η, ουσ. (έρρ., συνιζ.), (ειρων.) για άνθρωπο με εκκεντρική συμπεριφορά, με συνήθειες «τρελές», «παλαβές»: *είναι μια ~!*

ζουρλός, -ή, -ό, επίθ. α. διανοητικά ή πνευματικά ανισόρροπος, τρελός· που οι πράξεις του και τα λόγια του δείχνουν ανωριμότητα, ανοησία· (ως χλευαστικός χαρακτηρισμός για ανθρώπους με ιδιόρρυθμη συμπεριφορά) τρελός: *τι λέει ο ~!*

φώναζαν σαν -οί (συνών. *μουρλός*)· β. (λαϊκ.) που ασχολείται μανιωδώς με κάτι: *είναι ~ με τις μηχανές* (= «τρελαίνεται» για...). [πιθ. βενετ. *zurlòn*].

ζουρνάς ο, ουσ., μουσικό λαϊκό όργανο, πνευστό σε σχήμα αυλού, με διπλό γλωσσίδι: *νταούλια και -άδες·* έκφρ. *η τελευταία τρύπα του ζουρνά,* βλ. *τελευταίος* (συνών. *καραμούζα, πίπιζα*). [τουρκ. *zurna*].

ζουρνατζής ο, ουσ., λαϊκός οργανοπαίχτης που παίζει ζουρνά. [τουρκ. *zurnaci*].

ζουρ φιξ, βλ. *φιξ*.

ζοφερός, -ή, -ό, επίθ. 1. υπερβολικά σκοτεινός, θεοσκότεινος: *νύχτα -ή.* 2. (συνήθως μεταφ.) που εμπνέει φόβο, μελαγχολία ή απαισιοδοξία: *ατμόσφαιρα -ή· σκέψεις -ές* (συνών. *δυσοίωνος*).

ζοφερότητα η, ουσ. (λόγ.). 1. (σπάνιο) το να επικρατεί απόλυτο σκοτάδι. 2. το να εμπνέει κάτι φόβο, μελαγχολία ή απαισιοδοξία.

ζόφος ο, ουσ. (λόγ.). 1. το σκοτάδι του Κάτω Κόσμου και γενικά το βαθύ σκοτάδι. 2. κατάσταση που εμπνέει φόβο ή βαθιά μελαγχολία.

ζοχάδα η, ουσ. 1. (συνήθως στον πληθ.) αιμορροΐδες (βλ. λ. στη σημασ. 2). 2. (μεταφ.) κακή ψυχική διάθεση, νευρική υπερδιέγερση: *έχει τις -άδες του σήμερα* (= είναι πολύ ιδιότροπος, δύσθυμος) (συνών. λαϊκ. *τσατίλα*). [*εσοχάδες*].

ζοχάδας ο, ουσ., άνθρωπος εξαιρετικά ιδιότροπος.

ζοχαδιάζω, ρ. (συνιζ., λαϊκ.), κάνω κάποιον να δυσθυμήσει, να εκνευριστεί, να χάσει τη διάθεσή του: *με -άδιασε πρωί πρωί ο άτιμος!* (παθ.) είμαι δύσθυμος, έχω κακή διάθεση: *είναι -ασμένος σήμερα* (συνών. λαϊκ. *τσατίζομαι*).

ζοχαδιακός, -ή, -ό, επίθ. (συνιζ.). 1. που πάσχει από αιμορροΐδες. 2. (μεταφ.) δύστροπος, υποχόνδριος (συνών. λαϊκ. *τσατίλας*).

ζοχός ο, πληθ. -οί και (συνιζ.) -ιά τα, ουσ., φαγώσιμο χορταρικό: *μαζεύω -ούς*. [μτγν. *σόγχος*].

ζυγαριά η, ουσ. (συνιζ.), όργανο με το οποίο μετρούμε το βάρος ενός σώματος: *βάζω κάτι στη ~* (μεταφ.) *η ~ κλίνει προς το μέρος μας* (= δικαιολογείται αισιοδοξία, γιατί η επιτυχία φαίνεται πιθανή) (συνών. *ζυγός*). [*ζυγάριον*<*ζυγός*].

ζύγι το, ουσ. 1. το να ζυγίζει, να καθορίζει κανείς το βάρος ενός σώματος: *κλέβει στο ~* (συνών. *ζύγισμα*). 2. βάρος πραγμάτων που καθορίζεται με ένα ζύγισμα: *δεν τα σηκώνει η ζυγαριά σ' ένα ~.* 3. (στον πληθ.) μέτρα βάρους που τοποθετούνται στο ένα σκέλος του ζυγού για να εξακριβωθεί το βάρος του αντικειμένου που τοποθετείται στο άλλο. 4. βαρίδι που κρέμεται από το νήμα της στάθμης. 5. δύο ή περισσότερα μικρά νήματα με τα οποία συνδέεται ο χαρταετός με το νήμα από το οποίο εξαρτάται κατά την ανύψωσή του.

ζύγιασμα, βλ. *ζύγισμα*.

ζυγίζω και (λαϊκ.) **-ιάζω,** ρ. 1. ενεργ. Α. μτβ. 1. μετρώ, υπολογίζω το βάρος ενός σώματος με τη βοήθεια ζυγαριάς: *~ ένα δέμα στο ταχυδρομείο.* Φρ. *~ με το μάτι* (= υπολογίζω το βάρος κατά προσέγγιση). 2. (μεταφ.) σκέφτομαι προσεκτικά πριν πάρω κάποια απόφαση ή εκφράσω γνώμη: *~ τις πράξεις μου / τους κινδύνους ενός εγχειρήματος· -ίζει τις κουβέντες του· λόγια -ιασμένα* (συνών. *μετρώ*). 3. (μεταφ.) εκτιμώ, υπολογίζω την αξία του: *τον -ισε καλά· θα μπορούσε να αναλάβει μια τόσο δύσκολη αποστολή* (συνών. *αξιολογώ*). 4. (οικοδ., στον τ. *-ιάζω*) σταθμίζω, ελέγχω αν κάτι έχει τοποθετηθεί στην κατακόρυφη θέση· το-

ποθετώ στην κατακόρυφη θέση: *οι κάσες έχουν -ιαστεί* (πβ. *αλφαδιάζω*). **5.** ισορροπώ: ~ *το κοντάρι· στιλέτο -ισμένο* (όταν υπάρχει ορισμένη αναλογία ανάμεσα στο βάρος της κάμας και το βάρος της λαβής, ώστε να καρφώνεται όπως κι αν το ρίξουμε). **Β.** αμτβ. **1.** έχω ένα ορισμένο βάρος: *πόσο -ίζει το κουτί;· έχω ύψος 1,65 μ. και -ίζω πενήντα πέντε κιλά.* **2.** (μεταφ.) έχω ιδιαίτερη σημασία ή βαρύτητα: *ο λόγος του -ίζει* (συνών. *βαρύνω*). **3.** (για ζυγό, ζυγαριά, κ.τ.ό.) λειτουργώ (καλά): *η ζυγαριά δε -ίζει, χάλασε.* **II.** μέσ. **1.** μπαίνω σε ευθεία γραμμή μαζί με άλλους: *-ιστείτε!* (γυμναστικό παράγγελμα) (συνών. *στοιχίζομαι*). **2.** (στον τ. *-ιάζομαι*, για πουλιά) **α.** αιωρούμαι, μένω ακίνητος στον αέρα με τα φτερά ανοιχτά χωρίς να τα κουνώ: *ο αετός -ιάστηκε λίγη ώρα προτού να ορμήσει στο λαγό* **β.** προσπαθώ να βρω την ισορροπία μου: *ένα πουλάκι -ιαζόταν στο κλαδί.*
ζύγισμα και *-ιασμα*, το, ουσ. **1.** το να ζυγίζει κανείς, να υπολογίζει το βάρος ενός σώματος (συνών. *ζύγι*). **2.** (συνήθως στον τύπο *-ιασμα*) το να υπολογίζει κανείς τις ενέργειές του και τις συνέπειές τους. **3.** (στον τ. *-ιασμα*) **α.** η προσπάθεια ισορροπίας των πουλιών: *-ιασμα που κάνει το πουλί στο κλαρί·* **β.** η αιώρηση πουλιού στον αέρα (χωρίς να κουνά τα φτερά του): *-ιασμα του αετού στον αέρα.* **4.** (οικοδ.) το να ελέγχει κανείς αν μια επιφάνεια είναι κατακόρυφη· το να τοποθετεί κανείς μια επιφάνεια σε θέση κατακόρυφη (πβ. *αλφάδιασμα*).
ζυγιστής ο, ουσ., αυτός που ζυγίζει.
ζυγό το, ουσ. (ναυτ.). **1.** καθένα από τα ξύλινα εγκάρσια καθίσματα που έφταναν από τη μία έως την άλλη άκρη πλοίου ή βάρκας συνδέοντάς τες και χρησίμευαν για να κάθονται οι κωπηλάτες. **2.** καθένα από τα εγκάρσια δοκάρια με τα οποία υποβαστάζεται το κατάστρωμα.
ζυγολόγιο το, ουσ. (ασυνίζ.), εμπορικό βιβλίο ή έγγραφο όπου σημειώνονται το είδος, η ποσότητα και η ποιότητα ενός εμπορεύματος.
ζυγός ο, ουσ. **1.** ξύλινη κατασκευή όπου τοποθετούνται οι λαιμοί δύο ζώων (βοδιών, αλόγων) που σέρνουν ένα άροτρο: *έζεψε τα βόδια στο -ό.* **2.** (μεταφ., για κατάσταση υποταγής, δουλείας): ~ *τυραννικός / ξενικός.* **3.** όργανο με το οποίο μετρούμε το βάρος ενός σώματος: ~ *υδροστατικός / εργαστηριακός* (συνών. *ζυγαριά*). **4.** άνθρωποι που γυμνάζονται παρατεταγμένοι στην ίδια ευθεία ο ένας δίπλα στον άλλο: *τους -ούς λύσατε* (= διαλυθείτε· γυμναστικό ή στρατ. παράγγελμα). **5.** (στη σημασ. αυτή με κεφ. Ζ, αστρον.-αστρολ.) **α.** ο έβδομος αστερισμός του ζωδιακού κύκλου· **β.** το έβδομο στη σειρά ζώδιο όπου βρίσκεται ο Ήλιος από 22 Σεπτεμβρίου έως 23 Οκτωβρίου και το αντίστοιχο χρονικό διάστημα· **γ.** πρόσωπο που γεννήθηκε σ' αυτό το χρονικό διάστημα: *οι Ζ-οί είναι καλόβολοι άνθρωποι, λένε οι αστρολόγοι.*
ζυγός, -ή, -ό, επίθ. **α.** (για αριθμό) που αποτελεί πολλαπλάσιο του δύο, που όταν διαιρεθεί με το δύο θα δώσει πηλίκο ακέραιο και υπόλοιπο μηδέν (οι αριθμοί 2, 4, 6...) (συνών. *άρτιος·* αντ. *μονός, περιττός*)· **β.** που παρουσιάζεται με ζυγό αριθμό: *οι -ές μέρες του μήνα· σήμερα στον εσωτερικό δακτύλιο της Αθήνας κυκλοφορούν τα -ά* (= τα αυτοκίνητα που ο αριθμός της πινακίδας τους λήγει σε ζυγό αριθμό). Έκφρ. *μονά -ά* (είδος παιδικού παιχνιδιού). Φρ. *τα θέλει μονά -ά δικά του* (για πρόσωπο με υπερβολικές απαιτήσεις).
ζυγοσταθμίζω, ρ., κάνω ζυγοστάθμιση.
ζυγοστάθμιση η, ουσ. (μηχ.) εργασία που συνίσταται στην κατανομή των μαζών περιστρεφόμενου συστήματος (τροχού, μηχανής, κλπ.) κατά τέτοιο τρόπο ώστε το κέντρο βάρους του συστήματος να βρίσκεται πάνω στον άξονα περιστροφής (στατική ζυγοστάθμιση) και να αντισταθμίζονται οι δυνάμεις αδράνειας (δυναμική ζυγοστάθμιση).
ζυγούρι το, ουσ., αρνί ηλικίας δύο χρόνων. [*ζυγός + -ούρι*].
ζύγωμα το, ουσ. (λαϊκ.), το να ζυγώνει, να πλησιάζει κανείς.
ζυγωματικός, -ή, -ό, επίθ. (ανατομ.) **α.** *-ά (οστά)* = δύο από τα κόκαλα του προσώπου που αποτελούν τη βάση των μήλων· **β.** που σχετίζεται με τα ζυγωματικά: *απόφυση -ή· νεύρο/τόξο -ό· πόροι -οί.*
ζυγώνω, ρ. (λαϊκ.), πλησιάζω, κοντεύω: *είναι τόσο απότομος που δεν τον -ώνει κανείς·* (χρον.) *-ώνει τα εξήντα* (εννοεί. *χρόνια*)· *-ώνει το βράδι* (συνών. *σιμώνω·* αντ. *απομακρύνομαι, ξεμακραίνω*).
ζυγώτης ο, ουσ. (βιολ.) ζυγωτό κύτταρο (βλ. *ζυγωτός*).
ζυγωτός, -ή, -ό, επίθ. (βιολ.) *-ό κύτταρο* = το κύτταρο που προέρχεται από την ένωση του σπερματοζωαρίου και του ωαρίου και από το οποίο αναπτύσσεται ο νέος οργανισμός.
ζυθεστιατόριο το, ουσ. (ασυνίζ. δις), (συνήθως σε επιγραφές) εστιατόριο όπου σερβίρεται μπίρα.
ζυθοζύμη η, ουσ., καλλιέργεια ζαχαρομύκητα που χρησιμοποιείται στην παρασκευή ζύθου (επίσης ψωμιού, κρασιού, αλκοόλης, κ.ά.), μαγιά μπίρας.
ζυθοπαραγωγή η, ουσ., παραγωγή ζύθου, μπίρας.
ζυθοποιείο το, ουσ. (ασυνίζ.). εργοστάσιο όπου παρασκευάζεται μπίρα.
ζυθοποιία η, ουσ. (ασυνίζ.), **α.** τεχνική της παραγωγής μπίρας· **β.** βιομηχανία μπίρας.
ζυθοπωλείο το, ουσ., (συνήθως σε επιγραφές) κατάστημα όπου σερβίρεται μπίρα (συνών. *μπιραρία*).
ζυθοπώλης ο, ουσ., αυτός που πουλά μπίρα ή ιδιοκτήτης ζυθοπωλείου.
ζύθος ο, ουσ., πικρό οινοπνευματώδες ποτό που παρασκευάζεται με βύνη, νερό και λυκίσκο (συνών. *μπίρα*).
ζυθόχορτο το, ουσ., το φυτό λυκίσκος.
ζυμάρι το, ουσ., μίγμα από αλεύρι, νερό, μαγιά, αβγά, ζάχαρη, αλάτι και άλλα συστατικά, που χρησιμοποιείται για τα αρτοπαρασκευάσματα: *μαλακός σαν ~· το ψωμί είναι* ~ (= δεν έχει ψηθεί καλά).
ζυμαρικό το, ουσ., (συνήθως στον πληθ.) παρασκεύασμα από σιτάλευρο χωρίς προσθήκη ζύμης που ξεραίνεται στον αέρα ή σε ειδικούς θαλάμους, όπως π.χ. τα μακαρόνια, οι χυλοπίτες, ο φιδές.
ζυμάση η, ουσ. (βιοχημ.) ένζυμο που εκκρίνεται από τους ζυμομύκητες και προκαλεί αλκοολική ζύμωση των σακχάρων. [γαλλ. *zymase*].
ζύμη η, ουσ. **1.** ζυμάρι: ~ *για ψωμί / για πίτα· ~ σφιχτή / αραιή· πλάθω τη* ~ μίγμα από οποιαδήποτε υλικά που ζυμώνεται: ~ *για κεφτέδες.* **2.** (μεταφ.) η φύση ενός ανθρώπου, το σύνολο των ψυχικών του ιδιοτήτων και προδιαθέσεων: *αυτό το παιδί είναι από καλή* ~ (συνών. *πάστα*). **3.** (χημ.) ~ *χημική ή τεχνητή* = αδρανές βιολογικά μίγμα

χημικών προϊόντων που όταν αναμιχθεί με μεγάλη μάζα αλευριού και νερού προκαλεί τη ζύμωσή της. **4.** (χημ. τροφίμων· στον πληθ.) *-ες* οι = μονοκύτταροι κατά κανόνα οργανισμοί που προκαλούν αλκοολική ζύμωση στην μπίρα, στο κρασί, στο μηλίτη και είναι ενεργά στοιχεία της μαγιάς στην αρτοποιία, ζυμομύκητες.

ζυμογόνος, -α, -ο, επίθ. (βιοχημ.) που σχηματίζει ένζυμα ή προκαλεί ζύμωση: *ουσίες -ες* (συνών. *ζυμωσιογόνος*). - Το ουδ. ως ουσ. = ουσία ή μικροοργανισμός που προκαλεί ζύμωση.

ζυμομύκητας ο, ουσ. (βιολ., συνήθως στον πληθ.) ετερογενής ομάδα μυκήτων, συνήθως μονοκύτταρων, που πολλαπλασιάζεται με εκβλάστηση ή με απλή διαίρεση.

ζύμωμα το, ουσ. **1.** το να ζυμώνει κανείς, να παρασκευάζει ζύμη (για ψωμί ή άλλα φαγητά): *σκάφη για ~· ο κιμάς θέλει ~ ακόμη*. **2.** (μεταφ.) διάπλαση, διαμόρφωση μέσα από μια (συνήθως μακροχρόνια) διαδικασία: *~ του χαρακτήρα κάποιου*.

ζυμώνω, ρ. **1α.** ανακατεύω αλεύρι με νερό και μαλάζω το μίγμα έτσι ώστε να δημιουργηθεί μια μάζα πηχτή και μαλακή, παρασκευάζω ζύμη: *η γιαγιά μου -ωνε στη σκάφη* (μτβ.) *~ ψωμί·* (παροιμ.) *όποιος δε θέλει να -ώσει δέκα μέρες κοσκινίζει* (γι' αυτόν που καθυστερεί μιαν ανεπιθύμητη δουλειά)· **β.** ανακατεύω διάφορα υλικά και τα μαλάσσω έτσι ώστε να δημιουργηθεί ένα ομοιογενές μίγμα: *-ώνεις τον κιμά με το ψωμί, το κρεμμύδι και τα άλλα μπαχαρικά· ~ κεφτέδες·* γ. ανακατεύω οποιαδήποτε ύλη με νερό παρασκευάζοντας έτσι ένα πολτώδες μίγμα: *~ γύψο*. **2.** (παθ. μεταφ.) διαπλάθομαι μέσα από μια διαδικασία (συνήθως μακροχρόνια): *ο χαρακτήρας του -ώθηκε μέσα από / σε δύσκολες καταστάσεις· γενιά που -ώθηκε μέσα στους αγώνες για την ελευθερία*. **3.** (παθ., χημ.) υφίσταμαι ζύμωση: *το κρασί -ώνεται στο βαρέλι*.

ζύμωση η, ουσ. **1.** (βιοχημ.) σειρά βιοχημικών αντιδράσεων που στα κύτταρα καταλύεται ενζυμικά, απαιτεί ενέργεια και μ' αυτή τα κυτταρικά «καύσιμα» (μόρια όπως π.χ. η γλυκόζη) αποικοδομούνται σε αναεροβίωση (= απουσία αέρα): *~ αλκοολική· το κρασί γίνεται με ~*. **2.** (μεταφ.) κίνηση (πολιτική, κοινωνική, κ.τ.ό.), ενέργειες που προετοιμάζουν μια κατάσταση, ένα γεγονός: *-ώσεις πολιτικές / ιδεολογικές*.

ζυμωσιογόνος, -α, -ο, επίθ. (ασυνίζ., λόγ.), (βιοχημ.) που προκαλεί ζύμωση: *μικρόβια -α· δύναμη ~* (= η ικανότητα ορισμένων μικροοργανισμών να προκαλούν ζύμωση) (συνών. *ζυμογόνος*).

ζυμωτής ο, θηλ. **-τρια** και λαϊκ. **-τρα**, ουσ., αυτός που έχει ως επάγγελμα να ζυμώνει (σε αρτοποιείο ή ζαχαροπλαστείο).

ζυμωτικός, -ή, -ό, επίθ. **1.** που προκαλεί ζύμωση ή αναφέρεται σ' αυτήν: *ασθένειες -ές*. **2.** που ζυμώνει: *μηχανή -ή*.

ζυμωτός, -ή, -ό, επίθ., που έχει ζυμωθεί με τα χέρια (όχι με μηχανήματα): *ψωμί -ό*.

ζυμώτρα, βλ. *ζυμωτής*.

ζυμώτρια, βλ. *ζυμωτής*.

ζω, ρ., παρατ. *ζούσα*, αόρ. *έζησα*, πληθ. *ζήσαμε*. **Α.** αμτβ. **1.** βρίσκομαι στη ζωή, είμαι ζωντανός: *έζησε ως τα βαθιά γεράματα· ζει η ψυχή και μετά το θάνατο· ο άνθρωπος δε ζει χωρίς αέρα· φρ. (ως τότε) ποιος ζει ποιος πεθαίνει!* (για να δηλωθεί αβεβαιότητα για το μέλλον) (αντ. *πεθαίνω*). **2.** διαβιώνω, περνώ τη ζωή μου: *έζησε το 18. αι. στη Γαλλία· -σανε αυτοί καλά κι εμείς καλύτερα* (συνήθως τέλος παραμυθιού)· *ζούμε απλά / φτωχικά*. **3.** (για τόπο) διαμένω, κατοικώ: *ζει στο χωριό· ~ στο εξωτερικό·* φρ. *(μα) πού ζεις;* (για κάποιον που αγνοεί ή δεν κατανοεί τη σύγχρονη πραγματικότητα). **4.** εξασφαλίζω τους πόρους για να ζήσω, συντηρούμαι στη ζωή: *ζει από το ράψιμο / με ένα μισθό*. **5.** ζω με κάποιον άλλο, συμβιώνω· συζώ: *~ με τα πεθερικά μου*. **Β.** μτβ. **1.** (με σύστοιχο αντικ.) ζω με ορισμένο τρόπο: *έζησε ζωή έκφυλη / ζωή χαρισμένη* (= πολύ ευτυχισμένη)· φρ. *~ τη ζωή μου ή τη ζωούλα μου* (= απολαμβάνω τη ζωή, διασκεδάζω). **2.** (για πρόσωπο) τρέφω κάποιον, του εξασφαλίζω τα μέσα για να ζήσει: *ζει ολόκληρη την οικογένειά του· τον ζει η γυναίκα του* (συνών. *συντηρώ*). **3.** (για γεγονός, κατάσταση, κ.τ.ό.) **α.** αποκτώ εμπειρίες με άμεσο τρόπο, ζυμώνω κάτι από κοντά: *έζησαν την προσφυγιά·* **β.** μπαίνω στη θέση του άλλου και κατανοώ την υπόθεσή του: *όχι μόνο μας καταλάβαινε, αλλά έζησε όλη την ιστορία μας· ο ηθοποιός ζούσε το ρόλο του* (σαν να ήταν η πραγματική του ζωή). Φρ. *ζει και βασιλεύει* (= ζει ευτυχισμένα)· *κάποιος ή κάτι ζει* (συνήθως ως σύνθημα) = παραμένει ζωντανό(ς) στη μνήμη μας, το(ν) θυμόμαστε: *το Πολυτεχνείο ζει! ~ και ζένομαι*, βλ. *ζένω·* (για ευχή) *να ζήσεις!*

ζώα μικρά μετά μεγάλων· αρχαϊστ. έκφρ. = πολυποίκιλα πράγματα που συμφύρονται.

ζωανθρωπία η, ουσ. (ιατρ.) ψυχική ασθένεια κατά την οποία ο ασθενής νομίζει ότι είναι ζώο ή πως μεταβάλλεται σε ζώο.

ζωγραφιά η, ουσ. (συνιζ.), εικόνα, παράσταση ενός τοπίου, προσώπου ή πράγματος που φτιάχνεται με τη χρήση χρωμάτων: *βιβλίο με -ιές* (= εικονογραφημένο)· *παιδική ~·* (μεταφ.) *είσαι (σαν) ~* (= πολύ ωραίος, όμορφος) (συνών. *σχεδίασμα*).

ζωγραφίζω, ρ. **1α.** σχεδιάζω την εικόνα ενός προσώπου, πράγματος ή σκηνής, ρεαλιστικά ή φανταστικά, πάνω σε χαρτί, καμβά και άλλες ύλες ή στους τοίχους και τις επιφάνειες κτηρίων επιδιώκοντας ή όχι καλλιτεχνικό αποτέλεσμα: *~ ένα τοπίο / μια υδατογραφία* (συνών. *ιχνογραφώ, εικονογραφώ, σκιτσάρω*)· **β.** έχω ταλέντο ζωγράφου ή ασκώ το επάγγελμα του ζωγράφου: *-ει για να ζήσει / από μικρός*. **2.** (μεταφ.) αναπαριστώ, περιγράφω κάτι πολύ ζωντανά, ζωηρά: *-ισε τις περιπέτειές της· πίκρα -ισμένη στα μάτια της*.

ζωγραφική η, ουσ. **α.** μία από τις καλές τέχνες, που συνίσταται στην αναπαράσταση της εικόνας ενός προσώπου, πράγματος ή σκηνής με τη χρήση χρωμάτων για καλλιτεχνικό αποτέλεσμα: *εργαστήριο / έκθεση / πίνακας / σύνεργα -ής·* **β.** έργα ζωγραφικά που ανήκουν σε ένα συγκεκριμένο ζωγράφο ή ομάδα ζωγράφων ή μια ορισμένη τεχνοτροπία: *~ της Αναγέννησης / νατουραλιστική / αφηρημένη / του Πικάσο· ~ θρησκευτικών εικόνων* (= αγιογραφία).

ζωγραφικός, -ή, -ό, επίθ., που αναφέρεται στη ζωγραφική (συνήθως αντιδιαστολή προς τις άλλες τέχνες): *έργο -ό· διάκοσμος ~· παράσταση -ή*. - Επίρρ. **-ά**.

ζωγράφισμα το, ουσ. **1.** εκτέλεση μιας εικόνας, ζωγραφικά: *το ~ της εικόνας* (συνών. *ιχνογραφία*). **2.** η ίδια η ζωγραφιά.

ζωγραφιστός, -ή, -ό, επίθ. **1.** που τον έχουν ζωγραφίσει, ζωγραφισμένος· φρ. *δε θέλω να τον δω ούτε*

-ό (υπερβολικά, για κάποιον που αντιπαθούμε). 2. (μεταφ.) πολύ όμορφος ώστε να δίνει την εντύπωση πως δεν είναι αληθινός, αλλά έργο τέχνης: *φρύδια -ά.*

ζωγράφος ο, ουσ., καλλιτέχνης που ασχολείται με τη ζωγραφική, που ζωγραφίζει εικόνες επιδιώκοντας αισθητικό αποτέλεσμα: ~ *ερασιτέχνης / θρησκευτικών εικόνων* (= αγιογράφος).

ζωδιακός, -ή, -ό, επίθ. (ασυνίζ.), που ανήκει ή αναφέρεται στο ζώδιο· έκφρ. ~ *κύκλος* = (αστρον. -αστρολ.) διάγραμμα που παριστάνει την κυκλική κίνηση των πλανητών και των αστερισμών και τις θέσεις τους στο διάστημα σε συγκεκριμένες χρονικές στιγμές· *-ή ζώνη* = (αστρον.-αστρολ.) ζώνη της ουράνιας σφαίρας μέσα στην οποία κινείται ο ήλιος, η σελήνη και οι πλανήτες· διαιρείται σε δώδεκα ίσα τμήματα (ζώδια) που το καθένα έχει συγκεκριμένο όνομα και σύμβολο· *-ό φως* = (αστρον.) φως που προέρχεται από τη διάχυση του ηλιακού φωτός και εμφανίζεται πριν από την ανατολή και μετά τη δύση του ήλιου στο επίπεδο της ζωδιακής ζώνης.

ζώδιο το, ουσ. (ασυνίζ.). **1.** (αστρον.) αστερισμός, αστέρι. **2.** (αστρολ.) **α.** καθένα από τα δώδεκα ίσα τμήματα στα οποία χωρίζεται η ζωδιακή ζώνη, που τα χρησιμοποιούν οι αστρολόγοι για να υπολογίσουν την επίδραση των πλανητών στη ζωή των ανθρώπων· **β.** η χρονική περίοδος κατά την οποία ο ήλιος διανύει ένα ζώδιο: ~ *του Καρκίνου· σε ποιο ~ γεννήθηκες;* (για πρόσωπο που γεννιέται σ' αυτό το διάστημα)· *τι ~ είσαι;* (συνών. *αστερισμός*).

ζωέμπορας, βλ. *ζωέμπορος.*

ζωεμπόριο το, ουσ. (έρρ., ασυνίζ.), εμπόριο ζώων που προορίζονται για τη διατροφή ή τις εργασίες του ανθρώπου.

ζωέμπορος ο, και (λαϊκ.) **-έμπορας** ουσ. (έρρ.), αυτός που ασχολείται επαγγελματικά με το ζωεμπόριο.

ζωή η, ουσ. **1α.** (βιολ.) το σύνολο των λειτουργιών ανθρώπων, ζώων και φυτών ή κατάσταση κατά την οποία μπορούν να εκτελέσουν τις λειτουργίες τους: *το φαινόμενο της -ής· τελευταίες ώρες -ής·* **β.** (γενικά) η ιδιότητα των έμβιων όντων από τη γέννηση ως το θάνατό τους· το να είναι κάποιος ή κάτι ζωντανό(ς): *χάνω / θυσιάζω τη ~ μου· διατηρούμαι στη ~· του χάρισε τη ~· ο άρρωστος έχει πέντε μήνες ~· γλυκιά η ~ κι ο θάνατος μαυρίλα* (Σολωμός) (συνών. *ύπαρξη·* αντ. *θάνατος*). **2.** (συνεκδοχικά) καθετί που έχει την ιδιότητα της ζωντανής ύπαρξης: *δεν υπάρχει ~ στον πλανήτη Άρη.* **3α.** χρονική περίοδος από τη γέννηση έως το θάνατο ενός όντος: ~ *επίγεια· η άλλη ~* (= η μεταθανάτια)· *θα σ' αγαπώ / θα το θυμάμαι σ' όλη μου τη ~· στη ~ μου δε θα το ξανακάνω / μάθω αυτό* (= ποτέ) (συνών. *ζήση*)· **β.** η περίοδος από τη γέννηση έως ορισμένη στιγμή της ζωής του ανθρώπου: *ποτέ στη ~ μου δεν τρόμαξα τόσο.* **4.** τρόπος ζωής (που συχνά καθορίζεται από συγκεκριμένες συνθήκες): ~ *μοναχική / αγχώδης / σκυλίσια* (= πολύ άσχημη)· ~ *χαρισάμενη* (= ευτυχισμένη)· ~ *κοσμική· ~ του χωριού· ποιότητα -ής· καλύτερα μιας ώρας ελεύθερη ~ / παρά σαράντα χρόνια σκλαβιά και φυλακή* (Ρήγας) (συνών. *διαβίωση, ζήση*). **5.** ιδιότητες ή εμπειρίες χαρακτηριστικές ορισμένου τρόπου ζωής ή ομάδας ανθρώπων: ~ *φοιτητική / στρατιωτική / δημόσια /* *συζυγική.* **6.** τα υλικά μέσα που χρειάζεται κάποιος για να συντηρηθεί στη ζωή: ~ *ακριβή· κόστος -ής· κερδίζει τη ~ του δουλεύοντας ως... ακρίβηνε η ~.* **7.** (μεταφ.) οι δραστηριότητες και τα ενδιαφέροντα κάποιου που αποτελούν τα πιο σπουδαία ή διασκεδαστικά πράγματα στη ζωή του και για τα οποία ξοδεύει το μεγαλύτερο μέρος του χρόνου του: *η ~ του είναι το διάβασμα· είσαι η ~ μου* (= το παν για μένα). **8.** βιογραφία, βιβλίο ή ταινία που εξιστορεί τη ζωή ενός υπαρκτού, γνωστού προσώπου: *η ~ και το έργο ενός συγγραφέα· η ~ του Χριστού.* **9.** ζωντάνια, ενεργητικότητα στον τρόπο που συμπεριφέρεται ή μιλά κάποιος: *άνθρωπος γεμάτος ~· τόπος χωρίς ~· έχει ~ μέσα του· σφύζει από ~· το πανεπιστήμιο έδωσε ~ στην πόλη* (συνών. *ζωηρότητα, ζωτικότητα·* αντ. *αδράνεια*). **10α.** διάρκεια αντοχής και χρήσης ενός μηχανήματος, υλικού, κλπ.: *η ~ του πλυντηρίου / του αυτοκινήτου·* **β.** ο χρόνος αντοχής και ύπαρξης μιας κυβέρνησης, συνθήκης, ενός νόμου, κλπ. Έκφρ. *για ~ και για θάνατο* (= για πάντα): *αυτό το ρούχο θα το 'χεις για ~ και για θάνατο· έργο -ής* (= έργο για το οποίο απαιτείται να αφιερώσει κανείς τη ζωή του)· ~ *μου!* (προσφών. σε αγαπημένο πρόσωπο)· *ζήτημα -ής και θανάτου* (βλ. *ζήτημα,* σημασ. **4**)· ~ *σε λόγου μας / σε σας* (λέγεται σε κηδεία για τους ζωντανούς)· *μια ~* (π.χ. *προβλήματα / στη φτώχεια*) (= διαρκώς)· *ο θάνατός σου η ~ μου* (για σκληρό ανταγωνισμό)· *στη ~ μου!* (σε όρκο)· *στη ~ και στο θάνατο* (= πάντα, αιώνια)· *φιλί της -ής* (= μέθοδος τεχνητής αναπνοής). Φρ. *έρχομαι στη ~* (= γεννιέμαι)· *ζω τη ~ μου* (βλ. *ζω,* σημασ. **Β Ι**) (ευχή) ~ *να 'χεις* (σε ασθενείς, βλ. *λ.*)· *κάτι* (π.χ. *μια ιστορία*) *είναι παρμένο / βγαλμένο από τη ~* (= μοιάζει, αντιστοιχεί στην πραγματικότητα)· *μπαίνω (/βρίσκομαι) στη ~ κάποιου* (= αναμιγνύομαι)· *μπαίνω στη ~* (= στη βιοπάλη)· *ξέρω τη ~* (= έχω μεγάλη πείρα): *είσαι μικρή και δεν ξέρεις τη ~· παίρνω τη ~ κάποιου* (= θανατώνω)· *περνώ ~ και κότα* (= καλοπερνώ)· *περνώ τη ~ μου* (κάνοντας κάτι) (= διαβιώνω, ζω)· *φέρνω στη ~* (= αναπαράγω, γεννώ). - Υποκορ. **-ούλα** η (συνήθως ειρων.): *νοιάζεται μόνο για τη -ούλα του·* (προσφών. για αγαπημένα πρόσωπα) *-ούλα μου!* Φρ. *ζω τη -ούλα μου* (= *ζω τη ζωή μου,* βλ. *ζω,* σημασ. **Β Ι**).

ζωηρά, βλ. *ζωηρός.*

ζωηράδα η, ουσ., το να είναι κάποιος ζωηρός ή γεμάτος ζωή: ~ *των ματιών / της νιότης* (συνών. *ζωηρότητα, ζωντάνια*).

ζωηρεύω, ρ. Α. αμτβ. **1.** γίνομαι ζωηρός, εκδηλώνομαι εντονότερα απ' ό,τι πριν, αποκτώ ζωντάνια: *ο άρρωστος -εψε· η τάξη -εψε* (= άρχισε να κινείται)· (για φυτά) *τα λουλούδια -εψαν με το λίπασμα.* **2.** (για παιδιά) γίνομαι άτακτος, ανήσυχος, ανυπάκουος: *τα παιδιά -εψαν και δεν ησυχάζουν* (αντ. *φρονιμεύω*). **3.** κάτι γίνεται έντονο ή εντονότερο απ' ό,τι πριν: *η συζήτηση -εψε* (για συναισθήματα) *ο πόθος / το μίσος -εψε.* Β. (μτβ.) κάνω κάποιον ή κάτι ζωηρό, έντονο ή ζωηρότερο από πριν: *ο χορός -εψε την ατμόσφαιρα.*

ζωηρός, -ή, -ό, επίθ. **1.** (για πρόσωπο) που έχει ζωντάνια, ζωτικότητα, σφρίγος· δραστήριος: *άνθρωπος ~· νιάτα -ά· πνεύμα -ό* (= ανήσυχο) (συνών. *ενεργητικός, ζωντανός·* αντ. *αδρανής*). **2.** (για παιδιά) άτακτος, ανυπάκουος: *τα παιδιά μου*

ζωηρούλα

είναι πολύ -ά· όλο ζημιές κάνουν (αντ. *φρόνιμος*). **3.** που επιδίδεται σε ερωτικές περιπέτειες, ερωτύλος: *άντρας ~*. **4.** (για συναισθήματα και ενέργειες) που χαρακτηρίζεται από έντονη ψυχική φόρτιση, έντονος: *στοργή / συγκίνηση -ή· εντυπώσεις -ές· ό ενδιαφέρον· χειροκροτήματα -ά· βλέμμα -ό* (= σπινθηροβόλο). **5.** (για χρώματα ή για φως) έντονος, όχι σκούρος: *πράσινο -ό· λάμψη -ή* (συνών. *χτυπητός*). **6.** (για κινήσεις) γοργός, γρήγορος: *βήμα -ό· χειρονομίες -ές· χορός ~*. - Υποκορ. **-ούλης** ο, θηλ. **-ούλα** (στις σημασ. 2 και 3). - Επίρρ. **-ά** (στις σημασ. 1, 2, 4, 6): *κινούσε -ά τα χέρια του*.

ζωηρούλα, βλ. *ζωηρός*.
ζωηρούλης, βλ. *ζωηρός*.
ζωηρότητα η, ουσ., το να είναι κάποιος ζωηρός, έντονος ή γεμάτος ζωντάνια: *~ στο βλέμμα· ~ των χρωμάτων* (συνών. *ζωηράδα, ζωντάνια*).
ζωικός, -ή, -ό, επίθ. **Ι.**, (σε αντιδιαστολή προς το *φυτικός*). **1.** που ανήκει ή αναφέρεται στα ζώα: *ό βασίλειο -ές ίνες· -ά παράσιτα· διάκοσμος ~* (π.χ. σε αγγεία). **2.** που παράγεται από τα ζώα: *-ό λίπος*. **3.** (σε αντιδιαστολή προς το *ανθρώπινος*) που ταιριάζει σε ζώα: *ένστικτα -ά*.
ζωικός, -ή, -ό, επίθ. **II.**, που αναφέρεται στο φαινόμενο της ζωής: *δυνάμεις -ές· θερμότητα -ή* (παράγεται στους ζωντανούς οργανισμούς από καύσεις θρεπτικών ουσιών).
ζωμός ο, ουσ., το υγρό που βγαίνει από το κρέας, τα χόρτα και γενικώς τα τρόφιμα όταν βράζουν: *~ κότας / χόρτων·* (ιστ.) *μέλας ~* (= ζωμός χοιρινού κρέατος που έβραζε με αίμα και αποτελούσε την κύρια τροφή των αρχαίων Σπαρτιατών).
ζωνάρι και **ζουνάρι** το, ουσ. **1.** στενή ή φαρδιά λωρίδα από ύφασμα ή δέρμα που είναι ραμμένη στο πάνω μέρος ενός παντελονιού, φούστας ή άλλου ρούχου ή που στερεώνεται γύρω από τη μέση για να συγκρατεί τα ρούχα (συνών. *ζώνη*). φρ. *απλώνω / κρεμώ / λύνω το ~ μου (για καβγά)* (= γυρεύω αφορμή για καβγά, φασαρία)· *σφίγγω το ~* (= αναγκάζομαι να κάνω οικονομία, να ελαττώσω τα έξοδά μου). **2.** (λαϊκ.-ιδιωμ.) *το ~ του ουρανού / της Παναγίας* = το ουράνιο τόξο· *το ~ της καλογριάς* = ο Γαλαξίας.
ζώνη η, ουσ. **1α.** στενόμακρη κυκλική λωρίδα από δέρμα, ύφασμα ή άλλο υλικό που δένεται ή στερεώνεται γύρω από τη μέση για να συγκρατεί τα ρούχα: *~ δερμάτινη / αντρική* (συνών. *ζωνάρι, ζωστήρας*)· *~ για ασφάλεια* (στο αυτοκίνητο)· (ιατρ.) *~ ορθοπεδική· ~ αγνότητας* (= μεταλλική ζώνη που κάλυπτε τη λεκάνη και κλείδωνε με λουκέτο και τη χρησιμοποιούσαν στη μεσαιωνική Δύση για να εξασφαλίσουν την αγνότητα των γυναικών)· **β.** ζώνη που απονέμεται ως έπαθλο σε νικητές πάλης, καράτε, κ.τ.ό.: *~ του καράτε*. **2.** περιοχή της στεριάς ή θάλασσας που διακρίνεται για κάποιο ειδικό χαρακτηριστικό της που σχετίζεται με τη γεωγραφία, το πολιτικό σύστημα, κλπ.: *~ ορεινή / πολεμική / αποπυρηνικοποιημένη / ουδέτερη / νεκρή* (στην Κύπρο) */ βιομηχανική / τελωνειακή· -ες βλάστησης*. **3.** (γεωγρ.) *οι πέντε -ες της Γης* = οι πέντε μεγάλες περιοχές στις οποίες διαιρούν τη Γη οι τροπικοί και πολικοί κύκλοι: *~ πολική / διακεκαυμένη*. **4.** (αστρον.) τμήμα της σφαιρικής επιφάνειας ενός πλανήτη, κ.τ.ό., που βρίσκεται ανάμεσα σε δυο παράλληλους κύκλους: *ουράνια ~· ζωδιακή ~*, βλ. *ζωδια-*

κός. **5.** το χρονικό διάστημα κατά το οποίο συντελείται ορισμένη δραστηριότητα διαφορετική από αυτές που προηγήθηκαν ή θα ακολουθήσουν: (για ραδιοτηλεοπτικά μέσα) *~ παιδικών εκπομπών / διαφημίσεων / μεταμεσονύκτια*. **6.** σύνολο ατόμων παραταγμένων μπροστά ή γύρω από κάτι με σκοπό να το προστατέψουν ή να το εμποδίσουν: *οι αστυνομικοί διέσπασαν τη ~ των διαδηλωτών* (συνών. *κλοιός*).
ζωντανά, βλ. *ζωντανός*.
ζωντάνεμα το, ουσ. (έρρ.), το να ζωντανεύει κάποιος ή κάτι: *~ του παραμυθιού· ~ της φύσης* (= αναζωογόνηση).
ζωντανεύω, ρ. (έρρ.). **Α.** (αμτβ.). **1.** ξαναέρχομαι στη ζωή: *οι νεκροί δε -ουν* (συνών. *αναστραίνομαι*). **2.** αποκτώ και πάλι τις χαμένες σωματικές και ψυχικές μου δυνάμεις, αποκτώ ζωντάνια, διάθεση για ζωή: *οι μαθητές ξαφνικά -εψαν· τα λουλούδια -εψαν μετά το πότισμα* (συνών. *αναζωογονούμαι*). **3.** επανέρχομαι στη μνήμη κάποιου: *-εψε η εικόνα του παππού μου· -εψαν οι αναμνήσεις του ταξιδιού*. **Β.** (μτβ.). **1α.** επαναφέρω κάποιον στη ζωή (συνών. *ανασταίνω*) **β.** κάνω κάποιον να αναλάβει σωματικές ή ψυχικές δυνάμεις (συνών. *αναζωογονώ*)· **γ.** δίνω σε κάποιον ή κάτι υπόσταση ή ζωντάνια. **2.** περιγράφω ή απεικονίζω κάτι έτσι ώστε να δίνει την εντύπωση του πραγματικού, του ζωντανού· *παριστάνω κάτι με ζωηρά χρώματα: ~ μια ιστορία*.
ζωντάνια η, ουσ. (έρρ., συνιζ.). **1.** ιδιότητα του ανθρώπου που έχει μεγάλη ζωτικότητα, έντονη διάθεση να ζήσει και να δράσει: *άνθρωπος γεμάτος ~* (συνών. *ζωηρότητα, ζωή* στη σημασ. 9· αντ. *αδράνεια*). **2.** (μεταφ.) ιδιότητα ενός πράγματος που προκαλεί ζωηρή εντύπωση σαν να ήταν ζωντανό, πραγματικό: *η αφήγηση διακρινόταν από ~ και ενάργεια· ~ μιας παράστασης* (συνών. *παραστατικότητα*).
ζωντανό το, ουσ. (λαϊκ.). **1α.** κάθε είδους ζώο από αυτά που εκτρέφει ο άνθρωπος: *και τα -ά έχουν ψυχή·* **β.** κατοικίδιο ζώο: *πότισα τα -ά*. **2.** (υβριστικά για άνθρωπο) ζώο.
ζωντανός, -ή, -ό, επίθ. (έρρ.). **1.** (βιολ.) που έχει ζωή, που έχει την ιδιότητα των έμβιων όντων: *οργανισμοί -οί· κύτταρα -ά* (συνών. *έμβιος·* αντ. *ανόργανος*). **2α.** (γενικά) που βρίσκεται στη ζωή, που ζει: *ζώα -ά· τον έθαψαν -ό· ο τραυματίας είναι ακόμη ~· οι -οί και τους -ούς* (λέγεται για να παρακινήσει όσους πενθούν να συνεχίσουν να συμμετέχουν στη ζωή) (αντ. *νεκρός, πεθαμένος·* για ζώα: *ψόφιος*)· έκφρ. *~ νεκρός* (= που έχει χάσει πια κάθε ενδιαφέρον για τη ζωή)· **β.** (συνεκδοχικά) νωπός, φρέσκος: *ψάρια -ά*. **3.** (για πρόσωπο ή δραστηριότητα) που δείχνει έντονη διάθεση να ζήσει, να δράσει, δραστήριος, δημιουργικός: *τόπος ~* (= που έχει δράση, απασχόληση). **4.** που προκαλεί ζωηρές εντυπώσεις ή παριστάνεται με ζωηρότητα· που δίνει την εντύπωση πραγματικού, ρεαλιστικός: *εικόνα / αφήγηση -ή* (συνών. *παραστατικός*). **5.** που υπάρχει ακόμη, διατηρείται και λειτουργεί (συχνά παρά τις αντίθετες συνθήκες): *έθιμα -ά· η αγάπη τους είναι ακόμη -ή· ανάμνηση -ή* (= ζωηρή ώστε να διατηρείται στη μνήμη)· *γλώσσες -ές* (= που μιλιούνται σήμερα· αντ. *νεκρές*)· *μύθος ~* (για κάτι υπαρκτό που είναι χαρακτηριστικό) *-ό παράδειγμα*. **6.** (για ραδιοτηλεοπτικές εκπομπές) που αναμεταδίδει ένα

γεγονός, θέαμα ή ακρόαμα τη στιγμή που συμβαίνει: *εκπομπή / συζήτηση -ή· -ή αναμετάδοση του αγώνα* (αντ. *μαγνητοσκοπημένος*)· (για θέαμα) που μαγνητοσκοπείται την ώρα που παρουσιάζεται στο κοινό και όχι σε στούντιο: *συναυλία / θεατρική παράσταση -ή.* - Επίρρ. **-ά**.

ζοντόβολο το, ουσ. (έρρ.). 1. ζώο, συνήθως μεγάλο κατοικίδιο (άλογο, βόδι, κ.τ.ό.). 2. (μεταφ., μειωτ.) α. άνθρωπος ανόητος, βλάκας: *τι ανοησία έκανε πάλι το ~!* (συνών. *ζώο* αντ. *ατσίδα, ξεφτέρι*)· β. άνθρωπος άξεστος, αγροίκος: *πρόσεχε, ~, με πάτησες!* (συνών. *χοντράνθρωπος*). [μτχ. *ζώντα του ζω + -βολο*].

ζοντοχήρος και **ζοντόχηρος** ο, θηλ. **ζοντοχήρα**, ουσ. (έρρ.), αυτός που έχει πάρει διαζύγιο και ζει η γυναίκα του (συνών. *χωρισμένος, διαζευγμένος*).

ζώνω, ρ. 1. (ενεργ. και μέσ.) περιβάλλω (τη μέση μου) με κάτι· αναρτώ, κρεμώ κάτι από τη μέση μου: *έζωσε (την έχει)· έζωσε το σπαθί·* (μέσ.) *ζώστηκε τ' άρματα.* 2. περικλείω, περικυκλώνω, πολιορκώ: *την πόλη -ουν μεγάλα ποτάμια· οι φλόγες έζωσαν το κτήριο· έζωσαν τον εχθρό / το κάστρο.* 3. (μεταφ., για ισχυρό αίσθημα ή συναίσθημα) καταλαμβάνω, βασανίζω κάποιον: *με -ει η πείνα / ο φόβος / πικρή μοναξιά.* Φρ. *με -ουν (μαύρα) φίδια* (= ανησυχώ για κάτι, βασανίζομαι από υποψίες)· *τον έχουν -σει τα δαιμόνια* (= έγινε πολύ ιδιότροπος).

ζώο και (λαϊκ.) **ζο** το, ουσ. 1. κάθε ζωντανό πλάσμα εκτός από τα φυτά, τα ψάρια, τα πουλιά και τον άνθρωπο: *-α κατοικίδια* (= που έχουν εξημερωθεί από τον άνθρωπο και χρησιμοποιούνται για τις ανάγκες του, π.χ. *σκυλιά, άλογα, βόδια*)· *-α άγρια* (= που δεν έχουν εξημερωθεί και ζουν στο φυσικό τους περιβάλλον, π.χ. *λιοντάρια, ελέφαντες, ελάφια*)· *η σφίγγα είναι μυθολογικό ~.* 2. (βιολ.) κάθε ζωντανός οργανισμός που δεν ανήκει στο βασίλειο των μονήρων, των πρωτίστων, των μυκήτων ή των φυτών, όπως είναι π.χ. τα σφουγγάρια, τα μαλάκια, τα έντομα, τα πουλιά, τα θηλαστικά, ο άνθρωπος: *ο λόγος διαφοροποιεί τον άνθρωπο από τα άλλα -α.* 3. (μεταφ., μειωτ.) α. για άνθρωπο που αντιδρά ανεξέλεγκτα, ενστικτωδώς: *ζει / τρώει / κοιμάται / δουλεύει σα ~·* β. άνθρωπος που συμπεριφέρεται όπως ένα ζώο, άξεστος ή βλάκας: *ο άντρας της ήταν ένα ~·* (υβριστικά) *~, δεν ντρέπεσαι να χτυπάς ένα παιδί! αυτό το ~ δεν καταλαβαίνει τίποτα!* (συνών. *ζωντόβολο*)· γ. για τα ζωώδη, τα κατώτερα ένστικτα του ανθρώπου: *οι φριχτές συνθήκες της φυλακής ξύπνησαν μέσα του το ~.*

ζωογεωγραφία η, ουσ., επιστήμη (κλάδος της βιογεωγραφίας) που μελετά τη γεωγραφική εξάπλωση και κατανομή των ζωικών ειδών.

ζωογεωγραφικός, -ή, -ό, επίθ., που σχετίζεται με τη ζωογεωγραφία· *περιοχές -ές* = οι υποδιαιρέσεις της επιφάνειας της Γης που εμφανίζουν διαφορές στη σύσταση της πανίδας.

ζωογόνος, -α, -ο, επίθ. 1. που δίνει ζωή· που ξεκουράζει, ηρεμεί, δίνει ενεργητικότητα: *αεράκι / μπάνιο -ο.* 2. που ενθαρρύνει, εμψυχώνει, τονώνει ηθικά και ψυχικά: *πίστη -α.*

ζωογονώ, -είς, ρ., δίνω ζωή, δύναμη, ενεργητικότητα· εμψυχώνω, αναζωογονώ: *το μπάνιο / ο περίπατος στην εξοχή με -ησε.*

ζωοδότης, επίθ., που δίνει ζωή, που ζωογονεί: *ήλιος ~· ~ Θεός.*

Ζωοδόχος Πηγή, επίθ. της Παναγίας.

ζωοθροφή, βλ. *ζωοτροφή.*

ζωοθροφία, βλ. *ζωοτροφία.*

ζωοκλέφτης ο, θηλ. **-τρα,** ουσ., αυτός που κλέβει ζώα.

ζωοκλοπή η, ουσ., κλοπή ζώων.

ζωοκομία η, ουσ., μεθοδική εκτροφή και αναπαραγωγή ζώων.

ζωοκόμος ο, ουσ., αυτός που ασχολείται επαγγελματικά με τη ζωοκομία.

ζωοκτονία η, ουσ., το να σκοτώνει κανείς ζώα· (νομ.) παράνομη θανάτωση ξένων ζώων χωρίς τη συγκατάθεση του ιδιοκτήτη.

ζωολάτρης ο, ουσ., θηλ. **-ισσα,** αυτός που λατρεύει τα ζώα ως θεούς, οπαδός ζωολατρικής θρησκείας: *οι αρχαίοι Αιγύπτιοι ήσαν -ες.*

ζωολατρία η, ουσ., λατρεία θεοποιημένων ζώων (από πρωτόγονους και αρχαίους λαούς).

ζωολατρικός, -ή, -ό, επίθ., που αναφέρεται στη ζωολατρία ή το ζωολάτρη: *θρησκείες -ές· πίστη -ή.*

ζωολάτρισσα, βλ. *ζωολάτρης.*

ζωολογία η, ουσ., βιολογική επιστήμη που μελετά τους ζωικούς οργανισμούς (τα άτομα, τους ζωικούς πληθυσμούς, την πανίδα, τις σχέσεις των ζώων μεταξύ τους και με το περιβάλλον τους).

ζωολογικός, -ή, -ό, επίθ., που ανήκει ή αναφέρεται στη ζωολογία: *γνώσεις -ές· ταξινόμηση -ή· κήπος ~* (= υπαίθριος χώρος όπου εκτίθενται στο κοινό ζώα, συνήθως άγρια)· *πάρκο -ό* (= περίφρακτη έκταση με επιλεγμένη βλάστηση όπου παρουσιάζεται συλλογή άγριων ζώων για σκοπούς εκπαιδευτικούς και όχι εμπορικούς).

ζωολόγος ο, επιστήμονας που ασχολείται με τη ζωολογία.

ζωομορφισμός ο, ουσ. 1. θρησκευτική αντίληψη κατά την οποία το θείο νοείται και λατρεύεται με μορφή ζώου: *ο ~ της αρχαίας αιγυπτιακής θρησκείας.* 2. (στη ζωγραφική και γενικά στην τέχνη) παρουσίαση ή απεικόνιση κάποιου με μορφή ζώου: *ο ~ των παραστάσεων.*

ζωόμορφος, -η, -ο, επίθ., που έχει μορφή ζώου: *θεοί -οι· μάσκες -ες· -α σύμβολα των Ευαγγελιστών.*

ζωοπανήγυρη η, ουσ., εμπορική πανήγυρη όπου εκτίθενται και πουλιούνται (συνήθως μεγάλα) ζώα.

ζωοπλαγκτό, ουσ., το πλαγκτό που αποτελείται από μικροσκοπικά ζώα.

ζωοποιός, -ός, -ό, επίθ. (λόγ.), που δημιουργεί, που δίνει ζωή: *η ~ δύναμη του Αγίου Πνεύματος.*

ζωοτέχνης ο, ουσ., αυτός που ασχολείται με τη ζωοτεχνία.

ζωοτεχνία η, ουσ., εφαρμοσμένη επιστήμη που μελετά τις συνθήκες και τις μεθόδους εκτροφής και αναπαραγωγής παραγωγικών ζώων.

ζωοτεχνικός, -ή, -ό, επίθ., που ανήκει ή αναφέρεται στη ζωοτεχνία: *μέθοδοι -ές.*

ζωοτοκία η, ουσ. (βιολ.) τρόπος αναπαραγωγής των ζώων κατά τον οποίο αυτά γεννούν ζωντανά μικρά που μοιάζουν στους γονείς τους και όχι αβγά (αντ. *ωοτοκία*).

ζωοτόκος, -ο, ουσ., που αναπαράγεται με ζωοτοκία: *τα θηλαστικά είναι -α* (αντ. *ωοτόκος*).

ζωοτροφείο το, ουσ., χώρος όπου διατρέφονται ζώα (συνών. *εκτροφείο*).

ζωοτροφή και (λαϊκ.) **-τροφή** η, ουσ., (συνήθως στον πληθ.) τροφές κατάλληλες για τη διατροφή αγροτικών ζώων και πουλερικών.

ζωοτροφία και (λαϊκ.) **-τροφία** η, ουσ., (στον πληθ.) τα τρόφιμα που είναι απαραίτητα για τη συντήρηση της ζωής.

ζωοτρόφος ο, ουσ., αυτός που ασχολείται με την εκτροφή ζώων.

ζωούλα, βλ. *ζωή*.

ζωοφιλία η, ουσ., ευαισθησία και αγάπη προς τα ζώα.

ζωόφιλος, -η, -ο, επίθ., που αγαπά τα ζώα: *παιδί -ο.* - Ως ουσ.: *εταιρεία -ίλων*.

ζωοφόρος, βλ. *ζωφόρος*.

ζωροαστρισμός ο, ουσ., προϊσλαμική θρησκεία των αρχαίων Περσών που ίδρυσε ο προφήτης Ζωροάστρης.

ζωστήρας ο και **ζωστήρα** η, ουσ. 1. ζώνη, ζωνάρι. 2. (ιατρ.) ~ *ή έρπης* ~, βλ. γενικότερα *έρπης*.

ζωτικός, -ή, -ό, επίθ. 1. που αναφέρεται στη ζωή, που είναι απαραίτητος για τη διατήρηση ενός οργανισμού στη ζωή: *δυνάμεις / λειτουργίες -ές* (ενός οργανισμού). 2. πολύ σπουδαίος, απαραίτητος για να συμβεί ή να επιτευχθεί κάτι που παίζει σημαντικό ρόλο σε μια εξέλιξη ή κατάσταση: *ερώτημα -ής σημασίας· συμφέροντα / προβλήματα -ά· χώρος* ~ (= εδαφική έκταση στρατηγικής σημασίας, συνήθως λιμάνια, αεροδρόμια, κλπ.).

ζωτικότητα η, ουσ. 1. μεγάλη ενεργητικότητα, ζωντάνια, δύναμη για ζωή: ~ *των παιδιών.* 2. μεγάλη σπουδαιότητα: ~ *ενός θέματος*.

ζωύφιο το, ουσ. (ασυνίζ.), πολύ μικρός ζωικός παρασιτικός οργανισμός, συνήθως έντομο (συνών. *ζουδί*).

ζωφόρος και **ζωο-** η, ουσ. (αρχαιολ.) διακοσμητική ζώνη με συνεχή παράσταση σκηνών με ανθρώπους ή ζώα που αποτελεί τμήμα αρχιτεκτονικών μνημείων συνήθως ιωνικού ρυθμού: *η* ~ *του Παρθενώνα*.

ζωώδης, -ης, -ες, γεν. *-ους*, πληθ. αρσ. και θηλ. *-εις*, ουδ. *-η*, επίθ., που ταιριάζει σε ζώο και όχι σε άνθρωπο: *ένστικτα -η* (συνών. *κτηνώδης*).

η, Η (ήτα) 1. το έβδομο γράμμα του ελληνικού αλφαβήτου· ένα από τα φωνήεντα της ελληνικής γλώσσας. - Βλ. και *ήτα*. 2. αριθμητικό σημείο = α. (όταν έχει τόνο πάνω δεξιά ή τελεία κάτω δεξιά: *η΄, Η΄, η*). όγδοος, όγδοον: *Λουδοβίκος ο Η΄· παράγραφος η΄* β. (όταν έχει τόνο κάτω αριστερά: ,η) οκτώ χιλιάδες.
η, βλ. *ο.*
ή, σύνδ. διαχωριστικός. I. συνδέει απλά δυο προτάσεις ή όρους μιας πρότασης 1. εκφράζει τη δυνατότητα εναλλαγής ή επιλογής δύο ή περισσότερων πραγμάτων ή καταστάσεων: *θα έρθω με το τρένο ~ το αεροπλάνο· θα πας εσύ ~ εγώ;* 2. χρησιμοποιείται αντί για το *ειδεμή, ειδάλλως: έλα γρήγορα ~ φεύγω και σ' αφήνω.* 3. εισάγει, ύστερα από κάποια φράση που προηγήθηκε, ένα σχόλιο που διαφοροποιεί, εξηγεί, διορθώνει ό,τι έχει ειπωθεί (με επίρρ., συνήθως συγκ. βαθμού): *η εταιρεία πληρώνει το ενοίκιο ~ τουλάχιστον συμμετέχει σ' αυτό· πάμε στο δάσος ~ καλύτερα στη θάλασσα.* II. συνδέει δύο ή περισσότερες προτάσεις ή όρους πρότασης μπαίνοντας πριν από κάθε όρο της διάζευξης. 1. δηλώνει τις πολλαπλές και εναλλασσόμενες ισοδύναμες ενέργειες προσώπου ή καταστάσεις πραγμάτων: *~ θα τρώει ~ θα κοιμάται ~ θα βλέπει τηλεόραση.* 2. δίνει έμφαση στο πρώτο συνήθως σκέλος της διάζευξης: *~ του ύψους ~ του βάθους· ~ σήμερα ~ ποτέ.* 3. δηλώνει ότι ένα από τα σκέλη της διάζευξης εκφράζει την αλήθεια: *~ είσαι άρρωστος ~ κάτι σε απασχολεί και δεν κοιμάσαι.* 4. συνδέει δύο φράσεις που η πρώτη δίνει μια οδηγία ή συμβουλή και η άλλη το αποτέλεσμα σε περίπτωση που αυτή δεν ακολουθηθεί (η πρώτη απ' αυτές έχει υποθετική έννοια και η δεύτερη έννοια απειλής): *~ θα επιστρέψεις ό,τι πήρες ~ θα σε πάω στο δικαστήριο.* 5. συνδέει δύο αριθμούς και δηλώνει το περίπου: *θα την είδα ~ μια ~ δυο φορές όλο όλο.* III. σε ερωτηματική πρόταση 1. εισάγει μια πρόταση η προηγείται από έναν όρο της και δίνει μια δεύτερη εκδοχή ή ιδιότητα ή το αντίθετο ακριβώς νόημα: *εξυπνάδα είναι αυτό ~ κουτοπονηριά*; 2. εισάγει ερώτηση που το περιεχόμενό της προβάλλεται σαν αιτιολογία (από μέρους του ομιλητή) σε προηγούμενη ερώτηση: *δε θέλεις να συνεχίσουμε; ~ μήπως κουράστηκες*;
ήβη η, ουσ. 1. ηλικία στη ζωή του ανθρώπου κατά την οποία αποκτά φυσιολογικά την ικανότητα για αναπαραγωγή και επίσης ορισμένα δευτερεύοντα χαρακτηριστικά του φύλου του, η πρώτη νεότητα (συνών. *εφηβεία, νιότη*). 2. (νομ.) ηλικία κατά την οποία επιτρέπεται σε κάποιον να παντρευτεί. 3. η ηβική χώρα, το εφήβαιο.
ηβικός, -ή, -ό, επίθ., που ανήκει ή αναφέρεται στην ήβη, στο εφήβαιο: *χώρα -ή* (= το εφήβαιο).
ηγεμόνας ο, ουσ. 1. αυτός που κατέχει το υψηλότερο αξίωμα σε μια χώρα (σε παλαιότερα μοναρχικά πολιτεύματα ο βασιλιάς, ο αυτοκράτορας). 2. αρχηγός ηγεμονίας (βλ. λ.): *~ του Μονακό.* - Υποκορ. **-ίσκος** (συνήθως σκωπτ.) στη σημασ. 1.
ηγεμόνευση η, ουσ., επιβολή, κυριαρχία πάνω σε κάτι.
ηγεμονεύω, ρ. 1. κατέχω το ανώτατο αξίωμα σε μια χώρα, είμαι ηγεμόνας. 2. (για χώρα) υπερέχω μέσα σε ομάδα κρατών στην οποία συνήθως ανήκω και επιβάλλομαι.
ηγεμονία η, ουσ. 1. το αξίωμα, η εξουσία του ηγεμόνα. 2. κυριαρχία και έλεγχος μιας χώρας ή πόλης πάνω σε μια ομάδα από άλλες, ειδικά αν είναι μέλος της, που εκδηλώνεται με ένα βαθμό υποταγής σ' αυτήν: *η ~ της Αθήνας / της Σπάρτης στις ελληνικές πόλεις· η επιδίωξη της Γερμανίας για την ~ της Ευρώπης κατά το β΄ παγκόσμιο πόλεμο· η ~ των μεγάλων δυνάμεων.* 3. χώρα ημιαυτόνομη που διοικείται από αιρετό ή κληρονομικό ηγεμόνα, πριγκιπάτο: *η ~ του Μονακό.* 4. (ιστ.) κατά την Τουρκοκρατία το σύστημα διακυβέρνησης ελληνικών περιοχών με ηγεμόνα που επέλεγε η Υψηλή Πύλη: *παραδουνάβιες -ες.*
ηγεμονικός, -ή, -ό, επίθ. 1. που έχει σχέση με τον ηγεμόνα· που αρμόζει σε ηγεμόνα: *τον υποδέχτηκαν με τιμές -ές* (συνών. *αρχοντικός, μεγαλοπρεπής*). 2. (μεταφ.) πλουσιοπάροχος, γενναιόδωρος: *δώρα -ά* (συνών. *πλούσιος, βασιλικός·* αντ. *ευτελής*).
ηγεμονίσκος, βλ. *ηγεμόνας.*
ηγεμονισμός ο, ουσ. 1. τάση ατόμου για κηδεμόνευση των άλλων. 2. επιδίωξη μεγάλου κράτους να ασκήσει πολιτική ηγεμονία σε άλλα ή κόμματος ή κοινωνικής ομάδας να μονοπωλεί την πολιτική ζωή μιας χώρας.
ηγεσία η, ουσ. 1. άσκηση ανώτατης εξουσίας σε ομάδα: *του ανατέθηκε η ~ της οργάνωσης / του κόμματος* (συνών. *αρχηγία, διοίκηση*). 2. σύνολο ατόμων που ασκούν πολιτική, στρατιωτική, κλπ., εξουσία ή που καθοδηγούν, διαφωτίζουν μια ομάδα: *στην εκδήλωση παρευρέθηκαν η ~ των ενόπλων δυνάμεων, εκπρόσωποι της πνευματικής -ας.*

ηγέτης ο, θηλ. **-ιδα**, ουσ., αρχηγός ενός συνόλου εκλεγμένος σύμφωνα με ορισμένους θεσμούς που κατευθύνει τις ενέργειες και τη δράση των μελών του ασκώντας πάνω τους ιδιαίτερη επιρροή: ~ *εθνικός / της Κούβας / συνδικαλιστικού κινήματος / κόμματος· πνευματικοί -ες.*

ηγετικός, -ή, -ό, επίθ., που ανήκει ή αναφέρεται στον ηγέτη ή την ηγεσία: *ικανότητες -ές· φυσιογνωμία -ή· στελέχη -ά κόμματος.*

ηγουμενείο το, ουσ., ιδιαίτερο διαμέρισμα και γραφείο ηγουμένου μονής.

ηγουμενεύω, ρ., είμαι ηγούμενος ή ασκώ χρέη ηγουμένου σε μοναστήρι.

ηγουμένη, βλ. *ηγούμενος*.

ηγουμενία η, ουσ. 1. αξίωμα ηγουμένου. 2. χρονικό διάστημα κατά το οποίο κατέχει αυτό το αξίωμα, θητεία ηγουμένου.

ηγουμενικός, -ή, -ό, επίθ., που ανήκει ή αναφέρεται στον ηγούμενο.

ηγούμενος και (λαϊκ.) **γούμενος** ο, θηλ. **ηγουμένη** και **ηγουμένισσα** και (λαϊκ.) **γου-**, ουσ., μοναχός επικεφαλής ομάδας μοναχών μοναστηριού.

ηγουμενοσυμβούλιο το, ουσ. (ασυνίζ.), συμβούλιο διοίκησης μοναστηριού που αποτελείται από τον ηγούμενο και ορισμένους μοναχούς.

ηγουμενοσύμβουλος ο, ουσ., μοναχός μέλος μοναστηριακού συμβουλίου.

ήδη, επίρρ. I. αναφέρεται στο παρόν ή το άμεσο παρελθόν και 1. δηλώνει ότι κάτι έγινε νωρίτερα απ' ότι περιμέναμε: *έτρεξα να τον προλάβω, αλλά είχε ~ φύγει* (συνών. *κιόλας*). 2. εκφράζει τη διατύπωση του ομιλητή ότι ο χρόνος περνά πολύ γρήγορα: *είναι ~ μεσάνυχτα;* 3. δηλώνει ότι κάτι συνέβη στο παρελθόν και έτσι υπονοεί ότι είναι περιττό να ξανασυμβεί: *θα πάρεις ένα καφέ; - ευχαριστώ έχω ~ πιει δύο.* II. αναφέρεται στο παρόν και 1. τονίζει την αντίθεση με το παρελθόν: *έχει ~ κάποια βελτίωση με τη θεραπεία αυτή.* 2. δηλώνει μια ειδικά διαμορφωμένη κατάσταση που δε θέλουμε να χειροτερέψει: *έχεις ~ τόσα στο κεφάλι σου· ας μην προστεθώ κι εγώ.* 3. δηλώνει την πεποίθηση του ομιλητή για κάτι: *αύριο ~ θα τα έχεις ξεχάσει όλα* (συνών. *κιόλας*).

ηδονή η, ουσ., αίσθημα ευτυχίας και απόλαυσης από την ικανοποίηση των αισθήσεων, ειδικά η σεξουαλική ικανοποίηση, αλλά και γενικότερα κάθε ευχαρίστηση ψυχική ή πνευματική: *απ' όλους μας πιο έκδοτος στες -ές* (Καβάφης).

ηδονίζομαι, ρ., αισθάνομαι σαρκική ηδονή.

ηδονικός, -ή, -ό, επίθ., που έχει σχέση με την ηδονή: *κορμί -ό· -ά μυρωδικά κάθε λογής* (Καβάφης). - Επίρρ. **-ά**.

ηδονισμός ο, ουσ. 1. φιλοσοφικό σύστημα (και ειδικά η θεωρία της Κυρηναϊκής Σχολής) κατά το οποίο μοναδικός σκοπός της ζωής του ανθρώπου πρέπει να είναι να αναζήτηση κάθε είδους απόλαυσης και η αποφυγή του πόνου. 2. (ψυχιατρ.) παθολογική αναζήτηση της σωματικής απόλαυσης.

ηδονιστής ο, ουσ. 1. οπαδός του ηδονισμού. 2. που αρέσκεται, που ρέπει στις σαρκικές κυρίως ηδονές (συνών. *φιλήδονος*).

ηδονιστικός, -ή, -ό, επίθ. 1. που αναφέρεται στον ηδονισμό: *θεωρία -ή.* 2. που προκαλεί ηδονή (συνών. *ηδονικός*).

ηδονοβλεψίας ο, ουσ. (ψυχιατρ.) άτομο ανώμαλο σεξουαλικά που αισθάνεται ηδονή παρακολουθώντας κρυφά άτομα που βρίσκονται σε ερωτική επαφή.

ηδυπάθεια η, ουσ. (ασυνίζ.), ροπή προς τις σαρκικές απολαύσεις.

ηδυπαθής, -ής, -ές, γεν. **-ούς**, πληθ. αρσ. και θηλ. **-είς**, ουδ. **-ή**, επίθ., που δείχνει έντονη ροπή στις σαρκικές απολαύσεις: *βλέμμα -ές· έκφραση προσώπου ~* (συνών. *φιλήδονος, λάγνος*).

ηδύποτο το, ουσ., δυνατό αλκοολούχο ποτό που συνήθως έχει γλυκιά και αρωματική γεύση (συνών. *λικέρ, ροσόλι*).

η έξωθεν καλή μαρτυρία αρχαϊστ. έκφρ. = ευνοϊκή γνώμη που έχουν πολλοί για τη συμπεριφορά και τη δράση γνωστού προσώπου σε περίπτωση που κρίνεται.

ηθελημένος, -η, -ο, επίθ., που γίνεται σκόπιμα: *παραποίηση -η* (συνών. *σκόπιμος, εσκεμμένος*· αντ. *ακούσιος*). - Επίρρ. **-α**.

ηθικά, βλ. *ηθικός*.

ηθική η, ουσ. 1. σύστημα αρχών και αξιών γενικά αποδεκτών από μια κοινωνία ή ομάδα ατόμων που καθορίζουν τη συμπεριφορά, τη στάση και τη φιλοσοφία τους. 2. κλάδος της φιλοσοφίας που εξετάζει τις πράξεις των ανθρώπων από την άποψη της αξίας ή της απαξίας τους χαρακτηρίζοντάς τες κακές ή καλές. 3. δογματική διδασκαλία ιδεολογίας ή θρησκείας σχετικά με το τι είναι καλό ή όχι: ~ *χριστιανική.* 4. ηθικές αρχές ενός ατόμου, υποκειμενική άποψη για το καλό και το κακό (που επηρεάζουν και τη δραστηριότητά του). 5. ηθικές αρχές, ηθική συμπεριφορά (συνών. *ηθικότητα*). 6. σύγγραμμα, μελέτημα για την ηθική.

ηθικό το, ουσ., περισσότερη ή λιγότερη αισιοδοξία που αισθάνεται άτομο ή ομάδα ατόμων σε καθοριστικής σημασίας περίσταση: *αναπτερώνω / τσακίζω / «σπάζω» το ~ κάποιου.*

ηθικοδιδάσκαλος ο, ουσ., αυτός που διδάσκει την ηθική ή το μάθημα της ηθικής.

ηθικοθρησκευτικός, -ή, -ό, επίθ., που αναφέρεται στην ηθική και τη θρησκεία: *ομιλίες -ές.*

ηθικολογία η, ουσ., άποψη για την ηθική διακηρυγμένη συνήθως με στενό πνεύμα: (ειρων.) *άφησε κατά μέρος τις -ίες· ~ φαρισαϊκή.*

ηθικολογικός, -ή, -ό, επίθ., που ανήκει ή αναφέρεται στην ηθικολογία ή στον ηθικολόγο: *συζήτηση -ή· διδάγματα -ά.*

ηθικολόγος ο, ουσ., αυτός που ηθικολογεί, που σχολιάζει τις πράξεις των άλλων με στενό πνεύμα ηθικής.

ηθικολογώ, -είς, ρ., μιλώ (συνήθως με στενό πνεύμα) για ηθική ή ανήθικη συμπεριφορά, λέω ηθικολογίες.

ηθικοποίηση η, ουσ., διάπλαση, διαμόρφωση ηθικού χαρακτήρα: *η ~ των νέων είναι ένας από τους σκοπούς του σχολείου.*

ηθικοποιώ, -είς, ρ. (ασυνίζ.), διαμορφώνω ηθικό χαρακτήρα: *η τέχνη -εί τον άνθρωπο.*

ηθικός, -ή, -ό, επίθ. 1. που ανήκει ή αναφέρεται στο ήθος ή στην ηθική (βλ. λ., σημασ. 1): *διδασκαλία -ή· νόμος ~* (= άγραφος νόμος αποδεκτός από όλους, που τηρείται κατά παράδοση)· *δίδαγμα -ό* (= συμπέρασμα με ηθική αξία που βγαίνει από κάποιο γεγονός)· *αυτουργός ~,* βλ. *αυτουργός.* 2. που αναφέρεται στον ψυχικό μας κόσμο, ανεξάρτητα από τους όρους και τις απαιτήσεις του φυσικού κόσμου: *συνείδηση / ικανοποίηση / αμοιβή / υποχρέωση -ή· ανάστημα / πλήγμα -ό.* 3α. που

είναι σύμφωνος με τους κοινωνικά αποδεκτούς κανόνες συμπεριφοράς: *πράξεις / αρχές -ές*· **β.** (για πρόσωπα) ενάρετος: *χαρακτήρας* ~· *όμορφος κόσμος* ~ *αγγελικά πλασμένος* (Σολωμός) (συνών. *χρηστός*· αντ. *ανήθικος, έκφυλος*). **4.** (φιλοσ.) που αναφέρεται στη μελέτη του καλού και του κακού από φιλοσοφική άποψη. - Επίρρ. **-ά**.
ηθικότητα η, ουσ., το να είναι κάποιος ηθικός (βλ. λ. σημασ. 3): ~ *του χαρακτήρα* (συνών. *χρηστότητα, τιμιότητα, αρετή*· αντ. *ανηθικότητα, κακοήθεια*).
ηθογράφημα το, ουσ., λογοτεχνικό κείμενο ηθογραφικού περιεχομένου (βλ. λ. *ηθογραφία*, σημασ. 2).
ηθογραφία η, ουσ. **1.** περιγραφή των ηθών και των εθίμων ενός λαού ή ενός τόπου. **2.** λογοτεχνικό ή ζωγραφικό έργο που περιγράφει ή αναπαριστά πιστά τις εξωτερικές συνθήκες και τον τρόπο ζωής μιας ομάδας ανθρώπων σε συγκεκριμένο τόπο και χρόνο: ~ *λογοτεχνική*.
ηθογραφικός, -ή, -ό, επίθ., που ανήκει ή αναφέρεται στην ηθογραφία: *διήγημα -ό· πίνακας* ~. - Επίρρ. **-ά**.
ηθογράφος ο, ουσ., λογοτέχνης ή καλλιτέχνης που καλλιεργεί την ηθογραφία.
ηθογραφώ, ρ., καλλιεργώ την ηθογραφία.
ηθολογία η, ουσ. **1.** το να κάνει κανείς λόγο για το ήθος, το χαρακτήρα. **2.** (φιλοσ.) έρευνα των αρχών και των νόμων που καθορίζουν τη διαμόρφωση του χαρακτήρα. **3.** κλάδος της βιολογίας που μελετά τις συνήθειες και τις συνθήκες της ζωής των έμβιων όντων.
ηθολογικός, -ή, -ό, επίθ., που ανήκει ή αναφέρεται στην ηθολογία: *έρευνα / πραγματεία -ή*.
ηθολόγος ο, ουσ., αυτός που ασχολείται με την ηθολογία.
ηθοπλαστικός, -ή, -ό, επίθ., που διαπλάθει το ήθος, που επιδρά ευνοϊκά στη διαμόρφωση του χαρακτήρα κάποιου: *βιβλία -ά· -ή αξία της τέχνης*. - Επίρρ. **-ά**.
ηθοποιία η, ουσ. (ασυνίζ.). **1.** η τέχνη του ηθοποιού (συνών. *υποκριτική*). **2.** (μεταφ.) προσποιητή ανθρώπινη συμπεριφορά.
ηθοποιός ο και η, ουσ. (ασυνίζ.). **1.** καλλιτέχνης που ενσαρκώνει δραματικά ή κωμικά πρόσωπα στο θέατρο, στον κινηματογράφο, στην τηλεόραση και στο ραδιόφωνο: ~ *του θεάτρου / διάσημος*. **2.** (μεταφ.) άνθρωπος υποκριτής, ανειλικρινής: *είσαι σκέτος* ~! (συνών. *θεατρίνος* στη σημασ. 1).
ήθος το, ουσ. **1.** το σύνολο των ψυχικών ιδιοτήτων του ανθρώπου, ατομικός χαρακτήρας: ~ *ανώτερο / επιστημονικό* (συνών. *ηθικότητα* αντ. *ανηθικότητα, διαφθορά*). **2.** (στον πληθ.) οι καθιερωμένες ηθικές αντιλήψεις μιας κοινωνίας ή μιας εποχής και η αντίστοιχη συμπεριφορά: *-η χρηστά· προσβολή των -ών· τμήμα -ών* (= υπηρεσία της αστυνομίας). **3.** (στον πληθ.) παραδοσιακοί κανόνες κοινωνικής διαβίωσης που διαμορφώνονται με την ιστορική εξέλιξη: *-η και έθιμα ενός λαού· -η των μελισσών* (= συνήθειες).
-ήθρα, κατάλ. θηλ. ουσ. που σημαίνουν όργανο ή τόπο: *δαχτυλήθρα, μπουρμπουλήθρα, τσουλήθρα, κολυμπήθρα*. [αρχ. *-ήθρα*<κατάλ. *-θρα*].
Ηλεία, βλ. *Ηλείος*.
ηλειακός, -η, -ό, επίθ. (ασυνίζ.), που ανήκει ή αναφέρεται στην Ηλεία ή τους Ηλείους.

Ηλείος ο, θηλ. **-α**, ουσ., αυτός που κατοικεί στην Ηλεία ή κατάγεται από εκεί.
ηλεκτραγωγός, -ός ή **-ή, -ό**, επίθ., που είναι καλός αγωγός του ηλεκτρικού ρεύματος, που επιτρέπει να περνά μέσα από τη μάζα του το ηλεκτρικό ρεύμα: *σώματα -ά*. Το αρσ. και ουσ. = αγωγός του ηλετρικού ρεύματος.
ηλεκτράμαξα η, ουσ. (μηχ.) κινητήριο όχημα ηλεκτρικού τρένου.
ηλεκτραρνητικός, -ή, -ό, επίθ. (φυσ.-χημ.) που είναι φορτισμένος με αρνητικό ηλεκτρισμό· (για χημικά στοιχεία και ρίζες) που κατά την ηλεκτρόλυση κατευθύνεται προς την άνοδο και που τα άτομά του μπορούν να προσλάβουν ηλεκτρόνια: *ρίζα -ή* (αντ. *ηλεκτροθετικός*).
ηλεκτρίζω, ρ. **1.** μεταδίδω, διοχετεύω ηλεκτρικό ρεύμα· φορτίζω με ηλεκτρισμό: *η ράβδος -εται θετικά*. **2.** (μεταφ.) διεγείρω, ενθουσιάζω κάποιον: *-ει τα πλήθη με τους πύρινους λόγους του* (συνών. *γοητεύω, ξεσηκώνω*). **3.** (μεταφ.) δημιουργώ ένταση: *η προκλητικότητά του -ισε επικίνδυνα την ατμόσφαιρα* (συνών. *εξάπτω*).
ηλεκτρικός, -ή, -ό, επίθ. **1.** που ανήκει ή αναφέρεται στον ηλεκτρισμό: *ενέργεια / αντίσταση -ή*. **2.** που παράγει ηλεκτρισμό: *μηχανή -ή*. **3.** που παράγεται από ηλεκτρισμό: *ρεύμα -ό*. **4.** που λειτουργεί με ηλεκτρισμό: *συσκευές -ές· κιθάρα -ή· καρέκλα -ή* (για την εκτέλεση καταδίκων). - Το αρσ. ως ουσ. = ο ηλεκτρικός σιδηρόδρομος. - Το ουδ. ως ουσ. = το ηλεκτρικό ρεύμα: *διακόπτης του ού*.
ηλέκτριση η, ουσ., μετάδοση ηλεκτρικού ρεύματος, φόρτιση σώματος με ηλεκτρισμό: ~ *θετική*.
ηλεκτρισμός ο, ουσ. **1α.** ενέργεια που παράγεται με την τριβή ορισμένων σωμάτων· **β.** μορφή ενέργειας που εκδηλώνεται με μηχανικά, χημικά, θερμικά, φωτιστικά ή μαγνητικά φαινόμενα: ~ *ατμοσφαιρικός / θετικός / στατικός· εφαρμογές του -ού*. **2.** κοινή ονομασία του ηλεκτρικού φορτίου. **3.** κλάδος της φυσικής που μελετά τα ηλεκτρικά φαινόμενα.
ήλεκτρο το, ουσ. **1.** (ορυκτ.) απολιθωμένη ρητίνη, σκληρή, διαφανής, με όλες τις αποχρώσεις του κίτρινου και την ιδιότητα να ηλεκτρίζεται με την τριβή (κοινώς *κεχριμπάρι*). **2.** (χημ.-αρχαιολ.) φυσικό ή σπανιότερα συνθετικό κράμα χρυσού και αργύρου που χρησιμοποιούσαν στην αρχαιότητα για την κοπή νομισμάτων.
ηλεκτρο-, α΄ συνθ. λέξεων που σχετίζονται με τον ηλεκτρισμό: *ηλεκτρο-πληξία, ηλεκτρο-λόγος, ηλεκτρο-κίνητος, ηλεκτρο-δοτώ*.
ηλεκτρογεννήτρια η, ουσ. (ασυνίζ.), μηχανή που μετατρέπει το μηχανικό έργο σε ηλεκτρική ενέργεια, που παράγει ηλεκτρικό ρεύμα (συνών. *γεννήτρια*).
ηλεκτροδηγός ο, ουσ., οδηγός ηλεκτρικού σιδηροδρόμου.
ηλεκτρόδιο το, ουσ. (ασυνίζ.). **1.** (ηλεκτρολ.) αγωγός με τον οποίο το ηλεκτρικό ρεύμα διοχετεύεται σε ένα μέσο, σε έναν ηλεκτρολύτη λ.χ. ή σε ιοντισμένο αέριο (θετικό ~ ή *άνοδος*) ή εξέρχεται από αυτό (*αρνητικό* ~ ή *κάθοδος*). **2.** (ιατρ.) αγωγός ηλεκτρικού ρεύματος που εφαρμόζεται σε κάποιο μέρος του σώματος.
ηλεκτροδότηση η, ουσ., παροχή ηλεκτρικού ρεύματος για χρήση συνήθως σε μεγάλη περιοχή: ~ *μιας πόλης / της υπαίθρου*.
ηλεκτροδοτώ, -είς, ρ., παρέχω ηλεκτρικό ρεύμα

ηλεκτροδυναμική

συνήθως σε μεγάλη περιοχή: *-ήθηκαν και τα τελευταία ορεινά χωριά του νομού.*

ηλεκτροδυναμική η, ουσ. (φυσ.) τμήμα της φυσικής που μελετά τη δράση των ηλεκτρικών ρευμάτων (αλλιώς *δυναμικός ηλεκτρισμός*).

ηλεκτροδυναμικός, -ή, -ό, επίθ., που ανήκει στο χώρο της ηλεκτροδυναμικής (βλ. λ.): *φαινόμενα -ά· όργανο -ό* (= *ηλεκτροδυναμόμετρο* βλ. λ.).

ηλεκτροδυναμόμετρο το, ουσ., συσκευή με την οποία μετρούμε την ένταση του ηλεκτρικού ρεύματος.

ηλεκτρ(ο)εγερτικός, -ή, -ό, επίθ. (φυσ.) α. για σώματα που αναπτύσσουν ηλεκτρισμό με την επίδραση μηχανικής ή χημικής δράσης· β. που σχετίζεται με τον ηλεκτρισμό που παράγεται μ' αυτόν τον τρόπο: *δύναμη / ισχύς -ή.*

ηλεκτροεγκεφάλογράφημα το, ουσ. (έρρ.), (ιατρ.) γραφική παράσταση που λαμβάνεται με τις μεθόδους της ηλεκτροεγκεφαλογραφίας.

ηλεκτροεγκεφαλογραφία η, ουσ. (έρρ.), (ιατρ.) καταγραφή της ηλεκτρικής δραστηριότητας του εγκεφάλου συνήθως με την εφαρμογή ηλεκτροδίων στο τριχωτό της κεφαλής.

ηλεκτροεγκεφαλογράφος ο, ουσ. (έρρ.), (ιατρ.) συσκευή που χρησιμοποιείται στην ηλεκτροεγκεφαλογραφία.

ηλεκτροθεραπεία η, ουσ. (ιατρ.) θεραπευτική χρήση του ηλεκτρικού ρεύματος (συνεχούς ή εναλλασσόμενου).

ηλεκτροθερμία η, ουσ. (φυσ.) μελέτη της μετατροπής της ηλεκτρικής ενέργειας σε θερμότητα.

ηλεκτροθερμόμετρο το, ουσ. (φυσ., παλαιότερο) όργανο που μετρά τη θερμοκρασία με ηλεκτρικές μεθόδους.

ηλεκτροθετικός, -ή, -ό, επίθ. (φυσ.-χημ.) που είναι φορτισμένος με θετικό ηλεκτρισμό· (για χημικά στοιχεία και ρίζες) που κατά την ηλεκτρόλυση κατευθύνεται προς την κάθοδο και που τα άτομά του μπορούν να αποβάλλουν ηλεκτρόνια: *ρίζα -ή* (αντ. *ηλεκτραρνητικός*).

ηλεκτροκαρδιογράφημα το, ουσ. (ασυνίζ.), (ιατρ.) η γραφική παράσταση που λαμβάνεται με τις μεθόδους της ηλεκτροκαρδιογραφίας (βλ. λ.), κοινώς *καρδιογράφημα.*

ηλεκτροκαρδιογραφία η, ουσ. (ασυνίζ.), (ιατρ.) εξέταση της καρδιακής λειτουργίας με την καταγραφή των ηλεκτρικών φαινομένων που δημιουργούνται από τη δραστηριότητα του μυοκαρδίου.

ηλεκτροκαρδιογράφος ο, ουσ. (ασυνίζ.), (ιατρ.) συσκευή που χρησιμοποιείται για την ηλεκτροκαρδιογραφία (βλ. λ.).

ηλεκτροκίνηση η, ουσ. (τεχνολ.) χρησιμοποίηση ηλεκτρικής ενέργειας για να κινηθεί κάτι (λ.χ. μηχανή, όχημα): *~ των σιδηροδρόμων.*

ηλεκτροκινητήρας ο, ουσ. (ηλεκτρολ.) μηχανή για τη μετατροπή της ηλεκτρικής ενέργειας σε μηχανική.

ηλεκτροκίνητος, -η, -ο, επίθ. (τεχνολ.) που κινείται, που λειτουργεί με ηλεκτρισμό: *λεωφορείο -ο.*

ηλεκτροκόλληση η, ουσ., ηλεκτροσυγκόλληση (βλ. λ.).

ηλεκτρολογία η, ουσ. (φυσ.) κλάδος της φυσικής που ασχολείται με την ηλεκτρική ενέργεια και τις εφαρμογές της: *μάθημα -ας.*

ηλεκτρολογικός, -ή, -ό, επίθ., που ανήκει ή αναφέρεται στην ηλεκτρολογία ή τον ηλεκτρολόγο: *εκπαίδευση -ή· εγκαταστάσεις -ές ενός κτηρίου· αποθήκη -ού υλικού.*

ηλεκτρολόγος ο, και η, ουσ., επιστήμονας ή τεχνίτης με ειδίκευση στην ηλεκτρολογία: *σπουδάζει ~ μηχανικός· ο ~ διόρθωσε τη βλάβη στο ψυγείο· ~ αυτοκινήτων* (πβ. *ηλεκτροτεχνίτης*).

ηλεκτρόλυση η, ουσ. (χημ.) α. φαινόμενο της διάσπασης ενός ηλεκτρολύτη όταν περνά μέσα από αυτόν ηλεκτρικό ρεύμα: *~ διαλύματος θετικού χαλκού·* β. χημική επίδραση των προϊόντων αυτής της διάσπασης πάνω στα ηλεκτρόδια (φθορά της ανόδου και μεταφορά μετάλλου στην κάθοδο).

ηλεκτρολύτης ο, ουσ. (χημ.) ουσία η οποία σε κατάσταση διαλύματος ή τήγματος διασπάται σε θετικά και αρνητικά ιόντα (ανιόντα και κατιόντα) με τη βοήθεια του ηλεκτρικού ρεύματος: *-ες είναι τα οξέα, οι βάσεις και τα άλατα.*

ηλεκτρολυτικός, -ή, -ό, επίθ. (χημ.) α. που έχει τις ιδιότητες ενός ηλεκτρολύτη: *στοιχείο / διάλυμα -ό·* β. που σχετίζεται με την ηλεκτρόλυση, που γίνεται με ηλεκτρόλυση: *συσκευή -ή* (= όπου γίνεται η ηλεκτρόλυση)· *διάσταση -ή* (= ο χωρισμός των μορίων των ηλεκτρολυτών σε θετικά και αρνητικά ιόντα, όταν αυτοί διαλύονται στο νερό)· *στίλβωση -ή.*

ηλεκτρομαγνήτης ο, ουσ. (φυσ.) σύστημα που το αποτελούν ένα ή περισσότερα πηνία τυλιγμένα γύρω από πυρήνα μαλακού σιδήρου και το οποίο συμπεριφέρεται ως μαγνήτης, όταν διαρρέεται από ηλεκτρικό ρεύμα.

ηλεκτρομαγνητικός, -ή, -ό, επίθ. (φυσ.) που αναφέρεται στον ηλεκτρομαγνητισμό: *ακτινοβολία -ή* (= η διάδοση ενέργειας στο χώρο με ηλεκτρικά και μαγνητικά πεδία που μεταβάλλονται χρονικά)· *πεδίο -ό· κύμα -ό* (= σύνθετο από ένα ηλεκτρικό και ένα μαγνητικό κύμα, όπως λ.χ. τα ραδιοφωνικά κύματα ή το ορατό φως).

ηλεκτρομαγνητισμός ο, ουσ. (φυσ.) τμήμα της φυσικής που μελετά τις αλληλεπιδράσεις ηλεκτρικών ρευμάτων και μαγνητικών πεδίων.

ηλεκτρομηχανή η, ουσ. (τεχνολ.) κάθε μηχανή που παράγει ηλεκτρισμό ή λειτουργεί με ηλεκτρισμό.

ηλεκτρομηχανική η, ουσ., ηλεκτρολογία εφαρμοσμένη στις ηλεκτρικές κατασκευές.

ηλεκτρομηχανικός ο, ουσ., αυτός που ασχολείται με την ηλεκτρομηχανική.

ηλεκτρομυογράφημα το, ουσ. (ιατρ.) γραφική παράσταση που λαμβάνεται με την ηλεκτρομυογραφία.

ηλεκτρομυογραφία η, ουσ. (ιατρ.) καταγραφή με τη μορφή καμπύλης της ηλεκτρικής δραστηριότητας των μυών για διαγνωστικούς σκοπούς.

ηλεκτρονικά, βλ. *ηλεκτρονικός* II.

ηλεκτρονική η, ουσ. α. τμήμα της φυσικής που μελετά τη συμπεριφορά των ελεύθερων ηλεκτρονίων ή γενικά επιστήμη που μελετά κάθε φαινόμενο σχετικό με τα ηλεκτρόνια· β. τεχνολογία που βασίζεται στην επιστήμη αυτή.

ηλεκτρονικός, -ή, -ό, επίθ. I., που ανήκει ή αναφέρεται στο ηλεκτρόνιο: *δέσμη / ροή -ή.*

ηλεκτρονικός, -ή, -ό, επίθ. II., που ανήκει ή αναφέρεται στην ηλεκτρονική (βλ. λ.), που λειτουργεί με βάση τους νόμους της ηλεκτρονικής: *κύκλωμα / σύστημα -ό· σημερινή -ή επανάσταση· μικροσκόπιο -ό· δημοσιογραφία -ή* (= για εφημερίδες που τυπώνονται με *ηλεκτρονικά μηχανήματα* ή για ραδιοτηλεοπτικά μέσα ενημέρωσης)· *εγκέφα-*

λος / υπολογιστής ~ (= ηλεκτρονική μηχανή που πραγματοποιεί περίπλοκες υπολογιστικές ή λογικές πράξεις που σχετίζονται κυρίως με την πληροφορική)· *μουσική -ή* (= όταν ο συνθέτης χρησιμοποιεί ηλεκτρονικά μέσα για την παραγωγή ήχου, αλλά και γενικά σε όλη τη διαδικασία της δημιουργίας του μουσικού έργου)· *παιγνίδια -ά* (ή ως ουσ. *-ά* τα = παιγνίδια που λειτουργούν με υπολογιστικά κυκλώματα εφοδιασμένα με μνήμη). - Το αρσ. ως ουσ. = επιστήμονας ή τεχνικός ειδικευμένος στην ηλεκτρονική: *σχολή -ών* ~ *μηχανικός*. - Επίρρ. **-ά**.

ηλεκτρόνιο το, ουσ. (ασυνίζ.), (φυσ.-χημ.) στοιχειώδες σωματίδιο με αρνητικό φορτίο ίσο προς το στοιχειώδες ηλεκτρικό φορτίο: *το ~ κινείται συγχρόνως γύρω από τον πυρήνα του ατόμου και γύρω από τον εαυτό του· αντισωματίδιο του -ίου* (= ποζιτρόνιο, βλ. λ.)· έκφρ. *με ταχύτητα -ίου, σαν ~* (= πάρα πολύ γρήγορα).

ηλεκτροπαραγωγή η, ουσ., παραγωγή ηλεκτρικής ενέργειας.

ηλεκτροπαραγωγικός, -ή, -ό, επίθ., που αναφέρεται στην ηλεκτροπαραγωγή: *σκοποί -οί· σταθμός ~*.

ηλεκτροπαραγωγός, αρσ. και θηλ., **-ός**, ουδ. **-ό**, επίθ. (λόγ.), που παράγει ηλεκτρική ενέργεια: *χώρα / μηχανή ~· ζεύγος -ό* (= συνδυασμός κινητήριας μηχανής και ηλεκτρικής γεννήτριας).

ηλεκτροπληξία η, ουσ. (ιατρ.) αίσθηση και ειδικά βλάβη (συχνά θάνατος) που προκαλεί το ηλεκτρικό ρεύμα όταν περάσει μέσα από ανθρώπινο σώμα: *κίνδυνος / θύμα -ας*.

ηλεκτροσκόπιο το, ουσ. (ασυνίζ.), (φυσ.) όργανο που επιτρέπει να διαπιστώσουμε την ύπαρξη ενός ηλεκτρικού φορτίου ή μιας ιοντίζουσας ακτινοβολίας: *~ με κινητά φύλλα*.

ηλεκτροσόκ το, ουσ. άκλ. (ιατρ.) μέθοδος θεραπείας ορισμένων ψυχικών ασθενειών που συνίσταται στη διέγερση των εγκεφαλικών νευρώνων με τη διοχέτευση εναλλασσόμενου ρεύματος διαμέσου του κρανιακού κύτους: *κάνω σε κάποιον ~· βασανιστήρια με ~*. [απόδοση του γαλλ. *électrochoc*].

ηλεκτροστατική η, ουσ. (φυσ.) κλάδος της φυσικής που μελετά τα φαινόμενα ισορροπίας του ηλεκτρισμού πάνω στα ηλεκτρισμένα σώματα (αλλιώς *στατικός ηλεκτρισμός*).

ηλεκτροστατικός, -ή, -ό, επίθ. (φυσ.) που ανήκει ή αναφέρεται στην ηλεκτροστατική: *γεννήτρια / δύναμη -η· πεδίο -ό*.

ηλεκτροσυγκόλληση η, ουσ. (τεχνολ.) συγκόλληση μετάλλων με τη βοήθεια ειδικής ηλεκτρικής συσκευής.

ηλεκτροτεχνία η, ουσ. (ηλεκτρολ.) επιστημονικός και τεχνολογικός κλάδος που μελετά τις τεχνικές εφαρμογές του ηλεκτρισμού, καθώς και τα σχετικά κατασκευαστικά προβλήματα.

ηλεκτροτεχνίτης ο, ουσ., ειδικευμένος τεχνίτης που εγκαθιστά ηλεκτρικά δίκτυα, συναρμολογεί και τοποθετεί ηλεκτρικές συσκευές και εγκαταστάσεις και ασχολείται με τη συντήρηση ή τις επισκευές τους.

ηλεκτροφόρος, -α, -ο, επίθ., που μεταφέρει ηλεκτρικό ρεύμα: *καλώδιο / σύρμα -ο*.

ηλεκτρόφωνο το, ουσ. (τεχνολ., παλαιότερο) συσκευή αναπαραγωγής ήχων γραμμένων σε δίσκο, η οποία αποτελείται από πικάπ, ενισχυτή και ένα ή περισσότερα μεγάφωνα συνήθως σε ενιαίο σύνολο.

ηλεκτροφωτίζω, ρ., παρέχω ηλεκτρικό ρεύμα με τη βοήθεια κατάλληλων μηχανημάτων και δικτύου για το φωτισμό χώρου ή περιοχής: *ο δήμος -ισε τους δρόμους· -ίστηκε το χωριό*.

ηλεκτροφωτισμός ο, ουσ., φωτισμός χώρου ή περιοχής με τη χρησιμοποίηση ηλεκτρισμού: *~ του συνοικισμού· ~ του νοσοκομείου με γεννήτριες*.

ηλεκτροχημεία η, κλάδος της φυσικοχημείας που μελετά όσα φαινόμενα σχετίζονται με τη μετατροπή της χημικής ενέργειας σε ηλεκτρική και αντιστρόφως.

ηλεκτροχημικός, -ή, -ό, επίθ., που ανήκει ή αναφέρεται στην ηλεκτροχημεία: *αντιδράσεις -ές* (= χημικές αντιδράσεις που οφείλονται στην παρουσία ηλεκτρικού ρεύματος ή την προκαλούν).

ηλιάζω, βλ. λιάζω.

ηλιακός, -ή, -ό, επίθ. (ασυνίζ.). **1.** που ανήκει ή αναφέρεται στον Ήλιο ή προέρχεται απ' αυτόν: *ακτινοβολία / θερμότητα -ή· εφαρμογές -ής ενέργειας·* (αστρον.) *σύστημα -ό* (= ο Ήλιος και τα ουράνια σώματα που βρίσκονται στο δικό του πεδίο βαρύτητας)· *χρόνος ~* (= χρόνος που υπολογίζεται με βάση την κίνηση περιφοράς της Γης γύρω από τον Ήλιο)· *ημέρα -ή* (= που χρονικά βρίσκεται ανάμεσα σε δύο περάσματα του Ήλιου από το μεσημβρινό ενός τόπου). **2.** που λειτουργεί με τη βοήθεια των ηλιακών ακτίνων, που χρησιμοποιεί την ηλιακή ενέργεια: *ρολόι -ό· θερμοσίφωνας / συσσωρευτής ~* (όπου η ηλιακή ακτινοβολία μετατρέπεται σε θερμότητα).

ηλιακωτό, βλ. *λιακωτό*.

ηλίανθος ο, ουσ. (φυτολ.) ψηλό φυτό με ισχυρό βλαστό, μεγάλα κίτρινα λουλούδια που στρέφονται πάντα προς τον Ήλιο και σπόρους που περιέχουν λάδι (συνών. *ήλιος* II, *ηλιοτρόπιο* στη σημασ. 2).

ηλίαση η, ουσ. (ιατρ.) αρρώστια με συμπτώματα όμοια με αυτά της θερμοπληξίας (λ.χ. υψηλή θερμοκρασία, ζάλη, έμετοι), προκαλούμενη από την επίδραση έντονης ηλιακής ακτινοβολίας στο κεφάλι: *όταν ψαρεύεις βάλε καπέλο για να μην πάθεις ~*.

ηλιαστής ο, ουσ. (ασυνίζ.), (ιστ.) μέλος του δικαστηρίου της Ηλιαίας.

ηλιαχτίδα η, ουσ. (συνιζ., λογοτ.), ακτίνα του ήλιου: *~ πρωινή*.

ηλιέλαιο το, ουσ. (ασυνίζ.), εδώδιμο λάδι που βγαίνει από τους σπόρους του φυτού ηλίανθος (βλ. λ.).

ηλίθιος, -α, -ο, επίθ. (ασυνίζ.). **1.** (για πρόσωπο, εκδήλωση, ενέργεια, κ.τ.ό.) που δείχνει έλλειψη σωστής κρίσης, που δεν έχει λογική: *γραφειοκράτης ~· βλέμμα -ο·* (ως ουσ.) *τηλεοπτικό πρόγραμμα για -ίους* (συνών. *ανόητος, βλάκας, θεόκουτος* αντ. *πανέξυπνος*). **2.** (μειωτ.) για κάτι που θεωρείται απλοϊκό ή παιδαριώδες: *φορούσε κάτι -α σκουλαρίκια* (συνών. *ανόητος, χαζός*). - Επίρρ. **-α**.

ηλιθιότητα η, ουσ. (ασυνίζ.). **1.** (για πρόσωπο) **α.** το να είναι κανείς ηλίθιος: *πλήρωσαν ακριβά την -α των ηγετών τους·* (συνών. *ανοησία, βλακεία, μωρία* αντ. *εξυπνάδα, ουσία*) **β.** (ιατρ.) σύμφυτη ή επίκτητη διανοητική κατάσταση ενός ατόμου με χαμηλή διανοητική ανάπτυξη: *~ παθολογική*. **2.** (συνεκδοχικά) πράξη ή λόγια χωρίς λογική, που ταιριάζουν σε ηλίθιο: *συμβούλεψέ τον, γιατί άρ-*

χισε πάλι τις -ες (συνών. *βλακεία, χαζομάρα*).
ηλικία η, ουσ. **1.** (για έμβια όντα) ο χρόνος που πέρασε από τη στιγμή της γέννησης ως τη στιγμή που γίνεται λόγος γι' αυτόν (υπολογίζεται σε έτη και σε υποδιαιρέσεις του έτους): *έχει ~ 28 ετών* (= είναι 28 χρονών)· *ζευγάρι με διαφορά -ας*· *κρύβει την ~ της* (συνών. *χρόνια*)· **β.** (συνεκδοχικά για άψυχα) το χρονικό διάστημα κατά το οποίο υπάρχει κάτι: *~ ενός δέντρου / της Γης*. **2.** χρονικό σημείο της ζωής του ανθρώπου κατάλληλο για ορισμένη δραστηριότητα: *~ γάμου / συνταξιοδοτική*· *συμπληρώνω το όριο -ας*. **3.** χρονική περίοδος στην ανάπτυξη του ανθρώπου και στην εξέλιξη της ζωής του: *~ βρεφική / ώριμη / γεροντική*· *αρρώστιες της παιδικής -ας*· *προβλήματα της εφηβικής -ας*· εκφρ. *τρίτη ~* (= η ηλικία από τα 60 έως τα 75 χρόνια)· *τέταρτη ~* (= η γεροντική ηλικία μετά τα 75 χρόνια). **4.** στρατιωτική κλάση: *επιστρατεύτηκαν τρεις -ες*· *κάλεσαν την ~ μου* (ενν. *για κατάταξη*). **5.** (γεωλ.) μονάδα του γεωλογικού χρόνου που αντιστοιχεί με το διάστημα κατά το οποίο αποτέθηκε ένα στρώμα πετρωμάτων.
ηλικιωμένος, -η, -ο, επίθ. (ασυνίζ.), που βρίσκεται σε προχωρημένη ηλικία (συνήθως πάνω από τα εξήντα). - Το αρσ. (σπανιότ. το θηλ.) ως ουσ. = ηλικιωμένο άτομο (συνήθως σε χρήση αντί του *γέρος* ή *γριά* από ευγένεια): *έδωσε τη θέση του σε μια -η*· *ίδρυμα που παρέχει φροντίδα σε -ους*.
ηλιο-, α' συνθ. λέξεων που σχετίζονται με τον ήλιο: *ηλιοθεραπεία, ηλιοφάνεια, ηλιόλουστος.*
ηλιοβασίλεμα το, ουσ. (συνιζ.). **1.** δύση του ήλιου: *νησιά πορφυρωμένα σε μυθικά -ατα* (Σικελιανός) (συνών. *λιόγερμα*). **2.** (χρον.) η ώρα που δύει ο ήλιος.
ηλιογραφία η, ουσ. (ασυνίζ.). **1.** (αστρον.) τμήμα της αστρονομίας που ασχολείται με τη μελέτη και την περιγραφή του Ήλιου. **2.** (τεχνολ.) μέθοδος αναπαραγωγής αντιγράφων από διαφανή πρωτότυπα πάνω σε κατάλληλα προετοιμασμένο χαρτί.
ηλιογράφος ο, ουσ. (ασυνίζ.). **1.** (αστρον.) συσκευή που επιτρέπει την παρατήρηση και μελέτη του Ήλιου. **2.** (μετεωρ.) συσκευή για τη μέτρηση της ηλιοφάνειας.
ηλιοδρόμι το, ουσ. (συνιζ., λαϊκ.), ονομασία του φυτού ηλιοτρόπιο (βλ. λ.).
ηλιοθεραπεία η, ουσ. (ασυνίζ.). **α.** (ιατρ.) θεραπεία ορισμένων παθολογικών καταστάσεων (λ.χ. φυματίωσης, ραχίτιδας) με έκθεση του σώματος στο φως και τη θερμότητα του ήλιου: *~ με ηλεκτρικές λυχνίες / τεχνητή*· *εξώστης για ~* (πβ. *ηλιόλουτρο*) **β.** (κοιν.) έκθεση του σώματος στον ήλιο για να «μαυρίσει» το δέρμα (ιατρική αιλολογήγητη): *έκανε ώρες ολόκληρες ~ στην αμμουδιά*.
ηλιοκαμένος, -η, -ο, επίθ. (συνιζ.), που το δέρμα του έχει αποκτήσει σκούρο χρώμα, επειδή εκτέθηκε στον ήλιο, μαυρισμένος από τον ήλιο: *ναυτικός ~* (συνεκδοχικά) *πρόσωπο / κορμί -ο* (συνών. *ηλιοψημένος*).
ηλιοκεντρικός, -ή, -ό, επίθ. (ασυνίζ.), (αστρον.) που καθορίζεται ή μετριέται με κέντρο του κόσμου τον Ήλιο: *αστρονομικό σύστημα -ό* (του Κοπέρνικου· αντ. *γεωκεντρικός*)· *συντεταγμένες* (*ενός πλανήτη, κ.τ.ό.*) *-ές.*
ηλιολάτρης ο, ουσ. (ασυνίζ.), (θρησκειολ.) αυτός που λατρεύει τον Ήλιο ως θεό, οπαδός ηλιολατρικής θρησκείας.

ηλιολατρία η, ουσ. (ασυνίζ.), (θρησκειολ.) το να λατρεύεται ή να απεικονίζεται ως θεότητα ο Ήλιος.
ηλιολατρικός, -ή, -ό, επίθ. (ασυνίζ.), που σχετίζεται με την ηλιολατρία: *χαρακτήρας θρησκείας ~*· *συνήθειες -ες*.
ηλιόλουστος, -η, -ο και **λιόλουστος,** επίθ. (συνιζ.), (για χώρο) που φωτίζεται έντονα και για πολλές ώρες από το φως του ήλιου: *κάμπος ~*· *δωμάτιο -ο* (= ευήλιο, προσηλιακό)· *μέρα -η*.
ηλιόλουτρο το, ουσ. (ασυνίζ.), (ιατρ.) έκθεση του σώματος στον ήλιο για θεραπευτικούς σκοπούς (πβ. *ηλιοθεραπεία*, σημασ. α).
ήλιον το, ουσ. (ασυνίζ.), (χημ.), χημικό στοιχείο που ανήκει στα ευγενή αέρια, πολύ ελαφρό, άφλεκτο και ελάχιστο στον ατμοσφαιρικό αέρα. [νεολατ. επιστ. όρος *helium*].
ήλιος ο, ουσ. **I.,** (συνιζ.), γεν. *ήλιου*. **1.** (αστρον.) **α.** (με κεφ. τα αρχικά γράμματα) ο αστέρας του Γαλαξία που βρίσκεται πλησιέστερα στη Γη, γύρω από τον οποίο περιστρέφεται η Γη και οι άλλοι πλανήτες του ηλιακού μας συστήματος: *κινήσεις / ενέργεια του Ήλιου* **β.** κάθε ουράνιο σώμα που αποτελεί το κέντρο πλανητικού συστήματος. **2α.** (κοιν.) το ουράνιο σώμα που φωτίζει και θερμαίνει τη Γη και ρυθμίζει τη ζωή πάνω σ' αυτή: *βγήκε / έδυσε ο ~*· *έκλειψη του -ιου*· *οι ακτίνες του -ιου*· εκφρ. *~ με δόντια* (για ηλιόλουστη, αλλά παγερή χειμωνιάτικη μέρα)· φρ. *δεν έχει στον -ο μοίρα* (για άνθρωπο φτωχό, απροστάτευτο, άτυχο)· *ο ~ βγαίνει για όλο τον κόσμο* (= καθένας έχει το δικαίωμα να χαρεί, να ευτυχήσει)· **β.** για χρονικό διάστημα κατά το οποίο λάμπει ο ήλιος (με την πρόθ. *με*): *κάνω περίπατο με τον -ο*· παροιμ. φρ. *με τον -ο τα βγάζω, με τον -ο τα μπάζω, τι έχουν τα έρμα και ψοφάν;* (= δεν προκόβει κανείς όταν ξεκινά αργά και τελειώνει νωρίς τη δουλειά του)· **γ.** για πρόσωπο αγαπημένο, έξοχο, μεγαλοπρεπές: *για τη μάνα του ήταν ο ~*· εκφρ. *ο βασιλιάς Ήλιος* (= ο βασιλιάς της Γαλλίας Λουδοβίκος ΙΔ'). **3.** (συνεκδοχικά) ενέργεια που εκπέμπει ο ήλιος (ακτινοβολία, φως, θερμότητα) και ο τόπος όπου αυτή επιδρά: *με καίει / με θαμπώνει ~*· *στεγνώνω / κάθομαι στον -ο* (αντ. *σκιά*)· *γυαλιά του ήλιου* (= που προστατεύουν από τη λάμψη του)· εκφρ. *εκεί που ψήνει ο ~ το ψωμί* (= πάρα πολύ μακριά)· *μια θέση στον -ο* (για το στοιχειώδες δικαίωμα επιβίωσης ή αναγνώρισης). **4.** εικόνα ή γραφική παράσταση του ήλιου (συνήθως κύκλος απ' όπου ξεκινούν γραμμές): *ο ~, το έμβλημα των βασιλιάδων της Μακεδονίας.*
ήλιος ο, ουσ. **II.** (συνιζ., λαϊκ.), ονομασία του φυτού ηλίανθος (βλ. λ.).
ηλιοσκόπιο το, ουσ. (ασυνίζ., δις), (αστρον.) εξάρτημα τηλεσκοπίων που περιορίζουν την εκτυφλωτική λαμπρότητα του ήλιου, όταν γίνονται παρατηρήσεις.
ηλιοστάλαχτος, -η, -ο, επίθ. (συνιζ., λογοτ.), που είναι σα να σταλάζει ηλιακές ακτίνες, πολύ φωτεινός ή (συνεκδοχικά) πανέμορφος: *λύχνος ~*· *κόρη -η*.
ηλιοστάσιο το, ουσ. (ασυνίζ., δις), (αστρον.) καθεμία από τις δύο συγκεκριμένες χρονικές στιγμές του έτους κατά τις οποίες ο Ήλιος βρίσκεται στη μέγιστη απόσταση από τον Ισημερινό (βόρεια ή νότια): *~ θερινό* (21 ή 22 Ιουνίου) */ χειμερινό* (21 ή 22 Δεκεμβρίου).

ηλιοτρόπιο το, ουσ. (ασυνίζ., δις). 1. ονομασία πολλών καλλωπιστικών φυτών με πολυάριθμα αρωματικά άνθη σε διάφορα χρώματα που ευδοκιμούν σε εύκρατες περιοχές. 2. ηλίανθος (βλ. λ.).

ηλιοτροπισμός ο, ουσ. (ασυνίζ., λόγ.), ιδιότητα των φυτών να στρέφουν τα φύλλα τους στο ηλιακό φως (συνών. *φωτοτροπισμός*).

ηλίου φαεινότερον· αρχαϊστ. εκφρ. = απόλυτα φανερό, βέβαιο.

ηλιοφάνεια η, ουσ. (ασυνίζ. δις). 1. καιρική κατάσταση που χαρακτηρίζεται από λαμπερό ήλιο σε ασυννέφιαστο ουρανό: ~ *θα επικρατήσει σ' ολόκληρη τη χώρα*. 2. χρονικό διάστημα κατά τη διάρκεια μιας ημέρας που ο ήλιος δεν καλύπτεται από σύννεφα: *μέσος όρος -ας κατά τους χειμερινούς μήνες*.

ηλιοφώτιστος, -η, -ο, επίθ. (συνιζ.), που φωτίζεται από τον ήλιο (συνών. *ηλιόλουστος*).

ηλιόφωτο και **λιόφωτο** το, ουσ. (συνιζ.), το φως του ήλιου.

ηλιόχαρος, -η, -ο και **λιόχαρος**, επίθ. (συνιζ.), που φωτίζεται με άπλετο φως του ήλιου και δίνει την εντύπωση ότι χαίρεται γι' αυτό: *ακρογιαλιά / μέρα -η*.

ηλιοψημένος, -η, -ο, επίθ. (συνιζ.), που έχει «μαυρίσει» από τον ήλιο (συνών. *ηλιοκαμένος*).

ηλύσιος, -α, -ο, επίθ. (ασυνίζ.)· στην εκφρ. *-α πεδία* = μυθολογικός τόπος στο δυτικό άκρο της γης, όπου πίστευαν πως διέμεναν οι ήρωες μετά το θάνατό τους.

ήμαρτον· αρχαϊστ. φρ.· σε περιπτώσεις που ομολογείται το σφάλμα, η ενοχή.

ημεδαπός, -ή, -ό, επίθ. (λόγ.), που κατάγεται ή προέρχεται από την δική μας χώρα: *γιατροί / δικηγόροι -οί* (συνών. *ιθαγενής, ντόπιος* αντ. *αλλοδαπός, ξένος*). - Το αρσ. ως ουσ.: *εγκατάσταση -ών σε αναπτυγμένες χώρες της Ευρώπης*.

ήμερα, βλ. *ήμερος*.

ημέρα και **μέρα** η, γεν. πληθ. *ημερών*, ουσ. 1. χρονικό διάστημα από την ανατολή του ήλιου ως τη δύση του: *~ βροχερή / ηλιόλουστη / κουραστική* (αντ. *νύχτα*). 2. χρονικό διάστημα που αντιστοιχεί σε μια πλήρη περιστροφή της Γης γύρω από τον εαυτό της, χρονική διάρκεια 24 ωρών: *θα επιστρέψω σε δυο -ες· φυλάκιση 24 -ών· τι μέρα έχουμε σήμερα; Κυριακή μέρα δε δουλεύουν* (επιτείνει την έννοια του *ουσ.*). (συνών. *εικοσιτετράωρο, ημερονύκτιο*). 3. καθορισμένος χρόνος για την ημερήσια επαγγελματική απασχόληση: *έχω ακόμη πέντε -ες άδεια· παίρνει δυο χιλιάδες την ~*. 4. (στον πληθ.) χρονικό διάστημα, εποχή, καιρός που έζησε ή έδρασε κάποιος: *δε γίνονται στις -ες μας αυτά τα πράγματα· περάσαμε ζύσκολες -ες*. 5. (συνήθως στον πληθ.) καιρός, κατάλληλος χρόνος: *ήρθαν οι μέρες της· είναι στις μέρες της* (για έγκυο). 6. (ως επίρρ.) κατά τη διάρκεια της ημέρας: *δεν μπορώ να κοιμηθώ την ~· παίρνω το φάρμακο μέρα παρά μέρα·* εκφρ. *από μέρα σε μέρα* (= σε πολύ σύντομο χρονικό διάστημα): *από μέρα σε μέρα τον περιμένουμε· κάθε μέρα* (= όλες τις μέρες, συνεχώς): *κάθε μέρα τα ίδια μου κάνει αυτό το παιδί· μέρα με τη μέρα* (= καθώς περνούν οι μέρες, συνεχώς, βαθμιαία): *μέρα με τη μέρα ο μαθητής βελτιώνεται· μια μέρα* (= κάποτε): *μια μέρα θα μετανιώσεις· μέρα νύχτα / νύχτα μέρα* (= ασταμάτητα): *δουλεύει ~ νύχτα· μέρα μεσημέρι* (= μες στο καταμεσήμερο, το μεσημέρι): *τον απήγαγαν μέρα μεσημέρι*. 7. σε γεν. **α.** με επιθετ. χρήση: *αβγά της ημέρας* (= που γέννησαν οι κότες αυτή τη μέρα, πολύ φρέσκα)· *πιάτο της ημέρας* (= που συνιστάται εκείνη την ημέρα από τον εστιάτορα)· *πρόσωπο / άνθρωπος / γεγονός της ημέρας* (= που γίνεται πολύς λόγος γι' αυτό)· **β.** για να δηλωθεί ηλικία: *τριών -ών φεγγάρι / παιδί*. 8. με γεν. για να δηλωθεί: **α.** γιορτή: *~ των Χριστουγέννων* **β.** καιρική κατάσταση: *~ παγετού / καύσωνα·* **γ.** τρόπος ή σκοπός χρησιμοποίησης της ημέρας: *~ επισκέψεων / υποδοχής / εκδρομής / γυναίκας* (= αφιερωμένη στη γυναίκα). Έκφρ. *αποφράδα μέρα* βλ. *αποφράδα· μέρα μου και μέρα σου* (= σειρά μου και σειρά σου)· *~ της Κρίσης* (= Δευτέρα Παρουσία)· *άσπρη ή μαύρη μέρα* (= καλή ή δυστυχισμένη μέρα). Φρ. *είδε το φως της -ας* (= **α.** γεννήθηκε· **β.** δημοσιεύτηκε)· *είναι μέρα με τη νύχτα* (= είναι εντελώς διαφορετικοί)· *είναι η ~ μου* (= της συσσωρευμένες επιτυχίες ή καλοτυχίες)· *μας βρήκε η μέρα* (= ξημερωθήκαμε)· *σώθηκαν οι μέρες του* (= σύντομα πεθαίνει). Παροιμ. *κάθε μέρα δεν είναι Πασχαλιά* (= τα ευχάριστα δεν επαναλαμβάνονται καθημερινά)· *όλες οι μέρες είναι του Θεού* (= δεν υπάρχουν γρουσούζικες ή καλές μέρες)· *η καλή μέρα απ' το πρωί φαίνεται* (= η καλή ή κακή έκβαση φαίνεται από την αρχή)· *της νύχτας τα καμώματα τα βλέπει η μέρα και γελά* (= σωστή δουλειά δεν μπορεί να γίνει τη νύχτα).

ημεράδα η, ουσ., ημερότητα, πραότητα: *καμία ~ δεν αντιφέγγιζε η ματιά του (Μπαστιάς)· ~ του καπετάνιου* (αντ. *αγριάδα*).

ημεραλωπία η, ουσ. (ιατρ.) σύμπτωμα που χαρακτηρίζεται από σημαντική ελάττωση της όρασης από τη στιγμή που το φως της ημέρας λιγοστεύει (αντ. *νυκταλωπία*).

ημεραργία η, ουσ. (λόγ.), ημέρα αργίας, κατά την οποία ο εργαζόμενος παίρνει επαυξημένο ημερομίσθιο.

ημέρευση η, ουσ., ημέρωμα (βλ. λ.).

ημερεύω, και (λαϊκ.) **μερεύω**, ρ. Α. (μτβ.) 1. κάνω κάποιον ήμερο: *-ευε άγρια θηρία* (συνών. *ημερώνω, τιθασεύω* αντ. *εξαγριώνω*). 2. (μεταφ.) καθησυχάζω, καταπραΰνω: *δυσκολεύτηκα πολύ να τον μερέψω*. Β. (αμτβ.) 1. γίνομαι ήμερος, πράος: *-εψε ο σκύλος* (συνών. *ημερώνω*). 2. (μεταφ.) καταπραΰνομαι, μαλακώνω: *-εψε ο πόνος του* (συνών. *απαλύνω*).

ημερήσιος, -α, -ο, επίθ. (ασυνίζ.). 1. που γίνεται, λειτουργεί ή εργάζεται την ημέρα: *-α εργασία· σχολείο -ο· σκοπός ~* (αντ. *νυχτερινός*). 2. που γίνεται κάθε μέρα: *έξοδα -α· τύπος ~* (= το σύνολο των καθημερινών εφημερίδων) (συνών. *καθημερινός*). 3. που διαρκεί μια μέρα: *εκδρομή -α*. 4. που αφορά μια ορισμένη μέρα: *διαταγή -α* (για επίσημη στρατιωτική ανακοίνωση)· *-α διάταξη* = κατάλογος των θεμάτων με τα οποία πρόκειται να ασχοληθεί ένα σώμα που συνεδριάζει· φρ. *βρίσκεται ή είναι στην -α διάταξη* (= για θέμα ή πρόσωπο που βρίσκεται στην επικαιρότητα). - Επίρρ. **-ίως**.

ημερίδα η, ουσ., σύνολο εκδηλώσεων που διαρκούν μια μέρα: *~ αθλητική / επιστημονική*.

ημερόβιος, -α, -ο, επίθ. (ασυνίζ.), 1. που ζει μόνο μια μέρα: *έντομα -α* (συνών. *εφήμερος*). 2. που δρα μόνο την ημέρα, ησυχάζοντας τη νύχτα (αντ. *νυκτόβιος*).

ημεροδείκτης ο, ουσ. 1α. είδος ημερολογίου που

ημερολογιακός 574

αποτελείται από δέσμη φύλλων ισάριθμων με τις μέρες του έτους: ~ *επιτραπέζιος* β. αντίστοιχος μηχανισμός, χειροκίνητος ή ηλεκτρονικός. 2. ημερολόγιο.

ημερολογιακός, -ή, -ό, επίθ. (ασυνίζ.), που ανήκει ή αναφέρεται στο ημερολόγιο: *έτος -ό· γιορτές -ές.*

ημερολόγιο το, ουσ. (ασυνίζ.). 1. σύστημα μέτρησης του χρόνου κατά μονάδες, με βάση ορισμένα ουράνια φαινόμενα: ~ *παλιό / νέο· γρηγοριανό* ~ (= το τροποποιημένο το 1582 από τον πάπα Γρηγόριο ΙΓ´ ημερολόγιο)· *Ιουλιανό* ~ (= το ανανεωμένο ημερολόγιο που εισάγεται το 46 π.Χ. από τον Ιούλιο Καίσαρα και που ελαφρά τροποποιήθηκε στα χρόνια του Αυγουστίνου). 2. έντυπο όπου καταγράφονται με τη σειρά οι μέρες και οι μήνες του έτους με τις αντίστοιχες γιορτές, φάσεις της σελήνης, κλπ.: ~ *τοίχου* (συνών. *ημεροδείκτης*). 3α. καταγραφή (συνήθως καθημερινή) σημαντικών ή ασήμαντων γεγονότων, σκέψεων, κρίσεων, καθώς και το αντίστοιχο σημειωματάριο: *κρατώ* ~· (με επίσημο χαρακτήρα): ~ *πλοίου* (όπου σημειώνονται καθημερινά η ταχύτητα του πλοίου, το είδος του φορτίου, κλπ.)· ~ *συντάγματος / ανασκαφής·* ~ *εμπορικό* β. είδος προσωπικής βιογραφίας με χρονολογική τάξη.

ημερομηνία η, ουσ. 1. ένδειξη της ημέρας του μήνα κατά την οποία έγινε ή θα γίνει κάτι: ~ *εκλογών· τι* ~ *έχουμε;* 2. χρονολογική ένδειξη ημέρας που συνοδεύεται από χρονολογία: ~ *γέννησης / θανάτου / επιστολής.*

ημερομίσθιο το, ουσ. (ασυνίζ.), αμοιβή για μια κανονική ημέρα εργασίας: *αύξηση μισθών και -ίων* (συνών. *μεροκάματο, μεροδούλι*).

ημερομίσθιος, -α, -ο, επίθ. (ασυνίζ.), που αναφέρεται στην ημερήσια αμοιβή ή σχετίζεται μ᾽ αυτήν: *εργάτης* ~· *εργασία -α.*

ήμερος, -η, -ο, επίθ. 1. που είναι σε ήμερη κατάσταση, που έχει εξημερωθεί από τον άνθρωπο **α.** (για φυτό) που το καλλιεργεί ο άνθρωπος, που δεν είναι αυτοφυές: *ελιά / τριανταφυλλιά -η·* β. (για ζώο) που έχει εξημερωθεί από τον άνθρωπο: *άλογο -ο* (συνών. *εξημερωμένος·* αντ. *ανήμερος, άγριος*). 2. (για άνθρωπο) που είναι πράος και μαλακός· (μεταφ.) *λόγια -α και γνωστικά.* 3. (για ζώο) που δεν το διακρίνει επιθετικότητα: *σκυλί -ο.* - Επίρρ. **-α.**

ημερότητα η, ουσ., το να είναι κανείς ήμερος, πράος: ~ *ηθών* (συνών. *ημεράδα, πραότητα·* αντ. *αγριότητα*).

ημέρωμα και **μέρωμα** το, ουσ., το να κάνει κανείς κάποιον ή κάτι ήμερο: ~ *της στρίγγλας / του ζώου* (συνών. *ημέρωση*).

ημερώνω και **μερώνω**, ρ. 1. κάνω κάποιον ήμερο ή μαλακό: ~ *το ζώο / το ατίθασο παιδί.* 2. (μεταφ.) καταπραΰνω, καθησυχάζω (συνών. *απαλύνω*). 3. (αμτβ.) γίνομαι ήμερος, ημερεύω (αντ. *αγριεύω*).

ημέρωση η, ουσ., ημέρωμα (βλ. λ.).

ημέτερος ο, ουσ. (λόγ.), αυτός που ανήκει στο στενό περιβάλλον κάποιου (ιδίως πολιτικό), «δικός μας».

ημι-, α᾽ συνθ. λόγ. λέξεων με τη σημασία «μισός»: *ημίγλυκος, ημιστίχιο, ημίφως, ημίχρονο.*

ημιάγριος, -α, -ο, επίθ. (ασυνίζ. δις), (συνήθως για ανθρώπους, φυλές, κ.τ.ό.) που δεν έχει εκπολιτιστεί, που είναι σχεδόν πρωτόγονος: *οι ιθαγενείς βρίσκονταν σε -α κατάσταση* (σπανιότ. για ζώα)

που δεν έχει εξημερωθεί.

ημιαγώγιμος, -η, -ο, επίθ. (ηλεκτρολ.) που σε υψηλή (μόνο) θερμοκρασία επιτρέπει τη μεταφορά ηλεκτρικού ρεύματος: *-ες ιδιότητες χημικού στοιχείου.*

ημιαγωγός ο, ουσ. (ηλεκτρολ.) μη μεταλλικό σώμα με υψηλή ειδική αντίσταση η οποία μειώνεται σημαντικά με την αύξηση της θερμοκρασίας (π.χ. γερμάνιο, πυρίτιο).

ημιανάπαυση η, ουσ. (ασυνίζ.), (γυμν.) στάση κατά την οποία το αριστερό πόδι του γυμναζόμενου μετακινείται μπροστά ή αριστερά, ενώ το σώμα παραμένει στη θέση της προσοχής (βλ. λ.), με σκοπό τη μερική ανάπαυσή του· συνήθως παράγγελμα σε γυμναστικές ή στρατιωτικές ασκήσεις: *ο προπονητής άφησε για λίγο τους αθλητές στη θέση της -ης· «προσοχή! ~!» πρόσταξε ο λοχίας.*

ημιανάταση η, ουσ. (ασυνίζ.), (γυμν.) ανάταση (βλ. λ.) του ενός από τα δύο χέρια.

ημιαργία η, ουσ. (ασυνίζ.), ημέρα γιορτής ή επετείου σημαντικού γεγονότος κατά την οποία οι εργαζόμενοι δουλεύουν με μειωμένο ωράριο.

ημιαρχαϊστικός, -ή, -ό, επίθ., που δεν είναι εντελώς αρχαϊστικός: *φράση -ή.*

ημιαυτόματος, -η, -ο, επίθ. (ασυνίζ.), (για μηχανήματα) που δε λειτουργεί με μηχανισμό εντελώς αυτόματο, αλλά χρειάζεται και την επίδραση εξωτερικού οργάνου: *όπλο -ο.*

ημιαυτόνομος, -η, -ο, επίθ. (ασυνίζ.), που δεν είναι εντελώς αυτόνομος, αλλά υπόκειται μερικώς στην εξουσία κάποιου άλλου: *οργανισμός* ~.

ημίγλυκος, -η, -ο, επίθ. (για κρασί) που η γεύση του τείνει προς το γλυκό, αλλά δεν είναι εντελώς γλυκιά: *κοκκινέλι -ο.*

ημίγυμνος, -η, -ο, επίθ., που δεν είναι επαρκώς ντυμένος, ούτε εντελώς γυμνός: *οι κυκλοφορούσαν στην παραλία* (συνών. *μισόγυμνος*).

ημιδιάμετρος η, ουσ. (ασυνίζ.), (γεωμ.) το μήκος της διαμέτρου από το κέντρο ως την περιφέρεια του κύκλου, η ακτίνα του κύκλου.

ημιδιατροφή η, ουσ. (ασυνίζ.), το να παρέχεται στους πελάτες ενός ξενοδοχείου πρωινό και ένα γεύμα την ημέρα: *η τιμή της εκδρομής περιλαμβάνει διανυκτέρευση και* ~.

ημιδιαφανής, -ής, -ές, γεν. -ούς, πληθ. αρσ. και θηλ. -είς, ουδ. -ή, επίθ. (ασυνίζ.), που δεν είναι εντελώς διαφανής ούτε και αδιαφανής, που δεν επιτρέπει να περάσει από μέσα του όλο το φως ώστε τα αντικείμενα που βρίσκονται πίσω του να μη διακρίνονται καθαρά: *τζάμι -ές.*

ημιεπίσημος, -η, -ο, επίθ. (ασυνίζ.), που δεν έχει εντελώς επίσημο χαρακτήρα: *-ο πρακτορείο ειδήσεων / όργανο του κόμματος.*

ημίθεος ο, ουσ. 1. ήρωας της αρχαίας μυθολογίας που ο ένας από τους δύο γονείς ήταν θεός και ο άλλος θνητός: *ο Αχιλλέας ήταν* ~. 2. (μεταφ.) για άντρα με εξαιρετική δύναμη, γενναιότητα ή ομορφιά.

ημικρανία η, ουσ. (ιατρ.) έντονη κεφαλαλγία που εντοπίζεται στο μισό τμήμα του κεφαλιού: *υποφέρω από* ~.

ημικυκλικός, -ή, -ό, επίθ., που έχει σχήμα ημικυκλίου: *-ή ορχήστρα αρχαίου θεάτρου.* - Επίρρ. **-ά.**

ημικύκλιο το, ουσ. (ασυνίζ.). **α.** (γεωμ.) καθένα από τα δύο ίσα τμήματα στα οποία χωρίζει τον κύκλο η διάμετρος, μισός κύκλος: *το* ~ *έχει 180 μοίρες·* πβ. και *ημιπεριφέρεια·* β. οτιδήποτε έχει σχήμα

ημικυκλίου. Φρ. *κάθομαι / παρατάσσομαι* (κ.τ.ό.) *σε* ~ (= ημικυκλικά).
ημικυλινδρικός, -ή, -ό, επίθ. κυλινδρικός κατά το ήμισυ.
ημίλευκος, -η, -ο, επίθ., που δεν είναι εντελώς λευκός: *ψωμί -ο.*
ημιμάθεια η, ουσ. (ασυνίζ.), το να έχει κάποιος ατελείς ή ανεπαρκείς γνώσεις σε ένα ή περισσότερα θέματα: *η ~ είναι χειρότερη από την αμάθεια.*
ημιμαθής, -ής, -ές, γεν. *-ούς,* πληθ. αρσ. και θηλ. *-είς,* ουδ. *-ή,* επίθ., που οι γνώσεις του σχετικά με ένα ή περισσότερα θέματα είναι ανεπαρκείς ή ατελείς.
ημίμετρο το, ουσ. (συνήθως στον πληθ.) μέτρο που λαμβάνεται για να επιτευχθεί ένας στόχος, που όμως είναι ανεπαρκές και δεν μπορεί να φέρει ικανοποιητικά αποτελέσματα: *δεν εφαρμόστηκαν αποτελεσματικά μέτρα, αλλά -α.*
ημιμόριο το, ουσ. (ασυνίζ.), το μισό μέρος ενός πράγματος που συνήθως είναι το ίδιο με το άλλο μισό: *το αριστερό ~ του εγκεφάλου.*
ημιονηγός ο, ουσ. (ασυνίζ.), (στρατ.) αυτός που οδηγεί μουλάρια (κοιν. *μουλαράς*).
ημίονος ο, ουσ. (λόγ.), μουλάρι (βλ. λ.).
ημιόροφος ο, ουσ. (ασυνίζ.). 1. όροφος με χαμηλή οροφή που βρίσκεται ανάμεσα στο ισόγειο και στον πρώτο όροφο μιας πολυκατοικίας (συνών. *μεσοπάτωμα*). 2. (φυτολ.) ενδιάμεσο επίπεδο φυλλωσιάς μεταξύ του ορόφου (βλ. λ.) και του εδάφους.
ημιπαράλυτος, -η, -ο, επίθ., που έχει προσβληθεί από μερική παραλυσία.
ημιπερίοδος η, ουσ. (γραμμ.) το τμήμα μιας περιόδου (βλ. λ.) με μία ή περισσότερες προτάσεις που έχουν νοηματική αυτοτέλεια χωρίς να αποτελούν ολοκληρωμένο νόημα· χωρίζεται από το επόμενο τμήμα με άνω τελεία.
ημιπεριφέρεια η, ουσ. (ασυνίζ.), (γεωμ.) καθένα από τα δύο τμήματα στα οποία χωρίζει τον κύκλο η διάμετρος· πβ. και *ημικύκλιο* στη σημασ. α.
ημιπληγία η, ουσ. (ιατρ.) παράλυση ενός ημιμορίου (βλ. λ.) του σώματος που οφείλεται σε βλάβη του εγκεφαλικού φλοιού.
ημιπληγικός, -ή, -ό, επίθ. (ιατρ.) που αναφέρεται στην ημιπληγία (συνών. *ημίπληκτος*). - Το αρσ. ως ουσ. = αυτός που πάσχει από ημιπληγία.
ημίπληκτος, -η, -ο, επίθ. (ιατρ.) που πάσχει από ημιπληγία (συνών. *ημιπληγικός*).
ημιπολύτιμος, -η, -ο, επίθ., *λίθος ~ ή πετράδι -ο* = ποικιλία ορυκτού ή πετράδια του είναι μικρότερη από την αξία των πολύτιμων λίθων, και έχει μεγαλύτερη σκληρότητα και λιγότερη λάμψη (π.χ. αχάτης, ίασπις, κλπ.).
ημισέληνος η, γεν. *-ήνου* ουσ. 1. μισοφέγγαρο (αντ. *πανσέληνος*). 2α. οτιδήποτε έχει σχήμα μισοφέγγαρου ή εικονίζει μισοφέγγαρο· **β.** (ειδικά) η τουρκική σημαία.
ημιστίχιο το, ουσ. (ασυνίζ.), (μετρ.) καθένα από τα δύο τμήματα στα οποία χωρίζεται ένας στίχος.
-ήμισυ, β΄ συνθ. αριθμ. που λήγουν σε σύμφωνο: *τρεισήμισυ, τεσσερισήμισυ, εξήμισυ.*
ήμισυ, βλ. *κατά το ήμισυ.*
ημισφαιρικός, -ή, -ό, επίθ., που έχει σχήμα ημισφαιρίου.
ημισφαίριο το, ουσ. (ασυνίζ.). 1. (γεωμ.) καθένα από τα δύο ίσα τμήματα στα οποία διαιρείται η σφαί-
ρα όταν τέμνεται από ένα επίπεδο. 2. το μισό τμήμα της Γης: *η Αφρική βρίσκεται στο νότιο ~ (της Γης).* 3. καθένα από τα δύο ίσα τμήματα ενός σφαιρικού σώματος: *~ του εγκεφάλου.*
ημισφαιροειδής, -ής, -ές, γεν. *ούς,* πληθ. αρσ. και θηλ. *-είς,* ουδ. *-ή,* επίθ., ημισφαιρικός (βλ. λ.).
ημιτελής, -ής, -ές, γεν. *-ούς,* πληθ. αρσ. και θηλ. *-είς,* ουδ. *-ή,* επίθ., (λόγ.), που δεν τελείωσε, δεν ολοκληρώθηκε ακόμη: *οικοδομή ~· μυθιστόρημα -ές* (συνών. *μισοτελειωμένος*).
ημιτελικός, -ή, -ό, επίθ. (αθλητ.) που γίνεται πριν από τον τελικό (συνήθως για να δείξει ποιος θα προκριθεί για τον τελικό): *αγώνας ~· γύρος ~.*
ημιτόνιο το, ουσ. (ασυνίζ.), (μους.) το μικρότερο διάστημα μεταξύ δύο φθόγγων της φυσικής κλίμακας· δύο ημιτόνια αποτελούν έναν τόνο: *~ χρωματικό / διατονικό.*
ημίτονο το, ουσ. (μαθημ.) τριγωνομετρικός αριθμός, πάντοτε μικρότερος από τη μονάδα, που εκφράζει το πηλίκο της κάθετης πλευράς που βρίσκεται απέναντι από τη γωνία (στην οποία αναφέρεται το ημίτονο) διά της υποτείνουσας του ορθογώνιου τριγώνου: *~ της γωνίας Χ.*
ημιυπόγειος, -α, -ο, επίθ. (ασυνίζ.), που ένα μέρος του βρίσκεται κάτω από τη γη: *μαγαζί / διαμέρισμα -ο.* - Το ουδ. ως ουσ. = ημιυπόγειο πάτωμα: *στο -ο στεγάζεται μια βιοτεχνία.*
ημιφορτηγό το, ουσ., μικρό φορτηγό όχημα, φορτηγάκι: *για τη μετακόμιση ναυλώσαμε ένα ~.*
ημίφωνο το, ουσ. (γλωσσολ.) ηχηρός φθόγγος που λειτουργεί ως σύμφωνο όπως π.χ. το *ι* σε συλλαβές που προέρχονται από συνίζηση, λ.χ. *πια.*
ημίφως το, ουσ. (μόνο στον εν.), το αμυδρό φως που υπάρχει το σούρουπο ή την αρχή της αυγής (συνών. *μισόφωτο*).
ημιχόριο το, ουσ. (ασυνίζ.), (φιλολ.) το μισό τμήμα του χορού (βλ. λ.) της αρχαίας τραγωδίας.
ημίχρονο και **ημιχρόνιο** το, ουσ. (ασυνίζ.). α. καθένα από τα δύο ίσα τμήματα στα οποία χωρίζεται ένας αθλητικός αγώνας: *στο δεύτερο ~ αποβλήθηκε ένας παίκτης·* **β.** (συνεκδοχικά) μικρό χρονικό διάστημα που μεσολαβεί ανάμεσα στα δύο τμήματα του αγώνα: *στο ~ ο προπονητής έδωσε οδηγίες στους ποδοσφαιριστές.*
ημίψηλο το, ουσ., είδος παλαιότερου ψηλού και κυλινδρικού καπέλου που το φορούσαν σε επίσημες εκδηλώσεις.
ημίωρος, -η, -ο, επίθ., που έχει διάρκεια μισής ώρας: *διακοπή -η.* - Το ουδ. ως ουσ. = χρονικό διάστημα μισής ώρας: *έλειψε ένα -ο* (συνών. *μισάωρο*).
ηνίο το, ουσ. (λόγ.), (συνήθως στον πληθ.) το ένα από τα δύο λεπτά δερμάτινα λουριά που στερεώνονται στα χαλινάρια πάνω στο κεφάλι του αλόγου και χρησιμοποιούνται για τον έλεγχό του (συνών. *γκέμι*). Φρ. *κρατώ / έχω τα -α του κράτους / της εξουσίας* (= κυβερνώ, διοικώ).
ηνίοχος ο, ουσ., οδηγός αρχαίου άρματος: (αρχαιολ.) *ο ~ των Δελφών* (περίφημο άγαλμα του 5. αι. π.Χ.).
-ήντα (έρρ.), κατάλ. αριθμ.: *πενήντα, εξήντα, κλπ.*
ηνωμένος, -η, -ο, βλ. *ενώνω.*
ήξεις αφίξεις· αρχαϊστ. έκφρ.· σε περιπτώσεις που τα λόγια κάποιου επιδέχονται πολλές ερμηνείες.
ήπαρ το, γεν. *ήπατος,* πληθ. *ήπατα,* ουσ. (λόγ.), συκώτι (βλ. λ.): (ιατρ.) *κίρρωση του ήπατος.* Φρ. *μου κόπηκαν τα ήπατα* (= τρόμαξα πάρα πολύ).

ηπαρίνη η, ουσ., ουσία που εξάγεται από το ήπαρ των θηλαστικών ζώων και χρησιμοποιείται στη φαρμακευτική ως αντισηπτικό του αίματος.

ηπατικός, -ή, -ό, επίθ., που ανήκει ή αναφέρεται στο ήπαρ: *διαταραχές -ές* · *-ή δοκιμασία*.

ηπατίτιδα η, ουσ., σοβαρή λοιμώδης αρρώστια που οφείλεται σε φλεγμονή του ήπατος.

ηπατοκήλη η, ουσ. (ιατρ.) κήλη (βλ. λ.) του ήπατος.

ηπατολογία η, ουσ. (ιατρ.) επιστημονικός κλάδος που ασχολείται με τη μελέτη του ήπατος και των παθήσεών του.

ηπατονεφρικός, -ή, -ό, επίθ. (ανατομ.) *σύνδεσμος ~* = πτυχή του περιτοναίου που βρίσκεται ανάμεσα στο ήπαρ και το νεφρό ή το δεξί επινεφρίδιο· (ιατρ.) *σύνδρομο -ό* = ηπατονεφρίτιδα.

ηπατοπάθεια η, ουσ. (ασυνίζ.), (ιατρ.) γενικός όρος για κάθε είδους πάθηση του ήπατος.

ηπατόπτωσια η, ουσ. (ιατρ.) αιμορραγία του ηπατικού ιστού εξαιτίας τραυματισμού.

ηπατορραφία η, ουσ. (ιατρ.) ραφή ηπατικού τραύματος ή στερέωση του ήπατος (σε περίπτωση ηπατόπτωσίας, βλ. λ.) με ράψιμο.

ηπατοσάκχαρο το, ουσ. (χημ.) οργανική ένωση, ζωικό άμυλο (συνών. *γλυκογόνο*).

ήπειρος η, ουσ., μεγάλη έκταση γης που περικλείεται από θάλασσα και συνήθως αποτελείται από πολλές χώρες: *η ~ της Αφρικής*.

Ηπειρώτης ο, θηλ. **ισσα**, ουσ., αυτός που κατοικεί στην Ήπειρο ή κατάγεται από εκεί.

ηπειρωτικός, -η, -ο, επίθ., που ανήκει ή αναφέρεται στην Ήπειρο: *χωριό -ο· φορεσιά -η*.

ηπειρωτικός, -ή, -ό, επίθ., που ανήκει ή αναφέρεται σε περιοχές που βρίσκονται μακριά από τη θάλασσα: *-ή Ελλάδα* (αντ. *νησιωτικός*)· *κλίμα -ό* (= το κλίμα του εσωτερικού των ηπείρων με χαρακτηριστικό τον πολύ ψυχρό χειμώνα και το πολύ ζεστό καλοκαίρι).

Ηπειρώτισσα, βλ. *Ηπειρώτης*.

ήπιος, -α, -ο, επίθ. (ασυνίζ.). **1α.** (για άνθρωπο) που δεν οργίζεται εύκολα, μαλακός: *χαρακτήρας / άνθρωπος ~* (συνών. *πράος*)· (για συμπεριφορά) όχι έντονος, μαλακός: *αντίδραση / διαμαρτυρία -α· βλέμμα -ο* (= ζεστό) (συνών. *ήρεμος*). **β.** (για το κλίμα) μαλακό, ζεστό· (μεταφ.) *-ο πολιτικό κλίμα* (= χωρίς οξύτητες). **2.** (για ασθένεια) όχι σοβαρός: *αρρώστια -ας μορφής*. **3.** επιεικής, μαλακός: *κριτική / τιμωρία -α*. - Επίρρ. **-α**.

ηπιότητα η, ουσ. (ασυνίζ.), το να είναι κάποιος ή κάτι ήπιο(ς): *~ του χαρακτήρα*.

-ήρα, κατάλ. θηλ. ουσ. που σημαίνουν όργανο: *κλαδευτήρα, ποτιστήρα, φορτωτήρα*. [αρχ. κατάλ. ουδ. *-ήριον<-ήρι* με επίδρ. των ουσ. σε *-τρα*].

ηράκλειος, -α, -ο, επίθ. (ασυνίζ.). **1.** που αναφέρεται στον Ηρακλή, το μυθικό πρόσωπο· *Η-ες Στήλες* = το Γιβραλτάρ. **2.** (μεταφ.) γιγάντειος, υπερφυσικός: *δύναμη -α*.

Ηρακλειώτης ο, θηλ. **ισσα** (συνιζ.), και **Καστρινός**, θηλ. **-ή**, ουσ., αυτός που κατοικεί στο Ηράκλειο (= Κάστρο) της Κρήτης ή κατάγεται από εκεί.

ηρακλειώτικος, -η, -ο, επίθ. (συνιζ.), που ανήκει ή αναφέρεται στο Ηράκλειο ή τους Ηρακλειώτες.

Ηρακλειώτισσα η, βλ. *Ηρακλειώτης*.

ήρεμα, βλ. *ήρεμος*.

ηρεμία η, ουσ. **1.** κατάσταση ακινησίας και ησυχίας, αταραξία: *~ της εξοχής* · δεν *μπορεί να σκεφτεί χωρίς ~*. **2.** ψυχική γαλήνη, αταραξία: *αίσθημα -ας*.

ηρεμιστικός, -ή, -ό, επίθ., που ηρεμεί, που χρησιμοποιείται για να καταπραϋνει: *φάρμακα -ά*. - Το ουδ. στον πληθ. ως ουσ. = καταπραϋντικά φάρμακα: *για να κοιμηθεί παίρνει -ά*.

ήρεμος, -η, -ο, επίθ. **1.** που δεν παρουσιάζει κινητικότητα, ατάραχος, ήσυχος: *ύπνος ~· θάλασσα -η* (αντ. *ταραγμένος*). **2.** (για άνθρωπο) που δεν οργίζεται ούτε ενθουσιάζεται εύκολα, νηφάλιος, ειρηνικός: *χαρακτήρας ~*. **3.** που δεν παρουσιάζει απότομες εναλλαγές ή ιδιαίτερη ένταση: *ζωή -η* (= ειρηνική, ήσυχη)· *φωνή -η* (αντ. *έντονος*). **4.** που προκαλεί αίσθημα ηρεμίας: *μουσική -η*. - Επίρρ. **-α**.

ηρεμώ, ρ. **Α.** (αμτβ.) βρίσκομαι σε κατάσταση ηρεμίας, αταραξίας, γαλήνης· ησυχάζω, αναπαύομαι: *η θάλασσα -ησε· μετά το θυμό του -ησε*. **Β.** (μτβ.) κάνω κάποιον να ησυχάσει, να γαληνέψει: *προσπάθησε να -ήσει τους εξαγριωμένους*.

-ηρός, κατάλ. επιθ.: *αυστηρός, αιματηρός, νοσηρός*.

ήρωας ο, θηλ. **ηρωίδα** και ποιητ. **ηρώισσα**, ουσ. **1.** μυθικό ή ιστορικό πρόσωπο της αρχαιότητας που υπερείχε στις αρετές και ιδίως στην ανδρεία από τους άλλους ανθρώπους: *-ες βιβλικοί / μυθικοί· λατρεία -ώων*. **2.** αυτός που έχει διακριθεί για τη γενναιότητα και την τόλμη του σε δύσκολες ή επικίνδυνες καταστάσεις: *-ες του πολέμου / εθνικοί / του 1821· τάφοι των -ώων*. **3.** αυτός που έχει επιτελέσει έργο πρωτοποριακό ή ευγενές ή αυτός που έχει αφιερώσει τον εαυτό του στην επίτευξη ανώτερου σκοπού: *~ της Δημοκρατίας / της εθνικής αντίστασης· η μητέρα του υπήρξε μια ιδα*. **4.** το κύριο πρόσωπο (ή τα κυριότερα πρόσωπα) λογοτεχνικού, θεατρικού ή κινηματογραφικού έργου: *~ κεντρικός· -ες των αρχαίων τραγωδιών* (συνών. *πρωταγωνιστής*). **5.** αυτός που πρωτοστάτησε σε κάποιο γεγονός, που είναι ο κύριος δράστης του: *~ των χθεσινών επεισοδίων· έγινε ο ~ της ημέρας* (συνών. *πρωταγωνιστής*). **6.** πρόσωπο που το θαυμάζουν πολλοί για το χαρακτήρα ή τις ικανότητές του, που αποτελεί το πρότυπό τους: *~ της νεολαίας* (συνών. *είδωλο, ίνδαλμα*).

ηρωελεγείο το, ουσ. (φιλολ.) δίστιχο που αποτελείται από εξάμετρο και πεντάμετρο.

ηρωίδα, βλ. *ήρωας*.

ηρωικός, -ή, -ό, επίθ. **1.** που ανήκει ή αναφέρεται στους ήρωες της αρχαιότητας: *χρόνοι -οί· ποίηση -ή*. **2.** (μετρ.) *στίχος ~ ή μέτρο -ό* = το δακτυλικό εξάμετρο. **3.** που επιδεικνύει ηρωισμό, που ενεργεί με γενναιότητα: *αγωνιστές -οί* (συνών. *γενναίος, θαρραλέος* αντ. *δειλός*). **4.** (για πράγματα) που φανερώνει ηρωισμό, γενναιότητα: *κατορθώματα -ά· αντίσταση / απόφαση -ή*. - Επίρρ. **-ά**.

ηρωίνη η, ουσ., πολύ ισχυρό και επικίνδυνο ναρκωτικό, παράγωγο της μορφίνης, που η κατάχρησή του προκαλεί τοξικομανία με φαινόμενα ψυχικής διέγερσης: *τον συνέλαβαν για κατοχή / διακίνηση -ης· πήρε υπερβολική δόση -ης* (συνών. λαϊκ. *άσπρη*).

ηρωινομανής, -ής, -ές, γεν. *-ούς*, πληθ. αρσ. και θηλ. *-είς*, ουδ. *-ή*, επίθ., και ως ουσ., τοξικομανής που κάνει χρήση ηρωίνης.

ηρωισμός ο, ουσ. **1.** το να δείχνει κανείς μεγάλη

γενναιότητα, παλληκαριά, ιδίως σε επικίνδυνες περιστάσεις: ~ των πολεμιστών· πράξεις -ού· (ειρων.) άσε τους -ούς κατά μέρος (αντ. ανανδρία, δειλία). 2. (συνεκδοχικά) πράξη ηρωική, ανδραγάθημα.
ηρώισσα, βλ. *ήρωας*.
ηρώο το, ουσ., μνημείο προς τιμήν αυτών που σκοτώθηκαν στον πόλεμο: *το ~ των πεσόντων*.
ηρωολατρία η, ουσ., θεοποίηση ή υπερβολικός θαυμασμός ενός ήρωα, νεκρού ή ζωντανού.
ηρωοποίηση η, ουσ. 1. το να κατατάσσεται κάποιος στους ήρωες (βλ. λ. σημασ. 1), το να τιμάται ως ήρωας: *η ~ των τυραννοκτόνων Αρμόδιου και Αριστογείτονα*. 2. το να θαυμάζεται κάποιος σαν ήρωας.
ηρωοποιώ, ρ. 1. θεωρώ κάποιον ήρωα, τον κατατάσσω στους ήρωες (βλ. λ. σημασ. 1). 2. θαυμάζω κάποιον σαν να είναι ήρωας.
-ής, κατάλ. επιθ. που δηλώνουν χρώμα: *βυσσινής, θαλασσής*. - Πβ. και *-ί*.
-ής, κατάλ. επιρρ.: *καταγής, μισοτιμής*.
ησιόδειος -α, -ο, επίθ. (ασυνίζ., δις), που ανήκει ή αναφέρεται στον Ησίοδο: *ποίηση -α· οι κατάλογοι*.
-ήσιος, κατάλ. εθν.: *Ιθακήσιος*.
ήσκα η, ουσ., είδος μύκητα που, ξερός, χρησιμοποιείται για προσάναμμα. [λατ. *esca*].
ησκιάδα η, ουσ. (συνιζ.), πυκνή και πλατιά σκιά: *~ των δέντρων*.
ησκιερός, -ή, -ό, επίθ. (συνιζ.), σκιερός (βλ. λ.).
ήσκιος ο, ουσ. (συνιζ.). 1α. σκοτεινό είδωλο ενός σώματος αδιαφανούς που σχηματίζεται πάνω σε μια επιφάνεια όταν το σώμα στέκεται ανάμεσα σ' αυτήν και σε κάποια πηγή φωτισμού: *~ δέντρων / σπιτιών* φρ. *φοβάται / τρέμει τον -ο του* (= είναι υπερβολικά δειλός) (συνών. *σκιά*) β. (συνεκδοχικά) απροσδιόριστη σκοτεινή φιγούρα: *δυο -ιοι τον ακολουθούσαν στο σκοτάδι· τρόμαξε με τους -ιους γύρω του*. 2. (συνεκδοχικά) σκιερός τόπος, ήσκιωμα: *~ ευχάριστος· κάθομαι στον -ιο· κάνε μου -ιο! τον -ιον -ιο περπατεί* (δημ. τραγ.). 3. το είδωλο ενός πράγματος που δεν έχει υλική υπόσταση ή ανθρώπου που η μορφή του επιζεί μετά το θάνατό του: *ζει με τον -ιο της αγαπημένης του· -ιοι τριγυρνούν τα βράδια* (συνών. *φάντασμα*). 4. (λογοτ.) φανταστικό, υπερφυσικό ον, αερικό, στοιχειό: *κυνηγώ -ιους· μιλώ με τους -ιους*.
ήσκιωμα το, ουσ. (συνιζ.), σκιερός τόπος.
ησκιώνω, ρ. (συνιζ.), σκιάζω (βλ. λ.).
ήσυχα, βλ. *ήσυχος*.
ησυχάζω, ρ. Α. (μτβ.) 1. κάνω κάποιον να σταματήσει να δημιουργεί θόρυβο, φασαρία: *φρόντισε να -άσεις τα παιδιά!* 2α. βοηθώ κάποιον με λόγια φιλικά να πάψει να ανησυχεί, καθησυχάζω: *ο γιατρός τον -ασε με όσα του είπε·* β. αποκαθιστώ την ηρεμία, καθησυχάζω, καταπραΰνω: *~ τους φόβους κάποιου*. Β. (αμτβ.) 1. σταματώ να κάνω θόρυβο, φασαρία: *-ασε επιτέλους, γιατί μας έχεις ζαλίσει*. 2. παύω να βρίσκομαι σε δράση, ηρεμώ: *τα Σαββατοκύριακα νιώθω την ανάγκη να -άσω*. 3. (συνεκδοχικά) πλαγιάζω για να ξεκουραστώ ή να κοιμηθώ: *πάω να -άσω λίγο, γιατί δεν καλοκοιμήθηκα απόψε*. 4. (για φυσικά στοιχεία, φαινόμενα, κλπ.) ηρεμώ, γαληνεύω, καταλαγιάζω: *-ασε η θάλασσα / η τρικυμία*. 5. παύω να έχω ανησυχία ή δυσφορία· απαλλάσσομαι από κάποιον ή κάτι που μου δημιουργεί προβλήματα, ανακτώ την ηρεμία

μου: *-ασε πια ο άρρωστος· πάντρεψε τα παιδιά του και -ασε*. 6. παύω να ταράζομαι από συγκρούσεις ή αναστατώσεις κοινωνικές, πολιτικές, πολεμικές, κλπ.: *τόσα χρόνια δεν -ασε αυτός ο τόπος!* 7. (για μοναχούς) μονάζω, ασκητεύω. 8. πεθαίνω.
ησυχασμός ο, ουσ. 1. ησυχία, ηρεμία: *-ό δεν έχει αυτό το παιδί!* 2. (θρησκ.) μέθοδος που επιδιώκει με την ησυχία την πνευματική τελείωση· (ειδικά) μοναστική τάση που εμφανίστηκε στο Άγιο Όρος κατά το 14. αι. κατά την οποία ο μοναχός με την αδιάλειπτη προσευχή σε απόλυτη ησυχία επιτυγχάνει τη μέθεξη του θείου φωτός.
ησυχαστήριο το, ουσ. (ασυνίζ.). α. τόπος διαμονής ησυχαστή, ασκητή (συνών. *ασκητήριο, ερημητήριο*)· β. (μεταφ.): *είναι στο ~ του και δουλεύει*.
ησυχαστής ο, ουσ. 1. μοναχός που περνά τη ζωή του σε ησυχία μακριά από τα εγκόσμια (συνών. *αναχωρητής, ασκητής*). 2. (εκκλ.) *-ές* = μοναχοί του Αγίου Όρους, της Θεσσαλονίκης και της Κωνσταντινούπολης οπαδοί του ησυχασμού (βλ. λ. στη σημασ. 2).
ησυχαστικός, -ή, -ό, επίθ., που ανήκει ή αναφέρεται στους ησυχαστές ή τον ησυχασμό: *κίνηση -ή· έριδες -ές*.
ησυχία η, ουσ. 1. έλλειψη θορύβου ή φασαρίας, ηρεμία, γαλήνη: *~ απόλυτη / περίεργη· η ~ της νύχτας· ο άρρωστος χρειάζεται ~· διατάραξη κοινής -ας* (συνών. *σιγή, σιγαλιά*). 2. (για φυσικά στοιχεία, φαινόμενα, κλπ.) ηρεμία, γαλήνη: *~ της θάλασσας / του βουνού*. 3. κατάσταση που επικρατεί όταν δε μιλά κανείς, σιωπή: *~!* (σε έντονη προτροπή)· *επιβάλλω / κάνω ~*. 4. έλλειψη ή αποφυγή κίνησης, δράσης, απραξία: *~ δεν έχει αυτό το παιδί!* (ειρων.) *~, τάξη και ασφάλεια!* 5. απαλλαγή από κάθε αιτία δυσφορίας ή ανησυχίας, ψυχική ηρεμία: *δεν έχει / βρίσκει ~ από τότε που έμαθε ότι...· άφησέ τον στην ~ του! κάν' το με την ~ σου!* 6. έλλειψη αναστατώσεων ή συγκρούσεων κοινωνικών, πολιτικών, πολεμικών, κλπ., κατάσταση ειρήνης και ασφάλειας: *~ του τόπου / της οικογένειας*.
ήσυχος, -η, -ο, επίθ. 1. που χαρακτηρίζεται από έλλειψη θορύβου ή φασαρίας, ήρεμος: *κήπος / δρόμος ~· νύχτα -η*. 2. (για φυσικά στοιχεία, φαινόμενα, κλπ.) ήρεμος, γαλήνιος: *θάλασσα -η*. 3. που δε μιλά, σιωπηρός, σιωπηλός: *καθόταν ~ και τους άκουγε*. 4. που δεν κινείται ή δρα, που μένει άπρακτος. 5α. απαλλαγμένος από φροντίδες ή ανησυχίες, ψυχικά ήρεμος, γαλήνιος, ατάραχος: *νιώθει / είναι ~ τώρα που λύθηκε το πρόβλημα· -α γεράματα· έχει μια -η δουλειά· μπορείς να κοιμάσαι -!* β. που δεν ταράζεται από ενοχές, αθώος: *συνείδηση -η*. 6. που συμπεριφέρεται ήρεμα κι ευγενικά, που δε θυμώνει εύκολα, πράος, ήρεμος, γαλήνιος: *άνθρωπος / χαρακτήρας ~*. 7. (συνεκδοχικά) που χαρακτηρίζεται από ηρεμία και ευγένεια, που γίνεται με πραότητα: *τρόποι -οι· βλέμμα -ο· κουβέντα -η*. 8. που δεν ταράζεται από εξωτερικές ή εσωτερικές ενοχλήσεις (θόρυβο, κόσμο, φασαρία), ανενόχλητος: *ύπνος ~· δωμάτιο -ο· γειτονιά -η*. 9. που δεν συν αναστατώνει τίποτε τη κάτι ιδιαίτερο: *η ζωή στην επαρχία είναι -η*. 10. που δεν ταράζεται από συγκρύσεις ή αναστατώσεις κοινωνικές, πολιτικές, πολεμικές, κλπ., ειρηνικός: *περιοχή / χρονιά -η· ευχόμαστε να περάσετε -ες γιορτές!* - Επίρρ. **-α** = φρόνιμα: *καθίστε / να παίζετε -α!*

-ητα, I. βλ. *-ότητα*.
-ητα, II. (λαϊκ.), κατάλ. θηλ. αφηρ. ουσ.: *άργητα, μάνητα*. [αναλογικά προς τα *νεότητα, ανθρωπότητα*, κ.ά.].
ήτα το, άκλ., το έβδομο γράμμα του ελληνικού αλφαβήτου.
ητακισμός ο, ουσ. (γλωσσολ.) ανάγνωση και προφορά του γράμματος *η* του αρχαίου ελληνικού αλφαβήτου ως *ε* μακρού κατά την ερασμιακή θεωρία.
ητακιστής ο, ουσ., οπαδός του ητακισμού (βλ. λ.).
-ητικός, κατάλ. επίθ.: *βοηθητικός, παρηγορητικός, προφητικός*. [κατάλ. *-ητής* + *-ικός*].
-ητό κατάλ. ουδ. ουσ.: *βογγητό, μουρμουρητό*. [αρχ. κατάλ. *-ητόν* από ουδ. επιθ. σε *-ητός*].
ήτοι, μόρ., (λόγ. σε επεξηγημ. χρήση) δηλαδή.
ήττα η, ουσ., το να νικηθεί κανείς σε μάχη ή πόλεμο ή σε οποιονδήποτε άλλον αγώνα, συναγωνισμό ή αναμέτρηση, αποτυχία του να πετύχει ό,τι επιδιώκει: ~ *συντριπτική / ιστορική· - πολιτικού στις εκλογές / ηθική* (αντ. *νίκη*).
ηττοπάθεια η, ουσ. (ασυνίζ.), το να κυριαρχείται κάποιος από το φόβο επικείμενης ήττας ή αποτυχίας: ~ *παθολογική*.
ηττοπαθής, -ής, -ές, γεν. *-ούς*, πληθ. αρσ. και θηλ. *-είς*, ουδ. *-ή*, επίθ., που τον κατέχει ηττοπάθεια.
ηττώμαι, ρ. (λόγ., μόνο στον αόρ. και τη μτχ.), υφίσταμαι ήττα (βλ. λ.), νικιέμαι (βλ. *νικώ*): *-ήθηκαν στον πόλεμο / «κατά κράτος» / στις εκλογές*. - Η μτχ. παρακ. ως ουσ.: *μεγαλοψυχία προς τους -ημένους· ο μεγάλος -ημένος ήταν...*
ηφαιστειακός, -ή, -ό, επίθ. (ασυνίζ.), που ανήκει ή αναφέρεται στο ηφαίστειο: *έκρηξη / ενέργεια -ή· πέτρωμα -ό* (που προκύπτει από τη στερεοποίηση του μάγματος στην επιφάνεια της Γης).
ηφαίστειο το, ουσ. (ασυνίζ.). **1.** ρήγμα του στερεού φλοιού της Γης, που καταλήγει συνήθως σε κορυφή βουνού με μορφή κώνου ή βρίσκεται κάτω από τη θάλασσα και επικοινωνεί με τα έγκατα της Γης απ' όπου κατά καιρούς εκτοξεύονται λειωμένα πετρώματα σε διάπυρη κατάσταση, αέρια και ατμοί: *έκρηξη / κρατήρας / λάβα -είου· ~ ενεργό / σβησμένο*. **2.** (μεταφ.) χώρος αναταραχής. **3.** (μεταφ.) άνθρωπος με θερμή ιδιοσυγκρασία.
ηφαιστειογενής, -ής, -ές, γεν. *-ούς*, πληθ. αρσ. και θηλ. *-είς*, ουδ. *-ή*, επίθ. (ασυνίζ.), που σχηματίστηκε ή προέρχεται από ηφαιστειακή έκρηξη ή ενέργεια: *έδαφος -ές· πετρώματα -ή· σεισμοί -είς*.
ηφαιστειολογία η, ουσ. (ασυνίζ.), επιστήμη που ασχολείται με τη μελέτη των ηφαιστείων και των ηφαιστειακών φαινομένων.
ηφαιστειολόγος ο και η, ουσ. (ασυνίζ.), επιστήμονας που ασχολείται με την ηφαιστειολογία.
ηχείο το, ουσ. **α.** το κοίλο τμήμα μουσικού οργάνου που ενισχύει τον ήχο χάρη στο φαινόμενο της αντήχησης: *η φλογέρα έχει κοίλο κυλινδρικό ~ και τρύπες κατά μήκος του -ου·* **β.** συσκευή σε μαγνητόφωνο, στερεοφωνικό συγκρότημα, κ.τ.ό., που ενισχύει τον ήχο.
ηχηρός, -ή -ό, επίθ. **α.** που παράγει δυνατό ήχο: *ράπισμα -ό·* **β.** (μεταφ.) στομφώδης, πομπώδης: *-ες προεκλογικές εξαγγελίες·* **γ.** (γραμμ.) που κατά την εκφώνησή του πάλλονται οι φωνητικές χορδές: *σύμφωνα -ά· φθόγγοι -οί* (αντ. *άηχος*).
ηχηρότητα η, ουσ. (γραμμ.) το να είναι ένας φθόγγος ηχηρός.
ηχητικός, -ή, -ό, επίθ. **1.** που αναφέρεται στον ήχο:

μόνωση -ή. **2.** (ειδικά) που παράγει ήχο: *-ά αντικείμενα που λειτουργούν και ως μουσικά όργανα·* (φυσ.) *δονήσεις -ές*. **3.** που γίνεται με τη βοήθεια του ήχου: *σήματα -ά· παιχνίδι -ό*. - Το θηλ. ως ουσ. = (φυσ.) κλάδος της ακουστικής και της μηχανικής των ρευστών που μελετά την ταχύτητα του ήχου και τα φυσικά φαινόμενα που συνδέονται μ' αυτήν. - Επίρρ. *-ά*.
ηχογράφηση η, ουσ., το να ηχογραφείται, να εγγράφεται ένας ήχος σε κατάλληλο υλικό ώστε να μπορεί να αναπαραχθεί: ~ *ζωντανή· ~ δημοτικών τραγουδιών*.
ηχογραφώ, -είς, ρ., εγγράφω ήχο σε κατάλληλο υλικό ώστε να μπορεί να αναπαραχθεί: ~ *τραγούδια / μια συνδιάλεξη*.
ηχοκαταστολή η, ουσ. (νεολογ.) απομάκρυνση του θορύβου που προκαλεί ηχητικό σύστημα.
ηχολήπτης ο, ουσ., τεχνικός που ασχολείται με την ηχοληψία (βλ. λ.) και γενικά την επεξεργασία του ήχου.
ηχοληψία η, ουσ., εγγραφή του ήχου κατά τη διάρκεια κινηματογραφικού ή τηλεοπτικού γυρίσματος.
ηχομετρία η, ουσ. (φυσ.) τεχνική της μέτρησης του ήχου· (ειδικότερα) συγκριτική μελέτη της έντασης ή της πηγής των ήχων.
ηχομιμητικός, -ή, -ό, επίθ. (γλωσσ.) *λέξεις -ές* = λέξεις που σχηματίζονται με τη μίμηση του φυσικού ήχου (π.χ. *ζουζούνι, γαβγίζω*, κ.τ.ό.) (συνών. *ονοματοποιημένος*).
ηχομόνωση η, ουσ., το να μονώνεται ηχητικά ένας χώρος· (συνεκδοχικά) ηχητική μόνωση ενός χώρου: *το κτήριο έχει καλή* ~.
ηχομονωτικός, -ή, -ό, επίθ., που αναφέρεται στην ηχομόνωση: *υλικά -ά*.
ηχορρύπανση η, ουσ. (νεολογ.), το να υποβαθμίζεται το ανθρώπινο περιβάλλον από τον υπερβολικό θόρυβο που παράγεται με την ανθρώπινη δραστηριότητα· (συνεκδοχικά) οι υπερβολικοί θόρυβοι που παράγονται από την ανθρώπινη δραστηριότητα και βλάπτουν την υγεία: *αύξηση / έλεγχος της -ης*.
ήχος ο, ουσ. **1.** ό,τι γίνεται αντιληπτό με το αφτί: ~ *διαπεραστικός / μεταλλικός / αρμονικός· ρύθμιση ήχου* (στην τηλεόραση ή τον κινηματογράφο)· ~ *και φως* (= υπαίθριο νυχτερινό ακρόαμα και θέαμα με ιστορικό θέμα και σε ιστορική τοποθεσία). **2.** (φυσ.) ακουστικό αίσθημα που οφείλεται σε παλμικές δονήσεις σωμάτων που μεταδίδονται σ' ένα ελαστικό υλικό μέσο: *ταχύτητα / συχνότητα / μέσα διάδοσης του -ου· εκπέμπω / παράγω -ους*. **3.** (για τηλεόραση, ραδιόφωνο, κ.τ.ό.) ένταση του ήχου: *χαμήλωσε / δυνάμωσε τον -ο*. **4.** (βυζ. μουσ.) καθένας από τους οχτώ μουσικούς τρόπους της βυζαντινής μουσικής: *-οι κύριοι / πλάγιοι·* (μεταφ.) *τα είπε σε -ο πλάγιο* (= έμμεσα).
ηχώ η, ουσ. **1.** (φυσ.) επανάληψη ήχου που οφείλεται στην ανάκλαση των ηχητικών κυμάτων όταν προσκρούσουν σε εμπόδιο που βρίσκεται σε απόσταση μεγαλύτερη από 17 μ. (συνών. *αντίλαλος*). **2.** (μεταφ., για πρόσωπο που επαναλαμβάνει όσα λέει κάποιος άλλος): *έχει γίνει η ~ του* (συνών. *φερέφωνο*).
ηχώ, -είς, ρ. και (λαϊκ.) **αχώ, -άς. 1.** παράγω ήχο: *-εί το βούκινο*. **2.** (για ήχο) ακούγομαι: *τα λόγια του -ησαν περίεργα*.

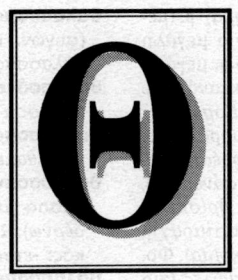

θ.Θ (θήτα). 1. το όγδοο γράμμα του ελληνικού αλφαβήτου· ένα από τα σύμφωνα της ελληνικής γλώσσας. - Βλ. και *θήτα*. 2. αριθμητικό σημείο = **α.** (όταν έχει τόνο επάνω δεξιά ή τελεία κάτω δεξιά: θ΄, Θ΄, θ.) ένατος, ένατον: *Κωνσταντίνος ο Θ΄· κεφάλαιο θ΄·* **β.** (όταν έχει τόνο κάτω αριστερά): *,θ) εννιά χιλιάδες.*

θα, μόρ. **Α.** μελλοντικό 1. με υποτ. χρησιμοποιείται για το σχηματισμό του εξακολουθητικού, στιγμιαίου και συντελεσμένου μέλλοντα: *~ γράφω, ~ γράψω, ~ έχω γράψει.* 2. με οριστ. παρατ. σε διηγήσεις για κάτι που επρόκειτο να γίνει ή φανταζόταν κάποιος ότι μπορεί να γίνει στο παρελθόν: *σε λίγο ~ σήκωναν την άγκυρα· ~ ξάπλωνα και ~ κοιμόμουν.* **Β.** πιθανολογικό: *~ ήσουν αφηρημένος, γιατί ξέχασες τα κλειδιά σου· κάτι ~ έγινε και είναι αναστατωμένος·* (και με ισοδύναμα με το θα επιρρ. ή φρ.): *~ είναι, φαίνεται, από μακρινό μέρος·* (και με λ. ή φρ. που δηλώνουν βεβαιότητα): *~ είναι, βέβαια, ολόκληρος άντρας τώρα πια·* (στην περίπτωση αυτή χρησιμοποιείται και το θα πρέπει να ...): *~ πρέπει να μην είναι Έλληνας.* **Γ.** δυνητικό με οριστ. παρατ. ή σπανιότερα υπερσ.: *ποιος ~ το πίστευε πως ~ γινόταν κάτι τέτοιο!* **Δ.** επαναληπτικό με οριστ. παρατ.: *κάθε χρόνο ~ γινότανε αυτό.* **Ε.** με οριστ. παρατ. για να αποδοθεί ευγενικά, ήπια η θέληση του ομιλητή: *~ έλεγα... ~ ήθελα... ~ μπορούσατε να... .* **ΣΤ.** με άρθρο δηλώνει υπόσχεση (που ο ομιλητής θεωρεί απίθανη την πραγματοποίησή της): *δεν πιστεύω πια τα ~. Φρ. ~ ... που ~ ...* (= μια που...): *~ το κάνεις που ~ το κάνεις, κάνε το μια ώρα αρχύτερα.* [θενά<θέλω να].

θάβω, ρ. 1α. τοποθετώ το σώμα νεκρού σε τάφο που το σκεπάζω με χώμα: *τον -ψανε στα κοιμητήρια της Ευαγγελίστριας* (συνών. *ενταφιάζω·* αντ. *ξεθάβω*)· **β.** (κατ' επέκταση) κηδεύω. 2. τοποθετώ κάτι στη γη και το σκεπάζω με χώμα: *θαμμένος θησαυρός· το σκυλί έθαψε τα κόκαλα* (συνών. *παραχώνω*). 3α. σκεπάζω εντελώς κάποιον ή κάτι με χώμα, πέτρες, κ.τ.ό., έτσι ώστε να μην μπορεί να βγει από εκεί: *πολλοί έχουν θαφτεί στα ερείπια·* (μεταφ.): *θάφτηκαν τα όνειρά μας·* **β.** σκεπάζω εντελώς κάτι με πολλά άλλα πράγματα: *το πορτοφόλι είχε θαφτεί κάτω από τα ρούχα.* 4. (μεταφ.) αποσιωπώ ένα ζήτημα, το εμποδίζω να έρθει στη δημοσιότητα: *έθαψαν την υπόθεση, γιατί φοβήθηκαν το σκάνδαλο* (συνών. *κουκουλώνω, σκεπάζω·* αντ. *ξεσκεπάζω*). 5. (μεταφ.) απομονώνω κάποιον σε τόπο όπου δεν έχει τις δυνατότητες να εξελιχτεί: *θα μπορούσε να γίνει λαμπρός επιστήμονας, αλλά θάφτηκε στην επαρχία.* 6. (μεταφ., λαϊκ.) **α.** βλάπτω κάποιον ή κάτι με τα λόγια ή τις ενέργειές μου: *τον έθαψαν όσα δημοσίευσαν οι εφημερίδες* (συνών. *χαντακώνω*)· **β.** κακολογώ κάποιον, μιλώ άσχημα για κάποιον: *οι κουτσομπόλες της γειτονιάς τη -ανε συνέχεια* (συνών. *κουτσομπολεύω*).

θαλαμάρχης ο, θηλ. **-ισσα,** ουσ., αυτός που είναι επιφορτισμένος με την καθαριότητα και την τάξη σε θάλαμο στρατώνα, νοσοκομείου, κλπ.

θαλάμη η, ουσ., κοίλωμα πυροβόλων όπλων όπου τοποθετείται το βλήμα.

θαλαμηγός η, ουσ., πολυτελές σκάφος, συνήθως ιδιωτικό, για ταξίδια αναψυχής (συνών. *κότερο, γιοτ*).

θαλαμηπόλος, βλ. *καμαρότος.*

θαλάμι το, ουσ., φωλιά υδρόβιων ζώων κάτω από την επιφάνεια της θάλασσας: *χταποδιού·* (μεταφ.): *τρύπωσα στο ~ μου.*

θαλαμίσκος ο, ουσ., διαμέρισμα εξοπλισμένου διαστημόπλοιου στο εσωτερικό του οποίου εγκαθίστανται οι αστροναύτες για το ταξίδι επιστροφής τους στη Γη.

θαλαμοειδής, -ής, -ές, γεν. **-ούς,** πληθ. αρσ. και θηλ. **-είς,** ουδ. **-ή,** επίθ., (αρχαιολ.) που έχει σχήμα θαλάμου: *τάφος ~* (συνών. *θαλαμωτός*).

θάλαμος ο, ουσ. 1. μεγάλη αίθουσα σε στρατώνα, νοσοκομείο, κλπ., που προορίζεται για τη διαμονή πολλών ατόμων (συνών. *κοιτώνας*). 2. (συνεκδοχικά) το σύνολο των ατόμων που μένουν στο θάλαμο: *όλος ο ~ βγήκε για γυμναστική.* 3. (αρχαιολ.) τμήμα μεγαλύτερου κτίσματος: *~ μυκηναϊκού τάφου.* 4. (ανατομ.) τμήμα του εγκεφάλου: *~ οπτικός.* 5. (γενικά) οποιοσδήποτε μικρός περίκλειστος χώρος: *~ τηλεφωνικός· ~ του ασανσέρ· ~ αερίων* (για εκτέλεση κρατουμένων με δηλητηριώδη αέρια)· *~ ψυκτικός* (για συντήρηση τροφίμων). 6. (φυσ.) *~ σκοτεινός* = **α.** χώρος για την εμφάνιση φωτογραφιών· **β.** τμήμα φωτογραφικής μηχανής.

θαλαμοφύλακας ο, ουσ., φύλακας θαλάμου σε στρατώνα.

θαλαμωτός, -ή, -ό, επίθ. (αρχαιολ.) θαλαμοειδής (βλ.λ.).

θάλασσα η, ουσ. 1α. η υδάτινη αλμυρή έκταση που καλύπτει το μεγαλύτερο τμήμα της επιφάνειας του πλανήτη μας: *~ φουρτουνιασμένη· αλογάκι*

της -ας (= ιππόκαμπος) (αντ. *στεριά, ξηρά*)· **β.** (μεταφ., λογοτ.): ~ *σπιτιών/από φώτα* (για μεγάλη έκταση ή ποσότητα). **2.** (συνεκδοχικά) **α.** μεγάλη υδάτινη έκταση (μικρότερη από τον ωκεανό) που περιτριγυρίζεται από ξηρά: *Μαύρη* ~· *Βόρειος* ~· **β.** λίμνη που είναι μεγάλη ή έχει αλμυρό νερό: *Κασπία/Νεκρά* ~. **3.** θαλασσινό νερό: *φρέσκα ψάρια, μυρίζουν* ~· *ήπια* ~ (συνών. *θαλασσόνερο*). **4.** επιφάνεια της θάλασσας: *το χωριό βρίσκεται πολλά μέτρα πάνω από τη* ~. **5.** θαλασσοταραχή, φουρτούνα: *έχει σήμερα* ~ (συνών. *τρικυμία*). Φρ. *έφαγε τη* ~ *με το κουτάλι, όργωσε τις -ες* (για ναυτικούς που πέρασαν όλη τη ζωή τους ταξιδεύοντας)· *τα κάνω* ~ (= δημιουργώ αναταραχή, χαλώ την υπόθεση). - Υποκορ. **-ίτσα** η.
θαλασσαετός ο, ουσ., ο αετός των θαλασσών.
θαλασσασφάλιση η, ουσ., ναυτασφάλιση (βλ.λ.).
θαλασσής, -ιά, -ί, επίθ., που έχει το χρώμα της θάλασσας: *μπλούζα/μάτια -ιά* (συνών. *γαλάζιος, ουρανής*). - Το ουδ. ως ουσ. = το θαλασσί χρώμα.
θαλασσίλα η, ουσ., οσμή του θαλασσινού νερού.
θαλασσινός, -ή, -ό, επίθ. **1.** που ανήκει ή αναφέρεται στη θάλασσα, που γίνεται σ' αυτήν ή προέρχεται απ' αυτήν: *περιπέτειες -ές· μπάνια/ σπορ -ά· αέρας* ~ (συνών. *θαλάσσιος·* αντ. *στεριανός*). -Το αρσ. ως ουσ. = **α.** αυτός που κατοικεί σε παραθαλάσσια περιοχή ή σε νησί ή που κατάγεται από εκεί (αντ. *στεριανός*)· **β.** αυτός που η εργασία του σχετίζεται με τη θάλασσα: *σκληρή η ζωή των -ών* (συνών. *ναυτικός*). - Το ουδ. στον πληθ. = τα οστρακοειδή: *φάγαμε -ά*.
θαλάσσιος, -α, -ο, επίθ. (ασυνίζ.), θαλασσινός: *ρεύματα -α/αύρα -α·* επιδρομές/γραμμές -ες.
θαλασσίτσα, βλ. *θάλασσα*.
θαλασσόβραχος ο, ουσ., βράχος που βρίσκεται κοντά στη θάλασσα, που τον δέρνει η θάλασσα· (μεταφ.): *γερός σαν* ~.
θαλασσογραφία η, ουσ. **1.** είδος ζωγραφικής στο οποίο λαμβάνεται ως θέμα η θάλασσα ή σκηνές που είναι σχετικές με τη ναυτική ζωή. **2.** ζωγραφικός πίνακας με θαλάσσιο θέμα.
θαλασσογράφος ο, ουσ., ζωγράφος θαλασσογραφιών.
θαλασσοδάνειο το, ουσ. (ασυνίζ.). **1.** δάνειο με υψηλό τόκο που δίνεται σε ιδιοκτήτη ή εκμισθωτή πλοίου και που η επιστροφή του εξαρτάται από την αίσια έκβαση της ναυτιλιακής επιχείρησης. **2.** οποιοδήποτε δάνειο με βαρύτατο τόκο ή που δεν πρόκειται να επιστραφεί.
θαλασσόδαρτος, -η, -ο, επίθ. **1.** που βρέχεται, που «δέρνεται» από τη θάλασσα: 'Υδρα -η (Παλαμάς). **2.** που έχει κινδυνεύσει στη θάλασσα. **3.** που έχει υποστεί πολλά ατυχήματα στη ζωή του.
θαλασσοδέρνω, ρ. **1.** (μτβ., για τη θάλασσα) χτυπώ κάποιον με τα κύματα έτσι ώστε να κινδυνεύει να πνιγεί: *θάλασσα, τους θαλασσινούς μην τους -εις* (δημ. τραγ.)· *καράβι -αρμένο*. **2.** (αμτβ.) παλεύω με τα κύματα της θάλασσας: *το πλοίο -ει στ' ανοιχτά* (συνών. *θαλασσομαχώ, θαλασσοπνίγομαι*).
θαλασσοκράτειρα η, ουσ., κυρίαρχος των θαλασσών (προκ. για τη Βενετία και τη Μ. Βρετανία).
θαλασσόλυκος ο, ουσ., παλιός, πολύπειρος ναυτικός.
θαλασσομάνα η, ουσ., μέδουσα (βλ.λ.).
θαλασσομάχος ο, ουσ. **1.** αυτός που πήρε μέρος σε πολλές ναυμαχίες. **2.** αυτός που κινδύνεψε πολλές φορές στη θάλασσα.

θαλασσομαχώ, -είς, ρ. **1.** πολεμώ στη θάλασσα (συνών. *ναυμαχώ*). **2.** παλεύω με τα κύματα της θάλασσας (συνών. *θαλασσοδέρνω*).
θαλασσόνερο το, ουσ., νερό της θάλασσας (συνών. *θάλασσα* στη σημασ. 3).
θαλασσοπαλεύω, ρ., παλεύω με τη θάλασσα (συνών. *θαλασσομαχώ*).
θαλασσοπνίγομαι, ρ. **1.** κινδυνεύω να πνιγώ στη θάλασσα από μεγάλη τρικυμία (συνών. *θαλασσοδέρνω*). **2.** (μεταφ.) εργάζομαι σκληρά ως ναυτικός: -εται για να θρέψει τα παιδιά του.
θαλασσοποιώ, βλ. *θαλασσώνω*.
θαλασσοπόρος ο, ουσ., αυτός που ταξιδεύει σε άγνωστες θάλασσες: *εποχή των μεγάλων -ων*.
θαλασσοπούλι το, ουσ., γενική ονομασία πουλιών που ζουν κοντά στη θάλασσα.
θαλασσοταραχή η, ουσ., δημιουργία μεγάλων κυμάτων από βίαιη ανακίνηση της θάλασσας (συνών. *φουρτούνα, τρικυμία*).
θαλασσόφυτα τα, ουσ. (βοτ.) τα φυτά που ζουν στη θάλασσα.
θαλάσσωμα το, ουσ., σύγχυση, ακαταστασία (πβ. *θαλασσώνω*).
θαλασσώνω, ρ., στην έκφρ. *τα θαλάσσωσες* = με την ενέργειά σου προκάλεσες ανακατωσούρα ή και αποτυχία (αλλιώς: *τα μούσκεψες*): *σου είπα να τα διορθώσεις κι εσύ τα -σες· τα -σες στις εξετάσεις*.
θαλερός, -ή, -ό, επίθ. **1.** (για φυτό) που ευδοκιμεί (συνών. *ανθηρός·* αντ. *μαραμένος*). **2.** (μεταφ. για ηλικιωμένο άτομο) που διατηρεί τη ζωντάνια του: *τόσο* ~ *που δύσκολα θα καταλάβαινες ότι είναι εβδομήντα χρονών*.
θαλερότητα η, ουσ. **1.** (για φυτό) το να έχει δροσιά, φρεσκάδα. **2.** (μεταφ., για πρόσωπα) ακμαιότητα, σφριγηλότητα.
θαλλός ο, ουσ., τρυφερό κλωνάρι φυτού, βλαστάρι.
θαλλοφόρος ο, ουσ., αυτός που κρατά θαλλό· (αρχ., στον πληθ.) αυτοί που κρατούσαν θαλλό ελιάς στην πομπή των Παναθηναίων.
θάλλω, ρ., μόνο στον ενεστ. και παρατ. (λόγ.), (για φυτό) δίνω άφθονους βλαστούς, ευδοκιμώ (αντ. *μαραίνομαι*).
θάλπος το, ουσ. (λόγ.), θαλπωρή (βλ.λ.).
θαλπωρή η, ουσ. **1.** γλυκιά ζεστασιά που σε κάνει να νιώθεις ευχάριστα: *η* ~ *του ηλίου/του τζακιού* (αντ. *ψύχρα, δροσιά*). **2.** (μεταφ.) άνεση και οικειότητα που αισθάνεται κάποιος σ' ένα ζεστό, φιλικό περιβάλλον· στοργή, φροντίδα: ~ *οικογενειακή· βρίσκω* ~ *κοντά σου*.
θάμα, βλ. *θαύμα*.
θάμβος, βλ. *θάμπος*.
θαμιστικός, -ή, -ό, επίθ. (γραμμ.) *ρήματα -ά* = αυτά που φανερώνουν ότι αυτό που δηλώνει το πρωτότυπο επαναλαμβάνεται συχνά, λ. χ. *συχνάζω*.
θαμνοειδής, -ής, -ές, γεν. -ούς, πληθ. αρσ. και θηλ. -είς, ουδ. -ή, επίθ., (για φυτό) που μοιάζει με θάμνο, που έχει χαμηλό ύψος όπως ο θάμνος (συνών. *θαμνώδης*).
θάμνος ο, πληθ. -οι οι και -α τα, ουσ., φυτό πολυετές, ξυλώδες, με μικρό σχετικά ύψος, που δεν έχει κορμό και η διακλάδωσή του αρχίζει από το έδαφος.
θαμνόφυτος, -η, -ο, επίθ., που είναι κατάφυτος από θάμνους: *πλαγιές -ες* (συνών. *θαμνώδης*).
θαμνώδης, -ης, -ες, γεν. -ους, πληθ. αρσ. και θηλ. -εις, ουδ. -η, επίθ. **1.** (για τόπο) που είναι γεμάτος

θάμνους: *πλαγιά* ~ *(συνών. θαμνόφυτος).* **2.** (για φυτό) που μοιάζει με θάμνο (συνών. *θαμνοειδής).*
θαμπά, βλ. *θαμπός.*
θαμπάδα η, ουσ. (έρρ.). **1.** έλλειψη στιλπνότητας, καθαρότητας, λάμψης: ~ *του καθρέφτη/του γυαλιού.* **2.** έλλειψη φωτεινότητας, διαύγειας, διαφάνειας: *η* ~ *της ατμόσφαιρας.* **3.** θόλωμα των ματιών.
θάμπος (έρρ.) και (λόγ.) **θάμβος** το, ουσ. **1.** θόλωμα, σκοτείνιασμα της όρασης από δυνατό και ξαφνικό φως. **2.** έκπληξη, θαυμασμός από κάτι καταπληκτικό που βλέπομε.
θαμπός, -ή, -ό, επίθ. (έρρ.). **1.** που δεν είναι καθαρός, στιλπνός ή του λείπει η γυαλάδα: *καθρέφτης* ~· *γυαλί -ό* (συνών. *θολός·* αντ. *στιλπνός, γυαλιστερός).* **2.** που δεν είναι έντονος, φωτεινός, λαμπερός: *χρώματα -ά· φως -ό·* (μεταφ.) που δεν είναι ευκρινής, ζωηρός: *αναμνήσεις -ές* (συνών. *μουντός).* **3.** που διακρίνεται αμυδρά: *εικόνα/μορφή ή.* - Επίρρ. **-ά.**
θαμποφέγγω, ρ. (έρρ., δις), φέγγω θαμπά, τρεμοσβήνω: *-όφεγγε το φεγγάρι απάν' από τα σύννεφα* (Κόντογλου)· (μεταφ.): *αχνά -όφεγγε στο νου του η ιδέα* (Μπαστιάς).
θαμποχαράζει, ρ. (έρρ.), τριτοπρόσ., αρχίζει να χαράζει: ~ *η αυγή.*
θάμπωμα το, ουσ. (έρρ.). **1.** μείωση, σκοτείνιασμα της όρασης από ξαφνικό λαμπρό φως: *το φως του προβολέα μού προκάλεσε* ~ *στα μάτια* (συνών. *θόλωμα).* **2.** έκπληξη, θαυμασμός από τη θέα καταπληκτικού πράγματος.
θαμπώνω, ρ. (έρρ.). **Α.** μτβ. **1.** κάνω κάτι θαμπό: *ο αχνός του φαγητού -ωσε τα τζάμια* (συνών. *θολώνω·* αντ. *καθαρίζω, γυαλίζω).* **2.** μείωσω, σκοτεινιάζω την όραση κάποιου: *τα αλλεπάλληλα φλας των φωτογράφων τού -ωσαν τα μάτια* (συνών. *θολώνω).* **3.** (μεταφ.) εντυπωσιάζω κάποιον, τον αφήνω κατάπληκτο: *ασήμια και μαλάματα... -ουν τους βαρβάρους* (Καβάφης)· προκαλώ σύγχυση σε κάποιον, τον κάνω να χάσει το μυαλό του: *-ώθηκε από τον τρόπο ζωής που γνώρισε εκεί και δε γύρισε.* **Β.** αμτβ. **1.** γίνομαι θαμπός, χάνω την καθαρότητα και τη διαύγειά μου: *ο μπρούντζος του κρεβατιού -ωσε με τα χρόνια.* **2.** (για την όραση) μειώνομαι, σκοτεινιάζω: *από το πολύ το κλάμα -ωσαν τα μάτια της* (συνών. *θολώνω).*
θαμπωτικός, -ή, -ό, επίθ. (έρρ.), που προκαλεί σκοτείνιασμα των ματιών: *-ή ακτινοβολία του ήλιου* (συνών. *εκθαμβωτικός, εκτυφλωτικός).*
θαμώνας ο, ουσ., αυτός που συχνάζει κάπου, που επισκέπτεται συχνά κάποιους χώρους: ~ *καφενείου/νυχτερινών κέντρων.*
θανάσιμος, -η, -ο, επίθ. **1.** που επιφέρει το θάνατο: *πλήγμα/τραύμα -ο* (συνών. *θανατηφόρος, φονικός).* **2.** επικίνδυνος μέχρι θανάτου: *εχθρός* ~. **3.** ασυγχώρητος, που θα άξιζε ποινή θανάτου: *σφάλμα -ο·* (εκκλ.) *αμάρτημα -ο.* - Επίρρ. **-α.**
θανατάς ο, ουσ., μόνο στη γεν. στις φρ. *είναι/έπεσε/άρρωστος του -ά* = **1.** είμαι ετοιμοθάνατος: *ανατριχίλα την έπιανε κι έπεφτε του -ά* (συνών. *του πεθαμού).* **2.** (μεταφ.) βρίσκομαι σε δύσκολη ψυχολογική κατάσταση: *απέτυχε στις εξετάσεις κι έπεσε του -ά.*
θανατερός, -ή, -ό, επίθ., που μπορεί να φέρει το θάνατο, θανάσιμος· (μεταφ.) *ο φόβος άπλωνε μια -ή παγωνιά.*
θανατηφόρος, -α, -ο, επίθ., ικανός να επιφέρει το θάνατο: *δόση φαρμάκου -α· χτύπημα/δυστύχημα -ο.*
θανατικός, -ή, -ό, επίθ., που έχει σχέση με το θάνατο: *καταδίκη/ποινή -ή.* - Το ουδ. ως ουσ. = θανατηφόρα επιδημία, λοιμός: *-ό έπεσε στα ζωντανά.*
θανατόμετρο το, ουσ., θερμόμετρο με το οποίο εξακριβώνεται αν ο θάνατος είναι πραγματικός ή φαινομενικός.
θανατοποινίτης ο, θηλ. **-ίτισσα,** ουσ., αυτός που έχει καταδικαστεί σε θάνατο.
θάνατος ο, ουσ. **1.** οριστικό τέλος της ζωής ανθρώπων και ζώων με το σταμάτημα των λειτουργιών του σώματος και των πνεύματος: ~ *φυσιολογικός/βίαιος· ποινή -άτου* (αντ. *γέννηση, ζωή).* **2.** απώλεια μιας ανθρώπινης ζωής: *οι δύο -οι στο δυστύχημα θα μπορούσαν να είχαν αποφευχθεί·* ~ *στους προδότες!* **3.** το σταμάτημα των πνευματικών λειτουργιών: ~ *μνήμης/λογικού* (συνών. *απώλεια).* **4.** (μεταφ.) αφανισμός, εξαφάνιση: *η χρήση των μηχανικών μέσων παραγωγής έφερε το -ο της χειροτεχνίας·* ~ *του αρχαίου πολιτισμού* (αντ. *άνθηση, ακμή).* **5.** γεγονός δυσάρεστο ή επικίνδυνο τόσο που μπορεί να έχει συνέπεια το θάνατο: *το ποτό είναι* ~ *για το συκώτι· η οικονομική καταστροφή του ήταν* ~ *γι' αυτόν.* Έκφρ. *κίνδυνος* ~ (ένδειξη απαγορευτική που επισημαίνει μεγάλο κίνδυνο)· *λευκός* ~ (= ναρκωτικά)· *σιγή -άτου* (απόλυτη σιωπή)· *ζήτημα ζωής και -άτου,* βλ. *ζήτημα· για ζωή* και για *ο/στη ζωή και στο -ο,* βλ. *ά. ζωή· μεταξύ ζωής και -άτου* (για κάποιον που είναι ετοιμοθάνατος ή στα πρόθυρα μεγάλης καταστροφής)· *ο -ός σου η ζωή μου,* βλ. *ζωή· μέχρι -άτου* (= πάρα πολύ, σε βαθμό ανυπέρβλητο): *λυπημένος μέχρι -άτου· μίσος μέχρι -άτου.*
θανάτωμα το, ουσ., θανάτωση (βλ.λ.).
θανατώνω, ρ. **1.** προκαλώ το θάνατο κάποιου με βίαιο τρόπο, αφαιρώ τη ζωή κάποιου (συνών. *φονεύω, σκοτώνω)·* (για καταδικασμένο σε θάνατο) εκτελώ. **2.** προκαλώ υπερβολικό πόνο σε κάποιον: *μου έπιασες το δάχτυλο στην πόρτα και με -ωσες.* **3.** (μεταφ.) προξενώ σε κάποιον μεγάλη στενοχώρια: *η προσβολή που του έκανες τον -ωσε* (συνών. *πληγώνω).*
θανάτωση η, ουσ., αφαίρεση της ζωής κάποιου με βίαιο τρόπο (συνών. *φόνος)·* (για θανατική ποινή) εκτέλεση: *η* ~ *των Εβραίων από τους Γερμανούς έγινε με φρικτό τρόπο.*
θανή η, ουσ., θάνατος: *γυρεύει ή τη νίκη ή τη* ~ (Σολωμός).
Θαργήλια τα, ουσ. (ασυνίζ.), (αρχ.) γιορτή προς τιμήν του Απόλλωνα και της Άρτεμης κατά το μήνα Θαργηλιώνα.
θαρραλέος, -α, -ο, επίθ. (για πρόσωπο ή ενέργεια) που χαρακτηρίζεται από θάρρος, γενναιότητα: *στρατιώτης/αγωνιστής* ~· *απάντηση/στάση -α* (συνών. *γενναίος, τολμηρός·* αντ. *δειλός).* -Επίρρ. **-α.**
θαρρετός, -ή, -ό, επίθ., θαρραλέος (βλ.λ.). -Επίρρ. **-ά.**
θάρρος το, και πληθ. (λαϊκ.) **θάρρητα,** ουσ. **1.** ψυχική δύναμη που οπλίζει τον άνθρωπο με τόλμη και αποφασιστικότητα σε κάποια δύσκολη περίσταση: *αντιμετώπισε τους κατηγόρους του με* ~· *δίνω* ~ *σε κάποιον· χάνω το* ~ *μου· το* ~ *της γνώμης* (συνών. *αφοβία·* αντ. *δειλία)·* φρ. *παίρνω*

θαρρώ

το ~ (= τολμώ, αποφασίζω): *το σκεφτόμουν από καιρό, αλλά δεν έπαιρνα το ~ να σου μιλήσω.* **2.** αισιοδοξία, πίστη, ελπίδα: *έχω τα -η μου στο Θεό.* **3.** η οικειότητα με κάποιον, που είναι αποτέλεσμα στενής φιλίας: *του έχω δώσει το ~ να μου λέει ό,τι δε βρίσκει σωστό· έχει μεγάλο ~ με το διευθυντή· πολύ ~ δεν πήρες;* (για οικειότητα πέρα από τα όρια).

θαρρώ, ρ., αόρ. *θάρρεψα* (λαϊκ.). **1.** θεωρώ: *τον -ούσα πιο έξυπνο.* **2.** νομίζω, έχω τη γνώμη: *~ πως έχεις δίκιο· -εψε πως θα έκανε ό,τι ήθελε.*

Θασίτης ο, θηλ. *-ισσα*, ουσ., αυτός που κατοικεί στη Θάσο ή κατάγεται από εκεί.

Θασίτικος, -η, -ο, επίθ., που ανήκει ή αναφέρεται στη Θάσο ή τους Θασίτες.

Θασίτισσα, βλ. *Θασίτης*.

θαύμα και (λαϊκ.) **θάμα** το, ουσ. **1.** (θρησκ.) γεγονός που δεν εξηγείται με τους φυσικούς νόμους ούτε με τον ανθρώπινο νου, αλλά αποδίδεται σε θεϊκή επέμβαση: *τα -ατα του Χριστού/των αγίων*. **2.** γεγονός που δεν εξηγείται εύκολα με τη λογική, που προκαλεί απορία και θαυμασμό: *είναι ~ το πώς τα κατάφερε· ~ ήτανε που τη γλύτωσε·* φρ. *έγιναν πράματα και θάματα.* **3.** σημαντικό επίτευγμα ή δημιούργημα που προκαλεί κατάπληξη και θαυμασμό: *τα -ατα της επιστήμης/της τεχνολογίας· τα επτά -ατα του κόσμου/ο γιατρός κάνει -ατα.* **4.** (για να δηλωθεί κάτι εξαιρετικό) **α.** (με γεν. ουσ.): *ο πίνακας είναι ~ ζωγραφικής·* (επιτ.) έκφρ. *~ θαυμάτων* (= μέγιστο θαύμα): *~ θαυμάτων! μετρίαζε και τη φιλαργυρία του!* **β.** (ως επίθ. ή επίρρ.): *το φαγητό ήταν ~· περάσαμε ~· θα ήταν, αν μπορούσαμε να... ~!* Έκφρ. *παιδί ~* (= ικανότητες εκπληκτικές για την ηλικία του). Φρ. *αλλού τ' όνειρο κι αλλού το θάμα* (βλ. *αλλού*).

θαυμάζω, ρ. 1α. (για πρόσωπο) αντικρίζω κάποιον με αίσθημα έκπληξης και ικανοποίησης που πηγάζει από την αναγνώριση ανωτερότητας στο χώρο του πνευματικού, του αισθητικού, του ηθικού, κλπ. βίου, αισθάνομαι θαυμασμό: *~ έναν ποιητή/το δάσκαλό μου· σε ~ για την υπομονή σου·* **β.** (για πράγμα, δημιούργημα, επίτευγμα, κλπ.): βλέπω, κοιτάζω ή αντιμετωπίζω με εξαιρετική ευχαρίστηση: *~ την πρόοδο της τεχνολογίας/το μεγαλείο της φύσης/το δειλινό.* **2.** απορώ για κάτι: *~ το θράσος/το κουράγιο/το πείσμα σου* (συνών. *εκπλήσσομαι*).

θαυμάσιος, -α, -ο, επίθ. (ασυνίζ.), που είναι άξιος θαυμασμού, εξαιρετικός: *τοπίο/έργο τέχνης -ο· άνθρωπος/χαρακτήρας ~* (συνών. *έξοχος, περίφημος, υπέροχος*). - Επίρρ. **-α**: *μιλά -α τα γαλλικά.*

θαυμασμός ο, ουσ. **1.** αίσθημα έκπληξης συχνά συνδυασμένο από ικανοποίηση και επιδοκιμασία μπροστά σε ό,τι θεωρείται ωραίο, καλό ή υψηλό: *αισθάνομαι -ό για τη σοφία του· εκδήλωσε το -ό του για το βιβλίο·* αντικείμενο *-ού*. **2.** συναίσθημα (συνήθως θετικό) έκπληξης και απορίας απέναντι σε κάτι παράδοξο ή απροσδόκητο: *η υπομονή/το κουράγιο του προκαλεί -ό.*

θαυμαστά, βλ. *θαυμαστός*.

θαυμαστής ο, θηλ. **-τρια**, ουσ. **α.** αυτός που αισθάνεται εξαιρετική εκτίμηση, σεβασμό, αγάπη για κάποιον ή κάτι: *~ της αρχαίας ελληνικής τέχνης· -ές του μεγάλου λογοτέχνη·* **β.** (ειδικά) αυτός που θαυμάζει την ομορφιά, τα προτερήματα κάποιου ή που αισθάνεται ερωτική έλξη για κάποιον: *κοπέλα με πολλούς -ές·* ο ηθοποιός/ο τραγουδιστής *μοίρασε αυτόγραφα στις -άστριές του.*

θαυμαστικό το, ουσ. (γραμμ.) σημείο στίξης που σημειώνεται ύστερα από επιφ. ή από φρ. που δηλώνει θαυμασμό, έκπληξη, απορία, χαρά, φόβο ή οποιοδήποτε άλλο έντονο συναίσθημα (σύμβολο: !)· λ.χ. *Αχ!· κακώς!· τι ωραία μέρα!*

θαυμαστός, -ή, -ό, επίθ., που προκαλεί θαυμασμό: *αντοχή/ικανότητα/ευγλωττία -ή* (συνών. *αξιοθαύμαστος*). Φρ. *Μέγας ει, Κύριε, και -ά τα έργα σου* = **α.** (εκκλ.) εκδήλωση θαυμασμού μπροστά στο θεϊκό μεγαλείο· **β.** εκδήλωση έντονης έκπληξης για κάτι. - Επίρρ. **-ά**.

θαυμάστρια, βλ. *θαυμαστής*.

θαυματοποιός ο, ουσ. (ασυνίζ.), αυτός που κάνει (ψεύτικα) θαύματα, τεχνάσματα ταχυδακτυλουργικά (συνών. *ταχυδακτυλουργός*).

θαυματουργός, -ή, -ό, επίθ. **1.** που κάνει θαύματα: *άγιος ~· εικόνα -ή.* **2.** (μεταφ.) που έχει καταπληκτικά αποτελέσματα, που είναι πολύ αποτελεσματικός: *δεν υπάρχουν φάρμακα -ά·* έκφρ. *μικρό(ς) αλλά -ό(ς).*

θαυματουργώ, -είς, ρ. **1.** κάνω θαύματα: *Η Παναγία της Τήνου -ησε και φέτος.* **2.** (μεταφ.) πετυχαίνω εκπληκτικό αποτέλεσμα: *η τεχνολογία -εί στις μέρες μας·* (ειρων.) *οι απατεώνες/οι κλέφτες -ησαν πάλι.*

θαφτικά τα, ουσ. (λαϊκ.), έξοδα για την ταφή νεκρού.

θάψιμο το, ουσ. **1.** ενταφιασμός: *~ του νεκρού* (συνών. *ταφή·* αντ. *ξεθάψιμο, εκταφή*). **2.** το να παραχώνεται κάτι στο έδαφος: *~ σκουπιδιών· ~ φρούτων στις χωματέρες* (συνών. *χώσιμο, παράχωμα*). **3.** (μεταφ.) **α.** ολοκληρωτική καταστροφή: *~ ονείρων/ελπίδων* (συνών. *εξαφάνιση*)· **β.** (λαϊκ.) ηθική εξόντωση, έντονη κατάκριση (συνών. *κακολόγηση*).

-θε, κατάλ. τοπ: επιρρ., που δηλώνει κίνηση από ένα τόπο: *αλλούθε, δώθε, πούθε.* [αρχ. *-θεν*].

θέα η, ουσ. **1.** παρατήρηση με τα μάτια, κοίταγμα: *στη ~ του αίματος λιποθύμησε· η ~ των αστυνομικών εξαγρίωσε τους διαδηλωτές·* έκφρ. *σε κοινή ~* (= ώστε να βλέπουν όλοι). **2.** αυτό που βλέπει κανείς από ορισμένο σημείο, εικόνα τοπίου που αντικρίζει κανείς συνήθως από μακριά ή από ψηλά: *η ~ από το μπαλκόνι· ~ προς τη θάλασσα·* το *δέντρο/ο ψηλός τού κόβει τη ~.*

θεά, βλ. *θεός*.

θέαμα το, ουσ. **1.** αυτό που βλέπει μπροστά του κανείς (αντικείμενο, γεγονός, κλπ.) και η εντύπωση που του δημιουργείται: *~ ωραίο / φαντασμαγορικό/μακάβριο/οικτρό.* **2.** θεατρική παράσταση, κινηματογραφική προβολή, κ.ά., που παρουσιάζονται δημόσια με σκοπό να ψυχαγωγήσουν: *φόρος δημοσίων -άτων· κόσμος του -ατος* (= όσοι ασχολούνται με το θέατρο, τον κινηματογράφο, κλπ.)· (στον πληθ.) *-ατα* = ειδική στήλη σε εφημερίδες και περιοδικά σχετική με το θέατρο, τον κινηματογράφο, κ.ά. φρ. *γίνομαι ~* (= εκτίθεμαι δημοσίως, γίνομαι περίγελος). Έκφρ. *άρτος και -ατα*, βλ. *άρτος* σημασ. **1**.

θεαματικός, -ή, -ό, επίθ., που παρουσιάζει ενδιαφέρον θέαμα (βλ.λ. στη σημασ. 1) ή αλματώδη πρόοδο: *παρέλαση/απόδραση/παράσταση -ή· βελτίωση της υγείας του αρρώστου -ή* (συνών. *εντυπωσιακός*). - Επίρρ. **-ά**.

Θεάνθρωπος ο, ουσ., προσωνυμία του Χριστού για να δηλωθεί η διπλή φύση του.

θεάρεστος, -η, -ο, επίθ., που είναι αρεστός στο Θεό: *πράξη -η.*

θέαση η, ουσ. (φιλοσ.) οπτική αντίληψη μιας υπερφυσικής πραγματικότητας με τη δύναμη του πνεύματος: ~ *του ωραίου.*

θεατής ο, ουσ. **1.** αυτός που βλέπει, που παρατηρεί κάτι με προσοχή και ενδιαφέρον: *ο πίνακας προκαλεί ένα αίσθημα ανησυχίας στο -ή· έγιναν -ές ενός τραγικού γεγονότος* (συνών. *παρατηρητής, μάρτυρας*). **2α.** αυτός που παρακολουθεί μια θεατρική παράσταση ή άλλο δημόσιο θέαμα, μια αθλητική εκδήλωση, κ.τ.ό.: ~ *απαιτητικός· απόδοκιμασίες -ών* **β.** αυτός που παρακολουθεί μια τηλεοπτική εκπομπή: *πρόγραμμα που προσβάλλει τη νοημοσύνη των -ών* (συνών. *τηλεθεατής*). **3.** αυτός που βλέπει μια ενέργεια ή ένα γεγονός με αδιαφορία, που δεν έχει διάθεση ή δυνατότητα να συμμετάσχει: ~ *αδιάφορος· στον καβγά ήμουν απλός* ~.

θεατός, -ή, -ό, επίθ., που φαίνεται, που μπορεί κανείς να τον δει: *πλευρά ενός αντικειμένου/της Σελήνης -ή* (συνών. *ορατός·* αντ. *αθέατος, αφανής*).

θεατράκι, βλ. *θέατρο.*

θεατράνθρωπος βλ. *θεατρογνώστης.*

θεατρίζω, ρ. **1.** (ενεργ., λόγ.) γελοιοποιώ δημόσια, διασύρω κάποιον. **2.** (μέσ., λαϊκ.) παρακολουθώ θεατρικές παραστάσεις, πηγαίνω στο θέατρο: *το αθηναϊκό κοινό -εται κατά κόρον.*

θεατρικά, βλ. *θεατρικός.*

θεατρικογράφος ο, ουσ., συνεργάτης εφημερίδας ή περιοδικού που δημοσιεύει θεατρικές ειδήσεις, σχόλια ή κριτικές.

θεατρικός, -ή, -ό, επίθ. **1.** που παρουσιάζεται στο θέατρο, που σχετίζεται με το θέατρο: *παράσταση/ παιδεία -ή· συγγραφέας* ~ (συνών. *δραματικός)· κοινό -ό.* **2.** (μεταφ. για συμπεριφορά) υπερβολικός και αφύσικος, που αποσκοπεί στην επίδειξη, στον εντυπωσιασμό: *απαγγελία -ή· κινήσεις -ές* (συνών. *μελοδραματικός, πομπώδης*). -Επίρρ. **-ά.**

θεατρικότητα η, ουσ. **α.** το να ανταποκρίνεται ένα έργο (δραματικό, μουσικό, κ.τ.ό.) στις συμβάσεις του θεάτρου, στις απαιτήσεις μιας θεατρικής παράστασης· **β.** το να έχει ένα λογοτεχνικό έργο στοιχεία που ταιριάζουν στη φύση ή τη δομή ενός θεατρικού έργου: *η* ~ *της καβαφικής ποίησης.*

θεατρίνα, βλ. *θεατρίνος.*

θεατρινισμός ο, ουσ., υπερβολικά προσποιητός τρόπος συμπεριφοράς που αποσκοπεί στην επίδειξη, στον εντυπωσιασμό.

θεατρινίστικος, -η, -ο, επίθ. (λαϊκ.), που ταιριάζει σε θεατρίνο, θεατρικός (βλ.λ. στη σημασ. 2).

θεατρίνος ο, θηλ. **-α**, ουσ. **1.** (συνήθως μειωτ.) ηθοποιός του θεάτρου. **2.** (μεταφ.) αυτός που συμπεριφέρεται με υπερβολικά προσποιητό τρόπο για να εντυπωσιάσει ή να εξαπατήσει (συνών. *υποκριτής, ηθοποιός*).

θεατρισμός ο, ουσ. (λόγ.), δημόσια γελοιοποίηση.

θέατρο το, ουσ. **1.** η τέχνη της αναπαράστασης πάνω στη σκηνή της δράσης κάποιων χαρακτήρων (αλλιώς *δραματική τέχνη*): *οι ρίζες του -άτρου στις πανάρχαιες θρησκευτικές τελετουργίες·* ~ *ρεαλιστικό/ελαφρό/του παραλόγου· σκηνικά -άτρου·* ~ *σκιών* (= *καραγκιόζης*, βλ.λ.). **2α.** συγγραφή, παραγωγή ή παράσταση θεατρικού έργου: *γράφω/παίζω/βλέπω* ~· *κριτικός -άτρου·* **β.** οργανωμένη θεατρική επιχείρηση· ~ *κρατικό/ δημοτικό· το ρεπερτόριο/οι τεχνικοί του -άτρου·* **3.** σύνολο θεατρικών έργων με κοινή προέλευση ή κοινά χαρακτηριστικά: *το* ~ *του Σέξπιρ·* ~ *αναγεννησιακό/κρητικό/παιδικό.* **4.** κτίσμα ή χώρος με την κατάλληλη διαρρύθμιση όπου οι άνθρωποι παρακολουθούν παραστάσεις: ~ *κλειστό/υπαίθριο/κυκλικό· σκηνή/παρασκήνια/θεωρεία του -άτρου·* η *ορχήστρα/η ακουστική του αρχαίου ελληνικού -άτρου.* **5.** (συνεκδοχικά) θεατές θεατρικής παράστασης: *όλο το* ~ *χειροκροτούσε.* **6.** (στρατ.) τόπος ή περιοχή όπου εξελίσσεται ένας πόλεμος, μια πολεμική σύγκρουση: ~ *πολέμου/ επιχειρήσεων.* Φρ. *γίνομαι* ~ (= γελοιοποιούμαι δημόσια, γελούν εις βάρος μου)· *παίζω* ~ (= προσποιούμαι, υποκρίνομαι). - Υποκορ. **-άκι** το στη σημασ. **4.**

θεατρογνώστης ο, ουσ. (προτιμότερο από το *θεατράνθρωπος*), άτομο με ενημερότητα στα θέματα του θεάτρου.

θεατρολογία η, ουσ., επιστήμη με αντικείμενο τη μελέτη του θεάτρου.

θεατρολόγος ο και η, ουσ., επιστήμονας που ασχολείται με την έρευνα και τη μελέτη του θεάτρου.

θεατρομανής, -ής, -ές, γεν. **-ούς**, πληθ. αρσ. και θηλ. **-είς**, ουδ. **-ή**, επίθ., που αγαπά υπερβολικά το θέατρο.

θεατρομανία η, ουσ., υπερβολική αγάπη, λατρεία για το θέατρο.

θεατροφιλία η, ουσ., αγάπη για το θέατρο.

θεατρόφιλος, -η, -ο, επίθ., που αγαπά το θέατρο και παρακολουθεί συχνά θεατρικές παραστάσεις: *κοινό -ο.* - Το αρσ. ως ουσ.: *η σκηνοθεσία ενθουσίασε τους -ους.*

θεατρώνης ο, ουσ., επιχειρηματίας που προσλαμβάνει ηθοποιούς και φροντίζει για το ανέβασμα θεατρικών έργων.

θεία, βλ. *θείος.*

θειάφι το, (συνιζ. και ασυνίζ.), **δειάφι** το και **δειάφη** η, ουσ. (συνιζ.), το αμέταλλο χημικό στοιχείο θείο: ~ *αγνό/φαρμακευτικό· μυρωδιά από* ~. [*θείον*].

θειαφίζω, ρ. (συνιζ.). **1.** ψεκάζω με διάλυμα από θειάφι ή πασπαλίζω με σκόνη από θειάφι ένα φυτό για να προλάβω ή να καταπολεμήσω μια αρρώστια: ~ *το αμπέλι.* **2.** απολυμαίνω ένα χώρο καίγοντας θειάφι: ~ *το κοτέτσι.*

θειάφισμα το, ουσ. (συνιζ.), το να θειαφίζει κανείς, το αποτέλεσμα της εργασίας αυτής.

θειαφιστήρι το, ουσ. (συνιζ.), εργαλείο για το θειάφισμα.

θειαφοκέρι το, ουσ. (συνιζ., παλαιότερο), φιτίλι αλειμμένο με θειάφι που το χρησιμοποιούσαν για ν' ανάβουν τη φωτιά: *είχε γίνει σα* ~ (δηλ. κατακίτρινος).

θειικός, -ή, -ό, επίθ. (χημ.) που περιέχει θείο, που είναι σχετικός με το θείο: *ορυκτά -ά· οξύ -ό* (= πολύ διαβρωτικό οξύ, με μεγάλη βιομηχανική σημασία· κοιν. *βιτριόλι*)· *χαλκός* ~ (κοιν. *γαλαζόπετρα*)· *ριζά -ή.*

θεϊκός, -ή και (λαϊκ.) **-ιά, -ό**, επίθ. **1.** που ανήκει ή αναφέρεται στο Θεό ή τους θεούς, που προέρχεται από το Θεό ή τους θεούς: *δύναμη/βούληση -ή· ιδιότητες -ές· εντολή -ή* (συνών. *θείος*). **2α.** που

θείο

του αποδίδεται θεία φύση, αγιότητα: *ω -ιά κι όλη αίματα πατρίδα!* (Σολωμός) (συνών. *ιερός*)· **β.** εξαίρετος, υπέροχος: *ομορφιά/μελωδία -ή*. - Επίρρ. **-ά.**

θείο το, ουσ. (χημ.) αμέταλλο στερεό χημικό στοιχείο (σύμβολο S, χημ. αρ. 16), που έχει έντονο κίτρινο χρώμα και απαντά στη φύση ως απλό στοιχείο ή σε ενώσεις: *εξαγωγή/βιομηχανική παρασκευή -ου· διοξείδιο του -ου* (= από τους σημαντικότερους ατμοσφαιρικούς ρύπους)· *το ~ χρησιμοποιείται ως γεωργικό φάρμακο* (κοιν. *θειάφι*).

θείος και (συνιζ.) **θείος** ο, θηλ. **-α** και (συνιζ.) **θεία,** ουσ. **1.** αδελφός ή εξάδελφος του πατέρα ή της μητέρας, καθώς και η σύζυγός του (συνών. λαϊκ. *μπάρμπας*)· (θηλ.) αδελφή ή εξαδέλφη του πατέρα ή της μητέρας, καθώς και ο σύζυγός της: *στον αρραβώνα θα συναντήσουμε όλους τους -ους· ~ κι ανιψιός μοιάζετε*. **2.** (λαϊκ., οικεία γλώσσα) σε προσφών. ή αναφορά σε άτομο μεγαλύτερης ηλικίας από εκείνον που μιλά για να εκδηλωθεί σεβασμός: *δώσε τη θέση σου/έλα στο -ο* (συνών. *κύριος - κυρία·* αρσ. *μπάρμπας*). - Έκφρ. *θ-ς Σαμ* = λαϊκό σύμβολο, προσωποποίηση των Η.Π.Α. - Υποκορ. **θείτσα** η· **θειούλης** ο.

θείος, -α, -ο, επίθ. **1.** που ανήκει ή αναφέρεται στο Θεό, που προέρχεται από το Θεό: *δύναμη/φύση -α· φώτιση/χάρη -α· νόμος ~· -α Πρόνοια·* εκφρ. *το Θ-ο βρέφος* (= ο Χριστός σε βρεφική ηλικία)· *το Θ-ο δράμα* (= τα πάθη του Χριστού) (συνών. *θεϊκός·* αντ. *ανθρώπινος*). **2.** που αποδίδεται στο Θεό, που σχετίζεται με τη θρησκεία: *-α λατρεία/λειτουργία·* εκφρ. *-α Ευχαριστία/Κοινωνία/Μετάληψη* βλ. ά. *κοινωνία* σημασ. **4. 3.** εξαιρετικός, υπέροχος, θαυμαστός, θεσπέσιος: *αρμονία/καλλονή -α*. - Το ουδ. ως ουσ. = **1.** (εν.) η έννοια του Θεού, ο Θεός: *διαλογισμός πάνω στο ~*. **2.** (πληθ.) ό,τι σχετίζεται με το Θεό, τη θρησκεία ή τη λατρεία: *βλαστημώ/βρίζω τα -α* (= βλαστημώ).

θειότητα η, ουσ. (ασυνίζ., λόγ.), η ιδιότητα του Θεού, θεία φύση (αλλιώς *θεότητα*).

θειούλης, βλ. *θείος* και *θείος*.

θειούχος, -α, -ο, επίθ. (χημ.) που περιέχει θείο: *ενώσεις μετάλλων -ες· άλατα/ορυκτά -α·* (συνεκδοχικά) *πηγές -ες· λουτρά -α.*

θεϊσμός ο, επίθ. (θρησκειολ. - φιλοσ.) πίστη στην ύπαρξη του Θεού χωρίς αναφορά στην Αποκάλυψη.

θείτσα, βλ. *θείος* και *θείος*.

θείωση η, ουσ. (χημ.) η κατεργασία μιας ουσίας με θείο ή θειούχα ένωση για να βελτιωθούν οι ιδιότητές της: *~ του καουτσούκ* (= *βουλκανισμός*).

θέλγητρο το, ουσ. (συνήθως στον πληθ.) δύναμη που διαθέτει κάποιος ή κάτι και την ασκεί ελκύοντας τους άλλους: *το ~ της φύσης/του κινδύνου· -α μιας γυναίκας* (συνών. *γοητεία, χάρη*).

θέλγω, ρ. (λόγ.), ελκύω, γοητεύω: *νησί που -ει όσους λατρεύουν τη γαλήνη.* (για άνθρωπο, που σαγηνεύει ερωτικά) *τον έθελξε η ομορφιά της.*

θέλημα το, ουσ. **1.** αυτό που θέλει κανείς: *έκανε το ~ του πατέρα του· ας γίνει το ~ του Θεού* (συνών. *θέληση, επιθυμία*). **2.** εκτέλεση παραγγελίας, δουλειά συνήθως ασήμαντη για την εξυπηρέτηση κάποιου με αμοιβή ή δωρεάν: *τον έστειλε σ' ένα ~· βγάζει το ψωμί του με -ατα.*

θεληματάρης ο, ουσ. (λαϊκ.), αυτός που κάνει θελήματα.

θεληματίας ο, ουσ. (λόγ.), αυτός που έχει ισχυρή θέληση.

θεληματικός, -ή, -ό, επίθ. **1.** (για πράξη) που γίνεται με τη θέληση εκείνου που την κάνει: *παραχώρηση/παραίτηση -ή* (συνών. *εκούσιος·* αντ. *αθέλητος, ακούσιος*). **2α.** που έχει ισχυρή θέληση: *άνθρωπος ~* (συνών. *αποφασιστικός*)· **β.** (συνεκδοχικά) που δείχνει ισχυρή θέληση: *πηγούνι -ό*. - Επίρρ. **-ά.**

θέληση η, ουσ. **1α.** το να θέλει κανείς κάτι, βούληση που τον οδηγεί στην επιδίωξη για την επιτυχία ορισμένου σκοπού: *~ ισχυρή/σταθερή·* **β.** (στη δογματική) για τη μία θέληση (*μονοθελητισμός*) ή τις δύο θελήσεις του Ιησού Χριστού: *~ ανθρώπινη/θεία*. **2.** δύναμη που κάνει κάποιον να επιμένει σε μια απόφαση ή μια αρχή: *~ αλύγιστη· τα εμπόδια έκαναν τη θέλησή του ατσαλένια· βλέμμα γεμάτο ~* (συνών. *αποφασιστικότητα*). **3.** διάθεση: *όταν υπάρχει καλή ~, τα προβλήματα λύνονται·* εκφρ. *δείγμα/χειρονομία καλής -ης*. **4.** αυτό που θέλει κανείς: *υπακούω/αντιτάσσομαι στη ~ κάποιου· σέβομαι τη ~ του λαού· παρά τη -ή μου* (συνών. *βούληση, επιθυμία*).

θελιά, βλ. *θηλιά.*

θελκτικός, -ή, -ό, επίθ. **α.** που ασκεί γοητεία σε κάποιον, που προκαλεί το ενδιαφέρον του: *ιδέα -ή* (συνών. *ελκυστικός*)· **β.** (για άνθρωπο) που προκαλεί το ενδιαφέρον (συνήθως ερωτικό), που ελκύει, επειδή είναι ωραίος ή ευχάριστος: *γυναίκα -ή* (συνών. *ελκυστικός*).

θέλω, ρ., και δεύτεροι τ. β' εν. *θες* και (λαϊκ.) στον πληθ. *θέμε, θέτε, θένε,* παρατ. *ήθελα,* αόρ. *θέλησα*. **1α.** έχω την επιθυμία, την πρόθεση ή τη διάθεση να κάνω ή να αποκτήσω κάτι: *~ να εργαστώ/ν' αγοράσω κάτι· ~ καφέ/ένα φόρεμα· -ει να γίνει ηθοποιός· ~ το καλό σου· μπορεί, αλλά δε -ει να πάει μπροστά· ~ να πιστεύω ότι όλα θα πάνε καλά* (για επίταση του νοήματος) (συνών. *επιθυμώ*)· **β.** εκφράζω προτίμηση: *πώς -εις τον καφέ;* **2.** εκφράζω αξίωση, απαιτώ: *-ει να τον υπακούει η γυναίκα του·* εκφρ. *-ει σώνει και καλά να...* (= οπωσδήποτε, το δίχως άλλο). **3.** ποθώ κάποιον ερωτικά, επιθυμώ να έχω ερωτικές σχέσεις μαζί του: *την ήθελε πολύ, αλλά εκείνη δεν του έδινε σημασία*. **4.** επιζητώ, επιδιώκω (να κάνω) κάτι: *το παιδί -ει ξάδια· -ει να ήθελα* (= έγινε κατά λάθος)· εκφρ. *ήθελές τα κι έπαθές τα/τα 'θελες και τα 'παθες*. **5α.** χρειάζομαι, έχω ανάγκη από κάποιον ή κάτι ή να κάνω κάτι, έχω έλλειψη: *σε ~ για μια δουλειά· -ουμε χίλιες δραχμές για να συμπληρώσομε το ποσό· -ει αρετή και τόλμην η ελευθερία* (Κάλβος)· **β.** (τριτοπρόσ.) χρειάζεται, απαιτείται: *στη δουλειά μας -ει μεράκι· -ει καιρό για να ξεχάσεις*· **γ.** μου αξίζει (ως τιμωρία): *-εις ξύλο/μάλωμα·* **δ.** από τη φύση μου έχω ανάγκη, χρειάζομαι κάτι: *αυτά τα φυτά -ουν υγρό κλίμα*. **6.** επιχειρώ, προσπαθώ: *-ησε να μας σώσει, αλλά δεν μπόρεσε· -ησε να μπει κρυφά*. **7.** γυρεύω, ζητώ, ψάχνω: *ποιον/τι -ετε;* **8.** δέχομαι, δίνω τη συγκατάθεσή μου: *γιατί δε θες να μας βοηθήσεις; αν -ει ο Θεός, θα πάμε*. **9.** (σε υποθ. πρότ., σε αποστροφή προς τους ακροατές για να δηλωθεί μεγαλύτερη ακρίβεια στα λεγόμενα): *οι λόγοι ήταν ιδεολογικοί ή, αν -ετε, πολιτικο-ιδεολογικοί*. **10.** (συνήθως στο β' εν. της οριστ. ενεστ. χρησιμοποιείται ως ασύνδετο τρόπο στη θέση διαζευκτικής σύνδεσης προτάσεων ή μελών μιας πρότασης για να δηλωθεί αβεβαιότητα ή αδιαφορία του ομιλητή) είτε... είτε, ή... ή' ίσως: *-εις/θες από φόβο, -εις/θες από αδιαφορία δεν την ενημέρωσε*. **11.** ο παρατ. με το θα σε ευγενικότερη διατύπωση: *θα ήθελα ένα φλιτζάνι τσάι· θα ήθελα να σας ρωτήσω κάτι*. **12.** (για την τύχη, κ.τ.ό.) ευνοώ: *τον -ει το ζάρι*. Φρ. *άλλο που δε* ~ (= θέλω, επιθυμώ πάρα πολύ): *άλλο που δεν ήθελε να 'ρθει μαζί μας· εδώ σε* ~ (για δύσκολες περιστάσεις)· *-ει (και) ρώτημα;* (= μα και βέβαια)· *-οντας και μη/θες δε θες* (= αναγκαστικά, με το ζόρι)· ~ *να πω (ότι)* (= εννοώ): *το ποίημα -ει να πει...· λίγο ήθελε να...* (= παρά λίγο)· *με το έτσι* ~ (= αυθαίρετα)· *τι ήθελα και το είπα/έκανα, κ.τ.ό.* (= γιατί το είπα/έκανα...· για να δηλωθεί μετάνοια)· *τι τα θες (τι τα γυρεύεις)* (για να δηλώσουμε πως περιττεύει κάθε συζήτηση για καταστάσεις που δεν μπορούν να αλλάξουν): *τι τα θες, έτσι είναι η ζωή· το καλό που σου* ~ (για συμβουλή, προειδοποίηση ή απειλή): *το καλό που σου* ~, *παιδάκι μου, μην ανακατεύεσαι μ' αυτούς*.

θέμα το, ουσ. Ι. **1.** ζήτημα, υπόθεση που μας απασχολεί, που προκαλεί συζήτηση και χρειάζεται ανάπτυξη: ~ *της συνεδρίασης/εκπομπής· αλλάζω* ~ *(στη συζήτηση)· μπαίνω/έλα στο* ~· *το* ~ *της ημέρας* (= το πιο σημαντικό γεγονός της ημέρας)· *το* ~ *είναι να...· εκτός -ατος· ταξινομώ κατά* ~· *πραγματεύομαι/εξαντλώ ένα* ~ (συνών. *αντικείμενο*). **2.** πρόβλημα, δύσκολη περίσταση που προκαλεί δυσχέρεια ή διαφωνία: *δημιουργώ* ~· *μην το κάνεις* ~ (= μην του δίνει σοβαρές διαστάσεις) (συνών. *ζήτημα*). **3α.** η ιδέα, το αντικείμενο που ένας συγγραφέας ή καλλιτέχνης αναπτύσσει και συχνά επαναλαμβάνει στα έργα του: *το* ~ *του Ερωτόκριτου·* (συνών. *υπόθεση*)· *ο ζωγράφος αντλεί τα -ατά του από τη μυθολογία·* **β.** (μουσ.) μελωδία στην οποία βασίζεται ένα μουσικό κομμάτι και μπορεί να επαναλαμβάνεται πολλές φορές: *παραλλαγή σ' ένα* ~ (συνών. *μοτίβο*). **4α.** πρόβλημα που τίθεται σε μια εξέταση για να ελέγξει τις γνώσεις του εξεταζόμενου: ~ *έκθεσης· διαρροή -άτων* (συνών. *ζήτημα*)· **β.** τμήμα κειμένου που χρησιμοποιείται ως γλωσσική άσκηση των μαθητών: ~ *λατινικών*. **5.** με γεν. ουσ. για να δηλωθεί από πού εξαρτάται το ζήτημα ή η υπόθεση που συζητείται: ~ *χρόνου/χρημάτων*. Φρ. *δεν τίθεται/είναι/δε γεννάται* ~ (= δε δημιουργείται πρόβλημα που πρέπει να μας απασχολεί).

θέμα το, ουσ. ΙΙ. (γραμμ.) το σταθερό τμήμα κάθε κλιτής λέξης που προκύπτει αν αφαιρέσουμε την κατάληξη, π.χ. *ρήτορ-* είναι το θέμα της λ. *ρήτορας· λέξεις με δύο -ατα*.

θέμα το, ουσ. ΙΙΙ. (ιστ.) διοικητική περιφέρεια του βυζαντινού κράτους που την κυβερνούσε στρατηγός.

θεματικός, -ή, -ό, επίθ. Ι. **α.** που αναφέρεται σ' ένα θέμα (Ι): *ενότητα -ή·* **β.** που έχει ως βάση ένα θέμα: *κατάταξη/διάκριση -ή. - Το θηλ. ως ουσ.* = το σύνολο των θεμάτων που απαντούν σε τομέα πνευματικής δραστηριότητας: *η -ή του νεοελληνικού θεάτρου* (συνών. *θεματολογία*).

θεματικός, -ή, -ό, επίθ. ΙΙ. (γραμμ.) που αναφέρεται ή ανήκει στο θέμα (ΙΙ). *φωνήεν -ό*

θεματογραφία η, ουσ., γλωσσική άσκηση των μαθητών με βάση κατάλληλα επιλεγμένα ή επεξεργασμένα κείμενα: ~ *αρχαίων ελληνικών κειμένων*.

θεματολογία η, ουσ., σύνολο θεμάτων που απα-

ντούν σε κάποιον τομέα της πνευματικής δραστηριότητας: ~ *ενός συγγραφέα/της ανατολίτικης τέχνης/των δημοτικών τραγουδιών* (συνών. *θεματική*).

θεματολόγιο το, ουσ. (ασυνίζ.), βιβλίο που περιέχει επιλεγμένα κείμενα κυρίως αρχαίων ελληνικών ή λατινικών και χρησιμοποιείται για γλωσσική άσκηση των μαθητών.

θεματοφύλακας ο., ουσ. **1.** (νομ.) τρίτο πρόσωπο στο οποίο παραδίδονται για φύλαξη αντικείμενα ή χρήματα. **2.** αυτός που έχει την ευθύνη να διαφυλάξει κάτι υψηλό ή ιερό από κινδύνους, κ.τ.ό.: ~ *των παραδόσεων/της γλώσσας*.

θεμελιακός, -ή, -ό, επίθ. (ασυνίζ.), που αποτελεί τη βάση, την ουσία: *-ές διαφορές απόψεων* (συνών. *θεμελιώδης, βασικός*).

θεμέλιο το, ουσ. (συνιζ. και ασυνίζ.), **1.** (συνήθως στον πληθ.) τμήμα οικοδομήματος που βρίσκεται κάτω από την κύρια κατασκευή και δέχεται το φορτίο της κατασκευής: *-α γερά/σαθρά· το σπίτι είναι ακόμη στα -α* (= στην αρχή)· φρ. *ρίχνω -α* (= κατασκευάζω) (συνών. *βάση, θέμελο·* αντ. *στέγη*). **2.** όρυγμα εδάφους όπου χτίζονται τα θεμέλια: *γεμίσαν τα -α νερό*. **3.** (μεταφ.) ουσιώδες μέρος ή στοιχείο πάνω στο οποίο στηρίζονται άλλα: *-ο της δημοκρατίας/κοινωνίας* (συνών. *στήριγμα*).

θεμέλιος, επίθ. (ασυνίζ.), στην έκφρ. ~ *λίθος* = η πρώτη πέτρα που τοποθετείται κατά τη θεμελίωση κτηρίου· (μεταφ.) βάση: *αυτές οι αρχές αποτέλεσαν το -ο λίθη της συνεργασίας*.

θεμελιώδης, -ης, -ες, γεν. *-ους*, πληθ. αρμ. και θηλ. *-είς*, ουδ. *-η*, επίθ. (ασυνίζ.), που έχει πρωταρχική σημασία, βασικός: ~ *κανόνας/διάταξη* (συνών. *ουσιώδης, θεμελιακός·* αντ. *επουσιώδης*).

θεμελίωμα το, ουσ., θεμελίωση (βλ.λ.): ~ *σπιτιού*.

θεμελιώνω, ρ. (συνιζ. και ασυνίζ.), **1.** ρίχνω θεμέλια: ~ *κτήριο*. **2.** βάζω το θεμέλιο λίθο: *το κτήριο -ίωσε ο πρωθυπουργός*. **3.** (μεταφ.) θέτω τις πρώτες βάσεις: *ο Αριστοτέλης -ίωσε την επιστήμη της λογικής*. **4.** (μεταφ.) αποδεικνύω με επιχειρήματα, στηρίζω λογικά: *-ίωσε την άποψή σου* (συνών. *τεκμηριώνω*).

θεμελίωση η, ουσ. **1.** σύνολο εργασιών που απαιτούνται για την τοποθέτηση θεμελίων: ~ *σπιτιού· τελετή -ης*. **2.** (μεταφ.) συγκρότηση, ίδρυση: ~ *μιας επιστήμης*. **3.** (μεταφ.) λογική αιτιολόγηση, στήριξη: ~ *επιχειρήματος* (συνών. *τεκμηρίωση*).

θεμελιωτής ο, ουσ. (ασυνίζ.), αυτός που θέτει τις πρώτες βάσεις: ~ *κόμματος/θρησκείας/επιστήμης* (συνών. *ιδρυτής*).

θεμελιωτικός, -ή, -ό, επίθ. (ασυνίζ.), που ανήκει ή αναφέρεται στη θεμελίωση: *έργα -ά*.

θέμελο το, ουσ. (λογοτ.), θεμέλιο: *του έχτισα τα -α, του σκέπασα το θόλο* (Παλαμάς).

θεμιτός, -ή, -ό, επίθ., που είναι σύμφωνος με τους νόμους ή τα καθιερωμένα: *-ά και αθέμιτα μέσα· -ό κέρδος* (συνών. *νόμιμος, δίκαιος·* αντ. *αθέμιτος*).

θενά, μόρ. (λαϊκ.), θα: *αν είναι να 'ρθει, θενά 'ρθεί*. [έκφρ. *θέλω να*].

θεο-, α΄ συνθ. **α.** σε λέξεις που σχετίζονται με το Θεό: *θεοφοβούμενος, θεοδικία, θεόσταλτος, θεοκατάρατος·* **β.** με σημασία επιτατική, μεγεθυντική: *θεόγυμνος, θεονήστικος, θεόφτωχος*.

θεοβάδιστος· στην έκφρ. *θεοβάδιστον όρος* (- ιο Σινά).

θεογνωσία η, ουσ., το να συμμορφώνεται κάποιος με τις εντολές του Θεού· φρ. *βάζω ή φέρνω κά-*

θεογονία

ποιον σε ~ (= τον οδηγώ στο σωστό δρόμο, τον συνετίζω): *τίποτε δεν τον έβαλε σε* ~.

θεογονία η, ουσ. (αρχ. μυθολ.) γέννηση και καταγωγή των θεών.

θεόγυμνος, -η, -ο, επίθ., τελείως γυμνός (συνών. *ολόγυμνος, τσίτσιδος*).

θεοδικία η, ουσ. 1. διαπραγμάτευση σχετική με τη δικαιοσύνη του Θεού. 2. τμήμα της μεταφυσικής που πραγματεύεται για το Θεό και την ύπαρξή του. 3. γνώση του Θεού όπως παρουσιάζεται από μόνη την ανθρώπινη λογική.

θεοκατάρατος, -η, -ο, επίθ. α. που τον έχει καταραστεί ο Θεός· β. που μακάρι να τον καταραστεί ο Θεός.

θεόκλειστος, -η, -ο, επίθ., που είναι εντελώς κλειστός: *σπίτι -ο* (συνών. *κατάκλειστος·* αντ. *ορθάνοιχτος*).

θεόκουτος, -η, -ο, επίθ., που είναι ολωσδιόλου κουτός.

θεόκουφος, -η, -ο, επίθ., που είναι εντελώς κουφός.

θεοκρατία η, ουσ., σύστημα πολιτεύματος σύμφωνα με το οποίο η διακυβέρνηση ενός λαού ασκείται από τους διερμηνείς της θέλησης του Θεού στον κόσμο.

θεοκρατικός, -ή, -ό, επίθ., που αναφέρεται στη θεοκρατία ή σχετίζεται μ' αυτήν: *το -ό πολίτευμα της σημερινής Περσίας*.

θεοκρισία η, ουσ., θεοδικία (βλ.λ.).

θεολογείο το, ουσ. (θεατρ.) 1. μέρος πάνω από τη σκηνή του αρχαίου θεάτρου όπου κατά τη διάρκεια των παραστάσεων παρουσιάζονταν οι θεοί. 2. μηχάνημα του αρχαίου ελληνικού θεάτρου που παρουσίαζε την κατοικία των θεών.

θεολογία η, ουσ. 1. επιστήμη που ερευνά την ιστορία των θρησκειών (ιδιαίτερα της χριστιανικής θρησκείας και εκκλησίας) και ασχολείται με την έρευνα και ερμηνεία των Γραφών. 2. σύνολο αντιλήψεων κάποιου για το Θεό ή για τη θρησκεία: ~ *του Σωκράτη*.

θεολογικός, -ή, -ό, επίθ., που ανήκει ή αναφέρεται στη θεολογία ή στο θεολόγο: *σχολή -ή· συζήτηση -ή*. - Επίρρ. **-ά**.

θεολόγος ο και η, ουσ., ειδικός επιστήμονας που ασχολείται με τη θεολογία.

θεολογώ, ρ., ασχολούμαι με τη θεολογία, είμαι θεολόγος.

θεομάχος, -α, -ο, επίθ., που αντιτίθεται στην πίστη για την ύπαρξη του Θεού (συνών. *άθεος*).

θεομηνία η, ουσ. 1. μεγάλη καταστροφή που προέρχεται από δυσμενείς καιρικές συνθήκες. 2. σφοδρή κακοκαιρία.

θεομητορικός, -ή, -ό, επίθ., που σχετίζεται με την Παναγία: *γιορτές -ές*.

Θεομήτωρ η, γεν. Θεομήτορος, αιτ. Θεομήτορα, ουσ., ονομασία της Παναγίας ως μητέρας του Θεού.

θεόμουρλος, -η, -ο, επίθ., θεότρελος (βλ.λ.).

θεομπαίχτης ο, θηλ. **-χτρα,** ουσ. (όχι έρρ.), (υβριστικά) αυτός που εμπαίζει το Θεό και τους ανθρώπους: *όλους μάς εξαπάτησε ο* ~ (συνών. *απατεώνας*).

θεονήστικος, -η, -ο, επίθ., που δεν έφαγε τίποτα, τελείως νηστικός: ~ *εδώ και δυο μέρες*.

θεοπάλαβος, -η, -ο, επίθ., που είναι τελείως παλαβός: *σχέδιο/παιδί -ο* (συνών. *θεότρελος, θεόμουρλος*).

θεόπεμπτος, -η, -ο, επίθ. (έρρ.). 1. που έχει σταλεί από το Θεό: *μήνυμα -ο* (συνών. *θεόσταλτος*). 2. (μεταφ.) ανέλπιστος, απροσδόκητος: *σωτηρία -η*.

θεόπνευστος, -η, -ο, επίθ., που εμπνέεται από ο Θεό ή γίνεται από θεία έμπνευση: *κήρυγμα/βιβλίο -ο· προφήτης* ~.

θεοποίηση η, ουσ. 1. απόδοση θεϊκών ιδιοτήτων σε κάποιον ή σε κάτι: ~ *των στοιχείων της φύσης*. 2α. εντελώς εξαιρετική εξύψωση κάποιου: ~ *πολιτικού ηγέτη* (συνών. *αποθέωση*) β. (μεταφ.) απόδοση εξαιρετικών ιδιοτήτων σε κάτι: ~ *χρήματος*.

θεοποιώ, ρ. 1. αποδίδω σε κάποιον ή σε κάτι θεϊκές ιδιότητες: ~ *ζώα/στοιχεία της φύσης*. 2α. εξυψώνω θνητό σε μέγιστο βαθμό (συνών. *αποθεώνω*)· β. αποδίδω σε κάτι υπερβολικές ιδιότητες: ~ *το χρήμα*.

θεοπρόβλητος, -η, -ο, επίθ., που έχει διαλεχτεί από το Θεό (ως επίθ. ηγεμόνων): *αυτοκράτορας* ~.

θεόρατος, -η, -ο, επίθ., που έχει υπερβολικά μεγάλες διαστάσεις: *άνθρωπος/πύργος* ~· *πλατάνι -ο* (συνών. *γιγάντιος, τεράστιος·* αντ. *μικροσκοπικός*).

Θεός ο, θηλ. **θεά** ουσ., (στις σημασ. 2 και 3). 1. το ον που λατρεύεται ως ο δημιουργός και κυβερνήτης του κόσμου, κυρίως από τις μονοθεϊστικές θρησκείες: *ο* ~ *της Βίβλου· δεν πιστεύει στην ύπαρξη του -ού* (για φυσικά φαινόμενα) *βρέχει/αστράφτει ο* ~· (ειδικά για τη χριστιανική θρησκεία με κεφαλαίο Θ) *οι τρεις υποστάσεις του Θεού· ο Θεός είναι παντοδύναμος* (σε επιφ.) *Θ(ε)έ μου! βοήθησέ μας!/σ(υγ)χώρα με Θεέ και Κύριε! νεράκι του Θεού* (για κάτι αγνό, αθώο) (συνών. για το χριστιανισμό *Κύριος, Ύψιστος, Πλάστης, Μεγαλοδύναμος*). 2. καθένα από τα όντα που σύμφωνα με τις αντιλήψεις διάφορων θρησκειών εξουσιάζουν ένα συγκεκριμένο τμήμα της φύσης: *ο Ήφαιστος είναι ο* ~ *της φωτιάς· -οί ολύμπιοι/εφέστιοι* (συνών. *θεότητα·*) (συνεκδοχικά) *άγαλμα θεού: μαρμάρινοι -οί*. 3. (μεταφ.) άνθρωπος πολύ ωραίος: *πέρασε από μπρος του μια θεά*. 4. (μεταφ.) αντικείμενο αγάπης, θαυμασμού, αφοσίωσης, λατρείας: *είσαι* ~ *για μένα· το χρήμα είναι ο* ~ *του*. Εκφρ. *άνθρωπος του Θεού·* από το στόμα σου και στου Θεού τ' *αφτί!* (ευχή για να γίνει κάτι)· *για (τ') όνομα του Θεού/στο Θεό σου!* (δηλώνει έκπληξη, αποδοκιμασία, κλπ.): *για όνομα του Θεού! τι πράγματα είναι αυτά! κι άγιος ο Θεός!* (για κάτι αρνητικό που επαναλαμβάνεται): *τεμπελιά κι άγιος ο Θεός! ο Θεός βοηθός* (για όποιον έχει εμπλακεί σε δυσκολίες)· *ο Θεός μαζί σου!* (για όποιον αναχωρεί ή επιχειρεί κάτι)· *πρώτα ο Θεός* (= με τη βοήθεια του Θεού)· φρ. *αν θέλει ο Θεός·* απ' *το Θεό να το βρεις* (για ανταπόδοση ευεργεσίας ή κακίας)· *δεν έχει το Θεό του* (για όποιον κάνει κάτι ανόσιο ή απροσδόκητο)· *θα δούμε κι εμείς Θεού πρόσωπο* (= θα έρθουν καλύτερες μέρες)· *δόξα να 'χει ο Θεός* (για δήλωση ικανοποίησης)· *ένας Θεός (το) ξέρει* (για κάτι άγνωστο): *ένας Θεός ξέρει πότε θα έρθει· επικαλούμαι θεούς και δαίμονες* (για δήλωση έντονου ψυχικού πάθους)· *έχει ο Θεός* (για δήλωση αισιοδοξίας ή υπομονής)· *Θεός σχωρέσ' τον* (για νεκρό)· *ο Θεός να βάλει το χέρι του!/να κάνει το θαύμα του* (ευχή για όποιον εμπλέκεται σε δυσκολίες)· *ο Θεός να δώσει* (ευχή για να γίνει κά-

τι)· *ποιος είδε το Θεό και δε φοβήθηκε* (για το φόβο που προκαλεί το ξέσπασμα της οργής κάποιου)· *τον κάνω Θεό* (για άνθρωπο που δεν εισακούει θερμές παρακλήσεις): *Θεό τον έκανα να έρθει μαζί μας, αλλά αυτός τίποτα.* - Υποκορ. **Θεούλης** ο: *Θεούλη μου, βοήθησέ με!*
θεοσέβεια η, ουσ. (ασυνίζ.), το να είναι κανείς θεοσεβής, να σέβεται το Θεό (συνών. *ευσέβεια·* αντ. *ασέβεια*).
θεοσεβής, -ής, -ές, γεν. *-ούς*, πληθ. αρσ. και θηλ. *-είς*, ουδ. *-ή*, επίθ., που σέβεται το Θεό (συνών. *ευσεβής·* αντ. *ασεβής*).
θεοσκόταδο το, ουσ., πυκνό, απόλυτο σκοτάδι.
θεοσκότεινος, -η, -ο, μτχ. επίθ., πάρα πολύ, απόλυτα σκοτεινός: *δωμάτιο -ο* (συνών. *κατασκότεινος·* αντ. *ολόφωτος, κατάφωτος*). - Επίρρ. **-α:** *έξω είναι -α.*
θεοσκοτωμένος, -η, -ο, μτχ. επίθ. (λαϊκ.), για δήλωση αγανάκτησης: *το -ο, ρήμαξε τον κήπο!*
θεοσοφία η και **θεοσοφισμός** ο, ουσ., θρησκευτική διδασκαλία που έχει αντικείμενο την ένωση του ανθρώπου με το θείο.
θεοσοφικός, -ή, -ό, επίθ., που αναφέρεται στη θεοσοφία: *στοχασμός ~· θεωρίες -ές.*
θεοσοφισμός, βλ. *θεοσοφία*.
θεόσταλτος, -η, -ο, επίθ. 1. που τον έστειλε ο Θεός: *όνειρο/μήνυμα -ο* (συνών. *θεόπεμπτος*). 2. ανέλπιστος, απροσδόκητος: *δώρο -ο.*
θεόστραβος, -η, -ο, επίθ. 1. εντελώς στραβός, στρεβλός: *γραμμή -η* (αντ. *ολόισιος*). 2. (συνήθως μειωτ.) εντελώς τυφλός, που δε βλέπει καθόλου. -Επίρρ. **-α** (στη σημασ. 1).
Θεός φυλάξοι! αρχαϊστ. φρ.· σε περιπτώσεις επικείμενου κακού, προβλεπόμενης συμφοράς.
θεότητα η, ουσ. 1. το να είναι κανείς θεός, θεϊκή φύση: *η ~ του Ιησού.* 2. θεός (βλ.λ. στη σημασ. 2): *οι -ητες των νερών· -ητες αρχαίες.*
θεοτικός, -ή, -ό, επίθ., που αναφέρεται στο θεό· που προέρχεται από το θεό· θεϊκός. - Το ουδ. στον πληθ. ως ουσ. = όσα σχετίζονται με το θείο: *απελπίστηκε απ' τους γιατρούς και το 'ριξε στα -ά.*
Θεοτόκος η, ουσ., η μητέρα του Χριστού, η Παναγία.
θεότρελος, -η, -ο, επίθ., εντελώς τρελός: *πλάσμα -ο· παιχνίδια -α* (συνών. *θεοπάλαβος*).
Θεού θέλοντος αρχαϊστ. έκφρ. = με τη θέληση του Θεού.
Θεούλης, βλ. *θεός*.
θεούσα η, ουσ., γυναίκα θρησκόληπτη και υπερβολικά προσκολημένη στην παράδοση.
Θεοφάνεια τα, ουσ. (ασυνίζ.), η γιορτή της βάφτισης του Χριστού, τα Φώτα.
θεοφιλής, -ής, -ές, γεν. *-ούς*, πληθ. αρσ. και θηλ. *-είς*, ουδ. *-ή*, επίθ. (λόγ.), που τον αγαπά ο Θεός. - Ο υπερθ. *θεοφιλέστατος* ως επίθ. = προσφώνηση επισκόπου.
θεοφοβούμενος, -η, -ο, επίθ., που σέβεται και φοβάται το Θεό: *γριά -η.*
θεραπεία η, ουσ. 1α. (ιατρ. - κοιν.) κάθε μέσο που έχει σκοπό την απαλλαγή από μια αρρώστια: *ο γιατρός είπε ν' ακολουθήσει αυτή τη ~· ~ συμπτωματική* (= που αναφέρεται στα συμπτώματα)· β. το να θεραπεύει, να καταπολεμά κανείς μιαν αρρώστια: *~ της φυματίωσης/του καρκίνου.* 2. (μεταφ.) το να βελτιώνει κανείς μια κατάσταση: *~ του κακού.*
θεραπεύσιμος, -η, -ο, επίθ., που μπορεί να θεραπευτεί: *αρρώστια/τραύμα -ο* (αντ. *αθεράπευτος*).
θεραπευτήριο το, ουσ. (ασυνίζ.), ίδρυμα όπου θεραπεύονται ασθενείς.
θεραπευτής ο, θηλ. **-τρια**, ουσ., αυτός που θεραπεύει.
θεραπευτικός, -ή, -ό, επίθ., που σχετίζεται με τη θεραπεία· που έχει σκοπό τη θεραπεία ή είναι κατάλληλος γι' αυτήν: *προβλήματα -ά· αγωγή/δύναμη -ή.* - Το θηλ. ως ουσ. = κλάδος της ιατρικής που έχει ως αντικείμενο τη θεραπεία ασθενών.
θεραπεύτρια, βλ. *θεραπευτής*.
θεραπεύω, ρ. 1α. κάνω κάποιον καλά απαλλάσσοντάς τον από μια αρρώστια: *ο γιατρός τον -ευσε εντελώς* (συνών. *γιατρεύω*)· β. προκαλώ την εξαφάνιση μιας αρρώστιας: *το φάρμακο -ει τον πονοκέφαλο* (συνών. *γιατρεύω*). 2. (μεταφ.) βελτιώνω μια κατάσταση: *~ το κακό· υποσχέθηκε να -εύσει τη δημόσια διοίκηση από τη γραφειοκρατία.*
θέρετρο το, ουσ. 1. τόπος κατάλληλος για παραθερισμό. 2. συγκρότημα κατοικιών για θερινή διακοπή: *~ αξιωματικών.*
θεριακή η, ουσ. (συνιζ., λαϊκ.). 1. φαρμακευτικό παρασκεύασμα που το χρησιμοποιούσαν ως αντίδοτο σε δηλητηριώδη δήγματα. 2. όπιο. [*θηριακός*].
θεριακλήδικος, -η, -ο, επίθ. (συνιζ., λαϊκ.), που σχετίζεται με το θεριακλή, που ικανοποιεί τα γούστα του: *καφές ~.* - Επίρρ. **-α.**
θεριακλής ο, θηλ. **-ού**, ουσ. (συνιζ., λαϊκ.), αυτός που του αρέσει υπερβολικά κάτι (κυρίως για καπνιστή ή καφεπότη). [*θεριακή* με επίδραση του τουρκ. *teryakli*].
θεριακλίκι το, ουσ. (συνιζ., λαϊκ.), έμμονο πάθος για κάτι: *~ του καφέ.*
θεριακλού, βλ. *θεριακλής*.
θεριακωμένος, -η, -ο, επίθ. (συνιζ., λαϊκ.), γιγαντόσωμος, μεγαλόσωμος.
θέριεμα το, ουσ. (συνιζ., λαϊκ.), υπερβολική αύξηση ή ανάπτυξη: *~ φυτού·* (μεταφ.) *~ του πόθου/επανάστασης* (συνών. *γιγάντεμα, φούντωμα*).
θεριεύω, ρ. (συνιζ., λαϊκ.). 1. ανακτώ ή αποκτώ δυνάμεις: *-εψε ο στρατός μόλις άρχισε η μάχη* (συνών. *δυναμώνω*). 2. αναπτύσσομαι υπερβολικά: *-εψε το παιδί.* 3. (για φυτά) φουντώνω: *-εψε το αμπέλι.* 4. (για στοιχείο της φύσης) δυναμώνω, αγριεύω: *-εψαν τα κύματα/οι φλόγες.* 5. (για αφηρ. ουσ.) αποκτώ ένταση ή έκταση: *-ει ο πόθος/η επανάσταση.*
θεριζοαλωνιστικός, -ή, -ό, επίθ., που σχετίζεται με το θέρισμα και το αλώνισμα των σιτηρών: *μηχανή -ή* (= σύνθετη γεωργική μηχανή που θερίζει και αλωνίζει σιτηρά, κομπίνα).
θερίζω, ρ. 1. κόβω τα σπαρτά με δρεπάνι ή με θεριστική μηχανή: *~ σιτάρι/τριφύλλι·* (μεταφ.) *-ει ο Χάρος τις ψυχές με το δρεπάνι του* (αντ. *σπέρνω*). 2. (μεταφ.) απολαμβάνω τα αποτελέσματα των πράξεών μου: *(παροιμ.) ό,τι σπείρεις θα -ίσεις.* 3. (μεταφ.) προκαλώ αθρόους θανάτους με βίαιο τρόπο και με μεγάλη ταχύτητα: *τους -ισε το πολυβόλο* (συνών. *εξολοθρεύω*). 4. (για αρρώστια) προσβάλλω θανατηφόρα: *-ισε πολλούς και φέτος η γρίπη.* 5. (μεταφ.) κάνω κάποιον να υποφέρει πολύ: *τον -ισε ο πόνος/η πείνα* (τριτοπρόσ., για διάρροια): *έφαγε πολλά ρωδάκινα και τον -ισε* (συνών. *καταβασανίζω*).
θερινός, -ή, -ό, επίθ. 1. που ανήκει στο καλοκαίρι ή σχετίζεται μ' αυτό: *-ή ώρα/περίοδος· -ό ηλιο-*

θεριό βλ. θηρίο.

στάσιο. **2.** που είναι κατάλληλος για την περίοδο του καλοκαιριού: *ρούχα -ά· κινηματογράφος ~.* **3.** που γίνεται ή συμβαίνει κατά τη διάρκεια του καλοκαιριού: *διακοπές -ές* (συνών. και στις 3 σημασ. *καλοκαιρινός·* αντ. *χειμερινός*).

θεριό, βλ. *θηρίο.*

θέρισμα το, ουσ., θερισμός (βλ.λ.) (αντ. *σπορά*).

θερισμός ο, ουσ. **1.** κόψιμο των ώριμων σιτηρών με δρεπάνι ή θεριστική μηχανή. **2.** εποχή κατά την οποία θερίζουν (συνών. *θέρος* ο).

θεριστής ο, θηλ. **-τρια,** ουσ. **1.** αυτός που θερίζει με δρεπάνι. **2.** (λαϊκ. με κεφ.) ο μήνας Ιούνιος (κατά τον οποίο γίνεται ο θερισμός).

θεριστικός, -ή, -ό, επίθ. **1.** που σχετίζεται με το θέρισμα ή είναι κατάλληλος γι' αυτό: *μηχανή -ή.* **2.** (στρατ.) *-ή βολή* = βολή που γίνεται με διαδοχικές γρήγορες πλευρικές κινήσεις του σωλήνα του πυροβόλου όπλου.

θερίστρια, βλ. *θεριστής.*

θερμά, βλ. *θερμός.*

θερμαγωγός, -ός ή **-ή, -ό,** επίθ. (φυσ.) που μεταβιβάζει τη θερμότητα: *σώμα -ό* (αντ. *δυσθερμαγωγός*).

θερμαίνω, αόρ. **θέρμανα,** ρ. **1.** κάνω κάτι ζεστό, αυξάνω τη θερμοκρασία του: *ο ήλιος -ει τη Γη με τις ακτίνες του· -όμενος χώρος* (συνών. *ζεσταίνω·* αντ. *ψύχω*). **2.** (μεταφ.) ζωογονώ, εμψυχώνω: *με το χαμόγελό της -ανε την ψυχρή ατμόσφαιρα της συντροφιάς· η ελπίδα της λευτεριάς -ανε τις ψυχές των υποδούλων.*

θέρμανση η, ουσ. **1.** τεχνητή αύξηση της θερμοκρασίας ενός σώματος ή χώρου: *~ διαμερίσματος με καλοριφέρ/με ηλεκτρισμό* (αντ. *ψύξη*). **2.** διαδικασία που αποσκοπεί στην παραγωγή θερμότητας και στη μεταφορά και διάδοσή της για οικιακές ή βιομηχανικές εφαρμογές: *~ κεντρική* (= σύστημα συλλογικής θέρμανσης διαμερισμάτων μιας πολυκατοικίας).

θερμαντήρας ο, ουσ. (ερρ.), ειδικό σκεύος που χρησιμοποιείται για τη θέρμανση υγρών, αερίων, κλπ.

θερμαντικός, -ή, -ό, επίθ. (ερρ.), που είναι κατάλληλος για την παραγωγή θερμότητας ή τη μετάδοσή της: *ύλες -ές· σώματα -ά κεντρικής θέρμανσης· ικανότητα -ή.*

θερμαντικότητα η, ουσ. (ερρ.), θερμαντική ικανότητα ενός σώματος.

θερμαστής ο, ουσ., τεχνίτης επιφορτισμένος με τη συντήρηση της φωτιάς στο λέβητα ατμομηχανής: *~ σε σιδηρόδρομο/εργοστάσιο.*

θερμάστρα η, ουσ., συσκευή άμεσης ή τοπικής θέρμανσης σε αντιδιαστολή προς τα θερμαντικά σώματα των εγκαταστάσεων κεντρικής θέρμανσης: *~ πετρελαίου / ξύλου / αερίου* (συνών. *σόμπα*).

θέρμες οι, ουσ. (αρχαιολ.) συγκρότημα αιθουσών που προορίζονταν για δημόσια λουτρά, ανάπαυση και κοινωνική δραστηριότητα στην αρχαία Ρώμη: *οι -ες του Καρακάλα.*

θέρμη η, ουσ. **1.** θερμότητα, ζέστη: *~ της παλάμης.* **2.** (στον πληθ.) οξεία προσβολή ελώδους πυρετού, ελονοσία. **3.** (μεταφ.) έντονο ενδιαφέρον, ζήλος: *τον υποστήριξε με ~· προσεύχεται με ~* (συνών. *ζέση*).

θερμίδα η, ουσ. (φυσ.) μονάδα ενέργειας και συγκεκριμένα θερμότητας που χρησιμοποιείται για τη μέτρηση της θρεπτικής αξίας των τροφίμων: *τροφές με πολλές -ες.*

θερμιδογόνος, -α, -ο, επίθ., που παράγει θερμίδες.

θερμιδομετρία η, ουσ. (φυσ.) κλάδος της φυσικής που ασχολείται με τη μέτρηση ποσοτήτων θερμότητας που υπεισέρχονται σε διάφορα φαινόμενα.

θερμικός, -ή, -ό, επίθ. **1.** που σχετίζεται με τη θερμότητα (ως μορφή ενέργειας): *αγωγιμότητα/αίσθηση/αντοχή -ή.* **2.** που προέρχεται από τη θερμότητα: *ενέργεια/ακτινοβολία/διαστολή -ή.* **3.** που λειτουργεί με τη θερμότητα ή γίνεται μ' αυτήν: *αντιδραστήρας/κινητήρας ~· γεώτρηση -ή.*

θερμόαιμος, -η, -ο, επίθ. **1.** (για ζώο) που η θερμοκρασία του σώματός του παραμένει σταθερή ανεξάρτητα από τις μεταβολές του περιβάλλοντος (πιο σωστά *ομοιόθερμος*): *θηλαστικά -α* (αντ. *ψυχρόαιμος*). **2.** (μεταφ.) ευέξαπτος, ευερέθιστος: *συμπλοκή -ων οπαδών αντίπαλων ομάδων* (συνών. *αψίθυμος·* αντ. *ψύχραιμος*).

θερμογόνος, -α, -ο, επίθ., που παράγει θερμότητα ή αυξάνει τον αριθμό των θερμίδων.

θερμογραφία η, ουσ. **1.** (ιατρ.) μέθοδος που επιτρέπει την ακριβή εκτίμηση των μεταβολών της θερμοκρασίας του σώματος ανιχνεύοντας την εκπεμπόμενη θερμική ακτινοβολία. **2.** σύνολο μεθόδων που δίνουν χαρακτηριστική εικόνα ενός σώματος με τη χρήση της υπέρυθρης ακτινοβολίας.

θερμογράφος ο, ουσ., όργανο που καταγράφει τις διακυμάνσεις της θερμοκρασίας (συνήθως του αέρα, αλλά και του νερού, του εδάφους, κλπ.).

θερμοδυναμική η, ουσ. (φυσ.) κλάδος της φυσικής που έχει αντικείμενο την έρευνα και μελέτη της θερμότητας ως μορφής ενέργειας ή τη μετατροπή της σε άλλες μορφές ενέργειας.

θερμοδυναμικός, -ή, -ό, επίθ., που αναφέρεται στη θερμοδυναμική: *ιδιότητες -ές· ισορροπία -ή.*

θερμοηλεκτρικός, -ή, -ό, επίθ. **1.** που σχετίζεται με το θερμοηλεκτρισμό: *φαινόμενα -ά.* **2.** που στηρίζεται στις αρχές του θερμοηλεκτρισμού: *εργοστάσιο -ο· διάταξη -ή.*

θερμοηλεκτρισμός ο, ουσ. (φυσ.) **1.** άμεση μετατροπή της θερμότητας σε ηλεκτρική ενέργεια ή το αντίστροφο. **2.** κλάδος της ηλεκτρολογίας που εξετάζει τα θερμοηλεκτρικά φαινόμενα.

θερμοθεραπεία η, ουσ. (ιατρ.) θεραπευτική μέθοδος που βασίζεται στη χρησιμοποίηση της θερμότητας.

θερμοκαυτήρας ο, ουσ. (ιατρ.) εργαλείο για καυτηριάσεις, με ακίδα από λευκόχρυσο που λευκοπυρώνεται και διατηρείται σε υψηλή θερμοκρασία με τη διοχέτευση ρεύματος αέρα με ατμούς καυσίμου.

θερμοκαυτηρίαση η, ουσ. (ιατρ.) χρησιμοποίηση θερμοκαυτήρα για χειρουργικούς σκοπούς.

θερμοκέφαλος, -η, -ο, επίθ. (μειωτ.) που οι ενέργειές του επηρεάζονται από τα συναισθήματά του και όχι από τη λογική (συνών. *ευέξαπτος, αψίθυμος*).

θερμοκήπιο το, ουσ. (ασυνίζ.). **α.** κατασκευή ειδικά σχεδιασμένη είτε για την προστασία των ευαίσθητων φυτών από το ψύχος ή τις υψηλές θερμοκρασίες, είτε για τον εξαναγκασμό των φυτών σε πρώιμη βλάστηση ή ανθοφορία κάτω από τεχνητές συνθήκες περιβάλλοντος (συνών. *σέρα*)· **β.** (μεταφ.) χώρος όπου καλλιεργούνται και αναπτύσσονται φαινόμενα, ενέργειες, κ.τ.ό.: *~ ιδεών.*

θερμοκοιτίδα η, ουσ. (ιατρ.) κλειστή συσκευή με διαφανή τοιχώματα για τη συντήρηση βρεφών που γεννιούνται πρόωρα και που έχουν μικρό βάρος ή που αναρρωνύουν από βαριά ασθένεια ή χειρουργική επέμβαση, σε περιβάλλον χωρίς μικρόβια του οποίου η θερμοκρασία, ο βαθμός οξυγόνωσης και η υγρασία παραμένουν σταθερά.

θερμοκρασία η, ουσ. **1.** (φυσ.) μέγεθος που χαρακτηρίζει τη θερμική κατάσταση σώματος, βαθμός θερμότητας: ~ *υγρού/αερίου/βρασμού/τήξης.* **2.** (μετεωρ.) το σύνολο των μεταβλητών ατμοσφαιρικών συνθηκών που μας γίνονται αισθητές διαμέσου των αισθημάτων του θερμού και του ψυχρού και που η ακριβής εκτίμησή τους γίνεται με τη βοήθεια θερμομέτρου: *άνοδος/πτώση -ας· υψηλή-/χαμηλή* ~. **3.** θερμική κατάσταση που επικρατεί στο εσωτερικό του οργανισμού· φρ. *παίρνω τη* ~ *κάποιου* = τον θερμομετρώ. **4.** (μεταφ.) ένταση που χαρακτηρίζει μια ενέργεια ή μια κατάσταση: *την περίοδο των εκλογών ανεβαίνει η* ~ *των πολιτικών παθών.*

θερμοκρασιακός, -ή, -ό, επίθ. (ασυνίζ.), που αναφέρεται στη θερμοκρασία: *κλίμακες/αλλαγές -ές.*

θερμόλουτρο το, ουσ., λουτρό με ζεστό νερό για λόγους υγείας (αντ. *ψυχρολουσία).*

θερμομεταλλικός, -ή, -ό, επίθ. (για πηγή) που το νερό της προέρχεται από μεγάλα βάθη και περιέχει διαλυμένες ενώσεις διάφορων μετάλλων.

θερμομέτρηση η, ουσ., μέτρηση θερμοκρασίας ανθρώπου ή ζώου με θερμόμετρο.

θερμομετρικός, -ή, -ό, επίθ., που σχετίζεται με τη θερμομέτρηση ή το θερμόμετρο: *κλίμακα -ή.*

θερμόμετρο το, ουσ., όργανο με το οποίο μετριέται η θερμοκρασία και που η λειτουργία του στηρίζεται στη θερμική διαστολή ενός υγρού ή αερίου, που περιέχεται σε διαφανή σωλήνα με χαραγμένη τη θερμομετρική κλίμακα: ~ *υδραργύρου/ιατρικό/αυτογραφικό* (για αυτόματη καταγραφή θερμοκρασίας)· (μεταφ.) *ανεβαίνει το* ~ *των πολιτικών εξελίξεων* (= αυξάνεται η ένταση).

θερμομετρώ, -είς, ρ., (μτβ.) μετρώ τη θερμοκρασία κάποιου.

θερμομόνωση η, ουσ. **α.** το να διατηρείται σταθερή η θερμοκρασία κατασκευής ανεξάρτητα από τη θερμοκρασία του περιβάλλοντος: *τα κουφώματα προσφέρουν καλή* ~. **β.** (συνεκδοχικά) η θερμική μόνωση κατασκευής: *το κτήριο έχει καλή* ~.

θερμομονωτικός, -ή, -ό, επίθ., που ανήκει ή αναφέρεται στη θερμομόνωση (βλ.λ.) ή που είναι κατάλληλος γι' αυτήν: *υλικά -ά.*

θερμοπαρακάλιο το, ουσ. (συνιζ., λαϊκ., συνήθως στον πληθ.) θερμή παράκληση.

θερμοπαρακαλώ, -είς, ρ., παρακαλώ κάποιον θερμά.

θερμοπηγή η, ουσ., πηγή με θερμά νερά, ιδίως μεταλλικά.

θερμοπληξία η, ουσ. (ιατρ.) πάθηση που προκαλείται από τη συσσώρευση στο σώμα μεγάλης ποσότητας ηλιακής ή άλλης θερμότητας: *έπαθε* ~ *γιατί καθόταν πολλή ώρα στον καυτό ήλιο.*

θερμοπομπός ο, ουσ. (έρρ.), είδος θερμαντικής συσκευής.

θερμοπυρηνικός, -ή, -ό, επίθ. (φυσ.) που αναφέρεται στις πυρηνικές αντιδράσεις σε πολύ υψηλές θερμοκρασίες: *ενέργεια -ή· εργοστάσιο -ό· όπλα -ά.*

θερμορρύθμιση η, ουσ. (βιολ.) λειτουργία χάρη στην οποία τα ζώα διατηρούν σταθερή τη θερμοκρασία του σώματός τους ανεξάρτητα από τις μεταβολές θερμοκρασίας του περιβάλλοντος.

θερμορρυθμιστικός, -ή, -ό, επίθ. (βιολ.) που σχετίζεται με τη θερμορρύθμιση: *σύστημα -ό.*

θερμός και **τερμός** το, ουσ. άκλ., δοχείο ειδικά κατασκευασμένο για να διατηρεί τη θερμοκρασία του υγρού που περιέχει: ~ *με παγωμένο νερό/με ζεστό καφέ.* [διεθνής όρος *thermos*].

θερμός, -ή, -ό, επίθ. **1.** που έχει θερμοκρασία ανώτερη από τη φυσιολογική ή τη συνηθισμένη: *κλίμα -ό· χώρες -ές· λουτρά -ά· αέρας* ~ (συνών. *ζεστός·* αντ. *κρύος, ψυχρός).* **2.** (μεταφ.) έντονος: *ενδιαφέρον -ό· παράκληση -ή· μήνας* ~ *για την οικονομία* (= που χαρακτηρίζεται από έντονη δραστηριότητα) (συνών. *ζωηρός).* **3α.** που εκδηλώνει αισθήματα αγάπης, εγκαρδιότητας: *αγκαλιά -ή· φιλί -ό· χειραψία/υποδοχή -ή· ευχές -ές· συγχαρητήρια -ά·* **β.** (για πρόσωπο) πιστός, αφοσιωμένος: *οπαδός/δημοτικιστής* ~. **4.** *άντρας* ~, *γυναίκα -ή* = που σεξουαλικώς έχει έντονη ιδιοσυγκρασία. - Επίρρ. **-ά.**

θερμοσίφωνας ο και **θερμοσίφωνο** το, ουσ., ηλεκτρική συσκευή που ζεσταίνει το νερό και συνδέεται με το υδραυλικό δίκτυο για να υπάρχει συνεχής ροή του νερού: *ανάβω το -ο· -ας ηλιακός* (= που θερμαίνει το νερό με κάτοπτρα χρησιμοποιώντας τη θερμότητα των ακτίνων του ήλιου).

θερμοσκοπικός, -ή, -ό, επίθ., που αναφέρεται στον έλεγχο των μεταβολών της θερμοκρασίας: *χάρτης* ~.

θερμοσκόπιο το, ουσ. (ασυνίζ.), συσκευή που δείχνει τις μεταβολές της θερμοκρασίας.

θερμοστάτης ο, ουσ., ειδικό ρυθμιζόμενο όργανο σε ηλεκτρική συσκευή που χρησιμεύει στη διατήρηση σταθερής θερμοκρασίας στο εσωτερικό της: ~ *ψυγείου/πλυντηρίου/θερμοσίφωνα·* ~ *ρυθμισμένος σε υψηλή θερμοκρασία.*

θερμοστατικός, -ή, -ό, επίθ., που ανήκει ή αναφέρεται στο θερμοστάτη.

θερμοσυσσώρευση η, ουσ., συσσώρευση, αποθήκευση θερμότητας σε θερμοσυσσωρευτή (βλ.λ.).

θερμοσυσσωρευτής ο, ουσ., ηλεκτρική θερμαντική συσκευή που αποθηκεύει τη θερμότητα τη νύχτα και την αποδίδει την επόμενη ημέρα.

θερμότητα η, ουσ. **1.** ιδιότητα του θερμού (βλ.λ.), το να είναι κάτι ζεστό: ~ *των ακτίνων του ήλιου* (συνών. *ζέστη·* αντ. *ψυχρότητα).* **2.** (φυσ.) μορφή ενέργειας που έχει ως αποτέλεσμα την άνοδο της θερμοκρασίας ενός σώματος: *με την τριβή/καύση παράγεται* ~· *κακός αγωγός της -ας* (αντ. *ψύχος).* **3.** (μεταφ.) εκδήλωση θετικών συναισθημάτων με έντονο τρόπο: ~ *υποδοχής* (συνών. *θέρμη, εγκαρδιότητα·* αντ. *ψυχρότητα).*

θερμοφόρα η, ουσ. **α.** είδος μικρού ελαστικού σάκου που το γεμίζουμε με ζεστό νερό για να ζεσταίνει μέρη του σώματος· **β.** *ηλεκτρική* ~ = ειδικός σάκος που ζεσταίνει τον αέρα που περιέχει, με ηλεκτρικές αντιστάσεις και χρησιμεύει σε ό,τι και η απλή θερμοφόρα.

θερμοχημεία η, ουσ., κλάδος της φυσικοχημείας που μελετά τα θερμικά φαινόμενα που συνοδεύουν τις χημικές αντιδράσεις.

θέρος το, γεν. **-ους,** ουσ. (λόγ.), καλοκαίρι: *οι μήνες του -ους.*

θέρος ο, ουσ. **1.** θέρισμα των σιτηρών (συνών. *θερισμός)·* παροιμ. ~, *τρύγος, πόλεμος* (για πράγ-

μάτα που δεν επιδέχονται αναβολή). **2.** (συνεκδοχικά) η εποχή του θερισμού.
θέσει, επίρρ. (λόγ.), (για ιδιότητα που αποκτά κάποιος ή κάτι εξαιτίας της θέσης του): *οι εκπαιδευτικοί είναι οι ~ αρμοδιότεροι για τη μόρφωση των παιδιών* (αντ. *φύσει*).
θέση η, πληθ. *-εις,* ουσ. **1.** τοποθέτηση προσώπου ή πράγματος σε κάποιο μέρος: *πήρε την κατάλληλη ~ για να παρακολουθήσει την παρέλαση.* **2.** το μέρος όπου βρίσκεται ή τοποθετείται κάτι: *βάλε το βιβλίο στη ~ του·* *είναι στη ~ του.* **3.** τόπος, τοποθεσία όπου βρίσκεται κάτι σε σύγκριση με το ευρύτερο περιβάλλον: *η Κρήτη βρίσκεται σε ~ στρατηγική·* *~ περίοπτη/γεωγραφική* (στρατ.) *~ μάχης·* *εγκατάλειψη -ης* (συνών. *μέρος, σημείο*). **4.** σειρά σε κατάταξη: *κέρδισε την πρώτη ~ στο διαγωνισμό·* *τελευταία στη βαθμολογία.* **5.** χώρος (συνήθως κάθισμα) για ένα άτομο (σε μέσο συγκοινωνίας ή σε αίθουσα θεάματος): *δε βρήκε ~ στο λεωφορείο·* (στο θέατρο) *~ κενή/κατειλημμένη·* *εισιτήριο πρώτης -ης* (ανάλογα με τις ανέσεις που προσφέρονται). **6.** άποψη, γνώμη: *-εις ενός κόμματος* / *συγγραφέα· ~ αστήρικτη/προσωπική·* φρ. *διαχωρίζω τη ~ μου* (= διαφοροποιώ τις απόψεις μου σε σχέση με άλλον)· *παίρνω ~ σε κάτι* (= εκφράζω τη γνώμη μου για κάποιο θέμα). **7.** κατάσταση στην οποία βρίσκεται κάποιος: *~ δύσκολη/μειονεκτική· βρίσκομαι στη δυσάρεστη ~ να σας ανακοινώσω...·* *ο κατηγορούμενος με την απολογία του επιβάρυνε τη ~ του·* *η ~ της γυναίκας σήμερα·* *έλα στη ~ μου!* **8.** υπηρεσία, απασχόληση (υπαλληλική ή εργατική), λειτούργημα: *νέες -εις εργασίας·* *~ δημόσια/μόνιμη·* *περιορισμός -εων·* *~ υφηγητή·* *παραιτούμαι από τη ~ μου* (= αξίωμα)· *~ κλειδί.* **9.** (ειδικά) αριθμός σπουδαστών που μπορεί να τους εκπαιδεύσει ένα εκπαιδευτικό ίδρυμα: *περιορίστηκαν οι -εις των εισαγομένων στα πανεπιστήμια.* **10.** (μετρ.) μακρά (σε αρχαίο) ή τονισμένη (σε νεότερο μετρικό πόδα) συλλαβή (αντ. *άρση*). **11.** (μους.) το μέρος του μουσικού ρυθμού που εκτελείται με περισσότερη δύναμη. Έκφρ. *από ~ ισχύος,* βλ. *ισχύς.* Φρ. *αγωνίζομαι για μια ~ στον ήλιο* (= για αξιοπρεπή ζωή)· *βάζω τα πράγματα στη ~ τους* (= αποκαθιστώ την τάξη ή την αλήθεια)· *βάζω κάποιον στη ~ του* (= αναγκάζω κάποιον που παρεκτράπηκε να γίνει προσεκτικότερος, τον συμμορφώνω)· *δίνω τη ~ μου σε κάποιον* (= **α.** με διαδέχεται ή με αντικαθιστά κάποιος· **β.** σηκώνομαι για να καθίσει κάποιος)· *κουνήσου από τη ~ σου!* (προτροπή για να αποτραπεί το κακό που προαναφέρθηκε)· *κρατώ τη ~ μου* (= συμπεριφέρομαι αξιοπρεπώς)· *παίρνω τη ~ κάποιου* (= **α.** διαδέχομαι ή αντικαθιστώ κάποιον· **β.** υποστηρίζω την άποψη κάποιου)· *κάποιος ή κάτι παίρνει* (ή *πήρε*) *τη ~ του στην ιστορία* (για θετική συνήθως αξιολόγηση): *οι ήρωες του Εικοσιένα πήραν τη ~ τους στην ελληνική ιστορία.* Παροιμ. φρ. *Όταν κάθεσαι στη ~ σου, κανείς δε σε σηκώνει* (γι' αυτούς που δεν ανακατεύονται σε ξένες υποθέσεις). - Υποκορ. **-ούλα** η (στις σημασ. 5 και 8).
-θεσία, β' συνθ. θηλ. ουσ.: *νομο-θεσία, σκηνο-θεσία, στοιχειο-θεσία.*
θεσιθήρας ο, ουσ., αυτός που επιδιώκει να διοριστεί σε δημόσια θέση.
θεσιθηρία η, ουσ., η επιδίωξη κάποιου να διοριστεί σε δημόσια θέση.

θεσμικός, -ή, -ό, επίθ., που έχει σχέση με τους θεσμούς που ισχύουν στο κράτος: *αλλαγές -ές·* *-ό πλαίσιο.*
θέσμιο το, ουσ. (ασυνίζ.), (συνήθως στον πληθ.) τα ήθη και έθιμα που ισχύουν σ' έναν τόπο.
θεσμοθέτης ο, ουσ. **1.** αυτός που θεσμοθετεί, που θεσπίζει νόμους (συνών. *νομοθέτης*). **2.** (ιστ.) οι έξι από τους εννέα άρχοντες στην αρχαία Αθήνα που έως την εποχή του Δράκοντα είχαν έργο τους την καταγραφή των θεσμίων και αργότερα την αναθεώρηση των νόμων.
θεσμοθέτηση η, ουσ., επιβεβαίωση ή καθιέρωση του υποχρεωτικού χαρακτήρα ατομικής ή ομαδικής δράσης, ενός θεσμού με μια τυπική πράξη.
θεσμοθετώ, ρ., καθιερώνω κάτι ως θεσμό, δίνω σε κάτι τη μορφή του νόμου.
θεσμός ο, ουσ. **1.** κάθε εκδήλωση που θεωρείται βασικό και τυπικό χαρακτηριστικό ορισμένης κοινωνίας ή ομάδας και που παίρνει τη μορφή του νόμου επειδή ισχύει και επαναλαμβάνεται σχεδόν με τον ίδιο τρόπο για μεγάλο χρονικό διάστημα: *ο ~ της προίκας/της τοπικής αυτοδιοίκησης/οι -οί ενός κράτους* (ή *οι θεμελιώδεις νόμοι του*)· (γενικά) συνήθεια που επαναλαμβάνεται για χρόνια: *η διοργάνωση μιας γιορτής για τους υπαλλήλους από την εταιρεία έγινε πια ~.* **2.** οργανισμός, κοινωνικός ή πολιτικός αναγνωρισμένος με νόμο: *~ των τραπεζικών ιδρυμάτων/της εκκλησίας/της αστυνομίας.*
Θεσμοφόρια τα, ουσ. (ασυνίζ.), (ιστ.) γιορτή που τελούσαν οι γυναίκες της αρχαίας Ελλάδας σε διάφορες πόλεις προς τιμήν της Δήμητρας και της Κόρης.
θεσούλα, βλ. *θέση.*
θεσπέσιος, -α, -ο, επίθ. (ασυνίζ., λόγ.), που η ομορφιά του έχει κάτι το θεϊκό, το παραδεισένιο: *μελωδία/μορφή -α* (συνών. *ονειρικός, μαγευτικός·* αντ. *απαίσιος*).
θεσπίζω, ρ., εισάγω νέο θεσμό, νέο νόμο: *~ νέα μέτρα/νόμο* (συνών. *θεσμοθετώ*).
θέσπιση η, ουσ., εισαγωγή νέου θεσμού, επιβολή νέου νόμου: *~ μέτρων για την αντιμετώπιση της ρύπανσης του περιβάλλοντος* (συνών. *θεσμοθέτηση*).
θέσπισμα το, ουσ. **1.** (νομ.) επίσημη (κρατική) διαταγή ή απόφαση, νομοθέτημα· *~ κλητήριο* (= έγγραφο με το οποίο καλείται κάποιος να παρουσιαστεί ως κατηγορούμενος στο δικαστήριο). **2.** πράξη ή απόφαση της πανεπιστημιακής συγκλήτου.
Θεσπρωτός ο, θηλ. *-ή,* ουσ. αυτός που κατοικεί στη Θεσπρωτία ή κατάγεται από εκεί.
θεσσαλικός, -ή, -ό, επίθ., που έχει σχέση με τη Θεσσαλία ή τους Θεσσαλούς: *κάμπος ~· έθιμα -ά.*
Θεσσαλονικιός, -ιά (λαϊκ.) **Σα-,** θηλ. *-ιοί* (συνιζ.) και *-είς,* ουσ., αυτός που κατάγεται από τη Θεσσαλονίκη ή κατοικεί εκεί.
θεσσαλονικιώτικος, -η, -ο, και (λαϊκ.) **σα-** (συνιζ.), επίθ., που έχει σχέση με τη Θεσσαλονίκη ή τους Θεσσαλονικείς.
Θεσσαλός ο, θηλ. *-ή,* ουσ., αυτός που κατάγεται από τη Θεσσαλία ή μένει εκεί.
θέσφατο ουσ. (συνήθως στον πληθ.) θείες εντολές· απόψεις ή συμβουλές που γίνονται σεβαστές σαν κάτι ιερό.
θετικά, βλ. *θετικός.*
θετικισμός ο, ουσ. (φιλοσ.), φιλοσοφικό σύστημα

θεωρία

που δέχεται ως πηγή γνώσης και ως πραγματικότητα μόνο ό,τι γίνεται αντιληπτό από τις αισθήσεις και αρκείται στην παρατήρηση των φαινομένων και σε ό,τι μπορεί να αποδειχτεί.

θετικιστής ο, θηλ. **-τρια** ουσ. (ασυνίζ.), οπαδός του θετικισμού.

θετικός, -ή, -ό, επίθ. 1. που έχει σχέση με την πραγματικότητα, που εκφράζει την πραγματικότητα, βέβαιος, συγκεκριμένος: *πηγές/πληροφορίες/μαρτυρίες -ές* (συνών. *σίγουρος, αναμφισβήτητος*)· *επιστήμες -ές* (οι τεχνικές, φυσικές και μαθηματικές επιστήμες που βασίζονται στην αντικειμενική γνώση· αντ. *θεωρητικές*)· *φιλοσοφία -ή* (= θετικισμός)· *φιλόσοφος ~* (= θετικιστής). 2. που εκφράζει συμφωνία, επιδοκιμασία, ενθάρρυνση: *απάντηση / άποψη / κριτική -ή* (αντ. *αρνητικός*). 3. που συντελεί στην αίσια έκβαση, αποτελεσματικός: *εξελίξεις / προοπτικές -ές· παρέμβαση -ή* (αντ. *αρνητικός*). 4. που εκφράζει πλεονέκτημα, προτέρημα: *έχει αρκετά -ά στοιχεία στο χαρακτήρα του·* η *-ή πλευρά της υπόθεσης* (συνών. *καλός, πλεονεκτικός·* αντ. *αρνητικός*). 5. (για πρόσωπο) που μπορεί κανείς να βασίζεται σ' αυτόν γιατί ενεργεί με βάση τη λογική: *άνθρωπος / χαρακτήρας ~*. 6. (γραμμ.) ο πρώτος βαθμός επιθέτου ή επιρρήματος που απλώς προσδίδει μια ιδιότητα σε ό,τι χαρακτηρίζει και από τον οποίο σχηματίζονται οι άλλοι βαθμοί. 7. (μαθημ.) που έχει στάθμη ή θέση μεγαλύτερη από το *μηδέν* (0) και συμβολίζεται με το πρόσημο +: *αριθμός ~· μέγεθος -ό· γωνία / επιτάχυνση -ή* (αντ. *αρνητικός*). 8. (φυσ.) που έχει λιγότερα ηλεκτρόνια από όσα θα έπρεπε σε κατάσταση ηλεκτρικής ουδετερότητας και αυξημένη ποσότητα πρωτονίων: *ηλεκτρόνιο -ό· πόλος ~· ηλεκτρισμός ~* (= που αναπτύσσεται στο γυαλί, όταν τρίβεται με μάλλινο ή μεταξωτό ύφασμα)· *ηλεκτρικό φορτίο -ό* (αντ. *αρνητικός*). 9. (ιατρ., για αποτέλεσμα εξέτασης) που αποδεικνύει την ύπαρξη μικροβίου ή ουσίας συγκεκριμένης αρρώστιας στον ανθρώπινο οργανισμό (αντ. *αρνητικός*). 10. (φωτογραφία) *εικόνα -ή* = η εικόνα που παίρνεται με το τύπωμα της αρνητικής εικόνας ή του αρνητικού φιλμ σε κατάλληλο χαρτί ή πλάκα και αποδίδει τα φυσικά χρώματα του φωτογραφιζόμενου αντικειμένου (αντ. *αρνητική*). 11. (νομ.) *δίκαιο -ό* (= οι κανόνες του δικαίου που ισχύουν σε μια ορισμένη στιγμή και περιοχή) (αντ. *φυσικό*). 12. (οικον.) πραγματικός: *κέρδος -ό* (αντ. *αρνητικός*). 13. (φιλολ.) *-ό κριτικό υπόμνημα* = κριτικό (βλ. λ.) υπόμνημα στο οποίο παραθέτονται όλες οι γραφές των διάφορων παραλλαγών ενός κειμένου (αντ. *αρνητικό*). - Το ουδ. ως ουσ. = εικόνα θετική (βλ. σημασ. 10). -Επίρρ. **-ά** στις σημασ. 1, 2, 3, 4.

θετικότητα η, ουσ., το να είναι κάτι θετικό, βέβαιο: *δεν μπορώ να σου απαντήσω με ~ αν θα έρθω* (συνών. *βεβαιότητα*).

θετός, -ή, -ό, επίθ. 1. που είναι υιοθετημένος: *από την τέλεση της υιοθεσίας το -ό τέκνο έχει θέση γνήσιου έναντι αυτού που το υιοθέτησε* (αστ. κώδ.) (αντ. *γνήσιος*). 2. που έχει υιοθετήσει κάποιον στη θέση γιου ή κόρης: *πατέρας ~· γονείς οί* (αντ. *φυσικός*).

θέτω, ρ., αόρ. ενεργ. *έθεσα,* μτχ. παθ. παρκ. *τεθειμένος* μόνο σε σύνθεση. 1. βάζω, τοποθετώ. 2. (μεταφ.): *~ τους όρους μου για τη συνεργασία/τις βάσεις για το αύριο·* φρ. *~ υπόψη κάποιου* (= γνωστοποιώ, επισημαίνω κάτι σε κάποιον)· *~ εκτός μάχης* (= εξουδετερώνω). 3. περιφραστικά, με ουσ. που συνήθως συνοδεύεται από πρόθ. αντί για το αντίστοιχο ρ.: *~ σε λειτουργία/ενέργεια/ εφαρμογή/κίνηση/κίνδυνο/ αμφισβήτηση/ υπό την κρίση σου.*

θέτω τον δάκτυλον επί τον τύπον των ήλων· αρχαϊστ. φρ. = επιδιώκω να πειστώ απόλυτα για όσα υποστηρίζονται, πείθομαι απόλυτα για την αλήθεια γεγονότος.

θεωρείο το, ουσ., χώρος σε αίθουσες θεάτρου ή κινηματογράφου που βρίσκεται ψηλότερα από την πλατεία στα πλάγια και στο πίσω μέρος της, κατανεμημένος σε τμήματα από όπου ορισμένος αριθμός ατόμων παρακολουθεί την παράσταση.

θεώρημα το, ουσ. (μαθημ.) επιστημονική πρόταση στα μαθηματικά που η αλήθεια της, για να γίνει παραδεκτή, χρειάζεται να αποδειχτεί: *πυθαγόρειο ~* (αντ. *αξίωμα*).

θεώρηση η, ουσ. 1. έλεγχος και έγκριση επίσημου εγγράφου: *~ διαβατηρίου.* 2. έλεγχος γραπτού κειμένου για τη διόρθωση σφαλμάτων: *~ τυπογραφικών δοκιμίων/αντιγράφων.* 3. προσεκτική και σε βάθος εξέταση ενός θέματος με στόχο την ανάλυση ή την ερμηνεία του: *~ του προβλήματος/λογοτεχνικού έργου ενός συγγραφέα.*

θεωρητής ο, θηλ. **-ήτρια,** ουσ. (ασυνίζ.), αυτός που ασχολείται με τη θεώρηση γραπτών κειμένων.

θεωρητικολογώ, ρ. (ειρων.) μιλώ θεωρητικά για κάποιο θέμα χωρίς όμως να ενδιαφέρομαι για τη θετική του πλευρά.

θεωρητικός, -ή, -ό, επίθ. **1α.** που βασίζεται στη θεωρία και όχι στην πρακτική ή την εμπειρία: *ανάλυση/συζήτηση -ή·* **β.** (για επιστήμη ή τέχνη) που βασίζεται στις αφηρημένες αρχές του συγκεκριμένου θέματος και δεν ασχολείται με την πρακτική όψη ή χρήση του: *εκπαίδευση -ή· γλωσσολογία/βιολογία -ή· αριθμητική -ή* (= που ασχολείται με τις ιδιότητες των αριθμών) (αντ. *πρακτικός*). 2. που στηρίζεται σε στοιχεία υποθετικά, άσχετα με την πραγματικότητα: *είσπραξη -ή· παραγωγή -ή* (συνών. *υποτιθέμενος, φανταστικός·* αντ. *πραγματικός*). 3. που έχει επιβλητική εμφάνιση: *ψηλή, λυγερή, -ή γυναίκα* (συνών. *επιβλητικός, φιγουράτος*). - Το αρσ. ως ουσ. = αυτός που ασχολείται με τις αρχές μιας θεωρίας: *οι -οί του μαρξισμού.*

θεωρήτρια, βλ. *θεωρητής.*

θεωρία η, ουσ. 1. σύστημα αντιλήψεων που βασίζεται σε ενδείξεις ή σειρά συλλογισμών για να ερμηνευτεί κάποιο φαινόμενο, χωρίς όμως να μπορεί να επαληθευτεί πλήρως: *~ της εξέλιξης των ειδών.* 2. σύστημα αρχών που αναφέρονται σε έναν τομέα της γνώσης ή εξετάζουν μια ορισμένη άποψη ενός θέματος και τις οποίες αντιλαμβάνεται κανείς με την αφηρημένη σκέψη: *μαρξιστική οικονομική ~.* **3α.** οι απόψεις κάποιου ή κάποιων που αφορούν ένα θέμα: *έχει τη δική του ~ για την ισότητα·* **β.** απόψεις κάποιου ή κάποιων που όμως δε βασίζονται σε πραγματικά δεδομένα: *-ες και παχιά λόγια·* φρ. *~ μας κάνεις τώρα;* (= προσπαθείς να μας πείσεις;). 4. σύστημα γενικών κανόνων και αρχών, που αποτελούν τη βάση μιας τέχνης ή επιστήμης και που χρησιμεύουν για διδακτικούς σκοπούς: *η ~ της μουσικής.* 5. επιβλητική εξωτερική εμφάνιση φρ. *~ επισκόπου και καρδία μυλωνά* (για πρόσωπο ή και αντικείμενο

θεωρικά

που η σημασία του ή η αξία του είναι επιφανειακή).

θεωρικά τα, ους. (στην αρχαία Αθήνα) χρήματα που δίνονταν από το δημόσιο ταμείο στους άπορους πολίτες για να παρακολουθήσουν θεατρικές παραστάσεις.

θεωρώ, ρ. **1.** έχω τη γνώμη για κάποιον ή κάτι ότι έχει μιαν ιδιότητα: *σε ~ έξυπνο/τυχερό άνθρωπο· η ενέργεια δε θα -ηθεί σωστή* (συνών. *νομίζω*). **2α.** δίνω ένα επίσημο έγγραφο για θεώρηση: *-ώρησα το βιβλιάριο υγείας·* **β.** (για υπάλληλο της αρμόδιας υπηρεσίας) εξετάζω επίσημο έγγραφο για να το επικυρώσω. **3.** εξετάζω προσεκτικά γραπτό κείμενο για τη διόρθωση σφαλμάτων που τυχόν υπάρχουν: *~ τυπογραφικά δοκίμια.* **4.** (μαθημ.) υποθέτω ότι υπάρχει κάτι που εξετάζω: *ας -ήσουμε ένα κύκλο/ένα πεντάγωνο.*

θέωση η, ους. (θεολ.) ένωση της ανθρώπινης φύσης με το θείο.

Θηβαϊκός, -ή, -ό και **Θηβαϊκος**, επίθ., που αναφέρεται στη Θήβα ή τους Θηβαίους: *έθιμο -ό· κύκλος ~* (βλ. ά. *κύκλος*).

Θηβαίος ο, θηλ. **-α**, ους., αυτός που κατοικεί στη Θήβα ή κατάγεται από εκεί.

θηκάρι και (ιδιωμ.) **φηκάρι** το, ους., θήκη μαχαιριού ή ξίφους, ξιφοθήκη.

θήκη η, ους., σκεύος, κουτί ή πλαίσιο από μέταλλο, δέρμα, χαρτόνι, κλπ., όπου μπορούν να τοποθετηθούν διάφορα αντικείμενα για να φυλαχθούν: *~ μολυβιών/γυαλιών/ξίφους.*

θηλάζω, ρ. **1.** (μτβ.) (για γυναίκα ή για θηλυκό θηλαστικό ζώο) ταΐζω το παιδί μου αφήνοντάς το να ρουφήξει γάλα από το μαστό μου: *οι μητέρες -ουν τα μωρά τους για μερικούς μήνες· η αγελάδα -ει το μοσχαράκι της* (συνών. *βυζαίνω*). **2.** (αμτβ.) (για βρέφος ή νεογνό θηλαστικού ζώου) παίρνω γάλα ρουφώντας από το μαστό της μητέρας μου: *το μωρό δε θέλει να -άσει άλλο* (συνών. *βυζαίνω*). **3.** (μτβ. και αμτβ.) βρίσκομαι σε χρονική περίοδο κατά την οποία θηλάζω: *όταν η μητέρα -ει δεν πρέπει να παίρνει φάρμακα· το παιδί μεγάλωσε και ακόμη -ει.*

θηλασμός ο, ους., διαδικασία της διατροφής του βρέφους με γάλα που θηλάζει: *~ του βρέφους/μητρικός· περίοδος -ού.*

θηλαστικός, -ή, -ό, επίθ., που αναφέρεται στο θηλασμό· που τρέφεται με θηλασμό: *ζώα -ά.* - Το ουδ. στον πληθ. ως ους. = (ζωολ.) ομοταξία σπονδυλωτών ζώων που το θηλυκό τους γεννά νεογνά και όχι αβγά και τα τρέφει με το γάλα της θηλάζοντάς τα: *ο άνθρωπος/η αγελάδα ανήκει στα -ά.*

θήλαστρο το, ους. **α.** όργανο με το οποίο τα βρέφη τραβούν γάλα από το μαστό της μητέρας τους· **β.** όργανο με το οποίο τα βρέφη θηλάζουν τεχνητά ξένο γάλα (συνών. *μπιμπερό*).

θηλή η, ους. **1.** σαρκώδης προεξοχή του μαστού απ' όπου θηλάζει το βρέφος (συνών. *ρώγα*). **2.** στόμιο του μπιμπερό από συνθετικό υλικό που έχει σχήμα ανθρώπινης θηλής (συνών. *ρώγα*). **3.** καθετί που έχει το σχήμα θηλής: *οι -ές της γλώσσας.* **4.** (βοτ.) απόφυση που σχηματίζεται από επιδερμικά κύτταρα και δίνει στα φυτά βελούδινη όψη.

θηλιά και (λαϊκ.) **θελιά** η, ους. (συνιζ.). **1.** κομμάτι από σκοινί, κλωστή, κ.τ.ό., που δένεται κυκλικά έτσι ώστε ο κύκλος να στενεύει όσο τραβά κανείς την άλλη άκρη του: *δέσε το ~, όχι κόμπο, για να λύνεται εύκολα.* **2.** βρόχος: *αυτοκτόνησε περνώντας μια ~ στο λαιμό του* (συνών. *κρεμάλα*)· φρ. *βάζω ~ στο λαιμό κάποιου* (= πιέζω κάποιον να κάνει κάτι, τον φέρνω σε δύσκολη θέση): *του 'βαλε ~ στο λαιμό να την παντρευτεί.* **3α.** πόντος στο πλέξιμο: *μου 'φυγαν δυο θηλιές·* **β.** είδος κουμπότρυπας· **γ.** πόντος στις κάλτσες: *μου 'φυγε μια ~ από το καλτσόν.*

θηλιάζω, ρ. (συνιζ.), κάνω θηλιά.

θηλυγονία η, ους. (λόγ.). **1.** το να γεννιούνται κορίτσια (αντ. *αρρενογονία*). **2.** ο καθορισμός της συγγένειας με βάση τη μητέρα.

θηλύκι το, ους. **1.** θηλιά, κουμπότρυπα. **2.** θηλιά από την οποία κρεμάμε κάτι (συνήθως φούστες, κ.τ.ό.). - Υποκορ. **-άκι** το: *έραψα -άκια στη φούστα μου.*

θηλυκός, -ή και **-ιά, -ό,** επίθ. **1.** (για ζώο ή άνθρωπο) που ανήκει στο φύλο που γονιμοποιείται κατά την αναπαραγωγή και γεννά: *παιδί -ό· σκύλος ~· τίγρη -ιά* (αντ. *αρσενικός*)· Εκφρ. *-ό μυαλό* (= γόνιμο, δημιουργικό· *ούτε -ιά γάτα* (για να δηλωθεί ολοκληρωτική έλλειψη γυναικείου στοιχείου): *στο Άγιο Όρος δεν αφήνουν ούτε -ιά γάτα να πατήσει.* **2.** που ταιριάζει στη γυναίκα ή θεωρείται γενικά γυναικείος: *συμπεριφορά -ή· βάδισμα -ό.* **3.** (τεχνολ. για όργανο ή τμήμα μηχανισμού) που διαθέτει κοιλότητα ή υποδοχή στην οποία προσαρμόζεται με την προεξοχή του ένα άλλο αντικείμενο ή τμήμα του ιδίου (που λέγεται *αρσενικό*). **4.** (γραμμ.) *γένος -ό* = το γένος που περιλαμβάνει ονόματα πραγμάτων που το φυσικό του γένος δεν αντιστοιχεί πάντα σ' αυτό και διακρίνεται από το άρθρο που τα συνοδεύει και τις καταλήξεις τους: *επίθετα -ού γένους· ουσιαστικά -ά* (το ουδ. ως ους.): *τα -ά των επιθέτων· κλίση των -ών.* **5.** (βοτ., για φυτά) που μπορεί να γονιμοποιηθεί και να καρποφορήσει. - Το ουδ. ως ους. = ζώο ή συνηθέστερα άνθρωπος που ανήκει στο γυναικείο φύλο· γυναίκα, κορίτσι: *έχει δύο -ά να ταΐσει.*

θηλυκότητα η, επίθ., ιδιότητες που θεωρούνται τυπικά γυναικείες και κυρίως έχουν σχέση με την ελκυστικότητα των γυναικών: *γυναίκα χωρίς ~.*

θηλύκωμα το, ους., το να θηλυκώνει κάποιος κάτι, κούμπωμα.

θηλυκώνω, ρ. (ιδιωμ.). **1.** κουμπώνω. **2.** κάνω θηλιά: *~ τη γραβάτα.*

θηλυκωτήρι το, ους. **1.** μικρή θηλειά που σε ορισμένα ρούχα χρησιμεύει ως κουμπότρυπα. **2.** κουμπωτήρι (βλ.λ.).

θηλυμορφία η, ους. (ιατρ.) η επικράτηση γυναικείων σωματικών χαρακτηριστικών και ιδιοτήτων σε έναν άντρα.

θηλυπρέπεια η, ους. (ασυνίζ.), το να έχει ένας άντρας εμφάνιση ή να εκδηλώνει συμπεριφορά τέτοια που θεωρείται τυπικά γυναικεία (αντ. *αρρενωπότητα*).

θηλυπρεπής, -ής, -ές, γεν. *-ούς*, πληθ. αρσ. και θηλ. *-είς*, ουδ. *-ή*, επίθ. **α.** (για άντρα) που η εμφανισή του ταιριάζει σε γυναίκα ή συμπεριφέρεται σαν γυναίκα: *νεαρός ~·* **β.** που χαρακτηρίζει ένα θηλυπρεπή άντρα: *συμπεριφορά ~* (αντ. *αρρενωπός*).

θήλωμα το, ους. (ιατρ.) καλοήθης επιθηλιακός όγκος: *~ των γεννητικών οργάνων.*

θημωνιά η, ους. (συνιζ.), σωρός από θερισμένα σιτηρά ή χόρτα που σχηματίζεται κοντά στο αλώνι.

θημωνιάζω, ρ. (συνιζ.), σχηματίζω θημωνιές, στοιβάζω δεμάτια από σιτηρά ή χόρτα.

θημώνιασμα το, ουσ. (συνιζ.), το να θημωνιάζει κάποιος, το να στοιβάζει δεμάτια από σιτηρά ή χόρτα.

θηραϊκός, -ή, -ό, επίθ., που αναφέρεται ή ανήκει στο νησί Θήρα: (αρχαιολ.) *ειδώλια -ά· γη -ή* = (γεωλ., πέτρωμα που σχηματίζεται από ηφαιστειακά κατάλοιπα και χρησιμοποιείται ως δομικό και μονωτικό υλικό).

Θηραίος ο, θηλ. -**α** και (συνιζ.) **Σαντορινιός** ο, θηλ. -**ιά**, ουσ., αυτός που κατοικεί στη Θήρα (ή Σαντορίνη) ή κατάγεται από εκεί.

θήραμα το, ουσ. α. ζώο ή πτηνό συνήθως άγριο που κυνηγοί επιδιώκουν να το συλλάβουν ή να το σκοτώσουν (μερικές φορές για τροφή)· ζώο κατάλληλο για λεία των κυνηγών: *ψάχνω για -ατα· προστασία -άτων* (συνών. *κυνήγι*)· **β.** (βιολ.) είδος που το κυνηγούν άλλα είδη για τροφή (αντ. *θηρευτής*).

-θήρας, β΄ συνθ. αρσ. ουσ. που δηλώνει αυτόν που επιδιώκει ή ψάχνει κάτι: *θεσιθήρας, προικοθήρας, χρυσοθήρας*. [αρχ. ουσ. *θήρα*].

θηρευτής ο, ουσ. **1.** (λόγ.) κυνηγός· **β.** (βιολ.) είδος που κυνηγά άλλα είδη για τροφή (αντ. *θήραμα*).

θηρεύω, ρ. (λόγ.), κυνηγώ (βλ.λ.)· (μεταφ.) επιζητώ: ~ *επιτυχίες*.

θηρίο και (λαϊκ.) **θεριό** το, ουσ. (συνιζ.). **1.** ζώο άγριο, επικίνδυνο, ιδίως σαρκοβόρο: ~ *φοβερό/μανιασμένο· -α της ζούγκλας· βηματίζει σαν ~ στο κλουβί* (για έντονη αδημονία)· *πυλεμώ σαν ~* (δηλ. γενναία)· *γίνομαι ~ ανήμερο* (= θυμώνω πολύ, εξαγριώνομαι). **2.** (μεταφ. για πρόσωπο) **α.** άνθρωπος άσπλαχνος, σκληρός: *οι Γερμανοί στην Κατοχή ήταν σωστά -α·* **β.** άτομο πολύ άτακτο (συνήθως για παιδί): *μα τι ~ είναι ο γιος σου!·* **γ.** άνθρωπος μεγαλόσωμος, γιγαντώδης: *ο άντρας της είναι ένα θεριό ως εκεί πάνω!·* **δ.** αυτός που έχει μεγάλη σωματική αντοχή: *ε, το ~, πώς σήκωσε τόσο βάρος!·* **ε.** άτομο υγιέστατο, ακμαιότατο: *έχει χρέωνα ν' αρρωστήσει το ~!* **στ.** πρόσωπο που παρουσιάζει εντυπωσιακά αποτελέσματα στους τομείς των δραστηριοτήτων του: *πώς τα κατάφερε έτσι πάλι το ~!.* **3.** (μεταφ. για μηχανήματα) **α.** που είναι πολύ μεγάλο, ογκώδες: *μηχανήματα σωστά -α·* **β.** που έχει μεγάλη αντοχή και διάρκεια ζωής, που δε χαλά εύκολα: ~ *βγήκε αυτή η μηχανή!*

θηριοδαμαστής ο, θηλ. **-άστρια**, ουσ. (ασυνίζ.), αυτός που έχει επάγγελμα να δαμάζει και να εκγυμνάζει άγρια ζώα: ~ *διάσημος/τσίρκου*.

θηριομαχία η, ουσ. (ασυνίζ.), μάχη θηρίων μεταξύ τους ή με ανθρώπους: *αναπαραστάσεις -ιών*.

θηριοτροφείο το, ουσ. (ασυνίζ.), μέρος όπου συντηρούνται θηρία κλεισμένα μέσα σε κλουβιά για κοινή θέα: *-α ρωμαϊκά*.

θηριοτρόφος ο, ουσ. (ασυνίζ.), αυτός που συντηρεί και εκγυμνάζει θηρία.

Θηριώδης, -ης, -ες, γεν. *-ους*, πληθ. αρσ. και θηλ. *-εις*, ουδ. *-η*, επίθ. (ασυνίζ.). **1.** (για πρόσωπο) που συμπεριφέρεται πολύ βίαια και σκληρά: *πολεμιστής/βασανιστής ~.* **2.** (για πράγμα) που γίνεται με βιαιότητα και σκληρότητα: *πράξεις -εις· συμπεριφορά ~.* **3.** που έχει πολύ μεγάλες διαστάσεις, πελώριος: *άντρας ~· -η υποστηρίγματα κτηρίου*. - Επίρρ. **-ώς** (στη σημασ. 1).

θηριωδία η, ουσ. (ασυνίζ.). **1.** το να είναι κανείς θηριώδης (βλ.λ. στη σημασ. 1), ωμότητα, σκληρότητα: ~ *αφάνταστη/απίστευτη*. **2.** (συνεκδοχικά) πράξη θηριώδης (συνήθως στον πληθ.): *-ες του πολέμου*.

Θηριωδώς, βλ. *θηριώδης*.

θησαυρίζω, ρ., αποκτώ μεγάλη περιουσία, πλουτίζω: *έχει -ίσει με την τοκογλυφία· ξενιτεύτηκε για να -ίσει*.

θησαύρισμα το, ουσ., το να θησαυρίζει κανείς, πλουτισμός.

θησαυρός ο, ουσ. **1α.** μεγάλα ποσά χρημάτων ή σύνολο πολύτιμων αντικειμένων, κοσμημάτων, κλπ., που συγκεντρώνει κάποιος και αποταμιεύονται και φυλάγονται με πολλή προσοχή: *-οί αμέτρητοι/αμύθητοι·* έκφρ. *άνθρακες ο ~* (για ελπίδες που διαψεύσθηκαν) (συνών. *πλούτος, πλούτη*)· **β.** σύνολο πολύτιμων έργων τέχνης, καθώς επίσης κοσμημάτων και άλλων διακοσμητικών αντικειμένων, που φυλάγονται σε μουσείο ή ιδιωτική συλλογή: *οι -οί του Αγίου Όρους/της Βεργίνας·* **γ.** (νομ.) πράγμα κινητό μεγάλης αξίας κρυμμένο για μακρό χρονικό διάστημα χωρίς να είναι γνωστός ο κύριός του: *ευρέτης -ού·* **δ.** (λαϊκ.) πλούτη πραγματικά ή φανταστικά που κατά τις λαϊκές παραδόσεις είναι κρυμμένα μέσα στη γη ή φυλάγονται σε έρημους τόπους: *νησί των -ών· ψάχνει για κρυμμένο -ό·* **ε.** (οικον.) *δημόσιος ~* = το σύνολο του δημόσιου χρήματος. **2.** (μεταφ.) καθετί που υπάρχει ή έχει κάποιος σε αφθονία: ~ *γνώσεων/σοφίας/καλοσύνης.* **3.** (μεταφ.) πρόσωπο πολύ αγαπητό ή χρήσιμο και εξυπηρετικό σε κάποιον: *ο γιος μου είναι ο ~ μου!* **4.** (αρχαιολ.) **α.** μικρό σε μορφή ναού οικοδόμημα που ιδρυόταν από πόλεις σε μεγάλα πανελλήνια ιερά (Δελφούς, Ολυμπία, Ελευσίνα) όπου φυλάγονταν πολύτιμα αναθήματα: ~ *θολωτός·* **β.** σύνολο νομισμάτων και μεταλλικών αντικειμένων που βρίσκονται άθικτα σε ανασκαφή ή τυχαία σε χώρο όπου τα είχαν κρύψει οι κάτοχοί τους. **5.** είδος εκτεταμένου, συνήθως πολύτιμου, λεξικού που αποθησαυρίζει όλο το λεξιλογικό πλούτο μιας γλώσσας: ~ *της ελληνικής/λατινικής γλώσσας*.

θησαυροφύλακας ο, ουσ., υπάλληλος υπεύθυνος για τη φύλαξη ενός θησαυροφυλακίου.

θησαυροφυλάκιο το, ουσ. (ασυνίζ.), χώρος όπου φυλάγονται χρήματα και άλλα πολύτιμα είδη· (μεταφ. για γραπτό κείμενο): ~ *αισθητικής αγωγής*.

θήτα το, άκλ., το όγδοο γράμμα του ελληνικού αλφαβήτου.

θητεία η, ουσ. **1α.** υποχρεωτική υπηρεσία των κληρωτών στον στρατό για ορισμένο χρονικό διάστημα: *υπηρετώ/κάνω τη ~ μου· εξαγορά -ας·* **β.** (συνεκδοχικά) το παραπάνω χρονικό διάστημα: *η ~ του λήγει τον επόμενο μήνα· μειωμένη* (συνών. *στρατιωτικό*). **2α.** (γενικά) υπηρεσία κάποιου σε δημόσιο ή ιδιωτικό τομέα ως μέλους σε συλλογικό όργανο για ορισμένο χρονικό διάστημα: ~ *προέδρου/κυβερνητική·* **β.** (συνεκδοχικά) το παραπάνω χρονικό διάστημα: *λήξη της -ας του διοικητικού συμβουλίου*. **3.** απασχόληση σε έναν τομέα πνευματικής ή καλλιτεχνικής δημιουργίας: *μακρά ~ στο θέατρο*.

θήτες οι, ουσ. (ιστ.) αυτοί που αποτελούσαν την τέταρτη και τελευταία τάξη των πολιτών της αρχαίας Αθήνας.

θητεύω, ρ., περνώ κάποιο χρονικό διάστημα κοντά

σε μια προσωπικότητα του πνεύματος ή της τέχνης παρακολουθώντας και διδασκόμενος.
Θιακιός, βλ. *Ιθακήσιος.*
θιασάρχης ο, θηλ. **θιασάρχισσα,** ουσ. (ασυνίζ.), επιχειρηματίας, συνήθως ηθοποιός, που έχει την οικονομική και καλλιτεχνική διεύθυνση ενός θιάσου.
θίασος ο, ουσ. 1. (ιστ.) όμιλος ανθρώπων που έπαιρναν μέρος σε θρησκευτικές τελετές προς τιμήν του Δία, του Απόλλωνα, του Βάκχου, κλπ.: *διονυσιακός* ~. 2. το σύνολο των ηθοποιών που συνεργάζονται σε ένα θέατρο: ~ *επαρχιακός/ερασιτεχνικός/επιθεωρησιακός· συγκροτώ -ο.*
θιασώτης ο, θηλ. **θιασώτρια,** ουσ. (ασυνίζ.), αυτός που υποστηρίζει ένθερμα, που θαυμάζει υπερβολικά κάτι: ~ *φανατικός μιας ιδέας.*
Θιβετιανός ο, θηλ. **-ή,** ουσ. (συνιζ.), αυτός που κατοικεί στο Θιβέτ ή κατάγεται από εκεί.
θίγω, ρ. 1. κάνω λόγο για κάτι, ανακινώ ένα θέμα χωρίς όμως να το εξετάζω διεξοδικά: ~ *ζήτημα/θέμα.* 2. κάνω κάτι άσχημο ή αγενές προσβάλλοντας κάποιον: *τα λόγια της τον έθιξαν· -εται πολύ εύκολα.* 3. προσβάλλω τα δικαιώματα κάποιου προκαλώντας του υλική ζημία: *με τα νέα μέτρα -ονται τα συμφέροντα των υπαλλήλων.*
θλάση η, ουσ., θραύση, συντριβή, σπάσιμο· (ιατρ.) οποιαδήποτε βλάβη ιστών του σώματος που οφείλεται σε μηχανικό αίτιο, δεν παρουσιάζει λύση της συνέχειας του δέρματος και συνοδεύεται από εκχύμωση ή εσωτερική αιμορραγία, κοιν. *μωλώπισμα.*
θλιβερός, -ή, -ό, επίθ. 1α. που είναι υπερβολικά δυσάρεστος και προκαλεί θλίψη, λυπηρός: *τα 'μαθες, Αρετούσα μου, τα -ά μαντάτα...;* (Ερωτόκριτος)· *γεγονότα -ά· είναι μια -ή ιστορία·* β. που τον χαρακτηρίζουν δυσάρεστα γεγονότα· (συνεκδοχικά) δυστυχισμένος: *ζωή -ή· χρόνια -ά.* 2. που είναι σε τέτοια κατάσταση που προκαλεί θλίψη· αξιολύπητος, δυστυχής. 3. που εκδηλώνει θλίψη, πικρία: *σκέψεις -ές· βλέμμα/χαμόγελο -ό.* 4. που προκαλεί μελαγχολία, καταθλιπτικός: *ημέρα -ή· τραγούδι -ό· τα κτήρια είχαν μια μουντή, -ή όψη.* 5. (μεταφ.) α. (για πρόσωπα) που ο κακός χαρακτήρας του ή η κακή διαγωγή του προκαλεί ανάμεικτα συναισθήματα θλίψης, οίκτου και αποστροφής. β. (για πρόσωπα και πράγματα) που η κακή τους κατάσταση, εμφάνιση ή ποιότητα προκαλεί οίκτο: *θεατρίνος* ~· *παράσταση -ή* (συνών. *άθλιος, αξιοθρήνητος).*
θλίβω, ρ. I. (ενεργ. συνηθέστερα σε γ΄ εν. πρόσ. με υποκ. αφηρ. ουσ.) προξενώ σε κάποιον ψυχική πίεση, θλίψη, λυπώ βαθύτατα, στενοχωρώ: *με -ει η απουσία/η διαγωγή σου* (αντ. *χαροποιώ).* II. (μέσ.) αισθάνομαι βαθιά λύπη για κάτι, στενοχωρούμαι: *-ομαι για τη βία/πείνα που υπάρχει στον πλανήτη μας/για το λάθος μου* (αντ. *χαίρομαι).*
θλιμμένος, -η, -ο, επίθ. 1. που αισθάνεται θλίψη, που είναι βαθιά λυπημένος: *είναι* ~ *για το θάνατο του φίλου του* (αντ. *χαρούμενος).* 2. που δείχνει, εκφράζει βαθιά λύπη: *το πρόσωπό της είχε μια -η έκφραση· βλέμμα/χαμόγελο -ο· μάτια -α.* 3. (μεταφ.) που προκαλεί αισθήματα θλίψης ή μελαγχολίας: *τοπίο -ο.* - Επίρρ. **-α** (στη σημασ. 2).
θλίψη η, ουσ. I. βαθιά λύπη, στενοχώρια: ~ *αβάσταχτη· είχε πέσει στην πιο βαριά* ~ (αντ. *χαρά).*
θλίψη η, ουσ. II. (μηχ.) ενέργεια, πίεση που ασκείται σε ένα σώμα με αποτέλεσμα τη μεταβολή του σχήματός του περιορίζοντας το μήκος του και αυξάνοντας το πλάτος του: ~ *αξονική.*
θνησιγενής, -ής, -ές, γεν. *-ούς,* πληθ. αρσ. και θηλ. *-είς,* ουδ. *-ή,* επίθ. 1. (ιατρ.) που γεννιέται νεκρός ή που πεθαίνει μόλις γεννηθεί. 2. (μεταφ., λόγ.): *απόπειρα* ~ (= αποτυχημένη).
θνησιμαίος, -α, -ο, επίθ. (λόγ. συνήθως στο ουδ. πληθ. ως ουσ. για ζώο) ψοφίμι.
θνησιμότητα η, ουσ., το σύνολο των θανάτων που σημειώνονται σε ορισμένο χρονικό διάστημα και σε δεδομένο συνολικό αριθμό ατόμων: ~ *αυξημένη/βρεφική/μητρική* (= των γυναικών κατά τον τοκετό)· *ποσοστό/πίνακες -ας* (αντ. *γεννητικότητα).*
θνητός, -ή, -ό, επίθ., που είναι προορισμένος από τη φύση του να πεθάνει, που δε ζει αιώνια· ως ουσ. = άνθρωπος· το αρσ. στον πληθ. = το σύνολο των ανθρώπων. Εκφρ. *ευτυχής* ~ (για άνθρωπο που θεωρείται τυχερός ή ευτυχισμένος)· *κοινός* ~ (για αναφορά σε άτομο που δεν κατάγεται από ευγενή γενιά, δε διαθέτει ισχύ ή δεν είναι ονομαστός για κάποιο επίτευγμά του) (αντ. *αθάνατος, θεός).*
θολά, βλ. *θολός.*
θολάδα η, ουσ. (λαϊκ.), έλλειψη διαύγειας, θαμπάδα, θολότητα: *το κρασί έχει μια* ~.
θολαίνω, ρ. (λαϊκ.), θολώνω.
θολερός, -ή, -ό, επίθ., που δεν είναι εντελώς διαυγής, θολός.
θολερότητα η, ουσ., ο να είναι κάτι θολερό.
θόλος ο και θηλ. (στη σημασ. 5) **θόλος** η, ουσ. 1. καμπυλόγραμμη, συνηθέστερα ημισφαιροειδής λίθινη οροφή: ~ *κωνικός/κυλινδρικός·* ο ~ *βυζαντινής εκκλησίας/αστεροσκοπείου* (συνών. *τρούλος·* κοιν. *κουμπές).* 2. ό,τι έχει σχήμα θόλου: *υπόγειος* ~. 3. (αστρον.) το ημισφαίριο του ουρανού που φαίνεται ως τη γραμμή του ορίζοντα: *ο* ~ *του ουρανού* ή *ουράνιος* ~. 4. (ανατομ.) κάθε ημισφαιροειδής ανατομικός σχηματισμός: ~ *του κρανίου/του διαφράγματος.* 5. (αρχαιολ.) κυκλικό οικοδόμημα με ημισφαιρική ή κωνική στέγη και εξωτερική κιονοστοιχία: *η* ~ *της Ολυμπίας/των Δελφών,* κλπ.· *η* ~ *των Αθηνών.*
θολός, -ή, -ό, επίθ. 1. (για υγρά) που δεν είναι εντελώς διαυγής εξαιτίας λάσπης ή άλλης ύλης: *νερό της βρύσης -ό· πέλαγο/ποτάμι -ό· λάδι/κρασί -ό·* φρ. *ψαρεύω στα -ά νερά* (= εκμεταλλεύομαι την ασάφεια των γεγονότων) (αντ. *διαυγής, καθαρός).* 2α. (για στερεά σώματα) που δεν είναι στιλπνός ή εντελώς διαφανής, θαμπός: *καθρέφτης* ~· *τζάμι -ό·* β. που δεν μπορούμε να δούμε καθαρά τα χαρακτηριστικά ή τις λεπτομέρειές του: *-ή εικόνα στον κινηματογράφο.* 3. (για τα μάτια και το βλέμμα) που δε βλέπουν καθαρά ή που έχασαν την ζωηράδα και εκφραστικότητά τους: *ματιά -ή.* 4. (για την ατμόσφαιρα) που έχει ελαττωμένη διαφάνεια: *ήταν αχνό και ήταν -ό το βράδι* (Χατζόπουλος)· *ουρανός* ~ (= νεφιασμένος) *ορίζοντας* ~· *μέρα -ή.* 5. (μεταφ.) α. (για πνευματική λειτουργία) που παρουσιάζει προσωρινή ή μόνιμη πτώση: *το μυαλό του ήταν ακόμα -ό απ' το κρασί· μνημονικό -ό·* β. συγκεχυμένος, που δεν είναι απόλυτα σαφής: *αναμνήσεις -ες -ές εικόνες από την παιδική ηλικία·* γ. που εμφανίζει στοιχεία ασαφή, αμφίβολα ή και υποπτα: *κατάσταση -ή.* - Επίρρ. **-ά** (στις σημασ. 3 και 5α): *βλέπω/θυμούμαι -ά.*

θολοσκέπαστος, -η, -ο, επίθ., που έχει θολωτή στέγη: *εκκλησία -η.*
θολότητα η, ουσ., η ιδιότητα του θολού (βλ.λ.), η έλλειψη διαύγειας: ~ *νερού/ματιών/ατμόσφαιρας.*
θολούρα η, ουσ. **1.** έλλειψη διαύγειας, θολότητα: ~ *του νερού/της ατμόσφαιρας.* **2.** νεφελώδης καιρός, συννεφιά: *το πέλαγο το σκεπάζει μια* ~. **3.** (μεταφ.) **α.** έλλειψη πνευματικής διαύγειας: ~ *του μυαλού·* **β.** ζάλη, σκοτοδίνη: *μου ήρθε ξαφνικά μια* ~.
θόλωμα το, ουσ., το να γίνεται κάτι θολό (βλ.λ.): ~ *του νερού/ματιών/*(μεταφ.) *μυαλού.*
θολώνω, ρ. **1.** κάνω ένα υγρό θολό, το κάνω να χάσει τη διαύγειά του: *μην κουνάς το κρασί, θα το -ώσεις!* (αμτβ.) γίνομαι θολός: *-ωσαν τα ποτάμια από τις βροχές·* φρ. ~ *τα νερά* (= συσκοτίζω τα γεγονότα για να αποκομίσω όφελος). **2.** κάνω ένα στερεό να χάσει τη στιλπνότητα ή τη διαφάνειά του, το θαμπώνω: *οι υδρατμοί -ωσαν τον καθρέφτη/τα τζάμια·* (αμτβ.) γίνομαι θαμπός: *τα γυαλιά μου -ωσαν από την απότομη ζέστη.* **3.** κάνω κάτι θολό ώστε να μη φαίνονται καθαρά τα χαρακτηριστικά του: (αμτβ.) *-ωσε η εικόνα της τηλεόρασης.* **4.** (για τα μάτια) κάνω να μη βλέπουν καθαρά: *ένα σύννεφο από θυμό -ωνε τα μάτια τους* (Κόντογλου)· (αμτβ.) *-ωσαν τα μάτια της από τα δάκρυα·* φρ. *-ωσε το μάτι κάποιου* (= βρίσκεται σε έντονη ψυχική κατάσταση εξαιτίας κάποιας επιθυμίας, οργής ή ανάγκης): *-ωσε το μάτι του από θυμό.* **5.** (για την ατμόσφαιρα) ελαττώνω τη διαφάνειά της: *οι καπνοί των εργοστασίων -ώνουν την ατμόσφαιρα·* (αμτβ.) *-ωσε ο ουρανός* (= συννέφιασε). **6.** (μεταφ.) **α.** (για πνευματική λειτουργία) κάνω να παρουσιάσει προσωρινή ή μόνιμη ελάττωση: *τα πάθη -ώνουν το μυαλό· -ωμένη μνήμη·* **β.** κάνω κάτι ασαφές, συγκεχυμένο: *προσπαθεί να -ώσει τα πράγματα για να μην αποδειχτεί η ενοχή του·* **γ.** αμαυρώνω, επισκιάζω: *τη χαρά μου τη -ώνει μια λύπη* (Παλαμάς).
θόλωση η, ουσ., θόλωμα (βλ.λ.).
θολωτός, -ή, -ό, επίθ. **1.** που έχει θόλο: *τάφος* ~· *εκκλησία -ή* (συνών. θολοσκέπαστος). **2.** που είναι κατασκευασμένος σε σχήμα θόλου.
θόριο το, ουσ. (χημ.) στοιχείο από τα αργυρόχροα μέταλλα.
θορυβοποιός, -ός, -ό, επίθ. (ασυνίζ.). **1.** που προξενεί θόρυβο. **2.** που προκαλεί σύγχυση, αταξία, αναταραχή: *είναι το -ό στοιχείο του κόμματος.* - Το αρσ. ως ουσ. (συνών. *ταραχοποιός*).
θόρυβος ο, ουσ. **1α.** ανεπιθύμητος και δυσάρεστος παρατεταμένος ήχος, συνήθως δυνατός· (φυσ.) ακουστικό φαινόμενο που παράγεται από την υπέρθεση διαφορετικών ταλαντώσεων, οι οποίες δεν είναι αρμονικές: ~ *από τους κινητήρες του αεροπλάνου· έλεγχος των -ύβων·* μέτρηση του *- ύβου* (βλ. *ντεσιμπέλ*)· **β.** για συγκεχυμένους συνήθως δυνατούς ήχους όπου κυριαρχούν οι φωνές των ανθρώπων: *τα παιδιά έπαιζαν στην αυλή με πολύ -ο·* ~ *του πλήθους/της αγοράς* (συνών. *βοή, βουητό, φασαρία·* αντ. *σιγή, σιωπή, ησυχία*). **2.** (μεταφ.) πολλή και ζωηρή συζήτηση, έντονες αντιδράσεις για κάποιον ή κάτι: *δημιουργεί -ο γύρω από το πρόσωπό του·* έκφρ. *πολύς ~ για το τίποτε* (όταν προκαλείται έντονο ενδιαφέρον για κάτι ασήμαντο)· **β.** για μεγάλη και συνήθως σκανδαλώδη εντύπωση: *η παράσταση έκανε -ο* (συνών.

πάταγος, ντόρος). **3.** (τηλεπικοινωνίες) παρεμβολές με ποικίλη αιτιολογία και προέλευση που παρεμποδίζουν την ομαλή μετάδοση ενός σήματος σε ορισμένο χώρο ή δίαυλο.
θορυβώ, ρ. (λόγ.). **1.** προκαλώ θόρυβο (βλ.λ. στη σημασ. 1): *ορισμένοι μαθητές -ούσαν στο μάθημα.* **2.** προκαλώ έντονες συζητήσεις ή αντιδράσεις με ιδιοτελή κίνητρα: *-ούν για να καλύψουν την ενοχή τους.* **3.** (παθ.) ταράζομαι, συγχύζομαι, ανησυχώ: *-ήθηκα χωρίς λόγο από τις ειδήσεις·* οι *έμποροι -ήθηκαν από τα νέα μέτρα.*
θορυβώδης, -ης, -ες, γεν. *-ους,* πληθ. αρσ. και θηλ. *-εις,* ουδ. *-η,* επίθ. **1.** που προκαλεί πολύ θόρυβο: *διαδήλωση* ~· *ακροατήριο/πλήθος -ες.* **2.** για χώρο όπου επικρατεί ενοχλητικός θόρυβος: *πολιτεία* ~· *καφενείο -ες.* **3.** (μεταφ.) που προκαλεί την προσοχή των ανθρώπων, που γίνεται αντικείμενο έντονων συζητήσεων, αντιδράσεων, κ.τ.ό.: *παράσταση/συνεδρία* ~ (συνών. στις σημασ. 1-3 *ταραχώδης·* αντ. *αθόρυβος*). - Επίρρ. **-ώς.**
θού, Κύριε, φυλακήν τω στόματί μου· αρχαϊστ. φρ.· επίκληση στο Θεό να μας κάνει να προσέχουμε τα λόγια μας (συνήθως λέγεται ύστερα από κουβέντα για την οποία μετανιώσαμε).
θούριο το και **-ος** ο, ουσ. (ασυνίζ.), ενθουσιώδες πολεμικό τραγούδι: *τα -α του Τυρταίου·* ο *θ-ος του Ρήγα Φερραίου* (συνών. *εμβατήριο, παιάνας*).
θράκα η, ουσ., σωρός από αναμμένα κάρβουνα που δεν βγάζουν φλόγα: *ζεσταίνομαι/ψήνω κάστανα στη* ~ (συνών. *ανθρακιά*). [μτγν. *ανθράκιον* το + μεγεθ. κατάλ. *-α*].
Θράκες οι, ουσ. (ιστ.) οι αρχαίοι κάτοικοι της Θράκης, λαός ινδοευρωπαϊκής καταγωγής.
θρακιάς ο, ουσ. (συνιζ., λαϊκ.), βόρειος άνεμος που φυσά από τη Θράκη: *φυσά βοριάς, φυσά* ~, *γεννιέται μπόρα φοβερή* (Βιζυηνός).
θρακικός, -ή, -ό και (συνιζ.) **Θρακιώτικος, -η, -ο,** επίθ., που ανήκει ή αναφέρεται στη Θράκη ή στους κατοίκους της: *πόλεις -ικές· αρχαία -ικά φύλα· τραγούδια -ιώτικα.*
Θρακιώτης ο, θηλ. **-ισσα,** ουσ., κάτοικος της Θράκης.
Θρακιώτικος, -η, -ο, επίθ., θρακικός (βλ.λ.).
Θρακιώτισσα, βλ. *Θρακιώτης.*
θρακολογία η, ουσ., επιστημονικός κλάδος που μελετά την ιστορία και τον πολιτισμό των αρχαίων Θρακών.
θρανίο το, ουσ., σχολικό έπιπλο που χρησιμοποιούν οι μαθητές και αποτελείται από ένα είδος τραπεζιού, συνήθως επικλινούς, και ένα κάθισμα: ~ *διθέσιο/μεταλλικό· σηκώνομαι από το* ~ *μου·* φρ. *ξαναγυρίζω στα -α* (= κάνω πρόσθετες σπουδές σε ηλικία μεγαλύτερη από την κανονική).
θράσεμα το, ουσ. (λαϊκ.), (για φυτό) το να αναπτύσσεται πάρα πολύ, φούντωμα: *το* ~ *των σπαρτών/της βλάστησης.*
θρασεύω, ρ. (λαϊκ.), (για φυτό) αναπτύσσομαι πάρα πολύ, θεριεύω, φουντώνω: *χόρτα -εμένα·* (μεταφ. για υπερβολική έξαψη) *-εψε ο νους μου* (Καζαντζάκης)· **β.** (για τοποθεσία) έχω πάρα πολλά φυτά: *τόπος -εμένος.*
θρασίμι το, ουσ. (λαϊκ.). **1.** ψοφίμι. **2.** (μεταφ.) για άνθρωπο άχρηστο ή θρασύδειλο. [αρχ. επίθ. σα*θρόν*>θρασόν + κατάλ. *-ίμι*].
θρασομανώ, ρ. (ποιητ.), (για βλάστηση) αναπτύσ-

θράσος

σομαι υπερβολικά σε μέγεθος ή αριθμό, φουντώνω: *ο ανθός -ά.*

θράσος το, ουσ., έλλειψη φόβου ή δισταγμών που εκδηλώνεται με λόγια ή πράξεις που ενοχλούν τους άλλους: ~ *αχαρακτήριστο/νεανικό· αντιμιλούσε στο γυμνασιάρχη με* ~ (συνών. *αναίδεια, αυθάδεια, θρασύτητα·* αντ. *σεμνότητα, συστολή*).

θρασύδειλος, -η, -ο, επίθ., δειλός που φέρεται προκλητικά και με θράσος, όταν δεν υπάρχει κίνδυνος ή απειλή: *άτομο -ο·* (συνεκδοχικά) *συμπεριφορά -η.*

θρασύς, -εία, -ύ, επίθ., που χαρακτηρίζεται από θράσος: *μαθητής* ~ *και ανάγωγος· ύτατη ληστεία στο κέντρο της Αθήνας* (συνών. *αυθάδης, προκλητικός·* αντ. *σεμνός, συνεσταλμένος*).

θρασύτητα η, ουσ., το να χαρακτηρίζεται (ένα πρόσωπο ή η συμπεριφορά του) από θράσος: ~ *ασυγχώρητη/υπερβολική* (συνών. *θράσος*).

θραύση η, ουσ., φρ. *κάνω* ~ = α. προκαλώ μεγάλες καταστροφές ή απώλειες: *στη μάχη τα πυροβόλα έκαναν* ~· *τον πρώτο χρόνο της Κατοχής η πείνα έκανε* ~· β. επικρατώ πλήρως, έχω μεγάλη επιτυχία: *χορός/δίσκος/παράσταση που κάνει* ~.

θραύσμα το, ουσ., πολύ μικρό κομμάτι που αποσπάται όταν σπάζει ένα πέτρινο, πήλινο, μεταλλικό, κλπ., αντικείμενο ή μεγαλύτερο κομμάτι: *-ατα του αρχαίου αγγείου/αγάλματος·* (συνηθέστερα για μικροσκοπικό κομμάτι από μηχανισμό που έπαθε έκρηξη) *σκοτώθηκε από* ~ *χειροβομβίδας.*

-θραύστης, β΄ συνθ. αρσ. ουσ. που δηλώνει αυτόν που σπάζει κάτι: *καρυοθραύστης.* [μτγν. *θραύστης*].

θραύω, ρ. (λόγ.), σπάζω.

θραψερός, -ή, -ό, επίθ. (ιδιωμ.-λογοτ.), καλοθρεμμένος, τροφαντός: *είχε γίνει πιο -ό και πιο σφιχτό το κορμί της* (Ι.Μ. Παναγιωτόπουλος).

θρέμμα το, ουσ. (λόγ.), για πρόσωπο που ανατρέφηκε κάπου ή από κάποιον: ~ *της Αντιόχειας* (συνών. *ανάθρεμμα)·* συνηθέστερα στην εκφρ. *γέννημα -* ~ (βλ. *γέννημα* στη σημασ. 1).

θρεμμένος, βλ. *τρέφω.*

θρεπτικός, -ή, -ό, επίθ. 1. που συντελεί στη θρέψη (βλ.λ. στη σημασ. 1), που περιέχει ό,τι χρειάζεται ένας οργανισμός (λ.χ. λευκώματα, βιταμίνες, ανόργανες ουσίες) για να ζήσει, να αναπτυχθεί και να είναι υγιής: *τροφή -ή/ουσίες -ές.* 2. που σχετίζεται με τη θρέψη: *-ή αξία τροφής· σύστημα -ό* (= το σύνολο των οργάνων με τα οποία συντελείται η αφομοίωση των τροφών)· *ισοζύγιο -ό* (= η ισορροπία ανάμεσα στα θρεπτικά στοιχεία που προσλαμβάνει ένας οργανισμός και σε όσα καταναλώνει).

θρεπτικότητα η, ουσ., περιεκτικότητα τροφής σε θρεπτικές ουσίες: ~ *του γάλακτος/των ξηρών καρπών.*

θρεφτάρι το, ουσ. (λαϊκ.). 1. ζώο συνήθως οικόσιτο (αρνί, γίδι ή μοσχάρι) που το τρέφουν και το προορίζουν για σφαγή: ~ *παχύ/τρυφερό* (συνών. *μανάρι).* 2. (μεταφ.) για άνθρωπο (συνήθως παιδί) καλοθρεμμένο και παχουλό.

θρέφω, βλ. *τρέφω.*

θρέψη η, ουσ. 1. (βιολ.) διαδικασία με την οποία κάθε ζωντανός οργανισμός αφομοιώνει όσες τροφές ή θρεπτικά συστατικά τού χρειάζονται για να επιβιώσει και να αναπτυχθεί κανονικά: ~ *των φυτών/των ζώων· νόσοι και διαταραχές της -ης.* 2. το να τρέφεται κανείς και το αποτέλεσμα της

ενέργειας αυτής: ~ *ανεπαρκής* (συνών. *θρέψιμο*).

θρέψιμο το, ουσ. (λαϊκ.), θρέψη (βλ.λ. στη σημασ. 2).

θρεψίνη η, ουσ., ονομασία θρεπτικής ουσίας που λαμβάνεται από το μούστο και χρησιμοποιείται συνήθως στη ζαχαροπλαστική: ~ *αλειμμένη στο ψωμί.*

θρηνητικός, -ή, -ό, επίθ., που θρηνεί ή μοιάζει με θρήνο, που φανερώνει πένθος, θλίψη, κ.τ.ό.: *κραυγή -ή· τραγούδι -ό* (= μοιρολόγι), (συνών. *κλαψιάρικος, θλιβερός, λυπητερός·* αντ. *χαρούμενος*).

θρηνολόγημα το, ουσ. (λόγ.). 1. υπερβολικός, συνεχής θρήνος. 2. (μεταφ.) υπερβολική έκφραση παραπόνων, αγανάκτησης ή απαισιοδοξίας (συνών. *ιερεμιάδα*).

θρηνολογώ, -είς, ρ. (λόγ.). 1. κλαίω παρατεταμένα. 2. (μεταφ.) για υπερβολική έκφραση παραπόνων.

θρήνος ο, ουσ. 1α. το να εκδηλώνει κανείς τη λύπη ή τον πόνο του χύνοντας δάκρυα (ή ταυτόχρονα φωνάζοντας, βογγώντας, μοιρολογώντας, κ.τ.ό.): ~ *βουβός/γοερός* (= *οδυρμός)/σπαρακτικός·* *ακούγονταν -οι από το σπίτι τους* (συνών. *κλάμα*). β. (γενικό για αισθήματα και εκδηλώσεις υπερβολικής θλίψης: ~ *εθνικός/λαϊκός·* εκφρ. ~ *και οδυρμός* (κυριολεκτικά ή για εκδηλώσεις έντονης αγανάκτησης)· (λαϊκ.) φρ. *κάνω -ο* (= προκαλώ μεγάλη καταστροφή, συμφορά): *χτυπούσε γερά με το σπαθί κι έκανε -ο* (Κόντογλου). 2. ποίημα ή τραγούδι που εκφράζει έντονη λύπη για ένα πολύ δυσάρεστο γεγονός, μια καταστροφή, μια συμφορά (οικογενειακή, εθνική κ.ά.): *-οι δημοτικοί/λαϊκοί·* ~ *για το νεκρό πολεμιστή* (π.β. *ελεγεία, μοιρολόι*) - Έκφρ. *Επιτάφιος Θ-ος* (βλ. *επιτάφιος*).

θρηνώ, -είς, ρ. (αμτβ. και μετβ.). 1. δείχνω με κλάματα, κραυγές, κ.τ.ό., πόσο λυπημένος είμαι για ένα πολύ θλιβερό γεγονός: *-εί τα θύματα του σεισμού/για το χαμό του γιου του* (συνών. *κλαίω*). 2. εκδηλώνω υπερβολική θλίψη, επειδή έχασα κάτι και δεν πρόκειται να το έχω ξανά: ~ *(για) τις χαμένες ευκαιρίες.*

θρηνωδία η, ουσ., θρηνητικό τραγούδι συνήθως για ένα νεκρό.

θρηνωδός ο, ουσ. (λόγ.), αυτός που ψάλλει θρηνητικά τραγούδια, μοιρολογητής.

θρησκεία η, ουσ., πίστη του ανθρώπου στο Θεό, γενικά σε μια ανώτερη δύναμη, ή και σε κάτι υλικό που του αποδίδονται υπερφυσικές ιδιότητες, η σχέση μαζί τους που εκδηλώνεται με τη λατρεία, την υπακοή σε ηθικούς νόμους και γενικά την προσωπική και κοινωνική ζωή ή την πολιτιστική δραστηριότητα: ~ *ειδωλολατρική/μονοθεϊστική* (για κάθε ιδιαίτερο σύστημα θρησκευτικών ιδεών, αντιλήψεων και εκδηλώσεων) ~ *αρχαία/αιγυπτιακή/χριστιανική· ιστορία των -ών· πιστοί μιας -ας· επίσημη* ~ *του κράτους· σχέσεις -ας και πολιτικής· ασπάζομαι* ~. 2. (μεταφ.) απόλυτος σεβασμός και αφοσίωση που εκδηλώνει κάποιος προς ένα ιδεώδες ή ό,τι θεωρεί ιδεώδες: ~ *του καθήκοντος* (συνών. *λατρεία*).

θρησκειολογία η, ουσ. (ασυνίζ.), (επιστ.) επιστήμη που εξετάζει την ανθρώπινη θρησκευτική εμπειρία και ζωή από ψυχολογική, ιστορική και φιλοσοφική άποψη.

θρήσκευμα το, ουσ., σύστημα ιδεών και λατρευτικών εκδηλώσεων που εκφράζουν τη σχέση κοι-

νωνικής ομάδας με ορισμένη θρησκεία ή θρησκευτικό δόγμα: *είναι κατά το ~ μωαμεθανός.*
θρησκεύομαι, ρ., κυρίως στη μτχ. ενεστ. *-ευόμενος,* ακολουθώ όσα επιτάσσει η εκκλησία και εκτελώ τα θρησκευτικά μου καθήκοντα.
θρησκευτικός, -ή, -ό, επίθ. **1α.** που σχετίζεται με τη θρησκεία, με την πίστη του ανθρώπου σε μια θεότητα ή με ορισμένη θρησκεία: *συναίσθημα -ό· αντιλήψεις -ές· φανατισμός ~·* (ιστ.) *πόλεμοι -οί·* **β.** για εκδηλώσεις που συνδέονται με τη λατρεία ή τη θρησκευτική πίστη: *τελετή -ή· καθήκοντα -ά· μουσική -ή· γάμος -ός* (αντ. *πολιτικός*). **2.** αφιερωμένος στη θρησκεία, στο Θεό: *ζωή -ή· οργανώσεις -ές· τάγμα -ό* (= *μοναχικό*). **3.** που εκφράζει έντονο θρησκευτικό συναίσθημα ή μεταφ. σεβασμό και προσήλωση σε κάτι: *δέος -ό· ακούω κάποιον με -ή ευλάβεια* (= *πολύ προσεκτικά*). - Το ουδ. στον πληθ. ως ους. = σχολικό μάθημα σχετικό με τη θρησκεία: *οι ώρες των -ών.* - Επίρρ. **-ά.**
θρησκευτικότητα η, ουσ., η ιδιότητα του προσώπου ή μιας εκδήλωσης που δείχνει θρησκευτική πίστη, ευλάβεια.
θρησκόληπτος, -η, -ο, επίθ., που χαρακτηρίζεται από φανατικό και απλοϊκό θρησκευτικό ζήλο.
θρησκοληψία η, ουσ., το να είναι κανείς θρησκόληπτος.
θρήσκος, -α, -ο, επίθ., που τον χαρακτηρίζει έντονη θρησκευτική πίστη και θρησκευτική ζωή.
θριαμβευτής ο, θηλ. **-τρια,** ουσ. (ασυνίζ.), αυτός που πέτυχε μια σπουδαία νίκη, έχει επιτύχει και αισθάνεται ευτυχής: *ο ~ των εκλογών· η -τρια του διαγωνισμού·* (επίθ.) *~ στρατηγός.*
θριαμβευτικός, -ή, -ό, επίθ. (ασυνίζ.). **1.** (για νίκη, επιτυχία) που αποτελεί θρίαμβο: *επανεκλογή/πρόκριση -ή.* **2.** που συνοδεύεται από πανηγυρισμούς και γενική επιδοκιμασία: *υποδοχή -ή* (συνών. *ενθουσιώδης·* αντ. *ψυχρή*)· *είσοδος στην πρωτεύουσα/προέλαση του στρατού -ή.* **3.** που εκφράζει χαρά και περηφάνεια για ένα θρίαμβο: *ύφος -ό.* -Επίρρ. **-ά.**
θριαμβεύτρια, βλ. *θριαμβευτής.*
θριαμβεύω, ρ. (ασυνίζ.). **1.** πετυχαίνω λαμπρή νίκη ή επιτυχία, κατορθώνω να επιβληθώ σ' έναν αντίπαλο μετά δύσκολο αγώνα: *ο υποψήφιος των ρεπουμπλικάνων -ευσε στις αμερικανικές εκλογές· η ομάδα του -ει στους αγώνες·* (μεταφ.) *η δικαιοσύνη θα -εύσει* (= *θα υπερισχύσει*). **2.** (για εκδήλωση ή καλλιτέχνη) προκαλώ την ενθουσιώδη επιδοκιμασία του κοινού: *πριμαντόνα που -ευσε στο ρόλο της Κάρμεν.*
θριαμβικός, -ή, -ό, επίθ. (ασυνίζ.), που αναφέρεται στο θρίαμβο (βλ.λ. στη σημασ. 4): *αψίδα -ή.*
θριαμβολογία η, ουσ. (ασυνίζ.), περιαυτολογία ή καύχηση για προσωπικό θρίαμβο.
θριαμβολογώ, -είς, ρ. (ασυνίζ.), επαινώ ή εξυμνώ τον εαυτό μου, καυχιέμαι για έναν θρίαμβο (πραγματικό ή υποτιθέμενο ή αμφισβητούμενο): *χρησιμοποίησε κάθε ανέντιμο μέσο και τώρα τολμά να -εί.*
θρίαμβος ο, ουσ. **1α.** λαμπρή επιτυχία ή νίκη σ' έναν αγώνα: *~ των ελληνικών στρατευμάτων· το εκλογικό αποτέλεσμα ήταν προσωπικός ~ του πρωθυπουργού·* (μεταφ.) *~ των εθνικών δικαίων/της αλήθειας/του χριστιανισμού* (= *πλήρης επικράτηση*)· **β.** εξαιρετικό κατόρθωμα που το πετυχαίνει κανείς με μεγάλη προσπάθεια και επιδεξιότητα: *το διαστημικό ταξίδι ήταν ένας ~ της τε-*χνολογίας (συνών. *άθλος, μεγαλούργημα·* αντ. *συντριβή, πανωλεθρία*). **2.** (μεταφ.) για εκδήλωση (συνήθως καλλιτεχνική) που προκαλεί τον ενθουσιασμό του κοινού: *η παράσταση/η συναυλία/η προεκλογική περιοδεία ήταν ένας ~* (αντ. *φιάσκο*). **3.** (συνεκδοχικά) αίσθημα ή κατάσταση μεγάλης χαράς και περηφάνειας για μια επιτυχία ή νίκη: *ιαχή -ου.* **4.** (ιστ.) επίσημη είσοδος μέσα στην πόλη και η επιβλητική παρέλαση ενός Ρωμαίου ή Βυζαντινού αυτοκράτορα ή στρατηγού και του στρατού τους ως η μέγιστη τιμή για μια σημαντική νίκη: *αψίδα του θριάμβου.*
θριγκός ο, ουσ. (έρρ.), (αρχαιολ.) το μέρος μνημειώδους οικοδομήματος (συνήθως ναού) που βρίσκεται πάνω από τους κίονες και τους τοίχους: *~ δωρικός/ιωνικός·* οργανικά μέλη του *-ού* είναι το επιστύλιο, η ζωφόρος και το γείσο.
θρίλερ το, ουσ. άκλ., κινηματογραφική ταινία που αφηγείται μια φανταστική ιστορία σχετική με γεγονότα μυστηριώδη ή τρομακτικά και που προκαλεί έντονα αισθήματα αγωνίας στο θεατή: *~ κατασκοπευτικό/φανταστικό.* [αγγλ. *thriller*].
θροΐζω και (ποιητ.) **θροώ, -είς,** ρ. (για φύλλα δέντρου ή δέντρο) δημιουργώ έναν διαρκή ελαφρό και ευχάριστο θόρυβο από το φύσημα του αέρα: *το μέγα δάσος που θροεί τη νύχτα* (Ιακωβίδη).
θρόισμα το, ουσ., διαρκής, αλλά ασθενής και ευχάριστος θόρυβος που δημιουργείται όταν ο αέρας κινεί τα φύλλα των δέντρων: *~ των φύλλων.*
θρομβίνη η, ουσ. (φυσιολ.) ένζυμο του αίματος που συμβάλλει στο πήξιμο του αίματος.
θρόμβος, ο, ουσ. (λόγ.) σταγόνα αίματος που έχει πήξει· (ειδικότερα, ιατρ.) μικρός όγκος από πηγμένο αίμα που σχηματίζεται σ' ένα ζωντανό οργανισμό μέσα σε ένα αγγείο ή στο εσωτερικό της καρδιάς.
θρομβοφλεβίτιδα η, ουσ. (ιατρ.) φλεγμονή φλέβας σε συνδυασμό με το σχηματισμό θρόμβου προσκολλημένου στο τοίχωμά της.
θρόμβωση η, ουσ. (ιατρ.) σχηματισμός θρόμβου μέσα σε αγγείο (φλέβα ή αρτηρία) ή στο εσωτερικό της καρδιάς: *~ αποφρακτική.*
θρονί το, ουσ. (λαϊκ., λογοτ.), θρόνος· (γενικά) κάθισμα: *οι υπηρέτες βάζανε σε ημικύκλιο τα -ιά για να καθίσουνε οι θεοί* (Κόντογλου).
θρονιάζω, ρ. (συνίζ.). **Α.** (ενεργ., σπάνιο) βάζω κάποιον να καθήσει κάπου αναπαυτικά. **Β.** μέσ. **1.** κάθομαι κάπου άνετα, αναπαυτικά: *-στηκε ο λυράρης σ' ένα σκαμνί* (συνών. *στρογγυλοκάθομαι, στρώνομαι*). **2.** (μεταφ.) εγκαθίσταμαι κάπου συνήθως απρόσκλητος και παραμένω για διάστημα μεγαλύτερο απ' όσο θα έπρεπε προκαλώντας ενόχληση: *έχει -στεί τώρα στο σπίτι και η πεθερά του· -στηκε στη θέση του προέδρου και δε φεύγει με τίποτε.*
θρόνιασμα το, ουσ. (συνίζ.), το να θρονιάζεται κανείς κάπου.
Θρόνοι οι, ουσ. (θεολ.) ονομασία μιας από τις τρεις αγγελικές τάξεις: *~, Χερουβείμ και Σεραφείμ.*
θρόνος ο, ουσ. **1.** είδος μεγαλοπρεπούς καθίσματος, συνήθως υπερυψωμένου, με ψηλό ερεισίνωτο, υποπόδιο και πλαϊνό, πάνω στο οποίο κάθεται ένα σημαντικό πρόσωπο σε επίσημες περιπτώσεις: *ο χρυσελεφάντινος ~ του Δία στην Ολυμπία· ~ βασιλικός/παπικός· αίθουσα του -ου·* (εκκλ.) *~ δεσποτικός ή επισκοπικός* (= *που βρίσκεται στο ιερό βήμα ή συνηθέστερα στο δεξιό*

θρουβάλιασμα 598

μέρος του μεσαίου κλίτους ναού και όπου στέκεται ο επίσκοπος όταν χοροστατεί σε ακολουθία). 2. (συνεκδοχικά) **α.** η εξουσία ή το αξίωμα ενός ανώτατου κοσμικού άρχοντα (βασιλιά, αυτοκράτορα) ή εκκλησιαστικού αξιωματούχου: *ο ~ του Βυζαντίου/της Μεγάλης Βρεταννίας· στηρίζω/υπονομεύω το -ο· κληρονόμος / διεκδικητής του -ου·* φρ. *ανεβάζω κάποιον στο -ο* (= ενθρονίζω)· *ανεβαίνω στο -ο* (= ενθρονίζομαι, γίνομαι βασιλιάς)· *βγάζω/ ρίχνω από το -ο* (= εκθρονίζω)· *κατεβαίνω/πέφτω από το -ο* (= εκθρονίζομαι)· **β.** (εκκλ.) για να δηλωθεί συγκεκριμένη τοπική Εκκλησία, καθώς και οι επαρχίες της δικαιοδοσίας της: *ο ~ της Κωνσταντινούπολης/της Αλεξάνδρειας.*
θρουβάλιασμα το, ουσ. (συνίζ., λαϊκ.), θρυμματισμός.
θρουβαλίζω, ρ. (λαϊκ.), θρυμματίζω.
θρούβαλο, το, ουσ. (λαϊκ.), θρύμμα, θρύψαλο.
θρούμπα η, ουσ. (έρρ.), ελιά ζαρωμένη που έχει ωριμάσει πάνω στο δέντρο κι έχει πέσει στη γη απ' όπου και τη μαζεύουν (αλλιώς *χαμάδα*). [αρχ. επίθ. *δρυπεπής (ελαία).*
θρούμπι, το, ουσ. (έρρ.), αρωματικό ετήσιο θαμνώδες φυτό· (ειδικά) ονομασία των φύλλων και των ανθισμένων βλαστών του παραπάνω φυτού που χρησιμοποιούνται ως καρυκεύματα. [αρχ. *θρύμβη*].
θροώ, βλ. *θροΐζω.*
θρυαλλίδα η, ουσ. (λόγ.), σκοινί ή πλέγμα από βαμβακερές ίνες που χρησιμεύει για τη διοχέτευση υγρού καυσίμου σε λυχνία ή συνηθέστερα για τη μετάδοση φλόγας με σκοπό να πυροδοτηθεί εκρηκτική ύλη (κοιν. *φιτίλι*): *αρκομπούζι με ~.*
θρυλείται, ρ., τριτοπρόσ. (λόγ.), διαδίδεται, φημολογείται ή μεταφέρεται από γενιά σε γενιά ως θρύλος: *πολλά -ούνται γι' αυτόν το ληστή.*
θρυλικός, -ή, -ό, επίθ. 1. (για πρόσωπο, τόπο ή πράξη) που αναφέρεται ή υπάρχει με ορισμένη μορφή μέσα στους θρύλους: *ο Μέγας Αλέξανδρος, ζωντανός ακόμη, έγινε -ό πρόσωπο· τα -ά βουνά της Αρκαδίας· περιπέτεια -ή* (πβ. *μυθικός·* αντ. *ιστορικός*). 2. που απέκτησε μεγάλη φήμη για καταπληκτικές ιδιότητες ή πράξεις, που είναι αντικείμενο συζητήσεων ή θέμα διηγήσεων ανάμεσα στους συγχρόνους ή τους μεταγενέστερους: *ομορφιά -ή· καπετάνιοι -οί· -ή πρωταγωνίστρια του θεάτρου· κατόρθωμα -ό* (= ηρωϊκό) (συνών. *διάσημος, φημισμένος·* αντ. *άγνωστος, άσημος*).
θρύλος ο, ουσ. 1. (λαογρ.) φανταστική διήγηση που πλάθει ο λαός με βάση τις δοξασίες του για ορισμένο πρόσωπο, τόπο ή γεγονός και που την πιστεύει για αληθινή: *~ αρχαίος/τοπικός· -οι της θάλασσας· ~ του Διγενή* (αλλιώς *παράδοση*). 2. για πραγματικό πρόσωπο ή γεγονός του παρελθόντος ή της σύγχρονης εποχής που προκάλεσε θαυμασμό και απέκτησε φήμη: *ο ~ του Μεγαλέξαντρου· -οι από τον αγώνα του Εικοσιένα· μάχη που έγινε ~.*
θρύμμα το, ουσ., κάθε μικρό κομμάτι από εκείνα στα οποία χωρίζεται ένα αντικείμενο όταν σπάζει (συνών. *θρύψαλο, τρίμμα, θρούβαλο*).
θρυμματίζω, ρ., σπάζω κάτι σε πολλά μικρά κομμάτια: *η μηχανή -ει τις πέτρες* (συνών. *συντρίβω, θρουβαλίζω, θρυψαλιάζω, σμπαραλιάζω*).
θρυμματίσμα το, ουσ., θρυμματισμός.
θρυμματισμός ο, ουσ., σπάσιμο ενός αντικειμένου σε πολλά μικρά κομμάτια (συνών. *συντριβή, θρουβάλιασμα*).
θρυμματόπλακα η, ουσ. (τεχν.) τεχνητή πλάκα που κατασκευάζεται όταν συμπιεστούν θερμά τρίμματα ξύλου (πριονίδια) με συνδετική ύλη (κοιν. *νοβοπάν*).
θρυψαλιάζω, ρ. (συνίζ., λαϊκ.), θρυμματίζω.
θρύψαλο το, ουσ. (συνήθως στον πληθ.) θρύμμα: *τα γυαλιά μου έπεσαν κι έγιναν -α.*
θυγατέρα η, ουσ. 1. κόρη. 2. (μεταφ.) για κάτι που προέρχεται άμεσα, που έχει σχηματιστεί ή δημιουργηθεί από κάτι άλλο: *η νεοελληνική γλώσσα είναι ~ της αρχαίας* (πβ. *απόγονος, βλαστάρι, γέννημα*).
θυγατρικός, -ή, -ό, επίθ., για εταιρεία που διευθύνεται ή ελέγχεται από άλλη μεγαλύτερη εταιρεία (*μητρική*), αλλά αποτελεί ιδιαίτερο νομικό πρόσωπο (στο σημείο αυτό διαφέρει από το *υποκατάστημα*).
θύελλα η, ουσ. 1. πολύ άσχημος καιρός με βροχή, άνεμο και (συχνά) αστραπές και βροντές: *το δελτίο καιρού είπε ότι αναμένεται ~·* έκφρ. *σαν ~* (= ορμητικά): *μπήκε σαν ~ στο δωμάτιο* (συνών. *καταιγίδα*). 2. (μεταφ.) αναταραχή, σύγχυση: *τίποτε σ' αυτήν τη χαρούμενη οικογενειακή ατμόσφαιρα δεν προμήνυε τη ~ που ακολούθησε* (συνών. *καταιγίδα, τρικυμία*). 3. (μεταφ.) έντονη, ορμητική ή και βίαιη έκφραση συναισθημάτων: *~ χειροκροτημάτων/συζητήσεων.*
θυελλώδης, -ης, -ες, γεν. *-ους,* πληθ. αρσ. και θηλ. *-εις,* ουδ. *-η,* επίθ. 1. που έχει θύελλες· που συνοδεύεται από θύελλες: *καιρός ~· άνεμος ~.* 2. (μεταφ.) που έχει την ορμητικότητα και τη βιαιότητα της θύελλας: *συζήτηση ~· χαρακτήρας ~* (συνών. *ορμητικός, ταραχώδης·* αντ. *ήρεμος*).
θυέστεια δείπνα· αρχαϊστ. έκφρ. = μακάβριες ευτυχίες.
θύλακας, βλ. *θύλακος.*
θυλάκιο το, ουσ. (ασυνίζ.). 1. (ανατομ.) μικρός σε μορφή κύστης σχηματισμός που επενδύεται εσωτερικά από εκκριτικό ή απεκκριτικό επιθήλιο και αποτελεί στοιχείο πολλών οργάνων του σώματος. 2. εμβρυοθυλάκιο (βλ.λ.).
θύλακος και **θύλακας** ο, ουσ. 1. (ανατομ.) υμένας που σχηματίζει θήκη και που περιβάλλει όργανα του σώματος: *-ες των τριχών.* 2. (βοτ.) καρπός με ξερό περικάρπιο που περιέχει συνήθως πολυάριθμα σπέρματα. 3. (στρατ.) δημιουργία περιοχής στο στρατιωτικό μέτωπο των εμπολέμων όπου εισβάλλουν ξένα στρατεύματα διασπώντας την ευθεία γραμμή των συνόρων.
θύμα, το, ουσ. 1. (κοιν., στην εγκληματολογία) πρόσωπο που η υγεία του, η σωματική του ακεραιότητα, η περιουσία του, η τιμή του ή άλλο αγαθό έχει υποστεί βλάβη ή φθορά: *~ ληστείας/ βιασμού/δικαστικής πλάνης· ~ δολοφονικής επίθεσης· -ατα σεισμού/επιδημίας· ~ των περιστάσεων·* (πλεοναστικά) *υλικές ζημιές και ανθρώπινα -ατα.* 2. (μεταφ.) άνθρωπος που γίνεται αντικείμενο εκμετάλλευσης: *είναι το ~ της οικογένειας.*
θυμάμαι, βλ. *θυμούμαι.*
θυμάρι το, ουσ. (βοτ.) μικρός αρωματικός θάμνος με γαλάζια λουλούδια: *ούτε ~ δε φυτρώνει σ' αυτό το άγονο μέρος.* - Υποκορ. **-άκι** το· έκφρ. *στα -άκια* (= στο νεκροταφείο): *βρίσκεται στα -άκια* (= είναι νεκρός, έχει πεθάνει).

θυμαρίσιος, -α, -ο, επίθ. (συνιζ.), που προέρχεται από θυμάρι: *μέλι -ιο· μυρωδιά -ια.*

θυμέλη η, ουσ. 1. (αρχαιολ.) τόπος που προσφέρονταν θυσίες στους θεούς, θυσιαστήριο, βωμός. 2. βωμός του Διονύσου στο κέντρο της ορχήστρας των αρχαίων ελληνικών θεάτρων.

θυμηδία η, ουσ., διάθεση για (ειρωνικό) γέλιο: *η δήλωσή του προκάλεσε ~.*

θύμηση η, ουσ. (λαϊκ.). 1. μνήμη: *στη -ή μου έρχεται το πατρικό μου σπίτι.* 2. ανάμνηση: *~ πικρή.*

θυμητάρι το, ουσ. (λαϊκ., λογοτ.), αντικείμενο που θυμίζει κάποιον ή κάτι (συνών. *ενθύμιο*).

θυμητικό το, ουσ. (λαϊκ.), μνήμη: *έχει γερό ~· δεν με βοηθά το ~ μου.*

θυμιάζω, ρ. (συνιζ.), θυμιατίζω (βλ.λ. στη σημασ. 1).

θυμίαμα το και (λαϊκ.) **θυμιάμα,** ουσ. (συνιζ.), ρητινώδης ουσία που αναδίδει αναθυμιάσεις καθώς καίγεται και χρησιμοποιείται σε θρησκευτικές τελετουργίες.

θύμιασμα το, ουσ. (συνιζ.), το να θυμιάζει κανείς (συνών. *θυμιάτισμα*).

θυμιατήρι το, ουσ. (συνιζ.), σκεύος (λειτουργικό) μέσα στο οποίο καίγεται θυμίαμα (συνών. *θυμιατό, λιβανιστήρι*).

θυμιατίζω, ρ. (συνιζ.), 1. καίω θυμίαμα σε θυμιατό και μ' αυτό αρωματίζω το χώρο (συνήθως ως θρησκευτική εκδήλωση). 2. (μεταφ.) επαινώ κάποιον για να τον κολακεύσω, κολακεύω: *-ει την κυβέρνηση* (συνών. *λιβανίζω*).

θυμιάτισμα το, ουσ. (συνιζ.). 1. το να θυμιατίζει κανείς (βλ.λ. στη σημασ. 1). 2. (μεταφ.) το να κολακεύει κανείς (συνών. *λιβάνισμα*).

θυμιατό το, ουσ. (συνιζ.), θυμιατήρι.

θυμίζω, ρ. α. κάνω κάποιον να σκεφτεί κάτι που ήδη γνωρίζει: *μου -ισε τα γεγονότα· μου -ει τα λάθη μου·* β. κάνω κάποιον να θυμηθεί κάτι που πρέπει να κάνει: *-ισέ μου να σου το επιστρέψω* (συνών. *υπενθυμίζω*)· γ. επαναφέρω στη μνήμη κάποιου άλλου ή κάτι άλλο επειδή μοιάζω με αυτό(ν): *μου -εις τη γιαγιά σου.*

θυμικό το, ουσ. (ψυχ.) το σύνολο των συγκινήσεων, συναισθημάτων, παθών και διαθέσεων του ατόμου (συνών. *θυμοειδές*).

θυμικός, -ή, -ό, επίθ. (ψυχ.) που σχετίζεται με το θυμικό: *νευρώσεις που οφείλονται σε -ές αναστατώσεις.*

θυμοειδές το, ουσ. (ψυχ.) θυμικό (βλ.λ.).

θύμος ο, ουσ. 1. (ανατομ.) αδένας που βρίσκεται στην κοιλότητα του θώρακα, είναι αναπτυγμένος στα έμβρυα και τα παιδιά και ατροφεί με την ανάπτυξη του οργανισμού. 2. (ζωολ.) αδένας που βρίσκεται στο φάρυγγα των σπονδυλοζώων. 3. (βοτ.) γένος αγγειόσπερμων δικότυλων φυτών που περιλαμβάνει πολλά είδη που απαντούν στις μεσογειακές χώρες, ανάμεσα στα οποία και το γνωστό θυμάρι.

θυμός ο, ουσ., έντονο συναίσθημα που νιώθει κανείς όταν θεωρεί κάτι άδικο, προσβλητικό, σκληρό και απαράδεκτο και που καμιά φορά τον οδηγεί σε βίαιες αντιδράσεις: *~ ασυγκράτητος· έκρηξη -ού· το ειπε/τον χτύπησε πάνω στο -ό του* (συνών. *οργή·* αντ. *ψυχραιμία*).

θυμοσοφία η, ουσ. βαθύτερη σοφία που δε στηρίζεται σε λογιότητα.

θυμοσοφικός, -ή, -ό, επίθ., που αναφέρεται στη θυμοσοφία ή το θυμόσοφο: *διάθεση -ή.*

θυμόσοφος, -η, -ο, επιθ., που ξεχωρίζει με μια βαθύτερη σοφία που δε στηρίζεται σε λογιότητα.

θυμούμαι και **θυμάμαι,** ρ. α. διατηρώ ή επαναφέρω στη μνήμη μου εντυπώσεις από πρόσωπο ή γεγονός του παρελθόντος: *~ τη φυσιογνωμία του· ~ ότι το σπίτι βρισκόταν στη γωνία ·άσαι πώς περνούσαμε παλιά; -ήσου να το φέρεις αύριο·* β. διατηρώ στη μνήμη μου κάτι που έχω μάθει: *~ καλά το μάθημα·* γ. διατηρώ στη μνήμη μου κάτι που αφορά ένα πρόσωπο για το οποίο ενδιαφέρομαι· νοιάζομαι: *πάντα με -όταν στη γιορτή μου· με -ήθηκε στη διαθήκη της* (= με συμπεριέλαβε) (αντ. σ' όλες τις σημασ. *ξεχνώ*).

θυμώνω, ρ. 1. νιώθω θυμό (βλ.λ.): *-ει εύκολα· -ωσε και τα 'κανε γυαλιά - καρφιά* (συνών. *οργίζομαι·* αντ. *ξεθυμώνω, ηρεμώ*). 2. αισθάνομαι θυμό για κάποιον, διαμορφώνω εχθρική διάθεση απέναντι σε κάποιον: *μας -ωσε και δε μας μιλά* (συνών. *κακιώνω*). 3. (μτβ.) κάνω κάποιον να νιώσει θυμό: *τον -εις μ' αυτά που του λες* (συνών. *εξοργίζω·* αντ. *ηρεμώ, καλμάρω*). 4. (μεταφ. για φυσικά φαινόμενα) γίνομαι άσχημος, κακός, αγριεύω: *-ωσε ο καιρός· -μένο πέλαγος.*

θύρα η, ουσ. 1. (λόγ.) πόρτα: *η ~ του αρχαίου ναού.* 2α. πύλη εισόδου σε γήπεδο ή στάδιο: *μπήκαμε από τη ~ 4·* β. (συνεκδοχικά, λαϊκ.) το σύνολο των θεατών που κάθονται στο τμήμα του σταδίου που αντιστοιχεί σε μια θύρα: *ξεσηκώθηκε η ~ 5.*

θύραθεν (παιδεία, φιλοσοφία)· αρχαϊστ. έκφρ.· σε περιπτώσεις αντιδιαστολής της κλασικής παιδείας ή φιλοσοφίας από τη χριστιανική που ακολούθησε.

θυρεοειδής, -ής, -ές, γεν. *-ούς,* πληθ. αρσ. και θηλ. *-είς,* ουδ. *-ή,* επίθ. (ανατομ.) *~ αδένας* = ενδοκρινής αδένας στο μπροστινό μέρος του λαιμού που ρυθμίζει τη σωματική και την ψυχική ζωτικότητα του οργανισμού· *~ χόνδρος* = ο μεγαλύτερος χόνδρος του λάρυγγα. - Το αρσ. ως ουσ. = ο θυρεοειδής αδένας.

θυρεοειδίτιδα η, ουσ., φλεγμονή του θυρεοειδούς αδένα που χαρακτηρίζεται από διόγκωση, πόνο και πυρετό.

θυρεός ο, ουσ., το κύριο μέρος οικόσημου ή εθνικού εμβλήματος που έχει σχήμα ασπίδας.

θυρίδα η, ουσ. 1. μικρό άνοιγμα σε τοίχο, φεγγίτης: *γλυκοφέγγει απ' τη ~ τσ' Αγίας Τράπεζας το φως* (Σολωμός)· *~ πυροβόλου* (σε οχυρό)· (ναυτ.) άνοιγμα στο κατάστρωμα ή στα πλευρά του πλοίου: *~ αερισμού/φόρτωσης.* 2. άνοιγμα σε διαχώρισμα γραφείου, ταμείου, κ.τ.ό., για τη διενέργεια συναλλαγών με το κοινό: *καταθέσεις στη ~ 6.* 3. *~ ταχυδρομική* = ατομική γραμματοκιβώτιο στο ταχυδρομείο για το νοικιάζει κανείς για να δέχεται την αλληλογραφία του· *~ τράπεζας* = ατομικό χρηματοκιβώτιο σε τράπεζα που το νοικιάζει κανείς για να φυλάγει χρήματα ή άλλα αντικείμενα.

θυροκολλώ, -άς, ρ., κολλώ έγγραφο στην πόρτα σπιτιού ή δημόσιου κτηρίου για να γνωστοποιήσω στον ιδιοκτήτη ή στο κοινό κάτι: *ο δικαστικός επιμελητής -ησε την έξωση· -ήθηκε το διάταγμα για τη διάλυση της Βουλής.*

θυροτηλέφωνο το, ουσ., συσκευή με την οποία επικοινωνεί όποιος βρίσκεται στην είσοδο ενός κτηρίου με όσους βρίσκονται στα διαμερίσματα (συνών. *θυρόφωνο*).

θυρόφυλλο το, ουσ., το καθένα από τα κινητά μέρη της πόρτας.
θυρόφωνο το, ουσ, θυροτηλέφωνο (βλ.λ.).
θύρσος ο, ουσ. (αρχ.) ραβδί από καλάμι ή ξύλο που στην κορυφή του έχει φύλλα κισσού ή αμπελιού, έμβλημα του Διονύσου.
θυρωρείο το, ουσ., χώρος κοντά στην (κύρια) είσοδο (μεγάλου συνήθως) κτηρίου κατάλληλα διαμορφωμένος ώστε να κάθεται ο θυρωρός.
θυρωρός ο και η, θηλ. (λαϊκ.) **-ρίνα**, ουσ., άτομο που έχει ως επάγγελμα να στέκεται κοντά στην (κύρια) είσοδο μεγάλου (συνήθως) κτηρίου και να φροντίζει για την ασφάλεια (ή και την καθαριότητα) του κτηρίου και την εξυπηρέτηση των επισκεπτών.
θύσανος ο, ουσ. 1. (λόγ.) σύνολο από ισομεγέθεις κλωστές σφιχτά δεμένες μεταξύ τους από το ένα άκρο και ελεύθερες από το άλλο (συνών. *φούντα*). 2. (βοτ.) ονομασία νηματοειδούς ταξιανθίας. 3. (μετεωρ.) κατηγορία νεφών που εμφανίζονται σε μεγάλα ύψη στην ατμόσφαιρα.
θυσανωτός, -ή, -ό, επίθ., που μοιάζει με θύσανο (συνών. *κροσσωτός*).
θυσία η, ουσ. 1. (συνήθως στον πληθ.) προσφορά σε θεότητα που έχει λατρευτικό χαρακτήρα: *-ες αιματηρές/αναίμακτες· προσφέρω/κάνω ~*. 2. (μεταφ.) εκούσια στέρηση υλικών ή πνευματικών αγαθών για χάρη άλλου προσώπου, αγαθού ή κάποιου σκοπού: *έκανε -ες για να μεγαλώσει τα παιδιά του/να πάρει σπίτι*. Φρ. *γίνομαι ~* = **α.** θυσιάζομαι (βλ.λ. στη σημασ. 2α): *έγινε ~ για το φίλο του*· **β.** προσπαθώ με μεγάλη προθυμία να εξυπηρετήσω κάποιον: *έγινε ~ για να με βοηθήσει*.
θυσιάζω, ρ. (ασυνίζ.). 1. προσφέρω κάτι (ή σπανιότερα κάποιον) ως θυσία σε θεότητα: *-ίαζαν ζώα στους θεούς· οι Αχαιοί -ίασαν την Ιφιγένεια στην Άρτεμη*. 2. (μεταφ.) **α.** (ενεργ. και μέσ.) στερούμαι με τη θέλησή μου υλικά ή πνευματικά αγαθά για χάρη άλλου προσώπου, αγαθού ή κάποιου σκοπού: *-ίασε τα νιάτα του για...· -ιάστηκε για τα παιδιά του· ~ τη ζωή μου*(= *σκοτώνομαι*)· **β.** (μέσ.) πεθαίνω για χάρη κάποιου ανώτερου σκοπού: *-ιάστηκαν για τα ιδανικά τους/την πατρίδα*.
θυσιαστήριο το, ουσ. (ασυνίζ., δις). 1. μέρος όπου τελείται η θυσία, βωμός. 2. η Αγία Τράπεζα των χριστιανικών ναών.
θύτης ο, ουσ. 1. ο ιερέας που τελούσε τη θυσία. 2. αυτός που διαπράττει μια βίαιη και εγκληματική πράξη εναντίον κάποιου: *οι -ες και τα θύματα*.
θώκος ο, ουσ. (λόγ.). **1α.** κάθισμα που προορίζεται για πρόσωπο με επίσημο αξίωμα· **β.** (κατ' επέκταση) το αντίστοιχο αξίωμα: *υπουργικοί -οι*. 2. *οικολογικός ~* = η μικρότερη μονάδα βιότοπου που κατέχεται από έναν οργανισμό ή ένα είδος.
θωμισμός ο, ουσ. (φιλοσ.) η φιλοσοφική και θεολογική διδασκαλία του Θωμά του Ακινάτη και των οπαδών του.
θωμιστής ο, θηλ. **-ίστρια**, ουσ., οπαδός του θωμισμού.
θωπεία η, ουσ. (λόγ.), χάδι: *-ες μητρικές*.
θωπευτικός, -ή, -ό, επίθ., χαϊδευτικός, τρυφερός.
θωπεύω, ρ. (λόγ.), χαϊδεύω.
θώρακας ο, ουσ. 1. (ανατομ.) το ανώτερο τμήμα του κορμού που περιέχει τα όργανα κυκλοφορίας και αναπνοής και χωρίζεται από την κοιλιά με το διάφραγμα (συνών. *στήθος*). 2. (στην εντομολογία) το τμήμα του σώματος ενός εντόμου όπου βρίσκονται τα φτερά και τα πόδια. 3. αμυντικό όπλο των αρχαίων πολεμιστών που προστάτευε το στήθος και την πλάτη. 4. μεταλλική επένδυση (πλοίου, πυροβόλου, πύργου, κλπ.) που προστατεύει από βλήματα. 5. περίβλημα των πυρηνικών αντιδραστήρων που παρεμποδίζει τη διαφυγή των νετρονίων και επικίνδυνων πυρηνικών ακτινοβολιών προς το περιβάλλον.
θωρακίζω, ρ. 1. επενδύω κάτι με μεταλλικές πλάκες για να γίνει απρόσβλητο από κάθε είδους βλήμα: *όχημα -ισμένο*. 2. εξοπλίζω κάτι έτσι ώστε να μπορεί να προφυλάγεται από κάθε είδους επίθεση: *-εται η χώρα*. 3. (μεταφ.) κάνω κάποιον ή κάτι απρόσβλητο από καθετί: *~ τον οργανισμό μου με τη γυμναστική· νόμοι που -ίζουν το δημοκρατικό πολίτευμα*. - Βλ. και *τεθωρακισμένα*.
θωρακικός, -ή, -ό, επίθ., που βρίσκεται στο θώρακα ή σχετίζεται μ' αυτόν: *-ή αορτή· -ά νεύρα· -ή χώρα* (= ο θώρακας).
θωράκιο το, ουσ. (ασυνίζ.). 1. χαμηλό διάφραγμα που έκλεινε το μεσοδιάστημα μεταξύ των κιόνων στα μαρμάρινα τέμπλα των παλαιοχριστιανικών (κυρίως) ναών. 2. (ναυτ.) σανίδωμα ή μεταλλικός προφυλακτήρας που βρίσκεται στο κάτω μέρος του καταρτιού.
θωράκιση η, ουσ. 1. το να επενδύει κανείς κάτι με μεταλλικές πλάκες για να γίνει απρόσβλητο από κάθε είδους βλήμα: *~ αυτοκινήτου/πλοίου*. 2. (μεταφ.) το να κάνει κανείς κάποιον ή κάτι απρόσβλητο σε καθετί: *αντισεισμική ~ της χώρας· ~ της ειρήνης* (συνών. στις σημασ. 1 και 2 *θωρακισμός*).
θωρακισμός ο, ουσ., θωράκιση (βλ.λ.).
θωρακίτης ο, ουσ. (ναυτ.) ναύτης ειδικός στο να χειρίζεται τα άρμενα.
θωρακοτομία και **θωρακοτομή** η, ουσ. (ιατρ.) χειρουργική επέμβαση κατά την οποία διανοίγεται το θωρακικό τοίχωμα.
θωρηκτό το, ουσ., μεγάλο θωρακισμένο πλοίο για ανοιχτές θάλασσες.
θωριά η, ουσ. (συνιζ., λαϊκ., λογοτ.), εξωτερική εμφάνιση, όψη, παρουσιαστικό.
θωρώ, ρ. (λαϊκ.), βλέπω, κοιτάζω: *πώς μας -είς ακίνητος;* (Βαλαωρίτης).

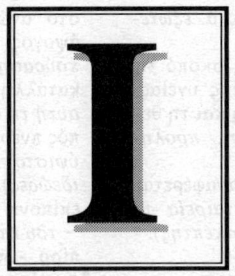

ι, Ι (γιώτα). 1. το ένατο γράμμα του ελληνικού αλφαβήτου· ένα από τα φωνήεντα της ελληνικής γλώσσας. - Βλ. και γιώτα. 2. αριθμητικό σημείο = α. (όταν έχει τόνο πάνω δεξιά ή τελεία κάτω δεξιά: ι΄, Ι΄, ι.) δέκα, δέκατος, δέκατον: *Λέων ο Ι΄· βιβλίο ι΄* β. (όταν έχει τόνο κάτω αριστερά: ,ι) δέκα χιλιάδες.
-ι, κατάλ. ουδ. ουσ.: *κορφοβούνι, λημέρι.*
-ί, κατάλ. ουδ. ουσ.: *παιδί, σπαθί, φιλί.*
-ί, κατάλ. ουδ. ουσ. που δηλώνει χρώμα: *ουρανί, χρυσαφί.*
-ια (συνιζ.), κατάλ. θηλ. ουσ.: *φώκια, αρρώστια, βλαστήμια, συμπόνια.*
-ιά (συνιζ.), κατάλ. θηλ. ουσ.: *κερασιά, βραδιά, ανθρωπιά, Σμυρνιά.*
-ιά (συνιζ.), κατάλ. θηλ. επίθ.: *βαθιά, πλατιά.*
-ιάζω, I. (συνιζ. ή ασυνίζ.), κατάλ. ρημ.: *αρραβωνιάζω, μανιάζω, βουλιάζω.* [-*ίζω*].
-ιάζω, II. (συνιζ. ή ασυνίζ.), κατάλ. ρημ.: *κοπιάζω, μουδιάζω, ανατριχιάζω.* [αρχ. -*ιώ*].
-ιαίος, κατάλ. λόγ. επιθ. που σημαίνουν τοπική έκταση, χρονική διάρκεια ή βάρος: *εβδομαδιαίος, μηνιαίος, σπιθαμιαίος.* [αρχ. κατάλ. -*ιαίος*].
Ιακοβίνος, βλ. *Ιακωβίνος.*
-ιακός (συνιζ. και ασυνίζ.), κατάλ. επιθ.: *εντυπωσιακός, γκαρδιακός, νηπιακός, συμποσιακός.* [θέματα σε -*ια* + κατάλ. -*κός: καρδιακός, μανιακός,* κλπ.].
Ιακωβίνος και **Γιακωβίνος** ο, οπαδός πολιτικής μερίδας που εκπροσωπούσε την άκρα αριστερά κατά τη γαλλική επανάσταση.
ιαματικός, -ή, -ό, επίθ. (ασυνίζ.), (για νερό, πηγή, κλπ.) που γιατρεύει, που θεραπεύει: *λουτρά -ά* (συνών. *θεραπευτικός* αντ. *επιβλαβής*).
ιαμβικός, -ή, -ό, επίθ. (μετρ.) που αποτελείται από ιάμβους: *ρυθμός / δεκαπεντασύλλαβος ~ ποίηση -ή* (= είδος λυρικής ποίησης).
ιαμβογράφος ο, ουσ., ποιητής που συνθέτει ιάμβους.
ίαμβος ο, ουσ. 1. (μετρ.) μετρικός πους που αποτελείται από δύο συλλαβές, άτονη την πρώτη και τονισμένη τη δεύτερη στη νεοελλ. μετρική, βραχύχρονη την πρώτη και μακρόχρονη τη δεύτερη στην αρχαία μετρική. 2. είδος αρχαίου ελληνικού ποιήματος.
-ιανός (συνιζ.), κατάλ. επιθ. και εθν. ον.: *πρωτευουσιάνος, καθαρευουσιάνος, ποταμιάνος.* [ξένα εθν. ον. σε *-άνος: Παριζιάνος*].
-ιανός (ασυνίζ.), κατάλ. επιθ. και εθν. ον.: *παρακατιανός, Ψαριανός, Καλαματιανός.*
Ιανουάριος και (λαϊκ.) **Γενάρης** ο, ουσ., ο πρώτος μήνας του έτους: *πρώτη -ίου* (= *Πρωτοχρονιά*).
ιανσενισμός ο, ουσ., θρησκευτική διδασκαλία που εκπηγάζει από το έργο του Ολλανδού θεολόγου Ιάνσεν (τέλη 16. αι. - αρχές 17.)· θρησκευτικό και πνευματικό κίνημα που δημιουργήθηκε από τους οπαδούς αυτής της διδασκαλίας. [γαλλ. jansénisme].
ιανσενιστής ο, θηλ. **-τρια,** ουσ., οπαδός του ιανσενισμού.
ιαπετικός, -ή, -ό, επίθ., όρος που χρησιμοποιήθηκε παλαιότερα για το χαρακτηρισμό της οικογένειας των γλωσσών στην οποία ανήκει και η ελληνική, αλλά και της φυλετικής οικογένειας των αντίστοιχων λαών: *γλώσσες -ές* (συνών. *ινδοευρωπαϊκός*).
Ιάπωνας ο, ουσ., αυτός που κατάγεται από την Ιαπωνία ή κατοικεί σ᾽ αυτήν (συνών. *Γιαπωνέζος*).
ιαπωνικός, -ή, -ό, επίθ., που ανήκει ή αναφέρεται στους Ιάπωνες ή την Ιαπωνία ή που προέρχεται απ᾽ αυτούς: *τεχνολογία / γλώσσα / πάλη -ή* (συνών. *γιαπωνέζικος*). - Το ουδ. στον πληθ. και το θηλ. ως ουσ. = η ιαπωνική γλώσσα.
-ιάρης (συνιζ.), κατάλ. επιθ. που σημαίνουν εκείνον που έχει πάθηση ή ελάττωμα ή δηλώνουν επάγγελμα: *ζηλιάρης, κλαψιάρης, ψωριάρης, σκουπιδιάρης, μεροκαματιάρης.* [θεματικό -*ι* ουδ. ουσ. που σημαίνουν αρρώστια ή ελάττωμα + κατάλ. -*άρης*].
-ιάρικος (συνιζ.), κατάλ. επιθ.: *βρομιάρικος, ψωριάρικος, κιτρινιάρικος.*
-ίας, κατάλ. αρσ. ουσ.: *επαγγελματίας, τραυματίας, ταραξίας, δηλωσίας.*
-ιάς (συνιζ.), κατάλ. ουσ.: *φονιάς, χαλκιάς, χιονιάς.* [μεσν. κατάλ. *έας<αρχ. -εύς*].
ίασπις ο, γεν. -*ιδος,* ουσ., κρυπτοκρυσταλλική μορφή του χαλαζία σε ποικίλα χρώματα (βαθύ κόκκινο ως καστανό) που χρησιμοποιείται στην κοσμηματοποιία και διακοσμητική. [αρχ.].
-ιάτης (συνιζ. ή ασυνίζ.), κατάλ. εθν. ον.: *Σπαρτιάτης, Μανιάτης.* [τοπωνύμια με θέμα σε -*ι* + κατάλ. -*άτης*].
-ιάτικα (συνιζ. ή ασυνίζ.), κατάλ. επιρρ. χρονικών: *σαββατιάτικα, χειμωνιάτικα.*
-ιάτικος (συνιζ. ή ασυνίζ.), κατάλ. επιθ.: *απριλιάτικος, καλοκαιριάτικος.*
ιατρείο το, ουσ., χώρος στον οποίο ένας γιατρός δέχεται και εξετάζει τους ασθενείς: ~ *αγροτικό /*

κινητό· -α εξωτερικά νοσοκομείου (βλ. ά. εξωτερικός).
ιατρική η, ουσ., επιστήμη που έχει ως σκοπό τη διαφύλαξη και την αποκατάσταση της υγείας, καθώς και την πρόληψη, τη διάγνωση και τη θεραπεία των ασθενειών: ~ διαγνωστική / προληπτική.
ιατρικός, -ή, -ό, επίθ., που ανήκει ή αναφέρεται στο γιατρό ή την ιατρική: σχολή / εταιρεία -ή· σύλλογος ~· ~ επισκέπτης (βλ. ά. επισκέπτης). - Επίρρ. -ώς.
ιατροδικαστής ο, θηλ. **-ίνα** και **-κάστρια**, ουσ., γιατρός διορισμένος από την πολιτεία για να βοηθήσει τη δικαιοσύνη στην εξακρίβωση αιτιών θανάτου, φύσης και προέλευσης τραυμάτων, κλπ.
ιατροδικαστικός, -ή, -ό, επίθ., που ανήκει ή αναφέρεται στον ιατροδικαστή ή την ιατροδικαστική: εξέταση -ή. - Το θηλ. ως ουσ. = κλάδος της ιατρικής που έχει ως αντικείμενο μελέτης τα ιατρικά θέματα τα σχετικά με ποινικά αδικήματα.
ιατροδικαστίνα, βλ. ιατροδικαστής.
ιατροδικάστρια, βλ. ιατροδικαστής.
ιατρόσημο το, ουσ., ένσημο που επικολλάται σε ιατρικά έγγραφα.
ιατροσυμβούλιο το, ουσ. (ασυνίζ.), συμβούλιο γιατρών που συγκαλείται σε περιπτώσεις σοβαρής αρρώστιας.
ιατροφιλόσοφος ο, ουσ. (παλαιότερα) γιατρός που ασχολούνταν και με τη φιλοσοφία.
ιαχή η, ουσ. (λόγ.), δυνατή κραυγή (χαράς, ενθουσιασμού, κ.ά.): -ές ενθουσιώδεις (συνών. αλαλαγμός).
ιαχωβάς, βλ. ιεχωβάς.
Ίβηρες οι, ουσ. 1. (αρχ.) λαός που κατοικούσε στην ιβηρική χερσόνησο. 2. (αρχ. - μεσν.) λαός που κατοικούσε στην περιοχή του Καυκάσου: μονή Ιβήρων.
ιβηρικός, -ή, -ό, επίθ., που ανήκει, που αναφέρεται στην Ιβηρία ή τους Ίβηρες ή που προέρχεται από αυτούς: χερσόνησος / τέχνη -ή.
ιβίσκος ο, ουσ., γένος φυτών των εύκρατων και θερμών περιοχών, από τα οποία τα περισσότερα είναι καλλωπιστικά.
ιβουάρ το, ουσ. άκλ., το χρώμα του ελεφαντόδοντου (ανοιχτό μπεζ). [γαλλ. ivoire].
ίγκλα η, ουσ. (ερρ.), ζώνη, λουρί που συγκρατεί τη σέλα ή το σαμάρι στη ράχη του αλόγου. [μεσν. κίγκλα<λατ. cingula].
ιγμόρειος, -α, -ο, επίθ. (ιατρ.), -ο άντρο = κοιλότητα στο οστούν της άνω γνάθου. - Το ουδ. ως ουσ. = ιγμόρειο άντρο. [αγγλ. όν. Highmore].
ιγμορίτιδα η, ουσ., οξεία ή χρόνια φλεγμονή στα ιγμόρεια.
-ιδα, κατάλ. θηλ. ουσ.: καλλιτέχνιδα.
-ίδα, κατάλ. θηλ. ουσ. και εθν. ον.: ελπίδα, εφημερίδα, Ρωσίδα.
ιδαίος, -α, -ο, επίθ., που ανήκει στο όρος Ίδη (της Κρήτης)· μόνο στην έκφρ. -ον άντρον (όπου μεγάλωσε ο Δίας).
ιδανίκευση η, ουσ., εξιδανίκευση (βλ. λ.).
ιδανικός, -ή, -ό, επίθ. 1. που υπάρχει μόνο ως ιδέα, ανύπαρκτος στην πραγματικότητα: -ές φωνές και αγαπημένες εκείνων που πεθάναν (Καβάφης) (συνών. πνευματικός, νοητός, ιδεώδης· αντ. υπαρκτός, πραγματικός). 2. πνευματικός (πβ. πλατωνικός): έρωτας ~ (αντ. σαρκικός). 3. που βρίσκεται στο ανώτατο επίπεδο τελειότητας· εξαίρετος, άψογος: συνθήκες δουλειάς -ές· μέρος -ό για ξεκούραση (συνών. τέλειος· αντ. ατελής, κοινός). 4. κατάλληλος (για κάτι): είναι ο ~ άνθρωπος γι' αυτή τη θέση. - Το ουδ. ως ουσ. = 1. υψηλός σκοπός πνευματικού ή ηθικού χαρακτήρα: -ά εθνικά· ύψιστο ~ η ελευθερία· πρόδωσε τα -ά του (συνών. ιδεώδες). 2. τελικός πόθος ή επιδίωξη που απαιτεί επίπονη προσπάθεια για να πραγματοποιηθεί: το ~ του ήταν να γίνει γιατρός (συνών. όνειρο). -Επίρρ. **-ώς**.
ιδανικότητα η, ουσ., το να είναι κάποιος ή κάτι ιδανικό.
ιδανικώς, βλ. ιδανικός.
ιδέα η, ουσ. 1. (φιλοσ.) νοητή ύπαρξη των αισθητών αντικειμένων, τέλειο και αιώνιο πρότυπο, του οποίου τα πράγματα δεν αποτελούν παρά τις μεταβαλλόμενες πολλαπλές όψεις: θεωρία των -ών. 2. (ψυχ.-λογική) αφηρημένη παράσταση ενός όντος, ενός αντικειμένου, μιας σχέσης, κλπ., επεξεργασμένη από τη σκέψη: η ~ του ωραίου. 3. σκέψη, επινόηση: ~ έξυπνη / τολμηρή. 4. γενική άποψη, αμυδρή γνώση: οι φωτογραφίες μάς δίνουν μια ~ της χώρας· δεν έχω την παραμικρή ~ γι' αυτό που μου λες. 5. τρόπος να βλέπει κανείς τα πράγματα κρίνοντάς τα συνάμα, γνώμη, κρίση, άποψη: τι ~ έχεις για μένα; έκθεση -εών. 6. εντύπωση, γνώμη: έχω την ~ πως θα πετύχεις. 7. ιδανικό, ιδεώδες: Μεγάλη Ιδέα (βλ. ά. μεγάλος). 8. (συνήθως στον πληθ.) σύνολο ιδεών, ιδεολογία: -ες φιλελεύθερες / επαναστατικές. Έκφρ. μια ~ (= ασήμαντη ποσότητα, λίγο). Φρ. βάζω κάποιον σε ιδέες (= τον κάνω να υποψιαστεί ή να σκεφτεί κάτι)· έχω μεγάλη ~ για τον εαυτό μου (= έχω υπερβολική εκτίμηση για τον εαυτό μου, είμαι πολύ εγωιστής)· κατεβάζω -ες (= είμαι επινοητικός)· μου 'ρχεται, μου κατεβαίνει μια ~ (= σκέφτομαι, επινοώ).
ιδεάζω, ρ. Ι. (ενεργ.) βάζω υποψία σε κάποιον για κάτι. ΙΙ. (μέσ.) 1. έχω την υπόνοια, υποπτεύομαι (συνών. ψυλλιάζομαι, υποψιάζομαι). 2. φαντάζομαι: -ομαι το έργο μου ολοκληρωμένο.
ιδεαλισμός ο, ουσ. 1. (φιλοσ.) φιλοσοφική θεωρία κατά την οποία ο εξωτερικός κόσμος έχει υπόσταση μόνο στο νου και μόνη πραγματικότητα είναι ό,τι μας δίνει η νόηση (συνών. ιδεοκρατία· αντ. ρεαλισμός, υλισμός). 2. επιδίωξη του ιδανικού στη ζωή ή του τέλειου στην τέχνη: ρομαντικός ~. 3. (κοιν.) το να έχει κάποιος υψηλά ιδανικά που προσπαθεί να εφαρμόζει στη ζωή του: ο ~ στην πολιτική είναι ανέφικτος.
ιδεαλιστής ο, θηλ. **-τρια**, ουσ. 1. (φιλοσ.) οπαδός του ιδεαλισμού: φιλόσοφος / ιστορικός ~ (αντ. ρεαλιστής, υλιστής). 2. αυτός που επιδιώκει το ιδεώδες και ανέφικτο (αντ. ρεαλιστής, πραγματιστής)· αυτός που έχει υψηλά ιδανικά και προσπαθεί να τα εφαρμόζει στη ζωή του.
ιδεαλιστικός, -ή, -ό, επίθ. 1. (φιλοσ.) που ανήκει ή αναφέρεται στον ιδεαλισμό: άποψη / αντίληψη -ή (αντ. ρεαλιστικός, υλιστικός). 2. εξωπραγματικός, εξιδανικευτικός: στάση -ή. - Επίρρ. **-ά**.
ιδεαλίστρια, βλ. ιδεαλιστής.
ιδεατός, -ή, -ό, επίθ., που υπάρχει μόνο ως ιδέα· νοητός: κόσμος ~ (αντ. αισθητός, πραγματικός).
ιδεο-, α' συνθ. επιστημονικών συνήθως όρων: ιδεόγραμμα, ιδεοκρατία, ιδεολογία.
ίδε ο άνθρωπος! αρχαϊστ. έκφρ. (παρουσίαση

του Χριστού από τον Πιλάτο προς το πλήθος, Ιω. XIX 5) σε περιπτώσεις που υπογραμμίζομε (συνήθως με δυσμένεια) πρόσωπο με ελαττώματα.
ιδεόγραμμα το, ουσ. (γλωσσολ.) γραφικό σημείο ή παράσταση που εκφράζει μια ιδέα, έννοια και όχι τους φθόγγους ή τις συλλαβές της αντίστοιχης λέξης σε μια γλώσσα: *-ατα αιγυπτιακά / κινεζικά*.
ιδεογραφία η, ουσ. (γλωσσολ.) γραφή με τη χρησιμοποίηση ιδεογραμμάτων.
ιδεογραφικός, -ή, -ό, επίθ., που χρησιμοποιεί ιδεογράμματα ή που αναφέρεται στην ιδεογραφία: *γραφή -ή*.
ιδεοκρατία η, ουσ. (φιλοσ.) ιδεαλισμός (βλ. λ.).
ιδεοληπτικός, -ή, -ό, επίθ., που σχετίζεται με την ιδεοληψία, χαρακτηρίζεται από αυτήν: *-ή νεύρωση / κατάσταση*.
ιδεοληψία η, ουσ. (ψυχ., ψυχιατρ.) νοσηρή κατάσταση που εκδηλώνεται με την εμφάνιση οδυνηρών συγκινησιακών καταστάσεων και έμμονων ιδεών που δε στηρίζονται στην πραγματικότητα ή τη λογική και τείνουν να καταλάβουν όλο το πεδίο της συνείδησης ενός ατόμου.
ιδεολόγημα το, ουσ. (νεολογ.) άποψη ή ιδέα που είναι επινόημα.
ιδεολογία η, ουσ. **1α.** σύνολο των πεποιθήσεων ενός ατόμου, αρχές ηθικές, κοινωνικές, φιλοσοφικές που εμπνέουν τις ενέργειες κάποιου: *δεν προδίδει κανείς εύκολα την ~ του* (συνών. *κοσμοθεωρία*)· **β.** (κοινων., σύμφωνα με τη μαρξιστική φιλοσοφία) ο τρόπος με τον οποίο μια κοινωνική ομάδα αντιλαμβάνεται την πραγματικότητα, φυσική και κοινωνική, μέσα από τη διαρκή καθημερινή χρησιμοποίησή της για την παραγωγή των αγαθών που της είναι απαραίτητα: *η ~ της άρχουσας τάξης· ~ κυρίαρχη*. **2.** ανιδιοτελής προσήλωση σε ανώτερες αρχές: *ό,τι κάνει, το κάνει από ~*. **3.** (ειρων., συνήθως στον πληθ.) θεωρία χωρίς πρακτική αξία: *αφήστε τις -ες*.
ιδεολογικός, -ή, -ό, επίθ., που ανήκει ή αναφέρεται στην ιδεολογία (βλ. λ. στη σημασ. 1) ή στον ιδεολόγο: *προκαταλήψεις / διαφορές / συζητήσεις -ές· αγώνες -οί· τοποθέτηση -ή· μηνύματα -ά*. - Επίρρ. **-ά** και **-ώς**.
ιδεολόγος ο και η, ουσ. **1.** αυτός που είναι προσηλωμένος σε μια κοινωνική ή πολιτική ιδεολογία ανιδιοτελώς: *~ δημοκράτης / σοσιαλιστής*. **2.** (ειρων.) άνθρωπος χωρίς πρακτικό πνεύμα.
-ιδερός, κατάλ. επιθ.: *ασπριδερός, μαυριδερός*. [το *ιδί* (= όψη) + κατάλ. *-ερός*].
ιδεώδης, -ης, -ες, γεν. *-ους,* πληθ. αρσ. και θηλ. *-εις,* ουδ. *-η* επίθ. (λόγ.), που βρίσκεται στο ανώτατο επίπεδο τελειότητας: *συνεργασία / φιλία / ομορφιά -ης* (συνών. *ιδανικός, τέλειος*). - Το ουδ. ως ουσ. = **α.** ιδανικό: *-ες ομορφιάς·* **β.** (συνήθως στον πληθ.) ανώτερες ηθικές αρχές και αξίες, ιδανικά: *-η χριστιανικά· -η του ελληνικού πολιτισμού*. - Επίρρ. **-ώς**.
-ίδης, κατάλ. επων.: *Νικολαΐδης, Σταυρίδης, Γιαννίδης*.
-ίδι, κατάλ. ουδ. ουσ.: *γίδι, δαχτυλίδι·* δηλώνει κάποτε: **α.** πράξη που γίνεται ή έγινε πολλές φορές: *βρυιίδι, πιστολίδι·* **β.** αποτέλεσμα ενέργειας: *μουσκίδι, αποκαΐδι, ροκανίδι*. [μεσν. *-ίδιν<*αρχ. *-ίδιον*].
ίδια, βλ. *ίδιος*.
ιδιαίτερος, -η, -ο, επίθ. (ασυνίζ.). **1.** που ανήκει ή ταιριάζει αποκλειστικά σε κάποιον ή κάτι: *χαρα-*

κτηριστικά *-α·* γνώρισμα / γραφείο *-ο·* γραμματέας ~ (συνών. *προσωπικός, ατομικός·* αντ. *κοινός*). **2.** που απευθύνεται αποκλειστικά και με μεγαλύτερη ένταση σε κάποιον ή κάτι: *σημασία / προσοχή / προτίμηση / μεταχείριση -η·* ενδιαφέρον *-ο·* φροντίδα / επιμέλεια *-η* (συνών. *ξεχωριστός, εξαιρετικός*). **3.** που γίνεται ή υπάρχει αποκλειστικά και μόνο για κάτι: *συνάντηση / συνεδρίαση -η* (συνών. *χωριστός*). - Το αρσ. και το λόγ. θηλ. *-τέρα* (πληθ. *-τέρες*) ως ουσ. = προσωπικός γραμματέας: *η -τέρα του υπουργού / του διευθυντή*. - Το ουδ. ως ουσ. = **α.** χώρος, συνήθως γραφείο ή δωμάτιο, που προορίζεται για προσωπική χρήση· **β.** (συνήθως στον πληθ.) ιδιωτικές, προσωπικές υποθέσεις: *έχω κάτι -ο να σου πω· δεν ανακατεύεται στα -α των άλλων·* **γ.** διδασκαλία με αμοιβή που γίνεται στο σπίτι (ξέχωρα από τη σχολική) με σκοπό την ενίσχυση αδύνατου μαθητή ή την προπαρασκευή υποψηφίου: *άρχισε τα -α στα μαθηματικά / αγγλικά· έχω -ο στις οχτώ*.- Επίρρ. **-α** και **-τέρως** = χωριστά: *τον πήρα ιδιαιτέρως για να του μιλήσω.*.
ιδιαιτερότητα η, ουσ. (ασυνίζ.), το να είναι κάτι ιδιαίτερο (βλ. λ. στη σημασ. 1), ύπαρξη ξεχωριστών, ιδιαίτερων χαρακτηριστικών: *~ χώρου / παιδιού / προβλήματος / της ελληνικής κοινωνίας*.
ιδιαιτέρως, βλ. *ιδιαίτερος*.
ιδιογλωσσία η, ουσ., ιδιοτυπία στη γλώσσα.
ιδιόγραφος, -η, -ο, επίθ. (ασυνίζ., λόγ.), (για κείμενο) που γράφτηκε ιδιοχείρως, με το ίδιο του το χέρι: *η -η διαθήκη γράφεται ολόκληρη με το χέρι του διαθέτη, χρονολογείται και υπογράφεται απ' αυτόν* (αστ. κώδ.)· *επιστολή -η* (συνών. *αυτόγραφος*).
ιδίοις όμμασι αρχαϊστ. έκφρ. = με τα ίδια μου τα μάτια.
ιδιοκατοίκηση η, ουσ. (ασυνίζ., λόγ.), το να κατοικεί κάποιος σε δικό του σπίτι: *έξωση για ~· φόρος από ~*.
ιδιόκλιτος, -η, -ο, επίθ. (ασυνίζ.), (γραμμ.) που δεν κλίνεται σύμφωνα με μια από τις κλίσεις του κλιτικού συστήματος, αλλά ακολουθεί ιδιότυπο σχηματισμό: *το ουσιαστικό μηδέν είναι -ο· αντωνυμίες -ες*.
ιδιοκτησία η, ουσ. (ασυνίζ.). **1.** το αποκλειστικό δικαίωμα να έχει κανείς κάτι, να το χρησιμοποιεί και να το διαθέτει όπως θέλει (μέσα σε νόμιμα πλαίσια): *~ ατομική· ο θεσμός της -ίας·* τίτλοι *-ίας* (συνών. *κυριότητα*)· *~ πνευματική* (= το δικαίωμα της αποκλειστικής εκμετάλλευσης που έχουν οι συγγραφείς και οι καλλιτέχνες πάνω στο έργο τους). **2.** ό,τι μας ανήκει αποκλειστικά, περιουσία (ιδίως η ακίνητη): *~ της μητέρας μου· του δημοσίου*.
ιδιοκτησιακός, -ή, -ό, επίθ. (ασυνίζ. δις), που ανήκει ή αναφέρεται στην ιδιοκτησία (βλ. λ.): *καθεστώς -ό· προβλήματα -ά*.
ιδιοκτήτης ο, θηλ. **-τρια** ουσ. (ασυνίζ.), αυτός στον οποίο ανήκει κάτι, κάτοχος κάποιου πράγματος και ιδιαίτερα ακινήτου: *~ εφημερίδας / εξοχικού· -τρια του αυτοκινήτου*.
ιδιόκτητος, -η, -ο, επίθ. (ασυνίζ.), που ανήκει σε κάποιον, που είναι ιδιοκτησία κάποιου: *σπίτι / αεροπλάνο -ο*.
ιδιοκτήτρια, βλ. *ιδιοκτήτης*.
ιδιόλεκτο το, ουσ. (ασυνίζ.), (γλωσσολ.) η χαρα-

ιδιόμελο

κτηριστική χρήση της γλώσσας από ένα συγκεκριμένο άτομο ή (κατ' επέκταση) από περιορισμένη ομάδα ατόμων.

ιδιόμελο το, ουσ. (ασυνίζ.), (βυζ. μουσ.) τροπάριο που έχει δική του μελωδία: *τα -α του επιτάφιου θρήνου.*

ιδιομορφία η, ουσ. (ασυνίζ.), το να είναι κάποιος ιδιόμορφος, καθώς και ό,τι κάνει κάποιον ιδιόμορφο: *η ~ του κειμένου· οι -ίες του κτηρίου.*

ιδιόμορφος, -η, -ο, επίθ. (ασυνίζ.), που έχει ιδιαίτερη μορφή, διαφορετική από τη συνηθισμένη: *κτήριο -ο· κατάσταση -η· χαρακτηριστικά -α* (συνών. *ιδιότυπος·* αντ. *κοινός, συνηθισμένος, κανονικός*).

ιδιοποίηση η, ουσ. (ασυνίζ., λόγ.), το να ιδιοποιείται κανείς κάτι: *~ ξένης / κρατικής περιουσίας.*

ιδιοποιούμαι, ρ. (ασυνίζ., λόγ.), χρησιμοποιώ αυθαίρετα ως δικό μου κάτι που δε μου ανήκει: *-ήθηκε τα χρήματα της τράπεζας* (συνών. *οικειοποιούμαι*).

ιδιόρρυθμα, βλ. *ιδιόρρυθμος.*

ιδιορρυθμία η, ουσ. (ασυνίζ.), το να είναι κάποιος ιδιόρρυθμος, καθώς και ό,τι κάνει κάποιον ιδιόρρυθμο: *η ~ της κατάστασης· οι -ίες του κτηρίου.*

ιδιόρρυθμος, -η, -ο, επίθ. (ασυνίζ.). **α.** που έχει έναν ιδιαίτερο χαρακτήρα, διαφορετικό από ό,τι θεωρείται καθιερωμένο ή κανονικό: *άνθρωπος ~· συμπεριφορά -η· ντύσιμο -ο* (αντ. *κοινό*) **β.** (εκκλ.) *μοναστήρι -ο* = μοναστήρι όπου επιτρέπεται ο ιδιαίτερος τρόπος ζωής κάθε μοναχού (αντ. *κοινοβιακό*). - Επίρρ. **-α**.

ίδιος, -ια, -ιο, επίθ. (συνιζ.). **Α.** επίθ. (με ή χωρίς άρθρο). **1.** όμοιος με κάποιον άλλο: *φορούνε κι οι δυο τα -α ρούχα·* στη θέση σου θα έκανα κι εγώ το *-ο πράγμα·* (με ονομ. αντί για την πρόθ. με + αιτ.) *ο Γιώργος είναι ~ (κι απαράλλακτος) ο πατέρας του·* όταν θυμώνει γίνεται *-ο θηρίο* (συνών. *φτυστός*). **2.** κοινός ανάμεσα σε δυο ανθρώπους ή πράγματα: *έχουν την -α ηλικία· είχε το -ο σχήμα.* **3.** (για να δηλωθεί ταυτότητα) αυτός κι όχι άλλος: *αύριο την -α ώρα στο -ο μέρος· είναι ο ~ άνθρωπος.* **4.** που έχει ήδη αναφερθεί, που γι' αυτόν έγινε λόγος νωρίτερα: *για τον -ο λόγο... το -ο ισχύει και για σένα.* **5.** που δεν άλλαξε με το πέρασμα του χρόνου: *έμεινε ~ σαν και τότε· δε θα είναι ποτέ πια ο ~ ύστερα απ' αυτή την εμπειρία·* έκφρ. *τα -α και τα -α / τα -α, Παντελάκη μου, τα -α, Παντελή μου* (για την επανάληψη της ίδιας ανιαρής κατάστασης ή για την εμμονή προσώπου στο ίδιο δυσάρεστο πράγμα). **Β.** (πάντοτε με άρθρο). **1.** ως οριστική αντων. **α.** ξεχωρίζει ένα πρόσωπο ή πράγμα από άλλα ομοειδή (με έναρθρο ουσ. ή με προσωπ. ή δεικτ. αντων., που μπορεί και να παραλείπεται): *ο αναγνώστης νομίζει πως κι ο ~ παρακολουθεί την εκδρομή· εγώ η -α θα το κάνω· θέλω τον -ο τον πατέρα σου·* **β.** εκφέρεται μαζί με την ανωτάτη αντων. για έμφαση: *ήθελε να πείσει όχι εμένα, αλλά τον -ο τον εαυτό του / τον -ο του τον εαυτό.* **2.** σε διηγήσεις χρησιμοποιείται και ως ισοδύναμο με το *αυτός* ή *εκείνος* σε νοητό δείξιμο: *η μαμά έδινε μια μπουκιά στο παιδί και μια έτρωγε η -α.* - Επίρρ. **-α** στη σημασ. **Α1:** έκφρ. *-α κι απαράλλαχτα.* - Βλ. και *ιδίως.*

ιδιοσκεύασμα το, ουσ. (ασυνίζ.), φαρμακευτικό παρασκεύασμα ορισμένης φαρμακοβιομηχανίας.

ιδιοσυγκρασία η, ουσ. (ασυνίζ., έρρ.). **α.** η ιδιαίτερη οργανική κατάσταση του κάθε ατόμου: *~ ασθενική* (συνών. *κράση*)· **β.** η ιδιαίτερη φύση του κάθε ατόμου όπως εκδηλώνεται στον τρόπο με τον οποίο αντιδρά στις διάφορες καταστάσεις ή στις σχέσεις του με τους άλλους: *~ παράφορη / ορμητική / ήρεμη* (συνών. *ταμπεραμέντο*).

ιδιοσυστασία η, ουσ. (ασυνίζ.). **α.** (ιατρ.) ο ιδιαίτερος τρόπος με τον οποίο κάθε άτομο αντιδρά σε εξωτερικά νοσογόνα αίτια: *~ ασθενική·* **β.** (ψυχ.) η ιδιαίτερη ψυχολογική σύσταση ενός ατόμου που προσδιορίζει το χαρακτήρα και τη διανοητικότητά του: *~ παρανοϊκή.*

ιδιοτέλεια η, ουσ. (ασυνίζ. δις), το να αποβλέπει κανείς αποκλειστικά στο προσωπικό του συμφέρον αδιαφορώντας για τους άλλους (αντ. *ανιδιοτέλεια*).

ιδιοτελής, -ής, -ές, γεν. *-ούς*, πληθ. αρσ. και θηλ. *-είς*, ουδ. *-ή*, επίθ. (ασυνίζ.), που αποβλέπει στο προσωπικό του συμφέρον αδιαφορώντας για τους άλλους: *άνθρωπος ~·* (για ενέργεια, συμπεριφορά, κ.τ.ό.) *πρόταση ~· κίνητρα -ή* (αντ. *ανιδιοτελής*). - Επίρρ. **-ώς**.

ιδιότητα η, ουσ. (ασυνίζ.). **1.** το ιδιαίτερο χαρακτηριστικό γνώρισμα έννοιας, έμψυχου ή άψυχου όντος, κλπ.: *οι φυσικές και χημικές -ες του υδρογόνου· το επίθετο δηλώνει κάποια ~ του ουσιαστικού· ~ του ανθρώπινου μυαλού.* **2.** η θέση κάποιου που του επιβάλλει ορισμένες υποχρεώσεις και του δίνει ορισμένα δικαιώματα, εξουσίες, κλπ.: *δημοσιοϋπαλληλική ~· ιεροσύνη είναι η ~ και το αξίωμα του ιερέα· με ποια ~ μου κάνεις αυτές τις ερωτήσεις;*

ιδιότροπα, βλ. *ιδιότροπος.*

ιδιοτροπία η, ουσ. (ασυνίζ.). **α.** το να είναι κάποιος ιδιότροπος: *η ~ του ενοχλεί όλους τους συγγενείς του·* **β.** (συνεκδοχικά) παράξενη ή ασυνήθιστη συνήθεια (ή γενικά τρόπος συμπεριφοράς) που μπορεί να ενοχλεί τους άλλους: *βαρέθηκα τις -ες του.*

ιδιότροπος, -η, -ο, επίθ. (ασυνίζ.), παράξενος, ασυνήθιστος συχνά με τρόπο ενοχλητικό για τους άλλους: *άνθρωπος ~· συμπεριφορά -η.* - Επίρρ. **-α**.

ιδιότυπα, βλ. *ιδιότυπος.*

ιδιοτυπία η, ουσ. (ασυνίζ.), το να είναι κάποιος ιδιότυπος, καθώς και ό,τι κάνει κάποιον ιδιότυπο (συνών. *ιδιομορφία*).

ιδιότυπος, -η, -ο, επίθ. (ασυνίζ.), που έχει ιδιαίτερο τύπο, ξεχωριστή μορφή, ασυνήθιστος: *περίπτωση -η* (συνών. *ιδιόμορφος*). - Επίρρ. **-α**.

ιδιοφυής, -ής, -ές, γεν. *-ούς*, πληθ. αρσ. και θηλ. *-είς*, ουδ. *-ή*, επίθ. (ασυνίζ.). **α.** που έχει από τη φύση του την ικανότητα να κάνει κάτι με τρόπο εξαιρετικό: *καλλιτέχνης / τεχνίτης ~·* **β.** (για ενέργεια, πράξη): *~ ερμηνεία του ρόλου· χειρισμός / λύση ~.*

ιδιοφυΐα η, ουσ. (ασυνίζ.). **α.** έμφυτη εξαιρετική επίδοση σε κάτι (συνήθως τέχνη, επιστήμη, κ.τ.ό.): *επιστήμονας / πιανίστας με ~·* **β.** αυτός που έχει έμφυτη εξαιρετική ικανότητα σε κάτι: *είναι ~ σ' αυτόν τον τομέα* (συνών. στις σημασ. α και β *ταλέντο*).

ιδιόφωνος, -η, -ο, επίθ. (ασυνίζ.), *-α μουσικά όργανα* = όργανα στα οποία ηχεί το υλικό από το οποίο είναι φτιαγμένα (π.χ. καμπάνα, καστανιέτες). [*ίδιος + φωνή*].

ιδιόχειρος, -η, -ο, ουσ. (ασυνίζ., λόγ.), που τον έχει κάνει (συνήθως γράψει, ζωγραφίσει, κ.τ.ό., σε χαρτί) κάποιος με το ίδιο του το χέρι: *αφιέρωση /*

διαθήκη -η. - Επίρρ. **-είρως**: παρέδωσε την επιστολή -είρως· υπογράφω -είρως.

ιδιοχρησία η, ουσ. (ασυνίζ.), ιδιοχρησιμοποίηση (βλ. λ.): έξωση των ενοικιαστών για ~ του ακινήτου.

ιδιοχρησιμοποίηση η, ουσ. (ασυνίζ.), χρησιμοποίηση πράγματος (συνήθως ακινήτου) από τον ίδιο τον ιδιοκτήτη του.

ιδίωμα το, ουσ. 1. τοπική παραλλαγή μιας γλώσσας με μικρότερες ή μεγαλύτερες αποκλίσεις από την κοινή γλώσσα στο χώρο της φωνολογίας, της μορφολογίας και του λεξιλογίου: στο ~ της Μακεδονίας κυρίαρχο φαινόμενο είναι η κώφωση. 2. (λαϊκ.) ιδιαίτερη, συνήθως κακή και ενοχλητική, συνήθεια κάποιου: έχει το ~ να μη σ' αφήνει ποτέ να τελειώσεις αυτό που λες (συνών. χούι, φυσικό, συνήθιο).

ιδιωματικός, -ή, -ό, επίθ. (ασυνίζ.), που ανήκει ή αναφέρεται στο γλωσσικό ιδίωμα: έκφραση -ή· στοιχεία -ά της κοινής γλώσσας.

ιδιωματισμός ο, ουσ. (ασυνίζ.), (γλωσσολ.) έκφραση που αποκλίνει από την κοινή μορφή μιας γλώσσας από λεξιλογική, φωνολογική, σημασιολογική ή συντακτική άποψη: το κρητικό ερωτηματικό «ίντα» είναι ~.

ιδιώνυμος, -η, -ο, επίθ. (ασυνίζ.), που χαρακτηρίζεται με ένα ιδιαίτερο όνομα· (νομ.) αδίκημα -ο = που δεν μπορεί να ενταχθεί σε κάποια γενικότερη κατηγορία αδικημάτων, χαρακτηρίζεται διαφορετικά και τιμωρείται με ιδιαίτερες ποινές.

ιδίως, επίρρ., προπάντων, κυρίως: σας περιμένω όλους, ~ όμως εσένα (συνών. ιδιαίτερα).

ιδιωτεία η, ουσ. (ασυνίζ.), (ψυχιατρ.) αναστολή στην πνευματική ανάπτυξη ενός ατόμου πολλών ή όλων των διανοητικών λειτουργιών (συνών. ηλιθιότητα).

ιδιωτεύω, ρ. (ασυνίζ.), παύω να είμαι δημόσιος λειτουργός ή παύω να συμμετέχω στη δημόσια ζωή και ζω ως απλός πολίτης: μετά την παραίτησή του από το βουλευτικό αξίωμα -ει.

ιδιώτης ο, ουσ. (ασυνίζ.). 1. αυτός που δε συμμετέχει στη δημόσια ζωή ή δεν είναι δημόσιος υπάλληλος: το ίδρυμα λειτουργεί χάρις στις προσφορές κάποιων -ών. 2. (ψυχιατρ.) άτομο στο οποίο δεν έχουν αναπτυχθεί οι διανοητικές λειτουργίες και έτσι δεν μπορεί να σκέπτεται και να συμπεριφέρεται όπως τα άλλα άτομα (συνών. ηλίθιος).

ιδιωτικά, βλ. ιδιωτικός.

ιδιωτικοποίηση η, ουσ. (ασυνίζ.), μεταβολή ενός δημόσιου οργανισμού σε ιδιωτικό: υποστήριξε την ~ της εκπαίδευσης / της τηλεόρασης (αντ. κρατικοποίηση).

ιδιωτικοποιώ, ρ. (ασυνίζ.), μεταβάλλω έναν δημόσιο οργανισμό σε ιδιωτικό.

ιδιωτικός, -ή, -ό, επίθ. (ασυνίζ.). 1. που ανήκει σε ιδιώτη και όχι στο κράτος: επιχείρηση / κλινική -ή· σχολείο -ό (αντ. δημόσιος)· (μεταφ.) πρωτοβουλία -ή = (οικον.) η περιοχή που αφήνεται στην ελεύθερη πρωτοβουλία των ατόμων σε αντίθεση με την περιοχή που αφήνει το κράτος στον εαυτό του για επενδύσεις. 2. που ανήκει σε ιδιώτη, αλλά υπόκειται στον έλεγχο του κράτους: εκπαίδευση / τράπεζα -ή. 3. που ανήκει σε ιδιώτη και προορίζεται για την εξυπηρέτηση κάποιου ή κάποιων και όχι για το κοινό: αυτοκίνητο -ής χρήσης· αεροπλάνο -ό· φιλμ για -ή προβολή (αντ. δημόσιος). 4. (για υπάλληλο) που εργάζεται σε ιδιωτική επιχεί-

ρηση: υπάλληλος / αστυνομικός ~ (αντ. δημόσιος). 5. (νομ.) -ό δίκαιο = οι κανόνες που ρυθμίζουν τις σχέσεις των ατόμων μιας κοινωνίας: σύμβαση -ού δικαίου. 6. που γίνεται από ιδιώτη και επομένως δεν έχει επίσημο χαρακτήρα: συμβόλαιο / συμφωνητικό -ό. 7. που έχει σχέση με τις δραστηριότητες που συνδέονται με την προσωπική ζωή κάποιου και όχι με τη δουλειά ή την επίσημη ιδιότητά του: η -ή μου ζωή δε σας αφορά· υπόθεση -ή. - Επίρρ. **-ά** και **-ώς**.

ιδιωτισμός ο, ουσ. (ασυνίζ.), έκφραση ή σχήμα συντακτικό που συναντάται σε κάποια γλώσσα και που δεν έχει αντίστοιχο ισοδύναμο σε κάποια άλλη: οι -οί της αγγλικής / γαλλικής γλώσσας.

ιδού, μόρ. δεικτ., κοίταξε, δες· εδώ, να: ~ η απορία / το ερώτημα· φρ. ~ η Ρόδος, ~ και το πήδημα (πρόκληση σε κάποιον να αποδείξει αυτό για το οποίο καυχιέται ή να αναλάβει πρωτοβουλία).

ιδροκόπημα το, ουσ. 1. έκκριση άφθονου ιδρώτα. 2. (μεταφ.) συνεχής και πολύς κόπος, μόχθος: με τι ~ μεγάλωσε τα παιδιά της!

ιδροκόπι το, ουσ. (λαϊκ.), άφθονος ιδρώτας.

ιδροκοπώ, ρ. 1. χύνω άφθονο ιδρώτα, λούζομαι στον ιδρώτα: τ' άλογα -ούσαν στον ανήφορο. 2. (μεταφ.) καταβάλλω μεγάλη προσπάθεια για κάτι, κοπιάζω, μοχθώ: -όπησα για να τον πείσω.

ίδρος, βλ. ιδρώτας.

ίδρυμα το, ουσ., οργανισμός που αποτελεί νομικό πρόσωπο και έχει σκοπό συνήθως φιλανθρωπικό ή επιστημονικό και που συχνά ιδρύεται από την κληρονομιά κάποιου: ~ νοσηλευτικό / πιστωτικό· ανώτατα εκπαιδευτικά -ατα· ~ κοινωνικών ασφαλίσεων (Ι.Κ.Α.)· ~ κρατικών υποτροφιών (Ι.Κ.Υ.).

ίδρυση η, ουσ., σύσταση, συγκρότηση: ~ νέου κόμματος / νέου υπουργείου / εφημερίδας / ερευνητικού κέντρου.

ιδρυτής ο, θηλ. **-τρια**, ουσ. (ασυνίζ.), αυτός που ίδρυσε ή είχε την πρωτοβουλία ή την ιδέα για να ιδρυθεί κάτι: ~ του συλλόγου / της εταιρείας· (για σύστημα ιδεών) ~ θρησκείας / φιλοσοφικής σχολής.

ιδρυτικός, -ή, -ό, επίθ., που έχει σχέση με την ίδρυση ή του ιδρυτή ή που γίνεται για να ιδρυθεί κάτι: τα -ά μέλη του κόμματος· απόφαση / πράξη -ή· τίτλοι -οί (= τιμητικοί τίτλοι για τους ιδρυτές ανώνυμων εταιρειών).

ιδρύτρια, βλ. ιδρυτής.

ιδρύω, ρ. 1. συγκροτώ, οργανώνω μια ομάδα ατόμων για έναν κοινό σκοπό: ~ σωματείο / εταιρεία / κόμμα. 2. δημιουργώ, εγκαινιάζω, θέτω σε λειτουργία μια υπηρεσία, έναν οργανισμό: ~ νέο υπουργείο / τράπεζα / μια εφημερίδα· (για σύστημα ιδεών) ~ νέα θρησκεία. 3. (για οικοδόμημα, πόλη) οικοδομώ, χτίζω: η νέα πόλη -θηκε στα ερείπια της παλιάς.

ίδρωμα το, ουσ., έκκριση ιδρώτα.

ιδρώνω, ρ. 1. (για άνθρωπο ή ζώο), αποβάλλω ιδρώτα από τους πόρους του δέρματός μου: ίδρωσα από τη ζέστη / από το τρέξιμο· φρ. δεν -ει τ' αφτί μου (= δε δίνω σημασία σε ό,τι ακούω, αδιαφορώ). 2. για πράγματα, όταν στην επιφάνειά τους από κάποια αιτία σχηματίζονται σταγονίδια νερού: ίδρωσε το τζάμι / το ποτήρι / το εικόνισμα -ει ο τοίχος από την υγρασία (= στάζει). 3. (μεταφ.) καταβάλλω μεγάλες προσπάθειες για να πετύχω κάτι: ίδρωσε για να μεγαλώσει τα παιδιά

ιδρώτας

της· ίδρωσα να τον κάνω ν' αλλάξει γνώμη (συνών. *κοπιάζω, μοχθώ).* **4.** (μτβ.) κάνω κάποιον να ιδρώσει: *θα το -ώσεις το παιδί με τόσα ρούχα.*

ιδρώτας και (λαϊκ.) **ίδρωτας** και **ίδρος** ο, ουσ. **1.** αλμυρό, άχρωμο υγρό που βγαίνει με μορφή σταγόνων από τους πόρους του δέρματός μας εξαιτίας της επίδρασης κάποιου παράγοντα (ζέστης, σκληρής εργασίας, αρρώστιας ή φόβου): *ο ίδρος περέχυνε το κορμί του* (Ι.Μ. Παναγιωτόπουλος)· *το κούτελό τους είχε βρέξει ο παγωμένος ~ του φόβου* (Μπαστιάς)· φρ. *κολυμπώ στον -α* (= είμαι πολύ ιδρωμένος)· *με κόβει / (περι)λούζει κρύος ~* (= φοβάμαι πάρα πολύ). **2.** (μεταφ.) μόχθος, κοπιαστική εργασία: *με τον -α (του προσώπου) μου το έχτισα το σπίτι που βλέπεις·* έκφρ. *με -α και αίμα* (= με κόπο και θυσίες).

ιδρωτοποιός, -ός, -ό, επίθ. (ασυνίζ.), που παράγει ιδρώτα· (ανατομ.) *αδένες -οί* = αδένες του δέρματος που εκκρίνουν ιδρώτα.

ιδωμένος, βλ. **ειδωμένος.**

-ιέρα, (συνίζ.), κατάλ. θηλ. ουσ. που δηλώνουν α. επάγγελμα: *καμαριέρα·* β. πράγματα οικιακής χρήσης: *καπελιέρα, μπιζουτιέρα, φρουτιέρα, ψηστιέρα.* [ιταλ. κατάλ. *-iera*].

ιερακοσόφιο το, ουσ. (ασυνίζ.), (φιλολ.) βιβλίο που έχει θέμα την ανατροφή γερακιών και τη θεραπεία τους.

Ιεραπετρίτης ο, θηλ. **-ισσα,** ουσ., αυτός που κατοικεί στην Ιεράπετρα της Κρήτης ή κατάγεται από εκεί.

ιεραποστολή η, ουσ., επίσημη αποστολή από κληρικούς ή μοναχούς σε μη χριστιανικές χώρες για τη διδασκαλία και τη διάδοση του Ευαγγελίου.

ιεραποστολικός, -ή, -ό, επίθ., που έχει σχέση με την ιεραποστολή ή τον ιεραπόστολο: *έργο -ό· δράση -ή· ζήλος / ενθουσιασμός ~.*

ιεραπόστολος ο, ουσ., χριστιανός κληρικός ή μοναχός που πηγαίνει σε μια μη χριστιανική χώρα για να διδάξει και να διαδώσει το χριστιανισμό· (κατ' επέκταση) αυτός που αγωνίζεται για κάτι στο οποίο πιστεύει: *~ της ειρήνης.*

ιεράρχης ο, ουσ. (εκκλ.) κληρικός που κατέχει ανώτατο αξίωμα στην εκκλησιαστική ιεραρχία (επίσκοπος, αρχιεπίσκοπος, πατριάρχης)· *οι Τρεις Ιεράρχες* = οι τρεις μεγάλοι θεολόγοι Βασίλειος ο Μέγας, Γρηγόριος ο Ναζιανζηνός και Ιωάννης ο Χρυσόστομος, άγιοι της χριστιανικής θρησκείας και προστάτες των γραμμάτων.

ιεράρχηση η, ουσ., κατάταξη, ταξινόμηση πραγμάτων με βάση την προτεραιότητα ή τη σημασία που έχουν για μας: *~ στόχων / αναγκών / προτεραιοτήτων.*

ιεραρχία η, ουσ. **1.** (εκκλ.) το σύνολο των κληρικών που κατέχουν τα ανώτατα εκκλησιαστικά αξιώματα σε μια ορθόδοξη εκκλησία και αποτελούν τη διοίκησή της: *η ~ της Ελλάδας.* **2.** κατάταξη από το χαμηλότερο στον υψηλότερο, ανάλογα με τη σπουδαιότητά τους, των βαθμών ή των θέσεων που συγκροτούν έναν σύνθετο οργανισμό: *~ στρατιωτική / εκκλησιαστική / δημοσιοϋπαλληλική.* **3.** (φιλοσ.) ταξινόμηση όντων και ιδεών με τρόπο ώστε κάθε βαθμίδα να είναι αμέσως ανώτερη από την προηγούμενη: *~ των όντων / των αξιών.*

ιεραρχικός, -ή, -ό, επίθ., που είναι οργανωμένος με βάση κάποια ιεραρχία, που τηρεί την τάξη της ιεραρχίας: *βαθμίδα / κλίμακα -ή· σύστημα προαγωγών -ό.* - Επίρρ. **-ά** και **-ώς.**

ιεραρχώ, ρ., κατατάσσω κάποια πράγματα ανάλογα με την προτεραιότητα ή τη σημασία τους.

ιερατείο το, ουσ., το σύνολο των κληρικών ενός ναού, μιας μητρόπολης, ενός πατριαρχικού θρόνου και γενικότερα μιας θρησκείας: *το ~ στην αρχαία Αίγυπτο* (συνών. *κλήρος, πρεσβυτέριο)·* (μεταφ.) *το ~ του κόμματος.*

ιερατεύω, ρ., είμαι ιερέας, υπηρετώ ως ιερέας, τελώ τα καθήκοντά μου ως ιερέα.

ιερατικός, -ή, -ό, επίθ., που ανήκει ή αναφέρεται στον ιερέα ή τους ιερείς: *άμφια -ά· αξίωμα -ό· σχολή -ή* (όπου φοιτούν οι μέλλοντες κληρικοί)· *στολή -ή* (= η ενδυμασία που φορούν οι κληρικοί όλων των βαθμίδων, όταν τελούν τα μυστήρια). - Το ουδ. ως ουσ. = το λειτουργικό βιβλίο που βοηθεί τους πρεσβυτέρους και τους διακόνους στην ακριβή τέλεση των λειτουργικών τους καθηκόντων.

ιερέας ο, ουσ. **1.** (στη χριστιανική ορθόδοξη εκκλησία) ιερωμένος που κατέχει το δεύτερο βαθμό της εκκλησιαστικής ιεραρχίας μετά το διάκονο και πριν από τον επίσκοπο: *στην ορθόδοξη εκκλησία οι -είς είναι έγγαμοι* (συνών. *πρεσβύτερος, παπάς).* **2.** (στις μη χριστιανικές θρησκείες) άτομο που εκπροσωπεί το θεό και έχει συγκεκριμένα καθήκοντα και ευθύνες στο χώρο της λατρείας: *~ βουδιστής.*

ιέρεια η, (ασυνίζ.) και (λογοτ.) **ιέρισσα** η, ουσ. **1.** (στις αρχαίες θρησκείες) η γυναίκα ιερέας: *~ της Άρτεμης / της Δήμητρας·* (μεταφ., λογοτ.) *ψυχή, της γύμνιας ιέρισσα* (Παλαμάς). **2.** (μεταφ.) για καλλιτέχνιδα: *~ της τέχνης / της Τερψιχόρης* (= χορεύτρια)· για ιερόδουλη: *~ της Αφροδίτης.*

ιερεμιάδα η, ουσ. (ασυνίζ.), παρουσίαση, εξιστόρηση ή εκτίμηση μιας κατάστασης με τρόπο απαισιόδοξο, μεμψίμοιρο (συνών. *μεμψιμοιρία).*

-ιέρης (συνιζ.), κατάλ. αρσ. ουσ. που δηλώνουν επάγγελμα: *καμαριέρης, μαουνιέρης, πορτιέρης.* [ιταλ. *-iere*].

ιέρισσα, βλ. **ιέρεια.**

ιερό το, ουσ. **1.** το ενδότερο και ιερότερο τμήμα του χριστιανικού ναού όπου βρίσκεται η Αγία Τράπεζα (αλλιώς *Άγιο Βήμα).* **2.** (αρχαιολ.) τόπος αφιερωμένος σε κάποια θεότητα και ο ναός ή το σύνολο των ιερών οικοδομημάτων που ήταν χτισμένα στο χώρο αυτό: *το ~ του Απόλλωνα στη Δήλο.*

ιερογλυφικός, -ή, -ό, επίθ., για το εικονογραφικό σύστημα γραφής της Αρχαίας Αιγύπτου: *γραφή -ή· γράμματα / σύμβολα -ά* (= τα ιδεογράμματα της ιερογλυφικής γραφής). - Το ουδ. στον πληθ. ως ουσ. = **α.** η ιερογλυφική γραφή· **β.** (μεταφ., ειρων.) γραφικά σύμβολα ή γράμματα δυσανάγνωστα ή δυσνόητα: *στον πίνακα ήταν γραμμένα κάτι -ά που λέγονταν, λέει, λογάριθμοι.*

ιεροδιάκονος ο, ουσ. (ασυνίζ.), άγαμος κληρικός που έχει τον κατώτερο βαθμό στην ορθόδοξη χριστιανική εκκλησία (λαϊκότερα: *διάκος).*

ιεροδιδασκαλείο το, ουσ., σχολή, εκπαιδευτήριο ιεροδιδασκάλων.

ιεροδιδάσκαλος ο, ουσ., ιερέας και συγχρόνως δάσκαλος στην στοιχειώδη εκπαίδευση (συνών. *παπαδάσκαλος).*

ιεροδικείο το, ουσ., δικαστήριο που δικάζει με βάση τους νόμους κάποιας θρησκείας (ειδικά στη

μωαμεθανική και παλαιότερα στην καθολική εκκλησία).
ιεροδίκης ο, ουσ., μέλος ιεροδικείου.
ιερόδουλη και **ιερόδουλος** η, ουσ., γυναίκα που εκδίδεται με αντάλλαγμα χρήματα (συνών. *πόρνη*).
ιεροεξεταστής ο, ουσ. **α.** (ιστ.) δικαστής του δικαστηρίου της Ιεράς Εξέτασης (βλ. ά. *εξέταση*)· **β.** (μεταφ.) σκληρός και αμείλικτος ανακριτής ή βασανιστής.
ιεροεξεταστικός, -ή, -ό, επίθ., που ανήκει ή αναφέρεται στην Ιερά Εξέταση ή τον ιεροεξεταστή: *μέθοδος -ή.*
ιεροκήρυκας ο, ουσ., κληρικός ή λαϊκός που ορίζεται από τις εκκλησιαστικές αρχές για να κηρύσσει το θείο λόγο.
ιερολογία η, ουσ. (εκκλ.) θρησκευτική τελετή: *ο γάμος έγινε με ~ από ιερέα.*
ιερολογιότατος ο, ουσ. (ασυνίζ.). **α.** (εκκλ.) ως τίτλος διακόνων· **β.** αυτός (συνήθως θεολόγος) που ασχολείται με τη μελέτη θεολογικών ζητημάτων.
ιερολογώ, ρ. (για ιερέα) ευλογώ με θρησκευτική τελετή το μυστήριο του γάμου.
ιεροχίτης ο, ουσ. (ιστ.) μέλος του στρατιωτικού σώματος «Ιερός Λόχος»: *οι -ες του Α. Υψηλάντη το 1821.*
ιερομάρτυρας ο, ουσ., αυτός που πέθανε με μαρτυρικό τρόπο εξαιτίας της πίστης και αφοσίωσής του στο χριστιανισμό.
ιερομηνία η, ουσ. (ιστ.) χρονικό διάστημα κατά το οποίο στην αρχαία Ελλάδα σταματούσαν οι εχθροπραξίες για την τέλεση γιορτής.
ιερομόναχος ο, ουσ., μοναχός που χειροτονήθηκε ιερέας και μπορεί να τελεί ιεροπραξίες.
ιεροπραξία η, ουσ., τέλεση θρησκευτικής λειτουργίας, τελετής (συνών. *ιερουργία*).
ιεροραφείο το, ουσ., κατάστημα ή εργαστήριο του ιερορράφτη (βλ. λ.).
ιερορράφτης ο, ουσ., ράφτης ιερατικών ενδυμάτων, αμφίων.
ιερός, -ή και (λόγ.) **-ά, -ό,** επίθ. **1.** που σχετίζεται με το Θεό ή τη θρησκεία· που αναφέρεται ή χρησιμοποιείται για τη λατρεία του: *βιβλία / άμφια -ά· εικόνες -ές* (συνών. *άγιος*). **2.** που είναι αφιερωμένος στο Θεό ή βρίσκεται υπό την προστασία του: *ναός ~· πόλη -ή·* (ιστ.) *Ιερά Συμμαχία* (βλ. ά. *συμμαχία*)· (αρχαιολ.) *-ά οδός* (βλ. ά. *οδός*)· *αγελάδες -ές* (*του αρχ. θεού Ήλιου στην Ινδία*). **3.** που είναι σύμφωνος με τη θέληση του Θεού, που θεωρείται ότι γίνεται για χάρη του, θεάρεστος: *πόλεμοι -οί* (= θρησκευτικοί)· (ιστ.) *~ Λόχος* (βλ. ά. *λόχος*)· *Ιερά Εξέταση* (βλ. ά. *εξέταση*) (αντ. *ανίερος, ανόσιος*). **4.** που θεωρείται πολύ σημαντικός, που πρέπει να του είμαστε πιστοί, αφοσιωμένοι, σεβαστός: *σκοπός / όρκος ~· καθήκον -ό· η μητρότητα είναι -ή.* **5.** (ανατομ.) *-ό οστούν* = τριγωνικό κόκκαλο που βρίσκεται στο κάτω άκρο της σπονδυλικής στήλης. Φρ. (εδώ ως ουσ.) *δεν έχει ούτε -ό ούτε όσιο* (= δεν έχει ηθικές αρχές, δε σέβεται τίποτε).
ιεροσκόπος ο, ουσ. (ιστ.) ιερέας που εξέταζε τα σπλάχνα των θυσιασμένων ζώων για να προβλέψει το μέλλον, μάντης.
Ιεροσολυμίτης ο, θηλ. **-ισσα,** ουσ., αυτός που κατοικεί στα Ιεροσόλυμα ή κατάγεται από εκεί.
ιεροσολυμίτικος, -η, -ο, επίθ., που ανήκει ή αναφέρεται στα Ιεροσόλυμα.

Ιεροσολυμίτισσα, βλ. *Ιεροσολυμίτης.*
ιεροσπουδαστής ο, ουσ., σπουδαστής ιερατικής σχολής.
ιεροσυλία η, ουσ. **1.** αρπαγή, κλοπή αντικειμένων από ένα ναό ή ιερό χώρο. **2.** (κατ' επέκταση) κάθε πράξη ή ενέργεια που προσβάλλει μια ιδέα ή ένα χώρο ιερό, αξιοσέβαστο: *οι αρχαϊστές θεωρούσαν ~ να διδάσκεται η δημοτική στα σχολεία· η ρύπανση του αρχαιολογικού χώρου είναι ~!* (συνών. *βεβήλωση*).
ιερόσυλος, -η, -ο, επίθ. **α.** (για ενέργεια) που προσβάλλει κάποιο πρόσωπο ή πράγμα ιερό ή σεβαστό, που αποτελεί ιεροσυλία: *πράξη -η·* **β.** (για πρόσωπα συνηθέστερα ως ουσ.) (αυτός) που διαπράττει ιεροσυλία: *οι -οι έκλεψαν τις εικόνες* (συνών. *βέβηλος*).
ιεροσύνη η, ουσ. **1.** το αξίωμα και η ιδιότητα του ιερέα: *οι τρεις βαθμοί της -ης.* **2.** το σύνολο των ιερέων, κλήρος. **3.** το ένα από τα επτά μυστήρια κατά το οποίο χειροτονείται ο ιερέας.
ιεροτελεστία η, ουσ. **1.** τέλεση θρησκευτικής λειτουργίας, τελετής (συνών. *ιερουργία, ιεροπραξία*). **2.** (μεταφ.) πράξη καθημερινή, που γίνεται όμως με ιδιαίτερη τελετουργικότητα: *γι' αυτούς ο απογευματινός καφές ήταν ~.*
ιερότητα η, ουσ., το να είναι κάποιος ή κάτι ιερό: *~ του μυστηρίου / του χώρου.*
ιερουργία η, ουσ., τέλεση θρησκευτικής τελετής (συνών. *ιεροπραξία*),
ιερουργός ο, ουσ., αυτός που εκτελεί θρησκευτικές τελετές και ειδικά τη θεία λειτουργία, θρησκευτικός λειτουργός, ιερέας.
ιερουργώ, -είς, ρ. (για ιερέα) τελώ θρησκευτική τελετή: *-εί ο μητροπολίτης.*
ιεροφάντης ο, θηλ. **-ισσα** και (λογ.) **-ιδα,** ουσ. (ερρ.). **1.** (αρχ. ιστ.) ανώτατος ιερατικός άρχοντας των Ελευσινίων μυστηρίων. **2.** (νεότ.-μεταφ.) βαθύς γνώστης μιας επιστήμης ή τέχνης.
ιεροφυλάκιο το, ουσ. (ασυνίζ.), σκευοφυλάκιο (βλ. λ.).
ιεροψάλτης ο, ουσ., ψάλτης ιερών ύμνων στην εκκλησία.
ιερωμένος ο, ουσ. (εκκλ.) αυτός που ανήκει στον κλήρο, κληρικός, παπάς.
ιεχωβάς, ιαχωβάς και (λαϊκ.) **γιαχωβάς** ο, θηλ. **-ού,** ουσ., οπαδός της θρησκευτικής αίρεσης των Μαρτύρων του Ιεχωβά.
ίζημα το, ουσ. **1.** (χημ.) το αδιάλυτο υλικό ενός διαλύματος που κατακάθεται στον πυθμένα του δοχείου, κοιν. *κατακάθι.* **2.** (γεωλ.) πέτρωμα που σχηματίζεται από καθίζηση ουσιών του αέρα ή των φυσικών υδάτων: *~ θαλάσσιο.*
ιζηματογενής, -ής, -ές, γεν. -ούς, πληθ. αρσ. και θηλ. -είς, ουδ. -ή, επίθ. (γεωλ.) που σχηματίζεται από ιζήματα: *πετρώματα -ή.*
-ίζω, κατάλ. ρημ.: *ακονίζω, ζωγραφίζω, ραγίζω, σαπίζω.* [αντί αρχ. *-ώ,* από τον αόρ. *-ησα*].
Ιησουΐτης ο, θηλ. **-ισσα,** ουσ. **1.** (ιστ.) μοναχός του καθολικού τάγματος του Ιησού, που ιδρύθηκε το 15. αι.: *μοναχοί -ες.* **2.** (μεταφ.) άνθρωπος δόλιος, υποκριτής, που τα λόγια του έρχονται σε αντίθεση με τα έργα του.
ιησουΐτικος, -η, -ο, επίθ. **1.** που ανήκει ή αναφέρεται στους Ιησουΐτες μοναχούς: *σχολείο -ο· εγκράτεια -η.* **2.** (μεταφ.) υποκριτικός: *συμπεριφορά -η.*
ιησουϊτισμός ο, ουσ. **1.** η διδασκαλία και το πνεύμα των ιησουϊτών. **2.** (μεταφ.) υποκρισία, δολιότητα.

Ιησουίτισσα, βλ. *Ιησουίτης*.
ιθαγένεια η, ουσ. (ασυνίζ.), το να κατάγεται κάποιος από ορισμένο τόπο, το να είναι αυτόχθονας, καθώς και οι νομικές σχέσεις που συνεπάγεται αυτή η ιδιότητα μεταξύ πολίτη και κράτους: *στέρηση / δίκαιο -ας*.
ιθαγενής, -ής, -ές, γεν. *-ούς*, πληθ. αρσ. και θηλ. *-είς*, ουδ. *-ή*, επίθ., που κατάγεται από την ίδια χώρα όπου κατοικεί μόνιμα: *πληθυσμός* ~ (συνών. *γηγενής, ντόπιος*· αντ. *αλλοδαπός*). - Το αρσ. και το θηλ. ως ουσ. = αυτόχθονας κάτοικος μιας χώρας: *έθιμα -ών της Αφρικής*.
Ιθακήσιος (ασυνίζ.) και (συνιζ. δις, λαϊκ.) **Θιακιός** ο, θηλ. **-α**, ουσ., αυτός που κατοικεί στο νησί Ιθάκη ή κατάγεται από εκεί.
ιθύνων, -ουσα, -ον, επίθ. (λόγ.), που διευθύνει, που καθοδηγεί: ~ *νους επιχείρησης / ληστείας* (= εγκέφαλος)· *τάξη -ουσα της κοινωνίας* (= *άρχουσα τάξη*). - Το αρσ. στον πληθ. ως ουσ. = πρόσωπα που ρυθμίζουν την τύχη μιας χώρας ή ενός οργανισμού, οι επικεφαλής.
-ικα, βλ. *-ίκος*.
ικανοποίηση η, ουσ. 1. συναίσθημα έντονης ευχαρίστησης για την πραγματοποίηση επιθυμίας ή επιδίωξης ή την επιτυχία ενέργειας: *νιώθω* ~· ~ *ηθική / ψυχική* (αντ. *απογοήτευση*). 2. εκπλήρωση αναγκών ή επιθυμιών: ~ *του αιτήματός μου*. 3. αποκατάσταση υλική ή ηθική ζημίας: *ζήτησε* ~ *για τη βλάβη που έπαθε*.
ικανοποιητικός, -ή, -ό, επίθ., που ικανοποιεί, που είναι ανάλογος με τις προσδοκίες, επαρκής: *απάντηση -ή· μισθός* ~· *απόδοση -ή* (αντ. *ανεπαρκής*). - Επίρρ. *-ά*.
ικανοποιώ, ρ. 1. κάνω κάποιον να νιώσει έντονη ευχαρίστηση για την πραγματοποίηση επιθυμίας ή επιδίωξης: *με -ησε η απάντησή σου*· *η είδηση -ησε την κοινή γνώμη* (συνών. *ευχαριστώ*· αντ. *δυσαρεστώ*). 2. εκπληρώνω προσδοκία, ανταμείβω: *η επιχείρηση -εί αρκετά τους υπαλλήλους της*. 3. ανταποκρίνομαι στις προσδοκίες κάποιου: *η απόφαση του δικαστηρίου -οίησε τον κατήγορο*.
ικανός, -ή, -ό, επίθ. 1. που έχει την επιδεξιότητα, την ικανότητα να κάνει, να πετύχει κάτι: ~ *να λύνει μόνος του τα προβλήματά του*· Φρ. *είμαι* ~ *να* (= *μπορώ*). 2. που μπορεί να κάνει κάτι που ξεπερνά τα όρια του κανονικού ή συνηθισμένου, αδίστακτος: ~ *για όλα*. 3. (στρατ.) κατάλληλος για στράτευση, υγιής και αρτιμελής (συνών. *στρατεύσιμος*). 4. που έχει τη δύναμη, που είναι αρκετά ισχυρός ώστε να επιφέρει κάποιο αποτέλεσμα: *επιχειρήματα -ά να πείσουν όλους* (αντ. σε όλες τις σημασ. *ανίκανος*).
ικανότητα η, ουσ. 1. το να μπορεί κανείς να πετυχαίνει ένα αποτέλεσμα ή κάποιο στόχο: *-ες πνευματικές / διοικητικές / διπλωματικές* (συνών. *επιτηδειότητα, επιδεξιότητα*· αντ. *ανικανότητα*). 2. το πόσο μπορεί κανείς να κάνει κάτι με επιτυχία: ~ *αγοραστική / αμυντική*. 3. δύναμη: *μεγεθυντική* ~ *του φακού*.
ικάριος, -α, -ο, επίθ. (ασυνίζ., λόγ.), που σχετίζεται με τον Ίκαρο: *πέλαγος -ο*.
Ίκαρος ο, ουσ. (στρατ.) μαθητής της Σχολής Ικάρων που εκπαιδεύεται για να σταδιοδρομήσει ως μόνιμος αξιωματικός (ιπτάμενος, μηχανικός, κ.ά.) της πολεμικής αεροπορίας.

ικεσία η, ουσ. 1. θερμή παράκληση, έκκληση για βοήθεια ή προστασία: *έμεινε ασυγκίνητος μπροστά στις -ες της* (αντ. *διαταγή*). 2. δέηση, προσευχή: ~ *προς το Θεό*.
ικετευτικός, -ή, -ό, επίθ., που εκφράζει ικεσία: *ύφος / βλέμμα -ό* (συνών. *παρακλητικός*· αντ. *επιτακτικός*). - Επίρρ. *-ά*.
ικετεύω, ρ., παρακαλώ θερμά κάποιον να μου προσφέρει βοήθεια ή προστασία: *σε* ~ *να με βοηθήσεις* (συνών. *εκλιπαρώ, θερμοπαρακαλώ*).
ικέτης ο, θηλ. **-ιδα** και **-ισσα**, ουσ. 1. (ιστ.) αυτός που ζητούσε προστασία ή εξαγνισμό καταφεύγοντας σε ιερό τόπο. 2. αυτός που παρακαλεί κάποιον θερμά για να του παράσχει βοήθεια ή προστασία.
-ίκι, I. κατάλ. ουδ. ουσ.: *αρχονταρίκι, βρετίκι, συχαρίκι*. [αρχ. κατάλ. *-ίκιος*<*-ικός*].
-ίκι, II. κατάλ. αφηρ. ουδ. ουσ.: *δασκαλίκι, αρματολίκι*. [τουρκ. καταγωγής κατάλ. *-λίκι* με συγχώνευση του *λ* προς το *λ* του θέματος].
-ίκιος, κατάλ. επιθ.: *αντρίκιος*.
ικμάδα η, ουσ., στοιχείο ζωτικότητας.
-ικό, κατάλ. ουδ. ουσ.: *αρχοντικό, φονικό, αφεντικό, ψυχικό*· πληθ. *γονικά, πεθερικά*.
-ικος, κατάλ. επιθ. που δηλώνει ότι το προσδιοριζόμενο έχει κάποια ιδιότητα: *γέρικος, μπακάλικος, κάλπικος, αυθάδικος*.
-ίκος, θηλ. **-ικα**, κατάλ. υποκορ. κύρ. ον.: *Αντρίκος, Μαρίκα*.
-ικός, κατάλ. επιθ.: *αδελφικός, πατρικός, χρονικός, εθνικός*. [αρχ. κατάλ. *-ικός*].
ικρίωμα το, ουσ. 1. εξέδρα λαιμητόμου. 2. (λόγ.) σκαλωσιά για οικοδομικές συνήθως εργασίες.
ίκτερος ο, ουσ. (ιατρ.) πάθηση που συνίσταται στην παρουσία ουσιών της χολής στο αίμα και στους ιστούς και κατά την οποία το δέρμα και οι βλεννογόνοι παίρνουν κίτρινο χρώμα: ~ *ηπατικός* (συνών. λαϊκ. *χρυσή*).
-ίλα, κατάλ. θηλ. ουσ. που δηλώνουν οσμή: *καπνίλα, ιδρωτίλα, μπαρουτίλα, γαλατίλα, προβατίλα*.
ιλαρά η, ουσ. (ιατρ.) μεταδοτική ασθένεια που συμπτώματά της είναι υψηλός πυρετός και κόκκινα εξανθήματα και προσβάλλει συνήθως τα παιδιά· φρ. *βγάζω* ~ (= *ζεσταίνομαι υπερβολικά*) (συνών. *μπέμπελη*).
ιλαρός, -ή, -ό, επίθ. (λόγ.), χαρωπός, εύθυμος (συνών. *φαιδρός*· αντ. *κατηφής, σκυθρωπός*).
ιλαρότητα η, ουσ. (λόγ.), χαρωπή διάθεση που εξωτερικεύεται (συνών. *ευθυμία, φαιδρότητα*).
ιλαροτραγωδία η, ουσ. 1. (φιλολ.) έργο, συνήθως θεατρικό, με μορφή κωμική, αλλά υπόθεση τραγική. 2. (μεταφ.) γεγονός που το χαρακτηρίζει σοβαροφάνεια, αλλά στην ουσία του είναι κωμικό.
ίλαρχος ο, ουσ. (στρατ.) αξιωματικός των τεθωρακισμένων (παλαιότερα του ιππικού) που ο βαθμός του αντιστοιχεί προς το βαθμό του λοχαγού.
ίλη η, ουσ. (στρατ., παλαιότερα) λόχος ιππικού· (σήμερα) λόχος τεθωρακισμένων.
ιλιγγιώδης, -ης, -ες, γεν. *-ους*, πληθ. αρσ. και θηλ. *-εις*, ουδ. *-η*, επίθ. (ασυνίζ., λόγ.), που προκαλεί ίλιγγο, ζάλη ή κατάπληξη: *ταχύτητα* ~· *ύψος -ες*. - Επίρρ. *-ώς*.
ίλιγγος ο, ουσ. 1. ψευδαίσθηση κατά την οποία νομίζει κανείς ότι το έδαφος φεύγει από τα πόδια του και ότι όλα γύρω του περιστρέφονται: *υποφέ-*

ρει από -ους (συνών. ζάλη, σκοτοδίνη). 2. (μεταφ.) ψυχική αναστάτωση: ο ~ του πάθους της ταχύτητας.
-ιλίκι, κατάλ. αφηρ. ουδ. ουσ.: υπουργιλίκι, δικηγορίλίκι. [λέξεις τουρκ. καταγωγής, όπως σαριλίκι, χαρτζιλίκι, που έχουν *i* πριν από την κατάλ. *-lik*].
ιλλυρικός, -ή, -ό, επίθ., που ανήκει ή αναφέρεται στους αρχαίους Ιλλυριούς ή στην Ιλλυρία: *καταγωγή / γλώσσα -ή.*
Ιλλυριοί οι, ουσ. (ασυνίζ.), (αρχ.) λαός που κατοικούσε στην αρχαία Ιλλυρία (περιοχή στις βόρειες ακτές της Αδριατικής).
ιλουστρασιόν, ουσ. άκλ. (συνιζ.), είδος λεπτού χαρτιού με γυαλιστερή επιφάνεια: (ως επίθ.) *κόλλες* ~. [γαλλ. *illustration*].
ιλύς η, γεν. -ύος, ουσ. (λόγ.), λάσπη.
ιμάμης ο, ουσ. 1. ιερέας στη μουσουλμανική θρησκεία που από το μιναρέ καλεί τους πιστούς σε προσευχή (πβ. *χότζας, μουεζίνης*). 2. θρησκευτικός αρχηγός μουσουλμάνων. [τουρκ. *imam*].
ιμάμ μπαϊλντί το, ουσ. άκλ. (όχι έρρ.), είδος φαγητού που παρασκευάζεται από μελιτζάνες γεμισμένες με κρεμμύδια, σκόρδο, μαϊντανό, ντομάτα και πολύ λάδι. [τουρκ. *imambayıldı*].
ιμάντας ο, ουσ. (έρρ.), 1. μακριά δερμάτινη λουρίδα για διάφορες χρήσεις (συνών. *λουρί*). 2. (τεχν.) όργανο μετάδοσης της κίνησης από μια τροχαλία σε άλλη ή από έναν άξονα σε άλλο: *έσπασε ο ~ της μηχανής.*
ιμάτιο το, ουσ. (ασυνίζ.), ένδυμα που φορούσαν κατά την αρχαιότητα πάνω από το χιτώνα ή τον πέπλο.
ιματιοθήκη η, ουσ. (ασυνίζ., λόγ.), ιματιοφυλάκιο (βλ. λ.).
ιματιοφυλάκιο το, ουσ. (ασυνίζ. δις, λόγ.), χώρος (στην είσοδο θεάτρων, κέντρων διασκέδασης, κ.τ.ό.) όπου αφήνει κανείς το παλτό και το καπέλο του (συνών. *γκαρνταρόμπα*).
ιματισμός ο, ουσ. (λόγ.), το σύνολο των ειδών που χρησιμοποιούνται για την ενδυμασία: *κατάστημα ειδών -ού·* (ειδικά) *στρατιωτικός* ~ = το σύνολο των στρατιωτικών ενδυμάτων που παρέχονται στο στρατιώτη.
-ίμι, κατάλ. ουδ. ουσ.: *αγρίμι, θρασίμι, ψοφίμι.* [ενδιάμεσοι τύποι σε *-ίμιο<-ίμαιο<-ιμαίον*, ουδ. επιθ. σε *-ιμαίος* (*θνησιμαίος, κλοπιμαίος*)].
-ιμιός, κατάλ. επίθ.: *βαφτισιμιός, γεννησιμιός, αναδεξιμιός.* [αρχ. επιθ. κατάλ. *-ιμαίος*, από επίθ. σε *-ιμος +* κατάλ.).
-ιμο, κατάλ. ουδ. αφηρ. ουσ.: *τρέξιμο, στρώσιμο, βάψιμο, κλείσιμο.* [αρχ. κατάλ. *-ιμον*].
ιμοραλισμός ο, ουσ. (φιλοσ.) θεωρία που προτείνει ηθικούς κανόνες αντίθετους προς όσους είναι αποδεκτοί από την τρέχουσα ηθική: *ο ~ του Νίτσε.* [γαλλ. *immoralisme*].
ιμπεριαλισμός ο, ουσ. (έρρ., ασυνίζ.), επεκτατισμός (βλ. λ.). [γαλλ. *impérialisme*].
ιμπεριαλιστής ο, θηλ. -τρια, ουσ. (έρρ., ασυνίζ.), επεκτατιστής (βλ. λ.).
ιμπεριαλιστικός, -ή, -ό, επίθ. (έρρ., ασυνίζ.), που σχετίζεται ή αναφέρεται στον ιμπεριαλισμό: *πολιτική / κυβέρνηση -ή· πόλεμος* ~.
ιμπεριαλίστρια, βλ. *ιμπεριαλιστής*.
ιμπρεσάριος ο, ουσ. (έρρ., ασυνίζ.), επαγγελματίας που οργανώνει τις εμφανίσεις ενός καλλιτέχνη (μουσικού, ηθοποιού, κ.τ.ό.) ή μιας ομάδας καλλιτεχνών (θιάσου, μουσικού συγκροτήματος, κ.τ.ό.). [ιταλ. *impresario*].
ιμπρεσιονισμός, βλ. *εμπρεσιονισμός*.
ιμπρεσιονιστής, βλ. *εμπρεσιονιστής*.
ιμπρεσιονιστικός, βλ. *εμπρεσιονιστικός*.
ιμπρεσιονίστρια, βλ. *εμπρεσιονιστής*.
ίνα η, ουσ. 1. καθένα από τα λεπτότατα νήματα που, ενωμένα σε δέσμες, αποτελούν ένα ζωικό, φυτικό ή ορυκτό σώμα: *-ες μυϊκές / του βλαστού / αμιάντου.* 2. πολύ λεπτή κλωστή.
-ίνα, κατάλ. θηλ. ανδρων. και προσηγορ.: *Αγγελίνα, Νικολίνα, προσκοπίνα, ελαφίνα, προβατίνα.* [μεσν. *-ίνα<*λατ. *-ina*, από κύρ. ον. λατ. καταγωγής: *Αγριππίνα, Μαρίνα, Παυλίνα*].
ινάτι, βλ. *γινάτι*.
ίνδαλμα το, ουσ., πρόσωπο προς το οποίο εκδηλώνει κανείς υπερβολική αγάπη: *ο ηθοποιός αυτός είναι το ~ της νεολαίας* (συνών. *είδωλο*).
Ινδή, βλ. *Ινδός*.
Ινδιάνα, βλ. *Ινδιάνος*.
ινδιάνικος, -η, -ο, επίθ. (ασυνίζ.), που ανήκει ή αναφέρεται στους Ινδιάνους: *καταυλισμός ~· φυλή -η.*
ινδιάνος ο, ουσ. (ασυνίζ.), ινδική όρνιθα, γαλοπούλα.
Ινδιάνος ο, θηλ. -άνα, ουσ. (ασυνίζ.), ερυθρόδερμος (βλ. λ.).
ινδικός, -ή, -ό, επίθ., που ανήκει ή αναφέρεται στους Ινδούς ή την Ινδία ή προέρχεται από αυτήν: *γλώσσα / τέχνη / χερσόνησος -ή· προϊόντα -ά.* - Το ουδ. ως ουσ. = είδος φυτικής χρωστικής ουσίας, λουλάκι.
ινδικτιώνα η, ουσ. (ασυνίζ.), (εκκλ.) κύκλος δεκαπέντε ετών που υπολογίζονταν από την 1η Σεπτεμβρίου ως χρονολογική μονάδα. [λατ. *indictio*].
ινδογερμανικός, -ή, -ό, επίθ. (παλαιότερο αντί:) ινδοευρωπαϊκός (βλ. λ.).
Ινδοευρωπαία, βλ. *Ινδοευρωπαίος*.
ινδοευρωπαϊκός, -ή, -ό, επίθ., που ανήκει ή αναφέρεται στους Ινδοευρωπαίους: *γλώσσες -ές* = οι γλώσσες που μιλιούνται στην Ευρώπη (εκτός από τη φινλανδική, εσθονική, ουγγρική, τουρκική και βασκική) και στη δυτική Ασία (εκτός από την τουρκική, αραβική και εβραϊκή) και έχουν κοινή προέλευση· *-ή γλωσσική ομοθνεία* (= οι λαοί που μιλούν τις ινδοευρωπαϊκές γλώσσες)· *λαοί -οί* (παλαιότερα: *ινδογερμανικός, ιαπετικός*).
Ινδοευρωπαίος ο, θηλ. *-αία*, ουσ., μέλος της ινδοευρωπαϊκής γλωσσικής ομοεθνείας.
ινδοϊρανικός, -ή, -ό, επίθ., που ανήκει ή αναφέρεται σε μια από τις υποδιαιρέσεις της ινδοευρωπαϊκής ομογλωσσίας: *γλώσσες -ές.*
ινδοκάρυδο το, ουσ. 1. ινδική καρύδα. 2. η ψίχα του καρπού του κοκκοφοίνικα τριμμένη για χρήση στη ζαχαροπλαστική: *κέικ με ~* (συνών. *φοινικόψιχα*).
Ινδοκινέζα, βλ. *Ινδοκινέζος*.
ινδοκινεζικός, -ή, -ό, και ινδοκινέζικος, -η, -ο, επίθ. 1. που αναφέρεται στην Ινδία και στην Κίνα: *σύνορα -ά.* 2. που ανήκει ή αναφέρεται στη χερσόνησο της Ινδοκίνας ή στους Ινδοκινέζους: *πολιτισμός ~.*
Ινδοκινέζος ο, θηλ. -α, ουσ. και επίθ., αυτός που κατάγεται από τη χερσόνησο της Ινδοκίνας ή κατοικεί σ' αυτήν.
ινδολογία η, ουσ., επιστήμη που ασχολείται με την ιστορία και τον πολιτισμό των Ινδιών.

ινδολόγος ο, ουσ., επιστήμονας που ασχολείται με την ινδολογία.
ινδονησιακός, -ή, -ό, επίθ. (ασυνίζ.), που ανήκει ή αναφέρεται στην Ινδονησία.
Ινδονήσιος ο, θηλ. **-ια**, ουσ., αυτός που κατάγεται από την Ινδονησία ή κατοικεί σ' αυτήν.
Ινδός ο, θηλ. **-ή**, ουσ. και επίθ., αυτός που κατάγεται από την Ινδία ή κατοικεί σ' αυτήν.
ινδουισμός ο, ουσ., οι θρησκευτικές αντιλήψεις του μεγαλύτερου μέρους του πληθυσμού της Ινδίας (κράμα βραχμανισμού και άλλων θρησκειών). [γαλλ. *hinduisme*].
ινδουιστής ο, θηλ. **-ίστρια**, επίθ., οπαδός του ινδουισμού.
-ίνη, κατάλ. λόγ. θηλ. ουσ.: *πενικιλίνη, βιταμίνη, βενζίνη*. [γαλλ. ουσ. σε -*ine*].
ινιακός, -ή, -ό, επίθ. (ασυνίζ.), (ανθρωπολ.) που βρίσκεται στο ινίο: *οστούν -ό*.
ινίο το, ουσ. (ανθρωπολ.) το πίσω και κάτω μέρος του κρανίου.
ινκόγνιτο και **-γκνιτο** (όχι έρρ.), επίρρ., για πρόσωπο επίσημο ή διάσημο που προσπαθεί να μην τον αναγνωρίσουν σε κάποιο μέρος, όπου βρίσκεται ανεπίσημα: *ταξιδεύει / διασκεδάζει ~*. - Ως ουδ. ουσ. = η κατάσταση εκείνου που θέλει να κρύψει την πραγματική του ταυτότητα: *με τόσους δημοσιογράφους ήταν αδύνατον η πρωταγωνίστρια να διατηρήσει το ~*. [ιταλ. *incognito*].
ινολίπωμα το, ουσ. (ιατρ.) καλοήθες νεόπλασμα από ινώδη και λιπώδη ιστό.
ινομύωμα το, ουσ. (ιατρ.) καλοήθης όγκος που αποτελείται από μυϊκό και ινώδη ιστό: *~ της μήτρας / του προστάτη*.
-ινός. 1. κατάλ. επιθ. που δηλώνει: **α.** χρόνο: *χτεσινός, πρωινός*. **β.** αυτόν που ανήκει σε κάτι: *αληθινός, πεδινός*. **2.** κατάλ. εθν.: *Ζακυνθινός, Δραμινός, Πατρινός*. [αρχ. -*ινός*].
ινοχόνδρινος, -η, -ο, επίθ. (ανατομ.) που αποτελείται από ίνες και χόνδρους: *ιστός ~*.
ινσουλίνη η, ουσ. (βιολ) ορμόνη που εκκρίνεται από το πάγκρεας και συντελεί στην αφομοίωση των σακχάρων από τον οργανισμό: *η ~ χρησιμοποιείται στη θεραπεία του διαβήτη*. [γαλλ. *insuline* (διεθν. λ.)].
ινστιτούτο το, ουσ. **1α.** ονομασία που δίνεται σε ορισμένα κρατικά, ιδιωτικά ή διεθνή ιδρύματα που ασχολούνται με την επιστημονική έρευνα ή έχουν εκπαιδευτική ή μορφωτική δραστηριότητα: *Ελληνικό ~ Βυζαντινών και Μεταβυζαντινών Μελετών· Γαλλικό ~ Αθηνών*. **β.** για ιδιωτική εκπαιδευτική επιχείρηση: *~ ξένων γλωσσών* (συνών. *φροντιστήριο*)· **γ.** (συνεκδοχικά) κτήριο όπου στεγάζεται ο παραπάνω οργανισμός. **2.** ονομασία ιδιωτικών εμπορικών επιχειρήσεων όπου παρέχεται φροντίδα ή περιποίηση σε κάτι: *~ καλλονής*. [γαλλ. *institut*].
ιντελιγκέντσια η, ουσ. (πρόφερε χωριστά ν-τ, ασυνίζ., σπάνιο). **1.** (ιστ.) η τάξη των διανοουμένων στην τσαρική Ρωσία. **2.** (γενικά, κάποτε μειωτικά) το σύνολο των μορφωμένων μιας χώρας, ιδίως όσων ασχολούνται με την τέχνη, τη φιλοσοφία ή την πολιτική: *~ αριστερή / αστική* (συνών. *διανόηση*). [λ. ρωσ. πβ. αγγλ.-γαλλ. *intelligentsia*].
ίντεξ ο, ουσ. άκλ. (έρρ.), κατάλογος βιβλίων που η ανάγνωσή τους απαγορευόταν έως το 1966 από την παπική εκκλησία. [λατ. *index*].
ιντερέσο (έρρ.) και (λαϊκ.) **νιτερέσο** το, ουσ.,
συμφέρον, υπόθεση για την οποία ενδιαφέρεται κανείς, κέρδος: *ύποπτα -α και κομπίνες*. [ιταλ. *interesso*].
ιντερμέδιο το, ουσ. (πρόφερε χωριστά ν-τ, ασυνίζ.). **1.** (θεατρ.) αυτοτελές δραματικό επεισόδιο που παρεμβάλλεται ανάμεσα στις πράξεις ενός θεατρικού έργου: *-α κρητικού θεάτρου* (πβ. *ιντερμέτζο*). **2.** (μουσ.) ιντερμέτζο (βλ. λ.): *-ια μιας όπερας / για πιάνο του Σούμπερτ*. [ιταλ. *intermedio*].
ιντερμέτζο το, ουσ. (πρόφερε χωριστά ν-τ), (μουσ.) **α.** αυτοτελές μουσικό κομμάτι που παρεμβάλλεται ανάμεσα στις πράξεις μουσικού θεατρικού έργου ή τα μέρη μιας ευρύτερης μουσικής σύνθεσης (πβ. *ιντερμέδιο*)· **β.** (συνεκδοχικά) μουσικό κομμάτι με ανάλογο ύφος. [ιταλ. *intermezzo*].
ιντερφερόνη η, ουσ. (πρόφερε χωριστά ν-τ), (βιολ.) πρωτεΐνη που συντίθεται μετά την προσβολή ενός κυττάρου από ιό και εμποδίζει τον πολλαπλασιασμό του ίδιου ή ιών άλλου είδους, καθώς και την επέκτασή τους σε άλλα κύτταρα: *πειραματική χρησιμοποίηση της -ης για τον έλεγχο του καρκίνου*. [γαλλ. *interféron* (διεθν. λ.)].
ίντριγκα η, ουσ. (πρόφερε χωριστά ν-τ), δολοπλοκία, μηχανορραφία, πλεκτάνη: *-ες αυλικές / σατανικές*. [ιταλ. *intrigo*· πβ. γαλλ. *intrigue*, ισπαν. *intriga*].
ίντσα η, ουσ., μονάδα μήκους στις αγγλοσαξονικές χώρες ίση προς 2,54 εκατοστόμετρα (αλλιώς δάκτυλος): *μια ~ ισοδυναμεί με το 1/36 της γιάρδας ή το 1/12 του ποδιού· τηλεόραση 19 -ών* (δηλ. με διαγώνιο οθόνη 19 -ες). [αγγλ. *inch*].
ινφάντης ο, θηλ. **-α** ουσ., (έρρ.), (ιστ.) τίτλος που έφεραν τα παιδιά των μοναρχών της Ισπανίας ή της Πορτογαλίας (εκτός από τον πρωτότοκο γιο). [ισπαν. *infante*].
ινώδης, -ης, -ες, γεν. **-ους**, πληθ. αρσ. και ηλ. **-εις**, ουδ. **-η**, επίθ., που έχει πολλές ίνες ή που σχηματίζεται από τη συνένωση πολλών ινών: *περίβλημα καρπού -ες* (ανατομ.) *ιστός ~* (= συνδετικός). - Το ουδ. ως ουσ. = (βιοχημ.-ιατρ.) αδιάλυτη, λευκωπή ινώδης ουσία που συντελεί στο σταμάτημα της αιμορραγίας.
ινωδογόνο το, ουσ. (βιοχημ.) πρωτεΐνη στο πλάσμα του αίματος η οποία κατά την πήξη του αίματος μετατρέπεται σε ινώδες (βλ. λ.) υπό την επίδραση της θρομβίνης (βλ. λ.).
ίνωμα το, ουσ. (ιατρ.) καλοήθης όγκος που σχηματίζεται από κύτταρα του ινώδους ιστού.
ιξός ο, ουσ. (βοτ.) **1.** ονομασία του φυτού γκι. **2.** κολλώδης ουσία που παράγεται κυρίως από τον καρπό του ιξού και που τη χρησιμοποιούν για να φτιάχνουν ξόβεργες (βλ. λ.).
-ιο, -ιό, κατάλ. ουδ. λαϊκ. ουσ.: *συνήθιο, συχώριο, καθισιό*.
ιοβόλος, -α, -ο, επίθ. (ασυνίζ., λόγ.). **α.** για ζώο που παράγει και διοχετεύει δηλητήριο: *ερπετό -ο* (συνών. *δηλητηριώδης, φαρμακερός*)· **β.** που σχετίζεται με τη διοχέτευση του δηλητηρίου: *αδένας ~*.
ιογενής, -ής, -ές, γεν. **-ούς**, πληθ. αρσ. και θηλ. **-είς**, ουδ. **-ή**, επίθ. (ασυνίζ.), (ιατρ.) που προκαλείται από ιό: *λοίμωξη ~*.
ιολογία η, ουσ. (ασυνίζ.), (επιστ.) κλάδος της βιολογίας που μελετά τους ιούς.
ίον το, ουσ., μενεξές.
ιόν το, γεν. *ιόντος*, πληθ. *ιόντα*, ουσ. (ασυνίζ.), (φυσ.-χημ.) ηλεκτρικά φορτισμένο σωματίδιο που

σχηματίζεται από ένα άτομο ή από μια ομάδα ατόμων με απόσπαση ή με προσθήκη ενός ή περισσότερων ηλεκτρονίων: ~ θετικό (= κατιόν) / αρνητικό (= ανιόν)· ~ υδρογόνου (= ο πυρήνας ενός ατόμου υδρογόνου που έχει χάσει το περιφερειακό του ηλεκτρόνιο). [αρχ. ιόν, ουδ. μτχ. του ρ. ειμί].

ιόνιο το, ους. (ασυνίζ.), (φυσ.) ονομασία του ισοτόπου του θορίου (μαζικός αριθμός 230) που ανήκει στη ραδιενεργό οικογένεια του ουρανίου. [αγγλ. ionium].

ιόνιος, -α, -ο, επίθ. (ασυνίζ.), που ανήκει ή αναφέρεται στο Ιόνιο πέλαγος ή τα Ιόνια νησιά: *πέλαγος -ο· νησιά -α*· (σε ονομασίες οργανισμών, ιδρυμάτων, κ.τ.ό.) ~ *Ακαδημία / Πολιτεία· -ο Πανεπιστήμιο.* - Το αρσ. και το θηλ. σπανίως ως ους. = Επτανήσιος.

ιονόσφαιρα η, ους. (ασυνίζ.), (γεωφ.) στρώμα της ατμόσφαιρας (πάνω από τα 60 χιλιόμετρα), που παρουσιάζει μεγάλη περιεκτικότητα σε ιόντα και ηλεκτρόνια: *η* ~ *ανακλά ορισμένες μορφές ηλεκτρομαγνητικών κυμάτων.*

ιοντίζω, ρ. (ασυνίζ., έρρ.), (φυσ.-χημ.) μετατρέπω ουδέτερα άτομα ή μόρια σε ιόντα· παράγω, δημιουργώ ιόντα: *συγκρούσεις μεταξύ των μορίων ενός αερίου μπορούν να το -ίσουν·* έκφρ. *ακτινοβολία -ουσα* (= οι ακτίνες Χ, α, β, γ).

ιοντικός, -ή, -ό, επίθ. (έρρ.), (φυσ.) που σχετίζεται με τα ιόντα: *ακτινοβολία -ή· πύραυλος* ~ (= που προωθείται με εκτόξευση ιόντων).

ιοντισμός ο, ους. (ασυνίζ., έρρ.), (φυσ.-χημ.). **1.** φαινόμενο κατά το οποίο άτομα ή μόρια ηλεκτρικώς ουδέτερα προσλαμβάνουν ή χάνουν ένα ή περισσότερα ηλεκτρόνια και αποκτούν έτσι ηλεκτρικό φορτίο (γίνονται δηλ. ιόντα): *δυναμικό / θάλαμος -ού.* **2.** παρουσία θετικών ή αρνητικών ιόντων σε ένα αέριο: ~ *της ατμόσφαιρας λόγω κοσμικής ακτινοβολίας.*

ιοντοθεραπεία η, ους. (έρρ.), (ιατρ.) χρήση ιοντίζουσας ακτινοβολίας (βλ. λ. *ιοντίζω*) για θεραπευτικούς σκοπούς (συνών. *ακτινοθεραπεία*).

Ιορδάνη, βλ. *Ιορδανός.*

ιορδανικός, -ή, -ό, επίθ., που ανήκει ή αναφέρεται στην Ιορδανία ή τους Ιορδανούς.

Ιορδανός ο, θηλ. **-ή,** ο κάτοικος της Ιορδανίας ή αυτός που κατάγεται από αυτήν.

-ιος, (συνιζ.), κατάλ. επιθ.: *κούφιος, σκόρπιος.*

-ιος, (ασυνίζ.), κατάλ. επιθ. (λόγ. προέλ.): *γνήσιος, ολέθριος.*

-ιος, (ασυνίζ.), κατάλ. εθν. ον.: *Κύπριος, Σάμιος, Πελοποννήσιος.*

-ιός, (συνιζ.), κατάλ. εθν. ον.: *Λημνιός, Σιφνιός, Μυτιληνιός, Σμυρνιός.* [-αίος].

ιός ο, ους. (ασυνίζ.), (βιολ.) μικροοργανισμός με ελάχιστο μέγεθος (ορατός μόνο με το ηλεκτρονικό μικροσκόπιο) με απλή βιοχημική σύσταση που αναπτύσσεται μέσα σε ζωντανό ζωικό, φυτικό ή βακτηριακό κύτταρο: ~ *της λύσσας / της γρίπης / της πολιομυελίτιδας.*

Ιουδαία, βλ. *Ιουδαίος.*

ιουδαϊκός, -ή, -ό, επίθ., που ανήκει ή αναφέρεται στους Ιουδαίους: *θρησκεία / γραμματεία -ή· νόμος* ~ (= μωσαϊκός)· *σταυρός* ~ (= εξάγραμμα, άστρο του Δαβίδ) (συνών. *εβραϊκός, ισραηλιτικός*).

Ιουδαίος ο, θηλ. **-α,** ους., (ιστ.) ονομασία όσων αποτελούσαν τη θρησκευτική, εθνική και πολιτιστική κοινότητα των Εβραίων (συνών. *Εβραίος, Ισραηλίτης*). Έκφρ. *περιπλανώμενος* ~ (για κάποιον που δε μένει πολύ καιρό στον ίδιο τόπο).

ιουδαϊσμός ο, ους. (ασυνίζ.), (ιστ.) **1.** η θρησκεία των Ιουδαίων: *σύγκρουση του -ού με άλλες θρησκείες· μεταστροφή στον -ό.* **2.** το σύνολο των Ιουδαίων (πβ. *εβραϊσμός*).

Ιούδας ο, η λ. ή η εκφρ. ~ *Ισκαριώτης* λέγεται για άνθρωπο αχάριστο, άπιστο στη φιλία, προδότη κάθε ιερού και οσίου. Έκφρ. *φίλημα / φιλί του -α* (= προδοτική ενέργεια υποκριτή και αχάριστου ανθρώπου).

Ιούλης, βλ. *Ιούλιος.*

ιουλιανός, -ή, -ό, επίθ. (ασυνίζ.). **1.** που ανήκει ή αναφέρεται στον Ιούλιο Καίσαρα· συνήθως στην εκφρ. *-ό ημερολόγιο* (= σύστημα χρονολόγησης που καθιερώθηκε στο ρωμαϊκό κράτος από τον Ιούλιο Καίσαρα και ίσχυσε στην Ελλάδα έως το 1923· αλλιώς *παλιό ημερολόγιο*· (πβ. *γρηγοριανό ή νέο ημερολόγιο*). **2.** (ιστ.) για γεγονός που σχετίζεται με το μήνα Ιούλιο ή που συνέβη τότε: *-ή μοναρχία* (που εγκαταστάθηκε στη Γαλλία μετά την επανάσταση του Ιουλίου του 1830). - Στον πληθ. το ουδ. ως ους. *-ά τα* = **α.** ταραχές στην Αθήνα τον Ιούλιο του 1920· **β.** ταραχώδη πολιτικά γεγονότα τον Ιούλιο του 1965.

Ιούλιος (ασυνίζ.) και (λαϊκ.) **Ιούλης** ο, ους., ο έβδομος μήνας του χρόνου (συνών. λαϊκ. *Αλωνάρης*).

ίουλος ο, ους. (λόγ.). **1.** το πρώτο χνούδι που φυτρώνει κατά την εφηβεία στο πρόσωπο των αγοριών. **2.** το έντομο σαρανταποδαρούσα (βλ. λ.).

Ιούνιος (ασυνίζ.) και (λαϊκ.) **Ιούνης** ο, ους., ο έκτος μήνας του χρόνου: *στα μέσα (του) Ιουνίου* (συνών. λαϊκ. *Θεριστής*).

ιουστινιάνειος, -α, -ο, επίθ. (ασυνίζ. δις), (ιστ.) που αναφέρεται στον Ιουστινιανό τον Α΄· συνήθως στις εκφρ. ~ *κώδικας ή -α νομοθεσία* (= το σύνολο των νομοθετικών συλλογών που καταρτίστηκαν επί Ιουστινιανού: Κώδικας, Πανδέκτης, Εισηγήσεις, Νεαρές).

ιπερίτης ο, ους. (χημ.) πολεμικό χημικό αέριο με βάση το θείο του αιθυλίου (αλλιώς *αέριο της μουστάρδας*). [γαλλ. *Ypérite*].

ιππάριο το, ους. (ασυνίζ.), (παλαιοντολογία) ονομασία γένους περιττοδάκτυλων θηλαστικών της οικογένειας των ιππιδών, που έζησε πριν από επτά εκατομμύρια χρόνια.

ιππασία η, ους., πορεία πάνω σε άλογο (παλαιότερα ως βασικός τρόπος μετακίνησης και σήμερα κυρίως ως τρόπος ψυχαγωγίας ή άθλησης): ~ *ερασιτεχνική· κάνω* ~ *άλογο / στολή / αγώνες -ας·* (συνεκδοχικά) για τη σχετική τέχνη· (αλλιώς *ιππευτική*) *μαθαίνω* ~· *σχολή -ας* (συνών. λαϊκ. *καβάλα*).

ιππέας ο, ους. **1.** (λόγ.) καβαλάρης: *νεαροί -είς στη ζωφόρο του Παρθενώνα.* **2.** έφιππος στρατιώτης: *Ρωμαίοι -είς* (αντ. *πεζός*). **3.** (αρχαιολ.) εκφρ. *ήρωας / Έλληνας* ~ = εικονογραφικός τύπος του βαλκανικού χώρου που συνίσταται στη μορφή ενός ήρωα που παριστάνεται έφιππος ή όρθιος δίπλα σ' ένα άλογο. **4.** (αρχ. ιστ.) *-είς οι* = μία από τις τάξεις των πολιτών στην Αθήνα (αλλιώς *τριακοσιομέδιμνοι*) και στη Ρώμη.

ιππευτικός, -ή, -ό, επίθ., που αναφέρεται στον ιππέα: *αγώνες -οί* (συνών. *ιππικός*). - Το θηλ. ως ους. = η τέχνη της ιππασίας.

ιππεύω, ρ. 1. (αμτβ.) ανεβαίνω σε άλογο (συνών. *καβαλικεύω*, αντ. *ξεπεζεύω*). 2. (αμτβ.-μτβ.) βρίσκομαι πάνω σε άλογο και μετακινούμαι ελέγχοντας τις κινήσεις του, κάνω ιππασία· (μτβ.) *-ει μια κατάμαυρη φοράδα* (συνών. *καβαλικεύω*).

ιππίδες οι, ουσ. (ζωολ.) ονομασία της οικογένειας των περιττοδάκτυλων θηλαστικών που έχουν τυπικό εκπρόσωπο το άλογο.

ιππικός, -ή, -ό, επίθ. α. που γίνεται με άλογα: *αγώνας* ~ (= ιπποδρομία)· β. (λόγ.) που αποτελείται από ιππείς: *δυνάμεις -ές.* - Το θηλ. ως ουσ. = η τέχνη της ιππασίας. - Το ουδ. ως ουσ. = σύνολο στρατιωτών που πολεμούσαν πάνω σε άλογα, έφιππη στρατιωτική δύναμη: *ουλαμός / σύνταγμα -ού· επέλαση -ού* (συνών. *καβαλαρία*· αντ. *πεζικό*).

ιπποδρομία η, ουσ., αγώνας ταχύτητας ανάμεσα σε ιππείς (σήμερα συνήθως με χρηματικά στοιχήματα των θεατών για το νικητή): ~ *των μεγάλων Παναθηναίων· -ες διεθνείς* (συνών. *κούρσα*).

ιπποδρομιακός, -ή, -ό, (ασυνίζ.) και **ιπποδρομικός**, επίθ., που αναφέρεται στις ιπποδρομίες: *στοιχήματα -ά· κανονισμοί -οί.*

ιππόδρομιο το, (ασυνίζ.) και **ιππόδρομος** ο, ουσ., τόπος διευθετημένος κατάλληλα ή οικοδόμημα με τους απαραίτητους χώρους (στίβο, κερκίδες, κ.ά.) ώστε να διεξάγονται εκεί ιπποδρομίες και αρματοδρομίες (ή και άλλες εκδηλώσεις, αθλητικές ή όχι, παραστάσεις, κ.τ.ό.) ~ *ρωμαϊκό· ο ιππόδρομος της Κωνσταντινούπολης / του Φαληρικού Δέλτα.*

ιπποδύναμη η, ουσ. (μηχ.) η ισχύς μιας μηχανής εκφρασμένη σε ίππους: *ατμομηχανή με μεγάλη* ~· *φορολογητέα* ~ *των κινητήρων αυτοκινήτων Ι.Χ.*

ιππόκαμπος ο, ουσ. (έρρ.). 1. (ζωολ.) γένος ψαριών με μικρό σώμα, χωρίς λέπια, αλλά με σκληρές δερματικές πλάκες που κολυμπούν σε όρθια στάση και που το σχήμα και η κλίση του κεφαλιού τους θυμίζουν άλογο (κοιν. *αλογάκι της θάλασσας*). 2. (μυθολ.) θαλάσσιο τέρας με σώμα αλόγου και ουρά ψαριού.

ιπποκόμος ο, ουσ. (παλαιότερα) άτομο (υπηρέτης ή στρατιώτης) που ασχολούνταν με τη φροντίδα της υγείας, της καθαριότητας και της καλής εμφάνισης ενός αλόγου του στρατού (συνών. *σταβλίτης, ορντινάντσα*).

ιπποκράτειος, -α, -ο, επίθ. (ασυνίζ.), που σχετίζεται με τον Ιπποκράτη και τη διδασκαλία του: *μελέτη του -ου έργου.*

ιπποκρατικός, -ή, -ό, επίθ., ιπποκράτειος: *ιατρική -ή· συγγράμματα -ά.*

ιπποπόταμος ο, ουσ. α. (ζωολ.) μεγάλο αμφίβιο και φυτοφάγο θηλαστικό της τροπικής Αφρικής με χοντρό σώμα, παχύ γκριζωπό ή καφετί δέρμα, κοντά και κυλινδρικά πόδια και μικρή ουρά· β. (μειωτ.) για άνθρωπο πολύ χοντρό.

ίππος ο, ουσ. (λόγ.). 1. το ζώο άλογο· έκφρ. *δούρειος* ~ = α. (μυθολ.) το ξύλινο άλογο που σ' αυτό κρύφτηκαν οι στρατιώτες του Οδυσσέα για να μπουν κρυφά στην Τροία· β. (μεταφ.) μέσο και προκάλυμμα για εξαπάτηση. 2. (φυσ.) μονάδα μέτρησης της ισχύος των μηχανών: *μηχανή εννέα -ων· -οι φορολογήσιμοι.* 3. (γυμν.) γυμναστικό όργανο που έχει σχήμα ίππου και χρησιμοποιείται για ασκήσεις υπερπήδησης (συνών. *γαϊδάρα*).

ιπποσκευή η, ουσ. (λόγ.), σαγή αλόγου (συνών. *χάμουρα*).

ιπποστάσιο το, ουσ. (ασυνίζ.), στάβλος για άλογα.

ιπποσύνη η, ουσ., κοινωνική τάξη των ιπποτών του μεσαίωνα, καθώς και τα ήθη, το πνεύμα και οι αντιλήψεις τους.

ιππότης ο, ουσ. 1. (κατά το μεσαίωνα) α. ευγενής που πολεμούσε συνήθως έφιππος και διακρινόταν για τη γενναιότητά του· β. μέλος χριστιανικής, στρατιωτικής και θρησκευτικής οργάνωσης: *-ες Ιωαννίτες.* 2. (μεταφ.) αυτός που συμπεριφέρεται με ιδιαίτερη ευγένεια στις γυναίκες. 3. ο κατώτερος βαθμός αξιωματούχων ορισμένων τιμητικών τάξεων: *ιππότης της Λεγεώνας της τιμής (Γαλλίας).*

ιπποτικός, -ή, -ό, επίθ. 1. που ανήκει ή αναφέρεται στους ιππότες του μεσαίωνα: *βυζαντινά -ά μυθιστορήματα.* 2α. που δείχνει μια ιδιαίτερη ευγένεια στις γυναίκες: *χαιρετισμός* ~· β. που δείχνει ευγένεια και γενναιοψυχία: *συμπεριφορά -ή.* - Επίρρ. *-ά* στη σημασ. 2.

ιπποτισμός ο, ουσ. 1. σύνολο ιδεών και αντιλήψεων των ιπποτών του μεσαίωνα. 2. (μεταφ.) λεπτότητα τρόπων, ευγενική συμπεριφορά.

ιπποφορβείο το, ουσ., εγκατάσταση για τη συστηματική εκτροφή και αναπαραγωγή αλόγων.

ιπτάμενος, -η, -ο, επίθ. 1. που πετάει στον αέρα: *μηχανή -η· δίσκος* ~ (= εξωγήινο αντικείμενο που, κατά τους ισχυρισμούς ορισμένων, εμφανίζεται κατά καιρούς στον ουρανό)· *δελφίνι -ο* (= επιβατικό σκάφος που κινείται πάνω στην επιφάνεια της θάλασσας)· *φρούριο -ο* (= ιδιαίτερα μεγάλο πολεμικό αεροσκάφος με βαρύ εξοπλισμό). 2. (για πρόσωπο) που εργάζεται ως μέλος πληρώματος αεροσκάφους: *αεροσυνοδός -η· αξιωματικός* ~.

ιραδές ο, ουσ. (ιστ.) διάγγελμα ή διάταγμα σουλτάνου της οθωμανικής αυτοκρατορίας. [τουρκ. *irade*].

Ιρακινός ο, θηλ. *-ή*, ουσ., αυτός που κατάγεται από το Ιράκ ή κατοικεί εκεί· (ως επίθ.) *Ι-οί στρατιώτες.*

ιρακινός, -ή, -ό, επίθ., που ανήκει ή αναφέρεται στο Ιράκ ή στους Ιρακινούς: *εδάφη -ά.*

ιρανικός, -ή, -ό, επίθ., που ανήκει ή αναφέρεται στο Ιράν ή στους Ιρανούς: *επανάσταση / αντιπροσωπεία -ή* (συνών. *περσικός*).

Ιρανός ο, θηλ. *-ή*, ουσ., αυτός που κατάγεται από το Ιράν ή κατοικεί σ' αυτό (συνών. *Πέρσης*).

ιρασιοναλισμός ο, ουσ. (συνιζ.), φιλοσοφική θεωρία που υποστηρίζει ότι οι δυνατότητες της λογικής είναι περιορισμένες, ενώ ως βασικό τρόπο γνώσης αναγνωρίζει τη διαίσθηση, το αίσθημα, το ένστικτο, κλπ. (αντ. *ρασιοναλισμός*). [γαλλ. *irrationalisme*].

ίριδα η, ουσ. 1. χρωματιστό τόξο που εμφανίζεται στον ουρανό μόλις σταματήσει η βροχή και βγει ο ήλιος: *τα χρώματα της -ας* = τα επτά κύρια χρώματα στα οποία αναλύεται το ηλιακό φως. 2. κυκλικός έγχρωμος χιτώνας του βολβού του ματιού που περιβάλλει το άνοιγμα της κόρης και έχει διαφορετικό για τον καθένα χρώμα. 3. φυτό ποώδες και πολυετές με μεγάλα επιμήκη φύλλα και άνθη λευκά, ιώδη, κυανά ή κίτρινα (κοιν. *αγριόκρινος*).

ιριδίζω, ρ., εμφανίζω, παρουσιάζω τα χρώματα της ίριδας.
ιριδισμός ο, ους. (φυσ.) φαινόμενο κατά το οποίο ορισμένα σώματα παρουσιάζουν τα χρώματα της ίριδας όταν πέφτει επάνω τους το φως.
ιριδώδη τα, ους. (βοτ.) τάξη ανθέων.
ιρλανδέζικος, βλ. *ιρλανδικός*.
Ιρλανδέζος, βλ. *Ιρλανδός*.
Ιρλανδή και **Ιρλανδέζα**, βλ. *Ιρλανδός*.
ιρλανδικός, -ή, -ό και **ιρλανδέζικος, -η, -ο**, επίθ., που ανήκει ή αναφέρεται στην Ιρλανδία ή τους Ιρλανδούς: *στρατός* ~· *καφές* ~ (είδος καφέ με ουίσκι και κρέμα σαντιγί).
Ιρλανδός και **Ιρλανδέζος** ο, θηλ. **-ή** και **-έζα**, ους., κάτοικος της Ιρλανδίας ή αυτός που κατάγεται απ' αυτήν.
ιρρασιοναλισμός, βλ. *ιρασιοναλισμός*.
-ίρω, κατάλ. ρημ. (γαλλ. και ιταλ. προέλ.): *γαρνίρω, σερβίρω*.
-ίς, κατάλ. επιρρ.: *αποβραδίς, ολημερίς, μεσοστρατίς, κοντολογίς*.
ίσα, (ναυτ.) πρόσταγμα για το σήκωμα των πανιών και των άρμπουρων, σε ιστιοφόρο πλοίο. [βενετ. *issa*].
ισάζω, βλ. *ισιάζω*.
ισάδα, βλ. *ισιάδα*.
ίσα, βλ. *ίσος*.
ίσαλος, επίθ., αρσ. και θηλ., ουδ. πληθ. **-α**, (ναυτ.) στην έκφρ. *ίσαλος γραμμή* = γραμμή επαφής της επιφάνειας της θάλασσας με το πλοίο, η οποία μετατίθεται ανάλογα με το φορτίο του πλοίου. - Το ουδ. στον πληθ. ως ους. = η ίσαλος γραμμή πλοίου ή τα γύρω από αυτήν μέρη.
ίσαμε, προθ. (λαϊκ.). 1. (για χρον. όριο) ως, εωσότου: *αυτό ίσχυε* ~ *χτες*· *θα καθίσω* ~ *να γυρίσεις* / ~ *την Κυριακή*. 2. (για τοπ. όριο) ως, έως: ~ *κει*· *φόρεμα μακρύ* ~ *τα πόδια*. 3. (για όριο ποσότητας, μεγέθους, κλπ.) περίπου ή λιγότερο από...· *ήταν* ~ *είκοσι παιδιά*· *ήταν* ~ *τριάντα χρονών*.
ισάξιος, -α, -ο, επίθ., που έχει ίση αξία, ικανότητα με κάποιον άλλο: *είναι* ~ *του πατέρα του* (συνών. *αντάξιος, ισότιμος*). - Επίρρ. **-α**.
ισαπόστολος ο, ους., αυτός που τιμάται ως ίσος προς τους αποστόλους της χριστιανικής θρησκείας: *ο* ~ *Μέγας Κωνσταντίνος*.
ισάριθμος, -η, -ο, επίθ., που είναι ίσος σε αριθμό με κάποιον άλλο: *πλήθος -ο*.
ισημερία η, ους., φαινόμενο κατά το οποίο η ημέρα και η νύχτα έχουν ίση διάρκεια σε όλη τη Γη: ~ *εαρινή* / *χειμερινή*.
ισημερινός ο, ους. (αστρον.) α. ο μεγαλύτερος κύκλος κατά τον οποίο τέμνεται η γήινη ή η ουράνια σφαίρα από επίπεδο κάθετο στη μέση του πολικού άξονα και ο οποίος χωρίζει τη γήινη και την ουράνια σφαίρα σε δύο ημισφαίρια (βόρειο και νότιο)· β. ο αντίστοιχος κύκλος άλλου ουράνιου σώματος.
ισημερινός, -ή, -ό, επίθ., που αναφέρεται στον ισημερινό: *χώρες -ές*· *κύκλος* ~ (= ο ισημερινός)· *κλίμα -ό*.
Ίσθμια τα, ους. (ασυνίζ.), (ιστ.) μεγάλη πανελλήνια γιορτή που γιορταζόταν κάθε τρία χρόνια στον Ισθμό της Κορίνθου.
ισθμός ο, ους., στενή λωρίδα ξηράς που ενώνει δύο ξηρές και χωρίζει δύο θάλασσες: ~ *του Σουέζ*.
ίσια, βλ. *ίσιος*.
ισιάδα, (συνιζ.) και (λαϊκ.) **ισάδα** η, ους. 1. ίσιος και ομαλός τόπος ή δρόμος (συνών. *ίσιωμα*). 2. ευθύτητα: *ο μάστορας κρατούσε την* ~.
ισιάζω, (συνιζ.) και (λαϊκ.) **ισάζω**, ρ., ευθυγραμμίζω, ισιώνω.
ίσιασμα το, ους. (συνιζ., λαϊκ.), το να κάνει κανείς ίσιο κάτι που είναι ανώμαλο ή στραβό (συνών. *ευθυγράμμιση*).
ίσιος, -ια, -ιο, επίθ. (συνιζ.). 1. που εκτείνεται σε ευθεία γραμμή, που είναι ευθύς: *γραμμή -α*· *πόδι* / *κορμί -ο* (αντ. *στραβός*). 2. ομαλός, επίπεδος: *επιφάνεια -α* (αντ. *ανώμαλος*). 3. (για πρόσωπα μεταφ.) ευθύς στο χαρακτήρα, ειλικρινής· έκφρ. στα *-α* (= χωρίς περιστροφές, χωρίς υπονοούμενο): *πες το στα -α* (συνών. *ντόμπρος*). Έκφρ. ~ *δρόμος* (μεταφ.) = ο δρόμος της αρετής. - Επίρρ. **-α** (εκτός από τις σημασίες του επιθ.) κατευθείαν: *πήγαινε* ~ *στο σπίτι*. - Βλ. και *ίσος*.
-ίσιος, κατάλ. εθνικός: *Ζαγορίσιος*· κατάλ. επιθ. που σημαίνει αυτόν που ανήκει σε κάτι ή που προέρχεται από κάτι ή αυτόν στον οποίο ταιριάζει κάτι: *βουνίσιος, αρνίσιος, παλληκαρίσιος*. [μτγν. κατάλ. *-ίσιος*<λατ. *-esis*].
ίσιωμα (συνιζ.) και **ίσωμα** το, ους. 1. ίσιος και ομαλός τόπος ή δρόμος (συνών. *πλάτωμα, ισιάδα*). 2. το να ισιώνει κανείς κάτι που είναι ανώμαλο, στραβό ή σγουρό: ~ *καρφιού* (αντ. *στράβωμα*)· ~ *μαλλιών* (αντ. *κατσάρωμα*)· ~ *ποδόγυρου*.
ισιώνω, ρ. (συνιζ.). 1. κάνω ίσιο κάτι που είναι ανώμαλο, στραβό ή σγουρό: ~ *επιφάνεια* / *καρφί* (αντ. *στραβώνω*)· ~ *μαλλιά* (αντ. *σγουραίνω, κατσαρώνω*). 2. φέρνω κάτι σε ίσια θέση: ~ *το τιμόνι* / *το κορμί μου* (συνών. *ευθυγραμμίζω*).
ίσκα, βλ. *ήσκα*.
ισκιερός, βλ. *ησκιερός*.
ίσκιος, βλ. *ήσκιος*.
ίσκιωμα, βλ. *ήσκιωμα*.
ισκιώνω, βλ. *ησκιώνω*.
-ίσκος, κατάλ. υποκορ. αρσ. ους.: *κολπίσκος, λοφίσκος* (μειωτ.) *υπαλληλίσκος*.
ισλάμ το, ους. άκλ. 1. θρησκεία και πολιτισμός των μουσουλμάνων. 2. (στη σημασ. αυτή με κεφ.) σύνολο των λαών και εθνών που πιστεύουν στον ισλαμισμό. [αραβ. *islam*].
ισλαμικός, -ή, -ό, επίθ., που ανήκει ή αναφέρεται στο Ισλάμ ή τον ισλαμισμό: *θρησκεία* / *τέχνη -ή*.
ισλαμισμός ο, ους., θρησκεία που ίδρυσε ο Μωάμεθ (συνών. *μωαμεθανισμός, μουσουλμανισμός*).
ισλαμιστής ο, θηλ. **-ίστρια**, ους., μουσουλμάνος που υποστηρίζει την επικράτηση πολιτικού καθεστώτος που είναι σύμφωνο με τις αρχές του ισλαμισμού.
Ισλανδή και **-έζα**, βλ. *Ισλανδός*.
ισλανδικός, -ή, -ό, επίθ., που ανήκει ή αναφέρεται στην Ισλανδία ή τους Ισλανδούς: *γλώσσα -ή*.
Ισλανδός ο, θηλ. **-ή** και **-έζα**, ους., αυτός που κατάγεται από την Ισλανδία ή που κατοικεί σ' αυτήν.
-ισμός, κατάλ. αφηρ. αρσ. ους.: *αθλητισμός, φεμινισμός, δημοτικισμός, μαγνητισμός, μαζοχισμός*. [αρχ. κατάλ. *-ισμός*<*-ίζω*].
ίσο το, ους. (μους.) 1. σημαδόφωνο της βυζαντινής μουσικής. 2. ισοκράτημα (βλ. λ.)· φρ. *κρατώ το* ~ (= σιγοντάρω και μεταφ. τάσσομαι με το μέρος κάποιου).
ισο-, α΄ συνθ. λέξεων για δήλωση ισότητας ή ομοιότητας: *ισότιμος, ισολογισμός, ισοδύναμώ*. [επίθ. *ίσος*].

ισόβαθμος, -η, -ο, επίθ., που έχει τον ίδιο ή αντίστοιχο βαθμό με κάποιον άλλο: *ομάδες -ες· ο λοχαγός είναι ~ του ιλάρχου.*

ισοβαθμώ, ρ., βρίσκομαι στην ίδια βαθμολογική σειρά: *-ησαν ομάδες / μαθητές.*

ισοβαρής, -ής, -ές, γεν. *-ούς*, πληθ. αρσ. και θηλ. *-είς*, ουδ. *-ή*, επίθ. **1.** που έχει το ίδιο βάρος ή βαρύτητα με άλλον: *μάζες -είς· προσδιορισμοί -είς* (συνών. *ισόβαρος·* αντ. *ανισοβαρής*). **2.** (χημ. για στοιχεία) που έχουν το ίδιο ατομικό βάρος αλλά διαφορετικό ατομικό αριθμό. **3.** (μετεωρ.) που έχει την ίδια βαρομετρική πίεση με άλλον: *καμπύλες -είς* = καμπύλες γραμμές πάνω σε μετεωρολογικούς χάρτες που ενώνουν τους τόπους που έχουν την ίδια βαρομετρική πίεση.

ισόβαρος, -η, -ο, επίθ., ισοβαρής (βλ. λ.).

ισόβιος, -α, -ο, επίθ. (ασυνίζ.). **1.** που υπάρχει ή συμβαίνει σε όλη τη διάρκεια της ζωής κάποιου: *πρόσοδος / επικαρπία -α· καταδικάστηκε σε -α κάθειρξη / -α δεσμά* (και ως ουσ.) *σε -α* (αντ. *πρόσκαιρος, προσωρινός*). **2.** (συνεκδοχικά για πρόσωπα) που έχει μια ιδιότητα ως το τέλος της ζωής του: *άρχοντας / δημόσιος υπάλληλος ~.* - Επίρρ. **-ια** και **-ίως.**

ισοβιότητα η, ουσ. (ασυνίζ.), η ιδιότητα, το δικαίωμα κάποιου που το διατηρεί ως το τέλος της ζωής του: *~ δικαστικών υπαλλήλων / συμβούλων επικρατείας.*

ισοβίτης ο, θηλ. **-ισσα**, ουσ., κατάδικος που εκτίει ποινή ισόβιων δεσμών.

ισοβίως, βλ. *ισόβιος.*

ισόγειος, -α, -ο, επίθ. (ασυνίζ.), (συνήθως για οικοδόμημα) που το δάπεδό του βρίσκεται στην ίδια επιφάνεια, στο ίδιο επίπεδο με τη γη: *σπίτι / διαμέρισμα -ο* (αντ. *υπόγειος, ανώγειος*). - Το ουδ. ως ουσ.: *-ο πολυκατοικίας.*

ισόγλωσσο το, ουσ. (γλωσσολ.) γραμμή που ενώνει χώρους που μέσα στο ίδιο γλωσσικό πεδίο παρουσιάζουν ταυτόσημα γραμματικά φαινόμενα.

ισογώνιος, -α, -ο, επίθ. (ασυνίζ.), (για γεωμ. σχήμα) που έχει όλες τις γωνίες του ίσες: *τρίγωνο -ο.*

ισοδυναμία η, ουσ., το να έχει κάποιος ή κάτι ίση δύναμη, ισχύ, αξία, σπουδαιότητα, σημασία, έννοια, κλπ., με κάποιον ή κάτι άλλο: *~ αντιπάλων / ποσών / μεθόδων / λέξεων.*

ισοδύναμος, -η, -ο, επίθ., που έχει ισοδυναμία (βλ. λ.) με κάποιον άλλο: *αντίπαλοι -οι· -α πολιτικά κόμματα· ποσά -α· μέθοδοι -ες· τροφές -ες* (= που μπορούν να αντικαταστήσουν η μία την άλλη για τη συντήρηση)· *-α συστήματα εξισώσεων· λέξεις / προτάσεις -ες.* - Το ουδ. ως ουσ. = ισοδυναμία (βλ. λ.): *χημικό -ο στοιχείου· μηχανικό -ο της θερμότητας.*

ισοδυναμώ, ρ., έχω ισοδυναμία (βλ. λ.) με κάποιον άλλο: *μια ίντσα -εί επίσημα με 2,54 εκατοστόμετρα· η δήλωσή τους -εί με εχθρική ενέργεια* (συνών. *ισούμαι, αντιστοιχώ*).

ισοζυγίζω και (συνιζ., λαϊκ.) **-ιάζω**, ρ. α. (μτβ.) κάνω δύο πράγματα να έχουν το ίδιο βάρος· κάνω να έλθουν σε ισορροπία (συνών. *ισορροπώ, ισοσταθμίζω*) **β.** (μέσ.) έχω ή αποκτώ ίδιο βάρος με κάποιον άλλο· ισορροπώ.

ισοζύγιο το, ουσ. (ασυνίζ.), (οικον.) εξίσωση, ισοσκέλιση εσόδων και εξόδων: *~ κρατικού προϋπολογισμού* (= ισοσκέλιση των εσόδων και εξόδων του κράτους)· *εμπορικό ~* (δείχνει τη σχέση μεταξύ της συνολικής αξίας των εισαγωγών και εκείνης των εξαγωγών μιας χώρας σ' ένα συγκεκριμένο χρονικό διάστημα)· *ενεργητικό ~* (όταν η συνολική αξία των εξαγωγών είναι μεγαλύτερη από την αξία των εισαγωγών)· *παθητικό ή ελλειμματικό ~* (όταν η συνολική αξία των εξαγωγών είναι κατώτερη από εκείνη των εισαγωγών)· *~ λογαριασμού* (= εξίσωση των πιστώσεων και των χρεώσεων)· *~ (διεθνών) πληρωμών* (= λογιστική κατάσταση που απεικονίζει όλες τις οικονομικές συναλλαγές ανάμεσα στους κατοίκους μιας χώρας και στους κατοίκους των άλλων χωρών στη διάρκεια μιας συγκεκριμένης περιόδου και διακρίνεται σε ισοζύγιο τρεχουσών συναλλαγών και σε ισοζύγιο κίνησης κεφαλαίων)· (βιολ.) *~ θρεπτικό* (βλ. ά. *θρεπτικός*).

ισοκράτημα το, γεν. *-ατος*, ουσ., όρος της βυζαντινής μουσικής, που σημαίνει τη μουσική συνοδεία της κύριας μελωδίας (συνών. *ίσο*).

ισοκρατικός, -ή, -ό, επίθ., που ανήκει ή αναφέρεται στον Ισοκράτη: *λόγοι -οί.*

ισόκωλο το, ουσ., ρητορικό σχήμα λόγου κατά το οποίο μία περίοδος αποτελείται από προτάσεις που έχουν ίσο αριθμό λέξεων ή συλλαβών.

ισολογισμός ο, ουσ. **1.** (οικον.) συνοπτική και συγκριτική καταγραφή εσόδων και εξόδων επιχείρησης, σύνοψη των στοιχείων ενεργητικού και παθητικού: *~ ετήσιος / κράτους.* **2.** (λογιστ.) κατάσταση που εμφανίζει συνοπτικά, σε χρηματική αξία, τα περιουσιακά στοιχεία επιχειρηματικής μονάδας σε συγκεριμένη χρονική στιγμή, καθώς επίσης και τις πηγές προέλευσης των κεφαλαίων της: *~ ανισοσκελής / εικονικός.*

ισομεγέθης, -ης, -έγεθες, γεν. *-ους*, πληθ. αρσ. και θηλ. *-εις*, ουδ. *-η*, επίθ. (λογ.), που έχει το ίδιο μέγεθος με κάποιον άλλο: *μήκη -η* (συνών. *ισόμετρος*).

ισομέρεια η, ουσ. (ασυνίζ.). **1.** ισότητα των μερών που αποτελούν κάτι. **2.** (χημ.) φαινόμενο κατά το οποίο χημικές ενώσεις διαφορετικές μεταξύ τους κατά τις φυσικές και χημικές τους ιδιότητες έχουν την ίδια εκατοστιαία σύνθεση και το ίδιο μοριακό βάρος.

ισομερής, -ής, -ές, γεν. *-ούς*, πληθ. αρσ. και θηλ. *-είς*, ουδ. *-ή*, επίθ., που αποτελείται από ίσα μέρη ή που γίνεται κατά ίσα μέρη: *ποσότητες -είς· κατανομή ~* (χημ.) *ενώσεις -είς.* - Επίρρ. **-ώς.**

ισόμετρος, -η, -ο, επίθ., ισομεγέθης (βλ. λ.) και συνεκδοχικά συμμετρικός: *-ες κολόνες.*

ισομοιρία η, ουσ. (νομ.) στην έκφρ. *κατ' ισομοιρίαν* (= κατά ίσα μερίδια): *κληρονομούν κατ' ~* (αστ. κώδ.). [*ισόμοιρος*].

ίσον το, ουσ. άκλ., ονομασία του αριθμητικού συμβόλου (=) με το οποίο δηλώνεται σχέση α. ισότητας ανάμεσα σε δυο αριθμούς ή ποσότητες: *δύο επί τρία ίσον έξι· δύο συν τρία ίσον πέντε.* β. ισοδυναμίες εννοιών: *άνθρωπος ίσον λογικό ον.*

ισονομία η, ουσ., ισότητα πολιτικών δικαιωμάτων και υποχρεώσεων, ίση μεταχείριση των πολιτών από το νόμο: *~ ανδρών και γυναικών* (πβ. *ισοπολιτεία*).

ισοπαλία η, ουσ., αποτέλεσμα αγώνα, παιγνιδιού, κλπ., που δηλώνει ότι οι αντίπαλοι σημείωσαν την ίδια επίδοση και αναδεικνύονται ισάξιοι: *οι ομάδες έφεραν ~· ο αγώνας έληξε με ~.*

ισόπαλος, -η, -ο, επίθ., που σημειώνει την ίδια επίδοση (σε αγώνα, παιγνίδι, κλπ.) και αναδεικνύε-

ται ισάξιος με κάποιον άλλο: *οι αντίπαλοι ήρθαν / βγήκαν -οι.*
ισόπεδος, -η, -ο, επίθ. **1.** που έχει ομαλή, επίπεδη επιφάνεια. **2.** που βρίσκεται στην ίδια επιφάνεια, στο ίδιο επίπεδο με άλλον: *διάβαση -η· -η διασταύρωση δρόμου και σιδηροδρομικής γραμμής* (αντ. *ανισόπεδος*).
ισοπεδώνω, ρ. **1.** κάνω ένα τμήμα εδάφους επίπεδο και ομαλό: *~ δρόμο· μετά τις τελευταίες καταστροφές -ωσαν μεγάλες δασικές εκτάσεις για αγροτικές καλλιέργειες* (συνών. *εξομαλύνω*). **2.** (για κτίσμα) γκρεμίζω εντελώς: *από το σεισμό -ώθηκαν πολυκατοικίες / ολόκληρα χωριά.* **3.** (μεταφ.) καταργώ τις διαφορές ή διακρίσεις, εξισώνω: *~ τους ανθρώπους / τις κοινωνικές διαφορές.*
ισοπέδωση η, ουσ. **1.** εξομάλυνση εδάφους. **2.** (για κτίσμα) ολοσχερές γκρέμισμα. **3.** (μεταφ.) κατάργηση των διαφορών ή διακρίσεων, εξίσωση: *~ κοινωνική.*
ισοπεδωτικός, -ή, -ό, επίθ., που ισοπεδώνει (βλ. λ.): *εργασίες -ές·* (μεταφ.) *ο συρμός παίζει -ό ρόλο στην αποτίμηση των αξιών.*
ισόπλευρος, -η, -ο, επίθ., που έχει όλες τις πλευρές του ίσες: *τρίγωνο -ο.*
ισοπολιτεία η, ουσ., ισότητα των πολιτών απέναντι στους νόμους (πβ. *ισονομία*).
ισόποσος, -η, -ο, επίθ., που είναι ίσος με κάποιον άλλο κατά το ποσό.
ισορροπημένος, -η, -ο, επίθ., που τον χαρακτηρίζει υγιής πνευματική κατάσταση· λογικός, μετρημένος: *άνθρωπος ~· λόγια -α* (αντ. *ανισόρροπος*). - Επίρρ. *-α.*
ισορρόπηση η, ουσ., επίτευξη ή αποκατάσταση της ισορροπίας, εξισορρόπηση· ισορροπία.
ισορροπητικός, -ή, -ό, επίθ., που επιφέρει ισορρόπηση, εξισορροπητικός.
ισορροπία η, ουσ. **1.** κατάσταση που επικρατεί μεταξύ ίσων δυνάμεων που αντιτίθενται μεταξύ τους και εξουδετερώνονται αμοιβαία: *~ έλξης και αντίστασης.* **2.** (φυσ.) κατάσταση ηρεμίας υλικού σημείου, στερεού σώματος και φυσικού ή μηχανικού συστήματος που βρίσκεται κάτω από την επίδραση των παραπάνω δυνάμεων: *~ Γης / ζυγού· ~ ασταθής / προσωρινή.* **3.** (βιολ.-ιατρ.) σύνολο φυσιολογικών λειτουργιών που ρόλος του είναι να εξασφαλίσουν τη σωστή στάση του σώματος σε σχέση με την επιφάνεια της Γης ή με την κατεύθυνση της βαρύτητας στον τρισδιάστατο χώρο: *χάνω / κρατώ / ανακτώ την ~ μου.* **4.** (γυμν.) στάση του σώματος κατά την οποία περιορίζεται στο ελάχιστο η επιφάνεια στήριξής του (στις μύτες των ποδιών ή στο ένα πόδι, στα χέρια ή στο κεφάλι): *ασκήσεις -ας.* **5.** (μεταφ.) κατάσταση κατά την οποία όλα τα διαφορετικά αίτια, δυνάμεις, αντίθετες τάσεις ή όποιοι άλλοι παράγοντες έχουν την ίδια σπουδαιότητα, επίδραση, ισχύ, κλπ., έτσι ώστε να εξουδετερώνονται αμοιβαίως και να μην παρατηρείται τάση για μεταβολή: *~ οικονομική / πολιτική· αποκατάσταση / διατήρηση της βιολογικής -ας στη φύση· καταστροφή / ανατροπή της οικολογικής -ας· -α δυνάμεων.* **6.** ο τρόπος με τον οποίο τα διαφορετικά μέρη (καλλιτεχνικού συνήθως) έργου τοποθετούνται με ιδιαιτερότητα και γνώση ή υπάρχουν στις σωστές αναλογίες ώστε να δίνεται ένα τέλειο, αρμονικό αποτέλεσμα: *οι επεμβάσεις του ζωγράφου*

χάλασαν την επιτυχημένη ~ του πίνακα· η διακόσμηση του χώρου έδωσε μια θαυμαστή ~ αισθητικής και τεχνικής. **7.** ομαλή, υγιής κατάσταση του νου: *~ διανοητική / ψυχική / πνευματική· η κατάχρηση του αλκοόλ επιφέρει απώλεια της -ας* (αντ. *ανισορροπία*).
ισορροπιστής ο, θηλ. **-ίστρια,** ουσ., αυτός που έχει ως επάγγελμα να εκτελεί ασκήσεις ισορροπίας: *~ θαυμάσιος / τολμηρός· οι -ές ενός τσίρκου* (πβ. *ακροβάτης*).
ισόρροπος, -η, -ο, επίθ. **1.** που βρίσκεται σε ισορροπία ή που εξασφαλίζει μια κατάσταση ισορροπίας: *δυνάμεις -ες.* **2.** που εμφανίζει την ίδια ισχύ, σπουδαιότητα, πρόοδο, κλπ., με κάποιον άλλο ή που επιτυγχάνει τα παραπάνω με ομοιόμορφο και αρμονικό τρόπο: *-η εξέλιξη της οικονομίας / κατανομή δραστηριοτήτων.*
ισορροπώ, ρ. **Α.** (αμβ.) βρίσκομαι σε κατάσταση ισορροπίας: *ο ακροβάτης -ούσε πάνω στο σκοινί.* **Β.** (μτβ.) εξουδετερώνω αντίθετες δυνάμεις, αντισταθμίζω, εξισορροπώ: *οι αρμόδιοι φορείς προσπαθούν να -ήσουν την προσφορά και τη ζήτηση στην αγορά.*
ίσος, -η, -ο, επίθ. **1α.** που δεν παρουσιάζει διαφορά, είναι ίδιος ως προς το μέγεθος, τον αριθμό, την αξία, κ.τ.ό.: *έκοψε την πίτα σε δώδεκα -α μέρη· τα δύο σπίτια είναι -α στο εμβαδόν·* **β.** (για μέγεθος) ίδιος: *το διπλάσιο του πέντε είναι -ο με το πενταπλάσιο του δύο* (= ισούται)· *βάρος -ο· -η αμοιβή για την ίδια εργασία* (αντ. *άνισος, διαφορετικός*). **2.** για αίσθημα ή ιδιότητα που υπάρχει σε κάποιον με την ίδια ένταση, όπως και σε έναν άλλον, στον ίδιο βαθμό απέναντι σε διαφορετικά πρόσωπα ή πράγματα: *τα κόμματα έχουν -ες ευθύνες για την κρίση· περιβάλλει τα παιδιά του με -η αγάπη.* **3.** για δικαιώματα, ευκαιρίες, κ.τ.ό., που έχουν την ίδια ισχύ, που ανήκουν με τον ίδιο τρόπο σε όλους, ανεξάρτητα από το φύλο, το χρώμα, την ηλικία, κλπ., καθενός: *-ες ευκαιρίες· ζητώ -η μεταχείριση.* **4.** (για άνθρωπο) που θεωρείται ίσος στην αξία, που έχει ή πρέπει να έχει ίσα δικαιώματα με τους άλλους: *μπροστά στο νόμο είμαστε -οι· μιλώ / φέρομαι σε κάποιον σαν ~ προς -ο.* Έκφρ. *επί -οις όροις* (λόγ.), με *-ους όρους* (= με τα ίδια ή ισοδύναμα μέσα, χωρίς κανένα πλεονέκτημα του ενός σε σχέση με τον άλλον): *μάχονται επί -οις όροις· τα ελληνικά προϊόντα ανταγωνίζονται με -ους όρους τα ξένα.* Φρ. *ανταποδίδω / αποδίδω τα -α* (= εκδικούμαι, βλάπτω κάποιον με τον ίδιο τρόπο που με έβλαψε)· *όλα τα δάχτυλα δεν είναι -α* (= όλοι οι άνθρωποι δεν έχουν τον ίδιο χαρακτήρα). - Επίρρ. **-α** = **1.** εξίσου: *το μοίρασα -α· οι δύο πόλεις απέχουν -α από την Αθήνα.* **2.** (με το που) μόλις: *-α που πρόλαβα να πηδήξω στα λεωφορείο και ξεκίνησε.* Έκφρ. *-α -α* (= **α.** ακριβώς): *τα έπιπλα χώρεσαν -α -α στο φορτηγό· το φαγητό μάς έφτασε -α -α* (δηλ. ούτε έλειψε ούτε περίσσεψε)· (**β.** αντιθέτως): *δε μ' ενοχλεί η ειλικρίνεια, -α -α, χαίρομαι να τη συναντώ· -α κι όμοια* (= για υπερβολική ή ενοχλητική ισότητα): *είμαστε / γίναμε όλοι -α κι όμοια.*
ισοσκελής, -ής, -ές, γεν. *-ούς,* πληθ. αρσ. και θηλ. *-είς,* ουδ. *ή,* επίθ. (γεωμ., για τρίγωνο) που έχει δύο πλευρές ίσες.
ισοσκελίζω, ρ. (λογιστ., για λογαριασμό, κ.τ.ό.) εξισώνω τα δύο σκέλη του λογιστικού πίνακα, δηλ. τη χρέωση με την πίστωση: *προϋπολογι-*

ισοσκέλιση

σμός -ισμένος (όπου τα έσοδα είναι ίσα με τις δαπάνες).

ισοσκέλιση η και **ισοσκελισμός** ο, ουσ. (λογιστ.) η εξίσωση χρέωσης και πίστωσης σ' ένα λογαριασμό δαπανών και εσόδων ενός προϋπολογισμού.

ισοσταθμίζω, ρ. (λόγ.). α. κάνω δύο πράγματα να έχουν το ίδιο βάρος, την ίδια σημασία (συνήθως μεταφ. για να δηλωθεί ότι οι συνέπειες δύο ενεργειών ή καταστάσεων εξουδετερώνονται αμοιβαία): ~ *τις απώλειες με τα κέρδη·* β. έχω ή αποκτώ την ίδια βαρύτητα: *το όφελος -ει τη ζημία* (συνών. στις σημασ. α και β *αντισταθμίζω, εξισορροπώ, ισοφαρίζω*).

ισοστάθμιση η, ουσ. (λόγ.), εξισορρόπηση δύο πραγμάτων.

ισοσύλλαβος, -η, -ο, επίθ. (γραμμ.) χαρακτηρισμός ονομάτων που έχουν ίσο αριθμό συλλαβών σε όλες τις πτώσεις και των δύο αριθμών (λ.χ. *χώρα, πόνος*) (αντ. *ανισοσύλλαβος*).

ισότητα η, ουσ. 1. η σχέση ανάμεσα σε δύο ή περισσότερα ίσα μεγέθη, ποσά, έννοιες, κ.τ.ό.: ~ *τριγώνων / δυνάμεων / αλγεβρική· σύμβολο -ας* (= το ίσον)· ~ *αξιολογική όλων των γλωσσών.* 2. το να μην υπάρχουν ανάμεσα στα μέλη μιας κοινωνίας, μιας ομάδας ή μιας οικογένειας διαφορές ή διακρίσεις ως προς την κατάσταση, τα δικαιώματα ή τις υποχρεώσεις (ως βασικό ανθρώπινο και ατομικό δικαίωμα): ~ *κοινωνική / πολιτική / φορολογική / των φύλων* (αντ. στις σημασ. 1, 2 *ανισότητα*).

ισοτιμία η, ουσ. 1. ισότητα ως προς την τιμή, την αξία, το κύρος, κλπ.: ~ *αξιωμάτων / τίτλων σπουδών.* 2. ισότητα στα δικαιώματα και τις υποχρεώσεις: ~ *ανδρών και γυναικών / μελών σωματείου.* 3. (οικον.) ισότητα στην τιμή, την τιμή του συναλλάγματος, (κυρίως) την αγοραστική δύναμη και τους μισθούς: ~ *της δραχμής συναλλαγματική / διεθνής / προς ένα ξένο νόμισμα* (= ποσό σε δραχμές που πρέπει να πληρωθεί για μια μονάδα του νομίσματος μιας άλλης χώρας).

ισότιμος, -η, -ο, επίθ. 1. που του αναγνωρίζεται ίση τιμή, που έχει την ίδια αξία, το ίδιο κύρος, κλπ., με έναν άλλον: *αξίωμα / πτυχίο -ο· σχολή -η.* 2α. (για πρόσωπο) που έχει ίσα δικαιώματα και υποχρεώσεις με άλλον: *μέλη συνεταιρισμού -α·* β. που χαρακτηρίζεται από ισοτιμία: *συνεργασία -η· οι θέσεις των συζύγων έχουν καταστεί νομικά -ες.* - Επίρρ. **-α** = με ίσα δικαιώματα και υποχρεώσεις: *άνδρας και γυναίκα συμμετέχουν -α στα βάρη του γάμου.*

ισότοπο το, ουσ. (φυσ.-χημ.) χαρακτηρισμός δύο ή περισσότερων ατομικών ειδών όταν έχουν τον ίδιο ατομικό αριθμό (Ζ) και ανήκουν επομένως στο ίδιο χημικό στοιχείο, αλλά διαφέρουν ως προς το μαζικό τους αριθμό (Α), δηλ. ως προς το συνολικό αριθμό των πρωτονίων και νετρονίων του πυρήνα τους: *σε κάθε στοιχείο αντιστοιχεί μεγάλος αριθμός -όπων· -α σταθερά / ραδιενεργά.*

ισούμαι, ρ. (λόγ.), είμαι ίσος· συνηθέστερα στο γ' πρόσ. (-ται, -νται) ως μαθημ. όρος: *το τετράγωνο της υποτείνουσας ενός ορθογωνίου τριγώνου -ται...*

ισοϋψής, -ής, -ές, γεν. *-ούς*, πληθ. αρσ. και θηλ. *-είς*, ουδ. *-ή*, επίθ. (λόγ.), (τοπογρ.) που έχει ίσο ύψος με έναν άλλον: *σημεία γεωγραφικά -ή· καμπύλη* ~ (= καμπύλη που σχεδιάζεται σ' ένα χάρτη και συνδέει σημεία με το ίδιο υψόμετρο).

616

ισοφαρίζω, ρ. 1. εξισώνω ή εξισώνομαι ποσοτικά: *μ' αυτά που μου έδωσες -εις τη ζημία / -ονται οι φθορές* (συνών. *αντισταθμίζω, ισοσταθμίζω, εξισορροπώ*). 2. (αθλητ.) πετυχαίνω σε αγώνα το ίδιο αποτέλεσμα με τον αντίπαλο: *η ομάδα -ισε το τελευταίο λεπτό.*

ισοφάριση η, ουσ. (αθλητ.) επιτυχία του ίδιου αποτελέσματος ή της ίδιας επίδοσης με τον αντίπαλο: *η επέμβαση του τερματοφύλακα εμπόδισε την -η.*

ισόχρονος, -η, -ο, επίθ. (λόγ.). 1. που γίνεται την ίδια στιγμή με έναν άλλον, σύγχρονος. 2. που έχει την ίδια διάρκεια ή γίνεται κατά ίσα χρονικά διαστήματα: *σφυγμός* ~.

ισοψηφία η, ουσ., συγκέντρωση ίσου αριθμού ψήφων σε ψηφοφορία: *ο περιττός αριθμός των εκλεκτόρων αποκλείει την περίπτωση -ας.*

ισοψηφώ, -είς, ρ., συγκεντρώνω ίσο αριθμό ψήφων με έναν άλλον σε ψηφοφορία: *οι υποψήφιοι / οι προτάσεις -ησαν.*

ισπανικός, -ή, -ό, επίθ., που ανήκει ή αναφέρεται στην Ισπανία ή τους Ισπανούς: *λαός / πολιτισμός* ~· *χορός* ~ (αλλιώς *σπανιόλικος*). - Το θηλ. και ο πληθ. ουδ. ως ουσ. = λατινογενής γλώσσα που ομιλείται στην Ισπανία, σε χώρες της βόρειας και της νότιας Αμερικής, κ.ά.: *οι Ισπανοί μιλούν κυρίως την -ή και την καταλανική· μετάφραση στα -ά.* - Επίρρ. **-ά.**

Ισπανός ο, θηλ. **-ίδα,** ουσ., αυτός που κατοικεί στην Ισπανία ή κατάγεται από εκεί: *οι κτήσεις των -ών στην Αμερική.* - Ως επίθ.: *θαλασσοπόρος / Βασιλιάς* ~· *χορεύτρια -ίδα* (συνών. λαϊκ. *Σπανιόλος*).

ισπανόφωνος, -η, -ο, επίθ., που μιλά ισπανικά: *μετανάστες -οι· Αμερική -η.*

Ισραήλ το, ουσ. άκλ. στην έκφρ. *οι φυλές του* ~ = **α.** (ιστ.) οι δώδεκα φυλές του λαού του ~, που η καθεμιά τους είχε ως γενάρχη ένα από τα παιδιά του Ιακώβ· **β.** (μεταφ.) για πλήθος ανθρώπων διαφορετικής εθνότητας: *ήταν μαζεμένες όλες οι φυλές / όλα τα έθνη του* ~.

ισραηλινός, -ή, -ό, επίθ., που ανήκει ή αναφέρεται στο σημερινό κράτος του Ισραήλ και τους κατοίκους του: *κυβέρνηση / αεροπορία / κατοχή -ή* (πβ. *εβραϊκός*). - Το αρσ. και το θηλ. ως ουσ. (με κεφ. το αρχικό γράμμα) = ο κάτοικος του κράτους του Ισραήλ ή αυτός που κατάγεται από εκεί: *αιφνιδιασμός των -ών·* (ως επίθ.) *έποικοι Ι-οί* (πβ. *Εβραίος*).

Ισραηλίτης ο, θηλ. **-ισσα,** ουσ., αυτός που ανήκει στον εβραϊκό λαό, που πιστεύει στην εβραϊκή θρησκεία: *-ες της διασποράς* (συνών. *Εβραίος, Ιουδαίος*).

ισραηλιτικός, -ή, -ό, επίθ., που ανήκει ή αναφέρεται στους Ισραηλίτες: *κοινότητα -ή των Σερρών* (συνών. *εβραϊκός*).

-ισσα, κατάλ. θηλ. εθν. ουσ.: *Λευκαδίτισσα, Κορεάτισσα·* κατάλ. θηλ. ουσ. που δηλώνουν επάγγελμα: *μαγείρισσα, φουρνάρισσα, δασκάλισσα.*

-ίστας, κατάλ. αρσ. ουσ.: *τουρίστας, πιανίστας, φασίστας, χιουμορίστας.* [ιταλ. ουσ. σε *-ista*].

-ίστικος, κατάλ. επιθ.: *κουκλίστικος, παπαδίστικος, μωρουδίστικος.* [ουσ. σε *-ιστής* + κατάλ. *-ικος*].

ιστίο το, ουσ. (λόγ.), μεγάλο (τετράγωνο, τραπεζοειδές ή τριγωνικό) πανί που δένεται στο κατάρτι πλοίου ή βάρκας και μεταβάλλει τον άνεμο που

δέχεται σε κινητήρια δύναμη: ~ πρωραίο / πρυμναίο· υποστολή των -ίων (συνών. άρμενο, πανί).
ιστιοδρομία η, ουσ. (ασυνίζ.), αγώνας ταχύτητας με ιστιοφόρα σκάφη.
ιστιοδρομικός, -ή, -ό, επίθ. (ασυνίζ.), που σχετίζεται με τις ιστιοδρομίες ή τους ιστιοδρόμους.
ιστιοδρόμος ο, ουσ. (ασυνίζ.), αυτός που παίρνει μέρος σε ιστιοδρομία (βλ. λ.).
ιστιοπλοΐα η, ουσ. (ασυνίζ.), ταξίδι με ιστιοφόρο πλοίο, κοιν. αρμένισμα: *τέχνη / αγώνες -ας.*
ιστιοπλοϊκός, -ή, -ό, επίθ., που ανήκει ή αναφέρεται στην ιστιοπλοΐα: *αγώνες -οί· έκθεση / εταιρεία -ή.*
ιστιοπλόος ο, ουσ. (ασυνίζ.), αυτός που παίρνει μέρος σε αγώνες ιστιοπλοΐας.
ιστιοσανίδα η, ουσ. (ασυνίζ.). 1. μακριά και στενή σανίδα από πλαστικό ή ξύλο με (τριγωνικό) ιστίο πάνω στην οποία στέκεται κανείς όρθιος και στηριζόμενος σε ειδικό στέλεχος προσαρμοσμένο στο ιστίο επιτυγχάνει ισορροπία έτσι ώστε να κινείται στην επιφάνεια της θάλασσας με τη δύναμη του ανέμου. 2. το αντίστοιχο άθλημα: *αγώνας -ας.*
ιστιοφόρο το, ουσ. (ασυνίζ.), θαλάσσιο σκάφος που έχει ιστία, που κινείται με τη δύναμη του ανέμου.
ιστόγραμμα το, ουσ. (στατ.-οικον.) διάγραμμα για τη γραφική απεικόνιση κατανομών συχνότητας.
ιστοκαλλιέργεια η, ουσ. (ασυνίζ. δις), (ιατρ.) καλλιέργεια ιστών μέσα σε κατάλληλο υγρό για διαγνωστικούς ή ερευνητικούς σκοπούς.
ιστολογία η, ουσ., κλάδος της ανατομίας που μελετά τη δομή, ανάπτυξη, λειτουργία, κλπ., των ιστών ζωντανών οργανισμών.
ιστολογικός, -ή, -ό, επίθ., που ανήκει ή αναφέρεται στην ιστολογία: *εξέταση -ή· εργαστήριο -ό.*
ιστόρημα το, ουσ., αυτό που αφηγείται κανείς, διήγηση, ιστορία.
ιστόρηση η, ουσ. (ιστ. τέχνης) διακόσμηση με ζωγραφικές παραστάσεις προσώπων και σκηνών από τη βιβλική και εκκλησιαστική παράδοση (πβ. *ιστορισμένος* και *εικονογράφηση*).
ιστορία η, ουσ. 1α. τα γεγονότα του παρελθόντος που συνιστούν τη μακρόχρονη πορεία εξέλιξης έως το παρόν και αναφέρονται στα κοινωνικοπολιτικά, οικονομικά, πολιτιστικά, κλπ., συμβάντα που αφορούν την ανθρωπότητα γενικά, ένα έθνος ή κάποιο πρόσωπο και που κρίνονται αξιομνημόνευτα: *η ~ του ελληνικού έθνους· ~ παγκόσμια / αρχαία· ~ των πολιτισμών / της τέχνης / της λογοτεχνίας / των επιστημών· η ~ της Γης· η ~ επαναλαμβάνεται! κάτι ανήκει (πια) στην ~* (= στο παρελθόν, στα περασμένα)· **β.** η γνώση των παραπάνω γεγονότων: *η ~ διδάσκει...* 2. η χρονική περίοδος που αρχίζει με την εποχή από την οποία έχομε γραπτές μαρτυρίες (αντ. *προϊστορία*). 3. η γραπτή έκθεση των γεγονότων που αναφέρονται σε ένα έθνος, μια χώρα, πρόσωπο ή χρονική περίοδο: *η ~ της Επανάστασης του 1821· ~ των Σταυροφοριών· αμερόληπτη / συνοπτική.* 4. (συνεκδοχικά) το σύγγραμμα, το βιβλίο που περιέχει έκθεση ιστορικών γεγονότων: *~ επίτομη / εικονογραφημένη.* 5. η επιστήμη που έχει αντικείμενο την έρευνα, την εξακρίβωση και την ερμηνεία γεγονότων του παρελθόντος: *πηγές / ντοκουμέντα / μέθοδοι / τομείς της -ας· φυσική ιστορία* (= η επιστήμη που ασχολείται με τη μελέτη και γνώση των πραγμάτων της φύσης)· *φιλοσοφία της ιστορίας* (= η αντίληψη που αναζητεί να εξακριβώσει τους νόμους που διέπουν τα ιστορικά γεγονότα αφού αυτά έχουν γενικευθεί και αντιπαραβληθεί). 6. το ιστορικό μάθημα που διδάσκεται στα σχολεία: *καθηγητής -ας· εγχειρίδιο -ας.* 7. η σειρά, η ακολουθία των γεγονότων που μελετά η επιστήμη της ιστορίας: *ο ρους της -ας· ορόσημα της -ας·* φρ. *γράφω ~* (= κάνω κάτι πολύ σημαντικό κατά τη δραστηριότητά μου). 8. μακρόχρονη ακολουθία σημαντικών γεγονότων που σχετίζονται με συγκεκριμένο χώρο, πρόσωπα ή και αντικείμενα, η γνώση τους και η εξιστόρησή τους: *έθνος / πόλη με ~· οικογένεια με ~· αυτό το μπαούλο έχει ~.* 9. τα σπουδαιότερα γεγονότα που αναφέρονται στο παρελθόν ενός σημαντικού ατόμου ή ιδιαίτερου θέματος και αποτελούν τους καθοριστικούς σταθμούς στην πορεία και εξέλιξή του: *η ~ ενός μεγάλου πολιτικού.* 10α. ακολουθία, σειρά συμβάντων που αφορούν κάποιον ή κάτι: *ξεχάστε αυτήν την ~! αυτό είναι μια άλλη ~· είναι παλιά ~· τι ~ κι αυτή!* **β.** (γενικά) συμβάν ή ακολουθία συμβάντων (που επαναλαμβάνεται): *κάθε μέρα η ίδια ~! μας έχει κουράσει αυτή η ~.* 11. τα αξιόλογα γεγονότα που διατηρούνται στη μνήμη των ανθρώπων και (συνεκδοχικά) η κρίση των κατοπινών γενεών: *αφήνω το όνομά μου στην ~· θα τον κρίνει η ~.* 12α. αφήγηση γεγονότων πραγματικών ή φανταστικών, συνήθως γραπτή: *η ~ της περιοχής· -ες από τον Αίσωπο· διηγούμαι μια αληθινή / φανταστική ~· ~ με καλό / τραγικό τέλος·* (συνών. *διήγηση, εξιστόρηση*) **β.** (συνεκδοχικά) σύγγραμμα, βιβλίο που περιέχει τέτοιες αφηγήσεις· **γ.** διήγηση κάποιου συμβάντος που αφορά κάποιον: *πες μας την ~ σου·* φρ. *λέει την ~ της ζωής του.* 13. πλαστή διήγηση που την επινοεί κάποιος με σκοπό την ψυχαγωγία ή την εξαπάτηση: *ο παππούς έλεγε ωραίες / νόστιμες -ες· -ες ποδός.* 14. υπόθεση πολύπλοκη, δυσάρεστη ή ενοχλητική (συνήθως στον πληθ.): *μην κάνεις φασαρία γιατί θα 'χεις -ες! έχουμε πάλι -ες! του κάνω -ες* (= του δημιουργώ αναστάτωση στους σκοπούς του, του προκαλώ δυσκολίες)· *αυτή η πληγή / αρρώστια μού άνοιξε -ες* (συνών. *πρόβλημα, μπελάς*). 15. (γενικά) υπόθεση: *αυτό είναι ολόκληρη / μεγάλη ~· πού να στα λέω!* τι θέλει και μπερδεύεται σε τέτοιες *-ες*; - Υποκορ. **-ιούλα** η, στις σημασ. 12α, γ και 13.
ιστορικό το, ουσ. 1. έκθεση, παρουσίαση με χρονολογική σειρά όλων των στοιχείων που αναφέρονται σ' ένα γεγονός ή στην εξέλιξη ενός ζητήματος ή μιας κατάστασης: *~ σύντομο / ενδιαφέρον· το ~ μιας υπόθεσης / του εγκλήματος·* (ιατρ.) *το ~ μιας αρρώστιας / ενός ασθενούς* (πβ. *χρονικό*). 2. αφήγηση ιστορικών γεγονότων: *το ~ της μάχης της Κρήτης.*
ιστορικός, -ή, -ό, επίθ. 1α. που ανήκει ή αναφέρεται στην ιστορία ή στην επιστήμη της ιστορίας: *πορεία / εξέλιξη -ή· συγγραμμα / έργο -ό· έρευνες -ές· έκθεση -ή· μουσείο -ό* (= στο οποίο εκτίθενται αντικείμενα σχετικά με την ιστορία ή που αναπαριστούν σειρά ιστορικών γεγονότων)· *ο ~ χαρακτήρας ενός έργου· ~ υλισμός* (= θεωρία κατά την οποία η εξέλιξη της ιστορίας των λαών βασίζεται στον οικονομικό ανταγωνισμό των κοινωνικών τάξεων). **β.** που έχει έναν ιδιαίτερο σκοπό ή χρήση στη μελέτη της ιστορίας: *μέθοδοι -ές· αναζή-*

ιστορικός   618

τηση -ή· πληροφορίες -ές· αρχείο -ό· έγγραφα με -ό ενδιαφέρον. **2.** που ανήκει ή αναφέρεται στην εποχή που έχομε γραπτές μαρτυρίες: *χρόνοι -οί· περίοδος -ή* (αντ. μυθικός, προϊστορικός). **3.** που παρουσιάζει, περιγράφει ή εξετάζει πρόσωπα, πράγματα ή καταστάσεις από την άποψη της εξέλιξής τους: *αναδρομή / αναπαράσταση -ή· γλωσσολογία -ή* (βλ. γλωσσολογία)· *-ό λεξικό· ορθογραφία -ή* (πβ. *διαχρονικός·* αντ. συγχρονικός). **4α.** που ανήκει ή αναφέρεται στην ιστορία χώρου, προσώπου ή αντικειμένου· που έχει σημαντική και μακρόχρονη ιστορία: *τόποι -οί· μνημεία -ά* (= που παρουσιάζουν ενδιαφέρον ιστορικό και καλλιτεχνικό)· *το -ό γραφείο του Βενιζέλου· οικογένεια -ή· όνομα -ό* **β.** που σχετίζεται με την ιστορία: *μνήμες -ες· συνείδηση -ή*. **5.** που υπήρξε ή έγινε στο παρελθόν, που είναι γνωστός, καθιερωμένος από την ιστορία: *γεγονός -ό· προσωπικότητα -ή* (συνών. *πραγματικός, αληθινός, υπαρκτός·* αντ. *μυθικός, μυθολογικός, φανταστικός*). **6.** που αναφέρεται σε ιστορικά γεγονότα, που έχει υπόθεση παρμένη από την ιστορία: *μυθιστόρημα -ό*. **7.** που έμεινε στην ιστορία, κοσμοϊστορικός, περίφημος: *-ή συμφωνία μεταξύ δύο χωρών· μέρα -ή· παράσταση που έμεινε -ή*. **8.** πάρα πολύ σημαντικός για το παρόν και το μέλλον: *πήρε την -ή απόφαση να...* **9.** που είναι καθοριστικός για την ιστορία, που επηρεάζει την πορεία της ιστορίας: *συμβάν -ό· -οί λόγοι επιβάλλουν...* **10.** που επιβάλλεται από τα γεγονότα, από τις ανάγκες των πραγμάτων: *συμβιβασμός ~· η Επανάσταση υπήρξε -ή αναγκαιότητα*. **11.** (γραμμ.) *-οί χρόνοι* = αυτοί που δηλώνουν κάτι στο παρελθόν (ο παρατατικός, ο αόριστος και ο υπερσυντέλικος)· *~ ενεστώτας* (= που χρησιμοποιείται κατά την αφήγηση γεγονότων του παρελθόντος και δίνει ζωντάνια στο λόγο). - Επίρρ. **-ώς** (στις σημασ. 1, 3, 4).
ιστορικός ο και η, ουσ. **1.** επιστήμονας που ειδικεύεται στην έρευνα της ιστορίας: *~ διακεκριμένος· ~ τέχνης / λογοτεχνίας*. **2.** συγγραφέας έργων που αναφέρονται στην ιστορία ενός τόπου, μιας χρονικής περιόδου, μιας προσωπικότητας, κλπ. (πβ. *ιστοριογράφος*).
ιστορικότητα η, ουσ., το να έχει ένα πρόσωπο, πράγμα ή γεγονός ιστορικό χαρακτήρα, το να είναι μαρτυρημένο ιστορικός: *η ~ του Ιησού· ελέγχω την ~ ενός γεγονότος*.
ιστορικώς, βλ. *ιστορικός*.
ιστοριογνωσία η, ουσ. (ασυνίζ., λόγ.), η γνώση της ιστορίας.
ιστοριογραφία η, ουσ. (ασυνίζ.). **1.** το έργο του ιστοριογράφου. **2.** (συνεκδοχικά) το σύνολο των ιστοριογραφικών έργων μιας εποχής.
ιστοριογραφικός, -ή, -ό, επίθ. (ασυνίζ.), που ανήκει ή αναφέρεται στην ιστοριογραφία: *έργο -ό*.
ιστοριογράφος ο και η, ουσ. (ασυνίζ.), συγγραφέας που συγγράφει ιστορία (πβ. *ιστορικός*).
ιστοριοδίφης ο, θηλ. **-ισσα,** ουσ. (ασυνίζ.), αυτός που ερευνά τις ιστορικές πηγές (έγγραφα, επιγραφές, αρχεία, κλπ.) και καταγράφει στοιχεία χρήσιμα για ιστορικές μελέτες και ιστορικά συγγράμματα.
ιστοριοδιφικός, -ή, -ό, επίθ. (ασυνίζ.), που αφορά το έργο του ιστοριοδίφη (βλ. λ.): *έρευνες -ές.*
ιστοριοδίφισσα, βλ. *ιστοριοδίφης*.
ιστοριοκρατία η, ουσ. (ασυνίζ.), (φιλοσ.) ιστορισμός (βλ. λ.).

ιστοριούλα, βλ. *ιστορία*.
ιστορισμένος, -η, -ο, επίθ. (λογοτ.), ζωγραφισμένος, εικονογραφημένος: *το κονάκι το μεγάλο με τους -ους τοίχους* (Καρκαβίτσας)· *αργυρόκουπα πλούσια -η* (Μαβίλης). - Πβ. *ιστόρηση*.
ιστορισμός ο, ουσ. (φιλοσ.) η τάση να μελετώνται τα κοινωνικά φαινόμενα του παρελθόντος σε σχέση με τις ιστορικές συνθήκες της εποχής που συνέβησαν: *μαρξιστικός ~*.
ιστορώ, ρ. **-είς** και σπαν., λαϊκ. **-άς. 1.** εκθέτω με λεπτομέρειες και σε χρονολογική σειρά τα στοιχεία ενός γεγονότος· εξιστορώ, αφηγούμαι: *Τον είχε ακούσει... να -άει ταξίδια και λιμάνια* (Μπαστιάς). **2.** (ιστ. τέχνης) ζωγραφίζω, διακοσμώ με ζωγραφικές παραστάσεις προσώπων και σκηνών από τη βιβλική και εκκλησιαστική παράδοση: *ναός -ημένος· -ημένο βυζαντινό χειρόγραφο*.
-ιστος, (λόγ.), κατάλ. υπερθ. επιθ.: *ελάχιστος, κάκιστος*.
ιστός ο, ουσ. **1.** κατάρτι (βλ. λ.), άρμπουρο: *-οί των ιστιοφόρων πλοίων*. **2.** επιμήκης ξύλινος στύλος, κοντάρι: *~ σημαίας*. **3.** κεραία (βλ. λ.), αντένα (βλ. λ. στη σημασ. 3). **4.** αργαλειός (βλ. λ.): *υφαντικός ~*. **5.** (συνεκδοχικά) στημόνι· ύφασμα: έκφρ. *ο ~ της Πηνελόπης* (για εργασία που θεληματικά ή άθελά μας δεν τελειώνει). **6.** (για την αράχνη) πολύ λεπτό δικτυωτό πλέγμα που κατασκευάζει η αράχνη με κολλώδη ουσία που παράγει στο σώμα της και πάνω στο οποίο συλλαμβάνονται τα έντομα, καθώς πετούν, για να αποτελέσουν τη λεία της. **7.** (μεταφ.) πολύπλοκο σχέδιο ή κατασκευή ή περίπλοκη κατάσταση με πολλές και διαφορετικές διασυνδέσεις και σχέσεις (που μερικές φορές αποτελούν εμπόδιο, δυσκολίες ή και κίνδυνο): *δομημένος ~ πόλης· ~ αντιαεροπορικός· ~ κομματικών οργανώσεων*. **8.** (βιολ.) άθροισμα κυττάρων που εμφανίζουν την ίδια μορφολογία και επιτελούν την ίδια λειτουργία: *~ οργανικός / μυϊκός / νευρικός· ~ ζωικός / φυτικός· καλλιέργεια -ών*. **9.** (ορυκτ.) το σχήμα, το μέγεθος και η σχέση μεταξύ των συστατικών που αποτελούν ένα πέτρωμα. **10.** (μεταφ. για λογοτεχνικό, κινηματογραφικό, κλπ., έργο) η ιστορία και ο μύθος του έργου: *~ του σεναρίου*.
-ιστός, κατάλ. επιθ.: *καπνιστός, ψιθυριστός, χρωματιστός, γονατιστός*. [αρχ. κατάλ. *-ιστός* επιθ. από ρ. σε *-ίζω*].
ισχαιμία η, ουσ. (ιατρ.) η ελάττωση ή αναστολή της κυκλοφορίας του αίματος σε κάποιο μέρος ή όργανο του σώματος.
ισχιακός, -ή, -ό, επίθ. (ασυνίζ.), (ανατομ.) που αναφέρεται ή βρίσκεται στα ισχία: *πλέγμα / νεύρο -ό*.
ισχιαλγία η, ουσ. (ασυνίζ.), (ιατρ.) πόνος του ισχιακού νεύρου που οφείλεται σε ψύξη, τραύμα ή υπερκόπωση των κάτω άκρων.
ισχίο το, ουσ. (ανατομ.) η περιοχή του σώματος που αντιστοιχεί στο σημείο όπου συνενώνονται τα κάτω άκρα και η λεκάνη.
ισχνός, -ή, -ό, επίθ. (λόγ.). **1.** (για άνθρωπο ή ζώο) που το σώμα του ή μέλος του σώματός του έχει λίγη σάρκα: *παιδί -ό· χέρια -ά· πρόσωπο -ό·* έκφρ. *εποχή -ών αγελάδων* (όταν υπάρχει έλλειψη αγαθών) (αντ. *παχύς*). **2.** (μεταφ.) **α.** αδύναμος, άτονος: *φωνή -ή·* **β.** που έχει μικρό αριθμό, ποσότητα ή σπουδαιότητα, που επαρκεί ελάχιστα: *παραγωγή*

-ή· κέρδη -ά· μισθός ~ αποδείξεις -ές (συνών. πενιχρός, φτωχός, ανεπαρκής).
ισχνότητα η, ουσ. **1.** το να είναι κανείς ισχνός, λιποσαρκία: ~ *του σώματος / μελών.* **2.** (μεταφ.) ανεπάρκεια, έλλειψη ποσότητας ή σπουδαιότητας.
ισχουρία η, ουσ. (ιατρ.) επίσχεση των ούρων, διακοπή της αποβολής των ούρων.
ισχυρίζομαι, ρ., υποστηρίζω μια γνώμη ή άποψη με επιμονή, διατείνομαι: *ο μάρτυρας -ίστηκε ότι δέχτηκε πιέσεις.*
ισχυρισμός ο, ουσ., υποστήριξη γνώμης, άποψης, πληροφορίας, κλπ., με επιμονή: *-οί αβάσιμοι.*
ισχυρογνώμονας, επίθ., που επιμένει στη γνώμη του ή στις επιθυμίες του αδικαιολόγητα (πβ. *πεισματάρης*).
ισχυρογνωμοσύνη η, ουσ., το να επιμένει κάποιος στη γνώμη του ή στις επιθυμίες του αδικαιολόγητα: ~ *ενοχλητική.*
ισχυροποίηση η, ουσ., αύξηση της δύναμης, ενίσχυση: ~ *κόμματος* (συνών. *ενδυνάμωση·* αντ. *εξασθένηση, αποδυνάμωση*).
ισχυροποιώ, ρ. (λόγ.), κάνω κάτι ισχυρό, ενισχύω: ~ *τη θέση μου·* (νομ.) *διάθεση αντικειμένου χωρίς τη συναίνεση του δικαιούχου -είται αν ο δικαιούχος την εγκρίνει* (αστ. κώδ.) (συνών. *ενδυναμώνω·* αντ. *αποδυναμώνω, εξασθενίζω*).
ισχυρός, -ή, -ό, επίθ. **1.** που έχει μεγάλη δύναμη, γερός, ανθεκτικός: *οργανισμός* ~ *κράση -ή* (αντ. *αδύναμος, ασθενικός*). **2.** που δεν παρασύρεται ή δεν υποχωρεί: *χαρακτήρας* ~ (συνών. *δυνατός*). **3α.** που δύσκολα ανατρέπεται ή αμφισβητείται: *επιχείρημα -ό· απόδειξη -ή* (συνών. *πειστικός*). **β.** (νομ.) που έχει νομική ισχύ: *διαθήκη / συμφωνία -ή* (συνών. *έγκυρος*). **4.** που έχει μεγάλη δύναμη ή ένταση: *σεισμός* ~ *· έκρηξη -ή* (συνών. *δυνατός, σφοδρός*). **5.** που έχει κάτι σε μεγάλο βαθμό: *-ή δόση φαρμάκου· δηλητήριο -ό.* **6.** που έχει μεγάλη ηθική ή πολιτική δύναμη ή επιρροή: *κόμμα -ό· κυβέρνηση -ή· το δίκαιο του -οτέρου* (= όταν κάποιος χρησιμοποιεί τη μεγαλύτερη υλική δύναμή του για να επιβάλλει τη θέλησή του παραβαίνοντας βασικές αρχές δικαίου). **7.** (για στρατ. δύναμη) που είναι αριθμητικά μεγάλη και επαρκώς εξοπλισμένη: *-ή στρατιωτική / πυροσβεστική δύναμη.*
ισχύς η, γεν. *ισχύος,* αιτ. *ισχύ,* ελλειπτ. στον πληθ., ουσ. (λόγ.). **1α.** δύναμη, κύρος· έκφρ. *από θέση -ος* (= για κάτι που βρίσκεται σε πλεονεκτική θέση από την οποία και αντλεί δύναμη, κύρος): *μιλούσε από θέση -ος·* **β.** (νομ.) νομικό κύρος, εγκυρότητα: ~ *νόμου / συμβολαίου.* **2.** (φυσ.) ποσότητα ενέργειας που παράγει πηγή ενέργειας στη μονάδα του χρόνου: *ο ίππος είναι μονάδα -ος.*
ισχύω, ρ., έχω ισχύ, είμαι έγκυρος: *η διάταξη -υσε αναδρομικά· η άδεια εισόδου -ει για δέκα μέρες.*
ίσομα, βλ. *ίσιωμα.*
ίσως, επίρρ., πιθανό νά... ενδέχεται να...: ~ *πήγε· ~ έρθει αργότερα·* ~ *ναι,* ~ *όχι* (ως απάντηση που δείχνει ενδοιασμό)· (στο τέλος φρ.): *δε με πιστεύετε* ~ (συνών. *ενδεχομένως, μπορεί*).
Ιταλίδα, βλ. *Ιταλός.*
ιταλικός, -ή, -ό, επίθ., που ανήκει ή αναφέρεται στους Ιταλούς ή στην Ιταλία ή που προέρχεται απ' αυτήν: *μουσική / λογοτεχνία -ή.* - Το θηλ. και το ουδ. (στον πληθ.) ως ουσ. = η ιταλική γλώσσα: *μαθήματα -ής· μαθαίνω -ά.* - Επίρρ. **-ά.**

ιταλισμός ο, το να μιμείται κανείς τους Ιταλούς ως προς τα ήθη και έθιμα, τη γλώσσα, κλπ.
ιταλομάθεια η, ουσ., γνώση της ιταλικής γλώσσας.
ιταλομαθής, -ής, -ές, γεν. *-ούς,* πληθ. αρσ. και θηλ. *-είς,* ουδ. *-ή,* επίθ., που κατέχει καλά την ιταλική γλώσσα.
Ιταλός ο, θηλ. **-ίδα,** ουσ., αυτός που κατάγεται από την Ιταλία ή κατοικεί σ' αυτήν.
ιταμός, -ή, -ό, επίθ. (λόγ.), που δείχνει αναίδεια και περιφρόνηση: *αξίωση -ή· ύφος -ό* (συνών. *θρασύς*). - Επίρρ. **-ώς.**
ιταμότητα η, ουσ., προκλητική αναίδεια (συνών. *θρασύτητα*).
ιταμώς, βλ. *ιταμός.*
-ιτζής, κατάλ. αρσ. ουσ. που δηλώνουν επάγγελμα: *λυριτζής.* - Πβ. *-ατζής* και *-τζής.*
-ίτης, I. κατάλ. αρσ. ον.: *σπουργίτης, φεγγίτης, κοπρίτης, ισοβίτης·* κατάλ. αρσ. εθν.: *Πολίτης, Κοζανίτης.*
-ίτης, II. κατάλ. αρσ. ουσ. που συνήθως σημαίνουν αρρώστια: *πλευρίτης, σκωληκοειδίτης, φαρυγγίτης.* [αρχ. θηλ. σε *-ίτις*].
ιτιά η, ουσ. (συνίζ.), είδος δέντρου που ευδοκιμεί κοντά σε νερά.
-ίτικος, κατάλ. επιθ. από εθν.: *πολίτικος, κοζανίτικος.*
-ίτσα, κατάλ. υποκορ. θηλ. ουσ.: *κουταλίτσα, ελίτσα, φουστίτσα, κοιλίτσα, κουκλίτσα.*
ιχθυαγορά η, ουσ. (λόγ.), αγορά όπου πουλιούνται ψάρια (συνών. *ψαραγορά, ψαράδικα*).
ιχθυάλευρο το, ουσ., γενική ονομασία παρασκευασμάτων από κατάλοιπα ψαριών σε αλευρώδη μορφή που χρησιμοποιούνται ως ζωοτροφές.
ιχθυέλαιο το, ουσ., λάδι που προέρχεται από ορισμένα είδη ψαριών (συνών. *ψαρόλαδο*).
ιχθυογεννητικός, -ή, -ό, επίθ., *σταθμός* ~ = εγκαταστάσεις όπου με επιστημονική παρακολούθηση γίνεται αναπαραγωγή εκλεκτών ποικιλιών ψαριών.
ιχθυοκαλλιέργεια η, ουσ., παραγωγή ψαριών με εκτροφή και όχι με αλιεία.
ιχθυολογία η, ουσ., κλάδος της ζωολογίας που μελετά τα ψάρια.
ιχθυολογικός, -ή, -ό, επίθ., που ανήκει ή αναφέρεται στην ιχθυολογία: *έρευνες -ές· σταθμός* ~.
ιχθυολόγος ο, ουσ., επιστήμονας που ασχολείται με την ιχθυολογία.
ιχθυοπαραγωγή η, ουσ., για την ποσότητα ψαριών που διατίθεται στο εμπόριο: ~ *παγκόσμια.*
ιχθυοπωλείο το, ουσ., κατάστημα που πουλάει ψάρια.
ιχθυοπώλης ο, ουσ., επαγγελματίας πωλητής ψαριών (συνών. *ψαράς*).
ιχθυόσκαλα η, ουσ., ειδική εγκατάσταση σε λιμάνι για την εκφόρτωση ψαριών από τα αλιευτικά πλοία.
ιχθυοτροφείο το, ουσ., χώρος ειδικά διαμορφωμένος σε θάλασσα, λίμνη ή ποτάμι, όπου εκτρέφονται ψάρια: *πειραματικό* ~.
ιχθυοτρόφος ο, ουσ., αυτός που ασχολείται επαγγελματικά με την ιχθυοτροφία.
ιχθύς ο, γεν. *-ύος,* πληθ. ονομ. *-ύες,* αιτ. *-ύς,* ουσ. (λόγ.). **1.** γενική ονομασία υδρόβιων σπονδυλωτών ζώων που αναπνέουν με βράγχια (συνών. *ψάρι*). **2.** (αστρον.-αστρολ.) *οι Ιχθύες* = **α.** ο δωδέκατος αστερισμός του ζωδιακού κύκλου· **β.** το δωδέ-

ιχνογράφημα

κατο ζώδιο και το αντίστοιχο χρονικό διάστημα· γ. πρόσωπο που γεννήθηκε σ' αυτό το διάστημα: *οι Ιχθύες, λένε οι αστρολόγοι, έχουν καλλιτεχνικές τάσεις.*

ιχνογράφημα το, ουσ., παράσταση μορφής ή αντικειμένου με γραμμές (συνών. *σκίτσο*).

ιχνογραφία η, ουσ. α. αναπαράσταση αντικειμένου με απλές γραμμές, (συνήθως χωρίς χρώματα): *μάθημα -ας·* β. το σχολικό μάθημα· γ. μαθητικό τετράδιο που προορίζεται για ιχνογραφία.

ιχνογραφικός, -ή, -ό, επίθ., που σχετίζεται με την ιχνογραφία: *σχεδίασμα -ό.*

ιχνογράφος ο, ουσ., αυτός που ασχολείται με την ιχνογραφία (συνών. *σκιτσογράφος*).

ιχνογραφώ, ρ., σχεδιάζω ένα αντικείμενο με γραμμές και συνήθως χωρίς χρώματα.

ίχνος το, ουσ. (συνήθως στον πληθ.). 1. αποτύπωμα ποδιού (ανθρώπου ή ζώου) στο έδαφος: *-η ευδιάκριτα* (συνών. *πατημασιά, αχνάρι*). 2. κάθε σημάδι ή άλλη ένδειξη που αφήνει οτιδήποτε στο πέρασμά του: *-η αυτοκινήτου / φωτιάς·* (μεταφ.) υπόλειμμα, λείψανο, απομεινάρι: *-η πανάρχαιου πολιτισμού.* 3. μικρό σημάδι ή άλλο στοιχείο που υποβοηθεί στην ανακάλυψη του δράστη: *-η εγκλήματος.* 4. ελάχιστη ποσότητα που δεν μπορεί να υπολογιστεί ακριβώς: *-η σακχάρου / λευκώματος·* (μεταφ., με γεν. αφηρ. έννοιας σε αρνητ. προτ.): *δεν έχει ~ ντροπής.* Φρ. *βαδίζω στα -η κάποιου,* ακολουθώ τα *-η κάποιου* (= μιμούμαι κάποιον στις δραστηριότητες και τους στόχους του).

ιχνοστοιχείο το, ουσ. (βιολ. στον πληθ.) πολύ μικρές ποσότητες χημικών στοιχείων που είναι απαραίτητα για την ομαλή ανάπτυξη και συντήρηση κάθε ζωντανού οργανισμού.

ιχώρ ο, ουσ. (ιατρ.) πυώδης δύσοσμη ύλη που παράγεται κατά τη σήψη των ζωικών ιστών (συνών. *πύον*).

ιψενικός, -ή, -ό, επίθ., που ανήκει ή αναφέρεται στο Νορβηγό συγγραφέα Ίψεν: *δράμα -ό· τρίγωνο -ό* (= το ζεύγος των συζύγων και ο εραστής ή η ερωμένη).

Ιώβειος υπομονή· αρχαϊστ. έκφρ. = αγόγγυστη υπομονή στα δεινά.

ιωβηλαίο το, ουσ. 1. το τελευταίο έτος μιας ολοκληρωμένης σειράς ετών, συνήθως πενήντα: *γιόρτασαν το ~ των γάμων τους.* 2. έτος που οι Εβραίοι το αφιέρωναν στο Θεό και την ανάπαυση κάθε πενήντα χρόνια. [μτγν. *ιωβηλαίος,* λατ. *jubilaeus<*εβρ. λ.].

ιώδης, -ης, -ες, γεν. *-ους,* πληθ. αρσ. και θηλ. *-εις,* ουδ. *-η,* επίθ. (λόγ.), που έχει το χρώμα του ιου (συνών. *μοβ, μενεξεδής*). - Το ουδ. ως ουσ. = ένα από τα χρώματα της ίριδας που παράγεται από την ανάμειξη του κόκκινου και του γαλάζιου (συνών. *μενεξεδί, μοβ*).

ιώδιο το, ουσ. (ασυνίζ.), αμέταλλο χημικό στοιχείο που βρίσκεται κυρίως στο θαλασσινό νερό, στα φύκια, κλπ.: *βάμμα -ίου* (= διάλυμα ιωδίου σε οινόπνευμα που χρησιμοποιείται ως αντισηπτικό). [*ιώδης*].

ιωδιούχος, -α, -ο, επίθ., που περιέχει ιώδιο (όρος που χρησιμοποιείται στη χημεία και χαρακτηρίζει μια ένωση ιωδίου με άλλο χημικό στοιχείο): *φάρμακα -α· ενώσεις -ες.*

ιωδισμός ο, ουσ. (ιατρ.) χρόνια δηλητηρίαση του οργανισμού από ιώδιο ή ιωδιούχα παρασκευάσματα.

-ιώνας, (συνιζ.), κατάλ. περιεκτικών ουσ.: *καλαμιώνας.* [αρχ. *-εών*].

ιωνικός, -ή, -ό, επίθ., που ανήκει ή αναφέρεται στους αρχαίους Ίωνες ή στην αρχαία Ιωνία: *διάλεκτος / τέχνη -ή·* (αρχαιολ.) *ρυθμός ~.*

ίωση η, ουσ. (ιατρ.) λοιμώδες νόσημα που προκαλείται από την είσοδο και τον πολλαπλασιασμό ιών μέσα στον ανθρώπινο οργανισμό.

ιωτακισμός ο, ουσ. 1. μεταγενέστερη προφορά των *η, υ, ει, οι, υι* ως *ι* (γιώτα). 2. (ιατρ.) μερικός τραυλισμός κατά τον οποίο ο φθόγγος *ι* προφέρεται ως *j* (γι).

-ιώτης, (συνιζ.), κατάλ. εθν. ον.: *Βολιώτης, Ανδριώτης, Θρακιώτης.* [από τοπων. με θέμα σε *-ι +* κατάλ. *-ώτης*].

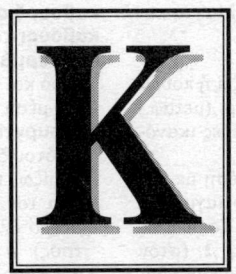

κ, Κ (κάππα). 1. το δέκατο γράμμα του ελληνικού αλφαβήτου· ένα από τα σύμφωνα της ελληνικής γλώσσας. - Βλ. και *κάππα*. 2. αριθμητικό σημείο = α. (όταν έχει τόνο πάνω δεξιά ή τελεία κάτω δεξιά: κ´, Κ´, κ.) είκοσι, εικοστός, εικοστόν: *το κ´ κεφάλαιο*· β. (όταν έχει τόνο κάτω αριστερά: ,κ) είκοσι χιλιάδες.

κάβα η, ουσ. 1. υπόγεια αποθήκη κρασιού ή ποικιλιών κρασιού ή και άλλων οινοπνευματωδών ποτών. 2. (ως χαρτοπαικτικός όρος) το αρχικό ποσό που δηλώνει ένας παίκτης. [ιταλ. *cava*].

καβάδι το, ουσ., χειμερινό υφαντό πανωφόρι, κάπα.

καβάκι το, ουσ., είδος λεύκας, η μαύρη λεύκα. [τουρκ. *kavak*].

καβάλα η, Ι. ουσ. (λαϊκ.). 1. πορεία πάνω σε άλογο, ιππασία. 2. (ως επίρρ.) πάνω σε άλογο, καβαλικεύοντας: ~ *παν στην εκκλησιά*, ~ *προσκυνάνε* (δημ. τραγ.)· *έλεγε πως είδε τον Αι-Γιώργη ~ στ' άλογό του*· (κατ' επέκταση) κατά τον τρόπο που κάθεται κάποιος σ' ένα άλογο: *τον πήρε ~ στον ώμο του* (συνών. *καβαλικευτά*). Φρ. *έχω κάποιον ~ ή είμαι ~* (= είμαι σε πλεονεκτικότερη θέση απέναντι σε κάποιον κι έτσι είμαι εξασφαλισμένος για το ότι δε θα μου κάνει κακό): *έκανα πολλά στη ζωή μου, λες και μ' είχε ~ ο οξαποδώ* (Κόντογλου)· *ψωνίζω ~* (= ψωνίζω επιπόλαια, χωρίς να ελέγχω την ποιότητα αυτού που αγοράζω). [λατ. *caballus*].

καβάλα, ΙΙ. και **καμπάλα** η, ουσ., ιουδαϊκή μυστική και αλληγορική ερμηνεία της Αγίας Γραφής. [εβρ. *qabbalah*].

καβαλάρης ο, πληθ. *-ηδες* και *-άίοι*, θηλ. *-άρισσα*, ουσ. 1. αυτός που ιππεύει άλογο, ιππέας: *άλογο κόκκινο ψηλό, μ' όμορφο -η* (Ερωτόκριτος). 2. στρατιώτης που ιππεύει. 3. το οριζόντιο δοκάρι που σχηματίζει την κορυφή της στέγης απ' όπου αρχίζουν οι πλάγιες πλευρές της. 4. πιόνι του σκακιού. [λατ. *caballarius*].

καβαλαρία και **καβαλερία** η, ουσ. 1. έφιππη στρατιωτική δύναμη, ιππικό (βλ.λ.): *είδαμε από κοντύτερα την ~ και τη φανταρία* (Κόντογλου) (αντ. λαϊκ. *πεζούρα*). 2. (ως επίρρ.) καβάλα (βλ.λ.). [βενετ. *cavalaria*].

καβαλάρισσα, βλ. *καβαλάρης*.

καβαλέτο το, ουσ., τρίποδο ξύλινο υποστήριγμα που υποβαστάζει τον πίνακα πάνω στον οποίο ο καλλιτέχνης σχεδιάζει ή ζωγραφίζει. [ιταλ. *cavalletto*].

καβαλιέρος ο, ουσ. (συνιζ.), αυτός που συνοδεύει μια γυναίκα σε κοινωνική εκδήλωση και ειδικότερα ο συνοδός της στο χορό. [ιταλ. *cavaliere*].

καβαλίκεμα το, ουσ., το να ιππεύει κάποιος ένα άλογο ή να κάθεται πάνω σε κάτι με τον τρόπο που θα καθόταν πάνω σε άλογο.

καβαλικευτά, επίρρ., με τον τρόπο που κάθεται κανείς πάνω σε άλογο.

καβαλικευτός, -ή, -ό, επίθ. (για υποζύγιο) που τον έχει κάποιος καβαλικέψει.

καβαλικεύω, ρ. 1. ανεβαίνω πάνω σε άλογο ή άλλο υποζύγιο (συνών. *ιππεύω*). 2. κάθομαι πάνω σε κάτι καβαλικευτά, όπως δηλ. θα καθόμουν πάνω σε άλογο: ~ *το ποδήλατό του και φεύγω* · *ίκεψε την κουπαστή έτοιμος να πέσει στη θάλασσα*. 3. (μεταφ.) επιβάλλομαι σε κάποιον, τον έχω ~ «*του χεριού μου*», *τον κάνω ό,τι θέλω*: *είσαι πολύ μαλακός, γι' αυτό όλοι σε -ουν*.

καβαλίκι το, ουσ., είδος βελονιάς, πανωβελονιά (βλ.λ.).

καβαλίνα η, ουσ., κοπριά αλόγων ή άλλων υποζυγίων. [λατ. *caballinus*].

καβαλιστής ο, ουσ., οπαδός της ιουδαϊκής κάβαλας (βλ.λ.).

καβαλιστικός, -ή, -ό, επίθ. 1. που αναφέρεται στην ιουδαϊκή κάβαλα ή τον καβαλιστή. 2. (μεταφ.) μυστηριώδης, ακατανόητος (συνών. *σιβυλλικός*).

Καβαλιώτης ο, θηλ. *-ισσα*, ουσ. (συνιζ.), αυτός που κατάγεται από την Καβάλα ή κατοικεί σ' αυτήν.

καβαλιώτικος, -η, -ο, επίθ. (συνιζ.), που σχετίζεται με την Καβάλα ή τους Καβαλιώτες.

καβάλος ο και **καβάλο** το, ουσ. (λαϊκ.), το κάτω μέρος της ραφής που ενώνει τα δύο σκέλη του παντελονιού. [βενετ. *cavalo*].

καβαλουρίκι το, ουσ., κομμάτι υφάσματος που ράβεται σαν μπάλωμα σε πανί πλοίου.

καβαλόχορτο το, ουσ., ποώδες πολυετές φυτό, αγριοτριφύλλι.

καβαλώ, ρ., καβαλικεύω (βλ.λ.).

καβάσης ο, ουσ. 1. (παλαιότερο) κλητήρας στα τουρκικά υπουργεία ή στην Υψηλή Πύλη. 2. κλητήρας θυρωρός σε προξενείο, πρεσβεία. [τουρκ. *kavas*].

καβατζάρισμα το, ουσ. (όχι ερρ.), παράκαμψη ακρωτηρίου.

καβατζάρω, ρ. (όχι ερρ.). 1. παρακάμπτω ακρωτήριο: *-ανε τον κάβο της Μήλος* (Μπαστιάς)· (κατ' επέκταση) *είδανε τη Στυλιανή να -ει την πλώρη της φρεγάδας και... να γαντζώνει στην κουβέρτα*

καβάτσα

της (Μπαστιάς). **2.** ξεπερνώ μια δυσκολία: *τα καβατζάραμε*. [βενετ. **cavezar*].

καβάτσα η, ουσ., χέλι.

καβάφης ο, ουσ., αυτός που κατασκευάζει ή πουλά παπούτσια κατώτερης ποιότητας· έκφρ. (μεταφ.) *~ της τέχνης* (= τεχνίτης χωρίς ιδιαίτερες ικανότητες). [τουρκ. *kavaf*].

καβάφικος, -η, -ο, επίθ. **1.** που έχει σχέση με τον καβάφη. **2.** (μεταφ.) κακότεχνος, κακοφτιαγμένος: *δουλειά -ικη* (κατώτερης ποιότητας). - Το ουδ. ως ουσ. = **1.** το εργαστήριο του καβάφη. **2.** (στον πληθ.) περιοχή όπου βρίσκονται τα εργαστήρια των καβάφηδων.

καβαφικός, -ή, -ό, επίθ., που ανήκει ή αναφέρεται στον ποιητή Κωνσταντίνο Καβάφη: *ανάλυση του -ού έργου*.

καβγαδίζω, ρ., φιλονικώ, τσακώνομαι με κάποιον (αντ. *συμφιλιώνομαι*).

καβγάδισμα το, ουσ., διαπληκτισμός, μάλωμα, τσάκωμα (αντ. *συμφιλίωση*).

καβγάς ο, ουσ., φιλονικία, μάλωμα, τσακωμός: *άναψε ο ~· ~ τρικούβερτος·* φρ. *κρεμάει το ζωνάρι του για -ά* (για κάποιον που επιδιώκει να προκαλέσει αφορμή φιλονικίας)· *ο ~ για το πάπλωμα* (= για ιδιοτελείς σκοπούς). [τουρκ. *kavga*].

καβγατζήδικος, -η, -ο, επίθ., που έχει σχέση με τον καβγά· που φανερώνει εριστική διάθεση: *ύφος -ο·* τόνος *φωνής ~*.

καβγατζής ο, θηλ. **-ού**, ουσ., αυτός που επιζητεί ή προκαλεί τον καβγά. [τουρκ. *kavgaci*].

καβίλια η, ουσ. (συνιζ.). **1.** είδος καρφιού, σφήνα από ξύλο ή μέταλλο: *το εικονοστάσι είναι καρφωμένο με ξύλινες -ες*. **2.** (ναυτ.) σκοινί που λήγει σε μυτερό άκρο. [ιταλ. *caviglia*].

κάβος ο, ουσ. **1.** ακρωτήρι ψηλό και απόκρημνο: *τ' άλλα δυο καράβια δεν μπορέσανε να καβατζάρουνε τον -ο·* φρ. *παίρνω -ο* (= καταλαβαίνω, αντιλαμβάνομαι): *ρεντίκολο γίνεται χωρίς να το πάρει -ο*. **2.** χοντρό σκοινί με το οποίο σέρνουν τα πλοία στην παραλία (συνών. *παλαμάρι*). [ιταλ. *cavo*].

καβούκι το, ουσ. **1.** το όστρακο των οστρακοφόρων ζώων (χελώνας, σαλιγκαριού, κλπ.): *να ιδείς αράδα στο βυθό τα -ια των στρειδιών* (Μπαστιάς) (συνών. *καύκαλο*)· (μεταφ.) φρ. *μαζεύομαι/μπαίνω/κλείνομαι στο ~ μου* (= αποχωρώ από φόβο ή ντροπή)· (κατ' επέκταση) *βγαίνω από το ~ μου* (= ξεμυτίζω): *ξεθαρρέψανε και βγήκανε από τα -ια τους*. **2.** ψηλό κάλυμμα του κεφαλιού, ειδικά στην Ανατολή: *το ~ που φορούσε στο κεφάλι του ο Ροβινσόνας* (Κόντογλου). [τουρκ. *kabuk*].

καβουράκι το, ουσ. **1.** (υποκορ.) μικρός κάβουρας. **2.** είδος καπέλου, μικρή ρεμπούμπλικα.

κάβουρας ο και **καβούρι** το, θηλ. (λαϊκ.) **καβουρίνα**, ουσ. **1.** είδος μαλακόστρακου με δέκα πόδια και δαγκάνες που περπατά λοξά (συνών. *τσαγανός*)· φρ. *πηγαίνει σαν τον -α* (για μικρή, ασήμαντη πρόοδο ή εξέλιξη ατόμου, υπόθεσης, κλπ.)· *έχει καβούρια στις τσέπες του* (για τσιγγούνη)· *παροιμ. τι είν' ο ~, τι είν' το ζουμί του*, βλ. ά. *ζουμί· εδώ σε θέλω -α, να περπατάς στα κάρβουνα* (για μια δύσκολη περίσταση). **2.** εργαλείο (λαβίδα) με ρυθμιζόμενο άνοιγμα για το βίδωμα. **3.** (ναυτ.) είδος άγκυρας που οι βραχίονές της είναι συναρθρωμένοι με την άτρακτο.

καβουρδίζω, βλ. *καβουρντίζω*.
καβούρδισμα, βλ. *καβούρντισμα*.

καβουρδιστήρι, βλ. *καβουρντιστήρι*.
καβούρι και **καβουρίνα**, βλ. *κάβουρας*.

καβουρμάς ο, ουσ. **1.** κρέας καβουρντιστό με βούτυρο και κρεμμύδι. **2.** ψημένο κρέας που διατηρείται μέσα σε λίπος. [τουρκ. *kavurma*].

καβουρντίζω (όχι έρρ.) και **-δίζω**, ρ. **1.** ψήνω κάτι ωσότου ξεραθεί: *~ τον καφέ/τα αμύγδαλα*. **2.** τσιγαρίζω, κοκκινίζω: *~ το κρέας/το κρεμμύδι*. **3.** (για τον ήλιο) ζεσταίνω υπερβολικά, κατακαίω: *μικρό κλεφτόπουλο -ισμένο απ' το λιοπύρι* (Ρίτσος)· *η γης -ότανε* (Κόντογλου) (συνών. *ψήνω*· αντ. *δροσίζω*). **4.** (μεταφ.) ταλαιπωρώ, βασανίζω κάποιον (συνών. *τσιγαρίζω*). [τουρκ. *kavurdim*, αόρ. του ρ. *kavurmak*].

καβούρντισμα (όχι έρρ.) και **-δισμα** το, ουσ. **1.** ξεροψήσιμο: *~ του καφέ*. **2.** τσιγάρισμα: *~ του κιμά*. **3.** (για τον ήλιο) υπερβολική ζέστη, κάψιμο. **4.** (μεταφ.) ταλαιπωρία που προκαλεί κανείς σε κάποιον (συνών. *τσιγάρισμα*).

καβουρντιστήρι (όχι έρρ.) και **-διστήρι** το, ουσ., σκεύος μέσα στο οποίο καβουρντίζεται ο καφές.

καβουρντιστός, -ή, -ό, επίθ., που έχει καβουρντιστεί, ξεροψημένος ή τσιγαρισμένος.

καβουρολόγος ο, ουσ., είδος καμακιού με το οποίο ψαρεύουν τα καβούρια.

καβουρολογώ, ρ., κυνηγώ, ψαρεύω καβούρια.
καβουρομάνα η, ουσ., καβούρι μεγάλου μεγέθους.
καβουροσύρτης ο, ουσ., καβουρολόγος (βλ.λ.).

καγιάκ το, ουσ. άκλ. (συνιζ.), κανό, στενό και μακρύ, ξύλινο και με επένδυση από δέρμα φώκιας που χρησιμοποιούν οι Εσκιμώοι για ψάρεμα. [γαλλ. *kayac*].

καγκελαρία η, ουσ. (έρρ.). **1.** το αξίωμα του καγκελάριου. **2.** κτήριο όπου στεγάζονται τα γραφεία του καγκελάριου. **3.** το σύνολο των υπηρεσιών που υπάγονται άμεσα στις διαταγές του καγκελάριου.

καγκελάριος ο, ουσ. (έρρ., ασυνίζ.). **1.** ο πρόεδρος της κυβέρνησης σε ορισμένες ευρωπαϊκές χώρες: *ο ~ της Αυστρίας/της Γερμανίας*. **2.** τίτλος υπουργού σε ορισμένες χώρες. **3.** τιμητικός τίτλος για τον πρύτανη σε βρεταννικά και αμερικανικά πανεπιστήμια. [λατιν. *cancellarius*].

κάγκελο το, ουσ. (έρρ.), ξύλινη ή σιδερένια ράβδος που μαζί με άλλες, όταν τοποθετούνται στη σειρά σε μικρή απόσταση μεταξύ τους, εμποδίζουν τη διάβαση, αλλά επιτρέπουν τη θέα: *τα -α της φυλακής*. [λατ. *cancellus*].

καγκελόπορτα η, ουσ. (έρρ.), σιδερένια πόρτα που έχει κάγκελα.

καγκελόφραχτος, -η, -ο, επίθ. (έρρ.), φραγμένος με κάγκελα: *ο παράθυρο του κελιού*.

καγκελώνω, ρ. (έρρ.), περιβάλλω, φράζω κάτι με κάγκελα.

καγκελωτός, -ή, -ό, επίθ. (έρρ.), που έχει, που είναι εφοδιασμένος με κάγκελα: *πόρτα/περίφραξη -ή· παράθυρο -ό* (συνών. *κιγκλιδωτός*).

καγκουρό το, ουσ. (έρρ.), μαρσιποφόρο θηλαστικό που κινείται προς τα εμπρός πηδώντας στα πισινά του πόδια και ζει στην Αυστραλία. [αγγλ. *kangaroo*].

καγχάζω, ρ., γελώ ειρωνικά, περιφρονητικά (συνών. *σαρκάζω, χλευάζω*).

καγχασμός ο, ουσ., σαρκαστικό, ειρωνικό γέλιο.

καγχαστής ο, ουσ., αυτός που ειρωνεύεται, που σαρκάζει.

καδένα η, ουσ. **1.** μικρή αλυσίδα από πολύτιμο μέταλλο που χρησιμοποιείται ως κόσμημα: *φορούσε στο λαιμό της ~· ρολόι με χρυσή ~.* 2. (ναυτ.) η αλυσίδα της άγκυρας. - Υποκορ. **-ίτσα** η, στη σημασ. 1. [βενετ. *cadena*].

καδενωμένος, -η, -ο, επίθ., που είναι δεμένος με αλυσίδα, αλυσοδεμένος.

καδής και **κατής** ο, ουσ., Τούρκος δικαστής που δίκαζε με βάση τον ιερό μουσουλμανικό νόμο οικογενειακές υποθέσεις· (στην οθωμανική ιστ.) διοικητής καζά (βλ.λ.). [τουρκ. *kadi*].

καδμεία νίκη· αρχαϊστ. έκφρ.· σε περίπτωση που και ο νικητής μιας μάχης έχει πολλές απώλειες.

κάδμιο το, ουσ. (ασυνίζ.), μεταλλικό χημικό στοιχείο παρόμοιο με τον ψευδάργυρο που χρησιμοποιείται για την προστασία του χάλυβα και για το σχηματισμό κραμάτων.

καδοποιείο το, ουσ., εργαστήριο όπου κατασκευάζονται κάδοι.

καδοποιός ο, ουσ. (ασυνίζ.), τεχνίτης που κατασκευάζει κάδους.

κάδος ο, ουσ. 1. ξύλινο δοχείο ή βαρέλι για τη μεταφορά ή τη διατήρηση υγρών (νερού, κρασιού, κλπ.) ή άλλων προϊόντων (αλευριού, δημητριακών), καθώς επίσης για τη ζύμωση του κρασιού ή το πήξιμο του τυριού. 2. μεγάλο μεταλλικό δοχείο για τα σκουπίδια.

κάδρο και **κάντρο** το, ουσ. (όχι έρρ.). 1. ξύλινο (ή από άλλο υλικό) πλαίσιο εικόνας, κορνίζα. 2. εικόνα ή πίνακας που περιβάλλεται από την κορνίζα: *στους τοίχους κρέμονταν -α με απομιμήσεις έργων της Αναγέννησης* (ειδικά) κορνιζαρισμένη προσωπογραφία: *το παλιό ~ του παππού*. [βενετ. *quadro*, ιταλ. *quadro*].

καδρόνι και **καντρόνι** το, ουσ. (όχι έρρ.), ξύλινο δοκάρι σε τετράγωνο κόψιμο: *χτυπούσε την κεφαλή του σ' ένα ~ τ' αμπαριού* (Μπαστιάς). [ιταλ. *quadrone*].

καδρόνιασμα και (όχι έρρ.) **καντρό-** το, ουσ. (συνιζ.). 1. επίστρωση δαπέδου με καδρόνια. 2. κατεργασία ενός δοκαριού εωσότου πάρει το σχήμα καδρονιού.

καζάζης ο, ουσ., αυτός που κατεργάζεται το μετάξι, μεταξουργός. [τουρκ. *kazaz*].

καζάκα η, ουσ., εξωτερικό ρούχο ανδρικό ή γυναικείο με φαρδιά μανίκια, κλειστό γιακά και ζώνη, που φτάνει έως τα ισχία. [ιταλ. *casaca*].

καζαμίας ο, ουσ., μικρό λαϊκό ημερολόγιο που περιέχει ταυτόχρονα προβλέψεις και ανέκδοτα, καλαντάρι. [ιταλ. τίτλος ημερολ. *Casamia*].

καζάνι το, ουσ. 1. μεταλλικό (συνήθως χάλκινο) σκεύος σαν μεγάλη χύτρα για διάφορες οικιακές χρήσεις. 2. ατμολέβητας (κεντρικής θέρμανσης, πλοίου, εργοστασίου, κλπ.)· φρ. *βράζει το ~* (για ανώμαλη κατάσταση πραγμάτων ή δυσαρέσκεια που μπορεί να έχει επικίνδυνες εκδηλώσεις)· *βράζουν ή (-ουμε) όλοι στο ίδιο ~* (για ανθρώπους της ίδιας «πάστας», του ίδιου ποιού)· *γίνεται το κεφάλι κάποιου ~* (για κάποιον που αισθάνεται ζάλη από φωνές, θορύβους ή από συνεχή πνευματική ασχολία). - Υποκορ. **-άκι** το = μικρό ντεπόζιτο για το καθάρισμα της λεκάνης της τουαλέτας. - Μεγεθ. **-α** και **-άρα** η. [τουρκ. *kazan*].

καζανιά η, ουσ. (συνιζ.), ποσότητα υγρού που μπορεί να χωρέσει σ' ένα καζάνι.

καζανιάζω, ρ. (συνιζ.), βάζω κάτι στο καζάνι για να βράσει ή για απόσταξη: *βάλανε στα βαρέλια το μούστο και -άσανε για ρακί* (Μυριβήλης).

καζαντζής ο, ουσ., αυτός που κατασκευάζει καζάνια, λεβητοποιός. [τουρκ. *kazanci*].

καζάντι το, συνήθως στον πληθ., και **καζάντια** η, ουσ. (έρρ., συνιζ., λαϊκ.), κέρδος, οικονομική απολαβή από την εργασία ή τις εμπορικές συναλλαγές· (και ειρων.): *ποια ήταν τα -ια σου τόσα χρόνια;*

καζαντίζω, ρ. (έρρ.), κερδίζω χρήματα, πλουτίζω· προκόβω· (παροιμ.) *μάθε τέχνη για να ζήσεις, γράμματα να -ίσεις*. [τουρκ. *kazandim*, αόρ. του *kazanmak*].

καζάντισμα το, ουσ. (έρρ.), αποκόμιση κερδών, πλουτισμός.

καζάς ο, ουσ. 1. (ιστ.) στην Τουρκία, διοικητική περιφέρεια ίση με ένα βιλαέτι. 2. απόφαση του καδή (βλ.λ.). [τουρκ. *kaza*].

καζασκέρης ο, ουσ. (ιστ.) ο επικεφαλής στρατιωτικού δικαστηρίου ή αξιωματούχος με υψηλή θέση στο μουσουλμανικό δικαστικό σώμα. [τουρκ. *kazasker*].

καζίκι το, ουσ. (λαϊκ.). 1. πάσσαλος, παλούκι: *αρπά ένα ~ από πουρνάρι, με τη μύτη ντυμένη στο σίδερο, σαν ακόντιο* (Μυριβήλης). 2α. (μεταφ.) πρόβλημα, δυσκολία· δυσάρεστη ή δύσκολη υπόθεση: *πάθαμε μεγάλο ~ με το χθεσινό τρακάρισμα·* β. κάτι πολύ ακριβό (παρά τις προσδοκίες κάποιου): *έφαγε μεγάλο ~ σ' αυτό το ξενοδοχείο*. [τουρκ. *kazik*].

καζικώνω, ρ. (λαϊκ.), χτυπώ με καζίκι· (συνήθως μεταφ.) δημιουργώ σε κάποιον μεγάλο πρόβλημα (συνήθως για λόγους οικονομικούς): *μας -ίκωσε η εφορία*.

καζίνο το, ουσ., κτήριο ή δωμάτιο όπου παίζονται τυχερά παιχνίδια. [ιταλ. *cazino*].

καζμάς, βλ. *κασμάς*.

κάζο το, ουσ., απρόοπτο δυσάρεστο πάθημα, ατύχημα. [ιταλ. *caso*].

καζουιστική η, ουσ. 1. μέρος της Ηθικής και της Θεολογίας που ασχολείται με προβλήματα συνείδησης. 2. (μεταφ.) υπερβολική σχολαστικότητα. [λατ. *casus*, γαλλ. *casuistique*].

καζούρα η, ουσ., πειραχτικές φράσεις και ενέργειες εις βάρος κάποιου. [*κάζο* + *ούρα*].

καήλα η, ουσ. 1. δυσφορία που προκαλείται από την αίσθηση ενός καυστικού πράγματος: *~ στο δέρμα/στο στομάχι*. 2. (μεταφ.) ισχυρή επιθυμία για κάτι (συνήθως ειρων.).

καημένος, -η, -ο, επίθ., ταλαίπωρος, δυστυχισμένος: *στα -α Γιάννινα μαύρο παχύ σκοτάδι* (δημ. τραγ.) (συνών. *δόλιος, καψερός*). - Υποκορ. **-ούλης**. [μτχ. παθ. παρ. του *καί(γ)ομαι*].

καημός ο, ουσ. 1. λύπη που προέρχεται από απραγματοποίητη επιθυμία: *το είχε μεγάλο -ό που δε σπούδασε*. 2. έντονη επιθυμία: *ο ~ του ήταν να πεθάνει στην πατρίδα του*.

καθαγιάζω, ρ. (ασυνίζ.), (με ειδική τελετή) προσδίδω σε κάτι αγιότητα, κάνω κάτι άγιο, ιερό (αντ. *μολύνω, μιαίνω*).

καθαγίαση η, ουσ., το να προσδίδει κανείς σε κάτι αγιότητα, ιερότητα.

καθαγιασμός ο, ουσ. (ασυνίζ.), καθαγίαση (βλ.λ.).

καθαίρεση η, ουσ., παύση, αποπομπή κάποιου από τη θέση ή το αξίωμα που κατέχει: *~ υπαλλήλου/ επισκόπου·* ~ *στρατιωτικά* = αφαίρεση των διακριτικών του βαθμού κάποιου αξιωματικού που γίνεται δημόσια και οριστική απομάκρυνσή του από το στράτευμα.

καθαιρετικός, -ή, -ό, επίθ., που έχει σχέση με την καθαίρεση: *έγγραφο -ό.*

καθαιρώ, ρ., παύω, απολύω κάποιον από τη θέση ή το αξίωμα που κατέχει· (για στρατιωτικό) αφαιρώ δημόσια τα διακριτικά του βαθμού και τον απομακρύνω οριστικά από το στράτευμα.

καθαρά, βλ. *καθαρός.*

καθαρεύουσα η, ουσ., αρχαϊστική γραπτή γλωσσική μορφή που χρησιμοποιήθηκε στη Νέα Ελλάδα κυρίως κατά το 19. και τον 20. αι. με ποικίλες αποκλίσεις ανάλογα με την εποχή και το χρήστη (αντ. *δημοτική*).

καθαρευουσιάνα, βλ. *καθαρευουσιάνος.*

καθαρευουσιάνικος, -η, -ο, επίθ. (συνιζ.), που ανήκει ή αναφέρεται στην καθαρεύουσα: *έκφραση -η.*

καθαρευουσιάνος ο, θηλ. **-α,** ουσ. (συνιζ.). α. αυτός που χρησιμοποιεί την καθαρεύουσα ως γραπτή γλώσσα (συνών. *καθαρολόγος·* αντ. *δημοτικιστής*)· β. αυτός που πολεμά, που αντιμάχεται τη δημοτική.

καθάρια, βλ. *καθάριος.*

καθαρίζω, ρ. 1α. (μτβ.) αφαιρώ τη βρομιά, τις κηλίδες, ανεπιθύμητες ουσίες ή σημάδια (με πλύσιμο, σκούπισμα, κ.τ.ό.): ~ *τα χέρια μου από τις λάσπες· προϊόν που -ει τα μάρμαρα·* (μεταφ.) *-ισα το πιάτο μου* (= έφαγα όλο το φαγητό)· (με αντικ. την ουσία, κλπ., που αφαιρείται) ~ *μ' ένα σφουγγάρι τα λάδια από το τραπέζι* (συνών. λαϊκ. *ξεβρομίζω, παστρεύω·* αντ. *βρομίζω, λερώνω, ρυπαίνω*)· β. (αμτβ.) γίνομαι καθαρός: *έπλυνα τις πετσέτες, αλλά δεν -ισαν· ύφασμα που δεν -ίζει εύκολα·* γ. (αμτβ.) για τη βρομιά που αφαιρείται, που εξαλείφεται: *ο λεκές αυτός -ει μόνο με βενζίνη* (συνών. *βγαίνω*)· δ. για τον καθαρισμό και την ταχτοποίηση του σπιτιού: *με τόσα παιδιά θα πρέπει να μαγειρεύεις και να -εις όλη μέρα·* ε. (μεταφ.) για την απαλλαγή του δέρματος από κηλίδες, εξανθήματα, κ.τ.ό.: *με αυτή την αλοιφή το πρόσωπό μου -ισε· στ.* (προφ.) για μωρό που σταματά να αφοδεύει στα ρούχα του: *η κόρη μου -ισε στον ενάμιση χρόνο.* 2. (μεταφ.) για ηθικό καθαρμό, για εξαγνισμό: ~ *την ψυχή μου· να -ίσετε από την καρδιά σας την αμαρτία.* 3. (μεταφ.) για την απαλλαγή από ανθρώπους που βλάπτουν, κακοποιούς, κ.τ.ό.: *-ισε τη θάλασσα από τους πειρατές·* (αμτβ.) *διώξτε τον τύραννο να -ίσει ο τόπος.* 4. (μεταφ., για πρόσ.) σκοτώνω: *τον -ισαν, επειδή ήξερε πολλά* (πβ. *ξεπαστρεύω*). 5. αφαιρώ από κάπου κάτι περιττό, άχρηστο ή βλαβερό, απομακρύνω οτιδήποτε εμποδίζει τη διέλευση: (μτβ.) ~ *το χρυσάφι από ξένες ουσίες/το δρόμο από τα ερείπια·* ~ *ένα τραύμα·* (με αντικ. το πράγμα που αφαιρείται) *έβαλα στο χωράφι ένα μηχάνημα να -ίσει τα χόρτα·* ~ *τις πέτρες από την αυλή·* (αμτβ.) *έβηξε για να -ίσει ο λαιμός του.* 6. (για τροφή) ετοιμάζω κάτι για μαγείρεμα ή φάγωμα απομακρύνοντας ό,τι δεν μπορώ ή δε θέλω να φάω: ~ *το ψάρι/το κοτόπουλο από τα εντόσθια·* ~ *κρεμμύδια·* (με αντικ. ό,τι αφαιρείται) *τρώει το μήλο χωρίς να -ει τις φλούδες.* φρ. *τι γελάς; αβγά σου -ουν·* (όταν κανείς γελά ζωηρά χωρίς φανερή αιτία). 7α. (μτβ.) κάνω κάτι διαυγές: *η βροχή -ισε την ατμόσφαιρα* (συνών. *λαμπικάρω*)· β. (αμτβ.) γίνομαι διαυγής: *αν φυσήξει, θα -ίσει ο ουρανός από το νέφος·* γ. (μεταφ. με υποκ. *νους,* κ.τ.ό.) αποκτώ πνευματική διαύγεια, παύω να βρίσκομαι σε ταραχή ή σύγχυση, μου περνά η ζάλη από πιοτό ή φάρμακα: *-ισε*

μια στάλα το μυαλό του και μπόρεσε να καταλάβει· χρειαζόταν ένα δυνατό καφέ για να -ίσει η σκέψη του. 8. (μεταφ.) α. ρυθμίζω, ταχτοποιώ (μια διαφορά, ένα πρόβλημα, κ.τ.ό): *η επέμβασή σου θα -ίσει την υπόθεση·* φρ. ~ *τη θέση μου* (= δίνω εξηγήσεις για μια πράξη, φροντίζω να απαλλαγώ από ευθύνες) (συνών. *ξεκαθαρίζω*)· β. (αμτβ.) δίνω τέλος σε μια κατάσταση ενοχλητική, οδυνηρή, κ.τ.ό.: *την πρόσβαλαν κι έστειλε τον αδερφό της να -ίσει· δύσκολα -εις* (συνών. *ξεμπερδεύω*). 9. (προφ.) για ποσό που απομένει σε κάποιον από το μισθό ή τα εισοδήματά του, αφού αφαιρεθούν τα έξοδα, οι φόροι, κ.τ.ό.: *με δύο δουλειές -ουμε γύρω στις διακόσιες χιλιάδες* (αλλιώς *κερδίζω καθαρά*).

καθάριος, -α, -ο, επίθ. (συνιζ., ποιητ.), καθαρός, διαυγής: *νερά -α και γλυκά* (Σολωμός)· (μεταφ.) *βλέμμα -ο.* - Επίρρ. **-α.**

καθαριότητα η, ουσ. (ασυνίζ.). **1.** το να είναι κάποιος ή κάτι καθαρό, απαλλαγμένο από βρομιά: ~ *σωματική/των ακτών· το σπίτι/το πουκάμισο έλαμπε από* ~· γνωμ. *η* ~ *είναι μισή αρχοντιά* (συνών. *πάστρα·* αντ. *ακαθαρσία, λέρα, ρυπαρότητα*). **2.** το να καθαρίζει κανείς (συνήθως ένα χώρο): *κάθε Σάββατο στο τάγμα είχαμε/κάναμε γενική* ~· *υπηρεσία/συνεργεία -ας του δήμου* (πβ. *καθαρισμός*).

καθάρισμα το, ουσ., διαδικασία με την οποία καθαρίζεται κάτι, καθώς και το αποτέλεσμα της ενέργειας αυτής: *έδωσα το παλτό για στεγνό·* ανέλαβε το ~ *του γραφείου* (συνών. *καθαρισμός·* αντ. *βρόμισμα, λέρωμα*).

καθαρισμός ο, ουσ. **1.** το να γίνεται κάτι καθαρό, να απαλλάσσεται από τη βρομιά: ~ *ταπήτων/εσωτερικών χώρων· συνεργείο/υλικό -ού·* ~ *βιολογικός* (συνών. *καθάρισμα, απορρύπανση*). **2.** απαλλαγή από κάτι βλαβερό, επικίνδυνο, ενοχλητικό: ~ *τραύματος·* ~ *προσώπου* (για λόγους αισθητικής)· *γαλάκτωμα -ού.*

καθαριστήριο το, ουσ. (ασυνίζ.), εργαστήριο όπου καθαρίζονται ρούχα, σκεπάσματα, χαλιά, κ.τ.ό.: ~ *υπεραυτόματο· έδωσα τις κουρτίνες στο* ~.

καθαριστής ο, θηλ. **-στρια,** ουσ., πρόσωπο που ασχολείται με τον καθαρισμό χώρων.

κάθαρμα το, ουσ. (υβριστικά) άνθρωπος ανάξιος, αχρείος, κακοήθης: *όρμησαν δύο -ατα και της άρπαξαν την τσάντα* (συνών. *βρομιάρης, λέρα*).

καθαρμός ο, ουσ. (αρχ. - λαογρ.) σύνολο πράξεων που έχουν σκοπό τον εξαγνισμό και την αποβολή ακάθαρτων στοιχείων: *μέσα -ού* (κυρίως το νερό και η φωτιά) (συνών. *κάθαρση*).

καθαρόαιμος, -η, -ο, επίθ. **1.** για πρόσωπο που καταγεται από προγόνους της ίδιας φυλής ή εθνότητας (αντ. *μιγάς*). **2.** (για άλογο) που γεννήθηκε από γονείς της ίδιας ράτσας και όχι από διασταύρωση: *φοράδα -η.*

Καθαροβδομάδα η, ουσ. (λαϊκ.), η Καθαρή Εβδομάδα, η πρώτη εβδομάδα της Σαρακοστής.

καθαρογλώσσημα το, ουσ. (λαογρ.) πνευματικό παιχνίδι που προϋποθέτει ευστροφία γλώσσας σε δυσπρόφερτες και μακρές λέξεις (συνών. *γλωσσοδέτης* στη σημασ. 2).

καθαρόγλωσσος, -η, -ο, επίθ. (λόγ.), που μιλά καθαρά, ευδιάκριτα.

καθαρογράφημα το, ουσ., το να καθαρογραφεί κανείς, καθώς και το αποτέλεσμα της ενέργειας αυτής: *ελέγχω τα -ατα.*

καθαρογράφηση η, ουσ., το να καθαρογραφεί κανείς: ~ των πρακτικών μιας συνεδρίασης.

καθαρογράφος ο, η, ουσ., αυτός που γράφει καθαρά, ευανάγνωστα (πβ. *καλλιγράφος*· αντ. *κακογράφος*).

καθαρογράφω και (λόγ.) **-ώ**, ρ., αντιγράφω ένα κείμενο καθαρά, ευανάγνωστα και χωρίς λάθη ή παραλείψεις από ένα πρόχειρο σχέδιο ή πρωτότυπο: *μόλις -άψω την εργασία μου, θα τη δώσω για τύπωμα· άργησε να -ηθεί η απόφαση του δικαστηρίου.*

Καθαροδευτέρα η, ουσ. (λαϊκ.), η Καθαρά Δευτέρα (βλ. *Δευτέρα*).

καθαρολογία η, ουσ., η χρήση της καθαρεύουσας στο γραπτό λόγο.

καθαρολόγος ο, ουσ. (λόγ.), οπαδός της καθαρεύουσας, αυτός που χρησιμοποιεί την καθαρεύουσα στο γραπτό λόγο: ~ *σχολαστικός·* (ως επίθ.) *συγγραφέας* ~ (συνών. *καθαρευουσιάνος*).

καθαρός, -ή, -ό, επίθ. **1α.** απαλλαγμένος από βρομιά, κηλίδες, ανεπιθύμητες ουσίες ή σημάδια: *φορούσε ένα κάτασπρο -ό πουκάμισο· πιάτα/χέρια -ά* (συνών. *παστρικός·* αντ. *ακάθαρτος, άπλυτος, βρόμικος, λερωμένος, ρυπαρός*)· *δέρμα/πρόσωπο -ό* (δηλ. χωρίς κηλίδες, εξανθήματα, κ.τ.ό., που φαίνεται υγιές)· έκφρ. *κούτελο/μέτωπο -ό, χέρια -ά* (μεταφ. για δήλωση τιμιότητας ή αθωότητας· πβ. σημασ. 4)· **β.** (για πρόσωπο ή ζώο) που αγαπά την καθαριότητα και φροντίζει γι' αυτήν: *νοικοκυρά -ή· το άλογο είναι -ό ζώο·* **γ.** για χώρο όπου επικρατεί καθαριότητα, τάξη, καλές συνθήκες υγιεινής: *δωμάτιο/εστιατόριο/νοσοκομείο -ό.* **2α.** απαλλαγμένος από οτιδήποτε περιττό, άχρηστο ή βλαβερό, που δεν έχει ξένες προσμίξεις: *πουλούν στάρι -ό, χωρίς σκουπίδια· χρυσάφι -ό* (= ανόθευτο, ατόφιο)· *μέλι -ό* (= *αγνό*)· *πετρέλαιο/οινόπνευμα -ό· ύφασμα από -ό μετάξι* (= όχι ανάμικτο)· **β.** απαλλαγμένος από εμπόδια: *δρόμος* ~· *έχουμε -ή θέα προς το Χορτιάτη* (συνών. *ελεύθερος*). **3α.** διαυγής και απαλλαγμένος από οτιδήποτε βλαβερό: *νερό -ό* (= διάφανο και πόσιμο)· *ατμόσφαιρα -ή* (= φωτεινή)· *-ός αέρας του βουνού* (αντ. *θολός, θαμπός*)· έκφρ. *στον -ό αέρα* (= σε χώρο ακάλυπτο, στο ύπαιθρο): *τα παιδιά παίζουν στον -ό αέρα·* **β.** για καλή καιρική κατάσταση: *ουρανός* ~ (= ανέφελος ή και χωρίς καπνούς· αντ. *συννεφιασμένος, σκοτεινός*)· *ο ορίζοντας είναι* ~ (= δεν προμηνύονται δυσάρεστα γεγονότα· αντ. *ζοφερός, σκοτεινός*)· παροιμ. ~ *ουρανός αστραπές δε φοβάται* (για όποιον έχει τη συνείδησή του ήσυχη· πβ. σημασ. 4). **4α.** που δεν κάνει ή δε σκέφτεται κάτι κακό ή αμαρτωλό: *άνθρωπος* ~ *στην ψυχή και το σώμα· καρδιά -ή* (συνών. *αγνός*)· *παίκτης* ~ (= *τίμιος*)· **β.** απαλλαγμένος από κακές πράξεις, ενοχές ή καταδίκες: *παρελθόν -ό* (= *άψογο·* αντ. *σκοτεινό, ύποπτο*)· *συνείδηση -ή* (= *αθώα, ήσυχη*)· *ποινικό μητρώο -ό* (αλλιώς *λευκό*)· φρ. *τη βγάζω -ή* (= γλυτώνω): *αν έρθει κανείς εφοριακός, δεν τη βγάζουμε -ή·* γ. (συνεκδοχικά) που εκφράζει τιμιότητα, αθωότητα, ψυχική γαλήνη: *ματιά -ή* (συνών. *απονήρευτος*). **5α.** *καθα-γνώμιος: γραπτό/γράψιμο -ό·* **β.** για κείμενο που τα λάθη του έχουν διορθωθεί και δεν έχει σημειώσεις, μουντζούρες, κ.ά.: *αντίγραφο -ό·* (συνηθέστερα το ουδ. ως ουσ.) *δε χρειάστηκαν επεμβάσεις του διευθυντή στο -ό·* φρ. *γράφω στο -ό* (= *καθαρογράφω*)· γ. (σχολ.) το ουδ. ως ουσ. συνεκδοχικά για τετράδιο: *έλυσα τις ασκήσεις κατευθείαν στο -ό* (αντ. *πρόχειρο*). **6.** (για ήχο) αρμονικός, ευκρινής ή σταθερός σε ορισμένο τόνο: *φωνή -ή· γέλιο -ό* (αλλιώς *γάργαρο, κρυστάλλινο*). **7.** (για το νου, τη σκέψη, κ.τ.ό.) απαλλαγμένος από ταραχή, σύγχυση ή αμφιβολίες, ψύχραιμος και λογικός: *σκέψου με -ό μυαλό· χρειάζεται -ή σκέψη για ν' αποφασίσεις.* **8α.** σαφής, ευδιάκριτος, ευκολονόητος: *αποκτώ μια -ή εικόνα της κατάστασης* (= *ξεκάθαρη, όχι συγκεχυμένη*)· *περίγραμμα (ενός μνημείου) -ό* (= *απλό*, που διακρίνεται έντονα)· *κουβέντες -ές* (= *κατηγορηματικά κι όχι διφορούμενα λόγια*)· **β.** (με αφηρ. ουσ.) που δεν επιτρέπει αμφιβολίες για την ύπαρξη ή το χαρακτήρα, την έννοιά του, που είναι αποκλειστικά και μόνο ό,τι δηλώνει η λέξη: *αδικία/ανοησία/νίκη -ή· μια -ή περίπτωση δωροδοκίας· γλυτώσαμε από -ή τύχη* (δηλ. από τίποτε άλλο) (συνών. *αναμφισβήτητος, απροκάλυπτος, ολοφάνερος*)· φρ. *λέω την -ή αλήθεια* (για κάτι που λέγεται απροκάλυπτα, χωρίς περιστροφές ή συγκαλύψεις). **9.** για μορφή τέχνης που δεν παρεκκλίνει καθόλου από πρότυπα ή σχέδια που θεωρούνται σωστά ή καθιερωμένα: *-ό δείγμα αρχαϊκής πλαστικής/παλαιολόγειας ζωγραφικής.* **10.** (φιλολ.) *ποίηση -ή* = αυτοτελής τονισμός των ενεργών στοιχείων του ποιητικού λόγου (κυρίως εκφραστικών, μορφικών), τάση για απαλλαγή από καθετί ξένο προς τη χαρακτηριστική φύση της ποίησης: *η -ή ποίηση υπήρξε το ακραίο όριο του συμβολισμού.* **11.** που ασχολείται μόνο με τη θεωρία, δε στηρίζεται στην αίσθηση ή την εμπειρία και δεν ενδιαφέρεται για τις πρακτικές εφαρμογές: *έρευνα/επιστήμη -ή* (συνών. *θεωρητικός·* αντ. *εφαρμοσμένος*). **12.** για χρηματικό ποσό που εισπράττει ή κερδίζει κανείς στην πραγματικότητα μετά την αφαίρεση κρατήσεων, φόρου, εξόδων, κ.τ.ό.: *μισθός* ~· *αποδοχές -ές* (αντ. *ονομαστικές*)· *κέρδη -ά* (συνών. *πραγματικός·* αντ. *ακαθάριστος, πλασματικός*). **13.** για το πραγματικό βάρος εμπορεύματος που απομένει όταν αφαιρέσομε το απόβαρο (αντ. *μικτός*). **14.** για την τελική μορφή και τις διαστάσεις που παίρνει κάτι ύστερα από κάποια επεξεργασία: *οι πλάκες πελεκήθηκαν και -ές βγήκαν 40×40.* **15.** *Καθαρά/Καθαρή Δευτέρα* (= η Δευτέρα μετά την Κυριακή της Τυρινής, πρώτη μέρα της Σαρακοστής)· *Καθαρή Τρίτη, Τετάρτη...* (= για τις πρώτης εβδομάδας της Σαρακοστής). - Επίρρ. **-ά** = **1.** χωρίς να μένει βρομιά: *απορρυπαντικό που πλένει -ά.* **2.** τίμια, σύμφωνα με τους κανονισμούς: *αγωνίζομαι/παίζω -ά.* **3.** σαφώς: *ακούγεται/φαίνεται κάτι -ά* (= *εύκολα*)· *βλέπω/διακρίνω -ά· μιλώ -ά* (δηλ. με σαφήνεια ή χωρίς περιστροφές· αντ. *ακατανόητα, συγκαλυμμένα, πλάγια, περιφραστικά*) (συνών. *ξεκάθαρα*). **4.** απλώς και μόνο: *η εκπομπή αναβάλλεται για -ά τεχνικούς λόγους* (ή *-ά για...*). - Υποκορ. **-ούτσικος, -η, -ο**.

καθαρότητα η, ουσ., το να είναι κάτι καθαρό (συνήθως μεταφ.): ~ *ενός προϊόντος/της ατμόσφαιρας* (= *διαύγεια*)/ *ψυχική* (= *αγνότητα*)· ~ *νοημάτων/διατύπωσης/των προθέσεων κάποιου* (= *σαφήνεια*).

καθαρούτσικος, βλ. *καθαρός*.

κάθαρση η, ουσ. **1α.** απαλλαγή εμψύχων ή αψύχων από ακάθαρτα στοιχεία (μιάσματα) και συνεκδοχικά πράξεις ή η τελετή που εξυπηρετεί το σκοπό αυτό: *μέσα -ης στις πρωτόγονες θρησκείες.* **β.**

καθάρσιο

απαλλαγή του ανθρώπου από το βάρος, την ενοχή της αμαρτίας (συνών. *εξαγνισμός, καθαρμός*). **2.** (φιλολ. - φιλοσ.) κατάσταση που δημιουργεί η τέχνη και που λυτρώνει την ψυχή από τα πάθη της· (ειδικά για την αρχαία τραγωδία) το να λυτρώνεται ο θεατής από τη βιαιότητα και την κακία της ανθρώπινης φύσης βλέποντάς τες μπροστά του μέσα σ' ένα τραγικό θέαμα και δοκιμάζοντας έντονα συναισθήματα. **3.** (κοιν.) **α.** το να απομακρύνονται από ένα σύνολο ατόμων εκείνοι που έδρασαν ή δρουν βλαπτικά ή παράνομα: ~ *του κρατικού μηχανισμού* (πβ. *εκκαθάριση*)· **β.** διαλεύκανση ύποπτων καταστάσεων και απόδοση δικαιοσύνης για τυχόν παρανομίες: *αίτημα για ~ στο δημόσιο βίο.* **4.** (φιλολ.) αφαίρεση από κείμενο παλιότερου συγγραφέα λέξης ή λέξεων που κρίνεται ότι δεν προέρχονται απ' αυτόν: ~ *του κειμένου του Μαλάλα.*

καθάρσιο το, ουσ. (ασυνίζ.), *καθαρτικό.*

καθαρτήριο το, ουσ. (ασυνίζ.), (θρησκ.) σύμφωνα με τη διδασκαλία της ρωμαιοκαθολικής Εκκλησίας τόπος ή κατάσταση βασάνων, όπου παραμένουν οι ψυχές των δικαίων για να καθαριστούν εντελώς από τις αμαρτίες προτού γίνουν δεκτές στον παράδεισο.

καθαρτικό το, ουσ. (φαρμ.- κοιν.) ουσία που ευνοεί ή προκαλεί την κένωση των υλών που περιέχονται στο έντερο (πβ. *υπακτικό*).

καθαρτικός, -ή, -ό, επίθ., που έχει την ικανότητα να προκαλεί κάθαρση, που ελευθερώνει την ψυχή απ' οτιδήποτε τη βαραίνει: *-ή επίδραση ενός γεγονότος· -ό αποτέλεσμα της τραγωδίας* (συνών. *εξαγνιστικός, λυτρωτικός*).

καθαυτό, καθαυτού, καθεαυτό και **καθεαυτού,** επίρρ., (με ουσ. ή επίθ.) κυριολεκτικά, κατεξοχήν, πραγματικά, αναμφισβήτητα: ~ *αδικία/ηγέτης· είναι λίγοι οι -ού Αθηναίοι* (δηλ. γνήσιοι).

κάθε, άκλ. αόρ. αντων. (σε εκφρ. χρήση). **1.** για να δηλωθεί ότι αναφερόμαστε σε όλα τα μέλη ενός συνόλου, θεωρώντας τα όμως χωριστές μονάδες: ~ *γυναίκα και* ~ *άνδρας έχει τα ίδια δικαιώματα· για* ~ *ενδεχόμενο πήρα τα μέτρα μου·* ~ *φορά·* παροιμ. ~ *πράμα στον καιρό του (κι ο κολιός τον Αύγουστο)* (= όλα γίνονται στην κατάλληλη ώρα). **2.** για δήλωση κατανομής: *έρχεται* ~ *Χριστούγεννα· καθίστε από δύο σε* ~ *θρανίο.* **3.** οποιοσδήποτε: *της αγάπης το βοτάνι* ~ *τόπος δεν το κάνει* (δημ. τραγ.). - Ως πρόθ. σε προσδ. που σημαίνουν χωρισμό σε αριθμητικές ποσότητες (από δύο κι επάνω): *παίρνω το χάπι* ~ *οχτώ ώρες* (συνών. *ανά*). Εκφρ. ~ *άλλο* (για έντονη άρνηση): *δε μοιάζει του πατέρα του,* ~ *άλλο* (= καθόλου, το αντίθετο)· ~ *λίγο και λιγάκι/τρεις και λίγο* (= συχνότατα)· ~ *τόσο* (= συχνά)· ~ *φορά που ή ως* χρον. σύνδ. ~ *που* (= όσες φορές, όταν): ~ *που το συλλογιζόμουν, δάκρυζα·* ~ *που βραδιάζει...* [<αρχ. συνεκφ. *καθ' έν*].

καθαυτό και **καθεαυτού,** βλ. *καθαυτό.*

καθεδρικός, -ή, -ό, επίθ., *ναός* ~ = η σημαντικότερη και επισημότερη εκκλησία μιας περιοχής.

κάθειρξη η, ουσ. (νομ.) ποινή που επιβάλλεται σε κακουργήματα και είναι η βαρύτερη από όσες επιφέρουν στέρηση της ελευθερίας: ~ *πρόσκαιρη* (5-20 χρόνια)/*ισόβια.*

καθείς, βλ. *κάθενας.*

καθέκαστα τα, εκφρ. σε θέση αόρ. αντων., κάθε λεπτομέρεια ενός γεγονότος, μιας υπόθεσης: *αυτό άκουσα μόνο, δεν ξέρω τα* ~· *πληροφορούμαι απευθείας/λέω τα* ~· *κουβεντιάζανε...της γειτονιάς τα* ~.

καθεκλοποιία η, ουσ. (λόγ.), βιοτεχνία ή βιομηχανία όπου κατασκευάζονται καθίσματα, τραπέζια, κ.τ.ό.

καθέλκυση η, ουσ. (ναυτ.) ρίψη πλοίου από το ναυπηγείο στο νερό με ολίσθηση πάνω σε κεκλιμένο επίπεδο: ~ *υποβρυχίου.*

καθελκύω, ρ. (λόγ.), (για καινούργιο καράβι) ρίχνω στη θάλασσα για το πρώτο ταξίδι: *οι Γιαπωνέζοι -υσαν χτες το τελειότερο δεξαμενόπλοιο του αιώνα.*

καθένας και σπανιότ. **καθείς, καθεμία** και **-μιά, καθένα,** γεν. αρσ. *καθενός,* θηλ. *καθεμιάς* και λαϊκ. *καθεμιανής,* αόρ. αντων. (μόνο στον εν. και σε χρήση ως επίθ. και ουσ.). **1.** για να δηλωθεί ότι αναφερόμαστε σε όλα τα πρόσωπα ή τα πράγματα που ανήκουν σε μια ομάδα, ξεχωρίζοντας όμως το ένα από το άλλο: *ας πάει ο* ~ *στη θέση του·* ~ *έχει τις απόψεις του·* (ως προσδ. ενός προηγούμενου ουσ.) *δώδεκ' απόστολοι ο* ~ *με τον πόνο του* (δηλ. ~ *έχει τα βάσανά του*). **2.** για δήλωση κατανομής ή διανομής: (*ο*) ~ *μπορούσε να μιλήσει για ένα τέταρτο.* **3.** οποιοσδήποτε: *επιτρέπεται* ~ *να κάνει ό,τι θέλει· αυτό δεν είναι δουλειά του -ός·* (σπανιότερα μεταφ.) *δεν είμαι ο* ~ *για να μου φέρεσαι έτσι!* (δηλ. τυχαίος, παρακατιανός· πβ. *όποιος κι όποιος*).

καθεξής, επίρρ., μόνο στην εκφρ. *και ούτω* ~ (βραχυγρ. κ.ο.κ.) έτσι, κατά τον ίδιο τρόπο και στη συνέχεια (για ακολουθία όμοιων πραγμάτων, καταστάσεων, κλπ.).

καθεστώς το, ουσ. **1α.** το πολιτικό, κοινωνικό ή οικονομικό σύστημα ή το πολίτευμα που ισχύει σε μια χώρα: ~ *φεουδαρχικό/αστικό/σοσιαλιστικό·* (για τον τρόπο διακυβέρνησης) ~ *αυταρχικό/φιλελεύθερο·* **β.** οι άνθρωποι που κυβερνούν: ~ *διεφθαρμένο/στρατιωτικό.* **2.** (μεταφ.) η κατάσταση που επικρατεί σε κάποιο χώρο: ~ *ευημερίας/αναρχίας·* ~ *εκμετάλλευσης.*

καθεστωτικός, -ή, -ό, επίθ., που ανήκει ή αναφέρεται στο καθεστώς, στο πολίτευμα: *ζήτημα -ό·* (ως ουσ.) *ανακίνηση του -ού* (συνών. *πολιτειακός*).

κάθετα, βλ. *κάθετος.*

καθετή η, ουσ. (ναυτ.) σύνεργο για ψάρεμα από λεπτό πλαστικό νήμα μ' ένα ή περισσότερα αγκίστρια στην άκρη κι ένα βαρίδι μικρό που τα βοηθά να βυθιστούν στο νερό: *πιάνω μουρμούρες με* ~ (αλλιώς *πετονιά*).

καθετήρας ο, ουσ. (ιατρ.) κυλινδρικό όργανο, κοίλο ή συμπαγές, που χρησιμεύει για τη διερεύνηση ή τη διαστολή πόρων ή φυσικών κοιλοτήτων του σώματος: ~ *μεταλλικός/γαστρικός.*

καθετηριάζω, ρ. (ασυνίζ.), (ιατρ.) πραγματοποιώ καθετηριασμό.

καθετηρίαση η, ουσ. (ιατρ.) σπανιότερα αντί *καθετηριασμός.*

καθετηριασμός ο, ουσ. (ασυνίζ.), (ιατρ.) εισαγωγή καθετήρα σε πόρο ή φυσική κοιλότητα του σώματος για διαγνωστικούς ή θεραπευτικούς σκοπούς: ~ *της ουρήθρας/φλεβών και αρτηριών.*

καθετί (τονίζεται στην προπαραλήγουσα και τη λήγουσα), αόρ. αντων., κάθε πράγμα: *το* ~ *θα μας είναι χρήσιμο στο ταξίδι· την αγαπούσα περισσότερο από* ~ *στον κόσμο.*

καθετοποίηση η, ουσ. (οικον.) το να αποκτά μια παραγωγική μονάδα τη δυνατότητα να παραλαμβάνει πρώτη ύλη και να τη μεταποιεί έως το τελικό προϊόν: ~ *της παραγωγής σ' ένα εργοστάσιο.*

κάθετος, -η, -ο, επίθ. 1. που ακολουθεί τη διεύθυνση του νήματος της στάθμης, κατακόρυφος προς την επιφάνεια της γης ή γενικά προς μια οριζόντια επιφάνεια· (γεωμ.) που σχηματίζει ορθή γωνία με άλλον: *γραμμή/τομή -η· επίπεδα -α·* (συνεκδοχικά) *γραφή -η της κινεζικής* (δηλ. απο πάνω προς τα κάτω)· (αεροναυτ.) *αεροσκάφος -ης απογείωσης και προσγείωσης* (αντ. *οριζόντιος*). 2. (μεταφ., οικον.) για παραγωγή που καλύπτει όλα τα στάδια από την πρώτη ύλη έως το τελικό προϊόν. 3. (μεταφ., νεολογ.) κατηγορηματικός, απόλυτος: *αντίθεση -η.* - Το θηλ. **-ος** ως ουσ. = κάθετη γραμμή, ευθεία που σχηματίζει ορθή γωνία με μια άλλη: *σχεδιάζω μια -ο.* - Επίρρ. **-α**· λόγ. **-έτως** για τις κάθετες στήλες των τετραγώνων του σταυρόλεξου.

καθηγεσία η, ουσ. (λόγ.), η ιδιότητα ή το έργο ενός καθηγητή (πανεπιστημίου)· (συνεκδοχικά) το χρονικό διάστημα κατά το οποίο είναι καθηγητής.

καθηγητής ο, θηλ. **-τρια**, κλητ. εν. αρσ. **-ά**, ουσ., πρόσωπο που έχει ως επάγγελμα να διδάσκει τα μαθήματα της ειδικότητάς του σε ένα σχολείο (συνήθως της μέσης, ανώτερης ή ανώτατης εκπαίδευσης) ή γενικά να διδάσκει μια επιστήμη ή μια από τις καλές τέχνες με μεθοδικό τρόπο: ~ *αδιόριστος/γυμνασίου/πανεπιστημίου/ομότιμος· ~ μαθηματικών/ψυχολογίας· -τρια φιλόλογος· η αυθεντία του -ή.* - Υποκορ. (μειωτ.) **-άκος** ο.

καθηγητικός, -ή, -ό, επίθ., που ανήκει ή αναφέρεται στον καθηγητή: *μισθός ~· έδρα -ή· σχολές -ές* (= απ' όπου αποφοιτούν γυμνασιακοί καθηγητές).

καθηγήτρια, βλ. *καθηγητής.*

καθηγούμενος ο, θηλ. **-ένη**, ουσ. (εκκλ.) ηγούμενος: *-ένη μονής.*

καθήκον το, γεν. *-οντος*, πληθ. *-οντα*, γεν. *-όντων*, ουσ. 1α. ό,τι επιβάλλει ο ηθικός και ο ανθρώπινος νόμος: ~ *επιτακτικό/ιερό· αφοσίωση στο ~· θύμα του -οντος·* (νομ.) *η μέριμνα για το ανήλικο τέκνο είναι ~ και δικαίωμα των γονέων* (αστ. κώδ.)· **β.** (συνήθως στον πληθ.) για το έργο, τις ενέργειες που αισθάνεται υποχρεωμένος και ελεύθερα αναλαμβάνει να εκτελέσει κανείς: *έκανε το ~ του απέναντι στην πατρίδα·* έκφρ. *σύγκρουση -όντων* (για την περίπτωση που η ενδεχόμενη εκτέλεση ενός καθήκοντος έχει ως αποτέλεσμα την παράβαση ενός άλλου). 2. (συνήθως στον πληθ.) το έργο που επιβάλλεται από το επάγγελμα ή το αξίωμά του να πραγματοποιήσει κάποιος, οι αρμοδιότητες που συμφωνεί να του ανατεθούν: *αναλαμβάνω -οντα* (= υπηρεσία)· *τον απάλλαξαν από τα -οντά του· δεν ανήκει στα -οντά μου· υπέρβαση/παράβαση -οντος* (συνών. *αρμοδιότητες, δικαιοδοσία*).

καθηκοντολογία η, ουσ. (έρρ., λόγ.), το να γίνεται λόγος (συνήθως σε υπερβολικό βαθμό) για τα καθήκοντα του ανθρώπου (συνών. *δεοντολογία*).

καθηλώνω, ρ, 1. (λόγ., μόνο για τη σταύρωση του Χριστού) στερεώνω με καρφιά, καρφώνω πάνω σε κάτι. 2. (μεταφ.) αναγκάζω κάποιον να μείνει ακίνητος: *ένα ατύχημα τον -ωσε στην αναπηρική πολυθρόνα·* (στρατ.) *πυκνά πυρά πολυβόλων όπλων -ωσαν τους πεζοναύτες στην ακτή·* (για έντονη εντύπωση) *μας -ει με το βλέμμα* (συνών. *ακινητοποιώ, καρφώνω, παραλύω*).

καθήλωση η, ουσ. 1. (λόγ., μόνο για τη σταύρωση του Χριστού) το να στερεώνουν κάποιον με καρφιά, να τον καρφώνουν πάνω σε κάτι. 2. (μεταφ.) το να παραμένει κανείς αναγκαστικά αμετακίνητος σε μια θέση: ~ *της φάλαγγας από αεροπορική επίθεση* (συνών. *ακινητοποίηση*)· (μεταφ.) ~ *της τιμής του πετρελαίου στα περυσινά επίπεδα* (συνών. *σταθεροποίηση*).

καθημερινός -ή, -ό και (λαϊκ.) **καθημερνός**, επίθ. 1α. που γίνεται, παρουσιάζεται ή χρησιμοποιείται κάθε μέρα: *ασχολίες -ές· έξοδα/προβλήματα -ά· πρόγραμμα/φαινόμενο -ό* (συνών. *ημερήσιος*)· β. για τις ημέρες εκτός από Κυριακές, γιορτές ή αργίες: *ρούχα -ά* (αντ. *κυριακάτικα, γιορτινά*). 2α. που επαναλαμβάνεται αδιάκοπα κάθε μέρα, συνηθισμένος: *η -ή ζωή στην αρχαία Ελλάδα·* β. μονότονος, που ενοχλεί ιδιαίτερα, επειδή συμβαίνει κάθε μέρα: *βαρέθηκα την -ή βουή της πόλης.* - Το θηλ. ως ουσ. = εργάσιμη ημέρα (σε αντιδιαστολή προς Κυριακές, γιορτές ή αργίες): *κελαϊδούνε τα πουλιά/καθημερνή και σκόλη* (Παλαμάς) (συνών. *καματερή*). - Το ουδ. ως ουσ. 1. (στον εν.) ό,τι χρειάζεται κανείς σε φαγητό ή χρήματα για να συντηρηθεί: *βγάζω το -ό μου.* 2. (στον πληθ.) τα καθημερινά ρούχα (βλ. παραπάνω στη σημασ. 1β). - Επίρρ. **-ά** και λόγ. **-ώς.**

καθημερινότητα η, ουσ., η επανάληψη (συνήθως μονότονη και ενοχλητική) των ίδιων πραγμάτων κάθε μέρα: *τριβή της -ας.*

καθημερινώς, βλ. *καθημερινός.*

καθημερνός, βλ. *καθημερινός.*

καθησυχάζω, ρ., κάνω κάποιον να ησυχάσει, να ηρεμήσει, τον απαλλάσσω από κάθε δυσάρεστο συναίσθημα: *τα νέα σου/οι διαβεβαιώσεις σου με -ασαν* (συνών. *γαληνεύω, ηρεμώ·* αντ. *αναστατώνω, ταράζω*).

καθησύχαση η, ουσ., το να καθησυχάζεται κανείς, η απαλλαγή από ανησυχία ή δυσάρεστες σκέψεις: *δηλώσεις με σκοπό την ~ του κοινού* (αντ. *αναστάτωση, θορύβηση, ταραχή*).

καθησυχαστικός, -ή, -ό, επίθ., που αποβλέπει ή συντελεί στο να πάψει κάποιος να ανησυχεί: *διαβεβαίωση -ή· ειδήσεις -ές* (αντ. *ανησυχητικός*). - Επίρρ. **-ά.**

κάθιδρος, -η, -ο, επίθ. (λόγ.), γεμάτος ιδρώτα, καταϊδρωμένος.

καθιερώνω, ρ. (ασυνίζ.). 1. κάνω να επικρατήσει κάτι ως έθιμο, κανόνας ζωής, τρόπος συμπεριφοράς, κ.τ.ό. (σε όλους ή στον εαυτό μου): *ο δεσπότης -ωσε τον ετήσιο έρανο· -ώσαμε να τρώμε κάθε Κυριακή έξω· -ωμένες αντιλήψεις.* 2. εισάγω (θεσμό), θεσπίζω: *νόμος που -ει την ισότητα των δύο φύλων.* 3. κάνω να αποκτήσει κάποιος τη γενική αναγνώριση, να γίνει παραδεκτός για τις ικανότητές του: *η εμφάνισή του στον «Άμλετ» τον -ωσε στο θεατρικό κοινό.* - Η μτχ. στον πληθ. ουδ. ως ουσ. = οι καθιερωμένες ηθικές αντιλήψεις, τα έθιμα και οι αντιλήψεις που έχουν επικρατήσει: *ακολουθώ τα -ωμένα.*

καθιέρωση, ουσ. (ασυνίζ.). 1. το να επιβληθεί κάτι ως έθιμο, τρόπος ζωής ή συμπεριφοράς, κ.τ.ό.: *βαθμιαία ~ νέων συνηθειών διατροφής.* 2. θέσπιση, νομοθέτηση: ~ *της δημοτικής στην εκπαίδευση/της απλής αναλογικής.* 3. γενική αναγνώριση των ικανοτήτων ενός προσώπου: ~ *σκηνοθέτη.* 4. (εκκλ.) θρησκευτική τελετή για τον

αγιασμό μιας καινούργιας εκκλησίας (συνηθέστερα *εγκαίνια* τα).
καθιερωτικός, -ή, -ό, επίθ. (ασυνίζ., λόγ.), που αναφέρεται ή συντελεί στην καθιέρωση.
καθίζημα το, ουσ. (φυσ.) στερεές ουσίες που κατακαθίζουν στον πυθμένα δοχείου γεμάτου με υγρό, μέσα στο οποίο ήταν προηγουμένως διαλυμένες (κοιν. *κατακάθι*).
καθίζηση η, ουσ. **1α.** (γεωλ.) μετακίνηση εδαφικών μαζών κατακόρυφα προς τα κάτω με αποτέλεσμα να βυθιστεί ένα τμήμα της επιφάνειας του εδάφους: ~ *εξαιτίας υπόγειων εκσκαφών/σεισμική* (συνών. λαϊκ. *βούλιαγμα, κάθισμα)*· **β.** (μεταφ.) απότομη πτώση: *έπαθε* ~ (= κατέρρευσε ψυχικά)· ~ *τιμών* (= μεγάλη μείωση). **2.** (φυσ.) κατακάθιση στερεών σωματιδίων που αιωρούνται διαλυμένα μέσα σε ένα υγρό: *δεξαμενή -ης σε εγκατάσταση βιολογικού καθαρισμού.* **3.** (ιατρ.-κοιν.) ~ *(του αίματος)* = κατακάθιση των ερυθρών αιμοσφαιρίων ενός δείγματος αίματος στον πυθμένα ειδικού εξεταστικού σωλήνα: *ταχύτητα -ης ερυθρών αιμοσφαιρίων* (συντομογραφία Τ.Κ.Ε.) (= στοιχείο που ο προσδιορισμός του επιτρέπει την παρακολούθηση ορισμένων παθολογικών καταστάσεων με χαρακτήρα φλεγμονής).
καθίζω, ρ., αόρ. *κάθισα* και *έκατσα,* μτχ. παρκ. *καθισμένος.* **Α.** (μτβ.) βάζω κάποιον να καθίσει, του τοποθετώ σε μια θέση: *-ει το μωρό στα γόνατά της· με -ισε στο πλάι του.* **Β.** αμτβ. **1.** κάθομαι: *όλη μέρα δεν -ει λιγάκι.* **2.** (για πλοίο) αγγίζω με την καρίνα το βυθό, προσαράσσω. Φρ. (λαϊκ.) ~ *σε κάποιον μια ή μια γροθιά* (= χτυπώ δυνατά με το χέρι)· ~ *κάποιον στο σκαμνί* (= μηνύω κάποιον για να προκαλέσω την τιμωρία του)· *σήκω συ, να κάτσω εγώ* (παροιμ. φρ., σε περιπτώσεις που κάποιος προσπαθεί να παραγκωνίσει κάποιον άλλον και να πάρει τη θέση του).
καθικετεύω, ρ. (λόγ.), ικετεύω θερμά, εκλιπαρώ, θερμοπαρακαλώ.
καθίκι, βλ. *καθοίκι.*
καθισιά η, ουσ. (συνιζ.), το χρονικό διάστημα κατά το οποίο κάθεται κανείς στο τραπέζι για να φάει ή να πιει· μόνο στις φρ. *τρώω ή πίνω* (ή συνών.) *στην* ~ *(μου)* + λέξεις που δηλώνουν ποσότητα φαγητού ή ποτού ασυνήθιστη για ένα πρόσωπο: *έτρωγε δύο καρβέλια ψωμί στην* ~ *(του).*
καθισιό το, ουσ. (συνιζ.), το να μην εργάζεται κανείς, ανάπαυση, αργία: *το καλοκαίρι τα παιδιά χόρτασαν* ~.
κάθισμα το, ουσ. **1.** έπιπλο ή στοιχείο εξοπλισμού (οχημάτων, μηχανημάτων, κ.ά.) πάνω στο οποίο μπορεί κανείς να καθίσει: ~ *αναπαυτικό/ μεταλλικό· -ατα του θεάτρου· ~ του αυτοκινήτου·* (αεροναυτ.) *εκτινασσόμενο* ~ *αεροσκάφους.* **2.** το να κάθεται κανείς: *με κουράζει το* ~ (αντ. *ορθοστασία*). **3.** ο τρόπος που κάθεται κανείς: ~ *προκλητικό.* **4.** (γυμν.) ~ *βαθύ* = άσκηση κατά την οποία λυγίζει κανείς τα πόδια και χαμηλώνει το σώμα σαν να πρόκειται να καθίσει στο έδαφος. **5.** (μεταφ.) υποχώρηση σε οικοδομικό στοιχείο, καθίζηση. **6.** (για πλοίο) προσάραξη σε ρηχά νερά ή σε ξέρα. **7.** (μουσ.) στη βυζαντινή μουσική, ονομασία ψαλμών ή τροπαρίων που ψάλλονται ή διαβάζονται.
καθιστά, βλ. *καθιστός.*
καθιστικός, -ή, -ό, επίθ., για κάτι που το κάνομε καθιστοί, χωρίς να μετακινούμαστε πολύ: *ζωή/*

εργασία -ή· διαμαρτυρία -ή (δηλ. κατά την οποία οι άνθρωποι συγκεντρώνονται σ' ένα δημόσιο χώρο και παραμένουν εκεί καθισμένοι στο έδαφος)· *τραγούδι -ό* (= που το τραγουδούν καθιστοί, όχι σε χορό· αλλιώς *της τάβλας*). - Το ουδ. ως ουσ. = δωμάτιο όπου παραμένει κανείς και συνήθως αναπαύεται, χωρίς να γευματίζει ή να κοιμάται εκεί: *-ό ευρύχωρο/ηλιόλουστο.*
καθιστός, -ή, -ό, επίθ., που κάθεται, καθισμένος: *σιδερώνει -ή·* (συνεκδοχικά) *στάση -ή* (αντ. *όρθιος*). - Έκφρ. *βροχή -ή* = που δεν απορροφάται αμέσως από το έδαφος. - Επίρρ. **-ά.**
καθιστώ, ρ., αόρ. *κατέστησα* (ελλειπτ. στους άλλους χρόνους) (λόγ.), κάνω να αποκτήσει κάποιος μια ιδιότητα, μια αρμοδιότητα: *σε* ~ *υπεύθυνο για ό,τι συμβεί.*
καθοδήγηση η, ουσ. **α.** το να καθοδηγείται κανείς από κάποιον, σαφής υπόδειξη σχετικά με τη στάση που πρέπει να τηρηθεί ή τον τρόπο εκτέλεσης ενός έργου: ~ *ηθική/πνευματική·* εργάζεται *χωρίς* ~· **β.** (πολιτ.) για πρόσωπα που έχουν αναλάβει το παραπάνω έργο στα μέλη κόμματος: *κατηγορούν την* ~ *για βασικά λάθη τακτικής.*
καθοδηγητής ο, θηλ. **-τρια,** ουσ., αυτός που καθοδηγεί: ~ *μεθοδικός/πολιτικός.*
καθοδηγητικός, -ή, -ό, επίθ., που αναφέρεται στην καθοδήγηση ή τον καθοδηγητή: *-ό όργανο ενός κόμματος.*
καθοδηγήτρια, βλ. *καθοδηγητής.*
καθοδηγώ, ρ., υποδεικνύω με σαφήνεια σε κάποιον τη στάση που πρέπει να τηρήσει, τον τρόπο δράσης που πρέπει ν' ακολουθήσει: *-ούσε τους φοιτητές στις πρώτες λογοτεχνικές τους αναζητήσεις* (συνών. *κατευθύνω, συμβουλεύω*).
καθοδικός, -ή, -ό, επίθ. **1.** που ανήκει ή αναφέρεται στην κάθοδο, που έχει κατεύθυνση προς τα κάτω: *πορεία -ή* (= *κατηφόρισμα·* μεταφ. *χειροτέρευση*) (αντ. *ανοδικός*). **2.** (φυσ.) που αναφέρεται στην κάθοδο (βλ.λ. στη σημασ. 4) ή προέρχεται από αυτήν: *ακτίνες -ές* (= που εκπέμπονται από την κάθοδο σε μια ηλεκτρική εκκένωση)· *λυχνία -ή ή σωλήνας* ~ (= κενός από αέρα σωλήνας με ηλεκτρόδια για την παραγωγή δέσμης ηλεκτρονίων που έχει εφαρμογή στις τηλεοράσεις, τα ραντάρ, κ.ά.)· *παλμογράφος* ~ (= ηλεκτρονική συσκευή απεικόνισης που παράγει γραφικές παραστάσεις ηλεκτρικών σημάτων).
κάθοδος η, ουσ. **1.** (λόγ.) κατέβασμα: *απαγορεύεται η* ~ *από την μπροστινή πόρτα του λεωφορείου* (αντ. *άνοδος*). **2.** μέσο φυσικό (λ.χ. δρόμος) ή τεχνητό (λ.χ. σκάλα) για να πάει κανείς από ψηλότερο μέρος σε χαμηλότερο: ~ *στενή·* κλείνει την *-ο.* **3.** (ιστ.) η μετάβαση από τα μεσόγεια μέρη στα παράλια: ~ *των Δωριέων/των Μυρίων.* **4.** (φυσ. - χημ.) το ηλεκτρόδιο απ' όπου πραγματοποιείται η έξοδος του ηλεκτρικού ρεύματος (αντ. *άνοδος*).
καθοικάκι, βλ. *καθοίκι.*
καθοίκης ο, ουσ. (λαϊκ.), (υβριστικώς) άνθρωπος αχρείος.
καθοίκι το, ουσ. **1.** (λαϊκ.) δοχείο όπου ουρούν ή αφοδεύουν (συνήθως τα μικρά παιδιά) (συνών. *αγγειό, δοχειό, τσουκάλι*). **2.** (υβριστικώς) για άνθρωπο αισχρό, αχρείο. - Υποκορ. **-άκι** το (στη σημασ. 1). [μεσν. *κάθοικον* το<*κατ' οίκον*].
καθόλα, επίρρ. (λόγ.), απολύτως, από κάθε άποψη: *φαινόμενο* ~ *αξιόλογο·* ~ *όμοιος.*
καθολικά τα, ουσ. **1.** (φιλοσ.) γενικές έννοιες που

εκφράζουν την επαναληπτική εμφάνιση κοινών χαρακτήρων, ιδιοτήτων, κ.τ.ό., σε πολλά άτομα, μέλη ενός γένους ή ενός είδους, οι γενικές κατηγορίες όπου εντάσσονται όλα αυτά. 2. (γλωσσολ.) ~ *της γλώσσας* = οι γενικές αρχές που διέπουν τη δομή και τη λειτουργία της ανθρώπινης γλώσσας, μορφές, σχέσεις, κ.ά., που υπάρχουν σε όλες τις γλώσσες του κόσμου.
καθολικά, βλ. *καθολικός.*
καθολίκευση η, ουσ., γενίκευση: *δεν είναι σωστή η ~ των συμπερασμάτων σου* (αντ. εξειδίκευση).
καθολικεύω, ρ., κάνω να αναφέρεται κάτι σε όλους, να έχει σχέση με όλους: *~ μια διαπίστωση·* (μέσ.) *-εύτηκε η χρήση ηλεκτρικών συσκευών* (συνών. γενικεύω· αντ. εξειδικεύω).
καθολικισμός ο, ουσ. **1.** η διδασκαλία της καθολικής Εκκλησίας και ο τρόπος με τον οποίο ερμηνεύει κανείς και εκτελεί τη διδασκαλία αυτή: *προσχώρησε στον -ό· ασπάζομαι τον -ό.* **2.** το σύνολο όσων ανήκουν στην καθολική Εκκλησία.
καθολικό το, ουσ. **1.** (εκκλ.) ο χώρος ανάμεσα στο ιερό και στο νάρθηκα των χριστιανικών ναών (συνηθέστερα *κυρίως ναός*). **2.** (εκκλ.) ο κεντρικός ναός ενός ορθόδοξου μοναστηριού, που χρησιμοποιείται για την καθημερινή λατρευτική σύναξη των μοναχών (σε αντιδιαστολή προς τα παρεκκλήσια): *τοιχογραφίες του -ού της μονής Προδρόμου Σερρών.* **3.** (λογιστ.) εμπορικό βιβλίο όπου συγκεντρώνονται όλοι οι λογαριασμοί μιας επιχείρησης.
καθολικός, -ή, -ό, επίθ. **1.** που ανήκει ή αναφέρεται σε όλους, στο σύνολο: *συμμετοχή/ψηφοφορία -ή· αγώνας ~·* (νομ.) *νομή πράγματος με -ή διαδοχή· διάδοχος ~·* (εκκλ.) *επιστολή (ενός αποστόλου) -ή* (= που απευθύνεται σε όλους τους χριστιανούς) (συνών. γενικός, ολικός· αντ. ειδικός, μερικός). **2α.** *Εκκλησία καθολική* = η χριστιανική Εκκλησία όπου σε θέματα δόγματος και ηθικής ασκεί εξουσία ο πάπας (συνών. δυτική, ρωμαιοκαθολική, παπική) **β.** που ανήκει ή αναφέρεται στην καθολική Εκκλησία και στη διδασκαλία της: *ιερέας ~* (συνών. δυτικός, ρωμαιοκαθολικός). **3.** (φιλοσ. - γλωσσολ.) *έννοιες -ές* = τα καθολικά (βλ.λ.). **4.** (γραμμ.) *σχήμα του -ού και του μερικού* = σχήμα λόγου στο οποίο το ουσιαστικό που δηλώνει διαιρεμένο σύνολο δεν εκφράζεται με γενική ή με εμπρόθετο, αλλά ομοιόπτωτα με το όνομα που προσδιορίζει (λ.χ. *την Κυριακή το δειλινό* αντί *το δειλινό της Κυριακής*). - Το αρσ. και το θηλ. ως ουσ. = πιστός της καθολικής Εκκλησίας: *το Πάσχα των -ών.* - Επίρρ. **-ώς** και **-ά.** - Βλ. και *καθολικό.*
καθολικότητα, ουσ., το να αναφέρεται κάτι στο σύνολο: *~ ενός φαινομένου* (αντ. μερικότητα).
καθολικώς, βλ. *καθολικός.*
καθ' ολοκληρίαν· αρχαϊστ. έκφρ.· για να δηλωθεί το «ολότελα».
καθόλου, επίρρ. **1.** (λόγ.) γενικά, συνολικά. **2α.** (σε αρνητ. πρότ.) για να δηλωθεί ότι κάτι δεν υπάρχει ούτε λίγο, ότι συμβαίνει ούτε στον ελάχιστο βαθμό: *δεν έμεινε ~ λάδι· δεν είναι ~ ένοχος· δεν κοιμήθηκα ~· δεν πάμε ~ καλά·* (ως αρνητ. απάντηση) *- Είσαι θυμωμένος; - ~.* **β.** (σε ερώτηση) *έστω και λίγο, κάπως: είδες ~ τον Α; διάβασες ~;* (συνών. διόλου).
κάθομαι, ρ., αόρ. *κάθισα* και *έκατσα,* μτχ. *καθισμένος.* **1α.** βρίσκομαι πάνω σε κάτι στηρίζοντας το βάρος του σώματός μου περισσότερο στους γλουτούς παρά στα πόδια, ενώ το επάνω μέρος του σώματός μου μένει όρθιο: *~ στην καρέκλα/στην άκρη του κρεβατιού* (αντ. στέκομαι) **β.** για κάποιον που είναι καθισμένος δίπλα, κοντά σε κάτι: *~ στο τραπέζι* (ενν. για να φάω)· *πολλοί νεκροί που -ονται στ' αρρώστου το κεφάλι* (λαϊκ. γνωμ.)· **γ.** (γενικά) ακουμπώ, στηρίζομαι: *τα χελιδόνια -ονταν στα σύρματα.* **2α.** χαμηλώνω το σώμα μου εωσότου ακουμπήσει σε κάτι (συνήθως σε ένα κάθισμα): *ήρθε και -ισε κοντά μου· ένα σπουργίτι -ισε στο περβάζι* (αντ. σηκώνομαι) **β.** (μεταφ.) κατακαθίζω: *ο ασβέστης -θισε στον πυθμένα του βαρελιού· καταβρέξαμε την αυλή να -τσει η σκόνη.* **3.** (μεταφ.) παθαίνω καθίζηση, υποχωρώ: *ο δρόμος/ο τοίχος -ισε από τη μια μεριά.* **4.** (μεταφ., προφ.) έχω μειωμένη απόδοση σε σχέση με πριν: *στο δεύτερο ημίχρονο η ομάδα -τσε.* **5α.** παραμένω σε ένα μέρος για ένα διάστημα: *-τσα μια βδομάδα στο κρεβάτι* (= έμεινα)· *-θισε δύο λεφτά να σε δούμε* (= περίμενε)· **β.** (γενικά) στέκομαι: *-όμουν στο παράθυρο και κοίταζα τα σύννεφα· μην -εσαι όρθιος.* **6.** διαμένω, κατοικώ, ζω: *~ σε μονοκατοικία/στην Ξάνθη· -ισες ένα μήνα στο Παρίσι και παριστάνεις τον Ευρωπαίο.* **7.** συμπεριφέρομαι με αποδεκτό τρόπο: *~ καλά/ήσυχα/φρόνιμα* (= είμαι καλός...). **8α.** δε δουλεύω, είμαι άνεργος ή άεργος: *τώρα που πήρα σύνταξη θα -ίσω να ξεκουραστώ λιγάκι· πώς μπορεί να -εται όλο το πρωί!* **β.** έχω διακοπές ή αργία: *το καλοκαίρι -όμαστε είκοσι μέρες.* **9α.** αδρανώ, αδιαφορώ: *ετοιμάζονται να σε μεταθέσουν κι εσύ -εσαι;* **β.** υπομένω κάτι χωρίς διαμαρτυρία, ανέχομαι: *-εται να τον κατηγορούν χωρίς να απαντά· -ισε και τις έφαγε.* **10.** εξακολουθώ να κάνω κάτι ή παραμένω σε μια κατάσταση για πολύ χρόνο: *-εται και κλαίει· θα -ίσω να περιμένω λίγο ακόμα· -τσα δύο μήνες χωρίς δουλειά.* **11.** αφιερώνω χρόνο και προσπάθεια με σκοπό να πετύχω κάτι, καταγίνομαι με κάτι: *-ίσετε να κουβεντιάσετε και σίγουρα θα βρεθεί λύση· πρέπει να -ίσω να διορθώσω το μηχάνημα.* **12.** (προφ., αποδοκιμαστικά) ασχολούμαι με κάτι, ενώ έπρεπε να κάνω κάτι άλλο: *-εται και ασχολείται με μικρότητες· τι ~ και κουβεντιάζω μαζί σου; Φρ. δε μ' αφήνουν να -ίσω σε χλωρό κλαρί* (= με καταδιώκουν επίμονα)· *έχω κάποιον «στήσει κάτσε»* (= κάνει ό,τι του πω εγώ)· *~ με σταυρωμένα χέρια* (= αδρανώ)· *~ στ' αβγά μου/ στη γωνιά μου/ήσυχος* (= δεν ασχολούμαι με πολλές ή με ξένες υποθέσεις· πβ. σημασ. 7)· *~ στ' αγκάθια/σε (αναμμένα) κάρβουνα/στα βελόνια/ στα καρφιά* (= αδημονώ, ανησυχώ, αγωνιώ)· *μου -εται καθισμένος στο σβέρκο* (= με πιέζει, μου επιβάλλει τη θέλησή του)· (για τροφή) *μου -εται κάτι στο λαιμό* (= δεν μπορώ να το καταπιώ)· *μου -εται κάτι ή κάποιος στο στομάχι* (= **α.** για τροφή δύσπεπτη) **β.** για άνθρωπο ενοχλητικό, για πράγμα, γεγονός, κ.ά. που δεν είναι ανεκτό· πβ. λ. *χωνεύω*). - Βλ. και *ά. καθούμενος.*
καθομολόγηση η, ουσ. (λόγ.), ανεπιφύλακτη ομολογία (συνήθως με όρκο): *~ ιατρού/διδάκτορα* (ένορκη υπόσχεση ότι θα υπηρετήσει την επιστήμη).
καθομολογώ, ρ. (λόγ.), ομολογώ ανεπιφύλακτα.
καθορίζω, ρ. **1.** ορίζω κάτι με ακρίβεια, με σαφήνεια, προσδιορίζω: *το υπουργείο -ισε τις ημερομηνίες των εξετάσεων· ~ τη στάση μου.* **2.** επιδρώ

καθορισμός

αποφασιστικά στο να διαμορφωθεί κάτι: *οι αποφάσεις τους έχουν -ίσει για χρόνια το μέλλον του τόπου* (συνών. *ρυθμίζω*).

καθορισμός ο, ους., ακριβής ορισμός, προσδιορισμός: ~ *νέων τιμών στα εσπεριδοειδή/του αριθμού των εισακτέων στις ανώτατες σχολές*.

καθοριστικός, -ή, -ό, επίθ. 1. που ορίζει με ακρίβεια κάτι: *διατάξεις νόμου -ές για θέματα περιβάλλοντος*. 2. που επηρεάζει αποφασιστικά τη διαμόρφωση μιας κατάστασης, ενός αποτελέσματος, κ.ά.: *η παιδεία παίζει -ό ρόλο στην πνευματική ανάπτυξη· καμπή -ή στην ιστορία* (συνών. *ρυθμιστικός, αποφασιστικός, κρίσιμος*). - Επίρρ. **-ά:** *μετέχει -ά στις αποφάσεις που τον αφορούν*.

καθούμενος, -η, -ο, μτχ. ενεστ. του *κάθομαι*, σε χρήση μόνο στην έκφρ. *στα καλά -α* (= ξαφνικά, αναπάντεχα, χωρίς σοβαρό λόγο): *στα καλά -α άρχισε να κατηγορεί τον ταμία*.

καθρεφτάδικο το, ους. (λαϊκ.), κατάστημα όπου κατασκευάζονται ή πουλιούνται καθρέφτες.

καθρέφτης ο, ους. 1. λεία και στιλπνή επιφάνεια που αντανακλά τις φωτεινές ακτίνες που πέφτουν επάνω της: ~ *κοίλος*. 2α. (ως όργανο καλλωπισμού ή έπιπλο) επίπεδο κομμάτι γυαλί (και παλιότερα μέταλλο) που αντανακλά το φως ώστε, όταν το κοιτάζει κανείς, να βλέπει την εικόνα του: ~ *κρεμαστός/βενετσιάνικος*· ~ *παραμορφωτικός* (λαογρ.) ~ *μαγικός· άμα πεθάνει κανείς στο σπίτι, σκεπάζουν τον -η· σπασμένος* ~ *φέρνει γρουσουζιά·* β. ως όργανο βοηθητικό σε κάτι: *-ες του αυτοκινήτου*. 3. για κάθε λεία επιφάνεια που γυαλίζει ή αντανακλά εικόνες: *η θάλασσα ήταν* ~ (συνών. *γυαλί*). 4. (συνεκδοχικά) για καλογυαλισμένη επιφάνεια ή για χώρο καθαρισμένο πολύ καλά: *θέλω να κάνετε το θάλαμο -η· γραπτό* ~ (*χωρίς καθόλου μουτζούρες ή λάθη*). 5. (μεταφ.) κατάσταση ή ενέργεια που επιτρέπει σε κάποιον να μαντέψει ή να αντιληφθεί μια πραγματικότητα: *τα μάτια είναι* ~ *της ψυχής*. 6. (ναυτ.) το πλατύ σανίδωμα της πρύμνης, ορθογώνιο επάνω και καμπύλο προς τα κάτω, στα παλιά ιστιοφόρα ή στις βάρκες: *φύσαγε σοροκάδα και τους χτυπούσε στον -η* (Μπαστιάς) (συνών. *τάκος*). - Υποκορ. **-άκι** το στη σημασ. 2 = μικρός καθρέφτης: *-άκι του ποδηλάτου·* (ως φορητό όργανο καλλωπισμού): *έβγαλε το -άκι της για να βαφεί*. [<αρχ. ους. *κάτοπτρον*].

καθρεφτίζω, ρ. I. ενεργ. 1. αντανακλώ μια εικόνα σαν καθρέφτης: *τ' ακίνητα νερά της λίμνης -ιζαν τα σύννεφα*. 2. (μεταφ.) απεικονίζω, φανερώνω μια κατάσταση ή μια ενέργεια: *τα μάτια του -ουν τη χαρά· το συγγραφικό του έργο -ει τις αντιφάσεις της εποχής μας* (συνών. *αντικατοπτρίζω*). II. μέσ. 1. κοιτάζομαι, βλέπω την εικόνα μου στον καθρέφτη: *όλη την ώρα -εται*. 2. (μεταφ.) απεικονίζομαι, γίνομαι ολοφάνερος: *στο πρόσωπό του -εται η μοχθηρία* (συνών. *αντικατοπτρίζομαι*).

καθρέφτισμα το, ους. 1. αντανάκλαση μιας εικόνας στον καθρέφτη (ή σε κάτι παρόμοιο): ~ *θαμπό*. 2. (μεταφ.) απεικόνιση μιας κατάστασης ή μιας ενέργειας: ~ *πιστό*.

κάθυγρος, -η, -ο, επίθ. (λόγ.), εντελώς υγρός, καταμουσκεμένος.

καθ' υπερβολήν αρχαϊστ. έκφρ.· για να δηλωθεί το «υπερβολικά».

καθυπόταξη η, ους. (λόγ.), ολοκληρωτική υποταγή, υποδούλωση: ~ *των βαρβάρων·* (μεταφ.) ~ *των παθών*.

καθυποτάσσω, ρ. (λόγ.), υποτάσσω ολοκληρωτικά, υποδουλώνω.

καθ' υποτροπήν αρχαϊστ. έκφρ.· για να δηλωθεί ότι κάτι επανέρχεται, εμφανίζεται ξανά.

καθυποχρεώνω και συνηθέστερα **καταϋποχρεώνω**, ρ., υποχρεώνω σε μεγάλο βαθμό κάποιον, του δημιουργώ έντονο συναίσθημα ευγνωμοσύνης με μια ευεργεσία μου· λέγεται συνήθως, ειρωνικά, για έντονη ενόχληση ή επιβάρυνση.

καθυστερημένα, βλ. *καθυστερώ*.

καθυστέρηση η, ους. 1. κατάσταση κατά την οποία μια πράξη ή ένα γεγονός δε συμβαίνουν αμέσως στον καθορισμένο χρόνο ή όταν τα περιμένει κανείς και η οποία μπορεί να κάνει να αργήσει κάποιος ή κάτι: *παρουσιάστηκαν απρόβλεπτες -ήσεις στην παράδοση των προϊόντων/στα δρομολόγια των τρένων·* ~ *πληρωμής· η εκπομπή άρχισε με* ~· (προφ.) *έχω* ~ (για την περίπτωση που καθυστερούν σε μια γυναίκα τα έμμηνα, ως ένδειξη πιθανής εγκυμοσύνης). 2. το να μην καταφέρνει κάποιος να κάνει κάτι αμέσως: *το σπίτι καιγόταν και δεν υπήρχε περιθώριο για -ήσεις ή δισταγμούς*. 3. (συνεκδοχικά) χρονικό διάστημα κατά το οποίο μια πράξη ή ένα γεγονός αργεί να συμβεί: ~ *μικρή· το αεροπλάνο αναχώρησε με τρεις ώρες* ~· *έλα χωρίς* ~ (= αργοπορία, χρονοτριβή). 4. έλλειψη προόδου, στασιμότητα: ~ *στη χρήση συστημάτων πληροφορικής·* ~ *βιομηχανική/κοινωνική*. 5α. (ψυχ.-παιδαγωγική) κατάσταση του παιδιού ή του ενηλίκου που εξελίχτηκε με αργό ρυθμό σε σχέση με την ομάδα όπου ανήκει, είτε συνολικά είτε κατά ένα μόνο μέρος της προσωπικότητάς του· β. (ειδική ψυχ.) ~ *διανοητική* = εγγενής ή επίκτητη κατάσταση αναστολής στην ανάπτυξη των διανοητικών λειτουργιών του ατόμου με τελικό αποτέλεσμα να περιορίζεται η νοημοσύνη του σε επίπεδα κάτω από τα φυσιολογικά για την ηλικία του.

καθυστερώ, ρ. Α. μτβ. 1α. κάνω κάτι αργότερα από τότε που πρέπει, έχει οριστεί ή αναμένεται: *κάθε μήνα -εί να πληρώσει το νοίκι· ο εισαγγελέας -ησε να ασκήσει δίωξη* (συνών. *αργώ*)· β. (συνεκδοχικά) δε δίνω έγκαιρα κάτι: *μου -εί τρία μηνιάτικα*. 2. δεν κατορθώνω να κάνω κάτι αμέσως ή σε ορισμένο χρόνο, αργώ να...: *αν τυχόν -ήσεις να του ζητήσεις τα δανεικά, ξέχνα τα*. 3. κάνω κάποιον ή κάτι να προχωρεί με αργό ρυθμό, επιβραδύνω: *το χιόνι -ούσε την προέλαση του στρατού*. Β. αμτβ. 1. δε γίνομαι ή δε φτάνω κάπου την ώρα που πρέπει: *-είη έκδοση των αποτελεσμάτων· -ησα γιατί δεν έβρισκα ταξί* (συνών. *αργώ*). 2. (μεταφ.) υστερώ, μένω πίσω: *η χώρα μας -εί στην υιοθέτηση της νέας τεχνολογίας*. - Η μτχ. ενεστ. **-ούμενος, -η, -ο** (λαϊκ.) = (για χρηματικό ποσό) που αργεί να πληρωθεί: *μισθός -ούμενος·* (το ουδ. στον πληθ. ως ους.) *μαζί με το δεκαπενθήμερο θα πάρω και τα -ούμενα*. - Η μτχ. παρκ. ως επίθ. 1. που δε γίνεται ή δε φτάνει στην ώρα του: *προσέλευση -η· υποβολή δικαιολογητικών -η* (= εκπρόθεσμη). 2. (μεταφ., μειωτ.) που δεν ακολουθεί την πρόοδο του πολιτισμού, της επιστήμης, που δεν εκσυγχρονίζεται: *λαός -ημένος* (= υπανάπτυκτος· αντ. *προηγμένος*)· *αντιλήψεις/ιδέες -ημένες* (= απαρχαιωμένες, αναχρονιστικές, ξεπερασμένες)· *άνθρωπος -ημένος* (= υπερβολικά συντηρητικός). 3.

(κοιν.) για άτομο που χαρακτηρίζεται από (διανοητική) καθυστέρηση (βλ.λ. στη σημασ. 5): *παιδί -ημένο·* (ως ουσ.) *ίδρυμα για -ημένους.* - Επίρρ. **-ημένα.**

καθώς, επίρρ. **1.** (αναφ., τροπικό) όπως: *έκανα ~ μου είπες· πλούτισε πολύ, ~ ακούω/μαθαίνω·* έκφρ. *~ φαίνεται* (= πιθανότατα, προφανώς). **2.** (με επόμενο το **και**) επίσης: *συνάντησα όλους τους παλιούς συναδέλφους, ~ και μερικούς νεοφερμένους.* - Ως σύνδ. **1.** (χρον.) ενώ, εκεί που: *~ ερχόμουν, είδα τον αδελφό σου.* **2.** (αιτιολ.) αφού, επειδή: *~ ήταν έτσι μελαχρινός, τον πέρασαν για ΄Αραβα.* [αρχ. *καθ' ά·* πβ. *καταπώς*].

καθωσπρέπει, επίρρ. **α.** όπως πρέπει, όπως επιβάλλουν οι καθιερωμένοι κανόνες εμφάνισης και συμπεριφοράς: *ντύνεται/φέρεται ~.* **β.** ως επίθ. (κάποτε ειρων.): *ένας ~ κύριος* (= αξιοπρεπής, άψογος στη συμπεριφορά).

καθωσπρεπισμός ο, ουσ., συμπεριφορά σύμφωνη με τους καθιερωμένους κανόνες, δηλ. ευγενική και κόσμια, συχνά όμως προσποιητή και υποκριτική (αντ. *απλότητα, φυσικότητα, ειλικρίνεια*).

και και (μπροστά από φωνήεν) **κι,** συμπλ. σύνδ. **Α. 1α.** συνδέει παρατακτικά δύο ή περισσότερες λέξεις, όρους μιας πρότασης ή σύνολα λέξεων με την ίδια συντακτική λειτουργία, όταν θέλουμε να εκφράσουμε σύνθετο νόημα, να δώσουμε πρόσθετη πληροφορία, κ.τ.ό. (μπαίνει κανονικά μπροστά από το δεύτερο ή το τελευταίο μέλος της παράταξης): *ο πατέρας ~ η μητέρα μου· έφαγα ψωμί, τυρί ~ ντομάτα· εδώ ~ τώρα· ήρθε χλομή ~ με δάκρυα στα μάτια·* (αποφατικά) *με θάρρος ~ όχι με των δειλών τα παρακάλια* (Καβάφης)· (για έμφαση επαναλαμβάνεται μπροστά απ' όλες τις λέξεις που συνδέει) *ευθύνες έχουν ~ οι μαθητές ~ οι μαθητές ~ οι γονείς·* **β.** (με παράλειψη των προηγούμενων όρων για προσθήκη σε κάτι που εννοείται ή προαναφέρθηκε): *μαζευτήκαμε στο σπίτι νωρίς, γιατί έκανε ~ κρύο·* **γ.** (διαζευκτικά) *σε λύπες ~ χαρές είχε την ίδια ψυχραιμία· άλλο θέμα δε συζητούσαν σε πόλεις ~ χωριά* (= είτε... είτε...)· **δ.** (στο σχήμα «ένα με δύο»): *αστροπελέκι ~ φωτιά* (= αστροπελέκι φλογερό) *να πέσει στις αυλές σου* (δημ. τραγ.). **2.** στη μέτρηση χρόνου, βάρους, διαστάσεων, κ.τ.ό., για να δηλωθεί πόσες μικρότερες μονάδες προστίθενται σε μια μεγαλύτερη: *θα απολυθώ σε δύο μήνες ~ δέκα μέρες· δύο κιλά ~ διακόσια γραμμάρια·* (ειδικά για τη δήλωση της ώρας) *το τρένο φεύγει στις οχτώ ~ δέκα* (ενν. *λεπτά*). **3.** (μαθημ.) δείχνει ότι κάνουμε πρόσθεση δύο αριθμών: *δύο ~ δύο (κάνουν) τέσσερα* (συνών. *συν·* σύμβολο +). **4.** σε εκφρ. που δηλώνουν αόριστα προσθήκη: *~ εξής/ούτω καθεξής/ τα εξής/(τα) λοιπά/τα όμοια.* **5.** για εχθρική ενέργεια: *ο Α ~ ο Β μαλώνουν* (ενν. *ο Α με τον Β*)· *στα 1770 η Ρωσία ~ η Τουρκία πολεμούσαν* (ενν. η μια εναντίον της άλλης). **6.** με έναρθρ. αριθμ. δηλώνει κοινή ιδιότητα, ενέργεια, πάθος, κ.τ.ό.: *καταδικάστηκαν ~ οι εφτά παραβάτες.* **Β. 1.** για την παρατακτική σύνδεση προτάσεων: *ο ήλιος φωτίζει τη γη ~ τη θερμαίνει* (= και επιπλέον)· (αποφατικά) *έφυγε ~ δε γυρίζει πίσω· δεν τρώτε ~ δεν πίνετε ~ δε χαροκοπάτε* (δημ. τραγ.). **2.** συνδέει προτάσεις (και σπανιότ. όρους της πρότασης) που δηλώνουν κάτι έντονα αντίθετο (= *αλλά, όμως, κι όμως*): *ήθελα να σου τηλεφωνήσω ~ το ξέχασα· λίγα χρόνια ~ καλά·* (με επόμενη πρό-

σωπ. ή δεικτ. αντων.) *εγώ πονώ κι εσύ γελάς* (λαϊκ. τραγ.)· (αποφατικά) *γέρασε ~ μυαλό δεν έβαλε·* (σε επιφωνηματική πρότ.) *τόσοι κοίταζαν ~ δε βρέθηκε ένας να σε βοηθήσει!* **3.** συνδέει προτάσεις με σχέση χρόνου μεταξύ τους· **α.** όταν δηλώνουν πράξεις που γίνονται συγχρόνως: *περπατώ ~ σφυρίζω·* **β.** όταν δηλώνουν πράξεις ή γεγονότα από τα οποία το δεύτερο ακολουθεί χρονικά το πρώτο (= και αμέσως μετά, και έπειτα, και κατόπιν): *άνοιξε την πόρτα ~ μπήκε στην τάξη·* **β1.** για ενέργειες που επαναλαμβάνονται: *όλο το πρωί έμπαινε κι έβγαινε στο γραφείο* (= πότε... πότε...)· **β2.** για επιβεβαίωση: *το 'πες ~ το 'κανες* (= και πράγματι)· *επέμενε να πληρώσει εκείνος, όπως κι έγινε.* **4.** συνδέει προτάσεις όπου η πρώτη δείχνει μια αιτία και η δεύτερη το αποτέλεσμα (= και γι' αυτό): *του το είπα ~ θύμωσε·* (αποφατικά) *ήταν άρρωστος ~ δεν πήγε στη δουλειά.* **5.** όταν δηλώνεται φυσικό ή λογικό επακόλουθο (και φυσικά, κι έτσι, και επομένως): *κόπηκε το ρεύμα ~ μείναμε χωρίς φαγητό·* (αποφατικά) *δε βρήκα λεωφορείο ~ δεν ήρθα.* **6.** όταν η τελευταία πρόταση έχει ως προϋπόθεση την προηγούμενη (= και τότε, και μ' αυτό τον όρο): *δείξε προθυμία κι εγώ θα σε βοηθήσω·* (αποφατικά) *κάνε ό,τι σου είπα ~ δε θα χάσεις.* **7.** για διασάφηση του νοήματος της προηγούμενης πρότασης (= δηλαδή): *οι κλέφτες εσκορπίσανε ~ γίνηκαν μπουλούκια* (δημ. τραγ.). **Γ.** συνδέει δύο ίδιες λέξεις ή φράσεις για έμφαση. **1.** (με ρήματα) **α.** για να δείξει ότι κάτι εξακολουθεί να συμβαίνει για ένα χρονικό διάστημα: *ο παππούς έλεγε κι έλεγε...* **β.** για να τονίσει το βαθμό ή την ποικιλία: *έχουνε ιδεί κι έχουνε ιδεί τα μάτια μου* (ενν. πάρα πολλά και διάφορα). **2.** (με ρήματα σε αποφατική σύνδεση) **α.** για να δείξει προσέγγιση, το περίπου: *το νερό φτάνει ~ δε φτάνει για δυο μέρες* (= μόλις φτάνει)· **β.** (επιτ.): *πούλησε ό,τι είχε ~ δεν είχε.* **3.** με ουσ., επίθ., αντων., επίρρ., για να τονίσει ιδιαίτερα το νόημά τους (ποσοτικά ή ποιοτικά): *΄Ανθη κι άνθη βαστούνε στο χέρι παιδιά κι άντρες* (Σολωμός)· *υπάρχουν άνθρωποι κι άνθρωποι* (ενν. πολλοί και διαφορετικοί μεταξύ τους)· *μας λεν όλο τα ίδια ~ τα ίδια* (= ακριβώς τα ίδια)· *τόσοι ~ τόσοι πλούτισαν·* εκφρ. *εμείς κι εμείς* (= μόνο εμείς)· *ένας κι ένας* (ενν. όλοι εκλεκτοί)· *μισά ~ μισά* (για κατανομή· ενν. μισά ο ένας, μισά ο άλλος)· *μόνο ~ μόνο* (= αποκλειστικά): *το 'πες μόνο ~ μόνο για να με πικράνεις· ποιος και ποιος* (= ο καθένας χωριστά, ονομαστικά): *πες μας με ποιον ~ ποιον συναντήθηκες· πώς ~ πώς* (για έντονη προσπάθεια, συγκίνηση, κ.τ.ό.): *έκανε πώς ~ πώς για να τα καταφέρει· σε περίμενε πώς ~ πώς·* (με συγγενική λ.) *κόσμος ~ κοσμάκης* (= κάθε είδους, πολλών λογιών άνθρωποι). **Δ.** εισάγει πρόταση που κανονικά θα έπρεπε να είναι δευτερεύουσα: **1.** ειδική: *τον άκουσα κι έλεγε ότι...·* εκφρ. *λες και...* (= νομίζεις πως..., σαν να...): *λες ~ το φτιάξανε τώρα δα.* **2.** βουλητική: *θέλεις ~ τα λες ή σου ξεφεύγουν; μπορεί ~ πουλά φθηνότερα·* εκφρ. *μην τύχει ~...* (= μήπως τυχόν...): *μην τύχει κι είδατε το γιό μου;* **3.** ενδοιαστική: *να βγάζεις έξω τα παιδιά με τη βροχή ~ κρυολογήσουν* (= μήπως κρυολογήσουν). **4.** αιτιολογική: *μη με καθυστερείς ~ δεν έχω καθόλου ώρα* (= γιατί δεν έχω...). **5.** τελική: *αν έρθουν ~ σου ζητήσουν πληροφορίες, πες πως δε με είδες.* **6.** αποτελεσματική: μ' έκανες ~ γέλασα· πώς έγινε ~ βρέθηκες στην πόλη μας; 7. χρονική: έρχεται μια στιγμή ~ κανείς δεν μπορεί να σε βοηθήσει (= οπότε κανείς...)· δεν είχαμε απομακρυνθεί πολύ κι έπιασε φουρτούνα. 8. αναφορική: ήταν ένας βασιλιάς κι είχε τρεις γιους. 9. με προηγούμενο το επίρρ. έτσι σε είδος χρον. ή υποθ. πρότ. (βλ. έτσι στις σημασ. 3, 4). Ε. χρησιμοποιείται πλεοναστικά 1. με πρότ. που δηλώνει παράκληση, προτροπή, ευχή: μάνα μου, κι ας τη δώσουμε την Αρετή στα ξένα (δημ. τραγ.)· ε! ~ να μου 'δινες μια βδομάδα περιθώριο. 2. με προηγούμενα επιρρ.: βεβαίως ~ το καταλαβαίνω· ίσως ~ να μη μας είδε· 3. με ερωτ. λ.: τι κι αν γεννήθηκα φτωχός (πβ. και σημασ. Η2). 4. σε παρομοιώσεις (σαν και + αιτ.): ήταν ψηλός σαν κι εσένα. 5. (προφ.) χρησιμοποιείται εντελώς στο τέλος φράσης α. για ποσό μεγαλύτερο απ' όσο δηλώθηκε προηγουμένως: η ώρα είναι δύο ~ (= περασμένες δύο)· β. με αποσιωπητικά όταν υπονοείται κάτι δυσάρεστο: θα 'ρθει ο μπαμπάς ~ θ' αρχίσει να ρωτάει... ~, ~, ~... εκφρ. ε ~; (= ως απάντηση, όταν κανείς αδιαφορεί για το περιεχόμενο μιας παρατήρησης, μιας απειλής): μη φωνάζεις, θα μας ακούσουν οι γείτονες! - Ε ~; (= και τι με νοιάζει; Ας μας ακούσουν). Ζ. ως μεταβατικός, στην αρχή πρότασης ή περιόδου 1. βοηθά να περάσουμε από τα προηγούμενα στα επόμενα εισάγοντας ό,τι καινούργιο θέλουμε να πούμε: πήγαινε να πάρεις ψωμί. ~ μην αργήσεις όπως χτες! ~ τώρα τι κάνουμε; ~ όμως κινείται· 2. (ειδικότερα) εισάγει μια ερώτηση που συνδέεται άμεσα με ό,τι ειπώθηκε προηγουμένως: Διάβασα το καινούργιο βιβλίο τού Α. - ~ σου άρεσε; 3. χρησιμοποιείται όταν διακόπτει κανείς τη φράση του για να κάνει μια παρατήρηση ή ένα σχόλιο σε όσα λέει: αυτός ο φίλος σου - ~ λυπούμαι που να τον λέω- δε μου φέρθηκε τίμια. 4. σε ευχετ. εκφρ. δηλώνει προσθήκη σε κάτι που ειπώθηκε ή εννοείται: ~ στα δικά σας! ~ του χρόνου! Η. 1. ως παραχωρητικός (= έστω και): ~ μία φορά αν τον έβλεπες, θα τον θυμόσουν. 2. σε συνεκφ. και αν, και να, και... να, ας... και εισάγει παραχωρητικές προτ.: ~ να με παρακαλάς, δεν έρχομαι· (σε αναφ. παραχωρητική πρότ.) ό,τι κι αν ζητήσεις θα σου το χαρίσω. 3. ως επιδοτικός (= ακόμη και): όποιος θέλει τα πολλά χάνει ~ τα λίγα· αυτό το ξέρει κι ένα παιδί· δεν αποκλείεται ~ να έφυγε. 4. σε συνεκφ. αν και, κι ας, και που εισάγει εναντ. προτ.: αν ~ είχε πολλά λεφτά, δεν ήταν ευτυχισμένος· θα το πω, κι ας θυμώσεις· ~ που συζητήσαμε πάλι δε λύθηκαν τα προβλήματα.

...και αμαρτίαν ουκ έχω, βλ. είπα και ελάλησα και αμαρτίαν ουκ έχω.

καίγω, βλ. καίω.

και εγένετο φως αρχαϊστ. φρ. (παιγνιωδώς) όταν ανοίγουμε το φως ή ανοίγουμε τα παράθυρα.

καϊκάκι, βλ. καΐκι.

καϊκάς ο, ουσ. (ασυνίζ., λαϊκ.), ιδιοκτήτης καϊκιού.

καΐκι το, ουσ. (ναυτ.) ιστιοφόρο με μικρή χωρητικότητα και κάπως μυτερό στην πλώρη και την πρύμνη που χρησιμοποιείται σε μεταφορές και για ψάρεμα: ~ αραγμένο· σπρώχνω το ~ στη στεριά. - Υποκορ. **-άκι** το. [τουρκ. *kayik*].

καϊκιά η, ουσ. (συνιζ., λαϊκ.), φορτίο καϊκιού, όσο χωράει ένα καΐκι: μια ~ ξύλα.

καΐκτσής και **καΐξής** ο, ουσ., ιδιοκτήτης ή κυβερνήτης καϊκιού. [τουρκ. *kayikçi*].

καΐλα η, ουσ. (λαϊκ.), αίσθημα φλόγωσης, ιδίως στο στομάχι (συνών. *καούρα*).

καϊμακάμης και **καϊμεκάμης** ο, ουσ. (ιστ.) έπαρχος του οθωμανικού κράτους στην ύστερη Τουρκοκρατία, διοικητής ενός καζά (βλ.λ.). [αραβοτουρκ. *kaymakam*].

καϊμάκι το, ουσ. 1. κρούστα που σχηματίζεται στην επιφάνεια του γάλακτος (συνών. *ανθόγαλα, κορυφή, κρέμα*). 2. (για τον ελληνικό καφέ) αφρώδες και σχετικά πυκνό στρώμα που σχηματίζεται στην επιφάνειά του όταν βράζει: ~ παχύ· το ~ έκοψε. 3. (μεταφ.) για το καλύτερο μέρος από κάτι (συνών. *άνθος, αφρός*). [τουρκ. *kaymak*].

καϊμακλήδικος, -η, -ο και **-τικος**, επίθ. (λαϊκ.), (συνήθως για τον καφέ) που έχει παχύ καϊμάκι.

καϊμακλής, επίθ. αρσ. (λαϊκ.) ως ουσ. για τον καφέ με παχύ καϊμάκι: *το φλυτζάνι με τον -ή*. [τουρκ. *kaymaklı*].

καϊμακλήτικος, βλ. καϊμακλήδικος.

καϊμεκάμης, βλ. καϊμακάμης.

και μη προς κακοφανισμόν σου αρχαϊστ. εκφρ. = και να μη σου κακοφανεί, μην παρεξηγήσεις αυτό που θα πω.

καινά δαιμόνια αρχαϊστ. εκφρ. = νεοφανείς ιδέες.

καινοζωικός, -ή, -ό, επίθ. (γεωλ.) αιώνας ~ = ο τελευταίος από τους τρεις γεωλογικούς αιώνες στην ιστορία της γης, ο οποίος άρχισε πριν από 65 εκατομμύρια χρόνια και συνεχίζεται ως σήμερα (ονομάστηκε από την ανανέωση και την επικράτηση των ζωντανών οργανισμών στη γη κατά την εποχή αυτή).

καινός, βλ. διαθήκη στη σημασ. 2.

καινοτομία η, ουσ. 1. εισαγωγή ή εφαρμογή νέων συστημάτων, αλλαγή σε κάτι με σκοπό τη βελτίωση: *-ες στη φορολογική πολιτική* (συνών. *αναμόρφωση, μεταρρύθμιση* αντ. *στασιμότητα*). 2. κάτι το νέο, ασυνήθιστο ή και παράδοξο: *-ες του εκλογικού συστήματος* (συνών. *νεοτερισμός*).

καινοτόμος ο, ουσ., αυτός που εισάγει ή αποδέχεται νέα συστήματα ή αντιλήψεις, που επιβάλλει αλλαγές (συνών. *ανανεωτής, αναμορφωτής, μεταρρυθμιστής, νεοτεριστής* αντ. *συντηρητικός*).

καινοτομώ, ρ., κάνω καινοτομίες (βλ.λ.) (συνών. *νεοτερίζω*).

καινούργιος, -α, -ο, επίθ. (συνιζ.). 1α. που κατασκευάστηκε, που δημιουργήθηκε πρόσφατα: *έπιπλα -α· απόψεις -ες·* β. για κάτι που επινοήθηκε, σχεδιάστηκε ή αντιμετωπίστηκε πρόσφατα: *μοντέλο αυτοκινήτου/σύστημα προσλήψεων -ο*. 2. για κάτι που δεν το χρησιμοποίησε ή δεν το κατείχε πιο πριν κάποιος άλλος: *χρειάζομαι -ο παλτό* (συνών. *αμεταχείριστος* αντ. *παλιός, μεταχειρισμένος*). εκφρ. *σαν -ο* (για κάτι που λειτουργεί καλά, βρίσκεται σε καλή κατάσταση ή έχει καλή εμφάνιση, αφού προηγουμένως το διόρθωσαν). 3. διαφορετικός είτε γιατί άλλαξε πρόσφατα είτε γιατί κάποιος δεν τον γνώρισε, δεν τον είδε, δεν τον δοκίμασε πιο πριν: *-α διεύθυνση· -οι τρόποι για ν' αποφύγει τη φορολογία*. 4. για κάτι που παρουσιάζεται πάλι ή ξαναρχίζει απ' την αρχή: *φεγγάρι -ο· χρόνος ~*. 5. για πρόσωπο που έφτασε πρόσφατα σε έναν τόπο ή σε μια δουλειά, που απέκτησε πρόσφατα μια ιδιότητα ή ένα αξίωμα: *είμαι ~ στην πόλη και δεν ξέρω πού είναι η αγορά* (= νεοφερμένος)· *δήμαρχος ~* (συνών. σε όλες τις σημασ. *νέος*, αντ. *παλιός*). Παροιμ. *-ο κοσκινάκι μου και πού να σε κρεμάσω* (όταν κάποιος δείχνει με-

γάλη αγάπη και φροντίδα για κάτι καινούργιο, ενώ περιφρονεί το παλιό. [μτγν. *καινουργής*].
καινουργιώνω, ρ. (συνίζ., λαϊκ.), κάνω κάτι καινούργιο (αντ. *παλιώνω*).
καινούριος, βλ. *καινούργιος*.
καϊξής, βλ. *καϊκτσής*.
καίρια, βλ. *καίριος*.
καιρικός, -ή, -ό, επίθ., που ανήκει ή αναφέρεται στον καιρό: *συνθήκες -ές· φαινόμενα -ά*.
καίριος, -α, -ο, επίθ. (ασυνίζ.). 1. που γίνεται σε κατάλληλη στιγμή: *αντίδραση/επέμβαση -α* (συνών. *έγκαιρος, αποτελεσματικός*). 2. σημαντικός, ουσιώδης: *πρόβλημα -ο*. 3. επικίνδυνος: *τραύμα/πλήγμα -ο· σημείο -ο* (= το πιο επικίνδυνο ή το πιο επισφαλές). - Το ουδ. στον πληθ. ως ουσ. = τα ουσιώδη: *συζήτησαν τα -α*. - Επίρρ. **-α** (στις σημασ. 1 και 3).
καιρός ο, ουσ. 1. κατάλληλη περίσταση, ευκαιρία: *δεν είναι ~ για ρομαντισμούς*. 2. κατάλληλη εποχή· ωριμότητα: *οι μπανάνες δεν είναι ακόμη στον -ό τους* (μεταφ.) *η κοπέλα είναι στον -ό της* (= ώριμη για γάμο). 3. χρονικό διάστημα (συνήθως μεγάλο): *πάει ~ που χώρισαν· θα μείνει -ό στο κρεβάτι*. 4. χρονική περίοδος κατά την οποία συμβαίνει κάποιο γεγονός, εποχή: *σε -ό πολέμου· από τον -ό του Νώε/του Όθωνα* (για πράγματα πολύ παλιά). 5. χρόνος διαθέσιμος, ελεύθερος: *δε μου μένει ~ καθόλου*. 6. ατμοσφαιρική κατάσταση, μετεωρολογικές συνθήκες: *~ αίθριος/καλός/άσχημος· χάλασε/γλύκανε ο ~*. 7. (ναυτ.) άνεμος: *τι ~ φυσάει; ο ~ δυνάμωσε/πέφτει*. 8. (στον πληθ.) *οι -οί* = οι περιστάσεις, οι κοινωνικές συνθήκες: *πώς αλλάζουν οι -οί! μηνύματα/σημεία των -ών* (= της σύγχρονης εποχής)· *οι -οί δεν το επιτρέπουν*. 9. (σε κατάρα): *τον κακό σου τον -ό!* Εκφρ. *απ' τον -ό του Αδάμ/του Νώε/ή άλλου πολύ προγενέστερου προσώπου* (= από πολύ παλιά)· *~ για φίλου σπίτι* (= άσχημος)· *κατά -ούς* (= σε τακτά χρονικά διαστήματα): *κατά -ούς την πιάνουν κρίσεις· με τον -ό* (= με την πάροδο του χρόνου)· *μια φορά κι έναν -ό* (= κάποτε)· *του καλού -ού* (= υπερβολικά): *κοιμάται του καλού -ού* (= βαθιά)· *τρώει του καλού -ού* (= πολύ). Φρ. *είναι ~ να.../για κάτι* (= έφτασε η κατάλληλη στιγμή για κάτι): *είναι ~ να γυρίσω στην πατρίδα μου· περνώ τον -ό μου* (= απασχολούμαι σε κάτι, διασκεδάζω)· *χάνω τον -ό μου* (= ματαιοπονώ)· *μη χάνεις ό* (= τρέξε, σπεύσε). Παροιμιακή φρ.: *έχει ο ~ γυρίσματα* (= οι περιστάσεις αλλάζουν με την πάροδο του χρόνου). Παροιμ. *κάθε πράγμα στον -ό του κι ο κολιός τον Αύγουστο*.
καιροσκοπία η, ουσ., το να καιροσκοπεί (βλ.λ.) κάποιος.
καιροσκοπικός, -ή, -ό, επίθ., που ανήκει ή αναφέρεται στην καιροσκοπία ή στον καιροσκόπο (βλ.λ.): *τακτική -ή*. - Επίρρ. **-ά** και **-ώς**.
καιροσκοπισμός ο, ουσ., το να ενεργεί κανείς όταν του παρουσιάζεται κατάλληλη ευκαιρία και όχι με βάση γενικές αρχές.
καιροσκόπος ο, ουσ., αυτός που εκμεταλλεύεται την ευκαιρία που του παρουσιάζεται και προωθεί τα συμφέροντά του χωρίς να έχει ηθικούς δισταγμούς: *αυτός κι αν δεν είναι ~! -οι του κόμματος* (συνών. *οπορτουνιστής*).
καιροσκοπώ, -είς, ρ., περιμένω την κατάλληλη ευκαιρία για να την εκμεταλλευτώ μην έχοντας ηθικούς φραγμούς.

καιροφυλακτώ, -είς, ρ., περιμένω την κατάλληλη ευκαιρία για να ενεργήσω.
καίσαρ ο, γεν. *-αρος*, ουσ. 1. τίτλος των Ρωμαίων αυτοκρατόρων. 2. τίτλος αξιώματος στο Βυζάντιο. [λατ. *caesar*].
καισαρικός, -ή, -ό, επίθ. 1. (ιστ.) που ανήκει ή αναφέρεται στον καίσαρα: *διάταγμα -ό* (συνών. *αυτοκρατορικός*). 2. (ιατρ.) *-ή τομή* = διάνοιξη με εγχείρηση της κοιλιάς της εγκύου για εξαγωγή του εμβρύου, όταν ο τοκετός δεν μπορεί να γίνει φυσιολογικά: *γεννήθηκε με -ή τομή*.
καισαρισμός ο, ουσ., το να φέρεται κανείς αυταρχικά, όπως ο καίσαρ· (κατ' επέκταση) απολυταρχία, τυραννία.
καισαροπαπισμός ο, ουσ. (ιστ.) πολιτειακό σύστημα στη Δύση το 14., 15. και 16. αι., σύμφωνα με το οποίο ο ανώτατος άρχοντας του κράτους ήταν ταυτοχρόνως και αρχηγός της εκκλησίας.
καΐσι το, ουσ., καρπός της καϊσιάς (συνών. *βερύκοκο*). [τουρκ. *kayisi*].
καϊσιά η, ουσ. (συνίζ.), βερυκοκιά.
και τούτο ποιήσαι κάκείνο μη αφιέναι· αρχαϊστ. φρ.· για να δηλωθεί ότι πρέπει να γίνουν δυο ενέργειες που φαίνονται να εμποδίζει η μία την άλλη.
και υπερυψούται· αρχαϊστ. φρ. (συνήθως σε απάντηση) για να δηλωθεί το «και με το παραπάνω».
καίω και **καίγω**, ρ., παρατατ. *έκαιγα*, αόρ. *έκαψα*, παθ. αόρ. *κάηκα*, μτχ. παθ. παρκ. *καμένος*. **I.** ενεργ. Α. μτβ. 1. βάζω φωτιά σε κάτι: *~ το φούρνο* (συνών. *ανάβω*). 2. καταστρέφω κάτι ρίχνοντας ή βάζοντας (στη) φωτιά: *έκαψα τα σκουπίδια· κάηκαν τα περισσότερα δάση μας· οι Τούρκοι έκαψαν τη Σμύρνη* (= πυρπόλησαν)· (για νεκρό) αποτεφρώνω: *στον Τρωϊκό πόλεμο έκαιγαν τους νεκρούς*. 3. προξενώ φθορά σε κάτι χρησιμοποιώντας θερμότητα: *έκαψα το πουκάμισο στο σίδερωμα*. 4. προκαλώ φλόγωση, φλεγμονή ή καυστικό ερεθισμό: *μ' έκαψε ο καφές/η σούπα*. 5. καταστρέφω τα συστατικά κάποιου πράγματος, νεκρώνω, αλλοιώνω: *ο πάγος/ο λίβας έκαψε τα κηπευτικά· έκαψα το φαγητό*. 6. (ιατρ.) καυτηριάζω: *ο γιατρός του ·καψε την πληγή*. 7. απολυμαίνω διάφορα αντικείμενα στη φωτιά ή σε καυτό νερό. 8. (για πηγή ενέργειας) καταναλώνω: *το τελευταίο δίμηνο έκαψα πολύ ρεύμα/πετρέλαιο*. 9. (μεταφ.) προκαλώ έντονο συναίσθημα, ιδίως θλίψη, κλπ.: *ο καημός μού -ει την ψυχή· την έκαψε ο Χάρος*. 10. (μεταφ.) *με -ει κάτι* = με απασχολεί έντονα, ενδιαφέρομαι για κάτι έντονα: *τον -ει το ζήτημα της αποκατάστασης των παιδιών του*. Β. αμτβ. **1α.** εκπέμπω μεγάλη θερμότητα ή φως, είμαι αναμμένος: *-ει το καντήλι/ο φούρνος/η σόμπα·* **β.** (για τον ήλιο) θερμαίνω πολύ: *ο ήλιος -ει πολύ σήμερα·* **γ.** είμαι (υπερβολικά) θερμός: *το σίδερο/η σούπα/ο καφές/το φαΐ -ει* (συνών. *ζεματίζω*). 2. (αμτβ. και σπανιότ. μτβ.) έχω πυρετό: *-ει στον πυρετό· τον -ει ο πυρετός* (μέσ.) *-εται στον πυρετό*. 3. (μεταφ. για κάτι που έχει μεγάλο ενδιαφέρον): *θέμα που -ει·* (για κάτι πολύ ακριβό): *τιμές που καίνε* (= πολύ υψηλές). **II.** αμ. 1. (για το κερί) τήκομαι, λειώνω: *το κερί κοντεύει να καεί*. 2. (τεχνολ. για εξάρτημα που σταμάτησε να λειτουργεί, επειδή συμπλήρωσε τον κύκλο ζωής του ή χάλασε εξαιτίας βλάβης): *κάηκε η μπαταρία· ασφάλεια καμένη· κάηκε το φίλμ* (συνών. *αχρηστεύομαι*). 3. (μεταφ., σε χαρτοπαικτικά παιχνί-

κακά

δια) χάνω, γιατί ξεπέρασα τον αριθμό που ορίζει ο κανονισμός του παιχνιδιού: *«σήκωσα» μεγάλο χαρτί και κάηκα.* 4. (μεταφ. για ενέργεια που έχει άσχημες συνέπειες για το δράστη): *αν σε μάθουν, κάηκες!* 5. (μεταφ.) εκδηλώνω έντονα το ενδιαφέρον μου για κάτι: *-εται για να μάθει...* 6. (μεταφ., για να δηλωθεί άγχος, φόρτος εργασίας, άσχημη οικονομική, ψυχολογική κατάσταση, κλπ.): *άσε με τώρα, -ομαι!* Φρ. *θα καεί το πελεκούδι* (= θα γίνει γλέντι τρικούβερτο)· *-ει και δεν καπνίζει* (για άνθρωπο δόλιο και ύπουλο)· *~ τη γούνα κάποιου* (= βασανίζω, ταλαιπωρώ κάποιον): *τους έχουνε κάψει τη γούνα τους οι κουρσάροι* (Μπαστιάς)· *καρφί δεν του -εται* (= δεν ενδιαφέρεται καθόλου). - Παροιμ. *εδώ ο κόσμος -εται και η γριά χτενίζεται* (για κάποιον που ασχολείται με κάτι ασήμαντο αδιαφορώντας για τα όσα σημαντικά συμβαίνουν γύρω του)· *μαζί με τα ξερά -ονται και τα χλωρά* (για κάποιον που υφίσταται κάτι χωρίς να ευθύνεται ο ίδιος).

κακά, βλ. *κακός.*

κακάβι το, ουσ. (λαϊκ.), είδος χύτρας (συνών. *καζάνι, λεβέτι*). [αρχ. *κακκάβιον*].

κακαβιά η, ουσ. (συνιζ., λαϊκ.). 1. όσο μπορεί να χωρέσει το κακάβι (βλ.λ.) (συνών. *καζανιά*). 2. ψαρόσουπα από πολλά μικρά ψάρια.

κακαδιάζω, ρ. (συνιζ., λαϊκ.), σχηματίζω κάκαδο (βλ.λ.): *η πληγή κακάδιασε.*

κάκαδο και (λαϊκ.) **κάρκαδο** και **κάκανο** το, ουσ., σκληρό επίστρωμα που σχηματίζεται πάνω σε τραύματα, έλκη, κλπ.

κακαναθρεμμένος, βλ. *κακοαναθρεμμένος.*

κακανητό και **κάκανο**, βλ. *χαχανητό* και *χάχανο.*

κακανίζω, βλ. *χαχανίζω.*

κάκανο, I. βλ. *κάκαδο.*

κάκανο, II. βλ. *χάχανο.*

κακάο το, ουσ. 1. οι σπόροι του κακαόδεντρου (βλ.λ.), η σκόνη που βγαίνει από το άλεσμά τους και το ρόφημα που γίνεται από το βρασμό της: *θέλεις ~ με γάλα;* 2. το κακαόδεντρο. [ισπαν. *cacao*].

κακαόδεντρο το, ουσ., ιθαγενές δέντρο της N. Αμερικής, που καλλιεργείται για την παραγωγή κακάο.

κακαρίζω, ρ. 1. (για κότες) φωνάζω «κα-κα». 2. (για πέρδικες) κελαϊδώ: *η πετροπέρδικα κακάρισε.* 3. (μεταφ.) φλυαρώ θορυβώντας: *η μητέρα κακάριζε* (Καζαντζάκης). [ονοματοπ. από τη φωνή της κότας *κακακα*].

κακάρισμα το, ουσ. 1. φωνή της κότας: (παροιμ.) *αλλού τα -ίσματα κι αλλού γεννούν οι κότες·* βλ. ά. αλλού. 2. φωνή της πέρδικας. 3. (μεταφ., συνήθως στον πληθ.) θορυβώδεις φλυαρίες: *ακούστηκαν τα -ίσματα των γυναικών* (Καζαντζάκης).

κακάρωμα το, ουσ. (λαϊκ.), θάνατος.

κακαρώνω, ρ. (λαϊκ.), πεθαίνω· (συνήθως στη φρ.) *τα κακάρωσε.* [*καρώνω*<αρχ. *καρώ*<ουσ. *κάρος* = αναισθησία, νάρκη].

κακαφορμίζω βλ. *κακοφορμίζω.*

κακέκτυπος, -η, -ο, επίθ. (λόγ.), (για βιβλίο, κλπ.) που παρουσιάζει ελαττώματα στην εκτύπωση.

κακέμφατος, -η, -ο, επίθ. (λόγ.), (για λόγια) που έχουν άσχημη σημασία (συνών. *άσεμνος, αισχρός*).

κακεντρέχεια η, ουσ. (ερρ., ασυνίζ., λόγ.), μοχθηρία (συνών. *εμπάθεια, κακία*).

κακεντρεχής, -ής, -ές, γεν. *-ούς*, πληθ. αρσ. και θηλ. *-είς*, ουδ. *-ή*, επίθ. (ερρ., λόγ.), μοχθηρός (συνών. *κακόβουλος, δόλιος, φθονερός*).

κακήν κακώς· αρχαϊστ. έκφρ. = με βίαιο ή άσχημο τρόπο: *σκόρπισε κακήν κακώς η αρμάδα.*

κάκητα η, ουσ. (λαϊκ.). 1. εχθρική διάθεση, κακία (συνών. *εχθρότητα, κάκια*). 2. οργή, θυμός.

κάκια η, ουσ. (συνιζ., λαϊκ.). 1. εχθρότητα, κακία (συνών. *κάκητα*). 2. ψυχρότητα σε φιλικές σχέσεις. [*κακίζω* υποχωρ.].

κακία η, ουσ. 1. αίσθημα μίσους ή μοχθηρίας, επιθυμία να προκαλέσεις στους άλλους ανθρώπους κακό: *το βλέμμα του ήταν γεμάτο ~* (αντ. *καλοσύνη*). 2. οργή, θυμός. Φρ. *κρατώ ~ σε κάποιον* (= είμαι θυμωμένος μαζί του).

κακίζω, ρ., κατηγορώ, κατακρίνω: *όλοι τον κάκισαν για τη συμπεριφορά του* (συνών. *ψέγω*· αντ. *επαινώ, παινεύω*).

κακίστρα η, ουσ. (λαϊκ.), γυναίκα κακή, μοχθηρή, στρίγγλα. [*κακίζω*].

κακίωμα το, ουσ., το να κακιώνει κανείς (συνών. *ψυχρότητα*).

κακιώνω, ρ. (συνιζ.). α. οργίζομαι: *μη μου -εις!* (συνών. *θυμώνω, κακίζω*). β. διακόπτω τις φιλικές σχέσεις με κάποιον: *δε θέλω να χωριστούμε -ωμένοι* (συνών. *ψυχραίνομαι*). [*κακία*].

κακό το, ουσ. 1. πράξη κακή, αντίθετη με τον ηθικό νόμο: *έκανε πολλά -ά στη ζωή του* (συνών. *αμαρτία*). 2. δυστυχία, συμφορά: *το ~ τον βρήκε στο δρόμο*· *~ που με βρήκε!* (συνών. *ατυχία, κακοτυχία*· αντ. *ευτυχία*). 3. βλάβη, ζημιά: *μου 'κανες μεγάλο ~! μικρό το ~! ~ του κάνουν τα πολλά χάδια* (αντ. *ωφέλεια*). 4. θόρυβος, ταραχή: *τι ~ είναι αυτό που γίνεται εδώ μέσα!* (αντ. *ησυχία, γαλήνη*). 5. ελάττωμα: *έχεις πολλά -ά.* 6. κακία: *έσκασε από το ~ της* (συνών. *μοχθηρία*). 7. (με ουσ. και το *και*) ως επιτ.: *κόσμος και ~ στην αγορά!* 8. (στον πληθ. στη γλώσσα των παιδιών) περιττώματα. Εκφρ. *για καλό και για ~ ή καλούκακού* (= για κάθε ενδεχόμενο)· *με το ~* (= με άσχημο τρόπο). Φρ. *βάζω με το νου μου ή στο νου μου ~* (= μου γεννιέται η υποψία ότι θα συμβεί κάτι κακό)· *~ να σου 'ρθει!* (για κατάρα)· *μου βγήκε σε κακό* (= το αποτέλεσμα ήταν δυσάρεστο για μένα)· *πηγαίνω απ' το ~ στο χειρότερο* (= χειροτερεύω συνεχώς)· *το 'χω σε ~* (= θεωρώ κάτι κακό οιωνό) (αντ. *καλό*).

κακο-, α' συνθ. που δηλώνει ότι αυτό που σημαίνει το β' συνθ. είναι κακό, δύσκολο ή γίνεται με τρόπο άσχημο, δύσκολο, ανεπαρκές: *κακοδιάθετος, κακοραμμένος, κακοδιοίκηση, κακοζώ.*

κακοαναθρεμμένος, -η, -ο, επίθ., που έχει πάρει κακή ανατροφή (συνών. *κακομαθημένος, ανάγωγος*· αντ. *καλοαναθρεμμένος, ευγενικός*).

κακοβάζω και **-βάνω**, ρ. (αμτβ.) βάζω κακό στο μυαλό μου, υποψιάζομαι κάτι το δυσάρεστο: *άργησες και κακόβαλα· μην -ει ο νους σου* (συνών. *ανησυχώ*).

κακοβλέπω, ρ., βλέπω κάποιον ή κάτι με «κακό μάτι», με κακές διαθέσεις.

κακόβολος, -η, -ο, επίθ. 1. που δεν είναι βολικός: *μονοπάτι/σπίτι -ο* (συνών. *άβολος*). 2. (μεταφ.) δύστροπος: *τι ~ άνθρωπος!* (συνών. *ιδιότροπος, στριμμένος, ανάποδος*· αντ. *καλόβολος, καλός*).

κακοβότανο το, ουσ. (λογοτ.) ονομασία των δηλητηριωδών ή μαγικών βοτάνων: *της Κίρκης τα -α* (Παλαμάς).

κακόβουλος, -η, -ο, επίθ., που σκέφτεται ή θέλει το κακό των άλλων: *άνθρωπος ~· ενέργεια -η· φήμες/διαδόσεις -ες* (συνών. *μοχθηρός*). - Επίρρ. **-α.**

κακόβραστος, -η, -ο, επίθ., που βράζει δύσκολα: *φασόλια -α* (συνών. *δυσκολόβραστος·* αντ. *ευκολόβραστος*).

κακογεννώ, ρ., γεννώ δύσκολα και επικίνδυνα.

κακογέρασμα το, ουσ., το να κακογερνά (βλ.λ.) κάποιος.

κακογερνώ, -άς, ρ. (αμτβ.) έχω άσχημα γηρατειά, υποφέρω στα γεράματά μου. - Η μτχ. *-ρασμένος* ως επίθ. = πρόωρα γερασμένος.

κακογλωσσάς ο, θηλ. **-ού,** ουσ., άτομο που εκφράζεται με δριμύτητα για τους άλλους (συνών. *φαρμακομύτης*).

κακογλωσσία η, ουσ., το να πέφτει κανείς γράφοντας σε λανθασμένη ή κακόγουστη χρήση της γλώσσας.

κακογλωσσιά η, ουσ. (συνιζ.). 1. το να κακολογεί (βλ.λ.) κανείς κάποιον. 2. άσχημα, δυσάρεστα λόγια σε βάρος κάποιου: *φυλάξου απ' τις -ές* (συνών. *κακολογία, συκοφαντία*).

κακόγλωσσος, -η, -ο, επίθ., που έχει κακιά γλώσσα, που κακολογεί κάποιον (συνών. *κακολόγος, φαρμακομύτης, κουτσομπόλης*).

κακογλωσσού η, ουσ., (για γυναίκα) αυτή που αρέσκεται στην κακολογία: *~, φαρμακομύτα* (συνών. *κουτσομπόλα*).

κακόγνωμος, -η, -ο, επίθ., που έχει δύστροπο χαρακτήρα (συνών. *δύστροπος, κακόβουλος·* αντ. *καλόγνωμος, καλόβολος*).

κακογουστιά η, ουσ. (συνιζ.), έλλειψη καλαισθησίας (αντ. *καλαισθησία*).

κακόγουστος, -η, -ο, επίθ., που έχει ή που δείχνει κακό γούστο: *άνθρωπος ~ ντύσιμο -ο· φάρσα -η* (αντ. *καλόγουστος*).

κακογραμμένος, -η, -ο, επίθ., που είναι δυσανάγνωστα ή άτεχνα γραμμένος: *γράμμα/διήγημα -ο* (αντ. *καλογραμμένος*).

κακογραφία η, ουσ., δυσανάγνωστη γραφή (αντ. *καλλιγραφία*).

κακογράφος ο και η, ουσ. 1. αυτός που γράφει κατά τρόπο που το κείμενό του δε διαβάζεται εύκολα (αντ. *καλλιγράφος*). 2. αυτός που γράφοντας χρησιμοποιεί άσχημα τη γλώσσα.

κακογράφω, ρ. 1. γράφω δυσανάγνωστα ή ακαλαίσθητα, έχω κακό γραφικό χαρακτήρα. 2. συντάσσω γραπτό κείμενο ασύντακτα ή άτεχνα.

κακοδαιμονία η, ουσ., το να είναι κανείς σε αξιολύπητη κατάσταση (συνών. *δυστυχία, κακομοιριά·* αντ. *ευδαιμονία*).

κακοδιαθεσία η, ουσ. (ασυνίζ.), παροδική διαταραχή της λειτουργίας του οργανισμού (συνών. *αδιαθεσία*).

κακοδιάθετος, -η, -ο, επίθ. 1. που έχει κακή διάθεση: *ήταν όλη μέρα ~* (αντ. *ευδιάθετος*). 2. ελαφρά άρρωστος (συνών. *αδιάθετος*).

κακοδιδασκαλία η, ουσ., διδασκαλία αιρετικών από θρησκευτική άποψη δοξασιών.

κακοδικία η, ουσ. (νομ.) *αγωγή -ας* = αγωγή με την οποία ζητείται να αποκατασταθεί η ζημία που με δόλο, βαριά αμέλεια ή αρνησιδικία προξένησε δικαστικός λειτουργός κατά την ενάσκηση των δικαστικών καθηκόντων του.

κακοδιοίκηση η, ουσ., κακή διοίκηση χώρας, δήμου, επιχείρησης, νοικοκυριού, που οφείλεται σε αμέλεια, ανικανότητα ή άλλες αιτίες.

κακοδιοίκητος, -η, -ο, επίθ., που διοικείται με άσχημο τρόπο: *χώρα -η.*

κακοδιοικώ, ρ., διοικώ με άσχημο τρόπο χώρα, επιχείρηση, κ.τ.ό.

κακοδοξία η, ουσ. (εκκλ.) αιρετική θρησκευτική δοξασία.

κακόδοξος, -η, -ο, επίθ. (εκκλ.) που πιστεύει σε αιρετικές θρησκευτικές δοξασίες ή σχετίζεται με αυτές: *διδασκαλία -η.*

κακοδούλευτος, -η, -ο, επίθ. (λαϊκ.). 1. που δύσκολα επιδέχεται επεξεργασία: *μέταλλο -ο.* 2. που δεν είναι καλά επεξεργασμένος.

κακόζηλος, -η, -ο, επίθ., που μιμείται κάτι χωρίς επιτυχία. - Επίρρ. **-α.**

κακοζυγιασμένος, -η, -ο και **-γισμένος,** επίθ. (συνιζ.). 1. που δε ζυγίστηκε σωστά, που είναι λειψός στο βάρος. 2. που δεν έχει καλή ισορρόπηση, που γέρνει προς τη μια πλευρά: *βάρκα -η.*

κακοζώ, ρ. (λαϊκ.), ζω άθλια ζωή (συνών. *κακοπερνώ·* αντ. *καλοζώ, καλοπερνώ*).

κακοζωισμένος, -η, -ο, επίθ. (λαϊκ.), που ζει ή που έζησε φτωχά, στερημένα: *έδειχνε άνθρωπος ~* (αντ. *καλοζωισμένος*).

κακοήθεια η, ουσ. (ασυνίζ.). 1. το να είναι κανείς κακοήθης, αισχρότητα, ανηθικότητα: *δεν έχει όρια η ~ του* (συνών. *αχρειότητα·* αντ. *χρηστότητα*). 2. κακοήθης ενέργεια: *αυτό που έκανες μόνο ~ μπορεί να χαρακτηριστεί.* 3. (ιατρ.) τάση μιας νόσου για προοδευτική επιδείνωση που κορυφώνεται με το θάνατο του αρρώστου.

κακοήθης, -ης, -ες, γεν. *-ους,* πληθ. αρσ. και θηλ. *-εις,* ουδ. *-η,* επίθ. 1. που έχει κακό χαρακτήρα, αισχρός: *γείτονας ~* (συνών. *αχρείος·* αντ. *έντιμος*). 2. που γίνεται παρά τον ηθικό νόμο: *συμπεριφορά ~.* 3. (ιατρ.) που παρουσιάζει ασυνήθιστη βαρύτητα, που είναι βαριάς μορφής ή ανίατος: *όγκος/πυρετός ~* (αντ. *καλοήθης*).

κακόηχος, -η, -ο, επίθ., που έχει δυσάρεστο ήχο, που ακούγεται δυσάρεστα: *λέξεις -ες* (αντ. *εύηχος*).

κακοθάλασσος, -η, -ο, επίθ. (λαϊκ.), που εύκολα κλυδωνίζεται από τα κύματα (αντ. *καλοθάλασσος*).

κακοθανατίζω, ρ. (λαϊκ.). 1. βρίσκω άσχημο θάνατο. 2. καταριέμαι κάποιον να έχει άσχημο θάνατο (αντ. *καλοθανατίζω*).

κακοθάνατος, -η, -ο, επίθ. 1. που βρήκε άσχημο θάνατο. 2. που είθε να κακοθανατίσει.

κακοθελητής ο, θηλ. **-τρια** και **-τρα,** ουσ., αυτός που θέλει το κακό κάποιου (αντ. *καλοθελητής*).

κακοθήλυκο το, ουσ., γυναίκα δύστροπη (συνών. *βρομοθήλυκο*).

κακοκαιρία και **-ιά** η, ουσ., άσχημος καιρός: *~ πρωτοφανής* (συνών. *παλιόκαιρος·* αντ. *καλοκαιρία*).

κακοκαμωμένος, -η, -ο, επίθ., που είναι άσχημα φτιαγμένος: *σπίτι -ο· κορίτσι -ο* (= που έχει άσχημο σώμα) (αντ. *καλοκαμωμένος*).

κακοκαρδίζω, ρ. (λαϊκ.). Α. (μτβ.) κάνω κάποιον να χάσει το κέφι του: *του 'πα λόγια σκληρά και τον -ισα* (συνών. *λυπώ, στενοχωρώ·* αντ. *καλοκαρδίζω, χαροποιώ*). Β. (αμτβ.) χάνω το κέφι μου, στενοχωριέμαι: *μην πείτε πως σκοτώθηκα, να μην κακοκαρδίσουν* (δημ. τραγ.) (αντ. *ευχαριστιέμαι, ευφραίνομαι*).

κακοκεφαλιά η, ουσ. (συνιζ., λαϊκ.), ανόητη πράξη, ξεροκεφαλιά: *πληρώνει τις -ές των άλλων.*
κακοκεφιά η, ουσ. (συνιζ., λαϊκ.), κακή ψυχική διάθεση: *μας είχε πιάσει* ~ (συνών. *ακεφιά·* αντ. *κέφι, ευθυμία*).
κακόκεφος, -η, -ο, επίθ., που έχει κακή ψυχική διάθεση: *ξύπνησε* ~ (συνών. *άκεφος·* αντ. *κεφάτος*).
κακολογία η, ουσ. 1. το να κακολογεί (βλ.λ.) κανείς. 2. δυσάρεστα λόγια σε βάρος κάποιου (συνών. *κακογλωσσιά, συκοφαντία·* αντ. *έπαινος*).
κακολόγος ο, ουσ., αυτός που του αρέσει να κακολογεί.
κακολογώ, -είς, (μτβ.) ρ., σχολιάζω δυσμενώς κάποιον (συνών. *κατηγορώ·* αντ. *επαινώ*).
κακομαθαίνω, ρ., αόρ. *κακόμαθα,* μτχ. *-θημένος.* Α. (μτβ.) μεταδίδω ή καλλιεργώ σε άλλον κακές συνήθειες: *μην του κάνεις όλα τα χατίρια, γιατί θα -μάθει το παιδί.* Β. (αμτβ.) αποκτώ κακές συνήθειες: *-μαθε στην καλοπέραση· παιδί -μαθημένο* (συνών. *κακοσυνηθίζω*).
κακομελετώ, -άς, ρ. (μτβ.) προλέγω, προμαντεύω κακό για κάποιον: *μην τον -άς και πάθει τίποτα!* (αμτβ.) κάνω απαισιόδοξες προβλέψεις: *μην -άς, γιατί μπορεί να μη γίνει η εκδρομή* (αντ. *καλομελετώ*).
κακομεταχειρίζομαι, ρ., συμπεριφέρομαι σε κάποιον με βάναυσο τρόπο: *-εται το παιδί του/τη γυναίκα του.*
κακομεταχείριση η, ουσ., το να συμπεριφέρεται κανείς με άσχημο, συνήθως βάναυσο τρόπο.
κακομιλώ, -άς, ρ., μιλώ σε κάποιον με απότομο τρόπο: *του -μίλησες του παιδιού και κλαίει* (αντ. *γλυκομιλώ, καλομιλώ*).
κακομοίρης, -α, επίθ., δυστυχισμένος, άξιος για λύπηση, για συμπάθεια: *φτωχοί, -ηδες άνθρωποι·* (συνήθως ως ουσ.) *δεν πρόλαβε να χαρεί τη σύνταξή του ο* ~! (συνών. *καημένος, φουκαράς*). Φρ. (λαϊκ.) *γίνεται της -ας* (σε περιπτώσεις που επικρατεί αναστάτωση και ταραχή).
κακομοιριά η, ουσ. (συνιζ.), φτώχεια, αθλιότητα.
κακομοιριασμένος, -η, -ο, επίθ. (συνιζ.), κακόμοιρος (βλ.λ.).
κακόμοιρος, -η, -ο, επίθ., δυστυχισμένος, άξιος για λύπηση: *ορφανά -α* (συνών. *δύστυχος, κακότυχος·* αντ. *καλότυχος, τυχερός*).
κακόμορφος, -η, -ο, επίθ., που έχει άσχημη μορφή, κακοφτιαγμένος (συνών. *κακομούτσουνος·* αντ. *καλοφτιαγμένος, όμορφος*).
κακομούτσουνος, -η, -ο, επίθ. (λαϊκ.), κακόμορφος (βλ.λ.).
κακοντυμένος, -η, -ο, επίθ. (όχι έρρ.), που είναι φτωχικά ή άκομψα ντυμένος: *γυρίζει διαρκώς -η* (αντ. *καλοντυμένος*).
κακονυχτίζω, ρ., μτχ. *-ισμένος* (λαϊκ.), περνώ άσχημη νύχτα: *εψές εκακονύχτισες.* - Η μτχ. ως επίθ. = που πέρασε άσχημη νύχτα.
κακοπαθαίνω και **κακοπαθώ,** ρ., συνήθως στον αόρ. *κακόπαθα* και *κακοπάθησα,* μτχ. *κακοπαθισμένος* (λαϊκ.), υποβάλλομαι σε ταλαιπωρίες, τυραννιέμαι (συνών. *δεινοπαθώ, ταλαιπωρούμαι*).
κακοπάθεια η, ουσ. (ασυνίζ.), το να υποβάλλεται κανείς σε ταλαιπωρίες: *τόση* ~ *ο άνθρωπος!* (συνών. *αθλιότητα, ταλαιπωρία*).
κακοπαθώ, βλ. *κακοπαθαίνω.*
κακόπαιδο το, ουσ. (λαϊκ.), δύστροπο ή άταχτο παιδί.

κακοπαίρνω, ρ., αόρ. *κακοπήρα* (λαϊκ.), μιλώ σε κάποιον απότομα: *μην τον -πάρεις, γιατί δε φταίει αυτός* (συνών. *αποπαίρνω*).
κακοπαντρειά η, ουσ. (ασυνίζ., λαϊκ.), άτυχος γάμος.
κακοπάω, ρ. (λαϊκ.), (για πρόσωπα και πράγματα) έχω άσχημο τέλος: *αν το αφήσουμε έτσι, θα -ει.*
κακοπέραση η, ουσ. (λαϊκ.), στερημένη ζωή: *πέθανε από την* ~ (αντ. *καλοπέραση, καλοζωία*).
κακοπερνώ, -άς, ρ., αόρ. *-πέρασα* (λαϊκ.), περνώ άσχημα, ζω με στερήσεις: *-ούν στο σπίτι τους* (αντ. *καλοπερνώ*).
κακοπέφτω, ρ., αόρ. *-πεσα* (λαϊκ.), πέφτω σε κακά χέρια: *-πεσε το καημένο το κορίτσι* (αντ. *καλοπέφτω*).
κακόπιοτος, -η, -ο, επίθ. (λαϊκ.), που πίνεται δύσκολα, δυσάρεστα: *φάρμακο -ο.*
κακοπιστία η, ουσ., απουσία καλής πίστης, ευθύτητας (συνών. *ανειλικρίνεια*).
κακόπιστος, -η, -ο, επίθ., που δεν αξίζει να τον εμπιστεύεται κανείς, αναξιόπιστος: ~ *συνεταίρος/συζητητής* (αντ. *καλόπιστος*).
κακοπληρώνω, ρ. (λαϊκ.). 1. δυστροπώ στην εκτέλεση των οικονομικών μου υποχρεώσεων. 2. δεν αμείβω ικανοποιητικά: *είναι -ωμένος για τη δουλειά του* (αντ. *καλοπληρώνω*).
κακοπληρωτής ο, ουσ. 1. δύστροπος στην εκτέλεση των οικονομικών του υποχρεώσεων. 2. αυτός που δεν αμείβει ικανοποιητικά (αντ. και στις δύο σημασ. *καλοπληρωτής*).
κακοπόδαρος, -η, -ο, επίθ. (λαϊκ.), που θεωρείται πως φέρνει γρουσουζιά, πως έχει κακό "ποδαρικό" (βλ.λ.) (συνών. *γουρσούζης·* αντ. *καλοπόδαρος*).
κακοποίηση η, ουσ. 1. χρησιμοποίηση φυσικής βίας, βάναυση πράξη που επιφέρει βλάβη (συνών. *βιαιοπραγία, βασανισμός*). 2. (μεταφ.) διαστρέβλωση, διαστροφή: ~ *της αλήθειας/των γεγονότων.*
κακοποιός, -ός, -ό, επίθ. (ασυνίζ.), που προξενεί κακό, που εκτελεί κακές πράξεις: *στοιχείο -ό* (συνών. *βλαπτικός·* αντ. *αγαθοποιός*). - Το αρσ. ως ουσ. = δράστης αξιόποινων πράξεων: ~ *αδίστακτος* (συνών. *κακούργος, εγκληματίας*).
κακοποιώ, -είς, ρ. 1. προκαλώ σωματική βλάβη (συνών. *βιαιοπραγώ*). 2. βιάζω: *-ησε ανήλικο κορίτσι.* 3. (μεταφ.) διαστρεβλώνω: *-εί την αλήθεια.*
κακοπορεύομαι, ρ. (λαϊκ.), περνώ τη ζωή μου με στερήσεις (συνών. *κακοπερνώ·* αντ. *καλοπερνώ*).
κακοραμμένος, -η, -ο, επίθ., που είναι άσχημα ραμμένος: *ρούχα -α* (αντ. *καλοραμμένος*).
κακοριζικιά η, ουσ. (συνιζ., λαϊκ.). 1. ατυχία, γουρσουζιά. 2. στριφνότητα χαρακτήρα (συνών. *δυστροπία*).
κακορίζικος, -η, -ο, επίθ. (λαϊκ.). 1. που έχει κακό ριζικό, κακή τύχη (συνών. *άτυχος, κακότυχος·* αντ. *τυχερός, καλότυχος*). 2. που έχει στριφνό χαρακτήρα, ανάποδος: *γυναίκα -η* (συνών. *δύστροπος·* αντ. *καλόβολος*).
κακός, -ή ή **-ιά** (συνιζ.), **-ό,** επίθ., συγκρ. *χειρότερος,* υπερθ. *χείριστος.* 1. που κατέχεται από αισθήματα μίσους και κακίας, πονηρός, μοχθηρός: *άνθρωπος* ~ (συνών. *κακόβουλος, κακεντρεχής·* αντ. *άκακος, αγαθός*). 2. ανίκανος στο έργο που ασκεί, ανάξιος: ~ *χειριστής της υπόθεσης· δάσκαλος/μαθητής* ~ (συνών. *αδέξιος·* αντ. *ικανός*). 3. που είναι κατώτερης ποιότητας: *ταινία -ή· -ή*

ποιότητα υφάσματος. **4.** δυσάρεστος, καταστρεπτικός: *είδηση/ώρα -ή· συνήθειες -ές* (συνών. *βλαβερός·* αντ. *ευχάριστος, ευνοϊκός*). **5.** που ζει, ενεργεί ή γίνεται αντίθετα με τους ηθικούς κανόνες: *γυναίκα -ής διαγωγής· πήρε τον -ό δρόμο* (συνών. *ανήθικος·* αντ. *ηθικός*). **6.** άγριος, εχθρικός: *ήρθε με -ές διαθέσεις.* **7.** προσβλητικός, υβριστικός: *λόγια -ά· γλώσσες -ές* (συνών. *απρεπής·* αντ. *κόσμιος, ευπρεπής*). **8.** που επιφέρει δυστυχίες, βλαβερός, θανατηφόρος: *σπυρί -ό· αρρώστια -ιά* (συνών. *σοβαρός, επικίνδυνος*). **9.** που δεν υπακούει, άτακτος: *ήσουν -ό παιδί σήμερα* (συνών. *ανυπάκουος·* αντ. *υπάκουος*). **10.** δυσοίωνος, δυσμενής: *σημάδι/όνειρο -ό.* **11.** (φυσ.) ~ *αγωγός του ηλεκτρισμού ή της θερμότητας* = κάθε σώμα διαμέσου του οποίου δε μεταβιβάζεται ηλεκτρισμός ή θερμότητα: *το ξύλο είναι ~ αγωγός του ηλεκτρισμού·* ο αμέσως είναι ~ *αγωγός της θερμότητας.* Εκφρ. *-ό πνεύμα* (= ο Σατανάς)· *την -ή σου μέρα, τον -ό σου τον καιρό, την -ή και την ψυχρή σου μέρα* (κατάρες)· *του κάκου* (= μάταια). Φρ. *είμαι στις -ές μου ή έχω τις -ές μου* (= βρίσκομαι σε άσχημη ψυχική διάθεση)· *-ό χρόνο ή ψόφο να 'χεις* (κατάρα) (αντ. *σε όλες τις σημασ. καλός*). - Βλ. και *χειρότερος.* - Επίρρ. **-ά, -ώς** και **χείριστα.**

κακοσημαδιά η, ουσ. (συνιζ., λαϊκ.). **1.** κακό σημάδι, κακός οιωνός: *~ το όνειρο που είδες.* **2.** ατυχία, αναποδιά.

κακοσμία η, ουσ., δυσάρεστη οσμή: *~ στόματος* (συνών. *δυσοσμία, δυσωδία·* αντ. *ευωδιά*).

κακοστομαχιά η, ουσ. (συνιζ., λαϊκ.), στομαχική διαταραχή που οφείλεται σε υπερβολική ή δύσπεπτη τροφή (συνών. *βαρυστομαχιά*).

κακοστομαχιάζω, ρ. (συνιζ., λαϊκ.). **1.** έχω κακοστομαχιά. **2.** (μτβ. για τροφές) προκαλώ κακοστομαχιά.

κακοστόμαχος, -η, -ο, επίθ. (λαϊκ.). **1.** που υποφέρει από το στομάχι του ή που πάσχει από κακοστομαχιά. **2.** (για τροφές) που προκαλεί κακοστομαχιά (συνών. *δύσπεπτος·* αντ. *εύπεπτος*).

κακοσυνεύω, ρ. (λαϊκ.), γίνομαι κακός ή χειρότερος απ' ό,τι ήμουν, αγριεύω: *-εψε ο καιρός* (αντ. *καλοσυνεύω*).

κακοσυνηθίζω, ρ., κακομαθαίνω (βλ.λ.).

κακοσυνιστώ, ρ. (λαϊκ.), δε λέω επαινετικά λόγια για κάποιον ή κάτι: *~ ένα βιβλίο* (συνών. *κακοσυσταίνω*).

κακοσυσταίνω και **-στήνω,** αόρ. *κακοσύστησα,* ρ. (λαϊκ.), δίνω κακές συστάσεις για κάποιον (συνών. *κακοσυνιστώ·* αντ. *καλοσυσταίνω*).

κακοσφυγμία η, ουσ. (ιατρ.) μη φυσιολογικός σφυγμός.

κακοτάξιδος, -η, -ο, επίθ. (για πλοίο) που κάνει άσχημο ταξίδι, που κλυδωνίζεται πολύ στην τρικυμία (αντ. *καλοτάξιδος*).

κακοτέχνημα το, ουσ., κακότεχνο έργο (αντ. *καλλιτέχνημα*).

κακοτεχνία η, ουσ., κακή ή άτεχνη εκτέλεση (αντ. *καλλιτεχνία*).

κακότεχνος, -η, -ο, επίθ., που είναι κατασκευασμένος άτεχνα: *εικόνα -η* (συνών. *κακοφτιαγμένος, ακαλαίσθητος*).

κακότητα η, ουσ., κακία (βλ.λ.).

κακοτοπιά η, ουσ. (συνιζ.). **1.** δύσβατος τόπος: *τι ήρθαμε σ' αυτές τις -ές;* **2.** (μεταφ.) δύσκολη περίσταση, δυσχέρεια: *δε λύγισε στις τόσες -ές.*

κακοτράχαλος, -η, -ο, επίθ. (λαϊκ.). **1.** (για τόπο) δύσβατος: *μονοπάτι/βουνό -ο.* **2.** (μεταφ.) που δύσκολα συμβιβάζεται, ζόρικος (συνών. *ανάποδος*).

κακότροπος, -η, -ο, επίθ., που έχει κακούς τρόπους, ανάγωγος (συνών. *βάναυσος*).

κακοτυπωμένος, -η, -ο, επίθ., που είναι τυπωμένος ακαλαίσθητα ή ελαττωματικά: *βιβλίο -ο* (αντ. *καλοτυπωμένος*).

κακοτυχία και **-ιά,** η, ουσ. (συνιζ.) κακή τύχη: *συλλογίζομαι για την -ιά της κοπέλας* (συνών. *ατυχία·* αντ. *καλοτυχία*).

κακότυχος, -η, -ο, επίθ., που έχει κακή τύχη, άτυχος: *-ο, δεν είδε στη ζωή του προκοπή!* (συνών. *δύστυχος, κακόμοιρος·* αντ. *καλότυχος*).

κακοτυχώ, ρ., είμαι άτυχος, πέφτω σε κακοτυχία: *-ησε στο γάμο της/στη ζωή της* (συνών. *δυστυχώ, ατυχώ*).

κακούργα, βλ. *κακούργος.*

κακούργημα το, ουσ., σοβαρή εγκληματική πράξη· (νομ.) κάθε έγκλημα που τιμωρείται με ποινή θανάτου ή κάθειρξης: *παράβαση καθήκοντος σε βαθμό -ατος.*

κακουργία η, ουσ., εγκληματική πράξη, κακούργημα.

κακουργ(ι)οδικείο το, ουσ. (ασυνίζ.), δικαστήριο που εκδικάζει τα κακουργήματα.

κακουργ(ι)οδίκης ο, ουσ. (ασυνίζ.), δικαστής, μέλος κακουργιοδικείου.

κακουργοδικείο, βλ. *κακουργιοδικείο.*

κακουργοδίκης, βλ. *κακουργιοδίκης.*

κακούργος ο, θηλ. **-α,** ουσ. **1.** αυτός που διέπραξε κακούργημα, κακοποιός, εγκληματίας. **2.** σκληρός, ανελέητος άνθρωπος.

κακουργώ, ρ., διαπράττω κακούργημα.

κακουχία η, ουσ. (συνήθως στον πληθ.) σωματική ταλαιπωρία, δεινοπάθημα: *περάσανε πολλές -ίες στον πόλεμο.*

κακοφαίνεται, ρ., απρόσ. (συνοδεύεται από κάποιον από τους αδύνατους τύπους της προσωπ. αντων.) δε μου αρέσει κάτι, δυσαρεστούμαι· προσβάλλομαι, παρεξηγούμαι: *μη σου -φανεί αυτό που θα σου πω.*

κακοφέρνομαι, ρ. (λαϊκ.), συμπεριφέρομαι άσχημα, με τρόπο απότομο και αγενή.

κακοφημία η, ουσ., κακή φήμη, «κακό όνομα» προσώπου ή πράγματος που συνεπάγεται την περιφρόνηση και την έλλειψη εκτίμησης από τους άλλους (συνών. *ανυποληψία*).

κακόφημος, -η, -ο, επίθ., που κυκλοφορούν άσχημες φήμες γύρω από το όνομά του: *δρόμος ~ συνοικία -η· μαγαζί/κέντρο -ο· σπίτι -ο* (= οίκος ανοχής).

κακοφορεμένος, -η, -ο, επίθ., ντυμένος με κακόγουστα ή φτωχικά ρούχα, κακοντυμένος (αντ. *καλοντυμένος*).

κακοφορμίζω και **κακαφορμίζω,** ρ. (για τραύμα, πληγή) **1.** παθαίνω φλεγμονή, ερεθίζομαι. **2.** (μτβ.) προκαλώ φλεγμονή, ερεθισμό. [*κακός* + *αφορμή*].

κακοφτιαγμένος, -η, -ο, επίθ. (συνιζ.). **1.** (για πρόσωπο) δύσμορφος, ασουλούπωτος (αντ. *καλοφτιαγμένος, ομορφοκαμωμένος*). **2.** (για πράγματα) φτιαγμένος χωρίς καλαισθησία, κακότεχνος (αντ. *περίτεχνος*).

κακόφτιαχτος, -η, -ο, επίθ. (συνιζ.), φτιαγμένος χωρίς καλαισθησία ή ιδιαίτερη φροντίδα από τον τεχνίτη (συνών. *κακοφτιαγμένος·* αντ. *περίτεχνος*).

κακοφωνία η, ουσ., δυσαρμονία ήχων, παραφωνία, φάλτσο.

κακοχρονιά η, ουσ. (συνιζ.), κακή και δύσκολη χρονιά εξαιτίας οικονομικών ή άλλου είδους προβλημάτων ή ατυχιών (αντ. *καλοχρονιά*).

κακοχρόνιασμα το, ουσ. (συνιζ.), κατάρα για κακή χρονιά, δυστυχία και συμφορές που απευθύνει κάποιος σε άλλον (αντ. *καλοχρόνιασμα*).

κακοχρονίζω, ρ., καταριέμαι κάποιον να περάσει κακή χρονιά, να τυραννιστεί, να δυστυχήσει (αντ. *καλοχρονίζω*).

κακοχτισμένος, -η, -ο, επίθ., άσχημα ή κακότεχνα χτισμένος: *οικοδόμημα -ο*.

κακοχυμία η, ουσ. (ιατρ.) αλλοίωση ή κακή κατάσταση των χυμών του οργανισμού.

κακόχυμος, -η, -ο, επίθ., που πάσχει από κακοχυμία· καχεκτικός, ασθενικός.

κακοχώνευτος, -η, -ο, επίθ. (για τροφές) που δύσκολα χωνεύεται, δύσπεπτος (συνών. *δυσκολοχώνευτος*· αντ. *ευκολοχώνευτος, εύπεπτος*).

κακοχωνεύω, ρ., πάσχω από δυσπεψία, είμαι δυσπεπτικός (αντ. *καλοχωνεύω*).

κακοψημένος, -η, -ο, επίθ., που δεν έχει ψηθεί ή βράσει όσο πρέπει: *ψωμί/κρέας -ο* (αντ. *καλοψημένος*).

κακόψητος, -η, -ο, επίθ., που δύσκολα ψήνεται ή βράζει: *φασόλια -α· κρέας -ο* (αντ. *καλόψητος*).

κακόψυχος, -η, -ο, επίθ., που έχει κακή ψυχή, μοχθηρός, διεστραμμένος (αντ. *καλόψυχος, πονόψυχος*).

κακτοειδή τα, ουσ., οικογένεια τροπικών φυτών διακοσμητικών που περιλαμβάνει φυτά (θάμνους ή δέντρα) σαρκώδη, αγκαθωτά, με κορμό απλό ή διακλαδιζόμενο χωρίς φύλλα και άνθη.

κάκτος ο, ουσ., ονομασία διάφορων φυτών της οικογένειας των κακτοειδών (βλ.λ.).

κακώς, βλ. *κακός*.

κάκωση η, ουσ., ελαφριά σωματική βλάβη: *-ώσεις του εγκεφάλου*.

καλά, βλ. *καλός*.

Καλαβρέζα, βλ. *Καλαβρέζος*.

καλαβρέζικος, -η, -ο, επίθ., που σχετίζεται με την Καλαβρία ή τους Καλαβρέζους.

Καλαβρέζος ο, θηλ. **-α**, ουσ., αυτός που κατάγεται από την Καλαβρία ή κατοικεί σ' αυτήν.

καλαβρυτινός, -ή, -ό, επίθ., που σχετίζεται με τα Καλάβρυτα ή τους Καλαβρυτινούς. - Το αρσ. και το θηλ. ως ουσ. (με κεφ. το αρχικό γράμμα) = αυτός που κατάγεται από τα Καλάβρυτα ή κατοικεί σε αυτά.

καλαγκάθι το, ουσ. (ερρ.), (ιατρ.) φλεγμονή που δημιουργείται δίπλα σε νύχι χεριού ή ποδιού και που καταλήγει σε απόστημα ή διαπύηση.

καλαθάκι, βλ. *καλάθι*.

καλαθάρα, βλ. *καλάθι*.

καλαθάς ο, ουσ., αυτός που κατασκευάζει ή πουλά καλάθια.

καλάθι το, ουσ. 1. σκεύος πλεγμένο από λεπτές βέργες λυγαριάς, ιτιάς ή από καλάμια σε διάφορα μεγέθη ή σχήματα με μια ή δυο λαβές, που χρησιμοποιείται για τη μεταφορά διάφορων πραγμάτων: *ένα ~ σταφύλια/αβγά* φρ. *έχασε τ' αβγά και τα -α* (για κάποιον που τα 'χασε από τη σαστιμάρα του). 2. κάθε σκεύος από οποιοδήποτε υλικό (νήμα, μέταλλο, πλαστικό) που εξωτερικά μοιάζει με καλάθι: *το ~ για τα άπλυτα ρούχα· το ~ του σουπερμάρκετ* έκφρ. *το ~ της νοικοκυράς* (για τις απαραίτητες καθημερινές αγορές). 3. (στο παιχνίδι της καλαθοσφαίρισης) το δίχτυ που κρέμεται από μια μεταλλική στεφάνη, μέσα από το οποίο οι παίκτες προσπαθούν να περάσουν την μπάλα για να κερδίσουν πόντους· το πέρασμα της μπάλας μέσα από το δίχτυ και το κέρδισμα πόντων· φρ. *βάζω/πετυχαίνω ~* (= σκοράρω). - Υποκορ. **-άκι** το στις σημασ. 1, 2. - Μεγεθ. **-άρα**, **-ούνα** η στις σημασ. 1, 2.

καλαθιά η, ουσ. (συνιζ.), ό,τι μπορεί να χωρέσει ένα καλάθι.

καλαθιάζω, ρ. (συνιζ.), τοποθετώ σε καλάθια: *~ τα σύκα*.

καλαθοπλεκτική η, ουσ., η τέχνη της κατασκευής καλαθιών.

καλαθοποιία η, ουσ., η κατασκευή καλαθιών και άλλων πλεκτών ειδών από βέργες λυγαριάς, ιτιάς ή χόρτα.

καλαθοποιός ο, ουσ. (ασυνίζ.), αυτός που κατασκευάζει καλάθια ή άλλα πλεκτά είδη από βέργες λυγαριάς, ιτιάς ή χόρτα.

καλαθόσφαιρα και **καλαθοσφαίριση** η, ουσ., ομαδικό παιχνίδι κατά τη διάρκεια του οποίου δύο ομάδες - από πέντε παίκτες η καθεμία - προσπαθούν να πετύχουν πόντους ρίχνοντας την μπάλα μέσα από ένα δίχτυ στερεωμένο σε μεταλλική στεφάνη στις δύο άκρες του γηπέδου, ένα για την κάθε ομάδα (συνών. *μπάσκετ, μπασκετμπολ*).

καλαθοσφαιριστής ο, ουσ., παίκτης ομάδας καλαθοσφαίρισης (συνών. *μπασκετμπολίστας*).

καλαθούνα, βλ. *καλάθι*.

καλάι το, ουσ., ο κασσίτερος. [τουρκ. *kalay*].

καλαισθησία η, ουσ., ικανότητα κάποιου να αισθάνεται ή να διακρίνει το ωραίο, καλό και λεπτό γούστο (αντ. *ακαλαισθησία, κακογουστιά*).

καλαίσθητος, -η, -ο, επίθ. 1. που έχει την ικανότητα να αισθάνεται, να διακρίνει το ωραίο, που έχει καλό γούστο (αντ. *ακαλαίσθητος*). 2. που γίνεται με καλαισθησία: *ντύσιμο/χτένισμα -ο· εργασία -η* (αντ. *ακαλαίσθητος, κακόγουστος*).

καλαϊτζήδικο το, ουσ. 1. εργαστήριο του καλαϊτζή. 2. (στον πληθ.) η περιοχή όπου βρίσκονται συγκεντρωμένα τα εργαστήρια των καλαϊτζήδων.

καλαϊτζής ο, ουσ., αυτός που επικασσιτερώνει χάλκινα σκεύη, γανωματής. [τουρκ. *kalayci*].

καλακούω, βλ. *καλοακούω*.

καλαμάκι, βλ. *καλάμι*.

καλαμαράκι, βλ. *καλαμάρι*.

καλαμαράς ο, ουσ., άνθρωπος της πένας, του καλαμαριού, γραφιάς· (ειρων.) λόγιος, συγγραφέας.

καλαμαριέρα η, ουσ. (συνιζ.), πραγμαρόλι (βλ.λ.).

καλαμάρι το, ουσ. 1. μελανοδοχείο· φρ. *του τα είπε χαρτί και ~* (= με κάθε ακρίβεια και λεπτομέρεια). 2. θαλάσσιο μαλάκιο κεφαλόποδο με τριγωνικά πτερύγια παρόμοιο με τη σουπιά. - Υποκορ. **-άκι** το στις σημασ. 1, 2.

καλαμαριά η, ουσ. (συνιζ.), δίσκος ή σκεύος επιτραπέζιο με ένα ή περισσότερα μελανοδοχεία.

καλαματιανός, -ή, -ό, επίθ. (συνιζ.), που προέρχεται από την Καλαμάτα ή σχετίζεται μ' αυτήν: *μαντήλι -ό· σύκα -ά*. - Το αρσ. ως ουσ. = είδος συρτού νεοελληνικού χορού. - Το αρσ. και το θηλ. ως ουσ. (με κεφ. το αρχικό γράμμα) = αυτός που κατάγεται από την Καλαμάτα ή κατοικεί σ' αυτήν.

καλαμένιος, -α, -ο, επίθ. (συνιζ.). 1. φτιαγμένος

από καλάμι ή καλάμια: *σκεπή/καλύβα -α.* 2. λεπτός σαν καλάμι: *πόδια -α.*
καλάμη η, ουσ. 1. βλαστός του σταχιού. 2. το τμήμα του σταχιού που μένει στο έδαφος μετά το θερισμό.
καλάμι το, ουσ. 1. λεπτό και μακρύ φυτό, στρογγυλό και ξυλοειδές· φρ. *καβάλησε το ~* (για κάποιον που το «παίρνει επάνω του», που υπερηφανεύεται υπερβολικά για κάποια του επιτυχία). 2. ο βλαστός του καλαμιού. 3. καλαμίδι (βλ.λ.). 4. το μπροστινό κόκαλο της κνήμης: *με χτύπησες και μου 'σπασες το ~.* 5. το καρούλι στο οποίο τυλίγεται το νήμα. - Υποκορ. **-άκι** το στη σημασ. 1 και με τη σημασ.: πλαστικό σωληνάκι με το οποίο ρουφά κανείς κάτι υγρό όταν δε θέλει να το πιει από το ποτήρι ή το μπουκάλι: *-άκι σπαστό/χρωματιστό.*
καλαμιά η, ουσ. (συνιζ.). 1. καλάμη του σταχιού, ό,τι απομένει στο χώμα μετά το θερισμό: *θέρισαν κι έβαλαν φωτιές στις -ιές*· φρ. *σαν ~ στον κάμπο* (για να δηλωθεί τέλεια εγκατάλειψη). 2. συστάδα καλαμιών, καλαμιώνας.
καλαμίδι το, ουσ., απλό εργαλείο για ψάρεμα που αποτελείται κυρίως από ένα μακρύ καλάμι που έχει στη μια του άκρη ορμιά με αγκίστρια.
καλαμίζω, ρ. 1. τυλίγω σε καρούλια το νήμα που ταυτόχρονα ξετυλίγω από την ανέμη. 2. μαζεύω καλαμές.
καλαμίνθη η, ουσ., ονομασία διάφορων αρωματικών, ποωδών φυτών της οικογένειας των χειλανθών που έχουν κόκκινα ή λιλά άνθη και ζουν από ένα ως τρία χρόνια.
καλάμισμα το, ουσ., τύλιγμα του νήματος στο καλάμι (βλ.λ. στη σημασ. 5) (συνών. *καρούλιασμα, μασούρισμα*).
καλαμιώνας ο, ουσ. (συνιζ.). 1. πολλές καλαμιές μαζί φυτεμένες στο ίδιο μέρος, συστάδα από καλαμιές. 2. τόπος γεμάτος από καλαμιές.
καλαμοζάχαρο το, ουσ., ζάχαρη που προέρχεται από το ζαχαροκάλαμο.
καλαμοκάνης ο, θηλ. **-α**, ουσ., αυτός που έχει πόδια μακριά και λεπτά σαν καλάμια· ψηλός κι αδύνατος άνθρωπος.
καλαμοκάνι το, ουσ. 1. ένα κομμάτι καλάμι που χρησιμεύει σαν καρούλι και τυλίγουν γύρω του το νήμα: *~ του αργαλειού.* 2. (στον πληθ.) πόδια λεπτά και μακριά σαν καλάμια.
καλαμοπόδαρος, -η, -ο, επίθ., που έχει λεπτά κυρίως και μακριά πόδια σαν καλάμια· ψηλός κι αδύνατος. - Το ουδ. ως ουσ. = κνήμη λεπτή και μακριά σαν καλάμι.
καλαμόσπιτο το, ουσ., καλύβα φτιαγμένη από καλάμια.
καλαμπαλίκι και **χαλαμπαλίκι** το, ουσ. (όχι έρρ.). 1. (στον εν. περιληπτικά ή συνήθως στον πληθ.) ανόμοια, συνήθως ασήμαντα, αντικείμενα που δεν είναι τακτοποιημένα σε κάποια θέση ή σειρά: *τι το κρατάς τόσο ~ και γεμίζει το σπίτι*; 2. θορυβώδης συγκέντρωση πολλών ατόμων: *σάστισα από το ~.* 3. (στον πληθ.) οι όρχεις. [τουρκ. *kalabalık*].
καλαμποκάλευρο το, ουσ. (έρρ.), αλεύρι από καλαμπόκι (συνών. *μπομπότα*).
καλαμποκέλαιο, ουσ., λάδι που παράγεται από τους καρπούς του καλαμποκιού (συνών. *αραβοσιτέλαιο*).
καλαμποκένιος, -α, -ο, επίθ. (έρρ., συνιζ.), φτιαγμένος από καλαμπόκι, καλαμποκίσιος.

καλαμπόκι το, ουσ. (έρρ.). 1. δημητριακό μονοετές, που η καλλιέργειά του είναι πολύ διαδομένη εξαιτίας του καρπού του που τρώγεται από ανθρώπους και ζώα ή με ανάλογες επεξεργασίες δίνει διάφορα προϊόντα (αλεύρι, λάδι, βούτυρο, κλπ.) (συνών. *αραβόσιτος, αραποσίτι*). 2. ο καρπός του καλαμποκιού, είτε ο στάχυς με τους κόκκους ή απλά οι κόκκοι. [αλβαν. *kalambok*].
καλαμποκιά η, ουσ. (έρρ., συνιζ.), το φυτό αραβόσιτος, το καλαμπόκι (βλ.λ. στη σημασ. 1).
καλαμποκίσιος, -α, -ο, επίθ. (έρρ., συνιζ.), φτιαγμένος από καλαμπόκι: *αλεύρι -ο.*
καλαμπούρι το, ουσ. (έρρ.), αστεϊσμός· *~ διασκεδαστικό/άνοστο·* (συνήθως στον πληθ.) *κάνω/ λέω -α.* [γαλλ. *calembour*].
καλαμπουρίζω, ρ. (έρρ.), λέω καλαμπούρια προκαλώντας στους άλλους το γέλιο (αντ. *σοβαρολογώ*).
καλαμπουριστής και (λαϊκ.) **-ρτζής** ο, ουσ., αυτός που συνηθίζει να λέει καλαμπούρια.
καλαμωτός, -ή, -ό, επίθ., φτιαγμένος από καλάμια: *στέγη/καλύβα -ή* (συνών. *καλαμένιος*). - Το θηλ. και το ουδ. ως ουσ. = πλέγμα από καλάμια που χρησιμοποιείται για την αποξήρανση φρούτων ή σαν διαχωριστικός φράχτης σε διάφορους χώρους, ψάθα.
καλανάρχισμα, καλονάρχισμα και **κανονάρχισμα** το, ουσ., μελωδική ανάγνωση από το βοηθό του ψάλτη των εκκλησιαστικών ύμνων που ψάλλονται σαν ένα είδος υπαγόρευσής τους στον ψάλτη. [*κανοναρχώ*].
καλανάρχος, καλονάρχος και **κανονάρχος** ο, ουσ. 1. βοηθός του ψάλτη που διαβάζει μελωδικά τους εκκλησιαστικούς ύμνους που ψέλνονται υπαγορεύοντάς τους ταυτόχρονα στον ψάλτη. 2. (μεταφ.) αυτός που υποβάλλει σε τρίτον τι θα έπρεπε να κάμει.
καλαναρχώ, καλοναρχώ και **κανοναρχώ**, ρ. 1. διαβάζω με μελωδική φωνή τους εκκλησιαστικούς ύμνους που ψέλνονται υπαγορεύοντάς τους μ' αυτό τον τρόπο στον ψάλτη. 2. εισηγούμαι, υποβάλλω σε κάποιον κάτι.
καλάνθρωπος ο, ουσ. 1. το ποώδες διακοσμητικό φυτό φλόμος που έχει και φαρμακευτικές ιδιότητες. 2. το φυτό μανδραγόρας.
κάλαντα τα, ουσ. (έρρ.), τραγούδια παραδοσιακά με θρησκευτικό περιεχόμενο και εγκώμια και ευχές στο νοικοκύρη του σπιτιού που τα ακούει, που τραγουδιούνται από μικρά συνήθως παιδιά ή συντροφιές μεγάλων τις παραμονές των μεγάλων εορτών (Χριστουγέννων, Πρωτοχρονιάς κλπ.): *λέω/τραγουδώ τα ~.* [λατ. *calendae*].
καλαντάρι το, ουσ. (έρρ.), ημεροδείκτης, ημερολόγιο [λατ. *calendarium*].
καλαουζιά η, ουσ. (συνιζ.), είδος αμπελιού.
καλαποδάς ο, ουσ., τεχνίτης που κατασκευάζει καλαπόδια.
καλαπόδι το, ουσ., ξύλινο ομοίωμα ποδιού πάνω στο οποίο ο υποδηματοποιός κατασκευάζει τα παπούτσια· φρ. *βρέχει -ια* (= βρέχει καταρρακτωδώς).
καλαρέω, βλ. *καλοαρέσω.*
καλάρισμα το, ουσ. 1. (ναυτ.) διαρροή. 2. το ρίξιμο των διχτυών στη θάλασσα για ψάρεμα. 3. το μάζεμα των πανιών του καραβιού.
καλαρχινώ και **καλαρχινίζω**, ρ. (με προηγούμενη αρνητ. πρότ.) μόλις αρχίζω: *δεν -ίνισα τη δουλειά*

καλάρω

μου και παρουσιάστηκε το πρώτο εμπόδιο.
καλάρω, ρ. 1. μαζεύω τα πανιά του καραβιού (συνών. *μαϊνάρω*). 2. ρίχνω τα δίχτυα στη θάλασσα για ψάρεμα. 3. (για καράβι) έχω διαρροή και επομένως βύθισμα. 4. μειώνομαι, ελαττώνομαι: *ο μπάτης είχε -ει απ' το πέλαγο και φυσούσε γλυκά* (Κόντογλου). [ιταλ. *calare*].
καλαφάτης ο, ουσ., τεχνίτης ειδικός στο καλαφάτισμα των πλοίων: *καραβομαραγκοί, -ηδες.* [ιταλ. *calafat*].
καλαφατίζω, ρ., γεμίζω τα διάκενα ανάμεσα στις σανίδες πλοίου ή βαρελιού με στουπί στριμμένο και στρώνω επάνω πίσσα για να μην περνά το νερό: *την -ιζε (τη φελούκα) με στουπί και... απο-πάνω πηχτή πίσσα που δε φαινότανε πια σανίδι* (Κόντογλου).
καλαφάτισμα το, ουσ., γέμισμα των διάκενων ανάμεσα στις σανίδες πλοίου ή βαρελιού με στουπί και κάλυψη με πίσσα για να μην περνά νερό.
καλβινικός, -ή, -ό, επίθ., που έχει σχέση με τον Καλβίνο ή τον καλβινισμό. - Το αρσ. ως ουσ. = ο καλβινιστής.
καλβινισμός ο, ουσ., η θρησκευτική διδασκαλία του Καλβίνου.
καλβινιστής ο, ουσ., οπαδός της θρησκευτικής διδασκαλίας του Καλβίνου.
καλδάρα, βλ. *καρδάρα.*
καλδάρι, βλ. *καρδάρι.*
καλειδογράφος ο, ουσ. (φυσ.) συσκευή προβολής με την οποία προβάλλονται σε οθόνη καλειδοσκοπικές εικόνες.
καλειδοσκοπικός, -ή, -ό, επίθ., που έχει σχέση με το καλειδοσκόπιο.
καλειδοσκόπιο το, ουσ. (ασυνίζ.), οπτική συσκευή που αποτελείται από κάτοπτρα τοποθετημένα έτσι ώστε να σχηματίζουν μεταξύ τους γωνίες και τα οποία αντανακλούν εικόνες που σχηματίζονται από μικρά κομμάτια χρωματιστού γυαλιού τοποθετημένα συμμετρικά μέσα σ' έναν αδιαφανή σωλήνα (παράθυρο παρατήρησης) και οι οποίες αλλάζουν όταν περιστραφεί μέρος της συσκευής.
καλέμι το, ουσ. 1. γραφίδα από καλάμι, παλαιότερο μέσο γραφής. 2. κοπτικό εργαλείο που χρησιμοποιούν ορισμένοι τεχνίτες, μαραγκοί, λιθοξόοι, κλπ.: *πέτρα...πολύ όμορφη και δουλεύεται καλά με το ~* (Κόντογλου) (συνών. *σμίλη*). [τουρκ. *kalem<κάλαμος*].
καλένδες οι, ουσ., στους αρχαίους Ρωμαίους, η πρώτη μέρα του κάθε μήνα· *εκφρ. στις ελληνικές ~* (= ποτέ, επειδή οι Έλληνες δεν είχαν καλένδες): *το ζήτημα παραπέμπεται στις ελληνικές ~* (= αναβάλλεται επ' αόριστον). [λατ. *calendae*].
κάλεσμα το, ουσ., κλήση, πρόσκληση: *~ σε γάμο· οι εργάτες ανταποκρίθηκαν στο ~ του εργατικού κέντρου για συμμετοχή στη συγκέντρωση.*
καλημέρα, επιφωνηματική έκφρ., χαιρετισμός κατά τη συνάντηση ή τον αποχαιρετισμό ειδικά τις πρωινές ώρες. - Ως θηλ. ουσ., ο χαιρετισμός κατά τις πρωινές ώρες: *την ~ μου στη μητέρα σου· πέρασα να σας πω μια ~* φρ. *κόβω σε κάποιον την ~* (= διακόπτω τις σχέσεις μου με κάποιον).
καλημερίζω, ρ., χαιρετώ κάποιον λέγοντάς του «καλημέρα»: *-ιστήκανε, κάτσανε σταυροπόδι και φουμάρανε ένα-δυο τσιγάρα* (Κόντογλου).
καλημέρισμα το, ουσ., ο πρωινός χαιρετισμός (με τη λέξη «καλημέρα»).

καλημερούδια, επιφ. έκφρ. (συνιζ., λαϊκ.), πρωινός χαιρετισμός που εκφράζει οικειότητα, τρυφερότητα ή και ειρωνεία.
καληνύχτα, επιφωνηματική έκφρ., χαιρετισμός κατά την αποχώρηση τις βραδινές ή τις νυχτερινές ώρες: *ο μικρός είπε/ευχήθηκε ~ και πήγε για ύπνο·* ως θηλ. ουσ.: *μας πέταξε μια βιαστική ~ και έφυγε γρήγορα.*
καληνυχτίζω, ρ., αποχαιρετώ κάποιον λέγοντας «καληνύχτα»: *τους -ύχτισε και έφυγε.*
καληνύχτισμα το, ουσ., νυχτερινός αποχαιρετισμός με τη λέξη «καληνύχτα».
καληνωρίζω, ρ. (λαϊκ.), χαιρετώ κάποιον με την προσφώνηση «καλή σου ώρα» ή «ώρα σου καλή». [εκφρ. *καλή ώρα + -ίζω*].
καληνώρισμα το, ουσ. (λαϊκ.), χαιρετισμός με την προσφώνηση «καλή σου ώρα» ή «ώρα σου καλή».
καλησπέρα, επιφωνηματική έκφρ., χαιρετισμός κατά την άφιξη, συνάντηση, τηλεφωνική ή άλλη επαφή κατά το απόγευμα ή νωρίς το βράδυ: *~ Γιώργο! αγαπητοί τηλεθεατές, ~ σας!* Ως θηλ. ουσ.: *πέρασα να πω μια ~!*
καλησπερίζω, ρ., χαιρετώ κάποιον λέγοντας «καλησπέρα»: *καθόταν στην ξώπορτα να -ίζει τους ξωμάχους* (Ι.Μ. Παναγιωτόπουλος).
καλησπέρισμα το, ουσ., χαιρετισμός με τη λέξη «καλησπέρα».
καλησπερούδια, επιφωνηματική έκφρ. (συνιζ., λαϊκ.), χαιρετισμός αντί για την επιφωνηματική έκφραση «καλησπέρα», που δηλώνει τρυφερότητα, οικειότητα ή ειρωνεία: *~, τι μου κάνετε;*
καλή τη πίστει αρχαϊστ. εκφρ. = με εμπιστοσύνη.
κάλι, βλ. *κάλιο.*
καλιακούδα η, ουσ. (συνιζ.), ονομασία του πτηνού κολοιός ο βωμολόχος, που έχει μαύρο χρώμα και δυνατή, άγρια φωνή, κοινώς *κάργια: πολλή μαυρίλα πλάκωσε, μαύρη σαν ~* (δημ. τραγ.). [*κάλοιακας<κόλοιακας<κολοιός + -ούδα*].
καλίγωμα το, ουσ. (παλαιότερο) πετάλωμα.
καλιγώνω, ρ. (παλαιότερο) πεταλώνω· φρ. *-ει τον ψύλλο* (για άνθρωπο πολύ επιτήδειο, παμπόνηρο).
καλιγωτής ο, ουσ. (παλαιότερο) πεταλωτής.
καλικάντζαρος ο, ουσ., κατά τη λαϊκή πίστη δαιμονικό πλάσμα ψηλό, μαύρο, τριχωτό, με μακριά αχτένιστα μαλλιά, κόκκινα μάτια, δόντια κάπρου και νύχια μακριά και γαμψά, συνήθως χωλό, τετράποδο ή τραγοπόδαρο· οι καλικάντζαροι παρουσιάζονται στη γη την παραμονή των Χριστουγέννων για να βασανίσουν τους ανθρώπους και εξαφανίζονται την ημέρα των Θεοφανείων: *~ άσχημος/κατσικοπόδης.* - Υποκορ. **-άκι** και **-ούδι** το. [αβέβαιη ετυμ.].
κάλιο (ασυνίζ.) και (λαϊκ.) **κάλι** το, ουσ. (χημ.) χημικό στοιχείο (σύμβολο Κ) με ατομικό αριθμό 19 και ατομικό βάρος 39,102· είναι μέταλλο μαλακό, λευκό και στιλπνό, που οξειδώνεται πολύ εύκολα: *ενώσεις/οξείδια του -ίου· ~ ανθρακικό/ χλωριούχο.* [επιστ. νεολατ. *Kalium*].
καλιοντζής και **γαλιοντζής** ο, ουσ. (συνιζ.), (παλαιότερο) ναύτης την εποχή της Τουρκοκρατίας. [τουρκ. *kalyoncu*].
καλιούχος, -α, -ο, επίθ. (ασυνίζ.), (χημ.) που περιέχει κάλιο: *λιπάσματα -α.*
Καλιφορνέζα, βλ. *Καλιφορνέζος.*
καλιφορνέζικος, -η, -ο, επίθ., που σχετίζεται με την Καλιφόρνια ή τους Καλιφορνέζους.

Καλιφορνέζος ο, θηλ. **-α,** ουσ., αυτός που κατάγεται από την Καλιφόρνια ή κατοικεί σ' αυτήν.

καλκάνι το, ουσ. 1. το ψάρι ρόμβος ο κοινός με κύρια χαρακτηριστικά το πεπλατυσμένο σώμα όπως της γλώσσας και τα μάτια στο αριστερό πλευρό. 2. (ναυτ.) το άνω άκρο της πρύμνης, η κορώνη του πλοίου. 3. (αρχιτ.) αέτωμα, τρίγωνο στέγης. [τουρκ. *kalkan*].

καλλιάνασσες οι, ουσ. (ασυνίζ.), (ζωολ.) δεκάποδα μαλακόστρακα με επίμηκες σχήμα που ζουν βυθισμένα μέσα στην άμμο· πολυάριθμα είδη τους είναι διαδεδομένα σε όλο τον κόσμο.

καλλιάνδρα η, ουσ. (συνιζ.), (βοτ.) γένος δικοτυλήδονων φυτών.

καλλίγραμμος, -η, -ο, επίθ. (μόνο για σώμα) που έχει ωραίες γραμμές, που είναι αρμονικά διαπλασμένος: *κοπέλα -η.*

καλλιγράφημα το, ουσ., το να καλλιγραφεί κανείς, καθώς και το αποτέλεσμα της ενέργειας αυτής.

καλλιγραφία η, ουσ. 1. η τέχνη του να γράφει κανείς ωραία γράμματα· το αποτέλεσμα της παραπάνω γραφής: ~ *κινέζικη· καλλίεργεια της -ας στα βυζαντινά μοναστήρια.* 2. (παλαιότερα) το σχετικό σχολικό μάθημα (αντ. *κακογραφία).*

καλλιγραφικός, -ή, -ό, επίθ. 1. που γίνεται με καλλιγραφία: *γραφή -ή.* 2. που είναι γραμμένος με καλλιγραφία: *γράμματα -ά· στοιχεία -ά* (= τυπογραφικά στοιχεία που απομιμούνται το γράψιμο με το χέρι). - Επίρρ. **-ά.**

καλλιγράφος ο και η, ουσ. 1. αυτός που γράφει ωραία γράμματα, που έχει κομψό γραφικό χαρακτήρα (αντ. *κακογράφος).* 2. (παλαιότερο) αυτός που έχει ως επάγγελμα το να γράφει ή να αντιγράφει καλλιγραφικά: ~ *χειρογράφων.*

καλλιγραφώ, ρ., γράφω ωραία γράμματα, έχω κομψό γραφικό χαρακτήρα: *κείμενο -ημένο.*

καλλιέπεια η, ουσ. (ασυνίζ. δις). 1. χάρη, γλαφυρότητα του λόγου γραπτού ή προφορικού (συνών. *καλλιλογία).* 2. το δόκιμο ύφος, ο λόγος ο αναγνωρισμένος ως καλός.

καλλιεπής, -ής, -ές, γεν. *-ούς,* πληθ. αρσ. και θηλ. *-είς,* ουδ. *-ή,* επίθ. (ασυνίζ.). 1. που γράφει ή μιλά με κομψότητα, με γλαφυρότητα. 2. που το ύφος του λόγου του είναι δόκιμο.

καλλιέργεια η, ουσ. (ασυνίζ. δις). 1α. το σύνολο των εργασιών που απαιτούνται για την προετοιμασία εκτάσεων γης που προορίζονται για σπορά ή φύτεμα, ώστε να βελτιωθεί η γονιμότητά τους: ~ *τεχνητή/βιομηχανική· ~ δοκιμαστική/συστηματική· ~ πρώιμη/όψιμη· ~ πολλαπλή* (= ταυτόχρονη καλλιέργεια διαφορετικών ειδών μέσα στο ίδιο περιβάλλον ή την ίδια περιοχή)· β. (συνεκδοχικά, συνήθως στον πληθ.) εκτάσεις καλλιεργημένης γης. 2α. το σύνολο των εργασιών που απαιτούνται για την ανάπτυξη φυτών: ~ *σταριού/τροπικών φυτών·* β. τα καλλιεργούμενα φυτά: *η φετεινή παγωνιά προκάλεσε μεγάλες ζημιές στις -ες.* 3α. (συνεκδοχικά) ~ *μαργαριταριών* = η τεχνητή δημιουργία τους με την τοποθέτηση άμμου, κλπ., μέσα σε στρείδια· β. (για θαλάσσια είδη) το να ασχολείται κανείς συστηματικά με την εκτροφή τους. 4. (μεταφ.) το να ασχολείται κανείς με επιμέλεια, ζήλο και επιμονή με κάτι και να συντελεί έτσι στην προαγωγή του: ~ *γραμμάτων/επιστημών/τεχνών.* 5. (μεταφ.) η κοινωνική και πνευματική μόρφωση ενός ατόμου: *είναι άνθρωπος με μεγάλη* ~*.* 6. (μεταφ.) η άσκηση και η βελτίωση μιας φυσικής ή ηθικής ιδιότητας ή λειτουργίας: ~ *της φωνής/του πνεύματος/της μνήμης.* 7. (μεταφ.) η προσπάθεια ενίσχυσης μιας ηθικής, θετικής ή αρνητικής, διάθεσης: ~ *της μάθησης/της εργατικότητας· ~ του μίσους/της ζήλειας.* 8. (ιατρ.) μέθοδος που συνίσταται στην τοποθέτηση μέσα σε κατάλληλο θρεπτικό υλικό και στην κατάλληλη θερμοκρασία μικρής ποσότητας μικροβίων με σκοπό τον πολλαπλασιασμό, την απομόνωση και αναγνώρισή τους ή κυττάρων από ιστό ανθρώπου ή ζώου με σκοπό πάλι την εξασφάλιση του πολλαπλασιασμού τους ώστε να μελετηθούν οι ιδιότητες των παραπάνω μικροβίων ή κυττάρων για θεραπευτικούς ή ερευνητικούς λόγους: ~ *αίματος/κοπράνων.*

καλλιέργημα το, ουσ. (ασυνίζ.), (ιατρ.) το προϊόν της καλλιέργειας μικροβίων.

καλλιεργήσιμος, -η, -ο, επίθ. (ασυνίζ.), που μπορεί να καλλιεργηθεί: *έδαφος -ο· εκτάσεις -ες.*

καλλιεργητής ο, θηλ. **-ήτρια,** ουσ. (ασυνίζ.), αυτός που καλλιεργεί τη γη (συνών. *γεωργός).*

καλλιεργητικός, -ή, -ό, επίθ. (ασυνίζ.), που ανήκει ή αναφέρεται στην καλλιέργεια.

καλλιεργήτρια, βλ. *καλλιεργητής.*

καλλιεργώ, ρ. (ασυνίζ.). 1. προετοιμάζω με τις απαιτούμενες εργασίες εκτάσεις γης για σπορά ή φύτεμα, ώστε να αυξήσω τη γονιμότητά τους και να επιτύχω υψηλή παραγωγή: ~ *κτήματα/χωράφια· γη -ημένη· ~ τον κήπο μου.* 2. εκτελώ ό,τι απαιτείται για την ανάπτυξη φυτών: ~ *ελιές/καπνό/τουλίπες.* 3. (συνεκδοχικά) ~ *μαργαριτάρια* = προκαλώ το σχηματισμό τους τοποθετώντας άμμο, κλπ., μέσα σε στρείδια. 4. (μεταφ.) ασχολούμαι με κάτι με ζήλο, επιμονή και επιμέλεια συντελώντας στην προαγωγή του: ~ *την ποίηση/τέχνες/επιστήμη.* 5. (μέσ., μεταφ.) αποκτώ κοινωνική και πνευματική μόρφωση: *είναι πολύ -ημένος άνθρωπος· αναγνώστης -μένος.* 6. (μεταφ.) ασκώ και βελτιώνω φυσική ή ηθική ιδιότητα ή λειτουργία: ~ *τη φωνή/τη μνήμη/το γλωσσικό μου ένστικτο· ~ την κλίση μου στη μουσική· -ημένο γούστο* (= εκλεπτυσμένο). 7. (μεταφ.) συνάπτω (μια σχέση), συντηρώ, υποθάλπω (μια κατάσταση): *η Γαλλία και η Ελλάδα -ούν φιλικές σχέσεις εδώ και αιώνες.* 8. (μεταφ.) ενισχύω μια ηθική, θετική ή αρνητική, διάθεση: ~ *την άμιλλα/τη μισαλλοδοξία.* 9. (ιατρ.) ενεργώ καλλιέργεια (βλ.λ. στη σημασ. 8).

καλλικέλαδος, -η, -ο, επίθ. (για πτηνά) που κελαϊδά ωραία: *αηδόνι, το πιο -ο πουλί.*

καλλιλογία η, ουσ. (λόγ.), γλαφυρότητα, κομψότητα του λόγου (συνών. *καλλιέπεια).*

καλλιμάρμαρος, -η, -ο, επίθ., που είναι κατασκευασμένος με ωραία μάρμαρα: *ναός· στάδιο -ο· τάφοι -οι.*

κάλλιο, επίρρ. (συνιζ., λαϊκ.), καλύτερα: ~ *να πεθάνω παρά να σ' αρνηθώ·* φρ. ~ *έχω* = προτιμώ· παροιμ. ~ *αργά παρά ποτέ· ~ γαϊδουρόδενε παρά γαϊδουρογύρευε· ~ πέντε και στο χέρι παρά δέκα και καρτέρει.* [αρχ. επίρρ. *κάλλιον,* συγκρ. του *καλός*].

κάλλιστα, επίρρ. 1. πολύ καλά: ~ *έπραξες* (συνών. *άριστα·* αντ. *κάκιστα, χείριστα).* 2. ασφαλώς, σίγουρα: ~ *μπορεί να συμβεί κάτι τέτοιο.* [*κάλλιστος* υπερθ. του *καλός*].

καλλιστεία τα, ουσ., διαγωνισμός ομορφιάς στον οποίο παίρνουν μέρος νέες γυναίκες παρελαύνο-

κάλλιστος

ντας μπροστά από κριτική επιτροπή που αποφασίζει ποια είναι η ωραιότερη: ~ διεθνή· οργάνωση -είων.

κάλλιστος, -η, -ο, επίθ., πάρα πολύ καλός, άριστος: επιλογή -η (αντ. κάκιστος). - Επίρρ. **-α:** (βλ. λ.).

καλλιτέχνημα το, ουσ. **1.** έργο τέχνης (ζωγραφικός πίνακας, γλυπτό, κλπ.) που το χαρακτηρίζει υψηλή αισθητική, δημιούργημα καλλιτεχνικό: ~ αθάνατο/ανεκτίμητο/σπάνιο. **2.** (συνεκδοχικά) κάθε δημιούργημα, συχνά περίπλοκο, που έχει γίνει με ιδιαίτερη επιτηδειότητα και καλαισθησία, κομψοτέχνημα: το εργόχειρό της είναι σωστό ~· τα χειρόγραφά του αποτελούν -ήματα.

καλλιτέχνης ο, θηλ. **-έχνιδα**, ουσ. **1.** αυτός που ασκεί μία από τις καλές τέχνες (ζωγράφος, γλύπτης, ηθοποιός, μουσικός, χορευτής) επαγγελματικά ή ερασιτεχνικά: ~ ταλαντούχος/φτασμένος· το έργο έχει την υπογραφή του -η. **2.** (συνεκδοχικά) τεχνίτης που είναι άριστος στη δουλειά του και γενικά άτομο που επιδίδεται με ιδιαίτερη καλαισθησία σε κάποια δραστηριότητα: είναι σωστός/αληθινός ~ στο είδος του (συνών. αριστοτέχνης).

καλλιτεχνία η, ουσ. **1.** εργασία που γίνεται με επιμέλεια και καλαισθησία· επιτηδειότητα για καλαίσθητη εργασία: ~ έμφυτη (αντ. κακοτεχνία). **2.** (περιληπτικά) το σύνολο των καλών τεχνών, η τέχνη (βλ.λ.). **3.** η άσκηση των καλών τεχνών, το να είναι κανείς καλλιτέχνης (βλ.λ.): επιδίδεται στην ~.

καλλιτέχνιδα, βλ. καλλιτέχνης.

καλλιτεχνικός, -ή, -ό, επίθ. **1.** που ανήκει ή αναφέρεται στην καλλιτεχνία ή τον καλλιτέχνη: αντίληψη/έκφραση/αγωγή -ή· -ή κίνηση· επιμέλεια -ή· νέα -ά· ελευθερία -ή. **2.** που γίνεται με καλλιτεχνία, με επιμέλεια και καλαισθησία: έργο/σχέδιο -ό· εμφάνιση -ή (συνών. καλαίσθητος, έντεχνος, αριστοτεχνικός· αντ. κακότεχνος, ακαλαίσθητος). - Επίρρ. **-ά.**

καλλιτεχνώ, ρ., κατασκευάζω κάτι με ιδιαίτερη καλαισθησία (συνών. φιλοτεχνώ).

καλλίφωνα, βλ. καλλίφωνος.

καλλιφωνία η, ουσ., το να έχει κανείς ωραία φωνή (αντ. κακοφωνία).

καλλίφωνος, -η, -ο, επίθ., που έχει ωραία φωνή: τραγουδιστής/ψάλτης ~ (αντ. κακόφωνος). - Επίρρ. **-α.**

καλλονή η, ουσ. **1α.** ομορφιά (βλ.λ.), κάλλος, ωραιότητα: οι φυσικές -ές μιας χώρας· ~ απαράμιλλη· ~ του προσώπου **β.** (μεταφ.): ~ της ψυχής. **2.** πολύ ωραία γυναίκα: ~ θεία/εξωτική.

κάλλος το, ουσ. **α.** η ιδιότητα του ωραίου, ομορφιά (βλ.λ.), καλλονή: ~ αγγελικό/εξαίσιο· το ~ του προσώπου/σώματος· ελληνικό ~· γροικά της θάλασσας και τ' ουρανού τα -η (Σολωμός)· **β.** (μεταφ.) ~ ψυχής. **γ.** (στον πληθ.) τα θέλγητρα, οι χάρες, τα όμορφα και ελκυστικά σημεία ή χαρακτηριστικά: γοητεύτηκε από τα -η της· παροιμ. μπρος στα -η τι 'ν' ο πόνος.

καλλυντικό το, ουσ. (ερρ.), προϊόν που χρησιμοποιείται για την περιποίηση του δέρματος ή για μακιγιάζ: -ά γυναικεία/ανδρικά· -ό προσώπου/ χεριών.

καλλυντικός, -ή, -ό, επίθ. (ερρ.), που χρησιμεύει για την περιποίηση του δέρματος ή για μακιγιάζ: αλοιφή/κρέμα -ή.

καλλωπίζω, ρ. **1.** κάνω κάτι ωραίο ως προς την εξωτερική του εμφάνιση, του δίνω ωραία όψη, ευπρεπίζω: ~ ένα χώρο/σπίτι. **2.** (ειδικά) περιποιούμαι το πρόσωπο κάποιου για να το κάνω να φαίνεται πιο ωραίο, πιο ελκυστικό: (μέσ.) -εται με τις ώρες μπροστά στον καθρέφτη. **3.** (μεταφ.) ~ το λόγο μου/το ύφος μου (= το επιτηδεύω).

καλλώπισμα το, ουσ., το να καλλωπίζει ή να καλλωπίζεται κανείς.

καλλωπισμός ο, ουσ. **1.** το να εξωραΐζεται η εξωτερική εμφάνιση ενός πράγματος συνήθως με είδη διακοσμητικά, ευπρεπισμός, στολισμός: ~ του χώρου/της πόλης. **2.** η περιποίηση του προσώπου και γενικά του δέρματος ώστε να φαίνεται πιο ωραίο, πιο ελκυστικό. **3.** (μεταφ.) ~ του λόγου (= επιτήδευση).

καλλωπιστικός, -ή, -ό, επίθ., που είναι κατάλληλος για καλλωπισμό, διακοσμητικός: φυτά -ά.

κάλμα η, ουσ. (λαϊκ.). **1.** νηνεμία, γαλήνη, ησυχία της θάλασσας. **2α.** ήρεμη κατάσταση, κατευνασμός, αταραξία· **β.** ψυχική ηρεμία. **3.** (μεταφ.) έλλειψη εμπορικών συναλλαγών, απραξία. **4.** (για πολιτική ή χρηματιστική κατάσταση) μετάπτωση σε ηπιότερες συνθήκες, ύφεση. [ιταλ. *calma*].

καλμάρισμα το, ουσ., η ενέργεια και το αποτέλεσμα του καλμάρω (βλ. λ.): ~ του θυμού/της θάλασσας/του πόνου.

καλμάρω, ρ., παρατ. -άριζα, αόρ. κάλμαρα και -άρισα, μτχ. -ισμένος. **Α.** (μτβ.) κάνω κάποιον να ανακτήσει την ψυχική του ηρεμία ή την ψυχραιμία: δεν μπορώ να τον ~ με τίποτε (συνών. καθησυχάζω, καταπραΰνω, κατευνάζω· αντ. ερεθίζω, εξοργίζω). **Β.** αμτβ. **1.** ανακτώ την ψυχική μου ηρεμία, την ψυχραιμία μου: έκανε σαν τρελός από το θυμό του, ...μα -άρισε (Κόντογλου) (συνών. ησυχάζω, ηρεμώ). **2.** (για καιρικές συνθήκες, τη θάλασσα, κ.τ.ό.) γαληνεύω, ηρεμώ, κοπάζω: ο καιρός -ει. **3.** βρίσκομαι σε ύφεση, περνώ σε ηπιότερη κατάσταση: -αρε ο πόνος/η κρίση. [ιταλ. *calmare*].

καλντέρα η, ουσ. (όχι ερρ.), (γεωλ.) μεγάλος ηφαιστειακός κρατήρας που σχηματίζεται είτε από διάβρωση είτε από υποχώρηση κεντρικών τμημάτων παλαιότερου ηφαιστείου. [γαλλ. *caldeira* < πορτογαλ.].

καλντερίμι το, ουσ., λιθόστρωτο· δρομάκι στρωμένο με πλάκες ή πέτρες: τα -ια της Πόλης/της παλιάς Θεσσαλονίκης· η περπατηξιά του βροντούσε στο ~· (επιρρημ.) τα στενορύμια του χωριού τους όλα ~ με δουλεμένη την πέτρα (Χατζής). [τουρκ. *kaldirim*].

καλό το, ουσ. **1.** καλή πράξη, αγαθοεργία: έχει κάνει πολλά -ά· (γνωμ.) κάνε το ~ και ρίξ' το στο γιαλό (= η καλή πράξη δεν πρέπει να έχει καμία σχέση με την ιδιοτέλεια) (συνών. ευεργεσία, καλοσύνη). **2.** ευημερία, προκοπή: γίνεται για το ~ του τόπου μας· θέλω μόνο το ~ σου· ~ να μη δεις (κατάρα) (συνών. ωφέλεια). **3.** ωφέλεια, συμφέρον: δεν ξέρεις ποιο είναι το ~ σου. **4.** (στον πληθ.) οικονομική άνεση, πλούτη: έχουν όλα τα -ά στο σπίτι τους (συνών. ευμάρεια). **5.** (συνήθως στον πληθ.) προτερήματα, πλεονεκτήματα: να αναφέρουμε και τα -ά του· έχει το ~ ότι δεν τρέχει όταν οδηγεί. Εκφρ. για -ό και για κακό ή -ού κακού (= για κάθε ενδεχόμενο): -ού κακού πάρε και μια ομπρέλα μαζί σου μήπως βρέξει· για τα -ά (= τελείως, εντελώς): η επιχείρηση μπήκε μέσα για τα

-ά· το 'στρωσε το χιόνι για τα -ά· -ό κι αυτό (όταν πρόκειται για κάτι που δεν το περιμέναμε και όχι ευχάριστο και μας κάνει να απορήσομε)· σε ~ μου, σου, κλπ. (για γεγονός που αγνοούμε την έκβαση του)· τα -ά και συμφέροντα (για όσους επιδιώκουν πάντα το δικό τους συμφέρον). Φρ. βάζω τα καλά μου (= φορώ τα γιορτινά μου ρούχα)· βγαίνει κάτι σε καλό κάποιου (= έχει καλή εξέλιξη για κάποιον)· δεν είμαι στα -ά μου (= είμαι άρρωστος ή τρελός)· δεν το 'χω σε ~ (= νομίζω πως προμηνύει δυσάρεστα)· παίρνω κάποιον με το ~ (= του μιλώ με ωραίο τρόπο, τον καλοπιάνω) (αντ. κακό).

καλοαγορασμένος, -η, -ο, επίθ. (σπάνιο) που τον αγόρασαν σε καλή, σε φτηνή τιμή.

καλοακούω και **καλακούω,** ρ. (λαϊκ.). **1.** ακούω κάτι καλά: δεν -άκουσα τι είπες. **2.** έχω οξεία ακοή (συνήθως με άρνηση): δεν -ει τελευταία ο παππούς (= είναι βαρήκοος).

καλοαναθρεμμένος, -η, -ο, επίθ., που έχει δεχτεί επιμελημένη αγωγή, που έχει καλή ανατροφή: ήταν ~ και με τρόπους άνθρωπος (Λ. Νάκου) (αντ. κακοαναθρεμμένος, κακομαθημένος).

καλοαρέσω και **καλαρέσω,** ρ., κάτι μου είναι ιδιαιτέρως αρεστό: του -άρεσε η παρέα και δεν έλεγε να φύγει· της -άρεσε να κάθεται στο παλάτι· δε μου -ει αυτός ο άνθρωπος (= δε μου εμπνέει εμπιστοσύνη)/αυτή η δουλειά/το πράγμα (= το θεωρώ ύποπτο ή δύσκολο).

καλοβαλμένος, -η, -ο, επίθ. **1.** που τοποθετήθηκε σε σωστή θέση ή με ωραίο τρόπο: έπιπλα -α στο δωμάτιο (συνών. καλοβολεμένος· αντ. κακοβαλμένος). **2.** (για ρούχο ή εξάρτημα αμφίεσης) φορεμένος με τον καλύτερο ή κομψότερο τρόπο: κοστούμι/καπέλο -ο (αντ. κακοφορεμένος). **3.** (για πρόσωπο) που έχει περιποιημένο εξωτερικό παρουσιαστικό: μια -η κυρία.

καλοβάμονα και **καλοβατικά** τα, ουσ. (ζωολ.) πτηνά που ζουν σε έλη και έχουν μακριά και λεπτά πόδια και μακρύ λαιμό, όπως ο πελαργός, ο γερανός, κλπ.

καλοβαστώ, ρ. (λαϊκ.). **I.** (ενεργ.) κρατώ κάτι καλά, γερά. **II.** μέσ. **1.** διατηρώ ακόμη τη σωματική αντοχή μου: -ιούνται οι γονείς του ακόμη. **2.** έχω οικονομιστεί οικογένεια -ασταγμένη.

καλοβατικά, βλ. καλοβάμονα.

καλοβλέπω, ρ. **1.** βλέπω καλά, έχω οξεία, καλή όραση (συνήθως με άρν.): δεν -ει πια ο γέρος. **2.** (συνεκδοχικά) παρατηρώ: μπορούσες να τον πάρεις και γι' Αμερικάνο, σαν τον -όβλεπες. **3.** εξετάζω κάτι με προσοχή, εξακριβώνω τα σημεία ή τις λεπτομέρειες: δεν -είδαμε το ζήτημα όπως έπρεπε. **4.** αντιλαμβάνομαι: δίχως να προλάβει να το -οδεί, οι αραπάδες είχανε καβαλικέψει (Μπαστιάς). **5.** να αντιμετωπίζω με καλή διάθεση, βλέπω με καλό μάτι, ευνοώ: εμείς δεν τον -βλέπαμε, γιατί μας έκανε τον καμπόσο· δεν ~ αυτή τη δουλειά/το πράγμα (= το θεωρώ ύποπτο). **6.** βλέπω κάποιον με ερωτική διάθεση: την -ει από καιρό (συνών. καλοκοιτάζω). **7.** απολαμβάνω (βλ. και βλέπω, σημασ. 15): δεν πρόφτασε να -δει τους καρπούς των έργων του.

καλόβολα, βλ. καλόβολος.

καλοβολεμένος, -η, -ο, επίθ. (λαϊκ.). **1.** που έχει τοποθετηθεί σε σωστή θέση ή με ωραίο τρόπο, τακτοποιημένος ωραία (συνών. καλοβαλμένος). **2.** (μεταφ.) που έχει οικονομική άνεση ή κοινωνική επιφάνεια: οι κόρες του είναι τώρα -ες στην πρωτεύουσα.

καλόβολος, -η, -ο, επίθ., που συμφωνεί ή συμβιβάζεται εύκολα με τους άλλους ή προσαρμόζεται εύκολα στις καταστάσεις, που έχει μαλακό χαρακτήρα: ο πατέρας του είναι ένας ~ άνθρωπος που του κάνει όλα τα χατίρια (συνών. συγκαταβατικός, βολικός, καλόγνωμος· αντ. δύστροπος, ανένδοτος). - Επίρρ. **-α**.

καλόβουλος, -η, -ο, επίθ., που έχει καλά φρονήματα, που ενεργεί με αγαθή προαίρεση (αντ. κακόβουλος).

καλοβράζω, ρ. (λαϊκ.). **Α.** (μτβ.) βράζω κάτι πολύ καλά, εντελώς: να -εις το κρέας! **Β.** (αμτβ.) βράζω εντελώς ή εύκολα και γρήγορα: -όβρασαν τα φασόλια.

καλόβραστος, -η, -ο, επίθ., που βράζει εύκολα και γρήγορα: όσπρια -α (συνών. βραστερός, ευκολόβραστος).

καλόγεννος, -η, -ο, επίθ. (για γυναίκα ή θηλυκό ζώο) που γεννά εύκολα.

καλογεννώ, ρ. (για γυναίκα ή θηλυκό ζώο) γεννώ εύκολα.

καλογεράκι το, ουσ. **1.** νεαρός καλόγερος: ~ θα γενώ για να σωθώ, αν μπορέσω (λαϊκ. τραγ.) (πβ. καλογεροπαίδι). **2.** (βοτ.) ονομασία διάφορων φυτών: ~ άγριο/μικρό.

καλογερεύω, ρ. (ενεργ. και μέσ.). **1.** είμαι ή γίνομαι καλόγερος, μονάζω: γνωμ. ή μικρός μικρός πατρέψου ή μικρός -έψου. **2.** (μεταφ.) μένω άγαμος. **3.** ζω μοναχική ζωή.

καλογερική η, ουσ., η ιδιότητα του καλόγερου· η μοναστική ζωή· παροιμ. βαριά είναι η ~ (για εργασία που απαιτεί μόχθο και προκαλεί αδημονία και στενοχώρια) (συνών. καλογεροσύνη).

καλογερικός, -ή, -ό, επίθ., που ανήκει ή αναφέρεται στους καλόγερους: ζωή -ή· ράσο -ό (αντ. κοσμικός, λαϊκός).

καλογερίσιος, -α, -ο, επίθ. (συνιζ., λαϊκ.), καλογερικός (βλ. λ.): ράσο / σκουφάκι -ο.

καλογερίστικος, -η, -ο, επίθ. (λαϊκ.), καλογερικός (βλ. λ.): σκούφος ~· συνήθειες -ές. - Επίρρ. **-α** = με τον τρόπο των καλογέρων.

καλογεροπαίδι και **καλογερόπαιδο** το, ουσ., νεαρός δόκιμος μοναχός (πβ. καλογεράκι).

καλογερόπαπας ο, ουσ. (λαϊκ.), ιερομόναχος.

καλόγερος ο, πληθ. -όγεροι και (λαϊκ.) -ογέροι, ουσ. **1.** άνδρας θρησκευόμενος που έχει δώσει επίσημη υπόσχεση ότι θα μείνει άγαμος, ότι δε θα αποκτήσει κανενός είδους περιουσία, κ.ά. και ζει μακριά από τον κόσμο, συνήθως σε θρησκευτική κοινότητα στης οποίας τους κανόνες υπακούει πιστά: ~ ορθόδοξος/καθολικός/δόκιμος· βουδιστές -οι· (μεταφ. φρ.) ζει σαν ~ (για άτομο που ζει ασκητικά ή εντελώς μόνο)· (αίνιγμα) μακρύς μακρύς ~ και κόκαλα δεν έχει (= ο καπνός)· χίλιοι μύριοι -έροι σ' ένα ράσο τυλιγμένοι (= το ρόδι) (συνών. μοναχός· αντ. κοσμικός, λαϊκός). **2.** (λαϊκ.) δοθήνας (βλ. λ.). **3.** είδος ξύλινης ή μεταλλικής φορητής κρεμάστρας: κρέμασε το παλτό σου στον -ο! **4.** (βοτ.) είδος φυτού.

καλογεροσύνη η, ουσ. **1.** η ιδιότητα ή η ζωή του καλόγερου: Ένα περιστατικό.. τις πρώτες νύχτες της -ης του τον έκανε σκεπτικό (Μπαστιάς) (συνών. καλογερική). **2.** το σύνολο των μοναχών ή το σύστημα της ζωής τους (συνών. μοναχισμός).

καλογιάννος ο, θηλ. **-οπούλα**, ουσ. (λαϊκ.), (ζωολ.) ο ερύθακος, μικροσκοπικό πουλί, με κόκκινο λαιμό, που έρχεται στην Ελλάδα το φθινόπωρο (συνών. κοκκινολαίμης).

καλογιός ο, ουσ. (συνιζ., λαϊκ.), καλός, αγαπητός γιός, καλό παιδί· συνήθως στην κλητ. ως προσφώνηση που δείχνει τρυφερότητα: *να ζήσεις, -έ μου!*

καλόγνωμη η, ουσ. (ζωολ.) μαλακόστρακο που προσκολλάται στα βράχια του βυθού και έχει κρέας σκληρό, αλλά εύγευστο: *πολλοί θαλασσώνουνε για να βγάλουνε μύδια και -ες* (Κόντογλου).

καλογνωμιά η, ουσ. (συνιζ., λαϊκ.), το να είναι κανείς καλόγνωμος (συνών. *καλογνωμοσύνη, καλοκαγαθία*).

καλόγνωμος, -η, -ο, επίθ., που έχει αγαθό φρόνημα, που διακατέχεται πάντοτε από αισθήματα συμπάθειας και φιλικότητας προς τους τρίτους και τις πράξεις τους: *είναι -η η νύφη τους* (συνών. *καλοκάγαθος, καλόβολος, βολικός·* αντ. *κακόγνωμος*). - Επίρρ. **-α:** *διαβάζω -α* (Καρθαίος).

καλογνωμοσύνη η, ουσ., το να είναι κανείς καλόγνωμος (συνών. *καλογνωμιά, καλοκαγαθία*).

καλογνωρίζω, ρ. 1. γνωρίζω κάποιον ή κάτι καλά: *ποιος έχασε, ποιος κέρδισε δεν το ~· δεν -ει τους φίλους του γιου του.* 2. αναγνωρίζω: *δε σε -ισα από μακριά.*

καλόγουστος, -η, -ο, επίθ., που δείχνει καλό γούστο: *διακόσμηση -η· φόρεμα -ο· αστείο -ο* (αντ. *κακόγουστος*). - Επίρρ. **-α:** *ντύνεται -α.*

καλογραμμένος, -η, -ο, επίθ., γραμμένος σωστά ή ευανάγνωστα: *βιβλίο/μυθιστόρημα -ο· σελίδες -ες.*

καλόγρια και **καλογριά** η, ουσ. (ασυνίζ.). 1. γυναίκα που έχει περιβληθεί το μοναχικό σχήμα· πβ. *καλόγερος:* ~ *ορθόδοξη/νεαρή* (συνών. *μοναχή*). 2. (βοτ., στον πληθ.) είδος φυτού. 3. (ζωολ.) είδος ψαριού: *γεμίζα ένα καλάθι θαλασσινά, μύδια... -ές* (Κόντογλου) (συνών. *καλογρίτσα*).

καλογρίτσα η, ουσ. 1. καλογριά μικρόσωμη ή νεαρή ή (θωπευτικά) καλοκάγαθη. 2. (βοτ.) είδος φυτού. 3. (ζωολ.) α. το ψάρι καλογριά· β. μικρόσωμο αποδημητικό πουλί.

καλογροικώ, ρ. (ιδιωμ.). 1. ακούω καλά. 2. (συνεκδοχικά) αντιλαμβάνομαι καλά.

καλογυρεύω, ρ., εξετάζω κάτι με προσοχή (συνών. *καλοεξετάζω*).

καλοδεμένος, -η, -ο, επίθ. 1. δεμένος στερεά ή ωραία: *σκοινί -ο· γραβάτα -η· βιβλίο -ο* (= που έχει γερή και όμορφη βιβλιοδεσία). 2. (μεταφ.) που έχει ωραία σωματική διάπλαση· αθλητικός: *σώμα -ο.*

καλοδέχομαι, ρ. 1. υποδέχομαι κάποιον πολύ φιλικά, με καλό και ευχάριστο τρόπο: *στενοχωρήθηκαν γιατί δεν τους -έχτηκαν.* 2. αποδέχομαι κάτι με ευχαρίστηση, αντιμετωπίζω (ένα γεγονός, μια κατάσταση) χωρίς δυσαρέσκεια.

καλοδεχούμενος, -η, -ο, επίθ. (λαϊκ.). 1. (για πρόσωπο) που γίνεται δεκτός με φιλικό τρόπο: *αν ήθελα να μείνω..., ήμουνα -ούμενη· -Θέλω να εξομολογηθώ, του 'πε ο Μηνάς.* -*ούμενος, αποκρίθηκε* (Μπαστιάς) (συνών. *καλόδεχτος, ευπρόσδεκτος·* αντ. *ανεπιθύμητος*). 2. (για πράγματα) που γίνεται αποδεκτό με ευχαρίστηση, χωρίς δυσαρέσκεια (συνων. *καλόδεχτος, ευπρόσδεκτος·* αντ. *ανεπιθύμητος*).

καλόδεχτος, -η, -ο, επίθ. 1. που υποδέχεται κάποιον πρόσχαρα, φιλικά (συνών. *πρόσχαρος, φιλόφρονας*). 2. (για πρόσωπο) που του γίνεται φιλική υποδοχή: *επισκέπτης* ~ (συνών. *καλοδεχούμενος, ευπρόσδεκτος·* αντ. *κακόδεχτος, ανεπιθύμητος*). 3. (για πράγματα) που γίνεται αποδεκτό με ευχαρίστηση: *τα δώρα είναι πάντα -α* (συνών. *ευπρόσδεκτος·* αντ. *ανεπιθύμητος*).

καλοδιάθετος, -η, -ο, επίθ. (ασυνίζ.), που βρίσκεται σε καλή ψυχική διάθεση (συνών. *ευδιάθετος, κεφάτος·* αντ. *κακοδιάθετος*).

καλοδουλευτής ο, ουσ. (λαϊκ.), αυτός που κατεργάζεται κάτι με ιδιαίτερη επιμέλεια και τέχνη· τεχνίτης πολύ ικανός στη δουλειά του.

καλοδούλευτος, -η, -ο, επίθ. 1. που είναι κατασκευασμένος με πολλή επιμέλεια, καλοδουλεμένος. 2. που είναι εύκολος στην κατεργασία του: *ξύλο/μίγμα -ο* (συνών. *ευκολοδούλευτος·* αντ. *δυσκολοδούλευτος*).

καλοδουλεύω, ρ., μτχ. *καλοδουλεμένος* (λαϊκ.). 1. κατεργάζομαι κάτι με επιμέλεια και τέχνη: *έπιπλα/κοσμήματα -εμένα.* 2. (μεταφ.): *μυθιστόρημα -εμένο· μετάφραση -εμένη· στίχοι -εμένοι.*

καλοεξετάζω και **καλοξετάζω**, ρ., εξετάζω κάτι με προσοχή και σε βάθος: *να -άσεις το ζήτημα πριν πάρεις απόφαση.*

καλοέρχομαι και **καλόρχομαι**, ρ. (σε γ΄ πρόσ.). 1. ταιριάζει, προσαρμόζεται ακριβώς, τελείως: *δε σου -εται το καινούργιο σου παλτό.* 2. (μεταφ.) είναι κάτι ευχάριστο, βολικό.

καλοζυγιάζω, βλ. *καλοζυγίζω.*

καλοζύγιαστος, βλ. *καλοζύγιστος.*

καλοζυγίζω και **καλοζυγιάζω**, ρ. (συνιζ.). 1. ζυγίζω κάτι με ακρίβεια. 2. (μεταφ.) εξετάζω κάτι με προσοχή και σύνεση, σταθμίζω με το μυαλό μου όλα τα πλεονεκτήματα και τα μειονεκτήματα προκειμένου να πάρω μια απόφαση.

καλοζύγιστος, -η, -ο και **καλοζύγιαστος**, επίθ. (συνιζ.). 1. που έχει ζυγιστεί με ακρίβεια. 2. (μεταφ.) που έχει εξεταστεί με σύνεση, που έχει υπολογιστεί σωστά: *απόφαση -η.*

καλοζώ, ρ., ζω χωρίς στερήσεις: *έχει τον τρόπο του και -εί* (συνών. *καλοπερνώ·* αντ. *κακοζώ, κακοπερνώ*).

καλοζωία η, ουσ., ζωή χωρίς στερήσεις (συνών. *καλοπέραση·* αντ. *κακοπέραση*).

καλοζωισμένος, -η, -ο, επίθ., που ζει ή έζησε άνετη ζωή.

καλοήθης, -ης, γεν. *-ους*, πληθ. αρσ. και θηλ. *-εις*, επίθ. (ιατρ.) που είναι ήπιας μορφής, που μπορεί να γιατρευτεί: *όγκος* ~ (αντ. *κακοήθης*).

καλοθανατίζω, ρ., βρίσκω καλό θάνατο. - Η μτχ. *-ισμένος* = που είθε να βρει καλό, δοξασμένο θάνατο (ως ευχή).

καλοθελητής ο, πληθ. *-ές* και *-άδες*, θηλ. **-λήτρα**, ουσ. 1. που θέλει το καλό του άλλου. 2. (ειρων.) που προσποιείται ότι ενδιαφέρεται για κάποιον, ενώ πραγματικά επιδιώκει να τον βλάψει.

καλοθέλω, ρ. (λαϊκ.), θέλω, επιθυμώ κάτι πολύ: *τη θέλει και την -ει την κοπέλα.*

καλοθρεμμένος, -η, -ο, επίθ., που είναι καλά θρεμμένος: *γυναίκα -η* (συνών. *παχύς, ευτραφής·* αντ. *αδύνατος, ισχνός*).

καλοθυμούμαι και **καλοθυμάμαι**, ρ., θυμούμαι καλά: *αν* ~, *σας έχω συναντήσει κι αλλού.*

καλοθωρώ, ρ. (λαϊκ.), βλέπω, διακρίνω κάτι καθαρά (συνών. *καλοβλέπω*).

καλοκαγαθία η, ουσ., το να είναι κανείς γεμάτος καλοσύνη και πραότητα.

καλοκάγαθος, -η, -ο, επίθ., που είναι γεμάτος καλοσύνη και πραότητα: *άνθρωπος* ~ (συνών. *καλόκαρδος, καλόψυχος*).

καλοκάθομαι και **καλοκαθίζω,** ρ., κάθομαι (αμέριμνα) για σύντομο ή για μακρότερο χρονικό διάστημα και δεν αποφασίζω να σηκωθώ να φύγω: *ήρθε για δέκα λεπτά και καλοκάθισε* (συνών. *θρονιάζομαι, παρακάθομαι, στρογγυλοκάθομαι*).

καλοκαιράκι, βλ. *καλοκαίρι*.

καλοκαιρεύω, ρ. 1. περνώ κάπου το καλοκαίρι μου (συνών. *παραθερίζω*). 2. (σε γ΄ πρόσ.) έρχεται ή αρχίζει το καλοκαίρι.

καλοκαίρι το, ουσ. 1. η θερμότερη εποχή του έτους, ανάμεσα στην άνοιξη και το φθινόπωρο, που αρχίζει από το θερινό ηλιοστάσιο και τελειώνει με τη φθινοπωρινή ισημερία (συνών. *θέρος*). 2. καλός καιρός, καλοσύνη: ~ *σήμερα* (συνών. *καλοκαιρία*). - Υποκορ. **-άκι** το: *μικρό* ~ *ή* ~ *του αγίου Δημητρίου* = οι ζεστές ημέρες του Οκτωβρίου.

καλοκαιρία και **-ιά** η, ουσ. (συνιζ.), καλός, ευχάριστος καιρός: ~ *σήμερα* (συνών. *καλοσύνη*· αντ. *κακοκαιρία*).

καλοκαιριάζω, ρ. (συνιζ.), (σε γ΄ πρόσ.). 1. έρχεται το καλοκαίρι. 2. βελτιώνεται ο καιρός, γίνεται καλοκαιρία.

καλοκαιριάτικος, -η, -ο, επίθ. (συνιζ.), καλοκαιρινός (βλ.λ.) - Επίρρ. **-α** (= κατά τη διάρκεια του καλοκαιριού, μες στο καλοκαίρι).

καλοκαιρινός, -ή, -ό, επίθ. 1. που ανήκει στο καλοκαίρι ή σχετίζεται μ' αυτό: *ωράριο -ό.* 2. που είναι κατάλληλο για το καλοκαίρι: *ρούχα -ά.* 3. που γίνεται κατά τη διάρκεια του καλοκαιριού: *ταξίδι -ό.* Φρ. (λαϊκ.) *κάνω κάτι -ό* (= τα κάνω άνω κάτω) (συνών. *καλοκαιριάτικος, θερινός*).

καλοκαμωμένος, -η, -ο, επίθ. 1. που κατασκευάστηκε με τέχνη: *έπιπλα -α* (συνών. *καλοδουλεμένος*· αντ. *κακοφτιαγμένος*). 2. που έχει ωραία σωματική διάπλαση: *κοπέλα -η* (συνών. *καλοφτιαγμένος*· αντ. *κακοφτιαγμένος*).

καλοκάμωτος, -η, -ο, επίθ., καλοκαμωμένος (βλ. λ.).

καλόκαρδα, βλ. *καλόκαρδος*.

καλοκαρδίζω, ρ. (λαϊκ.). Α. (μτβ.) δίνω, προξενώ χαρά: *πες του δυο λόγια να τον -ίσεις* (συνών. *χαροποιώ*· αντ. *λυπώ, κακοκαρδίζω*). Β. (αμτβ.) ευχαριστιέμαι, ευθυμώ: *σε βλέπω και* ~ (συνών. *ευφραίνομαι*).

καλοκάρδισμα το, ουσ., ευχάριστη ψυχική διάθεση από ευτυχή γεγονότα (συνών. *αγαλλίαση, χαρά*).

καλόκαρδος, -η, -ο, επίθ. 1. που έχει καλή, αγαθή καρδιά: *είναι* ~· *ακόμη και με τα μωρά κουβεντιάζει* (συνών. *καλοκάγαθος, άκακος*). 2. που έχει καλή ψυχική διάθεση, πρόσχαρος (συνών. *διαχυτικός, ανοιχτόκαρδος*). 3. που συμπαθεί και βοηθεί όσους έχουν ανάγκη (συνών. *ευσπλαχνικός, πονόψυχος*· αντ. *άκαρδος, άσπλαχνος*). - Επίρρ. **-α**.

καλόκεφος, -η, -ο, επίθ., που έχει καλή ψυχική διάθεση, εύθυμος: *όλη την ημέρα ήταν* ~ (συνών. *κεφάτος*· αντ. *κακόκεφος*).

καλοκλείνω, ρ. (λαϊκ.), (μτβ. και αμτβ.) κλείνω καλά, εντελώς.

καλοκοιτάζω και **καλοκοιτώ,** ρ. (λαϊκ.). 1. κοιτάζω, παρατηρώ με προσοχή. 2. βλέπω με ερωτικό ενδιαφέρον: *την -ει ο νεαρός*. 3. φροντίζω, περιποιούμαι: *-αζε τους γονείς της*.

καλοκομμένος, -η, -ο, επίθ., που είναι καλά κομμένος: *σαλάτα -η*.

καλοκυρά η, ουσ. (λαογρ., συνήθως στον πληθ. *καλοκυράδες*) νεράιδες.

καλολέω, ρ., αόρ. *καλοείπα*. 1. διηγούμαι με ακρίβεια. 2. αποτελειώνω τη φράση μου.

καλολογαριάζω, ρ. (συνιζ.), λογαριάζω καλά, εκτιμώ με επιτυχία.

καλολογία η, ουσ., η μελέτη και η διδασκαλία του ωραίου (συνών. *αισθητική*).

καλολογιάζω, ρ. (συνιζ., λαϊκ.), σκέφτομαι, μελετώ κάτι με προσοχή.

καλολογικός, -ή, -ό, επίθ., που σχετίζεται με την καλολογία: *-ά στοιχεία κειμένου*. - Επίρρ. **-ά**.

καλομαθαίνω, ρ., αόρ. *καλόμαθα*, μτχ. *-ημένος* (λαϊκ.). Α. μτβ. 1. μαθαίνω καλά κάτι. 2. συνηθίζω κάποιον στην καλοπέραση: *τον -μαθαν οι γονείς του και τώρα δυσκολεύεται που βρέθηκε μόνος του*. Β. (αμτβ.) συνηθίζω σε κάτι ευχάριστο, γίνομαι τρυφηλός: *είναι -μαθημένοι· δεν τρώνε ποτέ όσπρια*· (παροιμ. φρ.) *-μαθε η γριά στα σύκα* (= δύσκολα εγκαταλείπει κανείς κάτι ευχάριστο).

καλομάνα η, ουσ., καλότυχη μητέρα· μόνο στην παροιμ. *της -ας το παιδί το πρώτο είναι κορίτσι*.

καλομελετώ, -άς, ρ. (λαϊκ.), εξετάζω τα πράγματα με πνεύμα αισιοδοξίας· (παροιμ. φρ.) *-λέτα κι έρχεται* (– η αισιόδοξη διάθεση επηρεάζει την έκβαση ενός γεγονότος).

καλομεταχειρίζομαι, ρ. (λαϊκ.), μεταχειρίζομαι ή συμπεριφέρομαι καλά.

καλομίλητος, -η, -ο, επίθ. (λαϊκ.), που μιλάει με ωραίο τρόπο (συνών. *γλυκομίλητος*).

καλομιλώ, ρ. 1. μιλώ με ωραίο τρόπο: *αν του -ήσεις, θα σ' ακούσει* (αντ. *κακομιλώ*). 2. (για γλώσσα) μιλώ με άνεση, με ευφράσεια: *δεν -ά αγγλικά*.

καλομοίρης ο, θηλ. **-α,** ουσ. (λαϊκ.), αυτός που έχει καλή μοίρα (αντ. *κακομοίρης, φουκαράς*).

καλόμοιρος, -η, -ο, επίθ., που έχει καλή μοίρα, καλότυχος (συνών. *ευτυχισμένος, καλορίζικος*· αντ. *κακόμοιρος*).

καλονάρχης και **-χος,** βλ. *καλανάρχος*.

καλονάρχισμα, βλ. *καλανάρχισμα*.

καλονάρχος, βλ. *καλανάρχος*.

καλοναρχώ, βλ. *καλαναρχώ*.

καλονοιάζομαι, ρ. (συνιζ.), φροντίζω ιδιαίτερα για κάτι.

καλοντυμένος, -η, -ο, επίθ. (όχι έρρ.), που είναι ντυμένος με ωραία και κομψά ρούχα: *είναι πάντα* ~ (αντ. *κακοντυμένος*).

καλοξέρω, ρ., ξέρω καλά, γνωρίζω τέλεια.

καλοξετάζω, βλ. *καλοεξετάζω*.

καλοξημερώνω, ρ. (σε γ΄ πρόσ.) ξημερώνει εντελώς: *έφυγε πριν -ώσει* (συνών. *καλοφέγγω*).

καλοπαντρειά η, ουσ., πετυχημένος γάμος (αντ. *κακοπαντρειά*).

καλοπαντρεύω, ρ., παντρεύω καλά, με πλούσιο και καλό σύζυγο: *-ντρεψε τα παιδιά του* (αντ. *κακοπαντρεύω*).

καλοπέραση η, ουσ. 1. άνετη και ευτυχισμένη ζωή, ζωή χωρίς στερήσεις: *πάχυνε από την* ~ (συνών. *καλοζωία*· αντ. *κακοπέραση*). 2. ξένοιαστη και ευχάριστη ζωή: *η φτώχεια θέλει* ~.

καλοπερνώ, ρ. 1. ζω άνετη και ευχάριστη ζωή (συνών. *καλοζώ*· αντ. *κακοπερνώ*). 2. περνώ ευχάριστα την ώρα μου: *βλέπω, -άτε στη γιορτή*.

καλοπέφτω, ρ., αόρ. *καλόπεσα* (λαϊκ.), πέφτω σε καλά χέρια, σε καλούς ανθρώπους: *-πεσε το κορίτσι τους* (αντ. *κακοπέφτω*).

καλοπιάνω, ρ. (συνιζ.). α. συμπεριφέρομαι ωραία, κολακεύω κάποιον για να πετύχω κάτι: *-ει τους καθηγητές για να παίρνει μεγάλους βαθμούς·* β. προσπαθώ με ωραία λόγια να εξευμενίσω κάποιον: *-πιασε τον πατέρα σου μήπως και του περάσει ο θυμός* (αντ. *αποπαίρνω*).

καλόπιασμα το, ουσ. (συνιζ.), περιποιητική συμπεριφορά: *άσε τα -ατα*.

καλόπιοτος, -η, -ο, επίθ. (συνιζ., λαϊκ.), που πίνεται ευχάριστα: *κρασί -ο* (συνών. *εύγευστος*).

καλόπιστα, βλ. *καλόπιστος*.

καλοπιστία η, ουσ., καλή πίστη, ειλικρίνεια προθέσεων (αντ. *κακοπιστία*).

καλόπιστος, -η, -ο, επίθ. 1. που είναι καλής πίστης, ευθύς (συνών. *ειλικρινής·* αντ. *κακόπιστος*). 2. που γίνεται με ειλικρινή τρόπο: ~ *αντίλογος*. - Επίρρ. **-α**.

καλοπληρώνω, ρ. 1. εξοφλώ έγκαιρα τις οικονομικές υποχρεώσεις μου (αντ. *κακοπληρώνω*). 2. αμείβω, πληρώνω καλά.

καλοπληρωτής ο, ουσ. 1. αυτός που εξοφλεί τα χρέη του στην καθορισμένη προθεσμία χωρίς δυστροπία (αντ. *κακοπληρωτής*). 2. αυτός που αμείβει καλά όσους εργάζονται γι' αυτόν.

καλοπόδαρος, -η, -ο, επίθ. (λαϊκ.), που το πέρασμά του ή η είσοδός του κάπου φέρνει καλή τύχη (συνών. *γουρλίδικος·* αντ. *κατσικοπόδης*).

καλοπροαίρετος, -η, -ο, επίθ. 1. που έχει καλή πρόθεση. 2. που γίνεται από καλή πρόθεση: *προσφορά -η*. - Επίρρ. **-α**.

καλόρεχτος, -η, -ο, επίθ. (λαϊκ.), που έχει καλή όρεξη, καλή διάθεση (συνών. *ευδιάθετος*). - Επίρρ. **-α**.

καλορίζικα, βλ. *καλορίζικος*.

καλοριζικιά η, ουσ. (συνιζ.), καλό ριζικό, καλή τύχη (συνών. *ευτυχία·* αντ. *κακοριζικιά, δυστυχία*).

καλορίζικος, -η, -ο, επίθ., που έχει ή φέρνει καλή τύχη: *-ο να είναι το σπίτι!* (συνών. *γουρλίδικος·* αντ. *κακορίζικος, γρουσούζικος*). - Επίρρ. **-α** = με καλή τύχη, ευτυχισμένα (ως ευχετό επιφώνημα για νεόνυμφους και οτιδήποτε καινούργιο).

καλοριφέρ το, ουσ. άκλ. 1. σωληνωτή εγκατάσταση κεντρικής θέρμανσης κτηρίων: ~ *ατομικό/αυτόνομο*. 2. θερμαντικό σώμα: ~ *ηλεκτρικό*. [γαλλ. *calorifère*].

καλόρχομαι, βλ. *καλοέρχομαι*.

κάλος ο, ουσ., σκλήρωμα του δέρματος από νεκρωμένη σάρκα που δημιουργείται συνήθως στα άκρα: *έβγαλα -ο στο πόδι·* φρ. *τον πάτησα στον κάλο* (= τον έθιξα στο πιο ευαίσθητο σημείο)· *έχει -ο στο μυαλό* (= είναι ανόητος). [βενετ. *calo*].

καλός, -ή, -ό, επίθ., συγκρ. *καλύτερος*, υπερθ. *άριστος*. 1. που έχει προτερήματα, ενάρετος, καλόκαρδος: *πήρε -η γυναίκα·* *τα παιδιά του βγήκαν -ά·* (παροιμ.) *ο ~ καλό δεν έχει* (= οι έντιμοι δεν έχουν προκοπή) (συνών. *άκακος, έντιμος*). 2. αισθητικά ωραίος: *τι -ή που είσαι σήμερα! -ές τέχνες* (= η ζωγραφική, η γλυπτική, η χαρακτική και η αρχιτεκτονική, που έχουν ως σκοπό την αναπαράσταση του ωραίου). 3. ευχάριστος (και διασκεδαστικός): *είχε -ό τέλος η υπόθεση· νέα -ά· προαίσθημα -ό· τον παλιό -ό καιρό*. 4. καλής ποιότητας ή υψηλών προδιαγραφών: *σχολείο/χωράφι/θέατρο -ό*. 5. κατάλληλος για κάτι: *είναι ~ για παρέα·* *για το σπίτι -ό είναι*. 6α. που καταλαβαίνει τους γύρω του, ευγενικός, φιλικός: *είναι ~ με όλους·* β. ευγενικός: *έχει -ούς τρόπους*. 7. (για αφηρημένες έννοιες) που επιδοκιμάζεται, σωστός: *-ή η ιδέα σου* (συνών. *αποδεκτός*). 8. ικανός στο έργο που ασκεί, άξιος: ~ *κολυμβητής/γιατρός/δάσκαλος/υπάλληλος* (αντ. *κακός* στη σημασ. 2). 9. αρκετός, ικανοποιητικός: *μια -ή μερίδα φαγητό*. 10. ευνοϊκός, σύμφωνος με το επιδιωκόμενο: *-ή χρονιά για τα μελίσσια*. 11. ευγενικός (στην καταγωγή): *είναι από -ή οικογένεια*. 12. αγαπημένος: *γίναμε -οί φίλοι*. 13. (με ειρωνική σημασία για κάτι που χρονοτριβεί ή επιτακτικό για χρονικό σημείο): *θα γυρίσω -ές δώδεκα! θα τελειώσει η δουλειά -ά Χριστούγεννα*. 14. που συμφέρει: *πούλησε το σπίτι σε -ή τιμή*. 15. υπάκουος, φρόνιμος: *ήσασταν -ά παιδιά σήμερα·* 16. (για τις τέχνες) που τον χαρακτηρίζει υψηλή ποιότητα και σοβαρότητα: *αγαπά την -ή μουσική· παίζει μια -ή ταινία στον κινηματογράφο* (αντ. *ελαφρός, λαϊκός*). 17. (για πρόσωπα που θέλομε να διακρίνομε από άλλα) πολύ αγαπητημός: *αυτή είναι η -ή μου η θεία*. 18. κατάλληλος για εορταστικές περιστάσεις, επίσημος: *φόρεσε το -ό της το φόρεμα* (αντ. *πρόχειρος, καθημερινός*). 19. (για τη φήμη που έχει κάποιος) που έχει κερδίσει την εκτίμηση και το σεβασμό των άλλων: *έχει -ή φήμη στην αγορά·* *δε θέλει να χαλάσει το -ό όνομα της οικογένειας* (συνών. *ευυπόληπτος*). 20. (ειρων. για άνθρωπο ή πράγμα που μας προξενεί απορία ή κατάπληξη): *-ός είναι και τούτος·* *-ή ερώτηση κι αυτή*. 21. (φυσ.) ~ *αγωγός του ηλεκτρισμού/της θερμότητας* = κάθε σώμα διαμέσου του οποίου μεταβιβάζεται ηλεκτρισμός ή θερμότητα: *τα μέταλλα είναι -οί αγωγοί του ηλεκτρισμού* (αντ. *κακός* στη σημασ. 11). Εκφρ. *-ά γεράματα/στερνά* (ευχές για ανθρώπους προχωρημένης ηλικίας)· *στέφανα, η ώρα η -ή* (ευχή σε μελλόνυμφους και μνηστευμένους) *-ή αντάμωση, -ό ταξίδι, ώρα -ή* (ευχή για ταξιδιώτες, εργαζόμενους, κλπ.)· *-ή λευτεριά* (ευχή για εγκύους)· *-ή του ώρα* (για πρόσωπο που απουσιάζει όταν αναφέρουμε το όνομά του)· *-ή ψυχή* (ευχή για γέροντα)· *-ή ώρα σαν και τώρα* (σε ανάμνηση ευχάριστου γεγονότος ή για αποτροπή δυσάρεστου)· *-ό ξημέρωμα* (βραδινός χαιρετισμός)· ~ *κόσμος* (= αριστοκρατία, αφρόκρεμα)· *-ούς απογόνους* (ευχή σε νεόνυμφους)· *στα -ά καθούμενα* (= ξαφνικά)· *τέλος -ό, όλα -ά* (για δυσάρεστα γεγονότα που έχουν αίσια εξέλιξη). Φρ. *βρίσκεται ή είναι σε -ά χέρια* (= σε άνθρωπο ειλικρινή και ικανό)· *είναι στις -ές του* (ώρες) = είναι στα κέφια του. - Το αρσ. ως ουσ. (σε συνεκφ. με αντων.) = αγαπημένο πρόσωπο (σύζυγος, αρραβωνιαστικός, εραστής, κλπ.): *ξένε μου, εσύ 'σαι ο άντρας μου, εσύ 'σαι κι ο -ός μου* (δημ. τραγ.). - Το θηλ. ως ουσ. = **α**. η μπροστινή όψη κάποιου πράγματος: *η -ή του υφάσματος/του φορέματος·* β. πλέξη κατά την οποία η μια βελόνα πλέκεται καλή και η άλλη ανάποδη (αντ. *ανάποδη*)· εκφρ. *μια και -ή* (= για πάντα)· φρ. (μεταφ.) *τον ξέρω από την -ή* (= τον ξέρω πολύ καλά)· (λαϊκ.) *έκανε την -ή του ή ήπιασε την -ή* (= πλούτισε)· *τους τα είπα ή τα έψαλα από την -ή* (= του τα είπα απερίφραστα). - Η κλητ. *καλέ* ως επιφ. (για να δηλωθεί επίκληση, θαυμασμός ή απορία, ειρωνεία: *-έ, να χαρείς· -έ, τι γίνεται εδώ! -έ, τι μας λες*; - Επίρρ. **-ά** = 1. ορθά, σωστά: *-ά του τα 'πες·*

-ά να πάθεις. 2. σύμφωνοι: -ά, θα έρθω! 3. τελείως, εντελώς: δεν έβρασε -ά το κρέας. 4. δυνατά, στερεά: κράτα το -ά να μη σου φύγει. 5. επιδέξια, εύστοχα. 6. ευχάριστα, ωραία: περάσατε ~; Εκφρ. -ά και καλάθια (απάντηση σε κάποιον που απαντά καλά, αλλά δεν εκτελεί την παραγγελία)· -ά -ά (για να επιτείνει ή να μετριάσει την έννοια της λέξης στην οποία αναφέρεται): -ά -ά δεν ήξερε από πού κρατάει η σκούφια του· τον κοίταξε -ά -ά! ~ που ή και (= ευτυχώς που): -ά που το θυμήθηκες· τι -ά! (για να δηλωθεί φιλοφρόνηση για κάτι που έγινε). Φρ. γίνομαι -ά (= γιατρεύομαι)· δεν είμαι -ά (= είμαι άρρωστος ή τρελός)· δεν είμαστε -ά (όταν κάποιος είναι ανισόρροπος)· (σώνει, ντε) και -ά (= οπωσδήποτε, απαραίτητα): αποφάσισε σώνει και -ά να τον πείσει να γυρίσει. - Επίρρ. -ώς· φρ. -ώς σας βρήκα, -ώς ήρθατε, -ώς τον (για να δηλωθεί φιλοφρόνηση ή χαιρετισμός)· έχει -ώς (= σύμφωνοι, δέχομαι)· αν έρθει ως το μεσημέρι, έχει -ως, ειδάλλως θα φύγω. - Βλ. και άριστος.

καλοσημαδιά η, ουσ. (συνιζ., λαϊκ.), καλός οιωνός.
καλοσκέφτομαι, ρ. (λαϊκ.), σκέφτομαι κάτι σοβαρά, με σύνεση: -φτηκε το πρόβλημα και άλλαξε γνώμη (συνών. καλοσυλλογίζομαι).
καλοστεκούμενος, -η, -ο, επίθ. 1. που διατηρείται καλά από σωματική άποψη, που έχει γερή κράση: παρά τα χρόνια του είναι ~. 2. που στέκεται καλά οικονομικά: έμπορος ~ (συνών. πλούσιος, εύπορος· αντ. φτωχός).
καλοσυλλογίζομαι, ρ. (λαϊκ.), σκέπτομαι κάτι σοβαρά, συλλογίζομαι με σύνεση.
καλοσυνάτος, -η, -ο, επίθ. (λαϊκ.). 1. που είναι γεμάτος καλοσύνη: άνθρωπος ~ (συνών. καλόψυχος· αντ. κακόψυχος). 2. (για τον καιρό) ήπιος, μαλακός.
καλοσύνεμα το, ουσ., βελτίωση, καλυτέρευση: ~ του καιρού.
καλοσυνεύω, ρ. (σε γ΄ πρόσ., για τον καιρό) βελτιώνεται η καιρική κατάσταση: περίμενε να -έψει λίγο και ύστερα ξεκινάς.
καλοσύνη η, ουσ. 1. το να είναι κάποιος καλός, ευγενικός, ψιλικός: η ~ της ψυχής του· (ως φιλοφρονητική ερώτηση ή απάντηση) έχετε την ~ να μου πείτε...; ~ σας που δεχτήκατε την πρόσκληση (συνών. ευσπλαχνία, αγαθότητα· αντ. κακία). 2. καλή πράξη, ευεργεσία: μου έχει κάνει πολλές -ες (συνών. καλό· αντ. κακό). 3. κέρδος, ωφέλεια: ποια η ~ μου μετά απ' όσα έκανα για σένα. 4. καλός καιρός: ~ σήμερα!
καλοσυνηθίζω, ρ. Α. (αμτβ.) συνηθίζω κατά κόρον σε μια ενέργεια· (ειρων.) αποκτώ ευχάριστες, αλλά κακές έξεις: βλέπω -θισες στην τεμπελιά. Β. (μτβ.) μεταδίδω σε κάποιον ευχάριστες, αλλά κακές έξεις: το -θισες το παιδί σου και δεν του χαλάς χατίρι (συνών. καλομαθαίνω).
καλοσυσταίνω και **καλοσυστήνω**, ρ., δίνω καλές συστάσεις για κάποιον (αντ. κακοσυσταίνω).
καλοταΐζω, ρ. (λαϊκ.), τρέφω καλά: -ει τα ζωντανά του.
καλοταιριάζω, ρ. (συνιζ., λαϊκ.). 1. προσαρμόζομαι καλά, εφαρμόζω. 2. βρίσκομαι σε σύμπνοια με κάποιον, συμφωνώ με κάποιον. 3. (σε γ΄ πρόσ.) ταιριάζει καλά, έρχεται καλά σε κάποιον.
καλοτάξιδος, -η, -ο, επίθ. 1. (για πλοίο) που κάνει καλό ταξίδι, που δεν κλυδωνίζεται εύκολα από τη φουσκοθαλασσιά. 2. (για πρόσωπο, ως ευχή) που είθε να έχει καλό ταξίδι.

καλότροπος, -η, -ο, επίθ., που έχει καλούς τρόπους (συνών. ευγενικός· αντ. κακότροπος).
καλοτρώγω και **καλοτρώω**, ρ., αόρ. καλόφαγα (λαϊκ.), τρώγω καλά, τρώγω τρόφιμα καλής ποιότητας και σε επαρκή ποσότητα: -φάγαμε σήμερα!
καλοτυπωμένος, -η, -ο, επίθ., που είναι τυπωμένος άψογα, χωρίς ελαττώματα: βιβλίο -ο (αντ. κακοτυπωμένος).
καλοτυχία η, ουσ., καλή τύχη, καλό ριζικό (αντ. κακοτυχία, ατυχία).
καλοτυχίζω, ρ., θεωρώ ή αποκαλώ κάποιον καλότυχο (συνών. μακαρίζω).
καλότυχος, -η, -ο, επίθ., που έχει καλή τύχη, ευτυχισμένος: -οι οι νεκροί που λησμονάνε την πίκρια της ζωής (Μαβίλης)· Καλότυχά 'ναι τα βουνά/που Χάρο δε φοβούνται (δημ. τραγ.) (συνών. καλόμοιρος· αντ. κακόμοιρος).
καλούδι το, ουσ. (συνήθως στον πληθ.), δωράκια (πράγματα ή γλυκίσματα) που προσφέρονται συνήθως σε παιδιά και προκαλούν ευχαρίστηση.
καλούλης ο, θηλ. -ούλα, (με συμπάθεια) αγαπημένος.
καλούμα και **καλούμπα**, ουσ., σπάγκος που τυλίγεται γύρω από μικρό κομμάτι ξύλο και χρησιμοποιείται για την ανύψωση χαρταετών. [καλουμάρω].
καλουμάρισμα το, ουσ. (ναυτ.) χαλάρωση αλυσίδας ή σκοινιού από όπου είναι δεμένη άγκυρα, βάρκα, κλπ.
καλουμάρω, ρ. (ναυτ.) χαλαρώνω αλυσίδα ή σκοινί όπου είναι δεμένη άγκυρα, βάρκα, κλπ., για μεγαλύτερη ασφάλεια. [ιταλ. calumare].
καλούμο το, ουσ. (ναυτ.) το μήκος της αλυσίδας ή του σκοινιού της άγκυρας που δεν είναι μέσα στο νερό.
καλούμπα, βλ. καλούμα.
καλουπατζής ο, ουσ. (όχι έρρ.), αυτός που κατασκευάζει καλούπια.
καλούπι το, ουσ. 1. κοίλο στερεό σώμα μέσα στο οποίο χύνονται ρευστά υλικά για να πάρουν ορισμένο σχήμα: ~ μιας χρήσης/μόνιμο (συνών. μήτρα, εκμαγείο)· φρ. δεν μπαίνω σε -ια = δε δέχομαι υποδείξεις που αποβλέπουν σε ένα σχηματοποιημένο και περιοριστικό τρόπο συμπεριφοράς, σκέψης, έκφρασης, κλπ. 2. φόρμα: άλλο το ~ αυτού του ρούχου και άλλο εκείνου. 3. πρόχειρη ξύλινη κατασκευή με κενά που γεμίζονται με τσιμέντο σε οικοδομικές εργασίες: έγιναν τα -α για τα θεμέλια· φρ. είναι κάτι στα -α (= μόλις ξεκινάει κάτι). [τουρκ. kalıp<αραβ. qālib<ελλ. καλόπους].
καλούπωμα το, ουσ., εργασία για την κατασκευή καλουπιού.
καλουπώνω, ρ. 1. βάζω σε καλούπι. 2. κατασκευάζω καλούπι.
καλούτσικος, -η, -ο, επίθ. 1. (μειωτ.) κάπως καλός, μάλλον καλός: μαθητής ~· σοδειά -η (συνών. μέτριος, υποφερτός). 2. αρκετά ωραίος ή νόστιμος: -η έγινε η κόρη της· -η η πίτα σου. - Επίρρ. -α.
καλοφαγάς ο, θηλ. -ού, ουσ., αυτός που του αρέσει το πολύ και εκλεκτό φαγητό: ήταν ~ από τα νιάτα του.
καλοφαγία η, ουσ., το να τρώει κανείς πολύ και εκλεκτό φαγητό, καλή σίτιση: ο γιατρός του συνέστησε ~.
καλοφαγού, βλ. καλοφαγάς.

καλοφάγωτος, -η, -ο, επίθ., που τρώγεται καλά, ευχάριστα: *-ο το γλυκό* (ευχή).

καλοφαίνομαι, ρ. 1. φαίνομαι, διακρίνομαι καθαρά: *δεν -εται ακόμη ο δρόμος* (συνών. *ξεχωρίζω*). 2. εμπνέω εμπιστοσύνη σε κάποιον: *δε μου -εται ο φίλος σου· πρόσεχε!* 3. (σε γ΄ πρόσ.) φαίνεται καλό, ευχάριστο: *δεν του -φάνηκε ο καβγάς που άκουσε* (αντ. *κακοφαίνεται*).

καλοφέγγω, ρ. 1. φέγγω καλά, φωτίζω αρκετά: *δεν -ει το φως της εισόδου* (αντ. *αχνοφέγγω*). 2. (σε γ΄ πρόσ.) α. υπάρχει αρκετό φως: *δεν -ει στο δωμάτιο·* β. ξημερώνει: *σηκώθηκε πριν -ξει*.

καλοφορεμένος, -η, -ο, επίθ. (λαϊκ.), καλοντυμένος: *νοικοκυραίοι άνθρωποι, -οι*.

καλοφτιαγμένος, -η, -ο, επίθ. (συνίζ.). 1. που είναι φτιαγμένος με τέχνη: *σπίτι/ρούχο -ο* (συνών. *καλοκαμωμένος, περίτεχνος·* αντ. *κακοφτιαγμένος*). 2. που έχει καλή σωματική διάπλαση (συνών. *ωραίος*).

καλοχειμωνιά η, ουσ. (συνίζ., λαϊκ.), καλός, ήπιος χειμώνας (αντ. *βαρυχειμωνιά*).

καλοχορταίνω, ρ., χορταίνω καλά: *δεν -ασα σήμερα*.

καλοχρονιά η, ουσ. (συνίζ., λαϊκ.), καλή χρονιά, πλούσια σε σοδειά: *έθιμα που γίνονται για ~* (αντ. *κακοχρονιά*).

καλοχρονίζω, ρ., εύχομαι σε κάποιον καλή χρονιά (αντ. *κακοχρονίζω*).

καλοχτενισμένος, -η, -ο, επίθ., που είναι χτενισμένος ωραία, που έχει περιποιημένο μαλλί.

καλοχτίζω, ρ., χτίζω κάτι καλά, οικοδομώ κάτι σύμφωνα με τους κανόνες της οικοδομικής: *σπίτι -ισμένο*.

καλόχυμος, -η, -ο, επίθ., που έχει άφθονο χυμό, χυμώδης (συνών. *ζουμερός·* αντ. *στεγνός*).

καλοχωνεύω, ρ. 1. χωνεύω καλά και εύκολα (αντ. *κακοχωνεύω*). 2. (μεταφ., με άρνηση, για πρόσωπο) συμπαθώ: *δε με -ουν οι δικοί σου*.

καλοψήνω, ρ., ψήνω κάτι καλά, όσο χρειάζεται: *δεν -θηκε το κρέας* (αντ. *κακοψήνω*).

καλόψυχα, βλ. *καλόψυχος*.

καλοψυχία και (συνίζ.) **-ιά** η, ουσ., το να έχει κανείς καλή καρδιά (συνών. *καλοσύνη, αγαθότητα*).

καλόψυχος, -η, -ο, επίθ., που έχει καλή ψυχή, που είναι γεμάτος καλοσύνη: *άνθρωπος ~* (συνών. *πονόψυχος, πονετικός·* αντ. *κακόψυχος, σκληρόκαρδος*). - Επίρρ. **-α**.

καλπάζω, ρ. 1. (για άλογα ή αναβάτες) τρέχω με καλπασμό. 2. (μεταφ.) προχωρώ πολύ γρήγορα, εξελίσσομαι ταχύτατα: *με ασυγκράτητο ρυθμό -ει ο πληθωρισμός· φυματίωση/φαντασία -ουσα*.

καλπάκι το, ουσ., είδος καλύμματος του κεφαλιού από ύφασμα ή δέρμα. [τουρκ. *kalpak*].

καλπασμός ο, ουσ., ο ταχύτερος από τους βηματισμούς του αλόγου που εκτελείται σε τρεις χρόνους και ακολουθείται από ένα μικρό χρόνο αιώρησης (συνών. *τριποδισμός*).

καλπαστικός, -ή, -ό, επίθ., που σχετίζεται με τον καλπασμό· (ιατρ.) *~ ήχος της καρδιάς* (= παθολογικός ρυθμός των παλμών της καρδιάς, που ακούγεται σαν ήχος καλπασμού).

κάλπη η, ουσ., σφραγισμένο κιβώτιο υποδοχής των ψηφοδελτίων κατά τη διενέργεια εκλογών γενικά: *προσφυγή στις -ες* (= επιδίωξη πολιτικών εκλογών).

κάλπης ο, θηλ. **-ισσα**, ουσ., άνθρωπος αναξιόπιστος (συνών. *απατεώνας, κατεργάρης*). [τουρκ. *kalp*].

κάλπικος, -η, -ο, επίθ. 1. (για νομίσματα) κίβδηλος, πλαστός: *λίρες -ες* (συνών. *ψεύτικος·* αντ. *γνήσιος*). 2. (μεταφ.) δολερός, κατεργάρης. ΄Εκφρ. *~ παράς* (= άνθρωπος χωρίς καμιά αξία). Φρ. *τον ξέρουν σαν -η δεκάρα* (= είναι γνωστός σε πολλούς σαν το κίβδηλο νόμισμα). - Επίρρ. **-α**.

κάλπισσα, βλ. *κάλπης*.

καλπονοθεία η, ουσ., νοθεία του εκλογικού αποτελέσματος με δόλια παραβίαση των καλπών και με προσθήκη ή αφαίρεση ψήφων: *η αντιπολίτευση κατηγόρησε την κυβέρνηση για ~*.

καλπονόθευση η, ουσ. 1. νόθευση του εκλογικού αποτελέσματος με δόλια παραβίαση των καλπών και με προσθήκη ή αφαίρεση ψήφων. 2. (γενικά) απάτη με επιτήδεια νόθευση της αλήθειας (συνών. *δολίευση*).

καλπονοθευτικός, -ή, -ό, επίθ., που σχετίζεται με την καλπονόθευση: *σύστημα -ό*.

καλπονοθεύω, ρ. 1. νοθεύω το αποτέλεσμα των εκλογών με δόλια παραβίαση των καλπών και με προσθήκη ή αφαίρεση ψήφων. 2. εξαπατώ παραποιώντας με επιτήδειο τρόπο την αλήθεια.

καλσόν και **καλτσόν** το, ουσ. άκλ., εφαρμοστό γυναικείο κάλυμμα που σκεπάζει τα πόδια, συνήθως και τη λεκάνη: *~ μάλλινο/συνθετικό*. [γαλλ. *caleçon·* ο τ. παρετυμ. προς το *κάλτσα*].

κάλτσα η, ουσ., πλεκτό ή υφαντό εξωτερικό περίβλημα της κνήμης: *-ες μάλλινες/βαμβακερές/αθλητικές*. Φρ. *(είναι) διαβόλου ~* (για άνθρωπο πανέξυπνο, τετραπέρατο, πανούργο). [ιταλ. *calza*].

καλτσοβελόνα η, ουσ., βελόνα για το πλέξιμο καλτσών.

καλτσοδέτα η, ουσ., ελαστική ταινία που συγκρατεί την κάλτσα να μην πέφτει.

καλτσοδέτης ο, ουσ., καλτσοδέτα (βλ.λ.). [*κάλτσα + δένω*].

καλτσομηχανή η, ουσ., μηχανή για το πλέξιμο καλτσών.

καλτσόν, βλ. *καλσόν*.

καλτσοποιία η, ουσ., βιομηχανία κατασκευής καλτσών.

καλύβα η, ουσ. 1. παράπηγμα κατασκευασμένο συνήθως με χόρτα ή σανίδια (συνών. *παράγκα*). 2. μικρό αγροτικό σπίτι χτισμένο πρόχειρα συνήθως με ένα δωμάτιο.

καλύβι το, ουσ. 1. μικρή καλύβα. 2. φτωχικό σπίτι. - Υποκορ. **-άκι** το.

καλυβόσπιτο το, ουσ. μικρό φτωχικό σπίτι, που μοιάζει με καλύβα: *ένα ~ με δυο πατώματα*.

κάλυκας ο, ουσ. 1. εξωτερικό περίβλημα του άνθους. 2. μετάλλινη θήκη μέσα στην οποία τοποθετούνται το μπαρούτι και η βολίδα του φυσιγγίου (ενός πυροβόλου όπλου).

καλυκοειδής, -ής, -ές, γεν. *-ούς*, πληθ. αρσ. και θηλ. *-είς*, ουδ. *-ή*, επίθ., που μοιάζει με κάλυκα: *σχήμα -ές*.

καλυκοποιείο το, ουσ., εργοστάσιο στο οποίο κατασκευάζονται κάλυκες πυροβόλων όπλων.

καλυκοφόρος, -α, -ο, επίθ. (για βλήμα) που έχει κάλυκα.

κάλυμμα το, ουσ. 1. ό,τι περιβάλλει, σκεπάζει κάτι: *~ επίπλων/κρεβατιού* (συνών. *σκέπασμα*). 2. (οικον.) απόθεμα τράπεζας σε χρυσό ή άλλο σταθερής αξίας περιουσιακό στοιχείο ως εγγύηση του χαρτονομίσματος που εκδίδει η τράπεζα, πιστωτικό υπόλοιπο.

καλυμμαύκι και **-χι** και **καμηλλαύκι** το, ουσ. (εκκλ.) μαύρο κάλυμμα του κεφαλιού των ορθόδοξων κληρικών. [μεσν. *καμηλλαύκιον*<λατιν. *camellaucium* με παρετυμ. προς το *κάλυμμα*].

Καλύμνιος ο, θηλ. **-α** (ασυνίζ.) και (συνιζ.) **-ιώτης**, θηλ. **-ισσα**, ουσ., αυτός που κατάγεται από την Κάλυμνο ή κατοικεί σε αυτήν.

καλυμνιώτικος, -η, -ο, επίθ. (συνιζ.), που σχετίζεται με την Κάλυμνο ή τους Καλύμνιους.

Καλυμνιώτισσα, βλ. *Καλύμνιος*.

καλύπτρα η, ουσ. (βοτ.) ιστός που καλύπτει το άκρο της ρίζας των φυτών.

καλύπτω, ρ. 1α. τοποθετώ κάλυμμα, θέτω σκέπασμα κάπου: ~ *το κεφάλι με το καπέλο* β. περιβάλλω, σκεπάζω: *το χιόνι κάλυψε την κορυφή του βουνού/τις στέγες των σπιτιών· κάλυψε το πρόσωπό του με τα χέρια του·* γ. τοποθετώ κάλυμμα σε κάτι για να το προστατέψω: *-υψε την πληγή με επίδεσμο*. 2. (στρατ.) προστατεύω τμήμα στρατού από εχθρική επίθεση τη στιγμή που διεξάγει μια επιχείρηση: *η οπισθοφυλακή -υψε την υποχώρηση· η αεροπορία -υψε την απόβαση του πεζικού*. 3. αποκρύπτω κάτι για να μη γίνει γνωστό: ~ *το σκάνδαλο/τις απάτες· έλειψε χτες, αλλά τον -υψε ο τμηματάρχης* (= δεν έγινε γνωστή στους αρμοδίους και δεν είχε αρνητικές συνέπειες γι' αυτόν η απουσία του) (συνών. *συγκαλύπτω, «κουκουλώνω»*· αντ. *αποκαλύπτω, ξεσκεπάζω, φανερώνω, εκθέτω*). 4. (οικον.) α. δίνω χρήματα για να πληρωθούν έξοδα που έχουν γίνει ή πρόκειται να γίνουν: *το δημόσιο θα -ύψει κατά το ήμισυ τη δαπάνη του έργου/τη ζημιά·* (για ασφαλιστικό οργανισμό) *η ασφάλεια -ει τα έξοδα νοσηλείας·* β. ισοσταθμίζω: *πρέπει να -φθούν τα ελλείμματα των δημοσίων οργανισμών· τα έσοδα δεν -ουν τα έξοδα*. 5. συμπληρώνω: *διαγωνισμός για να -φθούν τρεις θέσεις εργασίας*. 6. αναπληρώνω: *είναι δύσκολο να -φθεί το κενό που άφησε ο...* 7. ικανοποιώ: *σε πρωτόγονες κοινωνίες οι άνθρωποι -ουν οι ίδιοι τις ανάγκες τους·* η *νέα εφημερίδα φιλοδοξεί να -ύψει τις απαιτήσεις του αναγνωστικού κοινού*. 8α. συζητώ διεξοδικά για ένα θέμα: *στη σημερινή εκπομπή -ύψαμε ένα ευρύ φάσμα θεμάτων* β. αναφέρομαι διεξοδικά σε ένα θέμα ώστε να μην έχει να προσθέσει κανείς τίποτε: *δε θα μιλήσω γιατί -ύφθηκα από τον προηγούμενο ομιλητή*. 9. επιδοκιμάζω τις ενέργειες κάποιου ώστε να μην εκτεθεί: *ο πρωθυπουργός σε δήλωσή του -υψε τον υπουργό για τον τρόπο που ενήργησε*. 10. (ειδικά για δημοσιογράφο που παρακολουθεί και σχολιάζει συγκεκριμένα ομάδα ειδήσεων): *ει το οικονομικό ρεπορτάζ της εφημερίδας·* η *τηλεόραση/το ραδιόφωνο θα -ύψει απευθείας τη συζήτηση στη Βουλή* (= θα τη μεταδώσει τηλεοπτικώς/ραδιοφωνικώς). 11. διατρέχω (διαδρομή): *ο δρομέας/το αυτοκίνητο κάλυψε την απόσταση/τη διαφορά σε δέκα λεπτά*.

καλυτέρεμα το, ουσ., *καλυτέρευση* (βλ.λ.).

καλυτέρευση η, ουσ., το να καλυτερεύει κάτι: ~ *της υγείας/των συνθηκών/της ποιότητας* (συνών. *βελτίωση*· αντ. *επιδείνωση, χειροτέρευση*).

καλυτερεύω, ρ., αόρ. *-έρευσα* και λαϊκ. *-έρεψα*. 1. (μτβ.) κάνω κάτι καλύτερο: ~ *την ποιότητα/την εμφάνιση* (συνών. *βελτιώνω·* αντ. *χειροτερεύω*). 2. (αμτβ.) γίνομαι καλύτερος: *ο καιρός/η υγεία του* *-έρεψε* (συνών. *βελτιώνομαι·* αντ. *επιδεινώνομαι, χειροτερεύω*).

κάλυψη η, ουσ. 1. τοποθέτηση καλύμματος: ~ *του τοίχου με ασβεστοκονίαμα·* (για προστασία) ~ *του τραύματος·* (συνεκδοχικά) κάλυμμα: ~ *μεταλλική των επίπλων* (= επένδυση). 2. (στρατ.) προστασία τμήματος στρατού από εχθρικές επιθέσεις τη στιγμή που διεξάγει μια επιχείρηση: ~ *αεροπορική*. 3. συγκάλυψη, απόκρυψη: ~ *σκανδάλου* (αντ. *αποκάλυψη, ξεσκέπασμα*). 4. (οικον.) α. χρηματική συνδρομή για να πληρωθούν έξοδα: ~ *της δαπάνης του έργου από όμιλο τραπεζών·* ~ *της ζημίας από τη μη εκτέλεση της σύμβασης·* β. ισοστάθμιση: ~ *των ελλειμμάτων*. 5. συμπλήρωση, πλήρωση: ~ *κενών θέσεων εργασίας*. 6. ικανοποίηση: ~ *αναγκών/απαιτήσεων/στόχων*. 7. το να επιδοκιμάζει κανείς τα λόγια και τις ενέργειες κάποιου για να μην τον εκθέσει: *ο βουλευτής είχε πλήρη* ~ *από τον αρχηγό του κόμματος για όσα είπε*. 8. (ειδικά για μετάδοση γεγονότος από τα ραδιοτηλεοπτικά μέσα): ~ *τηλεοπτική της ομιλίας του πρωθυπουργού·* ~ *ραδιοφωνική της δοξολογίας*. 9. πορεία από ένα μέρος σε άλλο: ~ *της απόστασης/της διαφοράς*. - Βλ. και *καλύπτω*.

καλφαλίκι το, ουσ. 1. το να είναι κάποιος κάλφας (βλ.λ.). 2. η αμοιβή του κάλφα. [τουρκ. *kalfalιk*].

κάλφας ο, ουσ., βοηθός τεχνίτη, μαθητευόμενος (ιδίως ράφτη ή παπουτσή). - Υποκορ. **καλφόπουλο** το. [τουρκ. *kalfa*].

καλώ, -είς, ρ., μτχ. παθ. παρκ. *καλεσμένος*. 1. φωνάζω κάποιον, προσκαλώ: *μας κάλεσε στο γάμο του· ήρθαν όλοι οι καλεσμένοι·* ~ *σε βοήθεια·* ~ *το ασανσέρ* (= πατώ το κουμπί για να έρθει). 2α. επιχειρώ με τηλεπικοινωνιακό μέσο να επικοινωνήσω με κάποιον: ~ *κάποιον στο τηλέφωνο* (= τηλεφωνώ)/*με τον ασύρματο·* β. *το τηλέφωνο -εί* (όταν κάποιος επιχειρεί να τηλεφωνήσει σε κάποιον και ακούει τον χαρακτηριστικό ήχο που σημαίνει ότι το τηλέφωνο χτυπά): *το τηλέφωνο -εί, αλλά δεν απαντά*. 3. διατάζω κάποιον ως ανώτερη αρχή να πράξει κάτι: *κάλεσαν την κλάση του στο στρατό· τον κάλεσαν στο δικαστήριο ως μάρτυρα· κλήθηκε σε απολογία*.

καλωδιακός, -ή, -ό, επίθ. (ασυνίζ.), (τεχνολ.) που γίνεται με τη χρησιμοποίηση καλωδίων: *τηλεόραση -ή*.

καλώδιο το, ουσ. (ασυνίζ.), (τεχνολ.) δεσμίδα από μετάλλινα (συνήθως χάλκινα) σύρματα σε σχήμα σκοινιού, που περιβάλλεται με μονωτική ουσία και χρησιμεύει ως αγωγός (συνήθως ηλεκτρικού ρεύματος): ~ *γυμνό* (= που δεν έχει μονωτική ουσία).

καλωδίωση η, ουσ. (τεχνολ.) χρησιμοποίηση καλωδίων για κάποιο σκοπό: ~ *της τηλεοπτικής επικοινωνίας*.

καλώς, βλ. *καλός*.

καλωσορίζω, ρ., προσφωνώ κάποιον με τη φρ. «καλώς όρισες» (γενικά) υποδέχομαι με ευχαρίστηση, καλοδέχομαι: *το χωριό βγήκε να τον -ίσει*.

καλωσόρισμα το, ουσ., υποδοχή φιλοφρονητική. - Στον πληθ. οι προσφωνήσεις με το «καλώς όρισες».

κάμα η, ουσ., μαχαίρι με λάμα δίκοπη και μυτερή: *ξεθηκάρωσε από το πλάι του ζωνάρι την* ~ *του* (συνών. *στιλέτο, λάζος*). [υποχωρ. από το *καμάκι*].

κάμα το, ουσ., ζέστη αφόρητη: *το πρώτο* ~ *του*

καλοκαιριού (συνών. *καύσωνας*). [αρχ. *καύμα*< *καίω*].

καμάκι το, ουσ., αλιευτικό εργαλείο που αποτελείται από ένα μακρύ ξύλινο κοντάρι με σιδερένια περόνη ή τρίαινα στη μία άκρη του: *βράχοι μυτεροί βγαίνανε από τη θάλασσα σαν -ια* (Κόντογλου).

καμακιά η, ουσ. (συνιζ.), χτύπημα με καμάκι: *με δυο -ιές το 'πιασε το χταπόδι.*

καμακίζω, ρ., βλ. *καμακώνω.*

καμάκωμα το, ουσ., χτύπημα με το καμάκι.

καμακώνω και **-κίζω**, ρ., χτυπώ με το καμάκι· ψαρεύω με καμάκι: *καμάκωσε ένα χταπόδι.*

κάμαρα και **-ρη**, η,ουσ. α. δωμάτιο: *σπίτι με τέσσερις -ες·* β. (ειδικά) υπνοδωμάτιο. - Υποκορ. **-άκι** το, **-ρούλα** και **-ρίτσα** η στη σημασ. α. [λατ. *camara*<αρχ. *καμάρα*].

καμάρα η, ουσ. 1α. ημικυκλικός θόλος, αψίδα: *γεφύρι με πέντε -ες·* η *Καμάρα στη Θεσσαλονίκη·* β. θολωτή κατασκευή και γενικά οτιδήποτε έχει σχήμα τόξου: ~ *του ποδιού* = η αψιδωτή καμπυλότητα του πέλματος· ~ *του αφτιού* = το κοίλο του εξωτερικού αφτιού· ~ *του Θεού* = το ουράνιο τόξο. 2. θολωτό ισόγειο διαμέρισμα σε αγροτικό σπίτι, που χρησιμεύει ως αποθήκη, αχυρώνας ή στάβλος.

καμαραϊκά αγγεία τα, ουσ., πολύχρωμα προϊστορικά αγγεία που βρέθηκαν σε σπηλιά της Ίδης στην Κρήτη, κοντά στο χωριό Καμάρες.

καμαράκι και **κάμαρη**, βλ. *κάμαρα.*

καμάρι το, ουσ. 1. το να καμαρώνει κανείς: *περπατά με* ~ (συνών. *κόρδωμα, περηφάνεια·* αντ. *μετριοφροσύνη*). 2. αυτό για το οποίο καμαρώνουμε, παινευόμαστε: ~ *της οικογένειας/του χωριού* (κλητ. προσφώνηση ως έκφρ. τρυφερότητας) ~ *μου* (συνών. *καύχημα·* αντ. *ντροπή, στίγμα*). Παροιμ. *ο κόσμος το 'χει τούμπανο και εμείς κρυφό* ~ (για πασίγνωστα πράγματα, που όμως τα κρατούν μυστικά οι ενδιαφερόμενοι).

καμαριέρης ο, θηλ. **-α**, ουσ. (συνιζ.), υπηρέτης που ασχολείται με την καθαριότητα και την τακτοποίηση των δωματίων, κυρίως ξενοδοχείου (συνών. *θαλαμηπόλος*). [ιταλ. *camariere*].

καμαρίλα η, ουσ., το σύνολο των ανεπίσημων ατόμων του άμεσου περιβάλλοντος ηγεμόνα, που επηρεάζουν τις αποφάσεις του «εκ του αφανούς», μυστικοσύμβουλοι. [ισπαν. *camarilla*].

καμαρίνι το, ουσ., μικρό δωμάτιο για τους καλλιτέχνες στα παρασκήνια θεάτρου ή κέντρου διασκέδασης. [ιταλ. *camerino*].

καμαρίτσα, βλ. *κάμαρα.*

καμαροειδής, -ής, -ές, γεν. *-ούς*, πληθ. αρσ. και θηλ. *-είς*, ουδ. *-ή*, επίθ., που έχει σχήμα καμάρας (βλ.λ.). (συνών. *αψιδωτός, θολωτός, καμαρωτός*).

καμαρόπορτα η, ουσ., πόρτα με καμάρα, με καμπύλο πρέκι.

καμαροσκεπής, -ής, -ές, γεν. *-ούς*, πληθ. αρσ. και θηλ. *-είς*, ουδ. *-ή*, επίθ. (αρχιτ.) θολωτός.

καμαρότος ο, ουσ., πρόσωπο εντεταλμένο να διευθετεί τις καμπίνες των πλοίων κατά το ταξίδι και να εξυπηρετεί γενικότερα τους ταξιδιώτες (συνών. λόγ. *θαλαμηπόλος*). [βενετ. *camaroto*].

καμαρούλα, βλ. *κάμαρα.*

καμαροφρύδης ο, θηλ. **-α** και **-φρυδούσα**, ουσ., αυτός που έχει φρύδια καμαρωτά, τοξοειδή.

καμαρόφρυδο και **-φρύδι** το, ουσ. (λαϊκ.), φρύδι καμαρωτό, τοξωτό: *αγγέλοι το ζωγράφισαν το -ό σου* (δημ. τραγ.).

καμαροφρυδούσα, βλ. *καμαροφρύδης.*

καμάρωμα το, ουσ., επιδεικτική έπαρση, κόρδωμα, καμάρι.

καμαρώνω, ρ. Α. (αμτβ.) είμαι περήφανος, δείχνω την ικανοποίησή μου για κάτι: *-ει σαν γαμπρός· κι ο ουρανός καμάρωνε κι η γη χεροκροτούσε* (Σολωμός) (συνών. *κορδώνομαι*). Β. (μτβ.) βλέπω κάτι με θαυμασμό και υπερηφάνεια: *την καμάρωνε, λες και ήταν θεά·* (ειρων.) *-ώστε τον!* [αρχ. *καμάρα*].

καμαρωτός, -ή, -ό, I. επίθ., που έχει καμάρα, τοξοειδής: *φρύδια -ά· γεφύρι -ό· πόρτα -ή* (συνών. *θολωτός, αψιδωτός*).

καμαρωτός, -ή, -ό, II. επίθ., που καμαρώνει: *βάδιζε* ~ (συνών. *κορδωτός, αγέρωχος*). - Επίρρ. **-ά**.

καματάρης ο, θηλ. **-ισσα**, ουσ. (λαϊκ.), εργάτης που ασχολείται με (συνήθως γεωργικές) κοπιαστικές δουλειές.

καματάρικος, -η, -ο, επίθ. (λαϊκ.), (για υποζύγιο) που είναι κατάλληλος για το όργωμα: *βόδι -ο* (συνών. *καματερός, δουλευτάρικος*).

καματάρισσα, βλ. *καματάρης.*

κάματεμα το, ουσ. (λαϊκ.), όργωμα.

καματερός, -ή, -ό, επίθ. (λαϊκ.). 1. (για υποζύγιο) κατάλληλος για άροση: *βόδι -ό·* (ως ουσ.) *μουγγάνιζαν ασυνήθιστα τα -ά* (συνών. *καματάρικος*). 2. (για άνθρωπο) εργατικός, φιλόπονος.

καματεύω, ρ. (λαϊκ.), εργάζομαι στα χωράφια, οργώνω.

κάματος ο, ουσ. α. κατάπτωση των σωματικών δυνάμεων από υπερβολικό κόπο (συνών. *κόπωση*)· β. (βιολ.) *μυϊκός* ~ = ελάττωση ή πλήρης απώλεια της ικανότητας του μυός προς συστολή μετά από έντονη ή παρατεταμένη λειτουργία.

καμβάς ο, ουσ. 1. ύφασμα χοντρό, δικτυωτό, που χρησιμεύει ως βάση για κεντήματα. 2. (μεταφ.) υπόθεση, σκελετός λογοτεχνικού, θεατρικού, κινηματογραφικού, κλπ., έργου. [γαλλ. *canevas*].

καμέλια η, ουσ. (ασυνίζ.), είδος διακοσμητικού φυτού με λαμπερά φύλλα και μεγάλα άσπρα ή κόκκινα λουλούδια που μοιάζουν με τριαντάφυλλα, καθώς και το λουλούδι του. [γαλλ. *camélia*].

καμελό, βλ. *καμιλό.*

κάμερα η, ουσ., συσκευή λήψης για να παίρνονται κινούμενες εικόνες για την τηλεόραση ή τον κινηματογράφο. [ιταλ. *camera*].

καμήλα και **γκα-** η, ουσ. 1. μηρυκαστικό μεγαλόσωμο ζώο των θερμών χωρών με μακρύ λαιμό και μία ή δύο καμπούρες στη ράχη, που ζει στην έρημο και χρησιμεύει ως υποζύγιο. 2. (μεταφ. - υβριστ.) γυναίκα με ψηλό και ασύμμετρο σώμα.

καμηλάγκαθο το, ουσ. (ερρ.), ποώδες διακοσμητικό φυτό (συνών. *αχινάγκαθο*).

καμηλάρης και **-της** ο, ουσ., καμηλιέρης (βλ.λ.).

καμηλιέρης ο, θηλ. **-ισσα**, ουσ. (ασυνίζ.), αυτός που οδηγεί καμήλα ή βόσκει κοπάδι από καμήλες (συνών. *καμηλάρης*).

καμηλίσιος, -α, -ο, επίθ. (συνιζ.), που ανήκει ή αναφέρεται σε καμήλα, που προέρχεται από καμήλα: *μνησικακία -α· δέρμα -ο.*

καμηλαύκι, βλ. *καλυμμαύκι.*

καμηλόδερμα το, ουσ., δέρμα, τομάρι καμήλας.

καμηλόμαλλο το, ουσ., μαλλί καμήλας, καμηλότριχα.

καμηλοπάρδαλη η, ουσ., μεγαλόσωμο μηρυκαστι-

κό ζώο των θερμών χωρών με πολύ μακρύ λαιμό και σκουρόχρωμες κηλίδες στο κιτρινωπό δέρμα του.
καμηλοπούλι το, ουσ., στρουθοκάμηλος (βλ.λ.).
καμηλότριχα η, ουσ., μαλλί καμήλας, καμηλόμαλλο.
καμηλωτή η, ουσ. 1. δέρμα καμήλας. 2. ύφασμα από μαλλί καμήλας.
καμία και **καμιά**, βλ. *κανείς*.
καμιζόλα η, ουσ., φαρδύ και μακρύ γυναικείο πουκάμισο. [γαλλ. *camisole*].
καμικάζι ο, ουσ., άκλ. 1. (ιστ.) προσωνυμία των εθελοντών Γιαπωνέζων αεροπόρων στο δεύτερο παγκόσμιο πόλεμο που έπεφταν με τα αεροπλάνα τους πάνω στον εχθρικό στόχο. 2. (μεταφ.) πολύ ριψοκίνδυνος άνθρωπος, ιδίως οδηγός μοτοσικλέτας: ~ *της ασφάλτου*. [ιαπων. *kamikaze*].
καμιλό και **καμελό** το, ουσ., είδος χοντρού μάλλινου υφάσματος από τρίχες καμήλας ή κατσίκας, με το χρώμα του δέρματος της καμήλας. [γαλλ. *camelot*].
καμινάδα η, ουσ., καπνοδόχος (πλοίου, σπιτιού, εργοστασίου) (συνών. *φουγάρο, τσιμινιέρα*). [βενετ. *caminada*].
καμινάρης ο, ουσ., εργάτης καμινιού (συνών. *καμινευτής*).
καμινέτο το, ουσ., μικρή φορητή εστία που καίει με οινόπνευμα, βενζίνη ή υγραέριο. [ιταλ. *caminetto*].
καμίνευση η και **καμίνευμα** το, ουσ., κατεργασία ύλης μέσα σε καμίνι: ~ *μετάλλων/τούβλων/ασβέστη*.
καμινευτής ο, ουσ., καμινάρης (βλ.λ.).
καμινευτικός, -ή, -ό, επίθ., που ανήκει ή αναφέρεται στην καμίνευση (βλ.λ.).
καμινεύω, ρ., κατεργάζομαι κάτι μέσα σε καμίνι.
καμίνι το, ουσ. 1α. κλειστός θερμαινόμενος χώρος όπου γίνεται η καμίνευση (βλ.λ.) ασβέστη, τούβλων, κεραμιδιών, μετάλλων, κλπ.· β. εστία πάνω σε σιδερένιο τραπεζάκι όπου γίνεται η πυράκτωση, κλπ., σιδερένιων κομματιών για να στραβώσουν. 2. (μεταφ.) τόπος όπου επικρατεί μεγάλη ζέστη: *η Αθήνα το καλοκαίρι είναι* ~. 3. (μεταφ.) για να δηλωθεί ένταση, πολεμικός αναβρασμός, έντονα πάθη, κλπ.): *η Μέση Ανατολή είναι ένα* ~ *που μόνιμα βράζει*.
καμινιά η, ουσ. (συνίζ.), το περιεχόμενο του καμινιού: *μια* ~ *ασβέστη*.
καμινιάζω, ρ. (συνίζ.), ρίχνω στο καμίνι ασβεστόλιθους, μέταλλα, κλπ., για να υποβληθούν σε κατεργασία.
καμίνιασμα το, ουσ., τοποθέτηση ασβεστόλιθων, μετάλλων, κλπ., στο καμίνι για να υποβληθούν σε κατεργασία.
καμιόνι το, ουσ. (συνίζ.), μεγάλο φορτηγό αυτοκίνητο. [γαλλ. *camion*].
καμιτσίκι, βλ. *καμουτσίκι*.
καμουτσιά, βλ. *καμουτσικιά*.
καμουτσίκι και **καμ(ι)τσίκι** και **καμουτσί** το, ουσ., μαστίγιο. [τουρκ. *kamçi*].
καμουτσικιά και **καμτσικιά** και **καμουτσιά** η, ουσ. (συνίζ., λαϊκ.), χτύπημα με καμουτσίκι (συνών. *μαστίγωμα, βιτσιά*).
καμουφλάζ το, ουσ. άκλ., καμουφλάρισμα (βλ. λ.). [γαλλ. *camouflage*].
καμουφλάρισμα το, ουσ. 1. (στρατ.) εξωτερική μεταμόρφωση θέσης ή αντικειμένων, ιδίως σε καιρό πολέμου, με σκοπό την παραπλάνηση του εχθρού, τεχνητή απόκρυψη. 2. (γενικά) κάθε απόκρυψη, παραλλαγή (συνών. *καμουφλάζ, συγκάλυψη*).
καμουφλάρω, ρ., παρατ. *-ιζα*, αόρ. *-ισα*, μτχ. παθ. παρκ. *-ισμένος*, παραλλάζω την εξωτερική εμφάνιση χώρου ή αντικειμένου με σκοπό την παραπλάνηση: *αυτοκίνητο -ισμένο* (συνών. *μεταμφιέζω, μεταμορφώνω, συγκαλύπτω*). [γαλλ. *camoufler*].
καμουχάς και **καμπουχάς** ο, ουσ., είδος μεταξωτού ή βελούδινου υφάσματος υφασμένου με χρυσές ή ασημένιες κλωστές. [περσ. προέλευση].
καμπάλα, βλ. *καβάλα* II.
καμπάνα η, ουσ. (έρρ.). 1. μεγάλο μεταλλικό κουδούνι (σε σχήμα ανάποδης κούπας) που λειτουργεί με το τράβηγμα σκοινιών και χρησιμοποιείται στους χριστιανικούς ναούς για να καλεί τους πιστούς: *οι -ες χτυπούν πένθιμα* (συνών. *σήμαντρο*). 2. (μεταφ.) αυστηρή επίπληξη ή βαριά τιμωρία (συνήθως σε στρατιώτη): *έφαγε γερή* ~, *είκοσι μέρες φυλακή*. - Υποκορ. **-άκι** και **-έλι** το (στη σημασ. 1): *χτύπησα το -έλι της πόρτας*. - Βλ. και *καμπανέλι*. [ιταλ. *campana*].
καμπανάρης ο, ουσ. (έρρ.), αυτός που έχει αναλάβει να χτυπά την καμπάνα (συνήθως καλόγηρος σε μοναστήρι).
καμπανάρι το, ουσ. (έρρ., λαϊκ.), (συνήθως στον πληθ.) τα μικρά σταφύλια που μένουν στα κλήματα μετά τον τρύγο (συνών. *αποτρυγήματα*).
καμπαναριό το, ουσ. (έρρ., συνιζ.), κωδωνοστάσιο ναού. [λατ. *campanarium*].
καμπανέλι, I. βλ. *καμπάνα*.
καμπανέλι το, II. ουσ. (έρρ.), μπαμπαδέλι (βλ.λ.).
καμπάνια η, ουσ. (έρρ., συνιζ.). 1. δημοσιογραφική έρευνα για την προβολή κάποιου ζητήματος (θρησκευτικού, κοινωνικού, πολιτικού, οικονομικού, κλπ.). 2. εξόρμηση, «εκστρατεία» για την επίτευξη κάποιου στόχου: ~ *για την εξάλειψη της βίας από τα γήπεδα· διαφημιστική/προεκλογική* ~. [ιταλ. *campagna*].
καμπανιά η, ουσ. (έρρ., συνιζ.). 1. χτύπημα καμπάνας και ο ήχος της (συνών. *καμπάνισμα*). 2. (μεταφ.) α. δυσάρεστος υπαινιγμός, νύξη· β. επίπληξη.
καμπανίζω, ρ. (έρρ.). 1. χτυπώ την καμπάνα. 2. (αμτβ.) ηχώ σαν καμπάνα: *τα κουδούνια -ίζανε*. 3. (μεταφ.) διατυπώνω δυσάρεστους υπαινιγμούς, υπαινίσσομαι κάτι.
καμπάνισμα το, ουσ. (έρρ.). 1. χτύπημα καμπάνας και ο ήχος της (συνών. *καμπανιά*). 2. (μεταφ.) δυσάρεστος υπαινιγμός.
καμπανιστός, -ή, -ό, επίθ. (έρρ.), ηχηρός, κουδουνιστός, μεταλλικός.
καμπανίτης ο, ουσ. (έρρ.), είδος αφρώδους γαλλικού κρασιού (συνών. *σαμπάνια*). [γαλλ. επαρχία *Καμπανία*].
καμπανούλα η, ουσ. (έρρ.). 1. μικρή καμπάνα (συνών. *καμπανάκι*). 2. είδος διακοσμητικού φυτού.
καμπαρέ το, ουσ. (όχι έρρ.), νυχτερινό κέντρο με τραγούδι και χορό. [πιθ. γαλλ. *cabaret*].
καμπαρντίνα και **γκα-** η, ουσ. (όχι έρρ.). 1. είδος αδιάβροχου υφάσματος. 2. πανωφόρι από τέτοιο ύφασμα. [γαλλ. *gabardine*].
καμπή η, ουσ. (έρρ.). 1. το σημείο όπου κάμπτεται κάτι (π.χ. δρόμος, ποταμός, κλπ.) (συνών. *στροφή, γύρισμα*). 2. (μεταφ.) κρίσιμο σημείο: *καθοριστική* ~ *της ζωής του*.

κάμπια η, ουσ. (έρρ., συνιζ.), σκωληκόμορφη προνύμφη λεπιδόπτερων εντόμων, νεογνό εντόμων προτού γίνει πεταλούδα. [αρχ. *κάμπη*].

καμπιάζω, ρ. (έρρ., συνιζ.), (για φυτά) πιάνω, γεμίζω κάμπιες: *-σανε τα πεύκα.*

καμπίνα η, ουσ. (όχι έρρ.). 1. μικρός θάλαμος πλοίου ή αεροπλάνου: ~ *του καπετάνιου / του πληρώματος.* 2. πρόχειρο δωμάτιο σε (θαλάσσια) λουτρά που χρησιμεύει ως αποδυτήριο. [ιταλ. *cabina*].

κάμπινγκ το, ουσ. (έρρ.), χώρος σχετικά μεγάλος και σε ωραίο φυσικό περιβάλλον, όπου μπορούν οι τουρίστες να μείνουν για σύντομο χρονικό διάστημα σε σκηνή ή σε τροχόσπιτο. [αγγλ. *camping*].

καμπινέ το και **καμπινές** ο, ουσ. (όχι έρρ.), αποχωρητήριο (συνών. *απόπατος, μέρος, τουαλέτα*). [γαλλ. *cabinet*].

καμπίσιος, -α, -ο, επίθ. (συνιζ.), που ανήκει ή αναφέρεται στον κάμπο· που προέρχεται από τον κάμπο: *άνθρωπος* ~ (συνών. *πεδινός*· αντ. *βουνίσιος, ορεινός*).

καμποίκος, βλ. *καουμπόικος.*

κάμπος ο, ουσ. (έρρ.), τόπος πεδινός, πεδιάδα. [λατ. *campus*].

κάμποσος, -η, -ο και **καμπόσος,** (έρρ.), αόρ. αντων., αρκετός, όχι λίγος: *πέρασε* ~ *καιρός από τότε.* Φρ. *μας κάνει τον καμπόσο* (= θέλει να φαίνεται σπουδαίος). - Επίρρ. **-ο.** [σύνδ. *καν* + αντων. *πόσος*].

κάμποτ και **κάμποτο** το, ουσ. άκλ. (όχι έρρ.), είδος αλεύκαστου βαμβακερού υφάσματος, που κατασκευάζεται με απλή ύφανση, είναι φτηνό και προορίζεται για εσώρουχα, κλινοσκεπάσματα, κ.τ.ό.: *μαξιλάρια από* ~. [αγγλ. κύρ. όν. *Cabot*].

Καμποτζιανός ο, θηλ. **-ή,** ουσ. (όχι έρρ., ασυνίζ.), αυτός που κατάγεται από την Καμπότζη ή κατοικεί σ' αυτήν.

καμποτινισμός ο, ουσ. (όχι έρρ.). 1. υπερβολική προσποίηση, θεατρινισμός. 2. (μεταφ.) η προσπάθεια ανθρώπου χωρίς αξία να εξαπατήσει επιδεικνύοντας ανύπαρκτες γνώσεις ή προσόντα ώστε να αναδειχτεί κοινωνικά (συνών. *αγυρτεία*).

καμποτίνος ο, ουσ. (όχι έρρ.). 1. πλανόδιος και ασήμαντος κωμικός ηθοποιός. 2. (μεταφ.) άνθρωπος χωρίς αξία που προσπαθεί να εξαπατήσει επιδεικνύοντας ανύπαρκτες γνώσεις ή προσόντα ώστε να αναδειχτεί κοινωνικά (συνών. *αγύρτης*). [γαλλ. *cabotin*].

κάμποτο, βλ. *κάμποτ.*

καμπούνι το, ουσ. (όχι έρρ.), (ναυτ.) υπόστεγος χώρος στο πρωραίο κατάστρωμα που χρησιμεύει για τη στέγαση του πληρώματος σε περίπτωση κακοκαιρίας: *ανέβηκε...απάνω στο* ~ *και είδε πολλούς άντρες στις βάρκες.*

καμπούρα η, ουσ. (έρρ.). 1. μεγάλο εξόγκωμα στη ράχη ορισμένων ζώων, όπως της καμήλας, στο οποίο γίνεται συσσώρευση λίπους και νερού: ~ *μεγάλη/στρογγυλή/μυτερή.* 2. μεγάλο εξόγκωμα στη ράχη ατόμου που σχηματίζεται συνήθως από κάποια αρρώστια ή από γηρατειά: *η γιαγιά άρχισε να κάνει* ~· *η* ~ *του Καραγκιόζη* (συνών. *κύρτωμα*). 3. (μεταφ.) κάθε είδους κύρτωμα, εξοχή, καμπύλωμα: *το ξύλο σκέβρωσε και έκανε* ~. 4. (συνεκδοχικά) ράχη, πλάτη· συνηθέστερα στη μειωτ. έκφρ. *στην* ~ *κάποιου* (= εις βάρος του): *πολλές κατάρες σηκώνει στην* ~ *του αυτός ο άν-*

θρωπος· φρ. *έχει πολλά στην* ~ *του* (= τον βαρύνουν ευθύνες για πολλά παραπτώματα)· *όλα είναι/πέφτουν στην* ~ *μου* (= αναλαμβάνω, είμαι επιφορτισμένος με όλες τις ευθύνες ενός πράγματος)· *τον έχω στην* ~ *μου* (= τον συντηρώ, του παρέχω τα αναγκαία για τη ζωή). - Υποκορ. **-ίτσα** η.

καμπούρης, -α, -ικο, επίθ. (έρρ.), που έχει καμπούρα· φρ. *δε σε είπαμε -η!* (= δε σε βρίσαμε, δε σου είπαμε κάτι προσβλητικό). [τουρκ. *kambur*].

καμπουριάζω, ρ. (έρρ., συνιζ.). Α. αμτβ. 1. αποκτώ καμπούρα, γίνομαι καμπούρης: *όταν γεράσει ο άνθρωπος -ει.* 2. κυρτώνω τη ράχη σαν καμπούρης: *μην -εις όταν περπατάς!* 3. (μεταφ. για πράγματα) κυρτώνομαι, καμπυλώνομαι, λυγίζω: *ξύλο -ιασμένο.* Β. μτβ. 1α. κάνω κάποιον καμπούρη: *τον -ιασαν τα βάσανα/οι αρρώστιες*· β. (για το σώμα) κυρτώνω, κάμπτω: *η γάτα -ιασε το κορμί της έτοιμη να επιτεθεί.* 2. (μεταφ.) κυρτώνω, κάνω κάτι να σχηματίσει καμπύλη, λυγίζω.

καμπούριασμα το, ουσ. (έρρ., συνιζ.), το κύρτωμα της ράχης, η κύφωση: ~ *οδυνηρό/υπερβολικό.*

καμπουριαστός, -ή, -ό, επίθ. (έρρ., συνιζ.). 1. που έχει καμπούρα. 2. που έχει κυρτώσει τη ράχη σαν καμπούρης: *καθόταν* ~ *στη γωνιά.* 3. (μεταφ.) που έχει σχηματίσει καμπύλη, λυγισμένος.

καμπούρικος, -η, -ο, επίθ. (έρρ.). 1. που αναφέρεται ή ταιριάζει στον καμπούρη: *βάδισμα -ο.* 2. καμπουριαστός. 3. (μεταφ.) καμπύλος, λυγισμένος.

καμπουρίτσα, βλ. *καμπούρα.*

καμπουρομύτης, -ισσα, -ικο, επίθ. (έρρ.), που έχει κυρτή, καμπουρωτή μύτη.

καμπουρωτός, -ή, -ό, επίθ. (έρρ.). 1. που σχηματίζει καμπούρα, κυρτός: *μύτη -ή.* 2. (μεταφ.) καμπύλος, λυγισμένος.

καμπουχάς, βλ. *καμουχάς.*

κάμπτω, ρ. (έρρ.). Ι. ενεργ. 1. κάνω κάτι καταβάλλοντας προσπάθεια ή πίεση να γίνει κυρτό ή καμπύλο, το κάνω, ενώ είναι επίμηκες ή επίπεδο, να αποκτήσει προοδευτικά καμπύλο ή γωνιώδες σχήμα: ~ *το κορμί/τα γόνατα*· ειδικά μηχανήματα με τα οποία -ονται τα χοντρά σίδερα (συνών. *κυρτώνω, καμπυλώνω, λυγίζω*· αντ. *ορθώνω, ισιάζω*). 2. (μεταφ.) κάνω κάποιον να υποχωρήσει, να πάψει να αντιστέκεται, τον καταβάλλω λίγο λίγο ψυχικά ή σωματικά: *κάμφθηκε από τα βάσανα/από την τελευταία του περιπέτεια*· *έκαμψε την αδιαλλαξία του πατέρα του.* ΙΙ. μέσ. 1. γίνομαι κυρτός ή καμπύλο, αποκτώ, συνήθως κάτω από πίεση, καμπύλο ή γωνιώδες σχήμα: *τα κλαδιά -ονται από το βάρος των φρούτων* (συνών. *κυρτώνομαι, καμπυλώνομαι, λυγίζω*· αντ. *ορθώνομαι, ισιάζομαι*). 2. (μεταφ.) παύω να αντιστέκομαι, καταβάλλομαι λίγο λίγο, υποκύπτω, υποχωρώ: *κάμφθηκε η αντίσταση του εχθρού/η αντοχή κάποιου*· *δεν -εται μπροστά σε τίποτε!* 3. (μεταφ.) πείθομαι να αποδεχτώ ή να κάνω κάτι διαφορετικό από αυτό που πιστεύω ή επιθυμώ, συνήθως με τρόπο δυσάρεστο και πιεστικό: *η κυβέρνηση κάμφθηκε μπροστά στην πίεση που άσκησαν οι συνδικαλιστές* (συνών. *ενδίδω, υποχωρώ*). 4. (για πάθη ή συναισθήματα) χάνω την ένταση μου, μαλακώνω: *η οργή/σκληρότητά του κάμφθηκε με την εξέλιξη που είχαν τα πράγματα.* 5. (μεταφ.) παρουσιάζω ύφεση ή μείωση, ελαττώνομαι: *η οικονομία/η παραγωγή κάμφθηκε από έλλειψη πιστώσεων.*

καμπύλη η, ουσ. (έρρ.). 1. γραμμή που αλλάζει διεύθυνση χωρίς να σχηματίζει γωνίες: *σχηματίζω/ χαράζω* ~· ~ *απότομη/ομαλή·* ~ *του δρόμου/ των φρυδιών* (αντ. *ευθεία*). **2.** (μαθημ.) η τροχιά που σχηματίζεται από τα διαδοχικά σημεία που καταλαμβάνει σε επίπεδο ή στο χώρο ένα σημείο που κινείται κατά καθορισμένο νόμο: ~ *κυκλική/ελλειπτική/κλειστή/επίπεδη*. **3.** (στατ.) γραμμή που παριστάνει σχηματικά την εξέλιξη ενός φαινομένου: ~ *βαρομετρική/υψογραφική* ~ *θερμοκρασίας/παραγωγικότητας/τιμών*. **4.** (για γυναίκα, συνήθως στον πληθ.) τα καμπύλα μέρη του σώματος: *έχει/έκανε ωραίες -ες*.

καμπυλόγραμμος, -η, -ο, επίθ. (έρρ.). **1.** που έχει καμπύλες γραμμές, που παρουσιάζει καμπυλότητα: *κίονες με -ο σχήμα· επιφάνεια -η*. **2.** (μαθημ.) **α.** που σχηματίζεται από καμπύλες γραμμές: *τρίγωνα -α· γωνίες -ες* (αντ. *ευθύγραμμος*)· **β.** που γίνεται σε καμπύλη γραμμή: *κίνηση -η* (αντ. *ευθύγραμμος*).

καμπυλογράφος ο, ουσ. (έρρ.), όργανο ξύλινο ή πλαστικό που χρησιμοποιείται στη σχεδίαση καμπυλών.

καμπυλοειδής, -ής, -ές, γεν. *-ούς*, πληθ. αρσ. και θηλ. *-είς*, ουδ. *-ή*, επίθ. (έρρ.), που έχει σχεδόν καμπύλο σχήμα. - Επίρρ. **-ώς**.

καμπυλόμετρο το, ουσ. (έρρ.), όργανο με το οποίο μετριέται το μήκος των καμπύλων γραμμών στους χάρτες.

καμπύλος, -η, -ο, επίθ. (έρρ.), που αλλάζει διεύθυνση χωρίς να σχηματίζει γωνίες, που σχηματίζει καμπή: *γραμμή/επιφάνεια -η* (συνών. *κυρτός, γυριστός·* αντ. *ευθύς*).

καμπυλότητα η, ουσ. (έρρ.), το να είναι κάτι καμπύλο· το καμπύλο σχήμα ενός πράγματος, ιδιαίτερα όταν αυτό το σχήμα αποτελεί τμήμα της περιφέρειας ενός κύκλου ή ενός σφαιροειδούς αντικειμένου: ~ *επιφάνειας/της γης·* (μαθημ.) *ομαλή* ~ *κύκλου· άξονας/γραμμές -ας· κέντρο -ας·* (φυσ.) ~ *του σύμπαντος* (συνών. *κυρτότητα·* αντ. *ευθύτητα*).

καμπυλώνω, ρ. (έρρ.), κάνω κάτι καμπύλο (συνών. *κυρτώνω, κάμπτω, λυγίζω·* αντ. *ισιάζω*)· (μέσ.) παίρνω κατά κάποιο τρόπο τη μορφή της καμπύλης: *τα κύματα -ονταν αφρισμένα* (Καζαντζάκης).

καμπυλωτός, -ή, -ό, επίθ. (έρρ.), που έχει καμπύλες γραμμές: *φρύδι -ό*.

καμτσίκι, βλ. *καμουτσίκι*.

καμτσικιά, βλ. *καμουτσικιά*.

καμφορά, κάμφορα και (λαϊκ.) **καφουρά** η, ουσ. (χημ.) αρωματική ουσία, λευκή, ημιδιαφανής, με χαρακτηριστική έντονη μυρωδιά, που εξαχνίζεται πολύ εύκολα και χρησιμοποιείται κυρίως στη φαρμακευτική: ~ *ιαπωνική/κρυσταλλική/συνθετική*. [ιταλ. *canfora*].

καμφορέλαιο το, ουσ. (χημ.) ελαιώδης ουσία που λαμβάνεται με απόσταξη από το ξύλο του καμφορόδεντρου.

καμφορικός, -ή, -ό, επίθ., που περιέχει καμφορά: *φάρμακα -ά*.

καμφορόδεντρο το, ουσ. (βοτ.) είδος θάμνου που ευδοκιμεί στην Άπω Ανατολή, από το ξύλο του οποίου λαμβάνεται με απόσταξη η καμφορά (βλ.λ.).

κάμψη η, ουσ. **1α.** το να κάμπτεται κάτι ή το να κάμπτει κάποιος κάτι: ~ *απότομη·* ~ *ενός ελάσματος/του σώματος* (συνών. *κύρτωση, λύγισμα·* αντ. *ευθυγράμμιση, ίσιασμα*)· **β.** (γυμν.) άσκηση με την οποία πλησιάζουν δύο άκρα όσο γίνεται περισσότερο ή αναδιπλώνεται μέρος του σώματος πάνω στο μέρος όπου εφάπτεται: ~ *της κεφαλής/του κορμού/του βραχίονα/των γονάτων· κάνει είκοσι -εις κάθε πρωί* (αντ. *έκταση*). **2.** (για τη φωνή) αλλαγή του τόνου κατά την ομιλία, την ανάγνωση, την απαγγελία, κλπ. **3.** (μεταφ.) μείωση, ελάττωση της έντασης: *η επιδημία σημείωσε βαθμιαία* ~· *η αγοραστική κίνηση παρουσίασε* ~ *το τελευταίο δίμηνο·* ~ *των ανέμων/της κακοκαιρίας* (συνών. *ύφεση·* αντ. *ανάκαμψη*). **4.** (μεταφ.) εγκατάλειψη της προσπάθειας για αντίσταση, υπόκυψη, υποχώρηση: ~ *της αντίστασης/της αντοχής*. **5.** (οικον.) παύση (των τιμών), υποτίμηση: ~ *στην τιμή του δολαρίου* (αντ. *άνοδος*).

κάμωμα το, ουσ. **1.** το να κάνει κανείς κάτι· έργο, κατασκεύασμα, δημιούργημα: *όλα 'ναι της ψυχής -ατα και του μυαλού παιγνίδια* (Καζαντζάκης)· (γνωμ.) *της νύχτας τα -ατα τα βλέπ' η μέρα και γελά* (την ημέρα με το φως εμφανίζονται οι τυχόν ατέλειες της δουλειάς που έγινε τη νύχτα). **2α.** (συνήθως στον πληθ.) ενέργεια, πράξη συχνά εκκεντρική, που προκαλεί την προσοχή ή την περιέργεια: *η γειτονιά θ' αλαφιαζόταν με τέτοιο* ~ (Ι.Μ. Παναγιωτόπουλος)· *μωρέ, για δες εσύ τώρα -ατα!* **β.** (γενικά) συμπεριφορά: *-ατα τρελά· -ατα γυναικεία* (= παιχνιδιάρικοι προσποιητοί τρόποι μιας γυναίκας για να φανεί πιο ελκυστική, τσαχπινιές). **3.** (συνήθως στον πληθ.) άπρεπη ή ανόητη πράξη: *μάθαμε τα -ατά του! τι γελοία -ατα είν' αυτά πάλι!* **4.** (στον πληθ.) προσποιητή συμπεριφορά για δήθεν άρνηση ή απροθυμία: *-ατα παιδιάστικα/κουτά· άσε τα -ατα και πάρε αυτό που σου δίνω!* (συνών. *νάζια, ακκισμοί, πείσματα*). **5.** (στον πληθ. ειρων.) άθλοι, κατορθώματα: *τα -ατα του Μπερτόλδου*.

καμωματού η, ουσ., γυναίκα που συμπεριφέρεται με προσποιητούς παιχνιδιάρικους τρόπους για να τραβήξει την προσοχή των άλλων ή για να φανεί πιο ελκυστική (συνών. *ναζιάρα, παιχνιδιάρα*).

καμώνομαι, ρ., συμπεριφέρομαι έτσι ώστε να εμφανίσω μια κατάσταση ανύπαρκτη ή ένα γεγονός φανταστικό ως πραγματικό ή για να δηλώσω ιδιότητα που δεν έχω: *-ότανε τον ανήξερο/τον κοιμισμένο/πως δεν άκουγε τα λόγια που του αράδιαζαν·* ~ *το φίλο/τον πολύξερο* (συνών. *προσποιούμαι, υποκρίνομαι*).

καν και (λαϊκ., σπάνιο) **κάνε. Α.** ως σύνδ. **1.** διαζευκτικός σε σειρά προτάσεων ή απλών εννοιών (για έμφαση ή με χροιά αμφιβολίας) ή (...ή), είτε...είτε, ίσως...ίσως; *-ε Ρωμιοί κάνουν Λαμπρή -ε Τούρκοι μπαϊράμι* (δημ. τραγ.)· ~ *έτσι,* ~ *αλλιώς*. **2.** (επιτ. σε επανάληψη) και: *στη ζωή γνωρίζομε ανθρώπους* ~ *καλούς* ~ *κακούς*. **Β.** ως επίρρ. = **1.** τουλάχιστον, έστω και. **α.** σε προτ. καταφ. ή ερωτ.): *ας περάσει στο πανεπιστήμιο* ~ *τελευταίος· βγάζεις -ε το καθημερινό σ' αυτή τη δουλειά;* **β.** (σε προτ. αρνητ.): *δεν μπόρεσε να μάθει* ~ *να συλλαβίζει*. **2.** καθόλου (σε προτ. αρνητ. ή συνηθέστερα με προηγούμενα τα *ούτε, χωρίς*): *δε μίλησε* ~· *τέτοια πράγματα δεν τα βάζει* ~ *ο νους του ανθρώπου· δεν έρχεται ούτε* ~ *να μας δει· έφυγε χωρίς* ~ *να νοιαστεί για τι παιδιά του!* (επιτ.) *δεν έχω καιρό για διάβασμα· κανένα περιοδικό, κι ούτε* ~! **Γ. η εκφρ.** ~ **και** ~ **ως επιθετικός προσδ.** = **α.** πολλοί και διάφοροι: *έχει γνωρίσει* ~ *και* ~ *ανθρώπους στα ταξίδια του·* **β.** (για να

δηλωθεί μεγάλος αριθμός ή μεγάλο ποσό): *νόμισες πως θα του πέσω στα πόδια;...~ και ~ με παρακαλάνε· έχουν δει τα μάτια της ~ και ~! γ.* σπουδαίοι, σημαντικοί: *νοικοκύρηδες ~ και ~ στεναχωριούνται να τα φέρουν βόλτα.*
κάνα η, ουσ. (ναυτ.) αγγλικός πόδας, μονάδα για τη μέτρηση στα ναυπηγεία. [ιταλ. *canna*].
κάνα, βλ. *κανείς.*
καναβάτσα η, ουσ. καναβάτσο (βλ.λ.).
καναβάτσο το, ουσ., χοντρό ύφασμα από ίνες κανναβιού (συνών. *κανναβόπανο*). [ιταλ. *canavaccio*].
κανάγιας ο, ουσ. (συνιζ.), (υβριστ.) άνθρωπος κακοήθης, αχρείος, παλιάνθρωπος, κάθαρμα. [γαλλ. *canaille*].
Καναδέζα, βλ. *Καναδός.*
καναδέζικος, βλ. *καναδικός.*
Καναδέζος και **Καναδή,** βλ. *Καναδός.*
καναδικός, -η, -ό και **καναδέζικος,** επίθ., που ανήκει ή αναφέρεται στον Καναδά ή τους Καναδούς.
Καναδός και **-έζος** ο, θηλ. **-ή** και **-έζα,** ουσ., αυτός που κατάγεται από τον Καναδά ή κατοικεί σ' αυτόν.
καναδυό, αριθμ. (συνιζ., λαϊκ.), ένας ή δύο, μερικοί: *απόψε θα βγω με ~ φίλους.* [*κανένας+δυο*].
κανακάρης, -ισσα, -ικο, επίθ., αγαπημένος, χαϊδεμένος: *Απρίλη μου ανθοστόλιστε, Μάη μου -η* (δημ. τραγ.). - Ως ουσ. = αγαπημένος γιος ή κόρη, παιδί μεγαλωμένο με πολλές περιποιήσεις και χάδια. [*κανάκι + -άρης*].
κανάκεμα το, ουσ. (λαϊκ.). α. περιποίηση, χάιδεμα, χάδι: *από τα πολλά -ατα χάλασε το παιδί!* β. καλόπιασμα: *με τα -ατα δε θα τον πείσεις!*
κανακεύω, ρ., μτχ. παρκ. *κανακεμένο.* α. ανατρέφω με αγάπη και χάδια, με πολλές περιποιήσεις· χαϊδεύω: *θα τον ξαναγεννούσε, θα τον -άκευε, θα τον μεγάλωνε, θα τον ανάσταινε άλλη μια φορά* (Ι.Μ. Παναγιωτόπουλος)· β. περιποιούμαι, καλοπιάνω. - Η μτχ. παρκ. ως επίθ. = αγαπημένος, χαϊδεμένος: *η μάνα του τον είχε -εμένο.* [*κανάκι + -εύω*].
κανάκι το, ουσ. (συνηθέστερα στον πληθ.) τρυφερές εκδηλώσεις, χάδια, γλυκά λόγια, καλοπιάσματα: *χίλια δυο -ια· άσε τα -ια!* [*καναχή*].
κανακίζω, ρ. (σπάνια) κανακεύω (βλ.λ.), χαϊδεύω, καλοπιάνω.
κανάκισμα το, ουσ. (σπάνια) κανάκεμα (βλ.λ.).
καναλάκι, βλ. *κανάλι.*
καναλέτο το, ουσ., μικρή τάφρος για δίοδο αγωγών αποχέτευσης, κανάλι. [ιταλ. *canaletto*].
κανάλι το, ουσ. **1.** διώρυγα (βλ.λ. στη σημασ. 1): *το ~ του Σουέζ· το στενό ~ έβγαινε στην ανοιχτή θάλασσα* (Κόντογλου)· ~ *συγκοινωνιακό/φυσικό· μπουκάρω/μπαίνω στο ~.* **2.** (γενικά) θαλάσσια δίοδος: *~ πλωτό· τα -ια της Βενετίας.* **3.** αυλάκι μακρύ και βαθύ μέσα από το οποίο διοχετεύεται νερό για διάφορες εργασίες: *~ αποστραγγιστικό/αρδευτικό/τεχνητό.* **4.** υπόγεια τάφρος για να περνούν σωληνώσεις (συνών. *καναλέτο*). **5.** δίαυλος (βλ.λ. στις σημασ. 3 και 4). ~ *τηλεοπτικό.* - Υποκορ. **-άκι** το. [λατ. *canalis*].
καναπεδάκι το, ουσ. **1.** μικρός καναπές: *κάθισα στο ~.* **2.** πολύ μικρή φέτα ψωμιού ή άλλου αρτοσκευάσματος αλειμμένη με βούτυρο και γαρνιρισμένη με διάφορα ορεκτικά.
καναπές ο, ουσ., μακρύ και άνετο κάθισμα με ράχη και (συνηθέστερα) μπράτσα, επενδυμένο με ύφασμα ή δέρμα, που προορίζεται για δύο ή περισσότερα άτομα: *~ αναπαυτικός/ανατολίτικος.* [γαλλ. *canapé*].
καναπίτσα η, ουσ. (βοτ., λαϊκ.) λυγαριά. [ιταλ. διαλεκτ. *canapicchia*].
κανάρι το, ουσ., καναρίνι (βλ.λ.). [ιταλ. *canario*].
Κανάρια, βλ. *Κανάριος.*
καναρινής, -ιά, -ί, επίθ., που έχει το κίτρινο χρώμα του καναρινιού: *σφουγγάρια -ιά.* - Το ουδ. ως ουσ. = το κίτρινο χρώμα του καναρινιού.
καναρίνι το, ουσ., μικρό ωδικό πτηνό από τα Κανάρια νησιά με ανοιχτό κίτρινο χρώμα που κελαϊδά πολύ όμορφα: *~ γλυκόλαλο/στο κλουβί.* [βενετ. *canarin* ή ιταλ. *canarino*].
Κανάριος ο, θηλ. **-α** (ασυνίζ.), ουσ., αυτός που κατάγεται από τα Κανάρια νησιά ή κατοικεί σ' αυτά.
κάνας, βλ. *κανείς.*
κανάτα η, ουσ., κυλινδρικό δοχείο (από πηλό, γυαλί, κρύσταλλο, πλαστικό, κλπ.), πλατύστομο, με λαιμό, χείλος και λαβή που χρησιμεύει για τη φύλαξη και το σερβίρισμα νερού ή κρασιού. - Υποκορ. **-άκι** το και **-ίτσα** η. [μεσν. λατ. *cannata*].
κανατάς ο, ουσ., αυτός που κατασκευάζει και πουλά κανάτια.
κανάτι το, **I.** ουσ. **1.** δοχείο συνήθως πήλινο, μικρότερο από την κανάτα (βλ.λ.) για νερό ή κρασί· φρ. *βρέχει με το ~* (= βρέχει πολύ). **2.** (ναυτ.) σκεύος που χρησιμοποιείται για το κρασί ή το πρωινό ρόφημα του πληρώματος. - Υποκορ. **-άκι** το (στη σημασ. 1).
κανάτι το, **II.** ουσ. (λαϊκ.), φύλλο πόρτας (σπιτιού ή και επίπλου) ή παραθύρου. [τουρκ. *kanat*].
κανατίτσα, βλ. *κανάτα.*
κάνε, βλ. *κάνω.*
κανείς και **κανένας** και (λαϊκ.) **κάνας, καμία** και **καμιά, κανένα** και (λαϊκ.) **κάνα,** γεν. αρσ. και ουδ. *κανενός,* θηλ. *καμίας* και *-ιάς* και (λαϊκ.) *καμιανής,* αντων. **1α.** (σε αρνητ. πρότ. ή ως μονολεκτική αποφατική απάντηση) ούτε ένας: *~ δεν μπορεί πια να σε βοηθήσει· δεν είναι ~ στο σπίτι. - Ποιος ήρθε; -~! -Ποιο καπέλο σου άρεσε; -ένα!* (αντ. *όλοι*)· β. (με προσωπ. αντων. ως γεν. διαιρετική): *~ μας δε μιλούσε· -ένας τους δε φαινόταν να προσέχει.* **2α.** (σε προτ. καταφ. -συνηθέστερα με ρ. σε προστ. έγκλ.- ή ερωτ.) κάποιος, ένας, τουλάχιστον ένας: *βάλε κάνα χαμόγελο και πες κάνα τραγούδι* (Κρυστάλλης)· *να πούμε και καμιά κουβέντα* (= να ζητήσουμε λίγο)· *τον ξέρει ~;* β. (με προσωπ. αντων. ως γεν. διαιρετική): *θέλει ~ σας παγωτό;* **3.** (αοριστολ.) καθένας, οποιοσδήποτε, κάποιος: *είναι να απορεί ~ με το θράσος του· δεν έκανε -ένα κακό ο άνθρωπος!* **4.** (με αριθμ. ή λ. που δηλώνει χρόνο, ορισμένο ποσό, κλπ.· συνήθως με αριθμ. περιληπτικά με -αριά) περίπου, σχεδόν: *είναι κάνα τέταρτο που έφυγε· θα μείνει κανένα χρόνο στο εξωτερικό· ήταν καμιά δεκαριά άτομα.* **5α.** (με ονόματα ουσ. ή επίθ. ή κύρια ονόματα γνωστών προσώπων για να τονιστεί και να εξαρθεί εκείνο που σημαίνει το όνομα): *δεν είμαι καμιά κουτή/Πυθία· ο ομιλητής δεν είναι και -ένας Δημοσθένης· μήπως είσαι καμιά αμόρφωτη γυναίκα;* (= καθόλου δεν είσαι...)· β. (για να δηλωθεί κάποια υπόνοια σχετικά με το πρόσωπο για το οποίο γίνεται λόγος): *αν τηλεφωνήσει κάνας Γιώργος, πες του ότι θα περάσω να τον πάρω· καμιά Ελένη θα σου το 'πε.* - Έκφρ. *καμιά φορά* = **α.** (με άρνηση) ποτέ: *δεν πήγα καμιά φορά εκεί.* **β.** κάποτε, μερικές φορές, κάπου κάπου: *θα 'ρθεις*

καμιά φορά; συμβαίνει καμιά φορά· με κανέναν τρόπο = καθόλου: με κανέναν τρόπο δεν έρχομαι εκεί. [σύνδ. καν + αριθμ. εις].

κανέλα η, ουσ. **1.** (βοτ.) αειθαλές πολύκλαδο δέντρο, ιθαγενές της Κεϋλάνης, που ο φλοιός του αποτελεί αρωματικό καρύκευμα (συνών. *κανελόδεντρο*). **2.** αρωματική ουσία που προέρχεται από το φλοιό του παραπάνω φυτού και κυκλοφορεί στο εμπόριο με μορφή μικρών κομματιών ή σκόνης χρώματος ανοιχτού καφέ, χρήσιμη στη ζαχαροπλαστική, ποτοποιία, αρωματοποιία και φαρμακευτική: ~ *κοπανισμένη/νοθευμένη/ξεθυμασμένη*· έκφρ. *μόσχος και* ~· φρ. *από την Πόλη έρχομαι και στην κορφή* ~ (για πράγματα ασυνάρτητα, άσχετα μεταξύ τους). [ιταλ. *cannella*].

κανελής, -ιά, -ι, επίθ., που έχει το χρώμα της κανέλας: *κουβέρτα -ιά*· *σκυλάκι -ί*.

κανελογαρίφαλα τα, ουσ., κομμάτια αρωματικής κανέλας (βλ.λ.) ανάμικτα με αρωματικά γαρίφαλα.

κανελόδεντρο το, ουσ. (βοτ.) το τροπικό αρωματικό φυτό κιννάμωμον το κεϋλανικόν και γενικά κάθε δέντρο που παράγει κανέλα.

κανελόλαδο το, ουσ., αρωματική ελαιώδης ουσία που παράγεται από το κανελόδεντρο: *άρχισε... να γεμίζει μαντέκα το μουστάκι του και* ~ *τα μαλλιά του* (Ι.Μ. Παναγιωτόπουλος).

κανελόνια τα, ουσ., είδος χοντρών κυλινδρικών ζυμαρικών που μαγειρεύονται γεμιστά με κιμά. [ιταλ. *cannelloni*, πληθ. του *cannellone*].

κανένα, κανένας, βλ. *κανείς*.

κανηφόρος, -ος, -ο, επίθ. (ιστ.) που φέρει στα χέρια ή στο κεφάλι κάνιστρο· θηλ. *Κανηφόροι αι* = οι παρθένες που έφεραν στο κεφάλι κάνιστρα με τις απαρχές των καρπών ή συνήθως με τα ιερά σκεύη κατά τις εορταστικές πομπές στην αρχαία Αθήνα.

κάνθαρος, ουσ. **1.** (ζωολ.) κολεόπτερο έντομο, κοινώς σκαθάρι (βλ.λ.), μπάμπουρας. **2.** (ζωολ.) είδος σαρκοφάγου ψαριού, κοινώς σκαθάρι (βλ.λ.). **3.** (αρχαιολ.) μικρό αγγείο με βαθιά κοιλιά και ψηλό πόδι (= βάση), του οποίου κύριο χαρακτηριστικό αποτελούν οι δύο κάθετες λαβές που αρχίζουν από το κάτω μέρος της κοιλιάς και, αφού σχηματίσουν καμπύλη προς τα έξω, καταλήγουν στα χείλη· χρησίμευε ως ποτήρι για κρασί και ήταν σύμβολο του Διονύσου.

κανθοπλασία η, ουσ. (ιατρ.) εγχείρηση - που ενδείκνυται όταν είναι ανεπαρκής η διάνοιξη των βλεφάρων - με την οποία επεκτείνεται προς τα έξω η βλεφαρική σχισμή με τομή στον έξω κανθό. (συνών. *κανθοτομία*).

κανθός ο, ουσ. (ανατομ.) η γωνία των βλεφάρων: ~ *έξω/έσω*.

κανθοτομία η, ουσ. (ιατρ.) κανθοπλασία (βλ.λ.).

κανί το, ουσ. **1.** δοχείο στρογγυλό με λαιμό στενόμακρο σαν καλάμι που χρησιμοποιείται στους ναούς για το ραντισμό των πιστών, ραντιστήρι. **2.** (στον πληθ., μειωτ.) τα πόδια: *μάζεψε τα -ιά σου από μπροστά μας!* (συνών. *αρίδες*). [παλαιότερο *καννίον*<αρχ. *κάννα* = καλάμι].

κανιβαλικός, -ή, -ό, επίθ., που αναφέρεται ή ταιριάζει σε κανίβαλους· (συνεκδοχικά) άγριος, θηριώδης: *τρόποι -οί*· *συνήθειες -ές*.

κανιβαλισμός ο, ουσ. **1.** το να τρώει ο άνθρωπος το κρέας άλλων ανθρώπων (συνών. *ανθρωποφαγία*). **2.** το να τρώει ένα ζώο άλλα ζώα που ανήκουν στο ίδιο είδος με αυτό. **3.** (μεταφ.) βάρβαρη συμπεριφορά, θηριωδία, ωμότητα, αγριότητα: *οι διαδηλωτές επιδόθηκαν σε -ούς*.

κανίβαλος και (λογοτ.) **κανίμπαλος** ο, ουσ. **1.** ο άνθρωπος που τρώει το κρέας άλλων ανθρώπων: *ο Γιάννης ντε Σόλης, που πήγαινε να βρει καινούργιους τόπους... φαγώθηκε από τους -ίμπαλους* (Κόντογλου) (συνών. *ανθρωποφάγος*). **2.** ζώο που τρέφεται με άλλα ζώα που ανήκουν στο ίδιο είδος με αυτό: *ψάρι* ~. **3.** (μεταφ.) άνθρωπος άγριος, θηριώδης. [γαλλ. *cannibale*].

κανίς το, ουσ. άκλ., είδος σκυλιού με σγουρό τρίχωμα και μικρό ανάστημα. [γαλλ. *caniche*].

κανισκεύω, ρ. (ιδιωμ.), στέλνω κανίσκι, δώρο, χαρίζω κάτι σε κάποιον.

κανίσκι το, ουσ. **1.** μικρό καλάθι, πανεράκι. **2.** (λαϊκ.) πανέρι γεμάτο δώρα που στέλνεται σε κάποιον με την ευκαιρία κάποιας γιορτής. **3.** (κατ' επέκταση) δώρο, προσφορά.

κανκάν το, ουσ. άκλ., χορός, ιδιαίτερα αγαπητός στη Γαλλία και την Αγγλία το 19. αι., στον οποίο οι γυναίκες τινάζουν τα πόδια στον αέρα και κουνούν τη φούστα τους στο ρυθμό γρήγορης μουσικής. [γαλλ. *cancan*].

κανναβέλαιο το, ουσ., ξηραντικό λάδι από σπόρους κανναβιού που χρησιμοποιείται στη ζωγραφική.

κανναβένιος, -α, -ο, επίθ. (συνιζ.), κατασκευασμένος από ίνες κανναβιού: *σκοινί -ο*.

κανναβί το, ουσ. **1.** φυτό μονοετές, ποώδες, ιθαγενές της Ασίας, που καλλιεργείται κυρίως για την κλωστική ύλη που παρέχει ο βλαστός του και για το λάδι που παρασκευάζεται από τους σπόρους του· άλλη ποικιλία του φυτού δίνει ναρκωτικές ουσίες (το χασίς). **2.** η κλωστική ύλη που προέρχεται από το φυτό κανναβί και χρησιμοποιείται για την κατασκευή σκοινιών, διχτυών και χοντρών υφασμάτων. [αρχ. *κάνναβις*].

κανναβόπανο το, ουσ., χοντρό ύφασμα από ίνες κανναβιού, λινάτσα.

κανναβόσκοινο το, ουσ., σκοινί φτιαγμένο από ίνες κανναβιού.

κανναβόσπορος ο, ουσ., ο σπόρος του κανναβιού, το κανναβούρι.

κανναβούρι το, ουσ., ο σπόρος του κανναβιού, κανναβόσπορος.

κάννη η, ουσ., το μακρύ κυλινδρικό τμήμα του όπλου, μέσα από το οποίο περνά η σφαίρα και εξακοντίζεται όταν το όπλο πυροδοτείται.

κανό το, ουσ., μικρή ελαφριά βάρκα με μυτερά άκρα που κωπηλατείται με ειδικά κουπιά. [γαλλ. *canot*].

κανοκιάλι το, ουσ. (συνιζ.), μικρό φορητό τηλεσκόπιο: *κοίταζε στο πέλαγο με το* ~. [ιταλ. *cannocchiale*].

κανονάκι, βλ. *κανόνι* II.

κανονάρχισμα, βλ. *καλανάρχισμα*.

κανονάρχος, βλ. *καλανάρχος*.

κανοναρχώ, βλ. *καλαναρχώ*.

κανόνας και **κάνονας** ο (μόνο στη σημασ. 7), ουσ. **1.** νόμος, αρχή που περιγράφει και καθορίζει τον τρόπο με τον οποίο συμβαίνει ή παρουσιάζεται κάτι και που πρέπει να τηρείται χωρίς παρέκκλιση: *-ες γραμματικοί/συντακτικοί/ορθογραφικοί αποστηθίζω/εφαρμόζω τον -α στα μαθηματικά*· φρ. *κάθε* ~ *έχει την εξαίρεσή του* (για να δηλωθεί ότι τίποτα δεν είναι απόλυτο)· *ακολουθώ τον -α* (=

κανόνι

κάνω κάτι με τον ίδιο πάντα τρόπο). **2.** (για αθλητική αναμέτρηση ή παιχνίδι· συνήθως στον πληθ.) οι αρχές που έχουν θεσπιστεί και καταγραφεί επίσημα που καθορίζουν τον τρόπο διεξαγωγής του αγώνα, καθώς και το τι είναι επιτρεπτό και τι όχι: *-ες στο μπάσκετ/στο σκάκι/στην πάλη.* **3.** καθετί που χρησιμεύει σαν πρότυπο, υπόδειγμα σε κάποιον για να φτιάξει κάτι ή να ενεργήσει με κάποιον τρόπο· ειδικά στις καλές τέχνες ο ιδανικός τύπος αναλογιών που επιλέγει ο καλλιτέχνης για την απεικόνιση της ανθρώπινης μορφής ή του ανθρώπινου σώματος. **4.** τρόπος συμπεριφοράς ή συμμετοχής σε κάτι που οι περισσότεροι από τους ανθρώπους θεωρούν σωστό και αποδεκτό: *-ες καλής συμπεριφοράς·* (κατ' επέκταση) αυτό που συνηθίζεται από τους περισσότερους. **5.** μακρύ, επίπεδο όργανο με ευθείες άκρες από ξύλο, πλαστικό ή μέταλλο που χρησιμοποιείται για τη χάραξη ευθειών και για τη μέτρηση μικρών μηκών όταν έχει κατάλληλη ρύθμιση βαθμών, χάρακας, ρίγα. **6.** (φυσ., γενικά) κάθε αρχή που καθορίζει την πορεία ενός φυσικού φαινομένου και διευκολύνει την επίλυση ενός φυσικού προβλήματος. **7.** (στον τ. *κάνονας*) (εκκλ.) ποινή που επιβάλλεται από τον «πνευματικό» στον εξομολογούμενο πιστό που έχει αμαρτήσει και μετανοεί: *στον πνευματικό να ξομολογηθώ..., να λάβω το σκληρό -α που ταιριάζει στο βαρύ μου το κρίμα* (Μπαστιάς) (συνών. *επιτίμιο*)· φρ. *βάζω σε -α: ο «γέροντας» τον είχε βάλει σε μεγάλο -α κι η νήστεια του ήταν φοβερή* (Μπαστιάς)· *έκανε τον -ά του* (μεταφ. για κάποιον που πέρασε πολλές ταλαιπωρίες). **8.** (εκκλ.) *ιεροί -ες* = το σύνολο των αποφάσεων των οικουμενικών συνόδων και των πατέρων της Εκκλησίας με τους οποίους διοικείται η Εκκλησία και έχουν ισχύ νόμου για τους πιστούς (σ' αντίθεση με τους νόμους της πολιτείας). **9.** (στην υμνολογία) σύστημα εγκωμιαστικών τροπαρίων που αποτελείται συνήθως από εννέα ωδές και που αποτελεί ενιαία ποιητική σύνθεση ως προς το θέμα και τον ήχο. **10.** (μους.) μουσική μορφή κατά την οποία μια αρχική μελωδία επαναλαμβάνεται μετά συγκεκριμένο χρονικό διάστημα από μία ή περισσότερες φωνές είτε σε ταυτοφωνία είτε σε κάποιο άλλο μουσικό διάστημα. **11.** (οικον.) *νομισματικός* ~ = η καθορισμένη βάση του νομισματικού συστήματος μιας χώρας· *χρυσός* ~ = η αρχή κατά την οποία κάθε νόμισμα ισούται σε αξία με ορισμένο βάρος χρυσού.

κανόνι το, **I.** ουσ. **1.** πυροβόλο όπλο, μεγάλο και βαρύ, με τροχούς (για να μετακινείται) που, εξαιτίας της ισχυρής πίεσης αερίων που παράγονται αμέσως από την καύση πυρίτιδας σε ειδικό σωλήνα, εκσφενδονίζει βαριές μεταλλικές μπάλες (βλήματα) σε μεγάλη απόσταση: *σκουριασμένα -α* (συνών. *τηλεβόλο*). **2.** φρ. *σκάζω ή ρίχνω* ~ (= πτωχεύω, χρεοκοπώ ή αποφεύγω συστηματικά να πληρώσω τα χρέη μου). [βενετ. *canon*].

κανόνι το, **II.** ουσ. έγχορδο μουσικό όργανο (είδος σαντουριού) από σφεντάμι σε σχήμα τραπεζίου που ο οργανοπαίχτης στηρίζει στα πόδια του και παίζει με δύο πένες, που τις προσαρμόζει στους δείκτες των χεριών του. - Υποκορ. **-άκι** το με την ίδια σημασ. [τουρκ. *kanun*].

κανονιά η, ουσ. (συνιζ.). **1.** η βολή του πυροβόλου.

2. (συνεκδοχικά) ο κρότος που συνοδεύει τη βολή του πυροβόλου.

κανονιδι το, ουσ., απανωτές κανονιές, συνεχής κανονιοβολισμός: *ανταμωσε ένα άλλο πλεούμενο, άνοιξε το* ~ *και το βούλιαξε.*

κανονιέρα η, ουσ. (συνιζ.), μικρό σκάφος εξοπλισμένο με πυροβόλα μικρού διαμετρήματος που χρησιμοποιείται στα ποτάμια ή κοντά στις ακτές, κανονιοφόρος. [ιταλ. *cannoniera*].

κανονιέρης ο, ουσ. (συνιζ.), πυροβολητής. [ιταλ. *cannoniere*].

κανονίζω, ρ. **1α.** ρυθμίζω, τακτοποιώ κάτι με βάση κάποια δεδομένα: *πρέπει να -ίσω έτσι τις δουλειές μου ώστε να μου φτάσει ο χρόνος μου·* **β.** προγραμματίζω, προετοιμάζω κάτι που σκοπεύω ή θέλω να πραγματοποιήσω στο μέλλον: *-όνισα ένα ταξίδι για το καλοκαίρι/ένα ραντεβού με το δικηγόρο μου.* **2.** καθορίζω, προσδιορίζω κάτι με ακρίβεια: *ο νομάρχης -όνισε τις ώρες λειτουργίας των καταστημάτων για τις γιορτές/την πορεία της παρέλασης.* **3.** διευθετώ, διακανονίζω κάποιο ζήτημα παίρνοντας μια απόφαση: *το -όνισε με την εφορία να πληρώνει το ποσόν με δόσεις.* **4.** (για αντιδίκους) καταλήγω σε συμφωνία αποφεύγοντας έτσι το δικαστήριο: *τα -ίσανε μια μέρα πριν τη δίκη.* **5.** συνετίζω, συμμορφώνω: *ας τολμήσει να με βρίσει και θα τον -ίσω εγώ.* **6.** (για μηχάνημα) ρυθμίζω κάτι έτσι ώστε να λειτουργεί ομαλά ή να ελέγχω τον τρόπο λειτουργίας του: ~ *τη ροή της βενζίνης από το καρμπιρατέρ* (συνών. *ρεγουλάρω*).

κανονικός, -ή, -ό, επίθ. **1.** που ακολουθεί κάποιο κανόνα ή πρότυπο: ~ *σχηματισμός ρηματικών χρόνων/παραθετικών* (συνών. *ομαλός·* αντ. *ανώμαλος*). **2.** που στηρίζεται στους κανονισμούς ή τις ισχύουσες νομικές διατάξεις: *άδεια/στάθμευση/προσπέραση αυτοκινήτου -ή* (συνών. *νόμιμος·* αντ. *αντικανονικός*). **3.** που συμβαίνει σε τακτά διαστήματα, που επαναλαμβάνεται μετά ίσο χρονικό διάστημα κάθε φορά: *σφυγμός* ~· *αναπνοή -ή* (συνών. *τακτικός*). **4.** που είναι σύμφωνος με τις γενικά παραδεκτές αναλογίες και γενικά με ό,τι θεωρείται σωστό ή αποδεκτό: *έχει ύψος -ό· -ές διαστάσεις· το μάκρος και το φάρδος της φούστας σου είναι -ά* (συνών. *μέτριος, συνηθισμένος*). **5.** σύμφωνος με τη συνηθισμένη κατάσταση, που δεν αλλάζει με ένα συμβάν· που ο χαρακτήρας του δεν είναι σπάνιος: *η κοινωνική κατάσταση είναι πάλι -ή μετά τη λήξη της απεργίας* (αντ. *ασυνήθιστος, αντικανονικός*). **6.** για έμφαση, όταν κάτι συμβαίνει ολοκληρωμένα στον ύπατο βαθμό: *αυτό δεν ήταν δύο ερωτήσεις, αλλά -ή ανάκριση.* **7.** (χημ.) *-ές συνθήκες πίεσης και θερμοκρασίας ή -ές συνθήκες αερίων* = η πίεση μιας ατμόσφαιρας (1 Atm) και η θερμοκρασία 0° C. **8.** (για γεωμ. σχήμα) που έχει τις πλευρές και τις γωνίες του ίσες μεταξύ τους: *εξάγωνο/πολύγωνο/πολύεδρο -ό* (συνών. *συμμετρικός·* αντ. *ακανόνιστος*). **9.** (φιλοσ.) *επιστήμες -ές* = οι επιστήμες που ερευνούν τα πράγματα στη βάση κάποιων κανόνων (λογική, ηθική, κλπ.). **10.** (εκκλ.) που είναι σύμφωνος με τα δόγματα ή τους κανόνες της Εκκλησίας: *βιβλία -ά* (που η Εκκλησία τα έχει παραδεχτεί ως γνήσια, σ' αντίθεση με τα απόκρυφα)· *δίκαιο -ό* (που ανάγεται από τους κανόνες της Εκκλησίας). - Επίρρ. **-ά. 1.** στις σημασ. 1,2,3,4. **2.** εκτός απροόπτου: ~ *πρέπει να έρθει*

στις δέκα (αντ. εξαιρετικά).
κανονικότητα η, ουσ. 1. η τήρηση του κανονισμού, των κανόνων ή των νομικών διατάξεων που ισχύουν. 2. η τήρηση του κανόνα. 3. αναλογία, συμμετρικότητα: ~ ενός σχήματος.
κανονιοβολισμός ο, ουσ. (ασυνίζ.). 1. βολή τηλεβόλου όπλου, κανονιά. 2. συνεχείς βολές, κανονίδι.
κανονιοβολώ, -είς, ρ. (ασυνίζ.), ρίχνω βλήματα με πυροβόλο όπλο, ρίχνω κανονιές.
κανονιοθυρίδα η, ουσ. (ασυνίζ.), μικρό (τετραγωνικό) άνοιγμα σε τοίχο οχυρωματικού έργου ή πολεμικό πλοίου από όπου βγαίνει το στόμιο του σωλήνα του πυροβόλου και ρίχνει βλήματα (συνών. μπουκαπόρτα).
κανονιοστάσιο το, ουσ. (ασυνίζ. δις), χώρος σε οχυρωματικό έργο ή σε πολεμικό πλοίο όπου είναι τοποθετημένα πυροβόλα έτοιμα για δράση, πυροβολείο.
κανονιοστοιχία η, ουσ. (ασυνίζ.). 1. αριθμός πυροβόλων τοποθετημένα στη σειρά. 2. μονάδα του πυροβολικού που περιλαμβάνει έξι κανόνια.
κανονιοφόρος η, ουσ. (ασυνίζ.), μικρό πολεμικό πλοίο με ένα ή δύο κανόνια (συνών. κανονιέρα).
κανόνισμα το, ουσ. διευθέτηση, τακτοποίηση, εξομάλυνση: ~ της διαφοράς/της υπόθεσης/του χρέους.
κανονισμός ο, ουσ. 1. διευθέτηση, εξομάλυνση διαφοράς ή διαφωνίας μεταξύ δύο πλευρών. 2. γραπτοί κανόνες με τους οποίους ρυθμίζεται η οργάνωση και η λειτουργία μιας συλλογικής προσπάθειας: ~ του σχολείου/του νοσοκομείου. 3. το βιβλίο, έγγραφο όπου περιέχονται οι κανόνες αυτοί: ~ της Βουλής (νομοθέτημα που ρυθμίζει την οργάνωση και λειτουργία του νομοθετικού σώματος)· ~ στρατιωτικός/πολυκατοικίας (το καταστατικό που καθορίζει τα δικαιώματα και τις υποχρεώσεις των ενοίκων).
κανονιστικός, -ή, -ό, επίθ., που γίνεται για να διευθετεί, να ρυθμίζει κάποιες καταστάσεις: γραμματική -ή· απόφαση υπουργείου -ή· (νομ.) διάταξη -ή (σ' ένα νόμο ή κανόνα, που καθορίζει με λεπτομέρειες την εφαρμογή του).
κάνουλα η, ουσ., σωλήνας ξύλινος ή μεταλλικός που προσαρμόζεται σε βαρέλι και έχει στο άλλο του άκρο στρόφαλο, ο οποίος ρυθμίζει την εκροή του υγρού που περιέχει το βαρέλι. [λατ. cannula].
καντάδα η, ουσ. (έρρ.), τραγούδι με ρομαντικό περιεχόμενο και γλυκιά και νοσταλγική μελωδία που τραγουδιέται το βράδι στους δρόμους από πολλούς μαζί με συνοδεία κιθάρας ή μαντολίνου. [βενετ. cantada].
κανταδόρος ο, ουσ. (έρρ.), αυτός που τραγουδά καντάδες. [βενετ. cantador].
κανταΐφι (μη έρρ.) και **καταΐφι** το, ουσ., σιροπιαστό γλύκισμα που γίνεται από ειδική ζύμη σε πολύ λεπτά νήματα, καρύδια και διάφορα μυρωδικά. [τουρκ. kadayıf].
καντάρι το, ουσ. (έρρ.). 1. μονάδα βάρους που ισούται με 44 οκάδες, στατήρας: σιδηρόπορτα, -ια βάρος. 2. είδος ζυγαριάς· φρ. τρώω κάποιον στο ~ (= κλέβω στο ζύγισμα). [ιταλ. cantaro ή τουρκ. kantar].
κανταρτζής ο, ουσ. (έρρ.), αυτός που κατασκευάζει καντάρια. [τουρκ. kantarcı].
καντάτα η, ουσ. (έρρ.), είδος μουσικής σύνθεσης κοσμικής ή θρησκευτικής που γράφεται για μια ή περισσότερες φωνές και τραγουδιέται με συνοδεία οργάνου σε αίθουσες συναυλιών ή εκκλησίες. [ιταλ. cantata].
καντήλα η, ουσ. (έρρ.). 1. είδος λυχναριού που κρεμιέται συνήθως μπροστά από τις εικόνες των αγίων της εκκλησίας ή μπροστά από το εικονοστάσι των σπιτιών και ανάβει με λάδι και φιτίλι. 2. επώδυνη φούσκα στην επιφάνεια του δέρματος που περιέχει καθαρό υγρό και προκαλείται από έγκαυμα ή από τη σταθερή τριβή ενός αντικειμένου πάνω στο δέρμα: έβγαλα ~ στο δέρμα από κάψιμο/από την αξίνα. [λατ. candela].
καντηλανάφτης ο, θηλ. **-ισσα** και **-τρια**, ουσ. (έρρ.), αυτός που ανάβει τις καντήλες και τους πολυελαίους στην εκκλησία και γενικά που φροντίζει την εκκλησία (συνών. νεωκόρος, εκκλησάρης).
καντηλέρι και (συνιζ.) **καντηλιέρι** το, ουσ. 1. μεταλλικό κηροπήγιο με μία ή περισσότερες κέρινες λαμπάδες. 2. επιτραπέζιο πολύφωτο λυχνάρι με φιτίλι και λάδι. [ιταλ. candeliere].
καντηλήθρα η, ουσ. (έρρ.), μικρή μεταλλική βάση για το φιτίλι του καντηλιού που επιπλέει στο λάδι με τη βοήθεια του φελλού.
καντήλι το, ουσ. (έρρ.), μικρή καντήλα συνήθως όχι κρεμαστή· φρ. μου άναψαν τα -ια (= οργίστηκα)· σώθηκε το ~ του (για κάποιον ετοιμοθάνατο)· του ανάβω ~ (για να δηλώσω την ευγνωμοσύνη μου σε κάποιον).
καντηλιέρι, βλ. καντηλέρι.
καντηλίτσα η, ουσ. (έρρ.), (ναυτ.) 1. είδος σκάλας που κρεμιέται στην πλευρά πλοίου. 2. σκοινί για την ανύψωση της άγκυρας. [ιταλ. candelizza].
καντηλοσβήστης ο, ουσ. (έρρ., λαϊκ.), (ζωολ.) ψυχάρι (βλ.λ.).
καντιανισμός ο, ουσ. (έρρ., ασυνίζ.), το σύστημα του φιλοσόφου Καντ και των οπαδών του.
καντιανός, -ή, -ό, επίθ. (έρρ., ασυνίζ.), που έχει σχέση με το φιλόσοφο Καντ: φιλοσοφία -ή. – Ως ουσ. = αυτός που ασπάζεται τη διδασκαλία του Καντ, οπαδός του Καντ.
καντίνα η, ουσ. (έρρ.), κυλικείο στεγασμένο σε χώρο εργασίας ή ομαδικής διαβίωσης ή κινητό σε ειδικά διαμορφωμένο αυτοκίνητο: η ~ του εργοστασίου/του στρατοπέδου. [ιταλ. cantina].
καντίνι το, ουσ. (έρρ.), η χορδή του βιολιού ή άλλου έγχορδου οργάνου που δίνει το λεπτότερο ήχο· φρ. είμαι στο ~ (= είμαι εντελώς έτοιμος)· ντύθηκε στο ~ (= ντύθηκε άψογα). [βενετ. cantin].
κάντιο το, ουσ. (έρρ., συνιζ.), χυμός καλαμοζάχαρου σε μορφή κρυσταλλική. [ιταλ. candi<αραβ. qandi].
καντιφές, βλ. κατιφές.
καντόνι το, ουσ. (έρρ.), πολιτική ή διοικητική περιοχή σε ορισμένες χώρες (Γαλλία, Ελβετία, Καναδά και Λουξεμβούργο). [ιταλ. cantone].
καντούνι το, ουσ. (έρρ.). 1. γωνία που σχηματίζεται από δύο δρόμους, γωνία οικοδομής. 2. στενός δρόμος, δρομάκι: πρωτοδούλεψα σε ~ σε μαγέρικο. [βενετ. canton].
καντρίλια η, ουσ. (όχι έρρ., συνιζ.), παλαιότερος ευρωπαϊκός χορός με τέσσερα ζευγάρια χορευτών. [ιταλ. quadriglia].
κάντρο, βλ. κάδρο.
καντρόνι, βλ. καδρόνι.
καντρόνιασμα, βλ. καδρόνιασμα.
καντσονέτα η, ουσ., μικρό λαϊκό τραγούδι για μια συνήθως φωνή. [ιταλ. canzonetta].

κάνω, ρ., αόρ. *έκανα* και *-μα*, παθ. *-μώθηκα*, μτχ. παθ. παρκ. *καμωμένος*. Α. μτβ. **1.** κατασκευάζω, φτιάχνω: *έκαναν μια μεγαλύτερη γέφυρα στη θέση της παλιάς.* ~ *έναν φράχτη στον κήπο μου/ένα καράβι από χαρτί.* **2.** συγκροτώ (σε ομάδα), ιδρύω: *-αμε ένα σύλλογο· κανένα κόμμα δεν μπόρεσε να -ει αυτοδύναμη κυβέρνηση.* **3.** εκτελώ, επιτελώ: *να -εις ό,τι σου λέει η μάνα σου/η συνείδησή σου·* ~ *το χρέος/το καθήκον μου.* **4.** διενεργώ, διεξάγω: *του έκαναν κατάσχεση στο αυτοκίνητο· η αστυνομία -ει ανακρίσεις·* θα *-ουν έλεγχο στις αποσκευές μας.* **5.** προξενώ, προκαλώ: *το χαλάζι έκανε μεγάλες καταστροφές στα σπαρτά· μην -εις φασαρία.* **6.** (με βουλητική πρότ.) γίνομαι αιτία για κάτι, αναγκάζω κάποιον σε κάτι: *έβαλε λόγια και τους έκανε να χωρίσουν· τους έκανε να κλάψουν με την ιστορία του τους είπε· τα δημοσιεύματα του τύπου τον έκαναν να παραιτηθεί.* **7.** (με βουλητική πρότ.) επιχειρώ, δοκιμάζω: *νησί πικρό... τυραγνισμένο,* ~ *τον πόνο σου να πω και προσκυνώ και μένω* (Ρίτσος)· *έκανε να ξεφύγει, αλλά δεν τα κατάφερε·* (απειλή) *μην -εις να φύγεις, γιατί θα...* (συνών. *προσπαθώ*). **8.** (για θρησκ. τελετή) τελώ: ~ *αγιασμό/ευχέλαιο/λιτανεία/τα εγκαίνια ενός καταστήματος.* **9.** (για εκδήλωση) πραγματοποιώ: *οι σύλλογοι των εργαζομένων -ουν συγκεντρώσεις και συλλαλητήρια σ' όλη τη χώρα· έκαναν ένα γλέντι τρικούβερτο.* **10α.** μαγειρεύω: ~ *φασολάκια/ντολμαδάκια/μια μακαρονάδα.* **β.** (γενικά) παρασκευάζω, φτιάχνω: ~ *καφέ/τσάι/κέικ/ταραμοσαλάτα.* **11α.** αποκτώ (παιδί), τεκνοποιώ, γεννώ: *υιοθέτησαν ένα κορίτσι, γιατί δεν έκαναν παιδιά·* **β.** (κατ' επέκταση για γαμπρό ή νύφη): *τον Πέτρο θα τον -ουν γαμπρό τους.* **12.** (για ζώο ή φυτό) παράγω: *οι αγελάδες του -ουν πεντακόσια κιλά γάλα τη μέρα· η συκιά μας -ει πολλά σύκα κάθε χρόνο.* **13α.** εξασκώ κάποιο επάγγελμα, εργάζομαι ως: ~ *το μηχανικό σ' ένα εργοστάσιο/το δικηγόρο σε μια επαρχιακή πόλη·* **β.** (στον αόρ., με κατηγορούμενο) είχα ως επάγγελμα ή ιδιότητα, ήμουν: *έκανε κι αυτός διευθυντής του σταθμού για λίγους μήνες· έκανα κι εγώ φαντάρος και σε καταλαβαίνω.* **14α.** υποδύομαι (σε θεατρικό ή κινηματογραφικό έργο): *στην κωμωδία αυτή η Μαρία έκανε την υπηρέτρια·* **β.** μιμούμαι (φωνή ή ήχο): ~ *το γάιδαρο/τον πετεινό/τον τάδε πολιτικό.* **15α.** προσποιούμαι, υποκρίνομαι: *μου έκανες το φίλο, αλλά απόδειξες το αντίθετο· -ει τον έξυπνο/το χαζό/το σπουδαίο·* (με ειδική πρότ.) *έκανε πως κοιμότανε, μα τα 'βλεπε όλα· μην -εις πως δε θέλεις·* **β.** παρουσιάζομαι ως, ισχυρίζομαι πως είμαι: *-ει το γιατρό/το μάστορα, ενώ δεν έχει ιδέα· -ει το νοικοκύρη εδώ μέσα·* (με ειδική πρότ.) *-ει πως τα ξέρει όλα.* **16.** εκλέγω, διορίζω: *τον έκαναν αρχηγό τους· η κυβέρνηση τον έκανε νομάρχη/γενικό γραμματέα του υπουργείου.* **17.** καθιστώ (με κατηγορ. του αντικ.): *η εξοχή τον έκανε αγνώριστο.* **18.** παριστάνω, παρουσιάζω κάτι (με κατηγορούμενο του αντικ.): *μην -εις τα πράγματα τόσο τραγικά· -ει τη μύγα ελέφαντα.* **19.** υπολογίζω, θεωρώ, νομίζω: *πόσων χρονών με -εις;* **20.** (για αριθμητικές πράξεις) δίνω εξαγόμενο: *δέκα φορές το έξι -ει εξήντα· οκτώ και οκτώ -ουν δεκάξι.* **21.** (για προβλήματα, ασκήσεις) λύνω: *έκανα μόνο τη μία από τις δύο ασκήσεις του διαγωνίσματος.* **22.** (λαϊκ.) καθαρίζω, συγυρίζω: *σήμερα θα* ~ *τα τζάμια/το μπαλκόνι·* ~ *το κρεβάτι.* **23.** ασχολούμαι με κάτι: *τι -εις τις ελεύθερες ώρες σου; δεν -ει άλλο παρά να βρίζει.* **24.** αποκτώ, κερδίζω: *έκανε πολλά λεφτά/μεγάλη περιουσία.* **25.** προϋποθέτω: *τα λεφτά δεν -ουν την ευτυχία· τα ράσα δεν -ουν τον παπά.* **26.** (λαϊκ.) απαντώ: *κι εγώ στο μπαμπάκι δουλεύω, έκανε η Μερσεδή, μα δεν έχω κανένα ξάδερφο Παναγιώτη* (Ι.Μ. Παναγιωτόπουλος). **27.** συχνά με αντικ. κάποιο ουσ., αποδίδει περιφραστικά το ρ. που προέρχεται από το ουσ.: ~ *προπόνηση* (= *προπονούμαι*)· ~ *συμπεθεριό* (= *συμπεθεριάζω*)· ~ *ευχή* (= *εύχομαι*)· ~ *κομμάτια* (= *κομματιάζω*)· ~ *μάγια* (= *μαγεύω*)· ~ *χαρές* (= *χαίρομαι*). **28.** (τριτοπρόσ., για τον καιρό) συμβαίνει, υπάρχει: *-ει φοβερό κρύο/παγωνιά/ζέστη.* **29.** πληρώνω, διαθέτω: ~ *τα ναύλα/τα εισιτήρια/τα έξοδα σε κάποιον.* **Β.** αμτβ. **1.** συμπεριφέρομαι με κάποιο τρόπο: *-ει σαν παιδί/σαν παλαβός από τη χαρά του· δεν έκαμες σωστά που του μίλησες έτσι.* **2.** διαμένω, παραμένω: *έκανε πολλά χρόνια στην Αμερική/στο χωριό.* **3.** καταναλώνω κάποιο χρονικό διάστημα: *έκανε δύο ώρες για να φάει!* (για δήλωση υπερβολής) *έναν αιώνα έκανε να φτάσει αυτό το γράμμα!* **4.** καλύπτω απόσταση, διανύω: *έκανε πέντε χιλιόμετρα ποδαρόδρομο.* **5.** κοστίζω, στοιχίζω: *πόσο -ουν το κιλό οι ντομάτες; αυτό το κόσμημα -ει μια περιουσία.* **6.** (με την πρόθ. *για*) είμαι κατάλληλος για κάτι: *με τις υποσχέσεις που τόσο εύκολα μοιράζεις -εις για πολιτικός· δεν -εις για συνεταίρος μου.* **7.** (για γραμμ. τ.) σχηματίζομαι: *πώς -ει η λέξη στον πληθυντικό/η υποτακτική αορίστου του ρήματος.* **8.** κατευθύνομαι: *από δω -ε δεξιά και μετά τράβα ίσια· έκαναν πίσω από το φόβο μόλις τον είδανε.* **9.** φροντίζω: *-ε να τελειώνουμε.* **Γ.** απρόσ. (με υποκ. βουλητική πρότ.) επιτρέπεται: *δεν -ει να μπαίνεις στη θάλασσα με το στομάχι γεμάτο.* Στερεότυπες φρ. *βλέποντας και -οντας* (σε περιπτώσεις που ενεργεί κανείς ανάλογα με αυτό που προκύπτει)· *δεν* ~ *χωρίς εσένα* (= δεν μπορώ να ζήσω χωρίς εσένα)· *το ίδιο μού -ει* (= δε με νοιάζει, αδιαφορώ)· *έρθεις, δεν έρθεις το ίδιο μού -ει·* (ερώτηση) *τι -εις;* (και λαϊκότερο) *τι -ουμε;* (= πώς είσαι στην υγεία σου;)· *τι έκανε, λέει;* (δηλώνει την απορία και έκπληξη κάποιου για ενέργεια άλλου που δεν μπορούσε να τη φανταστεί)· *τι το -αμε δηλαδή;* (δηλώνει την αγανάκτηση κάποιου όταν η συμπεριφορά κάποιου άλλου ή άλλων ξεπερνά κάποια όρια)· (επιφ.) *τι τον -εις τώρα!* (για πρόσωπο οικείο ή φιλικό που δεν ξέρομε πώς να ικανοποιήσομε τις ιδιοτροπίες ή τις απαιτήσεις του)· *τι να σου -ει κι αυτός!* (έκφρ. συμπάθειας για κάποιον που εξαιτίας της κατάστασης στην οποία βρίσκεται ή εξαιτίας μειωμένων ικανοτήτων δεν μπορεί να αντεπεξέλθει σε κάτι)· *καλά του έκανες!* (για δίκαιη τιμωρία κάποιου). Φρ. ~ *αβαρία*, βλ. *αβαρία*, σημασ. γ· ~ *αγάπη*, βλ. *αγάπη·* ~ *αέρα*, βλ. *αέρας·* ~ *αίσθηση, κρότο, πάταγο* (= προκαλώ μεγάλη εντύπωση)· ~ *άλματα* (**α.** για αφηγητή, παραλείπω κατά την αφήγηση) **β.** προχωρώ αλματωδώς, προοδεύω: *η βιομηχανία τα τελευταία χρόνια έκανε άλματα*)· ~ *άνω κάτω*, βλ. *άνω κάτω·* ~ *αποκριά* (= τρώω κρέας την παραμονή νηστείας)· ~ *βόλτες* (**α.** για πλοίο, εκτελώ διαδρομές) **β.** περιφέρομαι, περνώ πολλές φορές από το ίδιο μέρος: *τα απογεύματα -ουνε βόλτες στην παραλία*)· ~ *βούκινο, τούμπανο* (= αποκαλύπτω κάτι μυστικό, διαλαλώ, διατυμπανίζω)· ~ γαλιφιές (= κολακεύω, καλοπιάνω)· ~ γης Μαδιάμ, γυαλιά καρφιά, κάτι θερινό, κεραμιδαριό (= καταστρέφω, ρημάζω εντελώς): πιάστηκαν στα χέρια και τα έκαναν στο μαγαζί γυαλιά καρφιά· ~ γκέλες (= για την μπάλα, τινάζομαι, αναπηδώ)· ~ γόνατα, βλ. γόνατο· ~ γούστο κάτι, βλ. γούστο· ~ γρήγορα, βλ. γρήγορος· ~ έκπτωση, σκόντο (= μειώνω την τιμή ενός εμπορεύματος)· ~ ζήτημα κάτι (= δίνω μεγάλη σημασία σε κάτι, το ανάγω σε σοβαρό πρόβλημα)· τα ~ θάλασσα, μαντάρα, ρόιδο (= αποτυχαίνω, πέφτω έξω, τα «θαλασσώνω»)· ~ θαύματα (α. εκκλ. = θαυματουργώ· β. μεταφ., σημειώνω σημαντική επιτυχία, μεγαλουργώ· γ. στη φρ. έκανε πάλι το θαύμα του, για ανόητη ενέργεια κάποιου)· ~ Θεό και άγιο/Χριστό (για κάποιον που δεν εισακούει θερμές παρακλήσεις): τον έκανα Χριστό να μου το φανερώσει, αλλά αρνήθηκε· ~ θέση, τόπο, παραπέρα (= παραμερίζω, πηγαίνω παραπέρα): -ε τόπο να κάτσω κι εγώ· ~ θεωρία (= προσπαθώ να πείσω, δασκαλεύω κάποιον)· ~ θραύση, βλ. θραύση· ~ καινούργιο νοικοκυριό, σπίτι (= παντρεύομαι)· ~ κακό (= α. προσβάλλω την υγεία: κόψε το τσιγάρο γιατί σου -ει κακό· β. επενεργώ βλαπτικά: τέτοιοι φίλοι μόνο κακό -ουν)· ~ καλά (= θεραπεύω, γιατρεύω): περιμένεις απ' αυτόν τον κομπογιαννίτη να σε -ει καλά; ~ καλά εγώ (ή άλλη πρόσωπ. αντων) = επωμίζομαι, αναλαμβάνω το βάρος, την ευθύνη· ~ καλό (= ωφελώ την υγεία και γενικά επενεργώ ευεργετικά): ο αέρας της εξοχής θα σου -ει καλό· ~ καλοσύνες, ψυχικό (= ελεώ ή ευεργετώ κάποιον)· ~ καρδιά, κουράγιο (= α. υπομένω, αντιμετωπίζω κάτι με εγκαρτέρηση: -ε κουράγιο· θα περάσει κι αυτό· β. παίρνω θάρρος, ενθαρρύνομαι)· ~ κέφι κάτι ή μου -ει κάτι κέφι (= επιθυμώ, μ' αρέσει κάτι): άμα σου -ει κέφι, σήκω· αν δεν σου -ει, ξεκουράσου· ~ κοιλιά (= α. για πρόσωπο, χοντραίνω, αποκτώ κοιλιά· β. για αντικείμενο, σχηματίζω καμπύλη: το ράφι έκανε κοιλιά από το βάρος των βιβλίων)· ~ κόρτε, φλερτ (= α. ερωτοτροπώ· β. βάζω στο μάτι, επιθυμώ πολύ: ~ φλερτ εκείνο το κόκκινο παλτό)· ~ κόσκινο (= πυροβολώ με πολλές σφαίρες το σώμα κάποιου)· ~ κουρέλι/δυο (πέντε) παραδιών/ρεζίλι/ σκουπίδι (= εξευτελίζω, καταρρακώνω την αξιοπρέπεια κάποιου): τον έκανε ρεζίλι μέσα στην αγορά· ~ κρα (= επιθυμώ κάτι πάρα πολύ): -ει κρα να έρθει μαζί μας· ~ λιανά (= εξηγώ με λεπτομέρειες)· ~ λόγο για κάποιον ή κάτι (= αναφέρω, μνημονεύω): κάθε φορά που ~ λόγο για σένα, θυμώνει· ~ λούτσα (= καταβρέχω)· ~ μαθήματα (α. για διδασκόμενο, διδάσκομαι, παρακολουθώ: τις ελεύθερες ώρες τής -ει μαθήματα κιθάρας/οδήγησης· β. για διδάσκοντα: -ει ιδιαίτερα μαθήματα, γιατί ο μισθός του δεν του αρκεί)· ~ μάτι/ματιά/ νόημα (= γνέφω)· ~ μετάνοιες (= α. γονατίζω για να προσκυνήσω· β. παρακαλώ γονατιστός, ικετεύω)· ~ μια τρύπα στο νερό/τον άνεμο κουβάρι (= ματαιοπονώ)· ~ μούσκεμα (= α. καταβρέχω: πρόσεχε, μ' έκανες μούσκεμα· β. τα θαλασσώνω, αποτυχαίνω)· ~ μούτρα (= είμαι δυσαρεστημένος με κάποιον): μου -ει μούτρα επειδή δεν του έδωσα δανεικά)· ~ νάζια (= προσποιούμαι ότι δεν θέλω κάτι)· ~ νερά (α. για βάρκα, πλοίο, μπάζω νερό, δεν έχω στεγανότητα· β. για πρόσωπο, δεν είμαι σταθερός σε κάτι, αρχίζω να υποχωρώ: δεν του έχω εμπιστοσύνη, γιατί τελευταία -ει νερά· γ. για χρώμα επιφάνειας, δεν έχω ομοιομορφία)· ~ ντόρο (= δημιουργώ πολύ θόρυβο γύρω από το όνομά μου)· ~ ό,τι μου καπνίσει/ό,τι μου κατέβει (= ενεργώ χωρίς λογική)· ~ ό,τι μπορώ (= καταβάλλω μεγάλες προσπάθειες, βάζω τα δυνατά μου): έκανα ό,τι μπορούσα για να τον πείσω)· ~ πανιά (= αποπλέω· αναχωρώ): είναι καιρός να πούμε τα λιγοστά μας λόγια, γιατί η ψυχή μας αύριο -ει πανιά (Σεφέρης)· ~ παπί (= καταβρέχω κάποιον)· ~ παρέα (= συναναστρέφομαι)· ~ πέρα κάποιον (= διακόπτω τις σχέσεις μου με κάποιον)· ~ πέτρα την καρδιά (= υπομένω)· ~ πιάτσα (για αυτοκινητιστές (και γενικότερα, σταθμεύω, συχνάζω, έχω στέκι)· ~ πίσω (= υποχωρώ)· ~ πλακάκια (= συγκαλύπτω μια υπόθεση)· κάνω πλάτες (= βοηθώ, διευκολύνω κάποιον σε όχι έντιμη πράξη)· ~ ποδαρικό (= είμαι ο πρώτος επισκέπτης μετά την αλλαγή του χρόνου)· ~ πυρετό (= ανεβάζω πυρετό)· ~ πώς και πώς/πώς και τι (= επιδιώκω κάτι και χρησιμοποιώ κάθε μέσο γι' αυτό)· ~ ρεκόρ (= καταρρίπτω την προηγούμενη επίδοση άλλου σ' ένα τομέα)· τα ~ σαλάτα (= δημιουργώ αναστάτωση σε πράγματα και καταστάσεις)· ~ σαν τρελός (= α. επιθυμώ πάρα πολύ κάτι: -ει σαν τρελός να φύγει αποδώ· β. αγαπώ πάρα πολύ κάποιον: -ει σαν τρελός για σένα)· ~ σεφτέ/χερικό (= αρχίζω τις δοσοληψίες της ημέρας)· ~ σκόνη (= εκμηδενίζω, εξουθενώνω, διαλύω)· ~ στενή πολιορκία (= ακολουθώ φορτικά κάποιο πρόσωπο με ερωτικούς σκοπούς)· ~ στεριά (= πλησιάζω στην ακτή)· ~ στην μπάντα (= παραμερίζω, τραβιέμαι στην άκρη)· ~ τα στραβά μάτια (= παραβλέπω, προσποιούμαι πως δεν βλέπω και ανέχομαι μια κατάσταση)· ~ στροφή (= α. αλλάζω πορεία· β. μεταφ., εγκαταλείπω τις παλιές μου θέσεις, διαμορφώνω άλλη άποψη)· ~ τα αδύνατα δυνατά (= χρησιμοποιώ κάθε μέσο για να πετύχω κάτι)· ~ τα γλυκά μάτια σε κάποιον, βλ. γλυκός· ~ τ' αλατιού/τουλούμι στο ξύλο (= δέρνω κάποιον υπερβολικά)· ~ ταμείο (για λογιστή, κάνω ισολογισμό εισπράξεων και δαπανών)· ~ τα χαρτιά μου (= υποβάλλω αίτηση ή κάνω όποιες ενέργειες επιβάλλει ο νόμος για κάποιο σκοπό): έκανε τα χαρτιά του για τη Γερμανία / για νομαρχιακός ~ τεμενάδες (= εκλιπαρώ κάποιον)· ~ τη δουλειά μου, βλ. δουλειά· ~ την ανάγκη μου, βλ. ανάγκη· ~ την ανάγκη φιλοτιμία, βλ. ανάγκη· ~ την μπάζα μου (= αποκομίζω σημαντικό κέρδος με τρόπο παράνομο)· ~ την πάπια/το κορόιδο/τον ανήξερο/τον ψόφιο κοριό (= προσποιούμαι ότι δεν ξέρω ή ότι δεν καταλαβαίνω κάτι)· ~ την τύχη μου (= κερδίζω πολλά χρήματα)· ~ το γούστο μου (= ενεργώ όπως μου αρέσει)· ~ το δύσκολο (= δημιουργώ προβλήματα σε κάποια υπόθεση)· ~ τόκα (= επισφραγίζω μια συμφωνία με χειραψία)· ~ το κεφάλι κάποιου καζάνι/κουδούνι (= κουράζω κάποιον με το θόρυβο που προκαλώ ή τη φλυαρία μου)· ~ το λογαριασμό χωρίς τον ξενοδόχο (= σχηματίζω κακή αντίληψη των πραγμάτων)· ~ τον καμπόσο, βλ. καμπόσος· ~ το σταυρό μου (= α. σχηματίζω το σημείο του σταυρού, σταυροκοπιέμαι· β. εκπλήσσομαι: έκανε το σταυρό του γι' αυτά που έβλεπε γύρω του)· ~ του κεφαλιού μου/ κουτουράδες (= φέρομαι ανόητα ή αυθαίρετα)· ~ τούμπες (= εκλιπαρώ, θερμοπαρακαλώ): τούμπες να -εις δε θα γίνει το δικό σου· ~ τραπέζι (= παραθέτω γεύμα είτε στο σπίτι μου είτε σε άλλο χώρο πληρώνοντας τα έξοδα): *θα σας ~ το τραπέζι*· *~ φτερά* (= εξαφανίζομαι, γίνομαι άφαντος): *όταν γύρισα, η βαλίτσα μου είχε -ει φτερά*· *~ φιγούρα* (= προσπαθώ να εντυπωσιάσω)· *~ χαλάστρα* (= ματαιώνω, ανατρέπω): *ο απροσδόκητος ερχομός σου μας έκανε χαλάστρα στα σχέδια*· *~ χαρτιά* (= μοιράζω τα χαρτιά της τράπουλας)· *~ το χατίρι κάποιου* (= ικανοποιώ μια επιθυμία κάποιου)· *~ χωριό με κάποιον* (= είναι δυνατόν να συμβιώσω ή να συνεργαστώ με κάποιον, ταιριάζω)· *~ ψιλά* (= αποκτώ κέρματα ή και χαρτονομίσματα μικρότερης αξίας από εκείνην που έχει εκείνο που ανταλλάσσω)· *μου -ουν ψιλά* (= μου δίνουν κέρματα ή και χαρτονομίσματα, κλπ.)· *τα ~* (για παιδί, ενεργούμαι)· *τα ~ επάνω μου*, βλ. *επάνω*· *τον ~ όπως θέλω* (= έχω κάποιον του χεριού μου, τον σέρνω από τη μύτη).

καουμπόης ο, ουσ. (όχι έρρ.). 1. άτομο που ανήκει στον αποικισμό του δυτικού τμήματος των ΗΠΑ κατά το 19. αι. με κύρια ασχολία του την κτηνοτροφία. 2. χαρακτηριστικός τύπος άνδρα σκληρού και γενναίου σε ταινίες γουέστερν. [αγγλ. *cowboy*].

καουμπόικος, -η, -ο και **καμπόικος**, επίθ. (όχι έρρ.), που αναφέρεται στους καουμπόηδες (τον αποικισμό του δυτικού τμήματος των ΗΠΑ κατά το 19. αι. και τη ζωή των κατοίκων της περιοχής αυτής την ίδια εποχή): *στολή/ταινία -η*. - Το ουδ. ως ουσ. = ταινία καουμπόικη (συνών. *γουέστερν*).

καούρα η, ουσ., αίσθηση του καυστικού, κάψιμο: *έχω -ες στο στομάχι* (συνών. *καΐλα*).

καουτσούκ το, ουσ. άκλ., ελαστικό (βλ. λ.): *~ φυσικό/συνθετικό* (συνών. *λάστιχο*). [γαλλ. *caoutchouc*<καραϊβ. *cahuchu*].

καουτσουκένιος, -α, -ο, επίθ. (συνιζ.), που είναι φτιαγμένος από καουτσούκ: *δάπεδο -ο* (συνών. *λαστιχένιος*).

κάπα η, ουσ. 1. χοντρό φαρδύ επανωφόρι που το φορούν συνήθως οι τσομπάνηδες. 2. φαρδύ γυναικείο επανωφόρι, συνήθως μακρύ, χωρίς μανίκια, που μοιάζει με μπέρτα. [λατ. *cappa*].

καπάκι το, ουσ. 1. σκέπασμα σύνολης ή δοχείου: *~ κατσαρόλας*· (παροιμ.) *κύλησε ο τέντζερης και βρήκε το ~* (για κακού χαρακτήρα ανθρώπους που συνδέονται μεταξύ τους φιλικά). 2. κρέας βοδινού ή μοσχαριού που σκεπάζει τα πλευρά. Φρ. *φέρνω κάποιον ~* (= συναγκάζω να κάνει αυτό που θέλω εγώ)· *βγαίνω ή είμαι ~* (= φαίνομαι ότι δε φταίω): *είναι τόσο τετραπέρατος που τα καταφέρνει να είναι πάντα ~*. [τουρκ. *kapak*].

καπάκωμα το, ουσ. 1. κάλυψη με καπάκι (αντ. *ξεσκέπασμα*). 2. (μεταφ.) συγκάλυψη, απόκρυψη (αντ. *αποκάλυψη, φανέρωμα*).

καπακώνω, ρ. 1. τοποθετώ κάλυμμα δοχείου στη θέση του και γενικά σκεπάζω κάτι με σκέπασμα (αντ. *ξεκαπακώνω*). 2. (μεταφ.) συγκαλύπτω, αποκρύπτω κάτι. 3. (μεταφ.) ξεγελώ: *τον -άκωσε*.

καπακωτός, -ή, -ό, επίθ., που έχει καπάκι, σκέπασμα: *σκεύος -ό*.

καπαμάς ο, ουσ., είδος φαγητού από αρνίσιο ή μοσχαρίσιο κρέας που μαγειρεύεται με βούτυρο, ντομάτα και διάφορα μπαχαρικά. [τουρκ. *kapama*].

καπάντζας ο, ουσ. (όχι έρρ.), αρχηγός σπείρας νταήδων στα χρόνια της Τουρκοκρατίας και γενικά μεγάλος νταής. [τουρκ. *kabadayı*].

καπάντζα η, ουσ., παγίδα για ποντίκια ή πουλιά ή *στήσαν -ες για τα ποντίκια*. [τουρκ. *kapanca*].

καπάρο το, ουσ., προκαταβολή ως εγγύηση αγοραπωλησίας ή μίσθωσης: *~ για αγορά ακινήτου* (συνών. *αρραβώνας*). [βενετ. *capara*].

καπάρωμα το, ουσ., καταβολή προκαταβολής ως εγγύηση αγοραπωλησίας ή μίσθωσης: *~ ακινήτου*.

καπαρώνω, ρ. 1. δίνω κάπαρο για να εξασφαλίσω αγορά ή μίσθωση: *~ διαμέρισμα/αυτοκίνητο*. 2. (σπάνια) καταλαμβάνω κάτι «με το έτσι θέλω»: *στρώθηκε και -ωσε τον καναπέ*.

καπάτσος, -α, επίθ., που είναι ικανός να εκμεταλλεύεται τις περιστάσεις και πετυχαίνει τους σκοπούς του (συνών. *επιτήδειος, καταφερτζής*). [ιταλ. *capace*].

καπατσοσύνη η, ουσ., ικανότητα να εκμεταλλεύεται κανείς ευκαιρίες για να επιτύχει πρακτικούς ιδίως σκοπούς.

καπελάδικο το, ουσ., κατάστημα που κατασκευάζει, πουλά και επιδιορθώνει καπέλα.

καπελαδούρα η, ουσ., μεγάλο πλατύγυρο καπέλο. [βενετ. *capeladura*].

κάπελας ο, ουσ. (λαϊκ.), ταβερνιάρης ή υπάλληλος ταβέρνας που σερβίρει αποκλειστικά κρασί. [αρχ. *κάπηλος*].

καπελάς ο, θηλ. **-ού**, ουσ., κατασκευαστής ή πωλητής καπέλων.

καπελειό, βλ. *καπηλειό*.

καπελιέρα η, ουσ. (συνιζ.), ειδικό κουτί για φύλαξη και μεταφορά καπέλων: *~ χάρτινη*. [ιταλ. *capelliera*].

καπελίνα η, ουσ. (ιδίως παλαιότερα) μεγάλο γυναικείο καπέλο.

καπελίνο το, ουσ., μικρό καπέλο. [ιταλ. *cappellino*].

καπέλο το, ουσ. 1. κάλυμμα του κεφαλιού που συνήθως έχει γύρο και φοριέται έξω από το σπίτι για να προστατεύσει το κεφάλι ή και ως συμπλήρωμα της ενδυμασίας: *~ ψάθινο/γούνινο/παιδικό*. 2. επάνω άκρο καπνοδόχου. 3. αθέμιτη αύξηση από εμπόρους των τιμών εμπορευμάτων: *πουλά κρέας/ντομάτες με ~*. 4. (για χαρτοπαίγνιο) το αντίτιμο που πρέπει να πληρώσει κανείς για να συνεχίσει το παιχνίδι. Φρ. *βγάζω το ~ μου σε κάποιον* = αναγνωρίζω την ανωτερότητά του, τον παραδέχομαι. - Υποκορ. **-άκι** το· φρ. *βάζω στραβά το ~ μου* = αδιαφορώ. [ιταλ. *cappello*].

καπελού, βλ. *καπελάς*.

καπέλωμα το, ουσ. 1. κάλυψη του κεφαλιού με καπέλο. 2. αθέμιτη αύξηση της τιμής εμπορεύματος: *~ στο κρέας* (συνών. *καπέλο*). 3. το να προσπαθεί κάποιος να καθοδηγεί και να επηρεάζει τη σκέψη και τις αποφάσεις άλλων, να τους κηδεμονεύει: *~ της φοιτητικής συνέλευσης από τα κόμματα*.

καπελώνω, ρ. 1. καλύπτω το κεφάλι κάποιου με καπέλο. 2. βάζω καπέλο (βλ. λ.) στην τιμή εμπορεύματος, υπερτιμώ παράνομα κάτι. 3. (στην πολιτική) κηδεμονεύω: *θέλει να -ώσει όλες τις συγκεντρώσεις*.

καπετάν και **καπτάν** ο, ουσ. άκλ., τίτλος μπροστά από ονόματα ναυτικών ή οπλαρχηγών: *~ Γιάννης*· *~ φασαρίας* (= τύπος που προκαλεί επεισόδια).

καπετανάτο το, ουσ. 1. το αξίωμα του καπετάνιου (συνών. *καπετανλίκι*). 2. η περιοχή της δικαιοδοσίας του καπετάνιου.

καπετανεύω, ρ. (λαϊκ.), γίνομαι καπετάνιος: *-εψε από πολύ νέος*.

καπετανιλίκι και **καπετανλίκι** το, ουσ. 1. το σύνολο των καπεταναίων. 2. το αξίωμα, η δικαιοδοσία του καπετάνιου: *γρήγορα πήρε στα χέρια του το ~*.

καπετάνιος ο, πληθ. *-ιοι* και *-αίοι*, θηλ. **-ισσα**, ουσ. (συνιζ.). 1. αρχηγός ένοπλου σώματος: *~ των κλεφτών* (συνών. *οπλαρχηγός*). 2. κυβερνήτης σκάφους: *~ θαλασσοδαρμένος/πρώτος/δεύτερος* (συνών. *πλοίαρχος, καραβοκύρης*). - Το θηλ. και με τη σημασ. «γυναίκα καπετάνιου». [βενετ. *capetanio*].

καπετανίστικος, -η, -ο, επίθ., που σχετίζεται με τον καπετάνιο ή αναφέρεται σ᾽ αυτόν.

καπετανλίκι, βλ. *καπετανιλίκι*.

καπετανοπούλα η, ουσ., κόρη καπετάνιου.

καπηλεία η, ουσ. 1. αισχροκέρδεια στο εμπόριο. 2. ιδιοτελής εκμετάλλευση ευγενών υποθέσεων ή ιδεωδών: *~ της θρησκείας/τέχνης*.

καπηλειό και **καπελειό** το, ουσ. (συνιζ.), ταβέρνα.

καπηλεύομαι, ρ., εκμεταλλεύομαι ιδεώδη ή ευγενείς προσπάθειες για δικό μου όφελος: *-εται τη θρησκεία/την επιστήμη*.

καπηλικός, -ή, -ό, επίθ. 1. που ανήκει ή αναφέρεται στην καπηλεία. 2. (μεταφ.) βάναυσος, χυδαίος.

καπίκι το, ουσ. 1. ρωσικό νόμισμα μικρής αξίας που ισοδυναμεί με το ένα εκατοστό του ρουβλιού. 2. αντίτιμο κάθε πόντου σε ορισμένα παιχνίδια της τράπουλας. [ρωσ. *kopeika*].

καπίστρι το, ουσ., λουρί, συνήθως από δέρμα, που προσαρμόζεται γύρω από το κεφάλι του αλόγου για να μπορεί να οδηγηθεί εύκολα: *έδεσα το ζώο στο δέντρο με το ~* (συνών. *χαλινάρι*). [λατ. *capistrum*].

καπίστρωμα το, ουσ., εφαρμογή καπιστριού σε υποζύγιο.

καπιστρώνω, ρ., βάζω χαλινάρι σε υποζύγιο.

καπιταλάκι το, ουσ., μικρό κεφάλαιο στοιχείο του τυπογραφείου.

καπιτάλι το, ουσ. (λαϊκ.), χρηματικό ποσό, κεφάλαιο. [ιταλ. *capitale*].

καπιταλισμός ο, ουσ., κοινωνικό και οικονομικό σύστημα με χαρακτηριστικά γνωρίσματα την πίστη στη δύναμη του υλικού κεφαλαίου, την αποδοχή του κέρδους ως κινήτρου της οικονομικής δραστηριότητας, την αρχή της μονοπώλησης των μέσων παραγωγής και το νόμο του ανταγωνισμού: *κρίση αντιμετωπίζει ο ~* (συνών. *κεφαλαιοκρατία*· αντ. *σοσιαλισμός*). [γαλλ. *capitalisme*].

καπιταλιστής ο, θηλ. *-ίστρια*, ουσ., οπαδός του καπιταλισμού (συνών. *κεφαλαιοκράτης*). [γαλλ. *capitaliste*].

καπιταλιστικός, -ή, -ό, επίθ., που σχετίζεται με τον καπιταλισμό ή αναφέρεται σ᾽ αυτόν: *σύστημα -ό· κοινωνία/οικονομία -ή* (συνών. *κεφαλαιοκρατικός*).

καπιταλίστρια, βλ. *καπιταλιστής*.

καπιτάνα η, ουσ., ναυαρχίδα (βλ. λ.).

καπλαμάς ο, ουσ., λεπτό φύλλο συνήθως ξύλου, και σπανιότερα πλαστικού, μετάλλου, κλπ., με το οποίο επενδύεται η επιφάνεια επίπλων, πόρτας, κλπ., για προστασία ή καλλωπισμό: *~ από καρυδιά/ασήμι*. [τουρκ. *kaplama*].

καπλάνι το, ουσ. 1. τίγρη (βλ. λ.). 2. (μεταφ.) άνθρωπος ακατάβλητος. [τουρκ. *kaplan*].

καπλαντίζω, ρ. (όχι έρρ.). 1. καλύπτω επιφάνεια με καπλαμά (συνών. *επένδυση*). 2. (για βιβλία, κλπ.) τοποθετώ προστατευτικό κάλυμμα από πλαστικό ή χαρτί. 3. ντύνω πάπλωμα με σεντόνι (συνών. *σεντονιάζω*) (αντ. στις σημασ. 2 και 3 *ξεκαπλαντίζω*). [τουρκ. *kapladim*, αόρ. του *kaplamak*].

καπλάντισμα το, ουσ. (όχι έρρ.). 1. επένδυση με καπλαμά: *~ πόρτας*. 2. (για βιβλία, κλπ.) τοποθέτηση προστατευτικού καλύμματος από πλαστικό ή χαρτί: *~ αυτοκόλλητο*. 3. το υλικό με το οποίο καπλαντίζουμε: *~ βιβλίου*. 4. ντύσιμο παπλώματος με σεντόνι (αντ. στις σημασ. 2 και 4 *ξεκαπλάντισμα*).

καπλαντοβελόνα η, ουσ. (όχι έρρ.), μεγάλη βελόνα για το καπλάντισμα του παπλώματος.

κάπνα η, ουσ., καπνιά (βλ. λ.).

καπναγωγός ο, ουσ., καπνοδόχος (βλ. λ.).

καπναποθήκη η, ουσ., αποθήκη καπνών.

καπνάς ο, ουσ., αυτός που ασχολείται με τον καπνό (καπνεργάτης, καπνοπαραγωγός ή καπνέμπορος).

καπνέλαιο το, ουσ., λάδι που παρασκευάζεται με εκχύλιση των αλεσμένων σπερμάτων του καπνού.

καπνεμπορικός, -ή, -ό, επίθ. (έρρ.), που σχετίζεται με το καπνεμπόριο: *εταιρεία -ή*.

καπνεμπόριο το, ουσ. (έρρ., ασυνίζ.), εμπόριο καπνών.

καπνέμπορος και (λαϊκ.) **-ας** ο, ουσ. (έρρ.), έμπορος καπνών.

καπνεργάτης ο, θηλ. **-τρια**, ουσ., εργάτης ειδικευμένος στην κατεργασία των καπνών: *αιτήματα των -ών*.

καπνεργατικός, -ή, -ό, επίθ., που σχετίζεται με τους καπνεργάτες: *θέματα -ά*. - Το ουδ. στον πληθ. ως ουσ. = αμοιβή των καπνεργατών, έξοδα κατεργασίας του καπνού.

καπνεργάτρια, βλ. *καπνεργάτης*.

καπνεργοστάσιο το, ουσ. (ασυνίζ.), εργοστάσιο παραγωγής τσιγάρων.

καπνιά η, ουσ. (συνιζ.), μαύρη σκόνη που μεταφέρεται στον αέρα από τον καπνό μιας φωτιάς ή μένει στα τοιχώματα των καπνοδόχων και σε άλλες επιφάνειες: *γέμισε το σπίτι ~* (συνών. *ασβόλη*).

καπνίζω, ρ. Α. μτβ. 1. εισπνέω τον καπνό που παράγεται από αναμμένα φύλλα του φυτού καπνός που βρίσκονται κατάλληλα επεξεργασμένα μέσα σε τσιγάρο ή πούρο ή τοποθετούνται μέσα σε πίπα: *δεν -σα κανένα τσιγάρο από χτες* (συνών. *φουμάρω*). 2. συντηρώ τροφές με ειδική κατεργασία καπνίσματος: *~ χοιρινό κρέας*. 3. υποβάλλω κάποιον ή κάτι στην επίδραση καπνού: *~ μελίσσι*. 4. γεμίζω ή μαυρίζω κάτι με καπνό: *-ισμένο δωμάτιο*. Β. αμτβ. 1. αναδίδω, εκπέμπω καπνό: *-ει το φουγάρο/το τζάκι*. 2. είμαι καπνιστής. Φρ. *κάνει ό,τι του -ίσει* (= κάνει ό,τι θέλει χωρίς να υπολογίζει τις συνέπειες)· *έτσι μου -ισε* (= έτσι σκέφτηκα ξαφνικά).

καπνικός, -ή, -ό, επίθ., που σχετίζεται με τον καπνό: *εταιρεία -ή*.

καπνίλα η, ουσ., οσμή του καπνού.

κάπνισμα το, ουσ. 1. εισπνοή και εκπνοή των καπνών καύσιμου φυτικού υλικού, ειδικά καπνού, από τσιγάρο, πούρο ή πίπα: *απαγορεύεται το ~*. 2. έκθεση κρέατος ή ψαριού, τα οποία προηγουμένως έχουν αλατιστεί, στον καπνό από φωτιά με ξύλα, με σκοπό τη συντήρησή τους και τον αρωματισμό τους. 3. ανάδοση καπνού από καιόμενη ύλη: *~ σόμπας*. 4. υποβολή στην επίδραση καπνού: *~ μελισσιού*.

καπνιστήριο το, ουσ. (ασυνίζ.), ειδικός χώρος προορισμένος για κάπνισμα: ~ *θεάτρου.*

καπνιστής ο, θηλ. **-τρια,** ουσ., αυτός που έχει τη συνήθεια να καπνίζει, να εισπνέει καπνό από τσιγάρο, πούρο, πίσσα, κλπ.: *είναι μεγάλος/αρειμάνιος ~.*

καπνιστός, -ή, -ό, επίθ. (για κρέατα, ψάρια, κλπ.), που συντηρείται με ειδική κατεργασία καπνίσματος: *σαλάμι -ό· σολομός ~.*

καπνίστρια, βλ. *καπνιστής.*

καπνόβεργες οι, ουσ., λεπτά κλαδιά ή και κορμοί μικρών δέντρων στα οποία κρεμιούνται για αποξήρανση τα φύλλα του καπνού.

καπνοβιομηχανία η, ουσ. (ασυνίζ.), βιομηχανικός κλάδος που ασχολείται με την επεξεργασία των φύλλων καπνού και την παραγωγή τσιγάρων, πούρων και καπνού για πίπα.

καπνοβιομήχανος ο, ουσ. (ασυνίζ.), ιδιοκτήτης επιχείρησης που ασχολείται με την κατεργασία και πώληση καπνών.

καπνοβόρος, -α, -ο, επίθ., που απορροφά τον καπνό που βγαίνει από φωτιά ή που εμποδίζει το σχηματισμό καπνού. - Το αρσ. ως ουσ. = συσκευή ή διάταξη που καθιστά δραστικότερη την καύση σε μια εστία ώστε να κατακαίονται εντελώς τα στερεά σωματίδια που παρασύρονται από τα καυσαέρια.

καπνογόνος, -α, -ο, επίθ., που αναδίδει καπνό: *φωτοβολίδες -ες· αέρια -α.* - Το ουδ. στον πληθ. ως ουσ. = ουσίες που με την καύση τους παράγεται καπνός.

καπνοδόχος ο και η, ουσ., χτιστός ή μετάλλινος σωλήνας, συνήθως κατακόρυφος, που χρησιμοποιείται για την απομάκρυνση των αερίων από τις καύσεις στις εστίες και στους λέβητες (συνών. *καμινάδα, καπναγωγός*).

καπνοθάλαμος ο, ουσ., εξάρτημα στους ατμολέβητες που βρίσκεται στην προέκταση της εστίας ή πάνω απ' αυτήν και όπου εισέρχονται τα θερμά αέρια της καύσης πριν φτάσουν στην καπνοδόχο.

καπνοθήκη η, ουσ., θήκη όπου οι καπνιστές τοποθετούν τον καπνό (συνών. *ταμπακιέρα*).

καπνοκαλλιέργεια η, ουσ. (ασυνίζ. δις), καλλιέργεια καπνών.

καπνοκαλλιεργητής ο, ουσ. (ασυνίζ.), αυτός που καλλιεργεί καπνά.

καπνοκοπτήριο το, ουσ. (ασυνίζ.), εργοστάσιο κοπής καπνών.

καπνοκοπτικός, -ή, -ό, επίθ., που ανήκει ή αναφέρεται στην κοπή του καπνού: *μηχανή -ή.*

καπνομάγαζο το, ουσ., καπναποθήκη όπου γινόταν η κατεργασία του καπνού από τους καπνεργάτες.

καπνομαντεία η, ουσ. (ερρ.), μαντεία με την οποία εξηγούνται τα μέλλοντα από την παρατήρηση της διεύθυνσης του καπνού κατά το ψήσιμο των σφαγίων σε θυσίες.

καπνοπαραγωγή η, ουσ., παραγωγή φύλλων καπνού για την καπνοβιομηχανία.

καπνοπαραγωγός, -ός, -ό, επίθ., που παράγει καπνό: *χώρα ~.* - Το αρσ. ως ουσ. = κτηματίας που ασχολείται με την καπνοκαλλιέργεια και την παραγωγή καπνού.

καπνοπωλείο το, ουσ., κατάστημα ή πρατήριο που πουλά κατεργασμένο καπνό και τα προϊόντα του.

καπνοπώλης ο, θηλ. **-ισσα,** ουσ., αυτός που πουλά κατεργασμένο καπνό και τα προϊόντα του.

καπνός ο, πληθ. *-οί* και *-ά τα,* ουσ. **1.** φυτό αμερικανικής καταγωγής που καλλιεργείται για τα φύλλα του που καπνίζονται ή μασιούνται ύστερα από ειδική κατεργασία. **2.** προϊόν κατεργασίας φύλλων του φυτού καπνός ύστερα από αποξήρανση: *~ για πίπα* (συνών. *ταμπάκος*). **3.** μίγμα αερίων, υδρατμών και τεμαχιδίων διάφορων διαστάσεων που απελευθερώνονται κατά την καύση διάφορων υλικών: *το τζάκι δεν τραβάει τον -ό· γέμισε το δωμάτιο -ούς.* φρ. *όπου υπάρχει ~ υπάρχει και φωτιά* (= κάθε φήμη έχει τη βάση της)· *γίνομαι ~* (= εξαφανίζομαι)· *τι -ό φουμάρει;* (= τι είδους άνθρωπος είναι; / *(που) πάει καπνός* (= γίνεται κάτι με υπερβολή): *τρώει ξύλο που πάει ~.*

καπνοσακούλα η, ουσ., σακούλα από δέρμα ή ύφασμα όπου τοποθετείται χύμα καπνός για πρόχειρη χρήση από τους καπνιστές.

καπνοσυλλέκτης ο, ουσ., καπέλο στην επάνω άκρη καπνοδόχου, συνήθως από λαμαρίνα, με σύστημα διόδου του καπνού από διάφορους χώρους του ώστε να επιτυγχάνεται η επικάθιση της χοντρής καπνιάς.

καπνοσωλήνας ο, ουσ., μεταλλικός κυλινδρικός σωλήνας διαμέσου του οποίου ο καπνός θερμάστρας διοχετεύεται στην καπνοδόχο και από κει στον ατμοσφαιρικό αέρα (συνών. *μπουρί*).

καπνοτόπι το και **καπνότοπος** ο, ουσ., τόπος στον οποίο καλλιεργείται ο καπνός ή έδαφος κατάλληλο για καπνοκαλλιέργεια: *πέντε στρέμματα ~.*

καπνούρα η, ουσ., πυκνός καπνός σκορπισμένος στην ατμόσφαιρα.

καπνόφυλλο το, ουσ., φύλλο του φυτού καπνός.

καπνοφυτεία η, ουσ., έκταση φυτεμένη με καπνό.

καπνόχορτο το, ουσ. (λαϊκ.), είδος φυτού που τα φύλλα του χρησιμοποιούνται για φαρμακευτικούς σκοπούς.

καπό το, ουσ., κάλυμμα του κινητήρα αυτοκινήτου. [γαλλ. *capot*]

καποδιστριακός, -ή, -ό, επίθ. (ασυνίζ.), που ανήκει ή αναφέρεται στον πρώτο κυβερνήτη της Ελλάδας Ιωάννη Καποδίστρια ή ονομάστηκε προς τιμή του: *Πανεπιστήμιο -ό.*

κάποιος, -α, -ο, γεν. *κάποιου, -ας* και (λαϊκ.) *καποιανού, -ής,* αντων. **1.** (για να δηλωθεί ένα αόριστο πρόσωπο ή πράγμα) ένας: *ήρθε ~ και σε ζήτησε* (αντ. *κανένας*). **2.** όχι πολύς ή μεγάλος, αλλά όχι και εντελώς ασήμαντος: *έχει -α περιουσία· έχω -ες επιφυλάξεις.* **3.** ξεχωριστός, διακεκριμένος: *κάνει τον -ο· νομίζει πως είναι ~* (συνών. *σπουδαίος*). **4.** (στον πληθ.) μερικοί, ορισμένοι: *-οι έχουν αντίθετη γνώμη.*

καπόνι το, ουσ. **1.** ευνουχισμένος νεαρός πετεινός που εκτρέφεται για το τρυφερό και εύγευστο κρέας του. **2.** (ναυτ.) εξάρτημα του πλοίου που χρησιμεύει για ανάρτηση και στήριξη αντικειμένων. [ιταλ. *cappone*].

καπότα η, ουσ. **1.** κάπα (βλ. λ.). **2.** προφυλακτικό (βλ. λ.). [γαλλ. *capote*].

καποτάς ο, ουσ., αυτός που ράβει κάπες.

κάποτε, επίρρ. χρον. **1.** ορισμένη στιγμή στο παρελθόν, κάποια φορά: *~ κάναμε παρέα.* **2.** στο μέλλον, αργά ή γρήγορα: *~ θα το μετανιώσεις.* **3.** *~ = ~* = καμιά φορά, πότε πότε: *~ ~ περνάει αποδώ.* **4.** (διαζευκτικά) άλλοτε... άλλοτε: *~ γελά και κλαίει.* [καν + επίρρ. *ποτέ*].

καπότο το, ουσ., είδος γυναικείου επανωφοριού. [ιταλ. *cappotto*].

κάπου, επίρρ. 1. (τοπ., για να δηλωθεί στάση ή κίνηση) σε κάποιο ή από κάποιο μέρος: ~ θα τον πετύχω· πήγε ~ κοντά. 2. (χρον.) ~ ~ = από καμιά φορά, σε αραιά διαστήματα. 3. (μπροστά από αριθμητικά και από λέξεις που σημαίνουν ποσό) περίπου: ξοδέψαμε ~ δέκα χιλάδες δραχμές.
καπουκεχαγιάς ο, ουσ. (συνιζ.), (παλιότερα) αντιπρόσωπος ενός τόπου ή μιας αρχής στην Υψηλή Πύλη. [τουρκ. *kapi kâhya*].
καπούλι το, ουσ. (συνήθως στον πληθ.). 1. τα νώτα των μεγάλων τετραπόδων (ιδίως των αχθοφόρων) από τη νεφρική χώρα ως τους γλουτούς: *κάθισε στα -α του αλόγου*. 2. (σκωπτικά για ανθρώπους) γλουτοί (ιδίως αυτοί που προεξέχουν): *ήταν και κάτι αντρογυναίκες με φαρδιά -α*. [λατ. *scapulae, -arum*].
καπουτσίνο το, ουσ. άκλ., είδος ιταλικού καφέ με γάλα που έφτιαχναν παλαιότερα οι καλόγεροι καπουτσίνοι.
καπουτσίνος ο, ουσ. (εκκλ.) μοναχός του ομώνυμου μοναστικού τάγματος της ρωμαιοκαθολικής Εκκλησίας που φορεί χαρακτηριστική κουκούλα. [ιταλ. *cappuccino*].
κάππα το, ουσ. άκλ., το δέκατο γράμμα του ελληνικού αλφαβήτου· ένα από τα σύμφωνα της ελληνικής γλώσσας (κ, Κ).
καππαδοκικός, -ή, -ό, επίθ., που αναφέρεται στην Καππαδοκία ή τους Καππαδόκες.
κάππαρη η, ουσ. 1. φυτό με στρογγυλά φύλλα που τα άνθη του συλλέγονται πριν ν' ανοίξουν για να χρησιμοποιηθούν σε σαλάτες. 2. τα ίδια τα άνθη του φυτού (μικρές πράσινες σφαίρες) που διατηρημένα σε άλμη ή ξίδι χρησιμοποιούνται σε σαλάτες ή ως καρύκευμα. [αρχ. *κάππαρις*].
καπρί, βλ. *κάπρος*..
καπρίτσιο το, ουσ. (συνιζ.). 1. παροδική ιδιοτροπία, παραξενιά: *κεφάλι γεμάτο -α* (συνών. *πείσμα*). 2. (μουσ.) μουσικό κομμάτι ζωηρού χαρακτήρα, χαλαρά δομημένο, με απροσδόκητες αλλαγές ύφους. [ιταλ. *capriccio*].
καπριτσιόζικος, -η, -ο, επίθ. (συνιζ.), που δείχνει καπρίτσιο: *συμπεριφορά -η* (συνών. *ιδιότροπος, πεισματάρικος*).
καπριτσιόζος, -α, επίθ. (συνιζ.), που έχει καπρίτσια: *γυναίκα -α* (συνών. *παράξενος, ιδιότροπος*· αντ. *βολικός*).
κάπρος ο και **καπρί** το, ουσ., αρσενικό γουρούνι (που δεν έχει ευνουχιστεί) ή αγριογούρουνο.
καπτάν, βλ. *καπετάν*.
κάπως, επίρρ. 1. κατά κάποιον τρόπο: ~ θα τα καταφέρουμε. 2. λιγάκι: *είναι ~ μικρό· πώς σου φαίνεται ο Χ; περίεργος ~· νευρίασε ~ όταν το άκουσε*. [αρχ. φρ. *κἂν πως*].
κάρα η, ουσ., έκφρ. *κάρα αγίου* = κρανίο από λείψανο αγίου.
καρα-, α΄ συνθ. α. με τη σημασ. «μαύρος»: *καραμπογιά*· β. ως επιτατ.: *καρασεβντάς*. [τουρκ. *kara*].
καραβάκι, βλ. *καράβι*.
καραβάνα η, ουσ., μεταλλικό ρηχό σκεύος με λαβή μέσα στο οποίο βάζουν την τροφή τους οι στρατιώτες (και παλιότερα οι ναυτικοί). Έκφρ. *παλιά ~* (για άνθρωπο έμπειρο σε κάποιο τομέα): *παλιά ~ του στρατού/της πολιτικής· λόγια της -ας* (= ανόητα, χωρίς λογικό ειρμό). [τουρκ. *karavana*].
καραβανάς ο, ουσ. (λαϊκ.), (ειρων.) για μόνιμο αξιωματικό μη καλλιεργημένο.

καραβάνι το, ουσ. α. (ιστ.) ομάδα εμπόρων ή προσκυνητών με καμήλες και υποζύγια· β. ομάδα ταξιδιωτών που μετακινούνται σε μακρινές αποστάσεις. [μεσν. *καρβάνι*<τουρκ. *karvan* ή αραβ. *kirvan*].
καραβέλα η, ουσ., παλιό ιστιοφόρο πλοίο, ευκίνητο, που το χρησιμοποιούσαν για πολεμικούς ή εμπορικούς σκοπούς· χρησιμοποιήθηκε από τους Πορτογάλους και τους Ισπανούς στις εξερευνήσεις: *ο Κολόμβος έφτασε στην Αμερική με τρεις -ες*. [ιταλ. *caravella*].
καράβι το, ουσ., πλοίο (βλ. λ.), κυρίως ιστιοφόρο: *~ αγκυροβολημένο/εμπορικό*. - Υποκορ. **-άκι** το. [*κάραβος*].
καραβιά η, ουσ. (συνιζ.). α. φορτίο καραβιού, ποσότητα που μπορεί να μεταφέρει ένα καράβι· β. (μεταφ.) μεγάλη ποσότητα από κάποιο πράγμα.
καραβίδα η, ουσ. α. (στον εν.) μαλακόστρακο που ζει στα ποτάμια (με χρώμα πράσινο) ή στη θάλασσα (με χρώμα κοκκινωπό) και έχει νόστιμο κρέας· β. (στον πληθ.) καρκινοειδή (βλ. λ.) που ζουν στα γλυκά νερά ή στη θάλασσα, όπως π.χ. ο αστακός, κ.ά.
καραβίσιος, -α, -ο, επίθ. (συνιζ.), που ανήκει στο καράβι ή αναφέρεται σ' αυτό: *ψωμί -ο· μυρουδιά -α*. - Το αρσ. ως ουσ. = ναυτικός.
καραβόγατος ο, ουσ. 1. γάτος του καραβιού. 2. (μεταφ.) ναυτικός που σπάνια εγκαταλείπει το καράβι· ναυτικός έμπειρος (συνών. *καραβόσκυλος*).
καραβοκύρης ο, πληθ. -ηδες και -άιοι, θηλ. **-ισσα,** ουσ. α. ιδιοκτήτης καραβιού (συνών. *πλοιοκτήτης*)· β. πλοίαρχος, καπετάνιος. - Το θηλ. και με τη σημασ. «σύζυγος καραβοκύρη».
καραβόπανο το, ουσ. 1. χοντρό ύφασμα από το οποίο φτιάχνονται τα ιστία του καραβιού. 2. το πανί του καραβιού.
καραβόσκοινο το, ουσ., χοντρό σκοινί καραβιού (συνών. *παλαμάρι*).
καραβόσκυλος ο και **καραβόσκυλο** το, ουσ. 1. σκύλος φύλακας του καραβιού. 2. (μεταφ.) ναυτικός που σπάνια βγαίνει από το καράβι· ναυτικός έμπειρος (συνών. *καραβόγατος, θαλασσόλυκος*).
καραβοστάσι το, ουσ., αγκυροβόλιο (βλ. λ.), αραξοβόλι.
καραβοτσακίζομαι, ρ. 1. (για πλοίο) συντρίβομαι στους βράχους, ναυαγώ. 2. (μεταφ. για άνθρωπο) καταστρέφομαι. - Η μτχ. παρκ. *-ισμένος* = 1. ναυαγός. 2. κατεστραμμένος.
καραβοτσάκισμα το, ουσ. 1. το να συντρίβεται ένα καράβι σε βράχους. 2. (μεταφ.) το να καταστρέφεται ένας άνθρωπος.
καραβοφάναρο το, ουσ., πλοίο που χρησιμεύει ως πλωτό φανάρι: *έπεσε το πούσι αποβραδίς/το ~ χαμένο* (Καββαδίας).
καραγάτσι το, ουσ. 1. φτελιά. 2. (συνεκδοχικά) ξυλεία από φτελιά. [τουρκ. *kara ağaç*].
καραγκιόζης ο, ουσ. (όχι έρρ., συνιζ.). 1. (στη σημασ. αυτή με κεφαλαίο Κ) ο κεντρικός ήρωας του θεάτρου σκιών, τύπος κωμικός και πανούργος: *η καμπούρα/το μακρύ χέρι του Καραγκιόζη·* φρ. *βαρώ/ρίχνω στο γάμο του Καραγκιόζη* (= πυροβολώ χωρίς να πετυχαίνω το στόχο). 2. (κατ' επέκταση) το θέατρο σκιών: *ο μπερντές του ~*. 3. (στον πληθ.) οι φιγούρες του θεάτρου σκιών: *έφτιαχνε -ηδες*. 4. (μεταφ.) άνθρωπος κωμικός που με τη συμπεριφορά του προκαλεί το γέλιο των άλλων ή γίνεται αντικείμενο κοροϊδίας (συνών.

γελωτοποιός). - Υποκορ. πληθ. **-άκια** τα = 1. τα παιδιά του Καραγιόζη. 2. μικρές φιγούρες του θεάτρου σκιών. [τουρκ. *karagöz*].

καραγκιοζ(ι)λίκι το, ουσ. (όχι έρρ., συνιζ.). α. χοντροκομμένο και χυδαίο αστείο· β. πράξη ή (γενικά) συμπεριφορά κωμική, γελοία (συνήθως στον πληθ., μειωτ.): *άσε τα -ια! μ' αυτά τα -ια νομίζει πως γίνεται ευχάριστος.* [τουρκ. *karagözlük*].

καραγκιοζλίδικος, -η, -οι και **-ζίστικος**, επίθ. (όχι έρρ., συνιζ.), κωμικός, γελοίος: *καμώματα -α.*

καραγκιοζλίκι, βλ. *καραγκιοζιλίκι.*

καραγκιόζ-μπερντές ο, ουσ. (όχι έρρ., συνιζ.). 1. η οθόνη, το άσπρο πανί πίσω από το οποίο κινούνται οι φιγούρες του θεάτρου σκιών και τα δοκάρια που το στηρίζουν: *έστησε τον -έ· φωτίζεται ο ~ και βγαίνει ο Χατζηαβάτης.* 2. το θέατρο σκιών: *η πολιτική έχει καταντήσει ~.* [τουρκ. *karagöz perdesi*].

καραγκιοζοπαίχτης ο, ουσ. (όχι έρρ., συνιζ.), καλλιτέχνης που κατασκευάζει τα σκηνικά και τις φιγούρες του θεάτρου σκιών και δίνει παραστάσεις κινώντας τις φιγούρες και αποδίδοντας τη φωνή όλων των προσώπων μιας ιστορίας που συνήθως την πλάθει ο ίδιος με παραδοσιακά στοιχεία: *λαϊκοί -ες.*

Καραγκούνης και **Γκαραγκούνης** ο, πληθ. **-ηδες**, θηλ. **-α** και **-ισσα** (όχι έρρ.). 1. κάτοικος της πεδινής Θεσσαλίας. 2. (στο θηλ.) είδος δημοτικού χορού.

καραγκούνικος, -η, -ο, επίθ. (όχι έρρ.), που αναφέρεται στους Καραγκούνηδες ή ανήκει σ' αυτούς: *συνήθειες -ες.*

Καραγκούνισσα και **Γκα-**, βλ. *Καραγκούνης.*

καραδοκώ, ρ., περιμένω την κατάλληλη ευκαιρία για να κάνω κάτι (συνήθως κακό): *ο κίνδυνος -εί· -εί την ευκαιρία να...* (συνών. *καιροφυλακτώ*).

καραϊβικός, -ή, -ό, επίθ., που ανήκει στην Καραϊβική Θάλασσα ή αναφέρεται σ' αυτήν: *νησιά -ά.*

καρακάξα η, ουσ. 1. πουλί με μακριά ουρά, γυαλιστερό (άσπρο και μαύρο) φτέρωμα, που ζει στα χωράφια και τους κήπους (συνών. *κίσσα*). 2. μειωτ. για γυναίκα άσχημη και κακότροπη: *άκουσες πόσα είπε πάλι η ~!* [λ. ηχομιμ.].

καρακόλι το, ουσ. 1. νυχτερινή αστυνομική περίπολος. 2. αστυνομικός σταθμός, φυλάκιο. [τουρκ. *karakol*].

καραμα(ν)λήδικος, -η, -ο, επίθ., που ανήκει στους Καραμανλήδες ή αναφέρεται σ' αυτούς: *συνήθειες -ες· λουκάνικα -α* (= που παρασκευάζονται με τον τρόπο των Καραμανλήδων)· *γραφή -η* (= τουρκική γλώσσα γραμμένη με ελληνικούς χαρακτήρες). - Το ουδ. στον πληθ. ως ουσ. = γραφή καραμανλήδικη.

Καραμα(ν)λής ο, πληθ. **-ήδες**, ουσ. (συνήθως στον πληθ.) γηγενείς Έλληνες της κεντρικής Μικράς Ασίας που ως τουρκόφωνοι έγραφαν και διάβαζαν τα τουρκικά με ελληνικά γράμματα. [τουρκ. *Karamanli*].

καραμανλικός, -ή, -ό, επίθ., που επιδοκιμάζει την πολιτική του πολιτικού Καραμανλή. - Το αρσ. ως ουσ. οπαδός του Καραμανλή.

καραμέλα η, ουσ. 1. παρασκεύασμα της ζαχαροπλαστικής από ζάχαρη που βράζει μέσα σε νερό και στη συνέχεια πήζει: *περιχύνουμε το γλύκισμα με ~*. 2. (συνεκδοχικά) μικρό και (συνήθως) σκληρό γλύκισμα (από ζάχαρη, βούτυρο, γάλα, κ.ά.): *τα παιδιά αγαπούν τις -ες.* Φρ. *πιπιλίζω κάτι σαν ~* (= διαρκώς επαναλαμβάνω κάτι). [ιταλ. *caramella*].

καραμελάς ο, ουσ., αυτός που κατασκευάζει ή πουλά καραμέλες και άλλα γλυκά, συνήθως πλανόδιος.

καραμελιάζω (συνιζ.) και **καραμελώνω**, ρ. (για σιρόπι ή άλλο υδαρές γλύκισμα) γίνομαι σαν καραμέλα, στεροποιούμαι, δένω.

καραμέλιασμα (συνιζ.) και **καραμέλωμα** το, ουσ., το να γίνεται ένα σιρόπι ή υδαρές γλύκισμα σαν καραμέλα, να στεροποιείται, να πήζει.

καραμελώνω, βλ. *καραμελιάζω.*

καραμούζα η, ουσ., απλό πνευστό μουσικό όργανο με διαπεραστικό ήχο: *τα παιδιά κατασκευάζουν -ες από καλαμιές·* (σκωπτ.) *μύτη σαν ~.* [ιταλ. *cornamusa*].

καραμουσάλι το, ουσ. (ναυτ.) είδος ιστιοφόρου. - Βλ. και *καραμουσέλι.* [τουρκ. *karamusal*].

καραμουσέλι και **καραμουσάλι** το, ουσ. (ναυτ.) διάταξη, τρόπος που χρησιμοποιείται για να δένονται μαζί δύο ή περισσότερες αλυσίδες πλοίου. [βενετ.* *paramusseli*, τουρκ. *karamusal*].

καραμπίνα η, ουσ. (όχι έρρ.), μικρό και ελαφρό φορητό όπλο με αυλακωτή κάνη. [ιταλ. *carabina*].

καραμπινιέρος ο, ουσ. (όχι έρρ., συνιζ.), Ιταλός χωροφύλακας. [ιταλ. *carabiniere*].

καραμπογιά και **καράμπογια** η, ουσ. (όχι έρρ., συνιζ.), άχρωμο θειικό υποξείδιο του σιδήρου που χρησιμοποιείται ως μαύρη βαφή: *ο παππούς έβαφε τα μαλλιά του με ~·* (μεταφ.) *μουστάκι μου ~* (= πολύ μαύρο) *και φρύδι μου γραμμένο* (δημ. τραγ.). [τουρκ. *karaboya*].

καραμπόλα η, ουσ. (έρρ.). 1. το να πετυχαίνει παίκτης του σφαιριστηρίου με τη δική του σφαίρα τις δύο άλλες. 2. (μεταφ.) αλλεπάλληλη σύγκρουση δύο ή περισσότερων σωμάτων (συνήθως αυτοκινήτων): *ο οδηγός φρενάρισε απότομα και ακολούθησε φοβερή ~.* [ιταλ. *carambola*].

καραντίνα η, ουσ. (έρρ.), προληπτική απομόνωση πολλών ημερών ανθρώπων, ζώων, εμπορευμάτων, πλοίων, κ.ά. (που προέρχονται από χώρα μολυσμένη με μεταδοτική αρρώστια) με σκοπό την υγειονομική κάθαρση: *το καράβι είναι σε ~· βάζω σε υποχρεωτική ~.* [ιταλ. *quarantina*].

καραούλι το, ουσ. 1α. φρουρά, βάρδια: *βγήκα ~·* β. ενέδρα: *κρατώ/στήνω/φυλάω ~* (= ενεδρεύω). 2. σκοπός, φρουρός. 3. παρατηρητήριο (συνών. *βίγλα*).

καράς ο, ουσ., μαύρο άλογο. [τουρκ. *kara*].

καρασεβντάς ο, ουσ. (λαϊκ.), μεγάλος και συνήθως άτυχος έρωτας: *ξενυχτάω ο καημένος γιατί έχω -ά* (ρεμπέτικο). [τουρκ. *karasevda*].

καρατάρω, ρ. (λαϊκ.), παρατ. *καράταρα*, αόρ. *καράταρα* και *καράτάρισα*. 1. υπολογίζω προσεκτικά: *ο καπετάνιος -ιζε την απόσταση.* 2. (μεταφ.) α. λογαριάζω, σχεδιάζω: *-ιζε να του μιλήσει·* β. σταθμίζω, αξιολογώ: *τον -ισα από τη δουλειά του.* [ιταλ. *caratare*].

καράτε το, ουσ. άκλ., είδος πάλης όπου οι αθλητές αντιμετωπίζουν τον αντίπαλο με χτυπήματα και αμυντικές λαβές με τα χέρια και τα πόδια. [διεθν. *karate*, ιαπωνικής προέλευσης].

καρατερίστας ο, θηλ. **-ίστα**, ουσ., ηθοποιός που ερμηνεύει (δραματικούς ή κωμικούς) ρόλους που αντιπροσωπεύουν έναν ιδιαίτερο χαρακτήρα. [ιταλ. *caratterista*].

καράτι το, ουσ. 1. μονάδα μέτρησης της καθαρότητας του χρυσού: *δαχτυλίδι δεκατεσσάρων -ιών.* 2. μονάδα μέτρησης βάρους των διαμαντιών και άλλων πολύτιμων λίθων. [ιταλ. *carato*<λατ. *carratus*<ελλ. *κεράτιον*].

καρατόμηση η, ουσ., το να κόβεται το κεφάλι ανθρώπου ή ζώου (συνών. *αποκεφαλισμός*).

καρατομώ, ρ., κόβω το κεφάλι ανθρώπου ή ζώου· θανατώνω με καρατόμηση (συνών. *αποκεφαλίζω*).

καράφα η, ουσ., επιτραπέζια γυάλινη φιάλη: *μια ~ νερό/κρασί.* - Υποκορ. **-άκι** το: *μπήκε στην ταβέρνα και ζήτησε ένα ~ (ούζο).* [ιταλ. *caraffa*].

καράφλα, βλ. *φαλάκρα*.

καράφλας, βλ. *φαλάκρας*.

καραφλός -ή, -ό, βλ. *φαλακρός*.

καρβέλι το, ουσ. 1. ψωμί, κυρίως αυτό που έχει σχήμα στρογγυλό, χωρίς τρύπα στη μέση: *ένα ~ δε φτάνει για όλους.* 2. (συνεκδοχικά) τα απαραίτητα για τη ζωή: *βγάζει τίμια το ~· παλεύει για το ~.* Φρ. - Παροιμ. *θα φάει (πολλά) -ια για να...* (= θ' αργήσει να...)· *όλα τα στραβά -ια η στραβή πινακωτή τα κάνει* (για πρόσωπο που πάντοτε δίκαια ή άδικα κατηγορεί κανείς για κάθε αξιόμεμπτη πράξη)· *ο πεινασμένος -ια ονειρεύεται* (για όποιον επιθυμεί πολύ κάτι και έχει το νου του συνεχώς σ' αυτό)· *σώθηκαν τα -ια του* (δε θα ζήσει πολύ ακόμη). [σλαβ. *karvalj* ή ιταλ. *calvello*].

καρβονικός, -ή, -ό, επίθ. (χημ.) *-ά οξέα* (αλλιώς: *καρβοξυλικά οξέα*) = οργανικές χημικές ενώσεις που τα μόριά τους περιλαμβάνουν μία ή περισσότερες ομάδες καρβοξυλίου.

καρβουνάκι, βλ. *κάρβουνο*.

καρβουναποθήκη η, ουσ., αποθήκη όπου τοποθετούνται και φυλάγονται κάρβουνα (συνών. *καρβουναριό, καρβουνιάρικο*).

καρβουναριό το, ουσ. (συνιζ., λαϊκ.), καρβουναποθήκη (βλ. λ.).

καρβουνιά η, ουσ. (συνιζ., λαϊκ.). 1. σωρός από αναμμένα κάρβουνα. 2. μουντζούρα (από κάρβουνο).

καρβουνιάζω, ρ. (συνιζ., λαϊκ.). 1. (ενεργ.) καίω κάτι ώσπου να γίνει κάρβουνο. 2. (μέσ.) καίγομαι εντελώς (συνών. *απανθρακώνομαι*).

καρβουνιάρης ο, θηλ. **-ισσα,** ουσ. (συνιζ.). 1. αυτός που κατασκευάζει ή και πουλά κάρβουνα. 2. (μεταφ.) άνθρωπος μουντζουρωμένος, μαύρος, βρόμικος. 3. μικρό πουλί με σκούρο χρώμα. - Το θηλ. ως ουσ. και με τη σημασ. «η γυναίκα του καρβουνιάρη».

καρβουνιάρικος, -η, -ο, επίθ. (συνιζ.), που ανήκει στα κάρβουνα ή τον καρβουνιάρη ή αναφέρεται σ' αυτά/-όν. - Το ουδ. ως ουσ. = α. πλοίο που μεταφέρει κάρβουνα· β. το κατάστημα όπου πουλιούνται κάρβουνα.

καρβουνιάρισσα, βλ. *καρβουνιάρης*.

καρβούνιασμα το, ουσ. (συνιζ.). 1. το να καίγεται κάτι ώσπου να γίνει κάρβουνο. 2. το μαύρισμα με κάρβουνα.

καρβουνιέρα η, ουσ. (συνιζ., λαϊκ.), καρβουναποθήκη (βλ. λ.): *η ~ του καραβιού.* [ιταλ. *carbonera*].

κάρβουνο το, ουσ. 1. μαύρη ουσία που χρησιμεύει ως καύσιμη ύλη και είτε παράγεται με κάψιμο ξύλων είτε εξορύσσεται από τη γη: *βγάζουν ~ το ορυχείο· αυτό το δέντρο κάνει καλό ~· η μηχανή δούλευε με ~.* (μεταφ.) *τα μάτια του είναι ~* (= κατάμαυρα) (συνών. *άνθρακας*· ειδικά *ξυλάνθρακας, γαιάνθρακας*). 2. (συνεκδοχικά) κομμάτι από κάρβουνο: *ένα ~ πετάχτηκε από τη φω-*

τιά· *φέρε μερικά -α ακόμη*· (στον πληθ.) *θράκα, ανθρακιά: κρέας ψητό στα -α.* 3. μολύβι από κάρβουνο που χρησιμοποιείται στη ζωγραφική: *σχέδιο με ~.* Φρ. *έγινε ~* (= κάηκε): *άφησα το φούρνο αναμμένο και το φαγητό έγινε ~· κάθομαι σ' αναμμένα -α* (= ανησυχώ πολύ για κάτι)· (λαϊκ.) *να καούν τα -α* (σε μεγάλο γλέντι). - Υποκορ. **-άκι** το (στη σημασ. 3). [*κάρβων*].

καρβουνόσκονη η, ουσ., σκόνη από τριμμένα κάρβουνα: *ρίχνανε ~ στους παγωμένους δρόμους για να μη γλιστρούν.*

κάργα και **κάργια** η, ουσ. (συνιζ.), πουλί μαύρο με γκρίζο λαιμό, κοντό ράμφος και χαρακτηριστική κραυγή: *οι -ες που χτυπιούνται/στους μαύρους τοίχους και στα κεραμίδια* (Καρυωτάκης). [τουρκ. *karga*].

κάργα, επίρρ. (λαϊκ.). 1. τελείως, ως το τέλος· πάρα πολύ: *το βαρέλι/το δωμάτιο ήταν γεμάτο ~· ρίχναμε νερό ~· είχε δουλειές ~.* 2. πολύ σφιχτά: *δές' το ~ να μη λυθεί.* [βενετ. *carga*, προστ. του *cargar*].

καργάρω, ρ., παρατ. *καργάριζα,* αόρ. *κάργαρα* και *κάργαρισα* (λαϊκ.). α. γεμίζω τελείως: *~ το ποτήρι*· β. σφίγγω δυνατά: *-ισες το καπίστρι και δεν μπορεί να φάει το ζώο·* γ. τεντώνω, εντείνω: *με τη φουρτούνα -ισε η αλυσίδα της άγκυρας· καργάρανε τα κουπιά και σε λίγο φτάσανε.* [βενετ. *cargar*].

κάργας ο, ουσ. (λαϊκ.), (ειρων.) σπουδαίος, παλληκαράς: *κάνει τον -α.* [βενετ. *carga*].

κάργια, βλ. *κάργα*.

κάρδαμο το, ουσ., κοινή ονομασία διάφορων ουσιών που έχουν πικάντικη γεύση και χρησιμοποιούνται κυρίως σε σαλάτες.

καρδάμωμα το, ουσ. (λαϊκ.), το να καρδαμώνει κανείς, σωματική τόνωση.

καρδαμώνω, ρ. (λαϊκ.). Α. (μτβ.) δυναμώνω, τονώνω σωματικά κάποιον: *η ζεστή σούπα τον -ωσε.* Β. (αμτβ.) δυναμώνω, τονώνομαι σωματικά: *θ' αναπνεύσεις καθαρό αέρα και θα -ώσεις·* φάε να *-ώσεις.* [*κάρδαμο*].

καρδάρα και **καλδάρα** η, ουσ., ξύλινο δοχείο όπου αρμέγουν γάλα.

καρδαράς ο, ουσ., αυτός που κατασκευάζει καρδάρες ή άλλα παρόμοια σκεύη.

καρδάρι και **καλδάρι** το, ουσ., ξύλινο δοχείο όπου αρμέγουν γάλα. [πιθ. *κάδος* + *-άρι*].

καρδερίνα η και **καρδερίνι** το, ουσ. 1. μικρό ωδικό αποδημητικό πουλί, που τρέφεται με σπόρους, σκουλήκια και έντομα. 2. (μεταφ.) κοπέλα που μιλά ή (συνηθέστερα) τραγουδά πολύ όμορφα ή (ειρων.) πολύ άσχημα. [ιταλ. *cardellino*].

καρδιά η, ουσ. (συνιζ.). 1. όργανο που στέλνει το αίμα στα διάφορα όργανα του σώματος και που στον άνθρωπο βρίσκεται στο στήθος: *χτυπά η ~ μου· μεταμόσχευση/ακτινοσκόπηση -άς· εγχείρηση ανοικτής -άς· αισθάνομαι πόνο στην ~ μου.* (Μεταφ.) 2. η έδρα των ανθρώπινων συναισθημάτων, ο συναισθηματικός κόσμος του ανθρώπου: *τα μυστικά της -άς μου· μου πίκρανες την ~· μ' άγγιξε/μιλάει στην ~ μου· ένιωθα συγκινημένη ως ιη βάθη της -άς μου· δεν έχει ~* (= είναι απόνος) (συνών. *ψυχή*). 3. ψυχική διάθεση: *η ~ μου σήμερα είναι γλυκιά/μαύρη.* 4. επιθυμία, θέληση· διάθεση, προθυμία για κάτι: *θα 'χεις ό,τι ζητήσει η ~ σου· δουλεύει χωρίς ~· θα το κάνω μ' όλη μου την ~.* 5. θάρρος, τόλμη: *παλληκάρι με*

καρδιαγγειακός

~. **6α.** ο χαρακτήρας, η συμπεριφορά ενός ανθρώπου: *έχει αγνή/ευγενική* ~· *έχει* ~ *λιονταριού* (= θαρραλέος)· **β.** (συνεκδοχικά για τον άνθρωπο): *σκληρή* ~, *πώς μπόρεσες να το κάνεις αυτό;* **7α.** το κεντρικό και πιο σημαντικό σημείο κάποιου πράγματος: ~ *του προβλήματος*· **β.** η ~ *ενός τόπου* = το κέντρο: *βρίσκεται στην* ~ *της Αθήνας/ της Αφρικής*· **γ.** η περίοδος κατά την οποία τα χαρακτηριστικά γνωρίσματα της εποχής του χρόνου (καιρικά, κ.ά. φαινόμενα) είναι πιο έντονα: *στην* ~ *του χειμώνα*· **δ.** ακμή, αποκορύφωση (ενός γεγονότος): *στην* ~ *του πολέμου*. **8α.** το εσωτερικό μέρος του βλαστού του φυτού: *έβγαλε απ' το κλαδί την* ~ *κι έφτιαξε μια πίπα* (συνών. εντεριώνη)· **β.** το κεντρικό και πιο τρυφερό μέρος φυτών και καρπών: *η* ~ *του καρπουζιού/του μαρουλιού*. **9.** σχέδιο από δυο καμπύλες που ξεκινούν από το ίδιο σημείο και συναντιούνται στη βάση και που βάφεται κόκκινο ή ροζ και συχνά συμβολίζει την αγάπη: *κόσμημα σε σχήμα -άς*. **10.** (με κτητ. αντων.) πολύ αγαπητό πρόσωπο (συνήθως ως προσφώνηση): *ποιος σε μάλωσε,* ~ *μου*; (= αγάπη μου). Έκφρ. *από -άς* (για λόγο, πράξη, χειρονομία που γίνεται με ειλικρίνεια): *το είπε από -άς*. Φρ. *ανοίγει η* ~ *μου* (= ανακουφίζομαι, χαίρομαι): *τον είδε κι άνοιξε η* ~ *της*· *ανοίγω την* ~ *μου σε κάποιον*, βλ. *ανοίγω*· *βάζω το χέρι στην* ~, βλ. *βάζω*· *έχω κάποιον στην* ~ *μου* (= συμπαθώ, αγαπώ πολύ κάποιον)· *έχει* ~ *πέτρα* (= είναι σκληρός, ασυγκίνητος)· *κάνω την* ~ *πέτρα* (= γίνομαι υπομονετικός): *κάνω την* ~ *μου πέτρα και προσμένω να φανείς* (τραγ.)· *μαυρίζει/χαλά η* ~ *μου* (= στενοχωριέμαι): *μαύρισε η* ~ *μου μόλις έμαθα τα νέα*· *μαυρίζω/χαλώ την* ~ *κάποιου* (= στενοχωρώ κάποιον): *μη μου μαυρίζεις άλλο την* ~ *με έκανες την* ~ *περιβόλι* (= μ' έκανες να χαρώ ή συνηθέστερα ειρων. να δυσαρεστηθώ)· *μου έκαψε/έκλεψε την* ~ (= τον/την ερωτεύτηκα)· *μου κάνει* ~ (= αισθάνομαι επιθυμία να...): *δε μου κάνει* ~ *να φύγω*· *πήγε η* ~ *μου στη θέση της* (= ανακουφίζομαι, ηρεμώ ύστερα από ψυχική ταραχή)· *ραγίζει η* ~ *μου* (= νιώθω έντονο ψυχικό πόνο): *ράγισε η* ~ *μου όταν έμαθα τι τράβηξε*· *το λέει η* ~ *του* (= είναι τολμηρός)· *η* ~ (ενός τόπου/ενός πράγματος) *χτυπά κάπου* (= το ενδιαφέρον είναι στραμμένο εκεί). - Υποκορ. **-ούλα** η (στις σημασ. 1, 2, 3, 6, 9, 10).

καρδιαγγειακός, βλ. *καρδιοαγγειακός*.

καρδιακός, -ή, -ό, επίθ. (ασυνίζ.). **1.** που ανήκει στην καρδιά (το όργανο του σώματος) ή αναφέρεται σ' αυτή: *κοιλότητες -ές· συστολή -ή· βηματοδότης/τόνος* ~· *-ή ανεπάρκεια*. **2.** (συνιζ.) πολύ αγαπητός: *φίλος* ~ (συνών. επιστήθιος). -Το αρσ. ως ουσ. = αυτός που υποφέρει από ασθένεια της καρδιάς (συνών. *καρδιοπαθής*).

καρδιεκτασία η, ουσ. (ασυνίζ.), (ιατρ.) διάταση της καρδιάς.

καρδινάλιος ο, I. ουσ. (ασυνίζ.), ανώτερος κληρικός της δυτικής Εκκλησίας, μέλος του ιερού κονκλάβιου που εκλέγει και συμβουλεύει τον πάπα. [λατ. *cardinalis*].

καρδινάλιος ο, II. ουσ. (ασυνίζ.), (ζωολ.) ωδικό πουλί με ζωηρά χρώματα και λοφίο στο κεφάλι.

καρδι(ο)αγγειακός, -ή, -ό, επίθ. (ασυνίζ. δις, έρρ.), (ιατρ.) που αναφέρεται στην καρδιά και τα αιμοφόρα αγγεία: *-ό σύστημα του ανθρώπου*· *-ή χειρουργική*.

καρδιοαναστροφή η, ουσ. (ασυνίζ.), (ιατρ.) ανώμαλη θέση της καρδιάς.

καρδιογνώστης ο, θηλ. **-τρια**, ουσ. (συνιζ.), αυτός που γνωρίζει τα μυστικά της καρδιάς των άλλων, που καταλαβαίνει τις μύχιες σκέψεις των άλλων.

καρδιογράφημα το, ουσ. (ασυνίζ.), (ιατρ.) γραφική παράσταση της καρδιακής λειτουργίας.

καρδιογραφία η, ουσ. (ασυνίζ.), (ιατρ.) μέθοδος εγγραφής των καρδιακών κινήσεων με καρδιογράφο.

καρδιογραφικός, -ή, -ό, επίθ. (ασυνίζ.), που ανήκει στην καρδιογραφία ή αναφέρεται σ' αυτήν.

καρδιογράφος ο, ουσ. (ασυνίζ.), (ιατρ.) όργανο με το οποίο καταγράφονται οι συστολές της καρδιάς.

καρδιολογία η, ουσ. (ασυνίζ.), (ιατρ.) κλάδος της ιατρικής που μελετά την ανατομία, τη φυσιολογία και τις ασθένειες της καρδιάς.

καρδιολογικός, -ή, -ό, επίθ. (ασυνίζ.), που αναφέρεται στην καρδιολογία ή ανήκει σ' αυτήν.

καρδιολόγος ο, ουσ., γιατρός ειδικευμένος στις ασθένειες της καρδιάς.

καρδιομυοπάθεια η, ουσ. (ασυνίζ. τρις), (ιατρ.) πάθηση του μυός της καρδιάς.

καρδιοπάθεια η, ουσ. (ασυνίζ. δις), (ιατρ., κοιν.) γενική ονομασία των νόσων της καρδιάς.

καρδιοπαθής ο, γεν. **-ή**, ουσ. (ασυνίζ.), αυτός που υποφέρει από ασθένεια της καρδιάς (συνών. *καρδιακός*).

καρδιοπληγία η, ουσ. (ασυνίζ.), (ιατρ.) προσωρινή διακοπή της καρδιακής λειτουργίας με ιατρικές μεθόδους για την εκτέλεση χειρουργικών επεμβάσεων.

καρδιόπονος ο, ουσ. (συνιζ., λαϊκ.). **α.** στομαχόπονος· **β.** πόνος της καρδιάς· **γ.** (μεταφ.) μεγάλη στενοχώρια.

καρδιοσκόπιο το, ουσ. (ασυνίζ. δις), συσκευή με την οποία εξετάζονται οι κινήσεις της καρδιάς ζώου κατά τη διάρκεια πειράματος.

καρδιοστένωση η, ουσ. (ασυνίζ.), (ιατρ.) στένωση (βλ. λ.) της καρδιάς και των στομίων της.

καρδιοτομία η, ουσ. (ασυνίζ.), (ιατρ.) ανατομική εξέταση της καρδιάς με χειρουργική επέμβαση.

καρδιοτονωτικός, -ή, -ό, επίθ. (ασυνίζ.), (ιατρ.) που τονώνει την καρδιά, που αυξάνει την απόδοση της καρδιακής λειτουργίας: *αγωγή -ή· φάρμακα -ά*. - Το ουδ. ως ουσ. = φάρμακο καρδιοτονωτικό.

καρδιοχειρουργικός, -ή, -ό, επίθ. (ασυνίζ.), (ιατρ.) που αναφέρεται στην καρδιοχειρουργική: *τμήμα -ό (κλινικής)*. - Το θηλ. ως ουσ. = κλάδος της χειρουργικής ειδικευμένος στις καρδιοπάθειες.

καρδιοχτύπι το, ουσ. (συνιζ.). **1.** χτύπος της καρδιάς. **2.** (μεταφ.) **α.** έντονη συγκίνηση· **β.** ζωηρή ανησυχία, αγωνία (συνών. στις σημασ. 1 και 2 *χτυποκάρδι*).

καρδιοχτυπώ, ρ. (συνιζ.). **α.** νιώθω έντονη συγκίνηση· **β.** ανησυχώ πολύ (για κάτι).

Καρδιτσιώτης ο, θηλ. **-ισσα**, ουσ. (συνιζ.), αυτός που κατάγεται από την Κάρδιτσα ή κατοικεί σ' αυτήν.

καρδούλα, βλ. *καρδιά*.

καρέ το, ουσ. άκλ. **1α.** ομάδα από τέσσερις (ή και περισσότερους) παίκτες σε χαρτοπαικτικά παιχνίδια: ~ *του μπριτζ/πόκερ* φρ. *κάνω* ~ (= σχηματίζω ομάδα για παιχνίδι με χαρτιά)· **β.** το να έχει ο παίκτης τέσσερα όμοια χαρτιά της τράπουλας: ~ *του άσσου*. 2. τετράγωνο ύφασμα κεντημένο: *πάνω στο τραπέζι υπήρχε ένα όμορφο* ~. 3. διαμέρισμα πολεμικού πλοίου που χρησιμεύει ως εντευκτήριο των αξιωματικών. 4. ορθογώνιο άνοιγμα γυναικείου φορέματος γύρω από το λαιμό. 5. είδος κόμμωσης (ανδρικής ή γυναικείας). - Υποκορ. **-εδάκι** το (στις σημασ. 2 και 4). [γαλλ. *carré*].

καρέκλα η, ουσ. 1. έπιπλο πάνω στο οποίο κάθεται ένα άτομο με στήριγμα για την πλάτη: ~ *ξύλινη· ηλεκτρική* ~ (= κάθισμα στο οποίο δένεται με ιμάντες ο καταδικασμένος σε θάνατο και διαπερνάται από ισχυρό ηλεκτρικό ρεύμα που προκαλεί το θάνατό του). 2. σημαντική θέση σε μια οργάνωση (κομματική ή άλλη). - Υποκορ. **-άκι** το, **-ίτσα** η. [βενετ. *carega*].

καρεκλάδικο το, ουσ., κατάστημα στο οποίο κατασκευάζονται ή και πουλιούνται καρέκλες.

καρεκλάκι, βλ. *καρέκλα*.

καρεκλάς ο, ουσ., αυτός που κατασκευάζει ή και πουλά ή διορθώνει καρέκλες.

καρεκλίτσα, βλ. *καρέκλα*.

καρεκλοπόδαρο το, ουσ., το πόδι της καρέκλας· συνήθως στη φρ. *βρέχει/ρίχνει -α* (= βρέχει ραγδαία).

καρένα, βλ. *καρίνα*.

καρενάγιο και **καρνάγιο** το, ουσ. (συνιζ.), (ναυτ.) σκάρα όπου πλαγιάζουν τα πλοία για καθαρισμό. [ιταλ. *carenaggio*].

καρενάρω και **καρινάρω**, ρ. (για πλοία) πλαγιάζω για καθαρισμό. [ιταλ. *carenare*].

καρηβαρία η, ουσ., πονοκέφαλος.

καριέρα η, ουσ. (συνιζ.), πρόοδος, άνοδος σε κάποιο τομέα επαγγελματικό, επιστημονικό, κ.τ.ό., με αποτέλεσμα περισσότερες απολαβές (υλικά αγαθά, φήμη, κ.ά.): ~ *πολιτική/επαγγελματική· κάνω* ~· *διπλωμάτης -ας* (συνών. *σταδιοδρομία*). [ιταλ. *carriera*].

καρικατούρα η, ουσ., γελοιογραφία (βλ. λ.). [ιταλ. *caricatura*].

καρικατουρίστας ο, ουσ., γελοιογράφος (βλ. λ.). [ιταλ. *caricaturista*].

καρίκωμα το, ουσ., το να καρικώνει κανείς φθαρμένα ρούχα (συνών. *μαντάρισμα*).

καρικώνω, ρ., επιδιορθώνω φθαρμένα ρούχα ράβοντας το φθαρμένο μέρος με σταυροειδές ράψιμο (συνών. *μαντάρω*). [ιταλ. *carico*].

καρίνα και **καρένα** η, ουσ., το κατώτερο μέρος του σκελετού του πλοίου, τρόπιδα. [λατ. *carina*, ιταλ. *carena*].

καριόκα η, ουσ. (συνιζ.), είδος γλυκίσματος από σοκολάτα και καρύδια που έχει συνήθως σχήμα οβάλ. [βραζιλ. *carioca*].

καριόλα η, ουσ. (συνιζ.), κρεβάτι παλαιού τύπου. [ιταλ. *carriola*].

καριοφίλι το, ουσ. (συνιζ.), είδος μακρύκαννου τουφεκιού. [*Carlo e figlio*, φίρμα εργοστασίου όπλων].

κάρκαδο, βλ. *κάκαδο*.

καρκαλέτσος ο, ουσ. 1. είδος ακρίδας. 2. (σκωπτ.) άνθρωπος ψηλός και αδύνατος. [πιθ. μεσν *καρκάλλιν* ή αλβαν. *karkalec*].

καρκινικός, -ή, -ό, επίθ. 1. (ιατρ.) που ανήκει στον καρκίνο (βλ. λ. στη σημασ. 1) ή αναφέρεται σ' αυτόν: *κύτταρα -ά*. 2. (φιλολ.) *στίχος* ~ = στίχος που μπορεί να διαβαστεί είτε από την αρχή προς το τέλος, είτε από το τέλος προς την αρχή, π.χ. «*νίψον ανομήματα μη μόναν όψιν*» (συνών. *καρκίνος*)· *επιγραφή -ή* = επιγραφή με καρκινικό στίχο.

καρκινοβασία η, ουσ. (λόγ.), το να καρκινοβατεί κάποιο έργο, μια επιχείρηση, κ.τ.ό.

καρκινοβατώ, ρ. (λόγ.), (για έργο, επιχείρηση, κ.τ.ό.) δεν προοδεύω, αποτυχαίνω· οπισθοδρομώ.

καρκινογένεση η, ουσ. (ιατρ.) το σύνολο των διαδικασιών που καταλήγουν στη δημιουργία καρκίνου: *πειράματα -ης σε ζώα*.

καρκινογόνος, -α, -ο, επίθ. (ιατρ.) που μπορεί να προκαλέσει καρκίνο ή να ευνοήσει την εμφάνισή του: *ο αμίαντος έχει αποδειχτεί* ~ *για του πνεύμονες· ουσίες -ες*. - Το ουδ. ως ουσ. = ουσία καρκινογόνα: *-α φυσικά/χημικά*.

καρκινοειδής, -ής, -ές, γεν. *-ούς*, πληθ. αρσ. και θηλ. *-είς*, ουδ. *-ή*, επίθ. (λόγ.), που μοιάζει με καρκίνο (τον κάβουρα ή την αρρώστια). - Το ουδ. ως ουσ. = 1. (στον εν., ιατρ.) όγκος «μειωμένης κακοήθειας», που αναπτύσσεται από τα αργυρόφιλα κύτταρα του πεπτικού σωλήνα και του αναπνευστικού συστήματος: *τραχειοβρογχικό -ές*. 2. (συνήθως στον πληθ., ζωολ.) ομοταξία αρθροπόδων που τα μέλη της (καβούρια, καραβίδες, γαρίδες, κ.ά.) ζουν στο γλυκό ή το θαλασσινό νερό, έχουν προστατευτικό κέλυφος και αρθρωτά εξαρτήματα για την κίνηση, τη διατροφή, την αναπνοή και άλλες λειτουργίες.

καρκινολογία η, ουσ. (ιατρ.) κλάδος της ιατρικής που ασχολείται με τη μελέτη του καρκίνου και τη θεραπεία του.

καρκινολόγος ο, ουσ. (ιατρ.) γιατρός ειδικευμένος στην καρκινολογία.

καρκινοπαθής ο, γεν. *-ή*, ουσ., αυτός που πάσχει από καρκίνο.

καρκίνος ο, ουσ. 1. (ζωολ.) καβούρι (βλ. λ.). 2. (ιατρ.) γενική ονομασία ασθενειών που χαρακτηρίζονται από ανεξέλεγκτο πολλαπλασιασμό και ανοργάνωτη ανάπτυξη κυττάρων που έχουν προσβληθεί και που συνήθως οδηγούν στο θάνατο: *μορφές/επέκταση του -ου· -οι του δέρματος/των πνευμόνων·* ~ *της μήτρας*· (μεταφ.) *το φαινόμενο αποτελεί -ο για την κοινωνία μας*. 3. (αστρον.· στη σημασ. αυτή με κεφ. *Κ*) αστερισμός του βόρειου ημισφαιρίου, ο αμυδρότερος από τους αστερισμούς του ζωδιακού κύκλου. 4. (αστρολ.· στη σημασ. αυτή με κεφ. *Κ*) α. το τέταρτο ζώδιο του ζωδιακού κύκλου, που πιστεύεται πως ρυθμίζει την περίοδο από 22 Ιουνίου ως 22 Ιουλίου: *είναι γεννημένος στον Κ-ο*· β. άτομο γεννημένο σ' αυτό το διάστημα: *οι Κ-οι είναι ευαίσθητοι άνθρωποι, λέει η αστρολογία*. 5. (αστρον.) *Τροπικός του Κ-ου* = ο παράλληλος προς την ουράνιας σφαίρας που έχει απόκλιση 23° 27' βόρεια από τον Ισημερινό: *κατά το θερινό ηλιοστάσιο ο ήλιος βρίσκεται ακριβώς πάνω από τον Τροπικό του Κ-ου*. 6. (φιλολ.) στίχος καρκινικός (βλ. *καρκινικός*).

καρκίνωμα το, ουσ. 1. (ιατρ.) κακοήθης όγκος επιθηλιακός ή αδενικός: *πολλαπλά -ατα των επιφανειακών στιβάδων του δέρματος*. 2. (μεταφ.) μόνιμο και ανίατο ή δυσθεράπευτο κακό: *η γραφειοκρατία αποτελεί* ~ *της διοικητικής οργάνωσης·* ~ *της πολιτικής/κοινωνικής ζωής* (συνών. *γάγγραινα*).

καρκινωματώδης, -ης, -ες, γεν. *-ους*, πληθ. αρσ. και θηλ. *-εις*, ουδ. *-η*, επίθ. (ιατρ.) που μοιάζει με καρκίνωμα· που προκαλείται από καρκίνο.

καρλίνο, βλ. *γαρλίνο.*

καρμανιόλα η, ουσ. (συνιζ.), μηχανή θανάτωσης των καταδικασμένων με αποκεφαλισμό, λαιμητόμος (συνών. *γκιλοτίνα*). [ιταλ. *carmagnola*].

καρμίνι(ο) το, ουσ., χρωστική ουσία που δίνει βαθυκόκκινο χρώμα. [γαλλ. *carmin*].

καρμίρης ο, θηλ. **-ισσα** ουσ. (λαϊκ.), φιλάργυρος, τσιγγούνης.

καρμιριά η, ουσ. (συνιζ., λαϊκ.), το να είναι κανείς καρμίρης (βλ. λ.), υπερβολική τσιγγουνιά.

καρμίρισσα, βλ. *καρμίρης.*

καρμπιρατέρ το, ουσ. άκλ. (μηχανολ.) εξαεριωτής (βλ. λ.). [γαλλ. *carburateur*].

καρμπολάχανο και (ερρ.) **κραμπο-** το, ουσ., λαχανικό που ανήκει στην ίδια οικογένεια με το λάχανο, το φυτό κράμβη η λαχανώδης. [αρχ. *κράμβη* + *λάχανο*].

καρμπόν το, ουσ. άκλ., ειδικό χαρτί ποτισμένο με χρώμα που χρησιμοποιείται για την παραγωγή αντιγράφων (αλλιώς *χημικός χάρτης*). [γαλλ. *carbone*].

καρμποναρισμός ο, ουσ. (ιστ.) α. επαναστατική απελευθερωτική πολιτική ένωση στην Ιταλία στις αρχές του 19. αι.· β. η προσήλωση στις αρχές και τις ιδέες των καρμποναρίων (βλ. λ.).

καρμπονάρος ο, ουσ. (ιστ.) μέλος του επαναστατικού κινήματος του καρμποναρισμού (βλ. λ.). [ιταλ. *carbonaro*].

καρναβάλι το, ουσ. 1α. η περίοδος που εορτάζονται οι Αποκριές, δηλ. οι τρεις εβδομάδες πριν από τη μεγάλη από Σαρακοστή: *τα -ια θα πάμε στην Πάτρα*· β. ο εορτασμός, οι εκδηλώσεις, η πομπή των μεταμφιεσμένων κατά τις Αποκριές: *οργανώνω το ~*. 2α. ο μεταμφιεσμένος κατά τις Αποκριές: *ντύθηκε ~*· β. άτομο γελοίο στη συμπεριφορά ή συνηθέστερα στην εμφάνισή του: *με τα μοντέρνα της ρούχα ήταν σκέτο ~*. [γαλλ. *carnaval*].

καρναβαλικός, -ή, -ό, επίθ., που ανήκει ή αναφέρεται στο καρναβάλι: *εκδηλώσεις -ές.*

καρναβαλίστικος, -η, -ο, επίθ. 1. που σχετίζεται με το καρναβάλι: *στολή -η.* 2. που θυμίζει καρναβάλι, διασκεδαστικό, γελοίο: *ντύσιμο/φέρσιμο -ο.*

καρνάβαλος ο, ουσ. 1. ο κορυφαίος των μεταμφιεσμένων που συμμετέχουν στην εορταστική πομπή των Αποκριών. 2. (συνεκδοχικά) η πομπή των μεταμφιεσμένων στις εορταστικές εκδηλώσεις της Αποκριάς: *περνάει ο ~* (συνών. *καρναβάλι στη σημασ.* 1β).

καρνάγιο, βλ. *καρενάγιο.*

καρνέ το, ουσ. άκλ., σημειωματάριο. [γαλλ. *carnet*].

κάρο το, ουσ. α. δίτροχο ή και τετράτροχο όχημα που κινείται με άλογα και χρησίμευε στο παρελθόν ως μεταφορικό μέσο (για ανθρώπους ή εμπορεύματα): *περνούσε ο ψαράς με το ~ του κάθε απόγευμα*· β. καρότσα της άμαξας (συνών. *αραμπάς*). [ιταλ. *carro*].

καρό το, ουσ. άκλ. 1. τετράγωνο: *~ μεγάλα· παλτό με πολύχρωμα ~*. 2. ένα από τα τέσσερα χαρακτηριστικά σύμβολα των φύλλων της τράπουλας (με σήμα έναν κόκκινο ρόμβο): *ντάμα ~*. 3. (ως επίθ., για ύφασμα ή σχέδιο) που έχει πάνω του υφασμένα ή σχεδιασμένα τετράγωνα: *~ φούστα/τραπεζομάντηλο*. [γαλλ. *carreau*].

καροποιείο το, ουσ., εργαστήριο όπου κατασκευάζονται κάρα.

καροποιός, ο, ουσ. (ασυνίζ.), αυτός που κατασκευάζει κάρα.

καροτίνη η, ουσ. (βιοχημ.) υδρογονάνθρακας που αποτελείται από χρωστική ουσία και υπάρχει σε φυτά (κυρίως στο καρότο) και σε ορισμένα ζώα και μαλακόστρακα· ισοδυναμεί με την προβιταμίνη Α. [γαλλ. *carotène*].

καρότο το, ουσ., το φυτό δαύκος, καθώς και η ρίζα του, που είναι ένα μακρύ, λεπτό και τραγανό φαγώσιμο λαχανικό με πορτοκαλί χρώμα. [ιταλ. *carota*<αρχ. ελλ. *καρωτόν*].

καρότσα η, ουσ. 1. τετράτροχο όχημα για τη μεταφορά ανθρώπων που κινείται από δύο ή περισσότερα άλογα (συνών. *άμαξα*). 2. το τμήμα του αυτοκινήτου όπου κάθονται ο οδηγός και οι επιβάτες. 3. το τμήμα του φορτηγού όπου μπαίνει το φορτίο: *νταλίκα με δύο -ες.* [ιταλ. *carrozza*].

καροτσάκι, βλ. *καρότσι.*

καροτσέρης, βλ. *καροτσιέρης.*

καρότσι το, ουσ. 1. πολύ μικρό δίτροχο ή τετράτροχο όχημα με χερούλια για τη μεταφορά αγαθών ή υλικών: *~ οικοδομών.* 2. κρεβατάκι για μωρά πάνω σε τροχούς. 3. καρέκλα με τροχούς στη βάση της, που χρησιμοποιείται για να μεταφέρει αναπήρους: *~ αναπηρικό.* - Υποκορ. **-άκι** το.

καροτσιέρης (συνιζ.) και **καροτσέρης** ο, ουσ., οδηγός άμαξας, καρότσας (συνών. *αμαξάς*).

καρούλι το, ουσ. 1. μικρός κύλινδρος ξύλινος ή πλαστικός γύρω από τον οποίο τυλίγεται νήμα, ταινία, κ.τ.ό.: *~ της κουβαρίστρας* (συνών. *πηνίο*)· (συνεκδοχικά) μασούρι, κουβαρίστρα. 2. μικρός τροχός που βρίσκεται σε τροχαλία ή σε κάποια συσκευή. [υποκορ. του αρχ. *κάρυον*].

καρουλιάζω, ρ. (συνιζ.), τυλίγω κλωστή, κ.τ.ό., σε καρούλι.

καρούμπαλο το και **καρούμπαλος** ο, ουσ. (ερρ.), εξόγκωμα στο κεφάλι που προκαλείται από χτύπημα.

καρπαζιά η, ουσ. (συνιζ., λαϊκ.), δυνατό χτύπημα στο σβέρκο με ανοιχτή παλάμη: *του 'δωσε μια ~.*

καρπαζοεισπράκτορας ο, ουσ. (λαϊκ.), αυτός που όλοι τον καρπαζώνουν, καθώς δεν τον λογαριάζουν.

καρπάζωμα το, ουσ. (λαϊκ.), το να καρπαζώνεις κάποιον, να του δίνεις καρπαζιές.

καρπαζώνω, ρ. (λαϊκ.), δίνω σε κάποιον καρπαζιές.

καρπαθιακός, -ή, -ό και **καρπάθιος, -α, -ο,** επίθ. (ασυνίζ.), που ανήκει ή αναφέρεται στην Κάρπαθο ή τους Καρπάθιους: *Καρπάθιο πέλαγος.*

Καρπάθιος ο, θηλ. **-α,** ουσ. (ασυνίζ.), αυτός που κατάγεται από την Κάρπαθο ή κατοικεί σ' αυτήν.

Καρπενήσιος ο, θηλ. **-α** (ασυνίζ.) και **Καρπενησιώτης** ο, θηλ. **-ισσα,** ουσ. (συνίζ.), αυτός που κατάγεται από το Καρπενήσι ή κατοικεί σ' αυτό.

καρπενησιώτικος, -η, -ο, επίθ. (συνιζ.), που ανήκει ή αναφέρεται στο Καρπενήσι ή τους Καρπενησιώτες.

καρπερός, -ή, ό, επίθ. 1. (για έδαφος) που μπορεί να παραγάγει πολλούς και γερούς καρπούς: *χώμα / χωράφι -ό* (συνών. *γόνιμος, εύφορος*). 2. (για άνθρωπο ή ζώο) που μπορεί και αναπαράγει πολλά παιδιά ή ζώα (αντίστοιχα) συχνά: *γυναίκα -ή* (συνών. *γόνιμος, παραγωγικός*).

καρπέτα η και **καρπέτο** το, ουσ. 1. είδος μάλλινου κλινοσκεπάσματος. 2. είδος μάλλινου χαλιού. [γαλλ. *carpette*].

καρπεύω, ρ. (για φυτά καρποφόρα) κάνω καρπούς, γίνομαι γόνιμος.

καρπίζω, ρ. (για φυτά) σχηματίζω καρπό, καρποφορώ: *το δέντρο / χωράφι -ισε· κληματαριά -ισμένη*.

κάρπισμα το, ουσ., το να σχηματίζει ένα φυτό καρπό, καρποφορία.

καρποκάψα η, ουσ., χρυσαλλίδα που γεννά τα αβγά της πάνω στα φύλλα και τους καρπούς των δέντρων.

καρπολόγημα το, ουσ., το μάζεμα των καρπών, συγκομιδή.

καρπολόγος ο, ουσ. **1.** αυτός που μαζεύει καρπούς. **2.** εργαλείο που χρησιμοποιείται για να κόβει τους καρπούς που βρίσκονται σε ψηλά κλαδιά του δέντρου.

καρπολογώ, ρ. **1.** μαζεύω καρπούς. **2.** μαζεύω τους καρπούς που απέμειναν μετά τον τρύγο.

καρπός ο, ουσ. **1.** προϊόν που αναπτύσσεται πάνω σε ένα δέντρο ή θάμνο από το άνθος, έχει σκληρή ή μαλακή φλούδα, περιέχει σπόρους ή πυρήνα (το σπέρμα του φυτού) και τρώγεται: *ο ~ της μηλιάς είναι το μήλο.· ~ των σιτηρών· συγκομιδή των -ών· «απαγορευμένος ~»* (= **α.** (θρησκ.) το μήλο που η Εύα έδωσε στον Αδάμ· **β.** ό,τι επιθυμεί κανείς, αλλά δεν του επιτρέπεται να το απολαύσει)· *ξηροί -οί*, βλ. *ξηρός* (συνών. *φρούτο*). **2.** γόνος, παιδί: *~ παράνομου έρωτα· «~ της κοιλίας»* (= έμβρυο). **3α.** (μεταφ.) το αποτέλεσμα (συνήθως θετικό), το προϊόν μιας ενέργειας· κέρδος, ωφέλεια: *~ πολύχρονης προσπάθειας· αποδίδει -ούς* (= έχει αποτελέσματα)· **β.** (νομ.) αυτό που προκύπτει από κάτι, που είναι δημιούργημα ή προϊόν του: *-οί του πράγματος* (= τα προϊόντα του)/*δικαιώματος* (= οι πρόσοδοι που παρέχει το δικαίωμα)/*πολιτικοί* (= πρόσοδοι με βάση κάποια έννομη σχέση) (αστ. κώδ.). **4.** (ανατομ.) το τμήμα του σκελετού των άνω άκρων όπου αρθρώνονται η παλάμη και ο βραχίονας και λυγίζει όταν το χέρι κινείται: *έσπασε το χέρι του στον -ό*.

καρπόσωμα το, ουσ. (βοτ.) ολόκληρο το σώμα του μύκητα (που δημιουργείται μόνο στους ανώτερους μύκητες).

καρπούζι το, ουσ., μεγάλο φρούτο σε σχήμα σφαίρας με χοντρή φλούδα που έχει πράσινο χρώμα και εσωτερικά κόκκινο και ζουμερό με πολλά μικρά μαύρα κουκούτσια: (παροιμ.) *δυο -ια σε μια μασχάλη δε χωρούν*, βλ. *δύο*. - Υποκορ. -**άκι** το. [τουρκ. *karpuz*].

καρπουζιά η, ουσ. (συνιζ.), ετήσιο φυτό με κίτρινα άνθη, που ευδοκιμεί σε θερμά και εύκρατα κλίματα και καρπός του είναι το καρπούζι.

καρποφορία η, ουσ. **1.** το να έχει, να παράγει ένα φυτό καρπούς: *~ των δέντρων*. **2.** (κυριολεκτική και μεταφ.) ευφορία: *~ των αγρών/του πνεύματος*.

καρποφόρος, -α, -ο, επίθ., που παράγει καρπούς: *δέντρο -ο· εύφορος*.

καρποφορώ, -είς, ρ. **1.** (για φυτό) έχω, παράγω καρπούς. **2.** (μεταφ.) φέρνω αποτέλεσμα, τελεσφορώ: *-ησαν οι προσπάθειές του*.

καρπόφυλλο το, ουσ. (βοτ.) εξειδικευμένο όργανο του άνθους που έχει τις σπερματικές βλάστες· περιλαμβάνει την ωοθήκη, το στύλο και το στίγμα.

καρπώνομαι, ρ. **1.** έχω την επικαρπία ακινήτου ή χρηματικού ποσού. **2.** (μεταφ.) απολαμβάνω το κέρδος ή την ωφέλεια κάποιου πράγματος, εκμεταλλεύομαι, νέμομαι: *-ώθηκε τους κόπους μας/ξένο βιος*.

κάρπωση η, ουσ. (νομ.) επικαρπία, νομή: *~ ξένου δικαιώματος*.

καρσιλαμάς ο, ουσ., είδος ανατολίτικου λαϊκού χορού που χορεύεται από δύο άτομα που στέκονται αντικριστά. [τουρκ. *karşilama*].

κάρτα η, ουσ. **1α.** μικρό ορθογώνιο κομμάτι από χαρτόνι όπου αναγράφονται διάφορες πληροφορίες ή τα στοιχεία κάποιου (διεύθυνση, τηλεφωνικός αριθμός, κλπ.) και μοιράζονται για λόγους διαφημιστικούς ή επαγγελματικούς: *ο αντιπρόσωπος της εταιρείας μού έδωσε μια ~ του σε περίπτωση που τον χρειαστώ·* **β.** έντυπο (συνήθως ορθογώνιο χαρτονάκι) με το ονοματεπώνυμο ενός επισκέπτη που δίνεται στον τόπο επίσκεψής του για αναγνώριση ή σειρά προτεραιότητας: *έδωσε την ~ του στην πρεσβεία και περίμενε να γίνει δεκτός* (συνών. *επισκεπτήριο*). **2.** χαρτί έντυπο που αποδεικνύει ότι κάποιος έχει ιδιαίτερα δικαιώματα ή παροχές σε κάτι: *~ σίτισης/πολλαπλών διαδρομών (στα μέσα συγκοινωνίας)/έκπτωσης· αγοράζω με πιστωτική ~*. **3α.** κομμάτι χαρτονιού, συνήθως διπλωμένο στη μέση, που πάνω του υπάρχει τυπωμένο ή γραμμένο με το χέρι ένα μήνυμα ή ευχές, κ.τ.ό.: *~ γενεθλίων/χριστουγεννιάτικη·* **β.** ορθογώνιο κομμάτι από λεπτό χαρτόνι συνήθως με την εικόνα ενός τόπου ή τοπίου στη μια όψη και χώρο για να γράφει κανείς κάτι και για γραμματόσημο στην άλλη, ταχυδρομικό δελτάριο: *μου έστειλε μια ~ από το Παρίσι* (συνών. *καρτ-ποστάλ*). Έκφρ. *κίτρινη/κόκκινη ~* (= αθλητ., κάρτα που δείχνει ο διαιτητής ποδοσφαίρου στους παίκτες που κάνουν κάποιο παράπτωμα και σημαίνει παρατήρηση ή αποβολή από τον αγώνα αντίστοιχα). - Υποκορ. **-άκι** το (στη σημασ. 1) και **-ούλα** η (στη σημασ. 3). [ιταλ. *carta*].

καρτάλι το, ουσ., είδος αετού· όρνιο: *«έπεσε» στο φαγητό σαν ~*. [τουρκ. *kartal*].

καρτέλ το, ουσ. άκλ. **1.** σύμπραξη επαγγελματικών, συνδικαλιστικών ή πολιτικών ομάδων ή οργανώσεων με σκοπό την κοινή δράση: *~ των κομμάτων της αριστεράς* (συνών. *συνασπισμός*). **2.** (οικον.) ένωση συναφών επιχειρήσεων που αποσκοπεί στον περιορισμό του ανταγωνισμού και στον έλεγχο της αγοράς: *το ~ του Ο.Π.Ε.Κ.* (= των πετρελαιοπαραγωγών χωρών). [γαλλ. *cartel*].

καρτέλα η, ουσ., μικρή πινακίδα από χαρτόνι ή μεγάλο κομμάτι από σκληρό χαρτί σε μέγεθος σελίδας όπου καταγράφονται λογαριασμοί ή άλλες σημειώσεις που έχουν σχέση με την οργάνωση μιας εργασίας: *πέρασε τα έσοδα της επιχείρησης στην ~ του 1989*. [ιταλ. *cartella*].

καρτελοθήκη η, ουσ., ειδική θήκη (ενός αρχείου συνήθως) από διάφορα υλικά όπου τοποθετούνται ταξινομημένες καρτέλες.

καρτέρεμα το, ουσ. (λαϊκ.), το να περιμένει κανείς υπομονετικά κάτι, αναμονή, προσμονή.

καρτερεύω, ρ. (λαϊκ.), περιμένω υπομονετικά, αναμένω· αντέχω: *την πείνα την -ει, όχι όμως και τη δίψα*. - Το μέσ. συνήθως για σωματική ανάγκη: *τα μωρά και οι γέροι δεν -ονται* (= δε συγκρατιούνται).

καρτέρι το, ουσ. (λαϊκ.). **1.** ενέδρα, παραμόνευση (ανθρώπων ή θηραμάτων)· φρ. *φυλάω ή στήνω ~* (= ενεδρεύω, παραμονεύω). **2.** (συνεκδοχικά στην αλιευτική) ειδικό ημικυκλικό δίχτυ με άνοιγμα προς τα έξω και χωρίσματα προς τα μέσα, που το στερεώνουν οι ψαράδες σε ρηχά νερά κοντά στα περάσματα των ψαριών (συνών. *θυννί*).

καρτερία η, ουσ., το να είναι κανείς καρτερικός: *έδειξε αξιοθαύμαστη ~* (συνών. *καρτερικότητα, εγκαρτέρηση·* αντ. *ανυπομονησία, αδημονία*).

καρτερικός, -ή, -ό, επίθ., που έχει καρτερία, υπομονετικός (αντ. *ανυπόμονος*). - Επίρρ. **-ά**: *περίμενε -ά το θάνατό του.*

καρτερικότητα η, ουσ., το να είναι κανείς καρτερικός (συνών. *καρτερία, εγκαρτέρηση, υπομονή*).

καρτερώ, -είς και **-άς**, ρ. 1. περιμένω υπομονετικά κάποιον ή κάτι. 2. προσδοκώ: παροιμ. *κάλλιο πέντε και στο χέρι παρά δέκα και καρτέρει* (= είναι καλύτερο να προτιμήσει κανείς το ασφαλές κέρδος παρά να περιμένει πολλά, αλλά όχι βέβαια)· *σαν έρθει ένα κακό, καρτέρα κι άλλο.*

καρτεσιανισμός ο, ουσ. (ασυνίζ.), το φιλοσοφικό σύστημα του Καρτέσιου.

καρτεσιανός, -ή, -ό, επίθ. (ασυνίζ.), που ανήκει ή αναφέρεται στον Καρτέσιο: *θεωρίες -ές· πνεύμα -ό* (= μεθοδικό και ορθολογιστικό). - Το αρσ. και το θηλ. ως ουσ. = οπαδός του καρτεσιανισμού (βλ. λ.).

κάρτο το, ουσ. (λαϊκ., παλαιότερο), τέταρτο οποιασδήποτε μονάδας ή ποσού: *ένα ~ χωράφι*. [ιταλ. *quarto*].

καρτούλα, βλ. *κάρτα*.

καρτ-ποστάλ η, ουσ. άκλ., ταχυδρομικό δελτάριο (συνήθως ευχετήριο) (συνών. *κάρτα*). [γαλλ. *carte postale*].

Καρυάτιδες οι, ουσ. (αρχιτ.) είδος μαρμάρινων κιόνων σε μορφή γυναίκας, που υποβαστάζουν το θριγκό οικοδομήματος: *οι ~ του Ερεχθείου*.

καρύδα η, ουσ. 1. μεγάλο καρύδι. 2. καρπός του δέντρου «φοινικοκαρυά η καρυοφόρος», ινδικό καρύδι.

καρυδάκι, βλ. *καρύδι*.

καρυδάτος, -η, -ο, επίθ. 1. που έχει το σχήμα ή το μέγεθος καρυδιού. 2. που έχει γεύση, που έχει παρασκευαστεί από καρύδια: *λουκούμι/γλυκό -ο* (συνών. *καρυδένιος στη σημασ. 2*).

καρυδέλαιο και (λαϊκ.) **-δόλαδο** το, ουσ., λάδι από την ψίχα των καρυδιών.

καρυδένιος, -α, -ο, επίθ. (συνιζ.). 1. που είναι κατασκευασμένος από ξύλο καρυδιάς: *έπιπλα -α*. 2. που έχει γίνει από καρύδια: *μπακλαβάς ~* (συνών. *καρυδάτος στη σημασ. 2*).

καρύδι το, ουσ. 1α. ο καρπός της καρυδιάς· β. η ψίχα, το εσωτερικό του καρπού αυτού: *γλυκό με -ια*. 2. (ανατομ.) η προεξοχή του λάρυγγα στο λαιμό, το «μήλο του Αδάμ». Φρ. *είναι σκληρό ~* (= δεν είναι εύκολος αντίπαλος ή δεν τον πείθεις εύκολα). Παροιμ. φρ. *(από) κάθε καρυδιάς ~* (= κάθε είδους άνθρωποι, συρφετός). - Υποκορ. **-άκι** το (στη σημασ. 1). [αρχ. *καρύδιον*].

καρυδιά η, ουσ. α. καρποφόρο δέντρο που ο καρπός του αποτελείται από ένα πράσινο περικάλυμμα, ένα ενδοκάρπιο που κατά την ωρίμανση γίνεται ξυλώδες και αποτελεί το κέλυφος και από έναν πυρήνα φαγώσιμο· β. το ξύλο από το δέντρο αυτό.

καρυδόκομπος ο, ουσ. (έρρ.), (ναυτ.) είδος κόμπου που γίνεται στην άκρη του σκοινιού από τις ίδιες τις ίνες του.

καρυδόλαδο, βλ. *καρυδέλαιο*.

καρυδόξυλο το, ουσ., το ξύλο της καρυδιάς.

καρυδόπιτα η, ουσ., γλύκισμα με βάση καρυδόψιχα (βλ. λ.).

καρυδότσουφλο το, ουσ., τσόφλι, ξυλώδης φλοιός καρυδιού: *η τρικυμία κουνούσε το καράβι σαν ~* (συνών. *καρυδόφλουδα, σημασ. 2*).

καρυδόφλουδα η και **καρυδόφλουδο** το, ουσ. 1. εξωτερική πράσινη φλούδα φρέσκων καρυδιών. 2. καρυδότσουφλο (βλ. λ.).

καρυδόφυλλο το, ουσ., φύλλο καρυδιάς.

καρυδόψιχα η, ουσ., ψίχα, εσωτερικό καρυδιού.

καρύδωμα το, ουσ., θάνατος με στρίψιμο του καρυδιού του λάρυγγα (συνών. *στραγγάλισμα*).

καρυδώνω, ρ., θανατώνω κάποιον στρίβοντάς του το καρύδι του λαιμού (συνών. *στραγγαλίζω*).

καρύκευμα το, ουσ. 1. οτιδήποτε προστίθεται στο φαγητό για να γίνει νόστιμο (συνών. *άρτυμα, μπαχαρικό*). 2. (μεταφ.) *φραστικό ~* = λέξη, έκφραση, κλπ., που χρησιμοποιείται για να διανθίσει το λόγο.

καρυκεύω, ρ. 1. προσθέτω αρτύματα στο φαγητό για να γίνει νόστιμο. 2. (μεταφ. για λόγο) διανθίζω, στολίζω με ωραίες λέξεις και φράσεις.

καρυοθραύστης ο, ουσ. (ασυνίζ.), μικρός επιτραπέζιος μοχλός, που χρησιμοποιείται για το σπάσιμο καρυδιών και άλλων ξηρών καρπών.

καρυοφύλλι και **καρυόφυλλο** το, ουσ., αποξηραμένο άνθος του αρωματικού φυτού «ευγενία η καρυοφυλλοειδής» που χρησιμεύει ως άρτυμα (συνών. *γαρίφαλο, μοσχοκάρφι*).

καρυστινός, -ή, -ό, επίθ., που σχετίζεται με την Κάρυστο ή τους Καρυστινούς. - Το αρσ. και θηλ. με κεφαλ. ως ουσ.: αυτός που κατοικεί στην Κάρυστο ή κατάγεται απ' αυτήν.

καρφί το, ουσ. 1. μεταλλικό ή ξύλινο συνήθως αιχμηρό αντικείμενο που χρησιμοποιείται σε διάφορες κατασκευές: *-ιά τσαγκάρη/αθλητικών παπουτσιών/ατσαλένια/σκουριασμένα*. 2. (μεταφ.) άνθρωπος που καταδίδει κάποιον ή κάτι: *ήταν ~ της Ασφάλειας στα χρόνια της Χούντας* (συνών. *χαφιές, καταδότης, προδότης*). Έκφρ. μια στο ~ *και μια στο πέταλο* (= συνδυασμός επικρίσεων και επαίνων). Φρ. *κάθεται στα -ιά* (= αγωνιά, ανυπομονεί, ανησυχεί)· *~ δεν του καίγεται* (= αδιαφορεί εντελώς)· *κόβω -ιά* (= ταλαιπωρούμαι από υπερβολικό κρύο, τουρτουρίζω)· *τα κάνω γυαλιά -ιά* (= καταστρέφω ολοσχερώς): *μπήκαν στο μαγαζί και τα 'καναν γυαλιά -ιά*. - Υποκορ. **-άκι** το (στη σημασ. 1).

καρφίτσα η, ουσ. 1. μικρό μεταλλικό αντικείμενο αιχμηρό στο ένα άκρο, ενώ στο άλλο καταλήγει σε μικρή κεφαλή, που χρησιμεύει κυρίως ως όργανο ραφής για πρόχειρη σύνδεση μερών υφάσματος. 2. μακριά βελόνα με πλατύ κεφάλι που χρησιμεύει ως κόσμημα: *~ καπέλου/φουστανιού/γραβάτας/στήθους* (συνών. *αγκράφα*).

καρφίτσωμα το, ουσ., σύνδεση με καρφίτσα.

καρφιτσώνω, ρ., συνδέω κάτι με καρφίτσα: *~ την αίτηση με τα συνημμένα έγγραφα* (αντ. *ξεκαρφιτσώνω*).

καρφιτσωτός, -ή, -ό, επίθ., που είναι συνδεμένος με καρφίτσες (συνών. *καρφιτσωμένος*).

καρφοβελόνα η, ουσ., λεπτό και επίμηκες σιδερένιο καρφί που χρησιμοποιείται στην ξυλουργική και στην οικοδομική (συνών. *πρόκα*).

κάρφωμα το, ουσ. 1. στερέωση με καρφί: *~ σανίδας* (αντ. *ξεκάρφωμα*). 2. (μεταφ.) κατάδοση.

καρφώνω, ρ. I. ενεργ. 1. μπήγω καρφί ή καρφιά σε κάτι (συνήθως ξύλινο): *κάρφωσε στον τοίχο δύο καρφιά* (αντ. *ξεκαρφώνω*). 2. στερεώνω, προσαρ-

μόζω κάτι βάζοντας καρφιά: *-ωσε τον πίνακα/την αφίσα στον τοίχο·* (μεταφ.) *ήθελε να -ώσει στο μυαλό μας τη γραμματική.* 3. (μεταφ.) χτυπώ κάποιον με μαχαίρι (ή άλλο αιχμηρό αντικείμενο): *τον -ωσε πισώπλατα* (συνών. *μαχαιρώνω*). 4. (μεταφ.) α. καθηλώνω κάποιον στη θέση του, τον ακινητοποιώ: *το μπουρίνι τους -ωσε κάμποσες ώρες στο λιμάνι·* β. (για τα μάτια) προσηλώνω: *-ωσε τα μάτια του πάνω στο γέροντα/το βλέμμα του στον πίνακα.* 5. (μεταφ.) καταδίδω, προδίδω κάποιον: *ποιος σε -ωσε στην αστυνομία;* II. μέσ. 1. μπήγομαι, χώνομαι: *το αγκάθι -ώθηκε στο χέρι του· η πινέζα -ώθηκε στο πόδι του·* (μεταφ.) *ο λόγος του -ώθηκε στο νου μου.* 2. (μεταφ.) σφηνώνομαι κάπου: *το αυτοκίνητο -ώθηκε στο δέντρο· η βάρκα -ώθηκε στα βράχια.* 3. (μεταφ.) ακινητοποιούμαι, καθηλώνομαι: *κάτι λιγνά κυπαρίσσια -ωμένα στην πλαγιά* (Σεφέρης)· *-ώθηκε αρκετή ώρα μπροστά στο ζωγραφικό πίνακα.* Φρ. *του -ώθηκε η ιδέα* (= μπήκε στο μυαλό του η ιδέα).
καρφωτός, -ή, -ό, επίθ., καρφωμένος, συνδεμένος, συναρμολογημένος με καρφιά: *σόλες -ές* (όχι ραφτές)· *αυλόπορτα -ή* (όχι περαστή ή κολλητή). - Επίρρ. **-ά**.
καρχαρίας ο, ουσ. 1. μεγάλο αρπαχτικό και αιμοβόρο ψάρι επικίνδυνο και για τον άνθρωπο (συνών. *σκυλόψαρο*). 2. (μεταφ.) άνθρωπος πλεονέκτης και άρπαγας, ιδίως ο αδηφάγος πλουτοκράτης.
καρχηδονι(α)κός, -ή, -ό, επίθ. (ασυνίζ.), που ανήκει ή αναφέρεται στην Καρχηδόνα: *-οί πόλεμοι· -ές κτήσεις.*
Καρχηδόνιος ο, θηλ. **-α**, ουσ. (ασυνίζ.), κάτοικος της Καρχηδόνας ή αυτός που κατάγεται από την Καρχηδόνα: *ο ~ στρατηλάτης* (= ο Αννίβας).
καρωτίδα η, ουσ. (ιατρ.) μία από τις δύο αρτηρίες του λαιμού που τροφοδοτούν τον εγκέφαλο με αίμα.
κάσα η, ουσ. 1. ξύλινο ή μεταλλικό κιβώτιο που χρησιμοποιείται για τη συσκευασία και μεταφορά εμπορευμάτων, καθώς και για τη φύλαξη πραγμάτων: *~ τετράγωνη/στενόμακρη· ~ με μπουκάλια/με κονσέρβες* (συνών. *κασόνι, κασέλα, σεντούκι*). 2. φέρετρο: *τον αποθέσανε σκεπασμένο στην ~ του* (συνών. *κιβούρι*). 3. χρηματοκιβώτιο συνήθως σιδερένιο. 4. (συνεκδοχικά, λαϊκ.) ταμείο. 5. (στη χαρτοπαιξία) το ποσό που κατατίθεται (συνών. *μπάνκα*). 6. ξύλινο πλαίσιο στο οποίο στηρίζονται τα φύλλα της πόρτας ή του παραθύρου (συνών. *τελάρο*). 7. (παλαιότερα για άμαξες) καροσερί. 8. (στην τυπογραφία) ξύλινη θήκη χωρισμένη σε πολλά μικρά διαμερίσματα που περιέχουν (ίδια το καθένα) τυπογραφικά στοιχεία από τα οποία ο στοιχειοθέτης διαλέγει και συνθέτει το κείμενο (συνών. *στοιχειοθήκη*). [ιταλ. *cassa*].
κάσαρο το, ουσ. (ναυτ.) υπόστεγο χώρισμα στο πρυμναίο κατάστρωμα, όπου κατοικεί ο κυβερνήτης πολεμικού πλοίου, το επίστεγο: *η θάλασσα μάνιασε.., εγώ καθόμουνα τρυπωμένος στο ~* (Κόντογλου). [βενετ. *cassaro*].
κασάτο το, ουσ., είδος παγωτού. [ιταλ. *cassata*].
κασέλα η, ουσ., επίμηκες, βαθύ και βαρύ ξυλινο κιβώτιο που χρησιμοποιείται για τη φύλαξη και μεταφορά πραγμάτων ή ειδών ρουχισμού: *~ δρύινη/νυφική* (συνών. *κάσα, σεντούκι*). [βενετ. *cassela*].
κασελάκι το, ουσ. 1. μικρή κασέλα. 2. το φορητό μικρό κιβώτιο των λούστρων στο οποίο κουβαλούν τις μπογιές και τις βούρτσες τους.
κασελιάζω, ρ. (συνιζ.), (παλαιότερο). 1. τοποθετώ είδη ρουχισμού μέσα σε κασέλα. 2. συσκευάζω εμπορεύματα μέσα σε κιβώτια.
κασέρι το, ουσ., είδος σκληρού κίτρινου τυριού που παρασκευάζεται κυρίως από μίγμα γάλακτος προβάτου και αγελάδας και κατατάσσεται στα σχεδόν παχιά τυριά (συνών. *κασκαβάλι*). [τουρκ. *kaşer*].
κασέτα η, ουσ. α. μικρή πλαστική θήκη, επίπεδη, ορθογώνια, με δύο μικρές μπομπίνες προσαρμοσμένες στο εσωτερικό της γύρω από τις οποίες είναι τυλιγμένη μια μαγνητοταινία (που καθώς τυλίγεται γύρω από τη μια μπομπίνα συγχρόνως ξετυλίγεται από την άλλη) με την οποία μπορεί κανείς —τοποθετώντας την σε κασετόφωνο, μαγνητόφωνο ή βίντεο— να εγγράψει ή να ακούσει ομιλία ή μουσική ή να δει εικόνες: *τα νέα τραγούδια του κυκλοφορούν σε -ες·* β. (συνεκδοχικά) μαγνητοταινία: *ακούω -ες·* (για βιντεοταινία) *βλέπω -ες.* [ιταλ. *cassetta*].
κασετάδικο το, ουσ. (λαϊκ.), μαγαζί που πουλά κασέτες.
κασετίνα η, ουσ. 1. μικρό κουτί δουλεμένο με καλλιτεχνία και συχνά με πολυτέλεια που χρησιμεύει για τη φύλαξη μικροαντικειμένων: *~ για κοσμήματα.* 2. μικρή θήκη ξύλινη ή πλαστική στην οποία οι μαθητές φυλάγουν τα μολύβια τους: *~ μαθητική/σχολική.* [ιταλ. *cassetina*].
κασετοπειρατεία η, ουσ., εγγραφή μουσικών ή άλλων έργων σε κασέτες με παράβαση του νόμου για την πνευματική ιδιοκτησία και διάθεσή τους στην αγορά χωρίς καταβολή φόρων.
κασετόφωνο το, ουσ., συσκευή στην οποία τοποθετεί κανείς κασέτα για να ακούσει ή για να εγγράψει ομιλία ή μουσική.
κασίδα η (λαϊκ.), ουσ., αλωπεκίαση (βλ. λ.). [*κασσίδιον*<λατ. *cassis*]
κασίδης ο, ουσ. 1. (λαϊκ.) αυτός που πάσχει από κασίδα, από αλωπεκίαση: φρ. *έμαθε / έγινε μπαρμπέρης στου -η το κεφάλι* (συνών. *κασιδιάρης*). 2. (μεταφ.) άνθρωπος σιχαμερός, αηδής (συνών. *κασιδιάρης*).
κασιδιάζω, ρ. (συνιζ.), πάσχω από κασίδα, από αλωπεκίαση: *-ιασμένο κεφάλι.*
κασιδιάρης, -α, -ικο, επίθ. (συνιζ.). 1. που πάσχει από κασίδα, κασίδης. 2. (μεταφ.) σιχαμένος, αηδής.
κασιδιάρικος, -η, -ο, επίθ. (συνιζ.), κασιδιάρης (βλ. λ.).
Κάσιος ο, θηλ. **-α** (ασυνίζ.) και **Κασιώτης**, θηλ. **-ισσα**, ουσ. (συνιζ.), αυτός που κατάγεται από την Κάσο ή κατοικεί σ' αυτήν.
κασιώτικος, -η, -ο, επίθ. (συνιζ.) που ανήκει ή αναφέρεται στην Κάσο ή τους Κάσιους.
κάσκα η, ουσ. 1. (παλαιότερα, λαϊκ.) κράνος στρατιωτικό: *τα κεφάλια και τα κορμιά μας τα σκεπάζανε οι -ες και οι θώρακες* (Κόντογλου). 2. ημισφαιρικό προστατευτικό κάλυμμα του κεφαλιού από μέταλλα ή πλαστικό, κράνος: *~ πιλότου / μοτοσυκλετιστή / πυροσβέστη· οι τεχνίτες φορούν ~ στα ορυχεία / στα εργοτάξια / στα ναυπηγεία.* 3. είδος καλοκαιρινού θολωτού καπέλου με πλατύ γείσο, από ελαφρύ υλικό που φοριέται στα ζεστά κλίματα: *~ εξερευνητή.* 4. (τεχν.) ηλεκτρική θολωτή συσκευή, στερεωμένη σε βάση, από

κασκαβάλι

μέταλλο και διαφανές πλαστικό, που βγάζει ζεστό αέρα και χρησιμοποιείται στα κομμωτήρια για το στέγνωμα των μαλλιών: *κάθομαι στην* ~. [γαλλ. *casque*].

κασκαβάλι το, ουσ., κασέρι (βλ. λ.). [τουρκ. *kaşkaval*].

κασκαρίκα η, ουσ. 1. αστείο πάθημα που οφείλεται σε απερισκεψία ή σε φάρσα: *έπαθα* ~ (συνών. *φιάσκο*). 2. (συνεκδοχικά) αθώα φάρσα, τέχνασμα: *σκαρώνω -ες*. [τουρκ. *kaşkariko*].

κασκέτο το, ουσ. 1. είδος ανδρικού καπέλου με γείσο, συνήθως από μαλακό ύφασμα: ~ *ναυτικό/σπορ/βελούδινο*. 2. πηλίκιο στολής. [ιταλ. *caschetto*].

κασκόλ το, ουσ. άκλ., σάρπα μακριά και στενή, πλεκτή ή υφασμάτινη με την οποία τυλίγομε το λαιμό για να τον προφυλάξομε από το κρύο το χειμώνα: ~ *χοντρό/χειροποίητο*. [γαλλ. *cache-col*].

κασκορσές ο και **κασκορσέ** το, ουσ. ακλ., εσώρουχο με τιράντες, βαμβακερό ή μάλλινο, παλαιότερα μόνο γυναικείο, σήμερα και ανδρικό, που φοριέται κατάσαρκα σαν φανέλα. [γαλλ. *cache-corset*].

κασμάς ο, ουσ., βαρύ σκαφτικό εργαλείο που αποτελείται από ένα επίμηκες κομμάτι σίδερου με το ένα άκρο του μυτερό και το άλλο πλατύτερο και κοφτερό και μια τρύπα στη μέση, όπου προσαρμόζεται μακριά ξύλινη χειρολαβή, το οποίο χρησιμοποιείται κυρίως σε σκληρά πετρώδη εδάφη. [τουρκ. *kazma*].

κασμίρι το, ουσ., λεπτό μάλλινο ύφασμα με το οποίο κατασκευάζονται ανδρικά και γυναικεία ρούχα. [αγγλ. *cashmere*<*Kashmir*, ονομασία περιοχής των Ινδιών].

κασόνα η, ουσ., μεγάλο κασόνι (βλ. λ.).

κασόνι το, ουσ., ξύλινο κιβώτιο (συνήθως από σανίδες) που χρησιμοποιείται για την τοποθέτηση και μεταφορά πραγμάτων (συνών. *κάσα*). - Υποκορ. **-άκι** το. [ιταλ. *cassone*].

κασονιάζω, ρ. (συνιζ., λαϊκ.). 1. τοποθετώ πράγματα σε κασόνια, αποθηκεύω. 2. (για οικοδομικές εργασίες) κατασκευάζω καλούπι όπου θα χυθεί το υγρό σκυροκονίαμα (συνών. *καλουπώνω*).

κασόνιασμα το, ουσ. (λαϊκ.). 1. το να τοποθετεί, να αποθηκεύει κανείς πράγματα σε κασόνια. 2. (για οικοδομικές εργασίες) κατασκευάζω καλούπι όπου θα χυθεί το υγρό σκυρόδεμα (συνών. *καλούπωμα*).

κασοποιός ο, ουσ. (παλαιότερο), κασάς (βλ. λ.).

κασσιτέρινος, -η, -ο, επίθ., που είναι φτιαγμένος από κασσίτερο (συνών. *καλάινος*).

κασσιτεροκόλληση η, ουσ., συγκόλληση μεταλλινων πραγμάτων με κασσίτερο.

κασσιτεροποιός ο, ουσ. (ασυνίζ.), αυτός που κατασκευάζει σκεύη από κασσίτερο.

κασσίτερος ο, ουσ. (χημ.) μέταλλο αργυρόλευκο, στιλπνό, μαλακό και εξαιρετικά ευλύγιστο: *κράματα -ερου*.

κασσιτέρωμα το, ουσ., κασσιτέρωση (βλ. λ.), γάνωμα.

κασσιτερώνω, ρ., επικαλύπτω, επιχρίω χάλκινα σκεύη με στρώμα κασσιτέρου (συνών. *γανώνω*).

κασσιτέρωση η, ουσ., επίχριση χάλκινων σκευών με κασσίτερο (συνών. *γάνωμα*).

κασσιτερωτής ο, ουσ., τεχνίτης που ασχολείται με την κασσιτέρωση (βλ. λ.) (συνών. *γανωτής*, *γανωματής*, *καλαϊτζής*).

672

κάστα η, ουσ. 1. μορφή κοινωνικής διαστρωμάτωσης που συναντιέται στην Ινδία. 2. (συνεκδοχικά) κοινωνική τάξη που αποτελεί μία από τις ιεραρχικές διαιρέσεις της κοινωνίας με χαρακτήρα εθνικό, πολιτικό, θρησκευτικό ή και επαγγελματικό: *η* ~ *των ιερέων στην αρχαία Αίγυπτο· τα πλεονεκτήματα μιας -ας*. 3. (μειωτ.) ομάδα πολιτών με την ίδια πολιτική, θρησκευτική, οικονομική ή επαγγελματική δραστηριότητα που αποχωρίζεται από το υπόλοιπο κοινωνικό σύνολο εξαιτίας προκαταλήψεων. [γαλλ. *caste*<πορτογαλ. *casta*].

καστανάς ο, ουσ., υπαίθριος πωλητής που ψήνει και πουλά κάστανα.

καστανιά η, ουσ. (συνιζ.). 1α. αιωνόβιο δέντρο του δάσους, ψηλό, με ευθύ κορμό και φύλλα επιμήκη και οδοντωτά: ~ *άγρια/ήμερη/αμερικανική· ξύλο -ιάς·* β. (συνεκδοχικά) το ξύλο της καστανιάς: *έπιπλα από* ~. 2. (παλαιότερα) οικιακό μετάλλινο σκεύος για να μεταφέρει κανείς μικρή ποσότητα (συνήθως μερίδα) φαγητού.

καστανιέτα η, ουσ. (συνιζ.), (συνηθέστερα στον πληθ.) ισπανικό κρουστό μουσικό όργανο που αποτελείται από δύο μικρά στρογγυλά κοίλα ξύλινα ή πλαστικά κρόταλα συνδεμένα με μια χορδή που μπορεί κανείς να τα παίξει στηρίζοντάς τα στον αντίχειρα και το μεσαίο δάχτυλο του χεριού και ανοιγοκλείνοντας την παλάμη ώστε να χτυπούν το ένα πάνω στο άλλο και να κροτούν. [ιταλ. *castagnetta*<ισπαν. *castañetta*].

καστανιόλα η, ουσ. (συνιζ.), (ναυτ.) μηχάνημα που τοποθετείται δίπλα σε κάθε «οφθαλμό» από την εσωτερική πλευρά για να σταματά την αλυσίδα της άγκυρας όταν παρουσιάζεται ανάγκη. [ιταλ. *castagnola*].

κάστανο το, ουσ., καρπός της καστανιάς, μικρός με σκληρή αμυλώδη ψίχα και λείο φλοιό χρώματος ανοιχτού καφέ, που μεγαλώνει μέσα σε ένα αγκαθωτό πράσινο εξωτερικό περίβλημα που σχίζεται όταν ο καρπός ωριμάσει: ~ *βρασμένο/γλασέ*. Φρ. *βγάζω τα -α από τη φωτιά* (= αναλαμβάνω έργο δύσκολο ή επικίνδυνο· προσπαθώ με θυσίες να επανορθώσω τα λάθη ενός άλλου)· *δε χαρίζει -α* (= δεν είναι καθόλου υποχωρητικός).

καστανομάλλης, -α, -ικο και **-όμαλλο**, επίθ., που τα μαλλιά του έχουν χρώμα καστανό.

καστανομάτης, -α, -ικο, επίθ., που τα μάτια του έχουν χρώμα καστανό.

καστανόξανθος, -η, -ο, επίθ., που τα μαλλιά του έχουν χρώμα μεταξύ ξανθού και καστανού: *αγόρι -ο*.

καστανός, -ή, -ό, επίθ. 1. που έχει το χρώμα του κάστανου, δηλ. ανοιχτό καφέ: *μάτια/μαλλιά -ά* (συνών. *καστανόχρωμος*). 2. (συνεκδοχικά για πρόσωπο) που έχει καστανά μαλλιά, καστανομάλλης: *κοπέλα -ή*. - Το ουδ. ως ουσ. = το καστανό χρώμα.

καστανόχρωμος, -η, -ο, επίθ., που έχει χρώμα καστανό (συνών. *καστανός*).

καστανόχωμα το, ουσ., φυτόχωμα που σχηματίζεται κοντά στις ρίζες των καστανιών από τα φύλλα τους καθώς σαπίζουν και που χρησιμοποιείται στην ανθοκομία: *η γαρδένια ευδοκιμεί σε* ~.

καστανωπός, -ή, -ό, επίθ., που το χρώμα του πλησιάζει προς το καστανό.

καστέλα, βλ. *καστέλι*.

καστελανία η, ουσ. (ιστ.) 1. το αξίωμα του καστελάνου (βλ. λ.). 2. ο τόπος δικαιοδοσίας ενός καστελάνου.

καστελάνος ο, ουσ. (ιστ.) 1. στα ρωμαϊκά χρόνια α. ο κάτοικος καστέλου, μικρού κάστρου· β. στρατιωτικός επιφορτισμένος με τη φύλαξη καστέλου (βλ. λ.). 2. στρατιωτικός και πολιτικός διοικητής καστέλου, καθώς και του τμήματος του «θέματος» γύρω από αυτό στο βυζαντινό κράτος, φρούραρχος· έπαρχος. [λατ. *castellanus*].

καστέλι και **καστέλο** το, ουσ. (ιστ.) μικρό κάστρο και κυρίως πύργος του κάστρου, συνήθως τετράγωνος ή εξάγωνος, κυκλικός στο εσωτερικό του, από όπου επικοινωνούσε με την πόλη· χρησίμευε για την προάσπιση των τειχών και μπορούσε να αντισταθεί και μετά την κατάληψη του κάστρου ή και της πόλης: *-ια βυζαντινά*. [λατ. *castellum*].

Καστιλιάνος ο, θηλ. -**α**, ουσ. (συνιζ.), αυτός που κατάγεται από την Καστίλλη.

καστιλιάνικος, -ή, -ό, επίθ. (συνίζ.), που ανήκει ή αναφέρεται στην Καστίλλη ή τους Καστιλιάνους.

κάστορας ο, ουσ. (ζωολ.) αμφίβιο τρωκτικό θηλαστικό με μεγάλη πλατιά ουρά, που ζει στις όχθες ποταμών ή λιμνών.

καστορέλαιο το, ουσ. (χημ.) λιπαρή ελαιώδης ουσία που λαμβάνεται από τα σπέρματα του φυτού ρίκινος ο κοινός, κιτρινωπή και άοσμη, με αηδιαστική γεύση, που χρησιμοποιείται στη θεραπευτική ως καθαρτικό και στη βιομηχανία ως λιπαντικό (συνών. *κικινέλαιο, ρετσινόλαδο*).

καστόρι το, ουσ. α. το κατεργασμένο δέρμα του κάστορα: *παλτό από ~*· β. (γενικά) είδος μαλακού δέρματος που μοιάζει στην υφή με το δέρμα του κάστορα: *παπούτσια από ~*.

καστοριανός, -ή, -ό, επίθ. (συνιζ.), που ανήκει ή αναφέρεται στην Καστοριά ή τους Καστοριανούς. - Το αρσ. και το θηλ. ως ουσ. (με κεφ. το αρχικό γράμμα) = ο κάτοικος της Καστοριάς.

καστόρινος, -η, -ο, επίθ., που είναι κατασκευασμένος από δέρμα κάστορα: *καπέλο -ο*· *παπούτσια -α*.

καστρί το, ουσ., μικρό κάστρο.

Καστρινός ο, θηλ. -**ή**, ουσ., Ηρακλειώτης (βλ. λ.).

κάστρο το, ουσ. 1. συγκρότημα τειχών με πύργους και προμαχώνες, που περιβάλλει και προστατεύει μια πόλη ή άλλη οχυρή ή σημαντική τοποθεσία: *~ άπαρτο ~ το ~ της Ωριάς* (συνών. *φρούριο, οχυρό*). 2. (μεταφ.) α. για να δηλωθεί κάτι που δεν είναι ευάλωτο, που μένει σταθερό ή αμετακίνητο: *-α του κατεστημένου*· β. τόπος, οργανισμός ή και πρόσωπο που προασπίζεται ορισμένες ηθικές αξίες: *~ της Ορθοδοξίας/της παράδοσης*. [λατ. *castrum*].

καστροθέμελο το, ουσ. (λογοτ.) βάση, θεμέλιο κάστρου, τείχους: *εκεί πέρα βρεθήκανε ρημάδια, κολόνες, μνημόρια, πιθάρια και -α* (Κόντογλου).

καστρολογία η, ουσ., επιστήμη που ασχολείται με τη μελέτη των κάστρων από αρχιτεκτονική, ιστορική, κλπ., πλευρά.

καστρόπορτα η, ουσ., πόρτα, πύλη κάστρου: *~ μεγάλη/κρυφή*· *-ες αμπαρωμένες από διακόσια χρόνια* (Κόντογλου).

καστρόπυργος ο, ουσ., οχυρωμένος πύργος κάστρου: *Δυνάμωσαν τους -ους... κι άνοιξαν σωρό πολεμίστρες* (Ι.Μ. Παναγιωτόπουλος).

καστρότοπος ο, ουσ., τόπος οχυρωμένος με κάστρο ή κατάλληλος για την κατασκευή κάστρου.

καστροφύλακας ο, ουσ. (παλαιότερα) ο φύλακας κάστρου.

κατά, κατ' (μπροστά από φωνήεν), πρόθ. Ι. με γεν. 1. για να δηλωθεί κατεύθυνση συνήθως σε μεταφορικές φρ.: *πάει ~ καπνού* (= εξαφανίστηκε)/*δια(β)όλου* (= θα χαθεί, θα καταστραφεί). 2. εναντίον α. *πολέμησαν γενναία ~ των εχθρών*· *μέτρα ~ του νέφους*· β. (απολ.): *πέντε ψήφισαν υπέρ και δύο ~*· γ. (έναρθρ. ως ουσ. συνήθως στον πληθ.) *τα επιχειρήματα ή οι λόγοι που στρέφονται εναντίον κάποιου: τα ~ στην περίπτωση αυτή είναι ότι...*· έκφρ. *τα υπέρ και τα ~*. ΙΙ. με αιτ. Α. τοπ. 1. (για να δηλωθεί κατεύθυνση): *τράβηξε ~ την πλατεία*· *κατηφόρισε ~ το σπίτι του*· *~ μήκος του ποταμού· για να είπε ~ πρόσωπο*· (με επίρρ.) *κάνανε ~ πίσω ~ δω/κει*· *~ πού πέφτει...*; 2. κάπου σε, κάπου κοντά σε: *η βροχή μάς έπιασε ~ τον Ισθμό*· *κείνα τα μέρη πέρασε τα νιάτα του*· έκφρ. *~ μέρος* = α. ιδιαιτέρως, παράμερα, κατ' ιδίαν: *τον πήρε ~ μέρος και του μίλησε*· β. χωριστά, ξέχωρα· στην άκρη: *άφησε ~ μέρος το εργόχειρο και καταπιάστηκε με άλλη δουλειά*· (μεταφ.) *άφησε αυτήν την υπόθεση ~ μέρος* (= μην ασχολείσαι μ' αυτήν)· *~ τόπους* = σε διάφορα σημεία, σε κάποιες περιοχές: *τα ~ τόπους γραφεία του Ε.Ο.Τ.*· *τα ~ τόπους αστυνομικά τμήματα*· φρ. *έχω ~ νουν* (= σκέφτομαι· σκοπεύω): *έχει ~ νουν να παραιτηθεί*. Β. χρον. 1. για να δηλωθεί χρόνος κατά προσέγγιση: *~ το βράδι θα περάσω από το σπίτι σου*· *~ τις πέντε θα βρεθούμε*· έκφρ. *~ διαστήματα* (= όχι συνεχώς, με διαλείμματα)· *~ καιρούς / περιόδους* (= σε αραιά χρονικά διαστήματα). 2. (για να δηλωθεί η διάρκεια) κατά τη διάρκεια του...: *~ την Τουρκοκρατία*· *~ το 1600*· *~ το παρελθόν*· *~ διάστημα αυτό*· παροιμ. *~ φωνή κι ο γάιδαρος* (σκωπτ. για άτομο που εμφανίζεται τη στιγμή ακριβώς που γίνεται λόγος γι' αυτό). Γ. μεταφ. 1. (για να δηλωθεί συμφωνία) σύμφωνα με, ανάλογα με: *~ τη γνώμη μου*· *~ τις ιδέες του Πλάτωνα*· *~ την περίσταση*· *~ βούληση* (= όπως θέλει κανείς)· *~ δύναμη* (= ό,τι ή όσο μπορεί κανείς: *δίνω/κάνω/προσπαθώ το ~ δύναμη*· *~ το δυνατόν* (= μέσα στα δυνατά όρια, όσο μπορεί να γίνει)· *κατ' εμέ* (= κατά τη γνώμη μου)· *~ κανόνα* (= γενικά, συνηθέστατα): *το μάθημα διδάσκεται ~ κανόνα στις πρώτες τάξεις του γυμνασίου*· *~ προτίμηση* (= όπως θέλει, όπως προτιμά κανείς)· *~ συνείδηση* (= σύμφωνα με την ευσυνειδησία καθενός): *πράξε ~ συνείδηση!*· *τα φαινόμενα* (= πιθανώς, καθώς φαίνεται): *τα φαινόμενα θα έχομε άσχημες εξελίξεις*· (με επίρρ.) *~ πόσον* (= ως ποιο σημείο, βαθμό): *δεν ξέρω πόσο θέλει να...* 2. (για να δηλωθεί ομοιότητα ή αντιστοιχία) όπως, καθώς· παροιμ. *~ τον άγιο και το κερί του· ~ μάνα ~ κύρη, ~ γιο και θυγατέρα· ~ το μαστρο-Γιάννη και τα κοπέλια του*. 3. για να δηλωθεί αναλογία: *η τιμή είναι χίλιες δραχμές κατ' άτομο· ~ μέσον όρο*· έκφρ. *~ κεφαλήν* (= για το κάθε άτομο χωριστά): *το ~ κεφαλήν εισόδημα*. 4. για να δηλωθεί το μέτρο διαφοράς: *ήταν ~ πέντε χρόνια νεότερος*. 5. για να δηλωθεί επιμερισμός: *να μπείτε ~ τετράδες*. 6. για να δηλωθεί τρόπος: *~ λάθος έγινε αυτό*· *~ τον ίδιο τρόπο· βρεθήκαμε ~ σύμπτωση· ~ σειρά*· έκφρ. *κατ' ανάγκη* (= αναγκαστικά)· *κατ' αρχαιότητα: προβιβάστηκε κατ' αρχαιότητα*· *~ γράμμα* (= ακριβώς): *να ακολουθήσεις τις οδηγίες μου ~ γράμμα! κατ'*

εκλογήν: τοποθετήθηκε στη θέση κατ' εκλογήν· κατ' επανάληψη (= επανειλημμένα): κατ' επανάληψη έχουν σημειωθεί παρόμοια κρούσματα· κατ' επέκταση· κατ' ευχήν (= αίσια, ευνοϊκά): όλα πήγαν/ ήρθαν κατ' ευχήν· ~ λέξη (= επακριβώς): επανέλαβε ~ λέξη ό,τι άκουσε· ~ μέτωπο (= αντικριστά): ~ μέτωπο επίθεση· ~ προσέγγιση (= με σχετική ακρίβεια, περίπου): το ποσοστό έφτασε το 20% ~ προσέγγιση· ~ συνέπεια (= άρα, επομένως): η φορολογία είναι υψηλή, ~ συνέπεια είναι δύσκολο να...· ~ συνθήκην (= συμβατικά): τα ~ συνθήκην ψεύδη· ~ (κακή/καλή) τύχη (= τυχαία). 7. (για να δηλωθεί αναφορά) ως προς: διαφέρουν ~ την ηλικία· ~ τα άλλα είναι εξαιρετικός άνθρωπος· εκφρ. ~ βάθος (= στην ουσία): ~ βάθος είναι καλός· ~ ένα μέρος (= μερικώς): ~ κύριο λόγο (= κυρίως)· κατ' όνομα (= όχι πραγματικά): κατ' όνομα μόνο είναι διευθυντής· ~ πρώτον (= πρώτα)· ~ τι (= κάπως, λίγο): ~ τι μικρότερο.

κατα-, κατά-, α΄ συνθ. με σημασ. επιτ. α. επιθέτων: κατάχλομος, κατάμαυρος· β. ρημάτων: κατακουράζομαι, καταβασανίζω· γ. επιρρημάτων: κατάσαρκα, κατάβαθα.

κατάβαθα τα, τα πολύ βαθιά σημεία, μέρη: στα ~ της ψυχής.

καταβάλλω, ρ., παρατ. κατέβαλλα, πληθ. καταβάλλαμε, αόρ. κατέβαλα, πληθ. καταβάλαμε, μτχ. παρκ. κατα(βε)βλημένος. **1.** νικώ, υπερνικώ, υπερισχύω: ~ τους εχθρούς/τον αντίπαλο. **2.** επιφέρω μείωση, κατάπτωση των σωματικών ή ψυχικών δυνάμεων κάποιου, εξασθενίζω, εξαντλώ: τον -έβαλε η αρρώστια/συμφορά. **3.** διαθέτω, αφιερώνω σωματική ή ψυχική δύναμη για να επιτύχω κάτι: ~ ενέργεια/προσπάθειες/φροντίδες/κόπους. **4.** (οικον.) καταθέτω χρήματα, πληρώνω: ~ δόσεις/φόρο/πρόστιμο (αντ. εισπράττω). - Βλ. και κατα(βε)βλημένος.

καταβαραθρώνω, ρ., καταστρέφω εντελώς, οριστικά.

καταβαράθρωση η, ουσ., οριστική καταστροφή: ~ της οικονομίας.

καταβασανίζω, ρ., βασανίζω κάποιον πολύ ή χωρίς οίκτο.

κατάβαση η, ουσ., πορεία προς τα κάτω, κάθοδος, κατέβασμα: ~ απότομη/γρήγορη· (αθλητ.) ελεύθερη/τεχνική ~ σε χιονοδρομική πίστα (αντ. ανάβαση).

καταβασία η, ουσ. (εκκλ.) ο ειρμός, το πρώτο δηλ. τροπάριο κάθε ωδής των κανόνων μεγάλων δεσποτικών ή θεομητορικών εορτών που ψάλλονται στην ακολουθία του όρθρου.

κατα(βε)βλημένος, -η, -ο, επίθ., που είναι ή φαίνεται εξαντλημένος φυσικά (συνήθως από κούραση ή αρρώστια) ή ηθικά: γύρισε ~ από την τελευταία περιοδεία. [μτχ. παρκ. του καταβάλλω].

καταβόθρα η, ουσ. **1.** τεχνητός υπόγειος βόθρος ή οχετός στον οποίο χύνονται οι ακαθαρσίες. **2.** (γεωλ.) βαθύ φυσικό άνοιγμα στη γη που συγκοινωνεί με υπόγειους οχετούς διαμέσου των οποίων τα νερά λιμνών ή ποταμών φτάνουν στη θάλασσα ή σε άλλο σημείο, όπου ξανά αναβλύζουν. **3.** (μεταφ.) α. άνθρωπος που τρώει πολύ, αχόρταγος· β. άνθρωπος που ξοδεύει πολλά. [κατά + βόθρος].

καταβολάδα η και (λαϊκ.) **καταβολάδι** το, ουσ. α. (φυτολ.) κλαδί δέντρου ή φυτού που το λυγίζουν και το φυτεύουν στη γη για τον πολλαπλασιασμό του φυτού και που αποκόπτεται από το μητρικό κορμό όταν βγάλει ρίζες: βάζω -ες· το Νοέμβρη και Δεκέμβρη φύτευε -ες· β. (συνεκδοχικά) το φυτό που προέρχεται από καταβολάδα.

καταβόλεμα το, ουσ. (λαϊκ.), καταβόλιασμα (βλ. λ.).

καταβολεύω, ρ. (λαϊκ.), καταβολιάζω (βλ. λ.).

καταβολή η, ουσ. **1.** (ιατρ.) κατάπτωση των σωματικών δυνάμεων, εξασθένηση, εξάντληση. **2.** διάθεση, αφιέρωση σωματικής ή ψυχικής δύναμης για να επιτευχθεί ένας σκοπός: ~ προσπαθειών για την επίλυση του ζητήματος. **3α.** (οικον.) κατάθεση χρημάτων, πληρωμή: ~ επιδομάτων ανεργίας/φόρων/λύτρων (αντ. είσπραξη)· **β.** (νομ.) εκπλήρωση παροχής, εξόφληση, πληρωμή: η ενοχή αποσβήνεται με ~ (αστ. κώδ.). **4.** τα σπέρματα ή τα στοιχεία μιας ή περισσότερων ιδιοτήτων που εμφανίζονται στον άνθρωπο από ένα συγκεκριμένο χρονικό διάστημα και/ή εξαιτίας ορισμένων εμπειριών ή ερεθισμάτων: οι πνευματικές -ές του καλλιτέχνη.

καταβολιάζω, ρ. (συνιζ.), φυτεύω καταβολάδες (βλ. λ.) (συνών. καταβολεύω, καταμοσχεύω).

καταβόλιασμα το, ουσ., πολλαπλασιασμός δέντρων ή φυτού με καταβολάδα (βλ. λ.) (συνών. καταβόλεμα, καταμόσχευση).

καταβολισμός ο, ουσ. (βιολ.-φυσιολ.) το σύνολο των λειτουργιών του οργανισμού κατά τις οποίες παράγεται ενέργεια με τη διάσπαση και την οξείδωση ορισμένων οργανικών μορίων και ταυτόχρονα με τη φθορά των τροφών σχηματίζονται τα περιττώματα που πρέπει να αποβληθούν.

κατάβρεγμα το, γεν. -έγματος, ουσ., το να καταβρέχει (βλ. λ.) κανείς κάτι ή κάποιον: ~ των δρόμων.

καταβρεχτήρας ο, ουσ. **α.** μηχάνημα με το οποίο είναι εφοδιασμένα οχήματα των δήμων για να καταβρέχουν τους δρόμους· **β.** (συνεκδοχικά) όχημα με τέτοιο μηχάνημα.

καταβρεχτήρι το, ουσ., φορητό δοχείο ή συσκευή που χρησιμοποιείται για το κατάβρεγμα αυλής, το πότισμα γλαστρών ή μικρού κήπου, κλπ. (πβ. ποτιστήρι).

καταβρέχω, ρ. **1.** βρέχω κάτι ή κάποιον πολύ, μουσκεύω: τον κατάβρεξε καθώς έπλενε το μπαλκόνι· (μέσ.) με τη βροχή -άχηκα ώσπου να ' ρθω. **2.** ραντίζω με νερό μια επιφάνεια σε όλη της την έκταση: οι καταβρεχτήρες του δήμου -ουν τους δρόμους· ~ την αυλή/τα ρούχα για σιδέρωμα.

καταβροχθίζω, ρ. **1.** καταπίνω γρήγορα ή λαίμαργα την τροφή μου: πεινούσε πολύ και -ισε τρεις μερίδες φαγητό. **2.** (μεταφ.) διαβάζω κάτι γρήγορα και με μεγάλο ενδιαφέρον: ~ ένα βιβλίο/εικονογραφημένα φυλλάδια (συνών. ρουφώ).

καταβρόχθιση η, ουσ. **1.** το να καταπίνει κανείς λαίμαργα κάτι. **2.** (μεταφ.) άπληστη, μανιώδης ανάγνωση.

καταβυθίζω, ρ., βυθίζω (ένα πλεούμενο) εντελώς: ο Κανάρης -ισε την τουρκική ναυαρχίδα.

καταβύθιση η, ουσ. **1.** το να καταβυθίζεται (ένα πλεούμενο). **2.** (γεωλ.) κατακόρυφη προς τα κάτω μετακίνηση της γήινης επιφάνειας από φυσικά ή ανθρωπογενή αίτια. **3.** (χημ.) διεργασία κατά την οποία σχηματίζεται μια αδιάλυτη στερεά ουσία μέσα σ' ένα διάλυμα.

καταγάλανος, -η, -ο, επίθ., εντελώς γαλανός: ταξιδεύοντας στο -ο Αιγαίο.

καταγγελία η, ουσ. 1. γνωστοποίηση παράνομης πράξης σε αρμόδια αρχή: ~ αβάσιμη/ανώνυμη/συκοφαντική (συνών. έγκληση, κατηγορία, μήνυση). 2. (συνεκδοχικά) ενημέρωση του κοινού για πράξεις ή παραλείψεις δημόσιων προσώπων, πολιτικών ομάδων, κρατών, κ.τ.ό., που κρίνεται ότι πρέπει να επισύρουν μομφή ή καταδίκη: ~ μιας χώρας στους διεθνείς οργανισμούς για παραβίαση των ανθρώπινων δικαιωμάτων· ~ της κρατικής αδιαφορίας. 3. (για σύμβαση, συνθήκη, κ.τ.ό.) ειδοποίηση τους ενός από τα συμβαλλόμενα μέρη προς το άλλο ότι παύει να ισχύει η έννομη σχέση που τα συνέδεε: ~ σύμβασης εργασίας/μίσθωσης.

καταγγέλλω, ρ. 1a. γνωστοποιώ αξιόποινη πράξη στην αρμόδια αρχή: κατάγγειλα τη διάρρηξη στην αστυνομία· β. (για πρόσωπο) αναφέρω στις αρχές ότι κάποιος διέπραξε αδίκημα ζητώντας την τιμωρία του (συνών. κατηγορώ, μηνύω). 2. ενημερώνω το κοινό για πράξεις ή παραλείψεις παραγόντων της δημόσιας ζωής, κυβερνήσεων, κρατών, κ.ά., οι οποίες αξίζουν τον έλεγχο, την αποδοκιμασία, την καταδίκη: ~ στο λαό την αδράνεια των αρχών κατά την περίοδο της θεομηνίας· -ουν στη διεθνή κοινή γνώμη τη χρήση δηλητηριωδών αερίων. 3. (για σύμβαση, συνθήκη, κ.τ.ό.) δηλώνω ότι είναι άκυρη, ότι παύει να ισχύει μια έννομη σχέση: τα σωματεία κατάγγειλαν τη συλλογική σύμβαση εργασίας.

καταγέλαστος, -η, -ο, επίθ. (λόγ.), που προκαλεί ειρωνικό ή περιφρονητικό γέλιο: με την απερισκεψία του έγινε ~ (συνών. γελοίος, αστείος, φαιδρός).

καταγής, επίρρ., πάνω στο έδαφος, στο χώμα· (συνεκδοχικά) στο πάτωμα: κοιμάται/έπεσε ~ (συνών. κάτω, χάμω).

κατάγιαλο το, ουσ. (συνιζ., λαϊκ.), ακρογιάλι, παραλία: μακριά... στα έρημα -α (Κόντογλου)· ο κόσμος χύθηκε στο -ο.

καταγίνομαι, ρ., ασχολούμαι με κάτι (συνήθως δείχνοντας ιδιαίτερο ενδιαφέρον): -όταν με την επισκευή ενός ραδιοφώνου.

καταγκρεμού, επίρρ. (λαϊκ., όχι έρρ., ιδιωμ.), στο γκρεμό: ~ θα πέσω.

κάταγμα το, ουσ. (ιατρ.-κοιν.) βίαιη διακοπή της φυσιολογικής συνέχειας ενός οστού, σπάσιμο: ~ εγκάρσιο/συντριπτικό ~ της λεκάνης· -ατα πολλαπλά.

καταγοητεύω, ρ. (ασυνίζ.), γοητεύω κάποιον υπερβολικά, ασκώ ακατανίκητη γοητεία: τους είχε όλους -εύσει με την ομορφιά της (συνών. καταμαγεύω, ξετρελαίνω).

κατάγομαι, ρ. (μόνο σε ενεστ. και παρατ.), προέρχομαι από ορισμένη γενιά ή τόπο: -όταν από φτωχή οικογένεια· -όμαστε από τους αρχαίους Έλληνες (συνών. είμαι, κρατώ).

καταγραφέας ο, ουσ., το πρόσωπο που καταγράφει κάτι, που εκτελεί καταγραφή.

καταγραφή η, ουσ., το να καταγράφει κανείς κάτι, καθώς και το αποτέλεσμα της ενέργειας αυτής: ~ γεγονότων σ' ένα ημερολόγιο/μιας συνομιλίας με μαγνητόφωνο· ~ αλφαβητική/μεθοδική (συνών. εγγραφή, καταλογογράφηση, καταχώριση).

καταγραφικός, -ή, -ό, επίθ. (για όργανο ή μέσο) που χρησιμεύει για καταγραφή: αερόστατο -ό.

καταγράφω, ρ. 1. γράφω με σειρά και τάξη σε κατάλογο· (γενικά) διατηρώ ένα σύνολο πληροφοριών σε γραπτή ή άλλη σταθερή μορφή (λ.χ. μαγνητοταινία, κινηματογραφικό φιλμ, κ.ά.), ώστε να μπορεί κανείς να ανατρέχει σ' αυτό, να το επεξεργάζεται και να το χρησιμοποιεί για διάφορους σκοπούς: ~ τα περιουσιακά στοιχεία κάποιου/τα βυζαντινά μνημεία της περιοχής (συνών. απογράφω)· ~ μια συνομιλία με μαγνητόφωνο/ μια συναυλία σε δίσκο (συνών. εγγράφω, ηχογραφώ)· ο φακός κατέγραψε τα πρώτα βήματα του ανθρώπου στη Σελήνη (συνών. απαθανατίζω). 2. (για όργανο μετρήσεων) δείχνω, σημειώνω, αναφέρω (ένα γεγονός, ένα μέγεθος, κ.τ.ό.): οι σεισμογράφοι κατέγραψαν σεισμική δόνηση μεγέθους 5,6 βαθμών της κλίμακας Ρίχτερ· συσκευή που -ει το επίπεδο της μόλυνσης στην ατμόσφαιρα.

κατάγυμνος, -η, -ο, επίθ. 1. εντελώς γυμνός (συνών. θεόγυμνος, τσίτσιδος). 2. (μεταφ.) για χώρο όπου δεν υπάρχει καθόλου επίπλωση ή διακόσμηση: -ο καμαράκι.

καταγωγή ουσ. 1. η αρχή του γένους ενός ατόμου, ο τόπος, η εθνότητα, η φυλή ή η κοινωνική τάξη των γονιών ή των προγόνων του: ~ ελληνική/εβραϊκή/ευγενής· άτομα με κοινή ~ (= ομογενείς)· μένω στη Θεσσαλονίκη, αλλά η ~ μου είναι από την Κρήτη (συνών. γενιά, ράτσα, σόι)· φρ. (λόγ.) έλκω την ~ μου (= κατάγομαι). 2. (βιολ.) η αρχική προέλευση ενός ζωικού ή φυτικού γένους: ορισμένοι υποστηρίζουν την ~ του ανθρώπου από τον πίθηκο.

καταγώγιο το, ουσ. (ασυνίζ.), (μειωτ.) για τόπο όπου διαμένουν ή συχνάζουν άνθρωποι ανήθικοι, διεφθαρμένοι: ~ κραιπάλης (αλλιώς κέντρο διαφθοράς, άντρο ακολασίας).

καταδαμάζω, ρ., δαμάζω, καταβάλλω εντελώς.

καταδεικνύω, ρ., αόρ. κατέδειξα, πληθ. καταδείξαμε, δείχνω κάτι με ακρίβεια ή σαφήνεια, κάνω γνωστό, φανερώνω: τα τελευταία γεγονότα κατέδειξαν την ανικανότητά τους να αντιμετωπίσουν το πρόβλημα.

καταδεκτικός, -ή, -ό και καταδεχτικός, επίθ., που εύκολα καταδέχεται κάτι ή κάποιον, απλός στους τρόπους και προσηνής: ο προϊστάμενος είναι άνθρωπος ~ και δε θα αρνηθεί να σε ακούσει (συνών. καλόβολος, συγκαταβατικός· αντ. ακατάδεκτος, περήφανος). - Επίρρ. **-εκτικά** και **-εχτικά**.

καταδεκτικότητα και **καταδεχτικότητα** η, ουσ., το να είναι κανείς καταδεκτικός (συνών. συγκαταβατικότητα· αντ. ακαταδεξιά).

κατάδεσμος ο, ουσ. (λαογρ.) μαγική πράξη που συνήθως έχει σκοπό να προκαλέσει βλάβη σε κάποιον: -οι μεσαιωνικοί· ~ που γίνεται για να εμποδίσει τη συνεύρεση νεονύμφων (συνών. λαϊκ. δέσιμο, κάρφωμα, αμπόδισμα).

καταδέχομαι, ρ. (συνηθέστερα με άρν.) 1. θεωρώ σωστό ή αξιοπρεπές για μένα το να κάνω ή να αισθανθώ κάτι: δεν -ονται τη γης να την πατήσουν (δημ. τραγ.)· μάταιες ελπίδες τέτοιες μην -χτείς (Καβάφης)· απορώ πώς -χτηκε να μιλήσει μαζί τους. 2. (με αντικ. πρόσωπο) συμπεριφέρομαι με καλή διάθεση, ευγένεια και συγκατάβαση σε κάποιον που είναι ή θεωρείται κατώτερος: έβγαλε λίγα λεφτά και τώρα δεν -εται τους παλιούς συντρόφους του.

καταδεχτικά, βλ. καταδεκτικός.
καταδεχτικός, βλ. καταδεκτικός.
καταδεχτικότητα, βλ. καταδεκτικότητα.
καταδημαγώγηση η, ουσ. (λόγ.), παραπλάνηση

καταδημαγωγώ

του λαού με δημαγωγικά μέσα: ~ *της κοινής γνώμης.*

καταδημαγωγώ, ρ. (λόγ.), δημαγωγώ (επιτ.), προσπαθώ να πετύχω την εύνοια του λαού με κάθε απατηλό μέσο.

καταδίδω, ρ., παρατ. *κατέδιδα,* πληθ. *καταδίδαμε,* αόρ. *κατέδωσα,* πληθ. *καταδώσαμε,* φανερώνω κρυφά στις αρχές αξιόποινη πράξη, (συνηθέστερα) το δράστη μιας τέτοιας πράξης ή κάτι που σχετίζεται μ' αυτήν: *-έδωσε το κρησφύγετο της οργάνωσης· όποιος θα -έδιδε το δράστη της ανατίναξης θα έπαιρνε μεγάλη αμοιβή* (συνών. *μαρτυρώ, προδίδω*).

καταδικάζω, ρ. 1α. (νομ.-κοιν.) κηρύσσω κάποιον με δικαστική απόφαση ένοχο για μια αξιόποινη πράξη και του επιβάλλω ορισμένη τιμωρία: ~ *κάποιον άδικα/χωρίς απολογία· το στρατοδικείο -ασε τους λιποτάκτες σε θάνατο·* (για το Θεό) *οι αμαρτωλοί -άστηκαν σε αιώνια τιμωρία·* **β.** (γενικά) θεωρώ κάποιον υπεύθυνο για κάτι κακό: *οι εφημερίδες βιάστηκαν να -άσουν για τα επεισόδια τους φιλάθλους του Α* (αντ. *στις σημασ. α και β αθωώνω, απαλλάσσω*). **2α.** προδικάζω, επιβάλλω ή προετοιμάζω κάτι ανεπιθύμητο ή οδυνηρό: *οι γιατροί τον -ασαν* (= είπαν ότι δε θα ζήσει ή ότι δε θα γίνει καλά· πβ. *αποφασίζω, ξεγράφω*) *η κρατική αδιαφορία τους είχε -άσει να ζουν στην αμάθεια·* φρ. ~ *τον εαυτό μου* (= ετοιμάζω ο ίδιος, με πράξεις ή παραλείψεις, την καταστροφή μου)· **β.** για να δείξει ότι οι περιστάσεις καθιστούν βέβαιο ότι κάποιος θα υποφέρει κάτι πολύ δυσάρεστο: *υπάλληλος -ασμένος να υπομένει τις ιδιοτροπίες των πελατών· μας έχει -άσει η γεωγραφική μας θέση να ζούμε ανήσυχα.* **3.** αποδοκιμάζω αυστηρά ή ανεπιφύλακτα, δηλώνω ότι κάτι είναι απαράδεκτο: *η κυβέρνηση -ει τις πράξεις βίας· σύσσωμη η κριτική -ασε την ταινία* (αντ. *επαινώ, επιδοκιμάζω, επικροτώ*).

καταδικαστέος, -α, -ο, επίθ., που πρέπει να καταδικαστεί: *πράξη/συμπεριφορά -α.*

καταδικαστικός, -ή, -ό, επίθ., που καταδικάζει: *απόφαση/ψήφος -ή* (αντ. *αθωωτικός, απαλλακτικός*).

καταδίκη η, ουσ. **1.** (νομ.-κοιν.) έκδοση καταδικαστικής απόφασης και επιβολή ποινής: ~ *βαριά/μεροληπτική/με αναστολή·* φρ. *υπογράφω την ~ μου* (= μεταφ., με δική μου υπαιτιότητα οδηγούμαι στην καταστροφή) (αντ. *αθώωση, απαλλαγή*). **2α.** δεινή δοκιμασία, ταλαιπωρία: *τι ~ να μη μπορείς να κοιμηθείς από το θόρυβο και τα κουνούπια!* **β.** αποτυχία με βαριές, δυσάρεστες συνέπειες: *κάθε προσπάθειά μου μια ~ είναι γραφτή* (Καβάφης). **3.** έντονη αποδοκιμασία, επίκριση ή μομφή, που κάποτε συνοδεύεται και από κυρώσεις: ~ *του πραξικοπήματος/της τουρκικής εισβολής στην Κύπρο· ~ παγκόσμια/φραστική* (πβ. *κατακραυγή·* αντ. *επιδοκιμασία, επικρότηση*).

κατάδικος ο, ουσ. (νομ.) πρόσωπο που καταδικάστηκε σε θάνατο ή σε στέρηση της ελευθερίας του με αμετάκλητη απόφαση ποινικού δικαστηρίου· (γενικά) φυλακισμένος: ~ *αλυσοδεμένος/ισοβίτης· εξέγερση των -ίκων.*

καταδικός, -ή, -ό, επίθ. (με τις προσωπ. αντων. *μου, σου, του...*) εντελώς δικός μου, κτήμα μου σε απόλυτο βαθμό: *ήθελε τη γυναίκα -ή του.*

καταδιωκτικός, -ή, -ό, επίθ. (ασυνίζ.), που ασχολείται με την καταδίωξη, που πραγματοποιεί κα-

ταδίωξη: *αρχές -ές· αεροπλάνο/σκάφος -ό.* -Το ουδ. ως ουσ. = ταχύ πολεμικό αεροσκάφος που χρησιμοποιείται κυρίως για την καταστροφή των εχθρικών αεροσκαφών στον αέρα (δευτερευόντως για την προσβολή επίγειων στόχων): ~ *ελαφρό/διθέσιο* (συνών. *μαχητικό*).

καταδιώκω, ρ. (ασυνίζ.). **1.** ακολουθώ από κοντά κάποιον ή κάτι που κινείται γρήγορα, προσπαθώντας να τον σταματήσω, να τον πιάσω ή να του κάνω κακό: *οι περαστικοί καταδίωξαν τον κλέφτη· το περιπολικό -ει μια μοτοσικλέτα* (συνών. *κυνηγώ*). **2.** (συνεκδοχικά) επιδιώκω να βλάψω κάποιον: *νομίζει πως όλοι τον -ουν* (συνών. *κατατρέχω*). **3.** (μεταφ.) απασχολώ διαρκώς, ενοχλώ επίμονα: *μια σκέψη με -ει.*

καταδίωξη η, ουσ. **1.** το να καταδιώκει κανείς ένα πρόσωπο ή άλλο στόχο: ~ *αστυνομική/περιπετειώδης·* (στρατ.) *το σκοτάδι εμπόδισε την ~ του ηττημένου εχθρού* (συνών. *κυνηγητό*). **2α.** (λόγ.) προσπάθεια να προκληθεί βλάβη σε κάποιον (συνών. *κατατρεγμός*)· **β.** (ιατρ.) *ιδέα/μανία -ης* = πεποίθηση του αρρώστου ότι κάποιος επιχειρεί να τον βλάψει σωματικά, ηθικά, κλπ.· *παραλήρημα -ης* = νοσηρή κατάσταση όπου κυριαρχούν σε κάποιον ιδέες καταδίωξης.

καταδολιεύομαι, ρ. (ασυνίζ,. λόγ.). **1.** ενεργώ με δόλο εναντίον κάποιου, εξαπατώ. **2.** (για νόμο) παραβαίνω με δολιότητα.

καταδολίευση η, ουσ. (λόγ.). **1α.** δόλια ενέργεια σε βάρος κάποιου· **β.** (νομ.) ~ *των δανειστών* = απαλλοτρίωση περιουσιακών στοιχείων που γίνεται από τον οφειλέτη για να βλάψει τους δανειστές του. **2.** (για νόμο) δόλια παράβαση.

καταδολιευτικός, -ή, -ό, επίθ. (ασυνίζ., λόγ.), που αναφέρεται ή αποσκοπεί στην καταδολίευση: *απόπειρα/δικαιοπραξία/συμπεριφορά -ή.*

κατάδοση η, ουσ., η πράξη εκείνου που καταδίδει (συνών. *προδοσία, σπιουνιά*).

καταδότης, θηλ. **-τρια,** ουσ., πρόσωπο που καταδίδει κάτι ή κάποιον: *τιμωρία των -ών ήταν η εκτέλεση* (συνών. *προδότης, σπιούνος, χαφιές*).

καταδρομέας ο, ουσ. **α.** (λόγ.) αυτός που πραγματοποιεί καταδρομή (συνών. *κουρσάρος*)· **β.** (στρατ.) στρατιώτης με ειδική εκπαίδευση για ανταρτοπόλεμο και για αποστολές εναντίον δύσκολων στόχων, αιφνιδιαστικές επιθέσεις, κλπ. (συνών. *λοκατζής, κομάντος*).

καταδρομή η, ουσ. (λόγ.). **1.** αιφνιδιαστική επίθεση εναντίον εχθρικών στόχων στη στεριά ή κυρίως στη θάλασσα (συνών. *κούρσος*). **2.** *καταρεγμός·* συνηθέστερα στην έκφρ. ~ *της τύχης* (για πολύ αντίθετες περιστάσεις, για «αναποδιές»).

καταδρομικό το, ουσ. (ναυτ.) εύδρομο (βλ. λ.): ~ *βαρύ/μάχης.*

καταδυνάστευση η, ουσ. (λόγ.), άσκηση τυραννικής εξουσίας, καταπίεση: ~ *του λαού·* (μεταφ.) ~ *του πνεύματος.*

καταδυναστεύω, ρ., ασκώ τυραννική εξουσία, καταπιέζω.

καταδύομαι, ρ., βυθίζομαι μέσα στο νερό: *ο κολυμβητής -εται* (= κάνει βουτιά)· *το υποβρύχιο -θηκε·* (μεταφ.) ~ *στα επάλληλα στρώματα της μνήμης* (Πρεβελάκης) (αντ. *αναδύομαι*). -Το ουδ. της μτχ. ενεστ. ως ουσ. *-όμενο* το = είδος υποβρυχίου για έρευνες σε πολύ μεγάλο θαλάσσιο βάθος (πβ. *βαθυσκάφος*).

κατάδυση η, ουσ. 1. το να βυθίζεται κάποιος ή κάτι μέσα στο νερό: ~ βαθμιαία/μηχανική· (εκκλ.) βάπτισμα με τριπλή ~· (ναυτ.) ~ υποβρυχίου (= κάθοδος και κίνηση κάτω από την επιφάνεια της θάλασσας με τη βοήθεια ειδικών μηχανισμών· (ζωολ.) σπονδυλόζωα και έντομα με ικανότητα -ης (αντ. ανάδυση). 2. (αθλητ.) α. ~ αγωνιστική = βύθιση στο νερό -με το κεφάλι να προηγείται από το υπόλοιπο σώμα - από εξέδρα ή βατήρα που βρίσκονται σε ορισμένο ύψος· β. υποβρύχια κολύμβηση κοντά στην επιφάνεια ή σε αρκετό βάθος με τη βοήθεια αναπνευστικής συσκευής (~ αυτόνομη) ή χωρίς τη χρήση τέτοιας συσκευής (~ ελεύθερη).

καταδύτης ο, θηλ. -τρια, ουσ. (αθλητ.), πρόσωπο που ασχολείται με καταδύσεις.

καταδυτικός, -ή, -ό, επίθ., που αναφέρεται ή βοηθά στην κατάδυση: ικανότητα -ή· συσκευή -ή (= που επιτρέπει στον άνθρωπο να καταδυθεί και να παραμείνει για ώρες κάτω από το νερό).

καταδύτρια, βλ. καταδύτης.

καταζαλίζομαι, ρ., ζαλίζομαι υπερβολικά.

καταζητώ, -είς, ρ. (για δικαστική ή αστυνομική αρχή) αναζητώ επίμονα κάποιον για να τον συλλάβω: η αστυνομία -εί το φυγόδικο τραπεζίτη· -είται νεκρός ή ζωντανός· (η μτχ. παθ. ενεστ. στο αρσ. ως ουσ.) οι αρχές επικήρυξαν τον -ούμενο.

κατάθεση η, ουσ. 1. (λόγ.) α. το να ακουμπά κανείς κάτι καταγής, απόθεση, απίθωμα· μόνο στις εκφρ. ~ θεμελίου λίθου/θεμελίων (για επίσημη θεμελίωση κτηρίου)· ~ στεφάνου σε μνημείο/ηρώο/άγαλμα, κ.τ.ό. (ως εκδήλωση τιμής)· ~ των όπλων (ως ένδειξη ήττας, συνθηκολόγησης, υποταγής)· (πολιτ.) ~ εντολής (= παραίτηση υποψηφίου πρωθυπουργού από την εντολή να σχηματίσει κυβέρνηση) β. (εκκλ.) πανηγυρική απόθεση ιερού λειψάνου ή αντικειμένου σε ναό. 2. (για πρόταση, νομοσχέδιο, κ.τ.ό.) το να τίθεται υπό την κρίση συνήθως ενός συλλογικού σώματος: ~ του προϋπολογισμού στη Βουλή· προθεσμία για την ~ αιτήσεων (συνών. υποβολή). 3. (νομ.) γραπτή ή προφορική μαρτυρία σε δικαστική ή ανακριτική αρχή: ~ αποκαλυπτική/επιβαρυντική· παίρνω ~ από κάποιον· δίνω ~ (= καταθέτω). 4α. παράδοση χρημάτων σε πιστωτικό ίδρυμα για φύλαξη και τοκισμό: ~ σε κοινό λογαριασμό/σε συνάλλαγμα· βιβλιάριο -έσεων· πιστοποιητικό -ης (= απόδειξη που χορηγείται από την τράπεζα και βεβαιώνει την κατάθεση ορισμένου ποσού)· κάνω ~ (= καταθέτω) (αντ. ανάληψη)· β. (συνεκδοχικά, συνήθως στον πληθ.) για το χρηματικό ποσό που βρίσκεται για κάποιο χρονικό διάστημα σε τραπεζικό ή άλλο λογαριασμό: έχω σημαντικές -έσεις· δέσμευση/αύξηση των -έσεων· εκφρ. όψεως (για ποσά που μεταβιβάζονται με επιταγές που ισοδυναμούν με ρευστό χρήμα)· ~ προθεσμίας (που το ποσό της μπορεί να αποσυρθεί μετά από ορισμένο χρόνο ή με συνεννόηση)· ~ ταμιευτηρίου (που μπορεί να ρευστοποιηθεί αμέσως)· γ. (γενικά) παράδοση πολύτιμων πραγμάτων για φύλαξη, ή σπανιότερα για εκμετάλλευση: ~ ομολογιών, μετοχών, κ.ά. από τον επίτροπο ανηλίκου σε ειδική τράπεζα· ~ συλλεκτικών αντικειμένων για πώληση σε δημοπρασία.

καταθέτης ο, θηλ. -τρια, ουσ., πρόσωπο που κάνει ή έχει καταθέσεις (βλ. κατάθεση στη σημασ. 4).

καταθέτω, ρ., παρατ. κατέθετα, πληθ. καταθέταμε, αόρ. κατέθεσα, πληθ. καταθέσαμε, μέσ. -ομαι και κατατίθεμαι, μέλλ. θα κατατεθώ, αόρ. κατατέθηκα. 1. (λόγ.) ακουμπώ κάτι κάτω, αποθέτω, απιθώνω· μόνο στις φρ. ~ στεφάνι/στέφανο, κ.τ.ό. (ως εκδήλωση τιμής)· ~ τα όπλα (= α. ρίχνω κάτω τα όπλα μου ως σημείο υποταγής· β. (συνεκδοχικά) παύω να πολεμώ αναγνωρίζοντας την ήττα μου: το Μάιο του 1945 η Γερμανία κατέθεσε τα όπλα· γ. (μεταφ.) εγκαταλείπω τον αγώνα, παύω να υπερασπίζομαι τον εαυτό μου: παρ' όλα όσα προέκυψαν εις βάρος του, δεν -ει τα όπλα) · ~ το θεμέλιο λίθο/τα θεμέλια ενός κτηρίου (για επίσημη θεμελίωση)· (πολιτ.) ~ την εντολή (για υποψήφιο πρωθυπουργό που παραιτείται από την εξουσιοδότηση να σχηματίσει κυβέρνηση). 2. φέρνω για συζήτηση, θέτω υπό την κρίση και την έγκριση συνήθως ενός συλλογικού σώματος (μια πρόταση κ.τ.ό.): η κυβέρνηση -έθεσε για ψήφιση στη Βουλή σχέδιο νόμου· ~ μήνυση (συνών. εισάγω, υποβάλλω). 3. (νομ.) παρέχω γραπτή ή προφορική μαρτυρία για πρόσωπο ή γεγονός στο δικαστήριο ή σε ανακριτική αρχή: ~ με όρκο· αρνούμαι να -έσω. 4. παραδίδω χρήματα σε πιστωτικό ίδρυμα για φύλαξη και τοκισμό: ~ το μισθό μου/το τίμημα από την πώληση ενεχύρου (αντ. αναλαμβάνω, σηκώνω). 5. (γενικά) παραδίδω πολύτιμα πράγματα για φύλαξη: η ιδιόγραφη διαθήκη μπορεί να -τεθεί από το διαθέτη σε συμβολαιογράφο.

καταθλίβω, ρ., παρατ. κατέθλιβα, πληθ. καταθλίβαμε, αόρ. κατέθλιψα, πληθ. καταθλίψαμε (λόγ.), (για γεγονός, συμπεριφορά, κ.τ.ό.) πιέζω πολύ, προξενώ μεγάλη θλίψη, λυπώ βαθύτατα κάποιον.

καταθλιπτικός, -ή, ό, επίθ. 1. που προκαλεί μεγάλη θλίψη, έντονη δυσαρέσκεια ή ενόχληση: ατμόσφαιρα/ταινία -ή. 2. (ιατρ.) που αναφέρεται στην κατάθλιψη (βλ. λ. στη σημασ. β): κατάσταση -ή· ασθενής ~. 3. (μηχανολ.) αντλία -ή = είδος αντλίας με έμβολο που δημιουργεί μεγάλη πίεση.

κατάθλιψη η, ουσ. 1. μεγάλη θλίψη. 2. (ιατρ.) παθολογική ψυχική κατάσταση που χαρακτηρίζεται από έλλειψη αυτοεκτίμησης, απογοήτευση, μείωση της πνευματικής απόδοσης και γενικά κάθε δραστηριότητας, αδυναμία και διάφορα οργανικά προβλήματα: ~ νευρωτική/ψυχωτική (πβ. μελαγχολία, νευρασθένεια).

καταθορυβώ, -είς, ρ. (λόγ.), προκαλώ έντονη ανησυχία: η εντολή ελέγχου στην τράπεζα -ησε τον καταχραστή (συνών. αναστατώνω, συνταράζω· αντ. καθησυχάζω).

καταιγίδα η, ουσ. 1α. ραγδαία βροχή με αστραπές, κεραυνούς, βροντές και δυνατό άνεμο ή χαλάζι: ~ ξαφνική/ανοιξιάτικη/τροπική· (για πρόσωπο) ορμητικός/βίαιος σαν ~ (συνών. θύελλα, μπόρα)· β. (συνεκδοχικά) ~ μαγνητική = διαταραχή του γήινου μαγνητικού πεδίου. 2. (σε μεταφ.) για έντονη αναταραχή, αναστάτωση και φασαρία που συμβαίνει και απειλείται: ένα οξύ σχόλιο ήταν αρκετό για να ξεσπάσει η ~· στην ατμόσφαιρα του γραφείου ένιωθες την ~.

καταιγισμός ο, ουσ. (λόγ.). 1. (στρατ.) για τη συγκέντρωση της βολής πολλών πυροβόλων όπλων εναντίον ορισμένου στόχου: ~ πυρός/οβίδων. 2. (μεταφ.) για αλλεπάλληλες σφοδρές ενέργειες: ~ παρατηρήσεων/καταγγελιών (πβ. ομοβροντία).

καταιγιστικός, -ή, -ό, επίθ., για πυκνή ρίψη βλημάτων εναντίον ενός στόχου: πυρά -ά· (μεταφ.) σχόλια -ά.

καταιονισμός ο, ουσ. (λόγ.). **α.** κατάβρεγμα με νερό που πέφτει από ψηλά (για θεραπεία ή για λόγους προληπτικής υγιεινής) (κοιν. **ντους**)· **β.** (μεταφ.) ~ ειδήσεων = απανωτές ειδήσεις.

καταισχύνη η, ουσ. (λόγ.), το αίσθημα μιας μεγάλης ταπείνωσης, ατιμία, ρεζιλίκι: *ήθελαν να σβήσουν την ~ από τον πόλεμο του 1897.*

καταισχύνω, ρ. (λόγ.), καταντροπιάζω, ρεζιλεύω.

καταΐφι, βλ. *κανταΐφι*.

κατακαημένος, -η, -ο, επίθ. (συνίζ., λαϊκ.), που έπαθε πολλά, πολύ δυστυχισμένος (συνήθως σε επιφωνηματικές εκφρ.): *-η πατρίδα!*

κατακάθαρος, -η, -ο, επίθ., πολύ καθαρός: *πουκάμισο -ο· ουρανός* ~ (συνών. *πεντακάθαρος*). - Επίρρ. **-α**.

κατακάθι το, ουσ. **1.** το υλικό που περιέχεται σ' ένα υγρό και κατακάθεται στον πυθμένα δοχείου ή στο βυθό: *τα -α του καφέ·* ~ *του κρασιού* (= τρυγιά)/*του λαδιού* (= μούργα) (πβ. *ίζημα*). **2.** (μεταφ.) για πρόσωπα χωρίς ποιότητα ή αξία: ~ *της κοινωνίας* (αντ. *αφρόκρεμα*). **3.** (μεταφ.) καταστάλαγμα, απόσταγμα: *στη λογοτεχνία... εκφράζεται άμεσα το διάχυτο πνεύμα ενός λαού, το ~ της πείρας του* (Τερζάκης).

κατακαθίζω, ρ., αόρ. *κατακάθισα.* **1.** (για στερεό υλικό που βρίσκεται σκορπισμένο μέσα σε υγρό ή αέριο) κατεβαίνω εξαιτίας του βάρους μου προς τα κάτω και συγκεντρώνομαι εκεί, δηλ. στο έδαφος, στον πυθμένα, κ.τ.ό.: *περιμένω να -ίσει η άμμος του βυθού· να -κάτσει ο κουρνιαχτός, να σηκωθεί η αντάρα* (δημ. τραγ.)· (συνεκδοχικά) *-ει το νερό* (ενν. οι ξένες ουσίες που βρίσκονται μέσα σ' αυτό). **2.** (για έδαφος, κτίσμα) παθαίνω καθίζηση, υποχωρώ. **3.** (μεταφ.) για αποκατάσταση της ηρεμίας, της γαλήνης: *-ει ο θόρυβος· να -κάτσει ο πόλεμος, ο τόπος να ησυχάσει* (Αθάνας).

κατακάθισμα το, ουσ., το να κατακαθίζει κάτι.

κατακάθομαι, ρ., κατακαθίζω (βλ. λ.).

κατακαίνουργος, -η, -ο και **-γιος, -για, -γιο**, επίθ., εντελώς καινούργιος: *ποδήλατο -ο· φορεσιά -η* (συνών. *ολοκαίνουργ(ι)ος*).

κατακαίω, ρ. **1.** καίω εντελώς (με φωτιά ή άλλη καυστική ουσία): *το κατάκαψαν το δάσος· το δέρμα του -κάηκε από το ιώδιο.* **2.** προκαλώ οδυνηρή αίσθηση θερμότητας: *το δυνατό ρακί μού κατάκαψε τα σωθικά.* **3.** (σε μεταφ. για πάθη) φλογίζω έντονα: *ο θυμός τού -ει τα σπλάχνα* (Σολωμός).

κατακαλόκαιρο το, ουσ., τα μέσα του καλοκαιριού, η εποχή που η ζέστη είναι πιο έντονη: *εξετάσεις μες στο ~* (αντ. *καταχείμωνο*). - Επίρρ. **-α**.

κατάκαμπα και **-ις**, επίρρ. (έρρ., λαϊκ., ποιητ.), στη μέση του κάμπου: *που πολεμά ~ στα Γιάννενα στον κάμπο* (δημ. τραγ.)· *μπροστά, λαγέ, στον κυνηγό -ίς κανίζεις* (Σολωμός).

κατάκαρδα, επίρρ. **1.** ακριβώς, μέσα στην καρδιά: *η σφαίρα τον χτύπησε ~* (πβ. *κατάστηθα*). **2.** (μεταφ.) για έντονη λύπη, στενοχώρια, κ.τ.ό.: *λυπούμαι ~* φρ. *παίρνω κάτι ~* (= νιώθω μεγάλη θλίψη για κάτι ή αποδίδω σε κάτι υπερβολική σημασία): *μια συνηθισμένη παρατήρηση σου 'κανε, μην το παίρνεις ~.*

κατακεραυνώνω, ρ. (λόγ.). **α.** κάνω κάποιον με επικριτικά λόγια ή επιτιμητικό βλέμμα να μείνει άναυδος, να μην μπορεί να αντιδράσει (σα να τον χτύπησε κεραυνός): *ο εισαγγελέας με την αγόρευσή του -ωσε τον κατηγορούμενο* (συνών. *αποσβολώνω, κεραυνοβολώ*)· **β.** (γενικά) κατηγορώ έντονα: *-ει υψηλόφωνα τα μέλη της ηγεσίας.*

κατακερματίζω, ρ. (λόγ.), κόβω, χωρίζω σε μικρά κομμάτια (συνήθως μεταφ.): *μετά την ήττα το κόμμα -ίστηκε σε αντίπαλες φατρίες.*

κατακερματισμός ο, ουσ., διαίρεση σε μικρά κομμάτια (συνήθως μεταφ.): ~ *υπαίθριων χώρων/των δυνάμεων της αριστεράς.*

κατακέφαλα, επίρρ. **1.** ακριβώς στο κεφάλι, στη μέση του κεφαλιού: *η πέτρα τον πέτυχε ~.* **2.** (σπανιότ.) με το κεφάλι προς τα κάτω: *έπεσε ~.*

κατακεφαλιά η, ουσ. (συνίζ.), χτύπημα στο κεφάλι: *του 'δωσε μια ~* (συνών. *κατραπακιά, φάπα*).

κατακιτρινίζω, ρ., γίνομαι κατακίτρινος: *-ισε από την αρρώστια/από το φόβο* (συνών. *καταχλομιάζω, κερώνω, πανιάζω*).

κατακίτρινος, -η, -ο, επίθ. **1.** που έχει έντονο κίτρινο χρώμα: ~ *ήλιος του Βαν Γκογκ.* **2.** κατάχλομος, κάτωχρος, πανιασμένος: *έγινε ~ από την αγωνία.*

κατακλέβω, ρ., κλέβω πολλά ή τα πάντα από κάποιον ή κάτι: *οι ληστές είχαν -ψει τους χωρικούς· -ει το δημόσιο* (συνών. *καταληστεύω, γδέρνω, γδύνω, ξεγυμνώνω*).

κατακλείδα η, ουσ., το τελευταίο μέρος κειμένου ή λόγου (όπου συνήθως βρίσκεται το συμπέρασμα): ~ *επιστολής/άρθρου/ομιλίας* (συνών. *επίλογος·* αντ. *εισαγωγή/πρόλογος/προοίμιο*).

κατακλείνω, ρ., κλείνω εντελώς κάτι.

κατάκλειστος, -η, -ο, επίθ., κλεισμένος εντελώς: *παράθυρο -ο· εκκλησιά -η* (συνών. *θεόκλειστος·* αντ. *ολάνοιχτος*).

κατακλίνομαι, ρ. (λόγ.), ξαπλώνω στο κρεβάτι, πλαγιάζω.

κατάκλιση η, ουσ. (λόγ.). **α.** το να ξαπλώνει κανείς, η θέση κατά την οποία όλη η επιφάνεια του σώματός μας αγγίζει μια άλλη επιφάνεια (λ.χ. έδαφος, κρεβάτι, γυμναστικό όργανο, κ.ά.): ~ *μεσημβρινή·* (γυμν.) ~ *πλάγια/ύπτια·* **β.** (ναυτ.) το πλάγιασμα του πλοίου στο ναυπηγείο για επισκευή ή καθαρισμό του κύτους του· **γ.** (ιατρ., συνήθως στον πληθ.) περιοχή του δέρματος και των ιστών κατάκοιτου ατόμου όπου παρουσιάζεται πληγή, που οφείλεται στην παρατεταμένη κατάκλιση.

κατακλύζω, ρ., συνήθως στον αόρ. *κατέκλυσα*, πληθ. *κατακλύσαμε.* **1.** γεμίζω ή σκεπάζω με νερό: *το ποτάμι -σε την πεδιάδα* (συνών. *πλημμυρίζω,* μτβ.). **2.** (μεταφ.) γεμίζω κάτι με αφθονία: *το πλήθος -σε τους κεντρικούς δρόμους· -σαν την αγορά με νέα προϊόντα.*

κατάκλυση η, ουσ., ~ *εδάφους* = κατακλυσμός, πλημμύριση της επιφάνειας κτήματος από νερά βρόχινα ή ποταμίσια.

κατακλυσμιαίος, -α, -ο, επίθ. (ασυνίζ., λόγ.). **1.** που αναφέρεται στον κατακλυσμό, που έχει σχέση με την εποχή του μεγάλου κατακλυσμού: *ζώα -α.* **2.** που έχει τη μορφή κατακλυσμού: *βροχή -α* (συνών. *κατακλυσμικός*). - Επίρρ. **-α**.

κατακλυσμός ο, ουσ. **1.** κάλυψη της επιφάνειας της γης με νερό: ~ *του Νώε* (συνών. *πλημμύρα*). **2.** ραγδαία βροχή που προκαλεί πλημμύρες: *τι ~ ήταν αυτός!* (συνών. *νεροποντή, καταιγίδα*). **3.** (μεταφ.) αφθονία: ~ *φρούτων/ύβρεων* (συνών. *υπερεπάρκεια·* αντ. *έλλειψη*)· φρ. *φέρνω τον -ό* (= παρουσιάζω τα πράγματα δύσκολα, παρουσιάζω τα εμπόδια ανυπέρβλητα).

κατακόβω, ρ., αόρ. *κατάκοψα*. I. (ενεργ.) κόβω κάτι σε μικρά κομμάτια ή σε πολλά σημεία: *με -ψε ο κουρέας*. II. (μέσ.) κόβομαι σε πολλά σημεία.

κατάκοιτος, -η, -ο, επίθ., που είναι τόσο άρρωστος ώστε δεν μπορεί να σηκωθεί από το κρεβάτι: *έσπασε τα πόδια του και είναι ~ δύο μήνες* (συνών. *κρεβατωμένος*).

κατακοκκινίζω, ρ., γίνομαι κατακόκκινος: *-ισε από την ντροπή του*.

κατακόκκινος, -η, -ο, επίθ., που έχει χρώμα βαθύ κόκκινο: *μάτια -α απ' το κλάμα· έγινε ~ από τη ντροπή του* (συνών. *βαθυκόκκινος*).

κατ' ακολουθίαν· αρχαϊστ. έκφρ. = επομένως.

κατακόμβη η, ουσ. 1. σειρά από υπόγειους διαδρόμους και θαλάμους όπου συνήθιζαν να θάβουν τους νεκρούς (ιδίως στην αρχαία Ρώμη)· χρησίμευε στα πρώτα μεταχριστιανικά χρόνια και ως τόπος λατρείας και συγκεντρώσεων. 2. (κατ' επέκταση) βαθύς υπόγειος χώρος, σκοτεινός και απόκρυφος. [ιταλ. *catacomba*].

κατάκοπος, -η, -ο, επίθ., που είναι πολύ κουρασμένος: *γύρισε ~ από τη δουλειά* (συνών. *κατακουρασμένος, αποκαμωμένος, εξαντλημένος*· αντ. *ξεκούραστος*).

κατά κόρον· αρχαϊστ. έκφρ. = α. υπερβολικά· β. πολύ χορταστικά.

κατακόρυφος, -η, -ο, επίθ., που έχει διεύθυνση προς το κέντρο της Γης, που έχει τη διεύθυνση του νήματος της στάθμης: *φορά -η*· (μεταφ.) *η πτώση των μετοχών*. - Το θηλ. ως ουσ.: 1. νοητή γραμμή που τέμνει την ουράνια σφαίρα κατά τα δύο εκ διαμέτρου αντίθετα σημεία της, ζενίθ και ναδίρ. 2. (γυμν.) άσκηση κατά την οποία στηρίζει κανείς το σώμα του στα χέρια του και το κρατάει κατακόρυφο με τα πόδια προς τα πάνω. - Το ουδ. ως ουσ.: 1. ύψιστο σημείο της ουράνιας σφαίρας πάνω από τον ορίζοντα κατά το οποίο αυτή τέμνεται από την κατακόρυφο ενός τόπου (συνών. *ζενίθ*· αντ. *ναδίρ*). 2. ύψιστο σημείο, αποκορύφωμα: *έφτασε στο ~ της δόξα του*. - Επίρρ. **-α** (= σε μεγάλη κλίμακα, πάρα πολύ): *έπεσαν -α οι μετοχές*.

κατάκορφα, επίρρ. (λαϊκ.), εντελώς στην κορυφή.

κατά κόσμον· αρχαϊστ. έκφρ.· λέγεται για το βαπτιστικό όνομα κληρικών ή μοναχών σε αντιδιαστολή με το ιερατικό όνομα.

κατακουράζω, ρ. (λαϊκ.), κουράζω κάποιον υπερβολικά: *με -σαν σήμερα τα παιδιά μου*. - Η μτχ. παρκ. ως επίθ. = κατάκοπος: *γύρισε σπίτι -μένος* (συνών. *καταπονώ*· αντ. *ξεκουράζω*).

κατακούτελα, επίρρ. (λαϊκ.), ακριβώς στο μέτωπο: *τον βάρεσε ~*.

κατακράτηση η, ουσ. 1. βίαιη και παράνομη κράτηση προσώπου ή παράνομη κατοχή πράγματος. 2. (νομ.) *παράνομη ~* = παράνομος και από πρόθεση περιορισμός της προσωπικής ελευθερίας του ατόμου από άτομο, ομάδα ή από κρατικά όργανα. 3. (ιατρ.) *~ ούρων* = αδυναμία στην ούρηση.

κατά κράτος· αρχαϊστ. έκφρ. = ολοσχερώς, ολοκληρωτικά.

κατακρατώ, ρ., κρατώ κάποιον με τη βία και παράνομα ή έχω κάτι στην κατοχή μου παρανόμως.

κατακραυγή η, ουσ. (χωρίς πληθ.), έντονη αποδοκιμασία που εκδηλώνεται με κραυγές, έντονη διαμαρτυρία: *η απόφαση του δικαστηρίου προκάλεσε τη γενική ~* (αντ. *ζητωκραυγή, επευφημία*).

κατακρεούργηση η, ουσ. 1. άγριος φόνος με μαχαίρι (συνών. *σφαγή, κατατεμαχισμός*). 2. (μεταφ.) κακότεχνη εκτέλεση, κακοποίηση (ιδίως μουσικού ή θεατρικού έργου).

κατακρεουργώ, -είς, ρ. 1. σκοτώνω με πολλές μαχαιριές (συνών. *κατασφάζω*). 2. (μεταφ.) εκτελώ, αποδίδω ή ερμηνεύω αδέξια: *-ησε το ποίημα/το μουσικό κομμάτι*.

κατακρήμνιση η, ουσ. (λόγ.), γκρέμισμα, κατεδάφιση (συνών. *κατάρριψη*).

κατακρήμνισμα το, ουσ. (λόγ.). 1. (χημ.) ίζημα, κατακάθι. 2. (μετεωρ.) *ατμοσφαιρικά -ατα:* προϊόντα συμπύκνωσης υδρατμών της ατμόσφαιρας που πέφτουν στην επιφάνεια της γης ως βροχή, χιόνι, πάχνη, κλπ.

κατακρίνω, ρ., παρατ. και αόρ. *κατέκρινα*, πληθ. *κατακρίναμε*. 1. κατηγορώ κάποιον για κάτι κακό που έχει κάνει: *τον κατέκριναν για τη σκληρή του στάση* (συνών. *αποδοκιμάζω, επικρίνω*· αντ. *επιδοκιμάζω, επαινώ*). 2. κατηγορώ καταγγέλλω κάτι αξιόμεμπτο ή ελαττωματικό: *~ τη σπατάλη/το πολιτικό σύστημα* (αντ. *εγκρίνω*).

κατάκριση η, ουσ., δυσμενής κριτική, επίκριση (συνών. *κατηγορία, επιτίμηση*· αντ. *έγκριση, επιδοκιμασία*).

κατακριτέος, -α, -ο, επίθ., που είναι άξιος να κατακριθεί: *ενέργεια -α* (συνών. *αξιοκατάκριτος*· αντ. *αξιέπαινος*).

κατακριτής ο, ουσ., αυτός που κατακρίνει κάποιον ή κάτι: *~ των άδικων πολιτικών συστημάτων* (συνών. *επικριτής*).

κατάκρυος, -α, -ο, επίθ. (λαϊκ.), πολύ κρύος (συνών. *κατάψυχρος*).

κατάκτηση η, ουσ. 1. (για χώρα) καθυπόταξη με στρατιωτικά μέσα: *~ της Κορέας από τους Ιάπωνες* (συνών. *κυρίευση, υποδούλωση*). 2. (συνεκδοχικά) η χώρα που κατακτήθηκε: *οι -ήσεις των Άγγλων* (συνών. *κτήση*). 3. απόκτηση κάποιου πράγματος ή επιτυχία ύστερα από πολλές προσπάθειες και θυσίες: *~ δόξας/τίτλου/του διαστήματος*. 4. ερωτική επιτυχία: *στα νιάτα του είχε πολλές -ήσεις*.

κατακτητής ο, θηλ. **-τρια**, ουσ. 1. αυτός που κατακτά ή κυριεύει κάτι χρησιμοποιώντας δυναμικά μέσα: *οι Ευρωπαίοι -ές του Μεξικού*. 2. αυτός που σημειώνει ερωτικές επιτυχίες: *~ γυναικών/καρδιών* (συνών. *γόης*).

κατακτητικός, -ή, -ό, επίθ. 1. που αναφέρεται στην κατάκτηση ή τον κατακτητή. 2. που αποβλέπει σε κατακτήσεις: *πολιτική -ή* (συνών. *επεκτατικός*). - Επίρρ. **-ά**.

κατακτήτρια, βλ. *κατακτητής*.

κατακτώ, -άς, ρ., αόρ. *κατέκτησα*, πληθ. *κατακτήσαμε*. 1. (για χώρα) υποτάσσω με στρατιωτικά μέσα: *-ησε το περσικό κράτος* (συνών. *κυριεύω, υποδουλώνω*). 2. με θυσίες και κόπους κατορθώνω να φτάσω κάπου ή να αποκτήσω κάτι: *-ησε την εξουσία/το βαθμό του διευθυντή· η μόρφωση -άται με κόπους*. 3. προσελκύω κάποιον με τις αρετές μου, κερδίζω την εύνοια κάποιου: *μας -ησε όλους με την καλοσύνη του*. 4. έχω ερωτικές επιτυχίες: *στα νιάτα του είχε -ήσει πολλές γυναίκες*.

κατακυριεύω, ρ. (ασυνίζ.), γίνομαι κυρίαρχος, εξησιάζω κάποιον ή κάτι ολοκληρωτικά: (μεταφ.) *το πάθος -σε την ψυχή του· με -σε πανικός* (συνών. *καταλαμβάνω*).

κατακυρώνω, ρ. (λόγ.). 1. (νομ.) με διοικητική ή δικαστική απόφαση μεταβιβάζω σύμφωνα με το αστικό και το δικονομικό δίκαιο την κυριότητα

κινητού ή ακίνητου περιουσιακού στοιχείου. 2. (σε δημοπρασία) μεταβιβάζω επίσημα την κυριότητα ενός πράγματος σε κάποιον αγοραστή.

κατακύρωση η, ουσ. (λόγ.). 1. (νομ.) μεταβίβαση της κυριότητας κινητού ή ακίνητου πράγματος με διοικητική ή δικαστική απόφαση, που αναπληρώνει τη θέληση του ιδιοκτήτη. 2. (σε δημοπρασία) κήρυξη ως οριστικής της κατοχής ενός πράγματος.

καταλαβαίνω, ρ., αόρ. *κατάλαβα*. 1. αντιλαμβάνομαι με το νου, ξέρω τι εννοεί κάποιος, εννοώ: *κάνει πως δεν -ει· μαζί μιλάμε και χώρια -ουμε* (για ανθρώπους που δε συνεννοούνται) (συνών. *κατανοώ, νιώθω*). 2. αντιλαμβάνομαι κάποιον ή κάτι με τις αισθήσεις: *έφυγε χωρίς να τον καταλάβουν*. 3. αποκομίζω κάποιο όφελος: *τι κατάλαβες που μαλώσατε;* 4. συμμερίζομαι τις έννοιες και τα προβλήματα κάποιου: *μόνον εσύ με -εις* (συνών. *κατανοώ, νιώθω*). Φρ. *του 'δωσα και κατάλαβε* (= α. τον τιμώρησα, του εκδικήθηκα· β. έκανα κάτι σε μεγάλο βαθμό). 5. (μέσ. αυτοπαθές) (λαϊκ.), έχω αμοιβαία κατανόηση με κάποιον: *οι δυο τους -ονται μια χαρά*.

καταλαγιάζω, ρ. (συνιζ.). 1. μειώνεται η έντασή μου: *-σε η φουρτούνα/το γλέντι/ο αέρας* (συνών. *καλμάρω, κοπάζω·* το β΄ για τον αέρα). 2. ηρεμώ ψυχικός: *-σε από τις έγνοιες*.

καταλάγιασμα το, ουσ. (συνιζ.), ησυχία, γαλήνεμα: *~ της φουρτούνας*.

καταλαλιά η, ουσ. (συνιζ., λαϊκ.), δυσάρεστα λόγια σε βάρος κάποιου: *η ~ του κόσμου*.

καταλαμβάνω, ρ., αόρ. *κατέλαβα*, πληθ. *καταλάβαμε*, παθ. αόρ. *καταλήφθηκα*. 1. γίνομαι κύριος κάποιου πράγματος με βίαιο τρόπο: *ο στρατός κατέλαβε επίκαιρες θέσεις* (συνών. *κατακτώ, κυριεύω*). 2. (με το *να* + ρήμα) πιάνω κάποιον να κάνει κάτι (ιδίως κακό). 3. αποκτώ (ιδίως υπαλληλική ή άλλη ανάλογη θέση): *κατέλαβε τη θέση του νομάρχη*. 4. (για τόπο) κατέχω έκταση, εκτείνομαι: *τα κτήματά του -ουν πολλά στρέμματα* (συνών. *πιάνω*). 5. γίνομαι κυρίαρχος, εξουσιάζω κάποιον ή κάτι ολοκληρωτικά: *τον κατέλαβε πανικός* (συνών. *κατακυριεύω*). - Η μτχ. παθ παρκ. *κατειλημμένος* ως επίθ. = που δεν είναι διαθέσιμος, πιασμένος: *θέση -η*.

Καταλανή, βλ. *Καταλανός*.

καταλανικός, -ή, -ό, επίθ., που σχετίζεται με την Καταλανία ή τους Καταλανούς.

Καταλανός ο, θηλ. *-ή*, ουσ., αυτός που κατάγεται από την Καταλανία ή κατοικεί σ' αυτήν.

καταλέγω, ρ. (λόγ.), κατατάσσω κάποιον ανάμεσα σε άλλους ή σε άλλα: *-εται μεταξύ των κορυφαίων ποιητών* (συνών. *περιλαμβάνω, συγκαταλέγω*).

καταλεπτώς, επίρρ. (λαϊκ.), με κάθε λεπτομέρεια: *μου τα διηγήθηκε όλα -ώς*.

κατάλευκος, -η, -ο, επίθ., που είναι εντελώς άσπρος: *σπίτια/σεντόνια -α* (συνών. *κάτασπρος*· αντ. *κατάμαυρος*).

κατάληγμα το, ουσ., τα οποιαδήποτε γράμματα στα οποία καταλήγει μια λέξη: *-ριον, -ήριον, -ούριον*, κλπ., *-ατός, -τός, -ητός*, κλπ.

καταλήγω, ρ., αόρ. *κατάληξα* και *κατέληξα*, πληθ. *καταλήξαμε*. 1. τελειώνω σε κάποιο σημείο, φτάνω στο τέρμα: *ο δρόμος -ει στη μεγάλη πλατεία* (αντ. *αρχίζω*). 2. (για πρόσωπο) περιέρχομαι σε κάποια κατάσταση, καταντώ: *-ξε στο ψυχιατρείο*. 3. φτάνω σε αποτέλεσμα ή συμπέρασμα, έχω ορισμένη έκβαση: *οι συνομιλητές δεν -ξαν πουθενά· δεν ξέρω που θα -ξει η υπόθεση· η συζήτηση -ξε σε καβγά*. 4. (συνήθως στον αόρ. *κατέληξε*) πεθαίνω.

καταληκτικός, -ή, -ό, επίθ. 1. που αναφέρεται στο τέλος: *ημερομηνία -ή* (συνών. *τελικός*). 2. (μετρ.) (για στίχους) που έχουν ατελή τον τελευταίο πόδα: *τετράμετρα τροχαϊκά -ά*.

κατάληξη η, ουσ. 1. έκβαση, τέλος: *~ υπόθεσης/επεισοδίου* (αντ. *αρχή*). 2. (για πρόσωπο) κατάντημα: *μπορώ να φανταστώ την ~ σου*. 3. (γραμμ.) το τελευταίο τμήμα της λέξης που μεταβάλλεται κατά την κλίση.

καταληπτός -ή, -ό, επίθ. (λόγ.), που μπορεί να κατανοηθεί, εύληπτος (συνών. *κατανοητός*· αντ. *ακατάληπτος, ακαταλαβίστικος*).

κατάληψη η, ουσ. 1. κυρίευση μιας περιοχής ή χώρας από ομάδα ανθρώπων ή από στρατό με σκοπό τον έλεγχο και την εκμετάλλευση της (συνών. *κατοχή*). 2. το να παίρνει μια ομάδα ανθρώπων στην κατοχή της και να θέτει (βίαια συνήθως) υπό τον έλεγχό της κτήριο ή τόπο που ανήκει σε άλλους, για να τα εκμεταλλευτεί ή και για να δηλώσει μ' αυτόν τον τρόπο τη διαμαρτυρία της ή να προβάλει αιτήματα: *~ εγκαταλειμμένων κτηρίων/εργοστασίου/πανεπιστημιακών σχολών*.

καταληψία η, ουσ. (ιατρ.) σύνδρομο νευρολογικό κατά το οποίο αναστέλλεται εντελώς η λειτουργία των εκούσιων κινήσεων των μυών.

καταληψίας ο, ουσ., αυτός που προβαίνει σε κατάληψη (βλ. λ. στη σημασ. 2), αυτός που καταλαμβάνει ένα χώρο συνήθως με τη βία: *οι -ίες τούς εμπόδισαν να μπουν στο εργοστάσιο*.

κατάλληλος, -η, -ο, επίθ., που εξυπηρετεί ή ταιριάζει σε κάποια περίσταση, που έχει τις αναγκαίες ιδιότητες σε κάτι, ταιριαστός: *ενέργεια/περίσταση/ώρα -η· ο ~ άνθρωπος στην -η θέση* (για ικανούς ανθρώπους που κατέχουν αρμόδιες θέσεις) (συνών. *αρμόδιος*· αντ. *ακατάλληλος*). - Επίρρ. *-α* και *-ήλως* = όπως πρέπει: *της μίλησα -ήλως*.

καταλληλότητα η, ουσ., το να είναι κάποιος ή κάτι κατάλληλο(ς) για κάτι: *θα εξεταστεί η ~ των υποψηφίων* (αντ. *ακαταλληλότητα*).

καταλλήλως, βλ. *κατάλληλος*.

καταλογάδην, επίρρ. (λόγ.), σε πεζό λόγο: (σε θέση επιθ.): *διήγηση* (αντ. *έμμετρα*).

καταλογή η, ουσ., δημοτικό τραγούδι που απαγγέλλεται και δεν τραγουδιέται, διήγηση, ιστορία.

καταλόγι το, ουσ., δημώδης έμμετρη αφήγηση με ερωτικό περιεχόμενο.

καταλογίζω, ρ., υπολογίζω εις βάρος κάποιου, αποδίδω σε κάποιον υπαιτιότητα, ευθύνες: *δε σου ~ ευθύνες* (συνών. *επιρρίπτω*).

καταλογισμός ο, ουσ. (νομ.) απόδοση υπαιτιότητας, ευθύνης σε κάποιον: *~ του εγκλήματος*.

καταλογογραφώ, ρ., καταγράφω σε κατάλογο.

κατάλογος ο, ουσ. 1. ομάδα ή πίνακας προσώπων, πραγμάτων ή αριθμών που είναι γραμμένοι σε στήλες για λόγους πρακτικούς και συνοδεύεται συνήθως από διάφορες πληροφορίες: *~ αλφαβητικός / χρονολογικός / τηλεφωνικός· φτιάχνω / καταρτίζω -όγους·* είναι γραμμένα στους εκλογικούς *-όγους* (συνών. *κατάσταση, λίστα*). 2α. βιβλίο ή φυλλάδιο που περιλαμβάνει μια λίστα αγαθών που μπορεί να αγοράσει κανείς από κατάστημα και των τιμών τους ή των φαγητών που προσφέρονται σε εστιατόριο, κ.τ.ό., καθώς και των τιμών τους: ~ ζαχαροπλαστείου (συνών. τιμοκατάλογος)· β. φυλλάδιο που περιέχει κατάσταση εκθεμάτων μουσείου, πινακοθήκης, κ.τ.ό., ή δημοσιευμάτων, κ.τ.ό., που εκδίδονται από κάποιο φορέα (εκδοτικό οίκο, κλπ.): ~ χειρογράφων/δημοσιευμάτων· διάβασα την τιμή του πίνακα στον -ο· γ. μικρό βιβλίο όπου ο δάσκαλος καταγράφει αλφαβητικά τους μαθητές και τους βαθμούς τους, βαθμολόγιο: εξετάζει τους μαθητές σύμφωνα με τον -ό του.

κατάλοιπο το, ουσ. α. ό,τι έχει απομείνει από ένα σύνολο· ένα αντικείμενο, στοιχείο της παράδοσης, κ.τ.ό., του παρελθόντος που έχει επιζήσει στο παρόν: ~ του παρελθόντος· -α της ηθικής του μεσαίωνα (συνών. απομεινάρι)· β. ό,τι υλικό μένει (ως υπόλοιπο) ύστερα από μια χημική αντίδραση: ραδιενεργά -α = μορφές ραδιενέργειας που απομένουν ύστερα από μια πυρηνική έκρηξη.

κατάλυμα το, ουσ., μέρος όπου διαμένει κανείς προσωρινά, π.χ. το δωμάτιο ενός ξενοδοχείου, κ.τ.ό.: δε βρήκαν πουθενά ~· ~ ασφαλές.

καταλυπώ, ρ., προξενώ μεγάλη λύπη σε κάποιον, καταστενοχωρώ: τον -ησε η αρρώστια της κόρης του· -ήθηκα μ' αυτό που έπαθε.

κατάλυση η, ουσ. 1. ανατροπή, κατάργηση, καταστροφή (συνήθως πολιτευμάτων): ~ της βασιλείας. 2. (εκκλ.) χρήση ορισμένων τροφών σε περίοδο νηστείας: «~ ιχθύος» την ημέρα του Ευαγγελισμού. 3. (χημ.) επιτάχυνση χημικής αντίδρασης με τη χρήση καταλύτη (βλ. λ. στη σημασ. 2).

καταλύτης ο, ουσ. 1. κάποιος ή κάτι που ανατρέπει μια κατάσταση, που προκαλεί μια σημαντική αλλαγή ή προξενεί ένα σοβαρό επεισόδιο: το γεγονός λειτούργησε ως ~ στις πολιτικές εξελίξεις. 2. (χημ.) ουσία που επιταχύνει χημική αντίδραση χωρίς η ίδια να αλλοιώνεται ποιοτικά ή ποσοτικά. 3. (ειδικά για αυτοκίνητα) ειδική συσκευή από ευγενή μέταλλα στο εσωτερικό που κατακρατεί τις ρυπογόνες ουσίες που προέρχονται από την καύση της βενζίνης και τοποθετείται μπροστά από την εξάτμιση του αυτοκινήτου.

καταλυτικός, -ή, -ό, επίθ. 1. που ανατρέπει μια κατάσταση· που καταστρέφει: τα οικονομικά σκάνδαλα είχαν -ές επιπτώσεις στην πολιτική ζωή· -ή επίδραση της κοινωνιολογίας στις ανθρωπιστικές επιστήμες (συνών. ανατρεπτικός, καταστροφικός). 2. (για αυτοκίνητα) που διαθέτει καταλύτη (βλ. λ. σημασ. 3). - Επίρρ. -ά.

καταλύω, ρ., αόρ. κατέλυσα, πληθ. καταλύσαμε και (λαϊκ.) **καταλώ, -είς**, αόρ. κατάλυσα. 1. ανατρέπω μια κατάσταση, καταργώ κάτι που ισχύει (συνήθως για πολιτεύματα), αφανίζω: ο Θρασύβουλος -έλυσε την τυραννία των τριάκοντα· ~ τη δημοκρατία· -έλυσαν τη δικαιοσύνη (συνών. διαλύω, καταστρέφω). 2. (λόγ.) διαμένω προσωρινά σε έναν τόπο, βρίσκω κατάλυμα: -έλυσε στο σπίτι του νομάρχη (συνών. διανυκτερεύω). 3. (εκκλ.) τρώω ορισμένα μη νηστήσιμα φαγητά σε περίοδο νηστείας.

καταμαρτύρηση η, ουσ., το να καταθέτει κανείς μαρτυρία ενοχοποιητική για κάποιον.

καταμαρτυρώ, -είς, ρ., καταθέτω μαρτυρία εναντίον κάποιου, ενοχοποιώ: του -ύρησαν πολλά αδικήματα.

κατάματα, επίρρ., ακριβώς, μέσα, κατευθείαν στα μάτια: τον κοίταξε ~ και του είπε όλη την αλήθεια.

κατάμαυρος, -η, -ο, επίθ., που είναι εντελώς μαύρος: μαλλιά -α· ~ σαν πίσσα (αντ. κάτασπρος).

κατά μείζονα λόγον· αρχαϊστ. έκφρ. = κατά κύριο, πρώτο λόγο, πρώτα πρώτα, περισσότερο: οφείλεις ~ να...

καταμερίζω, ρ., κατανέμω ευθύνες για μια πράξη ή αγαθό σε διάφορους φορείς, μοιράζω: -ίστηκαν οι ευθύνες για το έγκλημα· δεν -εται δίκαια ο πλούτος.

καταμερισμός ο, ουσ., το να κατανέμονται σε διάφορα πρόσωπα ή φορείς αναλόγως με τις ικανότητες ή τη θέση τους αρμοδιότητες ή αγαθά που αποτελούν μέρη του ίδιου συνόλου: ~ ευθυνών/ εργασίας σε μια επιχείρηση· ~ πλούτου/εδαφών (συνών. κατανομή).

καταμεσήμερα, επίρρ., βλ. καταμεσήμερο, σημασ. 2.

καταμεσήμερο το, ουσ. 1. η χρονική στιγμή που τοποθετείται στο κέντρο του μεσημεριού. 2. (ως επίρρ.) ακριβώς το μεσημέρι: ~ ήρθανε για επίσκεψη (συνών. καταμεσήμερα).

καταμεσής, επίρρ., ακριβώς στη μέση: ~ του δωματίου/του πελάγου· έκοψε το φρύδι του ~.

κατάμεστος, -η, -ο, επίθ., πάρα πολύ γεμάτος: το αμφιθέατρο ήταν -ο από φοιτητές (συνών. υπερπλήρης).

καταμέτρηση η, ουσ., το να μετρά κανείς κάτι με μεγάλη ακρίβεια, ένα προς ένα: ~ των ορίων μιας περιοχής· ~ ψήφων μιας εκλογικής περιφέρειας.

καταμετρώ, -άς, ρ., μετρώ ακριβώς: ~ ψήφους/ εμπορεύματα.

κατά μέτωπον· στην έκφρ. επίθεση ~ = (στρατ.) επίθεση προς τον αντίπαλο σε ευθεία κατεύθυνση (και μεταφ.).

κατά μόνας· αρχαϊστ. έκφρ. = ο καθένας μόνος του, χωριστά· ιδιαιτέρως, «κατ' ιδίαν»: θέλω να σου μιλήσω ~.

καταμόναχος, -η, -ο και **κατάμονος**, επίθ., που είναι εντελώς μόνος: ζούσε κατάμονος (συνών. ολομόναχος).

καταμόσχευση η, ουσ. (φυτολ.) πολλαπλασιασμός φυτού με καταβολάδες (βλ. λ.).

καταμοσχεύω, ρ., πολλαπλασιάζω ένα φυτό με καταβολάδες, φυτεύω μοσχεύματα.

κατάμουτρα, επίρρ. α. στο πρόσωπο κάποιου, καταπρόσωπα: τον πετροβόλησε ~· β. (μεταφ.) ενώπιον, καταπρόσωπο: τον έβρισε ~.

κατάμπροστα, επίρρ. (όχι ερρ.). α. εντελώς μπροστά, μπροστά μπροστά: παρατάχθηκαν ~ στην πλατεία· β. καταπρόσωπο, κατάμουτρα: τον πρόσβαλε ~.

καταναγκάζω, ρ. (ερρ.), αναγκάζω κάποιον να κάνει κάτι με τη βία, με το ζόρι (συνών. εξαναγκάζω).

καταναγκασμός ο, ουσ. (ερρ.), το να αναγκάζει κανείς κάποιον να πράξει κάτι άθελά του ή με τη χρήση βίας: ψυχικός ~ (συνών. εξαναγκασμός).

καταναγκαστικός, -ή, -ό, επίθ. (ερρ.), που καταναγκάζει· που γίνεται με καταναγκασμό, που επιβάλλεται με τη βία: -ή ενέργεια· -ά έργα (= α. παλαιότερα ποινή σύμφωνα με την οποία οι κατάδικοι αναγκάζονταν να εργάζονται σε βαριές εργασίες αλυσοδεμένοι· β. (μεταφ.) άχαρη ή δύσκολη δουλειά).

καταναλώνω, ρ., δαπανώ, ξοδεύω κάτι με τη χρήση: -ωσε την περιουσία του σε άσκοπες αγορές· (για τρόφιμα) τρώω ή πίνω εντελώς κάτι: -ει μεγά-

κατανάλωση

λες ποσότητες οινοπνευματωδών ποτών/ζυμαρικών· (για ενέργεια, χρόνο, κ.τ.ό.) χρησιμοποιώ και εξαντλώ κάτι: ~ ενέργεια/καύσιμα/αγαθά/το χρόνο μου σε κάτι.

κατανάλωση η, ουσ., το να χρησιμοποιεί κανείς και να εξαντλεί κάτι, το να ξοδεύει κανείς κάτι: ~ χρημάτων (συνών. δαπάνη)· χρήση αγαθών και υπηρεσιών για την ικανοποίηση βιοτικών αναγκών: ~ εμπορικών ειδών/τροφίμων· προϊόντα ευρείας -ης· φόρος -ης· (για ενέργεια) ~ ρεύματος.

καταναλωτής ο, ουσ. **1.** που καταναλώνει αγαθά ή χρησιμοποιεί υπηρεσίες (σε αντιδιαστολή μ' αυτόν που τα παρέχει), αγοραστής: σύνδεσμος προστασίας -ών· δικαιώματα/ημέρα του -ή. **2.** (βιολ.) είδος που τρέφεται από άλλο ή άλλα είδη: ~ πρωτογενής (= φυτοφάγο ζώο)/δευτερογενής (= σαρκοφάγο ζώο) (αντ. παραγωγός).

καταναλωτικός, -ή, -ό, επίθ., που αναφέρεται στην κατανάλωση· που καταναλώνει ή καταναλώνεται: κοινό -ό (= το σύνολο των καταναλωτών)· κοινωνία -ή· αγαθά -ά (= εκείνα που χρησιμοποιούνται για την άμεση ικανοποίηση των αναγκών του ανθρώπου)· μανία -ή.

καταναλωτισμός ο, ουσ., κοινωνικό φαινόμενο που χαρακτηρίζεται από την τάση για υπερβολική κατανάλωση αγαθών.

κατανεμητής ο, ουσ. (ηλεκτρολ. - τηλεπικοινωνία) συσκευή που εξασφαλίζει την κατανομή των τηλεφωνικών κυκλωμάτων σύμφωνα με τους αντίστοιχους αριθμούς του κέντρου: ~ τηλεγραφικός/τηλεφωνικός/ενδιάμεσος.

κατανέμω, ρ., παρατ. κατένεμα, πληθ. κατανέμαμε, αόρ. -ένειμα, πληθ. κατανείμαμε (λόγ.), διαιρώ, χωρίζω σε μέρη, μοιράζω: -ένειμε την περιουσία του δίκαια σ' όλους τους απογόνους του· (συνήθως μέσ. - παθ.) ο πλούτος της χώρας -εται άνισα· οι έδρες -ήθηκαν στα μεγάλα κόμματα· η αμοιβή -εται μεταξύ των δύο συνεργατών (συνών. διανέμω, επιμερίζω).

κατανόηση η, ουσ. **1.** το να καταλαβαίνει, να αντιλαμβάνεται κανείς μια σχέση ή ένα νόημα με πληρότητα· σαφής γνώση ενός πράγματος: ~ των κανόνων λειτουργίας του ανθρώπινου οργανισμού (συνών. αντίληψη). **2.** το να καταλαβαίνει και να σέβεται κανείς τη θέση ή τη συμπεριφορά του άλλου και το να δείχνει επιείκεια: οι γονείς δεν έχουν συχνά ~ για τα προβλήματα των παιδιών τους· δείχνω ~ σε κάποιον/για κάτι· έλλειψη -ης στις σχέσεις μαθητών-δασκάλων.

κατανοητός, -ή, -ό, επίθ., που μπορεί να τον καταλάβει κανείς, ευνόητος: κάτι γίνεται -ό· μη -ή ερώτηση (αντ. ακατανόητος).

κατανομή η, ουσ. α. διαίρεση, χωρισμός σε μέρη, μοιρασιά: άνιση ~ πλούτου/εθνικού εισοδήματος· ~ πιστώσεων σε ερευνητικά ιδρύματα· εδρών της Βουλής σε κόμματα· το X κόμμα πήρε είκοσι έδρες από την α' ~ (ψήφων)/δεν πέρασε στη β' ~ (εδώ συνεκδοχικά η κατηγορία στην οποία επιτρέπεται να περάσει ένα κόμμα ανάλογα με το εκλογικό του αποτέλεσμα και το εκλογικό σύστημα (συνών. διανομή)· β. ανάθεση ενός έργου, κ.τ.ό., σε διάφορα άτομα, καταμερισμός: ισόρροπη ~ δραστηριοτήτων/αρμοδιοτήτων.

κατανότου, επίρρ., προς το νότο, με κατεύθυνση το νότο: κοίταξε από τη γέφυρα του καραβιού ~.

κατανοώ, ρ. **1.** καταλαβαίνω, αντιλαμβάνομαι πολύ καλά κάτι, έχω σαφή γνώση ενός πράγματος, εννοώ: ~ τη φιλοσοφική θεωρία/το μάθημα/την πολιτική κατάσταση. **2.** καταλαβαίνω γιατί κάποιος συμπεριφέρεται ή κάτι εξελίσσεται με ορισμένο τρόπο και γι' αυτό δείχνω επιείκεια: οι μεγάλοι δεν -ούν τα προβλήματα των νέων· ~ τους λόγους που σε οδήγησαν να ενεργήσεις έτσι.

κατάντημα το, ουσ. (έρρ.), το να καταλήγει κανείς σε άθλια κατάσταση ή θέση: δείτε το ~ του (συνών. κατάντια).

κατάντια η, ουσ. (έρρ., συνιζ.), κακή έκβαση, δυσάρεστη κατάληξη, άθλια κατάσταση στην οποία φτάνει κανείς· ξεπεσμός (υλικός ή ηθικός): οι εχθροί του χάρηκαν με την ~ του (συνών. κατάντημα).

κατάντικρυ και **καταντικρύ,** επίρρ., ακριβώς απέναντι: στάθηκε ~ τους.

κατ' αντιμωλίαν· αρχαϊστ. έκφρ. = (νομ.) με την παρουσία όλων των αντιδίκων. [αντί + παλαιοτ. μωλέω].

καταντρέπομαι, ρ., αισθάνομαι μεγάλη ντροπή, ντρέπομαι πάρα πολύ: -άπηκα που με είδε κλαμένη.

καταντροπιάζω, ρ. (συνιζ.). **1.** με τη συμπεριφορά μου κάνω κάποιον να αισθανθεί μεγάλη ντροπή: ήρθε -ιασμένος από τις προσβολές που του έγιναν. **2.** ατιμάζω: -ιασε το σπίτι μας.

καταντώ, -άς, ρ. (έρρ.). Α. αμτβ. **1α.** φτάνω σε δυσάρεστη ή άθλια θέση, καταλήγω (σε κάτι δυσάρεστο): -άντησε γελοίος· -ήσανε αγνώριστοι από τα βάσανα· **β.** ξεπέφτω (υλικά ή ηθικά): -ησαν να μην έχουν να φάνε· πώς -ησαν έτσι οι άνθρωποι; **2.** (τριτοπρόσ.) φτάνει, συμβαίνει: -ησε να μην μπορούμε να ζήσουμε από την ακρίβεια/να μην έχουμε εμπιστοσύνη σε κανέναν. Β. (μτβ.) συντελώ ώστε να καταλήξει κάποιος σε άσχημη κατάσταση, οδηγώ κάποιον σε δυσάρεστη θέση: έτσι τον -ησε το πάθος του.

κατανυκτικός, -ή, -ό, επίθ., που προκαλεί συναισθήματα βαθιάς συγκίνησης ή θρησκευτικής ευλάβειας ή που γίνεται με κατάνυξη: ατμόσφαιρα -ή· προσευχή/ακολουθία -ή. -Το ουδ. ως ουσ. = είδος εκκλησιαστικού τροπαρίου.

κατάνυξη η, ουσ., διέγερση βαθιάς συγκίνησης ή θρησκευτικής ευλάβειας: αισθάνομαι ~· προσεύχομαι με ~· παρατηρούσε το καλλιτέχνημα με ~.

καταξεραίνω, ρ., ξεραίνω εντελώς: το ψωμί -άθηκε.

κατάξερος, -η, -ο, επίθ. **1.** εντελώς ξερός: ξύλο -ο· ψωμί -ο. **2.** εντελώς γυμνός, χωρίς βλάστηση: βουνό/νησί -ο.

καταξεσκίζω, ρ. α. ξεσκίζω εντελώς: -ισε το ύφασμα· (μεταφ.) αστραπές -ιζαν τον ουρανό· **β.** προκαλώ πολλές πληγές: τον -έσκισαν/απάνω στους αγκαθερούς ασπάλαθους (Σεφέρης) -ίστηκα στα βάτα.

κατά ξηράν· αρχαϊστ. έκφρ., συνήθως στις εκφρ. στρατιωτική επίθεση/επιχείρηση -= στρατιωτικές δραστηριότητες που δεν είναι θαλάσσιες ή αεροπορικές.

καταξιώνω, ρ. (ασυνίζ.), θεωρώ κάποιον άξιο για κάτι και γι' αυτό του εκτιμώ, αναγνωρίζω την αξία· κάποιου: με τους αγώνες του -ιώθηκε στη συνείδηση του λαού ως εθνικός ήρωας· ποιητής/πολιτικός -ιωμένος.

καταξίωση η, ουσ., εκτίμηση και αναγνώριση της

αξίας κάποιου: *η ~ του καλλιτέχνη ήρθε μετά το θάνατό του.*
καταξοδεύω και (λαϊκ., συνιζ.) **-ξοδιάζω**, ρ. 1. ξοδεύω σε υπερβολικό βαθμό, σπαταλώ: *-εψε την περιουσία του σε ταξίδια.* 2. κάνω κάποιον να ξοδέψει πολλά, τον βάζω σε έξοδα: *τον -εψε τον πατέρα του μ' αυτά που αγόρασε.* 3. (μέσ. - παθ.) μπαίνω σε μεγάλα έξοδα: *-εύτηκε με την αρρώστια της γυναίκας του.*
καταπακτή και **-χτή** η, ουσ., οριζόντια πόρτα στην επιφάνεια του δαπέδου που οδηγεί σε υπόγειο: (μεταφ.) *Στη γης να βρω ~ τον ΄Αδη να πατήσω* (Αθάνας) (συνών. *γκλαβανή*).
καταπάνω, επίρρ., (δείχνει κατεύθυνση) α. προς τα επάνω: *κοίταξε ~ και θαύμασε τον ουρανό·* β. προς το μέρος κάποιου: *ερχότανε ~ μας χωρίς να μας δει·* γ. (δείχνει εχθρική κατεύθυνση) εναντίον κάποιου: *οι εχθροί ορμούν/πυροβολούν ~ μας.*
κατά παραγγελίαν αρχαϊστ. έκφρ. για κάτι που δε γίνεται από μόνο του, αλλά σύμφωνα με οδηγίες άλλου.
κατά πάσαν πιθανότητα αρχαϊστ. έκφρ. = σχεδόν σίγουρα, μάλλον.
καταπάτηση η, ουσ. 1. παραβίαση: *~ πολιτικών ελευθεριών.* 2. παράνομη κατάληψη εδάφους, οικειοποίηση ξένης περιουσίας: *~ δασών/ξένης γης.*
καταπατητής ο, ουσ. (νομ.) αυτός που καταπατά (ξένη περιουσία).
καταπατώ, -είς, ρ. 1. παραβαίνω, παραβιάζω· στερώ την ελευθερία ή τα δικαιώματα κάποιου: *σε πολλές χώρες -ούνται τα ανθρώπινα δικαιώματα.* 2. καταλαμβάνω παράνομα ξένο έδαφος, οικειοποιούμαι ξένη περιουσία: *του -ησαν τα κτήματα.*
κατάπαυση η, ουσ. (λόγ.), οριστικός τερματισμός, σταμάτημα: *~ των εχθροπραξιών / «του πυρός»* (= *του πολέμου*) (συνών. *λήξη*).
καταπαύω ρ. (λόγ.), σταματώ οριστικά (συνών. *τερματίζω*).
καταπαχτή, βλ. *καταπακτή.*
καταπέλτης ο, ουσ. 1. (αρχ.) πολεμική μηχανή που εξακοντίζει βέλη ή πέτρες και αποτελείται από ένα μοχλό στηριγμένο σε ξύλινο κατασκεύασμα που, όταν απελευθερώνεται, εκτινάσσει απότομα το βλήμα που έχει τοποθετηθεί σε κοίλωμα στο μπροστινό μέρος της μηχανής. 2. όργανο βασανισμού στο μεσαίωνα με το οποίο εξάρθρωναν τα μέλη των καταδίκων. 3. (νεότερο) μηχάνημα των αεροπλανοφόρων πλοίων που με τη βοήθειά του απογειώνονται απ' αυτά τα αεροπλάνα. 4. (μεταφ.) για κάτι που έρχεται ή συμβαίνει απροσδόκητα και απότομα (συνήθως για λόγο): *του ήρθε ~* (= *τον βρήκε απροσδόκητο κακό*)· *τα λόγια του έπεσαν σαν ~ στους ακροατές.*
καταπέτασμα το, ουσ. α. ύφασμα, κ.τ.ό., που καλύπτει τη θέα ενός πράγματος, κουρτίνα (συνών. *παραπέτασμα*)· β. (εκκλ.) το ύφασμα που χωρίζει το άγιο βήμα από τον κυρίως ναό: *ιερό ~·* Φρ. *τρώει το ~* (= τρώει υπερβολικά μεγάλες ποσότητες φαγητού).
καταπέφτω, ρ. (λαϊκ.). 1. υποχωρώ, κοπάζω: *η βροχή κατάπεσε.* 2. (μεταφ.) εξανιλούμαι σημαντικά ύστερα από κάποια δοκιμασία: *κατάπεσε πολύ μετά την αρρώστια της.*
καταπιά η, ουσ. (συνιζ., λαϊκ.). α. ρουφηξιά, γουλιά: *ήπιε το ούζο με μια ~·* (συνών. *καταψιά*) β. μπουκιά.

καταπιάνομαι, ρ. (συνιζ.). α. αρχίζω, κάνω αρχή μιας δουλειάς: *δεν -άστηκα ακόμα με το μαγείρεμα·* β. επιχειρώ, αναλαμβάνω να κάνω κάτι, ασχολούμαι με κάτι: *-εται με όλα τα μαστορέματα του σπιτιού· ~ με ένα πρόβλημα· μ' ό,τι δουλειές -άστηκε τα κατάφερε/απέτυχε.*
καταπιέζω, ρ. (ασυνίζ.), συμπεριφέρομαι σε κάποιον άδικα και με αυταρχικότητα, βίαια, του στερώ ελευθερίες και δικαιώματα, τυραννώ: *θεσμοί που -ουν τις γυναίκες· ο δάσκαλος -ει τους μαθητές· λαοί -ιεσμένοι* (συνών. *καταδυναστεύω, δυναστεύω*).
καταπίεση η, ουσ., το να καταπιέζεις ένα άτομο ή μια ομάδα ή να καταπιέζεσαι από άλλους· τυραννική επιβολή: *~ κοινωνική· ~ του λαού από το δικτάτορα* (συνών. *καταδυνάστευση*).
καταπιεστής ο, θηλ. **-τρια**, ουσ. (ασυνιζ.), αυτός που καταπιέζει, που στερεί από άλλους τα δικαιώματα ή την ελευθερία τους: *~ του λαού/των φτωχών.*
καταπιεστικός, -ή, -ό, επίθ. (ασυνίζ.), που καταπιέζει ή που γίνεται με σκοπό την καταπίεση: *κοινωνία/φορολογία -ή· νόμοι -οί· πατέρας ~* (συνών. *τυραννικός*).
καταπιέστρια, βλ. *καταπιεστής.*
καταπικραίνω, ρ. (λαϊκ.), πικραίνω, στενοχωρώ κάποιον υπερβολικά: *τον -πίκρανε και τον πατέρα του με τα καμώματά του* (αντ. *χαροποιώ*).
κατάπικρος, -η, -ο, επίθ., που είναι πάρα πολύ πικρός: *καφές ~.*
καταπίνω, ρ. αόρ. **κατάπια**. 1. κατεβάζω από το φάρυγγα στο στομάχι (φαγητό, νερό, κλπ.): *κατάπιε ένα κουκούτσι·* (μεταφ.) *η θάλασσα να καταπιεί την κόρη αναζητά* (Σολωμός). 2. (μεταφ.) πιστεύω κάτι από αφέλεια: *ό,τι κι αν του πεις το -ει* (συνών. *χάφτω*). 3. δέχομαι αδιαμαρτύρητα λόγια, εκδηλώσεις ή καταστάσεις εις βάρος μου: *την κατάπιε κι αυτή την προσβολή.* Φρ. *άνοιξε η γη και τον κατάπιε* (= εξαφανίστηκε, έγινε άφαντος)· *κατάπιε τη γλώσσα του* (= δεν ανοίγει το στόμα του να πει αυτό που θέλει, δεν τολμά να δώσει απάντηση, αποστομώθηκε).
κατάπιομα το, ουσ., κατάποση.
καταπίπτω, ρ. (λόγ., ελλειπτ. στους ιστ. χρόνους), (αμτβ., νομ.) χάνω την ισχύ μου, ακυρώνομαι: *-ει η ποινική ρήτρα· η ποινή -ει, αν ο οφειλέτης αδυνατεί να εκπληρώσει την παροχή* (αστ. κώδ.).
καταπίστευμα το, ουσ. (νομ.) αυτό που εμπιστεύεται κάποιος σε άλλον: *κάθε όφελος που προέρχεται από τη ματαίωση κληροδοσίας ή τρόπου ή από ~ ή από την υποχρέωση συγκληρονόμου για συνεισφορά ανήκει στον αγοραστή* (αστ. κώδ.).
καταπίστομα, επίρρ. (λαϊκ.), εντελώς πίστομα, με το στόμα καταγής (συνών. *μπρούμυτα·* αντ. *ανάσκελα*).
καταπιώνας ο, ουσ. (συνιζ., λαϊκ.), φάρυγγας ή οισοφάγος. [*καταπίνω*]
καταπλακώνω, ρ., πλακώνω κάποιον με το βάρος μου, τον συντρίβω: *υποχώρησαν τα βράχια και τους -πλάκωσαν.*
κατάπλασμα το, ουσ., επίθεμα θεραπευτικό (συνών. *έμπλαστρο, μπλάστρι*).
κατάπλατα, επίρρ. (λαϊκ.), εντελώς στο μέσο της πλάτης: *η σφαίρα τον βρήκε ~.*
καταπλέω, ρ., αόρ. **κατέπλευσα**, πληθ. **καταπλεύσαμε**, (για πλοίο) πλέοντας φτάνω, μπαίνω σε λιμάνι: *-έπλευσαν τρία πολεμικά στο λιμάνι* (συ-

καταπληγώνω

νών. *αράζω, προσορμίζομαι·* αντ. *αποπλέω, εκπλέω).*

καταπληγώνω, ρ., επιφέρω σε κάποιον πολλές πληγές, τον πληγώνω σε πολλά σημεία (συνών. *κατατραυματίζω).*

καταπληκτικός, -ή, -ό, επίθ., που προξενεί κατάπληξη, θαυμασμό: *ερμηνεία* ~· *βιβλίο/έργο* ~· *άνθρωπος* ~ (συνών. *εκπληκτικός, εντυπωσιακός, θαυμάσιος).* - Επίρρ. **-ά.**

κατάπληκτος, -η, -ο, επίθ., που νιώθει κατάπληξη: *έμεινε* ~ *απ' όσα είδε* (συνών. *έκθαμβος, σαστισμένος, έκπληκτος).*

καταπλημμυρίζω και **-ρώ,** ρ. (μτβ.), κατακλύζω, γεμίζω με νερά (κυρίως μεγάλες εκτάσεις): *ο ποταμός ξεχείλισε και -ισε τον κάμπο·* (αμτβ.) καλύπτομαι με νερά: *-ισε ο κάμπος.*

κατάπληξη η, ουσ., έντονο αίσθημα έκπληξης (βλ. λ. στη σημασ. 1) (συνών. *σάστισμα, ξάφνιασμα).*

καταπληξία η, ουσ. (ιατρ.) ξαφνική αναστολή των αντανακλαστικών κινήσεων του νευρικού συστήματος από έντονο ψυχικό κλονισμό (συνών. *σοκ).*

καταπλήσσω, ρ., αόρ. κατέπληξα, πληθ. καταπλήξαμε, προκαλώ κατάπληξη (συνήθως ευχάριστη) σε κάποιον: *κατέπληξε το ακροατήριο με την ευγλωττία του.*

κατάπλους ο, ουσ. (λόγ.), άφιξη, άραγμα πλοίου σε λιμάνι (συνών. *προσόρμιση·* αντ. *απόπλους, σαλπάρισμα).*

κατάπλωρος, -η, -ο, επίθ. (για άνεμο) που φυσά ακριβώς από την πλώρη του πλοίου, που πέφτει ακριβώς επάνω στην πλώρη (συνών. *αντίθετος·* αντ. *κατάπρυμος, ούριος).* - Επίρρ. **-α.**

καταπνίγω, ρ., αόρ. κατάπνιξα και κατέ-, πληθ. καταπνίξαμε, παθ. αόρ. *-γηκα.* 1. πνίγω κάποιον ή κάτι. 2. (μεταφ.) καταστέλλω κάτι πριν εκδηλωθεί ή αμέσως μετά την εκδήλωσή του για να μην επικρατήσει: *η εξέγερση -γηκε στο αίμα· κατέπνιξε το θυμό του.*

κατά πόδας· αρχαϊστ. έκφρ. = από κοντά, από πίσω: *τον παρακολούθησε* ~.

καταπόδι, επίρρ. (τοπ.) από πίσω, από κοντά, στα ίχνη κάποιου: *κυνήγησαν τους ληστές* ~· φρ. *παίρνω* ~ *κάποιον* (= τον ακολουθώ από κοντά)· (μεταφ.) *μας πήραν* ~ *τα χρόνια!* (συνών. *ξοπίσω).*

καταπολέμηση η, ουσ. (μεταφ.) έντονη προσπάθεια, αγώνας για εξουδετέρωση ή περιορισμό ανεπιθύμητων καταστάσεων: ~ *της ανεργίας/της βίας στα γήπεδα/των ναρκωτικών.*

καταπολεμώ, -άς, ρ. (μεταφ.) αγωνίζομαι, προσπαθώ έντονα να εξαφανίσω ή να περιορίσω κάτι ανεπιθύμητο: *το φάρμακο αυτό -ά τον πονοκέφαλο.*

καταπόνηση η, ουσ., υπερβολική κούραση, εξασθένηση που προέρχεται από κόπο.

καταπονητικός, -ή, -ό, επίθ., που προκαλεί καταπόνηση: *εργασία -ή* (συνών. *κουραστικός, εξαντλητικός).*

καταποντίζω, ρ. (έρρ.). 1. βυθίζω κάτι, το ρίχνω στο βυθό της θάλασσας: *-ίστηκαν δύο υπερωκεάνια εξαιτίας της σφοδρής θαλασσοταραχής* (συνών. *καταβυθίζω, βουλιάζω).* 2. (μεταφ.) εξολοθρεύω, καταστρέφω: *-ίστηκε η εθνική οικονομία* (συνών. *αφανίζω).*

καταπόντιση η, ουσ. (έρρ.), καταποντισμός (βλ. λ.).

καταποντισμός ο, ουσ. (έρρ.). 1. ρίξιμο στο βυθό της θάλασσας (συνών. *καταβύθιση, φουντάρισμα, βούλιαγμα).* 2. (μεταφ.) καταστροφή (συνών. *εξολόθρευση, αφανισμός).*

καταπονώ, -είς, ρ., κουράζω κάποιον υπερβολικά, τον εξαντλώ: *τον -εί ο βήχας/η γρίπη·* (μέσ.) *τον τελευταίο καιρό -είται πολύ* (συνών. *κατακουράζω, καταβάλλω).*

καταπόρφυρος, -η, -ο, επίθ., κατακόκκινος (βλ. λ.).

κατάποση η, ουσ., κατέβασμα τροφής, νερού, φαρμάκου, κλπ., από το φάρυγγα στο στομάχι (συνών. *κατάπιομα).*

καταποτήρας ο, ουσ. (λαϊκ.). 1. καταβόθρα (βλ. λ.). 2. δίνη (βλ. λ. στη σημασ. 1). [*καταπίνω*].

καταπότιο το, ουσ. (ασυνίζ., λαϊκ.), χάπι. [*καταπίνω*].

καταπού, επίρρ., (για να δηλωθεί συμφωνία) όπως, καθώς: ~ *λες, δεν έγινε τίποτα* (= σύμφωνα με όσα...)· παροιμ. φρ. = *'μαστε όλοι μας είναι κι οι παπάδες μας* (συνών. *καταπώς).* [συνεκφ. *κατά* + σύνδ. *που*].

καταπράσινος, -η, -ο, επίθ., εντελώς πράσινος: *-η πλαγιά/πεδιάδα.*

καταπράυνση η, ουσ., καταλάγιασμα, κατευνασμός (συνών. *μαλάκωμα, καλμάρισμα, καθησύχαση).*

καταπραϋντικός, -ή, -ό, επίθ. (έρρ.), που καταπραΰνει, κατευναστικός: *χάπια -ά* (συνών. *ηρεμιστικός).* - Επίρρ. **-ά.**

καταπραΰνω, ρ., αόρ. -*πράυνα,* κατευνάζω, γαληνεύω κάποιον ή κάτι: *το σιρόπι -ει το βήχα·* ~ *το θυμό του* (συνών. *καλμάρω, μαλακώνω).*

κατά προσέγγισιν· αρχαϊστ. έκφρ. = περίπου, σχεδόν.

καταπρόσωπο και **-πα,** επίρρ. α. κατευθείαν στο πρόσωπο: *τον χτύπησε* ~· β. (μεταφ.) απευθείας στον ίδιο τον ενδιαφερόμενο, με θάρρος, με παρρησία: *τον κοίταξε/του τα 'ψαλε -α* (συνών. *κατάμουτρα).*

κατάπρυμος, -η, -ο, επίθ. (για άνεμο) που φυσά από την πρύμη: *καιρός* ~ (συνών. *ούριος, ευνοϊκός·* αντ. *κατάπλωρος).* - Επίρρ. **-α:** *έχω τον καιρό -α· τραβήξαμε -α.*

κατάπρωτος, -η, -ο, επίθ., που είναι εντελώς πρώτος, πρώτος πρώτος (συνών. *πρώτιστος·* αντ. *έσχατος, τελευταίος).* - Επίρρ. **-α.**

καταπτοώ, -είς, ρ., παθ. αόρ. *-πτοήθηκα,* μτχ. παρκ. *-πτοημένος,* κάνω κάποιον να δειλιάσει, φοβίζω, κατατρομάζω: *τον έχει -πτοήσει η εκλογική ήττα· δεν τον -ούν οι απειλές* (συνών. *αποθαρρύνω·* αντ. *ενθαρρύνω, εμψυχώνω).*

κατάπτυστος, -η, -ο, επίθ., που είναι άξιος να τον φτύσει κανείς, επαίσχυντος: *κείμενο -ο· συμπεριφορά -η* (συνών. *αχρείος).* - Επίρρ. **-α.**

κατάπτωση η, ουσ. 1. (μεταφ.) σωματική και πνευματική εξάντληση, εξασθένηση, ατονία. 2. παρακμή, μαρασμός. 3. ξεπεσμός: *ηθική* ~.

καταπώς, επίρρ., όπως, καθώς: *μόνος σου,* ~ *φαίνεται, το κανόνισες·* ~ *είπα* (συνών. *καταπού).*

κατάρα η, ουσ. 1. ευχή, επίκληση για να πάθει κάποιος κακό: *την* ~ *μου να 'χεις·* φρ. *γυρίζει σαν την άδικη* ~ (= ταλαιπωρείται υπερβολικά, περιπλανιέται άσκοπα)· *σου αφήνω ευχή και* ~ (λέγεται σε τύπο διαθήκης σε οικείο πρόσωπο· κληροδοτούμε την ευχή μας, αν εκτελέσει τη θέλησή μας μετά θάνατο ή την κατάρα μας, αν κάνει το αντίθετο απ' ό,τι επιθυμούμε) (αντ. *ευλογία).* 2.

(μεταφ.) μεγάλη δυστυχία, αξιοθρήνητη κατάσταση: *η άνεργη ζωή είναι ~*.
κατάρατος, -η, -ο, επίθ. (λόγ.), καταραμένος, αναθεματισμένος.
κατάραχα, επίρρ. (λαϊκ.), πάνω στη ράχη, ακριβώς στην πλάτη, στη σπονδυλική στήλη: *τον χτύπησε με το μαχαίρι ~·* (για την κορυφή βουνού) *στην τύχη δεν ξεχώρισε το Μονοδέντρι απ' τ' άλλα/ και φύτρωσε ~ και μοναχό του εστάθη* (Αθάνας).
καταράχι, βλ. *κατάραχο.*
καταραχιά η, ουσ. (συνιζ., λαϊκ.), κατάραχο (βλ. λ.).
κατάραχο και **-ράχι** το, ουσ., το πιο ψηλό σημείο της ράχης βουνού, κορυφογραμμή: *κατρακυλάει το -ράχι για την ακροθαλασσιά.*
κατάργηση η, ουσ., το να παύει να ισχύει κάτι, ακύρωση, παύση: *~ φόρων/προνομίων/της βασιλείας·* (νομ.) *~ δίκης* (= παύση της περαιτέρω διαδικασίας ύστερα από σύμφωνη γνώμη των αντιδίκων) (αντ. *καθιέρωση).*
καταργώ, -είς, ρ., θέτω επίσημα τέλος στην ισχύ ενός συστήματος, νόμου, κ.τ.ό.: *με το νέο νόμο -ούνται οι ανισότητες στη φορολογία/διατάξεις αναχρονιστικές* (αντ. *καθιερώνω).*
καταριέμαι ρ., αόρ. *-άστηκα,* μτχ. παρκ. *-αμένος* (συνιζ.), (μτβ. και αμτβ.) εύχομαι να πάθει κακό κάποιος, ξεστομίζω κατάρα: *την ώρα που σε γνώρισα βαριά την ~* (λαϊκ. τραγ.)· *τον -άστηκε ο πατέρας του· μην -ιέσαι!* (συνών. *αναθεματίζω·* αντ. *ευλογώ).*
κατάριζα, επίρρ. (λαϊκ.), (για φυτά) σύρριζα, με όλη τη ρίζα: *το φυτό ξεράθηκε/σκουλήκιασε ~·* (για βουνά) στη ρίζα, στο ριζοβούνι.
καταρράκτης ο, ουσ. (ιατρ.) πάθηση των ματιών κατά την οποία θολώνουν ο κρυσταλλοειδής φακός ή οι μεμβράνες του και επέρχεται μερική ή ολική τύφλωση. - Βλ. και *καταρράχτης.*
καταρρακτώδης, -ης, -ες, γεν. *-ους,* πληθ. αρσ. και θηλ. *-εις,* ουδ. *-η,* επίθ., που είναι όμοιος με καταρράχτη: *βροχή ~* (συνών. *ορμητικός, χειμαρρώδης, έντονος).* - Επίρρ. **-κτωδώς.**
καταρρακώνω, ρ. (λόγ.), μεταβάλλω σε ράκος, κουρελιάζω· (μόνο μεταφ.): *του -ρράκωσε την αξιοπρέπεια* (συνών. *εξευτελίζω, ταπεινώνω).*
καταρράκωση η, ουσ. (λόγ.), κουρέλιασμα· (μόνο μεταφ.): *~ του ηθικού/της αξιοπρέπειας* (συνών. *εξευτελισμός, ταπείνωση).*
καταρράχτης ο, ουσ. **1.** απότομη πτώση των νερών ποταμού ή χειμάρρου από ύψος: *οι -ες του Νιαγάρα/της Έδεσσας.* **2.** (μεταφ.) άφθονη και ορμητική ροή, οτιδήποτε χειμαρρώδες και ακατάσχετο. Φρ. *ανοίγουν οι -ες των εφτά ουρανών* (= πέφτει καταρρακτώδης βροχή). - Βλ. και *καταρράκτης.*
καταρρευση η, ουσ. (λόγ.). **1.** γκρέμισμα: *~ του χαμόσπιτου/της οικοδομής·* (μεταφ.) *~ της σκευωρίας* (συνών. *σώριασμα).* **2.** (μεταφ.) σωματική ή ηθική εξάντληση (συνών. *κατάπτωση).*
καταρρέω, ρ., αόρ. *κατέρρευσα,* πληθ. *καταρρεύσαμε* (λόγ.). **1.** γκρεμίζομαι, πέφτω προς τα κάτω: *από το σεισμό κατέρρευσαν αρκετά σπίτια* (συνών. *σωριάζομαι).* **2.** (μεταφ.) εξαντλούμαι σωματικά ή ηθικά, φθείρομαι.
καταρρίπτω, ρ., αόρ. *κατέρριψα,* πληθ. *καταρρίψαμε,* παθ. αόρ. *καταρρίφθηκα* (λόγ.). **1.** ρίχνω στο έδαφος κάτι: *τα εχθρικά πυρά -έρριψαν το αεροσκάφος* (συνών. *καταστρέφω).* **2.** (μεταφ.) ανατρέπω, ανασκευάζω, αντικρούω με επιτυχία:

-έρριψε τα επιχειρήματα των αντιπάλων του. **3.** (αθλητ., για ρεκόρ με αντικ. τη λ. ρεκόρ): *-έρριψε το πανελλήνιο/το παγκόσμιο ρεκόρ στο ύψος.*
κατάρριψη η, ουσ. (λόγ.). **1.** το να ρίχνει κανείς στο έδαφος κάτι: *~ αεροπλάνων από αντιαεροπορικά πυρά.* **2.** (μεταφ., αθλητ.) ξεπέρασμα: *~ ρεκόρ.*
καταρροή η, ουσ. (λόγ.), (ιατρ.) συνάχι.
καταρροϊκός, -ή, -ό, επίθ. (ιατρ.) που ανήκει ή αναφέρεται στην καταρροή ή στον καταρρου (βλ. λ.). - Το αρσ. ως ουσ. = αυτός που πάσχει από συνάχι.
κατάρρους ο, ουσ. (ιατρ.) παθολογική αύξηση της έκκρισης ενός βλεννογόνου: *ρινικός ~* (συνών. *καταρροή, συνάχι).*
κατάρτι το, ουσ. (ναυτ.) μεγάλο κυλινδρικό δοκάρι κάθετο στον άξονα του πλοίου, απ' όπου κρεμούνται οι κεραίες που στηρίζουν τα πανιά (συνών. *ιστός, άλμπουρο).*
καταρτίζω, ρ. **1.** ετοιμάζω, συγκροτώ: *~ τον κατάλογο των υποψηφίων.* **2.** εφοδιάζω με τις απαραίτητες γνώσεις: *το σεμινάριο σκοπό έχει να -ίσει τα διοικητικά στελέχη· είναι καλά -ισμένος* (συνών. *εκπαιδεύω).*
κατάρτιση η, ουσ. **1.** συγκρότηση, ετοιμασία: *~ διαθήκης/μελετών/προγράμματος* (συνών. *οργάνωση, εκπόνηση).* **2.** παροχή ή απόκτηση των απαραίτητων γνώσεων: *~ επαγγελματική/φιλολογική* (συνών. *εκπαίδευση, εξάσκηση).*
καταρτισμός ο, ουσ., εκπόνηση: *~ προγράμματος για την παιδεία* (συνών. *κατάρτιση* στη σημασ. 1).
καταρχήν, επίρρ., πρώτα πρώτα· βασικά: *~ δε μ' αρέσει η διαρρύθμιση του σπιτιού/αυτός ο τρόπος σκέψης.* [συνεκφ. *κατά + αρχή*].
κατάσαρκα, επίρρ., εντελώς επάνω στη σάρκα, στο σώμα, χωρίς να παρεμβάλεται κάτι: *φόρεσε μια χοντρή φανέλα ~.*
κατασάρκιο το, ουσ. (ασυνίζ.), (εκκλ.) το εσωτερικότερο κάλυμμα της Αγίας Τράπεζας, που συμβολίζει το σεντόνι με το οποίο ο Ιωσήφ τύλιξε το σώμα του Χριστού.
κατάσβεση η, ουσ. (λόγ.), ολοκληρωτικό σβήσιμο: *~ της φωτιάς, της πυρκαγιάς.*
κατασβεστήρας ο, ουσ., μικρή φορητή συσκευή που χρησιμοποιείται για την κατάσβεση πυρκαγιάς. (συνών. *πυροσβεστήρας).*
κατασβήνω, ρ., σβήνω εντελώς: *αργά τη νύχτα -ήστηκε η μεγάλη πυρκαγιά.*
κατασιγάζω. ρ., αόρ. *-σίγασα.* **1.** κάνω κάποιον ή κάτι να σωπάσει, του επιβάλλω σιωπή. **2.** (μεταφ.) καταπαύω, καταπνίγω (συνών. *καταστέλλω·* αντ. *υποδαυλίζω, αναμοχλεύω).*
κατασίγαση η, ουσ., κατευνασμός, κατάπαυση: *~ των πολιτικών παθών* (συνών. *καθησύχαση·* αντ. *υποδαύλιση, αναμόχλευση, υποκίνηση).*
κατασκάπτω, ρ., αόρ. *κατέσκαψα,* πληθ. *κατασκάψαμε* (λόγ.), σκάβω βαθιά· κατεδαφίζω, καταστρέφω *από τα θεμέλια.*
κατασκαφή η, ουσ. (λόγ.), καταστροφή από τα θεμέλια, γκρέμισμα, κατεδάφιση.
κατασκεπάζω, ρ. **1.** σκεπάζω τελείως, κουκουλώνω. **2.** (μεταφ.) καλύπτω κάποιον ή κάτι, αποκρύπτω (αντ. *αποκαλύπτω, ξεσκεπάζω).*
κατασκέπαστος, -η, -ο, επίθ., που είναι σκεπασμένος από όλες τις μεριές (συνών. *ολοσκέπαστος).*
κατασκευάζω, ρ. **1.** δημιουργώ, φτιάχνω κάτι χρη-

σιμοποιώντας τεχνικά μέσα και υλικά: ~ έπιπλα/ μηχανήματα· -άστηκαν αρκετά αθλητικά κέντρα (= χτίστηκαν). 2. (μεταφ.) επινοώ, δημιουργώ εκ του μηδενός: -εύασε ένα ανύπαρκτο πολιτειακό ζήτημα· συκοφαντία -ασμένη με κάθε λεπτομέρεια (συνών. πλάθω).

κατασκεύασμα το, ουσ. 1. οτιδήποτε κατασκευάζεται, τεχνικό δημιούργημα. 2. (μεταφ.-μειωτ.) καθετί που δημιουργείται χωρίς να υπολογίζονται οι αντικειμενικές συνθήκες και οι ανάγκες μιας κατάστασης, συχνά με ιδιοτελείς σκοπούς: συκοφαντικό δημοσιογραφικό ~· αλλοπρόσαλλα γλωσσικά -ατα που υποβαθμίζουν τη γλώσσα μας.

κατασκευαστής ο, θηλ. **-άστρια**, ουσ. 1. αυτός που κατασκευάζει (βλ. λ.), που φτιάχνει κάτι: ~ οικειακών συσκευών (ως επίθ.) -άστρια εταιρεία (συνών. δημιουργός, επινοητής). 2. που δημιουργεί εκ του μηδενός: ~ ψευδών ειδήσεων.

κατασκευή η, ουσ. 1. η ενέργεια και το αποτέλεσμα του «κατασκευάζω», φτιάξιμο: ~ προϊόντων μεταλλουργίας· προϊόντα ελληνικής -ής· ~ πολυκατοικίας/πολιτιστικού κέντρου/θεάτρου (= χτίσιμο, οικοδόμηση) (συνών. δημιουργία). 2. ο τρόπος με τον οποίο έχει κατασκευαστεί κάτι, η σύσταση ή η μορφή του: πρόχειρη ~· ~ του σώματος/του προσώπου. 3. (μεταφ.) επινόηση: ~ ψευδών ειδήσεων. 4. (φιλοσ.) θετικός τρόπος λογισμού για την απόδειξη της αλήθειας (αντ. ανασκευή.) 5. γεωμετρική ~ = χάραξη σχήματος με γεωμετρικά όργανα.

κατασκηνώνω, ρ., στήνω τη σκηνή μου κάπου για να μείνω προσωρινά· (μεταφ.) εγκαθιστάμαι κάπου προσωρινά: οι ορειβάτες -σκήνωσαν στη σπηλιά· οι σεισμοπαθείς -σκήνωσαν στο ξέφωτο.

κατασκήνωση η, ουσ. 1. το να κατασκηνώνει κανείς κάπου. 2. (συνεκδοχικά) το μέρος όπου κατασκηνώνει κάποιος· (ειδικότερα) σύνολο εγκαταστάσεων στο ύπαιθρο για παραθερισμό (παιδιών, ηλικιωμένων, κλπ.): παιδικές -ώσεις· ~ ατόμων της τρίτης ηλικίας.

κατασκίζω, ρ. (λαϊκ.), σκίζω εντελώς: -ίστηκε το πουκάμισό του από το πάλεμα (συνών. καταξεσκίζω).

κατάσκιος, -α, -ο, επίθ. (ασυνίζ.), που καλύπτεται εντελώς από σκιά, σκιερός.

κατάσκληρος, -η, -ο, επίθ., υπερβολικά σκληρός.

κατασκονίζω, ρ. (λαϊκ.), καλύπτω κάτι με σκόνη, γεμίζω με σκόνη: τα παιδιά έπαιζαν στο δρόμο και -ίστηκαν.

κατασκόπευση η, ουσ., κατασκοπία (βλ. λ.).

κατασκοπευτικός, -ή, -ό, επίθ., που ανήκει ή αναφέρεται στην κατασκόπευση: δίκτυο -ό. -Επίρρ. **-ά**.

κατασκοπεύω, ρ. α. παρακολουθώ με προσοχή κάποιον ή κάτι χωρίς να γίνομαι αντιληπτός για να πληροφορηθώ κάτι μυστικό· **β**. (ειδικότερα) ενεργώ κατασκοπία (βλ. λ.), προσπαθώ να μάθω κρυφά τα μυστικά ξένης χώρας, ανταγωνίστριας εταιρείας, κλπ.

κατασκοπία η, ουσ. 1α. παρακολούθηση με σκοπό την εξιχνίαση μυστικών προθέσεων, κλπ.· **β**. (ειδικότερα) συλλογή με μυστικό τρόπο πληροφοριών και στοιχείων που αναφέρονται σε μυστικά αντίπαλης χώρας, ανταγωνίστριας εταιρείας, κλπ. 2. (συνεκδοχικά) υπηρεσία που ενεργεί κατασκοπεύσεις: σοβιετική/αμερικανική ~ (συνών. στις σημασ. 1α και β κατασκόπευση).

κατάσκοπος ο, ουσ. 1. αυτός που κατασκοπεύει κάποιον ή κάτι. 2. (ειδικότερα) αυτός που ενεργεί κατασκοπία (βλ. λ. στη σημασ. 2), μυστικός πράκτορας.

κατασκότεινος, -η, -ο, επίθ., εντελώς σκοτεινός: δωμάτιο -ο (συνών. θεοσκότεινος· αντ. κατάφωτος). - Επίρρ. **-α**.

κατασκοτώνω, ρ. (λαϊκ.). I. (ενεργ.) χτυπώ κάποιον αλύπητα: το -σε το παιδί στο ξύλο (συνών. ξυλοκοπώ, ξυλοφορτώνω). II. μέσ. α. υποβάλλομαι σε μεγάλη ταλαιπωρία: -εται κάθε μέρα στη δουλειά (συνών. κατακουράζομαι) **β**. καταβάλλω μεγάλες προσπάθειες για να πετύχω: -ώθηκε να διοριστεί κάπου, αλλά δυστυχώς δεν τα κατάφερε.

κατασκουριασμένος, -η, -ο, επίθ. (συνιζ.), πολύ σκουριασμένος: σίδερα -α (αντ. ασκούριαστος).

κατασπαράζω, ρ., διαμελίζω βίαια με τα δόντια, τα νύχια, κλπ.: τον -αξαν οι λύκοι· (μεταφ.) το περιβάλλον είναι τόσο εχθρικό που νιώθω πως όλοι είναι έτοιμοι να με -άξουν (συνών. καταξεσκίζω, κατακομματιάζω).

κατασπάραξη η, ουσ., βίαιος διαμελισμός με τα δόντια, τα νύχια, κλπ. (συνών. κατακομμάτιασμα).

κατάσπαρτος, -η, -ο, επίθ., σπαρμένος απ' τη μια άκρη ως την άλλη: χωράφια -α (αντ. άσπαρτος).

κατασπατάληση η, ουσ., ασυλλόγιστη δαπάνη χρημάτων ή περιουσίας (συνών. εξανέμιση, ανεμοσκόρπισμα).

κατασπαταλώ, -άς, ρ., ξοδεύω ασυλλόγιστα: -ησε την περιουσία του πατέρα του (συνών. εξανεμίζω, ανεμοσκορπίζω).

κατασπιλώνω, ρ. (λόγ.), καταντροπιάζω, ρεζιλεύω: ~ όνομα/υπόληψη (συνών. ατιμάζω).

κατασπίλωση η, ουσ. (λόγ.), ατίμωση, ντρόπιασμα: ~ ονόματος/υπόληψης (συνών. ρεζίλεμα).

κάτασπρος, -η, -ο, επίθ., που είναι εντελώς άσπρος: σπίτια/σεντόνια -α (συνών. κατάλευκος· αντ. κατάμαυρος).

κατασταίνω, ρ., φέρνω σε κάποια κατάσταση, κάνω: η αγάπη -ει τον άνθρωπο ευτυχισμένο. - Βλ. και καθιστώ.

καταστάλαγμα το, ουσ. 1. ό,τι κατεβαίνει προς τα κάτω εξαιτίας του βάρους του και παραμένει στον πάτο: ~ κρασιού (συνών. κατακάθι). 2. (μεταφ.) τελική απόφαση (συνών. κατάληξη).

κατασταλάζω, ρ. 1. κατεβαίνω προς τα κάτω εξαιτίας του βάρους μου και παραμένω στον πάτο: -ει το νερό/το κρασί (συνών. κατακάθομαι). 2. (μεταφ.) καταλήγω: που -ξατε ύστερα από τη συζήτηση;

κατασταλαχτή η, ουσ. (λαϊκ.), αλισίβα, σταχτόνερο.

κατασταλτικός, -ή, -ό, επίθ., που είναι ικανός να καταστέλλει, να περιορίζει: μέτρα -ά. - Επίρρ. **-ά**.

κατάσταση η, ουσ. 1. ο τρόπος με τον οποίο υπάρχει κάτι σε ορισμένο τόπο ή χρόνο: ~ ψυχική/ σωματική/διανοητική. 2. φυσικές, οικονομικές, κοινωνικές ή άλλες συνθήκες σε δεδομένη στιγμή: χαώδης η οικονομική ~· σταθεροποιήθηκε η πολιτική ~ της χώρας. 3. (φυσ.) ο τρόπος με τον οποίο εμφανίζεται μια ουσία, όσον αφορά τη συνεκτικότητα, τη ρευστότητα, τη διάταξη των ατόμων: στερεή/υγρή/αέρια ~ των σωμάτων. 4. κατάλογος ή πίνακας με ονόματα προσώπων ή πραγμάτων: ~ ονομάτων/εσόδων/εξόδων/μισθοδοτική (συνών. λίστα). 5. (στρατ.) συνθήκες κάτω από τις οποίες διατελεί το στράτευμα: ~ ειρήνης/ πολέμου/πολιορκίας· ημερήσια ~ (= ημερήσια αναφορά, παρόντες, απόντες, ποινές, συμβάντα). 6. θέση σε σχέση με την υπηρεσία: ~ διαθεσιμότητας. Φρ. είμαι σε ενδιαφέρουσα ~ (= είμαι έγκυος)· τι ~ είναι αυτή; ή δεν είναι ~ αυτή (για κάτι που δεν μπορεί να γίνει ανεκτό).

καταστατικό το, ουσ. 1. σύνολο βασικών αρχών και κανόνων που καθορίζουν τους σκοπούς και ρυθμίζουν τη λειτουργία ενός οργανισμού: ~ εταιρείας/σωματείου. 2. (συνεκδοχικά) έγγραφο που περιλαμβάνει τους όρους ίδρυσης και διοίκησης εμπορικής εταιρείας.

καταστατικός, -ή, -ό, επίθ., που αναφέρεται σε κάποια κατάσταση, που ρυθμίζει μια κατάσταση: χάρτης ~ (= το σύνολο των νόμων ενός πολιτεύματος, το Σύνταγμα)· ~ νόμος της Εκκλησίας της Ελλάδας.

κατάστεγνος, -η, -ο, επίθ., εντελώς στεγνός: ρούχα -α (συνών. ολόστεγνος· αντ. καταβρεγμένος).

καταστέλλω, ρ. (λόγ.). 1. κάνω κάτι να περιοριστεί, συγκρατώ την ορμή του: ~ πάθη/θυμό (συνών. αναχαιτίζω, δαμάζω). 2. καταπνίγω, καταπαύω: ~ βία/επανάσταση.

καταστενοχωρώ, -είς, ρ., στενοχωρώ κάποιον σε μεγάλο βαθμό: με -ησε η συμπεριφορά σου (αντ. χαροποιώ).

κατάστερος, -η, -ο, επίθ., γεμάτος αστέρια: νύχτα -η (συνών. έναστρος· αντ. άναστρος).

κατάστηθα, επίρρ., πάνω στο στήθος ή στο μέσο του στήθους: η σφαίρα τον βρήκε ~· τον πατούσαν ~.

κατάστημα το, ουσ. 1. χώρος όπου μια επιχείρηση εκθέτει για να πουληθούν εμπορεύματα που αποτελούν αντικείμενο της οικονομικής της δραστηριότητας: ~ νεοτερισμών / λιανικής / χονδρικής (συνών. εμπορικό, μαγαζί). 2. κτήριο όπου στεγάζεται δημόσια ή κοινωφελής υπηρεσία, εταιρεία, κλπ.: κεντρικό· τράπεζας· ~ δημοτικό.

καταστηματάρχης ο, θηλ. **-ισσα,** ουσ., ιδιοκτήτης ή διευθυντής εμπορικού καταστήματος (συνών. μαγαζάτορας).

καταστίζω, ρ. (λόγ.), γεμίζω κάτι ή κάποιον με στίγματα.

κατάστικτος, -η, -ο, επίθ., που είναι γεμάτος στίγματα: δέρμα -ο (συνών. διάστικτος).

κατάστιξη η, ουσ., διάστιξη (βλ. λ.) (συνών. τατουάζ).

κατάστιχο το, ουσ., βιβλίο όπου καταγράφονται λογαριασμοί· φρ. έχω κάποιον (γραμμένο) στου διαβόλου το ~ (= έχω γι' αυτόν τη χειρότερη ιδέα).

καταστιχογραφία η, ουσ., τήρηση λογιστικών βιβλίων (από κατάστημα, κλπ.).

καταστολή η, ουσ. 1. συγκράτηση σε λογικά όρια: ~ πάθους (συνών. μετριασμός, περιορισμός). 2. κατάπαυση, κατάνιξη, κατάσβεση: ~ του κινήματος/πυρκαγιάς.

καταστολίζω, ρ., στολίζω κάποιον ή κάτι υπερβολικά, φορτώνω με στολίδια.

κατάστρατα, επίρρ. (λαϊκ.), στη μέση του δρόμου: να την ευρώ ~ να τη γλυκοφιλήσω (Κρυστάλλης) (συνών. μεσοστρατίς).

καταστρατήγηση η, ουσ., παραβίαση νόμου, συμφωνίας, συνθήκης, κλπ., με δόλο ή με τέχνασμα (συνών. παράβαση, καταδολίευση).

καταστρατηγώ, -είς, ρ., παραβιάζω, με δόλιο τρόπο ή με τέχνασμα, νόμο, συνθήκη, συμφωνία, κλπ.: ~ τα ωράρια εργασίας (συνών. παραβαίνω, καταδολιεύομαι).

καταστρεπτικός, -ή, -ό, επίθ., που προξενεί καταστροφή: ~ πόλεμος· επίδραση -ή (συνών. ολέθριος, καταστροφικός· αντ. σωτήριος, ευεργετικός). - Επίρρ. **-ά.**

καταστρέφω, ρ., παρατ. κατέστρεφα, πληθ. καταστρέφαμε, αόρ. -έστρεψα και -άστρεψα, πληθ. καταστρέψαμε. 1. προξενώ τόσο μεγάλη καταστροφή σε κάτι ώστε να μην μπορεί να υπάρχει πια: από τη βόμβα -άφηκαν πολλά διαμερίσματα του οικοδομήματος· διάβασα το γράμμα και το -ψα αμέσως· δε θέλω να -ψω μια τόσο βαθιά φιλία· ολόκληρη η πόλη -άφηκε από το σεισμό (συνών. αφανίζω, εξολοθρεύω, εξοντώνω· αντ. σώζω, γλυτώνω). 2. (μεταφ.) ανατρέπω: αυτή η αποτυχία μου -ψε τα σχέδιά μου (συνών. χαλώ). 3. (μεταφ.) φθείρω ηθικά: τον -ψαν οι κακές συναναστροφές (συνών. διαφθείρω). 4. (μέσ.) χάνω την περιουσία μου (συνών. χρεοκοπώ).

καταστρόγγυλος, -η, -ο, επίθ., που είναι εντελώς στρογγυλός: φεγγάρι -ο/μάτια -α (συνών. ολοστρόγγυλος).

καταστροφέας ο, ουσ., αυτός που προκαλεί καταστροφές (σε ανθρώπους ή πράγματα): οι πλημμύρες, οι σεισμοί και οι κυκλώνες είναι οι μεγαλύτεροι -είς.

καταστροφή η, ουσ. 1. ολοκληρωτική φθορά, αφανισμός: ~ οικολογική/πυρηνική (συνών. εξόντωση, εξολόθρευση· αντ. διάσωση). 2. μεγάλη ζημία· συμφορά: Θεέ μου, ~! Έπεσε το σπίτι μου!

καταστροφικός, -ή, -ό, επίθ., που αναφέρεται στην καταστροφή ή σχετίζεται μ' αυτή: φαινόμενα -ά (συνών. καταστρεπτικός). - Επίρρ. **-ά.**

καταστροφισμός ο, ουσ. 1. μανία καταστροφής. 2. (γεωλ.) θεωρία σύμφωνα με την οποία οι διαφορές μεταξύ των απολιθωμάτων μιας στρωματογραφικής σειράς οφείλονται σε περιοδικές καταστροφές και σε νέες δημιουργίες ζωής.

κατάστρωμα το, ουσ. 1. (ναυτ.) οριζόντιο επίστρωμα με μικρή καμπυλότητα που καλύπτει το κοίλο μέρος σκάφους σε όλο το μήκος του με σκοπό να το προφυλάσσει από τα νερά των κυμάτων ή της βροχής: ~ πτήσης = το ανώτερο κατάστρωμα των αεροπλανοφόρων που χρησιμεύει για την απονήωση ή προσνήωση των αεροσκαφών· αξιωματικός -ατος· ταξιδεύω ~ = ταξιδεύω ως επιβάτης της τρίτης θέσης (συνών. κουβέρτα). 2. (για δρόμο) επίστρωμα.

καταστρώνω, ρ., παρατ. κατέστρωνα, πληθ. καταστρώναμε, αόρ. -έστρωσα και -άστρωσα, α΄ πληθ. καταστρώσαμε, συντάσσω με όλες τις λεπτομέρειες: ~ πρόγραμμα εκδρομής (συνών. καταρτίζω).

κατάστρωση η, ουσ., λεπτομερειακή σύνταξη: ~ προγράμματος/σχεδίου (συνών. καταρτισμός).

κατασυγχύζω, ρ., προκαλώ σε κάποιον πολύ μεγάλη σύγχυση: με -σε το παλιόπαιδο (συνών. ανα-στατώνω).

κατασυκοφάντηση η, ουσ., το να συκοφαντεί κανείς κάποιον υπερβολικά.

κατασυκοφαντώ, -είς, ρ., συκοφαντώ κάποιον με επιμονή και πάθος.

κατά συνέπειαν αρχαϊστ. έκφρ. = επομένως.

κατασύνεχα, επίρρ. (λαϊκ.), στη συνέχεια, χωρίς διακοπή: χορός, τραγούδι, ~ χορός.

κατασυντρίβω, ρ., αόρ. -ψα. 1. συντρίβω εντελώς. 2. (μεταφ.) εξολοθρεύω: -ψαν τον εχθρό (συνών. κατανικώ). 3. (μεταφ.) καταστενοχωρώ, καταλυπώ: γύρισε -ιμμένος από την κηδεία.
κατασφάζω, ρ., αόρ. -έσφαξα και -άσφαξα. 1. σφάζω αλύπητα: οι στρατιώτες -ξαν όλο το χωριό. 2. (μεταφ.) συντελώ ώστε να υποστεί κάποιος πολύ μεγάλη ήττα (σε αγώνα, διαγωνισμό, εκλογή, κλπ.): στο χτεσινό αγώνα μάς -ξε ο διαιτητής.
κατάσχεση η, ουσ. (νομ.) διαδικαστική πράξη με την οποία δεσμεύεται περιουσιακό στοιχείο του οφειλέτη: ~ ακινήτου· ~ αναγκαστική/συντηρητική.
κατασχετήριο το, ουσ. (ασυνίζ.), (νομ.) έγγραφο που με την επίδοσή του συντελείται η κατάσχεση περιουσιακών αντικειμένων στα χέρια τρίτου.
κατασχετήριος, -α, -ο, επίθ. (ασυνίζ.), (νομ.) που σχετίζεται με την κατάσχεση: -α έκθεση.
κατασχέτης ο, ουσ. (νομ.) πρόσωπο που ενεργεί κατάσχεση.
κατασχετός, -ή, -ό, επίθ. (νομ.) που μπορεί να κατασχεθεί (αντ. ακατάσχετος).
κατάσχω, ρ., λέγε αντί αυτού: κάνω κατάσχεση.
κατασώτευση η, ουσ., ασυλλόγιστη δαπάνη χρημάτων ή περιουσίας: ~ πατρικής περιουσίας.
κατασωτεύω, ρ., ξοδεύω ασυλλόγιστα χρήματα ή περιουσία.
κατά τα ειωθότα· αρχαϊστ. έκφρ. = όπως συνηθίζεται.
κατατακτήριος, -α, -ο, επίθ. (ασυνίζ.), που σχετίζεται με την κατάταξη: εξετάσεις -ες.
καταταλαιπωρώ, -είς, ρ., ταλαιπωρώ κάποιον ή κάτι υπερβολικά: -εί την οικογένειά του· η χτεσινή απεργία των οδηγών λεωφορείων -ησε τον κόσμο.
κατάταξη η, ουσ. 1. τοποθέτηση στην κατάλληλη θέση: ~ βιβλίων/εγγράφων. 2. τοποθέτηση πραγμάτων κατά είδη ή ποιότητες: ~ εμπορευμάτων. 3. (για πρόσωπο) εγγραφή προσώπου σε ορισμένη σειρά σε κάποιο κατάλογο: ~ φορολογική. 4. (στρατ.) τοποθέτηση στρατεύσιμου στη δύναμη μιας μονάδας στρατευμάτων: ~ στο πεζικό. 5. (στρατ.) προσέλευση στις τάξεις του στρατού. 6. (λογική) ταξινόμηση των επιμέρους όντων, μορφών ή γνώσεων στην κλίμακα που απαρτίζεται με τη διαίρεση του πλάτους των εννοιών από το ανώτατο και γενικότατο σχήμα ως το κατώτατο και ειδικό: ~ ζώου σε τάξη, οικογένεια, γένος, κλπ.
καταταράζω, ρ. 1. ταράζω υπερβολικά. 2. προκαλώ μεγάλη ψυχική ταραχή (συνών. αναστατώνω, συγκλονίζω).
κατατάσσω, ρ., παρατ. κατέτασσα, πληθ. κατατάσσαμε, αόρ., κατέταξα, πληθ. κατατάξαμε. 1. τοποθετώ κάτι στην κατάλληλη θέση. 2. συμπεριλαμβάνω, συγκαταλέγω: τον -έταξαν στον κατάλογο των αγίων (συνών. συγκαταριθμώ). 3. (στρατ.) εγγράφω κάποιον στη δύναμη όπλου ή στρατιωτικής μονάδας: τον -έταξαν στο πυροβολικό. 4. (μέσ.) (στρατ.) παρουσιάζομαι στο στρατό για να υπηρετήσω τη θητεία μου: -άχτηκε μεγάλος, γιατί είχε αναβολή.
κατατείνω, ρ. (λόγ.), έχω την τάση να φτάσω κάπου, κατευθύνομαι: δεν ξέρω πού ακριβώς -ουν αυτές οι προσπάθειές του (συνών. αποβλέπω).
κατατεμαχίζω, ρ., κόβω σε πολλά κομμάτια: οι έμποροι της γης -ουν τη γη και τη μοσχοπουλούν (συνών. κατακομματιάζω).

κατατεμαχισμός ο, ουσ., χωρισμός σε πολλά μικρά κομμάτια: ~ της γης (συνών. κατακομμάτιασμα).
κατατίθεμαι, βλ. καταθέτω.
κατάτμηση η, ουσ. (λόγ.). 1. διαίρεση σε πολλά και μικρά κομμάτια· διαχωρισμός, κατανομή: ~ ευρωπαϊκών αγορών· ~ ομάδων. 2. (βιολ.) αλλεπάλληλες κυτταρικές διαιρέσεις που υφίσταται το γονιμοποιημένο ωάριο κατά τη διάρκεια της ανάπτυξής του σε έμβρυο. 3. (γεωλ.) φαινόμενο κατά το οποίο πετρώματα αποχωρίζονται σε σχήματα σχεδόν κανονικά με την επίδραση εξωτερικών κυρίως παραγόντων.
κατά το δοκούν· αρχαϊστ. έκφρ. = κατά προσωπική άποψη.
κατά το ήμισυ· αρχαϊστ. έκφρ. = ως προς το μισό μέρος: η περιουσία μού ανήκει ~.
κατά το μάλλον ή ήττον· αρχαϊστ. έκφρ. = έτσι κι αλλιώς.
κατατομή η, ουσ. 1. η όψη ενός προσώπου όπως φαίνεται όταν το δει κανείς από τα πλάγια: έχει ελληνική ~ (συνών. προφίλ). 2α. κατακόρυφη τομή που γίνεται σε σχέδιο οικοδομήματος, μηχανής, κλπ., για να παρασταθεί το εσωτερικό ή τα μέρη του όλου: ~ αεροσκάφους· β. (τεχνολ.) πραγματοποίηση σε κάποιο σώμα κάθετης τομής σε θεωρούμενο άξονα (συνών. διατομή).
κατατονία η, ουσ. (ιατρ.) επίμονη τονική καθήλωση του σώματος σε διάφορες στάσεις, που συνοδεύεται συνήθως από αδράνεια και απαντά στη σχιζοφρένεια και σε άλλες παρεμφερείς καταστάσεις.
κατατόπι το, ουσ. (συνήθως στον πληθ.). 1. λεπτομέρειες τοποθεσίας ή χώρου και ιδίως τα απόκεντρα σημεία: ξέρει τα -α της παλιάς πόλης/του σπιτιού. 2. μέρος όπου συχνάζει κάποιος: πηγαινοέρχεται στα παλιά -α. [συνεκφ. κατά τόπον].
κατατοπίζω, ρ. 1. καθοδηγώ κάποιον σχετικά με τις λεπτομέρειες τοποθεσίας, του δείχνω τα κατατόπια ή το δρόμο που πρέπει να ακολουθήσει (συνών. προσανατολίζω). 2. (μεταφ.) καθοδηγώ σχετικά με τις λεπτομέρειες θέματος: το άρθρο μας -ισε για την οικονομική κατάσταση του τόπου (συνών. διαφωτίζω, ενημερώνω).
κατατόπιση η, ουσ. 1. καθοδήγηση κάποιου σχετικά με τις λεπτομέρειες τοποθεσίας (συνών. προσανατολισμός, κατατοπισμός). 2. (μεταφ.) καθοδήγηση κάποιου σχετικά με τις λεπτομέρειες ενός θέματος: ~ σε θέματα υγείας (συνών. διαφώτιση, ενημέρωση, κατατοπισμός).
κατατοπισμός ο, ουσ., κατατόπιση (βλ. λ.).
κατατοπιστικός, -ή, -ό, επίθ., που συντελεί στην κατατόπιση: συζήτηση -ή (συνών. διαφωτιστικός, ενημερωτικός).
κατά το πλείστον· αρχαϊστ. έκφρ. = ως προς το μεγαλύτερο μέρος: οι κάτοικοι ασχολούνται κατά το -ον με τη γεωργία (πβ. και ως επί το -ον).
κατατρεγμός ο, ουσ., το να κατατρέχει (βλ. λ.) κανείς κάποιον: υποφέρει τον -ό των δικών του· (μεταφ.) ~ της μοίρας.
κατατρέχω, ρ., προσπαθώ να βλάψω κάποιον, έχω εχθρικές διαθέσεις εναντίον κάποιου: τον -ουν οι γείτονες· τον -ει η κοινωνία/η μοίρα του. - Η μτχ. παρκ. κατατρεγμένος ως επίθ. = κυνηγημένος από άλλους ανθρώπους, δοκιμασμένος από τη μοίρα.
κατατρίβομαι, ρ., ξοδεύω άσκοπα χρόνο ή δυνάμεις: -εται σε ζητήματα ανάξια προσοχής.

κατατρομάζω, ρ. Α. (μτβ.) προκαλώ έντονο αίσθημα τρόμου: *με -αξε ο σκύλος σας* (συνών. *εκφοβίζω, τρομοκρατώ*). Β. (αμτβ.) κυριεύομαι από τρόμο: *-αξε το μωρό από τις αγριοφωνάρες σου* (συνών. *πανικοβάλλομαι, τρομοκρατούμαι*).

κατατροπώνω, ρ., τρέπω κάποιον σε φυγή ύστερα από μάχη· νικώ ολοκληρωτικά και εύκολα (για στρατό ή αντίπαλες ομάδες ή πρόσωπα): *η ομάδα μας -σε την αντίπαλη ομάδα στο χτεσινό αγώνα* (συνών. *κατανικώ, κατασυντρίβω, διαλύω*).

κατατρόπωση η, ουσ., συντριπτική νίκη, που συχνά προκαλεί στους ηττημένους σύγχυση: ~ *εχθρού/ποδοσφαιρικής ομάδας* (συνών. *πανωλεθρία*).

κατατρυπώ, -άς, ρ., μέσ. *-τρυπιέμαι*. Α. (μτβ.) τρυπώ επανειλημμένα: *με -ησε η νοσοκόμα*. Β. (αμτβ.) γεμίζω με πολλές τρύπες: *-ησε η φούστα μου* (συνών. *ανοίγω*).

κατατρύχω, ρ. (λόγ.), καταβασανίζω, καταπονώ: *-εται από έμμονες ιδέες*.

κατατρώγω και **κατατρώω**, ρ., αόρ. *κατάφαγα*, μτχ. *καταφαγωμένος*. 1. τρώγω, φθείρω κάτι εντελώς: *έπιπλα καταφαγωμένα από το σαράκι· τ' αλάτι, ο ήλιος, το νερό κατατρώνε λίγο λίγο τα σπίτια* (Ρίτσος). 2. (μεταφ.) βασανίζω εξαντλητικά: *τον -φαγε το μαράζι*. 3. παίρνω από κάποιον ό,τι έχει και δεν έχει, εξαθλιώνω κάποιον οικονομικά: *τον -φαγε αυτή η γυναίκα*. 4. (μεταφ.) κατασπαταλώ: *-φαγε την περιουσία του πατέρα του*.

κατατσακίζω, ρ. 1. τσακίζω κάποιον σε πολλά μικρά κομμάτια (συνών. *σπάζω*). 2. (μεταφ.) κατακουράζω, εξαντλώ: *τον -ισε η πολλή δουλειά*.

κατατυραννώ, -είς και **-άς**, ρ., *-ιέμαι*, τυραννώ υπερβολικά, φέρομαι πολύ τυραννικά: *-εί την οικογένειά του/τους υπαλλήλους* (συνών. *καταβασανίζω*).

κατά τύχην· αρχαϊστ. έκφρ. = τυχαία.

καταυγάζω, ρ. (λόγ.), φωτίζω με λαμπρό φως (συνών. *καταλάμπω, καταφέγγω*).

καταυγασμός ο, ουσ. (λόγ.), άπλετος φωτισμός.

καταυλίζομαι, ρ. 1. στρατοπεδεύω, σταθμεύω προσωρινά σε σκηνές (για στρατό ή ομάδες ανθρώπων). 2. είμαι κάτω από πρόχειρη στέγη (συνών. *καταλύω, κατασκηνώνω*).

καταυλισμός ο, ουσ. 1. προσωρινή διαμονή σε σκηνές. 2. ο τόπος όπου στρατοπεδεύει πρόχειρα ή διανυκτερεύει ένα στρατιωτικό τμήμα ή άλλη ομάδα ανθρώπων ή άμαχος πληθυσμός: ~ *τσιγγάνων/προσφύγων/σεισμόπληκτων*.

καταϋποχρεώνω, βλ. *καθυποχρεώνω*.

καταφανής, -ής, -ές, γεν. *-ούς*, πληθ. αρσ. και θηλ. *-είς*, ουδ. *-ή*, επίθ. (λόγ.), που εύκολα φαίνεται ή καταλαβαίνεται (συνών. *ολοφάνερος, εμφανής·* αντ. *αφανέρωτος*). - Επίρρ. **-ώς**.

κατάφαση η, ουσ. 1. συναινετική, καταφατική απάντηση: *να απαντήσεις στην ερώτηση με* ~ (αντ. *άρνηση*). 2. το να δέχεται κανείς να γίνει κάτι, συγκατάνευση (συνών. *συγκατάθεση, αποδοχή*).

καταφάσκω, ρ. (ελλειπτ.) (λόγ.). 1. απαντώ καταφατικά. 2. δίνω τη συγκατάθεσή μου (συνών. *συγκατανεύω·* αντ. *αρνούμαι*).

καταφατικός, -ή, -ό, επίθ., που δηλώνει κατάφαση: *πρόταση/απάντηση -η* (συνών. *επιβεβαιωτικός, συναινετικός·* αντ. *αποφατικός, αρνητικός*). - Επίρρ. **-ά** και **-ώς**.

κατάφατσα, επίρρ. (λαϊκ.), καταπρόσωπο: *τον κοίταξε* ~ (συνών. *κατάμουτρα*).

καταφέρνω, ρ., αόρ. *κατάφερα*. 1. φέρνω κάτι σε ευχάριστο τέλος, πετυχαίνω κάτι: *-φερε να διοριστεί· δεν τα -ει στα μαθηματικά* (συνών. *κατορθώνω*). 2. κάνω κάποιον να πει το ναι, πείθω: *τον -φερε να πάνε ταξίδι· την -φερε ύστερα από πολλές θυσίες*. 3. κατανικώ: *τον -ει στο πάλεμα*. 4. αντιμετωπίζω τις (οικονομικές) δυσκολίες, τα φέρνω βόλτα: *έως τώρα καλά τα -ουμε* (συνών. *βολεύω*).

καταφέρομαι, ρ., εκφράζομαι με πάρα πολύ αρνητικό τρόπο για κάποιον: *-ρθηκε εναντίον του με πολύ πάθος* (συνών. *βρίζω, κατηγορώ·* αντ. *επαινώ, εγκωμιάζω, επευφημώ*).

καταφερτζής ο, θηλ. **-ού**, πληθ. *-ήδες*, θηλ. *-ούδες*, ουσ., αυτός που επιδιώκει κάποιο (συνήθως πρακτικό) στόχο και τον πετυχαίνει, επιτήδειος: *τον έπεισε πάλι· είναι μεγάλη -ού* (συνών. *καπάτσος*). [*καταφέρνω*].

καταφεύγω, ρ., παρατ. *κατέφευγα*, πληθ. *καταφεύγαμε*, αόρ. *κατέφυγα*, πληθ. *καταφύγαμε*. 1. πηγαίνω σε κάποιο μέρος για ασφάλεια, για να προστατευτώ: *οι ληστές κατέφυγαν στο βουνό*. 2. ζητώ από κάποιον βοήθεια, προσφεύγω: *απελπισμένη κατέφυγε στους κομπογιαν(ν)ίτες· κατέφυγαν στα δικαστήρια· πολλοί σημερινοί νέοι -ουν στα ναρκωτικά*. 3. χρησιμοποιώ κάτι από ανάγκη: *κατέφυγε σε πλάγια/ανέντιμα μέσα*.

καταφθάνω, ρ., παρατ. *κατέφθανα*, πληθ. *καταφθάναμε*, αόρ. *κατέφθασα*, πληθ. *καταφθάσαμε* και (λαϊκ.) **-φτάνω**, αόρ. *κατάφτασα*. Α. μτβ. 1. προλαβαίνω, προφταίνω κάποιον που τρέχει. 2. (μεταφ., για μυστικό, μαντάτο, κλπ.) μαρτυρώ, καταδίδω: *τα -φτάσανε του αρχιμανδρίτη*. Β. (αμτβ.) φτάνω αιφνιδιαστικά, απροειδοποίητα.

καταφιλώ, ρ., φιλώ κάποιον ζωηρά, επανειλημμένα ή σε πολλά σημεία του προσώπου.

καταφοβίζω, ρ., (μτβ.) προξενώ σε κάποιον υπερβολικό φόβο, κατατρομάζω.

καταφορά η, ουσ. (λόγ.), έντονη επίκριση, δυσμενής κριτική: *φοβάται την* ~ *του κόσμου* (συνών. *κατακραυγή, αποδοκιμασία*). [*καταφέρομαι*].

κατάφορτος, -η, -ο, επίθ. (λόγ.), που είναι φορτωμένος υπερβολικά (συνών. *παραφορτωμένος*).

καταφορτώνω, ρ., φορτώνω βαριά (υποζύγιο) (συνών. *παραφορτώνω*).

καταφρόνηση, βλ. *καταφρόνηση*.

καταφρονετής, βλ. *καταφρονητής*.

καταφρόνηση και (λαϊκ.) **-νεση** η, ουσ., περιφρόνηση, έλλειψη εκτίμησης, ηθική μείωση (αντ. *υπόληψη, σεβασμός*).

καταφρονητής ο και (λαϊκ.) **-νετής**, θηλ. **-νήτρα** και **-νήτρια**, ουσ., αυτός που καταφρονεί, που περιφρονεί.

καταφρονητικός, -ή, -ό και (λαϊκ.) **-νετικός**, επίθ., που περιφρονεί, που φέρεται περιφρονητικά. - Επίρρ. **-ά**.

καταφρονήτρα και **-νήτρια**, βλ. *καταφρονητής*.

καταφρόνια η, ουσ. (συνιζ.), ηθική μείωση, περιφρόνηση: *κανείς δε δέχεται την* ~ *του κόσμου* (συνών. *καταφρόνηση·* αντ. *εκτίμηση*).

καταφρονώ, -είς, ρ., μτχ. παρκ. *-φρονεμένος*, θεωρώ κάποιον ή κάτι ανάξιο λόγου, περιφρονώ (αντ. *εκτιμώ, λογαριάζω*).

καταφτάνω, βλ. *καταφθάνω*.

καταφυγή η, ουσ. 1. το να καταφεύγει κανείς κάπου ή σε κάποιον για να προστατευτεί. 2. (συνεκδοχικά) πρόσωπο ή τόπος όπου καταφεύγει κάποιος

καταφύγιο

για να βρει βοήθεια, προστασία: *χτύπησε την πόρτα και ζήτησε ~· πραγματική της ελπίδα και ~ ήταν το εικόνισμα της Παναγίας* (Μπαστιάς) (συνών. *καταφύγιο*).

καταφύγιο και (λαϊκ.) **-γι** το, ουσ. (ασυνίζ.), τόπος όπου καταφεύγει κάποιος για να βρει βοήθεια ή να προστατευτεί από ενδεχόμενους κινδύνους: *πυρηνικό/αντιαεροπορικό ~· της Παναγιάς χρυσόκαστρο της Πόλης -γι* (Αθάνας) (συνών. *κρυψώνας, καταφυγή*).

κατάφυτος, -η, -ο, επίθ. (για τόπο) γεμάτος φυτά, πυκνοφυτεμένος: *κοιλάδα -η*.

κατάφωρος, -η, -ο, επίθ., ολοφάνερος: *αδικία/αντίθεση -η σε βάρος του* (συνών. *οφθαλμοφανής*). - Επίρρ. **-α**: *παραβιάζει -α τα δικαιώματά μας*.

καταφώτιστος, -η, -ο, επίθ., κατάφωτος (βλ. λ.).

κατάφωτος, -η, -ο, επίθ., που φωτίζεται εντελώς, που είναι άπλετα φωτισμένος: *αίθουσα/πλατεία -η* (συνών. *ολόφωτος·* αντ. *κατασκότεινος*).

καταχαίρομαι, ρ. Α. (αμτβ.) χαίρομαι πολύ, αισθάνομαι υπερβολική χαρά. Β. (μτβ.) απολαμβάνω κάτι με μεγάλη ευχαρίστηση: *το -χάρηκα το δώρο σου· τα παιδιά στην εκδρομή έπαιξαν και το -χάρηκαν*.

καταχάμα, επίρρ., πάνω στο έδαφος, καταγής: *καθότανε/ξαπλώσανε ~*. [κατά + χάμω με επίδρ. των επιρρ. σε *-α*].

καταχανάς ο, ουσ. 1. βρικόλακας. 2. (μεταφ.) άνθρωπος άπληστος.

καταχανεύω, ρ., γίνομαι βρικόλακας, βρικολακιάζω.

καταχαρούμενος, -η, -ο, επίθ., γεμάτος χαρά, περιχαρής: *ήταν ~ για την πρόσληψή του* (αντ. *καταλυπημένος*). [μτχ. ενεστ. του *καταχαίρομαι*].

καταχέζω, ρ., (μεταφ.) βρίζω κάποιον με πολύ άσχημο τρόπο (συνών. *ξεχέζω*).

καταχείμωνα, επίρρ., στα μέσα του χειμώνα, την εποχή που το κρύο είναι πιο έντονο.

καταχείμωνο το, ουσ., τα μέσα του χειμώνα, η εποχή που το κρύο είναι πιο έντονο: *μήνας Γενάρης, ~* (αντ. *κατακαλόκαιρο*).

καταχειροκροτώ, -είς, ρ., χειροκροτώ κάποιον με μεγάλο ενθουσιασμό: *οι θεατές -ησαν την παράσταση*.

καταχεριά η, ουσ. (συνιζ.), χτύπημα με το χέρι, χαστούκι (συνών. *μπάτσος*).

καταχερίζω, ρ., χτυπώ, δέρνω κάποιον: *τον -έρισε για τα καλά· να την -ίσεις για να βάλει γνώση*.

καταχέρισμα το, ουσ., χτύπημα με το χέρι, χαστούκισμα.

καταχθόνιος, -α, -ο, επίθ. (ασυνίζ.). 1. υπόγειος. 2. (μεταφ.) ύπουλος, πονηρός: *συμπεριφορά -α* (συνών. *πανούργος, δόλιος*). - Επίρρ. **-α**.

καταχιόνιστος, -η, -ο, επίθ. (συνιζ.), εντελώς χιονισμένος, σκεπασμένος από χιόνια: *βουνά -α*.

κατάχλομος, -η, -ο, επίθ., υπερβολικά χλομός: *~ από το φόβο* (συνών. *κατακίτρινος*).

καταχνάδα η, ουσ. (λαϊκ.), το να είναι κάτι θαμπό, θολάδα.

καταχνιά και **κατάχνια** η, ουσ. (συνιζ.). α. ομίχλη: *έχει πέσει ~* (συνών. *πούσι*) β. ομιχλώδης καιρός.

καταχνιάζει, ρ. (συνιζ., απρόσ.), πέφτει καταχνιά, απλώνεται ομίχλη. - Η μτχ. *-σμένος* ως επίθ. = σκεπασμένος με ομίχλη: *βουνό -σμένο*.

κατάχνιασμα το, ουσ. (λαϊκ.), καταχνιά (βλ. λ.).

καταχραστής ο, θηλ. **-άστρια**, ουσ. 1. αυτός που καταχράστηκε, που ιδιοποιήθηκε ξένα χρήματα

που του εμπιστεύτηκαν: *-ές του δημόσιου χρήματος*. 2. αυτός που κάνει κατάχρηση της εμπιστοσύνης ή της καλοσύνης του άλλου.

καταχρεώνομαι, ρ., επιβαρύνομαι με πολλά χρέη, χρωστώ πολλά χρήματα: *-ώθηκε για να παντρέψει την κόρη του· επιχείρηση -ωμένη*.

κατάχρηση η, ουσ. 1. υπέρμετρη, υπερβολική χρήση κάποιου πράγματος: *~ οινοπνευματωδών ποτών·* (γραμμ.) *~ των συνδέσμων «και» και «που» από τους Νεοέλληνες*. 2. το να εκμεταλλεύεται κάποιος παράτυπα κάτι που του παρέχεται: *~ χώρου σε μια εφημερίδα· ~ της εμπιστοσύνης/της καλοσύνης του άλλου·* εκφρ. *~ εξουσίας* (= το να υπερβαίνουν δημόσιοι υπάλληλοι τα καθήκοντα και τη δικαιοδοσία τους). 3. σφετερισμός ξένων χρημάτων: *~ δημόσιου χρήματος* (συνών. *υπεξαίρεση*). 4. (στον πληθ.) υπερβολική ροπή προς τις σαρκικές ηδονές: *σακατεμένος απ' τα χρόνια κι από -ήσεις* (Καβάφης).

καταχρηστικός, -ή, -ό, επίθ., που λέγεται ή γίνεται με παράβαση του κανόνα ή με εξαίρεση· (γραμμ.) *-ή δίφθογγος* = δίφθογγος στην περίπτωση που ένα *-ι* (*η, υ, ει, οι*) βρίσκεται πριν από άλλο φωνήεν ή δίψηφο (*ου, αι, ει, οι*) και που και τα δύο προφέρονται ως μία συλλαβή (π.χ. *πιάνω, γυαλί, άδειες, ποιοι· σύνθεση -ή* (= όταν στο σύνθετο βρίσκονται δύο συνθετικά το ένα πλάι στο άλλο, χωρίς άλλη αλλαγή από την ενδεχόμενη μετακίνηση του τόνου του β΄ συνθετικού, π.χ. *Χριστούγεννα = Χριστούγεννα·* αντ. *γνήσια*, π.χ. *αστραπή-βροντή = αστραπόβροντο*). - Επίρρ. **-ά** και **-ώς**.

κατάχρυσος, -η, -ο, επίθ. 1. που είναι εξολοκλήρου χρυσός, ολόχρυσος: *δαχτυλίδι -ο*. 2. που καλύπτεται από χρυσά στολίδια: *εικόνα -η*.

καταχρώμαι, -άσαι, ρ., αόρ. *-χράστηκα*, κάνω κατάχρηση (βλ. λ. στις σημασ. 2 και 3): *-χράστηκε τη φιλία μου/χρήματα του συνεταιρισμού*.

καταχτυπώ, -άς, ρ. (αμτβ.), χτυπώ δυνατά: *τα δόντια μου -ούσαν από το κρύο*.

καταχωνιάζω, ρ. (συνιζ., λαϊκ.). 1. χώνω βαθιά (στη γη)· κρύβω, εξαφανίζω: *πού το -χώνιασες πάλι το βιβλίο;* 2. καταβροχθίζω: *η θάλασσα -χώνιασε το σκαρί στο βυθό της*.

καταχωνιάσμα το, ουσ. (συνιζ.), το να καταχωνιάζει (βλ. λ.) κάποιος κάτι.

καταχώνω, ρ., χώνω κάτι βαθιά (στο χώμα ή αλλού), θάβω: *η βασιλική βρέθηκε -χωσμένη*.

καταχωρίζω και **καταχωρώ, -είς**, ρ. α. εγγράφω κάτι στην κατάλληλη θέση βιβλίου, καταλόγου, πίνακα, λογαριασμού, κλπ., καταγράφω: *-ίζω τα έσοδα και τα έξοδα σε λογιστικό βιβλίο·* β. δημοσιεύω: *-ίζω κείμενο/δήλωση/αγγελία στην εφημερίδα*.

καταχώριση η, ουσ. α. εγγραφή σε κατάλογο, βιβλίο, πίνακα ή λογαριασμό: *~ εγγράφων στο πρωτόκολλο·* β. δημοσίευση κειμένου σε έντυπο.

καταχωρώ, βλ. *καταχωρίζω*.

κατάψηλος, -η, -ο, επίθ., πάρα πολύ ψηλός: *ένα βουνό -ο· κοφτός βράχος ~*.

καταψηφίζω, ρ., ψηφίζω εναντίον κάποιου, δίνω αρνητική ψήφο: *-ίστηκε το νομοσχέδιο/η πρότασή του* (συνών. *αποδοκιμάζω·* αντ. *υπερψηφίζω, ψηφίζω*).

καταψήφιση η, ουσ., απόρριψη (προσώπου, πρότασης, νομοσχεδίου, κλπ.) με ψήφο: *~ υποψηφίου* (αντ. *ψήφιση, υπερψήφιση*).

καταψιά η, ουσ. (συνιζ., λαϊκ.). α. κατάποση· β. η ποσότητα που καταπίνει κανείς: *ήπιε το κρασί με δυο-τρεις -ιές* (συνών. *γουλιά, ρουφηξιά, καταπιά*). [καταπίνω].

καταψύκτης ο, ουσ., ηλεκτρική συσκευή που αποτελείται από ειδικό χώρο με υψηλή ψύξη για τη διατήρηση τροφίμων, ποτών και αναψυκτικών.

κατάψυξη η, ουσ. 1. υπερβολική ψύξη. 2. μέθοδος διατήρησης τροφίμων με τη χρησιμοποίηση υψηλής ψύξης. 3. (συνεκδοχικά) ειδικός χώρος σε ψυγείο με υψηλή ψύξη, όπου διατηρούνται τα τρόφιμα: *πήρε ψυγείο με μεγάλη ~*.

κατεβάζω, ρ. 1α. φέρνω από ψηλότερη θέση σε χαμηλότερη, κάνω ή βοηθώ κάποιον ή κάτι να κατεβεί: *~ κάποιο από το δέντρο· κατέβασαν το πανί από το άρμπουρο· ~ τα μανίκια/τα χέρια/το γιακά του πουκάμισου· ~ τη σημαία* (= κάνω υποστολή)· *το κατέβασε όλο το νερό/το κρασί* (= το κατάπιε)· *δοκίμασε να φάει, αλλά δεν μπόρεσε να το -άσει* (αντ. *ανεβάζω*)· β. αποβιβάζω κάποιον από μεταφορικό μέσο: *το λεωφορείο μας κατέβασε στο πάρκο· τον κατέβασαν από το πλοίο/τρένο* (αντ. *ανεβάζω, επιβιβάζω*). 2. κάνω κάποιον να μετακινηθεί από τα βόρεια προς τα νότια: *κατέβασαν τους νομάρχες της βόρειας Ελλάδας στην Αθήνα για ενημέρωση*. 3α. παρασύρω προς τα κάτω: *ο ποταμός -ει πολλή άμμο·* β. (για ποταμό) φέρνω προς τις εκβολές, εκχύνω: *το ποτάμι κατέβαζε τα πλούσια θολά νερά του με ορμή*. 4. κινώ ή στρέφω προς τα κάτω, χαμηλώνω: *κατέβασε το κεφάλι/το βλέμμα· κοπέλες με -σμένα μάτια (από ντροπή)·* φρ. *~ τη φωνή* (= χαμηλώνω τον τόνο της φωνής, μιλώ σιγανότερα) (αντ. *υψώνω*). 5. (για ζώο ή δέντρο) παράγω: *η κατσίκα/η αγελάδα δεν -ει πια γάλα· η συκιά δεν -ει σύκα*. 6. (μεταφ.) προκαλώ μείωση: *~ την πίεση· τα αντιβιοτικά κατέβασαν τον πυρετό*. 7. μειώνω την τιμή· μειώνω τη δαπάνη: *κατέβασαν τον καφέ/τους φόρους/τα ενοίκια* (συνών. *υποτιμώ·* αντ. *ανατιμώ*). 8. υποβιβάζω ηθικά, ταπεινώνω: *μην -εις το επίπεδο της συζήτησης* (συνών. *υποτιμώ·* αντ. *εξυψώνω*). 9. παρουσιάζω, εμφανίζω: *το κόμμα -ει τους συνδυασμούς σε όλη τη χώρα· η παράταξη κατέβασε μια πρόταση στη συνέλευση* (= έκανε μια πρόταση). 10. (γραμμ. για τόνο) μεταφέρω προς το τέλος της λέξης, προς την κατάληξη. 11. (με αντικ. θεατρικό ή κινηματογραφικό έργο) σταματώ το παίξιμό του. Φρ. *-ει ο νους/το κεφάλι/η κούτρα του* (= *έχει ιδέες, εφευρίσκει*): (παροιμ. φρ.) *εσύ που ξέρεις τα πολλά κι ο νους σου -ει...· ~ θεούς και δαίμονες* (= *βλαστημώ πολύ*)· *~ ιδέες* (= *είμαι επινοητικός*)· *~ μούτρα* (= *γίνομαι σκυθρωπός από δυσαρέσκεια, κατσουφιάζω*)· *~ τ' άστρα ή τον ουρανό με τ' άστρα* (= *προλέγω το μέλλον με μαγικά μέσα*)· *~ τ' αφτιά* (= *αναγνωρίζω το σφάλμα μου, μετανιώνω*)· *~ τη μύτη* (= *ταπεινώνομαι, εξευτελίζομαι*)· *~ τον περίδρομο* (= *τρώγω ή πίνω πολύ*) (αμτβ.)· *το βουνό -ει* (= «στέλνει» *ριπές σφοδρού ανέμου*)· *κατέβασε το ποτάμι* (= *πλημμύρισε, ξεχείλισε*): (απρόσ.) *κατέβασε ένα μπουρίνι· δεν έχεις ιδέα πως είναι Δευτέρα Παρουσία* (= *έπιασε κακοκαιρία*). Παροιμ. *ο Θεός σκάλες ανεβάζει και σκάλες -ζει*.

κατεβαίνω, ρ., αόρ. κατέβηκα. Α. αμτβ. 1α. κινούμαι από πάνω προς τα κάτω, έρχομαι από ψηλότερο σημείο σε χαμηλότερο: *~ τα σκαλιά/από το ύψωμα· κατέβηκε η στάθμη του ποταμού/της λίμνης· ~ από το άλογο· δεν -ει η μπουκιά·* παροιμ. φρ. *η αγάπη από τα μάτια πιάνεται στα χείλια -ει* (αντ. *ανεβαίνω*)· β. αποβιβάζομαι από μεταφορικό μέσο: *θα κατεβείς στην τρίτη στάση· ~ από το πλοίο/αυτοκίνητο* (αντ. *επιβιβάζομαι*). 2. μετακινούμαι από τα βόρεια προς τα νότια: *κατέβηκε για λίγες μέρες στην Αθήνα·* (γενικά) *έχει κατεβεί στην αγορά για ψώνια*. 3. (μεταφ.) μειώνομαι: *κατέβηκε η τιμή του δολαρίου· -ει ο πυρετός/η θερμοκρασία* (συνών. *πέφτω*). 4. (οικον.) γίνομαι φτηνότερος, μειώνεται η τιμή ή γενικά το χρηματικό ύψος μου: *κατέβηκε το λάδι/η δραχμή· κατέβηκαν τα ενοίκια*. 5. υποβιβάζομαι ηθικά, ταπεινώνομαι: *έχει κατεβεί πολύ στην υπόληψή μου*. 6. (γραμμ. για τόνο) μεταφέρεται προς την κατάληξη της λέξης. Β. (μτβ.) προχωρώ σε κλίση βουνού, κατά μήκος ποταμού ή σε κατήφορο: *~ το βουνό/το ποτάμι· -άμε την οδό Κανάρη* (συνών. *κατέρχομαι*). Φρ. *-ει το βράδι* (= *έρχεται, βραδιάζει*)· *~ σε απεργία* (= *απεργώ*)· *~ στις εκλογές* (= *παίρνω μέρος ως υποψήφιος*)· *μου -ουν ιδέες* (= *γεννά το μυαλό μου, είμαι επινοητικός*)· *μου κατέβηκε (στο κεφάλι)* = *μου ήρθε ξαφνικά, πήρα ξαφνικά την απόφαση: της κατέβηκε να φύγει στη Γαλλία· κατέβηκε στο κεφάλι του να πάει για σκι·* (κάνω ή λέω) *ό,τι μου -ει/κατέβει (στο μυαλό, στο κεφάλι)* (= *ό,τι μου έρθει στο νου, ασυλλόγιστα, απερίσκεπτα*)· *κατέβα να φάμε* (σκωπτικά για πολύ ψηλό άνθρωπο).

κατεβασιά η, ουσ. (συνιζ., λαϊκ.). 1. άφθονη, ορμητική ροή νερού (ποταμού). 2. ραγδαία βροχή, νεροποντή. 3. καταρροή της μύτης, συνάχι. 4. καταιφόρα.

κατέβασμα το, ουσ. 1. μεταφορά σε χαμηλότερο μέρος: *~ των επίπλων από τον τρίτο όροφο*. 2. μείωση της τιμής, υποτίμηση: *~ των τιμών των τροφίμων* (αντ. *ανέβασμα στις σημασ*. 1 και 2).

κατεβατό το, ουσ., απόσπασμα κειμένου αρκετής έκτασης· σελίδα βιβλίου, τετραδίου, επιστολής, κλπ.

κατεβατός, -ή, -ό, επίθ., που κατευθύνεται προς τα κάτω: *χτυπήματα -ά* (αντ. *ανεβατός*).

κατεδαφίζω, ρ., γκρεμίζω οικοδόμημα.

κατεδάφιση η, ουσ., γκρέμισμα οικοδομήματος.

κατ' εικόνα και ομοίωσιν· αρχαϊστ. έκφρ. = εντελώς όμοιος.

κατειλημμένος, -η, -ο, μτχ. επίθ. (λόγ.), που έχει πιαστεί από κάποιον, που τον κατέχει κάποιος: *θέσεις -ες*. [μτχ. παθ. παρκ. του καταλαμβάνω].

κατειρωνεύομαι, ρ. (λόγ.), ειρωνεύομαι, χλευάζω υπερβολικά κάποιον.

κατεξοχήν, επίρρ., κατά κύριο λόγο, προπάντων. [συνεκφορά *κατά + εξοχή*].

κατεπείγων, -ουσα, -ον, μτχ. επίθ., που επιβάλλει άμεση δράση, που πρέπει να φτάσει γρήγορα στον προορισμό του: *-ουσα διαταγή· -ον τηλεγράφημα*. - Το ουδ. ειδικά ως χαρακτηρισμός εγγράφου, επιστολής, κλπ. - Επίρρ. **-γόντως**. [μτχ. ενεστ. του *κατεπείγω*].

κατ' επιταγήν· αρχαϊστ. έκφρ. = με διαταγή, εντολή: *~ του Συντάγματος/του άρθρου... του ποινικού κώδικα*.

κατ' επίφασιν· αρχαϊστ. έκφρ. = φαινομενικά· *~ νόμιμη ενέργεια*.

κατεργάζομαι, ρ., επεξεργάζομαι, «δουλεύω» κάποιο υλικό ώστε να γίνει κατάλληλο για χρήση: *δέρματα -σμένα*.

κατεργάρης ο, θηλ. **-α** και **-ισσα**, πληθ. αρσ. *-ηδες* και *-ραίοι*, ουσ. **1.** (ιστ.) κωπηλάτης, συνήθως κατάδικος, σε κάτεργο (βλ. λ. στη σημασ. 1). **2.** αυτός που είναι πανούργος, δόλιος, απατεώνας. **3.** (ειρων. ή χαϊδευτικά) αυτός που είναι έξυπνος, πονηρός: *Α! τον -η! πού θα μου πάει; τα κατάφερε η -ισσα και τον έπεισε.* ΈκΦρ. *(ο) κάθε ~ στον (μ)πάγκο του* (για να δηλωθεί επαναφορά στην τάξη ή στην εργασία): *τελείωσαν οι διακοπές και τώρα (ο) κάθε ~ στον (μ)πάγκο του.* - Υποκορ. **-άκος** ο, θηλ. **-ούλα.**
κατεργαριά η, ουσ. (συνιζ.). **1.** πανουργία, δολιότητα, απάτη. **2.** (ειρων. ή χαϊδευτ.) τέχνασμα, εξυπνάδα.
κατεργάρικος, -η, -ο, επίθ., που ανήκει ή αναφέρεται στον κατεργάρη· που ταιριάζει σε κατεργάρη: *-ες δουλειές* (συνών. *πονηρός, δόλιος*). - Επίρρ. **-α.**
κατεργάρισσα και **κατεργαρούλα,** βλ. *κατεργάρης.*
κατεργασία η, ουσ., επεξεργασία υλικού ώστε να γίνει κατάλληλο για χρήση: *~ μετάλλων.*
κατεργάσιμος, -η, -ο, επίθ., που επιδέχεται κατεργασία (βλ. λ.): *ύλες -ιμες* (αντ. *ακατέργαστος*).
κάτεργο το, ουσ. **1.** (ιστ.) μεγάλο πολεμικό ιστιοφόρο πλοίο, γαλέρα. **2.** (ιστ.) παλιό παροπλισμένο πλοίο που χρησίμευε ως φυλακή. **3.** (στον πληθ., μεταφ.) βαριά ποινή φυλάκισης με καταναγκαστικά έργα: *τους ρίξανε στα -α.*
Κατερινιώτης το, θηλ. **-ισσα,** ουσ. (συνιζ.), αυτός που κατοικεί στην Κατερίνη ή κατάγεται από αυτήν.
κατερινιώτικος, -η, -ο, επίθ. (συνιζ.), που ανήκει ή αναφέρεται στην Κατερίνη ή τους Κατερινιώτες.
Κατερινιώτισσα, βλ. *Κατερινιώτης.*
κατεστημένο το, ουσ. (νεολογ.). **1.** αυτό που συνηθίζεται και εφαρμόζεται, η κατάσταση που επικρατεί στην πολιτική, οικονομική και κοινωνική ζωή (πβ. ά. *καθεστώς* στη σημασ. 1α). **2.** καθιερωμένη κοινωνική οργάνωση που προασπίζει τα συγκεκριμένα κοινωνικά και πολιτικά συμφέροντα: *πολιτικό/οικονομικό/θρησκευτικό/πνευματικό ~.*
κατευθείαν, επίρρ., χωρίς παρέκκλιση, ίσια προς τον προορισμό ή το στόχο: *πήγε ~ στο σπίτι.*
κατεύθυνση η, ουσ. **α.** το σημείο προς το οποίο κατευθύνεται κίνηση ή ενέργεια, διεύθυνση, φορά: *δρόμος διπλής -ης· αλλαγή -ης· έπλεε με ~ προς το Βορρά·* **β.** (μεταφ.) αντικειμενικός σκοπός, στόχος: *~ της οικονομικής/εξωτερικής πολιτικής· -ύνσεις για τη διοίκηση της επιχείρησης· βήματα προς την ~ της παγκόσμιας ειρήνης/του αφοπλισμού.*
κατευθυντήριος, -α, -ο, επίθ. (έρρ., ασυνίζ.), που χρησιμεύει στο να κατευθύνει, που δίνει την πορεία για κάτι: *-ες γραμμές του κόμματος/της εξωτερικής πολιτικής της χώρας.*
κατευθύνω, ρ., παρατ. και αόρ. *κατηύθυνα,* α΄ πληθ. *κατευθύναμε.* Α. ενεργ. **α.** ορίζω την πορεία, οδηγώ κάτι: *ο πιλότος κατηύθυνε το αεροπλάνο προς το διάδρομο προσγείωσης· κατηύθυνε τη συζήτηση* (συνών. *διευθύνω, προσανατολίζω*)· **β.** (για πρόσωπο) ασκώ επιρροή επάνω σε κάποιον, τον καθοδηγώ: *κατηύθυνε τη ζωή του γιου της και μετά το γάμο του.* Β. μέσ. **α.** βαδίζω προς ορισμένο σημείο, πηγαίνω κάπου: *-νθηκε προς την έξοδο/*

το *παράθυρο·* **β.** (μεταφ.) αποβλέπω σε κάποιο σκοπό: *οι πράξεις του -ονται προς το κοινό συμφέρον·* **γ.** (παθ.) *-όμενη δημοσιογραφία/κριτική/βία* (που δε λειτουργεί ή που δε συμβαίνει αυθόρμητα, αλλά καθοδηγείται έντεχνα και αφανώς)· **δ.** (στρατ.) *-όμενα βλήματα· -όμενος πύραυλος* (= τηλεκατευθυνόμενος, βλ. λ.).
κατευνάζω, ρ. (λόγ.), καταπραΰνω κάποιον ή κάτι, «μαλακώνω»: *προσπάθησε να -σει το θυμό του· -στηκαν τα πολιτικά πάθη* (συνών. *καλμάρω·* αντ. *εξάπτω, διεγείρω*).
κατευνασμός ο, ουσ. (λόγ.), καταπράυνση, καλμάρισμα: *~ των πόνων/των παθών* (συνών. *καταλάγιασμα, γαλήνεμα·* αντ. *έξαψη, διέγερση*).
κατευναστής ο, θηλ. **-άστρια,** ουσ., αυτός που κατευνάζει, που καταπραΰνει: *ο χρόνος ~ των παθών.*
κατευναστικός, -ή, -ό, επίθ., που καθησυχάζει, που «μαλακώνει» κάποιον ή κάτι: *φάρμακο -ό των πόνων· ένεση -ή των σπασμών* (συνών. *καταπραϋντικός, κατασταλτικός, ηρεμιστικός·* αντ. *διεγερτικός*). - Επίρρ. **-ά** και **-ως.**
κατευνάστρια, βλ. *κατευναστής.*
κατευόδωμα το, ουσ., ξεπροβόδισμα.
κατευοδώνω, ρ. (λόγ.), συνοδεύω ως ένα σημείο κάποιον που φεύγει και του εύχομαι καλό ταξίδι, ξεπροβοδίζω με ευχές: *τον -όδωσε ως το λιμάνι/ ως τη στροφή του δρόμου.*
κατευόδωση η, ουσ., ξεπροβόδισμα.
κατέχω, ρ., παρατ. *-είχα.* **1.** έχω κάτι στην κατοχή, στην εξουσία μου: *-ει χίλιες μετοχές της εταιρείας.* **2.** (μεταφ.) γνωρίζω κάτι καλά: *-ει την τέχνη του/τρεις ξένες γλώσσες* (συνών. *ξέρω*). **3.** βρίσκομαι σε κάποια θέση, έχω βαθμό: *-ει το αξίωμα του α΄ γραμματέα στο υπουργείο.* - Η μτχ. παθ. ενεστ. **-όμενος, -η, -ο,** ως επίθ. = (για τόπο) που είναι κάτι στην κατοχή, που έχει καταληφθεί από ξένα στρατεύματα: *-η Κύπρος· -α εδάφη.* - Το ουδ. της μτχ. στον πληθ. ως ουσ. = τα εδάφη που έχουν καταληφθεί από ξένα στρατεύματα: *τα -α της Παλαιστίνης.*
κατεψυγμένος, -η, -ο, επίθ. **1α.** παγωμένος από μεγάλη ψύξη. **β.** (για τρόφιμα) που έχουν διατηρηθεί για μεγάλο χρονικό διάστημα σε καλή κατάσταση με τη μέθοδο της κατάψυξης (βλ. λ.): *κρέατα/ ψάρια/όσπρια -α* (αντ. *φρέσκος*). **2.** (γεωγρ.) *-ες ζώνες* = οι ζώνες της Γης που βρίσκονται γύρω από τους πόλους.
κατηγόρημα το, ουσ. (λόγ.). **1.** (νομ.) πράξη για την οποία κατηγορείται κανείς, κατηγορία. **2.** (συντακτ.) λέξη ή λέξεις που φανερώνουν εκείνο (ιδιότητα, ενέργεια, πάθος, κλπ.) που λέγεται μέσα στην πρόταση για το υποκείμενο.
κατηγορηματικός, -ή, -ό, επίθ. **1.** που διατυπώνεται απερίφραστα: *δήλωση/άρνηση/απάντηση -ή* (συνών. *ρητός, ανεπιφύλακτος*). **2.** (συντακτ.) που έχει θέσει κατηγορούμενο (βλ. λ.): *~ προσδιορισμός· μετοχή/γενική -ή.* - Επίρρ. **-ά** (στη σημασ. 1): *είμαι -ά αντίθετος σ' αυτό το σχέδιο.*
κατηγορηματικότητα η, ουσ., απερίφραστη διατύπωση γνώμης: *υποστήριξε με ~ τις απόψεις του.*
κατηγορητήριο το, ουσ. (ασυνίζ.), (νομ.) έγγραφη ή προφορική διατύπωση κατηγορίας εναντίον κάποιου: *διαβάστηκε το ~· πού στηρίζεται το ~;*
κατηγορητικός, -ή, -ό, επίθ. (νομ.) που ανήκει ή αναφέρεται στην κατηγορία (βλ. λ.).

κατηγόρια η, ουσ. (συνιζ., λαϊκ.). 1. κατηγορία (βλ. λ. στη σημασ. 1). 2. επίκριση, κατάκριση, ψόγος: *άκουσα πολλές -ες γι' αυτόν*.

κατηγορία η, ουσ. 1. απόδοση αξιόποινης πράξης (ευθύνης, υπαιτιότητας ή ενοχής) σε κάποιον: ~ *αβάσιμη/ανυπόστατη* (συνών. *ενοχοποίηση, μομφή*)· (ειδικά, νομ.) διατύπωση σε δικόγραφο του αδικήματος που αποδίδεται στον κατηγορούμενο στο εισαγωγικό μέρος ποινικής δίκης· *μάρτυρες -ας* (= πρόσωπα που προτείνονται για κατάθεση στο δικαστήριο από τον ανακριτή ή από αυτόν που αδικήθηκε με σκοπό να αποδειχτεί η ενοχή του κατηγορουμένου). 2. σύνολο ομοειδών όντων ή πραγμάτων που έχουν κοινά χαρακτηριστικά και ανήκουν στην ίδια ταξινομική ομάδα: *το θέμα χωρίζεται σε τρεις -ες· η γάτα ανήκει στην ~ των θηλαστικών*· (στρατ.) *ικανός πρώτης/ δεύτερης/... -ας* (κατάταξη στρατιωτών ανάλογα με την ικανότητά τους)· *ξενοδοχείο/εστιατόριο πρώτης -ας* (χαρακτηρισμός ανάλογα με τις ανέσεις που προσφέρονται). 3. (φιλοσ. στον πληθ.) θεμελιώδεις έννοιες που εκφράζουν τις πιο ουσιώδεις σχέσεις στα αντικείμενα της γνώσης και της νόησης και δεν επιδέχονται περαιτέρω ανάλυση σε στοιχειωδέστερες έννοιες.

κατήγορος ο, ουσ. 1. (νομ.) αυτός που διατυπώνει κατηγορία, που καταγγέλλει αξιόποινη πράξη υποβάλλοντας μήνυση στις δικαστικές αρχές (συνών. *ενάγων, μηνυτής*· αντ. *κατηγορούμενος*). 2. αυτός που κατηγορεί, που κατακρίνει κάποιον (συνών. *επικριτής*). 3. (νομ.) *δημόσιος* ~ = δικαστικός υπάλληλος που διατυπώνει μια κατηγορία για λογαριασμό του κράτους, εισαγγελέας.

κατηγορούμενο το, ουσ. (συντακτ.) ουσιαστικό ή επίθετο (ή άλλο μέρος του λόγου) που, με τη μεσολάβηση του ρήματος «είμαι» ή άλλου συνδετικού, φανερώνει ποια ποιότητα ή ιδιότητα αποδίδεται στο υποκείμενο· *επιρρηματικό* ~ (που αποδίδει στο υποκείμενο της πρότασης επιρρηματική σημασία — τόπο, χρόνο, τρόπο, κλπ.— και το οποίο δέχονται κυρίως ρήματα κίνησης (π.χ. «*περπατά καμαρωτός*»)· *προληπτικό* ~ (που αποδίδει προληπτικά στο υποκείμενο μια ιδιότητα, η οποία είναι το αποτέλεσμα της συντέλεσης της ρηματικής ενέργειας: («*σπουδάζει γιατρός*»).

κατηγορούμενος, -η, -ο, επίθ., που κατηγορείται για κάτι: *είναι ~ για φόνο*. - Το αρσ. και θηλ. -μένη ως ουσ. = πρόσωπο εναντίον του οποίου απαγγέλλεται κατηγορία, επειδή θεωρείται ένοχος ποινικού αδικήματος (συνών. *εναγόμενος, υπόδικος*· αντ. *κατήγορος*).

κατηγορώ, -είς, ρ. 1. διατυπώνω κατηγορία εναντίον κάποιου, τον καταγγέλλω για επιλήψιμη πράξη: *-ήθηκε η κυβέρνηση για αμέλεια* (συνών. *επικρίνω, κατακρίνω*). 2. ασκώ δικαστική δίωξη εναντίον κάποιου, τον μηνύω: *-ήθηκε για απάτη*. 3. κουτσομπολεύω, διαβάλλω: *δεν ντρέπεται να -εί τους γείτονες/τους φίλους του*. - Με άρθρο ως ουσ. = κατηγορία, καταγγελία: *διατύπωσε ένα μεγάλο ~ κατά της κοινωνικής ανισότητας*.

κάτης ο, ουσ. (ιδιωμ.), γάτος. [μεσαιων. λατ. *catta*].

κατής, βλ. *καδής*.

κατήφεια η, ουσ. (ασυνίζ.), εξωτερικευμένη κακή ψυχική διάθεση: ~ *προσώπου* (συνών. *σκυθρωπότητα, κατσουφιά*· αντ. *ευθυμία*).

κατηφής, -ής, -ές, γεν. *-ούς*, πληθ. αρσ. και θηλ. *-είς*, ουδ. *-ή*, επίθ., που δεν έχει καλή ψυχική διάθεση (συνών. *σκυθρωπός, κατσούφης*· αντ. *εύθυμος, ευδιάθετος*).

κατηφόρα η, ουσ. 1. κατηφορικό έδαφος (συνών. *κατηφοριά, κατήφορος*· αντ. *ανηφόρα, ανήφορος*). 2. (μεταφ.) ηθικό, οικονομικό, κλπ., κατρακύλημα: *μας πήρε η ~*· *πήραμε την ~* (συνών. *κατήφορος*).

κατηφοριά η, ουσ. 1. κατηφόρα (βλ. λ.): *πήρε την ~ για τ' ακρογιάλι*. 2. κατηφορική κίνηση ή πορεία: *ο ήλιος έπαιρνε σιγά σιγά την ~ του* (συνών. *κατηφόρισμα*).

κατηφορίζω, ρ. 1. ακολουθώ κατηφορικό δρόμο: *-ισε προς τη θάλασσα*. 2. (για έδαφος) είμαι κατηφορικός: *το μονοπάτι -ιζε προς την πεδιάδα* (αντ. *ανηφορίζω*).

κατηφορικός, -ή, -ό, επίθ., που έχει κλίση, που οδηγεί προς τα κάτω: *μονοπάτι/έδαφος -ό* (συνών. *επικλινής*· αντ. *ανηφορικός*). - Επίρρ. **-ά**.

κατηφόρισμα το, ουσ. 1. κατηφορική κίνηση ή πορεία (συνών. *κατηφοριά*). 2. κατηφορικό έδαφος (αντ. *ανηφόρισμα*).

κατήφορος ο, ουσ. 1. έδαφος ή δρόμος με κλίση (συνών. *κατηφόρα*· αντ. *ανήφορος*). 2. (μεταφ.) ηθική πτώση ή οικονομική καταστροφή: *η κόρη τους πήρε τον -ο*· *η επιχείρηση πήρε τον -ο*.

κατήχηση η, ουσ. 1. (εκκλ.) διδασκαλία των βασικών αρχών της χριστιανικής πίστης που προσφέρεται από την Εκκλησία. 2. μύηση σε δόγμα ή σε μυστική ενέργεια ή ιδεολογία. 3. συμβουλή, επίμονο δασκάλεμα: *του κάνει ~ καθημερινά· βαρέθηκα πια την ~!*

κατηχητής ο, θηλ. **-χήτρια**, ουσ. 1. αυτός που κατηχεί. 2. δάσκαλος των χριστιανικών δογμάτων: *είναι ~ σε κατηχητικό σχολείο της ενορίας του*.

κατηχητικός, -ή, -ό, επίθ., που σχετίζεται με την κατήχηση: *σχολείο -ό*. - Το ουδ. ως ουσ. = εκκλησιαστικό σχολείο για την κατήχηση των νέων στο περιεχόμενο της πίστης.

κατηχήτρια, βλ. *κατηχητής*.

κατηχούμενα τα, ουσ. (εκκλ.) παλαιότερη ονομασία του εσωτερικού μέρους του νάρθηκα, όπου επιτρεπόταν να στέκονται οι κατηχούμενοι.

κατηχούμενος ο, θηλ. **-ούμενη**, ουσ. (εκκλ.) 1. (ιστ.) αυτός που στα πρώτα χριστιανικά χρόνια άκουγε δοκιμαστικά και προπαρασκευαστικά τη χριστιανική διδασκαλία πριν από το βάπτισμα. 2. (για μοναχούς) αυτός που υποβάλλεται σε κάποια δοκιμασία και προετοιμασία εωσότου κριθεί άξιος να χειροτονηθεί μοναχός.

κατηχώ, -είς, ρ. 1. (εκκλ.) μυώ σε δόγματα θρησκείας (ή σε άλλα μυστικά). 2. συμβουλεύω, δασκαλεύω: *προσπάθησε να τον -ήσει πάνω σε ορισμένα θέματα*.

κάτι και **κατιτί**, άκλ. αντων. 1. (ως ουσ.) κάποιο πράγμα, κάποιο γεγονός: *θέλω ~ να σου πω· μου συνέβη ~ παράξενο· έχει μέσα -τί*. 2. (επιθετικά) κάποιοι, *-ες, -α*: *ήρθαν ~ φίλοι· τελείωσα ~ δουλειές*. 3. (για να δηλωθεί κάτι σπουδαίο στο είδος του): *νομίζεις πως είναι ~· ~ μας είπες τώρα!* 4. (για επίταση ή μείωση του προσδιοριζόμενου): *έχει ~ μάτια! φορούσε ~ παλιόρουχα! έχω ~ οικονομίες·* φρ. *~ τρέχει στα γύφτικα!* (για είδηση ανάξια λόγου)· *είμαι το ~ άλλο* (= είμαι κάτι εξαιρετικό). 5. (ως επίρρ.) κάπως, λίγο: *είναι ~ παραπάνω από φίλος μου· περίμενα ~ καλύτερο από σένα*· εκφρ. *και ~* = λίγο ακόμη, λίγο περισσότερο: *η διαδρομή είναι δύο ώρες και ~*.

κατ' ιδίαν· αρχαϊστ. έκφρ. = ιδιαιτέρως, κατά μόνος.

κατιμάς και **κατμάς** ο, ουσ., κομμάτι από κρέας κατώτερης ποιότητας που προσθέτει ο κρεοπώλης στο κρέας που έχει ζητήσει ο πελάτης του. [τουρκ. *katma*].

κατιμέρι το, ουσ., είδος γλυκίσματος από διπλωτά φύλλα ζυμαρικού. [τουρκ. *katmer*].

κατιόν το, γεν. -ιόντος, ουσ. (ασυνίζ.), ιόν που είναι αρνητικά φορτισμένο (αντ. *ανιόν*). [μτχ. ενεστ. του *κατέρχομαι* ως ουσ.].

κατιόντες οι, ουσ., απόγονοι (παιδιά, εγγόνια, κλπ.): (ως επίθ.) *συγγένεια μεταξύ ανιόντων και -όντων συγγενών* (αντ. *ανιόντες*). [αρχ. μτχ. ενεστ. του *κατέρχομαι* ως ουσ.].

κατιούσα η, ουσ. (ασυνίζ.), στη φρ. *πήρε την* ~ = πήρε τον άσχημο δρόμο.

κάτισχνος, -η, -ο, επίθ. (λόγ.), που είναι πολύ αδύνατος (συνών. *σκελετώδης, κοκαλιάρης*· αντ. *τετράπαχος*).

κατίσχυση η, ουσ. (λόγ.), τελική νίκη, επικράτηση (συνών. *υπερίσχυση, υπερτέρηση*).

κατισχύω, ρ. (λόγ.), αποκτώ υπεροχή, επικρατώ (συνών. *υπερισχύω*).

κατιτί, βλ. *κάτι*.

κατιφές και **καντιφές** ο, ουσ. (όχι έρρ.). **1.** (βοτ.) κοινή ονομασία του φυτού ταγέτης που καλλιεργείται ως καλλωπιστικό και κατ' επέκταση ονομασία όλων των καλλωπιστικών ειδών του γένους που καλλιεργούνται στην Ελλάδα. **2.** βελούδο από μετάξι. [τουρκ. *kadife*].

κατιών, βλ. *κατιόντες*.

κατμάς, βλ. *κατιμάς*.

κατοίκηση η, ουσ., το να κατοικεί κανείς κάπου (συνών. *διαμονή*).

κατοικήσιμος, -η, -ο, επίθ., που είναι κατάλληλος για να κατοικεί κανείς εκεί: *περιοχή -η* (αντ. *ακατοίκητος*).

κατοικία η, ουσ., στεγασμένος χώρος όπου κατοικεί κανείς για να προφυλάσσεται από τις καιρικές συνθήκες και τους κινδύνους που διατρέχει από άλλες αιτίες: ~ *αγροτική* (συνών. *σπίτι*).

κατοικίδιος, -α, -ο, επίθ. (ασυνίζ.), (για ζώα και πουλιά) που ζουν κοντά στον άνθρωπο και δεν είναι άγρια (συνών. *οικιακός*· αντ. *άγριος*).

κατοικοδημότης ο, ουσ., δημότης και συγχρόνως κάτοικος κάποιας πόλης: ~ *Θεσσαλονίκης* (αντ. *ετεροδημότης*).

κατοικοεδρεύω, ρ., έχω την έδρα της εργασίας μου και την κατοικία μου (κάπου).

κατ' οίκον· αρχαϊστ. έκφρ. = στο σπίτι: *διανομή* ~.

κατ' οικονομίαν· αρχαϊστ. έκφρ. = για πρακτική λύση που δίνεται χωρίς αυστηρή τήρηση των τύπων: *η Εκκλησία αναγνώρισε* ~ *το γάμο*· *ρυθμίζω ένα θέμα* ~ (= ταχτοποιώ μια υπόθεση με τον καλύτερο δυνατό τρόπο, «εξοικονομώ τα πράγματα»).

κάτοικος ο, ουσ., αυτός που κατοικεί σ' ένα μέρος: *μόνιμος* ~ *Θεσσαλονίκης*.

κατοικώ, ρ. **1.** είμαι κάτοικος ενός τόπου: *-εί στην Αθήνα* (συνών. *διαμένω*). **2.** διαμένω σε ένα σπίτι, έχω κάπου το σπίτι μου: *-εί στον τρίτο όροφο* (συνών. *μένω*).

κατολισθαίνω, ρ. (λόγ.). **1.** παθαίνω κατολίσθηση. **2.** (μεταφ.) παίρνω τον κατήφορο· μειώνομαι: *τα έσοδα του κράτους -ουν*.

κατολίσθηση η, ουσ. (γεωλ.) φαινόμενο κατά το οποίο μάζες πετρωμάτων ή εδάφους αποσπώνται από τα βουνά ή τις κοιλάδες και μετακινούνται προς τις πλαγιές με την επίδραση της βαρύτητας.

κατ' όνομα· αρχαϊστ. έκφρ. = **α.** ονομαστικά: *γνωρίζω κάποιον μόνο* ~· **β.** μόνο στους τύπους και όχι στην ουσία: *υπουργός* ~.

κατονομάζω, ρ. (λόγ.), αναφέρω κάποιον ή κάτι με το όνομά του· καταγγέλλω κάποιον ή κάτι: *δεν είμαι σε θέση να -άσω τις αιτίες των ατυχημάτων*· ~ *τον ένοχο* (συνών. *ονοματίζω*).

κατόπαρδος ο, βλ. *γατόπαρδος*.

κατόπι(ν), επίρρ. **1.** (τοπ.) πίσω: *έτρεξε* ~ *του*· φρ. *παίρνω το* ~ *κάποιου* = ακολουθώ, παρακολουθώ κάποιον. **2.** (χρον.) ύστερα, έπειτα: *πήγαινε εσύ κι εγώ θα έρθω* ~ (αντ. *προηγουμένως, πριν*).

κατοπινά, βλ. *κατοπινός*.

κατόπιν εορτής· αρχαϊστ. έκφρ. = ύστερα από το γεγονός που παρουσίαζε ενδιαφέρον, καθυστερημένα: *ήρθε* ~.

κατοπινός, -ή, -ό, επίθ. **1.** που γίνεται από κάτι άλλο, επόμενος (συνών. *ακόλουθος*· αντ. *προηγούμενος*). **2.** μεταγενέστερος. - Επίρρ. **-ά**.

κατόπτευση η, ουσ. **1.** (λόγ.) προσεκτική παρατήρηση: ~ *του χώρου*. **2.** (στρατ.) προσπάθεια για αναγνώριση της θέσης του εχθρού (συνών. *ανίχνευση*).

κατοπτευτικός, -ή, -ό, επίθ., που ανήκει ή αναφέρεται στην κατόπτευση (συνών. *κατασκοπευτικός*).

κατοπτεύω, ρ. **1.** (λόγ.) ερευνώ, παρακολουθώ με το βλέμμα: ~ *το χώρο*. **2.** (στρατ.) κατασκοπεύω τις κινήσεις του εχθρού (συνών. *ανιχνεύω*).

κατοπτρίζω, ρ., σχηματίζω το είδωλο κάποιου με ανάκλαση των ακτίνων που πέφτουν πάνω μου (συνών. *καθρεφτίζω*).

κατοπτρικός, -ή, -ό, επίθ., που αναφέρεται στο κάτοπτρο ή τον κατοπτρισμό: *μικροσκόπιο -ό*· *φακός* ~.

κατοπτρισμός ο, ουσ., απεικόνιση σε κάτοπτρο (συνών. *καθρέφτισμα*).

κάτοπτρο ο, ουσ., λεία και στιλπνή επιφάνεια ικανή να ανακλά φωτεινές ακτίνες που πέφτουν πάνω σ' αυτήν: *-α επίπεδα/σφαιρικά*.

κατοπτρομαντεία η, ουσ., το να μαντεύει κανείς με το μέσο του καθρέφτη.

κατόρθωμα το, ουσ. **1.** εξαιρετική επιτυχία ύστερα από επίπονη προσπάθεια (συνών. *επίτευγμα, άθλος*). **2.** γενναία πράξη: *μας διηγήθηκε τα -ατά του στον πόλεμο* (συνών. *ανδραγάθημα*). **3.** (ειρων.) άτοπη πράξη, απρέπεια: *τα μάθαμε τα κατορθώματά σου!*

κατορθώνω, ρ., πετυχαίνω κάτι ύστερα από πολύ κόπο: *-ωσα, επιτέλους, να διοριστώ*.

κατορθωτός, -ή, -ό, επίθ., που μπορεί να κατορθωθεί (συνών. *εφικτός*· αντ. *ακατόρθωτος*).

κατοσταράκι, βλ. *εκατοστάρι*.

κατοστάρης, -άρα, βλ. *εκατοστάρης*.

κατοστάρι, βλ. *εκατοστάρι*.

κατοσταριά, βλ. *εκατοσταριά*.

κατοστάρικος, βλ. *εκατοστάρικος*.

κατοστίζω, βλ. *εκατοστίζω*.

κάτου, βλ. *κάτω*.

κατούρημα το, ουσ. **1.** ούρηση. **2.** κάτουρο (βλ. λ.) (συνών. *ούρα*).

κατουρλής και **κατρουλής** και **κατρουλάς** ο, θηλ. **-ρλού** και **κατρούλα**, ουσ. **1.** αυτός που κατουριέται πολύ συχνά (πολλές φορές και επάνω του). **2.** (μεταφ.) αυτός που του φεύγουν τα ούρα από φό-

βο, φοβιτσιάρης, δειλός (συνών. *κατουρλιάρης*).
κατουρλιάρης και **κατρουλιάρης** ο, θηλ. **-ρα,** επίθ. (συνιζ.), κατουρλής (βλ. λ.).
κατουρλιό και **κατρουλιό** το, ουσ. (συνιζ.), κάτουρο (βλ. λ.).
κατουρλού, βλ. *κατουρλής*.
κάτουρο το, ουσ., κίτρινο υγρό που εκκρίνεται από τα νεφρά και αποβάλλεται από την ουρήθρα (συνών. *ούρα, κατουρλιό*).
κατουρώ, ρ., μέσ. κατουριέμαι, παθ. αόρ. *κατουρήθηκα*. Ι. ενεργ. Α. (αμτβ.) απαλλάσσομαι από τα ούρα (συνών. *ουρώ*). Β. μτβ. 1. βρέχω με τα ούρα μου: *το μωρό -ησε το στρώμα*. 2. (μεταφ., λαϊκ.) περιφρονώ κάποιον: *τον έχω κατουρημένο*. II. μέσ. 1. αισθάνομαι σφίξιμο, πίεση για ούρηση: *φεύγω γιατί -ιέμαι*. 2. (μεταφ.) φοβάμαι υπερβολικά: *-ήθηκε από το φόβο του*. 3. ουρό επάνω μου. Φρ. *παίρνω τα κατουρημένα μου και φεύγω* (= φεύγω ντροπιασμένος)· *φιλώ κατουρημένες ποδιές* (για ανθρώπους που αναξιοπρεπώς εκλιπαρούν υποστήριξη).
κατοχή η, ουσ. 1. το να κατέχει κανείς κάτι που του ανήκει ή που έχει πετύχει ύστερα από προσπάθειες: *είχε στην ~ του τρία καράβια· ~ πτυχίου* (συνών. *κυριότητα*). 2. κατάληψη ξένης χώρας με στρατιωτικές δυνάμεις και (προσωρινή) κυριαρχία σ' αυτήν· (ειδικά) (με κεφαλαίο) η υποδούλωση της Ελλάδας κατά την περίοδο 1941-44 από τις δυνάμεις του Άξονα (συνών. *κυριαρχία, κατάκτηση*). 3. κτήση, κυριότητα χωρίς να υπάρχει νόμιμο δικαίωμα: *τον έπιασαν για ~ ναρκωτικών*. 4. (νομ.) φυσική εξουσία ενός προσώπου σε ένα αντικείμενο, η οποία είναι άσχετη με το δικαίωμα κυριότητας: *έκανε ~ στο ξένο χωράφι*.
κατοχικός, -ή, -ό, επίθ. 1. που ανήκει ή αναφέρεται στην κατοχή. 2. που αναφέρεται στην περίοδο της Κατοχής στην Ελλάδα (1941-1944): *στρατεύματα -ά*.
κάτοχος ο, ουσ. 1. αυτός που έχει κάτι στην εξουσία του: *~ μεγάλης κτηματικής περιουσίας* (συνών. *κύριος, ιδιοκτήτης*). 2. αυτός που κατέχει κάτι: *~ πτυχίου*. 3. (μεταφ.) αυτός που ξέρει κάτι καλά: *~ δύο ξένων γλωσσών* (συνών. *γνώστης*).
κατοχυρώνω, ρ., εξασφαλίζω, προστατεύω: *-ωσε τα δικαιώματά της* (συνών. *διαφυλάττω*).
κατοχύρωση η, ουσ., εξασφάλιση, προστασία: *~ των δημοκρατικών θεσμών* (συνών. *περιφρούρηση, διαφύλαξη*).
κατοχυρωτικός, -ή, -ό, επίθ., που συντελεί στην κατοχύρωση: *νόμος ~* (συνών. *προστατευτικός*).
κάτοψη η, ουσ. 1. θέα κάποιου πράγματος από ψηλά. 2. (αρχιτ.) παράσταση με σχέδιο της ορθής προβολής ενός αντικειμένου πάνω σε οριζόντιο επίπεδο, σχέδιο κατασκευής σε οριζόντια τομή.
κατ' όψιν αρχαϊστ. έκφρ. = αν κρίνει κανείς από την εμφάνισή του.
κατρακύλα η, ουσ. (λαϊκ.). 1. κύλισμα σε κατηφοριά: *πήρε μια ~ και χτύπησε το κεφάλι του* (συνών. *κατρακύλημα, κουτρουβάλα·* αντ. *σκαρφάλωμα*). 2. (μεταφ.) οικονομικός ή ηθικός ξεπεσμός.
κατρακύλημα και **κατρακύλισμα** το, ουσ. 1. κατρακύλα (βλ. λ.). 2. (μεταφ.) ραγδαία πτώση: *~ της τιμής του νομίσματος* (συνών. *υποτίμηση·* αντ. *αύξηση, ανατίμηση*).
κατρακύλι το, ουσ. 1. ξύλινοι ή σιδερένιοι κύλινδροι μικρής διαμέτρου επάνω στους οποίους κυ-
λούν και έτσι μετακινούνται βαριά αντικείμενα και συμπαγείς όγκοι από βαριά υλικά. 2. είδος παιχνιδιού που αποτελείται από μία ρόδα, συνήθως πλαστική και με τη βοήθεια ενός μπαστουνιού μπορεί να κυλάει στο έδαφος (συνών. *πατίνι*).
κατρακύλισμα, βλ. *κατρακύλημα*.
κατρακυλιστός, -ή, -ό, επίθ., που σχετίζεται με το κατρακύλισμα: *κατέβηκε τη σκάλα ~*. -Επίρρ. **-ά.**
κατρακυλώ, -άς, ρ. Α. (μτβ.) κυλώ κάτι προς τα κάτω με ταχύτητα: *με δυσκολία -ησαν το βράχο*. Β. αμτβ. 1. κυλώ σε κατηφοριά: *-ησε από τα σκαλιά και έσπασε το πόδι της· οι πέτρες -ούσαν* (συνών. *κουτρουβαλώ*). 2. (μεταφ.) α. παίρνω την κάτω βόλτα (συνών. *ξεπέφτω*)· β. χάνω την αξία μου (συνών. *υποχωρώ*). [*κατακυλώ*].
κατράμι το, ουσ., πίσσα (βλ. λ.) έκφρ. *μαύρος σαν το ~ = κατάμαυρος*. [ιταλ. *catrame*].
κατραμόπανο το, ουσ. (ναυτ.) πανί από κανναβι, εμποτισμένο με κατράμι που χρησιμοποιείται ως αδιάβροχο επικάλυμμα.
κατραμόχαρτο το, ουσ., χοντρό χαρτί, αλειμμένο με πίσσα, που χρησιμοποιείται ως επικάλυμμα (συνών. *πισσόχαρτο*).
κατράμωμα το, ουσ., επάλειψη ή εμποτισμός με πίσσα.
κατραμώνω, ρ., αλείφω, εμποτίζω με πίσσα.
κατράνι το, ουσ., πίσσα (βλ. λ.). [τουρκ. *katran*].
κατραπακιά η, ουσ. (συνιζ., λαϊκ.). 1. δυνατό χτύπημα στο κεφάλι με την παλάμη (συνών. *κατακεφαλιά, καρπαζιά*). 2. (μεταφ.) ηθικό πλήγμα.
κατραπακιώνω, ρ., δίνω κατραπακιές (συνών. *καρπαζώνω*).
κατρίνι το, ουσ., μικρό χάλκινο ενετικό νόμισμα. [βενετ. *quatrin*].
κατρούλα, βλ. *κατουρλής*.
κατρουλάς, βλ. *κατουρλής*.
κατρουλής, βλ. *κατουρλής*.
κατρουλιάρα, βλ. *κατουρλιάρης*.
κατρουλιάρης, βλ. *κατουρλιάρης*.
κατρουλιό, βλ. *κατουρλιό*.
κατς το, ουσ. άκλ. (αθλητ.) ελεύθερη επαγγελματική πάλη (βλ. λ. *πάλη* σημασ. 1). [αγγλ. *catch*].
κατσαβίδι το, ουσ., εργαλείο που χρησιμοποιείται συνήθως με το χέρι για να περιστρέφει βίδες (συνών. *βιδολόγος*). [βενετ. *cazzavide*].
κατσάβραχα τα, ουσ. 1. τραχύ και βραχώδες έδαφος. 2. μέρος χωρίς βλάστηση (συνών. *ξερότοπος*). [από το *ακανθάβραχα* ή από το *κατάβραχα*].
κατσάδα η, ουσ., επίπληξη: *~ γερή μου πάτησε μια ~* (συνών. *μάλωμα, ρομπατσίνα·* αντ. *έπαινος, εγκωμιασμός*). [βενετ. *cazzada*].
κατσαδιάζω, ρ. (συνιζ.), μαλώνω (συνών. *επιπλήττω·* αντ. *επαινώ*).
κατσάδιασμα το, ουσ., επίπληξη (συνών. *μάλωμα·* αντ. *έπαινος*).
κατσαμπρόκος ο, ουσ. 1. αιχμηρό εργαλείο που το χρησιμοποιούν οι υποδηματοποιοί για να ανοίγουν τρύπες σε σολόδερμα. 2. (μεταφ.) άνθρωπος μικρόσωμος. [ιταλ. *caccia-brocco*].
κατσαρίδα η, ουσ., έντομο με στόμα πεπιεσμένο, με μακριές νηματοειδείς κεραίες και γυαλιστερό, μαύρο ή καφέ δέρμα. [αρχ. *κανθαρίς*].
κατσαριδοκτόνο το, ουσ., χημική ουσία με την οποία εξοντώνονται οι κατσαρίδες.
κατσαρόλα η, ουσ., μετάλλινο μαγειρικό σκεύος

κατσαρολικά

με λαβές (συνών. *τέντζερες, χύτρα*) - Υποκορ. **κατσαρόλι** το. [βενετ. *cazzarola*].
κατσαρολικά τα, ουσ., σύνολο μαγειρικών σκευών.
κατσαρομάλλης ο, θηλ. **-άλα** και **-αλούσα**, ουσ., αυτός που έχει κατσαρά μαλλιά (συνών. *σγουρομάλλης*).
κατσαρός, -ή, -ό, επίθ. **1.** σγουρός: *μαλλιά -ά* (αντ. *ίσιος*). **2.** που έχει σγουρά μαλλιά (συνών. *σγουρομάλλης*). Έκφρ. (λαϊκ.) *τρίχες -ές* (= ανούσιες κουβέντες). [πιθ. *ακανθηρός*].
κατσάρω, ρ. αόρ. *κάτσαρα* και *κατσάρισα* (ναυτ.) μαζεύω τα πανιά. [ιταλ. *cacciare*].
κατσάρωμα το, ουσ., το να κάνει κανείς κάτι σγουρό (συνήθως τα μαλλιά) με τεχνητά μέσα (αντ. *ίσιωμα*).
κατσαρώνω, ρ. **Α.** (μτβ.) κάνω κάτι κατσαρό: *-ωσε τα μαλλιά της* (αντ. *ισιώνω*). **Β.** (αμτβ.) γίνομαι κατσαρός: *-ωσαν τα μαλλιά μου από τη βροχή* (συνών. *σγουραίνω*).
κατσαρωτός, -ή, -ό, επίθ., κατσαρός (βλ. λ.).
κατσιάζω, ρ. (συνιζ.). **Α.** αμτβ. **1.** δεν αναπτύσσομαι κανονικά, χάνω τη ζωτικότητά μου: *-ιασε το λουλούδι* (συνών. *μαραζώνω, ατροφώ*). **2.** (μεταφ.) (για άψυχα) χάνω την απαλότητα και τη φρεσκάδα μου: *-ιασε το πλεκτό*. **Β.** (μτβ.) κάνω κάποιον ή κάτι να χάσει τη φρεσκάδα και τη ζωντάνια του: *το -ιασες το μωρό με τα πολλά φιλιά σου*. [κατσί].
κάτσιασμα το, ουσ. **1.** απώλεια της δροσερότητας και της ζωντάνιας: *~ φυτού* (συνών. *μαρασμός*· αντ. *ζωντάνεμα*). **2.** (μεταφ.) (για άψυχα) απώλεια της απαλότητας και της φρεσκάδας: *~ ρούχων*.
κατσίβελος ο, θηλ. **-βέλα**, ουσ., γύφτος (βλ. λ. στις σημασ. 1 και 3)· *απέξω μπέλα μπέλα κι από μέσα -α* (παροιμ. έκφρ., για γυναίκα που είναι εξωτερικά ωραία ντυμένη, εσωτερικά όμως ρακένδυτη). [βλαχ. *cacivel*].
κατσαιδόχορτο το, ουσ., είδος φυτού, άγριο τσάι.
κατσίκα η, ουσ. **1.** θηλαστικό ζώο με κέρατα και γενάκι στο πρόσωπο, που ζει άγριο σε όρη ή εξημερωμένο σε κοπάδια (συνών. *αίγα, γίδα*). **2.** (υβριστικά) γυναίκα κακότροπη: *άφησε την ~ να φωνάζει*. - Υποκορ. **-ούλα** η (στη σημασ. 1). [αλβαν. *kec*].
κατσικάκι, βλ. *κατσίκι*.
κατσικάς ο, ουσ. **1.** γιδοβοσκός. **2.** καλικάντζαρος.
κατσίκι το, ουσ., μικρής ηλικίας κατσίκα· φρ. *θα γελάσει και το παρδαλό ~* (= θα μας κοροϊδέψουν όλοι). - Υποκορ. **-άκι** το.
κατσικίσιος, -α, -ο, επίθ. (συνιζ.), γιδίσιος (βλ. λ.).
κατσικόδρομος ο, ουσ., δρόμος στενός και δύσβατος.
κατσικοκλέφτης ο, θηλ. **-κλέφτρα**, ουσ., κλέφτης γιδιών και γενικά ζωοκλέφτης.
κατσικοπόδαρος, -η, -ο, επίθ. και σπάνια **κατσικοπόδης**, ουσ. **1.** αυτός που έχει πόδια κατσικιού (ονομασία του διαβόλου και των καλικαντζάρων). **2.** (μεταφ.) άνθρωπος που φέρνει κακοτυχία (συνών. *γρουσούζης*).
κατσικούλα, βλ. *κατσίκα*.
κατσιποδιά η, ουσ. (συνιζ.). **1.** μεγάλη ατυχία (συνών. *γρουσουζιά*). **2.** στριφνότητα χαρακτήρα (συνών. *δυστροπία, γκρίνια*).
κατσιποδιάζω, ρ. (συνιζ.), γίνομαι δύστροπος (συνών. *δυστροπώ, αναποδιάζω*).
κατσούλα η, ουσ. **1.** κωνικό κάλυμμα του κεφαλιού που αποτελεί μέρος πανωφοριού (συνών. *κουκούλα*). **2.** (για πουλιά) λοφίο. **3.** είδος ψαριού (συνών.

ξουράφι, βλ. λ.). [ρουμαν. *căciulă*].
κατσουλιέρης και **-ιάνος** ο, ουσ. (συνιζ.), το πουλί κορυδαλλός ο λοφιοφόρος.
κατσούφης ο, θηλ. **-α** και **-ισσα**, επίθ., κατηφής (βλ. λ.).
κατσουφιά η, ουσ. (συνιζ.), κατήφεια (βλ. λ.).
κατσουφιάζω, ρ. (συνιζ.), γίνομαι σκυθρωπός (συνών. *σκυθρωπάζω*· αντ. *ευθυμώ*). [κατηφής].
κατσούφιασμα το, ουσ. (συνιζ.), κατσουφιά (βλ. λ.).
κατσούφισσα, βλ. *κατσούφης*.
κάττυμα το, ουσ. (λόγ.). **1.** παχύ δέρμα ζώου για την κατασκευή πελμάτων των υποδημάτων (συνών. *σολόδερμα*). **2.** σόλα.
κάτω και (λαϊκ.) **κάτου**, επίρρ. (απόλυτα και με τις προθέσεις *από, σε* ή προσωπ. αντων. σε γεν.). **1.** στάση, ύπαρξη ή κίνηση σε τόπο ή σε σημείο χαμηλότερο (σε σχέση με άλλο ή με το πρόσωπο που μιλά): *κατέβηκε ~ και του μίλησε· έπεσε η γλάστρα ~ από το μπαλκόνι· πού πηγαίνετε, κατά πάνω ή κατά ~; ως προστ.: ~ όλοι!* (= κάθισε ή καθίστε)· *το διαμέρισμά μας είναι ~ από της μητέρας μου· ~ από το βουνό απλώνεται η πεδιάδα.* **2.** (για τόπο που βρίσκεται στα νότια ενός άλλου ή στα παράλια): *το καλοκαίρι θα 'ρθούμε ~ για μπάνια*. **3.** με το άρθρο ως επιθετικός προσδιορισμός: *ο ~ όροφος· σου λείπει το ~ κουμπί*· (ως γεωγραφικός όρος, για περιοχές που βρίσκονται νοτιότερα ή προς τα παράλια): *η ~ Αίγυπτος· ο ~ μαχαλάς· οι Κ-Χώρες* (= Ολλανδία και Βέλγιο)· *τα ~ άκρα* = πόδια. **4.** (με την πρόθ. *από* και αριθμό δηλώνει ηλικία, τιμή, βαθμό, χαρακτηρισμό, κλπ.) *μου το 'δωσε ~ από τη μισή τιμή· η θερμοκρασία αύριο θα είναι ~ από το μηδέν· είναι ~ από μέτριος μαθητής· απαγορεύεται η είσοδος σε παιδιά ~ από δώδεκα ετών*. **5.** (γραμμ.) *~ τελεία* (σημείο στίξης) (αντ. σε όλες σχεδόν τις σημασ. *επάνω*). **6.** (ως επιφ.) για να δηλωθεί αποδοκιμασία: *ο πόλεμος* (αντ. *ζήτω*). Έκφρ. *άνω ~* (βλ. λ.)· *μια και ~* (= μονορούφι): *το ήπιε μια και ~· ο ~ κόσμος* (< ο *Άδης*) *πάνω ~* (= **α.** εδώ κι εκεί): *εκνευρισμένος περπατούσε πάνω ~·* (**β.** περίπου): *θα είμαστε τριάντα άτομα πάνω ~· πέντε πάνω, πέντε ~* (για δήλωση μικροδιαφοράς)· *πιο ~* (= **α.** σε γραπτό κείμενο ή ομιλία, για κάτι που θα συζητηθεί): *θα εξηγήσω πιο ~ τα αίτια της απόφασής μου* (συνών. *παρακάτω*)· (**β.** παρακάτω): *μένω λίγο ~ στο ~ στο ~ της γραφής* (= σε τελευταία ανάλυση): *στο ~ ~ έτσι θέλω*· φρ. *βάζω κάποιον ~* (= νικώ κάποιον): *στο δεύτερο γύρο τον έβαλε ~· παίρνω την ~ βόλτα* (= ξεπέφτω οικονομικά ή ηθικά)· *τα βάζω ~* (= παραιτούμαι): *δεν τα βάζει ~ εύκολα* (= δεν υποχωρεί).
κατώγι και **κατώι** το, ουσ., διαμέρισμα οικοδομήματος κτισμένο εν μέρει ή εξολοκλήρου κάτω από την επιφάνεια της γης και χρησιμοποιείται συνήθως ως αποθήκη: *ο Μανόλης με τα λόγια χτίζει ανώγια και -α* (παροιμ. φρ., για αισιόδοξους άνεργους) (αντ. *ανώγι*).
κατωμερίτης ο, θηλ. **-ισσα**, ουσ. (λαϊκ.), κάτοικος πεδινής περιοχής (αντ. *ανωμερίτης*).
κατωσάγονο το, ουσ. (λαϊκ.), το κάτω σαγόνι.
κατωσέντονο το, ουσ. (έρρ.), σεντόνι που καλύπτει το στρώμα του κρεβατιού (αντ. *πανωσέντονο*).
κατώτατος, -η, -ο, επίθ. υπερθ. **1.** που είναι εντελώς κάτω: *ρωγμή στο -ο σημείο του φράγματος*. **2.** (μεταφ.) **α.** (για ποσό) ο ελάχιστος, ο χαμηλότε-

ρος απ' όλους: *τιμή -η· όριο -ο· μισθολογικά κλιμάκια -α·* **β.** (για ποιότητα) έσχατος, ο χειρότερος απ' όλους: *κοινωνικά στρώματα -α* (αντ. στις σημασ. 1 και 2 *ανώτατος*).
κατώτερος, -η, -ο, επίθ. συγκρ. **1.** (τοπ.) που βρίσκεται χαμηλότερα σε σχέση με κάτι άλλο: *τα -α στρώματα της ατμόσφαιρας.* **2.** (μεταφ.) **α.** (για ποσό) πιο λίγος, «χαμηλότερος»: *μισθός ~· αμοιβή -η·* **β.** που έχει πιο μικρή αξία, μέτριος στην ποιότητα, δευτερότερος: *αποτέλεσμα -ο απ' ό,τι αναμενόταν· ελληνικά προϊόντα όχι -α από τα ξένα·* **γ.** όχι ευγενικός: *-α αισθήματα/ένστικτα* (= ταπεινά, χυδαία)· **δ.** που βρίσκεται χαμηλά σε διαβάθμιση ή ιεραρχία: *κοινωνικές τάξεις -ες· αξιωματικοί -οι* (έως το βαθμό του λοχαγού)· *κλήρος ~·* υπαλληλικό προσωπικό -ο· (ως ουσ.) *δε φέρεται καλά στους -έρους του·* **ε.** λιγότερο εξελιγμένος: *ζωικά είδη -α.*
κατωτερότητα η, ουσ. **1.** το να είναι κανείς (ή κάτι) κατώτερος (κυρίως στην ποιότητα, την αξία, κ.τ.ό.): *~ πνευματική/φυλετική· ~ του αντιπάλου.* **2.** (ψυχ.) *αίσθημα -ας* = το να έχει κανείς την οδυνηρή εντύπωση ότι υστερεί (σε σύγκριση με τους άλλους ή με κάτι ιδανικό)· *σύμπλεγμα -ας* = πνευματική και ψυχική κατάσταση στην οποία ένα πρόσωπο υποτιμά τον εαυτό του και οδηγείται στην αποτυχία και την παραίτηση ή προσπαθεί να κερδίσει την αναγνώριση εκδηλώνοντας επιθετικότητα (αντ. στις σημασ. 1 και 2 *ανωτερότητα*).
κατωτέρω, επίρρ. (λόγ.), πιο κάτω, παρακάτω.
κατωφέρεια η, ουσ. (ασυνίζ., λόγ.), εδαφική έκταση που σχηματίζει γωνία μικρότερη από 90° σε σχέση με την επιφάνεια της Γης: *~ απότομη* (συνών. *κατηφοριά·* αντ. *ανωφέρεια, ανηφοριά*).
κατώφλι το, ουσ. **1.** ξύλινη ή πέτρινη πλάκα ή δοκάρι που συνδέει τις δυο πλευρές της πόρτας στο κάτω μέρος τους· (συνεκδοχικά) ο χώρος της εισόδου ενός σπιτιού: *~ φαρδύ/μαρμαρένιο· το ~ της αυλόπορτας·* φρ. *πατώ/περνώ το ~ κάποιου* ή *του σπιτιού του* (συνών. *ποδιά·* αντ. *ανώφλι, υπέρθυρο*). **2.** (μεταφ.) αρχή χρονικής περιόδου: *~ των γηρατειών/του αιώνα.* **3α.** (φυσ.) όριο πέρα από το οποίο αρχίζει μια κατάσταση ή εκδηλώνεται ένα φαινόμενο: *~ θερμικό·* **β.** (ψυχ.) *~ συνείδησης* = οριακή ένταση πέρα από την οποία ένα ερέθισμα δε γίνεται συνειδητό. [*κάτω* + *φλιά* = «παραστάδα» θύρας].
κάτωχρος, -η, -ο, επίθ., κατάχλομος, κατακίτρινος.
καυγάς, βλ. *καβγάς.*
καυδιανά δίκρανα τα, έκφρ. για ταπεινωτικούς όρους συνθηκολόγησης ή γενικά για εξευτελιστικές υποχρεώσεις που αναγκάζεται κανείς να αποδεχτεί: *~ της δικηγορίας.*
καύκα, I. και **καύχα** η, ουσ. (ιδιωμ.), ερωμένη. - Υποκορ. -**ίτσα** η. [παλαιότ. *καύκος* ο = «κούπα»].
καύκα η, II. ουσ. (λαϊκ.), καυκί (βλ. λ.).
καυκαλιά η, ουσ. (συνίζ., λαϊκ.), φρυγανισμένο ψωμί.
καυκαλιάζω, ρ. (συνίζ., λαϊκ.), (για ψωμί) φρυγανίζω, ξεροψήνω.
καυκάλιασμα το, ουσ. (λαϊκ.), (για ψωμί) φρυγάνισμα.
καυκαλίδα και **καυκαλήθρα** η, ουσ. (λαϊκ.), κοινή ονομασία για ορισμένα είδη αγριόχορτων με δαντελωτά φύλλα.

καύκαλο το, ουσ. (λαϊκ.). **1.** κρανίο: *~ γερό/άδειο.* **2.** όστρακο (της χελώνας), κέλυφος (των οστρακόδερμων) (συνών. *καβούκι*).
Καυκάσιος ο, θηλ. **-ια,** ουσ. (ασυνίζ.), αυτός που κατοικεί στην περιοχή του Καυκάσου ή κατάγεται από εκεί.
καυκάσιος, -ια, -ιο, επίθ. (ασυνίζ.), που έχει σχέση με την Καύκασο: *λαοί -οι.*
καυκησιά, βλ. *καυχησιά.*
καυκησιάρης, βλ. *καυχησιάρης.*
καυκησιάρικος, βλ. *καυχησιάρικος.*
καυκί το, ουσ. (λαϊκ.). **1.** δοχείο με πλατύ στόμιο, συνήθως ξύλινο ή πήλινο που χρησίμευε για να πιει κανείς κρασί (πβ. *κούπα, τάσι*). **2.** βαθύ πιάτο, γαβάθα, τσανάκι. **3.** (μουσ.) το κοίλο μέρος λαγούτου ή λύρας (αλλιώς *σκάφη*).
καυκιά η, ουσ. (συνίζ., λαϊκ.), ξύλινο ή πέτρινο αβαθές δοχείο με πλατύ στόμιο που χρησιμοποιείται για γουδί.
καυκιέμαι, βλ. *καυχιέμαι.*
καυκίτσα, βλ. *καύκα I.*
καύκος και **καύχος** ο, ουσ. (ιδιωμ.), εραστής, αγαπητικός.
καύλα η, ουσ. (λαϊκ., χυδ.). **1.** στύση (συνών. *καύλωμα*). **2.** (συνηθέστερα στον πληθ.) έντονη επιθυμία για συνουσία (συνών. *ορμές*).
καυλί το, ουσ. (λαϊκ., χυδ.), η βάλανος του πέους· το πέος.
καυλιάρης, -α, -ικο, επίθ. (συνίζ., λαϊκ., χυδ.), εξαιρετικά φιλήδονος.
καυλός ο, ουσ. (λόγ.), το μέρος του φυτού που βρίσκεται πάνω από την επιφάνεια του εδάφους, ο βλαστός: *~ του κρεμμυδιού.*
καύλωμα το, ουσ. (λαϊκ., χυδ.), καύλα.
καυλώνω, ρ. (λαϊκ., χυδ.). **α.** βρίσκομαι σε στύση· **β.** διεγείρομαι σεξουαλικά (συνών. *ανάβω*).
καύμα το, ουσ., στην έκφρ. *κυνικά -ατα* = οι μεγάλες ζέστες του Ιουλίου ή γενικά του καλοκαιριού.
καυσαέριο το, ουσ. (ασυνίζ.), (συνήθως στον πληθ.) μίγμα διάφορων αερίων που προέρχονται από την καύση του πετρελαίου, βενζίνης και άλλων καύσιμων υλών: *μόλυνση της ατμόσφαιρας από το ~ των αυτοκινήτων· σύστημα ελέγχου εκπομπής -ίων.*
καυσαλγία η, ουσ. (ιατρ.) έντονος και συνεχής πόνος στα άκρα ή το πρόσωπο που δίνει την αίσθηση του καψίματος.
καύση η, ουσ. **1.** (λόγ.) κάψιμο, αποτέφρωση: *~ νεκρών.* **2.** (χημ.) η ταχύτατη αντίδραση του οξυγόνου με διάφορες ουσίες κατά την οποία ελευθερώνεται θερμότητα και παράγεται φως: *~ ατελής/εσωτερική.* **3.** (φυσιολ.) *-εις του οργανισμού* = οι οξειδώσεις που συντελούνται στα κύτταρα του οργανισμού.
καύσιμος, -η, -ο, επίθ., κατάλληλος για καύση, για παραγωγή θερμότητας με κάψιμο: *ύλες -ες.* -(Συνηθέστερα) το ουδ. ως ουσ. = (χημ., συνήθως στον πληθ.) **α.** υλικό που παρέχει με την καύση του ενέργεια σε θερμική μηχανή: *-α υγρά/αέρια· ~ αυτοκινήτων* (λ.χ. βενζίνη, πετρέλαιο)*/αεροπλάνων* (λ.χ. κηροζίνη)· *πρατήριο/έλλειψη -ίμων·* **β.** *-α στερεά* = στερεά σώματα που είναι δυνατόν να καούν και να δώσουν θερμότητα για χρήση (λ.χ. ξύλα, κάρβουνα).
καυσόξυλο το, ουσ., ξύλο που χρησιμοποιείται ως καύσιμη ύλη.
καυστήρας ο, ουσ. (τεχνολ.) συσκευή που φέρνει

καυστικός

σε επαφή στο εσωτερικό της ένα καύσιμο (αέριο, υγρό ή στερεό κονιορτοποιημένο) με ένα οξειδωτικό μέσο (αέρα, οξυγόνο) ώστε να επιτυγχάνεται στην έξοδό της μια ρυθμισμένη καύση· (κοιν.) ηλεκτρικό μηχάνημα που καίει πετρέλαιο ή μαζούτ και θερμαίνει το νερό στο καζάνι της κεντρικής θέρμανσης ενός κτηρίου: *συντηρήσεις -ων*.

καυστικός, -ή, -ό, επίθ. **1.** που καίει· (χημ.) ονομασία ενώσεων έντονα αλκαλικών που μπορούν να αλλοιώσουν, να ερεθίσουν ή να διαβρώσουν τους ζωικούς ή φυτικούς ιστούς: *κάλιο -ό* (ή *-ή ποτάσα*)· *νάτριο -ό* (ή *-ή σόδα*). **2.** (μεταφ., για λόγια) που στρέφεται με έντονα κριτική και πειραχτική διάθεση εναντίον προσώπων ή καταστάσεων: *ειρωνεία -ή· σχόλια -ά* (αντ. *απαλός, ήπιος*). **3.** (φυσ.) *επιφάνεια -ή* = επιφάνεια που αποτελείται από τις τομές ακτίνων φωτεινής δέσμης που προέρχονται από αντανάκλαση ή διάθλαση.

καυστικότητα η, ουσ., το να είναι κάτι ή κάποιος καυστικός: *~ μιας ουσίας·* (μεταφ.) *~ της σάτιρας*.

καύσωνας ο, ουσ., υπερβολική θερμότητα της ατμόσφαιρας, πολύ μεγάλη ζέστη: *θύματα του -α* (συνών. *κάψα*).

καυτερός, -ή, -ό, επίθ. **1.** που καίει πολύ: *ήλιος ~· άμμος -ή· νερό -ό* (συνών. *καυτός, ζεματιστός*). **2.** που προκαλεί αίσθημα καψίματος, δριμύς, αψύς στη γεύση: *πιπεριά -ή*.

καυτήρας ο, ουσ. (ιατρ.) μεταλλικό εργαλείο που χρησιμοποιείται για καυτηριάσεις: *~ ηλεκτρικός*.

καυτηριάζω, ρ. (ασυνίζ.). **1.** καταστρέφω έναν ιστό του σώματος για θεραπευτικούς σκοπούς προκαλώντας έγκαυμα με τη βοήθεια καυτήρα ή καυστικής ουσίας: *~ μια πληγή*. **2.** (μεταφ.) επικρίνω δριμύτατα, κατακρίνω με σφοδρότητα: *-ει την ανηθικότητα* (συνών. *στηλιτεύω*).

καυτηρίαση η, ουσ. (ιατρ.) καταστροφή ιστού με την πρόκληση εγκαύματος για θεραπευτικούς σκοπούς.

καυτηριασμός ο, ουσ. (ασυνίζ.), (ιατρ.) καυτηρίαση.

καυτήριο το, ουσ. (ασυνίζ.), (ιατρ.) χημική ουσία που χρησιμοποιείται για καυτηριασμούς.

καυτός, -ή, -ό, επίθ. **1α.** που καίει, πυρακτωμένος: *σίδερο -ό·* **β.** που βρίσκεται σε υψηλή θερμοκρασία, παρά πολύ ζεστός: *λίβας ~· γάλα -ό* (συνών. *ζεματιστός·* αντ. *παγωμένος*)· **γ.** (μεταφ.) για εκδηλώσεις έντονου συναισθήματος ή πάθους: *ανάσα -ή· δάκρυα -ά*. **2.** (μεταφ.) καυστικός (βλ. λ. στη σημασ. **2**): *σάτιρα -ή*. **3.** (μεταφ.) για πολύ πρόσφατο γεγονός ή επίκαιρο ζήτημα που προκαλούν έντονο ενδιαφέρον ή χρειάζονται άμεση αντιμετώπιση: *νέα -ά· επικαιρότητα -ή· προβλήματα -ά*.

καύτρα η, ουσ. **1.** απανθρακωμένη άκρη του φιτιλιού: *~ του λυχναριού*. **2.** (για τσιγάρο) το αναμμένο άκρο.

καύχα, βλ. *καύκα*.

καύχημα το, ουσ., αυτό για το οποίο κανείς καυχιέται, είναι περήφανος: *το έχει ~ ότι δεν άλλαξε τις πεποιθήσεις του· ένας ήρωας ~ της πατρίδας* (συνών. *καμάρι, τιμή·* αντ. *ντροπή, όνειδος*).

καυχηματίας ο, ουσ., αυτός που του αρέσει να καυχιέται, καυχησιολόγος, παινεσιάρης.

καυχησάρης, βλ. *καυχησιάρης*.

καυχησάρικος, βλ. *καυχησιάρικος*.

καύχηση η, ουσ., το να καυχιέται κανείς, αλαζονική περιαυτολογία (συνών. *καυχησιολογία, κομπασμός, μεγαλορρημοσύνη*).

καυχησιά και **καυκησιά** η, ουσ. (συνιζ., λαϊκ.), καύχηση.

καυχησιάρης, -α, -ικο και **καυκησιάρης,** (συνιζ.) και (λαϊκ.) **-σά-,** επίθ., που του αρέσει να καυχιέται, να παινεύει τον εαυτό του με αλαζονεία (συνών. *παινεσιάρης*).

καυχησιάρικος, -η, -ο και **καυκη-,** (συνιζ.) και **-σά-,** επίθ. (λαϊκ.), που λέγεται με αλαζονεία, με κομπασμό: *λόγια -α*.

καυχησιολόγημα το, ουσ. (ασυνίζ., λόγ.), λόγος που δείχνει αλαζονεία, που λέγεται με κομπασμό (συνών. *καυχησιολογία*).

καυχησιολογία η, ουσ. (ασυνίζ., λόγ.). **α.** το να καυχησιολογεί κανείς· **β.** καυχησιολόγημα (βλ. λ.): *~ κενή*.

καυχησιολόγος ο, ουσ. (ασυνίζ., λόγ.), καυχηματίας (βλ. λ.).

καυχησιολογώ, ρ. (ασυνίζ., λόγ.), καυχιέμαι, κομπορρημονώ, λέω μεγάλα λόγια για τον εαυτό μου.

καυχιέμαι και **καυκιέμαι,** ρ. (συνιζ.). **1.** μιλώ με περηφάνια για τον εαυτό μου ή τις πράξεις μου, καυχησιολογώ: *-ται για τα κατορθώματά του/για τους προγόνους του* (συνών. *καμαρώνω, κομπάζω, παινεύομαι*). **2.** προβάλλω αλαζονικά μια ιδιότητα ή ικανότητά μου (πραγματική ή υποτιθέμενη): *-ιέται ότι μπορεί να σε νικήσει*.

καύχος, βλ. *καύκος*.

καφάσι το, **I.** ουσ. (λαϊκ.). **1α.** (παλαιότερο) διχτυωτό πλέγμα από λεπτές σανίδες στα παράθυρα ή σε εσωτερικούς χώρους σπιτιών (συνήθως μουσουλμανικών) ή στο γυναικωνίτη εκκλησιών για να αποκλείονται οι γυναίκες από τα βλέμματα των ανδρών· **β.** (ιδιωμ.) διχτυωτό παράθυρο: *κουφώνω το ~*. **2.** (σπάνια) κλουβί πουλιών. **3.** μικρό σανιδένιο κιβώτιο χωρίς σκέπασμα για την προστασία και τη μεταφορά φρούτων ή λαχανικών: *ένα ~ μήλα* (συνών. *τελάρο, κλούβα*). [τουρκ. *kafes*].

καφάσι το, **II.** ουσ. (λαϊκ.), κεφάλι, νους· στη φρ. *μου φεύγει το ~* = «τρελαίνομαι», με πλήρη μανία ή ενθουσιασμό: *κοντεύει απ' τη ζήλεια να του φύγει το ~* (λαϊκ. τραγ.). [τουρκ. *kafa,* γεν. *kafası*].

καφασωτός, -ή, -ό, επίθ. (για παράθυρο) που έχει καφάσι (βλ. λ. Ι). - Το ουδ. ως ουσ. = διχτυωτό πλέγμα από λεπτές σανίδες, καφάσι: *το κλειστό περιβόλι στο... αράπικο σπίτι,/πίσω από τα -ά* (Σεφέρης).

καφέ, επίθ. άκλ., που έχει το χρώμα του καφέ, καφετής: *μπλούζα/παπούτσια ~*. - Το ουδ. ως ουσ. = το καφετί χρώμα: *προτιμώ το ~ και το μαύρο*. [γαλλ. *café*].

καφέ το, ουσ. (συνηθέστερα σε όνομα καταστήματος) καφενείο. [γαλλ. *café*].

καφέα η, ουσ. (βοτ.) επιστημονική ονομασία του καφεόδενδρου. [επιστ. λατ. *caffea*].

καφέ-αμάν το, ουσ. άκλ. (παλαιότερα) λαϊκό καφενείο όπου άκουγε κανείς αμανέδες.

καφεδάκι και **καφεδάκος,** βλ. *καφές*.

καφεδής, -ιά, -ί, επίθ. (λαϊκ.), καφετής.

καφεζαχαροπλαστείο το, ουσ., ζαχαροπλαστείο όπου προσφέρεται και καφές.

καφεζυθεστιατόριο το, ουσ. (ασυνίζ. δις, λόγ.), εστιατόριο όπου προσφέρονται ποτά και καφές.

καφεθέατρο το, ουσ., μικρή αίθουσα όπου μπορεί κανείς να παρακολουθήσει μια θεατρική παράσταση πίνοντας ταυτόχρονα καφέ ή ποτό ή τρώγοντας.

καφεϊκός, -ή, -ό, επίθ., που έχει σχέση με τον καφέ ή προέρχεται από αυτόν: *φάρμακα -ά· οξύ -ό.*

καφεΐνη η, ουσ. (χημ.-φαρμ.) αλκαλοειδές που περιέχεται στον καφέ, το τσάι ή την κόλα και χρησιμοποιείται ως διεγερτικό του κεντρικού νευρικού συστήματος, αντινευραλγικό και καρδιοτονωτικό: *καφές χωρίς ~*. [γαλλ. *caféine*].

καφεϊνισμός ο, ουσ. (ιατρ.) χρόνια δηλητηρίαση από υπερβολική χρήση καφέ ή άλλων προϊόντων με καφεΐνη (λ.χ. τσαγιού).

καφεκοπτείο το, ουσ., κατάστημα όπου καβουρδίζεται και αλέθεται καφές, που πουλιέται φρεσκοαλεσμένος.

καφεκόπτης ο, ουσ., ιδιοκτήτης καφεκοπτείου.

καφεκούτι το, ουσ., κουτί όπου τοποθετείται ο καφές σε σκόνη για να μην αλλοιωθεί από την υγρασία και χάσει το άρωμά του.

καφεμαντεία η, ουσ. (λαογρ.) είδος τεχνητής μαντείας από τις φούσκες που σχηματίζονται στην επιφάνεια του καφέ όταν σερβιριστεί στο φλιτζάνι ή από τα σχήματα που φαίνονται στο κατακάθι του αφού το φλιτζάνι αναποδογυριστεί.

καφέ μπαρ το, ουσ. (συνηθέστερα όν. καταστήματος) κατάστημα όπου προσφέρονται καφέδες και οινοπνευματώδη ποτά. [γαλλ. *café bar*].

καφεμπρίκι και **καφεμπρίκο** το, ουσ. (λαϊκ.) μπρίκι που χρησιμεύει για να φτιάχνει κανείς καφέ (το ρόφημα). [πβ. τουρκ. *cahve ibrik*].

καφενεδάκι, βλ. *καφενές*.

καφενείο το, ουσ., κατάστημα και χώρος αναψυχής όπου προσφέρονται καφές, καθώς και άλλα ροφήματα, αναψυκτικά, γλυκά ή ορεκτικά και παίζονται επιτραπέζια παιγνίδια (τάβλι και χαρτιά): *οι θαμώνες/τα γκαρσόνια του -ου ~ φιλολογικό/καλλιτεχνικό* (συνών. *καφενές*).

καφενές ο, ουσ. (λαϊκ.), καφενείο. - Υποκορ. **-εδάκι** το. [τουρκ. *kahvehane*].

καφενόβιος ο, ουσ. (ασυνίζ.), άτομο που συχνάζει στα καφενεία.

καφεόδεντρο το, ουσ. (βοτ.) τροπικός αειθαλής θάμνος ή μικρό δέντρο που τα σπέρματά του χρησιμοποιούνται για την παρασκευή του καφέ, αφού προηγουμένως καβουρνιστούν και αλεστούν.

καφεοφυτεία η, ουσ., φυτεία με καφεόδεντρα.

καφεποσία η, ουσ. (λόγ.), το να πίνει κάποιος καφέ ή συνηθέστερα η υπερβολική πόση καφέ.

καφεπότης ο, ουσ., αυτός που συνηθίζει να πίνει κάθε μέρα μεγάλη ποσότητα καφέ.

καφεπώλης ο, ουσ. 1. καφεκόπτης. 2. ιδιοκτήτης καφενείου, καφετζής.

καφές ο, ουσ. **1α.** οι σπόροι του καφεόδεντρου: *αποθηκεύω/καβουρντίζω -έ· επεξεργασία -έδων·* **β.** (συνεκδοχικά) καφεόδεντρο: *φυτεία -έ.* **2.** καβουρντισμένος καφές που έχει αλεστεί και μεταβληθεί σε λεπτούς κόκκους: *~ φρεσκοκομμένος/ συσκευασμένος· μύλος του -έ·* (για υποκατάστατα καφέ) *~ από ρεβίθι.* **3α** αφέψημα που παρασκευάζεται όταν βράσουμε λεπτή σκόνη καφέ με νερό. *~ γλυκύβραστος· φλιτζανάκι του -έ· ψήνω -έ* (= ετοιμάζω)· *φούσκωσε ο ~.* **β.** ρόφημα που γίνεται όταν αναμίξουμε ζεστό ή και κρύο νερό με σκόνη καφέ μέσα σε ένα δοχείο, μια καφετιέρα με φίλτρο, κ.ά.: *~ στιγμιαίος/γαλλικός· ~ με γάλα/*

δυνατός· **γ.** (συνεκδοχικά) για το περιεχόμενο ενός φλιτζανιού ή μιας κούπας καφέ: *πίνει πολλούς -έδες·* **δ.** (συνεκδοχικά) για την καφεποσία: *ο γιατρός είπε να κόψω τον -έ.* - Υποκορ. **-δάκι** το και **-δάκος** ο στη σημασ. 3α. [τουρκ. *kahve*].

καφεσαντάν το, ουσ. άκλ. (παλαιότερα) καφενείο όπου εμφανίζονται τραγουδιστές, μουσικοί και χορευτές (συνών. *καφωδείο*). [γαλλ. *café chantant*].

καφεστιατόριο το, ουσ. (ασυνίζ. δις, λόγ.), εστιατόριο και καφενείο μαζί.

καφετερία και **-έρια** η, ουσ. (ασυνίζ.), κατάστημα όπου προσφέρονται καφές και ποτά (όχι οινοπνευματώδη) ή επίσης γλυκά, πρόχειρα γεύματα, κ.τ.ό. [ιταλ. *caffeteria*].

καφετζής ο, ουσ., ιδιοκτήτης καφενείου, καφεπώλης. [τουρκ. *kahveci*].

καφετζού η, ουσ. **1.** η γυναίκα του καφετζή. **2.** γυναίκα που ασχολείται επαγγελματικά με την καφεμαντεία (βλ. λ.).

καφετής, -ιά, -ί, επίθ., που έχει το χρώμα του καφέ (ή του χώματος, του ξύλου, κ.τ.ό.).

καφετιέρα η, ουσ. (συνιζ.). **1.** καφεκούτι. **2.** σκεύος όπου παρασκευάζεται ή προσφέρεται ο ευρωπαϊκός καφές (βλ. λ. στη σημασ. 3β). [γαλλ. *cafetière*].

καφουρά, βλ. *καμφορά*.

κάφρος ο, ουσ. **1.** (με κεφ. ως εθν.) παλαιότερη ονομασία λαών της νοτιοανατολικής Αφρικής. **2.** (προφ.) μειωτ. για άνθρωπο άξεστο, κακότροπο ή ανόητο. [γαλλ. *Cafre* ή αραβ. *Kafir*].

καφτάνι το, ουσ. (ιστ.) πολυτελής και επίσημος εξωτερικός μανδύας, μακρύς και με φαρδιά μανίκια, που τον φορούσαν Οθωμανοί, Ρώσοι, κ.ά.: *-ια αυτοκρατορικά/των χοτζάδων·* (σήμερα) μακρύ και φαρδύ εξωτερικό ένδυμα μουσουλμάνων. [τουρκ. *kaftan*].

καφωδείο το, ουσ. (λόγ.), καφεσαντάν (βλ. λ.).

καχεκτικός, -ή, -ό, επίθ., αδύναμος, εξασθενημένος, ατροφικός: *παιδί -ό·* (μεταφ.) *φυτά -ά* (= ασθενικά, μαραμένα).

καχεκτικότητα η, ουσ., το να είναι κάποιος καχεκτικός, καχεξία.

καχεξία η, ουσ. (ιατρ.) βαριά διαταραχή και εξασθένιση όλων των λειτουργιών της θρέψης, που χαρακτηρίζεται κυρίως από κατακίτρινο χρώμα και έντονο αδυνάτισμα: *~ φυματική/χρόνια·* (μεταφ.) *~ ηθική* (αντ. *ευεξία, ευρωστία*).

καχύποπτος, -η, -ο, επίθ., που υποπτεύεται χωρίς αιτία το κακό, που υποψιάζεται διαρκώς ότι θα τον βλάψουν: *αστυνόμος ~· βλέμμα -ο* (συνών. *φιλύποπτος·* αντ. *απονήρευτος*). - Επίρρ. **-α.**

καχυποψία η, ουσ., το να υποπτεύεται κανείς το κακό, ότι οι άλλοι προσπαθούν να τον βλάψουν: *ατμόσφαιρα -ας* (συνών. *φιλυποψία·* αντ. *ευπιστία*).

κάψα η, I. ουσ. **1.** (χημ.) ημισφαιρικό δοχείο από μέταλλο ή πυρίμαχο υλικό που χρησιμοποιείται για την τήξη στερεών ή την εξάτμιση υγρών. **2.** (φαρμ.) περίβλημα φαρμάκων, κάψουλα. **3.** (βοτ.) τύπος ξηρού καρπού με πολλές θήκες γεμάτες σπέρματα. **4.** (ανατομ.) ινώδης ή ελαστική μεμβράνη που περιβάλλει ένα όργανο ή μια άρθρωση: *~ νεφρική· ~ εγκεφαλική/εσωτερική* (= σχηματισμός από νευρικές ίνες που συνδέουν τον εγκεφαλικό φλοιό με το νωτιαίο μυελό). [λατ. *capsa*].

κάψα η, II. ουσ. **1.** υπερβολική ζέστη της ατμό-

καψαλίζω

σφαίρας: ~ καλοκαιριάτικη/μεσημεριανή (συνών. καύσωνας, λάβρα, πύρα· αντ. παγωνιά)· παροιμ. -ες του Αλωνάρη, βροχές του Τρυγητή. 2. θερμότητα από υπερβολικό πυρετό. 3. (σπάνια μεταφ.) ψυχική έξαψη. [καψώνω].

καψαλίζω, ρ., καίω κάτι επιφανειακά (συνήθως για τις τρίχες ή το δέρμα): ~ ένα κοτόπουλο/ρέγγες· *από τη φλόγα των κεριών -ίστηκαν τα μαλλιά της* (= κάηκαν στις άκρες) (συνών. τσουρουφλίζω).

καψαλισιά η, ουσ. (συνιζ., λαϊκ.), καψάλισμα.

καψάλισμα το, ουσ., επιφανειακό κάψιμο ή ψήσιμο (συνών. τσουρούφλισμα).

καψαλιστός, -ή, -ό, επίθ. (λαϊκ.), που καψαλίστηκε, τσουρουφλισμένος.

καψερός, -ή, -ό, επίθ. (λαϊκ.), δύστυχος, κακόμοιρος, καημένος (συνήθως για να δηλωθεί συμπάθεια ή οίκτος): *-η μάνα! η ζωή κατάντησε κόλαση για την -ή*.

κάψιμο το, ουσ. 1. καταστροφή με φωτιά, καύση: ~ χόρτων. 2α. έγκαυμα: *ένας ναύτης πέθανε από τα καψίματα* (Κόντογλου)· β. (συνεκδοχικά) σημάδι από έγκαυμα: *από μικρός είχε ένα ~ στο μάγουλο*. 3. το οδυνηρό αίσθημα που προκαλεί η επαφή του δέρματος με φωτιά ή καυστική ουσία: *ένιωσα ένα ξαφνικό ~*. 4. δυσάρεστη γεύση από καυστερή ουσία: *~ από το πιπέρι*. 5. καήλα, καούρα: *νιώθω ένα ~ στο στομάχι*.

καψο- (λαϊκ.), α΄ συνθ. ονομάτων ή ρημάτων που δηλώνουν δυστυχία, φτώχεια, κ.τ.ό. (λ.χ. *καψόπαιδο, καψοπερνώ*), δείχνουν συμπάθεια ή οίκτο (λ.χ. *καψοχήρα, καψοκλαίω*), ή εκφράζουν το «λίγο» (λ.χ. *καψοκοιμούμαι*).

κάψουλα η, ουσ. (φαρμ.) μικρή ωοειδής, σφαιρική ή κυλινδρική θήκη από ζελατίνη για φάρμακα σε μορφή σκόνης ή υγρού. [αγγλ. και γαλλ. *capsule*].

καψούλα η, ουσ. (προφ.), χάρτινο καψούλι (βλ. λ.): *σκάζω -ες*.

καψούλι το, ουσ., μικρή θήκη από μέταλλο ή άλλο υλικό, η οποία περιέχει πυροκροτική ουσία: ~ *βλήματος* (συνών. *εμπύρευμα*)· *παιδικό όπλο με -ια*. [παλαιότ. *καψύλλιο<γαλλ. capsule*].

καψούρα η, ουσ. (ιδιωμ.), αρρώστια των φυτών, ιδίως των δημητριακών.

κάψωμα το, ουσ. (λαϊκ.), αίσθημα υπερβολικής ζέστης.

καψώνι το, ουσ. (προφ. στρατ.) κουραστική άσκηση ή αγγαρεία ή παράλογη σωματική ή ψυχολογική ταλαιπωρία που επιβάλλουν στους στρατιώτες κάποιοι βαθμοφόροι ή αξιωματικοί για τιμωρία και εθισμό στην τυφλή πειθαρχία: ~ *ατομικό/ομαδικό*· φρ. *κάνω ~/-ια* (κυριολετικά και μεταφ., βασανίζω, ταλαιπωρώ): *κανε 'κανε -ια ώσπου να μου δώσει ένα πιστοποιητικό*.

καψώνω, ρ., νιώθω υπερβολική ζέστη, υποφέρω από τον καύσωνα (συνών. *ανάβω, καίγομαι*· αντ. *ξεπαγιάζω*).

κβαντικός, -ή, -ό, επίθ. (ερρ.), (φυσ.) που σχετίζεται με τα κβάντα: *θεωρία -ή* (= σύνολο θεωριών με βάση την αντίληψη του Πλανκ ότι η ακτινοβολούμενη ενέργεια αποτελείται από κβάντα και με εφαρμογές στο φως, στην ατομική φυσική, κ.ά.)· *αριθμοί -οί* (= αριθμοί που καθορίζουν το χαρακτήρα των ατόμων, των ατομικών πυρήνων και των υποατομικών σωματιδίων). [πβ. γαλλ. *quantique*].

κβάντο το, ουσ. (ερρ.), (φυσ.) στοιχειώδης ποσότητα ενός φυσικού μεγέθους (λ.χ. ενέργειας ηλεκτρικού φορτίου): *-α φωτός* (= φωτόνια). [λατ. *quantum*].

κβαντομηχανική η, ουσ. (ερρ.), (φυσ.) κλάδος της μαθηματικής φυσικής που ασχολείται με την κίνηση των υποατομικών σωματιδίων (λ.χ. ηλεκτρονίων, πρωτονίων) στα άτομα και τα μόρια.

κέδρινος, -η, -ο, επίθ., κατασκευασμένος από ξύλο κέδρου: *πύλη -η*.

κέδρο, βλ. *κέδρος*.

κεδρόξυλο το, ουσ., ξύλο κέδρου.

κέδρος ο και **κέδρο** το, ουσ. (βοτ.) α. γένος κωνοφόρων αειθαλών δέντρων με ψηλό και μεγάλο κορμό και κοκκινωπό αρωματικό και άσηπτο ξύλο: ~ *του Λιβάνου*· β. κοινώς για διάφορα κωνοφόρα δέντρα που μοιάζουν με τους κέδρους.

κει, βλ. *εκεί*.

κείθε(νες), βλ. *εκείθε(ς)*.

κέικ και **κεκ** το, ουσ. άκλ., ονομασία γλυκισμάτων κυρίως από αλεύρι, βούτυρο, αβγά και διογκωτικές ουσίες: ~ *με κακάο/φρούτων*. - Υποκορ. (προφ.) **κεκάκι** το. [αγγλ. *cake*].

Κεϊλανέζος ο, θηλ. **-α**, ουσ., αυτός που κατοικεί στην Κεϊλάνη ή κατάγεται από αυτήν.

κείμαι, βλ. *ενθάδε κείται*.

κείμενο το, ουσ. 1α. οτιδήποτε βρίσκεται γραμμένο κάπου, οι λέξεις ή οι φράσεις που αποτελούν ένα γραπτό ή ένα λογοτεχνικό έργο: ~ *δυσανάγνωστο/χειρόγραφο*· ~ *δέκα σειρών*· ~ *δυσνόητο*· *απορρίπτω ένα ~*· (σε αντιδιαστολή με τα λόγια) *διανεμήθηκε το ~ της ομιλίας του πρωθυπουργού* (για το περιεχόμενο νόμου, εγγράφου, κ.τ.ό.) *εγκρίθηκε το τελικό ~ του συντάγματος / της συμφωνίας*· β. για το κύριο μέρος ενός βιβλίου (ή ενός άρθρου) σε αντιδιαστολή με την εισαγωγή, τα σχόλια, τις εικόνες και τα ευρετήρια. 2. (τυπογραφία) γραμμένη ή τυπωμένη έκταση μιας ή περισσότερων σελίδων: ~ *συνεχές/χωρισμένο σε παραγράφους*· *εικονογράφηση παρέμβλητη στο* ~ (πβ. *εκτός κειμένου*). 3α. βιβλίο ή γραπτό έργο στην αυθεντική γλωσσική του μορφή: *-ο βιβλικό / λογοτεχνικό*· *κριτική έκδοση -ένου*· β. τεχνικό ή επιστημονικό βιβλίο: ~ *νομικό/φιλοσοφικό*· *δωρεάν χορήγηση διδακτικών -ένων* (συνών. *έργο, σύγγραμμα*). 4. απόσπασμα γραπτού έργου ή και ολόκληρο έργο που χαρακτηρίζει τη διανόηση και την τέχνη του συγγραφέα και προορίζεται για διδασκαλία: *-α νεοελληνικής λογοτεχνίας/ερμηνεύω ένα ~*.

κειμενολογικός, -ή, -ό, επίθ., που αναφέρεται στο κείμενο: *σχόλια -ά*· *ανάλυση -ή*.

κείμενος, -η, -ο, επίθ. (στον πληθ. για νόμους, κ.τ.ό.) που έχει οριστεί, που ισχύει: *κατά τις -ες διατάξεις*.

κειμήλιο το, ουσ. (ασυνίζ.), αντικείμενο συχνά με υλική, αλλά κυρίως με ιστορική, καλλιτεχνική, ηθική ή συναισθηματική αξία που το διατηρεί κανείς με ξεχωριστή φροντίδα: ~ *ιερό/ιστορικό/οικογενειακό* (συνών. *θησαυρός*)· *-α του Μακεδονικού Αγώνα*.

κειμηλιοθήκη η, ουσ. (ασυνίζ.), θήκη ή αίθουσα όπου φυλάγονται κειμήλια: ~ *μοναστηριού*.

κείνος, βλ. *εκείνος*.

κείτομαι, ρ. (λαϊκ., μόνο στον ενεστ., παρατ.), βρίσκομαι ξαπλωμένος κάπου (συνήθως για άρρωστο ή νεκρό): *δυο χρόνια -εται στο στρώμα*.

κεκ και **κεκάκι**, βλ. *κέικ*.

κεκλεισμένων των θυρών· αρχαϊστ. έκφρ. = «με τις πόρτες κλειστές», για συνεδρίαση δικαστηρίου στην οποία δεν επιτρέπεται η παρουσία ακροατηρίου.

κεκλιμένος, -η, -ο, μτχ. ως επίθ. (λόγ.), που παρουσιάζει κλίση ως προς το οριζόντιο επίπεδο: *θέση -η*· (αρχιτ.) *στέγη -η*· (φυσ.) *επίπεδο -ο* (= επικλινής επιφάνεια που βοηθά να ανυψώνουμε βαριά σώματα).

κεκορεσμένος, βλ. *κορεσμένος*.

κεκράκτης ο, ουσ. (λόγ.), άτομο τοποθετημένο επίτηδες στο χώρο πολιτικής συγκέντρωσης για να θορυβεί και να προκαλεί (συνών. *εγκάθετος*· πβ. *κλακαδόρος*).

κεκρύφαλος ο, ουσ. (ζωολ.) ο δεύτερος από τους τέσσερις θαλάμους που αποτελούν το στομάχι των μηρυκαστικών.

κεκτημένος, -η, -ο, μτχ. ως επίθ. (λόγ.), που τον έχει αποκτήσει και τον διατηρεί κανείς· μόνο με τα ουσ. *δικαίωμα -ο*· *ταχύτητα -η* (= που εξακολουθεί να την έχει ένα σώμα κι όταν ακόμη πάψει να ενεργεί η αιτία που το έθεσε σε κίνηση)· μεταφ. στην έκφρ. *από -η ταχύτητα* (για άκαιρη αντίδραση ή ενέργεια, που προκαλείται από κίνητρο που έχει πάψει να ισχύει).

κελάδημα, κελάιδημα και **κελάιδισμα** το, ουσ., (για πουλί) το να κελαϊδά, καθώς και το αποτέλεσμα της ενέργειας αυτής: *~ γλυκό/πρωινό* (συνών. *λάλημα, τραγούδι*).

κελαηδώ, βλ. *κελαϊδώ*.

κελάιδημα και **κελάιδισμα**, βλ. *κελάδημα*.

κελαϊδισμός και (ποιητ.) **κι-** ο, ουσ., *κελάδημα*: *ανάκουστος κιλαϊδισμός και λιποθυμισμένος* (Σολωμός).

κελαϊδιστός, -ή, -ό, επίθ., που ηχεί ευχάριστα σαν κελάιδισμα, τραγουδιστός: *φωνή -ή*. - Επίρρ. **-ά**.

κελαϊδώ, ρ. (συνίζ.). α. (για πουλί) παράγω πολυποίκιλη συνεχή και αρμονική φωνή, συνήθως σε υψηλούς τόνους: *τα αηδόνια -ούν τη νύχτα* (συνών. *λαλώ, τραγουδώ*) β. (προφ., μεταφ.) φλυαρώ ευχάριστα, λέω πολλά: *ήπιε δυο ποτηράκια και άρχισε να -ά*· με λίγη φοβέρα τον έκανε να *-ήσει*.

κελάρης ο, ουσ. (παλαιότερο), (εκκλ.) μοναχός υπεύθυνος για την αποθήκη τροφίμων μοναστηριού (σήμερα *δοχειάρης*). [μτγν. *κελλάριος*].

κελάρι το, ουσ., μικρή αποθήκη τροφίμων ή κρασιού σε σπίτι, μοναστήρι, κ.ά.: *~ υπόγειο/του πύργου· είχαν πολλά είδη κρασιών στο ~*. [μτγν. *κελλάριον*].

κελαρύζω, ρ. (για τρεχούμενο νερό) ηχώ σιγανά, παρατεταμένα και ευχάριστα (συνών. *γαργαρίζω, μουρμουρίζω*).

κελάρυσμα το ουσ., το να κελαρύζει το τρεχούμενο νερό.

κελαρυστός, -ή, -ό, επίθ. (για τρεχούμενο νερό) που κελαρύζει: *ρυάκι -ό*· (μεταφ.) *γέλιο -ό*.

κελεμπία η, ουσ. (όχι έρρ.), φαρδύ βαμβακερό ή μάλλινο ένδυμα των Αράβων που φτάνει ως τα πόδια. [αραβ. *kelebia*].

κελεπούρι το, ουσ. (λαϊκ.). α. απροσδόκητο αξιόλογο εύρημα ή κέρδος: β. για εμπόρευμα με αξία που τ' αγοράζει κανείς φτηνά, *«σε τιμή ευκαιρίας»*: *από ένα βιβλιοπωλείο με προσφορές πήρα αυτό το ~*. [τουρκ. *kelepir* πβ. αλβαν. *qelepír*].

κελευστής ο, ουσ. (ναυτ.) υπαξιωματικός του πολεμικού ναυτικού αντίστοιχος με το λοχία του στρατού ξηράς.

κελί το, ουσ. 1. δωμάτιο μοναχού ή μοναχής σε μοναστήρι ή κοινόβιο. 2. δωμάτιο φυλακής. 3. καθεμιά από τις κοιλότητες κηρήθρας, όπου οι μέλισσες αφήνουν τα αβγά τους για εκκόλαψη ή συγκεντρώνουν μέλι. [λατ. *cella*].

κελίφι και **κιλίφι** το, ουσ., μαξιλαροθήκη (βλ. λ.). [τουρκ. *kılıf*].

Κέλτης ο, ουσ. (αρχ.) κάτοικος της Γαλατίας, Γαλάτης.

κελτικός, -ή, -ό, επίθ., που έχει σχέση με τους αρχαίους Κέλτες: *φυλές -ές*.

κέλυφος το, ουσ. 1. το ξυλώδες περίβλημα καρπών: *~ του κάστανου* (συνών. *φλούδα*). 2. το οστεώδες περίβλημα μαλακιών: *το ~ του μυδιού* (συνών. *όστρακο, καύκαλο*). 3. ο φλοιός, το τσόφλι του αβγού.

κεμεντζές ο, ουσ. (έρρ.), στενόμακρο τρίχορδο όργανο που κατασκευάζεται από ξύλο πεύκου (το καπάκι), κισσού (η πλάτη) και ελιάς (το δοξάρι), η ποντιακή λύρα. [τουρκ. *kemençe*].

κεμέρι το, ουσ. 1. πλατιά δερμάτινη ζώνη με εσωτερικές θήκες για τη φύλαξη χρημάτων· πουγγί, πορτοφόλι: *με το ~ γεμάτο λεφτά*. 2. (συνεκδοχικά) τα αποταμιευμένα χρήματα, κομπόδεμα. [τουρκ. *kemer*].

Κενιάτης ο, θηλ. **-ισσα**, ουσ. (ασυνίζ.), αυτός που κατοικεί στην Κένια ή κατάγεται από αυτήν.

κενοδοξία η, ουσ., το να είναι κάποιος κενόδοξος, η έπαρση κάποιου και η επιδίωξη προβολής του για ασήμαντα πράγματα (συνών. *ματαιοδοξία*· αντ. *μετριοφροσύνη*).

κενόδοξος, -η, -ο, επίθ., που περηφανεύεται υπερβολικά για ασήμαντα πράγματα (συνών. *ματαιόδοξος*· αντ. *μετριόφρονας*).

κενοδοξώ, -είς, ρ., είμαι κενόδοξος, περηφανεύομαι για ασήμαντα πράγματα επιζητώντας μάταιη δόξα (συνών. *ματαιοδοξώ*).

κενολογία η, ουσ., λόγια χωρίς περιεχόμενο: *ρητορικό ύφος με ~* (συνών. *φλυαρία, αερολογία*).

κενολογώ, -είς, ρ., μιλώ για πράγματα χωρίς σημασία (συνών. *φλυαρώ, αερολογώ*).

κενός, -ή, -ό, επίθ. 1. που δεν περιέχει τίποτα: *δωμάτιο/δοχείο -ό*· *δρόμος ~* (συνών. *αδειανός, άδειος*· αντ. *γεμάτος*)· (μεταφ.) *άνθρωπος ~* (= χωρίς ηθικές αξίες ή προβληματισμούς· φαφλατάς). 2. (μεταφ.) μάταιος, ανεκπλήρωτος: *ελπίδες -ές*. 3. (για θέση) που δεν έχει καταληφθεί, που χηρεύει: *θα προσληφθούν τόσοι όσες είναι οι -ές θέσεις* (συνών. *αδιάθετος*). 4. (για περίοδο στη ζωή ατόμου) που δεν παρουσιάζει κάτι ενδιαφέρον ή σπουδαίο (συνών. *πεζός*). 5. (μαθημ.) *-ό σύνολο* = το σύνολο που δεν περιέχει κανένα στοιχείο. - Το ουδ. ως ουσ. = 1α. χώρος κενός, όπου δεν υπάρχει τίποτα· ειδικώς χώρος χωρίς αέρα ή αέρια: *-ό αέρος στην αεροπλοΐα*· β. χώρος που τρομάζει για το μεγάλο ύψος του ή επειδή κάποιος τον αντιλαμβάνεται ξαφνικά: *πίσω μας ο βράχος και μπροστά μας το -ό της χαράδρας· αισθάνθηκε ίλιγγο καθώς από τον έβδομο όροφο κοίταξε κάτω στο ~*· φρ. *πέφτω στο -ό* (= πέφτω από ψηλά)· (μεταφ.) *η πρότασή μου έπεσε στο -ό* (= δεν έγινε αποδεκτή)· *το βλέμμα μου χάνεται στο -ό* (= το βλέμμα γίνεται απλανές, δεν κοιτάζω τίποτα συγκεκριμένο, αφηρούμαι). 2. έλλειψη συνέχειας: *η μνήμη μου παρουσιάζει -ά· ο λόγος έχει -ά νοηματικά*. 3. θέση για την οποία δεν έχει προσληφθεί κάποιος: *τα -ά στην εκπαίδευση/στο νοσοκομείο από άποψη* *νοσηλευτικού προσωπικού.* **4α.** το συναίσθημα της δυστυχίας, που αφαιρεί κάθε διάθεση ζωντάνιας και προκαλείται σε κάποιον από λύπη ή μοναξιά: *όταν έφυγες, αισθάνθηκα μέσα μου ένα μεγάλο -ό·* **β.** (κατ᾽ επέκταση σε συγκεκριμένο χώρο) η αίσθηση πως χάθηκε σημαντικό πρόσωπο που κατείχε συγκεκριμένη θέση και πως είναι δύσκολο να αναπληρωθεί: *ο θάνατός του άφησε δυσαναπλήρωτο -ό στο θέατρο/στην πολιτική ζωή.* **5.** σημαντική ατέλεια: *-ά στη ναυτική εκπαίδευση· πολλά -ά στην άμυνα.* **6.** (φυσική) χώρος χωρίς ίχνος ύλης οποιασδήποτε φύσης: *βαρομετρικό -ό* (= ο χώρος που παραμένει χωρίς αέρα στο πάνω μέρος του σωλήνα ενός βαρομέτρου υδραργύρου).

κενόσοφος, -η, -ο, επίθ., που επιδεικνύει ανύπαρκτη σοφία.

κενοτάφιο το, ουσ. (ασυνίζ.), μνημείο που ανεγείρεται προς τιμήν ή για ανάμνηση ενός ή περισσότερων νεκρών που δε θάφτηκαν ή θάφτηκαν αλλού: *~ για τους νεκρούς ναυτικούς του ναυαγίου/ για τους αγνοούμενος του πολέμου.*

κενότητα η, ουσ., το να είναι κάτι άδειο, το να μην περιέχει τίποτα: *~ του χώρου·* (μεταφ.) *~ των λόγων/της ψυχής* (αντ. *πληρότητα*).

κενοφοβία η, ουσ., ο φόβος που καταλαμβάνει νευρασθενή άτομα όταν βρεθούν σε κενό χώρο.

κενταυρομαχία η, ουσ. (έρρ.), (μυθολ.) η μάχη Λαπίθων και Κενταύρων: *η ~ στις μετόπες του Παρθενώνα.*

Κένταυρος ο, ουσ. (έρρ.). **1.** μυθολογικό ον που το σώμα του από τη μέση και πάνω ήταν ανθρώπινο, ενώ από τη μέση και κάτω αλόγου. **2.** (αστρον.) αστερισμός του νοτίου ημισφαιρίου.

κέντημα το, ουσ. (έρρ.). **1.** τσίμπημα από αιχμηρό αντικείμενο: *~ από βελόνα/μέλισσα.* **2.** διακόσμηση υφάσματος με σχέδια που τα παριστάνει κάποιος πάνω στο ύφασμα με τη βοήθεια βελόνας και νήματος: *το ~ της κουρτίνας/του τραπεζομάντηλου.* **3.** το εργόχειρο που έχει κεντηθεί από κάποιον με βελόνα και νήμα: *ένα παλιό ~ της γιαγιάς· ~ της μηχανής.* **4.** χαρακτήρας της βυζαντινής παρασημαντικής.

κεντηματιά η, ουσ. (έρρ., συνιζ.). **1.** τσίμπημα από αιχμηρό αντικείμενο. **2.** βελονιά κεντήματος.

κεντηνάριο το, ουσ. (έρρ., ασυνίζ.), μονάδα βάρους χρυσού, χρυσών νομισμάτων ή και άλλων υλικών ίση με εκατό λίτρες. [λατ. *centenarium*].

κεντησιά η, ουσ. (έρρ., συνιζ.), τσίμπημα από αιχμηρό αντικείμενο, κέντημα.

κεντήστρα και **-ήτρα** και **-τρια** η, ουσ. (έρρ., ασυνίζ.), γυναίκα που ασχολείται επαγγελματικά με το κέντημα, είτε για τον εαυτό (με το χέρι ή τη μηχανή) κατά παραγγελία άλλων.

κεντητική η, ουσ. (έρρ.), η τέχνη του στολίσματος υφασμάτων με κέντημα.

κεντητός, -ή, -ό, επίθ. (έρρ.), που είναι στολισμένος με κεντήματα: *ποδιά/μαξιλαροθήκη -ή.*

κεντήτρα και **κεντήτρια,** βλ. *κεντήστρα.*

κεντιά η, ουσ. (έρρ., συνιζ.), οξύς πόνος που προκαλείται από τσίμπημα αιχμηρού αντικειμένου.

κεντίδι το, ουσ. (έρρ.), κεντητό στόλισμα· το ύφασμα το στολισμένο με κεντητά σχέδια: *άρχοντας ντυμένος... με χρυσά -α* (Μπαστιάς).

κέντισμα το, ουσ. (έρρ.), κέντημα (βλ. λ.).

κεντιστός, -ή, -ό, επίθ. (έρρ.), κεντητός (βλ. λ.).

κεντράδι το, ουσ. (έρρ.), εμβόλιο δέντρου, μπόλι.

κεντράρισμα το, ουσ. (έρρ.). **1.** τοποθέτηση δύο πραγμάτων έτσι ώστε τα κέντρα τους να συμπέσουν ή να βρεθούν στην ίδια ευθεία. **2.** (για αυτόματη γραφομηχανή) αυτόματη καταγραφή λέξεων στο κέντρο της σειράς.

κεντράρω, ρ. (έρρ.), μετακινώ κάτι έτσι ώστε το κέντρο του να συμπέσει (ή να βρεθεί στην ίδια ευθεία) με το κέντρο ενός άλλου πράγματος: *ο φακός επαφής πρέπει να -ιστεί στο μάτι.*

κεντρί το, ουσ. (έρρ.). **1.** όργανο άμυνας ή επίθεσης εντόμων, όμοιο με μυτερή βελόνα, με το οποίο τρυπούν το δέρμα του εχθρού ή της λείας τους και ταυτόχρονα αφήνουν ένα τοξικό υγρό, που εκκρίνεται από ειδικό αδένα: *το ~ της μέλισσας/της σφήκας.* **2.** (μεταφ.) δυσάρεστος υπαινιγμός, νύξη που πληγώνει και ενοχλεί. **3.** (συνεκδοχικά) το άτομο που συνηθίζει να κάνει πειράγματα και υπαινιγμούς στους άλλους: *είσαι μεγάλο ~.*

κεντρίζω, ρ. (έρρ.). **1.** τσιμπώ ή τραυματίζω το δέρμα κάποιου χτυπώντας τον με αιχμηρό αντικείμενο (συχνά για να τον αναγκάσω να κάνει κάτι): *τα βόδια/το άλογο.* **2.** (μεταφ.) εξάπτω, διεγείρω, ενεργοποιώ: *~ το ζήλο/την προσοχή/τη φαντασία κάποιου.* **3.** (φυτολ.) μπολιάζω φυτό ή δέντρο.

κεντρικός, -ή, -ό, επίθ. (έρρ.). **1.** που βρίσκεται στο κέντρο, στη μέση: *σημείο -ό· Ευρώπη/Μακεδονία -ή.* **2.** που βρίσκεται στο κέντρο της πόλης, πολυσύχναστος: *δρόμος ~ μαγαζί/σπίτι -ό* (αντ. *απόμερος, ερημικός*). **3.** που έχει τη μεγαλύτερη σπουδαιότητα και σημασία: *ποιος ηθοποιός έχει το ρόλο του -ού ήρωα; στόχος της εταιρείας είναι η αύξηση των εξαγωγών· -ή ιδέα αφηγήματος* (συνών. *βασικός, κύριος*). **4.** που χρησιμεύει ως βάση ή αφετηρία από όπου ξεκινά και διαδίδεται κάτι: *-ή διάθεση ενός προϊόντος· ~ αγωγός ύδρευσης· θέρμανση -ή,* βλ. *θέρμανση.* **5.** (για εταιρεία, οργανισμό ή κόμμα) που παίρνει τις σημαντικές αποφάσεις και σχεδιάζει τη γραμμή που πρέπει να ακολουθηθεί: *-ή επιτροπή ενός κόμματος· -ή διεύθυνση της εταιρείας.*

κέντρισμα το, ουσ. (έρρ.). **1.** τσίμπημα κάποιου με αιχμηρό αντικείμενο ώστε να αναγκαστεί να κάνει κάτι. **2.** (μεταφ.) υποκίνηση, διέγερση, έξαψη: *~ της προσοχής/της φιλοδοξίας κάποιου.* **3.** (φυτολ.) μπόλιασμα φυτού ή δέντρου.

κέντρο το, ουσ. (έρρ.). **1.** το σημείο που βρίσκεται ακριβώς στη μέση ενός χώρου ή πράγματος: *το ~ της Γης.* **2.** (για πόλη, κωμόπολη, συνοικία) το μέρος όπου βρίσκονται τα περισσότερα καταστήματα, θέατρα, κινηματογράφοι και παρατηρείται η μεγαλύτερη κίνηση: *μένω στο -ο.* **3.** περιοχή όπου αναπτύσσεται ή από όπου εκπορεύεται μια δραστηριότητα ή μορφή ενέργειας: *το βιομηχανικό/εμπορικό/πολιτιστικό ~ μιας χώρας· -ή (ψυχ.) ο προμήκης μυελός χρησιμεύει ως ~ ορισμένων ψυχικών λειτουργιών.* **4.** το κτήριο όπου παρέχεται ορισμένη βοήθεια, ιατρική αγωγή ή εκπαίδευση ή συντελείται μια ορισμένη δραστηριότητα: *~ υγείας· πνευματικό ~ του δήμου· εργατικό ~* (βλ. και *εργατικός*)· *εκλογών ~.* **5.** κύκλος ατόμων από όπου πηγάζουν πολιτικές απόψεις και κινήσεις: *-α όπου παίρνονται αποφάσεις.* **6.** το σπουδαιότερο σημείο μιας κατάστασης ή γεγονότος, αυτό που παρουσιάζει μεγαλύτερο ενδιαφέρον: *το ~ του ενδιαφέροντος/των συζητήσεων* (συνών. *επίκεντρο*). **7.** χώρος αναψυχής ή ψυχαγωγίας: *~ εξοχικό/παραλιακό.* **8.** πολιτική παρά-

ταξη ή κόμμα που τοποθετείται στο ενδιάμεσο αριστερών και δεξιών κομμάτων: *το νέο πολιτικό σχήμα ανήκει στο χώρο του -ου· βουλευτής του -ου.* 9. (βοτ.) ονομασία των ξυλωδών οργάνων με αιχμηρό άκρο που αποτελούν μεταμορφώσεις βλαστών, φύλλων ή παραφύλλων ή και ριζών και μοιάζουν με αγκάθια. 10. (φυσ.) α. ~ *βάρους* = το νοητό σημείο εφαρμογής της συνισταμένης των βαρών όλων των υλικών στοιχείων από τα οποία αποτελείται ένα σώμα και όπου (για τους υπολογισμούς) θεωρούμε ότι συγκεντρώνεται όλο το βάρος του σώματος· β. ~ *μάζας* = το νοητό σημείο όπου υποτίθεται (για τους υπολογισμούς) ότι συγκεντρώνεται η μάζα του σώματος όταν ασκούνται σ' αυτό όλες οι εξωτερικές δυνάμεις. 11. (μαθημ.) το εσωτερικό σημείο γεωμετρικού σχήματος από το οποίο απέχουν εξίσου όλα τα σημεία του ή σε σχέση με το οποίο τα σημεία, όταν λαμβάνονται ανά ζεύγη, είναι συμμετρικά: ~ *σφαίρας / κύκλου·* ~ *συμμετρίας.* 12. ~ *τηλεφωνικό* = τηλεπικοινωνιακές εγκαταστάσεις όπου απολήγουν τα τηλεφωνικά κυκλώματα και πραγματοποιούνται οι αναγκαίες λειτουργίες μεταγωγής για την αλληλοσύνδεση των συνδρομητών τηλεφώνου. 13. περιοχές στα τμήματα του εγκεφαλονωτιαίου συστήματος που αποτελούνται από νευρικές ίνες και κύτταρα και όπου γίνεται η διαλογή και η μετάδοση των νευρικών ερεθισμάτων. 14 (σε μια αθλητική ομάδα) οι παίκτες που παίζουν περισσότερο χρόνο στη μέση του αγωνιστικού χώρου.
κεντροδεξιός, -ά, -ό, επίθ. (έρρ.), που σχετίζεται με τους κεντρώους και δεξιούς: *-ά (συμμαχία)* = πολιτική συνεργασίας της δεξιάς πολιτικής παράταξης με στελέχη του πολιτικού κέντρου.
κεντρομόλος, επίθ. (έρρ.), μόνο στο θηλ. 1. (φυσ.) ~ *δύναμη* = η συνισταμένη όλων των δυνάμεων που ενεργούν πάνω σε ένα σώμα που εκτελεί ομαλή κυκλική κίνηση και που έχει φορά προς το κέντρο της κυκλικής τροχιάς (αντ. *φυγόκεντρος, κεντρόφυγος).* 2. (φυσιολ.) *-ες νευρικές ίνες* = οι νευρικές ίνες που μεταβιβάζουν τα αισθητικά ερεθίσματα από την περιφέρεια του σώματος στα νευρικά κέντρα.
κεντρόσφαιρα η, ουσ. (έρρ.), (γεωλ.) ο εσώτατος πυρήνας της Γης (συνήθως *βαρόσφαιρα).*
κεντρόφυγος, επίθ. (έρρ.), φυγόκεντρος (βλ. λ.).
κέντρωμα το, ουσ. (έρρ.). 1. τσίμπημα με αιχμηρό αντικείμενο (συνών. *κέντημα, κέντρισμα).* 2. μπόλιασμα δέντρου ή φυτού.
κεντρώνω, ρ. (έρρ.). 1. (για έντομα) τσιμπώ με το κεντρί (συνών. *κεντώ).* 2. μπολιάζω φυτό ή δέντρο.
κεντρώος, -α, -ο, επίθ. (έρρ.), που ανήκει πολιτικά στην παράταξη του κέντρου: *κόμματα -α· βουλευτές -οι.*
κεντώ, ρ. 1. τσιμπώ, τρυπώ με αιχμηρό αντικείμενο: *-ήθηκα από ένα αγκάθι.* 2. προκαλώ οδυνηρό πόνο, σουβλιές: *με -ά το νεφρό μου.* 3. διακοσμώ, στολίζω ύφασμα με κέντημα: ~ *ένα κάδρο.*
κένωμα το, ουσ., παράθεση, σερβίρισμα φαγητού.
κενώνω, ρ. 1. αδειάζω: *ο δικαστής διέταξε να -ωθεί η αίθουσα* (αντ. *γεμίζω).* 2. μεταφέρω το φαγητό από την τσαρούκλα στα πιάτα, σερβίρω φαγητό.
κένωση η, ουσ. 1. άδειασμα (συνών. *εκκένωση·* αντ. *γέμισμα).* 2. αφόδευση.
κερά, βλ. *κυρά.*
κεράδικο το, ουσ., το εργαστήριο όπου κατασκευά-

ζονται κεριά ή το κατάστημα όπου πουλιούνται κεριά.
κεραία η, ουσ. 1. (ζωολ.) καθένα από τα δύο μακριά, λεπτά και ευκίνητα όργανα που βρίσκονται στο κεφάλι των εντόμων και οστρακοδέρμων και χρησιμεύουν ως όργανα αίσθησης. 2. (γραμμ.) μικρή οριζόντια γραμμή που χρησιμοποιείται στο γραπτό λόγο πριν ή ύστερα από παρενθετική πρόταση (συνών. *παύλα)·* έκφρ. *μέχρι -ας* (= με κάθε λεπτομέρεια). 3. (ναυτ.) μακρύ ξύλινο δοκάρι, παχύτερο στη μέση και λεπτότερο στις άκρες, που στερεώνεται από τη μέση του οριζόντια στον ιστό του καραβιού και χρησιμεύει για το κρέμασμα του πανιού. 4. (στη ραδιοηλεκτρολογία) α. μεταλλικός αγωγός (απλός ή με περισσότερα στελέχη) που τοποθετείται σε κάποια απόσταση από το έδαφος και αποτελεί τμήμα ραδιοηλεκτρικού συγκροτήματος μέσω του οποίου γίνεται η εκπομπή και η λήψη ηλεκτρομαγνητικών κυμάτων (σε εκπομπές ραδιοφώνων, τηλεόρασης)· β. απλός μεταλλικός αγωγός τοποθετημένος σε συσκευή ραδιοφώνου με τον οποίο γίνεται η λήψη των ηλεκτρομαγνητικών κυμάτων: *το ραδιόφωνο δεν παίζει καλά χωρίς την* ~· *έσπασε η* ~ *του ραδιοφώνου.*
κεράκι, βλ. *κερί.*
κεράλειμμα το, ουσ., κεραλοιφή (βλ. λ.).
κεραλοιφή η, ουσ., κερί λειωμένο με λάδι, βρασμένο και ξαναπηγμένο, που χρησιμοποιείται σαν αλοιφή.
κεραμευτική η, ουσ., η τέχνη του κεραμοποιού, η κεραμική.
κεραμίδα η, ουσ., κεραμίδι (βλ. λ.)· φρ. *του 'πεσε/ του 'ρθε* ~ (μεταφ., για απροσδόκητο, πολύ δυσάρεστο γεγονός).
κεραμιδάδικο το, ουσ., το εργαστήριο του κεραμοποιού όπου κατασκευάζονται τα κεραμίδια.
κεραμιδαριό το, ουσ. (συνιζ.), κεραμιδάδικο (βλ. λ.)· φρ. *τα κάνω* ~, βλ. *κάνω.*
κεραμιδάς ο, ουσ., τεχνίτης που κατασκευάζει ή στρώνει κεραμίδια.
κεραμιδής, -ιά, -ί, επίθ., που έχει το χρώμα του κεραμιδιού.
κεραμίδι το, ουσ. 1. κομμάτι ψημένου πηλού τετράπλευρο ή ημικυλινδρικό που χρησιμοποιείται για σκέπασμα στέγης των σπιτιών. 2. (λαϊκ., στον πληθ.) η κεραμωτή στέγη των σπιτιών· παροιμ. φρ. *Θεέ, πώς βαστάς/πώς βαστάει ο Θεός τα -α ξεκάρφωτα!* (έκφραση της έκπληξης ή της αγανάκτησης για κάτι παράλογο που βλέπει ή ακούει κάποιος).
κεραμιδοπλάστης ο, ουσ., τεχνίτης που κατασκευάζει κεραμίδια.
κεραμιδόχωμα το, ουσ. 1. χώμα κατάλληλο για την κατασκευή κεραμιδιών ή και άλλων πήλινων αντικειμένων. 2. σκόνη από τριμμένο κεραμίδι.
κεραμίδωμα το, ουσ., η κάλυψη της στέγης του σπιτιού με κεραμίδια.
κεραμιδώνω, ρ., καλύπτω τη στέγη σπιτιού με κεραμίδια.
κεραμική η, ουσ., η τέχνη της κατασκευής (διακοσμητικών κυρίως) αντικειμένων από ψημένο πηλό ή πορσελάνη.
κεραμικό το, ουσ. (διακοσμητικό κυρίως) αντικείμενο που κατασκευάζεται από ψημένο πηλό ή πορσελάνη.

κεραμίστας ο, θηλ. **-ίστρια,** ουσ., αυτός που ασχολείται με την κεραμική.

κεραμοπλαστική η, ουσ., η τέχνη της κατασκευής κεραμιδιών (συνών. *κεραμευτική*).

κεραμοποιείο το, ουσ., εργαστήριο όπου κατασκευάζονται κεραμίδια (συνών. *κεραμιδάδικο*).

κεραμοποιία η, ουσ., η τέχνη της κατασκευής κεραμιδιών, η τέχνη του κεραμοποιού.

κεραμοποιός ο, ουσ. (ασυνίζ.), τεχνίτης που κατασκευάζει κεραμίδια (συνών. *κεραμιδάς*).

κεραμουργική η, ουσ., κεραμοποιία (βλ. λ.).

κεραμουργός ο, ουσ., κεραμοποιός (βλ. λ.).

κεραμωτός, -ή, -ό, επίθ., που είναι στρωμένος, καλυμμένος με κεραμίδια: *στέγη -ή.* - Το ουδ. ως ουσ. = η στέγη που είναι στρωμένη με κεραμίδια.

κέρας το, ουσ. **1.** (ιστ.) είδος μουσικού οργάνου που κατασκευαζόταν από κέρατο ζώου. **2.** χάλκινο πνευστό μουσικό όργανο, το κόρνο. **3.** (στρατ.) πτέρυγα στρατιωτικής ή ναυτικής παράταξης. **4.** έκφρ. *το ~ της Αμάλθειας* = το κέρατο της κατσίκας που ανάθρεψε το Δία, σύμβολο αφθονίας αγαθών.

κεράς ο, ουσ., αυτός που κατασκευάζει ή πουλά κεριά.

κερασένιος, -α, -ο, επίθ. (συνιζ.). **1.** που είναι φτιαγμένος από ξύλο κερασιάς. **2.** που έχει το χρώμα του κερασιού.

κεράσι το, ουσ., μικρός, στρογγυλός και πλούσιος σε βιταμίνη C καρπός της κερασιάς· παροιμ. *όπου ακούς πολλά -α βάστα μικρό καλάθι* (για πολλές υποσχέσεις που δίνονται με ευκολία, αλλά στην πλειονότητά τους δεν πραγματοποιούνται).

κερασιά η, ουσ. (συνιζ.), δέντρο φυλλοβόλο, οπωροφόρο, ιθαγενές της Ευρώπης και της εύκρατης Ασίας, που καλλιεργείται για τους μικρούς, εύχυμους καρπούς και για το ξύλο του.

κέρασμα το, ουσ. **1.** το να προσφέρεται γλυκό ή ποτό σ' έναν άλλο (συνών. *τρατάρισμα*). **2.** (συνεκδοχικά) το γλυκό που προσφέρεται.

κεραστής ο, ουσ., αυτός που κερνά (βλ. λ.).

κερασφόρος, -ο, επίθ. (για ζώο) που έχει κέρατα.

κερατάκι, βλ. *κέρατο*.

κερατάς ο, ουσ. (λαϊκ.). **1.** σύζυγος που η γυναίκα του τον απατά με κάποιον άλλο. **2.** υβριστικός χαρακτηρισμός ατόμου.

κερατένιος, -α, -ο, επίθ. (συνιζ., λαϊκ.). **1.** κεράτινος (βλ. λ.). **2.** (υβριστικά) για κάτι που παρουσιάζει δυσκολίες, που δημιουργεί προβλήματα: *αυτή η -α βίδα πόσο με παίδεψε ώσπου να τη βιδώσω*.

κερατίαση η, ουσ., υπερτροφία της κεράτινης στιβάδας της επιδερμίδας, που εμφανίζεται συνήθως κατά τη νεαρή ηλικία.

κερατίνη η, ουσ., λευκωματοειδής οργανική ουσία, πλούσια σε θείο, από την οποία αποτελείται η εξωτερική στιβάδα της επιδερμίδας των ανθρώπου (υπάρχει επίσης στα νύχια, τα κέρατα, στις οπλές και τις τρίχες).

κεράτινος, -η, -ο, επίθ. **1.** που είναι φτιαγμένος από κέρατο. **2.** που περιέχει κερατίνη: *στέλεχος -ο*.

κεράτιο το, ουσ. (ασυνίζ.). **1.** ο καρπός της χαρουπιάς, ξυλοκέρατο, χαρούπι. **2.** χάλκινο πνευστό μουσικό όργανο, το κορνέτο.

κερατίτιδα η, ουσ. (ιατρ.) φλεγμονή του κερατοειδούς χιτώνα του ματιού.

κέρατο το, ουσ. **1.** ονομασία καθεμιάς από τις δύο σκληρές αποφύσεις που αναπτύσσονται στο επάνω τμήμα του κεφαλιού πολλών θηλαστικών: *και στου βοδιού το ~ να κρυφτείς, θα σε βρω* (παροιμ. φρ.). **2.** μεταφ. για τη συζυγική απιστία· φρ. *του βάζει/φορά -α* (= τον κερατώνει). **3.** έκφρ. *~ βερνικωμένο* = άνθρωπος δύστροπος και πεισματάρης, στραβόξυλο. - Υποκορ. **-άκι** το.

κερατοειδής, -ής, -ές, γεν. *-ούς,* πληθ. αρσ. και θηλ. *-είς,* ουδ. *-ή,* επίθ. (ασυνίζ.). **1.** που μοιάζει με κέρατο ως προς τη σύσταση ή το σχήμα. **2.** (ανατομ.) ο μπροστινός ινώδης και διαφανής χιτώνας του ματιού.

κερατόκωνος ο, ουσ., πάθηση του ματιού κατά την οποία ο κερατοειδής χιτώνας παίρνει προοδευτικά το σχήμα κώνου.

κερατοτομία η, ουσ., χειρουργική επέμβαση κατά την οποία γίνεται τομή του κερατοειδούς χιτώνα του ματιού.

κεράτσα, βλ. *κυράτσα*.

κεράτωμα το, ουσ., προσβολή της τιμής του/της συζύγου εξαιτίας σύναψης ερωτικών σχέσεων της / του συζύγου με άλλον/-η.

κερατώνω, ρ., απατώ το/τη σύζυγό μου συνάπτοντας ερωτικές σχέσεις και με άλλον/-η.

κεραυνοβόλημα το, ουσ., χτύπημα κάποιου από κεραυνό.

κεραυνοβόλος, -α, -ο, επίθ. **1.** που ενεργεί ή γίνεται ταχύτατα: *αντεπίθεση -α·* (μεταφ.) *έρωτας ~.* **2.** (για αρρώστια) που εκδηλώνεται και γρήγορα εξελίσσεται άσχημα.

κεραυνοβολώ, ρ. **1.** χτυπώ κάποιον με κεραυνό. **2.** (μεταφ.) αφήνω κάποιον άναυδο, αποστομώνω, καταπλήσσω: *τον -όλησε με την απάντησή του/ με μια ματιά*.

κεραυνόπληκτος, -η, -ο, επίθ. **1.** που χτυπήθηκε από κεραυνό. **2.** (μεταφ.) εμβρόντητος, κατάπληκτος: *έμεινε ~ μόλις άκουσε τα τελευταία γεγονότα*.

κεραυνός ο, ουσ. **1.** ηλεκτρική εκκένωση μεταξύ του εδάφους και ενός νέφους με αντίθετο ηλεκτρικό φορτίο, η οποία συνοδεύεται από φως και πάταγο (συνών. *αστροπελέκι*). **2.** (μεταφ.) απροσδόκητο γεγονός· ενέργεια ή δήλωση που προκαλεί κατάπληξη: *μου ήρθε ~ στο κεφάλι όταν το έμαθα*.

κεραυνώνω, ρ., κεραυνοβολώ (βλ. λ.): (μεταφ.) *η μοίρα τον -ωσε*.

κέρβερος ο, ουσ. **1.** (μυθολ.) τρικέφαλο σκυλί με ουρά φιδιού που φύλαγε τις πύλες του Άδη. **2.** (μεταφ. για πολύ αυστηρό άτομο): *ο γυμνασιάρχης μας είναι ~*.

κερδίζω, ρ., παθητ. αόρ. (σπάν.) *-δήθηκα.* **1.** αποκτώ χρήματα από την εργασία μου ή από τύχη: *-ει στα χαρτιά/τον πρώτο αριθμό του λαχείου*. **2.** (γενικά) αποκτώ κάτι που επιθυμώ ή επιδιώκω: *οι Έλληνες -ισαν την ελευθερία τους με πολλούς αγώνες· -ισε την εκτίμηση των συναδέλφων του· ~ την καρδιά κάποιου* (= γίνομαι αγαπητός). **3.** ωφελούμαι, έχω υλικό και ηθικό κέρδος: *τι θα -ίσω, αν συνεργαστώ μαζί σου;* **4.** προσελκύω κάποιον, γίνομαι συμπαθής: *με την ευγενική του συμπεριφορά -ει τον πελάτη*. **5α.** υπερτερώ απέναντι σε κάποιον ή κάποιους, αποδεικνύομαι νικητής (σε αναμέτρηση): *~ έναν πόλεμο* (= νικώ)· *ποιο κόμμα λες να -σει τις εκλογές;* **β.** βραβεύομαι, παίρνω το έπαθλο της νίκης: *-ισε αρκετά μετάλλια*. **6.** (αμτβ.) φαίνομαι καλύτερος, βελτιώνω την εμφάνισή μου: *μ' αυτό το χτένισμα -εις πολύ*.

7. φρ. ~ έδαφος (= **α.** υπερτερώ απέναντι σε κάποιον αντίπαλό μου)· **β.** (για θεωρία, διδασκαλία) επεκτείνομαι βαθμιαία, γίνομαι πιο πλατιά αποδεκτός)· ~ καιρό/χρόνο (= επωφελούμαι από κάτι για να δώσω στον εαυτό μου τη δυνατότητα να σκεφτεί να βγει από μια δύσκολη κατάσταση).

κερδομανής, -ής, -ές, επίθ., που επιδιώκει με πάθος, με μανία το κέρδος, που είναι παθολογικά φιλοκερδής.

κερδομανία η, ουσ., το να είναι κανείς κερδομανής (βλ. λ.), η παθολογική φιλοκέρδεια.

κέρδος το, ουσ. **1.** χρηματικό ποσό που κερδίζει κάποιος από την πώληση εμπορευμάτων ή υπηρεσιών, δηλ. αυτό που πλεονάζει από το συνολικό εισόδημα σε σχέση με το κόστος: ~ καθαρό (= ό,τι απομένει, αν αφαιρεθούν τα έξοδα)· ~ μικτό (αντ. ζημία). **2.** ηθικό όφελος: το μόνο ~ μου από όλη αυτή την ιστορία ήταν ότι απόχτησα έναν καλό φίλο.

κερδοσκοπία η, ουσ., επιδίωξη και απόκτηση κέρδους με αθέμιτα μέσα.

κερδοσκοπικός, -ή, -ό, επίθ., που γίνεται με σκοπό να φέρει κέρδος: ίδρυμα χωρίς -ό χαρακτήρα.

κερδοσκόπος ο, ουσ., αυτός που επιδιώκει όσο το δυνατόν μεγαλύτερο κέρδος με κάθε μέσο.

κερδοσκοπώ, -είς, ρ., επιδιώκω περισσότερο κέρδος εκμεταλλευόμενος κάθε ευκαιρία.

κερδοφόρος, -α, -ο, επίθ., που φέρνει κέρδος: επιχείρηση -α (συνών. επικερδής).

κερδώος, -α, -ο, (επίθ. του Ερμή, θεού του εμπορίου) που φέρνει κέρδη.

κερένιος, -α, -ο, επίθ. (συνιζ.). **1.** που είναι κατασκευασμένος από κερί. **2.** που έχει το χρώμα του κεριού, κίτρινος, ωχρός.

κερεστές ο, ουσ., ξυλεία που χρησιμοποιείται στην οικοδομική και τη ναυπηγική: στο μικρό ταρσανά... ήτανε σωρός ο ~. [τουρκ. kereste].

κερήθρα η, ουσ., κέρινη πλάκα χωρισμένη σε πολλά μικρά εξάγωνα κελιά μέσα στα οποία οι μέλισσες αφήνουν το μέλι τους (συνών. κερόπιτα, κηρήθρα).

κερί το, ουσ. **1.** λιπαρή, εύπλαστη, υποκίτρινη ουσία που λειώνει εύκολα όταν ζεσταίνεται και που την παρασκευάζουν οι μέλισσες. **2.** λεπτή, κυλινδρική βέργα από κερί, παραφίνη ή άλλα υποκατάστατα του κεριού με ένα φιτίλι στη μέση της, που η καύση του δίνει φλόγα φωτιστική (συνών. αγιοκέρι, λαμπάδα) και γενικά κάθε αντικείμενο από κερί φυσικό ή τεχνητό σε οποιοδήποτε σχήμα που προορίζεται για φωτιστική ή διακοσμητική χρήση. **3.** (φυσ.) ονομασία μονάδων με τις οποίες μετριέται η ένταση ή η φωτιστική ισχύς του φωτός ή μιας φωτεινής πηγής. Φρ. λειώνει σαν ~ (για άρρωστο που εξασθενεί μέρα με τη μέρα)· σε ψάχνω με το ~ (για επίμονη αναζήτηση)· του ανάβω ~ (για έντονη παράκληση)· (παροιμ. φρ.) τάξει της Παναγιάς ~ και του διαβόλου λιβάνι (για όσους μεταχειρίζονται κάθε μέσο για να πετύχουν κάτι). - Υποκορ. **-άκι** το, στη σημασ. **2.**

κέρινος, -η, -ο, επίθ. **1.** που είναι κατασκευασμένος από κερί. **2.** που έχει το χρώμα του κεριού: πρόσωπο -ο (συνών. ωχρός, κίτρινος).

κερκέλλι το, ουσ. (λαϊκ.), συνδετικός κρίκος: να 'χεν η γης πατήματα κι ο ουρανός -ια (δημ. τραγ.). [αρχ. κρίκελλος>κρικέλλιον].

κερκίδα η, ουσ. **1.** (ανατομ.) μακρύ κόκαλο που μαζί με την ωλένη σχηματίζει το σκελετό του πήχη. **2α.** (αρχιτ.) καθεμιά από τις σειρές καθισμάτων του αρχαίου θεάτρου και του αρχαίου και σημερινού σταδίου· **β.** (λαϊκ., συνεκδοχικά) οι θεατές (κυρίως αυτοί που παρακολουθούν αθλητική συνάντηση): οι -ίδες ξεσηκώθηκαν ενάντια στο διαιτητή.

Κερκυραία, βλ. Κερκυραίος.

κερκυραίικος, -η, -ο και **κερκυραϊκός, -ή, -ό,** επίθ., που ανήκει στην Κέρκυρα ή τους Κερκυραίους ή αναφέρεται σ' αυτήν/-ούς: φορεσιά -ή· χορός ~.

Κερκυραίος ο, θηλ. **-αία,** ουσ., αυτός που κατάγεται από την Κέρκυρα ή κατοικεί σ' αυτήν.

κέρμα το, ουσ., μεταλλικό νόμισμα (που έχει συνήθως μικρή αξία): χρειάζομαι -ατα για το λεωφορείο.

κερματοδέκτης ο, ουσ., υποδοχή (κοινόχρηστης) συσκευής που δέχεται νομίσματα και επιτρέπει τη λειτουργία της συσκευής: τηλέφωνο/ μηχάνημα καφέ με -η· για την έκδοση εισιτηρίου ρίχνονται κέρματα στον -η.

κερνώ, -άς, ρ., αόρ. κέρασα. **α.** προσφέρω σε κάποιον κάτι: μας κέρασε καφέ και γλυκό· (μεταφ.) με κέρασες φαρμάκια· **β.** πληρώνω τα έξοδα κάποιου (σε κέντρο διασκέδασης, θέατρο, κ.τ.ό.): κέρασε όσα παραγγείλαμε στην ταβέρνα. Φρ. Γιάννης -ά, Γιάννης πίνει (για όσους φροντίζουν μόνο για τον εαυτό τους). [αρχ. κιρνάω].

κεροδοσιά η, ουσ. (συνιζ., λαϊκ.). **1.** προσφορά κεριού σε εκκλησία. **2.** το σύνολο των κεριών σε μια θρησκευτική τελετή.

κεροζίνη, βλ. κηροζίνη.

κερομπογιά, βλ. κηρομπογιά.

κερομπάνι το, ουσ., κομμάτι πανί αλειμμένο με κερί.

κερόπιτα η, ουσ. **1.** κερί που προορίζεται για το εμπόριο και έχει σχήμα πίτας. **2.** κερήθρα (βλ. λ.).

κεροστάτης ο, ουσ., κηροπήγιο (βλ. λ.).

κεροψάλιδο το, ουσ., ψαλίδι με το οποίο κόβονται οι άκρες των θρυαλλίδων λαμπάδων και κεριών.

κέρωμα το, ουσ. **1.** επάλειψη με κερί. **2.** το να χλομιάζει κανείς και να μένει ακίνητος από φόβο ή άλλο συναίσθημα.

κερώνω, ρ. **1.** (μτβ.) αλείφω κάτι με κερί: -ει τη χρυσή κλωστή για το κέντημα. **2.** (αμτβ.) γίνομαι ωχρός και συγχρόνως μένω ακίνητος εξαιτίας φόβου, ντροπής ή άλλου συναισθήματος: -ωσε από το φόβο του (συνών. κιτρινίζω, παγώνω).

κεσάτι το, ουσ. (συνήθως στον πληθ.), εμπορική απραξία: -ια σήμερα· δεν πουλήσαμε σχεδόν τίποτε (συνών. αναδουλειά). [τουρκ. kesat].

κεσέμι, βλ. γκιοσέμι.

κεσές ο, ουσ., μικρό ημισφαιρικό δοχείο (πήλινο, πορσελάνινο ή γυάλινο) που χρησιμοποιείται για να πήξει μέσα σ' αυτό γιαούρτι. - Υποκορ. **-εδάκι** το. [τουρκ. kese].

κετσές ο, πληθ. **-έδες,** ουσ. **α.** ύφασμα από συμπιεσμένο μαλλί ή τρίχες διαφόρων ζώων· **β.** είδος χαλιού από το ύφασμα αυτό. [τουρκ. keçe].

κεφαλαιαγορά, βλ. κεφαλαι(ο)αγορά.

κεφάλαιο το, ουσ **1α.** χρηματικό ποσό που καταθέτει κανείς σε τράπεζα ή δανείζεται απ' αυτήν· **β.** (κοιν.) χρηματικό ποσό που χρησιμοποιεί κανείς για να ξεκινήσει ή να επεκτείνει επιχείρηση ή για επενδύσεις: δεν έχει τα -α για ν' ανοίξει το μαγαζί· (οικον.) απόθεμα πόρων που μπορούν να χρησιμοποιηθούν για την παραγωγή αγαθών και υπηρεσιών: *αγορά -αίου· διάρθρωση του -αίου μιας επιχείρησης* (συνών. λαϊκ. *καπιτάλι*). 2. (συνεκδοχικά) το σύνολο, η τάξη των κεφαλαιούχων: *το ~ εκμεταλλεύεται τον εργάτη· τα συμφέροντα του ντόπιου και του ξένου -αίου*. 3. (μεταφ., για άνθρωπο) αυτός που έχει αξία ωφέλιμη ή τιμητική για το κοινωνικό σύνολο: *ο Χ αποτελεί πολιτικό/εθνικό ~*. 4. τμήμα κειμένου (συχνά με δικό του τίτλο) που έχει αυτοτέλεια, αλλά συγχρόνως οργανικά συνδέεται με τα υπόλοιπα: *στο πρώτο ~ ο συγγραφέας ασχολείται με το τάδε θέμα·* φρ. *αυτό είναι άλλο ~* (= πρόκειται για διαφορετικό ζήτημα). 5. (μεταφ.) χρονική περίοδος κατά την οποία συμβαίνει σημαντικό γεγονός ή σειρά από συναφή γεγονότα: *νέο ~ στη ζωή μου/στις σχέσεις των δύο χωρών*.

κεφαλαι(ο)αγορά η, ους. (πολιτ. οικον.) αγορά (προσφορά και ζήτηση) μακροπρόθεσμων κεφαλαίων από τράπεζες, επιχειρήσεις, κλπ. (πβ. *χρηματαγορά*)· (συνεκδοχικά για κάθε σχετική δραστηριότητα).

κεφαλαιογράμματος, -η, -ο, επίθ. (παλαιογρ.) που είναι γραμμένος με κεφαλαία γράμματα: *γραφή -η*.

κεφαλαιοκράτης ο, θηλ. **-ισσα**, ους. 1. κάτοχος κεφαλαίων και μέσων παραγωγής. 2. οπαδός του καπιταλιστικού συστήματος (συνών. στις σημασ. 1 και 2 *καπιταλιστής*).

κεφαλαιοκρατία η, ους. 1. καπιταλισμός (βλ. λ.) (αντ. *σοσιαλισμός*). 2. το σύνολο, η τάξη των κεφαλαιούχων (συνών. *πλουτοκρατία*).

κεφαλαιοκρατικός, -ή, -ό, επίθ., που αναφέρεται στον κεφαλαιοκράτη ή στην κεφαλαιοκρατία: *οικονομία -ή· σύστημα -ό* (συνών. *καπιταλιστικός*).

κεφαλαιοκράτισσα, βλ. *κεφαλαιοκράτης*.

κεφαλαιοποίηση η, ους., μετατροπή εισοδήματος σε κεφάλαιο: *αγοραία ~ μετοχικού κεφαλαίου*.

κεφαλαιοποιώ, -είς, ρ. (ασυνίζ.), μετατρέπω εισόδημα σε κεφάλαιο.

κεφαλαίος, -α, -ο, επίθ., *-αίο γράμμα* ή ως ους. *-αίο* το = καθένα από τα μεγάλα γράμματα της αλφαβήτου με τα οποία γράφονται τα αρχικά των κυρίων ονομάτων και των περιόδων (Α, Β, Γ...): *έγραψε το όνομά του με -αία·* (για να τονίσουμε την ιδιαίτερη σημασία μιας λέξης) *είναι ´Ανθρωπος με το άλφα κεφαλαίο*.

κεφαλαιουχικός, -ή, -ό, επίθ. (οικον., για αγαθά, εξοπλισμό, κτλ.) που χρησιμοποιείται στην παραγωγική διαδικασία από την οποία παράγονται αγαθά: *βαριά βιομηχανία είναι η βιομηχανία -ών προϊόντων ή μέσων παραγωγής· εξοπλισμός ~*.

κεφαλαιούχος ο, ους., κάτοχος κεφαλαίων (βλ. λ. στη σημασ. 1β): *νόμοι που ενθαρρύνουν τους -ους να κάνουν επενδύσεις στη βιομηχανία*.

κεφαλαιώδης, -ης, -ες, γεν. *-ους*, πληθ. αρσ. και θηλ. *-εις*, ουδ. *-η*, επίθ., κύριος, πρωταρχικός, πολύ σημαντικός: *σημασία ~* (αντ. *επουσιώδης*).

κεφαλαλγία η, ους. (ιατρ.) πονοκέφαλος (βλ. λ.).

κεφαλάρι το, ους. 1. το ψηλότερο τμήμα (συνήθως παλιού ξύλινου) κρεβατιού προς το μέρος που ακουμπά το κεφάλι. 2. κιονόκρανο (βλ. λ.). 3. ακρογωνιαίος λίθος (συνών. *αγκωνάρι*). 4. πηγή από όπου τρέχει πολύ νερό (συνών. *νερομάνα, κεφαλόβρυση*). 5. λέξεις που συνήθως τυπώνονται στο επάνω μέρος σελίδας διαχωρισμένες από το κείμενο της σελίδας και που αποτελούν (ενδεχομένως) συντομευμένο το περιεχόμενο του κειμένου ή δίνουν άλλα στοιχεία σχετικά μ' αυτό.

κεφάλας ο, ους. 1. άνθρωπος με μεγάλο κεφάλι. 2. (μεταφ.) άνθρωπος ανόητος, χοντροκέφαλος. Παροιμ. *είπε ο γάιδαρος τον πετεινό -α* (για όποιον κατηγορεί τους άλλους χωρίς να καταλαβαίνει ότι έχει το ίδιο ελάττωμα).

κεφαλή η, ους. 1. κεφάλι· (συνεκδοχικά) άνθρωπος: (εδώ ειρων.) *τι αποφάσισαν πάλι οι σοφές -ές του υπουργείου;* 2. (μεταφ.) αρχηγός: *~ του κόμματος·* (στον πληθ.) *οι -ές του χωριού*. 3. (ανατομ.) α. το διογκωμένο τμήμα ορισμένων οργάνων: *~ του παγκρέατος/της επιδιδυμίδας·* β. το άκρο διάφορων οστών: *~ του μηριαίου*. 4. το τμήμα του μπράτσου έγχορδου μουσικού οργάνου όπου βρίσκονται τα κλειδιά (βλ. λ.): *το σημερινό μπουζούκι έχει ~ και κλειδιά όπως του μαντολίνου*. 5. *~ τραπεζιού* = το άκρο ορθογώνιου τραπεζιού στο οποίο κάθεται (συνήθως) το πιο σημαντικό πρόσωπο: *ο παππούς καθόταν στην -ή του τραπεζιού* (συνών. *κορυφή*). 6. *~ μαγνητοφώνου* = το εξάρτημα του μαγνητοφώνου που ακουμπά η μαγνητοταινία για να αναπαραχθεί ο ήχος. 7. *το άκρο βλήματος που έχει τον εκρηκτικό μηχανισμό: ~ πυρηνική*. ´Εκφρ. *κατά -ήν* (βλ. ά. *κατά*, σημασ. II Γ3).

κεφάλι το, ους. 1α. (ανατομ.) το ανώτερο τμήμα του ανθρώπινου σώματος στο οποίο βρίσκονται τα αισθητήρια όργανα και τα κύρια όργανα του νευρικού συστήματος: *κούνησε το ~ του· πονάει/μ' έπιασε το ~ μου* (= έχω πονοκέφαλο)· *βουίζει/γυρίζει το ~ μου* (= έχω ζαλάδες)· *το ~ του θέλει σπάσιμο* (για απερίσκεπτους)· β. (ζωολ.) το αντίστοιχο τμήμα του σώματος των ζώων (συνών. *κεφαλή*). 2α. (συνεκδοχικά) το μυαλό, η έδρα της νόησης: *γέμιζε το ~ μου με καινούργιες ιδέες· έχει γερό ~·* β. (συνεκδοχικά) για να δηλώσει τον ίδιο άνθρωπο, το χαρακτήρα του: *είναι γερό ~* (= έξυπνος)*/ξερό ~* (= βλάκας)*/αγύριστο ~* (= πεισματάρης)*/κούφιο ~* (= ανόητος)· *~ γεμάτο καπρίτσια* (ειρων.) *τα σοφά/μεγάλα -ια*. 3. ό,τι μοιάζει με κεφάλι στο σχήμα ή το άκρο αντικειμένου που διαφέρει από το υπόλοιπο αντικείμενο: *~ τυρί/σκόρδο· ~ καρφίτσας/καρφιού*. 4. στον πληθ. συνοδεύεται από απόλυτο αριθμητικό για να δηλώσει την έννοια της μονάδας, συνήθως για ζώα και ιδιωμ. για ανθρώπους: *το κοπάδι ήταν εκατό -ια πρόβατα· το χωριό μας είναι εκατό -ια*. 5. (λαϊκ.) κεφάλαιο (βλ. λ. στη σημασ. 1α): (παροιμ.) *το πολύ το διάφορο τρώει το ~*, βλ. ά. *διάφορο*. Εκφρ. *κακό του -ιού του* (για όποιον προξενεί βλάβη στον εαυτό του): (παροιμ.) *λαγός τη φτέρνην έτριβε, κακό του -ιού του· κομμένο ~* (για ανθρώπους που μοιάζουν πολύ, συνήθως παιδιά και γονείς). Φρ. *βάζω το ~ (μου) (στοίχημα)* (= εκφράζω την πεποίθησή μου για την αλήθεια κάποιου πράγματος)· *βάζω το ~ μου στον τουρβά/ στο στόμα του λύκου* (= ριψοκινδυνεύω)· *δεν αλλάζει ~* (= δεν αλλάζει νοοτροπία)· *δε σηκώνει απ' τη δουλειά* (= εργάζεται αδιάκοπα)· *έπεσε το ~ του* (= αρρώστησε σοβαρά)· *θα φάει το ~ του* (= το γεγονός θα καταλήξει εις βάρος του)· *κάνω του -ιού μου* (= κάνω ό,τι μου έρχεται στο μυαλό, ενεργώ ασυλλόγιστα): *αν ο καθένας κάνει του -ιού του, η επιχείρηση θα πάει κατά διαβόλου· κατεβάζει το ~ του* (για εφευρετικό άνθρωπο)· *κόβω το ~ μου* (= είμαι πολύ σίγουρος για κάτι):

κόβω το ~ μου ότι θα βρέξει σήμερα· μου έρχεται κάτι στο ~ (= μου συμβαίνει κάτι αναπάντεχα και έντονα): καημοί που δεν περίμενα μου 'ρθανε στο ~· όποιος δεν έχει ~ έχει πόδια (= όποιος δεν προνοεί υποβάλλεται σε πολλούς κόπους)· παίρνω το ~ κάποιου (= τιμωρώ αυστηρά)· παίρνω το ~ μου και φεύγω (= φεύγω απογοητευμένος από κάπου με σκοπό να μην ξανάρθω)· περπατώ με το ~ ψηλά (= δεν έχω λόγο να ντρέπομαι)· ρίχνω το ~ κάτω/σκύβω το ~ (= υποχωρώ ταπεινωμένος)· σηκώνω ~ (= επαναστατώ)· σηκωθήκανε τα πόδια να χτυπήσουν το ~ (για όσους τα βάζουν με τους ανωτέρους τους)· του γυρίζω το ~ (= του αλλάζω τη γνώμη)· το ψάρι βρομάει απ' το ~ (= η διαφθορά αρχίζει από τους ανωτέρους)· τρώω το ~ μου (για όποιον αυτοκαταστρέφεται)· χτυπώ το ~ (στον τοίχο) (= για πραγματική μεταμέλεια): μ' αυτά που κάνεις θα χτυπάς αργότερα το ~ σου. - Υποκορ. **-άκι** το στις σημασ. 1 και 3. - Μεγεθ. **-α** η στις σημασ. 1 και 3. - Πβ. ά. *κεφαλή.*
κεφαλιά η, ουσ. (συνιζ.), χτύπημα με το κεφάλι: *του έδωσε μια ~ στο στομάχι· με μια ~ έστειλε τη μπάλα στα δίχτυα.*
κεφαλιάτικος, -η, -ο, επίθ. (συνιζ.), που αναφέρεται στον υπολογισμό κατά κεφαλήν, κατ' άτομο. - Το ουδ. ως ουσ. = κεφαλικός φόρος.
κεφαλικός, -ή, -ό, επίθ. 1. που αναφέρεται στο κεφάλι ή ανήκει σ' αυτό: *-ό άκρο του εμβρύου* (απ' όπου σχηματίζεται το κεφάλι)· (ανθρωπολ) *δείκτης ~* (δηλώνει τη σχέση μεταξύ μήκους και πλάτους του κεφαλιού. 2. που επιδρά στη ζωή του ανθρώπου: *-ή ποινή* (= θανατική). 3. που αναλογεί σε κάθε άτομο: (ιστ.) *~ φόρος* (στην οθωμανική αυτοκρατορία για τους μη μουσουλμάνους· συνών. *χαράτσι).*
κεφαλίσιος, -α, -ο, επίθ. (συνιζ., λαϊκ.), που έχει σχήμα κεφαλής: *τυρί -ο* (= κεφαλοτύρι).
κεφαλληνιακός, -ή, -ό (ασυνίζ.) και **κεφαλονίτικος,** επίθ., που ανήκει ή αναφέρεται στην Κεφαλονιά ή στους Κεφαλονίτες: *κρασί κεφαλονίτικο.*
κεφαλόβρυση η και **κεφαλόβρυσο** το, ουσ., πηγή από όπου τρέχει άφθονο νερό (συνών. *κεφαλάρι, βρυσομάνα).*
κεφαλογράφος ο, ουσ., κεφαλόμετρο (βλ. λ.).
κεφαλόδεσμος ο, ουσ., καθετί με το οποίο δένονται τα μαλλιά, μαντήλι, κορδέλα, κ.τ.ό.
κεφαλοδέτης ο, ουσ., μπότσος (βλ. λ.).
κεφαλοκόλονο το, ουσ., κιονόκρανο (βλ. λ.) (συνών. *κεφαλάρι).*
κεφαλομάντηλο το, ουσ. (έρρ.), μαντήλι που δένεται στο κεφάλι: *τα -α των Κρητικών* (κρητ. *σαρίκι).*
κεφαλόμετρο το, ουσ. (ανθρωπολ.) όργανο με το οποίο μετριούνται οι διαστάσεις της κεφαλής.
Κεφαλονίτης ο, θηλ. **-ίτισσα,** ουσ., αυτός που κατάγεται από την Κεφαλονιά ή κατοικεί σ' αυτήν.
κεφαλονίτικος, βλ. *κεφαλληνιακός.*
Κεφαλονίτισσα, βλ. *Κεφαλονίτης.*
κεφαλοπάνι το, ουσ., κάλυμμα του κεφαλιού, πέπλο.
κεφαλόποδα τα, ουσ. (ζωολ.) ομοταξία θαλάσσιων μαλακίων που τα πόδια τους φυτρώνουν από το κεφάλι, όπως στα χταπόδια, στις σουπιές, τα καλαμάρια, κ.ά.
κεφαλόπονος ο, ουσ., πονοκέφαλος (βλ. λ.).
κεφαλόπουλο το, ουσ., μικρός κέφαλος (βλ. λ.).

κέφαλος ο, ουσ. (ζωολ.) ψάρι των ακτών και του γλυκού νερού, ασημόχρωμο με νόστιμο κρέας.
κεφαλόσκαλο το, ουσ., πρώτο σκαλοπάτι στο πάνω μέρος μιας σκάλας (συνών. *πλατύσκαλο).*
κεφαλοτύρι το, ουσ., είδος σκληρού αλμυρού τυριού από γάλα προβάτου (αλλιώς: *τυρί κεφαλίσιο).*
κεφαλοχώρι το, ουσ., το μεγαλύτερο χωριό μιας περιοχής.
κεφάτος, -η, -ο, επίθ., ευδιάθετος, εύθυμος: *παιδιά -α· παρέα -η* (αντ. *κακόκεφος).*
κέφι το, ουσ. α. καλή ψυχική διάθεση, όρεξη: *έχω ~/-ια σήμερα· έχω τα -ια μου· δεν είναι στα -ια του· δε μου κάνει ~· δουλεύει με ~* (= με καλή διάθεση και αποδοτικά)· **β.** ελαφρά μέθη: *ήπιανε λίγο κι ήρθανε στο ~· είμαι στο ~·* φρ. *σπάζω ~* (= διασκεδάζω). [τουρκ. *keyif*].
κεφίρ το, ουσ., αεριούχο και υπόξινο ποτό που παράγεται όταν γίνει ζύμωση με τυρόγαλα και ειδική μαγιά και πίνεται συνήθως για θεραπευτικό σκοπό. [γαλλ. *kéfir, képhir* ή *képhyr,* καυκάσιας προέλευσης].
κεφτές και (λαϊκ., συνιζ.) **κιοφτές** ο, ουσ., μικρή σφαίρα από κιμά και διάφορα καρυκεύματα που τρώγεται τηγανητή ή ψητή: *-έδες με πατάτες στο φούρνο.* - Υποκορ. **-εδάκι** το. [τουρκ. *köfte*].
κεχαγιάς ο, ουσ. (συνιζ.), (ιστ.) α. τιτλούχος της σουλτανικής αυλής· β. γραμματέας ανώτατου αξιωματούχου· γ. αξιωματικός του οθωμανικού ιππικού. Φρ. *-ά σε βάλιμε;/ποιος σ' έβαλε -ά;* (για όποιον θέλει να επιβάλλεται σε μια παρέα). [τουρκ. *kâhya].*
Κεχαριτωμένη, επίθ. της Παναγίας. [θηλ. της μτχ. παθ. παρκ. του *χαριτώ].*
κεχρί το, ουσ., είδος ποώδους φυτού που χρησιμεύει κυρίως στην κτηνοτροφία και ο καρπός του, που χρησιμεύει ως τροφή πουλιών. Φρ. *ο νους του στο ~* (για όποιον σκέφτεται διαρκώς ό,τι τον ευχαριστεί). [μεσν. *κεγχρίον<κέγχρος].*
κεχριμπαρένιος, -α, -ο, επίθ. (όχι έρρ., συνιζ.). α. κατασκευασμένος από κεχριμπάρι: *κομπολόι -ο·* **β.** ασπροκίτρινος όπως το κεχριμπάρι: *στάρι -ο· ρετσίνα -α.*
κεχριμπάρι το, ουσ. (όχι έρρ.), ήλεκτρο (βλ. λ.). [τουρκ. *kehrübar].*
κηδεία η, ουσ. α. τελετή της ταφής νεκρού: *τι ώρα είναι η ~; ~ με δημόσια δαπάνη·* **β.** (συνεκδοχικά για την πομπή): *πέρασε η ~.*
κηδεμόνας ο, ουσ. **1.** επιμελητής ανηλίκου ή υπεξούσιου: *~ ορφανού/μαθητή.* **2.** (για χρήματα, περιουσία, κ.τ.ό.) διαχειριστής: *Αν ο κληρονόμος είναι άγνωστος,... το δικαστήριο διορίζει -α της κληρονομιάς* (αρχ. καθ.).
κηδεμονεύω, ρ. **1.** ασκώ καθήκοντα κηδεμόνα, έχω την επιμέλεια και επίβλεψη προσώπου και των υλικών συμφερόντων του: *~ ανήλικο.* **2.** (μεταφ.) κατευθύνω τις ενέργειες κάποιου: *οι αγώνες των απεργών δεν -εύονταν από κανένα κόμμα* (συνών. *πατρονάρω).* **3.** (διεθνές δίκ.) *-ευόμενες περιοχές, -ευόμενοι πληθυσμοί* = περιοχές, πληθυσμοί που υπάγονται στο διεθνές σύστημα κηδεμονίας (βλ. λ.).
κηδεμονία η, ουσ. (νομ.). **1.** επιμέλεια και επίβλεψη προσώπου και των υλικών συμφερόντων του: *~ ανηλίκου.* **2.** (για χρήματα, περιουσία) διαχείριση: *~ κληρονομιάς.* **3.** *διεθνές σύστημα -ίας* = θεσμός του δημόσιου διεθνούς δικαίου που θεμελι-

κηδεύω ώνεται στον καταστατικό χάρτη των Ηνωμένων Εθνών και αφορά τη διοίκηση και εποπτεία περιοχών που ζητούν την αυτοδιάθεση και την ανεξαρτησία τους με σκοπό τη σταδιακή απαγκίστρωση των ευρωπαϊκών κρατών από τα αποικιακά τους εδάφη: *Συμβούλιο -ίας των Ηνωμένων Εθνών· καθεστώς -ίας.*

κηδεύω, ρ., ενταφιάζω, θάβω νεκρό: *-τηκε με τιμές.*

κηλεπίδεσμος ο, ουσ. (ιατρ.) ειδική ζώνη που φορά κανείς για να εμποδίσει την επιδείνωση της κήλης.

κήλη η, ουσ. (ιατρ.) έξοδος οργάνου από την κοιλότητα όπου φυσικά περιέχεται.

κηλίδα η, ουσ. **α.** στίγμα, λεκές: *-ες αίματος· ~ πετρελαίου στη θάλασσα·* **β.** (νεολογ.) *~ φωτός* = μέρος με μεγαλύτερη φωτεινότητα από τη γύρω περιοχή, όπως το κεντρικό τμήμα άνισα φωτισμένης οθόνης συσκευής ανάγνωσης· **γ.** (ανατομ.) ανατομικός σχηματισμός που μοιάζει με κηλίδα: *ακουστική ~·* **δ.** (ιατρ.) στοιχειώδης βλάβη του δέρματος κατά την οποία αλλάζει το χρώμα μιας περιοχής σε σύγκριση με το υπόλοιπο δέρμα· **ε.** *~ οπτική* = (βιολ.) εξαιρετικά χρωματισμένη περιοχή μονοκύτταρου οργανισμού που αποτελεί στοιχειώδες αισθητήριο όργανο· **ς.** *ωχρή ~* (= ανθρωπολ.) περιοχή του αμφιβληστροειδούς που αποτελεί κέντρο της ευκρινούς όρασης.

κηλιδώνω, ρ. **1.** (λόγ., σπάνια) λεκιάζω, λερώνω. **2.** (συνηθέστερα μεταφ.) ντροπιάζω, ατιμάζω: *όνομα -ωμένο· -ώσες την τιμή της οικογένειας.*

κήνσορας ο, ουσ., τιμητής (βλ. λ.): *συμπεριφέρεται σαν ~.* [λατ. *censor*].

κηπάκος, βλ. *κήπος.*

κηπάριο, βλ. *κήπος.*

κηπευτικός, -ή, -ό, επίθ., που ανήκει στον κήπο ή αναφέρεται σ' αυτόν: *προϊόντα -ά. -* Το θηλ. ως ουσ. = η τέχνη του κηπουρού (συνών. *κηπουρική*). - Το ουδ. στον πληθ. ως ουσ. = τα προϊόντα του κήπου, τα λαχανικά.

κηποκομία η, ουσ., κλάδος της γεωργίας που περιλαμβάνει την καλλιέργεια λουλουδιών, φρούτων και λαχανικών με σκοπό το οικονομικό όφελος ή την ιδιωτική απόλαυση και κατανάλωση: *~ καλλωπιστική* (πβ. *κηπουρική*).

κήπος ο, ουσ. **1.** έκταση γης όπου καλλιεργούνται λουλούδια, λαχανικά και οπωρικά: *~ σπιτικός* (συνών. *περιβόλι*)· **2.** δημόσιος χώρος με πολλά φυτά που προσφέρεται για περιπάτους, κ.τ.ό., πάρκο: *~ βοτανικός/δημοτικός· ~ ζωολογικός* (βλ. ά. *ζωολογικός*). - Υποκορ. **-άκος** ο και **κηπάριο** το στη σημασ. α.

κηποτεχνία η, ουσ., διακοσμητική τέχνη που αντικείμενο της είναι ο σχεδιασμός κήπων και η διατήρηση και ανάπτυξη ανοιχτών χώρων πρασίνου μέσα στις πόλεις και γύρω απ' αυτές.

κηπούπολη η, ουσ., εξοχικός συνοικισμός που τα σπίτια του έχουν κήπο.

κηπουρικός, -ή, -ό, επίθ., που ανήκει στον κηπουρό ή την κηπουρική: *εργαλεία -ά. -* Το θηλ. ως ουσ. = καλλιέργεια οπωροφόρων δέντρων, λουλουδιών ή λαχανικών σε κήπο (πβ. *κηποκομία*).

κηπουρός ο, ουσ., αυτός που έχει ως επάγγελμα την καλλιέργεια και την περιποίηση κήπων.

κηρήθρα η, ουσ., κερήθρα (βλ. λ.).

κηροζίνη και **κεροζίνη** η, ουσ. (χημ.) κιτρινωπό πετρελαιοειδές υγρό που χρησιμοποιείται στους κινητήρες των αεροπλάνων. [γαλλ. *kérosène*].

κηρομπογιά η και **κε-,** ουσ. (συνιζ.), μικρή κυλινδρική μπογιά ζωγραφικής σε διάφορα χρώματα που έχει ως βάση της το κερί.

κηροπήγιο το, ουσ. (ασυνίζ.), σκεύος με μια ή περισσότερες υποδοχές όπου τοποθετούνται κεριά: *τα -ια της εκκλησίας* (συνών. *καντηλέρι*).

κηροπλάστης ο, ουσ. **1.** αυτός που κατασκευάζει κεριά (συνών. *κηροποιός*). **2.** (ζωολ.) γένος εντόμων που περιλαμβάνει μικρά ακίνητα έντομα, τις ψείρες των δέντρων.

κηροπλαστική η, ουσ., τέχνη κατασκευής προπλασμάτων και έργων τέχνης από κερί.

κηροποιείο το, ουσ., εργαστήριο κατασκευής κεριών (συνών. *κεράδικο*).

κηροποιός ο, ουσ. (ασυνίζ.), αυτός που κατασκευάζει κεριά (συνών. *κηροπλάστης*).

κηροπωλείο το, ουσ., κατάστημα όπου πουλιούνται κεριά.

κηροπώλης ο, ουσ., αυτός που πουλά κεριά.

κηροστάτης ο, ουσ., μεγάλο κηροπήγιο, μανουάλι (βλ. λ.).

κήρυγμα το, ουσ. **1α.** το να βγάζει κανείς (συνήθως κληρικός) λόγο για ένα θρησκευτικό ή ηθικό ζήτημα στην εκκλησία κατά τη διάρκεια της λειτουργίας: *ο ιερέας κάνει ~·* **β.** (συνεκδοχ.) ο ίδιος ο λόγος: *ακούει το ~ κάθε Κυριακή.* **2.** το να συμβουλεύει κανείς τους άλλους ή να προσπαθεί να τους πείσει με τρόπο κουραστικό και ηθικολογικό: *βαρέθηκα τα -ύγματά του· άσε το ~ και δες πώς μπορείς να βοηθήσεις.*

κήρυκας ο, ουσ. **1α.** τελάλης (βλ. λ.)· **β.** (νομ.) ο επιφορτισμένος με την κήρυξη του προγράμματος πλειστηριασμού σε δήμο ή σε κοινότητα, όταν δεν υπάρχει δυνατότητα για σχετικές δημοσιεύσεις. **2.** (μεταφ.) ένθερμος υποστηρικτής και προπαγανδιστής μιας ιδέας: *~ του αφοπλισμού/των εθνικών ιδεωδών.* **3.** (ιστ.) πρόσωπο που στην αρχαιότητα συγκαλούσε συνελεύσεις, ανακοίνωνε αποφάσεις ηγεμόνων και διαβίβαζε προτάσεις ανακωχής μεταξύ εμπολέμων.

κηρύκειο το, ουσ. (ασυνίζ.), (ιστ.) **α.** ραβδί που κρατούσαν οι κήρυκες (βλ. λ. στη σημασ. 3)· **β.** (μυθολ.) έμβλημα του Ερμή, που αποτελείται από λεπτό ραβδί δάφνης ή ελιάς με δυο μικρά φτερά στο πάνω άκρο της και δυο φίδια που τυλίγονται γύρω από τον κορμό της.

κήρυξη η, ουσ. **1.** επίσημη αναγγελία· (συνεκδοχικά) έναρξη: *~ πολέμου.* **2.** απόφαση δημόσιας αρχής που αφορά την κατάσταση προσώπου ή πράγματος και γνωστοποίησή της: *~ προσώπου σε αφάνεια· ~ ακυρότητας απόφασης.*

κηρύσσω και **κηρύττω,** ρ. Α. μτβ. **1α.** βγάζω λόγο προσπαθώντας να πείσω τους άλλους να δεχτούν τις ιδέες μου: *-ύσσει το θείο λόγο·* **β.** προσπαθώ να διαδώσω τις ιδέες μου με διάφορους τρόπους: *η κυβέρνηση -ύσσει παντού τον αφοπλισμό· εφαρμόζει όσα -ύττει.* **2.** αναγγέλλω επίσημα· (συνεκδοχικά) αρχίζω: *η Ιταλία -υξε τον πόλεμο στην Ελλάδα·* φρ. *μου έχει -ύξει πόλεμο* (= με εχθρεύεται). **3.** (για επίσημη αρχή) αποφασίζω να αποδώσω χαρακτηρισμό ή ιδιότητα σε κάποιον και το γνωστοποιώ: *το δικαστήριο τον -υξε ένοχο· ο βασιλιάς -ύχτηκε έκπτωτος.* **Β.** (αμτβ.) κάνω κήρυγμα (βλ. λ. στη σημασ. 1): *γύριζε στις εκκλησίες και -υττε.*

κητέλαιο το, ουσ. (χημ.) ρευστό λίπος που προέρχεται από θαλάσσια κήτη και ιδιαίτερα τη φάλαινα, τη φώκια και το δελφίνι και χρησιμοποιείται κυρίως στη σαπωνοποιία.

κητοειδής, -ής, -ές, γεν. -ούς, πληθ. αρσ. θηλ. -είς, ουδ. -ή, επίθ. (ασυνίζ.), που μοιάζει με κήτος.

κήτος το, ουσ., ονομασία για τα μεγάλα θαλάσσια θηλαστικά· (ειρων. για χοντρό άτομο) *τέτοιο ~ πώς να χωρέσει σ' ένα κάθισμα!*

κητόσπερμα το, ουσ., λιπαρή ουσία, λευκή, που βρίσκεται στις εγκεφαλικές κοιλότητες θαλάσσιων κητών και χρησιμοποιείται για την κατασκευή κεριών, καθώς και στη φαρμακευτική και την αρωματοποιία (συνών. *σπερματσέτο*).

κηφηναριό το, ουσ. (συνίζ. λαϊκ.), πολλοί τεμπέληδες και παράσιτοι συγκεντρωμένοι σ' ένα χώρο και ο χώρος που βρίσκονται ή συχνάζουν.

κηφήνας ο, ουσ. 1. αρσενική μέλισσα που σε αντίθεση με τη θηλυκή εργάτρια ζει από το μέλι της κυψέλης. 2. (μεταφ.) άνθρωπος τεμπέλης που ζει σε βάρος των άλλων, παράσιτος.

κι, βλ. *και*.

κιαλάρω, ρ., αόρ. κιάλαρα και *κιαλάρισα* (συνίζ. λαϊκ.), βλέπω με τα κιάλια κάτι που βρίσκεται σε μεγάλη απόσταση: *λαχτάρισε να κάθεται ν' αγναντεύει το πέλαγο, να -ει τα καράβια* (Μπαστιάς). [ιταλ. *occhialare*].

κιάλι το, ουσ. (συνιζ.), (συνήθως στον πληθ.). 1. συσκευή που αποτελείται από δυο μικρά τηλεσκόπια ενωμένα μεταξύ τους στο πλάι και με την οποία μπορούμε να δούμε κάτι που βρίσκεται μακριά. 2. (ναυτ.) το ναυτικό τηλεσκόπιο, κανοκιάλι· έκφρ. *με το ~* (για κάτι δυσεύρετο): *πάρε τώρα γιατί ύστερα θα το ζητάς με το ~*. [ιταλ. *occhiali*, πληθ.].

κιβδηλοποιός ο, ουσ. (ασυνίζ.), αυτός που κατασκευάζει κίβδηλα νομίσματα (συνών. *παραχαράκτης*).

κίβδηλος, -η, -ο, επίθ. 1. (για νόμισμα) που έχει νοθευτεί με άλλο ευτελέστερο μέταλλο (συνών. *κάλπικος*)· (κατ' επέκταση για χαρτονόμισμα) πλαστός, παραχαραγμένος. 2. (μεταφ. για άνθρωπο) που δεν είναι ειλικρινής, δόλιος.

κιβούρι το, ουσ. 1. φέρετρο. 2. (ποιητ.) τάφος, μνήμα: *φτιάστε μου ωριό ~,/να 'ναι πλατύ για τ' άρματα, μακρύ για το κοντάρι* (δημ. τραγ.). [μτγν. *κιβώριον*].

κιβώτιο το, ουσ. (ασυνίζ.). 1. μεγάλο δοχείο με σκέπασμα επίπεδο ή κυρτό, συνηθέστερα ξύλινο ή μεταλλικό (συνών. *κουτί, σεντούκι, κασέλα*). 2. *κάσα* (βλ. λ.), κασόνι. 3. (αρχαιολ.) είδος λειψανοθήκης στα παλαιοχριστιανικά, τα βυζαντινά και τα μεταβυζαντινά χρόνια. 4. (τεχνολ. ή μηχανολ.) *~ ταχυτήτων* = θήκη που περιέχει το μηχανισμό αλλαγής των ταχυτήτων του αυτοκινήτου. 5. (ηλεκτρολ.) *~ ενώσεων* = βαρύ μεταλλικό κουτί από χυτοσίδηρο μέσα στο οποίο προφυλάσσεται η ένωση δύο τμημάτων υπόγειου καλωδίου, αλλιώς «χελώνα καλωδίου».

κιβωτιόσχημος, -η, -ο, επίθ. (ασυνίζ.), (αρχαιολ., για τάφο) που έχει σχήμα κιβωτίου.

κιβωτός η, ουσ. 1. μεγάλο ξύλινο πλοίο που κατασκεύασε ο Νώε, σκεπαστό, με τρεις ορόφους, με το οποίο σώθηκε από τω βιβλικό κατακλυσμό ο ίδιος ο Νώε και η οικογένειά του, καθώς και ένα ζευγάρι από όλα τα είδη των ζώων· έκφρ. *η Κ- του Νώε* = α. λαϊκ. ονομασία του αστερισμού της Μεγάλης Άρκτου· **β.** (για να δηλωθεί ανομοιογένεια) πολλά και διαφορετικά πράγματα μαζί. 2. μεγάλη θήκη όπου φυλάγονται ιερά κειμήλια, κυρίως στην έκφρ. *Κ- της Διαθήκης/του Μαρτυρίου* = η θήκη (αγνώστου σχήματος) που κατασκεύασαν οι Εβραίοι με διαταγή του Μωυσή μέσα στην οποία φύλαγαν τις πλάκες του Νόμου, τη στάμνα του μάννα και τη ράβδο του Ααρών που είχε βλαστήσει. 3. (μεταφ.) χώρος που αποτελεί εστία φύλαξης και συνέχισης ιερών παρακαταθηκών: *~ εθνικής κληρονομιάς/παράδοσης*· έκφρ. *~ της σωτηρίας* (= η Παναγία).

κιγκαλερία η, ουσ. (έρρ., περιληπτικά) οικιακά σκεύη από μέταλλο: *είδη -ας.* [γαλλ. *quincaillerie*].

κιγκλίδα η, ουσ. 1. κάγκελο. 2. (στον πληθ.) κιγκλίδωμα.

κιγκλίδωμα το, ουσ. (έρρ.), περίφραγμα από κιγκλίδες, από κάγκελα: *~ ξύλινο/σιδερένιο· ~ σκάλας.*

κιγκλιδώνω, ρ. (έρρ.), φράζω με κιγκλίδες, με κάγκελα.

κιγκλιδωτός, -ή, -ό, επίθ. (έρρ.), καγκελωτός, που είναι φραγμένος με κιγκλίδωμα.

κιθάρα η, ουσ., ξύλινο μουσικό όργανο με αχλαδόσχημο ηχείο και μακριά λαβή, εξάχορδο: *παίζω ~· ~ παλιά/ηλεκτρονική.*

κιθαρίζω, ρ. (σπάν.), παίζω κιθάρα.

κιθάρισμα το, ουσ., το παίξιμο της κιθάρας.

κιθαρίστας ο, θηλ. **-ίστρια** η, ουσ., μουσικός που παίζει κιθάρα. [ιταλ. *chitarrista*].

κιθαριστής ο, ουσ., κιθαρίστας (βλ. λ.).

κιθαρίστρια, βλ. *κιθαρίστας*.

κιθαρωδός ο, ουσ., κιθαρίστας που συγχρόνως τραγουδά.

κικινέλαιο το, ουσ., καστορέλαιο (βλ. λ.).

κιλαϊδισμός, βλ. *κελαϊδισμός*.

κιλίμι το, ουσ. (λαϊκ.), λεπτό χαλί υφασμένο στον αργαλειό του σπιτιού: *~ πολύχρωμο/χωριάτικο.* [τουρκ. *kilim*].

κιλίφι, βλ. *κελίφι*.

κιλλίβαντας ο, ουσ. (στρατ.) όχημα δίτροχο που υποβαστάζει το πυροβόλο κατά τη βολή και, για πολλούς τύπους πυροβόλων, κατά τη μεταφορά: *εκτοξευτής πυραύλων προσαρμοσμένος σε ερπυστριοφόρο -α.* [αρχ. *κιλλίβας*].

κιλό το, Ι. ουσ., μετρική μονάδα βάρους που ισοδυναμεί με χίλια γραμμάρια. [γαλλ. *kilo(gramme)*].

κιλό το, ΙΙ. ουσ., μέτρο χωρητικότητας σιτηρών. [αραβ. *kilo*].

κιλο-, πρόθημα που σε σύνθεση με ουσιαστικά που αποτελούν μετρικές μονάδες δηλώνει μέγεθος χίλιες φορές μεγαλύτερο, π.χ. *κιλοβάτ, κιλοβατώρα.*

κιλοβάτ το, ουσ. άκλ. (φυσ.) μονάδα ηλεκτρικής ισχύος ίση με χίλια βατ. [αγγλ. *kilo-watt*].

κιλοβατώρα η, ουσ., ωριαία ενέργεια ενός κιλοβάτ.

κιλότα η, ουσ. 1. παντελόνι φαρδύ στο επάνω μέρος που φτάνει ως κάτω από τα γόνατα, όπου και εφαρμόζει: *~ ιππασίας/γκολφ.* 2. γυναικείο εσώρουχο που φοριέται κατάσαρκα και καλύπτει το υπογάστριο και το οπίσθια (συνών. *βρακί*). -Υποκορ. **-άκι** το στη σημασ. 2. [γαλλ. *culotte*].

κιλότο το, ουσ., άπαχο κομμάτι κρέας εκλεκτής ποιότητας που προέρχεται από το τελευταίο τμήμα της ράχης βοδιού, πίσω από το φιλέτο και πάνω από το μπούτι. [γαλλ. *culotte*].

κιμαδιάζω, ρ. (συνιζ.), κόβω κρέας σε πολύ λεπτά κομμάτια ή το μεταβάλλω σε κιμά με ειδική μηχανή.

κιμάς ο, ουσ., κρέας που έχει κοπεί με ειδικό μαχαίρι σε λεπτότατα κομμάτια ή που έχει αλεστεί σε ειδική μηχανή ώστε να αποτελεί μάζα σχεδόν πολτοποιημένη: ~ *ψιλοκομμένος·* φρ. *τον έκαναν -ά* (= τον κατακρεούργησαν). [τουρκ. *kıyma*].

κιμονό το, ουσ., γιαπωνέζικο γυναικείο ένδυμα μακρύ ως τους αστραγάλους, σταυρωτό μπροστά, με φαρδιά μανίκια: ~ *μεταξωτό/κεντητό.* [ιαπων. *kimono*].

Κιμουλιάτης ο, θηλ. **-ισσα,** ουσ. (συνίζ.), αυτός που κατοικεί στην Κίμωλο ή κατάγεται από αυτήν.

κιμουλιάτικος, -η, -ο, επίθ. (συνίζ.), που ανήκει ή αναφέρεται στην Κίμωλο ή στους Κιμουλιάτες.

Κιμουλιάτισσα, βλ. *Κιμουλιάτης.*

κιμπάρης ο, θηλ. **-ισσα,** ουσ. (λαϊκ.), άνθρωπος χουβαρδάς, γενναιόψυχος, αξιοπρεπής. [τουρκ. *kibar*].

κιμπάρικος, -η, -ο, επίθ. (λαϊκ.), αξιοπρεπής: *τρόποι -οι· χρώμα -ο. -* Επίρρ. **-α:** *φέρεται -α.*

κιμπάρισσα, βλ. *κιμπάρης.*

κιμπαρλίκι το, ουσ. (λαϊκ.), ευγενική συμπεριφορά· ευγένεια, αξιοπρέπεια. [τουρκ. *kibarlık*].

κιμπούτς το, ουσ. άκλ., συλλογικό αγρόκτημα στο Ισραήλ όπου οι εργαζόμενοι ζουν μαζί και μοιράζονται καθήκοντα και εισοδήματα. [εβρ. *kibboutz*].

κιμωλία η, ουσ. **1.** (ορυκτ.) πέτρωμα μαλακό και λευκό, πλούσιο σε ανθρακικό ασβέστιο. **2.** μικρή ράβδος από άσπρη ή χρωματιστή κιμωλία που χρησιμοποιείται για να γράφει ή να ζωγραφίζει κανείς κυρίως πάνω σε μαυροπίνακα: ~ *σχολική· από το φόβο του έγινε άσπρος σαν ~.* [αρχ. επίθ. *Κιμωλία (γη)*<*νησί Κίμωλος*].

κινά η, ουσ., κόκκινη βαφή. [τουρκ.kina].

κίναιδος ο, ουσ., άνδρας που συνουσιάζεται με άλλον άνδρα έχοντας το ρόλο γυναίκας.

κινδυνεύω, ρ., αόρ. *-ύνευσα* και (λαϊκ.) *-ύνεψα.* **1.** διατρέχω κίνδυνο (βλ. λ.), βρίσκομαι σε κατάσταση κατά την οποία απειλείται η ύπαρξη ή η κατάστασή μου, απειλούμαι: *-ει η ζωή κάποιου/η πατρίδα· -ύνευσε για να σώσει το παιδί από τις φλόγες· τα νησιά -ουν από ξηρασία.* **2.** (ειδικότερα) απειλείται η ζωή ή η υγεία μου: *-ει με τα «υποκείμενα» που έμπλεξε· -ει κάθε μέρα στο ανθρακωρυχείο.* **3.** είμαι βαριά άρρωστος: *μετά το δεύτερο έμφραγμα -ει.* **4.** επιχειρώ κάτι επικίνδυνο, ριψοκινδυνεύω: *κινδύνεψε για να τα καταφέρει.* **5.** διατρέχω τον κίνδυνο να..., κοντεύω να..., αντιμετωπίζω το δυσάρεστο ενδεχόμενο να...: *η σπάνια χελώνα καρέτα-καρέτα -ει να εξαφανιστεί ·-ύνευσε να πνιγεί/να τον κατηγορήσουν για κλέφτη·* ~ *να μη γίνω κατανοητός.*

κίνδυνος και (λαϊκ.) **κίντυνος** ο, ουσ. **1α.** περίσταση κατά την οποία απειλείται η ύπαρξη ή η κατάστασή μου: *μπαίνω/βρίσκομαι/βάζω σε -ο· διατρέχω τον -ο να...·* **β.** άμεση απειλή της ζωής, πιθανότητα να τραυματιστεί ή να σκοτωθεί κανείς: *τα παιδιά δεν έχουν αίσθηση του -ου· ο τραυματίας διέφυγε τον -ο· είναι εκτός -ου· με -ο της ζωής του...·* έκφρ. ~ *θάνατος!* (σε επιγραφές που τοποθετεύονται σε μέρη με κίνδυνο κίνδυνου - συνήθως ηλεκτροπληξίας) **γ.** (γενικά) ενδεχόμενο κακό: *η κατάσταση εγκυμονεί -ους· αντιμετωπίζω/αψηφώ τους -ους·* φρ. *κρούω τον κώδωνα του -ου* (= προειδοποιώ για επικείμενο κακό)· **δ.** (ναυτ.) *σήμα -ου* = το σήμα (S.O.S.) που εκπέμπει πλοίο που κινδυνεύει ζητώντας βοήθεια. **2.** (συνεκδοχικά) αυτό που απειλεί την ασφάλεια ή την ύπαρξη ενός προσώπου, ζώου, ή πράγματος: *το κάπνισμα αποτελεί -ο για την υγεία· τα απόβλητα είναι σοβαρός* ~ *για τις θάλασσες·* έκφρ. *δημόσιος* ~ (βλ. και ά. *δημόσιος* στη σημασ. 2): ορισμένοι μοτοσικλετιστές είναι *δημόσιος* ~*!* **3.** (νομ.) η ευθύνη που φέρει κανείς για κάποια ενέργεια ή γεγονός πιθανώς επιζήμιο: *ο εργολάβος φέρει τον -ο του έργου ωσότου γίνει η παράδοσή του* (αστ. κώδ.).

Κινέζα, βλ. *Κινέζος.*

κινεζικός, -ή, -ό και **κινέζικος, -η, -ο,** επίθ., που αναφέρεται στην Κίνα ή τους Κινέζους ή που προέρχεται απ' αυτούς: *πολιτισμός* ~· *λογοτεχνία -ή· βάζο -έζικο. -* Το ουδ. στον πληθ. ως ουσ. = η κινεζική γλώσσα· φρ. *αυτά που μου λες είναι -έζικα* (= είναι εντελώς ακατάληπτα).

Κινέζος ο, θηλ. **-α,** ουσ., αυτός που κατοικεί στην Κίνα ή κατάγεται από αυτήν.

κίνημα το, ουσ. **1.** κίνηση του σώματος (κυρίως των άκρων ή του κεφαλιού) που συνοδεύει κάτι που λέει ή κάνει κάποιος για να τονιστούν οι προθέσεις του ή οι σκέψεις του ή να δηλωθεί η ψυχική του κατάσταση: *τον χαιρέτησε μ' ένα βιαστικό* ~ *του χεριού/κεφαλιού.* **2.** αποφασιστική ενέργεια ή σειρά ενεργειών, διάβημα: ~ *απεργιακό/απελπισίας.* **3.** (μεταφ.) πολιτική ανατρεπτική κίνηση, σειρά ενεργειών που αποβλέπουν στην ανατροπή του πολιτικού καθεστώτος: ~ *αιματηρό/αποτυχημένο/λαϊκό·* ~ *στρατιωτικό* (= πραξικόπημα) (συνών. *στάση*). **4.** (μεταφ.) ομαδική δραστηριότητα, κοινός αγώνας ατόμων με την ίδια ιδεολογία ή τις ίδιες κοινωνικές τάσεις με σκοπό να επιφέρουν κάποια μεταβολή στον κοινωνικοπολιτικό, το θρησκευτικό ή τον καλλιτεχνικό χώρο: ~ *συνδικαλιστικό/φοιτητικό·* ~ *του υπερρεαλισμού/οικολογικό* (συνών. *κίνηση*).

κινηματίας ο, ουσ., υποκινητής κινήματος (βλ. λ. στη σημασ. 3) ή αυτός που συμμετέχει σε κίνημα (συνών. *στασιαστής*).

κινηματογράφηση η, ουσ., λήψη διαδοχικών εικόνων ταινίας με κινηματογραφική μηχανή: ~ *των ολυμπιακών αγώνων.*

κινηματογραφία η, ουσ., η τέχνη και η τεχνική της παραγωγής ταινιών για τον κινηματογράφο (βλ. λ. στις σημασ. 1α, 1β).

κινηματογραφικός, -ή, -ό, επίθ., που ανήκει ή αναφέρεται στον κινηματογράφο: *αίθουσα/μηχανή/ταινία -ή· αστέρας* ~· έκφρ. *με -ή ταχύτητα* (= πολύ γρήγορα).

κινηματογραφιστής ο, θηλ. **-ίστρια,** ουσ. **1.** αυτός που χειρίζεται κινηματογραφική μηχανή. **2.** παραγωγός κινηματογραφικών ταινιών.

κινηματογράφος και (λαϊκ.) **κινηματόγραφος** ο, ουσ. **1α.** η τεχνική της φωτογράφησης (με ειδική μηχανή) διαδοχικών εικόνων σε ταινία και η προβολή τους σε οθόνη με τρόπο ώστε να παρουσιάζεται ένα ζωντανό θέαμα: ~ *βουβός/ηχητικός· τεχνικοί του -ου* (συνών. *κινηματογραφία*)· **β.** η τέχνη της παραγωγής ταινιών με την παραπάνω τεχνική (η έβδομη τέχνη): ~ *πρωτοποριακός/εμπορικός· ηθοποιός του -ου* (συνών. *κινηματογραφία*). **2.** αίθουσα ή υπαίθριος χώρος όπου προβάλλονται κινηματογραφικές ταινίες: *θερινός/χειμερινός* ~· *πηγαίνω στον -ο.*

κινηματογραφούπολη η, ουσ., τόπος όπου παράγονται πολλές κινηματογραφικές ταινίες.

κινηματογραφόφιλος, -η, -ο, επίθ., αυτός που του αρέσει να πηγαίνει συχνά στον κινηματογράφο ή να ασχολείται μ' αυτόν.

κινηματογραφώ, ρ., αποτυπώνω με κινηματογραφική μηχανή τις κινήσεις προσώπων ή πραγμάτων ή την εξέλιξη γεγονότων σε ειδική ταινία, με την προβολή της οποίας παρουσιάζεται ένα ζωντανό θέαμα.

κινηματοθέατρο το, ουσ., αίθουσα που λειτουργεί και ως κινηματογράφος και ως θέατρο.

κίνηση η, ουσ. **1α.** το να κινείται κάποιος ή κάτι ή το να κινεί κάποιος κάτι, η μεταβολή της θέσης προσώπου ή πράγματος: ~ *οχήματος/δεικτών ρολογιού*· ~ *αδιάκοπη/συνεχής* (συνών. *μετατόπιση, μετακίνηση* αντ. *ακινησία, στάση, ηρεμία*)· εκφρ. *σε αργή* ~ (στον κινηματογράφο ή στην τηλεόραση = σε ρυθμό πιο αργό από την κανονική ταχύτητα)· **β.** (φυσ.) μεταβολή μέσα στο χώρο της θέσης ενός σώματος σε σχέση με ένα σταθερό σημείο ή με άλλο σώμα: ~ *ευθύγραμμη/ παλινδρομική/περιστροφική/περιοδική* (αντ. *ακινησία, αδράνεια*)· **γ.** (φιλοσ.) συνεχής αλλαγή θέσης μέσα στο χώρο σε συνάρτηση με το χρόνο και με καθορισμένη ταχύτητα· **δ.** (βιολ.) αλλαγή θέσης με ενεργό αυτόνομη μετακίνηση: *η ~ είναι χαρακτηριστικό γνώρισμα του ανθρώπου και των ζώων*· *ο ερπυσμός και ο βηματισμός είναι οι κύριες ιδιότητες της -ης*· **ε.** (αστρον.) μεταβολή στο χώρο της θέσης των ουράνιων σωμάτων: ~ *της Γης γύρω από τον Ήλιο*. **2α.** (ψυχολ.) ό,τι προκύπτει —ως αποτέλεσμα ενός περίπλοκου νευρικού συστήματος— όταν ο άνθρωπος αντιδρά σε ερεθίσματα εξωτερικά και εσωτερικά: *-ήσεις ακούσιες/αντανακλαστικές* (συνών. *κίνημα, ενέργεια*)· **β.** (συνεκδοχικά) τρόπος με τον οποίο γίνεται η παραπάνω κίνηση που δηλώνει την ψυχική κατάσταση ή τονίζει τις προθέσεις αυτού που ενεργεί: *τον χαιρέτησε με μια χαριτωμένη ~ του κεφαλιού*· *άναψε τσιγάρο με νευρικές -ήσεις* (συνών. *χειρονομία*)· **γ.** (γενικά) ενέργεια: *παρατήρησε στη σκιά μια ύποπτη ~*. **3α.** το να πηγαίνει κάποιος από ένα μέρος σε άλλο ή να ταξιδεύει σε μια περιοχή: *ζωηρή ~ επισκεπτών/τουριστών* (συνών. *μετακίνηση*)· **β.** μεταφορά εμπορευμάτων ή άλλων προϊόντων από ένα μέρος σε άλλο: ~ *αγαθών* (συνών. *διακίνηση*)· **γ.** (γενικά για λιμάνι, αερολιμένα ή σιδηροδρομικό σταθμό για να δηλωθεί ο αυξημένος αριθμός των ταξιδιωτών ή η αυξημένη διακίνηση προϊόντων): *μεγάλη ~ στο αεροδρόμιο*. **4.** (συνεκδοχικά) κυκλοφορία στους δρόμους πεζών και οχημάτων: *ζωηρή ~ στις μεγαλουπόλεις*· *άργησα να φτάσω, γιατί είχε πολλή ~*. **5.** (μηχανολ.) λειτουργία μιας μηχανής: *πρόσθια ~ αυτοκινήτου* (= κινητήρια διάταξη του αυτοκινήτου μέσω της οποίας η κινητήρια ροπή μεταδίδεται στους πρόσθιους τροχούς μετατρέποντάς τους σε κατευθυντήριους και κινητήριους ταυτόχρονα)· φρ. *θέτω σε ~* = **α.** (κυριολεκτικά) κάνω να λειτουργήσει: *θέτω σε ~ ένα μηχάνημα*· **β.** (μεταφ.) κινητοποιώ, ενεργοποιώ, δραστηριοποιώ για την πραγματοποίηση ενός σκοπού: *όλα τα μέσα/τα μέλη του προσωπικού τέθηκαν σε ~ για τη συγκέντρωση πληροφοριών*· *τέθηκε σε ~ όλος ο κρατικός μηχανισμός*. **6.** (μεταφ.) σύνολο δραστηριοτήτων και εκδηλώσεων σε τομέα της κοινωνικής ζωής που δείχνουν αυξημένο ενδιαφέρον: ~ *θεατρική/φιλολογική/πολιτιστική* (αντ. *αδράνεια, στασιμότητα*). **7.** ομαδική δραστηριότητα, σύνολο αγωνιστικών εκδηλώσεων από άτομα με την ίδια ιδεολογία, που επιθυμούν να επιτύχουν συγκεκριμένους στόχους σχετικά με το χώρο που τους ενδιαφέρει: ~ *οικολογική/επιστημονική/χριστιανική* (συνών. *κίνημα*). **8.** προοδευτική τάση, βαθμιαία εξέλιξη με την οποία επιφέρονται αλλαγές ή προωθούνται καταστάσεις, ιδέες, κ.τ.ό.: ~ *αθλητική/στις τέχνες και τις επιστήμες* (συνών. *ρεύμα*· αντ. *στασιμότητα*). **9.** (ειδικότερα σε επιτραπέζια παιγνίδια) προμελετημένη χειρονομία· μετακίνηση (πιονιού): ~ *στο σκάκι*· (κυριολεκτικά και μεταφ.) *περιμένω την επόμενη ~ (του αντιπάλου)*· μεταφ. φρ. *κάνω την πρώτη ~* (= το πρώτο βήμα, ενέργεια)· *κάνω λάθος ~* (για ακούσια ή άσχημη ενέργεια που επιδεινώνει τη θέση ή την κατάστασή μου). **10.** (γενικά) κινητικότητα, ζωντάνια· δραστηριότητα: *άνθρωπος που αγαπά την ~ δεν αντέχει τη δουλειά γραφείου* (αντ. *αδράνεια, ηρεμία, νωθρότητα*). **11.** (οικον.) ζωηρότητα συναλλαγών: ~ *εμπορική*· *έλλειψη αγοραστικής -ης* (= ζήτησης) (αντ. *απραξία*· λαϊκ. *νέκρα, κεσάτια*). **12.** καταγραφή με στατιστικά στοιχεία όμοιων και αντίθετων γεγονότων που έχουν συμβεί σε ορισμένο χρονικό διάστημα: ~ *πληθυσμού* (= προσδιορισμός των θανάτων, γεννήσεων, γάμων σε έναν τόπο)*/ταμείου* (= σύνολο εισπράξεων και πληρωμών)*/λογαριασμού* (= καταθέσεις και αναλήψεις χρηματικών ποσών ή χρεώσεις και πιστώσεις). **13.** (στον πληθ.) σύνολο ενεργειών ατόμου ή ομάδας, το καθετί που κάνει ή σχεδιάζει να κάνει κάποιος σε ορισμένο χρονικό διάστημα: *-εις ύποπτες/περίεργες*· *η αστυνομία παρακολουθεί τις -εις των τρομοκρατών*. **14.** (νομ.) έναρξη δικαστικού αγώνα: ~ *αγωγής* (συνών. *έγερση*). **15.** (στις εικαστικές τέχνες) ζωντάνια και φυσικότητα της απεικόνισης. **16.** (στρατ.) σχεδιασμένη αλλαγή θέσης που κάνει μια μονάδα κατά τη διάρκεια μάχης ή στρατιωτικής άσκησης: *-εις του εχθρού*· *γραφείο -ης* (= που ρυθμίζει την κίνηση των στρατιωτικών οχημάτων)· ~ *παραβολική* (= κίνηση βλήματος/οβίδας, βολίδας στον αέρα, δηλ. έξω από το σωλήνα του πυροβόλου όπλου).

κινησιοθεραπεία η, ουσ. (ασυνίζ.), (ιατρ.) θεραπευτική μέθοδος ορισμένων παθήσεων του ερειστικού συστήματος (οστών και αρθρώσεων) και του κινητικού συστήματος (μυών και νεύρων) η οποία έγκειται σε διάφορες κινήσεις (που προκαλεί ο ειδικός στο μέρος ή το άκρο που πάσχει) συνδυασμένες με κατάλληλο μασάζ: ~ *ενεργητική/παθητική* (πβ. *κινησιολογία* σημασ. 2).

κινησιοθεραπευτής ο, θηλ. **-εύτρια,** ουσ. (ασυνίζ.), (ιατρ.) πρόσωπο που ασκεί ως επάγγελμα την κινησιοθεραπεία (βλ. λ.).

κινησιολογία η, ουσ. (ασυνίζ.). **1.** χαρακτηρισμός της γενικής έρευνας των σωματικών κινήσεων ζώων και ανθρώπων με την οποία προσδιορίζεται η κινητική διαδικασία κυρίως κατά τη διεξαγωγή μιας εργασίας και που αποβλέπει στην όσο το δυνατόν μεγαλύτερη βελτίωση των κινήσεων της εργασίας. **2.** (ιατρ.) μελέτη του τρόπου χρησιμοποίησης των κινήσεων για τις ανάγκες του ανθρώπου (πβ. *κινησιοθεραπεία*). **3.** διδασκαλία τρόπων κατάλληλης κίνησης του σώματος και των μελών στο θέατρο και το χορό: *σπουδάζει ~ στο Παρίσι*.

κινησιολογικός, -ή, -ό, επίθ. (ασυνίζ.), που ανήκει ή αναφέρεται στην κινησιολογία (βλ. λ.).

κινητήρας ο, ουσ. (μηχανολ.) είδος μηχανής που μετατρέπει οποιαδήποτε μορφή μη μηχανικής ενέργειας (ζωϊκή, θερμική, υδραυλική, χημική, ηλεκτρική, ατομική) σε κινητική ενέργεια, που χρησιμοποιείται για να θέσει σε κίνηση μηχανισμό ή μηχανικό συγρότημα ώστε να παραχθεί ωφέλιμο έργο χωρίς να καταβληθεί μυϊκή δύναμη: ~ αυτοκινήτου/αεροπλάνου/εξωλέμβιος (συνών. μοτέρ).

κινητήριος, -α, -ο, επίθ. (ασυνίζ.), που είναι ικανός ή κατάλληλος να θέσει κάτι σε κίνηση: μηχανή -α· (κυριολ. και μεταφ.) ~ μοχλός· -α δύναμη.

κινητικός, -ή, -ό, επίθ. 1. που αναφέρεται στην κίνηση: ευχέρεια -ή· (φυσ.) -ή ενέργεια (= η ενέργεια που έχει μία μάζα που κινείται εξαιτίας της ταχύτητάς της)· -ή θεωρία ύλης (= θεωρία που βασίζεται αποκλειστικά στις κινήσεις, ορατές ή υποθετικές, των υλικών σωματιδίων για να ερμηνεύσει ορισμένα φαινόμενα). 2. που μπορεί να προκαλέσει ή να μεταδώσει κίνηση: ικανότητα -ή· (ανατομ.) μύες -οί· νεύρα -ά· (ιατρ.) διαταραχές -ές (= παραλύσεις που επέρχονται σε διάφορες παθήσεις). - Το θηλ. ως ουσ. = κλάδος της κλασικής μηχανικής που εξετάζει την επίδραση των δυνάμεων και των ροπών στην κίνηση υλικού σώματος.

κινητικότητα η, ουσ. 1. ικανότητα κάποιου να προκαλεί κίνηση ή να κινείται: ~ μειωμένη/υπερβολική (αντ. ακινησία). 2. σύνολο βιολογικών λειτουργιών που εξασφαλίζουν την κίνηση: ~ σωματική· αυξημένη ~ παιδιού (αντ. παράλυση). 3. (μεταφ.) αυξημένη δραστηριότητα, σύνολο ενεργειών που αφορούν την προώθηση εργασιών ή επίλυση θεμάτων: ~ σε γραφείο/στα ελληνοτουρκικά· παρατηρείται ~ στον τραπεζικό χώρο (= ζωηρότητα εμπορικοοικονομικών συναλλαγών). 4. η ευκολία στη μετακίνηση από χώρα σε χώρα, στην αλλαγή χώρου εργασίας, κοινωνικής τάξης, κλπ.: ~ στελεχών επιχειρήσεων· ~ κοινωνική· ~ σε κόμμα/κίνημα (= ρευστότητα ιδεών και απόψεων).

κινητοποίηση η, ουσ. 1. συστηματική και εντατική ετοιμασία ομάδας ατόμων με ορισμένη ιδιότητα, συνήθως υπηρεσιακή, για τη συμμετοχή τους σε συγκεκριμένη δραστηριότητα: άμεση/πλήρης ~ των υπηρεσιών/του κρατικού μηχανισμού (αντ. ακινητοποίηση, αδράνεια). 2. σύνολο ενεργειών με τις οποίες άτομα με την ίδια ιδιότητα ή τις ίδιες ιδέες ενθαρρύνονται και συμμετέχουν ενεργά σε εκδηλώσεις που αποβλέπουν στην ικανοποίηση αιτημάτων σχετικά με το χώρο που τους ενδιαφέρει: απεργιακές -εις των εργαζομένων· προγραμματίζονται πολιτικές/φοιτητικές -εις· οι βιοτέχνες απειλούν με -εις.

κινητοποιώ, -είς, ρ. (ασυνίζ.). 1. ετοιμάζω συστηματικά και εντατικά ομάδα ατόμων με ορισμένη ιδιότητα, συνήθως υπηρεσιακή, για τη συμμετοχή τους σε συγκεκριμένη δραστηριότητα: ~ τους τοπικούς φορείς/το υπουργείο· (μέσ.) -ήθηκαν μεγάλες δυνάμεις πυροσβεστών για να σβήσουν πυρκαγιά· -ούμαι στρατιωτικώς (για εμπόλεμη κατάσταση). 2. προβαίνω σε σύνολο ενεργειών με τις οποίες προσπαθώ να ενθαρρύνω άτομα με την ίδια ιδιότητα ή τις ίδιες ιδέες ώστε να πάρουν ενεργό μέρος σε εκδηλώσεις που αποβλέπουν στην ικανοποίηση αιτημάτων σχετικά με το χώρο των ενδιαφερόντων τους: (μέσ.) -ήθηκαν οι αγρότες για καλύτερες τιμές στα προϊόντα τους.

κινητός, -ή, -ό, επίθ. 1. που μπορεί να κινηθεί ή να μετακινηθεί από έναν τόπο σε άλλο ή από μια θέση σε άλλη: γέφυρα -ή· -ό διάφραγμα/εξάρτημα μηχανής· (φυσ.) -ό σημείο (αντ. αμετακίνητος, ακίνητος). 2. (ειδικά για εγκαταστάσεις ή εξοπλισμούς που μεταφέρονται και λειτουργούν επάνω σε όχημα): -ό συνεργείο αιμοληψίας/αυτοκινήτων· -ή βιβλιοθήκη. 3. (για εκκλ. γιορτή) που η ημερομηνία της μπορεί να μετατεθεί, που δε γιορτάζεται την ίδια μέρα κάθε χρόνο: το Πάσχα είναι -ή γιορτή (αντ. ακίνητος). 4. (νομ. για πράγματα που αποτελούν περιουσιακά στοιχεία) που μπορούν να μεταφερθούν από τόπο σε τόπο ή να μετακινηθούν αυτοδύναμα, δηλ. ζώα ή οχήματα (σε αντίθεση με το έδαφος και τα συστατικά του): -ή περιουσία (δηλ. όχι κτηματική· αντ. ακίνητη)· (το ουδ. ως ουσ.) μεταβίβαση της κυριότητας -ού (αστ. κώδ.)· (στον πληθ.) κινητή περιουσία: έχει πολλά -ά και ακίνητα. 5. (οικον.) -ές αξίες (= γενική ονομασία των αξιογράφων, που οφείλεται στο ότι μεταβιβάζονται και ρευστοποιούνται εύκολα): οι μετοχές και οι ομολογίες αποτελούν -ές αξίες.

κίνητρο το, ουσ. 1. (συνήθως στον πληθ.) τα αίτια που ωθούν τον άνθρωπο σε ενέργεια ή που επηρεάζουν τον τρόπο συμπεριφοράς του σε μια δραστηριότητα: άγνωστα παραμένουν τα -α του εγκλήματος· -α ευγενή/ταπεινά· -α βιολογικά/ψυχολογικά (που σχετίζονται με την άσκηση ορισμένων ψυχολογικών λειτουργιών)/κοινωνικά (που έχουν ψυχολογικό υπόστρωμα, αλλά αναφέρονται σε άλλους ανθρώπους και πραγματώνονται μέσω αυτών). 2. (οικον. στον πληθ.) παράγοντες που παρακινούν το άτομο να αναλάβει πρωτοβουλίες και δραστηριότητες: -α οικονομικά/εμπορικά· θεσπίζονται -α για την ενίσχυση της εθνικής οικονομίας.

κινίνη η, ουσ., αλκαλοειδές που εξάγεται από το φλοιό του φυτού κιγχόνης, αποτελείται από άχρωμους κρυστάλλους, είναι δυσδιάλυτο στο νερό και χρησιμοποιείται στη φαρμακευτική κατά των πυρετικών νοσημάτων: ~ θειική/υδροχλωρική. [γαλλ. quinine].

κινίνο το, ουσ., άλας της κινίνης που χρησιμοποιείται ως φάρμακο κατά των πυρετικών νοσημάτων, ιδίως της ελονοσίας: ~ σε χάπια/υπόθετα· πικρός σαν ~.

κιννάβαρι το, γεν. -άρεως, ουσ. (ορυκτ.) ερυθρός θειούχος υδράργυρος.

κιννάμωμον το, αρωματικό φυτό της Κεϋλάνης.

κίντυνος, βλ. κίνδυνος.

κινώ, -είς, ρ. I. ενεργ. Α. μτβ. 1. θέτω κάτι σε κίνηση, το κάνω να χάσει την κατάσταση ηρεμίας στην οποία βρίσκεται και να τεθεί σε ενέργεια ή λειτουργία: ~ αυτοκίνητο· (μεταφ. φρ.) ~ τα νήματα μιας υπόθεσης (δηλ. την οδηγώ στο αποτέλεσμα που θέλω) (αντ. ακινητοποιώ). 2. (μεταφ.) προξενώ ζωηρότητα δραστηριότητας ή συναλλαγών: νέες παραγγελίες κίνησαν την επιχείρηση. 3. (μεταφ.) κάνω να δράσει, εμφανίζω κάποιον να δρα: ο συγγραφέας/σκηνοθέτης -εί ένα πλήθος από πρόσωπα· ο καραγκιοζοπαίχτης -εί τις φιγούρες πίσω από το πανί. 4. προκαλώ, προξενώ: -εγείρω, υποκινώ: μου κίνησε την προσοχή/περιέργεια/τον οίκτο. 5. (νομ.) ~ αγωγή = αρχίζω

δικαστικό αγώνα, εγείρω ποινική δίωξη. 6. (οικον.) ~ λογαριασμό = κάνω καταθέσεις ή αναλήψεις χρηματικών ποσών. Β. (αμτβ.) ξεκινώ, αναχωρώ, φεύγω: *κίνησαν πρωί πρωί*. II. μέσ. 1α. (για πρόσωπο ή ζώο) βρίσκομαι σε κίνηση, βαδίζω, σαλεύω: *-είται αργά/νωχελικά· να μην -ηθεί κανείς*. β. (για πράγματα) βρίσκομαι σε κίνηση ή λειτουργία: *η Γη -είται· -ούμενος στόχος· -ούνται τα λεωφορεία* (= κυκλοφορούν)· *-ούμενα σχέδια* = κινηματογραφική ταινία που γίνεται από μια ακολουθία σχεδίων που αντιπροσωπεύουν τις διαδοχικές φάσεις της κίνησης ενός σώματος και συνεκδοχικά κλάδος της τέχνης και της κινηματογραφικής βιομηχανίας που σχετίζεται με αυτό το είδος ταινιών. 2. αλλάζω τόπο ή θέση, μετακινούμαι, μετατοπίζομαι: *χιλιάδες αυτοκίνητα -ήθηκαν προς τη Χαλκιδική· -ούμενη άμμος* (= υγρή άμμος που υποχωρεί στην πίεση του ποδιού και μπορεί να καταπιεί τα πρόσωπα που την πατούν). 3. (μεταφ.) βρίσκομαι σε δραστηριότητα, ενεργώ, δρω: *-ούμαι αντιδεοντολογικώς*. 4. (μεταφ.) παρακινούμαι από...: *τον χτύπησε -ούμενος από μίσος/ζήλεια*. - Βλ. και *κουνώ*.
κινώ γην και ουρανόν· αρχαϊστ. φρ. = καταβάλλω μεγάλη προσπάθεια για κάτι.
κιόλας και **κιόλα**, επίρρ. (συνίζ.). Α. χρον. 1. (για να δηλωθεί ότι κάτι έγινε ή γίνεται ή θα γίνει πολύ νωρίτερα και πολύ γρηγορότερα από ό,τι περίμενε κανείς) από τώρα, τόσο νωρίς: *έφαγες/έφτασες ~; εκεί βρέχει ~!* 2α. αμέσως τώρα, στη στιγμή: *θα το γράψω αυτή τη στιγμή ~* β. (με τα επιρρ. *τώρα, σήμερα, αύριο,* κλπ.): *σήμερα/τώρα ~ θα το ετοιμάσω· φύγε απόψε ~ για το εξωτερικό*. 3. (σπάνια) ήδη, πια, από καιρό: *έφτασε ~ το δέμα· ξεχάστηκε ~ ό,τι έγινε*. Β. επιδοτικό προσθετικό 1. μάλιστα: *δε φτάνει που έκανε όλα τα έξοδα, άφησε ~ τη δουλειά του για χάρη τους*. 2. ακόμη, επιπλέον, αποπάνω: *είχαν ανάγκη να ΄ρθεις ο ίδιος ~; μας φοβερίζεις ~;* 3. άλλωστε· επίσης, κοντά στα άλλα: *θα ευχαριστηθεί με τα δώρα· αν τα πάρει ~ έγκαιρα*. Γ. επιδοτικό αντιθετικό 1. (με προηγούμενο συνήθως το *μόνο*) αλλά και: *δε σκηνοθετεί μόνο, πρωταγωνιστεί ~ στο έργο*. 2. εξάλλου, πάλι: *δεν είχε τόσα για το ταξίδι· αλλά τι να κάνει ~ που είχε αδυναμία στο παιδί*; Δ. (βεβαιωτικό) πράγματι, ακριβώς: *τους το υποσχέθηκε, όπως ~ το έκανε· γι΄ αυτό ~ πρέπει να τον δεις*. Ε. (συμπερασματικό, μεταβατικό) λοιπόν: *είδες ~ τι θα πάθαινες· είχε μάθει τα νέα, για κείνο ~ δε φάνηκε καθόλου*.
κίονας ο, ουσ. (αρχιτ.) ξύλινη ή λίθινη κυλινδρική υψηλή στήλη που χρησιμεύει κατά κανόνα ως υποστήριγμα στέγης και διακρίνεται σε τρία μέρη: τη βάση, τον κορμό (λείο, με ραβδώσεις ή διακοσμημένο) και το κιονόκρανο: *-ες δωρικού/ ιωνικού ρυθμού· οι αρχαίοι αιγυπτιακοί -ες ήταν όλοι μονόλιθοι· -ες θριαμβικοί* (= αυτοί που ανεγείρονταν στην αρχαία Ρώμη για ανάμνηση μεγάλων εθνικών γεγονότων) (συνών. *στύλος, κολόνα*).
κιονίσκος ο, ουσ. (ασυνίζ.), μικρός κίονας.
κιονόκρανο το, ουσ. (ασυνίζ.), (αρχιτ.) το επάνω μέρος κίονα, που η διακόσμησή του αποτελεί το χαρακτηριστικό γνώρισμα κάθε ρυθμού: *~ αιγυπτιακό/κορινθιακό/σύνθετο* (συνών. *κεφαλοκόλονο, κεφαλάρι*).
κιονοστοιχία η, ουσ. (ασυνίζ.), σειρά από όμοιους κίονες που είναι τοποθετημένοι σε ίσες μεταξύ τους αποστάσεις: *εξωτερική ~ αρχαίων ναών*.
κιόσκι το, ουσ. (συνιζ.), μεμονωμένο κτίσμα μέσα σε πάρκο, κήπο ή μεγαλύτερο κτήμα: *~ κυνηγετικό/τετράγωνο* (συνών. *περίπτερο*). [τουρκ. *köšk*].
κιοτεύω, ρ. (συνιζ., λαϊκ.), δειλιάζω, λιγοψυχώ: *η καρδιά του -ότεψε μπρος στον κίνδυνο*. [*κιοτής + -εύω*].
κιοτής ο, πληθ. *-ήδες*, ουσ. (συνιζ., λαϊκ.), δειλός, φοβιτσιάρης. [τουρκ. *kötü*].
κιούγκι το, ουσ. (ασυνίζ., έρρ., λαϊκ.), πήλινος σωλήνας οχετού, πηλοσωλήνας· στον πληθ. = γραμμή αποχέτευσης από πηλοσωλήνες. [τουρκ. *künk*].
κιούπι το, ουσ. (συνιζ., λαϊκ.), πιθάρι. [τουρκ. *küp*].
κιουρί το, ουσ. (συνιζ.), μονάδα μέτρησης της ραδιενέργειας. [γαλλ. *curie*<όνομα του Γάλλου φυσικού *P. Curie*].
κιοφτές, βλ. *κεφτές*.
Κιρκάσιος ο, θηλ. *-α*, ουσ. (ασυνίζ.), ο κάτοικος της Κιρκασίας ή ο καταγόμενος από εκεί.
κιρκινέζι το, ουσ. (λαϊκ.), είδος γερακιού: *~ αρπακτικό/μαύρο* (συνών. *ξεφτέρι*). [τουρκ. *kerkenes*].
κίρρωση η, ουσ. (ιατρ.) παθολογική κατάσταση ενός οργάνου του σώματος που χαρακτηρίζεται από υπερπλασία του συνδετικο-αγγειακού ιστού του οργάνου: *~ ήπατος/νεφρού· ατροφική/εμβρυϊκή*.
κιρσοκήλη η, ουσ. (ιατρ.) διόγκωση που οφείλεται σε κιρσώδη διάταση των σπερματικών φλεβών.
κιρσός ο, ουσ. (ιατρ.) υπερβολική και μόνιμη διεύρυνση των φλεβών κάτω από το δέρμα ή το βλεννογόνο υμένα: *-οί των κάτω άκρων/οισοφαγικών φλεβών*.
κιρσοτομία η, ουσ. (ιατρ.) χειρουργική αφαίρεση των κιρσών.
κίσηρη η, ουσ., ελαφρόπετρα (βλ. λ.).
κισλάρ-αγάς ο, ουσ., ο αρχιευνούχος των σουλτανικών ανακτόρων. [τουρκ. *kızlar ağası*].
κισμέτι ή **κισμέτ** το, ουσ. άκλ. (λαϊκ.), το πεπρωμένο, η μοίρα, η τύχη. [τουρκ. *kısmet*].
κίσσα η, ουσ. 1. (ζωολ.) μικρό πουλί, με μήκος 20-25 εκατοστά, εκτός από τη μακριά ουρά του, φτέρωμα μαύρο και κοιλιά λευκή· ζωηρό και έξυπνο, ελκύεται από μικρά αντικείμενα γυαλιστερά (γυαλιά, μέταλλα, κλπ.), που τα αρπάζει και τα κρύβει σε δυσπρόσιτα μέρη: *κλέφτρα ~· γυναίκα αδύνατη σαν ~* (συνών. *καρακάξα*). 2. (ιατρ.) διαστροφή της όρεξης που χαρακτηρίζεται είτε από αηδία για ορισμένα φαγητά είτε από παράλογη όρεξη γι΄ αυτά και παρατηρείται σε εγκύους ή υστερικές γυναίκες.
κισσός ο, ουσ. (βοτ.) είδος αναρριχώμενου αειθαλούς φυτού που ζει αγκιστρωμένο πάνω σε τοίχους ή δέντρα συχνά για εκατοντάδες χρόνια: *~ άγριος/κοινός· στεφάνι από -ό*.
κισσότοιχος ο, ουσ. (λογοτ.) τοίχος όπου ανεβαίνει ο κισσός.
κισσόφυλλο το, ουσ., το φύλλο του κισσού.
κιτ το, ουσ. άκλ., εξάλειψη ανισότητας ή διαφοράς, εξίσωση· (επιρρημ.) ίσα ίσα, πάτσι: *είμαστε ~· στο παιχνίδι ήλθαμε ~*. [γαλλ. *quitte*].
κιτάπι το, ουσ. (λαϊκ.), βιβλίο: *παλιά... -ια χιλιοσκονισμένα· να δούμε τι γράφουν τα -ια* (ιδίως για βιβλία λογαριασμών). [τουρκ. *kitab*].

κιτρέλαιο το, ουσ., αιθέριο έλαιο που εξάγεται από τα κίτρα.

κιτριά η, ουσ. (ασυνίζ.), (βοτ.) ονομασία του δένδρου κίτριον το μηδικόν που ανήκει στα εσπεριδοειδή.

κιτρικός, -ή, -ό, επίθ., που αναφέρεται στα κίτρα ή γενικά τα εσπεριδοειδή, ή που προέρχεται από αυτά· (χημ.) *-ό οξύ* (= όξινο συστατικό του χυμού των λεμονιών που σε καθαρή κατάσταση αποτελείται από διαφανείς πρισματικούς κρυστάλλους· χρησιμοποιείται στη βαφική, φαρμακευτική, μαγειρική, κλπ.).

κιτρινάδα η, ουσ. 1. το κίτρινο χρώμα (συνών. *κιτρινίλα*). 2. ωχρότητα, χλομάδα: *μια ~ απλώθηκε στο πρόσωπό της* (συνών. *κιτρινίλα*).

κιτρινάδι το, ουσ. 1. κίτρινη κηλίδα, κίτρινο στίγμα (συνών. *κιτρινίλα*). 2. ο κρόκος του αβγού.

κιτρινάκι, βλ. *κίτρινος*.

κιτρινιάζω, ρ. (συνιζ.), γίνομαι κίτρινος, ωχρός, χλομιάζω: *-ίνιασε από το φόβο του* (συνών. *κιτρινίζω*).

κιτρινιάρης, -α, -ικο, επίθ. (συνιζ.). 1. κιτρινωπός 2. που είναι χλομός, ωχρός από αρρώστια (συνών. *αρρωστιάρης*).

κιτρίνιασμα το, ουσ., κιτρίνισμα.

κιτρινίζω, ρ. 1α. γίνομαι κίτρινος: *-ίνισαν τα λεμόνια* (= ωρίμασαν)· **β.** (μειωτ.) αποκτώ κιτρινωπή απόχρωση: *δόντια/δάχτυλα -ισμένα από το κάπνισμα.* 2. γίνομαι ωχρός, χλομιάζω: *-ίνισε από τον πόνο/φόβο.* 3. ξεθωριάζω: *-ίνισαν τα φύλλα του βιβλίου από την πολυκαιρία.* 4. (για τα φύλλα των δέντρων) μαραίνομαι: *το φθινόπωρο τα φύλλα -ίζουν και πέφτουν.* 5. (μτβ.) βάφω ή κάνω κάτι κίτρινο ή κιτρινωπό: *ο ήλιος -ίνισε τα ασπρόρουχα.*

κιτρινίλα η, ουσ. 1. το κίτρινο χρώμα (συνών. *κιτρινάδα*). 2. κίτρινη κηλίδα (συνών. *κιτρινάδι*). 3. ωχρότητα, χλομάδα: *~ προσώπου* (συνών. *κιτρινάδα*).

κιτρίνισμα το, ουσ. 1. το να αποκτά κάτι κίτρινο χρώμα ή κιτρινωπή απόχρωση: *~ ρούχων/δοντιών.* 2. το να γίνεται κάποιος ωχρός, χλόμιασμα. 3. ξεθώριασμα: *~ χαρτιού από την πολυκαιρία.* 4. (για τα φύλλα) το να μαραίνονται.

κίτρινος, -η, -ο, επίθ. **1α.** που έχει το χρώμα του κίτρου, του λεμονιού: *φόρεμα/φως -ο*· *τα -α φύλλα του φθινοπώρου*· *ρύζι -ο*· **β.** (μειωτ.) που έχει απόχρωση κιτρινωπή: *δόντια -α.* 2. χλομός, ωχρός: *~ από φόβο/σαν το λεμόνι*· *-η φυλή* (= ανθρώπινη φυλή, κατά κανόνα ασιατική, με κίτρινη επιδερμίδα και σχιστά μάτια (αντ. *λευκή, μαύρη*)· (ιατρ.) *~ πυρετός* (= οξεία λοιμώδης ασθένεια των τροπικών κλιμάτων που οφείλεται στη σπειροχαίτη, με κύρια χαρακτηριστικά τον ίκτερο και αιμορραγίες). Έκφρ. *~ τύπος* (= εφημερίδες και περιοδικά που κατισχύουν την αύξηση της κυκλοφορίας τους με σκανδαλώδη δημοσιεύματα)· *~ εργάτης* (= απεργοσπάστης). - Το ουδ. ως ουσ. και υποκορ. **-άκι** το = το κίτρινο χρώμα και συνεκδοχικά αντικείμενο που έχει κίτρινο χρώμα.

κίτρο το, ουσ., ο καρπός της κιτριάς, που μοιάζει με μεγάλο λεμόνι.

κιτρολε(ϊ)μονάνθι το, ουσ., το άνθος της κιτρολεμονιάς.

κιτρολεμονιά η, ουσ., ποικιλία λεμονιάς που παράγει λεμόνια μεγάλα σαν κίτρα.

κιτρολέμονο το, ουσ., ο καρπός της κιτρολεμονιάς (βλ. λ.).

κιτροπαραγωγός ο, ουσ., αυτός που καλλιεργεί κιτριές.

κιτς το, ουσ. άκλ. 1. αντικείμενο ή έργο τέχνης που χαρακτηρίζεται από κακό γούστο, συνδυασμό ετερόκλιτων στοιχείων, μελοδραματικό τόνο και γενικά καλλιτεχνική προχειρότητα. 2. (συνεκδοχικά) κάθε κακόγουστο αντικείμενο ή εκδήλωση. [αγγλ., γαλλ. *kitsch*<γερμ. *Kitsch*].

κιχ το, ουσ. άκλ., (με άρνηση) τσιμουδιά, ελάχιστος ήχος ή λόγος: *δε βγάζω ~*· *ούτε ~ να μην ακουστεί!* [λ. ηχομιμ.].

κλαβανή, βλ. *γκλαβανή*.

κλαγγή η, ουσ. (έρρ.), δυνατός ήχος που προκαλείται από όπλα (ξίφη, κ.τ.ό.) που συγκρούονται: *~ σπαθιών.*

κλάδα η, ουσ. 1. μεγάλο κλαδί (συνών. *κλάρα*). 2. ύφασμα με σχέδια κλαδιών: *έστρωσε μια όμορφη ~ στο κρεβάτι.*

κλαδάκι, βλ. *κλαδί*.

κλάδεμα το, ουσ. 1. το κόψιμο των περιττών κλαδιών δέντρου ή θάμνου με σκοπό να αναπτυχθεί καλύτερα το φυτό, να ανθοφορήσει και να καρποφορήσει: *~ πρώιμο*· *~ θερινό ή χλωρό/ χειμερινό ή στεγνό.* 2. (λαϊκ. μεταφ.) απόρριψη: *έπεσε ~ στις εξετάσεις.*

κλαδευτήρα η, ουσ., μεγάλο κλαδευτήρι.

κλαδευτήρι το, ουσ., δρεπανοειδές σιδερένιο εργαλείο με το οποίο γίνεται το κλάδεμα: *~ κοφτερό.*

κλαδευτής ο, θηλ. **-εύτρα** και **-εύτρια,** ουσ., αυτός που είναι ειδικός στο κλάδεμα.

κλαδεύω, ρ. 1. κόβω τα περιττά κλαδιά δέντρου ή φυτού για να αναπτυχθεί καλύτερα και να καρποφορήσει περισσότερο: *~ αμπέλι.* 2. (λαϊκ. μεταφ. για δυνατό ή ξαφνικό χτύπημα): *ο παίκτης -άδεψε τον αντίπαλο και ο διαιτητής σφύριξε φάουλ.*

κλαδί το, ουσ., βλαστός δέντρου ή θάμνου, που φύεται από τον κορμό ή άλλον όμοιο βλαστό και φέρει φύλλα, άνθη και καρπούς: *ανθισμένα/ξερά -ιά* (συνών. *κλωνάρι, κλαρί*). - Υποκορ. **-άκι** το.

κλαδικός, -ή, -ό, επίθ., που ανήκει ή αναφέρεται σε κλάδο επαγγελματικό, πολιτικό, επιστημονικό, κλπ.: *οργανώσεις -ές*· *σωματείο/ινστιτούτο -ό.*

κλάδος ο, ουσ. 1. κλωνάρι, κλαδί. 2. (συνεκδοχικά) η εποχή για κλάδεμα αμπελιών, ελαιόδεντρων, κλπ. 3. διακλάδωση: *ο βόρειος ~ του ισημερινού ρεύματος.* 4. (μεταφ.) *~ γενεαλογικός* = σειρά οικογενειών που κατάγονται από το ίδιο πρόσωπο. 5. (μεταφ.) κάθε επιμέρους θέμα ή ιδιαίτερη τέχνη ή δραστηριότητα που αποτελεί τμήμα ενός επιστημονικού, καλλιτεχνικού, βιομηχανικού, πολιτικού, κλπ., συνόλου: *~ της φιλολογίας/ οικονομίας/ τεχνολογίας* (συνών. *παρακλάδι, υποδιαίρεση*).

κλαδωτός, -ή, -ό, επίθ. 1. που έχει το σχήμα κλαδιών: *κάγκελα -ά.* 2. (για ύφασμα) που έχει σχέδια κλαδιών: *γιλέκο -ό*· *φούστα -ή* (συνών. *κλαρωτός*).

κλάημα, βλ. *κλάμα*.

κλαίουσα, επίθ. μόνο στον επιστ. όρο *ιτέα η ~* (βοτ.) ιτιά (βλ. λ.).

κλαίω, ρ., παρατ. *έκλαιγα*, μέσ. *κλαίγομαι*, αόρ. *κλαύτηκα*, μτχ. *κλαμένος*. **I.** ενεργ. **Α.** (αμτβ.) χύνω δάκρυα συνήθως από λύπη, πόνο ή φόβο, αλλά και από μεγάλη χαρά: *έκλαιγε σα μωρό παιδί*· *περασμένα μεγαλεία και διηγώντας τα να κλαις*

(Σολωμός)· (για τα μάτια) *ήρθε με κλαμένα μάτια* (αντ. *γελώ*). Β. μτβ. 1. θρηνώ, μοιρολογώ κάποιον (ειδικά νεκρό): *να -ει η μάνα το παιδί και το παιδί τη μάνα* (παροιμ. φρ., για σοβαρό δυστύχημα). 2. εκφράζω τη θλίψη μου, λυπάμαι κάποιον ή κάτι: *είναι για να τον κλαις· ~ τη μοίρα μου*. II. (μέσ.) παραπονιέμαι: *όλο -γεται· ποτέ δεν είναι ευχαριστημένη* (συνών. *μεμψιμοιρώ*). Φρ. *τράβα με κι ας ~* (γι' αυτούς που προσποιούνται ότι δε θέλουν αυτό που τόσο επιθυμούν)· *κλάψ' τα Χαράλαμπε* (για κατάσταση φρικτή και ανυπόφορη)· *κλαιν οι χήρες, κλαιν κι οι παντρεμένες* (γι' αυτούς που ευτυχούν και ευπορούν και όμως μεμψιμοιρούν σαν να ήταν δυστυχισμένοι)· *θα -ψουνε μάνες* (για θλιβερό γεγονός).

κλακ το, ουσ. άκλ., ψηλό κυλινδρικό ανδρικό καπέλο επίσημης στολής που μπορεί με εσωτερικά ελατήρια να συμπτύσσεται και να γίνεται πλάκα. [γαλλ. *claque*].

κλάκα η, ουσ. 1. ομάδα εγκάθετων ατόμων που προσέρχονται σε δημόσιο χώρο για να επευφημήσουν ή να αποδοκιμάσουν επηρεάζοντας έτσι τους θεατές. 2. χειροκροτήματα, επευφημίες, κλακαδόρων. [γαλλ. *claque*].

κλακαδόρος ο, ουσ., αυτός που είναι πληρωμένος για να χειροκροτεί ή να αποδοκιμάζει ηθοποιό, ρήτορα, κλπ. [γαλλ. *claquer*].

κλακέτες οι, ουσ., μεταλλικές λάμες που προσαρμόζονται στις μύτες και στα τακούνια παπουτσιών χορευτών παράγοντας χαρακτηριστικό ήχο. [γαλλ. *claquette*].

κλάμα και **κλάημα** το, ουσ. (λαϊκ.), το να χύνει κανείς δάκρυα από λύπη, πόνο ή μεγάλη χαρά: *~ του μωρού·* φρ. *βάζω ή μπήγω τα -ατα* (= αρχίζω να κλαίω) (συνών. *θρήνος, κλάψιμο·* αντ. *γέλιο*).

κλάμπ το, ουσ. άκλ. (μη έρρ.). 1. λέσχη (βλ. λ.). 2. χορευτικό κέντρο. [αγγλ. *club*].

κλανιά η, ουσ. (συνιζ., λαϊκ.). 1. το να αφήνει κανείς αέρια από τα εντερά του με θόρυβο. 2. το αέριο που βγαίνει από τα εντόσθια (συνών. *πορδή*).

κλανιάρης ο, θηλ. **-α**, ουσ. (λαϊκ.). 1. αυτός που κλάνει συχνά. 2. (μεταφ.) δειλός (συνών. *χέστης*).

κλάνω, ρ. (λαϊκ.), αφήνω αέρια από τα εντερά μου με θόρυβο.

κλάξον το, ουσ. άκλ., εξάρτημα του αυτοκινήτου που χρησιμοποιείται από τους οδηγούς κατά την κυκλοφορία για την αποφυγή συγκρούσεων (συνών. *κόρνα*). [αγγλ. *klaxon*].

κλάπα η, ουσ. 1. κομμάτι ξύλου ή σιδερένιου ελάσματος με το οποίο συνδέονται μεταξύ τους δύο ή περισσότερες σανίδες. 2. στρόφιγγα πόρτας ή παραθύρου (συνών. *μεντεσές*). 3. σιδερένιος κλοιός στον οποίο εφαρμόζει ο σύρτης πόρτας. 4. εντοιχισμένο σιδερένιο έμβολο για τη στερέωση των κουφωμάτων. 5. κομμάτι δέρματος που προστατεύει τα μάτια του αλόγου και το εμποδίζει να βλέπει στα πλάγια (συνών. *παρωπίδες*).

κλαπάτσα και **χλαπάτσα** η, ουσ., διστομίαση (βλ. λ.). [αρομουνικής προέλευσης].

κλαπατσίμπαλα τα, ουσ. (γενικ.) μουσικά όργανα. [ιταλ. *clavicembalo*].

κλάρα η, ουσ. 1. μεγάλο κλωνάρι: *έσπασαν δυο -ες γεμάτες φρούτα*. 2. (λαϊκ., συνεκδοχικά ύφασμα με αποτυπωμένα σχέδια κλαδιών): *~ και καλύμματα* (συνών. *κλάδα*). Φρ. (ειρωνικά) *πού πας την ~; = ποιες τέλος πάντως είναι οι προθέσεις σου*;

κλαρί το, ουσ., βλαστός δέντρου ή θάμνου (συνών. *κλαδί, κλωνάρι*)· φρ. *βγαίνω στο ~* (= βγαίνω στην παρανομία, για φυγόδικο ή για γυναίκα που ζει ακόλαστη ζωή)· *δεν αφήνουν κάποιον σε χλωρό ~* (= συνεχώς τον καταδιώκουν). - Υποκορ. **-άκι** το. [*κλάδιον* με επίδραση υποκορ. κατάλ. *-άρι(ον)*].

κλαρινετίστας ο, ουσ., αυτός που παίζει κλαρινέτο. [ιταλ. *clarinettista*].

κλαρινέτο το, ουσ., οικογένεια πνευστών μουσικών οργάνων με μονή γλωσσίδα, στα οποία κυριαρχεί το κυλινδρικό σχήμα της καμπάνας και που κατασκευάζονται συνήθως από ξύλο. [ιταλ. *clarinetto*].

κλαρίνο το, ουσ. 1. λαϊκή ονομασία του κλαρινέτου. 2. (για άνθρωπο που παίζει σε ορχήστρα ή μπάντα): *είναι το πρώτο ~ της μπάντας*. Φρ. *στέκομαι ~* (= στέκομαι σε στάση προσοχής). [ιταλ. *clarino*].

κλαριντζής ο, ουσ. (έρρ., λαϊκ.), αυτός που παίζει κλαρίνο.

κλαρωτός, -ή, -ό, επίθ., κλαδωτός (βλ. λ.): *φούστα -ή* (λαϊκ. τραγ.).

κλασέρ το, ουσ. άκλ., χαρτοφύλακας για ταξινόμηση εγγράφων. [γαλλ. *classeur*].

κλάση η, ουσ. 1. σύνολο ατόμων ή πραγμάτων που αποτελούν μέρος ενός όλου (συνών. *τάξη*). 2. μονάδα βιολογικής ταξινόμησης ανώτερη από την τάξη. 3. καλή ποιότητα, μεγάλη αξία: *αθλητής -ης*. 4. (στρατ.) *στρατολογική ~* = το σύνολο των στρατευσίμων του ίδιου έτους. [λατ. *classis*].

κλασικά, βλ. *κλασικός*.

κλασικίζω, ρ., μιμούμαι τους κλασικούς συγγραφείς.

κλασικισμός ο, ουσ. 1. η τεχνοτροπία και το ύφος των αρχαίων Ελλήνων και Λατίνων συγγραφέων και καλλιτεχνών. 2. τάση για μίμηση των κλασικών συγγραφέων. 3. τάση για μελέτη των κλασικών συγγραφέων, κλασικές σπουδές. 4. καλλιτεχνική τάση που χαρακτηρίζεται από την αίσθηση των αναλογιών, των ισόρροπων και σταθερών συνθέσεων, την αναζήτηση της αρμονίας των μορφών και από μια λιτότητα στην έκφραση.

κλασικιστής ο, ουσ. 1. αυτός που μιμείται τους κλασικούς. 2. μελετητής των κλασικών συγγραφέων ή καλλιτεχνών.

κλασικιστικός, -ή, -ό, επίθ., που αναφέρεται στον κλασικισμό: *-ές απαιτήσεις για αρμονία, συμμετρία και αναλογία των μερών· παιδεία -ή*.

κλασικός, -ή, -ό, επίθ. 1. που ανήκει ή αναφέρεται στους αρχαίους Έλληνες ή Λατίνους συγγραφείς και καλλιτέχνες: *περίοδος/ποίηση -ή*. 2. για συγγραφέα, καλλιτέχνη, κλπ.) που το έργο του γίνεται δεκτό ως κανόνας τελειότητας (συνών. *δόκιμος·* αντ. *αδόκιμος*). 3. (για έργα τέχνης, λογοτεχνίας, κλπ.) που κατατάσσονται στην πρώτη σειρά από άποψη αξίας: *-ό κινηματογραφικό έργο*. 4. (για παιδεία) που στηρίζεται κατά το μεγαλύτερο μέρος στη σπουδή των αρχαίων Ελλήνων και Λατίνων συγγραφέων: *σπουδές -ές*. 5. που είναι καθιερωμένος, παραδοσιακός: *ντύσιμο -ό· έπιπλα -ά* (αντ. *μοντέρνος*). 6. (για μουσική) **α.** μουσική που δημιουργήθηκε κατά την περίοδο 1730-1820· **β.** κάθε σοβαρή μουσική με διαχρονική αξία. 7. (για μουσικό) που παίζει κομμάτια κλασικής μουσικής: *πιανίστας ~*. 8. (για μπαλέτο) χορευτικό σύστημα που βασίζεται σε τυποποιημέ-

κλάσιμο

νες κινήσεις και τοποθετήσεις των χεριών, των ποδιών και του σώματος, που προορίζονται για την εξασφάλιση της δυνατότητας του χορευτή να κινηθεί με μεγαλύτερη ευλυγισία και χάρη. **9.** ιδιαίτερα χαρακτηριστικός: *περίπτωση -ή· παράδειγμα -ό.* **10.** (ειρων.) που είναι αξεπέραστος σε κάποια ιδιότητα: *ψεύτης/τεμπέλης ~. - Το* αρσ. ως ουσ. = διαπρεπής ΄Ελληνας και Λατίνος συγγραφέας ή καλλιτέχνης των αρχαίων χρόνων: *τα άπαντα αρχαίων Ελλήνων -ών. - Το* ουδ. ως ουσ. = εικονογραφημένο περιοδικό με θέματα από τη μυθολογία, ιστορία ή την κλασική λογοτεχνία. -Επίρρ. **-ά.**

κλάσιμο το, ουσ., κλανιά (βλ. λ.).

κλάσμα το, ουσ. (μαθημ.) ο μη ακέραιος ρητός αριθμός που γράφεται με τη μορφή $\frac{α}{β}$, οπότε ο α λέγεται αριθμητής και ο β παρονομαστής: *ετερώνυμα/ομώνυμα/καταχρηστικά -α·* έκφρ. *σε ~ δευτερολέπτου* (= αστραπιαία).

κλασματικός, -ή, -ό, επίθ. **1.** που ανήκει ή αναφέρεται σε κλάσμα: *αριθμός ~* (αντ. *ακέραιος*). **2.** (χημ.) που γίνεται τμηματικά: *απόσταξη -ή* (συνών. *τμηματικός*).

κλατάρω, ρ., αόρ. *-αρα* και *-άρισα.* **1.** ξεφουσκώνω: *-αρε η ρόδα του ποδηλάτου.* **2.** (μεταφ., λαϊκ.) εξουθενώνομαι: *κοντεύω να ~ από την πολλή κούραση.* [γαλλ. *éclater*].

κλαυδιανός, -ή, -ό, επίθ. (ασυνίζ.), *γράμματα -ά* = γράμματα που επινόησε ο αυτοκράτορας Κλαύδιος για να συμπληρώσει το λατινικό αλφάβητο· *μέταλλο -ό* = κράμα από χαλκό και κασσίτερο, στο οποίο προστίθεται ψευδάργυρος και μόλυβδος.

κλαυσίγελος ο, ουσ. (λόγ.), γέλιο ανάμικτο με κλάμα.

κλαυτός, -ή, -ό, επίθ., που κλαίει: *πήγε -ή στη μητέρα της.* - Επίρρ. **-ά.**

κλάψα η, ουσ. **1.** κλάμα, μοιρολόι: *άφησε τις -ες και στρώσου στο διάβασμα.* **2.** παράπονο: *θ' αρχίσουν τις -ες πως δεν έχουνε να φάνε* (συνών. *μεμψιμοιρία*).

κλαψιάρης ο, θηλ. **-άρα,** ουσ. (συνιζ.). **1.** αυτός που κλαίει εύκολα. **2.** αυτός που παραπονιέται, μεμψιμοιρεί συνεχώς.

κλαψιάρικος, -η, -ο, επίθ. (συνιζ.). **1.** που κλαίει εύκολα: *μωρό -ο.* **2.** παραπονιάρικος: *ύφος -ο· φωνή -η.* - Επίρρ. **-α.**

κλάψιμο το, ουσ., κλάμα (βλ. λ.).

κλαψοπούλι το, ουσ., το πουλί γκιόνης ή η κουκουβάγια.

κλαψούρα η, ουσ., κλαψούρισμα (βλ. λ.).

κλαψουρίζω, ρ., κλαίω συνεχώς με λεπτή και χαμηλή φωνή.

κλαψούρισμα το, ουσ., συνεχές σιγανό κλάψιμο (συνών. *κλαψούρα*).

κλέβω και (ιδιωμ.) **κλέφτω,** ρ., αόρ. *έκλεψα,* πληθ. *κλέψαμε,* μέσ. *κλέφτηκα,* μτχ. *κλεμμένος.* Α. μτβ. **1.** παίρνω από κάποιον κάτι χωρίς την άδειά του και χωρίς την πρόθεση να του το επιστρέψω: *μου έκλεψαν το πορτοφόλι μέσ' από την τσάντα.* **2.** (μεταφ.) ιδιοποιούμαι ξένη ιδέα, εφεύρεση, ξένη πνευματική ιδιοκτησία: *μου έκλεψες την ιδέα.* **3.** (για πρόσωπο) α. αρπάζω, απάγω πρόσωπο θηλυκού γένους με την πρόθεση να το παντρευτώ: *την έκλεψε, γιατί δεν του την έδινε ο πατέρας της.* β. (μέσ.) αλληλοαπάγομαι: *κλεφτήκαμε, γιατί δεν*

ήθελαν το γάμο οι δικοί μας. **4.** πετυχαίνω κάτι με βία ή με απάτη, κατορθώνω κάτι με δόλο: *της έκλεψε ένα φιλί.* **5.** (για ζωγράφο) αντιγράφω: *το θέμα του πίνακα είναι κλεμμένο.* **6.** χρεώνω περισσότερο από την κανονική αξία ή βάρος: *μας -ει στο ζύγι/στο λογαριασμό.* **7.** (για χρόνο) εξοικονομώ: *θα -ψω λίγο χρόνο και θα 'ρθω να σε δω.* **8.** αντιγράφω: *πάντα -ει στις εξετάσεις, αλλά ποτέ δεν τον πιάνουν.* Β. αμτβ. **1.** κάνω κλοπή: *ο πατέρας του τον βάζει να -ει.* **2.** (για ζυγαριά) δεν είναι ακριβής, δείχνει περισσότερο από το κανονικό: *η ζυγαριά του -ει.* **3.** (για χαρτιά, παιχνίδι, κλπ.) παραβαίνω με δόλιο τρόπο τους όρους του παιχνιδιού για να κερδίσω. Φρ. ~ *την καρδιά κάποιου* (= τον κάνω να μ' ερωτευθεί): *από το πρώτο ραντεβού μου 'κλεψε την καρδιά· ~ την παράσταση* (= απροσδόκητα κερδίζω το θαυμασμό ή την προσοχή όλων σε παράσταση ή σε άλλη εκδήλωση).

κλείδα η, ουσ. (ανατομ.) μακρύ κόκαλο που βρίσκεται στο μπροστινό επάνω τμήμα του θώρακα.

κλειδάκι, βλ. *κλειδί.*

κλειδαμπαρώνω, ρ. (όχι έρρ.). **1.** κλειδώνω και αμπαρώνω την πόρτα. **2.** κλείνω κάποιον κάπου έτσι ώστε να μην μπορεί να φύγει: *τους είχε -ωμένους σ' ένα ερημικό σπίτι.* **3.** (μέσ.) κλείνομαι κάπου και ασφαλίζομαι (ιδίως από φόβο).

κλειδάρα, βλ. *κλειδί.*

κλειδαράς ο, ουσ., τεχνίτης που κατασκευάζει και επιδιορθώνει κλειδιά και κλειδαριές.

κλειδαριά η, ουσ. (συνιζ.), μηχανική διάταξη με την οποία πετυχαίνεται το κλείσιμο και η ασφάλιση πόρτας, καλύμματος, δοχείου ή άλλου κινητού εξαρτήματος έτσι ώστε να μην μπορεί να ανοιχτεί παρά μόνο με κλειδί ή με σειρά χειρισμών: ~ *ασφαλείας* (συνών. *κλειδωνιά*).

κλειδάριθμος ο, ουσ. **1.** συνθηματικός αριθμός των κρυπτογραφικών κωδίκων που χρησιμεύει για την αποκρυπτογράφηση κειμένων. **2.** συνδυασμοί αριθμών ή λέξεων ή αριθμών και λέξεων που διαμορφώνονται σε ειδικές κλειδαριές, συνήθως χρηματοκιβωτίων, με την πραγματοποίηση των οποίων είναι δυνατό το άνοιγμα ασφαλισμένων χώρων.

κλειδαρότρυπα η, ουσ., τρύπα της κλειδαριάς, όπου μπαίνει το κλειδί.

κλειδί το, ουσ. **1.** μικρό μεταλλικό συνήθως εργαλείο που με τη στροφή του οδοντωτού του άκρου στο εσωτερικό κλειδαριάς πετυχαίνεται η κίνηση του σύρτη: ~ *ασφαλείας/συρταριού/εξώπορτας.* **2α.** χειροκίνητο συνήθως εργαλείο για να σφίγγονται βίδες: ~ *γαλλικό·* β. όργανο από πλαστικό ή μεταλλικό ειδικά διαμορφωμένο για να κουρδίζει ρολόγια ή παιγνίδια με μπαταρία. **3.** σύστημα μοχλών που ενώνει ή χωρίζει δύο σιδηροτροχιές. **4.** (μουσ.) σύμβολο που τοποθετείται στην αρχή του μουσικού πενταγράμμου και καθορίζει τη θέση κάθε νότας στο πεντάγραμμο: ~ *του σολ.* **5.** (μουσ.) α. μηχανισμός που μεταβάλλει το μήκος της αέρινης στήλης των ξύλινων πνευστών με το κλείσιμο ή άνοιγμα των οπών του σωλήνα τους· β. μικρό εργαλείο με το οποίο τεντώνονται ή χαλαρώνονται οι χορδές των μουσικών οργάνων. **6.** (μεταφ.) οτιδήποτε χρησιμεύει για τη διαλεύκανση κάποιου θέματος: *το ~ για τη λύση του προβλήματος· θέμα ~ για το κυπριακό· λέξη ~.* **7.** (φιλοτελ.) γραμματόσημο σειράς που εκτυ-

πώθηκε σε μικρότερη ποσότητα κι έχει πάντα υψηλότερη τιμή σφραγισμένο ή ασφράγιστο. **8α.** καίριο γεωγραφικό σημείο που η κατοχή του επιτρέπει τον έλεγχο της γύρω περιοχής: *το Γιβραλτάρ είναι θέση ~ για τη Μεσόγειο·* **β.** (μεταφ.) θέση ~ = (για οργανισμό, υπηρεσία, κλπ.) θέση καίρια, με αρμοδιότητες που επιτρέπουν τον έλεγχο της υπηρεσίας: *κατέχει θέση ~ στην εταιρεία·* (συνεκδοχικά για πρόσωπο) *είναι το ~ της επιχείρησης.* **9.** (για κώδικα) σύστημα σύμφωνα με το οποίο αποκαθίστανται τα πραγματικά γράμματα και οι αριθμοί ενός κειμένου με άλλα συμβατικά ώστε το κείμενο να μην είναι καταληπτό παρά μόνο από εκείνους που το χρησιμοποιούν. - Υποκορ. **-άκι** το· μεγεθ. **-άρα** η.
κλειδοκράτορας ο, θηλ. **-όρισσα,** ουσ., αυτός που κρατάει τα κλειδιά (συνών. *κλειδούχος*).
κλειδοκύμβαλο το, ουσ., πιάνο (βλ.λ.).
κλειδομανταλώνω, ρ. (έρρ.). **1.** κλειδώνω και μανταλώνω συγχρόνως, κλείνω κάτι καλά ώστε να είναι ασφαλισμένο: *πόρτα κάστρου -ωμένη.* **2.** (μέσ.) κλείνω με ασφάλεια και με πολλές προφυλάξεις τις εισόδους του σπιτιού ή του δωματίου μου (ιδίως από φόβο).
κλειδούχος ο, ουσ. **1.** κλειδοκράτορας (βλ.λ.). **2.** σιδηροδρομικός υπάλληλος που χειρίζεται τα κλειδιά των σιδηροτροχιών.
κλείδωμα το, ουσ. **1.** κλείσιμο με κλειδί: *~ της πόρτας* (αντ. *ξεκλείδωμα*). **2.** (μεταφ.) περιορισμός.
κλειδωνιά η, ουσ. (συνιζ.), κλειδαριά (βλ.λ.)· φρ. *έχουν ~ στο στόμα τους* (= δε μιλούν καθόλου).
κλειδώνω, ρ. **Ι.** ενεργ. **Α.** μτβ. **1.** κλείνω, ασφαλίζω κάτι με κλειδί: *~ πόρτα/συρτάρι/μηχανή αυτοκινήτου* (αντ. *ξεκλειδώνω*). **2.** κλείνω κάτι κάπου και το ασφαλίζω: *-σα τα συμβόλαια στο συρτάρι.* **3.** (μεταφ.) περιορίζω σε κλειστό χώρο: *κάθε απόγευμα -ει τα παιδιά της και φεύγει.* **4.** (ναυτ.) συνδέω με κλειδί τα τμήματα της αλυσίδας της άγκυρας. **Β.** (αμτβ.) (για αντικείμενο) κλείνουμαι με κλειδί: *δεν -ει η πόρτα/το συρτάρι.* **ΙΙ.** (μέσ.) κλείνομαι στο σπίτι μου, αποφεύγω τις συναναστροφές: *κάθε μέρα -εται στο σπίτι της και δε θέλει να δει κανένα.*
κλείδωση η, ουσ. **1.** άρθρωση οστών: *~ χεριού.* **2.** σημείο σύνδεσης ή άρθρωσης δύο πραγμάτων μεταξύ τους.
κλεινόν άστυ αρχαϊστ. έκφρ. = η Αθήνα.
κλείνω, ρ. **Ι.** ενεργ. **Α.** μτβ. **1.** δημιουργώ φραγμό για να εμποδίσω την είσοδο ή την έξοδο, κάνω κάτι να παύσει να είναι ανοιχτό: *~ το παράθυρο/ πόρτα/συρτάρι* (συνών. *σφαλώ*). **2.** τοποθετώ το κάλυμμα, πώμα, καπάκι: *έκλεισα την κατσαρόλα/ το μπουκάλι/το γράμμα.* **3.** φράζω πέρασμα για παρεμπόδιση διάβασης: *τα χιόνια έκλεισαν το δρόμο* (συνών. *αποκλείω*). **4.** διπλώνω, τυλίγω: *~ ένα πακέτο/τα φτερά* (για πουλί)*/εφημερίδα.* **5.** εγκλείω, περιορίζω κάποιον ή κάτι σε ένα χώρο: *τον έκλεισαν στη φυλακή/στο φρενοκομείο.* **6.** περικλείω: *τον έκλεισε στην αγκαλιά της.* **7.** σφίγγω: *~ τη βρύση.* **8.** (μεταφ.) δεσμεύω, αγκαζάρω: *~ τραπέζι σε κέντρο/θέση σε πούλμαν/δωμάτιο σε ξενοδοχείο.* **9.** διακόπτω, απαγορεύω προσωρινά τη λειτουργία: *η αστυνομία έκλεισε το κέντρο/τη λέσχη.* **10.** συνάπτω: *~ ειρήνη/συμφωνία.* **11.** συνομολογώ αγορά ή πώληση σε ένα καθορισμένο ποσό: *έκλεισα χίλιους τόνους εμπόρευμα.* **12.** (για ισολογισμό ή βιβλία) παύω να αναγράφω νέα κονδύλια στα εμπορικά βιβλία μιας επιχείρησης. **13.** συμπληρώνω (για ηλικία): *έκλεισα τα είκοσι (χρόνια μου).* **14.** (για λογαριασμό) αποσύρω όλα τα χρήματα: *έκλεισε το λογαριασμό μου στην τράπεζα.* **15.** (για επιστολή, ομιλία, κλπ.) τελειώνω. **16.** περιορίζω τη θέα: *το καινούργιο κτίσμα έκλεισε το σπίτι.* **Β.** αμτβ. **1.** παύω να είμαι ανοιχτός: *η πόρτα -ει αυτόματα·* από την κούραση *-ουν τα μάτια μου·* (για λουλούδια) μαζεύω τα πέταλά μου: *τα νυχτολούλουδα -ουν την ημέρα και ανοίγουν τη νύχτα·* έκλεισαν οι κάλπες (= σταμάτησε η ψηφοφορία). **2.** (για δρόμο, σύνορα, κλπ.) γίνομαι αδιάβατος: *έκλεισε ο δρόμος, γιατί γίνονται έργα·* έκλεισαν τα σύνορα (= απαγορεύεται η διέλευση από αυτά). **3.** παύω, σταματώ να λειτουργώ: *-ουν τα σχολεία/τα καταστήματα·* έκλεισε η έκθεση. **4.** (για φωνή, λαιμό) βραχνιάζω. **5.** (για πληγή) επουλώνομαι (συνών. *γιατρεύομαι, θρέφω*). **6.** συμπληρώνομαι, ολοκληρώνομαι: *έκλεισε ο αριθμός των θέσεων.* **7.** (για τιμές νομισμάτων και αξιών στο χρηματιστήριο) *~ στις, στα...* = κατά την τελευταία χρηματιστηριακή δοσοληψία έχω την τιμή που αναφέρεται: *η λίρα έκλεισε στις δύο χιλιάδες.* **8.** τερματίζω, τελειώνω: *έκλεισε η υπόθεση/η ανάκριση/η συζήτηση/η μουσική βραδιά* (συνών. *λήγω·* αντ. *αρχίζω*). **9.** (για χαρτιά) συμπληρώνω ό,τι χρειάζομαι για να επιτύχω (σε όλες σχεδόν τις σημασ. αντ. *ανοίγω*). **ΙΙ.** μέσ. **1.** περιορίζομαι σε κάποιο χώρο. Φρ. *-ομαι στον εαυτό μου* = δεν εξωτερικεύομαι, δε φανερώνω τις σκέψεις μου. **2.** σε «βγαίνω έξω» από διάφορες αιτίες: *με τα παιδιά κλείστηκαν στο σπίτι.* Φρ. *~ μέσα* (= φυλακίζω)· *~ τα μάτια μου* (= α. προσποιούμαι ότι δεν καταλαβαίνω, παραβλέπω· **β.** κοιμάμαι· **γ.** πεθαίνω)· *~ τ' αφτιά μου* (= αρνούμαι να ακούσω)· *~ την πόρτα σε κάποιον* (= παύω να δέχομαι κάποιον στο σπίτι μου)· *~ τις πληγές κάποιου* (= τον παρηγορώ)· *~ το δρόμο* (= παρεμποδίζω)· *~ το μάτι* = κάνω νόημα, συνεννοούμαι μυστικά)· *~ το σπίτι κάποιου* (= το καταστρέφω)· *~ το στόμα κάποιου* (= α. αναγκάζω κάποιον να σταματήσει να μιλά, αποστομώνω· **β.** αναγκάζω κάποιον να σωπάσει για κάποια υπόθεση)· *~ το στόμα μου* (= σωπαίνω).
κλείσιμο το, ουσ. **1.** να κλείνει κάποιος κάτι: *~ πόρτας/συρταριού* (συνών. *σφάλισμα·* αντ. *άνοιγμα*). **2.** παραμονή, περιορισμός σε κλειστό χώρο: *~ στη φυλακή/στο σπίτι* (συνών. *κλεισούρα*). **3.** διακοπή λειτουργίας ή επικοινωνίας: *~ καταστημάτων/συνόρων/σχολείων* (αντ. *άνοιγμα*). **4.** (για συμφωνία, συνθήκη, κλπ.) σύναψη (συνών. *συνομολόγηση*). **5.** (για πληγή) επούλωση (συνών. *θρέψιμο, γιάτρεμα*). **6.** (για λογαριασμό) εκκαθάριση πιστωτικού ή χρεωστικού υπολοίπου λογαριασμού και συνόψιση των υπολοίπων για σύνταξη ισολογισμού.
κλεισούρα η, ουσ. **1.** στενή διάβαση ανάμεσα σε βουνά ή δύσβατος τόπος (συνών. *δερβένι*). **2.** μυρωδιά από κλειστό χώρο που δεν αερίζεται καλά ή συχνά: *το σπίτι μυρίζει ~.* **3.** συνεχής παραμονή σε κλειστό χώρο, ιδίως στο σπίτι: *δεν αντέχω την ~* (αντ. *ξεπόρτισμα*). [μεσν. λατ. *clausura* με παρετυμ. προς το *κλείνω*].
κλειστά, βλ. *κλειστός.*
κλειστογαμία η, ουσ. (βοτ.) αυτογονιμοποίηση ερμαφρόδιτων λουλουδιών που παραμένουν διαρ-

κώς κλειστά εμποδίζοντας τη σταυρεπικονίαση.
κλειστός, -ή, -ό, επίθ. **1.** κλεισμένος, κλειδωμένος: *παράθυρο/συρτάρι -ό* (συνών. *σφαλιστός*). **2.** που δεν επιτρέπεται διαμέσου αυτού η επικοινωνία: *σύνορα -ά· διώρυγα -ή.* **3.** που αργεί, που δε λειτουργεί: *κατάστημα -ό· τράπεζα -ή.* **4.** περιφραγμένος, περιορισμένος: *χώρος/κήπος* ~. **5.** διπλωμένος: *εφημερίδα -ή* (αντ. *ξεδιπλωμένος*). **6.** που δεν είναι εκτεθειμένος στους ανέμους: *λιμάνι -ό· κόλπος* ~. **7.** σκεπαστός: *γήπεδο/κολυμβητήριο -ό.* **8.** (για επάγγελμα για το οποίο υπάρχουν περιορισμοί στην είσοδο νέων μελών) *το επάγγελμα του συμβολαιογράφου είναι -ό.* **9.** (για ρούχο) που δεν είναι έξωμο: *φόρεμα -ό.* **10.** (για άνθρωπο) που είναι κλεισμένος στον εαυτό του (συνών. *εσωστρεφής*· αντ. *ανοιχτόκαρδος, εύθυμος*). **11.** (για ομάδα ατόμων) που αποτελείται από περιορισμένο αριθμό μελών που έχουν επιλεγεί με βάση ειδικά προσόντα τους: *-ό τμήμα φροντιστηρίου· -ό κύκλωμα* (βλ. *κύκλωμα*) *γάμος* ~ (= γάμος που γίνεται με περιορισμένο αριθμό καλεσμένων). **12.** (γλωσσ.) *-ά φωνήεντα* = φωνήεντα που προφέρονται με ελάχιστο άνοιγμα του στόματος· *-ά σύμφωνα* = σύμφωνα που κατά την παραγωγή τους ένα ή περισσότερα μέρη της στοματικής κοιλότητας δημιουργούν φραγμό που εμποδίζει τη ροή του ρεύματος του εκπνεόμενου αέρα προς την έξοδο της κοιλότητας (αντ. σε όλες σχεδόν τις σημασ. *ανοιχτός*). **13.** *οικονομία -ή* = οικονομία χωρίς εξωτερικό εμπόριο, αυτάρκης και απομονωμένη από εξωτερικές επιδράσεις. **14.** *-ή στροφή* = στροφή με μικρή γωνία. ΄Εκφρ. *με -ά μάτια* (= με απόλυτη εμπιστοσύνη, στα τυφλά). -Επίρρ. **-ά:** (για κατάστημα) *σήμερα είμαστε -ά· παίρνω τη στροφή -ά* (= διαγράφοντας μικρή καμπύλη).
κλειστοφιλία η, ουσ. (ιατρ.) παθολογική τάση αυτοεγκλεισμού στο σπίτι ή σε οποιονδήποτε χώρο, ακόμη και απομόνωσης.
κλειστοφοβία η, ουσ. (ιατρ.) παθολογικός φόβος ατόμου για τους κλειστούς χώρους, σύμπτωμα που απαντά σε νευρωτικά και ψυχωτικά άτομα.
κλείστρο το, ουσ. **1.** (στρατ.) μεταλλικό εξάρτημα που προσαρμόζεται στο πίσω άκρο του σωλήνα των πυροβόλων όπλων. **2.** (φωτογρ.) εξάρτημα φωτογραφικής μηχανής που μπορεί να ανοίγει και να εκθέτει το φιλμ στο εισερχόμενο φως για ορισμένο χρονικό διάστημα.
κλειτορίδα η, ουσ., μικρό στυτικό όργανο που βρίσκεται στο επάνω μέρος του γυναικείου αιδοίου.
κλειτοριδισμός ο, ουσ. (ιατρ.) παθολογική στύση της κλειτορίδας, ανάλογη με τον πριαπισμό του άντρα.
κλέος το, ουσ. (λόγ.), δόξα.
κλεπταποδόχος ο και η, ουσ., πρόσωπο που εν γνώσει του αποδέχεται, κρύβει ή χρησιμοποιεί κλοπιμαία αντικείμενα.
κλεπτομανής, -ής, -ές, γεν. *-ούς,* πληθ. αρσ. και θηλ. *-είς,* ουδ. *-ή,* επίθ., που πάσχει από κλεπτομανία.
κλεπτομανία η, ουσ. (ιατρ.) συμπεριφορά που χαρακτηρίζεται από την εκτέλεση κλοπών που συνοδεύονται από αγχώδη εσωτερική τάση.
κλεφτά, βλ. *κλεφτός.*
κλεφταράς ο, θηλ. **-ού,** ουσ. (λαϊκ.), μεγάλος κλέφτης.
κλεφτάτα, βλ. *κλεφτός.*

κλέφτης ο, θηλ. **-τρα** και (λαϊκ.) **-ισσα** στη σημασ. **2.** ουσ. **1.** αυτός που αφαιρεί κρυφά κάτι που ανήκει σε άλλον: *μπήκαν -ες στο σπίτι.* **2.** (ιστ.) μέλος των ελληνικών επαναστατικών ομάδων που ζούσαν και πολεμούσαν κατά την Τουρκοκρατία στα βουνά της Ελλάδας κατά των Τούρκων: *αρματολοί και -ες.* **3.** (βοτ.) κοινή ονομασία σπερμάτων φυτού που είναι εφοδιασμένα με λεπτά λευκά νημάτια, χάρις στα οποία μπορούν να πετούν και να μεταφέρονται σε μεγάλη απόσταση. Παροιμ. *μια του -η, δυο του -η, τρίτη και κακή του μέρα* (= το μέλλον του απατεώνα είναι δυσοίωνο)· *φωνάζει ο* ~ *να φοβηθεί ο νοικοκύρης* (γι᾽ αυτούς που επιρρίπτουν τις δικές τους ευθύνες σε εκείνους που οι ίδιοι ζημίωσαν).
κλέφτικος, -η, -ο, επίθ. **1.** που ανήκει ή αναφέρεται στον κλέφτη ή την κλοπή. **2.** (ιστ.) που ανήκει ή αναφέρεται στους κλέφτες, τις ελληνικές επαναστατικές ομάδες στα χρόνια της Τουρκοκρατίας: *τραγούδια -α.* - Το αρσ. ως ουσ. = είδος χορού, τσάμικος. - Το ουδ. ως ουσ. = είδος φαγητού με κομματιαστό κρέας και διάφορα καρυκεύματα που ψήνεται σε λαδόκολλα ή αλουμινόχαρτο. - Επίρρ. **-α.**
κλέφτισσα, βλ. *κλέφτης.*
κλεφτοκοτάς ο, ουσ. **α.** αυτός που κλέβει κότες· **β.** κλέφτης αντικειμένων μικρής αξίας (συνών. *κλεφτρόνι*).
κλεφτοπόλεμος ο, ουσ. **1.** (ιστ.) πόλεμος που στηρίζεται στην τακτική της ενέδρας και του αιφνιδιασμού που εφάρμοζαν κατά την Τουρκοκρατία οι κλέφτες. **2.** πόλεμος που διεξάγεται μεταξύ άτακτων στρατευμάτων ή μεταξύ τακτικού στρατού και άτακτων στρατευμάτων και κατά τον οποίο δεν τηρούνται οι κανόνες της πολεμικής τακτικής.
κλεφτόπουλο το, θηλ. **-ούλα,** ουσ. (ιστ.) μικρής ηλικίας «κλέφτης», που πολεμούσε κάτω από τις διαταγές καπετάνιου την εποχή της Τουρκοκρατίας.
κλεφτός, -ή, -ό, επίθ. **1.** που προέρχεται από κλοπή (συνών. *κλοπιμαίος*). **2.** (μεταφ. για φιλί) βιαστικός σαν να είναι κλεμμένο. - Επίρρ. **-ά** και **-άτα** στη σημασ. **2·** έκφρ. *στα -ά* (= πρόχειρα, βιαστικά): *έφαγα στα -ά.*
κλεφτουριά η, ουσ. (συνιζ.), (ιστ.) το σύνολο των κλεφτών την εποχή της Τουρκοκρατίας.
κλεφτοφάναρο το, ουσ., μικρό φορητό φανάρι με ηλεκτρική στήλη.
κλέφτρα, βλ. *κλέφτης.*
κλεφτρόνι το, ουσ. (λαϊκ.), νεαρός που κλέβει μικρής αξίας πράγματα.
κλέφτω, βλ. *κλέβω.*
κλεψιά η, ουσ. (συνιζ.), κλοπή (βλ.λ.): *τον τάραξε στην* ~ (= τον κατάκλεψε) (συνών. *κλέψιμο*).
κλεψιγαμία η, ουσ., ύπαρξη παρανόμων σαρκικών σχέσεων μεταξύ ετερόφυλων που δε συνδέονται με γάμο.
κλεψίγαμος, -η, -ο, επίθ. που γεννήθηκε από κλεψιγαμία (συνών. *νόθος*).
κλεψιμαίικος, -η, -ο, επίθ., που προέρχεται από κλοπή (συνών. *κλοπιμαίος*). - Το ουδ. στον πληθ. ως ουσ. = πράγματα που προέρχονται από κλοπή.
κλέψιμο το, ουσ. **1.** κλοπή (βλ.λ.) (συνών. *κλεψιά*). **2.** απαγωγή: *πάνω στο γάμο έγινε το* ~ *της νύφης.* **3.** (για χαρτοπαιξία ή άλλο παιχνίδι) δόλια παράβαση των κανόνων του παιχνιδιού.

κλεψιτυπία η, ουσ., παράνομη ανατύπωση ξένου πνευματικού έργου.

κλεψίτυπος, -η, -ο, επίθ., που προέρχεται από κλεψιτυπία: *ανάτυπο (βιβλίου) -ο* (= που κυκλοφορεί παράνομα ή και παράλληλα με τα κανονικά αντίτυπα).

κλεψύδρα η, ουσ. 1. (ιστ.) όργανο για τη μέτρηση του χρόνου που αποτελούταν από ένα αγγείο με οπή απ' όπου έσταζε νερό. 2. όργανο (συνήθως μικρού μεγέθους) που αποτελείται από δύο γυάλινους κώνους που ενώνονται μεταξύ τους σ' ένα πολύ στενό σημείο, το οποίο επιτρέπει να περνά (από τον ένα στον άλλο κώνο) άμμος που χρησιμοποιείται ως όργανο για μέτρηση του χρόνου (συνών. λαϊκ. *μετζαρόλι*). 3. (ειδικά) μικρή οικιακή συσκευή που μετρά το χρόνο για το βράσιμο αβγών.

κληδόνας ο, ουσ. (λαογρ.) έθιμο που τελείται την ημέρα του αγίου Ιωάννη (24 Ιουνίου) και που κορυφαίο του γεγονός είναι ένα είδος λαϊκής μαντείας ανάμεσα κυρίως σε νεαρές κοπέλες· φρ. *αυτά να τα λες στον -να* (για λόγια χωρίς σοβαρό περιεχόμενο).

κλήμα το, ουσ. 1. φυτό αναρριχώμενο ή θάμνος που ευδοκιμεί σε θερμά ή εύκρατα κλίματα με φύλλα σε σχήμα παλάμης και καρπό το σταφύλι που σχηματίζεται σε τσαμπιά: (παροιμ.) *ήταν το ~ στραβό, το 'φαγε κι ο γάιδαρος* (για κάτι ελαττωματικό στο οποίο προστίθενται και άλλα ελαττώματα) (συνών. *κληματαριά*). 2. κλαδί κληματαριάς (συνών. *κληματόβεργα*).

κληματαριά η, ουσ. (συνίζ.), κλήμα αναρριχώμενο σε δέντρο, φράχτη, τοίχο ή συνήθως σε κατασκευή από δοκάρια: *φύτεψα δύο -ές*.

κληματίδα η, ουσ. 1. κλαδί αμπελιού (συνών. *κληματόβεργα, κληματσίδα*). 2. κάθε αναρριχητικό φυτό.

κληματόβεργα η, ουσ., κλαδί αμπελιού, βέργα από κλήμα (συνών. *κληματίδα, κληματσίδα*).

κληματόξυλο το, ουσ., ξύλο από τον κορμό του κλήματος, που χρησιμοποιείται για καύση (συνών. *κληματσίδα*).

κληματόφυλλο το, ουσ., φύλλο κλήματος αμπελιού που έχει σχήμα παλάμης και χρησιμοποιείται στη μαγειρική (συνών. *αμπελόφυλλο*).

κληματσίδα η, ουσ., κλαδί αμπελιού που χρησιμοποιείται κυρίως για τη φωτιά (συνών. *κληματίδα, κληματόξυλο*).

κληρικοκρατία και **κληροκρατία** η, ουσ., τάση που υποστηρίζει ή σύστημα που επιτρέπει την ανάμιξη του κλήρου στην πολιτική.

κληρικός ο, ουσ., κάθε λειτουργός της Εκκλησίας (ανεξάρτητα από το αξίωμά του): *οι -οί της ενορίας* (συνών. *ιερωμένος·* αντ. *λαϊκός, κοσμικός*).

κληροδοσία η, ουσ. (νομ.) μεταβίβαση με διαθήκη ή άλλο νόμιμο τρόπο περιουσιακού στοιχείου ενός ατόμου σε άλλο (που δεν είναι κληρονόμος): *αποδοχή -ας*.

κληροδότημα το, ουσ. α. (νομ.) περιουσιακό στοιχείο που περιέρχεται με κληροδοσία (βλ.λ.) στη δικαιοδοσία κάποιου μετά το θάνατο του κατόχου· β. δωρεά (χρημάτων ή ακίνητης περιουσίας) για κοινωφελείς σκοπούς: *το γηροκομείο είναι ~ μεγάλου ευεργέτη· δόθηκαν υποτροφίες από ~*.

κληροδότης ο, θηλ. **-τρια**, ουσ. (νομ.) αυτός που αφήνει σε κάποιον κληροδότημα, (νομ.) διαθέτης (αντ. *κληρονόμος*).

κληροδοτώ, ρ. α. (νομ.) αφήνω με διαθήκη ή άλλο νόμιμο τρόπο περιουσιακό στοιχείο σε άλλους: *ο πατέρας του τού -ησε τεράστια περιουσία* (αντ. *κληρονομώ*)· β. (μεταφ.) αφήνω ηθικό ή πνευματικό αγαθό στους μεταγενεστέρους: *οι πρόγονοι μας -ότησαν δικαιώματα και υποχρεώσεις* (αντ. *κληρονομώ*).

κληροδόχος ο, ουσ. (νομ.) αυτός που δέχεται κληροδότημα (αντ. *κληροδότης*).

κληροκρατία, βλ. *κληρικοκρατία*.

κληρονομία και **-ιά** η, ουσ. (συνιζ.). 1. (νομ.) α. περιουσιακό στοιχείο που μεταβιβάζεται συχνά με διαθήκη σε κάποιον μετά το θάνατο του κατόχου του: *~ πατρική· διεκδικώ/σπαταλώ ~* (αντ. *κληροδότημα*)· β. το να γίνεται κάποιος αποδέκτης κληρονομιάς, να κληρονομεί κάποιον: *πλούτισε από ~* (αντ. *κληροδοσία*). 2. (μεταφ.) το σύνολο των ιδιοτήτων, παραδόσεων και επιτευγμάτων που περνούν από τη μια γενιά στην άλλη και εξακολουθούν να επηρεάζουν το μέλλον: *~ πολιτιστική/εθνική*.

κληρονομιαίος, -α, -ο, επίθ. (ασυνίζ.), (νομ.) που σχετίζεται με κληρονομιά ή προέρχεται από αυτήν: *καθετί που ο νομέας κληρονομίας αποκτά με δικαιοπραξία χρησιμοποιώντας -α μέσα* (αστ. κώδ.) *αντικείμενα -α*.

κληρονομικός, -ή, -ό, επίθ. 1α. που σχετίζεται με την κληρονομία: *δίκαιο -ό· δικαιώματα -ά· υποθέσεις -ές·* β. που προέρχεται από κληρονομιά: *περιουσία -ή·* γ. (το ουδ. στον πληθ. ως ουσ.) κληρονομικές υποθέσεις: *μάλωσαν για τα -ά*. 2. που οφείλεται στην κληρονομικότητα: *χαρακτηριστικά -ά· αρρώστια -ή* (αντ. *επίκτητος*). - Επίρρ. **-ά**.

κληρονομικότητα η, ουσ. (βιολ.) α. μεταβίβαση των φυσιολογικών και των παθολογικών ιδιοτήτων μιας γενιάς στις επόμενες: *νόμοι της -άς·* β. το σύνολο των ιδιοτήτων που βρίσκονται στον οργανισμό από τις αρχές της ύπαρξής του: *~ και περιβάλλον αλληλοεπηρεάζονται*.

κληρονόμος ο, ουσ., αυτός που αποκτά περιουσιακό στοιχείο με κληρονομιά, που κληρονομεί κάποιον: *νόμιμοι -οι· γενικός ~ της περιουσίας του πατέρα του* (αντ. *κληροδότης*).

κληρονομώ, -είς, ρ. 1. αποκτώ περιουσιακό στοιχείο μετά το θάνατο του κατόχου του: *-ησε δύο οικόπεδα από τους γονείς του· -ησε τη θεία του* (αντ. *κληροδοτώ*). 2. παίρνω θέση, αξίωμα, κ.τ.ό. από κάποιον άλλο, τον διαδέχομαι: *-ησε τη θέση διευθυντή από τον πατέρα του*. 3. με τη γέννησή μου αποκτώ ιδιότητες ή σωματικά χαρακτηριστικά που έχουν οι γονείς ή είχαν οι πρόγονοί μου: *-ησα τα μάτια από τη μητέρα μου*. 4. (μεταφ.) αποδέχομαι την επίδραση που ασκούν τα επιτεύγματα των παλιότερων γενιών: *-ήσαμε τις αρετές των προγόνων μας· ~ εθνική συνείδηση/επιτεύγματα της τεχνολογίας* (αντ. *κληροδοτώ*).

κλήρος ο, ουσ. 1α. κομμάτι χαρτιού ή άλλο αντικείμενο σημαδεμένο ώστε να ξεχωρίζει από άλλα όμοιά του, που όλα μαζί μπαίνουν σε ένα είδος κουτιού απ' όπου πρέπει μια ομάδα ανθρώπων να τραβήξει και όποιος τύχει το σημαδεμένο κερδίζει κάτι ή είναι υποχρεωμένος να κάνει κάτι, λαχνός: *έριξαν -ο για να αποφασίσουν ποιος θα φυλάξει σκοπιά· ~ έπεσε σε μένα·* β. (συνεκδοχικά) κλήρωση: *διανομή κτημάτων με -ο·* φρ. *βάζω κάτι στον -ο* (= κάνω κλήρωση για να αποφασιστεί ή να μοιραστεί κάτι) *έβαλε στον -ο το παλτό του*. 2. (μεταφ.) μοίρα, τύχη: *σ' αυτούς έλαχε ο ~ να πεθάνουν για την πατρίδα*. 3. τμήμα γης που παλαιότερα μοιραζόταν με κλήρο: *δεν είχαν -ο να καλλιεργήσουν*. 4. μερίδιο περιουσίας, κληρονομιά: *«έφαγε» όλο τον -ο του*. 5. το σύνολο των λειτουργών της Εκκλησίας, των κληρικών: ~ *ανώτερος/κατώτερος· η δράση του -ου στην Επανάσταση* (συνών. ιερατείο).

κληρουχία η, ουσ., διανομή γης με κλήρωση σε ακτήμονες.

κληρούχος ο, ουσ., αυτός που έχει πάρει ή δικαιούται να πάρει κλήρο (βλ.λ. στη σημασ. 3) γης.

κληρώνω, ρ. 1α. βγάζω λαχνούς από την κληρωτίδα, κάνω κλήρωση: (μέσ.) *το λαχείο -εται τη Δευτέρα*· β. (αμτβ., λαϊκ.) στη φρ. *το λαχείο -ει* (= γίνεται κλήρωση). 2α. επιλέγω ή διανέμω κάτι με κλήρο: *-ώθηκαν εργατικές κατοικίες*· β. βάζω κάτι στον κλήρο (βλ.λ.), κάνω κλήρωση για να το δώσω στον τυχερό: *-ωσε ένα βιβλίο*.

κλήρωση η, ουσ. 1. εξαγωγή από την κληρωτίδα των λαχνών που κερδίζουν: ~ *του λαχείου*. 2. επιλογή (ανθρώπων ή πραγμάτων) ή διανομή αγαθών με κλήρο: ~ *εθελοντών/εργατικών κατοικιών*.

κληρωτίδα η, ουσ., κάδος, κουτί όπου μπαίνουν οι λαχνοί για να γίνει η κλήρωση: *-ες περιστρεφόμενες/απλές*.

κληρωτός ο, ουσ., αυτός που καλείται να εκπληρώσει τη στρατιωτική του θητεία, στρατεύσιμος.

κλησάρης, βλ. εκκλησιάρης.

κλήση η, ουσ. 1. το να καλείς κάποιον κάπου, να του ζητάς να έρθει σε σένα: *η πυροσβεστική δέχτηκε πολλές -εις για πυρκαγιές* (συνών. *πρόσκληση, κάλεσμα*). 2. επικοινωνία που διεξάγεται διαμέσου του τηλεφώνου, κ.τ.ό.: ~ *τηλεφωνική/ υπεραστική· αριθμός -ης* (= ο αριθμός τηλεφώνου)· ~ *με τον ασύρματο*. 3α. γραπτή πρόσκληση που απευθύνεται από τις αρχές προς έναν ιδιώτη: *μου κοινοποιήθηκε -η από την εφορία· πήρα -η από την τροχαία* (= γραπτό μήνυμα για να πληρώσω πρόστιμο για παράβαση)· ~ *στρατευσίμων* (= γραπτή πρόσκληση για να παρουσιαστούν οι στρατεύσιμοι για κατάταξη στο στρατό)· β. (νομ.) γραπτή πρόσκληση διαδίκου ή μάρτυρα στο δικαστήριο ή σε αστυνομική αρχή: ~ *δικαστική/ νόμιμη* (συνών. *κλήτευση*)· γ. (συνεκδοχικά) το έγγραφο που περιέχει την κλήση: *χάθηκε η ~ που άφησε ο τροχονόμος πάνω στο αυτοκίνητο· η δικαστική ~ ήρθε με το ταχυδρομείο.*

κλησιάρης, βλ. εκκλησιάρης.

κλήτευση η, ουσ. (νομ.) πρόσκληση μάρτυρα ή διαδίκου στο δικαστήριο, κοινοποίηση κλήσης (βλ.λ.): ~ *παράτυπη* (συνών. *κλήση*).

κλητεύω, ρ. (νομ.) καλώ μάρτυρα ή διάδικο να παρουσιαστεί στο δικαστήριο.

κλητήρας ο, ουσ. 1. κατώτερος υπάλληλος δημόσιας υπηρεσίας ή ιδιωτικού γραφείου που διεκπεραιώνει βοηθητικές εργασίες: *ο ~ του υπουργείου· διορίστηκε ~ στην τράπεζα·* παροιμ. φρ. *από δήμαρχος ~* (για κάποιον που ξεπέφτει κοινωνικά). 2. δικαστικός υπάλληλος που είναι υπεύθυνος να καλεί στο δικαστήριο ή στις αστυνομικές αρχές μάρτυρες ή διαδίκους ή να κοινοποιεί δικόγραφα, δικαστικός επιμελητής: *δικαστικός ~*.

κλητήριος, -α, -ο, επίθ. (ασυνίζ.), (νομ.) στην έκφρ. *-ο θέσπισμα*, βλ. ά. *θέσπισμα*.

κλητικός, -ή, -ό, επίθ., που αναφέρεται στην κλήση ή το κάλεσμα, που καλεί: (γραμμ.) *προσφώνηση -ή· επιφώνημα -ό*. - Το θηλ. στον εν. ως ουσ. = (γραμμ.) η τέταρτη πτώση των ονομάτων που τη χρησιμοποιούμε για να καλέσουμε ή να προσφωνήσουμε κάποιον.

κλιβανισμός ο, ουσ. (λόγ.). α. εισαγωγή στον κλίβανο (συνών. *ψήσιμο*)· β. απολύμανση σε κλίβανο.

κλίβανος ο, ουσ. 1. (παλαιότερα) θολωτός φούρνος από πλίνθους· γενικά φούρνος. 2. μεταλλική συσκευή σε σχήμα κιβωτίου με διπλό τοίχωμα όπου αναπτύσσεται πολύ υψηλή θερμοκρασία και χρησιμοποιείται για απολύμανση μολυσμένων αντικειμένων: ~ *φορητός/απολυμαντικός· ο γιατρός έβαλε τα χειρουργικά εργαλεία στον -ο.* 3. (τεχνολ.) συσκευή όπου θερμαίνονται διάφορα υλικά για να υποστούν φυσικές ή χημικές μεταβολές. 4. κλειστή συσκευή όπου αναπτύσσεται μεγάλη θερμοκρασία και χρησιμοποιείται για την καλλιέργεια μικροβίων.

κλίκα η, ουσ. (αρνητ.-μειωτ.) μικρή ομάδα ανθρώπων που συνδέονται μεταξύ τους με αμοιβαίες υποχρεώσεις, αλληλοϋποστηρίζονται και έχουν σκοπούς ιδιοτελείς και συχνά παράνομους: *έφτιαξαν μια ~ γύρω από το διευθυντή* (συνών. *φατρία*)· (κατ' επέκτ. αρνητ.) μικρή ομάδα ανθρώπων με κοινούς σκοπούς: *δημιουργήθηκαν -ες και διασπάστηκε η ενότητα του σωματείου· ~ καλλιτεχνών.* [γαλλ. *clique*].

κλίμα το, ουσ. 1. το σύνολο των μετεωρολογικών συνθηκών που επικρατούν σ' έναν τόπο και καθορίζουν τη μέση ατμοσφαιρική κατάστασή του: ~ *εύκρατο/ανθυγιεινό· αλλαγή -ατος*. 2. (τεχνολ.) το σύνολο των φυσικών όρων που επικρατούν κάπου: *τεχνητό ~* = οι φυσικές συνθήκες που επιτυγχάνονται σε περιορισμένο χώρο με μέσα τεχνητά. 3. (μεταφ.) οι συνθήκες που επικρατούν σε ένα χώρο, μια ομάδα ή έναν τομέα δραστηριότητας και που επιδρούν στη ζωή των ανθρώπων που σχετίζονται μ' αυτά, περιβάλλον: *πολιτικό/ προεκλογικό· κατάλληλο για διαπραγματεύσεις· ~ βαρύ* (= που προκαλεί δυσφορία)· *το ~ του γραφείου είναι φιλικό* (συνών. *ατμόσφαιρα*). Φρ. *δε με σηκώνει (άλλο) το ~* (= α. το κλίμα είναι ανθυγιεινό για μένα· β. μεταφ., δεν αντέχω περισσότερο την κατάσταση, δεν είμαι κατάλληλος γι' αυτό το περιβάλλον). 4. (εκκλ.) μεγάλη περιφέρεια που αποτελεί από μόνη της εκκλησιαστική διοίκηση: ~ *του Οικουμενικού Πατριαρχείου*.

κλίμακα η, ουσ. 1α. ομάδα ή σύστημα αριθμών που χρησιμοποιείται για μέτρηση ή για τον καθορισμό σταθερών τιμών σε σύγκριση με άλλα πράγματα του ίδιου είδους: *έξι βαθμοί της -ας Ρίχτερ* (για τη μέτρηση της έντασης των σεισμών)· β. σειρά υποδιαιρέσεων σε όργανα που χρησιμοποιούνται για μετρήσεις: ~ *θερμομέτρου*. 2. (σε χάρτες, σχεδιαγράμματα, κ.τ.ό.) σταθερή αναλογία του πραγματικού μεγέθους προς την παράσταση αυτού που εικονίζεται, που συνήθως διατυπώνεται με κλασματικό αριθμό ή με γραφική παράσταση: *χάρτης της Ελλάδας σε ~ 1:200.000*. 3. (μουσ.) ακολουθία μουσικών φθόγγων σε ανιούσα ή κατιούσα σειρά, που χωρίζονται από καθορισμένα μουσικά διαστήματα, το συνολικό διάστημα μεταξύ της υψηλότερης και χαμηλότερης νότας: ~ *διατονική/μείζων* (συνών. *γκάμα*). 4.

(εκκλ.) ορισμένη σειρά ύμνων. **5.** (μεταφ.) διάταξη διαφορετικών επιπέδων, βαθμών, μορφών σε μια (λογική) σειρά, τα διαφορετικά επίπεδα και βαθμίδες όπως κατατάσσονται σε μια κοινωνία, έναν οργανισμό, κ.τ.ό., διαβάθμιση: ~ αξιών/φορολογική/βαθμολογική (= ιεραρχία). Φρ. *κάτι συμβαίνει σε ευρεία/μεγάλη ~* (= σε μεγάλη έκταση, σε μεγάλο βαθμό).

κλιμάκιο το, ουσ. (ασυνίζ.). **α.** τμήμα μιας ομάδας ή ενός συνόλου με ιδιαίτερες αρμοδιότητες ή ειδικούς σκοπούς: *~ υπουργών/της επιτροπής· περιφερειακά/ανώτερα -α κόμματος·* **β.** *μισθολογικό ~* = καθεμιά από τις δεκαέξι βαθμίδες της μισθολογικής κλίμακας των δημοσίων υπαλλήλων.

κλιμακοστάσιο το, ουσ. (ασυνίζ.), χώρος όπου τοποθετείται ή βρίσκεται η σκάλα σε μια οικοδομή: *το ~ της πολυκατοικίας.*

κλιμακτηρικός, -ή, -ό, επίθ., που σημειώνει αλλαγή μιας φυσιολογικής κατάστασης, κρίσιμος: *-ή περίοδος* (= κλιμακτήριος, βλ.λ.).

κλιμακτήριος η, ουσ., η εποχή και το φαινόμενο της εμμηνόπαυσης (βλ.λ.) της γυναίκας: *περνάει/βρίσκεται στην -ο.*

κλιμακώνω, ρ. (συνήθως μέσ.), ενεργώ ή εκδηλώνομαι βαθμιαία, με αυξανόμενη ένταση· επεκτείνω, αυξάνω: *-εται η κρίση/ο πόλεμος· -ονται οι αντιδράσεις/κινητοποιήσεις των μισθωτών· -εται η αγωνία των μαθητών.*

κλιμάκωση η, ουσ., σταδιακή, προοδευτική εκδήλωση ενός φαινομένου, αυξανόμενη ένταση μιας ενέργειας: *~ των διαφωνιών ανάμεσα στην κυβέρνηση και τα σωματεία εργαζομένων.*

κλιμακωτός, -ή, -ό, επίθ. **1.** που έχει σχήμα ή διάταξη σκάλας: *καλλιέργειες -ές· επίπεδα -ά.* **2.** που εκδηλώνεται ή αναπτύσσεται σε διαδοχικές φάσεις ή με αυξανόμενη ένταση: *εξέλιξη -ή· αυξήσεις -ές.* - Επίρρ. **-ά.**

κλιματικός, -ή, -ό, επίθ., που ανήκει ή αναφέρεται στο κλίμα: *συνθήκες -ές· (γεωγρ.) ζώνες -ές.*

κλιματισμός ο, ουσ. **α.** μέθοδος με την οποία ελέγχονται σ' έναν κλειστό χώρο η θερμοκρασία, η υγρασία και η καθαρότητα του αέρα· **β.** μηχανισμός, συσκευή που εξασφαλίζει σ' έναν κλειστό χώρο την επιθυμητή θερμοκρασία, υγρασία και σύσταση του αέρα: *εγκατάσταση -ού.*

κλιματολογία η, ουσ. κλάδος της μετεωρολογίας που μελετά το κλίμα κάθε τόπου και τις επιδράσεις του στα έμβια όντα και στη γεωργία.

κλιματολογικός, -ή, -ό, επίθ., που αναφέρεται στην κλιματολογία ή το κλίμα: *έρευνες -ές· συνθήκες -ές.*

κλινάμαξα η, ουσ., βαγόνι τρένου με κρεβάτια για τους ταξιδιώτες (συνών. *βαγκόν-λι*).

κλινάρι το, ουσ. (ιδιωμ.), κρεβάτι: *το ~ του Θεού Ήλιου.*

κλίνη η, ουσ. (λόγ.), κρεβάτι: *στην ~ του πόνου* (για αρρώστους)· έκφρ. *~ του Προκρούστη* (για έντονη τροποποίηση πράγματος, γεγονότος, κλπ., προκειμένου να το φέρομε στα μέτρα μας).

κλινικά, βλ. *κλινικός.*

κλινική, ουσ. **1.** ιδιωτικό ίδρυμα όπου προσφέρονται ιατρικές και νοσηλευτικές υπηρεσίες: *νοσηλεύεται σε ~, όχι σε νοσοκομείο· ~ μαιευτική.* **2.** τμήμα νοσοκομείου που ασχολείται με ορισμένη ασθένεια: *Β΄ καρδιολογική ~ του νοσοκομείου· ~ πανεπιστημιακή.*

κλινικός, -ή, -ό, επίθ., που έχει σχέση με την πρακτική εφαρμογή και διδασκαλία της ιατρικής σε αρρώστους: *-ά μαθήματα/συμπτώματα* (που τα αντιλαμβάνεται ο γιατρός μόνο με τις αισθήσεις)· *διάγνωση/ιατρική -ή· -ή ψυχολογία/χειρουργική· ~ γιατρός/ψυχολόγος.* - Επίρρ. **-ώς** και **-ά:** *ο ασθενής εξετάστηκε -ώς/είναι -ά νεκρός.*

κλινοσκέπασμα το, ουσ., σκέπασμα του κρεβατιού.

κλινόστρωμα το, ουσ., στρώμα του κρεβατιού.

κλίνω, Α. μτβ. **1.** κάνω κάποιον ή κάτι να στραφεί ή να γείρει προς τα κάτω ή πλάγια: *~ τη ζυγαριά / το κεφάλι* (συνών. *γέρνω*). **2.** (γραμμ.) σχηματίζω (με τη σειρά) όλους τους τύπους ενός κλιτού μέρους του λόγου: *ένα ουσιαστικό· πώς -εται το ρήμα «αγαπώ»·* **Β.** αμτβ. **1.** παίρνω θέση πλάγια, στρέφομαι προς τα κάτω ή πλάγια: *η ζυγαριά έκλινε προς το μέρος της·* (γυμν.) *-ατε επ' αριστερά!* (συνών. *στρέφω*). **2.** (μεταφ.) έχω τάση, ροπή (να κάνω ή να γίνω κάτι): *-ει προς τις απόψεις της αριστεράς / τη μυστικοπάθεια* (συνών. *τείνω*). **3.** (μεταφ. για χρώμα ή φωνή) έχω απόχρωση ή χροιά που μοιάζει με κάτι: *η φωνή του -ει προς του τενόρου· το χρώμα του -ει προς το βαθυκόκκινο* (συνών. *πλησιάζω, πάω*).

κλίρινγκ το ουσ. (έρρ. άκλ.), (οικον.) διαδικασία τακτοποίησης δανείων και χρεών μεταξύ τραπεζών. [αγγλ. *clearing*].

κλισέ το, ουσ. άκλ. **1.** μεταλλική πλάκα από ψευδάργυρο που χρησιμοποιείται στην τυπογραφία για την αναπαραγωγή παράστασης σε έντυπο με τη βοήθεια χημικών ουσιών. **2.** (μεταφ.) **α.** έκφραση στερεότυπη ή ιδέα κοινότοπη που χρησιμοποιείται πολύ συχνά στις ίδιες περιστάσεις: *Φραστικά ~· λόγος κουραστικός, γεμάτος από ~ και κοινούς τόπους·* **β.** τυποποιημένη μορφή ή τρόπος έκφρασης: *κινηματογραφικά / λογοτεχνικά ~* (συνών. *καλούπι, φόρμουλα*). [γαλλ. *cliché*].

κλίση η, ουσ. **1.** το να τοποθετείται ή να στρέφεται κάτι (από θέση οριζόντια ή κάθετη) πλάγια ώστε να γέρνει: *του εδάφους· στάθηκε ώστε να έχει μια ~ προς τον τοίχο* (συνών. *γέρσιμο*). **2.** (μεταφ.) το να παρουσιάζει κάποιος φυσική διάθεση, τάση να κάνει ή να γίνει κάτι: *από μικρός είχε ~ στη ζωγραφική* (συνών. *ροπή*). **3.** (γραμμ.) σχηματισμός (με τη σειρά) των τύπων των κλιτών μερών του λόγου, καθώς και το συγκεκριμένο σύστημα με το οποίο κλίνονται: *η ~ των ρημάτων· η ~ των ουσιαστικών.*

κλισίμετρο το, ουσ., όργανο των τοπογράφων για την καταμέτρηση των κλίσεων του εδάφους.

κλισιοσκόπιο το, ουσ. (ασυνίζ. δις), όργανο που τοποθετείται στην κάννη πυροβόλου όπλου και χρησιμεύει στη σωστή σκόπευση: *~ κινητό.*

κλιτικός, -ή, -ό, επίθ., (γραμμ.), που ανήκει ή αναφέρεται στην κλίση των μερών του λόγου: *γλώσσες -ες· το -ό σύστημα μιας γλώσσας.*

κλίτος το, ουσ., καθένα από τα τρία ή πέντε στενόμακρα τμήματα στα οποία διαιρούνται με ενδιάμεσες κιονοστοιχίες οι παλιοί χριστιανικοί ναοί: *βασιλική με πέντε -η· καθολικό ~.*

κλιτός, -ή, -ό, επίθ. (γραμμ.) που κλίνεται με την προσθήκη καταλήξεων: *-ά μέρη του λόγου* (αντ. *άκλιτος*).

κλιψ το, ουσ. άκλ., μικρό πιαστράκι από μέταλλο ή πλαστικό ειδικά σχεδιασμένο για να συγκρατεί πράγματα μαζί και που πολλές φορές προσαρμόζεται με πένσα: *μαλλιά πιασμένα με ~· μπουφάν που κουμπώνει με ~.* [αγγλ. *clip*, πληθ. *clips*].

κλοιός ο, ουσ. (ασυνίζ.), οτιδήποτε περικλείει και περισφίγγει ένα χώρο απτό ή νοερό περιορίζοντας όσους βρίσκονται μέσα σ' αυτόν: ~ *της αστυνομίας γύρω από τους διαδηλωτές·* ~ *πολιορκητικός·* ~ *ασφυκτικός·* (μεταφ.) *ο* ~ *σφίγγει (γύρω μας)* (= τα περιθώρια στενεύουν).

κλομπ το, ουσ. ακλ., κοντό και βαρύ ξύλινο ραβδί που χρησιμοποιείται ως όπλο κυρίως από αστυνομικούς. [αγγλ. *club*].

κλονίζω, ρ. 1. κουνώ κάτι απότομα και βίαια ώστε να χάσει τη σταθερότητά του, ταράζω: *ο σεισμός -ισε συθέμελα το σπίτι.* 2. (μεταφ.) συμβάλλω ώστε κάποιος ή κάτι να χάσει τη σταθερότητα και την ισορροπία του ή να χειροτερεύσει η κατάστασή του, ταράζω ισχυρά: *-ίστηκε η κυβέρνηση από τα σκάνδαλα· οι αρρώστιες -ισαν την υγεία του· -ίστηκαν τα νεύρα της.* 3. (μεταφ.) συντελώ ώστε να χάσει κάποιος την πίστη ή την εμπιστοσύνη του σε κάτι, εμπνέω αμφιβολία: *η συμπεριφορά της -ισε την εμπιστοσύνη του· -ίστηκε η πίστη τους στο Θεό.* 4. (μέσ. οικον. για νόμισμα) κινδυνεύω να χάσω την αξία, την ορισμένη τιμή μου: *-εται το δολάριο.*

κλονισμός ο, ουσ. 1. ξαφνική και απότομη κίνηση που έχει ως αποτέλεσμα να χάσει κάτι από τη σταθερότητα ή την ισορροπία του. 2. (μεταφ.) διατάραξη, διασάλευση μιας συνήθως σταθερής κατάστασης: ~ *της υγείας·* ~ *νευρικός* (= το δυνατό αίσθημα φόβου ή απελπισίας που αισθάνεται κάποιος από ένα ξαφνικό δυσάρεστο γεγονός). 3. (μεταφ.) αμφισβήτηση προσώπου ή πράγματος: ~ *της εμπιστοσύνης μου στο πρόσωπό σου/της πίστης μου στη θεωρία του Α.*

κλόουν ο, ουσ. άκλ. 1. τύπος του τσίρκου με παράξενα ρούχα και έντονα βαμμένο πρόσωπο που κάνει ακροβατικά παιχνίδια προκαλώντας το γέλιο (συνών. *γελωτοποιός, παλιάτσος*). 2. (μεταφ.) άνθρωπος που κατά κόρον αστειεύεται ή συμπεριφέρεται γελοία: *πάψε να παριστάνεις τον* ~ (συνών. *καραγκιόζης, παλιάτσος*). [αγγλ. *clown*].

κλοπή η, ουσ., η αφαίρεση και ο σφετερισμός ξένου πράγματος που γίνεται κρυφά από τον ιδιοκτήτη ή με εξαπάτησή του: *καταδικάστηκε για μια σειρά από -ές* (συνών. *κλεψιά*).

κλοπιμαίος, -α, -ο, επίθ. που προέρχεται, που αποκτήθηκε από κλοπή (συνών. *κλεψιμαίικος*). - Το ουδ. ως ουσ. = το αντικείμενο που προέρχεται από κλοπή.

κλοτσηδόν, επίρρ., με κλοτσιές· (μεταφ.) με άσχημο, καθόλου ευγενικό τρόπο: *τον έδιωξαν* ~.

κλότσημα το, ουσ. (λαϊκ.), το να κλοτσά (βλ.λ.) κανείς.

κλοτσιά η, ουσ. (συνιζ.), χτύπημα με το πόδι: *έδωσε μια* ~ *στην μπάλα/στην πόρτα· έκφρ. με τις -ές* (για βίαιη αποπομπή κάποιου): *μας έδιωξαν με τις -ές.*

κλοτσοπατώ, ρ., πατώ κάτι και ταυτόχρονα του δίνω και κλοτσιές.

κλότσος ο, ουσ., δυνατό χτύπημα με το πόδι, κλοτσιά· φρ. *είναι του -ου και του μπάτσου ή τον έχουν από -ο κι από μπάτσο* (για κάποιον που όλοι τον κακομεταχειρίζονται). [ιταλ. *calcio*].

κλοτσοσκούφι το, ουσ. 1. (παλαιότερα) παιχνίδι στο οποίο οι παίκτες κλοτσούν ένα σκούφο. 2. φρ. *έγινε* ~ (για κάποιον που οι άλλοι τον αδικούν ή τον κάνουν ό,τι θέλουν).

κλοτσώ, ρ. 1. χτυπώ δυνατά με τα πόδια: ~ *την μπά-* *λα· πρόσεξε μη σε -ήσει το άλογο.* 2. (μεταφ.) αρνούμαι, περιφρονώ κάτι: *-ησε τέτοια ευκαιρία!* ~ *την τύχη μου.* 3. (για πυροβόλο όπλο) τινάζομαι προς τα πίσω ύστερα από εκπυρσοκρότηση.

κλου το, ουσ. ακλ., ό,τι είναι εντυπωσιακό (για θέαμα): *το* ~ *του θιάσου ήταν οι μικροί τραγουδιστές.* [γαλλ. *clou*].

κλούβα η, ουσ. 1. αυτοκίνητο με το οποίο μαζεύουν τα αδέσποτα σκυλιά. 2. όχημα της αστυνομίας με το οποίο μεταφέρονται οι κρατούμενοι. 3. (μεταφ.) η φυλακή. 4. μεγάλο πλαστικό κασόνι που χρησιμοποιείται στο μάζεμα ορισμένων φρούτων.

κλουβί το, ουσ., κατασκευή από συρμάτινα, σιδερένια ή ξύλινα κάγκελα - αραιά τοποθετημένα μεταξύ τους - φορητή ή σε μόνιμη θέση, με διαστάσεις ανάλογες με το μέγεθος του πουλιού ή του ζώου του οποίου χρησιμεύει ως κατοικία. - Υποκορ. **-άκι** το. - Μεγεθ. **κλούβα** η, βλ.λ.

κλουβιάζω και **κλουβιαίνω**, ρ. (συνιζ.). 1. (για αβγό) χαλώ, γίνομαι μπαγιάτικος, κλούβιος. 2. (μεταφ.) γίνομαι ανόητος, ξεκουτιαίνω. 3. (μτβ.) κάνω κάτι να κλουβιάσει.

κλούβιασμα το, ουσ. (για αβγό) το να γίνεται κλούβιο, μπαγιάτεμα, χάλασμα.

κλούβιος, -α, -ο, επίθ. (συνιζ.). 1. (για αβγό) μπαγιάτικος, χαλασμένος. 2. (μεταφ.) που δεν έχει περιεχόμενο, ανόητος, μωρός: *κεφάλι -ο.*

κλυδωνίζομαι, ρ. 1. (για πλοίο) χτυπιέμαι από τα κύματα, από την τρικυμία. 2. (μεταφ.) κλονίζομαι, αμφισβητούμαι: *-εται ο θεσμός του γάμου.*

κλυδωνισμός ο, ουσ. 1. (για πλοίο) ταλάντευση από τα χτυπήματα των κυμάτων. 2. (μεταφ.) ταραχή, αναστάτωση: ~ *εσωκομματικός.*

κλύσμα το, ουσ. α. (ιατρ.) υγρό που εισάγεται με ειδική συσκευή σε κοιλότητα του σώματος, ιδίως στο έντερο, για τον καθαρισμό της· β. (κοιν. συνεκδοχικά), πλύση και καθαρισμός σωματικής κοιλότητας και ιδίως του εντέρου με την έγχυση υγρού: ~ *καθαρτικό/χλιαρό·* γρ. *κάνω* ~ (συνών. ιατρ. *υποκλυσμός·* βλ. *πλύση*)· γ. (κοιν.) όργανο που χρησιμεύει για καθαρισμό του εντέρου (συνών. *κλυστήρι, σερβιτσάλι*).

κλυστήρι και ιδιωμ. **γλυ-** το, ουσ. (λαϊκ.), κλύσμα (βλ.λ. στη σημασ. γ).

κλωβός ο, ουσ. (λόγ.), χώρος ή κατασκευή που μοιάζει με κλουβί: (στρατ.) ~ *ασυρμάτου·* (ναυτ.) ~ *έλικας* (μέσα στον οποίο περιστρέφεται η έλικα του πλοίου)· ~ *φάρου* (το ανώτατο τμήμα του που περιέχει τα φωτιστικά μηχανήματα).

κλωθογυρίζω και **-γυρνώ**, ρ. (λαϊκ.). 1. στριφογυρίζω: *ζουζούνια ανεβαίνουνε -οντας προς τα πάνω·* (μεταφ.) *χίλιες σκέψεις -ουνε μέσα στο νου μου.* 2. τριγυρίζω, γυρίζω: *-ει σ' όλες τις πόρτες.* 3. φρ. *τα -ω* (= μιλώ με υπεκφυγές, προσπαθώ να διαστρέψω την αλήθεια, να ξεφύγω).

κλωθογύρισμα το, ουσ. (λαϊκ.). 1. στριφογύρισμα: *τα -ατα του δρόμου*/(μεταφ.) *της ζωής.* 2. προσπάθεια υπεκφυγής.

κλωθογυρνώ, βλ. *κλωθογυρίζω.*

κλώθω, ρ. αόρ. *έκλωσα*, μτχ. *κλωσμένος*. 1. (μτβ. και αμτβ., για βαμβάκι, μαλλί, κ.τ.ό.) μετατρέπω υφαντικές ίνες σε νήμα ή κλωστή περιστρέφοντάς τες με το χέρι (συνών. *γνέθω*) ή χρησιμοποιώντας μηχανικά μέσα. 2. (μεταφ.) φρ. *τα -ω* (= «τα κλωθογυρίζω») (βλ.λ. στη σημασ. 3).

κλωνάρι το, ουσ., κλαδί: ~ *διχαλωτό/φουντωτό· δεν έμεινε μήτε ένα* ~/*φιλέρημο πουλάκι να κα-*

θίσει (Σολωμός). - Υποκορ. **-άκι** το.
κλωνί το, ουσ. 1. μικρό κλαδί: ~ ανθισμένο· δύο -ιά βασιλικό· τσαντίρια... από -ιά κι από κλαδιά (Κόντογλου). 2. (λαϊκ., μεταφ.) νήμα για ράψιμο, όσο περίπου περνά κανείς στο βελόνι (συνών. κλωνιά η).
κλωνιά η, ουσ. (συνιζ., λαϊκ.), κλωνί (βλ.λ. στη σημασ. 2).
κλωνόγερτος, -η, -ο, επίθ. (ποιητ.), που οι κλώνοι του γέρνουν προς το έδαφος: κλαίει.../του ανθρώπου τη μοίρα/-η ετιά (Σολωμός).
κλώνος ο, ουσ. 1. (πληθ. -οι οι και -ια τα) κλαδί, συνήθως μεγάλο: ψηλά τη χτίζεις τη φωλιά και θα σου σπάσει ο ~ (δημ. τραγ.). 2. (βιολ.) πληθυσμός γενετικά ταυτόσημων οργανισμών που προήλθε από ένα μόνο άτομο: -οι φυτών/ζώων.
κλώση η, ουσ. (τεχνολ.) κατεργασία υφαντικών ινών με τράβηγμα και συστροφή ώστε να συνενωθούν και να γίνουν συνεχές νήμα ή κλωστή.
κλώσιμο το, ουσ. (λαϊκ.), το να κλώθει κανείς υφαντικές ίνες· ~ του μεταξιού (συνών. γνέσιμο, κλώση).
κλώσμα το, ουσ. (λαϊκ.). 1. κλωσμένο νήμα, κλωστή. 2. (μεταφ.) γύρισμα, στροφή: -ατα μονοπατιού/ποταμού.
κλώσσα η, ουσ. 1. κότα που κλωσσά ή ανατρέφει τα μικρά της: έβαλα ~ (ενν. να κλωσσήσει αβγά)· η ~ έβγαλε πουλάκια. 2. σκωπτ. για φλύαρη γυναίκα. [<μτχ. κλώσσουσα του παλαιότερου κλώσσω].
κλώσσημα το, ουσ. (για πουλί, συνήθως για κότα) το να κλωσσά (συνών. επώαση).
κλωσσομηχανή η, ουσ., επωαστική μηχανή πτηνοτροφείου.
κλωσσόπουλο και (λαϊκ.) **-πούλι** το, ουσ., το νεογέννητο ενός πουλιού, συνήθως κότας: η δασκάλα μάζευε γύρω της τα παιδιά, όπως η κλώσσα τα -α (συνών. πουλάκι, κοτοπουλάκι).
κλωσσώ, ρ. (για κότα και γενικά για πτηνά) επωάζω (βλ.λ.). Φρ. (πολύ) τα κλωσσάει (για κάποιον που ασχολείται υπερβολικό χρόνο με κάτι, που καθυστερεί). [παλαιότερο κλώσσω = «κακαρίζω»].
κλωστή η, ουσ., κλωσμένο νήμα, ιδίως για ράψιμο: ~ βαμβακερή/μεταξωτή/νάιλον· ~ κεντήματος· ράβω το κουμπί με διπλή ~· (λαογρ.) κόκκινη ~ δεμένη, στην ανέμη τυλιγμένη (προεισαγωγή σε παραμύθια). Φρ. κρέμεται από μια ~ (για υπόθεση που η έκβασή της βρίσκεται σε κρίσιμο σημείο). - Υποκορ. **-ίτσα** και **-ούλα.**
κλωστήριο το, ουσ. (ασυνίζ.), εργοστάσιο όπου γίνεται η κλώση, η κατασκευή νήματος.
κλώστης ο, θηλ. **-τρια,** ουσ., αυτός που κλώθει, ειδικευμένος τεχνίτης που κατασκευάζει κλωστές από κλωστικές ύλες με διάφορα μηχανήματα και χημικές ουσίες.
κλωστικός, -ή, -ό, επίθ., που ανήκει ή αναφέρεται στην κλώση: υλικά -ά· μηχανή -ή.
κλωστίτσα, βλ. κλωστή.
κλωστοποίηση η, ουσ., μετατροπή υφαντικών ινών σε κλωστή.
κλωστούλα, βλ. κλωστή.
κλωστοϋφαντήριο το, ουσ. (ερρ., ασυνίζ.), σπάνιο αντί κλωστοϋφαντουργείο (βλ.λ.).
κλωστοϋφαντικός, -ή, -ό, επίθ. (ερρ.), που αναφέρεται στην κλωστοϋφαντουργία.
κλωστοϋφαντουργείο το, ουσ. (ερρ.), εργοστάσιο όπου κατασκευάζονται υφαντικές ύλες (λ.χ. ίνες,

κλωστές, νήματα) και υφάσματα.
κλωστοϋφαντουργία η, ουσ. (ερρ.), κλάδος της βιομηχανίας που ασχολείται με την κατασκευή υφασμάτων από ίνες, νήματα, κ.ά.: ~ βαμβακιού/ερίου/συνθετικών και τεχνητών ινών/μεταξιού.
κλωστοϋφαντουργικός, -ή, -ό, επίθ. (ερρ.), που αναφέρεται στην κλωστοϋφαντουργία: βιομηχανία -ή.
κλωστοϋφαντουργός ο, ουσ. (ερρ.), τεχνίτης ή βιομήχανος που ασχολείται με την κλωστοϋφαντουργία.
κλώστρια, βλ. κλώστης.
κλωτσιά, βλ. κλοτσιά.
κνήμη η, ουσ. (ανατομ.) **α.** τμήμα του κάτω άκρου από το γόνατο έως τα σφυρά (κοιν. γάμπα)· **β.** το μπροστινό και εσωτερικό από τα δύο μακρά οστά που αποτελούν το σκελετό του παραπάνω τμήματος (το άλλο είναι η περόνη).
κνημιαίος, -α, -ο, επίθ. (ασυνίζ.), (ανατομ.) για σχηματισμό που σχετίζεται με την κνήμη: μυς ~· αρτηρία -α.
κνημίδα η, ουσ. (αρχ.) δερμάτινο ή μεταλλικό κάλυμμα που προστάτευε τις κνήμες του πολεμιστή (συνών. περικνημίδα).
κνησμός ο, ουσ. (ιατρ.) ενοχλητικό αίσθημα στο δέρμα ή τους βλεννογόνους που προκαλεί την ανάγκη για ξύσιμο: ~ τοπικός/με αλλεργική αιτιολογία (κοιν. φαγούρα).
κνίδωση η, ουσ. (ιατρ.) αλλεργική αντίδραση του δέρματος που χαρακτηρίζεται από ξαφνική εμφάνιση εξανθήματος και έντονο κνησμό.
κνίσα η, ουσ., ο καπνός και η μυρωδιά από κρέας που ψήνεται (αρχ. ιδίως για σφάγια θυσιών) (κοιν. τσίκνα).
κνούτο το, ουσ., είδος μαστιγίου από δερμάτινες λωρίδες που καταλήγουν σε μεταλλικά άγκιστρα ή σφαιρίδια, ως όργανο βασανισμού παλαιότερα (16.-19. αιώνα) στη Ρωσία. [ρωσ. knut].
κνώδαλο και (λαϊκ.) **-γαλο** το, ουσ. (αρχ. = «άγριο ή βλαβερό ζώο») υβριστικά για άνθρωπο ανάξιο ή ανόητο.
κοάζω, ρ. (λόγ.), (για βάτραχο) φωνάζω «βρεκεκέξ κοάξ»· σκωπτ. για αντιπαθητική φωνή ανθρώπου. [ηχομιμ. λ.].
κοάλα η, ουσ. άκλ. (ζωολ.) κοινή ονομασία μικρού μαρσιποφόρου θηλαστικού της Αυστραλίας που μοιάζει με αρκουδάκι. [αγγλ. koala, αυστραλιανής προέλευσης].
κόασμα το, ουσ. (λόγ.), φωνή βατράχου.
κοβάλτιο το, ουσ. (χημ.) απλό στοιχείο (σύμβολο Co, ατομικός αρ. 27) με μορφή σκληρού αργυρόλευκου μετάλλου, σιδηρομαγνητικό, συστατικό πυριμάχων και μαγνητισμών κραμάτων: ~ θετικό/χλωριούχο· (ιατρ.) ~ ραδιενεργό (χρησιμοποιείται για θεραπεία όγκων)· (στρατ.) βόμβα -ίου (= είδος πυρηνικού όπλου). [γαλλ. cobalt<γερμ. kobalt].
κόβω και (λαϊκ.) **κόφτω,** ρ., αόρ. ενεργ. έκοψα, μέσ.-παθ. κόπηκα, μτχ. παρκ. κομμένος. **Ι.** ενεργ. **Α.** μτβ. **1α.** ασκώ πίεση με οξύ όργανο (μαχαίρι, ψαλίδι, κ.τ.ό.) ή με το χέρι πάνω σε κάτι και το χωρίζω σε δύο ή περισσότερα μέρη: ~ ψωμί/την πίτα· ο υπουργός έκοψε την κορδέλα των εγκαινίων· ~ ένα δέντρο· **β.** (για κοπή σε πολύ μικρά κομμάτια) κάνω σκόνη, αλέθω: ~ καφέ/κιμά· **γ.** (για βιβλίο) χωρίζω τις ενωμένες σελίδες του ώστε να διαβάζεται (συνών. ξακρίζω)· **δ.** δίνω σ'

κόβω

ένα υλικό ορισμένη μορφή χωρίζοντάς το σε κομμάτια: ~ *χαρτόνι για να φτιάξω στολίδια·* (συνεκδοχικά) *η μοδίστρα έκοψε το παλτό μου.* **2.** (γενικά) **α.** με όργανο ή μηχάνημα δημιουργώ άνοιγμα, τομή, εγκοπή: *έκοψε τα κάγκελα του κελιού και δραπέτευσε· έκοψαν το λόφο για να περάσει ο δρόμος·* **β.** (συνεκδοχικά) σκίζω: *έκοψα το πουκάμισό μου στα σύρματα.* **3.** (για μεταλλικό νόμισμα) κατασκευάζω κόβοντας μεταλλικά ελάσματα (πβ. για χαρτονόμισμα *εκδίδω*). **4.** (μεταφ.) χωρίζω: *ο ποταμός -ει την πόλη στα δύο·* ~ *τα χαρτιά* (= διαχωρίζω παιγνιόχαρτα για ν' αρχίσει το παιχνίδι). **5.** περιορίζω σε κάτι τις διαστάσεις (ιδίως όταν έχει μεγαλώσει πολύ): ~ *τα νύχια μου· μηχάνημα που -ει τη χλόη·* ~ *τα μαλλιά μου·* (συνεκδοχικά) ~ *το μουστάκι* (= *ξυρίζω*). **6.** (για πρόσωπο) **α.** τραυματίζω τον εαυτό μου κάνοντας να σκιστεί το δέρμα και να βγει αίμα: *ένα σύρμα μου έκοψε το χέρι· αυτοκτόνησε -οντας τις φλέβες του·* (μέσ.) ~ *κόπηκα στο ξύρισμα·* **β.** τραυματίζω βαριά ή θανάσιμα: *τον έκοψε ένα αυτοκίνητο·* **γ.** (παλαιότερα) σφάζω: *Κι' εσύ σπαθάκι μου...δύνεσαι να κόψεις τόσους Τούρκους;* (δημ. τραγ.)· **δ.** (λαϊκ.) για απότομη και βίαιη ενέργεια: ~ *δαγκωνιά/τσιμπιά·* (σε κατάρες) *σκασμός να σε κόψει.* **7α.** κουράζω, καταπονώ: *ο ανήφορος -ει τα γόνατα·* (μέσ.) *σε βλέπω κομμένο* (= ταλαιπωρημένο)· **β.** για κάτι δυσάρεστο, βασανιστικό: *με -ει κρύος ιδρώτας.* **8α.** αποχωρίζω ένα τμήμα κόβοντας κάτι μεγαλύτερο, απομακρύνω στοιχείο από ένα σύνολο ή μια ενότητα: *κόψε μου μια φέτα καρπούζι·* ~ *από το δέντρο ένα μήλο/τα ξερά κλαδιά·* **β.** για τμήμα του σώματος: *του έκοψαν το κεφάλι στη λαιμητόμο·* (μέσ.) *σ' ένα δυστύχημα κόπηκε το πόδι του* (= ακρωτηριάστηκε). **9.** (για εισιτήριο) **α.** αποσπώ από δέσμη (μπλοκ) και διαθέτω στο κοινό: *ο ταμίας/ο εισπράκτορας -ει εισιτήρια* (συνών. *εκδίδω, πουλώ*)· **β.** (συνεκδοχικά) αγοράζω (από το αρμόδιο πρόσωπο): ~ *εισιτήριο για να ταξιδέψω* (συνών. *βγάζω*). **10α.** αφαιρώ τμήμα κάνοντας κάτι μικρότερο: *έκοψε δύο χιλιάδες από την τιμή· ο καθηγητής μάς έκοψε τα τελευταία κεφάλαια* (= δεν είμαστε υποχρεωμένοι να τα διαβάσουμε)· (λαϊκ., σε ευχή) *ο Θεός να μου -ει μέρες και να σου δίνει χρόνους!* **β.** (ειδικά) για τμήμα γραπτού που δεν τυπώνεται ή ταινίας που δεν προβάλλεται, επειδή θεωρούνται ακατάλληλα: *η λογοκρισία έκοψε ορισμένες παραγράφους του άρθρου/σκηνές του έργου·* (συνεκδοχικά) *ταινία κομμένη·* (συνεκδοχικά για πρόσωπο) *ήταν για χρόνια κομμένος από την τηλεόραση.* **11.** ελαττώνω, περιορίζω, περικόπτω: ~ *ταχύτητα· το τσιγάρο -ει την όρεξη· κόψαμε τις δαπάνες στο μισό.* **12.** (για πρόσωπο που εξετάζεται ή κρίνεται) απορρίπτω: *η επιτροπή έκοψε τους μισούς υποψήφιους* (αντ. *περνώ·* πβ. *προβιβάζω*)· (μέσ.-παθ.) *-ομαι στο διαγώνισμα/στις προαγωγές* (συνών. *αποτυγχάνω*). **13.** (για χρηματικό ποσό) καθορίζω: ~ *μισθό· τους έκοψαν επίδομα/πρόστιμο τρεις χιλιάδες το μήνα.* **14α.** παύω, σταματώ να κάνω ό,τι και πριν, καταργώ: *από σήμερα* ~ *τις επισκέψεις μου 'κοψε την καλημέρα· κόψαμε κάθε σχέση μαζί τους·* **β.** για την αποβολή βλαβερής συνήθειας: ~ *το τσιγάρο· θα κόψω το κρασί.* **15α.** προκαλώ σε κάποιον αδυναμία να κάνει ή να αισθάνεται κάτι: *ο βήχας έκοβε την ανάσα της· από το φόβο του κόπηκε η μιλιά·* **β.** εμποδίζω κάτι: *ο τοίχος -ει τον αέρα· τα δέντρα -ουν τη θέα.* **16.** μεταπείθω: *με όσα μου είπε με έκοψε.* **17.** διακόπτω την πορεία, τη συνέχεια: *κανείς δεν μπορεί να κόψει το δρόμο του ρεύματος* (*Μπαστιάς*)· *τα περιγιάλια του δεν τα -ει ούτε κάβος ούτε κόρφος* (*Κόντογλου*). **18.** διακόπτω παροχή ή δραστηριότητα: ~ *το ρεύμα/το νερό· του 'κοψαν τη σύνταξη·* (για πρόσωπο) *ενώ μιλούσαμε, κάποιος μας έκοψε·* (μέσ.) *χιόνισε και οι συγκοινωνίες κόπηκαν.* **19.** (προφ. για πρόσωπο) παρατηρώ κάποιον προσεκτικά για να αποτυπώσω τα χαρακτηριστικά του, να θυμηθώ ποιος είναι ή να καταλάβω το χαρακτήρα του: *ο φρουρός τον έκοβε από πάνω ως κάτω·* φρ. *κόψε φάτσα και βγάλε συμπέρασμα* (για αρνητικές εντυπώσεις). **20.** (προφ., συνήθως στην προστ.) φεύγω, παίρνω δρόμο. **Β. αμτβ. 1.** για οξύ όργανο κατάλληλο να χρησιμοποιηθεί: *το τσεκούρι -ει καλά/*(επιτ.) *σαν ξυράφι.* **2.** (για χρώμα) ξεθωριάζω, ξεβάφω. **3.** (για υγρή τροφή) αλλοιώνομαι, σχηματίζω θρόμβους ή διαλύομαι στα συστατικά μου: *έκοψε το γάλα/το αβγολέμονο.* **4.** (για όψη) δείχνω κούραση: *το πρόσωπό σου έκοψε.* **5.** αδυνατίζω, υποχωρώ: *έκοψε ο βοριάς/το κρύο.* **6.** τελειώνω (σε ένα σημείο): *εδώ -ει ο δρόμος.* **7.** αλλάζω πορεία, στρίβω (συνήθως απότομα): *ο οδηγός έκοψε αριστερά και παρκάρισε.* **II. μέσ. 1.** (λαϊκ., λογοτ.) μοχθώ, υποβάλλομαι σε κάθε θυσία για κάτι: *Γι' αυτήν τη λευτεριά -όνταν, γι' αυτήν έδινε το αίμα του* (*Μπαστιάς*). **2.** ενδιαφέρομαι πολύ. **Φρ.** ~ *τον αέρα/το βήχα/τη φόρα κάποιου* (= κάνω να χάσει κάποιος απότομα το υπερβολικό θάρρος, την έπαρση, τον ενθουσιασμό του, αποκαρδιώνω, ταπεινώνω)· ~ *το αίμα/τα ήπατα/τη χολή* (= *κατατρομάζω*)· ~ *την ανάσα/τη μιλιά* (για κάτι που προκαλεί υπερβολική συγκίνηση, αγωνία, ανησυχία, κ.τ.ό.): *άκουσα την είδηση και μου κόπηκε η μιλιά· παρακολουθώ κάτι με κομμένη ανάσα·* ~ *βόλτες* (= **α.** βηματίζω πέρα δώθε, βολτάρω· **β.** περιφέρομαι, έρχομαι και ξαναέρχομαι: *ένα γεράκι -ει βόλτες απάνω απ' το κεφάλι μου* (*Κόντογλου*)· *τα τρεχαντήρια τους -βαne βόλτες* (*Κόντογλου*)· ~ *όλες τις γέφυρες* (*πίσω μου*) (= αποκλείω κάθε νέα επικοινωνία, συνεννόηση με κάποιον ή κάτι): *είχε κόψει όλες τις γέφυρες με τους παλιούς συνεργάτες του/με το παρελθόν· μου -ονται τα γόνατα* (= παραλύω από υπερβολικό φόβο ή συγκίνηση)· ~ *το* ~ *δίπλα* (= ξαπλώνω να κοιμηθώ)· *-ουν τα δόντια μου, -ει το σπαθί μου* (= είμαι πανίσχυρος, διαθέτω ισχυρά μέσα)· ~ *δρόμο* (= λοξοδρομώντας συντομεύω μια διαδρομή)· ~ *το δρόμο σε κάποιον* (= εμποδίζω κάποιον να προχωρήσει, να προοδεύσει· συνών. *κλείνω, φράζω*)· ~ *καρφιά* (= ταλαιπωρούμαι από το κρύο): *το βράδι με μια κουβέρτα στο αντίσκηνο κόψαμε καρφιά· κόψε κάτι* (= **α.** μείωσε την τιμή. **β.** μεταφ., μη λες υπερβολές)· *μου -ει ή -ει το κεφάλι/το μυαλό* (= καταλαβαίνω γρήγορα και σωστά, είμαι έξυπνος και εφευρετικός)· *με -ει, με -ει η κοιλιά μου* (= αισθάνομαι ενοχλήσεις ή πόνους στην κοιλιά, έχω διάρροια· πβ. *κόψιμο*): *έφαγα φράουλες και μ' έκοψε·* ~ *το λαιμό μου πως θα...* (= προεξοφλώ, είμαι απόλυτα βέβαιος ότι θα γίνει κάτι)· *κόψε το λαιμό σου να...* (= κάνε κάθε προσπάθεια): *να κόψετε το λαιμό σας να βρείτε ποιος έβαλε τη βόμβα· κόψε το λαιμό σου!* (για δήλωση περιφρονητικής αδιαφορίας): *κόψετε το λαιμό σας! εγώ θέλω ν' αδειάσετε το σπίτι* *(το)* ~ *λάσπη* (= φεύγω γρήγορα ή κρυφά για να σωθώ)· ~ *λεφτά/(παλαιότερα) μονέδα* (= κερδίζω πολλά χρήματα από επιχείρηση)· *-ει (πολλά) λεφτά* (= κοστίζει ακριβά)· *(με) -ει λόρδα/η πείνα* (= πεινώ υπερβολικά)· *-ει το μάτι μου* (= είμαι παρατηρητικός)· *-εται η μέση μου, -ονται τα νεφρά μου* (= κουράζομαι πολύ, εξαντλούμαι)· *μου -ει τα πόδια* (για κάτι που αποθαρρύνει πολύ)· *μου -ονται τα πόδια* (= παραλύω από κατάπληξη, φόβο, συγκίνηση)· *θα σου -ψω τα πόδια...* (έντονη προειδοποίηση ή απειλή, όταν απαγορεύει κανείς την προσέλευση, την είσοδο κάποιου)· *η γλώσσα μου -ει και ράβει, ~ και ράβω* (= δε σταματώ να μιλώ): *δικηγόροι που -ουν και ράβουν...για το συμφέρον των πελατών τους* (Καρκαβίτσας)· *κομμένος και ραμμένος στα μέτρα κάποιου* (= που ταιριάζει και τον εξυπηρετεί πολύ): *νόμος κομμένος και ραμμένος στα μέτρα της κυβέρνησης*· ~ *τα φτερά κάποιου* (= κάνω κάποιον να χάσει το θάρρος, την αυτοπεποίθηση, τον ενθουσιασμό του)· ~ *τα χέρια κάποιου* (= εμποδίζω να δράσει ελεύθερα)· *δεν* ~ *καλύτερα το χέρι μου παρά...* (κατηγορηματική δήλωση πως αποκλείεται να κάνω κάτι· στον παρατ. για έντονη μεταμέλεια)· *θα σου -ψω τα χέρια...* (έντονη προειδοποίηση ή απειλή για να αποτραπεί κάποια ενόχληση)· *με κόφτει* (= μ' ενδιαφέρει πάρα πολύ· πβ. σημασ. II,2)· (προφ.) *κόφ' το* (= πάψε, σταμάτα· αγενές προσταγή να διακοπεί μια ενόχληση). [αρχ. *κόπτω*].

κογκάρδα, βλ. *κονκάρδα*.
κογκλάβιο, βλ. *κονκλάβιο*.
Κογκολέζα, βλ. *Κογκολέζος*.
κογκολέζικος, -η, -ο, επίθ. (έρρ.), που ανήκει ή αναφέρεται στο Κογκό ή τους Κογκολέζους.
Κογκολέζος ο, θηλ. **-α**, ουσ. (έρρ.), αυτός που κατοικεί στο Κογκό ή κατάγεται από εκεί.
κογκορδάτο, βλ. *κονκορδάτο*.
κογκρέσο το, ουσ. (έρρ.), ονομασία του νομοθετικού οργάνου των Η.Π.Α, που αποτελείται από τη γερουσία και τη βουλή των αντιπροσώπων. [αγγλ. *congress*].
κόγχη και **κόχη** η, ουσ. Α.1. (η λ. και ο τ.) ονομασία κοιλοτήτων του ανθρώπινου σώματος: ~ *του αφτιού/του ματιού* (= κανθός). 2. (αρχιτ.) α. εσοχή σε τοίχο οικοδομήματος, που έχει εσωτερικά συνήθως ημικυκλικό σχήμα: *αγάλματα στις -ες της αίθουσας*· β. (εκκλ.) το ημικύκλιο στο οποίο απολήγουν προς την ανατολή οι χριστιανικοί ναοί, με θόλο στο σχήμα τεταρτου της σφαίρας: *η ~ του ιερού* (συνών. *αψίδα*). Β. (μόνο στον τ.) 1α. γωνιά (στο εσωτερικό ενός χώρου, σε μια έκταση) *κόχη της κάμαρης/της λίμνης*· β. για απόμερο τόπο: *τη ζωή σου ρήμαξες εδώ/στην κόχη τούτη τη μικρή* (Καβάφης). 2α. γωνιώδης προεξοχή: *χτύπησα στην κόχη του τραπεζιού*· β. γωνία (λιθοδομής) (συνών. στις σημασ. Ι και 2 *αγκωνή*).
κογχυλιολογία η, ουσ. (ασυνίζ.), (ζωολ.) επιστήμη που εξετάζει θαλασσινά ζώα (λ.χ. μαλάκια) με βάση τη γνώση των κοχυλιών τους.
κοδεΐνη η, ουσ. (φαρμ.) αλκαλοειδές του οπίου που χρησιμοποιείται σε φάρμακα παυσίπονα ή αντιβηχικά. [γαλλ. *codéine*].
κοζάκικος, -η, -ο, επίθ., που ανήκει ή αναφέρεται στους κοζάκους: *ιππικό -ο· χορός ~*.
κοζάκος ο, ουσ., ονομασία κατοίκων της νότιας Ρωσίας που ζούσαν υπό ημιαυτόνομο καθεστώς και υπηρετούσαν σε μονάδες του τσαρικού ιππικού. [ρωσ. *kosak*].
Κοζανίτης ο, θηλ. **-ισσα**, ουσ., αυτός που κατοικεί στην Κοζάνη ή κατάγεται από εκεί.
κοζανίτικος, -η, -ο, επίθ., που ανήκει ή αναφέρεται στην Κοζάνη ή τους Κοζανίτες. - Επίρρ. **-ίτικα**.
Κοζανίτισσα, βλ. *Κοζανίτης*.
κόθορνος ο, ουσ. (αρχ.). 1. πολυτελές πέδιλο με ψηλό πέλμα και ίδια μορφή και για τα δύο πόδια, ανατολικής προέλευσης, που το φορούσαν συνήθως οι τραγικοί ηθοποιοί. 2. (λόγ., σκωπτ.) για πρόσωπο (συνήθως πολιτικό) που αλλάζει από καιροσκοπισμό ή ιδιοτέλεια απόψεις και παράταξη.
κοιλάδα η, ουσ. μακρόστενη πεδιάδα που την περιβάλλουν και από τις δύο μεριές βουνά ή υψώματα και τη διασχίζει συνήθως ένα ποτάμι: ~ *στενή-/δασωμένη*· *η ~ των Τεμπών*.
κοιλαίνω, ρ., αόρ. *κοίλανα* (λόγ.), κάνω κάτι να γίνει κοίλο αφαιρώντας μέρος από το υλικό του: *-ουν τον κορμό για να φτιάξουν βάρκα* (συνών. *βαθουλώνω*).
κοιλάρα, βλ. *κοιλιά*.
κοιλαράς, -ού, -άδικο, επίθ. (για άνθρωπο παχύ) που έχει μεγάλη, εξογκωμένη κοιλιά.
κοιλάρφανος, -η, -ο και (συνιζ.) **κοιλιάρφανος**, επίθ., ορφανός από τότε ακόμα που βρισκόταν στην κοιλιά της μάνας του.
κοιλέντερα, κοιλεντερωτά και **κοιλεντερόζωα** τα, ουσ. (έρρ.), (ζωολ.) συνομοταξία ασπόνδυλων υδρόβιων ζώων με μια μόνο κοιλότητα στο σώμα (περιλαμβάνει τις μέδουσες, τα κοράλλια, τους σπόγγους, κ.ά.).
κοιλιά (συνιζ.) και (ειδικά) **κοιλία** η, ουσ. 1α. (ανατομ.) κοιλότητα του ανθρώπινου σώματος ανάμεσα στο θώρακα και τη λεκάνη, όπου περιέχεται το μεγαλύτερο μέρος του πεπτικού, του ουροποιητικού και του γεννητικού συστήματος· β. (ζωολ.) το τμήμα του κορμού από το στήθος έως τη λεκάνη και προς το μέρος του εδάφους ή του βυθού· το πίσω μέρος του κορμού των αρθροπόδων: *το φίδι σέρνεται με την ~* (η λ. σε αντιδιαστολή με τη *ράχη*)· *κεφάλι, θώρακας και ~ ενός εντόμου*. 2. (κοιν.) το τμήμα του κορμού κάτω από το στήθος, όπου βρίσκονται το στομάχι και τα έντερα και ειδικά το μπροστινό του μέρος: ~ *χοντρή*· *ο αφαλός είναι στο κέντρο της -άς* (= έδρα της πέψης) *γεμίζω την ~ μου* (ενν. *το στομάχι μου*) (= τρώω και χορταίνω)· *η ~ μου γουργουρίζει* (ενν. *από την πείνα*). 3. (για γυναίκα) το μέρος του σώματος όπου συντελείται η κύηση, τα εσωτερικά γεννητικά όργανα: *έχει μωρό στην ~* (= στη μήτρα). 4. (για ζώο) εντόσθια: *πατσάς από χοιρινές -ές*. 5. (μεταφ.) α. τμήμα ενός πράγματος που παρουσιάζει κύρτωμα, εξόγκωμα ή βρίσκεται στην ίδια περίπου θέση με την κοιλιά ανθρώπου ή ζώου: *η ~ της στάμνας*· *ο τοίχος έκανε ~ και μπορεί να γκρεμιστεί· το αεροπλάνο προσγειώθηκε με την ~*· *σκαρί με φαρδιά ~*. β. καμπύλη (από χαλάρωση): *το σκοινί έκανε ~*. 6. (στον τ. *-ία*, ανατομ.) α. καθεμία από τις δυο κοιλότητες της καρδιάς, όπου συγκεντρώνεται το αίμα που προέρχεται από τους κόλπους· β. καθεμία από τις τέσσερις κοιλότητες του εγκεφάλου. 'Εκφρ. *από την ~ της μάνας του* (για έμφυτη ιδιότητα ή ποιότητα = εκ γενετής, απ' τα γεννοφάσκια του)· *με την ~ στο στόμα* (για έγκυο γυναίκα που κοντεύει να γεννήσει)· *χορός της -άς* (= ανατολίτικος χορός που τον

χαρακτηρίζει έντονη κίνηση της κοιλιάς και των γοφών). Φρ. *από την ~ του τα βγάζει* (= τα επινοεί, λέει ψέματα)· *η ~ μου παίζει βιολί/λύρα/ταμπουρά* (= πεινώ πολύ, λιμάζω)· *κάνω ~* (= 1. παχαίνω στην κοιλιά. 2. εξογκώνομαι, παύω να είμαι κάθετος· ξεχειλώνω: *το ρούχο έκανε ~*. 3. για έργο ή προσπάθεια, όταν παρουσιάζονται ελλείψεις, κενά)· *με κόβει η ~ μου*, βλ. *κόβω* φρ. - Υποκορ. **-ίτσα** η. - Μεγεθ. **-άρα** η.

κοιλιακός, -ή, -ό, επίθ. (ασυνίζ.), που βρίσκεται, ανήκει ή αναφέρεται στην κοιλιά: *τραύμα στην -ή χώρα· τύφος ~* (= τυφοειδής πυρετός). -Το ουδ. στον πληθ. ως ουσ. = εντερικές παθήσεις.

κοιλιάρφανος, βλ. *κοιλάρφανος*.

κοιλιόδεσμος ο, ουσ., ασυνίζ. (λόγ.), ζώνη που σφίγγει και συγκρατεί την κοιλιά (για ιατρικούς λόγους).

κοιλιόδουλος, -η, -ο, επίθ. (ασυνίζ.), λαίμαργος, φαγάς, λειχούδης.

κοιλιοκήλη η, ουσ. (ασυνίζ.), (ιατρ.) κήλη που παρουσιάζεται στην κοιλιά, όταν υπάρξει αδύνατο σημείο στα τοιχώματά της.

κοιλίτσα, βλ. *κοιλιά*.

κοιλό το, ουσ., παλαιότερη γραφή της λ. *κιλό* II.

κοιλοπόνεμα το, ουσ. (λαϊκ.), οι πόνοι της γέννας.

κοιλόπονος ο, ουσ., πόνος στην κοιλιά: *έφαγε πολλά κεράσια και τον έπιασε ~* (συνών. *πονόκοιλος*).

κοιλοπονώ, ρ. (για γυναίκα) έχω τους πόνους του τοκετού: *άρχισε να -άει, αλλά δεν πήγε αμέσως στην κλινική*.

κοίλος, -η, -ο, επίθ. 1. (λόγ., για στερεό) κενός εσωτερικά, κούφιος: *σωλήνας ~*. 2. που η επιφάνειά του παρουσιάζει εσοχή, βαθούλωμα: *κάτοπτρο/έδαφος -ο* (= βαθουλωτό). - Το ουδ. ως ουσ. = (αρχ.) το μέρος του αρχαίου ελληνικού θεάτρου που προοριζόταν για τους θεατές.

κοιλότητα η, ουσ. 1. μέρος όπου μια επιφάνεια παρουσιάζει εσοχή: *~ εδαφική*. 2. (ανατομ.) κοίλος χώρος του σώματος που περιέχει εσωτερικά διάφορα όργανα: *~ θωρακική/στοματική*.

κοίλωμα το, ουσ., κοιλότητα (βλ.λ.): *~ του βράχου* (συνών. *βαθούλωμα, γούβα*).

κοιμάμαι και **-ούμαι**, ρ., μτχ. παρκ. **-ισμένος**. 1. βρίσκομαι ή περιέρχομαι σε κατάσταση ύπνου: *βαθιά/γλυκά* (αντ. *ξυπνώ*). 2. (ευφ.) συνευρίσκομαι ερωτικά: *-άται μ' όποιον να 'ναι* (συνών. *πλαγιάζω*). 3. (μεταφ.) α. είμαι νωθρός στο νου, αργόστροφος: *-άται όρθιος* β. αδρανώ, μένω άπρακτος: *η ξένη προπαγάνδα οργιάζει κι εμείς -όμαστε*. Φρ. *-άται κι η τύχη του δουλεύει* (για τυχερό άνθρωπο = κερδίζει χωρίς κόπο)· *-άται τον αξύπνητο* (ενν. *ύπνο*) (= πέθανε, είναι νεκρός)· *-άται τον ύπνο του δικαίου* (= α. γαλήνια και με ήσυχη συνείδηση· β. αμέριμνα, χωρίς να υποψιάζεται τι κακό συμβαίνει)· *με στραβό αν κοιμηθείς, το πρωί θ' αλληθωρίσεις* (= οι κακές συναναστροφές βλάπτουν)· *όπως έστρωσε, θα κοιμηθεί* (= θα υποστεί τις συνέπειες των πράξεών ή των παραλείψεών του). - Η μτχ. παρκ. **-ισμένος** ως επίθ. = α. νωθρός στο νου: *παιδί -ο* β. αδρανής: *υπάλληλοι -οι*.

Κοίμηση η, ουσ. (εκκλ., με κεφ.) για το θάνατο της Παναγίας και τη σχετική γιορτή: *το Δεκαπενταύγουστο γιορτάζουμε την ~ (της Θεοτόκου)*.

κοιμητήριο (ασυνίζ.) και **-ι** το, ουσ., νεκροταφείο (χριστιανικό): *-ι απέριττο*.

κοιμίζω, ρ. 1. κάνω ή βάζω κάποιον να κοιμηθεί, αποκοιμίζω: *~ το μωρό· δωμάτια όπου -ουμε τους ξένους·* (για ανιαρό ομιλητή) *-ισε το ακροατήριο*. 2. (μεταφ.) καθησυχάζω, καταπραΰνω: *τα λόγια του -ουν τους φόβους· γιατρικό που -ει τους πόνους*. - Για τις σημασ. της μτχ. *-ισμένος* βλ. *κοιμάμαι*, η μτχ. ως επίθ.

κοίμισμα το, ουσ. (λαϊκ.), το να κοιμίζει κανείς κάποιον, αποκοίμισμα: *σαν του βρέφους το ~* (Παλαμάς).

κοιμιστικός, -ή, -ό, επίθ. (λαϊκ.), που κοιμίζει, που φέρνει ύπνο.

κοιμούμαι, βλ. *κοιμάμαι*.

κοινά, βλ. *κοινός*.

κοινή η, ουσ. 1. (γλωσσ.) α. η ελληνική γλώσσα (με βάση την αττική διάλεκτο) ως διεθνής γλώσσα στα χρόνια του Μεγάλου Αλεξάνδρου και των διαδόχων του· β. η γλώσσα των πιο πολλών ανθρώπων, της καθημερινής ομιλίας: *~ βυζαντινή· ~ νεοελληνική* (= δημοτική). 2. κοινή γυναίκα, βλ. *κοινός*, εκφρ.

κοινό το, ουσ. 1. το σύνολο των πολιτών, το πολύ πλήθος: *αποκαθιστώ την εμπιστοσύνη του -ού· τηλέφωνο για το ~* (συνών. *κόσμος, λαός*)· εκφρ. *το πλατύ ~* (= οι περισσότεροι άνθρωποι, ο «πολύς κόσμος»): *βιβλίο που δεν απευθυνόταν στο πλατύ ~*. 2. άτυπη κοινωνική ομάδα που τα μέλη της έχουν τις ίδιες απόψεις και κοινά ενδιαφέροντα, δεν έχει όμως δημιουργηθεί από προσωπική επαφή μεταξύ τους: *~ ανταγωνιστικό/ειδικό*. 3. (ιστ.) σύνδεσμος προσώπων ή ομάδων που επιδιώκουν τον ίδιο σκοπό, συνομοσπονδία κρατών: *το ~ των Ιώνων*. 4. χαρακτηριστικό, ιδιότητα, άποψη, κ.τ.ό. που περισσεύει σε δύο ή περισσότερα άτομα: *δεν έχουν τίποτε ~, ωστόσο συνεννοούνται θαυμάσια*. 5. (στον πληθ.) θέματα που αφορούν τους πολλούς, οι υποθέσεις της πολιτείας: *αφοσιώθηκε στα -ά· υπηρετεί τα -ά*.

κοινοβιακός, -ή, -ό, επίθ. (ασυνίζ.), που αναφέρεται στο κοινόβιο (βλ.λ.): *οργάνωση -ή· μοναχικός βίος με -ή μορφή*. - Επίρρ. **-ά**.

κοινοβιάρχης ο, θηλ. **-ισσα**, ουσ. (ασυνίζ.), (εκκλ.) ηγούμενος κοινοβιακού μοναστηριού.

κοινοβιάτης ο, θηλ. **-ισσα**, ουσ. (ασυνίζ.), (εκκλ.) μοναχός που ζει σε κοινόβιο.

κοινόβιο το, ουσ. (ασυνίζ.). 1. (εκκλ.) είδος μοναστηριού όπου οι μοναχοί ακολουθούν όλοι το ίδιο πρόγραμμα ζωής και λατρείας, δεν έχουν δική τους περιουσία, τρώνε σε κοινή τράπεζα και υποτάσσονται σ' έναν ηγούμενο (σε αντιδιαστολή με το *ιδιόρρυθμο μοναστήρι*). 2. σύστημα κοινής συμβίωσης και συνεκδοχικά χώρος όπου κάποιοι άνθρωποι ζουν και εργάζονται μαζί και μοιράζονται τις δουλειές και τα έσοδα: *-α λαϊκά* (*στην Κίνα*)· *~ αγροτικό/νεανικό*.

κοινόβιος, -α, -ο, επίθ. (ασυνίζ.), (εκκλ.) για μοναχική κοινότητα οργανωμένη κατά το κοινοβιακό σύστημα: *μοναστήρι -ο· σκήτη -α* (αντ. *ιδιόρρυθμος*).

κοινοβουλευτικός, -ή, -ό, επίθ., που ανήκει ή αναφέρεται στο κοινοβούλιο ή τον κοινοβουλευτισμό: *ομάδα -ή* (ενός κόμματος)· *υπουργός ~* (αντ. *εξωκοινοβουλευτικός*)· *επιτροπή -ή* (= εξεταστική)· *σύστημα -ό* (= *κοινοβουλευτισμός*, βλ. λ.).

κοινοβουλευτισμός ο, ουσ. (νομ.-πολιτ.) τρόπος αντιπροσωπευτικής διακυβέρνησης βασισμένος στη διάκριση, τη συνεργασία και την ισορροπία

ανάμεσα στα όργανα που ασκούν αντίστοιχα την εκτελεστική (κυβέρνηση) και τη νομοθετική εξουσία (κοινοβούλιο).
κοινοβούλιο το, ουσ. (ασυνίζ.). **1.** (νομ.) (σ' ένα σύστημα αντιπροσωπευτικής διακυβέρνησης) το σύνολο των εκλεγμένων λαϊκών αντιπροσώπων ως πολιτικό όργανο που ασκεί νομοθετική εξουσία, ψηφίζει τους φόρους και ελέγχει την κυβέρνηση: *μέλη/σύνοδος του -ίου·* (κατ. επέκτ.) ~ *ευρωπαϊκό* (συνών. *βουλή*). **2.** (συνεκδοχικά) το κτήριο όπου συνεδριάζουν οι βουλευτές.
κοινοκτημοσύνη η, ουσ. **1.** (νομ.) το να ανήκει ένα σύνολο αγαθών σε δύο ή περισσότερους ανθρώπους μαζί και να μπορούν αυτοί να τα χρησιμοποιήσουν και να τα απολαύσουν με ίσα δικαιώματα: *~ των πρώτων χριστιανών/συζυγική.* **2.** (πολιτ.) συλλογική ιδιοκτησία αγαθών (γη, προϊόντα, μέσα παραγωγής, κ.τ.ό.) ως βασικό χαρακτηριστικό του κομουνισμού (η λ. σε αντίθεση με την ατομική ιδιοκτησία).
κοινολεκτικός, -ή, -ό, επίθ. (λόγ.), που ανήκει, αναφέρεται ή ταιριάζει στον τρόπο που μιλούν οι πολλοί: *έκφραση -ή.*
κοινολεκτώ, ρ. (λόγ.), μιλώ ή γράφω τη γλώσσα του λαού.
κοινολεξία η, ουσ. (λόγ.), έκφραση ή φράση συνηθισμένη, που χρησιμοποιείται από το λαό.
κοινολόγημα το, ουσ. (λόγ.). **1.** αυτό που κοινολογείται. **2.** κοινός, ασήμαντος λόγος.
κοινολόγηση η, ουσ., το να κοινολογείται, να γνωστοποιείται στο κοινό κάτι.
κοινολογώ, ρ. (λόγ.), λέω κάτι (μυστικό) στο κοινό, το γνωστοποιώ σε πολλούς: *-ησε τη συμφωνία τους·* (παθ.) *όσα θα πούμε δεν πρέπει να -ηθούν* (συνών. *διαδίδω, κοινοποιώ·* αντ. *αποσιωπώ*).
κοινοποίηση η, ουσ., το να κοινοποιείται κάτι: (υπηρεσιακή γλώσσα) *καθυστερεί η ~ του εγγράφου.*
κοινοποιώ, ρ. (ασυνίζ.). **1.** (λόγ.) γνωστοποιώ στο κοινό, ανακοινώνω: *~ τα αποτελέσματα των πειραμάτων.* **2.** (υπηρεσιακή γλώσσα) **α.** επιδίδω ή αποστέλλω νομότυπα σε κάποιον δημόσιο, δικαστικό ή άλλο έγγραφο που το περιεχόμενό του τον αφορά: *μου -οίησαν τη μετάθεση/την αγωγή·* **β.** γνωστοποιώ επίσημα το περιεχόμενο εγγράφου σε πρόσωπο ή υπηρεσία που έχουν σχέση μ' αυτό: *το υπουργείο -οίησε την προαγωγή στο ταμείο πληρωμών.*
Κοινοπολιτεία η, ουσ., ονομασία που δηλώνει τη μορφή με την οποία συνδέονται και συνεργάζονται οικονομικά, πολιτικά, πολιτιστικά, κ.τ.ό., το Ηνωμένο Βασίλειο της Μεγάλης Βρεταννίας και της Βόρειας Ιρλανδίας από τη μια και από την άλλη ένα σύνολο από ανεξάρτητα κράτη που ήταν στο παρελθόν βρεταννικές αποικίες ή κτήσεις (αλλιώς *Βρεταννική ~*).
κοινοπρακτικός, -ή, -ό, επίθ., που ανήκει ή αναφέρεται σε κοινοπραξία: *οργάνωση -ή.*
κοινοπραξία η, ουσ. **α.** (λόγ.) ενέργεια που γίνεται από πολλούς με κοινό σκοπό, σύμπραξη· **β.** (οικον.) σύμπραξη δύο ή περισσότερων φυσικών ή νομικών προσώπων που συντονίζουν τις ενέργειές τους με σκοπό να προάγεται ταυτόχρονα το συμφέρον του καθενός: *~ παντοπωλών/μελισσοκομικών συνεταιρισμών/*(συνεκδοχικά) *φορτηγών αυτοκινήτων.*

κοινός, -ή, -ό, επίθ. **1.** που ανήκει σε περισσότερους από έναν, σε πολλούς ή σε όλους, που γίνεται, προέρχεται ή χρησιμοποιείται από αυτούς: *κτήμα -ό· έχουμε -ούς γνωστούς· διορισμός με -ή υπουργική απόφαση· σπίτια με -ή είσοδο* (αντ. *προσωπικός, ιδιαίτερος*). **2.** που αρμόζει ή αποδίδεται σε όλους, που αποτελεί χαρακτηριστικό όλων: *οργανισμός -ής ωφέλειας· γνωρίσματα -ά των θηλαστικών· πρόεδρος -ής αποδοχής* (συνών. *γενικός*). **3.** που συγκεντρώνει το ενδιαφέρον, τη φροντίδα, τις προσπάθειες όλων: *εργάζεται για το -ό καλό· μέτωπο -ό· δράση -ή* (συνών. *δημόσιος*). **4α.** μέτριος, τυχαίος, «της σειράς»: *η υπόθεση απαιτούσε κάτι περισσότερο από έναν -ό δικηγόρο·* **β.** συνηθισμένος: *χρησιμοποιεί εκφράσεις έξω από την -ή χρήση· ο ~ αναγνώστης* (= μέσος)/ *θνητός.* Εκφρ. *Κ-ή Αγορά* (= η Ευρωπαϊκή Οικονομική Κοινότητα)· *γνώμη -ή* (= η άποψη που επικρατεί στους πολλούς, το δημόσιο αίσθημα)· *γυναίκα -ή* (= πόρνη)· *διαιρέτης ~* (μαθημ. = ο αριθμός που διαιρεί ακριβώς δύο άλλους)· *μυστικό -ό* (= κάτι που θεωρείται μυστικό και δε συζητιέται, παρόλο που έχει γίνει γνωστό, έχει διαδοθεί σε ορισμένους ή σε όλους)· *νους ~* (= η λογική σκέψη και η σωστή κρίση ενός μέσου ανθρώπου): *για να λύσεις το πρόβλημα αρκεί ο ~ νους· τόπος ~* (= φρασεολογία ή ιδέα χωρίς πρωτοτυπία, γνώριμη σε όλους και πολυχρησιμοποιημένη). - Επίρρ. **-ά** και λόγ. **-ώς** (συνήθως για λόγια λ. και την ερμηνεία της) στη γλώσσα των πολλών, στην κοινή (βλ.λ. στη σημασ. 1β): *μελανοδοχείο, -ώς καλαμάρι· κεραία, -ώς κατάρτι.*
κοινοτάρχης ο, θηλ. **-ισσα,** ουσ., πρόεδρος κοινότητας (βλ.λ. στη σημασ. 2β).
κοινότητα η, ουσ. **1.** το να είναι κάτι κοινό, να αποδίδεται σε δύο ή περισσότερους ή να συγκεντρώνει το ενδιαφέρον τους: *~ ιδιοτήτων/συμφερόντων* (συνών. *ταυτότητα·* αντ. *διαφοροποίηση*). **2α.** οργανωμένο σύνολο ανθρώπων που ζει σε ορισμένο τόπο και αποτελείται από εκπροσώπους που φροντίζουν για τα κοινά συμφέροντα: *-ες μεσαιωνικές/στην Τουρκοκρατία·* **β.** (ειδικά) για την κατώτερη βαθμίδα της τοπικής αυτοδιοίκησης: *ανακήρυξη συνοικισμού σε ~· συγχώνευση -ήτων· Ένωση Δήμων και Κ-ήτων.* **3.** συγκεκριμένη ομάδα ανθρώπων μέσα σε μια κοινωνία που όλοι έχουν κάτι κοινό: *η ελληνική ~ του Τορόντο* (συνών. *παροικία*)· *~ πανεπιστημιακή· -ες μαθητικές.* **4α.** ομάδα χωρών που έχουν κοινό χαρακτηριστικό ή έχουν συμφωνήσει να συνεργάζονται ή να ενισχύονται αμοιβαία: *~ των πολιτισμένων κρατών· Ευρωπαϊκή (Οικονομική) Κ-α·* **β.** (γενικά) για όλες τις χώρες μαζί: *η διεθνής ~.* **5.** (βιολ.) το σύνολο των ζώων ή φυτών που ζουν ή αναπτύσσονται μαζί: *~ βιοτική.*
κοινοτικός, -ή, -ό, επίθ. **1.** που ανήκει ή αναφέρεται σε κοινότητα (βλ.λ. στις σημασ. 2, 3): *διερεύνηση του -ού θεσμού· συμβούλιο -ό.* **2.** (ειδικά) που ανήκει ή αναφέρεται στην Ευρωπαϊκή Κοινότητα: *επίτροπος ~· δίκαιο/προϊόν -ό· έργα με -ούς πόρους.*
κοινοτισμός ο, ουσ., η οργάνωση σε κοινότητα ομάδας ατόμων που έχουν την ίδια γλώσσα και θρησκεία και ανήκουν στην ίδια φυλή.
κοινοτοπία η, ουσ., λόγος ή σκέψη χωρίς πρωτοτυπία: *~ των επιχειρημάτων* (αντ. *πρωτοτυπία*).
κοινότοπος, -η, -ο, επίθ., που χαρακτηρίζεται από

κοινοτυπία

έλλειψη πρωτοτυπίας: *κρίση/ρητορεία -η* (αντ. *πρωτότυπος*).

κοινοτυπία η, **κοινότυπος, -η, -ο,** εσφαλμένα αντί *-τοπία, -τοπος* (βλ.λ.).

κοινόχρηστος, -η, -ο, επίθ. **α.** που μπορεί να χρησιμοποιηθεί απ' όλους: *χώροι -οι μιας πολυκατοικίας*· **β.** (νομ.) για πράγμα που δεν είναι αντικείμενο συναλλαγής, εξυπηρετεί τις ανάγκες όλων και βρίσκεται ελεύθερα στην κοινή χρήση (ιδίως δρόμοι, πλατείες, παραλίες, ποτάμια και λίμνες): *τα -α πράγματα ανήκουν στο δημόσιο, σε δήμο ή κοινότητα· ακίνητο -ο. -* Το ουδ. στον πληθ. ως ουσ. = χρηματικό ποσό που πληρώνουν αναλογικά οι ένοικοι πολυκατοικίας για τα κοινά έξοδα: *-α τριμηνιαία· καθυστερείς τα -α.*

κοινωνία η, ουσ. **1α.** (λόγ.) επικοινωνία, σχέση: ~ *γάμου·* **β.** (νομ.) σχέση και κατάσταση στην οποία βρίσκονται δύο ή περισσότερα πρόσωπα όταν τους ανήκει από κοινού ένα δικαίωμα, χρησιμοποιούν ένα κοινό αντικείμενο ή έχουν ανάλογο μερίδιο απ' τους καρπούς του, κ.τ.ό.: *λύση της -ας.* **2α.** οργανωμένο σύνολο ανθρώπων που συμβιώνουν μια ορισμένη εποχή στον ίδιο τόπο, έχουν ως ένα βαθμό κοινά συμφέροντα και επιδιώξεις και βρίσκονται σε διαρκή σχέση αλληλεπίδρασης: ~ *ελληνική/των Σερρών·* ~ *πρωτόγονη·* ~ *καταναλωτική· Κοινωνία των Εθνών* (= διεθνής οργάνωση που συγκροτήθηκε μετά τον α΄ παγκόσμιο πόλεμο (1914-1918) για να επιδιώξει την απομάκρυνση νέων πολέμων και την τήρηση των συνθηκών)· **β.** για τη θέση των ανθρώπων μέσα σ' ένα κοινωνικό σύστημα: ~ *καλή/υψηλή* (= ανώτερη τάξη)· *απόβρασμα της -ας.* **3.** (βιολ.) ομάδα από άτομα του ίδιου είδους οργανωμένα με τρόπο που να συνεργάζονται: ~ *ζωική/των μελισσών.* **4.** (εκκλ., λαϊκ. και στον τ. *-ιά·* συνήθως στην έκφρ. *θεία* ~) **α.** η μετάληψη των καθαγιασμένων Τίμιων Δώρων μετά το μυστήριο της Θείας Ευχαριστίας: *της απαγορέψανε την* ~· **β.** συνεκδοχικά για τα Τίμια Δώρα: *ο παπάς του 'δωσε -ιά.*

κοινωνικά, βλ. *κοινωνικός.*

κοινωνικό το, ουσ. (εκκλ.) ύμνος που ψάλλεται την ώρα που ο ιερέας μεταδίδει τη θεία κοινωνία.

κοινωνικοποίηση η, ουσ. **1.** (ψυχ.) διαδικασία με την οποία ένα άτομο εντάσσεται και ενσωματώνεται σε ένα κοινωνικό σύνολο, καθώς οι ιδέες και η συμπεριφορά του προσαρμόζονται σ' εκείνες της ομάδας όπου ανήκει (οικογένεια, εθνότητα, κ.τ.ό.). **2.** (κοινων. - οικον.) μετατροπή των μέσων παραγωγής ή των φυσικών πόρων από αγαθά ατομικής ιδιοκτησίας σε κοινά αγαθά.

κοινωνικοποιώ, ρ. (ασυνίζ.). **1.** (ψυχ.· συνηθέστερα στο μέσ.) κάνω κάποιον να σκέφτεται και να συμπεριφέρεται με τρόπο παραδεκτό από την κοινωνία όπου ζει: *το νηπιαγωγείο βοηθά τα παιδιά να -ηθούν.* **2.** (κοιν.-οικον.) κάνω κάτι να λειτουργεί υπό τον έλεγχο του κοινωνικού συνόλου και με βάση το συμφέρον του: ~ *ηλεκτροπαραγωγικές επιχειρήσεις* (πβ. *εθνικοποιώ, κρατικοποιώ·* αντ. *ιδιωτικοποιώ*).

κοινωνικός, -ή, -ό, επίθ. **1.** που σχετίζεται με την κοινωνία, τον τρόπο που είναι οργανωμένη και τη μορφή της αμοιβαίας εξάρτησης και επίδρασης ανάμεσα στις διάφορες ομάδες που υπάρχουν μέσα της: *σύστημα -ό βασισμένο στην ατομική ιδιοκτησία· ομάδα -ή* (= σύνολο ανθρώπων που βρίσκονται στην ίδια κατάσταση ή σε αλληλεξάρτηση)· *τάξη -ή* (= ιστορικά διαμορφωμένη μεγάλη ομάδα ανθρώπων που τους συνδέει παραπλήσια οικονομική κατάσταση, κοινά βασικά συμφέροντα, ψυχολογία ή αντιλήψεις)· *διαφοροποίηση/διαστρωμάτωση -ή* (= ύπαρξη και καθιέρωση διαφορών ανάμεσα σε ομάδες και κατηγορίες όπου κατατάσσονται τα μέλη μιας κοινωνίας)· *αλλαγή/ανισότητα/δικαιοσύνη -ή.* **2.** που σχετίζεται με την τοποθέτηση και τη δράση ενός ατόμου μέσα σ' ένα κοινωνικό σύστημα, τα δικαιώματα και τις υποχρεώσεις του: *ένταξη -ή· παιδιά με διαφορετικό -ό υπόβαθρο.* **3.** που σχετίζεται με τη μελέτη της κοινωνίας: *επιστήμες -ές* (λ.χ. κοινωνιολογία, πολιτικές και οικονομικές επιστήμες)· *ανθρωπολογία/ψυχολογία -ή.* **4.** που αναφέρεται στα προβλήματα ατόμων ή κοινωνικών ομάδων και στην αντιμετώπισή τους: *πολιτική -ή μιας κυβέρνησης· πρόνοια -ή· ασφαλίσεις -ές* (= σύστημα για την προστασία εργαζομένων από κινδύνους, όπως λ.χ. αρρώστιες, ανεργία, και την ενίσχυσή τους σε μεγάλη ηλικία με έσοδα κυρίως από τις εισφορές εργοδοτών και εργαζομένων)· *λειτουργός* ~ (= κοινωνικό όργανο που ασχολείται με το να βοηθά και να συμβουλεύει ανθρώπους σε κοινωνικά, οικονομικά ή συναισθηματικά προβλήματα). **5.** (για όντα που ζουν σε ομάδες και συνεργάζονται μεταξύ τους: *έντομα -ά* (λ.χ. μέλισσες, μυρμήγκια)· *ο άνθρωπος είναι ζώο -ό.* **6α.** που αναφέρεται σε δραστηριότητες του ελεύθερου χρόνου ή γενικά σε εκδηλώσεις όπου οι άνθρωποι συναντιούνται και επικοινωνούν: *ζωή -ή* (πβ. *κοσμική*)· **β.** (για πρόσωπο) που φέρεται στους άλλους φιλικά, που του αρέσει να μιλά, να συναναστρέφεται και να συνεργάζεται μαζί τους (συνών. *ευπροσήγορος, φιλοφρονητικός·* αντ. *ακοινώνητος, αντικοινωνικός*)· **γ.** το ουδ. στον πληθ. ως ουσ. = στήλη εφημερίδας ή περιοδικού που καταχωρίζει αγγελίες ή ειδήσεις σχετικές με γεγονότα της κοινωνικής ζωής, λ.χ. αρραβώνες, γάμους, θανάτους. - Επίρρ. **-ά.**

κοινωνικότητα η, ουσ. **1.** η τάση για συμβίωση με άλλους και η διαρκής διαδικασία προσαρμογής του ατόμου μέσα στην κοινωνία. **2.** το να είναι κανείς κοινωνικός (βλ. λ. στη σημασ. 6β) (αντ. *αντικοινωνικότητα*).

κοινωνιογλωσσικός, -ή, -ό, επίθ. (ασυνίζ.), που αναφέρεται στις σχέσεις ανάμεσα στη γλωσσική και την κοινωνική δομή: *μελέτη -ή· προβλήματα -ά της διγλωσσίας.*

κοινωνιογλωσσία η, ουσ. (ασυνίζ.), επιστημονική μελέτη των σχέσεων ανάμεσα στη γλώσσα και την κοινωνική δομή (πβ. *κοινωνιολογία της γλώσσας*).

κοινωνιολογία η, ουσ. (ασυνίζ.), επιστήμη που μελετά τις ανθρώπινες κοινωνίες ως προς τη δομή και την εξέλιξη και επιδιώκει να ανακαλύψει τα αίτια που επηρεάζουν τις κοινωνικές σχέσεις και την αμοιβαία επικοινωνία και αλληλεπίδραση σε άτομα και ομάδες: ~ *δημοσιογραφική·* ~ *της γλώσσας* (που μελετά τη γλώσσα ως παράγοντα συγκρότησης μιας δεδομένης κοινωνίας από την οποία εξαρτάται).

κοινωνιολογικός, -ή, -ό, επίθ. (ασυνίζ.), που ανήκει ή αναφέρεται στην κοινωνιολογία ή σε όσα αυτή μελετά: *ανάλυση/οπτική -ή.*

κοινωνιολόγος ο, ουσ. (ασυνίζ.), επιστήμονας που ασχολείται με την κοινωνιολογία.

κοινωνιομετρία η, ουσ. (ασυνίζ.), μέθοδος εφαρμογής μετρήσεων στις ανθρώπινες σχέσεις, στα κοινωνικά φαινόμενα.

κοινωνός ο, ουσ. (λόγ.). α. αυτός που συμμερίζεται μια ιδέα ή μια γνώση: ~ *αντιλήψεων/μυστικού* (συνών. *μέτοχος*)· β. (νομ.) αυτός που δικαιούται να χρησιμοποιήσει κοινό αντικείμενο και έχει ανάλογη μερίδα στους καρπούς του.

κοινωνώ, ρ. (θρησκ.) 1. (αμτβ.) μεταλαβαίνω το Σώμα και το Αίμα του Χριστού στο μυστήριο της Θείας Ευχαριστίας. 2. (μτβ., για ιερέα) μεταδίδω σε κάποιον τα Τίμια Δώρα.

κοινώς, βλ. *κοινός*.

κοινωφελής, -ής, -ές, γεν. *-ούς*, πληθ. αρσ. και θηλ. *-είς*, ουδ. *-ή*, επίθ., που ωφελεί την κοινωνία, που εξυπηρετεί το κοινωνικό σύνολο: *ίδρυμα -ές· σωματείο με -είς σκοπούς* (πβ. *φιλανθρωπικός*).

κοίταγμα το, ουσ. 1. το να κοιτάζει κανείς (συνών. *βλέμμα, ματιά*). 2. (μεταφ.) έρευνα, ψάξιμο. 3. (μεταφ.) α. φροντίδα για πρόσωπο: *αρρώστησε κι ήθελε ~·* β. ιδιαίτερη ενασχόληση με κάτι: *το γραπτό σου χρειάζεται κι άλλο ~*.

κοιτάζω και **κοιτώ**, ρ. 1α. στρέφω τα μάτια μου προς μια κατεύθυνση με σκοπό να δω τι βρίσκεται εκεί ή τι λογής είναι: *~ τον ουρανό/τα βιβλία στη βιτρίνα· ~ στα μάτια κάποιον* (για να δείξω θάρρος, ειλικρίνεια ή αφοσίωση)· *κοίτα τι έκανες!* (μέσ.) *-ομαι στον καθρέφτη·* β. (γενικά) έχω στραμμένο κάπου το βλέμμα: *~ αφηρημένα/τρυφερά*. 2. (με την πρόθ. *για*) ψάχνω: *~ για σπίτι/για κανένα φτηνό ρολόι*. 3. (για γραπτό) διαβάζω βιαστικά ή κατά ένα μέρος: *κοίταξα το βιβλίο σου και μου άρεσε*. 4α. περιποιούμαι, φροντίζω κάποιον ή κάτι: *τώρα που αρρώστησε, τον -ει η κόρη του·* θα *-εις τα λουλούδια, όσο καιρό λείπω·* β. (για γιατρό) εξετάζω: *τον κοίταξε ένας καλός παθολόγος και δε βρήκε τίποτε·* (παθ.) *να πας να -χτείς*. 5α. ασχολούμαι με ιδιαίτερο ενδιαφέρον: *παράτησε το γραφείο του και -ει τα πολιτικά·* β. επιδιώκω, προσπαθώ: *~ το συμφέρον μου· κοιτάξε να διορθωθείς*. 6. (προφ., στην προστ.) α. για πρόκληση της προσοχής ή προειδοποίηση κάποιου: *κοίτα(ξε) να δεις, πιο νωρίς ξεκίνα* (= άκουσέ με προσεκτικά)· *για κοίτα, εμένα δε μ' αρέσουν τα αστεία!* β. για να δηλωθεί έκπληξη, συνήθως δυσάρεστη: *κοίταξε γνώσεις ο μικρός! για κοίτα, έγινε υπουργός κι ο Α!* (συνών. κατά περίπτωση σε όλες τις σημασ. *βλέπω*). Φρ. *~ τη δουλειά μου* (ενν. δεν ενδιαφέρομαι για το τι κάνουν οι άλλοι)· *~ μπροστά* (= ενδιαφέρομαι και προσπαθώ για ένα καλύτερο μέλλον)· *~ πίσω* (= σκέφτομαι όσα συνέβησαν στο παρελθόν).

κοίτασμα το, ουσ. (γεωλ.) μάζα ορυκτών υπό το οποία ορισμένα είναι χρήσιμα ώστε να μπορεί ο άνθρωπος να τα εκμεταλλευτεί: *πλούσια -άσματα πετρελαίου· ~ χρυσοφόρο*.

κοίτη η, ουσ., μακρόστενο και συνεχές βύθισμα του εδάφους όπου κυλά ή κυλούσε κάποιο υδάτινο ρεύμα: *~ του ποταμού*.

κοιτίδα η, ουσ., τόπος όπου δημιουργήθηκε και καλλιεργήθηκε για πρώτη φορά κάτι, απ' όπου προήλθε: *η Ελλάδα ήταν η ~ των Ολυμπιακών Αγώνων* (συνών. *γενέτειρα, λίκνο*).

κοιτώ, βλ. *κοιτάζω*.

κοιτώνας ο, ουσ., το δωμάτιο όπου κοιμάται κανείς, συνήθως μαζί με άλλους: *~ βασιλικός· -ες του τάγματος*.

κοκ το, ουσ. ακλ. 1. (ορυκτ.) είδος λιθάνθρακα που χρησιμοποιείται ως καύσιμο ή ως πρώτη βοηθητική ύλη για την παραγωγή χυτοσιδήρου και άλλων προϊόντων. 2. είδος γλυκίσματος με στρογγυλό σχήμα και επικάλυψη σοκολάτας. [αγγλ. *coke*].

κόκα η, ουσ., δενδρύλλιο του Περού που τα φύλλα του ενεργούν τονωτικά και παράγουν την κοκαΐνη.

κοκαΐνη η, ουσ. (φαρμ.) λευκό κρυσταλλικό αλκαλοειδές ναρκωτικό εξαγόμενο από τα φύλλα του θάμνου κόκα, που χρησιμοποιείται ως τοπικό αναισθητικό και που η χρήση του, αν παραταθεί, προκαλεί εθισμό. [γαλλ. *cocaine*].

κοκαϊνομανής, ο και η, γεν. *-ή*, επίθ., ναρκομανής που παίρνει κοκαΐνη.

κοκαϊνομανία η, ουσ. (ιατρ.) τοξικομανία που οφείλεται στη χρόνια χρήση κοκαΐνης.

κόκα κόλα η, ουσ., αναψυκτικό αεριούχο παρασκευαζόμενο από φυτικές ουσίες, από εκχύλισμα φύλλων του φυτού κόκα, που έχει χάσει το βασικό του συστατικό, και ποικίλων άλλων ουσιών. [αγγλ. *coca-cola*].

κοκάλα η, βλ. *κόκαλο*.

κοκαλάκι, βλ. *κόκαλο*.

κοκαλένιος, -α, -ο, επίθ. (συνιζ.), που έγινε από κόκαλο: *χτένι -ο* (συνών. *κοκάλινος*).

κοκαλιάζω, ρ. (συνιζ.). 1. γίνομαι σκληρός σαν κόκαλο. 2. παθαίνω ακαμψία (των άκρων): *κοκάλιασαν τα χέρια μας από την παγωνιά*. 3. (μεταφ.) αδυνατίζω υπερβολικά.

κοκαλιάρης, -α, -ικο, επίθ. (συνιζ.), που είναι πολύ αδύνατος: *-ικο παιδί* (συνών. *ισχνός, λιπόσαρκος·* αντ. *παχύσαρκος, ευτραφής*).

κοκάλινος, -η, -ο, επίθ., που έγινε από κόκαλο (συνών. *κοκαλένιος*).

κόκαλο το, ουσ. 1. καθένα από τα σκληρά μέρη του σκελετού των σπονδυλωτών (συνών. *οστούν*). 2. (συνεκδοχικά) εργαλείο κοκαλένιο. Έκφρ. *γερό ~* (μεταφ. για άνθρωπο με μεγάλη σωματική αντοχή, με γερή κράση)· Φρ. *αυτή η δουλειά έχει -α* (= είναι πολύ δύσκολη)· *αφήνω κάπου τα -ά μου* (= πεθαίνω σ' έναν τόπο και θάβομαι εκεί)· *είναι* (ή *έμεινε*) *πετσί και κόκαλο* (για άνθρωπο πάρα πολύ αδύνατο)· *έμεινε ~* (= απόμεινε άναυδος, εμβρόντητος από την έκπληξη ή από το φόβο)· *έφτασε το μαχαίρι στο ~* (= το κακό προχώρησε τόσο πολύ ώστε δεν είναι δυνατόν να το ανεχθεί κανείς)· *-α έχει ο καφές;* (σε ένδειξη αγανάκτησης γιατί καθυστερεί το σερβίρισμά του)· (ως ευχή) *ν' αγιάσουν τα -α...* (*του πατέρα σου, της μάνας σου*, κλπ.)· *ως το ~* (= υπερβολικά, πάρα πολύ): *βράχηκα/μούσκεψα ως το ~*. Παροιμ. *η γλώσσα -α δεν έχει και -α τσακίζει* (υπάρχουν εκφράσεις και χαρακτηρισμοί που μπορούν να κάνουν πολύ μεγάλο κακό σ' εκείνον εναντίον του οποίου λέγονται). - Υποκορ. **-άκι** το: α. μικρό κόκαλο: *τα -ια της μύτης·* β. (συνεκδοχικά) μικρό κοκάλινο αντικείμενο για να πιάνονται τα μαλλιά· γ. μικρό κόκαλο από τον αστράγαλο νεαρού ζώου που χρησιμοποιήται παλιότερα σε παιδικό παιχνίδι ως ζάρι, κότσι. Φρ. (λαϊκ.) *έχει τυ -άκι της νυχτερίδας* (για άνθρωπο πολύ τυχερό)· *πάγωσε το -άκι μου* (= κρύωσα πολύ). - Μεγεθ. **κοκάλα** η (στη σημασ. 1). [αρχ. *κόκκαλος* ο με αλλαγή γένους κατά το *οστούν*].

κοκαλώνω, ρ. 1. γίνομαι σκληρός σαν κόκαλο (συνών. *κοκαλιάζω*). 2. (μεταφ.) μένω εμβρόντητος από έκπληξη, φόβο, κλπ.· (ειδικά στρατ.) στέκομαι σε θέση προσοχής χωρίς να κινούμαι καθόλου.

κοκάρδα, βλ. *κονκάρδα*.

κοκέτα, βλ. *κοκέτης*.

κοκεταρία η, ουσ., φιλάρεστη διάθεση, το να είναι κάποιος κοκέτης (βλ. λ.). [γαλλ. *coquetterie*].

κοκετάρομαι και **-ρίζομαι**, ρ., μτχ. *-ρισμένος*, περιποιούμαι τον εαυτό μου για να επιτύχω επιτηδευμένη και αρεστή εμφάνιση της τουαλέτας μου και γενικότερα του προσώπου μου επιδιώκοντας την κομψότητα.

κοκέτης, -α, -ικο, επίθ., που κοκετάρεται (βλ. λ.), φιλάρεσκος: *είναι πολύ -α* (συνών. *κομψοντυμένος*). [γαλλ. *coquet*].

κόκκαλο, βλ. *κόκαλο*.

κοκκάρι το, ουσ., μικρός βολβός κρεμμυδιού που προορίζεται για μεταφύτευση.

κοκκίαση η, ουσ. (ιατρ.) ανάπτυξη κρεατωδών εκβλαστήσεων σε τραυματικές επιφάνειες. [*κόκκος*].

κοκκινάδα η, ουσ. 1. το να είναι κάτι κόκκινο (συνών. *ερυθρότητα, κοκκινίλα*). 2. κόκκινο σημάδι.

κοκκινάδι το, ουσ. 1. κόκκινο σημάδι. 2. κόκκινο χρώμα στα μάγουλα. 3. καλλυντικό που προσδίδει κόκκινο χρώμα, κόκκινη βαφή: *της βάψανε με ~ τα χείλη*.

κοκκινέλι το, ουσ., κόκκινο κρασί.

κοκκινιά η, ουσ. (συνιζ.), κόκκινο χρώμα που χρησιμοποιείται κυρίως στην κεραμική (συνών. *κοκκινόχωμα*).

κοκκινίζω, ρ. Α. αμτβ. 1. γίνομαι, είμαι κόκκινος, αποκτώ κόκκινο χρώμα: *το μαντήλι κοκκίνισε από το πολύ το αίμα*· (ειδικά) *οι ντομάτες άρχισαν να -ουν* (= να ωριμάζουν). 2. γίνομαι κόκκινος από ντροπή, συστολή, ζέστη ή από θυμό: *-ει με το παραμικρό*· *γιατί κοκκίνισες*; Β. μτβ. 1. δίνω σε κάτι κόκκινο χρώμα· βάφω κόκκινο: *~ τα αβγά*· *-ισμένα χείλη*. 2. (στη μαγειρική) τσιγαρίζω.

κοκκινίλα η, ουσ. 1. το να είναι κάτι κόκκινο (συνών. *κοκκινάδα, ερυθρότητα*). 2. κόκκινο σημάδι: *έχει κάτι -ες στο πρόσωπο*.

κοκκίνισμα το, ουσ. 1. το να γίνει κάτι κόκκινο, το να κοκκινίσει (βλ. λ.). 2. (στη μαγειρική) τσιγάρισμα.

κοκκινιστός, -ή, -ό, επίθ. (στη μαγειρική για φαγητό) 1. που έχει τσιγαριστεί (βλ. λ. στη σημασ. 2). 2. που έχει μαγειρευτεί με σάλτσα ντομάτας: *κρέας -ό*.

κοκκινοβαμμένος, -η, -ο, επίθ., που είναι βαμμένος με κόκκινο χρώμα: *-α κάγκελα/αβγά*.

κοκκινογένης ο, ουσ., αυτός που έχει κοκκινωπά γένια: *~ αστακόχρωμος* (Κόντογλου).

κοκκινογούλι το, ουσ., παντζάρι. [*κόκκινος + γούλα*].

κοκκινολαίμης ο, ουσ., είδος πουλιού με χαρακτηριστικό κόκκινο λαιμό.

κοκκινομάγουλος, -η, -ο, επίθ., που έχει κόκκινα μάγουλα.

κοκκινομάλλης, -α και **-ούσα, -ικο**, επίθ., που έχει ξανθοκόκκινα μαλλιά: *-α και γαλανομάτα* (συνών. *κοκκινοτρίχης, ρούσος*).

κοκκινομούρης, -α, -ικο, επίθ., (μειωτ.) που το πρόσωπό του είναι κοκκινωπό: *-ικο άλογο/σκυλί* (συνών. *κοκκινοπρόσωπος*).

κοκκινοπίπερο το, ουσ., κόκκινο πιπέρι.

κοκκινοπρόσωπος, -η, -ο, επίθ., που το πρόσωπό του είναι κοκκινωπό (συνών. *κοκκινομούρης*).

κόκκινος, -η, -ο, επίθ. 1α. που έχει χρώμα ερυθρό: *-ο τριαντάφυλλο/μολύβι/φανάρι*· *-α αβγά*· *~ σαν αστακός*· *~ της φωτιάς* (= *κατακόκκινος*)· *-ο κρασί/χαβιάρι* (συνών. *πορφυρός, άλικος*)· **β.** που το πρόσωπο ή το δέρμα του είναι κοκκινωπό: *= από τη ντροπή/από τον πυρετό/από τον ήλιο*· *-η από θυμό*. 2. (μεταφ.) που ανήκει ή αναφέρεται στον κομουνισμό, κομουνιστικός: *~ στρατός*· *-η σημαία*. Έκφρ. *-ο πανί* (μεταφ. για κάποιον ή κάτι που προκαλεί, εκούσια ή ακούσια, επιθέσεις, που κατηγορείται έντονα από κάποιον ή κάποιους): *ο Σωκράτης και ο Χριστός ήταν το -ο πανί για το πνευματικό κατεστημένο της εποχής τους*. - Το αρσ. και το θηλ. ως ουσ. = κομουνιστής ως προς την ιδεολογία. - Το ουδ. ως ουσ. = **α.** κόκκινο χρώμα· **β.** κόκκινος φωτεινός σηματοδείκτης σε δρόμο, κόκκινο φανάρι: *το αυτοκίνητο πέρασε με -ο*· *άναψε -ο* (αντ. *πράσινο*).

κοκκινοσκούφης ο, θηλ. **-α**, ουσ. 1. αυτός που φορεί κόκκινο σκούφο. 2. (συνεκδοχικά) άνθρωπος επαναστατικών αρχών, επαναστάτης. 3. (στρατ.) στρατιώτης αεροπορικής στρατιωτικής υπηρεσίας.

κοκκινοτρίχης, -α, -ικο, επίθ., που έχει τρίχωμα ξανθοκόκκινου χρώματος: (παροιμ. φρ.) *φυλάξου από σπανό κι από -η* (συνών. *κοκκινομάλλης, ρούσος*).

κοκκινόχωμα το, ουσ., κόκκινο αργιλώδες χώμα κατάλληλο για την αγγειοπλαστική (συνών. *κοκκινιά*).

κοκκινωπός, -ή, -ό, επίθ., που έχει κόκκινη απόχρωση, που το χρώμα του κλίνει προς το κόκκινο (συνών. *ερυθρωπός*).

κοκκίο το, ουσ. (λόγ.), μικροσκοπικός κόκκος (βλ. λ.): *τραυματικά -α*.

κοκκολογώ, -είς, ρ., μαζεύω ό,τι απομένει μετά τη συγκομιδή του προϊόντος (ελιές, αχλάδια, χαρούπια, κλπ.): *παλιά -ούσαν πολλοί*.

κόκκος ο, ουσ. (λόγ.). 1α. μικροσκοπικός καρπός, σπυρί: *~ σιταριού/φακής*· **β.** πυρήνας καρπού ή σπόρος, κουκούτσι. 2. μικροσκοπικός σφαιροειδής όγκος: *-οι άμμου*. 3. (μεταφ.) ελάχιστη ποσότητα: *~ εξυπνάδας*. 4. (μικροβιολογία) ονομασία σφαιροειδών βακτηρίων. 5. (βιολ.) *~ γύρης* = ο αρσενικός γαμέτης στα φυτά.

κοκκοφοίνικας ο, ουσ., δέντρο που δίνει τις ινδικές καρύδες.

κόκκυγας ο, ουσ. (ανατομ.) το κάτω άκρο της σπονδυλικής στήλης του ανθρώπου (συνών. *ουρά, κωλονούρι*).

κοκκύτης ο, ουσ. (ιατρ.) παιδική αρρώστια που προκαλεί έντονο χαρακτηριστικό βήχα.

κοκό το, ουσ., (γλώσσα νηπίων) οτιδήποτε τρώγεται και ιδίως αβγό ή γλύκισμα. [γαλλ. *coco*].

κοκόνα η, ουσ. 1. κυρία, κυρά. 2. (χαϊδευτική προσφών.) σύζυγος ή κόρη. [πιθ. ρουμ. *cocoăna* ή ρουμ.<ελλην.]

κόκορας ο, πληθ. *κόκοροι* οι και *κοκόρια* τα, ουσ. 1. το αρσενικό της κότας, πετεινός: *καμαρώνει σαν ~*. 2. επικρουστήρας πυροβόλου όπλου, «λύκος». 3. άγκιστρο για συγκράτηση ή σταθεροποίηση σιδερένιου βραχίονα σε παραθυρόφυλλο ή σε παντζούρι. Φρ. *έχει κοκόρου γνώση* (= είναι ελαφρόμυαλος)· *κάνει τον -α* (= τον παλληκαρά, φέρεται προκλητικά)· *τα φόρτωσε στον -α* (γι' αυτόν που εγκατέλειψε τις προσπάθειες για την επιτυχία του σκοπού του)· *τρώγονται σαν τα κοκόρια* (γι' αυτούς που φιλονικούν με πείσμα). Παροιμ. *η αλεπού στον ύπνο της κοκόρια ονειρεύεται* (για ανθρώπους που ονειρεύονται αυτό που επιθυμούν)· *όπου λαλούν πολλοί κοκόροι, αργεί να ξημερώσει* (= σε όσες υποθέσεις ανακατεύονται πολλοί δεν υπάρχει αποτέλεσμα). Παροιμ. φρ. *σαραπέντε Γιάννηδες ενός κοκόρου γνώση!* - Υποκορ. **-άκι** (στις σημασ. 1 και 3) και **-όπουλο** το (στη σημασ. 1). [ονοματοπ. λ. από τη φωνή *κο κο*].

κοκορέτσι το, ουσ., μεζές από εντόσθια αρνιού (ή κατσικιού) περιτυλιγμένα με έντερα και ψημένα στη σούβλα: *~ της λαμπρής*. [αλβαν. *kokoreci*].

κοκορεύομαι, ρ. α. κάνω τον παλληκαρά, φέρομαι προκλητικά· **β**. περιαυτολογώ, επιδεικνύομαι ανόητα· περηφανεύομαι για ασήμαντα ή υποθετικά επιτεύγματα: *-εται επειδή κέρδισε η ομάδα του*. [*κόκορας*].

κοκόρια, βλ. *κόκορας*.

κοκορομαχία η, ουσ., μονομαχία ανάμεσα σε κοκόρια (παλιότερα, με σκοπό τη διασκέδαση των θεατών): *στο πήλινο αγγείο παριστάνεται ~*.

κοκορόμυαλος, -η, -ο, επίθ. (συνιζ.), που έχει μυαλό κόκορα, ελαφρόμυαλος: *τι -η που είναι!* (συνών. *ανόητος, κουφιοκέφαλος*).

κοκορόπουλο, βλ. *κόκορας*.

κοκότα η, ουσ., γυναίκα ελευθέριων ηθών (συνών. *πόρνη, ιερόδουλος*). [γαλλ. *cocotte* = πουλάδα].

κοκτέιλ το, ουσ. ακλ. **1.** αλκοολούχο ποτό που γίνεται από την ανάμιξη δύο ή περισσότερων οινοπνευματωδών ποτών. **2.** (γενικά) οτιδήποτε αποτελείται από την ανάμιξη διαφορετικών πραγμάτων, κάθε μίγμα: *~ απο φρουτοχυμούς πορτοκαλιού, βερίκοκου και μήλου*. **3.** κοσμική δεξίωση. [αγγλ. *cocktail*].

κοκωβιός ο, ουσ. (συνιζ.). **1.** το ψάρι γωβιός. **2.** (μεταφ.) ελαφρόμυαλος άνθρωπος. [αρχ. *κωβιός* με δίπλωση της πρώτης συλλαβής].

κολάζ το, ουσ. ακλ. **1.** μέθοδος δημιουργίας εικόνων με το να κολλά ο καλλιτέχνης μαζί διάφορα κομμάτια από χαρτί, ύφασμα, φωτογραφικό υλικό, κ.ά.: *τεχνική/καλλιτέχνης του ~*. **2.** εικόνα ή έργο τέχνης που δημιουργείται με την παραπάνω μέθοδο: *έκθεση με ~*. **3.** (μεταφ.) οτιδήποτε έχει δημιουργηθεί από το συνδυασμό διαφορετικών πραγμάτων: *η θεωρία του είναι ένα παράξενο ~ ποικίλων επιστημονικών απόψεων*. [γαλλ. *collage*].

κολάζω, ρ. **1.** (νομ.) τιμωρώ: *όλα τα αδικήματα -ονται από το νόμο*. **2.** (λόγ.) μετριάζω, περιορίζω: *για να -στεί κάπως η δυσμενής εντύπωση*. **3.** συντελώ ώστε κάποιος να αμαρτήσει, βάζω σε πειρασμό: *η Πανδώρα την είχε -σει τη γειτονιά* (Ι.Μ. Παναγιωτόπουλος)· *μη με κάνεις να -στώ*· παροιμ. φρ. *-ει και άγιο* (λαϊκ., για γυναίκα πολύ όμορφη ή ζωηρή) (συνών. *σκανδαλίζω*). **4.** (μέσ., λαϊκ.) αμαρτάνω (ενδεχομένως) υποθέτοντας πως κάποιος έκαμε ανάρμοστή πράξη: *δε μου φαίνεται ίσιος άνθρωπος· -ομαι καθώς τον παρακολουθώ*. -Η μτχ. παρκ. ως επίθ. = αμαρτωλός, άσωτος: *αυτός είναι -σμένη ψυχή* (= διεφθαρμένος άνθρωπος).

κολάι το, ουσ. (λαϊκ.). ακλ., απαντά μόνο στον εν., ευκολία, ευχέρεια· φρ. *παίρνω το ~* (= αποκτώ πείρα σε κάτι και γι' αυτό το χειρίζομαι με επιδέξιο τρόπο): *σε τρεις μέρες είχε πάρει το ~ της δουλειάς/μηχανής*. [τουρκ. *kolay*].

κολαϊνα η, ουσ. (λαϊκ.), περιδέραιο που αποτελείται από λουλούδια περασμένα με σπάγκους ή από αλυσίδα από χρυσά νομίσματα (συνών. *γιορντάνι, κολιέ*). [βενετ. *colagna*].

κόλακας ο, ουσ., αυτός που κολακεύει κάποιον, που συμπεριφέρεται φιλοφρονητικά ή περιποιείται υπερβολικά κάποιον ελπίζοντας να ωφεληθεί (συνών. *γαλίφης, γλείφτης*).

κολακεία η, ουσ., πράξη ή λόγος φιλοφρονητικός, που αναφέρεται σε ορισμένο πρόσωπο με σκοπό να του προξενήσει ικανοποίηση προκειμένου να κερδηθεί εύνοια: *επηρεάζεται από -ες*· *οι περισσότεροι αγαπούν την ~* (συνών. *κολάκεμα, γαλιφιά, λιβάνισμα*).

κολάκεμα το, ουσ., κολακεία (βλ. λ.).

κολακευτικός, -ή, -ό, επίθ. **1.** που ανήκει, αναφέρεται ή αποβλέπει σε κολακεία (βλ. λ.) (συνών. *γαλίφικος*). **2.** επαινετικός, εγκωμιαστικός: *μίλησε με τα πιο -ά λόγια για το μαθητή*. - Επίρρ. **-ά** (στις σημασ. 1 και 2).

κολακεύω, ρ., αόρ. *-εψα*. **1.** επαινώ υπερβολικά ένα πρόσωπο με σκοπό να αποκτήσω την εύνοιά του: *-ει τους προϊσταμένους του*· *δε σε ~, το πιστεύω ότι έχεις ικανότητες* (συνών. *γλείφω, καλοπιάνω, λιβανίζω*). **2.** εξαίρω (ανυστερόβουλα), υπερεκτιμώ τις ικανότητες κάποιου, τον επαινώ περισσότερο απ' όσο αξίζει: *Με -εις!* (σε ένδειξη μετριοφροσύνης)· *αυτό που έκανες δε σε -ει καθόλου* (= δε σε τιμά, εξυψώνει ηθικά). **3.** (μεταφ.) προσδίδω, προσθέτω χάρη: *το καινούργιο της φόρεμα την -ει πολύ*. **4.** (μέσ.) ικανοποιούμαι, αισθάνομαι ευχαρίστηση: *-ομαι να πιστεύω ότι θα συνεργαστούμε αρμονικά*.

κολαντρίζω, βλ. *κουλαντρίζω*.

κολαούζος ο, ουσ. (λαϊκ.). **1.** αυτός που συνοδεύει και δείχνει το δρόμο, οδηγός: *τον τόπο ξέρω σπιθαμή, δε θέλω -ο*· (παροιμ.) *χωρίς που φαίνεται -ο δε θέλει* (για πράγματα αυταπόδεικτα). **2.** (μεταφ.) σύμβουλος, συμβουλάτορας: *δε σε χρειάζομαι για -ο*. **3.** (ναυτ.) σκοινί με το οποίο είναι δεμένος ο δύτης, όταν κατεβαίνει στο βυθό. **4.** (τεχν.) εργαλείο για να ανοίγουν βόλτες (βλ. λ. *βόλτα* I στη σημασ. 1) σε επιφάνειες σωλήνων, κυλίνδρων, κλπ., «κοχλιοτρύπανο». [τουρκ. *kilavuz*].

κολάρο το, ουσ. **1.** πρόσθετο περιλαίμιο σε πουκάμισο. **2.** (γενικά) γιακάς σε σακάκι ή παλτό. [ιταλ. *collaro*].

κόλαση η, ουσ. **1.** (στη χριστιανική θρησκεία) τόπος της αιώνιας τιμωρίας των αμαρτωλών μετά το θάνατό τους: *αιώνια ~*· έκφρ. *μήτε στην ~* (= «στον αιώνα τον άπαντα», ούτε στην άλλη ζωή, για να δηλωθεί εμμονή σε κάποια άποψη) (αντ. *παράδεισος*). **2.** (μεταφ.) κατάσταση βασανιστική, ανυπόφορες συνθήκες ζωής: *~ πραγματική*· *φωτιάς*· *η ζωή του κατάντησε ~*.

κολάσιμος, -η, -ο, επίθ., που πρέπει να τιμωρηθεί: *πράξη -η* (για την οποία ο νόμος προβλέπει τιμωρία, αξιόποινη).

κολασμός ο, ουσ. (λόγ.). **1.** τιμωρία, ποινή. **2.** μετριασμός κακής εντύπωσης ή κακού χαρακτηρισμού.

κολαστήριο το, ουσ. (ασυνίζ.), τόπος τιμωρίας με βασανιστήρια: *πολλές φυλακές σ' όλο τον κόσμο είναι πραγματικά -α*.

κολατσίζω, ρ., τρώγω κάτι πρόχειρα, προγευματίζω: *τον βρήκε να -ει στο διάλειμμα τα παιδιά κολάτσιζαν.* [κολατσιό].

κολατσιό το, ουσ. (συνιζ., λαϊκ.). 1. πρόχειρο φαγητό, πρόγευμα. 2. (συνεκδοχικά) το να προγευματίζει κανείς, κολάτσισμα: *τον πέτυχε πάνω στο ~.* 3. (συνεκδοχικά) ώρα προγεύματος: *πέρασε το ~ κι ακόμη δε φάνηκε.* [βενετ. *colaziόn*].

κολάτσισμα το, ουσ., το να προγευματίζει κανείς: *μας βρήκε πάνω στο ~* (συνών. κολατσιό).

κόλαφος ο, ουσ. (λόγ.). 1. χτύπημα με το χέρι, χαστούκι (συνών. *ράπισμα*). 2. (μεταφ.) λόγος ή πράξη που εξευτελίζει και ταπεινώνει: *το δημοσίευμα αποτέλεσε -ο για την κυβέρνηση* (συνών. *προσβολή*).

κολεγιακός, -ή, -ό, επίθ. (ασυνίζ.), που ανήκει ή αναφέρεται στο κολέγιο: *μόρφωση -ή*.

κολέγιο το, ουσ. (ασυνίζ.). 1. τύπος ιδιωτικής σχολής μέσης εκπαίδευσης, συνήθως με οικοτροφείο: *απόφοιτος του -ίου Αθηνών*. 2. πανεπιστημιακό οικοτροφείο με φροντιστήριο, ιδίως στις αγγλοσαξονικές χώρες. [λατ. *collegium*].

κολεόπτερα τα, ουσ., (ζωολ.) μεγάλη κατηγορία εντόμων (λ.χ. σκαθάρι).

κολεός ο, ουσ. 1. (ανατομ.) κόλπος (βλ. λ. στη σημασ. 5). 2. (αρχαιολ.) θήκη σπαθιού, θηκάρι.

κολεχτίβα η, ουσ. (κοινων.) ένωση εργατών που διαχειρίζεται και στην οποία συχνά ανήκει ένα αγρόκτημα, μια επιχείρηση, κ.τ.ό. [ρωσ. λ., γαλλ. προέλευσης].

κολεχτιβισμός ο, ουσ. (κοινων.) οικονομικό και κοινωνικό σύστημα στο οποίο δεν υπάρχει ατομική ιδιοκτησία, αλλά τα μέσα παραγωγής αποτελούν ιδιοκτησία του κοινωνικού συνόλου. [γαλλ. *collectivisme*].

κολεχτιβιστικός, -ή, -ό, επίθ., (κοινων.) που ανήκει ή αναφέρεται στον κολεχτιβισμό (βλ. λ.)· που στηρίζεται στο σύστημα του κολεχτιβισμού: *οικονομία -ή· ιδεώδη -ά*.

κολεχτιβοποίηση η, ουσ. (κοινων.) το να περιέρχονται στην κυριότητα και τον έλεγχο του κράτους αγροκτήματα, εργοστάσια, κλπ., σύμφωνα με τις αρχές του κολεχτιβισμού: *~ του αγροτικού τομέα*.

κολεχτιβοποιώ, ρ.(ασυνίζ.), (κοινων.) εφαρμόζω ή επιβάλλω το σύστημα του κολεχτιβισμού (βλ. λ.).

κολίγας και **-γος** ο, ουσ., αυτός που καλλιεργεί ξένο αγρό ή βόσκει ξένα κοπάδια και μοιράζεται τα προϊόντα ή τα κέρδη με τον ιδιοκτήτη (συνών. *σέμπρος*). [λατ. *collega*].

κολιέ το, ουσ. άκλ. (συνιζ.). 1. γυναικείο περιδέραιο: *~ μαργαριταρένιο*. 2. (μεταφ., τεχν.) λεπτό μεταλλικό δαχτυλίδι για συγκράτηση σωλήνων επάνω στους τοίχους. - Υποκορ. **-δάκι** το: *φορούσε ένα -δάκι από κοράλλι στο λαιμό*. [γαλλ. *collier*].

κολικόπονος, βλ. *κωλικόπονος*.

κολικός, βλ. *κωλικός*.

κολιός ο, ουσ. (συνιζ.), το ψάρι σκουμπρί. Παροιμ. φρ. *κάθε πράγμα στον καιρό του κι ο ~ τον Αύγουστο*. [αρχ. κολίας και κολ(ο)ιός].

κολίτιδα, βλ. *κωλίτιδα*.

κόλλα η, I. ουσ., γλοιώδης ουσία που χρησιμεύει για συγκόλληση ή επικόλληση: *-ες ζωικής/φυτικής προέλευσης· ~ από άμυλο/αλεύρι/πίτουρο· συνθετική ~*. [αρχ. *κόλλα*].

κόλλα η, II. ουσ., φύλλο χαρτιού: *~ χαρτί· ~ αναφοράς*. [ιταλ. *carta a colla*].

κολλαρίζω και **κολλάρω**, ρ., αόρ. *κολλάρισα*, μτχ. παρκ. *-ισμένος*, διαβρέχω μια επιφάνεια με διάλυση κόλλας (βλ. ά. κόλλα, I) για να γίνει λεία, ανθεκτική, κλπ.: *ο χαρτοπολτός -εται με ζελατίνη* (είδος ζωικής κόλλας)· *-ισα το πουκάμισο για να καλοσιδερωθεί*. - Η μτχ. ως επίθ.: *-ισμένο φόρεμα* (συνών. *κολλαριστός*).

κολλάρισμα το, ουσ., το να διαβρέχεται μια επιφάνεια με διάλυση κόλλας για να γίνει λεία, ανθεκτική, σκληρή, κλπ.: *η ζελατίνη χρησιμοποιείται πολύ για το ~ του χαρτοπολτού· ~ του παντελονιού* (με τη χρησιμοποίηση κόλλας από άμυλο)/ *της κουρτίνας*.

κολλαριστός, -ή, -ό, επίθ. (για ρούχα) που έχει κολλαριστεί: *πουκάμισο/φόρεμα -ό· χασές ~* (συνών. *κολλαρισμένος*).

κολλάρω, βλ. *κολλαρίζω*.

κόλλημα το, ουσ. 1. συγκόλληση δύο αντικειμένων ή επικόλληση (αντ. *ξεκόλλημα, αποκόλληση*). 2. (συνεκδοχικά) το σημείο όπου έγινε η συγκόλληση ή η επικόλληση. 3. (συνεκδοχικά) αυτό που επικολλάται σε μια επιφάνεια ή σε ένα αντικείμενο, μπάλωμα. 4. (μεταφ.) το να γίνεται κάποιος φορτικός σε κάποιον άλλο προκειμένου να πετύχει κάτι, ενοχλητικό πλησίασμα (συνήθως με ερωτικούς σκοπούς).

κόλληση η, ουσ. 1. ένωση αντικειμένων με τη βοήθεια κολλητικής ουσίας, συγκόλληση ή επικόλληση (συνών. *κόλλημα*). 2. (συνεκδοχικά) λειωμένο κράμα μετάλλων που χρησιμοποιείται για συγκολλήσεις, κολλητήρι (βλ. λ.). 3. (συνεκδοχικά) το μέρος στο οποίο γίνεται η συγκόλληση ή η επικόλληση (συνών. *κόλλημα*). 4. μηχανή για ηλεκτροσυγκολλήσεις.

κολλητά, βλ. *κολλητός*.

κολλητήρι το, ουσ. 1. εργαλείο ειδικό για συγκολλήσεις μετάλλων. 2. (συνεκδοχικά) λειωμένο κράμα μετάλλων, ιδίως μολύβδου και κασσιτέρου, που χρησιμοποιείται για συγκολλήσεις (συνών. *κόλληση στη σημασ. 2*).

κολλητικός, -ή, -ό, επίθ. 1. που είναι κατάλληλος για κόλλημα, που χρησιμεύει για συγκόλληση ή επικόλληση: *-ή ουσία/ταινία· συνθετική κόλλα με μεγάλη -ή δύναμη*. 2. (μεταφ.) που έχει την ιδιότητα να μεταδίδεται: *αρρώστια -ή· μικρόβιο -ό* (συνών. *μολυσματικός*)· (γενικά για οτιδήποτε μεταδίδεται) *χασμουρητό/φτέρνισμα -ό· τεμπελιά -ή*.

κολλητός, -ή, -ό, επίθ. 1. που έγινε από συγκόλληση αντικειμένων ή κομματιών: *έπιπλα/ κουφώματα -ά* (συνών. *κολλημένος*). 2. (μεταφ.) που εφάπτεται με κάτι άλλο: *πόδια -ά μεταξύ τους· φόρεμα -ό* (= εφαρμοστό). 3. που είναι πολύ κοντινός με κάτι άλλο: *πολυκατοικίες -ές* (συνών. *συνεχόμενος*). 4. (προφ. ως ουσ., για πρόσωπο) στενός φίλος: *είμαστε -οί με το Γιώργο*. - Επίρρ. **-ά**: *κάθισαν -ά* (= πολύ κοντά ο ένας στον άλλον).

κολλητσίδα η, ουσ. 1. (βοτ.) κοινή ονομασία φυτών που οι βλαστοί ή τα σπέρματά τους κολλούν σε ό,τι αγγίξουν ή περιέχουν κολλητική ουσία. 2. (μεταφ.) άνθρωπος φορτικός: *μου έγινε ~* (συνών. *βδέλλα, τσιμπούρι*). [*κολλητίδα<κολλώ*].

κόλλυβα τα, ουσ., βρασμένο σιτάρι που προσφέρεται —κατάλληλα καρυκευμένο (με σταφίδες, ζαχαρωτά, κλπ.)— στα μνημόσυνα για το μακαρισμό πεθαμένων. Έκφρ. με ξένα ~ (για κάποιον που επιδιώκει να ωφεληθεί με τη δαπάνη ή το μόχθο άλλων): *το κατάφερε με ξένα* ~. [μτγν. *κόλλυβον*].

κολλυβογράμματα τα, ουσ., στοιχειώδης γνώση ανάγνωσης και γραφής, στοιχειώδης μόρφωση (συνών. *κουτσογράμματα*).

κολλύριο το, ουσ. (ασυνίζ.), υγρό φάρμακο για τις παθήσεις των ματιών. [αρχ. *κολλύριον*].

κολλώ, -άς, ρ. Α. μτβ. **1α.** ενώνω με κολλητική ουσία δύο ή περισσότερα αντικείμενα ή κομμάτια, συγκολλώ: *-ησα τη σόλα των παπουτσιών μου·* ~ *χαρτόσημο στην αίτηση* (αντ. *ξεκολλώ, αποκολλώ*)· **β.** (γενικά) ενώνω, συνενώνω: ~ *τη σπασμένη καρέκλα με οξυγονοκόλληση/το χερούλι του τηγανιού.* **2.** (μεταφ.) πλησιάζω πολύ κοντά, τοποθετώ κολλητά σε κάτι άλλο: *-ησε το πρόσωπό του στο τζάμι· μην -άς τα γράμματά σου το ένα με το άλλο!* **3.** (λαϊκ., μεταφ.) συνάπτω, συνδέω: *που βρήκε και το -ησε ότι τον ειρωνεύτηκα! πώς το -ησε, ότι αυτό είναι το νόημα του ποιήματος;* (συνών. *συσχετίζω*). **4α.** (μεταφ., λαϊκ.) προκαλώ: *μου -ησε να παραβγούμε στο τρέξιμο/ να βάλουμε στοίχημα· μη μου -άς εμένα, γιατί θα το μετανιώσεις!·* **β.** (λαϊκ.) πλησιάζω με ερωτική διάθεση: *είναι όμορφη και της -άνε πολλοί.* **5.** (μεταφ.) προσάπτω (σκωπτ. ή με διάθεση κατηγορίας): *του -ησαν το παρατσούκλι.../τη ρετσινιά* (βλ. λ.). **6α.** (μεταφ.) μεταδίδω αρρώστια: *μου -ησε τη γρίπη η αδερφή μου·* **β.** (γενικά για κάτι αρνητικό και δυσάρεστο): *του κόλλησε τις ιδιοτροπίες/τα ελαττώματά της.* Β. αμτβ. **1.** συγκολλώμαι με κολλητική ουσία: *δεν -ησε το γραμματόσημο καλά.* **2.** (μεταφ. για κάτι που εφάπτεται με κάτι άλλο ή που είναι τοποθετημένο κολλητά σε κάτι άλλο): *τα ρούχα -άνε απάνω μου από τη ζέστη· οι τοίχοι των πολυκατοικιών είναι -ημένοι μεταξύ τους.* **3.** (μεταφ.) συναντώ εμπόδια, σταματώ εξαιτίας κάποιου εμποδίου: *στη μέση της άσκησης -ησε· -ησε και δεν μπορούσε να βαδίσει άλλο· το αυτοκίνητο κόλλησε στη λάσπη.* **4.** (για φαγητό) «πιάνω», τσικνίζω: *-ησε το κρέας· -ησαν τα μακαρόνια.* **5.** (λαϊκ.) κάθομαι αρκετή ώρα κάπου: *πήγε επίσκεψη και -ησε.* **6.** προσκολλώμαι κάπου (με σκοπό να ωφεληθώ): *-ησε στην παρέα μας χωρίς να τον καλέσουμε.* **7.** (για σκέψη, ιδέα, κλπ.) κυριεύω, κατέχω: *του -ησε η ιδέα· πώς σου -ησε αυτή η ιδέα;* **8α.** (για αρρώστια) μεταδίδομαι: *η ηπατίτιδα -ά πολύ εύκολα·* **β.** παθαίνω την αρρώστια που έχει κάποιος άλλος: *-ησα ιλαρά.* Φρ. *αυτά δεν -ούν* (= δεν είναι δυνατό να ταιριάσουν)· *δε μου -ά ύπνος* (= δεν μπορώ να κοιμηθώ)· *δεν -ά* (= δεν πείθει μια άποψη, ένα επιχείρημα)· *-ησε η γλώσσα μου* (= στέγνωσε το στόμα μου, δυσκολεύομαι να αρθρώσω λέξη)· ~ *σα βεντούζα ή τσιμπούρι* (= προσκολλώμαι φορτικά σε κάποιον ή κάποιους)· ~ *σαν τη μύγα μες στο μέλι* (= προσκολλώμαι φορτικά σε κάποιον)· ~ *στον τοίχο κάποιον* (= τον αποστομώνω ή τον εξουδετερώνω). Παροιμ. *στη βράση -άει το σίδερο* (= η έγκαιρη ενέργεια φέρνει την επιτυχία).

κολλώδης, -ης, -ες, γεν. *-ους*, πληθ. αρσ. και θηλ. *-εις*, ουδ. *-η*, επίθ., που είναι όμοιος με κόλλα (βλ. Ι).

κολοβάκιλλος, βλ. *κωλοβάκιλλος*.

κολοβακτηρίδιο, βλ. *κωλοβακτηρίδιο*.

κολοβός, -ή, -ό, επίθ. **1.** που είναι κομμένη η ουρά του: *σκύλος* ~· *σαύρα -ή* (συνών. *κοψονούρης*). **2.** (κατ' επέκτ.) που είναι κομμένος στην άκρη, ακρωτηριασμένος (αντ. *αρτιμελής*). Έκφρ. *φίδι -ό* (= άνθρωπος μοχθηρός, ύπουλος και επικίνδυνος).

κολόβωμα το, ουσ., ακρωτηριασμός, κουτσούρεμα.

κολοβώνω, ρ. **1.** κάνω κάτι κολοβό, κόβω την ουρά ή την άκρη του. **2.** ακρωτηριάζω, κουτσουρεύω.

κολοκοτρώνης ο, ουσ., πρόχειρος σουγιάς με ξύλινη λαβή. [κύρ. όν. *Θ. Κολοκοτρώνης*].

κολοκύθα, βλ. *κολοκύθι*.

κολοκυθάκι, βλ. *κολοκύθι*.

κολοκύθας ο, ουσ. (σκωπτ.) άνθρωπος άμυαλος, βλάκας: *μα τι* ~ *που είναι!* (συνών. *κολοκυθοκέφαλος*).

κολοκυθένιος, -α, -ο, επίθ. (συνιζ.). **1.** που έγινε από κολοκύθα: *φλασκί -ο.* **2.** (σκωπτ.) που το κεφάλι του είναι κενό σαν την κολοκύθα, άμυαλος: *μυαλό -ο* (συνών. *κολοκυθοκέφαλος*).

κολοκύθι το, ουσ., ο καρπός της κολοκυθιάς (βλ. λ.). - Ο πληθ. *-ια* (σκωπτ.) = λόγια χωρίς περιεχόμενο ή ασυνάρτητα: *αυτά που μου λες είναι -ια·* έκφρ. *-ια με τη ρίγανη* ή *-ια στο πάτερο* (ή *πατερό*) (= λόγοι ανόητοι, ισχυρισμοί αβάσιμοι). - Υποκορ. **-άκι** το. - Μεγεθ. **-κύθα** η = α. μεγάλο κολοκύθι· β. (συνεκδοχικά) δοχείο υγρών από τον αποξηραμένο καρπό της νεροκολοκυθιάς, φλασκί.

κολοκυθιά η, ουσ. (συνιζ.). **1.** είδος ετησίου φυτού που έρπει στη γη, με κίτρινα ψιλά ανθάκια και που ο καρπός του είναι τα κολοκύθια· *φύτεψα -ιές στον κήπο·* ~ *κοντή/γλυκιά.* **2.** είδος παιδικού παιχνιδιού: *την* ~ *θα παίξουμε τώρα;* (= θα παραπέμπει ο ένας στον άλλον;).

κολοκυθοκέφαλος, -η, -ο, επίθ. (για άνθρωπο) που το κεφάλι του είναι κενό σαν την κολοκύθα, ελαφρόμυαλος (συνών. *κολοκύθας*).

κολοκυθοκορφάδες οι, ουσ., τα άνθη και οι τρυφεροί βλαστοί της κολοκυθιάς: *έκοψε* ~ *να τις μαγειρέψει.*

κολοκυθολούλουδα τα, ουσ., τα άνθη της κολοκυθιάς.

κολοκυθόπιτα η, ουσ., πίτα με κολοκύθι: ~ *γλυκιά/ αλμυρή.*

κολοκυθόσπορος ο, ουσ., σπόρος κολοκυθιού: *αγόρασε -ο για να φυτέψει κολοκυθιές.*

Κολομβιανός ο, θηλ. **-ή,** ουσ. (ασυνίζ.), αυτός που κατοικεί στην Κολομβία ή κατάγεται από εκεί.

κολομπίνα η, ουσ. (έρρ.), πρόσωπο της παλιότερης ιταλικής κωμωδίας, ζωηρή, πονηρή και χαριτωμένη νεαρή υπηρέτρια: *αιθέριες -ες· στα καρναβάλια ντύθηκε* ~. [ιταλ. *Colombina*].

κολόνα η, ουσ. **1.** λεπτός, κυλινδρικός στύλος από μάρμαρο, ξύλο, τσιμέντο ή άλλο υλικό: *-ες αρχαίου ναού* (= *κίονες*)/*της Δ.Ε.Η./του σπιτιού.* **2.** κάτι που έχει σχήμα κολόνας: ~ *πάγου/φωτιάς.* **3.** (μεταφ.) στήριγμα: *είσαι η* ~ *του σπιτιού μας* (συνών. *στύλος*). **4.** (για σώμα λεπτό και ίσιο) *κορμί* ~ (συνών. *λαμπάδα*). - Υποκορ. **-άκι** το. [ιταλ. *colonna*].

κολονάτος, -η, -ο, επίθ., που στηρίζεται σε μικρό στύλο: *ποτήρια -α· νιπτήρας* ~.

κολόνια η, ουσ. (συνιζ.), αρωματική ουσία που παρασκευάζεται από αιθέρια έλαια και οινόπνευμα. [γαλλ. *eau de Cologne*].

κολοσσιαίος, -α, -ο, επίθ. (ασυνίζ.), που μοιάζει με κολοσσό, τεράστιος, γιγαντιαίος, πελώριος: *έρ-*

γο/κτήριο -ο· (μεταφ.) *κατόρθωμα/πρόβλημα* -ο (αντ. *μικροσκοπικός, ελάχιστος*).

κολοσσός ο, ουσ. 1. άγαλμα ή ανδριάντας με υπερφυσικές διαστάσεις: *ο ~ της Ρόδου* (= το μπρούτζινο άγαλμα του Απόλλωνα - Ήλιου, ύψους 31 μ. που βρισκόταν στο λιμάνι της Ρόδου— ένα από τα «επτά θαύματα» του κόσμου). 2. κατ' επέκτ. για οτιδήποτε μεγάλο σε διαστάσεις ή σπουδαιότητα: *είχε δίπλα του μια γυναίκα -ό· είναι ο ~ της εταιρείας*. 3. με γεν. ουσ. που δηλώνει ιδιότητα, για πρόσωπο που έχει την ιδιότητα αυτή σε μέγιστο βαθμό: *ο πατέρας ήταν ~ υπομονής*.

κόλουρος, -η, -ο, επίθ. (γεωμ.) ονομασία διαφόρων γεωμετρικών σχημάτων, από τα οποία προκύπτουν άλλα γεωμετρικά σχήματα, αν αφαιρεθεί με κατάλληλη επίπεδη τομή ένα τμήμα τους: *~ κώνος· -η πυραμίδα*.

κολοφώνας ο, ουσ. 1. το υψηλότερο οριζόντιο δοκάρι της στέγης (συνών. *καβαλάρης, κορφιάς*). 2. (μεταφ.) το ύψιστο σημείο, το αποκορύφωμα: *ο ~ της δόξας/της φήμης κάποιου* (συνών. *απόγειο*). 3. υπόμνημα στο τέλος βιβλίου, όπου σύντομα δίνονται πληροφοριακά στοιχεία για το τύπωμά του.

κολοφώνιο το, ουσ. (ασυνίζ.), (χημ.) το υπόλειμμα της ρητίνης πεύκου ή άλλου κωνοφόρου που απομένει μετά την αφαίρεση με απόσταξη τερεβινθέλαιου.

κολπάκι, βλ. *κόλπος*. Ι. και *κόλπο*.

κολπατζής ο, θηλ. **-ού,** ουσ., αυτός που κάνει ή που ξέρει να κάνει «κόλπα» (βλ. λ.).

κολπικός, -ή, -ό, επίθ., που έχει σχέση με τον κόλπο της γυναίκας, που αναφέρεται σ' αυτόν ή προέρχεται απ' αυτόν: *εξέταση -ή· υγρά -ά*.

κολπίσκος, βλ. *κόλπος* Ι.

κολπίτιδα η, ουσ. (ιατρ.) οξεία ή χρόνια φλεγμονή του βλεννογόνου του κόλπου, που οφείλεται σε μικρόβια, παράσιτα ή μύκητες.

κόλπο το, ουσ. 1a. έξυπνο έξυπνο που κάνει κάποιος για να διασκεδάσει άλλους: *μας έμαθε ένα ~ με την τράπουλα*. β. έξυπνος τρόπος ενέργειας ειδικά από άτομα που κατέχουν μια ορισμένη γνώση ή ικανότητα: *θα σου δείξω ένα ~ για να ανάβεις πιο εύκολα φωτιά*. 2. ενέργεια ή σχέδιο που γίνεται με σκοπό να εξαπατήσει κάποιον, απάτη: *το ~ σου δεν έπιασε*. - Υποκορ. **-άκι** το. [ιταλ. *colpo*].

κολποκοιλιακός, -ή, -ό, επίθ. (ασυνίζ.), (ανατομ.) που αναφέρεται στον κόλπο και την κοιλία της καρδιάς: *στόμια -ά*.

κολπορραγία η, ουσ., αιμορραγία που προκαλείται από τη ρήξη των τοιχωμάτων του γυναικείου κόλπου.

κολπορραφή η, ουσ., χειρουργική επέμβαση με σκοπό τη συρραφή του κολπικού τοιχώματος.

κολπόρροια η, ουσ. (ασυνίζ.), ρύση βλεννώδους υγρού από τον κόλπο.

κόλπος ο, Ι. και **κόρφος,** ουσ. 1. το μπροστινό πάνω μέρος του σώματος από το λαιμό ως τη μέση, το στήθος: *ούτε ψύλλος στον κόρφο του* (παροιμ. φρ., για άτομο που δε θα ζήλευε κανείς την τύχη του)· (κατ' επέκτ. στον πληθ.) η αγκαλιά. 2. το μέρος του γυναικείου ρούχου που καλύπτει το στήθος: *έκρυψε γρήγορα το γράμμα στον κόρφο της*. 3. (μεταφ., στον πληθ.) το στενό περιβάλλον (οικογενειακό, κοινωνικό), όπου δηλ. το άτομο γίνεται αποδεκτό και του παρέχεται προστασία και αγάπη: *γύρισε και πάλι στους -ους της οικογένειάς του· οι -οι του Αβραάμ, του Ισαάκ, του Ιακώβ* (= ο παράδεισος). 4. (γεωγρ.) μεγάλο τμήμα της θάλασσας που εισχωρεί σε βάθος στην ξηρά που την περιβάλλει: *~ Θερμαϊκός/Παγασητικός*. 5. (ανατομ.) μακρύ κοίλο όργανο των θηλυκών θηλαστικών που χρησιμεύει για την υποδοχή των γεννητικών κυττάρων του αρσενικού σπέρματος. 6. (στην καρδιολογία) μία από τις δύο πάνω κοιλότητες της καρδιάς. - Υποκορ. **-ίσκος** ο και λαϊκ. **-άκι** το (στη σημασ. 4).

κόλπος ο. II. ουσ. 1. σοβαρή εγκεφαλική προσβολή, αποπληξία. 2. κατάπληξη: *όταν το 'μαθα μου ήρθε ~.* [ιταλ. *colpo*].

κόλπωμα το, ουσ. 1. καμπυλότητα, φούσκωμα. 2. (γεωγρ.) κόλπος (βλ. λ. στη σημασ. 4). 3. (ανατομ.) ονομασία κοίλων ανατομικών χώρων με στόμιο με το οποίο επικοινωνούν προς τα έξω.

κολπώνω, ρ., κάνω κάτι να αποκτήσει σχήμα καμπύλης, εξογκώνω· (κυρίως για πανιά πλοίου) φουσκώνω.

κολυμβήθρα, βλ. *κολυμπήθρα*.

κολύμβηση η, ουσ. 1. το να κολυμπά κάποιος για λόγους άθλησης ή ψυχαγωγίας: *~ ύπτια/συγχρονική*. 2. είδος αθλήματος που διεξάγεται σε ειδικές πισίνες ή κολυμβητήρια και κατά το οποίο οι κολυμβητές συναγωνίζονται μεταξύ τους για τον καλύτερο χρόνο στα διάφορα είδη του αθλήματος.

κολυμβητήριο το, ουσ. (ασυνίζ.), ανοιχτός ή κλειστός χώρος που περιλαμβάνει πισίνα για την άσκηση στο κολύμπι ή τη διεξαγωγή κολυμβητικών αγώνων.

κολυμβητής ο, θηλ. **-ήτρια,** ουσ., αυτός που ξέρει να κολυμπά ή αθλητής της κολύμβησης: *~ δεινός*.

κολυμβητικός, -ή, -ό, επίθ., που έχει σχέση με την κολύμβηση: *αγώνες -οί*.

κολυμβήτρια, βλ. *κολυμβητής*.

κολυμπάδα η, ουσ. (ερρ.), πράσινη ελιά που διατηρείται σε άλμη: *ελιές τσακιστές και -ες*.

κολυμπήθρα η (ερρ.) και **-μβή-,** ουσ., ιερό εκκλησιαστικό σκεύος, χάλκινο με σχήμα βαθιάς λεκάνης, που στηρίζεται σε ψηλή βάση και στην οποία τοποθετείται το νερό για το βάπτισμα των νηπίων.

κολύμπημα το, ουσ., κολύμπι (βλ. λ.).

κολύμπι το, ουσ. (ερρ.), το να επιπλέει ή να κινείται κάποιος μέσα στο νερό κάνοντας συγκεκριμένες κινήσεις των χεριών και των ποδιών: *μαθαίνω ~* (συνών. *κολύμβηση*).

κολυμπώ, ρ. (ερρ.). 1α. επιπλέω ή μετακινούμαι μέσα στο νερό κάνοντας κινήσεις των χεριών και των ποδιών: *αν φοβάσαι, δε θα μάθεις ποτέ να -άς·* β. για ψάρι που μετακινείται με κινήσεις της ουράς και των πτερυγίων του. 2. φρ. *~ σε κάτι* (σε σχήμα υπερβολής, για να δηλωθεί το ουσ. στη μέγιστη ποσότητα): *~ στον ιδρώτα* (= είμαι πολύ ιδρωμένος)· (μεταφ.) *~ στο χρυσάφι/στο χρήμα* (= έχω πολλά χρήματα).

κολχόζ το, ουσ. άκλ., αγροτικός παραγωγικός συνεταιρισμός στην άλλοτε Σοβιετική Ένωση που είχε στην ιδιοκτησία του κάποια έκταση γης και τα εργαλεία που απαιτούνται για την καλλιέργειά της και τη μόνιμη επικαρπία της. [λ. ρωσ., συντομογραφία των ρωσ. λ. που σημαίνουν «συλλογική οικονομία»].

κομάντος οι, ουσ. άκλ. (έργ.), μικρή ομάδα στρατιωτών ειδικά εκπαιδευμένων στην επίθεση κατά σημαντικών στόχων, αντίστοιχο του ελληνικού «καταδρομείς». [πορτογαλικό *commando*].

κόμβος ο, ουσ. 1. μονάδα ταχύτητας για τα πλοία που ισοδυναμεί με ένα ναυτικό μίλι ανά ώρα. 2. ~ *συγκοινωνιακός* = σημείο ή τόπος όπου συναντώνται πολλές οδικές ή σιδηροδρομικές γραμμές. -Βλ. και *κόμπος*.

κόμη η, ουσ., τα μαλλιά του κεφαλιού: *στην ~ στεφάνι φορεί* (Σολωμός).

κόμης ο, γεν. *κόμη* και (λόγ.) **κόμις**, γεν. *-ιτος* ο, θηλ. **-ισσα**, τίτλος Ευρωπαίου ευγενή, κατώτερου από το μαρκήσιο και ανώτερου από το βαρόνο. [λατ. *comes*].

κομήτης ο, ουσ. 1. ουράνιο σώμα με μικρή πυκνότητα και μάζα που περιφέρεται γύρω από τον ήλιο, εμφανίζεται κατά αραιά χρονικά διαστήματα και ακολουθείται από φωτεινή ουρά. 2. (μεταφ.) άτομο που εμφανίζεται σπάνια.

κομίζω, ρ., μεταφέρω κάτι: ~ *έγγραφη εξοφλητική απόδειξη*.

κόμικς τα, ουσ. ακλ., ιστορίες δοσμένες με εικόνες. [αγγλ. *comics*].

κόμις και **κόμισσα**, βλ. *κόμης*.

κομιστής ο, ουσ. 1. αυτός που μεταφέρει κάτι: ~ *επιστολής*. 2. (νομ.) κάτοχος ανώνυμου χρεωγράφου που μπορεί να απαιτήσει από τον εκδότη την πληρωμή του: *σε περίπτωση κλοπής... τοκομεριδίων ή μερισματογράφων ο μέχρι τότε ~ έχει δικαίωμα να απαιτήσει από τον οφειλέτη την πληρωμή...* (αστ. κώδ.).

κόμιστρο το, ουσ., έξοδα μεταφοράς: *αυξήθηκε το ~ των ταξί*.

κομιτατζής ο, ουσ., μέλος μυστικής επαναστατικής οργάνωσης· ειδικά για τους αντάρτες του βουλγαρικού κομιτάτου που στις αρχές του 20. αι. επιδίωξαν τον εκβουλγαρισμό της Μακεδονίας με τρομοκρατικά μέσα. [τουρκ. *komitaci*].

κομιτάτο το, ουσ. 1. ομάδα ατόμων που εργάζεται για κάποιο σκοπό και εκπονεί σχέδια ή παίρνει αποφάσεις για λογαριασμό μεγαλύτερης ομάδας ατόμων που την αντιπροσωπεύει. 2. επαναστατική ή ανταρτική οργάνωση που επιδιώκει την επίτευξη κάποιου σκοπού με μεθόδους τρομοκρατικές. [ιταλ. *comitato*].

κομιτεία η, ουσ. 1. εδαφική περιφέρεια που διοικείται από τον κόμη. 2. σε κάποιες ευρωπαϊκές χώρες (Βρεταννία, Ιρλανδία) και στις Η.Π.Α. η περιοχή που έχει δική της (τοπική) κυβέρνηση. [γεν. *κόμιτος του ουσ. κόμις*].

κόμμα το, ουσ. 1. (γραμμ.) το σημείο στίξης που χωρίζει δυο προτάσεις, μέρη προτάσεων ή ομοίους όρους της και υποδηλώνει ένα πολύ μικρό σταμάτημα της φωνής. 2. (μεταφ.) το παραμικρό στοιχείο σ' ένα κείμενο: *δε θέλω να αλλάξεις ούτε ένα ~ στο γραπτό μου* (συνών. *γιώτα*). 3. (μαθημ.) το σημείο που χωρίζει τα μέρη ενός δεκαδικού αριθμού (συνών. *υποδιαστολή*). 4. πολιτική οργάνωση που τα μέλη της έχουν τις ίδιες βασικές απόψεις και στόχους και έχει ως βασική της επιδίωξη την κατάληψη της εξουσίας: ~ *αγροτικό/συντηρητικό· ~ του κέντρου*.

κομμάρα η, ουσ., ατονία, αίσθημα σωματικής κόπωσης.

κομμάτα, κομματάκι, κομματάρα, βλ. *κομμάτι*.

κομματάρχης ο, ουσ., σημαντικός κομματικός παράγοντας.

κομμάτι το, ουσ. 1. τμήμα, μέρος που συνήθως αποχωρίζεται από κάτι μεγαλύτερο ή αποτελεί τμήμα του: *ένα ~ κέικ· ένα ~ γης· έσκισε το γράμμα σε δύο -ια*. 2. ένα από πολλά όμοια πράγματα: *καρπούζι με το ~* (= όχι με το κιλό)· *εκατό δραχμές το ~· φρ. δουλεύει/πληρώνεται με το ~* (= ανάλογα με τον αριθμό αυτών που επεξεργάζεται και όχι με τις ώρες απασχόλησης). 3. (στον πληθ.) συντρίμμια: *μου έπεσε το βάζο κι έγινε -ια*. 4. (μουσ.) μουσική σύνθεση αυτοτελής: ~ *λαϊκό/κλασικό/μελωδικό*. Έκφρ. *στα -α (να πας)!* (= χάσου, στον αγύριστο). Φρ. *γίνομαι χίλια -α για κάποιον* (= κάνω τα πάντα για να τον ευχαριστήσω ή να τον εξυπηρετήσω)· *δε θα γίνω (και) χίλια -α!* (= δεν μπορώ να κάνω ταυτόχρονα τόσες πολλές δουλειές)· *-α να γίνει!* (= δεν πειράζει)· (λαϊκ.) *κάνω το ~ μου* (= επιδεικνύομαι, προβάλλομαι). - Η λ. ως επίρρ. (λαϊκ.) = λίγο, λιγάκι: *έκατσα ~ να ξεκουραστώ·* αργά. - Υποκορ. **-άκι** το στις σημασ. 1, 3 και στο επίρρ. - Μεγεθ. **-α, -άρα** και (σπανίως) **-ούκλα** η, στη σημασ. 1· **κόμματος** ο (λαϊκ., για ωραία κοπέλα).

κομματιάζω, ρ. (συνίζ.). 1. (ενεργ.) κάνω κάτι κομμάτια (συνών. *τεμαχίζω*). 2. (μέσ.) κουράζομαι υπερβολικά: ~ *από την κούραση* (συνών. *τσακίζομαι*).

κομμάτιασμα το, ουσ., διαμελισμός, κόψιμο ενός πράγματος σε πολλά κομμάτια (συνών. *τεμαχισμός*).

κομματιαστός, -ή, -ό, επίθ. (συνίζ.), κομμένος σε πολλά κομμάτια. - Επίρρ. **-ά**.

κομματίζομαι, ρ., σκέφτομαι και ενεργώ με βάση το συμφέρον του κόμματος που υποστηρίζω.

κομματικοποίηση η, ουσ. 1. το να προσδίδεται σε κάτι κομματικός χαρακτήρας: ~ *του συνδικαλισμού/του γιορτασμού της πρωτομαγιάς*. 2. υπόταξη ενός οργανισμού ή και του κράτους στην υπηρεσία ενός κόμματος.

κομματικός, -ή, -ό, επίθ., που ανήκει ή αναφέρεται σ' ένα πολιτικό κόμμα ή εξυπηρετεί τα συμφέροντα ενός πολιτικού κόμματος: *στελέχη -ά· συνέδριο -ό· σκοπιμότητα -ή*.

κομματισμός ο, ουσ., φανατική προσήλωση κάποιου σε ένα κόμμα με αποτέλεσμα να ενεργεί με βάση το συμφέρον του κόμματος αυτού.

κόμματος, βλ. *κομμάτι*.

κομματούκλα, βλ. *κομμάτι*.

κόμμι το, ουσ., γεν. *-εος*, κολλώδης ουσία που εκκρίνεται από ορισμένα δένδρα για την επικάλυψη των τραυμάτων τους: ~ *αραβικό* (στη φαρμακευτική)· ~ *ελαστικό* (= καουτσούκ).

κομμίωση η, ουσ., ασθένεια των δένδρων, ειδικά των εσπεριδοειδών που προκαλεί έκκριση κόμμεος.

κομμός ο, ουσ., (στην αρχαία τραγωδία) θρηνητικό τραγούδι που τραγουδούσαν μαζί χορός και υποκριτές. [αρχ. *κομμός<κόπτω*].

κομμούνα, βλ. *κομούνα*.

κομμουνιστής, βλ. *κομουνιστής*.

κόμμωση η, ουσ., χτένισμα των μαλλιών με τρόπο που να ομορφαίνει το κεφάλι (κατ' επέκτ.) είδος χτενίσματος, τρόπος με τον οποίο κόβονται και χτενίζονται τα μαλλιά. [αρχ. *κομμόω*].

κομμωτήριο το, ουσ. (ασυνίζ.), κατάστημα όπου άνδρες και γυναίκες πηγαίνουν για να κόψουν ή

κομμωτής

να περιποιηθούν τα μαλλιά τους.
κομμωτής ο, θηλ. **-ώτρια,** ουσ., άτομο που ασχολείται επαγγελματικά με την περιποίηση και τον καλλωπισμό των μαλλιών των πελατών του.
κομμωτικός, -ή, -ό, επίθ., που έχει σχέση με την κόμμωση ή τον κομμωτή. - Το θηλ. ως ουσ. = η τέχνη του κομμωτή.
κομμώτρια, βλ. *κομμωτής.*
κομό το, ουσ. άκλ., έπιπλο με πολλά συρτάρια για την τοποθέτηση ρούχων. [βενετ. *como*].
κομοδίνο το, ουσ., μικρό ξύλινο ή μεταλλικό έπιπλο που τοποθετείται δίπλα στο κρεβάτι. [ιταλ. *comodino*].
κόμοδος, -η, -ο, επίθ., που η χρήση του παρέχει άνεση, ευκολία, βολικός, εύχρηστος (αντ. *άβολος, δύσχρηστος*). [ιταλ. *comodo*].
Κομοτηναία, βλ. *Κομοτηναίος.*
κομοτηναίικος, -η, -ο και (συνιζ.) **κομοτηνιώτικος,** επίθ., που ανήκει ή αναφέρεται στην Κομοτηνή ή τους Κομοτηναίους.
Κομοτηναίος ο, θηλ. **-α** και (συνιζ.) **Κομοτηνιώτης,** θηλ. **-ισσα,** ουσ., αυτός που κατοικεί στην Κομοτηνή ή κατάγεται από εκεί.
κομοτηνιώτικος, βλ. *κομοτηναίικος.*
Κομοτηνιώτισσα, βλ. *Κομοτηναίος.*
κομούνα η, ουσ. (ιστ.) ~ *του Παρισιού* = **α.** η δημοτική αρχή της πόλης κατά τη διάρκεια της γαλλικής επανάστασης· **β.** η γαλλική επαναστατική κυβέρνηση από το Μάρτη έως το Μάη του 1871, όταν οι εργάτες επιχείρησαν να αναλάβουν τη διαχείριση χωρίς την επέμβαση του κράτους. [ιταλ. *comuna*].
κομουνίζω, ρ., δέχομαι τις αρχές του κομουνισμού, είμαι οπαδός του κομουνισμού ή συμπαθώ τους κομουνιστές.
κομουνισμός ο, ουσ., πολιτική θεωρία που πρεσβεύει ότι το κράτος πρέπει να έχει στην ιδιοκτησία του και να ελέγχει τα μέσα παραγωγής έτσι ώστε να εξισωθούν όλες οι κοινωνικές τάξεις. [γαλλ. *communisme*].
κομουνιστής ο, θηλ. **-ίστρια,** ουσ., οπαδός του κομουνισμού. [γαλλ. *communiste*].
κομουνιστικός, -ή, -ό, επίθ., που αναφέρεται στον κομουνισμό ή τον κομουνιστή ή πρόσκειται ιδεολογικά στον κομουνισμό: *θεωρία -ή· κόμμα -ό· κράτη -ά.*
κομουνίστρια, βλ. *κομουνιστής.*
κομπάζω, ρ. (έρρ.), καυχιέμαι, παινεύομαι, υπερηφανεύομαι για κάτι.
κομπανία η, ουσ. (έρρ.). **1.** η παρέα κάποιου, το άτομο ή τα άτομα που του κάνουν συντροφιά ή τον ακολουθούν: *έρχονται ο παππούς και η ~ του.* **2.** ομάδα που αποτελείται από καλλιτέχνες (ηθοποιούς ή μουσικούς) και δίνει παραστάσεις. **3.** εταιρεία που προσφέρει αγαθά ή υπηρεσίες με σκοπό την απόκτηση κέρδους. [ιταλ. *compagnia*].
κομπάρσος ο, ουσ. (έρρ.). **1.** βουβό ή βοηθητικό πρόσωπο σε θεατρικό ή κινηματογραφικό έργο. **2.** (μεταφ.) άτομο που διαδραματίζει ασήμαντο ρόλο σε κάποια υπόθεση. [ιταλ. *comparso*].
κομπασμός ο, ουσ. (έρρ.), το να καυχησιολογεί κάποιος για κάτι (συνών. *μεγαλοστομία, έπαρση*).
κομπάσο, βλ. *κουμπάσο.*
κομπαστής ο, ουσ. (έρρ.), αυτός που καυχιέται, που παινεύεται για κάτι (συνών. *καυχησιάρης, παινεψιάρης*).

κομπαστικός, -ή, -ό, επίθ. (έρρ.), που γίνεται με κομπασμό ή φανερώνει κομπασμό.
κομπιάζω, ρ. (έρρ., συνιζ.). **1.** δυσκολεύομαι στην ομιλία, τραυλίζω. **2.** διατυπώνω δύσκολα αυτό που σκέφτομαι, επειδή διστάζω να το πω ή είμαι νευρικός ή συγκινημένος: *-ιασε ν' αποκριθεί, μα τ' αποφάσισε.* **3.** (για δέντρα) βγάζω κόμπους ή μπουμπούκια.
κόμπιασμα το, ουσ. (έρρ., συνιζ.). **1.** δυσκολία στην ομιλία ή στην ανάγνωση, τραύλισμα, βραδυγλωσσία. **2.** διστάγμός ή δυσκολία στην έκφραση από φόβο ή συναισθηματική αναστάτωση.
κομπίνα η, I. ουσ. (έρρ.), έξυπνο σχέδιο, συχνά ανέντιμο, που καταστρώνεται με σκοπό να επιτευχθεί κάτι. [γαλλ. *combine*].
κομπίνα η, II. ουσ. (έρρ.), θεριζοαλωνιστική μηχανή (βλ. *θεριζοαλωνιστικός*). [αγγλ. *combine harvester*].
κομπιναδόρος ο, ουσ. (έρρ.), αυτός που στήνει κομπίνες, απατεώνας.
κομπινεζόν το και η, ουσ. άκλ. (έρρ.), γυναικείο εσώρουχο από λεπτό ύφασμα που φοριέται κάτω από το φόρεμα. [γαλλ. *combinaison*].
κομπιούτερ το, ουσ. άκλ. (έρρ.), ηλεκτρονική μηχανή που γρήγορα κάνει υπολογισμούς και δίνει πληροφορίες (προτιμούμε: *ηλεκτρονικός υπολογιστής*). - Υποκορ. **-άκι** το. [αγγλ. *computer*].
κομπιουτερολόγος ο και η, ουσ., ειδικός ερευνητής για τη λειτουργία των κομπιούτερ.
κόμπλεξ το, ουσ. άκλ. (έρρ.), σύμπλεγμα (βλ. λ.). [αγγλ. *complex*].
κομπλεξικός, -ή, -ό, επίθ. (έρρ.), συμπλεγματικός (βλ. λ.).
κομπλιμεντάρισμα το (έρρ. δις) και **κοπλι-,** ουσ., το να απευθύνει κάποιος φιλοφρονήσεις σε κάποιον άλλον για να του εκφράσει το θαυμασμό ή το σεβασμό του.
κομπλιμεντάρω (έρρ. δις) και **κοπλι-,** ρ., απευθύνω σε κάποιον φιλοφρονήσεις, δείχνοντας το θαυμασμό ή το σεβασμό μου (συνών. *κολακεύω*). [ιταλ. *complimentare*].
κομπλιμέντο το (έρρ. δις) και **κοπλι-,** ουσ., κολακευτικά ή επαινετικά λόγια που απευθύνονται σε κάποιον για να του εκφράσουν θαυμασμό ή σεβασμό (συνών. *φιλοφρόνηση*). [ιταλ. *complimento*].
κομπλιμεντόζος, -α, -ο (έρρ. δις) και **κοπλι-,** επίθ., που συνηθίζει να κάνει κομπλιμέντα στους άλλους. [ιταλ. *complimentoso*].
κομπογιαννίτης ο (έρρ.), θηλ. **-ίτισσα,** ουσ. **1.** γιατρός εμπειρικός ή που δεν έχει (αρκετή) επιστημονική κατάρτιση, ψευτογιατρός. **2.** αυτός που εξαπατά τους άλλους υποστηρίζοντας πως τάχα κατέχει γνώσεις, απατεώνας, αγύρτης (συνών. *τσαρλατάνος*). [*κομπώνω* = εξαπατώ + *γιαίνω* ή *κόμπος* = κομπόδεμα + *Γιαννίτης* = Γιαννιώτης.]
κομπογιαννίτικος, -η, -ο, επίθ. (έρρ.), που αρμόζει σε κομπογιαννίτη, αγύρτικος: *κόλπα -α.* - Επίρρ. **-α.**
κομπογιαννιτισμός ο, ουσ. (έρρ.), μέθοδος που χρησιμοποιεί ο κομπογιαννίτης, αγυρτεία.
κομπογιαννίτισσα, βλ. *κομπογιαννίτης.*
κομπόδεμα το, ουσ. (έρρ.). **1.** κόμπος στην άκρη μαντηλιού που περιέχει χρήματα και τα χρήματα που περιέχονται σ' αυτόν: *έβγαλε απ' το ζωνάρι του ένα ~.* **2.** (συνεκδοχικά) αποταμιευμένα χρήματα, οικονομίες κάποιου: *έχει γερό ~* (= είναι πλούσιος) (συνών. *κεμέρι*).

κομποδένω, ρ. (έρρ.). **1.** δένω κάτι σε κόμπο. **2.** (μεταφ.) δέχομαι κάτι ως αληθινό και βέβαιο και το πιστεύω: *άκουγαν τούτα τα λόγια και τα -ένανε.* **3.** δένω το στημόνι του αργαλειού στο αντί (βλ. λ.).

κομπόδεση η, ουσ. (έρρ.), δέσιμο του στημονιού του αργαλειού στο αντί (βλ. λ.).

κομπολόι και **-γι** το, ουσ. (έρρ.). **1.** σειρά από χάντρες (μεταλλικές, κοκάλινες, κ.ά.) περασμένες σε νήμα που τα άκρα του είναι δεμένα με κόμπο έτσι ώστε αυτός που το κρατά να μετακινεί με τα δάχτυλα του τις χάντρες και ταυτόχρονα να ακούει τον χαρακτηριστικό ήχο όταν κτυπούν η μία στην άλλη: *παίζω ~.* **2.** σειρά από όμοια αλλεπάλληλα πράγματα ή γεγονότα (συνών. *αλυσίδα*). - Υποκορ. **-γάκι** το. [μεσν. *κομβολόγιον<κόμβος + -λόγιον*].

κομπορρημονώ, ρ. (έρρ.), περιαυτολογώ, αυτοεπαινούμαι (συνών. *κομπάζω*).

κομπορρημοσύνη η, ουσ. (έρρ.), καυχησιολογία, περιαυτολογία (συνών. *κομπασμός*).

κόμπος ο, ουσ. (έρρ.). **1.** το σφαιρικό εξόγκωμα που σχηματίζεται πάνω σε νήμα, σπάγκο, λωρίδα υφάσματος ή άλλο υλικό όταν περάσει κάποιος την άκρη του μέσα από θηλειά που κάνει από το ίδιο το νήμα και την τραβήξει εωσότου δεθεί σφιχτά: *δένω -ο τις άκρες δυο σκοινιών για να μη λυθούν· κάνω -ο στην άκρη της κλωστής.* **2.** ό,τι μοιάζει με κόμπο: *πιάνω ένα -ο πίσω από το αφτί μου* (= εξόγκωμα). **3.** τυχαίο μπλέξιμο νημάτων, μαλλιών που δε λύνεται εύκολα. **4.** καθεμιά από τις αρθρώσεις των δακτύλων του χεριού. **5.** άρθρωση της καλαμιάς των σταχιών ή των κλαδιών φυτού. **6.** σταγόνα υγρού: *ένα -ο λάδι· τα δάκρυα -ο -ο στάζανε.* **7.** (μεταφ.) δυσκολία στην αναπνοή, κατάποση, ομιλία που προκαλείται από συναισθηματικούς λόγους: *ένας ~ ανέβηκε στο λαιμό του* (Ι.Μ. Παναγιωτόπουλος). Φρ. *δέσε -ο στο μαντήλι* (υπόμνηση σε κάποιον για να μην ξεχάσει κάτι)· *δένω -ο* (= δέχομαι κάτι ως αληθινό και βέβαιο και το πιστεύω) *έφτασε ο ~ στο χτένι* (όταν η κατάσταση φτάνει στο απροχώρητο, σε αδιέξοδο). - Βλ. και *κόμβος*.

κομποσκοίνι και **-σχοίνι** το, ουσ. (έρρ.), όργανο προσευχής από σκοινί ή μαλλί δεμένο σε κύκλο με κόμπους που οι μοναχοί τους αφήνουν να γλιστρούν ανάμεσα στα δάχτυλά τους καθώς απαγγέλλουν τις προσευχές τους.

κομπόστα η, ουσ. (έρρ.), γλύκισμα φτιαγμένο από φρούτα ή αφυδατωμένους καρπούς που βράζονται σε αραιωμένο διάλυμα ζάχαρης. [ιταλ. *composta*].

κομποσχοίνι, βλ. *κομποσκοίνι*.

κόμπρα η, ουσ. (όχι έρρ.), δηλητηριώδες φίδι της Ασίας και της Αφρικής που φτάνει τα τέσσερα μέτρα. [πορτογαλικό *cobra<λατιν. *colubra*].

κομπρέσα η, ουσ. (έρρ., προφ. και *κομ-πρέσα*), κομμάτι γάζας ή πανιού στεγνό ή βρεμένο που τοποθετείται πάνω στο δέρμα σε διάφορα σημεία του σώματος για να ελαττώσει τον πυρετό ή να καταπραϋνει τον πόνο: *~ ζεστή/κρύα.* [γαλλ. *compresse*].

κομπρεσέρ το, ουσ. άκλ. (έρρ.), (τεχνολ.) **α** μηχρότημα από αεροσυμπιεστή (βλ. λ.), θάλαμο για συγκέντρωση πεπιεσμένου αέρα, σωλήνες διανομής του αέρα υπό πίεση και πιστόλια, με τα οποία συντρίβεται το σκληρό έδαφος που προορίζεται για εκσκαφή. **β.** (συνεκδοχικά) το παραπάνω πιστόλι: *ο θόρυβος του ~ μας τρυπούσε τ' αφτιά.* [γαλλ. *compresseur*].

κομφετί το, ουσ. άκλ., μικρά στρογγυλά κομμάτια από χρωματιστό χαρτί που πετούν οι άνθρωποι ο ένας στον άλλον τις αποκριές (συνών. *χαρτοπόλεμος*). [γαλλ. *confetti,* ιταλ. προέλευσης].

κομφόρ το, ουσ. άκλ., (συνήθως στον πληθ.) υλικές ευκολίες εξαιτίας των τεχνικών μέσων που έχει κανείς στη διάθεσή του (συνών. *ανέσεις, ευκολίες*). [γαλλ. *confort*].

κομφορμισμός ο, ουσ., (μειωτ.) προσαρμογή στον τύπο συμπεριφοράς που συνηθίζουν οι πολλοί και απομάκρυνση από κάθε πρωτοτυπία: *υποκρισία και ~* (αντ. *αντικομφορμισμός*). [γαλλ. *conformisme*].

κομφορμιστής ο, θηλ. **-ίστρια,** ουσ., αυτός που ακολουθεί στη συμπεριφορά του τον κομφορμισμό (αντ. *αντικομφορμιστής*). [γαλλ. *conformiste*].

κομφουκιανισμός ο, ουσ. (ασυνίζ.), σύστημα φιλοσοφίας και ηθικής που δίδαξε ο Κομφούκιος.

κομψά, βλ. *κομψός*.

κομψευόμενος, -η, μτχ. επίθ., που προσπαθεί να είναι ή να φαίνεται κομψός, που ντύνεται με επιτηδευμένη κομψότητα (συνών. *δανδής*).

κομψοέπεια η, ουσ., κομψότητα, γλαφυρότητα του λόγου (συνών. *καλλιέπεια*).

κομψοεπής, -ής, -ές, γεν. **-ούς,** πληθ. αρσ. και θηλ. **είς,** ουδ **-ή,** επίθ. (σπάνιο), που γράφει ή μιλά κομψά (συνών. *καλλιεπής*).

κομψοντυμένος, -η, -ο, μτχ. επίθ., που είναι ντυμένος κομψά: *είναι πάντα -η· ~ κύριος.*

κομψός, -ή, -ό, επίθ. **1.** (για πρόσωπο) που είναι ντυμένος καλαίσθητα, που δείχνει καλλίγραμμος και χαριτωμένος: *γυναίκα -ή* (συνών. *κομψοντυμένος·* αντ. *άκομψος*). **2.** (συνεκδοχικά) καλλίγραμμος: *πόδια -ά· σιλουέτα -ή.* **3.** (για ρούχο) που είναι προσεγμένο ώστε να προσδίδει κομψότητα: *φόρεμα -ό.* **4.** που έχει ή δείχνει χάρη και απλότητα: *συμπεριφορά -ή· χειρονομίες -ές* (συνών. *χαριτωμένος*). **5.** που δείχνει καλαισθησία· ειδικά για οίκημα) που είναι φτιαγμένο ή διακοσμημένο με ωραίο γούστο: *διαμέρισμα -ό.* **6.** (για το γραπτό λόγο) που έχει γλαφυρότητα: *διατύπωση -ή.* - Επίρρ. **-ά.**

κομψοτέχνημα το, ουσ., μικρό και κομψό έργο τέχνης ή κάθε αντικείμενο κατασκευασμένο με λεπτότητα και καλαισθησία.

κομψοτέχνης ο, ουσ., κατασκευαστής κομψοτεχνημάτων.

κομψοτεχνία η, ουσ., τέχνη της κατασκευής κομψοτεχνημάτων.

κομψότητα η, ουσ. **1.** καλαίσθητος τρόπος ντυσίματος, καλλίγραμμη και χαριτωμένη εμφάνιση: *η αριστοκρατική ~ της τους εντυπωσίασε.* **2.** το να έχει κάτι ή να δείχνει χάρη και απλότητα: *~ τρόπων/κινήσεων.* **3.** (για το γραπτό λόγο) γλαφυρότητα: *~ ύφους.*

κονάκι το, ουσ. **1.** (λαϊκ.) κατοικία, κατάλυμα. **2.** χώρος (διαμέρισμα, κτήριο, κ.τ.ό., που περιλαμβάνει εκκλησία και ξενώνα) σε πόλη που ανήκει σε μοναστήρι και όπου μένει ο αντιπρόσωπος του μοναστηριού και όσοι μοναχοί επισκέπτονται την πόλη: *τα -ια των μοναστηριών του Αγ. Όρους στη Θεσσαλονίκη· η μονή Κουτλουμουσίου δεν έχει ~ στις Καρυές, γιατί δεν απέχει*

Κογκολέζος

πολύ. **3.** παλαιότερα (σε τσιφλίκι) η κατοικία του ιδιοκτήτη. [τουρκ. *konak*].
Κογκολέζος, βλ. *Κογκολέζος*.
κόνδορας ο, ουσ. (ζωολ.) αρπακτικό πτηνό της νότιας Αμερικής μεγάλου μεγέθους, μαύρο με λευκά φτερά, με γυμνό λαιμό και κεφάλι: *-ες των Άνδεων*. [γαλλ. *condor*<λ. ισπαν.].
κονδύλιο το, ουσ. (ασυνίζ.), (οικον.) ποσόν που αναγράφεται σε έναν προϋπολογισμό για ορισμένη δαπάνη ή έσοδο: *ανισοκατανομή/καταχώριση -ίων*· ~ *μυστικό· ψηφίζω* ~.
κόνδυλος ο, ουσ. **1.** (ανατομ.) προεξοχή οστού, η οποία αποτελεί μέρος άρθρωσης και με το κυλινδρικό σχήμα της περιορίζει εν μέρει τις κινήσεις του οστού: *-οι ινιακοί/μηριαίου οστού*. **2.** (βοτ.) σαρκώδες διόγκωμα ρίζας ή ριζώματος και των διακλαδώσεών του: *η πατάτα είναι* ~ *εδώδιμος· -οι του κυκλάμινου*.
κονδυλοφόρος, -α, -ο, επίθ. (βοτ., για φυτά) που φέρει κονδύλους, που έχει ρίζα κονδυλώδη.
κονδυλοφόρος ο, ουσ. (παλαιότερα) στέλεχος γραφίδας στο άκρο του οποίου προσαρμόζεται η πένα: ~ *ξύλινος/κοκάλινος*.
κονδυλώδης, -ης, -ες, γεν. *-ους*, πληθ. αρσ. και θηλ. *-εις*, ουδ. *-η*, επίθ. **1.** που μοιάζει με κόνδυλο· διογκωμένος. **2.** (για φυτό) που φέρει κονδύλους συνήθως στο ρίζωμα (συνών. *κονδυλοφόρος*).
κονδύλωμα το, ουσ. **1.** (ιατρ.) α. μορφή καλοήθους όγκου των επιθηλίων· **β.** (στον πληθ.) επώδυνη και μεταδοτική αφροδίσια πάθηση που χαρακτηρίζεται από σαρκώδεις εκβλαστήσεις στα γεννητικά όργανα ή τον πρωκτό. **2.** (βοτ.) σκλήρωμα στον κορμό ή τα κλαδιά φυτού (συνών. *ρόζος*).
κόνεμα το, ουσ. (παλαιότερο, λαϊκ.), προσωρινή παραμονή για διανυκτέρευση ή ανάπαυση.
κονεύω, ρ. (παλαιότερο, λαϊκ.), καταλύω προσωρινά για διανυκτέρευση ή ανάπαυση: *να βρούμε ένα τόπο για να -έψουμε* (Κόντογλου). [τουρκ. *konmak + -εύω*].
κονία η, ουσ. (λόγ.). **1.** το πρώτο από λάσπη επίχρισμα οικοδομής. **2.** συνδετική ουσία των κονιαμάτων όπως ο ασβέστης, το τσιμέντο, κ.τ.ό. **3.** επίχρισμα από κονίαμα για τους τοίχους, σοβάς.
κονιάκ το, ουσ. άκλ. (συνιζ.). **1.** δυνατό οινοπνευματώδες ποτό από απόσταγμα κρασιού, που παρασκευάζεται στο Κονιάκ της Γαλλίας: ~ *γνήσιο/εύγεστο*. **2.** (συνεκδοχικά) κάθε ποτό παρασκευασμένο με τον ίδιο τρόπο σε άλλες περιοχές ή χώρες: ~ *επτά αστέρων*. [γαλλ. *cognac*].
κονιακοποιία η, ουσ. (συνιζ.). **1.** η τέχνη της παρασκευής κονιάκ. **2.** βιομηχανία παρασκευής κονιάκ.
κονιακοποιός ο, ουσ. (συνιζ.), αυτός που παρασκευάζει κονιάκ.
κονίαμα το, ουσ. **1.** πολτώδες μίγμα από νερό, άμμο, ασβέστη και τσιμέντο ή μάρμαρο, που υπόκειται σε λίθωση και χρησιμοποιείται ως επίχρισμα τοίχων ή ως συνδετική ουσία στο χτίσιμό τους (συνών. *σοβάς*). **2.** (συνεκδοχικά) επίχριση τοίχων με κονίαμα.
κόνιδα η, ουσ. (συνηθέστερα στον πληθ.) αβγά των ψειρών (ή και ψύλλων ή κοριών): *κεφάλι/σκυλί γεμάτο -ες· το ξίδι βοηθά να ξεκολλήσουν οι -ες από τα μαλλιά*. [μτγν. *κονίς*].
κονιδιάζω, ρ. (συνιζ.), γεμίζω κόνιδα.
κονικλοτροφείο το, ουσ. (λόγ.), χώρος με εγκαταστάσεις για την εκτροφή κουνελιών.

κονικλοτροφία η, ουσ. (λόγ.), εκτροφή κουνελιών.
κονικλοτρόφος ο, ουσ. (λόγ.), αυτός που εκτρέφει κουνέλια.
κονιοποίηση η, ουσ. (ασυνίζ., λόγ.), μετατροπή στερεού σώματος σε σκόνη (με άλεση, σύνθλιψη, κοπάνισμα, κλπ.): ~ *ζάχαρης/μαρμάρου/καφέ*.
κονιοποιώ, ρ. (ασυνίζ. δις, λόγ.), μεταβάλλω στερεό σώμα σε σκόνη.
κονιορτοποίηση η, ουσ. (ασυνίζ., λόγ.). **1.** μετατροπή ενός στερεού σώματος σε κονιορτό (συνών. *κονιοποίηση*). **2.** (μεταφ). ξαφνική ή βίαιη εξαφάνιση, εξανέμιση, κατάρρευση· πλήρης καταστροφή.
κονιορτοποιώ, ρ. (ασυνίζ. δις, λόγ.). **1.** μεταβάλλω στερεό σώμα σε κονιορτό, σκόνη: *χώμα -ημένο* (συνών. *κονιοποιώ*). **2α.** (μεταφ.) εξαφανίζω ξαφνικά ή βίαια, εξανεμίζω, καταστρέφω εντελώς· **β.** (μέσ.) καταρρέω. **3.** (μεταφ.) εκμηδενίζω, διαλύω: *ο ραγδαίος ρυθμός της ζωής -εί τον άνθρωπο* (Ι.Μ. Παναγιωτόπουλος).
κονιορτός ο, ουσ. (ασυνίζ., λόγ.). **1.** κονιοποιημένο ξερό χώμα, σκόνη (του δρόμου)· σύννεφο σκόνης, (λαϊκ.) κουρνιαχτός. **2.** (μεταφ.) λεπτότατα μόρια στερεής ύλης στην ατμόσφαιρα: ~ *ανόργανος/άμορφος· νέφος βιομηχανικού -ού*. **3.** (μεταφ.) απειρία, πλήθος μικροσκοπικών πραγμάτων: ~ *μικρών κομμάτων στις εκλογές*.
κονίστρα η, ουσ. **1.** (αρχαιολ.) χώρος σκεπασμένος από άμμο που χρησίμευε ως πεδίο πάλης (συνών. *παλαίστρα, στίβος*). **2.** (μεταφ.) πεδίο, τομέας δράσης: ~ *της πολιτικής/της δικηγορίας* (συνών. *στίβος*).
Κονιτσιώτης ο, θηλ. **-ισσα**, ουσ. (συνιζ.), αυτός που κατοικεί στην Κόνιτσα ή κατάγεται από εκεί.
κονιτσιώτικος, -η, -ο, επίθ. (συνιζ.), που ανήκει ή αναφέρεται στην Κόνιτσα ή τους Κονιτσιώτες.
Κονιτσιώτισσα, βλ. *Κονιτσιώτης*.
κονκάρδα και **κοκάρδα** η, ουσ., μικρό κομμάτι από ύφασμα, πλαστικό ή μέταλλο με κάποιο σχέδιο ή μήνυμα γραμμένο επάνω του, που καρφιτσώνει ή ράβει κανείς στα ρούχα του —συνήθως στο πέτο ή στο στήθος— δηλώνοντας ότι ανήκει σε ομάδα ή οργάνωση ή ότι υποστηρίζει ορισμένο σκοπό ή ότι συμμετέχει σε δραστηριότητα ή εορτασμό, κλπ. (συνών. *σήμα*). [γαλλ. *cocarde*].
κονκλάβιο το, ουσ. (ασυνίζ.). **1.** αίθουσα όπου συνεδριάζουν οι καρδινάλιοι για να εκλέξουν νέο πάπα. **2.** (συνεκδοχικά) συνέλευση, συνέδριο των καρδιναλίων για την εκλογή νέου πάπα. [λατ. *conclavium*].
κονκορδάτο το, ουσ., σύμβαση μεταξύ πάπα και πολιτείας για θρησκευτικά ζητήματα. [λατ. *concordatum*].
κόνξα η, ουσ. (λαϊκ.), (συνηθέστερα στον πληθ.) προσποιητές αρνήσεις, καμώματα, νάζια: *κάνω -ες*.
κονομώ, βλ. *οικονομώ*.
κονσέρβα η, ουσ. **1.** τρόφιμο διατηρημένο σε καλή κατάσταση μέσα σε μεταλλικό ή γυάλινο δοχείο κλεισμένο ερμητικά για να μην είναι ~ *γάλακτος/λαχανικών·* ~ *αλλοιωμένη*. **2.** (συνεκδοχικά) κουτί, δοχείο κονσέρβας. [ιταλ. *conserva*, γαλλ. *conserve*].
κονσερβοποιείο το, ουσ., εργοστάσιο όπου παρασκευάζονται κονσέρβες.
κονσερβοποίηση η, ουσ., διατήρηση τροφίμων σε κονσέρβες (βλ. λ.): ~ *χυμών/έτοιμων φαγητών*.

κονσερβοποιία η, ουσ. 1. η τέχνη της κονσερβοποίησης. 2. βιομηχανία κονσερβών.

κονσερβοποιός ο, ουσ. 1. αυτός που κατασκευάζει κονσέρβες. 2. ιδιοκτήτης κονσερβοποιείου.

κονσερβοποιώ, -είς, ρ., διατηρώ τρόφιμα σε κονσέρβες.

κονσέρτο, βλ. *κοντσέρτο*.

κονσόλα η, ουσ. 1. (αρχιτ.) διακοσμητική προεξοχή τοίχου που χρησιμεύει ως στήριγμα εξώστη, αγάλματος ή άλλων διακοσμητικών αντικειμένων. 2. (συνεκδοχικά) είδος πολυτελούς ημιτραπεζίου που στηρίζεται με τη μία πλευρά του σε τοίχο και τοποθετείται συνήθως σε αίθουσες υποδοχής: ~ *με καθρέφτη*. 3. (τεχνολ.) ειδικός πίνακας με διακόπτες και κουμπιά από όπου γίνεται ο χειρισμός και η ρύθμιση μηχανημάτων: ~ *ήχου σε ραδιοφωνία*. [γαλλ. *console*].

κονσόρτσιουμ το, ουσ. άκλ., συνεταιρισμός, οικονομική συνεργασία τραπεζών ή επιχειρήσεων με σκοπό να αποφύγουν το συναγωνισμό και να επιτύχουν καλύτερους όρους στην αγορά. [λατ. *consortium*].

κονσούλτο το, ουσ. (παλαιότερα) ιατρικό συμβούλιο, ιατροσυμβούλιο. [ιταλ. *consulto*].

κοντά, επίρρ. (έρρ.). 1α. (τοπ.) σε μικρή απόσταση από κάποιον ή κάτι: *το καφενείο είναι* ~· *κάθεται πολύ* ~· *χωριά* ~ *στη Θεσσαλονίκη· δε βλέπει* ~ (= σε κοντινές αποστάσεις)· *έλα πιο* ~ (= πλησίασε)· *είναι πιο* ~ *από δω* (= πιο σύντομα)· (επιτ.) ~ (= σε ελάχιστη απόσταση, πολύ κοντά ή πυκνά): *σπίτια χτισμένα* ~ ~· έκφρ. ~ *στο νου κι η γνώση*, βλ. *γνώση* (συνών. *σιμά*· αντ. *μακριά*)· β. δίπλα σε κάποιον ή κάτι: *κάθισε* ~ *μου*. 2. μεταφ. για να δηλωθεί εγγύτητα σε μια κατάσταση: *έφτασε* ~ *στην αλήθεια/καταστροφή/στο στόχο*. 3. στο περιβάλλον κάποιου, σε συναναστροφή, συμβίωση ή συνεργασία με κάποιον, μαζί με κάποιον: *πέρασα ωραία* ~ *σας! μαθήτευσε* ~ *στον τάδε καλλιτέχνη· τον έχει* ~ *του από μικρό παιδί· ήταν άρρωστος και έμεινα* ~ *του*. 4. για να δηλωθεί στενή σχέση, φιλία, κ.τ.ό.: *ήρθαμε πιο* ~ *ο ένας στον άλλο μετά το τελευταίο ταξίδι· με την καλοσύνη της τους τραβούσε όλους* ~ *της*. 5. χρον. α. σε μικρό χρονικό διάστημα: *γεγονότα το ένα* ~ *στο άλλο*· έκφρ. *τώρα* ~ (= πριν από λίγο)· β. με αιτ. ονομάτων που έχουν χρονική σημασ. για να δηλωθεί χρόνος κατά προσέγγιση: ~ *στα ξημερώματα/μεσάνυχτα*· γ. (με βουλητικη πρότ.) κοντεύω, -ει νά...: *είμαι* ~ *να φύγω*. 6. επιπλέον, ακόμη, επίσης (συνήθως στην έκφρ. ~ *στα άλλα*): ~ *στα άλλα είναι και πολύ φλύαρος*. 7. (με αιτ. ονομάτων που δηλώνουν εν γένει ποσόν ή ποσότητα) περίπου, σχεδόν: *έχασε* ~ *εκατό χιλιάδες δρχ.· είναι* ~ *μια ώρα που έφυγε*. 8. σε σύγκριση με κάποιον ή κάτι: *η δόξα και τα πλούτη δεν είναι τίποτε* ~ *στην υγεία· ~ σ' εμένα αυτός δεν πιάνει χαρτωσιά* (συνών. *μπροστά*).

κονταίνω, ρ. αόρ. *κόντυνα* (έρρ.). Α. (αμτβ.) γίνομαι πιο κοντός: *τα περσινά ρούχα του παιδιού -υναν πολύ*. Β. (μτβ.) κάνω κάτι πιο κοντό, ελαττώνω το μήκος του: *-υνα το φόρεμα/τις κουρτίνες* (αντ. *μακραίνω*).

κοντάκι το, ουσ. (έρρ.), (στρατ.) ξύλινο τμήμα φορητών όπλων όπου προσαρμόζεται η κάννη: ~ *μακρύ/ελαφρό· τον σκουντούσε με το* ~.

κοντακιά η, ουσ. (έρρ., συνιζ.), χτύπημα με κοντάκι.

κοντακιανός, -ή, -ό, επίθ. (έρρ., συνιζ.), κοντός στο ανάστημα (συνών. *κοντούλης, κοντούτσικος*).

κοντάκιο το, ουσ. (έρρ., ασυνίζ.), (εκκλ.) σύντομη σειρά ύμνων του όρθρου, που αποτελείται από το προοίμιο και τους οίκους που έχουν κοινό τον τελευταίο στίχο (το εφύμνιο) και περιέχουν σε συντομία το ιστορικό εγκώμιο της εορτής ή του εορταζόμενου αγίου.

κοντανασαίνω, ρ. (έρρ.), λαχανιάζω: *-οντας κατέβηκε το μονοπάτι*.

κοντάρι το, ουσ. (έρρ.). 1. (αρχ.) δόρυ (βλ. λ.). 2. (αθλητ.) μακρύ δόρυ από ειδικό πλαστικό υλικό που χρησιμοποιείται στο αγώνισμα του ακοντισμού, ακόντιο. 3. μακριά ξύλινη ή μεταλλική ράβδος που στο άκρο της προσδένεται ή προσαρμόζεται κάτι: ~ *σημαίας* (συνών. *κεραία, ιστός*). 4. (τοπογρ.) ευθύγραμμο ξύλινο ακόντιο χρωματισμένο εναλλάξ άσπρο και κόκκινο για την επισήμανση σημείων. [μτγν. *κοντάριον*].

κονταριά η, ουσ. (έρρ., συνιζ.), χτύπημα με κοντάρι.

κονταρομαχία η, ουσ. (έρρ.), κονταροχτύπημα.

κονταροχτύπημα το, ουσ. (έρρ.). 1. (μεσν.) αγώνισμα κατά το οποίο δύο έφιπποι, τρέχοντας ο ένας προς τον άλλο, χτυπιούνται, ενώ προσπερνά ο ένας τον άλλο με δόρυ χωρίς αιχμή, συνήθως στον ώμο και χάνει όποιος πέσει (συνών. *κονταρομαχία*). 2. (μεταφ.) δριμεία επίθεση με λόγια προσβλητικά ή ελεγκτικά: *-ήματα μεταξύ πολιτικών αντιπάλων*.

κονταροχτυπιέμαι, ρ. (έρρ.), παίρνω μέρος σε κονταροχτύπημα.

κονταυγή η, ουσ. (έρρ.), το χρονικό διάστημα λίγο πριν ξημερώσει (συνών. *όρθρος, χαραυγή*· αντ. *κοντοβασίλεμα*).

κόντεμα και **κόντημα** το, ουσ. (λαϊκ.), ελάττωση του μάκρους ή του ύψους: ~ *φούστας/ξύλου* (αντ. *μάκρεμα*).

κόντες και **κόντης** ο, θηλ. **κοντέσα** και **-εσίνα** (έρρ.), (τίτλος ευγενείας) κόμης. [ιταλ. *conte*].

κοντεύω, ρ., αόρ. *κόντεψα* (έρρ.). 1. είμαι κοντά, πλησιάζω: *-ει τα εβδομήντα· -ουν Χριστούγεννα* (συνών. *ζυγώνω*· αντ. *απομακρύνομαι*). 2. (σε γ' πρόσ. με το *να*) κινδυνεύει να..., λίγο θέλει να...: *-εψε να σκοτωθεί· -ει να ξημερώσει*.

κόντημα, βλ. *κόντεμα*.

κόντης, βλ. *κόντες*.

κοντινός, -ή, -ό, επίθ. (έρρ.). 1. που βρίσκεται σε μικρή απόσταση από κάτι άλλο: *χωριό -ό* (συνών. *γειτονικός*· αντ. *μακρινός*). 2. σύντομος: *ταξίδι -ό* (αντ. *μακρινός*). 3. (για συγγένεια) «στενός» (αντ. *μακρινός*). 4. πρόσφατος: *παρελθόν -ό* (αντ. *μακρινός*).

κοντο-, α' συνθετικό πολλών λέξεων που δηλώνει «κοντά» ή «κοντός»: *κοντοζυγώνω, κοντομάνικος*.

κοντοβασίλεμα το, ουσ. (λαϊκ.), η ώρα που πλησιάζει να δύσει ο ήλιος (αντ. *κονταυγή*).

κοντοβασιλεύω, ρ. (έρρ., λαϊκ.), κοντεύω να βασιλέψω, γέρνω προς τη δύση (αντ. *γλυκοχαράζω*).

κοντόβραδο το, ουσ. (έρρ.), η ώρα που πλησιάζει να δύσει ο ήλιος (συνών. *σούρουπο, μούχρωμα*· αντ. *χαραυγή*).

κοντοβράκι το, ουσ. (έρρ.), κοντό εξωτερικό βρακί που έφτανε ως το γόνατο και το φορούσαν οι χωρικοί.

κοντόγεμος

κοντόγεμος, -η, -ο, επίθ. (έρρ.), κοντούτσικος και χοντρός.
κοντογούνι το, ουσ. (έρρ.), (παλαιότερο) κοντό γυναικείο παλτό από προβιά ή γούνα: *το ~ της γιαγιάς.*
κοντοζυγώνω, ρ. (έρρ., λαϊκ.), πλησιάζω, έρχομαι κοντά: *-ουν στο λιμάνι* (συνών. *προσεγγίζω·* αντ. *απομακρύνομαι*).
κοντόθωρος, -η, -ο, επίθ. (έρρ., λαϊκ.). 1. που έχει ελαττωμένη όραση, μύωπας. 2. (μεταφ.) που έχει περιορισμένη αντίληψη και κρίση (συνών. *κοντόφθαλμος*).
κοντόκαννος, -η, -ο, επίθ., που έχει κοντή κάννη: *-η καραμπίνα.*
κοντολαίμης, -α, -ικο, επίθ. (έρρ.), που έχει κοντό λαιμό (αντ. *μακρυλαίμης*).
κοντολογίς, επίρρ. (έρρ.), με λίγα λόγια: *~ δεν ήξερα τι να κάνω· θα σου εξηγήσω ~ τι συνέβη* (συνών. *σύντομα*).
κοντομάνικος, -η, -ο, επίθ. (έρρ.), που έχει κοντά μανίκια: *πουκάμισο -ο* (αντ. *μακρυμάνικος*).
κοντόμερος, -η, -ο, επίθ. (έρρ., λαϊκ.), που του μένουν λίγες μέρες να ζήσει.
κοντόμυαλος, -η, -ο, επίθ. (έρρ.), που έχει περιορισμένη διανοητική ικανότητα.
κοντόπαχος, -η, -ο, επίθ. (έρρ., λαϊκ.), που είναι κοντός και παχύς (συνών. *κοντόχοντρος·* αντ. *ψηλόλιγνος*).
κοντοπίθαρος, -η, -ο, επίθ. (έρρ., λαϊκ.), που είναι κοντός και παχύς (σαν πιθάρι).
κοντόρασο το, ουσ. (έρρ.), ιερατικό ένδυμα που φοριέται πάνω από το αντερί (βλ. λ.) και κάτω από το ράσο και φτάνει λίγο κάτω από τα γόνατα.
κοντός, -ή, -ό, επίθ. (έρρ.), συγκρ. **-ότερος** και **-ύτερος.** 1. που έχει περιορισμένο μήκος ή ύψος: *σκοινί/παντελόνι -ό· γυναίκα/φούστα -ή· το ψέμα έχει -ά πόδια* (παροιμ. *φρ.*) (αντ. *ψηλός, μακρύς*). 2. που φαίνεται πως διαρκεί λίγο, σύντομος: εκφρ. *Κυριακή, -ή γιορτή· ~ ψαλμός αλληλούια* (= δε θα υπάρξει καθυστέρηση)· φρ. *λέει ο ένας το -ό του και ο άλλος το μακρύ του* (= γι᾽ αυτούς που κάπως αυθαίρετα εκφέρουν γνώμες διαφορετικές).
κοντός ο, ουσ. (έρρ.). 1. κοντάρι: *~ της σημαίας* (συνών. *ιστός*). 2. φορητό γυμναστικό όργανο που αποτελείται από μακρύ κυλινδρικό κοντάρι: *άλμα επί κοντώ.*
κοντοσιμώνω, ρ. (έρρ., λαϊκ.), έρχομαι κοντά (συνών. *κοντοζυγώνω*).
κοντόσταβλος ο, ουσ. (έρρ.), (βυζ.) ανώτατος αξιωματούχος. [βενετ. *contestabile*].
κοντοστέκω και **-ομαι,** ρ. (έρρ., λαϊκ.). 1. στέκομαι για λίγο, σταματώ σχεδόν το περπάτημα: *-στάθηκε ν᾽ ακούσει.* 2. (μεταφ.) διστάζω (να απαντήσω): *-στάθηκε λίγο κι ύστερα μίλησε.*
κοντοστούπης, -α, -ικο, επίθ. (έρρ.), που έχει κοντό ανάστημα (συνών. *βραχύσωμος, κοντός*).
κοντόσωμος, -η, -ο, επίθ. (έρρ.), κοντός (συνών. *βραχύσωμος*).
κοντότερος, βλ. *κοντός.*
κοντοτιέρος ο, ουσ. (έρρ., συνίζ.) (ιστ.) αρχηγός ατάκτων ή μισθοφόρων στην Ιταλία κατά το μεσαίωνα και την Αναγέννηση. [ιταλ. *condottiere*].
κοντούλης, -α, -ικο, επίθ. (έρρ.), που είναι κάπως κοντός: *-α γυναίκα* (συνών. *κοντούτσικος*). - Το

740

θηλ. ως ουσ. = ποικιλία αχλαδιού με κοντό και χοντρό μίσχο.
κοντούτσικος, -η, -ο, επίθ. (έρρ.), κοντούλης (βλ. λ.).
κοντόφαρδος, -η, -ο, επίθ. (έρρ., λαϊκ.), κοντός και φαρδύς.
κοντόφθαλμος, -η, -ο, επίθ. (έρρ., λαϊκ.). 1. που έχει ελαττωμένη όραση, μύωπας· (μεταφ.): *ηθική -η.* 2. (μεταφ.) που έχει περιορισμένη αντίληψη και κρίση (συνών. *κοντόθωρος*).
κοντόχοντρος, -η, -ο, επιθ. (έρρ. δις), κοντός και χοντρός: *γυναίκα -η.*
κοντοχωριανός, -ή, -ό, επίθ. (έρρ., συνιζ.), που είναι από γειτονικό χωριό.
κόντρα, επίρρ. (έρρ.), αντίθετα, εναντίον: *~ στον άνεμο/στην απεργία· ξυρίζομαι ~* (= από κάτω προς τα πάνω)· επιτ.: *χρειάστηκαν ενέσεις και ~ ενέσεις για τον άρρωστο·* φρ. *κρατώ ~* (= εφαρμόζω αντίθετη δύναμη)· *πηγαίνω ~* (με γεν.) = εναντιώνομαι: *μην του πηγαίνεις ~ του πατέρα σου.* [ιταλ. *contra*].
κόντρα η, ουσ. (έρρ.). 1. αγώνας ταχύτητας: *κάνουν -ες με τις μηχανές τους.* 2. είδος φρένου σε ποδήλατο που αντικαθιστά το χειρόφρενο και λειτουργεί πατώντας το πετάλι ανάποδα: *πάτησε την ~ για να μην πέσει.*
κοντράλτα, ουσ. (προφ. *ν-τ*), (μουσ.) η αοιδός που έχει φωνή κοντράλτο (βλ. λ.): *~ μεσόφωνη.*
κοντράλτο (προφ. *ν-τ*), (μουσ.) η πιο βαθιά γυναικεία φωνή. [ιταλ. *contralto*].
κοντραμπάντο το, ουσ. (έρρ., όχι έρρ., έρρ.). 1. λαθρεμπόριο. 2. (συνεκδοχικά) λαθραίο εμπόρευμα: *ξεφόρτωναν το ~.* [ιταλ. *contrabbando*].
κοντραμπασίστας, ο, ουσ. (προφ. *ν-τ*, όχι έρρ.), μουσικός που παίζει κοντραμπάσο.
κοντραμπάσο το, ουσ. (προφ. *ν-τ*, όχι έρρ.), έγχορδο μουσικό όργανο, το βαθύτερο της οικογένειας των βιολιών. [ιταλ. *contrabbasso*].
κοντραμπατζής, ο, ουσ. (έρρ., όχι έρρ.), λαθρέμπορος.
κοντραπλακέ το, ουσ. άκλ. (έρρ.), ξύλο σε λεπτό πάχος που προέρχεται από κόλληση εξαιρετικά λεπτών φύλλων ξύλου, με κατεύθυνση κάθετη προς τις ίνες των λεπτών φύλλων. [γαλλ. *contreplaqué*].
κοντραπούντο το, ουσ. (προφ. *ν-τ*, δις), (εκκλ. μουσ.) αντίστιξη (βλ. λ.). [ιταλ. *contrappunto*].
κοντραστάρω, ρ. (έρρ.), εναντιώνομαι. [ιταλ. *contrastare*].
κοντραφλόκος ο, ουσ. (έρρ.), ο απάνω φλόκος (βλ. λ.).
κοντσεδάκι, βλ. *κοντσές.*
κοντσέρτο και **κονσέρτο** το, ουσ. 1. συναυλία. 2. είδος μουσικής σύνθεσης γραμμένης για ένα ή περισσότερα όργανα και ορχήστρα. [ιταλ. *concerto*].
κοντσές και **γοντσές** και **-τζές** ο, ουσ. (λαϊκ.), μπουμπούκι. - Υποκορ. **-εδάκι** το. [τουρκ. *gonce*].
κοντσίνα η, ουσ., είδος παιχνιδιού της τράπουλας. [βενετ. *concina*].
κοντυλένιος, -α, -ο, επίθ. (έρρ., συνιζ.), λεπτός και ευθυτενής: *κορμί -ο· μέση -α· πόδι -ο.*
κοντύλι το, ουσ. (παλαιότερα). 1. όργανο γραφής, γραφίδα από σχιστόλιθο με την οποία οι μικροί μαθητές έγραφαν στις πλάκες τους (συνών. *πετροκόντυλο*). 2. (μεταφ.) το συγγραφικό τάλαντο λογοτέχνη. [αρχ. *κόνδυλος*].

κοντυλογραμμένος, -η, -ο, επίθ. (έρρ.), που διαγράφεται με λεπτότητα, καλοφτιαγμένος: *φρύδια -α.*
κοντυλομάχαιρο το, ουσ. (έρρ.), (παλαιότερα) μαχαιράκι για το ξύσιμο κοντυλιού.
κοντύτερος, βλ. *κοντός.*
κονφετί, βλ. *κομφετί.*
κονφορμισμός, κονφιρμιστής, κονφιρμίστρια, βλ. *κομφορμισμός, κομφορμιστής, κομφορμίστρια.*
κοπάδι το, ουσ. 1. (για ζώα) μεγάλος αριθμός ζώων ενός είδους που ζουν μαζί: ~ *γίδια* (συνών. *αγέλη*). 2. (για ανθρώπους) ασύντακτο πλήθος: *έτσι -α όπως ήταν τους έσφαζαν εύκολα οι εχθροί* (συνών. *μπουλούκι, συρφετός*).
κοπαδιαστός, -ή, -ό, επίθ. (συνιζ.), που αποτελεί κοπάδι ή ενεργεί σαν κοπάδι (συνών. λόγ. *αγελαίος*). - Επίρρ. **-ά.**
κοπάζω, ρ. 1. (για φυσ. φαινόμενα) ελαττώνομαι, σταματώ: *-ασε ο αέρας* (συνών. *γαληνεύω, καταλαγιάζω*). 2. (για θυμό) ξεθυμαίνω.
κοπάνα η, ουσ. (λαϊκ.), δραπέτευση, διαφυγή· φρ. *την έκανε* ~ (= παράτησε τη δουλειά του, τα καθήκοντά του και έφυγε): *την έκανε* ~ *από το σχολείο σήμερα.*
κοπανάκι, βλ, *κοπανέλι.*
κοπανατζής ο, θηλ. **-τζού** ουσ. (λαϊκ.), αυτός που κάνει κοπάνες: *είναι ο μεγαλύτερος* ~ *της τάξης* (στο σχολείο).
κοπανέλι και **κοπανάκι** το, ουσ., όργανο με το οποίο πλέκονται δαντέλες.
κοπανιά η, ουσ. (συνιζ.), χτύπημα (με τον κόπανο), ξυλιά.
κοπανίζω, ρ. 1. χτυπώ κάτι με τον κόπανο στο γουδί ώστε να λειώσει ή να γίνει σκόνη: ~ *σκόρδα/ πιπέρι.* 2. (παλαιότερο) χτυπώ με τον κόπανο: *-ιζε τα ρούχα στη σκάφη.* Φρ. ~ *αέρα* (= ματαιοπονώ).
κοπάνισμα το, ουσ., τρίψιμο κάποιου πράγματος στο γουδί: ~ *μπαχαρικών.*
κοπανιστός, -ή, -ό, επίθ., χτυπημένος σε γουδί· (για τις ελιές) τσακισμένος· έκφρ. *αέρας* ~ (= τίποτε). - Το θηλ. ως ουσ. = είδος μαλακού τυριού με πιπεράτη γεύση.
κόπανος ο, ουσ. 1. (παλαιότερα) ξύλο για το χτύπημα των ρούχων στην πλύση. 2. όργανο με το οποίο κοπανίζουμε (συνών. *γουδοχέρι*). 3. (λαϊκ., μεταφ.) άνθρωπος περιορισμένης αντίληψης (συνών. *κούτσουρο*).
κοπανώ, -άς, ρ. 1. δέρνω, βαρώ άσχημα: *κάτσε φρόνιμα, γιατί θα σε -ήσω.* 2. αναφέρω κάτι συνεχώς, λέω ξανά και ξανά: *μη μου -άς συνεχώς τα ίδια.* 3. εγκαταλείπω αγανακτισμένος μια προσπάθεια: *δεν αντέχω άλλο· θα τα -ήσω και θα φύγω·* φρ. *την -ησε* (= έφυγε, δραπέτευσε)· *τα* ~ (= πίνω): *χτες το βράδι τα -ήσαμε.*
κοπέλα και (συνιζ.) **κοπελιά** η, ουσ. 1. γυναίκα νεαρής ηλικίας: ~ *ωραία* (συνών. *κορίτσι·* αντ. *γριά*). 2. η αγαπημένη ή η ερωμένη: *έχει ραντεβού με την* ~ *του* (συνών. *κορίτσι*). 3. νεαρή υπηρέτρια: *πήραν άλλη* ~ *στο σπίτι.* - Υποκορ. **-ίτσα** και **-ούδα** η. [πιθ. υλβαν. *copile*]
κοπέλι το, ουσ. (λαϊκ.). 1. άντρας νεαρής ηλικίας: *λέγε λέγε το* ~ *κάνει τη γριά και θέλει* (παροιμ. φρ. = με την επιμονή όλα κατορθώνονται) (συνών. *αγόρι·* αντ. *γέρος*). 2. μαθητευόμενος εργάτης: *κατά το μαστρο-Γιάννη και τα -ια του* (παροιμ. φρ., για μαθητευόμενους που μοιάζουν στα αφεντικά τους) (συνών. *τσιράκι·* αντ. *αφεντικό*). 3. υπηρέτης νεαρής ηλικίας.
κοπελιά, βλ. *κοπέλα.*
κοπελίστικος, -η, -ο, επίθ., που ανήκει ή ταιριάζει σε κοπέλα: *ντύσιμο -ο.*
κοπελίτσα και **κοπελούδα**, βλ. *κοπέλα.*
κοπετός ο, ουσ. (λόγ.), θρήνος που συνοδεύεται από χτυπήματα στο στήθος.
κοπή η, ουσ. 1. κόψιμο, τομή: ~ *πίτας/μαρμάρων.* 2. κούρεμα των προβάτων και η εποχή κατά την οποία πραγματοποιείται. 3. έκδοση νομίσματος: *νόμισμα παλιάς -ής.*
κόπια η, ουσ. (συνιζ.). 1. αντίγραφο, πανομοιότυπο εγγράφου, ζωγραφικού πίνακα, κλπ. 2. για άτομο που μοιάζει πολύ με άλλο (στα χαρακτηριστικά, τρόπο ομιλίας, κινήσεις, κλπ.): *είναι* ~ *του πατέρα του.* [ιταλ. *copia*]
κόπια τα, ουσ. (συνιζ., λαϊκ.). 1. αποτελέσματα του μόχθου. 2. αμοιβή κόπων: *πάει να του φάει τα* ~ *του.*
κοπιάζω, I. ρ., αόρ. *κοπίασα* (ασυνίζ.), καταβάλλω κόπο, εργάζομαι επίπονα: *-ίασε πολύ για να πάρει το πτυχίο της.*
κοπιάζω, II. ρ., αόρ. *κόπιασα* (συνιζ.), (φιλοφρονητικά) κάνω τον κόπο να μπω ή να πάω κάπου: *-ιασε, γιαγιά, μέσα· -ιάστε να φάμε· ας -ιάσει!* (απειλή).
κοπιάρω, ρ. (συνιζ.). 1. βγάζω αντίγραφα. 2. (μεταφ.) μιμούμαι, αντιγράφω κάποιον.
κοπιαστικός, -ή, -ό, επίθ. (ασυνίζ.), που προξενεί πολύ κόπο: *ταξίδι -ό· μέρα -ή* (συνών. *κουραστικός, κοπιώδης·* αντ. *άκοπος*). - Επίρρ. **-ά.**
κοπίδι το, ουσ., μυτερό όργανο για το σκάλισμα ή κόψιμο σκληρών υλικών. - Υποκορ. **-άκι** το = ειδικό μικρό σφυρί για να κόβονται πλακάκια από πορσελάνη.
κοπιράιτ το, ουσ. άκλ., νόμιμο δικαίωμα αποκλειστικής εκμετάλλευσης πνευματικών έργων: ~ *βιβλίου/μουσικής σύνθεσης* (αλλιώς: *πνευματική ιδιοκτησία*, βλ. *ιδιοκτησία*). [αγγλ. *copyright*].
κόπιτσα και **κόπτσα** η, ουσ., μικρή πόρπη που αποτελείται από δύο τμήματα: *αρσενική και θηλυκή* ~. [τουρκ. *kορςα*].
κοπιώδης, -ης, -ες, γεν. *-ους*, πληθ. αρσ. και θηλ. *-εις*, ουδ. *-η*, επίθ. (ασυνίζ.), κοπιαστικός (βλ.λ.): *εργασία* ~.
κοπλιμεντάρω, βλ. *κομπλιμεντάρω.*
κοπλιμέντο το, βλ. *κομπλιμέντο.*
κοπλιμεντόζος, βλ. *κομπλιμεντόζος.*
κόπος ο, ουσ. 1. κόπωση από πολλή εργασία (συνών. *κούραση, ταλαιπωρία*). 2. (συνεκδοχικά) καταβολή προσπάθειας (σωματικής ή ψυχικής): ~ *χαμένος* (= ματαιοπονία)· *απαιτούν πολύ -ο αυτές οι δουλειές.* 3. (συνεκδοχικά, συνήθως στον πληθ.) αμοιβή εργασίας: *μου 'φαγε τους -ους μου.* 4. (συνεκδοχικά) περιουσία (ως ανταμοιβή των κόπων): *απολαμβάνει τους -ους του πατέρα του.* Φρ. *κάνεις τον -ο να...;* (= μπορείς, σε παρακαλώ να...;)· *δεν αξίζει τον -ο* (= είναι ανάξιο λόγου).
κόππα το, ουσ. άκλ. 1. γράμμα του αρχαίου ελληνικού αλφαβήτου (ϟ). 2. αριθμητικό σημείο που δηλώνει τον αριθμό ενενήντα.
κόπρανα τα, ουσ., στερεά άχρηστα προϊόντα της πέψης που αποβάλλονται διαμέσου του πρωκτού: *εξέταση -άνων* (συνών. *περιττώματα*).
κοπριά η, ουσ. (ασυνίζ.), περιττώματα ζώων (κατάλληλα για λίπανση του εδάφους)· παροιμ.

κοπρίζω

όμοιος τον όμοιο και η ~ στα λάχανα (= ο ανόητος συναναστρέφεται πάντα τους όμοιούς του).
κοπρίζω, ρ. 1. λιπαίνω έδαφος με κοπριά. 2. αποπατώ. 3. (μεταφ.) λερώνω, ρυπαίνω.
κόπρισμα το, ουσ. 1. αποπάτηση. 2. λίπανση με κοπριά.
κοπρίτης ο, θηλ. **-ίτισσα,** ουσ. 1. για σκυλί που περιφέρεται εδώ κι εκεί χωρίς ν' ανήκει σε κανένα: *διώξτε τον ~ απ' την αυλή.* 2. (υβριστικά) άνθρωπος φυγόπονος και ανίκανος (συνών. *κοπρόσκυλο*).
κοπρολογία η, ουσ., αισχρολογία (συνών. *βωμολοχία*).
κοπρολόγος ο, ουσ., αισχρολόγος (συνών. *βωμολόχος*).
κοπρομηχανή η, ουσ., (μεταφ., μειωτ.) για άνθρωπο που παράγει μόνο κόπρανα, δηλαδή τεμπέλη και ανίκανο (συνών. *κοπρίτης*).
κόπρος η, ουσ. (λόγ.), κοπριά: (μυθολ.) *~ του Αυγείου*.
κοπροσκυλιάζω, ρ. (συνιζ., λαϊκ.), ζω όπως τα κοπρόσκυλα, περιφέρομαι άνεργος εδώ κι εκεί: *όλη μέρα -ει*.
κοπρόσκυλο το, ουσ. 1. σκυλί που ζει στις κοπριές. 2. (μεταφ.) άνθρωπος τεμπέλης, τιποτένιος (συνών. *κοπρίτης*).
κοπροφαγία η, ουσ. (ιατρ.) ψυχοπαθολογική κατάσταση κατά την οποία ο άρρωστος τρώει κόπρανα.
κοπροφάγος ο, ουσ. (ιδίως για έντομα) που τρέφεται με κοπριά ή κόπρανα.
κοπρόχωμα το, ουσ. 1. προϊόν αποσύνθεσης κοπριάς ή φυτικών ουσιών. 2. χώμα ανακατεμένο με κοπριά που χρησιμεύει ως κοπριά.
κοπρώνας ο, ουσ., τόπος όπου ρίχνονται κοπριά και άλλες ακαθαρσίες.
κοπτήρας ο, ουσ., καθένα από τα τέσσερα μπροστινά δόντια του ανθρώπου με τα οποία κόβει την τροφή του.
κόπτης ο, I. θηλ. **-τρια,** ουσ. (ασυνίζ.), τεχνίτης ειδικός στο να κόβει υφάσματα για την κατασκευή ρούχων.
κόπτης ο, II. ουσ., χριστιανός (μονοφυσίτης) κάτοικος της Αιγύπτου ή της Αιθιοπίας: *φυλετική διατήρηση των -ών.* [αραβ. *Köpt*].
κοπτικός, -ή, -ό, επίθ. 1. που αναφέρεται στην κοπή ή τον κόπτη ή που είναι χρήσιμος για την κοπή: *εργαλεία -ά.* 2. που ανήκει στους κόπτες της Αιγύπτου ή της Αιθιοπίας ή αναφέρεται σ' αυτούς: *γλώσσα/λατρεία -ή.* - Το θηλ. ως ουσ. = η τέχνη της κοπής υφασμάτων για ραφή: *πήρε μαθήματα -ής.*
κοπτοράπτης ο, θηλ. **-τρια** (ασυνίζ.), ουσ. 1. είδος ραπτομηχανής για βιομηχανική χρήση, που είναι εξοπλισμένη με μηχανικό ψαλίδι για την κοπή και την ταυτόχρονη ραφή των υφασμάτων. 2. (στο θηλ.) γυναίκα που χειρίζεται τον κοπτοράπτη: *~ εσωρούχων.*
κόπτρια, βλ. *κόπτης*.
κόπτσα, βλ. *κόπιτσα*.
-κοπώ, β΄ συνθ. ρ. που σημαίνει ενέργεια ακατάπαυστη: *ιδροκοπώ, γλεντοκοπώ, λαμποκοπώ*. [σύνθ. σε *-κόπος*].
κόπωση η, ουσ., συναίσθημα κόπου: *~ σωματική* (συνών. *κούραση*· αντ. *ανάπαυση*).
κόρα η, ουσ., σκληρή εξωτερική επιφάνεια ψημένου ψωμιού. [σλαβ. *korá*].

κόρακας ο, πληθ. *-ακες* και λαϊκ. *-άκοι*, ουσ., γένος πτηνών με λαμπερό μαύρο φτέρωμα και ισχυρό ράμφος: *μαύρος σαν ~* (= κατάμαυρος)· *στον -α* (κατάρα)· παροιμ. *ο ~ περιστέρι δε γίνεται*· *~ -άκου μάτι δε βγάζει.*
κορακάτος, -η, -ο, επίθ., που είναι μαύρος και γυαλιστερός: *μαλλιά -α.*
κοράκι το, ουσ. 1. κόρακας (βλ.λ.). 2. (μεταφ.) **α.** νεκροθάφτης· **β.** ο εξαιρετικά επιμελής μαθητής.
κορακιάζω, ρ. (συνιζ.). 1. μαυρίζω σαν τον κόρακα. 2. (μεταφ.) διψώ υπερβολικά: *-ιασα από τη δίψα.*
κορακίστικα τα, ουσ. **α.** συνθηματική γλώσσα (των παιδιών κυρίως) κατά την οποία παρεμβάλλεται μεταξύ των συλλαβών η συλλαβή *κε* ή το *κ* με το φωνήεν της προηγούμενης συλλαβής· **β.** (ειρων.) για γλώσσα ακατάληπτη: *δεν καταλαβαίνω τα -ά του.*
κορακοζώητος, -η, -ο, επίθ., που ζει πολλά χρόνια (όπως ο κόρακας) (συνών. *μακρόβιος*).
κοραλλένιος, -ια, -ιο, επίθ. (συνιζ.). 1. που είναι φτιαγμένος από κοράλλια: *δαχτυλίδι -ο.* 2. που έχει το χρώμα του κοραλλιού: *χείλη -α.*
κοράλλι το, ουσ. 1. πολύ μικρό ζώο των θερμών θαλασσών που προσκολλάται σε ορισμένο βάθος και σχηματίζει αποικία πολυπόδων επάνω σε ασβεστολιθικό άξονα: *αποικία -ών* (βλ. *αποικία*). 2. σκληρή ύλη, ροζ ή κόκκινη, που χρησιμοποιείται στη χρυσοχοΐα και προέρχεται από κοράλλια (σημασ. 1). 3. (λαϊκ.) κοινή ονομασία καλλωπιστικού θάμνου που φυτεύεται σε γλάστρες.
κοράλλινος, -η, -ο, επίθ., κοραλλένιος (βλ.λ.).
κοραλλιογενής, -ής, -ές, γεν. *-ούς,* πληθ. αρσ. και θηλ. *-είς,* ουδ. *-ή,* επίθ. (ασυνίζ.), που σχηματίζεται από ομάδα κοραλλιών: *νησιά -ή* (= απομονωμένοι κοραλλιογενείς σχηματισμοί στον ωκεανό).
κοραλλιογραφία η, ουσ. (ασυνίζ.), κλάδος της ζωολογίας που ασχολείται με τα κοράλλια.
κοράνι το, ουσ., ιερό βιβλίο των μουσουλμάνων που αποτελείται από 114 κεφάλαια και είναι συλλογή δογμάτων και εντολών. [αραβοτουρκ. *kuran*].
κορασάνι και **κουρασάνι** το, ουσ., είδος αμμοκονιάματος. [τουρκ. *horasan*].
κοράσι το, ουσ. (λαϊκ.), ανήλικο κορίτσι.
κορασιά η, ουσ. (συνιζ., λαϊκ.), μικρό κορίτσι: *μικρός προφήτης έριξε σε ~ τα μάτια* (Σολωμός) (συνών. *κορασίδα*).
κορβανάς ο, ουσ., θησαυροφυλάκιο, ταμείο. [μτγν. *κορβάν, -άς,* εβρ. προέλευσης].
κορβέτα η, ουσ., τρικάταρτο εμπορικό ή πολεμικό καράβι. [ιταλ. *corvetta*].
κόρδα η, ουσ., χορδή μουσικού οργάνου: *η φωνή του ακούστηκε σαν ~ που 'σπασε.* [λατ. *corda*].
κορδακίζομαι, ρ., ασχημονώ.
κορδάκισμα το, ουσ., κορδακισμός (βλ.λ.).
κορδακισμός ο, ουσ., άσεμνη εμφάνιση, επιδεικτική ασχημοσύνη.
κορδέλα η, ουσ. 1. μακρύ στενό κομμάτι από ύφασμα που χρησιμοποιείται για δέσιμο ή στόλισμα: *φορούσε κόκκινη ~ στα μαλλιά της* (συνών. *ταινία*). 2. μηχανή για κόψιμο ξύλων, που αποτελείται από χαλύβδινη ταινία πριονιού που στρέφεται γύρω από δύο, τον ένα κάτω από τον άλλο, σιδερένιους τροχούς (συνών. *πριονοκορδέλα*). 3. ταινία από ύφασμα ή πλαστικό εμποτισμένη με ειδική μελάνη, που χρησιμοποιείται σε γραφομηχανές,

αριθμομηχανές, κλπ. 4. (μεταφ.) ορεινός ελικοειδής δρόμος: *ο δρόμος πήγαινε* ~. 5. ταινία από κερωμένο ύφασμα για το μέτρημα εκτάσεων, οικοπέδων, κλπ. - Υποκορ. **-άκι** το· φρ. *κάνω -α* (= κάνω νάζια): *τώρα που μεγάλωσες μου κάνεις -α.* [ιταλ. *cordella*].
κορδελάς ο, ουσ. 1. κατασκευαστής κορδελών. 2. χειριστής πριονοκορδέλας.
κορδελιάζω, ρ. (συνιζ.). 1. ράβω στην άκρη υφάσματος ή δέρματος κορδέλα ή κορδόνι. 2. ράβω, γαζώνω παπούτσια.
κορδέλιασμα το, ουσ. (συνιζ.), το να κορδελιάζει (βλ.λ.) κανείς κάτι: ~ *ρούχων/παπουτσιών*.
κορδελιάστρα η, ουσ. (συνιζ.), εργάτρια που ασχολείται με το κορδέλιασμα (συνήθως παπουτσιών).
κορδονέτο το, ουσ., λεπτό κορδόνι: *εξώραφα γαζιά από* ~. [ιταλ. *cordonetto*].
κορδόνι το, ουσ. 1. πλέγμα από κλωστές στριμμένες σε μία κατεύθυνση: *έδεσε με* ~ *το πακέτο*. 2. ταινία παπουτσιών: *δέσε τα -α σου, γιατί θα τα πατήσεις.* Έκφρ. *σκοινί* ~ (= συνεχώς). [ιταλ. *cordone*].
κόρδωμα το, ουσ. 1. τέντωμα (συνών. *τσίτωμα*). 2. το να περπατά κανείς περήφανα (συνών. *έπαρση, καμάρωμα*).
κορδώνω, ρ. 1. τεντώνω: *μην -εις πολύ το σκοινί* (συνών. *τσιτώνω*· αντ. *χαλαρώνω*). 2. (μέσ.) περπατώ περήφανα, με το κεφάλι ψηλά και το στήθος προς τα έξω, για να εμφανίζομαι σπουδαίος: *περπατά -ωμένος* (συνών. *καμαρώνω*).
κορδωτός, -ή, -ό, επίθ. 1. τεντωμένος. 2. καμαρωτός. - Επίρρ. **-ά**.
Κορεάτης ο, θηλ. **-ισσα**, ουσ., αυτός που κατοικεί στην Κορέα ή κατάγεται από εκεί.
κορεατικός, -ή, -ό και **κορεάτικος**, επίθ., που προέρχεται από την Κορέα ή αναφέρεται σ' αυτήν: *πόλεμος* ~.
Κορεάτισσα, βλ. *Κορεάτης*.
κορεσμένος, -η, -ο και **κεκορεσμένος**, επίθ. 1. χορτασμένος: *πείνα/δίψα -η*. 2. ικανοποιημένος εντελώς: *πάθος/ένστικτο -ο* (αντ. *ακόρεστος*). 3. γεμάτος, πλήρης: *η αγορά είναι -η από τεχνολογικά αγαθά*. 4. (χημ., στον τ. κεκορεσμένος) *-οι υδρογονάνθρακες* (αντ. *ακόρεστοι*). [μτχ. παθ. παρκ. του ρ. *κορέννυμι*].
κορεσμός ο, ουσ. 1. ικανοποίηση της πείνας, κόρος, χορτασμός. 2. πλήρης ικανοποίηση: ~ *παθών/ορμών*.
κόρη η, ουσ. 1. παιδί θηλυκού γένους, θυγατέρα, κορίτσι: *έχει δυο -ες κι ένα γιο*. 2. παρθένα· ανύπαντρη γυναίκα. 3. γυναίκα νεαρής ηλικίας, κοπέλα· (με αίσθημα συμπάθειας από άτομα συνήθως μεγαλύτερης ηλικίας): *δώσε μου,* ~ *μου, ένα ποτήρι νερό!* 4. (αρχαιολ.) τύπος γυναικείου αγάλματος στην αρχαϊκή ελληνική τέχνη από μάρμαρο ή χαλκό που παριστάνει όρθια γυναίκα με κόμμωση και τελετουργικά ενδύματα ζωγραφισμένη συνήθως με ζωηρά χρώματα, που βρίσκεται μεμονωμένο ή χρησιμεύει ως υποστήριγμα: *-ες της Ακρόπολης*. 5. (ανατομ.) στρογγυλή οπή στο μέσον της ίριδας του ματιού από όπου εισέρχονται οι φωτεινές ακτίνες: ~ *διεσταλμένη/συνεσταλμένη* φρ. *προσέχω κάτι ή κάποιον ως -ην οφθαλμού* (= πάρα πολύ). - Υποκορ. **-ούλα** η στις σημασ. 1 και 3.
Κορίνθια, βλ. *Κορίνθιος*.
κορινθιακός, -ή, -ό, επίθ. (ασυνίζ.), που ανήκει ή αναφέρεται στην Κόρινθο ή τους Κορινθίους ή που προέρχεται από την Κόρινθο ή την Κορινθία: *σταφίδα -ή·* (αρχαιολ.) ~ *ρυθμός* (= ο τρίτος και νεότερος από τους ρυθμούς της αρχαίας ελληνικής αρχιτεκτονικής που διαφέρει από τον ιωνικό ως προς τη μορφή του κιονοκράνου).
Κορίνθιος ο, θηλ. **-ια**, ουσ. (ασυνίζ.), αυτός που κατοικεί στην Κόρινθο ή κατάγεται από εκεί.
κοριός ο, ουσ. (συνιζ.). 1. (ζωολ.) ημίπτερο νυκτόβιο ζωύφιο που ζει παρασιτικά στον άνθρωπο και τα ζώα: *στρώμα γεμάτο -ιούς·* φρ. *κάνω τον (ψόφιο) -ό* (= παριστάνω τον ανήξερο ή τον αμέτοχο). 2. (μεταφ.) μικροσκοπική συσκευή (μικρόφωνο) για υποκλοπές τηλεφωνικών συνδιαλέξεων. [αρχ. *κόρις*].
κοριτσάκι, βλ. *κορίτσι*.
κοριτσάρα, βλ. *κορίτσι*.
κορίτσαρος, βλ. *κορίτσι*.
κορίστας ο, θηλ. **κορίστα** ουσ., μέλος χορού μελοδράματος ή χορωδίας. [ιταλ. *corista*].
κορίτσι το, ουσ. 1. θηλυκό παιδί, κόρη, θυγατέρα: *έχει τρία όμορφα -ια·* ~ *της παντρειάς*. 2. παρθένα· ανύπαντρη κοπέλα. 3. κοπέλα: ~ *μοντέρνο/εργαζόμενο·* (σε προσφών.): *πρόσεχε,* ~ *μου!* (συνήθως μεταξύ νεαρών γυναικών): *-ια, ελάτε αποδώ! τα άλλα -ια στο γραφείο!* 4. η αγαπημένη ή η ερωμένη: *τον άφησε το* ~ *του!* - Υποκορ. **-άκι**, **-όπουλο** το. - Μεγεθ. **-αρος** ο, **-άρα** η. [*κόρη + -ίτσι*].
κοριτσίστικος, -η, -ο, επίθ., που ταιριάζει σε κορίτσι: *χτένισμα -ο· καμώματα -α*.
κοριτσομάνι το, ουσ., πολλά κορίτσια: *με το σχόλασμα ξεχύθηκε το* ~ *στους δρόμους*.
κοριτσόπουλο, βλ. *κορίτσι*.
κορκόδειλος, βλ. *κροκόδειλος*.
κορμί το, ουσ. 1. σώμα ανθρώπου ή ζώου: ~ *αθλητικό/γυμνό·* *πονάει όλο το* ~ *μου*. 2. πτώμα: *γιομίσαν τα βουνά -ιά και τα ποτάμια αίμα* (δημ. τραγ.). 3. ως ανθρώπινη υπόσταση, άτομο, πρόσωπο· έκφρ. *ξερό* ~ (= μόνος)· (υβριστικά) *χαμένο* ~ (*για άνθρωπο τιποτένιο*). - Υποκορ. **-άκι** το.
κορμοράνος ο, ουσ., πουλί με πτέρωμα σκοτεινού χρώματος που βουτά επιδέξια στη θάλασσα, τρέφεται με ψάρια των ακτών και χρησιμοποιείται για ψάρεμα στην Ιαπωνία. [γαλλ. *cormoran*].
κορμός ο, ουσ. 1. ο κύριος ξυλώδης βλαστός δέντρου από τις ρίζες έως τις πρώτες διακλαδώσεις: ~ *ίσιος/χοντρός*. 2. το κύριο μέρος του σώματος ανθρώπου ή ζώου χωρίς το κεφάλι και τα άκρα, κορμί. 3. (συνεκδοχικά) ο κύριος όγκος, το κύριο τμήμα πράγματος: ~ *ενός κίονα* (αντ. *βάση, κιονόκρανο*)· (μεταφ.) ~ *έργου*. 4. είδος γλυκού σε σχήμα κορμού δέντρου.
κορμοστασιά η, ουσ. (συνιζ.), η στάση του σώματος, παράστημα, ανάστημα: ~ *λεβέντικη/στητή*.
κόρνα η, ουσ. 1. κλάξον (βλ.λ.). 2. (συνεκδοχικά) κορνάρισμα: *σημαιάκια, -ες, αφίσες κατά τις εκλογές*. [ιταλ. *corna*, πληθ. του *corno*].
κορνάρισμα το, ουσ., το να κορνάρει κανείς, το να πατά την κόρνα του αυτοκινήτου του: *-ίσματα δυνατά*.
κορνάρω, ρ., παρατ. *κόρναρα*, αόρ. *κορνάρισα*, πατώ την κόρνα αυτοκινήτου, την κάνω να ηχήσει ως προειδοποίηση σε πεζούς ή άλλους οδηγούς. [ιταλ. *cornare*].
κόρνερ το, ουσ. άκλ., (στο ποδόσφαιρο) σφάλμα κατά το οποίο ο ένας παίχτης στέλνει τη μπάλα

πίσω από τη γραμμή του τέρματος της ομάδας του και η επαναφορά της μπάλας από την αντίπαλη ομάδα με λάκτισμα που γίνεται από τη γωνία του γηπέδου: *ο διαιτητής σφύριξε* ~. [αγγλ. *corner*].

κορνέτα η, ουσ. (μουσ.) πνευστό μουσικό όργανο που μοιάζει με μικρή τρομπέτα. [ιταλ. *cornetta*].

κορνετίστας ο, ουσ., μουσικός που παίζει κορνέτα.

κορνέτο το, ουσ. (μουσ.) κορνέτα. [ιταλ. *cornetto*].

κορνιαχτός, βλ. *κουρνιαχτός*.

κορνίζα η, ουσ. **1.** πλαίσιο ξύλινο, πλαστικό ή μεταλλικό που τοποθετείται για διακόσμηση γύρω από πίνακες, φωτογραφίες, καθρέφτες, διπλώματα, κλπ.: *~ ασημένια/σκαλιστή* (συνών. *κάδρο*). **2.** περίζωμα, γείσωμα που προεξέχει σε οικοδόμημα, έπιπλο, κλπ. [βενετ. *cornise*].

κορνιζάδικο το, ουσ., εργαστήριο όπου κατασκευάζονται και πουλιούνται κορνίζες.

κορνιζάρισμα το, ουσ., τοποθέτηση κορνίζας σε κάτι: *~ φωτογραφίας/πίνακα ζωγραφικής*.

κορνιζάρω, ρ., αόρ. *-ισα*. **1.** τοποθετώ σε κάτι κορνίζα: *~ φωτογραφία/δίπλωμα* (συνών. *κορνιζώνω*). **2.** πλαισιώνω (οικοδόμημα, έπιπλο, κλπ.) με περίζωμα, με προεξοχή.

κορνιζάς ο, ουσ., αυτός που κατασκευάζει ή πουλά κορνίζες (συνών. *κορνιζοποιός, κορνιζοπώλης*).

κορνιζοποιείο το, ουσ., εργαστήριο όπου κατασκευάζονται κορνίζες (συνών. *κορνιζάδικο*).

κορνιζοποιός ο, ουσ., αυτός που κατασκευάζει κορνίζες (συνών. *κορνιζάς*).

κορνιζοπώλης ο, ουσ., αυτός που πουλά κορνίζες (συνών. *κορνιζάς*).

κορνίζωμα το, ουσ. **1.** κορνιζάρισμα. **2.** πλαισίωση (οικοδομήματος, επίπλου) με περίζωμα, προεξοχή. **3.** (συνεκδοχικά) πλαίσιο, περίζωμα.

κορνιζώνω, ρ. **1.** κορνιζάρω (βλ.λ.). **2.** πλαισιώνω κάτι, βάζω γύρω του γείσωμα, προεξοχή: *~ οικοδόμημα/έπιπλο*.

κορνίστας ο, ουσ. (μουσ.) μουσικός που παίζει κόρνο.

κόρνο το, ουσ. (μουσ.) χάλκινο πνευστό μουσικό όργανο με ποικίλα σχήματα. [ιταλ. *corno*].

κορνφλάουρ το, ουσ. άκλ., πολύ λεπτό αλεύρι από καλαμπόκι ή άλλα σιτηρά που χρησιμοποιείται κυρίως σε σούπες, σάλτσες, κλπ. [αγγλ. *cornflour*].

κόρο το, ουσ. (μουσ.) χορωδία. [ιταλ. *coro*].

κορόιδεμα το, ουσ. **1.** το να κοροϊδεύει κανείς κάποιον, το να τον παίζει: *~ άπρεπο/προσβλητικό* (συνών. *κοροϊδία, εμπαιγμός*). **2.** απάτη, εξαπάτηση.

κοροϊδευτικός, -ή, -ό, επίθ., που γίνεται για εμπαιγμό ή που ενέχει χλευασμό: *γκριμάτσες -ές· ύφος -ό* (συνών. *περιπαιχτικός, ειρωνικός*). - Επίρρ. **-ά**.

κοροϊδεύω, ρ. **1.** λέω ή κάνω με περιπαικτική διάθεση κάτι που ενοχλεί κάποιον ή τον γελοιοποιεί: *τον τιμώρησαν γιατί -όιδευε το δάσκαλό του· τον -ει πίσω από την πλάτη του* (= κατά την απουσία του) (συνών. *περιπαίζω, περιγελώ*). **2.** εξαπατώ κάποιον: *τον -όιδεψε και του πήρε πολλά λεφτά· βρήκες άνθρωπο να -έψεις!*

κοροϊδία η, ουσ., κορόιδεμα (βλ.λ. στη σημασ. 1), εμπαιγμός: *~ προκλητική·* φρ. *πατώ ~* (= κοροϊδεύω).

κοροϊδίστικος, -η, -ο, επίθ., που έχει σχέση με κοροϊδία: *-α λεφτά* (= που ξοδεύτηκαν χωρίς όφελος).

κορόιδο το, ουσ. **1.** πρόσωπο που γίνεται αντικείμενο εμπαιγμού: *είναι το ~ της τάξης· καλό ~ βρήκατε!* (συνών. *περίγελος, μπαίγνιο*). **2.** άνθρωπος αφελής, ανόητος, κουτός: *είναι μεγάλο ~· για τόσο ~ μ' έχεις;* φρ. *κάνω το ~* (= προσποιούμαι το βλάκα ή τον ανήξερο): *λέγε πού είναι τα λεφτά και μην κάνεις το ~!· τον παίρνω για ~/στο ~* (= κοροϊδεύω). **3.** (συνεκδοχικά) άτομο που εξαπατάται εύκολα· θύμα απάτης: *έπεσε στην παγίδα σαν ~·* φρ. *τον πιάνω ~* (= τον εξαπατώ)· *βρήκε πολλά -α* (για άνθρωπο απατεώνα που κατορθώνει να εξαπατά εύπιστα άτομα). [*κουρόγιδο* = κουρεμένο γίδι].

κορομηλιά η, ουσ. (συνιζ.), οπωροφόρο δέντρο με μικρούς, συνήθως πράσινους στρογγυλούς καρπούς (συνών. *τζανεριά, ερικιά*).

κορόμηλο το, ουσ., καρπός της κορομηλιάς, μικρό χυμώδες φρούτο με χρώμα βυσσινί ή κιτρινοπράσινο και μεγάλο κουκούτσι, τζάνερο: *μαρμελάδα από -α·* φρ. *τρέχει το δάκρυ ~* (= κλαίει κανείς συνεχώς και με άφθονα δάκρυα).

κορόνα η, ουσ. **1.** στρογγυλό κόσμημα της κεφαλής από χρυσό και πολύτιμους λίθους που φοριέται από βασιλείς ή ευγενείς ως έμβλημα εξουσίας: *~ διαμαντένια/βασιλική* (συνών. *στέμμα, διάδημα*). **2.** (συνεκδοχικά) βασιλική εξουσία, μοναρχία ως θεσμός σχετικός με την κυβέρνηση μιας χώρας: *Η στεριά της Μπραζίλιας... είναι χτήμα της -ας της Πορτουγάλιας (Κόντογλου)*. **3.** (γενικά) κόσμημα της κεφαλής, διάδημα: *~ πολύτιμη/ ψεύτικη*. **4.** (μεταφ. για ό,τι σπουδαιότερο ή άξιο τιμής): *το αρχοντικό κρατιέται/έχει τις πόρτες του ανοιχτές και την τιμή ~ (Αθάνας)·* φρ. *την έχει ~ στο κεφάλι του* (= την τιμά και την καμαρώνει). **5α.** διακριτικό έμβλημα έθνους, εθνόσημο· **β.** έμβλημα ηγεμονικό, θυρεός, οικόσημο. **6.** ονομασία νομίσματος διάφορων ευρωπαϊκών κρατών: *~ δανική/νορβηγική/σουηδική*. **7.** όψη του νομίσματος όπου είναι τυπωμένο το εθνικό στέμμα ή η προτομή ηγεμόνα ή άλλη συμβολική μορφή (αντ. *γράμματα*)· εκφρ. *~ (ή) γράμμα(τα)*, βλ. *γράμμα*. **8α.** το τμήμα του δοντιού που εξέχει από τα ούλα (συνών. *μύλη, στεφάνη*)· **β.** εφαρμοστό κάλυμμα δοντιού από μέταλλο ή πορσελάνη: *~ χρυσή*. **9α.** (μουσ.) σημείο της ευρωπαϊκής μουσικής που τίθεται στα σημεία των φθόγγων ή των παύσεων και δηλώνει την κατά βούληση επέκταση της χρονικής τους διάρκειας· **β.** η υψηλότερη τονική ένταση μιας μελωδίας: *άρια με πολλές -ες·* γ. (μεταφ.): *επιθετικές -ες ενός κόμματος εναντίον άλλου*. [λατ. *corona*].

κόρος ο, I. ουσ. **1.** κορεσμός, χορτασμός. **2.** αίσθημα αηδίας που ακολουθεί τον υπερβολικό κορεσμό. **3.** (φυσ.) κατάσταση κατά την πορεία φυσικού φαινομένου σε ηλεκτρικό κύκλωμα, φυσικό σύστημα ή ειδική κατασκευή, κατά την οποία κάθε επί πλέον αύξηση ενός παράγοντα, που δρα με συγκεκριμένο αποτέλεσμα, δεν επιφέρει άλλη μεταβολή (συνήθως αύξηση) στο αποτέλεσμα αυτό.

κόρος ο, II. ουσ. (ναυτ.) μονάδα μέτρησης της εσωτερικής χωρητικότητας των πλοίων ίση με 100 κυβικούς πόδες ή 2,86 κυβικά μέτρα. [μτγν., εβρ προέλευσης].

κορούλα, βλ. *κόρη*.

κορσάζ το, ουσ. άκλ., το μέρος γυναικείου ρούχου που καλύπτει το στήθος: *είχε ένα λουλούδι στο ~· ~ εφαρμοστό/κεντημένο*. [γαλλ. *corsage*].

κορσεδού η, ουσ., αυτή που κατασκευάζει κορσέδες.

κορσές ο, ουσ. 1. πλατιά λαστιχωτή ζώνη που φοριέται από ορισμένες γυναίκες κατάσαρκα γύρω από τη μέση και τους γοφούς σφίγγοντάς τους: *τη στενεύει ο ~ της· ~ δετός/κουμπωτός* φρ. *κάποιος μου γίνεται στενός* ~ (δηλ. πολύ φορτικός). 2. πλατιά λαστιχωτή ζώνη ενισχυμένη με μεταλλικά ελάσματα που φοριέται σφιχτά γύρω από τη μέση: ~ *ορθοπεδικός.* [γαλλ. *corset*].

Κορσικανή, βλ. *Κορσικανός.*

Κορσικανικός, -ή, -ό, επίθ., που ανήκει ή αναφέρεται στην Κορσική ή τους Κορσικανούς.

Καρσικανός ο, θηλ. **-ή,** ουσ., αυτός που κατοικεί στην Κορσική ή κατάγεται από εκεί.

κορτάκιας ο, ουσ. (συνιζ.), (μειωτ., υβριστικά) άντρας που είναι επιρρεπής σε ερωτοτροπίες, που του αρέσει να κορτάρει.

κορτάρισμα το, ουσ., το να κορτάρει κανείς, ερωτοτροπία, κόρτε (συνών. *φλερτάρισμα).*

κορτάρω, ρ., συνήθως στον ενεστ., προσπαθώ να ελκύσω την ερωτική συμπάθεια, ερωτοτροπώ, φλερτάρω: *την -ει εδώ και καιρό.*

κόρτε το, ουσ. άκλ., το να προσπαθεί κάποιος να ελκύσει την ερωτική συμπάθεια, το να ερωτοτροπεί: *κάνω* ~ (συνών. *φλερτάρισμα).* [ιταλ. *corte*].

κορτιζόνη η, ουσ. (ιατρ.) ορμόνη που εκκρίνεται από το φλοιό των επινεφριδίων και χρησιμοποιείται στη θεραπεία της αρθρίτιδως, αλλεργιών, δερματικών παθήσεων, κλπ. [γαλλ. *cortisone*].

κορυβαντισμός ο, ουσ. (έρρ.), υπερβολικός και απρεπής ενθουσιασμός όπως των Κορυβάντων.

κορυβαντιώ, ρ. (έρρ., ασυνίζ.), καταλαμβάνομαι από υπερβολικό ενθουσιασμό όπως οι Κορύβαντες, γίνομαι έξαλλος.

κορυδαλλός και **σκορδαλός** ο, ουσ. (ζωολ.) μικρό καφετί ωδικό πτηνό (συνών. *κατσουλιέρης, σιταρήθρα).*

κόρυζα η, ουσ. 1. (ιατρ.) λοιμώδης και μεταδοτική πάθηση της μύτης, κοιν. συνάχι: ~ *οξεία.* 2. (κτηνιατρική) λοιμώδης νόσος των πουλερικών που προσβάλλει το ρινικό βλεννογόνο, το λαιμό και τα μάτια: ~ *μεταδοτική·* φρ. (υβριστικά) *να βγάλεις την ~!*

κορυζιάζω, ρ. (συνιζ.), πάσχω από κόρυζα.

κορυφαίος, -α, -ο, επίθ. 1. που βρίσκεται στην κορυφή· (αρχιτ.) *-α δοκός* = δοκός που βρίσκεται κατά μήκος της κορυφής της στέγης, κοιν. *κορφιάς.* 2. (μεταφ.) που βρίσκεται στην πιο σπουδαία, υπεύθυνη ή επιτυχημένη θέση, που υπερτερεί από όλους τους άλλους σε ικανότητες: *είναι ~ στον κλάδο του· ~ επιστήμονας· οι -οι απόστολοι Πέτρος και Παύλος* (συνών. *πρώτος).* - Το αρσ. και το θηλ. ως ουσ. = 1. οδηγός του χορού στις παραστάσεις τραγωδιών και κωμωδιών. 2. (μουσ.) πρώτος βιολιστής ορχήστρας.

κορυφή και **κορφή** η, ουσ. 1α. το ψηλότερο σημείο οποιουδήποτε πράγματος: ~ *δένδρου/βράχου/ μυτερή/απόκρημνη* (ιδιάζουσα χρ.) ~ *σπυριού* (συνών. *μύτη)·* β. (ειδικά του βουνού): ~ *υψηλή/ χιονισμένη* (συνών. *βουνοκορφή, κορφοβύνι).* 2. το ανώτερο σημείο της κεφαλής του ανθρώπου· εκφρ. *από τα νύχια ως την κορφή.* 3. (μεταφ.) ανώτατη αρχή, εξουσία: *σύνοδος/συνάντηση -ής* (= συνάντηση μεταξύ αρχηγών κρατών ή ηγετών κοινωνικών ομάδων κατά την οποία ασχολούνται με διεθνή θέματα όπως η ειρήνη, η παγκόσμια οικονομία, το εμπόριο, κλπ.). 4. (μεταφ.) ο κορυφαίος (βλ.λ. στη σημασ. 2), ο αξιολογότερος: *η ~ των πυρηνικών επιστημόνων·* εκφρ. *η ~ της Εκκλησίας* (= ο Χριστός). 5. (μεταφ.) το ανώτερο σημείο ανάπτυξης, δραστηριότητας, κ.τ.ό., αποκορύφωμα: ~ *καριέρας/δόξας·* μεταφ. φρ. *φτάνω στην κορφή* (= γίνομαι σπουδαίος, κορυφαίος). 6. (γεωμ.) το σημείο σχήματος ή στερεού που απέχει περισσότερο από τη βάση: ~ *γωνίας/τριγώνου/ πυραμίδας.* 7. (βοτ.) η τρυφερή άκρη του βλαστού: *κόβω τις κορφές για να δυναμώσει το φυτό* (συνών. *κορφάδα).* 8. (ιδιωμ.) ανθόγαλα που σχηματίζεται στην επιφάνεια του γάλακτος, κρέμα, καϊμάκι, αφρόγαλα.

κορύφωμα το, ουσ., αποκορύφωμα, κορύφωση: ~ *δόξας/προσπαθειών.*

κορυφώνομαι, ρ. 1. αποκτώ ολοένα και μεγαλύτερη ένταση ώσπου να φτάσω στο ανώτατο σημείο: *-ώθηκε η αγωνία· -ονται οι προσπάθειες...* 2. φτάνω στο σπουδαιότερο σημείο εξέλιξης: *-ονται οι εκδηλώσεις/προετοιμασίες.*

κορύφωση η, ουσ., το να κορυφώνεται κάτι: ~ *δραματική·* ~ *αγωνίας/εκδηλώσεων.*

κορφάδα η, ουσ., τρυφερή άκρη των βλαστών (συνών. *κορυφή).*

κορφή, βλ. *κορυφή.*

κορφιάς ο, ουσ. (συνιζ.), κοινή ονομασία της κορυφαίας δοκού (βλ. *κορυφαίος* σημασ. 1).

Κορφιάτης ο, θηλ. **-ισσα,** ουσ. (συνιζ.), Κερκυραίος.

κορφιάτικος, -η, -ο, επίθ. (συνιζ.), κερκυραϊκός.

Κορφιάτισσα, βλ. *Κορφιάτης.*

κορφοβούνι το, ουσ., κορυφή βουνού, βουνοκορφή: *ο Κατσαντώνης τ' άκουσε... και πήρε δίπλα τα βουνά, δίπλα τα -ια* (δημ. τραγ.).

κορφολόγημα το, ουσ., κόψιμο των τρυφερών βλαστών, των κορυφών φυτού (συνών. *βλαστολόγημα).*

κορφολόγος ο, ουσ. 1. αυτός που κόβει και μαζεύει τις τρυφερές κορυφές φυτού. 2. μηχάνημα με το οποίο αποχωρίζεται το ανθόγαλα από το γάλα.

κορφολογώ, -άς, ρ., κόβω τις τρυφερές κορυφές των βλαστών ενός φυτού: ~ *αμπέλι* (συνών. *βλαστολογώ).*

κόρφος, βλ. *κόλπος.*

κόρωμα το, ουσ. 1. πυράκτωση: ~ *της φωτιάς/μετάλλου* (συνών. *πύρωση).* 2. (μεταφ.) έξαψη (φυσιολογική ή ψυχική) (συνών. *άναμμα).*

κορώνη η, ουσ. (ναυτ.) το πάνω κυρτό άκρο της πρύμνης (συχνά διακοσμημένο).

κορωνίδα η, ουσ. 1. το πιο ψηλό σημείο οικοδομήματος (συνών. *κορυφή·* αντ. *θεμέλιο, βάση).* 2. (μεταφ.) ανώτατος βαθμός, ανώτατο σημείο: *έφτασε στην ~ της ιεραρχίας* (συνών. *κολοφώνας).* 3. (για άνθρωπο) κορυφαίος, άριστος: *είναι η ~ των ρητόρων.* 4. (γραμμ.) γραφικό σύμβολο της κράσης που είναι όμοιο με την ψιλή. 5. (μουσ.) γραφικό σύμβολο τονικής έντασης μιας μελωδίας.

κορώνω, ρ. Α. μτβ. 1. θερμαίνω κάτι εωσότου πυρακτωθεί (συνών. *πυρακτώνω).* 2. (μεταφ.) εξάπτω, ερεθίζω· *με -ωσε το κρασί.* Β. αμτβ 1. πυρακτώνομαι: *-ωσε η σόμπα.* 2. (μεταφ.) εξάπτομαι, ερεθίζομαι: *άναψε και -ωσε από το θυμό του.* 3. (μεταφ.) φτάνω σε μεγάλη ένταση, φουντώνω: *το γλέντι άναψε και -ωσε.*

κόσα η, ουσ., μεγάλο δρεπάνι με μακριά λαβή που το χειρίζεται κανείς όρθιος. [σλαβ. *kosa*].

κοσκινάκι, βλ. *κόσκινο*.

κοσκινάς ο, θηλ. **-ού**, ουσ. 1. αυτός που κατασκευάζει ή πουλά κόσκινα. 2. το θηλ. και με τη σημασ. «γυναίκα του κοσκινά».

κοσκινίζω, ρ. 1. διαχωρίζω λεπτά μόρια ή κόκκους ενός υλικού από άλλα χοντρότερα· καθαρίζω αλεύρι, όσπρια ή άλλα υλικά με παλμικές κινήσεις χρησιμοποιώντας κόσκινο. 2. (μεταφ.) εξετάζω λεπτομερειακά: *-ει πολύ την υπόθεση* (συνών. *λεπτολογώ*)· *όποιος βαριέται να ζυμώσει πέντε μέρες -ει* (παροιμ., γι' αυτούς που αργοπορούν να κάνουν κάτι από νωθρότητα).

κοσκίνισμα το, ουσ. 1. πέρασμα από κόσκινο: ~ *αλευριού/άμμου*. 2. (μεταφ.) λεπτομερειακή εξέταση. 3. χαμηλής συχνότητας δόνηση του συστήματος διεύθυνσης του αυτοκινήτου που παρατηρείται σε κυματοειδές οδόστρωμα.

κόσκινο το, ουσ., κυκλικό σκεύος με τρυπητή βάση που χρησιμεύει για τον καθαρισμό κόκκων, αλευριού, χώματος, κλπ.: ~ *ψιλό· βάλε* ~ *στο πρόσωπο* (= για άνθρωπο που ντρέπεται να εμφανιστεί κάπου)· έκφρ. *παλιά μου τέχνη* ~ (= για άνθρωπο που αποφασίζει να αλλάξει επάγγελμα και επειδή δεν πετυχαίνει, σκέφτεται να ξαναγυρίσει στην παλιά του ασχολία)· φρ. *κάνω* ~ (= κάνω διάτρητο κάποιον ή κάτι): *ο σκόρος έκανε το φουστάνι* ~· *περνώ από ψιλό* ~ (= εξετάζομαι με ιδιαίτερη προσοχή): *οι υποψηφιότητες αυτές περνάνε από ψιλό* ~ (= κρίνονται με μεγάλη αυστηρότητα)· *τον έκαναν* ~ (= έφαγε πολλές σφαίρες στο κορμί του) (συνών. *κρησάρα*). - Υποκορ. **-άκι** το· παροιμ. *καινούργιο* ~ *μου και πού να σε κρεμάσω* (= κάθε νέο πράγμα βρίσκει πολλές περιποιήσεις).

κοσκινομαντεία η, ουσ. (ερρ.), η τέχνη να μαντεύει κανείς με κόσκινο.

κοσκινοποιείο το, ουσ., εργαστήριο όπου κατασκευάζονται κόσκινα.

κοσκινοποιός ο, ουσ., κοσκινάς (βλ.λ.).

κοσκινού, βλ. *κοσκινάς*.

κοσμαγάπητος, -η, -ο, επίθ., αγαπητός από τον κόσμο (συνών. *δημοφιλής, λαοφιλής*).

κοσμάκης ο, ουσ., πολύς λαός (ιδίως οι φτωχοί ή οι απλοϊκοί): *δεν έχει ο* ~ *να φάει*· έκφρ. *κόσμος και* ~ (= πολύ και κάθε κατηγορίας πλήθος λαού).

κόσμημα το, ουσ. 1. αντικείμενο που κατασκευάζεται κυρίως για το στολισμό του σώματος και κατασκευάζεται από υλικά συνήθως μεγάλης αξίας: *-ατα χρυσά/ασημένια*. 2α. (τυπογραφία) τυπογραφικό σχέδιο που τοποθετείται στο εξώφυλλο ενός βιβλίου ή άλλου εντύπου ή στις εσωτερικές του σελίδες με σκοπό τη διακόσμηση και την καλύτερη εμφάνισή του· β. (αρχαιολ.) διακοσμητικό σχέδιο στα έργα τέχνης: *ο μαίανδρος αποτελεί το πιο χαρακτηριστικό* ~ *της αρχαίας τέχνης*.

κοσμηματοθήκη η, ουσ., θήκη για φύλαξη κοσμημάτων (συνών. *μπιζουτιέρα*).

κοσμηματοποιία η, ουσ. (ασυνίζ.), η τέχνη κατασκευής κοσμημάτων.

κοσμηματοποιός ο, ουσ. (ασυνίζ.), κατασκευαστής κοσμημάτων.

κοσμηματοπωλείο το, ουσ., κατάστημα όπου πουλιούνται κοσμήματα (συνών. *χρυσοχοείο*).

κοσμηματοπώλης ο, ουσ., ιδιοκτήτης κοσμηματοπωλείου.

κοσμητεία η, ουσ. 1. το αξίωμα του κοσμήτορα. 2. ο χρόνος θητείας του κοσμήτορα. 3. ο χώρος όπου εδρεύει ο κοσμήτορας.

κοσμητικός, -ή, -ό, επίθ. (γραμμ.) *επίθετο -ό* = που εξαίρει την ιδιότητα ή ποιότητα του ουσιαστικού.

κοσμήτορας ο, θηλ. **-ισσα**, ουσ. 1. καθηγητής πανεπιστημίου, προϊστάμενος για ένα χρόνο της σχολής όπου διδάσκει. 2. αυτός που εφορεύει σε τελετές, αγώνες, κλπ.: ~ *της Βουλής*.

κοσμικός, -ή, -ό, επίθ. 1. που ανήκει ή αναφέρεται στον κόσμο, στο σύμπαν: *σύστημα -ό*. 2. που ανήκει ή αναφέρεται στην κοινωνία (και μάλιστα στις ανώτερες τάξεις): *τρόποι -οί· στήλη/κίνηση/συγκέντρωση -ή· ταβέρνα -ή ή κέντρο -ό* (= χώρος όπου διασκεδάζει ο λεγόμενος «καλός» κόσμος). 3. (για πρόσωπα) που μετέχει σε κοσμικές συγκεντρώσεις, κλπ.: *κυρία -ή*. 4. που ανήκει ή αναφέρεται στην επίγεια ζωή (συνών. *εγκόσμιος*· αντ. *μεταθανάτιος*). 5. (γεωλ.) που σχετίζεται με τη δημιουργία του κόσμου. 6. (ως ουσ.) που δεν ανήκει στην εκκλησιαστική ιεραρχία, αλλά ζει στην κοινωνία και μετέχει σ' όλες τις απολαύσεις της (συνών. *λαϊκός*· αντ. *κληρικός, μοναχός*).

κοσμικότητα η, ουσ., αγάπη για την κοσμική ζωή.

κόσμιος, -α, -ο, επίθ. (ασυνίζ., λόγ.), ευπρεπής, σεμνός: *διαγωγή -ότατη*.

κοσμιότητα η, ουσ. (ασυνίζ.), ευπρέπεια, σεμνότητα: ~ *συμπεριφοράς* (αντ. *απρέπεια*).

κοσμογονία η, ουσ. (αστρον.) περιοχή της αστρονομίας που έχει ως αντικείμενο τη μελέτη της δημιουργίας των ουρανίων σωμάτων.

κοσμογονικός, -ή, -ό, επίθ. 1. που αναφέρεται στην κοσμογονία: *θεωρία -ή*. 2. που έχει τελείως νέα χαρακτηριστικά και νέες δυνατότητες: *αλλαγές -ές· κοινωνικές ανακατατάξεις -ές*.

κοσμογραφία η, ουσ., επιστήμη που ασχολείται με την περιγραφή των αστρονομικών συστημάτων του σύμπαντος, καθώς και το αντίστοιχο μάθημα που διδάσκεται στα σχολεία.

κοσμογραφικός, -ή, -ό, επίθ., που αναφέρεται στην κοσμογραφία.

κοσμογυρισμένος, -η, -ο, επίθ., που ταξίδεψε σε πολλά μέρη της γης: *πολύξερος και* ~ (συνών. *κοσμοταξιδεμένος*).

κοσμοδρόμιο το, ουσ. (ασυνίζ.), (αστρον.) χώρος εξοπλισμένος με κατάλληλες εγκαταστάσεις για την εκτόξευση διαστημοπλοίων.

κοσμοείδωλο το, ουσ. 1. η αντίληψη για τον κόσμο, για τη δομή του σύμπαντος: ~ *βιβλικό* (= η αντίληψη της Αγίας Γραφής). 2. (συνεκδοχικά) το σύνολο των ιδεών: *το* ~ *ενός ποιητή*.

κοσμοθεωρία η, ουσ., γενική φιλοσοφική αντίληψη για τα οντολογικά προβλήματα.

κοσμοϊστορικός, -ή, -ό, επίθ. 1. που έχει ιστορική σημασία για όλο τον κόσμο. 2. πολύ σπουδαίος, πολύ σημαντικός: *γεγονός -ό*.

κοσμοκαλόγερος ο, ουσ., καλόγερος που ζει μέσα στην κοινωνία ή άνθρωπος που ζει καλογερίστικη ζωή: *ο Παπαδιαμάντης ήταν* ~.

κοσμοκράτορας ο, θηλ. **-τειρα** και **-όρισσα**, ουσ., κυρίαρχος του κόσμου (ή μεγάλου μέρους του): *ο* ~ *Μέγας Αλέξανδρος*.

κοσμοκρατορία η, ουσ., εξουσία και διακυβέρνηση όλου του κόσμου (ή μεγάλου μέρους του): *η* ~ *της Ρώμης*.

κοσμοκρατορικός, -ή, -ό, επίθ., που αναφέρεται στον κοσμοκράτορα και την κοσμοκρατορία.
κοσμοκρατόρισσα, βλ. *κοσμοκράτορας.*
κοσμοκρατώ, -είς, ρ., είμαι κοσμοκράτορας.
κοσμολογία η, ουσ., επιστήμη που έχει ως αντικείμενο τη μελέτη των γενικών νόμων που διέπουν το σύμπαν.
κοσμοναύτης ο, ουσ., αστροναύτης (βλ.λ.).
κοσμοναυτική η, ουσ., η τεχνολογία και η επιστήμη της πτήσης στο σύμπαν.
κοσμοξακουσμένος, -η, -ο, επίθ., ξακουστός σ' όλο τον κόσμο (συνών. *περίφημος, διάσημος·* αντ. *άσημος).*
κοσμοξάκουστος, -η, -ο, επίθ., κοσμοξακουσμένος (βλ.λ.).
κοσμοπαθολογία η, ουσ. (ιατρ.) τομέας της γενικής παθολογίας που μελετά τις επιδράσεις του κοσμικού περιβάλλοντος στον οργανισμό.
κοσμοπλημμύρα η, ουσ., συγκέντρωση μεγάλου πλήθους ανθρώπων (συνών. *κοσμοσυρροή).*
κοσμοπολίτης ο, θηλ. **-ισσα,** ουσ. **1.** άνθρωπος που θεωρεί τον εαυτό του πολίτη όλου του κόσμου. **2.** άνθρωπος που έχει ταξιδέψει ή έχει ζήσει σε πολλές χώρες.
κοσμοπολιτικός, -ή, -ό και **-ίτικος, -η, -ο,** επίθ. **1.** που αναφέρεται στον κοσμοπολίτη ή σχετίζεται μ' αυτόν: *ζωή -η.* **2.** (για τόπο) όπου συχνάζουν μέλη της διεθνούς κοινωνίας. **3.** (για ζώα και φυτά) που έχουν παγκόσμια κατανομή και δεν περιορίζονται σε συγκεκριμένες περιοχές. - Επίρρ. **-ά** και **-α.**
κοσμοπολιτισμός ο, ουσ. **1.** θεωρία πως κάθε χώρα της Γης είναι πατρίδα του κάθε ανθρώπου (συνών. *διεθνισμός).* **2.** χαρακτηριστικό εκείνου που αποτελείται από στοιχεία πολλαπλών εθνοτήτων: *ο ~ της Νέας Υόρκης· ο ~ της σύγχρονης λογοτεχνίας.*
κοσμοπολίτισσα, βλ. *κοσμοπολίτης.*
κόσμος ο, ουσ. (σπανίως στον πληθ.). **1.** σύνολο ουράνιων σωμάτων: *η δημιουργία του -ου* (συνών. *σύμπαν, πλάση).* **2.** ο πλανήτης όπου ζούμε: *έκαμε το γύρο του -ου·* (παροιμ.) *ο ~ είναι σφαίρα και γυρίζει* (= τίποτε σ' αυτόν τον κόσμο δεν είναι μόνιμο) (συνών. *Γη).* **3.** σύνολο ανθρώπων, ζώων και πραγμάτων που βρίσκονται πάνω στη Γη: *όλος ο ~ γιορτάζει την ημέρα του παιδιού* (συνών. *οικουμένη, υφήλιος).* **4.** κοινωνικό σύνολο: *δε με νοιάζει τι θα πει ο ~* (παροιμ.) *ο ~ το 'χει τούμπανο κι εμείς κρυφό καμάρι* (για πράγματα που έχουν κοινολογηθεί και όμως οι ενδιαφερόμενοι επιμένουν να τα κρατούν μυστικά) (συνών. *κοινωνία).* **5.** ορισμένη κοινωνική ή επαγγελματική κατηγορία ανθρώπων: *επιστημονικός/εμπορικός ~.* **6.** ομάδα πραγμάτων που ανήκουν σε ιδιαίτερο χώρο: *ο ~ των ζώων.* **7α.** πολυκοσμία: *είχε -ο στη διάλεξη* (συνών. *κοσμοσυρροή)·* **β.** πλήθος: *αγόρασε έναν -ο πράγματα·* γ. (επιθετικώς η γεν. με το άρθρο + ουσ.) πάρα πολύς: *βγάζει του -ου τα λεφτά· έχει του -ου τα καλά.* **8.** η ζωή μέσα στην κοινωνία: *αρνήθηκε τον -ο και κλείστηκε σε μοναστήρι· δε βγήκε ακόμα στον -ο.* **9.** η εφήμερη επίγεια ζωή (σε αντίθεση με τη μεταθανάτια): *ο ~ είναι μάταιος.* **10.** ειδική ομάδα χωρών ή ορισμένη ιστορική περίοδος: *~ αραβικός· ~ ρωμαϊκός* (= ρωμαϊκή εποχή). **11.** (γενικά) η ζωή που κάνει κανείς, οι άνθρωποι και τα πράγματα που τον περιβάλλουν: *ζούμε σε διαφορετικούς -ους.* Εκφρ.

για τα μάτια του -ου (= για να κρατηθούν τα προσχήματα)· *εσωτερικός ~,* βλ. *εσωτερικός· ~ και κοσμάκης,* βλ. *κοσμάκης· Νέος ~* (= η Αμερική και η Ωκεανία)· *ο άλλος ~* (= η μεταθανάτια ζωή): *στον άλλο -ο μόνο θα βρω ξεκούραση· ο καλός ~* (= η υψηλή κοινωνία)· *όλος ο ~* (= όλοι)· *τρίτος ~* (= σύνολο χωρών που αποτελείται κυρίως από κράτη που ανεξαρτητοποιήθηκαν ή συγκροτήθηκαν μετά την κατάργηση του αποικιοκρατικού συστήματος). Φρ. *δε χάλασε δα ο ~* (= δεν είναι και τίποτε σπουδαίο αυτό που έγινε)· *έρχομαι στον -ο* (= γεννιέμαι)· *έτσι είναι ο ~* (= αυτή είναι συνήθως η κατάσταση)· *έφαγα τον -ο για να σε βρω* (= γύρισα όλα τα γνωστά μέρη αναζητώντας σε)· *ο ~ είναι μικρός* (για συνάντηση κάποιων σε μέρος που δε θα το περίμεναν)· *ο ~ να χαλάσει* (= εξάπαντος, οπωσδήποτε)· *σηκώνω τον -ο στο ποδάρι, χαλώ τον -ο* (= τους αναστατώνω όλους)· *φέρνω στον -ο* (= γεννώ).
κοσμοσυρροή η, ουσ., συγκέντρωση πλήθους ανθρώπων στο ίδιο μέρος (συνών. *κοσμοπλημμύρα).*
κοσμοσύχναστος, -η, -ο, επίθ., που βρίσκεται σε μέρος που συχνάζει πολύς κόσμος: *πλατεία -η* (συνών. *πολυσύχναστος·* αντ. *απόμερος).*
κοσμοσωτήριος, -α, -ο, επίθ. (ασυνίζ.), που σώζει τον κόσμο ή που έγινε για τη σωτηρία του κόσμου: *διδασκαλία -α.*
κοσμοταξιδεμένος, -η, -ο, επίθ., που έχει ταξιδέψει σε πολλά μέρη της γης (συνών. *κοσμογυρισμένος).*
κοσμοχαλασιά η, ουσ. (ασυνίζ.). **1.** μεγάλη ταραχή και αναστάτωση φυσικών στοιχείων (συνών. *θεομηνία).* **2.** μεγάλος θόρυβος που προέρχεται από πλήθος ανθρώπων.
κοσμοχαλασμός ο, ουσ., κοσμοχαλασιά (βλ.λ.).
κοσμώ, -είς, ρ. (λόγ.). **1.** στολίζω, ομορφαίνω (αντ. *ασχημίζω).* **2.** (μεταφ.) προσδίδω σε κάποιον ή κάτι αξία, τιμή, δόξα: *οι μεγάλοι άνδρες -ούν τον τόπο μας.*
κόσσυφας και **-φος,** βλ. *κότσυφας.*
Κοσταρικανός ο, θηλ. **-ή,** ουσ., αυτός που κατοικεί στην Κόστα Ρίκα ή κατάγεται από εκεί.
κοστίζω, ρ. **1α.** έχω κόστος, στοιχίζω: *τα εισαγόμενα προϊόντα -ουν ακριβά·* **β.** αντιπροσωπεύω χρηματική δαπάνη: *η ζωή δεν -ει πολύ στο χωριό.* **2.** (μεταφ., για δυσάρεστο γεγονός) προξενώ θλίψη, οδύνη ή ζημία: *του -ισε πολύ ο θάνατος του πατέρα του· η απρονοησία του του -ισε πολλές περιπέτειες·* φρ. *δε του -ει τίποτε να πει ψέματα· ~ τη ζωή σε κάποιον* (= προκαλώ το θάνατο): *το δυστύχημα -ισε τη ζωή του· μου -ισε ο κούκος αηδόνι* (= ξόδεψα πολλά για ασήμαντο πράγμα). [ιταλ. *costare*].
κοστολόγηση η, ουσ., σύνολο συστηματικών εργασιών που έχουν σκοπό τη συγκέντρωση, κατάταξη, καταγραφή, καθώς και τον επιμερισμό των δαπανών, ώστε να προσδιοριστεί το κόστος της παραγωγής ενός προϊόντος, μιας υπηρεσίας ή μιας παραγωγικής διαδικασίας.
κοστολόγιο το, ουσ. (ασυνίζ.), βιβλίο όπου καταχωρίζονται οι άμεσες και οι έμμεσες δαπάνες που συναποτελούν το κόστος παραγωγής ενός αγαθού ή μιας υπηρεσίας.
κοστολόγος ο, ουσ., αυτός που ασχολείται με την κοστολόγηση.
κοστολογώ, -είς, ρ., προσδιορίζω το κόστος: *~ προϊόντα.*

κόστος το, ουσ. χωρίς πληθ. **1.** αξία ενός εμπορεύματος πριν επιβαρυνθεί με το εμπορικό κέρδος: *πουλώ στο ~ (= χωρίς κέρδος)· ~ παραγωγής.* **2.** συνολικό ποσό που απαιτείται για να αγοράσει κανείς, να κάνει ή να φτιάξει κάτι· *~ ζωής* (= τα έξοδα που πρέπει να κάνει κανείς για να διατηρεί ορισμένο επίπεδο διαβίωσης)· *~ κοινωνικό* (= δυσάρεστο επακόλουθο για ευρύτερα κοινωνικά στρώματα εξαιτίας γενικότερου γεγονότος): *η τεχνολογική εξέλιξη επιφέρει κοινωνικό ~. ~ πολιτικό* (= μείωση της δημοτικότητας πολιτικού ή πολιτικής παράταξης εξαιτίας πολιτικού γεγονότος).

κοστούμι, βλ. *κουστούμι.*

κότα η, ουσ. **α.** κατοικίδιο πτηνό που εκτρέφεται για το κρέας και τα αβγά του, το θηλυκό του *κόκορα·* **β.** (ειρων.) η μικροπρεπής γυναίκα, η «γυναικούλα». Φρ. *αλλού τα κακαρίσματα κι αλλού γεννούν οι -ες,* βλ. *αλλού· η γριά (ή η παλιά) η ~ έχει το ζουμί,* βλ. *ζουμί· κοιμάμαι με τις -ες* (= κοιμάμαι πολύ νωρίτερα από την κανονική ώρα)· *όποιος ανακατώνεται με τα πίτουρα τον τρώνε οι -ες,* βλ. *ανακατώνω· περνώ ζωή και ~,* βλ. *ζωή, σηκώνομαι με τις -ες* (= πολύ πρωί). - Υποκορ. **-ούλα** η. [μτγν. *κόττος* (= πετεινός) ή το ιταλ. *cotta*].

κότερο το, ουσ. **1.** μικρό, επίμηκες ιστιοφόρο σκάφος για ιστιοπλοϊκούς αγώνες. **2.** μικρό ιδιωτικό σκάφος βενζινοκίνητο (συνών. *θαλαμηγός, γιοτ*). [αγγλ. *cutter*].

κοτέτσι το, ουσ., περιορισμένος χώρος σε αγροτική κατοικία όπου εκτρέφονται κότες και άλλα κατοικίδια πτηνά· (συνεκδοχικά για να δηλωθεί μικρός χώρος) *σπίτι ~*. [σλαβ. *cotets*].

κοτζάμ και **κοτζάμου** και **κοτζαμάν**, άκλ. λ., που έχει θέση επιθέτου και προσδίδει τη σημασία του μεγάλου, του ογκώδους στο ουσιαστικό που συνοδεύει: *αν του λέγανε... πως θα σκότωνε κοτζάμου άντρα με το ίδιο του το χέρι δε θα το πίστευε* (Μπαστιάς)· (συχνά ειρων.), *~ παλληκάρι και φοβάσαι το σκύλο; ~ υπουργός!* [τουρκ. *kocam, kocaman*].

κοτζάμπασης και **-μπά-** ο, πληθ. *-μπάσηδες* και *-σήδες*, θηλ. **-σίνα**, ουσ. (όχι ερρ.). **1.** (στην Τουρκοκρατία) πρόεδρος κοινότητας, δημογέροντας, προεστός. **2.** (μεταφ.) άνθρωπος αυταρχικός (συνών. *δικτάτορας, σατράπης,* στη μεταφ. σημασ.). **3.** (το θηλ.) η γυναίκα του κοτζάμπαση. [τουρκ. *koca başı*].

κοτζαμπασισμός ο, ουσ. (όχι ερρ.), το να αυθαιρετεί κάποιος που έχει διοικητικά καθήκοντα, αυθαίρετη διοίκηση.

κοτιγιόν το, ουσ. άκλ. (συνιζ.). **1.** είδος χορού που χορεύεται στο τέλος μιας χορευτικής εσπερίδας. **2.** μικροαντικείμενα από χαρτί που πετούν μεταξύ τους όσοι μετέχουν στη χορευτική αυτή εκδήλωση (συνών. *χαρτοπόλεμος*). [γαλλ. *cotillon*].

κότινος ο, ουσ. **1.** κλαδί αγριελιάς. **2.** στεφάνι από κότινο· έπαθλο, βραβείο: *~ της νίκης.*

κοτίσιος, -α, -ο, επίθ. (συνιζ.), που προέρχεται από κότα: *συκωτάκια/αβγά -ια.*

κοτλέ, επίθ. άκλ., για ύφασμα με εξωτερική επιφάνεια σαν του βελούδου, όπου σχηματίζονται ραβδώσεις: *ύφασμα/παντελόνι ~*. [γαλλ. *côtelé*].

κοτολέτα η, ουσ., πλευρά μικρού ζώου τηγανισμένη σε βούτυρο ή ψημένη στο γκριλ: *-ες αρνίσιες* (συνών. *μπριζόλα, παϊδάκι*). [γαλλ. *côtelette*].

κοτόπιτα η, ουσ., πίτα φτιαγμένη από φύλλα ζύμης και στήθος κότας.

κοτοπουλιέρα η, ουσ. (συνιζ.). **1.** πλαστικό σκεύος με ανάλογο σχήμα για κοτόπουλο. **2.** ηλεκτρική συσκευή (σε ψησταριές) όπου ψήνονται μαζί πολλά κοτόπουλα.

κοτόπουλο το, ουσ. **1.** νεοσσός της κότας· η κότα· παροιμ. φρ. *η αλεπού στον ύπνο της -α ονειρεύεται* (γι' αυτόν που έχει διαρκώς ένα πράγμα στο νου του και επιθυμεί πολύ να το αποκτήσει). **2.** μαγειρεμένη κότα: *~ με μπάμιες.*

κοτόσουπα η, ουσ., σούπα που γίνεται από ζωμό βρασμένης κότας.

κοτούλα, βλ. *κότα.*

κοτόψειρα η, ουσ., γενική ονομασία για τις ψείρες που παρασιτούν στις κότες και σ' όλα τα πουλιά.

κοτρώνα η και **κοτρώνι** το, ουσ. **1.** ογκώδης πέτρα. **2.** βράχος: *γκρεμούς και κοτρώνια.* [πιθ. από το **κροτώνιον<κροτώ*].

κοτσαδόρος ο, ουσ., εξάρτημα πρόσθετο σε όχημα με το οποίο γίνεται σύνδεση σ' άλλο όχημα.

κοτσάκι το, ουσ., δίστιχο τραγουδάκι, λιανοτράγουδο. [άγνωστη ετυμ.].

κοτσάνα η, ουσ. (λαϊκ.), ανόητη κουβέντα, ανοησία: *λέει/αμολάει -ες.*

κοτσανάκι, βλ. *κοτσάνι.*

κοτσανάτος, βλ. *κοτσονάτος.*

κοτσάνι το, ουσ. **1.** μίσχος λουλουδιού, φύλλου ή καρπού· φρ. *τρώει και τα -ια* (για λαίμαργο και αδηφάγο άτομο). **2.** κλαδί φυτού απογυμνωμένο από τα φύλλα του. **3.** κώνος καλαμποκιού (συνών. *κούκλα*). Φρ. *την περνάει ~* (για κάποιον που ζει πλούσια ή απλώς ευχάριστα). - Υποκορ. **-άκι** το. [τουρκ. *koçan*].

κοτσάρισμα το, ουσ., πρόσδεση, σύνδεση: *~ του τροχόσπιτου στο αυτοκίνητο.*

κοτσάρω, ρ. **1.** προσδένω, συνδέω: *~ την καρότσα στο τρακτέρ* (αντ. *αποχωρίζω, ξεκοτσάρω*). **2.** (μεταφ.) δίνω ή λέω ξαφνικά και ανέλπιστα κάτι που δεν το περίμενε ο ακροατής. **3.** προσάπτω σε κάποιον μια κατηγορία. **4.** (ναυτ.) πλευρίζω, πέφτω δίπλα στη μπάντα. [ιταλ. *incocciare*].

κότσι το, ουσ. **1.** ο αστράγαλος του ποδιού. **2.** (μεταφ. στον πληθ.) η δύναμη, η αντοχή κάποιου: *να σπας χαλίκι δεν είναι για τα -ια σου·* (κατ' επέκταση) *με τα -ια...του Ναπολέοντα κοκορευόταν κι όλοι τούτοι οι Φραντσέζοι* (Μπαστιάς)· φρ. *βαστάνε τα -ια του/έχει γερά -ια* (= αντέχει, έχει δυνάμεις, είναι ακμαίος). **3.** (στον πληθ.) παιχνίδι που παίζεται με αστραγάλους ζώων. **4.** εξόγκωμα οστού στα χέρια και τα πόδια. [*κόττιον*, υποκορ. του αρχ. *κόττς*].

κοτσίδα η, ουσ., πλεξούδα (βλ.λ.) των μαλλιών. [αρχ. *κοττίς<κόττος*].

κοτσιλιά, βλ. *κουτσουλιά.*

κοτσονάτος, -η, -ο, και **κοτσα-**, επίθ. (ειδικά για ηλικιωμένο άτομο) που διατηρεί τις δυνάμεις του ακμαίες, που «βαστάνε ακόμα τα κότσια» του.

κότσος ο, ουσ., τρόπος χτενίσματος κατά τον οποίο τα μαλλιά μαζεύονται στο πίσω και πάνω μέρος του κεφαλιού ή χαμηλά πάνω από το λαιμό. [αρχ. *κόττος* ή ιταλ. *cozzo*].

κότσυφας ο και **κοτσύφι** το, ουσ., σκουρόχρωμο πουλί με πορτοκαλιά μάτια και ράμφος και πολύ μελωδική φωνή που ζει στα δάση. [αρχ. *κόσσυφος*].

κοτύλη η, ουσ. **1.** αρθρική κοιλότητα οστού· ειδικά

η σφαιροειδής κοιλότητα του λαγόνιου οστού που υποδέχεται την κεφαλή του μηριαίου. **2.** καθεμιά από τις μυζητικές θηλές των διαφόρων σπονδυλωτών και ασπόνδυλων ζώων με τις οποίες προσκολλώνται σε διάφορα αντικείμενα (συνών. *βεντούζα*). **3.** (βοτ.) κοτυληδόνα (βλ.λ.). **4.** κοίλο διάτρητο κομμάτι σιδήρου μέσα στο οποίο στρέφεται το άκρο ενός άξονα.

κοτυληδόνα η, ουσ. **1.** (βοτ.) το φύλλο ή τα φύλλα που εμφανίζονται στα πρώτα στάδια της ανάπτυξης του εμβρύου του φυτού μέσα στο σπέρμα των σπερματοφύλλων και περιέχουν τα απαραίτητα θρεπτικά συστατικά για την ανάπτυξη του φυτού (συνών. *κοτύλη*). **2.** καθεμιά από τις κοίλες απομυζητικές θηλές διάφορων σπονδυλωτών και ασπόνδυλων ζώων με τις οποίες συγκρατούνται σε διάφορα αντικείμενα ή συλλαμβάνουν τη λεία τους (συνών. *κοτύλη, βεντούζα*). **3.** καθεμιά από τις λειτουργικές μονάδες του πλακούντα.

κοτώ, -άς, ρ., τολμώ, παίρνω το θάρρος: *δεν κότησα να του αντιμιλήσω.* [*κοττώ<κόττος].

κουάκερ το, ουσ. άκλ., αλεσμένη βρώμη κατάλληλη για κρέμες. [αγγλ. *quaker*].

Κουάκεροι και **-κέ-** οι, μέλη της «Εταιρείας» ή «Εκκλησίας των Φίλων», χριστιανικής ομάδας που εμφανίστηκε το 17. αι. στην Αγγλία και την Αμερική και καταδίκαζε την αναγκαιότητα του κλήρου. [αγγλ. *Quaker*].

κουαρτέτο το, ουσ. **1.** μουσική σύνθεση για τέσσερα διαφορετικά όργανα ή τέσσερις φωνές. **2.** τετραμελής ομάδα μουσικών που εκτελούν μουσική σύνθεση για τέσσερα άτομα ή τραγουδούν μαζί. **3.** ομάδα τεσσάρων ατόμων που συνεργάζονται ή παίζουν μαζί. [ιταλ. *quartetto*].

κουάρτο το, ουσ. (λαϊκ.). **1.** το τέταρτο της ώρας. **2.** (τυπογραφία) φύλλο χαρτιού διπλωμένο στα τέσσερα. [ιταλ. *quarto*].

κουβάλημα το, ουσ., μεταφορά ενός ή πολλών πραγμάτων από ένα μέρος σε άλλο: *~ επίπλων/ βιβλίων*.

κουβαλητής ο, ουσ. **1.** αυτός που κουβαλά, που μεταφέρει κάτι. **2.** αυτός που ψωνίζει και φέρνει στο σπίτι πολλά πράγματα, κυρίως τρόφιμα.

κουβαλώ, -άς, ρ. **Ι.** ενεργ. **1.** μεταφέρω κάτι από ένα μέρος σ' άλλο κρατώντας το με τα χέρια ή άλλο μέρος του σώματος ώστε να μην ακουμπά στο έδαφος: *μπορείς να -ήσεις τόσο βαρύ μόνος; -ησε δύο σακιά γεμάτα.* **2.** εφοδιάζω το σπίτι με πολλές προμήθειες τροφίμων: *της -ά και του πουλιού το γάλα.* **3.** φέρνω κάποιον απρόσκλητο ή ανεπιθύμητο: *ήρθαν και -ησαν και δύο φίλους τους.* **4.** (αμτβ.) μετακομίζω: *πότε -άτε στο νέο σπίτι;* **ΙΙ.** μέσ. (-ιέμαι) **1.** μετακομίζω, εγκαθίσταμαι αλλάζοντας κατοικία: *-ήθηκαν οι νέοι μας γείτονες.* **2.** έρχομαι κάπου απρόσκλητος. [αρχ. ουσ. *κόβαλος*].

κουβανέζικος, -η, -ο, επίθ., που ανήκει ή αναφέρεται στην Κούβα ή τους Κουβανούς.

Κουβανός ο, θηλ. **-ή,** ουσ., αυτός που κατάγεται από την Κούβα και κατοικεί εκεί.

κουβαράκι, βλ. *κουβάρι*.

κυβαράς ο, ουσ., αυτός που κατασκευάζει και πουλά κουβάρια νήματος.

κουβάρι το, ουσ. **1.** νήμα τυλιγμένο σε σφαιρικό σχήμα. **2.** οτιδήποτε μοιάζει με κουβάρι, είναι δηλαδή τυλιγμένο ή μαζεμένο και έχει περίπου σφαιρικό σχήμα: *από την καμινάδα... βγαίνει ~ ο καπνός* (Κοσμάς Πολίτης)· (για το ανθρώπινο σώμα, όταν διπλώνεται από τον πόνο) *ήταν ζαρωμένη ένα κουβάρι*· (για ρούχο τσαλακωμένο ή διπλωμένο απρόσεκτα) *μόλις καθίσω η φούστα μου γίνεται ~*. Φρ. *γίνομαι ~* (= διπλώνομαι από πόνο, γηρατειά)· *γίναμε μαλλιά -ια,* βλ. *γίνομαι·* κάνω *τον άνεμο ~* (= ματαιοπονώ). - Υποκορ. **-άκι** το. [μτγν. *κόβαρος*].

κουβαριάζω, ρ. (συνιζ.). **Ι.** ενεργ. **1.** τυλίγω νήμα σχηματίζοντας κουβάρι. **2.** δίνω σε κάτι το σχήμα του κουβαριού· (ειδικά για ρούχα) τσαλακώνω ή διπλώνω απρόσεχτα. **ΙΙ.** (μέσ.) μαζεύομαι, διπλώνομαι (συνήθως από πόνο): *-στήκε και κείνη σιμά στον άρρωστο άντρα* (Ι.Μ. Παναγιωτόπουλος).

κουβάριασμα το, ουσ. (συνιζ.), τύλιγμα του νήματος σε κουβάρι.

κουβαριαστός, -ή, -ό, επίθ. (συνιζ.), (για νήμα) τυλιγμένος σε κουβάρι.

κουβαρίστρα η, ουσ., κλωστή για κέντημα ή πλέξιμο τυλιγμένη σε ένα μικρό χάρτινο ή πλαστικό κύλινδρο.

κουβαρνταλίκι, βλ. *χουβαρνταλίκι*.

κουβαρντάς, βλ. *χουβαρντάς*.

κουβαρντοσύνη, βλ. *χουβαρντοσύνη*.

κουβάς ο, ουσ., κυλινδρικό δοχείο μεταλλικό ή πλαστικό, φαρδύτερο στο επάνω μέρος, με χερούλι, που χρησιμεύει για τη μεταφορά νερού ή (παλαιότερα) για την άντληση νερού από πηγάδι, κάδος. [τουρκ. *kova*].

κουβεϊτιανός, -ή, -ό, επίθ. (συνιζ.), που ανήκει ή αναφέρεται στο Κουβέιτ ή τους Κουβεϊτιανούς. - Το αρσ. και το θηλ. ως ουσ. (με κεφ. το αρχικό γράμμα) = αυτός που κατοικεί στο Κουβέιτ ή κατάγεται από εκεί.

κουβέλι το, ουσ. **1.** κυψέλη (βλ.λ.)· (παροιμ.) *αν έκαναν όλες οι μέλισσες μέλι, θα έκανα κι εγώ ~* (= δεν έχουν όλοι οι άνθρωποι τα ίδια χαρίσματα ή τις ίδιες ικανότητες). **2.** μέτρο χωρητικότητας σιτηρών. [από το μτγν. *κύβελα* ή σλαβ. *kublŭ*].

κουβέντα η, ουσ. (έρρ.). **1.** συζήτηση, συνομιλία: *από ~ σε ~ του είπανε τα νέα· πιάνω/ανοίγω ~· δεν έχει άλλη ή δεύτερη ~* (= δε δέχομαι άλλη συζήτηση)· *ψιλή ~* (= κουβεντολόι). **2.** αυτό που λέει κάποιος, λόγος: *πώς σου ξέφυγε τέτοια ~!* έκφρ. *χωρίς ~* (= χωρίς αντίρρηση)· (παροιμ.) *μεγάλη μπουκιά φάε, μεγάλη ~ μη λες.* - Υποκορ. **-ούλα** η. [από το μσν. *κουβεντ*<λατ. *conventus*].

κουβεντιάζω, ρ. (έρρ., συνιζ.). **1.** (αμτβ. ή μτβ. με αιτ. προσώπου) συζητώ, συνομιλώ: *-άζαμε όλο το απόγευμα για το ψάρεμα· τους -έντιασα για να μάθω τις συνήθειές τους* (Μπαστιάς). **2.** (μτβ.) δίνω λύση δυσάρεστη για κείνον με τον οποίο συνομιλώ: *όποιος διάβολος και να 'τανε θα κατάφερνε να τον ανακαλύψει και τότε θα τα -άζανε* (Μπαστιάς)· φρ. (απειλητική): *θα τα κουβεντιάσουμε* (= συζητώντας θα καταλήξουμε να βγεις νικημένος, να τιμωρηθείς). **3.** σχολιάζω δυσμενώς, ελέγχω: *για τα φερσίματά της την κουβέντιαζε όλη η γειτονιά*.

κουβέντιασμα το, ουσ. (έρρ., συνιζ.), συζήτηση, συνομιλία (συνών. *κουβέντα*).

κουβεντιαστός, -ή, -ό, επίθ. (έρρ., συνιζ.), που θυμίζει κουβέντα, συζήτηση προφορική: *το ύφος των γραπτών του Ψυχάρη είναι συχνά -ό.* - Επίρρ. **-ά.**

κουβεντολόι το, ουσ. (έρρ.), μακριά συζήτηση χωρίς ουσιώδες περιεχόμενο: *το ~ των γυναικών*.

κουβεντούλα, βλ. *κουβέντα*.
κουβέρνο, βλ. *γκουβέρνο*.
κουβέρτα η, ουσ. 1. κλινοσκέπασμα από μάλλινο, βαμβακερό ή συνθετικό ύφασμα: ~ *πλεκτή/ηλεκτρική*. 2. (ναυτ.) το κατάστρωμα πλοίου. - Υποκορ. **-ούλα** η. [βενετ. *coverta*].
κουβερτούρα η, ουσ. 1. περικάλυμμα βιβλίου. 2. είδος σοκολάτας χωρίς γάλα που χρησιμοποιείται κυρίως στη ζαχαροπλαστική. [γαλλ. *couverture*].
κουβούκλιο το, ουσ. (ασυνίζ.). 1. μικρός χώρος θαλαμωτός με θολωτή στέγη. 2. (ειδικά) κενοτάφιο στο οποίο τοποθετείται και περιφέρεται τη Μ. Παρασκευή ο Επιτάφιος. [λατ. *cubiculum*].
κουβούσι το, ουσ., άνοιγμα περίπου τετράγωνο πάνω στο κατάστρωμα του πλοίου για τον αερισμό του, τη συγκοινωνία μέσα σ' αυτό, αλλά και για άλλους σκοπούς: *ανοίξαμε το* ~ *των σκουνιών* (Κόντογλου). [τουρκ. *kovus*].
κουδούνα και **κουδουνάκι**, βλ. *κουδούνι*.
κουδουνάτος, -η, -ο, επίθ. 1. που έχει επάνω του κουδούνια. 2. μεταμφιεσμένος, μασκαρεμένος.
κουδούνι το, ουσ. 1. συσκευή μικρή που λειτουργεί με ηλεκτρικό ρεύμα ή μπαταρία και παράγει μεταλλικό, δυνατό ήχο: *χτυπώ το* ~ *της πόρτας/του σχολείου/του λεωφορείου*. 2. ο ήχος του κουδουνιού: *άκουσες το* ~; *ώρα για διάλειμμα*. 3. μουσικό όργανο ιδιόφωνο, κατασκευασμένο από μέταλλο, με 14-16 φθόγγους, που παράγει ήχο με κραδασμό· στρογγυλό, κλειστό με μια σχισμή στο κάτω μέρος κι ένα μεταλλικό σφαιρίδιο μέσα του ή ανοιχτό από κάτω με μια μεταλλική γλωσσίδα που χτυπά στα τοιχώματα. 4. το κάθε μικρό τσαμπί που απομένει στο κλήμα μετά τον τρύγο. Φρ. *του (της) κρεμάσανε -α* (= έγινε αντικείμενο κοροϊδίας ή σχολίων)· *κάνω το κεφάλι κάποιου* ~, βλ. *κάνω*. - Υποκορ. **-άκι** το. - Μεγεθ. **-ούνα** η. [μτγν. *κωδώνιον*].
κουδουνίζω, ρ. 1. (αμτβ.) παράγω μεταλλικό ήχο σαν του κουδουνιού, ηχώ σαν κουδούνι: *-ει το τηλέφωνο/το κρυστάλλινο ποτήρι*· *-ει η τσέπη μου* (= έχω πολλά κέρματα, χρήματα)· *-ουν τ' αφτιά μου* (= βουίζουν). 2. (μτβ., μεταφ.) κάνω κάτι γνωστό, διαλαλάω, διατυμπανίζω.
κουδούνισμα το, ουσ., μεταλλικός δυνατός —όπως του κουδουνιού— ήχος που παράγεται από κάτι: *το* ~ *του τηλεφώνου με ξύπνησε*.
κουδουνιστός, -ή, -ό, επίθ., που παράγει ήχο όμοιο με του κουδουνιού.
κουδουνίστρα η, ουσ., παιχνίδι για μωρά που όταν το κουνήσει κάποιος παράγει έναν ή πολλούς ήχους μαζί (ανάλογα με το σχέδιο και το υλικό κατασκευής).
κουζίνα η, ουσ. 1. δωμάτιο που περιλαμβάνει συνήθως σκεύη, συσκευές και έπιπλα απαραίτητα για να ετοιμαστεί φαγητό και ό,τι άλλο σχετίζεται μ' αυτό. 2. (ηλεκτρική) συσκευή που αποτελείται από εστίες και φούρνο για μαγείρεμα φαγητού. 3. ιδιαίτερος τρόπος μαγειρέματος των φαγητών: *γαλλική/κινεζική* ~. 4. όχι ευπρεπής τρόπος για τη ρύθμιση μιας υπόθεσης: *η* ~ *του διορισμού του σ' αυτή τη θέση*. - Υποκορ. **-ίτσα** η και **-άκι** το. [βενετ. *cusina*].
κουζινέτο το, ουσ. 1. το σημείο στήριξης ενός περιστρεφόμενου άξονα μηχανής. 2. μικρή συσκευή για μαγείρεμα. [ιταλ. *cuscinetto*].
κουζινίτσα, βλ. *κουζίνα*.

κουίντα η, ουσ. (ερρ.), το καθένα από τα πλάγια πλαίσια της σκηνής του θεάτρου που οδηγούν στα παρασκήνια. [ιταλ. *quinta*].
κουιντέτο το, ουσ. (προφ. *ν-τ*). 1. (μουσ.) σύνθεση γραμμένη για πέντε όργανα ή πέντε φωνές: ~ *εγχόρδων*. 2. (συνεκδοχικά) η πεντάδα των εκτελεστών τέτοιας σύνθεσης. [ιταλ. *quintetto*].
κουκέτα η, ουσ., μικρό κρεβάτι σε καμπίνα πλοίου ή τρένου. [ιταλ. *cuccetta*].
κουκί το, ουσ. 1. καρπός της κουκιάς, όσπριο που μοιάζει με μεγάλο, πλατύ, ανοιχτό καφέ φασόλι: *-ιά βραστερά/ξερά*· *-ιά γιαχνί*. 2. (ιδιωμ.) κόκκος, σπυρί· (συνεκδοχικά) μικρή ποσότητα οποιουδήποτε πράγματος: *ρίξε στο φαγητό τρία -ιά αλάτι*. 3. (παλαιότερο) μολύβδινη ψήφος, (εκλογικό) σφαιρίδιο: φρ. *έχει πολλά -ιά* (δηλ. πολλούς ψηφοφόρους). Έκφρ. *-ιά μετρημένα* (για ακριβή λογαριασμό στον οποίο δε χωρά καμία αμφιβολία ούτε μπορεί να γίνει κατάχρηση). Φρ. *καλημέρα Γιάννη! -ιά σπέρνω* (για ανθρώπους που απαντούν άλλα αντ' άλλων)· *-ιά τρώει, -ιά μαρτυράει ή μολογάει* (για άνθρωπο αφελή, που δεν μπορεί να πει ψέματα). [μτγν. *κοκκίον*].
κουκιά η, ουσ. (συνιζ.), πόα αναρριχητική που καλλιεργείται κυρίως για τους καρπούς της.
κουκιστός, -ή, -ό, επίθ. (λαϊκ., σπάνιο), πασπαλιστός.
κουκκίδα η, ουσ. 1. στίγμα, σημάδι που έμεινε από καυτηρίαση, κέντρισμα, τσίμπημα, κλπ. 2. το σημάδι της τελείας, η κάτω στιγμή: *τρεις -ες* (δηλ. το σημάδι των αποσιωπητικών). 3. (γενικά) μικρό στρογγυλό σημάδι: *το πρόσωπο του κλόουν ήταν ζωγραφισμένο με πολλές μαύρες -ες*.
κούκλα η, ουσ. 1. μικρό ομοίωμα ανθρώπου (συνήθως γυναίκας ή μικρού παιδιού) που χρησιμεύει ως παιγνίδι των μικρών κοριτσιών ή ως διακοσμητικό αντικείμενο: ~ *πάνινη/που μιλάει*· *παίζω με τις -ες μου*. 2. (μεταφ.) πολύ όμορφη γυναίκα: *έχει παντρευτεί μια* ~! έκφρ. *απέξω* ~ *κι απομέσα πανούκλα* (για γυναίκα με άψογη εξωτερική εμφάνιση, απομέσα όμως κακοντυμένη ή με άσχημη συμπεριφορά). 3. ομοίωμα ανθρώπου σε φυσικό μέγεθος που χρησιμεύει για την έκθεση ρούχων και υφασμάτων στις βιτρίνες καταστημάτων και σε οίκους ραπτικής ή την παρουσίαση στολών και ιστορικο-λαογραφικών σκηνών σε μουσειακούς χώρους: *-ες ολοζώντανες/κέρινες*. 4. μαριονέτα (βλ. λ.). 5. δέσμη νήματος τυλιγμένου χαλαρά που προορίζεται για πλέξιμο (στο χέρι): *για τη ζακέτα θα χρειαστούν οκτώ -ες μαλλί*. 6. (ιδιωμ.) κώνος καλαμποκιού, λαϊκ. κουτσούνα. - Υποκορ. **-άκι** και **-ί** το, **-ίτσα** η (στις σημασ. 1 και 2). - Μεγεθ. (λαϊκ.) **-άρα** η (στη σημασ. 2). [λατ. *cuculla*].
κουκλίστικος, -η, -ο, επίθ., που μοιάζει με κούκλα, πολύ όμορφος: *πρόσωπο -ο*.
κουκλίτσα, βλ. *κούκλα*.
κουκλοθέατρο το, ουσ., θέατρο με μαριονέτες (βλ. λ.): *τα παιδιά αγαπούν το* ~.
κουκλοπετεινός ο, ουσ. (ζωολ., λαϊκ.), το πτηνό έποπας, ο τσαλαπετεινός.
κούκλος ο, ουσ. 1. ομοίωμα άνδρα ή μικρού παιδιού (βλ. *κούκλα* σημας. 1, 3 και 4): *Πινόκιο, ο ξύλινος* ~ *του παραμυθιού*. 2. (μεταφ.) πολύ ωραίος άνδρας: *στην ταινία παίζει ένας* ~! *ο άνδρας της είναι σωστός* ~!
κούκος ο, ουσ. 1. ωδικό πουλί που μοιάζει με περι-

στέρι, με γκρι φτέρωμα και κελάδημα χαρακτηριστικά μονότονο, που συνηθίζει να αφήνει τα αβγά του σε φωλιές άλλων πουλιών: φρ. *ένας ~ δε φέρνει την άνοιξη* (= για την εκτέλεση ενός έργου απαιτείται συνεργασία πολλών ατόμων)· *αγόρασε τον -ο γι' αηδόνι, του κόστισε ή στοίχισε ο ~ αηδόνι, πληρώνω τους -ους για μπεκάτσες* (όταν καταβάλλεται τιμή πράγματος πολύ μεγαλύτερη από την πραγματική αξία του). **2.** (μεταφ.) άτομο μοναχικό: έκφρ. *τρεις κι ο* ~ (= ελάχιστοι)· φρ. *έμεινε ~* (= ολομόναχος)· *πηγαίνει ολομόναχος σαν ~* (για εκείνους που αποφεύγουν τους άλλους ανθρώπους). **3.** ρολόι τοίχου σε σχήμα μικρού σπιτιού που από την πόρτα του προβάλλει ψεύτικος κούκος που σημαίνει με τεχνητό κελάδημα τις ώρες. **4.** σκούφος. [ονοματοπ. από τη φωνή *κου-κου*].

κουκουβάγια η, ουσ. (συνιζ.), (ζωολ.) νυκτόβιο αρπακτικό πουλί με πλατιά όψη, μεγάλα στρογγυλά μάτια και μικρό οξύ ράμφος: ~ *γριά/ιερή· η ~ είναι το σύμβολο της σοφίας*· έκφρ. *άλλα τα μάτια του λαγού κι άλλα της -ας,* βλ. *άλλος·* φρ. *ασημένιο είν' το κλουβί, μα έχει μέσα ~* (= για πρόσωπα ή πράγματα που ξεγελούν με την εξωτερική τους εμφάνιση)· *κάθεται σαν την ~* (δηλ. μόνος). [ονοματοπ. από τη φωνή *κουκουβάου*].

κουκουβιάζω (συνιζ.) και **κουκουβίζω**, ρ. (λαϊκ.), (για πουλιά) κουρνιάζω: *είχε -ίσει στο κατώφλι του φτωχικού του.*

κουκουές ο, ουσ. (λαϊκ.), οπαδός του κομμουνιστικού κόμματος Ελλάδας. [από τα αρχικά Κ.Κ.Ε.].

κουκούλα η, ουσ. **1.** κωνική καλύπτρα του κεφαλιού: ~ *μυτερή· αδιάβροχο/κάπα με ~.* **2.** (γενικά) κάλυμμα: ~ *αυτοκινήτου.* [ιταλ. *cuculla*].

κουκουλάρικος, -η, -ο, επίθ., που είναι κατασκευασμένος από κουκούλι, μεταξωτός: *ύφασμα -ο. - Το ουδ. ως ουσ. = ύφασμα μεταξωτό.*

κουκούλι το, ουσ. **1.** περίβλημα από μετάξινο νήμα που υφαίνουν οι προνύμφες (δηλ. οι κάμπιες) των λεπιδοπτέρων γύρω από το σώμα τους και μέσα στο οποίο κλεισμένες μεταμορφώνονται σε νύμφες: *-ια μεταξοσκωλήκων·* ~ *άσπρο/τρύπιο.* **2.** επανωκαλύμμαυχο καλογέρου.

κουκουλιάζω, ρ. (συνιζ.), (για μεταξοσκώληκες) μεταβάλλομαι σε κουκούλι (βλ. λ.).

κουκουλόσπορος ο, ουσ., σπέρμα, σπόρος του μεταξοσκώληκα.

κουκουλοφόρος ο, ουσ., αυτός που φορά κουκούλα για να μην τον αναγνωρίσουν: *δυο -οι σταμάτησαν το αυτοκίνητο με την απειλή όπλων.*

κουκούλωμα το, ουσ. **1α.** το να σκεπάζει κανείς κάτι με κουκούλα· **β.** θάψιμο, παραχώμα. **2.** (μεταφ.) συγκάλυψη ενοχής ή σκανδάλου: *προσπάθεια για* ~ *της υπόθεσης.*

κουκουλώνω, ρ. **1α.** σκεπάζω κάτι τελείως και επιμελημένα: *να -ώσεις το παδί καλά, γιατί κάνει κρύο έξω!* (μέσ.) *κοιμόταν -ωμένος με την κουβέρτα·* **β.** θάβω, παραχώνω: *σκουπίδια στις ακτές -ωμένα με άμμο.* **2.** (μεταφ.) συγκαλύπτω ενοχή ή σκάνδαλο: *η κατάχρηση -ώθηκε από τους διευθυντές της εταιρείας.* **3.** παντρεύω με τη βία ή απάτη ή επιτηδεύμενα: *την -ωσαν μ' έναν ακαμάτη·* (μέσ.) *-ώθηκαν προτού το μάθουν οι γονείς της.*

κουκουνάρα η, ουσ., ο σπερματοφόρος κωνοειδής καρπός του πεύκου, κουκουνάρι· έκφρ. *άρες μάρες -ες* (για ασυνάρτητες φλυαρίες).

κουκουνάρι το, ουσ., κουκουνάρα. [*κόνναρος* ή *κοκκωνάριον*<*κόκκων*].

κουκουναριά η, ουσ. (συνιζ.), είδος ήμερου πεύκου που τα κουκουνάρια του τρώγονται.

κουκούτσι το, ουσ. **1.** ο σκληρός πυρήνας, ο σπόρος των καρπών των πυρηνόκαρπων δένδρων, καθώς και των σταφυλιών: ~ *πικρό/μυτερό· σταφύλι χωρίς ~· λάδι από -ια ελιάς.* **2.** (γενικά) ο σπόρος οποιουδήποτε καρπού: *-ια από λεμόνι/καρπούζι.* **3.** (μεταφ.) ελάχιστη ποσότητα: *δεν έχει ~ μυαλό αυτός ο άνθρωπος!.* [ιταλ. *cucuzza* ή *κόκκος* + *-ούτσι*].

κουλαίνω, ρ., αόρ. *κούλανα* (λαϊκ.), κάνω κάποιον κουλό.

κουλάκος ο, ουσ. (παλαιότερα) πλούσιος αγρότης στη Ρωσία, μικρός γαιοκτήμονας. [ρωσ. *kulak*].

κουλαμάρα η, ουσ. **1.** το να είναι κάποιος κουλός. **2.** (μειωτ. για αδεξιότητα ή νωθρότητα): ~ *έχεις κι έσπασες το βάζο;/και δεν το βάζεις στη θέση του;*

κουλαντρίζω και **κολα-**, ρ. (έρρ., λαϊκ.), χρησιμοποιώ, χειρίζομαι κάτι επιδέξια, τα καταφέρνω σε κάτι: *κάθε νοικοκύρης -ει το σπιτικό του· έχει τόσα παιδιά κι όμως τα -ει* (συνών. διευθετώ, τακτοποιώ). [τουρκ. *kullandırmak*].

κουλές ο, ουσ. **1.** (παλαιότερα) πύργος. **2.** καμπύλη προεξοχή στην περιφέρεια πλεκτού ή κεντήματος: *τραπεζομάντηλο με -έδες.* **3.** τρόπος χτενίσματος όπου τα μαλλιά που πέφτουν στο μέτωπο σχηματίζουν ημικυκλική φράντζα. - Υποκορ. **-εδάκι** το στη σημασ. 2. [τουρκ. *kule*].

κουλός, -ή, -ό, επίθ., που είναι ανάπηρος, από το ένα ή και τα δύο χέρια (συνών. *κουλοχέρης*). [αρχ. *κυλλός*].

κουλουβάχατα, επίρρ. (λαϊκ.), άνω-κάτω, φύρδην μίγδην: *τα 'κανες ~· πες ο ένας, πες ο άλλος, έγιναν ~.* [αραβ. *kullu-wahad*].

κουλούκι το, ουσ. **1.** νεογνό σκύλας, κουτάβι. **2.** νόθο παιδί. [*κυλάκιον*<*σκυλάκιον*].

κούλουμα τα, ουσ. (λαογρ.). **1.** η εορταστική έξοδος στο ύπαιθρο την ημέρα της Καθαρής Δευτέρας, καθώς και τα έθιμα που την συνοδεύουν: *γιορτάζω τα ~.* **2.** (συνεκδοχικά) η ημέρα της Καθαράς Δευτέρας. [*κούμουλα*<λατ. *cumulus*].

κουλουμούντα η, ουσ. (έρρ., λαϊκ.), κατρακύλισμα με το κεφάλι προς τα κάτω (συνών. *κουλουμούντρι, κουτρουβάλα*). [*κώλος* + *μούτρα τα*].

κουλουμούντρι το, ουσ. (έρρ., λαϊκ.), κουλουμούντρα.

κουλουμουντρίζω, ρ. (έρρ., λαϊκ.), κατρακυλώ ανώμαλα, με το κεφάλι προς τα κάτω (συνών. *κουτρουβαλώ*).

κουλουμούντρισμα το, ουσ. (έρρ., λαϊκ.), το να κατρακυλά κανείς με το κεφάλι προς τα κάτω (συνών. *κουτρουβάλημα*).

κουλούρα η, ουσ. **1.** ψωμί σε σχήμα μεγάλου δακτυλίου. **2.** (ναυτ.) σωσίβιο. **3.** σχοινί ή σύρμα τυλιγμένο σπειροειδώς, σπείρα. **4.** (μεταφ.) το στεφάνι του γάμου· φρ. *βάζω την ~ ο παπάς βάζει ή περνάει την ~.* **5.** (γενικά) κυκλικός, δακτυλιοειδές σχήμα. **6.** το μηδέν ως σχολικός βαθμός: *ο δάσκαλος του έβαλε ~.* [παλαιότερο *κολλούρα*<αρχ. *κολλύρα*].

κουλουράκι, βλ. *κουλούρι.*

κουλουράς ο, θηλ. **-ρού**, ουσ., πλανόδιος πωλητής κουλουριών: *Ηπειρώτες -άδες* (συνών. *κουλουρτζής, κουλουροπώλης*).

κουλούρι το, ουσ. **1.** αρτοσκεύασμα σε σχήμα δα-

κουλουριάζω 752

κτυλίου πασπαλισμένο με σουσάμι: *-ια ζεστά/ ξεροψημένα·* φρ. *δανεικά τα -ια στο γάμο* (απειλή για ανταπόδοση των ίσων). **2.** το μηδέν ως σχολικός βαθμός: *πήρε ~ στην ιστορία.* - Υποκορ. **-άκι** το = **α.** μικρό κουλούρι· **β.** γενικά για μικρά βουτήματα διαφόρων σχημάτων. [μτγν. *κολλούριον*].

κουλουριάζω, ρ. (συνιζ.). **I.** (ενεργ.) δίνω σε κάτι κυκλικό, δακτυλιοειδές σχήμα· τυλίγω κάτι σε σχήμα σπείρας: ~ *σκοινί/σύρμα.* **II.** μέσ. **1.** παίρνω σχήμα σπείρας: *φίδι -ιασμένο.* **2α.** κάθομαι διπλωμένος σε σχήμα σπείρας: *το σκυλί κοιμόταν -ιασμένο στα πόδια της* (συνών. συσπειρώνομαι, κουβαριάζομαι)· **β.** κάμπτομαι πολύ, ζαρώνω από κρύο, φόβο, πόνο, κλπ.: *γέρος κουλουριασμένος στη γωνιά του δρόμου· -άστηκε πιάνοντας το στομάχι του.*

κουλούριασμα το, ουσ. (συνιζ.), το να δίνει κανείς σε κάτι ή να παίρνει ο ίδιος σχήμα σπείρας: ~ *σκοινιού/φιδιού.*

κουλουριαστός, -ή, -ό, επίθ. (συνιζ.), τυλιγμένος ή καθισμένος σε σχήμα σπείρας, κουλουριασμένος. - Επίρρ. **-ά.**

Κουλουριώτης ο, θηλ. **-ισσα**, ουσ. (συνιζ. λαϊκ.), Σαλαμίνιος.

κουλουριώτικος, -η, -ο, επίθ. (συνιζ.), που ανήκει ή αναφέρεται στη Σαλαμίνα (λαϊκ. *Κούλουρη*) ή τους Κουλουριώτες.

Κουλουριώτισσα, βλ. *Κουλουριώτης.*

κουλουροπώλης ο, ουσ., κουλουράς (βλ. λ.), κουλουρτζής.

κουλουρού, βλ. *κουλουράς.*

κουλουρτζής ο, ουσ., κουλουράς (βλ. λ.), κουλουροπώλης.

κουλοχέρης, -α, -ικο, επίθ. **1.** κουλός. **2.** είδος τυχερού παιχνιδιού που παίζεται σε καζίνα.

κουλτούρα η, ουσ. **1.** το σύνολο των ιδεών, εθίμων και τεχνών που παρουσιάζει μια κοινωνία (συνών. πολιτισμός). **2.** (συνεκδοχικά) το ολικό σύστημα των τρόπων με τους οποίους σκέπτονται, αισθάνονται και δρουν τα μέλη μιας κοινωνίας, η πνευματική ανάπτυξή της: ~ *ελληνική.* **3.** (ειδικά) καλλιέργεια (βλ. λ. στη σημασ. 5), παιδεία. [γαλλ. *culture*].

κουλτουριάρης ο, θηλ. **-ιάρα**, ουσ. (συνιζ.), (ειρων.) διανοούμενος ή ψευτοδιανοούμενος που προσπαθεί με εξεζητημένο τρόπο να επιδείξει γνώσεις και ενδιαφέρον για πνευματικά και καλλιτεχνικά θέματα.

κουλτουριάρικος, -η, -ο, επίθ. (συνιζ.), που ταιριάζει σε κουλτουριάρη: *αυταρέσκεια -η· ντύσιμο -ο.*

κουμανταδόρος ο, ουσ. (έρρ.), αυτός που κάνει κουμάντο.

κουμανταρία η, ουσ., γλυκό κυπριώτικο κρασί εκλεκτής ποιότητας από μαύρο σταφύλι.

κουμαντάρισμα το, ουσ. (έρρ.), το να κουμαντάρει κανείς κάτι ή κάποιον: ~ *δύσκολο· καΐκι βολικό στο ~.*

κουμαντάρω, ρ., παρατ. *-άριζα*, αόρ. *-ισα* (έρρ., λαϊκ.). **1.** διευθύνω, διοικώ, διατάζω, διαχειρίζομαι: *είχε καπετάνιους στα καράβια του κι αυτός -άριζε από τη στεριά· -ει το σπιτικό της/την επιχείρηση περίφημα.* **2.** ελέγχω, εξουσιάζω: *δεν μπορεί να -ει τον εαυτό του/τα παιδιά του.* **3.** χειρίζομαι· κυβερνώ: *Από μωρό παιδί έμαθα να ~ βάρκα* (Κόντογλου). **4.** (μεταφ.) καθοδηγώ: *ο όσιος Μηνάς... χρόνια είχε -ει τις ψυχούλες τους (των μοναχών)* (Μπαστιάς). [ιταλ. *comandare*].

κουμάντο το, ουσ. (έρρ.). **1.** διεύθυνση, διοίκηση: *παρέλαβε από τον προκάτοχό του καπετάνιο το ~ του βαποριού·* φρ. *κάνω ~* (= κυβερνώ, διοικώ). **2.** διαχείριση: *έχω/κρατώ το ~ του σπιτιού.* **3.** (μεταφ.) έλεγχος· καθοδήγηση: *τα παιδιά θέλουν καλό ~ από τους γονείς.* **4.** (ειδικά) τα απαραίτητα εφόδια για κάτι, προμήθειες: *για το ταξίδι έχω κάνει το ~ μου* (δηλ. έχω πάρει ό,τι χρειάζεται) (συνών. κουμπάνια). [ιταλ. *comando*].

κουμάρι το, **I.** ουσ., παράνομο τυχερό παιγνίδι που παίζεται με χρήματα: *όλα του τα λεφτά τα χάνει/ παίζει στο ~.* [τουρκ. *kumar*].

κουμάρι το, **II.** ουσ. (παλαιότερα) πήλινο ή γυάλινο δοχείο νερού. [*κουκουμάριον<λατ. *cuc(c)uma*].

κουμαριά η, ουσ. (συνιζ.), ποώδες φυτό που ευδοκιμεί σε ορεινές περιοχές και έχει χαρακτηριστικούς κοκκινοκίτρινους καρπούς: ~ *άγρια/ήμερη.*

κούμαρο το, ουσ., ο μικρός σφαιρικός καρπός της κουμαριάς με κοκκινοκίτρινο χρώμα και υπόξινη γεύση· φρ. *δεν τρώει -α* (= δεν είναι τόσο αφελής ώστε να πιστεύει ό,τι του λένε).

κουμαρτζής ο, ουσ., αυτός που παίζει κουμάρι· επαγγελματίας χαρτοπαίκτης: *είναι μεγάλος ~!* [τουρκ. *kumarcı*].

κουμάσι το, ουσ. **1.** ορνιθώνας, κοτέτσι. **2.** (μεταφ.) άνθρωπος τιποτένιος, παλιάνθρωπος: *καλό ~ είναι και του λόγου του!*

Κουμιώτης ο, θηλ. **-ισσα**, ουσ. (συνιζ.), αυτός που κατοικεί στην Κύμη ή κατάγεται από εκεί.

κουμιώτικος, -η, -ο, επίθ. (συνιζ.), που αναφέρεται στους Κουμιώτες ή στην Κύμη ή προέρχεται από αυτήν: *σύκα -α.*

Κουμιώτισσα, βλ. *Κουμιώτης.*

κουμκάν, βλ. *κουνκάν.*

κουμπάνια η, ουσ. (έρρ., λαϊκ.), εφοδιασμός, προμήθειες σε τρόφιμα: *έκανε ~ για την εκδρομή.* [ιταλ. *compagna*].

κουμπάρα, βλ. *κουμπάρος.*

κουμπαράς ο, ουσ. (έρρ.), μικρό δοχείο με σχισμή στο επάνω μέρος από όπου τα παιδιά ρίχνουν χρήματα, ιδίως νομίσματα, αποταμιεύοντας: ~ *πήλινος·* φρ. *τρύπιος ~ είναι η τσέπη του* (για άνθρωπο σπάταλο). [τουρκ. *kumbara*].

κουμπαριά η, ουσ. (έρρ., συνιζ.), η πνευματική συγγένεια ανάμεσα σε κουμπάρο (βλ. λ.) και στην οικογένεια που στεφάνωσε ή βάφτισε: ~ *μακρινή· κάναμε/έχομε ~.*

κουμπαριάζω, ρ. (έρρ., συνιζ.), συνδέομαι με κουμπαριά, κάνω κουμπαριά με κάποιον.

κουμπάρος ο, θηλ. **-α**, ουσ. (έρρ.). **1.** αυτός που αλλάζει τα στέφανα στο γάμο, ο παράνυμφος ή αυτός που βαφτίζει το παιδί ή τα παιδιά ζευγαριού, ο ανάδοχος, ο νονός: *είμαστε -οι·* φρ. *-α την εστόλιζα και νύφη κατεβαίνει· τα κορίτσια έπαιζαν τις -ες.* **2.** (ως φιλική προσφών. συνήθως σε αγνώστους): *καλημέρα, -ε! μήπως μπορείς, -ε, να με βοηθήσεις;.* [ιταλ. *compare*].

κουμπαρούλα η, ουσ. (έρρ.). **1.** (υποκοριστικά, φιλικά) κουμπάρα. **2.** κόρη της κουμπάρας. **3.** βαφτιστικιά.

κουμπάσο το, ουσ. (έρρ.). **1.** (παλιότερα) το γεωμετρικό όργανο διαβήτης. **2.** (οικοδ.) διαβήτης για τη συγκράτηση φεγγίτη σε ανοιχτή θέση. [βενετ. *compasso*].

κουμπελίδικος, -η, -ο, επίθ. (όχι έρρ.), που έχει κουμπέ, τρούλο: *εκκλησία -η.*

κουμπές ο, ουσ. (όχι έρρ.), τρούλος, θόλος (βλ. λ. στη σημασ. 1): *τα λελέκια στέκονται απάνω στους -έδες της εκκλησιάς*. [τουρκ. *kubbe*].

κουμπί το, ουσ. (έρρ.). 1. μικρό αντικείμενο από σκληρό υλικό σε διάφορα σχήματα, συνηθέστερα στρογγυλό, που το ράβουν στα ρούχα για να τα κουμπώνουν ή απλώς για διακόσμηση: *ράβω/ξεκουμπώνω -ιά*. 2. πλήκτρο που πιέζοντάς το χειρίζεται κανείς μια μηχανή, θέτει σε λειτουργία μια ηλεκτρική συσκευή ή ρυθμίζει τη λειτουργία της: *πατώ/γυρίζω τα -ιά του ραδιοφώνου/της τηλεόρασης*. 3. (μεταφ.) τρόπος με τον οποίο επιτυγχάνεται κάτι· φρ. *του βρήκε το* ~ (δηλ. το ευαίσθητο σημείο του). [παλαιότερο *κομβίον*<αρχ. *κόμβος*].

κουμπότρυπα η, ουσ. (έρρ.), μικρή σχισμή σε ρούχο για να περνά το κουμπί: ~ *λοξή/διακοσμητική*· έκφρ. *μάτια -ες* (= πολύ μικρά).

κουμπούρα η, ουσ. (όχι έρρ.). 1. (παλαιότερα) περίστροφο, πιστόλι: ~ *ασημένια· έχει τα ψυσεκλίκια του και την* ~ *στη μέση*. 2. (μεταφ.) α. άνθρωπος αμόρφωτος· β. μαθητής που δε μελετά ή είναι ανεπίδεκτος μαθήσεως: *είναι μεγάλη* ~ *στα μαθηματικά*. [τουρκ. *kubur*].

κουμπούρας ο, ουσ. (όχι έρρ.). 1. άνθρωπος αμόρφωτος. 2. μαθητής που δε μελετά ή δεν μπορεί να μάθει.

κουμπούρι το, ουσ. (όχι έρρ.), περίστροφο, πιστόλι: *αρματώθηκε με -ια*. [τουρκ. *kubur*].

κουμπουριά η, ουσ. (όχι έρρ., συνιζ.). 1. πυροβολισμός με κουμπούρα ή κουμπούρι: *έριξε -ιές στον αέρα*. 2. τραυματισμός με κουμπούρι.

κούμπωμα το, ουσ. (έρρ.). 1. το να κουμπώνει κανείς κάτι και το αποτέλεσμα της ενέργειας αυτής: ~ *εφαρμοστό*. 2. (μεταφ.) δισταγμός: ~ *των καταναλωτών να αγοράζουν προϊόντα*.

κουμπώνω, ρ. (έρρ.). I. (ενεργ.) περνώ τα κουμπιά ενός ρούχου από τις αντίστοιχες κουμπότρυπες ή θηλειές για να συγκρατήσω εφαρμοστά δύο μέρη του: ~ *σακάκι/ζακέτα* (αντ. *ξεκουμπώνω*). II. μέσ. 1. κλείνω το ρούχο που φορώ με κουμπιά: *-ώσου, γιατί φυσάει έξω*. 2. (μεταφ.) γίνομαι ή δείχνω επιφυλακτικός στις ενέργειές μου ώστε να προφυλαχτώ από τυχόν απάτη ή λάθος: *του μιλούσα, αλλά ήτανε -μένος*.

κουμπωτήρι το, ουσ. (έρρ.), (παλαιότερα) αγκιστροειδές εργαλείο για να κουμπώνουν τα κουμπιά παπουτσιών.

κουμπωτός, -ή, -ό, επίθ. (έρρ.), που κλείνει με κουμπιά: *φούστα/τσάντα -ή*.

κουνάβι το, ουσ. (ζωολ.) ζώο που μοιάζει με νυφίτσα και έχει καστανόμαυρο πυκνό τρίχωμα και μακριά φουντωτή ουρά.

κουνάδι το, ουσ., κουνάβι. [σλαβ. *kuna*].

κουνάμενος, βλ. *κουνώ*.

κουνέλα η, ουσ., θηλυκό κουνέλι· φρ. *γεννάει σαν* ~ (για γυναίκα που γεννά συχνά).

κουνέλι το, ουσ. (ζωολ.) τρωκτικό φυτοφάγο ζώο, συγγενές με το λαγό, ιδιαίτερα πολύτοκο, που εκτρέφεται κυρίως για το κρέας του: ~ *άγριο/οικόσιτο*· ~ *κρασάτο*. [ιταλ. *coniglio*].

κούνελος ο, ουσ., αρσενικό κουνέλι.

κουνενές ο, ουσ. 1. βρέφος. 2. (μεταφ.) άνθρωπος ανίκανος, ξεμωραμένος: *γέρος* ~.

κούνημα το, ουσ. 1. ταλάντευση, αιώρηση: *το μωρό μόνο με* ~ *κοιμάται*· ~ *δέντρου*. 2. τράνταγμα: ~ *του σπιτιού από σεισμό*. 3. κλυδωνισμός: ~ *βάρκας*. 4. νεύμα: ~ *του κεφαλιού*. 5. (στον πληθ.) θηλυπρεπείς κινήσεις, «καμώματα» (συνών. *ακκισμός, νάζι*).

κούνια η, ουσ. (συνιζ.). 1. κρεβατάκι μωρού. 2. κάθισμα κρεμασμένο από κάπου με δύο αλυσίδες ή σκοινιά όπου κάθεται και αιωρείται κάποιος: *παιδική χαρά με -ες*. Έκφρ. *από* ~ (= από τη βρεφική ηλικία· επιτ.): *από* ~ *απατεώνας*. Φρ. ~ *που σε κούναγε!* (= μην ελπίζεις, γελιέσαι).

κουνιάδα και **κουνιαδάκι**, βλ. *κουνιάδος*.

κουνιάδια τα, ουσ. (συνιζ. δις, λαϊκ.), κουνιάδοι και κουνιάδες.

κουνιάδος ο, θηλ. **-ιάδα**, ουσ. (συνιζ.), γυναικάδελφος ή ανδράδελφος. - Υποκορ. **-άκι** το. [βενετ. *cognado*].

κουνιστός, -ή, -ό, επίθ. 1. που μπορεί να κουνιέται: *πολυθρόνα -ή· αλογάκι -ό*. 2. (συνήθως για πρόσωπο θηλυκού γένους) που κάνει νάζια: *ήρθε -ή και λυγιστή*. 3. (για άνδρα) που κουνιέται προκλητικά καθώς περπατάει, θηλυπρεπής.

κουνίστρα η, ουσ., γυναίκα που κουνάει το σώμα της προκλητικά κατά το βάδισμα.

κουνκάν και **κουμκάν** το, ουσ. άκλ., είδος παιχνιδιού που παίζεται με δύο τράπουλες και από δύο ως οκτώ παίκτες. [πιθ. παλαιότερο αγγλ. *cooncan*].

κουνουπάκι, βλ. *κουνούπι*.

κούνουπας και **κουνούπαρος**, βλ. *κουνούπι*.

κουνουπέλαιο το, ουσ., υγρό φαρμακευτικό παρασκεύασμα που προστατεύει από τα δήγματα κουνουπιών.

κουνούπι το, ουσ., μικρό δίπτερο έντομο που ζει συνήθως σε περιοχές ελώδεις ή υγρές και με πυκνή βλάστηση και τσιμπά τους ανθρώπους ρουφώντας τους αίμα· φρ. *μας έγινες* ~ = έγινες πολύ ενοχλητικός· *σε βλέπω σαν* ~ = δε σε υπολογίζω καθόλου. - Μεγεθ. **κούνουπας, -αρος** ο. - Υποκορ. **-άκι** το.

κουνουπίδι το, ουσ., λαχανικό σε σχήμα σφαιρικό με πράσινα φύλλα που καλύπτουν την εσωτερική σγουρή του επιφάνεια και τρώγεται συνήθως ως σαλάτα.

κουνουπιέρα η, ουσ. (συνιζ.), ειδική καλύπτρα κρεβατιού από πολύ λεπτό διάτρητο ύφασμα για να προφυλάσσει αυτούς που κοιμούνται από τα κουνούπια ή τα άλλα ενοχλητικά έντομα.

κουντούρα η, ουσ. (έρρ.), είδος χαμηλού παπουτσιού των χωρικών. [τουρκ. *kundura*].

κουντουράδικο, το, ουσ. (έρρ., λαϊκ.), εργαστήριο που κατασκευάζει κουντούρες, γενικά υποδηματοποιείο.

κουντουράς ο, ουσ. (έρρ., λαϊκ.), αυτός που κατασκευάζει κουντούρες, γενικά υποδηματοποιός.

κουντρίζω, βλ. *κουτρίζω*.

κουντρώ, βλ. *κουτρώ*.

κουνώ, -άς, ρ., μέσ. **-ιέμαι**, αόρ. **-ήθηκα**, μτχ. (λαϊκ.) *κουνάμενος, κουνημένος*. I. ενεργ. Α. μτβ. 1. θέτω κάποιον ή κάτι σε κίνηση, κάνω να κινηθεί μπρος ή πίσω, πάνω ή κάτω: ~ *το δέντρο/χέρι/μωρό* (για να κοιμηθεί). 2α. (για πράγματα) μετατοπίζω: *μην -ήσεις τίποτε από το δωμάτιο* (συνών. *κινώ*)· β. (για πρόσωπα) μεταθέτω, βγάζω (από κάποια θέση): *δεν μπορεί κανείς να με -ήσει από τη θέση μου*. Β. (αμτβ.) κλυδωνίζομαι: *το πλοίο -άει πολύ*. II. μέσ. 1. αλλάζω θέση, μετακινούμαι: *μην -ηθεί κανείς σας!* 2. (συνήθως στην προστ.) κάνω γρήγορα, βιάζομαι: *-ήσου, γιατί θα χάσουμε το αεροπλάνο*. 3. λυγίζω προκλητικά το σώμα καθώς περπατώ ή χορεύω. 4. η μτχ. **-ημένος** (για φωτογραφία) που έχει ασταθή περιγράμματα, που δεν είναι καθαρή. ΄Εκφρ. (λαϊκ.) σεινάμενος κουνάμενος (= κουνιστός και λυγιστός). Φρ. *δεν το -άω* (= δε φεύγω): *δεν το -άω αποδώ, αν δε με πληρώσεις· μην το -άς!* (= να μη μετακινηθείς!)· *-ήσου από τη θέση σου!* (προτροπή για σιωπή σε αυτούς που προλέγουν κακά). - Βλ. και *κινώ*.

κούπα η, ουσ. 1. ποτήρι, κύπελλο: *γέμισε την ~ γάλα*. 2. (συνεκδοχικά) ό,τι περιέχει μια κούπα: *βάλε δυο -ες ζάχαρη*. 3. ένα από τα τέσσερα χαρακτηριστικά σύμβολα των φύλλων της τράπουλας (με σήμα μια κόκκινη καρδιά· παλαιότερα μια κούπα). 4. (στον πληθ.) είδος χαρτοπαίγνιου. Φρ. *γίναμε ή τα κάναμε από -ες* (= μαλώσαμε). - Υποκορ. **-άκι** το. [λατ. *cupa*].

κουπαστή η, ουσ. 1. ανώτατο χείλος των δύο πλευρών πλοίου. 2. (για μικρά σκάφη) το μικρό κατάστρωμα της πλώρης και της πρύμνης στρωμένο με σανίδια: *αποκοιμήθηκε στην ~*. 3. οριζόντιο ξύλο που συνδέει τα κάγκελα σκάλας, σκαλωσιάς, κλπ. [κουπαστός<αρχ. *κωπάω*].

κουπέ το, ουσ. άκλ. 1. είδος κλειστής τετράτροχης άμαξας με δύο ή τέσσερις θέσεις. 2. είδος αυτοκινήτου με δύο πόρτες. 3. διαμέρισμα σιδηροδρομικού οχήματος διαρρυθμισμένο έτσι ώστε να δέχεται τέσσερα ως οκτώ καθίσματα: *~ πρώτης θέσε- ται*. [γαλλ. *coupé*].

κουπί το, ουσ., όργανο που χρησιμοποιείται για την προώθηση ή την οδήγηση μικρού σκάφους αποτελούμενο από ένα μακρύ ξύλινο στέλεχος που καταλήγει στο ένα άκρο του σε πλατύ πτερύγιο· φρ. *τραβώ ~* (= κωπηλατώ).

κουπιά η, ουσ. (συνιζ.). 1. κάθε προώθηση σκάφους με το κουπί. 2. χτύπημα με κουπί.

κουπολάτης ο, ουσ. (λογοτ.), κωπηλάτης (βλ. λ.).

κουπόνι το, ουσ. 1. απόκομμα ομολογίας, μετοχής ή χρεόγραφου (συνών. *τοκομερίδιο*). 2. κομμάτι τυπωμένου χαρτιού που δίνει σε κάποιον τη δυνατότητα να πληρώσει λιγότερα χρήματα από το κανονικό για κάποιο πράγμα ή να πάρει κάτι χωρίς να πληρώσει. 3. απόκομμα όπου αναγράφεται το ποσό που προσφέρει κανείς σε έρανο ή το ποσό της οικονομικής ενίσχυσης που δίνει. 4. απόδειξη συμμετοχής σε περιοδική διανομή (συνών. *δελτίο*). 5. (γενικά) κάθε απόκομμα. [γαλλ. *coupon*].

κούρα η, ουσ. 1. ιατρική περίθαλψη, θεραπευτική αγωγή· φρ. *κάνω ~* (= α. ακολουθώ μια τακτική θεραπείας· β. ξεκουράζομαι για λόγους υγείας). 2. επίσκεψη γιατρού σε ασθενή (συνών. *βίζιτα*). [ιταλ. *cura*].

κουρά η, ουσ. 1. κόψιμο μαλλιών: *~ μοναχών* (συνών. *κούρεμα*). 2. κούρεμα του τριχώματος των αιγοπροβάτων.

κουράγιο το, ουσ. (συνιζ.), θαρραλέα αντιμετώπιση δύσκολων καταστάσεων (συνών. *θάρρος, τόλμη·* αντ. *λιποψυχία*)· φρ. *κάνω ~* (= προσπαθώ να διατηρήσω το θάρρος μου, την ψυχραιμία μου για να αντιμετωπίσω τις δυσχέρειες)· *δίνω ~* (= ενθαρρύνω)· *παίρνω ~* (= ενθαρρύνομαι). [βενετ. *coragio*].

κουράδι το, ουσ., αποπάτημα, αφόδευμα. - Υποκορ. **-άκι** το και **-ίτσα** η. - Μεγεθ. **-άδα** η.

κουράζω, ρ. Ι. ενεργ. 1. προκαλώ το αίσθημα της κούρασης: *με -ασε αυτή η πορεία· μάτια -ασμένα* (αντ. *ξεκουράζω*). 2. γίνομαι φορτικός, ενοχλητικός: *με -ασες με τις πολλές σου ερωτήσεις*. 3. προξενώ δυσάρεστη ψυχική διάθεση: *μας -ασε ο*

ομιλητής με το μεγάλο του λόγο. II. μέσ. 1. αισθάνομαι κούραση: *-ομαι στα ταξίδια*. 2. καταβάλλω προσπάθεια: *δε θέλει να -εται*.

κουραμάνα η, ουσ. (παλαιότερα) ψωμί για τη σίτιση των στρατιωτών.

κουραμπιές ο, ουσ. (συνιζ.). 1. γλύκισμα που παρασκευάζεται από αλεύρι, βούτυρο, αμύγδαλα, πασπαλισμένο με άχνη ζάχαρη. 2. (μεταφ.) στρατιώτης που δε μετέχει σε επιχειρήσεις, αλλά είναι αποσπασμένος σε βοηθητική υπηρεσία. [τουρκ. *kurabiye*].

κουράντης και **-ντες** ο, ουσ. (προφ. *ν-τ*), θεράποντας γιατρός. [ιταλ. *curante*].

κουράρω, ρ., παρακολουθώ και φροντίζω ασθενή. [ιταλ. *curare*].

κουρασάνι, βλ. *κορασάνι*.

κούραση η, ουσ. 1. υποχώρηση των δυνάμεων, συχνά εξαιτίας υπερβολικής εργασίας: *πεθαίνω/λειώνω από την ~* (συνών. *κόπωση·* αντ. *ξεκούραση*). 2. ψυχική ατονία: *μόλις αντίκρισε το φίλο του του ΄φυγε όλη η ~*.

κουραστικός, -ή, -ό, επίθ. 1. που κουράζει: *ταξίδι -ό· μέρα -ή*. 2. (μεταφ.) ανιαρός: *συνομιλία -ή*. 3. (μεταφ.) φορτικός, ενοχλητικός: *γίνεσαι ~ με την πολυλογία σου* (συνών. *βαρετός*). - Επίρρ. **-ά**.

κουραφέξαλα, βλ. *κουροφέξαλα*.

κούρβα η, ουσ. (υβριστικά) πόρνη. [λατ. *curva*].

κούρβουλο το, ουσ., ξερό κλήμα που χρησιμοποιείται ως καύσιμη ύλη: *ψήσαμε το αρνί με -α*. [λατ. *curvus + -ουλο*].

κουρδίζω, βλ. *κουρντίζω*.

κουρδικός, -ή, -ό, επίθ., που ανήκει ή αναφέρεται στους Κούρδους ή στο Κουρδιστάν: *-ή αυτόνομη περιφέρεια· γλώσσα -ή*.

Κούρδα, βλ. *Κούρδος*.

κούρδισμα, βλ. *κούρντισμα*.

κουρδιστήρι, βλ. *κουρντιστήρι*.

κουρδιστής, βλ. *κουρντιστής*.

κουρδιστός, βλ. *κουρντιστός*.

Κούρδος ο, θηλ. **-α**, ουσ., αυτός που κατοικεί στο Κουρδιστάν ή κατάγεται από εκεί.

κουρέας ο, ουσ., αυτός που έχει ως επάγγελμα να κουρεύει και να ξυρίζει (συνών. *μπαρμπέρης*).

κουρείο το, ουσ., κατάστημα του κουρέα (συνών. *μπαρμπέρικο*).

κουρελάκι, βλ. *κουρέλι*.

κουρελαριά η και (συνιζ., λαϊκ.) **κουρελαριό** το, ουσ. 1. κουρελιασμένα ρούχα, κλπ. (συνών. *παλιατσαρία*). 2. σύνολο κουρελήδων: *ήρθε όλη η ~*.

κουρελής ο, ουσ., αυτός που φοράει κουρελιασμένα ρούχα.

κουρέλι το, ουσ. 1. κομμάτι παλιού ή σχισμένου ρούχου. 2. άχρηστο κομμάτι υφάσματος. 3. (συνεκδοχικά) καθετί φθαρμένο: *έγινε το βιβλίο σου ~· μ΄ αυτά τα -α θα πας στη γιορτή;* (= ευτελή φορέματα). 4. (μεταφ.) άνθρωπος εξουθενωμένος από κούραση, ταλαιπωρία ή ψυχική οδύνη (συνών. *ράκος*)· φρ. *κάνω κάποιον ~*, βλ. *κάνω ~*. - Υποκορ. **κουρελάκι** το. [λατ. *corellum<coriellum*].

κουρελιάζω, ρ. (συνιζ.). 1. μεταβάλλω κάτι σε κουρέλια: *το -ιασες το φουστάνι σου*. 2. (μεταφ.) εξευτελίζω, εξυβρίζω: *τον βρήκε στο δρόμο και τον -ιασε* (συνών. *ταπεινώνω*).

κουρελιάρης, -α, επίθ. (συνιζ.), αυτός που φορεί κουρέλια (συνών. *κουρελής*).

κουρέλιασμα το, ουσ. (συνιζ.). 1. μεταβολή κάποιου πράγματος σε κουρέλια: ~ ρούχου. 2. (μεταφ.) ψυχικός εκμηδενισμός κάποιου (συνών. εξευτελισμός, ταπείνωση).

κουρελού η, ουσ., είδος χαλιού περιορισμένης αξίας που γίνεται από κουρέλια κατάλληλα υφασμένα ή ραμμένα μεταξύ τους: έστρωσαν μια ~ και κάθισαν.

κουρελόχαρτο το, ουσ. 1. σχισμένο ή τσαλακωμένο χαρτί. 2. χαρτονόμισμα ή έγγραφο χωρίς καμιά αξία.

κούρεμα το, ουσ. α. κόψιμο μαλλιών, τριχώματος, χόρτου: ~ του γκαζόν· β. (συνεκδοχικά) κόμμωση που προκύπτει ύστερα από ένα κούρεμα: πολύ σου πάει το καινούργιο σου ~.

κουρευτικός, -ή, -ό, επίθ., που χρησιμεύει στο κούρεμα: μηχανή -ή.

κουρεύω, ρ., κόβω τα μαλλιά, το τρίχωμα ή το χόρτο· φρ. άσ' τον να -εται (= μην του δίνεις σημασία, μην τον υπολογίζεις)· παροιμ. φρ. πήγε για μαλλί και βγήκε -μένος (= πέτυχε το αντίθετο από αυτό που επιδίωκε). - Η μτχ. παρκ. παλαιότερα και σε παροιμίες = πομπεμένος.

κουριόζος, -α, -ο, επίθ. (ασυνίζ.), περίεργος. [λατ. curiosus].

κούρκος ο, θηλ. **-α**, ουσ., γαλοπούλα (βλ. λ.) (συνών. διάνος). [ρουμ. curcă<σλαβ. kurka].

κουρκούτη, βλ. κουρκούτι.

κουρκούτης ο, ουσ. (λαϊκ.), άνθρωπος αποβλακωμένος.

κουρκούτι το και **-τη** η, ουσ. 1. χυλός από αλεύρι και νερό που χρησιμοποιείται στο τηγάνισμα ορισμένων τροφών: μύδια τηγανισμένα με ~. 2. βρασμένος χυλός από αλεύρι. Φρ. κάνω το μυαλό κάποιου ~ (= τον παραζαλίζω)· (παροιμ.) κάηκε απ' το ~ και φυσάει και το γιαούρτι (= όποιος έχει μια κακή εμπειρία φυλάγεται και από ακίνδυνα πράγματα).

κουρκουτιάζω, ρ. (συνιζ.). 1. γίνομαι κουρκούτι, χυλώνω. 2. (μεταφ.) ζαλίζομαι πολύ και δεν μπορώ να σκεφτώ: -ασα απ' το πολύ διάβασμα· -ασε το μυαλό μου. 3. (μεταφ.) αποβλακώνομαι, ξεκουτιάζω: -ασε ο γέρος.

κουρμπάνι το, ουσ., ζώο που σφάζεται σε γάμο ή σε πανηγύρι· (παροιμ.) γάμος δε γίνεται χωρίς ~ (= τα μεγάλα έργα απαιτούν θυσίες). [τουρκ. kurban].

κουρμπάτσι το, ουσ., μαστίγιο, βούρδουλας. [τουρκ. kırbaç].

κουρμπέτι το, ουσ. 1. εξορία, ξενιτειά. 2. υπόκοσμος, η κοινωνία του υποκόσμου. Φρ. βγαίνω στο ~ (= βγαίνω στη ζωή). [τουρκ. gurbet].

κούρνια η, ουσ. (συνιζ.). 1. καλάμια ή στενόμακρα ξύλα πάνω στα οποία ανεβαίνουν και κοιμούνται οι κότες μέσα στο κοτέτσι. 2. (για πρόσωπο) κατάλυμα.

κουρνιάζω, ρ. (συνιζ.), (για πουλιά) μαζεύομαι, γέρνω για να κοιμηθώ: -ασαν τα περιστέρια στις φωλιές τους· (μεταφ.) -ει με τις κότες (= κοιμάται νωρίς)· -ασε σε μια γωνιά και δε μιλούσε.

κούρνιασμα το, ουσ. (συνιζ.), νυχτερινή ανάπαυση των πουλιών πάνω στην κούρνια ή πάνω σε κλαδιά δένδρων.

κουρνιαχτός και **κορνιαχτός** ο, ουσ. (συνιζ.), σκόνη. [αρχ. κονιορτός].

κουρντίζω (όχι έρρ.) και **κουρδίζω**, ρ. 1. τεντώνω τις χορδές μουσικού οργάνου στον τόνο που πρέπει (αντ. ξεκουρντίζω). 2. συσπειρώνω το ελατήριο ρολογιού ή άλλης μηχανικής κατασκευής με το κουρδιστήρι: ~ ρολόι/παιχνίδι (αντ. ξεκουρντίζω). 3. πειράζω κάποιον και τον κάνω να θυμώσει. 4. (συνήθως στο μέσο) φορώ κάτι επιδεικτικά: -στηκε το καινούργιο της φουστάνι και βγήκε βόλτα. [ιταλ. corda].

κούρντισμα (όχι έρρ.) και **κούρδισμα** το, ουσ. 1. τέντωμα χορδών μουσικού οργάνου (αντ. ξεκούρδισμα). 2. συσπείρωση του ελατηρίου ρολογιού ή άλλης μηχανικής συσκευής με τη συστροφή ειδικού εξαρτήματος (αντ. ξεκούρδισμα). 3. (μεταφ.) πείραγμα.

κουρντιστήρι (όχι έρρ.) και **κουρδιστήρι** το, ουσ. 1. όργανο για το κούρδισμα μουσικών οργάνων. 2. ειδικό συστρεφόμενο εξάρτημα που χρησιμεύει για τη συσπείρωση του ελατηρίου ρολογιού ή άλλης μηχανής εφοδιασμένης με ελατήριο.

κουρντιστής (όχι έρρ.) και **κουρδιστής** ο, ουσ., τεχνίτης ειδικός για κούρδισμα μουσικών οργάνων (κυρίως του πιάνου).

κουρντιστός, -ή, -ό, (όχι έρρ.) και **κουρδιστός**, επίθ., που μπορεί να κουρδίζεται: παιχνίδια -ά.

κούρος ο, ουσ. (αρχαιολ.) αρχαϊκό άγαλμα νέου άνδρα.

κουρούνα η, ουσ., μεγάλο πουλί με μαύρα φτερά που μοιάζει με κοράκι. [αρχ. κορώνη].

κουρούπι το, ουσ., είδος πήλινου δοχείου. - Υποκορ. **-άκι** το. - Μεγεθ. **-α** η. [πιθ. αρχ. *κορύπη].

κουροφέξαλα και **κουραφέξαλα** τα, ουσ. (λαϊκ.), ανόητα λόγια, ανοησίες (συνών. σαχλαμάρες, αερολογίες). [πιθ. από το *κουρφόξυλα< κουφόξυλα].

κούρσα η, ουσ. 1. ιπποδρομία· (στον πληθ.) οργανωμένοι αγώνες ιπποδρομιών με στοιχήματα: άλογο -ας· κέρδισε πολλά στις -ες. 2α. διαδρομή σε αγώνα ταχύτητας (αλόγων, δρομέων, αυτοκινήτων): είναι γρήγορος ο ρυθμός της -ας· οδηγεί την ~ ο Χ· β. (γενικά) αγώνας ταχύτητας: ~ αυτοκινήτων· γ. (μεταφ.) ανταγωνισμός: η ~ του διαστήματος/των εξοπλισμών. 3. διαδρομή σε άμαξα (παλαιότερα) ή με αυτοκίνητο, συνήθως μισθωμένο: πλήρωσες πολλά για μια τόσο σύντομη ~. 4. (συνεκδοχικά) α. επιβατικό αυτοκίνητο για μισθωμένες διαδρομές (συνών. αγοραίο, ταξί)· β. επιβατικό αυτοκίνητο (ιδίως μεγάλο και πολυτελές). - Υποκορ. **-άκι** το. - Μεγεθ. **-άρα** η (στη σημασ. 4β). [γαλλ. course].

κουρσάρικος, -η, -ο, επίθ., που ανήκει ή αναφέρεται στους κουρσάρους, πειρατικός: καράβι -ο· παντιέρα -η.

κουρσάρος ο, ουσ. (παλαιότερα) κυβερνήτης ή μέλος πληρώματος πλοίου που κατεδίωκει, καταλαμβάνει και λεηλατεί άλλα πλοία, συνήθως ξένης εθνικότητας: ~ αιμοβόρος/Μπαρμπαρέζος (συνών. πειρατής). [ιταλ. corsaro].

κούρσεμα το, ουσ., επιδρομή, λεηλασία, λαφυραγώγηση (στη θάλασσα ή τη στεριά).

κουρσεύω, ρ., κάνω ληστρική ή πειρατική επιδρομή, κυριεύω και λεηλατώ (τόπο ή πλοίο): κούρσευε τα μοναστήρια· (αμτβ.) οι Μπαρμπερίνοι -ανε σ' όλη τη Μεσόγειο.

κούρσος ο και το, ουσ. (λογοτ.), ληστρική ή πειρατική επιδρομή, λεηλασία: επειδή δε γνώριζε καμιά δουλειά, το ρίχνανε στο ~ και την κλεψιά (Κόντογλου)· να μην τολμήσει άλλος θαλασσινός να βγει στον -ο (πβ. καταδρομή). [λατ. cursus].

κουρσούμι το, ουσ. (λαϊκ.). 1. μολύβι (σε χρήση

μόνο για πράγμα πολύ βαρύ): *το τσουβάλι ήταν βαρύ (σαν)* ~. **2.** μικρή μεταλλική σφαίρα, μπίλια. [τουρκ. *kurşun*].
κούρταλα τα, ουσ. (λαϊκ.), χειροκροτήματα, θόρυβος: (συνηθέστερα σε παροιμ.) *αλλού βαράν τα -α κι αλλού γίνεται ο γάμος* (όταν κάτι που μας συμβαίνει προέρχεται όχι από εκεί που ελπίζουμε ή φοβόμασταν, αλλά από αλλού)· *κι ο μεγάλος γάμος -α κι ο μικρός κουρταλίσματα* (= κάθε έργο έχει τις δυσκολίες του)· *δανεικά τα -α στο γάμο* (= ό,τι έκανες θα το πάθεις). [*κρόταλο*].
κουρταλώ, -είς, ρ. (λογοτ., λαϊκ.). **1.** χτυπώ επανειλημμένα κάτι: *δεν είν' εύκολες οι θύρες, εάν η χρεία τες -εί* (Σολωμός). **2.** χειροκροτώ. [<*κροταλώ*].
κουρτελάτσα η, ουσ. (ναυτ.) (στον πληθ.) συμπληρωματικά ιστία: *τράβαγε σα φρεγάδα μ' ανοιχτές -ες* (Κόντογλου). [βενετ. *cortelazzo*].
κουρτίνα η, ουσ., κομμάτι ύφασμα ή άλλο υλικό, συνηθέστατα κινητό και με πτυχές, που χρησιμοποιείται κρεμασμένο από το πάνω μέρος παραθύρου ή πόρτας ή από την οροφή για να εμποδίζει ή να μετριάζει το φως, να κρύβει ή να διακοσμεί ένα χώρο, να προφυλάσσει κάτι, κ.ά.: ~ *βελούδινη/ υφαντή· κλείνω/τραβώ τις -ες* (πβ. *παραπέτασμα*). - Υποκορ. **-άκι** το και **-ούλα** η: *-άκια του λεωφορείου.* [μεσν. *κορτίνα*<μεσν. λατ. *cortina*].
κουρτινόξυλο το, ουσ., ξύλινο ή μεταλλικό κοντάρι απ' όπου κρεμέται μια κουρτίνα.
κουρτινούλα, βλ. *κουρτίνα*.
κουσέλι το, ουσ. (λαϊκ.). **α.** κακολογία, διαβολή: *-ια σκαρώνανε οι χασομέρηδες του ναυαρχείου* (Μπαστιάς)· **β.** κουτσομπολιό. [παλαιότερο ιταλ. *conseglio*].
κους κους το, ουσ. άκλ., κουτσομπολιό. [λ. ηχομιμ.].
κουσκούσι και **κουσκούς** το, ουσ. άκλ. (λαϊκ.), είδος ζυμαρικού σε μικρούς κόκκους. [τουρκ. *kuskus*].
κουσκουσούρα, βλ. *κουσκουσούρης*.
κουσκουσουρεύω, ρ. (λαϊκ.), κακολογώ, κουτσομπολεύω.
κουσκουσούρης ο, θηλ. **-α**, ουσ. (λαϊκ.), αυτός που συνηθίζει να κακολογεί, να κουτσομπολεύει τους άλλους.
κουσκουσουριά η, ουσ. (συνιζ., λαϊκ.), κακολογία, κουτσομπολιό.
κουσούρι το, ουσ. (λαϊκ.). **α.** ελάττωμα, μειονέκτημα (σωματικό ή ηθικό): *τράκαρε και του 'μεινε* ~ *στα πόδια· τον αγαπούσε παρ' όλα τα -ια του·* **β.** σφάλμα ή ατέλεια στην κατασκευή ενός πράγματος: *τ' αγόρασα χωρίς να προσέξω πως είχε* ~. [τουρκ. *kusur*].
κουστουμάκι, βλ. *κουστούμι*.
κουστουμαρίζομαι, ρ. (συνήθως στον αόρ. και στη μτχ. παρκ.), (για άνδρα) φορώ κουστούμι (βλ. λ. στη σημασ. 2) ή γενικά κάποιο επίσημο ένδυμα.
κουστούμι και **κο-** το, ουσ. **1α.** το σύνολο των εξωτερικών ενδυμάτων, φορεσιά: ~ *παιδικό·* **β.** (μεταφ., λαϊκ.) πλήρες συγκρότημα (σε είδη ντυσίματος, κ.ά.): *το λουτρό θα είναι* ~. **2.** ανδρική ενδυμασία από σακάκι και παντελόνι ραμμένο από το ίδιο ύφασμα: ~ *γαμπριάτικο*. **3.** ειδικά για ένδυμα ηθοποιού ή μεταμφιεσμένου: *φροντίζει για τα σκηνικά και τα -ια· αποκριάτικο*. Φρ. *μου 'κοψε ένα* ~ (= για ακριβό λογαριασμό). - Υποκορ. **-άκι** το. [ιταλ. *costume*].

κουστωδία η, ουσ. **1.** (ιστ.) ρωμαϊκή στρατιωτική φρουρά. **2.** (μεταφ.) συνοδεία, ακολουθία: *έφτασε ο υπουργός με την* ~ *του.* [λατιν. *custodia*].
κούτα η, ουσ., μεγάλο κουτί: *μια* ~ *τσιγάρα*.
κουτά, βλ. *κουτός*.
κουτάβι το, ουσ. **1α.** νεογέννητο ή μικρό σκυλί· **β.** συνεκδοχικά για το μικρό του λύκου, της αλεπούς, κ.τ.ό. **2.** (μεταφ.) για ανόητο ή απονήρευτο άνθρωπο. Παροιμ. *η σκύλα από τη βιάση της στραβά -ια κάνει* (= όταν κάτι γίνεται βιαστικά, έχει ατέλειες). - Υποκορ. **-άκι** το. [αβέβαιη ετυμ.].
κουτάκι, βλ. *κουτί*.
κουτάλα η, ουσ. **1.** μεγάλο κουτάλι που χρησιμοποιείται ως μαγειρικό σκεύος: *ανακατεύει τη σούπα με την* ~· ~ *ξύλινη·* (μεταφ.) *κρατά στο χέρι την* ~ (= διαχειρίζεται δημόσιο χρήμα, συχνά για δικό του όφελος). **2.** (λαϊκ.) **α.** (για άνθρωπο) ωμοπλάτη, σπάλα· **β.** (για ζώο) το σημείο όπου συνδέεται η ωμοπλάτη με το πόδι.
κουτάλι το, ουσ. **1.** σκεύος με μικρή ρηχή κοιλότητα στο ένα άκρο και στενόμακρη λαβή που το χρησιμοποιούμε για να τρώμε, να ανακατεύουμε ή να σερβίρουμε φαγητό: ~ *ξύλινο/πλαστικό/ της σούπας* (συνών. ιδιωμ. *κουλιάρι*). **2.** (συνεκδοχικά) κουταλιά: *βάλε μισό* ~ *ζάχαρη*. Φρ. *του κρέμασαν το* ~ (= έφτασε στο γεύμα, αφού οι άλλοι είχαν αρχίσει να τρώνε)· *έφαγε κάτι με το* ~ (= ασχολήθηκε υπερβολικά με κάτι, απέκτησε πείρα περνώντας από πολλές δοκιμασίες): *έφαγε τα γράμματα/τη θάλασσα/τη ζωή με το* ~· *τρώει με χρυσά -ια* (= κερδίζει πολλά και ξοδεύει επιδεικτικά). - Υποκορ. **-άκι** το. [<**κωτάλιον**<μτγν. *κώταλις*].
κουταλιά η, ουσ. (συνιζ.), το περιεχόμενο ενός κουταλιού: ~ *γεμάτη/κοφτή·* *πίνω τρεις -ές του γλυκού κάθε μέρα·* φρ. *πνίγομαι/χάνομαι σε μια* ~ *νερό* (= ταράζομαι για ασήμαντη αφορμή, δεν ξέρω τι να κάνω κι απελπίζομαι στην παραμικρή δυσκολία). - Υποκορ. **-ίτσα** η.
κουταμάρα η, ουσ. **1.** ανοησία, βλακεία, χαζομάρα. **2.** (συνεκδοχικά) ανόητος κι απερίσκεπτος λόγος ή πράξη.
κουτελίτης ο, ουσ. (λαϊκ.), (ειρων.) για πολύ δυνατό ή νοθευμένο κρασί που «χτυπά στο κεφάλι».
κούτελο το, ουσ., μέτωπο: *η σφαίρα τον βρήκε στο* ~. [αβέβαιη ετυμ.].
κουτελώνω, ρ. (λαϊκ.), (κωμικά) συναντώ απροσδόκητα.
κουτεντές ο, ουσ. (έρρ.), (ειρων.) για πολύ ανόητο άνθρωπο, για βλάκα.
κουτί το, ουσ. **1α.** σκεύος από στερεό υλικό (ξύλο, μέταλλο, χαρτόνι, πλαστικό) για τη φύλαξη αντικειμένων και υλικών, εύκολο στη μεταφορά, εφοδιασμένο συνήθως με καπάκι: ~ *κυλινδρικό/ σκαλιστό·* *έφεραν ένα* ~ *σοκολατάκια·* ~ *ταχυδρομικό* (για τη συγκέντρωση της αλληλογραφίας)· *προστατευτικό* ~ *βιβλίου* (συνών. *θήκη*)· *ένα* ~ *τσιγάρα* (συνών. *πακέτο*)· *βάζω τα γυαλιά σε -ιά* (συνών. *κιβώτιο*)· **β.** (ειδικά για υγρά) δοχείο: *δύο -ιά συμπυκνωμένο γάλα· μπίρα σε* ~· **γ.** συνεκδοχικά για το περιεχόμενο κουτιού: *ένα* ~ *σαρδέλες·* **δ.** περιφρονητικά για τη συσκευή της τηλεόρασης. **2.** (αεροναυτ.) *μαύρο* ~ = ηλεκτρονικό όργανο αεροπλάνου που καταγράφει ορισμένα δεδομένα της πτήσης (π.χ. ύψος, ταχύτητα) ώστε να μπορούν να ελεγχθούν, ιδίως σε περίπτωση ανωμαλίας ή ατυχήματος). Έκφρ. *του -ιού*

(για πράγμα ολοκαίνουργο, αμεταχείριστο): *πουκάμισο/ποδήλατο του -ιού·* (συνεκδοχικά για πρόσωπο) *ντυμένος του -ιού* (= άψογα). Φρ. *μου έρχεται ~* (= α. για ρούχο που προσαρμόζεται απόλυτα στο σώμα μου· β. γενικά για πράγμα, ενέργεια ή κατάσταση που μου ταιριάζει απόλυτα, που είναι ακριβώς όπως θέλω). - Υποκορ. **-άκι** το. [<αρχ. *κυτίον*].
κουτιαίνω, ρ., αόρ. *κούτιανα* (συνιζ., λαϊκ.), (μτβ. και αμτβ., συνηθέστερα στον αόρ.), χαζεύω, αποβλακώνω ή αποβλακώνομαι.
κουτόκοσμος ο, ουσ. (λαϊκ., λογοτ.), κουτός κόσμος, οι βλάκες: *τόσα μέσα... για ν' απατά τον -ο* (Καρκαβίτσας).
κουτομόγιας ο, ουσ. (συνιζ., λαϊκ.). α. πολύ ανόητος, χαζός· β. κουτός που παριστάνει το σοβαρό.
κουτοπονηριά η, ουσ. (συνιζ.), προσποιητή ανοησία ή αφέλεια πονηρού ανθρώπου· πονηρία ανόητου ανθρώπου.
κουτοπόνηρος, -η, -ο, επίθ., πονηρός που προσποιείται ανόητο ή κυρίως ανόητος που θέλει να φανεί πονηρός.
κουτορνίθι το, ουσ. (ειρων.-σκωπτ.) για άτομο ανόητο, απερίσκεπτο.
κουτός, -ή, -ό, επίθ. 1. ανόητος, βλάκας, χαζός. 2. απονήρευτος, αφελής: *τι ~ που ήμουν να σε πιστέψω!* Φρ. *κάνω τον -ό* (= προσποιούμαι πως δεν καταλαβαίνω). - Επίρρ. **-ά.** [*κοττός* (= πετεινός), που απαντά στον Ησύχιο].
κουτουκάκι, βλ. *κουτούκι II.*
κουτούκι το, Ι. ουσ. (λαϊκ.), κούτσουρο, κομμένος κορμός δέντρου. [τουρκ. *kütük*]. **II.** ουσ. (λαϊκ.), μικρή και φτωχική λαϊκή ταβέρνα. - Υποκορ. **-άκι** το. [τουρκ. *koltuk* με παρετυμ. επίδραση του *κουτούκι* Ι].
κουτουλιά η, ουσ. (συνιζ.). α. χτύπημα που δίνει ζώο με το κεφάλι ή με τα κέρατά του (συνών. *κουτριά*)· β. (συνεκδοχικά για άνθρωπο) κεφαλιά.
κουτούλιακας ο, ουσ. (συνιζ., λαϊκ.), πολύ κουτό άτομο.
κουτουλώ και **-άω,** ρ. (λαϊκ.). Ια. (μτβ. για ζώο) χτυπώ με το κεφάλι ή τα κέρατα: *με -ησε ο τράγος* (συνών. *κουτρίζω*)· β. (μτβ. και αμτβ. συνεκδοχικά για άνθρωπο) χτυπώ με το κεφάλι κάποιον ή κάπου: *-ησα στο τζάμι.* 2. (αμτβ., μεταφ. για άνθρωπο) γέρνω το κεφάλι προς τα εμπρός και κάτω: *-άει απ' τη νύστα.* [*κούτελο*].
κουτουράδα η, ουσ. (λαϊκ.). α. πράξη απερίσκεπτη, ανόητη· β. για πολύ τολμηρή ενέργεια: *κάνει -ες.* - Η αιτ. επιρρημ. = χωρίς υπολογισμό, κατ' αποκοπή: *τ' αγόρασα όλα μαζί ~.*
κουτουρού, επίρρ., στην τύχη, χωρίς υπολογισμό: *είπα ~ έναν αριθμό* (συνηθέστερα στην έκφρ. *στα ~*) *στα ~ ν' αρμενίζουμε δεν το 'βρίσκε σωστό* (Μπαστιάς). [τουρκ. *götürü*].
κουτούτσικος, -η, -ο, επίθ., κάπως κουτός.
κουτοφέρνω, ρ. (λαϊκ.), είμαι λίγο κουτός (συνών. *χαζοφέρνω*).
κουτόφραγκος ο, ουσ. (έρρ.), χλευαστικά για τους Ευρωπαίους, που οι «έξυπνοι» Έλληνες κάποτε τους θεωρούσαν κουτούς, αφελείς.
κουτόχορτο το, ουσ. (λαϊκ., λ. πλαστή), χόρτο που υποτίθεται ότι το τρώει κανείς και αποβλακώνεται· συνήθως στις φρ. *τρώω ~* (= εξαπατώμαι), *ταΐζω ~ κάποιον* (= εξαπατώ, εκμεταλλεύομαι).
κούτρα η, ουσ. (λαϊκ.). 1. μέτωπο. 2. (συνεκδοχικά) κεφάλι: *άσπρισε η ~ του.* Παροιμ. *αλί που το 'χει*

η ~ του να κατεβάζει ψείρες (για άτομο διαρκώς άτυχο, που συχνά αποτυχαίνει ή έχει την τάση να κάνει σφάλματα). [λατ. *scutra*].
κουτριά η, ουσ. (συνιζ., λαϊκ.), κουτουλιά.
κουτρίζω και (έρρ.) **κουντρίζω,** ρ. (λαϊκ.), κουτουλώ.
κουτρουβάλα η, ουσ. α. πέσιμο και κατρακύλισμα με το κεφάλι προς τα κάτω· β. τούμπα.
κουτρουβαλιάζω, ρ. (συνιζ., λαϊκ.), κάνω κάποιον να πέσει με το κεφάλι προς τα κάτω, τον ανατρέπω βίαια.
κουτρουβάλισμα το, ουσ. (συνιζ., λαϊκ.), πέσιμο και κατρακύλισμα με το κεφάλι προς τα κάτω.
κουτρουβαλώ, -άς, ρ. (λαϊκ.). α. πέφτω και κατρακυλώ με το κεφάλι προς τα κάτω: *-άλησα μπερδεμένος μέσα στην καρέκλα μου* (Κόντογλου)· β. (συνεκδοχικά) κατεβαίνω πολύ γρήγορα: *για να με προλάβει -άλησε τις σκάλες.* [πιθ. *κουτροβαλώ].
κουτρούλης ο, ουσ. (ιδιωμ.), κουρεμένος, φαλακρός. Φρ. *έγινε του Κουτρούλη ο γάμος/το πανηγύρι* (για μεγάλη αναστάτωση, σύγχυση, φασαρία· η φρ. από τον τίτλο παλαιού θεατρικού έργου). [πιθ. λατ. *scutra* ή *scutula* με επίδραση του ουσ. *κούτρα*].
κουτρώ, -άς και (έρρ.) **κουντρώ,** ρ. (λαϊκ.), κουτουλώ.
κουτσά, βλ. *κουτσός.*
κουτσαβάκης ο, ουσ. α. τύπος μάγκα της παλιάς Αθήνας· β. ψευτοπαλληκαράς. [πιθ. < *κούτσαβος*].
κουτσαβάκικος, -η, -ο, επίθ., που ανήκει ή αναφέρεται στον κουτσαβάκη: *φερσίματα -α.*
κούτσαβος ο, ουσ. (λαϊκ.), κουτσαβάκης. [<*κουτσός* + ιδιωμ. κατάλ. *-αβος*, «που βαδίζει γερτά, στραβά»].
κουτσαίνω, ρ. 1. (μτβ.) κάνω κάποιον κουτσό. 2. (αμτβ.) γέρνω το σώμα όταν περπατώ, επειδή έχω ελάττωμα στο ένα ή και στα δύο πόδια: *-ει, γιατί μπήκε στο πόδι του ένα αγκάθι.*
κούτσα κούτσα, επίρρημ. έκφρ. α. κουτσαίνοντας: *ανέβηκε ~ τον ανήφορο·* β. (μεταφ.) αργά και δύσκολα, με εμπόδια. [επίρρ. *κουτσά*].
κούτσαμα το, ουσ. (λαϊκ.), το να γίνεται ή να είναι κανείς κουτσός.
κούτσαυλος ο, θηλ. **-αύλα,** ουσ. (λαϊκ.), μειωτικά για άνθρωπο κουτσό.
κουτσάφτης ο, ουσ. (λαϊκ.), αυτός που έχει κομμένο το ένα ή και τα δύο αφτιά.
κουτσιλιά, βλ. *κουτσουλιά.*
κουτσο-, α΄ συνθ. (σε ουσ., επίθ. και ρ.) που σημαίνει πως αυτό που δηλώνει το β΄ συνθ. α. είναι κομμένο: *κουτσομύτικος, κουτσοχέρης·* β. είναι λειψό, μειωμένο, ανεπαρκές, άρα μικρό ή λιγοστό: *κουτσογράμματα, κουτσοδουλειά, κουτσοχώρι·* η λ. συχνά με μειωτική σημασία· γ. (για ρ.) γίνεται δύσκολα, αργά ή με μέτρια αποτελέσματα: *κουτσοπερνώ, κουτσοπίνω, κουτσοκαταφέρνω.* [*κοψο-*].
κουτσοβλαχικός, -ή, -ό και **-βλάχικος,** επίθ., που ανήκει ή αναφέρεται στους Κουτσόβλαχους: *ιδίωμα/ζήτημα -ό.* - Το θηλ. ως ουσ. = το γλωσσικό ιδίωμα των λατινόφωνων του ελληνικού χώρου (αλλιώς *αρομουνική, βλάχικα* τα).
Κουτσόβλαχοι οι, ουσ., ονομασία Ελλήνων που εκλατινίστηκαν γλωσσικά στη διάρκεια της ρωμαιοκρατίας (αλλιώς *Βλάχοι, Αρομούνοι*).

κουτσογράμματα τα, ουσ. (λαϊκ.), λίγες, ανεπαρκείς γραμματικές γνώσεις (πβ. *κολλυβογράμματα*).

κουτσοδόντης ο, θηλ. **-α**, ουσ. (έρρ.), αυτός που του λείπουν δόντια (συνών. *φαφούτης*).

κουτσοκαταφέρνω, ρ. (λαϊκ.), καταφέρνω κάτι με δυσκολία, όπως όπως.

κουτσομούρα και **κουτσου-** η, ουσ., ονομασία ψαριού που συγγενεύει με το μπαρμπούνι.

κουτσομπόλα, βλ. *κουτσομπόλης*.

κουτσομπολεύω, ρ. (όχι έρρ.), σχολιάζω με κακόβουλη διάθεση τη συμπεριφορά, τις ιδιότητες ή τα παθήματα ενός άλλου. [πιθ. *κοψο-μπολιάζω (= κόβω και μπολιάζω, συρράπτω)].

κουτσομπόλης ο, θηλ. **-α**, ουσ. (όχι έρρ.), αυτός που συνηθίζει να κουτσομπολεύει.

κουτσομπολιό το, ουσ. (όχι έρρ., συνίζ.), κακόβουλος σχολιασμός της ζωής και του χαρακτήρα ενός άλλου, έμμεση επίκριση και κακολογία.

κουτσομύτης ο, θηλ. **-α**, ουσ. (λαϊκ.), αυτός που η μύτη του είναι λειψή.

κουτσονούρης ο, θηλ. **-ούρα** και **-όρα**, ουσ. (λαϊκ.), για ζώο που του κόπηκε η ουρά, που είναι κολοβό.

κουτσοπίνω, ρ. (λαϊκ.), πίνω σιγά σιγά κρασί ή ούζο, κ.τ.ό.

κουτσοπορεύω, ρ. (λαϊκ.), (ενεργ. μτβ. ή συνηθέστερα μέσ.) συντηρούμαι με δυσκολία, ζω φτωχικά: ~ *τη ζωούλα μου· με τη σύνταξη -ομαι*.

κουτσός, -ή, -ό, επίθ. 1. που έχει ελάττωμα στο ένα ή και στα δύο πόδια ή έχει ακρωτηριαστεί στο ένα πόδι ώστε να μην μπορεί να βαδίσει εύκολα: *πάτησε μια νάρκη κι έμεινε ~· άλογο -ό*. 2. (μεταφ. για έπιπλο) που έχει πάθει ζημιά στο ένα του σκέλος ή λείπει εντελώς: *τραπέζι -ό*. Έκφρ. *...και η -ή Μαρία* (μειωτικά για ενέργεια, εκδήλωση, κλπ., πολλών ανθρώπων): *φόρεσε γούνα/ ήταν στη γιορτή και η -ή Μαρία*. Παροιμ. *-οί, στραβοί στον άγιο Παντελεήμονα* (ειρωνικά για συγκέντρωση σ' ένα μέρος πολλών ανθρώπων που περιμένουν ότι θα βρουν εκεί κάποιο όφελος). - Το ουδ. ως ουσ. = παιδικό παιγνίδι όπου οι παίκτες στηρίζονται στο ένα πόδι. - Επίρρ. **-ά** έκφρ. *-ά στραβά* (= όχι τέλεια ή με πολλή δυσκολία, όπως ήταν δυνατό): *άρχισε -ά στραβά να χαράζει τ' όνομά του* (Ψυχάρης). [α' συνθ. *κοψο-*].

κουτσούβελο το, ουσ., μικρό παιδί: *έχει δυο -τρια -α* (συνών. *μυξιάρικο*). [παλαιότερο *κατσίβελα* (= μικροπράγματα, σκεύη, έπιπλα)<*ίσως κατσίβελος* (= *τσιγγάνος*)].

κουτσουκέλα η, ουσ. (λαϊκ.). 1. ανέντιμη, αντικανονική πράξη (φίλου): *του 'κάνε ~ ο συνεταίρος του*. 2. ελαφράς μορφής σφάλμα ηθικό ή υλική αντικανονική ενέργεια: *όλο -ες μού κάνει αυτό το παιδί!*

κουτσουλιά, κουτσιλιά και **κοτσιλιά** η, ουσ. (συνίζ., λαϊκ.), αποπάτημα πουλιών: *γέμισε το μπαλκόνι -ές· πάτησε μια ~*. [*κοτοτσιλιά* (= διάρροια κότας) ή παλαιότερο *κόττυνα* (= σκύβαλα) < *κόττος* = πετεινός].

κουτσουλίζω και **κουτσουλώ, -άς**, ρ. (για πουλιά) αφήνω κουτσουλιά (βλ. λ.), αποβάλλω περιττώματα: *τον κουτσούλησε ο παπαγάλος στον ώμο*.

κουτσουμούρα, βλ. *κοτσομούρα*.

κουτσουμπός, -ή, -ό, επίθ. (έρρ.), που είναι κομμένη η κορυφή του, κολοβός: *κυπαρίσσι/έλατο -ό* (συνών. *κουτσουρεμένος, κολοβωμένος*). [αρχ. *κόσυμβος*].

κουτσούρα και **κουτσουράκι**, βλ. *κούτσουρο*.

κουτσούρεμα το, ουσ. 1. κόψιμο των κλαδιών δέντρου. 2. (κατ' επέκταση) ακρωτηριασμός, περικοπή: ~ *του κειμένου*.

κουτσουρεύω, ρ. 1. κόβω τα κλαδιά δέντρου: *ποιος την κουτσούρεψε έτσι την ελιά;* 2. (μεταφ.) ακρωτηριάζω, περικόπτω κάτι: *το κουτσούρεψε το φουστάνι· κινηματογραφικό έργο -εμένο (από τη λογοκρισία)* (συνών. *ψαλιδίζω, μειώνω*).

κούτσουρο το, ουσ. 1. κομμάτι από κορμό δέντρου χωρίς κλαδιά: *η φωτιά έκανε το δασάκι -α ξερά*. 2. το μέρος του δέντρου που βρίσκεται μέσα στη γη, η αρχή του κορμού: *το ~ της αγριαπιδιάς· βγάζει -α αγριελιάς για να τα μεταφυτέψει*. 3. στέλεχος κλήματος, κούρβουλο: *τ' αμπέλια ήταν ακόμα -α ξερά* (= δεν είχαν βλαστήσει). 4. χοντρό απελέκητο ξύλο, χοντρό καυσόξυλο: *ένα ~ στη φωτιά*. 5α. (μεταφ.) άνθρωπος άξεστος, αμόρφωτος· β. (ειδικά για μαθητή) αυτός που είναι ακατάλληλος για μάθηση, που δεν τα παίρνει τα γράμματα· τελείως αδιάβαστος. Φρ. *απόμεινε ~* (= άναυδος, εμβρόντητος). - Υποκορ. **-άκι** το (στις σημασ. 1, 2, 3 και 4). - Μεγεθ. **κουτσούρα** η (στις σημασ. 1 και 4). [πιθ. *κόψουρον].

Κουτσοφλέβαρος ο, ουσ., ο μήνας Φεβρουάριος, που έχει λιγότερες από τριάντα ημέρες.

κουτσοχέρης ο, θηλ. **-α**, ουσ., αυτός που είναι ανάπηρος στο ένα ή και στα δύο χέρια (συνών. *κουλός, κουλοχέρης, κοψοχέρης*).

κουτσοχέρικος, -η, -ο, επίθ. 1. που είναι ανάπηρος στο ένα ή και στα δύο χέρια (συνών. *κουλός, κουλοχέρης*). 2. (για αγγείο) που του λείπει η λαβή: *σταμνί -ο*.

κουφαηδόνι το, ουσ. (λαϊκ.). 1. το πτηνό «αηδών η ερυθρόνωτος». 2. (μεταφ.) άνθρωπος τελείως κουφός.

κουφαίνω, ρ., αόρ. *κούφανα*. Ι. ενεργ. Α. μτβ. 1. κάνω κάποιον κουφό, καταστρέφω την ακοή κάποιου. 2. ξεκουφαίνω: *μας κούφανε με τις αγριοφωνάρες του*. 3. (μεταφ., λαϊκ.), αφήνω κάποιον άναυδο, εμβρόντητο: *μας -ανε μ' αυτά που είπε*. Β. (αμτβ.) είμαι λίγο κουφός: *-ει από το αριστερό αφτί*. ΙΙ. (μέσ.) χάνω την ακοή μου: *κουφάθηκε, δεν ακούει καθόλου*.

κουφάλα η, ουσ. 1. κοίλωμα, βαθούλωμα σε κορμό δέντρου: *η ~ της ελιάς*. 2. μικρή κοιλότητα χαλασμένου δοντιού. 3. (μεταφ., υβριστικά) γυναίκα ελεύθερων ηθών, πόρνη.

κουφαλιάζω, ρ. (συνίζ., λαϊκ.), (αμτβ., για δέντρο) κάνω κουφάλα (βλ. λ. στη σημασ. 1): *με τα χρόνια -ιασε η ελιά*. - Η μτχ. παρκ. ως επίθ. = που έχει κουφαλιάσει, που έχει κάνει κουφάλα: *-ιασμένα βράχια*.

κουφαμάρα η, ουσ. (λαϊκ.), το να μην ακούει (καθόλου ή καλά) κάποιος, βαρηκοΐα.

κούφαρι το, ουσ. 1. (περιφρονητικά) ο κορμός του ανθρώπινου σώματος, ανθρώπινο σώμα: *ας καεί σα δάδα το έρμο μου ~* (Σικελιανός). 2. πτώμα ανθρώπου ή ζώου: *κλαίγαμε αποπάνω από το ~ του συντρόφου μας* (Κόντογλου). 3. (ναυτ.) σκάφος, σκελετός πλοίου. [*κουφάριον<κούφος].

κουφέτο το, ουσ., μικρό ζαχαρωτό με σκληρό περίβλημα που στο εσωτερικό του περικλείει αμύγδαλο, σοκολάτα, ηδύποτο, κλπ., και χρησιμοποιείται σε γάμους και βαφτίσια. [ιταλ. *confetto*].

κουφίζω, ρ. (αμτβ.), δεν ακούω πολύ καλά, είμαι βαρήκοος.

κουφικός, -ή, -ό, επίθ., που προέρχεται από την αραβική πόλη Κούφα: *αλφάβητο -ό· επιγραφές -ές· γράμματα -ά* (= πήλινα διακοσμητικά γράμματα που τοποθετούνται στους τοίχους των βυζαντινών εκκλησιών από τις αρχές του 11. αι. από αραβική επίδραση).
κουφιοκάρυδο το, ουσ. (συνιζ.). 1. κούφιο καρύδι. 2. άνθρωπος άμυαλος, επιπόλαιος.
κουφιοκέφαλος, -η, -ο, επίθ. (συνιζ.), που έχει άδειο κεφάλι, ανόητος. - Υποκορ. **-κεφαλάκης** (συνών. *ελαφρόμυαλος, κοκορόμυαλος*).
κούφιος, -α, -ο, επίθ. (συνιζ.), 1. που δεν έχει περιεχόμενο, κοίλος εσωτερικά: *τοίχος/κορμός ~* (συνών. *άδειος, κενός*). 2. χαλασμένος εσωτερικά: *καρύδι/αμύγδαλο/δόντι -ο* (συνών. *σάπιος*). 3. (για ήχο) υπόκωφος: *πιστολιά -ια.* 4. (για άνθρωπο) που δεν έχει εσωτερικό κόσμο, που δεν έχει πνευματικό περιεχόμενο· (μεταφ.) *~ ρητορισμός· -ια λόγια.* 5. (ιατρ.) *-ια βεντούζα* (= αναίμακτη· αντ. *κοφτή*). Έκφρ. *στα -ια* (= χωρίς να γίνει θόρυβος ή χωρίς αποτέλεσμα). Φρ. *-ια η ώρα (που τ' ακούει)!* (απευχή για να αποτραπεί κάποιο κακό): *από γάμο έρχεται ή, -ια η ώρα, από κηδεία;* [αρχ. *κούφος*].
κουφοβράζω, ρ. (αμτβ. για φαγητό) βράζω σιγά σιγά, βράζω αργά χωρίς να κοχλάζω (συνών. *σιγοβράζω*).
κουφόβραση η, ουσ., αποπνικτική καλοκαιριάτικη ατμόσφαιρα με χαρακτηριστικά το συννεφιασμένο ουρανό, την υπερβολική ζέστη και την άπνοια (συνών. *συννεφόκαμα*). [*κουφός + βράση*].
κουφοβροντώ, -άς, ρ. (έρρ., λαϊκ.), προκαλώ υπόκωφο θόρυβο, βροντώ υπόκωφα: *-ούν πατημασιές* (Καζαντζάκης).
κουφοδόντης ο, θηλ. **-α,** ουσ. (έρρ.), αυτός που έχει κούφια, χαλασμένα δόντια.
κουφομυαλιά η, ουσ. (συνιζ. δις), επιπολαιότητα, ελαφρομυαλιά (συνών. *κουφόνοια*).
κουφόμυαλος, -η, -ο, επίθ., που είναι ελαφρόμυαλος (συνών. *κοκορόμυαλος, κουφιοκέφαλος*).
κουφόνοια η, ουσ. (ασυνίζ.), ελαφρομυαλιά, επιπολαιότητα (συνών. *κουφομυαλιά*).
κουφοξυλιά η, ουσ. (συνιζ.), είδος θάμνου.
κούφος, -η, -ο, επίθ. (μεταφ.) ελαφρόμυαλος, ανόητος.
κουφός, -ή, -ό, επίθ., που δεν ακούει καλά ή δεν ακούει καθόλου. Έκφρ. *στα -ά* (= χωρίς θόρυβο). Παροιμ. *στου -ού την πόρτα όσο θέλεις βρόντα* (για όσους δεν συγκινούνται, ούτε αλλάζουν γνώμη). [αρχ. *κωφός*].
κουφότητα η, ουσ., το να είναι κάποιος κούφος (βλ. λ.), ελαφρομυαλιά, κουφόνοια.
κούφωμα το, ουσ. 1. κοίλωμα, βαθούλωμα: *έπεφτα σε κανένα ~ της στεριάς* (Κόντογλου) (συνών. *κουφάλα, κοιλότητα*). 2. κενό στον τοίχο, όπου προορίζεται να μπει πόρτα ή παράθυρο. 3. (συνεκδοχικά) παραθυρόφυλλο ή θυρόφυλλο με τα πλαίσιά τους που προορίζονται να προσαρμοστούν σε ειδικό άνοιγμα του τοίχου.
κουφώνω, ρ. 1. (μτβ.) δημιουργώ κοιλότητα, κουφάλα, κοιλαίνω κάτι (σημών. *γουβώνω*). 2. (αμτβ.) γίνομαι κοίλος, γουβιάζω: *κούφωσε το δόντι μου.* [*κούφος*].
κουφωτός, -ή, -ό, επίθ., που είναι κοίλος, που σχηματίζει κούφωμα: *παράθυρο -ό* (= μισόκλειστο).
κόφα η, ουσ. 1. μεγάλο κοφίνι: *-ες με σύκα* (συνών. *κοφίνα*). 2. (ναυτ.) θωράκιο πλοίου: *στολίσαμε τις -ες των καραβιών μας* (Κόντογλου). [βενετ. *cofa*].
κοφίνα, βλ. *κοφίνι.*
κοφινάκι, βλ. *κοφίνι.*
κοφινάς ο, θηλ. **-ού,** ουσ., αυτός που κατασκευάζει και πουλάει κοφίνια (βλ. λ.).
κοφίνι το, ουσ. βεργόπλεχτο ή καλαμόπλεχτο καλάθι χρήσιμο για τη μεταφορά ή την τοποθέτηση διάφορων αντικειμένων (κυρίως σε αγροτικά σπίτια): *γέμισε το ~ με αχλάδια/σταφύλια.* - Υποκορ. **-άκι** το. - Μεγεθ. **-να** η: *παλιότερα χρησιμοποιούσαν -νες ως κυψέλες.* [αρχ. *κόφινος*].
κοφινιάζω, ρ. (συνιζ.), βάζω σε κοφίνι κάτι: *κοφίνιασαν τα σταφύλια/σύκα για να τα μεταφέρουν.*
κόφινος ο, ουσ., μεγάλο καλάθι, κοφίνι (βλ. λ.).
κοφινού, βλ. *κοφινάς.*
κοφτά, βλ. *κοφτός.*
κοφτερός, -ή, -ό, επίθ. 1. που κόβει πολύ, που έχει πολύ οξεία ακμή: *μαχαίρι/ξυράφι -ό.* 2. (μεταφ.) έξυπνος: *μυαλό -ό.*
κοφτήριο το, ουσ. (ασυνίζ., λαϊκ.), κατάστημα που πουλεί σε πολύ υψηλές τιμές, ακριβό.
κόφτης ο, ουσ. 1. (μηχ.) ειδική ψαλίδα για να κόβονται ελάσματα ή σύρματα. 2. (γενικά) οποιοδήποτε εργαλείο ή μηχάνημα που κόβει μέταλλα, πέτρες, μάρμαρα, κλπ. 3. μεγάλο δρεπάνι με μακρύ κοντάρι χρήσιμο στους αγρότες για το θερισμό.
κοφτός, -ή, -ό, επίθ. α. που έγινε με κόψιμο ή με τομή, κομμένος: *μακαρονάκι -ό* (ειδικά) *κουταλιά -ή* (αντ. *γεμάτη*)· β. (μεταφ.) απότομος: *~ βράχος· -ό τοίχωμα· κουβέντες -ές· πινελιά -ή· χορός ~* (= που σταματάει απότομα)· γ. *κέντημα -ό* (= είδος κεντήματος κατά το οποίο το ύφασμα γίνεται διάτρητο)· (ιατρ.) *-ή βεντούζα* (= «αιματηρή»· αντ. *κούφια*). - Επίρρ. **-ά** (στη σημασ. β.)· έκφρ. *ορθά -ά* (= χωρίς περιστροφές, απερίφραστα): *του απάντησε ορθά -ά.*
κόφτρα η, ουσ. 1. (οικοδ.) ειδική ψαλίδα για να κόβονται σιδερένιες βέργες. 2. κατακόρυφο τοίχωμα σε βόθρο ή σε φρεάτιο, που αφήνει κενό κάτω από το οποίο περνούν τα λύματα.
κόφτω, βλ. *κόβω.*
κόχη, βλ. *κόγχη.*
κοχλάδι και **-ίδι, χοχλάδι, χοχλίδι** το, ουσ. (λαϊκ.). 1. μικρό όστρακο: *τρώγαμε χ-ια της θάλασσας* (Κόντογλου). 2. βότσαλο, χαλίκι: *τα κύματα βουΐζανε απάνω στα κοχλίδια* (Κόντογλου). - Υποκορ. **κοχλιδάκι** το. [μτγν. *κοχλάδιον, κόχλος*].
κοχλάζω και **χο-,** ρ. (αμτβ.). 1α. (για υγρά) αναταράζομαι από το βράσιμο, βράζω υπερβολικά (συνών. *αναβράζω*)· β. (μεταφ.): *η θάλασσα -ει όπως το νερό μέσα στο λεβέτι* (Κόντογλου). 2. (ειδικά για νερό πηγής) αναβλύζω με ορμή. 3α. (μεταφ.) εξοργίζομαι υπερβολικά, βράζω από θυμό· β. (τριτοπρόσ., γενικά για ψυχικό πάθος) είναι έντονο: *-ει το μίσος/η αγανάκτηση/ο πόθος.*
κοχλακίζω, κοχλακώ (-άς), χοχλακίζω και **χοχλακώ,** ρ. (λαϊκ.), (αμτβ.) αναβράζω: *το κύμα κοχλάκιζε σάμπως καταρράχτης* (Σούκας)· *ο αέρας κοχλάκιζε* (Καζαντζάκης). [από τον ήχο *χλοχλο* του βρασμού].
κόχλασμα και **χο-** το, ουσ., κοχλασμός (βλ. λ.).
κοχλασμός ο, ουσ. 1. ο βρασμός και ο θόρυβος που παράγεται από το βρασμό (συνών. *κόχλασμα, χόχλος*). 2. (μεταφ.) ψυχική ταραχή, αναβρασμός εξαιτίας ψυχικού πάθους.

κοχλιάριο το, ουσ. (ασυνίζ. δις). 1. κουτάλι. 2. (γενικά) ονομασία διάφορων τεχνικών ή χειρουργικών εργαλείων που έχουν το σχήμα του κουταλιού.

κοχλίας ο, ουσ. (λόγ.). 1. σαλίγκαρος (βλ. λ.). 2. (μηχανολ.) βίδα (βλ. λ.). 3. (ανατομ.) σπειροειδής σωλήνας του εσωτερικού αφτιού.

κοχλιδάκι, βλ. *κοχλάδι*.

κοχλίδι, βλ. *κοχλάδι*.

κοχλιοειδής, -ής, -ές, γεν. *-ούς*, πληθ. αρσ. και θηλ. *-είς*, ουδ. *-ή*, επίθ. (ασυνίζ., λόγ.), που είναι όμοιος με κοχλία (συνών. *ελικοειδής*). -Επίρρ. *-ώς*.

κοχλιοτρύπανο το, ουσ. (ασυνίζ.), εργαλείο με το οποίο ανοίγονται τρύπες για τις βίδες σε επιφάνειες σωλήνων, κ.τ.ό., από ξύλο, μέταλλο, κλπ. (συνών. *κολαούζος* στη σημασ. 4).

κοχλιωτός, -ή, -ό, επίθ. (ασυνίζ., λόγ.). 1. που είναι βιδωτός. 2. που είναι ελικοειδής.

κοχύλι το, ουσ. 1. περίβλημα, κέλυφος διάφορων υδρόβιων μαλακίων, όστρακο: *-ια της Ερυθράς Θάλασσας*. 2. (συνεκδοχικά) κάθε οστρακοφόρο μαλάκιο. - Μεγεθ. *-λα* η = α. μεγάλο κοχύλι· β. τηλεβόας από μεγάλο κοχύλι, μπουρού. [αρχ. *κογχύλιον*].

κοψαχείλης, βλ. *κοψοχείλης*.

κόψη η, ουσ. 1. το να κόβεται κάτι, κόψιμο (συνών. κοπή). 2. το κοφτερό μέρος ενός οργάνου: ~ *μαχαιριού/τσάπας*· *Σε γνωρίζω από την ~/του σπαθιού την τρομερή* (Σολωμός) (συνών. *ακμή*). 3. (μεταφ.) εξωτερική μορφή, σουλούπι: *το φόρεμά της έχει καλή ~* (= είναι καλοκομμένο, δίνει καλή εμφάνιση) (συνών. *κοψιά, σχήμα, μορφή*). Έκφρ. *στην ~ του ξυραφιού* (= σε επικίνδυνο, σε κρίσιμο σημείο): *ισορροπία στην ~ του ξυραφιού*.

κοψιά η, ουσ. (συνιζ.). 1. κόψιμο (βλ. λ. στη σημασ. 1). 2. σημάδι από κόψιμο: *η γάτα/ο κόκορας τον γέμισε -ιές* (= γρατσουνιές, νυχιές). 3. (μεταφ.) εξωτερική μορφή, σχήμα: *πλεούμενο στην ~ του παράξενο* (συνών. *κόψη, μορφή, σουλούπι*). [*κόπτω*].

κοψίδι το, ουσ. 1. κομματάκι, απόκομμα. 2. (ειδικότερα) μικρό κομμάτι από ψημένο κρέας.

κόψιμο το, ουσ. 1. το να κόβεται κάτι, κοπή: *η ελιά θέλει ~* (= πρέπει να την κόψουμε)· *~ της βασιλόπιτας* (συνών. *κόψη, κοψιά*). 2. πληγή, τραύμα από αιχμηρό αντικείμενο: *είχε δυο-τρία κοψίματα από το ατύχημα*. 3α. η περιποίηση των μαλλιών από τον κουρέα με την αφαίρεση των περιττών· β. επιτυχημένος σχεδιασμός εξωτερικής εμφάνισης ενδύματος που είναι αποτέλεσμα ξεχωριστής ικανότητας του κατασκευαστή: *σακάκι με ωραίο ~*. 4. (μεταφ.) α. μείωση, περικοπή: *~ του επιδόματος*· β. σταμάτημα: *~ του τσιγάρου*. 5. το να απορρίπτεται κάποιος σε εξετάσεις: *έπεσε πολύ ~ στον τεχνικό έλεγχο των αυτοκινήτων*. 6. αλλοίωση της φυσικής σύστασης κυρίως υγρών προϊόντων, αποσύνθεση: *~ γάλατος*. 7. (λαϊκ.) διάρροια: *τον έπιασε ~*.

κοψομεσιάζω, ρ. (συνιζ., λαϊκ.). 1. (μτβ.) προκαλώ με χτύπημα δυνατό πόνο στη μέση: *με δυο-τρεις γροθιές τον κοψομέσιασε*. 2. (παθ.) υποφέρει η μέση μου από την κούραση: *-άστηκα από το βαρύ φορτίο*.

κοψομέσιασμα το, ουσ. (συνιζ., λαϊκ.), υπερβολική καταπόνηση της μέσης από υπερβολική κούραση.

κοψομύτης ο, θηλ. *-α*, ουσ., αυτός που έχει κομμένη τη μύτη, κουτσομύτης.

κοψομύτικος, -η, -ο, επίθ., που έχει κομμένη τη μύτη, κουτσομύτης.

κοψονούρης ο, θηλ. *-α*, ουσ., αυτός που έχει κομμένη την ουρά του (συνών. *κουτσονούρης*).

κοψονούρικος, -η, -ο, επίθ., που έχει κομμένη την ουρά του: *σκυλί -ο*· *σαύρα -η* (συνών. *κουτσονούρης*).

κοψοπόδης ο, θηλ. *-α*, ουσ., αυτός που έχει κομμένο το πόδι του (συνών. *κουτσοπόδης*).

κοψοχείλης και **κοψα-** ο, θηλ. *-λα*, ουσ., αυτός που έχει κομμένο το χείλος.

κοψοχέρης ο, θηλ. *-α*, ουσ. 1. αυτός που έχει κομμένο το χέρι του (συνών. *κουτσοχέρης*). 2. (λαϊκ.) αυτός που μετάνιωσε έχοντας ψηφίσει ένα κόμμα που διέψευσε τις προσδοκίες του.

κρα, λ. ηχομιμ. που αποδίδει τη φωνή των κορακοειδών· φρ. *κάνω ~ για* (= επιθυμώ πολύ): *κάνει ~ για κουτσομπολιό*· *κάνει ~ για να έρθει*.

κραγιόν (άκλ.) και **κραγιόνι** το, ουσ. (συνιζ.). 1. χρωματιστό μολύβι για ιχνογράφηση ή ζωγραφική. 2. καλλυντικό παρασκεύασμα για το βάψιμο των χειλιών που αποτελείται από άχρωη βάση, χρωστική ουσία και άρωμα (συνών. *κοκκινάδι*). [γαλλ. *crayon*].

κραδαίνω, ρ. (λόγ., έλλειπτ.), σείω δυνατά ή απειλητικά: *όρμησε επάνω του -οντας ένα μαχαίρι* (συνών. *κουνώ*).

κραδασμός ο, ουσ., τράνταγμα: *απορρόφηση των -ών οχήματος*· (μεταφ.) *εσωτερικοί -οί απειλούν μια κυβέρνηση*.

κράζω, ρ., αόρ. *έκραξα*, πληθ. *κράξαμε*. 1. (για πουλιά) φωνάζω κρα κρα: *-ξανε τα κοράκια* (συνών. *κρώζω*). 2. βγάζω δυνατή φωνή, κραυγάζω. 3. (μτβ.) (λαϊκ.) επιτιμώ, γιουχαΐζω κάποιον: *θα μας -ξουν*.

κραιπάλη η, ουσ. 1. υπερβολική μέθη. 2. (μεταφ.) ακόλαστη ζωή: *καταγώγιο -ης* (συνών. *ακολασία*).

κρακεράκι το, ουσ., τραγανό άγλυκο μπισκότο που συχνά τρώγεται με τυρί. [αγγλ. *cracker*].

κράλης ο, ουσ., τίτλος βασιλιά λαών της ανατολικής Ευρώπης (κυρίως των Σέρβων). [σλαβοουγγρικό *kral*].

κράμα το, ουσ. 1. ανάμιξη ή σύνθεση δύο ή περισσότερων πραγμάτων, μίγμα: *η ισπανική κουλτούρα είναι ~ αραβικού και ευρωπαϊκού πολιτισμού*· *ο χαρακτήρας του είναι ~ αρετών και κακιών*. 2. (χημ.) προϊόν που προκύπτει από την ενσωμάτωση ενός ή περισσότερων χημικών στοιχείων σε ένα μέταλλο: *~ αργύρου και χρυσού/ νομισματοκοπίας*.

κράμβη η, ουσ. (βοτ.) γένος φυτών ανάμεσα στα οποία το λάχανο, το κουνουπίδι, το σινάπι, κ.ά. (συνών. *κραμπί*).

κράμπα η, ουσ. (έρρ.), (ιατρ.) ακούσια τονική, επώδυνη σύσπαση ενός ή πολλών μυών, ιδίως της κνήμης ή του άκρου ποδιού, που συμβαίνει απότομα, υποχωρεί γρήγορα και οφείλεται σε ποικίλα αίτια: *έπαθε ~ καθώς κολυμπούσε*. [γαλλ. *crampe*].

κραμπί το, ουσ. (έρρ., λαϊκ.), (βοτ.) η κράμβη (βλ. λ.).

κραμπολάχανο, βλ. *καρμπολάχανο*.

κρανιά η, ουσ. (συνιζ.), είδος δέντρου γνωστό για το σκληρό του ξύλο και τους καρπούς του που έχουν μικρό μέγεθος, κόκκινο χρώμα και γεύση ξινή.

κρανιακός, -ή, -ό, επίθ. (ασυνίζ.), που ανήκει στο κρανίο ή αναφέρεται σ' αυτό: *νεύρα -ά*.

κρανίο το, ουσ. 1. (ανατομ.) σκελετός της κεφαλής και ειδικότερα το οστέινο περίβλημα του εγκεφάλου: *κάταγμα -ου*. 2. νεκροκεφαλή.

κρανιογραφία η, ουσ. (ασυνίζ.), (ανατομ.) γραφική αναπαράσταση της μορφής του κρανίου με τις σχέσεις των γωνιών του και των ανθρωπομετρικών του σημείων.

κρανιοεγκεφαλικός, -ή, -ο, επίθ. (ασυνίζ.), που αναφέρεται στο κρανίο και τον εγκέφαλο: *κακώσεις -ές*.

κρανιολογία η, ουσ. (ασυνίζ.), κλάδος της ανθρωπολογίας που βασίζεται στη μελέτη της ποικιλομορφίας των χαρακτηριστικών του ανθρώπινου κρανίου.

κρανιολόγος ο, ουσ. (ασυνίζ.), επιστήμονας που ασχολείται με την κρανιολογία.

κρανιομετρία η, ουσ. (ασυνίζ.), σύστημα ταξινόμησης των ανθρώπινων τύπων με βάση τη μέτρηση του κρανίου.

κρανιοτομία η, ουσ. (ασυνίζ.), (ιατρ.) οστεοτομία του θόλου του κρανίου.

κρανιοτόμος ο, ουσ. (ασυνίζ.), χειρουργικό εργαλείο με το οποίο γίνεται η κρανιοτομία.

κράνο το, ουσ., καρπός της κρανιάς (βλ. λ.): *λικέρ από -α*.

κρανοειδής, -ής, -ές, γεν. *-ούς*, πληθ. αρσ. και θηλ. *-είς*, ουδ. *-ή*, επίθ., που έχει σχήμα κράνους.

κράνος το, ουσ., προστατευτικό κάλυμμα του κεφαλιού, συνήθως μεταλλικό: *~ στρατιώτη/πυροσβέστη/ανθρακωρύχου* (συνών. *περικεφαλαία, κάσκα*).

κρανοφόρος, -α, -ο, επίθ., που φορεί κράνος: *αστυφύλακες -οι*.

κραξιά η (συνιζ.) και **κράξιμο** το, ουσ. 1. η φωνή των κορακοειδών: *~ κόρακα*. 2. κραυγή. 3. (προφ.) αποδοκιμασία.

κρασάκι, βλ. *κρασί*.

κρασάς ο, ουσ., έμπορος ή παραγωγός κρασιού.

κρασάτος, -η, -ο, επίθ. 1. που έχει το κόκκινο χρώμα του κρασιού (συνών. *βαθυκόκκινος*). 2. (για φαγητά) μαγειρεμένος με κρασί: *κουνέλι/ χταπόδι -ο*.

κράση η, ουσ. 1. ανάμιξη ή συνένωση δύο ή περισσότερων πραγμάτων (συνήθως υγρών ή λειωμένων μετάλλων) (συνών. *συγκερασμός*). 2. ιδιαίτερη φυσική διάθεση κάθε ανθρώπου: *~ γερή* (συνών. *ιδιοσυγκρασία*). 3. (γραμμ.) συγχώνευση του τελικού φωνήεντος μιας λέξης με το αρχικό της επόμενης με τρόπο ώστε από τις δύο λέξεις να προέλθει μία, π.χ. *το ελάχιστον - τουλάχιστον*.

κρασί το, ουσ., ποτό που παράγεται από ζύμωση του χυμού των σταφυλιών: *~ βαρελίσιο/ημίγλυκο/ νερωμένο· το 'ριξε στο κρασί* (= άρχισε να πίνει) (συνών. *οίνος*)· φρ. *βάζω νερό στο ~ μου* (= μετριάζω τις απαιτήσεις μου, γίνομαι συγκαταβατικός)· *μιλάει το ~* (για μέθυσους ή λέξεις που φλυαρούν). - Υποκορ. *-άκι* το. [αρχ. *κράσις* (οίνου).]

κρασίλα η, ουσ., μυρωδιά κρασιού: *μύρισε ~ ο τόπος*.

κρασοβάρελο το, ουσ., βαρέλι για κρασί.

κρασοκανάτα η, ουσ. (λαϊκ.). 1. κανάτα κρασιού. 2. (σκωπτ.) γερός κρασοπότης.

κρασοκανάτας ο, ουσ. (λαϊκ.), γερός κρασοπότης (συνών. *μπεκροκανάτας, μεθύστακας, μπεκρούλιακας*).

κρασοκατάνυξη η, ουσ. (ειρων.) πολύωρη οινοποσία, γερό κρασοπότι.

κρασοπατέρας ο, ουσ. (ειρων.) μεθύστακας, μπεκρούλιακας.

κρασοπότηρο το, ουσ., ποτήρι του κρασιού.

κρασοπότι το, ουσ., οινοποσία (βλ. λ.).

κρασοπουλειό το, ουσ. (συνιζ., λαϊκ.), οινοπωλείο (βλ. λ.).

κρασοπούλος ο, ουσ. (λαϊκ.), ταβερνιάρης.

κράσος ο, ουσ. (λαϊκ.), δυνατό κρασί.

κρασοστάφυλο το, ουσ., είδος σταφυλιού που είναι κατάλληλο για την παραγωγή κρασιού.

κράσπεδο το, ουσ. 1. ακραίο σημείο μιας επιφάνειας. 2. λίθινο πλαίσιο πεζοδρομίου προς την πλευρά του δρόμου.

κρασπεδώνω, ρ., κατασκευάζω κράσπεδο: *~ δρόμο*.

κρασπέδωση η, ουσ., κατασκευή κρασπέδου: *~ δρόμων*.

κραταιός, -ά, -ό, επίθ. (λόγ.), που έχει μεγάλη δύναμη (στρατιωτική, οικονομική, κλπ.): *αυτοκρατορία -ά* (συνών. *δυνατός, ισχυρός·* αντ. *ανίσχυρος*).

κρατερός, -ή, -ό, επίθ. (λόγ.), ισχυρός, δυνατός.

κρατέρωμα το, ουσ., κράμα χαλκού και κασσίτερου (συνών. *μπρούντζος*).

κράτημα το, ουσ. 1. το να κρατά κάποιος κάτι: *~ βιβλίου*. 2. λαβή από την οποία κρατάει κανείς κάτι (συνών. *χερούλι*). 3. (για τιμές) συγκράτηση σε ορισμένο επίπεδο: *~ της τιμής του καπνού*. 4. ιδιότητα του αυτοκινήτου να κρατά σταθερούς τους τροχούς του στο έδαφος, ειδικά όταν κινείται με μεγάλη ταχύτητα στις στροφές. 5. (βυζ. μους.) αργές μελωδίες που έχουν αντί για κείμενο τις συλλαβές «τερερέμ» και «νενενά» και ψάλλονται ως προεκτάσεις σε εκτεταμένους λειτουργικούς ύμνους.

κρατημός ο, ουσ., συγκράτηση: *όταν αρχίζει να μιλάει, δεν έχει -ό*.

κρατήρας ο, ουσ. 1. (αρχαιολ.) αγγείο μεγάλου συνήθως μεγέθους που φτιαχνόταν από πηλό, χαλκό ή από πολύτιμα μέταλλα, που το χρησιμοποιούσαν για την ανάμιξη του κρασιού με νερό. 2. άνοιγμα που μοιάζει με χοάνη στο ανώτερο άκρο ηφαιστειακού πόρου από όπου βγαίνουν τα περισσότερα ηφαιστειακά αναβλύσματα· *-ες Σελήνης* = κυκλικοί σχηματισμοί στην επιφάνεια της Σελήνης, βαθύτεροι κατά κανόνα από το γύρω έδαφος, που περιβάλλονται από υπερυψωμένο χείλος ή από σειρά ηφαιστειακών χειλέων.

κράτηση η, ουσ. 1. (στον πληθ., για αποδοχές, απολαβές) ποσό που παρακρατείται για νόμιμες υποχρεώσεις (σύνταξη, ιατροφαρμακευτική περίθαλψη, φόρο, χαρτόσημο, κλπ.). 2. (νομ.) ποινή στερητική της ελευθερίας που επιβάλλεται από το δικαστήριο σε περιπτώσεις πταισμάτων· *~ προσωπική* = μέσο αναγκαστικής εκτέλεσης με το οποίο ο δανειστής στερώντας την *~ προσωπική* ελευθερία πιέζει τον οφειλέτη να πληρώσει το χρέος του. 3. πειθαρχική ποινή σε στρατιώτη παραβάτη του στρατιωτικού κανονισμού. 4. *~ θέσης* (= για τα μέσα συγκοινωνίας, θέατρα, κέντρα δια-

κρατητήριο

σκέδασης, κλπ.) = εξασφάλιση εισιτηρίου.
κρατητήριο το, ουσ. (ασυνίζ.), τόπος σε αστυνομικό τμήμα, στρατόπεδο, κλπ., όπου απομονώνονται όσοι βρίσκονται υπό κράτηση: *οδηγήθηκε στο ~ ύστερα από τον καβγά.*
κρατητός, -ή, -ό, επίθ., που συγκρατείται από άλλον ή που συγκρατεί τον εαυτό του: *βάδιζαν -οί.*
κρατίδιο, βλ. *κράτος.*
κρατικομονοπωλιακός, -ή, -ό, επίθ. (ασυνίζ.), που αναφέρεται στο κράτος και στα μονοπώλια· (κοινων.) ~ *καπιταλισμός* = στάδιο καπιταλιστικής εξέλιξης που χαρακτηρίζεται από την ανάδειξη του κράτους σε σημαντική οικονομική δύναμη με τη συνεργασία του μονοπωλιακού κεφαλαίου.
κρατικοποίηση η, ουσ., ανάληψη της κυριότητας και της εκμετάλλευσης ιδιωτικών επιχειρήσεων από το κράτος.
κρατικοποιώ, -είς, ρ., μετατρέπω ιδιωτική επιχείρηση σε κρατική: *θα -ηθεί η επιχείρηση εξαιτίας του μεγάλου χρέους της.*
κρατικός, -ή, -ό, επίθ. 1. που ανήκει ή αναφέρεται στο κράτος: *οργανισμός/προϋπολογισμός· ~ μηχανή -ή* = σύνολο κρατικών υπηρεσιών· *-ό μυστικό* = υπόθεση εξαιρετικά σημαντική για το κράτος που τη γνωρίζουν ελάχιστοι ανώτατοι αξιωματούχοι (συνών. *δημόσιος·* αντ. *ιδιωτικός*). 2. που διενεργείται από το κράτος: *διαγωνισμός/έλεγχος ~.* 3. που προέρχεται από το κράτος: *δάνειο -ό· βοήθεια -ή.*
κρατισμός ο, ουσ., πολιτικό σύστημα σύμφωνα με το οποίο το κράτος επεμβαίνει άμεσα κυρίως στο χώρο της οικονομικής ζωής.
κράτος το, ουσ. 1. εξουσία που ασκείται στο σύνολο συγκεκριμένου λαού μόνιμα εγκατεστημένου σε ορισμένη επικράτεια: *κατάλυση του -ους.* 2. μορφή, τρόπος διακυβέρνησης: *~ δημοκρατικό/αυταρχικό· ~ δικαίου.* 3. σύνολο των γενικών υπηρεσιών ενός έθνους: *το ~ δε φροντίζει όσο θα έπρεπε για την παιδεία.* 4. σύνολο ανθρώπων εγκατεστημένο μόνιμα σε μια χώρα και οργανωμένο σε νομικό πρόσωπο δημοσίου δικαίου: *~ αυτόνομο·* σύνορα *του -ους· συγκρούσεις ανάμεσα σε δυο -η.* - Υποκορ. στη σημασ. 4 **-ίδιο** το = μικρότερο κράτος σε σχέση με άλλο μεγαλύτερο: *τα -ίδια της Γερμανίας.*
κράτος εν κράτει αρχαϊστ. έκφρ. = σύνολο που αποκτά ή επιδιώκει να αποκτήσει αυτονομία πέρα από τα καθορισμένα ή επιτρεπτά όρια μέσα σε ένα άλλο ευρύτερο σύνολο στο οποίο ανήκει.
κρατούμενη, βλ. *κρατούμενος.*
κρατούμενο το, ουσ. (μαθημ.) ψηφίο που δηλώνει το πλήθος των μονάδων, δεκάδων, εκατοντάδων, κλπ., που περισσεύουν σε μια στήλη και μεταφέρονται σε άλλη στις στοιχειώδεις πράξεις της αριθμητικής· έκφρ. *ένα το ~* (=για κάτι που πρέπει να το έχουμε υπόψη ή να μην το λησμονήσουμε).
κρατούμενος ο, θηλ. **-η**, επίθ., αυτός που στερείται ακούσια την προσωπική του ελευθερία: *ο ~ (στις φυλακές, κλπ.) επιτηρείται.*
κρατώ, -άς και **-είς**, ρ., μέσ. **-ιέμαι** (συνιζ.). Ι. ενεργ. Α. μτβ. 1. έχω ή παίρνω κάτι στο χέρι μου: *-ά περίστροφο/το ακουμπώ το μωρό να το -ήσω·* παροιμ. *κράτα με να σε ~* (= η βοήθεια πρέπει να παρέχεται και να ανταποδίδεται)· *όπου ακούς πολλά κεράσια κράτα και μικρό καλάθι* (= μην είσαι εύπιστος σε μεγάλες υποσχέσεις). 2. έχω τη γενική επίβλεψη ή διεύθυνση: *μόνη της -ά το μα-*

762

γαζί/το νοικοκυριό. 3. έχω στην κατοχή μου, είμαι κύριος ή κάτοχος κάποιου πράγματος: *-ά δυο σπίτια μόνος του· ~ ένα μικρό διαμέρισμα* (= νοικιάζω). 4. υποχρεώνω ή δεσμεύω κάποιον να κάνει κάτι ή να μείνει κάπου: *με -ησε μία ώρα στο τηλέφωνο· με -ησαν για φαγητό· τον -ησαν πολλές μέρες στο νοσοκομείο.* 5. συγκρατώ κάποιον για να μην πάθει ή να μην κάνει κάτι: *-ά το παιδί για να μην πέσει.* 6. στηρίζω: *δε με -ούν τα πόδια μου* (= είμαι αδύναμος). 7. (νομ.) φυλακίζω κάποιον προσωρινά χωρίς να προηγηθεί δικαστική απόφαση, βούλευμα ή ένταλμα σύλληψης: *τον -ησαν όλη τη νύχτα στο κρατητήριο.* 8. παρακρατώ: *μου -άνε κάθε μήνα πολλά από το μισθό μου· μου -ησε τα ρέστα.* 9. απασχολώ, καθυστερώ κάποιον: *μη με -άς άλλο, γιατί βιάζομαι.* 10. εμποδίζω ή αναχαιτίζω προσωρινά μια ενέργεια, ανάγκη ή παρόρμηση: *δεν μπόρεσα να -ήσω τα γέλια μου* (συνών. *συγκρατώ, περιορίζω, ελέγχω*). 11. διατηρώ κάτι σε μια κατάσταση: *οι μάλλινες κάλτσες -ούν τα πόδια μου ζεστά· ~ τη γραμμή μου.* 12. διατηρώ, δεν αποβάλλω, δε ρίχνω από πάνω μου: *κάθισε εννιά μήνες στο κρεβάτι για να -ήσει το παιδί· το δέντρο -ησε πολλούς καρπούς φέτος· η λέξη αυτή -ά το τελικό ν στην αιτιατική.* 13. έχω στη διάθεσή μου ή επάνω μου: *δεν ~ χρήματα· -ά έγγραφα ενοχοποιητικά.* 14. δε δίνω κάτι στον κάτοχό του: *αυτός γράφει και σεις μου τα -άτε τα γράμματα.* 15. βαστώ κάτι κρυφό, δεν αποκαλύπτω: *~ μυστικό·* φρ. *~ το στόμα κλειστό* (= δεν αποκαλύπτω). 16. είμαι συνεπής, τηρώ: *~ τον όρκο το λόγο/τις παραδόσεις·* παροιμ. *δάσκαλε που δίδασκες και νόμο δεν εκράτεις* (αντ. *αθετώ*). 17. έχω στο χέρι κάποιον: *τον -ά γερά με το γράμμα που έχει στη διάθεσή του.* 18. διατηρώ, βαστώ: *κράτα όρθιο το κορμί σου.* 19. φροντίζω, περιποιούμαι: *τις ώρες που εργάζομαι μου -ά η μητέρα μου τα παιδιά.* 20. (για τα μέσα συγκοινωνίας, θέατρα, κέντρα διασκέδασης, κλπ.) εξασφαλίζω εισιτήριο ή θέση: *~ θέση δωμάτιο/τραπέζι.* 21. κατέχω: *ξένα στρατεύματα -ούν το μεγαλύτερο μέρος του νησιού.* Β. αμτβ. 1. προέρχομαι, κατάγομαι: *-ά από μεγάλο σόι·* φρ. *από πού -ά η σκούφια σου;* (= από πού κατάγεσαι;). 2. δεν αλλοιώνομαι, δε φθείρομαι: *-ησαν πολύ τα παπούτσια μου* (συνών. *διαρκώ, αντέχω·* αντ. *αλλοιώνομαι, φθείρομαι*). 3. διαρκώ: *η εγχείρηση -ησε τρεις ώρες·* (λαϊκ.) *θα -ήσει πολύ αυτό το βιολί;* 4. συγκρατούμαι: *δεν -ησα στον πειρασμό.* 5. αντιστέκομαι: *το κάστρο -ά καλά* (αντ. *υποκύπτω*). 6. αντέχω: *πώς ~ ένας Θεός το ξέρει.* 7. (για καιρό) δεν αλλάζει, παρατείνεται: *-ά ακόμη το καλοκαιράκι.* ΙΙ. μέσ. 1. στηρίζομαι, πιάνομαι: *-ηθείτε από τις χειρολαβές.* 2. βρίσκομαι σε ανθηρή κατάσταση από άποψη υγείας ή οικονομική: *είναι πολύ ηλικιωμένος, αλλά -ιέται ακόμη.* 3. χαλιναγωγώ τον εαυτό μου, συγκρατιέμαι: *με δυσκολία -ήθηκα να μη γελάσω* (συνών. σε πολλές σημασ. *βαστώ, πιάνω*)· η προστ. (αρχαϊστ.) **κράτει** ως επιφ. που δηλώνει πρόσταγμα να διακοπεί μια ενέργεια, συνήθεια ή χειρισμός· φρ. *κάνω ~* (= συγκρατούμαι, σταματώ). Φρ. *~ βιβλία* (= τηρώ λογιστικά βιβλία) *~ λογαριασμό* (= λογαριάζω) *~ πισινή* (λαϊκ.) (= είμαι επιφυλακτικός) *~ πόζα ή μούτρα* (= γίνομαι σκυθρωπός δείχνοντας έτσι τη δυσαρέσκειά μου) *~ σε απόσταση κάποιον* (= δε δίνω πολύ θάρρος σε κάποιον) *~ τα κλειδιά, τα ηνία* (= διαχειρίζομαι, εξουσιάζω κάτι)· ~ τα μάτια μου κλειστά (= κάνω πως δεν καταλαβαίνω)· ~ τα μπόσικα (= προσπαθώ να εξισορροπήσω μια κατάσταση)· ~ τη θέση μου (= είμαι αξιοπρεπής)· ~ το ίσο, βλ. ίσο· ~ τσίλιες ή καραούλι (λαϊκ.) (= φυλάω σκοπός, προσέχω)· ~ χαρακτήρα (= είμαι σταθερός, δεν αλλάζω ανάλογα με τις περιστάσεις).

κραυγάζω, ρ., φωνάζω δυνατά (αντ. σιγομιλώ).

κραυγαλέος, -α, -ο, επίθ. **1.** που βγάζει κραυγές, που φωνάζει δυνατά. **2.** (μεταφ.) έντονος: *αντίθεση -α.*

κραυγή η, ουσ., έναρθρη ή άναρθρη δυνατή φωνή: *μόλις άκουσε τις -ές της, έτρεξε να δει τι γίνεται.*

κραχ το, ουσ. άκλ., απότομη και μεγάλη πτώση των τιμών του χρηματιστηρίου που προκαλείται από πανικό εξαιτίας οικονομικοπολιτικών γεγονότων: (ιστ.) *το μεγάλο ~ της Νέας Υόρκης.* [γερμ. *Krach*].

κράχτης ο, ουσ. **1.** (παλαιότερο) κήρυκας, ντελάλης. **2.** άτομο που στέκεται στην είσοδο καταστημάτων και προσκαλεί αγοραστές. **3.** αυτός που προσελκύει παίκτες σε χαρτοπαικτικές λέσχες.

κρέας το, ουσ. γεν. -έατος, πληθ. -έατα. **1.** η σάρκα ανθρώπου ή ζώου: *ήταν τόσο χοντρός που τα -έατά του ξεχείλιζαν από τα ρούχα·* φρ. *αυτοί οι δύο είναι νύχι με ~* (= στενοί φίλοι)· *δεν πιάνω ~ επάνω μου* (= δεν παχαίνω)· *έκανε/έδεσε ~ η πληγή* (= επουλώθηκε)· *του έκανε τα μούτρα ~* (δηλ. δεν είχε καμία επίδραση επάνω του ώστε να ντραπεί). **2α.** κρέας σφαγμένου ζώου που προορίζεται για τη διατροφή των ανθρώπων: *~ βοδινό/χοιρινό· -έατα κατεψυγμένα· ~ ψαχνό/σιτεμένο·* **β.** το κρέας ως τροφή μαγειρεμένη ή σε αντίθεση με τις υπόλοιπες τροφές, όπως τα όσπρια, ζυμαρικά, λαχανικά, κλπ.: *τρώει κάθε μέρα ~· ~ κοκκινιστό με πατάτες· ~ βρασμένο καλά· λευκά -έατα* (= εκείνα των ψαριών, ορνίθων, κουνελιών, μικρών σφαγίων)· *μαύρα -έατα* (= εκείνα των θηραμάτων και των μεγάλων σφαγίων). -Υποκορ. **κρεατάκι** το.

κρεαταγορά η, ουσ., αγορά κρεάτων: *αυξημένη κίνηση στην ~.*

κρεατάκι, βλ. *κρέας.*

κρεατάκια τα, ουσ. (συνιζ., λαϊκ.), αδενοειδείς εκβλαστήσεις στη μύτη: *του έκαναν εγχείρηση για να του αφαιρέσουν τα ~.*

κρεατένιος, -α, -ο. επίθ. (συνιζ.), που αποτελείται από κρέας, κρεάτινος.

κρεατερός, -ή, -ό. επίθ. (λαϊκ.), που έχει πολλά κρέατα, παχύσαρκος: *αρνί -ό.*

κρεατής, -ιά, -ί, επίθ., που έχει το χρώμα της σάρκας, του κρέατος.

κρεατικό το, ουσ. (γενικά) κρέας κάθε είδους.

κρεατίλα η, ουσ., η μυρωδιά του κρέατος: *~ έντονη.*

κρεατίνη, η, ουσ. (βιοχημ.) πρωτεϊνική ουσία που βρίσκεται στους μύες, τον εγκέφαλο και το αίμα και παίζει σημαντικό ρόλο στη μυϊκή ενέργεια.

κρεατινή η, ουσ. (λαϊκ), η Κυριακή της Αποκριάς κατά την οποία επιτρέπεται να τρώει κανείς κρέας σε αντίθεση με την τυρινή.

κρεατινίνη η, ουσ. (βιοχημ.) παράγωγο της κρεατίνης που βρίσκεται στο αίμα και τα ούρα.

κρεάτινος, -η, -ο, επίθ., που αποτελείται από κρέας, κρεατένιος.

κρεατοελιά η, ουσ. (συνιζ.), σαρκώδης εκβλάστηση του δέρματος: *φύτρωσε μια ~ στο πρόσωπό του.*

κρεατομηχανή η, ουσ., μικρό μηχάνημα χειροκίνητο ή ηλεκτρικό που μεταβάλλει το κρέας σε κιμά.

κρεατόμυγα η, ουσ., είδος μύγας που μολύνει με τα αβγά της το κρέας.

κρεατόπιτα η, ουσ., πίτα με γέμιση από κιμά.

κρεατοσάνιδο το, ουσ., ξύλο πάνω στο οποίο κόβεται το κρέας.

κρεατοφαγία η, ουσ., κατανάλωση κρέατος, το να τρέφεται κανείς κατεξοχήν με κρέας (συνών. *κρεοφαγία·* αντ. *χορτοφαγία*).

κρεατοφάγος, -ος, -ο, επίθ., που αγαπά να τρώει κρέας, που έχει ως κύρια τροφή του το κρέας (συνών. *κρεοφάγος·* αντ. *χορτοφάγος*).

κρεατωμένος, -η, -ο, επίθ., που έχει αποκτήσει πολύ κρέας, πολλές σάρκες, παχύς, σαρκώδης: *γυναίκα -η· ζώο -ο· χέρια -α.*

κρεβάτι το, ουσ. **1.** ορθογώνιο έπιπλο που αποτελείται από έναν ξύλινο ή μεταλλικό σκελετό και στρώμα, όπου κοιμάται κανείς ή ξεκουράζεται: *~ αναπαυτικό/διπλό· ~ παιδικό/νυφικό· στρώνω το/ξαπλώνω στο ~· βάζω τα παιδιά στο ~* (= να κοιμηθούν)· εκφρ. *~ του πόνου* (για επώδυνη αρρώστια)· *στα πόδια του -ιού* (= στο κάτω μέρος του)· φρ. *είμαι στο ~* (= είμαι άρρωστος)· *μένω στο ~* (= είμαι άρρωστος)· *πέφτω στο ~* (= αρρωσταίνω). **2.** χώρος παραμονής και δυνατότητα εξυπηρέτησης σε ξενοδοχείο ή νοσηλείας σε νοσοκομείο: *δε βρίσκω ~· η κλινική διαθέτει εκατό (100) -ια.* - Υποκορ. **-άκι** το. [μτγν. *κραβάτιον*].

κρεβατίνα η, ουσ. **1.** ξύλινη ή σιδερένια κατασκευή που υποβαστάζει την κληματαριά. **2.** (συνεκδοχικά) η κληματαριά: *η ~... λύγιζε πάνω στα κεφάλια τους τα τσαμπιά τα σταφύλια* (Μπαστιάς).

κρεβατοκάμαρα η, ουσ., υπνοδωμάτιο.

κρεβατομουρμούρα η, ουσ., γκρίνια της συζύγου προς το σύζυγο πριν από τον ύπνο και ενώ έχουν ήδη ξαπλώσει στο κρεβάτι.

κρεβατόστρωση η, ουσ., τα απαραίτητα για το στρώσιμο του κρεβατιού (στρώμα, κλινοσκεπάσματα και μαξιλάρια).

κρεβάτωμα το, ουσ., το να μένει κανείς αναγκαστικά στο κρεβάτι, επειδή είναι άρρωστος.

κρεβατώνομαι, ρ., πέφτω στο κρεβάτι, μένω υποχρεωτικά στο κρεβάτι, επειδή είμαι άρρωστος: *-ώθηκε από την ισχυαλγία για πολύν καιρό.* -Η μτχ. *-ωμένος, -η, -ο* ως επίθ. = άρρωστος.

κρεμ, επίθ. άκλ., που έχει το χρώμα της κρέμας, ημίλευκος, κιτρινωπός. -Το ουδ. ως ουσ. = χρώμα κιτρινωπό. [γαλλ. *crème*].

κρέμα η, ουσ. **1.** παχύρρευστη, κιτρινωπή, λιπαρή ουσία του γάλακτος με την οποία παρασκευάζεται το βούτυρο: *~ φρέσκια/πηχτή.* **2.** γλύκισμα από γάλα, αβγά, ζάχαρη και λεπτότατο αλεύρι ή κάποια άλλη αλευρώδη ουσία: *~ με άρωμα λεμονιού/καραμελέ· πρόσφεραν ~ για επιδόρπιο·* **3.** παρασκεύασμα ζαχαροπλαστικής με το οποίο γεμίζουν διάφορα γλυκά: *πάστα με ~ βουτύρου/σοκολάτας· ~ σαντιγί.* **4.** καλλυντική αλοιφή: *~ ξυρίσματος/υδατική/αντιρυτιδική.* [γαλλ. *crème*].

κρεμάλα η, ουσ. **1.** όργανο θανατικών εκτελέσεων που αποτελείται από ικρίωμα με κρεμασμένο από

κρεμάμενα 764

αυτό κινητό βρόγχο που τον περνούν γύρω από το λαιμό των καταδικασμένων και τους αφήνουν να αιωρούνται κρεμασμένοι ώσπου να έρθει ο θάνατος: *στήνω* ~· *ο δικαστής τον έστειλε στην* ~· *τι ύφος είναι αυτό, θαρρείς και σε πάνε στην* ~ (συνών. *αγχόνη*). 2. (συνεκδοχικά) θανάτωση με κρεμάλα, απαγχονισμός: *πεθαίνανε με την* ~ *και με το παλούκι·* Φρ. *για* ~ *είσαι!* (δηλ. άξιος μεγάλης τιμωρίας). 3. (μεταφ., σκωπτ.) το μυστήριο του γάμου, η γαμήλια τελετή. 4. ονομασία παιχνιδιού.

κρεμάμενα τα, ουσ. (ναυτ., λαϊκ.), τα σκοινιά που χρησιμεύουν στη στήριξη των ιστών, τα ξάρτια.

κρεμανταλάς ο, θηλ. **-ού** και (λαϊκ.) **-λάνα**, ουσ. (έρρ.), άνθρωπος υψηλόσωμος, αδύνατος και αδέξιος στις κινήσεις του: *στην έκτη τάξη είχε μαθητές κάτι ασουλούπωτους -άδες.* [πιθ. *κρεμανταράς* με ανομοίωση].

κρέμασμα το, ουσ. 1. το να κρεμά κανείς κάτι, το να το στερεώνει από κάπου ψηλά ώστε να αιωρείται: ~*ρούχων σε ντουλάπα.* 2. απαγχονισμός, κρεμάλα: ~ *θέλεις γι' αυτό που έκανες!*

κρεμαστάρι το, ουσ. 1. όργανο που χρησιμεύει για το κρέμασμα ενός πράγματος από κάπου ψηλά: *τουλουμοτύρια και φρούτα κρέμονταν από -ια στην αποθήκη.* 2. (ειδικά) κυρτό κομμάτι από ξύλο, μέταλλο ή πλαστικό, με άγκιστρο στο μέσον, που χρησιμεύει για το κρέμασμα των ρούχων σε ντουλάπες ή σε κρεμάστρες. 3. κρεμάστρα: *το καπέλο/η ζακέτα σου είναι στο* ~. Παροιμ. *όσα δε φτάνει η αλεπού τα κάνει -ια* (για ανθρώπους που, όταν δεν μπορούν να πετύχουν κάτι, κάνουν πως δεν το επιθυμούν).

κρεμαστός, -ή, -ό, επίθ., που κρέμεται από κάπου: *τσάντα -ή από τους ώμους·* (ναυτ.) *-ή βάρκα* (που κρέμεται στην πλευρά του πλοίου)· *κήποι -οί* (κατασκευασμένοι πάνω σε ταράτσες ώστε να δίνουν την εντύπωση ότι αιωρούνται)· *γέφυρα -ή* (= που κρέμεται από ατσάλινα σχοινιά προσαρμοσμένα σε πυργίσκους στις δυο πλευρές της)· *ρολόι -ό* (= εκκρεμές)· *μουστάκια -ά* (μεγάλα ώστε οι άκρες τους να κρέμονται).

κρεμάστρα η, ουσ., μικροέπιπλο, στερεωμένο στον τοίχο, με άγκιστρα για το κρέμασμα ρούχων: ~ *ξύλινη/φορητή/πρακτική.*

κρεματόριο το, ουσ. (ασυνίζ.). 1. κλίβανος για την καύση των νεκρών, αποτεφρωτήριο: *χιλιάδες Εβραίοι αποτεφρώθηκαν στα -ια της Γερμανίας.* 2. οικοδόμημα με αποτεφρωτικό κλίβανο. [λατ. *crematorium*].

κρεμεζής, -ιά, -ί, επίθ. (λαϊκ.), κόκκινος: *γαρίφαλα -ιά· πουκάμισο -ί.* [αραβοτουρκ. *kιrmιzι*].

κρεμέζι το, ουσ., κόκκινη βαφή. [αραβοτουρκ. *kιrmιzι*].

κρεμμύδι και **κρομμύδι** το, ουσ. (βοτ.). 1.φυτό κηπευτικό με φύλλα κυλινδρικά και κοίλα που ο βολβός του έχει γεύση και οσμή ισχυρή και ερεθιστική και χρησιμοποιείται στη μαγειρική: *-ια λευκά/γλυκά· καθαρίζω/κόβω -ια· τσιγαρίζω* ~· *σαλάτα με μπόλικο* ~. φρ. *ντυμένος σαν* ~ (= με πολλά ρούχα)· *ώσπου να πεις* ~ (για έργο που γίνεται πάρα πολύ γρήγορα). 2. (γενικά) βολβός φυτού: ~ *τουλίπας/κρίνου.* - Υποκορ. **-άκι** το, στη σημασ. 1: *-άκια φρέσκα·* φρ. *τον έκανε με τα -άκια* (= του έκανε δριμύ έλεγχο). [παλαιότερο *κρομμύδιον<*αρχ. *κρόμμυον*].

κρεμμυδίλα και **κρομμυδίλα** η, ουσ., μυρωδιά κρεμμυδιών: ~*έντονη/δυσάρεστη.*

κρεμμυδομάνα και **κρο-** η, ουσ., μεγάλο κρεμμύδι.

κρεμμυδοπλεξάνα και **κρεμμυδοπλεξίδα** και **κρο-** η, ουσ. (λαϊκ.), αρμαθιά από κρεμμύδια: *-ες κρεμασμένες από καρφιά στους τοίχους.*

κρεμμυδοσαλάτα η, ουσ. (ιδιωμ.), σαλάτα φτιαγμένη με ψιλοκομμένα φρέσκα ή ξερά κρεμμύδια, λάδι και ξίδι.

κρεμμυδόσουπα η, ουσ., σούπα με ψιλοκομμένα κρεμμύδια.

κρεμμυδοφάγος ο, ουσ. 1. αυτός που τρώει ή του αρέσει να τρώει κρεμμύδια. 2. (ζωολ.) το έντομο κολοκυθοκόφτης (παλαιότερο *πρασοκουρίς*).

κρεμνώ, βλ. *κρεμώ.*

κρέμομαι, ρ., μτχ. παρκ. *-ασμένος.* 1α. είμαι στερεωμένος από ψηλά έτσι ώστε να έχω το κάτω μέρος ελεύθερο και σε απόσταση από το έδαφος: *τα φρούτα -ονται στα κλαδιά· το παλτό σου -εται στην κρεμάστρα· βαριές κουρτίνες -ονται στα παράθυρα· στους τοίχους -ονταν πίνακες αξίας·* παροιμ. *κάθε αρνάκι από το ποδαράκι του -εται* (= ο καθένας με την τύχη του)· **β.** (για κάτι που φοριέται ή κουβαλιέται): *ένα φουλάρι/σταυρός -όταν στο λαιμό του· τσάντα -ασμένη από τον ώμο· η κουκούλα -όταν στην πλάτη.* **2α.** αιωρούμαι, είμαι μετέωρος: *καθόταν με τα πόδια/χέρια -ασμένα έξω από το παράθυρο· βρέθηκε ξαφνικά με το σώμα -ασμένο στο κενό·* **β.** (μεταφ.) βρίσκομαι αποπάνω: *το ακρωτήρι -εται στη θάλασσα· ένα ολόγιομο φεγγάρι -όταν στον ουρανό· η απειλή του πολέμου/θανάτου -όταν πάνω από τα κεφάλια τους.* 3. (για μαλλιά, ρούχα, κ.τ.ό.) πέφτω προς τα κάτω: *τα μακριά μαλλιά της -ονταν στους ώμους της· -εται το ζωνάρι/πουκάμισό του· -εται η φούστα σου* (δηλ. ο ποδόγυρος είναι μακρύτερος σε κάποιο σημείο)· *περπατούσε με το κεφάλι -ασμένο* (δηλ. σκυμμένο πολύ). 4. (μεταφ.) εξαρτώ τη ζωή μου ή τα συμφέροντά μου ή βασίζω τις ελπίδες μου αποκλειστικά σε κάποιον ή κάτι, εξαρτώμαι από αυτό(ν), στηρίζομαι εξολοκλήρου σ' αυτό(ν): *-εται από το διευθυντή του· η ζωή της -εται από την απόφασή τους· από σένα* ~. Φρ. *-εται από μια κλωστή*, βλ. *κλωστή·* ~ *από το στόμα/τα χείλη κάποιου* (= προσέχω πάρα πολύ σε όσα λέει)· *-ονται τα ρούχα απάνω του* (= είναι πολύ αδύνατος)· *στον καθρέφτη -εσαι!* (= βρίσκεσαι πάντα μπροστά στον καθρέφτη για τον καλλωπισμό σου).

κρεμώ και (λαϊκ.) **κρεμνώ**, ρ., μέσ. *-ιέμαι,* μτχ. *-ασμένος.* Ι. ενεργ. 1α. στερεώνω κάτι από ψηλά έτσι ώστε το κάτω μέρος του να είναι ελεύθερο και σε απόσταση από το έδαφος: *-ασαν πανό στους δρόμους· βοήθησέ με να -άσω τις κουρτίνες! -ασε το επανωφόρι σου στην κρεμάστρα!* ~ *τα πλυμένα ρούχα να στεγνώσουν·* ~ *πίνακες/φωτογραφίες στους τοίχους·* **β.** (για κάτι που φοριέται ή κρατιέται στα χέρια): ~ *τσάντα στον ώμο/ φωτογραφική μηχανή/κολιέ στο λαιμό.* 2. αφήνω μετέωρο, αφήνω να αιωρείται, να κρέμεται (συνήθως για μέλος του σώματος): ~ *τα χέρια μου* (= τα κρατώ κατεβασμένα)· *-ασε το κεφάλι από ντροπή* (= το κατέβασε)· *ο σκύλος προχωρούσε με τη γλώσσα -ασμένη έξω.* 3. απαγχονίζω, εκτελώ με απαγχονισμό: *στην Αγγλία -ούσαν τους θανατοποινίτες·* (απειλητικά): *θα σε -άσω γι' αυτό που έκανες!* 4. (μεταφ.) βασίζω, στηρίζω, εξαρτώ: *επά-*

νω του είχαμε -άσει όλες τις ελπίδες μας. **II. μέσ.**
1. στερεώνομαι ή πιάνομαι από κάπου ψηλά ώστε να αιωρούμαι: *ο ακροβάτης -ασμένος με το ένα χέρι από το σκοινί εκτελούσε ένα επικίνδυνο νούμερο· γλύτωσε γιατί πρόλαβε και -άστηκε από τα κάγκελα του μπαλκονιού·* (ιδιάζουσα χρήση) *η μικρή έτρεξε και -άστηκε από το λαιμό του πατέρα της.* **2.** απαγχονίζομαι, αυτοκτονώ με απαγχονισμώ: *-άστηκε γιατί δεν μπορούσε να πληρώσει τα χρέη του· τον βρήκαν -ασμένο·* η μτχ. ως επίθ. και ουσ.: (παροιμ.) *στο σπίτι του -ασμένου δε μιλάνε για σκοινί* (= αποφεύγω να θίξω θέματα δυσάρεστα). **3.** (μεταφ.) βασίζομαι αποκλειστικά σε κάποιον ή κάτι, στηρίζω όλες τις ελπίδες μου σ' αυτό(ν), κρέμομαι (βλ. λ. στη σημασ. 4): *-άστηκε στα λεφτά του πατέρα του.* Φρ. *έχω -ασμένο το ζωνάρι μου* (= επιδιώκω καβγάδες)· *-ώ μούτρα* (= εκδηλώνω μεγάλη δυσαρέσκεια)· *με -ασες* (= αθέτησες την υπόσχεση που μου έδωσες)· *τα -ασες στον κόκορα* (= δείχνεις αδιαφορία, αμέλεια)· *της -ασαν (τα) κουδούνια* (= γνωστοποίησαν, διαλάλησαν τις πράξεις της, ιδίως τις ερωτικές σχέσεις της)· *το -ώ σκουλαρίκι* (= φροντίζω να μην το ξεχάσω, το έχω πάντοτε στο νου μου)· (λαϊκ., σκωπτ.) *τον -άσανε* (= τον στεφάνωσαν)· *του -ασαν τα κουτάλια, βλ. κουτάλι·* με *-ασμένα χείλη* (= με φανερή δυσαρέσκεια).
κρέντιτο το, ουσ. (όχι έρρ.), πίστωση. [ιταλ. *credito*].
κρένω ρ. (λαϊκ.). **1.** λέω σε κάποιον κάτι. **2.** μιλώ. [αρχ. *κρίνω*].
κρεολός ο, θηλ. **-ή,** ουσ. **1.** άτομο που γεννήθηκε στις δυτικές Ινδίες από Ευρωπαίους γονείς (Ισπανούς). **2.** (γενικά) μιγάς. **3.** (γλωσσολ. το θηλ. ως ουσ. και επίθ.) *-ές (γλώσσες)* = γλώσσες που προέρχονται από την ανάμειξη διάφορων ευρωπαϊκών γλωσσών όπως τα αγγλικά, γαλλικά, ισπανικά, πορτογαλικά, ολλανδικά με γλώσσες ιθαγενών της Αφρικής και της Αμερικής και γίνονται η κύρια γλώσσα ενός τόπου. [γαλλ. *créole*<ισπαν. *criollo*].
κρεοπωλείο το, ουσ., κατάστημα όπου πουλιέται κρέας, χασάπικο.
κρεοπώλης ο, θηλ. **-ισσα,** ουσ., αυτός που πουλά κρέας, χασάπης.
κρεοφαγία η, ουσ., κρεατοφαγία.
κρεοφάγος, -ος, -ο, επίθ., κρεατοφάγος.
κρεπ το, ουσ. άκλ. **1.** τύπος καουτσούκ με ανώμαλη επιφάνεια που χρησιμοποιείται κυρίως για σόλες παπουτσιών: *μποτίνια με ~.* **2.** λεπτό ύφασμα από βαμβάκι, μετάξι ή μαλλί με ανώμαλη επιφάνεια: *μπλούζα/νυφικό από ~.* [γαλλ. *crêpe*].
κρέπα η, ουσ., είδος μικρής, πολύ λεπτής πίτας από γάλα, αλεύρι και αβγά που ψήνεται στο τηγάνι ή επάνω σε ειδική πλάκα και σερβίρεται διπλωμένη με αλμυρή ή γλυκιά γέμιση: *-ες με μαρμελάδα/με τυρί· -ες για πρωινό/επιδόρπιο.* [γαλλ. *crêpe*].
κρεπάρισμα το, ουσ. **1.** ράγισμα, σκάσιμο ή σπάσιμο από πίεση: *~ των σωλήνων.* **2.** (μεταφ.) μεγάλη δυσφορία, σκασίλα. **3.** (στην κομμωτική) το να κρεπάρονται (βλ. λ. σημασ. 4) ιυ μαλλιά.
κρεπάρω, ρ., αόρ. *κρέπαρα* και *κρεπάρισα.* **1.** παθαίνω ρήγμα, ραγίζω, σπάζω ή σχίζομαι από υπερβολική πίεση: *πήρε φωτιά το ρούμι μέσα στο βαρέλι κι ευθύς -άρανε οι δυο πάτοι του βαρελιού* (Κόντογλου)· *ρίξαμε την άγκουρα και τρέμαμε*

μην τύχει και -άρει το σκοινί (Κόντογλου)· (μτβ.) *τόση δύναμη έχουνε τα νερά που θέλουνε να -άρουνε τα βράχια.* **2.** (μεταφ.) παθαίνω συγκοπή. **3.** (μεταφ.) πνίγομαι από δυσφορία, σκάζω από τα νεύρα μου ή από το κακό μου, χολοσκάνω. **4.** (στην κομμωτική) «ξύνω» τα μαλλιά με (ειδική) χτένα για να αποκτήσουν περισσότερο όγκο φουσκώνοντας. [ιταλ. *crepare*].
κρέπι το, ουσ., λεπτό μαύρο ύφασμα που προορίζεται για την κατασκευή πένθιμων πέπλων και ταινιών: *έβαλε/φόρεσε μαύρα -ια.* [γαλλ. *crêpe*].
κρεσέντο και **κρετσέντο** το, ουσ. (έρρ.). **1.** (μουσ.) η βαθμιαία αύξηση της έντασης του ήχου κατά την εκτέλεση ενός μουσικού κομματιού. **2.** (συνεκδοχικά) το χρονικό σημείο κατά το οποίο ένας ήχος βρίσκεται στο υψηλότερο σημείο έντασης: *φτάνω στο ~.* **3.** (μεταφ.) σημείο κατά το οποίο κάτι έχει πάρει τις μεγαλύτερες διαστάσεις του: *~ απόδοσης στη δουλειά/δημοτικότητας.* [ιταλ. *crescendo*].
κρετινισμός ο, ουσ. **1.** (ιατρ.) διανοητική καθυστέρηση που συνδέεται με ανεπάρκεια του θυρεοειδούς αδένα και συνοδεύεται από αναστολή της φυσικής και συναισθηματικής ανάπτυξης του ανθρώπου. **2.** μεγάλη, παθολογική ηλιθιότητα (συνών. *ιδιωτεία*). [γαλλ. *crétinisme*].
κρετίνος ο, ουσ., άτομο που πάσχει από κρετινισμό (συνών. *ιδιώτης, ηλίθιος*). [γαλλ. *crétin*].
κρετόν το, ουσ. άκλ., βαμβακερό ύφασμα ιδιαίτερα ανθεκτικό: *κουρτίνες/καλύμματα επίπλων από ~.* [γαλλ. *cretonne*].
κρετσέντο, βλ. *κρεσέντο.*
κρημνώδης, -ης, -ες, γεν. *-ους,* πληθ. αρσ. και θηλ. *-εις,* ουδ. *-η,* επίθ., απόκρημνος, απότομος: *όχθη ~.*
κρήνη η, ουσ. **α.** φυσική πηγή νερού· **β.** (ειδικά) το κτίσμα —συνήθως ένας τοίχος με τριγωνικό αέτωμα— με ένα ή περισσότερα στόμια εκροής του νερού, που παλαιότερα αποτελούσε βασικό στοιχείο της κοινωνικής και πολιτιστικής ζωής του χωριού.
κρηπίδα η, ουσ. **1.** βάση, βάθρο οικοδομήματος. **2.** λιθόκτιστο πλάτωμα σε όχθη ποταμού ή σε προκυμαία. **3.** το τμήμα του βυθού της θάλασσας που είναι κοντά στην ξηρά· *ηπειρωτική ~,* βλ. *υφαλοκρηπίδα.*
κρηπίδωμα το, ουσ. **1.** βάση, βάθρο οικοδομήματος. **2.** αποβάθρα λιμανιού ή σιδηροδρομικού σταθμού.
κρησάρα η, ουσ., λεπτό και πυκνό κόσκινο για το κοσκίνισμα του αλευριού. [αρχ. *κρησέρα*].
κρησαρίζω, ρ., περνώ το αλεύρι από την κρησάρα για να το καθαρίσω από το πίτουρο ή άλλες ξένες ύλες (συνών. *κοσκινίζω*).
κρησάρισμα το, ουσ., κοσκίνισμα με την κρησάρα.
κρησαριστός, -ή, -ό, επίθ., περασμένος από κρησάρα, κοσκινισμένος με κρησάρα.
κρησφύγετο το, ουσ., ο χώρος όπου καταφεύγει κάποιος για να κρυφτεί (συνών. *καταφύγιο, κρυψώνας*).
κρητιδογραφία η, ουσ. **1.** είδος ζωγραφικής κατά το οποίο ο καλλιτέχνης ζωγραφίζει με χρωματιστές, εύπλαστες κιμωλίες πάνω σε πορώδες χαρτί (συνών. *παστέλ*). **2.** (συνεκδοχικά) ο πίνακας που γίνεται με τον τρόπο αυτό της ζωγραφικής.
κρητιδογράφος ο, ουσ., ζωγράφος ειδικευμένος στην κρητιδογραφία.

κρητικός, -ή και **-ιά, -ό**, επίθ., που έχει σχέση με την Κρήτη ή προέρχεται απ' αυτήν: *πέλαγος -ό· πορτοκάλια -ά*. - Το αρσ. και θηλ. (*-ιά*) (με κεφ. το αρχικό γράμμα) αυτός που κατοικεί στην Κρήτη ή κατάγεται από εκεί. - Το ουδ. ως ουσ. στον πληθ. = το γλωσσικό ιδίωμα των Κρητικών.

κρητολογία η, ουσ., η επιστημονική ενασχόληση με θέματα που αφορούν την Κρήτη.

κρητολόγος ο, ουσ., αυτός που ασχολείται επιστημονικά με θέματα που αφορούν την Κρήτη.

κριάρι το, ουσ. (ασυνίζ.), μεγάλο αρσενικό πρόβατο.

κριαρίσιος, -α, -ο, επίθ. (ασυνίζ., συνιζ.), που προέρχεται από κριάρι: *κρέας -ο*.

κριθάλευρο το, ουσ., αλεύρι από αλεσμένο κριθάρι.

κριθαράκι το, ουσ. 1. είδος ζυμαρικού που έχει σχήμα κριθαριού. 2. (ιατρ.) μικρό φλεγμονώδες οίδημα που εμφανίζεται στην άκρη του πάνω ή του κάτω βλεφάρου.

κριθαρένιος -α, -ο, επίθ. (συνιζ.), φτιαγμένος από κριθάρι: *αλεύρι -ο*.

κριθάρι το, ουσ. 1. δημητριακό που χλωρό αποτελεί τροφή των κατοικιδίων ζώων, ενώ από τον καρπό του με ανάλογη επεξεργασία παρασκευάζεται αλεύρι και μπίρα. 2. ο καρπός του φυτού. -Βλ. και *κριθαράκι*.

κριθαρόψωμο το, ουσ., ψωμί από κριθαρένιο αλεύρι.

κριθή η, ουσ., κριθάρι (βλ. λ.).

κρίθινος, -η, -ο, επίθ., κριθαρένιος (βλ. λ.).

κρικέλα η, ουσ., μεγάλος κρίκος, χαλκάς.

κρικέλι το, ουσ., χάλκινος κρίκος: (παροιμ.) *να 'χεν η γη ~, θα τηνε σήκωνα*. [από το ουσ. *κρίκελλος*, υποκορ. του *κρίκος*].

κρίκετ το, ουσ. άκλ., ομαδικό παιχνίδι που παίζεται από δυο ομάδες ένδεκα παικτών που κερδίζουν πόντους για την ομάδα τους χτυπώντας μπάλες με ξύλινα ρόπαλα. [αγγλ. *cricket*].

κρικοειδής, -ής, -ές, γεν. -ούς, πληθ. αρσ. και θηλ. -είς, ουδ. -ή, επίθ., που μοιάζει με κρίκο, που έχει το σχήμα κρίκου.

κρίκος ο, ουσ. 1. μικρό μεταλλικό κυρίως, αλλά και από άλλο υλικό, αντικείμενο που έχει συνήθως σχήμα κύκλου, χαλκάς: *οι -οι μιας αλυσίδας· ~ συνδετικός* (μεταφ. αυτό που συνδέει συναισθηματικά ή λογικά δυο πράγματα μεταξύ τους). 2. ο γρύλλος (βλ. λ.) για την ανύψωση του αυτοκινήτου. 3. (βοτ.) κάθε κυλινδρικός από ξυλώδη ιστό δακτύλιος που σχηματίζεται κάθε χρόνο στον κορμό των μακρόβιων φυτών κατά την αύξησή τους. 4. (στον πληθ.) όργανο γυμναστικής που αποτελείται από δύο κρίκους που κρέμονται από μπάρα ή από την οροφή με σκοινί και από τους οποίους κρεμιέται ο αθλητής για να εκτελέσει ορισμένες ασκήσεις. 5. (στον πληθ.) είδος σκουλαρικιών που έχουν σχήμα κρίκου. - Βλ. και *κρικέλι*.

κρίμα το, ουσ. 1. παράβαση ηθικού νόμου, αμάρτημα, παράπτωμα: *στον κάτω κόσμο πλέρωνε τα -ατά του* (Σεφέρης). 2. (με επόμενη βουλητική προτ. ως υποκ. απρόσ. έκφρ. *είναι*) ~ = είναι λυπηρό, δυσάρεστο να...: *θα είναι ~ να έρθει και να μη μας βρει εδώ· ~ να χαθεί τέτοιο παιδί!* - Η ονομ. *κρίμα* (καθώς και ο λαϊκ. τ. *κρίμας*) μόνη της ή συνοδευόμενη από την πρόθ. σε + αιτ. ή απλή αιτ. χρησιμοποιείται επιρρηματικά και εκφράζει α. λύπη, συμπάθεια: ~! *πήγε τόσος κόπος χαμένος· ~ (σ)την καημένη!* να δει τέτοιες συμφορές *στα γεράματά της·* β. ατυχία: *~ στα λεφτά που ξόδεψα!*

κριμαϊκός, -ή, -ό, επίθ., που αναφέρεται στην Κριμαία ή σχετίζεται μ' αυτήν: *χερσόνησος -ή· πόλεμος ~*.

κριματίζω, ρ. I. (ενεργ.) βάζω κάποιον σε πειρασμό, κολάζω. II. (μέσ.) αμαρτάνω, κολάζομαι: *-ισμένος δούλος του Θεού*.

κρινάκι, βλ. *κρίνο* και *κρίνος*.

κρινένιος, -α, -ο, επίθ. (συνιζ.), που μοιάζει με κρίνο, που έχει κάποιο χαρακτηριστικό του κρίνου.

κρίνο το, ουσ. 1. πολυετές ποώδες διακοσμητικό φυτό με κατάλευκα και μυρωδάτα άνθη. 2. το λουλούδι του φυτού: *το ~ της Παναγίας*. - Υποκορ. *-άκι* το (ονομασία διάφορων ειδών φυτών). - Βλ. και *κρίνος*.

κρινοδάχτυλος, -η, -ο, επίθ., που έχει δάχτυλα λευκά και μακριά όπως είναι ο κρίνος.

κρινοειδής, -ής, -ές, γεν. -ούς, πληθ. αρσ. και θηλ. -είς, ουδ. -ή, επίθ., που μοιάζει με κρίνο (συνών. *κρινένιος*).

κρινόλευκος, -η, -ο, επίθ., κατάλευκος σαν τον κρίνο (συνών. *χιονόλευκος*).

κρινολίνο το, ουσ., γυναικεία φούστα του περασμένου αιώνα μακριά, φαρδιά και φουσκωτή με ένα σκληρό μεσοφόρι από μέσα με στερεωμένα ελάσματα. [ιταλ. *crinolino*].

κρινολούλουδο το, ουσ., το λουλούδι του κρίνου.

κρίνος ο, ουσ. 1. το φυτό κρίνο (βλ. λ.). 2. ονομασία διάφορων φυτών σε ποικίλα χρώματα που στην πλειοψηφία τους φυτρώνουν κοντά στη θάλασσα: *~ γαλάζιος/κίτρινος/της θάλασσας*. -Υποκορ. *-άκι* το.

κρίνω, ρ., παρατ. και αόρ. *έκρινα*, πληθ. *κρίναμε*. 1. έχω τη γνώμη, νομίζω, φρονώ (μετά από προσεκτική εξέταση των πραγμάτων): *~ ότι πρέπει ν' αναβάλεις το ταξίδι*. 2. ασκώ κριτική· αξιολογώ: *~ την επίδοση κάποιου*. 3. συμπεραίνω: *μην -εις από τον εαυτό σου*. 4α. αποφασίζω: *σκέψου και -ε τι σε συμφέρει να κάνεις·* β. (για δικαστή) βγάζω απόφαση· δικάζω: *το δικαστήριο τον έκρινε ένοχο για δωροδοκία·* (για το Θεό ως ανώτατο δικαστή) *ο Θεός θα -ει τον καθένα ανάλογα με τις πράξεις του*. 5. έχω βασικό, καθοριστικό ρόλο στην εξέλιξη μιας υπόθεσης: *από τον αγώνα αυτό -εται η πρόκριση της ομάδας στους τελικούς·* φρ. *-εται η τύχη μου (από κάτι)* (= η έκβαση ενός πράγματος παίζει καθοριστικό ρόλο στην εξέλιξη υπόθεσης που με αφορά): *από την κατάθεση του μάρτυρα -εται η τύχη του κατηγορουμένου*.

κριός ο, ουσ. (ασυνίζ.). 1. αρσενικό πρόβατο, κριάρι. 2. (ιστ.) είδος πολεμικής μηχανής που αποτελούνταν από ένα μεγάλο δοκάρι με στερεωμένο στην άκρη του ένα κομμάτι σιδήρου — στο σχήμα του κεφαλιού του κριού— και χρησιμοποιούνταν για το γκρέμισμα των τειχών των πολιορκούμενων πόλεων. 3. (αστρον.) το πρώτο στη σειρά ζώδιο όπου ο Ήλιος βρίσκεται από 21 Μαρτίου ως 20 Απριλίου και το αντίστοιχο διάστημα. 4. (αστρολ., με κεφαλαίο *K*) α. ο πρώτος αστερισμός του ζωδιακού κύκλου· β. (συνεκδοχικά) άνθρωπος που έχει γεννηθεί στον αστερισμό του Κριού: *οι -οί είναι κατά την αστρολογία δυναμικοί άνθρωποι*.

κρίση η, ουσ. **1.** διανοητική ενέργεια κατά την οποία το άτομο εκτιμά πρόσωπα, πράγματα και καταστάσεις και διαμορφώνει άποψη, καθώς και η γνώμη, η άποψη που διαμορφώνει: *ενεργώ κατά την ~ μου*. **2.** ικανότητα κάποιου να κρίνει, να σκέφτεται σωστά, ευθυκρισία: *καλλιεργεί την ~ στα παιδιά* (= κριτική ικανότητα). **3.** δικαστική απόφαση: *η ~ του δικαστηρίου είναι καταδικαστική*. **4α.** κριτική, αξιολόγηση: *είσαι πολύ αυστηρός στις -εις σου για τους άλλους* **β.** διαδικασία κατά την οποία αποφασίζεται η προαγωγή ή η στασιμότητα υπαλλήλων: *-εις αξιωματικών*. **5.** (θρησκ.) *μέλλουσα ~* = η τελική δικαίωση ή τιμωρία του κάθε ατόμου κατά τη συντέλεια του κόσμου· *η ημέρα της -ης* = η Δευτέρα Παρουσία. **6.** (λόγ.) **α.** νοητική ικανότητα του ανθρώπου να διακρίνει μεταξύ τους τις σχέσεις δύο ή περισσοτέρων εννοιών· **β.** διατύπωση της λογικής σχέσης δύο εννοιών που δηλώνει αν κάτι μπορεί να αποδοθεί σε κάτι άλλο. **7.** (συντακτ.) *προτάσεις -ης* = κατηγορία προτάσεων όπου διατυπώνεται μια άποψη. **8.** (ιατρ.) **α.** έντονη εκδήλωση μιας παθολογικής κατάστασης, ενώ το άτομο φαινομενικά είναι πλήρως υγιές: *~ νευρική/σκωληκοειδίτιδας*· **β.** απότομη μεταβολή που εκδηλώνεται με ειδικά φαινόμενα κατά την εξέλιξη λοιμώδους νοσήματος σε συγκεκριμένη ημέρα μετά την εκδήλωση της αρρώστιας και προαναγγέλλει τη θεραπεία. **9α.** περίοδος στη ζωή μιας ομάδας ή στη λειτουργία ενός συστήματος ή οργανισμού που χαρακτηρίζεται από μεγάλες διαταραχές, δυσκολίες, ένταση, αστάθεια: *~ πολιτική/οικονομική· ~ κυβερνητική* (= περίοδος που μεσολαβεί από την παραίτηση κυβέρνησης έως το σχηματισμό άλλης)· *~ στις σχέσεις μεταξύ δύο χωρών* **β.** περίοδος όπου θίγονται δομές και αξίες ενός συστήματος και τίθεται υπό αμφισβήτηση η ύπαρξή του: *~ του καπιταλισμού/αξιών/του θεσμού του γάμου*· **γ.** περίοδος που χαρακτηρίζεται από ανεπάρκεια αγαθών και πηγών ενέργειας: *~ ενεργειακή· ~ στέγης*· **δ.** δύσκολη περίοδος στην προσωπική ζωή ατόμου, όταν αντιμετωπίζει ένα μεγάλο πρόβλημα και εσωτερικές συγκρούσεις: *~ συνείδησης/υπαρξιακή*.

κρίσιμος, -η, -ο, επίθ. **1.** που παίζει αποφασιστικό ρόλο στην εξέλιξη ενός πράγματος, εξαιρετικά σοβαρός: *-η περίοδος· -η στιγμή της ζωής/της καριέρας κάποιου· -ο σημείο της δίκης*. **2.** επικίνδυνος: *-η κατάσταση του αρρώστου· -η καμπή της οικονομίας*.

κρισιμότητα η, ουσ., το να βρίσκεται κάποιος ή κάτι σε κρίσιμη, επικίνδυνη κατάσταση: *η ~ της υγείας του ασθενή· η ~ της πολιτικής κατάστασης*.

κρις-κραφτ το, ουσ. άκλ., μικρό ταχυκίνητο σκάφος αναψυχής. [αγγλ. *chris craft*].

κρισολογία η, ουσ., δίκη, δικαστικός αγώνας: *ο κατής.. ετελείωνε σε μιαν ώρα είκοσι -ες* (Καρκαβίτσας).

κρισολογούμαι και (συνίζ.) **-ιέμαι**, ρ. (λαϊκ.), δικάζομαι, βρίσκομαι σε δικαστικό αγώνα με κάποιον.

κριτήριο το, ουσ. (ασυνίζ.), ο κανόνας, ο γνώμονας με βάση τον οποίο κρίνει κάποιος: *-α επιλογής*.

κριτής ο, ουσ. **1.** αυτός που κρίνει, αξιολογεί κάτι: *δε θα γίνεις εσύ ~ των πράξεών μου*. **2.** (ειδικότερα) **α.** μέλος κριτικής επιτροπής διαγωνισμού (λογοτεχνικού, καλλιτεχνικού και άλλου): *~ διδακτικών βιβλίων* **β.** μέλος δικαστηρίου ή επιτροπής διαιτησίας ή πραγματογνωμοσύνης: *~ της υπόθεσης του φόνου*.

κριτικάρισμα το, ουσ., άσκηση κριτικής, κυρίως αρνητικής σε κάποιον ή κάτι.

κριτικάρω, ρ., παρατ. *-τίκαρα*, αόρ. *-ικάρισα*, ασκώ κυρίως αρνητική κριτική σε κάποιον ή κάτι, αποδοκιμάζω κάτι που δεν το θεωρώ σωστό ή ωραίο: *~ το θεατρικό έργο/την τακτική που ακολούθησε*.

κριτική η, ουσ. **1.** εξέταση ενός πράγματος και η έκφραση γνώμης σε σχέση μ' αυτό (συνών. *κρίση, σχολιασμός*). **2.** ειδικότερα έκφραση της αποδοκιμασίας ατόμου ή πράγματος με ταυτόχρονη επισήμανση των λαθών, αδυναμιών ή μειονεκτημάτων του: *-ή αρνητική/οξύτατη*. **3.** η εμπεριστατωμένη μελέτη και τεκμηριωμένη κρίση για την αξία έργου, ενέργειας, θεωρίας: *διάβασα για το έργο καλές -ές στις εφημερίδες*. **4.** *-ή λογοτεχνική* = κλάδος της λογοτεχνίας με έργο την εξέταση και εκτίμηση της αξίας ενός έργου, ποιητικού ή πεζού. **5.** *-ή φιλολογική ή -ή των κειμένων* = κλάδος της φιλολογίας που έχει σκοπό να ελέγξει την πιστότητα και γνησιότητα της χειρόγραφης παράδοσης ενός έργου και να αποκαταστήσει —όπου είναι δυνατό— το αυθεντικό κείμενο. **6.** *-ή ιστορική* = μεθοδική μελέτη των πηγών της ιστορίας με σκοπό να αντληθούν πραγματικά γεγονότα.

κριτικισμός ο, ουσ., φιλοσοφικό σύστημα, εισηγητής του οποίου ήταν ο Καντ, που βασίζεται στην κριτική της γνώσης.

κριτικός, -ή, -ό, επίθ. **1.** που έχει την ικανότητα να κρίνει, να αξιολογεί ή που γίνεται με σκοπό την αξιολόγηση: *επεξεργασία κειμένου -ή· έκδοση κειμένου -ή* (= έκδοση κειμένου στη μορφή την πλησιέστερη προς το αυτόγραφο ή το αρχέτυπο που γίνεται ύστερα από διερεύνηση των κωδίκων και αντιβολή των χειρογράφων και που συνοδεύεται από κριτικό υπόμνημα· *υπόμνημα -ό* (= το σύνολο των σημειώσεων στο κάτω μέρος της σελίδας κριτικής έκδοσης κλασικού ή νεότερου κειμένου όπου περιέχονται οι διαφορετικές γραφές των κωδίκων και οι προτάσεις ή διορθώσεις των μελετητών με διεθνώς καθιερωμένα σύμβολα)· *πνεύμα -ό* = δυσπιστία για την αβασάνιστη αποδοχή της αλήθειας. **2.** που έχει σχέση με την κρίση ή τον κριτή: *ικανότητα/διάθεση -ή· επιτροπή -ή*. - Το αρσ. ως ουσ. ο ειδικός στην παρουσίαση και αξιολόγηση βιβλίου, ταινίας, θεατρικού έργου ή άλλης καλλιτεχνικής εργασίας. - Το θηλ. ως ουσ. (βλ. λ.).

κρίτρα τα, ουσ., αμοιβή που δίνεται από κάθε διαγωνιζόμενο στον κριτή για την κρίση του.

κριτσανίζω, ρ. (για να αποδοθεί ο ήχος που κάνει φαγώσιμο τραγανό ή σκληρό, όταν τρώγεται) κάνω κριτς κριτς: *-ει το κουλούρι*. [λ. ηχομιμ.].

κριτσίνι το, ουσ., μακρόστενο πολύ ξεροψημένο κουλούρι με σουσάμι. [λ. ηχομιμ.<*κριτς κριτς*].

Κροάτης ο, θηλ. **-ισσα**, ουσ., αυτός που κατοικεί στην Κροατία ή κατάγεται από εκεί.

κροατικός, -ή, -ό, επίθ., που ανήκει ή αναφέρεται στην Κροατία ή τους Κροάτες.

Κροάτισσα, βλ. *Κροάτης*.

κροκάδι το, ουσ., ο κρόκος του αβγού.

κροκάλα η, ουσ., χαλίκι στην ακρογιαλιά ή στις

κοίτες και τις όχθες ποταμών που με την επίδραση του νερού έχει πάρει στρογγυλό σχήμα.

κροκαλοπαγής, -ής, -ές, γεν. **-ούς,** πληθ. αρσ. και θηλ. **-είς,** ουδ. **-ή,** επίθ. (για πέτρωμα) που αποτελείται από κροκάλες συγκολλημένες μεταξύ τους με κάποια συνθετική ορυκτή ύλη.

κροκάτος, -η, -ο, επίθ., που έχει το χρώμα του κρόκου: *της αυγής -η γάζα* (Βάρναλης).

κροκέτα η, ουσ. (μαγειρ.) παρασκεύασμα σε σφαιρικό σχήμα από πουρέ πατάτας, κιμά, κ.ά., που το τηγανίζει κανείς σε λάδι, αφού προηγουμένως το βουτήξει σε κρόκο αβγού και το καλύψει με αλεύρι ή τριμμένη φρυγανιά. [γαλλ. *croquette*].

κροκί το, Ι. ουσ. (λαϊκ.), το χρώμα του κρόκου, το έντονο κίτρινο χρώμα.

κροκί το, II. ουσ. άκλ., πρόχειρο σχέδιο, διάγραμμα για κόψιμο και ράψιμο ρούχου. [γαλλ. *croquis*].

κρόκινος, -η, -ο, επίθ. 1. που έχει το χρώμα του κρόκου, κίτρινος (συνών. *κροκοειδής*). 2. που παρασκευάζεται από κρόκο.

κροκοδείλιος, -ια, -ιο, επίθ. (ασυνίζ.). 1. που αναφέρεται στον κροκόδειλο. 2. στην εκφρ. *-α δάκρυα* = «ψεύτικα» δάκρυα, για υποκριτική εκδήλωση λύπης ή στενοχώριας.

κροκόδειλος και (λαϊκ.) **κορκό-** ο, ουσ. (ζωολ.) μεγαλόσωμο αμφίβιο σαρκοφάγο ερπετό με δυνατά σαγόνια, κοντά πόδια και μακριά, ογκώδη ουρά, που ζει στα ποτάμια των τροπικών και υποτροπικών περιοχών: ~ *του Νείλου/ινδικός*.

κροκοειδής, -ής, -ές, γεν. **-ούς,** πληθ. αρσ. και θηλ. **-είς,** ουδ. **-ή,** επίθ. (λόγ.), που έχει το χρώμα του κρόκου, κίτρινος (συνών. *κρόκινος*).

κρόκος ο, ουσ. 1α. (φυτολ.) γένος αγγειόσπερμων φυτών με λουλούδια που έχουν κυρίως κίτρινο χρώμα και χρησιμοποιούνται στη βαφική, την αρωματοποιία, τη φαρμακευτική και τη μαγειρική· β. χρωστική ουσία από τα λουλούδια του παραπάνω φυτού (κοιν. *ζαφορά*). 2. (και λαϊκ. **-ός**) το κίτρινο τμήμα του αβγού: *έβαλα στο γλυκό τέσσερις -ους* (συνών. *κιτρινάδι*). - Βλ. και *κροκάδι*.

κρομμύδι, βλ. *κρεμμύδι*.

κρομμυδίλα, βλ. *κρεμμυδίλα*.

κρομμυδομάνα, βλ. *κρεμμυδομάνα*.

κρομμυδοπλεξάνα και **κρομμυδοπλεξίδα,** βλ. *κρεμμυδοπλεξάνα*.

κρομμυδοσαλάτα, βλ. *κρεμμυδοσαλάτα*.

κρομμυδόσκιλλα, βλ. *σκιλλοκρομμύδα*.

κρομμυδόσουπα, βλ. *κρεμμυδόσουπα*.

κρομμυδοφάγος, βλ. *κρεμμυδοφάγος*.

κρονόληρος ο, ουσ. (λόγ.), φλύαρος, ξεμωραμένος γέρος.

κρονιήρι, βλ. (ορθογραφημένα) *κρωντήρι*.

κρούουλ το, ουσ. άκλ. (αθλητ.) είδος πρόσθιας κολύμβησης (με απλωτές). [αγγλ. *crawl*].

κρόσσι το, ουσ., δέσμη νημάτων που εξέχει στις άκρες υφάσματος για διακοσμητικούς λόγους: ~ *μεταξωτό/πολύχρωμο· τα -ια του χαλιού*. [μτγν. *κροσσίον*].

κροσσωτός, -ή, -ό, επίθ., που έχει κρόσσια: *μαντήλι -ό*.

κροταλίας ο, ουσ. (ζωολ.) δηλητηριώδες φίδι της Αμερικής που έχει στην άκρη της ουράς του μια σειρά από κεράτινα αρθρωτά στελέχη που κροταλίζουν.

κροταλίζω, ρ. 1. (λόγ.) παράγω ήχο χτυπώντας κρόταλα (βλ. λ.), παίζω κρόταλα. 2. (μεταφ.) παράγω ήχο όμοιο με των κροτάλων: *τα πυροβόλα -ουν· τα δόντια μου -ιζαν*.

κροτάλισμα το, ουσ., ήχος από κρόταλα ή παρόμοιος με αυτόν.

κρόταλο το, ουσ. (μους., συνήθως στον πληθ.) κρουστό όργανο από δύο κομμάτια μέταλλο, ξύλο, κόκαλο ή άλλο υλικό, που συνδέονται με κάποιο μέσο και παράγουν ήχο, όταν χτυπούν μεταξύ τους (πβ. *ζίλια, καστανιέτα, ροκάνα*).

κροταφικός, -ή, -ό, επίθ., που ανήκει ή αναφέρεται στους κροτάφους: *οστούν -ό· αρτηρίες -ές*.

κρόταφος ο, ουσ. (ανατομ.) η περιοχή δεξιά και αριστερά από το μέτωπο, ανάμεσα στο μάτι, το αφτί και το πάνω μέρος του κεφαλιού: *του έβαλε το πιστόλι στον -ο·* (συνεκδοχικά για τα μαλλιά) *-οι γκρίζοι* (συνών. *μηλίγγι*).

κροτίδα η, ουσ. 1. (λόγ.) πυροτέχνημα με μικρή ποσότητα εκρηκτικής ύλης, που πυροδοτείται με κρούση, τριβή ή φλόγα, για να προκαλέσει ισχυρό κρότο (συνών. *βαρελότο, τρακατρούκα*). 2. για βόμβα με μικρή ισχύ.

κροτικός, -ή, -ό, επίθ. (χημ.) για ουσία που μπορεί να παραγάγει κρότο: *υδράργυρος* ~ (συνηθέστερα *βροντώδης*).

κρότος ο, ουσ., δυνατός και ξηρός ήχος με μικρή διάρκεια, που προέρχεται συνήθως από κρούση, πτώση, σύγκρουση: ~ *δυνατός/υπόκωφος*.

κροτώ, ρ. (λόγ.), παράγω κρότο.

κρότωνας ο, ουσ. (φυτολ.) ονομασία καλλωπιστικού φυτού εσωτερικών χώρων με μακριά φύλλα, μονόχρωμα ή με κόκκινες αποχρώσεις (κοινώς *ωραιόφυλλο*).

κρουαζιέρα η, ουσ. (συνιζ.), θαλάσσιο ταξίδι αναψυχής με πλοίο που συνήθως περιπλέει ορισμένα μέρη και αγκυροβολεί σε μερικά λιμάνια. [γαλλ. *croisière*].

κρουαζιερόπλοιο το, ουσ. (συνιζ.), επιβατηγό πλοίο που χρησιμοποιείται για κρουαζιέρες.

κρουασάν το, ουσ. άκλ., αφράτο ψωμάκι, αλμυρό ή γλυκό, σε σχήμα μισοφέγγαρου. [γαλλ. *croissant*].

κρουνελιάζω, ρ. (συνιζ., λαϊκ.), (για υγρό) κυλώ σε μεγάλη ποσότητα: *στο μέτωπό του κρουνέλιαζε ο ιδρώτας* (Ι.Μ. Παναγιωτόπουλος).

κρουνός ο, ουσ. 1. σωλήνας ή κάνουλα απ' όπου τρέχει νερό ή άλλο υγρό με ροή που ελέγχεται ως προς την κατεύθυνση ή την ποσότητα: ~ *δεξαμενής*. 2. (λόγ., μεταφ.) για μεγάλη ποσότητα υγρού: *άνοιξαν οι -οί του ουρανού*.

κρουπιέρης ο, ουσ. (συνιζ.), υπάλληλος καζίνου ή χαρτοπαικτικής λέσχης που επιβλέπει το παιγνίδι σ' ένα τραπέζι, συγκεντρώνει τα στοιχήματα και τα χρήματα και πληρώνει όσους κέρδισαν. [γαλλ. *croupier*].

κρούση η, ουσ. 1α. (λόγ.) χτύπημα· (φυσ.) βίαιη, ξαφνική και στιγμιαία συνάντηση δύο σωμάτων: ~ *ελαστική*· β. (ειδικά) χτύπημα των χορδών μουσικού οργάνου ή κυρίως επιφάνειας ενός από τα κρουστά. 2. (μεταφ.) α. απόπειρα να εξακριβωθούν οι διαθέσεις ή οι προθέσεις κάποιου, διερευνητική επαφή: *του έκαναν ορισμένες -εις για το αν δέχεται να αναλάβει υπουργείο·* β. (στρατ.) δοκιμαστική τοπική επίθεση.

κρούσμα το, ουσ., μεμονωμένη περίπτωση ιδιαίτερα δυσάρεστου φαινομένου (ιδίως για προσβολή από επιδημική ασθένεια ή για παράβαση του ποινικού ή του ηθικού νόμου): *περίεργο* ~ *χολέρας· -ατα διαρρήξεων/απειθαρχίας*.

κρουσμένος, -η, -ο, επιθ. (λαϊκ.), που προσβλήθηκε από επιδημική ασθένεια ή από παραφροσύνη.

κρούστα η, ουσ. 1. στερεοποιημένη επιφάνεια ρευστής ουσίας: ~ *της κρέμας* (πβ. *πέτσα*)· *μια* ~ *πάγου σχηματίστηκε στη λίμνη*. 2. (σπανιότερα) σκληρό επίστρωμα στην επιφάνεια πληγής, κακάδι. 3. (μαγειρ.) *φύλλο -ας* = λεπτό φύλλο ζύμης για επίστρωμα ή για περιτύλιγμα γλυκισμάτων ή φαγητών με μορφή πίτας. [λατ. *crusta*].

κρουστάλλι, βλ. *κρυστάλλι*.

κρουσταλλιάζω, βλ. *κρυσταλλιάζω*.

κρούσταλλο, βλ. *κρύσταλλο*.

κρουστικός, -ή, -ό, επίθ. 1. που αναφέρεται στην κρούση: *κύμα -ό*. 2. που ενεργεί με κρούση: *τρυπάνι -ό*.

κρουστός, -ή, -ό, επίθ. 1.(για μουσικό όργανο, συνήθως στον πληθ. ουδ. και ως ουσ.) που παράγει ήχο με κρούση: *τα -ά διακρίνονται σε ιδιόφωνα (λ.χ. καμπάνα, καστανιέτες) και μεμβρανόφωνα (λ.χ. τύμπανο)*. 2. (λαϊκ., λογοτ.) σκληρός, σφιχτός, πυκνός: *το μασώ σαν το... -ό σταφύλι* (Παλαμάς)· *κόρφος* ~· *πανί -ό* (= πυκνοϋφασμένο).

κρούω, ρ. (λόγ., λογοτ.), χτυπώ (μουσικό όργανο) για να ηχήσει: *ο βοσκός -ει το λυράκι* (Πρεβελάκης)· *της Εκκλησίας να -σεις την καμπάνα* (Παλαμάς). Φρ. ~ *τον κώδωνα του κινδύνου* (= προειδοποιώ δημόσια ότι υπάρχει άμεσος κίνδυνος).

κρύα, βλ. *κρύος*.

κρυάδα η, ουσ. (ασυνίζ.). 1α. αίσθημα κρύου, ψυχρότητα (αντ. *ζεστασιά*)· β. ρίγος, ανατριχίλα. 2. (μεταφ.) α. αίσθημα δυσαρέσκειας, φόβου, κ.τ.ό.· β. ανούσιο, σαχλό αστείο, που αφήνει τον ακροατή αδιάφορο: *λέει -ες*. Φρ. *παίρνω την* ~ (= δοκιμάζω ξαφνική απογοήτευση από τη διάψευση ελπίδων).

κρύβω, ρ. I. ενεργ. 1. καλύπτω ή τοποθετώ κάποιον ή κάτι σε μέρος όπου δεν τους βλέπουν ή δεν τους βρίσκουν οι άλλοι, βάζω σε μυστικό μέρος: *-ει με τα χέρια το πρόσωπό του/τα λεφτά στο στρώμα· έκρυβαν τα παιδιά να τα γλυτώσουν από την αρπαγή* (αντ. *ξεσκεπάζω, εμφανίζω, δείχνω*). 2. για κάτι άγνωστο και απρόβλεπτο που θεωρείται πιθανό να παρουσιαστεί ή να συμβεί στη μελλοντική εξέλιξη μιας ενέργειας: *η συνάντηση -ει εκπλήξεις· η αποστολή -ει κινδύνους*. 3α. προσπαθώ να μη μάθει ή να μην καταλάβει ο άλλος κάτι που το θεωρώ αξιοκατάκριτο, υποτιμητικό, θλιβερό: *-ει τα ελαττώματα όσων συμπαθεί -ει τα χρόνια της· του έκρυψαν το θάνατο της μητέρας του* (συνών. *αποσιωπώ, συγκαλύπτω*)· β. (γενικότερα) προσπαθώ να μη γίνει αντιληπτό (τι σκέφτομαι, τι αισθάνομαι): ~ *τους σκοπούς μου· κάτι -εις μέσα στην καρδιά σου* (λαϊκ. τραγ.) (αντ. *εκδηλώνω, εξωτερικεύω*)· γ. (παθ., συνήθως με άρνηση) δε γίνομαι αντιληπτός: *το χρήμα δεν -εται·* φρ. *ο βήχας και ο έρωτας δεν -ονται*. II. μέσ. 1. μένω σε μυστικό τόπο, προσπαθώ να μη με δουν, να μη με βρουν: *οι δραπέτες -ονται σε σπηλιές· -εται από τους δανειστές του*. 2. (ειδικά) για τον ήλιο, το φεγγάρι, κ.τ.ό., όταν παύουν να είναι ορατά, επειδή μπήκαν πίσω από τα σύννεφα ή έδυσαν. ι' *αστέρια -φτηκαν·* (συνεκδοχικά) *ο ήλιος κρύφτηκε* (= έδυσε). 3. δεν εκδηλώνω τις σκέψεις, τους σκοπούς, τις προθέσεις μου, κ.τ.ό.: *έχει διαφορετικές πολιτικές πεποιθήσεις από τους γονείς του, αλλά -εται·* φρ. *ας μην -όμαστε* (= να τολμάμε να λέμε την αλήθεια, να μην τη συσκοτίζουμε σκόπιμα)· *-εται πίσω απ' το δάχτυλό του* (= προσπαθεί αδέξια να συγκαλύψει κάτι εμφανές, συνήθως ένα ελάττωμα ή μια αξιοκατάκριτη πράξη) (αντ. στις περισσότερες σημασ. *φανερώνω*). [αρχ. *κρύπτω*].

κρυερός, -ή, -ό, επίθ., κάπως κρύος.

κρύο το, ουσ. α. έλλειψη θερμότητας, χαμηλή θερμοκρασία: *στο δωμάτιο κάνει* ~· *τα χέρια μου πάγωσαν από το τσουχτερό* ~· β. ψυχρός καιρός, ψύχρα: *έπιασε* ~· *έσφιξε/υποχώρησε το* ~· *τα πρώτα -α του χειμώνα* (αντ. *ζέστη*). Φρ. *δε μου κάνει ούτε* ~ *ούτε ζέστη* (= μου είναι εντελώς αδιάφορο)· *μένω στα -α του λουτρού*, βλ. *λουτρό*.

κρυολόγημα το, ουσ. (ασυνίζ.), ίωση του ανώτερου αναπνευστικού συστήματος, συνήθως χωρίς πυρετό και με ήπια συμπτώματα (πονοκέφαλο, ρίγος, πονόλαιμο, βήχα).

κρυολογώ, ρ. (ασυνίζ.). 1. (αμτβ.) παθαίνω κρυολόγημα: *βγήκα λουσμένος έξω και -όγησα*. 2. (μτβ.) κάνω να πάθει κάποιος κρυολόγημα: *άφησε την μπαλκονόπορτα ανοιχτή και με -όγησε*.

κρυόμετρο το, ουσ. (ασυνίζ.), (φυσ.) όργανο που μετρά θερμοκρασίες ψύξης.

κρυόμπλαστρο το, ουσ. (ασυνίζ., έρρ., λαϊκ.). α. κρύο έμπλαστρο· β. (συνηθέστερα μεταφ.) για άνθρωπο άχαρο, σαχλό.

κρυονέρι το, ουσ. (ασυνίζ., λαϊκ.), πηγή δροσερού νερού· *πάλι ν' ανταμωθούμε... ψηλά στο* ~ (δημ. τραγ.).

κρυοπάγημα το, ουσ. (ασυνίζ.), (ιατρ.) σοβαρή βλάβη του δέρματος από το υπερβολικό κρύο, που μπορεί να φτάσει από το πάγωμα έως και τη νέκρωση των ιστών: *απώλειες του στρατού από -ήματα*.

κρυοπαγημένος, -η, -ο, επίθ. (ασυνίζ.), που έπαθε κρυοπαγήματα.

κρυοπηξία η, ουσ. (ιατρ.) θεραπευτική αγωγή που ασκείται με τη χρήση ειδικού μηχανήματος με το οποίο διοχετεύεται κρύος αέρας και φαρμακευτικό υγρό που προκαλεί ψύξη στο σημείο που νοσεί: ~ *κατά του καρκίνου/των αλλεργικών παθήσεων*.

κρυόπλαστος, -η, -ο, επίθ. (ασυνίζ.), (για άνθρωπο) άχαρος, κρύος (βλ. λ. στη σημασ. 4α), ψυχρός: *τι -ο πλάσμα που είναι ο Χ!*

κρύος, -α, -ο, επίθ. 1α. που έχει θερμοκρασία αισθητά χαμηλότερη από εκείνη του ανθρώπινου σώματος: *μπάνιο με -ο νερό· αέρας* ~· β. για τον καιρό ή την ατμόσφαιρα σε ένα χώρο, όταν επικρατεί χαμηλή θερμοκρασία: *η πιο -α μέρα του χειμώνα· διαμέρισμα -ο·* γ. (ειδικά για το νερό ή για ποτό) δροσερός, παγωμένος: *τσάι -ο· μπίρα -α·* έκφρ. *κορίτσι/κοπέλα σαν τα -α τα νερά* (εννι. όμορφη και γεμάτη ζωντάνια, φρεσκάδα). 2α. όχι ζεστός: *το μέτωπό του είναι -ο, δεν έχει πυρετό·* β. (για φαγητό) μαγειρεμένος από πριν με σκοπό να διατηρηθεί και να φαγωθεί αργότερα κρύο: *κοτόπουλο -ο·* (συνεκδοχικά) *πιάτο/γεύμα -ο*. 3. για κάτι που βρίσκεται σε θερμοκρασία χαμηλότερη από την κανονική ή την επιθυμητή και προκαλεί συνήθως δυσαρέσκεια: *σέρβιραν μια -α σούπα· το αυτοκίνητο δεν ξεκινά εύκολα με -α μηχανή* (για το σώμα ή τα μέλη του) *πόδια -α*. 4. (μεταφ.) α. (για πρόσωπο) που δεν είναι ελκυστικός στην εμφάνιση ή τους τρόπους: *γυναίκα -α· -ο πλάσμα* (συνών. *άχαρος*)· β. (για λόγο) που δεν προκαλεί ενδιαφέ-

ρον, ανούσιος, σαχλός: *ανέκδοτο -ο.* 5. (μεταφ.) που υστερεί σε εγκαρδιότητα, δε φανερώνει συμπάθεια: *υποδοχή -α· φέρσιμο -ο* (συνών. *ψυχρός·* αντ. *θερμός*) (αντ. στις σημασ. 1-4 *ζεστός*). Έκφρ. *με -α καρδιά* (= πολύ απρόθυμα, ανόρεχτα): *το αποφάσισα/τον ψήφισα με -α καρδιά.* Φρ. *με λούζει ~ ιδρώτας* (= ιδρώνω κι έχω ρίγος από φόβο ή εκνευρισμό). - Επίρρ. **-α.**
κρυούτσικος, -η, -ο, επίθ. (ασυνίζ.), κάπως κρύος.
κρύπτη η, ουσ. (λόγ.). 1. μέρος όπου μπορεί να κρυφτεί κάποιος ή να κρύψει κάτι (συνών. *κρυψώνας, κρησφύγετο*). 2. υπόγειος χώρος που χρησίμευε κατά τους πρώτους χριστιανικούς χρόνους ως καταφύγιο ή ως λειψανοθήκη μαρτύρων: *η ~ του ναού του αγίου Δημητρίου στη Θεσσαλονίκη.* 3. (ανατομ.) κοίλωμα στο επιθήλιο της επιφάνειας των αμυγδαλών.
κρυπτικός, -ή, -ο, επίθ. 1. που ανήκει ή αναφέρεται στην κρύπτη (βλ. λ.): *-ή αμυγδαλίτιδα.* 2. κρυπτογραφικός (βλ. λ.): *-ή γραφή κειμένου.*
κρυπτο-, α΄ συνθ. ουσιαστικών (για να δηλωθεί ότι κάτι γίνεται στα κρυφά): *κρυπτοχουντικός, κρυπτοκομουνιστής, κρυπτοχριστιανοί.*
κρυπτόγαμα το, ουσ. (βοτ.) κατηγορία φυτών που έχουν κρυμμένα τα πολλαπλασιαστικά τους όργανα.
κρυπτογαμία η, ουσ. (βοτ.) ο τρόπος με τον οποίο πολλαπλασιάζονται τα κρυπτόγαμα (βλ. λ.).
κρυπτογενής, -ής, -ές, γεν. *-ούς,* πληθ. αρσ. και θηλ. *-είς,* ουδ. *-ή,* επίθ. (ιατρ. για λοιμώξεις) που προκαλείται από άγνωστη αιτία: *~ αναιμία.*
κρυπτογράφημα το, ουσ. 1. κείμενο γραμμένο με συνθηματική γραφή. 2. κείμενο ακατανόητο.
κρυπτογράφηση η, ουσ. 1. διατύπωση κειμένου με συνθηματική γραφή (αντ. *αποκρυπτογράφηση*). 2. (συνεκδοχικά) κρυπτογραφική γραφή.
κρυπτογραφία η, ουσ. 1. μέθοδος με την οποία συντάσσεται το κρυπτογράφημα (βλ. λ. στη σημασ. 1). 2. κρυπτογράφηση (βλ. λ.).
κρυπτογραφικός, -ή, -ό, επίθ., που ανήκει ή αναφέρεται στην κρυπτογραφία ή τον κρυπτογράφο (βλ. λ.): *γραφή -ή· κώδικας* ~. - Επίρρ. **-ώς.**
κρυπτογράφος ο, ουσ. 1. υπάλληλος ειδικός στην κρυπτογράφηση και αποκρυπτογράφηση εγγράφου. 2. είδος γραφομηχανής με την οποία κρυπτογραφείται (βλ. λ.) ένα κείμενο.
κρυπτογραφώ, -είς, ρ. α. γράφω με συνθηματική γραφή: *σήμα/τηλεγράφημα -ημένο·* β. μεταγράφω ένα κείμενο χρησιμοποιώντας κρυπτογραφικά στοιχεία.
κρυπτόν το, ουσ. (χημ.) ευγενές αέριο της ατμόσφαιρας.
κρυπτοχριστιανοί οι, ουσ. (συνιζ.), (ιστ.) χριστιανοί που φαινομενικά ασπάστηκαν τον ισλαμισμό για να αποφύγουν τις διώξεις εκ μέρους των Τούρκων και τελούσαν τα θρησκευτικά τους καθήκοντα σε κρυψώνες τις νύχτες.
κρυσταλλένιος, -α, -ο και (λαϊκ.) **κρου-,**επίθ. (συνιζ.). 1. που είναι φτιαγμένος από κρύσταλλο: *ποτήρια -ια* (συνών. *κρυστάλλινος*). 2. που είναι σαν κρύσταλλο· διαυγής, καθαρός: *ουρανός· ήχος ~* (= καθαρός)· *ήτο μια βρύση κι ήτρεχε νερό άσπρο, κρουσταλλένιο* (= καθαρό και δροσερό) (Ερωτόκριτος).
κρυστάλλι και (λαϊκ.) **κρου-** το, ουσ. 1. κρύσταλλο. 2. ποτήρι από κρύσταλλο: *δροσονέρι σε ~* (Παλαμάς). 3. (ως επίθ.) διαυγής, καθαρός: *νερό*

κρουστάλλι (= *κρουσταλλένιο*). 4. (μόνο στον τύπο *κρου-*) ποικιλία λευκού σταφυλιού.
κρυσταλλιάζω και (λαϊκ.) **κρου-,** ρ. (συνιζ.), (αμτβ.), (για υγρά) γίνομαι κρύος σαν κρύσταλλο, παγώνω από το κρύο: *νερό -ασμένο·* (μεταφ. για τα μέλη του ανθρώπινου σώματος): *τράβηξε το χέρι του από το νερό, γιατί κρουστάλλιασαν τα δάχτυλά του* (συνών. *κρυσταλλώνομαι*).
κρυστάλλιασμα και (λαϊκ.) **κρου-** το, ουσ. (συνιζ.), το να κρυσταλλιάζει κάτι, πάγωμα: *~ του νερού/των ποδιών.*
κρυσταλλικός, -ή, -ό, επίθ., που έχει μορφή, ουσία ή σύνθεση κρυστάλλου: *-ά συστατικά πετρωμάτων· -ή ζάχαρη· -ά άλατα.*
κρυσταλλικότητα η, ουσ., το να είναι κάτι κρυσταλλικό, η ιδιότητα της οργανικής και της ανόργανης ύλης να εμφανίζεται με κρυσταλλική μορφή.
κρυστάλλινος, -η, -ο, επίθ. 1. που είναι φτιαγμένος από κρύσταλλο: *βάζο -ο* (συνών. *κρυσταλλένιος*). 2. (μεταφ.) όμοιος με κρύσταλλο, διαυγής σαν κρύσταλλο: *φωνή -η· νερά -α· νύχτα -η* (= φωτεινή από το φως του φεγγαριού).
κρύσταλλο και (λαϊκ.) **κρού-** το, ουσ. 1. πάγος, κομμάτι από διαυγή πάγο: *το νερό από το κρύο έγινε ~ στην υδρορροή του σπιτιού.* 2. πάχνη που έχει κρυσταλλωθεί: *να λειώσουνε τα -α, να λειώσουνε τα χιόνια* (δημ. τραγ.). 3. γυαλί που έχει πάχος μεγαλύτερο από πέντε χιλιοστά και έχει υποστεί μηχανική επεξεργασία και λείανση: *θάλασσα καθαρή σαν ~· τα -α του πολυέλαιου· ~ Βοημίας.* 4. (συνεκδοχικά) σκεύος από κρυσταλλικό γυαλί. 5. (μεταφ. σε επιθετ. χρήση) α. (για κάτι διαυγές και καθαρό): *θάλασσα ~* β. (για κάτι κρύο, παγωμένο): *νερό ~.*
κρυσταλλογραφία η, ουσ., επιστήμη που μελετά τους κρυστάλλους (βλ. λ.).
κρυσταλλογραφικός, -ή, -ό, επίθ., που ανήκει ή αναφέρεται στην κρυσταλλογραφία ή στον κρυσταλλογράφο (βλ. λ.).
κρυσταλλογράφος ο, ουσ. (ορυκτ.) ειδικός που ασχολείται με την επιστημονική εξέταση και περιγραφή των κρυστάλλων.
κρυσταλλοειδής, -ής, -ές, γεν. *-ούς,* πληθ. αρσ. και θηλ. *-είς,* ουδ. *-ή,* επίθ. (ασυνίζ.). 1. που είναι όμοιος με κρύσταλλο, που έχει τις ιδιότητες του κρυστάλλου: *~ φακός του ματιού.* 2. που επιδέχεται κρυστάλλωση (βλ. λ.).
κρυσταλλολογία η, ουσ., κρυσταλλογραφία (βλ. λ.).
κρυσταλλολόγος ο, ουσ., κρυσταλλογράφος (βλ. λ.).
κρύσταλλος ο, ουσ. 1. κρύσταλλο (βλ. λ. στις σημασ. 1, 2, 3 και 5α). 2. (φυσ.) το κανονικό πολυεδρικό ή συμμετρικό σχήμα που παίρνουν οι περισσότερα σώματα όταν περνούν από τη ρευστή στη στερεή κατάσταση: *~ αλατιού.*
κρυσταλλοτεχνία η, ουσ., τέχνη της κατεργασίας φυσικών κρυστάλλων ή της κατασκευής τεχνητών (συνών. *κρυσταλλουργία*).
κρυσταλλουργείο το, ουσ., εργοστάσιο κρυστάλλινων ειδών.
κρυσταλλουργία η, ουσ., επεξεργασία των κρυστάλλων (συνών. *κρυσταλλοτεχνία*).
κρυσταλλουργός, ο, ουσ., ειδικός στην κρυσταλλοτεχνία (βλ. λ.).
κρυσταλλώδης, -ης, -ες, γεν. *-ους,* πληθ. αρσ. και

θηλ. -εις, ουδ. -η, επίθ., που είναι όμοιος με κρύσταλλο: ~ φακός του ματιού (συνών. κρυσταλλοειδής).
κρυστάλλωμα το, ουσ., σώμα που κρυσταλλώθηκε (βλ. λ.).
κρυσταλλώνω, ρ., μεταβάλλω κάτι σε κρύσταλλο, το καταψύχω.
κρυστάλλωση η, ουσ. **1.** μετάβαση ενός σώματος από την υγρή κατάσταση στη στερεή με το σχηματισμό κρυστάλλων (βλ. λ. στη σημασ. 2). **2.** κρυστάλλιασμα (βλ. λ.), πάγωμα.
κρυφά, βλ. κρυφός.
κρυφαγαπιέμαι, ρ. (συνίζ., λαϊκ.), αγαπώ ερωτικά κάποιο πρόσωπο και με αγαπά κρυφά, χωρίς να το ξέρουν οι άλλοι: -ιόντουσαν δυο χρόνια.
κρυφαγροικώ, ρ. (λαϊκ.), κρυφακούω (βλ. λ.).
κρυφακούω, ρ., ακούω κάτι (που συνήθως δε μου επιτρέπεται) χωρίς να γίνομαι αντιληπτός: -άκουγε πίσω από την πόρτα (συνών. λαϊκ. κρυφαγροικώ).
κρυφανοίγω, ρ., ανοίγω κάτι κρυφά, χωρίς να με αντιληφθεί κανείς: -άνοιξε το παράθυρο για να ιδεί τις ταραχές στο δρόμο.
κρύφιος, -α, -ο, επίθ. (ασυνίζ., λόγ.), που είναι κρυμμένος, μυστικός, άγνωστος: -οι έρωτες· -α μέλη του σώματος (= απόκρυφα).
κρυφο-, α΄ συνθ. ουσιαστικών, επιθέτων και ρημάτων που φανερώνει ότι το β΄ συνθ. γίνεται ή υπάρχει κρυφά: κρυφοκοίταγμα, κρυφομιλώ.
κρυφογελώ, -άς, ρ., γελώ (εις βάρος κάποιου) αμυδρά ώστε να μη γίνω αντιληπτός: -ούσαν όλοι με την γκάφα του.
κρυφογνέφω, ρ. (λαϊκ.), κάνω νόημα σε κάποιον κρυφά για να μη με αντιληφθούν: της -ει τότε αυτός και φεύγει στο καράβι (Εφταλιώτης).
κρυφοκαίω, ρ. **Α.** (αμτβ.) εξακολουθώ να καίγομαι ή να καίω χωρίς να γίνεται αντιληπτό: -καίνε τα άχυρα· -ει το κούτσουρο (συνών. υποβόσκω). **Β.** (μτβ., μεταφ.) καίω, ερεθίζω κάποιον κρυφά: τον κρυφόκαιγε ο καημός.
κρυφοκαμαρώνω, ρ. (μτβ.), θαυμάζω κάποιον κρυφά, είμαι περήφανος γι᾽ αυτόν χωρίς να το εκδηλώνω: -ωναν το παλληκάρι.
κρυφοκοιτάζω, ρ., κοιτάζω κρυφά, χωρίς να με βλέπουν: -κοίταζαν πότε να σηκώσει από πάνω τους τη ματιά του.
κρυφομίλημα και **-μιλητό** το, ουσ. (λαϊκ.), συνομιλία μυστική ή ψιθυριστή.
κρυφομιλώ, -άς, ρ. (λαϊκ.), μιλώ κρυφά ή με σιγανή φωνή, ψιθυριστά.
κρυφός, -ή, -ό, επίθ. **1.** που δεν είναι γνωστός στους άλλους: -ή σπηλιά/πόρτα· -ό ταλέντο· (ιστ.) -ό σχολείο (συνών. άγνωστος). **2.** που δεν εκδηλώνεται, δε φαίνεται, μυστικός: -ή αγάπη/χαρά· ~ καημός· -ό καμάρι· τίποτε δε μένει -ό (αντ. φανερό). **3.** (για πρόσωπο) που δεν κοινολογεί τις ψυχικές του διαθέσεις, τα μυστικά του (συνών. εχέμυθος, κρυψίνους). Παροιμ. ο κόσμος το 'χει τούμπανο κι εσύ (ή εμείς) -ό καμάρι (για αυτούς που προσπαθούν να κρύψουν κάτι που είναι ήδη γνωστό). - Το ουσ. εν. ως ουσ. = μυστικός, απόρρητο. - Επίρ. **-ά:** έφυγε -ά· το πήρε -ά το ψωμί. Έκφρ. στα -ά = μυστικά: του έδωσε στα -ά ένα μήλο· -ά από μένα (= χωρίς να το ξέρω). Φρ. ζω -ά από το Θεό (= σε πλήρη αφάνεια).
κρυφοσμίγω, ρ. (συνήθως για ερωτικές συναντήσεις) συναντιέμαι κρυφά με κάποιον.

κρυφτό και **κρυφτούλι** το, ουσ., είδος παιχνιδιού κατά το οποίο ένας από τους παίχτες προσπαθεί να ανακαλύψει πού έχουν κρυφτεί οι συμπαίκτες του: τα παιδιά έπαιζαν το -ούλι.
κρυφτός, -ή, -ό, επίθ., που είναι κρυμμένος.
κρυφτούλι, βλ. κρυφτό.
κρύψιμο το, ουσ., το να αποκρύπτεται κάποιος ή κάτι: ~ του θησαυρού· ~ των διαθέσεων· ~ των κακοποιών.
κρυψίνοια, ουσ. (ασυνίζ., λόγ.), το να αποκρύπτει κανείς τις σκέψεις και τις ψυχικές του διαθέσεις (συνών. υποκρισία).
κρυψίνους, -ους, επίθ. (λόγ.), που δεν εκδηλώνει τις σκέψεις και τις ψυχικές του διαθέσεις στους άλλους (συνών. κρυφός, υποκριτής).
κρυψώνα η, και **κρυψώνας** ο, ουσ., μέρος όπου μπορεί να κρυφτεί κάποιος ή να κρύψει κάτι: η ~ του ήταν μια σπηλιά (συνών. κρύπτη, κρησφύγετο).
κρύωμα το, ουσ. **1.** αίσθημα ψύχους, κρύο. **2.** κρυολόγημα: άρπαξε γερό ~.
κρυώνω, ρ. **1.** (μτβ.) κάνω κάτι ψυχρό, το παγώνω: έβαλε το γλυκό στο ψυγείο για να το -ώσει (αντ. ζεσταίνω)· (αμτβ.) γίνομαι κρύος, ψυχρός, παγώνω: κρύωσε το τσάι· βάλε τις μπίρες στο ψυγείο να -ώσουν (αντ. ζεσταίνομαι). **2.** (για πρόσωπο) αισθάνομαι ψύχος, κρύο: κλείσε το παράθυρο, γιατί ~ (αντ. ζεσταίνομαι). **3.** παθαίνω, αρπάζω κρυολόγημα: κάθισε στο ρεύμα και κρύωσε· είναι -ωμένος και δε θα ταξιδέψει. **4.** (μεταφ. για πρόσωπο) (μτβ.) δυσαρεστώ κάποιον, σταματώ τον ενθουσιασμό του: τα λόγια του με κρύωσαν· (αμτβ.) συμπεριφέρομαι με ψυχρότητα απέναντι σε κάποιον: έχουν -ώσει τον τελευταίο καιρό οι σχέσεις τους· είναι -ωμένος τώρα τελευταία μαζί μου. Φρ. το φυσάει και δεν -ώνει (για κάποιον που θυμάται με πικρία πάθημα ή κακοτυχία του).
κρώζω, ρ. (λόγ.), (για πουλί) φωνάζω κρα-κρα, κράζω.
κρωντήρι το, ουσ. (ερρ., λαϊκ., ποιητ.). **α.** πήλινο κανάτι για νερό· **β.** ξύλινο δοχείο κρασιού: φέρε σε ~ κρασί λιαστό (Βάρναλης). [παλαιότερο κρυωτήριον].
κτένι, βλ. χτένι.
κτενίζω, βλ. χτενίζω.
κτερίσματα τα, ουσ. (αρχαιολ.) κοσμήματα ή άλλα αντικείμενα που θάβονταν μαζί με το νεκρό.
κτήμα και (λαϊκ.) **χτήμα** το, ουσ. **1.** ό,τι ανήκει σε κάποιον κατά κυριότητα, το αντικείμενο της ιδιοκτησίας: η γυναίκα έπαψε πια να είναι ~ του άντρα της. **2.** (ειδικά) ιδιόκτητη αγροτική έκταση, αγρόκτημα: θα πάμε στο ~ του παππού. **3.** (λόγ., μεταφ., για πνευματικό δημιούργημα ή αγαθό): η γνώση της ιστορίας του Ελληνισμού θα έπρεπε να είναι ~ όλων των Ελλήνων.
κτήμα ες αεί αρχαϊστ. έκφρ. = πνευματικό δημιούργημα που θα μείνει αθάνατο.
κτηματαγορά η, ουσ., γραφείο ή τόπος όπου γίνονται αγοραπωλησίες κτημάτων.
κτηματίας ο, ουσ., ιδιοκτήτης αξιόλογης ακίνητης περιουσίας, ιδιοκτήτης προσοδοφόρων αγροτικών εκτάσεων (συνών. γαιοκτήμωνας).
κτηματικός, -ή, -ό, επίθ., που ανήκει ή αναφέρεται στο κτήμα· που αποτελείται από κτήματα (βλ. λ. στη σημασ. 2): -ή περιουσία· Κ-ή Τράπεζα (= που έχει ως κύριο προορισμό να παρέχει δάνεια με

υποθήκη ακινήτων· *-ό δάνειο* (= που γίνεται με υποθήκευση ακινήτων).

κτηματογράφηση η, ουσ., καταγραφή από αρμόδια υπηρεσία των κτημάτων και των ιδιοκτητών τους.

κτηματόγραφο το, ουσ. (νομ.) επίσημο πιστοποιητικό ιδιοκτησίας ακινήτου ή αγροκτήματος, τίτλος ιδιοκτησίας.

κτηματογραφώ, -είς, ρ., (για αρμόδια κρατική υπηρεσία) καταγράφω λεπτομερώς τα κτήματα και τα ονόματα των ιδιοκτητών τους.

κτηματολογικός, -ή, -ό, επίθ., που ανήκει ή αναφέρεται στο κτηματολόγιο (βλ. λ.): *συνεργείο -ό· -ή υπηρεσία.*

κτηματολόγιο το, ουσ. (ασυνίζ.). 1. λεπτομερής απογραφή και καταγραφή των κτημάτων περιοχής με λεπτομερή καθορισμό της θέσης, της έκτασης, των ορίων και της αξίας τους. 2. (συνεκδοχικά) επίσημο βιβλίο που περιέχει τα στοιχεία απογραφής των κτημάτων: *~ της κοινότητας· εθνικό ~.*

κτηματομεσίτης ο, ουσ., μεσίτης για αγοραπωλησίες κτημάτων.

κτηματομεσιτικός, -ή, -ό, επίθ., που ανήκει ή αναφέρεται στον κτηματομεσίτη: *γραφείο -ό.*

κτηνάλευρο το, ουσ., υπόλειμμα κατεργασίας διάφορων καρπών ή σπόρων που χρησιμοποιούνται στη διατροφή ζώων.

κτηνάνθρωπος ο, ουσ. (υβριστικά) άνθρωπος με ένστικτα, διαθέσεις και εκδηλώσεις κτήνους, ανθρωπόμορφο κτήνος.

κτηνιατρείο το, ουσ. (ασυνίζ.), ιατρείο για τη θεραπεία ή την πρόληψη των ασθενειών των ζώων.

κτηνιατρική η, ουσ. (ασυνίζ.), επιστήμη που ασχολείται με την ανατομική, τη φυσιολογία, την παθολογία και τη θεραπευτική των ζώων.

κτηνιατρικός, -ή, -ό, επίθ. (ασυνίζ.), που ανήκει ή αναφέρεται στον κτηνίατρο ή στην επιστήμη του: *σχολή/υπηρεσία -ή.*

κτηνίατρος ο και η, ουσ. (ασυνίζ.), επιστήμονας που προστατεύει την υγεία των ζώων προλαβαίνοντας και θεραπεύοντας τις διάφορες ασθένειες.

κτηνοβασία η, ουσ., γενετήσια διαστροφή κατά την οποία συνουσιάζεται άνθρωπος με ζώο.

κτηνοβάτης ο, ουσ., αυτός που συνουσιάζεται με ζώο.

κτηνοβατώ, ρ., συνουσιάζομαι με ζώο.

κτήνος και **χτήνος** το, ουσ. 1. (κατοικίδιο) ζώο. 2. (μεταφ.) (υβριστικά) αυτός που δεν έχει ευγενικά κίνητρα, άνθρωπος βάναυσος, απάνθρωπος: *να χαθείς, ~!*

κτηνοτροφή η, ουσ., τροφή για κτήνη (συνών. *ζωοτροφή).*

κτηνοτροφία η, ουσ., συστηματική εκτροφή και αναπαραγωγή ζώων με σκοπό την οικονομική εκμετάλλευσή τους ή την εκμετάλλευση και αξιοποίηση των προϊόντων τους.

κτηνοτροφικός, -ή, -ό, επίθ., που σχετίζεται με την κτηνοτροφία και τον κτηνοτρόφο: *προϊόντα/φυτά -ά.*

κτηνοτρόφος ο, ουσ., αγρότης που έχει ως επάγγελμα την κτηνοτροφία.

κτηνώδης, -ης, -ες, γεν. *-ους,* πληθ. αρσ. και θηλ. *-εις,* ουδ. *-η,* επίθ. 1. που μοιάζει με κτήνος στη μορφή ή στη συμπεριφορά: *φυσιογνωμία ~.* 2. που ταιριάζει σε κτήνος: *ένστικτα -η* (συνών. *ζωώδης).*

κτηνωδία η, ουσ., ηθική πώρωση, βαναυσότητα.

κτηριακός, -ή, -ό, επίθ. (ασυνίζ.), που αναφέρεται σε κτήρια: *εγκαταστάσεις -ές.*

κτήριο και **χτήριο** το, ουσ. (ασυνίζ.), κατασκευή με τοίχους και οροφή (συνήθως επιβλητικών διαστάσεων): *~ δημόσιο* (συνών. *οικοδόμημα).* [*ευκτήριος (οίκος)*].

κτήση η, ουσ. 1. ξένη χώρα που κατέχεται από κάποιο κράτος και στην οποία αυτό ασκεί κυριαρχία: *-εις αγγλικές.* 2. το να έχει κανείς κάτι στην κατοχή του.

κτητικός, -ή, -ό, επίθ. 1. που είναι ικανός για απόκτηση. 2. (γραμμ.) που φανερώνει κτήση: *αντωνυμίες -ές· γενική -ή.*

κτήτορας ο, θηλ. **-όρισσα,** ουσ. 1. κύριος, κάτοχος (συνών. *ιδιοκτήτης).* 2. (εκκλ.) ιδρυτής: *~ μονής.*

κτητορικός, -ή, -ό, επίθ. 1. που ανήκει ή αναφέρεται στον κτήτορα. 2. που προέρχεται από τον κτήτορα· *μονή -ή* = μονή που έχει ιδρυθεί από κληρικό ή ιδιώτη (που εξασφαλίζει και τα μέσα για τη συντήρησή της) και που βρίσκεται στη δικαιοδοσία του επισκόπου της περιοχής· *ναός ~* = ιδιόκτητος ναός που ιδρύεται από φυσικό πρόσωπο με άδεια του μητροπολίτη και εξυπηρετεί τις θρησκευτικές ανάγκες του ίδιου και της οικογένειάς του· *δίκαιο -ό* = δίκαιο που ρυθμίζει τα δικαιώματα και τις υποχρεώσεις του κτήτορα μοναστηριού ή ναού. - Το ουδ. ως ουσ. = βιβλίο που διαλαμβάνει τα σχετικά με την ίδρυση ναού, μοναστηριού ή άλλου συναφούς ιδρύματος.

κτίζω, βλ. *χτίζω.*

κτίριο, βλ. **κτήριο.**

κτίση η, ουσ. 1. ίδρυση, οικοδόμηση: *~ της Ρώμης.* 2. δημιουργία του κόσμου από το Θεό. 3. (συνεκδοχικά) το σύμπαν, η πλάση.

κτίσμα το, ουσ. 1. οικοδόμημα. 2. δημιούργημα, πλάσμα του Θεού.

κτίστης, βλ. *χτίστης.*

κτιστός, βλ. *χτιστός.*

κτύπημα, βλ. *χτύπημα.*

κτυπητός, βλ. *χτυπητός.*

κτυποκάρδι, βλ. *χτυποκάρδι.*

κτύπος, βλ. *χτύπος.*

κυαμισμός ο και **κυάμωση** η, ουσ. (ιατρ.) κληρονομική πάθηση που εκδηλώνεται με αλλεργική αντίδραση στα κουκιά, με συνέπεια τα ευαίσθητα άτομα να παρουσιάζουν αιμολυτική αναιμία.

κυάνιο το, ουσ. (ασυνίζ.), (χημ.) δηλητηριώδες άχρωμο αέριο που παρασκευάζεται από την ένωση άνθρακα και αζώτου.

κυανόλευκος, -η, -ο, επίθ. (ασυνίζ.), που έχει χρώμα βαθυγάλαζο και άσπρο. - Το θηλ. ως ουσ. = ελληνική σημαία (συνών. *γαλανόλευκη).*

κύανος ο, ουσ. 1. είδος ποώδους φυτού. 2. ο πολύτιμος λίθος λαζουρίτης. 3. χρωστική ουσία με το χρώμα του λαζουρίτη.

κυάνωση η, ουσ. 1. αλλαγή του χρώματος προς το βαθύ γαλάζιο. 2. (ιατρ.) παθολογικό σύμπτωμα κατά το οποίο το δέρμα και οι βλεννογόνοι παίρνουν υποκυανή ή μελανή χροιά, όταν δεν οξυγονώνεται καλά το αίμα.

κυβερνείο το, ουσ., οίκημα όπου εδρεύει ο κυβερνήτης.

κυβέρνηση η, ουσ. 1. το να κυβερνά κανείς, διακυβέρνηση. 2. εκτελεστική εξουσία μιας χώρας (σε αντιδιαστολή προς τη νομοθετική και τη δικαστική). 3. (συνεκδοχικά) το ανώτατο όργανο του κράτους που ασκεί την εκτελεστική εξουσία και τα μέλη που το αποτελούν, το σύνολο των υπουργών: ~ αυτοδύναμη· ανασχηματισμός -ης· ~ υπηρεσιακή (= κυβέρνηση που σχηματίζεται αποκλειστικά για να διενεργήσει εκλογές και απαρτίζεται από εξωκοινοβουλευτικά συνήθως πρόσωπα)· «Εφημερίδα της -ήσεως» (= επίσημη εφημερίδα του κράτους, όπου δημοσιεύονται νόμοι, διατάγματα, κλπ.).

κυβερνήτης ο, θηλ. **-ήτρια**, ουσ. 1. ανώτατος άρχοντας ή πρωθυπουργός μιας χώρας. 2. αυτός που κυβερνά πλοίο ή όχημα: ~ πλοίου/αεροσκάφους/υποβρυχίου.

κυβερνητική η, ουσ., επιστήμη που έχει ως αντικείμενο τη μαθηματική μελέτη των διασυνδέσεων, των χειρισμών και του ελέγχου στα τεχνικά συστήματα και στους ζωντανούς οργανισμούς από την άποψη των τυπικών αναλογιών τους (όχι από την άποψη της σύστασης και των λειτουργιών τους) και που έχει πολλές εφαρμογές σε όλους τους τομείς της τεχνολογίας, στην οικονομία, στη βιολογία, στην ιατρική και αλλού.

κυβερνητικός, -ή, -ό, επίθ. 1. που σχετίζεται με την κυβέρνηση ή απορρέει απ' αυτήν: μέτρα/ σκάνδαλα -ά. 2. που ανήκει στο κόμμα που κυβερνά, που υποστηρίζει την κυβέρνηση: βουλευτής/ εκπρόσωπος ~ (συνών. συμπολιτευόμενος· αντ. αντικυβερνητικό).

κυβερνήτρια, βλ. κυβερνήτης.

κυβέρνια η, ουσ. (συνιζ., λαϊκ.), διαχείριση, διεύθυνση: κάνει καλή ~ του σπιτιού του.

κυβερνώ, ρ. 1. διευθύνω, διοικώ: ~ το σπίτι μου. 2. ασκώ την εκτελεστική εξουσία σε μια χώρα: ~ μια χώρα. 3. (μεταφ.) ρυθμίζω αποφασιστικά: το χρήμα -ά τη ζωή του.

κυβικός, -ή, -ό, επίθ. 1. (γεωμ.) που ανήκει στον κύβο (το παραλληλεπίπεδο) ή αναφέρεται σ' αυτόν: σχήμα -ό· μονάδα -ή (= μονάδα όγκου)· μέτρο -ό (= μονάδα μέτρησης όγκου η οποία ισούται με κύβο που έχει πλευρά ίση με ένα μέτρο)· παλάμη -ή· λαϊκ. ως στοιχείο καθορισμού του κυλινδρισμού και της ισχύος μηχανής αυτοκινήτου): πόσα -ά (εκατοστά) έχει η μηχανή του αυτοκινήτου; 2. (μαθημ.) που ανήκει στον κύβο (την τρίτη δύναμη) ή αναφέρεται σ' αυτόν: αριθμός ~· ρίζα -ή (= η τρίτη ρίζα αριθμού).

κυβισμός ο, ουσ. 1. (καλ. τέχν.) καλλιτεχνικό κίνημα που αναπτύχθηκε στη Γαλλία (1910-30) και χαρακτηρίζεται από την αφαιρετική αναγωγή της πραγματικότητας σε βασικές μορφές και όγκους. 2. (μαθημ.) ~ στερεού = κατασκευή ακμής κύβου που έχει τον ίδιο όγκο με το στερεό· αναγωγή σε κύβο όγκου που έχει διαφορετική μορφή. 3. (τεχνολ.) κυλινδρισμός (βλ. λ.).

κυβιστικός, -ή, -ό, επίθ., που αναφέρεται στον κυβισμό (βλ. λ. στη σημασ. 1): τεχνοτροπία -ή· πίνακας ~.

κυβοειδής, -ής, -ές, γεν. -ούς, πληθ. αρσ. και θηλ. -είς, ουδ. -ή, επίθ., που μοιάζει με κύβο: (ανατομ.) -ές οστούν = κόκαλο του ταρσού που έχει σχήμα κύβου.

κυβόλιθος ο, ουσ., πέτρα που πήρε σχήμα κύβου με επεξεργασία και χρησιμοποιείται στο στρώσιμο των δρόμων.

κύβος ο, ουσ. 1α. (γεωμ.) ορθογώνιο παραλληλεπίπεδο που οι έξι έδρες του είναι ίσα τετράγωνα· β. καθετί που έχει σχήμα κύβου: -οι ζάχαρης. 2. (μαθημ.) ~ αριθμού = το γινόμενο τριών παραγόντων ίσων προς τον αριθμό αυτό (αλλιώς: τρίτη δύναμη του αριθμού): υψώνουμε το 3 στον -ο· τέλειος ~ = αριθμός που είναι κύβος ακέραιου αριθμού (π.χ. το 8 είναι ο κύβος του 2)· έκφρ. στον -ο (για να δηλωθεί ιδιότητα —συνήθως κακή— σε μεγάλο βαθμό): ανόητος/πολυλογάς στον -ο.

κυδωνάτο το, ουσ., είδος φαγητού που παρασκευάζεται με κρέας και κυδώνια ή με κυδώνια, κρεμμύδι και βούτυρο.

κυδώνι το, ουσ. 1. (βοτ.) καρπός της κυδωνιάς. 2. (ζωολ.) είδος οστρακοφόρου μαλακίου.

κυδωνιά η, ουσ. (συνιζ.), (βοτ.) οπωροφόρο δέντρο που φτάνει τα πέντε μέτρα και έχει μεγάλα χνουδωτά φύλλα, άσπρα ή ροζ άνθη και μεγάλους κίτρινους καρπούς με δυνατό άρωμα και στυφή γεύση.

κυδωνόπαστο το, ουσ., είδος γλυκίσματος που παρασκευάζεται με κυδώνια και ζάχαρη (συνών. παστοκύδωνο).

κύηση η, ουσ., ανάπτυξη του εμβρύου από τη στιγμή της γονιμοποίησης ως τον τοκετό μέσα στο σώμα του θηλυκού: ~ δύσκολη/επικίνδυνη (συνών. κυοφορία, εγκυμοσύνη).

κυθηριακός, -ή, -ό, επίθ. (ασυνίζ.), που ανήκει ή αναφέρεται στα Κύθηρα ή τους Κυθήριους.

Κυθήριος ο, θηλ. **-ια** (ασυνίζ.) και (λαϊκ.) **Τσιριγώτης**, θηλ. **-ισσα**, ουσ., αυτός που κατοικεί στα Κύθηρα ή κατάγεται από εκεί.

Κύθνιος ο, θηλ. **-α** (ασυνίζ.) και (λαϊκ.) **Θερμιώτης** ο, θηλ. **-ισσα**, ουσ., αυτός που κατοικεί στην Κύθνο ή κατάγεται από εκεί.

κυκεώνας ο, ουσ., μίγμα από πολλά ανόμοια πράγματα, τάσεις, γνώμες, κλπ.: ~ απόψεων· ο ~ της πολιτικής.

κυκλαδικός, -ή, -ό και **κυκλαδίτικος, -η, -ο**, επίθ., που ανήκει στις Κυκλάδες ή τους Κυκλαδίτες ή αναφέρεται σ' αυτές/-ούς: πολιτισμός ~· (αρχαιολ.) ειδώλια -ικά· κεντήματα -ίτικα.

Κυκλαδίτης ο, θηλ. **-ίτισσα**, ουσ., αυτός που κατάγεται από τις Κυκλάδες ή κατοικεί σ' αυτές.

κυκλαδίτικος, βλ. κυκλαδικός.

Κυκλαδίτισσα, βλ. Κυκλαδίτης.

κυκλάκι, βλ. κύκλος.

κυκλάμινο το, ουσ., φυτό με πλατιά φύλλα σε σχήμα καρδιάς και λουλούδια άσπρα ή κόκκινα.

κυκλικός, -ή, -ό, επίθ. 1α. που ανήκει στον κύκλο ή αναφέρεται σ' αυτόν: σχήμα -ό· β. που έχει σχήμα κύκλου· που μοιάζει με κύκλο: χορός ~· πορεία -ή. 2. διαδοχικός, περιοδικός: -ή εναλλαγή χαράς-λύπης. 3. (φιλολ.) -ή αφήγηση = που αρχίζει και τελειώνει με τους ίδιους εκφραστικούς τρόπους ή με τα ίδια γεγονότα. - Επίρρ. **-ά**.

κυκλοθυμία η, ουσ. (ψυχιατρ.) ψυχική κατάσταση που χαρακτηρίζεται από εναλλαγές μεταξύ δύο ακραίων πόλων, της χαράς και της λύπης: ~ φυσιολογική/παθολογική.

κυκλοθυμικός, -ή, -ό, επίθ., που ανήκει στην κυκλοθυμία ή αναφέρεται σ' αυτήν: ιδιοσυγκρασία -ή. - Το αρσ. και το θηλ. ως ουσ. = αυτός που παρουσιάζει συμπτώματα κυκλοθυμίας.

κύκλος ο, ουσ. 1α. (κοιν.) καμπύλη γραμμή κλειστή που κάθε σημείο της απέχει το ίδιο από ένα εσωτερικό σημείο (το κέντρο): το ύφασμα είχε κόκκινους -ους· β. (μαθημ.) επίπεδη επιφάνεια που περικλείεται από καμπύλη γραμμή που όλα της τα σημεία απέχουν το ίδιο από ένα εσωτερικό σημείο (το κέντρο): εμβαδόν/ακτίνα -ου· ομόκεντροι

-οι. 2α. καθετί που έχει σχήμα κύκλου ή μοιάζει με κύκλο: *όταν ρίξεις μια πέτρα στο νερό σχηματίζονται -οι· -οι κάτω/γύρω απ' τα μάτια* (= σκοτεινά σημάδια κάτω από τα μάτια κάποιου που δημιουργούνται από κούραση ή υπερένταση)· **β.** ομάδα ανθρώπων ή πραγμάτων που έχουν διευθετηθεί σε σχήμα κύκλου: *τα παιδιά κάνανε -ο γύρω απ' τη δασκάλα τους· έκανε με τα παιχνίδια της έναν -ο και μπήκε στη μέση.* **3α.** κυκλική κίνηση, γύρος, βόλτα: *το αεροπλάνο έκανε -ους πάνω από την πόλη· το αυτοκίνητο έκανε έναν -ο γύρω από το τετράγωνο·* **β.** διαδρομή γύρω από ένα σημείο που ακολουθεί κάποιος για να φτάσει στο σημείο αυτό, μεγαλύτερη από την κανονική: *έκανα μεγάλο -ο για να φτάσω εξαιτίας της διαδήλωσης.* **4α.** περιοδική επανάληψη φαινομένων, καταστάσεων, κλπ., με ορισμένη σειρά· χρονική περίοδος: *ο ~ των εποχών/της σελήνης/εμμηνορροϊκός ~ της γυναίκας·* **β.** πορεία που ακολουθεί ένα φυσικό φαινόμενο από την αρχή ως τη λήξη του: *ο ιός πρέπει να κάνει τον ~ του για να περάσει η αρρώστια· ο ~ της ζωής· βιολογικός ~* (= όλα τα στάδια που περνά ένας οργανισμός από τη στιγμή που θα γεννηθεί εωσότου πεθάνει (γέννηση - αύξηση - ωρίμανση - γέρασμα - θάνατος). **5.** μονότονη επανάληψη των ίδιων γεγονότων, φαινομένων, κ.τ.ό.: *η ζωή μου -ους κάνει.* **6.** η τύχη, η μοίρα, η ζωή που την αντιλαμβανόμαστε ως εναλλαγή γεγονότων (π.χ. χαράς-λύπης): *του -ου τα γυρίσματα που ανεβοκατεβαίνου* (Ερωτόκριτος)· *~ είναι η ζωή μας.* **7.** ομάδα ατόμων που συνδέονται με δεσμούς συγγενικούς ή φιλικούς, κοινά ενδιαφέροντα, κοινές επιδιώξεις και έχουν συχνές επαφές: *γάμος σε στενό οικογενειακό -ο· μεγάλος ~ γνωριμιών· καλλιτεχνικοί -οι· έγκυροι -οι του υπουργείου οικονομικών* (συνών. *περιβάλλον*). **8α.** σύνολο πραγμάτων συναφών μεταξύ τους: *ευρύς ~ ενδιαφερόντων* (συνών. *φάσμα*). **β.** (για λογοτεχνικά και καλλιτεχνικά έργα) ενότητα με κοινό θέμα: *θεματικός ~· ο Σοφοκλής αντλεί τα θέματά του από το θηβαϊκό -ο· ~ ποιημάτων/ μουσικών συνθέσεων.* **9α.** σειρά εκδηλώσεων, ενεργειών με κοινό θέμα και στόχους: *με την παράσταση αυτή έκλεισε ο ~ του θεατρικού δεκαημέρου· με την εκτέλεση των ομήρων έκλεισε ο ~ των αντιποίνων·* **β.** πλήρης σειρά μαθημάτων ή διαλέξεων με συγκεκριμένο θέμα: *~ σπουδών/ διαλέξεων·* γ. (κατ' επέκτ.) στάδιο, φάση: *νέος ~ διαπραγματεύσεων* (συνών. *γύρος*). **10α.** *~ εργασιών* = το σύνολο των εμπορικών συναλλαγών σε μια χρονική περίοδο (κοιν. *τζίρος*): *φόρος -ου εργασιών·* **β.** *οικονομικός ~ υπουργείων* (= σύνολο υπηρεσιών). **11.** διάγραμμα που παριστάνει κυκλική κίνηση: *ζωδιακός ~,* βλ. *ζωδιακός.* **12.** (αστρον.) *ουράνιος ~* = καθεμιά από τις νοητές γραμμές που υποτίθεται ότι είναι χαραγμένες πάνω στην ουράνια σφαίρα και που χρησιμεύουν για τον καθορισμό των συντεταγμένων των ουρανίων σωμάτων και της κυκλικής κίνησής τους: *-οι οριζόντιοι/παράλληλοι.* **13.** (λογικώς) *διαλληλία* (βλ. λ.). **14α.** (ρητορ.) το σχήμα κατά το οποίο σε μια περίοδο που αποτελείται από δύο προτάσεις ή κώλα η δεύτερη τελειώνει με την ίδια λέξη με την οποία αρχίζει η πρώτη· **β.** (φιλολ.) *κυκλική αφήγηση* (βλ. *κυκλικός* σημασ. 3). Έκφρ. *φαύλος -ος* (σε περίπτωση αδιεξόδου) - Υποκορ. **-άκι** το (στη σημασ. Ι).

κυκλοτερής, -ής, -ές, γεν. *-ούς,* πληθ. αρσ. και θηλ. *-είς,* ουδ. *-ή,* επίθ. (λόγ.), που έχει σχήμα κύκλου: *τροχιά/κίνηση ~* (συνών. *κυκλικός*). - Επίρρ. **-ώς.**

κυκλοφέρνω, ρ., γυροφέρνω, τριγυρίζω: (μεταφ.) *-φερνε ένας στρόβιλος στα μάτια του παιδιού, το παραλόγιζε.*

κυκλοφόρηση η, ουσ., παράδοση στην κυκλοφορία και η διάρκεια κυκλοφορίας κυρίως εντύπου: *η κυκλοφόρηση του βιβλίου θα αργήσει.*

κυκλοφορητής ο, ουσ. (τεχνολ.) ηλεκτρική αντλία σε δίκτυο καλοριφέρ ή ζεστού νερού.

κυκλοφορία η, ουσ. **1.** συνεχής μετακίνηση ανθρώπων και μέσων μεταφοράς από ένα μέρος σε άλλο: *κώδικας οδικής -ας· εναέρια ~.* **2.** (βιολ.) *~ του αίματος* = συνεχής κίνηση του αίματος από την καρδιά στους ιστούς και τα όργανα του σώματος και αντιστρόφως. **3.** (για νομίσματα, γραμματόσημα, κ.τ.ό.) έκδοση και χρησιμοποίησή τους από το κοινό στις συναλλαγές του: *θέτω σε ~· αναγκαστική ~ νομίσματος* = υποχρεωτική κατά το νόμο αποδοχή του νομίσματος ως μέσου συναλλαγής. **4.** ανταλλαγή προϊόντων της παραγωγής: *~ του πλούτου/καταναλωτικών αγαθών.* **5.** (για έντυπα) έκδοση: *~ του νέου περιοδικού· αριθμός αντιτύπων που πουλιούνται: η ~ των εφημερίδων κατά την προεκλογική περίοδο· ~ βιβλίου.* **6.** (για ιδέες, απόψεις, φήμες, κ.τ.ό.) το να διαδίδονται, να συζητούνται και να γίνονται δεκτές από πολλούς ανθρώπους σε ορισμένο χρόνο: *~ νέων ιδεών/φήμης.*

κυκλοφοριακός, -ή, -ό (ασυνίζ.) και **κυκλοφορικός,** επίθ., που ανήκει στην κυκλοφορία (βλ. λ.) ή αναφέρεται σ' αυτήν: *-ή συμφόρηση στους δρόμους·* (βιολ. στη σημασ. αυτή και στον τ. *-ικός*) *-ό σύστημα* (= το σύνολο των οργάνων του σώματος με τα οποία γίνεται η κυκλοφορία του αίματος)· *-ιακη/-ική ανεπάρκεια· -ιακή άνοδος εφημερίδας.*

κυκλοφορώ, ρ. Α. μτβ. **α.** (για νομίσματα, γραμματόσημα, κ.τ.ό.) εκδίδω, παραδίδω στο κοινό για χρήση: *παράνομη σπείρα -εί πλαστά νομίσματα·* **β.** (για προϊόντα) παρουσιάζω στο καταναλωτικό κοινό για να αγοράζει: *η εταιρεία Χ -ησε ένα νέο άρωμα·* **γ.** (για έντυπα) εκδίδω: *ο εκδοτικός οίκος θα -ήσει το νέο βιβλίο.* **Β.** αμτβ. **1α.** (για ανθρώπους, μέσα μεταφοράς, κ.ά.) μετακινούμαι συνεχώς από ένα μέρος σε άλλο: *πο πλήθος -εί στους δρόμους· λίγα αυτοκίνητα -ούν σήμερα·* **β.** (μεταφ.) κινούμαι σε κάποιο περιβάλλον, έρχομαι συνεχώς σε επαφή με ορισμένους ανθρώπους: *-εί στο χώρο των καλλιτεχνών· -εί και μαθαίνει κουτσομπολιά.* **2.** (βιολ.) *το αίμα -εί* = κινείται συνεχώς από την καρδιά στους ιστούς και τα όργανα του σώματος και αντιστρόφως· (μεταφ.) *νέο αίμα -εί στην επιχείρηση/στο κόμμα* (συνών. *ρέω*). **3α.** (για νομίσματα, γραμματόσημα, κ.τ.ό.) εκδίδομαι και χρησιμοποιούμαι από το κοινό στις συναλλαγές: *-ησε η νέα σειρά γραμματοσήμων·* **β.** (για προϊόντα) αρχίζουν να πουλιούνται: *-ησε το νέο μοντέλο πλυντηρίου·* **γ.** (για έντυπα) εκδίδομαι και πουλιέμαι: *το βιβλίο -ησε σε χίλια αντίτυπα· το περιοδικό -εί κάθε εβδομάδα.* **4.** (για φήμες, απόψεις, ιδέες, κ.τ.ό.) διαδίδομαι, γίνομαι αντικείμενο συζήτησης και αποδοχής: *-εί μια ιστορία γύρω απ' αυτόν· νέες ιδέες -ούν στο χώρο του πανεπιστημίου.*

κύκλωμα το, ουσ. **1.** (φυσ.) **α.** *ηλεκτρικό ~* = η διαδρομή που αντιστοιχεί στη διέλευση του ηλεκτρικού ρεύματος και που περιλαμβάνει μια πηγή ρεύματος, συσκευές στις οποίες καταναλώνεται η ηλεκτρική ενέργεια και αγωγούς που συνδέουν τις διατάξεις αυτές μεταξύ τους: ~ *συνεχούς/εναλλασσόμενου ρεύματος·* κλειστό ~ (= που δε διακόπτεται σε κανένα σημείο η ροή του)· **β.** *μαγνητικό* ~ = κλειστή διαδρομή στην οποία περιορίζεται ένα μαγνητικό πεδίο που αντιπροσωπεύεται από ένα σύνολο δυναμικών γραμμών, δηλαδή από συγκεκριμένη μαγνητική ροή. **2.** *τηλεφωνικό* ~ = το σύνολο των μέσων που απαιτούνται για την αποκατάσταση απευθείας τηλεφωνικής επικοινωνίας μεταξύ δύο τηλεφωνικών κέντρων ή δύο τηλεφωνικών συσκευών. **3.** (μεταφ.) ομάδα ατόμων με κοινές ασχολίες και κοινά συμφέροντα που αλληλοϋποστηρίζονται αποκλείοντας την επικοινωνία με άλλους και την προώθηση ξένων συμφερόντων: *καλλιτεχνικά -ώματα·* (συνηθέστερα με αρνητική σημασ.) ~ *διακίνησης ναρκωτικών* (συνών. *δίκτυο*)· *μπαίνω στο* ~.

κυκλώνας ο, ουσ., ατμοσφαιρική διατάραξη των τροπικών περιοχών που χαρακτηρίζεται από σφοδρούς θυελλώδεις ανέμους (που κινούνται κυκλικά), μεγάλες νεφώσεις και ισχυρές βροχές και καταιγίδες: *το μάτι του -ώνα* (= το κέντρο του κυκλώνα όπου επικρατεί γαλήνη). Φρ. *βρίσκομαι στο μάτι του -α* (= διανύω περίοδο ηρεμίας· εσφαλμένα η αντίθ. σημασ. σε κοινή χρήση).

κυκλώνω, ρ., σχηματίζω με ανθρώπους ή πράγματα έναν κύκλο γύρω από κάποιον ή κάτι, περιβάλλω από όλες τις πλευρές: *προσπαθούν να -ώσουν τον εχθρό· η αστυνομία -ωσε το κτήριο* (συνών. *περικυκλώνω*).

κυκλώπειος, -α, -ο, επίθ. (ασυνίζ.), τεράστιος, ογκωδέστατος· κυρίως στην έκφρ. *-εια τείχη* = (αρχαιολ.) τα ογκώδη τείχη της μυκηναϊκής εποχής που τα θεωρούσαν έργο των μυθικών Κυκλώπων.

κύκλωση η, ουσ., το να κυκλώνει κανείς κάποιον ή κάτι: (συνήθως στρατ.) ~ *του εχθρικού στρατού* (συνών. *περικύκλωση*).

κυκλωτικός, -ή, -ό, επίθ., που αποβλέπει στην κύκλωση: (συνήθως στρατ.) *-ές κινήσεις του εχθρού.*

κύκνειον άσμα· αρχαϊστ. έκφρ.· για το τελευταίο έργο καλλιτέχνη πριν από το θάνατό του.

κύκνος ο, ουσ., μεγάλο όμορφο ολόλευκο (σπανίως και μαύρο) υδρόβιο πουλί με μακρύ λαιμό: *το φεγγάρι που 'ναι σα μια μεγάλη συνοδεία ασημένιων -ων* (Ρίτσος).

κυλάω, βλ. *κυλώ.*

κύλικα η και **κύλικας** ο, ουσ. (αρχαιολ.) είδος ποτηριού ή κύπελλου με χαμηλή και λεπτή βάση και με δύο λαβές, συνήθως πήλινο· κρασοπότηρο.

κυλικείο το, ουσ., χώρος, διαμέρισμα σε σχολείο, τρένο, κ.ά., κοινόχρηστους χώρους, κλπ., όπου πουλιούνται ποτά και μεζέδες.

κυλινδρικός, -ή, -ό, επίθ., που αναφέρεται στον κύλινδρο, που έχει σχήμα κυλίνδρου: (μαθημ.) *-ή επιφάνεια.*

κυλινδρισμός ο, ουσ. (στο αυτοκίνητο) ο όγκος που αναπτύσσεται κατά τη διαδρομή του εμβόλου μέσα στον κύλινδρο του κινητήρα· (κατ' επέκταση) το σύνολο των κυλινδρισμών κινητήριας μηχανής με εσωτερική καύση (ως στοιχείο καθορισμού της ισχύος της).

κυλινδροειδής, -ής, -ές, γεν. *-ούς,* πληθ. αρσ. και θηλ. *-είς,* ουδ. *-ή,* επίθ., που μοιάζει με κύλινδρο (συνών. *κυλινδρικός*).

κυλινδρόμυλος ο, ουσ., μύλος που χρησιμοποιεί κυλίνδρους για το άλεσμα των σιτηρών και όχι μυλόπετρες.

κύλινδρος ο, ουσ. **1α.** (μαθημ.) στερεό σώμα με βάση κυκλική ή ελλειψοειδή που οι παράλληλες προς τη βάση τομές του είναι ίσες: ~ *ορθός/πλάγιος·* **β.** η κυρτή επιφάνεια του κυλίνδρου. **2.** καθετί που έχει σχήμα, μορφή κυλίνδρου: *-οι υφαντουργικής μηχανής·* ~ *αυτοκινήτου* (= τμήμα του κινητήρα όπου παλινδρομεί το έμβολο).

κυλίνδρωση η, ουσ., ισοπέδωση επιφάνειας με τη βοήθεια κυλίνδρου.

κύλισμα το, ουσ. **1.** το να κυλά κάποιος ή κάτι πάνω σε μια επιφάνεια: ~ *του βαρελιού στον κατήφορο/του παιδιού στο γρασίδι·* (μεταφ.) ~ *στο βούρκο της ανηθικότητας.* **2.** το να κινείται ένα υγρό: ~ *του ποταμού/του ιδρώτα.* **3.** το να προχωρεί ο χρόνος χωρίς αξιοσημείωτες αλλαγές: ~ *των εποχών.*

κυλιστός, -ή, -ό, επίθ., που μετακινείται κυλώντας: *το βαρέλι κατέβηκε -ό.*

κυλίστρα η, ουσ., χώρος επίπεδος στρωμένος με λεπτή άμμο όπου κυλιούνται τα ζώα.

κυλίω, ρ., μόνο στην έκφρ. *κυλιόμενη σκάλα* = είδος σκάλας που η επιφάνειά της κινείται συνεχώς κυλώντας πάνω σε κυλίνδρους και χρησιμεύει για τη μετακίνηση πολλών ατόμων (σε καταστήματα, πλοία, κ.ά.).

κυλότ(τ)α, βλ. *κιλότα.*

κυλώ, ρ. (λαϊκ.) **-άω,** μέσ. *-ιέμαι,* παθ. αόρ. *-ίστηκα,* μτχ. παρκ. *-ισμένος.* **Ι.** ενεργ. **Α.** (μτβ.) μετακινώ ένα (περίπου) κυλινδρικό ή σφαιρικό σώμα πάνω σε μια επιφάνεια περιστρέφοντάς το: ~ *ένα βαρέλι στο χώμα* (συνών. *τσουλά*). **Β.** αμτβ. **1.** (για —περίπου— κυλινδρικό ή σφαιρικό σώμα) κινούμαι περιστροφικώς πάνω σε μια επιφάνεια από ψηλότερο προς χαμηλότερο σημείο: *μια μεγάλη πέτρα -ησε στον κατήφορο.* **2.** (για υγρό) κυλιέμαι, ρέω πάνω σε μια επιφάνεια: *το ποτάμι -ει στην πεδιάδα· ένα δάκρυ -ησε απ' το μάτι της· ο ιδρώτας -ούσε στην πλάτη μου* (συνών. *ρέω, τρέχω*). **3.** (μεταφ.) **α.** (για το χρόνο) περνώ χωρίς πολύ σημαντικές αλλαγές: *-ούν οι μέρες/τα χρόνια/οι αιώνες* (συνών. *διαβαίνω*)· **β.** (για γεγονότα) εξελίσσομαι ομαλά χωρίς προβλήματα: *αφήνω τα πράγματα να -ήσουν μόνα τους· η δίκη -ά με ηρεμία.* **ΙΙ.** μέσ. **1.** μετακινούμαι πάνω σε μια επιφάνεια (συνήθως χαμηλή) περιστρέφοντας το σώμα μου: *το παιδί -ίστηκε στο γρασίδι· το ζώο -ιόταν κάτω πληγωμένο.* **2.** (μεταφ.) ζω με τρόπο ανήθικο, συχνάζω σε μέρη ανυπόληπτα: *-ιέται στη λάσπη/στο βούρκο (της ατιμίας)/στα καταγώγια.*

κύμα το, ουσ. **1α.** μάζα νερού που με την επίδραση φυσικών ή άλλων δυνάμεων (κυρίως του ανέμου) μετακινείται κάνοντας την επιφάνεια της θάλασσας, ποταμού, κλπ., να ψηλώνει και να χαμηλώνει διαδοχικά: *-ατα αφρισμένα/πελώρια·* ~ *παλιρροϊκό·* **β.** (συνεκδοχικά) ακρογιαλιά, παραλία: *η ταβέρνα είναι μπροστά/πάνω στο* ~. **2.** (φυσ) **α.** παλμική κίνηση με την οποία διαδίδονται στο χώρο ή μεταδίδονται από μόριο σε μόριο ορισμένες μορφές ενέργειας: *-ατα φωτός/ηχητικά/ηλεκτρομαγνητικά· μήκος -ατος·* **β.** *ραδιοηλεκτρικά ή ερτζιανά -ατα* = ηλεκτρομαγνητικά κύματα που διαδίδονται στο κενό και χρησιμοποιούνται για

κυμαίνομαι

ραδιοηλεκτρικές ζεύξεις: *ο σταθμός εκπέμπει στα μεσαία/βραχέα -ατα*. 3. (μεταφ.) α. φυσικό φαινόμενο που παρουσιάζεται ξαφνικά και με μεγάλη ένταση: ~ *καύσωνα/κακοκαιρίας*. β. φαινόμενο κοινωνικό ή ηθικό (συνήθως με αρνητικές επιπτώσεις) που έχει αυξημένη ένταση και διαδίδεται (με ταχύτητα) σε ομάδα ανθρώπων: ~ *βίας/ αναρχίας*· ~ *ανατιμήσεων/φοιτητικών κινητοποιήσεων*. 4. (μεταφ., συνήθως στον πληθ.) πλήθος ανθρώπων που κινείται ως συμπαγής μάζα κατά διαστήματα: *ξεχύθηκαν -ατα λαού/βαρβάρων*· έκφρ. *-ατα -ατα ή κατά -ατα* (= κατά ομάδες). 5. *νέο* ~ = κίνηση, τάση στην τέχνη ή την πολιτική που στόχο έχει να εισαγάγει νέες ιδέες: *τραγουδιστής του νέου -ατος*. 6. (αρχιτ. - αρχαιολ.) κυμάτιο (βλ. λ.). Φρ. *(δεν) έχω με κάποιον το ίδιο μήκος -ατος* = (δεν) μπορώ να επικοινωνήσω, (δεν) έχω κοινά στοιχεία με κάποιον· *περνώ από σαράντα -ατα* (= περνώ πολλές ταλαιπωρίες, συναντώ πολλά εμπόδια): *οι σχέσεις τους πέρασαν από σαράντα -ατα*. - Υποκορ. **-ατάκι** το, στη σημασ. 1.

κυμαίνομαι, ρ. (λόγ.), (για τιμές, ποσοστά κ.τ.ό.) κινούμαι ανάμεσα σε δύο όρια που διαφέρουν ως προς το μέγεθος, παρουσιάζω αυξομειώσεις: *οι τιμές -ονται ανάμεσα στις 5.000 και 10.000 δρχ.*· *η θερμοκρασία θα -ανθεί ανάμεσα στους 20° και 30° C* (συνών. *αυξομειώνομαι*).

κυματάκι, βλ. *κύμα*.

κυματίζω, ρ., κινούμαι ήπια και ρυθμικά πάνω-κάτω ή αριστερά-δεξιά δίνοντας εικόνα κυμάτων της θάλασσας και (όταν πρόκειται για ύφασμα) δημιουργώντας πτυχές: *-ει η σημαία*· *με τον αέρα -ιζαν τα αεροπανό*.

κυμάτιο, το, ουσ. (ασυνίζ.), (αρχιτ. - αρχαιολ.) κυματοειδές κόσμημα σε οικοδόμημα, γλυφή που μιμείται την κίνηση κύματος: ~ *ιωνικό/κιονοκράνου*.

κυματισμός ο και **κυμάτισμα** το, ουσ., το να κυματίζει κάτι, κυματοειδής κίνηση: ~ *της σημαίας*· (μεταφ.) *κυμάτισμα της φωνής*.

κυματιστός, -ή, -ό, επίθ., που κυματίζει, κυματοειδής (βλ. λ.): *μαλλιά -ά*.

κυματοειδής, -ής, -ές, γεν. *-ούς*, πληθ. αρσ. και θηλ. *-είς*, ουδ. *-ή*, επίθ., που η κίνησή του μοιάζει με του κύματος ή που έχει σχήμα κύματος: *-είς κορυφές βουνών* (αρχαιολ.) ~ *ταινία*.

κυματοθραύστης ο, ουσ., τεχνικό κατασκεύασμα από μεγάλους ογκόλιθους κατά μήκος λιμενοβραχιόνων ή ακτής που προστατεύει το λιμάνι ή την ακτή από τα ορμητικά κύματα.

κύμβαλο το, ουσ., είδος κρουστού μουσικού οργάνου που αποτελείται από δύο ορειχάλκινους δίσκους.

κύμβαλον αλαλάζον· αρχαϊστ. έκφρ.· για άνθρωπο που αρέσκεται σε μεγαλοστομίες, ενώ στην πραγματικότητα είναι εντελώς κενός, χωρίς καμιάν αξία.

κύμινο το, ουσ., ετήσιο φυτό με στενά φύλλα σαν λωρίδες και καρπό αρωματικό που χρησιμεύει ως άρτυμα σε φαγητά και τυριά: ~ *άγριο/ήμερο*· φρ. *ώσπου να πεις* ~ (= πολύ γρήγορα).

κυνάγχη η, ουσ. (ιατρ.) φλεγμονή του λάρυγγα και των αναπνευστικών οδών.

κυνηγάρικος, -η, -ο, επίθ., κατάλληλος για κυνήγι, κυνηγετικός: *σκυλί -ο*.

κυνηγετικός, -ή, -ό, επίθ., που χρησιμοποιείται για το κυνήγι, κατάλληλος για κυνήγι: *σκυλιά -ά*.

κυνήγημα το, ουσ. α. το να κυνηγά κάποιος κάτι ή κάποιον, καταδίωξη· β. (μεταφ.) επίμονη επιδίωξη, συνεχής παρακολούθηση και μέριμνα: ~ *της τύχης*· *θέλει* ~ *η δουλειά για να αποφέρει κέρδη*.

κυνηγητό το, ουσ. 1. κυνήγημα, καταδίωξη: ~ *τρελό*· (μεταφ.) *θέλει* ~ *η υπόθεση*. 2. είδος παιδικού παιχνιδιού στο οποίο τα παιδιά τρέχουν και κυνηγούν τους φίλους τους: *παίζω* ~.

κυνήγι το, ουσ. 1. καταδίωξη άγριων ζώων ή πτηνών από μεμονωμένα άτομα ή ομάδες κυνηγών που χρησιμοποιούν όπλα και κυνηγετικά σκυλιά με σκοπό τη σύλληψη ή τη θανάτωσή τους: ~ *αλεπούς*· *εποχή/απαγόρευση -ιού*· *πηγαίνω (σε) (για)* ~· *είμαι στο* ~. 2. (συνεκδοχικά) ζώο που συλλαμβάνεται ή θανατώνεται από τους κυνηγούς, θήραμα: *έπιασε* ~· *η περιοχή έχει πολύ* ~· *θα φάμε* ~. 3. (μεταφ.) έντονες προσπάθειες για την επίτευξη ενός σκοπού ή την απόκτηση ενός πράγματος, επιδίωξη· ψάξιμο, έρευνα: ~ *του χαμένου θησαυρού/του πλούτου*.

κυνηγός ο, ουσ. 1. αυτός που κυνηγά άγρια ζώα για σπορ ή για απόκτηση τροφής, που ασχολείται με το κυνήγι: ~ *λιονταριών*. 2. (αθλητ.) επιθετικός παίκτης στο ποδόσφαιρο. 3. είδος ψαριού με νόστιμο κρέας που ζει στα πελάγη.

κυνηγώ, ρ. 1α. καταδιώκω και συλλαμβάνω ή σκοτώνω ζώα και πτηνά συνήθως με τη βοήθεια κυνηγετικών σκυλιών για να αποκτήσω τροφή ή για σπορ: *-ά πέρδικες/λαγούς*· β. (για ζώο) καταδιώκω άλλα μικρότερα ζώα με σκοπό να τα θανατώσω και να τα χρησιμοποιήσω ως τροφή: *η γάτα -ά ποντίκια*· γ. (αμτβ.) είναι κυνηγός, ασχολούμαι με το κυνήγι· *πηγαίνω (για) κυνήγι*. 2. ακολουθώ τρέχοντας κάποιον με σκοπό να τον συλλάβω: *τον είδα να κλέβει το πορτοφόλι και τον -ησα* (συνών. *καταδιώκω*). 3. παρακολουθώ στενά ή ψάχνω επίμονα να βρω κάποιον άνθρωπο για να τον συλλάβω: *η αστυνομία -ά τους κακοποιούς*. 4. αναγκάζω κάποιον με ποικίλα μέσα να εγκαταλείψει το μέρος όπου βρίσκεται ή να παραιτηθεί από αξιώσεις του για να επιτύχω δικούς μου σκοπούς, καταδιώκω· δημιουργώ εμπόδια σε κάποιον εμποδίζοντάς τον να πετύχει ό,τι επιθυμεί ή προσπαθώ να τον βλάψω, κατατρέχω: *την -ά ο άντρας της να του δώσει διαζύγιο*· *την -ούν σ' όποια δουλειά κι αν πάει*· *άνθρωπος -ημένος* (= κατατρεγμένος, βασανισμένος). 5. παρακολουθώ προσεκτικά, αλλά φορτικά τις ενέργειες κάποιου, τον πιέζω να κάνει κάτι: *η μητέρα -ά τα παιδιά της να διαβάσουν/να φάνε*. 6. κάνω προσπάθειες για να βρω κάτι, επιδιώκω κάτι: ~ *μια θέση στο δημόσιο*· *-ά γυναίκες*.

κυνικός, -ή, -ό, επίθ. 1. (αρχ. φιλοσ.) που αναφέρεται στη φιλοσοφική θεωρία που πρεσβεύει ότι ο άνθρωπος οδηγείται στην αρετή με την ολιγάρκεια και τη στέρηση των υλικών αγαθών, καθώς και με την περιφρόνηση των κοινωνικών συμβάσεων: *-ή φιλοσοφία*· *φιλόσοφοι -οί*. - Το αρσ. στον πληθ. ως ουσ. = οι κυνικοί φιλόσοφοι. 2. (μεταφ.) ωμός, αναιδής, τραχύς στους τρόπους, σκληρός: *χαρακτήρας* ~· *-ή αντιμετώπιση του προβλήματος*· *ύφος -ό*. 3. (αστρον.) που ανήκει στον αστερισμό του Κυνός: *-ά καύματα*, βλ. *καύμα*.

κυνικότητα η, ουσ., το να είναι κάποιος κυνικός: *η* ~ *των αρμοδίων με εξέπληξε* (συνών. *κυνισμός*).

κυνισμός ο ουσ. 1. το φιλοσοφικό σύστημα, καθώς και ο τρόπος ζωής των κυνικών φιλοσόφων: *ο* του *Αντισθένη*. 2. ωμότητα, τραχύτητα του χαρακτήρα, έλλειψη ντροπής και περιφρόνηση των κοινωνικών συμβάσεων, αναίδεια (συνών. *κυνικότητα*).

κυνόδοντας ο, ουσ. (έρρ.), (ανατομ.) μυτερό δόντι που έχουν τα θηλαστικά ζώα στο μπροστινό μέρος του στόματος: *ο άνθρωπος έχει τέσσερις -ες· -ες (του σκύλου)*.

κυνοκέφαλος ο, ουσ. (ζωολ.) είδος μεγάλου αφρικανικού πιθήκου που μοιάζει με σκύλο.

κυοφορία η, ουσ. (ασυνίζ., λόγ.). 1. εγκυμοσύνη, κύηση (βλ. λ.). 2. (μεταφ.) το να αναμένεται να παρουσιαστεί, να δημιουργηθεί κάτι: *~ νέων ιδεών*.

κυοφορώ, ρ. (ασυνίζ., λόγ.). 1α. (μτβ. και αμτβ.) είμαι έγκυος, φέρω στον οργανισμό μου έμβρυο (συνών. *εγκυμονώ*)· β. (νομ.) η παθ. μτχ. ενεστ. *κυοφορούμενο* = το έμβρυο από τη στιγμή της σύλληψης έως τον τοκετό καθώς αποτελεί μέρος του σώματος της μητέρας: *το -ούμενο θεωρείται γεννημένο αν γεννηθεί ζωντανό*. 2. (μέσ., για καταστάσεις) αναμένομαι: *-ούνται εξελίξεις στην πολιτική κατάσταση*.

κυπαρισσάκι, βλ. *κυπαρίσσι*.

κυπαρισσέλαιο το, ουσ., αιθέριο έλαιο που εξάγεται από το ξύλο του κυπαρισσιού.

κυπαρισσένιος, -α, -ο, επίθ. (συνιζ.). 1. κατασκευασμένος από ξύλο κυπαρισσιού. 2. (μεταφ.) που μοιάζει με κυπαρίσσι, ψηλός και λυγερός: *κορμί/ανάστημα -ο*.

κυπαρίσσι το, ουσ., αειθαλές κωνοφόρο δέντρο πολύ ψηλό με φύλλα βελονοειδή: *δυο -ια βρίσκονται στην είσοδο του νεκροταφείου*· εκφρ. *(σ)τα -ια = (σ)το νεκροταφείο*. - Υποκορ. **-άκι** το = 1. μικρό κυπαρίσσι. 2. ποώδες ετήσιο φυτό με φαρμακευτικές ιδιότητες.

κυπαρισσόμηλο το, ουσ., καρπός του κυπαρισσιού.

κυπαρισσόξυλο το, ουσ., το ξύλο του κυπαρισσιού.

κυπαρισσώνας ο, ουσ., τόπος κατάφυτος από κυπαρίσσια, δάσος από κυπαρίσσια.

κύπελλο το, ουσ. 1α. είδος μικρού κυκλικού ποτηριού, συνήθως με μια λαβή, που χρησιμοποιείται για να πίνει κανείς καφέ, γάλα, κλπ.: *~ πήλινο· (συνεκδοχικά) το περιεχόμενο ενός κυπέλλου: ήπιε δυο -α τσάι (συνών. κούπα, φλιτζάνι)* β. μικρό κύπελλο (χωρίς λαβές) χάρτινο ή πλαστικό ή από ειδική ζύμη που δέχεται παγωτό: *παγωτό ~·* γ. (αρχαιολ.) είδος κύλικας (βλ. λ.). 2α. βραβείο, κατασκευασμένο από μέταλλο σε σχήμα κυπέλλου με δυο λαβές, που απονέμεται στους νικητές ενός αγώνα: *~ χρυσό· η ομάδα πήρε/κέρδισε το ~* β. (συνεκδοχικά) αθλητική διοργάνωση που έχει ως κορυφαία στιγμή και κατάληξη την απονομή κυπέλλου στο νικητή: *αγώνες -έλλου και πρωταθλήματος*. 3. (βοτ.) είδος περικαρπίου των καρπών της φουντουκιάς, της βελανιδιάς, κ.τ.ό. - Υποκορ. **-άκι** το (στη σημασ. 1).

κυπελλούχος, -α, -ο, επίθ. (αθλητ.) που έχει κερδίσει το κύπελλο (βλ. λ. στη σημασ. 2α) σε αγώνα: *ομάδες ες*.

κυπελλοφόρα τα, ουσ. (βοτ.) τάξη φυτών που ο καρπός τους έχει κύπελλο (βλ. λ. στη σημασ. 3).

κυπραϊκος, βλ. *κυπριακός*.

κυπρί το, ουσ., χάλκινο κουδούνι που κρεμούν στο λαιμό των γιδιών και των τράγων (συνών. *κυπροκούδουνο*).

Κύπρια, βλ. *Κύπριος*.

κυπριακός, -ή, -ό, κυπραιϊκος και **κυπριώτικος,** επίθ. (ασυνίζ.). α. που ανήκει ή αναφέρεται στην Κύπρο ή τους Κυπρίους: *~ πολιτισμός· -ά έθιμα· ζήτημα -ό·* β. που προέρχεται από την Κύπρο: *προϊόντα -ά· πατάτες κυπραϊκές*. - Το ουδ. ως ουσ. = το κυπριακό ζήτημα: *διεθνοποίηση/επίλυση του -ού*.

κυπρίνος ο, ουσ., μεγάλο ψάρι του γλυκού νερού, γριβάδι.

Κύπριος ο, θηλ. **-α** (ασυνίζ.) και **Κυπριώτης,** θηλ. **-ισσα,** ουσ., αυτός που μένει στην Κύπρο ή κατάγεται από εκεί.

κυπριώτικος, βλ. *κυπριακός*.

Κυπριώτισσα, βλ. *Κύπριος*.

κυπροκούδουνο το, ουσ., χάλκινο κουδούνι που κρεμούν στο λαιμό των γιδιών και των τράγων (συνών. *κυπρί*).

κυρ ο, ουσ. άκλ. (λαϊκ.), ως προσηγορία ή προσφώνηση μπροστά από κύρια ονόματα ή ουσιαστικά, που δηλώνει αξίωμα ή επάγγελμα (= κύριος): *ο ~ Αλέκος· ~ Θωμά/λοχαγέ/δάσκαλε*. Έκφρ. *ο ~ Μέντιος (= ο γάιδαρος)· ο ~ Νικόλας (= ο λύκος)*. [ουσ. *κύρης*].

κυρά και **κερά** η, ουσ. (λαϊκ.). 1. αρχόντισσα, αφέντρα: *η ~ του κάστρου· την έστειλε η ~ της να ψωνίσει·* εκφρ. *~ του κόσμου (= η Παναγία)*. 2. (προφ.) η σύζυγος ή η αγαπημένη: *χωρίς την ~ του δεν πάει πουθενά*. 3. (προφ., κάποτε ειρωνικά ή προσβλητικά) γενικά για γυναίκα, συνήθως έγγαμη, νοικοκυρά ή κάποιας μεγάλης στην ηλικία: *μια όμορφη ~· οι -άδες σ' όλη τη διαδρομή δε σταμάτησαν την κουβέντα· (ως προσφών.) γιατί, ~ μου, δεν προσέχεις, όταν περνάς το δρόμο;* 4. (άκλ.) ως προσηγορία ή προσφώνηση μπροστά από κύριο όνομα, ανδρωνυμικό ή ουσιαστικό που δηλώνει επάγγελμα: *ο εγγονός της ~ Ρήνης· ~ Γιώργαινα/δασκάλα (συνών. κυρία στις σημασ. 1, 2 και 4)*. - Υποκορ. **-ούλα** η = (λαϊκ.) γιαγιά.

κυράτσα η, ουσ. (λαϊκ.), σκωπτ. για γυναίκα, συνήθως κάπως μεγάλη στα χρόνια: *λιγοψυχάει σαν ~ της χώρας (Μπαστιάς)· την κουτσομπολεύανε οι -ες της γειτονιάς*. [κυρά + -άτσα].

κύρης ο, γεν. **-ού** ουσ. (ιδιωμ., λογοτ.), πατέρας: *από τη φύτρα του -ού (Καζαντζάκης)· τον γέροντα τον -η μου εκάψανε το βράδι (Σολωμός)*. Παροιμ. *κατά μάνα κατά -η (έκαναν και γιο Ζαφείρη) (= τα παιδιά επηρεάζονται από τους γονείς και τους μοιάζουν)*.

κυρία η, ουσ. 1α. αρχόντισσα, αφέντρα· οικοδέσποινα (σε σχέση με υπηρετικό προσωπικό): *μπορεί να ειδοποιήσεις την ~ (σου);* β. ιδιοκτήτρια: *η ~ του οικοπέδου*. 2. η σύζυγος: *να σας συστήσω την ~ μου*. 3α. για γυναίκα της ανώτερης κοινωνικής τάξης: *ξέχασε πού μεγάλωσε και μας παριστάνει τη (μεγάλη) ~·* β. για γυναίκα ευγενική και αξιοπρεπή: *είναι μια πραγματική ~·* γ. γενικά για γυναίκα, συνήθως έγγαμη: *~ κομψή/νεαρή/όμορφη*. 4. (σχολικός βίος) για δασκάλα ή καθηγήτρια: *φέτος θα έχετε μια καινούργια ~· (ως προσφών.) ~, να βγω λίγο έξω;* 5. ως τιμητική ή τυπική προσηγορία ή προσφώνηση μπροστά από κύριο όνομα ή ουσιαστικό που δηλώνει επάγγελμα, βαθμό ή αξίωμα: *η ~ Μαρίνα/Παπαδάκη· αγαπητή ~· ~ δασκάλα/γυμνασιάρχισσα/νομάρχισσα*.

κυριακάτικος, -η, -ο, επίθ. (συνιζ.), που αναφέρε-

ται στην Κυριακή, που γίνεται την Κυριακή: *ρούχα -α* (= γιορτινά)· *βόλτα/εκπομπή -η.* - Το ουδ. στον πληθ. ως ουσ. = τα γιορτινά ρούχα, τα «καλά». - Επίρρ. **-α:** *τι θέλει στο γραφείο -α;*
Κυριακή η, πληθ. *-ές* και (λαϊκ.) *-άδες,* ουσ. (συνιζ.), η πρώτη μέρα της εβδομάδας (αφιερωμένη στον Κύριο, στο Χριστό): *~ της Ορθοδοξίας/του Πάσχα.* Παροιμ. *~, κοντή γιορτή* (= πλησιάζει η πιο κρίσιμη στιγμή).
κυριακό το, ουσ. (ασυνίζ.), (εκκλ.) ο ναός όπου εκκλησιάζονται τις Κυριακές οι καλόγεροι μιας σκήτης.
κυριακοδρόμιο το, ουσ. (συνιζ., ασυνίζ.), (εκκλ.) βιβλίο που περιλαμβάνει τις ευαγγελικές και αποστολικές περικοπές όλων των Κυριακών του έτους ή και αναγνώσματα σχετικά με το περιεχόμενό τους.
κυριακός, -ή, -ό, επίθ. (ασυνίζ.), μόνο στην εκφρ. *-ή προσευχή* = (θρησκ.) η προσευχή που δίδαξε στους πιστούς ο Κύριος (κοιν. το *Πάτερ ημών*).
κυριαρχία η, ουσ. (ασυνίζ.). **1.** το να κυριαρχεί κάποιος ή κάτι, η δύναμη επιβολής ή ελέγχου: *μακροχρόνια ~ των ανδρών· ~ του ανθρώπου πάνω στα φυσικά φαινόμενα·* (για πνευματικές ή ψυχικές καταστάσεις, κ.τ.ό.) *~ του πάθους/της λογικής* (συνών. *εξουσία).* **2.** (νομ.) **α.** η αφηρημένη αρχή της ανώτατης εξουσίας που ασκεί ένα πολιτικό σώμα με κάθε δικαίωμα και χωρίς να το περιορίζει η βούληση άλλου σώματος: *~ λαϊκή/της κεντρικής επιτροπής ενός κόμματος·* **β.** το να είναι ένα κράτος ανεξάρτητο και να έχει πλήρες το δικαίωμα αυτοδιάθεσης και αυτοπεριορισμού: *~ εδαφική.*
κυριαρχικός, -ή, -ό, επίθ. (ασυνίζ.), που ανήκει ή αναφέρεται στον κυρίαρχο ή την κυριαρχία: *εξουσία -ή· δικαίωμα -ό (ενός κράτους).*
κυρίαρχος, -η, -ο, επίθ. **1α.** που δεν εξουσιάζεται από κανέναν: *λαός ~·* **β.** για κράτος που έχει κυριαρχία (βλ. λ. στη σημασ. 2β), είναι ανεξάρτητο και ελεύθερο να αποφασίζει και να ενεργεί χωρίς ελέγχους και περιορισμούς (εκτός από όσους το ίδιο έχει συμφωνήσει να δέχεται). **2.** που είναι ανώτερος από τους άλλους σε ένα χώρο, που μπορεί να επιβάλλει τη θέλησή του: *ο άνθρωπος είναι το -ο είδος στον πλανήτη μας· τάξη -η.* **3.** που υπερέχει απόλυτα, που επικρατεί, που υπερισχύει: *φιλοσοφία -η· ερώτημα/συναίσθημα -ο.* - Το αρσ. ως ουσ. = που κυβερνά με ισχυρή εξουσία (λαούς ή τόπους): *~ του κόσμου/των θαλασσών* (συνών. *εξουσιαστής*).
κυριαρχώ, ρ. (ασυνίζ.). **1.** έχω τη δύναμη να επιβάλλω τη θέλησή μου, να κυβερνώ, να ελέγχω τη δραστηριότητα των άλλων: *στα καθεστώτα της Ανατολής το ιερατείο -ούσε στην πόλη* (συνών. *εξουσιάζω*)· *το αγγλικό ναυτικό -ούσε στη Μεσόγειο.* **2.** υπερισχύω έντονα (σε μια αναμέτρηση), επιβάλλομαι: *παράταξη που -εί στις φοιτητικές εκλογές· -άρχησαν ψυχραιμότερες σκέψεις* (συνών. *επικρατώ*). **3α.** γίνομαι ιδιαίτερα αισθητός, γιατί είμαι πιο φανερός, ισχυρός ή σημαντικός από άλλα στοιχεία: *στο καθηγητικό επάγγελμα -ούν οι γυναίκες* (= υπερέχουν, υπερτερούν αριθμητικά)· *ανάμεσα στα κτήρια της παραλίας -ούσε ο πύργος* (= ήταν το πιο ψηλό) (συνών. *δεσπόζω*)· **β.** χαρακτηρίζω στο μέγιστο βαθμό μια ενέργεια, μια κατάσταση, κ.τ.ό.: *στο έργο του -εί η απαισιοδοξία.*

Κύριε ελέησον! (ασυνίζ. ή συνιζ.). **1.** επιφωνηματική έκφρ. που φανερώνει μεγάλη απορία, έκπληξη ή θαυμασμό. **2.** (με άρθρο) η συχνότατη επίκληση του Χριστού στη διάρκεια των εκκλησιαστικών ακολουθιών: *ακουγόταν ως μακριά το ~·* (παροιμ.) *το πολύ το ~ το βαριέται κι ο Θεός/ο παπάς* (για κάτι καλό ή ωφέλιμο που η συχνή επανάληψη το κάνει ενοχλητικό).
κυρίευση η, ουσ. (λόγ.), άλωση, κατάληψη.
κυριεύω, ρ. (ασυνίζ.). **1.** παίρνω στην κατοχή μου κάτι με αγώνα, με τη βία: *~ ένα φρούριο/μια χώρα· οι πειρατές -ίεψαν πολλά πλοία* (συνών. *καταλαμβάνω*). **2.** (για πάθος, ιδέα, κ.τ.ό.) είμαι πιο δυνατός από καθετί άλλο, ασκώ αποφασιστική επίδραση στη σκέψη ή στη συμπεριφορά κάποιου: *ένιωσε να τον -ει ο φόβος/η ζήλεια/η αμφιβολία* (συνών. *καταλαμβάνω*).
κυριλλικός, -ή, -ό, επίθ., για το σλαβικό αλφάβητο που επινόησε με βάση την ελληνική μεγαλογράμματη γραφή ο Κύριλλος από τη Θεσσαλονίκη, διδάσκαλος του χριστιανισμού στους Σλάβους μαζί με τον αδελφό του Μεθόδιο: *τα ρωσικά, τα βουλγάρικα και τα σερβοκροατικά γράφονται με -ούς χαρακτήρες.*
κυριολεκτικός, -ή, -ό, επίθ. (ασυνίζ.). **1.** που λέγεται ή εννοείται στην κυριολεξία, που δηλώνει το ακριβές, πρώτο και κύριο νόημα μιας λέξης: *σημασία -ή* (αντ. *μεταφορικός*). **2.** (προφ.) για κάτι που εκδηλώνεται πολύ έντονα, έχει στο μέγιστο βαθμό όλα του τα χαρακτηριστικά: *πανωλεθρία -ή· πανδαιμόνιο -ό* (αλλιώς «με όλη τη σημασία της λέξης»). - Επίρρ. **-ά.**
κυριολεκτώ, ρ. (ασυνίζ.). **α.** μεταχειρίζομαι τις λέξεις στην κυριολεξία τους (συνών. *ακριβολογώ·* αντ. *ακυρολεκτώ*)· **β.** (παθ., για λέξη) χρησιμοποιούμαι στην κυριολεξία: *η λέξη «φύλλο» -είται για τα φυτά.*
κυριολεξία η, ουσ. (ασυνίζ.). **α.** η ακριβής αρχική και κύρια έννοια μιας λέξης (αντ. *μεταφορά*)· **β.** η χρήση μιας λέξης με την παραπάνω έννοια (συνών. *ακριβολογία·* αντ. *ακυρολεξία*). Έκφρ. *στην ~* (= κυριολεκτικά): *«τετράδιο» στην ~ σημαίνει τέσσερα διπλωμένα φύλλα χαρτί·* (προφ., για υπερβολική ένταση φαινομένου, εκδήλωσης, κ.τ.ό.) *έξω γινόταν στην ~ κατακλυσμός.*
κύριος ο, γεν. *-ίου,* ουσ. (ασυνίζ.). **1α.** εξουσιαστής, άρχοντας· αφέντης, οικοδεσπότης (σε σχέση με δούλους, υπηρέτες): *~ του κόσμου/του πύργου· έφυγε, γιατί τον κακομεταχειριζόταν ο -ός του·* **β.** (νομ.) αυτός που έχει την κυριότητα κάποιου πράγματος: *~ του διαμερίσματος· ~ αποκλειστικός/προσωρινός* (πβ. *ιδιοκτήτης*). **2α.** για άντρα σοβαρό και αξιοπρεπή: *φέρθηκε σαν ~·* **β.** γενικά για άντρα: *~ καλοντυμένος/νεαρός· εξυπηρέτησε τους -ίους!* **3.** (σχολικός βίος) για δάσκαλο ή καθηγητή: *την πρώτη ώρα άργησε ο ~* (ως προσφών.) *-ε, να απαντήσω εγώ στην ερώτηση;* **4.** ως τιμητική ή τυπική προσηγορία ή προσφώνηση μπροστά από κύρ. όν. ή ουσ. που δηλώνει επάγγελμα, βαθμό, ιδιότητα, κ.τ.ό.: *ο ~ Μενέλαος· -ε καθηγητά· παρακαλούνται οι -οι επιβάτες...* **5.** (εκκλ., με κεφ.) **α.** ο Θεός: *θα ξανάρθουμε σύντομα, αν το θελήσει ο Κ-ος·* **β.** ο Χριστός: *τα θαύματα/η Ανάσταση του Κυρίου.*
κύριος, -α, -ο, επίθ. (ασυνίζ.). **1.** (λόγ., συνήθως ως τα ρ. *είμαι* ή *γίνομαι*) **α.** που έχει δύναμη και επιβάλλει τη θέλησή του, που ελέγχει κάποιον ή

κάτι: *οι στρατηγοί ήταν -οι των εξελίξεων·* είμαι ~ *των αισθημάτων μου·* ~ *του εαυτού μου* (= αυτεξούσιος)· **β.** που κατέχει κάτι: *με μεγάλη δυσκολία έγιναν -οι του νησιού* (= το κατέλαβαν). **2.** για πράγμα, κατάσταση, ιδιότητα, κ.τ.ό., που υπερισχύει, που επικρατεί κάπου, για ό,τι είναι ή θεωρείται το πιο φανερό, ισχυρό ή σημαντικό ανάμεσα σε άλλα ομοιά του: *ο ~ αντίπαλος·* η *-α αιτία·* τα *-α συστατικά του φαρμάκου·* στα *-α μαθήματα* (συνών. *σπουδαιότερος, βασικός, ουσιώδης, πρωταρχικός·* αντ. *δευτερεύων, επουσιώδης*)· έκφρ. *πρώτο και -ο* (για κάτι απολύτως απαραίτητο): *πρώτο και -ο να ξεχρεωθούμε, έπειτα βλέπουμε τι θα κάνουμε.* **3.** (γραμμ.) *πρόταση -α =* που μπορεί να σταθεί μόνη της στο λόγο (αλλιώς *ανεξάρτητη·* αντ. *δευτερεύουσα ή εξαρτημένη*)· *όροι πρότασης -οι =* που μόνοι τους αποτελούν πρόταση, στην πιο απλή της διατύπωση (υποκείμενο και κατηγόρημα)· *όνομα -ο =* που σημαίνει ένα ορισμένο πρόσωπο, ζώο ή πράγμα ξεχωρίζοντάς το από τα άλλα ομοειδή και γράφεται με κεφαλαίο (λ.χ. βαφτιστικά, οικογενειακά ή γεωγραφικά ονόματα). - Βλ. και **κυρίως.**

Κύριος οίδε, λόγ. φρ. για κάτι το εντελώς άγνωστο και αβέβαιο: ~ *τι πρόκειται να συμβεί τώρα· από αυτούς ~ αν θα επιστρέψει κανείς* (λαϊκ. *ένας Θεός ξέρει*).

κυριότητα η, ουσ. (ασυνίζ.). **1.** (νομ.) το να είναι κάποιος κύριος ενός πράγματος, το να μπορεί, εφόσον δεν προσκρούει στο νόμο ή σε δικαιώματα τρίτων, να το διαθέτει όπως του αρέσει και να αποκλείει κάθε ενέργεια τρίτου πάνω σ' αυτό: ~ *πάνω σε ακίνητο· κτήση/μεταβίβαση -ας* (πβ. *ιδιοκτησία*). **2.** (στον πληθ., εκκλ.) ονομασία τάγματος αγγέλων.

κυρίως, επίρρ., σημαίνει ότι μια πράξη, δήλωση, ένας ισχυρισμός, κλπ., ισχύει κατά προτεραιότητα και σε μεγάλη έκταση σε μια ορισμένη περίπτωση, που θεωρείται και η σημαντικότερη, ή ισχύει στις περισσότερες περιπτώσεις: *μ' ενδιαφέρει ~ η ποιότητα· υλικό που χρησιμοποιείται ~ για μονώσεις· η αποτυχία οφείλεται ~ στην ελλιπή προετοιμασία* (συνών. *κατεξοχήν, προπαντός, ιδίως*).

κύρος το, ουσ. χωρίς πληθ. **1.** ηθική και πνευματική δύναμη που βασίζεται στην προσωπική αξία, την ειδικότητα ή την εξαιρετική θέση κάποιου και εμπνέει σεβασμό και εμπιστοσύνη προς το πρόσωπό του: *οι πρωτοβουλίες του προέδρου αύξησαν το ~ του* (συνών. *επιβολή, επιρροή*). **2α.** (συνεκδοχικά για γνώμη, κ.τ.ό.) βαρύτητα, εγκυρότητα: *απόψεις με αναμφισβήτητο επιστημονικό ~.* **β.** (για πράξη, έγγραφο, κ.τ.ό.) αναγνωρισμένη αλήθεια και αξία που προέρχεται από το νόμο: *ελέγχω το ~ συμβολαίου* (συνών. *ισχύς, εγκυρότητα*).

κυρούλα, βλ. **κυρά.**

κυρτός, -ή, -ό, επίθ. **1.** λυγισμένος, καμπουριασμένος: *ράχη -ή·* (στην τυπογραφία) *στοιχεία -ά* (= *πλάγια*) (αντ. *ίσιος, ορθός*). **2.** που καταλήγει εξωτερικά σε καμπύλη επιφάνεια που προεξέχει: *φακός ~* (αντ. *κοίλος*).

κυρτότητα η, ουσ. **1.** το να είναι κάποιος ή κάτι κυρτό, καμπούριασμα. **2.** καμπυλότητα.

κυρτώνω, ρ. **I.** (ενεργ.) δίνω κυρτό σχήμα σε κάτι: ~ *ένα έλασμα* (συνών. *λυγίζω*). **II.** (μέσ.) καμπουριάζω: *κορμί -ωμένο.*

κύρτωση η, ουσ. **1.** λύγισμα. **2.** καμπούριασμα.

κυρώνω, ρ., δίνω σε κάτι κύρος (βλ. λ. στη σημασ. 2β), δέχομαι ότι είναι νόμιμο, ότι ισχύει: *η βουλή θα -ώσει τη διεθνή σύμβαση* (συνών. *επικυρώνω·* αντ. *ακυρώνω*).

κύρωση η, ουσ. **1.** το να κυρώνεται κάτι (λ.χ. *πράξη, έγγραφο*): *~ συμφωνίας* (συνών. *επικύρωση·* αντ. *ακύρωση*). **2.** (στον πληθ.) **α.** (διεθνές δίκ.) σειρά μέτρων που λαμβάνονται από μια ή περισσότερες χώρες σε βάρος τρίτης χώρας που παραβίασε τους διεθνείς κανόνες (συνήθως περιορισμός ή απαγόρευση εμπορικών ή επίσημων επαφών): *επιβάλλω οικονομικές -ώσεις εναντίον...* **β.** (γενικό) ποινή, τιμωρία: *το δικαστήριο επέβαλε αυστηρές -ώσεις στους παραβάτες.*

κυρωτικός, -ή, -ό, επίθ., που δίνει κύρος (βλ. λ. στη σημασ. 2β), που επικυρώνει: *νόμος ~.*

κυστεκτομία η, ουσ. (ιατρ.) χειρουργική επέμβαση κατά την οποία αφαιρείται η ουροδόχος κύστη.

κυστεοκήλη η, ουσ. (ιατρ.) κήλη της ουροδόχου κύστης.

κυστεοσκόπηση η, ουσ. (ιατρ.) εξέταση της ουροδόχου κύστης με κυστεοσκόπιο.

κυστεοσκόπιο το, ουσ. (ασυνίζ.), (ιατρ.) όργανο με τη μορφή καθετήρα που χρησιμεύει για την εξέταση του εσωτερικού της ουροδόχου κύστης.

κυστεοστομία η, ουσ. (ιατρ.) το να δημιουργείται με χειρουργική επέμβαση στο υπογάστριο νέο στόμιο της ουροδόχου κύστης, προσωρινό ή μόνιμο, απ' όπου να βγαίνουν τα ούρα.

κυστεοτομία η, ουσ. (ιατρ.) τομή στην ουροδόχο κύστη.

κύστη η, ουσ. **1.** (ανατομ.) **α.** κοίλο όργανο του σώματος με τη μορφή σάκου, όπου συγκεντρώνεται υγρό: *~ χοληδόχος/σπερματοδόχος·* **β.** (ειδικά) *(ουροδόχος) ~* = είδος θυλάκου από μύες και μεμβράνες μέσα στον οποίο συγκεντρώνονται τα ούρα που έρχονται από τα νεφρά με τους ουρητήρες (κοιν. *φούσκα*). **2.** (ιατρ.) παθολογικός σχηματισμός θυλάκου που περιέχει μια ουσία ρευστή, πολτώδη ή σπανίως στερεά: *~ του κόκκυγα/σμηγματογόνος.* **3.** (ζωολ.) **α.** (σε ορισμένα ψάρια) *~ νηκτική =* μεμβρανώδης σάκος που συνδέεται με τον οισοφάγο και ρυθμίζει ανάλογα με τον αέρα που παίρνει την ισορροπία του ψαριού μέσα στο νερό· **β.** μορφή που μπορεί να πάρουν ορισμένα πρωτόζωα. **4.** (βοτ.) μορφή ορισμένων φυτικών μερών.

κυστίτιδα η, ουσ. (ιατρ.) οξεία ή χρόνια φλεγμονή της ουροδόχου κύστης.

κυστόλιθος ο, ουσ. **1.** (ιατρ.) «πέτρα» στην ουροδόχο κύστη. **2.** (βοτ.) προεξοχή με ανθρακικό ασβέστιο σε κύτταρα ορισμένων φυτών.

κυστοπάθεια η, ουσ. (ασυνίζ.), (ιατρ.) πάθηση της ουροδόχου κύστης (γενικά).

κυτιοποιία η, ουσ. (ασυνίζ., λόγ.), κατασκευή κουτιών και συνεκδοχικά το εργοστάσιο όπου γίνεται.

κύτος το, ουσ. (ναυτ.) το κοίλο μέρος του πλοίου κάτω από το κατώτερο κατάστρωμα (κοιν. *αμπάρι*).

κυτταρικός, -ή, -ό, επίθ., που ανήκει ή αναφέρεται στο κύτταρο: *μεμβράνη/φυσιολογία -ή.*

κυτταρίνη η, ουσ. (χημ. - βοτ.) ζάχαρο που αποτελεί το κύριο συστατικό του κυτταρικού τοιχώματος, δηλ. της μεμβράνης που περιβάλλει τα φυτικά κύτταρα, και χρησιμοποιείται για την κατασκευή χαρτιού, κ.ά.

κυτταρίτιδα η, ουσ. (ιατρ.) 1. φλεγμονή του συνδετικού ιστού των κυττάρων. 2. (κοιν.) συχνή στις γυναίκες διόγκωση του υποδόριου συνδετικού ιστού με αποτέλεσμα να εμφανίζονται στο δέρμα, ιδίως των μηρών, πυκνά ακανόνιστα εξογκώματα.
κύτταρο το, ουσ. 1. (βιολ.) η βασική μορφολογική και λειτουργική μονάδα κάθε ζωντανού οργανισμού, εκτός από τους ιούς (γενικά το αποτελούν μια εξωτερική μεμβράνη, το κυτταρόπλασμα που περιβάλλεται από αυτήν και ο πυρήνας): *-α φυτικά/ ζωικά· πολλαπλασιασμός του -άρου*. 2. (μεταφ.) συστατικό στοιχείο: *η οικογένεια είναι το ~ της κοινωνίας*. 3. (ηλεκτρολ.) *~ φωτοηλεκτρικό* = διάταξη που μετατρέπει το φως σε ηλεκτρική ενέργεια (αλλιώς *φωτοκύτταρο*).
κυτταρογένεση η, ουσ. (βιολ.) παραγωγή ή γένεση νέων κυττάρων.
κυτταρογενετική η, ουσ. (βιολ.) κλάδος της γενετικής με αντικείμενο την παρατήρηση των κυττάρων και ειδικότερα των χρωμοσωμάτων.
κυτταρογόνος, -ος, -ο, επίθ. (βιολ.) που γεννά, που παράγει κύτταρα: *ιστός ~*.
κυτταροειδής, -ής, -ές, γεν. *-ούς,* πληθ. αρσ. και θηλ. *-είς,* ουδ. *-ή,* επίθ., όμοιος με κύτταρο.
κυτταρολογία η, ουσ., κλάδος της βιολογίας που εξετάζει το κύτταρο από όλες τις πλευρές.
κυτταρολογικός, -ή, -ό, επίθ. (βιολ.) που σχετίζεται με την κυτταρολογία: *εξέταση -ή*.
κυτταρολυσία η, ουσ. (βιολ.) καταστροφή ενός ζωντανού κυττάρου με τη διάλυση των στοιχείων που το αποτελούν.
κυτταρολυτικός, -ή, -ό, επίθ. (βιοχημ.) ονομασία ουσιών που προκαλούν κυτταρολυσία.
κυτταρόμετρο το, ουσ., συσκευή για τη μέτρηση των κυττάρων.
κυτταρόπλασμα το, ουσ. (βιολ.) το πρωτόπλασμα του κυττάρου που περιέχεται ανάμεσα στην κυτταρική μεμβράνη και τον πυρήνα, υλικό με ασταθή φυσική κατάσταση και περίπλοκη σύσταση και δομή.
κυτταροτομία η, ουσ. (βιολ.) ονομασία της άμεσης κυτταρικής διαίρεσης.
κύφωση η, ουσ. (ιατρ.) έντονη κύρτωση της σπονδυλικής στήλης προς τα πίσω (κοιν. *καμπούρα·* αντ. *λόρδωση*).
κυψέλη η, ουσ. 1. φυσικό κοίλωμα ή ειδικό ξύλινο τετράγωνο κιβώτιο για την εγκατάσταση σμήνους μελισσών με μόνιμα ή κινητά πλαίσια στα οποία οι μέλισσες κατασκευάζουν τις κηρήθρες τους: *~ άδεια/απλή* (συνών. *μελισσοκόφινο,* λαϊκ. *κουβέλι*). 2. (μεταφ.) κέντρο δραστηριότητας και εντατικής ομαδικής εργασίας. 3. (ανατομ.) μικρός χώρος που συμβάλλει στη δομή ορισμένων οστών και πολλών ιστών: *-ες μαστοειδείς*. 4. κυψελίδα (βλ. λ. στη σημασ. 1).
κυψελίδα η, ουσ. 1. κηροειδές κίτρινο έκκριμα των σμηγματογόνων αδένων ακουστικού πόρου (συνών. *κυψέλη* στη σημασ. 4). 2. (ανατομ. στον πληθ.) μικρά εγκολπώματα των αεροθυλακίων γύρω από τα οποία βρίσκονται αιμοφόρα τριχοειδή αγγεία· *-ες πνευμονικές* = μικροί σακοειδείς χώροι που αποτελούν τις τελικές απολήξεις του βρογχικού δένδρου.
κυψελιδικός, -ή, -ό, επίθ., που αναφέρεται στις κυψελίδες ή προέρχεται από αυτές: *~ ήχος αναπνοής*.
κυψελοειδής, -ής, -ές, γεν. *-ούς,* πληθ. αρσ. και θηλ. *-είς,* ουδ. *-ή,* επίθ., που μοιάζει με κυψέλη, που έχει σχήμα κυψέλης.
κύψελος ο, ουσ. (ζωολ.) μικρό εντομοφάγο πτηνό που μοιάζει με χελιδόνι, πετροχελίδονο: *~ ο άπους*.
Κώα, βλ. *Κώος*.
κωβιός και **γωβιός** ο, ουσ. (συνιζ.), (ζωολ.) είδος μικρού ψαριού με κεφάλι και μάτια μεγάλα, σώμα στρογγυλό και αγκαθωτό ραχιαίο πτερύγιο, που ζει στα ρηχά νερά. [αρχ. *κωβιός*].
κωδεΐνη, βλ. *κοδεΐνη*.
κώδικας ο, ουσ. 1. ομάδα, δέσμη από φύλλα περγαμηνής ή χαρτιού σε σχήμα βιβλίου για εύκολη και γρήγορη χρήση: *~ αλεξανδρινός/της Αγίας Γραφής*. 2. κάθε αρχαίο έργο χειρόγραφο από πάπυρο ή περγαμηνή σε αντίθεση με τον κύλινδρο: *~ του Ησύχιου/στέμμα -ίκων*. 3. κάθε μεμονωμένο χειρόγραφο που φυλάσσεται σε βιβλιοθήκη: *~ Λαυρεντιανός/Παρισινός*. 4. (παλαιότερα) συλλογή νόμων ή αυτοκρατορικών διατάξεων: *~ Ιουστινιάνειος/Θεοδοσιανός*. 5. συλλογή νόμων, διατάξεων ή κανονισμών που αναφέρονται στον ίδιο κλάδο δικαίου που αποτελεί οργανικό σύνολο: *~ αστικός/εμπορικός· άρθρο του -α οδικής κυκλοφορίας· στρατιωτικός ποινικός ~*. 6. σύστημα αρχών και κανόνων που αναφέρονται στον ίδιο κλάδο ή στο ίδιο θέμα: *~ υπαλληλικός/κανονισμού εργασιών*. 7. σύστημα σημάτων επικοινωνίας και συνεκδοχικά το σύνολο των παραπάνω σημάτων: *~ διεθνής· ~ ταχυδρομικός* (= πενταψήφιος κωδικός αριθμός που δηλώνει την ταχυδρομική περιοχή όπου ανήκει η διεύθυνση, την οποία συνοδεύει υποχρεωτικά για ταχύτερη ταξινόμηση και διανομή των ταχυδρομικών αποστολών). 8. σύστημα συνθηματικής διατύπωσης ενός κειμένου, το σύνολο των σημείων κρυπτογραφικής γραφής και το βιβλίο που περιέχει αυτά τα σημεία: *~ μυστικός· σπάζω τον -α* (= βρίσκω τι σημαίνουν τα σύμβολά του). 9. (βιολ.) *~ γενετικός* (= ο κώδικας που μας δίνει τις αντιστοιχίες μεταξύ των διαφόρων συνδυασμών που αποτελούν τρεις διαδοχικές βάσεις της αλυσίδας του RNA και των είκοσι αμινοξέων). [παλαιότερο *κώδιξ*< λατ. *codex*].
κωδίκελλος ο, ουσ. (νομ.) σύντομο έγγραφο που συμπληρώνει ή τροποποιεί διαθήκη. [λατ. *codicellus*].
κωδικολογία η, ουσ., επιστήμη που μελετά την ιστορία και την παράδοση των χειρογράφων, καθώς και τα προβλήματα τα συνυφασμένα με την καταλογογράφηση και τη συντήρησή τους.
κωδικολογικός, -ή, -ό, επίθ., που έχει σχέση με την κωδικολογία: *περιγραφή -ή*.
κωδικοποίηση, η, ουσ. 1. συστηματική και μεθοδική συγκέντρωση και κατάταξη νόμων, κανόνων δικαίου, κλπ.: *~ κανονισμών για τις συλλογικές συμβάσεις εργασίας·* (μεταφ.): *η γλώσσα ως συμβολισμός και ~ της πραγματικότητας*. 2. (συνεκδοχικά) συγκέντρωση και συνόψιση: *~ συμπτωμάτων/επιχειρημάτων*. 3. απόδοση ενός κειμένου με κώδικα (βλ. λ. στη σημασ. 8): *~ μηνύματος/ απόρρητων εγγράφων*.
κωδικοποιώ, ρ. (ασυνίζ.). 1. συγκεντρώνω και κατατάσσω συστηματικά και μεθοδικά νόμους, κανόνες δικαίου, κλπ.: *~ τις δασικές διατάξεις/το σχολικό κανονισμό*. 2. (συνεκδοχικά) συγκεντρώνω και συνοψίζω: *~ μια επιχειρηματολογία*.

3. αποδίδω ένα κείμενο με κώδικα (βλ. λ. σημασ. 8): ~ *μήνυμα/μυστικές πληροφορίες*.
κωδικός, -ή, -ό, επίθ., που αναφέρεται σε κώδικα: *αριθμός ~· -ή γραμμή στη μικροφωτογραφική*. - Το αρσ. ως ουσ. = αριθμός συνθηματικός που αντιστοιχεί σε όνομα προσώπου ή σε κάποια πληροφορία: *ο ~ του στην υπηρεσία είναι 2028· ~ πρόσβασης/χρήστη στη βιντεογραφία*.
κωδωνοκρουσία η, ουσ., το να χτυπούν συνεχώς οι καμπάνες των εκκλησιών, καμπανοκρουσία: *-ες πένθιμες/χαρμόσυνες*.
κωδωνοκρούστης ο, ουσ., αυτός που έχει ως έργο να χτυπά την καμπάνα της εκκλησίας.
κωδωνοστάσιο το, ουσ. (ασυνίζ.), μικρός πύργος εκκλησίας όπου κρέμονται οι καμπάνες, καμπαναριό.
κωδωνόσχημος, -η, -ο, επίθ., που έχει σχήμα κουδουνιού, καμπάνας (αρχαιολ.) *κρατήρας ~*.
κωθώνι το, ουσ., άνθρωπος ανόητος, βλάκας. [αρχ. *κώθων*].
κωκ, βλ. *κοκ*.
κωλάκι, βλ. *κώλος*.
κωλάντερο το, ουσ. (έρρ., λαϊκ.), το τελευταίο τμήμα του παχέος εντέρου, το απευθυσμένο.
κωλαράκι, κωλαράκος, βλ. *κώλος*.
κωλαράς ο, θηλ. **κωλαρού**, ουσ. (λαϊκ.), αυτός που έχει μεγάλους γλουτούς.
κωλί, βλ. *κώλος*.
κωλιά η, ουσ. (συνιζ., λαϊκ.), χτύπημα με τους γλουτούς.
κωλιά τα, ουσ. (συνιζ.), τα οπίσθια μέρη του σώματος, οι γλουτοί.
κωλικόπονος ο, ουσ., κωλικός (βλ. λ.).
κωλικός ο, ουσ. (ιατρ.) οξύς πόνος που εμφανίζεται περιοδικά στα έντερα ή σε άλλα εσωτερικά όργανα του σώματος: *~ του νεφρού/ήπατος* (συνών. *κωλικόπονος*). [*κώλον*].
κωλίτιδα η, ουσ. (ιατρ.) οξεία ή χρόνια φλεγμονή του βλεννογόνου των τοιχωμάτων του παχέος εντέρου, που οφείλεται σε μικρόβια ή παράσιτα με κύριο σύμπτωμα τη διάρροια: *~ σπαστική/ελκώδης*.
κωλο-, (σε λαϊκ. χρήση) α΄ συνθ. λέξεων που έχει μειωτική ή υβριστική σημασία γι' αυτό που δηλώνει το β΄ συνθ.: *κωλοφυλλάδα, κωλόκαιρος, κωλοδουλειά*.
κωλοβάκιλλος ο, ουσ. (ιατρ.) κωλοβακτηρίδιο (βλ. λ.).
κωλοβακτηρίδιο το, ουσ. (ασυνίζ.), (ιατρ.) βακτηρίδιο που αναπτύσσεται στο έντερο του ανθρώπου ή των ζώων και προκαλεί υπό ορισμένες συνθήκες παθολογικές διαταραχές (συνών. *κωλοβάκιλλος*).
κωλοβελόνης ο, ουσ. (λαϊκ.), καλικάντζαρος.
κωλογλείφτης ο, ουσ. (λαϊκ.), (μειωτ., υβριστ.) δουλοπρεπής κόλακας.
κωλογλείφω, ρ. (λαϊκ.), (μειωτ.) κολακεύω δουλοπρεπώς ή με χαμερπή τρόπο.
κωλομέρι το, ουσ. (λαϊκ.), γλουτός.
κωλομπαράς ο, ουσ. (όχι έρρ., λαϊκ.), παιδεραστής, αρσενοκοίτης.
κώλον το, ουσ. 1. (ανατομ.) το τμήμα του παχέος εντέρου από το τυφλό έως την αρχή του απευθυσμένου. 2. (γραμμ.) τμήμα φραστικής περιόδου που αρχίζει ή τελειώνει με άνω τελεία.
κωλονούρι το, ουσ. (λαϊκ.), ο κόκκυγας.

κωλόπανο το, ουσ. (λαϊκ.), η εσωτερική πάνα για το τύλιγμα του μωρού.
κωλοπετσωμένος, -η, -ο, επίθ. (λαϊκ.), (μεταφ.) που έχει μεγάλη πείρα.
κωλοράδι το, ουσ. (λαϊκ.). το κάτω μέρος της σπονδυλικής στήλης. [*κώλος + ουράδι*].
κώλος ο, ουσ. 1. ο πρωκτός· φρ. *του βγήκε ο ~ από τη δουλειά* (= κουράστηκε πολύ). 2. (συνεκδοχικά) οι γλουτοί· έκφρ. *~ και βρακί* (για αχώριστους φίλους)· *του -ου* (για ελεεινή ποιότητα)· φρ. *βρέξε -ο να φας ψάρι* (= πρέπει να ταλαιπωρηθείς για να επιτύχεις κάτι)· *έχει -ο* (για κάτι) (δηλ. δυνατότητες ή θέληση)· (απειλητικά) *θα σου κόψω τον -ο!* (= θα σε τιμωρήσω)· *ο ύπνος θρέφει μάγουλα και ξεγυμνώνει -ους* (= για τους ανενρούς που παχαίνουν, αλλά δεν αποκτούν χρήματα)· *πότε ο Γιάννης δεν μπορεί, πότε ο ~ του πονεί* (για φιλάσθενο άτομο)· *σφίξε τον -ο σου* (= προσπάθησε πολύ για κάτι). 3. (γενικά) τα νώτα: *του γύρισε περιφρονητικά τον -ο*. 4. πυθμένας δοχείου, πάτος. 5. (ειδικό) *ο ~ της βελόνας* (= η τρύπα)· *ο ~ του αβγού* (= το πλατύτερο μέρος του). - Υποκορ. **-άκι, -αράκι, -ί** το, **-αράκος** ο.
κωλοσέρνομαι, ρ. (λαϊκ.), (για γέρο ή άρρωστο) βαδίζω με μεγάλη δυσκολία, σέρνομαι.
κωλοσούρτης ο, ουσ. (λαϊκ.). 1. άτομο δυσκίνητο. 2. όχημα που κινείται πολύ αργά.
κωλοσφούγγι το, ουσ. (έρρ., λαϊκ.). 1. χαρτί τουαλέτας. 2. (μειωτ.) έγγραφο που αξίζει την περιφρόνηση.
κωλοτούμπα η, ουσ. (έρρ.), πτώση με το κεφάλι προς τα κάτω, ανατροπή, τουμπάρισμα.
κωλοτσέπη η, ουσ. (λαϊκ.), τσέπη που βρίσκεται στο σημείο του ρούχου που καλύπτει τα οπίσθια.
κωλοφωτιά η, ουσ. (συνιζ., λαϊκ.), η πυγολαμπίδα.
κώλυμα το, ουσ., εμπόδιο: *~ ηθικό/νομικό/απαράκαμπτο· ~ γάμου· δημιουργώ -ύματα*.
κωλυσιεργία η, ουσ. (ασυνίζ.), σκόπιμη παρακώλυση των εργασιών: *~ της αντιπολίτευσης στη Βουλή*.
κωλυσιεργικός, -ή, -ό, επίθ. (ασυνίζ.), που προκαλεί κωλυσιεργία: *επεμβάσεις -ές*.
κωλυσιεργώ, ρ. (ασυνίζ.), παρακωλύω σκόπιμα τη διεκπεραίωση εργασιών.
κωλύω, ρ. I. (ενεργ.) δημιουργώ εμπόδια, εμποδίζω: *τι σας -ει να πραγματοποιήσετε αυτό το ταξίδι;* II. (μέσ.) αδυνατώ να πραγματοποιήσω κάτι επειδή συναντώ αντίσταση ή δυσκολίες ή επειδή έχω αναλάβει άλλες υποχρεώσεις: *ο πρόεδρος -εται να παρευρεθεί στην τελετή των εγκαινίων*.
κωλώνω, ρ. (λαϊκ.). 1. βαδίζω προς τα πίσω, οπισθοχωρώ: *το μουλάρι μια πήγαινε μπροστά, μια -ωνε·* (μτβ.) *ώρες ώρες φυσούσε με τέτοιο θυμό που με -ωνε πίσω* (Κόντογλου). 2. (μεταφ.) σταματώ από φόβο μπροστά σε κάποιο εμπόδιο: *-ωσε στις εξετάσεις*.
κώμα το, ουσ. (ιατρ.) παθολογική κατάσταση που χαρακτηρίζεται από παρατεταμένη απώλεια της συνείδησης, κατάργηση της αισθητικότητας και της εκούσιας κινητικότητας και διατήρηση μόνο της αναπνευστικής και κυκλοφοριακής λειτουργίας: *~ διαβητικό/τραυματικό· ο άρρωστος έπεσε σε βαθύ ~*.
κωμαστής ο, ουσ. (ιστ.) αυτός που παίρνει μέρος σε κώμο (βλ. λ.).
κωμαστικός, -ή, -ό, επίθ. (ιστ.) που ανήκει ή αναφέρεται στου κωμαστές: *πομπή -ή*.

κωματώδης, -ης, -ες, γεν. *-ους,* πληθ. αρσ. και θηλ. *-εις,* ουδ. *-η,* επίθ., που έχει σχέση με κώμα: *κατάσταση/ελονοσία ~.*

κωμειδύλλιο το, ουσ. (ασυνίζ.), (θεατρ.) είδος μουσικής ηθογραφικής κωμωδίας που η υπόθεσή της είναι πάντοτε κάποιο ειδύλλιο: *~ εύθυμο/ελαφρό.*

κωμειδυλλιογράφος ο, ουσ. (ασυνίζ.), αυτός που γράφει κωμειδύλλια.

κώμη η, ουσ., οικιστική περιοχή μεγαλύτερη από χωριό και μικρότερη από πόλη, μικρή κωμόπολη: *~ αγροτική/δύο χιλιάδων (2000) κατοίκων.*

κωμικός, -ή, -ό, επίθ. 1. που αναφέρεται, ανήκει ή ταιριάζει στην κωμωδία: *ηθοποιός/ποιητής ~· ταινία -ή· χαρακτήρας ~ ενός έργου·* το αρσ. ως ουσ. = *κωμικός ηθοποιός: μεγάλος ~ του κινηματογράφου* (αντ. *δραματικός).* 2. που προκαλεί το γέλιο, αστείος, διασκεδαστικός: *ρόλος ~· επεισόδιο -ό· τον κοίταζε με -ό τρόπο·* είχε κάτι το *-ό* επάνω του (αντ. *σοβαρός).* 3. που του αξίζει περιφρονητικό γέλιο, φαιδρός, αξιογέλαστος: *σοβαροφάνεια -ή·* πρόκειται για *-ό* πρόσωπο (συνών. *γελοίος).* - Επίρρ. **-ά.**

κωμικότητα η, ουσ. 1. ιδιότητα που προκαλεί γέλιο, το να είναι κανείς ή κάτι κωμικό(ς) (συνών. *αστειότητα).* 2. το να είναι κανείς ή κάτι αξιογέλαστο(ς), φαιδρότητα, γελοιότητα.

κωμικοτραγικός, -ή, -ό, επίθ., που τον χαρακτηρίζουν στοιχεία συγχρόνως κωμικά και τραγικά, που προκαλεί γέλιο και οίκτο: *κατάσταση -ή· σκηνές -ές.*

κωμικοτραγωδία η, ουσ. 1. σοβαρό γεγονός που έχει έκβαση κωμική. 2. τραγικό θεατρικό ή κινηματογραφικό έργο που ορισμένες σκηνές του έχουν κωμικό χαρακτήρα.

κωμόπολη η, ουσ., οικιστική περιοχή που από άποψη έκτασης, πληθυσμού ή σημασίας βρίσκεται μεταξύ χωριού και πόλης, μικρή πόλη: *~ δέκα χιλιάδων (10.000) κατοίκων.*

κώμος ο, ουσ. (ιστ.) 1. συμπόσιο, γλεντοκόπημα και η επακόλουθη νυχτερινή θορυβώδης έξοδος των συμποσιαστών στους δρόμους με λαμπάδες, προσωπίδες και στεφάνια, καθώς επίσης με χορούς και τραγούδια. 2. δημόσια πομπή στη γιορτή κάποιου θεού, ιδίως του Διόνυσου. 3. όμιλος κωμαστών που περνά σε πομπή. 4. τραγούδι που ψάλλεται σε κωμαστική πομπή με τη συνοδεία αυλού.

κωμωδία η, ουσ. 1. έργο θεατρικό ή κινηματογραφικό που προκαλεί το γέλιο των θεατών σατιρίζοντας γελοίους και συνήθως αξιομεμπτους χαρακτήρες και καταστάσεις της ιδιωτικής και κοινωνικής ζωής: *~ τολμηρή/σπαρταριστή· ~ ηθών· ~ μουσική* (με μουσική, χορό και τραγούδι) (αντ. *δράμα).* 2. το φιλολογικό είδος των κωμωδιών: *~ αττική/νέα* (αντ. *τραγωδία).* 3. (μεταφ.) γεγονός ή κατάσταση που προκαλεί γέλιο ή αποσκοπεί στη γελοιοποίηση κάποιου: *~ κατάντησε η όλη ιστορία! πρέπει επιτέλους να τελειώσει αυτή η ~!* Έκφρ. *η ~ της ζωής·* φρ. *παίζω ~* (= υποκρίνομαι).

κωμωδιογράφος ο και η, ουσ. (ασυνίζ.), συγγραφέας κωμωδιών.

κωμωδιοποιός ο, ουσ. (ασυνίζ., δις), κωμωδιογράφος.

κωμωδός ο και η, ουσ., ηθοποιός κωμωδιών.

κώνειο το, ουσ. (ασυνίζ.). 1. (βοτ.) είδος δηλητηριώδους φυτού. 2. το δηλητήριο που παράγεται από το παραπάνω φυτό και που χρησιμοποιήθηκε στην αρχαιότητα για τη θανάτωση καταδίκων. 3. (μεταφ.) μεγάλη πίκρα: *~ της αγνωμοσύνης.*

κωνικός, -ή, -ό, επίθ., που έχει σχήμα κώνου.

κωνικότητα η, ουσ., το να είναι κάτι κωνικό.

κωνοειδής, -ής, -ές, γεν. *-ούς,* πληθ. αρσ. και θηλ. *-είς,* ουδ. *-ή,* επίθ., που έχει σχήμα κώνου, κωνικός: *κορυφή -ής.*

κώνος ο, ουσ. 1. (γεωμ.) στερεό σώμα που έχει κύκλο ως βάση και επιφάνεια κυρτή που απολήγει σε οξεία κορυφή: *~ όρθιος/κόλουρος.* 2. (γενικά) κάθε σώμα που απολήγει σε κωνοειδή κορυφή: (γεωλ.) *~ ηφαιστειακός·* (αστρον.) *~ προστατευτικός* (= κωνοειδές κάλυμμα στο μπροστινό μέρος πυραύλου)· (ανατομ.) *~ αρτηριακός της καρδιάς.* 3. (λόγ.) ο καρπός του πεύκου, το κουκουνάρι.

κωνοφόρος, -α, -ο, επίθ. (για δέντρο) που οι καρποί του είναι κουκουνάρια: *το πεύκο και το έλατο ανήκουν στα -α δέντρα.*

κωνσταντινάτο(ν) και **κωστ-** το, ουσ. (έρρ.), παλιό χρυσό σκυφοειδές νόμισμα που παριστάνει —κατά τη λαϊκή αντίληψη— τον άγιο Κωνσταντίνο και την αγία Ελένη και φοριέται συχνά από τις γυναίκες ως κόσμημα του λαιμού: *φλουρί -ο.*

κωπηλασία η, ουσ. 1. το να κάνει κανείς με κατάλληλους χειρισμούς των κουπιών ένα πλεούμενο να κινείται, το να τραβά κουπί, να κωπηλατεί: *~ ρυθμική· ~ αγγλική.* 2. το άθλημα της κωπηλασίας: *αγώνες -ας.*

κωπηλάτης ο, θηλ. **-ισσα,** ουσ. 1. αυτός που κωπηλατεί. 2. αθλητής κωπηλασίας.

κωπηλατικός, -ή, -ό, επίθ., που ανήκει ή αναφέρεται στην κωπηλασία ή τους κωπηλάτες: *αγώνες -οί.*

κωπηλάτισσα, βλ. *κωπηλάτης.*

κωπηλατώ, ρ., τραβώντας κουπί κάνω ένα πλεούμενο να κινείται στην επιφάνεια του νερού.

κωσταντινάτο, βλ. *κωνσταντινάτο.*

κωφαλαλία η, ουσ. (ιατρ.) πάθηση που συνίσταται σε κώφωση και αλαλία, το να είναι κανείς κωφάλαλος: *~ συγγενής/επίκτητη.*

κωφάλαλος, -η, -ο, επίθ., που γεννήθηκε κουφός και άλαλος.

κωφεύω, ρ., προσποιούμαι τον κουφό, κάνω πως δεν ακούω· αποφεύγω να υπακούω σε συμβουλές, υποδείξεις ή παρακλήσεις, αδιαφορώ εντελώς.

κωφότητα η, ουσ. (ιατρ.) έλλειψη ακοής, κουφαμάρα.

κώφωση η, ουσ. (ιατρ.) σημαντική στέρηση ή εξασθένηση της ακοής: *~ ολική/μερική· ~ γεροντική· ~ λεκτική* (για ασθενή που ακούει τον ήχο των λέξεων, δεν εννοεί όμως τη σημασία τους)· *~ μουσική* (για ασθενή που δεν αναγνωρίζει τους μουσικούς ήχους)· *~ φωνηέντων* (= η τροπή των φθόγγων *ε* και *ο* σε *ι* και *υ* η αποβολή τους ως κύριο χαρακτηριστικό των βόρειων ιδιωμάτων της νέας ελληνικής· π.χ. *παιδί > πιδί* ή *π'δί, έρημος > έρμους, ποτάμι > πουτάμ').*

κώχη, βλ. *κόχη.*

λ, Λ (λάμβδα). 1. το ενδέκατο γράμμα του ελληνικού αλφαβήτου, ένα από τα σύμφωνα της ελληνικής γλώσσας. - Βλ. και *λάμβδα*. 2. αριθμητικό σημείο = α. (όταν έχει τόνο πάνω δεξιά ή τελεία κάτω δεξιά λ΄, Λ΄, λ.) = τριάντα, τριακοστός· β. (όταν έχει τόνο κάτω αριστερά ,λ = τριάντα χιλιάδες).
λα το, ουσ. άκλ. (μουσ.) ο έκτος φθόγγος, η έκτη νότα της ευρωπαϊκής μουσικής κλίμακας. [διεθν. *la*].
λάβα η, ουσ., διάπυρη ρευστή ύλη που χύνεται από τα έγκατα στην επιφάνεια της γης κατά τις ηφαιστειακές εκρήξεις. [ιταλ. *lava*].
λαβαίνω, ρ., αόρ. έλαβα, πληθ. λάβαμε, παίρνω, παραλαμβάνω: *έλαβα γράμμα / δέμα*.
λάβαρο το, ουσ. 1. είδος (πολεμικής) σημαίας: *το ~ της ελληνικής επανάστασης*. 2. (εκκλ.) αγιογραφική παράσταση σε πολυτελές ύφασμα αναρτημένο από κοντάρι: *~ εκκλησιαστικό·* σημαία συλλόγου, σωματείου, κλπ. [λατ. *labarum*].
λάβδανο το, ουσ., οπιούχο φάρμακο, κατευναστικό των κοιλιακών πόνων. [λατ. *ladanum*].
λαβείν, στην αρχαϊστ. έκφρ. *το δούναι και ~ =* δοσοληψία, πάρε-δώσε. [απαρέμφ. αόρ. του ρ. *λαμβάνω*].
λαβή η, ουσ. 1. μέρος οργάνου από όπου μπορεί κανείς να το κρατήσει ή να το χειριστεί: *~ σπαθιού / μαχαιριού* (συνών. *χερούλι*). 2. (αθλητ.) (όρος παλαιστικός), πιάσιμο: *~ καράτε·* με μια *~ τον εξουδετέρωσε.* 3. (μεταφ.) αφορμή, ευκαιρία: *δίνω ~ για σχόλια.*
λαβίδα η, ουσ. 1. κάθε όργανο με δύο σκέλη που το χρησιμοποιούμε για να συγκρατήσουμε ή να τραβήξουμε κάτι: *~ χειρουργική* (συνών. *τσιμπίδα*). 2. (εκκλ.) ιερό σκεύος από πολύτιμο μέταλλο που χρησιμοποιείται κατά το μυστήριο της Θείας Ευχαριστίας.
λαβομάνο το, ουσ., νιπτήρας (βλ. λ.). [ιταλ. *lavamano*].
λαβούτο, βλ. *λαούτο*.
λάβρα η, ουσ. 1α. έντονη θερμότητα που εκπέμπεται από τη φωτιά: *όλη η ~ ερχόταν επάνω μου·* β. υπερβολική ζέστη, καύσωνας: *ο κόσμος έβραζε από τη ~* (συνών. *κάψα·* αντ. *παγωνιά*). 2. (μεταφ.) ψυχική υπερδιέγερση, έντονο συναίσθημα. Έκφρ. *φωτιά και ~* (= α. αφόρητη θερμότητα· β. (μεταφ.) μεγάλη ακρίβεια σε κάτι που αγοράζεται).
λαβράκι το, ουσ. 1. είδος ψαριού με νόστιμο κρέας. 2. (δημοσιογραφικά) σημαντική είδηση: *ο δημοσιογράφος έβγαλε ~.*

λάβρος, -η, -ο, επίθ. (λόγ.), ορμητικός, βίαιος.
λαβύρινθος ο, ουσ. 1. (μυθολ.) κατοικία του Μινώταυρου στην Κρήτη με πολλούς διαδρόμους χωρίς διέξοδο. 2. (γενικά) κάθε πολύπλοκο οικοδόμημα με πολλούς διαδρόμους που δυσκολεύουν την κυκλοφορία μέσα σ' αυτό. 3. (μεταφ.) ζήτημα που δύσκολα μπορεί να λυθεί. 4. (ανατομ.) το εσώτερο τμήμα του αφτιού.
λαβυρινθώδης, -ης, -ες, γεν. -ους, πληθ. και θηλ. -εις, ουδ. -η, επίθ., που μοιάζει με λαβύρινθο, περίπλοκος: *ζήτημα -ες* (συνών. *πολύπλοκος*).
λάβωμα το, ουσ., τραυματισμός με όπλο.
λαβωματιά η, ουσ. (συνιζ., λαϊκ.), πληγή από όπλο, τραύμα: *~ στο χέρι.*
λαβώνω, ρ. 1. τραυματίζω με όπλο: *-ώθηκαν πολλοί στρατιώτες* (συνών. *πληγώνω*). 2. (μεταφ.) πληγώνω: έκφρ. *λαβωμένη ψυχή* (Πρεβελάκης).
λαγάνα η, ουσ., είδος άζυμου ψωμιού, που καταναλώνεται συνήθως την Καθαρή Δευτέρα.
λαγάρα η, ουσ. 1. υγρό απαλλαγμένο από κάθε ξένη ουσία, καθαρό: *κρασί ~*. 2. (μεταφ.) πράγμα άριστης ποιότητας.
λαγαρίζω, ρ., καθαρίζω (υγρό) από ξένες ουσίες: *~ λάδι / χρυσό* (συνών. *λαμπικάρω*).
λαγάρισμα το, ουσ., το να καθαρίζει κανείς (συνήθως υγρά) από ξένες ουσίες: *~ κρασιού / χρυσού* (συνών. *λαμπικάρισμα*).
λαγαρός, -ή, -ό, επίθ., διαυγής, καθαρός: *νερό / κρασί -ό.*
λάγγεμα το, ουσ. (ερρ.), χαύνωση από ερωτικό πάθος, λίγωμα.
λαγγεύω, ρ. (ερρ.), Α. (ενεργ.) πηδώ, σκιρτώ: *-εψε η καρδιά στο άκουσμά του.* Β. (μέσ.) χαυνώνομαι από ερωτικό πόθο, λιγώνομαι: *μάτια -μένα·* λαγγεμένη *Ανατολή* (= ηδυπαθής) (Παλαμάς).
λαγγόνι, βλ. *λαγόνι*.
λαγηνάδικο το, ουσ., εργαστήριο που κατασκευάζει στάμνες (συνών. *σταμνάδικο*).
λαγηνάς ο, ουσ., αυτός που κατασκευάζει στάμνες (συνών. *σταμνάς*).
λαγήνι το, ουσ. (λαϊκ.), πήλινο δοχείο για νερό, στάμνα. - Μεγεθ. **-α** η.
λαγιάζω, ρ. (συνιζ., λαϊκ), 1. μαζεύομαι, λουφάζω: *λάγιασε κάτω από το δέντρο ώσπου να σταματήσει η βροχή.* 2. κρύβομαι (για να μη γίνω αντιληπτός): *ο λαγός λάγιασε πίσω από ένα θάμνο.*
λαγιαρνί το, ουσ. (συνιζ.), αρνί με μαύρο τρίχωμα: *κλέφτες μπήκαν στο μαντρί, κλέψανε το ~.*
λάγιος, -α, -ο, επίθ. (συνιζ.), (για πρόβατα) που

έχει μαύρο τρίχωμα: *προβατίνα -α*. [αμφίβολη ετυμ.].
λαγκάδα, βλ. *λαγκαδιά*.
λαγκάδι το, ουσ., στενή δασωμένη κοιλάδα: *πήρε τα βουνά και τα -ια* (συνών. *ρεματιά*).
λαγκαδιά (συνιζ.) και **λαγκάδα** η, ουσ., λαγκάδι (βλ. λ.): *κρυφτήκαμε μέσα στη λαγκάδα*. [ουσ. *λάγκος*].
Λαγκαδινός και (συνιζ.) **Λαγκαδιανός** ο, ουσ. θηλ. **-ή** (έρρ.), ο κάτοικος του Λαγκαδά ή ο καταγόμενος από εκεί.
λαγκαδινός, -ή, -ό, επίθ. (έρρ.), που σχετίζεται με το Λαγκαδά ή τους Λαγκαδιανούς.
λαγνεία η, ουσ., τάση για σαρκικές απολαύσεις (συνών. *φιληδονία, ακολασία*).
λάγνος, -η, -ο, επίθ., επιρρεπής στις σαρκικές ηδονές: *μάτια -α* (συνών. *φιλήδονος, ηδυπαθής*).
λαγοκοιμάμαι, ρ., αόρ. *-ήθηκα*, κοιμάμαι ελαφρά: *άλλοι -ήθηκαν, άλλοι τον πήραν για καλά τον ύπνο*.
λαγοκοίμισμα το, ουσ. (λαϊκ.), ελαφρός ύπνος.
λαγοκοιτιά η, ουσ. (συνιζ., λαϊκ.), φωλιά λαγού.
λαγοκούνελο το, ουσ., άγριο κουνέλι.
λαγονάρης ο, ουσ. (λαϊκ.), κυνηγός λαγών.
λαγόνι και (έρρ.) **λαγγόνι** το, ουσ. (συνήθως στον πληθ.), τα πλάγια τοιχώματα της κοιλιάς.
λαγόνιος, -α, -ο, επίθ. (ασυνίζ.), που ανήκει ή αναφέρεται στα λαγόνια: *οστά -α*.
λαγονοβουβωνικός, -ή, -ό, επίθ., που ανήκει ή αναφέρεται στα λαγόνια και τη βουβωνική χώρα: *νεύρο -ό*.
λαγοπόδαρο το, ουσ., πόδι λαγού.
λαγοπροβιά η, ουσ. (ασυνίζ.), τομάρι λαγού (συνών. *λαγοτόμαρο*).
λαγός ο, θηλ. **λαγουδίνα,** ουσ., ζώο θηλαστικό με μεγάλα αφτιά και μακριά πισινά πόδια που τρέχει γρήγορα: *τρέχει σα ~* φρ. *γίνομαι ~* (= το βάζω στα πόδια, εξαφανίζομαι)· *τάζω -ούς με πετραχήλια* (= υπόσχομαι πολλά και αδύνατα πράγματα). Παροιμ. *άλλα τα μάτια του -ού και άλλα της κουκουβάγιας*, βλ. *κουκουβάγια*. - Υποκορ. **-ουδάκι** το.
λαγοτόμαρο το, ουσ., λαγοπροβιά (βλ. λ.).
λαγουδέρα η, ουσ. (ναυτ.) το δοιάκι της βάρκας.
λαγουδίνα, βλ. *λαγός*.
λαγούμι το, ουσ. (λαϊκ.), **1.** υπόγεια σήραγγα, υπόγειο όρυγμα, τούνελ: *σκάβω -ια·* (μεταφ.) *το ~ του φόβου*. **2.** φουρνέλο: *~ από δυναμίτη*. **3α.** οχετός, υπόνομος· **β.** (συνεκδοχικά) δυσωδία. [τουρκ. *lâġı*].
λαγουμιτζής ο, ουσ. (όχι έρρ.), αυτός που σκάβει, που κατασκευάζει λαγούμια. [τουρκ. *lağimci*].
λαγουτάρης, βλ. *λαουτάρης*.
λαγούτο, βλ. *λαούτο*.
λαγοχειλία, λαγόχειλος, βλ. *λαγωχειλία, λαγώχειλος*.
λαγωνίκα η, ουσ., το θηλυκό του λαγωνικού, κυνηγετική σκύλα.
λαγωνικό το, ουσ. **1.** σκυλί κυνηγετικό που εντοπίζει τα θηράματα με την όσφρησή του. **2.** (μεταφ.) άνθρωπος, συνήθως αστυνομικός, που έχει την ικανότητα να εξιχνιάζει μυστήρια: *τα -ά των μυστικών υπηρεσιών*.
λαγωχειλία η, ουσ. (ιατρ.) δυσμορφία του κάτω χείλους που συνίσταται σε μια σχισμή που το χωρίζει στα δύο.
λαγωχειλος, -η, -ο, επίθ. (ιατρ.) που έχει λαγωχειλία.

λαδάδικο το, ουσ. **1.** εργοστάσιο παραγωγής λαδιού, ελαιοτριβείο. **2.** κατάστημα όπου πουλούν λάδι.
λαδάκι, βλ. *λάδι*.
λαδάς ο, ουσ., παραγωγός ή έμπορος λαδιού.
λαδέμπορος ο, ουσ. (έρρ.), έμπορος λαδιού (συνών. *λαδάς*).
λαδερός, -ή, -ό, επίθ. **1.** που στην αφή προκαλεί αίσθηση λιπαρότητας, λιπαρός. **2.** (για φαγητά) που είναι μαγειρεμένος με λάδι και δεν περιέχει κρέας· νηστίσιμος: *γεμιστά -ά*. - Το ουδ. ως ουσ. = **1.** δοχείο όπου τοποθετείται λάδι για τη μαγειρική ή για επιτραπέζια χρήση. **2.** δοχείο όπου τοποθετείται λάδι για τη λίπανση των μηχανών, λαδωτήρι.
λαδής, -ιά, -ί, επίθ., που έχει το χρώμα του λαδιού: *μάτια -ιά· πουκάμισο -ί*. - Το ουδ. ως ουσ. = το χρώμα που μοιάζει με το χρώμα του λαδιού.
λάδι το, ουσ. **1α.** υγρό παχύρρευστο και λιπαρό που εξάγεται από τον καρπό του ελαιόδεντρου, την ελιά, με πίεση και ειδική κατεργασία και χρησιμοποιείται κυρίως στη μαγειρική: *τηγανίζω με ~* (συνών. *ελαιόλαδο*)· **β.** (εκκλ.) το λάδι με το οποίο ο νονός αλείφει το παιδί που βαφτίζει: *άγιο ~*. **2α.** παχύρρευστο λιπαρό υγρό που μοιάζει με λάδι και χρησιμοποιείται για να λιπαίνονται οι μηχανές: *~ αυτοκινήτου· βάζω / αλλάζω τα -ια (του αυτοκινήτου)·* **β.** παχύρρευστο λιπαρό υγρό που χρησιμοποιείται για επαλείψεις του σώματος μετά το μπάνιο, ως καλλυντικό ή για προστασία από τον ήλιο: *~ αρωματικό / αντιηλιακό· αλείφω το μωρό με ~*. **3α.** λαδομπογιά: *ο πίνακας είναι ζωγραφισμένος / ο τοίχος είναι βαμμένος με ~·* **β.** (συνεκδοχικά) ελαιογραφία. Έκφρ. *θάλασσα (σα) ~* (= ήρεμη, γαλήνια, ατάραχη). Φρ. *βγάζω το ~ κάποιου* (= ταλαιπωρώ, βασανίζω, πιέζω κάποιον· βλ. και ά. *βγάζω*): *ο διευθυντής του του βγάζει το ~· βγαίνω ~* (από μια υπόθεση) (= καταφέρνω να αγνοώ αθώος ακόμη κι αν είμαι ένοχος): *πάντα βγαίνει ~· δε φτάνει που φταίει, θέλει να βγει και ~· μου βγαίνει το ~* (= κουράζομαι, εξαντλούμαι· ταλαιπωρούμαι· βλ. και ά. *βγαίνω*): *μου βγήκε το ~ ώσπου να διορθώσω τη μηχανή· ρίχνω ~ στη φωτιά* (= με τα λόγια ή τις πράξεις μου επιδεινώνω μια άσχημη κατάσταση). - Υποκορ. **-άκι** το. [μεσν. *ελάδιν*<μτγν. *ελάδιον*].
λαδιά η, ουσ. (συνιζ.), **1.** κηλίδα, λεκές από λάδι. **2.** σοδειά, παραγωγή λαδιού. **3.** (μεταφ.) επιλήψιμη πράξη που γίνεται κρυφά: *μου έκανε μια ~*. **4.** (μεταφ.) ηθικό στίγμα: *του κολλήσανε τη ~ του κλέφτη* (συνών. *ρετσινιά*).
λαδικό το, ουσ. **1.** ελαιοδοχείο (συνών. *λαδερό*). **2.** (μεταφ.) γριά κουτσομπόλα: *τα -ά της γειτονιάς την έπιασαν στο στόμα τους*.
λαδίλα η, ουσ., μυρωδιά λαδιού.
λαδόκολλα η, ουσ., αδιάβροχο ημιδιαφανές χαρτί που χρησιμοποιείται για περιτύλιξη τροφίμων (συνών. *λαδόχαρτο*).
λαδολέμονο το, ουσ., μίγμα από λεμόνι και λάδι που μπαίνει πάνω από ορισμένα φαγητά: *ψάρια ψητά με ~*.
λαδομπογιά η, ουσ. (όχι έρρ., συνιζ.), ελαιόχρωμα (βλ. λ.).
λαδόξιδο το, ουσ., μίγμα από λάδι και ξίδι που μπαίνει συνήθως στη σαλάτα: (παροιμ.) *τρεις το λάδι, δυο το ξίδι, πέντε το ~* (για άνθρωπο που προσπαθεί να εξαπατήσει τους άλλους).

λαδόπανο το, ουσ., ύφασμα με το οποίο τυλίγουν το μωρό μετά το μυστήριο του χρίσματος.

λαδοπίθαρο το, ουσ., πιθάρι για την αποθήκευση λαδιού.

λαδόχαρτο το, ουσ., αδιάβροχο ημιδιαφανές χαρτί που χρησιμοποιείται για αντιγραφή σχεδίων ή για περιτύλιξη τροφίμων.

λαδόψωμο το, ουσ., ψωμί αλειμμένο με λάδι.

λάδωμα το, ουσ. 1. επάλειψη με λάδι· χρήση λαδιού για τη λίπανση μηχανών ή αρμών, κ.τ.ό.: ~ *της ραπτομηχανής· η πόρτα θέλει ~ για να μην τρίζει.* 2. (μεταφ.) δωροδοκία για την εξαγορά κάποιου ή την πλάγια προώθηση μιας υπόθεσης: ~ *των υπαλλήλων.*

λαδώνω, ρ. 1. τοποθετώ λάδι ή λιπαντικές ουσίες σε μηχανές ώστε να λειτουργούν χωρίς δυσκολία: ~ *τους αρμούς / την πόρτα.* 2. λερώνω με λάδι: *-ωσες το τραπεζομάντηλο.* 3. αλείφω με το άγιο λάδι το μωρό που βαφτίστηκε. 4. (αμτβ. και με έ., συνήθως για μαλλιά) γίνομαι λιπαρός: *-ωμένα μαλλιά.* 5. (μεταφ.) δωροδοκώ κάποιον για να διεκπεραιώσει μια υπόθεσή μου, εξαγοράζω: *τον -ωσε για να τον υποστηρίξει.*

λαδωτήρι το, ουσ. α. δοχείο όπου τοποθετείται λάδι για τη λίπανση μηχανών· β. λιπαντική συσκευή.

λαζάνια τα, ουσ. (συνίζ.), είδος ζυμαρικού από αλεύρι σιταριού που μοιάζει με μακαρόνια σε σχήμα μακριών και πλατιών ταινιών (συνών. *χυλοπίτες*). [ιταλ. *lasagna*].

λαζαρέτο το, ουσ. (λαϊκ.), λοιμοκαθαρτήριο (βλ. λ.). [βενετ. *lazareto*].

λαζαρίνα η, ουσ. 1. είδος παλαιότερου τουφεκιού. 2. λαϊκό έθιμο κατά το Σάββατο του Λαζάρου.

λάζος ο, ουσ., είδος μαχαιριού, στιλέτο.

λαζουρίτης ο, ουσ., ορυκτό πυριτικό άλας που αποτελεί πολύτιμο λίθο παρόμοιο με το ζαφείρι.

λάθεμα το, ουσ. (λαϊκ.), το να κάνει κανείς λάθος, σφάλμα.

λαθεύω, ρ. (λαϊκ.), κάνω λάθος, πέφτω έξω, αστοχώ: *-εψα στους λογαριασμούς.*

λάθος το, πληθ. *-η* και (λαϊκ.) *-ια*, ουσ. **1α.** (για ενέργεια) κάτι που δε θεωρείται σωστό ή αληθινό, σφάλμα: ~ *στρατηγικό / επιστημονικό·* **β.** η κατάσταση του να θεωρείται ψεύτικο κάτι αληθινό και αντίστροφα, πλάνη: *κάνω / έχω ~· κάνεις ~ αν νομίζεις ότι...* 2. πράξη ή παράλειψη που αποτελεί εσκεμμένη ή όχι παράβαση ενός (ηθικού) κανόνα: *τα -η είναι ανθρώπινα / πληρώνονται* (συνών. *σφάλμα, αμάρτημα*). 3. ενέργεια άστοχη που τα αποτελέσματά της είναι ανεπιθύμητα· αποτυχία στην εκτίμηση: *έκανε ~ στους υπολογισμούς του.* 4. παράβαση ενός κανόνα ή μιας αρχής, σφάλμα: ~ *ορθογραφικό· -η τυπογραφικά.* **5α.** (ως επιθ.) λανθασμένος: ~ *διάγνωση των γιατρών· πήρα ~ νούμερο (τηλεφώνου)·* **β.** (ως επίρρ.) λανθασμένα: *το διατύπωσε ~. Έκφρ. κατά ~* (= από παραδρομή, χωρίς πρόθεση): *τον χτύπησε κατά -.* - Υποκορ. *-άκι* το.

λαθούρι το, ουσ., είδος πώδους φυτού και ο καρπός του, ούβα.

λαθραίος, -α, -ο, επίθ. (συνήθως για εμπορεύματα, κ.τ.ό), που εισάγεται σε μια χώρα ή εξάγεται απ' αυτήν παράνομα (χωρίς την καταβολή δυσμών και τις νόμιμες διατυπώσεις): *εμπορεύματα / ρολόγια -α· -α εξαγωγή συναλλάγματος.* - Το ουδ. στον πληθ. ως ουσ. = εμπορεύματα για την εισαγωγή ή την εξαγωγή των οποίων δεν πληρώθηκε ο νόμιμος δασμός. - Επίρρ. *-α.*

λαθραλιεία η, ουσ., αλιεία παράνομη.

λαθραναγνώστης ο, θηλ. **-τρια,** ουσ., αυτός που διαβάζει κρυφά έντυπο (συνήθως εφημερίδα) που ανήκει σε άλλον: *-ες εφημερίδας στο λεωφορείο.*

λαθρέμπορας, βλ. *λαθρέμπορος.*

λαθρεμπορία η, ουσ. (έρρ.), λαθρεμπόριο (βλ. λ.): ~ *ναρκωτικών.*

λαθρεμπόριο το, ουσ. (έρρ., ασυνίζ.). **α.** εισαγωγή ή εξαγωγή εμπορευμάτων ή συναλλάγματος από μια χώρα χωρίς την καταβολή των δασμών: *δίωξη του -ίου από τις αρχές· ~ ρολογιών·* **β.** παράνομο εμπόριο απαγορευμένων ειδών: ~ *ναρκωτικών / όπλων* (συνών. λαϊκ. στις σημασ. α και β *κοντραμπάντο*).

λαθρέμπορος και (λαϊκ.) **λαθρέμπορας** ο, ουσ. (έρρ.), αυτός που κάνει λαθρεμπόριο, που διακινεί παράνομα εμπορεύματα ή συνάλλαγμα.

λαθρεπιβάτης ο, θηλ. **-ισσα,** ουσ., αυτός που ταξιδεύει με μέσο μαζικής μεταφοράς χωρίς να πληρώσει εισιτήριο.

λαθρόβιος, -α, -ο, επίθ. (ασυνίζ., λόγ.), (για έντυπο), που κυκλοφορεί παράνομα: *περιοδικό -ο.*

λαθροθηρία η, ουσ., κυνήγι που γίνεται χωρίς άδεια ή σε απαγορευμένο τόπο ή χρόνο.

λαθροκυνηγός ο, ουσ., αυτός που κυνηγά παράνομα, χωρίς άδεια ή σε απαγορευμένο τόπο ή χρόνο.

λαθροχειρία η, ουσ. (λόγ.), υπεξαίρεση, κλοπή.

λαθυρισμός ο, ουσ., δηλητηρίαση που προκαλείται από φάβα.

λαίδη η, ουσ., τίτλος που μπαίνει μπροστά από ονόματα γυναικών στην Αγγλία που ανήκουν στην αριστοκρατία, σύζυγος του λόρδου. [αγγλ. *lady*].

λαϊκισμός ο, ουσ. (νεολογ.) **α.** τάση να αποτυπωθεί στην τέχνη και τη λογοτεχνία η ζωή των απλών, λαϊκών ανθρώπων σε αντίθεση με την αστική τέχνη· **β.** (στην πολιτική και την τέχνη με αρνητ. σημασ.) τάση να γίνονται αντικείμενο εκμετάλλευσης ή να κολακεύονται τα ενδιαφέροντα, οι ιδέες και τα συναισθήματα του κοινού ανθρώπου: ~ *άκρατος / πολιτικός.*

λαϊκιστής ο, θηλ. **-τρια,** ουσ., που καλλιεργεί το λαϊκισμό (βλ. λ.).

λαϊκιστικός, -ή, -ό, επίθ., που εκφράζεται ή γίνεται με λαϊκισμό: *-ή προπαγάνδα.*

λαϊκίστρια, βλ. *λαϊκιστής.*

λαϊκός, -ή, -ό, επίθ. 1. που ανήκει ή αναφέρεται στο λαό ή προορίζεται γι' αυτόν: *γλώσσα -ή· επιμόρφωση -ή.* 2. που προέρχεται ή δημιουργείται από το λαό και βασίζεται στα παραδοσιακά πρότυπα μιας κοινωνίας ή φυλής εκφράζοντας τον πολιτισμό και τα αισθήματα του κοινού ανθρώπου: *παραμύθια -ά· πολιτισμός ~· μουσικά όργανα -ά· ζωγράφος ~· σοφία -ή* (παροιμίες, γνωμικά, κ.τ.ό.) (αντ. *λόγιος, έντεχνος*). **3α.** που ανήκει στις χαμηλότερες και φτωχότερες κοινωνικές τάξεις ή προορίζεται γι' αυτές: *συνοικία -ή· τάξεις -ές· ο μανάβης της γειτονιάς μας είναι ένας ~ τύπος· μαγαζί -ό·* **β.** (συνεκδοχικά) φτηνός: *τιμές -ές· θεατρικές παραστάσεις -ές· -ή αγορά* (= υπαίθρια, συνήθως εβδομαδιαία αγορά ειδών διατροφής, κ.ά., σε χαμηλές τιμές, παζάρι). 4. που απευθύνεται σε ανθρώπους κοινούς, όχι ειδικούς: *αναγνώσματα -ά· συνθήματα για -ή κατανάλωση· ιατρική -ή.* 5. που έχει χαμηλή ποιότητα, που δε διακρίνεται για την καλλιέργεια ή το λεπτό του γούστο: *τραγούδια -ά· -ά κέντρα διασκέδασης.* 6. (για πολιτικές και κοινωνικές δραστηριότητες) που αφορά ή αποτελείται από μεγάλα τμήματα του λαού: *συγκέντρωση / συμμετοχή / θέληση -ή· αγώνες -οί· κίνημα / προσκύνημα -ό.* 7. (πολιτ., για κομουνιστικά καθεστώτα όπου ο λαός θεωρείται ο κατεξοχήν φορέας εξουσίας): *-ά δικαστήρια· -ή δημοκρατία·* ~ *στρατός.* - Το αρσ. ως ουσ. = άνθρωπος που δεν ανήκει στον κλήρο (συνών. *κοσμικός·* αντ. *κληρικός*). - Το θηλ. ως ουσ. = λαϊκή αγορά. - Επίρρ. **-ά**.

λαϊκότητα η, ουσ., το να είναι κάποιος ή κάτι λαϊκό(ς), να έχει ιδιότητες ή χαρακτηριστικά που ταιριάζουν στο λαϊκό: ~ *της γλώσσας.*

λαϊκότροπος, -η, -ο, επίθ., που γίνεται με βάση λαϊκά πρότυπα ή κατά το λαϊκό τρόπο: *λέξεις -ές·* ~ *χαρακτήρας ορισμένων λογοτεχνικών έργων.*

λαιμαργία η, ουσ., η τάση να τρώει κανείς με απληστία μεγάλες ποσότητες φαγητού: *η* ~ *του δεν έχει όρια.*

λαίμαργος, -η, -ο, επίθ., που έχει την τάση να τρώει μεγάλες ποσότητες φαγητού με απληστία.

λαιμαριά η, ουσ. (συνιζ., λαϊκ.), λουρί που τοποθετείται γύρω από το λαιμό ζώου: ~ *του τράγου· προβατίνες με -ιές* (συνών. *περιλαίμιο*).

λαιμητόμος η, ουσ., κατασκευή εφοδιασμένη με βαρύτατη χαλύβδινη λεπίδα που πέφτει με ορμή από ψηλά και χρησιμοποιείται για τον αποκεφαλισμό των καταδικασμένων σε θάνατο (συνών. *γκιλοτίνα, καρμανιόλα*).

λαιμοδέτης ο, ουσ., γραβάτα (βλ. λ.).

λαιμός ο, πληθ. οι *λαιμοί* και τα *λαιμά*, ουσ., 1α. τμήμα του σώματος που ενώνει το κεφάλι με το θώρακα· **β**. εσωτερικό του λαιμού (φάρυγγας ή λάρυγγας): *βράχνιασε ο* ~ *μου·* γ. (στον πληθ. *λαιμά*) αμυγδαλίτιδα ή φαρυγγίτιδα: *έχω -ά.* 2. (συνεκδοχικά) το στενό μέρος των ρούχων γύρω από το λαιμό: *ο* ~ *του φορέματος.* 3. το λεπτότερο και ψηλότερο μέρος δοχείων, μπουκαλιών, κλπ.: ~ *στάμνας.* 4. καθετί που μοιάζει με λαιμό. Φρ. *παίρνω κάποιον στο -ό μου* (= γίνομαι αιτία να πάθει κακό κάποιος).

λαιμουδιά η, ουσ. (συνιζ.), 1. το τελείωμα των ρούχων στο μέρος του λαιμού. 2. περιλαίμιο.

λάιτ-μοτίβ το, ουσ. (άκλ.), 1. χαρακτηριστικό θέμα με εξαιρετικά καθεστώτα δραματική σημασία που επανέρχεται συχνά στη μουσική σύνθεση. 2. (μεταφ) φράση ή σχήμα που επανέρχεται πολλές φορές σε λογοτεχνικό έργο ή γενικότερα στο λόγο. [γερμ. *Leitmotiv*].

λακ η, ουσ. άκλ., χημικό παρασκεύασμα με το οποίο ψεκάζονται τα μαλλιά για να διατηρούνται σταθερά. [γαλλ. *laque*].

λάκα η, ουσ., βερνίκι ή χρώμα από διάλυση κυτταρίνης σε διάφορους διαλύτες για επίχριση επίπλων. [γαλλ. *laque*].

λακάρω, ρ., βάφω με λάκα: ~ *έπιπλα*.

Λακεδαιμόνιος ο, ουσ. (ασυνίζ.), (αρχ.) ο κάτοικος της αρχαίας Λακωνίας, αρχαίος Σπαρτιάτης.

λακέρδα η, ουσ., το ψάρι παλαμίδα διατηρημένο σε άρμη. [λατ. *lacerta*].

λακές ο, ουσ. 1. υπηρέτης με ειδική στολή. 2. άνθρωπος δουλοπρεπής. [γαλλ. *laquais*].

λάκημα και **λάκισμα** το, ουσ. 1. τροπή σε φυγή, φευγάλα. 2. (μεταφ) απάρνηση φρονήματος από φόβο ή ιδιοτέλεια.

λακίζω και **λακώ**, ρ. (συνήθως στον αόρ.), 1. φεύγω τρέχοντας, το βάζω στα πόδια: *-ισε σα λαγός.* 2. απαρνούμαι τις ιδέες μου από φόβο ή από ιδιοτέλεια.

λάκισμα, βλ. *λάκημα*.

λάκκα η, ουσ., μέρος βαθύτερο από τα γύρω του, χαμήλωμα: (συνών. *γούβα, λακκούβα*).

λακκάκι το, ουσ., μικρό βαθούλωμα που σχηματίζεται στο πηγούνι ή στα μάγουλα ορισμένων ανθρώπων (όταν γελούν ή κάνουν μορφασμούς).

λακκοειδής, -ής, -ές, γεν. *-ούς*, πληθ. αρσ. και θηλ. *-είς*, ουδ. *-ή*, επίθ. (αρχαιολ.) που μοιάζει με λάκκο: *τάφος* ~.

λάκκος ο, ουσ. 1. βαθύ κοίλωμα ή άνοιγμα του εδάφους (συνών. *λακκούβα, γούβα*). 2. τάφος. Παροιμ. φρ.: *κάποιο -ο έχει η φάβα* (= κάτι ύποπτο συμβαίνει)· *όποιος σκάβει το -ο του αλλουνού πέφτει μέσα ο ίδιος* (= πέφτει θύμα των δικών του μηχανορραφιών). Φρ. *είναι με το ένα πόδι στο -ο* (= είναι ετοιμοθάνατος)· *μου σκάβει το -ο* (= προσπαθεί να με αφανίσει, με υπονομεύει). - Βλ. και *λακκάκι*.

λακκούβα η, ουσ., κοίλωμα στο έδαφος (συνών. *λάκκος, γούβα*). [συμφ. *λάκκος + γούβα*]. - Υποκορ. **-ίτσα** η.

λάκκωμα το, ουσ., κοιλότητα του εδάφους σε κάποια έκταση: *έσπειρε καλαμπόκι στο* ~.

λακτίζω, ρ., χτυπώ με το πόδι, κλοτσώ.

λάκτισμα το, ουσ., χτύπημα με το πόδι, κλοτσιά: *εναρκτήριο* ~ *του αγώνα.*

λακώ, βλ. *λακίζω*.

λακωνίζω, ρ., εκφράζομαι σύντομα και εύστοχα.

λακωνικός, -ή, -ό, επίθ. 1. που σχετίζεται με τη Λακωνία ή τους Λάκωνες: *έθιμα -ά.* 2. που εκφράζει τις σκέψεις του σύντομα και εύστοχα ή που διατυπώνεται σύντομα και εύστοχα: *απάντηση / ένδειξη -ή.* - Επίρρ. **-ά**.

λακωνικότητα η, ουσ., το να εκφράζεται κανείς με συντομία (αντ. *πολυλογία*).

λαλαγγίτα η, ουσ. (έρρ.), είδος γλυκίσματος από χυλό που τηγανίζεται σε λάδι και ύστερα σιροπιάζεται (πβ. *τηγανίτα*). [μεσν. *λαλάγγη*].

λαλάρι το, ουσ. (λαϊκ.), πέτρα του γιαλού. [αρχ. *λάλη*].

λάλημα το, ουσ. 1. φωνή, λαλιά: *με ουράνιο* ~ *να ειπώ τραγούδια θεία* (Παλαμάς). 2. (για πουλιά) κράξιμο, κελάδημα: ~ *πουλιού / πετεινού.* 3. ήχος μουσικού οργάνου: ~ *φλογέρας.* 4. (στον πληθ.) μουσικά όργανα που αποτελούν μικρή λαϊκή ορχήστρα (συνών. *λαλούμενα*).

λαλιά η, ουσ. (συνιζ.). 1. φωνή, ομιλία: *οι νεράιδες του πήραν τη* ~· *δεν ακούγεται ούτε φωνή, ούτε* ~. 2. (για πουλιά) κελάδημα.

λαλίστατος, -η, -ο, επίθ., πολύ ομιλητικός, πολύ φλύαρος. (υπερθ. του επιθ. *λάλος*).

λαλούμενα τα, ουσ., όργανα λαϊκής ορχήστρας.

λαλώ, ρ. 1. μιλώ, λέω (αντ. *σιγώ, σωπαίνω*). 2. (για πουλιά) κράζω, κελαηδώ: *-ούν τ' αηδόνια·* παροιμ. *όπου -ούν πολλοί κοκόροι αργεί να ξημερώσει.* 3. (για μουσικό όργανο) ηχώ, παίζω: *-ούν τα όργανα.*

λάμα η, ουσ. I. 1. μικρό και λεπτό μεταλλικό έλασμα. 2. ξυριστική λεπίδα (συνών. *ξυράφι*). [ιταλ. *lama*]

λάμα η, ουσ. II. ζώο θηλαστικό με μακρύ λαιμό και ψηλά πόδια που ζει στην περιοχή των Άνδεων και εκτρέφεται για το μαλλί και το κρέας του (συνών. *προβατοκάμηλος*). [ισπαν. *lama*].

λάμα ο, ουσ. άκλ., βουδιστής ιερέας στο Θιβέτ και

τη Μογγολία· *μέγας* ~ *ή δαλάι* ~ = ανώτατος αρχηγός της βουδιστικής θρησκείας.
λαμαϊσμός ο, ουσ., ιδιαίτερη μορφή βουδισμού στο Θιβέτ και τη Μογγολία.
λαμαρίνα η, ουσ. **1.** λεπτό έλασμα από σίδερο: ~ *αυλακωτή· πρόχειρη σκεπή με -ες.* **2.** είδος τετράπλευρου ταψιού μεγάλου μεγέθους που χρησιμοποιείται για το ψήσιμο φαγητών ή γλυκισμάτων στο φούρνο. [βενετ. *lamarin*].
λαμαρινάς ο, ουσ., τεχνίτης που επισκευάζει το αμάξωμα των αυτοκινήτων.
λαμαρινένιος, -α, -ο, επίθ. (συνιζ.), που είναι φτιαγμένος από λαμαρίνα: *κατασκευή -α.*
λάμβδα και **λάμδα** το, ουσ. άκλ., το ενδέκατο γράμμα του ελληνικού αλφαβήτου. - Βλ. και *λ, Λ.*
λαμέ, επίθ., άκλ., (για ύφασμα ή δέρμα) που έχει μεταλλική στιλπνότητα: *τουαλέτα / παπούτσια* ~. - Με ουδ. άρθρο ως ουσ. = χρώμα με την απόχρωση του μετάλλου. [γαλλ. *lamé*].
λάμια η, ουσ. (συνιζ.). **1.** (μυθολ.-λαογρ.) τέρας με μορφή γυναίκας που τρεφόταν με ανθρώπινες σάρκες (συνών. *δράκαινα*). **2.** (μεταφ.) κακιά και άπληστη γυναίκα.
λαμιακός, -ή, -ό, (ασυνίζ.) και (συνιζ.) **λαμιώτικος,** επίθ., που αναφέρεται στη Λαμία ή προέρχεται από αυτήν.
Λαμιώτης ο, θηλ. **Λαμιώτισσα,** ουσ., (συνιζ.), αυτός που κατάγεται από τη Λαμία ή μένει εκεί.
λαμνοκόπι το, ουσ., κωπηλασία (βλ. λ.).
λαμνοκόπος ο, ουσ., κωπηλάτης (βλ. λ.).
λαμνοκοπώ, ρ., κωπηλατώ (βλ. λ.) (συνών. *λάμνω*).
λάμνω, ρ., κωπηλατώ (βλ. λ.): *λάμνανε όλοι με ρυθμό στη βάρκα* (συνών. *λαμνοκοπώ*). [αρχ. ε*λαύνω*].
λάμπα η, ουσ. (έρρ.), συσκευή ή όργανο που φωτίζει και καίγοντας πετρέλαιο, υγραέριο ή με τη βοήθεια ηλεκτρικού ρεύματος (συνών. *λυχνία, λαμπτήρας*). - Υποκορ. **-άκι** το, **-ίτσα** η. [ιταλ. *lampa*].
λαμπάδα η, ουσ. (έρρ.), μεγάλο κερί: ~ *ανάστασης / γάμου· έταξα μια* ~ *στον άγιο.* Έκφρ. *κορμί* ~ (= πολύ στητό).
λαμπαδηδρομία, βλ. *λαμπαδηφορία.*
λαμπαδηδρόμος ο, ουσ. **1.** αυτός που παίρνει μέρος σε λαμπαδηδρομία. **2.** αθλητής που μεταφέρει τη φλόγα από την Ολυμπία στο χώρο όπου γίνονται οι ολυμπιακοί αγώνες.
λαμπαδηφορία και **λαμπαδηδρομία** η, ουσ. (έρρ.), νυχτερινή πομπή ή παρέλαση ατόμων που κρατούν αναμμένες δάδες στο χέρι.
λαμπαδηφόρος ο, ουσ. (έρρ.), αυτός που μετέχει σε λαμπαδηφορία.
λαμπαδιάζω, ρ. (συνιζ., έρρ.), βγάζω φλόγες, καίγομαι σα λαμπάδα: *μέσα σε λίγα λεπτά -ασε το φορτηγό.*
λαμπάδιασμα το, ουσ. (συνιζ., έρρ.), φούντωμα φωτιάς, ανάφλεξη.
λαμπάκι, βλ. *λάμπα.*
λαμπεράδα η, ουσ. (έρρ.), λαμπρότητα, γυαλάδα (συνών. *στιλπνότητα·* αντ. *θαμπάδα*).
λαμπερός, -ή, -ό, επίθ. (έρρ.), που εκπέμπει λάμψη, φωτεινός: *ήλιος* ~· (μεταφ.): *πρόσωπο / χρώμα -ό* (συνών. *ακτινοβόλος, λαμπρός·* αντ. *θαμπός, σκοτεινός*).
λαμπηδόνα η, ουσ. (έρρ.). **1.** (μυθολ.) φυτό με θαυματουργές ιδιότητες που είναι αφανές την ημέρα και φωτεινό τη νύχτα. **2.** λάμψη, ακτινοβολία.

λαμπικάρισμα το, ουσ. (έρρ.). **1.** απόσταξη, διύλιση (συνών. *φιλτράρισμα*). **2.** τέλειος καθαρισμός (συνών. *λαγάρισμα*).
λαμπικάρω, ρ. (έρρ.), **Α.** μτβ. **1.** κάνω κάτι διαυγές, αποστάζω, διυλίζω (συνών. *φιλτράρω*). **2.** (μεταφ.) καθαρίζω. **Β.** (αμτβ.) γίνομαι διαυγής: *το λάδι αργεί να -ει·* (μεταφ.) ξεκαθαρίζω: *-ισε το μυαλό μου.*
λαμπίκος ο, ουσ. (έρρ.). **1.** διυλιστήριο, αποστακτήρας. **2.** (συνεκδοχικά) καθετί διαυγές και καθαρό: *έγιναν τα ρούχα* ~· *κρασί / λάδι* ~. [ιταλ. *lambicco*<αραβ. *al-'ambīa*<ελλην. *άμβυξ*].
λαμπιόνι το, ουσ. (συνιζ., έρρ.), μικρή ηλεκτρική λυχνία, ηλεκτρικός λαμπτήρας: *χιλιάδες -α φώτιζαν το δρόμο.* [ιταλ. *lampione*].
λαμπίτσα η, βλ. *λάμπα.*
λαμπογυάλι το, ουσ. (έρρ., συνιζ.), γυάλινο προστατευτικό κάλυμμα λάμπας πετρελαίου.
λαμποκόπημα το, ουσ. (έρρ.), το να λαμποκοπά κάτι, μεγάλη λάμψη, ακτινοβολία.
λαμποκοπώ, ρ. (έρρ.). **1.** εκπέμπω έντονη λάμψη: *-ά ο ήλιος·* (μεταφ.) *-ούσανε τα μάτια της από χαρά* (συνών. *ακτινοβολώ, λάμπω*). **2.** αστράφτω (από καθαριότητα): *-ά το μπάνιο της.*
λαμπρά, βλ. *λαμπρός.*
λαμπράδα η, ουσ. (έρρ.), λαμπρότητα (βλ. λ.).
λαμπριάτικος, -η, -ο, επίθ. (έρρ., ασυνίζ.), που ανήκει ή αναφέρεται στη Λαμπρή: *κερί / αρνί -ο* (συνών. *πασχαλιάτικος*).
λαμπρίτσα η, (έρρ.), το έντομο πασχαλίτσα.
Λαμπροβδομάδα η, ουσ. (έρρ.), η εβδομάδα από την Κυριακή του Πάσχα έως την Κυριακή του Θωμά (συνών. *Διακαινήσιμος*).
λαμπρός, -ή, -ό, επίθ. (έρρ.). **1.** που εκπέμπει λάμψη, ακτινοβολία: *το -ό φως του ήλιου* (συνών. *φωτεινός, ακτινοβόλος·* αντ. *σκοτεινός*). **2.** εξαιρετικός, σπουδαίος: *επιτυχία -ή· έχω -ά νέα·* ~ *ναός* ~ (συνών. *περίφημος, θαυμάσιος*). **3.** έξοχος, διαπρεπής: *καλλιτέχνης / επιστήμονας* ~. **4.** (ναυτ.) ο άνεμος που η έντασή του βρίσκεται μεταξύ του μετρίου και του δυνατού, ο «φρέσκος». - Επίρρ. **-ά.**
λαμπρόσκολα τα, ουσ. (έρρ.), οι μη εργάσιμες ημέρες κατά τη διάρκεια του Πάσχα.
λαμπρότητα η, ουσ. (έρρ.). **1.** λάμψη, φωτεινότητα, ακτινοβολία που εκπέμπει κάτι. **2.** (μεταφ.) αρχοντιά, μεγαλοπρέπεια: *με* ~ *γιορτάστηκε η εθνική επέτειος.*
λαμπροφόρος, -α, -ο, επίθ. (έρρ.). **1.** ντυμένος με πολυτελή ή γιορτινά ρούχα, λαμπροφορεμένος. **2.** που προκαλεί χαρά.
λαμπροφορώ, ρ. (έρρ.), φορώ γιορτινά ή πολυτελή ρούχα.
λαμπρύνω, ρ. (έρρ.), προσδίδω σε κάτι λαμπρότητα, ομορφιά, αίγλη: *με την παρουσία του -ει η συγκέντρωση.*
λαμπτήρας ο, ουσ. (έρρ.), όργανο φωτισμού που λειτουργεί με το ηλεκτρικό ρεύμα, λυχνία, λάμπα: ~ *πυράκτωσης* (= λαμπτήρας που το φως του παράγεται από πυράκτωση ενός λεπτού σύρματος μέσα σε κενό χώρο)· ~ *φθορισμού* (= σωληνόμορφος λαμπτήρας που περιέχει ευγενές αέριο και παρέχει λευκό φως χάρις στο φθορισμό του εσωτερικού επιχρίσματος των τοιχωμάτων του)
λαμπυρίδα η, ουσ. (έρρ.), έντομο, το θηλυκό του οποίου έχει ειδικά όργανα στο σώμα του που παράγουν ένα πρασινωπό φως (συνών. *πυγολαμπίδα, κωλοφωτιά*).

λαμπυρίζω, ρ. (έρρ.), (για ουράνιο σώμα) εκπέμπω φως όχι σταθερό, που μεταβάλλεται συνεχώς από έντονα δυνατό σε αδύναμο: *τ' αστέρια -ύριζαν στον ουρανό.*

λαμπύρισμα το, ουσ. (έρρ.), εκπομπή ακτινοβολίας που η έντασή της μεταβάλλεται γρήγορα και σταθερά.

λάμπω, ρ. (έρρ.). **1.** εκπέμπω δυνατό φως, ακτινοβολώ, φεγγοβολώ: *-ει ο ήλιος.* **2.** αντανακλώ το φως που δέχομαι: *κάθε πρόσωπο -ει απ' τ' αγιοκέρι / οπού κρατούν οι χριστιανοί στο χέρι* (Σολωμός) (συνών. *αντιλάμπω, αντιφεγγίζω*). **3.** (για κάτι πολύ καθαρό) αστράφτω, λαμποκοπώ: *-ει το πάτωμα· -ουν τα ασημικά.* **4.** (μεταφ.) αφήνω να φανεί με την έκφρασή μου το συναίσθημα ικανοποίησης που αισθάνομαι: *μόλις άκουσε το νέο τα μάτια της έλαμψαν.* **5.** (για την αλήθεια) αποδεικνύομαι: *στο τέλος η αλήθεια θα -ψει.*

λάμψη η, ουσ., ακτινοβολία, το δυνατό φως που εκπέμπεται από κάπου: *η ~ της φωτιάς / της αστραπής· ~ εκτυφλωτική·* (μεταφ.) *η ~ των ματιών της φανέρωνε τη χαρά της.*

λανάρα η, ουσ., *λανάρι* (βλ. λ.).

λαναράς ο, ουσ., αυτός που ξαίνει το μαλλί με το λανάρι.

λανάρι το, ουσ., εργαλείο χειροκίνητο ή μηχανοκίνητο σε σχήμα μεγάλης σιδερένιας χτένας για το ξάσιμο των μαλλιών που πρόκειται να κλωστούν. [επιθ. *λανάριος*<λατ. *lanarius*].

λαναρίζω, ρ., ξαίνω το μαλλί ή το λινάρι με το λανάρι.

λανάρισμα το, ουσ., το ξάσιμο του μαλλιού με το λανάρι.

λανθάνω ρ., η μτχ. του ρ. στην έκφρ. *λανθάνουσα κατάσταση / μορφή* (= η κατάσταση που δε γίνεται άμεσα αντιληπτή).

λανθασμένος, -η, -ο, επίθ., που δεν είναι σωστός: *ετυμολογία -η* (συνών. *εσφαλμένος, σφαλερός, λαθεμένος·* αντ. *σωστός*).

λανολίνη η, ουσ. (χημ.) λιπαρή ουσία υποκίτρινου χρώματος που παίρνεται με ειδική επεξεργασία από το ακατέργαστο μαλλί των προβάτων και χρησιμοποιείται στην παρασκευή καλλυντικών. [γαλλ. *lanoline*].

λανσάρισμα το, ουσ., παρουσίαση και διάθεση για πρώτη φορά στην αγορά ενός νέου προϊόντος.

λανσάρω, ρ., αόρ. *λάνσαρα* και *-άρισα*, παρουσιάζω και διαθέτω στην αγορά για πρώτη φορά ένα καινούργιο προϊόν: *~ ένα νέο μοντέλο αυτοκινήτου.* [γαλλ. *lancer*].

λανσιέδες οι, ουσ. (συνίζ.), είδος χορού που χορεύεται από τέσσερα ζευγάρια χορευτών που σχηματίζουν τετράγωνο. [γαλλ. *lanciers*].

λάντζα η, ουσ. **1.** ξύλινο μεγάλο δοχείο για το πλύσιμο των πιάτων και των μαγειρικών σκευών των εστιατορίων. **2.** (συνεκδοχικά) το πλύσιμο των πιάτων και των άλλων μαγειρικών σκευών. [βενετ. *lanza*].

λαντζιέρης ο, (συνίζ.), θηλ. **-α** και **-ισσα**, ουσ., υπάλληλος σε εστιατόριο που ασχολείται με το πλύσιμο πιάτων και άλλων μαγειρικών σκευών.

λαντό το, ουσ. (έρρ., άκλ.), είδος άμαξας με τέσσερις τροχούς και δυο άλογα. [γαλλ. *landau*].

λαντουριστήρι το, ουσ. (έρρ.), *καταβρεχτήρι* (βλ. λ.).

λαντουρώ, ρ. (έρρ.), ραντίζω, καταβρέχω. [*ραντουρώ* με ανομοίωση<*ραντίζω*].

λάξευμα το, ουσ., σκάλισμα με σμίλη πάνω σε ξύλο, πέτρα ή μάρμαρο, *σμίλευση.*

λάξευση η, ουσ., *λάξευμα* (βλ. λ.).

λαξευτής ο, ουσ., τεχνίτης που σκαλίζει κάτι με σμίλη πάνω σε ξύλο, πέτρα ή μάρμαρο, *γλύπτης, λιθοξόος.*

λαξευτός, -ή, -ό, επίθ. **1.** σκαλισμένος με σμίλη (συνών. *σμιλευτός, γλυπτός*). **2.** (για σώμα) καλλίγραμμος, χυτός. **3.** (μεταφ. για ύφος γραπτού λόγου) γλαφυρός.

λαξεύω, ρ. **1.** σκαλίζω, χαράζω κάτι με σμίλη πάνω σε ξύλο, πέτρα ή μάρμαρο, *σμιλεύω.* **2.** (για ύφος γραπτού κειμένου) επεξεργάζομαι έτσι ώστε να γίνει γλαφυρό.

λαογραφία η, ουσ., η επιστήμη που μελετά τις δημώδεις παραδόσεις, τις δοξασίες, τα έθιμα και ό,τι άλλο συντελεί στη γνωριμία του λαού.

λαογραφικός, -ή, -ό, επίθ., που έχει σχέση με τη λαογραφία: *μουσείο / αρχείο -ό· μελέτες -ές.*

λαογράφος ο και η, ουσ., επιστήμονας που ασχολείται με τη λαογραφία.

λαοθάλασσα η, ουσ., συρροή, συγκέντρωση μεγάλου πλήθους (συνών. *ανθρωποθάλασσα, κοσμοπλημμύρα*).

λαοκατάρατος, -η, -ο, επίθ., που έχει την κατάρα του λαού, που τον μισεί ο λαός (συνών. *λαομίσητος*).

λαοκράτης ο, θηλ. **-ισσα**, ουσ., ο οπαδός του συστήματος της λαοκρατίας.

λαοκρατία η, ουσ., πολιτικό σύστημα κατά το οποίο η εξουσία ασκείται ή πηγάζει από το λαό.

λαοκρατικός, -ή, -ό, επίθ., που έχει σχέση με το πολιτικό σύστημα της λαοκρατίας ή ανήκει σ' αυτό. - Το αρσ. ως ουσ. = οπαδός του συστήματος της λαοκρατίας (συνών. *λαοκράτης*).

λαοκρατισμός ο, ουσ., πολιτική θεωρία κατά την οποία ο λαός ασκεί την απόλυτη εξουσία.

λαοκράτισσα, βλ. *λαοκράτης.*

λαοκρατούμαι, ρ. (για χώρα) βρίσκομαι υπό καθεστώς λαοκρατικό.

λαομίσητος, -η, -ο, επίθ., που τον μισεί ο λαός: *μονάρχης ~* (συνών. *λαοκατάρατος·* αντ. *λαοφιλής, δημοφιλής*).

λαοπλάνος ο, ουσ., αυτός που εξαπατά και παρασύρει το λαό (συνών. *δημαγωγός, δημοκόπος*).

λαοπρόβλητος, -η, -ο, επίθ., που υποδεικνύεται, που εκλέγεται από το λαό, ο εκλεκτός του λαού: *ηγέτης ~.*

λαός ο, ουσ. **1.** το σύνολο των κατοίκων μιας χώρας, περιοχής, πόλης που έχουν την ίδια κυβέρνηση ή αποτελούν μέλη της ίδιας πολιτείας, αλλά δεν ανήκουν πάντα και στο ίδιο έθνος: *ο ~ της Ελλάδας.* **2.** το σύνολο ή μέρος των κατοίκων μιας χώρας σε αντιδιαστολή με την επίσημη κρατική εξουσία *ο ~ απέκρουσε τα κυβερνητικά μέτρα.* **3.** έθνος: *παραδόσεις και παραμύθια του -ού μας.* **4.** (προφ.) οι κατώτερες κοινωνικές τάξεις, οι φτωχότεροι και πιο αμόρφωτοι πολίτες (συνών. *λαουτζίκος, κοσμάκης*). Έκφρ. *φωνή -ού, οργή Θεού* (= η λαϊκή διαμαρτυρία είναι αμείλικτη και δίκαιη).

λαοσύναξη η, ουσ., μεγάλη συγκέντρωση κόσμου.

λαοσωτήριος, -α, -ο, επίθ. (ασυνίζ.), που φέρνει σωτηρία, ανακούφιση ή ευεργετικά αποτελέσματα για το λαό.

λάου λάου, επίρρ. **1.** αργά αργά, με προσοχή και

προφύλαξη. 2. με πονηριά, με διπλωματία. [γεν. *λάγου-λάγου* του *λαγός*].

λαουτάρης και **-γουτάρης** και (συνιζ.) **-ιέρης** ο, ουσ., οργανοπαίχτης που παίζει λαούτο.

λαουτζίκος ο, ουσ., οι κατώτερες τάξεις του λαού, οι φτωχότεροι και πιο αμόρφωτοι πολίτες (συνών. *κοσμάκης*).

λαουτιέρης, βλ. *λαουτάρης*.

λαούτο και **-βού-** και **-γού-** το, ουσ., έγχορδο μουσικό όργανο με τέσσερις διπλές χορδές και μακρύ βραχίονα που παίζεται με πένα, συνήθως όργανο συνοδείας, απαραίτητο σε όλα τα λαϊκά μουσικά συγκροτήματα. Φρ. *παίζει η κοιλιά μου* ~ (= πεινώ). [βενετ. *lauto*].

λαοφιλής, -ή, -ές, γεν. *-ούς*, πληθ. αρσ. και θηλ. *-είς*, ουδ. *-ή*, επίθ., αγαπητός από το λαό (αντ. *λαομίσητος*).

λαπαδιάζω, ρ. (συνιζ.). Α. (μτβ.) βράζω (ειδικότερα το ρύζι αλλά και γενικότερα το φαγητό) τόσο που γίνεται λαπάς: *βράσε βράσε τα -σες τα μακαρόνια*. Β. (αμτβ.) (για φαγητό) γίνομαι λαπάς: *-ασε το ρύζι*.

λαπάρα η, ουσ. 1. η κοιλιακή χώρα. 2. το μαλακό μέρος του σώματος ανάμεσα στα πλευρά και τα ισχύα.

λάπαθο και **λάπατο** το, ουσ., ποώδες φυτό, φαγώσιμο και με φαρμακευτικές ιδιότητες. [ισπαν. *lapato*<αρχ. *λάπαθον*].

λαπαροκήλη η, ουσ., κάθε πρόπτωση των σπλάχνων μέσα στην κοιλιακή χώρα.

λαπαροσκόπηση η, ουσ. (ιατρ.) επισκόπηση των ενδοκοιλιακών οργάνων με ενδοσκοπική μέθοδο.

λαπαροσκοπικός, -ή, -ό, επίθ. (ιατρ.) που σχετίζεται με τη λαπαροσκόπηση (βλ. λ.).

λαπαροτομία η, ουσ., χειρουργική επέμβαση κατά την οποία τέμνονται τα κοιλιακά τοιχώματα και διανοίγεται η περιτοναϊκή κοιλότητα για λόγους διαγνωστικούς ή για τη θεραπεία πάθησης οργάνου της κοιλιάς ή της πυέλου.

λαπάς ο, ουσ. 1. φαγητό από ρύζι βρασμένο τόσο ώστε να μοιάζει με χυλό. 2. έμπλαστρο από βρασμένο ρύζι ή λιναρόσπορο. 3. (μεταφ.) άνθρωπος νωθρός, οκνηρός. [τουρκ. *lâpa*].

Λάπωνας ο και η, ουσ., αυτός που κατοικεί στη Λαπωνία ή κατάγεται από εκεί.

λαπωνικός, -ή, -ό, επίθ., που ανήκει ή αναφέρεται στη Λαπωνία ή τους Λάπωνες.

λαρδί το, ουσ., χοιρινό λίπος βραστό ή καπνιστό. [λατ. *laridum-lardum*].

λαρισαϊκός, -ή, -ό, και **λαρισινός**, επίθ., που προέρχεται από τη Λάρισα ή έχει σχέση μ' αυτή.

Λαρισαίος ο, θηλ. **-α** και **Λαρισινός** ο, θηλ. **-ή**, ουσ., αυτός που κατάγεται από τη Λάρισα ή κατοικεί εκεί.

λάρνακα η, ουσ. 1. (αρχαιολ.) κιβώτιο όπου οι αρχαίοι Έλληνες εναπέθεταν τα οστά ή την τέφρα του νεκρού (συνών. *σαρκοφάγος, φέρετρο, νεκροθήκη*). 2. (εκκλ.) θήκη αγίων λειψάνων, λειψανοθήκη. 3. (ιατρ.) νάρθηκας ορθοπεδικός για παθήσεις της σπονδυλικής στήλης.

λάρυγγας ο, ουσ. (έρρ.). 1. (ανατομ.) όργανο αεραγωγό και φωνητικό στο επάνω σημείο της τραχείας αρτηρίας. 2. ο οισοφάγος των ζώων (από σύγχυση με το φάρυγγα).

λαρυγγεκτομή και **-μία** η, ουσ. (έρρ.), (ιατρ.) χειρουργική αφαίρεση μέρους ή ολόκληρου του λάρυγγα καρκινοπαθούς.

λαρύγγι το, ουσ. (έρρ.), *λάρυγγας* (βλ. λ.)· φρ. *δεν πάει να κόψει το* ~ *του!* (για να δηλωθεί αδιαφορία)· *έβγαλα το* ~ *μου* (= φώναξα υπερβολικά)· *θα του στρίψω το* ~ (= θα τον πνίξω).

λαρυγγίζω, ρ. (έρρ.). 1. μιλώ με το λάρυγγα, βγάζω φωνή λαρυγγική (βλ. λ. στη σημασ. 2). 2. (μουσ.) κάνω λαρυγγισμούς (βλ. λ. στη σημασ. 2), τραγουδώ ή ψέλνω με τρίλιες.

λαρυγγικός, -ή, -ό, επίθ. (έρρ.). 1. που ανήκει ή αναφέρεται στο λάρυγγα (βλ. λ.): *νεύρα -ά*. 2. που γίνεται, παράγεται με το λάρυγγα: *άρθρωση / φωνή -ή* (= που γίνεται απευθείας από το λάρυγγα χωρίς να αλλοιώνεται από το στόμα)· *φθόγγοι -οί ή σύμφωνα -ά* (= οι φθόγγοι κ, γ, χ, γκ, επειδή σχηματίζονται στον ουρανίσκο).

λαρυγγισμός ο, ουσ. (έρρ.). 1. φωνή που βγαίνει απευθείας από το λάρυγγα χωρίς να αλλοιώνεται από το στόμα. 2. (μουσ.) εξωραϊσμού του τραγουδιού από υψίφωνο που επιτυγχάνεται με τσακίσματα της φωνής, με γρήγορη δηλαδή επανάληψη ενός φωνήεντος (συνών. *τρίλια*). 3. κελάδισμα, τερέτισμα (κυρίως αηδονιού). 4. (ιατρ.) σπασμωδική συστολή των μυών του λάρυγγα που προκαλεί ασφυξία.

λαρυγγίτιδα η, ουσ. (έρρ.), (ιατρ.) οξεία ή χρόνια φλεγμονή του λάρυγγα.

λαρυγγολογία η, ουσ. (έρρ.), κλάδος της ιατρικής επιστήμης που μελετά τις παθήσεις του λάρυγγα.

λαρυγγολογικός, -ή, -ό, επίθ. (έρρ.), που ανήκει ή αναφέρεται στη λαρυγγολογία ή στο λαρυγγολόγο: *-ή εξέταση*.

λαρυγγολόγος ο, ουσ. (έρρ.), γιατρός ειδικός για τις παθήσεις του λάρυγγα και γενικά των φωνητικών οργάνων (συνών. *ωτορινολαρυγγολόγος*).

λαρυγγοπάθεια η, ουσ. (έρρ., ασυνίζ.), (ιατρ.) πάθηση του λάρυγγα· *λαρυγγίτιδα* (βλ. λ.).

λαρυγγοσκόπηση και **-πία** η, ουσ. (έρρ.), (ιατρ.) εξέταση του λάρυγγα με ειδικό όργανο, το λαρυγγοσκόπιο (βλ. λ.).

λαρυγγοσκόπιο το, ουσ. (έρρ., ασυνίζ.), (ιατρ.) μικρό ειδικό όργανο με καθρέπτη για την εξέταση του λάρυγγα και των φωνητικών χορδών.

λαρυγγοσκοπώ, -είς, ρ. (έρρ.), (ιατρ.) εξετάζω το λάρυγγα με λαρυγγοσκόπιο (βλ. λ.).

λαρυγγοτομία η, ουσ. (έρρ.), (ιατρ.) χειρουργική διάνοιξη του λάρυγγα για να αφαιρεθεί όγκος, πολύποδας ή σώμα που σφηνώθηκε εκεί.

λαρυγγοτομώ, -είς, ρ. (έρρ.), (ιατρ.) ενεργώ λαρυγγοτομία (βλ. λ.).

λαρυγγόφωνος, -η, -ο, επίθ. (έρρ.). α. που έχει φωνή λαρυγγική (βλ. λ. στη σημασ. 2)· β. πιο εκφωνείται, που προφέρεται με το λάρυγγα. - Το ουδ. στον πληθ. ως ουσ. = οι λαρυγγικοί φθόγγοι (βλ. ά. *λαρυγγικός* στη σημασ. 2).

λάσκα, βλ. *λάσκος*.

λασκάρισμα το, ουσ., το να χαλαρώνει κάτι: ~ *της βίδας / του σκοινιού* (συνών. *ξελασκάρισμα, ξεσφίξιμο*· αντ. *σφίξιμο*).

λασκάρω, ρ., παρατ. *-ιζα*, αόρ. *-ισα* και *λάσκαρα*, μτχ. παρκ. *-ισμένος*, (μτβ. και αμτβ.) χαλαρώνω: *-αμε τα σκοινιά· ο αέρας είχε -ει· -ισε μια βίδα του τροχού·* φρ. μεταφ. για άνθρωπο: *του -ισε η βίδα* (συν. *του μυαλού του*) (= τρελάθηκε). [ιταλ. *lascare*].

λάσκος, -α, -ο, επίθ. (λαϊκ.), χαλαρός (συνών. *ξετέντωτος, μπόσικος*· αντ. *σφιχτός*) φρ. *αφήνω -ο ή* (επίρρ.) *-α* = μτβ. α. χαλαρώνω, ξετεντώνω: *άσε -α*

λάσο

το σκοινί· **β.** (μεταφ.) χαλαρώνω την επίβλεψή μου σε κάποιο πρόσωπο. - Επίρρ. **-α.** [ιταλ. *lasco*].

λάσο το, ουσ., μακρύ σκοινί με θηλιά στην άκρη για τη σύλληψη καταδιωκόμενου ζώου ή εχθρού: *χρησιμοποίησε ~ για να πιάσει το άλογο / τον ταύρο*. [γαλλ. *lasso*<ισπαν. *lazo*].

λασπερός, -ή, -ό, επίθ., που είναι γεμάτος λάσπη: *τόπος ~*.

λάσπη η, ουσ. **1α.** φυσικό ή τεχνητό μίγμα από χώμα και νερό: *έβρεξε και γέμισαν οι δρόμοι -ες·* **β.** κονίαμα (βλ. λ.) σε υγρή κατάσταση που χρησιμοποιείται ως οικοδομικό υλικό (συνών. *πηλός*). **2α.** (γενικά) κάθε πολτώδης μάζα: *το ψωμί που φάγαμε ήταν ~ (= άψητο)· το ρύζι παράβρασε κι έγινε ~·* **β.** (ειδικά στην περιεκτικότητα) κατακάθια από υπολείμματα ρετσίνας σε κρασοβάρελο. **3.** (μεταφ.) ηθικός ξεπεσμός, βούρκος: *με την παρέα που έμπλεξε έπεσε στη ~.* **4.** (μεταφ.) βρομερή κατηγορία, άθλια συκοφαντία. Έκφρ. *~ η δουλειά* (για να δηλωθεί αποτυχία). Φρ. *βγήκε από τη ~* (= κατόρθωσε να βγει από το οικονομικό αδιέξοδο)· *κόβω ~* (= φεύγω, βλ. και *κόβω*).

λασπιάζω, ρ. (συνιζ.). **1.** (μτβ.) λερώνω με λάσπη (βλ. λ. στη σημασ. 1α): *η βροχή -ιασε τα πάντα.* **2.** (αμτβ. για φαγητό) γίνομαι πολτώδης μάζα: *-ιασε το πιλάφι* (συνών. στις σημασ. 1 και 2 *λασπώνω*).

λασπολογία η, ουσ. (νεολογ.) προσπάθεια σπίλωσης ενός ατόμου με συκοφαντίες.

λασπολόγος ο, ουσ. (νεολογ.) αυτός που προσπαθεί να σπιλώσει ένα άτομο με βρομερές κατηγορίες.

λασπολογώ, -είς, ρ. (νεολογ.) προσπαθώ να σπιλώσω ένα άτομο κατηγορώντας το με άθλιο τρόπο.

λασπόλουτρο το, ουσ., λουτρό μέσα σε λάσπη ιαματικών πηγών.

λασπονέρι και **λασπόνερο** το, ουσ., νερό και λάσπη μαζί, νερό καταθολωμένο από το πολύ χώμα που έχει μέσα (συνών. *βουρκονέρι*).

λασποτόπι το, ουσ., λασπότοπος (βλ. λ.).

λασπότοπος ο, ουσ., τόπος λασπερός: *η πλατεία έγινε ~ από τα χώματα της βροχής* (συνών. *λασποτόπι*).

λασπουριά η, ουσ. (συνιζ.). **1.** μεγάλη ποσότητα λάσπης σε έναν τόπο. **2.** (συνεκδοχικά) τόπος γεμάτος λάσπη, μέρος λασπερό (συνών. *βουρκότοπος, βορβορότοπος*).

λασπόχτιστος, -η, -ο, επίθ., που είναι χτισμένος με λάσπη, που είναι χτισμένος με πέτρες ή τούβλα που έχουν συγκολληθεί με μίγμα νερού και χώματος μόνο, χωρίς άλλα υλικά (τσιμέντο, ασβέστη, κλπ.).

λάσπωμα το, ουσ. **1.** το να επιχρίεται μια επιφάνεια με λάσπη. **2.** το να λερώνεται κάποιος ή κάτι με λάσπη. **3.** το να γίνεται κάτι πολτώδης μάζα (συνών. *χυλοποίηση*).

λασπώνω, ρ. **1.** (μτβ.) επιχρίω επιφάνεια με λάσπη (βλ. λ. στη σημασ. 1β). **2.** (μτβ.) λερώνω με λάσπη: *πού τα λάσπωσες τα παπούτσια σου πάλι;* (αμτβ. ή μέσ.) λερώνομαι με λάσπη: *λάσπωσα / -ώθηκα ως τα γόνατα* (συνών. *λασπιάζω* στη σημασ. 1). **3.** (αμτβ.) (μεταφ. κυρίως για φαγητό) γίνομαι πολτώδης μάζα: *-ώσανε τα μακαρόνια· από τις πολλές βροχές -ωσε το χώμα* (συνών. *λασπιάζω* στη σημασ. 2). Φρ. *λάσπωσε η δουλειά* (= η υπόθεση μπλέχτηκε ή ναυάγησε)· *τα λάσπωσα: τα*

790

λάσπωσα στη γεωγραφία (= δεν πέτυχα στη γεωγραφία).

λαστιχάκι, βλ. *λάστιχο*.

λαστιχένιος, -α, -ο, επίθ. (συνιζ.). **1.** που είναι φτιαγμένος από λάστιχο (βλ. λ.): *~ κρίκος· -ια βάρκα* (συνών. *ελαστικός*). **2.** (μεταφ.) ευλύγιστος, ευκίνητος: *-ια μέση*.

λάστιχο το, ουσ. **1.** συνθετική ελαστική ουσία, καουτσούκ (βλ. λ.). **2.** (μηχ.) **α.** παχύ και σκληρό ειδικό στεφάνι από καουτσούκ που προσαρμόζεται εξωτερικά της σαμπρέλας (βλ. λ.) σε τροχό αυτοκινήτου ή δικύκλου· **β.** (συνεκδοχικά) ολόκληρος ο δίσκος του τροχού (εξωτερικό λάστιχο, σαμπρέλα, ζάντα) (συνών. *ελαστικά*). Φρ. (λαϊκ.) *έπαθα ή μ' έπιασε ~* = **α.** ξεφούσκωσε, «έσκασε» η σαμπρέλα του αυτοκινήτου ή του δικύκλου μου· **β.** (μεταφ.) για να δηλωθεί ότι απέτυχε ή καθυστέρησε σε κάτι εξαιτίας σοβαρού κωλύματος. **3.** ταινία υφάσματος συνυφασμένη με νήματα από καουτσούκ: *~ για καλτσοδέτες*. **4α.** λαστιχένιος σωλήνας για να διοχετεύεται νερό· φρ. *ανοίγω το ~* (= ανοίγω τη βρύση για να περάσει νερό μέσα από το λαστιχένιο υδροσωλήνα)· **β.** λαστιχένιος σωλήνας για να διοχετεύονται υγρά ή αέρια: *~ βενζινάντλίας*. **5.** λαστιχένιος κρίκος σε ποικίλους τύπους για διάφορες χρήσεις. **6.** (παλιότερα) παιδική πρόχειρη σφεντόνα από διχαλωτό ξύλο με δύο κομμάτια λαστιχένια και θέση για μικρή πέτρα, που χρησίμευε για το κυνήγι μικρών πουλιών. **7.** παιδικό παιχνίδι που παίζεται με ένα κομμάτι λεπτό λάστιχο. - Υποκορ. **-άκι** το (στις σημασ. 3, 4β και 5). [ιταλ. *elastico*].

λατάνια (συνιζ.) και **-νία** η, ουσ. (βοτ.) είδος καλλωπιστικού φυτού. [*latania* καραϊβικής προέλευσης].

λατέρνα η, ουσ., ογκώδες φορητό λαϊκό μουσικό όργανο με μηχανισμό πλήκτρων που παιζόταν με μηχανικό χειροκίνητο μοχλό περιστροφής. [ιταλ. *laterna*.

λατερνατζής και **-δόρος** ο, ουσ., λαϊκός οργανοπαίχτης που έπαιζε τη λατέρνα (κουβαλώντας την στους ώμους του ή κυλώντας την με ρόδες).

λατινάδικο το, ουσ. (ναυτ.) πλοιάριο εφοδιασμένο με τριγωνικά πανιά, λατίνι (βλ. λ.).

λατίνι το, ουσ. (ναυτ.) **1.** τριγωνικό πανί. **2.** (συνεκδοχικά) πλοιάριο εφοδιασμένο με τριγωνικά πανιά (συνών. *λατινάδικο*). [βενετ. *latin*].

λατινίζω, ρ. **1.** μιμούμαι τη γλώσσα, τα ήθη και έθιμα, κλπ., των Λατίνων. **2.** ασπάζομαι τον καθολικισμό, το δόγμα της καθολικής Εκκλησίας.

λατινικός, -ή, -ό, επίθ. **1.** που ανήκει ή αναφέρεται στους Λατίνους: *-ή γλώσσα· -ό αλφάβητο*. **2.** που κατάγεται από τους Λατίνους. **3.** *-ή Αμερική* = κεντρική και νότια Αμερική όπου μιλούνται λατινογενείς γλώσσες. - Το ουδ. πληθ. ως ουσ. = **α.** η λατινική γλώσσα· **β.** το μάθημα της λατινικής γλώσσας και φιλολογίας στα σχολεία.

λατινισμός ο, ουσ. **1.** το να λατινίζει (βλ. λ.) κανείς, να μιμείται τους Λατίνους. **2.** ιδιαίτερος εκφραστικός τρόπος της λατινικής γλώσσας. **3.** αποδοχή του θρησκευτικού δόγματος των Λατίνων, καθολικισμός.

λατινιστής ο, ουσ. **1.** επιστήμονας που ασχολείται με τη λατινική γλώσσα και φιλολογία. **2.** καθηγητής του μαθήματος των λατινικών.

λατινοαμερικάνικος, -η, -ο και **-κός**, επίθ., που ανήκει ή αναφέρεται στις χώρες της κεντρικής και νότιας Αμερικής (που ανακάλυψαν και αποίκισαν οι Ισπανοί ή οι Πορτογάλοι και όπου έχει διατηρηθεί η γλώσσα τους): *-οι χοροί -η μουσική.*

λατινογενής, -ής, -ές, γεν. *-ούς,* πληθ. αρσ. και θηλ. *-είς,* ουδ. *-ή,* επίθ., που προέρχεται από τους Λατίνους: *-είς γλώσσες* (= ρομανικές, νεολατινικές).

Λατίνος ο, ουσ., εθν. **1.** αυτός που κατάγεται από το Λάτιο· (κατ' επέκταση) αρχαίος Ρωμαίος: *-οι συγγραφείς* (= που έγραψαν σε λατινική γλώσσα). **2α.** Φράγκος της μεσαιωνικής Ευρώπης κατά την εποχή των σταυροφοριών: *η άλωση της Πόλης από τους -ους·* **β.** καθολικός ως προς το θρήσκευμα, Φράγκος, παπιστής.

λατιφούντιο το, ουσ. (έρρ., ασυνίζ.), μεγάλο αγρόκτημα. [λατ. *latifundium*].

λατομείο το, ουσ., βραχώδης τόπος όπου εξορύσσονται πετρώματα χρήσιμα σε οικοδομικές εργασίες (μάρμαρα, αμμοχάλικο, κλπ.) (συνών. *νταμάρι*).

λατόμηση η, ουσ., διαδικασία της εξόρυξης πετρωμάτων από λατομείο.

λατόμος ο, ουσ., εργάτης ή τεχνίτης λατομείου (συνών. *νταμαρτζής*).

λατομώ, -είς, ρ., βγάζω με ειδική διαδικασία πέτρες ή μάρμαρα από λατομείο.

λάτρα η, ουσ., φροντίδα για την καθαριότητα και περιποίηση, συγύρισμα: ~ *σπιτιού· νερό για τη* ~. [λατρεύω υποχωρ.].

λατρεία η, ουσ. **1.** πίστη και αφοσίωση στο Θεό, απόδοση τιμής σε θεότητα: ~ *της Γης / του Βάκχου.* **2.** (κατ' επέκταση) υπερβολική αγάπη σε πρόσωπο ή πράγμα: *τον θαυμάζει μέχρι -ας.* **3.** (ειδικά) σφοδρό ερωτικό πάθος. **4.** (συνεκδοχικά) το πρόσωπο προς το οποίο εκφράζεται παράφορη αγάπη: (σε προσφών.) ~ *μου!.*

λατρευτικός, -ή, -ό, επίθ., που ανήκει ή αναφέρεται στη λατρεία (βλ. λ. στη σημασ. 1): *-ά έθιμα.*

λατρευτός, -ή, -ό, επίθ., που είναι άξιος λατρείας, μεγάλης αγάπης και αφοσίωσης, εξαιρετικά αγαπητός: *-ή μου μητέρα!* (σε προσφών.) (συνών. *αξιολάτρευτος*).

λατρεύω, ρ. **1.** απονέμω στο Θεό (ή σε θεότητα) την οφειλόμενη λατρεία. **2.** (κατ' επέκταση) υπεραγαπώ κάποιον ή κάτι: *-ει τα παιδιά.* **3.** (ειδικότερα) αισθάνομαι παράφορο ερωτικό πάθος για κάποιο πρόσωπο. **4.** περιποιούμαι, φροντίζω για την καθαριότητα κάποιου: *θέλησα να τον -έψω, να τον συνεφέρω!* Φρ. *τι Θεό -ει;* (για άνθρωπο που δεν ξέρουμε τις πραγματικές του σκέψεις, προθέσεις ή τον αληθινό του χαρακτήρα).

λάτρης ο, θηλ. **-ισσα,** ουσ. **1.** πιστός του Θεού (ή θεότητας): ~ *των ειδώλων.* **2.** αυτός που υπεραγαπά κάποιον ή κάτι: ~ *του ωραίου φύλου·* ~ *των γραμμάτων / της μουσικής.*

λαύρα η, ουσ. **1.** είδος ιδιόρρυθμου μοναστηριού στο οποίο κάθε μοναχός ζει χωριστά σε ιδιαίτερο κελί. **2.** (γενικά) μοναστήρι.

Λαυρεώτης και **Λαυριώτης** ο, θηλ. **-ισσα,** ουσ. (ασυνίζ.), αυτός που κατοικεί στο Λαύριο ή κατάγεται από εκεί.

λαυρεωτικός, -ή, -ό, και **λαυριωτικός,** επίθ. (ασυνιζ.), που ανήκει ή αναφέρεται στο Λαύριο ή τους Λαυρεώτες.

Λαυριώτης, βλ. *Λαυρεώτης.*

λαφάκι, βλ. *ελαφάκι.*

λάφι, βλ. *ελάφι.*

λαφίνα, βλ. *ελαφίνα.*

λαφίσιος, βλ. *ελαφίσιος.*

λαφρόπετρα, βλ. *ελαφρόπετρα.*

λαφυραγώγηση η, ουσ., διαρπαγή κατά τη διάρκεια πολεμικών επιχειρήσεων των πραγμάτων του εχθρού (συνών. *λαφυραγωγία, λεηλασία*).

λαφυραγωγία η, ουσ., λαφυραγώγηση, λεηλασία.

λαφυραγωγός ο, ουσ., αυτός που λαφυραγωγεί.

λαφυραγωγώ, ρ., διαρπάζω κατά τη διάρκεια πολεμικών επιχειρήσεων τα πράγματα, την κινητή περιουσία του εχθρού (συνών. *λεηλατώ, λαϊκ. διαγουμίζω*).

λάφυρο το, ουσ., ό,τι διαρπάζεται κατά τις πολεμικές επιχειρήσεις από τα πράγματα του εχθρού, πολεμική λεία: *-α πλούσια· αρπάζω / μοιράζω -α.*

λαχαίνω, ρ. **Α.** με γενική προσώπου **1.** πέφτω στον κλήρο, στο μερίδιο κάποιου: *Όμορφη και παράξενη πατρίδα / ωσάν αυτή που μου 'λαχε δεν είδα* (Ελύτης). **2.** (απρόσ.) τυχαίνει, συμβαίνει σε κάποιον: *φοβάται μην του λάχει κανένα κακό.* **Β.** αμτβ. **1.** συμβαίνει να είμαι: *Έτσι αλλόκοτοι -αίνουν καμιά φορά οι άνθρωποι* (Ι.Μ. Παναγιωτόπουλος). **2.** (τριτοπρόσ.) τυχαίνει, ενδεχομένως συμβαίνει: *αν λάχει και χρειαστείς κάτι, πες μου το·* φρ. *όπως λάχει* (= όπως κι αν είναι, χωρίς επιλογή): (παροιμ.) *εμείς οι Βλάχοι όπως λάχει* (για ανθρώπους ολιγαρκείς).

λαχαναγορά η, ουσ., το μέρος όπου πουλιούνται χοντρικώς λαχανικά και φρούτα.

λαχανής, -ιά, -ί, επίθ., που έχει το χρώμα του λάχανου, ανοιχτός πράσινος. - Το ουδ. ως ουσ. = το λαχανί χρώμα, το ανοιχτό πράσινο.

λαχανιάζω, ρ. (συνιζ.), αναπνέω γρήγορα και δυνατά (με το στόμα ανοιχτό) ύστερα από προσπάθεια να κάμω κάτι: *-άνιασε ώσπου ν' ανεβεί τις σκάλες· έφτασε -ιασμένος από το τρέξιμο* (συνών. *κοντανασαίνω, ασθμαίνω*).

λαχάνιασμα το, ουσ. (συνιζ.), αναπνοή γρήγορη και δυνατή ύστερα από τρέξιμο, ανήφορο, κ.τ.ό. (συνών. *κοντανάσασμα, ξεφύσημα*).

λαχανίδα η, ουσ., είδος λαχανικού, ποικιλία του κραμβολάχανου: *σαλάτα από βρασμένες -ες.*

λαχανικό το, ουσ., χορταρικό που καλλιεργείται σε κήπους για τη διατροφή του ανθρώπου, ζαρζαβατικό: *-ά φρέσκα / άγρια.*

λάχανο το, ουσ., λαχανικό άγριο ή κηπευτικό και ιδίως εκείνο που τα μεγάλα και πλατιά φύλλα του σχηματίζουν σφαίρα: ~ *άσπρο· μαζεύω -α·* εκφρ. *σιγά / σπουδαία τα -α!* (για να δηλωθεί περιφρόνηση για ένα αντικείμενο ή μια πράξη)· φρ. *δεν τρώω -α* (= δεν είμαι κουτός, δε γελιέμαι εύκολα)· *όμοιος στον όμοιο κι η κοπριά στα -α,* βλ. *κοπριά· τον έφαγε / φάγανε* ~ (= τον εξαπάτησαν ή τον σκότωσαν με άδοξο τρόπο). - Υποκορ. **-άκι** το: *-άκια Βρυξελλών.*

λαχανόζουμο και **λαχανοζούμι** το, ουσ., ζωμός από βρασμένα λαχανικά.

λαχανοκαλλιέργεια η, ουσ. (ασυνίζ. δις), καλλιέργεια λαχανικών.

λαχανόκηπος ο, ουσ., κήπος όπου καλλιεργούνται λαχανικά.

λαχανοκομία η, ουσ. **1.** καλλιέργεια λαχανικών. **2.** κλάδος της βοτανικής που ασχολείται με την καλλιέργεια των λαχανικών.

λαχανοκόμος ο, ουσ., αυτός που με επιστημονικές μεθόδους καλλιεργεί λαχανικά.

λαχανοντολμάς ο, ουσ. (όχι έρρ.), ντολμάς με φύλλο από λάχανο.
λαχανόπιτα η, ουσ., πίτα με γέμιση από διάφορα λαχανικά, χορτόπιτα.
λαχανοπωλείο το, ουσ., μανάβικο.
λαχανοπώλης ο, θηλ. **-ισσα**, ουσ., πωλητής λαχανικών, μανάβης.
λαχανόρυζο το, ουσ., φαγητό με λάχανο και ρύζι.
λαχανοφάγος, -ος, -ο, επίθ., που του αρέσει να τρώει πολλά λαχανικά ή που τρέφεται κυρίως με λαχανικά, χορτοφάγος.
λαχανοφυλλάδα η, ουσ. (μειωτ.) εφημερίδα αναξιόπιστη.
λαχανόφυλλο το, ουσ., φύλλο λάχανου: *ντολμάδες με -α.*
λαχείο το, ουσ. 1. τυχερό παιγνίδι στο οποίο μοιράζονται συγκεκριμένα χρηματικά ποσά ή δώρα σύμφωνα με ορισμένη κλίμακα και όπου παίρνει κανείς μέρος αγοράζοντας έναν ή περισσότερους αριθμημένους λαχνούς από τους οποίους με κλήρωση αναδεικνύονται εκείνοι που κερδίζουν: *κερδίζω στο ~· κληρώνεται το ~.* 2. αριθμημένος λαχνός με την αγορά του οποίου αποκτά κάποιος δικαίωμα συμμετοχής σε κλήρωση λαχείου: *αγοράζω -α· μου έπεσε το ~* (= κέρδισα). 3. (συνεκδοχικά) το χρηματικό ποσό ή το δώρο που κληρώνεται. 4. τυχαίο, ανέλπιστο αγαθό: *μας ήρθαν ~ τα λεφτά που έστειλε ο πατέρας! ήταν ~ γι' αυτόν που τον πήρανε υπάλληλο στην εταιρεία.* 5. υπόθεση της οποίας η καλή ή κακή έκβαση εξαρτάται σε μεγάλο βαθμό από την τύχη: *~ είναι ο γάμος.* [θέμα *λαχ-* του αρχ. ρ. *λαγχάνω*].
λαχειοφόρος, -α, -ο, επίθ. (ασυνίζ.), που παρέχει το δικαίωμα συμμετοχής σε κλήρωση λαχείου: *δάνειο -ο· αγορά -α.*
λαχνός ο, ουσ. 1. κλήρος (βλ. λ.) λαχείου: *οι -οί που κερδίζουν / που κληρώθηκαν· τραβώ -ό.* 2. ο αριθμός που κατά την κλήρωση λαχείου κερδίζει χρηματικό ποσό ή αντικείμενο: *του έπεσε ο πρώτος ~·* φρ. *βάζομε / ρίχνομε -ό* (= αποφασίζομε με κλήρο για κάτι). [*λαγχάνω*].
λαχούρι το, ουσ., είδος λεπτού μεταξωτού υφάσματος: *-ια της Ανατολής.* [τουρκ. *lâhurî*].
λαχτάρα η, ουσ. 1. τρεμούλα με χτυποκάρδι, ταραχή, συγκίνηση από έντονο συναίσθημα αγάπης, πόνου ή ζωηρής επιθυμίας: *~ ερωτική.* 2. σφοδρή επιθυμία, πόθος: *η ~ της λευτεριάς· ρομαντική ~ για το ξωτικό και το απόμακρο* (Καζαντζάκης). 3. αγωνιώδης προσδοκία, ανυπομονησία, αδημονία: *περιμένω με ~ νέα σου.* 4. δυνατή συγκίνηση, ψυχική ταλαιπωρία που οφείλεται σε ξαφνικό δυσάρεστο γεγονός ή μεγάλο φόβο: *πήρα / δοκίμασα μια ~! μας βρήκε μεγάλη ~!* 5. (συνεκδοχικά) άτομο για το οποίο αγωνιά κανείς: *είσαι η κρυφή ~ μου!*
λαχταρίζω, ρ., τρέμω, ταράζομαι, συγκλονίζομαι από αγωνία, φόβο, λύπη, πόνο, συγκίνηση, κ.τ.ό.: *-ισα ακούγοντας τις κραυγές του παιδιού·* (μτβ.): *με -ισες! Αναθυμήθηκε τα περασμένα, όσα είχαν ματώσει την καρδούλα του και... -ίσει... τα σπλάχνα του* (Μπαστιάς). [πιθ. *λακτίζω* αναλογ. προς το *σπαρταρίζω*].
λαχτάρισμα το, ουσ., ταραχή, αναστάτωση, μεγάλη συγκίνηση ή τρομάρα.
λαχταριστός, -ή, -ό, επίθ., που προκαλεί λαχτάρα, πόθο, πολύ επιθυμητός: *ψάρια -ά· κορμί -ό.*
λαχταρώ, ρ. 1. κατέχομαι από ζωηρή επιθυμία για κάποιον ή κάτι, ποθώ, αποζητώ: *~ να σε δω / να ταξιδέψω· σε -ήσαμε τόσον καιρό που λείπεις!* (ειδικά για φαγητά, κλπ.): *έβλεπε τα γλυκά στη βιτρίνα του ζαχαροπλαστείου και τα -ούσε.* 2. ανυπομονώ πολύ, αδημονώ: *~ πότε να φτάσομε!*
λέαινα η, ουσ. (λόγ.), θηλυκό λιοντάρι.
λέβα και **λεβ** το, ουσ., άκλ., το νόμισμα της Βουλγαρίας. [βουλγ. *leva*, πληθ. του *lev*].
Λεβαδιώτης ο, θηλ. **-ισσα**, ουσ. (συνιζ.), αυτός που κατοικεί στη Λεβαδιά ή κατάγεται από εκεί.
λεβαδιώτικος, -η, -ο, επίθ. (συνιζ.), που ανήκει ή αναφέρεται στη Λεβαδιά ή τους Λεβαδιώτες.
λεβάντα η, ουσ. (έρρ.), (βοτ.) είδος θαμνώδους φυτού με ιώδη άνθη και λεπτό άρωμα: *~ άγρια· σαπούνια με άρωμα -ας.* [ιταλ. *lavanda*].
λεβάντες ο, ουσ. (έρρ.). 1. ανατολικός άνεμος: *καθάριος ο ~ επρομηνούσεν ωραιότατη μέρα* (Μπαστιάς). 2. το σημείο του ορίζοντα από όπου φυσά αυτός ο άνεμος, η ανατολή: *τραβούσαν ίσια κατά το -ε.* [ιταλ. *levante*].
λεβαντίνος ο, ουσ. (έρρ.). 1. Ευρωπαίος που γεννήθηκε και ανατράφηκε στην Ανατολή (για μικτούς πληθυσμούς των ακτών της Ασίας και της Αιγύπτου, ιδίως για όσους δεν είναι Τούρκοι ή Άραβες). 2. ανατολίτης χωρίς εθνική συνείδηση, που ενδιαφέρεται μόνο για το συμφέρον του. [ιταλ. *levantino*].
λεβάρω, ρ., αόρ. **-ισα** (ναυτ.) τραβώ αλυσίδα ή σκοινί, σύρω προς τα έξω πλοίο προσδένοντας σ' αυτό αλυσίδες ή σκοινιά: *οι ναύτες -άρανε τη βάρκα στ' ανοιχτά* (Κόντογλου). [ιταλ. *levare*].
λεβεντάνθρωπος ο, ουσ. (έρρ.). 1. αυτός που έχει εμφάνιση λεβέντη. 2. αυτός που έχει τρόπους αρχοντικούς.
λεβέντης ο, θηλ. **-ισσα**, ουσ. (έρρ.). 1. που έχει αρρενωπό παράστημα. 2. (συνεκδοχικά) γενναιόψυχος, ανδρείος. [περσοτουρκικό *levend*].
λεβεντιά η, ουσ. (έρρ., συνιζ.). 1. αρρενωπό παράστημα. 2. γενναιότητα, ανδρεία.
λεβέντικος, -η, -ο, επίθ. (έρρ.), που ταιριάζει σε λεβέντη: *-η περπατησιά.* - Επίρρ. **-α**.
λεβέντισσα, βλ. *λεβέντης*.
λεβεντο- (έρρ.), α΄ συνθ. λέξεων που προσδίδει στο β΄ συνθ. την έννοια του ωραίου, του αρρενωπού ή του γενναίου, του ανδρείου: *λεβεντόγερος, λεβεντόπαπας, λεβεντόπαιδο.*
λεβεντογενιά η, ουσ. (έρρ., συνιζ.), γενιά λεβέντηδων, ηρώων.
λεβεντογέννα, επίθ., θηλ. (για χώρα, κ.τ.ό.) που γεννά λεβέντες: *~ Κρήτη.*
λεβεντόγερος ο, ουσ. (έρρ.), ηλικιωμένος που παρά την ηλικία του παρουσιάζει ιδιαίτερη ζωντάνια.
λεβεντογυναίκα η, ουσ. (έρρ.). 1. γυναίκα με ωραίο ευθυτενές παράστημα. 2. γυναίκα γενναιόψυχη, ανδρεία.
λεβεντοκαμωμένος, -η, -ο, επίθ. (έρρ.), που έχει λεβέντικο παράστημα.
λεβεντόκορμος, -η, -ο, επίθ. (έρρ.), που έχει ευθυτενές, ωραίο παράστημα.
λεβεντονιός ο, θηλ. **-ά**, ουσ. (έρρ., συνιζ.), νέος λεβέντης.
λεβεντόπαιδο το, ουσ. (έρρ.). 1. νεαρός με αρρενωπό παράστημα. 2. νεαρός τολμηρός, ανδρείος, παλληκάρι.
λεβεντόπαπας ο, ουσ. (έρρ.), ιερέας που εμφανίζεται εξαιρετικά ζωντανός ως άνθρωπος.

λεβεντοπνίχτρα η, ουσ. (λαϊκ., για τη θάλασσα) που πνίγει λεβέντες, τους ναυτικούς.
λεβέτι το, ουσ. (λαϊκ.), μεγάλο καζάνι για οικιακή χρήση: *οι γυναίκες συχνοτρίβουν τα -ια τους· η θάλασσα κοχλάζει όπως το νερό μέσα στο ~* (Κόντογλου). [μτγν. *λεβήτιον*].
λέβητας ο, ουσ. **1.** (παλαιότερα) καζάνι. **2.** συσκευή που καίει πετρέλαιο, κάρβουνο, αέριο ή άλλη καύσιμη ύλη και παρέχει θερμική, μηχανική ή ηλεκτρική ενέργεια: *~ κεντρικής θέρμανσης σπιτιού / ατμομηχανής*.
λεβητοποιείο το, ουσ., εργοστάσιο που κατασκευάζει λέβητες.
λεβητοποιία η, ουσ., η τέχνη της κατασκευής λεβήτων.
λεβητοποιός ο, ουσ. (ασυνίζ.), κατασκευαστής λεβήτων και ειδικά ο τεχνίτης που κατασκευάζει ατμολέβητες.
λεβητοστάσιο το, ουσ. (ασυνίζ.), χώρος εργοστασίου ή πλοίου όπου υπάρχουν οι ατμολέβητες.
λεβιάθαν ο, ουσ. (ασυνίζ.). **1.** βιβλικό τέρας. **2.** (μεταφ.) κολοσσιαίο κατασκεύασμα.
λεβιέ το, (άκλ.) και (λαϊκ.) **λεβιές** ο, ουσ. (συνιζ.), μοχλός του αυτοκινήτου με το χειρισμό του οποίου αλλάζουν οι ταχύτητες. [γαλλ. *levier*].
λεβίθα η, ουσ., παρασιτικό σκουλήκι των εντέρων, ασκαρίδα: φρ. *έχει -ες μέσα του* (= τρώει και δε χορταίνει). [αιτ. *έλμινθα* του ουσ. *έλμινς*].
λεγάτος ο, ουσ. **1.** τοποτηρητής, αντιπρόσωπος της καθολικής εκκλησίας με διοικητικά καθήκοντα. **2.** καρδινάλιος απεσταλμένος του πάπα με προσωρινή και καθορισμένη αποστολή. [λατ. *legatus*].
λέγειν το, ευχέρεια λόγου: *έχει το ~*.
λεγένι το, ουσ. (λαϊκ., παλαιότερο) λεκάνη του νιπτήρα. [τουρκ. *leğen*].
λεγεώνα η, ουσ. **1.** (ιστ.) στρατιωτική μονάδα των Ρωμαίων από επτά περίπου χιλιάδες άνδρες. **2.** (συνεκδοχικά) μεγάλο πλήθος. **3.** στρατιωτικό σώμα από αλλοδαπούς εθελοντές ή μισθοφόρους: *~ των ξένων* (γαλλικό στρατιωτικό σώμα στην Αφρική). **4.** *Λ~ της τιμής* (*Légion d'honneur*) = γαλλικό τάγμα που στα μέλη του έχει απονεμηθεί ειδικό παράσημο. [μτγν. *λεγεών*<λατ. *legio*].
λεγεωνάριος ο, ουσ. (ασυνίζ.), οπλίτης λεγεώνας: *Ρωμαίοι -οι*. [λατ. *legionarius*].
λεγκάτο το, ουσ., άκλ. (μους.) μουσικός όρος που σημαίνει τη σύνδεση των διαδοχικών φθόγγων μιας μουσικής φράσης χωρίς τη μεσολάβηση κάποιου κενού (αντ. *στακάτο*). [ιταλ. *legato*].
λέγω, ρ. (λόγ.) και συνηθέστερα **λέω,** β΄ πρόσ. *λες,* γ΄ πρόσ. *λέει,* πληθ. *λέμε, λέτε, λέν(ε),* αόρ. *είπα,* υποτ. αορ. *να πω,* παρκ. *έχω πει,* μέσ.-παθ. *-ομαι,* παθ. αόρ. *ειπώθηκα,* μτχ. *ειπωμένος* (με αντικ. πρόταση ή όνομα, συνήθως ουσιαστικό) **1α.** μιλώ και σχηματίζω με τη φωνή μου λέξεις και φράσεις (στον ευθύ ή τον πλάγιο λόγο): *το μωρό είπε «μαμά»· δεν άκουσα τι είπες* (συνών. *προφέρω*)· *μου λέει: «θα έρθω κι εγώ μαζί σας»· έλεγε ότι θέλει να φύγει· πες μου τι έπαθες·* **β.** ελλειπτικές προτ. για να δηλωθεί στάση, άποψη, ευχή, αίσθημα, κ.ά. (με τα ίδια λόγια που ειπώθηκαν ή αλλιώς): *είπες «ευχαριστώ» στην κυρία· δε μου 'χει πει «καλημέρα»· είπα «όχι»* (= αρνήθηκα)· **γ.** εκφράζομαι προφορικά, κάνω γνωστή μια ιδέα, μια γνώμη, ένα δεδομένο φωναχτά και με λέξεις: *δεν μπορώ να καταλάβω τι λέει· δεν ξέρεις τι λες· αν σε κάτι δε συμφωνείς, να το πεις* (αντ. *γράφω*). **2α.** δίνω σε κάποιον ορισμένη πληροφορία (προφορικά ή και γραπτά): *μας είπε ότι έγιναν επεισόδια· το ραδιόφωνο είπε πως θα χιονίσει· πες μου τα νέα / την ώρα* (συνών. *ενημερώνω, πληροφορώ*)· **β.** ανακοινώνω, κάνω γνωστό κάτι: *μας είπε την απόφασή του· κάτι μου λέει ότι δεν είναι ειλικρινής·* **γ.** εισαγωγικά σε ερώτηση: *πες μου, σε παρακαλώ, πότε θα επιστρέψει ο καθηγητής; μπορείτε να μου πείτε τι ώρα θα φύγει το τρένο;* (συνών. *απαντώ*)· **δ.** διακηρύσσω, διαλαλώ: *θα το πω να το μάθουν όλοι·* **ε.** αποφαίνομαι, γνωματεύω: *οι γιατροί είχανε πει πως δεν μπορούσε να γιατρευτεί.* **3α.** μνημονεύω: *επισκέφτηκα τις πόλεις που θα πω στη συνέχεια·* **β.** προαναφέρω: *θα είμαι στο γραφείο τις ώρες που είπα·* (αμτβ., παρενθετικά) *ο πρόεδρος, όπως είπα, δεν ήξερε τι γινόταν.* **4α.** υποστηρίζω, πρεσβεύω, φρονώ: *είχες πει κάποτε πως ο Α είναι ο καλύτερος ποιητής μας· το λέω και το πιστεύω·* **β.** ισχυρίζομαι: *λέει πως είναι αθώος / ότι δεν του φέρθηκες καλά·* γ. προφασίζομαι: *δεν ήρθε λέγοντας ότι είχε πονοκέφαλο.* **5.** για όργανο μέτρησης, το οποίο δίνει πληροφορία που γίνεται αντιληπτή όταν κανείς το κοιτάξει ή διαβάσει τις σχετικές ενδείξεις: *τα ρολόγια του σταθμού έλεγαν το καθένα και διαφορετική ώρα· μ' ένα θερμόμετρο που λέει σαράντα·* (συνών. *δείχνω*). **6.** για μήνυμα (λ.χ. πληροφορία, είδηση, οδηγία) γραμμένο πάνω σε κάτι (επιστολή, σημείωμα, επιγραφή, αφίσα, κ.τ.ό.): *οι πινακίδες έλεγαν: «Απαγορεύεται το κάπνισμα»· τι λέει το πρόγραμμα / η εφημερίδα;* **7α.** αποκαλύπτω, φανερώνω, εξομολογούμαι: *μόλις έρθει ο μπαμπάς, θα του πω τι έκανες· πες μου την αλήθεια / το μυστικό·* (επιτ.) *μου τα είπε χαρτί και καλαμάρι·* **β.** καταγγέλλω, μαρτυρώ: *τους παρακαλούσε να μην το πουν στην αστυνομία·* **γ.** (μεταφ.) για εμφάνιση ή συμπεριφορά που δηλώνει ορισμένη κατάσταση, διάθεση, κ.τ.ό.: *τα μάτια του έλεγαν πόσο πικραμένος ήταν· μια απλή χειρονομία που λέει πολλά.* **8.** ομολογώ, παραδέχομαι: *μην περιμένεις να πει ποτέ πως έκανε λάθος· μπορώ να πω ότι με συγκίνησε το ενδιαφέρον του.* **9.** συνήθως παρενθετικά για έμφαση ή επεξήγηση **α.** βεβαιώνω, τονίζω: *Μάνα, σου λέω, δε μπορώ τους Τούρκους να δουλεύω* (δημ. τραγ.)· *καλλιεργήστε το ταλέντο σας· και λέω καλλιεργήστε, γιατί...·* **β.** (λόγ.) επαναλαμβάνω. **10α.** εξιστορώ, διηγούμαι, κάνω περιγραφή ή απολογισμό: *~ ανέκδοτα / πες μας πώς πέρασες στο χωριό·* **β.** (αμτβ.) αναφέρομαι σε κάτι, κάνω λόγο για κάτι: *παραμύθια που λέγαν για μάγισσες και θεριά* (συνών. *μιλώ*). **11.** επαναλαμβάνω φωναχτά κάτι που έμαθα (ή δημιούργησα ο ίδιος μες στο νου μου): *λέω το μάθημα / την προσευχή μου· λέω ποίημα* (συνών. *απαγγέλλω*)· *λέω τραγούδι* (= *τραγουδώ*). **12.** προεισαγωγικά σε άποψη, κρίση ή σχόλιο που θεωρείται σημαντικό ή διατυπώνεται μετριοπαθώς: *πρέπει να πω ότι χρειάζεται προσοχή· δε θα 'λεγα ότι το βιβλίο μού άρεσε.* **13.** (για λογοτέχνη ή καλλιτέχνη) μεταδίδω στο κοινό μέσω ενός έργου τέχνης ιδέες που θεωρώ σημαντικές: *δημοσιεύει μια συλλογή, μόνον όταν έχει πια να πει μετά τις πρώτες του ταινίες δεν είχε πλέον τίποτε να πει* (συνών. *δίνω*). **14α.** προστάζω, αξιώνω: *του είπα να βγει έξω ενώ άργησε, μας λέει τώρα να βιαστούμε·* **β.** υποδεικνύω: *δε θα μου πεις εσύ τι να κάνω! γ.* καθο-

δηγώ, παρακινώ: *μαγείρεψα το φαγητό όπως μου είπες· κάνε ό,τι σου πει η συνείδησή σου*· **δ.** παρακαλώ, ικετεύω: *τους έλεγε να λυπηθούν το παιδί της*. **15α.** συμβουλεύω, νουθετώ: *του είπα να προσέχει στο δρόμο· μας έλεγε να έχουμε ομόνοια*· **β.** προειδοποιώ: *σ' το 'πα και σ' το ξαναλέω στο γιαλό μην κατεβείς* (δημ. τραγ.)· *του το είχα πει, αλλά αδιαφόρησε*· **γ.** προτείνω, συνιστώ: *εγώ λέω να πάμε καμιά βόλτα· ο γιατρός μού είπε να κόψω το τσιγάρο*. **16α.** ειδοποιώ, παραγγέλλω: *πείτε του ότι τον περιμένω στις επτά· του είπαν να έρθει γρήγορα*· **β.** διαβιβάζω (μήνυμα): *πες του χαιρετίσματα· να του πείτε (εκ μέρους μου) να μη στενοχωριέται, γιατί το ζήτημα λύθηκε*. **17.** ρωτώ: *ό,τι κι αν σου πουν, μην απαντήσεις*. **18α.** ονομάζω: *αυτό το φαΐ το λένε μουσακά· τον είπαν Γιάννη* (= τον βάφτισαν, τον «έβγαλαν»)· *πώς -εται το ψηλότερο βουνό του κόσμου;* **β.** δίνω παρωνύμιο, παρατσούκλι: *επειδή ήταν ο μόνος γραμματισμένος του χωριού, τον έλεγαν Δάσκαλο*· **γ.** χαρακτηρίζω, αποκαλώ: *διαρκώς τον έλεγε τεμπέλη και ανεπρόκοπο* (παροιμ.) *είπ' ο γάιδαρος τον πετεινό κεφάλα*, βλ. **γάιδαρος**· **δ.** ανακηρύσσω, αναγορεύω: *ο Πτολεμαίος — τον είπαν βασιλέα της Κιλικίας, της Συρίας...* (Καβάφης). **19.** συζητώ, συνομιλώ: *μιλούσαν σιγανά, για να μην ακούω τι λένε*· (συνηθέστερα με προηγούμενο το άρθρο τα) *τα λέγανε ώρα πολλή· κάτσε να πούμε*· (με εμπρ.) *γιαλό γιαλό πηγαίναμε κι όλο για σένα λέγαμε* (τραγ.). **20.** ερμηνεύω, εξηγώ, διευκρινίζω: *ούτε κι αυτός ξέρει να σου πει πώς γλύτωσε*· *πες του γιατί άργησες και θα δείξει κατανόηση*. **21.** (συνηθέστερα στον τ. θα πει) **α.** σημαίνω, δηλώνω: *τι θα πει (η λέξη) «θριγκός»*· (για έμφαση) *αυτό θα πει «επιτυχία»!* **β.** θυμίζω: *το πρόσωπό του δε μου λέει τίποτε*· **γ.** για τη σημασία, το νόημα ενός γεγονότος, μιας πράξης: *αν αργήσει, θα πει πως έχασε το τρένο*. **22α.** σκέπτομαι, σκοπεύω, έχω την πρόθεση (να κάνω κάτι): *λέω να τον πληρώσω αύριο· είπα να σβήσω τα παλιά...* (τραγ.)· **β.** αποφασίζω ή επιχειρώ κάτι: *θα γίνει ό,τι πει ο μπαμπάς· είπα να κοιμηθώ ένα μεσημέρι, αλλά δε σταμάτησε το τηλέφωνο*· (παροιμ.) *είπε ο Εβραίος να πάει στο παζάρι κι έτυχε μέρα Σάββατο*. **23.** (σε άρνηση) όταν καθυστερεί, αργεί να γίνει κάτι: *νύχτωσε κι αυτός δεν έλεγε να φανεί· πέρασαν τρεις μήνες και δε λέει να βρέξει· δε λεν ακόμη να το παραδεχτούν ότι νικήθηκαν*. **24α.** πιστεύω, νομίζω: *θα σε δει κανείς έτσι ντυμένο και θα πει πως είσαι άρρωστος· αν δεν τον ήξερα καλά, θα έλεγα πως παραφρόνησε*· **β.** έχω την εντύπωση: *έβρεχε τόσο που έλεγες πως ήρθε το τέλος του κόσμου*. **25.** (σε ερώτηση, στο β' εν. και πληθ. πρόσ. οριστ. ενεστ.) για έκφραση έντονης αμφιβολίας, απορίας: *λες να τα καταφέρει; Λέτε να 'χει δίκιο;* (απολ.) *— Μόνος του το έμαθε! — Λες;* **26.** (στο γ' εν. και πληθ. πρόσ. οριστ. ενεστ.) για δήλωση αξίας, σπουδαιότητας, ποιότητας: *λεν τίποτα οι καινούργιοι συνεργάτες σου; η μηχανή σου λέει πολλά*. **27.** (προφ., στο γ' εν. πρόσ. οριστ. ενεστ.) **α.** για έντονα καταφατική απάντηση: *— Ήταν καλό το φαγητό; — Καλό, λέει!* (= πάρα πολύ καλό) *— Θα πας εκεί; — Αν θα πάω, λέει!* (= βεβαιότατα)· **β.** (παρενθετικά) για κάτι που θεωρείται αβάσιμη δικαιολογία, πρόφαση: *δε με πλήρωσαν, γιατί, λέει, ο αρμόδιος ήταν σε άδεια* (συνών. *δήθεν, τάχα*) **γ.** (σε αφήγηση) με επανάληψη (που είναι καλύτερα να αποφεύγεται): *ο φίλος του, λέει, δεν έφυγε αμέσως, αλλά περίμενε να έρθει, λέει, ο Α...* **28.** (παρενθετικά σε αναφ. πρότ.) όταν ο ομιλητής παραθέτει την άποψη ενός άλλου ή χρησιμοποιεί μια κοινή έκφραση ή φράση, παροιμία, κ.τ.ό.: *η ζωή μου κρέμεται από μια κλωστή, καθώς λένε· όπως λεν και στο χωριό μου, «κάλλιο γαϊδουρόδενε...»*. **29.** (στο γ' πληθ. πρόσ. οριστ. ενεστ. *λένε* ή τριτοπρόσ. στην παθ. φωνή) για άποψη που την έχουν, την εκφράζουν και τη διαδίδουν πολλοί άνθρωποι: *Λένε για μένα οι ναυτικοί που εζήσαμε μαζί πως είμαι κακοτράχαλο τομάρι...* (Καββαδίας)· *-εται ότι αρνήθηκε να απολογηθεί* (= φημολογείται)· *πολλά -ονται για τη συνεργασία του με τον Α* (= γίνονται σχόλια). - Το γ' εν. πρόσ. οριστ. ενεστ. απρόσ. *= αναγράφεται, αναφέρεται: λέει στο Ευαγγέλιο ότι...* - Η μέσ. μτχ. ενεστ. *λεγόμενος* ως επίθ. = **α.** που ονομάζεται, που αποκαλείται...: *ο τύπος, η -όμενη «τέταρτη εξουσία»*· **β.** ιδιαίτερα όταν το όνομα που φέρει κάποιος ή κάτι δεν ανταποκρίνεται στην πραγματικότητα: *η αρχαία Αγορά και το -όμενο Θησείο*. - Η μέσ. μτχ. ενεστ. στο λαϊκ. τ. *λεγάμενος* ο και -η η ως ουσ., αντί για το όνομα προσώπου που αποσιωπάται περιφρονητικά. - Η μέσ. μτχ. ενεστ. στον πληθ. ουδ. *λεγόμενα* τα = λόγια, απόψεις, ισχυρισμοί: *κατά τα -όμενα του μάρτυρα, ο κατηγορούμενος...* Φρ. *άλλο να στα λέω κι άλλο ν' ακούς / να βλέπεις* (για γεγονότα ή πράγματα αξιοθαύμαστα, αξιοπερίεργα)· *ας / να πούμε* (**α.** όταν δίνουμε παράδειγμα): *σύγκρινε δυο από τους νεότερους συγγραφείς, ας πούμε το Βενέζη με το Μυριβήλη*· (**β.** όταν προτείνουμε) *ελάτε, ας πούμε, στις έξι· ας πούμε ή πες πως / ότι* (ας υποτεθεί ότι συμβαίνει κάτι στο μέλλον ή ότι έχει συμβεί, είναι αλήθεια)· *ας πούμε ότι αργεί, εσύ πόσο μπορείς να περιμένεις;... αυτά που λες* (κατακλείδα στη διατύπωση μιας γνώμης ή σε ολόκληρη τη συζήτηση, σα να ζητά κανείς τη συγκατάθεση ή την κατανόηση του συνομιλητή)· *αυτό / και να λέγεται!* (για κάτι βέβαιο, όταν δηλ. κανείς αποδέχεται τα λόγια του άλλου ως αληθινά και τα επιδοκιμάζει)· *αυτό που σου ~!* (= πρόσεχα καλά!)· *δε -εται* (για υπερβολική ένταση ή ποσότητα) *πόσο χάρηκα / τι έφαγαν, δε -εται· δε λέω, εδώ που τα λέμε, όσο (και) να πεις, ό,τι και αν πεις* (όταν επιβεβαιώνουμε και επαυξάνουμε όσα λέμε) *είν' ακριβό, δε λέω, τ' αξίζει όμως τα λεφτά του* (= ασφαλώς, βέβαια, οπωσδήποτε)· *όσο να πεις, μάνα ήταν κι εκείνη· εδώ που τα λέμε, δεν αποφάσισε μόνος του· δε χρειάζεται να πω* (εισαγωγικά σε κάτι προφανές, που δε χρειάζεται επεξήγηση) *δε χρειάζεται να σας πω ότι και αύριο θα δουλέψουμε τις ίδιες ώρες· εγώ (ή μόνος μου) τα λέω, εγώ (ή μόνος μου) τ' ακούω* (όταν κανείς δεν προσέχει τι λέω, δεν εισακούομαι· πβ. *τα λέω στον τοίχο*) *είπα κι εγώ, έλεγα δα!* (συνήθως ειρωνικά, για να δηλωθεί ότι ποτέ δε θα μπορούσε να συμβεί κάτι, είναι αταίριαστο και απρεπές)· *είπατε / είπες τίποτα;* (όταν προεξοφλείται πως δεν υπάρχει αντίρρηση) *εμένα μου λες!* (συνήθως ειρωνικά, όταν δηλώνει κανείς με έμφαση ότι γνωρίζει καλά το θέμα από πριν ή ότι διαφωνεί με όσα ειπώθηκαν ή δεν τα πιστεύει) *εσύ (είσαι που) το λες!* (ισχυρίζεσαι· όταν αμφισβητούμε κάτι που το θεωρούμε αναληθές)· *έχουμε και λέμε...* (όταν αρχίζουμε να λογαριάζουμε ή να απαριθμούμε)· *έχω να πω* (έχω αντιρρήσεις, δίνω εξηγήσεις για σφάλμα μου ή για κάτι που με κατηγορούν) *δεν έχω τίποτα να πω· θέλω να πω* (= εννοώ): *με τις παρατηρήσεις μου δε θέλω να πω ότι το βιβλίο είναι άχρηστο· τι θες να πεις μ' αυτό το ύφος; και πάει -οντας* (για κάτι που συνεχίζεται)· *κάτι μας είπες!* (για κάτι που μας είναι πολύ γνωστό από πριν)· *λέγε λέγε, πες πες* (= με φορτικές παρακλήσεις, παραινέσεις, κ.τ.ό.) *πες πες τον κατάφερε·* (παροιμ.) *λέγε λέγε το κοπέλι κάνει τη γριά και θέλει· λέω (από) μέσα μου / με το μυαλό μου / με το νου μου* (= σκέφτομαι «με λέξεις», συνετά και συγκροτημένα, για να αντιληφτώ την κατάσταση σωστά): *πρέπει να προσέχω, είπα μέσα μου· λέω και ξελέω, είπα ξείπα* (= δεν κρατώ την υπόσχεσή μου, αλλάζω γνώμες)· *λέω ό,τι μου έρθει / μου καπνίσει / μου κατέβει / φτάσει* (μιλώ ασυλλόγιστα, απερίσκεπτα)· *λέω τα σύκα σύκα και τη σκάφη σκάφη* (= θεωρώ όσα είπα σωστά και αναμφισβήτητα, ώστε δε χρειάζεται να προσθέσω τίποτε, επιβάλλω τη γνώμη μου)· *μη μου το λες! μη μου το πεις!* (κάποτε ειρωνικά, για δήλωση έκπληξης ή δυσπιστίας για κάτι που μόλις μας είπε κάποιος)· *μην το πεις πουθενά / σε κανένα* (επιτ. *ούτε του παπά*) (για σοβαρή παράβαση ή υπερβολική εύνοια της τύχης)· *να μη με λένε...* (με επόμενο το όνομα εκείνου που μιλά, για να τονιστεί μια απειλή) *να μη με λένε Α, αν δεν τον κάνω εγώ να μετανιώσει για τις αδικίες του· ξέρω τι θα πει...* (για να δηλωθεί αίσθηση ή εμπειρία ενός πράγματος συνήθως δυσάρεστου ή επίπονου): *δεν ξέρει τι θα πει κούραση· ό,τι πεις (εσύ)* (για δήλωση απόλυτης συμφωνίας)· *ούτε να λέγεται* (για κατηγορηματική άρνηση ή, σπανιότερα, κατάφαση· πβ. έκφρ. *ούτε λόγος*)· *πες... πες* (= είτε... είτε): *πες από φόβο, πες από θαυμασμό δεν αποκοτούσανε να τον αρνηθούν* (Μπαστιάς)· *πες το* (επιτ. *χρυσόστομε / ν' αγιάσει το στόμα σου)!* (για απόλυτη συμφωνία, επιδοκιμασία)· *πες το κι έγινε* (για άμεση πραγματοποίηση των επιθυμιών κάποιου)· *πολλά λες!* (για αποδοκιμασία των υπερβολικών δηλώσεων κάποιου)· *που λέει ο λόγος* (α. όταν αναφέρουμε γνωμικό, παροιμία, στερεότυπη φράση, κ.τ.ό. β. όταν αναφέρουμε κάτι παραδεκτό από τους περισσότερους, κανονικό και λογικό)· *πού να σ' τα λέω* (εισαγωγικά για κάτι πολύ ενδιαφέρον, συνήθως αρνητικό)· *σα να λέμε* (= όπως φαίνεται) *δεν έχει, σα να λέμε, τρένο μετά τις δέκα· σου λέει ο άλλος!* (για να δηλωθεί αντίδραση, αντίρρηση· βλ. *άλλος*)· *«σου 'πα, μου 'πες»* (συνεννοήσεις, δικαιολογίες, υπεκφυγές)· *τι / πώς έκανε λέει;* (α. έκφραση απορίας ή έκπληξης για πράξη άλλου προσώπου, που δε φανταζόμασταν ότι θα γινόταν· β. για αποδοκιμασία των παράλογων προθέσεων που εκδηλώνει κάποιος)· *τι θα έλεγες / τι λες για...;* (= θέλεις να...; δηλώνει πρόταση ή προσφορά) *τι λες για μια εκδρομή στο βουνό; τι μου / μας λες!* (για να δηλωθεί ειρωνικά έκπληξη και θαυμασμός, ως έμμεση αποδοκιμασία ή άρνηση)· *τι του λες;* (όταν απορεί κανείς ποιαν απόκριση να δώσει σε κάποιον ή τι να του πει για παραδοξολογία ή απρεπή πράξη του)· *το λέει η καρδιά του / η ψυχούλα του* (= δε δειλιάζει, είναι θαρραλέος, τολμηρός)· *του το λέω, του τα είπα* (επιτ. *ένα χεράκι / έξω από τα δόντια*) (για έλεγχο, επιτίμηση, κατάκριση). - Βλ. και *πες*.

λεζάντα η, ουσ. (ερρ), σύντομο κείμενο που συνοδεύει μια εικόνα (φωτογραφία, σχέδιο, γελοιογραφία, κ.τ.ό.) και επεξηγεί το περιεχόμενό της. [*γαλλ. légende*].

λεηλασία η, ουσ. α. βίαιη αφαίρεση πραγμάτων από σπίτι, κατάστημα, πόλη, χώρα (συνών. *διαρπαγή, λαφυραγώγηση, κούρσεμα, πλιάτσικο*)· β. (μεταφ.) για κακή οικονομική διαχείριση: ~ *του κράτους*.

λεηλατώ, ρ. (ασυνίζ.), κάνω λεηλασία (συνών. *διαρπάζω, λαφυραγωγώ, κουρσεύω*).

λέι το, ουσ. άκλ., νομισματική μονάδα της Ρουμανίας. [ρουμ. *leu*, πληθ. *lei*].

λεία η, ουσ. (λόγ.). 1. ό,τι έχει αρπάξει κανείς από τους εχθρούς, λάφυρα που προέρχονται από λεηλασία: ~ *πλούσια* (συνών. *πλιάτσικο*). 2α. θήραμα (κυνηγού)· β. για ζώο (ή σπανίως άνθρωπο) που πιάνεται και τρώγεται από σαρκοβόρο θηρίο: *το λιοντάρι φοβήθηκε και άφησε τη ~ του*.

λεαίνω, ρ. (ασυνίζ.), αόρ. *λείανα*, μτχ. *λεασμένος*, εξαλείφω με τραχύ όργανο τις ανωμαλίες μιας επιφάνειας, ώστε να μη γίνονται αντιληπτές στην αφή.

λειανά, βλ. *λειανός*.

λειανίζω, ρ. (συνιζ.), τεμαχίζω σε πολύ μικρά κομμάτια, κατακομματιάζω, κατακόβω: ~ *το κρέας·* (μεταφ.) καταστρέφω, πετσοκόβω.

λειανικός, -ή, -ό, επίθ. (συνιζ.), (για εμπόριο, κ.τ.ό.) που πουλά αγαθά στο κοινό σε μικρές ποσότητες: *πώληση -ή· τιμές -ής (πώλησης)· εμπόριο -ό* (αντ. *χονδρικός*)· έκφρ. *στη -ή* (= λιανικώς): *πουλώ / αγοράζω στη -ή.* - Επίρρ. **-ώς**.

λειάνισμα το, ουσ. (συνιζ.), κομμάτιασμα σε λεπτά τμήματα, κομμάτια.

λειανοκαμωμένος, -η, -ο, επίθ. (συνιζ.), λεπτοκαμωμένος.

λειανοκέρι το, ουσ. (συνιζ.), μακρύ και λεπτό κερί.

λειανο(ν)τούφεκο το, ουσ. (συνιζ., όχι ερρ.), αραιοί πυροβολισμοί.

λειανοπορεύομαι, ρ. (συνιζ., λαϊκ.), αναγκαστικά ικανοποιούμαι και με τα λίγα εισοδήματα που έχω.

λειανοπούλημα το, ουσ. (συνιζ., λαϊκ.), το να πουλά ένας έμπορος σε μικρές ποσότητες, λειανική πώληση.

λειανοπουλητής ο, ουσ. (συνιζ., λαϊκ.), έμπορος που πουλά μόνο σε μικρές ποσότητες, μικροπωλητής (αντ. *χονδρέμπορος*).

λειανοπουλώ, ρ. (συνιζ., λαϊκ.), (για έμπορο) πουλώ στη λειανική (βλ. λ.), σε μικρές ποσότητες.

λειανός, -ή, -ό, επίθ. (συνιζ.), λεπτός, ισχνός: *πόδια -ά*. - Το ουδ. στον πληθ. ως ουσ. = *κέρματα, ψιλά*: *κάνε μου το κατοστάρι -ά.* Φρ. *κάνω κάτι -ά* (= εξηγώ σε κάποιον τι εννοώ, δίνω εξηγήσεις): *για κάνε μου -ά αυτό που είπες!*

λειανοτούφεκο, βλ. *λειανο(ν)τούφεκο*.

λειανοτράγουδο το, ουσ. (συνιζ.), δημοτικό δίστιχο σε ιαμβικό δεκαπεντασύλλαβο.

λείανση η, ουσ., το να λειαίνει κάποιος κάτι.

λειβάδι, βλ. *λιβάδι*.

λέιζερ, άκλ. (συνήθως σε θέση επιθ.), (φυσ.) α. *ακτίνα* ~ = λεπτότατη και ισχυρή ακτίνα συγκεντρωμένου φωτός, η οποία παράγεται από ορισμένη συσκευή και χρησιμοποιείται για την κοπή σκληρών υλικών, στη χειρουργική, τις τηλεπικοινωνίες, την πολεμική βιομηχανία, κ.ά.· β. για συσκευή που παράγει ακτίνες λέιζερ: *εκτυπωτής* ~. (συνεκδοχικά) *εφαρμογές της τεχνολογίας* ~.

λεϊμόνι

[αγγλ. *laser*, αρχικά των λ. *Light Amplification by Stimulated Emission of Radiation*].

λεϊμόνι, βλ. *λεμόνι.*

λεϊμονιά, βλ. *λεμονιά.*

λείος, -α, -ο, επίθ., (για επιφάνεια) που δεν έχει προεξοχές και εσοχές, είναι ομαλός στην αφή: *δέρμα -ο.*

λειότητα η, ουσ. (ασυνίζ., λόγ.), το να είναι κάτι λείο, ομαλότητα (μιας επιφάνειας).

λείπω, ρ. αμτβ. **1a.** δεν υπάρχω: *το εργαστήριο δε λειτουργεί επειδή -ει το κατάλληλο προσωπικό· διαπιστώνω πως -ουν πολλά βιβλία·* (για συναίσθημα, κ.τ.ό.) *στο σπίτι τους -ει η αγάπη·* **β.** για ιδιότητα, ποιότητα, κ.τ.ό., που κάποιος δεν έχει: *του -ει το θάρρος· έλειψε στον κόσμο το φιλότιμο·* **γ.** δε συμβαίνω, δε δημιουργούμαι: *να -ουν οι καβγάδες / οι ψίθυροι!* **2a.** απουσιάζω, δεν είμαι παρών: *ο διευθυντής -ει σε άδεια· από την τάξη -ουν πολλοί μαθητές·* **β.** (συνεκδοχικά) βρίσκομαι κάπου μακριά (από την κατοικία, την πατρίδα μου, κ.τ.ό.): *θα -ψω λίγες μέρες στο εξωτερικό·* **γ.** (μεταφ.) για δήλωση αδράνειας, αποχής: *δεν έλειψε από κανέναν αγώνα για τη δημοκρατία·* **δ.** για νεκρούς: *μετριούνται οι Τούρκοι τρεις φορές και -ουν τρεις χιλιάδες* (δημ. τραγ.). **3.** (τριτοπρόσ.) **α.** δεν υπάρχω ή δεν επαρκώ για να καλύψω τις ανάγκες κάποιου: *-ει ακόμη και το ψωμί· μου -ει / -ουν* (= στερούμαι)· **β.** υπολείπομαι: *-ουν δύο χιλιάδες για να συμπληρωθεί το ενοίκιο.* **4.** (με προσωπ. αντων.) **α.** *μου -ει κάποιος* = στενοχωριέμαι που κάποιος δεν είναι μαζί μου: *τα παιδιά μου σπουδάζουν μακριά και πολύ μου -ουν·* **β.** (για πράγμα, πράξη, τόπο, κ.ά.) αισθάνομαι δυσαρέσκεια ή στενοχώρια επειδή πλέον δεν έχω ή δεν κάνω κάτι, δεν είμαι κάπου, κ.ά.: *στο στρατόπεδο θα σου -ψει το σπιτικό φαγητό.* Φρ. *αυτός / αυτό μας έλειπε* (ειρων. για άκαιρη ή ανεπιθύμητη εμφάνιση προσώπου ή για πράγμα ή κατάσταση που προκαλεί δυσαρέσκεια)· *λίγο έλειψε να...,* βλ. *λίγο·* *να (μου) -ει ή να -ει το βύσσινο* (όταν απορρίπτεται κάτι ανεπιθύμητο)· *του -ει* (ενν. *μυαλό*) (= είναι χαζός). - Παροιμ. *-ει ο Μάρτης απ' τη Σαρακοστή;* (ειρων., όταν διαπιστώνεται η παρουσία κάποιου σε πολλά μέρη ή πολλές δραστηριότητες)· *-ει ο γάτος, χορεύουν τα ποντίκια* (όταν κάποιοι εκμεταλλεύονται την απουσία ενός μεγαλύτερου ή ανωτέρου και κάνουν αταξίες ή παρατυπίες χωρίς το φόβο της τιμωρίας)· *όλα τα 'χε (ή τα 'χει) η Μαριορή, ο φερετζές τής έλειπε (ή τής λείπει)* (για κάποιον που αποκτά ή επιζητεί πράγματα ασήμαντα και περιττά, ενώ στερείται σπουδαία και απαραίτητα).

λειρί το, ουσ. (ζωολ.) κόκκινο σάρκινο οδοντωτό λοφίο που έχει ο κόκορας στην κορυφή του κεφαλιού του. - Υποκορ. **-άκι** το. [αρχ. *λείριον*].

λειτούργημα το, ουσ., δημόσια υπηρεσία που ασκείται για το συμφέρον του λαού, το σύνολο των καθηκόντων δημοσίου λειτουργού: *το ~ του δασκάλου / του δικαστή.*

λειτουργία η, ουσ. **1.** (γενικά) ενέργεια, εργασία: *ώρες -ας καταστημάτων.* **2.** (για μηχανισμούς) σύνολο ενεργειών ενός μηχανισμού, κίνηση: *~ ρολογιού / μηχανής.* **3.** (βιολ.) πραγματοποίηση φυσιολογικών αντιδράσεων από ένα κύτταρο ή από ένα ή περισσότερα όργανα για την εκπλήρωση ορισμένου σκοπού: *~ καρδιάς / όρασης.* **4.** σύνολο δραστηριοτήτων ενός οργανισμού ή υπηρεσίας, ενός συστήματος ή θεσμού, κλπ., που τείνουν στην πραγματοποίηση συγκεκριμένου σκοπού: *~ γραφείου / επιτροπών.* **5.** (εκκλ.) **α.** λατρευτική τέλεση της Θείας Ευχαριστίας: *άρχισε ο παπάς τη ~·* **β.** σύνολο προσευχών, ύμνων, ψαλμών, εκδηλώσεων λατρείας προς το Θεό: *η ~ του Μ. Βασιλείου.* Φρ. *βάζω σε ~ κάτι* (= το κάνω να δουλεύει)· *μπαίνω σε ~* (= εφαρμόζομαι).

λειτουργιά η, ουσ. (συνιζ.), άρτος για τη Θεία Ευχαριστία (συνών. *πρόσφορο*).

λειτουργική η, ουσ. (εκκλ.) κλάδος της θεολογίας που ασχολείται με τη θεωρία και ερμηνεία της χριστιανικής λατρείας.

λειτουργικός, -ή, -ό, επίθ. **1.** που σχετίζεται με τη λειτουργία ή αναφέρεται σ' αυτήν: *-ές διαταραχές της αναπνοής· αδιέξοδο -ό.* **2.** που εκτελεί ικανοποιητικά τη λειτουργία του: *σπίτι -ό.* **3.** (εκκλ.) που σχετίζεται με τη θεία λειτουργία: *βιβλία -ά.*

λειτουργικότητα η, ουσ., το να είναι κάτι λειτουργικό, να επιτελεί ικανοποιητικά το σκοπό για τον οποίο υπάρχει: *~ χώρων.*

λειτουργισμός ο, ουσ. (στις επιστήμες και ειδικότερα στη γλωσσολογία) θεωρία που αποδίδει ιδιαίτερη σημασία στη λειτουργία των στοιχείων ενός συστήματος.

λειτουργός ο, ουσ., υπάλληλος που ασκεί έργο κοινής ωφελείας, δημόσιος υπάλληλος: *~ δικαστικός / εκπαιδευτικός· ~ κοινωνικός,* βλ. *κοινωνικός·* έκφρ. *~ του Υψίστου* (= κληρικός, ιερωμένος).

λειτουργώ, ρ., μέσ. *λειτουργιέμαι.* Ι. ενεργ. **1.** εκτελώ το έργο για το οποίο είμαι κατασκευασμένος: *η καρδιά -εί κανονικά· η μηχανή -εί τέλεια* (συνών. *δουλεύω*). **2.** είμαι ανοιχτός, προσφέρω υπηρεσία: *το κατάστημα δε θα -ήσει το απόγευμα.* **3.** (εκκλ.) ιερουργώ, τελώ τη Θεία Ευχαριστία: *την Κυριακή θα -ήσει ο επίσκοπος.* ΙΙ. (μέσ.) προσέρχομαι και μετέχω στη θεία λειτουργία: *-ήθηκα στην παλιά μου ενορία.*

λειχήνα η, ουσ. **1.** είδος βρύου που δημιουργείται όταν ενώνονται φύκια και μύκητες: *φύτρωσαν -ες στον κορμό του δέντρου.* **2.** (ιατρ.) είδος δερματικού εξανθήματος: *έβγαλε -ες στο μάγουλο.*

λειχηνιάζω, ρ. (συνιζ.), προσβάλλομαι από λειχήνες.

λειχηνιάρης ο, θηλ. **-ιάρα,** ουσ. (συνιζ.), αυτός που έχει λειχήνες.

λειχηνοειδής, -ής, -ές, γεν. *-ούς,* πληθ. αρσ. και θηλ. *-είς,* ουδ. *-ή,* επίθ., που έχει τη μορφή ή το σχήμα λειχήνας.

λειχούδης, -α, -ικο και (συνιζ.) **λειχουδιάρης, -α, -ικο,** επίθ., που του αρέσει να τρώει εκλεκτά και ορεκτικά φαγητά σε μεγάλες ποσότητες (συνών. *λαίμαργος*).

λειχουδιά η, ουσ. (συνιζ.), ορεκτικό ή πικάντικο έδεσμα: *το τραπέζι ήταν στρωμένο -ές* (συνών. *νοστιμιά*).

λειχουδιάρης, βλ. *λειχούδης.*

λειψανάβατος, -η, -ο, επίθ., που ζυμώθηκε χωρίς αρκετό προζύμι: *ψωμί -ο.*

λειψανδρία η, ουσ., έλλειψη αρσενικού πληθυσμού.

λείψανο το, ουσ. **1.** υπόλειμμα: *-α αρχαίου πολιτισμού* (συνών. *απομεινάρι*). **2.** σώμα νεκρού: *έθαψαν το ~ του σε οικογενειακό τάφο· -α άγια*

(= οστά ή σώμα αγίου) (συνών. πτώμα). 3. (μεταφ.) άνθρωπος πολύ αδύνατος και ωχρός.

λειψανοθήκη η, ουσ., θήκη όπου τοποθετούνται τα οστά μετά την ανακομιδή.

λειψός, -ή, -ό, επίθ. 1. που του λείπει βάρος ή μήκος, ελλιπής: *-ό είναι πάλι το ψωμί* (συνών. *ξίκικος*)· (μεταφ.) *πίστη -ή· μυαλό -ό.* 2. που λείπει, δεν υπάρχει: *δε μας έφτασε η τούρτα· ένα κομμάτι είναι -ό.* 3. ανάπηρος σωματικά ή διανοητικά. 4. που δεν έχει κανονικό σχήμα ή διατομή: *οι πλάκες είναι -ές.*

λειψοφεγγαριά η, ουσ. (έρρ., συνιζ.). 1. η τελευταία φάση της σελήνης. 2. (συνεκδοχικά) νύχτα χωρίς φεγγάρι.

λειψυδρία η, ουσ., έλλειψη νερού: *η ~ μαστίζει πολλά νησιά το καλοκαίρι.*

λειώμα το, ουσ. (συνιζ.). 1. το αποτέλεσμα της ενέργειας του «λειώνω» ό,τι είναι λειωμένο: *το αυτοκίνητο πάτησε την μπάλα και την έκανε ~.* 2. (μεταφ.) άνθρωπος εξουθενωμένος: *γύρισε ~ από την κούραση· τον έκανε ~ στο ξύλο.* 3. (συνεκδοχικά) αντικείμενο εντελώς φθαρμένο ή τριμμένο: *έγινε ~ η μπλούζα, αλλά ακόμη τη φορώ* (συνών. *κουρέλι*).

λειώνω, ρ., αόρ. *έλειωσα*, μτχ. *λειωμένος* (συνιζ.). Α. μτβ. 1α. μεταβάλλω στερεό σε υγρό με τη θερμότητα: *βούτυρο / κερί* (συνών. *υγροποιώ, ρευστοποιώ*· αντ. *πήζω, στερεοποιώ*)· β. διαλύω στερεό σε υγρό: *~ τη ζάχαρη στο νερό.* 2α. πολτοποιώ, συνθλίβω: *~ πατάτες για πουρέ·* β. (για έμψυχα) μεταβάλλω σε άμορφη μάζα, σκοτώνω: *ο οδοστρωτήρας έλειωσε το παιδί.* 3. φθείρω, καταστρέφω κάτι από την τριβή ή την πολλή χρήση: *μέσα σ' ένα μήνα έλειωσα τα καινούργια μου παπούτσια.* Β. αμτβ. 1α. μεταβάλλομαι από στερεό σε υγρό με τη θερμότητα: *-ει το βούτυρο / το παγωτό* (συνών. *ρευστοποιούμαι*· αντ. *πήζω, στερεοποιούμαι*). β. διαλύομαι: *έλειωσε η ζάχαρη / το αλάτι.* 2. πολτοποιούμαι: *έλειωσαν οι πατάτες.* 3. βράζω πάρα πολύ καλά: *το κρέας έλειωσε.* 4. φθείρομαι, παλιώνω: *έλειωσαν τα ρούχα του.* 5. (για νεκρό) αποσυντίθεμαι: *τρία χρόνια θαμμένος και δεν έλειωσε ακόμη.* 6. αδυνατίζω: *έλειωσε από τη νηστεία.* 7. (μεταφ.) εξαντλούμαι, κουράζομαι υπερβολικά: *έλειωσα απ' την κούραση· ~ στη δουλειά.* 8. (μεταφ.) θλίβομαι, μαραζώνω: *έλειωσε απ' τον καημό της.* 9. (μεταφ.) νιώθω έντονη συγκίνηση: *και μόνο που με κοιτάς ~.* Φρ. *λειώνω ο πάγος* (ανάμεσα σε πρόσωπα) = (α. διαλύεται η παρεξήγηση· β. αποκτάται οικειότητα)· *~ σαν το κερί* = μαραζώνω, καταρρέω. [λειώ].

λειώσιμο το, ουσ. (συνιζ.). 1. το να λειώνει κάτι: *~ βούτυρου / κεριού* (συνών. *τήξη, ρευστοποίηση*· αντ. *πήξιμο*). 2. πολτοποίηση: *~ της πατάτας.* 3. φθορά, πάλιωμα: *~ ρούχων / παπουτσιών.*

λεκ το, ουσ. άκλ., νομισματική μονάδα της Αλβανίας.

λεκάνη η, ουσ. 1. σκεύος βαθύ και ανοιχτό, συνήθως κυκλικού σχήματος που χρησιμεύει για νίψιμο ή άλλες ανάγκες. 2. ειδικό δοχείο, συνήθως από πορσελάνη, που πρρσαρμόζεται σε αποχωρητήρια για τις φυσικές ανάγκες. 3. πεδιάδα που περιβάλλεται από βουνά ή κλειστή θάλασσα: *η ~ της Μεσογείου.* 4. (ανατομ.) κοιλότητα του σκελετού που αποτελείται από τα λαγόνια οστά, το ιερό οστούν και τον κόκκυγα (συνών. *πύελος*). - Υποκορ. **-ίτσα** η (στις σημασ. 1-3).

λεκανοειδής, -ής, -ές, γεν. *-ούς*, πληθ. αρσ. και θηλ. *-είς*, ουδ. *-ή*, επίθ., που μοιάζει στο σχήμα με λεκάνη.

λεκανοπέδιο το, ουσ. (ασυνίζ.), πεδιάδα που περιβάλλεται από βουνά: *~ της Αττικής.*

λεκές ο, ουσ., κηλίδα από λιπαρή ή άλλη ουσία. [τουρκ. *leke*].

λεκιάζω, ρ. (συνιζ.). Α. (μτβ.) 1. προξενώ λεκέδες: *το μαύρο κρασί -ιασε το τραπεζομάντηλο.* 2. ατιμάζω, ντροπιάζω: *-ιασες το όνομα της οικογένειας* (συνών. *λερώνω, κηλιδώνω*). Β. (αμτβ.) σχηματίζω λεκέδες: *το φόρεμά σου -ει εύκολα* (συνών. *κηλιδώνομαι, λερώνομαι*).

λέκιασμα το, ουσ. (συνιζ.), κηλίδωση, λέρωμα: *~ πουκάμισου.*

λεκτικός, -ή, -ό, επίθ. α. που ανήκει στο λόγο, στον τρόπο έκφρασης ή αναφέρεται σ' αυτόν: *~ πλούτος· -ό σφάλμα·* (γραμμ.) *-ά σχήματα* = ιδιορρυθμίες του λόγου (προφορικού και γραπτού) στη συντακτική πλοκή των λέξεων, στη θέση που παίρνουν οι λέξεις και οι φράσεις, στη σειρά του λόγου, στο ποσό των λεκτικών στοιχείων, αλλά και στη σημασία με την οποία χρησιμοποιείται σε μια ορισμένη περίπτωση μια λέξη ή φράση (αλλιώς *σχήματα λόγου*, π.χ. *υπαλλαγή, ανακολουθία, πρόληψη, κλπ.*)· β. που γίνεται με το λόγο: *-ή επικοινωνία* (αντ. *εξωλεκτικός*)· γ. (γραμμ.) *λεκτικά ρήματα* = που έχουν την έννοια του «λέγω», π.χ. *ομολογώ, φωνάζω, υπόσχομαι, καταθέτω*, κ.τ.ό. - Επίρρ. **-ώς** και **-ά**: *οι γνώμες -ά διασταυρώνονται, όμως σημασιολογικά και λογικά δε συναντώνται·* δ. (γλωσσολ.) που ανήκει στη λέξη ή αναφέρεται σ' αυτήν: *μορφήματα / σύνολα -ά* (συνών. *λεξικός*).

λέκτορας ο, θηλ. (στη σημασ. 2) **-ισσα**, ουσ. 1. (ιστ.) α. στην αρχαία Ρώμη, δούλος ή απελεύθερος που είχε έργο να διαβάζει για χάρη του κυρίου του· β. αναγνώστης της καθολικής Εκκλησίας. 2. (σήμερα) βαθμίδα του διδακτικού προσωπικού της ανώτατης εκπαίδευσης ανάμεσα στο βοηθό και τον επίκουρο καθηγητή. [λέκτωρ< λατ. *lector*].

λελέκι το και **λέλεκας** ο, ουσ. 1. πελαργός (βλ. λ.) 2. (μεταφ.) άνθρωπος ψηλός και λεπτός. 3. δρεπάνι με κυρτή τη λεπίδα του. [τουρκ. *leylek*].

λεμβοδρομία η, ουσ., αγώνας ταχύτητας λέμβων που κινούνται με κουπιά ή πανιά.

λέμβος η, ουσ. (λόγ.). 1. μικρό πλεούμενο με κουπιά ή και πανιά: *~ ναυαγοσωστική* (συνών. *βάρκα*). 2. το καλάθι του αερόστατου.

λεμβουχικός, -ή, -ό, επίθ. (λόγ.), που ανήκει στο λεμβούχο ή αναφέρεται σ' αυτόν. - Το ουδ. στον πληθ. ως ουσ. = η αμοιβή του βαρκάρη για τη μεταφορά ατόμων ή εμπορευμάτων (συνών. *βαρκαδιάτικα*).

λεμβούχος ο, ουσ. (λόγ.). 1. βαρκάρης (βλ. λ.). 2. (ναυτ.) κεραία τοποθετημένη σε καθεμιά από τις πλευρές του πλοίου για να προσδένονται οι βάρκες.

λεμονάδα η, ουσ., αναψυκτικό από χυμό λεμονιού, νερό και ζάχαρη. [βενετ. *limonada*].

λεμονάνθι το και **λεμονανθός** ο, ουσ., ο άνθος της λεμονιάς.

λεμόνι και (λαϊκ.) **λείμόνι** το, ουσ., ο καρπός της λεμονιάς, ωχροκίτρινος και ξινός με ευχάριστη μυρωδιά: *ωχρός / κίτρινος σα ~·* (για να δηλωθεί ότι

λεμονιά

κάτι είναι πολύ ξινό) *είναι ξινό* ~. [ιταλ. *limone*].
λεμονιά και (λαϊκ.) **λεϊμονιά** η, ουσ. (συνιζ.), (φυτολ.) δέντρο που το ύψος του δεν ξεπερνά τα πέντε μέτρα και παράγει λουλούδια και καρπό κίτρινο και ξινό.
λεμονόδασος και **λεμονοδάσο(ς)** το, ουσ., δάσος από λεμονιές.
λεμονόζουμο το, ουσ., χυμός λεμονιού.
λεμονόκουπα η, ουσ., το μισό λεμόνι μετά την αποστράγγιση του χυμού του· φρ. *πετώ κάποιον σα στυμμένη* ~ (= διώχνω κάποιον με άσχημο τρόπο, αφού τον εκμεταλλευτώ)· *τον πήραν με τις -ες* (για δημόσιο εξευτελισμό): *για τις ανοησίες που είπε τον πήραν με τις -ες*.
λεμονοπορτοκαλιά η, ουσ. (συνιζ.), υβρίδιο που δημιουργήθηκε με διασταύρωση της λεμονιάς με την πορτοκαλιά.
λεμονοπορτόκαλο το, ουσ. **1.** καρπός της λεμονοπορτοκαλιάς. **2.** (στον πληθ.) λεμόνια και πορτοκάλια μαζί.
λεμονοστύφτης ο, ουσ., σκεύος ειδικό για το στύψιμο λεμονιών, αλλά και πορτοκαλιών και άλλων καρπών: *ηλεκτρικός* ~.
λεμονόφλουδα η, ουσ. **1.** ο φλοιός της λεμονιάς. **2.** λεμονόκουπα (βλ. λ.).
λεμόντουζου το, ουσ. (προφ. ν-τ, λαϊκ.), κιτρικό οξύ (βλ. *κιτρικός*) (συνών. *ξινό*). [τουρκ. *limon tuzu*].
λεμφαγγειίτιδα η, ουσ. (έρρ.), (ιατρ.) φλεγμονή των λεμφικών αγγείων.
λεμφαγγείο το, ουσ. (έρρ.), (ανατομ.) καθένα από τα αγγεία του λεμφικού συστήματος μέσα στα οποία κυκλοφορεί η λέμφος (αλλιώς: *λεμφικό αγγείο*).
λεμφαγγείωμα το, ουσ. (έρρ.), (ιατρ.) καλοήθης όγκος που σχηματίζεται στο λεμφικό σύστημα.
λεμφαδένας ο, ουσ. (ανατομ.) καθένα από τα ογκίδια που έχουν σχήμα φασολιού, παρεμβάλλονται στη διαδρομή των λεμφαγγείων και έχουν ποικίλες λειτουργίες πολύτιμες για την άμυνα του οργανισμού (συνών. *λεμφογάγγλιο*).
λεμφατικός, -ή, -ό και **λυμφατικός**, επίθ., που αναφέρεται στη λέμφο (βλ. λ.).
λεμφικός, -ή, -ό, επίθ. (ανατομ.) που σχετίζεται με τη λέμφο: *-ά αγγεία* (= λεμφαγγεία)· *-ά γάγγλια* (= λεμφογάγγλια)· *-ό σύστημα* (= το σύνολο των λεμφοφόρων, τριχοειδών και των οργάνων που παράγουν λεμφοκύτταρα, καθώς και των λεμφαγγείων).
λεμφογάγγλιο το, ουσ. (έρρ.), (ανατομ.) λεμφαδένας (βλ. λ.).
λεμφοκύτταρο το, ουσ. (ανατομ.) λευκό αιμοσφαίριο που παράγεται από τη λέμφο.
λέμφος η, ουσ. (φυσιολ.) υγρό παρεμφερές προς το πλάσμα του αίματος απ' όπου παραλαμβάνουν τα κύτταρα τα θρεπτικά στοιχεία και όπου απορρίπτουν τα προϊόντα του μεταβολισμού τους.
λεμφοφόρος, -α, -ο, επίθ., που μεταφέρει λέμφο: *-α αγγεία*.
λενινισμός ο, ουσ., το σύνολο των θεωριών του Λένιν που συμπληρώνουν το μαρξισμό και αφορούν την εφαρμογή του.
λενινιστής ο, θηλ. **-τρια**, ουσ., οπαδός του λενινισμού.
λενινιστικός, -ή, -ό, επίθ., που ακολουθεί τη διδασκαλία του λενινισμού: *μαρξιστικό-λενινιστικό κόμμα· -ή αντίληψη*.

λενινίστρια, βλ. *λενινιστής*.
λέξη η, ουσ. **α.** (γραμμ.) η μικρότερη μονάδα του λόγου, συνδυασμός σημασίας και φθόγγων, που μαζί με άλλες σχηματίζει ενότητες με βάση ορισμένους κανόνες και χρησιμεύει στην έκφραση και επικοινωνία: ~ *μονοσύλλαβη / κλιτή / σύνθετη· κανείς δεν ήξερε τη σημασία αυτής της -ης·* **β.** γραπτή παράσταση της λέξης: ~ *δυσανάγνωστη· πόσες δραχμές κοστίζει η* ~ *στις μικρές αγγελίες;* **γ.** (βραχυλογικά σε αρνητικές προτάσεις αντί: *ούτε μια λέξη*) καθόλου, τίποτα: *δε βγάζω / δεν καταλαβαίνω / δεν πιστεύω* ~. Εκφρ. η τελευταία ~ *της μόδας / της επιστήμης*, κλπ. (= το εντελώς μοντέρνο / εκσυγχρονισμένα επιστημονικό, κλπ.): *αυτό το φόρεμα είναι η τελευταία* ~ *της μόδας·* κατά ~ (για μετάφραση, αντιγραφή, κλπ., που ακολουθεί πιστά το πρωτότυπο)· ~ -*κλειδί* (= καίρια· βλ. και *κλειδί*)· ~ -*οδηγός* (= λέξη που τυπώνεται στις εγκυκλοπαιδείες και τα λεξικά στο επάνω περιθώριο των σελίδων και δείχνει τη λέξη-τίτλο του πρώτου λήμματος της αριστερής σελίδας ή στήλης και του τελευταίου της δεξιάς διευκολύνοντας την αναζήτηση· αλλιώς *κεφαλάρι*)· ~ *προς* ~ (= με όλες τις λεπτομέρειες, πιστά): *του τα εξήγησε όλα* ~ *προς* ~· *συμφωνία στις -εις* (= επιφανειακή). Φρ. *δεν είπα ακόμη την τελευταία μου λέξη* (= δεν κατέληξα ακόμη σε τελική άποψη, σε τελικό συμπέρασμα)· *δεν ξέρει ούτε τι θα πει η* ~ *«καλοσύνη» / «εντιμότητα»*, κ.τ.ό.· *λέω / λέμε δυο -εις* (= σύντομα συζητούμε για ορισμένο θέμα)· *λέω την τελευταία* ~, βλ. *λέγω· παίζω με τις -εις* (= **α.** χρησιμοποιώ λέξεις χωρίς να διατυπώνω κάτι σαφές: *ας μην παίζουμε με τις -εις· η ουσία είναι ότι...·* **β.** κάνω λογοπαίγνια: *έχει το χάρισμα να παίζει με τις -εις*).
- Υποκορ. **-ούλα** η.
λέξημα το, ουσ. (γλωσσολ.) μόρφημα (βλ. λ.) λεκτικό που συγκροτεί λέξη σε αντίθεση με το γραμματικό μόρφημα. [γαλλ. *lexème*].
λεξίδιο το, ουσ. (ασυνίζ.), (συνήθως στον πληθ.) μικρή λέξη (συνών. *λεξούλα*).
λεξιθήρας ο, ουσ. (με μειωτ. σημασ.) αυτός που αναζητεί και χρησιμοποιεί στο λόγο του εξεζητημένες λέξεις: *-ες δημοσιογράφοι / φιλόλογοι*.
λεξιθηρία η, ουσ., το να αναζητεί και να χρησιμοποιεί κανείς στο λόγο του εξεζητημένες λέξεις και φράσεις.
λεξικό το, ουσ. **1.** σύγγραμμα με σειρά λέξεων ή κατηγορίας λέξεων μιας γλώσσας συνήθως αλφαβητικά (ή ειδολογικά ή και με άλλο τρόπο) τοποθετημένων που παρέχεται η σημασία τους ή και η ετυμολογία τους, καθώς και άλλες σχετικές πληροφορίες στην ίδια γλώσσα ή σε άλλη: *ερμηνευτικό, ετυμολογικό και ορθογραφικό* ~· ~ *της νέας ελληνικής·* ~ *συνωνύμων και αντιθέτων· ελληνοαγγλικό λεξικό*. **2.** σειρά άρθρων, τοποθετημένων συνήθως αλφαβητικά, που αναφέρονται σε συγκεκριμένο κλάδο επιστήμης ή τέχνης ή στο σύνολο των επιστημών και των τεχνών: ~ *εγκυκλοπαιδικό / ιστορικό / ιατρικό*.
λεξικογραφία η, ουσ. (γλωσσολ.) η τέχνη και η τεχνική της καταλογογράφησης και της μελέτης της σημασιολογίας και της μορφολογίας των λέξεων μιας γλώσσας, καθώς και η επιστημονική απασχόληση που αναφέρεται στη συγκρότηση λεξικών.

λεξικογραφικός, -ή, -ό, επίθ., που ανήκει στη λεξικογραφία ή αναφέρεται σ' αυτήν: *εργασία / τεχνική -ή.*

λεξικογράφος ο, ουσ., αυτός που ασχολείται με τη συγγραφή, τη σύνταξη λεξικού.

λεξικολογία η, ουσ. (γλωσσολ.) κλάδος της γλωσσολογίας που μελετά τις σημασιολογικές μονάδες (μονήματα) και τους συνδυασμούς σε μορφικές ενότητες (λέξεις) συχνά σε σχέση με το κοινωνικό περιβάλλον που αποτελούν έκφρασή του.

λεξικολογικός, -ή, -ό, επίθ., που ανήκει στη λεξικολογία ή αναφέρεται σ' αυτήν: *μελέτη -ή.*

λεξικολόγος ο, ουσ., επιστήμονας που ασχολείται με τη λεξικολογία.

λεξικός, -ή, -ό, επίθ. (γλωσσολ.) που σχετίζεται με τη λέξη: *μόρφημα -ό* (συνών. *λεκτικός* στη σημασ. δ).

λεξιλογικός, -ή, -ό, επίθ., που ανήκει στο λεξιλόγιο (βλ. λ.) ή αναφέρεται σ' αυτό: *δυσκολίες -ές· ενότητα -ή· πεδίο -ό· -ή αντιστοιχία δύο γλωσσών.*

λεξιλόγιο το, ουσ. (ασυνίζ.). 1. γλωσσάριο (βλ. λ.): *το ~ της Ερωφίλης· ~ ανθρωπολογίας.* 2. το σύνολο των λέξεων που γνωρίζει και χρησιμοποιεί ένα άτομο (στον προφορικό ή το γραπτό λόγο): *το βασικό ~ ενός παιδιού πέντε χρόνων· ~ φτωχό / περιορισμένο· το ~ του Μακρυγιάννη / Παλαμά* (πβ. ά. *γλώσσα* II στη σημασ. 2). 3. το σύνολο των λέξεων που χρησιμοποιεί μια κοινωνική ομάδα: *~ ιδιωματικό / του στρατού / της δικαιοσύνης / επαγγελματικών ομάδων* (συνών. *γλώσσα* II, στη σημασ. 1α). 4. το σύνολο των λέξεων μιας γλώσσας: *ξένες λέξεις εισάγονται καθημερινά στο ~ της ελληνικής* (πβ. *γλώσσα* II στη σημασ. 1α).

λεξούλα, βλ. *λέξη.*

λεονταρισμός ο, ουσ. (έρρ.), επίδειξη ψεύτικου θάρρους, ψευτοπαλληκαριάς: *άφησε τους -ισμούς, γιατί θα βρεις τον μπελά σου* (συνών. *νταηλίκι*).

λέοντας και (λαϊκ.) **λιόντας** ο, ουσ. (έρρ.), λιοντάρι (βλ. λ.).

λεοντή η, ουσ. (έρρ.), δέρμα λιονταριού: (μυθολ.) *η ~ του Ηρακλή.*

λεοντόκαρδος, -η, -ο, επίθ. (έρρ.), που έχει καρδιά λιονταριού, γενναίος (συνών. *λιονταρόψυχος·* αντ. *λιγόψυχος*).

λεοντοκεφαλή η, ουσ. (έρρ.), αρχιτεκτονικό κόσμημα που έχει σχήμα κεφαλής λιονταριού και χρησιμεύει ως υδρορρόη, ρόπτρο κ.ά.

λεοντόμορφος, -η, -ο, επίθ. (έρρ.), που έχει μορφή λιονταριού: *κόσμημα -ο.*

λεοπάρδαλη η, ουσ., μεγάλο άγριο αιλουροειδές ζώο με μαύρες και κίτρινες κηλίδες που ζει στις τροπικές χώρες.

-λέος, κατάλ. λόγ. επιθ.: *πειναλέος, ψωραλέος.* [αρχ. κατάλ. *-αλέος*].

λέπι το, ουσ. 1. καθεμιά από τις πολλές κερατοειδείς πλάκες που σκεπάζουν το σώμα ψαριών και ερπετών: *πλένουμε το ψάρι και καθαρίζουμε τα -ια* (λαογρ.) *~ δράκου.* 2. (στη δερματολογία) μικρό κομμάτι από δέρμα που αποσπάται από την επιδερμίδα σε διάφορες δερματοπάθειες. 3. (βοτ.) φύλλο απλό ως προς τη μορφή και την κατασκευή του που εμφανίζεται πάνω σε κάποιο όργανο του φυτού (π.χ. σε βολβούς, ριζώματα, κ.ά.) και έχει ρόλο προστατευτικό ή θρεπτικό. 4. μετάλλινη πλάκα πάνω σε κάποιο αντικείμενο: *σιδεροπουκάμισο με -ια* (Κόντογλου).

λεπίδα η, ουσ. 1. έλασμα κοφτερού εργαλείου (μαχαιριού, ξυραφιού, κ.τ.ό.): *~ ροκανιού* (συνών. *λεπίδι*). 2. το ίδιο το κοφτερό όργανο: *ξυριστική ~* (κοιν. *ξυραφάκι*).

λεπίδι το, ουσ., λεπίδα (βλ. λ. στη σημασ. 1)· φρ. *έπεσε ~* (= α. για μεγάλη σφαγή· β. για αυστηρές ομαδικές τιμωρίες, π.χ. απολύσεις υπαλλήλων).

λεπιδόπτερα τα, ουσ. (ζωολ.) τάξη εντόμων που περιλαμβάνει περίπου 112.000 ποικιλόχρωμα είδη, τις γνωστές πεταλούδες (βλ. λ.).

λεπιδωτός, -ή, -ό, επίθ., που καλύπτεται από λέπια (συνών. *φολιδωτός*).

λέπρα η, ουσ. (ιατρ.) λοιμώδης νόσος που προσβάλλει το δέρμα και τα νεύρα και οφείλεται στο βακτηρίδιο του Χάνσεν (συνών. *λώβα*).

λεπροκομείο το, ουσ., ειδικό νοσοκομείο για λεπρούς.

λεπρός, -ή, -ό, επίθ., που πάσχει από λέπρα (συνών. *χανσενικός*).

λεπτά, βλ. *λεπτός.*

λεπταίνω, βλ. *λεπτύνω.*

λεπταίσθητος, -η, -ο, επίθ., που είναι προικισμένος με λεπτή αντίληψη του ωραίου (συνών. *καλαίσθητος*).

λεπτεπίλεπτος, -η, -ο, επίθ. 1. που είναι πολύ λεπτός στο σώμα· ασκληραγώγητος. 2. ευαίσθητος (συνών. *μυγιάγγιχτος*).

λεπτό το, ουσ. (πληθ. λαϊκ. *λεφτά*). 1. χρονική μονάδα που αντιστοιχεί στο ένα εξηκοστό της ώρας (η λ. παραλείπεται στην προφορική χρήση): *τρεις και πέντε* (ενν. *λεπτά*)· *ενός -ού σιγή* (για εκδήλωση τιμής σε πρόσωπο που δε ζει)· έκφρ. *από ~ σε ~* (= πάρα πολύ σύντομα)· *στο ~* (= αμέσως): *θα το ετοιμάσω στο ~.* 2. περιορισμένο χρονικό διάστημα: *ένα ~, σε παρακαλώ* (ενν. *περίμενε*). 3. μονάδα που αντιστοιχεί με το ένα εκατοστό της δραχμής. 4. μονάδα που αντιστοιχεί με το ένα εξηκοστό της μοίρας. 5. (στον πληθ. *λεφτά,* γενικά) χρήματα: *έκανε πολλά ~ στην Αμερική.*

λεπτοδείκτης και **-δείχτης** ο, ουσ., δείκτης του ρολογιού που δείχνει τα πρώτα λεπτά της ώρας.

λεπτοδουλειά η, ουσ. (συνιζ.), δουλειά που απαιτεί ιδιαίτερη προσοχή στις λεπτομέρειες (συνών. *ψιλοδουλειά*).

λεπτοδουλεμένος, -η, -ο, επίθ., δουλεμένος με πολλή λεπτότητα (συνών. *ψιλοδουλεμένος·* αντ. *χοντροδουλεμένος*).

λεπτοκαμωμένος, -η, -ο, επίθ. 1. που έχει λεπτό σώμα: *κοπέλα -η* (αντ. *χοντροκαμωμένος*). 2. (συνεκδοχικά) φιλάσθενος.

λεπτολογία η, ουσ. 1. το να είναι κανείς λεπτολόγος. 2. λεπτομερειακή εξέταση ενός πράγματος.

λεπτολογικός, -ή, -ό, επίθ., που γίνεται με λεπτολογία.

λεπτολόγος, -α, -ο, επίθ., που εξετάζει κάτι λεπτομερειακά, σχολαστικός.

λεπτολογώ, ρ., εξετάζω κάτι με ακρίβεια, σε όλες του τις λεπτομέρειες.

λεπτομέρεια η, ουσ. (ασυνίζ.). 1. επουσιώδες στοιχείο ενός έργου, μιας υπόθεσης ή μιας επιδίωξης: *θυμάμαι κάθε ~ από εκείνο το γεγονός.* 2. τμήμα ζωγραφικής, τοιχογραφίας, κλπ., που δίνεται ξεχωριστά, συνήθως σε μεγέθυνση, ώστε να μπορεί να φανεί καθαρά και το παραμικρό χαρακτηριστικό: *~ τοιχογραφίας.* 3. (στον πληθ.) επιμέρους πληροφορίες ή στοιχεία γύρω από ένα γεγονός ή

πρόσωπο: *-ες για το διαγωνισμό μπορείτε να πάρετε από τη διεύθυνση.*
λεπτομερειακός, -ή, -ό, επίθ. (ασυνίζ.), που αναφέρεται σε λεπτομέρειες: *εξέταση -ή* (συνών. *λεπτομερής·* αντ. *περιληπτικός, αδρομερής*). - Επίρρ. **-ά.**
λεπτομερής, -ής, -ές, γεν. *-ούς,* πληθ. αρσ. και θηλ. *-είς,* ουδ. *-ή,* επίθ., που γίνεται ή λέγεται με κάθε λεπτομέρεια: *έλεγχος* ~ (συνών. *ακριβολόγος, λεπτολόγος*). - Επίρρ. **-ώς.**
λεπτός, -ή, -ό, επίθ. 1α. που δεν έχει πάχος, αδύνατος: *κοπέλα -ή* (συνών. *λιπόσαρκος, άπαχος·* αντ. *παχύς, χοντρός)·* β. λεπτοκαμωμένος, κομψός: *μέση -ή· λαιμός* ~. 2. που δεν έχει όγκο: *χαρτί / ύφασμα -ό· -ή φέτα ψωμιού* (συνών. *ψιλός*). 3. (συνεκδοχικά) ευπαθής, ασθενικός: *οργανισμός* ~. 4. (μεταφ.) α. (για άνθρωπο) διακριτικός στους τρόπους, ευγενικός: *άνθρωπος* ~ (αντ. *χοντράνθρωπος)·* β. ευγενικός: *αισθήματα -ά·* γ. εκλεπτυσμένος: *γούστο -ό.* 5. (συνεκδοχικά) εύθραυστος, ευαίσθητος: *-ή ισορροπία δυνάμεων· μηχάνημα / σημείο -ό.* 6. (για αισθήσεις) οξύς, δυνατός: *όσφρηση / ακοή -ή.* 7. (για οσμή) ευχάριστος, ελαφρύς: *άρωμα -ό.* 8. (για φωνή, ήχο, κλπ.) οξύς, ψιλός. 9. (μεταφ.) ευφυής, εύστροφος, πολύ έντεχνος και δηκτικός: *κρίση / ειρωνεία -ή· πνεύμα -ό.* 10. που απαιτεί δεξιοτεχνία και προσοχή: *τέχνη -ή.* 11. δύσκολος: *είναι -ή η θέση μου.* - Επίρρ. **-ά.**
λεπτόσωμος, -η, -ο, επίθ., που έχει λεπτό σώμα (συνών. *λεπτοκαμωμένος, λεπτοφυής·* αντ. *μεγαλόσωμος, σωματώδης*).
λεπτότητα η, ουσ. 1. το να είναι κανείς λεπτός στο σώμα (αντ. *πάχος*). 2. (μεταφ.) διακριτικότητα στους τρόπους, ευγένεια: *συμπεριφέρθηκε με* ~ (συνών. *τακτ·* αντ. *αγένεια*). 3. (μεταφ.) ευστροφία, δεξιοτεχνία: *χειρίστηκε με* ~ *το πρόβλημα.*
λεπτούργημα το, ουσ., αντικείμενο (ιδίως από ξύλο) δουλεμένο με πολλή τέχνη: *μουσείο με πολλά -ατα* (συνών. *κομψοτέχνημα*).
λεπτουργική η, ουσ., η τέχνη του λεπτουργού.
λεπτουργός ο, ουσ., τεχνίτης που κατασκευάζει λεπτά αντικείμενα από πολυτελές ξύλο και έπιπλα με γλυπτές διακοσμητικές παραστάσεις (συνών. *σκαλιστής*).
λεπτούτσικος, -η, -ο, επίθ., που είναι κάπως λεπτός: *μέση / φέτα ψωμιού -η* (αντ. *χοντρούτσικος*).
λεπτοφυής, -ής, -ές, γεν. *-ούς,* πληθ. αρσ. και θηλ. *-είς,* ουδ. *-ή,* επίθ. (λόγ.), που είναι λεπτοκαμωμένος: *ύπαρξη* ~ (συνών. *λεπτόσωμος, μικροκαμωμένος·* αντ. *μεγαλόσωμος, σωματώδης*).
λέπτυνση η, ουσ. 1. το να γίνεται κάτι λεπτό: ~ *σώματος* (συνών. *αδυνάτισμα*). 2. (μεταφ.) εξευγενισμός: ~ *του χαρακτήρα.*
λεπτύνω και **λεπταίνω,** ρ., αόρ. *λέπτυνα.* A. (μτβ.) κάνω κάτι λεπτό ή λεπτότερο από ό,τι είναι: *-υνα τη μύτη του μολυβιού.* B. (αμτβ.) γίνομαι λεπτότερος: *-υνε το σώμα του με τη γυμναστική* (συνών. *αδυνατίζω·* αντ. *χοντραίνω, παχαίνω*).
λέρα η, ουσ. 1. ακαθαρσία, βρομιά: *τρίψου καλά για να φύγει η* ~ (συνών. *βρόμα*). 2. (συνεκδοχικά) λεκές, κηλίδα: *σεντόνι γεμάτο -ες.* 3. (μεταφ.) άνθρωπος αισχρός: *είναι μεγάλη* ~· *πώς κάνεις παρέα μαζί του;*
Λερναία ύδρα, (μυθολ.) δράκοντας με εννιά κεφάλια που κατοικούσε στα έλη της λίμνης Λέρνης και τη σκότωσε ο Ηρακλής με τη βοήθεια του Ιόλαου.
λερός, -ή, -ό, επίθ., ακάθαρτος, βρόμικος: *θάνατος οι -οί ασήμαντοι δρόμοι (Καρυωτάκης)* (συνών. *ρυπαρός·* αντ. *καθαρός*).
λέρωμα το, ουσ., ρύπανση, λέκιασμα: ~ *των ρούχων.*
λερώνω, ρ. I ενεργ. Α. μτβ. 1. ρυπαίνω, βρομίζω: *-ωσε τα ρούχα του.* 2. (μεταφ.) ντροπιάζω, κηλιδώνω: *-ωσε το όνομα της οικογένειας* (συνών. *σπιλώνω*). Β. (αμτβ.) βρομίζω, ρυπαίνομαι: *-ωσε το σπίτι· -ουν εύκολα τα άσπρα ρούχα.* II. (μέσ.) (για μωρό ή ηλικιωμένο): *«τα κάνω» επάνω μου: άλλαξε το μωρό, γιατί -θηκε.*
Λέσβια, βλ. *Λέσβιος.*
λεσβία η, ουσ., γυναίκα ομοφυλόφιλη.
λεσβιάζω, ρ. (ασυνίζ.), (προκειμένου για γυναίκα) έχω ερωτικές σχέσεις με ομόφυλη.
λεσβιακός, -ή, -ό, επίθ. (ασυνίζ.). 1. που ανήκει ή αναφέρεται στη Λέσβο ή τους Λεσβίους: *ποίηση -ή.* 2. που σχετίζεται με το λεσβιασμό: *έρωτας* ~· *διαστροφή -ή.*
λεσβιασμός ο, ουσ. (ασυνίζ.), ερωτικές σχέσεις μεταξύ γυναικών.
Λέσβιος ο, θηλ. **-α,** ουσ., (ασυνίζ.), (σπάνιο), που κατάγεται από τη Λέσβο ή κατοικεί εκεί (συνών.) *Μυτιληνιός.*
λέσχη η, ουσ. 1. χώρος όπου συγκεντρώνονται πολλά άτομα που έχουν το ίδιο επάγγελμα ή πολιτικό φρόνημα, τα ίδια ενδιαφέροντα ή ανήκουν στην ίδια κοινωνική τάξη για να συζητήσουν ή να ψυχαγωγηθούν: ~ *φοιτητική / στρατιωτική / κινηματογραφική* (συνών. *κλαμπ*). 2. (συνεκδοχικά) το σύνολο των μελών που αποτελούν τη λέσχη. 3. χαρτοπαικτικό κέντρο: *έχασε τα λεφτά του στις -ες* (συνών. *καζίνο*).
λετσαρία η, ουσ., σύνολο ατόμων κακοντυμένων ή βρόμικων.
λέτσος ο, ουσ., άνθρωπος κακοντυμένος και βρόμικος: *γυρίζει* ~ (συνών. *κουρελής*). [ιταλ. *lezzo*].
Λεττονή, βλ. *Λεττονός.*
λεττονικός, -ή, -ό, επίθ., αυτός που ανήκει ή αναφέρεται στη Λεττονία ή τους Λεττονούς.
Λεττονός ο, θηλ. **Λεττονή,** ουσ., αυτός που κατοικεί στη Λεττονία ή κατάγεται από εκεί.
λεύγα η, ουσ., μονάδα μήκους που διαφέρει κατά τόπους. [λατ. *leuga*].
λευίτης ο, ουσ. 1. (στην Παλαιά Διαθήκη) πρόσωπο που ανήκε στη φυλή του Λευί. 2. ιερέας.
λεύκα, βλ. *λεύκη,* I.
Λευκαδίτης ο, θηλ. **-ισσα,** ουσ., που κατάγεται από τη Λευκάδα ή κατοικεί σ' αυτή.
λευκαδίτικος, -η, -ο, επίθ., που ανήκει ή αναφέρεται στη Λευκάδα ή τους Λευκαδίτες: *κεντήματα -α.*
Λευκαδίτισσα, βλ. *Λευκαδίτης.*
λευκαίνω, ρ. 1. κάνω κάτι λευκό ύστερα από πλύσιμο, καθαρίζω: *σκόνη που -ει μάρμαρα και πορσελάνες·* (ειδικά για ασπρόρουχα) κάνω κάτι κάτασπρο (αντ. *μαυρίζω, λερώνω*). 2. (στην υφαντουργία) κάνω λευκές τις υφαντικές ίνες ύστερα από ειδική επεξεργασία που απομακρύνει τις φυσικές χρωστικές ουσίες.
λεύκανση η, ουσ. 1. *άσπρισμα· καθάρισμα.* 2. (στην υφαντουργία) οι εργασίες που έχουν σκοπό την απομάκρυνση των φυσικών χρωστικών ουσιών από τις υφαντικές ίνες: ~ *του λίνου / του βαμβακιού.*

λευκαντικός, -ή, -ό, επίθ. (έρρ.), που προκαλεί λεύκανση, κατάλληλος για να λευκαίνει κάτι: *ουσία / ιδιότητα -ή*. - Το ουδ. ως ουσ. = ονομασία των ουσιών που χρησιμοποιούνται για λεύκανση.

λεύκη, Ι. και **λεύκα** η, ουσ., ονομασία ορισμένων ειδών δέντρων των εύκρατων και υγρών περιοχών, φυλλοβόλων με πολύ υψηλό κορμό και ξύλο ελαφρό που εύκολα γίνεται η κατεργασία του στην ξυλουργική και τη χαρτοποιία.

λεύκη η, ΙΙ. ουσ., μορφή δερματοπάθειας που χαρακτηρίζεται από την εμφάνιση σε διάφορα σημεία του σώματος λευκών κηλίδων ή πλακών —όχι συγκεκριμένου σχήματος— οι οποίες οφείλονται στην εξαφάνιση της χρωστικής ουσίας του δέρματος.

λεύκινος, -η, -ο, επίθ., που είναι κατασκευασμένος από ξύλο λεύκης.

λευκίσκος ο, ουσ., ασπρόψαρο (βλ. λ.).

λευκίτης ο, ουσ., άτομο που γεννιέται έχοντας άσπρο χρώμα στο δέρμα και στα μαλλιά και όχι το φυσιολογικό του χρώμα.

λευκοδερμία η, ουσ. (ιατρ.) μορφή δερματοπάθειας με χαρακτηριστικό τον αποχρωματισμό του δέρματος που οφείλεται σε τοπική εξαφάνιση της φυσιολογικής χρωστικής του ή είναι επακόλουθο άλλων δερματικών παθήσεων.

λευκοκύτταρο το, ουσ., το λευκό αιμοσφαίριο του αίματος και της λέμφου που εξασφαλίζει την άμυνα κατά των μικροβίων.

λευκοκυτταρομετρία η, ουσ., καταμέτρηση των λευκών αιμοσφαιρίων.

λευκόλιθος ο, ουσ., ορυκτό ανθρακικό μαγνήσιο.

λευκοπάθεια η, ουσ. (ασυνίζ.), (ιατρ.) διαταραχή της μελαγχρωστικής του οργανισμού που έχει ως αποτέλεσμα μερική ή ολική έλλειψή της στο δέρμα, τα μαλλιά ή την ίριδα του ματιού (συνών. *λεύκη* ΙΙ).

λευκοπενία η, ουσ. (ιατρ.) μείωση του αριθμού των λευκών αιμοσφαιρίων κάτω από το φυσιολογικό όριο.

λευκοπλάστης ο, ουσ., υφασμάτινη ταινία που έχει στη μία της πλευρά συγκολλητική ύλη και χρησιμοποιείται στη φαρμακευτική για να συγκρατεί επιδέσμους πάνω στο δέρμα.

λευκόρροια η, ουσ. (ασυνίζ.), (ιατρ.) έκκριση υπόλευκου βλεννώδους υγρού από τα γεννητικά όργανα της γυναίκας.

Λευκορώσος ο, θηλ. -**ίδα**, ουσ., αυτός που κατοικεί στη Λευκορωσία ή κατάγεται από εκεί.

λευκός, -ή, -ό, επίθ. 1. που έχει το πιο φωτεινό χρώμα που υπάρχει, το χρώμα του χιονιού και του γάλακτος, άσπρος: *δόντια / σύννεφα -ά· φόρεμα -ό· αιμοσφαίριο -ό*, βλ. *λευκοκύτταρο· άνθρακας* ~, βλ. *άνθρακας· κόλλα -ή* (= κόλλα εξετάσεων στην οποία ο εξεταζόμενος δεν έχει γράψει την απάντηση ή τη λύση σε κανένα από τα θέματα)· *κρασί -ό* (= το κρασί που έχει κιτρινωπό χρώμα)· (ειρων.) *περιστερά -ή* (για κάποιον που υποκρίνεται τον αθώο)· *σημαία -ή* (= ένα κομμάτι άσπρο πανί που, όταν υψώνεται κατά τη διάρκεια της μάχης, δηλώνει ότι ζητείται ανακωχή ή ότι υπάρχει διάθεση για παράδοση)· *φως -ό* (= το φως που περιέχει όλες τις ακτίνες του φάσματος, το ηλιακό φως)· *γάμος* ~ (= ο γάμος κατά τον οποίο δεν υπάρχει σαρκική μίξη του ζευγαριού)· *θάνατος* ~, βλ. *θάνατος· μαγεία -ή* (= η τέχνη κάποιου να παρουσιάζει αποτελέσματα εντυπωσιακά και θαυμαστά, που όμως στην πραγματικότητα οφείλονται σε φυσικά αίτια· αντ. *μαύρη μαγεία*)· *νύχτα -ή* (= νύχτα αγρυπνίας)· *ψήφος -ή* = **α.** (από δικαστή) αθωωτική ψήφος· **β.** (από ψηφοφόρο ή μέλος συμβουλίου, ομάδας, κλπ.) ψήφος με την οποία δε συμμετέχει στη διαδικασία της εκλογής. **2.** (για άτομο) που έχει ανοιχτόχρωμη επιδερμίδα: *άνθρωποι -οί· φυλή -ή· εμπόριο -ής σαρκός* (= η προαγωγή και εκπόρνευση γυναικών και ανήλικων παιδιών). **3.** *Λευκός Οίκος* = η κατοικία του Προέδρου των Η.Π.Α. στην Ουάσιγκτον και κατ' επέκταση ο ίδιος ο Πρόεδρος και οι συνεργάτες του. **4.** (μεταφ.) αγνός, άσπιλος: *μέτωπο / παρελθόν -ό· ποινικό μητρώο -ό*. - Το αρσ. και το θηλ. ως ουσ. = αυτός που ανήκει στη λευκή φυλή. - Το ουδ. ως ουσ. = το λευκό χρώμα.

λευκοσίδηρος ο, ουσ., λεπτό έλασμα σιδήρου καλυμμένο με κασσίτερο για να μη σκουριάζει, τενεκές.

λευκότητα η, ουσ., το να είναι κάτι λευκό, ασπράδα: *η ~ του χιονιού*.

λευκοφέρνω, ρ. (για χρώμα) κλίνω προς το λευκό, είμαι υπόλευκος.

λευκοφόρος, -α, -ο, επίθ., που φορεί λευκά ρούχα (συνών. *ασπροντυμένος·* αντ. *μαυροφόρος, μαυροφορεμένος*).

λευκοφορώ, ρ., φορώ λευκά ρούχα (συνών. *ασπροφορώ*).

λευκόχροια η, ουσ. (ασυνίζ.), (ιατρ.) λευκοδερμία (βλ. λ.).

λευκόχρυσος ο, ουσ., πολύτιμο μέταλλο, ανοξείδωτο, με χρώμα γκρι-ασημί που χρησιμοποιείται κυρίως στην κοσμηματοποιία.

λεύκωμα το, ουσ. **1.** συλλογή αναμνηστικών εικόνων ή φωτογραφιών που έχουν σχέση με κάποιο τόπο, πρόσωπο ή γεγονός σε μορφή βιβλίου (συνών. *άλμπουμ*). **2.** πολυτελές τετράδιο μέσω του οποίου ο κάτοχος υπέβαλε ερωτήματα για διάφορα θέματα σε φίλους και γνωστούς, που καλούνταν να απαντήσουν γραπτώς συνοδεύοντας συχνά τις απαντήσεις τους με ζωγραφιές. **3.** το ασπράδι του αβγού. **4.** (ιατρ.) λευκή κηλίδα σαν πορσελάνη που εμφανίζεται στον κερατοειδή ύστερα από τραυματισμό. **5.** οργανική αζωτούχα ουσία που περιέχεται στο ασπράδι του αβγού, στο γάλα και στο πλάσμα του αίματος. **6.** (ιατρ.) λευκωματουρία (βλ. λ.).

λευκωματουρία η, ουσ., εμφάνιση λευκώματος στα ούρα, ενδεικτική παθολογικών καταστάσεων.

λευκωματούχος, -α, -ο, επίθ., που περιέχει λεύκωμα (βλ. λ. στη σημασ. 5): *τροφές -ες*.

λευτεριά, βλ. *ελευθερία*.

λεύτερος, βλ. *ελεύθερος*.

λευτερώνω, βλ. *ελευθερώνω*.

λευχαιμία η, ουσ., αρρώστια των αιμοποιητικών οργάνων άγνωστης αιτιολογίας, κατά την οποία παρουσιάζεται υπερβολική αύξηση των λευκοκυττάρων στο αίμα. [*λευκός + αίμα*].

λευχαιμικός, -ή, -ό, επίθ., που έχει σχέση με τη λευχαιμία. - Το αρσ. ως ουσ. = άτομο που πάσχει από λευχαιμία.

λεφτά, βλ. *λεπτό*.

λεφτάς ο, ουσ. (λαϊκ.), αυτός που έχει πολλά χρήματα ή μεγάλη περιουσία (συνών. *πλούσιος, παραλής*).

λεφτοκάρι, βλ. *λεπτοκάρυδο*.

λεφτοκαρυά, βλ. *λεπτοκαρυά*.

λεχούδι το, ουσ., νεογέννητο βρέφος. [αρχ. λεχώ + κατάλ. -ούδι].
λεχούσα η, ουσ., λεχώνα (βλ. λ.). [αρχ. λεχώ + κατάλ. -ούσα].
λεχρίτης ο, θηλ. **-ισσα**, ουσ., άνθρωπος τιποτένιος, αλήτης. [αρχ. λέχριος + κατάλ. -ίτης].
λεχώνα η, ουσ., η γυναίκα που μόλις έχει γεννήσει ή βρίσκεται σε περίοδο λοχείας. [αρχ. λεχώ].
λεχωνιά η, ουσ. (συνιζ.), η περίοδος των σαράντα ημερών μετά τον τοκετό της γυναίκας, λοχεία.
λέω, βλ. λέγω.
λεωφορειακός, -ή, -ό, επίθ. (ασυνίζ.), που έχει σχέση με το λεωφορείο: γραμμές -ές.
λεωφορείο το, ουσ., μεγάλο πολυθέσιο αυτοκίνητο που μεταφέρει με εισιτήριο επιβάτες από μια περιοχή σε άλλη ακολουθώντας κάποιο δρομολόγιο: ~ αστικό / υπεραστικό / τουριστικό· ~ αρθρωτό· (αστρον.) ~ διαστημικό. [λεωφόρος].
λεωφορειούχος ο, ουσ. (ασυνίζ.), ιδιοκτήτης λεωφορείου δημόσιας χρήσης.
λεωφόρος η, ουσ., φαρδύς δρόμος μέσα σε πόλη ή που συνδέει την πόλη με κάποιο προάστιό της.
λήγουσα η, ουσ., η τελευταία συλλαβή κάθε λέξης ανεξάρτητα από τον αριθμό των συλλαβών της.
λήγω, ρ. 1. (για χρονική περίοδο ή προθεσμία κατά τη διάρκεια της οποίας ισχύει κάτι ή επιτρέπεται να υπάρχει) τελειώνει, τερματίζομαι, παύω: *το διαβατήριό μου -ει σε τρεις μήνες· η θητεία του προέδρου -ει σε δυο χρόνια.* 2. (για λέξη) καταλήγω, τελειώνω: *ρήματα της αρχαίας γλώσσας που -ουν σε -μι.*
ληθαργικός, -ή, -ό, επίθ., που ανήκει ή αναφέρεται στο λήθαργο: *ύπνος* ~· *κατάσταση -ή* (συνών. *κωματώδης*).
λήθαργος ο, ουσ. 1. παθολογικός ύπνος βαθύς και συνεχής, σύμπτωμα παθήσεων του εγκεφάλου (συνών. *κώμα*). 2. (μεταφ.) κατάσταση σημαντικής εξασθένησης ενός ατόμου κατά την οποία του λείπει κάθε ενεργητικότητα και διάθεση για δράση· (κατ' επέκταση) *αυτή η υπηρεσία βρίσκεται μόνιμα σε -ο.*
λήθη η, ουσ., η κατάσταση κατά την οποία κάτι έχει σβηστεί από τη μνήμη ή δεν είναι πια τόσο σημαντικό (συνών. *λησμονιά*).
ληκτικός, -ή, -ό, επίθ., που βρίσκεται στο τέλος, καταληκτικός (αντ. *αρκτικός*).
λήκυθος η, ουσ. 1. (αρχαιολ.) ψηλό αγγείο για λάδι ή μύρο προορισμένο για τους νεκρούς. 2. (φυσ.) γυάλινο φιαλίδιο με το οποίο μετριέται η πυκνότητα στερεών και υγρών σωμάτων.
λημέρι το, ουσ. 1. στην Τουρκοκρατία κρησφύγετο των κλεφτών και των αρματολών: *στον απάνω μαχαλά είχε ~ ο Τζαβέλας με τα παλληκάρια του.* 2. καταφύγιο ή χώρος μυστικών συναντήσεων ατόμων που ενεργούν παράνομα: ~ *ληστών / κακοποιών* (συνών. *άντρο*). 3. χώρος όπου συχνάζει κανείς: *πάμε να ξαναδούμε τα παλιά μας τα -ια.* 4. φωλιά άγριων ζώων. [ολημερίζω υποχωρ.].
λημεριάζω, ρ. (συνιζ.). 1. περνώ τη μέρα μου στο λημέρι. 2. (κατ' επέκταση) συχνάζω κάπου.
λήμη η, ουσ., βλέννα που εκκρίνεται από αδένες των βλεφάρων και εμποδίζει το ξεχείλισμα των δακρύων (συνών. *τσίμπλα*).
λήμμα το, ουσ. 1. η λέξη ή το άρθρο που βρίσκεται ταξινομημένο σε δημοσίευμα ή σε αρχείο· (λεξικογραφία) ο τύπος λέξης με τον οποίο αυτή εξετάζεται και που προτιμάται επειδή θεωρείται αρχικός ή επικρατέστερος σε σχέση με τους άλλους που υπάγονται σ' αυτόν. 2. (φιλολ.) λέξη παρμένη από φραστική διατύπωση και που επισημαίνει το σημείο κειμένου που απαιτεί σχολιασμό: *-ατα του κριτικού υπομνήματος.* 3. (μαθημ.) πρόταση που έχει ήδη αποδειχτεί και θεωρείται ως αλήθεια για την απόδειξη άλλης.
λημματογράφηση η, ουσ., αναζήτηση και καταγραφή λημμάτων που θα περιληφθούν και θα σχολιαστούν σε ένα λεξικό ή πληροφοριακό βιβλίο.
λημματογραφώ, ρ., αναζητώ και καταγράφω τα λήμματα που θα περιληφθούν και θα σχολιαστούν σε ένα λεξικό ή πληροφοριακό βιβλίο.
λημματολόγηση η, ουσ., επιλογή λημμάτων που θα περιληφθούν και θα σχολιαστούν σε ένα λεξικό ή ένα πληροφοριακό βιβλίο.
λημματολόγιο το, ουσ. (ασυνίζ.). 1. το σύνολο των λημμάτων ενός λεξικού ή πληροφοριακού βιβλίου. 2. αυτοτελής αλφαβητικός κατάλογος που περιέχει τα λήμματα που θα περιληφθούν σ' ένα πληροφοριακό βιβλίο ή λεξικό.
λημματολογώ, ρ., επιλέγω λήμματα που θα περιληφθούν και θα σχολιαστούν σ' ένα λεξικό ή ένα πληροφοριακό βιβλίο.
ληνός ο, ουσ., μικρό κτίσμα σε σχήμα δεξαμενής ή μεγάλο ξύλινο κιβώτιο για το πάτημα των σταφυλιών, πατητήρι.
λήξη η, ουσ., σταμάτημα, παύση: ~ *των εργασιών του συνεδρίου* (αντ. *έναρξη*).
ληξιαρχείο το, ουσ. (ασυνίζ.), υπηρεσία των δημοτικών ή κοινοτικών αρχών όπου δηλώνονται επίσημα οι γεννήσεις, οι θάνατοι και οι γάμοι των δημοτών και από την οποία εκδίδονται οι ληξιαρχικές πράξεις.
ληξιαρχικός, -ή, -ό, επίθ. (ασυνίζ.), που αναφέρεται στο ληξιαρχείο ή το ληξίαρχο (βλ. λ.)· (συνήθως για έγγραφα) που πιστοποιούν τη γέννηση, το θάνατο, τη σύναψη γάμου, κ.τ.ό., κάποιου δημότη: *-ή πράξη γέννησης· -ά βιβλία* (= κατάλογος όπου καταχωρίζονται οι ληξιαρχικές πράξεις).
ληξίαρχος ο, ουσ., δημοτικός υπάλληλος υπεύθυνος για την τήρηση των ληξιαρχικών βιβλίων και την έκδοση ληξιαρχικών πράξεων.
ληξιπρόθεσμος, -η, -ο, επίθ. (λόγ.), που η προθεσμία του έχει λήξει: *γραμμάτιο -ο.*
Ληξουριώτης ό, θηλ. **-ισσα**, ουσ. (συνιζ.), αυτός που κατοικεί στο Ληξούρι ή κατάγεται από εκεί.
ληξουριώτικος, -η, -ο, επίθ. (συνιζ.), που αναφέρεται στο Ληξούρι ή τους κατοίκους του.
Ληξουριώτισσα, βλ. *Ληξουριώτης*.
λήπτης ο, ουσ. (λόγ.), αυτός που παίρνει κάτι, δέκτης (αντ. *δότης*).
-λής και **-λης**, κατάλ. αρσ. ουσ.: *μουστακαλής·* κατάλ. εθν.: *Μισιρλής, Βάρναλης.* [τουρκ. *li*].
λησμονιά και (λαϊκ.) **αλησμονιά** και **λησμονησιά** η, ουσ. (συνιζ.), το να λησμονά κανείς, το να παύει να θυμάται ή να υπολογίζει κάποιον ή κάτι: (λαογρ.) *το νερό της -ιάς* (συνών. *λήθη, λησμοσύνη*).
λησμονοβότανο το, ουσ. (λαογρ.) βοτάνι που φυτρώνει στον Άδη, το τρώνε οι νεκροί και ξεχνούν τους ζωντανούς.
λησμονώ, -άς, -ά, και **-είς, -εί**, ρ. 1. ξεχνώ (βλ. λ.): *-ησα το όνομά του* (αντ. *θυμούμαι*). 2. παραβαίνω, αμελώ μια υποχρέωση: *-ησε το χρέος του.* Παροιμ. *ο Θεός αργεί, αλλά δε -εί.*
λησμοσύνη η, ουσ., λήθη, λησμονιά.

ληστάρχείο το, ουσ. 1. καταφύγιο του ληστάρχου και της συμμορίας του. 2. (μεταφ., ειρων.) κατάστημα που πουλά ακριβά.

λήσταρχος ο, θηλ. **-ινα**, ουσ., αρχηγός συμμορίας ληστών.

ληστεία η, ουσ. 1. έγκλημα κατά το οποίο κάποιος ή μια οργανωμένη ομάδα κλέβει χρήματα ή άλλη κινητή περιουσία με τη χρήση βίας ή απειλών: *ένοπλη ~· ~ τράπεζας / ταχυδρομικού υπαλλήλου*. 2. υπερβολική αισχροκέρδεια επιχειρηματία ή καταστηματάρχη.

λήστευση η, ουσ. α. το να ληστεύεται κάποιος ή να διαπράττεται ληστεία: β. το να απογυμνώνεται κάποιος εξαιτίας της υπερβολικής αισχροκέρδειας ενός τρίτου.

ληστεύω, ρ. 1. κλέβω χρήματα ή άλλη κινητή περιουσία με τη χρήση βίας ή απειλών, διαπράττω ληστεία: *δυο κουκουλοφόροι -εψαν την τράπεζα*. 2. (μεταφ.) αποκομίζω υπερβολικά κέρδη σε βάρος άλλου: *σ' αυτό το εστιατόριο μας -εψαν· αυτός ο εκλογικός νόμος -ει τα μικρά κόμματα*.

ληστής ο, ουσ. α. αυτός που μεμονωμένα ή ως μέλος οργανωμένης ομάδας κλέβει χρήματα ή άλλη κινητή περιουσία με τη χρήση βίας ή απειλών: *η αστυνομία συνέλαβε σπείρα -ών· -ές κουκουλοφόροι*. β. αυτός που επιτίθεται σε περαστικούς και κλέβει τα χρήματά τους και ζει συνήθως σε βουνά ή δάση. γ. (μεταφ.) επιχειρηματίας αισχροκερδής: *αυτός ο μαγαζάτορας είναι σκέτος ~*.

ληστοκρατία η, ουσ., κατάσταση κατά την οποία επικρατούν σε έναν τόπο και επιβάλλουν την εξουσία τους οι ληστές (βλ. λ. στη σημασ. β).

ληστοκρατούμαι, ρ. (για τόπο ή χρονική περίοδο) κυριαρχούμαι από ληστές: *η Ελλάδα τα πρώτα μετεπαναστατικά χρόνια -ούνταν*.

ληστοσυμμορία η, ουσ., συμμορία ληστών.

ληστοσυμμορίτης ο, ουσ., μέλος συμμορίας ληστών, ληστής.

ληστοτρόφος ο, ουσ. (λόγ.), αυτός που υποθάλπει ληστές.

ληστοφυγόδικος ο, θηλ. **-η**, ουσ., φυγόδικος που διώκεται για ληστεία.

ληστρικός, -ή, -ό, επίθ. 1. που επιδίδεται σε ληστείες: *λαός ~*. 2. που έχει χαρακτήρα ληστείας ή που ληστεύει: *επίθεση -ή*. 3. (μεταφ.) αισχροκερδής: *τιμές -ές· νόμος ~*. - Επίρρ. **-ώς**.

λήψη η, ουσ. 1α. το να παίρνει ή να δέχεται κάποιος κάτι: *~ διαταγών· ~ μέτρων για την καταστολή του φαινομένου·* β. το να δέχεται κάποιος κάτι στον οργανισμό με κατάποση: *~ τροφής / φαρμάκων· απαγορεύεται η ~ της ουσίας από παιδιά*. 2. το να λαμβάνει ένας τηλεοπτικός, τηλεπικοινωνιακός, κ.τ.ό., δέκτης την εικόνα, τα κύματα, κλπ., που στέλνει ένας πομπός: *~ δορυφορική / εικόνας· η τηλεόρασή μας δεν έχει καλή ~*. 3. κινηματογράφηση: *~ κινηματογραφική μηχανή -ης* (= κάμερα).

ληψοδοσία η, ουσ. (λόγ.), συναλλαγή κυρίως ανάμεσα σε εμπόρους, δοσοληψία.

λιάζω, ρ. (συνιζ.), εκθέτω κάτι στον ήλιο: *-ει τα ρούχα της· (συνήθως μέσ.) εκτίθεμαι στον ήλιο, ξαπλώνω κάτω από τον ήλιο και απολαμβάνω τη ζεστασιά του: -εται στην παραλία με τις ώρες· ένας αϊτός καθότανε στον ήλιο και -ότανε* (δημ. τραγ.).

λιακάδα η, ουσ. (συνιζ.), το φως και η θαλπωρή που μας παρέχει ο ήλιος: *μέρα με ~· ~ φθινοπωρινή· απολαμβάνω τη ~*.

λιακωτό το, ουσ. (συνιζ.). 1. επίπεδη στέγη οικοδομής απευθείας εκτεθειμένη στον ήλιο, ταράτσα. 2. εξώστης περιφραγμένος με τζάμι και εκτεθειμένος στον ήλιο, τζαμαρία.

λίαν, (αρχαϊστ.) επίρρ., πολύ· συνήθως στην έκφρ. *~ καλώς* (= πολύ καλά) ως χαρακτηρισμός σε βαθμολόγηση: *πήρε το πτυχίο με (βαθμό) ~ καλώς*.

λιάσιμο το, ουσ. (συνιζ., λαϊκ.), το να λιάζεται κανείς, να εκτίθεται στον ήλιο.

λιαστός, -ή, -ό, επίθ. (συνιζ.), που εκτίθεται στον ήλιο για να αποξηρανθεί: *σύκα -ά· κρασί -ό* (από σταφύλια που τα ξέραναν στον ήλιο).

λιάστρα η, ουσ. (συνιζ.), συσκευή για την αποξήρανση καρπών, καπνών, κλπ.

λιβαδάκι, βλ. *λιβάδι*.

λιβάδι το, ουσ., έδαφος ομαλό και επίπεδο σκεπασμένο από άφθονο χορτάρι που χρησιμεύει κυρίως για τη βοσκή των ζώων: *τα κοπάδια βόσκουν στα -α· καταπράσινα -α*. - Υποκορ. **-αδάκι** το.

λιβαδίσιος, -α, -ο, επίθ. (συνιζ.), που ανήκει ή αναφέρεται στο λιβάδι.

λιβαδότοπος ο, ουσ., τόπος με πολλά λιβάδια.

λιβανέζικος, -η, -ο, επίθ., που σχετίζεται με το Λίβανο ή τους κατοίκους του.

Λιβανέζος ο, θηλ. **-α**, ουσ., αυτός που κατοικεί στο Λίβανο ή κατάγεται από εκεί.

λιβάνι το, ουσ., ρητινώδης αρωματική ουσία που την καίγαν για το άρωμά της κατά την αρχαιότητα στις θυσίες και σήμερα στη χριστιανική τελετουργία: *ένα σπυρί ~· καίω ~· μυρωδιά -ιού* (συνών. *θυμίαμα*)· έκφρ. *κερί και ~* (αγενής απάντηση σε κάποιον που επαναλαμβάνει συχνά τη λέξη *κύριε ή και*)· φρ. *φοβάμαι ή αποφεύγω κάτι όπως ο διάβολος το ~* (για υπερβολική απέχθεια ή αποστροφή· βλ. και *διάβολος*).

λιβανίζω, ρ. 1. (μτβ. και αμτβ.) αρωματίζω ένα χώρο καίγοντας λιβάνι: *~ την εκκλησιά·* ευωδιάζε χωρίς να 'χουν -ίσει (συνών. *θυμιατίζω*). 2. (μεταφ.) κολακεύω κάποιον (συνήθως ανώτερο) με τρόπο ευτελή: *-ίζει πρωί βράδι τον προϊστάμενό του για να πετύχει προαγωγή*.

λιβάνισμα το, ουσ. 1. το να αρωματίζει κανείς ένα χώρο καίγοντας λιβάνι (συνών. *θυμίατισμα*). 2. το να κολακεύει κανείς κάποιον (συνήθως ανώτερό του) με τρόπο ευτελή.

λιβανιστήρι το, ουσ., σκεύος με το οποίο λιβανίζει κανείς, θυμιατό.

λιβανιστής ο, ουσ. 1. αυτός που λιβανίζει. 2. (μεταφ.) αυτός που κολακεύει με τρόπο ευτελή.

λιβανωτός ο, ουσ. 1. λιβάνι, θυμίαμα: *καίω -ό*. 2. ταπεινή κολακεία.

λίβας ο, ουσ. (μόνο στον εν.) νοτιοδυτικός άνεμος, πολύ θερμός και ξηρός, βλαβερός για τη γεωργία: *ο ~ κατέστρεψε τα σπαρτά· ~ καυτός*. [αρχ. *λιψ*].

λιβελλογράφημα το, ουσ., δημοσίευμα δυσφημιστικό ή με υβριστικό χαρακτήρα (συνών. *λίβελος*).

λιβελλογραφία η, ουσ., συγγραφή λιβέλλων.

λιβελλογραφικός, -ή, -ό, επίθ., που αναφέρεται στη λιβελλογραφία· υβριστικός, δυσφημιστικός: *άρθρο -ό*.

λιβελλογράφος ο, ουσ., αυτός που ασχολείται με τη συγγραφή λιβέλλων.

λιβελλογραφώ, ρ., γράφω λιβέλλους, ασχολούμαι με τη συγγραφή λιβέλλων.

λίβελλος ο, ουσ., δυσφημιστικό δημοσίευμα συνήθως εναντίον δημόσιων προσώπων: *δημοσίευσε ένα -ο κατά του πολιτικού αντιπάλου του.*

λιβηριανός, -ή, -ό, επίθ. (ασυνίζ.), που σχετίζεται με τη Λιβηρία ή τους κατοίκους της.

λίβινγκ-ρουμ το, ακλ., το καθιστικό, βλ. *καθιστικός.* [αγγλ. *living-room*].

λίβρα και (λαϊκ.) **λίμπρα** η, ουσ. (όχι έρρ.), μέτρο βάρους και χωρητικότητας με διάφορες τιμές κατά τόπους και εποχές. [λατ. *libra*].

λιβρέα η, ουσ., ειδική στολή του υπηρετικού προσωπικού ανακτόρων, πρεσβειών, μεγάρων, κλπ. [ιταλ. *livrea*].

λιβυκός, -ή, -ό, επίθ., που ανήκει ή αναφέρεται στη Λιβύη ή προέρχεται από αυτήν: *οάσεις -ές· στρατεύματα -ά.*

Λίβυος ο, θηλ. **-α,** ουσ. (ασυνίζ.), αυτός που κατοικεί ή κατάγεται από τη Λιβύη.

λιγαδούρα η, ουσ. (ναυτ.) 1. κατηγορία λεπτού σκοινιού. 2. πολλές στροφές του παραπάνω σκοινιού σφιγμένες μεταξύ τους για να στερεώνεται ο πρόβολος ή να δένονται σφιχτά δύο χοντρότερα σκοινιά. [βενετ. *ligadura*].

λιγάκι, επίρρ. 1. (για να δηλωθεί μικρή ποσότητα, έκταση, ένταση, μικρό μέγεθος, κλπ.) πολύ λίγο: *δώσ' μου ~ νερό! ~ ύστερα από τις τρεις· χαμήλωσε ~ το ραδιόφωνο· φοβήθηκα / πονώ ~.* 2. (για να δηλωθεί πολύ μικρή απόσταση): *προχώρησε ~ και σταμάτησε· μετακινήθηκε ~ αριστερά.* 3. (για να δηλωθεί πολύ μικρό χρονικό διάστημα): *μπορείς να περιμένεις ~; κάθισε ~ κοντά μου·* εκφρ. *κάθε λίγο και ~* (= πολύ συχνά): *όταν ήταν στο χωριό, τους επισκεπτόταν κάθε λίγο και ~· σε ~* (= πολύ σύντομα): *θα φτάσουν σε ~.*

λίγδα η, ουσ. 1. πάχος, λίπος ιδίως χοιρινό (συνών. *γλίνα, λαρδί*). 2. κολλώδης ακαθαρσία από λιπαρή ουσία, λεκές: ~ *αηδιαστική.* [μτγν. ή<*γλίδα*< *γλίνη*].

λιγδερός, -ή, -ό, επίθ. 1. που περιέχει λίγδα, πολύ λίπος: *φαγητό -ό.* 2. που είναι βρομισμένος με λίγδες, ρυπαρός, λιγδιάρης: *-ά και πλατιά κι όλα σχισμένα / τα λαμπριάτικα ρούχα* (Σολωμός).

λιγδιά η, ουσ. (συνιζ.), κολλώδης λεκές από λιπαρή ουσία, λίγδα, κηλίδα.

λιγδιάζω, ρ. (συνιζ.). Α. (αμτβ.) λερώνομαι: *-ίγδιασε η φόρμα / ο γιακάς· μαλλιά / γένια -ιασμένα.* Β. (μτβ.) λερώνω: *-ίγδιασες το πουκάμισό σου!*

λιγδιάρης, -α, -ικο, επίθ. (συνιζ.), που έχει λεκέδες από λίπη, από λίγδες (συνών. *ρυπαρός, λιγδερός, ακάθαρτος*).

λιγδιάρικος, -η, -ο, επίθ. (συνιζ.), λιγδιάρης, λιγδερός.

λιγδώνω, ρ., λιγδιάζω (βλ. λ.): *φόρεμα -ωμένο· μαλλιά -ωμένα.*

λιγνάδα η, ουσ., το να είναι κανείς λιγνός, ισχνότητα, λεπτότητα.

λίγνεμα το, ουσ., απώλεια πάχους, αδυνάτισμα, λέπτυνση.

λιγνεύω, ρ. Α. (αμτβ.) γίνομαι λιγνός, αδυνατίζω. Β. (μτβ.) κάνω κάποιον ή κάτι λιγνό, ισχνό, το(ν) λεπταίνω (αντ. *παχαίνω, χοντραίνω*).

λιγνίτης ο, ουσ. (ορυκτ.) ορυκτός άνθρακας, μαύρος ή καστανόχρωμος, συμπαγής, που σχηματίζεται με την αποσύνθεση φυτικών υλών και την προοδευτική κατάχωσή τους: *κοιτάσματα -η· ~ καθαρός.* [γαλλ. *lignite*].

λιγνιτωρυχείο το, ουσ., ορυχείο εξαγωγής λιγνίτη.

λιγνιτωρύχος ο, ουσ., εργάτης λιγνιτωρυχείου.

λιγνός, -ή, -ό, επίθ. 1. λεπτός, ισχνός, λιπόσαρκος: *τα μαλλιά σέρνω στα -ά μου στήθη* (Σολωμός). 2. λεπτοκαμωμένος: *χέρια / δάχτυλα μακριά και -ά.* 3. λεπτός και λυγερός: *κορμοστασιά -ή.* [μτγν. *λεγνός ή λέγνος*].

λιγνούτσικος, -η, -ο, επίθ., πολύ λεπτός, λεπτοκαμωμένος.

λίγο, επίρρ. 1. (για να δηλωθεί μικρή ποσότητα, ένταση, μικρό μέγεθος, κλπ.): *είναι ~ νευρικός· μίλησε ~ απότομα· ~ αργότερα· είμαι ~ καλύτερα από χτες* (αντ. *πολύ*). 2. (για να δηλωθεί μικρή απόσταση): ~ *πιο δω· έλα ~ μπροστά· κάνε ~ πίσω!* 3. (για να δηλωθεί μικρό χρονικό διάστημα): *θα μείνει για ~ κοντά μας· ~ πριν από το μεσημέρι· ύστερα από ~.* Έκφρ. *κάθε ~ και λιγάκι,* βλ. *λιγάκι* στη σημασ. 3· ~ *αποδώ,* ~ *αποκεί:* ~ *αποδώ,* ~ *αποκεί μάζεψε τα λεφτά που χρειαζόταν·* ~ ~ (= βαθμιαία, σε μικρές ποσότητες ή σε μικρά χρονικά διαστήματα, σιγά σιγά): *πίνε το* ~! ~ *έμαθε όλη την ιστορία του· ~ ~ μεγάλωνε η ελπίδα τους· με το* ~ *τα κατάφερες! ~ μόνο (να)* (= έστω και λίγο): ~ *μόνο αν προσπαθούσε, θα τα κατάφερνε·* ~ *-πολύ* (συνήθως για να δηλωθεί η γενική εφαρμογή ή η ακρίβεια μιας αλήθειας = ως ένα βαθμό, σημείο): ~ *-πολύ οι περισσότεροι άνθρωποι έτσι τα βολεύουν· ούτε ~ ούτε πολύ* (= επακριβώς) *ούτε ~ ούτε πολύ ήθελε να πει ότι... σε ~* (= σύντομα). Φρ. ~ *έλειψε να ή ακόμα (και) ή ~ ήθελε να* και βουλητική πρόταση (για να δηλωθεί κάτι που άγγιξε τα όρια της πραγματοποίησής του κάποτε στο παρελθόν, όμως δεν πραγματοποιήθηκε): ~ *ακόμη και θα 'βγαινε πρώτος·* ~ *έλειψε να πνιγεί·* ~ *θέλω...* (= δεν απέχω πολύ, κοντεύω): ~ *θέλω να τελειώσω το βάψιμο.* - Βλ. και *λιγάκι.*

λιγο-, α´ συνθ. λέξεων που προσδίδει στο β´ συνθ. την έννοια του λίγου ή μικρού σε ποσότητα ή χρονική διάρκεια: *λιγοζώητος, λιγόφαγος, λιγόχρονος.*

λιγοζώητος, -η, -ο, επίθ., που η ζωή του είναι σύντομη (συνών. *βραχύβιος, λιγόζωος·* αντ. *μακρόβιος*).

λιγόζωος, βλ. *ολιγόζωος.*

λιγοήμερος, βλ. *ολιγοήμερος.*

λιγοθυμιά η, ουσ. (συνιζ., λαϊκ.), λιποθυμιά (βλ. λ.).

λιγοθυμώ, ρ. (λαϊκ.), λιποθυμώ (βλ. λ.). [αρχ. *λιποθυμώ* με παρετυμ. επίδραση του *λίγος*].

λιγόλεπτος, βλ. *ολιγόλεπτος.*

λιγόλογος, -η, -ο και **ολιγόλογος,** επίθ., που λέει λίγα λόγια, που δε μιλά πολύ: *παιδί -ο* (αντ. *πολυλογάς, φλύαρος*).

λιγομίλητος, -η, -ο, επίθ., που δε μιλά πολύ: *γυναίκα -η* (αντ. *πολυλογάς, φλύαρος*).

λίγος, -η, -ο, συγκριτ. **λιγότερος,** υπερθετ. **ελάχιστος,** επίθ. 1α. (για να δηλωθεί μικρός αριθμός προσώπων, πραγμάτων ή γεγονότων ή μικρή ποσότητα): *-α άτομα· -ες μέρες· -ο νερό· έχει -α λεφτά στην άκρη· -α μαλλιά* (ως ουσ.) *-οι σήμερα έχουν την ευκαιρία να...* (το συγχρ. ως ουσ.): *το -ότερο που θα πληρώσει / που μπορεί να συμβεί είναι... αυτό είναι το -ότερο* (= η δυσκολία βρίσκεται αλλού) (αντ. *πολύς*) β. σπάνιος: *-ες είναι*

οι περιπτώσεις που...· γ. ανεπαρκής: *το νησί έχει -ο και όχι πόσιμο νερό·* δ. (για να δηλωθεί περιορισμένος βαθμός γνώσεων): *μιλά -α αγγλικά· -α γράμματα έμαθε.* 2. (για να δηλωθεί μικρός χώρος, μικρή απόσταση ή έκταση): *κάνε μου -ο τόπο!* 3. (για χρόνο) που έχει μικρή διάρκεια, σύντομος: *έχει -ο καιρό που έφυγε· σε -η ώρα· για -ο διάστημα.* 4. (για να δηλωθεί μικρό μέγεθος): *-ο ύψος.* 5. (για να δηλωθεί περιορισμένη ένταση): *δεν πέρασε και -η στενοχώρια! -η κίνηση / φασαρία.* ΄Εκφ. *-α και καλά* (= σημασία έχει η ποιότητα και όχι η ποσότητα)· *με -α λόγια* (= με συντομία, περιληπτικά)· *όχι λιγότερο(ι) από...* (= τουλάχιστον). Φρ. *-ο το 'χεις;* (= το θεωρείς ασήμαντο;). - Παροιμ. *όποιος γυρεύει τα πολλά χάνει και τα -α.* - Βλ. και *ελάχιστος.*
λιγοσέλιδος, βλ. *ολιγοσέλιδος.*
λιγόστεμα το, ουσ. (λαϊκ.), το να λιγοστεύει κάτι, ελάττωση, μείωση.
λιγοστεύω, ρ. Α. (μτβ.) κάνω κάτι λιγότερο σε αριθμό ή ποσότητα ή μικρότερο σε μέγεθος ή βαθμό, ελαττώνω, μειώνω: *~ το φαγητό / τις ώρες εργασίας* (αντ. *αυξάνω, πληθαίνω*). Β. (αμτβ.) γίνομαι λιγότερος σε αριθμό ή ποσότητα ή μικρότερος σε μέγεθος ή βαθμό, ελαττώνομαι, μειώνομαι: *-εψε το νερό· τα έξοδα του σπιτιού -ουν· Η ζωή μας κάθε μέρα -ει* (Σεφέρης).
λιγοστός, -ή, -ό, επίθ. 1α. αρκετά λίγος σε ποσότητα ή αρκετά μικρός σε αριθμό: *τροφή -ή· το νερό έρχεται -ό· άνθρωποι -οί· χρήματα -ά·* β. (για να δηλωθεί περιορισμένος βαθμός γνώσης): *τα γράμματά μας είναι -ά.* 2. (για χρόνο) πολύ σύντομος, ελάχιστος: *σε -ό χρονικό διάστημα.* 3. (για χώρο, έκταση): *-ή απόσταση. [ολίγος κατά το πολλοστός].*
λιγουλάκι, επίρρ. (υποκορ.) πολύ λίγο, λιγάκι: *το 'χε τσούξει ~ ο άνθρωπος.*
λιγούρα η, ουσ. 1α. τάση για εμετό, ναυτία, αναγούλα: *έχει -ες* (συνών. *λιγωμάρα*)· β. τάση για λιποθυμία, λιγοψυχιά: *της ήρθε ~.* 2. στομαχική διαταραχή, ενόχληση που οφείλεται σε έντονη πείνα: *μ' έπιασε ~* (συνών. *λιγωμάρα*). 3. συναίσθημα αηδίας που οφείλεται σε υπερκορεσμό. 4. ζωηρή επιθυμία για κάτι, λαχτάρα. [*λιγώνω* + καταλ. *-ούρα*].
λιγουρεύομαι, ρ. 1. επιθυμώ να γευτώ, ορέγομαι, λιμπίζομαι: *~ τα γλυκά / τα φρούτα.* 2. (μεταφ.) επιθυμώ ερωτικά: *ολοένα την κοίταζε και τη -όταν.*
λιγουρευτός, -ή, -ό, επίθ., που προκαλεί πόθο, επιθυμία.
λιγουριάζω, ρ. (συνιζ., λαϊκ.). Α. (μτβ.) προκαλώ λιγούρα (βλ. λ.): *με -ιασε το φαγητό.* Β. (αμτβ.) καταλαμβάνομαι από ναυτία, με πιάνει λιγούρα: *-ιασα από τις μυρωδιές.*
λιγούριασμα το, ουσ. (συνιζ., λαϊκ.), ζάλη και τάση για εμετό, ναυτία, λιγούρα.
λιγόφαγος, -η, -ο, επίθ., που συνηθίζει να τρώει λίγο: *παιδί -ο.*
λιγόχρονος, -η, -ο, επίθ. 1. που έχει μικρή χρονική διάρκεια: *παραμονή -η.* 2. που ζει λίγα χρόνια, βραχύβιος.
λιγοψυχιά η, ουσ. (συνιζ.). 1. έλλειψη θάρρους, δειλία, ατολμία: *τους πλάκωσε ~.* 2. τάση για λιποθυμία.
λιγόψυχος, -η, -ο, επίθ., που πτοείται εύκολα, μικρόψυχος, δειλός.

λιγοψυχώ, ρ. 1. μου λείπει το θάρρος, δειλιάζω. 2. έχω τάση για λιποθυμία.
λιγόωρος, -η, -ο, επίθ., που διαρκεί λίγες ώρες: *απουσία -η.*
λίγωμα το, ουσ. 1. ζάλη και τάση για έμετο, ναυτία, λιγούρα. 2. τάση για λιποθυμία· λιποθυμία: *άνθρωπος με το ~ ποτέ δεν αποθαίνει* (Θυσία Αβραάμ). 3. ψυχική αδυναμία, απογοήτευση: *το 'νιωσε μ' ένα ~ στην καρδιά το πόσο μακριά βρισκόντουσαν απ' τη στεριά.*
λιγωμάρα η, ουσ., λιγούρα (βλ. λ. στις σημασ. 1 και 2).
λιγωμός ο, ουσ., *λίγωμα* (βλ. λ.).
λιγώνω, ρ. Α. μτβ. 1. προκαλώ τάση για έμετο, φέρνω λιγούρα: *το γλυκό με -ωσε.* 2. προκαλώ τάση για λιποθυμία: *τη -ώνουν οι βαριές μυρωδιές.* Β. αμτβ. και μέσ. 1. αισθάνομαι λιγούρα, τάση για έμετο. 2. αισθάνομαι ζάλη και τάση για λιποθυμία: *-ωσε / -ώθηκε μόλις μπήκε στο δωμάτιο της άρρωστης.* 3. (μέσ. μεταφ.) αισθάνομαι έντονη ερωτική επιθυμία: *-ώθηκε καθώς την έβλεπε.* 4. (μέσ.) γελώ πολύ, ξεκαρδίζομαι: *-ώθηκε απ' τα γέλια.* [μτγν. *ολιγώ*].
λίγωση η, ουσ. (λαϊκ.), η περίοδος της βαθμιαίας ελάττωσης του φωτεινού δίσκου της σελήνης (συνών. *χάση·* αντ. *γέμιση*).
Λιδορικιώτης ο, θηλ. **-ισσα,** ουσ. (συνιζ.), αυτός που κατοικεί στο Λιδορίκι ή κατάγεται από εκεί.
λιδορικιώτικος, -η, -ο, επίθ. (συνιζ.), που σχετίζεται με το Λιδορίκι ή τους κατοίκους του.
λίζιος ο, ουσ. (ασυνίζ.), (ιστ.) τιμαριούχος υποτελής σε ανώτερο ηγεμόνα. [μεσν. λατ. *ligius* ή γαλλ. *lige*].
λιθάγρα η, ουσ., σιδερένιο εργαλείο που χρησιμοποιείται για να ανυψώνονται μεγάλες πέτρες σε λατομεία κατά την εκτέλεση λιμενικών, οδικών έργων, κλπ.
λιθαγωγός, -ός, -ό, επίθ. (λόγ.), (για φάρμακα) που συντελεί, βοηθά στην αποβολή από τον ανθρώπινο οργανισμό ουρολίθων, χολολίθων, εντερολίθων, κ.τ.ό. - Το αρσ. ως ουσ. = *λιθάγρα* (βλ. λ.).
λιθάνθρακας ο, ουσ. (ορυκτ.) ορυκτό στερεό καύσιμο που προέρχεται από φυτικές ύλες που έχουν υποστεί κατά τη διάρκεια των γεωλογικών χρόνων μεγάλη μεταβολή.
λιθανθρακόπισσα η, ουσ., πίσσα από λιθάνθρακες.
λιθανθρακοφόρος, -α, -ο, επίθ. (για έδαφος) που περιέχει λιθάνθρακες: *στρώματα -α· περίοδος -ος* (= η πέμπτη κατά σειρά γεωλογική περίοδος του παλαιοζωικού αιώνα της προϊστορίας της Γης).
λιθανθρακωρυχείο το, ουσ., ορυχείο εξαγωγής λιθανθράκων.
λιθαράκι, βλ. *λιθάρι.*
λιθάργυρος ο, ουσ. 1. (ορυκτ.) ορυκτό οξείδιο του μολύβδου. 2. (χημ.) οξείδιο του μολύβδου που έχει τακεί και κρυσταλλωθεί.
λιθάρι το, ουσ. 1. μικρή ή μεγάλη πέτρα: *~ γυαλιστερό / ριζιμιό·* (παροιμ.) *δεν άφησε αγύριστο ~* (= έφαγε παντού). 2. (παλαιότερα) το αγώνισμα της λιθοβολίας: *στο δρόμο και στο πάλεμα και στο ~* (Παλαμάς). - Υποκορ. **-άκι** το.
λιθίαση η, ουσ. (ιατρ.) παθολογική κατάσταση κατά την οποία σχηματίζονται λίθοι σε διάφορα όργανα του ανθρώπινου σώματος και ιδίως στην κύστη, τα νεφρά, το ήπαρ και το έντερο.
λίθινος, -η, -ο, επίθ., που είναι κατασκευασμένος από λίθο, πέτρινος: *στήλη -η· εργαλείο -ο· -η*

λιθοβόλημα

εποχή (= μία από τις μεγάλες περιόδους της εξέλιξης του ανθρώπου κατά την οποία οι άνθρωποι χρησιμοποιούσαν λίθινα εργαλεία και όπλα).
λιθοβόλημα το, ουσ., λιθοβολισμός, πετροβόλημα.
λιθοβολία η, ουσ παλαιότερο αθλητικό αγώνισμα κατά το οποίο οι αγωνιζόμενοι έριχναν κυλινδρικό λίθο μεγάλου βάρους, κοιν. λιθάρι.
λιθοβολισμός ο, ουσ., η θανάτωση κάποιου με πέτρες, λιθοβόλημα, πετροβόλημα: *ο εβραϊκός νόμος προέβλεπε την ποινή του -ού για βαριά αδικήματα.*
λιθοβόλο το, ουσ. (αρχ.) πολεμική πολιορκητική μηχανή των αρχαίων που χρησίμευε για την εκτόξευση λίθων μικρότερων ή μεγαλύτερων εναντίον των πιο ασθενών σημείων των τειχών.
λιθοβολώ, ρ. 1. εξακοντίζω λίθους εναντίον κάποιου, πετροβολώ. 2. θανατώνω κάποιον με λιθοβολισμό (βλ. λ.).
λιθογλυφία η, ουσ., η τέχνη της επεξεργασίας λίθων πάνω στους οποίους χαράσσονται σύμβολα, επιγραφές ή παραστάσεις: ~ *δακτυλιολίθων.*
λιθογλύφος ο, ουσ., τεχνίτης που διακοσμεί πολύτιμους λίθους με γλυπτές παραστάσεις.
λιθογραφείο το, ουσ., εργαστήριο όπου κατασκευάζονται και εκτυπώνονται λιθογραφήματα.
λιθογράφημα το, ουσ., εικόνα λιθογραφημένη, λιθογραφία (βλ. λ.).
λιθογράφηση η, ουσ., η εκτύπωση εικόνων με τη βοήθεια χαραγμένης λίθινης πλάκας.
λιθογραφία η, ουσ. 1. η τέχνη της εκτύπωσης σε χαρτί εικόνων ιχνογραφημένων με τη βοήθεια λιπαρής μελάνης πάνω σε χαραγμένη λίθινη πλάκα. 2. (συνεκδοχικά) η εικόνα που λαμβάνεται με τον παραπάνω τρόπο εκτύπωσης.
λιθογραφικός, -ή, -ό, επίθ., που ανήκει ή αναφέρεται στο λιθογράφο ή τη λιθογραφία: *τέχνη / μελάνη -ή· λίθος* ~.
λιθογράφος ο και η, ουσ., τεχνίτης ειδικός στη λιθογραφία.
λιθογραφώ, ρ., εκτυπώνω σε χαρτί εικόνες ή κείμενα ιχνογραφημένα με τη βοήθεια λιπαρής μελάνης πάνω σε χαραγμένη λίθινη πλάκα.
λιθοδομή και **λιθοδομία** η, ουσ., το χτίσιμο με πέτρες.
λιθοδομικός, -ή, -ό, επίθ., που ανήκει ή αναφέρεται στη λιθοδομία.
λιθοδομώ, ρ., χτίζω με πέτρες.
λιθοκόλληση η, ουσ., η διακόσμηση αντικειμένων, συνήθως τιμαλφών, με πολύτιμους λίθους.
λιθοκόλλητος, -η, -ο, επίθ., που είναι διακοσμημένος με πολύτιμους λίθους.
λιθόκτιστος, βλ. *λιθόχτιστος.*
λιθοξόος ο, ουσ. (λόγ.), εργάτης που κατεργάζεται την πέτρα και κυρίως τα μάρμαρα.
λίθος ο και η, ουσ. 1. (λόγ.) πέτρα (βλ. λ.)· στις εκφρ. *ακρογωνιαίος* ~, βλ. *ακρογωνιαίος· θεμέλιος* ~, βλ. *θεμέλιος· λυδία* ~, βλ. *λυδία· φιλοσοφική* ~ (= φανταστικός λίθος με τον οποίο οι αλχημιστές πίστευαν ότι θα μπορούσαν να μεταφέρψουν κάθε μέταλλο σε χρυσό)· φρ. *λίθος επί λίθου (δεν έμεινε)* (για ολοκληρωτική καταστροφή). 2. (γεωλ.-ορυκτ.) κάθε ορυκτό, μετάλλευμα και πέτρωμα από αυτά που αποτελούν το στερεό φλοιό της Γης· *πολύτιμοι / ημιπολύτιμοι -οι* = ορυκτά που χρησιμοποιούνται στην κατασκευή κοσμημάτων και έχουν μεγάλη αξία (στην παλαιοντολογία) *εποχή του λίθου,* βλ. *λίθινος.* 3. (ιατρ.) πέτρα

(βλ. λ.) που σχηματίζεται σε διάφορα όργανα του σώματος, π.χ. νεφρά.
λιθοστρώνω, ρ., επιστρώνω επιφάνεια με πέτρες: *-ωσαν την αυλή.*
λιθόστρωση η, ουσ., επίστρωση επιφάνειας με πέτρες: ~ *του δρόμου.*
λιθόστρωτος, -η, -ο, επίθ., που είναι στρωμένος με πέτρες: *αυλή -η· δρομάκι -ο. -* Το ουδ. ως ουσ. = δρόμος στρωμένος με πέτρες (συνών. *καλντερίμι).*
λιθόσφαιρα η, ουσ. (γεωλ.) το σύνολο των στερεών πετρωμάτων που αποτελούν τον εξωτερικό φλοιό της Γης.
λιθοτριψία η, ουσ. (ιατρ.) χειρουργική επέμβαση κατά την οποία με ειδικό εργαλείο συντρίβονται οι λίθοι (= πέτρες) της ουροδόχου κύστης ώστε να απομακρυνθούν από την ουρήθρα· (συνεκδοχικά) ~ *εξωσωματική* = απομάκρυνση των λίθων χωρίς χειρουργική επέμβαση.
Λιθουανή, βλ. *Λιθουανός.*
λιθουανικός, -ή, -ό, επίθ., που ανήκει ή αναφέρεται στη Λιθουανία ή τους Λιθουανούς.
Λιθουανός ο, θηλ. **-ή,** ουσ., ο κάτοικος της Λιθουανίας ή ο καταγόμενος από εκεί.
λιθόχτιστος, -η, -ο, επίθ., που είναι χτισμένος με πέτρα: *σπίτι -ο* (συνών. *πέτρινος).*
λικέρ το, ουσ., ηδύποτο (βλ. λ.). [γαλλ. *liqueur*].
-λίκι, λαϊκ. κατάλ. αφηρ. ουσ.: *βουλευτιλίκι, θεριακλίκι, προεδριλίκι.* [τουρκ. κατάλ. *-lık*].
λικνίζω, ρ. 1. (ενεργ.) κουνώ κάτι απαλά και παλινδρομικά: *η θάλασσα -ιζε τη βάρκα· περπατούσε -ίζοντας το σώμα της.* 2. (μέσ.) περπατώ κουνώντας το σώμα μου απαλά και ρυθμικά.
λίκνισμα το, ουσ., το να λικνίζεται κάποιος ή κάτι: *το* ~ *της βάρκας στη θάλασσα· το* ~ *του σώματός της καθώς περπατούσε.*
λικνιστικός, -ή, -ό, επίθ., που γίνεται με απαλές και ρυθμικές κινήσεις: *βάδισμα -ό.*
λίκνο το, ουσ., χώρος όπου δημιουργήθηκε και αναπτύχθηκε κάποιο πολιτιστικό και ιστορικό αγαθό: *το* ~ *του πολιτισμού / της δημοκρατίας* (συνήθως για την Ελλάδα ή την Ευρώπη).
λιλά, επίθ. άκλ., που έχει χρώμα ανοιχτό και φωτεινό μοβ: *ανεμώνη* ~. *-* Το ουδ. ως ουσ. = το χρώμα λιλά: *μ' αρέσει το* ~. [γαλλ. *lilas*].
λιλί το, ουσ. (παιδική λ.). 1. το γεννητικό όργανο του μικρού αγοριού. 2. (συνήθως στον πληθ.) παιδικά παιχνίδια. 3. (στον πληθ., σκωπτ.) στολίδια: *ήρθε φορτωμένος -ιά.* [ονοματοπ. λ.].
λιλιπούτιος, -α, -ο, επίθ. (ασυνίζ.), που έχει πολύ μικρές διαστάσεις, μικροσκοπικός (αντ. *γιγάντιος).* [αγγλ. *Lilliput,* φανταστική χώρα του μυθιστορήματος «Gulliver» του Swift].
λίμα η, I. ουσ. (λαϊκ.). 1. μεγάλη πείνα· λαιμαργία, βουλημία: *τι* ~ *είναι αυτή που σ' έπιασε! έπεσε μεγάλη* ~. 2. (μεταφ.). απληστία. [*λιμάζω* υποχωρ.].
λίμα η, II. ουσ. 1. εργαλείο που αποτελείται από ένα μεταλλικό (συνήθως ατσάλινο) στέλεχος με ανώμαλη επιφάνεια και μια λαβή και που χρησιμοποιείται για να τρίβονται και να λειαίνονται ή να κόβονται σκληρά αντικείμενα: *έκοβε τα σίδερα με μια.* ~ *νυχιών.* 2. (μεταφ.) ακατάσχετη φλυαρία [ιταλ. *lima*].
λιμάζω, ρ., αόρ. (ε)*λίμαξα,* μτχ. παρκ. *-σμένος.* α κατέχομαι από μεγάλη πείνα: *δεν έφαγα μπουκι απ' το πρωί και -αξα.* β. κατέχομαι από λαιμαργία

- Η μτχ. παρκ. ως επίθ. = πολύ πεινασμένος: -σμένα αγρίμια. [αρχ. λιμώσσω].
λιμάνι το, ουσ. 1. φυσική ή τεχνητή διαμόρφωση ακτής θαλάσσιας, ποταμού ή λίμνης που προστατεύει από τους δυνατούς ανέμους και τα κύματα· έκταση νερού στην οποία αγκυροβολούν με ασφάλεια τα πλοία: ~ εμπορικό / απάνεμο / ψαράδικο. 2. (μεταφ.) καταφύγιο: πρόσφερε ~ στους κατατρεγμένους. 3. εμπορική πόλη δίπλα στη θάλασσα (ή σε ποτάμι ή λίμνη) όπου προσεγγίζουν πλοία. 4. περιοχή του λιμανιού με το λιμενοβραχίονα, τις αποθήκες, κλπ.: κάνει βόλτα στο ~. - Υποκορ. **-άκι** το: γραφικό -άκι. [τουρκ. liman<μτγν. λιμένιον, υποκορ. αρχ. λιμήν].
λιμάρης, -α, -ικο, επίθ., πειναλέος, αχόρταγος, λαίμαργος.
λιμάρικος, -η και **-ια, -ικο,** επίθ., πειναλέος, αχόρταγος, λαίμαργος: ζώο -ο.
λιμάρισμα το, ουσ. 1. το να λιμάρει κανείς ένα σκληρό αντικείμενο: ~ των νυχιών. 2. (μεταφ.) φλυαρία.
λιμάρω, ρ., αόρ. (ε)λιμάρισα και (ε)λίμαρα, μτχ. παρκ. -ισμένος. 1. κάνω ένα σκληρό αντικείμενο λείο, του δίνω σχήμα ή το κόβω τρίβοντάς το με μια λίμα: ο φυλακισμένος -ισε τα σίδερα και δραπέτευσε· ~ τα νύχια μου. 2. (μεταφ.) φλυαρώ συνεχώς. - Η μτχ. παρκ. ως επίθ. = που έχει κοπεί με λίμα: σιδερά -ισμένα.
λίμασμα το, ουσ., μεγάλη πείνα· λαιμαργία, βουλημία.
λιμεναρχείο το, ουσ. 1. κτήριο όπου στεγάζεται η λιμενική αρχή. 2. (συνεκδοχικά) κρατική υπηρεσία που διοικεί το λιμάνι και φροντίζει για την αστυνόμευσή του, λιμενική αρχή.
λιμενάρχης ο, ουσ., αξιωματικός του λιμενικού σώματος που είναι προϊστάμενος της λιμενικής αρχής.
λιμενικός, -ή, -ό, επίθ., που ανήκει στο λιμάνι ή αναφέρεται σ' αυτό: τέλη -ά· -ή αρχή (= κρατική υπηρεσία που διοικεί το λιμάνι και φροντίζει για την αστυνόμευσή του)· -ό σώμα (= σώμα οργανωμένο με στρατιωτικό τρόπο που έργο του έχει την εποπτεία των ακτών, λιμανιών και χωρικών υδάτων). - Το αρσ. ως ουσ. = αξιωματικός, υπαξιωματικός ή λιμενοφύλακας του λιμενικού σώματος.
λιμενοβραχίονας ο, ουσ., προβλήτα λιμανιού που έχει μορφή βραχίονα ή εξωτερικό λιμενικό έργο σχήματος προβλήτας.
λιμενοδείκτης ο, ουσ., πορτολάνος (βλ. λ.).
λιμενοφύλακας ο, ουσ., κατώτερος υπαξιωματικός του λιμενικού σώματος.
λιμνάζω, ρ. 1. (για νερά) σχηματίζω λίμνη, τέλμα. 2. (μεταφ.) δεν εξελίσσομαι, μένω στάσιμος: η υπόθεση -ει.
λιμναίος, -α, -ο, επίθ., που βρίσκεται (αναπτύσσεται ή δημιουργείται μέσα σε λίμνη): (βοτ.) φυτά -α· (ανθρωπολ.) οικισμός ~.
λίμνασμα το, ουσ. 1. το να μένει ακίνητη (μεγάλη) ποσότητα νερών, να σχηματίζει λίμνη: ~ του νερού μετά τη βροχή. 2. (μεταφ.) το να μην εξελίσσεται μια υπόθεση, να μένει στάσιμη: ~ του ζητήματος (συνών. στασιμότητα).
λίμνη η, ουσ. 1. μεγάλη ποσότητα νερού συγκεντρωμένη σε μια εδαφική λεκάνη (φυσική ή τεχνητή): κύκνοι κολυμπούσαν στη ~. 2. (μεταφ.) άφθονη ποσότητα υγρού που χύνεται στο έδαφος:

~ αίματος. - Υποκορ. **-ούλα** η: -ούλες με νερό σχηματίστηκαν μετά τη βροχή.
λιμνιώτης ο, θηλ. **-ισσα,** ουσ. (συνιζ.), αυτός που ζει κοντά σε λίμνη: η κόρη ενός θαλασσινού κι ενός -ώτη η αδερφή (Μαλακάσης).
λιμνοθάλασσα η, ουσ., έκταση στάσιμου θαλάσσιου νερού που περιβάλλεται από ξηρά και επικοινωνεί με την ανοιχτή θάλασσα διαμέσου ενός στενού πόρου: ~ γεμάτη ψάρια.
λιμνούλα, βλ. λίμνη.
λιμοκοντόρος ο, ουσ. (έρρ.), (σκωπτ.) νέος που παρά τη φτώχεια του φροντίζει υπερβολικά την εμφάνισή του: -οι περνούσαν κάτω από το παράθυρό της. [*λιμο-κόντης, κατά το κανταδόρος, κ.τ.ό.].
λιμοκτονία η, ουσ. 1. θάνατος από πείνα. 2. μεγάλη πείνα που οφείλεται στη στέρηση των απαραίτητων για τη ζωή.
λιμοκτονώ, ρ. 1. πεθαίνω από πείνα: σε ορισμένες χώρες της Αφρικής οι άνθρωποι -ούν. 2. (μεταφ.) είμαι πολύ φτωχός, στερούμαι τα απαραίτητα για τη ζωή.
λιμός ο, ουσ., μεγάλη πείνα που οφείλεται σε έλλειψη τροφίμων: έπεσε ~ στη χώρα.
λιμουζίνα η, ουσ., (μεγάλο) επιβατικό πολυτελές αυτοκίνητο: ήταν αραδιασμένες οι -ες των καλεσμένων. [γαλλ. limousine].
λίμπα η, ουσ. (έρρ.), (ιδιωμ.) νερολάκκος (κοιν.) φρ. τα κάνω ~ (= καταστρέφω): μπήκε θυμωμένος και τα 'κανε όλα ~. [πιθ. ιδιωμ. ιταλ. limba].
λιμπίζομαι, ρ. (έρρ.). α. επιθυμώ πολύ κάτι· (συνήθως για τρόφιμα) λαχταρώ να γευτώ κάτι: είδε τα φρούτα και τα -ίστηκε· **β.** (λαϊκ., για πρόσωπο) νιώθω ερωτική έλξη, πόθο για κάποιον· βρίσκω ερωτικά θέλγητρα σε κάποιον: τη -ίζονται όλοι οι άντρες στη γειτονιά· τι του -ίστηκε; [μεσν. ενεργ. λιμβίζομαι<λιμβός].
λίμπιντο η, ουσ. (όχι έρρ.), άκλ. α. (ψυχ.) βασική ενέργεια του όντος ως απαρχή των εκδηλώσεων του γενετήσιου ενστίκτου· **β.** (κοιν.) ενστικτώδης αναζήτηση της σεξουαλικής κυρίως ηδονής. [λατ. libido, όρος που χρησιμοποίησε ο Freud στις αρχές του 20. αι.].
λιμπιστικός, -ή, -ό, επίθ. (έρρ.), που προκαλεί επιθυμία: (για τρόφιμα) ροδάκινα -ά.
λίμπρα, βλ. λίβρα.
λιμπρετίστας ο, ουσ. (όχι έρρ.), συγγραφέας λιμπρέτου. [ιταλ. librettista].
λιμπρέτο το, ουσ. (όχι έρρ.), κείμενο μελοδράματος, οπερέτας ή ορατορίου. [ιταλ. libretto].
λινάρι το, ουσ., φυτό με μικρά γαλάζια λουλούδια που φτάνει το ένα μέτρο και χρησιμεύει κυρίως ως πρώτη ύλη στην κλωστοϋφαντουργία και την ελαιουργία.
λιναρόλαδο το, ουσ., λινέλαιο (βλ. λ.).
λιναρόσπορος ο, ουσ., σπόρος του λιναριού.
λινάτσα η, ουσ., χοντρό και στερεό ύφασμα από λινάρι ή κάνναβη που χρησιμεύει στη συσκευασία εμπορευμάτων, την κατασκευή σάκων, κ.ά.
λινέλαιο το, ουσ., λάδι από σπόρους λιναριού που χρησιμοποιείται στην κατασκευή χρωμάτων (συνών. λιναρόλαδο).
λινοβάμβακος, -η, -ο, και (λαϊκ.) **-μπάμπακος,** επίθ., κατασκευασμένος από ίνες λιναριού και βαμβακιού: ύφασμα -ο.
λινογραφία η, ουσ., αποτύπωση έγχρωμων σχεδίων και παραστάσεων σε λινό ή βαμβακερό ύφασμα.

λινόδετος, -η, -ο, επίθ., (για βιβλίο) που έχει επενδυθεί με λινό ύφασμα.

λινόλαιο το, ουσ., υλικό σε φύλλα για επικάλυψη δαπέδου από λινάρι, φυσικές γόμες και άλλες προσμίξεις επάνω σε βάση από υφαντικές ίνες.

λινόλεουμ το, ουσ., άκλ., είδος χαρακτικής. [ιταλ. *linoleum*].

λινομέταξος, -η, -ο, επίθ., που είναι υφασμένος με ίνες λιναριού και μεταξιού: *πουκάμισο -ο.*

λινομπάμπακος, βλ. *λινοβάμβακος.*

λινός, -ή, -ό, επίθ., φτιαγμένος από ίνες λιναριού: *φούστα / κουβέρτα -ή*. - Το ουδ. ως ουσ. = ύφασμα από ίνες λιναριού: *αγόρασα -ό για φούστα.*

λινοτύπης ο, ουσ., τυπογράφος ειδικευμένος σε λινοτυπική μηχανή.

λινοτυπία η, ουσ., τεχνική μηχανικής στοιχειοθεσίας που συνθέτει και παράγει στίχους από ειδικό κράμα μετάλλου. [γαλλ. *linotypie*].

λινοτυπικός, -ή -ό, επίθ., που σχετίζεται με τη λινοτυπία: *μηχανή -ή.*

λιντσάρισμα το, ουσ., θανάτωση κάποιου από το πλήθος χωρίς δίκη.

λιντσάρω, ρ., θανατώνω (συνήθως με υποκ. το *πλήθος*) κάποιον χωρίς δίκη πιστεύοντας ότι έχει διαπράξει σοβαρό έγκλημα [πιθ. ιταλ. *linciare*].

λιόβουνο, βλ. *ελιόβουνο.*

λιογέννητος, βλ. *ηλιογέννητος.*

λιόγερμα το, ουσ. (συνιζ.), ηλιοβασίλεμα (βλ. λ.).

λιόδεντρο, βλ. *ελαιόδεντρο.*

λιόκαλος, -η, -ο, επίθ. (συνιζ., λαϊκ.), ωραίος σαν τον ήλιο: *μέρα -η.*

λιόκαμα το, ουσ. (συνιζ., λαϊκ.), λιοπύρι (βλ. λ.).

λιόκλαδο και **λιόκλαρο** το, ουσ. (συνιζ., λαϊκ.), κλαδί ελιάς.

λιοκόκκι το, ουσ. (συνιζ., λαϊκ.), λιοκούκουτσο.

λιοκούκουτσο το, ουσ. (συνιζ., λαϊκ.), κουκούτσι της ελιάς (συνών. *λιοκόκκι*).

λιόλαδο, βλ. *ελαιόλαδο.*

λιόλουστος, βλ. *ηλιόλουστος.*

λιομάζωμα το, ουσ. (συνιζ., λαϊκ.), μάζεμα των καρπών της ελιάς.

λιομαζώχτρα η, ουσ. (συνιζ., λαϊκ.), εργάτρια που μαζεύει ελιές.

Λιονέζος ο, θηλ. **-α**, ουσ. (ασυνίζ.), ο κάτοικος της γαλλικής πόλης Λιόν ή αυτός που κατάγεται από εκεί.

λιονταρής ο, ουσ. (συνιζ., έρρ., λαϊκ.), ψευτοπαλληκαράς, νταής.

λιοντάρι το, ουσ. (συνιζ., έρρ.). **1**. το ισχυρότερο σαρκοβόρο ζώο της οικογένειας των αιλουροειδών με ξανθή χαίτη και ουρά που καταλήγει σε φούντα. **2**. (μεταφ.) άνθρωπος γενναίος, τολμηρός.

λιονταρίνα και **λιόντισσα** η, ουσ. (συνιζ., έρρ., λαϊκ.), θηλυκό λιοντάρι, λέαινα.

λιονταρίσιος, -α, -ο, επίθ. (συνιζ. δις, έρρ.), που αναφέρεται ή ταιριάζει σε λιοντάρι: *δύναμη / χάρη -α.*

λιονταρόψυχος, -η, -ο, επίθ. (συνιζ., έρρ., λαϊκ.), που έχει καρδιά λιονταριού, γενναιόκαρδος.

λιόντας, βλ. *λέοντας.*

λιόντισσα, βλ. *λιονταρίνα.*

λιοπερίβολο, βλ. *ελιοπερίβολο.*

λιοπύρι το, ουσ. (συνιζ., λαϊκ.), υπερβολική λιακάδα που φέρνει μεγάλη ζέστη: *μας ψήνει το ~* (συνών. *λιόκαμα, κάψα·* αντ. *παγωνιά*).

λιοστάσι το, ουσ. (συνιζ.), ελαιώνας (βλ. λ.).

λιοτρίβι και **λιοτριβειό**, βλ. *ελαιοτριβείο.*

λιοτριβιάρης ο, ουσ. (συνιζ. δις), ιδιοκτήτης ελαιοτριβείου.

λιόφυτο το, ουσ., ελαιώνας.

λιόφυτος, -η, -ο, επίθ. (συνιζ., λαϊκ.), φυτεμένος με ελιές: *κάμπος ~.*

λιόφωτο, βλ. *ηλιόφωτο.*

λιόχαρος, βλ. *ηλιόχαρος.*

λιπαίνω, ρ., αόρ. *λίπανα*, παθ. αόρ. *-άνθηκα*. **1**. αλείφω με λίπος ή άλλη ελαιώδη ουσία: *τα δέρματα -ονται για να διατηρούν την ελαστικότητά τους*. **2**. (για μηχανή) λαδώνω (συνών. *γρασάρω*). **3**. ρίχνω λίπασμα ή κοπριά σε χωράφι: *-ουν το χωράφι πριν από τη σπορά.*

λίπανση η, ουσ. **1**. επάλειψη με λίπος ή άλλη ελαιώδη ουσία: *~ δέρματος*. **2**. (για μηχανή) γρασάρισμα (συνών. *λάδωμα*). **3**. εμπλουτισμός του εδάφους με λίπασμα ή κοπριά: *~ χωραφιού.*

λιπαντήρας ο, ουσ. (έρρ.), συσκευή που χρησιμεύει για τη λίπανση μηχανών.

λιπαντήριο το, ουσ. (έρρ., ασυνίζ.), χώρος συνεργείου αυτοκινήτων ή πρατηρίου βενζίνης όπου λιπαίνονται οι μηχανές αυτοκινήτων.

λιπαντής ο, ουσ. (έρρ.), εργάτης ειδικός για τη λίπανση μηχανών.

λιπαντικός, -ή, -ό, επίθ. (έρρ.), που σχετίζεται με τη λίπανση ή συντελεί σ' αυτήν: *λάδια -ά*. - Το ουδ. στον πληθ. ως ουσ. = ουσίες κατάλληλες για λίπανση.

λιπαρός, -ή, -ό, επίθ. **1**. που περιέχει λίπος ή καλύπτεται μ' αυτό: *φαγητά -ά* (συνών. *λιπώδης*). **2**. που εκκρίνει λιπαρές ουσίες: *δέρμα -ό*. **3**. (για έδαφος) γόνιμο: *γη -ή* (συνών. *εύφορος*).

λιπαρότητα η, ουσ., το να είναι κανείς λιπαρός.

λίπασμα το, ουσ., φυσική ή τεχνητή ουσία που περιέχει απαραίτητα στοιχεία για την ανάπτυξη των φυτών: *~ αζωτούχο.*

λιπόβαρος, -η, -ο, επίθ., που δεν έχει το κανονικό βάρος: *μερίδα -η* (συνών. *λειψός*).

λιποειδής, -ής, -ές, γεν. *-ούς*, πληθ. αρσ. και θηλ. *-είς*, ουδ. *-ή*, επίθ. **1**. που μοιάζει με λίπος. **2**. που περιέχει λίπος.

λιποθυμία και (συνιζ.) **-ιά** η, ουσ., ξαφνική και παροδική απώλεια της συνείδησης και της κινητικότητας που οφείλεται σε εγκεφαλική αναιμία: *του ήρθε ~ από την πολλή κούραση* (συνών. *λιγοθυμιά*).

λιποθυμικός, -ή, -ό, επίθ., που σχετίζεται με τη λιποθυμία ή αναφέρεται σ' αυτήν: *τάση / κατάσταση -ή.*

λιποθύμισμα το, ουσ. (λαϊκ.), λιποθυμία (βλ. λ.).

λιπόθυμος, -η, -ο, επίθ., που έχει λιποθυμήσει: *τον έβγαλαν -ο από τη θάλασσα.*

λιποθυμώ, ρ., μτχ. παρκ. *-ισμένος*, χάνω τις αισθήσεις μου ξαφνικά και παροδικά (συνών. *λιγοθυμώ*). - Η μτχ. παρκ. *-ισμένος* = που δεν είναι ζωηρός, υποτονικός: *κιλαηδισμός -ισμένος* (Σολωμός) (συνών. *ξεψυχισμένος*).

λίπος το, ουσ. **1**. εύτηκτη οργανική ουσία του σώματος των ζώων (συνών. *πάχος*). **2**. κάθε ουσία με ανάλογη υφή: *-η φυτικά.*

λιποσαρκία η, ουσ., ισχνότητα, αδυναμία (αντ. *παχυσαρκία*).

λιπόσαρκος, -η, -ο, επίθ., που δεν έχει πολλές σάρκες, αδύνατος (συνών. *λιγνός, κοκαλιάρης·* αντ. *παχύσαρκος*).

λιποτάκτης και **-χτης** ο, ουσ. **1**. αυτός που εγκατα

λείπει τις τάξεις του στρατού αδικαιολόγητα. 2. (μεταφ.) αποστάτης ιδεολογικού αγώνα.
λιποτακτώ και **-χτώ**, ρ. 1. εγκαταλείπω αυθαίρετα τις τάξεις του στρατού. 2. (μεταφ.) εγκαταλείπω τους συναγωνιστές μου σε αγώνα ιδεολογικό.
λιποταξία η, ουσ. 1. αυθαίρετη εγκατάλειψη των τάξεων του στρατού. 2. (μεταφ.) εγκατάλειψη αγώνα ή συναγωνιστών.
λιποτάχτης, βλ. *λιποτάκτης*.
λιποταχτώ, βλ. *λιποτακτώ*.
λιποψυχία και (συνιζ.) **-ιά** η, ουσ., δείλιασμα (συνών. *λιγοψυχιά·* αντ. *θάρρος, τόλμη*).
λιπόψυχος, -η, -ο, επίθ., δειλός (συνών. *λιγόψυχος, άτολμος·* αντ. *θαρραλέος, τολμηρός*).
λιποψυχώ, ρ., χάνω εύκολα το θάρρος μου, δειλιάζω (συνών. *λιγοψυχώ·* αντ. *τολμώ*).
λιπώδης, -ης, -ες, γεν. *-ους*, πληθ. αρσ. και θηλ. *-εις*, ουδ. *-η*, επίθ. 1. που είναι γεμάτος λίπος (συνών. *λιπαρός*). 2. όμοιος με λίπος: *ιστός ~*.
λίπωμα το, ουσ. (ιατρ.) καλοήθης όγκος που προέρχεται από υπερτροφία του λιπώδους ιστού.
λίρα η, ουσ. 1. νομισματική μονάδα διάφορων χωρών (Αιγύπτου, Αυστραλίας, Μεγάλης Βρετανίας, Ισραήλ, Λιβάνου, Συρίας, Τουρκίας) με διαφορετική αξία. 2. (ειδικό) χρυσό νόμισμα της Αγγλίας. Έκφρ. *~ με ουρά, βλ. ουρά· τα μυαλά σου και μια ~!* (ειρων. για ανόητο που το μυαλό του δεν αξίζει). [ιταλ. *lira*].
λιρέτα η, ουσ., νομισματική μονάδα της Ιταλίας. [ιταλ. *liretta*].
λισγάρι το, ουσ., δίχηλο σκαπτικό εργαλείο.
λίστα η, ουσ., κατάλογος ονομάτων ή πραγμάτων: *~ αναμονής· εκλογική ~ βουλευτικών εκλογών*. [ιταλ. *lista*].
λίστρο το, ουσ., εργαλείο που χρησιμοποιείται για τη λείανση επιφανειών.
λιτά, βλ. *λιτός*.
λιτανεία η, ουσ. (θρησκ.) πομπή κληρικών και πλήθους πιστών με περιφορά εικόνων ή αγίων λειψάνων που έχει χαρακτήρα εορταστικό (σε θρησκευτικές γιορτές) ή ικετευτικό (για κατάπαυση δεινών, κλπ.): *~ για να σταματήσει η ανομβρία*.
λιτάνευση η, ουσ. (θρησκ.) περιφορά ιερών αντικειμένων (κατά τη διάρκεια λιτανείας): *~ των εικόνων / της κάρας αγίου*.
λιτανεύω, ρ., κάνω λιτανεία ή συμμετέχω σ' αυτήν.
λιτή η, ουσ. 1. εκκλησιαστική δέηση που τελείται στις ολονυκτίες και τις αγρυπνίες. 2. (αρχιτ.) ο εσωτερικός νάρθηκας των βυζαντινών ναών.
λιτοδίαιτος, -η, -ο, επίθ., που ζει λιτά, ολιγαρκής: *λαός / άνθρωπος ~*.
λιτός, -ή, -ό, επίθ. 1α. που απαιτεί μικρή δαπάνη, ολιγοέξοδος· απλός, απέριττος: *ζωή -ή· ντύσιμο -ό* (αντ. *πολυδάπανος*)· β. (για άνθρωπο) που δεν ξοδεύει πολλά για τον εαυτό του ή τη διατροφή του: *καλόγερος / λαός ~* (συνών. *ολιγαρκής, λιτοδίαιτος*). 2. (για πράγματα) πενιχρός, φτωχικός: *γεύμα -ό* (αντ. *πλούσιος, πολυτελής*). 3. (μεταφ. για ύφος, κ.τ.ό.) απαλλαγμένος από περιττά στολίδια, απλός, απέριττος: *ύφος / κείμενο -ό· διατύπωση -ή* (συνών. *ακαλλώπιστος·* αντ. *επιτηδευμένος*). - Επίρρ. **-ά**: *ζει -ά σα μοναχός· εκφράζεται πάντα -ά*.
λιτότητα η, ουσ. 1. το να ζει κανείς λιτά, με περιορισμένα μέσα· το να είναι κάποιος (ή κάτι) ολιγαρκής / -ές, ή απλό(ς), απέριττο(ς): *~ βίου· ~*

στο *ντύσιμο* (συνών. *ολιγάρκεια*). 2. (για ύφος, κ.τ.ό.) έλλειψη περιττών κοσμητικών στοιχείων, απλότητα: *~ ύφους / έκφρασης*. 3. κατάσταση κατά την οποία όλη η οικονομική δραστηριότητα μιας χώρας υποχρεώνεται από το κράτος σε περικοπές δαπανών και μειωμένες απολαβές με στόχο την ανάκαμψη της οικονομίας: *περίοδος -ας· εισοδηματική ~*. 4. (γραμμ.) ρητορικό σχήμα κατά το οποίο χρησιμοποιείται στη θέση μιας λέξης η αντίθετή της μαζί με άρνηση για να δηλωθεί κάτι περισσότερο ή μεγαλύτερο (π.χ. *όχι λίγα* = *πολλά*) (αντ. *υπερβολή*).
λίτρο το και (παλαιότερα) **λίτρα** η, ουσ. (φυσ.) μονάδα μέτρησης όγκου ή χωρητικότητας υγρών ή στερεών που ισούται με χίλια κυβικά εκατοστά: *δύο -α νερό· συσκευασία του ενός -ου*.
λίφτινγκ το, ουσ. άκλ., αφαίρεση με τεχνικά μέσα των ρυτίδων από το πρόσωπο. [αγγλ. *lifting*].
λιχανός ο, ουσ., το δεύτερο δάχτυλο του χεριού μετά τον αντίχειρα (συνών. *δείκτης*).
λιχνίζω, ρ. (γεωργ.) πετώ ψηλά τα αλωνισμένα σιτηρά ή άλλους καρπούς για να χωρίσει ο καρπός από το υπόλοιπο φυτό με τη βοήθεια του αέρα: *~ το στάρι στ' αλώνι*.
λίχνισμα το, ουσ., ξεχώρισμα του σιταριού από το άχυρο ή άλλων καρπών από το ξερό τους περίβλημα (καθώς πετιούνται ψηλά συνήθως με το δικράνι και με τη βοήθεια του αέρα): *οι γεωργοί άρχισαν το ~*.
λιχνιστήρι το, ουσ., γεωργικό όργανο που χρησιμοποιείται για το λίχνισμα.
λιχνιστής ο, θηλ. **-ίστρια**, ουσ., αγρότης που λιχνίζει.
λιχούδης, βλ. *λειχούδης*.
λιώνω, βλ. *λειώνω*.
λόβιον το, ουσ. (ασυνίζ.), (ανατομ., στον πληθ.) διάφορα ογκίδια ή κυστίδια στα εσωτερικά όργανα του σώματος: *-α ηπατικά / πνευμονικά*.
λοβιτούρα η, ουσ., παρασκευασμένη ενέργεια, απάτη που γίνεται με σκοπό να αναληφθεί κρατική προμήθεια ή γενικά να αποκτηθεί αθέμιτο κέρδος: *απόκτησε την περιουσία του με διάφορες -ες* (συνών. *κομπίνα*). [ρουμ. *lovitura*].
λοβιτουρατζής ο, ουσ. (λαϊκ.), αυτός που επιδίδεται σε λοβιτούρες, απατεώνας, κομπιναδόρος.
λοβός ο, ουσ. 1. (ανατομ.) το κυκλικό σαρκώδες τμήμα που βρίσκεται στο κάτω άκρο του αφτιού. 2. (ανατομ.) στρογγυλό τμήμα ορισμένων οργάνων του σώματος που προεξέχει και χωρίζεται από άλλα τμήματα του ίδιου οργάνου: *-οί των πνευμόνων· ο εμπρόσθιος ~ του εγκεφάλου*. 3. (βοτ.) καρπός που προέρχεται από ένα καρπόφυλλο που ανοίγει και από τις δύο πλευρές κατά μήκος και ελευθερώνει τα σπέρματα, το κέλυφος των οσπρίων.
λοβοτομή η, ουσ. (ιατρ.) νευροχειρουργική επέμβαση σε λοβό του εγκεφάλου κατά την οποία κόβονται νευρικές ίνες με σκοπό τη θεραπεία σοβαρών πνευματικών ή ψυχικών ασθενειών, που έχει όμως επακόλουθο την αλλοίωση της προσωπικότητας του ασθενή.
λογάκι, βλ. *λόγος*.
λογάρι το, ουσ. α. χρήματα, πλούτος· β. θησαυρός: *έκρυψε το ~*.
λογαριάζω, ρ. (συνιζ.). I. ενεργ. Α. (αμτβ.) κάνω αριθμητικές πράξεις, λογαριασμούς, μετρώ: *το παιδί -ει με τα δάχτυλα*. Β. μτβ. 1. υπολογίζω, με-

λογαριασμός

τρώ κάτι: ~ τα έξοδα των διακοπών. **2α**. συνυπολογίζω: να -άσεις (μαζί με τ' άλλα) και τα έξοδα του φαγητού· **β**. καταλέγω, συνυπολογίζω: ήτανε πέντε χωρίς να ~ και τα παιδιά. **3**. σκέφτομαι, υπολογίζω, λαμβάνω υπόψη μου: -ιαζε πως θα 'ρθει στην ώρα του· -ιαζε κάθε του λόγο. **4**. έχω πρόθεση να κάνω κάτι, σχεδιάζω, σκοπεύω: -ιαζαν να φύγουν νωρίς· παροιμ. ~ χωρίς τον ξενοδόχο (= κάνω σχέδια χωρίς να λαμβάνω υπόψη μου τις αντικειμενικές συνθήκες) (συνών. υπολογίζω). **5**. εκτιμώ, θεωρώ: Στη Μάνη ξεσπά η επανάσταση. Οι Τούρκοι το -άριασαν ανταρσία (Μπαστιάς). **6**. θεωρώ κάποιον ή κάτι σπουδαίο, εκτιμώ, σέβομαι: δεν τον -ουν τα παιδιά του· δε -εται από κανέναν. **II**. (μέσ., λαϊκ.) **1**. ξεκαθαρίζω δοσοληψίες, υπολογίζω: να -αστούμε και να μοιράσουμε τα κέρδη. **2**. έρχομαι σε αναμέτρηση με κάποιον, σχεδιάζω διαφορές: (απειλητικά) μια μέρα εμείς οι δυο θα -αστούμε!

λογαριασμός ο, ουσ. (συνιζ.). **1**. εκτέλεση μαθηματικής πράξης, μέτρημα, αρίθμηση: έκανα λάθος στο -ό (συνών. υπολογισμός). **2**. πίνακας των εσόδων και εξόδων προσώπου ή επιχείρησης ή χρηματικών ποσών που χρωστά κάποιος για αγαθά ή υπηρεσίες που έλαβε: ~ του ρεύματος· το -ό, σε παρακαλώ! (σε εστιατόριο, κ.τ.ό.). **3**. μερίδιο σε οικονομικό οργανισμό (τράπεζα, κ.τ.ό.) με το οποίο μπορεί κανείς να διακινεί τα χρήματά του καταθέτοντας ή αποσύροντας ποσά: ~ όψεως / κλειστός· αριθμός / κίνηση -ού· ανοίγω -ό σε τράπεζα. **4**. (μεταφ.) δοσοληψία: ξεκαθάρισμα -ών· έχουμε παλιούς -ούς εμείς οι δυο· θα εξοφλήσω / καθαρίσω το -ό μου (= θα εκδικηθώ)· δε θ' ανοίξω -ούς μαζί του· παροιμ. φρ. οι καλοί -οί κάνουν τους καλούς φίλους. Έκφρ. για -ό μου (= για μένα, με δική μου ευθύνη ή για δικό μου όφελος): θα ενεργήσει ο καθένας για -ό του. Φρ. βρίσκω -ό (= τακτοποιώ, ρυθμίζω μια υπόθεση): δεν μπόρεσα να βρω -ό· δίνω -ό σε κάποιον για κάτι (= λογοδοτώ)· έρχομαι σε -ό (= τακτοποιούμαι, μπαίνω σε μια σειρά)· (κάτι) είναι δικός μου ~ (= είναι δική μου υπόθεση, δεν αφορά κανέναν άλλο): το τι θα κάνω είναι δικός μου ~! μπαίνω σε -ό (= συμμορφώνομαι): αυτό το παιδί δεν μπαίνει σε -ό· φέρνω κάποιον ή κάτι σε -ό (= βάζω σε τάξη).

λογαριθμικός, -ή, -ό, επίθ. (μαθημ.) που ανήκει ή αναφέρεται στους λογάριθμους: πίνακες -οί.

λογάριθμος ο, ουσ. (μαθημ.) ~ ενός αριθμού = ο εκθέτης στον οποίο πρέπει να υψώσουμε έναν άλλο συγκεκριμένο αριθμό (τη βάση) για να προκύψει ο αρχικός αριθμός (δηλ. $χ = α^ψ$, όπου ψ είναι ο λογάριθμος του χ στο σύστημα της βάσης α· σύμβολο: λογ. αχ = ψ).

λογάς ο, θηλ. **-ού**, ουσ. (λαϊκ.). **α**. άνθρωπος που μιλά πολύ για ασήμαντα συνήθως πράγματα, φλύαρος, πολυλογάς· **β**. αυτός που δίνει υποσχέσεις που δεν πρόκειται να τηρήσει.

λογγίσιος, -α, -ο, επίθ. (έρρ., συνιζ.), που ανήκει ή αναφέρεται στο λόγγο: δέντρα -α.

λόγγος ο, ουσ. (έρρ.), πυκνό δάσος από θάμνους: -οι και ρουμάνια.

λογείον το, ουσ. (αρχιτ., θεατρ.) το μπροστινό τμήμα της σκηνής του αρχαίου θεάτρου, όπου έπαιζαν οι ηθοποιοί.

λογής, θηλ. ουσ. ελλειπτ. (μόνο στη γεν. εν. και πληθ.), στις εκφρ. κάθε ~ (= κάθε είδους): θα γνωρίσεις κάθε ~ ανθρώπους· ~ ~ (= διάφορων ειδών): πουλούσε κρασιά, τυριά ~ ~· (στον πληθ.) -ιών -ιών (συνιζ.) (= διάφορων ειδών): -ιών -ιών υφάσματα και κοσμήματα· -ιών -ιών συνήθειες· τι ~ (= τίνος είδους): τι ~ άνθρωπος είναι ετούτος;

-λογιά (συνιζ.), κατάλ. θηλ. ουσ. περιληπτικών: φτωχολογιά.

λογιάζω, ρ., μέσ. -άζομαι και (ιδιωμ.) -ιέμαι (συνιζ.) **Α**. (ενεργ.) λογαριάζω, σκέφτομαι: ποτέ δε -ιασα το πότε και το πώς (Σεφέρης). **Β**. (παθ.) λογαριάζομαι, θεωρούμαι: -ιαζόταν (για) πολύ δυνατός στο χωριό.

λογίζομαι, ρ., θεωρούμαι: -εται μεγάλος και τρανός· (νομ.) αν η υποθήκη εξαλειφθεί, η παραγραφή -εται σαν να μη διακόπηκε (αστ. κώδ.).

λογικά, βλ. λογικός.

λογικεύομαι, ρ. α. σκέφτομαι ή συμπεριφέρομαι λογικά· β. συμμορφώνομαι: -έψου επιτέλους.

λογική ο, ουσ. **1**. κλάδος της φιλοσοφίας που μελετά τις μορφές και τους νόμους της ορθής νόησης: ~ αριστοτελική / συμβολική / μαθηματική. **2**. μέθοδος συλλογισμού που περιλαμβάνει αλληλουχία ιδεών, σειρά προτάσεων, καθεμιά από τις οποίες είναι αληθινή εφόσον και η αμέσως προηγούμενη της είναι αληθινή. **3**. (γενικά) τρόπος που σκέφτεται κάποιος: δεν καταλαβαίνω τη ~ σου. **4**. το να σκέφτεται κανείς ορθά: τα επιχειρήματά σου δεν έχουν καθόλου ~· ~ τετράγωνη· δες το πράγμα με ψυχρή ~· δεν έχει την κοινή ~ να σκεφτεί ότι... **5**. τρόπος σκέψης που θεωρείται ότι χαρακτηρίζει συγκεκριμένα άτομα ή ομάδες: η ~ των παιδιών / των πρωτογόνων. **6**. τρόπος σκέψης, χαρακτηρισμός για ορισμένους τομείς δραστηριοτήτων, σύμφωνα με τον οποίο κάποια πράγματα θεωρούνται λογικά εφόσον καταλήγουν ή οδηγούν σε επιθυμητά αποτελέσματα: ~ διπλωματική / οικονομική· «η ~ του πολέμου». **7**. έκφρ. η ~ των πραγμάτων (= η αληθινή κατάσταση των πραγμάτων, τα ίδια τα πράγματα). **8**. τρόπος με τον οποίο αναπτύσσονται ή εξελίσσονται οι σχέσεις μεταξύ αιτίων και αποτελεσμάτων: η ~ του μύθου / της αφήγησης / του παραλόγου.

λογικό το, ουσ., η νόηση, ο νους, το μυαλό· (συνηθέστερα στον πληθ.) η ικανότητα να σκέφτεται κανείς σωστά· η καλή διανοητική κατάσταση, η πνευματική υγεία: Η δήλωση της βούλησης είναι άκυρη, αν... το πρόσωπο... δεν είχε τη χρήση του -ού επειδή έπασχε από πνευματική ασθένεια (αστ. κώδ.)· ~ ταραγμένο· φρ. έλα στα -ά σου! (= σκέψου σωστά, σύνελθε)· έχασε τα -ά του ή σάλεψε το ~ του (= παραφρόνησε).

λογικός, -ή, -ό, επίθ. **Α**. (για πράγματα) **1α**. που βασίζεται στους κανόνες και τις μεθόδους της λογικής, της ορθής σκέψης: ειρμός ~· σχέση / ακολουθία -ή (αντ. άλογος)· **β**. που είναι σύμφωνος με τους κανόνες της ορθής σκέψης: επιχειρήματα -ά· βρίσκω την ιδέα / την άποψή σου -ή· συμπέρασμα -ό (= που είναι αποτέλεσμα πράξεων ή γεγονότων που σύμφωνα με τη γνώμη των πολλών μπορούν να οδηγήσουν μόνο σ' αυτό)· σφάλμα -ό (= που μπορεί να εξηγηθεί με τους κανόνες της λογικής) (αντ. άλογος, παράλογος)· **γ**. που θεωρείται ή υποστηρίζεται ως ορθός επειδή υπάρχουν αιτίες που τον δικαιώνουν και τον καθιστούν αναγκαστό: απόφαση / εξήγηση / αντίδραση -ή· **δ**. που προσαρμόζεται στην αναγκαιότητα των πραγμάτων: -ή συνέπεια μιας πράξης. **2**. (σε απρόσ. έκφρ.) που ανήκει στην τάξη των

πραγμάτων, φυσικό, ορθό: *είναι -ό να πιστέψει κανείς...· σ' όλους φάνηκε -ό να...* 3. που σ' αυτόν αναπτύσσονται και ολοκληρώνονται αιτιώδεις σχέσεις, νοηματικός: *η διήγηση περνά σε μια -ή ενότητα.* 4. (μεταφ.) που θεωρείται καλός, ίσως όχι ιδιαίτερα ικανοποιητικός, μέτριος, κανονικός: *οι τιμές κυμαίνονται σε -ά επίπεδα· πλήρωσε το -ό ποσό των Α δρχ.* (αντ. *υπερβολικός, αλόγιστος*). Β. (για πρόσωπα) 1. που έχει την ικανότητα της διανόησης, του λογικού: *όντα -ά.* 2. που έχει την ικανότητα της ορθής σκέψης, που μπορεί να κρίνει και να αποφασίζει κινούμενος από τη λογική και όχι από το συναίσθημα, μυαλωμένος, συνετός: *ας μιλήσουμε σα δυο -οί άνθρωποι!* (αντ. *άμυαλος*)· *η μητέρα τους είναι μια -ή γυναίκα.* - Επίρρ. *-ά: οι γνώμες λεκτικά διασταυρώνονται, όμως σημασιολογικά και -ά δε συναντώνται· σκέψου / να φερθείς -ά!*
λογικότητα η, ουσ., το να είναι κάποιος λογικός ή σύμφωνος με τους κανόνες της λογικής: ~ *του συλλογισμού / της φιλοσοφικής θεωρίας.*
-λόγιο, (ασυνίζ..), κατάλ. ουδ. ουσ. (με λόγ. προέλ.): *δρομολόγιο, μισθολόγιο.*
λόγιον το, ουσ. (ασυνίζ.), γνωμικό, ρητό.
λόγιος, -α, -ο, επίθ. (ασυνίζ.). 1. που είναι μορφωμένος, καλλιεργημένος: *-ιοι συγγραφείς της Τουρκοκρατίας·* (ειδικότερα, ως ουσ.) *αυτός που ασχολείται με τα γράμματα* (λογοτέχνης, μελετητής ή επιστήμονας). 2. για λέξεις αρχαίες που δε σώθηκαν με την προφορική παράδοση, αλλά ήρθαν ξανά στη χρήση με την επίδραση της αρχαϊστικής γλώσσας και που λίγο-πολύ έγιναν δεκτές στο σημερινό νεοελληνικό γραπτό λόγο: *-α γλωσσικά στοιχεία· -α επίδραση στην ομιλούμενη γλώσσα· -ες σύνθετες λέξεις* (αντ. *λαϊκός, δημοτικός*).
λογιοσύνη η, ουσ. (ασυνίζ.), πνευματική καλλιέργεια, λογιότητα.
λογιοτατίζω, ρ. (ασυνίζ.), χρησιμοποιώ στο λόγο μου κατά κόρον περιττά αρχαϊστικά γλωσσικά στοιχεία ανήκοντας σε χώρο έξω από τη δημοτικιστική ιδεολογία.
λογιοτατισμός ο, ουσ. (ασυνίζ.). 1. η τάση των λογίων παλαιότερα να χρησιμοποιούν στα κείμενά τους σχολαστική καθαρεύουσα και αρχαϊστικούς εκφραστικούς τύπους. 2. η τάση να λογιοτατίζει (βλ. λ.) κανείς.
λογιότατος, -η, -ο, επίθ. (ασυνίζ.). 1. που είναι πνευματικά καλλιεργημένος, που είναι πολύ μορφωμένος. 2. (ειρων.) οπαδός του λογιοτατισμού (βλ. λ.).
λογιότητα η, ουσ. (ασυνίζ.). 1. το να είναι κανείς λόγιος. 2. η σοφία ενός λογίου.
λογισμός ο, ουσ. 1. (μαθημ.) υπολογισμός: ~ *διαφορικός / αριθμητικός.* 2. σκέψη, στοχασμός: *πού τρέχει ο ~ σου;* (Βαλαωρίτης).
λογιστήριο το, ουσ. (ασυνίζ.), γραφείο όπου στεγάζεται η λογιστική υπηρεσία οργανισμού, επιχείρησης ή κρατικής υπηρεσίας: *Γενικό Λ-ο του Κράτους* (= η κεντρική λογιστική αρχή).
λογιστής ο, θηλ. **-ίστρια,** ουσ., ειδικός υπάλληλος που ελέγχει και παρουσιάζει με λογιστικούς όρους και αριθμούς τις εμπορικές και οικονομικές πράξεις ενός οργανισμού, μιας επιχείρησης, μιας κρατικής υπηρεσίας, κλπ.: *Σώμα ορκωτών -ών.*
λογιστική η, ουσ. **α.** τήρηση λογιστικών βιβλίων επιχείρησης, οργανισμού, κρατικής υπηρεσίας, κλπ., από λογιστή· **β.** κλάδος των οικονομικών επιστημών: *γενική ~· ~ των επιχειρήσεων.*
λογιστικός, -ή, -ό, επίθ., που ανήκει ή αναφέρεται στην εκτέλεση εμπορικών λογαριασμών και γενικότερα στη λογιστική (βλ. λ.): *-ά βιβλία* = ειδικά «τετράδια» στα οποία ο λογιστής καταγράφει όλες τις εμπορικές και οικονομικές πράξεις της επιχείρησης, του οργανισμού, κλπ.· *-ό λάθος· -ό γραφείο* (= ιδιωτική επιχείρηση λογιστών που έναντι αμοιβής αναλαμβάνει να τηρεί λογιστικά βιβλία επιχειρήσεων και να συμπληρώνει φορολογικές δηλώσεις ιδιωτών)· *-ή υπηρεσία* (= το σύνολο των υπαλλήλων-λογιστών επιχείρησης ή οργανισμού που παρακολουθούν και καταγράφουν όλες τις εμπορικές και οικονομικές πράξεις του).
λογίστρια, βλ. *λογιστής.*
λογιών, βλ. *λογής.*
λόγκος, ο, βλ. *λόγγος.*
λογογράφημα το, ουσ. (σπάνιο), σύγγραμμα (άρθρο, δοκίμιο, κλπ.), κείμενο έντεχνου πεζού λόγου (συνών. *λογοτέχνημα*).
λογογραφικός, -ή, -ό, επίθ. (σπάνιο) που ανήκει ή αναφέρεται στο λογογράφο (βλ. λ.) (συνών. *λογοτεχνικός*).
λογογράφος ο, ουσ. 1. (λόγ.) συγγραφέας λογοτεχνικών (πεζών ή έμμετρων) έργων (συνών. *λογοτέχνης*). 2. (ιστ.) ρήτορας στην αρχαία Ελλάδα που συνέτασσε δικανικούς λόγους έναντι αμοιβής: *ο Λυσίας ήταν ~.* 3. (ιστ.) χαρακτηρισμός των αρχαίων ιστοριογράφων του 6. και 5. αιώνα π.Χ.
λογογραφώ, -είς, ρ. (σπάνιο) (αμτβ.). 1. (λόγ.) είμαι λογογράφος (βλ. λ.), (συγ)γράφω λογοτεχνικά έργα. 2. (ιστ.) συντάσσω δικανικούς λόγους για λογαριασμό τρίτων έναντι χρηματικής αμοιβής: *ο Λυσίας -ούσε.*
λογοδιάρροια η, ουσ. (ασυνίζ. δις), (σκωπτ.) ακατάσχετη φλυαρία, πολυλογία: *δεν κατάφερα να γλυτώσω από τη -ά του* (αντ. *λακωνικότητα*).
λογοδίνομαι, ρ., εύχρηστο συνήθως στον αόρ. *-δόθηκα* και στη μτχ. παθ. παρκ. *-δοσμένος* (λαϊκ.), αρραβωνιάζομαι ανεπίσημα: *ήταν ένα χρόνο -δοσμένοι.*
λογοδοσία η, ουσ. (νομ.) απολογισμός, έκθεση «πεπραγμένων» και συνάμα απόδοση λογαριασμών διαχείρισης από πρόσωπα που διαχειρίστηκαν ολικά ή μερικά ξένη υπόθεση: ~ *του διοικητικού συμβουλίου / επιτρόπου περιουσίας.*
λογοδοσμένος, βλ. *λογοδίνομαι.*
λογοδότης, -είς, ρ., αόρ. *-δότησα.* **α.** (νομ.) εκθέτω τα «πεπραγμένα» και δίνω λογαριασμούς διαχείρισης ξένης υπόθεσης: *ο επίτροπος μετά το τέλος της επιτροπείας έχει υποχρέωση να -δοτήσει για την όλη διοίκησή του* (αστ. κώδ.)· **β.** (μεταφ., επιτιμητικά) δίνω λόγο για μη κανονική πράξη, απολογούμαι: *η διοίκηση οφείλει να -δοτήσει για τις παράνομες απολύσεις.*
λογοκλοπή η, ουσ., κλοπή, ιδιοποίηση ξένης πνευματικής δημιουργίας: *η ~ τιμωρείται από το νόμο.*
λογοκλόπος ο, ουσ., αυτός που παρουσιάζει ως δική του ξένη λογοτεχνική ή επιστημονική εργασία: *τον κατηγόρησαν ως -ο.*
λογοκλοπώ, -είς, ρ. (αμτβ.) ιδιοποιούμαι πνευματική εργασία, αντιγράφω σε ευρεία κλίμακα απο-

λογοκοπία

σπάσματα από σύγγραμμα τρίτου χωρίς να αναφέρω το όνομα του συγγραφέα.

λογοκοπία η, ουσ., το να φλυαρεί κανείς επιδεικτικά και άσκοπα.

λογοκοπικός, -ή, -ό, επίθ., που σχετίζεται με τη λογοκοπία: *-ό ύφος*.

λογοκόπος ο, ουσ., αυτός που φλυαρεί επιδεικτικά και άσκοπα: *είναι ένας ~ αυτός* (συνών. *λογάς, φαφλατάς*).

λογοκοπώ, ρ. (λόγ.), (αμτβ.) είμαι λογοκόπος (βλ. λ.), λέω πολλά και περιττά λόγια, φλυαρώ άσκοπα.

λογοκρίνω, ρ. (συνήθως για κρατική αρχή) ενεργώ λογοκρισία (βλ. λ.), ασκώ προληπτικό έλεγχο στα μέσα ενημέρωσης, στα λογοτεχνικά έργα, στα θεάματα, στην ιδιωτική αλληλογραφία, κλπ., με πρόθεση να εμποδίσω τη διάδοση πληροφοριών και ιδεών που δεν επιδοκιμάζω: *λογόκριναν το βιβλίο του· ο διευθυντής λογόκρινε το άρθρο του*.

λογοκρισία η, ουσ. **1.** προληπτικός ή κατασταλτικός έλεγχος που ασκεί συνήθως η κρατική εξουσία σε έργα λογοτεχνικά, κινηματογραφικές ταινίες, εφημερίδες, τηλεοπτικές εκπομπές, στην ιδιωτική αλληλογραφία, κλπ., απαγορεύοντας τη δημοσίευσή τους, προκειμένου να εμποδιστεί η διάδοση πληροφοριών και ιδεών που δεν επιδοκιμάζει: *ασκήθηκε ~ στο περιοδικό / στο βιβλίο· επιτροπή -ας· το Σύνταγμα απαγορεύει τη ~ της ιδιωτικής αλληλογραφίας*. **2.** (συνεκδοχικά) ειδική (κρατική) επιτροπή από πρόσωπα που ασχολούνται με το παραπάνω έργο.

λογοκριτής ο, θηλ. **-ίτρια**, ουσ., πρόσωπο που ασκεί λογοκρισία (βλ. λ.)· (ειδικότερα) μέλος της κρατικής επιτροπής λογοκρισίας.

λογοκριτικός, -ή, -ό, επίθ., που ανήκει ή αναφέρεται στο λογοκριτή ή στη λογοκρισία (βλ. λ.).

λογοκρίτρια, βλ. *λογοκριτής*.

λογομαχία η, ουσ., εριστική συζήτηση, φραστική διαμάχη: *η συζήτηση εξελίχτηκε σε ~* (συνών. *λογοτριβή, διαπληκτισμός*).

λογομαχώ, -είς, ρ., συζητώ με εριστικό τρόπο, φιλονικώ με κάποιον: *-ούσε και με τους φίλους του*.

λογοπαίγνιο το, ουσ. (ασυνίζ.), φραστικό παιχνίδι με ομόηχες λέξεις ή με λέξεις που έχουν πολλές σημασίες: *αστειεύεται συχνά με -α*.

λογοπαικτώ, -είς, ρ., (λόγ.), παίζω με τις λέξεις.

λόγος ο, πληθ. **-οι** και **-για** τα, ουσ. **1.** ανθρώπινη ικανότητα επικοινωνίας με το λεκτικό συμβολισμό: *μόνο ο άνθρωπος διαθέτει το χάρισμα του -ου* (συνών. *λαλιά, μιλιά*). **2.** ό,τι λέει κάποιος, φράση, κουβέντα: *~ και αντίλογος· με δικά σου -για*. **3.** σύστημα έκφρασης και συνεννόησης των ανθρώπων με λέξεις, γλώσσα: *προφορικός / γραπτός ~*. **4.** (γραμμ.) το σύνολο των λέξεων με τις οποίες εκφράζονται τα διανοήματα: *τα μέρη του -ου· οι κατηγορίες στις οποίες υπάγονται οι λέξεις της γλώσσας*· *ευθύς ~* (= όταν αναφέρουμε ακριβώς τα ίδια λόγια που χρησιμοποίησε κάποιος)· *πλάγιος ~* (= όταν τα λόγια κάποιου τα μεταφέρουμε με ορισμένες φραστικές μεταβολές)· *σχήμα -ου* (= λεκτικό σχήμα, βλ. *λεκτικός*): *δεν εννοούσα αυτό· ήταν σχήμα -ου*. **5.** δημιουργία γραπτών έργων, λογοτεχνία: *έμμετρος / πεζός ~*. **6α.** (συνεκδοχικά) συνομιλία, συζήτηση: *γίνεται πολύς ~ για...*· φρ. *κάνω -ο για κάτι* **β.** διάδοση, φήμη: *ακούστηκαν πολλά -για στη γειτονιά για σένα*. **7α.** εκτενής προφορική ή γραπτή ανάπτυξη θέματος μπροστά σε ακροατήριο: *έβγαλε -ο για την οικονομία· πανηγυρικός ~* (συνών. *αγόρευση, ομιλία*)· **β.** κήρυγμα (συνήθως από ιεροκήρυκα στην εκκλησία). **8α.** συμβουλή, νουθεσία: *να ακούς τα -για του παππού*· φρ. *δεν παίρνει από -για* (= αδιαφορεί για τις συμβουλές που του δίνουν)· **β.** σύσταση: *δεν είπε έναν καλό -ο για μένα*. **9.** γνωμικό, ρητό: *ο ~ το λέει: «μην πεις για να μη σου πούνε»*, *που λέει ο ~*. **10.** βεβαίωση, υπόσχεση ρητή κι επίσημη· συμφωνία, εγγύηση: *έχεις / σου δίνω το -ο μου / το -ο της τιμής μου· ο ~ του είναι συμβόλαιο*· φρ. *έδωσα -ο* (= **α.** συμφώνησα· **β.** λογοδόθηκα). **11.** φιλονικία, διαπληκτισμός: *ήρθαν στα -για* (= καβγάδισαν). **12.** σκοπός, πρόθεση: *ο ~ για τον οποίο ήρθα είναι...*· *έχει τους -ους του που τηρεί αυτή τη στάση*. **13.** αιτία, αφορμή: *οικογενειακοί / ηθικοί -οι· χωρίς -ο* (= αδικαιολόγητα)· *για ποιο -ο δε μου μιλάς;* **14.** λογοδοσία, απολογία: *θα δώσεις -ο για τις πράξεις σου*. **15.** (φιλοσ.) συλλογιστική ικανότητα για την οργάνωση των νοημάτων: *ορθός ~*. **16.** (μαθημ.) σχέση μεταξύ μεγεθών ή ποσοτήτων: *ο ~ της περιφέρειας προς τη διάμετρο*. **17.** (στο χριστιανισμό) *ο Λόγος (του Θεού)* = **α.** ο Χριστός· **β.** η Βίβλος· **γ.** η χριστιανική διδασκαλία: *κηρύσσει το -ο του Θεού· θείος ~*. **18.** (λόγ.) αναλογία, σχέση, σειρά: *κατά πρώτο / αντίστροφο / απόλυτο / σύνθετο -ο*. Η γενική ενικού (ε)*λόγου* έναρθρη ή άναρθρη και με τα κτητικά *μου, σου, του*, κλπ., ως περιφραστική προσωπική αντωνυμία: *του -ου σου τα πιστεύεις αυτά;* (= εσύ)· *τη θέλω για του -ου μου* (= για μένα)· έκφρ. *από -ου του* (= από μόνος του, με δική του πρωτοβουλία)· *ζωή σε -ου σας!* (ευχή σε συγγενείς νεκρού). Έκφρ. *από -ο σε -ο ή -ο το -ο* (= καθώς γινόταν η συζήτηση): *από -ο σε -ο ριζώθηκε η ιδέα...*· *-ο το -ο πιάστηκαν στα χέρια* (λόγ.) *για του -ου το αληθές* (= ως απόδειξη, αποδεικτικό στοιχείο)· *δυο -για* (= λίγες κουβέντες): *δυο -ια θα σου πω και θα φύγω· -για του αέρα* (= φλυαρίες, ανοησίες, κενολογίες)· *-ια του κόσμου* (= φήμες, κουτσομπολιά)· *-ου χάρη* (για παράδειγμα)· *μεγάλα -για ή μεγάλος ~* (= καυχησιολογία, κομπορρημοσύνη): *μεγάλο -ο ξεστόμισες· μ' ένα -ο ή με δυο -ια* (= συνοπτικά, συνοψίζοντας)· *με (τα) -ια* (= θεωρητικά, υποθετικά): *με τα -ια δε γίνεται τίποτα· ούτε λόγος* (όταν δε χωρεί αμφισβήτηση για κάτι). Φρ. *απευθύνω το -ο σε κάποιον* βλ. *απευθύνω*· *βάζω -για* βλ. *βάζω*· *βάζω· δε μου πέφτει ~* (= δεν έχω δικαίωμα γνώμης, ούτε είμαι αρμόδιος να έχω γνώμη)· *δίνω το -ο σε κάποιον*, βλ. *δίνω*· *ένας ~ είναι αυτός* (= εύκολα λέγεται κάτι, αλλά δύσκολα πραγματοποιείται)· *έρχομαι στα -ια κάποιου*, βλ. ά. *έρχομαι· έχω το παίρνω το -ο* (= σε συζήτηση, συνεδρίαση, κλπ., ήρθε η σειρά μου να μιλήσω ή μου παραχωρείται η άδεια να μιλήσω)· *ο συνάδελφος έχει το -ο· έχω το -ο (κάπου)* (= προστάζω, διευθύνω): *εγώ έχω το -ο εδώ μέσα· έχω το χάρισμα του -ου* (= είμαι ευφραδής)· *ζητώ το -ο*, βλ. *ζητώ· ζητώ το -ο κι αποπάνω* (= ζητώ και ρέστα, βλ. *ζητώ· να γίνεται* (ειρων., για να γίνεται συζήτηση, κουβεντολόι)· *μένω στα -για* (= δεν πραγματοποιούμαι): *η υπόσχεση έμεινε στα -για· ο ~ το φέρνει* (= έρχεται με τη λογική συνέχεια της κουβέντας)· *ο ~ το λέει* (= απλώς το συζητάμε, δεν πρόκειται να γίνει)· *παίρνω πίσω το ~ μου* (= αθετώ την υπόσχεσή μου)· *περνά ο ~ μου* (= εισακούομαι, έχω κύρος)·

χάνω τα -για μου (= ματαιοπονώ). Παροιμ. φρ. μεγάλη μπουκιά φάε, μεγάλο -ο μην πεις (= η καυχησιολογία τιμωρείται)· ο ~ σου με χόρτασε και το ψωμί σου άσ' το / φά το (οι πικρές κουβέντες δεν εξαλείφονται με υλικές περιποιήσεις)· τα πολλά -για είναι φτώχεια. - Υποκορ. (συνήθως στον πληθ.) **-γάκι** το.
-λόγος ο, I. β΄ συνθετικό αρσενικών ουσιαστικών και επιθέτων: *γλωσσολόγος, γυναικολόγος, λεπτολόγος*. [*λέγω-λόγος*].
-λόγος, II. β΄ συνθετικό αρσενικών ουσιαστικών και επιθέτων: *στρατολόγος, γυρολόγος, βιδολόγος.* [αρχ. *λέγω* = μαζεύω, συλλέγω].
λογοτέχνημα το, ουσ., λογοτεχνικό έργο, βλ. *λογοτεχνικός*.
λογοτέχνης ο, ουσ., συγγραφέας λογοτεχνικών έργων.
λογοτεχνία η, ουσ. 1a. χρήση του γραπτού λόγου που αποβλέπει σε αισθητικούς σκοπούς: *συζητούσαν για ~ και μουσική· θεωρία της -ίας* β. το σύνολο των γραπτών έργων μιας χώρας (ή περιοχής) ή εποχής που αποβλέπουν σε αισθητικούς σκοπούς: *~ ελληνική / σύγχρονη· εθνικές ιδιαιτερότητες της κάθε -ίας* (πβ. *γραμματεία, σημασ.* 2)· γ. για έργα που ανήκουν σε συγκεκριμένο λογοτεχνικό είδος: *~ ρεαλιστική / αστυνομική / ταξιδιωτική.* 2. (κατ' επέκταση) *προφορική ~ =* α. κάθε αισθητική χρήση του λόγου, ακόμη και αν δεν είναι γραπτός: *το δημοτικό τραγούδι είναι προφορική ~·* β. το σύνολο μύθων και αφηγήσεων που σώθηκαν με τη λαϊκή παράδοση: *προφορική ~*.
λογοτεχνικός, -ή, -ό, επίθ. 1. που ανήκει στη λογοτεχνία ή το λογοτέχνη ή αναφέρεται σ' αυτούς: *έργο -ό* (= γραμματειακό έργο που αποβλέπει σε αισθητικούς σκοπούς)· *είδος -ό* (π.χ. ποίηση, μυθιστόρημα, δοκίμιο, κλπ.)· *-ή αξία κειμένου· κίνηση -ή· κόσμος* ~ (= όλοι όσοι καλλιεργούν τη λογοτεχνία)· *-ή βραδιά* (= αφιερωμένη στη λογοτεχνία) *-ή παραγωγή ενός τόπου*. 2. που γίνεται με τη λογοτεχνία: *-ή αναπαράσταση μιας εποχής*.
λογοτριβή η, ουσ. (λόγ.), φιλονικία, λογομαχία.
λογότυπο το, ουσ., γραφικός τύπος που προβάλλεται με μορφή λέξης ή σημείου με σκοπό να γίνει σύμβολο μιας εταιρείας ή ενός προϊόντος.
λογότυπος ο, ουσ., φράσεις ή και στίχοι που επανέρχονται σε κείμενο αναλλοίωτοι ή λίγο παραλλαγμένοι.
λογού, βλ. *λογάς*.
λόγου χάριν αρχαϊστ. έκφρ., βλ. *λόγος*, έκφρ.
λογοφέρνω, ρ., ανταλλάσσω υβριστικά λόγια με κάποιον, φιλονικώ: *-φέραμε άσχημα με το Γιάννη* (συνών. *λογομαχώ*).
λογύδριον το, ουσ. (λόγ.), (συχνά ειρων.) σύντομος λόγος (στη σημασ. 7a): *~ επαινετικό*.
λόγχη η, ουσ. 1. (ιστ.) σιδερένια τριγωνική αιχμή δόρατος. 2. χαλύβδινο αιχμηρό έλασμα που προσαρμόζεται στο άκρο της κάννης στρατιωτικού τουφεκιού: *«εφ' όπλου λόγχη»* (= στρατ. παράγγελμα με το οποίο διατάσσονται οι στρατιώτες να τοποθετήσουν τις λόγχες στα τουφέκια τους). 3. (εκκλ.) λειτουργικό σκεύος που έχει σχήμα λόγχης. 4. είδος κακτοειδούς φυτού με λογχωτά ψηλά φύλλα.
λογχίζω, ρ., χτυπώ, τρυπώ με τη λόγχη.
λόγχισμα το και **λογχισμός** ο, ουσ., χτύπημα με τη λόγχη.
λογχοθήκη η, ουσ., θήκη λόγχης.
λογχομαχία η, ουσ. (λόγ.), μάχη με λόγχες.
λογχοφόρος ο, ουσ. (ιστ.) στρατιώτης (του ιππικού) οπλισμένος με λόγχη.
λογχωτός, -ή, -ό, επίθ., που έχει σχήμα λόγχης.
-λογώ, κατάλ. ρημ.: *κορφολογώ, κρυολογώ, τσιμπολογώ*.
λοιδορία η, ουσ. (λόγ.), το να λοιδορεί κανείς έναν τρίτο, ονειδισμός, χλευασμός.
λοιδορώ, ρ. (λόγ.), βρίζω, ονειδίζω, χλευάζω κάποιον.
λοιμική η και (λαϊκ.) **λοιμικό** το, ουσ., θανατηφόρα επιδημική ασθένεια, λοιμός.
λοιμικός, -ή, -ό, επίθ., λοιμώδης (βλ. λ.).
λοιμοκαθαρτήριο το, ουσ. (ασυνίζ.), χώρος όπου σταθμεύουν για υγειονομική κάθαρση πλοία και ταξιδιώτες που προέρχονται από χώρες στις οποίες υπάρχει επιδημία (συνών. *λαζαρέτο*).
λοιμός ο, ουσ., (γενικά) κάθε ασθένεια που προκαλεί μεγάλη και θανατηφόρα επιδημία.
λοιμώδης, -ης, -ες, γεν. *-ους*, πληθ. αρσ. και θηλ. *-εις,* ουδ. *-η,* επίθ. (ιατρ.) που μεταδίδεται με προκαλέσει λοιμό: *ασθένεια ~* (= που μεταδίδεται με μικροοργανισμούς, εμφανίζει οξεία εξέλιξη και βαριά συμπτώματα)· *νοσοκομείο -ών νόσων*.
λοίμωξη η, ουσ. (ιατρ.) νοσηρή κατάσταση που οφείλεται στην εισβολή και τον πολλαπλασιασμό μικροβίων στον οργανισμό.
λοιπόν, (λαϊκ.) και **το λοιπό(ν),** σύνδ. 1. (συμπερ.) εισάγει συμπέρασμα που προκύπτει από μια κατάσταση πραγμάτων ή από μια σκέψη ή ένα συλλογισμό: *δε βρήκαμε κανένα στο σπίτι· αναγκαστήκαμε ~ να γυρίσουμε πίσω· Αν σ' ένα τρίγωνο είναι και οι τρεις πλευρές ίσες, θα είναι και οι τρεις γωνίες ίσες· ~ το ισόπλευρο τρίγωνο είναι και ισογώνιο (Γιανίδης)* (συχνά με το *τότε* για έμφαση) *τότε ~ θα σου τα εξηγήσω όλα.* 2. (μτβ.) για να μεταβαίνει ο λόγος από τα προηγούμενα στα επόμενα: *αποφάσισα να γυρίσω τον κόσμο· ξεκίνησα ~ ένα ωραίο πρωί...* 3. για συγκεφαλαίωση προηγουμένων, επεξήγηση ή για να συνεχίζεται ο λόγος που μπορεί να διακοπεί με την παρεμβολή άσχετων επεισοδίων: *~ με δυο λόγια... νομίζεις ~ ότι δεν ξέρω;* 4. εισάγει προτροπή, παρακίνηση ή ερώτηση: *~ ας φύγουμε κι εμείς· ~, κύριε Γιώργο, θα 'ρθείτε κι εδώ;* 5. ως πλεονασμός: *ώστε ~... άκουσε, φίλε μου, ~ τι έγραφε το χαρτί.* 6. στο τέλος ερωτηματικής φράσης, όταν περιμένουμε επιβεβαίωση ή άρνηση σε κάποιο συμπέρασμά μας: *με κοροϊδεψες ~;* 7. ύστερα από προστακτική για μεγαλύτερη έμφαση και δήλωση ανυπομονησίας: *πες μας / πάψε ~! Έκφρ. και ~;* (= 1. ποιο είναι τώρα το συμπέρασμα; 2. και τι έγινε; (για δήλωση αδιαφορίας)).
λοιπός, -ή, -ό, επίθ. (σπανίως στον εν.) υπόλοιπος: *οι -οί συγγενείς· έκφρ. και τα λοιπά* (για όσα παραλείπονται στο λόγο ως εννοούμενα εύκολα)· *του λοιπού* (= στο εξής).
λοκάντα η, ουσ. (ερρ.), (παλαιότερα) πανδοχείο με ταβέρνα και στάβλο. [ιταλ. *locanda*].
λοκαντιέρης ο, θηλ. **-α,** ουσ. (ερρ., συνιζ.), ιδιοκτήτης λοκάντας. [ιταλ. *locandiere*].
λοκ-άουτ το, ουσ. ακλ., αποκλεισμός εργαζομένων, ανταπεργία (βλ. ά. *αποκλεισμός* στη σημασ. 2). [αγγλ. *lock out*].
λοκατζής ο, ουσ. (στρατ.) α. άνδρας των λόχων ορεινών καταδρομών (Λ.Ο.Κ.) του ελληνικού

στρατού· **β.** (γενικά) καταδρομέας, βλ. λ. στη σημασ. β.
Λοκρός ο, θηλ. **-ή,** ουσ. (ιστ.) κάτοικος της αρχαίας Λοκρίδας (στη σημερινή Ανατολική Στερεά).
Λομβαρδός ο, θηλ. **-ή,** ουσ., που κατοικεί στη Λομβαρδία (περιοχή στη Β. Ιταλία) ή κατάγεται από εκεί.
λόμπι το, ουσ., άκλ., (όχι ερρ.), ομάδα ανθρώπων που επιδιώκει με φανερές ή παρασκηνιακές ενέργειες να επηρεάσει μια κυβέρνηση, έναν οργανισμό, κ.τ.ό., ώστε να αλλάξει ή όχι ένα συγκεκριμένο νόμο, να αποφασίσει ή να δράσει με ορισμένο τρόπο: *ενίσχυση του αντιπυρηνικού ~ ελληνικό / εβραϊκό ~ στις Ηνωμένες Πολιτείες.* [αγγλ. *lobby*].
Λονδρέζα, βλ. *Λονδρέζος.*
λονδρέζικος, -η, -ο, επίθ., που ανήκει ή αναφέρεται στο Λονδίνο ή προέρχεται από εκεί: *πάρκα / λεωφορεία -α.*
Λονδρέζος ο, θηλ. **-α,** ουσ. α. ο κάτοικος του Λονδίνου· **β.** (μεταφ.) για άνδρα ντυμένο κλασικά και κομψά. [ιταλ. *Londra* = Λονδίνο].
λόντζα, βλ. *λότζα.*
λόξα η, ουσ., ιδιοτροπία, παραξενιά: *έχει τη ~ να...*
λοξά, βλ. *λοξός.*
λόξεμα το, ουσ. (λαϊκ.), λοξοδρόμηση.
λοξεύω, ρ. 1. (μτβ.) κάνω κάτι λοξό, το βάζω σε λοξή θέση. 2. (αμτβ.) γίνομαι λοξός: *λοξέψανε τα μάτια του.* 3. (αμτβ.) λοξοδρομώ.
λόξιγκας, βλ. *λόξυγκας.*
λοξίζω, ρ., στρέφομαι ή κατευθύνομαι προς τα πλάγια: *Μου έπλεξε τα μαλλιά τόσο σφιχτά... που τα μάτια μου -ίσανε* (Σταύρου).
λοξοδρόμηση η, ουσ., αλλαγή κατεύθυνσης με απομάκρυνση από την ευθεία: *η ~ προκάλεσε καθυστέρηση.*
λοξοδρομώ, ρ., προχωρώ με λοξή διεύθυνση, απομακρύνομαι από την ευθεία και στρέφομαι προς τα πλάγια: *το πλοίο -όμησε για να αποφύγει ένα εμπόδιο.*
λοξοειδώς, επίρρ. (λόγ.), λοξά.
λοξοκοιτάζω, ρ., κοιτάζω κάποιον λοξά (συνήθως ως εκδήλωση δυσαρέσκειας, καχυποψίας, φθόνου): *ο δάσκαλος τη -κοίταξε αυστηρά* (συνών. *στραβοκοιτάζω*).
λοξός, -ή, -ό, επίθ. **1α.** που σχηματίζει οξεία γωνία σε σχέση με ορισμένη ευθεία, που κατευθύνεται, στρέφεται ή γέρνει προς τα πλάγια: *δρόμος ~* (πβ. *πλάγιος*)· *μάτια -ά* (των Γιαπωνέζων)· (ιστ.) *φάλαγγα -ή* (= η διάταξη του στρατού της Θήβας με τη μία πτέρυγα να προχωρεί πιο μπροστά από την άλλη)· **β.** για βλέμμα που συνήθως φανερώνει αποδοκιμασία, υποψία, φθόνο (αντ. *ευθύς, ίσιος*). 2. (για άνθρωπο) ιδιότροπος, παράξενος, ελαφρώς ανισόρροπος. - Επίρρ. **-ά.**
λοξότητα η, ουσ., το να είναι κάτι λοξό.
λόξυγκας ο, ουσ. (όχι ερρ.), (φυσιολ.) ακούσια κίνηση βαθιάς εισπνοής από σύσπαση του διαφράγματος, κατά την οποία η γλωσσίδα είναι κλειστή και γι' αυτό παράγεται χαρακτηριστικός ήχος: *~ νευρικός· έχω / μ' έπιασε ~.* [αρχ. *λύγξ*].
λόξωση η, ουσ. (αστρον.) λοξή διεύθυνση, λοξότητα: *~ της εκλειπτικής,* βλ. *εκλειπτική.*
λόπια τα, ουσ. (συνιζ., λαϊκ.), φασόλια. [μτγν. *λόβιον*].
λόρδα η, ουσ. (λαϊκ.), έντονη πείνα, συνηθέστερα στις φρ. *έχω / με κόβει / μ' έκοψε / μ' έπιασε ~*
(= πεινώ υπερβολικά)· απρόσ. *κόβει ~.* [πιθ. *λώριδα<λωρίδα* (= ταινία των εντέρων)].
λόρδος ο, ουσ. **1α.** τίτλος ευγένειας στην Αγγλία: *η Βουλή των -ων· ο ~ και η λαίδη του Μπάκιγχαμ·* **β.** τίτλος που απονέμεται σε ορισμένους ανώτατους Άγγλους αξιωματούχους όσο χρόνο ασκούν τα καθήκοντά τους: *~ δήμαρχος* (= ο δήμαρχος του Λονδίνου και άλλων μεγάλων πόλεων)· *πρώτος ~ του ναυαρχείου* (= υπουργός ναυτικών). **2α.** (παλαιότερα) για ξένο που επισκεπτόταν την Ελλάδα· **β.** (σήμερα συνήθως ειρωνικά) για ανώτερο κοινωνικά, ευγενικό και καλοντυμένο άνθρωπο. [αγγλ. *lord*].
λόρδωση η, ουσ. (ιατρ.) ανώμαλη προβολή του κοιλιακού κυρτώματος της σπονδυλικής στήλης προς τα εμπρός με αποτέλεσμα να κοιλαίνεται η ράχη και να γέρνει το επάνω μέρος του σώματος προς τα πίσω (αντ. *κύφωση*).
λοσιόν η, ουσ., άκλ., (συνιζ.), υγρό που χρησιμοποιείται για καθαρισμό και περιποίηση του δέρματος ή των μαλλιών ή για θεραπεία δερματικών παθήσεων: *~ τονωτική / φαρμακευτική.* [γαλλ. *lotion*].
λοστός ο, ουσ., σιδερένιο ραβδί, συνήθως μυτερό στη μια του άκρη, που χρησιμοποιείται ως μοχλός για τη μετακίνηση ή την ανύψωση βαρών ή ως εργαλείο για τη δημιουργία ανοιγμάτων: *άνοιξα την κάσα μ' ένα -ό.*
λοστρόμος ο, ουσ. (ναυτ.) ο πρώτος από τους άντρες που αποτελούν το πλήρωμα εμπορικού πλοίου (συνών. *ναύκληρος*). [ιταλ. *nostromo*].
λοταρία η, ουσ., τυχερό παιγνίδι όπου διατίθενται ή πωλούνται αριθμημένοι λαχνοί από μια συγκεκριμένη ποσότητα και όπου βγαίνει με κλήρωση ο αριθμός εκείνου που κερδίζει το βραβείο (συνήθως αντικείμενο). [βενετ. *lotaria*].
λοταρτζής και **λοταριτζής** ο, ουσ. (λαϊκ.), άτομο που οργανώνει λοταρίες για δικό του όφελος.
λότζα και **λόντζα** η, ουσ. (ιδιωμ.), στοά με κολόνες και αψίδες ανοιχτή προς τα έξω, είδος βεράντας. [βενετ. *loza* ή ιταλ. *loggia*].
λότο ο, ουσ., λαχνός (λαχείου ή δημοπρασίας). [ιταλ. *lotto*].
λοτόμος ο, ουσ. (λαϊκ.), ξυλοκόπος. [αρχ. *υλοτόμος*].
λότος ο, ουσ. (λαϊκ.), λαχείο, λοταρία. [ιταλ. *lotto*].
λούβα, βλ. *λώβα.*
λουβί το, ουσ. (λαϊκ.), **1.** περικάρπιο, σποροθήκη των οσπρίων. **2.** καρπός της λουβιάς, αμπελοφάσουλο. [μτγν. *λόβιον*].
λουβιά η, ουσ. (συνιζ., λαϊκ.), φασολιά.
λουβιάζω, βλ. *λωβιάζω.*
λουβιάρης, βλ. *λωβιάρης.*
λουδοβίκειος, -α, -ο, επίθ. (ασυνίζ.), που ανήκει ή αναφέρεται σε κάποιον από τους Λουδοβίκους, βασιλιάδες της Γαλλίας. - Το ουδ. ως ουσ. = χρυσό γαλλικό εικοσάφραγκο.
λούζω, ρ., μέσ. *-ομαι* και (αρχαϊστ.) *λούομαι,* **1α.** βυθίζω στο νερό ή πλένω περιχύνοντας με άφθονο νερό το σώμα για καθαρισμό και απλή ευχαρίστηση, κάνω μπάνιο: *~ το μωρό κάθε μέρα·* (μέσ.) *την είδε να -εται στο ποτάμι·* **β.** (ειδικότερα) πλένω με επιμέλεια το κεφάλι: *να 'χεις τα μάτια κλειστά, όταν σε ~·* (παθ.) *λούστηκα στο κομμωτήριο·* (μέσ.) *-ομαι με σαπούνι.* **2.** περιλούζω, περιβρέχω, μουσκεύω: *τα κύματα -ουν το καράβι·* (μέσ.) *-ομαι στον ιδρώτα* (= είμαι πάρα πολύ

ιδρωμένος). Φρ. ~ με βρισιές / πατόκορφα (= βρίζω κάποιον με πολλά ή και χυδαία λόγια)· τα -ομαι (= υφίσταμαι, συνήθως τις συνέπειες πράξεών μου)· ό,τι έκανε / κορόιδευε τα λούστηκε ο ίδιος. [αρχ. λούω].

Λούης· μόνο στη φρ. έγινε ~ (= το ΄βαλε στα πόδια). [όν. ολυμπιονίκη *Λούης*].

λουθηρανικός, -ή, -ό, επίθ., που ανήκει ή αναφέρεται στο Λούθηρο και τη διδασκαλία του: *διδασκαλία -ή· εκκλησία -ή* (αλλιώς *ευαγγελική*)· *Παγκόσμια Λουθηρανική Ομοσπονδία*.

λουθηρανισμός ο, ουσ. (εκκλ.) μεταρρυθμιστική θρησκευτική κίνηση που ξεκίνησε από τον Λούθηρο· οι ιδέες και τα δόγματα του Λουθήρου και των διαμαρτυρομένων οπαδών του.

λουθηρανός ο, θηλ. **-ή**, ουσ., προτεστάντης που πρεσβεύει το λουθηρανισμό.

λουίζα η, ουσ. (λαϊκ.), (βοτ.) είδος θαμνώδους φυτού που καλλιεργείται ως καλλωπιστικό, καθώς και για τις θεραπευτικές ιδιότητες των φύλλων και των ανθισμένων κορυφών του (συνών. *βερβένα*). [ιταλ. *luisa*].

λουκάνικο το, ουσ., βρασμένο και καλοαλεσμένο κρέας, ιδίως χοιρινό, βοδινό και μοσχαρίσιο, ανακατεμένο με λίπος, καρυκεύματα, κ.ά., και βαλμένο μέσα σε έντερο ή παρόμοιο υλικό ώστε να παίρνει τη μορφή μικρού και λεπτού κυλίνδρου: ~ *χωριάτικο* (συνών. *σουτζούκι*)· *τηγανίζω αβγά με -α*· φρ. *τότε / τον καιρό που δέναν τα σκυλιά με τα -α* (για περασμένα χρόνια που εξιδανικεύονται και θεωρούνται εποχή μεγάλης αφθονίας και ευτυχίας). - Υποκορ. **-άκι** το. [λατ. *lucanicum*].

λουκέτο το, ουσ., κρεμαστή κλειδαριά: ~ *γερό / χοντρό*· φρ. *βάζω ~ σε...* (= απαγορεύω ή διακόπτω τη λειτουργία καταστήματος, κ.τ.ό., συνών. *κλείνω*)· *βάζω στο στόμα μου* ~ (= σωπαίνω εντελώς, δε λέω τίποτε)· *έβαλε ~* (για κατάστημα, επιχείρηση, κ.τ.ό., που σταμάτησε να λειτουργεί· συνών. *έκλεισε*). [ιταλ. *lucchetto*].

λούκι το, ουσ. (λαϊκ.). **1α.** (οικοδ.) στενό αυλακωτό κοίλωμα σε ξύλινο ή μεταλλικό αντικείμενο για τη ροή υγρών: ~ *για το τσιμέντο*· **β.** (μεταφ.) για υπερβολική ροή: ~ *έτρεχε το αίμα* (Ι.Μ. Παναγιωτόπουλος)· *κι αν στα μάγουλα το δάκρυ κάνει -ια* (λαϊκ. τραγ.). **2.** υδρορροή οριζόντια με κοίλη μορφή ή κατακόρυφη με κυκλική ή ορθογώνια διατομή: *ξεχείλισε / βούλωσε το ~*. Φρ. *μπαίνω στο ~* (προφ. = προσαρμόζομαι στον τρόπο ζωής και σκέψης των πολλών). [τουρκ. *oluk*].

λουκούλλειος, -α, -ο, επίθ. (ασυνίζ.), μόνο στην έκφρ. *-ο γεύμα* = πλουσιότατο και χορταστικό. [κύρ. όν. *Lucullus*].

λουκουμάκι, βλ. *λουκούμι*.

λουκουμάς ο, ουσ., γλύκισμα με σχήμα μικρού σβώλου, το οποίο παρασκευάζεται από αραιή ζύμη ψημένη σε βραστό λάδι και σερβίρεται συνήθως με ζάχαρη ή μέλι. [τουρκ. *lokma*].

λουκουματζήδικο το, ουσ. (λαϊκ.), το κατάστημα του λουκουματζή.

λουκουματζής ο, ουσ. (λαϊκ.), αυτός που παρασκευάζει και πουλά λουκουμάδες.

λουκούμι το, ουσ. **1.** μικρό γλύκισμα από σιρόπι ζάχαρης και άμυλο: ~ *συριανό / με ινδοκάρυδο* (συνών. παλαιότερο *ραχάτ-λουκούμι*). **2.** για φαγώσιμο πολύ νόστιμο και τρυφερό: *το ψητό έγινε ~*. Φρ. *μου ήρθε ~* (όταν συμβαίνει η παρουσιάζεται αναπάντεχα κάτι πολύ ευχάριστο και εξυπηρετικό). - Υποκορ. **-άκι** το. [τουρκ. *lokum*].

λουλακής, -ιά, -ί, επίθ., που έχει το χρώμα του λουλακιού, ανοιχτό γαλάζιο: *φουστάνι -ί· θάλασσα -ιά*.

λουλάκι το, ουσ., χρωστική ουσία με γαλάζιο χρώμα που βγαίνει από το τροπικό φυτό ινδικό.

λουλακιάζω, ρ. (συνιζ., λαϊκ.), βάζω κατά το πλύσιμο ένα ρούχο ή ύφασμα, ιδίως λευκό, μέσα σε διάλυμα λουλακιού για να πάρει ελαφρώς γαλάζια απόχρωση: *μαντήλι -ιασμένο*.

λουλάς ο, ουσ. (παλαιότερα) η πήλινη εστία του ναργιλέ, στην οποία τοποθετούνταν ο καπνός (ή το χασίς) και τα κάρβουνα. Φρ. *άρτζι-μπούρτσι και ~*, βλ. *άρτσι-μπούρτσι*. [περσοτουρκικό *lule*].

λουλουδάκι, βλ. *λουλούδι*.

λουλουδάτος, -η, -ο, επίθ. (για ύφασμα) που έχει υφασμένα ή έντυπα σχήματα λουλουδιών: *φουστάνι -ο*.

λουλουδένιος, -α, -ο, επίθ. (συνιζ.), όμοιος με λουλούδι ή φτιαγμένος από λουλούδια: *ομορφιά -ια* (= εξαιρετική)· *στεφάνι -ο*.

λουλούδι το, ουσ. **1α.** άνθος: ~ *ανοιξιάτικο / μυρωδάτο / πολύχρωμο· μαζεύω / προσφέρω -α*· **β.** διακοσμητικό σχέδιο ή αντικείμενο με μορφή λουλουδιού: *φούστα με -ια· ~ πλαστικό*. **2.** φυτό που παράγει λουλούδια ή όχι και καλλιεργείται για καλλωπιστικούς λόγους: *φυτεύω / ποτίζω τα -ια*. **3.** (μεταφ.) για πρόσωπο όμορφο, εκλεκτό ή αγαπημένο (κάποτε ειρωνικά). - Υποκορ. **-άκι** το. [πιθ. **λίλιον*< λατ. *lilium*].

λουλουδιάζω, ρ. (συνιζ.), βγάζω, γεμίζω λουλούδια: *οι κάμποι λουλούδιασαν*· (ποιητ.) *Κυρά,... με τα -ιασμένα μάγουλα* (Ρίτσος) (συνών. *ανθίζω*).

λουλουδίζω, ρ., βγάζω, γεμίζω λουλούδια: *-ει η γη* (συνών. *ανθίζω*).

λουλουδισμό το, ουσ., άνθισμα.

λουλουδιστός, -ή, -ό, επίθ., ανθισμένος, γεμάτος λουλούδια.

λούλουδο το, ουσ. (ποιητ.) λουλούδι: *Λ-α μύρια, πούλουδα, που κρύβουν το χορτάρι* (Σολωμός).

λούμεν το, ουσ. άκλ. (φυσ.) φωτομετρική μονάδα (σύμβολο *lm*). [διεθνής λ.<λατ.*lumen*].

λουμίνι το, ουσ. (λαϊκ.), η πιτίλι του καντηλιού: *ταπεινά φρικιάζουν τα -ια* ('Αγρας). [βενετ. *lumin*].

λούμπα η, ουσ. (όχι έρρ.) **α.** (ιδιωμ.) βούρκος, νερόλακκος· **β.** (λαϊκ.) μόνο στη φρ. *πέφτω στη ~* (= παγιδεύομαι). [πιθ. αρχ. *λύμη*].

λουμπάγκο το, ουσ. (έρρ., όχι έρρ.) οσφυαλγία· (ειδικά) έντονη αίσθηση πόνου στη μέση που εμφανίζεται ξαφνικά ύστερα από προσπάθεια και προκαλεί ακινησία. [γαλλ. *lumbago*].

λουμπάρδα η, ουσ. (έρρ.), (παλαιότερα) κανόνι. [ισπαν. *lombarda*].

λούμπεν, (έρρ.), άκλ., (κοινων.) έκφρ. *~ προλεταριάτο* = όρος του μαρξισμού για το τμήμα της εργατικής τάξης που τα μέλη του δεν έχουν πόρο ζωής ούτε ταξική συνείδηση· (προφ.) σε θέση επιθ., για πρόσωπο ή περιβάλλον φτωχό και αναξιοπρεπές. [γερμ. *Lumpen* = κουρέλι].

λούμπουνας ο, ουσ. (όχι έρρ., λαϊκ.), κρεατοελιά, βυζούνι.

λουμπούνι το, ουσ. (όχι έρρ., ιδιωμ.). **α.** λούπινο· **β.** κρεατοελιά. [*λούπινο*].

λουμπουνιάζω, ρ. (όχι έρρ., συνιζ., λαϊκ.), βγάζω κρεατοελιές.

λούνα-παρκ το, ουσ. άκλ., ανοιχτός ή στεγασμένος

λουξ χώρος με εγκαταστάσεις για παιγνίδι και διασκέδαση. [ιταλ. *luna park*].
λουξ το, ουσ. άκλ. 1. (φυσ.) μονάδα φωτισμού επιφάνειας (συμβ. *lx*). [λατ. *lux*, ως διεθνές λ.]. 2. (κοιν.) είδος ισχυρού λαμπτήρα που ανάβει με βενζίνη ή υγραέριο (συχνά σε θέση επιθ.: *λάμπα ~*). [εμπορικό όν. *Lux*].
λουξ, άκλ., (σε θέση επιθ.) πολυτελής: *~ διαμερίσματα· κατασκευή ~*. [γαλλ. *de luxe*].
λουξεμβουργιανός, -ή, -ό, επίθ. (ασυνίζ.), που ανήκει ή αναφέρεται στο Λουξεμβούργο ή τους Λουξεμβούργιους. - Το αρσ. και το θηλ. ως ουσ. (με κεφ. το αρχικό γράμμα) = Λουξεμβούργιος.
Λουξεμβούργιος ο, θηλ. **-α,** ουσ. (ασυνίζ.), ο κάτοικος του Λουξεμβούργου ή ο καταγόμενος από εκεί.
λούπης ο, ουσ. (λαϊκ.), είδος αρπακτικού πουλιού. [λατ. *lupus*].
λούπινο το, ουσ. (βοτ.) είδος οσπρίου. [ιταλ. *lupino*].
λουρί το, ουσ. **1α.** στενόμακρο κομμάτι δέρματος: *τα -ιά της σέλας·* **β.** (στον πληθ.) ηνία: *κρατώ τα -ιά* (συνών. *γκέμια)·* φρ. *του μαζεύω / σφίγγω τα -ιά* (= δεν επιτρέπω σε κάποιον να κάνει ό,τι θέλει, τον περιορίζω). **2.** αντρική δερμάτινη (ή συνεκδοχικά πλαστική) ζώνη. **3.** ιμάντας μηχανής: *πιάστηκε το χέρι του στο ~.* - Υποκορ. **-άκι** το (κυρίως για τη λεπτή δερμάτινη ταινία σ' ένα ρολόι του χεριού). [παλαιότερο *λωρίον* <μτγν. *λώρος*].
λουρίδα η, ουσ. **1α.** στενόμακρο κομμάτι δέρματος ή υφάσματος· **β.** (λαϊκ.) ανδρική ζώνη, ζωστήρας: *έδερνε με τη ~.* **2.** (συνεκδοχικά) για έκταση ή αντικείμενο με μικρό πλάτος: *μια φαρδιά ~ περιβόλι· ψιλές -ες από σανίδες.* - Βλ. και *λωρίδα*.
λουσάρισμα το, ουσ., το να λουσάρεται (βλ. λ.) κανείς.
λουσάρομαι, ρ., παρατ. *-ριζόμουν,* αόρ. *-ρίστηκα,* μτχ. *-ρισμένος,* ντύνομαι με λούσο (βλ. λ.)· φορώ τα καλά μου: *-ίστηκε και πήγε στην επίσκεψη.*
λουσάτος, -η, -ο, επίθ. **1.** (για αντικείμενο) πολυτελής: *έπιπλο -ο.* **2.** (για ρούχο ή ντύσιμο) ακριβός, εντυπωσιακός. **3.** (για άτομο) που ντύνεται με λούσο, που κάνει λούσα.
λούσιμο το, ουσ. **1.** πλύσιμο των μαλλιών του κεφαλιού. **2.** (μεταφ.) έντονη εξύβριση· φρ. *του τράβηξε ένα ~.*
λούσο το, ουσ. **1α.** το να φορά κανείς ακριβά ρούχα και κοσμήματα· πολυτέλεια στην αμφίεση: *ντύνεται πάντα με ~.* **β.** (συνεκδοχικά, στον πληθ.) πολυτελή ρούχα και κοσμήματα: *ξοδεύει όλα της τα λεφτά στα -α· γυναίκα που αγαπά τα -α·* φρ. *κάνω -α* (= φορώ ακριβά, πολυτελή ρούχα ή κοσμήματα). **2.** (για χώρο) πολυτέλεια, πλούτος στην επίπλωση ή τη διακόσμηση: *αίθουσα διακοσμημένη με ~.* Έκφρ. *του -ου* (= πολυτελής, ακριβός): *μαξιλάρια του-ου.* [ιταλ. *lusso*].
λουστικά τα, ουσ., ποσό που καταβάλλει κανείς για να κάνει μπάνιο στα δημόσια λουτρά.
λουστραδόρος ο, ουσ., ειδικός τεχνίτης που εκτελεί λουστραρίσματα σε ξύλο. [βενετ. *lustrador*].
λουστράκος, βλ. *λούστρος.*
λουστράρισμα το, ουσ., εργασία γυαλίσματος μιας επιφάνειας: *~ επίπλων* (συνών. *γυάλισμα, βερνίκωμα*).
λουστράρω, ρ., παρατ. *λουστράριζα,* αόρ. *λούστραρα* και *λουστράρισα,* στιλβώνω, γυαλίζω: *~ έπιπλα* (συνών. *βερνικώνω*).

λουστρινένιος, -α, -ο, επίθ. (συνιζ.), που είναι κατασκευασμένος από λουστρίνι: *παπούτσια -α.*
λουστρίνι το, ουσ. **1.** γυαλιστερό πολυτελές μαύρο (συνήθως) δέρμα: *τσάντα από ~.* **2.** (στον πληθ.) παπούτσια από αυτό το δέρμα: *αγόρασα -ια.* [ιταλ. *lustrino*].
λούστρο το, ουσ. **1.** γυάλισμα σε επιφάνεια ξύλου, μαρμάρου, κλπ.: *αυτή η πόρτα θα γίνει ~* (συνών. *στίλβωση, λουστράρισμα*). **2.** υλικό που χρησιμοποιείται για γυάλισμα (συνών. *βερνίκι*). **3.** γυαλάδα, στιλπνότητα (αντ. *θαμπάδα*). **4.** (μεταφ.) επιφανειακή μόρφωση.
λούστρος ο, ουσ., στιλβωτής παπουτσιών. - Υποκορ. **-άκος** ο.
λουτήρας ο, ουσ., σκεύος κινητό ή κτιστό μέσα στο οποίο κάνει κανείς το λουτρό του (συνών. *μπανιέρα*).
λουτρ το, ουσ. άκλ. **1.** δέρμα ενυδρίδας και η γούνα από το δέρμα αυτό. **2.** είδος υφάσματος που κατασκευάζεται από μετάξι, μαλλί ή βαμβάκι σε απομίμηση αυτού του δέρματος. [γαλλ. *loutre*].
λουτράρης ο, θηλ. **-ισσα,** ουσ., ιδιοκτήτης ή υπάλληλος δημόσιων λουτρών.
λουτρικός, -ή, -ό, επίθ., που σχετίζεται με τα λουτρά: *-ή εγκατάσταση·* (αρχαιολ.) *-οί λέβητες.* - Το ουδ. στον πληθ. ως ουσ. = τα χρειώδη για το λουτρό ή μετά το λουτρό.
λουτρό το, ουσ. **1.** πλύσιμο του σώματος σε μπανιέρα· φρ. *παίρνω το ~ μου* (= κάνω μπάνιο): *κάθε απόγευμα παίρνει το ~ του* (συνών. *μπάνιο*). **2.** (συνεκδοχικά) ο χώρος όπου κάνει κανείς μπάνιο (συνών. *μπάνιο*). **3.** (στον πληθ.) ιαματικές πηγές ή παραθαλάσσια περιοχή με εγκαταστάσεις για τους λουόμενους: *-ά Αιδηψού.* Έκφρ. *~ αίματος* (= αιματοχυσία). Φρ. *μένω στα κρύα του -ού* (= αποτυχαίνω, ξεγελιέμαι).
λουτροθεραπεία η, ουσ., χρήση λουτρών για θεραπευτικό σκοπό.
λουτροκαμπινές ο, ουσ. (μη ερρ.), χώρος λουτρού μέσα στον οποίο υπάρχει και λεκάνη αποχωρητηρίου.
λουτροπετσέτα η, ουσ., πετσέτα του μπάνιου.
λουτρόπολη η, ουσ., οικισμός κοντά σε ιαματικές πηγές ή σε πολυσύχναστα θαλάσσια λουτρά: *~ κοσμοπολίτικη.*
λουτρώνας ο, ουσ., χώρος ή οίκημα με ειδικές εγκαταστάσεις για τους λουομένους.
λούτσα η, ουσ., μικρή κοιλότητα του εδάφους γεμάτη ακάθαρτο νερό: *έπεσα σε μια ~ κι έγινα μούσκεμα·* φρ. *γίνομαι ~* (= καταβρέχομαι). [σλαβ. *luža*].
λούτσος ο, ουσ., είδος ψαριού με στρογγυλό σώμα, μεγάλα μάτια και κεφάλι και ρύγχος πολύ μακρύ. [βενετ. *luzzo*-ιταλ. *luccio*].
λούφα η, ουσ. (λαϊκ.). **1.** κρύπτη, φωλιά: *έφτασε κατάκοπος στη ~.* **2.** σιγή από φόβο ή αμηχανία. **3.** αποφυγή υπηρεσίας: *όλο στη ~ είναι το μυαλό του·* φρ. *κάνω ~· την περνάω στη ~.* Έκφρ. *στη ~* (= κρυφά, λαθραία). [*λουφάζω* υποχωρ.].
λουφάζω, ρ., σωπαίνω και μένω ακίνητος, μαζεύομαι από φόβο ή αμηχανία: *-αξε σε μια γωνιά για να μην τον βγάλουν έξω.* [μεσν. *λωφάζω*<αρχ. *λωφώ*].
λουφάρι, βλ. *γοφάρι.*
λουφές ο, ουσ. **1.** μισθός των αρματολών στην Τουρκοκρατία. **2.** φιλοδώρημα ή δωροδοκία. [τουρκ. *ulûfe*].

λοφίο το, ουσ. 1. φούντα από φτερά που βρίσκεται στο κεφάλι ορισμένων πουλιών: ~ *κορυδαλλού*. 2. φούντα από φτερά, τρίχες ή νήματα σε στρατιωτικό πηλίκιο.

λοφιοφόρος, -ος, -ο, επίθ. (ασυνίζ.), που φέρει λοφίο: *αξιωματικοί -οι· κορυδαλλός ο ~*.

λοφίσκος, βλ. *λόφος*.

λοφοπλαγιά η, ουσ. (συνιζ.), πλαγιά λόφου.

λόφος ο, ουσ., ύψωμα γης χαμηλότερο από το βουνό. - Υποκορ. **-ίσκος** ο.

λοφοσειρά η, ουσ., σειρά από λόφους.

λοχαγός ο, θηλ. **-ίνα**, ουσ. 1. (στρατ.) αξιωματικός διοικητής λόχου, ο τρίτος (από κάτω) βαθμός των αξιωματικών ξηράς. 2. το θηλ. = και η γυναίκα του λοχαγού.

λόχη η, ουσ., φλόγα. [αρχ. *λόγχη*].

λοχίας ο, ουσ. (στρατ.) υπαξιωματικός του στρατού ξηράς κατά ένα βαθμό ανώτερος από το δεκανέα.

λόχμη η, ουσ., πυκνό μέρος δάσους από θάμνους όπου φωλιάζουν άγρια ζώα ή θηράματα.

λόχος ο, ουσ. (στρατ.) μονάδα πεζικού που διοικείται από λοχαγό, τμήμα τάγματος· (ιστ.) *Ιερός Λ-ς* = επαναστατικό σώμα εθελοντών φοιτητών που ιδρύθηκε στη Μολδοβλαχία στις αρχές της Επανάστασης του 1821 από τον Αλέξανδρο Υψηλάντη.

λυγαριά και **αλυγαριά** η, ουσ. (συνιζ.), θαμνώδες παραποτάμιο φυτό με ευλύγιστα κλαδιά.

λυγεράδα η, ουσ., το να κάμπτεται κάτι εύκολα: ~ *κορμιού* (συνών. *ευλυγισία, ευκινησία·* αντ. *δυσκαμψία*).

λυγερόκορμος, -η, -ο, επίθ., που έχει λυγερό κορμί: *κοπέλες -ες*.

λυγερός, -ή, -ό, επίθ. 1. που λυγίζει εύκολα: *κλαδιά -ά* (συνών. *ευλύγιστος, εύκαμπτος·* αντ. *δύσκαμπτος*). 2. (συνεκδοχικά) που είναι ψηλός και λεπτός: *κοπέλα -ή*. - Το θηλ. ως ουσ. = (λαϊκ.) κοπέλα ευλύγιστη, ωραία: *μια -ή καυχίστηκε πως Χάρο δε φοβάται* (δημ. τραγ.).

λυγίζω, ρ. Α. μτβ. 1. κυρτώνω, κάμπτω κάτι: *δεν μπορεί να -ίσει το γόνατε· -ει και σίδερα ακόμη· -ισα το κλαδί του δέντρου* (αντ. *ισιώνω*). 2. (μεταφ.) κάνω κάποιον να υποχωρήσει: *με -ίσανε με τα παρακάλια τους*. Β. αμτβ. 1. κάμπτομαι: *δε -ει η μέση του· -ισαν τα κλαδιά από τον πολύ καρπό*. 2. (μεταφ.) κάμπτομαι, χάνω το ηθικό μου: *το όνειρο τού έδινε κουράγιο και δε -ιζε* (συνών. *ενδίδω, υποχωρώ·* αντ. *αντέχω, αντιστέκομαι*). - Βλ. και *λυγώ*.

λύγισμα το, ουσ. 1. κάμψη, κύρτωση: ~ *του γόνατος / κλαδιού*. 2. ακκισμός, νάζι.

λυγιστός, -ή, -ό, επίθ. 1. λυγισμένος: *κλαδιά -ά από τον πολύ καρπό*. 2. που λυγιέται, ναζιάρης· εκφρ. *κουνιστός και ~*.

λυγμός ο, ουσ., απότομη σύσπαση του διαφράγματος και των λαρυγγικών μυών, συνήθως από παρατεινόμενο θρήνο: *ξέσπασε σε -ούς* (συνών. *αναφιλητό*).

λυγώ, -άς, ρ., μέσ. *λυγιέμαι*. Ι (ενεργ.) λυγίζω: *ο αέρας -ούσε τα κλαδιά των δέντρων·* (παροιμ.) *βέργα που -ά δεν τσακίζεται* (= με την ελαστικότητα αποφεύγονται οι καταστροφές). ΙΙ (μέσ.) κουνιέμαι με χάρη, κάνω νάζια· φρ. *σείεται και -γιέται* (= κουνιέται με χάρη). - Βλ. και *λυγίζω*.

λυδία λίθος αρχαϊστ. εκφρ. = 1. *πέτρα κατάλληλη για τη δοκιμασία της γνησιότητας των πολύτιμων μετάλλων*. 2. (μεταφ.) *κάθε τρόπος δοκιμασίας: ο μπέης είχε καταντήσει ~, όπου δοκίμαζαν οι χωριάτες την πολιτική δύναμη όλων των κομματαρχών* (Καρκαβίτσας).

λυδικός, -ή, -ό, επίθ., που ανήκει ή αναφέρεται στη Λυδία ή τους Λυδούς.

Λυδός ο, θηλ. **-ή**, ουσ. (ιστ.) κάτοικος της Λυδίας (περιοχής της Μ. Ασίας).

λυθρίνι το, ουσ., είδος ψαριού με ροδοκόκκινο χρώμα, πλατύ σώμα και κρέας πολύ άσπρο και νόστιμο. [*ερυθρίνος*].

λύκαινα, βλ. *λύκος*.

λυκανθρωπία η, ουσ. (ιατρ.) ψυχασθένεια κατά την οποία ο άρρωστος νομίζει ότι έχει μεταμορφωθεί σε λύκο.

λυκάνθρωπος ο, ουσ. 1. άνθρωπος με άγρια ψυχή, αιμοβόρος. 2. (ιατρ.) ψυχασθενής που πάσχει από λυκανθρωπία. 3. (λαογρ.) άνθρωπος μεταμορφωμένος σε λύκο.

λυκαυγές το, ουσ., ημίφως πριν από την ανατολή του ήλιου (συνών. *γλυκοχάραμα, χαραυγή·* αντ. *λυκόφως*).

λυκειάρχης ο, θηλ. **-ισσα**, ουσ. (ασυνίζ.), διευθυντής λυκείου.

λύκειο το, ουσ. (ασυνίζ.), σχολείο μέσης εκπαίδευσης, τριτάξιο, όπου εισάγονται οι απόφοιτοι γυμνασίου: ~ *γενικό / τεχνικό / πολυκλαδικό*.

λυκίσκος ο, ουσ. (βοτ.) φυτό αρωματικό, αναρριχητικό που ο καρπός του χρησιμοποιείται στη ζυθοποιία (συνών. *ζυθόχορτο*).

λυκόμορφος, -η, -ο, επίθ., που έχει μορφή λύκου, που μοιάζει με λύκο: *-ο σκυλί*.

λυκόπουλο το, ουσ. 1. μικρό λύκου, κουτάβι. 2. (μεταφ.) μικρός σε ηλικία πρόσκοπος με ιδιαίτερη στολή.

λυκόρνιο το, ουσ. (συνιζ., λαϊκ.), είδος αρπακτικού πτηνού, κοιν. *μαύρο όρνιο*.

λύκος ο, θηλ. **-αινα**, ουσ. 1. θηλαστικό σαρκοφάγο ζώο της οικογένειας των κυνιδών γνωστό για την αγριότητα και την απληστία του: Φρ. *πεινώ σα ~· μονοκόκαλος σαν το -ο· έπεσε επάνω του σα λυσσασμένος ~· βάλανε το -ο να φυλάξει τα πρόβατα* (όταν ανατίθεται η φύλαξη πραγμάτων σε αναξιόπιστο πρόσωπο)· *γλύτωσα από του -ου τα δόντια* (= σώθηκα από βέβαιο κίνδυνο)· *κάποιος ~ θα ψοφήσει* (όταν συμβαίνει κάτι ασυνήθιστο)· *με κοιτάζει σαν ο ~ το φεγγάρι* (= επίμονα)· *μπήκε στο στόμα του -ου* (διέτρεξε μέγιστο κίνδυνο)· *ο ~ χορτάτος και τα πρόβατα σωστά* (όταν η λύση ή το τέλος ικανοποιεί όλους τους ενδιαφερόμενους). Παροιμ. *θρέψε -ο το χειμώνα να σε φάει το καλοκαίρι* (για τους αχάριστους που βλάπτουν τους ευεργέτες τους)· *ο ~ έχει το σβέρκο του χοντρό γιατί κάνει τη δουλειά του μόνος του* (δεν πρέπει να περιμένουμε από τους άλλους όσα μπορούμε να κάνουμε μόνοι μας)· *ο ~, κι αν εγέρασε κι άλλαξε το πετσί του (ή το μαλλί του), μήτε τη γνώμη άλλαξε μήτε την κεφαλή του ή ο ~ τρίχα αλλάζει, γνώμη δεν αλλάζει* (γι' αυτούς που δεν αλλάζουν τις κακές τους συνήθειες)· *ο ~ στην αναμπουμπούλα / ανεμοζάλη χαίρεται* (γι' αυτούς που επωφελούνται από ανώμαλες περιστάσεις)· (σε κατάρα) *(μπα που) να σε φάει ο ~!* 2. επικρουστήμιο παλαιού πυροβόλου όπλου, κόκορας. 3. (ιατρ.) δερματοπάθεια βαριάς μορφής, λούπος. 4. (βοτ.) είδος παρασιτικού φυτού που προξενεί βλάβες κυρίως στα ψυχανθή: ~ *του κριθαριού*. 5. (μεταφ.) άνθρωπος αδηφάγος, λαίμαρ-

γος. **6.** (προφ.) λυκόσκυλο.
λυκόσκυλο το, ουσ., είδος σκύλου που μοιάζει με λύκο: *τον δάγκωσε ένα ~*.
λυκοτσάκαλο το, ουσ., είδος τσακαλιού που μοιάζει με λύκο (συνών. *τσακαλόλυκος*).
λυκοφαμελιά η, ουσ. (συνιζ., λαϊκ.), (μεταφ.), οικογένεια ή ομάδα κακοποιών ανθρώπων: *δεν ήταν λίγοι, σωστή ~* (συνών. *λυκοφωλιά*).
λυκοφιλία η, ουσ., ανειλικρινής, ψεύτικη και ύπουλη φιλία ανάμεσα σε ανθρώπους που μισούν ο ένας τον άλλο.
λυκοφωλιά η, ουσ. (συνιζ.). **1.** φωλιά, κατοικία λύκου. **2.** (μεταφ.) τόπος διαμονής, ορμητήριο κακοποιών επικίνδυνο για την ασφάλεια τους. **3.** (συνεκδοχικά) οικογένεια ή ομάδα κακοποιών (συνών. *λυκοφαμελιά*).
λυκόφως το, γεν. *-φωτος*, ουσ. (λόγ.). **1.** το ημίφως ανάμεσα στη μέρα και στη νύχτα (συνών. *σούρουπο, μούχρωμα·* αντ. *λυκαυγές*). **2.** (μεταφ.) παρακμή, δύση, τέλος: *το ~ του Βυζαντίου / της δόξας· το ~ της ζωής*.
λύμα το, ουσ. (συνήθως στον πληθ.) το σύνολο των ακάθαρτων νερών και των άλλων ακαθαρσιών που απομακρύνονται με σωλήνες στους υπονόμους: *-ατα πολυκατοικίας / εργοστασίου· βιολογικός καθαρισμός -άτων· επεξεργασία -άτων* (συνών. *απόβλητα*).
λυμαίνομαι, ρ. (λόγ.). **α.** καταστρέφω, ρημάζω: *οι ληστές άλλοτε -ονταν την ύπαιθρο* **β.** εκμεταλλεύομαι, καρπώνομαι: *-ονταν επί χρόνια την περιουσία του*.
λυμεώνας ο, ουσ. (λόγ.), αυτός που επιφέρει καταστροφή, εκμεταλλευτής.
λυμφατικός, βλ. *λεμφατικός*.
λύνω, ρ. **I.** ενεργ. **1.** αφαιρώ δέσιμο, χαλαρώνω κάτι δεμένο: *~ τα μαλλιά μου / τον επίδεσμο / τα κορδόνια των παπουτσιών μου* (συνών. *ξελύνω, ξεδένω*). **2.** απαλλάσσω κάποιον από τα δεσμά του, τον ελευθερώνω: *~ τον αιχμάλωτο / το σκύλο*. **3.** αποχωρίζω τα συνεχόμενα τμήματα ενός συνόλου, αποσυνθέτω: *~ τη μηχανή / το όπλο* (συνών. *αποσυνδέω, διαλύω·* αντ. *συναρμολογώ*). **4.** δίνω λύση σε απορία, βρίσκω το ζητούμενο ή το άγνωστο σε πρόβλημα, αίνιγμα, κλπ.: *-θηκε το πρόβλημα / το μυστήριο*. **5.** θέτω τέρμα σε κάτι, σταματώ, τερματίζω: *λύθηκε ο αποκλεισμός του λιμανιού· λύθηκε η απεργία / η πολιορκία* (αντ. *αρχίζω*). **6.** επιλύω, τακτοποιώ κάτι: *προσέφυγαν στο δικαστήριο για να λύσει τη διαφορά τους·* (μέσ.) *δε -εται το πρόβλημα με λόγια* (συνών. *διευθετώ*). **II.** (ως μέσ. συνήθως στον αόρ. σε ειδικές φρ.) **α.** *-θηκα στα γέλια* (= γέλασα πάρα πολύ, ξεκαρδίστηκα)· **β.** *-θηκα στο κλάμα* (= κλαίω απαρηγόρητα)· **γ.** *-θηκαν τα χέρια μου* (= απαλλάχτηκα από σοβαρό ή ενοχλητικό εμπόδιο)· **δ.** *-θηκε η γλώσσα του* (= άρχισε να μιλά ασταμάτητα)· **ε.** *-θηκε (ή έλυσε) η μύτη μου* (= τρέχει αίμα, αιμορραγώ από τη μύτη)· **στ.** *-θήκανε τα γόνατά μου (από φόβο)* (= παραλύσανε). Φρ. *~ και δένω*, βλ. *δένω·* *τα μάγια κάποιου* (= τον απαλλάσσω από την επήρεια που ασκούσαν επάνω του διάφορες μαγγανείες)· *του -σανε τον αφαλό στο ξύλο* (= τον έδειραν ανηλεώς). [αρχ. *λύω*].
λυπάμαι και **-πούμαι**, βλ. *λυπώ*.
λύπη η, ουσ. **1.** ψυχικός πόνος, οδύνη, θλίψη: *αρρώστησε από τη ~ του* (αντ. *χαρά, ευφροσύνη*). **2.**

δυσαρέσκεια για κάτι άτοπο: *εξέφρασαν όλοι τη ~ τους για το συμβάν*.
λυπημένα, βλ. *λυπώ*.
λυπημός ο, ουσ. (λαϊκ.). **1.** οίκτος, συμπόνια, ευσπλαχνία: *ήταν για -ό με τα ρούχα που φορούσε·* φρ. *είσαι του -ού* (= αξιολύπητος) (συνών. *λύπηση*). **2.** (συνεκδοχικά) ό,τι προκαλεί τον οίκτο: *είναι ~ να τον βλέπεις σ' αυτά τα χάλια*. [*λυπώ*].
λυπηρός, -ή, -ό, επίθ., που προκαλεί λύπη, δυσάρεστος: *είναι -ό το φαινόμενο που έχω μπροστά μου* (συνών. *θλιβερός·* αντ. *ευχάριστος*).
λύπηση η, ουσ., οίκτος, συμπόνια: *η ~ δεν έβρισκε θέση στην ψυχή του·* φρ. *είναι για ~* (= αξιολύπητος) (συνών. *λυπημός*).
λυπησιάρης, -α, -ικο, επίθ. (συνιζ., λαϊκ.), που αισθάνεται οίκτο, φιλεύσπλαχνος: *-άρα γυναίκα* (συνών. *πονόψυχος·* αντ. *άπονος, άσπλαχνος*).
λυπητερός, -ή, -ό, επίθ. **1.** που προκαλεί λύπη, λυπηρός: *-ή ιστορία*. **2.** που εκφράζει λύπη, παραπονιάρικος: *-ό τραγούδι* (αντ. *χαρωπός, χαρούμενος στις σημασ. 1 και 2*). - Το θηλ. ως ουσ. (μεταφ.) = λογαριασμός εξόδων εντυπωσιακός. - Επίρρ. **-ά**.
λυπομανής, -ής, -ές, γεν. *-ούς*, πληθ. αρσ. και θηλ. *-είς*, ουδ. *-ή*, επίθ. (λόγ.), (ιατρ.) που κατέχεται από λυπομανία (βλ. λ.), παθολογικά μελαγχολικός.
λυπομανία η, ουσ. (ιατρ.) ψυχοπάθεια που χαρακτηρίζεται από έντονη μελαγχολία.
λυπώ, -είς, ρ., μέσ. **-ούμαι** και **-άμαι**. **I** (ενεργ.) (μτβ.) κάνω κάποιον να αισθανθεί λύπη, τον δυσαρεστώ, τον πικραίνω: *με λύπησε πάρα πολύ το φέρσιμό του* (αντ. *χαροποιώ*). **II** μέσ. **Α.** (αμτβ.) αισθάνομαι λύπη: *-ούμαι για όσα μου είπες· -άμαι για λογαριασμό σου!* (σε ένδειξη απογοήτευσης από κάποιο πρόσωπο)· *-ούμαι που το λέω, αλλά έτσι είναι* (συνών. *θλίβομαι, πικραίνομαι·* αντ. *χαίρομαι*). **Β.** μτβ. **1.** συμπονώ κάποιον, τον σπλαχνίζομαι: *τον -άμαι τον καημένο, με τόσα παιδιά πώς τα βγάζει πέρα!* **2.** (μτβ.) τσιγγουνεύομαι, φειδωλεύομαι: *-άται τη δεκάρα· δεν τα -άται τα λεφτά και τα σπαταλά εδώ κι εκεί*. - Η μτχ. παρκ. *λυπημένος* ως επίθ. = που κατέχεται από λύπη, που πενθεί: *-ημένοι συγγενείς· είναι -ημένη γιατί έχασε τον πατέρα της*. - Επίρρ. **-ημένα**: *μιλούσε -ημένα*.
λύρα η, ουσ., έγχορδο λαϊκό μουσικό όργανο που αποτελείται από τρεις χορδές και παίζεται με δοξάρι: *κρητική ~*. - Υποκορ. (ιδιωμ.) **-άκι** το.
λυράρης ο, ουσ., λαϊκός οργανοπαίχτης που παίζει λύρα: *~ της Κρήτης* (συνών. *λυρατζής*).
λυρατζής ο, ουσ. (λαϊκ.), λυράρης (βλ. λ.).
λυρικός, -ή, -ό, επίθ. (λογοτ.) **1.** που ανήκει ή αναφέρεται στη λύρα: *-ή ποίηση* (= στην αρχαιότητα) η ποίηση που απαγγελλόταν με συνοδεία λύρας. **2.** (για ποίημα) που εκφράζει το συναισθηματικό κόσμο του ποιητή: *-ή έξαρση· ~ ποιητής*. **3.** (για πεζογράφημα) που είναι διατυπωμένος με ποιητικό ύφος: *-ές ταξιδιωτικές εντυπώσεις*. **4.** (θεατρ.) μελοδραματικός: *σκηνή -ή· -ό δράμα* (= μελόδραμα)· *~ καλλιτέχνης* (= ο καλλιτέχνης της όπερας)· *-ό θέατρο* (= όπου εκτελούνται μελοδράματα). - Επίρρ. **-ά**.
λυρισμός ο, ουσ. (λογοτ.) **1.** ο χαρακτήρας ενός λυρικού ποιήματος, το να εκφράζει δηλ. ο ποιητής το συναισθηματικό του κόσμο στο ποίημα. **2.** (για πεζογράφημα ή πεζό λόγο) το να είναι διατυπωμένος με ποιητικό ύφος (με τη χρησιμοποίηση

εικόνων, μεταφορών, κλπ.): *μυθιστόρημα με πολλά στοιχεία -ού.*
λυσεντερία, βλ. *δυσεντερία.*
λύση η, ουσ. 1. (λόγ.) το να λύνεται κάτι δεμένο (βλ. *λύνω* στις σημασ. 1, 2), *λύσιμο.* 2. το να αποχωρίζονται τα συνεχόμενα τμήματα ενός συνόλου: ~ *όπλου / μηχανής·* (συνών. *αποσύνδεση·* αντ. *συναρμολόγηση).* 3. το να βρίσκεται το ζητούμενο ή το άγνωστο σε πρόβλημα, αίνιγμα, κλπ.: ~ *μυστηρίου / άσκησης.* 4. το να τίθεται τέρμα σε κάτι: ~ *απεργίας / αποκλεισμού / πολιορκίας* (αντ. *έναρξη).* 5. το να διευθετείται, να επιλύεται κάτι: *η διένεξή τους τερματίστηκε με δικαστική* ~*.* ~ *ανάγκης·* δε συμφωνώ με τη ~ *που πρότεινες.* 6. (φιλολ.) ο έντεχνος τρόπος με τον οποίο τερματίζεται ένα λογοτεχνικό έργο (τραγωδία, διήγημα, μυθιστόρημα, κλπ.): ~ *του δράματος.*
λύσιμο το, ουσ., το να λύνεται κάποιος ή κάτι, *λύση* (βλ. λ. στις σημασ. 1, 2, 4 και 5) (αντ. *δέσιμο).*
λύσσα η, ουσ. 1. (ιατρ.) μολυσματική αρρώστια που προσβάλλει τα ζώα (ιδίως τους σκύλους) και μεταδίδεται στον άνθρωπο με δάγκωμα. 2. (μεταφ.) μανιασμένη οργή, παράφορη μανία: *δέρνει το παιδί με* ~*.* 3. σφοδρή επιθυμία, μανία για κάτι: *μ' έπιασε* ~ *για νερό.* 4. (για φαγητό) πολύ αλμυρό: *οι πατάτες / το τυρί είναι* ~*.*
λυσσάζω, βλ. *λυσσιάζω.*
λυσσακό, βλ. *λυσσιακό.*
λυσσαλέος, -α, -ο, επίθ., μανιασμένος, παράφορος: *μίσος -ο.* - Επίρρ. **-έα.**
λυσσάρης, βλ. *λυσσιάρης.*
λύσσασμα, βλ. *λύσσιασμα.*
λυσσασμένα, βλ. *λυσσιασμένα.*
λυσσ(ι)άζω, ρ., αόρ. *λύσσ(ι)αξα* (συνιζ.). 1. προσβάλλομαι από την αρρώστια της λύσσας. **2α.** (μεταφ.) κυριεύομαι από μανιασμένο πάθος: *λύσσ(ι)αξε από το κακό του / από τη ζήλεια του·* **β.** νιώθω έντονη επιθυμία για κάτι: *-αξε για νερό.* - Η μτχ. παρκ. *λυσσ(ι)ασμένος* ως επίθ. = **α.** που πάσχει από λύσσα: *-ασμένο σκυλί·* **β.** (μεταφ.) μανιακός, παράφορος: *λυσσ(ι)ασμένος από την πείνα.* - Επίρρ. **-σμένα:** *ο αέρας φυσά -σμένα.*
λυσσ(ι)ακό το, ουσ. (λαϊκ.), *λύσσα:* ~ *τον έπιασε και κάνει έτσι·* Φρ. *τρώει τα -ά του* (για άνθρωπο που προσπαθεί με κάθε τρόπο να πετύχει κάτι).
λυσσ(ι)άρης, -α, -ικο και **-άρικος, -η, -ο,** επίθ. (συνιζ.). 1. που έχει προσβληθεί από λύσσα: *-ικο σκυλί* (συνών. *λυσσασμένος).* 2. (μεταφ.) μανιακός, παράφορος.
λύσσ(ι)ασμα το, ουσ. (συνιζ., λαϊκ.). 1. το να προσβάλλεται κάποιος από λύσσα (βλ. λ. στη σημασ. 1). 2. (μεταφ.) κάθε ακατάσχετη επιθυμία.
λυσσιασμένα, βλ. *λυσσ(ι)άζω.*
λυσσιατρείο το, ουσ. (ασυνίζ.), ειδικό θεραπευτήριο για όσους δαγκώθηκαν από λυσσασμένο ζώο.
λυσσικός, -ή, -ό, επίθ. (ιατρ.) που ανήκει ή αναφέρεται στη λύσσα (βλ. λ. στη σημασ. 1): ~ *ιός* (= που προκαλεί τη λύσσα).
λυσσομανώ, -άς, ρ. **α.** κατέχομαι από μανιασμένη ορμή ή επιθυμία, με πιάνει μανία για κάτι· **β.** εκδηλώνομαι με σφοδρότητα: *-ά ο βοριάς / ο πόλεμος.* [*λύσσα* + *μαίνομαι*].
λυσσώ, -άς, ρ., αόρ. *λύσσαξα,* μτχ. παρκ. *-ασμένος,* 1. προσβάλλομαι από λύσσα (συνών. *λυσσιάζω).* 2. (μεταφ.) κυριεύομαι από μανιασμένο πάθος (συνών. *λυσσιάζω).* 3. εκδηλώνομαι με σφοδρότητα: *έξω -ά ο βοριάς* (συνών. *λυσσομανώ).*

λυσσώδης, -ης, -ες, γεν. *-ους,* πληθ. αρσ. και θηλ. *-εις,* ουδ. *-η,* επίθ. (λόγ.), που είναι γεμάτος μανία: *-ης έχθρα / μάχη* (συνών. *λυσσαλέος, μανιώδης).* - Επίρρ. **-ώς:** *πάλευαν -ώς αρκετή ώρα.*
λύτης ο, θηλ. **-τρια,** ουσ., αυτός που λύνει προβλήματα, αινίγματα, απορίες, κλπ., αυτός που βρίσκει τη λύση τους: ~ *σταυρόλεξου.*
λυτός, -ή, -ό, επίθ., που είναι λυμένος, που έχει ελευθερωθεί από τα δεσμά του: ~ *σκύλος· -ά μαλλιά* (αντ. *δεμένος).* Φρ. *βάζω -ούς και δεμένους για να...* (= χρησιμοποιώ όλα τα μέσα για να πετύχω κάτι): *έβαλε -ούς και δεμένους για να πάρει αυτή τη θέση.*
λύτρα τα, ουσ., χρήματα που καταβάλλονται για απελευθέρωση ομήρου.
λύτρια, βλ. *λύτης.*
λύτρωμα το, ουσ. (λαϊκ.), *λυτρωμός* (βλ. λ.).
λυτρωμός ο, ουσ. **α.** απαλλαγή από κάποιο κακό, *λύτρωση·* **β.** (ειδικότερα) απελευθέρωση, ελευθερία, σωτηρία: *ώρα / καμπάνα του -ού* (συνών. *λύτρωμα).*
λυτρώνω, ρ. 1. ελευθερώνω κάποιον πληρώνοντας λύτρα. 2. (μεταφ.) απαλλάσσω κάποιον από κακό, *τον σώζω·* (μέσ.) απαλλάσσομαι από κακό, σώζομαι: *δεν κατάφερε να -ωθεί από τα βάσανα / από τους πόνους* (συνών. *γλυτώνω).*
λύτρωση η, ουσ. **α.** απαλλαγή από κακό, από δύσκολη κατάσταση: *από το πάθος της χαρτοπαιξίας·* **β.** (ειδικότερα) απελευθέρωση, λευτεριά: ~ *της Κύπρου·* **γ.** (θρησκ.) απολύτρωση, απαλλαγή από αμαρτίες, σωτηρία της ψυχής (συνών. *λυτρωμός* στις σημασ. α, β).
λυτρωτής ο, ουσ., αυτός που απελευθερώνει κάποιον από κακό, σωτήρας· (ειδικότερα για το Χριστό) *ο* ~ *του κόσμου / των ψυχών μας.*
λυτρωτικός, -ή, -ό, επίθ., που λυτρώνει, που απαλλάσσει από δύσκολες καταστάσεις: *-ή επέμβαση.*
λυχνάρι το, ουσ., φορητή συσκευή που χρησιμοποιούσαν παλαιότερα για να φωτίζει με την καύση λαδιού (συνών. *λύχνος, λάμπα).* - Υποκορ. **-ράκι** το.
λυχνία η, ουσ. (λόγ.), συσκευή που παράγει φως: ~ *οινοπνεύματος / ηλεκτρική· κάηκε η* ~ *της τηλεόρασης.*
λυχνίτης ο, ουσ. (ορυκτ.) το μάρμαρο της Πάρου, που χαρακτηριστικά του είναι το χιονόλευκο χρώμα και το ότι σε μικρά λεπτά τεμάχια είναι διαφανές.
λύχνος ο, ουσ., *λυχνάρι* (βλ. λ.), καντηλιέρι, λάμπα.
λυχνοσβήστης ο, ουσ. (ζωολ.) *ψυχάρι* (βλ. λ.).
λυχνοστάτης ο, ουσ., σκεύος στον τοίχο από όπου κρεμούσαν τη ράβδο όπου στηριζόταν άλλοτε το λυχνάρι για να φωτίζει το χώρο.
λώβα και **λούβα** η, ουσ. (λαϊκ.), λέπρα. [αρχ. *λώβη*].
λωβιάζω και **λουβιάζω,** ρ. (συνιζ., λαϊκ.), προσβάλλομαι ή πάσχω από λέπρα.
λωβιάρης, -α, -ικο και **λουβιάρης,** επίθ. (συνιζ., λαϊκ.), λεπρός.
λωλά, βλ. *λωλός.*
λωλάδα η, ουσ. (λαϊκ.), απερίσκεπτη ενέργεια, ανοησία: *μην κάνεις -ες* (συνών. *τρέλα).*
λωλαίνω, ρ., αόρ. *λώλανα, -άθηκα* (λαϊκ.). I (ενεργ.) φέρνω κάποιον σε δύσκολη θέση: *μας λώλαναν σήμερα οι πολλές δουλειές.* II (μέσ.) χάνω τα λογικά μου: *-άθηκες και κάνεις αυτά τα πράγματα;*

λώλαμα το, ουσ. (λαϊκ.), το να φέρνεις κάποιον σε δύσκολη θέση.
λωλαμάρα η, ουσ. (λαϊκ.), λωλάδα (βλ. λ.).
λωλός, -ή, -ό, επίθ. (λαϊκ.). **1.** τρελός: *κάνει σα ~ για σένα* (= σε αγαπά πολύ). **2.** ανόητος: *δεν είμαι ~ να κάνω αυτό το πράγμα* (συνών. *απερίσκεπτος*). - Επίρρ. **-α**. [μτχ. *ολωλός* του αρχ. *όλλυμαι*].
λώμα το, ουσ., γραντί (βλ. λ.).
λωποδυσία η, ουσ., κλεψιά μεγάλης ολκής.
λωποδύτης ο, θηλ. **-ισσα** και **-τρια**, ουσ., κλέφτης: *~ σεσημασμένος*. - Μεγεθ. **-ύταρος**.
λωποδυτικός, -ή, -ό, επίθ., που ανήκει ή αναφέρεται σε λωποδύτη: *κύκλωμα / κόλπο -ό*.
λωποδύτισσα και **λωποδύτρια**, βλ. *λωποδύτης*.
λωρίδα η, ουσ., στενό και μακρύ τμήμα εδάφους ή άλλης επιφάνειας: *~ δάσους· δρόμος με δύο -ες*. [*λώρος*]. - Βλ. και *λουρίδα*.
λώρος βλ. *ομφάλιος λώρος*.
λωτός ο, ουσ., είδος δέντρου με ωραίο φύλλωμα και μεγάλους στυφούς καρπούς, καθώς και ο καρπός του.
λωτοφάγος ο, ουσ., που τρέφεται με λωτούς. - Το αρσ. στον πληθ. ως κύρ. όν. = αρχαίος μυθικός λαός: *η χώρα των Λ-ων*.

Μ, (μυ). 1. το δωδέκατο γράμμα του ελληνικού αλφαβήτου· ένα από τα σύμφωνα της ελληνικής γλώσσας. - Βλ. και μυ. 2. αριθμητικό σημείο = α. (όταν έχει τόνο επάνω δεξιά ή τελεία κάτω δεξιά: μ΄, Μ΄, μ.) σαράντα, τεσσαρακοστός: *ψαλμός μ*· *κεφάλαιο Μ΄*· β. (όταν έχει τόνο κάτω αριστερά: ͵μ) σαράντα χιλιάδες.

μα, I, μόρ. α. ομοτικό με αιτ. προσ. ή πράγματος: ~ *το Θεό / την αλήθεια· σας ορκίζομαι σε ό,τι έχω ιερό, ναι,* ~ *την Παναγία!* έκφρ. ~ *το ναι* (για έντονη βεβαίωση)· β. για να δηλωθεί ισχυρή διαμαρτυρία με επόμενη συνηθέστατα κάποια άρνηση: ~ *την πίστη μου / το Σταυρό δεν το έκανα εγώ!* ~ *τον Άγιο δεν ξανάδα τέτοιο πράμα.*

μα, ΙΙ, σύνδ. αντίθ. **1α.** (όταν συνδέει πρότ. ή έννοια καταφ. με προηγούμενη πρότ. ή έννοια επίσης καταφ.) αλλά, όμως, ωστόσο, μολαταύτα: *απίστευτο,* ~ *αληθινό· μικρό το σπίτι,* ~ *πολύ ζεστό· του 'κανε πολύ κακό,* ~ *τον έχει συγχωρέσει.* β. (όταν συνδέει πρότ. ή έννοια αποφατική με προηγούμενη πρότ. ή έννοια επίσης αποφατική, συχνά με τον προσθετικό σύνδ. *και*) αλλά, ωστόσο: *δεν συμφώνησε μαζί του,* ~ *και δεν απέρριψε τις προτάσεις του·* γ. (όταν συνδέει πρότ. ή έννοια αποφατική με προηγούμενη πρότ. ή έννοια καταφ.: ο σύνδ. συχνά με το *όχι* + ουσ.) (όχι) όμως: *έχει πολλά λεφτά,* ~ *δεν τους βοήθησε καθόλου· να 'ρθει αργά,* ~ *όχι και τα ξημερώματα!* δ. (όταν συνδέει πρότ. ή έννοια καταφ. με προηγούμενη πρότ. ή έννοια αποφατική) αλλά: *δε μ' ενδιαφέρει τι λες,* ~ *τι κάνεις! όχι από κακία,* ~ *από αδιαφορία...* 2. (με επόμενη τη φρ. *έλα που ή έλα πάλι που*, με επιφωνηματικό τόνο, για να δηλωθεί ως κάπως δύσκολο ή αδύνατο αυτό που επιθύμηκε προηγουμένως): *ήθελα να αγοράσω το φόρεμα· έλα που ήταν πολύ ακριβό! μεγάλη η χάρη που μου ζητούσε·* ~ *έλα πάλι που του είχα υποχρέωση!* 3. (προσθετικά, επιτ. συχνά με το *και*) αλλά και, αλλά επιπλέον: *δε φτάνει που τους αδίκησε,* ~ *τους ζητούσε και αποζημίωση.* 4. (επιτ.): *τίποτ' άλλο,* ~ *τίποτ' άλλο δεν πήρε μαζί του· κανείς,* ~ *κανείς!* 5. (όταν εισάγει κάποιον όρο ή κάποια συμφωνία ή σε συμβουλές, προτροπές, κ.τ.ό.): *θα σε συνοδεύσω,* ~ *μη ζητήσεις να πληρώσω τίποτε!* 6. (όταν εισάγει, ιδίως σε διαλόγους, κάποια ένσταση ή αντιπαρατήρηση): *τόσο μεγάλο ταξίδι!* — *ξέρεις πόσα θα σου κοστίσει;* — *επέστρεψες έγκαιρα τα βιβλία;* — *για ποιον με πέρασες;* 7. (μεταβατικός στην αρχή πρότ.) λοιπόν: *δε μου*

λες.. ~ *ας συνεχίσομε τώρα...* 8. (στην αρχή πρότ. για να δηλωθεί έκπληξη, απορία, αμφιβολία, κλπ.) ~ *πότε ήρθες κιόλας;* ~ *τι 'ν' αυτά που λες;* ~ *δε σου είπα να...* — *πώς το ξέρεις;* ~ *δε σου το 'λεγα;* 9. (στην αρχή επιφωνηματικής πρότ.): ~ *αν ήξερες, τι έπαθα!* — *δεν πρόσεχες, καημένε·* 10. (σε επιδοτικές συμπλοκές): ~ *πώς τα κατάφερε έτσι· όχι μόνο του μίλησε,* ~ *τον κάλεσε και για φαγητό.* 11. (λαϊκ.) α. (συμπλ., μεταβατικός) και: *ο Νάινος πάει στη Βουργαριά να μάσει παλληκάρια.* ~ *τα 'μασε, τα σύναξε...* (δημ. τραγ.)· β. (εντελώς στην αρχή του λόγου, χωρίς να προηγείται κάτι στο οποίο να γίνεται αντίθεση): ~ *τους πήρε κι αυτούς η κάτω βόλτα· η.* μολονότι: ~ *εγώ έχω δει την ταινία, θα την έβλεπα όμως και δεύτερη φορά·* δ. (σε διαλόγους για να δηλωθεί αντίρρηση, αντίθεση): *θα 'ρθεις μαζί μας;* — ~ ... φρ. *δεν έχει* ~ *και ξε-μά* (= δε δέχομαι αντιρρήσεις). [ιταλ. *ma*].

μαβής, -ιά, -ί, επίθ., που έχει χρώμα βαθύ μπλε, βαθυγάλαζος, μενεξεδένιος: *πουκάμισο -ί· η θάλασσα τον τραβούσε με τα νερά της τα -ιά* (Ψυχάρης)· *μάτια -ιά.* - Το ουδ. ως ουσ. = το βαθύ μπλε χρώμα. [τουρκ. *mavi*].

μαγαζάκι, βλ. *μαγαζί.*

μαγαζάτικο και **μαγαζιάτικο** το, ουσ. (λαϊκ. συνήθως στον πληθ.), χρηματικό ποσό που καταβάλλεται για την ενοικίαση καταστήματος.

μαγαζάτορας και **μαγαζιάτορας** ο, ουσ. (λαϊκ.), α. ιδιοκτήτης εμπορικού καταστήματος, (μικρο)καταστηματάρχης· β. ιδιοκτήτης καφενείου.

μαγαζί το, ουσ. **1α.** εμπορικό κατάστημα: ~ *διαμπερές / συνοικιακό· άνοιξε ένα καινούργιο* ~ *το 'κλεισε το* ~ *γιατί δεν είχε πολλή δουλειά·* β. (λαϊκ.) καφενείο· γ. εργαστήριο. 2. (στον πληθ.) τόπος όπου είναι συγκεντρωμένα πολλά εμπορικά καταστήματα, αγορά: *γυρίζω στα -ιά.* - Υποκορ. **-άκι** το. [ιταλ. *magazzino*].

μαγαζιάτικο, βλ. *μαγαζάτικο.*

μαγαζιάτορας, βλ. *μαγαζάτορας.*

μαγάρα η, ουσ. (λαϊκ.). 1. ακαθαρσία, βρομιά, λέρα. 2. (μεταφ.) άνθρωπος κακοηθέστατος.

μαγάρι, επιφ. (λαϊκ.). 1. (με επόμενο το *ας* ή *το να*) μακάρι, είθε. 2. έστω, ακόμα και. [ιταλ. *magari*].

μαγαρίζω, ρ., μτχ. πιρκ. *ισμένος* (λαϊκ.). Ι ενεργ. μτβ. 1. αποπατώ, κοπρίζω, λερώνω με αποπατήματα (ιδίως για οικόσιτα ζώα). 2. (γενικά) λερώνω, βρομίζω. 3. (ειδικά) καθιστώ κάτι ακατάλληλο να φαγωθεί: *η γάτα -ισε το γάλα· νερό -ισμένο από*

μαγαρισιά

ψοφίμια. **4α.** (μεταφ.) μολύνω, καθιστώ κάτι ακατάλληλο ηθικά ή θρησκευτικά: ~ *την ψυχή / πίστη μου·* **β.** μιαίνω, βεβηλώνω: *οι αλλόθρησκοι -ισαν το μοναστήρι.* **II** (μέσ.) (μεταφ.) μολύνομαι, αμαρτάνω: *μέρα νηστείας και -ίστηκε με κρέας.* Η μτχ. παρκ. ως επίθ. = **1.** αμαρτωλός, ανήθικος: *ψυχή -ισμένη.* **2.** άπιστος (συνήθως υβριστικά για αλλόθρησκους): *γενιά -ισμένη·* (σε μεταφ.) *σκυλί -ισμένο!* [αρχ. *μεγαρίζω*].

μαγαρισιά η, ουσ. (συνιζ., λαϊκ.). **1.** ακαθαρσία, κοπριά, αποπάτημα. **2.** (μεταφ.) καταπάτηση της ιερότητας, βεβήλωση, μαγάρισμα· αμαρτία.

μαγάρισμα το, ουσ. (λαϊκ.). **1.** το να ρυπαίνεται κάτι με αποπατήματα. **2.** (γενικά) ρύπανση, βρόμισμα. **3.** (μεταφ.) βεβήλωση, μαγαρισιά (βλ. λ. σημασ. 2).

μαγγανεία η, ουσ. (έρρ.). **1.** απάτη που γίνεται με τη χρήση μαγικών φίλτρων. **2.** χρησιμοποίηση μυστηριωδών μεθόδων για την επιτυχία κάποιου σκοπού, μαγεία, γητειά.

μαγγανευτικός, -ή, -ό, επίθ. (έρρ.). που ανήκει ή αναφέρεται σε μαγγανείες.

μαγγανεύω, ρ. (έρρ.). **1.** εξαπατώ κάποιον μεταχειριζόμενος μαγικά φίλτρα. **2.** (γενικά) παραπλανώ, εξαπατώ: *ο διάολος έβαλε σ' αυτή την υπόθεση την ουρά του... που -εύει τους ανθρώπους και τους παίρνει το νου* (Ι.Μ. Παναγιωτόπουλος). **3.** ασκώ μαγική επήρεια, μαγεύω, γητεύω.

μαγγάνι το, ουσ. (έρρ.), **μάγγανο** (βλ. λ. σημασ. Ι και 4α, β και *σβίγα*).

μαγγάνιο το, ουσ. (έρρ., ασυνίζ.), (χημ.) μέταλλο που παρουσιάζει πολλές αναλογίες με το σίδηρο και χρησιμοποιείται κυρίως για την παρασκευή κραμάτων με σίδηρο και χαλκό.

μαγγανιούχος, -α, -ο, επίθ. (έρρ., ασυνίζ.), που περιέχει μαγγάνιο.

μαγγάνισμα το, ουσ. (έρρ.), συμπίεση, σφίξιμο με μάγγανο.

μάγγανο το, ουσ. (έρρ.). **1.** απλός χειροκίνητος μηχανισμός που αποτελείται από ξύλινο ή σιδερένιο τύμπανο γύρω από το οποίο τυλίγεται σκοινί ή συρματόσκοινο με κουβά και χρησιμεύει στην ανύψωση βαρών, ιδίως υλικών σε οικοδομή ή στην άντληση νερού από πηγάδι: *στήσαμε το ~ απάνω απ' το πηγάδι* (Κόντογλου). **2.** (συνεκδοχικά) μαγγανοπήγαδο. **3.** (παλαιότερα) χειροκίνητο ή ζωοκίνητο συμπιεστικό μηχάνημα, πιεστήριο. **4α.** κλωστικό χειροκίνητο μηχάνημα που χρησιμεύει στη μεταφορά και περιτύλιξη του νήματος σε καρούλια και μασούρια, κοινώς ροδάνι, σβίγα· **β.** (συνεκδοχικά) κλωστική μηχανή· **γ.** από μηχάνημα με το οποίο ξετυλίγεται το μετάξι από τα κουκούλια. **5.** αργαλειός κεντήματος, τελάρο.

μαγγανοπήγαδο το, ουσ. (έρρ.). **1.** πηγάδι από το οποίο αντλείται νερό με μάγγανο. **2.** (μεταφ.) η καθημερινή κοπιαστική εργασία, η βιοπάλη: φρ. *μπαίνω στο ~.*

μαγγανόχερο το, ουσ. (έρρ.), χειρολαβή με την οποία περιστρέφεται το μαγγάνι.

μαγγανωσιά η, ουσ. (έρρ., συνιζ.), σκαλωσιά στο επάνω μέρος της οποίας τοποθετείται το μαγγάνι για την ανύψωση υλικών σε οικοδομή ή από εκσκαφές.

μάγγωμα το, ουσ. (έρρ.), συμπίεση, σύσφιξη σαν αυτή που γίνεται με μάγγανο.

μαγγώνω, ρ. (έρρ.). I ενεργ. **1.** συσφίγγω, σφίγγω κάτι δυνατά όπως με μάγγανο: *η πόρτα / μηχανή τού -ωσε τα δάχτυλα.* **2.** (μεταφ.) συλλαμβάνω: *τον -ωσε η αστυνομία.* **3.** (μεταφ.) φέρνω σε αδιέξοδο, στριμώχνω. II (μέσ.) έρχομαι σε αδιέξοδο· σωπαίνω από αμηχανία: *στεκόταν στην άκρη -ωμένος·* τον *είδα λιγάκι -ωμένο* (= συνεσταλμένο).

μαγεία η, ουσ. **1.** η χρησιμοποίηση φίλτρων, επωδών ή άλλων μυστηριωδών τρόπων για την πρόκληση υπερφυσικών δυνάμεων στη ζωή του ανθρώπου ή και σ' αυτή τη φύση, τα μάγια: *μαύρη ~* (= η καθαυτό μαγεία μέσω της οποίας ορισμένα άτομα έχουν σκοπό τη δημιουργία υπερφυσικών δυνάμεων ώστε να βλάφουν κάποια πρόσωπα ή πράγματα)· *λευκή ~* (= η τέχνη να δημιουργούνται ορισμένα αποτελέσματα —πάντοτε καλά— που είναι φαινομενικώς θαυμαστά, στην πραγματικότητα όμως οφείλονται σε φυσικές αιτίες)· έκφρ. ως *διά -ας* (= απροσδόκητα και χωρίς προφανή εξήγηση, σαν από υπερφυσική δύναμη). **2.** (μεταφ.) **α.** η σαγηνευτική επίδραση που ασκεί κάτι όμορφο ή μυστηριώδες και που προξενεί μεγάλη ευχαρίστηση, γοητεία: *η ~ της μουσικής·* **β.** (σε θέση επιθ. για να δηλωθεί κάτι εξαιρετικά ωραίο ή μυστηριώδες): *η θάλασσα ήταν ~!*

μάγειρας και **-ος** και (λαϊκ.) **μάγερας** ο, θηλ. **-ισσα**, ουσ. **α.** αυτός που μαγειρεύει, που παρασκευάζει φαγητά· **β.** ιδιοκτήτης μαγειρείου· **γ.** (ειδικά) αυτός που είναι υπεύθυνος για την προετοιμασία και την παρασκευή των φαγητών σε εστιατόριο.

μαγειρείο το, ουσ. **1.** χώρος του σπιτιού όπου παρασκευάζονται τα φαγητά, κουζίνα. **2.** λαϊκό εστιατόριο, μαγέρικο. **3.** (μεταφ.) χώρος όπου προετοιμάζεται κάτι με ανορθόδοξες ή μυστικές μεθόδους ή δολοπλοκίες: *προεκλογικό ~.*

μαγείρεμα το, ουσ. **1.** η παρασκευή φαγητών με βράσιμο ή ψήσιμο: *τα πρωινά έχω ~.* **2.** (μεταφ.) το να σχεδιάζεται ή να προετοιμάζεται κάτι κακό μυστικά ή ύπουλα: *-ατα εκλογικά.*

μαγειρευτός, -ή, -ό, επίθ., που έχει μαγειρευτεί, μαγειρεμένος.

μαγειρεύω, ρ. **1.** παρασκευάζω φαγητό από διάφορα τρόφιμα βράζοντας, ψήνοντας ή τηγανίζοντάς τα και προσθέτοντας διάφορα καρυκεύματα, σάλτσες, κλπ. **2.** (μεταφ.) ετοιμάζω κάτι κακό ή δυσάρεστο μυστικά ή ύπουλα: *δε μπόρεσα να μάθω τι του -ουν·* (σε γ' πρόσ.): *κάτι -εται.*

μαγειριά, βλ. *μαγεριά.*

μαγειρικός, -ή, -ό, επίθ., που ανήκει ή αναφέρεται στο μάγειρο ή τη μαγειρική: *σκεύη -ά· αλάτι -ό.* - Το θηλ. ως ουσ. = **1.** η τέχνη του μαγειρέματος: *-ή απλή / πρωτόγονη.* **2.** (συνεκδοχικά) βιβλίο στο οποίο περιέχονται συνταγές για την παρασκευή διάφορων φαγητών, οδηγός μαγειρικής.

μαγείρισσα, βλ. *μάγειρας.*

μαγειρίτσα η, ουσ., είδος σούπας με ψιλοκομμένα εντόσθια αρνιού, φρέσκα κρεμμύδια και άνηθο, λίγο ρύζι και αβγολέμονο, η οποία συνηθίζεται στο δείπνο μετά την Ανάσταση.

μάγερας, βλ. *μάγειρας.*

μάγεμα το, ουσ. **1.** άσκηση μαγικής επιρροής, μαγείας. **2.** (μεταφ.) το να ασκεί ή να αποπνέει κάποιος ή κάτι μεγάλη γοητεία, καταγοήτευση, αισθητική απόλαυση.

μάγερας, βλ. *μάγειρας.*

μαγεριά και **μαγειριά** η, ουσ. (συνιζ.), η ποσότητα τροφίμων που χρησιμοποιούμε για ένα μαγείρεμα: *μια ~ φασόλια.*

μαγέρικο το, ουσ. (λαϊκ.), λαϊκό εστιατόριο, μαγειρείο.
μαγευτικός, -ή, -ό, επίθ. (μεταφ.) που γοητεύει, που σαγηνεύει: *θέα / μουσική -ή*. - Επίρρ. **-ά**: *μιλά -ά*.
μαγεύτρα η, ουσ. 1. μάγισσα. 2. (μεταφ.) γυναίκα που σαγηνεύει, γόησσα. 3. (σε θέση επιθ.): *φύση ~*.
μαγεύω, ρ. 1. ασκώ μαγεία (βλ. λ.) σε κάποιον, τον επηρεάζω με μαγικά μέσα, του κάνω μάγια. 2. (μεταφ.) α. γοητεύω, σαγηνεύω: *-εψε το κοινό με τη μουσική του· ό,τι σ' έχει -έψει κι ό,τι σου έχει γελάσει / το έχεις μόνος κερδίσει, μοναχός ετοιμάσει;* (Χατζόπουλος)· **β.** ξεμυαλίζω: *τον -εψε με τα καμώματά της / την ομορφιά της*.
μάγια τα, ουσ. (συνιζ.). 1. καθετί που χρησιμοποιείται ως μέσο για να ασκήσει κανείς μαγεία, καθώς και τα αποτελέσματα που φέρνει: *λύνω ~· δένω με ~· κάνω ~*. 2. (μεταφ.) καθετί που ασκεί γοητεία, που γοητεύει: *νύχτα γιομάτη θάματα, νύχτα σπαρμένη ~* (Σολωμός). [αρχ. *μαγεία*].
μαγιά η, ουσ. (συνιζ.). 1. ονομασία μυκήτων που χρησιμοποιούνται, σε μορφή ζύμης ή σκόνης, για τη ζύμωση αλκοολούχων ποτών, για να φουσκώσει η ζύμη του ψωμιού, να πήξει το τυρί κλπ., το προζύμι: *~ μπίρας· πιάνω ~ για να ζυμώσω· ~ ξινή*. 2. (μεταφ.) αρχικό μικρό κεφάλαιο για την έναρξη μιας επιχείρησης, κοινώς σερμαγιά. [τουρκ. *maya*]
μαγιάπριλο το, ουσ. (συνιζ.), η εποχή που περιλαμβάνει τους μήνες Απρίλιο και Μάιο· (συνεκδοχικά) η άνοιξη· (μεταφ.) *-α της ζωής* (= το άνθος της νεότητας).
μαγιασίλι το, ουσ. (συνιζ., λαϊκ.). 1. έκζεμα. 2. δερματική νόσος των ζώων, ιδίως των ιπποειδών. [τουρκ. *mayasıl*].
μαγιάτικο το, ουσ. (συνιζ., λαϊκ.), ονομασία του ψαριού θύνος ο κοινός που ψαρεύεται το Μάιο.
μαγιάτικος, -η, -ο, επίθ. (συνιζ.), που αναφέρεται στο μήνα Μάιο ή που συμβαίνει ή συνηθίζεται σ' αυτόν: *στεφάνι -ο· αχλάδια -α· αρνί -ο* (= που γεννήθηκε το Μάιο)· *τριαντάφυλλο -ο* (= το εκατόφυλλο τριαντάφυλλο).
μαγικός, -ή, -ό, επίθ. **1α.** που ανήκει ή αναφέρεται στη μαγεία: *δυνάμεις / ιδιότητες -ές· επήρεια -ή· τελετές -ές· μέσα -ά· άνοιξε το κουτί με -ό τρόπο· επωδός -ή* (= ξόρκι)· *πάπυροι -οί* (= αυτοί που περιέχουν μάγια, ξόρκια, κλπ.)· **β.** που έχει μαγικές ιδιότητες: *λόγια -ά· είτε τη -ή λέξη· υγρό / δαχτυλίδι -ό· ραβδί -ό* (= **α.** το ραβδί των μάγων με το οποίο κάνουν τα μάγια τους· **β.** το ραβδί των ταχυδακτυλουργών)· *καθρέφτης ~* (= μαγεμένος καθρέφτης των παραμυθιών στον οποίο μπορούσε κάποιος να δει ό,τι επιθυμούσε να γνωρίζει)· *χαλί -ό* (= ιπτάμενο χαλί ανατολίτικων παραμυθιών με το οποίο μπορούσαν να ταξιδέψει κάποιος)· γ. (μεταφ.) *εικόνα -ή* = εικόνα στην οποία υπάρχει με επιτήδειο τρόπο κρυμμένη κάποια δεύτερη παράσταση· *φανός ~* = παλαιότερη συσκευή προβολής φωτεινών εικόνων· *αριθμοί -οί* = ομάδα ακέραιων αριθμών στην πυρηνική φυσική που όταν αποτελούν τον ατομικό αριθμό ή τον αριθμό νετρονίων κάποιων πυρήνων, αυτοί —οι πυρήνες— εμφανίζουν ιδιάζουσες ιδιότητες. 2. (μεταφ.) που ασκεί γοητεία, που είναι ή δείχνει εξαιρετικά ωραίος και συναρπαστικός: *ομορφιά / χάρη -ή* (συνών. *γοητευτικός, θελκτικός*). - Το ουδ. στον πληθ. ως ουσ. = τα *μάγια: κάνω / ξέρω -ά*. - Επίρρ. **-ά**.

μαγιό το, ουσ. άκλ. (συνιζ.), εφαρμοστό ρούχο που καλύπτει ορισμένα μέρη του σώματος και που το φορά κανείς όταν κολυμπά: *~ ολόσωμο / μπικίνι*. [γαλλ. *maillot*].
μαγιονέζα η, ουσ. (συνιζ.), είδος κρύας σάλτσας από λάδι, αβγά, ξίδι και καρυκεύματα δουλεμένα ώσπου να πήξουν. [γαλλ. *mayonnaise*].
μαγιόξυλο το, ουσ. (συνιζ.), κομμάτι ξύλου στολισμένο με λουλούδια που το κρατούν παιδιά και το περιφέρουν την παραμονή της πρωτομαγιάς· (συνεκδοχικά) φαλλός.
μαγιοπούλι το, ουσ. (συνιζ., λαϊκ.), είδος μικρού ωδικού πτηνού.
μάγισσα, βλ. *μάγος*.
μάγκα η, ουσ. (έρρ.), (ιστ.) ομάδα άτακτων στρατιωτών στην επανάσταση του 1821. [ισπαν. *manga*· πβ. τουρκ. *manga*].
μαγκάλι το, ουσ. (έρρ.), μεταλλικό σκεύος σε σχήμα λεκάνης με βάση όπου τοποθετούνται αναμμένα κάρβουνα για θέρμανση κλειστών χώρων. [τουρκ. *mangal*]. - Υποκορ. **-άκι** το.
μάγκας ο, ουσ. (έρρ., λαϊκ.). 1. (ιστ.) άτακτος στρατιώτης που ανήκε σε μάγκα (βλ. λ.). 2. άνθρωπος του υποκόσμου με προκλητική συμπεριφορά. 3. ψευτοπαλληκαράς, νταής. [*μάγκα*].
μαγκεύω, ρ. (έρρ., λαϊκ.), γίνομαι μάγκας: *έμπλεξε με κάτι αλήτες και -εψε*.
μαγκιά η, ουσ. (έρρ., συνιζ., λαϊκ.), μάγκικη συμπεριφορά: *παράτα τούτες τις -ιές*.
μάγκικος, -η, -ο, επίθ. (έρρ., λαϊκ.), που ταιριάζει σε μάγκα ή αναφέρεται σ' αυτόν: *συμπεριφορά -η*. - Επίρρ. **-α**.
μαγκιόρος, -α, -ο, επίθ. (έρρ., συνιζ.), 1. (για άτομο) που τα καταφέρνει σε δύσκολες στιγμές, πολύ ικανός. 2. (για αντικείμενο) σπουδαίος: *πανί / καράβι -ο*. [ιταλ. *maggiore*].
μαγκλαράς ο, ουσ. (έρρ., λαϊκ.), άνθρωπος πολύ ψηλός και άχαρος. [αρομουνικό *manglár*].
μαγκούρα η, ουσ. (έρρ., λαϊκ.), χοντρό ραβδί με γυριστή λαβή (συνών. *μπαστούνι*). [παλαιότερα *μακκούρα* (Ησύχιος)].
μαγκουριά η, ουσ. (έρρ., λαϊκ.), χτύπημα με μαγκούρα: *έφαγε μια ~ στο κεφάλι* (συνων. *μπαστουνιά*).
μαγκουροφόρος ο, ουσ. (έρρ., λαϊκ.), που κρατά μαγκούρα· μπράβος οπλισμένος με μαγκούρα.
μαγκούφης ο, θηλ. **-α** και **-ισσα**, ουσ. (έρρ., λαϊκ.), 1. άνθρωπος που ζει μόνος, χωρίς οικογένεια: *πέθανε ~*. 2. άνθρωπος κακομοίρης· (ως επίθ.) *τύχη -α*. [τουρκ. *vakıf*· με ανομοίωση].
μαγκουφιά η, ουσ. (έρρ., συνιζ., λαϊκ.), το να είναι κανείς μαγκούφης.
μαγκούφισσα, βλ. *μαγκούφης*.
μάγμα το, ουσ. (γεωλ.) διάπυρη παχύρρευστη μάζα που βρίσκεται σε βαθύτερα σημεία της γης.
μαγνάδι το, ουσ., αραχνοΰφαντο κάλυμμα του κεφαλιού: *-ια διάφανα* (συνών. *μαντήλα, πέπλος*). [αρχ. *μανός + -άδι*].
μαγνησία η, ουσ. 1. (χημ.) γενική ονομασία διάφορων ενώσεων του μαγνησίου: *~ θειική / κιτρική*. 2. (φαρμ.) είδος καθαρτικού.
μαγνήσιο το, ουσ. (ασυνίζ.), (χημ.) αργυρόλευκο μέταλλο εξαιρετικά ελαφρό που μπορεί να καεί στον αέρα με εκθαμβωτική φλόγα.
μαγνησιούχος, -α, -ο, επίθ. (ασυνίζ.), που περιέχει μαγνήσιο: *πετρώματα -α*.
μαγνήτης ο, ουσ. 1. (φυσ.) είδος ορυκτού σιδήρου

μαγνητίζω που έχει την ιδιότητα να έλκει μέταλλα, καθώς και κάθε σώμα που έχει την ιδιότητα αυτή: *φυσικός / τεχνητός ~*. **2.** (μεταφ.) καθετί που έλκει, γοητεύει: *βλέμμα ~*.

μαγνητίζω, ρ. **1.** μετατρέπω κάτι σε μαγνήτη: *η ράβδος -ίζεται με την επίδραση μαγνητικού πεδίου.* **2.** (μεταφ.) ασκώ γοητεία, έλκω σαν μαγνήτης: *τα μάτια της σε -ουν* (συνών. *σαγηνεύω, μαγεύω*· αντ. *απωθώ*).

μαγνητικός, -ή, -ό, επίθ. **1.** που έχει τις ιδιότητες του μαγνήτη ή σχετίζεται με το μαγνητισμό: *δυνάμεις -ές· υλικά -ά* (= υλικά που έλκονται από τους μαγνήτες)· *βελόνα -ή* (= ρομβοειδής λεπτός μαγνήτης που περιστρέφεται πάντοτε προς το βορρά)· *πόλοι -οί* (= περιοχές του μαγνήτη που παρουσιάζουν τη μεγαλύτερη ελκτική ικανότητα)· *πεδίο -ό* (= περιοχή του χώρου μέσα στην οποία εμφανίζονται μαγνητικές δυνάμεις). **2.** που ασκεί μυστηριώδη επιβολή: *βλέμμα -ό* (συνών. *ελκυστικός*· αντ. *απωθητικός*).

μαγνήτιση η, ουσ., μετάδοση ιδιοτήτων του μαγνήτη σε άλλα σώματα.

μαγνητισμός ο, ουσ. **1.** ελκτική ιδιότητα του μαγνήτη. **2.** το σύνολο των φαινομένων που παράγονται από τις ιδιότητες του μαγνήτη. **3.** κλάδος της φυσικής που ασχολείται με τους μαγνήτες, τις ιδιότητές τους και με τα φαινόμενα που παράγονται από αυτούς. **4.** (μεταφ.) μυστηριώδης έλξη, επιβολή που ασκεί κάποιος στους άλλους (συνών. *γοητεία*).

μαγνητοηλεκτρικός, -ή, -ό, επίθ., που αναφέρεται συγχρόνως σε φαινόμενα μαγνητικά και ηλεκτρικά: *μηχανή -ή* (συνών. *ηλεκτρομαγνητικός*).

μαγνητοθεραπεία η, ουσ. (ιατρ.) χρησιμοποίηση μαγνητών ή του ζωικού μαγνητισμού για θεραπευτικούς σκοπούς.

μαγνητόμετρο το, ουσ., συσκευή που προορίζεται για τη μέτρηση μαγνητικού πεδίου ή μαγνητικής ροής με τη βοήθεια μαγνητικής βελόνας.

μαγνητοσκόπηση η, ουσ., εγγραφή κειμένου που ακούγεται ή και ποικίλων ήχων, καθώς και τηλεοπτικών εικόνων σε μαγνητική ταινία.

μαγνητοσκοπώ, ρ., εγγράφω ήχους, καθώς και τηλεοπτικές εικόνες σε μαγνητική ταινία: *συναυλία -ημένη* (συνών. *ηχογραφώ*).

μαγνητοταινία η, ουσ., μαγνητική ταινία για την εγγραφή ήχου ή τηλεοπτικών εικόνων.

μαγνητοφώνηση η, ουσ., εγγραφή ήχων σε μαγνητική ταινία: *~ ομιλίας* (συνών. *ηχογράφηση*).

μαγνητόφωνο το, ουσ., συσκευή μαγνητικής εγγραφής και αναπαραγωγής του ήχου.

μαγνητοφωνώ, ρ., εγγράφω ήχους σε μαγνητική ταινία: *~ τραγούδια* (συνών. *ηχογραφώ*).

μάγος ο, θηλ. **-ισσα,** ουσ. **1.** αυτός που ασκεί τις απόκρυφες επιστήμες, τη μαγεία. **2.** άνθρωπος που κάνει διάφορα μαγικά παιχνίδια, ταχυδακτυλουργίες, κλπ., για να διασκεδάσει τους θεατές και (κατ' επέκταση) απατεώνας, αγύρτης. **3.** (στον πληθ.) *οι τρεις Μάγοι* = τα άτομα που πήγανε να προσκυνήσουν το Χριστό βρέφος. **4.** (ως επίθ.) ικανός να μαγεύει, να ασκεί γοητεία: *καλλιτέχνης ~*.

μαγούλα η, ουσ. (λαϊκ.), μικρό ύψωμα γης με ομαλές πλαγιές (συνών. *γήλοφος*). [αλβαν. *magule*]. - Βλ. και *μάγουλο*.

μαγουλάδες οι, ουσ. (λαϊκ), (ιατρ.) η αρρώστια παρωτίτιδα (βλ. λ.).

μαγουλάκι, βλ. *μάγουλο*.

μαγουλάς ο, θηλ. **-ού,** ουσ., αυτός που έχει φουσκωτά μάγουλα.

μάγουλο το, ουσ. **1.** το μέρος του προσώπου που βρίσκεται πλάγια από τις δύο πλευρές της μύτης και του στόματος: *-α ροδοκόκκινα*. **2.** (ναυτ.) καθεμιά από τις καμπύλες γραμμές της πλώρης του πλοίου. - Υποκορ. **-άκι** το. - Μεγεθ. **-ούλα** η. [λατ. *magulum*].

μαγουλού, βλ. *μαγουλάς*.

μαδάρα η, ουσ., άδεντρη έκταση κατάλληλη για βοσκή. [*μαδαρός*].

μαδαρός, -ή, -ό, επίθ. (για τόπο) που δεν έχει δέντρα (συνών. *γυμνός, φαλακρός*· αντ. *δενδρώδης*).

μαδέρι το, ουσ. **1.** (ναυτ.) σανίδα από την επένδυση σκελετού πλοίου. **2.** πλατιά και χοντρή σανίδα που χρησιμοποιείται κυρίως ως υποστήριγμα (συνών. *δοκάρι*). [λατ. μεσν. *maderium*].

μάθημα το, ουσ. **1.** αφαίρεση ή πέσιμο τριχών, φτερών, φύλλων, κλπ.: *~ λουλουδιού / κότας / κεφαλιού* (συνών. *ξεπουπούλιασμα, απογύμνωση*). **2.** (μεταφ.) απόσπαση χρημάτων με επιτήδειο τρόπο.

μαδριτινός, -ή, -ό, επίθ., που ανήκει ή αναφέρεται στη Μαδρίτη ή τους κατοίκους της. - Το αρσ. και το θηλ. ως ουσ. (με κεφ. το αρχικό γράμμα) = κάτοικος της Μαδρίτης ή αυτός που κατάγεται από εκεί.

μαδώ, μέσ. **-ιέμαι,** ρ. Α. μτβ. **1.** (για μαλλιά ή γένια) τραβώ, ξεριζώνω: *από την απελπισία της -ούσε τα μαλλιά της*. **2.** (για πουλί) βγάζω τα πούπουλα: *-ησα ένα κοτόπουλο* (συνών. *ξεπουπουλίζω*). **3.** (για δέντρο ή λουλούδι) κάνω να πέσουν τα φύλλα ή τα πέταλά του: *ο αέρας -ησε το λουλούδι*. **4.** (μεταφ.) κατακλέβω με επιτήδειο τρόπο: *τον -ησαν στα χαρτιά*. Β. αμτβ. **1.** (για μαλλιά, πούπουλα) πέφτω: *-ησε το κεφάλι του γρήγορα*. **2.** (για δέντρο ή λουλούδι) χάνω το φύλλωμα ή τα πέταλα: *-ησαν όλα τα λουλούδια από το δυνατό αέρα*. **3.** (για ρούχα πλεκτά με τρίχωμα) χάνω το τρίχωμα: *σιγά σιγά -άει η ζακέτα σου*.

μαεστρία η, ουσ., μεγάλη δεξιοτεχνία: *χειρίστηκε την υπόθεση με διπλωματική ~* (συνών. *επιδεξιότητα*). [ιταλ. *maestria*].

μαέστρος ο, ουσ. **1.** μουσουργός ή διευθυντής ορχήστρας. **2.** (μεταφ.) δεξιοτέχνης: *~ της πολιτικής / διπλωματίας* (συνών. *βιρτουόζος*). [ιταλ. *maestro*].

μάζα η, ουσ. **1.** ύλη που μοιάζει με ζύμη: *έλιωσαν τα φρούτα και έγιναν όλα μια ~*. **2.** (φυσ.) ποσότητα ύλης που περιέχεται σε ένα σώμα: *σώμα με εκατό γραμμάρια ~*. **3.** (για ανθρώπους, συνήθως στον πληθ.) πλήθος λαού (ιδίως οι εργαζόμενες τάξεις): *λαϊκές -ες· η κυβέρνηση υπόσχεται έργα για τις -ες*. **4.** μεγάλη ποσότητα από στερεά, υγρά ή αέρια σώματα που δεν έχουν καθορισμένη μορφή: *-ες ζεστού αέρα*.

μάζεμα το, ουσ. **1.** συνάθροιση, συγκέντρωση: *~ των μαθητών στην αυλή του σχολείου* (συνών. *συνάθροιση*· αντ. *διασκορπισμός*). **2.** συγκομιδή: *~ των καρπών*. **3.** είσπραξη, συγκέντρωση: *~ χρημάτων*. **4.** συστολή, συμμάζεμα: *μάζεμα του παιδιού μπροστά στο δάσκαλο*. **5.** στένεμα: *~ του ρούχου από την πλύση*· *θέλει ~ το φόρεμα* (αντ. *φάρδεμα*). **6.** δίπλωμα: *~ των πανιών / της τέντας* (αντ. *άνοιγμα, ξεδίπλωμα*). **7.** περισυλλογή: *μάζεμα των σκουπιδιών*. **8.** περιορισμός, χαλιναγώγηση: *θέλει ~ το παιδί σου.* **9.** (στον πληθ.) πράγματα κατώτερης ποιότητας ή άνθρωποι ταπεινοί, ευτελείς: *δεν ήταν παρά -έματα από το λιμάνι, κάτι χορευταράδες ανεπρόκοποι* (Ι.Μ. Παναγιωτόπουλος).

μαζεύω, ρ., αόρ. -εψα και (λαϊκ.) έμασα. **I.** ενεργ. **Α. μτβ. 1α.** συγκεντρώνω: *θα -ψει τους μαθητές για να τους μιλήσει· -εψε τον κόσμο με τις φωνές της·* φρ. *-ει υπογραφές* (= είναι ετοιμοθάνατος)· **β.** συγκομίζω, σοδιάζω: *-ουν τις ελιές·* **γ.** κάνω συλλογή: *-ει γραμματόσημα* (συνών. συλλέγω)· **δ.** αποταμιεύω: *-ει τα λεφτά του.* **2.** περισυλλέγω: *το αυτοκίνητο -ει τα σκουπίδια.* **3.** συγκεντρώνω και τοποθετώ μαζί: *~ τα χειμωνιάτικα.* **4.** σηκώνω από κάτω, ανασύρω: *όλοι μαζί -εψαν τα χαρτιά της αυλής.* **5.** διπλώνω, συμπτύσσω: *~ τα πανιά / την τέντα* (αντ. ανοίγω, ξεδιπλώνω, απλώνω). **6.** περισυλλέγω, περιθάλπω: *τον -εψε από το δρόμο και τον έκανε άνθρωπο* (συνών. περιμαζεύω). **7.** (για ρούχο) στενεύω: *πρέπει να -έψω τα ρούχα μου, γιατί μου πέφτουν* (αντ. φαρδαίνω). **8.** περιορίζω, χαλιναγωγώ: *-εψε τα παιδιά σου / τη γλώσσα σου.* **9.** (λαϊκ.) δέχομαι σε μεγάλο βαθμό: *~ ήλιο / υποσχέσεις·* όλο το ξύλο *το -ει ο μικρός.* **Β.** αμτβ. **1.** στενεύω: *η μπλούζα -εψε στην πλύση* (συνών. μπαίνω· αντ. ξεχειλώνω). **2.** (για πληγή) σχηματίζω πύον: *-ει η πληγή.* **II.** μέσ. **1.** συγκεντρώνομαι: *κόσμος πολύς -τηκε* σ *την πλατεία του χωριού.* **2.** ζαρώνω (βλ. λ. σημασ. Α1): *απ' το φόβο του -τηκε σε μια γωνιά και δε μιλούσε.* **3.** (λαϊκ.) περιορίζω τα έξοδά μου: *-τήκαμε τελευταία, γιατί οι δουλειές δεν πάνε καλά.* **4.** περιορίζομαι, επιστρέφω: *-εται αργά στο σπίτι.* Φρ. *~ τα λουριά κάποιου,* βλ. *λουρί· μάζεψέ τα!* (= φύγε) *-εψε τη γλώσσα σου!* (= πρόσεξε πώς μιλάς) *τα ~* (= ετοιμάζομαι να φύγω): *ώρα να τα -ουμε· του έχω πολλά -εμένα* (= έχω πολλά παράπονα εναντίον του). Παροιμ. *-ε κι ας είν' και ρώγες* (= ανάγκη να συγκεντρώνει κανείς οτιδήποτε). [ομαδεύω με παρετυμ. προς τα *μάζα-μαζώνω*].

μαζί, Α. επίρρ. **1.** ο ένας και ο άλλος συνδεδεμένα: *δεν μπορούσαμε να ζήσομε ~·* (για σύνολο) *έχει πιο πολύ μυαλό απ' όλους ~·* φρ. *εμείς ~ δεν κάνουμε και χώρια δεν υποφέρουμε* (για ανθρώπους που μαλώνουν συχνά, αλλά δεν αποχωρίζονται ο ένας τον άλλο). **2.** (χρον.) και τα δύο την ίδια χρονική στιγμή: *δε σπουδάσαμε ~ στο πανεπιστήμιο.* **3α.** παράλληλα: *αυτό είναι ευχάριστο και χρήσιμο ~·* **β.** *αυτά πάνε ~* (= δεν μπορούμε να τα διαχωρίσουμε, το ένα προϋποθέτει το άλλο): *ελευθερία και ισότητα πάνε ~·* γνώσεις και εξυπνάδα *δεν πάνε πάντα ~* (αντ. ατομικά, χωριστά, μοναχικά). **Β.** (πρόθ.) (με γεν. ή αιτ., με την πρόθ. *με* και αιτ.) *μάλωσα ~ της· θα κοιμηθείς ~ με τον αδελφό σου σήμερα.* [μαζίον, υποκορ. του *μάζα*].

μαζικός, -ή, -ό, I. επίθ. (ανατομ.) μαστικός.

μαζικός, -ή, -ό, II. επίθ. **α.** για ενέργεια ή δραστηριότητα που γίνεται από πάρα πολλούς ανθρώπους ή τους αφορά άμεσα, για οργανωμένο σύνολο όπου συμμετέχουν πολλοί: *κινητοποίηση / προσέλευση -ή·* **β.** για ενέργεια που αναφέρεται σε πάρα πολλά πράγματα: *παραγωγή -ή· καταστροφές -ές.* Έκφρ. (χημ.) *~ αριθμός ενός ατόμου* (= ο αριθμός που δείχνει πόσα πρωτόνια και νετρόνια υπάρχουν στον πυρήνα του· σύμβολο *A*)· *μέσα -ής ενημέρωσης,* βλ. *ενημέρωση· σε -ή κλίμακα*

(= μαζικά): *προεκλογικές προσλήψεις σε -ή κλίμακα.*

μαζικότητα η, ουσ., το να είναι κάτι μαζικό: *~ μιας εκδήλωσης / του λαϊκού κινήματος.*

μαζούρκα η, ουσ. **1.** λαϊκός πολωνικός χορός που διαδόθηκε στη δυτική Ευρώπη, καθώς και η μουσική με την οποία χορεύεται. **2.** (κατ' επέκταση) σύντομη μουσική σύνθεση γραμμένη στο ρυθμό και τους τρόπους της μαζούρκας: *-ες του Σοπέν.* [γαλλ. *mazurka,* πολωνικής προέλευσης].

μαζούτ το, ουσ. άκλ., πηχτό και γλοιώδες καφετί υγρό που μένει κατά την απόσταξη του πετρελαίου και χρησιμοποιείται ως καύσιμη ύλη σε λέβητες και μηχανές: *διανομή ~ για κεντρικές θερμάνσεις.* [γαλλ. *mazout,* ρωσικής προέλευσης].

μαζοχισμός ο, ουσ. **1.** (ιατρ.) σεξουαλική διαστροφή κατά την οποία ένα πρόσωπο μπορεί να αισθανθεί ηδονή μόνο με ταυτόχρονο σωματικό πόνο, με βασανισμούς. **2.** (κοιν.) κατάσταση κατά την οποία αισθάνεται κάποιος ικανοποίηση όταν υποφέρει, πονά ή ταπεινώνεται (αντ. σαδισμός). [γαλλ. *masochisme*].

μαζοχιστής ο, θηλ. **-ίστρια,** ουσ., αυτός που πάσχει ή χαρακτηρίζεται από μαζοχισμό (αντ. σαδιστής). [γαλλ. *masochiste*].

μαζοχιστικός, -ή, -ό, επίθ., που αναφέρεται στο μαζοχισμό: *τάσεις -ές* (αντ. σαδιστικός).

μαζοχίστρια, βλ. *μαζοχιστής.*

μάζωμα το, ουσ. (λαϊκ.), μάζεμα.

μαζώνω, ρ. (λαϊκ.), μαζεύω.

μάζωξη η, ουσ. (λαϊκ.), μάζεμα, συγκέντρωση (προσώπων), συνάθροιση.

μαζωχτός, -ή, -ό, επίθ. (λαϊκ.), μαζεμένος.

μαζώχτρα η, ουσ. (λαϊκ.), αυτή που μαζεύει (καρπούς), συλλέκτρια.

Μάης, βλ. *Μάιος.*

μαθαίνω, ρ., αόρ. *έμαθα,* μτχ. παρκ. *-ημένος,* μτβ. και σπανιότ. αμτβ. **1α.** αποκτώ μια νέα και συνήθως μόνιμη γνώση ή επιτηδειότητα (με σπουδές, άσκηση ή από πείρα): *~ να διαβάζω / οδήγηση· το μωρό έμαθε να ξεχωρίζει τα χρώματα·* (αμτβ.) *πρέπει να -εις από τα λάθη σου· κανείς δε γεννήθηκε -ημένος* (συνών. διδάσκομαι)· **β.** κάνω κτήμα μου, αφομοιώνω ορισμένη γνώση ή διδασκαλία: *έμαθες το μάθημά σου;* (με αντικ. πράγμα) *~ βιολί· θα το μάθεις το καράβι σκαρί προς σκαρί* (Μπαστιάς). **2.** διδάσκω, κάνω κάποιον να αποκτήσει γνώση, επιδεξιότητα ή συνήθεια: *ο Α -ει (σ)τα παιδιά χορό· τον έμαθε να ψαρεύει με καμάκι·* (με υποκ. αφηρ. ουσ., πράγμα, κ.ά.) *μονάχα ο καιρός -ει τον άνθρωπο* (Μπαστιάς)· *το βιβλίο αυτό / ο στρατός μου έμαθε πολλά.* **3α.** (στο μέλλ., συνηθέστατα στο α' πρόσ. οριστ., με απειλητικό νόημα) συνετίζω: *θα σε μάθω εγώ να προσέχεις όταν σου μιλώ* (= ούτε να ...) / *να λες ψέματα* (= ώστε να μην ...)· **β.** (αμτβ.) παίρνω «μάθημα», σωφρονίζομαι: *τον έδειρα για να μάθει* (ενν. ώστε να μην κάνει τα ίδια). **4.** συνηθίζω: *έμαθα να ξυπνώ νωρίς· τον έχουν μάθει πια και δε λογαριάζουν τις φωνές του·* στο *στρατό έμαθα το τσιγάρο·* (αμτβ.) *θα σ' τα πω όπως έμαθα· στο χωριό μου·* (συχνά στον τ. του παρκ. *είμαι -ημένος*) *δεν ήταν -ημένος να τρώει πρωινό / στους καβγάδες* (με τη μτχ. ως επίθ.) *Από την άπειρην ερμιά τα μάτια -ημένα* (Σολωμός)· παροιμ. *-ημένα τα βουνά απ' τα χιόνια* (έκφραση υπομονής σε περίπτωση ατυχίας, αδικίας, κ.τ.ό., όταν το ίδιο έχει συμβεί πολλές φορές στο παρελθόν). **5α.** αντιλαμβάνομαι κάτι, γίνομαι γνώστης κάποιου θέματος, πληροφορούμαι: *έμαθαν το αδύνατο σημείο μας / ότι θα γίνουν αυξήσεις· μάθε τι ώρα φεύγει το τρένο·* (αμτβ.) *έμαθες για τον Α;* **β.** ανακαλύπτω την ταυτότητα προσώπου: *θέλεις να μάθει ποιος τον κατέδωσε; αν σε μάθουν, κάηκες* (= αν ανακαλυφθείς) (πβ. ξέρω). [αρχ. μανθάνω].

μαθέ και **μαθές**, επίρρ. (ιδιωμ.). **1.** βεβαίως, αληθινά: *ήθελα ~ να ξαποστάσω λίγο· είναι -ές καλύτερος γιατρός απ' τον Α;* **2.** τάχα: *θέλει ~ να συμπεθεριάσετε.* [μτχ. *μαθών* ή προστ. *μάθε*].

μαθεύομαι, ρ. (για είδηση, πληροφορία, κ.τ.ό.) γίνομαι γνωστός: *γρήγορα -τηκαν οι αρραβώνες τους· όλα -ονται* (στον αόρ. απρος.) *-τηκε πως είχε πλουτίσει πολύ* (= ακούστηκε). [μαθαίνω, αναλογικά με ρ. σε *-εύω*].

μάθημα το, ουσ. **1.** οτιδήποτε έμαθε ή μαθαίνει κανείς· ιδίως ό,τι διδάσκεται σε σχολείο, σχολή, κ.τ.ό.: *~ χρήσιμο / υγιεινής.* **2.** (συχνά στον πληθ.) **α.** διδασκαλία, παράδοση: *έναρξη των σχολικών -άτων -ατα εγκύκλια / φροντιστηριακά· ~ εναρκτήριο·* φρ. *κάνω / παραδίδω ~ ή -ατα* (= διδάσκω)· *κάνω ~, παίρνω -ατα* (= διδάσκομαι)· **β.** τμήμα από την ύλη ορισμένου κλάδου γνώσεων (ή μιας υποδιαίρεσής του) που το διδάσκεται κανείς συνήθως μέσα σε μια χρονική περίοδο, σύντομη (διδακτική ώρα) ή μεγαλύτερη (διδακτικό έτος): *απλά -ατα πολιτικής οικονομίας· ξέρω / λέω το ~. ~ εξαμηνιαίο / υποχρεωτικό·* (σχολικός βίος) *κόβομαι σε / χρωστώ ένα ~.* **γ.** (συνεκδοχικά) για τμήμα διδακτικού βιβλίου: *διάβασες το -ά σου; το ~ 4 περιλαμβάνει και ασκήσεις* (= κεφάλαιο)· **δ.** (συνεκδοχικά) σύντομο χρονικό διάστημα, ειδικά στη διάρκεια μιας σχολικής ημέρας, όπου διδάσκεται κανείς για ορισμένο θέμα ή μαθαίνει να κάνει κάτι: *ήρθε στη μέση του -ατος· τα -ατα τελειώνουν στις 14.30.* **3.** εμπειρία, συνήθως δυσάρεστη, που αποτελεί προειδοποίηση για κάποιον ή παράδειγμα απ' όπου πρέπει να διδαχτεί για το μέλλον: *που χρειάζεται ένα καλό ~·* φρ. *δίνω ~ σε κάποιον* (= τον τιμωρώ ή τον επιπλήττω για κάτι που έκανε, με σκοπό να μην το επαναλάβει)· *πήρα / μου έγινε ~* (= τιμωρήθηκα, συνετίστηκα, παραδειγματίστηκα)· *τα παθήματα (γίνονται) -ατα ή το πάθημα ~* (= η πείρα από τα παθήματα ή τα ατυχήματα που προηγήθηκαν καθοδηγεί τον άνθρωπο ώστε ν' αποφύγει παρόμοια στο μέλλον). - Υποκορ. **-ατάκι** το.

μαθηματάριο το, ουσ. (ασυνίζ.). **1.** (φιλολ.) βιβλίο που περιλαμβάνει διδακτικά κείμενα. **2.** (λειτουργ.) βιβλίο που περιέχει εκκλησιαστικά μέλη.

μαθηματικά τα, ουσ., το σύνολο των επιστημών που μελετούν την ποσότητα και τη σειρά σε ό,τι αφορά κυρίως τους αριθμούς και τα μεγέθη που μπορούν να μετρηθούν (ειδικά το χώρο και την κίνηση), καθώς και τις ποικίλες σχέσεις μεταξύ τους και μέσα στο χώρο και το χρόνο: *~ εφαρμοσμένα.*

μαθηματική η, ουσ., η επιστήμη των μαθηματικών.

μαθηματικός ο και η, θηλ. λαϊκ. **-ινα**, ουσ. **α.** πρόσωπο που ασχολείται με τις επιστήμες των μαθηματικών: *~ αρχαίος / διάσημος·* **β.** (ειδικά) καθηγητής μαθηματικών στη μέση εκπαίδευση.

μαθηματικός, -ή, -ό, επίθ. **1.** που σχετίζεται με τις επιστήμες των μαθηματικών: *ανάλυση -ή· αξιώματα -ά.* **2.** (μεταφ.) που παρουσιάζει χαρακτηριστικά της μαθηματικής σκέψης: *ακρίβεια -ή* (= πολύ μεγάλη). - Επίρρ. **-ώς**.

μάθηση η, ουσ. **1.** το να μαθαίνει κανείς, η απόκτηση γνώσεων: *δίψα για ~* (πβ. *μόρφωση*). **2.** (ψυχ.) η πρόσκτηση μιας νέας μόνιμης συμπεριφοράς του οργανισμού που οφείλεται στις αμοιβαίες επιδράσεις του με το περιβάλλον.

μαθησιακός, -ή, -ό, επίθ. (ασυνίζ.), που σχετίζεται με τη μάθηση: *περίοδος -ή· ανάγκες -ές.*

μαθητάκος, βλ. *μαθητής.*

μαθητεία η, ουσ. **1.** διδασκαλία, εκπαίδευση: *σχολή -ας.* **2.** το χρονικό διάστημα που σπουδάζει κανείς.

μαθητευόμενος, -η, -ο, επίθ. (λόγ.), που μαθαίνει τέχνη ή επάγγελμα με την καθοδήγηση ενός έμπειρου γνώστη της τέχνης, τον οποίο ταυτόχρονα βοηθά: *ξυλουργός ~.* Εκφρ. *~ μάγος* (= ημιμαθής και αδέξιος πειραματιστής). - Το αρσ. και το θηλ. ως ουσ. = άτομο που εκπαιδεύεται σε τέχνη ή επάγγελμα: *οι -οι έμειναν μέσα στα εργαστήρια* (κοιν. *παραγιός, τσιράκι*).

μαθητεύω, ρ., είμαι μαθητής, σπουδάζω: *ο Α -ευσε στη σχολή του ζωγράφου Β.*

μαθητής ο, θηλ. **-τρια**, ουσ. **1α.** αυτός που μαθαίνει κάτι, ιδίως τέχνη ή επάγγελμα, από κάποιον άλλον, που διδάσκεται κάτι: *Σαράντε πέντε μάστοροι κι εξήντα -άδες* (δημ. τραγ.) (συνών. *μαθητευόμενος·* αντ. *δάσκαλος*)· **β.** (ειδικά) πρόσωπο που φοιτά σε σχολείο της στοιχειώδους και της μέσης εκπαίδευσης ή σε σχολή, κ.τ.ό.: *-ές του δημοτικού / της Σχολής Ικάρων.* **2.** αυτός που διδάσκεται και ακολουθεί τις θεωρίες αρχηγού ή διδασκάλου ή την τεχνοτροπία μεγάλου καλλιτέχνη, συγγραφέα, κ.τ.ό.: *~ του Σωκράτη / του Ραφαήλ·* οι *-ές του Χριστού* (αντ. *δάσκαλος*) παροιμ. *δώδεκα -ές καθένας με τον πόνο του* (= κάθε άνθρωπος έχει τις δικές του στενοχώριες). - Υποκορ. στη σημασ. 1β (κατά περίπτωση) **-άκος** ο, **-τριούλα** η, **-ούδι** το.

μαθητικός, -ή, -ό, επίθ., που ανήκει ή αναφέρεται στο μαθητή ή τους μαθητές: *σάκα -ή· κοινότητα -ή· γνωστοί από τα -ά χρόνια / θρανία* (πβ. *σχολικός*).

μαθητολόγιο το, ουσ. (ασυνίζ.), επίσημο κατάστιχο σε δημόσιο ή ιδιωτικό σχολείο όπου γράφονται τα στοιχεία των μαθητών κάθε χρονιάς.

μαθητούδι, βλ. *μαθητής.*

μαθήτρια και **μαθητριούλα**, βλ. *μαθητής.*

μαθός (λαϊκ.), μόνο στη φρ. *ο παθός ~* (= όποιος έπαθε κάτι ξέρει και φυλάγεται να μην το ξαναπάθει). [μτχ. *μαθών* του αρχ. *μανθάνω*].

μαθουσάλας ο, ουσ., για άντρα πολύ μεγάλο στην ηλικία. [βιβλικό όν. *Μαθουσάλας*].

μαία η, ουσ. (λόγ.), μαμμή (ιδίως απόφοιτος ειδικής σχολής εφοδιασμένη με επιστημονικές γνώσεις και εργαζόμενη σε νοσοκομείο ή κλινική ως βοηθός μαιευτήρα-γυναικολόγου).

μαιανδρικός, -ή, -ό, επίθ., που έχει το σχήμα μαιάνδρου.

μαιανδροειδής, -ής, -ές, επίθ., γεν. *-ούς*, πληθ. αρσ. και θηλ. *-είς*, ουδ. *-ή* (λόγ.), που έχει σχήμα μαιάνδρου: *κόσμημα -ές.*

μαίανδρος, ουσ. (αρχιτ.) γεωμετρικό κόσμημα από ορθές γωνίες που συνθέτονται και προχωρούν ελικοειδώς: *αρχαιοελληνικός ~·* (μεταφ.) *οι -οι της σκέψης του / της πολιτικής.*

μαιευτήρας ο, ουσ., γιατρός (γυναικολόγος) ειδικός για εγκυμοσύνες, τοκετούς και λοχείες.

μαιευτήριο το, ουσ. (ασυνίζ.), νοσηλευτικό ίδρυμα για επίτοκες και λεχώνες, μαιευτική κλινική: ~ δημοτικό / ιδιωτικό.

μαιευτική η, ουσ. **1.** κλάδος της ιατρικής που ασχολείται με την εγκυμοσύνη, τον τοκετό και τη λοχεία των γυναικών. **2.** (φιλοσ.) η διδακτική μέθοδος με την οποία ο Σωκράτης κατάφερνε, κάνοντας τις κατάλληλες ερωτήσεις, να «γεννηθούν» στο πνεύμα των άλλων ορθές σκέψεις και απαντήσεις που έκρυβαν ασυναίσθητα μέσα τους (πβ. *διαλεκτική*).

μαιευτικός, -ή, -ό, επίθ., που αναφέρεται ή χρησιμοποιείται στον τοκετό: *κλινική -ή· εργαλεία -ά*.

μαικήνας ο, ουσ., για πλούσιο και γενναιόδωρο άνθρωπο που βοηθά τους συγγραφείς και τους καλλιτέχνες. [λατ. *Maecenas*, όν. αξιωματούχου του Αυγούστου].

μαϊμού η, ουσ. **1.** πίθηκος (συνήθως για είδη μικρόσωμα σε αντιδιαστολή λ.χ. με το γορίλα): ~ *γυμνασμένη·* (για άνθρωπο) *σκαρφαλώνει σα ~* (= πολύ ευκίνητα)· (ειρων. για όψη) *σαν της -ούς τον κώλο* (= πολύ κόκκινη). **2α.** (σκωπτ.) για άνθρωπο άσχημο ή πονηρό· **β.** χαϊδευτικά για κορίτσι ή γυναίκα. **3.** (νεολογ.) για εμπορικό προϊόν με παραποιημένα ή πλαστά στοιχεία ταυτότητας ή προέλευσης ώστε να μοιάζει με άλλο καλής ποιότητας και να πουλιέται ακριβότερα από την πραγματική του αξία: *Ι.Χ. ~* (λ.χ. με αλλαγμένο αριθμό κυκλοφορίας ή μηχανής)· *παντελόνια -ούδες* (με ετικέτες από ξένα εργοστάσια). - Υποκορ. στις σημασ. 1 και 2β **-δάκι** το και **-δίτσα** η. [αραβοτουρκ. *maymun*, πιθ. αντδ. από αρχ. *μιμώ*].

μαϊμουδίζω, ρ, μιμούμαι με τρόπο ανόητο και γελοίο: *-ει το φέρσιμο της κυράς της* (συνών. *πιθηκίζω*).

μαϊμουδίσιος, -ια, -ιο, επίθ. (συνιζ.), μαϊμουδίστικος.

μαϊμουδισμός ο, ουσ., το να μαϊμουδίζει κανείς, ανόητη και γελοία μίμηση.

μαϊμουδίστικος, -η, -ο, επίθ. (λαϊκ.), που ανήκει ή αναφέρεται στη μαϊμού, που μοιάζει σε κάτι με τις μαϊμούδες: *μάτια / καμώματα -α*.

μαϊμουδίτσα, βλ. *μαϊμού*.

μάινα, (ναυτ.) πρόσταγμα για να χαλαρωθούν τα σκοινιά, να υποσταλούν τα πανιά ιστιοφόρου: *ακούω τη φωνή του καπετάνιου: «~ τα πανιά!»* (Καρκαβίτσας). [βενετ. *maina*].

μαινάδα η, ουσ. **1.** (μυθολ., στον πληθ.) όνομα των γυναικών που συνόδευαν το Διόνυσο και συμμετείχαν στην οργιαστική λατρεία του. **2.** (προσηγορ.) για πολύ αγριεμένη, μανιασμένη γυναίκα.

μαϊνάρισμα το, ουσ. (ναυτ.) χαλάρωση των σκοινιών, κατέβασμα των πανιών.

μαϊνάρω, ρ. (ναυτ.) **1.** αφήνω ελεύθερο το σκοινί, κατεβάζω το πανί: *παλεύαμε να -ουμε τα πανιά* (Κόντογλου). **2.** (για τον άνεμο, την κακοκαιρία, κ.τ.ό.) ησυχάζω, κοπάζω, γαληνεύω: *ο βοριάς είχε -ει· ο καιρός -ισε*. [βενετ. *mainar*].

μαίνομαι, ρ. (λόγ.), (μόνο στον ενεστ. και τον παρατ.) **1.** είμαι υπερβολικά οργισμένος, «έξω φρενών»: *οι διευθυντές -ονται εναντίον του*. **2.** (μεταφ.) για φωτιά, στοιχείο της φύσης, κ.ά.) εκδηλώνομαι με ασυγκράτητη καταστρεπτική ορμή: *-εται η πυρκαγιά / η θύελλα*.

μαϊντανός, μαντανός και **μαϊδανός** ο, ουσ. (όχι έρρ.). **1.** (φυτολ.) διετές σκιαδοφόρο φυτό με λεπτό άρωμα και λεπτή γεύση, που χρησιμοποιείται ως άρωμα σε φαγητά και σαλάτες. **2.** (σκωπτ.) για πρόσωπο άσχετο που βρίσκεται αναμιγμένο σε ξένες υποθέσεις ή τοποθετείται κάπου μάλλον αντικανονικά: *τον έβαλαν κι αυτόν στο συμβούλιο για -ό*. [τουρκ. *maydanoz*, αντδ. <αραβ. *makdunis*<μεσν. *μακεδονήσιον*].

Μάιος και **Μάης** ο, ουσ., γεν. (ποιητ.) *Μαγιού*, ο πέμπτος μήνας του χρόνου, η καρδιά της άνοιξης: *τα λουλούδια / οι δροσιές του -η·* φρ. *-η μου καλέ μου μήνα, να 'σουν δυο φορές το χρόνο*.

μαΐστρα η, ουσ. (ναυτ.) το μεγαλύτερο και κύριο ιστίο του μεγάλου καταρτιού ιστιοφόρων: *στον ωκεανό όπου το κύμα κουκουλώνει τη ~* (Μπαστιάς)· *κόψανε τα σκοινιά και τις σκότες της -ας* (Κόντογλου). [βενετ. *maistra*].

μαϊστράλι το, ουσ., ελαφρός μαΐστρος: *αρμενίζαμε όλη τη νύχτα με ήσυχο ~*. [βενετ. *maistràl*].

μαΐστρος ο, ουσ. **α.** βορειοδυτικός άνεμος: ~ *δροσερός·* **β.** βορειοδυτικό σημείο του ορίζοντα: *αραδιασμένα τα νησιά από το -ο στο σορόκο-λεβάντε* (Κόντογλου). [βενετ. *maistro*].

μαϊστροτραμουντάνα η, ουσ. (έρρ.), άνεμος ανάμεσα στο βοριά και το μαΐστρο.

μακάβριος, -α, -ο, επίθ. (ασυνίζ.), που εμπνέει τη φρίκη του θανάτου: *θέαμα -ο· συζήτηση -α* (συνών. *φρικιαστικός, νεκρικός*). [γαλλ. *macabre*].

μακαντάσης ο, ουσ. (όχι έρρ., λαϊκ.), εγκάρδιος φίλος. [τουρκ. *mankadaş*].

μακαράς, ο, ουσ. **1.** τροχαλία: ~ *με γάντζο*. **2.** κουβαρίστρα, καρούλι: ~ *άσπρος*. [τουρκ. *makara*].

μακαρθισμός, ο, ουσ. (ιστ.) καταπολέμηση κάθε υποτιθέμενης αντιαμερικανικής δραστηριότητας με αστυνομικά μέσα, καθώς και η ψύχωση κατά των απεργιών στις Η.Π.Α. στα χρόνια 1950-54· (γενικά) τάση για περιορισμό των ελευθεριών και των πολιτικών δικαιωμάτων με το πρόσχημα του αντικομουνισμού. [κύρ. όν. *Mac Carthy*].

μακάρι, επιφ. **1.** είθε: ~ *να 'ρθει σήμερα!* (συνών. *άμποτε*). **2.** (ως σύνδ.) *μακάρι να...* = έστω και αν, ακόμα και αν: *δεν το 'παιρνα, ~ να μου το χαρίζανε*. [*μακάριος*].

μακαριά η, ουσ. (συνιζ.). **1.** ψωμί που μοιράζεται μετά την κηδεία ή το μνημόσυνο (συνών. *ψυχόπιτα*). **2.** γεύμα ή δείπνο που προσφέρεται στο σπίτι του νεκρού μετά την κηδεία ή το μνημόσυνο.

μακαρίζω, ρ., θεωρώ κάποιον ευτυχισμένο: *σε ~ για τα καλά παιδιά που έκανες* (συνών. *καλοτυχίζω·* αντ. *κακοτυχίζω*).

μακάριοι οι πτωχοί τω πνεύματι αρχαϊστ. έκφρ. = όσοι δε καταλαβαίνουν πολύ ή δεν καταλαβαίνουν πολλά πράγματα είναι ευτυχισμένοι.

μακάριος, -α, -ο, επίθ. (ασυνίζ.). **1.** (λόγ.) ευτυχισμένος (συνών. *ευτυχής*). **2.** (συνεκδοχικά) ικανοποιημένος, ήρεμος, γαλήνιος. **3.** (ειρων.) νωθρός πνευματικά, ασυγκίνητος. - Το αρσ. στον υπερθ. βαθμό ως ουσ. = τιμητικός τίτλος πατριαρχών και αρχιεπισκόπων. - Επίρρ. **-ίως**.

μακαριότητα η, ουσ. (ασυνίζ.). **1.** έλλειψη πνευματικής ανησυχίας ή ηθικού προβληματισμού, ασυγκινησία. **2.** (εκκλ.) προσφώνηση που συνοδεύει τιμητικώς πατριάρχη ή αρχιεπίσκοπο: *η ~ σας*.

μακαρισμός ο, ουσ. **1.** καλοτύχισμα. **2.** (στον πληθ., εκκλ.) οι εννέα σύντομοι λόγοι με τους οποίους αρχίζει η «επί του όρους ομιλία» του Χριστού.

μακαρίτης ο, θηλ. **-ίσσα,** ουσ., αυτός που απαλλάχτηκε από τα δεινά της ζωής και έγινε μακάριος: *δεν άφησε περιουσία ο ~* (συνών. *συχωρεμένος, αείμνηστος*).
μακαρίτικος, -η, -ο, επίθ. (ειρων. για πράγματα) που δεν υπάρχει πια: *πού το θυμήθηκες το -ο το αυτοκίνητο;*
μακαρίτισσα, βλ. *μακαρίτης*.
μακαρίως, βλ. *μακάριος*.
μακαρονάδα η, ουσ., είδος φαγητού με μακαρόνια βραστά περιχυμένα με βούτυρο (και σάλτσα).
μακαρονάς ο, ουσ. 1. αυτός που του αρέσει να τρώει μακαρόνια. 2. ειρων. για τους Ιταλούς.
μακαρόνι το, ουσ. 1. είδος ζυμαρικού που έχει σχήμα λεπτού σωλήνα: *-ια κοφτά / τρυπητά*. 2. (για λέξεις ή φράσεις μεγάλες και δυσνόητες): *πώς το 'πε αυτό το ~;* [πιθ. βενετ. *macaroni*].
μακαρονικός, -ή, -ό, επίθ. (για κείμενο) που περιέχει λέξεις και φράσεις πολύ λόγιες, ιδιωματικές, ξένες, κλπ., ή λέξεις με αρχαϊστικές καταλήξεις. [*macaronique*].
μακαρονισμός ο, ουσ., χρήση στο λόγο εξεζητημένων ή αδόκιμων αρχαϊσμών.
μακαρονοποιία η, ουσ., η τέχνη και η βιομηχανία της παρασκευής μακαρονιών και άλλων ζυμαρικών.
μακαρονοποιός ο, ουσ. (ασυνίζ.), τεχνίτης ή βιομήχανος που παρασκευάζει μακαρόνια.
Μακεδόνας και **Μακεδονίτης** ο, θηλ. **-όνισσα** και **-ίτισσα,** ουσ., αυτός που κατάγεται από τη Μακεδονία ή κατοικεί σ' αυτήν.
μακεδονήσι το, ουσ., είδος αρωματικού φυτού, μαϊντανός. [επίθ. **μακεδονήσιος*].
μακεδονικός, -ή, -ό, επίθ., που ανήκει ή αναφέρεται στη Μακεδονία ή τους Μακεδόνες: *αγώνας ~* (= ιστ., ένοπλος αγώνας των Ελλήνων (1904-1908) που απέβλεπε στην απελευθέρωση της Μακεδονίας από τους Τούρκους και τους Βουλγάρους).
Μακεδόνισσα, βλ. *Μακεδόνας*.
Μακεδονίτης, βλ. *Μακεδόνας*.
μακεδονίτικος, -η, -ο, επίθ., μακεδονικός: *φορεσιά -η.*
Μακεδονίτισσα, βλ. *Μακεδόνας*.
μακεδονομάχος ο, ουσ., αυτός που πήρε μέρος στο μακεδονικό αγώνα των αρχών του 20. αι.για την απελευθέρωση της Μακεδονίας.
μακελάρης ο, θηλ. **-ισσα,** ουσ. 1. σφαγέας ζώων (συνών. *χασάπης*). 2. (μεταφ.) άνθρωπος αιμοχαρής. [λατ. *macellarius*].
μακελειό το, ουσ. (ασυνίζ.). 1. τόπος όπου σφάζονται τα ζώα (συνών. *σφαγείο*). 2. (μεταφ.) μεγάλη σφαγή ανθρώπων: *όταν μπήκαν οι Τούρκοι στην Πόλη έγινε ~.* [ουσ. *μάκελλον*].
μακέλεμα το, ουσ., μακελειό (βλ. λ. σημασ. 2).
μακελεύω, ρ. 1. σφάζω, σκοτώνω. 2. (μεταφ.) δέρνω άγρια, κακοποιώ.
μακέτα η, ουσ., προσχέδιο οικοδομήματος, μηχανήματος ή έργου τέχνης σε μικρογραφία. [ιταλ. *macchietta*].
μακετίστας ο, ουσ., κατασκευαστής μακέτας.
μακιαβελικός, -ή, -ό, επίθ. (συνιζ.), που συνδέεται με το μακιαβελισμό: *πολιτική -ή.*
μακιαβελισμός ο, ουσ. (συνιζ.), άσκηση της πολιτικής χωρίς ηθικούς δισταγμούς. [κύρ. όν. *Niccolò Machiavelli*].
μακιγιάζ το, ουσ. άκλ. (συνιζ.). 1. η ενέργεια και το αποτέλεσμα του μακιγιάρω (συνών. *βάψιμο*). 2. (συνεκδοχικά) υλικά που χρησιμοποιούνται για μακιγιάρισμα. [γαλλ. *maquillage*].
μακιγιάρισμα το, ουσ. (συνιζ.), η ενέργεια και το αποτέλεσμα του μακιγιάρω (συνών. *βάψιμο* στη σημασ. 3).
μακιγιάρω, ρ., αόρ. *-ισα,* παθ. αόρ. *-ίστηκα,* μτχ. παρκ. *-ισμένος* (συνιζ.), (ενεργ. και μέσ.) περιποιούμαι το πρόσωπο (μου) χρησιμοποιώντας κατάλληλα υλικά: *οι ηθοποιοί -ονται πριν από τις παραστάσεις:* (συνών. *βάφω* στη σημασ. 3). [γαλλ. *maquiller*].
μακραίνω, ρ., αόρ. *μάκρυνα,* Α. μτβ. 1. κάνω κάτι μακρύ ή μακρύτερο: *~ φόρεμα / σκοινί* (συνών. *επιμηκύνω·* αντ. *κονταίνω*). 2. δίνω έκταση ή διάρκεια σε κάτι: *-εις τη συζήτηση και καθυστερούμε* (συνών. *παρατείνω·* αντ. *συντομεύω*). Β. αμτβ. 1. γίνομαι μακρύς: *μάκρυναν τα μαλλιά μου* (συνών. *επιμηκύνομαι*). 2. τραβώ σε μάκρος, παρατείνομαι: *η υπόθεση -ει πολύ* (συνών. *χρονίζω*). 3. απομακρύνομαι: *-αμε πολύ από την ξηρά* (συνών. *ξεμακραίνω·* αντ. *πλησιάζω, ζυγώνω*).
μάκρεμα το, ουσ. 1. το να κάνει κανείς κάτι πιο μακρύ απ' ό,τι είναι, επιμήκυνση: *~ των μαλλιών / του φορέματος* (αντ. *κόντεμα*). 2. παράταση: *~ συζήτησης* (αντ. *συντόμευση*). 3. απομάκρυνση (αντ. *πλησίασμα, προσέγγιση*).
μακρηγορία η, ουσ., μακρύς, διεξοδικός λόγος· μακρολογία (αντ. *βραχυλογία*).
μακρηγορώ, ρ., μιλώ διεξοδικά· μακρολογώ: *πάνω σ' αυτό το θέμα -ησαν όλοι οι ομιλητές* (συνών. *πολυλογώ·* αντ. *βραχυλογώ, λακωνίζω*).
μακριά, επίρρ. (ασυνίζ.). 1. (τοπ.) (πολλές φορές με την πρόθ. *από*) σε μεγάλη απόσταση από κάπου, κάποιον ή κάτι: *κάθεται ~· το σπίτι της είναι ~ από τη δουλειά της· ήρθε από ~* (αντ. *κοντά, σιμά*). 2. (μεταφ.) (για να δηλωθεί απόσταση από μια κατάσταση): *~ από τέτοιες σκέψεις· βρίσκεσαι ~ από την αλήθεια*. 3. (χρον.): *είναι ~ ακόμη το καλοκαίρι* ·έκφρ. *~ από μας* (= Θεός φυλάξοι, ευχή για αποτροπή κακού, αρρώστιας, κλπ.)· φρ. *είμαστε ~* (= δε συμφωνούμε).
μακρινάρι το, ουσ., καθετί που έχει μήκος δυσανάλογο σε σχέση με το πλάτος: *επισκεφτήκαμε το κτήμα του, ένα ~ χωρίς δέντρα και νερό*.
μακρινός, -ή, -ό, επίθ. 1. που απέχει πολύ τοπικά ή χρονικά: *τόπος ~· παρελθόν -ό· όνειρο -ό* (= επιδίωξη απραγματοποίητη) (συνών. *απομακρυσμένος·* αντ. *κοντινός*). 2. που διαρκεί πολύ: *ταξίδι -ό* (αντ. *σύντομος*). 3. (για συγγένεια) που δεν είναι «στενός»: *συγγενείς -οί* (αντ. *κοντινός*).
μακρόβιος, -α, -ο, επίθ. (ασυνίζ.), που ζει πολλά χρόνια: *φυτά -α* (συνών. *αιωνόβιος*).
μακροβιότητα η, ουσ. (ασυνίζ.), μακροζωία.
μακροβιοτική η, ουσ. (ασυνίζ.), κλάδος της βιολογίας που ασχολείται με τη μακροβιότητα διάφορων οργανισμών και τις συνθήκες εξασφάλισής της.
μακροβούτι το, ουσ., το να κολυμπά κανείς επί αρκετά λεπτά κάτω από την επιφάνεια του νερού· (μεταφ.) *το δολάριο έκανε ~ και έφτασε πολύ χαμηλά*.
μακροζωία η, ουσ., το να ζει κανείς πολλά χρόνια (συνών. *μακροβιότητα, μακροημέρευση*).
μακροημέρευση η, ουσ., μακροζωία (συνών. *μακροβιότητα*).
μακροημερεύω, ρ., είμαι μακρόβιος, ζω πολλά χρόνια.

μακροθυμία η, ουσ., ανεκτικότητα στο σφάλμα κάποιου· επιείκια, μεγαλοψυχία.
μακρόθυμος, -η, -ο, επίθ., που δείχνει ανοχή, ανεξικακία στο σφάλμα κάποιου· επιεικής, μεγαλόψυχος.
μακροκάνης, -α, -ικο, επίθ., που έχει μακριά πόδια (συνών. *μακροπόδαρος*).
μακροκατάληκτος, -η, -ο, επίθ. (αρχ. γραμμ., για λέξη) που έχει τη λήγουσα μακρά, που καταλήγει σε μακρά συλλαβή (αντ. *βραχυκατάληκτος*).
μακροκεφαλία η, ουσ., η υπερβολική επιμήκυνση του κρανίου ή η παθολογική αύξηση όλων των οστών του.
μακροκέφαλος, -η, -ο, επίθ. 1. που έχει μακρύ κεφάλι (συνών. *μακρομούρης*). 2. που πάσχει από μακροκεφαλία.
μακρόκοσμος ο, ουσ., το σύμπαν, ο κόσμος σε αντίθεση με τον άνθρωπο, που θεωρείται η μικρογραφία του (αντ. *μικρόκοσμος*).
μακρολαίμης, -α, -ικο, επίθ., που έχει μακρύ λαιμό (αντ. *κοντολαίμης*).
μακρόλαιμος, -η, -ο, επίθ., μακρολαίμης.
μακρολογία η, ουσ., διεξοδική, εκτεταμένη ομιλία (συνών. *μακρηγορία*).
μακρολόγος, -α, -ο, επίθ., που μιλεί για κάτι διεξοδικά.
μακρολογώ, ρ., μιλώ για κάτι διεξοδικά, μακρηγορώ.
μακρομάλλης και **μακρυμάλλης, -α** και **-ούσα, -ικο**, επίθ., που έχει μακριά μαλλιά.
μακρομάνικος, -η, -ο και **μακρυμάνικος**, επίθ. 1. (για ρούχο) που έχει μακριά μανίκια: *πουκάμισο / φόρεμα -ο* (αντ. *κοντομάνικος*). 2. (για εργαλείο που κόβει) που έχει μακριά λαβή: *μαχαίρι -ο*.
μακρομούρης, -α, -ικο, επίθ., που έχει μακρύ, επίμηκες πρόσωπο (συνών. *μακροπρόσωπος*).
μακρομούτσουνος, -η, -ο, επίθ., μακρομούρης.
μακρομύτης, -α, -ικο, επίθ., που έχει μακριά ή μεγάλη μύτη.
μακροοικονομία η, ουσ., κλάδος της οικονομίας που μελετά σφαιρικά τα οικονομικά φαινόμενα και τα προβλήματα ομάδων, συνόλων και αγνοεί τη συμπεριφορά του ατόμου ως μέλους του συνόλου απέναντι στις διακυμάνσεις των οικονομικών μεταβλητών (αντ. *μικροοικονομία*).
μακροπερίοδος, -η, -ο, επίθ. (για γραπτό ή προφορικό λόγο) που αποτελείται από μακρές περιόδους.
μακρόπνοος, -η, -ο, επίθ., που απαιτεί μεγάλο χρονικό διάστημα: *έργο -ο*.
μακροπόδης, θηλ. -α και **μακροπόδαρος**, θηλ. -η, επίθ., που έχει μακριά πόδια (συνών. *μακροκάνης*).
μακροποδία η, ουσ., η παθολογική υπερβολική ανάπτυξη του κάτω μέρους του ποδιού.
μακροπρόθεσμος, -η, -ο, επίθ. 1. που έχει μεγάλη προθεσμία, που λήγει σε μεγάλο χρονικό διάστημα: *δάνειο -ο*. 2. που αναφέρεται στο απώτερο μέλλον: *πρόβλεψη -η*. - Επίρρ. **-α**: *-α θα έχουμε μεγάλο όφελος από το γεγονός*.
μακροπρωπία η, ουσ., η υπερβολική ανάπτυξη του προσώπου.
μακροπρόσωπος, -η, -ο, επίθ., που έχει μακρύ πρόσωπο ή πάσχει από μακροπροσωπία.
μάκρος το, γεν. *-ου(ς)*, ουσ. 1. μήκος (βλ. λ.): *το χαλί έχει ~ τρία μέτρα*· εκφρ. *του -ους* (= κατά μήκος): *δίπλωσε το σεντόνι του -ους*. 2. απόσταση: *φτάνουμε σε τρεις χιλιάδες μίλια ~*. 3. μάκρεμα: *το φόρεμα χρειάζεται λίγο ~ ακόμη*. 4. (για ύφασμα ή άλλο υλικό) κομμάτι με καθορισμένες διαστάσεις που συνήθως χρησιμοποιείται για συγκεκριμένο σκοπό: *για τη φούστα χρειάζομαι δύο -η ύφασμα*. Φρ. *κάτι τραβά σε ~* (= παρατείνεται η διάρκειά του).
μακρός, -ά, -ό, επίθ. 1. που έχει μεγάλο μήκος, μακρύς (αντ. *κοντός*). 2. εκτεταμένος, διεξοδικός: *συνομιλία -ά* (αντ. *σύντομος*). 3. (γραμμ.) *φωνήεντα -ά* = τα φωνήεντα η, ω και τα δίχρονα που στην αρχαία ελληνική γλώσσα η διάρκεια προφοράς τους ήταν μεγαλύτερη από των άλλων φωνηέντων· *συλλαβή -ά* = που έχει μακρό φωνήεν (συνών. *μακρόχρονη*). 4. (φυσ.) *κύματα ραδιοηλεκτρικά (ερτζιανά) -ά* = τα κύματα που περιλαμβάνονται μεταξύ 1000 και 2000 μέτρων.
μακροσκελής, -ής, -ές, γεν. *-ούς*, πληθ. αρσ. και θηλ. *-είς*, ουδ. *-ή*, επίθ., εκτεταμένος, διεξοδικός: *σύγγραμμα -ές· ομιλία ~*.
μακροσκοπία η, ουσ., εξέταση των αντικειμένων με γυμνό μάτι και όχι με το μικροσκόπιο (αντ. *μικροσκοπία*).
μακροσκοπικός, -ή, -ό, επίθ., που αναφέρεται στη μακροσκοπία· που γίνεται με γυμνό μάτι: *εξέταση -ή* (αντ. *μικροσκοπικός*).
μακρόστενος, -η, -ο, επίθ., που είναι μακρύς και στενός: *σανίδα -η* (συνών. *στενόμακρος*).
μακρόσυρτος, -η, -ο, επίθ., μακρύς, παρατεταμένος: *αμανές ~· -α τραγούδια ανατολίτικα* (Παλαμάς)· *-α σύνθετα της νέας ελληνικής*.
μακρότητα η, ουσ. 1. το να έχει κάτι μεγάλο μήκος ή μεγάλη χρονική διάρκεια. 2. (γραμμ.) το να είναι ένα φωνήεν ή μία συλλαβή μακρόχρονα.
μακρουλός, -ή, -ό, επίθ., αρκετά μακρύς, που το μήκος του είναι μεγαλύτερο από το πλάτος του: *πρόσωπο / καρπούζι -ό*.
μακροχειρία η, ουσ., υπερβολική ανάπτυξη των χεριών.
μακροχέρης, -α, -ικο και **μακρυχέρης**, επίθ., που έχει μακριά χέρια.
μακροχρονίζω, ρ. 1. διαρκώ μεγάλο χρονικό διάστημα· παρατείνομαι, τραβώ σε μάκρος. 2. ζω πολλά χρόνια, μακροημερεύω.
μακρόχρονιος, -α, -ο (ασυνίζ.). 1. που διαρκεί πολλά χρόνια: *φιλία / τάση -α* (αντ. *λιγόχρονος*). 2. που ζει πολλά χρόνια (συνών. *αιωνόβιος*· αντ. *βραχύβιος*). 3. που αποκτάται ύστερα από πολλά χρόνια: *πείρα -α*.
μακρόχρονος, -η, -ο, επίθ. 1. που διαρκεί ή συνεχίζεται για πολλά χρόνια: *απουσία / αδράνεια -η* (αντ. *λιγόχρονος*). 2. (γραμμ.) *συλλαβή -η* = που έχει μακρό φωνήεν (αντ. *βραχύχρονη*).
μακρυμάλλης, βλ. *μακρομάλλης*.
μακρυμάνικος, βλ. *μακρομάνικος*.
μακρύνω, ρ., αόρ. *μάκρυνα*. 1. δίνω σε κάτι μεγαλύτερο μήκος, κάνω κάτι μακρύ (συνών. *μακραίνω, επιμηκύνω*· αντ. *κονταίνω*). 2. (γραμμ.) εκτείνω μια συλλαβή, τρέπω μια συλλαβή σε μακρά από βραχεία που ήταν. 3. (αμτβ.) απομακρύνομαι, φεύγω μακριά από κάποιον ή κάτι (αντ. *πλησιάζω, προσεγγίζω*).
μακρύς, -ιά, -ύ, επίθ. 1. που έχει μεγάλο μήκος: *μανίκια -ιά· πόδι -ύ· -ιά σειρά ονομάτων* (αντ. *κοντός, μικρός*). 2. που έχει μεγάλη χρονική διάρκεια, παρατεταμένος: *-ύ σφύριγμα του τρένου· -ιές χειμωνιάτικες νύχτες*. 3. υψηλόσωμος. Έκφρ. *ο*

μακρυχέρης

ένας το -ύ του κι ο άλλος το κοντό του (για γνώμες αντίθετες που δεν οδηγούν σε σαφές συμπέρασμα).

μακρυχέρης, βλ. *μακροχέρης*.

μαλαγάνα η και **-ας** ο, ουσ., αυτός που πετυχαίνει το σκοπό του με μικροπονηριές και κολακείες (συνών. *γαλίφης*). [ισπαν. *malagana*].

μαλαγανιά η, ουσ. (συνιζ.), ο τρόπος που ενεργεί ο μαλαγάνας, γαλιφιά, κολακεία και υστερόβουλη επίδειξη αγάπης με την οποία πετυχαίνει το σκοπό του.

μαλάγρα η, ουσ., μίγμα από διάφορα υλικά (τυρί, ψωμί, πολτοποιημένο ψάρι) με πολύ έντονη μυρωδιά που οι ψαράδες το χρησιμοποιούν για δόλωμα. [πιθ. ουσ. *μάλαγμα* + *-άγρα*].

μαλάζω και **μαλάσσω**, ρ. 1. κάνω κάτι μαλακό τρίβοντάς το με τα χέρια, μαλακώνω. 2. ψηλαφώ, ψάχνω με τα δάχτυλα.

μαλακά, βλ. *μαλακός*.

μαλάκας ο, ουσ. 1. αυτός που αυνανίζεται. 2. (υβριστικά) βλάκας, ηλίθιος.

μαλάκια τα, ουσ. (ασυνίζ.), συνομοταξία υδρόβιων ζώων που έχουν σώμα μαλακό χωρίς αρθρώσεις και σκελετό και κάποια από αυτά έχουν κέλυφος ασβεστούχο (μύδια, στρείδια, καλαμάρια, κλπ.).

μαλακία η, ουσ. 1. αυνανισμός. 2. (στην Κ. Διαθήκη) κάθε σωματική ή πνευματική αδυναμία. 3. βλακώδης ενέργεια ή κουβέντα.

μαλακίζομαι, ρ., αυνανίζομαι. - Η μτχ. παρκ. ως επίθ. = (υβριστικά) ηλίθιος.

μαλακός, -ή, -ό, επίθ. 1. που υποχωρεί στην παραμικρή πίεση, απαλός στην αφή, τρυφερός: *αχλάδι / τυρί -ό· ύφασμα -ό· δέρμα -ό* (αντ. *σκληρός, τραχύς*). 2. (μεταφ. για άτομο) υποχωρητικός, καλόβουλος, πράος (αντ. *βίαιος, οξύς*). 3. (για τον καιρό) ήπιος. 4. (για άνεμο) σιγανός, ήρεμος. 5. *νερό -ό* = το νερό που έχει την κανονική σύστασή, πόσιμο. 6. για ναρκωτικά όπως η μαριχουάνα ή το χασίς που δεν είναι μεν παράνομα, η επίδρασή τους όμως δεν θεωρείται ιδιαίτερα ισχυρή, βλαπτική ή εθιστική (η λ. σε αντιδιαστολή με τα «σκληρά»). - Το ουδ. ως ουσ. = 1. το βρέγμα του κεφαλιού. 2. (στον πληθ.) α. το υπογάστριο· β. τα πισινά: *του 'δωσα μια ξυλιά στα -ά*. Έκφρ. *με το -ό* (= ήρεμα, σιγά σιγά). Φρ. *έπεσα στα -ά* (= γλύτωσα από κάτι με λίγες ζημιές). - Υποκορ. **-ούτσικος**. - Επίρρ. **-ά** = ήρεμα, όχι απότομα: *δεν πάτησες το φρένο -ά και χτύπησα στο τζάμι*.

μαλακόστρακα τα, ουσ., υδρόβια ζώα, αρθρόποδα με κέλυφος μαλακό, που αναπνέουν με βράγχια (αστακός, καραβίδα).

μαλακότητα η, ουσ. 1. το να είναι κάτι μαλακό, απαλότητα, τρυφεράδα (αντ. *σκληρότητα, τραχύτητα*). 2. (μεταφ.) ηπιότητα, υποχωρητικότητα (αντ. *βιαιότητα, οξύτητα*).

μαλακούτσικος, βλ. *μαλακός*.

μαλακτικός, -ή, -ό και **μαλαχτικός**, επίθ. 1. που έχει την ιδιότητα να μαλακώνει, αποσκληρυντικός: *υγρό -ό για ρούχα*. 2. (για φάρμακο) καταπραϋντικός (αντ. *διεγερτικός*). - Το ουδ. ως ουσ. = ρόφημα συνήθως ή έμπλαστρο που έχει μαλακτικές ιδιότητες: *πιες κάτι -ό για το λαιμό*.

μαλακτικότητα και **μαλαχτικότητα** η, ουσ. 1. η ιδιότητα ή ικανότητα ενός πράγματος να μαλακώνει κάτι. 2. (φυσ.) η ιδιότητα των μετάλλων να δέχονται αλλοίωση του σχήματός τους.

μαλάκυνση η, ουσ. (ιατρ.) ~ *του εγκεφάλου* = ανία-

τη πάθηση κατά την οποία καταργείται η φυσική συνοχή των ιστών του εγκεφάλου και εκδηλώνεται με ημιπληγία ή άλλα συμπτώματα ανάλογα με την περιοχή του εγκεφάλου που έχει νεκρωθεί.

μαλάκωμα το, ουσ., το να κάνω ή να γίνεται κάτι μαλακό: ~ *του κεριού* / (μεταφ.) *του θυμού / του καιρού*.

μαλακώνω, ρ., μτβ. και αμτβ. **1α.** κατεργάζομαι κάτι ώστε να υποχωρεί στην πίεση, το κάνω εύπλαστο ή απαλό στην αφή: ~ *τον πηλό· αλοιφή που -ει τα χέρια*· (συνεκδοχικά) ~ *ένα χρώμα* (αναμιγνύοντάς το με κάποιο άλλο) (συνών. *απαλαίνω, τρυφεραίνω·* αντ. *σκληραίνω*)· **β.** (αμτβ.) γίνομαι μαλακός, εύπλαστος: *βρέχω το ψωμί να -σει· με τη φωτιά το σίδερο -ει* (αντ. *σκληραίνω*). **2α.** μειώνω την ένταση, τη δριμύτητα (συν)αισθήματος, κ.τ.ό.: *έκαμε ό,τι μπόρεσε να -σει τη θλίψη* (Μπαστιάς)· (συνεκδοχικά) *παστίλιες που -ουν το βήχα / το λαιμό* (= ανακουφίζουν)· (αμτβ.) *αργεί να -σει ο πόνος του* (συνών. *μετριάζω, καταπραΰνω, καλμάρω·* αντ. *ερεθίζω*)· **β.** (για φυσικό φαινόμενο) λιγοστεύω, καλμάρω: *το φως του καντηλιού -ωνε το σκοτάδι·* (αμτβ.) *άρχισε να -ει ο καιρός / το κρύο* (= να 'γλυκαίνει'). **3.** (για άνθρωπο) ηρεμώ, πραϋνω, κατευνάζω: *προσπάθησαν με παρακάλια να τον -σουν·* (αμτβ.) *σιγά σιγά -ωνε η καρδιά του*.

μαλακωσιά η, ουσ. (συνιζ., λαϊκ.). 1. η ιδιότητα του μαλακού· (για άνθρωπο) ηπιότητα χαρακτήρα, ανοχή: *βρήκε* ~ *και κάνει ό,τι θέλει*. 2. για στρώμα ή έδαφος μαλακό.

μάλαμα το, ουσ. (λαϊκ.). 1. χρυσάφι: *του γιαλού η πόρτα αστράφτει* ~ (δημ. τραγ.). 2. για άνθρωπο καλό, ευγενικό, εξαιρετικό: *είναι παιδί* ~· *καρδιά* ~. Έκφρ. *να* (πρόσωπο) *να* ~! (ειρων. για κάποιον με αναξιόπιστο ή κακό χαρακτήρα): *να γιος / γαμπρός να* ~! [παλαιότερα *μάλαγμα*].

μαλαματένιος, -ια, -ιο, επίθ. (συνιζ., λαϊκ.). **1α.** κατασκευασμένος από μάλαμα, χρυσός: *δαχτυλίδι -ιο·* **β.** (σε πρόσφυση.) πολύτιμος: *κόσμε χρυσέ, κόσμε αργυρέ, κόσμε -ιε* (δημ. τραγ.). 2. (μεταφ.) ευγενικός, τίμιος, εξαίρετος: *καρδιά -ια*.

μαλαματικό το, ουσ. (λαϊκ.), (περιληπτικώς) τα χρυσαφικά: *φρεγάδα βασιλικιά να σηκώσει όλο το* ~ *της* (Μπαστιάς)· *χάρηκες το* ~ (Άγρας).

μαλαματοκαπνίζω και **μαλαμοκαπνίζω**, ρ. (λαϊκ.), επιχρυσώνω: *καντήλια -ισμένα*.

μαλαματοκάπνισμα το, ουσ. (λαϊκ.), επιχρύσωση.

μαλαματώνω, ρ. (λαϊκ.), επιχρυσώνω.

μαλαμοκαπνίζω, βλ. *μαλαματοκαπνίζω*.

μάλαξη η, ουσ. (ιατρ.) πίεση με τα χέρια ή με εργαλείο πάνω στο ανθρώπινο σώμα για θεραπευτικούς σκοπούς: ~ *προσώπου· καρδιακές -άξεις* (κοιν. *μασάζ*).

μαλάρια η, ουσ. (ασυνίζ.), (παλαιότερα) ελονοσία [ιταλ. *malaria*].

μαλάς ο, ουσ. (λαϊκ.), μυστρί (βλ. λ.).

μαλάσσω, βλ. *μαλάζω*.

μαλαφράντζα η, ουσ. (ερρ.), (παλαιότερα) αφροδίσιο νόσημα, ειδικά η σύφιλη. [*mal (di) Francia*].

μαλαχίτης ο, ουσ. (ορυκτ.) ημιπολύτιμος λίθος με ωραίο πράσινο χρώμα. [γαλλ. *malachite*].

μαλαχτάρι το, ουσ. (λαϊκ.), εργαλείο του χτίστη για την ετοιμασία της λάσπης. [*μαλάζω*].

μαλαχτικός, βλ. *μαλακτικός*.

μαλαχτικότητα, βλ. *μαλακτικότητα*.

μάλε-βράσε το, ουσ. άκλ., μόνο στη φρ. *γίνεται (το)* ~ = επικρατεί κατάσταση θορύβου και ανα-

ταραχής ιδίως από έντονη φιλονικία: *συζητούσαν για τις εκλογές και γινόταν το ~*. [φρ. *βάλε βράσε*].
μαλθακός, -ή, -ό, επίθ., που έχει συνηθίσει να ζει χωρίς κόπους, σε αδράνεια, με ανέσεις (συνών. *καλομαθημένος, μαμμόθρεφτος·* αντ. *σκληραγωγημένος*).
μαλθακότητα η, ουσ. (λόγ.), το να είναι κανείς μαλθακός (αντ. *σκληραγωγία*).
μαλθουσιανή, βλ. *μαλθουσιανός*.
μαλθουσιανικός, -ή, -ό, επίθ. (ασυνίζ.), που σχετίζεται με τη θεωρία του μαλθουσιανισμού.
μαλθουσιανισμός ο, ουσ. (ασυνίζ.), (κοινων.) θεωρία που υποστηρίζει ότι πρέπει να λαμβάνεται ένα σύνολο μέτρων για να μείνει σε ορισμένα όρια η φυσική αύξηση του πληθυσμού ή ακόμη και να εμποδίζεται, σε μέτρο που να μην λείψουν τα μέσα για τη συντήρηση των ανθρώπων. [Άγγλος οικονομολόγος *T.R. Malthus*].
μαλθουσιανός ο, θηλ. -**ή**, ουσ. (ασυνίζ.), οπαδός της θεωρίας του μαλθουσιανισμού.
μάλιστα, επίρρ. **1.** ιδίως, προπάντων, κατεξοχήν: *μπορώ ν' αδιαφορήσω, όταν ~ το θέμα είναι τόσο σοβαρό; δεν κάνει να μαλώνετε και ~ τέτοιες μέρες.* **2.** ακόμη, επιπλέον, κιόλας: *ασφαλώς γνωρίζονται, παλιά ήταν ~ και συγκάτοικοι.* **3.** (ως βεβ. μόρ.) αντί για το «ναι», όταν πρέπει να δηλωθεί σεβασμός: *— εσύ το είπες αυτό; — ~ κύριε.* **4.** (ως αντιθ. σύνδ.) απεναντίας: *δε βοηθούσε κανείς, εμπόδιζαν ~ τους πυροσβέστες στο έργο τους*.
μαλλί το, ουσ. **1α.** το τρίχωμα που αναπτύσσεται στα πρόβατα και ορισμένα άλλα είδη ζώων (ειδικά όποιο εκμεταλλεύεται ο άνθρωπος): *~ κατσικίσιο / της καμήλας· γνέθω ~* **β.** μακριές και χοντρές κλωστές από κατεργασμένο μαλλί ή (συνεκδοχικά) τεχνητές ίνες που χρησιμοποιούνται ως υφαντική ύλη: *αγνό παρθένο / συνθετικό ~· αγόρασα ~ για να πλέξω μπλούζα*. **2.** (για άνθρωπο, συνήθως στον πληθ.) το τρίχωμα που φυτρώνει πυκνό στο επάνω και πίσω μέρος του κεφαλιού: *-ιά μαύρα / σγουρά· ~ κοντό· κόβω / χτενίζω τα -ιά μου*. **3.** (λαϊκ. προφ.) για τα χρήματα: *πόσο (πάει) το ~;* (= πόσο στοιχίζει ή στοίχισε;). Έκφρ. *-ιά αγγέλου* (= φιδές, βλ. λ.)· *~ της γριάς* (= παιδικό γλύκισμα από ζάχαρη που λειώνει και δίνει δέσμες από πολλές λεπτές και μακριές ίνες)· *τα -ιά της κεφαλής μου* (για καταβολή, κ.τ.ό., πολύ μεγάλου ποσού χρημάτων): *χρωστώ / μου στοίχισε τα -ιά της κεφαλής μου· τραβηγμένο απ' τα -ιά* (για συμπέρασμα, συσχετισμό, κ.τ.ό.) βεβιασμένο ή χωρίς λογική βάση. Φρ. *αρπαχτήκαμε απ' τα -ιά/ πιαστήκαμε ~ με ~ / -ιά με -ιά* (για έντονη συμπλοκή)· *αρπάζω την ευτυχία / την τύχη απ' τα -ιά* (= εκμεταλλεύομαι επιτήδεια την παραμικρή ευκαιρία, μια περίσταση ευνοϊκή για ελάχιστο χρόνο)· *γίναμε -ιά κουβάρια*, βλ. *γίνομαι· τραβώ τα -ιά μου* (κυριολεκτικά και μεταφορικά για αίσθημα απελπισίας, απογοήτευσης ή ακόμη κατάπληξης για κάτι παράλογο). Παροιμ. *ο πνιγμένος απ' τα -ιά του πιάνεται* (όταν κανείς προσπαθεί να σωθεί και χρησιμοποιεί ο ίδην απελπισία του ακόμη και μάταιους τρόπους)· *πήγε για ~ και βγήκε / κι έφυγε κουρεμένος*, βλ. *κουρεύω*. - Υποκορ. -**άκι** το. - Μεγεθ. **-ούρα** η, στη σημασ. 2. [αρχ. *μαλλός* ο· πβ. μτγν. *μάλιον* το.]
μαλλιάζω, ρ. (συνιζ., λαϊκ.), αποκτώ μαλλιά, τρίχωμα: *μάλλιασε η ράχη του*. Συνήθως στη φρ. *-ει η γλώσσα μου* (= κουράζομαι να μιλώ, να συμβουλεύω κάποιον χωρίς αποτέλεσμα).

μαλλιαρίζω, ρ. (συνιζ.), (παλαιότερα σκωπτ.) μιμούμαι τους «μαλλιαρούς» (βλ. λ.), χρησιμοποιώ γραπτά ή προφορικά τη δημοτική γλώσσα.
μαλλιαρισμός ο, ουσ. (συνιζ.), (ιστ.) σκωπτικός χαρακτηρισμός του δημοτικιστικού κινήματος από τους καθαρευουσιάνους.
μαλλιαροκομουνισμός ο, ουσ. (συνιζ.), (ιστ.) οι ιδέες και το κίνημα των «μαλλιαροκομουνιστών» (βλ. λ.).
μαλλιαροκομουνιστής ο, ουσ. (συνιζ.), (ιστ.) υβριστικός χαρακτηρισμός από την πλευρά των πολιτικά αντιδραστικών και γλωσσικά συντηρητικών για κάθε δημοτικιστή, που του απέδιδαν αυτομάτως και αριστερές «ανατρεπτικές» ιδέες (ή και τον καταδίωκαν γι' αυτές).
μαλλιαρός, -ή, -ό, επίθ. (συνιζ.), που έχει πυκνό τρίχωμα, δασύτριχος: *αγρίμι / στήθος -ό*. - Το αρσ. ως ουσ. = (ιστ.) σκωπτικός χαρακτηρισμός των οπαδών του δημοτικισμού από τους καθαρευουσιάνους.
μαλλιαροσύνη η, ουσ. (συνιζ.), (παλαιότερο, σκωπτ.). **1.** το να είναι κανείς «μαλλιαρός», δημοτικιστής. **2.** το σύνολο των «μαλλιαρών».
μάλλινος, -η, -ο, επίθ., κατασκευασμένος από μαλλί: *ύφασμα -ο· φανέλα / κουβέρτα -η*. - Το ουδ. ως ουσ. (συνήθως στον πληθ.) = ρούχο από μάλλινο ύφασμα: *τα -α πλένονται με χλιαρό νερό*.
μαλλιοκέφαλα (συνιζ.) και **μαλλο-** τα, ουσ. (μεταφ.), για μεγάλο ποσό χρημάτων· μόνο σε φρ. όπως *χρωστώ / πληρώνω / ξοδεύω τα -ά μου*.
μαλλιοτράβηγμα το, ουσ. (συνιζ.). **α.** τράβηγμα μαλλιών· **β.** (μεταφ.) συμπλοκή, τσακωμός, έντονη φιλονικία.
μαλλιοτραβιέμαι, ρ. (συνιζ. δις), (αλληλ.) **α.** συμπλέκομαι με κάποιον και τραβάμε ο ένας τα μαλλιά του άλλου· **β.** (μεταφ.) φιλονικώ έντονα (συνών. *αρπάζομαι, πιάνομαι, σουρομαλλιάζομαι, τσακώνομαι*).
μαλλοβάμβακος, -η, -ο, επίθ. (λαϊκ.), κατασκευασμένος από μαλλί και βαμβάκι: *ύφασμα -ο* (συνηθέστερα *βαμβακομάλλινος*).
μαλλοκέφαλα, βλ. *μαλλιοκέφαλα*.
μαλλομέταξος, -η, -ο, επίθ. (λαϊκ.), κατασκευασμένος από μαλλί και μετάξι: *φόρεμα -ο*.
μάλλον, επίρρ. **1.** περισσότερο, σε μεγαλύτερο βαθμό: *θα προτιμούσα ~ να έβλεπα το διευθυντή σας· είναι ~ αργά για επισκέψεις*. **2.** προτιμότερο, καλύτερα: *εσύ ~ να μην έρθεις* (μετά το διδακτικό ή για επανόρθωση ή ακριβέστερη διατύπωση των προηγουμένων) *στείλε τα δέματα, ή ~ άφησε, θα το ρυθμίσω ο ίδιος*. **3.** πιθανότατα: *ο καθηγητής ~ θα λείπει τη Δευτέρα*.
μαλλούρα, βλ. *μαλλί*.
Μαλτέζα, βλ. *Μαλτέζος*.
μαλτεζίκος, -η, -ο, επίθ., που ανήκει ή αναφέρεται στη Μάλτα ή προέρχεται από εκεί: *καΐκια -α· γίδα -η* (= είδος γίδας, περίφημης γιατί γεννά δύο μικρά κάθε φορά).
μαλτεζόπλακα η, ουσ. (οικοδ.) πλάκα για επικάλυψη ταράτσας, που βγαίνει από καλής ποιότητας ασπριδερό ψαμμίτη (αμμόπετρα) της Μάλτας ή από παρόμοιο πέτρωμα.
Μαλτέζος ο, θηλ. -**α**, ουσ., αυτός που κατοικεί στη Μάλτα ή προέρχεται από εκεί: *έθιμα των -ων·* (ως επίθ.) *Μ -οι ιππότες*. [ιταλ. *Maltese*].

μάλωμα το, ουσ. 1. επίπληξη, επιτίμηση: ~ άδικο / ελαφρό· τους χρειάζεται πού και πού λίγο ~ (αντ. παίνεμα, καλόπιασμα). 2. συμπλοκή, λογομαχία, φιλονικία: αφήστε τα -ατα και παίξτε ήσυχα!

μαλώνω, ρ. 1. (μτβ.) επιπλήττω, επιτιμώ κάποιον: τους -ωσα γιατί έκοψαν τα λουλούδια (αντ. παινεύω, καλοπιάνω). 2. (αμτβ.) α. συμπλέκομαι, λογομαχώ, φιλονικώ: -ωσαν στο διάλειμμα και ήρθαν στην τάξη χτυπημένοι· στο καφενείο -ουν διαρκώς για τα πολιτικά· β. διακόπτω τις σχέσεις μου με κάποιον (έπειτα από μια σύγκρουση): -ωσε με τον αρραβωνιαστικό της· είναι από καιρό -μένοι. [ομαλόω<ομαλός].

μαμά η, ουσ. (συνήθως προφ.). 1. μητέρα: πρέπει ν' ακούτε τη ~ σας· όταν δουλεύω, τα παιδιά τα κρατά η ~ μου· (ως επιφ. σε ξαφνικό φόβο) ~! έκφρ. παιδί της -άς (= καλομαθημένο παιδί, «μαμμόθρεφτο»). 2. συνεκδοχικά για την πεθερά.- Υποκορ. **-άκα** η, **-ακούλα** η. [παλαιότερο μάμμα<αρχ. μάμμη με πιθ. επίδραση του γαλλ. maman· πβ. λατ. mamma, περσοτουρκ. mama].

μαμαλίγκα η, ουσ. (όχι ερρ., λαϊκ.), φαγητό από χυλό που γίνεται με αλεύρι, νερό, τυρί, αβγά και ζωικό λίπος ή βούτυρο και ψήνεται συνήθως σε ταψί [ρουμ. mămăliga].

Μαμελούκος ο, ουσ. (ιστ.) μέλος στρατιωτικού σώματος από πρώην δούλους που αποτελούσε αρχικά τη σωματοφυλακή των Αιγυπτίων σουλτάνων και κυβέρνησε την Αίγυπτο κυρίως από το 13. έως το 16. αι. [αραβ. mamlūk= σκλάβος].

μαμμή η, ουσ., γυναίκα που προσφέρει φροντίδες και συμβουλές στις έγκυες με σκοπό να τις βοηθήσει κατά τη διάρκεια της εγκυμοσύνης, του τοκετού και της λοχείας ή (σπανιότ.) τις ξεγεννάει: ~ πρακτική / διπλωματούχος. Παροιμ. απ' τη λεχώνα ως τη ~ χάθηκε το παιδί (για πράγμα που εξαφανίζεται εντελώς απροσδόκητα, «απ' την μια στιγμή στην άλλη»)· πολλές -ές, στραβό το παιδί (= όταν πολλοί διατάζουν, συμβουλεύουν, καθοδηγούν, κ.τ.ό., για κάτι, τότε συμβαίνει βλάβη)· πήγε για ~ κι ήρθε στα βαφτίσια, βλ. βαφτίσια. [αρχ. μάμμη].

μαμμόθρεφτος, -η, -ο, επίθ. (μειωτ.) μαλθακός από τις πολλές περιποιήσεις, άβουλος. - Το ουδ. ως ουσ. = παιδί μαμμόθρεφτο (συνών. σοκολατόπαιδο).

μάμμος ο, ουσ. (λαϊκ.), μαιευτήρας.

μαμμωνάς ο, ουσ., ο πλούτος, η αγάπη του πλούτου: τον παρασέρνει ο ~· υπηρετεί το -ά. [λ. του Ευαγγελίου, αραμ. προέλευσης].

μαμούδι ο, ουσ., μικρό έντομο, ζωύφιο: λογιών λογιών -ια περπατάνε στο χώμα (Κόντογλου). [πιθ. μτγν. μάμμος].

μαμούθ το, ουσ. 1. είδος προϊστορικού ελέφαντα με μεγάλους καμπυλωτούς χαυλιόδοντες και μακρύ τρίχωμα, γνωστού κυρίως από αναπαραστάσεις και απολιθώματα. 2. κοιν. σε θέση επιθ. για κάτι μεγάλο και εντυπωσιακό: ταινία / απάτη ~. [γαλλ. mammouth ρωσ. προέλευσης].

μαμούνι το, ουσ., μικρό έντομο, ζωύφιο: για δόλωμα βάζω ~ (πβ. μαμούδι).

μάνα η, πληθ. -ες και -άδες, γεν. -άδων, ουσ. 1. μητέρα: ~ με το μωρό στην αγκαλιά· η ευχή της -ας· του παραστάθηκε σα δεύτερη ~· η ~ του Χριστού (= η Παναγία). 2. (με την κτητ. αντων. μου, συχνά στους υποκορ. τ.) α. ως θωπευτ. προσφών. που δηλώνει αγάπη, στοργή, πόθο, κ.τ.ό.: έλα, ~ μου, να σε ταΐσω· γιατί, ~ μου, στενοχωριέσαι; β. ως επιφ. που δείχνει πόνο, λύπη, απογοήτευση, φόβο, έκπληξη, θαυμασμό ή απόλαυση. 3. για πρόσωπο ικανότατο, επιτήδειο σε κάτι: είναι ~ στα μακροβούτια / στις δικαιολογίες (συνών. ατσίδα, ξεφτέρι). 4. (λαϊκ.) α. πηγή νερού, το σημείο από όπου αναβλύζει το νερό· β. το κεντρικό αυλάκι νερού για πότισμα. 5. (σε παιγνίδι ιδίως ομαδικό) α. ο πρώτος παίχτης, ο αρχηγός της ομάδας: ό,τι κάνει η ~· β. σημείο αναφοράς ή τέρματος, στόχος, κ.τ.ό.· γ. το πρώτο στη σειρά και σπουδαιότερο πούλι στο τάβλι· δ. (στα χαρτιά) κάσα, μπάνκα (βλ. λ.). Έκφρ. από την κοιλιά της -ας του, βλ. κοιλιά· γιος / παιδί της -ας του και κόρη της -ας της (για μεγάλη σωματική, ηθική και άλλη ομοιότητα των παιδιών με τους γονείς)· κατά ~, κατά κύρη, βλ. κατά· (στρατ. βίος) ~ του λόχου (για τον επιλοχία)· -ας γιος (για άτομο ικανότατο ή γενναίο)· σα να του σκότωσε τη ~ (όταν κάποιος αντιδρά ή διαμαρτύρεται υπερβολικά). Φρ. ζητάει τη ~ του και τον πατέρα του (= είναι πολύ απαιτητικός, προβάλλει υπερβολική αξίωση για την τιμή ενός πράγματος)· η ~ είναι βουνό και σκεπάζει το παιδί της (= το προσέχει και το προφυλάγει από δυσφήμιση για λόγους ηθικούς)· η ~ μου κι η ~ του απλώναν σ' έναν ήλιο (για πολύ μακρινή ή κυρίως ανύπαρκτη συγγένεια)· να τρώει η ~ και του παιδιού να μη δίνει (για πολύ νόστιμο φαγώσιμο)· όπως τον / τη γέννησε η ~ του / της (= ολόγυμνος/-η)· πουλάει και τη ~ του (για όποιον χωρίς δισταγμούς απαρνείται όλες τις ηθικές αρχές για χάρη μιας αμοιβής)· χάνει η ~ το παιδί και το παιδί τη ~ (για γενική αναστάτωση, ιδίως σε μεγάλο συνωστισμό). - Υποκορ. **-ούλα** η, στις σημασ. 1 - 3, **-ίτσα** η, και **-ουλίτσα** η, στις σημασ. 1 και 2, λαϊκ. **-άκι** το στη σημασ. 2. [αρχ. ουσ. μάμμη η].

μαναβάκι, βλ. μανάβης.
μαναβέλα, βλ. μανιβέλα.
μανάβης ο, θηλ. **-ισσα** η, ουσ., επαγγελματίας που πουλά φρούτα και λαχανικά (συνών. οπωροπώλης, λαχανοπώλης). - Υποκορ. **-άκι** και **-όπουλο** το = μικρός στην ηλικία βοηθός του μανάβη. [τουρκ. manav].

μαναβική η, ουσ., το επάγγελμα του μανάβη: είδη -ής.

μανάβικο το, ουσ. α. το κατάστημα του μανάβη (συνών. λαχανοπωλείο)· β. (στον πληθ.) λαχαναγορά.

μαναβίσσα, βλ. μανάβης.
μαναβόπουλο, βλ. μανάβης.
μανάκι, βλ.μάνα.
μανάλι, βλ. μανουάλι.

μανάρι το, ουσ. 1. μικρό οικόσιτο αρνί που το διατρέφουν με φροντίδα και το προορίζουν για σφάξιμο (συνών. θρεφτάρι). 2. (συνήθως σε προσφών. με την κτητ. αντων. μου) για δήλωση τρυφερότητας, αγάπης, πόθου, κ.τ.ό.- Υποκορ. **-άκι** και **-ούλι** το. - Μεγεθ. **-α** η. [πιθ. αμνάριον με επίδραση του ουσ. μάνα η].

μάνατζερ ο, ουσ. άκλ. 1. άτομο που φροντίζει με αμοιβή για την προώθηση της επαγγελματικής δραστηριότητας και της οικονομικής προσφοράς καλλιτέχνη (πβ. ιμπρεσάριος) ή αθλητή ή διοργανώνει δημόσια θεάματα, συναυλίες ή αγώνες. 2. (οικον.) διευθυντικό στέλεχος επιχείρησης. [αγγλ. manager].

μάνατζμεντ το, ουσ. άκλ. (όχι έρρ.), (οικον.) το έργο και η τεχνική της οργάνωσης και της διεύθυνσης μιας επιχείρησης ή άλλου οργανισμού (προτιμότερο: *οργάνωση επιχειρήσεων*). [αγγλ. *management*].

μανδαρινισμός ο, ουσ. (απαρχ.) η νοοτροπία και η στάση των μανδαρίνων (βλ. λ. σημασ. 2).

μανδαρίνος ο, ουσ. 1. (ιστ.) όρος με τον οποίο οι Ευρωπαίοι ονόμαζαν τους ανώτερους αξιωματούχους της κινεζικής αυτοκρατορίας. 2. (μεταφ., μειωτ.) α. για μορφωμένους με τίτλους, επιρροή και υπεροψία· β. (συνηθέστερα) για ανώτερους δημόσιους υπαλλήλους συντηρητικούς και μακριά από την πραγματικότητα: *έτσι αποφάσισαν οι -οι του υπουργείου.* [γαλλ. *mandarin* πορτογαλικής προέλευσης].

μανδραγόρας και (λαϊκ.) **μαντραγόρος** ο, ουσ., είδος φυτού με κοκκινωπά λουλούδια, διχαλωτή ρίζα στο σχήμα περίπου μιας μικρής κούκλας και ιδιότητες φαρμακευτικές και παλαιότερα μαγικές.

μανδύας και (λαϊκ.) **μαντύας** ο, ουσ. **1α.** (παλαιότερα) μεγάλο ριχτό πανωφόρι από ενιαίο ύφασμα που το στερέωναν με πόρπη στον ώμο ή στο στήθος· β. επενδύτης από πολύτιμο ύφασμα ως ένδυμα παλαιότερα των ηγεμόνων και σήμερα των επισκόπων. 2. (παλαιότερα) στρατιωτική χλαίνη. 3. (μεταφ.) κάλυμμα που προφυλάγει ή κρύβει κάτι: *απογύμνωση των ορεινών εδαφών από τον προστατευτικό φυσικό -α· δικτατορία με κοινοβουλευτικό -α·* φρ. *καλύπτω (παράνομη ενέργεια) με το -α της νομιμότητας* (= προσδίδω τυπική νομιμότητα).

μανεκέν το, ουσ. άκλ., πρόσωπο που παρουσιάζει στο αγοραστικό κοινό κυρίως ενδύματα ή και κοσμήματα, καπέλα ή παπούτσια, φορώντας τα σε επιδείξεις ή φωτογραφήσεις μόδας. [γαλλ. *mannequin*<ολλανδικό *mannekijn*].

μανέστρα η, ουσ., είδος ζυμαρικού σε διάφορα σχήματα (συνών. *κριθαράκι*). - Υποκορ. **-άκι** το. [βενετ. *manestra*].

μάνητα η, ουσ. (λαϊκ.), α. οργή, θυμός· β. μανία, λύσσα: *~ πολέμου / κυμάτων.* [*μανία ή μάνη* αναλογ. με ουσ. σε *-ητα*].

μάνι, βλ. *μάνι μάνι*.

-μάνι, β´ συνθ. ουσ. με τη σημασ. «πλήθος»: *γυναικομάνι, παιδομάνι*.

μανία η, ουσ. 1. (ψυχιατρ.) α. οξεία διαταραχή των φρενών που εκδηλώνεται παράφορα με κύρια χαρακτηριστικά παθολογική ευφορία, διαχυτικότητα και ευμεταβλητότητα και που μπορεί να οδηγήσει σε βιαιότητα, φρενοβλάβεια επικίνδυνης μορφής, παραφροσύνη· β. (γενικά) παραφορά, υπερδιέγερση των νεύρων· γ. ειδικός έμμονος παραλογισμός, μερική ψυχική διαταραχή: *πάσχει από ~ καταδίωξης.* **2α.** σφοδρή οργή που δύσκολα ελέγχεται: *από τη / πάνω στη ~ του δεν ήξερε τι έκανε·* β. μεγάλη εχθρότητα, κακία: *του έχει μεγάλη ~, γιατί τον εξαπάτησε.* 3. μανιώδης ορμή, αγριότητα: *~ του πολέμου / της αγριεμένης θάλασσας.* **4α.** έμμονη τάση για κάτι: *έχει ~ με την καθαριότητα·* τι *~ του έπιασε και...* (συνών. *μονομανία*)· β. ακατανίκητη κλίση σε κάτι, τυ νυ αρέσει σε κάποιον κάτι πάρα πολύ και να του αφιερώνει πολύ από το χρόνο του: *έχει ~ με τη θάλασσα / τα αυτοκίνητα* (συνών. *χόμπι, λόξα*)· γ. ακατανίκητη επιθυμία για κάτι: *~ αγοραστική.*

μανιάζω, ρ. (συνιζ.), μτχ. παρκ. *-σμένος*. 1. καταλαμβάνομαι από μανία: *πρόσωπο -σμένο.* 2. (κυρίως για στοιχεία της φύσης) εκδηλώνομαι με ακράτητη ορμή, λυσσομανώ: *κύματα -σμένα· αέρας -σμένος.* 3. εξοργίζομαι υπερβολικά, γίνομαι έξαλλος, εξαγριώνομαι: *-ιασε με τα καμώματά της / από το κακό του.* 4. δυσαρεστούμαι, θυμώνω με κάποιον και διακόπτω τις σχέσεις μαζί του.

μανιακός, -ή, -ό, επίθ. (συνιζ.). 1. που κατέχεται από μανία, τρελός· (ως ουσ.) = άνθρωπος ανισόρροπος: *δέχθηκαν επίθεση από έναν -ό.* 2. που κατέχεται από σφοδρή οργή ή αγριότητα, παράφορος: *συμπεριφορά -ή.* 3α. που έχει κάποιο έμμονο πάθος, μανιώδης: *είναι ~ με το κάπνισμα·* β. που έχει ακατανίκητη κλίση σε κάτι, που έχει υπερβολική αγάπη για κάτι: *είναι ~ με το ποδόσφαιρο.*

μάνιασμα το, ουσ. 1. (κυρίως για στοιχεία της φύσης) μανιώδης ορμή. 2. το να εξοργίζεται κάποιος υπερβολικά, εξαγρίωση.

μανιβέλα και **μαναβέλα** η, ουσ. 1. χειρολαβή με την οποία δίνουμε περιστροφή σε μηχανή. 2. κοντάρι για την ανάρτηση του στατήρα στο ζύγισμα. 3. (λαϊκ. συνεκδοχικά) ξυλοκόπημα με μανιβέλα: *~ που σου χρειάζεται!* 4. (ειδικά στον τ. *μαναβέλα*) (ναυτ.) μοχλός για να περιστρέφεται ο «εργάτης» του πλοίου. [ιταλ. *manovella*].

μανιέρα η, ουσ. (συνιζ.), επιτηδευμένος τρόπος έκφρασης ενός καλλιτέχνη, μιας σχολής. [γαλλ. *manière*].

μανιερισμός ο, ουσ. (συνιζ.), 1. επιτήδευση ύφους. 2. καλλιτεχνικό ρεύμα που επικράτησε κυρίως στην Ιταλία το 16. και 17. αι. χαρακτηριζόμενο από την προτίμηση του παραδόξου σε βαθμό που να φτάνει ως την επιτήδευση. [γαλλ. *maniérisme*].

μανιεριστής ο, ουσ. (συνιζ.), καλλιτέχνης, οπαδός του μανιερισμού. [ιταλ. *manierista*].

μανιερίστικος, -η, -ο, επίθ. (ασυνίζ.), που ανήκει ή αναφέρεται στο μανιερισμό ή τους μανιεριστές: *-η επιδίωξη του συγγραφέα.*

μάνικα η, ουσ., σωλήνας υδραντλίας από ύφασμα ή καουτσούκ. [ιταλ. *manica*].

μανικέτι το, ουσ. το κάτω άκρο σε μακρύ μανίκι πουκαμίσου ραμμένο με διπλό ύφασμα και συχνά κάποιο είδος σκληρότερου υφάσματος στη μέση για ενίσχυση. [ιταλ. *manichetto*].

μανικετόκουμπο το, ουσ. (έρρ.), κουμπί με το οποίο κουμπώνουμε το μανικέτι: *-α χρυσά.*

μανίκι το, ουσ. 1. το τμήμα του ενδύματος που περιβάλλει το χέρι: *-ια κοντά / φουσκωτά· ανασκουμπώνω / (ανα)σηκώνω τα -ια* (για να κάνω κάποια εργασία με περισσότερη άνεση)· *φόρεμα χωρίς -ια·* φρ. (λαϊκ.) *είναι ~* (= είναι πολύ δύσκολο): *αυτή η δουλειά είναι ~· είναι της γούνας του ~* (ειρων. για άτομα που δεν έχουν μεταξύ τους συγγένεια ή άλλη στενή σχέση)· *χαρτί κρυμμένο στο ~* (από τη γλώσσα των χαρτοπαικτών = κρυμμένα πλεονεκτήματα). 2. (ιδιωμ.) λαβή μαχαιριού. [λατ. *manica*].

μανικιούρ το, ουσ., άκλ. (συνιζ.), αισθητική περιποίηση των νυχιών των χεριών. [γαλλ. *manucure*].

μανικιουρίστα η, ουσ. (συνιζ.), γυναίκα υπάλληλος κομμωτηρίου που εκτελεί μανικιούρ.

μάνι μάνι, επιρρημ. έκφρ., γρήγορα γρήγορα· βιαστικά: *ετοίμασε ~ το φαγητό και έφυγε· έβαλε κι η μητέρα ~ την καλή της τη φούστα.* [ιταλ. *di mano in mano*].

μανιτάρι το, ουσ. (βοτ.) 1. γενική ονομασία που δίνεται στους σαρκώδεις μύκητες με το χαρακτηριστικό σχήμα ομπρέλας: -ια εδώδιμα / δηλητηριώδη· πίτσα με -ια. Φρ. φυτρώνει σαν το ~ (δηλ. απροσδόκητα, ξαφνικά). 2. ~ ατομικό = το σύννεφο σε σχήμα μανιταριού που προκαλείται από την έκρηξη ατομικής βόμβας. [αμανιτάριον<αμανίτης].

μανιτόμπα η, ουσ. (όχι έρρ.), ποικιλία σκληρού σιταριού άριστης ποιότητας. [*Manitoba*, ονομασία επαρχίας του Καναδά].

μανίτσα, βλ. *μάνα*.

μανιφατούρα η, ουσ., είδος χειροτεχνικών ή βιομηχανικών προϊόντων, κυρίως ενδυμάτων: *είχανε μεταξωτά, δαμασκιά κι άλλη ακριβή* ~ (Κόντογλου). [ιταλ. *manifattura*].

μανιφέστο το, ουσ., γραπτή διακήρυξη συνήθως από ομάδα ατόμων στην οποία αναγγέλλονται προγραμματικά οι πολιτικές, κοινωνικές, πολιτιστικές ή άλλες αρχές τους ή διατυπώνονται διαμαρτυρίες: ~ *κομουνιστικό*. [ιταλ. *manifesto*].

μανιχαϊκός, -ή, -ό και **μανιχαϊστικός**, επίθ. **1.** που ανήκει ή αναφέρεται στους μανιχαίους. **2.** (μεταφ.) που αντιλαμβάνεται τον κόσμο ή τα πράγματα σύμφωνα με τη δυαδική σχέση «καλό-κακό»: *-ιστική αντίληψη για τον κόσμο / της ιστορίας· -ιστικές πολιτικές ιδέες*.

μανιχαίοι οι, ουσ., οι οπαδοί του μανιχαϊσμού. [*Μανιχαίος*].

μανιχαϊσμός ο, ουσ., δυαρχική θρησκεία που ιδρύθηκε τον 3. αι. μ.Χ. από τον Πέρση Μάνη ή Μάνεντα, αποτελεί ένα είδος ένωσης του χριστιανισμού και της ανατολικής ειδωλολατρίας —ιδίως του ζωροαστρισμού— και σύμφωνα μ' αυτήν υπάρχουν οι δύο αρχές του φωτός και του σκότους, του καλού και του κακού, του Θεού και της ύλης με αδιάκοπο μεταξύ τους πόλεμο στον οποίο συμμετέχουν οι άγγελοι, οι προφήτες και ο άνθρωπος.

μανιχαϊστικός, βλ. *μανιχαϊκός*.

μανιώδης, -ης, -ες, γεν. -*ους*, πληθ. αρσ. και θηλ. -*εις*, ουδ. -*η*, επίθ. (ασυνίζ.). **1.** μανιακός (βλ. λ. σημασ. 2): *συμπεριφορά / ορμή* ~· -ες σφύριγμα *ανέμου*. **2.** μανιακός (βλ. λ. σημασ. 3α, β): *καπνιστής / συλλέκτης* ~. **3.** (για πράγματα) που γίνεται με μεγάλη ενεργητικότητα, ταχύτητα ή και βία: *μάχες / προσπάθειες* -*εις*. - Επίρρ. -**ώς**.

μάνιωμα το, ουσ. (λαϊκ.). **1.** μάνιασμα (βλ. λ.). **2.** δυσαρέσκεια, θυμός και διακοπή των σχέσεων με κάποιον.

μανιώνω, ρ. (συνιζ., λαϊκ.), μανιάζω (βλ. λ.).

μάνλιχερ το, ουσ., άκλ., παλαιότερο είδος οπισθογεμούς επαναληπτικού όπλου. [*Mannlicher*, όνομα Αυστριακού οπλομηχανικού].

μάννα το, ουσ. άκλ., (στην Π. Διαθήκη) τροφή που έριξε από τον ουρανό ο Θεός στους Εβραίους όταν περνούσαν την έρημο· εκφρ. *(το)* ~ *εξ / του ουρανού* (για αφθονία υλικών αγαθών, που έρχονται συνήθως χωρίς κόπο ή για απροσδόκητο καλό —ιδίως υλικό— που βγάζει κάποιον από δύσκολη θέση)· *αντί του* ~ *χολή* (για ανθρώπους αγνώμονες προς τους ευεργέτες). [μτγν. *μάννα*<εβρ. *man*].

μανόλια η, ουσ. (ασυνίζ.), καλλωπιστικό φυτό με γυαλιστερά φύλλα και μεγάλα λευκά και ευωδιαστά λουλούδια. [γαλλ. *magnolia*].

μανόμετρο το, ουσ., μηχάνημα που δείχνει την αρτηριακή πίεση, καθώς και την πίεση αερίου ή υγρού που βρίσκεται σε κάποιο κλειστό χώρο: ~ *μεταλλικό / υδραργυρικό*. [γαλλ. *manomètre*].

μανουάλι και (λαϊκ.) **μανάλι** το, ουσ., μπρούτζινο, σιδερένιο ή χάλκινο μεγάλο κηροπήγιο, με υψηλή βάση στην οποία στηρίζονται κυκλικές διαφορετικού ύψους σειρές με μικρές και μεγαλύτερες υποδοχές κεριών, που χρησιμοποιείται στους χριστιανικούς ναούς: *τρίβω / γυαλίζω τα* -*ια*· *μανάλι θαυμαστό*. [λατ. εκκλ. *(candelabrum) manuale*].

μανούβρα η, ουσ. **1α.** ελιγμός πλοίου, χειρισμός της κατεύθυνσής του μέσα σε λιμάνι προκειμένου να αγκυροβολήσει ή να αποπλεύσει ή όταν διασταυρώνεται με κάποιο άλλο για να αποφευχθεί σύγκρουση: *κάνω* ~· **β.** (ειδικά) χειρισμός: *κανονίζουνε τον δρόμο τους τ' άλλα τα καράβια και τις* -*ες των πανιών τους* (Κόντογλου). **2.** κίνηση αμαξοστοιχίας στον σιδηροδρομικό σταθμό προκειμένου να αλλάξει γραμμή. **3.** (γενικά) ελικοειδής κίνηση, χειρισμός, ελιγμός: *έκανε πολλές* -*ες ώσπου να παρκάρει το αυτοκίνητο*. **4.** ελιγμός στρατιωτικών μονάδων κατά τη διάρκεια της μάχης ή στρατιωτικών ασκήσεων. **5.** (μεταφ.) πλάγιος τρόπος ενέργειας, ιδίως αθέμιτος, το να προβαίνει κάποιος σε συνδυασμό πλάγιων ή και ύπουλων ενεργειών για να επιτύχει ιδιοτελείς σκοπούς. [βενετ. *manuvra*, ιταλ. *manovra*].

μανουβράρισμα το, ουσ. **1.** το να εκτελεί κανείς μανούβρες. **2.** (μεταφ.) χειρισμός υπόθεσης με πλάγιες ενέργειες.

μανουβράρω, ρ. **1.** εκτελώ μανούβρες (βλ. λ. σημασ. 1α, β, 2, 3). **2.** (μεταφ.) χειρίζομαι μια υπόθεση ενεργώντας με ύπουλο τρόπο για να επιτύχω ιδιοτελείς σκοπούς.

μανούλα, βλ. *μάνα*.

μανούλι το, ουσ. (λαϊκ.), όμορφη και θελκτική κοπέλα.

μανουλίτσα, βλ. *μάνα*.

μανούρα η, ουσ. (λαϊκ.), ενόχληση, βάρος, μπελάς: *μεγάλη / πολλή* ~ *είχε το φτιάξιμο της μηχανής*.

μανούρι το, ουσ., είδος μαλακού τυριού πλούσιου σε λίπος. [παλαιότερο *μανούρα*<αρχ. επίθ. *μανός*].

μανουσάκι το, ουσ. (λαϊκ.), ποώδες και κοσμητικό φυτό, ο νάρκισσος.

μάντακας ο, ουσ. (έρρ.), (ιδιωμ.) παράσιτο στο λαιμό ή το κεφάλι των προβάτων, κοιν. τσιμπούρι. [**αιμάτακας<αιματάς*].

μανταλάκι το, ουσ. (έρρ.), αντικείμενο σε σχήμα μικρής λαβίδας αποτελούμενο από δύο μικρά κομμάτια ξύλου ή πλαστικού ενωμένα με σιδερένιο έλασμα που χρησιμεύει στο να συγκρατεί στο σκοινί τα πλυμένα ρούχα που απλώνονται για να στεγνώσουν.

μάνταλο το, ουσ. (έρρ.), σιδερένιος ή ξύλινος λοστός με τον οποίο επιτυγχάνεται το κλείσιμο πόρτας ή παραθύρου, σύρτης, μπετούγια: ~ *αγκιστρωτό*. [αρχ. *μάνδαλος*].

μαντάλωμα το, ουσ. (έρρ.), το κλείσιμο πόρτας ή παραθύρου με μάνταλο.

μανταλώνω, ρ. (έρρ.), κλείνω πόρτα ή παράθυρο με μάνταλο (συνεκδοχικά) κλειδώνω: *κλειδώνω*, ~ *κι ο κλέφτης μέσα είναι* (αίνιγμα).

μαντάρα η, ουσ. (όχι έρρ., λαϊκ.), ερήμωση, καταστροφή· αποτυχία, εξευτελισμός· μόνο στις φρ. *γίναμε* ~, *τα κάνω* ~ (= άνω κάτω, χάλια).

μανταρίνι το, ουσ. (έρρ.), φρούτο εσπεριδοειδές που μοιάζει με μικρό πορτοκάλι, γλυκό και αρω-

ματικό, που η φλούδα του αποσπάται εύκολα: ~ *ζουμερό*. [ιταλ. *mandarino*].
μανταρινιά η, ουσ. (έρρ., συνιζ.), οπωροφόρο δέντρο που ανήκει στα εσπεριδοειδή και παράγει μανταρίνια.
μαντάρισμα το, ουσ. (έρρ.), το να μαντάρει κανείς φθαρμένα ρούχα, καρίκωμα.
μαντάρω, ρ., αόρ. *-ισα*, μτχ. παρκ. *-ισμένος* (έρρ.), επιδιορθώνω, μπαλώνω φθαρμένα ή τρυπημένα ρούχα όχι ράβοντας, αλλά πλέκοντας την κλωστή με μεγάλες βελονιές ώσπου να καλυφθούν οι σχισμές ή οι τρύπες: ~ *κάλτσες· μανίκια -ισμένα και μπαλωμένα· -ουνε τα πανιά των καϊκιών* (συνών. *καρικώνω*). [ιταλ. *mendare*].
μαντατευτής ο, θηλ. *-τρα*, ουσ. (έρρ., λαϊκ.), καταδότης (συνών. *μαντατούρης*).
μαντατεύω, ρ. (έρρ., λαϊκ.), φανερώνω στις αρχές αξιόποινη πράξη, καταδίδω (συνών. *μαντατουρεύω*).
μαντάτο το, ουσ. (έρρ.), είδηση που μεταδίδεται με αγγελιοφόρο, αγγελία, μήνυμα: *τι -α μας φέρνεις; -α άσχημα*. [λατ. *mandatum*].
μαντατουρεύω, ρ. (έρρ., λαϊκ.), είμαι μαντατούρης, καταδότης (συνών. *μαντατεύω*).
μαντατούρης, *-α*, *-ικο*, επίθ. (έρρ., λαϊκ.), μαρτυριάρης, καταδότης.
μαντατοφόρος ο, θηλ. *-α*, ουσ. (έρρ.), αυτός που φέρνει κάποιο μαντάτο, αγγελιοφόρος.
μανταφούνι (έρρ.), **μαραφούνι** και **ματαφούνι** το, ουσ. (ναυτ. στον πληθ.) κοντά λεπτά σκοινιά με τα οποία δένουν τα ιστία όταν τα μαζεύουν. [ιταλ. *mantafioni*].
μαντεία η, ουσ. (έρρ.). 1. η ικανότητα να προλέγει κανείς όσα θα συμβούν ή να αποκαλύπτει άγνωστα στοιχεία χωρίς να στηρίζεται σε πραγματικές γνώσεις: ~ *αρχαία / λαϊκή*. 2. (συνεκδοχικά) το περιεχόμενο μαντείας, χρησμός, προφητεία.
μαντείο το, ουσ. (έρρ.), ιερός τόπος ή ναός όπου οι θεοί των αρχαίων αποκάλυπταν διαμέσου των ιερέων ή των μάντεων όσα επρόκειτο να συμβούν ή απεκάλυπταν αυτά που ήταν άγνωστα: *το ~ των Δελφών*.
μαντέκα η, ουσ. (έρρ.), (παλαιότερο) κηρώδης αρωματική αλοιφή σε σχήμα μικρού κυλίνδρου, που χρησίμευε για τον καλλωπισμό, τη βαφή και τη στερέωση των τριχών, ιδίως του μουστακιού: *μύριζε ~ και κανελόλαδο ένα μίλι μακριά· γέμισε ~ το μουστάκι του*. [ιταλ. *manteca*].
μάντεμα το, ουσ. (έρρ.). 1. μαντεία, χρησμός. 2. εικασία, συμπέρασμα: ~ *αλάθευτο*.
μαντεμένιος, *-ια*, *-ιο*, επίθ. (όχι έρρ.), κατασκευασμένος από μαντέμι: *σωλήνες -ιοι για αποχέτευση*.
μαντέμι το, ουσ. (όχι έρρ.), χυτοσίδηρος (βλ. λ.). [τουρκ. *maden*].
μαντευτής ο, θηλ. *-τρα*, ουσ. (έρρ.), μάντης.
μαντευτικός, *-ή*, *-ό*, επίθ. (έρρ.), που ανήκει ή αναφέρεται στη μαντεία: *ικανότητα -ή*.
μαντεύτρα, βλ. *μαντευτής*.
μαντεύω, ρ., αόρ. *-εψα* (έρρ.). 1. προλέγω όσα πρόκειται να συμβούν, αποκαλύπτω αυτά που είναι άγνωστα. 2. (γενικά) εικάζω, συμπεραίνω, πιθανολογώ βασιζόμενος σε προαίσθημα: ~ *την αλήθεια / τις προθέσεις σου· -ετε τι έγινε στη συνέχεια* (= μπορείτε να υποθέσετε).
μαντζουνάτος, *-η*, *-o* και **ματζουνάτος**, επίθ., που μοιάζει στη σύσταση με μαντζούνι: *γλυκό -ο*.

μαντζούνι και **ματζούνι** το, ουσ. 1. πολτώδες πρακτικό φαρμακευτικό παρασκεύασμα. 2. είδος καραμέλας. [τουρκ. *macun*].
μαντζουράνα και **ματζουράνα** η, ουσ., είδος αρωματικού φυτού. [βενετ. *mazorana*].
μαντζουριανός, *-ή*, *-ό*, επίθ. (ασυνίζ.), που ανήκει ή αναφέρεται στη Μαντζουρία ή τους Μαντζουριανούς. - Το αρσ. και το θηλ. ως ουσ. (με κεφ. το αρχικό γράμμα) = αυτός που κατάγεται από τη Μαντζουρία ή κατοικεί σ' αυτήν.
μαντήλι το, ουσ. (έρρ.). 1. μικρό τετράγωνο ύφασμα για το φύσιμα της μύτης (συνών. *μυξομάντηλο*). 2. μεγάλο μονόχρωμο ή χρωματιστό ύφασμα για το κάλυμμα του κεφαλιού των γυναικών: ~ *καλαματιανό·* φρ. *το 'δεσε σε ψιλό* ~ (για άνθρωπο που παίρνει στα σοβαρά κάτι που λέγεται αστεία ή τυχαία). - Υποκορ. *-άκι* το = είδος ομαδικού παιδικού παιχνιδιού. - Μεγεθ. *-α* η. [λατ. *mantelium* ή *mantilium*]
μαντήλια η, ουσ. (συνιζ.), δαντελένιο μαντήλι για το κεφάλι. [ισπαν. *mantilla*].
μαντηλοδεμένος, *-η*, *-ο*, επίθ., που έχει το κεφάλι δεμένο με μαντήλι, που φοράει μαντήλα: *γυναίκα -η*.
μάντης ο, πληθ. *-εις (-ες)* και (λαϊκότερα) *-ηδες*, θηλ. *-ισσα*, ουσ. (έρρ.). 1. αυτός που ασχολείται με τη μαντική. 2. (μεταφ.) αυτός που είναι ικανός να προβλέπει τα μέλλοντα ή διαισθάνεται τα άγνωστα: ~ *είσαι;*
μαντική η, ουσ. (έρρ.), η τέχνη του μάντη, η ικανότητα να προφητεύει ή να αποκαλύπτει τα άγνωστα.
μαντικός, *-ή*, *-ό*, επίθ. (έρρ.), που σχετίζεται με τη μαντεία: *όνειρο / πουλί -ό· δύναμη / ικανότητα -ή* (συνών. *προφητικός*).
μαντίλι, βλ. *μαντήλι*.
μαντινάδα η, ουσ. (έρρ.), ομοιοκάταληκτο δίστιχο, συνήθως αυτοσχέδιο, που τραγουδιέται σε χορούς και πανηγύρια: *-ες κρητικές*. [βενετ. *matinada*].
μάντισσα, βλ. *μάντης*.
μαντό το, ουσ., άκλ. (έρρ.), ελαφρό γυναικείο πανωφόρι [γαλλ. *manteau*].
μαντολάτο το, ουσ. (έρρ.), είδος γλυκίσματος με αμύγδαλα, αβγά και μέλι ή ζάχαρη. [βενετ. *mandolato*].
μαντολινάτα η, ουσ. (έρρ.), 1. ορχήστρα από μαντολίνα. 2. μουσικό κομμάτι προορισμένο να εκτελείται από μαντολίνα: *-ες κερκυραϊκές*. [ιταλ. *mandolinata*].
μαντολίνο το, ουσ. (έρρ.), έγχορδο ξύλινο μουσικό όργανο με τέσσερα ζεύγη μεταλλικών χορδών που παίζεται με πένα. [ιταλ. *mandolino*].
μάντρα η, ουσ. (έρρ.). 1. (γενικά) περιφραγμένος χώρος. 2. τοίχος περιφραγμένου οικοπέδου (συνήθως πέτρινος): *πήδηξε με δυσκολία τη ~* (συνών. *μαντρότοιχος*). 3. κατάστημα που πουλάει οικοδομικά υλικά. 4. περιφραγμένος χώρος όπου σταβλίζονται ζώα (συνών. *στρούγκα, μαντρί*). 5. περιφραγμένος χώρος όπου γίνεται έκθεση μεταχειρισμένων αυτοκινήτων.
μαντραγόρας, βλ. *μανδραγόρας*.
μαντράχαλος ο, ουσ. (έρρ.), άνθρωπος ψηλός και άχαρος (συνών. *μαγκλαράς, κρεμανταλάς*).
μαντρί το, ουσ. (έρρ.), περιφραγμένος χώρος όπου σταβλίζονται κατσίκες και πρόβατα: *κλέφτες μπήκαν στο* ~ (δημ. τραγ.) (συνών. *στρούγκα*).

μαντρίζω, ρ. (έρρ.). 1. κλείνω ζώα σε μαντρί: -ισε τα πρόβατα και άρχισε να τα αρμέγει. 2. περιφράζω με μάντρα: ~ οικόπεδο.

μάντρισμα το, ουσ. 1. κλείσιμο των ζώων στο μαντρί. 2. περίφραξη με μαντρότοιχο.

μαντρόσκυλο το, ουσ. (έρρ.), σκυλί που φυλάει κοπάδια (συνών. τσομπανόσκυλο).

μαντρότοιχος ο, ουσ. (έρρ.), τοίχος περιφραγμένου οικοπέδου (συνήθως πέτρινος): ~ ψηλός (συνών. μάντρα).

μάντρωμα το, ουσ. (έρρ.). 1. κλείσιμο ζώων σε μαντρί: τα ζώα θέλουν ~. 2. περίφραξη (με μάντρα): ο κήπος θέλει ~. 3. (μεταφ.) υποχρεωτική παραμονή σε κλειστό χώρο: ~ διαδηλωτών.

μαντρώνω, ρ. (έρρ.). 1. κλείνω ζώα σε μάντρα: -ωσα τα πρόβατα. 2. περιβάλλω με μάντρα: -ωσε το κτήμα για να μη μπαίνουν ζώα. 3. (μεταφ.) περιορίζω σε κλειστό χώρο.

μαντύας, βλ. μανδύας.

μαξιλάρι το, ουσ. 1. ορθογώνιος σάκος από ύφασμα γεμισμένος με βαμβάκι, μαλλί ή πούπουλα που χρησιμεύει για να στηρίζουμε το κεφάλι ξαπλώνοντας (συνών. προσκέφαλο). 2. διαμόρφωση επιφάνειας το τοποθέτηση, από τη μία ή τις δύο πλευρές, λεκάνης νεροχύτη. - Υποκορ. **-άκι** το. - Μεγεθ. **-άρα** η. [λατ. maxilla].

μαξιλαροθήκη η, ουσ., υφασμάτινη θήκη μαξιλαριού.

μαξιλάρωμα το, ουσ., αποδοκιμασία με πέταγμα μαξιλαριού.

μαξιλαρώνω, ρ. 1. επιτίθεμαι ρίχνοντας μαξιλάρι. 2. (ειδικότερα) αποδοκιμάζω θεατρική παράσταση ή ποδοσφαιρικό αγώνα ρίχνοντας τα μαξιλαράκια των καθισμάτων στη σκηνή ή στο γήπεδο.

μάξιμουμ το, ουσ. άκλ., το μεγαλύτερο δυνατό ποσό ή το ανώτατο όριο που μπορεί να φτάσει κάποια μεταβλητή ποσότητα: το ~ της ταχύτητας· το ~ των ευκαιριών· το ~ της θερμοκρασίας (αντ. μίνιμουμ). [λατ. maximum].

μαξούλι το, ουσ., σοδειά, συγκομιδή. [αραβοτουρκ. mahsul].

μαοϊσμός ο, ουσ., πολιτικό κίνημα και σύστημα που καθιέρωσε ο Μάο-Τσε-Τουνγκ (κινεζική ιδιομορφία του μαρξισμού-λενινισμού).

μαόνι το, ουσ., είδος κοκκινωπού ξύλου άριστης ποιότητας για επενδύσεις και επιπλώσεις. [αγγλ. mahogany].

μαούνα η, ουσ., χαμηλό και πλατύ σκάφος για μεταφορές εμπορευμάτων σε μικρές αποστάσεις. [αραβ. mauna ή τουρκ. mavuna].

μαουνιέρης ο, ουσ. (συνιζ.), κυβερνήτης ή ιδιοκτήτης μαούνας και γενικά ναυτεργάτης που δουλεύει σε μαούνες.

μάπα η, ουσ. (λαϊκ.). 1. κεφάλι, πρόσωπο: φρ. τρώω κάποιον ή κάτι στη ~ (= υφίσταμαι κάποιον ή κάτι ενοχλητικό, δυσάρεστο). 2. αντικείμενο χωρίς πραγματική αξία: είναι ~ αυτό που αγόρασες. 3. είδος σφουγγαρίστρας. [μτγν. ουσ. μάππα<λατ. mappa].

μάπας ο, ουσ. (λαϊκ.), άνθρωπος αφελής, βλάκας.

μάρα η, μόνο στις εκφρ. η σάρα και η ~ (και το κακό συναπάντημα), βλ. σάρα· άρες -ες (κουκουνάρες ή κουταμάρες), βλ. άρες-μάρες.

-μάρα, κατάλ. θηλ. ουσ. που δηλώνουν πάθηση: χαζομάρα.

μαραγκιάζω, ρ. (έρρ., συνιζ.). Α. αμτβ. 1. (για φυτά, άνθη και καρπούς) μαραίνομαι: -ιασαν τα λουλού-

δια από τη ζέστη. 2. (μεταφ.) α. (για πρόσωπα) χάνω τη δροσιά μου, γερνώ: -σμένο ανθρωπολόι· β. καταβάλλομαι από μεγάλη θλίψη: ψυχές -σμένες. Β. (μτβ.) μαραίνω κάτι, το κάνω να χάσει τη δροσιά του: ο ήλιος -ιασε τα λαχανικά. [*μαραντιάζω<μαραντός του μαραίνω].

μαράγκιασμα το, ουσ. (έρρ.). 1. μαράζωμα, μάραμα: ~ των σπαρτών από την ανομβρία. 2. (μεταφ.) χάσιμο της δροσιάς, της δύναμης: ~ της νιότης.

μαραγκοδουλειά η, ουσ. (έρρ., συνιζ.), ξυλουργική εργασία.

μαραγκός ο, ουσ. (έρρ.), τεχνίτης για ξυλουργικές εργασίες: ανάθεμα στους -ούς που φτιάχνουν τα καράβια (δημ. τραγ.) (συνών. ξυλουργός). [βενετ. marangon].

μαραγκοσύνη η, ουσ. (έρρ.), η τέχνη και το επάγγελμα του μαραγκού (συνών. ξυλουργική).

μαραγκούδικο το, ουσ. (έρρ.), εργαστήριο μαραγκού (συνών. ξυλουργείο).

μαράζι το, ουσ. 1. μαρασμός, φθίση. 2. (μεταφ.) μεγάλη στενοχώρια, θλίψη: το ~ τον έλειωνε· φρ. το βάζω ~ (= στενοχωριέμαι πολύ) (συνών. καημός, σαράκι). [τουρκ. maraz].

μαραζιάζω, ρ. (συνιζ.). Α. (μτβ.) προκαλώ μαρασμό, μαραίνω. Β. αμτβ. 1. μαραίνομαι: το δέντρο -ιασε και ρίχνει τα φύλλα του. 2. (μεταφ.) μαραζώνω, λειώνω: -ιασε από το χαμό του παιδιού της.

μαραζιάρης ο, θηλ. **-α**, ουσ. (συνιζ.). 1. αυτός που πάσχει από μαράζι. 2. (μεταφ.) άνθρωπος μελαγχολικός.

μαραζιάρικος, -η, -ο, επίθ. (συνιζ.), μαραζιασμένος.

μαράζωμα το, ουσ., το αποτέλεσμα του μαραζώνω.

μαραζώνω, ρ. 1. μαραίνομαι: τα κρίνα του φθινόπωρου -ωσαν. 2. (μεταφ.) καταβάλλομαι από μεγάλη θλίψη, στενοχώρια: -ωσε η καρδιά μου· το κορίτσι -ωσε από τη στενοχώρια (συνών. λειώνω, μαραζίζω).

μάραθος ο, και **μάραθο** το, ουσ., ποώδες αρωματικό φυτό με νηματοειδή φύλλα που χρησιμοποιείται στη μαγειρική και φαρμακευτική.

μαραθόσπορος ο, ουσ., σπόρος του μάραθου.

μαραθώνιος, -α, -ο, επίθ. (ασυνίζ.). 1. που σχετίζεται με το Μαραθώνα. 2. που έχει μεγάλη διάρκεια με αποτέλεσμα να κουράζει: συζητήσεις / διαβουλεύσεις -ες. - Το αρσ. ως ουσ. = αγώνας δρόμου αντοχής μήκους περίπου 42 χιλιομέτρων. - Το αρσ. και το θηλ. ως ουσ. (με κεφ. το αρχικό γράμμα) = αυτός που κατοικεί στο Μαραθώνα ή κατάγεται από εκεί.

μαραθωνοδρόμος ο, ουσ., αθλητής αγώνων δρόμου που παίρνει μέρος σε μαραθώνιο.

μαραθωνομάχος ο, ουσ. 1. πολεμιστής που πήρε μέρος στη μάχη του Μαραθώνα. 2. (μεταφ.) γενναίος πολεμιστής.

μαραίνω, ρ. I. ενεργ. 1. (για φυτό) κάνω να χάσει τη δροσιά του, να μαραθεί. 2. (μεταφ.) κάνω κάτι να χάσει την ομορφιά και τη ζωντάνια του: ο χρόνος -ει τα κάλλη της νιότης. 3. (μεταφ.) κάνω κάτι να μαραζώσει, εξασθενώ· στενοχωρώ: μάρανες την καρδιά μου. II. μέσ. 1. (για άνθος, φυτό ή δέντρο) χάνω τη δροσιά μου, ξεραίνομαι: άφησες τα λουλούδια απότιστα και -άθηκαν. 2. χάνω τη ζωντάνια μου· συρρικνώνομαι: η ραχιά του καμπούριασε, το πρόσωπό του -άθηκε· τα σπυράκια -άθηκαν σε δυο μέρες.

μάραμα το, ουσ., μαρασμός.

μαραμπού το, ουσ. άκλ., (όχι έρρ.), μεγαλόσωμο πουλί της Ασίας και της Αφρικής, όμοιο περίπου με τον πελαργό, με τεράστιο ράμφος και πρόλοβο στη βάση του κοκκινωπού και χωρίς φτερά λαιμού του. [γαλλ. *marabout*<πορτογαλικό *marabuto*<αραβ. *merābut*].

μαρασκίνο το, ουσ. 1. ποικιλία μικρών κερασιών («μαράσκα») που χρησιμοποιούνται για να συνοδεύουν οινοπνευματώδη ποτά. 2. το ηδύποτο που παρασκευάζεται από τη ζύμωση των καρπών της παραλλαγής «μαράσκα» της κερασιάς [ιταλ. *maraschino*].

μαρασμός ο, ουσ. 1. (ιατρ.) σταδιακή εξασθένηση των σωματικών δυνάμεων εξαιτίας γηρατειών ή ασθένειας: ~ *γεροντικός*. 2. (μεταφ.) παρακμή, ξεπεσμός.

μαραφέτι το, ουσ. 1. μικρό εργαλείο ή εξάρτημα. 2. (μεταφ.) πέος. 3. τέχνασμα για να επιτευχθεί κάτι. [τουρκ. *marifet*].

μαραφούνι, βλ. *μανταφούνι*.

μαργαρίνη η, ουσ., κιτρινωπή ουσία που μοιάζει με το βούτυρο στην όψη και τη γεύση και παρασκευάζεται από φυτικά κυρίως, αλλά και ζωικά λίπη και χρησιμοποιείται στο μαγείρεμα ή αλείφεται στο ψωμί. [γαλλ. *margarine*<ελλην. *μάργαρον*].

μαργαρίτα η, ουσ. 1. μικρό αγριολούλουδο που φυτρώνει ανάμεσα στα χόρτα με άσπρα πέταλα και κίτρινο κέντρο. 2. ονομασία διάφορων φυτών, μεγαλύτερων από την άγρια μαργαρίτα, αλλά με το ίδιο χρώμα και σχήμα που καλλιεργούνται στους κήπους. [ιταλ. *margarita*<ελλην. *μαργαρίτης*].

μαργαριταρένιος, -ια, -ιο, επίθ. (συνίζ.). 1. κατασκευασμένος από μαργαριτάρια: *κολιέ -ιο*. 2. που μοιάζει με μαργαριτάρι: *δόντια -ια*.

μαργαριτάρι το, ουσ. 1. μικρό, στρογγυλό και σκληρό αντικείμενο με σπασμένο λευκό χρώμα και ασημένια λάμψη που σχηματίζεται στο εσωτερικό του οστράκου ορισμένων στρειδιών και χρησιμοποιείται για την κατασκευή πολύτιμων κοσμημάτων· *-ια καλλιεργημένα* = τα μαργαριτάρια που προέρχονται από τα οστρεοτροφεία. 2. (μεταφ.) σημαντικό γλωσσικό ή μεταφραστικό σφάλμα: *-ια από εκθέσεις μαθητών*.

μαργαρίτης ο, ουσ., μαργαριτάρι.

μαργαριτόριζα η, ουσ., η σκληρή, στιλπνή και πλούσια σε ανθρακικό ασβέστιο ουσία που αποτελεί την εσωτερική επιφάνεια του οστράκου ορισμένων μαλακίων, που εκπέμπει λάμψεις σε διάφορα χρώματα και χρησιμοποιείται για την κατασκευή κουμπιών ή τη διακόσμηση αντικειμένων, σεντέφι.

μαργαριτοφόρος, -α, -ο, επίθ., που έχει, που παράγει μαργαριτάρια: *στρείδια -α*.

μάργαρος ο, ουσ., μαργαριτόριζα.

μαργέλι το, ουσ. 1. χείλος πηγαδιού. 2. το κάτω μέρος φορέματος ή άλλου ρούχου που διπλώνεται και ράβεται, στρίφωμα. [λατ. *margellum*].

μαργελώνω, ρ., διπλώνω και ράβω την κάτω άκρη φορέματος ή άλλου ρούχου, στριφώνω.

μάργωμα το, ουσ., το μούδιασμα που προκαλείται από το κρύο· κρύωμα, πάγωμα.

μαργώνω, ρ. 1. παγώνω, τρέμω από το κρύο: *βαρυχειμωνιάσει και το κορμί -ει*. 2. (μεταφ.) μένω εμβρόντητος: *η θεία -ωσε*. [αρχ. *μαργώ*].

μαρέγκα η, ουσ. (έρρ.), χτυπημένα ασπράδια αβγών με ζάχαρη ή και χωρίς ζάχαρη που χρησιμοποιούνται στη ζαχαροπλαστική. [ιταλ. *marenga*].

μαρίδα η, ουσ. 1. μικρό ψάρι μήκους 12-15 εκατοστών, άφθονο στις ελληνικές θάλασσες. 2. σμήνος μικρών ψαριών. 3. (μεταφ.) σμήνος μικρών παιδιών, παιδολόι: *χτύπησε το κουδουνάκι του και μαζεύτηκε η* ~. [αρχ. *σμαρίς*].

μαρίνα η, ουσ. (ναυτ.) λιμανάκι ή όρμος που διαθέτει διάφορες εγκαταστάσεις για την ύδρευση, τον ηλεκτροφωτισμό, την επισκευή και γενικά την εξυπηρέτηση των θαλαμηγών κυρίως που φιλοξενεί. [διεθνής όρος *marina*].

μαρινάρω, ρ., διατηρώ κρέας ή ψάρι σ' ένα μίγμα από λάδι, ξίδι και διάφορα καρυκεύματα πριν το μαγειρέψω για να γίνει πιο μαλακό και γευστικό.

μαρινάτα η, ουσ., σάλτσα από λάδι, ξίδι και διάφορα καρυκεύματα στην οποία διατηρείται κρέας ή ψάρι πριν μαγειρευτεί για να γίνει πιο μαλακό και νόστιμο.

μαρινάτος, -η, -ο, επίθ., διατηρημένος σε σάλτσα από λάδι, ξίδι και καρυκεύματα. [ιταλ. *marinato*].

μαριόλα, βλ. *μαριόλης*.

μαριόλης, -α, -ικο, επίθ. (συνιζ.), πονηρός, επιτήδειος ειδικά στον έρωτα· ναζιάρης, παιχνιδιάρης.

μαριολιά η, ουσ. (συνιζ. δις). 1. πονηριά, ευστροφία. 2. ερωτικό τέχνασμα, τσαλίμι, τσαχπινιά, νάζι.

μαριόλικος, -η, -ο, επίθ. (συνιζ.), επιτήδειος στον έρωτα, ναζιάρης, παιχνιδιάρης: *μάτια -α*.

μαριόλος ο, θηλ. **-α**, ουσ. (συνιζ.), κατεργάρης, πονηρός. [βενετ. *mariol(o)*].

μαριονέτα η, ουσ. (συνιζ.). 1. ανδρείκελο, κούκλα που κινείται με σύρματα ή νήματα δεμένα στα άκρα της ή σ' άλλα σημεία του σώματός της. 2. (μεταφ.) άνθρωπος άβουλος που ενεργεί πάντα κατά τη βούληση τρίτου (συνών. *πιόνι*). [γαλλ. *marionnette* (= μικρό άγαλμα της Παναγίας)].

μαριχουάνα η, ουσ., ναρκωτικό φτιαγμένο από ξερά φύλλα και λουλούδια του φυτού ινδική κάνναβη που καπνίζεται με το τσιγάρο. [ισπαν. *marijuana*].

μάρκα η, ουσ. 1. το όνομα ή το χαρακτηριστικό σήμα που μια βιομηχανία δίνει σ' ένα προϊόν ή μια σειρά προϊόντων της: *τι* ~ *πλυντήριο αγόρασες*; 2. τα αρχικά γράμματα του ονοματεπώνυμου κάποιου αποτυπωμένα ή κεντημένα σε ύφασμα ή ρούχο (συνών. *μονόγραμμα*). 3. κέρμα από μέταλλο ή άλλη ύλη που αντιπροσωπεύει κάποια χρηματική αξία και χρησιμοποιείται σε ορισμένους χώρους (καφενεία, χαρτοπαικτικές λέσχες, λούνα-παρκ) αντί χρημάτων για τη διευκόλυνση της συναλλαγής. 4. (μεταφ. για άτομο) παλιάνθρωπος, υποκείμενο: *είναι μια* ~*!* (συνών. *μούτρο*). [ιταλ. *marca*].

μαρκαδόρος ο, ουσ. 1. υπάλληλος χαρτοπαικτικής λέσχης, καφενείου, εστιατορίου που διαχειρίζεται τις μάρκες (βλ. λ. σημασ. 3). 2. στιλό που έχει διάρκεια με χοντρή μύτη από τσόχα ποτισμένη με ειδική μελάνη που γράφει σε όλες τις επιφάνειες. 3. (ναυτ.) στροφόμετρο.

μαρκαλίζω και **-λώ**, ρ. (για ζώα και κυρίως για αιγοπρόβατα) οχεύω. [αλβαν. *marrkal*].

μαρκάλισμα το, ουσ. (για τράγους και κριάρια) βάτεμα.

μάρκαλος ο, ουσ., η εποχή του γενετήσιου οργασμού των αιγοπροβάτων.

μαρκάρισμα το, ουσ. 1. αποτύπωση ή χάραξη πάνω

σε κάτι χαρακτηριστικού αναγνωριστικού σήματος, σταμπάρισμα. 2. επισήμανση με το βλέμμα προσώπου ή πράγματος ανάμεσα σε πολλά άλλα. 3. (αθλητ., σε ομαδικό άθλημα) παρεμπόδιση αντίπαλου παίκτη.

μαρκάρω, ρ., μτχ. παρκ. *-ισμένος.* 1. αποτυπώνω ή χαράζω πάνω σε κάτι χαρακτηριστικό, αναγνωριστικό σήμα, σταμπάρω. 2. διακρίνω κάποιον ή κάτι ανάμεσα σε πολλά άλλα πράγματα. 3. (αθλητ., σε ομαδικό άθλημα) ανακόπτω αντίπαλο παίκτη. - Η μτχ. παρκ. ως επίθ. = σταμπαρισμένος, σημαδεμένος. [ιταλ. *marcare*].

μαρκασίτης ο, ουσ., ορυκτός θειούχος σίδηρος που χρησιμοποιείται στην κοσμηματοποιία. [γαλλ. marcassite<αραβ. *margachita*].

μάρκετινγκ το, ουσ., το σύνολο των επιχειρηματικών δραστηριοτήτων που αφορούν τη μελέτη, την οργάνωση και την προώθηση των εμπορευμάτων στην αγορά. [αγγλ. *marketing*].

μαρκήσιος ο, (ασυνίζ.), θηλ. **-ια,** ουσ., τίτλος ευγένειας μεταξύ δούκα και κόμητα. [νεολατ. *marquis*].

μαρκίζα η, ουσ., προεξοχή της στέγης, στέγαστρο, γείσο. [γαλλ. *marquise*].

μάρκο το, ουσ., νομισματική μονάδα της Γερμανίας και της Φινλανδίας. [γερμ. *Mark*].

μαρκονιστής ο και (λαϊκ.) **μαρκόνης,** θηλ. **-ισσα,** ουσ., ασυρματιστής, ραδιοτηλεγραφητής. [ιταλ. *marconista*].

μαρκούτσι το, ουσ., ελαστικός σωλήνας του ναργιλέ [τουρκ. *marpuς*].

μαρμάγκα η, ουσ. (ερρ.), είδος φαρμακερής αράχνης· φρ. *τον έφαγε η ~* (για κάποιον που εξαφανίστηκε κάτω από άγνωστες συνθήκες). [αλβαν. *merima(n)gë*].

μαρμαράδικο το, ουσ., εργαστήριο όπου γίνεται η κατεργασία του μαρμάρου ή πουλιούνται μάρμαρα.

μαρμαράς ο, ουσ., τεχνίτης ειδικευμένος στην κατεργασία του μαρμάρου.

μαρμαρένιος, -ια, -ιο, επίθ. (συνιζ.), μαρμάρινος.

μαρμαρίνη η, ουσ., μαρμάρινο πλακουτσωτό χαλίκι που χρησιμοποιείται στα μωσαϊκά δάπεδα.

μαρμάρινος, -η, -ο, επίθ., κατασκευασμένος από μάρμαρο: *πάτωμα / άγαλμα -ο.*

μάρμαρο το, ουσ., ανθρακικό ασβέστιο, σκληρό, λευκό συνήθως ή με φλέβες ποικίλων χρωμάτων, κρύο όταν το αγγίζει κανείς, που επιδέχεται στίλβωση και χρησιμοποιείται ιδιαίτερα στην οικοδομική και στην τέχνη: *τεχνητό ~* = μίγμα μαρμαροκονίας με χρώμα, απομίμηση του φυσικού μαρμάρου. Έκφρ. *στήθος ~* (για γενναίο, παλληκαρά). Φρ. *αφήνω κάποιον ~* (= ακίνητο από έκπληξη ή τρόμο): *σου πετάει δυο λόγια και σ' αφήνει ~.*

μαρμαρογλύπτης και **μαρμαρογλύφος** ο, ουσ., ο τεχνίτης που με τη σμίλη ή άλλα βοηθητικά εργαλεία σκαλίζει πάνω στο μάρμαρο διακοσμητικά σχέδια, γράμματα και παραστάσεις ή κατασκευάζει από μάρμαρο διάφορα αντικείμενα.

μαρμαρογλυπτική και **μαρμαρογλυφία** η, ουσ., η τέχνη του μαρμαρογλύπτη, το σκάλισμα πάνω σε μάρμαρο διακοσμητικών σχεδίων ή η κατασκευή αντικειμένων από μάρμαρο.

μαρμαρογλυφείο το, ουσ., το εργαστήριο όπου εργάζεται ο μαρμαρογλύφος.

μαρμαρογλυφία, βλ. *μαρμαρογλυπτική.*

μαρμαρόγλυφος, βλ. *μαρμαρογλύπτης.*

μαρμαρόκολλα η, I. ουσ. κόλλα που χρησιμοποιείται για κόλλημα των μαρμάρων.

μαρμαρόκολλα η, II. ουσ. χρωματιστό χαρτί διακοσμημένο με ζωηρόχρωμα ακανόνιστα σχέδια που αντικαθιστά τα λευκά φύλλα χαρτιού στην αρχή και το τέλος ορισμένων βιβλίων.

μαρμαροκολόνα η, ουσ. 1. κολόνα από μάρμαρο, μαρμάρινη στήλη: *οι -ες του ναού.* 2. (μεταφ. για άνθρωπο) **α.** που μένει εμβρόντητος· **β.** που κρατά στάση ψυχρή.

μαρμαροκονία η, ουσ., κάθε κονίαμα που δίνει στους τοίχους την στιλπνότητα του μαρμάρου.

μαρμαρόπλακα η, ουσ., πλάκα μαρμάρου· (συνεκδοχικά) μάρμαρο: *η αυλή ήταν στρωμένη με ~ τηνιακή.*

μαρμαρόσκονη η, ουσ., σκόνη από μάρμαρο ή και κάθε κονίαμα που χρησιμοποιείται για να δίνει σε τοίχους τη στιλπνότητα του μαρμάρου.

μαρμαρόστρωτος, -η, -ο, επίθ., στρωμένος με μάρμαρα ή που έχει δάπεδο από μάρμαρο: *αυλή -η.*

μαρμαροτεχνίτης ο, ουσ., τεχνίτης που επεξεργάζεται το μάρμαρο για να χρησιμοποιηθεί ως οικοδομικό ή διακοσμητικό υλικό.

μαρμαρυγή η, ουσ., παλμική λάμψη, ακτινοβολία (συνήθως των άστρων), λαμπύρισμα: *Σκοτάδι γύρω δίχως μια ~* (Καρυωτάκης)· *λάμπουν την άνοιξη τα δέντρα, / θα ροδαμίσει του όρθρου η ~* (Σεφέρης).

μαρμαρυγίας ο, ουσ. (ορυκτ.) διαφανής λίθος που τις λεπτές πλάκες του χρησιμοποιούσαν παλιότερα αντί γυαλιού: *αρχαίες φιάλες από -α.*

μαρμάρωμα το, ουσ. 1. μεταβολή πράγματος ή ζωντανού οργανισμού σε μάρμαρο, απολίθωση: *του πουλιού από τη μάγισσα.* 2. (μεταφ.) το να μένει κανείς ακίνητος και άναυδος από φόβο, κατάπληξη, κ.τ.ό.

μαρμαρώνω, ρ. Α. μτβ. 1. επενδύω, στρώνω επιφάνεια με μάρμαρο. 2. (λαϊκ., μυθολ.-λαογρ.) μεταβάλλω ζωντανό οργανισμό σε μάρμαρο, απολιθώνω: *η κακή μάγισσα -ωσε το βασιλόπουλο·* *-ωμένος βασιλιάς* (= κατά τη λαϊκή παράδοση ο τελευταίος αυτοκράτορας του Βυζαντίου Κων/νος Παλαιολόγος). Β. (αμτβ.), (μεταφ.) μένω ακίνητος και άναυδος από κατάπληξη, φόβο, κ.τ.ό.: *μόλις τους είδε -ωσε από το φόβο της·* *καθότανε αμίλητη, -ωμένη.*

μαρμελάδα η, ουσ., γλυκό έδεσμα με πολτώδη μορφή που παρασκευάζεται με βράσιμο διάφορων φρούτων και ζάχαρης και τρώγεται συνήθως αλειμμένο στο ψωμί: *~ φράουλα.* [γαλλ. *marmelade*].

μαρμίτα η, ουσ. 1. είδος μεταλλικής κατσαρόλας. 2. φαγητό σε συσσίτιο. [γαλλ. *marmîte*].

μαρμιτόνι το, ουσ., βοηθός μαγειρείου για το πλύσιμο των πιάτων και την καθαριότητα της κουζίνας (συνών. *λαντζιέρης*). [γαλλ. *marmiton*].

μαρξισμός ο, ουσ., πολιτική φιλοσοφία, ιδεολογία που βασίζεται στη θεωρία του Γερμανού Καρλ Μαρξ, σύμφωνα με την οποία η πάλη των κοινωνικών τάξεων θα οδηγήσει στον επαναστατικό μετασχηματισμό της κοινωνίας προς το σοσιαλισμό-κομουνισμό: *θεωρητικός του -ού· -λενινισμός* (= συνδυασμός της πολιτικής θεωρίας του Μαρξ και του Λένιν, η βάση του κομουνιστικού συστήματος). [γαλλ. *marxisme*].

μαρξιστής ο, θηλ. **-ίστρια,** ουσ., οπαδός του μαρξισμού: (ως επίθ.) *~ πολιτικός / φιλόσοφος.*

μαρξιστικός, -ή, -ό, επίθ., που βασίζεται στο μαρξισμό ή έχει σχέση μ' αυτόν: *θεωρία -ή· -ή πολιτική οικονομία· κόμμα -ό.*
μαρξίστρια, βλ. *μαρξιστής.*
μαροκέν το, ουσ. 1. είδος λεπτού και μαλακού πολύχρωμου δέρματος από κατσίκα. 2. είδος υφάσματος με ανώμαλη επιφάνεια που μοιάζει με το παραπάνω δέρμα. [γαλλ. *maroquin*].
μαροκινό το, ουσ. 1. είδος λεπτού και μαλακού πολύχρωμου δέρματος από κατσίκα (συνών. *μαροκέν*). 2. είδος χαρτιού που μοιάζει με το παραπάνω δέρμα.
μαροκινός, -ή, -ό, επίθ., που ανήκει ή αναφέρεται στο Μαρόκο ή προέρχεται από εκεί: *δέρματα -ά.* - *Το αρσ. και το θηλ.* (με κεφ. το αρχικό γράμμα ως ουσ. = αυτός που κατάγεται από το Μαρόκο ή ζει εκεί: (ως επίθ.) *πρόσφυγες -οί.*
μαρόνι το, ουσ., είδος κάστανου εκλεκτής ποιότητας. [γαλλ. *marron*].
Μαρονίτες οι, ουσ. (θρησκ.) ουνίτες χριστιανοί της Συρίας και του Λιβάνου που δέχονται τη συριακή λειτουργία. [όν. πατριάρχη *Maroun*].
μαρούλι το, ουσ., λαχανικό με μεγάλα πράσινα φύλλα: *καρδιά του -ιού,* βλ. *καρδιά σημασ.* 8β. [λατ. *amarus* ή **amarulus*].
μαρουλοσαλάτα η, ουσ., σαλάτα που παρασκευάζεται από μαρούλια.
μαρουλόσπορος ο, ουσ., ο σπόρος του μαρουλιού.
μαρουλόφυλλο το, ουσ., φύλλο μαρουλιού.
μαρς, επιφ., πρόσταγμα για εκκίνηση ή επίθεση: *εμπρός ~! μόλις ακούσετε ~, ξεκινήστε!* (αντ. *αλτ*). - *Ως ουσ.* = (στρατ.) εμβατήριο: *η μπάντα έπαιξε ένα ~.* [γαλλ. προστ. *marche*].
μαρσάρισμα το, ουσ. 1. (για αυτοκίνητο ή μηχανή) το να πατά κανείς γκάζι έχοντας βάλει μικρή ταχύτητα. 2. (συνεκδοχικά) ο έντονος και βομβώδης ήχος της μηχανής αυτοκινήτου, κ.τ.ό., που προκαλείται, όταν ο οδηγός πατά γκάζι.
μαρσάρω, ρ., αόρ. *-αρα* και *-ισα* (λαϊκ.). 1. (για αυτοκίνητο ή μηχανή) πατώ γκάζι έχοντας βάλει μικρή ταχύτητα (πρώτη, δεύτερη): *-αρε λίγο πριν πάρει την ανηφόρα.* 2. (συνεκδοχικά) πατώντας γκάζι προκαλώ έντονο και βομβώδη θόρυβο: *τα αυτοκίνητα που -ουν δε σ' αφήνουν να ησυχάσεις.* [γαλλ. *marcher* + *-άρω*].
μαρσεγέζικος, -η, -ο και (λαϊκ.) **μαρσιλιέζικος,** (συνιζ.), επίθ., που ανήκει ή αναφέρεται στη Μασσαλία ή τους Μαρσεγέζους.
Μαρσεγέζος και (συνιζ.) **Μορσιλιέζος** ο, θηλ. *-α,* ουσ. (λαϊκ.), αυτός που κατοικεί στη Μασσαλία (πόλη της Γαλλίας) ή κατάγεται από εκεί. [γαλλ. *Marseille* και ιταλ. *Matsiglia* αντίστοιχα].
μάρσιπος ο, ουσ. (ζωολ.) δερμάτινος θύλακος στην κοιλιά ορισμένων θηλυκών ζώων όπου τοποθετούν τα νεογέννητα μωρά τους εωσότου ωριμάσουν εντελώς.
μαρσιποφόρος, -α, -ο, επίθ. (ζωολ., συνήθως στο ουδ.) ζώο που φέρει στο μπροστινό του μέρος μάρσιπο: *ζώο -ο.* - *Το ουδ. στον πληθ. ως ουσ.* = τάξη θηλαστικών ζώων που τα θηλυκά τους φέρουν μάρσιπο, όπως π.χ. τα καγκουρό.
Μάρτης, βλ. *Μάρτιος.*
μαρτιάτικος, -η, -ο, επίθ. (συνιζ.), που αναφέρεται ή ανήκει στο μήνα Μάρτιο, που συμβαίνει μέσα στο μήνα Μάρτιο: *ξεροβόρι -ο.* - *Επίρρ.* **-α**: *-α θα κάνεις μπάνιο στη θάλασσα;*
μαρτίνι το, I. ουσ. (ιδιωμ.) μανάρι (βλ. λ.), θρεφτάρι.

μαρτίνι το, II. ουσ. είδος οπισθογεμούς όπλου. [κύρ. όν. του εφευρέτη *Martini*].
μαρτίνι το, III. ουσ. είδος ηδύποτου απεριτίφ: *~ άσπρο.* [όν. του ιταλικού οίκου *Martini*, που το παράγει].
Μάρτιος (ασυνίζ.) και **Μάρτης** ο, ουσ. 1. ο τρίτος μήνας του χρόνου: παροιμ. *από Αύγουστο χειμώνα κι από -η καλοκαίρι· λείπει ο -ης απ' τη Σαρακοστή;* (για άνθρωπο που επιδιώκει να παρευρίσκεται σε όλες τις σημαντικές εκδηλώσεις)· *-ης γδάρτης και παλουκοκαύτης· του -η ο ήλιος βάφει και πέντε μήνες δεν ξεβάφει.* 2. (μόνο στον τ. με μικρό *μ*) δίχρωμο λεπτό κορδόνι από κόκκινη και άσπρη κλωστή που δένουν τα παιδιά γύρω από τον καρπό του χεριού τους την πρώτη Μαρτίου, πιστεύοντας ότι θα τα φυλάξει από τις καυστικές ακτίνες του ήλιου: *έβαλε -η για να μην την πιάσει ο ήλιος.*
μάρτυρας ο, ουσ. 1. πρόσωπο που είδε ή αντιλήφθηκε κάτι, που γνωρίζει ένα γεγονός και είναι σε θέση να το περιγράψει σε άλλους ή να βεβαιώσει ότι έτσι συνέβη: *αυτόπτης ~ ατυχήματος· είσαι ~ για όσα λέει.* 2. πρόσωπο που παρουσιάζεται σε δικαστήριο για να εκθέσει ή να βεβαιώσει κάτι που γνωρίζει σχετικά με εκδικαζόμενη υπόθεση: *το δικαστήριο καλεί -ες·* ~ *κατηγορίας / υπεράσπισης· ~ αναξιόπιστος.* 3. πρόσωπο που καταδιώχθηκε και βασανίστηκε ή θανατώθηκε για τη θρησκευτική του πίστη ή τις ιδεολογικές του πεποιθήσεις: *ο Στέφανος ήταν ο πρώτος ~ της χριστιανικής πίστης· οι σαράντα -ες· ~ της ελευθερίας.* 4. άνθρωπος που έχει βασανιστεί πολύ στη ζωή του, που έχει υποστεί πολλές ταλαιπωρίες: *μ' αυτά που τραβά ο άντρας της είναι -!* 5. (ειδικά) ~ *του Ιεχωβά* = οπαδός θρησκευτικής αίρεσης που δέχεται ότι η συντέλεια του κόσμου θα συμβεί πολύ γρήγορα (συνών. *ιεχωβάς, χιλιαστής*).
μαρτυρία η, ουσ. 1. πληροφορία που αποδεικνύει, πιστοποιεί κάτι: *~ ανεπιβεβαίωτη.* 2. κατάθεση μάρτυρα (βλ. λ. σημασ. 2) σε δικαστήριο όσων είδε ή άκουσε σχετικά με εκδικαζόμενη υπόθεση. 3α. πληροφορία ή ένδειξη για κάποιο (ιστορικό συνήθως) γεγονός που παραδίδεται κυρίως από παλαιότερα κείμενα ή μνημεία, κ.τ.ό.: *-ες για την κάθοδο των Δωριέων απαντούν σε αρχαϊκές επιγραφές· -ες αρχαίων συγγραφέων·* β. (συνεκδοχικά) πηγή απ' όπου αντλούμε στοιχεία ή τεκμήρια· *απόδειξη: το κείμενο αποτελεί αυθεντική ~ μιας ιστορικής περιόδου.*
μαρτυριάρης, -α και **-ισσα, -ικο,** επίθ. (συνιζ., λαϊκ.), (συνήθως για παιδιά) που μαρτυρά τις κακές πράξεις και τις αταξίες των φίλων του: *ο συμμαθητής μου είναι ~.*
μαρτυριάτικο (συνιζ.) και **μαρτυρίκι** το, ουσ., το σταυρουδάκι ή και άλλο δώρο που χαρίζει στο παιδί που βαφτίζεται ο νονός του.
μαρτυρικός, -ή, -ό, επίθ. 1α. που αναφέρεται στο μάρτυρα (βλ. λ. σημασ. 3), που γίνεται με βασανιστήρια: *θάνατος ~·* β. (ειδικά) που αναφέρεται στους μάρτυρες της Εκκλησίας. 2. (μεταφ.) βασανιστικός, γεμάτος ταλαιπωρίες: *ζωή -ή.* 3. (νομ.) που αναφέρεται ή γίνεται από το μάρτυρα δικαστηρίου: *κατάθεση -ή.* - *Το ουδ. ως ουσ.* - (εκκλ.) τροπάριο που υμνεί τους άθλους κάποιου μάρτυρα της Εκκλησίας. - *Επίρρ.* **-ά** (στη σημασ. 1): *έχασε τη ζωή του -ά.*
μαρτύριο το, ουσ. (ασυνίζ.). 1α. βαριά κάκωση,

βασανιστήριο· β. (ειδικά) σκληρά βασανιστήρια και θανάτωση ανθρώπου εξαιτίας των θρησκευτικών ή πολιτικών πεποιθήσεών του: *-α των αγίων της Εκκλησίας.* 2. (μεταφ.) μεγάλη σωματική ή ψυχική δοκιμασία, ταλαιπωρία: *η ζωή της κατάντησε ~* (συνών. *βάσανο*). 3. (εκκλ.) κτίσμα πάνω από τον τάφο μάρτυρα της Εκκλησίας.

μαρτυρολόγιο το, ουσ. (ασυνίζ.). **α.** βιογραφία αγίου που μαρτύρησε· **β.** βιβλίο που περιέχει βίους μαρτύρων της Εκκλησίας.

μαρτυρώ, -είς, ρ. Ι. ενεργ. Α. αμτβ. 1. (νομ.) καταθέτω σε δικαστήριο για να βεβαιώσω κάτι σχετικό με εκδικαζόμενη υπόθεση: *-ησε υπέρ του κατηγορουμένου.* **2α.** υποβάλλομαι σε βασανιστήρια ή ταλαιπωρίες: *-ησα ώσπου να 'ρθω·* **β.** (για άγιο της χριστιανικής θρησκείας) βρίσκω μαρτυρικό θάνατο. Β. μτβ. 1. βεβαιώνω την ύπαρξη κάποιου πράγματος, αποδεικνύω: *τα ευρήματα -ούν την ύπαρξη ενός αρχαίου πολιτισμού.* 2. δείχνω, κάνω κάτι φανερό, αποκαλύπτω: *η έκφραση του προσώπου της -εί την ψυχολογική της κατάσταση.* 3. αποκαλύπτω κάτι μυστικό, φανερώνω· καταδίδω κάποιον ή κάτι: *θα το -ήσω στον πατέρα σου· δε -ησε τους συνενόχους του· γιατί -ησες το μυστικό μας·* ΙΙ. μέσ. 1. αποδεικνύεται η ύπαρξή μου: *η λέξη -είται σε κείμενα του 10. αι.· λέξη -ημένη* (αντ. *αμάρτυρη*). 2. (απρόσ., λόγ.) φρ. *-είται ότι =* αποδεικνύεται με μαρτυρίες, τεκμηριώνεται.

μάρτυς μου ο Θεός· αρχαϊστ. έφκρ. = ο Θεός με ακούει και θα βεβαιώσει ή όχι αυτά που ισχυρίζομαι ή κάνω: ~ *αν λέω ψέματα.*

μάσα η, ουσ. (λαϊκ.), φαγητό: *-ες και ξάπλες.*

μασάζ το, ουσ. άκλ., τρίψιμο του σώματος ή μέρους του και γερή πίεση του δέρματος με τα χέρια ή ειδικά όργανα με σκοπό τη χαλάρωση ή τη θεραπεία παθήσεων: ~ *θεραπευτικό / για αδυνάτισμα· κάνω* ~ (= **α.** για το μασέρ· **β.** για τον άνθρωπο που του κάνουν μασάζ). [γαλλ. *massage*].

μασέζ, βλ. *μασέρ.*

μασέλα η, ουσ. 1. γνάθος, σαγόνι: *δουλεύουν καλά οι -ες του· κάτω* ~. 2. το σύνολο των δοντιών, οδοντοστοιχία. 3. τεχνητή οδοντοστοιχία: *η γιαγιά έβγαλε όλα τα δόντια της και πέρασε* ~. [ιταλ. *mascella*].

μασέρ ο, θηλ. **μασέζ**, ουσ. άκλ., φυσιοθεραπευτής, αισθητικός ή γιατρός ειδικευμένος στο μασάζ. [γαλλ. *masseur*].

μάσημα το, ουσ., το να μασά κανείς.

μασητήρας ο, ουσ., το δόντι που κυρίως ενεργεί κατά το μάσημα, γομφίος (συνών. *τραπεζίτης*).

μασιά η, ουσ. (συνίζ.). **α.** σιδερένια λαβίδα που χρησιμοποιείται για να πιάνει καυτά αντικείμενα: ~ *για τα κάρβουνα* (συνών. *τσιμπίδα*)· **β.** ειδικό όργανο σε σχήμα μασιάς που χρησιμοποιείται πυρωμένο για να δώσει ορισμένη κόμμωση: ~ *ηλεκτρική.* [τουρκ. *maşa*].

μάσκα η, ουσ. 1. αντικείμενο από διάφορα υλικά με αποτυπωμένα χαρακτηριστικά προσώπου, με τρύπες στη θέση των ματιών και του στόματος, που φοριέται μπροστά από το πρόσωπο για να το κρύψει ή να του δώσει διαφορετική μορφή: ~ *ηθοποιού / καρναβαλίστικη* ~ *ζωόμορφη / κολομπίνας· οι ληστές φορούσαν -ες* (συνών. *προσωπείο*). 2. ειδική συσκευή ή αντικείμενο από διάφορα υλικά που προσαρμόζεται στο πρόσωπο για να το προστατεύσει από κάτι ή να το διευκολύνει σε κάτι: ~ *χειρουργική / οξυγόνου* (που με τη βοήθειά της παρέχεται στον ασθενή οξυγόνο)· ~ *αντιασφυξιογόνα* (για την προστασία από δηλητηριώδη αέρια)· ~ *βατραχανθρώπου ή κολυμβητή* (= συσκευή με γυαλί που τον βοηθά να βλέπει όταν βουτά στη θάλασσα). 3. (μεταφ.) συμπεριφορά υποκριτική, που κρύβει τα πραγματικά συναισθήματα ή το χαρακτήρα κάποιου: *πέταξε από πάνω του τη* ~ *της καλοσύνης και έδειξε τον πραγματικό του χαρακτήρα* (συνών. *προσωπείο*). 4. καλλυντική ουσία που απλώνεται στο πρόσωπο για περιποίηση του δέρματος: ~ *ομορφιάς.* 5. (ναυτ.) το πλευρό της πλώρης· *η θάλασσα χτυπούσε στη* ~ *της βάρκας.* 6. ~ *αυτοκινήτου* = σκάρα στο μπροστινό εξωτερικό τμήμα του αυτοκινήτου, ανάμεσα στα δυο φανάρια, που επιτρέπει τον αέρα να περνά στο ψυγείο του αυτοκινήτου για να μην «ανάβει» η μηχανή. [μεσν. λατ. *masca*].

μασκάλη, βλ. *μασχάλη.*

μάσκαρα η, ουσ., γυναικείο καλλυντικό για τη βαφή των βλεφαρίδων των ματιών: ~ *μαύρη / μπλε.* [αγγλ. *mascara*].

μασκαράς ο, Ι. ουσ. μεταμφιεσμένος στις Αποκριές. [βενετ. *mascara*].

μασκαράς ο, ΙΙ. ουσ. **α.** άνθρωπος χωρίς ήθος, κακοήθης· **β.** (χαϊδευτικά για οικεία πρόσωπα) άτιμος (βλ. λ. σημασ. 5): *βρε το -ά, τι πήγε να μας σκαρώσει!.* - Υποκορ. **-ατζίκος** ο (στη σημασ. **β**). [τουρκ. *maskara*].

μασκαράτα η, ουσ., γιορτή ή πομπή μεταμφιεσμένων. [παλαιότερο ιταλ. *mascarata*].

μασκαρατζίκος, βλ. *μασκαράς.*

μασκάρεμα το, ουσ., το να μασκαρεύεται κανείς, μεταμφίεση.

μασκαρεύω, ρ., ντύνω κάποιον καρναβάλι, μεταμφιέζω· (συνηθέστερα μέσ.) ντύνομαι καρναβάλι, μεταμφιέζομαι: *πώς -εύτηκες έτσι; ήρθαν στην γιορτή -εμένοι.*

μασκαριλίκι το, ουσ., γελοιοποίηση, εξευτελισμός: *τι* ~ *κόντεψε να πάθει!* [τουρκ. *maskaralık*].

μασκότ η, ουσ. άκλ., αντικείμενο, παιχνίδι ή ζωάκι που θεωρείται ότι φέρνει τύχη: *η* ~ *της ομάδας / των αγώνων είναι ένα αρκουδάκι.* [γαλλ. *mascotte*].

μασονία η, ουσ. 1. διεθνής μυστική οργάνωση με άγνωστους κοινωνικούς σκοπούς (συνών. *τεκτονισμός*). 2. (συνεκδοχικά) τα δόγματα των μασόνων. 3. (κατ' επέκταση) ομάδα ανθρώπων που αλληλοϋποστηρίζονται με φανατισμό.

μασονικός, -ή, -ό, επίθ., που σχετίζεται με τους μασόνους ή τη μασονία: *στοά -ή* (συνών. *τεκτονικός*).

μασονισμός ο, ουσ., μασονία.

μασόνος ο, ουσ. 1. μέλος του μασονισμού (συνών. *τέκτονας*). 2. (μειωτ.) αυτός που παραβαίνει τα θρησκευτικά καθιερωμένα. [ιταλ. *massone*].

μασούλημα, βλ. *μασούλισμα.*

μασουλίζω, βλ. *μασουλώ.*

μασούλισμα και **μασούλημα** το, ουσ., ασταμάτητο και σιγανό μάσημα.

μασουλώ και **μασουλίζω**, ρ., μασώ κάτι σιγά και συνεχώς: *ώρες -ούσε ένα κουλούρι.*

μασούρι το, ουσ. 1. μικρό καλάμι ή ξύλο όπου τυλίγεται το νήμα για ύφανση. 2. (συνεκδοχικά) καρούλι, κουβαρίστρα. 3. οτιδήποτε έχει το σχήμα μασουριού: *ένα* ~ *κανέλα· ~ δυναμίτιδας.* Φρ. *τα κάνει -ια* (= μαζεύει πολλά χρήματα). - Υποκορ. **-άκι** το. [τουρκ. *masura*].

μασουρίζω, ρ., τυλίγω νήμα σε μασούρι.
μασούρισμα το, ουσ., περιτύλιξη νήματος σε μασούρι.
μασουρίστρα η, ουσ., εξάρτημα ραπτομηχανής όπου μασουρίζεται η κλωστή.
μασσαλιώτιδα η, ουσ. (συνιζ.), πατριωτικό τραγούδι γραμμένο από το Γάλλο αξιωματικό Ρουζέ Ντελίλ κατά τη γαλλική επανάσταση, που έγινε ο εθνικός ύμνος της Γαλλίας.
μαστάρι το, ουσ. 1. μαστός ζώου (ιδίως αυτών που παράγουν γάλα): -*ια κατσίκας* (συνών. *βυζί*). 2. (μειωτ.) μεγάλο στήθος γυναίκας.
μαστεκτομή η, ουσ. (ιατρ.) αφαίρεση του μαστού με χειρουργική επέμβαση.
μαστέλο το, ουσ., ανοιχτό ξύλινο ή μεταλλικό δοχείο για μεταφορά υγρών: *πήρε ένα ~ και άρχισε να σφουγγαρίζει* (συνών. *κάδος*). [βενετ. *mastelo*].
μάστιγα η, ουσ. 1. βούρδουλας (συνών. *καμουτσίκι*). 2. (μεταφ.) μεγάλη συμφορά, κοινωνική πληγή: *τα ναρκωτικά είναι η ~ της εποχής μας*.
μαστίγιο το, ουσ. (ασυνίζ.). 1. λεπτή δερμάτινη λουρίδα δεμένη σε ξύλο με την οποία χτυπούν τα ζώα για να τρέχουν· εκφρ. *με το ~* (= με την άσκηση ή την απειλή βίας) (συνών. *καμουτσίκι, βούρδουλας*). 2. (βοτ.-ζωολ.) (στον πληθ.) πρωτοπλασματικές διαφοροποιήσεις που χρησιμεύουν σαν όργανα μετακίνησης.
μαστίγωμα το και **μαστίγωση** η, ουσ., χτύπημα με μαστίγιο: *~ ζώου*.
μαστιγώνω, ρ. 1. χτυπώ κάποιον με μαστίγιο και γενικά δέρνω. 2. (μεταφ.) συγκινώ βαθιά παρωθώντας σε κάτι: *με -ωνε η λέξη «ανήφορος»* (Καζαντζάκης).
μαστίγωση, βλ. *μαστίγωμα*.
μαστίζω, ρ. (μεταφ.) πλήττω, καταβασανίζω: *ζούμε σ' έναν κόσμο που -εται από προβλήματα*.
μαστίτιδα η, ουσ. (ιατρ.) φλεγμονή του μαστού.
μαστίχα η και **μαστίχι** το, ουσ. 1. αρωματική ρητινώδης ουσία που βγαίνει από το φλοιό του μαστιχόδεντρου και μπορεί να μασηθεί σαν τσίκλα μετά το πήξιμό της. 2. γλυκό ή ποτό που περιέχει την αρωματική αυτή ουσία. 3. είδος γλυκού παρασκευάσματος που μπορεί κανείς να μασήσει για πολύ χωρίς να το καταπιεί (συνών. *στη σημασ*. 3 *τσίκλα*).
μαστιχένιος, -ια, -ιο, επίθ. (συνιζ.), που παρασκευάζεται από μαστίχα.
μαστίχι, βλ. *μαστίχα*.
μαστιχιά η, ουσ. (συνιζ.). 1. είδος καλλωπιστικού φυτού που συγγενεύει με τη μολόχα. 2. μαστιχόδεντρο.
μαστιχόδεντρο το, ουσ., φυτό με γαλακτώδη οπό που μετά το πήξιμό του μασιέται σαν τη μαστίχα.
μαστιχόμελο το, ουσ., μέλι που παράγεται στη Χίο από μέλισσες που βόσκουν σε μαστιχόδεντρα.
μαστιχοφόρος, -α, -ο, επίθ., που παράγει μαστίχα: *φυτό -ο*.
μαστογραφία η, ουσ. (ιατρ.), ακτινολογική εξέταση του μαστού.
μαστόδοντο το, ουσ. (ζωολ.) τεράστιο θηλαστικό συγγενικό προς τον ελέφαντα, γνωστό από προϊστορικά απολιθωμένα λείψανα.
μαστοειδής, -ής, -ές, γεν. -*ούς*, πληθ. αρσ. και θηλ. -*είς*, ουδ. -*ή*, επίθ. (λόγ.), που μοιάζει με μαστό: *απόφυση ~*.
μαστοράντζα η, ουσ. (έρρ.). 1. ομάδα μαστόρων. 2. η τάξη των μαστόρων. 3. επιδέξιος μάστορας.

μάστορας και **μάστορης** ο, θηλ. -**ισσα**, πληθ. -**ες**, -**στόροι** και -**στόρια**, αιτ. -**ες** και -**ους**, ουσ. 1. έμπειρος κάποιας τέχνης, τεχνίτης: *το ρολόι μου θέλει -η*. 2. οδηγός μιας κατασκευής, αρχιτεχνίτης. 3. άνθρωπος εξαιρετικά επιδέξιος ή επιτήδειος σε οτιδήποτε: *είναι ~ στο στίχο· είναι -ισσα στα γλυκά* (συνών. *δεξιοτέχνης*· αντ. *ατζαμής*)· φρ. *βρίσκω το -ή μου* (= βρίσκω τον ικανό να με συνετίσει). [*μαΐστωρ*].
μαστόρεμα το, ουσ., το να μαστορεύει κανείς κάτι: *επισκευές και -ατα*.
μαστορεύω, ρ. 1. κατασκευάζω ή επιδιορθώνω κάτι: *το δοξάρι το είχε -έψει καλός τεχνίτης*. 2. φτιάχνω κάτι με επιδεξιότητα, με τέχνη (συνών. *φιλοτεχνώ*).
μάστορης, *μάστορας*.
μαστοριά η, ουσ. (συνιζ.). 1. τεχνική ικανότητα, επιδεξιότητα: *έφτιαξε το σπίτι του με ~*. 2. (γενικά) δεξιοτεχνία: *η ιστορία αυτή είναι δεμένη με ~* (αντ. *ατζαμοσύνη*).
μαστορικός, -ή, -ό, επίθ. 1. που ανήκει ή αναφέρεται στο μάστορα: *σύνεργα -ά*. 2. που είναι φτιαγμένος με μαστοριά (συνών. *καλοφτιαγμένος, καλλιτεχνικός*· αντ. *κακοφτιαγμένος*). - Το ουδ. στον πληθ. ως ουσ. = η αμοιβή του τεχνίτη: *κάθε χρόνο ανεβαίνουν τα -ά*. - Επίρρ. -**ά**.
μαστόρισσα, βλ. *μάστορας*.
μαστορόπουλο και **μαστορούδι** το, ουσ., βοηθός ή μαθητευόμενος του μάστορα: *σαράντα -α κι εξήντα δυο μαστόροι* (δημ. τραγ.).
μαστός ο, ουσ., αδενικό όργανο των θηλυκών θηλαστικών, σφαιρικού σχήματος όπου σχηματίζεται το γάλα για την ανάπτυξη του νεογέννητου (συνών. *στήθος, βυζί*).
μαστοφόρος, -ος, -ο, επίθ. (για ζώο), που έχει μαστούς. - Το ουδ. στον πληθ. ως ουσ. = ομοταξία θηλαστικών σπονδυλωτών ζώων.
μαστραπάς ο, ουσ., πήλινο ή μεταλλικό δοχείο μικρής χωρητικότητας απ' όπου πίνουμε νερό: -*άδες ασημένιοι* (συνών. *κύπελλο*). [τουρκ. *maşrapa*].
μαστρο-, α΄ συνθ. (κύρ.) ον. (π.χ. *μαστρο-γιάννης, μαστρο-χαλαστής*). [*μάστορας*].
μαστροπεία η, ουσ., παρακίνηση σε πορνεία.
μαστροπός ο, ουσ., αυτός που προωθεί γυναίκες στην πορνεία (συνών. *προαγωγός*, λαϊκ. *νταβατζής*).
μαστροχαλαστής ο, ουσ., αδέξιος τεχνίτης, που χαλάει αντί να διορθώσει κάτι.
μασχάλη και **μασκάλη**, ουσ. 1. ανοιχτή κοιλότητα του σώματος που σχηματίζεται στο μέρος που ενώνεται ο βραχίονας με τον ώμο: *έχεις ελιά στο στήθος σου κι ελιά στην αμασκάλη* (δημ. τραγ.). 2. (συνεκδοχικά) το μέρος των ρούχων που αντιστοιχεί στη μασχάλη: *φαρδιά / στενή ~*. 3. (βοτ.) η γωνία που σχηματίζεται στο σημείο που βγαίνει το φύλλο από το βλαστό. 4. (για ζώα) κοιλότητα μεταξύ της ρίζας των μπροστινών ποδιών και του κορμού των ζώων.
μασχαλιαίος, -α, -ο, επίθ. (ασυνίζ.). 1. που ανήκει ή αναφέρεται στη μασχάλη: *αρτηρία -α*. 2. (βοτ.) που εκφύεται από τη μασχάλη: *άνθη -α*.
μασχαλιστήρας ο, ουσ. 1. (ναυτ.) πεσκαδούρος (βλ. λ.). 2. λουρί που συγκρατεί το σαμάρι ή τη σέλα υποζυγίου.
μασώ, ρ. 1. λειώνω, πολτοποιώ την τροφή με τα δόντια για να μπορέσω να την καταπιώ πιο εύκο-

λα: *έβγαλα το δόντι μου και δεν μπορώ να -ήσω καλά*· *θέλει -ημένο φαΐ* (= τα θέλει όλα έτοιμα)· *είναι σκληρό, δεν μπορώ να το -ήσω*. 2. δαγκώνω με τα δόντια μου κάτι χωρίς να το καταπιώ, είτε γιατί θέλω να γευτώ το άρωμά του, είτε γιατί είμαι νευρικός: ~ *μαστίχα / το μουστάκι μου*. 3. (για εργαλείο ή μηχάνημα) παρουσιάζω ανωμαλία στη λειτουργία μου κατά την οποία μαζεύω ή τσακίζω το αντικείμενο (κλωστή, ύφασμα, ταινία) που επεξεργάζομαι: *η ραπτομηχανή -άει την κλωστή*· *το κασετόφωνο -ησε την ταινία*. 4. (μεταφ.) αποσπώ χρήματα και τα σπαταλώ: *-ησε όλη την περιουσία του πατέρα του*· φρ. (λαϊκ.) *δεν τα -άω* (= δεν τα ανέχομαι, δεν τα πιστεύω)· ~ *τα λόγια μου, τα* ~ (= εκθέτω τα πράγματα συγκεχυμένα, δε μιλώ ξεκάθαρα): *ο μάρτυρας -ούσε τα λόγια του*· *λόγια -ημένα* (= λόγια διφορούμενα).
ματ, I. επίθ. άκλ., που δεν είναι γυαλιστερός: *χαρτί / ξύλο* ~ (συνών. *θαμπός*). [γαλλ. *mat*<όψιμο λατ. *mattus*].
ματ, II, (στο σκάκι): φρ. *κάνω ματ* = φέρνω τον αντίπαλο σε αδιέξοδο. [γαλλ. *mat*<αραβ. *mât*].
ματα- (λαϊκ.), α΄ συνθ. ρ. (αντί του *ξανα-*) που δηλώνει ότι το νόημα του β΄ συνθ. επαναλαμβάνεται: *ματαζητώ, ματαλέω*. [*μετά*].
μάταια, βλ. *μάταιος*.
ματαιοδοξία η, ουσ., επιζήτηση μάταιης δόξας, έπαρση για ασήμαντα γεγονότα: *η* ~ *του τον οδήγησε στην καταστροφή* (συνών. *κενοδοξία*).
ματαιόδοξος, -η, -ο, επίθ., που επιζητεί μάταιη δόξα, που επαίρεται για γεγονότα ανάξια και ασήμαντα: *πολιτικός αρχηγός* ~ (συνών. *κενόδοξος*).
ματαιοδοξώ, ρ., επιδιώκω την απόκτηση δόξας που βασίζεται σε ασήμαντα γεγονότα.
ματαιολογία η, ουσ., άσκοπη φλυαρία, ανόητα λόγια: *άρχισε τις -ες* (συνών. *κενολογία, αερολογία*).
ματαιοπονία η, ουσ., χαμένος κόπος, ανώφελη προσπάθεια: *τ' άλλα ήσαν όνειρα και -ες* (Καβάφης).
ματαιοπονώ, ρ., κοπιάζω άδικα: *-είς, αν νομίζεις ότι θα με πείσεις*.
μάταιος, -η, -ο, επίθ. 1. που δε φέρνει το επιδιωκόμενο αποτέλεσμα: *προσπάθειες / ελπίδες -ες* (συνών. *άσκοπος, ανώφελος*· αντ. *αποτελεσματικός*). 2. χωρίς νόημα, χωρίς περιεχόμενο: *λόγια -α*· ~ *κόσμος* (= η επίγεια ζωή). - Επίρρ. **-α** και **-ως**.
ματαιόσπουδος, -η, -ο, επίθ. (λόγ.), που ασχολείται σοβαρά με πράγματα ασήμαντα, ματαιόσχολος.
ματαιόσχολος, -η, -ο, επίθ. (λόγ.), που ασχολείται σοβαρά με ασήμαντα πράγματα (συνών. *ματαιόσπουδος*).
ματαιότης ματαιοτήτων (τα πάντα ματαιότης)· αρχαϊστ. έκφρ., για δήλωση της ματαιότητας των εγκοσμίων.
ματαιότητα η, ουσ., το να είναι κάτι άσκοπο κι ανώφελο.
ματαιώνω, ρ. 1. εμποδίζω να πραγματοποιηθεί κάτι: *η ετοιμότητά μας -ωσε τα σχέδια των αντιπάλων* (αντ. *πραγματοποιώ*). 2. αποφασίζω να μην πραγματοποιήσω κάτι: ~ *ταξίδι / επίσκεψη* (παθ.) *-ώθηκε η παράσταση / ο αγώνας / το δρομολόγιο*.
ματαίως, βλ. *μάταιος*.
ματαίωση η, ουσ., το να μην πραγματοποιείται κάτι: ~ *εκδρομής / συνεδρίασης / γάμου* (αντ. *πραγματοποίηση, επίτευξη*).

ματάκι το, ουσ. 1. μικρό μάτι. 2. (θωπευτ.) μάτι: *δε θέλω τα -ια σου για μένανε να κλαίνε* (λαϊκ. τραγ.). 3. (μεταφ.) μικρή οπή σε σιδερένιο ή ξύλινο πλαίσιο (συνήθως σε πόρτα): *κοιτούσε από το* ~ *της πόρτας*. 4. μικρό φυλακτό με παράσταση ματιού (για την αποφυγή βασκανίας). 5. (στον πληθ. με το κτητ. *μου* ως προσφώνηση για να εκφραστεί τρυφερότητα) *-ια μου* (= «φως μου», αγάπη μου). Φρ. *κάνω* ~ *σε κάποιον* (= κάνω νεύμα σε κάποιον με ακαριαίο κλείσιμο του ματιού): *της έκανε* ~.
ματαλέω, ρ. (λαϊκ.), ξαναλέω.
ματαπατώ, ρ. (λαϊκ.), ξαναπατώ: *δε -ησε από τότε στο σπίτι*. [*μετά + πατώ*].
ματαρίχνω, ρ. (λαϊκ.), ξαναρίχνω.
ματαρχινώ, ρ. (λαϊκ.), ξαναρχινώ.
ματαφούνι, βλ. *μανταφούνι*.
ματεριαλισμός ο, ουσ. (ασυνίζ.), (φιλοσ.) κοσμοθεωρία που δέχεται ως μοναδική ουσία των όντων την ύλη (συνών. *υλισμός*). [νεολατ. *materialismus*].
ματεριαλιστής ο, θηλ. **-τρια,** ουσ. (ασυνίζ.), (φιλοσ.) οπαδός του ματεριαλισμού (συνών. *υλιστής*· αντ. *ιδεαλιστής*). [γαλλ. *matérialiste*].
ματζουνάτος, βλ. *μαντζουνάτος*.
ματζούνι, βλ. *μαντζούνι*.
ματζουράνα, βλ. *μαντζουράνα*.
μάτι το, λαϊκ., γεν. πληθ. *ομματιών*, ουσ. 1α. οφθαλμός (βλ. λ.): ~ *αριστερό / δεξί*· *-ια γαλανά / αμυγδαλωτά / κλειστά*· β. (συνεκδοχικά) η περιοχή γύρω απ' το μάτι: *-ια μαυρισμένα από την αϋπνία*. 2. (συνεκδοχικά) α. η αίσθηση της όρασης, η ικανότητα του να βλέπει κανείς: *έχει δυνατό* ~ (= *βλέπει μακριά και καθαρά*) β. έκφραση του βλέμματος που δείχνει αρετές ή ελαττώματα, πάθη, συναισθήματα, κλπ.: ~ *αυστηρό / έμπειρο*· *-ια αθώα / γελαστά / δακρυσμένα*· γ. αντίληψη που πραγματοποιείται με το μάτι: *τίποτα δε γλυτώνει από το* ~ *του*· δ. πρόσωπο που παρακολουθεί από κοντά κάποιον ή κάτι: *δε συμπαθώ τα αδιάκριτα -ια*· *αυτός είναι το* ~ *και το αφτί του διευθυντή* (= *πληροφοριοδότης*). 3. βασκανία, μάτιασμα: *έβαλε το φυλακτό για να μην τον πιάνει το* ~· έκφρ. *κακό* ~ (= α. βασκανία· β. πρόσωπο που ματιάζει εύκολα)· φρ. *έχω κακό / βαρύ* ~ (= *ματιάζω εύκολα ή ασκώ αρνητική επίδραση κάπου*). 4. ασχημάτιστος **ακόμη** βλαστός φυτού: *τα κλήματα πέταξαν -ια*. 5. (μεταφ.) δίσκος μαγειρικής συσκευής (εστία θέρμανσης ηλεκτρικής κουζίνας ή τρύπα γκαζιέρας): *το μεγάλο* ~ *της κουζίνας*. 6. μικρή τρύπα σε σιδερένιο ή ξύλινο πλαίσιο (συνήθως σε πόρτα): *τον είδε από το* ~ *της πόρτας*. 7. (στον πληθ. με το κτητ. *μου* ως προσφώνηση για να εκφραστεί τρυφερότητα) *-ια μου* (= αγάπη μου, «φως μου»). Έκφρ. *αβγά -ια* (= τηγανισμένα έτσι ώστε να μένει ακέραιο ο κρόκος τους)· ~ *της θάλασσας* (= δίνη, ρουφήχτρα)· ~ *του κυκλώνα,* βλ. *κυκλώνας*· *για τα -ια* (*του κόσμου*) (= για να τηρηθούν τα προσχήματα): *το έκαμε για τα -ια του κόσμου*· *για τα μαύρα σου -ια* (= *για το χατίρι σου, για σένα*) *με γυμνό* ~, βλ. *γυμνός*· *με κλειστά -ια,* βλ. *κλειστός*· *με τα -ια μου* (= εγώ ο ίδιος): *δεν είχε δει με τα -ια του τέτοια πράξη*· *με το* ~ (= *πρώτο βλέμμα, χωρίς λεπτομερή εξέταση*)· *στα -ια μου!* (= σε όρκο, επειδή θεωρούνται από τα πολυτιμότερα όργανα του ανθρώπινου σώματος)· *τα -ια σου τέσ-*

σερα / δεκατέσσερα / είκοσι τέσσερα (= πρόσεχε πολύ)· το παιδί (κλπ.) και τα -ια σου (= να προσέχεις το παιδί σαν τα μάτια σου). Φρ. ανοίγω τα -ια κάποιου (= διαφωτίζω κάποιον επισημαίνοντάς του πράγματα που έπρεπε να τα ξέρει)· βγάζει ~, βλ. βγάζω· βάζω στο ~, βλ. βάζω· βγάζω τα -ια σε κάτι, βλ. βγάζω· έβγαλαν τα -ια τους, βλ. βγάζω· έβγαλε τα -ια του μόνος του (= καταστράφηκε από δική του υπαιτιότητα)· βλέπω με καλό / κακό ~ (= αντιμετωπίζω με καλές / κακές διαθέσεις κάποιον ή κάτι): δεν είδε με καλό ~ τις αλλαγές· τρώ(γ)ω με τα -ια (= κοιτάζω επίμονα κάποιον ή κάτι)· δεν έχω -ια να δω κάποιον (= τον ντρέπομαι)· δε μου γεμίζει το ~ (= δε με ικανοποιεί, δε μου εμπνέει εμπιστοσύνη)· δεν πιστεύω στα -ια μου (για να εκφραστεί μεγάλη έκπληξη)· δε σηκώνω τα -ια μου (= **α**. δεν κοιτάζω, δε ρίχνω το βλέμμα μου κάπου από ντροπή): δε σήκωνε τα -ια του να ιδεί σε παραθύρι· **β**. είμαι αφοσιωμένος σε κάτι): δε σηκώνει τα -ια του απ' το βιβλίο· έμεινε το ~ του, βλ. μένω· έχω σαν τα -ια μου κάποιον (= τον αγαπώ και τον περιποιούμαι πολύ)· έχω στο ~ (= **α**. για πρόσωπο· μισώ, αντιπαθώ κάποιον και επιδιώκω το κακό του· **β**. εποφθαλμιώ, επιβουλεύομαι κάτι): έχει στο ~ τη θέση του διευθυντή· έχει τα -ια του παντού (= είναι πολύ προσεκτικός)· (η πράξη του) τον ανέβασε στα -ια μου (= τον εκτιμώ περισσότερο τώρα)· κάνω μαύρα -ια για να ιδώ κάποιον (= δεν είχαμε συναντηθεί για μεγάλο χρονικό διάστημα)· κάνω τα γλυκά -ια, βλ. γλυκός· κάνω τα στραβά -ια, βλ. κάνω· καρφώνω τα -ια μου, βλ. καρφώνω· κλείνω τα -ια μου, βλ. κλείνω· κλείνω τα -ια κάποιου (= παρευρίσκομαι στο θάνατό του)· κλείνω ή πατώ το ~ σε κάποιον (= κάνω νεύμα σε κάποιον κλείνοντας στιγμιαία το βλέφαρο του ενός ματιού)· κοιτάζω με την άκρη του -ιού μου (= κοιτάζω χωρίς να γίνομαι αντιληπτός)· κοιτάζω κάποιον με μισό ~ (= τον αντιπαθώ)· μαύρισε το ~ μου (= νιώθω έντονα την έλλειψη κάποιου πράγματος)· μαύρισε το ~ μας από την πείνα· μπαίνω στο ~ κάποιου (= προκαλώ αντιπάθεια)· παίζει το ~ μου (= **α**. κάνει νευρικές συσπάσεις· **β**. μεταφ., περιμένω να μου συμβεί κάτι)· παίρνω από ή με καλό / κακό ~ κάποιον (= συμπαθώ / αντιπαθώ)· παίρνω τα -ια μου ή (λαϊκ.) των ομματιών μου (= απελπίζομαι και φεύγω μακριά): πήρε το παλληκάρι των ομματιών του κι έγινε κουρσάρος (Μπαστιάς)· ρίχνω στάχτη στα -ια κάποιου (= προσπαθώ να συγκαλύψω κάτι, εξαπατώ, ξεγελώ)· πήρε ή έκοψε το ~ μου κάποιον (= τον αντιλήφθηκα, τον διέκρινα από μακριά)· το ένα ~ βλέπει στη δύση και το άλλο στην ανατολή (= είμαι αλλήθωρος)· τρίβω τα -ια μου (από χαρά ή έκπληξη) (= χαίρομαι ή εκπλήσσομαι υπερβολικά)· χτύπησε στο ~ μου κάτι (= κίνησε την προσοχή, την περιέργειά μου). Παροιμ. φάτε -ια ψάρια και (η) κοιλιά περίδρομο (για κάτι πάρα πολύ επιθυμητό, που όμως το απολαμβάνουμε μόνο με το βλέμμα)· -ια που δε βλέπονται γρήγορα λησμονιούνται = γρήγορα ξεχνιούνται συγγενείς ή φίλοι που μένουν μακριά ο ένας από τον άλλον). Γνωμ. το γινάτι βγάζει ~. [μεσν. μάτιν<αρχ. ομμάτιον]. Βλ. και ματάκι.

ματιά η, ουσ. (συνιζ.), στροφή του ματιού προς ορισμένη κατεύθυνση: ~ άγρια / κλεφτή / λοξή / ψυχρή / ερωτική (συνών. βλέμμα)· φρ. ρίχνω μια ~ (= κοιτάζω, προσέχω): έριξα μια ~ στο δρόμο.

ματιάζω, ρ. (συνιζ.). **1**. εποφθαλμιώ κάτι: το -ασα αμέσως αυτό το μπλουζάκι. **2**. βασκαίνω κάποιον με το βλέμμα μου (και με τα λόγια).

μάτιασμα το, ουσ., βάσκαμα, κακό μάτι (βλ. λ. σημασ. 3).

ματίζω, ρ. **1**. μεγαλώνω το μάκρος υφάσματος, ξύλου, κλπ., με προσθήκη νέου κομματιού: άλλοι -ανε πανιά, άλλοι κολατσίζανε (Μπαστιάς) (συνών. μακραίνω, τσοντάρω). **2**. (ναυτ.) δένω τα άκρα σκοινιών. [αμμματίζω<αρχ. άμμα = θηλιά, κόμπος].

μάτισμα το, ουσ. **1**. αύξηση του μήκους υφάσματος, ξύλου, κλπ., με προσθήκη νέου κομματιού (συνών. τσοντάρισμα). **2**. (ναυτ.) δέσιμο των άκρων σκοινιών.

ματοβάφω, βλ. αιματοβάφω.

ματογυάλια τα, ουσ. (συνιζ. δις, λαϊκ.), ζευγάρι φακών για όσους έχουν ελαττωματική όραση (συνών. γυαλιά).

ματόκλαδο και **-κλάδι** το, ουσ. (λαϊκ.), βλεφαρίδα, ματοτσίνορο: μη γέρνεις το ~, γέρνει μαζί όλη η πλάση (Μυριβήλης)· τα -ά σου λάμπουν σαν τα λούλουδα του κάμπου (λαϊκ. τραγ.). [μάτι + κυλάδες (= το κάτω μέρος των βλεφάρων) με παρετυμ. προς τα κλαδιά].

ματοκύλισμα, βλ. αιματοκύλισμα.

ματοκυλώ, βλ. αιματοκυλώ.

ματόπονος ο, ουσ., πόνος των ματιών (συνών. πονόματος).

ματοτσίνορο και **ματοτσίνουρο** το, ουσ. (λαϊκ.), βλεφαρίδα (συνών. ματόκλαδο). [μάτι + τσίνορο].

ματόφρυδο το, ουσ. (λαϊκ.). **1**. φρύδι του ματιού. **2**. (συνήθως στον πληθ.) μάτια και φρύδια μαζί ως σύνολο.

ματόφυλλο το, ουσ. (λαϊκ.), το βλέφαρο: έναν κόκκινο γύρο σχεδίαζαν τα -ά του (Κόντογλου.)

ματοχώνομαι, βλ. αιματοχώνομαι.

ματρόνα η, ουσ., ιδιοκτήτρια οίκου ανοχής. [λατ. matrona].

ματς το, ουσ. άκλ., αθλητική συνάντηση, αγώνας ανάμεσα σε δύο αθλητές (πυγμάχους, τενίστες, κλπ.) ή σε δύο ομάδες (ποδοσφαίρου, βόλεϊ, κλπ.). [αγγλ. match].

ματσάκι, βλ. μάτσο.

ματσακόνι το, ουσ. (τεχνολ.-ναυτ.) είδος σφυριού για να απομακρύνονται σκουριές ή παλιά χρώματα από σιδερένιες επιφάνειες (συνήθως του καραβιού). [μάτσα (ιταλ.mazza = ρόπαλο, σφυρί) + ακόνι].

ματσακονιά η, ουσ. (συνιζ., λαϊκ.), (ναυτ.) απομάκρυνση της σκουριάς καραβιού με το ματσακόνι.

ματσαράγκα και (συνιζ.) **-γκιά** η, ουσ. (έρρ., λαϊκ.), απάτη (στα χαρτιά και γενικά), δόλος, κατεργαριά: μου κάναν ~. [παλαιότερο ιταλ. mazzeranga].

ματσαράγκας ο, ουσ. (έρρ., λαϊκ.), απατεώνας, κατεργάρης.

ματσαραγκιά, βλ. ματσαράγκα.

μάτσο το, ουσ. **1**. δεσμίδα από ομοειδή πράγματα: ένα ~ γαρίφαλα / χιλιάρικα (συνών. δέσμη). **2**. (μεταφ.) μεγάλος αριθμός, πλήθος: ~ τους έχει τους αγαπητικούς. - Υποκορ. **-άκι** το (στη σημασ, 1): ένα -άκι μυριστικά / δυόσμου. [ιταλ. mazzo].

ματσόβεργα η, ουσ. (λαϊκ.), μακριά και λεπτή βέργα με την οποία παλιότερα άνοιγαν φύλλα από ζυμάρι (συνών. πλάστης).

ματσούκι το, ουσ. (λαϊκ.), ρόπαλο, ραβδί. - Μεγεθ. **-κα** η. [μσν. λατ. *mazuca*].

ματσουκιά η, ουσ. (συνιζ., λαϊκ.), χτύπημα με ματσούκι: *του 'δωσε δυο -ιές*.

ματσούκωμα το, ουσ. (λαϊκ.), χτύπημα με ματσούκι.

ματσουκώνω, ρ. (λαϊκ.), χτυπώ κάποιον με ματσούκι.

ματσώνομαι, ρ., αόρ. *-ώθηκα*, μτχ. παρκ. *-ωμένος* (λαϊκ.), παίρνω ή βγάζω αρκετά χρήματα: *-ώθηκε για τα καλά*. - Η μτχ. παρκ. ως επίθ. = που έχει αρκετά χρήματα, ευκατάστατος [*μάτσο*].

μάτωμα το, ουσ., το να τρέχει αίμα από κάποιο σημείο του σώματος ανθρώπου ή ζώου: *το χτύπημα του έφερε ~*. - Βλ. και *αιμάτωμα*.

ματώνω, ρ. Α. αμτβ. **1α**. χάνω δικό μου αίμα, χύνεται αίμα μου: *περπατώντας μες στ' αγκάθια -ωσα τα πόδια· -ωσε η μύτη / το δάχτυλό μου·* **β**. (ειδικά) φρ. *-ωσε το μάτι μου* (= δημιουργήθηκε αιμάτωμα). **2**. (μεταφ.) υποφέρω ψυχικώς, λυπάμαι υπερβολικά: *-ωσαν τα σωθικά μου*. Β. μτβ. **1**. προκαλώ ροή αίματος, πληγώνω: *-ωσα το χέρι μου / το πρόσωπο* (συνών. *τραυματίζω*). **2**. (μεταφ.) προξενώ υπερβολική λύπη, τραυματίζω ψυχικά: *καρδιά -μένη*. [αρχ. *αιματώ*]. - Βλ. και *αιματώνω*.

μαυλίζω, ρ. **1**. προτρέπω γυναίκες στην πορνεία (συνών. *εκμαυλίζω*). **2**. κράζω διάφορα ζώα ή πουλιά με απομίμηση της φωνής τους. **3**. (μεταφ.) σαγηνεύω, μαγεύω: *το τραγούδι της τον -ιζε*.

μαυλιστής ο, θηλ. **-ίστρα** και **-ίστρια**, ουσ. **1**. μαστροπός, αυτός που εξωθεί (νεαρές) γυναίκες στην πορνεία (συνών. *προαγωγός*). **2**. (μεταφ.) αυτός που γοητεύει, που σαγηνεύει: *τον ξεμυάλισε η -ίστρα*.

μαυλιστικός, -ή, -ό, επίθ., που σαγηνεύει, που γοητεύει: *-ά μάτια* (Καζαντζάκης).

μαυλίστρα και **μαυλίτρια**, βλ. *μαυλιστής*.

μαυραγάνι το, ουσ. (λαϊκ.), ποικιλία σιταριού με μαύρα άγανα, μαυροσίταρο. [*μαύρος + άγανο*].

μαυραγορίτης ο, θηλ. **-ισσα**, ουσ., αυτός που παράνομα πουλάει αγαθά σε τιμές πάνω από τις αγορανομικές και γενικά υπέρογκες: *στην Κατοχή έδρασαν πολλοί -ες* (βλ. και *αγορά*, έκφρ.).

μαυράδα η, ουσ. (λαϊκ.), το να είναι κάτι μαύρο, μαυρίλα (συνών. *μελανάδα*, *μελανιά·* αντ. *ασπρίλα*).

μαυράδι το, ουσ., μικρό μαύρο σημάδι: *ακόμα και κανένα ~ στην αντικρινή αμμουδιά το παίρνεις για άνθρωπο* (Κόντογλου) έκφρ. *το ~ του ματιού* (= η κόρη).

μαυράκι, βλ. *μαύρος*.

μαυριδερός, -ή, -ό, επίθ., που είναι μελαψός, που το χρώμα του τείνει προς το μαύρο: *δέρμα -ό* (συνών. *μελαχρινός·* αντ. *ασπριδερός*).

μαυρίζω, ρ. Α. μτβ. **1**. κάνω κάποιον ή κάτι μαύρο, βάφω με μελανό χρώμα· μουντζουρώνω: *τη -ισε ο ήλιος· -ισαν τον τοίχο της πολυκατοικίας γράφοντας συνθήματα* (αντ. *ασπρίζω*). **2**. (μεταφ.) σκοτεινιάζω: *τα μάτια η πείνα εμαύρισε* (Σολωμός). **3**. (για υποψήφιο σε εκλογές) καταψηφίζω: *τον -ίσανε στις εκλογές*. **4**. θλίβω υπερβολικά: *μου -ισες την καρδιά*. Β. αμτβ. **1α**. γίνομαι μαύρος: *-ισα από τον ήλιο* (αντ. *ασπρίζω*)· **β**. φαίνομαι μαύρος: *κάτι -ει πέρα στο δρόμο*. **2**. (μεταφ.) σκοτεινιάζω, συννεφιάζω: *έχει -ίσει ο ουρανός*. **3**. μελανιάζω: *-ισε το δάχτυλο από το χτύπημα*. **4**. θλίβομαι, λυπάμαι υπερβολικά: *-ισε η ψυχή μου από τη*

συμφορά. Φρ. *-ισε το μάτι μου*, βλ. *μάτι·* ~ *στο ξύλο κάποιον* (= τον ξυλοκοπώ, τον δέρνω πολύ)· *-ισε από το κακό του* (= θύμωσε πολύ).

μαυρίλα η, ουσ. **1**. το να είναι κάτι μαύρο, μαυράδα (συνών. *μελανότητα·* αντ. *ασπρίλα*). **2**. (μεταφ.) σκοτεινιά, σκοτείνιασμα: *μαύρη ~ πλάκωσε· ~ έχει ο ουρανός σήμερα*. **3**. μεγάλη συμφορά, πένθος: *γλυκιά ζωή κι ο θάνατος ~* (Σολωμός). **4**. κακία, εμπάθεια: *η ~ και το φαρμάκι της ψυχής* (Μπαστιάς).

μαύρισμα το, ουσ. **1**. το να γίνεται κάποιος ή κάτι μαύρος/-ο: *~ του κορμιού από τον ήλιο* (αντ. *άσπρισμα*). **2**. (μεταφ.) καταψήφιση υποψηφίου σε εκλογές (αντ. *υπερψήφιση*).

Μαυριτανή, βλ. *Μαυριτανός*.

μαυριτανικός, -ή, -ό, επίθ., που ανήκει ή αναφέρεται στη Μαυριτανία ή τους Μαυριτανούς: *τέχνη / αρχιτεκτονική -ή*.

Μαυριτανός ο, θηλ. **-ή**, ουσ. (εθν.) αυτός που κατοικεί στη Μαυριτανία ή κατάγεται από εκεί.

μαύρο-, α΄ συνθ. ουσ. και επιθ.: *μαυροδάφνη, μαυρομάτης, μαυροφόρος*.

μαυρόασπρος, -η, -ο, επίθ., που είναι μαύρος και άσπρος, που έχει μαύρο και άσπρο χρώμα μαζί: *-η κινηματογραφική ταινία* (όχι έγχρωμη)· *-α πλήκτρα του πιάνου·* τηλεόραση *-η* (όχι έγχρωμη) (συνών. *ασπρόμαυρος*). [*μαύρος + άσπρος*].

Μαυροβούνιος ο, θηλ. **-α**, ουσ. (ασυνιζ.), αυτός που κατοικεί στο Μαυροβούνι της Γιουγκοσλαβίας ή κατάγεται από εκεί.

μαυροβουνιώτικος, -η, -ο, επίθ. (συνιζ.), που ανήκει ή αναφέρεται στο Μαυροβούνι της Γιουγκοσλαβίας· που προέρχεται από το Μαυροβούνι: *σκούφος ~*.

μαυρογάλαζος, -η, -ο, επίθ., που έχει σκούρο γαλάζιο χρώμα: *ο ήσκιος ήτανε αλλού καφετής, αλλού ~* (Κόντογλου).

μαυρογένης, ουδ. **-ικο**, επίθ., που έχει μαύρα γένια (αντ. *ασπρογένης*).

μαυροδάφνη η, ουσ., είδος γλυκού κρασιού.

μαυροθαλασσίτικος, -η, -ο, επίθ., που ανήκει ή αναφέρεται στη Μαύρη Θάλασσα· που προέρχεται από τη Μαύρη Θάλασσα: *ψάρια -α*.

μαυροκίτρινος, -η, -ο, επίθ., που είναι μαύρος και κίτρινος: *δόντια -α*.

μαυροκόκκινος, -η, -ο, επίθ., που είναι μαύρος και κόκκινος: *αγγεία -α*.

μαυροκόρακας ο, ουσ. (λαϊκ.), μαύρος, κατάμαυρος κόρακας.

μαυρόκοτα η, ουσ., πουλί των λιμνών (συνών. *φαλαρίδα*).

μαυρολογώ, ρ. (λαϊκ.), γίνομαι μαύρος, σκοτεινός, σκοτεινιάζω: *-άνε τα βουνά* (Κρυστάλλης)· *-ούσε η θάλασσα* (Καζαντζάκης).

μαυρομάλλης, -α, -ούσα και **-ού, -ικο**, επίθ., που έχει μαύρα μαλλιά: *κοπελιά -ούσα* (αντ. *ασπρομάλλης*).

μαυρομάνικος, -η, -ο, επίθ. (για μαχαίρι) που έχει μαύρο «μανίκι», μαύρη λαβή.

μαυρομάντηλο το, ουσ. (έρρ.), μαύρο μαντίλι για τα μαλλιά που φορούν συνήθως οι γυναίκες που πενθούν.

μαυρομαντηλούσα, επίθ. θηλ. (έρρ.), που φορά μαύρο μαντίλι στο κεφάλι (ως ένδειξη πένθους): *μάνα / γριά ~*.

μαυρομάτης, -α, -ικο, επίθ. **1**. που έχει μαύρα μάτια: *κοπελιά -α*. **2**. *φασόλια -ικα* = ποικιλία φασο-

λιών που έχουν μαύρο στίγμα και χρησιμοποιούνται κυρίως για σαλάτα.
μαυρομούστακος, ουδ. **-ο,** επίθ., που έχει μαύρο μουστάκι: *παλληκάρι -ο.*
μαυροντυμένος, -η, -ο, επίθ., που φορά μαύρα ρούχα: *ήρθε ~* (συνήθως ως ένδειξη πένθους): *γριές -ες* (συνών. *μαυροφόρος, μαυροφορεμένος*).
μαυροπίνακας ο, ουσ., μαύρος πίνακας πάνω στον οποίο μπορεί να γράψει κανείς με κιμωλία και που χρησιμοποιείται συνήθως στα σχολεία: *ο δάσκαλος έγραφε τις ασκήσεις στο -α.* Φρ. *γράφω κάποιον στο -α* (= τον κατατάσσω ανάμεσα στους ενόχους).
μαυροπούλι το, ουσ., το πουλί ψαρόνι.
μαυροπράσινος, -η, -ο, επίθ., που έχει πολύ σκούρο πράσινο χρώμα.
μαύρος, -η, -ο, επίθ. **1.** που έχει το πιο σκούρο χρώμα που υπάρχει, το χρώμα που έχει ο έβενος: *μάτια και μαλλιά -α· ράσο -ο· ~ σαν τον κόρακα* (αντ. *άσπρος, λευκός*). **2.** πολύ σκούρος, σκοτεινόχρωμος· σκοτεινός: *σύννεφα -α· αίμα -ο* (= πηγμένο ή πιο προέρχεται από μωλωπισμένο δέρμα)· *ψωμί -ο* (= πιτυρούχο)· *νύχτα -η·* (αστρον.) *-ες τρύπες του διαστήματος* = περιοχές που πιστεύεται ότι υπάρχουν στο διάστημα, όπου η δύναμη της βαρύτητας είναι τόσο ισχυρή ώστε τίποτε, ούτε το φως, δεν μπορεί να διαφύγει. **3.** (για άνθρωπο της λευκής φυλής) που το δέρμα του έχει αποκτήσει πρυωρινά σκούρο χρώμα: *ήρθε ~ απ' τον ήλιο* (συνών. *μελαψός, μαυρισμένος*)· *τον έκανε -ο στο ξύλο* (συνών. *μελανιασμένος*). **4.** που ανήκει στη φυλή των ανθρώπων με μαύρο ή σκούρο δέρμα, που ζει κυρίως στην Αφρική· έκφρ. *Μ-ή Ήπειρος* (= η Αφρική)· (ως ουσ.) *καταπίεση των -ων από τους λευκούς* (συνών. *νέγρος·* αντ. *λευκός*). **5.** λερωμένος, βρόμικος: *μετά το παιχνίδι τα ρούχα του ήταν -α.* **6.** (για δόντια) χαλασμένος, σάπιος. **7.** (μεταφ.) που ανήκει στην άκρα δεξιά, αντιδραστικός. **8.** (μεταφ.) σκοτεινός, άθλιος: *φυλακή -η· τον σκέπασε η -η γη.* **9.** (μεταφ.) κακός, μοχθηρός: *ψυχή -η.* **10.** (μεταφ.) δυστυχισμένος, πικραμένος: *έκλαιγαν οι -ες ξενιτεμένες· έχει -η την καρδιά.* **11.** που προκαλεί θλίψη: *μαντάτα -α· μέρα -η· αυτή είναι η -η αλήθεια· -ες γιορτές περάσαμε·* φρ. *χύνω -ο δάκρυ* (συνών. *θλιβερός, πικρός*). **12.** (επιτ. για μεγάλη στενοχώρια, λύπη, πένθος, κ.τ.ό.): *μας έριξε σε -η απελπισία· θλίψη -η.* **13.** (για να δηλωθεί ότι κάτι δεν έγινε όπως έπρεπε): *το έραψε τάχα -ο ράψιμο έκανε· -ο διάβασμα έκανε με την τηλεόραση ανοιχτή.* Έκφρ. *-η αγορά,* βλ. *αγορά· ~ καβαλλάρης* (= ο Χάρος)· *-η μαγεία,* βλ. *μαγεία* (αντ. *λευκή*)· *-α μεσάνυχτα* (για πλήρη άγνοια): *είχαμε -α μεσάνυχτα για το ζήτημα αυτό· -ο χιούμορ* (= το να αστειεύεται κανείς με πράγματα μακάβρια ή που προκαλούν θλίψη). Φρ. *γράφω κάποιον στα -α κατάστιχα* (= τον κατατάσσω ανάμεσα στους ενόχους· αντιπαθώ κάποιον)· *-α μάτια κάναμε να σε δούμε* (όταν έχουμε πολύ καιρό να δούμε κάποιον)· *ρίχνω -η πέτρα πίσω μου* (= φεύγω οριστικά από τόπο συνήθως μισητό)· *τα βλέπω όλα -α, κι άραχλα* (= με διατρέχει απαυσιωδυζία). *Το αρσ.* ως ουσ. = το άλογο (συνήθως στα δημοτικά τραγούδια)· φρ. *ζήσε -ε μου να φας τριφύλλι* (για μάταιες ελπίδες ή υποσχέσεις). *- Το θηλ.* στον εν. ως ουσ. = το χασίς. *- Το ουδ.* ως ουσ. = **α.** (στον εν.) το μαύρο χρώμα· **β.** (στον εν.) το χασίς· **γ.** (στον εν.

και πληθ.) αρνητική ψήφος· **δ.** (στον πληθ.) τα μαύρα ρούχα ως ένδειξη πένθους: *γυναίκες ντυμένες / βουτηγμένες στα -α.* - Υποκορ. **-ούλης, -α, -ικο** στις σημασ. 1, 4 (και ως ουσ.)· υποκορ. ουδ. ως ουσ. **-άκι** το = παιδί της μαύρης φυλής, νεγράκι.
μαυροτσούκαλο το, ουσ. **α.** τσουκάλι μαύρο από καπνιά· **β.** (παιγνιωδώς) για πολύ μελαχρινούς ή μαυρισμένους από τον ήλιο ανθρώπους.
μαυρούλης, βλ. *μαύρος.*
μαυροφόρος, -α και (λαϊκ.) **-φορούσα, -ο,** επίθ., που φορά μαύρα ρούχα (συνήθως για ένδειξη πένθους): *γυναίκες -ες.*
μαυροφορώ, ρ., φορώ μαύρα ρούχα συνήθως όταν πενθώ. - Η μτχ. *-φορεμένος, -η, -ο* ως επίθ. = που φορά μαύρα ρούχα, που πενθεί (συνών. *μαυροφόρος, μαυροντυμένος*).
μαυροφρύδης, -α, -ικο, επίθ., που έχει μαύρα φρύδια.
μαυρόχωμα το, ουσ., χώμα που έχει χρώμα μαύρο εξαιτίας της αποσύνθεσης οργανικών ουσιών.
μαυσωλείο το, ουσ., μεγαλοπρεπής τάφος, ταφικό μνημείο.
μαφία η, (προτιμότερο *μάφια*), ουσ. **1.** μυστική εγκληματική οργάνωση που ιδρύθηκε στη Σικελία και αναπτύσσει παράνομη δραστηριότητα στην Ιταλία και τις Η.Π.Α. **2.** (κατ' επέκταση) κάθε ομάδα που επιδιώκει την εξυπηρέτηση των συμφερόντων της με μέσα παράνομα. Φρ. *ο τάδε είναι ~* (για άτομο επιτήδειο ή για μικροαπατεώνα). [ιταλ. *màfia*].
μαφιόζος ο, ουσ. (συνιζ.). **1.** μέλος της μαφίας. **2.** (γενικά) κακοποιός, απατεώνας. [ιταλ. *mafioso*].
μαχαίρα και **μαχαιράκι,** βλ. *μαχαίρι.*
μάχαιραν έδωσες, μάχαιραν θα λάβεις αρχαϊστ. έκφρ. = όσοι βλάπτουν τους άλλους θα υποστούν παρόμοια βλάβη.
μαχαιράς ο, ουσ., αυτός που κατασκευάζει μαχαίρια (συνών. *μαχαιροποιός*).
μαχαίρι το, ουσ. **1.** εργαλείο που αποτελείται από μια χειρολαβή και μια κοφτερή λεπίδα (συχνά με μυτερή άκρη) και το χρησιμοποιούμε για να κόβουμε διάφορα πράγματα ή ως όπλο: *έκοψε το ψωμί με το ~· ~ δίκοπο· τον χτύπησε / έσφαξε με το ~· βγάζω / τραβώ ~* (εν. από τη θήκη με σκοπό να χτυπήσω κάποιον). **2.** χειρουργικό εργαλείο. Έκφρ. *δίκοπο ~,* βλ. *δίκοπος·* με το ~ (= α. για δοκιμή φρούτου που αγοράζει κανείς: *καρπούζια με το ~!* β. για απότομη διακοπή ενέργειας, δραστηριότητας, κ.τ.ό.): *πήρα μια κουταλιά σιρόπι κι ο βήχας κόπηκε με το ~· έκοψε το τσιγάρο με το ~.* Φρ. *βάζω σε κάποιον το ~ στο λαιμό* (= τον πιέζω υπερβολικά)· *βρισκόμαστε / είμαστε / ερχόμαστε στα -ια* (= υπάρχει ή αναπτύσσεται μεγάλη εχθρότητα ανάμεσα μας)· *έφτασε το ~ στο κόκαλο* (= η κατάσταση επιδεινώθηκε, έφτασε στο απροχώρητο)· *πέρασε από ~* (= τον έσφαξαν). - Υποκορ. **-άκι** το. - Μεγεθ. **μαχαίρα** η.
μαχαιριά η, ουσ. (συνιζ.). **1.** χτύπημα που γίνεται με μαχαίρι: *του έδωσε μια ~.* **2.** (συνεκδοχικά) η πληγή, το τραύμα που προκαλείται από χτύπημα με μαχαίρι. **3.** (μεταφ.) για κάτι που πληγώνει ψυχικά ή ηθικά κάποιον: *τα λόγια του ήταν ~ στην καρδιά μου.*
μαχαιροβγάλτης ο, ουσ., κακοποιός οπλισμένος με μαχαίρι, φονιάς.

μαχαιροπίρουνο το, ουσ. (μόνο στον πληθ.) μαχαίρια και πιρούνια (συχνά και κουτάλια) που χρησιμοποιούνται για το φαγητό.
μαχαιροποιείο το, ουσ., εργαστήριο όπου κατασκευάζονται μαχαίρια.
μαχαιροποιός ο, ουσ., αυτός που κατασκευάζει μαχαίρια (συνών. *μαχαιράς*).
μαχαίρωμα το, ουσ., το να μαχαιρώνει κάποιος κάποιον.
μαχαιρώνω, ρ., χτυπώ, τραυματίζω ή σκοτώνω κάποιον με μαχαίρι: *τον -ωσε πάνω στον καβγά*.
μαχαλάς ο, ουσ. (λαϊκ.), γειτονιά, συνοικία: *ανηφόριζε κατά τον τούρκικο -ά*. [τουρκ. *mahalle*].
μαχαραγιάς ο, ουσ. (συνιζ.), τίτλος ινδού ηγεμόνα. [αγγλ. *maharaja*<ινδικό *maha raja*].
μαχαρανή η, ουσ., σύζυγος μαχαραγιά. [αγγλ. *maharani*, ινδικής προέλευσης].
μάχη η, ουσ. **1.** ένοπλη σύγκρουση δύο στρατών ή στρατιωτικών σωμάτων: *η ~ του Μαραθώνα· οι στρατιώτες έδωσαν ~ σώμα με σώμα· ~ αποφασιστική για την έκβαση του πολέμου*. **2.** πάλη κατά των φυσικών στοιχείων: *δίνει -ες με τη θάλασσα και τους ανέμους*. **3α.** ιδεολογική διαμάχη, αγώνας μεταξύ ατόμων ή ομάδων που επιδιώκουν αντίθετους σκοπούς: *η ~ των δύο φύλων* (συνών. *διαμάχη*)· **β.** καταβολή μεγάλης προσπάθειας ατόμου ή ομάδας για ένα δύσκολο σκοπό: *~ εκλογική· δόθηκε ~ στη βουλή για το νομοσχέδιο* (συνών. *αγώνας*)· **γ.** προσπάθεια που καταβάλλει κανείς για να εξουδετερώσει τις αρνητικές επιπτώσεις κάποιου εξωτερικού αιτίου: *δίνει ~ με το χρόνο / την αρρώστια*.
μαχητής ο, ουσ. **α.** πολεμιστής· **β.** (μεταφ.) αυτός που αγωνίζεται για υψηλότερους σκοπούς: *~ της δημοκρατίας / της δικαιοσύνης / της σοσιαλιστικής ιδέας* (συνών. *αγωνιστής*).
μαχητικός, -ή, -ό, επίθ. **1.** κατάλληλος για μάχη, που χρησιμοποιείται στη μάχη: *αεροσκάφη -ά· το -ό στοιχείο του στρατεύματος*. **2.** που επιδιώκει τη μάχη, τον αγώνα: *ομιλητής ~. - Το ουδ. ως ουσ.* = καταδιωκτικό (βλ. *καταδιωκτικό*).
μαχητικότητα η, ουσ. **1.** ικανότητα για μάχη: *η ~ του στρατού* (συνών. *αξιόμαχο* το). **2.** (μεταφ.) αγωνιστική διάθεση: *παρά τις αντίξοες συνθήκες η -ά του δεν κλονίστηκε*.
μαχητός, -ή, -ό, επίθ. (νομ.) που μπορεί κανείς να τον αντικρούσει, να τον ανατρέψει: *επιχείρημα -ό*.
μάχιμος, -η, -ο, επίθ., κατάλληλος, ικανός για μάχη: *οι -οι άντρες θα παρουσιαστούν στις μονάδες τους*.
μαχμούρης, -α, -ικο, επίθ., μαχμουρλής. [τουρκ. *mahmur*].
μαχμουρλής, -ρλού, -ρλίδικο, επίθ. (για πρόσωπο) που είναι βαρύθυμος και νωχελής, επειδή μόλις ξύπνησε (συνών. *αγουροξυπνημένος*). [τουρκ. *mahmurlu*].
μαχμουρλίδικος, -η, -ο, επίθ., που αναφέρεται στο μαχμουρλή: *κινήσεις -ες· βλέμμα -ο. - Επίρρ. -α*: *τεντώθηκε -α*.
μαχμουρλίκι το, ουσ., βαρυθυμία και νωχέλεια που νιώθει κάποιος μόλις ξυπνήσει. [τουρκ. *mahmurluk*].
μάχομαι, ρ., συνήθως μόνο στον ενεστ. Α. αμτβ. **1.** (για στρατό) συγκρούομαι με αντίπαλο στρατό, πολεμώ: *ο στρατός μας -εται εναντίον των εχθρών*. **2.** (μεταφ.) αντιμετωπίζω τη σφοδρότητα των στοιχείων της φύσης: *-εται με τη θάλασσα και τους ανέμους*. **3.** (μεταφ.) προσπαθώ να πετύχω δύσκολο στόχο συχνά αντιμετωπίζοντας αντίξοες συνθήκες, αγωνίζομαι για κάτι: *-εται για όσα πιστεύει· ~ να δώσω ισορροπημένη μορφή στο έργο μου* (Καζαντζάκης). Β. (μτβ.) αντιτίθεμαι σε κάποιον, τον πολεμώ: *θα τον -εται σ' όλη της τη ζωή*.
με, Ι. βλ. *εγώ*.
με, ΙΙ. πρόθ. **1.** για συνύπαρξη προσώπων ή πραγμάτων τοπικώς ή χρονικώς: *έφυγε ~ τα παιδιά του* (= έχοντας μαζί)· *ήμουν στην Αλβανία ~ το λοχαγό Χ* (= υπό την αρχηγία, εξουσία του)· *έτρεχε ~ το βιβλίο στο χέρι* (= κρατώντας)· *ο άντρας ~ το κόκκινο πουκάμισο άρχισε να φωνάζει* (= που φορούσε)· *μια νύχτα ~ φεγγάρι* (= που είχε). **2.** για συνθήκες και περιστατικά που συνοδεύουν πράξη ή κατάσταση: *ταξιδεύαμε ~ δυνατό άνεμο·* *φωνές και τραγούδια μπήκαν στο χορό*. **3.** για περιεχόμενο: *κουτί ~ γλυκά*. **4.** για ύλη: *σπίτι χτισμένο ~ πέτρα*. **5.** για μέσο ή όργανο: *πηγαίναμε ~ τη βάρκα· άνοιξε την πόρτα ~ αντικλείδι*. **6.** για τρόπο: *του μιλούσε ~ το καλό· σ' αγαπώ ~ την καρδιά μου· δίνει ~ τη φούχτα· πουλά ~ το κιλό*. **7.** για αναλογία: *δε μεγάλωνε ~ τα χρόνια, αλλά ~ τις ημέρες*. **8.** περίπου ανάμεσα σε δύο ποσά: *ήταν ψηλό τέσσερα ~ πέντε μέτρα*. **9.** για μέτρο διαστάσεων: *δωμάτιο τέσσερα ~ πέντε* (= *τέσσερα μέτρα πλάτος, πέντε μέτρα μήκος*). **10.** για όρο ή συμφωνία: *νοικιάζει δωμάτια ~ το μήνα· δουλεύει ~ μεροκάματο*. **11.** για ανταλλαγή: *άλλαξα δραχμές ~ μάρκα / στάρι ~ λάδι*. **12.** για αιτία: *γελούν ~ τ' ανέκδοτα που τους λέει· και τι μ' αυτό*; **13.** για το απέναντι ή το πλησίον: *το σπαθί γυάλιζε ~ το φεγγάρι· πρόσωπο ~ πρόσωπο· φιληθείτε γλυκά χείλη ~ χείλη* (Σολωμός). **14.** για εριστική, μαχητική διάθεση: *είχαμε πόλεμο ~ τους Τούρκους· μην τα βάζεις μ' εμένα*. **15.** για αντίθεση ή εναντίωση: *~ τόση εξυπνάδα βγήκε γελασμένος· μ' όλες τις δυσκολίες τα κατάφερε*. **16.** για αναφορά: *έχει μανία ~ τη ζωγραφική· έτσι έγινε και μ' αυτόν*. **17α.** για συγχρονισμό: *~ το λάλημα του πετεινού πετάχτηκα απ' το κρεβάτι· η γιαγιά μου κοιμάται ~ τις κότες· ~ τον καινούργιο μήνα αυξάνεται ο μισθός μου·* **β.** για χρονικό όριο: *δουλεύει ~ οχτώ ~ δύο·* **γ.** για το υστερόχρονο: *πάλι ~ χρόνους ~ καιρούς, πάλι δικά μας θα 'ναι* (δημ. τραγ.). **18.** συμπληρώνει την έννοια *η, ουσ.,* επιθ. και επιρρ. που δηλώνουν ταυτότητα, ομοιότητα, συμφωνία, προσέγγιση και γενικά σχέση φιλική ή εχθρική: *ίδια κι απαράλλαχτα ~ τον αδελφό του· συμφωνώ / συναντιέμαι ~ τον Χ· επικοινωνία ~ άλλους λαούς· έχει γνωριμία ~ τον τάδε· το Ιράν βρίσκεται σε πόλεμο ~ το Ιράκ· έγινε κακός ~ όλους*.
μεγαθήριο το, ουσ. (ασυνίζ.). **1.** (παλαιοζωολογία) γένος γιγαντιαίων φυτοφάγων θηλαστικών που έχουν εκλείψει και που απολιθωμένα λείψανά τους βρέθηκαν στην Αμερική. **2.** (μεταφ.) γιγαντιαίο κατασκεύασμα: *σύγχρονα οικοδομικά -α*.
μέγαιρα η, ουσ., γυναίκα κακότροπη, στρίγκλα.
μεγαλακρία η, ουσ. (ιατρ.) ακρομεγαλία (βλ. λ.).
μεγαλείο το, ουσ. **1.** η ιδιότητα που κάνει κάποιον ή κάτι αξιοθαύμαστο, ανωτερότητα: *~ ψυχής / μιας πράξης· το ~ του Θεού* (συνών. *μεγαλοπρέπεια*). **2.** (στον πληθ.) πλούτος, αξιώματα και γενικά υπεροχή: *δεν τα φαντάζονταν τέτοια -α στο*

χωριό του· περασμένα -α / και διηγώντας τα να κλαις (Σολωμός· η φρ. και με παροιμιακή χρήση). 3. (χωρίς άρθρο) ως εκφρ. θαυμασμού: ~ το φαγητό (συνών. *αριστούργημα, θαύμα*).

Μεγαλειότατος ο, θηλ. **-τάτη,** προσφώνηση σε βασιλιάδες και αυτοκράτορες.

Μεγαλειότητα η, ουσ., τίτλος που δίνεται σε κληρονομικούς άρχοντες (με κτητ. αντων. και κεφ.): *η Μεγαλειότητά Σας*.

μεγαλειώδης, -ης, -ες, γεν. *-ους,* πληθ. αρσ. και θηλ. *-εις,* ουδ. *-η,* επίθ., που είναι γεμάτος μεγαλείο, μεγαλοπρεπής, λαμπρός: *τελετή / παρέλαση / υποδοχή* ~.

μεγαλέμπορος και (λαϊκ.) **μεγαλέμπορας** ο, ουσ. (έρρ.), έμπορος που διαθέτει μεγάλα κεφάλαια και αγοράζει ποσότητες εμπορευμάτων για το κατάστημά του (αντ. *μικρέμπορος, εμποράκος*).

μεγαλεπήβολος, -η, -ο, επίθ., που έχει υψηλούς στόχους, που έχει σημαντικές επιδιώξεις: *τα ~ σχέδια του Ναπολέοντα*.

μεγαληγορία η, ουσ., το να λέει κανείς μεγάλα λόγια, να μιλάει με στόμφο (στο γραπτό ή προφορικό λόγο): *λόγος γεμάτος* ~ (συνών. *μεγαλοστομία*).

μεγαληγορώ, -είς, -εί, ρ., λέω «μεγάλα λόγια», μιλώ με τρόπο πομπώδη (στο γραπτό ή προφορικό λόγο).

μεγαλιθικός, -ή, -ό, επίθ. (αρχαιολ.) για προϊστορικά μνημεία που είναι κατασκευασμένα από έναν ή περισσότερους ογκόλιθους και την εποχή τους: *~ πολιτισμός*.

μεγαλ(ο)-, α΄ συνθ. που προσδίδει στα β΄ συνθ. την έννοια του μεγάλου, του σπουδαίου ή του ανώτερου: *μεγαλοεπιχειρηματίας, μεγαλοαστός, μεγαλόνησος, μεγαλοπρέπεια*.

μεγαλοαστή, βλ. *μεγαλοαστός*.

μεγαλοαστικός, -ή, -ό, επίθ., που αναφέρεται στο μεγαλοαστό: *τάξη -ή*.

μεγαλοαστός ο, θηλ. **-ή,** ουσ., αυτός που ανήκει στα πλουσιότερα στρώματα της αστικής τάξης.

μεγαλοβδομαδιάτικος, -η, -ο, επίθ. (συνιζ.), που σχετίζεται με τη Μεγάλη Εβδομάδα· που συμβαίνει μέσα στη Μεγάλη Εβδομάδα: *-α έθιμα*. - Επίρρ. *-α*.

μεγαλοβδόμαδο το, ουσ. (λαϊκ.), η Μεγάλη Εβδομάδα.

μεγαλογράμματος, -η, -ο, επίθ., που είναι γραμμένος με κεφαλαία γράμματα: *γραφή / επιγραφή -η* (συνών. *κεφαλαιογράμματος·* αντ. *μικρογράμματος*).

μεγαλοδείχνω, ρ., φαίνομαι μεγαλύτερος στην ηλικία απ' ό,τι είμαι (αντ. *μικροδείχνω*).

μεγαλοδύναμος, -η, -ο, επίθ. (για το Θεό) που έχει μεγάλη δύναμη, που μπορεί να κάνει τα πάντα: *Θεέ -ε, βοήθησέ με·* (ως ουσ.) *ο Μ-ος* = *ο Θεός· δόξα να 'χει ο Μ-ος, τα κατάφερα!* (συνών. *παντοδύναμος*).

μεγαλοεπιχειρηματίας ο, ουσ., αυτός που ασχολείται με μεγάλες οικονομικές επιχειρήσεις: *ο τάδε* ~ *θα ιδρύσει μια αλυσίδα εστιατορίων στην πόλη μας* (αντ. *μικροεπιχειρηματίας*).

μεγαλοεφοπλιστής ο, ουσ., άτομο που είναι ιδιοκτήτης μεγάλου αριθμού πλοίων.

μεγαλοϊδεάτης ο, ουσ., οπαδός της Μεγάλης Ιδέας (βλ. *μεγάλος* εκφρ.).

μεγαλοϊδεατισμός ο, ουσ. (ιστ.) η Μεγάλη Ιδέα (για την ανόρθωση του ελληνικού έθνους) σε μιαν υπερβολική σύλληψη.

μεγαλοϊδιοκτήτης ο και θηλ. **-τρια,** ουσ. (ασυνίζ.), κάτοχος πολλών ακινήτων (αντ. *μικροϊδιοκτήτης*).

μεγαλόκαρδος, -η, -ο, επίθ. **1.** που έχει «μεγάλη καρδιά», συγγνωμονική ψυχή: *ήταν* ~ *και τη συγχώρεσε*. **2.** που φανερώνει ψυχική ανωτερότητα, γενναιοφροσύνη: *στάση / χειρονομία -η*.

μεγαλοκεφαλία η, ουσ. (ανθρωπολ.-ιατρ.) το να έχει κάποιος ιδιαίτερα μεγάλο κεφάλι για λόγους παθολογικούς ή σε ορισμένους λαούς φυσιολογικούς (αντ. *μικροκεφαλία*).

μεγαλόκεφαλος, -η, -ο, επίθ. (ανθρωπολ. -ιατρ.) αυτός που έχει μεγαλοκεφαλία (αντ. *μικροκέφαλος*).

μεγαλοκοπέλα η, ουσ., γυναίκα ανύπαντρη προχωρημένης ηλικίας (συνών. *γεροντοκόρη*).

μεγαλοκτηματίας ο, ουσ., ιδιοκτήτης μεγάλων ή πολλών κτημάτων (συνών. *μεγαλογαιοκτήμονας·* αντ. *μικροκτηματίας*).

μεγαλομανής, -ής, -ές, γεν. *-ούς,* πληθ. αρσ. και θηλ. *-είς,* ουδ. *-ή,* επίθ., που του αρέσει να εμφανίζεται ως μεγάλος, σπουδαίος· που επιδιώκει πράγματα που ξεπερνούν τις δυνάμεις του, υπέρμετρα φιλόδοξος: *στρατηγός / δικτάτορας* ~.

μεγαλομανία η, ουσ., υπέρμετρη επιθυμία δύναμης και δόξας που νιώθει κάποιος συνδυασμένη συνήθως με υπερεκτίμηση των ικανοτήτων του· το να παριστάνει κανείς τον μεγάλο, τον σπουδαίο υπερεκτιμώντας τις ικανότητές του: *η* ~ *του ξεπερνά κάθε όριο*.

μεγαλομάρτυρας ο, ουσ., μεγάλος μάρτυρας της Εκκλησίας· αυτός που υπέμεινε μεγάλα μαρτύρια για την πίστη του στο Χριστό: *ο* ~ *Άγιος Δημήτριος*.

μεγαλομαστία η, ουσ. (ανθρωπολ.) η μεγάλη ανάπτυξη των μαστών στις γυναίκες ορισμένων φυλών (αντ. *μικρομαστία*).

μεγαλομάτης, -α, -ικο, επίθ., που έχει μεγάλα μάτια: *γυναίκα -α*.

μεγαλόνησος η, ουσ., μεγάλο νησί (συνήθως για την Κύπρο).

μεγαλοπιάνομαι, ρ. (συνιζ.), επιδιώκω ή συνάπτω υψηλές κοινωνικές σχέσεις: *ο τάδε πηγαίνει συνεχώς σε κοσμικές συγκεντρώσεις και -εται·* παριστάνω τον σπουδαίο, επιδιώκω να φαίνομαι άνθρωπος ανώτερης κοινωνικής θέσης, καταλαμβάνομαι από μεγαλομανία: *-εται και φοράει πανάκριβα κοσμήματα* (συνών. *ματαιοδοξώ, κενοδοξώ*).

μεγαλόπιασμα το, ουσ., η συμπεριφορά εκείνου που μεγαλοπιάνεται: *έκανε λίγα λεφτά κι άρχισε το* ~.

μεγαλόπνευστος, -η, -ο, επίθ., *μεγαλόπνοος*.

μεγαλόπνοος, -η, -ο, επίθ. **1.** που έχει μεγάλες, υψηλές εμπνεύσεις: *καλλιτέχνης / συγγραφέας* ~. **2.** που είναι προϊόν μεγάλης έμπνευσης, αποτέλεσμα υψηλής διανόησης: *μουσική σύνθεση -η· ποίημα -ο*.

μεγαλοποίηση η, ουσ., το να παρουσιάζει κανείς κάποιο γεγονός με υπερβολικό τρόπο, εξογκωμένο· το να δίνει κανείς σε κάποιο γεγονός μεγαλύτερη σημασία από αυτήν που έχει: *~ ατυχήματος / αρρώστιας / επιτυχίας* (συνών. *εξόγκωση*).

μεγαλοποιώ, -είς, ρ., (ασυνίζ.), παρουσιάζω κάποιο γεγονός υπερβολικά εξογκωμένο· του δίνω μεγαλύτερες διαστάσεις απ' αυτές που πραγματικά έχει: *-ποίησε την επιτυχία του στις εξετάσεις* (συνών. *εξογκώνω, υπερβάλλω*).

μεγαλοπρέπεια η, ουσ. (ασυνίζ.), το να έχει κάποιος ή κάτι επιβλητική εμφάνιση ή εντυπωσιακή πολυτέλεια· (για πρόσωπα) ευγένεια, μεγαλείο στη συμπεριφορά: *η εκκλησία της Αγίας Σοφίας έχει ~· ο στρατηγός προχωρούσε με ~* (συνών. *λαμπρότητα, αρχοντιά*).

μεγαλοπρεπής, -ής, -ές, γεν. *-ούς*, πληθ. αρσ. και θηλ. *-είς*, ουδ. *-ή* και **μεγαλόπρεπος, -η, -ο**, επίθ., που έχει λαμπρή, εντυπωσιακή εμφάνιση ή μεγάλη πολυτέλεια: *τελετή ~· ανάκτορο -ές.* - Επίρρ. **-ώς**.

μεγάλος, -η, -ο, επίθ. συγκρ. *μεγαλύτερος*, υπερθ. *μέγιστος*. **1.** που το μέγεθός του, οι διαστάσεις του ξεπερνούν το συνηθισμένο: *αυτοκίνητο / σπίτι -ο· μάτια -α· σκυλί -ο* (= μεγαλόσωμο) (αντ. *μικρός*)· (για μέγεθος) *μήκος / βάρος -ο· ταχύτητα -η* (συνών. *υπέρμετρος·* αντ. *μικρός*). **2.** πολυάριθμος: *πλήθος / ποσό -ο· περιουσία / πλειοψηφία -η* (αντ. *μικρός, ολιγάριθμος*). **3.** έντονος, ισχυρός: *θόρυβος / σεισμός ~· θαλασσοταραχή -η·* (για συναισθήματα) *φόβος ~· συγκίνηση -η· πάθος -ο* (αντ. *μικρός, αδύνατος*). **4.** (για ηλικία) α. ενήλικος: *όταν θα γίνεις ~, θα πάρεις την περιουσία·* προχωρημένος στα χρόνια, ηλικιωμένος: *είναι ~, κοντεύει να πάρει σύνταξη* (αντ. *νέος*)· γ. πιο προχωρημένος σε ηλικία από κάποιον άλλο ή από το μέσο όρο: *ο ~ μου αδελφός είναι φοιτητής· είσαι -ο παιδί πια· είναι ~ για να πάει στο στρατό*. **5.** σπουδαίος, διάσημος στο χώρο του: *πολιτικός / βιομήχανος / ποιητής / ηθοποιός ~* (συνών. *σημαντικός, αξιόλογος·* αντ. *ασήμαντος*). **6.** που έχει κάποια ιδιότητα (καλή ή κακή) σε υψηλό βαθμό: *μάστορας / τεμπέλης / παλιάνθρωπος ~*. **7.** για ανθρώπινη ιδιότητα (καλή ή κακή) ανεπτυγμένη σε υψηλό βαθμό: *εξυπνάδα / κακία -η· ηρωισμός ~*. **8.** για να δοθεί έμφαση στη σημασία κάποιου φαινομένου ή γεγονότος: *λάθος / γεγονός -ο· -η καταστροφή / έξαρση της βίας· αλήθεια -η· -ο πράγμα να ξέρει κανείς γλώσσες!* (συνών. *σημαντικός, σπουδαίος*). **9.** που απαιτεί πολύ κόπο ή χρόνο: *-η δουλειά μας άνοιξε· πού να στα λέω τώρα... είναι -η ιστορία!* **10.** (εκκλ., για τη σαρανταήμερη περίοδο νηστείας πριν από το Πάσχα και την εβδομάδα που προηγείται από αυτό): *Μ-η Σαρακοστή· Μ-η Δευτέρα / Τρίτη, κλπ.· Μ-η εβδομάδα.* ΄Εκφρ. *-α γράμματα* (= κεφαλαία)· *-α λόγια* ή *~ λόγος*, βλ. *λόγος· Μ-ες Δυνάμεις*, βλ. *δύναμη· -η ζωή* (= άνετη, πολυτελής): *κάνουν -η ζωή· όλο ταξίδια πηγαίνουν· Μ-η Ιδέα* (= ιστ., εθνικό ιδιώδες του 19. και των αρχών του 20. αι. που απέβλεπε στην ανάκτηση όλων των εδαφών του υπόδουλου ελληνισμού και την ανασύσταση ενός μεγάλου ελληνικού κράτους)· *-ο δάκτυλο* (= ο αντίχειρας). Φρ. *έχει / είναι -ο μυαλό* (= είναι εξαιρετικά ευφυής)· *έχει / είναι -η καρδιά* (= είναι μεγαλόκαρδος). Παροιμ. *-η μπουκιά φάε, -ο λόγο μην πεις* (= όταν λέει κανείς μεγάλα λόγια, μετανιώνει)· *το -ο ψάρι τρώει το μικρό* (= οι πιο ισχυροί καταδυναστεύουν τους πιο αδύνατους)· *-ο καράβι, -η φουρτούνα* (= όσοι ασχολούνται με μεγάλες επιχειρήσεις έχουν και μεγάλες σκοτούρες)· *με τους μικρούς μικρός και με τους -ους ~* (γι' αυτόν που ξέρει να προσαρμόζεται σε κάθε περιβάλλον). - Το αρσ. στον πληθ. ως ουσ. = **1.** οι ενήλικοι (σε αντιδιαστολή με τα παιδιά): *τα παιδιά πρέπει να ακούνε τους -ους*. **2.** οι ισχυροί του κόσμου: *οι -οι καθορίζουν τις τύχες μας*.

μεγαλοσιάνος, βλ. *μεγαλουσιάνος*.

μεγαλόσταυρος ο, ουσ. **1.** ανώτατος βαθμός πολλών παρασήμων: *τιμήθηκε με το -ο της Λεγεώνας της Τιμής*. **2.** (συνεκδοχικά) αυτός που έχει τιμηθεί με αυτό το παράσημο.

μεγαλοστομία η, ουσ., το να λέει κανείς «μεγάλα λόγια», να μιλάει με τρόπο πομπώδη: *η ~ των πολιτικών*.

μεγαλόστομος, -η, -ο, επίθ., που λέει «μεγάλα λόγια», που μιλάει με στόμφο: *~ ρήτορας*.

μεγαλοσύνη η, ουσ., μεγαλείο, μεγαλοπρέπεια: *~ της ψυχής*.

μεγαλόσχημος, -η, -ο, επίθ. **1.** (ειρων.) που κατέχει υψηλά αξιώματα και τίτλους χωρίς συνήθως να το αξίζει, που εμφανίζεται ως σπουδαίος: *οι -οι του υπουργείου μας γέμισαν υποσχέσεις*. **2.** (εκκλ., ως ουσ.) μοναχός που πήρε το μεγάλο σχήμα, δηλ. μπήκε στο δεύτερο μοναχικό βαθμό.

μεγαλόσωμος, -η, -ο, επίθ., που έχει μεγάλο σώμα (σε όγκο και ύψος), σωματώδης: *άντρας ~· αθλήτρια -η* (συνών. *εύσωμος·* αντ. *μικρόσωμος*).

μεγαλοτσιφλικάς ο, ουσ., κάτοχος μεγάλων εκτάσεων γης, μεγαλογαιοκτήμονας (βλ. και *τσιφλικάς*).

μεγαλούπολη η, ουσ., μεγάλη σε πληθυσμό πόλη: *η Πάτρα είναι ~*.

μεγαλούργημα το, ουσ., σημαντικό κατόρθωμα: *ο Παρθενώνας είναι ένα ~ των αρχαίων Αθηναίων*.

μεγαλουργία η, ουσ., πραγματοποίηση υψηλών στόχων και μεγάλων κατορθωμάτων.

μεγαλουργός, επίθ. αρσ., που επιτελεί μεγάλα έργα, σπουδαία κατορθώματα: *ο ~ γλύπτης Φειδίας*.

μεγαλουργώ, ρ., πραγματοποιώ μεγάλα κατορθώματα: *οι ΄Ελληνες στην αρχαιότητα -ησαν*.

μεγαλουσιάνος και **μεγαλοσιάνος** ο, θηλ. **-άνα**, ουσ. (συνιζ.). **1.** αυτός που κατέχει ξεχωριστή θέση στην κοινωνία για τον πλούτο ή την καταγωγή του. **2.** (ειρων.) αυτός που ζει σε μεγάλη πόλη (σε αντιδιαστολή με το μόνιμο κάτοικο μικρής πόλης): *ήρθαν οι -οι απ' την Αθήνα για ν' αγοράσουν τα κτήματά μας*.

μεγαλούτσικος, -η, -ο, επίθ., κάπως ή αρκετά μεγάλος (σε μέγεθος ή ηλικία): *αγόρασα ένα -ο οικόπεδο· τα παιδιά της είναι -α*.

μεγαλοφάνταστος, -η, -ο, επίθ. (έρρ.). **1.** που έχει μεγάλη φαντασία· που η φαντασία του γεννά σπουδαία πράγματα: *ω -η των ιδεών γεννήτρα* (Παλαμάς). **2.** που απορρέει από μεγάλη φαντασία: *-η σύλληψη*.

μεγαλοφέρνω, ρ., δείχνω μεγαλύτερος από την ηλικία μου: *πολύ -ει η κόρη της!* (συνών. *μεγαλοδείχνω·* αντ. *μικροδείχνω*).

μεγαλόφθαλμος, -η, -ο, επίθ., που έχει μεγάλα μάτια (συνών. *μεγαλομάτης*).

μεγαλόφρονας, -είς, ρ. **1.** έχω υψηλό φρόνημα, είμαι γενναιόψυχος. **2.** έχω μεγάλη ιδέα για τον εαυτό μου, είμαι αλαζόνας, υπερόπτης.

μεγαλοφροσύνη η, ουσ. **1.** το να έχει κάποιος υψηλό γενναίο φρόνημα, το να είναι μεγαλόψυχος. **2.** το να έχει κανείς μεγάλη ιδέα για τον εαυτό του, το να είναι αλαζόνας, υπερόπτης.

μεγαλοφυής, -ής, -ές, γεν. *-ούς*, πληθ. αρσ. και θηλ. *-είς*, ουδ. *-ή*, επίθ., που χαρακτηρίζεται από

μεγαλοφυΐα: *στρατηγός* ~· *σχέδιο -ές.* - Επίρρ. **-ώς.**
μεγαλοφυΐα η, ουσ. 1. το να έχει κανείς εξαιρετική ευφυΐα, πνευματική ικανότητα που ξεπερνάει τα κοινά μέτρα και τον κάνει ικανό για μεγάλες δημιουργίες, εφευρέσεις ή επιχειρήσεις: *η* ~ *του Αϊνστάιν.* 2. (συνεκδοχικά) αυτός που χαρακτηρίζεται από μεγαλοφυΐα: *ο Μπετόβεν ήταν* ~.
μεγαλοφυώς, βλ. *μεγαλοφυής.*
μεγαλόφωνος, -η, -ο, επίθ. 1. (σπάνια) που έχει δυνατή, βροντερή φωνή· που μιλάει δυνατά. 2. που γίνεται με δυνατή φωνή: *-η ανάγνωση* (αντ. *χαμηλόφωνος*). - Επίρρ. **-α.**
Μεγαλόχαρη η, ουσ. (για την Παναγία) που έχει τη θεία χάρη και κάνει μ' αυτήν μεγάλες ευεργεσίες στους πιστούς.
μεγαλοψυχία η, ουσ., ανωτερότητα ψυχική, γενναιοφροσύνη· επιείκεια προς τους άλλους, μακροθυμία: *έδειξε* ~ *προς τους εχθρούς του* (αντ. *μικροψυχία*).
μεγαλόψυχος, -η, -ο, επίθ. 1. που έχει ανώτερο φρόνημα· που δείχνει επιείκεια προς αυτούς που του έκαναν κακό: *ήταν* ~ *και τη συγχώρεσε.* 2. που φανερώνει μεγαλοψυχία, ψυχική ανωτερότητα: *-η στάση.*
μεγαλυνάριο το, ουσ. (ασυνίζ.), (εκκλ.) σύντομο τροπάριο που αρχίζει με τη φρ. «μεγάλυνον, ψυχή μου,...» και ψάλλεται συνήθως στις δεσποτικές και Θεομητρικές εορτές ή ορισμένες άλλες εορτές ή Κυριακές.
μεγάλωμα το, ουσ., το να μεγαλώνει κάτι ή κάποιος: ~ *ενός αριθμού* (= αύξηση) / *του δέντρου* (= ανάπτυξη) / *του κράτους* (= επέκταση) / *των παιδιών* (= ανατροφή ή ενηλικίωση) (αντ. *μίκρεμα*).
μεγαλώνω, ρ. Α. μτβ. 1. κάνω να αυξηθεί κάτι σε μέγεθος, σε διαστάσεις, να γίνει μεγάλο ή μεγαλύτερο από πριν: *θα -ώσω το υπόστεγο, για να χωρέσουν όλα τα αυτοκίνητα* (συνών. *μεγεθύνω, διευρύνω, επεκτείνω*· αντ. *μικραίνω*). 2. (μεταφ.) τρέφω, ανατρέφω: *γονείς που -ουν τα παιδιά τους με κόπους και θυσίες.* 3. κάνω κάποιον να φαίνεται πιο μεγάλος στην ηλικία: *αυτό το χτένισμα σε -ώνει* (συνών. *μεγαλοδείχνω*· αντ. *μικραίνω*). Β. αμτβ. 1. γίνομαι μεγάλος ή μεγαλύτερος σε μέγεθος, σε διαστάσεις: *φυτά που -ουν γρήγορα* -ωσαν *οι υποχρεώσεις μας* (= αυξήθηκαν)· *-ει το χάσμα* (= διευρύνεται) (αντ. *μικραίνω*). 2. γίνομαι μεγαλύτερος στην ηλικία (με παράλληλη αύξηση της σωματικής διάπλασης), φτάνω σε ωριμότερη ηλικία: *το παιδί -ωσε και δεν του κάνει το παλτό του·* έχεις *πια -ώσει και πρέπει να αποφασίζεις μόνος σου.* 3. προκόβω: *-ωσαν οι δουλειές του και δε μας υπολογίζει.* - Βλ. και *μέγιστος.*
Μεγαρίτης ο, θηλ. **-ισσα,** ουσ., αυτός που κατοικεί στα Μέγαρα ή κατάγεται από εκεί.
μεγαρίτικος, -η, -ο, επίθ., που ανήκει ή αναφέρεται στα Μέγαρα ή τους Μεγαρίτες.
Μεγαρίτισσα, βλ. *Μεγαρίτης.*
μέγαρο το, ουσ. 1. (αρχαιολ.) το μεγαλύτερο και κυριότερο δωμάτιο της ομηρικής κατοικίας· (στον πληθ. συνεκδοχικά) μεγάλο σπίτι, ανάκτορο: *τα -α των Μυκηνών.* 2. μεγάλο και επιβλητικό ή πολυτελές οικοδόμημα που χρησιμοποιείται ως κατοικία ή δημόσιο ίδρυμα: ~ *δεσποτικό* / *προεδρικό· το* ~ *της ραδιοφωνίας· γέμισε η γειτονιά μας -α* (= πολυκατοικίες).

μέγας - μεγάλη - μέγα, επίθ. 1. (ποιητ.) μεγάλος, σπουδαίος: *σημαίνει κι η Αγια-Σοφιά το -α μοναστήρι* (δημ. τραγ.)· *αυτός ο κόσμος ο μικρός, ο* ~ (Ελύτης). 2. (παλαιότερα) στον τίτλο ανώτερων πολιτικών ή εκκλησιαστικών αξιωματούχων: ~ *δούκας / δομέστικος / πρωτοψάλτης.* 3. (με κεφ.) ως τιμητική επωνυμία ή τμήμα του ονόματος σπουδαίου ιστορικού προσώπου: *ο Μ-ς Αλέξανδρος / Ναπολέων·* η *Μ-η Αικατερίνη της Ρωσίας.*
Μέγας ει, Κύριε (και θαυμαστά τα έργα σου) ή **Μέγας είσαι...·** αρχαϊστ. έκφρ. μεγάλου θαυμασμού ή απορίας, όταν ακούμε ή βλέπουμε κάτι παράδοξο.
μεγάφωνο το, ουσ. (φυσ.-κοιν.) συσκευή ή τμήμα συσκευής που με τη βοήθεια ενός μόνιμου μαγνήτη, ενός πηνίου και μιας ελαστικής μεμβράνης μετατρέπει μεταβολές του ηλεκτρικού ρεύματος σε ήχο και χρησιμοποιείται για ν' ακουστούν δυνατά και μακριά λέξεις που λέγονται μπροστά σ' ένα μικρόφωνο ή ο ήχος ραδιοφώνου, τηλεόρασης, κ.τ.ό.
μέγγενη η, ουσ. 1. μεταλλικό εργαλείο σιδηρουργών, ξυλουργών, κ.ά., με τη μορφή σφιγκτήρα από δυο αντικριστά κυρτά κομμάτια συνδεμένα στο κάτω μέρος με βίδα που την περιστρέφει μοχλός, ώστε αυτά να πλησιάζουν και να απομακρύνονται· είναι στερεωμένο επάνω σε τραπέζι εργασίας και χρησιμοποιείται για να ακινητοποιεί διάφορα αντικείμενα κατά την κατεργασία τους. 2. (παλαιότερα) ως όργανο βασανισμού. [τουρκ. *mengene*<ελλην. *μάγγανον*].
μέγεθος το, ουσ. 1α. ιδιότητα πράγματος, φαινομένου, κ.ά., που δηλώνει το πόσο μεγάλο ή μικρό είναι, ποιες είναι ποσοτικά οι διαστάσεις του, όπως το διαπιστώνει κανείς αν τις συγκρίνει, τις μετρήσει ή τις εκφράσει με αριθμούς: *χαλάζι στο* ~ *καρυδιού· φυτά διάφορων -ών· διαφορετικές εκτιμήσεις για το* ~ *της διαδήλωσης· -έθη οικονομικά·* ~ *κανονικό / γιγαντιαίο·* **β.** (για σεισμό) ποσότητα της εκλυόμενης ενέργειας στην κλίμακα Ρίχτερ. **γ.** (αστρον.) μονάδα μέτρησης της λαμπρότητας των άστρων: *αστέρι πρώτου -έθους* (= το πιο λαμπερό)· **δ.** έκφρ. *σε φυσικό* ~ (για κάτι που αναπαριστάνεται στις πραγματικές του διαστάσεις): *προτομή σε φυσικό* ~. 2. (συνήθως μεταφ.) το γεγονός ότι είναι κάτι μεγάλο, έντονο, σοβαρό, κ.τ.ό.: *κριτική για το* ~ *του ελλείμματος· συνειδητοποιώ το* ~ *της κακίας του / της καταστροφής* (συνών. *έκταση, σημασία*). 3. (ειδικά) για καθεμιά από τις καθορισμένες διαστάσεις στις οποίες παράγεται ένα καταναλωτικό προϊόν, ιδίως ρούχο, παπούτσι, κ.τ.ό.: *αυτά τα γάντια βγαίνουν σε λίγα -έθη· δε βρίσκει πουκάμισο στο -ός του·* (συνεκδοχικά) *εξαντλήθηκαν τα μικρά -έθη* (συνών. *νούμερο*).
μεγέθυνση η, ουσ. 1. μεγάλωμα. 2. (φυσ.-κοιν.) το να φαίνεται, να φωτογραφίζεται ή να φωτοτυπείται κάτι με τη βοήθεια των κατάλληλων φακών έτσι που οι διαστάσεις της εικόνας του να είναι μεγαλύτερες από τις πραγματικές: ~ *πολλαπλή· κάνω* ~ · (συνεκδοχικά για εικόνα που προκύπτει με αυτό τον τρόπο) *βλέπετε σε* ~ *μια λεπτομέρεια του πίνακα* (αντ. *σμίκρυνση*). 3. (οικον.) η οικονομική διαδικασία κατά την οποία μια χώρα που έχει αναπτύξει το βιομηχανικό της τομέα αυξάνει το πραγματικό κεφάλαιό της και βελτιώνει τις μεθόδους παραγωγής για να επιτύχει την αύξηση

του κατά κεφαλήν εισοδήματος και την ανύψωση του βιοτικού επιπέδου. **4.** (γραμμ.) παραγωγή μεγεθυντικών λέξεων από τις πρωτότυπες (αντ. *υποκορισμός*).

μεγεθυντικός, -ή, -ό, επίθ. (έρρ.). **1.** που αναφέρεται στη μεγέθυνση (βλ. λ. σημασ. 2): *φακός ~.* - Το ουδ. ως ουσ. = (γραμμ.) παράγων ουσιαστικό που παρασταίνει πιο μεγάλο εκείνο που σημαίνει η πρωτότυπη λέξη (λ.χ. *κουτάλι - κουτάλα· φωνή -φωνάρα*) (αντ. *υποκοριστικό*).

μεγεθύνω, ρ. **1.** μεγαλώνω κάτι. **2α.** (για φακό, κ.τ.ό.) κάνω να φαίνεται κάτι πιο μεγάλο απ' όσο είναι στην πραγματικότητα: *μικροσκόπιο που -ει ένα κύτταρο χιλιάδες φορές·* **β.** ανατυπώνω φωτογραφία ή τμήμα της ή φωτοτυπώ κάτι με τρόπο ώστε το αντίγραφο να έχει διαστάσεις μεγαλύτερες από το πρωτότυπο (αντ. *μικραίνω*).

μεγιστάνας ο, ουσ., πετυχημένος επιχειρηματίας με μεγάλα πλούτη και επιρροή: *~ του πετρελαίου / του τύπου.*

μεγιστοποίηση η, ουσ., το να γίνεται κάτι πάρα πολύ μεγάλο ή να παρουσιάζεται ως τέτοιο: *~ του ρόλου / του προβλήματος* (αντ. *ελαχιστοποίηση*).

μεγιστοποιώ, ρ. (ασυνιζ.), κάνω να αυξηθεί κάτι στο μέγιστο βαθμό ή να φανεί μεγαλύτερο απ' όσο πράγματι είναι: *στόχος μας είναι να -ήσουμε το κέρδος από την επένδυση* (αντ. *ελαχιστοποιώ*).

μέγιστος, -η, -ο, επίθ. (λόγ.), πάρα πολύ μεγάλος, ο πιο μεγάλος απ' όλους: *-η τιμή / ευθύνη·* (μαθημ.) *~ κοινός διαιρέτης.* Έκφρ. *στο -ο* (= όσο γίνεται περισσότερο): *αξιοποιήστε στο -ο τις παραγωγικές σας δυνατότητες* (αντ. *ελάχιστος*).

μέδιμνος ο, ουσ. (ιστ.) μέτρο χωρητικότητας στερεών και ιδίως του σιταριού: *~ αττικός / σικελικός.*

μεδίχως, επίρρ. (λαϊκ), χωρίς.

μεδούλι το, ουσ., ο μυελός των οστών (συνήθως ζώου): *~ βραστό / θρεπτικό· ρουφώ το ~.* Έκφρ. *ως το ~* (= εντελώς): *διεφθαρμένος ως το ~.* [λατ. *medulla*].

μέδουσα η, ουσ. (ζωολ.) υδρόβιο ζώο που ανήκει στα κοιλέντερα κι έχει σώμα πλατύ σε σχήμα καμπάνας από διαφανές υλικό σαν ζελατίνα με στόμα και μακριές κεραίες στο κάτω μέρος του: *με τσίμπησε μια ~* (συνών. *σαλούφα, τσούχτρα*). - Υποκορ. *-άκι* το.

μεζεδάκι, βλ. *μεζές.*

μεζελίκι και **μεζεκλίκι** το, ουσ. (λαϊκ.), (συνήθως στον πληθ.) εκλεκτός μεζές: *ποτέ του δεν ονειρεύτηκε τέτοιο ~* (Ψυχάρης)· *αράδιασε τα -κλίκια στο τραπέζι.* [τουρκ. *mezelik*].

μεζές ο, ουσ. **1.** πικάντικο φαγητό σε μικρή ποσότητα που συνοδεύει το ποτό και συνήθως προσφέρεται για ορεκτικό: *~ σαρακοστιανός· -έδες για ούζο.* **2α.** για μικρή ποσότητα φαγητού: *δεν πρόλαβα να πάρω ούτε -έ·* **β.** (μεταφ.) για μικρό υλικό όφελος από κάποια υπόθεση: *θέλει κι αυτός -έ.* Φρ. *παίρνω κάποιον στο -έ* (= περιγελώ, κοροϊδεύω). Υποκορ. **-εδάκι** το. [τουρκ. *meze*].

μεζονέτα η, ουσ., κατοικία με δύο ορόφους που επικοινωνούν εσωτερικά, ανεξάρτητη ή σε πολυκατοικία ή συγκρότημα: *~ εξοχική.* [γαλλ. *maisonnette*].

μεζούρα η, ουσ. **1.** πλαστική ταινία με ορισμένο μάκρος και αριθμητικές υποδιαιρέσεις που χρησιμοποιείται κυρίως στη ραπτική ως μέτρο μήκους. **2α.** σκεύος με ορισμένη χωρητικότητα που χρησιμεύει στο να υπολογίζουμε την ποσότητα υγρών ή στερεών: *γεμίζω μια ~ αλεύρι·* **β.** (συνεκδοχικά) ποσότητα που περιέχει το παραπάνω σκεύος: *το μωρό ήπιε δύο -ες γάλα.* [γαλλ. *mesure*].

μεθάνιο το, ουσ. (ασυνίζ.), (χημ.) κεκορεσμένος υδρογονάνθρακας με μορφή αερίου, άχρωμου και σχεδόν άοσμου, που καίγεται εύκολα και σχηματίζει με τον αέρα εκρηκτικό μίγμα: *διαρροή -ίου σε ανθρακωρυχείο.* [γαλλ. *méthane*].

μεθαυριανός, -ή, -ό, επίθ. (ασυνίζ.), που αναφέρεται ή ανήκει στο μεθαύριο, που πρόκειται να γίνει τότε: *ο ~ καιρός· η -ή συγκέντρωση.*

μεθαύριο, επίρρ. (ασυνίζ.), τη μέρα μετά την αυριανή.

μέθεξη η, ουσ. (λόγ.), ψυχική συμμετοχή: *~ του χριστιανού στη θεία λειτουργία.*

μεθεόρτια τα, ουσ. (ασυνίζ.). **1.** όσα γίνονται μετά τη μέρα της γιορτής και συνδέονται με αυτήν. **2.** (μεταφ.) τα κακά επακόλουθα μιας πράξης.

μεθεπόμενος, -η, -ο, επίθ., που βρίσκεται μετά τον επόμενο: *θα μετακομίσω τη -η εβδομάδα.*

μέθη η, ουσ. **1α.** η κατάσταση ενός μεθυσμένου, μορφή δηλητηρίασης από οινοπνευματώδη ποτά που προκαλεί διαταραχές στη λειτουργία των νευρικών κέντρων και εμφανίζει δυσάρεστα συμπτώματα, όπως λ.χ. ζάλη, κεφαλόπονο, ψευδαισθήσεις, εμετούς: *οδηγούσε σε κατάσταση -ης·* **β.** (συνεκδοχικά) για παρόμοια κατάσταση από τη χρήση ναρκωτικών ουσιών. **2.** (μεταφ.) κατάσταση έκστασης, ενθουσιασμού, ευφορίας: *η ~ του έρωτα / της ταχύτητας· υπεροψίαν και -ην θα είχεν ο Δαρείος* (Καβάφης).

μεθόδευση η, ουσ. **α.** το να γίνεται κάτι με μέθοδο, με προγραμματισμό: *~ για την ειρήνευση της περιοχής·* **β.** η μεθοδική χρησιμοποίηση τρόπων και τεχνασμάτων για να επιτύχει κανείς ιδιοτελείς σκοπούς: *~ εύστοχη· -εις για να δημιουργηθεί πλειοψηφία στη Βουλή.*

μεθοδευτικός, -ή, -ό, επίθ., που συντελεί στη μεθόδευση κάποιου πράγματος.

μεθοδεύω, ρ., ενεργώ με μεθοδικό τρόπο, χρησιμοποιώντας πολλές φορές και τεχνάσματα, για να επιτύχω κάποιο σκοπό κατά κανόνα ιδιοτελή: *~ τη δημιουργία εντυπώσεων.*

μεθοδικός, -ή, -ό, επίθ. **1α.** που γίνεται σύμφωνα με μέθοδο (βλ. λ. σημασ. 1, 5): *έλεγχος ~· ανάλυση -ή* (αντ. *αμέθοδος, εμπειρικός*)· **β.** που γίνεται με μέθοδο (βλ. λ. σημασ. 5, 7α), με σύστημα: *κατάταξη / εξόντωση -ή* (συνών. *συστηματικός*). **2.** (για πρόσωπο) που ενεργεί με μέθοδο, με σύστημα: *είναι ~ στη δουλειά του· είναι πνεύμα -ό.* - Επίρρ. **-ά.**

μεθοδικότητα η, ουσ. **α.** το να ενεργεί κανείς με μέθοδο (συνών. *συστηματικότητα*)· **β.** το να γίνεται ή να λειτουργεί κάτι με μέθοδο, με σύστημα: *~ επιστημονική / αποτελεσματική* (συνών. *συστηματικότητα, τάξη*).

μεθοδισμός ο, ουσ., αγγλικανική αίρεση ιδρυμένη στις αρχές του 18. αι. από τον Ιωάννη Ουέσλεϋ που την χαρακτηρίζει μεγάλη αυστηρότητα στην τήρηση των ηθικών αρχών. [αγγλ. *methodism*].

μεθοδιστής ο, ουσ., οπαδός του μεθοδισμού. [αγγλ. *methodist*].

μεθοδολογία η, ουσ. **α.** επιστήμη, υποδιαίρεση της λογικής, που ασχολείται με τη φιλοσοφική μελέτη των μεθόδων — επιστημονικών, τεχνικών, κλπ.— οι οποίες εφαρμόζονται για τη σύνθεση και διατύπωση των διάφορων κατηγοριών των γνώσεων και ιδίως των μεθόδων των διάφορων επιστημών: ~ *ιστορική* β. σύστημα μεθόδων και αρχών που ακολουθούνται στην εκτέλεση ενός πράγματος, κυρίως σε επιστημονικές εφαρμογές: ~ *διδασκαλίας / έρευνας.*

μεθοδολογικός, -ή, -ό, επίθ., που ανήκει ή αναφέρεται στη μεθοδολογία: *πρότυπο / εργαλείο -ό· αυστηρότητα -ή.*

μέθοδος η, ουσ. **1.** εξέταση ή έρευνα ενός πράγματος σύμφωνα με ορισμένους κανόνες: ~ *επιστημονική / αποδεικτική·* ~ *προσέγγισης λογοτεχνικού κειμένου.* **2.** (στη λογική) σύνολο κανόνων που ακολουθεί το πνεύμα για να ανακαλύψει και να αποδείξει την αλήθεια: ~ *αναλυτική / συνθετική.* **3.** (φιλοσ.) ο τρόπος διατύπωσης και θεμελίωσης συστήματος φιλοσοφικών γνώσεων. **4.** (μαθημ.) το σύνολο κανόνων και οι γενικοί τρόποι με τους οποίους επιλύονται διάφορα μαθηματικά προβλήματα: ~ *των τριών* (= βασική μέθοδος επίλυσης προβλημάτων αριθμητικής κατά την οποία από τρία δεδομένα βρίσκεται τέταρτο, που είναι και το ζητούμενο). **5.** (γενικά) σύνολο συστηματικών ενεργειών για να φτάσει κανείς σε ορισμένο αποτέλεσμα: ~ *θεραπευτική / παιδαγωγική· υιοθετώ / ακολουθώ -ο·* ~ *αλάνθαστη / ξεπερασμένη.* **6.** (συνεκδοχικά) η ιδιότητα του ανθρώπου που ενεργεί με λυγική και οργάνωση: *εργάζεται με -ο* (πβ. *μεθοδικότητα, συστηματικότητα*). **7α.** σύνολο κανόνων ή αρχών στις οποίες βασίζεται η διδασκαλία ή η πρακτική εφαρμογή τέχνης ή τεχνικής: ~ *βιολιού / λογιστικών·* β. (συνεκδοχικά) εγχειρίδιο, βιβλίο που περιέχει αυτούς τους κανόνες ή τις αρχές: *αγόρασα μια -ο αγγλικών.* **8.** τρόπος ενέργειας, σύστημα, τακτική, μέσο: ~ *ενδεδειγμένη· υποδεικνύω σε κάποιον τι -ο να ακολουθήσει.*

μεθοκόπημα και **μεθοκόπι** το, ουσ., το να μεθοκοπά κανείς (συνών. *μπεκρολόγημα, μπεκρούλιασμα*).

μεθοκόπος ο, ουσ., αυτός που μεθοκοπά (συνών. *μέθυσος, μεθύστακας, μπεκρής*).

μεθοκοπώ, -άς, -ά, ρ., πίνω οινοπνευματώδη ποτά συχνά και υπερβολικά, μεθώ από συνήθεια (συνών. *μπεκρολογώ, μπεκρουλιάζω*).

μεθοριακός, -ή, -ό, επίθ. (ασυνίζ.), που ανήκει ή αναφέρεται στη μεθόρο: *φυλάκια -ά· γραμμή -ή.*

μεθόριος, -ια, -ιο, επίθ. (ασυνίζ.), που βρίσκεται στα όρια μεταξύ δύο χωρών: *ποταμός ~.* - Το λόγ. θηλ. *-ιος,* η ως ουσ. = τα σύνορα.

μεθυλένιο το, ουσ. (ασυνίζ.), (χημ.) **1.** εμπορική ονομασία της μεθυλικής αλκοόλης που παράγεται από το μεθάνιο. **2.** η δισθενής ρίζα CH_2 (= ένα άτομο άνθρακα, δύο άτομα υδρογόνου) που παράγεται από το μεθάνιο. [γαλλ. *méthylène*].

μεθυλικός, -ή, -ό, επίθ. (χημ.) ονομασία ορισμένων παραγώγων του μεθανίου: *αλκοόλη -ή.* [γαλλ. *méthylique*].

μεθύλιο το, ουσ. (ασυνίζ.), (χημ.) μονοσθενής αλκυλική ρίζα που παράγεται από το μεθάνιο με αφαίρεση ενός ατόμου υδρογόνου. [γαλλ. *méthyle*]

μεθύσι το, ουσ. **1.** μέθη (βλ. λ. σημασ. 1): ~ *άγριο / βαρύ.* φρ. *είναι τύφλα στο ~* (= είναι υπερβολικά μεθυσμένος)· *δεν κάνει ευχάριστο / καλό ~* (= δε διατηρεί την καλή διάθεση και συμπεριφορά όταν μεθύσει)· *το 'ριξε στο ~* (= άρχισε να μεθο-

κοπά). **2.** (μεταφ.) κατάσταση ευφορίας, ευδαιμονίας: *το ~ της αγάπης / δόξας.*

μεθυσμένος, -η, -ο, μτχ. επίθ. **1.** που έχει περιέλθει σε κατάσταση μέθης (βλ. λ.), πιωμένος: *πάλι ~ είσαι, δυόμιση ώρα της νυχτός* (Βάρναλης)· έκφρ. ~ *τάβλα* ή *-ο κουτούκι* (= μεθυσμένος εντελώς)· *-ες κουβέντες* (= ασυνάρτητα λόγια μεθυσμένου)· παροιμ. *είδ' ο τρελός το -ο και φοβήθηκε* (= ο μεθυσμένος είναι πολλές φορές πιο επικίνδυνος από τον τρελό) (αντ. *νηφάλιος, ξεμέθυστος*). **2.** (μεταφ.) που διακατέχεται από αισθήματα ευδαιμονίας ή παραφέρεται από την επίδραση έντονης συγκίνησης ή εμπειρίας: ~ *από αγάπη / την επιτυχία / αλαζονεία.* - Βλ. και *μεθώ.*

μέθυσος ο, ουσ., αυτός που συνηθίζει να μεθά (συνών. *μπεκρής, μεθύστακας, μεθόκοπος*).

μεθύστακας ο, ουσ., μέθυσος (συνών. *μπεκρής, μεθόκοπος*).

μεθυστικός, -ή, -ό, επίθ. **1.** που φέρνει μέθη, που μεθά: *ποτό -ό.* **2.** (μεταφ.) που προκαλεί ηδονική ζάλη ή υπερβολική ευχαρίστηση: *άρωμα -ό· φιλιά / λόγια -ά.*

μεθύστρα η, ουσ., γυναίκα που μεθοκοπά, μπεκρού.

μεθώ, ρ., αόρ. *-υσα.* **Α.** μτβ. **1α.** κάνω κάποιον να περιέλθει σε κατάσταση μέθης (βλ. λ.): *τον -υσαν για να τον αποσπάσουν το μυστικό·* β. (υποκ. κάποιο ποτό) προκαλώ μέθη: *η μπύρα τον -υσε·* (απολ.) *κρασί που -άει γρήγορα.* **2.** κάνω κάποιον να περιέλθει σε κατάσταση ηδονικής ζάλης όμοια με εκείνη που οφείλεται σε μέθη: *τους -υσε ο καθαρός αέρας του βουνού* (συνών. *ζαλίζω, λιγώνω*). **3.** (μεταφ.) κάνω κάποιον να καταληφθεί από αισθήματα ευδαιμονίας ή του προκαλώ έντονη συγκίνηση σε βαθμό που να παραφέρεται: *τον -υσαν τα πλούτη.* **Β.** αμτβ. **1α.** μεθοκοπώ, είμαι μέθυσος· β. περιέρχομαι σε κατάσταση μέθης: *-υσε και δε βλέπει μπροστά του·* (σε μεταφ.): *-ύστε με τ' αθάνατο κρασί του Εικοσιένα* (Παλαμάς). **2.** (μεταφ.) κατέχομαι από αισθήματα ευδαιμονίας ή παραφέρομαι από έντονη συγκίνηση *-υσαν από τη νίκη τους·* ~ *από την εξουσία.* - Βλ. και *μεθυσμένος.* [*μεθύσκω*].

Μεθωναίος ο, θηλ. *-α*, ουσ., αυτός που κατοικεί στη Μεθώνη ή κατάγεται από εκεί.

μείγμα, βλ. *μίγμα.*

μειδίαμα το, ουσ. (λόγ.), χαμόγελο: ~ *αδιόρατο / ειρωνικό·* ~ *αρχαϊκό* (βλ. *αρχαϊκός*)· έκφρ. ~ *της τύχης* (= εύνοια της τύχης).

μειδιώ, ρ. (ασυνίζ.), αόρ. *-ίασα*, χαμογελώ.

μεικτός, βλ. *μικτός.*

μειλίχιος, -α, -ο, επίθ. (ασυνίζ.), που είναι ευγενικός και γλυκός στη συμπεριφορά του: *βλέμμα / χαμόγελο -ο· όψη -α.*

μειλιχιότητα η, ουσ. (ασυνίζ.), το να είναι κανείς μειλίχιος: ~ *προσποιητή.*

μεϊντάνι το, ουσ. (όχι ερρ., λαϊκ.), ανοιχτή έκταση πλατεία: φρ. *βγάζω στο ~* (= αποκαλύπτω, κοινολογώ): *θα 'βγαζε στο ~ όλες τις μπομπές της* (Μπαστιάς)· *βγαίνω στο ~* (= κάνω άτακτη ζωή). [τουρκ. *meydan*].

μειοδοσία η, ουσ. (ασυνίζ.). **1.** προσφορά μικρότερης τιμής σε διαγωνισμό για ανάληψη έργου, προμήθειας πράγματος, κλπ. (αντ. *πλειοδοσία*). **2.** (μεταφ.) *εθνική ~* ή ~ *σε εθνικά θέματα* = παραχωρήσεις ανεπίτρεπτες που βλάπτουν τα εθνικά συμφέροντα.

μειοδότης ο, θηλ. **-τρια**, ουσ. (ασυνίζ.). 1. αυτός που μειοδοτεί, που προσφέρει τη μικρότερη τιμή σε διαγωνισμό για να αναλάβει την κατασκευή έργου, την προμήθεια πράγματος, κλπ. (αντ. *πλειοδότης*). 2. (μεταφ.) *εθνικός* ~ = αυτός που κάνει παραχωρήσεις βλαπτικές στα εθνικά συμφέροντα.

μειοδοτικός, -ή, -ό, επίθ. (ασυνίζ.), που ανήκει ή αναφέρεται σε μειοδοσία, που γίνεται με μειοδοσία: *~ διαγωνισμός* (αντ. *πλειοδοτικός*).

μειοδότρια, βλ. *μειοδότης*.

μειοδοτώ, -είς, -εί, ρ. (ασυνίζ.), προσφέρω τη μικρότερη τιμή σε διαγωνισμό για την ανάληψη έργου, προμήθειας πράγματος, κλπ. (αντ. *πλειοδοτώ*).

μείον, επίρρ. (μαθημ.) ο όρος και το σημείο της αφαίρεσης που παριστάνεται με το σύμβολο (-) (συνών. *πλην* αντ. *συν*).

μειονέκτημα το, ουσ. (ασυνίζ.), ιδιότητα προσώπου ή πράγματος σε μικρότερο βαθμό από ό,τι είναι σε άλλο, σημείο στο οποίο υστερεί, ατέλεια, ελάττωμα: *η μηχανή / το πρόγραμμα παρουσιάζει σοβαρά -ατα* (αντ. *πλεονέκτημα*).

μειονεκτικός, -ή, -ό, επίθ. (ασυνίζ.), που παρουσιάζει μειονεκτήματα, ελαττωματικός: *βρίσκεται σε -ή θέση* (αντ. *πλεονεκτικός*). - Επίρρ. **-ά**: *αισθάνομαι -ά*.

μειονεκτικότητα η, ουσ. (ασυνίζ.), το να εμφανίζει κανείς ή κάτι μειονεκτήματα, ελαττωματικότητα, μειονεξία.

μειονεκτώ, ρ. (ασυνίζ.), έχω κάποια ιδιότητα σε μικρότερο βαθμό από άλλον, υστερώ σε κάτι: *~ απέναντι σε κάποιον / από άποψη...* (αντ. *πλεονεκτώ*).

μειονεξία η, ουσ. (ασυνίζ.), μειονεκτικότητα.

μειονότητα η, ουσ. (ασυνίζ.). 1. ομάδα ατόμων ή πραγμάτων που ο αριθμός τους είναι μικρότερος από το μισό του συνόλου στο οποίο ανήκουν: *οι καλλιτέχνες των τσίρκων αποτελούν μια μικρή ~ στο χώρο του θεάματος* (αντ. *πλειονότητα*). 2. ομάδα πολιτών στο εσωτερικό ενός κράτους, που διαφέρει ως προς την καταγωγή, τη γλώσσα ή τη θρησκεία από τις πολυαριθμότερες και ομοιογενείς ομάδες των άλλων πολιτών και που προστατεύεται από το Σύνταγμα ή από διεθνείς συμβάσεις: *διακρίσεις σε βάρος της -ας*.

μειονοτικός, -ή, -ό, επίθ. (ασυνίζ.), που ανήκει ή αναφέρεται σε μειονότητες: *θέματα -ά*.

μειοψηφία η, ουσ. (ασυνίζ.). 1. αριθμός ψήφων μικρότερος από αυτόν που χρειάζεται μία ομάδα ψηφοφόρων για να επιβάλει τη θέλησή της, οποιαδήποτε και αν είναι η συνέλευση ή το εκλογικό σώμα όπου γίνεται η ψηφοφορία (αντ. *πλειοψηφία*). 2. το κόμμα ή ο συνασπισμός κομμάτων ή ομάδων που έχει επιτύχει στις εκλογές αριθμό ψήφων κατώτερο από εκείνον της μερίδας που υπερισχύει ή κατώτερο από την πλειοψηφία στην οποία ανήκει το δικαίωμα να ορίσει την κυβέρνηση ή άλλη διοικητική επιτροπή: *κυβέρνηση -ας*.

μειοψηφώ, ρ. (ασυνίζ.), διαθέτω ή παίρνω ψήφους λιγότερους από το μισό του συνόλου ή από την πλειοψηφία που απαιτείται για να επιβάλω τη θέλησή μου στο σώμα όπου γίνεται η ψηφοφορία (αντ. *πλειοψηφώ*).

μειράκιο το, ουσ. (ασυνίζ., λόγ.), για απερίσκεπτο, επιπόλαιο νεαρό.

μειώνω, ρ. (ασυνίζ.). I. ενεργ. 1. κάνω κάτι λιγότερο ή μικρότερο απ' όσο ήταν προηγουμένως: *~ τα έξοδα· ο καινούργιος δρόμος θα -σει την απόσταση στο μισό* (συνών. *ελαττώνω, λιγοστεύω, μικραίνω* αντ. *αυξάνω, μεγαλώνω*). 2a. προσβάλλω, εξευτελίζω: *~ το γόητρο / την προσωπικότητα κάποιου*· β. (για πρόσωπο) ταπεινώνω, υποβιβάζω ηθικά: *με κακόβουλα σχόλια προσπαθεί να με -σει*. II. (μέσ.) λιγοστεύω: *-εται επικίνδυνα η στάθμη της λίμνης*. - Η μτχ. παρκ. ως επιθ. = λιγότερο από πριν ή από κάποιο άλλον: *θητεία -μένη· εισιτήριο / ωράριο -μένο*.

μείωση η, ουσ. 1. το να μειώνεται κάτι, το να γίνεται λιγότερο: *~ αισθητή· ~ των τιμών* (= κάμψη, πτώση)· *~ της στρατιωτικής θητείας* (συνών. *ελάττωση, λιγόστεμα* αντ. *αύξηση*). 2. προσβολή, ηθική ζημιά, ταπείνωση: *~ της αξιοπρέπειας·* (για πρόσωπο) *παραιτήθηκε γιατί δεν ανεχόταν τις -ώσεις από τον προϊστάμενο*. 3. (βιολ.) ο μηχανισμός παραγωγής κυττάρων με μισό αριθμό χρωματοσωμάτων για να γίνουν γαμέτες.

μειωτέος ο, ουσ. (ασυνίζ.), (μαθημ.) ο πρώτος από τους δύο όρους μιας διαφοράς, ο αριθμός που απ' αυτόν πρέπει να αφαιρεθεί ο άλλος (δηλ. ο αφαιρετέος).

μειωτής ο, ουσ. (ασυνίζ.), έκφρ. *~ (ή αποσβεστήρας) κραδασμών* = αμορτισέρ (βλ. λ).

μειωτικός, -ή, -ό, επίθ. (ασυνίζ.). 1. (σπανιότερα) που αναφέρεται στη μείωση, που προκαλεί μείωση: *παράγοντες -οί*. 2. προσβλητικός, ταπεινωτικός, εξευτελιστικός: *χαρακτηρισμός προσώπου ~ συνθήκες -ές για την ανθρώπινη αξιοπρέπεια*. - Επίρρ. **-ά**.

μελαγχολία η, ουσ., έντονα κακή ψυχική διάθεση με τάσεις για απομόνωση, ονειροπόληση, δυσάρεστες και απαισιόδοξες σκέψεις, διαρκής και επίμονη λύπη: *~ αδιόρατη / βαθιά / του Σεπτεμβρίου·* (ψυχιατρ.) πάθηση που εκδηλώνεται ως έξαρση λύπης με αισθήματα αγωνίας, θλίψης και ενοχής, εξασθένηση των διανοητικών ικανοτήτων, αβουλία, τάσεις αυτοκτονίας, κ.ά.: *~ αγχώδης / υποχονδριακή*.

μελαγχολικός, -ή, -ό, επίθ. 1. που υποφέρει από μελαγχολία: *παιδί -ό*. 2. που εκφράζει μελαγχολία: *βλέμμα -ό· διάθεση -ή*. 3. που προκαλεί μελαγχολία: *τοπίο / δειλινό -ό*. - Επίρρ. **-ά**.

μελαγχολώ, ρ. 1. (αμτβ.) καταλαμβάνομαι ή κατέχομαι από μελαγχολία: *θέαμα / κατάσταση που σε κάνει να -είς· μετά το θάνατο του γιου της -ησε*. 2. (μτβ.) προκαλώ μελαγχολία: *το τραγουδάκι σου μας -ησε*.

μελαγχρωστική η, ουσ. (ανατομ.-ανθρωπολ.) ουσία που δίνει στους ιστούς του δέρματος μελαψό χρώμα.

μελανάδα η, ουσ. (λαϊκ.). 1. μελανό χρώμα, μαυράδα. 2. μαύρο σημάδι, μελανιά.

μελανείο το, ουσ. 1. τυπογραφική πλάκα αλειμμένη με μελάνη που χρησιμοποιούνταν για την εκτύπωση των δοκιμίων με το χέρι. 2. δοχείο μελάνης του πιεστηρίου, καθώς και το σύστημα μεταφοράς της στους κυλίνδρους.

μελάνη η, ουσ., *μελάνι γραφής*: *~ ανεξίτηλη / σινική / συμπαθητική· ο αυτοκράτορας υπέγραψε με κόκκινη ~*. [επιθ. *μελανός*]. - Βλ. και *μελάνι*.

μελανής, -ιά, -ί, επίθ., μελανός, μαύρος.

μελάνι το, ουσ. 1. υγρή ουσία φτιαγμένη παλιότερα κυρίως από φυσικά συστατικά και σήμερα από χημικά, με ορισμένο χρώμα (συνήθως μαύρο) και με την ιδιότητα στεγνώνοντας να αφήνει κάποιο σχέδιο πάνω σε συγκεκριμένη επιφάνεια, ιδίως στο χαρτί, που χρησιμεύει ως υλικό γραφής, σχεδίασης ή τύπωσης: ~ *αραιό* / *τυπογραφικό*. **2.** για το μαύρο υγρό που εκκρίνουν ορισμένα μαλακόστρακα της θάλασσας: ~ *της σουπιάς.* Φρ. *αμόλα* ~, βλ. *αμολώ*. - Βλ. και *μελάνη*.

μελανιά η, ουσ. (συνιζ.). **1.** λεκές από μελάνι, ιδίως στο χαρτί ή τα δάχτυλα (συνών. *μαυράδι, μελανάδα, μουντζούρα*). **2.** μαύρο σημάδι στο δέρμα από βίαιη ενέργεια ή παθολογική αιτία: *είχες -ιές από τσιμπήματα*.

μελανιάζω, ρ. (συνιζ.). **Α.** (αμτβ.) γίνομαι μελανός: *ο ουρανός -ει* (= μαυρίζει, σκοτεινιάζει)· *το μωρό είχε -σει από το κλάμα*. **Β.** (μτβ.) προκαλώ σε κάποιον μελανιές (βλ. λ. σημας. 2), τον κάνω μελανό: *από το σφίξιμο μου -σε το χέρι*· *τον -σαν στο ξύλο* (= τον μαύρισαν).

μελανίαση η, ουσ. (ιατρ.) μελάνωση (βλ. λ.).

μελάνιασμα το, ουσ., το αποτέλεσμα του μελανιάζω: *είχα στο πόδι ένα ~ από πέσιμο* (συνών. *μαύρισμα, μελανιά*).

μελανίνη η, ουσ. (βιοχημ.) αδιάλυτη καστανή χρωστική που συμβάλλει στο φυσιολογικό χρωματισμό του δέρματος, των μαλλιών και του αμφιβληστροειδούς: *αύξηση της -ης παθολογική / με την επίδραση της ηλιακής ακτινοβολίας*.

μελανοδερμία η, ουσ. (ιατρ.) υπερβολική καστανωπή ή μελαχρινή απόχρωση του δέρματος, τοπική ή γενικευμένη.

μελανόδερμος, -η, -ο, επίθ., που έχει μεγάλη ποσότητα μελανίνης στο δέρμα· (ανθρωπολ.) για όσους ανήκουν στη μαύρη φυλή.

μελανοδοχείο το, ουσ., μικρό δοχείο όπου έβαζαν μελάνι γραφής για άμεση χρήση και συνεκδοχικά το σκεύος όπου αυτό είναι προσαρτημένο: *βούτηξε την πένα στο ~*· ~ *γυάλινο / σκαλιστό* (συνών. *καλαμάρι*).

μελανόμορφος, -η, -ο, επίθ. (αρχαιολ.) *ρυθμός* ~ = τρόπος απόδοσης ζωγραφικής παράστασης με μαύρο χρώμα πάνω στο άβαφη (κοκκινωπή) επιφάνεια ενός ελληνικού αγγείου: *αγγειογράφοι του -ου ρυθμού* (λ.χ. ο Εξηκίας)· (συνεκδοχικά) *κρατήρας / αμφορέας* ~ (αντ. *ερυθρόμορφος*).

μελανός, -ή, -ό, επίθ. **1.** μαύρος, μαυριδερός: *βράχος ~*· *χείλη -ά απ' το κρύο* (αντ. *άσπρος*). **2.** (μεταφ.) στις εκφρ. *-ό σημείο ή -ή κηλίδα (της ζωής / της σταδιοδρομίας κάποιου)* = για ό,τι βλάπτει, θίγει την καλή φήμη, την υπόληψη, την τιμή.

μελανούρι το, ουσ. **1.** ψάρι συγγενικό με το σπάρο, ασημί στα πλευρά και στην κοιλιά και με μια πλατιά μαύρη ταινία στη ρίζα της ουράς. **2.** (μεταφ.) όμορφο μελαχρινό κορίτσι. - Βλ. και *μελάνουρος*.

μελάνουρος ο, ουσ. (ζωολ.) επιστ. ονομασία του ψαριού μελανούρι.

μελανοχίτωνας ο, ουσ. (ιστ., συνήθως στον πληθ.) μέλος παραστρατιωτικών φασιστικών ομάδων, ντυμένων με χαρακτηριστικό μαύρο πουκάμισο, στην Ιταλία κατά το μεσοπόλεμο και το β΄ παγκόσμιο πόλεμο. [μετάφραση του ιταλ. *camice nere*].

μελάνωμα το, ουσ. **1.** μαύρισμα, λέρωμα με μελάνη. **2.** (ιατρ.) όγκος που περιέχει άφθονη μελανίνη.

μελανώνω, ρ. **1.** μαυρίζω, λερώνω με μελάνη: *-ει τα βιβλία του*· (μέσ.) *-ώθηκε στο πρόσωπο*. **2.** αλείβω με μελάνη σφραγίδα, τυπογραφικά στοιχεία, κ.τ.ό.

μελανωπός, -ή, -ό, επίθ. (λόγ.), μαυριδερός: *όψη -ή*.

μελάνωση η, ουσ. (ιατρ.) ασθένεια που εκδηλώνεται με μελανά οιδήματα στο δέρμα.

μελάς ο, ουσ. (λαϊκ.), παραγωγός ή έμπορος μελιού.

μελάσα η, ουσ., το σιρόπι που απομένει όταν ο χυμός του ζαχαρότευτλου ή του ζαχαροκάλαμου μετατραπεί σε κρυσταλλική ζάχαρη: *χρήση -ας σε ζωοτροφές*. [γαλλ. *mélasse*].

μελάτος, -η, -ο, επίθ. **1.** (για αβγό) πυκνόρρευστος σαν μέλι: *αβγό -ο* (= που δεν το έβρασαν πολύ, γι' αυτό ο κρόκος του είναι κάπως ρευστός) (αντ. *σφιχτό*). **2.** (λαϊκ.) γλυκός σαν μέλι: *σύκα / πεπόνια -α*· (μεταφ.) *χαμόγελο -ο*.

μελαχρινός, -ή, -ό, επίθ. (για πρόσωπο) **α.** που έχει κάπως σκούρο, μαυριδερό δέρμα και μαύρα ή σκούρα μαλλιά· **β.** συνεκδοχικά για άτομο με μαύρα μαλλιά (σε αντιδιαστολή με το *ξανθός*). [μτγν. *μελαγχρινός*].

μελαψός, -ή, -ό, επίθ., πολύ μελαχρινός, σχεδόν μαύρος: *μάγουλα -ά*· *Ασιάτης* ~.

μέλει, ρ., απρόσ., ελλειπτ. (μόνο στον ενεστ. και τον παρατ.), (με αιτιατ. προσωπ. αντων.) ενδιαφέρομαι, φροντίζω: *δε με* ~· *κάνε ό,τι θες*· (παροιμ.) *από πίτα που δεν τρως, τι σε* ~ *κι αν καεί*;

μελένιος, -ια, -ιο, επίθ. (συνιζ.). **1.** φτιαγμένος από μέλι, ζυμωμένος με μέλι: *χαλβάς* ~. **2.** (μεταφ.) γλυκός σαν μέλι, γλυκύτατος: *στόμα -ιο*.

μελέτη, η, ουσ. **1.** το να μελετά κανείς κάτι: *αγαπά τη* ~· *δε θα 'ρθω σήμερα, γιατί έχω* ~ (= διάβασμα ή άσκηση). **2α.** διανοητική προσπάθεια του ανθρώπου για να κατακτήσει τη γνώση ή έναν τομέα γνώσεων: ~ *των μαθηματικών / μιας γλώσσας*· **β.** τάση του ανθρώπινου πνεύματος να ερευνά, να μαθαίνει και να κατανοεί: *η υπόθεση χρειάζεται* ~. **3α.** προσεκτική παρατήρηση και ανάλυση ενός φαινομένου ή ενός θέματος: ~ *του φαινομένου της υπογεννητικότητας*· ~ *της φύσης*· **β.** προσεκτική έρευνα και εμβάθυνση ενός φαινομένου ή θέματος με σκοπό την κατανόησή του: *-ες απέδειξαν ότι...*· ~ *της υπόθεσης από τον δικαστή*. **4.** (στον πληθ.) ειδικότες τομέας γνώσεων που μελετάται από διάφορες σκοπιές: *Ίδρυμα Βυζαντινών Μ-ών*. **5α.** γραπτή εργασία που προκύπτει ύστερα από συστηματική έρευνα ενός θέματος και αποτελεί μεθοδική έκθεση των πορισμάτων της: *έγραψε -ες για τη βυζαντινή κοινωνία*· *δημοσίευσε* ~ (συνών. *πραγματεία, μελέτημα*)· **β.** έκθεση με τα πορίσματα σχετικής επιστημονικής έρευνας που απαιτείται πριν από την ανέγερση αρχιτεκτονήματος: *ο πολιτικός μηχανικός έκανε / υπέγραψε τη* ~ *του κτηρίου*. **6.** (ειδικότερα) προσχέδιο καλλιτέχνη που αποτελεί μοντέλο ενός μεγαλύτερου έργου. **7.** (ειδικά-μους.) κομμάτι κλασικής μουσικής που συντέθηκε με σκοπό να εξυπηρετεί την εξάσκηση μιας συγκεκριμένης τεχνικής.

μελέτημα το, ουσ., γραπτή εργασία που προκύπτει ύστερα από συστηματική μελέτη ενός θέματος και αποτελεί έκθεση των πορισμάτων της: *δημοσίευσε -ατα για την αρχαία γλώσσα* (συνών. *πραγματεία, μελέτη*).

μελετηρός, -ή, -ό, επίθ., που αγαπά τη μελέτη, που

μελετητής

με προθυμία αφοσιώνεται στη μελέτη: *μαθητής* ~.

μελετητής ο, θηλ. **-τρια,** ουσ., επιστήμονας ή στοχαστής που ασχολείται συστηματικά με τη μελέτη ενός ή περισσότερων αντικειμένων: *οι απόψεις των -ών δε συμφωνούν.*

μελετώ, -άς, ρ., μτχ. παρκ. **-ημένος.** 1. προσπαθώ να κατανοήσω ή να μάθω κάτι με διάβασμα ή με άσκηση: ~ *τα μαθήματά μου / πιάνο.* 2. παρατηρώ και αναλύω ένα φαινόμενο, ερευνώ μεθοδικά: *η φυσική -ά τα φυσικά φαινόμενα· επιστήμονες -ησαν τις επιδράσεις του φυσικού περιβάλλοντος στο έμβρυο.* 3. σκοπεύω να κάνω κάτι: *ποιος ξέρει τι -ά να μας ετοιμάσει πάλι!* (συνών. *προτίθεμαι*). 4. αναλογίζομαι: *Στων Ψαρών την ολόμαυρη ράχη / περπατώντας η Δόξα μονάχη / -ά τα λαμπρά παλληκάρια* (Σολωμός). 5. εξετάζω με κάθε λεπτομέρεια: *πρέπει να το -ήσω καλά το θέμα πριν αποφασίσω· κοιτούσε τον καπετάνιο -ώντας την όψη του* (Μπαστιάς) (= *περιεργάζομαι*). 6. αναφέρω κάποιον ή κάτι με το όνομά του, μνημονεύω: *μη -άς τ' όνομά του.*

μέλημα το, ουσ. 1. αντικείμενο φροντίδας, έννοια: *πρώτο ~ του δασκάλου / της κυβέρνησης είναι να...* 2. χρέος, καθήκον.

μελής, -ιά, -ί, επίθ., που έχει το χρώμα του μελιού: *μάτια -ιά.*

μέλι το, ουσ., γεν. **-ιού** (συνιζ.) και (αρχαϊστ). *μέλιτος* (μόνο σε ορισμένες εκφρ.). 1. ουσία πολτώδης και ζαχαρώδης με χρώμα κιτρινωπό-χρυσαφί που την παράγουν οι μέλισσες από τη γύρη των λουλουδιών και τρώγεται σε γλυκά ή αλειμμένη στο ψωμί: ~ *ξανθό· λουκουμάδες με ~· γλυκό σαν ~.* 2. (συνεκδοχικά) καθετί πολύ γλυκό: *σύκο ~· (παροιμ.) αγάλι αγάλι γίνεται η αγουρίδα ~* (συνών. *ζάχαρη*). 'Εκφρ. ~ *γάλα* (για απόλυτη συμφωνία ή συμφιλίωση με κάποιον): *είχαν μαλώσει, αλλά τώρα είναι πάλι ~ γάλα· σ' αυτό το σπίτι είναι όλα ~ γάλα· μήνας του μέλιτος* (= η πρώτη περίοδος της ζωής ενός νιόπαντρου ζευγαριού): *έκαναν το μήνα του μέλιτος στην Ευρώπη.* Φρ. *το στόμα κάποιου στάζει ~* (= *μιλά πολύ ευχάριστα*).

μελιά η, ουσ. (συνιζ.), (βοτ.) μικρό δέντρο με σύνθετα φύλλα, ευωδιαστά άνθη, που το ξύλο της χρησιμοποιείται στην επιπλοποιία.

μελίγκρα η, ουσ. (όχι ερρ.), είδος μικρών εντόμων που προσβάλλουν και καταστρέφουν τα φυτά. [αβέβαιη ετυμ.].

μελικός, -ή, -ό, επίθ. (λόγ.), που ανήκει ή αναφέρεται στο μέλος (βλ. λ. II) ή που συνοδεύεται από μελωδία: *ποίηση -ή* (συνών. *λυρικός*).

μέλιο το, ουσ. (συνιζ.), το ανοιχτόχρωμο ξύλο της μελιάς (βλ. λ.) που χρησιμοποιείται στην κατασκευή επίπλων: *βιβλιοθήκη από ~.*

μέλισσα η, ουσ. 1. υμενόπτερο έντομο με κίτρινες και μαύρες ρίγες στο σώμα του και κεντρί στο πίσω μέρος, με το οποίο μπορεί να τσιμπά, που ζει ομαδικά και παράγει μέλι και κερί: ~ *θηλυκή* (= *εργάτρια*)· ~ *αρσενική* (= *κηφήνας*)· *εργατικός σαν ~.* 2. μελισσοβότανο.

μελίσσι το, ουσ. 1. μέλισσα. 2. σμήνος μελισσών (συνών. *σμάρι*). 3. (μεταφ.) μεγάλο, πυκνό και θορυβώδες πλήθος: *μαζεύτηκε κόσμος ~* (συνών. *σμάρι, σμήνος*). 4. (στον πληθ.) τόπος όπου τοποθετούνται οι κυψέλες (συνών. *μελισσοκομείο, μελισσουργείο*).

μελισσοβότανο το, ουσ., είδος αρωματικού φυτού

με θεραπευτικές ιδιότητες (συνών. *μέλισσα* στη σημασ. 2).

μελισσόκηπος ο, ουσ., περιφραγμένος χώρος σε απάνεμο μέρος όπου τοποθετούνται κυψέλες (συνών. *μελισσομάντρι*).

μελισσοκομείο το, ουσ., χώρος όπου τοποθετούνται οι κυψέλες των μελισσών (συνών. *μελισσοτροφείο, μελισσουργείο*).

μελισσοκομία η, ουσ., εκτροφή και συντήρηση μελισσών για την παραγωγή μελιού και κεριού.

μελισσοκομικός, -ή, -ό, επίθ., που ανήκει ή αναφέρεται στη μελισσοκομία ή το μελισσοκόμο. - Το θηλ. ως ουσ. = η τέχνη του μελισσοκόμου, μελισσοκομία.

μελισσοκόμος ο, ουσ., αυτός που συστηματικά εκτρέφει μέλισσες, που ασχολείται με τη μελισσοκομία (συνών. *μελισσουργός, μελισσοτρόφος*.)

μελισσοκούβελο το, ουσ., κυψέλη (βλ. λ.).

μελισσοφινο το, ουσ., είδος κυψέλης πλεχτής σαν κοφίνι.

μελισσολόι το, ουσ. 1. σμάρι από μέλισσες: *λούλουδα μύρια που καλούν χρυσό ~* (Σολωμός). 2. βόμβος, βουητό μελισσών: *κάτι σα βουητό, σα ~* (Παλαμάς). 3. (μεταφ.) μεγάλο πλήθος.

μελισσομάντρι το, ουσ. (ερρ.), μελισσόκηπος (βλ. λ.).

μελισσόπουλο το, ουσ., μικρή μέλισσα: *περνά περνά η μέλισσα με τα -α* (παιδικό παιχνίδι).

μελισσοτροφείο το, ουσ., μελισσοκομείο.

μελισσοτροφία η, ουσ., μελισσοκομία.

μελισσοτροφικός, -ή, -ό, επίθ., που ανήκει ή αναφέρεται στη μελισσοτροφία ή το μελισσοτρόφο (συνών. *μελισσοκομικός*).

μελισσοτρόφος ο, ουσ., μελισσοκόμος.

μελισσουργείο το, ουσ., μελισσοκομείο, μελισσοτροφείο.

μελισσουργία η, ουσ., μελισσοκομία, μελισσοτροφία.

μελισσουργός ο, ουσ. 1. μελισσοκόμος, μελισσοτρόφος. 2. είδος πουλιού, μελισσοφάγος.

μελισσοφάγος ο, ουσ., αποδημητικό πουλί με χαρακτηριστικά έντονα χρώματα που τρέφεται με μέλισσες και σφήκες (συνών. *μελισσουργός* στη σημασ. 2).

μελισσώνας ο, ουσ., μελισσοκομείο.

μελιστάλαχτος, -η, -ο, επίθ. (μεταφ.) πολύ γλυκός σαν μέλι, ευχάριστος (συνήθως ειρων. για στάση υποκριτική): *ύφος -ο· λόγια -α.*

μελιταίος, -α, -ο, επίθ. (ιατρ.) *πυρετός ~* = λοιμώδης ασθένεια που παρουσιάζεται στα ζώα και μεταδίδεται στον άνθρωπο με το γάλα (συνών. *μελιτοκοκκίαση*).

μελίτακας ο, ουσ. (ιδιωμ.) είδος μυρμηγκιού. [*μέλι* + *-ακας*].

μελιτζάνα η, ουσ. 1. λαχανικό με σχήμα μακρουλό ή φουσκωτό, με σκουρόχρωμο μοβ εξωτερικό περίβλημα και ασπροπράσινο εσωτερικό που πικρίζει στη γεύση και τρώγεται μαγειρεμένο ως φαγητό: *-ες παπουτσάκια· μύτη σαν ~* (= *μεγάλη*). 2. το φυτό που παράγει μελιτζάνες, μελιτζανιά. [πιθ. ιταλ. *melanzana*].

μελιτζανής, -ιά, -ί, επίθ., που έχει το χρώμα του εξωτερικού περιβλήματος της μελιτζάνας, σκούρος μοβ: *φόρεμα -ί.*

μελιτζανιά η, ουσ. (συνιζ.), φυτό ποώδες με μεγάλα φύλλα που έχει ως καρπό τη μελιτζάνα: *φύτεψα -ιές* (συνών. *μελιτζάνα* στη σημασ. 2).

μελιτζανοσαλάτα η, ουσ., σαλάτα που παρασκευάζεται από ψημένη και αλεσμένη ή λιωμένη μελιτζάνα, σκόρδο και λάδι.
μελιτοκοκκίαση η, ουσ. (ιατρ.) μελιταίος (βλ. λ.) πυρετός.
μελιχρός, -ή, -ό, επίθ. (λόγ.), (μεταφ.) γλυκός σαν μέλι, ευχάριστος.
μελιχρότητα η, ουσ. (λόγ.), (μεταφ.) το να είναι κάτι μελιχρό, γλυκύτητα.
μελλοθάνατος, -η, -ο, επίθ., που πρόκειται σύντομα να πεθάνει· (ειδικά) κατάδικος που πρόκειται σύντομα να εκτελεστεί: *χαίρε Καίσαρ, οι -οι σε χαιρετούν*.
μέλλον το, γεν. *-οντος* (χωρίς πληθ.), ουσ. 1. το χρονικό διάστημα που ακολουθεί το παρόν (άμεσο ή μακρινό): ~ *κοντινό / απώτερο· προβλέψεις για το ~· η κοινωνία του -οντος* (αντ. *παρελθόν*). 2. τα γεγονότα που πρόκειται να συμβούν σε αντιδιαστολή με ό,τι συμβαίνει στο παρόν ή συνέβη στο παρελθόν: *το ~ είναι αόρατο*. 3. η κατάσταση ή η εξέλιξη ανθρώπου ή ομάδας στο χρονικό διάστημα μετά το παρόν: *το ~ της ανθρωπότητας· νέος / επιστήμη με ~. Έκφρ. στο ~: στο ~ δε θα εργάζομαι πια εδώ. Φρ. κάτι έχει ~* (= θα έχει λαμπρή εξέλιξη, επιτυχία).
μέλλοντας ο, ουσ. (έρρ., χωρίς πληθ.), (γραμμ.) ο χρόνος των ρημάτων που δηλώνει ότι κάτι θα γίνεται ή θα γίνει ή θα έχει γίνει στο μέλλον: ~ *εξακολουθητικός / στιγμιαίος / συντελεσμένος*.
μελλοντικός, -ή, -ό, επίθ. (έρρ.), που ανήκει στο μέλλον ή σχετίζεται μ' αυτό: *προοπτικές -ές· γεγονότα -ά· ταξίδι -ό*.
μελλοντολογία η, ουσ. (έρρ.), επιστήμη που ερευνά τη μελλοντική εξέλιξη της ανθρωπότητας στον κοινωνικό, επιστημονικό, τεχνολογικό, κλπ., τομέα.
μελλοντολόγος ο, ουσ. (έρρ.), αυτός που ασχολείται με τη μελλοντολογία.
μελλόνυμφος ο, θηλ. **-η**, ουσ., αυτός που πρόκειται σύντομα να παντρευτεί.
μελλούμενος, -η, -ο, επίθ., που ανήκει ή αναφέρεται στο μέλλον: *γενεά -η· καιροί -οι* (αντ. *περασμένος*). - Το ουδ. ως ουσ. = το πεπρωμένο, το μέλλον: *ποιος ξέρει τα -α να πει και τα δικά μου* (αντ. *παρελθόν*).
μέλλω, ρ. (ελλειπτ.), (στο γ' εν. ενεστ. και παρατ. ενεργ. και αεπ. ενεργ.) πρόκειται, είναι ενδεχόμενο ή μοιραίο: *τι σου έμελλε να πάθεις, καημένε! δεν ξέρω τι μου -εται να πάθω*.
μελόδραμα το, ουσ. 1. δημοφιλές μουσικό δράμα με πολλά παθητικά και βίαια επεισόδια, με υπόθεση απίθανη και περιπλεγμένη, με απρόοπτα συμβάντα και με υπερβολικό τόνου και χαρακτήρων. 2. το σύνολο της μελοδραματικής παραγωγής ενός έθνους: ~ *ιταλικό / γαλλικό*.
μελοδραματικός, -ή, -ό, επίθ. 1. που ανήκει ή αναφέρεται στο μελόδραμα: *παραγωγή / σχολή -ή*. 2. που έχει ύφος λόγου ή τρόπους που ταιριάζουν σε πρόσωπα μελοδράματος· υπερβολικός, πομπώδης: *κινήσεις -ές· μίλησε με ύφος -ό*. - Επίρρ. **-ά**.
μολοδραματισμός ο, ουσ., χρησιμοποίηση μελοδραματικών τρόπων και εκφράσεων. *μην προσπαθείς να μας πείσεις με τους -ούς σου*.
μελομακάρονο το, ουσ., είδος γλυκίσματος από ζύμη, λάδι και μέλι (συνών. *φοινίκι*).
μελόπιτα η, ουσ. 1. κερήθρα. 2. είδος πίτας με μέλι.
μελοποίηση η, ουσ., σύνθεση μουσικής με την οποία ένα πεζό ή ποιητικό έργο μετατρέπεται σε τραγούδι: ~ *ποιήματος*.
μελοποιώ, ρ. (ασυνίζ.), κάνω μελοποίηση πεζού ή ποιητικού έργου: *τον εθνικό μας ύμνο τον -ησε ο Ν. Μάντζαρος*.
μέλος το, I. ουσ. 1. μέρος του σώματος ανθρώπου ή ζώου, ιδίως ένα από τα άκρα: *μου πονούν όλα μου τα -η* (συνών. *άκρο*). 2. (μεταφ.) άτομο (ή σύνολο ατόμων) που ανήκει σε ομάδα ή οργανισμό: ~ *οικογένειας / επιτροπής / κοινοβουλίου*. 3. (γενικά) μέρος, τμήμα, κομμάτι: *διάσπαρτα αρχιτεκτονικά -η*. 4. (μαθημ.) *-η εξίσωσης* = τα μέρη της αλγεβρικής εξίσωσης που βρίσκονται και από τη μια και από την άλλη πλευρά του σημείου ισότητας.
μέλος το, II. ουσ. (λόγ.), μελωδία, τραγούδι: *βυζαντινό εκκλησιαστικό ~*.
μελτέμι το, ουσ., περιοδικός βόρειος άνεμος που φυσάει στην ανατολική λεκάνη της Μεσογείου το καλοκαίρι. - Υποκορ. **-άκι** το. [τουρκ. *meltem*].
μελωδία η, ουσ. 1. διαδοχή μουσικών φθόγγων έτσι ώστε να προκαλούν αίσθημα ευαρέσκειας: *έπαιξε στο πιάνο μια ~* (συνών. *σκοπός*). 2. μουσική σύνθεση για τραγούδι.
μελωδικός, -ή, -ό, επίθ. 1. που σχετίζεται με τη μελωδία ή αναφέρεται σ' αυτήν: *φωνή -ή*. 2. που έχει μελωδία: *τραγούδι -ό*. - Επίρρ. **-ά**.
μελωδός ο, ουσ. (εκκλ.) συνθέτης θρησκευτικών ασμάτων των πρώτων αιώνων του χριστιανισμού έως το τέλος του 9. αι.
μέλωμα το, ουσ., το αποτέλεσμα του μελώνω: ~ *των καρπών / του γλυκού*.
μελώνω, ρ. Α. (μτβ.) αλείφω, περιχύνω κάτι με μέλι ή βουτώ στο μέλι: *-ωσα τα φοινίκια*. Β. (αμτβ.) αποκτώ την πυκνόρρευστη σύσταση του μελιού. - Η μτχ. *μελωμένος* ως επίθ. = που είναι γλυκός σαν μέλι ή που είναι γεμάτος μέλι: *καρποί -οι*.
μεμβράνη η, ουσ. 1. λεπτό κατεργασμένο δέρμα ζώου που χρησιμοποιείται στη βιβλιοδεσία, την κατασκευή τυμπάνων, κυμβάλων και αντί χαρτιού (πβ. *περγαμηνή*): *-ες πολυγράφου*. 2. (βιολ.) λεπτός ευλύγιστος ιστός, υμένας: *η ~ του αφτιού*.
μεμβρανόφωνος, -η, -ο, επίθ., που ο ήχος του παράγεται από μεμβράνη: *-α κρουστά όργανα*.
μεμβρανώδης, -ης, -ες, γεν. *-ους*, πληθ. αρσ. και θηλ. *-εις*, ουδ. *-η*, επίθ. (λόγ.), που έχει τη σύσταση μεμβράνης: *σάκος ~*.
μεμιάς, επίρρ. (συνιζ.). 1. χωρίς διακοπή, μονοκόμματα: *κατέβασε ~ το ποτήρι με το κρασί*. 2. αμέσως: *το αίμα ανέβηκε ~ στο κεφάλι του· άρπαξε το παιδί από το χέρι ~ και άρχισε να τρέχει* (συνών. στις σημασ. 1 και 2 *μονομιάς*).
μεμονωμένος, -η, -ο, επίθ., που δεν ακολουθεί το γενικό κανόνα, που είναι ανεξάρτητος από κάποιον ή κάτι: *περίπτωση -η* (συνών. *ξεχωριστός*).
μεμπτός, -ή, -ό, επίθ., που είναι άξιος μομφής, αξιοκατάκριτος: *διαγωγή -ή* (συνών. *αξιόμεμπτος·* αντ. *άμεμπτος, άψογος*).
μέμφομαι, ρ. (λόγ.), κατακρίνω, κατηγορώ (συνών. *επικρίνω·* αντ. *επαινώ, εγκωμιάζω*).
μεμψιμοιρία η, ουσ., το να είναι κανείς μεμψίμοιρος (συνών. *γκρίνια, μουρμούρα*).
μεμψίμοιρος, -η, -ο, επίθ., που δεν ικανοποιείται από κανέναν και από τίποτε, που είναι διαρκώς παραπονεμένος (συνών. *γκρινιάρης, παραπονιάρης*).
μεμψιμοιρώ, ρ., παραπονιέμαι για τη μοίρα μου,

γκρινιάζω: -εί διαρκώς για την κακή του μοίρα (συνών. γογγύζω).
μεν· στις εκφρ. οι ~ και οι δε (= ετούτοι και όσοι αντιτίθενται σ' αυτούς)· τα ~ και τα δε (= ετούτα και όσα είναι αντίθετα).
μενεξεδένιος, -ια, -ιο, επίθ. (συνιζ.), που έχει το χρώμα του μενεξέ: ουρανός ~ (Γρυπάρης).
μενεξεδής, -ιά, -ί και **μενεξελής**, επίθ., που έχει το χρώμα του μενεξέ: καπέλο -ί (του καρδινάλιου) (συνών. ιώδης). - Το ουδ. ως ουσ. = το χρώμα του μενεξέ.
μενεξές ο, ουσ. (φυτολ.) α. διακοσμητικό ποώδες πολυετές φυτό με μεγάλα φύλλα σε σχήμα καρδιάς και ευωδιαστά μοβ άνθη που χρησιμοποιούνται στην αρωματοποιία· β. άνθος του παραπάνω φυτού (συνών. ίο, βιόλα, γιούλι). [τουρκ. menekşe].
μένος το, ουσ. (λόγ.), έντονη ψυχική ορμή, παραφορά: ~ πολεμικό.
μενού το, ουσ. άκλ., σειρά φαγητών που σερβίρονται σε ένα γεύμα και ο σχετικός κατάλογος. [γαλλ. menu].
μενουέτο και **μινουέτο** το, ουσ. 1. μουσική σύνθεση με ανάλαφρο χαρακτήρα. 2. είδος παλιού ευρωπαϊκού χορού. [γαλλ. menuet, ιταλ. minuetto].
μένουλα η, ουσ., είδος μακρόστενου ψαριού με θαλασσί χρώμα. [βενετ. menola].
μενσεβικικός, -ή, -ό, επίθ. (ιστ.) που αναφέρεται στους μενσεβίκους της παλαιότερης Ρωσίας.
μενσεβικισμός ο, ουσ. (ιστ.) το σύνολο των πολιτικών αρχών των μενσεβίκων της παλαιότερης Ρωσίας.
μενσεβίκος ο, ουσ., μέλος ή οπαδός της μειοψηφίας του ρωσικού παλαιού σοσιαλδημοκρατικού κόμματος (πβ. μπολσεβίκος). [ρωσ. menševik].
μέντα η, ουσ. (έρρ.). 1. ποώδες αρωματικό φυτό. 2. αφέψημα από το φυτό αυτό. 3. ηδύποτο ή ζαχαρωτό με άρωμα μέντας: -ες για το βήχα. [ιταλ. menta].
μενταγιόν άκλ. και (λαϊκ.) **μενταγιόνι** το, ουσ. (όχι έρρ.), γυναικείο κόσμημα συνήθως σε σχήμα οβάλ ή στρογγυλό που κρεμιέται με αλυσίδα από το λαιμό και μπορεί να έχει μέσα του φωτογραφία προσώπου ή να φέρει διάφορες ανάγλυφες παραστάσεις. [γαλλ. médaillon].
μεντελισμός ο, ουσ. (έρρ.), θεωρία που εξηγεί το γενικό μηχανισμό της κληρονομικότητας με βάση τους νόμους του Μέντελ. [γαλλ. mendélisme].
μεντέρι, βλ. μιντέρι.
μεντεσές ο, ουσ. (έρρ.), στρόφιγγα πόρτας ή παραθύρου. [τουρκ. menteşe].
μεντζάνα, βλ. μετζάνα.
μέντιουμ το, ουσ. άκλ. (όχι έρρ.), άτομο προικισμένο με την ικανότητα να επικοινωνεί με τα «πνεύματα». [λατ. medium].
μένω, ρ., αόρ. έμεινα. 1. εξακολουθώ να βρίσκομαι όπου και όπως ήμουν, στέκομαι σταθερά σε μία θέση: μετά το ατύχημα έμεινε στο κρεβάτι δύο μήνες· λίγες γυναίκες σήμερα -ουν στο σπίτι, γιατί ασκούν βιοποριστικό επάγγελμα (συνών. παραμένω). 2α. έχω μόνιμη κατοικία: -ει στην Αθήνα / με την κόρη της (συνών. κατοικώ)· β. διαμένω προσωρινά για μικρό χρονικό διάστημα: πόσο θα μείνετε στην εξοχή; μείναμε στο ίδιο ξενοδοχείο· γ. παραμένω κάπου περισσότερο από όσο πρέπει ή χρειάζεται: δεν μπορώ να ~ άλλο· με περιμένουν στο σπίτι· μείναμε στο ίδιο μάθημα τρεις μέρες. 3. (για κατάσταση ή συνθήκες) εξακολουθώ να βρίσκομαι στην ίδια κατάσταση χωρίς να εμφανίζεται κάποια αλλαγή: έμεινε άυπνος όλη τη νύχτα. 4. δεν εγκαταλείπω μια επαγγελματική απασχόληση: έμεινε τελικά στο δημόσιο, ενώ θα μπορούσε να ανοίξει δική του δουλειά. 5. (με τα επιρρ. μακριά, έξω, κλπ.) δε συμμετέχω σε κάτι, δε συναναστρέφομαι κάποιον ή κάτι: έμεινε έξω από την υπόθεση. 6α. περιέρχομαι σε κάποια κατάσταση: έμεινε έγκυος / έκπληκτος / σακάτης· β. αρκούμαι και παραμένω σε μία κατάσταση: έμεινα ικανοποιημένος. 7α. εξακολουθώ να υπάρχω: τα κλασικά έργα -ουν' η μνήμη του θα μείνει αιώνια (συνών. διατηρούμαι, διαρκώ)· β. απομένω, διασώζομαι: από τόση οικογένεια έμειναν μόνο δύο. 8α. μένω ως υπόλοιπο, απομένω: μου έμειναν λίγα χρήματα· δεν έμεινε σταγόνα στο ποτήρι· β. (σε γ΄ πρόσ.) υπολείπεται, απομένει: δε μου -ει τίποτ' άλλο από την παραίτηση· -ει να καθοριστούν ορισμένες λεπτομέρειες. 9. διακόπτω τη συνέχεια κάποιας προσπάθειας ή συζήτησης: να -ει η παραγγελία (= να μην εκτελεστεί). 10. περιέρχομαι στην κυριότητα κάποιου: η περιουσία έμεινε στη κόρη της (συνών. κληροδοτούμαι). 11. δεν προβιβάζομαι: έμεινε στην ίδια τάξη / σε τρία μαθήματα (συνών. κόβομαι). 12. (με την πρόθ. από) έχω έλλειψη από κάτι, μου τελειώνει κάτι: έμεινα από βενζίνη / τσιγάρα. Φρ. έμεινα κόκαλο / μάρμαρο / κούτσουρο / σύξυλος / ξερός / με το στόμα ανοιχτό ή απλώς έμεινα (= τα 'χασα, σάστισα, δεν μπόρεσα να αρθρώσω λέξη): μόλις τ' άκουσε, έμεινε· ~ (στον τόπο) (= πεθαίνω ακαραιαία)· θα μείνει με την κακία του (= δείχνοντας κακία δε θα κερδίσει τίποτε)· ~ έξω από το χορό (= είμαι αμέτοχος)· έμεινε το μάτι μου σε κάτι (= α. λαχταρώ κάτι· β. φθονώ κάποιον για κάτι)· ~ με σταυρωμένα χέρια (= αδρανώ)· ~ πανί με πανί / ταπί / στην ψάθα (= τα χάνω όλα)· ~ πίσω (= α. καθυστερώ): έμειναν πίσω οι δουλειές του· (β. υστερώ): έμεινε πολύ πίσω στα μαθήματα· ~ στα κρύα του λουτρού / με τη γλύκα στο στόμα (= δοκιμάζω απογοήτευση καθώς διαψεύστηκαν οι ελπίδες μου)· ~ στο ράφι (= για γυναίκα, μένω ανύπαντρη)· ~ στα λόγια / στα χαρτιά (= για απόφαση, υπόσχεση, κλπ., δεν πραγματοποιούμαι)· ~ στους πέντε δρόμους / άσος (= μένω ολομόναχος).
Μεξικανή και **Μεξικάνα**, βλ. Μεξικανός.
μεξικάνικος, -η, -ο και **μεξικανικός**, επίθ., που αναφέρεται στο Μεξικό ή προέρχεται από αυτό: καπέλο -ο· ήθη και έθιμα -α.
Μεξικανός και **-άνος**, θηλ. **-ή** και **-άνα**, ουσ., αυτός που κατοικεί στο Μεξικό ή κατάγεται από αυτό.
μέρα, βλ. ημέρα.
μεράκι το, ουσ., δυνατή επιθυμία, λαχτάρα για κάτι: το 'χε κρυφό ~ να γίνει καπετάνιος. Έκφρ. με ~ (= με αγάπη, με ενδιαφέρον): έπιπλα φτιαγμένα με ~. Φρ. είμαι στα -ια μου (= έχω κέφια, χαρούμενη διάθεση, συνήθως ύστερα από κατανάλωση κάποιας ποσότητας οινοπνευματώδους ποτού). [τουρκ. merak].
μερακλήδικος, -η, -ο, επίθ., φτιαγμένος με φροντίδα, με μεράκι, ώστε να προκαλεί σε κάποιον ιδιαίτερη ευχαρίστηση: μεζές / καφές ~. - Επίρρ. **-α**.
μερακλής ο, θηλ. **-ού**, ουσ. 1. αυτός που αγαπά ιδιαίτερα κάτι και γι' αυτό ζητά και απολαμβάνει

το καλύτερο: *-ήδες στον έρωτα, στο κρασί και στον καπνό* (Μπαστιάς). **2.** αυτός που κάνει τη δουλειά του με μεράκι, με γούστο: *μάγειρος / μαραγκός ~.* [τουρκ. *merakli*].

μερακλού, βλ. **μερακλής.**

μερακλώνω, ρ. (λαϊκ.). **1.** (αμτβ. και μέσ. *-ώνομαι*) με καταλαμβάνει η επιθυμία για κάτι, παθαίνομαι: *Με μεγάλο πάθος είπα αυτά τ' αγιασμένα τραγούδια, αφού ο Στριγκάρος -ώθηκε και ανεβοκατέβαζε το χέρι του πάνω στο στασίδι* (Κόντογλου). **2.** έρχομαι στο κέφι: *-ώσανε και πιάσαν το χορό.* **3.** (μτβ.) προκαλώ σε κάποιον μεράκι.

μεραρχία η, ουσ., στρατιωτική μονάδα που διαθέτει τμήματα όλων των όπλων και αποτελείται από δύο ταξιαρχίες.

μεραρχιακός, -ή, -ό, επίθ. (ασυνίζ.), που ανήκει στην μεραρχία ή έχει σχέση μ' αυτήν.

μέραρχος ο, ουσ., ανώτερος ή ανώτατος αξιωματικός που διοικεί μεραρχία.

μερδικό, βλ. *μερτικό.*

μερεμέτι το, ουσ. **1.** επισκευή, επιδιόρθωση ενός πράγματος, συνήθως κατοικίας. **2.** (μεταφ.) ξυλοκόπημα. [τουρκ. *meremet*].

μερεμετίζω, ρ., κάνω μικροεπισκευές σε κάτι: *ο μαραγκός κατέβηκε στ' αμπάρι, μήπως τυχόν μπορέσει και -ίσει λίγο τις τρύπες* (Κόντογλου).

μερεμέτισμα το, ουσ., επισκευή, επιδιόρθωση ενός πράγματος και κυρίως σπιτιού.

μερεύω, βλ. *ημερεύω.*

μερί το, ουσ. **1.** μηρός. **2.** (στον πληθ.) οι λαγόνες και το μεταξύ τους τμήμα. **3.** (ναυτ.) τα πλευρά της πρύμης του πλοίου. [αρχ. *μηρίον*].

μεριά η, ουσ. (συνιζ.). **1.** μέρος, τόπος: *κάτσε σε μια ~ και μη μιλάς καθόλου· να 'σουν από καμιά ~ να με δεις!* (για προσδιορισμό κατεύθυνσης) *από ποια ~ να πάω; δεξιά ή αριστερά;* **2.** περιοχή, τμήμα ενός μεγαλύτερου χώρου (που συχνά προσδιορίζεται): *η βορεινή ~ του νησιού είναι απόκρημνη.* **3.** πλευρά, επιφάνεια αντικειμένου: *η εσωτερική ~ της πόρτας· η πάνω ~ του βαρελιού·* (για ύφασμα) όψη: *καλή / ανάποδη ~ του φορέματος.* **4.** (για το ανθρώπινο σώμα) πλευρά: *κοιμάται πάντα από την ίδια ~.* Έκφρ. *από τη ~ μου* (= *από μένα*): *από τη ~ μου έχεις το ελεύθερο να προχωρήσεις την υπόθεση όπως θέλεις· από τη μια (~)... από την άλλη (~)* (= για δύο πράγματα ή καταστάσεις αντίθετες μεταξύ τους): *από τη μία ~ ψηφίζεις απεργία κι από την άλλη τάσσεσαι με τον εργοδότη σου.*

μεριάζω, ρ. (συνιζ.), παραμερίζω, τραβιέμαι, κάνω στην μπάντα: *μέριασε, βράχε, να διαβώ* (Βαλαωρίτης).

μερίδα η, ουσ. **1.** μέρος ενός συνόλου: *μια ~ του λαού δυσαρεστήθηκε με τα νέα μέτρα.* **2.** το μέρος ενός συνόλου που αναλογεί σε κάποιον από τους δικαιούχους, μερίδιο: *οι υποχρεώσεις... σε τρίτους από τη διαχείριση της εταιρείας... βαρύνουν όλους τους εταίρους κατά το λόγο της εταιρικής -ας του καθενός* (αστ. κώδ.)· φρ. *η ~ του λέοντος* (= μερίδιο πολύ μεγαλύτερο από αυτό που αναλογεί στους άλλους). **3.** ποσότητα φαγητού ή γενικά φαγώσιμου: *μια ~ μύδια·* η ποσότητα τροφής που δίνεται στους στρατιώτες ή τα μέλη αποστολής κάθε μέρα· έκφρ. (σκωπτ.) *μισή ~* (βλ. *μισός* εκφρ.). **4.** (λογιστ.) λογαριασμός που αφορά ένα πρόσωπο ή κάποια εμπορεύματα. **5.** πολιτική παράταξη. **6.** φρ. *ανοίγω οικογενειακή ~* = εγγράφομαι οικογενειακώς στα δημοτολόγια του δήμου ή της κοινότητας όπου θα είμαι δημότης.

μερίδιο το, ουσ. (ασυνίζ.), το τμήμα ενός συνόλου που αντιστοιχεί σε κάποιον από τους δικαιούχους: *παραχώρησε το ~ του από την πατρική κληρονομιά στον αδελφό του* (συνών. *μερτικό*).

μεριδιούχος (ασυνίζ.) και **-δούχος** ο, ουσ., αυτός που έχει ή δικαιούται μερίδιο: *η διαθήκη είναι ακυρώσιμη, αν ο διαθέτης παρέλειψε το -δούχο που υπήρχε κατά το θάνατό του και η ύπαρξή του... δεν ήταν γνωστή* (αστ. κώδ.).

μεριδοχάρτι το, ουσ., το χαρτί πάνω στο οποίο γράφονται τα ονόματα των νεκρών που ο ιερέας μνημονεύει κατά τη λειτουργία.

μερίζω, ρ., χωρίζω σε μερίδια, διαμοιράζω, κατανέμω.

μερίκευση η, ουσ., ο περιορισμός της εξέτασης ενός γενικότερου θέματος σε ένα ή λίγα σημεία (αντ. *γενίκευση*).

μερικεύω, ρ., περιορίζω την εξέταση ενός γενικότερου θέματος σε ένα ή λίγα σημεία (αντ. *γενικεύω*).

μερικός, -ή, -ό, επίθ. **1.** που αναφέρεται σε ένα μέρος ενός συνόλου ή φαινομένου και υποδηλώνει τη μη ολοκληρωμένη μορφή του: *έκλειψη σελήνης / κώφωση -ή· ενημέρωση -ή* (αντ. *γενικός*). **2.** (στον πληθ.) ορισμένοι, λίγοι: *έχω -ές μέρες να τον δω· -οί οπαδοί του κόμματος δημιούργησαν επεισόδια.* Έκφρ. *-οί -οί* (= υπαινιγμός για κάποια άτομα παρόντα που ο ομιλητής δε θέλει να κατονομάσει).

μέριμνα η, ουσ., φροντίδα, ανησυχία, έγνοια για κάτι: *~ της πολιτείας για τα καθυστερημένα παιδιά* (αντ. *αμεριμνησία, αδιαφορία*).

μεριμνάς και τυρβάζεις (αντί του ορθού **τυρβάζει**) **περί πολλά·** αρχαϊστ. φρ. για κάποιον που ασχολείται με πολλά πράγματα δευτερεύουσας σημασίας.

μεριμνώ, ρ., φροντίζω, ενδιαφέρομαι για κάτι (αντ. *αδιαφορώ, αμελώ*).

μερινό το, ουσ. **1.** ποικιλία προβάτων με πυκνό, λευκό και λεπτό μαλλί εκλεκτής ποιότητας. **2.** το νήμα και το ύφασμα που κατασκευάζονται από το μαλλί αυτού του προβάτου. [ισπαν. *merino*].

μέρισμα το, ουσ., το ποσό από το κέρδος κάθε χρονιάς που αναλογεί και διανέμεται σε κάθε μέτοχο ανώνυμης εταιρείας: *~ των μετόχων τράπεζας.*

μερισματούχος, -α, -ο, επίθ., αυτός που παίρνει μέρισμα από τα κέρδη εταιρείας, μέτοχος.

μερισμός ο, ουσ. **1.** διαίρεση, διανομή (συνών. *καταμερισμός*). **2.** (μαθημ.) η διαίρεση σε ανάλογα μέρη.

μεριστικός, -ή, -ό, επίθ., που αναφέρεται στο μερισμό.

μερκαντιλισμός ο, ουσ. (έρρ.), (ιστ.) οικονομική θεωρία του 16. και 17. αι. που υποστηρίζει ότι ο πλούτος μιας χώρας είναι κυρίως η κατοχή πολύτιμων μετάλλων και υποδεικνύει τους τρόπους με τους οποίους μπορεί αυτό να γίνει. [γαλλ. *mercantilisme*].

μέρμ- και **μερμ-,** βλ. *μύρμ-* και *μυρμ-.*

μεροδουλευτής ο, ουσ., εργάτης που πληρώνεται με μεροκάματο (συνών. *ημερομίσθιος, μεροκαματιάρης·* αντ. *μισθωτός*).

μεροδουλεύω, ρ., εργάζομαι με μεροκάματο, κάνω μεροδούλια.

μεροδούλης ο, ουσ., μεροκαματιάρης.

μεροδούλι το, ουσ. 1. η εργασία μιας ημέρας. 2. η αμοιβή για την εργασία μιας ημέρας· φρ. ~ *μεροφάι* (= όταν το ημερήσιο εισόδημα καλύπτει μόνο τις βασικές ανάγκες, τροφή κυρίως, της ημέρας χωρίς περιθώρια αποταμίευσης).

μεροκαματιάρης ο, ουσ. (συνιζ.), εργάτης που ζει με το μεροκάματο, με ημερήσια αμοιβή της εργασίας του (συνών. *μεροδουλευτής, ημερομίσθιος*· αντ. *μισθωτός*).

μεροκάματο το, ουσ. 1. εργασία μιας ημέρας: *έκανα μόνο δυο -α αυτή τη βδομάδα*. 2. η αμοιβή για την εργασία μιας ημέρας. [*μέρα + κάματος*].

μεροληπτικός, -ή, -ό, επίθ. α. (για πρόσωπα) που δε σκέφτεται δίκαια και αντικειμενικά: *δικαστής ~*. β. (για ανθρώπινες ενέργειες) που δεν είναι σύμφωνος με τη δικαιοσύνη και την αντικειμενικότητα: *κρίση / απόφαση -ή* (συνών. *άδικος*· αντ. *αμερόληπτος*· στις σημασ. α και β).

μεροληπτώ, ρ., παίρνω το μέρος κάποιου ή κάποιων ή υποστηρίζω μια άποψη όχι επειδή είναι δίκαιο αλλά επειδή με συμφέρει, δεν είμαι αντικειμενικός: *ο διαιτητής -εί υπέρ της ιταλικής ομάδας*· *ο δάσκαλος -εί υπέρ κάποιων μαθητών* (συνών. *προσωποληπτώ*). [*μέρος + λαμβάνω*].

μεροληψία η, ουσ., η έλλειψη αντικεινικότητας και δικαιοσύνης από κάποιο άτομο κατά την κρίση του για τρίτον (αντ. *αμεροληψία*).

μερομήνια τα, ουσ. (συνιζ.), οι πρώτες δώδεκα ημέρες του Αυγούστου από την καιρική κατάσταση των οποίων ο λαός κάνει προβλέψεις για τον καιρό των δώδεκα μηνών του χρόνου.

μερόνυχτο το, ουσ., το χρονικό διάστημα μιας ημέρας και μιας νύχτας, εικοσιτετράωρο.

μέρος το, ουσ. 1. τμήμα από ένα σύνολο, κομμάτι: *ένα ~ του μισθού*· *ένα ~ των ψηφοφόρων προτίμησε να ρίξει λευκό*. 2. μερίδιο: *του υποσχέθηκαν ένα ~ από τα κέρδη*· (και κληρονομικό) *~ της πατρικής περιουσίας*. 3. (σε συμφωνητικό, συμβόλαιο) *ο καθένας από τους συμβαλλόμενους*. 4. τόπος, περιοχή: *δε μου άρεσε το ~ που διάλεξες να μείνεις*· *από ποιο ~ είσαι*; (και στον πληθ.) *στα -η μας τέτοια εποχή έχει πολλή υγρασία*· (για δήλωση κατεύθυνσης) *βάδιζε προς το ~ που ακουγόταν ο θόρυβος*. 5. αποχωρητήριο. 6. (γραμμ.) *τα -η του λόγου*, βλ. *λόγος* σημασ. 4· φρ. (μεταφ.) *τι ~ του λόγου είναι ο Α;* (= τι λογής άνθρωπος είναι;). Εκφρ. *από / (εκ) -ους μου* (= από μένα, από την πλευρά μου): *να του πεις και εκ -ους μου συγχαρητήρια*· *κατά ~* (= παράμερα, ιδιαιτέρως): *τον πήρα κατά ~ για να του μιλήσω*. Φρ. *αφήνω / βάζω κάτι κατά ~* (= παραμερίζω κάτι): *άφησε κατά ~ τις δικαιολογίες*· *είμαι με ή παίρνω το ~ κάποιου* (= τάσσομαι με κάποιον, τον υποστηρίζω)· *παίρνω ~* (= συμμετέχω): *πόσες χώρες πήραν ~ στη διάσκεψη*;

μεροφάι το, ουσ., η ποσότητα και η δαπάνη της τροφής μιας ημέρας. Εκφρ. *μεροδούλι ~*, βλ. ά. *μεροδούλι*.

μερσεριζέ, επίθ. άκλ., που είναι κατασκευασμένος από βαμβακερό νήμα ή ύφασμα που έχει υποστεί μερσερισμό (βλ. λ.): *κάλτσες / μπλούζα ~*. [γαλλ. *mercerisé*].

μερσερισμός ο, ουσ. (χημ.) μέθοδος κατεργασίας βαμβακερών νημάτων ή υφασμάτων με την οποία αποκτούν μεγαλύτερη στερεότητα και λάμψη και στιλπνότητα μεταξιού. [απόδ. του γαλλ. *mercerisage*].

μερσίνα και **μερσίνη**, βλ. *μυρσίνη*.

μερτικό και **μερδικό** το, ουσ., μερίδιο, κλήρος: *σας τάζω το πιο μεγάλο μερδικό στο πρώτο κούρσεμα* (Μπαστιάς). Φρ. *δεν έχει ~ μήτε στον ήλιο* (= για κάποιον τελείως άπορο). [ουδ. του επίθ. *μεριτικός*].

μέρωμα, βλ. *ημέρωμα*.

μερώνω, βλ. *ημερώνω*.

μέσα και **μες**, επίρρ. 1α. (για να δηλωθεί κίνηση ή κατεύθυνση προς το εσωτερικό ενός χώρου): *έλα ~ γρήγορα*· *το τρένο θα περάσει ~ από το τούνελ*. β. (για να δηλωθεί το εσωτερικό αντικειμένου ή χώρου): *τι έχω ~ στο κουτί; ~ στο σπίτι έχουμε καλή θερμοκρασία· κυκλοφορώ δύσκολα ~ στην πόλη*· γ. (για γραπτό κείμενο): *ο όρος αναφέρεται ~ στο συμβόλαιο*. 2. (για να δηλωθεί μια κατάσταση): *έζησε τα παιδικά του χρόνια ~ στη φτώχεια*· *οι Έλληνες έζησαν τετρακόσια χρόνια ~ στη σκλαβιά*. 3. ανάμεσα (σε πρόσωπα): *στεκόταν ~ στον κόσμο σαν χαμένος*. 4. (χρον.) α. για διάρκεια ορισμένου χρονικού διαστήματος: *~ σε τρεις βδομάδες έμαθε να οδηγεί*· β. για προσδιορισμό ενός χρονικού σημείου: *θα επιστρέψω ~ στη βδομάδα που μας έρχεται*. 5. με την πρόθ. *από* προκ. να δηλωθεί κίνηση από το εσωτερικό ενός χώρου: *ένα κουνέλι βγήκε ~ από το καπέλο του μάγου*. 6. (έναρθρ. σε θέση επιθ.) εσωτερικός: *η ~ μεριά του τοίχου θέλει βάψιμο*. 7. (με ουδ. άρθρο στον πληθ. σε θέση ουσιαστικού) τα σωθικά: *γύρισαν τα ~ μου από την άσχημη αυτή μυρωδιά*. Εκφρ. *~ έξω* (= και από τις δυο πλευρές, εσωτερική και εξωτερική): *το σπίτι μας θέλει βάψιμο ~ έξω*· *~ μου* (= ενδόμυχα): *ποτέ δεν το πίστεψα ~ μου ότι ήταν ένοχος*. Φρ. *βάζω κάποιον ~*, βλ. ά. *βάζω*· *γυρίζω το ~ έξω*, βλ. ά. *έξω*· *είναι ~ σ' όλα* (= για κάποιον που είναι ενημερωμένος σ' όλα τα θέματα)· *έχει το διάβολο ~ του* (= για κάποιον που είναι πολύ πονηρός και καταφέρνει ό,τι θέλει)· *είμαι στα ~ και στα έξω*, βλ. ά. *έξω*· *κρατώ / κρύβω κάτι ~ μου* (= χωρίς να το φανερώνω σε άλλους): *διαπού να ξέρεις τι κρύβει ο καθένας ~ του*! *λέω / βαδίζω κάτι ~ μου / μιλώ από ~ μου* (= νοερά, χωρίς να φωνάζω αυτό που λέω ή διαβάζω)· *μπαίνω ~* (για παίκτη στα χαρτιά ή για επιχείρηση) (= αυξάνεται το παθητικό μου, έχω ζημιά): *η εταιρεία μας κάθε χρόνο μπαίνει όλο και περισσότερο ~*· *το 'χει ~ του* (= είναι έμφυτο κάτι σε κάποιον): *το 'χει ~ του να θυμώνει με το παραμικρό*.

μεσάζων ο, γεν. *-οντος*, θηλ. **-ουσα**, ουσ. (λόγ.). 1. αυτός που μεσολαβεί σε μια υπόθεση για την επίτευξη συμφωνίας ανάμεσα σε δύο πλευρές: *-οντες στις κρατικές προμήθειες*· *ο νόμος «περί -όντων»* (αστ. κώδ.). 2. (ειδικότερα) μέντιουμ (βλ. λ.).

μεσαίος, -α, -ο, επίθ., που βρίσκεται στη μέση, μεσιανός: *-ο πάτωμα*· *~ γιος*· (οικον.) *-ες επιχειρήσεις* (= οικονομικές μονάδες που βρίσκονται «στη μέση» σχετικά με το ύψος του κεφαλαίου τους και τα άτομα που απασχολούν· αντ. *μικρές, μεγάλες*)· (κοινων.) *-α τάξη, -α κοινωνικά στρώματα* (= υποδιαίρεση της αστικής τάξης που περιλαμβάνει εμπόρους, επιχειρηματίες, κλπ., με αρκετά μεγάλο ετήσιο εισόδημα· πβ. *μικρομεσαίος, μεγαλοαστικός*).

μεσαίωνας ο, ουσ. 1. (ιστ.) περίοδος της ιστορίας από τη διάλυση του ρωμαϊκού κράτους ως την πτώση του Βυζαντίου και την Αναγέννηση (5ος-

15ος αι.). 2. (μειωτ.) οπισθοδρομική εποχή: *μα πού ζούμε; στο -α;* [*μέσος* + *αιών*].
μεσαιωνικός, -ή, -ό, επίθ. 1. που ανήκει ή αναφέρεται στο μεσαίωνα (βλ. λ.): *-ή ιστορία / τέχνη / κοινωνία· -οί συγγραφείς.* 2. (μεταφ.) καθυστερημένος, οπισθοδρομικός: *-ή νοοτροπία· ~ τρόπος ζωής* (αντ. *προοδευτικός, σύγχρονος*).
μεσαιωνοδίφης ο, ουσ., μεσαιωνολόγος (βλ. λ.). [*μεσαίων* + *-δίφης*<*διφάω*].
μεσαιωνολόγος ο, ουσ., ειδικός επιστήμονας που μελετά θέματα σχετικά με το μεσαίωνα (συνών. *μεσαιωνοδίφης*).
μεσακάρης, βλ. *μισακάρης.*
μεσακάρικος, βλ. *μισακάρικος.*
μεσάλι και **μι-** το, ουσ. (λαϊκ.), τραπεζομάντηλο (φαγητού). [μεσν. *μενσάλιον*<λατ. *mensale*].
μεσάντρα η, ουσ. (ερρ., λαϊκ.), μεγάλη εντοιχισμένη ντουλάπα για στρώματα. [*μέσον* + *άνδηρον* ή τουρκ. *musandra*].
μεσάνυχτα τα, ουσ., εύχρηστο μόνο στην ονομ. και αιτ. 1. (ως ουσ.) το μέσο της νύχτας, η δωδέκατη νυχτερινή ώρα (συνών. *μεσονύχτι*). 2. (ως επίρρ.) κατά τη διάρκεια του μεσονυκτίου. Φρ. *έχω (μαύρα ή άγρια) ~* (= δεν ξέρω τίποτα, αγνοώ εντελώς): *έχουν ~ για την υπόθεση.*
μεσανύχτι, βλ. *μεσονύχτι.*
μεσαριά η, ουσ. (συνιζ., λαϊκ.), άσπαρτο χωράφι ανάμεσα σε άλλα σπαρμένα (ή άσπαρτο τμήμα σπαρμένου χωραφιού). [*μεσάρι*<*μέσο*].
μεσάτος, -η, -ο, επίθ. (λαϊκ.). 1. (για πρόσωπο) που έχει λεπτή, κομψή μέση. 2. (για ρούχο) που είναι εφαρμοστός στη μέση: *φούστα -η.* 3. (για δοχείο, μπουκάλι, κλπ.) που είναι μισογεμάτος: *κουβάς ~.*
μεσεγγύηση η, ουσ. (ερρ.), (νομ.) κατάθεση σε τρίτο πρόσωπο (το μεσεγγυητή) αμφισβητούμενου πράγματος κινητού ή ακίνητου ωσότου λυθεί η διαφορά αυτών που το διεκδικούν: *άρση της -ης.*
μεσεγγυητής ο, θηλ. **-ήτρια,** ουσ. (νομ.) πρόσωπο στο οποίο παραδίδεται αμφισβητούμενο κινητό ή ακίνητο πράγμα ωσότου λυθεί η διαφορά αυτών που το διεκδικούν (συνών. *μεσεγγυούχος*).
μεσεγγυούχος ο, ουσ. (νομ.) μεσεγγυητής (βλ. λ.).
μεσεντερίτιδα η, ουσ. (ερρ.), (ιατρ.) φλεγμονή του μέσου εντέρου. [*μεσεντέριον*].
μεσευρωπαϊκός, -ή, -ό, επίθ., που ανήκει ή αναφέρεται στη μέση (= κεντρική) Ευρώπη· που προέρχεται από εκεί: *-ά προϊόντα· -ές περιοχές.*
μέση η, ουσ. 1. το τμήμα ανάμεσα στην αρχή και στο τέλος κάποιου πράγματος (τόπου, έκτασης, ύψους, διήγησης, κατάστασης, κλπ.), το μέσο ή το κέντρο του: *~ ναού / πλατείας / παραμυθιού· σταμάτησαν στη ~ τα έργα* (αντ. *άκρη*). 2. το μέσο χρονικό διαστήματος: *τον σήκωσαν στη ~ του φαγητού.* 3. η περιοχή του ανθρώπινου σώματος ανάμεσα στις λαγόνες και στη βάση του θώρακα, το μέσο του ανθρώπινου κορμιού: *μου πονάει η ~· δαχτυλίδι λεπτή ~· μου κόπηκε η ~* (συνών. *οσφύς, ισχίο*). Έκφρ. *-ες άκρες* (= σε γενικές γραμμές, συνοπτικά, ασαφώς): *μου τα είπε -ες άκρες.* Φρ. *αφήνω στη ~* (= εγκαταλείπω κάτι χωρίς να το ολοκληρώσω): *άφησε τις σπουδές του στη ~· βάζω στη ~,* βλ. *βάζω· βγάζω από τη ~,* βλ. *βγάζω· βγαίνω στη ~,* βλ. *βγαίνω· βγαίνω από τη ~,* βλ. *βγαίνω· μπαίνω στη ~* (= παρεμβάλλομαι, παρεμβαίνω, επεμβαίνω): *μπήκε στη ~ και τους χώρισε ο διαιτητής του αγώνα· φεύγω από τη ~* (= αποχωρώ, απομακρύνομαι).
μεσήλικος, -η, -ο, επίθ. (για άνθρωπο) που έχει μέση ηλικία, που βρίσκεται ανάμεσα στην ανδρική / γυναικεία και στη γεροντική ηλικία (συνών. *μεσόκοπος, μεσοκαιρίτης*).
μεσημβρινός, -ή, -ό, επίθ. (λόγ.). 1. που ανήκει ή αναφέρεται στο μεσημέρι, μεσημεριανός: *ώρες -ές· ύπνος ~* (συνών. *μεσημεριάτικος·* αντ. *μεσονύχτιος*). 2. που βρίσκεται στο νότο ή προς το νότιο σημείο του ορίζοντα: *χώρες -ές· παράθυρο -ό* (συνών. *νότιος·* αντ. *βόρειος*).
μεσημβρινός ο, ουσ. (αστρον. για τόπο) καθένας από τους μεγάλους κύκλους της γήινης σφαίρας, που περνούν από τους δύο πόλους και από το συγκεκριμένο τόπο και είναι κάθετοι στο επίπεδο του ισημερινού: *~ του Γκρίνουιτς* (= αυτός που διέρχεται από το γνωστό αστεροσκοπείο κοντά στο Λονδίνο και λαμβάνεται ως αφετηρία για τη μέτρηση των γεωγραφικών μηκών).
μεσημέρι το, ουσ. (και ως επίρρ.), το μέσο της ημέρας, η δωδεκάτη ώρα: *ανοιξιάτικο / βροχερό ~·* (ιδιωμ.) *σταύρωμα του -ιού* (= καταμεσήμερο). Έκφρ. *μέρα ή ντάλα ~* (= καταμεσήμερο). Φρ. *με βρίσκει το ~* = (λαϊκ.) αργοπορώ, καθυστερώ. - Υποκορ. **-άκι** το.
μεσημεριάζω, ρ. (συνιζ., λαϊκ.). 1. (αμτβ. ενεργ. και μέσ.) με βρίσκει το μεσημέρι, αργοπορώ: *βιάσου και -σαμε* (συνών. *καθυστερώ*). 2. ξεκουράζομαι κατά τις ώρες του μεσημεριού: *-σαμε κάτω από τον πλάτανο.* 3. (τριτοπρόσ.) γίνεται, κοντεύει μεσημέρι: *-μέριασε κι ακόμη να γυρίσει* (αντ. *βραδιάζει, νυχτώνει*).
μεσημεριανός, -ή, -ό, επίθ. (συνιζ.), που ανήκει ή αναφέρεται στο μεσημέρι· που γίνεται το μεσημέρι: *ύπνος ~· φαγητό -ό* (συνών. *μεσημεριάτικος*).
μεσημέριασμα το, ουσ. (λαϊκ.), το να μεσημεριάζει, το να έρχεται το μεσημέρι.
μεσημεριάτης ο, ουσ. (συνιζ., λαϊκ.), ο ήλιος του μεσημεριού, ο μεσημεριάτικος ήλιος.
μεσημεριάτικος, -η, -ο, επίθ. (συνιζ.), μεσημεριανός (βλ. λ.): *φαγητό -ο.* - Επίρρ. **-α** = σε ώρα του μεσημεριού, μέσα στο μεσημέρι: *ήρθε -α και με ξύπνησε.*
μεσημερνός, -ή, -ό, επίθ. (λαϊκ.), μεσημεριανός (βλ. λ.): *τότε από φως -ό η νύχτα πλημμυρίζει* (Σολωμός) (συνών. *μεσημεριάτικος*).
μεσιακός, -ή, -ό, επίθ. (συνιζ., λαϊκ.), που ανήκει κατά το ήμισυ σε δύο άτομα, συνεταιρικός: *χωράφι -ό· επιχείρηση -ή* (συνών. *μισιακός*).
μεσιανός, -ή, -ό, επίθ. (συνιζ., λαϊκ.), μεσαίος (βλ. λ.): *άρμπουρο -ό· δρόμος ~· κάμαρη -ή* (αντ. *ακριανός*).
μεσίστιος, -α, -ο, επίθ. (ασυνίζ.), (για σημαία ή σήμα) που είναι υψωμένος έως τη μέση του ιστού σε ένδειξη πένθους.
μεσιτεία η, ουσ. 1. μεσολάβηση ανάμεσα σε πρόσωπα ή σε ομάδες για σύναψη συμφωνίας ή για συμφιλίωση: *συμβάσεις -ας.* 2. (συνεκδοχικά) η αμοιβή του μεσίτη, τα μεσιτικά δικαιώματα (συνών. *μεσιτικά*).
μεσίτευση η, ουσ., μεσολάβηση, μεσιτεία (βλ. λ. στη σημασ. 1).
μεσιτεύω, ρ. 1. μεσολαβώ ανάμεσα σε πρόσωπα ή σε ομάδες για συμφιλίωση ή για σύναψη συμφωνίας. 2. διαπραγματεύομαι αγοραπωλησία, μίσθωσης, κλπ., είμαι μεσίτης (βλ. λ. στη σημασ. 1).

μεσίτης ο, θηλ. **-τρια** και **-τρα**, ουσ. 1. αυτός που έχει ως επάγγελμα να διαπραγματεύεται αγοραπωλησίες, μισθώσεις, συνοικέσια, κλπ., επαγγελματίας μεσολαβητής: *προμήθεια / αμοιβή -η.* 2. (γενικά) πρόσωπο που μεσολαβεί για να έρθουν σε επαφή άλλα πρόσωπα.

μεσιτικός, -ή, -ό, επίθ., που ανήκει ή αναφέρεται στο μεσίτη ή στη μεσιτεία (βλ. λ.): *γραφείο -ό· δικαιώματα -ά* (= η αμοιβή του μεσίτη). - Το ουδ. στον πληθ. ως ουσ. = μεσιτικά δικαιώματα (συνών. *μεσιτεία* στη σημασ. 2).

μεσίτρια και **-τρα,** βλ. *μεσίτης.*

μέσο το, ουσ. 1α. αυτό που βρίσκεται στη μέση, το μεσαίο τμήμα (τόπου, έκτασης, κλπ.): ~ *πλατείας / λίμνης* (συνών. *κέντρο·* αντ. *άκρο)* β. μέση χρονικού διαστήματος: ~ *της ζωής·* στα *-α του εικοστού αιώνα.* 2α. καθετί που συντελεί στην επιτυχία σκοπού ή έργου (όργανα, πόροι, εφόδια): *δεν έχει τα -α να σπουδάσει·* (τεχνολ.) συγκοινωνιακά / τηλεπικοινωνιακά *-α·* -α μαζικής ενημέρωσης = ραδιόφωνο, τηλεόραση, τύπος· (κοινων.) *-α παραγωγής* = το σύνολο των υλικών στοιχείων (πρώτες ύλες, εργαλεία παραγωγής, κτήρια, συγκοινωνιακά μέσα) που είναι απαραίτητα για τη διαδικασία της παραγωγής: *η αστική τάξη κατέχει τα -α παραγωγής στο καπιταλιστικό σύστημα·* β. τρόπος που βοηθεί στην επιτυχία σκοπού, μέθοδος: ~ *καταστολής της βίας* (συνών. *σύστημα).* 3. (πολιτ.) υποστηρικτής ή ισχυρός προστάτης που βοηθεί κάποιον να πετύχει το σκοπό του (συνήθως παράτυπα και εις βάρος των άλλων): *μπήκε στην τράπεζα / επιχείρηση με* ~· φρ. *βάζω* ~ *ή τα -α* (= χρησιμοποιώ άτομα και τρόπους όχι νόμιμους για να πετύχω κάτι)· *έχει τα -α* (= διαθέτει ισχυρούς προστάτες).

μεσ(ο)-, μισ(ο)-, α΄ συνθετικό λέξεων που δηλώνει ότι αυτό που σημαίνει το β΄ συνθετικό βρίσκεται στη μέση (τόπου, χρόνου, κατάστασης, κλπ.) ή παρεμβάλλεται ανάμεσα σε δύο ή περισσότερα πρόσωπα: *μεσότοιχος, μεσοχείμωνο, μεσήλικος, μεσαίωνας, μεσολαβώ.* [*μέσος·* ο τ. με παρετυμ. επίδραση του *μισός*].

μεσοαστρικός, -ή, -ό, επίθ., που υπάρχει ανάμεσα στα άστρα: *κενό -ό.*

μεσοβασιλεία η, ουσ. 1. το χρονικό διάστημα που μεσολαβεί ως το θάνατο ή την εκθρόνιση ενός βασιλιά ως την ενθρόνιση του διαδόχου του. 2. (μεταφ.) το χρονικό διάστημα που μεσολαβεί ανάμεσα σε δύο καταστάσεις, η μεταβατική κατάσταση.

μεσοβδόμαδα, επίρρ., στα μέσα της εβδομάδας: *θα γυρίσω* ~.

μεσοβδόμαδο το, ουσ. (συνήθως σε επιρρημ. χρήση), το μέσο της εβδομάδας: *εξελίξεις αναμένονται κατά το* ~.

μεσοβέζικος, -η, -ο, επίθ. 1. ενδιάμεσος. 2. (μεταφ.) που δεν είναι ξεκαθαρισμένος: *κουβέντες -ες·* λύση *-η* (= που λύνει μόνο προσωρινά το πρόβλημα). [ίσως από το βενετ. *mezo-vento* (= άνεμος ενδιάμεσος)].

μεσογειακός, -ή, -ό, επίθ. (ασυνίζ.). α. που ανήκει ή αναφέρεται στη Μεσόγειο θάλασσα: *χώρες -ές· ψάρι -ό· -ά ολοκληρωμένα προγράμματα* (= αναπτυξιακά οικονομικά προγράμματα χωρών-μελών της Ε.Ο.Κ., που χρηματοδοτούνται από την Κοινότητα). β. που ταιριάζει στους λαούς που κατοικούν στη Μεσόγειο, που είναι χαρακτηριστικό τους: *νοοτροπία -ή· -ή αναιμία.*

μεσόγειος, -α, -ο, επίθ. (ασυνίζ., λόγ.), που βρίσκεται στο εσωτερικό της χώρας, μακριά από τη θάλασσα (συνών. *ηπειρωτικός·* αντ. *παράλιος, παραθαλάσσιος).* - Το ουδ. στον πληθ. ως ουσ. = η ενδοχώρα.

μεσογείτικος, -η, -ο, επίθ., που σχετίζεται με τα Μεσόγεια της Αττικής: *ρετσίνα -η.*

μεσογονάτιος, -α, -ο, επίθ. (ασυνίζ.), (βοτ.) που βρίσκεται ανάμεσα σε δύο «γόνατα» του βλαστού: *διαστήματα -α.* - Το ουδ. ως ουσ. = (για φυτό) το τμήμα του βλαστού που βρίσκεται ανάμεσα σε δύο «γόνατα».

μεσοδιάστημα το, ουσ. (ασυνίζ.), το χρονικό διάστημα που μεσολαβεί ανάμεσα σε δύο χρονικά σημεία.

μεσοδόκι το, ουσ. (λαϊκ.), μεγάλο δοκάρι που στηρίζει τη στέγη.

μεσοδρομίς και (λαϊκ.) **μισο-,** επίρρ., στο μέσο του δρόμου ή της πορείας (συνών. *μεσοστρατίς).*

μεσοζωικός, -ή, -ό, επίθ., που ανήκει ή αναφέρεται στην πέμπτη κατά σειρά γεωλογική περίοδο της ιστορίας της γης: ~ *αιώνας.*

μεσόθυρο το, ουσ., το τμήμα ενός τοίχου που βρίσκεται ανάμεσα σε δύο πόρτες ή παράθυρα.

μεσοκαιρίτης ο, θηλ. **-ισσα,** ουσ., μεσόκοπος (βλ. λ.).

μεσοκαλόκαιρο το, ουσ., το χρονικό διάστημα στη μέση του καλοκαιριού.

μεσοκάρπιο το, ουσ. (ασυνίζ.), (ανατομ.) το μέσο του καρπού του χεριού.

μεσοκόβω, ρ. (συνήθως στον αόρ.), καταπονώ, κουράζω υπερβολικά τη μέση μου: *αυτό το βάρος με -κοψε·* (μεσ.) *-κόπηκα από τη δουλειά.*

μεσόκοπος, -η, -ο, επίθ., που βρίσκεται στην ηλικία μεταξύ των 40 και 60 χρόνων: *μ' άνοιξε μια -η υπηρέτρια* (συνών. *μεσήλικος, μεσοκαιρίτης).*

μεσοκυττάριος, -α, -ο, επίθ. (ασυνίζ.), (ανατομ.) που βρίσκεται ή συντελείται ανάμεσα στα κύτταρα: *χώρος* ~ (= υγρό των ιστών διαμέσου του οποίου γίνεται ανταλλαγή ουσιών μεταξύ κυττάρων και αίματος).

μεσολαβή η, ουσ. α. (γυμν.) άσκηση κατά την οποία τοποθετούνται τα χέρια στη μέση· β. (αθλητ., στην πάλη) το σφίξιμο της μέσης του αντιπάλου και με τα δύο χέρια.

μεσολάβηση η, ουσ. 1. το να βρίσκεται κάτι μεταξύ δύο τοπικών σημείων. 2. το να συμβαίνει κάτι ανάμεσα σε δύο χρονικά σημεία: *η* ~ *μικρού χρονικού διαστήματος θα ωφελήσει την υπόθεσή μας.* 3. το να ενεργεί κάποιος σε μια υπόθεση ως μεσάζων: *χάρη στη* ~ *του βουλευτή έγινε ο διορισμός του.* 4. παρέμβαση κάποιου σε υπόθεση που δεν τον αφορά άμεσα με σκοπό να επιλύσει μια διαφορά τρίτων ή να τους συμφιλιώσει: ~ *του ΟΗΕ στη διαφωνία δύο χωρών· η* ~ *των φίλων στη διένεξή τους δεν έφερε αποτελέσματα.*

μεσολαβητής ο, θηλ. **-τρια,** ουσ., πρόσωπο που μεσολαβεί για να επιλύσει μια διαφορά τρίτων και να τους συμφιλιώσει: ~ *στις ειρηνευτικές διαπραγματεύσεις.*

μεσολαβητικός, -ή, ό, επίθ., που αναφέρεται στη μεσολάβηση ή το μεσολαβητή: *ο ρόλος του ήταν* ~· *προσπάθειες -ές.*

μεσολαβήτρια, βλ. *μεσολαβητής.*

μεσολαβώ, ρ. 1. βρίσκομαι ανάμεσα σε δύο τοπικά

σημεία: *μεταξύ των δυο βουνών -εί ο ποταμός.* **2.** συμβαίνω ανάμεσα σε δύο χρονικά σημεία: *πέντε χρόνια -ησαν από τότε που πέθανε ο πατέρας· τι -ησε στο μεταξύ κανείς δεν έμαθε.* **3.** παρεμβαίνω σε υπόθεση που δε με αφορά άμεσα για να επιλύσω μια διαφορά ή να φέρω σε συμβιβασμό ανθρώπους που διαφωνούν: *αν δε -ούσε ο δάσκαλος, οι δυο μαθητές θα είχαν καταλήξει στο νοσοκομείο· για να μονοιάσουν ξανά τα αδέρφια -ησε η μητέρα τους.* **4.** ενεργώ σε μια υπόθεση ως μεσίτης: *για τη σύναψη του δανείου -ησε η τράπεζα.*
μεσολιθικός, -ή, -ό, επίθ., *εποχή -ή* = το χρονικό διάστημα της προϊστορίας ανάμεσα στην παλαιολιθική και τη νεολιθική εποχή.
Μεσολογγίτης ο, θηλ. **-ισσα,** ουσ., αυτός που κατοικεί στο Μεσολόγγι ή κατάγεται από εκεί.
μεσολογγίτικος, -η, -ο, επίθ. (έρρ.), που προέρχεται από το Μεσολόγγι ή αναφέρεται σ' αυτό: *αβγοτάραχο -ο.*
Μεσολογγίτισσα, βλ. *Μεσολογγίτης.*
μεσομινωικός, -ή, -ό, επίθ., *περίοδος -ή* = η μεσαία περίοδος του μινωικού πολιτισμού (2200-1580 π.Χ.).
μεσονυκτικόν το, ουσ. (εκκλ.) δοξολογική ακολουθία που τελείται τα μεσάνυχτα, ιδίως σε μοναστήρια.
μεσονύκτιος, -α, -ο, επίθ. (ασυνίζ.), που αναφέρεται στα μεσάνυχτα ή συμβαίνει τα μεσάνυχτα: *-ες κινηματογραφικές προβολές.*
μεσονύχτι και (ποιητ.) **μεσανύχτι** το, ουσ., το μέσο της νύχτας, μεσάνυχτα: *κοντά στ' άγρια μεσανύχτια* (Σολωμός).
μεσονυχτίς, επίρρ., κατά τα μεσάνυχτα: *~ χτύπησε η πόρτα.*
μεσοούρανα, βλ. *μεσούρανα.*
μεσοπάτωμα το, ημιόροφος (βλ. λ.).
μεσοπέλαγα, επίρρ., στη μέση του πελάγους: *τους έπιασε θαλασσοταραχή ~.*
μεσοπεντηκοστή η, ουσ. (έρρ.), γιορτή της εκκλησίας που γιορτάζεται στη μέση του διαστήματος από το Πάσχα ως την Πεντηκοστή.
μεσοπολεμικός, -ή, -ό, επίθ., που ανήκει ή αναφέρεται στην εποχή του μεσοπολέμου: *περίοδος -ή· ντύσιμο -ό.*
μεσοπόλεμος ο, ουσ., η περίοδος του 20ού αιώνα ανάμεσα στον πρώτο και το δεύτερο παγκόσμιο πόλεμο (1918-1939): *η κοινωνία του -έμου.*
μεσόπορτα η, ουσ., εσωτερική πόρτα ανάμεσα σε δωμάτια.
Μεσοποτάμιος ο, θηλ. **-α,** ουσ. (ασυνίζ.), (ιστ.) ο κάτοικος της αρχαίας Μεσοποταμίας.
μεσοπρόθεσμος, -η, -ο, επίθ. **α.** που έχει μια μέση (από άποψη χρόνου) προθεσμία, που αναφέρεται σε χρονικό σημείο που δεν απέχει ούτε λίγο ούτε πάρα πολύ από το παρόν: *συμφωνία -η· δάνειο -ο·* **β.** που αποβλέπει σε χρονικό σημείο ανάμεσα στο κοντινό και το απώτερο μέλλον: *σχέδια -α.* - Επίρρ. **-α.**
μέσος, -η, -ο, επίθ. **1α.** που βρίσκεται ανάμεσα σε δυο όρια ή πράγματα: *-ες εισοδηματικές τάξεις·* (ιστ.) *-οι χρόνοι* (= μεσαίωνας)· (μουσ.) *-οι ήχοι·* (ανατομ.) *~ εγκέφαλος· -ο νευρο* (συνών. *μεσαίος, κεντρικός·* αντ. *ακραίος, ακριανός)·* **β.** (ειδικά) *-η εκπαίδευση* = βαθμίδα της εκπαίδευσης μεταξύ της ανώτατης και της στοιχειώδους που περιλαμβάνει το γυμνάσιο και το λύκειο: *επιθεωρητής -ης εκπαίδευσης.* **2.** (μαθημ.) *~ όρος* = το αποτέλεσμα που προκύπτει από την πρόσθεση ορισμένων αριθμών και στη συνέχεια τη διαίρεση του αθροίσματος με το νούμερο των αριθμών που προστέθηκαν μαζί: *ο ~ όρος των αριθμών 10 και 20 είναι το 15· ~ όρος εθνικού εισοδήματος / θνησιμότητας· κατά -ον όρο...* **3α.** που ανήκει στο μέσο όρο μιας ποσότητας ή σχέσης ή βρίσκεται στη μέση μιας κλίμακας: *-η ετήσια παραγωγή / ωριαία ταχύτητα· -η θερμοκρασία* (= ο μέσος όρος των τιμών θερμοκρασίας σε ορισμένη χρονική περίοδο)· **β.** (μεταφ.) που ανήκει στο μέσο όρο ενός πράγματος, στον ενδεικτικό βαθμό κάποιου είδους: *ο ~ Έλληνας καταναλωτής.* **4.** που δεν ξεχωρίζει από το συνηθισμένο, που δεν ξεπερνά το όριο ή δε διακρίνεται για ιδιαίτερες ικανότητες, μέτριος: *~ αναγνώστης / μαθητής· -ο κοινό* (συνών. *συνηθισμένος, κοινός·* αντ. *εξειδικευμένος*). **5.** (γραμμ.) *-η φωνή / διάθεση* = η φωνή των ρημάτων κατά την οποία το υποκείμενο ενεργεί και η ενέργεια επιστρέφει στο ίδιο: *ρήματα -α* = τα ρήματα που ανήκουν στη μέση φωνή και λήγουν σε *-ομαι* (αντ. *ενεργητικός*).
μεσοσαράκοστο το, ουσ. (λαϊκ.), η μέση της σαρακοστής.
μεσόσκαλο το, ουσ., η μέση της σκάλας: *έπεσε στο ~.*
μεσοσπονδύλιος, -α, -ο, επίθ. (ασυνίζ.), (ανατομ.) που βρίσκεται μεταξύ των σπονδύλων: *-οι χόνδροι* (= χόνδρινα τμήματα των σπονδύλων για τη διευκόλυνση των κινήσεων)· *~ δίσκος· -α άρθρωση.*
μεσοστρατίς και **μεσόστρατα**, επίρρ., στη μέση του δρόμου ή της διαδρομής: *περπατούσε ξυπόλυτη ~* (συνών. *μεσοδρομίς*).
μεσοστύλιο (ασυνίζ.) και **μεσόστυλο** το, ουσ., το διάστημα μεταξύ δύο στύλων.
μεσόσφαιρα η, ουσ., περιοχή της γήινης ατμόσφαιρας που βρίσκεται στο ύψος των 55-80 χιλιομέτρων.
μεσότητα η, ουσ. **1.** το να βρίσκεται κάτι μεταξύ δύο άκρων. **2.** (μαθημ.) μέσος όρος αναλογίας: *αριθμητική / αρμονική.*
μεσοτοιχία η, ουσ. **1.** κοινός τοίχος που χωρίζει δύο κτήρια ή κτήματα (συνών. *μεσότοιχος*). **2.** (νομ.) αποζημίωση που καταβάλλεται σε ιδιοκτήτη για τη χρήση μεσότοιχου από άλλον: *αγόρασε ένα σπίτι με το δικαίωμα της -ας.*
μεσότοιχος ο, ουσ. **α.** κοινός τοίχος που χωρίζει δύο κτήρια ή κτήματα (συνών. *μεσοτοιχία*)· **β.** εσωτερικός τοίχος που χωρίζει δύο διαμερίσματα ή δωμάτια: *γκρέμισαν το -ο και ένωσαν τα διαμερίσματα.*
μεσοτονικός, -ή, -ό, επίθ. (μετρ.) που τονίζεται στη μεσαία συλλαβή (υ - υ): *μέτρα -ά· στίχος ~.*
μεσούρανα και **μεσοούρανα** τα, ουσ. **1.** η μέση του ουρανού· (συνεκδοχικά για κάτι που βρίσκεται πολύ ψηλά): *πέταξε ως τα ~ από τη χαρά της.* **2.** (ως επίρρ.) στο μέσο του ουρανού, πολύ ψηλά.
μεσουράνημα το, ουσ. **1.** η θέση του ήλιου ή άστρου στη μέση του ουρανού. **2.** (μεταφ.) το ύψιστο σημείο της εξέλιξης, της ακμής ή της δόξας κάποιου: *είναι στο ~ της καριέρας του* (συνών. *ζενίθ*).
μεσουρανίς, επίρρ., μεσούρανα (βλ. λ. στη σημασ. 2).
μεσουρανώ, -είς, ρ. **1.** (για ουράνιο σώμα) βρίσκομαι στη μέση του ουρανού, περνώ από το μεσημ-

μεσοφόρι

βρινό ενός τόπου: *ο ήλιος -ούσε*. **2.** (μεταφ.) φτάνω στο ύψιστο σημείο της εξέλιξής μου, της δόξας, της ακμής: *εκείνη την εποχή -ούσε ο τάδε ηθοποιός.*
μεσοφόρι το, ουσ. **1.** είδος γυναικείου εσώρουχου που έχει μορφή φούστας και φοριέται κάτω από το φόρεμα: ~ *δαντελένιο / μεταξωτό* (συνών. *μεσόφουστα, μεσοφούστανο).* **2.** φουρό (βλ. λ.).
μεσόφουστα η και **μεσοφούστανο** το, ουσ., μεσοφόρι (βλ. λ.): *-φούστανο με φραμπαλάδες.*
μεσόφρυδο το, ουσ., το σημείο του προσώπου ανάμεσα στα φρύδια (συνών. *σταυρός).*
μεσοφυτικός, -ή, -ό, επίθ., που ανήκει ή αναφέρεται στη μεσαία από τις τρεις περιόδους ανάπτυξης της χλωρίδας της γης (παλαιοφυτική, μεσοφυτική, νεοφυτική).
μεσοφωνία η, ουσ. (μους.) **1.** φορητό αρμόνιο. **2.** φυσαρμόνικα. **3.** ακορντεόν.
μεσόφωνος η, ουσ. (μους.) τραγουδίστρια που έχει φωνή ανάμεσα στην υψίφωνη (σοπράνο) και τη βαρύφωνη (κοντράλτο).
μεσοχείμωνα, επίρρ., κατά τα μέσα του χειμώνα.
μεσοχείμωνο το, ουσ., το μέσο του χειμώνα.
μεσοχρονίς, επίρρ., στη μέση του χρόνου.
μεσηνέζα η, ουσ., λεπτό ανθεκτικό διαφανές νήμα, σήμερα από νάιλον, με το οποίο δένονται τα αγκίστρια στο άκρο της ορμιάς. [ιταλ. *Messina* (όνομα πόλης)].
Μεσσηνία, βλ. *Μεσσήνιος.*
μεσσηνιακός, -ή, -ό, επίθ. (ασυνίζ.), που προέρχεται από τη Μεσσηνία ή ανήκει ή αναφέρεται σ' αυτήν ή τους κατοίκους της.
Μεσσήνιος ο, θηλ. **-α,** ουσ. (ασυνίζ.), αυτός που κατάγεται από τη Μεσσηνία ή κατοικεί εκεί.
μεσσιανικός, -ή, -ό, επίθ. (ασυνίζ.), που αναφέρεται στο μεσσιανισμό: *πίστη / αντίληψη -ή.*
μεσσιανισμός ο, ουσ. (ασυνίζ.). **α.** η πίστη των Εβραίων στον ερχομό του Μεσσία ως σωτήρα του έθνους τους· **β.** (γενικά) πίστη στο μελλοντικό ερχομό κάποιου μεσσία.
μεσσίας ο, ουσ. **1.** (γενικά) πρόσωπο με θεία προέλευση ή ανθρώπινη υπόσταση προορισμένο να λυτρώσει το λαό του ή την ανθρωπότητα από δεινά: *περιμένανε το -α να τους λυτρώσει· ο λαός υποδέχτηκε τον αγωνιστή σαν -α.* **2.** (θρησκ., με κεφαλαίο *Μ*) ο Χριστός.
μεστός, -ή, -ό, επίθ. **1.** γεμάτος, πλήρης: *κείμενο -ό· λόγος ~ από νοήματα· ζωή -ή* (= γεμάτη από εμπειρίες)· *φωνή -ή* (= δυνατή και πλούσια, γεμάτη). **2.** ώριμος, γινωμένος: *καρποί -οί· στάρι -ό.* **3.** (για σάρκα) σφιχτός, δεμένος: *άντρας ~.*
μεστότητα η, ουσ., το να είναι κάτι μεστό: ~ *λόγου.*
μέστωμα το, ουσ., το να μεστώνει κάτι, να ωριμάζει: ~ *του καρπού / του παιδιού* (συνών. *ωρίμανση).*
μεστώνω, ρ. **1.** (για καρπούς) **α.** (μτβ.) κάνω κάτι να ωριμάσει: *ο ήλιος -ει τα στάρια·* **β.** (αμτβ.-μέσ.) ωριμάζω, σχηματίζω καρπό, δένω: *-ωσαν τα καλαμπόκια· αχλάδια -ωμένα.* **2.** (αμτβ.) διαπλάσσομαι σωματικά: *το κορίτσι -ωσε* (= έγινε γυναίκα). **3.** (αμτβ. - μέσ., μεταφ.) διαμορφώνομαι, ωριμάζω (συνήθως πνευματικά): *στίχος -ωμένος· πόθος -ωμένος* (Σεφέρης)· *σκέψη που -ωσες με τον καιρό* (Βάρναλης)· *το μυαλό του δε -ωσε ακόμη.*
μέσω, αρχαϊστ. επίρρ., διαμέσου (βλ. λ.).
μετ-, βλ. *μετά* και *μετ(α)-.*

μετά, πρόθ. (με αιτ.) **1α.** για χρονική ακολουθία (= ύστερα από): *θα γυρίσω ~ το μεσημέρι· η ζωγραφική ~ την 'Αλωση* (αντ. *πριν)·* έκφρ. *~ Χριστόν* (συντομογραφία *μ.Χ.,* για δήλωση χρονολογίας μετά τη γέννηση του Χριστού· αντ. *προ Χριστού)·* **β.** για διαδοχή σε αξίωμα, κ.ά.: *μετά τον Α ανέλαβε την πρωθυπουργία ο Β.* **2.** για τοπική ακολουθία: *η στάση βρίσκεται ~ το περίπτερο· ~ τη Βέροια ο δρόμος στενεύει.* **3.** για σχέση αιτίας και αποτελέσματος: ~ *το τελευταίο επεισόδιο η αστυνομία πήρε αυστηρά μέτρα.*
μετ(α)-, α' συνθ. σε ουσ., επίθ. και ρ. με την έννοια της τοπικής ή χρονικής ακολουθίας ή της αλλαγής· λ.χ. *μετακάρπιο, μεταπώληση, μετεγχειρητικός, μεταπολίτευση, μεταμφιέζομαι.*
μεταβαίνω, ρ., συνήθως στον ενεστ. (γραμμ.) για να δηλωθεί πως η ενέργεια του υποκειμένου «περνά» στο αντικείμενο και επηρεάζει την κατάστασή του.
μετά βαΐων και κλάδων· αρχαϊστ. έκφρ., για πολύ εγκάρδια υποδοχή: *μας δέχτηκαν ~.*
μεταβάλλω, ρ., παρατ. *μετέβαλλα,* πληθ. *μεταβάλλαμε,* αόρ. *μετέβαλα,* πληθ. *μεταβάλαμε,* παθ. παρκ. *έχω -βληθεί.* **1.** αλλάζω: *~ απόψεις· μέτρα που θα -λουν την πολιτική κατάσταση* (μέσ.) *-εται ο συσχετισμός δυνάμεων.* **2.** κάνω να αποκτήσει κάτι ή κάποιος ορισμένη μορφή, κατάσταση, λειτουργία, κ.τ.ό., διαφορετική από πριν: *μηχανή που -ει το σιτάρι σε αλεύρι· η πυρκαγιά μετέβαλε το δάσος σε στάχτη·* (μέσ.) *η θερμοκρασία -εται·* (για πρόσωπο) *η αγωνία τον μετέβαλε σε ράκος* (συνών. *μετατρέπω, μεταμορφώνω).*
μετάβαση η, ουσ. **1.** το να πηγαίνει κανείς από έναν τόπο σ' έναν άλλο: *~ αεροπορική / έγκαιρη* (συνών. *πηγαιμός·* αντ. *επιστροφή).* **2.** η διαδικασία κατά την οποία κάτι αλλάζει μορφή, μια κατάσταση μεταβάλλεται: *~ από το ρωμαϊκό στο βυζαντινό δίκαιο· ομαλή ~ από το ένα επεισόδιο στο άλλο.*
μεταβατικός, -ή, -ό, επίθ. **1α.** για χρονικό διάστημα κατά το οποίο κάποιος ή κάτι αλλάζει ή προετοιμάζεται μια καινούργια κατάσταση: *περίοδος -ή· στάδιο -ό·* **β.** για ό,τι συμβάλλει στην προσαρμογή σε κατάσταση διαφορετική από πριν: *διατάξεις νόμου -ές.* **2.** (γραμμ.) *ρήμα -ό* = ρήμα ενεργητικής διάθεσης, το οποίο φανερώνει ενέργεια του υποκειμένου που μεταβαίνει σε κάτι άλλο (πρόσωπο, ζώο ή πράγμα) ή έχει σχέση με αυτό, συνοδεύεται δηλ. από αντικείμενο ή εμπρόθετο προσδιορισμό π.χ. *διαβάζω ένα διήγημα· σου έμοιασα· θα μιλήσω στον πατέρα σου* (αντ. *αμετάβατο).*
μετά βίας· αρχαϊστ. έκφρ. = με πολλή δυσκολία: *στους αγώνες ~ πήραμε την τρίτη θέση* (επιτ.) *μόλις και ~ κρατούσα τα γέλια μου.*
μεταβιβάζω, ρ., αόρ. *μεταβίβασα.* **1.** μεταφέρω από ένα σημείο ή πρόσωπο σε άλλο, διαβιβάζω: ~ *παραγγελία / την ευθύνη μιας απόφασης.* **2.** για συσκευή που μετατοπίζει φυσικό φαινόμενο ή τα αποτελέσματά του υπό την επίδραση ενδιάμεσων παραγόντων: *το τηλέτυπο -ει γραπτά μηνύματα· ηλεκτρικούς παλμούς.* **3.** (νομ.) δέχομαι ή κάνω να έχει άλλος αντί για μένα ορισμένο δικαιωμά μου: *ο πωλητής -ει την κυριότητα ενός πράγματος στον αγοραστή· ο δανειστής μπορεί να -άσει την απαίτησή του* (πβ. *εκχωρώ).*
μεταβίβαση η, ουσ. **1.** μεταφορά από ένα σημείο, πρόσωπο, κλπ., σε άλλο, διαβίβαση: *άμεση ~*

εντολής· ~ σκέψης (= τηλεπάθεια). 2. μετατόπιση ενός φυσικού φαινομένου ή των αποτελεσμάτων του, όταν σ' αυτήν εμπλέκονται ενδιάμεσοι παράγοντες που επηρεάζουν το φαινόμενο: *το τηλέφωνο είναι συσκευή για τη ~ της φωνής*. 3. (νομ.) η πράξη με την οποία το δικαίωμα κάποιου πάνω σε ένα πράγμα εκχωρείται σε έναν άλλον: *~ νομής / περιουσίας*.

μεταβιβάσιμος, -η, -ο, επίθ. (νομ.) που μπορεί να μεταβιβαστεί (αντ. *αμεταβίβαστος*).

μεταβιομηχανικός, -ή, -ό, επίθ. (ασυνίζ.), για μορφές της κοινωνίας ή της οικονομίας που εμφανίζονται καθώς τελειώνει η βιομηχανική εποχή.

μεταβλητός, -ή, -ό, επίθ. 1. που μπορεί να μεταβληθεί: *σύστημα -ό* (αντ. *αμετάβλητος*). 2. (μαθημ.) για ποσότητα που μπορεί να πάρει διάφορες τιμές, συνήθως συνεχείς (αντ. *σταθερός*). 3. (αστρον.) *αστέρες -οί* = που κυρίως η λαμπρότητά τους μεταβάλλεται περιοδικά ή όχι. - Το θηλ. ως ουσ. = (μαθημ.) μεταβλητή ποσότητα.

μεταβλητότητα η, ουσ., η κατάσταση, η φύση εκείνου που είναι μεταβλητό.

μεταβολή η, ουσ. 1. το να γίνεται κάποιος ή κάτι διαφορετικός, ν' αλλάζει μορφή, μέγεθος, ιδιότητες, κατάσταση, λειτουργία, κ.ά.: *~ στη σύσταση ενός πετρώματος / στη σύνθεση του συμβουλίου· ~ της θερμοκρασίας· ~ πολιτειακή* (συνών. *αλλαγή, αλλοίωση, μετατροπή, μεταμόρφωση*). 2. (γυμν.-στρατ.) κίνηση με την οποία κάποιος ή πολλοί μαζί αλλάζουν μέτωπο κάνοντας ο καθένας στροφή μισής περιφέρειας γύρω από τον άξονά τους: *~ από αριστερά·* φρ. *κάνε ~* (= «στρίβε», φύγε γρήγορα).

μεταβολισμός ο, ουσ. (φυσιολ.) η σύνθετη λειτουργία του οργανισμού κατά την οποία χάρη σε χημικές και φυσικοχημικές διεργασίες παράγεται, αποθηκεύεται και χρησιμοποιείται ενέργεια και συντίθενται τα δομικά υλικά του οργανισμού (κύτταρα)· έκφρ. *βασικός ~* = η ελάχιστη ποσότητα ενέργειας που χρειάζεται ένας ζωντανός οργανισμός για να διατηρήσει τις διεργασίες της ζωής, χωρίς παροχή εργασίας από το μυϊκό ή άλλο σύστημα.

μεταβυζαντινός, -ή, -ό, επίθ. (ερρ.), που ανήκει ή αναφέρεται στην περίοδο από την πτώση του Βυζαντίου έως την ίδρυση του νεότερου ελληνικού κράτους: *-ή γραμματεία / τέχνη*.

μεταγγίζω, ρ. (ερρ., λόγ.), μεταφέρω υγρό από ένα δοχείο σε άλλο.

μετάγγιση η, ουσ. (ερρ.). 1. (λόγ.) μεταφορά υγρού από ένα δοχείο σε άλλο. 2. (κοιν.) *~ (αίματος)* = εισαγωγή για θεραπευτικούς σκοπούς σε κάποιον ανθρώπινου αίματος που μεταβιβάζεται στη φλέβα του από τη φλέβα του αιμοδότη ή συνηθέστερα από φιάλες όπου διατηρείται, έχοντας δοθεί από πριν: *~ επείγουσα·* φρ. *κάνω ~ σε κάποιον* (κοιν. *βάζω αίμα*).

μεταγενέστερος, -η, -ο, επίθ. 1. κατοπινός (σε σχέση με κάποιον ή κάτι που χρονικά προηγείται); *το νομοσχέδιο δε συμπληρώθηκε με τις -ες διατάξεις· -ες επεμβάσεις στην εικονογράφηση του ναού*. 2. (ειδικά ιστ.) για την ελληνιστική εποχή και ό,τι σχετικό με αυτήν: *συγγραφείς -οι· λέξεις -ες*. - Το αρσ. στον πληθ. ως ουσ. = οι άνθρωποι των επόμενων γενεών: *απόφαση που θα μπορέσουν να την κρίνουν οι -οι*. - Επίρρ. **-α**.

μεταγλώσσα η, ουσ. (γλωσσολ.) φυσική ή τεχνητή γλώσσα που χρησιμοποιείται για την αναφορά σε γλωσσολογικά αντικείμενα και την περιγραφή τους: *~ ενός λεξικού*.

μεταγλωσσικός, -ή, -ό, επίθ. (γλωσσολ.) που ανήκει ή βασίζεται στη μεταγλώσσα: *λέξεις -ές* (που απαρτίζουν τη γλωσσολογική ορολογία).

μεταγλωττίζω, ρ., μεταφέρω ένα κείμενο από μια γλωσσική μορφή ή γλώσσα σε άλλη: *νόμοι που τους έχουν -σει στη δημοτική·* (συνεκδοχικά) *~ ξένη κινηματογραφική ταινία* (αντικαθιστώ το λόγο των ηθοποιών με την εκφορά του στη γλώσσα των θεατών).

μεταγλώττιση η, ουσ., η μεταφορά ενός κειμένου από μια γλωσσική μορφή ή γλώσσα σε άλλη: *~ του αστικού κώδικα (από την καθαρεύουσα στη δημοτική) / ξένων τηλεοπτικών προγραμμάτων*.

μεταγλωττιστής ο, θηλ. **-τρια,** ουσ., αυτός που κάνει μεταγλώττιση.

μεταγραφή η, ουσ. 1. (φιλολ.) γραπτή απόδοση λέξεων ή άλλων κωδίκων με άλλο αλφάβητο ή σύστημα γραφής από εκείνο στο οποίο ήταν αρχικά γραμμένο: *~ των ξένων κύριων ονομάτων / παπυρικού αποσπάσματος· ~ φωνητική* (δηλ. στο διεθνές φωνητικό αλφάβητο, ώστε να διευκολύνεται η σωστή προφορά των λέξεων) */ διπλωματική* (= αναπαράσταση σε μια έκδοση της μορφικής διάταξης του πρωτοτύπου, που παρουσιάζεται με μια πιστή εικόνα της γενικής του εμφάνισης, το αλφάβητό του, την ορθογραφία, τη στίξη του, κ.ά.)· *~ από τη βυζαντινή παρασημαντική σε ευρωπαϊκές νότες*. 2. (νομ.) το να καταχωρίζεται σε ειδικό βιβλίο της αρμόδιας δημόσιας υπηρεσίας (γραφείο *-ών του υποθηκοφυλακείου*) περίληψη πράξης σχετικής με την κυριότητα ακινήτου: *ο αγοραστής ακινήτου βαρύνεται με τα έξοδα της -ής*. 3. (μουσ.) διασκευή μουσικού έργου για ένα ή περισσότερα όργανα διαφορετικά από εκείνα για τα οποία είχε αρχικά γραφεί (συνηθέστερα *διασκευή*). 4. (βιολ.) *~ γενετική* = μεταφορά του γενετικού (κληρονομικού μηνύματος). 5. (αθλητ.) επίσημη πράξη με την οποία ένας αθλητής, συνήθως επαγγελματίας, ύστερα από συμφωνία όλων των ενδιαφερομένων αποχωρεί από μια ομάδα (ή εταιρεία) και εντάσσεται σε μια άλλη: *υπέρογκο ποσό -ής ποδοσφαιριστή*.

μεταγραφικός, -ή, -ό, επίθ. (αθλητ.) που αναφέρεται στη μεταγραφή ενός αθλητή: *περίοδος -ή· δελτίο -ό*.

μεταγραφοφυλακείο το, ουσ. (νομ., σπάνιο) γραφείο όπου σε ειδικό βιβλίο καταχωρίζονται οι μεταγραφές (βλ. λ.): *νόμοι για την οργάνωση και τη λειτουργία -ων* (συνηθέστερα *γραφείο μεταγραφών·* πβ. *υποθηκοφυλακείο*).

μεταγράφω, ρ., παρατ. *μετέγραφα,* πληθ. *μεταγράφαμε, αόρ. μετέγραψα,* πληθ. *μεταγράψαμε,* παθ. αόρ. *μεταγράφηκα*. 1. (φιλολ.) αποδίδω γραπτά μια λέξη ή σύμβολο άλλου κώδικα από ένα αλφάβητο ή σύστημα γραφής σε ένα άλλο: *~ το κείμενο αρχαίου χειρογράφου*. 2. (νομ.) καταχωρίζω στο βιβλίο μεταγραφών περίληψη πράξης σχετικής με την κυριότητα ακινήτου. 3. (μουσ.) διασκευάζω μουσικό έργο για όργανα διαφορετικά από εκείνα της αρχικής του σύνθεσης. 4. (αθλητ., μέσ.) για αθλητή που εντάσσεται σε καινούργια ομάδα.

μεταγωγή η, ουσ., μεταφορά με αστυνομική συνο-

δεία ενός κρατουμένου από έναν τόπο σε άλλο: *τμήμα -ών· δραπέτευσε κατά τη* ~.
μεταγωγικός, -ή, -ό, επίθ. (στρατ.) για τα μεταφορικά μέσα των ένοπλων δυνάμεων. - Συνηθέστερα το ουδ. ως ουσ. = 1. (στον εν.) αεροπλάνο κατάλληλο για μεταφορές. 2. (στον πληθ. παλαιότερα) ζώα που χρησίμευαν για τη μεταφορά τροφίμων και υλικών στις διάφορες στρατιωτικές μονάδες: *-ά του σώματος*.
μεταδημότευση η, ουσ., η μεταφορά των εκλογικών και γενικά των πολιτικών δικαιωμάτων κάποιου από ένα δήμο (ή κοινότητα) σε άλλον.
μεταδίδω, ρ., αόρ. *μετέδωσα,* πληθ. *μεταδώσαμε,* παθ. αόρ. *μεταδόθηκα.* 1. δίνω σε κάποιον ή τον κάνω να αποκτήσει κάτι που έχω (μόνο μεταφ.): *μας -έδωσε τον ενθουσιασμό / την απαισιοδοξία του.* 2. (για αρρώστια) κάνω να περάσει ένα παθογόνο μικρόβιο από έναν οργανισμό σε άλλον: *έντομα που -ουν την ελονοσία.* 3. κάνω να φτάσει από έναν τόπο ή έναν άνθρωπο σε άλλον κάτι που άκουσα ή έμαθα, συνήθως με σκοπό να χρησιμοποιηθεί: ~ *πληροφορία· θα σου το -ώσω εμπιστευτικά* (συνών. *μεταφέρω, αναφέρω, γνωστοποιώ*). 4. (ειδικά για μέσο επικοινωνίας ή ενημέρωσης) α. γνωστοποιώ, διαδίδω κάτι στο κοινό, ανακοινώνω: *-ουν με τον ασύρματο εκκλήσεις για βοήθεια·* (συνεκδοχικά) *η τηλεόραση -έδωσε ότι...* β. γενικά για το περιεχόμενο εκπομπής (ιδίως ραδιοφώνου ή τηλεόρασης): *ο σταθμός -ει όλη μέρα τραγούδια.* 5. (για γνωστικό αντικείμενο) κάνω να το γνωρίζει, να το έχει κτήμα του και άλλος ή άλλοι: *το μυστικό της συνταγής -εται από γενιά σε γενιά.* 6α. κάνω να προχωρήσει ή να μεταβιβάσει ένα φυσικό φαινόμενο (λ.χ. η φωτιά, η κίνηση) από ένα σημείο σε άλλο: *η φωτιά -δόθηκε στις δεξαμενές καυσίμων· οι στροφές του κινητήρα (αυτοκινήτου) -ονται στους άξονες των τροχών·* β. (φυσιολ.) για ερεθισμό που φτάνει από ένα σημείο του οργανισμού σε άλλο: *το οπτικό νεύρο -ει τη διέγερση του αμφιβληστροειδούς.* 7. (εκκλ., για ιερέα) κοινωνώ κάποιον.
μεταδικτατορικός, -ή, -ό, επίθ., που αναφέρεται στο χρονικό διάστημα ύστερα από μια δικτατορία· (ιστ.) που αναφέρεται στην περίοδο μετά τη δικτατορία των «συνταγματαρχών» (1967-74): *πολιτική ζωή -ή.*
μετάδοση η, ουσ. 1. το να δίνει κανείς κάτι που έχει (μόνο μεταφ. για αισθήματα): ~ *του άγχους.* 2. (ιατρ.) για πρόκληση μόλυνσης, νοσήματος: ~ *μικροβίου / αρρώστιας.* 3. γνωστοποίηση πληροφορίας, κ.τ.ό., διάδοση ενός μηνύματος σε έναν ή συνηθέστερα σε πολλούς (ειδικά με μέσο επικοινωνίας ή ενημέρωσης): *απαγορεύτηκε η* ~ *ειδήσεων για τη δολοφονία· ζωντανή* ~ *του αγώνα από την τηλεόραση* (αντ. *λήψη*). 4. το να συμμετέχει κανείς στα αγαθά της παιδείας: ~ *της γνώσης με την παιδεία.* 5. μεταβίβαση (βλ. λ. στη σημασ. 2): ~ *της κίνησης στο αυτοκίνητο.* 6. (εκκλ.) *άγια* ~ (η θεία κοινωνία).
μεταδότης ο, ουσ. 1. (μηχανολ.) όργανο για τη μετάδοση της κίνησης από ένα σώμα σε άλλο. 2. (τηλεπικοινωνίες) όργανο για τη μετάδοση σημάτων.
μεταδοτικός, -ή, -ό, επίθ. 1α. που μεταδίδεται εύκολα από τον έναν στον άλλον: *γέλιο -ό·* β. (ειδικά) για νόσημα που έχει την ιδιότητα να μεταδίδεται από άρρωστο ή φορέα μικροβίου σε υγιές

άτομο: *η λέπρα είναι -ή* (συνών. *κολλητικός, μολυσματικός*). 2. (για δάσκαλο, κ.τ.ό.) ικανός να μεταδίδει τις γνώσεις του, να διδάσκει.
μεταδοτικότητα, η, ουσ. 1. (για νόσημα) μολυσματικότητα. 2. (για δάσκαλο, κ.τ.ό.) το να είναι κανείς μεταδοτικός.
μετάζωα τα, ουσ. (ζωολ.) πολυκύτταρα ζώα, στα οποία οι λειτουργίες της ζωής πραγματοποιούνται από κυτταρικά αθροίσματα κατάλληλα διαφοροποιημένα (λ.χ. *σκουλήκια, μαλάκια, εχινόδερμα*).
μετάθεση η, ουσ. 1. αλλαγή θέσης, μετακίνηση από μία θέση σε άλλη (μόνο μεταφ.): ~ *ευθυνών.* 2. (υπηρεσιακή γλώσσα - κοιν.) μετακίνηση δημόσιου υπαλλήλου, αξιωματικού ή στρατιώτη από τη θέση όπου υπηρετεί σε άλλη χωρίς καμιά μεταβολή στην ιδιότητα ή το βαθμό του: ~ *αμοιβαία· ζητώ / παίρνω* ~. 3. (φιλολ.) ~ *στίχων* = αλλαγή της θέσης στίχων σε παλαιότερο κείμενο. 4. (εκκλ. - υπηρεσιακή γλώσσα) ~ *γιορτής / αργίας* = μετακίνηση εορτάσιμης μέρας ή αργίας σε άλλη ημερομηνία.
μεταθέσιμος, -η, -ο, επίθ., που είναι δυνατό να μετατεθεί, να αλλάξει θέση.
μεταθετήριο το, ουσ. (ασυνίζ.), (υπηρεσιακή γλώσσα) έγγραφο με το οποίο γνωστοποιείται στους ενδιαφερόμενους η μετάθεση δημόσιου υπαλλήλου.
μεταθετός, -ή, -ό, επίθ. (υπηρεσιακή γλώσσα) για δημόσιο υπάλληλο που είναι δυνατό να μετατεθεί (αντ. *αμετάθετος*). - Το ουδ. ως ουσ. = η δυνατότητα ή η υποχρέωση να μετατίθεται δημόσιος υπάλληλος ύστερα από ορισμένο χρόνο υπηρεσίας σε έναν τόπο (αντ. *αμετάθετο*).
μεταθέτω, ρ., αόρ. *-έθεσα,* πληθ. *μεταθέσαμε,* παθ. ενεστ. *-ομαι* και *-τίθεμαι,* αόρ. *-τέθηκα,* παρκ. *έχω -τεθεί.* 1. φροντίζω ώστε κάτι να αλλάξει θέση: *η έδρα της εφορίας αρχαιοτήτων -τέθηκε στην Έδεσσα* (συνών. *μετακινώ*)· (μεταφ.) ~ *σε άλλον την ευθύνη·* (χρον.) ~ *τη λύση του προβλήματος στο μέλλον* (συνών. *μετατοπίζω*). 2. (για δημόσιο υπάλληλο ή μέλος των ένοπλων δυνάμεων) μετακινώ από την υπηρεσιακή του θέση σε άλλη, δίνω μετάθεση (βλ. λ. στη σημασ. 2): *μετατέθηκα στην πατρίδα μου.* 3. ορίζω για μέρα γιορτής ή αργίας άλλη μέρα από την κανονική: *όταν η γιορτή του Αγίου Γεωργίου πέφτει μέσα στη Σαρακοστή -τίθεται.*
μεταίχμιο το, ουσ. (ασυνίζ.), σημείο διαχωρισμού ή ενδιάμεσο διάστημα ανάμεσα σε δύο αντίθετες ή διαδοχικές καταστάσεις: *στο* ~ *ζωής και θανάτου· στο* ~ *του 21. αιώνα.*
μετακαλώ, ρ., προσκαλώ ή προσλαμβάνω κάποιον (για την εκτέλεση ορισμένου έργου): *έχει -κληθεί για να διδάξει την ορχήστρα άλλος μαέστρος.*
μετακάρπιο το, ουσ. (ασυνίζ.), (ανατομ.) το τμήμα του χεριού ανάμεσα στον καρπό και τα δάχτυλα.
μετακίνηση η, ουσ. 1. το να αλλάξει κάποιος ή κάτι θέση, μετατόπιση, μετάθεση: *η* ~ *των μηχανημάτων.* 2. μετάβαση από ένα μέρος σε άλλο: *η δουλειά του τον υποχρεώνει σε συνεχείς -ήσεις.*
μετακινώ, -είς, ρ. Ι. (ενεργ. μτβ.) αλλάζω τη θέση πράγματος, μετατοπίζω: ~ *τα έπιπλα· τεράστια πέτρα που δεν μπορούσε να τη -ήσει κανείς.* ΙΙ. μέσ. 1. αλλάζω θέση, μετατοπίζομαι α. (για πράγματα): *αέριες μάζες που -ούνται·* β. (για πρόσωπα): *με τα δυο πόδια στο γύψο ήταν αδύνατο να -ηθεί.* 2.

πηγαίνω από έναν τόπο σε άλλο: *-είται πάντοτε με τρένο.*
μετακλασικός, -ή, -ό, επίθ., που ανήκει ή αναφέρεται στην περίοδο μετά τους κλασικούς χρόνους: *συγγραφείς -οί* (αντ. *προκλασικός*).
μετάκληση η, ουσ., το να μετακαλείται κάποιος από ένα μέρος σε άλλο: *το πανεπιστήμιο μετακάλεσε έναν καθηγητή από άλλο πανεπιστήμιο.*
μετακλητός, -ή, -ό, επίθ., που μπορεί να μετακληθεί, να ανακληθεί από τη θέση που κατέχει: *υπάλληλος ~.*
μετακομιδή η, ουσ., η μεταφορά λειψάνου ή οστών από τάφο σε άλλο μέρος.
μετακομίζω, ρ. Α. (μτβ.) μεταφέρω την οικοσκευή από μια κατοικία σε άλλη. Β. (αμτβ.) αλλάζω κατοικία: *-ομε στο τέλος της χρονιάς.*
μετακόμιση η, ουσ. 1. μεταφορά οικοσκευής από μια κατοικία σε άλλη. 2. αλλαγή κατοικίας.
μεταλαβαίνω, ρ., αόρ. *μετάλαβα* (λαϊκ.). Α. (αμτβ.) κοινωνώ τα άχραντα μυστήρια, παίρνω τη θεία μετάληψη. Β. (μτβ. για ιερέα) δίνω σε κάποιον τη θεία μετάληψη: *ο παπάς -άλαβε τον άρρωστο.*
μεταλαβιά η, ουσ. (λαϊκ.), η θεία μετάληψη, τα άχραντα μυστήρια.
μεταλαμπάδευση η, ουσ. (έρρ., λόγ.), το να μεταδίδεται το «φως» του πολιτισμού, των γνώσεων, κλπ.
μεταλαμπαδεύω, ρ. (έρρ., λόγ.), μεταδίδω το «φως» του πολιτισμού, της σοφίας, γνώσεων, κ.τ.ό.: *το ελληνικό πνεύμα -εύτηκε στη Δύση.*
μετάληψη η, ουσ. (με το επίθ. *θεία*) η κοινωνία των αχράντων μυστηρίων και συνεκδοχικά τα άχραντα μυστήρια.
μεταλίκι το, ουσ., τουρκικό νόμισμα δέκα παράδων. [τουρκ. *metalik*, παλαιότερος τ. του *metelik*].
μεταλλαγή η, ουσ. (λόγ.), το να γίνεται κάτι διαφορετικό, το να αλλάζει όψη, φυσιογνωμία ή χαρακτήρα: *η ~ της πόλης στην ιστορική της εξέλιξη* (συνών. *μεταβολή*).
μεταλλάζω, ρ. Α. (μτβ.) κάνω κάτι διαφορετικό, προσδίδω σ' αυτό άλλη όψη, φυσιογνωμία ή χαρακτήρα, το μεταβάλλω: *ο Θεός είναι μεγάλος, στέλνει τη σωτηρία και -ει και τον άνθρωπο* (Μπαστιάς). Β. (αμτβ.) γίνομαι διαφορετικός, αλλάζω όψη ή χαρακτήρα, μεταβάλλομαι.
μεταλλακτήρας ο, ουσ. (τεχνολ.) ηλεκτρική μηχανή με την οποία το συνεχές ηλεκτρικό ρεύμα μετατρέπεται σε εναλλασσόμενο.
μετάλλαξη η, ουσ. (βιολ.) αδικαιολόγητη μεταβολή μιας ιδιότητας ενός οργανισμού, που εμφανίζεται απροσδόκητα και στο εξής μεταβιβάζεται κληρονομικά: *~ γονιδιακή.*
μεταλλείο το, ουσ., ορυχείο εξαγωγής μετάλλου σε μεγάλες ποσότητες και (συνεκδοχικά) οι σχετικές εγκαταστάσεις: *~ σιδήρου* (συνών. *μεταλλωρυχείο*).
μεταλλειολογία η, ουσ. (ασυνίζ.), επιστήμη που ασχολείται με την έρευνα και τον εντοπισμό μεταλλευτικών κοιτασμάτων, ορυκτών, στερεών και υγρών καυσίμων, καθώς επίσης και με την εξόρυξη, εκμετάλλευση και επεξεργασία των διάφορων μετάλλων.
μεταλλειολόγος ο, ουσ. (ασυνίζ.), επιστήμονας που ασχολείται με τη μεταλλειολογία (βλ. λ.).
μετάλλευμα το, ουσ. 1. κάθε ορυκτό που περιέχει μέταλλο: *-ατα σιδήρου / χαλκού.* 2. κάθε είδος ορυκτού που εξάγεται για εκμετάλλευση: *-ατα θείου / γραφίτη.*
μεταλλευτικός, -ή, -ό, επίθ., σχετικός με τα μέταλλα ή την εξαγωγή τους: *έρευνα / επιχείρηση -ή.*
μεταλλικός, -ή, -ό, επίθ. 1. που σχετίζεται με τα μέταλλα. 2. που είναι κατασκευασμένος από μέταλλο, μετάλλινος: *έλασμα / ντουλάπι -ό· -ή δραχμή* (= που υπολογίζεται σε χρυσό): *το δικαστήριο του επέβαλε πρόστιμο δέκα χιλιάδων -ών δραχμών.* 3. (κυρίως για υγρό) που περιέχει σε διάλυση μέταλλα: *φάρμακα -ά· νερό -ό* (= αυτό που προέρχεται από φυσική πηγή και περιέχει ουσίες μεταλλικών χρήσιμες στον ανθρώπινο οργανισμό). 4. που μοιάζει με μέταλλο· που αντανακλά σαν μέταλλο: *λάμψη -ή· -ές ανταύγειες μαύρων μαλλιών·* (ειδικά) *-ό χρώμα αυτοκινήτων.* 5. (μεταφ. για ήχο) που μοιάζει να προέρχεται από αντικείμενο μεταλλικό, που είναι καθαρά και έντονα τονισμένος: *κρότος ~· φωνή -ή· γέλιο -ό.* - Το ουδ. ως ουσ. = απόθεμα σε χρυσό (νόμισμα ή ράβδους) τράπεζας.
μεταλλικότητα η, ουσ., η ιδιότητα του μεταλλικού· (για υγρό) το να περιέχει σε διάλυση μέταλλα: *~ του νερού.*
μετάλλινος, -η, -ο, επίθ., που είναι κατασκευασμένος από μέταλλο, μεταλλικός.
μετάλλιο το, ουσ. (ασυνίζ.), τεμάχιο μετάλλου, κατά κανόνα κυκλικό, με χαραγμένη ή ανάγλυφη παράσταση ή επιγραφή, που προσφέρεται τιμητικά σε ορισμένα πρόσωπα για την αξιόλογη προσφορά τους σε κάποιον τομέα ή αναμνηστικά για κάποιο σημαντικό γεγονός ή τέλος ως έπαθλο σε νικητές διαγωνισμών ή αθλητικών συναντήσεων: *~ πολεμικό· κέρδισε δύο χρυσά -α στους Ολυμπιακούς.*
μεταλλισμός ο, ουσ., νομισματική θεωρία που επιδιώκει να ερμηνεύσει την προέλευση της αξίας των νομισμάτων από την αντίστοιχη αξία των πολύτιμων μετάλλων από τα οποία έχουν κατασκευαστεί.
μέταλλο το, ουσ. 1. ορυκτό στερεό (σίδηρος, χαλκός, ατσάλι, μόλυβδος, κλπ.), πολύ σκληρό, με ιδιαίτερη λάμψη, καλός αγωγός της θερμότητας και του ηλεκτρισμού, που χρησιμεύει στην κατασκευή εργαλείων, νομισμάτων, μηχανών, κλπ.: *~ ακατέργαστο· -α πολύτιμα* (= ο χρυσός, η πλατίνα και ο άργυρος)· *-α ευγενή,* βλ. ά. *ευγενής· μίγμα / συγκόλληση -άλλων* 2. (μεταφ.) η διαύγεια, η καθαρότητα του τόνου της φωνής.
μεταλλοβιομηχανία η, ουσ. (ασυνίζ.), βιομηχανία εξαγωγής και κατεργασίας μετάλλων.
μεταλλογραφία η, ουσ. 1. επιστήμη που ασχολείται με την εξακρίβωση και τη μελέτη των ιδιοτήτων των μετάλλων, καθώς και των μεταβολών που υφίστανται κατά τις διάφορες κατεργασίες. 2. η τέχνη της χάραξης σε μεταλλική πλάκα εικόνων ή σχεδίων για εκτύπωση.
μεταλλογραφικός, -ή, -ό, επίθ., που ανήκει ή αναφέρεται στη μεταλλογραφία.
μεταλλογράφος ο, ουσ., αυτός που ασχολείται με τη μεταλλογραφία.
μεταλλοειδής, -ής, -ές, γεν. *-ούς,* πληθ. αρσ. και θηλ. *-είς,* ουδ. *-ή,* επίθ. (ασυνίζ.), που μοιάζει με μέταλλο. - Το ουδ. στον πληθ. ως ουσ. = (χημ.) τα αμέταλλα (βλ. λ.) στοιχεία.

μεταλλοτεχνία η, ουσ., η τέχνη της επεξεργασίας μετάλλων.
μεταλλουργείο το, ουσ., εργαστήριο όπου γίνεται η εξαγωγή των μετάλλων από τα μεταλλεύματα και η περαιτέρω κατεργασία τους.
μεταλλουργία η, ουσ., η τέχνη της εξαγωγής και κατεργασίας μετάλλων.
μεταλλουργικός, -ή, -ό, επίθ., που ανήκει ή αναφέρεται στη μεταλλουργία.
μεταλλουργός ο, ουσ. 1. τεχνίτης ειδικός στην κατεργασία μετάλλων. 2. επιστήμονας που ασχολείται με τη μεταλλουργία.
μεταλλοφόρος, -α, -ο, επίθ., που περιέχει μέταλλα: *κοιτάσματα -α.*
μεταλλοχημεία η, ουσ., κλάδος της χημείας που ασχολείται με τη μελέτη των μετάλλων.
μεταλλωρυχείο το, ουσ., μεταλλείο (βλ. λ.).
μεταλλωρύχος ο, ουσ., αυτός που εργάζεται σε μεταλλείο.
μετά μανίας αρχαϊστ. έκφρ. = μανιωδώς, με μανία: *πάσχιζε ~ να τη συναντήσει / να διορθώσει τη συσκευή.*
μεταμέλεια η, ουσ. (ασυνίζ., λόγ.), μετάνιωμα.
μεταμελούμαι, ρ., συνήθως στον αόρ. *-ήθηκα,* μετανιώνω.
μεταμεσημβρινός, -ή, -ό, επίθ. (έρρ.), που ανήκει ή αναφέρεται στο χρονικό διάστημα μετά το μεσημέρι, απογευματινός: *ώρες -ές* (αντ. *προμεσημβρινός*).
μεταμισθώνω, ρ. 1. υπενοικιάζω (βλ. λ.). 2. εξακολουθώ και μετά τη λήξη της μίσθωσης να είμαι μισθωτής με νέα συμφωνία ή με σιωπηρή παράταση της πρώτης συμφωνίας.
μεταμίσθωση η, ουσ. 1. υπενοικίαση (βλ. λ.). 2. ανανέωση, παράταση της μίσθωσης από τον ίδιο μισθωτή με προσύμφωνο ή σιωπηρώς.
μεταμοντερνισμός ο, ουσ. (όχι έρρ.), (Καλ. Τέχν.) τάση που εμφανίζεται μετά το μοντερνισμό (βλ. λ.) και πρεσβεύει την επιστροφή σε παλαιότερες μορφές τέχνης.
μεταμοντερνιστής ο, θηλ. *-ίστρια,* ουσ. (όχι έρρ.), οπαδός του μεταμοντερνισμού (βλ. λ.).
μεταμοντέρνος, -α, -ο, επίθ. (όχι έρρ.), (καλ. τέχν.) που τείνει στην επιστροφή σε παλαιότερες μορφές τέχνης: *αρχιτεκτονική -α.* - Το ουδ. ως ουσ. = μεταμοντερνισμός (βλ. λ.).
μεταμορφισμός ο, ουσ. (βιολ.) δαρβινισμός.
μεταμορφώνω, ρ. 1α. δίνω σε κάποιον ή σε κάτι διαφορετική μορφή απ' αυτήν που έχει: *η μάγισσα -ωσε την κολοκύθα σε άμαξα / τον πρίγκιπα σε βάτραχο.* β. μετασχηματίζω, αλλάζω τη λειτουργία, τις ιδιότητες, την εμφάνιση, κλπ., κάποιου πράγματος συνήθως σταδιακά και προς το καλύτερο: *-ωσε το παλιό κιβώτιο σε σπιτάκι για το σκύλο· η πόλη μπορεί να -ωθεί με τη δημιουργία πανεπιστημίου.* 2. (μέσ.) μεταβάλλω τη μορφή μου, παίρνω νέα μορφή: (μυθολ.) *ο Δίας -ώθηκε σε κύκνο· ο δράκος -ώθηκε μπροστά στα μάτια τους.*
μεταμόρφωση η, ουσ. 1. το να μεταμορφώνεται (βλ. λ.) κάποιος ή κάτι: (μυθολ.) *η ~ του Δία σε χρυσή βροχή· η χαρά προκάλεσε πραγματική ~ στο πρόσωπό του.* 2. (θρησκ.-εκκλ.) *η Μ-η του Σωτήρα* = α. η μεταλλαγή της φθαρτής φύσης του Χριστού που έγινε στο όρος Θαβώρ· β. (συνεκδοχικά) η ημέρα που εορτάζεται η Μεταμόρφωση του Σωτήρα (6 Αυγούστου). 3. (γεωλ.) φυσική και χημική μεταβολή πετρώματος που οφείλεται σε ενδογενείς παράγοντες. 4. (βιολ.) το σύνολο των αλλαγών που υφίστανται ορισμένα ζώα (έντομα, αμφίβια, κ.ά.) από την αρχή της ζωής τους εωσότου πάρουν την τελική τους μορφή.
μεταμορφώσιμος, -η, -ο, επίθ., που μπορεί να μεταμορφωθεί.
μεταμορφωτικός, -ή, -ό, επίθ., που προκαλεί, επιφέρει μεταμόρφωση: *-ή δύναμη της αγάπης.*
μεταμόσχευση η, ουσ. 1. (βοτ., για φυτά) είδος εμβολιασμού κατά τον οποίο οφθαλμοφόρος βλαστός φυτού προσκολλάται σε άλλο φυτό. 2. (ιατρ.) μεταφορά με χειρουργική μέθοδο ζωντανού ιστού ή οργάνου από ένα σημείο του σώματος σε άλλο ή από σώμα ενός ατόμου σε άλλο: *~ νεφρών / καρδιάς.*
μεταμοσχεύω, ρ., κάνω μεταμόσχευση.
μεταμφιέζω, ρ. (ασυνίζ.). 1. (ενεργ.) αλλάζω την εμφάνιση κάποιου χρησιμοποιώντας κατάλληλα ρούχα, κλπ., ώστε να μην μπορεί να αναγνωριστεί. 2. (συνηθέστερα μέσ.) αλλάζω την εμφάνισή μου χρησιμοποιώντας κατάλληλα ρούχα, κλπ., ώστε να μη με αναγνωρίζουν: *-ίστηκε για να ξεφύγει από τους αστυνομικούς· -ίστηκε σε ιππότη τις Απόκριες* (συνών. *μασκαρεύομαι*). - Η μτχ. παθ. παρκ. ως επίθ. = που μεταμφιέζεται τις Απόκριες: *χορός / παρέλαση -ιεσμένων* (συνών. *μασκαράς*).
μεταμφίεση η, ουσ., αλλαγή της αμφίεσης και γενικά της εμφάνισης κάποιου με τη χρήση διάφορων μέσων (π.χ. ρούχα, περούκες, κλπ.), ώστε να μην αναγνωρίζεται: *υλικά -ης· δε θα ξεγελάσεις κανένα μ' αυτή τη ~.*
μετανάστευση η, ουσ. 1. μετακίνηση του πληθυσμού από την πατρική γη σε άλλο τόπο της ίδιας χώρας ή σε ξένες χώρες με σκοπό την αναζήτηση καλύτερης τύχης: *~ εσωτερική / εξωτερική· τραγούδια της -ης* (συνών. *αποδημία, ξενιτεμός·* αντ. *επαναπατρισμός*). 2. (ζωολ.) μαζική μετακίνηση ορισμένων ζώων (που συμβαίνει συνήθως εποχιακά) προς άλλους τόπους με διαφορετικό κλίμα: *~ των χελιδονιών το φθινόπωρο· ~ των ψαριών για αναπαραγωγή* (συνών. *αποδημία*).
μεταναστευτικός, -ή, -ό, επίθ. 1. που ανήκει στη μετανάστευση ή το μετανάστη ή αναφέρεται σ' αυτήν/όν: *ρεύματα -ά.* 2. (ζωολ.) *ζώα -ά* = που αλλάζουν μαζικά τόπο διαμονής κατά τη διάρκεια του έτους: *πουλιά / ψάρια -ά* (συνών. *αποδημητικός*).
μεταναστεύω, ρ. 1. μετακινούμαι από την πατρική γη σε άλλο τόπο της ίδιας χώρας ή σε ξένες χώρες με σκοπό την αναζήτηση καλύτερης τύχης: *στη δεκαετία του '60 πολλοί Έλληνες -ευσαν στη Γερμανία* (συνών. *αποδημώ, ξενιτεύομαι*). 2. (ζωολ.) για την ομαδική μετακίνηση ορισμένων ζώων (που συμβαίνει συνήθως εποχιακά) προς άλλους τόπους με διαφορετικό κλίμα: *τα χελιδόνια -ουν το φθινόπωρο.*
μετανάστης ο, θηλ. *-τρια,* ουσ., αυτός που μεταναστεύει: *φεύγω ~.*
μετάνιωμα το, ουσ., το να μετανιώνει κανείς (συνών. *μεταμέλεια*).
μετανιώνω, ρ. (συνίζ.). 1. λυπούμαι για κάτι που έκανα (ή παρέλειψα να κάνω) και εύχομαι να μην το είχα κάνει· αισθάνομαι τύψεις για πράξη ή παράλειψή μου: *κατάλαβε το σφάλμα του και -ιωσε· -ιωσα και σου ζητώ συγγνώμη·* (μτβ. με το ουδ.

της προσωπ. αντων.) *το -ιωσα πικρά* (συνών. *μετανοώ*). 2. αλλάζω γνώμη, μεταβάλλω απόφαση: *σκεπτόμουν να πάω αλλά -ιωσα και δεν πήγα·* (μτβ. με το ουδ. της προσωπ. αντων.) *έλεγα να το κάνω, μα το -ιωσα.*
μετάνοια η, ουσ. (ασυνίζ.). 1. το να μετανιώνει, να νιώθει κανείς τύψεις για κάτι που έκανε (συνών. *μεταμέλεια*). 2. (θρησκ.) μεταμέλεια κάποιου για τα αμαρτήματά του: *η ~ εξαγνίζει.* 3. (νομ.) *έμπρακτη ~* = έγκαιρη ικανοποίηση του θύματος που γίνεται με τη θέληση του δράστη. 4. (στη σημασ. αυτή προφ. συνιζ.) α. το να γονατίζει κανείς σκύβοντας συγχρόνως το κεφάλι για να εκδηλώσει τη μετάνοιά του (σημασ. 2): *έκανε / έβαλε -ες μπροστά στο εικόνισμα της Παναγίας·* β. δουλοπρεπής υπόκλιση· φρ. *κάνω -ες σε κάποιον* (= παρακαλώ με δουλοπρέπεια).
μετανοώ, ρ., μετανιώνω (βλ. λ.).
μεταξάδικο το, ουσ., εργαστήριο όπου γίνεται η κατεργασία μεταξιού ή κατάστημα όπου πουλιέται μετάξι.
μεταξάς ο, ουσ. α. μεταξουργός (βλ. λ.)· β. έμπορος που πουλά μετάξι.
μεταξένιος, -α, -ο, επίθ. (συνιζ.). 1. κατασκευασμένος από μετάξι: *ύφασμα -ένιο* (συνών. *μεταξωτός, μετάξινος*). 2. απαλός και λείος σαν το μετάξι: *μαλλιά -α.*
μεταξεταστέος, βλ. *μετεξεταστέος.*
μετάξι το, ουσ. 1. κλωστική ύλη που εκκρίνει ο μεταξοσκώληκας και κάμπιες άλλων λεπιδοπτέρων: *~ ακατέργαστο· ~ τεχνητό* = τεχνητή υφαντική ύλη που παρασκευάζεται από την κυτταρίνη ή τα παράγωγά της. 2. νήμα ανθεκτικό και απαλό που παράγεται από την παραπάνω ύλη: *υφάσματα από ~.* 3. μεταξωτό ύφασμα: (στον πληθ.) *ντυμένος στα -ια.* 4. για κάτι πολύ απαλό: *μαλλιά / δέρμα ~.* Φρ. *βγάζω ~* (= εξάγω μετάξι από κουκούλια μεταξοσκώληκα).
μεταξικός, -ή, -ό, επίθ., που σχετίζεται με το δικτάτορα (1936-1940) Ιωάννη Μεταξά: *νόμος ~.*
μετάξινος, -η, -ο, επίθ., μεταξένιος (βλ. λ.).
μεταξοβάμβακας, -η, -ο, επίθ., βαμβακομέταξος (βλ. λ.).
μεταξοβιομηχανία η, ουσ. (ασυνίζ.). 1. βιομηχανία που επεξεργάζεται το μετάξι και το χρησιμοποιεί στην υφαντική. 2. βιομηχανικό συγκρότημα, εργοστάσιο επεξεργασίας μεταξιού.
μεταξοβιομήχανος ο, ουσ. (ασυνίζ.), ιδιοκτήτης βιομηχανίας μεταξιού.
μεταξοκλωστικός, -ή, -ό, επίθ., που χρησιμεύει ή αναφέρεται στο κλώσιμο των μεταξωτών νημάτων. - Το θηλ. ως ουσ. = η τέχνη της κατασκευής νημάτων από μετάξι.
μεταξόνιο το, ουσ. (ασυνίζ.). 1. (αρχιτ.) το διάστημα μεταξύ των αξόνων δύο κιόνων μιας κιονοστοιχίας. 2. (τεχνολ.) το διάστημα ανάμεσα στους δύο άξονες των τροχών οχήματος.
μεταξοπαραγωγή η, ουσ., παραγωγή μεταξιού.
μεταξοπαραγωγός, -ός, -ό, επίθ., που παράγει μετάξι: *χώρα ~.*
μεταξοσκώληκας και **-σκούληκας** ο, και **-σκούληκο** το, ουσ., πτυχωτή κάμπια λεπιδοπτέρου ασιατικής προέλευσης που εκκρίνει μεγάλη ποσότητα μεταξιού για την κατασκευή του κουκουλιού της.
μεταξοσκωληκοτροφία η, ουσ., εκτροφή μεταξοσκωλήκων με σκοπό την παραγωγή μεταξιού (συνών. *σηροτροφία*).
μεταξόσπορος ο, ουσ., τα αβγά του μεταξοσκώληκα.
μεταξότριχα η, ουσ., λεπτό ανθεκτικό νήμα με το οποίο δένονται τα αγκίστρια.
μεταξουργείο το, ουσ., εργοστάσιο επεξεργασίας ή κλώσης μεταξιού.
μεταξουργία η, ουσ., τέχνη ή βιομηχανία που επεξεργάζεται το μετάξι και (ειδικότερα) κατασκευάζει νήματα από μετάξι.
μεταξουργός ο, ουσ., αυτός που επεξεργάζεται το μετάξι (συνών. *μεταξάς*).
μεταξοΰφαντος, -η, -ο, επίθ. (έρρ.), που είναι φτιαγμένος με μετάξι (συνών. *μεταξωτός*).
μεταξοϋφαντουργία η, ουσ. (έρρ.), τέχνη ή βιομηχανία κατασκευής υφασμάτων από μετάξι.
μεταξοϋφαντουργός ο, ουσ. (έρρ.), τεχνίτης ή βιομήχανος που κατασκευάζει υφάσματα από μετάξι.
μεταξύ, Α. επίρρ. 1. (τοπ. ή χρον.) ανάμεσα, στη μέση δύο ή περισσότερων α. (τοπ.): *το χωριό βρίσκεται ~ δύο λόφων· βρίσκομαι ~ φίλων·* β. (χρον.): *~ δύο εποχών· ~ 4ης και 5ης πρωινής (ώρας).* 2. σε δήλωση σύγκρισης ή επιλογής: *~ δύο κακών το μη χείρον βέλτιστον· δεν υπάρχει ομοιότητα ~ τους.* 3. σε δήλωση διάφορων μεγεθών ή ποσών (βάρους, απόστασης, κ.ά.) κατά προσέγγιση: *απόσταση ~ δώδεκα και δεκατριών χιλιομέτρων· ζυγίζει ~ πενήντα και πενηνταπέντε κιλών.* 4. σε δήλωση διανομής: *τα χρήματα μοιράστηκαν ~ των τριών κληρονόμων.* Φρ. *~ δύο πυρών* (= γι' αυτόν που δέχεται επιθέσεις από δύο πλευρές)· *~ ζωής και θανάτου* (*ή φθοράς και αφθαρσίας*) (= για κάποιον ή κάτι που είναι ασθενής/ -ές, αμφίβολος/ -ο, αβέβαιος/-ο): *δεν ξέρει αν θα το «περάσει» το μάθημα· βρίσκεται ~ φθοράς και αφθαρσίας.* - Με το ουδ. ά. στον εν. ως ουσ. *το μεταξύ* = το ενδιάμεσο χρονικό διάστημα: *ξεκινήσαμε έγκαιρα για το σταθμό, αλλά φτάσαμε αργά εξαιτίας της μεγάλης κίνησης. Στο ~ το τρένο είχε φύγει.* Β. αλληλ. αντων. (μαζί με τις προσωπ. αντων. *μας, σας, τους*): *τότε ξέσπασε ~ τους ο καβγάς·* φρ. *να μείνει κάτι ~ μας* (= να διατηρηθεί μυστικό).
μεταξύ σφύρας και άκμονος· αρχαϊστ. έκφρ. γι' αυτόν που βρίσκεται ανάμεσα σε δύο κακά και υφίσταται τις συνέπειές τους.
μεταξωτός, -ή, -ό, επίθ., καμωμένος από μετάξι (συνών. *μεταξένιος*). - Το ουδ. ως ουσ. = μεταξωτό ύφασμα ή ένδυμα.
μεταπείθω, ρ., κάνω κάποιον να αλλάξει γνώμη ή απόφαση: *δεν κατάφερε να τον -σει σχετικά με την κληρονομιά.*
μεταπήδηση η, ουσ., το να μεταπηδά κανείς, να αλλάζει απότομα κατάσταση ή άποψη: *~ από τον ένα ιδεολογικό χώρο στον άλλο.*
μεταπηδώ, -άς, ρ., αλλάζω απότομα κατάσταση, θέση ή ιδεολογική τοποθέτηση: *-ήδησε στην αντιπολίτευση· -ήδησε σε άλλο κλάδο* (επαγγελματικό) */ μισθολογικό κλιμάκιο.*
μεταπίπτω, ρ., παρατ. *μετέπιπτα,* πληθ. *μεταπίπταμε,* αόρ. *μετέπεσα,* πληθ. *μεταπέσαμε* (λόγ.). 1. αλλάζω θέση ή κατάσταση, μεταβάλλομαι. 2. (για λέξεις) αλλάζω σημασία με την πάροδο του χρόνου: *η λέξη -έπεσε στη σημασία...*
μεταπλάθω και (λόγ.) **-πλάσσω,** ρ. 1. αλλάζω τη

μορφή ή τη σύσταση κάποιου πράγματος, μεταβάλλω, μετασχηματίζω. 2. ξαναπλάθω. 3. (μέσ., γραμμ., για το θέμα των λέξεων) σχηματίζομαι με μεταπλασμό (βλ. λ.).
μετάπλαση η, ουσ. 1. το να μεταπλάθεται κάτι, μετασχηματισμός, μεταποίηση. 2. (γεωπ.) βελτίωση των ιδιοτήτων εδάφους με την προσθήκη νέων φυσικών συστατικών (άμμου, αργίλου, κλπ.). 3. (γραμμ.) μεταπλασμός (βλ. λ.).
μετάπλασμα το, ουσ. 1. (γεωπ.) ουσία (άμμος, ασβέστης, κλπ.) που βελτιώνει τις φυσικές ιδιότητες του εδάφους. 2. (βιολ.) παράπλασμα (βλ. λ.).
μεταπλασμός ο, ουσ. (γραμμ.) σχηματισμός πτώσης ονομάτων ή χρόνου ρημάτων από ανύπαρκτη ονομαστική ή από ανύπαρκτο ενεστώτα αντίστοιχα.
μεταπλάσσω, βλ. *μεταπλάθω.*
μεταπλαστικός, -ή, -ό, επίθ., που συντελεί στη μετάπλαση ή σχηματίζεται με μετάπλαση.
μεταποίηση η, ουσ., αλλαγή της μορφής ή της σύνθεσης κάποιου πράγματος ώστε να χρησιμοποιηθεί με διαφορετικό τρόπο, μετασχηματισμός: ~ *αγροτικών προϊόντων / πρώτων υλών / ρούχων.*
μεταποιήσιμος, -η, -ο, επίθ., που μπορεί να μεταποιηθεί: *πρώτες ύλες -ες.*
μεταποιητικός, -ή, -ό, επίθ., που συντελεί ή αναφέρεται στη μεταποίηση: *μέθοδοι -ές· βιομηχανία -ή.*
μεταποιώ, ρ. (ασυνίζ.), αλλάζω εντελώς τη μορφή ή τη σύσταση κάποιου πράγματος ώστε να χρησιμοποιηθεί διαφορετικά: *η βιομηχανία -εί τις πρώτες ύλες σε καταναλωτικά αγαθά* (συνών. *μετασχηματίζω*).
μεταπολεμικός, -ή, -ό, επίθ. α. που αναφέρεται στην εποχή ύστερα από έναν πόλεμο· β. (ειδικά) που αναφέρεται στην εποχή ύστερα από το δεύτερο παγκόσμιο πόλεμο: *-ές πολιτικές εξελίξεις· -ή λογοτεχνία / ιστορία* (αντ. *προπολεμικός*). - Επίρρ. -ά.
μεταπολίτευση η, ουσ., αλλαγή του πολιτεύματος χώρας: (ιστ.) ~ *του 1974.*
μεταπολιτευτικός, -ή, -ό, επίθ., που αναφέρεται στη μεταπολίτευση: *περίοδος -ή· προσπάθειες -ές.*
μεταπούλημα το και (λόγ.) **μεταπώληση** η, ουσ., το να αγοράζει κάποιος εμπορεύματα και αργότερα να τα πουλεί σε άλλους.
μεταπουλητής και (λόγ.) **μεταπωλητής** ο, ουσ., έμπορος που αγοράζει εμπορεύματα και αργότερα τα πουλεί σε άλλους (συνών. *μεταπράτης*).
μεταπουλώ και (λόγ.) **μεταπωλώ**, ρ., αγοράζω εμπορεύματα και τα πουλώ σε άλλους.
μεταπράτης ο, ουσ., μεταπουλητής (βλ. λ.).
μεταπρατικός, -ή, -ό, επίθ., που αναφέρεται στη μεταπώληση ή το μεταπράτη: *εμπόριο -ό.*
μεταπτυχιακός, -ή, -ό, επίθ. (ασυνίζ.), που συμβαίνει μετά την απόκτηση του πτυχίου ή που αναφέρεται στην περίοδο αυτή: *σπουδές -ές· φοιτητής ~.*
μετάπτωση η, ουσ. 1. απότομη αλλαγή κατάστασης, θέσης ή συμπεριφοράς, κλπ.: *ψυχολογικές -ώσεις ήρωα τραγωδίας.* 2. (για λέξεις) αλλαγή της σημασίας τους με την πάροδο του χρόνου.
μεταπώληση, βλ. *μεταπούλημα.*
μεταπωλητής, βλ. *μεταπουλητής.*
μεταπωλώ, βλ. *μεταπουλώ.*

μεταρρυθμίζω, ρ., επιφέρω σημαντικές αλλαγές και βελτιώσεις σε ένα κοινωνικό σύστημα, νόμο ή θεσμό ώστε να αλλάξει μορφή ή λειτουργία: *-ίστηκε το σύστημα υγείας.*
μεταρρύθμιση η, ουσ. 1. το σύνολο των αλλαγών και των βελτιώσεων σε ένα κοινωνικό σύστημα, νόμο ή θεσμό ώστε να αλλάξει μορφή ή λειτουργία: ~ *εκπαιδευτική / συνταγματική / γλωσσική.* 2. (ειδικά, ιστ.) *θρησκευτική μεταρρύθμιση ή Μεταρρύθμιση* = το κίνημα των διαμαρτυρομένων με αρχηγό το Λούθηρο εναντίον της καθολικής εκκλησίας.
μεταρρυθμιστής ο, θηλ. **-τρια**, ουσ. 1. αυτός που εμπνέεται και πραγματοποιεί μεταρρυθμίσεις σε κοινωνικό σύστημα, νόμο ή θεσμό: ~ *πολιτικός / κοινωνικός.* 2. οπαδός της θρησκευτικής μεταρρύθμισης (βλ. λ. στη σημασ. 2).
μεταρρυθμιστικός, -ή, -ό, επίθ., που αναφέρεται στη μεταρρύθμιση ή επιφέρει μεταρρυθμίσεις: *νομοθεσία -ή.*
μεταρρυθμίστρια, βλ. *μεταρρυθμιστής.*
μεταρσίωση η, ουσ., εξύψωση, ανύψωση του πνεύματος και της ψυχής, έκσταση: ~ *του νου / της ψυχής.*
μετασαλεύω, ρ., μετακινούμαι, μεταβάλλομαι, μεταστρέφομαι: *δε ~ από την πίστη μου* (Πρεβελάκης).
μετασεισμικός, -ή, -ό, επίθ., που συμβαίνει μετά το σεισμό: *δονήσεις -ές* (αντ. *προσεισμικός*).
μετασεισμός ο, ουσ. (γεωφυσική) σεισμική δόνηση μικρής έντασης που ακολουθεί τον κύριο σεισμό.
μετάσταση η, ουσ. (ιατρ.) μετατόπιση παθολογικής κατάστασης από την αρχική της εστία σε άλλο σημείο του οργανισμού: ~ *όγκου / αποστήματος / φλεγμονής.*
μεταστοιχειώνω, ρ. (ασυνίζ.). 1. ανασυνθέτω τα μέρη ή τα στοιχεία ενός συνόλου ώστε να αποκτήσουν διαφορετική μορφή, μετασχηματίζω: *ο ποιητής -ει μορφές της αρχαιότητας.* 2. (χημ.) μετατρέπω ένα στοιχείο σε άλλο.
μεταστοιχείωση η, ουσ. 1. επανασύνθεση των μερών ή των στοιχείων ενός συνόλου ώστε να αποκτήσουν διαφορετική μορφή, μετασχηματισμός. 2. (χημ.) μετατροπή ενός στοιχείου σε άλλο.
μεταστρέφω, ρ. 1. στρέφω κάτι προς άλλη κατεύθυνση, κάνω κάτι να αλλάξει κατεύθυνση: (μέσ.) *η πορεία του ανέμου -στράφηκε.* 2. αλλάζω γνώμη, απόφαση ή στάση: (μέσ.) *-στράφηκε πολιτικά.* ~
μεταστροφή η, ουσ. 1. στροφή προς άλλη κατεύθυνση, αλλαγή πορείας. 2. μεταβολή γνώμης ή απόφασης ή αλλαγή στάσης: ~ *ιδεολογική / του εκλογικού σώματος.*
μετασχηματίζω, ρ. 1. αλλάζω το σχήμα ή τη μορφή κάποιου πράγματος· διασκευάζω: *ο συγγραφέας -ει τον αρχαίο μύθο.* 2. (φυσ.) μετατρέπω μια μορφή ενέργειας σε άλλη.
μετασχηματισμός ο, ουσ. 1. πλήρης αλλαγή του σχήματος, της μορφής ή της δομής κάποιου πράγματος, μετατροπή: ~ *κοινωνικός / σοσιαλιστικός.* 2. (φυσ.) μετατροπή μιας μορφής ενέργειας σε άλλη. 3. (γλωσσολ.) διαδικασίες σύμφωνα με τις οποίες από ένα βασικό απόθεμα φράσεων παράγονται άλλες φράσεις της γλώσσας.
μετασχηματιστής ο, ουσ., ηλεκτρική συσκευή που

μετατρέπει μια μορφή ηλεκτρικής ενέργειας σε άλλη: ~ *συνεχούς τάσης / ενισχυτή.*

μετασχηματιστικός, -ή, -ό, επίθ. (γλωσσολ.) *γραμματική -ή* = το σύνολο των κανόνων που καθορίζουν τις ισοδυναμίες ανάμεσα στους διάφορους φραστικούς τύπους.

μετασχολικός, -ή, -ό, επίθ., που ανήκει ή αναφέρεται στο χρονικό διάστημα μετά την αποφοίτηση από το σχολείο: *-ή αγωγή/ηλικία* (αντ. *προσχολικός).*

μετάταξη η, ουσ. **α.** τοποθέτηση αξιωματικού σε άλλο σώμα από αυτό στο οποίο ανήκει: ~ *από το μηχανικό στην αεροπορία·* **β.** τοποθέτηση δημόσιου υπαλλήλου σε άλλη (παρεμφερή) θέση (π.χ. εκπαιδευτικού από έναν κλάδο σε άλλον): *φιλόλογος από* ~.

μετατάρσιο το, ουσ. (ασυνίζ.), (ανατομ.) το μέρος του σκελετού του ποδιού που βρίσκεται ανάμεσα στον ταρσό και στις φάλαγγες των δακτύλων και αποτελείται από πέντε επιμήκη οστάρια.

μετατάρσιος, -α, -ο, επίθ. (ασυνίζ.), (ανατομ.) που ανήκει ή αναφέρεται στο μετατάρσιο (βλ. λ.): *οστά -α.*

μετατάσσω, ρ., παρατ. *μετέτασσα,* πληθ. *μετατάσσαμε,* αόρ. *μετέταξα,* πληθ. *μετατάξαμε.* **α.** (για στρατ. αρχή) τοποθετώ αξιωματικό σε άλλο σώμα από αυτό στο οποίο ανήκει· **β.** (για δημόσια υπηρεσία) τοποθετώ δημόσιο υπάλληλο σε θέση παρεμφερή με εκείνη στην οποία ανήκει.

μετατοπίζω, ρ., (μτβ.) μετακινώ κάτι από τη θέση του σε άλλη, του αλλάζω θέση ή στάση: ~ *το κρεβάτι / τη βιβλιοθήκη·* (μεταφ.) *το θέμα -ίστηκε από το προσωπικό επίπεδο στο συλλογικό.*

μετατόπιση η, ουσ., μετακίνηση πράγματος από τη θέση του σε άλλη, αλλαγή θέσης ή στάσης (συνών. *μετατόπισμα).*

μετατόπισμα το, ουσ., μετατόπιση (βλ. λ.).

μετατρέπω, ρ., παρατ. *μετέτρεπα,* πληθ. *μετατρέπαμε,* αόρ. *μετέτρεψα,* πληθ. *μετατρέψαμε.* **Ι.** (ενεργ., μτβ.) επιφέρω μεταβολή, μεταποιώ κάτι: *οι μύκητες μπορούν να -ψουν χαρτιά και δέρματα σε άμορφη μάζα· -έτρεψε τις δραχμές σε μάρκα· το καλοριφέρ -ει την ηλεκτρική ενέργεια σε θερμική·* (νομ.) ~ *ποινή* (= μειώνω, ελαττώνω): *του μετέτρεψαν την ποινή από ισόβια σε είκοσι χρόνια κάθειρξη* (συνών. *μεταβάλλω, αλλάζω).* **ΙΙ.** (μέσ.) αλλάζω φυσικά χαρακτηριστικά ή σύσταση, μεταβάλλομαι σε...: *το καφενείο -τράπηκε σε κέντρο της πολιτικής ζωής του χωριού.*

μετατρέψιμος, -η, -ο, επίθ., που μπορεί να μετατραπεί (σε κάτι άλλο): *νόμισμα -ο.*

μετατρεψιμότητα η, ουσ., το να μπορεί να μετατραπεί κάτι σε κάτι άλλο: ~ *νομίσματος.*

μετατροπή η, ουσ., τροποποίηση, μεταβολή κάποιου πράγματος σε κάτι άλλο: ~ *της χημικής ενέργειας σε ηλεκτρική· έκανε πολλές -ές στο διαμέρισμα* (συνών. *μεταποίηση, αλλαγή).*

μετά φανών και λαμπάδων· αρχαϊστ. έκφρ.· (συνήθως ειρων.) για πομπώδη, μεγαλοπρεπή υποδοχή: *τον δέχτηκαν* ~.

μοταφερτός, -ή, -ό, επίθ. **1.** που μπορεί να μεταφερθεί. **2.** που προέρχεται από μεταφορά: *συνήθειες -ές από το εξωτερικό.*

μεταφέρω, ρ., παρατ. και αόρ. *μετέφερα,* πληθ. *μεταφέραμε,* παθ. αόρ. *-φέρθηκα,* μτβ. **1α.** φέρνω κάποιον ή κάτι από έναν τόπο σε άλλον: *το φορτηγό -ει ξυλεία· η έδρα της εταιρείας -θηκε στην Αθήνα· -θηκε αμέσως στο νοσοκομείο·* ~ *τα εκλογικά μου δικαιώματα από έναν τόπο σε άλλο* (συνών. *μετακινώ, κουβαλώ)·* **β.** (μεταφ. για νοερή τοπική ή χρονική μετατόπιση): *το μυθιστόρημα μας -ει στην Αγγλία / στο μεσαίωνα·* **γ.** (ενεργ. και μέσ.) μεταβιβάζω: να *-ρεις τα χαιρετίσματά μου στη μητέρα σου·* ~ *το λογαριασμό μου σε άλλη τράπεζα* (= κάνω ανάληψη των χρημάτων που έχω σε μια τράπεζα και τα καταθέτω σε άλλη)· *το ακίνητο -ρθηκε στον αγοραστή με συμβολαιογραφική πράξη.* **2α.** μεταγράφω προφορικό λόγο ή γραπτό κείμενο από μια γλωσσική μορφή σε άλλη: *επιτροπή -έφερε το Σύνταγμα στη δημοτική* (συνών. *μεταγλωττίζω)·* **β.** μεταφράζω προφορικό λόγο ή γραπτό κείμενο από μια γλώσσα σε άλλη: *-έφερε σεξπιρικό έργο στα ελληνικά.* **3.** διασκευάζω λογοτεχνικό έργο και το ανεβάζω στο θέατρο ή το γυρίζω ταινία για τον κινηματογράφο ή την τηλεόραση: *το μυθιστόρημα -ρθηκε στην οθόνη.* **4.** (οικον.) μεταγράφω από τη μια μερίδα λογιστικού βιβλίου στην άλλη ή από το ένα λογιστικό βιβλίο στο άλλο.

μετά φόβου Θεού· αρχαϊστ. έκφρ. = **1.** ευλαβώς. **2.** (συνεκδοχικά) με προσοχή: *το κιβώτιο είχε γυαλικά και το κουβαλήσαμε* ~.

μεταφορά η, ουσ. **1α.** το να φέρνει κανείς κάτι ή να φέρεται από έναν τόπο σε άλλον: ~ *επίπλων / τεχνολογίας / ιδεών·* ~ *με αεροπλάνο· έξοδα -άς· μέσα μαζικής -άς* (= *μεταφορικά μέσα)·* ~ *εκλογικών δικαιωμάτων* (συνών. *μετακόμιση, κουβάλημα)·* **β.** μεταβίβαση: ~ *ακινήτου / λογαριασμού.* **2.** μεταγραφή προφορικού λόγου ή γραπτού κειμένου από μια γλώσσα ή γλωσσική μορφή σε άλλη: ~ *του αρχαίου κειμένου στη νέα γλώσσα* (συνών. *μεταγλώττιση)·* ~ *από τα αγγλικά.* **3.** το να διασκευάζεται λογοτεχνικό έργο και να «παίζεται» στο θέατρο, στον κινηματογράφο ή στην τηλεόραση: ~ *μυθιστορήματος στην οθόνη.* **4.** (οικον.) μεταγραφή από τη μια μερίδα λογιστικού βιβλίου στην άλλη ή από το ένα λογιστικό βιβλίο στο άλλο. **5.** (γραμμ.) σχήμα λόγου κατά το οποίο η σημασία μιας λέξης (ή φράσης) επεκτείνεται αναλογικά και σε άλλες συγγενικές που συμβαίνει να έχουν κάποια μικρή ή μεγάλη ομοιότητα μ' αυτήν π.χ. *πέτρινη σκάλα* → *πέτρινη καρδιά· χρυσό παιδί* (αντ. *κυριολεξία).* **6.** (μουσ.) αλλαγή τονικότητας (κλίμακας) μουσικού κομματιού.

μεταφορέας ο, ουσ. **α.** αυτός που μεταφέρει κάτι, που κάνει μεταφορές· **β.** (ειδικά) μηχάνημα που μεταφέρει φορτία από τόπο σε τόπο.

μεταφορικός, -ή, -ό, επίθ. **1.** που ανήκει ή αναφέρεται στη μεταφορά προσώπων ή αντικειμένων που χρησιμεύει για μεταφορά (βλ. λ. στη σημασ. 1): *μέσα -ά· εταιρεία -ή.* **2.** (γραμμ.) που ανήκει ή αναφέρεται στο σχήμα της μεταφοράς (βλ. λ. στη σημασ. 5)· που εκφράζεται με μεταφορά: *έννοια / χρήση μιας λέξης -ή* (αντ. *κυριολεκτικός).* - Το ουδ. στον πληθ. ως ουσ. = *τα έξοδα για τη μεταφορά εμπορευμάτων* (συνών. *κόμιστρα).* - Επίρρ. *-ά* και *-ώς* (στη σημασ. 2): *η λέξη χρησιμοποιείται -ά στο κείμενο.*

μεταφορτώνω, ρ., παίρνω φορτίο από ένα μεταφορικό μέσο και το φορτώνω σε άλλο.

μεταφόρτωση η, ουσ., μεταφορά φορτίου από ένα μεταφορικό μέσο σε άλλο.

μεταφράζω, ρ., αποδίδω γραπτό ή προφορικό λό-

μετάφραση

γο από μια γλώσσα σε άλλη: *τα έργα του έχουν -φραστεί σε πολλές γλώσσες.*

μετάφραση η, ουσ. 1. απόδοση προφορικού λόγου ή γραπτού κειμένου από μια γλώσσα σε άλλη: *πιστή / ελεύθερη / υπεύθυνη ~ αυτόματη ~ με ηλεκτρονικούς υπολογιστές.* 2. (συνεκδοχικά) κείμενο που έχει μεταφραστεί: *η ~ της Αντιγόνης* (συνών. *μετάφρασμα*).

μετάφρασμα το, ουσ., αποτέλεσμα μιας μετάφρασης (συνών. μετάφραση στη σημασ. 2).

μεταφραστής ο, θηλ. **-φράστρια**, ουσ. 1. αυτός που μεταφράζει προφορικό ή γραπτό λόγο από μια γλώσσα σε άλλη. 2. (ειδικά) γλωσσομαθής επαγγελματίας που μεταφέρει κείμενα από τη γλώσσα στην οποία γράφτηκαν σε μια άλλη: *~ σε εκδοτικό οίκο.*

μεταφραστικός, -ή, -ό, επίθ., που ανήκει ή αναφέρεται στη μετάφραση ή στο μεταφραστή: *προβλήματα -ά· αδυναμίες -ές.* - Το ουδ. στον πληθ. ως ουσ. = η αμοιβή του μεταφραστή (βλ. λ. στη σημασ. 2).

μεταφράστρια, βλ. *μεταφραστής*.

μεταφυσική η, ουσ. 1. φιλοσοφικός κλάδος που ασχολείται με τις πρώτες αρχές και την πρώτη αιτία των όντων. 2. συστηματική σκέψη που αναλύοντας κριτικά προσδιορίζει τις βάσεις κάθε ανθρώπινης δραστηριότητας (τέχνης, θρησκείας)· το αποτέλεσμα μιας τέτοιας αντιμετώπισης: *η ~ του δικαίου· η ~ της γλώσσας.* 3. (μειωτ.) τάση προς την αφηρημένη σκέψη, χαρακτήρας του αφηρημένου, του δυσνόητου: *ο συγγραφέας ρέπει προς τη ~· όλ' αυτά είναι ~* (= τίποτε θετικό). [από το έργο του Αριστοτέλη «*Μετά τα Φυσικά*»].

μεταφυσικός, -ή, -ό, επίθ. 1. που ανήκει ή αναφέρεται στη μεταφυσική: *προβλήματα -ά.* 2. που αναφέρεται σε ζητήματα υπεραισθητά, δυσπρόσιτα στην ανθρώπινη πείρα: *επιστήμες -ές* (= απόκρυφες). 3. (μεταφ. για λόγο, κείμενο, κ.τ.ό.) που είναι αφηρημένος και δυσνόητος.

μεταφύτευμα και (λαϊκ.) **-τεμα** το, ουσ. 1. μεταφύτευση (βλ. λ.). 2. αυτό που μεταφυτεύεται.

μεταφύτευση η, ουσ. 1. απόσπαση φυτού από ένα τόπο και φύτευσή του σε άλλον (συνών. *μεταφύτευμα*). 2. (ιατρ.) μεταμόσχευση (βλ. λ.). 3. (οδοντιατρική) εμφύτευση φυσικού δοντιού σε φατνίο άλλου δοντιού. 4. (μεταφ.) μεταφορά και μετάδοση εθίμων, ιδεών, κλπ., σε άλλο τόπο.

μεταφυτεύω, ρ. 1. αποσπώ φυτό από εκεί που είναι φυτεμένο και το φυτεύω αλλού. 2. (μεταφ.) μεταφέρω και μεταδίδω ιδέες, έθιμα, μεθόδους, κλπ., σε άλλο τόπο ή σε άλλα πρόσωπα.

μετά χαράς· αρχαϊστ. έκφρ. = με χαρά, ευχαρίστως, πρόθυμα.

μεταχειρίζομαι, ρ. 1α. κάνω χρήση κάποιου πράγματος, χρησιμοποιώ: *-ίστηκε το πριόνι για να κόψει τα ξύλα· σήμερα -ίζονται ηλεκτρονικούς υπολογιστές σ' όλες τις επιχειρήσεις.* β. (για αφηρ. έννοιες): *-ίστηκε πλάγια μέσα· -ίστηκε βία για να καταστείλουν τις διαδηλώσεις.* 2. (μεταφ. για πρόσωπο) φέρομαι με τον ένα ή τον άλλο τρόπο σε κάποιον, συμπεριφέρομαι: *τον -ίζεται για να πετύχει τους σκοπούς του· τους -ίζεται πολύ άσχημα.* - Η μτχ. παθ. παρκ. *-ρισμένος* ως επίθ. = που δεν είναι καινούργιος, χρησιμοποιημένος: *-ισμένο φόρεμα / βιβλίο* (αντ. *αμεταχείριστος*).

μεταχείριση η, ουσ. 1. το να μεταχειρίζεται κά-

ποιος κάτι, χρησιμοποίηση. 2. (μεταφ. για πρόσωπο) τρόπος συμπεριφοράς: *~ καλή / κακή.*

μετά Χριστόν· αρχαϊστ. έκφρ.· για να δηλωθεί έτος ή περίοδος μετά την εμφάνιση του Χριστού στη γη. - Πβ. *προ Χριστού*.

μετεγγραφή η, ουσ. (έρρ.), το να εγγράφεται κανείς κάπου, αφού προηγουμένως διαγράφηκε από κάπου αλλού: *~ μαθητών σε άλλο σχολείο· ~ σπουδαστών του εξωτερικού σε ελληνικό πανεπιστήμιο.*

μετεγγράφω, ρ. (έρρ.), διαγράφω κάποιον από κάπου και τον εγγράφω αλλού (συνήθως για μαθητές και φοιτητές).

μετεγγύηση η, ουσ. (έρρ.), το να δίνει κανείς εγγύηση για κάτι για το οποίο έχει ήδη δοθεί εγγύηση.

μετεγκατάσταση η, ουσ. (έρρ.), μετακόμιση από ένα μέρος και εγκατάσταση σε άλλον τόπο διαμονής: *~ κρατουμένων από φυλακή.*

μετείκασμα το, ουσ. (φυσ.) εικόνα που εξακολουθεί να παραμένει στον αμφιβληστροειδή χιτώνα του ματιού ελάχιστο χρόνο μετά την παύση του εξωτερικού ερεθίσματος: *η λειτουργία της τηλεόρασης στηρίζεται στο ~ της όρασης.* [μετά + αρχ. *εικάζω*].

μετεκλογικός, -ή, -ό, επίθ., που ανήκει ή αναφέρεται σε κάποιο χρονικό διάστημα που ακολουθεί τις εκλογές: *-ές εξελίξεις· -ή συνεργασία κομμάτων* (αντ. *προεκλογικός*). - Επίρρ. **-ά** και **-ώς**.

μετεκπαίδευση η, ουσ., συμπληρωματική εκπαίδευση (επιστημόνων, υπαλλήλων, στελεχών επιχείρησης, κλπ.) με σκοπό να βελτιωθεί η θεωρητική και η επαγγελματική τους απόδοση σύμφωνα με καινούργια επιστημονικά ή τεχνολογικά επιτεύγματα: *πήγε για ~ στις Ηνωμένες Πολιτείες· προγράμματα -ης.*

μετεκπαιδεύω, ρ., παρέχω συμπληρωματική εκπαίδευση σε επιστήμονες, υπαλλήλους, στελέχη επιχείρησης, κλπ., με σκοπό να βελτιωθεί η θεωρητική και η επαγγελματική τους απόδοση σύμφωνα με τα καινούργια επιστημονικά ή τεχνολογικά επιτεύγματα.

μετεμψυχώνομαι, ρ., μεταβαίνω ως ψυχή σε άλλο ζωντανό οργανισμό (συνών. *μετενσαρκώνομαι*).

μετεμψύχωση η, ουσ. 1. μετάβαση της ψυχής μετά θάνατο σε άλλο ζωντανό οργανισμό (συνών. *μετενσάρκωση*). 2. θεωρία σύμφωνα με την οποία η ψυχή είναι δυνατόν να μετακωθεί διαδοχικά σε διάφορους ζωντανούς οργανισμούς.

μετενσαρκώνομαι, ρ., μετεμψυχώνομαι (βλ. λ.).

μετενσάρκωση η, ουσ., μετεμψύχωση (βλ. λ.).

μετεξέταση η, ουσ. (λόγ.), επανεξέταση (βλ. λ.): *~ μαθητή.*

μετεξεταστέος, -α, -ο και **μεταξεταστέος**, επίθ., (για μαθητή) που είναι υποχρεωμένος να επανεξεταστεί: *έμεινε ~ σε δύο μαθήματα* (συνών. *ανεξεταστέος*).

μετεπαναστατικός, -ή, -ό, επίθ., που αναφέρεται στην περίοδο μετά την Επανάσταση: *χρόνια -ά.*

μετέπειτα, επίρρ., ύστερα, αργότερα (συνών. *έπειτα*· αντ. *πρωτύτερα*)· (με το ά. ως επίθ.) *κατοπινός: τα -α χρόνια* (αντ. *προηγούμενος*)· (με το ά. του αρσ. στον πληθ. ως ουσ. = οι μεταγενέστεροι.

μετερίζι το, ουσ. (λαϊκ.), πρόχωμα: *πιάσαμε όλοι ~* (συνών. *ταμπούρι*, *οχύρωμα*). [τουρκ. *meteris*].

μετέχω, ρ., παίρνω ενεργό μέρος σε κάτι: *η χώρα μας δε -ει στο συνέδριο* (συνών. *συμμετέχω*).

μετεωρισμός ο, ουσ. (ιατρ.) διόγκωση της κοιλιάς από συσσώρευση αερίων στα έντερα (συνών. τυμπανισμός).

μετεωρίτης ο, ουσ. (αστρον.) τμήμα ουράνιου σώματος που διασχίζει την ατμόσφαιρα και πέφτει στη γη (συνών. *αερόλιθος, μετέωρο, μετεωρόλιθος*).

μετέωρο το, ουσ. 1. κάθε φαινόμενο που συμβαίνει στην ατμόσφαιρα (όπως ο κεραυνός, η βροχή, κλπ.). 2. μετεωρίτης (βλ. λ.).

μετεωρογράφος ο, ουσ., όργανο που καταγράφει αυτόματα την ημερήσια μεταβολή της ατμοσφαιρικής πίεσης, της θερμομετρικής κατάστασης και της υγρασίας.

μετεωρόλιθος ο, ουσ., μετεωρίτης (βλ. λ.).

μετεωρολογία η, ουσ., επιστήμη που μελετά τα ατμοσφαιρικά φαινόμενα.

μετεωρολογικός, -ή, -ό, επίθ., που ανήκει ή αναφέρεται στη μετεωρολογία: *δελτίο -ό· υπηρεσία -ή*.

μετεωρολόγος ο και η, ουσ., ειδικός επιστήμονας που παρατηρεί, μελετά και προβλέπει μετεωρολογικά φαινόμενα που συμβαίνουν στην ατμόσφαιρα της γης.

μετέωρος, -η, -ο, επίθ. 1. που αιωρείται πάνω από το έδαφος, που βρίσκεται ή συμβαίνει στον αέρα: *σύννεφα σκόνης -α· σώμα ακροβάτη -ο*. 2. (μεταφ.) που αμφιταλαντεύεται, αναποφάσιστος (συνών. *διστακτικός* αντ. *αποφασιστικός*).

μετεωροσκοπείο το, ουσ., επιστημονικό ίδρυμα όπου γίνονται μετεωρολογικές παρατηρήσεις.

μετεωροσκόπηση η, ουσ., παρατήρηση και μελέτη των μετεώρων.

μετεωροσκόπιο το, ουσ. (ασυνίζ.), όργανο με το οποίο γίνονται μετεωρολογικές παρατηρήσεις.

μετεωροσκόπος ο και η, ουσ., μετεωρολόγος (βλ. λ.).

μετζάνα και **μεντζάνα** η, ουσ. (ναυτ.) μεσαίος ιστός ιστιοφόρου με τρία ιστία. [βενετ. *mezána*].

μετζαρόλι το, ουσ. (λαϊκ.), (ναυτ.) είδος κλεψύδρας που λειτουργεί με άμμο και δείχνει το πέρασμα μισής ώρας.

μετζάστρα και **μετζάστα** η, ουσ. (ναυτ.) σημαία υψωμένη μεσίστια· ως επίρρ.: *από μακριά είδαμε τη σημαία ~*. [ιταλ. *mezz'asta*].

μετζίτι το, ουσ., παλιό τουρκικό νόμισμα. [τουρκ. *mecit*].

μετζοσοπράνο η, ουσ. άκλ., (μουσ.) τραγουδίστρια μεσόφωνος. [ιταλ. *mezzosoprano*].

μετοικεσία η, ουσ. (λόγ.), μετοίκηση· (ειδικά) αρχαϊστ. έκφρ. *~ Βαβυλώνος* = μεταφορά των Εβραίων ως αιχμαλώτων στη Βαβυλώνα και (μεταφ.) κάθε ομαδική μετοίκηση.

μετοίκηση η, ουσ., αλλαγή κατοικίας ή τόπου διαμονής.

μετοικίζω, ρ., μεταφέρω ανθρώπους από έναν τόπο και τους εγκαθιστώ σε άλλον.

μέτοικος ο και η, ουσ., μετανάστης (βλ. λ.).

μετοικώ, ρ., αλλάζω κατοικία ή τόπο διαμονής (συνών. *μετακομίζω*).

μετονομάζω, ρ., αλλάζω το όνομα κάποιου ανθρώπου ή πράγματος, του δίνω νέο όνομα: *ο δήμος -ασε πολλούς δρόμους της πόλης*.

μετονομασία η, ουσ., αλλαγή ονόματος: *~ του χωριού*.

μετονοματικός, -ή, -ό, επίθ. (γραμμ., για ρ.) που παράγεται από ουσ. (π.χ. *κόκαλο - κοκαλιάζω*).

μετόπη η, ουσ. (αρχιτ.) τετράγωνη πλάκα που παρεμβάλλεται ανάμεσα στα τρίγλυφα και αποτελεί μαζί μ' αυτά το διάζωμα αρχαίων δωρικών ναών: *-ες του Παρθενώνα*.

μετόπισθεν τα, ουσ. άκλ. 1. σύνολο υπηρεσιών ανεφοδιασμού που παρακολουθούν το στράτευμα σε καιρό πολέμου. 2. ο άμαχος πληθυσμός.

μετουσιώνω, ρ. (ασυνίζ.). I. (ενεργ.) μεταβάλλω την ουσία κάποιου πράγματος, του αλλάζω τη φυσική του υπόσταση: *-ει τη δυστυχία σε περηφάνια*. II. (μέσ.) (θρησκ. για τον άρτο και τον οίνο της θείας Ευχαριστίας) μεταβάλλομαι σε σώμα και αίμα του Χριστού.

μετουσίωση η, ουσ. 1. αλλαγή της ουσίας και όχι της μορφής κάποιου πράγματος. 2. η κατάσταση του μετουσιωμένου. 3. (θρησκ.) η μεταβολή του άρτου και του οίνου της θείας Ευχαριστίας σε σώμα και αίμα του Χριστού.

μετοχάρης ο, θηλ. **-ισσα**, ουσ. (λαϊκ.), αγρότης που διαμένει σε μετόχι και το καλλιεργεί.

μετόχευση η, ουσ. (λόγ.), μεταφορά υγρού από ένα μέρος σε άλλο με οχετό: *~ των νερών του ποταμού στην πεδιάδα*.

μετοχεύω, ρ. (λόγ.), μεταφέρω υγρό από ένα μέρος σε άλλο: *τα νερά του ποταμού -ονται στην πεδιάδα με τάφρους και διώρυγες*.

μετοχή η, ουσ. 1. γραπτός τίτλος που βεβαιώνει ότι ο κάτοχός της (ανώνυμος) είναι μέτοχος σε επιχείρηση για ένα μέρος μοιράζεται το κεφάλαιό της σε ισόποσους τέτοιους τίτλους: *~ χρηματιστηριακή*. 2. (γραμμ.) ένα από τα δέκα μέρη του λόγου που έχει τις ιδιότητες και του επιθέτου και του ρήματος (π.χ. του ρ. *γράφω: γράφοντας, γραμμένος*).

μετόχι το, ουσ., μεγάλο κτήμα που ανήκει σε μοναστήρι, από την περιοχή του οποίου είναι συνήθως απομακρυσμένο: *~ αγιορείτικο*.

μετοχικός, -ή, -ό, επίθ. 1. που υπάρχει ή γίνεται μαζί με κάποιον άλλο, με συμμετοχή: *ταμείο -ό*. 2. που ανήκει ή αναφέρεται στη μετοχή ή το μέτοχο: *κεφάλαιο -ό*. 3. (γραμμ.) *-ό επίθετο* = μετοχή που χρησιμοποιείται ως επίθετο· π.χ. *τραγούδι παραπονεμένο = παραπονιάρικο*. Επίρρ. **-ά**.

μέτοχος ο και η, ουσ. 1. (λόγ.) αυτός που παίρνει μέρος σε κάτι: *~ της λύπης μου*. 2. φυσικό ή νομικό πρόσωπο (δηλ. άτομο ή εταιρεία) που έχει στην κυριότητά του μία ή περισσότερες μετοχές επιχείρησης αποβλέποντας σε κέρδη είτε από αύξηση της τιμής των μετοχών είτε από μερίσματα των κερδών της επιχείρησης: *μέρισμα -όχων*.

μετρέσα η, ουσ., ερωμένη που συνήθως συντηρείται από τον εραστή της. [γαλλ. *maîtresse*].

μέτρημα το, ουσ. 1. μέτρηση: *~ υφάσματος / οικοπέδου· έκανε λάθος στο ~ των ατόμων*. 2. αρίθμηση, απαρίθμηση: *~ με τα δάχτυλα*.

μετρημένος, -η, -ο, επίθ. 1. που έχει γίνει η μέτρηση: *απόσταση / έκταση -η*· φρ. *απ' τα -α τρώει ο λύκος* (= για αφελείς που νομίζουν ότι με την ακριβή καταμέτρηση περιουσιακών πραγμάτων αποφεύγουν ενδεχόμενο σφετερισμό ή κλοπή). 2. ολιγάριθμος, λίγος: *-α άτομα παρακολούθησαν την τελετή*· έκφρ. *-α κουκιά*, βλ. *κουκί*· *-οι στα δάχτυλα* (= πολύ λίγοι) *-ες οι μέρες σου* (για άνθρωπο που δεν πρόκειται πια να ζήσει πολλές μέρες). 3. που τηρεί το μέτρο σε όλες τις σκέψεις και ενέργειές του· έκφρ. *-α λόγια* (= σεμνά λόγια)· *-α τα λόγια σου!* (για αυστηρή σύσταση, να προσέχεις πώς μιλάς) (συνών. *συνετός, φρόνιμος*). 4.

μετρημός

που γίνεται με υπολογισμό, όχι υπέρογκος: *έξοδα -α* (συνών. *λογικός*). - Βλ. και *μετρώ*.

μετρημός ο, ουσ. στη φρ. *δεν έχει -ό* (= είναι αμέτρητος): *δεν έχουν -ό τα πλούτη του*.

μέτρηση η, ουσ., καθορισμός του μεγέθους ή της ποσότητας κάποιου πράγματος σε σχέση με ορισμένη μετρική μονάδα: *~ μήκους / γωνίας / ατμοσφαιρικής ρύπανσης*.

μετρητά, βλ. *μετρητός*.

μετρητής ο, ουσ. **1.** αυτός που έχει ως έργο του τη μέτρηση. **2.** όργανο ή μηχάνημα που έχει ως σκοπό τη μέτρηση και καταγραφή ορισμένων μεγεθών ή ορισμένων μηχανικών φαινομένων: *~ νερού / ταχύτητας / τηλεφωνικών συνδιαλέξεων*.

μετρητικός, -ή, -ό, επίθ., που σχετίζεται με τις μετρήσεις ή αναφέρεται σ' αυτές: *όργανο -ό*.

μετρητός, -ή, -ό, επίθ. **1.** που μπορεί να μετρηθεί: *η ταχύτητα του ήχου είναι -ή με επιστημονικές μεθόδους* (αντ. *αμέτρητος*). **2.** (για κέντημα) που γίνεται, που κεντιέται με μέτρημα. - *Το ουδ.* στον πληθ. ως ουσ. = περιουσία σε χρήμα σε αντιδιαστολή προς τα τιμαλφή, τα ακίνητα ή τους τίτλους: *πήρε την προίκα σε -ά*.

μέτρια, βλ. *μέτριος*.

μετριάζω, ρ. (ασυνίζ.). **Ι.** (ενεργ.) μειώνω κάτι κατά το ποσό ή την ένταση, κάνω κάτι μέτριο: *~ την πικράδα ενός φαρμάκου· το εφετείο -ίασε την ποινή του καταδίκου· ~ την ταχύτητα του αυτοκινήτου* (συνών. *ελαττώνω, περιορίζω*· αντ. *εντείνω, επαυξάνω*). **ΙΙ.** (μέσ.) γίνομαι πιο ήπιος: *από αύριο οι άνεμοι θα -αστούν*.

μετριασμός ο, ουσ. (ασυνίζ.), μείωση κατά το ποσό ή την ένταση: *~ των ανέμων / της ποινής* (συνών. *ελάττωση*· αντ. *αύξηση*).

μετριαστικός, -ή, -ό, επίθ. (ασυνίζ.), που συντελεί στο μετριασμό: *παράγοντας ~*.

μετρικά, βλ. *μετρικός*.

μετρική η, ουσ. **1.** το σύνολο των νόμων και των κανόνων που διέπουν την τέχνη της στιχουργίας. **2.** (συνεκδοχικά) τα μέτρα σύμφωνα με τα οποία έχει συντεθεί ένα ποίημα ή τα ποιήματα ενός ποιητή. **3.** επιστήμη που μελετά τους στιχουργικούς κανόνες και τα σχετικά με την εφαρμογή τους.

μετρικός, -ή, -ό, επίθ. **1.** που ανήκει ή αναφέρεται στο μέτρο, που χρησιμεύει στη μέτρηση: *μονάδα -ή· σύστημα -ό*. **2.** που αναφέρεται στα μέτρα της ποίησης: *κανόνες -οί· -ή ανάλυση ποιήματος*. - Επίρρ. **-ά** και **-ώς**.

μετριοπάθεια η, ουσ. (ασυνίζ. δις), το να αποφεύγει κανείς την υπερβολή: *~ ενός πολιτικού* (συνών. *συμβιβαστικότητα, διαλλακτικότητα*· αντ. *αδιαλλαξία*).

μετριοπαθής, -ής, -ές, γεν. *-ούς*, πληθ. αρσ. και θηλ. *-είς*, ουδ. *-ή*, επίθ. (ασυνίζ.), που αποφεύγει την υπερβολή, που δε φτάνει σε ακρότητες: *πολιτικός ~· αντιλήψεις -είς* (αντ. *αδιάλλακτος*). - Επίρρ. **-ώς**.

μέτριος, -α, -ο, επίθ. (ασυνίζ.). **1.** (για ποσό, απόσταση, ταχύτητα, ανάστημα, κλπ.) που δεν είναι ούτε μεγάλος ούτε μικρός: *σπίτι / ανάστημα -ο· θερμοκρασία -α* (συνών. *κανονικός, μέσος*). **2.** (για υπολογισμό) λογικός, μη υπερβολικός, σύμφωνος με τα πράγματα: *κατά τους -ότερους υπολογισμούς τραυματίστηκαν πάνω από εκατό άτομα*. **3.** που είναι μέσης ποιότητας ή αξίας: *μαθητής / καλλιτέχνης ~*. **4.** (για άνεμο) που δεν είναι πολύ δυνατός, που δεν έχει μεγάλη ένταση. **5.** (για καφέ) που

δεν είναι πολύ γλυκός ή πολύ πικρός. - Επίρρ. **-α**.

μετριότητα η, ουσ. (ασυνίζ.). **1.** η κατάσταση εκείνου που είναι μέτριος· μέση κατάσταση: *η επίδοση του μαθητή δεν ξεπερνά τη ~*. **2.** ανεπάρκεια στην ποιότητα ή αξία: *~ του ποιητικού έργου*. **3.** (συνεκδοχικά) πρόσωπο περιορισμένης αξίας: *παρέμεινε μια ~ στον καλλιτεχνικό χώρο*.

μετριόφρονας, επίθ. (ασυνίζ.), που δεν κάνει επίδειξη της αξίας του, που δεν έχει μεγάλη ιδέα για τον εαυτό του (αντ. *αλαζόνας, υπερόπτης*).

μετριοφροσύνη η, ουσ. (ασυνίζ.), το να μην έχει κανείς μεγάλη ιδέα για τον εαυτό του, το να μην κάνει επίδειξη της αξίας του: *δεν έδειξε τον πραγματικό του εαυτό από ~* (αντ. *έπαρση, αλαζονεία*).

μέτρο, το, ουσ. **1.** καθετί που παίρνεται ως πρότυπο σύγκρισης για καθορισμό του μεγέθους, της έντασης ή της αξίας άλλων πραγμάτων. **2.** βασική μονάδα μήκους ή απόστασης του δεκαδικού μετρικού συστήματος: *έχει ύψος δύο -α*. **3.** (συνεκδοχικά) όργανο μέτρησης: *φέρε το ~ να πάρουμε τις διαστάσεις*. **4.** (μεταφ.) το ανώτατο δυνατό όριο: *αυτό που μου ζητάς υπερβαίνει το ~ των δυνατοτήτων μου*. **5.** το μέσο ανάμεσα σε δύο αντίθετα, αποφυγή ακροτήτων: *έχει την αίσθηση του -ου· έκφρ. με ~* (= χωρίς υπερβολή, με περίσκεψη): *τρώει με ~*. **6.** βάση, κανόνας με τον οποίο κρίνεται κάτι: *όπως κρίνεις εσύ τους άλλους, με το ίδιο ~ θα σε κρίνουν και αυτοί· φρ. κρίνω με δύο -α και δύο σταθμά* (= δεν είμαι αμερόληπτος). **7.** μορφή ρυθμού στον οποίο ένα ποίημα είναι γραμμένο: *~ ιαμβικό / τροχαϊκό*. **8.** (στον πληθ.) μέτρηση διαστάσεων, καθώς και οι διαστάσεις: *έκανε λάθος στα -α· φρ. παίρνω τα -α κάποιου* (= μετρώ και καταγράφω τις διαστάσεις του): *η μοδίστρα μου πήρε τα -α· είναι στα -α μου* (= μου ταιριάζει). **9.** (στον πληθ.) προληπτικές ενέργειες για επίτευξη ορισμένου σκοπού ή αποτροπή κακού: *-α για την πάταξη της τρομοκρατίας· φρ. λαμβάνω τα -α μου* (= προνοώ για τα μέσα που θα με προφυλάξουν από ενδεχόμενη αποτυχία ή πιθανό ατύχημα).

μετρό το, ουσ. άκλ., υπόγειος ηλεκτρικός σιδηρόδρομος. [γαλλ. *métro(politain)*].

μετρογραφία η, ουσ., πραγματεία που αναφέρεται στα μέτρα και σταθμά.

μετρολογία η, ουσ. **1.** επιστήμη που ασχολείται με τα μέτρα και τα σταθμά. **2.** πραγματεία που αναφέρεται στα μέτρα και σταθμά.

μετρολογικός, -η, -ό, επίθ., που σχετίζεται με τη μετρολογία.

μετρολόγος ο, ουσ., επιστήμονας που ασχολείται με τα μέτρα και τα σταθμά.

μετρονομία η, ουσ., επιστημονική ενασχόληση με τα μέτρα και τα σταθμά.

μετρονόμος ο, ουσ., όργανο που χρησιμεύει για τη μέτρηση ίσων χρονικών διαστημάτων.

μετροταινία η, ουσ., όργανο μέτρησης από λινή ή μεταλλική ταινία που υποδιαιρείται σε μέτρα, κλπ. και τυλίγεται γύρω από άξονα μέσα στη θήκη.

μετρώ, -άς, ρ., μέσ. *μετριέμαι*. **Ι.** ενεργ. **Α.** μτβ. **1.** προσδιορίζω τις διαστάσεις, την ένταση ή την αξία ενός πράγματος με βάση ορισμένη μετρική μονάδα: *~ το ύψος / τη θερμοκρασία / ατμοσφαιρική ρύπανση*. **2.** με αρίθμηση εξακριβώνω το πλήθος ατόμων ή πραγμάτων: *~ άτομα / χρήματα / ψήφους* (συνών. *αριθμώ, λογαριάζω*). **3.**

καταβάλλω: *του μέτρησα πέντε χιλιάδες* (συνών. *πληρώνω*). **4.** (μεταφ.) αναμετρώ με το βλέμμα, υπολογίζω με το μάτι: *σε γνωρίζω από την όψη που με βια -άει τη γη* (Σολωμός). **5.** υπολογίζω, λογαριάζω: *πρώτα να -άς τις δυνάμεις σου και κατόπιν να ενεργείς*. **6.** υπολογίζω με φειδώ: *-άει τα χρήματα που ξοδεύει*. **Β.** αμτβ. **1.** λογαριάζω, αριθμώ: *ξέρει να διαβάζει και να -άει*. **2.** έχω σημασία, σπουδαιότητα: *γι' αυτόν -ούσε μόνον η επιτυχία· -ά η προσπάθεια· δε -άει τίποτε*. **ΙΙ.** (μέσ.) παραβάλλομαι στη δύναμη ή την αξία με κάποιον: *δεν μπορείς να -ηθείς μαζί του· είναι κατά πολύ μεγαλύτερός σου* (συνών. *συγκρίνομαι, αναμετριέμαι*). Φρ. ~ *τα λόγια μου* (= είμαι προσεκτικός στις εκφράσεις μου)· ~ *τα χρόνια μου* (= ζω)· (ως ευχή) *εκατό χρόνια να μετρήσεις*· ~ *τις ώρες / τις μέρες* (= ανυπομονώ να περάσει ο καιρός από πλήξη ή ανυπομονησία): *-άει τις μέρες που θα απολυθεί· -ιούνται στα δάχτυλα του ενός χεριού* (= είναι πολύ λίγοι). - Βλ. και *μετρημένος*.

Μετσοβίτης ο, θηλ. **-ισσα**, ουσ., αυτός που κατοικεί στο Μέτσοβο ή κατάγεται από εκεί.

μετσοβίτικος, -η, -ο, επίθ., που ανήκει ή αναφέρεται στο Μέτσοβο ή τους Μετσοβίτες: *τυρί -ο*.

Μετσοβίτισσα, βλ. *Μετσοβίτης*.

μετωνυμία η, ουσ., σχήμα λόγου κατά το οποίο χρησιμοποιείται άλλη λέξη από αυτήν που έχει κυριολεκτική σημασία (π.χ. ο «Όμηρος» αντί «τα ομηρικά έπη»).

μετωπιαίος, -α, -ο, επίθ. (ασυνίζ.), που ανήκει ή αναφέρεται στο μέτωπο: *λοβός* ~.

μετωπικός, -ή, -ό, επίθ. **1.** που ανήκει ή αναφέρεται στο μέτωπο: *άρθρωση -ή*. **2.** που αναφέρεται στο στρατιωτικό μέτωπο: *πυρά -ά*. **3.** που γίνεται κατά μέτωπο: *σύγκρουση -ή* (συνών. *αντικριστός*).

μετωπικότητα η, ουσ., τεχνοτροπία της αρχαϊκής γλυπτικής κατά την οποία τα αγάλματα παριστάνονταν με αυστηρή κατά μέτωπο στάση και με απόλυτη συμμετρία και ομοιότητα των δύο πλευρών του σώματος.

μέτωπο το, ουσ. **1.** μέρος του προσώπου που βρίσκεται ανάμεσα στους κροτάφους, στο τριχωτό του κεφαλιού και τα φρύδια: ~ *φαρδύ*· φρ. *έχω το* ~ *καθαρό* (= είμαι έντιμος)· *περπατώ με το* ~ *λά* (= είμαι περήφανος, δεν ντρέπομαι για τις πράξεις μου) (συνών. *κούτελο*). **2.** (μεταφ.) πρόσοψη οικοδομήματος, οικοπέδου, τοίχου, κλπ. (συνών. *φάτσα*). **3α.** (στρατ.) **α.** η πρώτη γραμμή στρατιωτικής παράταξης σε καιρό πολέμου (σε αντιδιαστολή με «τα μετόπισθεν»)· **β.** (συνεκδοχικά) ολόκληρη η ζώνη των στρατιωτικών επιχειρήσεων σε καιρό πολέμου: *έκανε οχτώ μήνες στο* ~· φρ. *έσπασε το* ~ (= μπόρεσαν οι εχθροί να το διασπάσουν και να περάσουν από τις γραμμές). **4.** (για φωτιά) ζώνη στην οποία έχει επεκταθεί η φωτιά. **5.** (μετεωρ.) γραμμή διάκρισης ανάμεσα σε μάζες αέρα με διαφορετική θερμοκρασία και προέλευση: ~ *ζεστό / κρύο / κυκλώνα*. Έκφρ. *κατά* ~ (= αντικριστός).

μεφιστοφελικός, -ή, -ό, επίθ., που σχετίζεται με το Μεφιστοφελή, σατανικός, διαβολικός.

μέχρι και (πριν από φωνήεν) **μέχρις**, πρόθ. (τοπ., ποσ.) έως, ίσαμε (με γεν.): *μέχρις ενός σημείου / βαθμού*· έκφρ. ~ *θανάτου* (= ακόμη και αν πρόκειται να θανατωθώ)· ~ *κεραίας* (= χωρίς να παραληφθεί το παραμικρό)· *μέχρις ότου* (= έως, εωσότου)· ~ *στιγμής* (= ως την ώρα): ~ *στιγμής δεν έχουμε νεότερα*.

μέχρι τούδε· αρχαΐστ. έκφρ. = έως τώρα.

μεχωρίς, επίρρ. (λαϊκ.), χωρίς.

μη και μην (μπροστά από λ. που αρχίζει με φων. ή τα σύμφ. κ, π, τ, ξ, ψ και τα δίψηφα μπ, ντ, γκ), μόρ. **1.** δηλώνει απαγόρευση, αποτροπή, παραίνεση· **α.** (για το β΄ πρόσ.) ως άρνηση της προστακτικής: ~ *μιλάς* (αντ. *μίλα*)· *μην καπνίζετε·* **β.** (για το α΄ και γ΄ πρόσ.) ως άρνηση στην προτρεπτική υποτακτική: *μην ξεχνάμε πως*... · ~ *φύγει ο Α χωρίς την άδειά μου·* **γ.** με προηγούμενο το να και το ας: *να* ~ *σ' εύρει θυμωμένον ο ήλιος οπού πέφτει* (Σολωμός)· *ας μην ανησυχούμε χωρίς λόγο·* **δ.** (χωρίς τελικό ν) ελλειπτικά όταν εννοείται ρημ. τ. που δέχεται άρνηση *μη: μη, απάνω τα χέρια σου!* (ενν. ~ *βάζεις*). (λαϊκ., αντί για το *μήτε*): ~ *στοιχειωμένος ορφανός, μην ξένο,* ~ *διαβάτη·* **ε.** ως επιφ.: ~! *άσε το μαχαίρι, θα κοπείς!* **2.** απειλή: ~ *σε πιάσω στα χέρια μου! θα μαρτυρήσεις·* ~ *σου πω καμιά κουβέντα!* **3.** απευχή: ~ *δώσει ο Θεός να...*· (ελλειπτ.) έκφρ. ~ *χειρότερα*, βλ. ά. *χειρότερος*· (με οριστ. ιστ. χρόνου) ανεκπλήρωτη επιθυμία: *Παρασκευή ξημέρωσε, μην είχε ξημερώσει* (δημ. τραγ.)· *καλύτερα να μην τον γνώριζα*. **4.** (λόγ.) απλό αποφατικό (ισοδύναμο με στερ. α-, *όχι* ή *δεν*) **α.** με ουσ. ή επίθ. (συνήθως με το άρθρο): *η* ~ *ανανέωση της εγγραφής·* ο ~ *πόλεμος· οι* ~ *παράλληλες πλευρές του τραπεζιού·* (σε διάζευξη) *ελέγχεται ο βαθμός σεμνότητας ή* ~ *των ταινιών·* **β.** (με ρ.) *σταμάτησε μην ξέροντας τι να κάνει*· φρ. *θέλοντας και* ~, βλ. *θέλω* φρ. **5.** δηλώνει σκοπό (= για να μη): *φόρεσε το παλτό σου, μην κρυολογήσεις·* (με προηγούμενο το *να*) *ας τηλεφωνήσω, να μην ανησυχούν στο σπίτι.* **6.** ενδοιαστικό (= μήπως): *φοβάται μην πέσει· πρόσεξε* ~ *σε γελάσει· κοίταξε γύρω του μην τον βλέπουν·* (επιπ. με επακριβώς το τυχόν) *έτρεμε μην τυχόν το μάθει ο πατέρας της·* (λαϊκ. με επόμενο το *δεν*) *φοβάται* ~ *δεν ξαναγυρίσει ο γιος της.* **7.** άρνηση σε ερώτηση **α.** ευθεία: *να μην το πω; πώς να* ~ *δακρύσει κανείς*...; **β.** πλάγια: *απορώ γιατί να μην έρθει κι αυτός.* **8.** άρνηση σε εξαρτημένη πρότ. (ειδική, βουλητική, τελική, κ.ά.): *είναι πιθανό να* ~ *γνωρίζει τίποτε· δεν μπορώ να μην πω· τρέχει για να μην αργήσει· ζω καλά κι ας μην είμαι πλούσιος.* **9.** (λαϊκ.) εισάγει ευθεία ερώτηση (= μήπως: πβ. *μήνα*): *μην τον είδατε, παιδιά, τον Παναή;* (λαϊκ. τραγ.)· ~ *σας βαραίνουν τα νερά και τα πολλά τα χιόνια;* (δημ. τραγ.).

μήγαρις, μόρ. (λαϊκ.), (εισάγει ευθεία ερώτηση) μήπως τάχα...; ~ *έχω άλλο στο νου μου πάρεξ ελευθερία και γλώσσα;* (Σολωμός). [αρχ. *μη γαρ*].

μη γνώτω η αριστερά (σου) τι ποιεί η δεξιά (σου) ή μη γνώτω η δεξιά τι ποιεί η αριστερά. α. μια καλή πράξη πρέπει να γίνεται με μυστικότητα και όχι επιδεικτικά· **β.** (συνεκδοχικά) για την αποσιώπηση μιας ενέργειας, την ανάγκη για απόλυτη εχεμύθεια.

μηδαμινός, -ή, -ό, επίθ., καθόλου αξιόλογος, ασήμαντος, τιποτένιος: *διένεξη για -ή αιτία· ποσό -ό.*

μηδαμινότητα η, ουσ., το να είναι κάποιος ή κάτι μηδαμινός/-ό.

μηδέ και (λαϊκότερα) **μήδε**, σύνδ. συμπλ. (συνδέει παρατακτικά δύο προτ. ή όρους προτ. που έχουν άρνηση) ούτε: ~ *τα βόλια έφτασαν* ~ *και τα χαντζάρια* (δημ. τραγ.).

μηδέν το, γεν. *μηδενός*, (ελλειπτ. στον πληθ.· για αριθμ. ψηφίο ή βαθμό δανείζεται από τη λ. *μηδενικό*). **1.** η ανυπαρξία, το τίποτε: *ξανάφτιαξε την περιουσία του από το ~.* **2.** (μαθημ.) **α.** αριθμητικό σύμβολο (0) που παριστάνει τη γραφή ενός αριθμού και στην εκτέλεση αριθμητικών πράξεων τις τάξεις των μονάδων που λείπουν: *έξι και τέσσερα (ίσον) δέκα, γράφουμε το 0 και κρατούμε το 1* (συνών. *μηδενικό*)· εκφρ. *~ εις το πηλίκον* (για αποτυχημένη προσπάθεια ή ασήμαντο αποτέλεσμα)· **β.** ο αριθμός που αντιπροσωπεύει το κενό σύνολο, την ανυπαρξία ποσότητας ή μεγέθους: *τρία μείον τρία (ίσον) ~ (3-3=0)*. **3.** (για βαθμολογία) **α.** (σχολικός βίος) βαθμός που δηλώνει έλλειψη ικανότητας, απόλυτη αποτυχία: *στη φυσική πήρα ~· ο καθηγητής θα του βάλει ~* (συνών. *μηδενικό, κουλούρα*)· **β.** (αθλητ., για προσωρινό ή τελικό αποτέλεσμα αγώνα ποδοσφαίρου, μπάσκετ, κ.τ.ό.) ένδειξη ότι μια ομάδα δεν έχει πετύχει κανένα τέρμα ή πόντο: *το παιγνίδι έληξε ~ ~ (0-0)*. **4α.** σημείο αφετηρίας για τις διαβαθμίσεις του θερμομέτρου (θερμοκρασία όταν αρχίζει να παγώνει το νερό) και αναλογικά για άλλες κλίμακες μεγεθών: *το κρύο έφτασε τους 18 βαθμούς κάτω από το ~ (= μείον 18 βαθμούς «-18° C»)*· *απόλυτο ~ (=* η χαμηλότερη δυνατή θερμοκρασία των -273,16° C) **β.** (γεωγρ.) *~ πλάτος* (για τη γραμμή του ισημερινού, απ' όπου αρχίζουν οι παράλληλοι)· *~ μήκος* (για τον πρώτο μεσημβρινό της γης)· **γ.** (χρον.) σημείο έναρξης του υπολογισμού των ωρών: *μετρούμε τις ώρες της ημέρας από το 0 έως το 24*· εκφρ. *ώρα ~* (= η ώρα που αρχίζει κάτι σημαντικό, όπως λ.χ. μια στρατιωτική επιχείρηση): *ώρα ~ της απόβασης·* (συνεκδοχικά) *ώρα ~ για την κλιμάκωση των εξοπλισμών ή την ύφεση*. **5.** (νεολογ.) *βαθμός ~* = κατάσταση που την προσδιορίζει η απουσία των χαρακτηριστικών άλλης κατάστασης που τη θεωρούμε σημείο αναφοράς: *βαθμός ~ της γραφής*. - Ως επίρρ. (λαϊκ.) = καθόλου: *δουλειά σκυλίσια και ~ ανάπαψη* (Ι.Μ. Παναγιωτόπουλος)· *αποτέλεσμα ~·* (λαϊκ.) *~ παρεξήγηση*.

μηδέν άγαν· αρχ. γνωμ. (= «τίποτε υπερβολικά»), συμβουλή να αποφεύγει κανείς την υπερβολή, τις ακρότητες.

μηδένα προ του τέλους μακάριζε· γνωμ. = «μην καλοτυχίζεις κανέναν προτού πεθάνει»· σημαίνει πως κανείς δεν μπορεί να αποφύγει τις μεταστροφές της τύχης.

μηδενίζω, ρ. **1.** κάνω να μην υπάρχει κάτι, εκμηδενίζω, εξουδετερώνω: *-ίστηκε το όφελος από την εφαρμογή των μέτρων*. **2.** καθιστώ ποσό ή πλήθος ίσο με το μηδέν: *~ την ταχύτητα του οχήματος*. **3.** (κοιν.) βαθμολογώ με μηδέν (ένα μαθητή), δε δίνω κανένα βαθμό επιτυχίας (σε αθλητή ή ομάδα που αγωνίζεται): *-ίστηκα στις εξετάσεις·* (συνεκδοχικά) *αν αντιγράψεις, θα σου -ίσω την κόλλα*.

μηδενικό, το, ουσ. **1.** το αριθμητικό σύμβολο μηδέν (βλ. λ. στη σημασ. 2α). **2.** ο σχολικός βαθμός μηδέν (βλ. λ. στη σημασ. 3α): *έλεγχος με αρκετά -ά*. **3.** (μεταφ.) για πρόσωπο που θεωρείται εντελώς ανάξιο, τιποτένιο: *είναι ένα μεγάλο ~* (συνών. *νούλα*).

μηδενικός, -ή, -ό, επίθ. **1.** ίσος με μηδέν: *ποσότητα -ή· βαρύτητα -ή (= απουσία βαρύτητας)*. **2.** που αναφέρεται σε μηδενική ποσότητα, στην απουσία ή την αγνόηση πραγμάτων ή γεγονότων: *προτεί-*

νεται η *-ή λύση στο θέμα των εξοπλισμών·* *διαπραγματεύσεις από/σε -ή βάση/αφετηρία (=* σαν να μην έχει προηγηθεί τίποτε).

μηδένιση η, ουσ. (λόγ.), μηδενισμός, εκμηδένιση.
μηδενισμός ο, ουσ. **1.** εξίσωση ποσού ή πλήθους με το μηδέν: *~ δανεισμού*. **2.** βαθμολόγηση (μαθητή, αθλητή ή αθλητικής ομάδας) με μηδέν: *~ αδικαιολόγητος / αυστηρός*. **3α.** (φιλοσ.) δόγμα κατά το οποίο τίποτε δεν υπάρχει απολύτως· **β.** (ηθ.) δόγμα που απορρίπτει όλες τις θρησκευτικές και ηθικές αρχές, καθώς και τις τρέχουσες κοινωνικές αξίες και αντιλήψεις· **γ.** (κοιν.) ιδεολογία και δράση πολιτικής ομάδας που καταδικάζει ως απαράδεκτο κάθε είδους καταναγκασμό πάνω στο άτομο και προτρέπει στην επιδίωξη της απόλυτης ελευθερίας και την ανατροπή του κοινωνικού καθεστώτος (συνών. *νιχιλισμός*).

μηδενιστής ο, θηλ. **-τρια**, ουσ., οπαδός του μηδενισμού (βλ. λ. στη σημασ. 3) (συνών. *νιχιλιστής* σπανιότ.).

μηδενιστικός, -ή, -ό, επίθ., που αναφέρεται, ανήκει ή ταιριάζει στο μηδενιστή ή το μηδενισμό (μεταφυσικό, ηθικό ή πολιτικό): *κηρύγματα -ά·* (ιστ.) *ρωσικό -ό κόμμα*.

μηδενίστρια, βλ. *μηδενιστής*.

μηδίζω, ρ. (ιστ.) για τους Έλληνες που συνεργάζονταν με τους Μήδους και υπηρετούσαν τα συμφέροντά τους στα χρόνια των Περσικών πολέμων.

μηδικός, -ή, -ό, επίθ. (ιστ.) που ανήκει ή αναφέρεται στους Μήδους: *στράτευμα -ό· Μ-οί πόλεμοι* (συνηθέστερα *Περσικοί*). - Το ουδ. στον πληθ. ως ουσ. = τα γεγονότα των περσικών πολέμων.

μη κίνει τα κακώς κείμενα, αρχαϊστ. φρ. = δε συμφέρει να επιχειρήσει κανείς να διορθώσει μια κακή κατάσταση, όταν είναι ενδεχόμενο η προσπάθειά του να προκαλέσει μεγαλύτερο κακό.

μήκος το, ουσ. **1.** απόσταση ενός άκρου ενός πράγματος έως το άλλο· (ειδικά) η οριζόντια απόσταση των δύο άκρων της μεγαλύτερης πλευράς του ίδιου πράγματος (σε αντιδιαστολή με το πλάτος, το ύψος, το βάθος): *~ του διαδρόμου / του λεωφορείου·* η κοιλάδα εκτείνεται σε *~ πολλών χιλιομέτρων·* (αθλητ.) *άλμα εις ~·* εκφρ. *κατά ~ ή σε όλο το ~* ... (= για κάτι που υπάρχει ή συμβαίνει σε όλη την έκταση ενός τόπου): *αστυνομικοί σε όλο το ~ της διαδρομής· επεισόδια κατά ~ των συνόρων·* (κοιν.) *σ' όλα τα -η και τα πλάτη της γης (=* σε όλη τη γη, παντού) (συνών. *μάκρος*). **2.** (μαθημ.) ο αριθμός που δηλώνει το αποτέλεσμα της μέτρησης ευθύγραμμου τμήματος: *μονάδες μέτρησης -ους* (λ.χ. μέτρο, χιλιόμετρο, πόδι, μίλι). **3.** (φυσ.) **α.** *~ κύματος =* η απόσταση στην οποία διαδίδεται η παλμική κίνηση (βλ. *κύμα*) σε χρόνο ίσο προς την περίοδο του κύματος· **β.** ειδικά για τα ηλεκτρομαγνητικά κύματα στην ασύρματη τηλεπικοινωνία, τη ραδιοφωνία, κ.τ.ό.: *ο σταθμός εκπέμπει σε ~ κύματος...·* (μεταφ., προφ.) *είμαστε στο ίδιο ~ κύματος* (= καταλαβαίνουμε καλά ο ένας τον άλλο, εκφραζόμαστε παρόμοια ή δρούμε για τον ίδιο σκοπό)· πβ. *στην ίδια συχνότητα*). **4.** (κινηματογράφος) *~ (ταινίας)* = το συνολικό μήκος του φιλμ μιας ταινίας, αντίστοιχο με τη διάρκεια προβολής της: *ταινία μικρού / μεγάλου -ους*. **5α.** (γεωγραφικό) *~* (ως μία από τις δύο συντεταγμένες σημείου της γήινης επιφάνειας) η γωνιώδης απόσταση (σε μοίρες) του μεσημβρινού ενός σημείου από τον πρώτο μεσημβρινό (του Γκρίνουιτς): *το νησί Γαύδος βρίσκεται σε βόρειο πλάτος 34° 48΄ και ανατολικό ~ 24° 06΄·* β. (αστρον.) ~ *άστρου.*

μηκωνέλαιο το, ουσ. (χημ.) είδος λαδιού από τα σπέρματα παπαρούνας που χρησιμοποιείται για την παρασκευή χρωμάτων ή για ζωοτροφές.

μηλαδέρφι το, ουσ. (λαϊκ.), ετεροθαλής αδελφός ή αδελφή.

μηλάδερφος και **-ός** ο, ουσ. (λαϊκ.), ετεροθαλής αδελφός. [*αλληλάδελφος*].

μηλαίικος, -η, -ο, και **μηλιός,** επίθ. (συνιζ.), που ανήκει ή αναφέρεται στη Μήλο ή τους Μηλίους.

μηλαράκι, βλ. *μήλο.*

μήλη η, ουσ. (ιατρ.) χειρουργικό εργαλείο για την εξέταση φυσικών ή τραυματικών κοιλοτήτων (συνών. *καθετήρας*).

Μηλία και **Μηλιά,** βλ. *Μήλιος.*

μηλιά η, ουσ. (συνιζ.), το καρποφόρο φυλλοβόλο δέντρο των εύκρατων περιοχών που παράγει τα μήλα: *φυτεύω / κλαδεύω -ιές.* Έκφρ. *Κόκκινη Μ~* = (λαογρ.) ο θρυλικός τόπος καταγωγής των Τούρκων στην Κεντρική Ασία (πβ. τουρκ. *kizil elma*), όπου κατά τη λαϊκή πίστη των Ελλήνων έμελλε να τους κάνει να γυρίσουν ηττημένοι ο ελευθερωτής «Μαρμαρωμένος βασιλιάς»: *θα διώξουμε τους Τούρκους στην Κόκκινη Μ~* (παλαιότερο τραγ.) - Υποκορ. **-ίτσα** η. [αρχ. *μηλέα*].

μηλίγγι, βλ. *μηνίγγι.*

μηλίνη η, ουσ. (φαρμ.) αλοιφή που κατασκευαζόταν με βάση το χυμό των μήλων.

Μήλιος ο, θηλ. **-ια,** (ασυνίζ.) και (συνιζ. λαϊκ.) **-ιός** θηλ. **-ιά,** ουσ. ο κάτοικος της Μήλου ή αυτός που κατάγεται από εκεί.

μηλιός, βλ. *μηλαίικος.*

μηλίτης ο, ουσ. (λόγ.), μηλόκρασο.

μηλίτσα, βλ. *μηλιά.*

μηλιώνας ο, ουσ. (συνιζ., λαϊκ.), φυτεία με μηλιές.

μήλο το, ουσ. **Ια.** ο στρογγυλός καρπός της μηλιάς με λεία κόκκινη, κίτρινη ή πράσινη φλούδα και από μέσα σκληρή και ζουμερή ασπριδερή σάρκα: ~ *άγουρο / κομπόστα·* έκφρ. *σάπιο* ~ (= χρώμα βαθύ, σκοτεινό κεραμιδί)· παροιμ. *το* ~ *κάτω απ' τη μηλιά πέφτει* (για ομοιότητα του παιδιού με τους γονείς στο χαρακτήρα και τη συμπεριφορά)· **β.** *το* ~ = τον απαγορευμένο καρπό του παραδείσου των πρωτοπλάστων: *η Εύα έδωσε το* ~ *στον Αδάμ·* **γ.** (μυθολ.) *το -ον της Έριδος·* αρχαϊστ. έκφρ. (= το μήλο που πρόσφερε ο Πάρης στην ωραιότερη από τις τρεις θεές· για πρόσωπο ή πράγμα που είναι αντικείμενο διεκδίκησης και αιτία διχόνοιας ή πολέμου). **2.** (στην πληθ. μεταφ.) το κάπως κυρτό και το πιο εξογκωμένο τμήμα του κάθε μάγουλου κάτω από τα μάτια. **3.** (ανατομ.) ~ *του Αδάμ* = λίγο ή περισσότερο έντονη προεξοχή στο εξωτερικό μπροστινό μέρος του λαιμού, που σχηματίζεται από το θυρεοειδή χόνδρο του λάρυγγα (κοιν. *καρύδι*). - Υποκορ. **-αράκι** το.

μηλόκρασο το, ουσ., είδος κρασιού που παρασκευάζεται από τη ζύμωση χυμού μήλων ή κυδωνιών (συνών. *μηλίτης*).

μηλομάγουλο το, ουσ. (λαϊκ.), (συνήθως στον πληθ.) καθένα από τα «μήλα» που έχομε στα μάγουλα (βλ. *μήλο* στη σημασ. 2).

μηλόπιτα η, ουσ., πίτα φτιαγμένη με μήλα.

μηλορωδακινιά η, ουσ. (συνιζ., λαϊκ.), ποικιλία ρωδακινιάς που παράγει λείους και όχι χνουδωτούς καρπούς.

μηλορωδάκινο το, ουσ. (λαϊκ.), ο καρπός της μηλορωδακινιάς (συνών. *νεκταρίνι*).

μηλωτή η, ουσ. (λόγ.), ακατέργαστο δέρμα προβάτου ή άλλου ζώου· (συνηθέστερα εκκλ.) για την προβιά που φορούσε ο Ιωάννης ο Πρόδρομος.

μη με λησμόνει το, (βοτ.) ονομασία είδους του ποώδους διακοσμητικού φυτού «μυοσωτίς», που έχει μικρά γαλάζια ή κάποτε άσπρα ή ροζ λουλούδια και φυτρώνει σε υγρά μέρη.

μημουαπτισμός ο, ουσ. (παλαιότερα), το να είναι κάποιος «μη μου άπτου» (βλ. λ. στη σημασ. Ιβ), υπερευαισθησία.

μη μου άπτου, αρχαϊστ. φρ. (σημαίνει «μη μ' αγγίζεις» και προφέρεται συχνά «μημουάπτου»). **1.** ως χαρακτηρισμός ατόμου **α.** λεπτοκαμωμένου ή γενικά ευπαθούς που δεν αφήνει να το πλησιάσει ή να το αγγίξει κανείς· **β.** υπερβολικά ευαίσθητου, που συγκινείται ή κυρίως θίγεται με το παραμικρό (συνών. *μυγιάγγιχτος*). **2.** (βοτ.) ονομασία του φυτού «μιμόζα η αισχυντηλή», επειδή τα σύνθετα φύλλα του κλείνουν και χαμηλώνουν με την ελάχιστη επαφή.

μη μου τους κύκλους τάραττε, αρχαϊστ. φρ. = μη μ' ενοχλείς, άφησέ με στις σκοτούρες μου.

μην, βλ. *μη.*

μήνα, ερωτ. μόρ. (λαϊκ., ποιητ.), μήπως: *ο Καλύβας έρχεται,* ~ *ο Λεβεντογιάννης;* (δημ. τραγ.). [συνεκφ. *μη να*].

μηναίο το, ουσ. (εκκλ.) λειτουργικό βιβλίο που περιέχει τις ακολουθίες του εσπερινού και του όρθρου των εορτών του κάθε μήνα.

μήνας ο, γεν. *μήνα* και *μηνός,* ουσ. **1.** το καθένα από τα δώδεκα τμήματα στα οποία διαιρείται το ημερολογιακό έτος: *ο Φεβρουάριος είναι ο μικρότερος* ~ *του χρόνου· ποιο -α γεννήθηκες; πόσα κερδίζει το -α;* στις *10 του -ός θα έχω γυρίσει.* **2.** χρονικό διάστημα τριάντα συνεχόμενων ημερών: *η άδεια ισχύει για τρεις -ες από σήμερα·* θα ξαναϊδωθούμε σε δυο -ες· *μωρό πέντε -ών* (= που βρίσκεται στον πέμπτο μήνα της ζωής του)· *έγκυος επτά -ών.* Έκφρ. *-α με το -α* (= κάθε μήνα)· ~ *του μέλιτος,* βλ. *μέλι.* Φρ. *είμαι στο -α μου* (= για έγκυο γυναίκα, είμαι στον ένατο μήνα της εγκυμοσύνης)· ~ *μπαίνει,* ~ *βγαίνει* (α. για γρήγορη πάροδο των μηνών· β. για ενέργεια ή γεγονός που συμβαίνει κατά μήνα): ~ *μπαίνει,* ~ *βγαίνει ο μισθός έρχεται· ο* ~ *έχει εννιά,* βλ. *εννέα· το -α που δεν έχει Σάββατο* (= ποτέ): *θα σε πληρώσει το -α που δεν έχει Σάββατο.*

μηνιαίος, -α, -ο, επίθ. (ασυνίζ.). **1.** που συμβαίνει ή εμφανίζεται κάθε μήνα: *περιοδικό -ο.* **2.** που διαρκεί ένα μήνα: *άδεια -α.* **3.** που αντιστοιχεί σε ένα μήνα: *μισθός* ~. Επίρρ. **-αίως.**

μηνιάτικο το, ουσ. (συνιζ.). **α.** ο μισθός ενός μήνα: *ξόδεψε το* ~ *σε μια βδομάδα·* **β.** το μίσθωμα ενός μηνός, ενοίκιο ενός μηνός.

μηνίγγι και (λαϊκ.) **μηλίγγι** το, ουσ. (έρρ.). **1.** (ανατομ.) καθεμία από τις τρεις λεπτές μεμβράνες που περιβάλλουν τον εγκέφαλο και το νωτιαίο μυελό. **2.** το τμήμα του κεφαλιού πάνω από τα αφτιά και δίπλα στα μάτια, κρόταφος· (συνήθως στον πληθ.): *με πονούν / χτυπούν τα -ια μου· ένιωθε το αίμα στα -ια του να μαζεύεται* (Μπαστιάς).

μηνιγγικός, -ή, -ό, επίθ. (έρρ.), που ανήκει ή αναφέρεται στα μηνίγγια.

μηνιγγίτιδα η, ουσ. (έρρ.), (ιατρ.) σοβαρή λοιμώδης ασθένεια που οφείλεται σε βακτήριο και προσβάλλει (βλ. λ. σημασ. 1) προκαλώντας φλεγμονή: ~ εγκεφαλονωτιαία.

μηνιγγιτικός, -ή, -ό, επίθ. (έρρ.), που αναφέρεται ή οφείλεται στη μηνιγγίτιδα: *συμπτώματα -ά· πυρετός ~.*

μηνιγγοεγκεφαλίτιδα η, ουσ. (έρρ. δις), (ιατρ.) ταυτόχρονη φλεγμονή των μηνιγγιών (βλ. λ. στη σημασ. 1) και του φλοιού του εγκεφάλου.

μηνιγγομυελίτιδα η, ουσ. (έρρ., ασυνίζ.), (ιατρ.) ταυτόχρονη φλεγμονή των μηνιγγιών (βλ. λ. στη σημασ. 1) και του νωτιαίου μυελού.

μηνίσκος ο, ουσ. **1.** (μαθημ.) γεωμετρικό σχήμα που περιέχεται μεταξύ δύο τόξων με κοινά άκρα και κυρτότητες προς το ίδιο μέρος. **2α.** (ανατομ.) ινοχόνδρινα πέταλα που παρεμβάλλονται ανάμεσα στα κόκαλα ορισμένων αρθρώσεων: ~ *του γόνατος· αφαίρεση -ίσκου με εγχείρηση·* **β.** (κοιν.) αρρώστια που οφείλεται σε μετατόπιση ή ρήξη του μηνίσκου του γόνατος με πρόκληση σοβαρής βλάβης της άρθρωσης: *ο αθλητής υπέφερε από -ο.*

μηνοειδής, -ής, -ές, γεν. *-ούς,* πληθ. αρσ. και θηλ. *-είς,* ουδ. *-ή,* επίθ. (ασυνίζ.), που έχει σχήμα μισοφέγγαρου· (ανατομ.) *-είς βαλβίδες* = βαλβίδες που βρίσκονται στα στόμια της πνευμονικής αρτηρίας και της αορτής.

μηνολόγιο το, ουσ. (ασυνίζ.), (εκκλ.) μηναίο (βλ. λ.).

μήνυμα το, ουσ. **1.** (γλωσσολ.-σημειολογία, στο σύστημα επικοινωνίας) αυτό (λόγος, εικόνα, ήχος, κλπ.) που εκφέρεται από κάποιον *(πομπό)* με σκοπό την επικοινωνία με κάποιον άλλο *(δέκτη).* **2.** είδηση ή παραγγελία που στέλνει κάποιος σε άλλον διαμέσου τρίτου ή με γράμμα, όταν δεν μπορεί να επικοινωνήσει απευθείας μαζί του: *άφησε / έστειλε ~ ότι δε θα έρθει.* **3.** εντολή, παραγγελία: *το ~ του λαού· αυτό το ~ έδωσαν στις εκλογές οι ψηφοφόροι.* **4.** μια ιδέα που προσπαθεί κάποιος να τη μεταδώσει σε άλλα άτομα μέσα από ομιλίες, άρθρα, διδασκαλία ή με τη συμπεριφορά του: *το ~ της σοσιαλιστικής ιδεολογίας· τα -ατα που δέχεται το παιδί από το περιβάλλον του.* **5.** (για βιβλίο, έργο, κ.τ.ό.) ιδέα του δημιουργού που προσπαθεί να την εκφράσει μέσα από το έργο του για να επικοινωνήσει με το κοινό: *το ~ του έργου είναι η δικαίωση του καλού.* **6.** (πολιτ.) γραπτή ανακοίνωση μιας κυβερνητικής αρχής σε άλλη: ~ *μεταξύ πρωθυπουργών.* Έκφρ. *-ατα των καιρών* (= οι ανάγκες ή οι απαιτήσεις μιας εποχής, αυτό που οι καιροί επιτάσσουν). Φρ. *πιάνω / συλλαμβάνω το ~* (= αντιλαμβάνομαι, καταλαβαίνω, μπαίνω στο νόημα): *έπιασε το ~ των καιρών και αναδείχτηκε.*

μήνυση η, ουσ. (νομ.-κοιν.) καταγγελία στις δικαστικές αρχές μιας παράνομης και αξιόποινης πράξης από πρόσωπο που βεβαιώνει ότι είναι το θύμα της ή από τρίτο: *υποβάλλω ~ για εξύβριση* (συνών. *αγωγή).*

μηνυτήριος, -α, -ο, επίθ. (ασυνίζ.), που αναφέρεται στη μήνυση ή που γίνεται με μήνυση: *-α αναφορά* (= καταγγελία από τρίτο πρόσωπο για αξιόποινη πράξη που γίνεται εις βάρος του δημοσίου ή του κοινωνικού συνόλου).

μηνυτής ο, θηλ. **-τρια,** ουσ. (νομ.-κοιν.) αυτός που υποβάλλει μήνυση για αξιόποινη πράξη (συνών.

ενάγων, εγκαλεστής, κατήγορος· αντ. *εγκαλούμενος, εναγόμενος).*

μηνύω, ρ. (νομ.) υποβάλλω μήνυση: *-ύθηκε για περιύβριση αρχής* (συνών. *εγκαλώ).*

μηνώ, ρ., αόρ. *μήνυσα.* **1.** γνωστοποιώ, ειδοποιώ: *τους -υσε ότι είναι άρρωστος.* **2.** στέλνω και καλώ κάποιον: *-υσε του γιατρού να έρθει.*

μη προς κακοφανισμόν σου· αρχαϊστ. έκφρ. = χωρίς να σου κακοφανεί.

μήπως, σύνδ. **1.** (εισάγει ενδοιαστικές προτάσεις) μη, μη τυχόν: *φοβάμαι ~ μας βρει κανένα κακό.* **2.** (εισάγει ευθείες ερωτηματικές προτάσεις) άραγε, τάχα: ~ *θες να φύγεις; υπάρχει ~ κανείς που ξέρει ισπανικά;* **3.** (ύστερα από πρόταση που δείχνει ενέργεια, για να δηλωθεί κάτι ενδεχόμενο ή επιδιωκόμενο) μη τυχόν, μπας και: *ας προσευχηθούμε, ~ μας λυπηθεί ο Θεός.*

μηριαίος, -α, -ο, επίθ. (ασυνίζ.), που ανήκει ή αναφέρεται στο μηρό: *οστούν -ο.*

μηρός ο, ουσ. **1.** το παχύτερο τμήμα του ποδιού των ανθρώπων και των ζώων που εκτείνεται από το γόνατο έως τους γοφούς (συνών. *μπούτι, μερί).* **2.** το μηριαίο οστούν: *έσπασε το -ό του.* - Βλ. και *μερί.*

μηρυκάζω, ρ. **1.** (για ορισμένα χορτοφάγα ζώα) αναμασώ την τροφή που έχω ήδη καταπιεί ξαναφέρνοντάς την στο στόμα (συνών. λαϊκ. *αναχαράζω).* **2.** (μεταφ.) αναμασώ με στερεότυπο τρόπο τα λόγια κάποιου άλλου ή και δικά μου.

μηρυκασμός ο, ουσ., η λειτουργία ορισμένων χορτοφάγων ζώων, των μηρυκαστικών, κατά την οποία αναμασούν την τροφή που έχουν ήδη καταπιεί ξαναφέρνοντάς την στο στόμα.

μηρυκαστικός, -ή, -ό, επίθ., που μηρυκάζει: *η κατσίκα είναι -ό ζώο.* - Το ουδ. στον πληθ. ως ουσ. = κατηγορία θηλαστικών χορτοφάγων ζώων που μηρυκάζουν την τροφή τους.

μήτε, σύνδ. (συνδέει παρατακτικά αποφατικές προτάσεις ή όρους προτάσεων ή χρησιμοποιείται για επίταση της άρνησης) ούτε: *να μη σε νοιάζει για μένα, να ασχολείσαι μαζί μας· ~ ο ένας ~ ο άλλος ήρθαν· ~ δραχμή δεν έχω να του δώσω.*

μητέρα η, ουσ. **1α.** η γυναίκα που γεννά, αποκτά παιδιά, μάνα, μαμά: *σχέση -ας - παιδιού· ~ θετή* (που έχει υιοθετήσει ένα παιδί)· *γιορτή της -ας* (θρησκ.) *Μ~ του Θεού* (= η Παναγία)· (ως προσφώνηση) ~, *σ' αγαπώ / φοβάμαι* (για ζώα) *η πιθηκίνα ~ φροντίζει τα παιδιά της όπως και ο άνθρωπος·* **β.** (συνεκδοχικά) πεθερά (συνήθως σε προσφώνηση). **2.** (μεταφ.) πηγή, αιτία: ~ *του κακού.* **3.** (μεταφ.) η πρώτη αρχή από όπου πηγάζει και αναπτύσσεται κάτι: *η φυσική θεωρείται ~ των θετικών επιστημών.* **4.** (μεταφ.) περιοχή όπου γεννήθηκε και αναπτύχθηκε μια ιδέα: *η Αθήνα είναι η ~ της δημοκρατίας· η Ευρώπη θεωρείται ~ του πολιτισμού.* Έκφρ. ~ *πατρίδα* (= η χώρα όπου γεννήθηκε κάποιος και συνδέεται συναισθηματικά μαζί της)· ~ *Φύση / Γη* (= η φύση ή η γη ως δύναμη που γεννά και επηρεάζει τα όντα). - Υποκορ. **-ούλα** (βλ. λ.).

μήτρα η, ουσ. **1.** (ανατομ.) εσωτερικό γεννητικό όργανο της γυναίκας και των θηλυκών θηλαστικών ζώων, όπου συλλαμβάνεται και κυοφορείται το έμβρυο: *διαστολή της -ας κατά τον τοκετό·* (ιατρ.) *καρκίνος / πτώση της -ας.* **2.** είδος κοίλου δοχείου που δίνει συγκεκριμένη μορφή ή σχήμα σε ρευστές ουσίες (π.χ. λειωμένο μέταλλο) που

όταν παγώσουν παίρνουν το σχήμα του (συνών. *καλούπι, φόρμα*).
μητράδελφος ο, ουσ., ο αδελφός της μητέρας.
μητραλγία η, ουσ. (ιατρ.) πόνος της μήτρας.
μητραλοίας ο, ουσ. (λόγ.), αυτός που σκοτώνει τη μητέρα του (συνών. *μητροκτόνος*).
μητριά η, ουσ. (ασυνίζ.), γυναίκα που παντρεύτηκε τον πατέρα παιδιών σε δεύτερο γάμο και αναλαμβάνει το ρόλο της μητέρας (συχνά με αρνητ. σημασ.): ~ *κακιά / άδικη· έχασε τη μητέρα του και τον μεγάλωσε η ~ του*.
μητριαρχία η, ουσ. (ασυνίζ.), σύστημα κοινωνικής οργάνωσης σύμφωνα με το οποίο η γυναίκα διαδραματίζει το σπουδαιότερο ρόλο στην κοινωνική και την πολιτική ζωή (αντ. *πατριαρχία*).
μητριαρχικός, -ή, -ό, επίθ. (ασυνίζ.), που ανήκει ή αναφέρεται στη μητριαρχία: *καθεστώς -ό· κατάλοιπα -ά* (αντ. *πατριαρχικός*).
μητρικός, -ή, -ό, επίθ. **1α**. που ανήκει ή αναφέρεται στη μητέρα ή τη μητρότητα: *στοργή -ή· φίλτρο -ό· β. -ή γλώσσα* = η γλώσσα που μαθαίνει κανείς μέσα στο οικογενειακό και το κοινωνικό περιβάλλον κατά τη νηπιακή ηλικία: *τα γαλλικά είναι η -ή του γλώσσα*. **2**. που ανήκει ή αναφέρεται στη μήτρα (βλ. λ. στη σημασ. 1): *φλεγμονή -ή*. - Το ουδ. στον πληθ. ως ουσ. = οι παθήσεις της μήτρας. - Επίρρ. **-ά** (στη σημασ. 1).
μητριός ο, ουσ. (ασυνίζ., λαϊκ.), πατριός.
μητρίτιδα η, ουσ. (ιατρ.) φλεγμονή της μήτρας, συνήθως του τραχήλου της.
μητρογραμμικός, -ή, -ό, επίθ., που αναφέρεται στο σύστημα κοινωνικής οργάνωσης σύμφωνα με το οποίο η καταγωγή των παιδιών καθορίζεται από τη μητέρα και την οικογένειά της, στην οποία και ανήκουν, και όχι από τον πατέρα, που δεν έχει δικαιώματα πάνω τους: *-ό σύστημα καταγωγής· κοινωνία -ή* (αντ. *πατρογραμμικός*).
μητροκήλη η, ουσ. (ιατρ.) πρόπτωση της μήτρας στο βουβωνικό σάκο.
μητροκτονία η, ουσ., έγκλημα παιδιού που σκοτώνει τη μητέρα του.
μητροκτόνος ο, ουσ., αυτός που σκοτώνει τη μητέρα του (συνών. *μητραλοίας*).
μητρομανής, επίθ. θηλ. και ουσ., γεν. *-ούς*, πληθ. *-είς*, γυναίκα που πάσχει από μητρομανία (συνών. *νυμφομανής*).
μητρομανία η, ουσ. (ιατρ.) παθολογική επιθυμία γυναίκας για συνουσία (συνών. *νυμφομανία*).
μητρόπολη η, ουσ. **1**. (ιστ.) **α**. (στην αρχαιότητα) η πόλη που αποίκιζε άλλες πόλεις (σε συσχετισμό με αυτές): *η Κόρινθος ήταν η ~ της Κέρκυρας·* **β**. μια χώρα στη σχέση της με άλλες περιοχές που πολιτικά εξαρτώνται απ' αυτήν, τις «αποικίες» (βλ. λ. σημασ. 1β). **2**. το κέντρο ενός πολιτισμού, μιας θρησκείας, μιας δραστηριότητας, κ.τ.ό.: *η Μέκκα, η ~ του μωαμεθανισμού· ~ του κινηματογράφου θεωρείται το Χόλιγουντ*. **3**. έδρα μητροπολίτη, περιφέρεια όπου εκτείνεται η δικαιοδοσία του. **4**. ο επισημότερος ναός μιας πόλης, όπου λειτουργεί ο μητροπολίτης: *ο γάμος έγινε στη ~ Καστοριάς* (αλλιώς *μητροπολιτικός, καθεδρικός ναός*).
μητροπολίτης ο, πληθ. *-ες* και (λαϊκ.) *-άδες*, ουσ., επίσκοπος που εδρεύει στην πρωτεύουσα μιας περιφέρειας και έχει διοικητική δικαιοδοσία στις επισκοπές της (στις περιπτώσεις που υπάρχουν).
μητροπολιτικός, -ή, -ό, επίθ. **1**. που ανήκει στη

μητρόπολη μιας αποικίας ή αναφέρεται σ' αυτήν: *εδάφη -ά· στρατός ~*. **2**. που ανήκει στην εκκλησιαστική μητρόπολη ή το μητροπολίτη ή αναφέρεται σ' αυτήν/-όν: *ναός ~· εγκύκλιος / περιφέρεια -ή*.
μητρόπονος ο, ουσ., πόνος της μήτρας, μητραλγία.
μητρορραγία η, ουσ. (ιατρ.) αιμορραγία της μήτρας που οφείλεται σε παθολογικά ή τραυματικά αίτια.
μητροσκόπηση η, ουσ. (ιατρ.) εξέταση του τραχήλου της μήτρας με τη βοήθεια ειδικού οργάνου.
μητροσκόπιο το, ουσ. (ασυνίζ.), (ιατρ.) κοίλο όργανο με το οποίο εξετάζεται ο τράχηλος της μήτρας.
μητρότητα η, ουσ., το να είναι κάποια γυναίκα μητέρα: *η χαρά της -ότητας· προστασία της -ότητας από το νόμο*.
μητρωνυμικός, -ή, -ό, επίθ. (για επώνυμο) που σχηματίζεται από το όνομα της μητέρας, π.χ. *Γιαννάκαινας, Κώσταινας*.
μητρώο το, ουσ., επίσημος κατάλογος προσώπων ορισμένης κατηγορίας όπου αναγράφονται στοιχεία ανάλογα με το σκοπό για τον οποίο προορίζεται: ~ *δήμων και κοινοτήτων ή γενικό ~* = δημοτολόγιο, βλ. λ.· *στρατολογικό ~* = που περιλαμβάνει όλους τους στρατεύσιμους μιας στρατολογικής περιφέρειας· *ποινικό ~* = που περιλαμβάνει όλους όσοι έχουν καταδικαστεί για αξιόποινη πράξη.
μη φοβού, Μαριάμ· αρχαϊστ. φρ.· για να ενθαρρύνουμε κάποιον.
μηχανάκι, βλ. *μηχανή*.
μηχανέλαιο το, ουσ., λιπαντικό λάδι για μηχανές.
μηχανεύομαι, ρ., επινοώ, σοφίζομαι κάτι (ειδικότερα) σχεδιάζω κάτι κακό με μυστικό και ύπουλο τρόπο: *μ' όλες τις μηχανές που -τήκαμε δεν μπορέσαμε να τον τσακώσαμε* (Κόντογλου)· *πολλά -εται, αλλά δε θα μπορέσει να μας κοροϊδέψει* (συνών. *τεχνάζομαι*).
μηχανή η, ουσ. **1α**. (φυσ.-κοιν.) συσκευή απλή ή σύνθετη την οποία μια μορφή ενέργειας χρησιμοποιείται για την παραγωγή έργου είτε απευθείας (= *απλές μηχανές*, π.χ. μοχλοί, τροχαλίες, κ.ά.) είτε με τη μετατροπή της σε άλλη μορφή ενέργειας (*σύνθετες -ές*): *το ψαλίδι είναι μια απλή ~· απόδοση -ής· ~ ξυριστική· ~ αυτοκινήτου / τρένου* (= *κινητήρας*)· ~ *λήψης* (= *κάμερα*) / *προβολής·* **β**. βραχυλογικά αντί για συγκεκριμένο είδος μηχανής: *ρούχο ραμμένο στη ~* (= *ραπτομηχανή*)· *αυτή η ~ βγάζει καλές φωτογραφίες* (= *φωτογραφική ~*)· *μαζεύουν το μπαμπάκι με τη ~, όχι με το χέρι* (= *βαμβακοσυλλεκτική*). **2**. *μοτοσικλέτα* (βλ. λ.): *έφυγε τρέχοντας με τη ~· ~ εξακύλινδρη*. **3**. σύνολο μέσων, ανθρώπων, κλπ., που χρησιμοποιούνται για την επίτευξη ορισμένου σκοπού: *κρατική ~* (= το σύνολο των κρατικών υπηρεσιών μιας χώρας)· *πολεμική ~* (= το σύνολο των στρατιωτικών δυνάμεων και λειτουργιών μιας χώρας) (συνών. *μηχανισμός*). **4**. (μειωτ.) για άνθρωπο που κάνει μια εργασία χωρίς να σκέφτεται ή να αναπτύσσει πρωτοβουλία: *θέλει τους υπαλλήλους του απλές -ές·* φρ. *δουλεύει σαν ~* (= πολύ και εντατικά) (συνών. *ρομπότ, αυτόματο*). **5**. τέχνασμα· δόλος, απάτη: ~ *έξυπνη* (συνήθως στον πληθ.) *στήνω / σκαρώνω -ές* (συνών. *τερτίπι, κομπίνα*). **6**. (στρατ., ιστ.) *πολιορκητικές -ές* = βαριά και πολύπλοκα όπλα που χρησιμοποιούσαν στις

μηχάνημα

πολιορκίες είτε για την καταστροφή των τειχών είτε για να εξακοντίζουν βλήματα. - Υποκορ. **-άκι** το στις σημασ. 1, 2, 4.

μηχάνημα το, ουσ., σύνθετη μηχανή που εκτελεί συγκεκριμένη εργασία: *-ατα γεωργικά/ηλετρικά· το ~ λειτουργεί εξαίρετα.* - Υποκορ. **-ατάκι** το.

μηχανικά, βλ. *μηχανικός*, επίθ.

μηχανική η, ουσ., επιστήμη, κλάδος της φυσικής, που μελετά την κίνηση και την ισορροπία των σωμάτων: *~ θεωρητική / εφαρμοσμένη· ~ των ρευστών· θεμελιώδεις νόμοι της -ής.*

μηχανικός, -ή, -ό, επίθ. 1. που αναφέρεται στις μηχανές: *-ά μέσα για την αύξηση της βιομηχανικής παραγωγής· -ές κατασκευές.* 2. που γίνεται με μηχανές: *-ή μετάφραση με ηλεκτρονικούς υπολογιστές·* (μαθημ.) *-ές καμπύλες* = που χαράσσονται με τη βοήθεια οργάνων. 3. (για ανθρώπινη συμπεριφορά, δραστηριότητα, ενέργεια, κλπ.) που γίνεται ή λειτουργεί χωρίς τη μεσολάβηση της σκέψης ή της θέλησης: *-ές απαντήσεις· -ή κίνηση των χεριών· -ή απομνημόνευση* (συνών. *αυτόματος·* αντ. *λογικός, συνειδητός)·* (ψυχ.) *-ή μνήμη* = που έχει ως αιτία της ανάπλασης των παραστάσεων το συγχρονισμό και όχι την εσωτερική τους σχέση. 4. (φυσ.) που σχετίζεται με την κίνηση των σωμάτων: *ενέργεια -ή· έργο -ό· -ό ισοδύναμο της θερμότητας.* - Το ουδ. ως ουσ. = όπλο, κλάδος του στρατεύματος που ασχολείται με την κατασκευή δρόμων, σιδηροδρόμων, γεφυρών, οχυρωματικών έργων και γενικά με τεχνικές εργασίες. - Επίρρ. **-ά** στη σημασ. 3: *απαντούσε -ά.*

μηχανικός ο, ουσ., επιστήμονας ή τεχνίτης ειδικός στην κατασκευή, εγκατάσταση και συντήρηση ή το χειρισμό των μηχανών: *~ αεροπλάνου / του εμπορικού ναυτικού* (= υπεύθυνος για τη λειτουργία του μηχανολογικού εξοπλισμού του σκάφους)· (λαϊκ.) *δουλεύει στη γούνα ~* (= χειριστής μηχανής)· (ειδικά) *πολιτικός ~* = επιστήμονας που ασχολείται με το σχεδιασμό και την κατασκευή τεχνικών έργων, π.χ. δρόμων, γεφυριών, κ.ά.

μηχανισμός ο, ουσ., σύστημα αμοιβαία συνδεόμενων τμημάτων (όχι μόνο όσον αφορά τη μηχανική, αλλά και τα φυσικά και τα κοινωνικά φαινόμενα) μέσα στο οποίο σε κάθε κατάσταση και σε κάθε αλλαγή σε ένα τμήμα αντιστοιχεί μία συγκεκριμένη αλλαγή σε άλλα τμήματα του ίδιου συστήματος: *~ ρολογιού / αυτοκινήτου· κρατικός ~· ο περίπλοκος ~ της γλώσσας· -οί φθοράς των οργανικών υλικών.*

μηχανιστικός, -ή, -ό, επίθ., που σχετίζεται με τη θεωρία της μηχανοκρατίας (βλ. λ.): *νόμοι -οί· -ή άποψη / αντίληψη του θέματος.*

μηχανογράφηση η, ουσ., χρήση μηχανών ή μηχανικών συστημάτων για πράξεις λογικές (υπολογισμούς, ταξινομήσεις, κλπ.) που εκτελούνται σε έγγραφα (διοικητικά, λογιστικά, εμπορικά, τεχνικά, επιστημονικά): *κέντρο -ης.*

μηχανογραφικός, -ή, -ό, επίθ., που σχετίζεται με τη μηχανογράφηση ή το μηχανογράφο: *έντυπο / δελτίο -ό.*

μηχανογράφος ο, ουσ., υπάλληλος ειδικευμένος στις εργασίες που απαιτούνται στη μηχανογράφηση.

μηχανοδηγός ο, ουσ., πρακτικός μηχανικός που χειρίζεται ή παρακολουθεί κάποια μηχανή, ιδίως σιδηροδρόμου.

μηχανοκάικο το, ουσ., βάρκα εφοδιασμένη με αεραντλία, με την οποία διοχετεύεται αέρας στο σκάφανδρο του δύτη που βρίσκεται στο βυθό της θάλασσας.

μηχανοκίνητος, -η, -ο, επίθ., που κινείται με μηχανή: *-ο γεωργικό εργαλείο· όχημα -ο* (αντ. *χειροκίνητος).*

μηχανοκρατία η, ουσ., φιλοσοφική θεωρία κατά την οποία τα πάντα στον κόσμο γίνονται σύμφωνα με μηχανιστικούς νόμους, είναι δηλαδή υποταγμένα στην τυφλή συνάρτηση αιτίου - αποτελέσματος και αποκλείεται εντελώς η έννοια της σκοπιμότητας.

μηχανολογία η, ουσ., επιστήμη που ασχολείται με τη μελέτη, την κατασκευή και τη λειτουργία των μηχανών.

μηχανολογικός, -ή, -ό, επίθ., που σχετίζεται με τη μηχανολογία ή το μηχανολόγο: *μελέτη -ή· σχεδιάγραμμα -ό.*

μηχανολόγος ο, ουσ., επιστήμονας που ασχολείται με τη σχεδίαση, τη λειτουργία και την επίβλεψη μηχανών και μηχανικών εγκαταστάσεων: *ο ~ θα ελέγξει τις μηχανές του εργοστασίου.*

μηχανοπέδη η, ουσ., φρένο οχημάτων (σιδηροδρόμων, κ.τ.ό.), που λειτουργεί με πιεσμένο αέρα.

μηχανοποίηση η, ουσ. 1. το να κάνει κανείς ώστε κάτι να μοιάζει με μηχανή: *~ των εργατών στο εργοστάσιο* (όταν φτιάχνει ο καθένας ένα μικρό μέρος ενός προϊόντος). 2. χρησιμοποίηση μηχανών για μια εργασία ή διαδικασία που προηγουμένως γινόταν από ανθρώπινα χέρια: *~ της παραγωγής.*

μηχανοποίητος, -η, -ο, επίθ., που έχει κατασκευαστεί από μηχανή: *χαλιά / πλεκτά / παπούτσια -α* (αντ. *χειροποίητος).*

μηχανοποιώ, -είς, ρ. (ασυνίζ.). 1. κάνω κάτι να μοιάζει με μηχανή: *η δουλειά στο εργοστάσιο -εί τον εργάτη.* 2. χρησιμοποιώ μηχανές για μια εργασία ή διαδικασία που προηγουμένως γινόταν από ανθρώπινα χέρια: *με τη χρήση των τρακτέρ -είται η καλλιέργεια των χωραφιών.*

μηχανοργάνωση η, ουσ., το σύστημα οργάνωσης μιας εργασίας ή μιας επιχείρησης με τη χρήση ηλεκτρονικών μηχανών ή υπολογιστών: *~ της εταιρείας / του υπουργείου.*

μηχανορραφία η, ουσ. α. το να μηχανορραφεί κανείς· β. δόλιο σχέδιο του οποίου κανείς για να βλάψει κάποιον ή για να κερδίσει κάτι: *με τις -ες του κατάφερε ν' ανέβει επαγγελματικά* (συνών. *δολοπλοκία, σκευωρία, ραδιουργία).*

μηχανορράφος ο, ουσ., που επιδίδεται σε μηχανορραφίες (βλ. λ.) (συνών. *δολοπλόκος, σκευωρός, ραδιούργος).*

μηχανορραφώ, -είς, ρ., επινοώ δόλια σχέδια για να βλάψω κάποιον ή για να κερδίσω κάτι: *-ούν για την ανατροπή της κυβέρνησης* (συνών. *σκευωρώ, ραδιουργώ).*

μηχανοστάσιο το, ουσ. (ασυνίζ.). 1. χώρος εγκατάστασης μηχανών, συνήθως κινητήριων (σε εργοστάσιο, πλοία, κλπ.). 2. στεγασμένος χώρος όπου παραμένουν τα βαγόνια των τρένων για συντήρηση ή επισκευή.

μηχανοτεχνίτης ο, ουσ., τεχνίτης που κατασκευάζει, συντηρεί ή επισκευάζει μηχανές: *~ αυτοκινήτων.*

μηχανότρατα η, ουσ., αλιευτικό σκάφος εφοδιασμένο με μηχανή που χρησιμοποιείται για ψάρεμα με δίχτυα που σύρονται στο βυθό της θάλασσας.

μηχανουργείο το, ουσ., εργοστάσιο ή εργαστήριο όπου κατασκευάζονται ή επιδιορθώνονται μηχανές ή τμήματά τους: *το αυτοκίνητο είναι στο ~.*

μηχανουργία η, ουσ., η τέχνη και το έργο του μηχανουργού.

μηχανουργικός, -ή, -ό, επίθ., που ανήκει ή αναφέρεται στο μηχανουργό ή τη μηχανουργία: *μελέτες -ές· εργαλεία -ά.*

μηχανουργός ο, ουσ., ειδικευμένος τεχνίτης που κατασκευάζει ή επισκευάζει μηχανές ή τμήματά τους.

μηχανώμαι, -άσαι, ρ. (λόγ.), επινοώ κάποιο πονηρό τέχνασμα για να πετύχω κάτι (συνών. *μηχανεύομαι*).

μι το, ουσ. άκλ., (μους.) ο τρίτος φθόγγος της μουσικής ευρωπαϊκής κλίμακας [ιταλ. *mi*].

μία και **μια** (θηλ. του αριθμ. και του αόριστου άρθρου *ένας*, βλ. λ.). **1α.** (για επίταση του νοήματος του ουσ. που ακολουθεί): *έχω ~ πείνα!* **β.** (με επόμενο το επίθ. *ολόκληρη* για έμφαση): *μια ολόκληρη πόλη και δεν έχει νοσοκομείο!* **2.** (ως ουσ.) *μπάτσα, χαστούκι: του 'δωσα / άστραψα μια.* **3.** *μια... μια...* (για ενέργειες συνήθως αντίθετες που γίνονται διαδοχικά, σε εναλλαγή): *μια επάνω πηγαίναμε, μια κάτω· μια κρυώναμε, μια ζεσταινόμασταν· μια ο ένας, μια ο άλλος* (= εναλλάξ). **4.** (ως σύνδ. με επόμενο το σύνδ. *και ή που*) αφού: *μια και δεν μπορούσα να κάνω τίποτε άλλο, συμβιβάστηκα· μια που έχεις χρόνο, έλα μαζί μας.* Έκφρ. *από τη μια... από την άλλη* (για να δηλωθούν οι δυο διαστάσεις, πλευρές ενός θέματος, κλπ.): *από τη μια ήθελα να πάω, από την άλλη όμως δίσταζα· η μια και η άλλη* (= η κάθε μια, μια τυχαία): *μην ακούς τι σου λέει η μια και η άλλη·* βλ. *και ένας)· μια για πάντα* (= οριστικά): *να φύγει, να ησυχάσεις μια για πάντα· μια ιδέα* (= λίγο, ελάχιστα· βλ. και *ιδέα): άνοιξε μια ιδέα την πόρτα· μια και καλή ή μια κι έξω* (= σε μια φορά)· *μια και κάτω* (= μονορούφι): *το ήπια μια και κάτω· ~ σου και ~ μου* (για ανταπόδοση κάποιου κακού ή διεκδίκηση των ίδιων πραγμάτων): *αφού με ξεγέλασες, τώρα θα δεις! ~ σου και ~ μου· μια στις τόσες ή στο τόσο* (= πολύ σπάνια): *αυτό το πράγμα συμβαίνει μια στις τόσες, πού να το φανταστώ· μίαν των ημερών* (= κάποτε)· *μια φορά* (= **1.** κάποτε: *μια φορά πήγα σ' ένα χωριό και...* **2.** πάντως: *εγώ μια φορά σε προειδοποίησα)· μια φορά κι έναν καιρό* (= κάποτε, τυπική αρχή παραμυθιού)· *μια χαρά* (= πολύ ωραία, περίφημα: *αισθάνομαι μια χαρά· τα πάνε μια χαρά οι δυο τους· μόνο μια και δυο...;* (= πολλές φορές): *μόνο μια και δυο του έκανα παρατήρηση· αλλά δε βάζει μυαλό!*

μιαίνω, ρ. (ασυνίζ., λόγ.). **1.** ενεργ. **1.** μολύνω ηθικά. **2.** καταπατώ, παραβιάζω την ιερότητα χώρου ή πράγματος, βεβηλώνω: *οι εθνικοί -ίαναν τους ναούς των χριστιανών.* **II.** μέσ. **1.** μολύνομαι ηθικά. **2.** αμαρτάνω, κολάζομαι.

μιάμιση, βλ. *ενάμισης.*

μίανση η, ουσ., το να μιαίνεται κάποιος ή κάτι.

μίαν ωραίαν πρωίαν αρχαϊστ. έκφρ. = κάποτε.

μιαουρίζω, ρ. (συνιζ.). **1.** νιαουρίζω. **2.** (μεταφ.) κλαψουρίζω. [*μιάου* + *-ρίζω*].

μιαούρισμα το, ουσ. (συνιζ.). **1.** νιαούρισμα. **2.** (μεταφ.) κλαψούρισμα.

μιαρός, -ή, -ό, επίθ. (ασυνίζ., λόγ.). **1.** ανήθικος, φαύλος, αχρείος. **2.** ανίερος, ανόσιος.

μίασμα το, ουσ. **1.** αυτό που προκαλεί μόλυνση, νοσογόνο αίτιο· (ιατρ.) η υποτιθέμενη (κατά την εποχή πριν από την ανακάλυψη των μικροβίων) παθολογική εκπομπή των ουσιών που βρίσκονται σε σήψη: *~ επικίνδυνο / θανατηφόρο / της χολέρας.* **2.** (μεταφ.) *το ~ των ναρκωτικών.*

μιασματικός, -ή, -ό, επίθ. (ασυνίζ.). **1.** που προξενεί μόλυνση, μολυσματικός: *ασθένεια -ή.* **2.** (ιατρ.) **α.** που περιέχει, που αποβάλλει μιάσματα: *έλος -ό·* **β.** που προέρχεται από μίασμα: *πυρετός ~.*

μιγαδικός, -ή, -ό, επίθ. (μαθημ.) *~ αριθμός ή -ή ποσότητα* = που αποτελείται από πραγματικές και φανταστικές μονάδες.

μιγάς ο, γεν. *-άδος,* ουσ., αυτός που γεννήθηκε από γονείς που ανήκουν σε διαφορετική φυλή.

μίγδην, βλ. *φύρδην μίγδην.*

μίγμα το, ουσ. **1.** προϊόν που λαμβάνεται από την ανάμιξη διάφορων συστατικών σε καθορισμένες αναλογίες: *~ εύφλεκτο / μυστικό· (για ζύμη): ~ από αλεύρι, αβγά...· αφήνω το ~ να φουσκώσει.* **2.** (χημ.) σώμα που αποτελείται από δύο ή περισσότερα συστατικά (στοιχεία ή χημικές ενώσεις) σε τυχαίες αναλογίες χωρίς να συμβεί χημική αντίδραση: *~ ετερογενές* (= που τα συστατικά του διακρίνονται ευχερώς, π.χ. το έδαφος) / *ομογενές* (= που τα συστατικά του δε διακρίνονται, π.χ. το αλατόνερο)· *~ σιδήρου και θείου.*

μίζα και **μίτζα** η, ουσ. (λαϊκ.). **1.** το αρχικό ποσό που πρέπει να καταβάλει ένας παίκτης τυχερού παιγνιδιού (συνών. *πόστα*). **2.** μερίδιο, προμήθεια, αμοιβή για ύποπτες εκδουλεύσεις: *πήρε γερή ~ για τη δουλειά.* **3.** (τεχν.) συσκευή στη μηχανή του αυτοκινήτου με την οποία πραγματοποιείται το ξεκίνημα: *έμεινε από ~· γυρίζω τη ~* (= το διακόπτη για ξεκίνημα). [γαλλ. *mise*].

μιζέρια η, ουσ. (συνιζ.). **1.** το να είναι κανείς ή να δείχνει ότι είναι σε αξιολύπητη κατάσταση, αθλιότητα, κακομοιριά: *~ απερίγραπτη· τι ~!* **2.** μεγάλη φτώχεια έως και τη στέρηση των απόλυτα αναγκαίων: *μαύρη· ζω στη ~· γλυτώνω απ' τη ~.* **3.** υπερβολική ιδιοτροπία ακόμη και σε μικρά και ασήμαντα θέματα: *μεγάλη ~ σ' έχει πιάσει τελευταία* (συνών. *γκρίνια, δυστροπία*). **4.** φιλαργυρία, τσιγγουνιά: *~ ανείπωτη* (αντ. *απλοχεριά*). **5.** έλλειψη εμπορικών συναλλαγών, κοιν. *κεσάτια.* [ιταλ. *miseria*].

μίζερος, -η, -ο, επίθ. **1.** (για πρόσωπα και πράγματα) που είναι ή δείχνει ότι είναι αξιολύπητος, άθλιος, κακομοίρης: *γεροντάκι -ο· ζωή -η.* **2.** (για πράγματα) α. πενιχρός, φτωχικός: *διαμέρισμα -ο· παρουσιαστικό -ο·* **β.** ανεπαρκής, γλίσχρος: *μεροκάματο -ο· ποσό -ο* (= πολύ μικρό). **3.** (για πρόσωπα) που δεν ικανοποιείται εύκολα, ιδιότροπος ακόμη και σε ασήμαντα πράγματα (συνών. *δύστροπος*). **4.** φιλάργυρος, τσιγγούνης (αντ. *γενναιόδωρος, απλοχέρης*). [ιταλ. *misero*].

μιθραϊκός, -ή, -ό, επίθ., που ανήκει ή αναφέρεται στο Μίθρα: *λατρεία -ή.*

μιθριδατισμός ο, ουσ., βαθμιαίος εθισμός του ανθρώπινου οργανισμού σε δηλητηριώδεις ουσίες. [κύρ. όν. *Μιθριδάτης*].

μικάδος ο, ουσ., αυτοκράτορας της Ιαπωνίας. [ιαπωνικό *mi-kado*].

μίκι-μάους το, ουσ. άκλ. **1.** (στη σημασ. αυτή με κεφ.) μικρός τετραπέρατος ποντικός τον οποίο επινόησε ο Walt Disney για να αποτελέσει τον κεντρικό ήρωα σε ταινίες κινούμενων σχεδίων μικρού μήκους που απευθύνονται σε παιδιά. **2.** (συνεκδοχικά) κινηματογραφική ταινία κινούμενων σχεδίων. **3.** (συνεκδοχικά, συνήθως στον πληθ.) παιδικά περιοδικά εικονογραφημένα με σχέδια: *μικροί διαβάζαμε ~.* [αγγλ. *Mickey Mouse*].

μικραίνω, ρ. αόρ. *μίκρυνα.* **Α. μτβ. 1.** κάνω κάτι μικρότερο, περιορίζω το μέγεθος, τις διαστάσεις του (συνών. ελαττώνω, μειώνω· αντ. μεγαλώνω). **2.** συντομεύω: *~ απόσταση / ένα κείμενο.* **Β. αμτβ. 1.** γίνομαι μικρότερος: *το παιδί ψήλωσε και του -υναν τα ρούχα του.* **2.** γίνομαι συντομότερος: *οι μέρες άρχισαν να -ουν* (αντ. *μεγαλώνω*).

μικρανεψιός ο, θηλ. **-ιά,** ουσ. (συνίζ.). **1.** παιδί ξαδέρφου ή ξαδέρφης. **2.** παιδί ανεψιού ή ανεψιάς.

μικράνθρωπος ο, επίθ., άνθρωπος ασήμαντος, ανθρωπάκι.

Μικρασιάτης ο, θηλ. **-ισσα,** ουσ. (ασυνίζ.), αυτός που κατοικεί στη Μικρά Ασία ή κατάγεται από εκεί: *η μάνα του ήταν -ισσα.*

μικρασιατικός, -ή, -ό, επίθ. (ασυνίζ.), που ανήκει ή αναφέρεται στη Μικρά Ασία: *παράλια -ά· καταγωγή -ή· Μ-ή εκστρατεία / καταστροφή· ~ ελληνισμός / πολιτισμός.*

Μικρασιάτισσα, βλ. *Μικρασιάτης.*

μικράτα τα, ουσ., νηπιακή και παιδική ηλικία. ΈΚΦΡ. *από τα ή στα ~ μου* (= από τότε ή τότε που ήμουν μικρός): *από τα ~ του είχε αυτό το ελάττωμα.*

μικρέμπορας, βλ. *μικρέμπορος.*

μικρεμπόριο το, ουσ. (έρρ., ασυνίζ.), εμπόριο που γίνεται με περιορισμένα κεφάλαια, εμπόριο ψιλικών, φτηνών ειδών (αντ. *μεγαλεμπόριο*).

μικρέμπορος και (λαϊκ.) **μικρέμπορας** ο, ουσ. (έρρ.), έμπορος που διαθέτει περιορισμένα κεφάλαια, έμπορος φτηνών ειδών (συνών. *εμποράκος*· αντ. *μεγαλέμπορος*).

μικρ(ο)-, α΄ συνθ. λέξεων που προσδίδει στο β΄ συνθ. **α.** την έννοια του μικρού, του περιορισμένου ή του ασήμαντου ή αναφέρεται σε κάποιον ή κάτι μικρό, π.χ. *μικροεπαγγελματίας, μικροδουλειά, μικρομάγαζο, μικροφίλμ, μικροδιαφορά·* **β.** (για μονάδες μέτρησης) την έννοια του ενός εκατομμυριοστού, π.χ. *μικροαμπέρ, μικροβόλτ.*

μικροαμπέρ το, ουσ. άκλ. (έρρ.), μονάδα έντασης του ηλεκτρικού ρεύματος ίση με το ένα εκατομμυριοστό του αμπέρ. [γαλλ. *micro-ampère*].

μικροανάλυση η, ουσ., χημική ανάλυση με ειδικά όργανα και με σκοπό την εξέταση πολύ μικρών ποσοτήτων ύλης.

μικροαντικείμενο το, ουσ. (έρρ.), ευτελές αντικείμενο μικρού μεγέθους: *πώληση -ων.*

μικροαστή, βλ. *μικροαστός.*

μικροαστικός, -ή, -ό, επίθ., που ανήκει ή αναφέρεται στους μικροαστούς: *τάξη -ή· συνήθειες -ές* (αντ. *μεγαλοαστός*).

μικροαστισμός ο, ουσ., συνήθειες των μικροαστικών κοινωνικών στρωμάτων.

μικροαστός ο, θηλ. **-ή** η, ουσ. **1.** αυτός που ανήκει στα μέσα ή χαμηλότερα στρώματα της αστικής τάξης, που περιλαμβάνουν τους μικροεπιχειρηματίες και τους χαμηλόμισθους. **2.** (συχνά ειρων. ή υποτιμητικά) αυτός που χαρακτηρίζεται από τη μίζερη νοοτροπία των μικροαστών.

μικροατύχημα το, ουσ., ατύχημα χωρίς σοβαρές συνέπειες.

μικροβιαιμία η, ουσ. (ασυνίζ.), (ιατρ.) παρουσία στο αίμα παθογόνων μικροβίων.

μικροβιακός, -ή, -ό, επίθ. (ασυνίζ.), σχετικός με τα μικρόβια: *εξέταση / ανάλυση -ή· πόλεμος ~.* - Επίρρ. **-ώς.**

μικρόβιο το, ουσ. (ασυνίζ.), (βιολ.) μονοκύτταρος ζωικός ή φυτικός μικροοργανισμός, συνήθως παθογόνος, ορατός μόνο με μικροσκόπιο.

μικροβιοκτόνος, -α, -ο, επίθ. (ασυνίζ.), (ιατρ.) που σκοτώνει τα μικρόβια: *αλοιφή -α.*

μικροβιολογία η, ουσ. (ασυνίζ.), (ιατρ.) επιστήμη με αντικείμενο την έρευνα και τη μελέτη των μικροβίων (συνών. *βακτηριολογία*).

μικροβιολογικός, -ή, -ό, επίθ. (ασυνίζ.), που σχετίζεται με τη μικροβιολογία: *εξέταση -ή* (συνών. *βακτηριολογικός*). - Επίρρ. **-ώς.**

μικροβιολόγος ο, ουσ. (ασυνίζ.), (ιατρ.) ειδικός επιστήμονας που ασχολείται με τη μικροβιολογία.

μικροβιομετρία η, ουσ. (ασυνίζ.), (ιατρ.) μέτρηση των διαστάσεων των μικροοργανισμών με τη βοήθεια μικροσκοπίου.

μικροβιόμετρο το, ουσ. (ασυνίζ.), ειδικό μικροσκόπιο με το οποίο γίνεται η μέτρηση των διαστάσεων των μικροβίων.

μικροβιομηχανία η, ουσ. (ασυνίζ.), μικρή σε εγκαταστάσεις και σε παραγωγή βιομηχανία.

μικροβιομήχανος ο, ουσ. (ασυνίζ.), ιδιοκτήτης μικροβιομηχανίας.

μικροβόλτ το, ουσ. άκλ. (φυσ.) μονάδα ηλεκτρεγερτικής ισχύος ίση με ένα εκατομμυριοστό του βολτ. [γαλλ. *microvolt*].

μικρογραμμάριο το, ουσ. (ασυνίζ.), το ένα εκατομμυριοστό του γραμμαρίου. [γαλλ. *microgramme*].

μικρογράμματος, -η, -ο, επίθ., γραμμένος με μικρά (όχι κεφαλαία) γράμματα: *γραφή -η* (αντ. *μεγαλογράμματος, κεφαλαιογράμματος*).

μικρογραφία η, ουσ. **1α.** αναπαράσταση προσώπου ή αντικειμένου σε σμίκρυνση, εικόνα εξαιρετικά μικρών διαστάσεων· (συνεκδοχικά) κάθε αντικείμενο τέχνης μικρών διαστάσεων (συνών. *μινιατούρα*)· **β.** (μεταφ.) κάποιος ή κάτι που έχει τα χαρακτηριστικά ενός ομοειδούς του σε πολύ μικρότερη κλίμακα: *το βιβλίο αυτό αποτελεί ~ μιας ολόκληρης εποχής.* **2.** γραφή με μικροσκοπικά γράμματα. **3.** έρευνα ή φωτογράφιση με μικροσκόπιο, σε αντιδιαστολή με αυτή που γίνεται με κοινό φακό ή με γυμνό μάτι.

μικρογραφικός, -ή, -ό, επίθ., που έχει σχέση με τη μικρογραφία ή που γίνεται μ' αυτήν: *-ή αναπαράσταση ναού.*

μικρογράφος ο, ουσ. **1.** που φιλοτεχνεί μικρογραφίες, που διακοσμεί με μικρογραφίες βιβλία, χειρόγραφα, κώδικες, κλπ. **2.** όργανο σχεδίασης (είδος παντογράφου) με το οποίο επιτυγχάνεται η σχεδίαση εικόνων με σμίκρυνση.

μικρογραφώ, ρ. **1.** ασχολούμαι με τη μικρογραφία (βλ. λ.), αναπαριστάνω κάτι σε σμίκρυνση. **2.** διακοσμώ με μικρογραφίες.

μικροδείχνω, ρ., φαίνομαι μικρότερος στην ηλικία από όσο είμαι (αντ. *μεγαλοδείχνω*).

μικροδιάστατος, -η, -ο, επίθ. (ασυνίζ.), που έχει μικρές διαστάσεις, μικρός σε μέγεθος: *σαλόνι -ο.*

μικροδουλειά η, ουσ. (συνιζ.), ασήμαντη, ανάξια λόγου εργασία ή υπόθεση.

μικροεμπόριο, βλ. *μικρεμπόριο.*

μικροέμπορος, βλ. *μικρέμπορος.*

μικροέξοδο το, ουσ., ασήμαντη, ανάξια λόγου δαπάνη· (συνήθως στον πληθ.) = οι συνηθισμένες καθημερινές μικρές δαπάνες.

μικροεπαγγελματίας ο, ουσ., επαγγελματίας που ασκεί επάγγελμα με περιορισμένη δραστηριότητα.

μικροεπιχειρηματίας ο, ουσ., επιχειρηματίας που κινείται σε περιορισμένο πεδίο οικονομικής δραστηριότητας (αντ. *μεγαλοεπιχειρηματίας*).

μικροζημιά η, ουσ. (συνιζ.), ζημιά ασήμαντη σε έκταση και σημασία.

μικροϊδιοκτήτης ο, θηλ. **-τρια**, ουσ. (ασυνίζ.), κάτοχος ακίνητης περιουσίας μικρής έκτασης και αξίας: *~ γης· ο νόμος για τις μισθώσεις ακινήτων προστατεύει τα συμφέροντα των -ών* (αντ. *μεγαλοϊδιοκτήτης*).

μικροκαμωμένος, -η, -ο και **μικροκάμωτος**, επίθ. (κυρίως για άνθρωπο) μικρού μεγέθους, μικρών διαστάσεων: *άνθρωπος ~· λουλούδι -κάμωτο* (αντ. *μεγαλόσωμος, ογκώδης*).

μικροκεφαλία η, ουσ. (ανθρωπολ.) ατελής από άποψη μεγέθους διάπλαση του κεφαλιού, που συνήθως συνοδεύεται από διανοητική ανεπάρκεια.

μικροκέφαλος, -η, -ο, επίθ., που πάσχει από μικροκεφαλία, άτομο με ατελή από άποψη μεγέθους διάπλαση του κεφαλιού (αντ. *μεγαλοκέφαλος*).

μικροκλεψιά και **μικροκλοπή** η, ουσ., κλοπή αντικειμένων ή χρηματικού ποσού μικρής αξίας.

μικρόκοσμος ο, ουσ. 1. ο κόσμος σε μικρογραφία· (φιλοσ.) ο άνθρωπος ή η ανθρώπινη φύση ως μικρογραφία του κόσμου, του σύμπαντος (αντ. *μακρόκοσμος*). 2. σύνολο (κοινωνική ομάδα, δραστηριότητα, τόπος) που έχει όλα τα χαρακτηριστικά ενός πολύ ευρύτερου ομοειδούς συνόλου, ώστε να αποτελεί μικρογραφία του: *το οικοτροφείο ήταν ένας ~, ένα ομοίωμα της κοινωνίας.* 3. το σύνολο των μικρών στην ηλικία, των παιδιών: *ο ~ ξεχύθηκε στην αυλή με φωνές και τραγούδια.*

μικροκτηματίας ο, ουσ., που έχει μικρή κτηματική περιουσία (αντ. *μεγαλοκτηματίας*).

μικροκύματα τα, ουσ. (φυσ.) ηλεκτρομαγνητικοί παλμοί: *φούρνος -άτων* (= φούρνος που λειτουργεί με ηλεκτρομαγνητικούς παλμούς).

μικροκύτταρο το, ουσ. (ιατρ.) εκφυλισμένο, ατροφικό ερυθρό αιμοσφαίριο που παρατηρείται σε μερικές μορφές αναιμίας.

μικρολόγημα το, ουσ. α. συζήτηση για ασήμαντα πράγματα ή ζητήματα· β. (κατ' επέκταση) ασήμαντη υπόθεση.

μικρολογία η, ουσ., συζήτηση για ασήμαντα πράγματα.

μικρολόγος, -ος, -ο, επίθ. (συνήθως μειωτ.) που μιλά για ασήμαντα θέματα ή ασχολείται με τέτοια θέματα.

μικρολογώ, -είς, ρ., μιλώ για ασήμαντα θέματα.

μικρομάγαζο το, ουσ., μικρό μαγαζί (βλ. λ.), μικρό σε εμβαδόν και (κατ' επέκταση) σε ποικιλία προσφερόμενων αγαθών κατάστημα (συνών. *μαγαζάκι*).

μικρομαστία η, ουσ. (ιατρ.) ελλιπής ανάπτυξη, ατροφία των μαστών της γυναίκας και των θηλυκών θηλαστικών ζώων (αντ. *μεγαλομαστία*)

μικρομάτης, βλ. *μικρόφθαλμος*.

μικρομέγαλος, -η, -ο, επίθ. (για παιδί) που έχει τρόπους, ύφος και γενικά συμπεριφορά ενηλίκου.

μικρομεσαίος, -α, -ο, επίθ. (οικον.) που το εύρος της οικονομικής δραστηριότητας τον κατατάσσει μεταξύ των ασθενέστερων και των μεσαίων: *επαγγελματίας ~· επιχείρηση -α.* - Το αρσ. στον πληθ. ως ουσ. = το σύνολο των ατόμων που από άποψη περιουσιακής και εισοδηματικής κατάστασης ανήκουν στις ασθενέστερες και μεσαίες κοινωνικοοικονομικές τάξεις.

μικρομετεωρίτης ο, ουσ., μετεωρίτης μικρού μεγέθους.

μικρόμετρο το, ουσ., όργανο για την ακριβή μέτρηση μικρών διαστάσεων· (ειδικότερα, ναυτ.) είδος φορητού διαστημόμετρου για τη μέτρηση αποστάσεων ιδίως μεταξύ πλοίων στις ναυτικές ασκήσεις.

μικρόμυαλος, -η, -ο, επίθ. 1. που έχει μικρό μυαλό, που δεν έχει ευρύτητα πνεύματος: *πολιτικός ~· διευθύντρια -η.* 2. που ταιριάζει σε μικρόμυαλο ή προέρχεται από μικρόμυαλο: *σχεδιασμός ~* (συνών. *στις σημασ. 1 και 2 στενόμυαλος, στενοκέφαλος*).

μικρόν το, ουσ. (φυσ.) μονάδα μήκους ίση με το ένα χιλιοστό του χιλιοστόμετρου (διεθνές σύμβολο *μ*). [γαλλ. *micron*].

μικρόνοια η, ουσ. (ασυνίζ.). α. το να έχει κάποιος περιορισμένο νου, στενότητα αντίληψης, στενοκεφαλιά· β. διανοητική ανεπάρκεια, καθυστέρηση.

μικρονοϊκός, -ή, -ό, που χαρακτηρίζεται από μικρόνοια: *αντίληψη -ή.*

μικρόνους, -ους, -ου, επίθ. (λόγ.), άτομο με στενότητα αντίληψης, διανοητικώς ανεπαρκές, καθυστερημένο.

μικροοικονομία η, ουσ. 1. (οικον.) κλάδος της οικονομίας που μελετά την οικονομική δραστηριότητα των ατόμων. 2. η οικονομική δραστηριότητα των ατόμων.

μικροοργανισμός ο, ουσ. (βιολ.) φυτικός ή ζωικός οργανισμός που είναι ορατός μόνο με το μικροσκόπιο (συνών. *μικρόβιο*).

μικροπαντρεύω, ρ. (έρρ.). I. (ενεργ.) παντρεύω τα παιδιά μου σε μικρή ηλικία: *-εψε την κόρη του.* II. (συνηθέστερα μέσ.) παντρεύομαι νέος. - Η μτχ. παρκ. στο θηλ. ως ουσ.

μικροπολεμική η, ουσ., πολεμική που ασκείται με ταπεινά μέσα.

μικροπολιτικός, -ή, -ό, επίθ. (μειωτ.) 1. που έχει σχέση με τις ιδιοτέλειες της πολιτικής: *συμφέροντα -ά· σκοπιμότητες -ές.* 2. (για πολιτικό) που ενδιαφέρεται αποκλειστικά για την εξυπηρέτηση των πολιτικών του συμφερόντων. - Το θηλ. ως ουσ. = η άσκηση της πολιτικής με άξονα τα ατομικά συμφέροντα του πολιτικού.

μικροπράγματα τα, ουσ. 1. αντικείμενα μικρής αξίας: *είχε γεμίσει το σπίτι ~.* 2. ζητήματα ασήμαντα, υποθέσεις ανάξιες λόγου: *καβγάς για ~.*

μικροπρέπεια η, ουσ. (ασυνίζ.), αναξιοπρέπεια, ευτέλεια στο χαρακτήρα: *συμπεριφορά γεμάτη ~* (συνών. *μικρότητα, χαμέρπεια·* αντ. *αξιοπρέπεια*).

μικροπρεπής, -ής, -ές, γεν. **-ούς**, πληθ. αρσ. και θηλ. **-είς**, ουδ. **-ή**, επίθ., που έχει ευτελή χαρακτήρα, αναξιοπρεπής· *χαρακτήρας / άνθρωπος / συμπεριφορά ~* (συνών. *μικρός, χαμερπής·* αντ. *αξιοπρεπής*).

μικρός, -ή, -ό, επίθ., συγκρ. *μικρότερος*, υπερθ. *ελάχιστος*. 1. που έχει περιορισμένες διαστάσεις (μήκος, επιφάνεια, όγκο): *διάδρομος ~· ψυγείο -ό· αίθουσα -ή.* 2. ολιγάριθμος: *ομάδα / συντροφιά*

μικροσεισμός

-ή. 3. λίγος, ανεπαρκής: *περιουσία -ή· χρονικά περιθώρια -ά*. 4. που δεν έχει μεγάλη ένταση: (για φυσικά φαινόμενα) *σεισμός ~·* (για συναισθήματα) *χαρά -ή· καημός ~*. 5. ασήμαντος, ανάξιος λόγου: *-ό το κακό· ασχολείται με μια -ή υπόθεση*. 6. (για ηλικία) α. ανήλικος: *όσο είσαι ~ δεν μπορείς να μένεις έξω ως αργά*· β. νεαρός, νέος: *είναι ~ ακόμη για γάμο·* (σε επανάληψη για επίταση) *ή ~ ~ παντρέψου ή ~ καλογερέψου* (παροιμ. φρ.). 7. ταπεινός, ανίσχυρος, φτωχός: *έθνος -ό· χώρα -ή*. 8. (μεταφ.) αναξιοπρεπής, μικροπρεπής: *η συμπεριφορά του δείχνει -ό άνθρωπο* (αντ. στις σημασ. 1-7 *μεγάλος*). Εκφρ. *από τα -ά* (= από τα παιδικά χρόνια)· *γράμματα -ά* (= που δεν είναι κεφαλαία)· *-ές αγγελίες* (= μικρές ανακοινώσεις ή διαφημίσεις που καταχωρίζονται σε ειδικές συνήθως σελίδες του ημερήσιου τύπου). Φρ. *είναι -ό μυαλό* (= δεν είναι αρκετά ευφυής). - Το αρσ. και το θηλ. ως ουσ. = α. *παιδί: ο ~ δεν ξύπνησε ακόμη*· β. παιδί ή νεαρός που δουλεύει σε κατάστημα ή γραφείο ως βοηθός, κ.τ.ό.· γ. (στον πληθ.) οι ανίσχυροι: *οι -οί πάντα πληρώνουν τα λάθη των μεγάλων*. - Το ουδ. ως ουσ. = βρέφος, μωρό. - Υποκορ. **-ούλης, -ούλα, -ούλι** και **-ούλικος, -η, -ο**. - Βλ. και *ελάχιστος*.

μικροσεισμός ο, ουσ., σεισμός με μικρή ένταση, μόλις αισθητός.

μικροσκοπία η, ουσ. (μικροβιολ.) η εξέταση αντικειμένου με μικροσκόπιο. [*μικρός* + αρχ. *σκοπέω -ώ*].

μικροσκοπικός, -ή, -ό, επίθ. 1α. που γίνεται με το μικροσκόπιο: *η ασθένειά του θα προσδιοριστεί μόνο με -ή εξέταση·* β. που είναι ορατός μόνο με το μικροσκόπιο: *οργανισμός ~*. 2. που είναι πολύ μικρός: *γράμματα -ά*. 3. (για πρόσωπο) μικρού αναστήματος και όχι παχύς.

μικροσκόπιο το, ουσ. (ασυνίζ.), (μικροβιολ.) οπτικό όργανο που χρησιμοποιείται για την εξέταση πολύ μικρών αντικειμένων που συνήθως δεν είναι ορατά με γυμνό μάτι.

μικροσυμπλοκή η, ουσ. (έρρ.), συμπλοκή χωρίς σοβαρές συνέπειες.

μικροσυμφέρον το, ουσ. (συνηθέστερα στον πληθ.) περιορισμένα υλικά οφέλη.

μικροταινία η, ουσ., μικροφίλμ (βλ. λ.).

μικροτέχνημα το, ουσ., καλλιτεχνικό έργο μικρών διαστάσεων (συνών. *μινιατούρα*).

μικροτέχνης ο, θηλ. **-ισσα**, ουσ., αυτός που φιλοτεχνεί καλλιτεχνικά έργα μικρών διαστάσεων, κομψοτεχνήματα.

μικροτεχνία η, ουσ., η τέχνη της κατασκευής μικροτεχνημάτων, τα μικροτεχνήματα στο σύνολό τους.

μικροτεχνικός, -ή, -ό, επίθ., που έχει σχέση με τη μικροτεχνία.

μικροτέχνισσα, βλ. *μικροτέχνης*.

μικροτεχνίτης ο, θηλ. **-ισσα** και **-τρα**, ουσ. 1. αυτός που κατασκευάζει μικροτεχνήματα, ο τεχνίτης μικρών καλλιτεχνημάτων. 2. τεχνίτης κατάλληλος για μικρότερης σημασίας δουλειές.

μικρότητα η, ουσ., ευτελής, μικροπρεπής συμπεριφορά (συνών. *μικροπρέπεια, αναξιοπρέπεια*).

μικροτραυματισμός ο, ουσ., τραυματισμός χωρίς σοβαρές συνέπειες.

μικρούλης και **μικρούλικος**, βλ. *μικρός*.

μικρούτσικος, -η, -ο, επίθ. α. (προκειμένου για μέγεθος) πολύ μικρός· β. (προκειμένου για ηλικία) πολύ ή κάπως μικρός (αντ. στις σημασ. α και β *μεγαλούτσικος*).

μικροφέρνω, ρ., μικροδείχνω (βλ. λ.).

μικρόφθαλμος, -η, -ο, επίθ., που έχει μικρά μάτια (συνών. *μικρομάτης·* αντ. *μεγαλόφθαλμος, μεγαλομάτης*).

μικροφίλμ το, ουσ. άκλ. (τεχνολ.) φωτογραφικό φιλμ που αποτελείται από διαδοχικές φωτογραφίες, που αναπαράγουν με πολύ περιορισμένες διαστάσεις διάφορα αντικείμενα ή κείμενα για αρχειοθέτηση (συνών. *μικροταινία*).

μικροφιλοδοξία η, ουσ., το να φιλοδοξεί κανείς να επιτύχει μικρά, ασήμαντα πράγματα (αντ. *μεγαλοπραγμοσύνη, μεγαλομανία*).

μικροφιλόδοξος, -η, -ο, επίθ., που έχει μικρές, ανάξιες λόγου φιλοδοξίες (αντ. *μεγαλοπράγμονας, μεγαλομανής*).

μικροφιλοτιμία η και **μικροφιλότιμο** το, ουσ. 1. το να επιδιώκει κανείς τη διάκριση σε μικρά, ανάξια λόγου πράγματα. 2. ευθιξία για μικρά και ανάξια λόγου ζητήματα: *η ~ του τον κάνει να παρεξηγεί τους άλλους με το παραμικρό*.

μικροφιλότιμος, -η, -ο, επίθ. 1. που επιδιώκει τη διάκριση σε μικρά και ασήμαντα πράγματα. 2. που είναι εύθικτος για ανάξια λόγου ζητήματα.

μικρόφωνο το, ουσ. (τεχνολ.) συσκευή που μετατρέπει τον ήχο σε ηλεκτρική ενέργεια για την πραγματοποίηση μαγνητικής εγγραφής ή για την ενίσχυσή του.

μικροφωτογραφία η, ουσ. (τεχνολ.) 1. φωτογραφία μικροοργανισμών ή μικροσκοπικών παρασκευασμάτων που παίρνεται με τη βοήθεια μικροσκοπίου: *-ίες από τη δραστηριότητα των μικροβίων*. 2. φωτογράφιση μικροσκοπικών παρασκευασμάτων. 3. φωτογραφία πολύ μικρών διαστάσεων.

μικροχαρά η, ουσ., χαρά για καθημερινά, κοινά πράγματα.

μικρόχαρος, -η, -ο, επίθ., που χαίρεται για μικρά, ανάξια λόγου πράγματα.

μικροχημεία η, ουσ., κλάδος της χημείας που έχει αντικείμενο τη μελέτη εξαιρετικά μικρών ποσοτήτων ύλης.

μικροψυχία η, ουσ., η ιδιότητα του μικρόψυχου: *η χαιρεκακία είναι δείγμα -ας* (αντ. *μεγαλοψυχία, γενναιοψυχία*).

μικρόψυχος, -η, -ο, επίθ., που δεν μπορεί να αρθεί ψυχικώς σε μια βαθύτερη αντίληψη των γεγονότων της ζωής (αντ. *μεγαλόψυχος, γενναιόψυχος*).

μικτός, -ή, -ό, επίθ., που αποτελείται από στοιχεία διαφορετικής φύσης: *σχολείο -ό* (με αγόρια και κορίτσια)· *γλώσσα -ή* (με στοιχεία δημοτικής και καθαρεύουσας)· (μαθημ.) *αριθμός ~* (που έχει ένα ακέραιο και ένα δεκαδικό τμήμα) (συνών. *ανάμικτος·* αντ. *αμιγής*).

μιλανέζα, άκλ. (σε θέση επίθ.), για φαγητό που παρασκευάζεται κατά τον τρόπο των Μιλανέζων: *πιλάφι ~* (= πιλάφι που μαγειρεύεται με κομμάτια κοτόπουλου, βούτυρο, κρεμμύδι και άσπρο κρασί). [ιταλ. *alla milanese*].

Μιλανέζα, βλ. *Μιλανέζος*.

μιλανέζικος, -η, -ο, επίθ., που προέρχεται από το Μιλάνο.

μιλέδη η, τιμητικός τίτλος γυναικών στην Αγγλία. [αγγλ. *milady < my lady*].

μίλημα το, ουσ., η να μιλεί κάποιος, ομιλία: *δεν κουράστηκες ύστερα από τόσο ~;*

μιλητό το, ουσ., μίλημα.

μίλι το, ουσ. 1. μονάδα μήκους για τη μέτρηση μεγάλων αποστάσεων που ποικίλλει κατά τόπους και εποχές: *ναυτικό ~* (= 1852 μέτρα). 2. στον πληθ. και ειδικά στην έκφρ. *-ια μακριά* (για να δηλωθεί μεγάλη απόσταση).

μιλιά η, ουσ. (συνιζ.). 1. το να μιλεί κάποιος, μίλημα, ομιλία· φρ. *δεν έβγαλε ~ / του κόπηκε η ~* (= δε μίλησε, δεν μπόρεσε να αρθρώσει λέξη)· παροιμ. *γλώσσα έχει και ~ δεν έχει* (για ολιγόλογο άτομο)· *ασημένια μου ~, χρυσή μου βουβαμάρα* (για να τονιστεί η αξία της σιωπής). 2. ως επιφών., για να συστήσει κάποιος: α. σιωπή (συνών. *τσιμουδιά*)· β. εχεμύθεια: *για όσα είπαμε, μιλιά!* Βλ. και ά. *ομιλία*.

μιλιοδείκτης ο, ουσ. (ασυνίζ.), καθεμιά από τις μικρές στήλες που τοποθετούνται στις πλευρές δρόμου σε απόσταση ενός μιλίου μεταξύ τους και έχουν πάνω τους χαραγμένο τον αριθμό των μιλίων από το σημείο που αρχίζει η μέτρηση.

μιλιούνι το, ουσ. (ασυνίζ.). 1. εκατομμύριο. 2. στον πληθ., για να δηλωθεί μεγάλο πλήθος: *σαράντα -ια διαόλοι* (Μπαστιάς)· *-ια κόσμος*. [ιταλ. *millione*].

μιλιταρισμός ο, ουσ., πολιτική που τείνει στην αύξηση της στρατιωτικής δύναμης μιας χώρας και την προετοιμασία για κατακτητικούς πολέμους· η θεωρία εκείνων που δίνουν υπεροχή στους στρατιωτικούς και υποστηρίζουν ότι η διοίκηση των κοινών πρέπει να ασκείται από αυτούς και όχι από τους πολιτικούς (συνών. *στρατοκρατία*). [γαλλ. *militarisme*].

μιλιταριστής ο, θηλ. **-τρια**, ουσ., οπαδός του μιλιταρισμού.

μιλιταριστικός, -ή, -ό, επίθ., που σχετίζεται με το μιλιταρισμό ή τους μιλιταριστές.

μιλιταρίστρια, βλ. *μιλιταριστής*.

μιλόρδος ο, τιμητικός τίτλος ανδρών στην Αγγλία. [αγγλ. *milord<my lord*].

μιλφέιγ το, ουσ. άκλ. είδος γλυκού που παρασκευάζεται με στρώματα από πολλά φύλλα ανάμεσα στα οποία τοποθετείται κρέμα. [γαλλ. *millefeuille*].

μιλώ, -άς/-είς, κλπ., ρ. 1. λέω κάτι δυνατά χρησιμοποιώντας τη φωνή μου, εκφράζομαι: *στεκόταν συλλογισμένος, αλλά δε -ούσε· μόνος σου -άς;· -εί ασταμάτητα / ορθά κοφτά*. 2. απευθύνω το λόγο, απευθύνομαι σε κάποιον: *σε μένα -ησες; θα μπορούσα να -ήσω στο διευθυντή*; 3. συζητώ, συνομιλώ: *-ήσαμε για πολλά θέματα*. 4. κάνω λόγο για κάτι, πραγματεύομαι: *το βιβλίο -εί για το ηλιακό μας σύστημα· μου -ησε για τα προβλήματα που αντιμετωπίζει*. 5. εκφωνώ λόγο: *στη συγκέντρωση θα -ήσει ο πρόεδρος του συλλόγου*. 6. *~ μια γλώσσα =* γνωρίζω καλά μια γλώσσα και μπορώ να συνεννοηθώ με κάποιον σ' αυτήν: *-εί πολύ καλά ιταλικά*. 7. (ενεργ. και μέσ.) διατηρώ φιλικές σχέσεις με κάποιον: *δε -ιούνται/-ούν εδώ και τρία χρόνια* (συνών. φρ. *δε λένε καλημέρα*). Φρ. *δε -ιέται* (για κάποιον πολύ θυμωμένο ή στενοχωρημένο)· *εγώ ~, εγώ ακούω* (= δε μ' ακούει κανείς, δεν εισακούομαι)· *μαζί -άμε και χώρια καταλαβαίνουμε* (για ανθρώπους που δεν μπορούν να συνεννοηθούν)· *-άει πάνω του* (για ρούχο που δεί χνει πολύ ωραίο πάνω σε κάποιον)· *~ έξω απ' τα δόντια*, βλ. *έξω*· *~ με τ' άστρα* (= προσπαθώ να κάνω προβλέψεις για το μέλλον μελετώντας τ' άστρα)· *-άει με το «σεις» και με το «σας»* (για κάποιον ευγενέστατο και πολύ τυπικό στις σχέσεις του με τους άλλους)· *-άμε την ίδια γλώσσα*, βλ. *γλώσσα*· *~ με την τύχη μου* (= είμαι πολύ τυχερός)· *~ στο βρόντο* (= δεν εισακούομαι)· *τα -ήσαμε / τα έχουμε -ημένα* (= συζητήσαμε και συμφωνήσαμε για κάτι)· *το πράγμα -άει (από) μόνο του* (για κάτι ολοφάνερο που δε χρειάζεται άλλη εξήγηση). Παροιμ. *-ημένα τιμημένα* (= όσα συμφωνήθηκαν πρέπει να τηρηθούν). - Η μτχ. *-ημένος* = που του έχουν γίνει υποδείξεις ή παρακλήσεις να μεροληπτήσει για κάποιον: *ο εξεταστής ήταν -ημένος και τον πέρασε*. - Βλ. και *ομιλώ*.

μίμηση η, ουσ., το να μιμείται, να αντιγράφει κάποιος τις κινήσεις, τα λόγια ή τη συμπεριφορά άλλου: *η ~ είναι ο κυριότερος συντελεστής για να αναπτυχθεί η προσωπικότητα του παιδιού* (ψυχολ.).

μιμητής ο, ουσ., αυτός που μιμείται κάποιον, που ακολουθεί το παράδειγμα ή την τακτική του: *η ενέργειά μας δε βρήκε -ές*.

μιμητικός, -ή, -ό, επίθ. 1. που αναφέρεται στη μίμηση: *ικανότητα -ή*. 2. που είναι ικανός ή συνηθίζει να μιμείται: *ο πίθηκος είναι ζώο -ό*. - Το θηλ. ως ουσ. = η τέχνη της μίμησης.

μιμητικότητα η, ουσ., η ικανότητα κάποιου να μιμείται.

μιμητισμός ο, ουσ. 1. η ικανότητα κάποιου να μιμείται, μιμητικότητα. 2. (βιολ.) η ομοιότητα που εμφανίζουν ορισμένα είδη ζώων και φυτών προς το περιβάλλον όπου βρίσκονται ή προς άλλα, τελειότερα για να προστατεύονται από τους εχθρούς τους: *~ χρωματικός*.

μιμικός, -ή, -ό, επίθ., που ανήκει ή αναφέρεται στους μίμους (βλ. λ.): *τέχνη -ή· κινήσεις -ές*. - Το θηλ. ως ουσ. = η τέχνη να εκφράζει κάποιος αυτό που αισθάνεται ή επιθυμεί με μορφασμούς, χειρονομίες ή κινήσεις του σώματος.

μιμόγλωσσα η, ουσ., οι κινήσεις του κεφαλιού, τα νεύματα, οι χειρονομίες και γενικά κάθε κίνησή μας με την οποία εκφράζουμε κάτι ή επικοινωνούμε από κάποια απόσταση όταν δεν είναι δυνατό να ακουστεί η φωνή μας.

μιμογράφος ο, ουσ., ποιητής μίμων (βλ. λ.).

μιμόδραμα το, ουσ., λυρικό, περιπετειώδες δράμα που παριστάνεται με παντομίμα (συνών. *παντομίμα*).

μιμόζα η, ουσ., καλλωπιστικό φυτό, μονοετές, γνωστό και με το όνομα «μη μου άπτου», εξαιτίας της περίεργης φύσης των σύνθετων φύλλων του που, αν τα αγγίξει κανείς, μαζεύονται και κλίνουν προς τα κάτω. [ιταλ. *mimosa*].

μίμος ο, ουσ. 1. ηθοποιός της παντομίμας. 2. αυτός που μιμείται τις κινήσεις, τη φωνή ή την ομιλία άλλου, με τρόπο όπως αστείο ώστε να προκαλεί γέλιο. 3. (παλαιότερα) είδος ρεαλιστικής κωμωδίας που απεικόνιζε τη ζωή και τα ήθη των ανθρώπων.

μιμούμαι, ρ. 1. κάνω αυτό που κάνει κάποιος άλλος, προσπαθώ να παραστήσω τις κινήσεις, τη φωνή, το ύφος ενός άλλου συχνά με τρόπο που προκαλεί το γέλιο: *-είται το ύφος της πεθεράς του· ο παπαγάλος -είται τη φωνή μου*. 2α. ακολουθώ το παράδειγμα άλλου· β. (για πνευματική ή καλλιτεχνική δημιουργία) έχω κάποιον ως πρότυπο.

μίνα η, ουσ. 1. ορυχείο. 2. υπόγειο όρυγμα γεμάτο εκρηκτικές ύλες για την ανατίναξη βράχου ή του εδάφους σε έργα λατομικά, οδοποιίας ή σε πολε-

μιναδόρος

μικές επιχειρήσεις, καθώς και η ίδια η εκρηκτική ύλη. Φρ. *βάζω -ες* (= υπονομεύω, ραδιουργώ). [ιταλ. *mina*].
μιναδόρος ο, ουσ., εργάτης ειδικός στο να ανοίγει μίνες. [βενετ. *minadore*].
μιναρές ο, ουσ., ψηλός και στενός πύργος, μέρος οθωμανικού τεμένους με εξώστη από όπου ο μουεζίνης καλεί τους πιστούς να προσευχηθούν. [τουρκ. *minare*].
μίνι το, άκλ. (σε θέση επιθ.). 1. μικρός: *αυτοκίνητο ~*. 2. (ως χαρακτηρισμός γυναικείου ρούχου) κοντός, που το μάκρος του είναι πάνω από το γόνατο: *φούστα / φόρεμα ~*. - Με άρθρο ως ουσ. = το ρούχο που το μάκρος του είναι πάνω από το γόνατο: *ήρθε στη μόδα το ~*. [γαλλ. *mini*<λατ. *minimum*].
μινιατούρα η, ουσ. (συνιζ.), ζωγραφική εικόνα και γενικά κάθε αντικείμενο της τέχνης με πολύ μικρές διαστάσεις (συνών. *μικρογραφία*). [ιταλ. *miniatura*].
μινιατουρίστας ο, ουσ. (συνιζ.), καλλιτέχνης που ζωγραφίζει μινιατούρες. [ιταλ. *miniaturista*].
μίνιμουμ το, ουσ. άκλ., το κατώτατο δυνατό όριο: *το ~ της παραγωγής / της απόδοσης μιας μηχανής* (αντ. *μάξιμουμ*). [λατ. *minimum*].
μίνιο το, ουσ. (ασυνίζ.), το οξείδιο του μολύβδου· η χρωστική ουσία που έχει ως βάση το οξείδιο του μολύβδου, που έχει έντονα κόκκινο χρώμα και χρησιμοποιείται ως υπόστρωμα κατά τον ελαιοχρωματισμό σιδερένιων αντικειμένων για την προστασία τους από τη σκουριά. [λατ. *minium*].
μινιόν, άκλ. επίθ. (συνιζ.), μικροκαμωμένος, λεπτοκαμωμένος. [γαλλ. *mignon*].
μινόρε ο, ουσ. άκλ., μουσικός όρος που δηλώνει τον ελάσσονα μουσικό τρόπο, δηλ. το μουσικό διάστημα που είναι μικρότερο κατά ένα ημιτόνιο του αντίστοιχου μείζονος της μουσικής κλίμακας. [ιταλ. *minore*].
μινουέτο, βλ. *μενουέτο*.
μινούτο το, ουσ. (λαϊκ.), λεπτό της ώρας. Φρ. *στο ~* (= αμέσως): *θα σου τελειώσω τη δουλειά στο ~*. [ιταλ. *minuto*].
μιντέρι το, ουσ. (έρρ.), χαμηλός καναπές, ντιβάνι. [τουρκ. *minder*].
μινωικός, -ή, -ό, επίθ., που αναφέρεται στην περίοδο 2800-1400 π.Χ. της ιστορίας της Κρήτης: *πολιτισμός ~· ανάκτορα -ά· τοιχογραφίες -ές*.
μίξερ το, ουσ. άκλ., ηλεκτρική συσκευή για την ανάμιξη και το «χτύπημα» των υλικών φαγητού ή γλυκίσματος. [αγγλ. *mixer*].
μίξη η, ουσ., ανάμιξη, ανακάτωμα.
μιξοβάρβαρος, -η, -ο, επίθ. (συνήθως για γλώσσα) που είναι ανάμικτη με βαρβαρισμούς, που δεν είναι γνήσια ελληνική.
μιξοπάρθενη η, ουσ., κοπέλα που διατηρεί ανατομικά την παρθενία της, αλλά έχει σεξουαλικές σχέσεις.
μιούζικαλ το, ουσ. άκλ. (συνιζ.), θεατρικό ή κινηματογραφικό έργο που μεγάλο μέρος του καλύπτεται από τραγούδι και χορό. [αγγλ. *musical*].
μιραμπό το, ουσ. άκλ. (έρρ.), είδος ανδρικού καπέλου που το φορούσαν παλαιότερα. [γαλλ. *mirabeau*].
μις η, ουσ. άκλ., αυτή που βραβεύεται σ' ένα διαγωνισμό ομορφιάς: *~ Ελλάδα / κόσμος / υφήλιος*. [αγγλ. *miss*].
μισακάρης και **μεσα-**, θηλ. **-ισσα**, ουσ. (λαϊκ.), αυτός που καλλιεργεί ξένα κτήματα με την υποχρέωση να δίνει στον ιδιοκτήτη τα μισά από τα παραγόμενα αγαθά, επίμορτος καλλιεργητής (συνών. *κολίγος, σέμπρος*). [*μισ(ι)ακός + -άρης*].
μισακάρικος, -η, -ο, και **μεσα-**, επίθ., που ανήκει ή αναφέρεται στο μισακάρη: *κτήμα -ο*· (κοινων.) *-ο σύστημα καλλιέργειας της γης*.
μισακάρισσα, βλ. *μισακάρης*.
μισάλι, βλ. *μεσάλι*.
μισαλλοδοξία η, ουσ. 1. το μίσος που αισθάνεται κάποιος εναντίον αλλοθρήσκων. 2. (κατ' επέκταση) το μίσος εναντίον ατόμων που υποστηρίζουν διαφορετικές ιδέες, έχουν διαφορετικές απόψεις.
μισαλλόδοξος, -η, -ο, επίθ., που αισθάνεται μίσος εναντίον αλλοθρήσκων ή ατόμων που υποστηρίζουν απόψεις διαφορετικές από τις δικές του.
μισανθρωπία η, ουσ. 1. μίσος ή αντιπάθεια που αισθάνεται κάποιος για τους άλλους ανθρώπους. 2. αποφυγή των κοινωνικών συναναστροφών.
μισάνθρωπος ο, ουσ. 1. αυτός που αισθάνεται αποστροφή ή αντιπάθεια για τους άλλους ανθρώπους. 2. αυτός που αποφεύγει τις κοινωνικές συναναστροφές.
μισανοίγω, ρ. 1. δεν ανοίγω εντελώς, μόλις που ανοίγω: *~ την πόρτα / τα μάτια μου*. 2. (για μπουμπούκι φυτού) αρχίζω να ανοίγω, να ανθίζω.
μισάνοιχτος, -η, -ο, επίθ., που δεν είναι εντελώς ανοιχτός: *παράθυρο -ο*.
μισάωρο το, ουσ. (λαϊκ.), χρονικό διάστημα μισής ώρας.
μισέλληνας ο, ουσ., αυτός που αισθάνεται εχθρότητα για τους Έλληνες και ενεργεί εναντίον των ελληνικών συμφερόντων (αντ. *φιλέλληνας*).
μισελληνικός, -ή, -ό, επίθ., που χαρακτηρίζεται από εχθρότητα προς την Ελλάδα και τους Έλληνες: *πολιτική -ή* (συνών. *ανθελληνικός*· αντ. *φιλελληνικός*).
μισελληνισμός ο, ουσ., εχθρότητα κατά των Ελλήνων και των εθνικών τους επιδιώξεων.
μίσεμα το, ουσ. (λαϊκ.), μισεμός.
μισεμός ο, ουσ. (λαϊκ.), 1. αναχώρηση· (για πλοίο) απόπλους: *η φλόγα... έδωσε το σινιάλο του -ού με τα κανόνια* (Κόντογλου). 2. αποδημία, ξενιτεμός. [*μισεύω*].
μισερεύω, ρ. (λαϊκ.), μισερώνω. [*μισερός+-εύω*].
μισερός, -ή, -ό, επίθ. (λαϊκ.). 1. (για πρόσωπο) που έχει σωματική ή διανοητική αναπηρία, σακάτης. 2. ημιτελής, ελλιπής. [επίθ. *μισός*].
μισερώνω, ρ. (λαϊκ.), προκαλώ σε κάποιον σωματική ή διανοητική αναπηρία, σακατεύω.
μισεύω, ρ. (λαϊκ.), αναχωρώ από τον τόπο μου, αποδημώ, ξενιτεύομαι. [λατ. *mitto*].
μισητός, -ή, -ό, επίθ., που προκαλεί ή αξίζει το μίσος ή την αντιπάθεια κάποιου: *τα μέτρα που πρότεινε ο υπουργός τον έκαναν -ό στους εργαζόμενους*.
μισθάριο, βλ. *μισθός*.
μίσθαρνος, -η, -ο, επίθ. (λόγ.), που δέχεται χρήματα για να αναλάβει εργασίες ανέντιμες αδιαφορώντας για τις ηθικές αρχές: *-α όργανα της ξένης προπαγάνδας*.
μίσθιο το, ουσ. (ασυνίζ.), κάθε κινητό ή ακίνητο που μισθώνεται (βλ. λ.): *ο εκμισθωτής έχει την υποχρέωση να παραδώσει στο μισθωτή το ~ κατάλληλο για τη συμφωνημένη χρήση* (αστ. κώδ.).
μισθοδοσία η, ουσ., καταβολή μισθού: *ημέρα / υπεύθυνος -ας*.

μισθοδοτικός, -ή, -ό, επίθ., που ανήκει στη μισθοδοσία ή αναφέρεται σ' αυτήν: *καταστάσεις -ές*.
μισθοδοτώ, -είς, ρ., πληρώνω μισθό.
μισθολογικός, -ή, -ό, επίθ., που ανήκει στο μισθολόγιο ή αναφέρεται σ' αυτό: *εξέλιξη -ή*.
μισθολόγιο το, ουσ. (ασυνίζ.), κατάσταση, πίνακας των μισθών που καταβάλλει στους υπαλλήλους μια επιχείρηση, υπηρεσία, κλπ.: ~ *των δημοσίων υπαλλήλων*.
μισθός και (λαϊκ.) **-ιστός** ο, πληθ. *-στοί οι* και *-στά τα*, ουσ., χρηματικό ποσό που καταβάλλει κάθε μήνα ο εργοδότης στον υπάλληλο ως αμοιβή για την εργασία που προσφέρει (πβ. *ημερομίσθιο*): ~ *ικανοποιητικός· αύξηση -ού· δέκατος τρίτος* ~ (= ποσό ίσο με ένα μισθό που καταβάλλεται ως δώρο Χριστουγέννων)· εκφρ. ~ *πείνας* (= πάρα πολύ μικρός)· *άξιος ο* ~ *σου* (α. όταν είμαστε ικανοποιημένοι απ' την εργασία ή τις ενέργειες κάποιου· β. ειρων. για ασήμαντες εκδουλεύσεις ή και για βλαβερές ενέργειες). - Υποκορ. **-ουδάκι** το, **-άριο** το, (μειωτ.) για ασήμαντο μισθό.
μισθοσυντήρητος, -η, -ο, επίθ. (ερρ.), (για πρόσωπο) που συντηρείται αποκλειστικά από το μισθό του.
μισθουδάκι, βλ. *μισθός*.
μισθοφορικός, -ή, -ό, επίθ. α. που ανήκει στους μισθοφόρους ή αναφέρεται σ' αυτούς· β. που αποτελείται από μισθοφόρους: *στρατεύματα -ά*.
μισθοφόρος, επίθ. και ουσ., (αυτός) που υπηρετεί ως στρατιώτης με αμοιβή (συνήθως σε στρατό ξένης χώρας): *στρατιώτες -οι*.
μίσθωμα το, ουσ. (νομ., κοιν.) χρηματικό αντάλλαγμα που καταβάλλει ο μισθωτής στον εκμισθωτή για τη χρήση πράγματος (κινητού ή ακινήτου) (συνών. *ενοίκιο*).
μισθώνω, ρ. 1. προσλαμβάνω κάποιον με μισθό: ~ *υπάλληλο*. 2. χρησιμοποιώ κάτι (κινητό ή ακίνητο) καταβάλλοντας μίσθωμα, νοικιάζω: ~ *αγροτικό κτήμα*.
μίσθωση η, ουσ. (νομ., κοιν.) αμφοτεροβαρής σύμβαση που αφορά την παροχή από κάποιον (εκμισθωτή) σε άλλο (μισθωτή) της χρήσης (ή και επικαρπίας) πράγματος ή της εργασίας του ή έργου με αντιπαροχή: ~ *αγροτικού κτήματος ή άλλου προσοδοφόρου αντικειμένου· καταγγελία -ης*.
μισθωτήριος, επίθ. (ασυνίζ.), *-ιο έγγραφο* = έγγραφο που περιέχει τους όρους μίσθωσης· συνηθέστερα το ουδ. ως ουσ.: *βυζαντινά -ια γης*.
μισθωτής ο, θηλ. **-τρια**, ουσ., αυτός που μισθώνει, νοικιάζει κάτι (συνών. *ενοικιαστής*).
μισθωτικός, -ή, -ό, επίθ., που αναφέρεται στη μίσθωση ή το μισθωτή: *συμβόλαιο -ό*.
μισθωτός, -ή, -ό, επίθ. (για εργαζόμενο ή εργασία) που αμείβεται με μισθό: *εργάτης* ~· *σχέση εργασίας -ή*. - Το αρσ. ως ουσ. (συνηθέστερα στον πληθ.) = υπάλληλος που προσφέρει την εργασία του με μισθό: *αύξηση του εισοδήματος των -ών*.
μισθώτρια, βλ. *μισθωτής*.
μισιακός, -ή, -ό, επίθ. (συνιζ., λαϊκ.), που ανήκει κατά το ήμισυ σε δύο άτομα, συνεταιρικός: *χωράφι -ό*.
μισιονάριος ο, ουσ. (ασυνίζ. στη λήγουσα), ιεραπόστολος (της καθολικής και της διαμαρτυρόμενης Εκκλησίας). [ιταλ. *missionario*].
μισ(ο)-, Ι, α' συνθ. λόγ. λέξεων που δηλώνει εχθρική διάθεση προς αυτό που δηλώνει το β' συνθ.: *μισαλλοδοξία, μισάνθρωπος, μισογύνης*. [*μισώ*].
μισ(ο)-, ΙΙ, α' συνθ. λέξεων που δηλώνει ότι αυτό που σημαίνει το β' συνθ. δεν έχει ολοκληρωθεί: *μισοσκόταδο, μισοχαλώ, μισοψημένος*. [*μισός*].
μισ(ο)-, ΙΙΙ, βλ. *μεσ(ο)-*.
μισοάδειος, -α, -ο, επίθ. (συνιζ.), που είναι γεμάτος έως τη μέση ή που δεν είναι εντελώς άδειος: *μπουκάλι -ο* (πβ. *μισογεμάτος*).
μισοβρασμένος, -η, -ο, επίθ., που δεν είναι ικανοποιητικά βρασμένος, σχεδόν άβραστος: *φαγητό -ο*.
μισογεμάτος, -η, -ο, επίθ., που είναι γεμάτος έως τη μέση ή όχι εντελώς γεμάτος: *βαρέλι / λεωφορείο -ο· βαλίτσα -η* (πβ. *μισοάδειος*).
μισογκρεμισμένος, -η, -ο, επίθ., που έχει γκρεμιστεί κατά μεγάλο μέρος: *σπίτι -ο*.
μισογραμματισμένος, -η, -ο, επίθ., που δεν είναι αρκετά μορφωμένος, χωρίς όμως να είναι αγράμματος: *ο παππούς μου ήταν* ~· *είχε τελειώσει μόνο το δημοτικό σχολείο*.
μισόγυμνος, -η, -ο, επίθ., ημίγυμνος (βλ. λ.).
μισογύνης ο, ουσ., αυτός που αντιπαθεί ή περιφρονεί τις γυναίκες.
μισογυνισμός ο, ουσ., το να είναι κανείς μισογύνης.
μισοδιαβασμένος, -η, -ο, επίθ. (συνιζ.). 1. (για πρόσωπο) που δεν έχει διαβάσει αρκετά κάποιο μάθημα: *πήγα* ~ *στο μάθημα*. 2. για μάθημα που δεν έχει διαβαστεί αρκετά: *τα έχω -α τα μαθηματικά*. 3. (σπανιότ.) που δεν είναι αρκετά μορφωμένος, χωρίς όμως να είναι αγράμματος (συνών. *μισογραμματισμένος*).
μισοδρομίς, βλ. *μεσοδρομίς*.
μισοκαμωμένος, -η, -ο, επίθ. (για εργασία) που έχει αρχίσει, αλλά δεν έχει ολοκληρωθεί ακόμη: *δουλειά -η* (συνών. *μισοτελειωμένος*).
μισοκαταλαβαίνω, ρ., καταλαβαίνω κάτι, αλλά όχι απόλυτα: *τα -αβα αυτά που είπε ο δάσκαλος*.
μισοκατεργασμένος, -η, -ο, επίθ., που δεν είναι εντελώς κατεργασμένος: *δέρμα -ο*.
μισοκίλι το, ουσ. 1. όγκος μισού κιλού (βλ. *κιλό II*). 2. δοχείο χωρητικότητας μισού κιλού που χρησιμοποιείται για τη μέτρηση δημητριακών.
μισοκλείνω, ρ. Α. (μτβ.) κλείνω κάτι όχι εντελώς: *-κλεισε την πόρτα*. Β. (αμτβ.) κλείνω όχι εντελώς: *-κλεισαν τα μάτια της από τη νύστα*.
μισόκλειστος, -η, -ο, επίθ., που δεν είναι εντελώς κλεισμένος: *παράθυρα -α* (πβ. ά. *μισάνοιχτος*).
μισοκοιμάμαι, -άσαι, ρ., μτχ. παρκ. *-ισμένος*, βρίσκομαι μεταξύ ύπνου και εγρήγορσης, κοιμάμαι πολύ ελαφρά: *-όταν σ' ένα πάγκο· -όμουν, αλλά σε άκουσα που μπήκες* (συνών. *λαγοκοιμάμαι*).
μισόλογα τα, ουσ., λόγια που δε λέγονται ξεκάθαρα, που δεν εκφράζουν με σαφήνεια το νόημά τους: *από κάτι* ~ *που μου είπε κατάλαβα ότι έχει οικονομικά προβλήματα*.
μισονεϊσμός ο, ουσ., το να είναι κανείς μισονεϊστής (βλ. λ.).
μισονεϊστής ο, ουσ., αυτός που δεν είναι ευνοϊκά διατεθειμένος απέναντι στους νεότερους, ιδίως στο λογοτεχνικό χώρο.
μισοντυμένος, -η, -ο, ουσ. (όχι ερρ.), που δεν έχει συμπληρώσει το ντύσιμό του.
μισόξενος, -η, -ο, επίθ., που αντιπαθεί τους ξένους, αφιλόξενος.
μισοπάλαβος, -η, -ο, επίθ., μισότρελος (βλ. λ.).

μισοπαράλυτος, -η, -ο, επίθ., που είναι σχεδόν παράλυτος.

μισοπεθαμένος, -η, -ο, επίθ., που βρίσκεται μεταξύ ζωής και θανάτου, που είναι σχεδόν νεκρός: *τον έβγαλαν στην ακτή -ο.*

μισοπνιγμένος, -η, -ο, επίθ., σχεδόν πνιγμένος: *ναυαγός ~.*

μίσος το, ουσ. 1. έντονο συναίσθημα εχθρότητας για κάποιον, που μας κάνει να επιθυμούμε το κακό του: *από ~ τον συκοφαντούσε παντού.* 2. έντονη απέχθεια για κάτι: *είχε ~ για τα ταξίδια* (αντ. στις σημασ. 1 και 2 *αγάπη*).

μισός, -ή, -ό, επίθ. 1. που αποτελεί το ένα από τα δύο ίσα μέρη ενός συνόλου (ποσού, μεγέθους, αντικειμένου, κλπ.): *-ό εκατομμύριο· -ό κιλό· -ή ώρα· -ό μήλο* (αντ. *ολόκληρος*). 2. (για αφηρ. έννοιες) που υπολείπεται κατά πολύ σε σύγκριση με κάτι άλλο: *δεν έχει ούτε τη -ή εξυπνάδα του φίλου του.* 3. ατελής, λειψός: *-ή δουλειά μού έκανες* (αντ. *τέλειος, ολοκληρωμένος*). Εκφρ. ~ *άνθρωπος* (= ανάπηρος, σακάτης): *~ άνθρωπος έγινε με το ατύχημα·* με *-ό στόμα* (= απρόθυμα): *μιλώ / συμφωνώ / χαμογελώ* με *-ό στόμα· -ό -ό ή από -ό* (σε περίπτωση που κάτι μοιράζεται σε δύο ίσα μέρη): *μοιράστηκαν τα έξοδα -ά -ά· πήραν την περιουσία από -ή· -ή μερίδα* (σκωπτ. για άνθρωπο μικροκαμωμένο): *είναι -ή μερίδα, δεν μπορεί να σε νικήσει· ένας... και ~* (όταν θέλουμε να επιτείνουμε τη σημασία ενός χαρακτηρισμού): *είναι ένας βλάκας και ~ / ένα ζώον και -ό.* Φρ. *η -ή ντροπή δική μου, η -ή δική του* (όταν αδιαφορεί κανείς για το αν κάποιος θα αποκρούσει μια αίτηση ή παράκλησή του, θεωρώντας ότι θα πρέπει να ντρέπεται κι εκείνος για την άρνησή του)· *κοιτάζω / βλέπω κάποιον με μισό μάτι,* βλ. *μάτι·* (για ρολόι) *χτυπάει και τις -ές* (= *κάθε μισή ώρα*). Παροιμ. *μοιρασμένη λύπη -ή λύπη* (= η λύπη μετριάζεται όταν την εκμυστηρευθούμε σε κάποιον). - Το θηλ. ως ουσ. = μισή οκά κρασί: *ήπιαμε μια -ή.* - Το ουδ. ως ουσ. = α. (στον εν.) το ένα δεύτερο ενός συνόλου: *το -ό του εκατό είναι πενήντα* (όταν θέλουμε να διακρίνουμε το ένα από τα δύο ίσα μέρη): *το πρώτο -ό του 15ου αιώνα·* β. (στον πληθ.) το ένα δεύτερο ενός αριθμού: *τα -ά του είκοσι είναι δέκα·* εκφρ. *στα -ά του δρόμου* (= στη μέση της διαδρομής)· *ως τα -ά* (= ως τη μέση): *η βάρκα γέμισε νερά ως τα -ά* (Κόντογλου)· Φρ. *τα -ά της χιλιάδας είναι πεντακόσια* (προτροπή για αμεριμνησία σε κάποιον που είναι σκεφτικός).

μισοσαπισμένος, -η, -ο, επίθ., που έχει σχεδόν σαπίσει: *καράβι -ο.*

μισοσβήνω, ρ., μτχ. παρκ. -σμένος. Α. (μτβ.) σβήνω κάτι όχι εντελώς: *-ησα τη φωτιά.* Β. αμτβ. α. κοντεύω να σβήσω: *η φωτιά -ησε·* β. εξασθενίζω, αδυνατίζω: *μου μίλησε με -σμένη φωνή.*

μισόσβηστος, -η, -ο, επίθ., που δεν είναι εντελώς σβησμένος: *φωτιά -η· κάρβουνα -α.*

μισοσκότεινος, -η, -ο, επίθ., που δεν είναι καλά φωτισμένος, σχεδόν σκοτεινός: *δωμάτιο -ο· δρόμος ~.* - Επίρρ. **-α.**

μισοτελειώνω, ρ. (ασυνίζ. και συνιζ.). Α. μτβ. α. δεν αποτελειώνω κάτι, το αφήνω ημιτελές: *-ωσε τα αγγλικά και τα σταμάτησε·* β. κοντεύω να τελειώσω κάτι: *έχω -ώσει την εργασία μου.* Β. (αμτβ.) κοντεύω να τελειώσω: *το εργόχειρο έχει -ώσει.*

μισοτιμής, επίρρ., στη μισή (από την αρχική) τιμή: *στις εκπτώσεις αγόρασα ένα φόρεμα ~.*

μισότρελος, -η, -ο, επίθ., που η συμπεριφορά του είναι κατά μεγάλο μέρος παράλογη, που είναι σχεδόν τρελός: *απ' τα λόγια του φαίνεται ότι είναι ~* (συνών. *μισοπάλαβος*).

μισοφαγωμένος, -η, -ο, επίθ. 1. (για φαγώσιμο) που δεν έχει φαγωθεί εντελώς: *κοτόπουλο / ψωμί -ο.* 2. που έχει φθαρεί αρκετά: *ρούχο / λάστιχο αυτοκινήτου -ο.* 3. που δεν έχει φάει πολύ: *μη μου βάλεις πολύ φαΐ, γιατί είμαι ~.*

μισοφέγγαρο το, ουσ. (ερρ.). 1. το ημικυκλικό σχήμα της σελήνης που εμφανίζεται κατά το πρώτο ή το τελευταίο τέταρτό της· (κατ' επέκταση) το δρεπανοειδές σχήμα της σελήνης που εμφανίζεται πριν από το πρώτο της τέταρτο και μετά το τελευταίο (συνών. *ημισέληνος*). 2. οποιοδήποτε σχέδιο που έχει το σχήμα του μισοφέγγαρου: *ζωγράφιζε -α στο χαρτί.*

μισόφωτο το, ουσ., ημίφως (βλ. λ.).

μισοχαλώ, -άς, ρ., χαλώ κάτι όχι εντελώς: *-ασες το ραδιόφωνο και μερικές φορές δε λειτουργεί.*

μισοχορταίνω, ρ., δε χορταίνω εντελώς: *έφαγα ένα σάντουιτς και -ασα.*

μισοψημένος, -η, -ο, επίθ., που δεν είναι καλά ψημένος, που είναι σχεδόν άψητος: *μπριζόλα -η.*

μισοψόφιος, -α, -ο, επίθ. (συνιζ.), που είναι σχεδόν ψόφιος, που κοντεύει να ψοφήσει: *σκυλί -ο.*

μισσιονάριος, βλ. *μισιονάριος.*

μιστός και **μιστά,** βλ. *μισθός.*

μίσχος ο, ουσ. (βοτ.) α. λεπτό στέλεχος που αποτελεί το κατώτερο μέρος του φύλλου με το οποίο συνδέεται με το υπόλοιπο φυτό· β. λεπτό ή χοντρότερο στέλεχος που ενώνει το άνθος με το υπόλοιπο φυτό ή τη γη (συνών. στις σημασ. α και β *κοτσάνι*).

μισώ, ρ. α. αισθάνομαι έντονη αντιπάθεια, εχθρότητα για κάποιον σε σημείο που να θέλω να του κάνω κακό: *τον -εί για το κακό που του έκαμε* (αντ. *αγαπώ*)· β. αισθάνομαι απέχθεια, αποστροφή για κάτι και το αποφεύγω: *~ την κολακεία* (συνών. *σιχαίνομαι, αντιπαθώ·* αντ. *αγαπώ, συμπαθώ*).

μιτάρι το ουσ., καθένα από τα εξαρτήματα του αργαλειού με τα οποία μετακινούνται τα νήματα του στημονιού για να περνά η σαΐτα.

μιτάρωμα, το, ουσ., το πέρασμα των νημάτων του στημονιού στα μιτάρια.

μίτζα, βλ. *μίζα.*

μίτος ο, ουσ., μόνο στην εκφρ. *~ της Αριάδνης* = ό,τι οδηγεί, βοηθά στην επίλυση δύσκολου προβλήματος: *η πληροφορία του μας πρόσφερε το -ο της Αριάδνης.*

μίτρα η, ουσ. (χρυσοποίκιλτο) κάλυμμα που φορούν στο κεφάλι οι αρχιερείς κατά τις λειτουργίες.

μίτωση η, ουσ. (βιολ.) διαίρεση του κυττάρου σε δύο θυγατρικά κύτταρα.

μνα η, ουσ. (ιστ.) στην αρχαιότητα μονάδα βάρους και νομισματική μονάδα ίση με εκατό δραχμές (βλ. λ.).

μνεία η, ουσ., αναφορά: *στο κείμενο γίνεται ~ για...*

μνέσκω και **μνίσκω,** ρ. (λαϊκ.), μένω (βλ. λ.): *-ει βουβός.*

μνήμα το, ουσ. 1. το μέρος όπου είναι θαμμένος ο νεκρός με το σταυρό ή την πλάκα που αναγράφει το όνομά του, τάφος. 2. (στον πληθ.) νεκροταφείο,

κοιμητήριο: φρ. *τον πάνε στα -ατα* (= τον κηδεύουν).
μνημείο το, ουσ. **1α.** οικοδόμημα που χτίζεται σε τάφο για να τιμηθεί ο νεκρός· **β.** έργο γλυπτικό ή αρχιτεκτονικό που κατασκευάζεται για να τιμηθεί κάποιο πρόσωπο ή γεγονός και να διατηρηθεί η ανάμνησή του: *~ του 'Αγνωστου Στρατιώτη.* **2.** έργο τέχνης που δημιουργήθηκε σε παλαιότερη εποχή και αποτελεί τμήμα της ιστορίας μιας χώρας: *-α ιστορικά· περιήγηση στα -α της πόλης· -α του λόγου* (= συγγράμματα παλαιότερης εποχής, συνήθως της αρχαιότητας). **3.** (ειρων.) για καθετί που αποτελεί χαρακτηριστικό δείγμα μιας ορισμένης ιδιότητας: *το έγγραφο αποτελεί ~ μεγαλοστομίας / ασάφειας.*
μνημειώδης, -ης, -ες, γεν. *-ους,* πληθ. αρσ. και θηλ. *-εις,* ουδ. *-η,* γεν. *-ών,* επίθ. (ασυνίζ.). **1.** που έχει την επιβλητικότητα μνημείου, μεγαλόπρεπος: *έργο / οικοδόμημα -ες.* **2.** πολύ σημαντικός: *έκδοση ~* (συνών. *βαρυσήμαντος, ιστορικός*).
μνήμη η, ουσ. **1.** (ψυχ., κοιν.) η ικανότητα του νου να εντυπώνει, να διατηρεί και να αναπλάθει προηγούμενες εμπειρίες (πληροφορίες, ιδέες, εντυπώσεις, σκέψεις): *έρχεται κάτι στη ~ μου· ανακαλώ τη ~ μου· έχει γερή / ασθενική ~· ~ οπτική / ακουστική / μηχανική· διαταραχές της -ης· λαός χωρίς ~* (συνών. *μνημονικό*). **2.** ενθύμηση, ανάμνηση: *βιβλίο αφιερωμένο στη ~ του Χ·* (εκκλ.) *στις 26 Οκτωβρίου τιμάται η ~ του αγίου Δημητρίου.* **3.** (πληροφορ.) το τμήμα ηλεκτρονικού υπολογιστή που αποθηκεύει πληροφορίες και τις επιστρέφει όταν ζητηθούν. **4.** (στον πληθ., για λογοτ. έργο) επιδράσεις: *κλασικές -ες στο έργο συγγραφέα.*
μνημόνευμα το, ουσ. (λαϊκ.), μνημόνευση από ιερέα των ονομάτων ζωντανών ή νεκρών ανθρώπων κατά τη διάρκεια ευχής.
μνημόνευση η, ουσ., το να μνημονεύει κάποιος κάποιον ή κάτι.
μνημονεύω, ρ. **1.** ανακαλώ στη μνήμη· κάνω μνεία, αναφέρω: *~ ένα γεγονός / έναν άνθρωπο.* **2.** (εκκλ., για ιερέα) δέομαι για την ψυχή νεκρών ή για την υγεία ζωντανών αναφέροντας τα ονόματά τους.
μνημονικός, -ή, -ό, επίθ., που ανήκει στη μνήμη ή αναφέρεται σ' αυτή: *ικανότητα / λειτουργία / ανεπάρκεια -ή· ποιήματα -ά* (= στιχουργήματα που έχουν σκοπό την εξάσκηση της μνήμης ή τη δοκιμασία της για ψυχαγωγικούς σκοπούς). - Το ουδ. ως ουσ. = μνήμη: *έχει καλό / γερό -ό.*
μνημόνιο το, ουσ. (ασυνίζ.), (υπηρεσιακός) υπόμνημα (βλ. λ.): *καταθέτω ~.*
μνημόρι, βλ. *μνημούρι.*
μνημόσυνο το, ουσ. **1.** (εκκλ.) τελετή, ακολουθία που τελείται για την ανάπαυση και συγχώρεση της ψυχής νεκρού. **2.** εκδήλωση στην οποία εκφωνούνται λόγοι για τη ζωή και το έργο σημαντικού προσώπου που έχει πεθάνει: *~ πολιτικό / φιλολογικό.*
μνημοτεχνική η, ουσ., τέχνη της ενίσχυσης της μνήμης με διάφορα μέσα.
μνημούρι και **μνημόρι** το, ουσ. (λαϊκ.), μνήμα, τάφος. [λατ. *memorium* με παρετυμ. επίδραση του ουσ. *μνήμα*].
μνήσθητί μου, Κύριε· αρχαϊστ. έκφρ.· για δήλωση έκπληξης.
μνησικακία η, ουσ., το να θυμάται κανείς το κακό που έπαθε και να θέλει να εκδικηθεί (αντ. *αμνησικακία*).
μνησίκακος, -η, -ο, επίθ., που θυμάται το κακό που του έκαναν και θέλει να εκδικηθεί (συνών. *εκδικητικός*· αντ. *αμνησίκακος*).
μνησικακώ, -είς, ρ., θυμούμαι το κακό που μου έκαναν και θέλω να εκδικηθώ, κρατώ κακία.
μνηστεία η, ουσ. (λόγ.), αμοιβαία υπόσχεση για τη σύναψη γάμου: *διαλύω τη ~·* (συνεκδοχικά για το χρονικό διάστημα κατά το οποίο είναι κάποιος μνηστευμένος) *λίγο κράτησε η ~ τους* (συνών. *αρραβώνας*).
μνηστεύω, ρ. (λόγ.). **I.** (ενεργ.) συνδέω άγαμο άτομο με άτομο του άλλου φύλου με αμοιβαία υπόσχεση γάμου (συνών. *αρραβωνιάζω*). **II.** (μέσ.) δίνω επίσημη υπόσχεση γάμου: *-εύθηκε τον τάδε* (αλληλ.) *-εύθηκαν μυστικά* (συνών. *αρραβωνιάζομαι*). - Η μτχ. παρκ. ως επίθ. = αρραβωνιασμένος: *Αν κάποιος από τους -ευμένους διαλύσει τη μνηστεία...* (αστ. κώδ.).
μνηστή η, ουσ., γυναίκα που έχει μνηστευτεί κάποιον άντρα, αρραβωνιαστικιά.
μνηστήρας ο, ουσ. **1.** άντρας που έχει μνηστευθεί κάποια γυναίκα, αρραβωνιαστικός: (μυθολ.) *οι -ες της Πηνελόπης.* **2.** (μεταφ.) αυτός που διεκδικεί κάτι: *οι -ες της εξουσίας.*
μνήστρα τα, ουσ. (εκκλ.) τα δαχτυλίδια των αρραβωνιασμένων.
μνίσκω, βλ. *μνέσκω.*
μοβ, επίθ. άκλ, μενεξεδής, ιώδης: *μπλούζι ~.* - Το ουδ. ως ουσ. = το μοβ χρώμα. [γαλλ. *mauve*].
μοβόρος, βλ. *αιμοβόρος.*
Μογγόλα, βλ. *Μογγόλος.*
μογγολικός, -ή, -ό, επίθ., που ανήκει ή αναφέρεται στη Μογγολία ή τους Μογγόλους: *φυλή / γλώσσα -ή.*
μογγολισμός ο, ουσ., ασθένεια που χαρακτηρίζεται από ιδιόμορφη κατασκευή του κρανίου (μογγολικά χαρακτηριστικά: μέτωπο και μύτη πλακουτσωτή, έντονα ζυγωματικά) και καθυστέρηση της διανοητικής ανάπτυξης (ιατρ. ονομασία: *σύνδρομο Ντάουν*).
Μογγόλος ο, θηλ. **-α,** ουσ. **α.** αυτός που ανήκει στη μογγολική φυλή· **β.** αυτός που κατοικεί στη Μογγολία ή κατάγεται απ' αυτήν.
μόδα η, ουσ. **α.** συγκεκριμένος τρόπος ντυσίματος, χτενίσματος και γενικά εξωτερικής εμφάνισης που επικρατεί σε μια συγκεκριμένη εποχή: *φόρεμα της -ας· ντύνεται της -ας· (παρ)ακολουθεί τη ~· είναι πάντα στη ~· πέρασε / ξανάρθε η ~ των κοντών μαλλιών· φέτος η ~ επιβάλλει...· η τελευταία λέξη της -ας·* **β.** (συνεκδοχικά) για κάθε εκδήλωση, ενέργεια, συμπεριφορά, κ.τ.ό., που επικρατεί σε μια συγκεκριμένη εποχή: *τραγουδάκι / έκφραση της -ας· είναι / έγινε της -ας να...* (συνών. *στις σημασ. α και β συρμός*). [ιταλ. *moda*].
μόδι το, ουσ. (ιδιωμ.) μέτρο χωρητικότητας δημητριακών, ξηρών καρπών και γενικά στεγνών προϊόντων.
μοδίστρα η, ουσ., γυναίκα που έχει ως επάγγελμα το ράψιμο γυναικείων ενδυμάτων (συνών. *ράφτρα*) - Υποκορ. **-άκι** το και **-ούλα** η, για νέες μαθητευόμενες μοδίστρες. [παλαιότερο *μοδίστια* < ιταλ.-βενετ. *modista* ή γαλλ. *modiste*].
μοδιστράδικο το, ουσ., εργαστήριο μοδίστρας.
μοδιστράκι, βλ. *μοδίστρα.*
μοδιστρική η, ουσ., τέχνη της μοδίστρας.

μόδιστρος ο, ουσ., ράφτης γυναικείων ενδυμάτων.
μοδιστρούλα, βλ. *μοδίστρα.*
Μοζάραβες και **-ίτες** οι, ουσ., Ισπανοί που κατά την αραβική κατάκτηση της Ισπανίας διατήρησαν τη χριστιανική τους πίστη, αλλά παράλληλα υποτάχθηκαν στους Άραβες, έγραφαν στην αραβική και ακολουθούσαν αραβικά έθιμα. [ισπαν. *moz'arabe*<αραβ. *musta'rib*].
μοζαραβικός, -ή, -ό, επίθ., που ανήκει ή αναφέρεται στους Μοζάραβες (βλ. λ.): *τέχνη -ή* (= η τέχνη που αναπτύχθηκε στην Ισπανία κατά τη διάρκεια της αραβικής κατάκτησης και χαρακτηρίζεται από την αραβική επίδραση).
μοιάζω, ρ. (συνίζ.). α. τα χαρακτηριστικά μου είναι ίδια ή πλησιάζουν, θυμίζουν τα χαρακτηριστικά άλλου, έχω την ίδια εξωτερική εμφάνιση με άλλον: *-ει της / με τη μητέρα της· η τσάντα -ει με τη δική μου* (αντ. *διαφέρω*)· β. έχω την ίδια συμπεριφορά με κάποιον άλλο: *-ει του πατέρα του στο περπάτημα* (αντ. *διαφέρω*)· γ. δίνω μια ορισμένη εντύπωση, φαίνομαι: *-ει αυστηρός· -ει απίθανο, όμως είναι αληθινό· από μακριά έμοιαζε καλόγερος* (συνών. *δείχνω*). Παροιμ. *αν δε -αμε δε θα συμπεθεριάζαμε* (= μόνο ανάμεσα σε όμοιους δημιουργούνται σχέσεις).
μοιασίδι το, ουσ. (συνίζ.), (ιδιωμ.) χαρακτηριστικό ομοιότητας: *τα -ια του προσώπου.*
μοιάσιμο το, ουσ. (συνιζ., λαϊκ.), ομοιότητα (βλ. λ).
μοίρα η, ουσ. **1α.** η δύναμη που πιστεύεται πως ρυθμίζει το καθετί που συμβαίνει: *η ~ όρισε να γίνουν έτσι τα πράγματα· της -ας το γραφτό* (συνών. *πεπρωμένο, ριζικό, γραφτό*)· β. καθετί που συμβαίνει σε κάποιον: *είχε κι αυτός την ίδια ~ με τον αδελφό του· κλαίει τη ~ του· η κοινή των ανθρώπων ~* (= ο *θάνατος*) (συνών. *ριζικό, τύχη*). 2. (λόγ.) μερίδιο: (νομ.) *νόμιμη ~* (= κληρονομική μερίδα που δικαιούνται οι στενοί συγγενείς κάποιου και ανεξάρτητα από τη θέλησή του). 3. (μαθημ.) μονάδα μέτρησης γωνιών και τόξων ίση με το 1/360 της περιφέρειας του κύκλου: *ορθή είναι η γωνία 90 μοιρών (90°).* 4. (στρατ.) τμήμα του πυροβολικού (αντίστοιχο με το τάγμα του πεζικού) και άλλων όπλων: *~ αεροπλάνων· ναυτική ~.* Έκφρ. *όπου φτωχός κι η ~ του* (για άνθρωπο κακότυχο)· *στην ίδια ~* (για όσους βρίσκονται στην ίδια κατάσταση ή έχουν τις ίδιες ικανότητες, αδυναμίες): *τοποθετώ / βάζω κάποιον στην ίδια ~ με κάποιον άλλο· δεν είμαστε στην ίδια ~· τα τρία κακά της -ας του* (σκωπτ. για εντελώς βλάκα ή για άτομο που η εμφάνιση ή η κατάστασή του είναι γενικά απογοητευτική): *έχει / δεν ξέρει τα τρία κακά της -ας του.* Φρ. *δεν έχει στον ήλιο ~,* βλ. ά. *ήλιος.*
μοιράδι το, ουσ. (λαϊκ.), μερίδιο (βλ. λ.).
μοιράζω, ρ. Ι. ενεργ. 1. χωρίζω, διαιρώ κάτι (ένα πράγμα ή ένα σύνολο όμοιων πραγμάτων) σε μερίδια και δίνω στον καθένα ό,τι του αναλογεί: *-ασε το φαγητό σε όλους· τα -άσανε τα χρήματα· -ει προκηρύξεις στους περαστικούς* (συνών. *διανέμω*). 2. μαζί με άλλον ή άλλους χωρίζω κάτι σε μερίδια από τα οποία θα πάρω κι εγώ ένα: *-άσανε με τον αδελφό του την πατρική τους περιουσία· ο βασιλιάς είπε να -άσουνε το βασίλειο* (παραμύθι). 3. χαρίζω, προσφέρω: *-ει πολλά στους φτωχούς· ο καλλιτέχνης -ει αυτόγραφα στους θαυμαστές του.* 4. (μεταφ.) παρέχω άφθονα και χωρίς περίσκεψη: *-ει φιλιά / φιλοφρονήματα· ο υποψήφιος βουλευ-*

τής -ει υποσχέσεις. 5. χωρίζω σε ίσα συνήθως μέρη, διαιρώ: *-ασε το στρατό του σε δύο μέρη· μαλλιά στη μέση -ασμένα* ('Αγρας). 6. (για χαρτοπαίγνιο) δίνω σε καθένα από τους παίκτες τα χαρτιά που του αναλογούν: *εγώ έκοψα, εσύ -εις· τα χαρτιά -ονται ένα ένα.* II. μέσ. **1α.** έχω, παίρνω, χρησιμοποιώ κάτι μαζί με κάποιον άλλο: (αλληλ.) *οι συνεταίροι -ονται τα κέρδη και τις ζημίες· -ομαι το δωμάτιο με τον αδελφό μου·* β. αναλαμβάνω κάτι με κάποιον άλλο: *-ονται τις δουλειές του σπιτιού.* 2. χωρίζομαι, διαιρούμαι: *-αστήκανε οι μισοί αποδώ κι οι μισοί αποκεί.* 3. συμμερίζομαι τα συναισθήματα, τις σκέψεις, κλπ., κάποιου άλλου: (αλληλ.) *οι φίλοι -ονται τους πόνους και τις χαρές· παροιμ. -ασμένη λύπη μισή λύπη, -ασμένη χαρά διπλή χαρά.* Φρ. *δεν έχουμε τίποτα να -άσουμε* (= δεν υπάρχει λόγος να μαλώνουμε)· *δεν ξέρει να -άσει δυο γαϊδάρων άχυρα* (για εντελώς ανόητο ή ανίκανο)· *-ουμε τη διαφορά* (= βρίσκομε τη μέση λύση, συμβιβαζόμαστε). [αρχ. *μοιράω*].
μοιραίνω, ρ. (λαογρ., για τη Μοίρα ή τις τρεις Μοίρες) ρυθμίζω την τύχη, τη ζωή του νεογέννητου: *την τρίτη μέρα* (εννι. από τη γέννηση) *ήρθαν οι Μοίρες να -άνουν το παιδί* (παραμύθι).
μοιραίος, -α, -ο, επίθ. **1α.** καθορισμένος από τη μοίρα, αναπόφευκτος: *εξέλιξη -α· το -ο τέλος* (= ο *θάνατος*) (συνών. *αναπότρεπτος, μοιρόγραφτος*)· β. που επιφέρει το θάνατο: *ατύχημα -ο· -α πτήση αεροπλάνου.* 2α. που έχει σημαντικά και συνήθως ανεπιθύμητα αποτελέσματα: *έκανε το -ο λάθος να...·* β. αποφασιστικός για την έκβαση ενός γεγονότος, μιας κατάστασης, κλπ.: *η συνάντηση στάθηκε -α για τη δημιουργία του ειδυλλίου* (συνών. *καθοριστικός*). 3. (λογοτ., για πρόσωπο) που αφήνεται στη μοίρα του, που δεν αντιδρά: *δειλοί, -οι κι άβουλοι αντάμα* (Βάρναλης). Έκφρ. *-α γυναίκα* (= γυναίκα γοητευτική που συνήθως προκαλεί δυστυχίες). - Το ουδ. ως ουσ. = α. γεγονός αναπόφευκτο και καταστροφικό· β. ο θάνατος: *επήλθε το -ο.*
μοίραρχος ο, ουσ., αξιωματικός της αστυνομίας του οποίου ο βαθμός ισοδυναμεί με του λοχαγού του στρατού ξηράς.
μοιρασιά η, ουσ. (συνιζ.), το να μοιράζει κανείς κάτι: *μαλώσανε στη ~* (συνών. *μοίρασμα, διανομή*).
μοίρασμα το, ουσ., μοιρασιά: *το ~ της αλληλογραφίας* (συνών. *διανομή*).
μοιρασοχάρτι το, ουσ. (λαϊκ.), έγγραφο που γίνεται σε καιρό διανομής κληρονομικών κτημάτων.
μοιραστής ο, ουσ. (λαϊκ.), αυτός που μοιράζει, διανέμει κάτι.
μοιρογνωμόνιο το, ουσ. (ασυνίζ.), γεωμετρικό όργανο για τη μέτρηση γωνιών.
μοιρόγραφτος, -η, -ο, επίθ., γραμμένος, καθορισμένος από τη μοίρα.
μοιρολάτρης ο, θηλ. **-ισσα,** ουσ. α. αυτός που πιστεύει ότι η μοίρα ρυθμίζει τα πάντα κι ότι ο άνθρωπος δεν μπορεί να επηρεάσει τα γεγονότα· β. αυτός που αφήνεται στη μοίρα του, που δεν αντιδρά στις ατυχίες που του συμβαίνουν.
μοιρολατρία η, ουσ., το να πιστεύει κανείς ότι η μοίρα καθορίζει τη ζωή κι ότι ο άνθρωπος δεν μπορεί να ρυθμίσει την τύχη του.
μοιρολατρικός, -ή, -ό, επίθ., που ανήκει στη μοιρολατρία ή το μοιρολάτρη ή αναφέρεται σ' αυ-

τή/-όν: *-ή αντίληψη για τη ζωή.* - Επίρρ. **-ά:** *δέχεται -ά ό,τι συμβαίνει.*

μοιρολάτρισσα, βλ. *μοιρολάτρης.*

μοιρολογήτρα και **μοιρολογίστρα** η, ουσ., γυναίκα που (συνήθως με αμοιβή) θρηνούσε παλαιότερα νεκρούς: *ήρθαν οι -ίστρες να τον μοιρολογήσουν.*

μοιρολό(γ)ι το, ουσ. α. τραγούδι που λέγεται για νεκρό: *-για μανιάτικα·* β. (γενικά) θρηνητικό, λυπητερό τραγούδι· θρήνος, οδυρμός: *μόλις άκουσαν τα θλιβερά μαντάτα, άρχισαν τα -για.* Φρ. *σύρω ~* (= αρχίζω να μοιρολογώ).

μοιρολογίστρα, βλ. *μοιρολογήτρα.*

μοιρολογώ, ρ. (μτβ. και αμτβ.) 1. θρηνώ αγαπημένο νεκρό πρόσωπο: *-εί στον τάφο του αδελφού της.* 2. θρηνώ, κλαίω για κάποιο θλιβερό γεγονός: *-εί (για) τη ζωή του που πήγε χαμένη.* 3. λέω, τραγουδώ μοιρολόγι.

μοιρολόι, βλ. *μοιρολό(γ)ι.*

μοιχαλίδα η, ουσ. (λόγ.), γυναίκα παντρεμένη που απατά τον άντρα της.

μοιχεία η, ουσ., παράβαση της συζυγικής πίστης.

μοιχεύω, ρ. (το ενεργ. για άντρα, το παθ. για γυναίκα) παραβαίνω τη συζυγική πίστη.

μοιχός ο, ουσ., αυτός που παραβιάζει τη συζυγική πίστη, που διαπράττει μοιχεία.

μόκα η, ουσ., ποικιλία εξαιρετικού αραβικού καφέ. [αραβ. *Moka* (όνομα παραλιακής πόλης της Υεμένης απ' όπου γίνεται η εξαγωγή της)].

μοκασίνι το, ουσ., είδος παπουτσιού με χαμηλό τακούνι. [γαλλ. *mocassin*].

μοκέτα η, ουσ., χαλί (από ύφασμα ή από συνθετικό υλικό) για την κάλυψη επιφάνειας: *έδωσα τις -ες στο καθαριστήριο.* [γαλλ. *moquette*].

μόκο, επιφ. (λαϊκ.), σιωπή! μη μιλάς! φρ. *κάνω ~* = σωπαίνω (εντελώς). [αβέβαιη ετυμ.].

μόλα, (ναυτ. παράγγελμα), άφησε, λύσε: *έγια ~, έγια λέσα.* [προστ. *mola* του βενετ. *molar*].

μολακείνα, σύνδ., μολαταύτα, όμως. [συνεκφ. με *όλα (ε)κείνα*].

μολάρω, ρ. (ναυτ.) αμολάρω (βλ. λ.).

μολάς, βλ. *μουλάς.*

μολαταύτα, σύνδ., παρ' όλα αυτά, όμως, ωστόσο.

μολδαβικός, -ή, -ό, επίθ., που ανήκει ή αναφέρεται στη Μολδαβία ή τους Μολδαβούς.

Μολδαβός ο, θηλ. **-ή,** ουσ., αυτός που κατοικεί στη Μολδαβία ή κατάγεται από εκεί.

μόλεμα το, ουσ. (λαϊκ.), μόλυνση, μόλυσμα (βλ. λ.).

μολεύω, ρ. (λαϊκ.), μολύνω (βλ. λ.): *ας μη -ουμε τα θεία· είναι -εμένη από την αρρώστια.*

μολιερικός, -ή, -ό, επίθ. (συνιζ.), που σχετίζεται με το Μολιέρο: *κωμωδίες -ές.*

μόλις, επίρρ. και σύνδ. 1. (ως τροπικό επίρρ.) με δυσκολία, με κόπο ή ελάχιστα: *~ που προλαβαίνουμε το λεωφορείο·* φρ. (λόγ.) *~ και μετά βίας* (= πολύ δύσκολα). 2. (ως χρον. επίρρ.) πριν από λίγο, πρόσφατα: *~ έφυγε το αεροπλάνο· ~ ξύπνησα.* 3. (ως χρον. σύνδ.) ευθύς ως, αμέσως όταν: *~ το άκουσε, έβαλε τα γέλια· ~ με είδε, κρύφτηκε.*

μολογώ, βλ. *ομολογώ.*

μολονότι, εναντ. σύνδ., αν και, παρόλο που: *δεν ήρθε, ~ του τηλεφώνησα δύο φορές.* [συνεκφ. *με όλον ότι*].

μολοντούτο, αντιθ. σύνδ. (έρρ.), παρ' όλα αυτά, (κι) όμως (συνών. *μολαταύτα*). [συνεκφ. *με όλον τούτο*].

μόλο που, εναντ. έκφρ., αν και, παρόλο που, μολονότι. [συνεκφ. *με όλο που*].

μόλος ο, ουσ., τεχνητή προεκβολή της στεριάς μέσα στη θάλασσα για να πλευρίζουν τα πλοία και για την προάσπιση του λιμανιού από την τρικυμία (συνών. *προκυμαία, προβλήτα*) [ιταλ. *molo*].

μολοσσός ο, ουσ. 1. είδος μεγαλόσωμου ποιμενικού σκύλου. 2. (στην αρχ. μετρική) εξάσημο μετρικό πόδι του δεύτερου είδους που αποτελείται από τρεις μακρές συλλαβές. [αρχ. εθν. *Μολοσσός*].

μολόχα και **μολόχη** η, ουσ., ποώδες φυτό με μεγάλα χνουδωτά φύλλα και χρωματιστά λουλούδια που το αφέψημα που παρασκευάζεται από τα φύλλα του χρησιμοποιείται ως καταπραϋντικό. [αρχ. *μολόχη*].

μολπή η, ουσ. (λόγ.), (λογοτ.) τραγούδι, άσμα.

μολυβάκι, βλ. *μολύβι.*

μολυβδίαση η, ουσ. (ιατρ.) τοξική δηλητηρίαση του οργανισμού από μόλυβδο.

μολύβδινος, -η, -ο, επίθ., που είναι φτιαγμένος από μόλυβδο (συνών. *μολυβένιος*).

μολυβδόβουλλο, ουσ. 1. βυζαντινή σφραγίδα από μόλυβδο. 2. (συνεκδοχικά) έγγραφο με μολύβδινη σφραγίδα.

μολυβδοκόλληση η, ουσ., συγκόλληση με καλάι (βλ. λ.).

μολυβδοκόνδυλο, βλ. *μολυβοκόντυλο.*

μόλυβδος ο, ουσ. (χημ.) μέταλλο βαρύ και συμπαγές, εύπλαστο και εύτηκτο με σκούρο γκρι χρώμα (συνών. *μολύβι*].

μολυβδοσωλήνας ο, ουσ., σωλήνας από μολύβι.

μολυβδουργία η, ουσ., η τέχνη της κατεργασίας του μολύβδου· η βιομηχανία μολύβδου.

μολυβδουργός ο, ουσ., αυτός που κατεργάζεται το μόλυβδο.

μολυβδούχος, -α, -ο, επίθ., που περιέχει μόλυβδο: *μεταλλεύματα -α.*

μολυβδώνω, ρ., επικαλύπτω αντικείμενο (εσωτερικά ή εξωτερικά) με μόλυβδο (συνών. *μολυβώνω*).

μολύβδωση η, ουσ., επικάλυψη και επένδυση αντικειμένου με μόλυβδο.

μολυβένιος, -α, -ο, επίθ. (συνιζ.). 1. που είναι (κατασκευασμένος) από μολύβι: *στρατιωτάκια -α* (συνών. *μολύβδινος*). 2. μολυβής.

μολυβήθρα η, ουσ. 1. μολυβένιο βαρίδι που χρησιμοποιείται στο αλφάδι των χτιστών ή προσαρμόζεται στα δίχτυα για να τα συγκρατεί. 2. καντηλήθρα (βλ. λ.).

μολυβής, -ιά (συνιζ.) **-ί,** επίθ., που έχει το χρώμα του μολυβιού: *ο ουρανός είναι ~* (συνών. *μολυβένιος*).

μολύβι το, ουσ. 1. το μέταλλο μόλυβδος (βλ. λ.). 2. (συνεκδοχικά) σφαίρα, βλήμα πυροβόλου όπλου, βόλι. 3. (μεταφ.) πράγμα βαρύ: *δε σηκώνεται το σακί ~ είναι.* 4a. αντικείμενο σε σχήμα μικρής κυλινδρικής βέργας από ξύλο, με γραφίτη στο εσωτερικό του που χρησιμοποιείται για να γράφει κανείς: *~ μαλακό / μαύρο·* β. μπογιά: *~ κόκκινο·* το παιδί ζωγράφιζε με τα -ια του· ~ για τα μάτια* (= ειδικό καλλυντικό μολύβι για το βάψιμο των ματιών). Υποκορ. **-άκι** το στη σημασ. 4. [μτγν. *μολύβιον*].

μολυβιά η, ουσ. (συνιζ.), γραμμή χαραγμένη με μολύβι (βλ. λ. στη σημασ. 4).

μολυβοκόντυλο και **μολυβδοκόνδυλο** το, ουσ., μολύβι (βλ. λ. στη σημασ. 4).

μολυβοκρύσταλλο το, ουσ., κρύσταλλο από μολυβδούχο γυαλί για βιτρίνες καταστημάτων και καθρέφτες.
μολυβόνερο το, ουσ., διάλυμα μολύβδου σε νερό με ξίδι που χρησιμοποιείται ως θεραπευτικό σε φλογώσεις.
μολυβώνω, ρ. 1. επικαλύπτω (εσωτερικά ή εξωτερικά) αντικείμενο με μόλυβδο. 2. χαράζω γραμμές με μολύβι σε χαρτί, χαρακώνω· μουντζουρώνω με μολύβι.
μόλυνση η, ουσ. 1. (ιατρ.) μετάδοση μικροβίων που μπορούν να προκαλέσουν αρρώστιες σε ζωντανό οργανισμό: *έπαθε ~*. 2. *~ του περιβάλλοντος* = βαθμιαία ρύπανση του περιβάλλοντος από ξένες ουσίες (αέρια, υγρά και στερεά), που προέρχονται κυρίως από τη βιομηχανική ανάπτυξη.
μολυντήρι το, ουσ. (έρρ.), είδος σαύρας, σαμιαμίθι.
μολυντικός, -ή, -ό, επίθ. (έρρ.), που προκαλεί μόλυνση (συνών. *μολυσματικός, κολλητικός*).
μολύνω, ρ., αόρ. *μόλυνα*, παθ. αόρ. *-νθηκα*, μτχ. παρκ. *-υσμένος*, 1. ρυπαίνω, λερώνω, βρομίζω: *τα λιπάσματα -ουν το έδαφος*. 2. (ιατρ.) μεταδίδω παθογόνα μικρόβια σε κάποιον. 3. (μεταφ.) διαφθείρω ηθικά ή πνευματικά, ατιμάζω.
μόλυσμα το, ουσ. 1. νοσογόνο μικρόβιο. 2. μεταδοτική αρρώστια. 3. το να μολύνεται κάτι.
μολυσματικός, -ή, -ό, επίθ., που ανήκει ή αναφέρεται στο μόλυσμα· που προκαλεί μόλυνση (βλ. λ. στη σημασ. 1): *νόσος -ή* (συνών. *μεταδοτικός, κολλητικός*).
μολώνω, ρ., ενισχύω ή προστατεύω (λιμάνι) με την κατασκευή μόλου (βλ. λ.).
μόμπιλο το, ουσ. (όχι έρρ.), έπιπλο. [ιταλ. *mobile*].
μομφή η, ουσ., επίκριση, κατηγορία: *πρόταση -ής εναντίον της κυβέρνησης* (συνών. *επίπληξη, ψόγος·* αντ. *έπαινος, επιδοκιμασία*).
μονάδα η, ουσ. 1. ό,τι θεωρείται ως ενότητα: *~ βιομηχανική / συνεταιριστική / κτηνοτροφική*. 2. (μαθημ.) ο πιο μικρός θετικός ακέραιος αριθμός που με την επανάληψή του προκύπτουν οι φυσικοί αριθμοί, ο αριθμός 1. 3. ποσότητα ή μέγεθος που λαμβάνεται ως κοινό μέτρο όλων των άλλων ομοειδών ποσοτήτων ή μεγεθών: *~ μήκους / βάρους· νομισματική ~*. 4α. στρατιωτικό τμήμα που έχει ξεχωριστή διοίκηση: *αεροπορική / μηχανοκίνητη ~.* β. (συνεκδοχικά) ο χώρος όπου υπηρετεί ένας στρατιώτης: *άλλοι πήραν άδεια κι άλλοι έμειναν στη ~*.
μοναδικός, -ή, -ό, επίθ. 1. που είναι μόνος στο είδος του: *~ πνεύμονας πράσινου· -ό καφενείο του χωριού*. 2. που είναι πολύ καλός στη δουλειά του, απαράμιλλος: *~ τεχνίτης / μάστορας* (συνών. *ασύγκριτος, έξοχος, εξαίρετος*).
μοναδικότητα η, ουσ., το να είναι κάτι μοναδικό (βλ. λ. στις σημασ. 1 και 2).
μοναδολογία η, ουσ., φιλοσοφικό σύστημα του Γερμανού φιλοσόφου Λάιμπνιτς (Leibniz) κατά το οποίο το σύμπαν αποτελείται από απλά στοιχεία, τις μονάδες.
μονάζω, ρ. 1. απομονώνομαι, μένω ή ζω μόνος. 2. (ειδικότερα) είμαι ή γίνομαι μοναχός, καλογερεύω.
μονάκριβος, -η, -ο, επίθ., μόνος και ακριβός, μονογενής και αγαπημένος: *~ αδερφός· η -ή του κόρη*.
μοναξιά η, ουσ. (συνιζ.). 1α. η κατάσταση ενός ανθρώπου που ζει μόνος, απομόνωση: *η ~ του σύγ-*

χρονου ανθρώπου· β. το δυσάρεστο αίσθημα που νιώθει κάποιος όταν ζει μόνος ή δεν έχει επαφές με άλλους ανθρώπους: *αισθάνεται ~*. 2. όψη, ατμόσφαιρα ενός τόπου που είναι έρημος: *η ~ του δάσους / της νύχτας* (συνών. *ερημιά*). 3. (συνεκδοχικά) τόπος ερημικός, ακατοίκητος (συνών. *ερημιά*).
μονάρχης ο, ουσ., ανώτατος άρχοντας, συνήθως κληρονομικός, αυτοκράτορας, βασιλιάς.
μοναρχία η, ουσ. 1. μορφή πολιτεύματος κατά την οποία η πολιτική εξουσία ασκείται από ένα πρόσωπο, το μονάρχη: *κληρονομική / συνταγματική ~*. 2. (συνεκδοχικά) το κράτος που έχει μοναρχικό πολίτευμα: *οι -ες της Ευρώπης το 17. αιώνα*.
μοναρχικός, -ή, -ό, επίθ. 1. που ανήκει ή αναφέρεται σε μονάρχη ή τη μοναρχία: *-ό σύστημα / πολίτευμα*. 2. οπαδός του μοναρχικού πολιτεύματος.
μοναστήρι το, ουσ., κτηριακό συγκρότημα όπου μονάζουν καλόγεροι, μοναστικό ίδρυμα (συνών. *μονή*). Φρ. *το ~ να 'ν' καλά* (λέγεται από πρόσωπα που ισχυρίζονται πως δεν έχουν ανάγκη από τη βοήθεια τρίτων όταν αυτοί την αρνούνται). - Υποκορ. **-άκι** το.
μοναστηριακός, -ή, -ό, επίθ. (ασυνίζ.), που ανήκει ή αναφέρεται σε μοναστήρι: *κτήματα -ά*.
μοναστηρίσιος, -α, -ο, επίθ. (συνιζ.), μοναστηριακός.
μοναστής ο, θηλ. **-τρια**, ουσ. (λόγ.), μοναχός, ερημίτης (συνών. *καλόγερος*).
μοναστικός, -ή, -ό, επίθ., που ανήκει ή αναφέρεται στο μοναστή: *-ή ζωή / παράδοση* (συνών. *καλογερικός, μοναχικός*).
μονάστρια, βλ. *μοναστής*.
μονάχα και **μοναχά**, επίρρ., μόνο (βλ. λ.). [*μοναχός*].
μοναχή, βλ. *μοναχός* ο.
μοναχικός, -ή, -ό, επίθ. 1. που ανήκει ή αναφέρεται σε μοναχό: *τάγμα -ό* (συνών. *μοναστικός, καλογερίστικος*). 2. που ζει απομονωμένος, ολομόναχος: *άτομο -ό*. 3. που βρίσκεται απόμερα: *σπίτι -ό*.
μοναχισμός ο, ουσ., το σύστημα ζωής ή το σύνολο των μοναχών.
μοναχογιός ο, ουσ. (συνιζ.), μοναδικός γιος σε μια οικογένεια.
μοναχοθυγατέρα η, ουσ., μοναχοκόρη.
μοναχοκόρη η, ουσ., μοναδική κόρη μιας οικογένειας (συνών. *μοναχοθυγατέρα*).
μοναχοπαίδι ο, ουσ., μοναδικό παιδί μιας οικογένειας.
μοναχός, -ή, -ό και **μονάχος**, επίθ. (συνήθως με επόμενη την προσωπ. αντων.). 1α. που δεν είναι μαζί με άλλους ανθρώπους, χωρίς τη συντροφιά άλλων: *θέλω να μείνω ~ μου· πήγαν -οι τους στην εξοχή·* β. που δεν έχει οικογένεια ή δικούς του ανθρώπους: *έμεινε ~ στη ζωή*. 2. με δική μου πρωτοβουλία: *~ του μου τα 'δωσε*. 3α. που κάνει κάτι χωρίς τη βοήθεια άλλου: *-ή της μεγάλωσε τα παιδιά της·* β. (για δήλωση αυτοπάθειας) *~ μου έπεσα· δε μ' έσπρωξε κανείς*. 4. (για τροφή) που δε συνοδεύεται από κάτι άλλο, σκέτος: *η τροφή του ήτανε ρύζι -ό* (συνών. στις σημασ. 1, 2, 3 *μόνος*). Φρ. *είναι κάποιος σπίρτο -ό* (= είναι ευφυέστατος).
μοναχός ο, θηλ. **-ή**, ουσ., καλόγερος (βλ. λ.) (συνών. *μοναστής*).

μονέδα η, ουσ., νόμισμα. Φρ. *κόβω* ~ (= κερδίζω άφθονα χρήματα από επιχείρηση). [βενετ. *moneda*].
Μονεμβασιώτης, ο, θηλ. **-ισσα**, ουσ. (συνιζ.), αυτός που κατοικεί στη Μονεμβασία ή κατάγεται από εκεί.
μονεμβασιώτικος, -η, -ο, επίθ. (συνιζ.), που ανήκει ή αναφέρεται στη Μονεμβασία ή τους Μονεμβασιώτες.
μονή η, ουσ., μοναστήρι (βλ. λ.).
μόνημα το, ουσ., μόρφημα (βλ. λ.). [γαλλ. *monème*].
μονήρης, -ης, -ες, γεν. *-ους*, πληθ. αρσ. και θηλ. *-εις*, ουδ. *-η*, επίθ. (λόγ.), απόκοσμος, μοναχικός: *βίος* ~· *μες στο -ες σπίτι μου μεθώ ξανά* (Καβάφης).
μονιά η, ουσ. (συνιζ., λαϊκ.), φωλιά αγριμιού: ~ *λύκου· εδώ, στο χώμα ρίζωσε μια στέρνα / μονιά κρυφού νερού που θησαυρίζει* (Σεφέρης). [*μόνος*].
μόνιμα, βλ. *μόνιμος*.
μονιμοποίηση η, ουσ., το να γίνει κάποιος ή κάτι μόνιμο(ς): ~ *έκτακτου υπαλλήλου*.
μονιμοποιώ, -είς, ρ. (ασυνίζ.), κάνω κάποιον ή κάτι μόνιμο: ~ *έκτακτο υπάλληλο*.
μόνιμος, -η, -ο, επίθ. 1. που διαρκεί για πάντα ή για μεγάλο χρονικό διάστημα: *κατάσταση / απασχόληση -η*. 2. (για δημόσιο υπάλληλο) που είναι κατοχυρωμένος με μονιμότητα (αντ. *έκτακτος, προσωρινός*). - Επίρρ. **-α και -ως**.
μονιμότητα η, ουσ., το να παραμένει κάτι το ίδιο για πάντα ή για μακρύ χρονικό διάστημα: ~ *υπαλλήλου* (συνών. *σταθερότητα·* αντ. *προσωρινότητα*).
μονίμως, βλ. *μόνιμος*.
μόνιππο το, ουσ., άμαξα που τη σέρνει ένα μόνο άλογο.
μονισμός ο, ουσ. (φιλοσ.) κοσμοθεωρία που δέχεται μία μόνο αρχή των όντων (το πνεύμα ή τη φύση) (συνών. *ενισμός*).
μονιστής ο, ουσ. (φιλοσ.) οπαδός της θεωρίας του μονισμού.
μονιστικός, -ή, -ό, επίθ., που σχετίζεται με τη φιλοσοφική θεωρία του μονισμού (βλ. λ.): *απόψεις -ές*.
μόνο, επίρρ., για να δηλωθεί: 1. αποκλειστικότητα ή περιορισμός: ~ *αυτός έχει το δικαίωμα να κρίνει·* ~ *για τα χρήματα νοιάζεται· έφαγε* ~ *και έφυγε· θα μείνω* ~ *πέντε μέρες*. 2. εξαίρεση: *όλο το πρωινό ήταν νηστική·* ~ *το μεσημέρι ήπιε λίγο γάλα·* (με το *να*) ~ *να γράφεις τ' όνομά σου, κι εκείνο το 'μαθες μισό* (λαϊκ. τραγ.)· *παίζετε·* ~ *να μην κάνετε θόρυβο* (συνών. στις σημασ. 1, 2 *μονάχα*). Έκφρ. ~ *και* ~ (= αποκλειστικά): *ήρθα* ~ *και* ~ *για να σε συναντήσω·* (*και*) ~ *που* (με ρήμα) (= και μόνο όταν): *και* ~ *που το σκέφτομαι με πιάνει τρέλα·* ~ *που* (με ρήμα) (= όμως): *ωραίο το φόρεμά σου,* ~ *που είναι πολύ σκούρο·* ~ *που δεν* (= το μόνο που δεν έγινε ήταν ότι...): *μόνο που δεν τον έδειρε· όχι* ~ *δεν* (με ρήμα), *αλλά (και)* (με ρήμα): *όχι* ~ *δεν ήρθε, αλλά ούτε μας ειδοποίησε να μην τον περιμένουμε*.
μονο-, α΄ συνθ. λέξεων που δηλώνει ότι αυτό που σημαίνει το β΄ συνθ. γίνεται μια φορά ή είναι ένα (π.χ. *μονογαμία, μονοτάξιος*).
μονογαμία η, ουσ. 1. θεσμός που επιτρέπει τη σύναψη ενός και μόνου γάμου: *η χριστιανική θρησκεία επιβάλλει τη* ~. 2. (ζωολ.) το φαινόμενο κατά το οποίο ορισμένα αρσενικά ζώα συνευρίσκονται με ένα και μόνο θηλυκό (π.χ. το περιστέρι).
μονογαμικός, -ή, -ό, επίθ. 1. που έχει σχέση με τη μονογαμία ή αναφέρεται σ' αυτήν: *ορισμένα είδη ζώων τα χαρακτηρίζει -ή συμπεριφορά*. 2. οπαδός της μονογαμίας (αντ. στις σημασ. 1 και 2 *πολυγαμικός*).
μονόγαμος, -η, -ο, επίθ., που παντρεύτηκε μόνο μία φορά (αντ. *πολύγαμος*). - Το ουδ. στον πληθ. ως ουσ. = (ζωολ.) ονομασία κατηγορίας ζώων των οποίων τα αρσενικά συνευρίσκονται με ένα και μόνο θηλυκό.
μονογένεση η, ουσ. 1. (βιολ.) γένεση νέου οργανισμού με αυτόματη διαίρεση του μονοκύτταρου ζωικού ή φυτικού οργανισμού σε δύο νέους οργανισμούς: *η αμοιβάδα πολλαπλασιάζεται με* ~ (συνών. *μονογονία*). 2. (φυτολ.) περίπτωση φυτών με άνθη του ενός μόνο γένους.
μονογονία η, ουσ. 1. γέννηση ενός μόνο νεογνού σε κάθε τοκετό. 2. μονογένεση.
μονόγραμμα το, ουσ., σύμπλεγμα δύο γραμμάτων του αλφαβήτου.
μονογραφή η, ουσ., υπογραφή με τα αρχικά γράμματα του ονοματεπωνύμου (συνών. λαϊκ. *τζίφρα*).
μονογράφηση η, ουσ., προσθήκη σε έγγραφο της μονογραφής αρμόδιου προσώπου, με την οποία ο υπογραφόμενος δηλώνει ότι έλαβε γνώση του περιεχομένου του εγγράφου και ότι συμφωνεί με αυτό.
μονογραφία η, ουσ., μελέτη που πραγματεύεται εξαντλητικά ένα ειδικό και αυτοτελές επιστημονικό θέμα (συνών. *διατριβή*).
μονογράφω, ρ., ορθότερο: *μονογραφώ: ο καθηγητής -γραψε την κόλλα του γιατί αντέγραφε* (= μηδένισε).
μονογραφώ, -είς, ρ., υπογράφω με τη μονογραφή μου, βάζω τη μονογραφή μου.
μονοδιάστατος, -η, -ο, επίθ. (ασυνίζ.), που έχει μόνο μία διάσταση, τη διάσταση του μήκους (αντ. *πολυδιάστατος*).
μονόδραχμο το, ουσ., νόμισμα μιας δραχμής, κοιν. *φράγκο*.
μονόδρομος ο, ουσ. 1. δρόμος όπου τα οχήματα κινούνται υποχρεωτικά προς τη μία μόνο κατεύθυνση. 2. (μεταφ.) τακτική ή συμπεριφορά που μόνο προς μια συγκεκριμένη κατεύθυνση μπορεί ή επιτρέπεται να οδηγήσει χωρίς να αφήνει περιθώρια επιστροφής.
μονοεδρικός, -ή, -ό, επίθ., που έχει μόνο μία έδρα· (ειδικότερα) *-ή περιφέρεια* (= εκλογική περιφέρεια όπου εκλέγεται μόνο ένας βουλευτής).
μονοετής, -ής, -ές, γεν. *-ούς*, πληθ. αρσ. και θηλ. *-είς*, ουδ. *-ή*, επίθ. 1. που έχει ηλικία ενός έτους. 2. που έχει διάρκεια ενός έτους: ~ *σύμβαση* (συνών. *ετήσιος·* αντ. *πολυετής*).
μονόζυγο το, ουσ., όργανο γυμναστικής που αποτελείται από μια οριζόντια δοκό και δύο κάθετους στύλους στερεωμένους στο έδαφος.
μονοζυγωτά και **μονοζυγωτικά** τα, ουσ., δίδυμα που προέρχονται από ένα ωάριο και αργότερα παρουσιάζουν σχεδόν απόλυτη ομοιότητα (συνών. *ομοζύγωτα, ομοζυγωτά, ομοζυγωτικά*).
μονοήμερος, -η, -ο, επίθ., που έχει διάρκεια ή ζωή μιας ημέρας: *εκδρομή -η* (αντ. *πολυήμερος*).
μονοθεία η, ουσ., μονοθεϊσμός.
μονοθεϊσμός ο, ουσ., η πίστη σε ένα και μόνο θεό (συνών. *μονοθεία·* αντ. *πολυθεϊσμός, πολυθεΐα*).

μονοθεϊστής ο, θηλ. **-τρια**, ουσ., που αποδέχεται το μονοθεϊσμό.
μονοθεϊστικός, -ή, -ό, επίθ., που ανήκει ή αναφέρεται στο μονοθεϊσμό ή τους μονοθεϊστές: *-ή θρησκεία*.
μονοθεΐστρια, βλ. *μονοθεϊστής*.
μονοθελήτες οι, ουσ., οπαδοί της θρησκευτικής αίρεσης του μονοθελητισμού.
μονοθελητισμός ο, ουσ., θρησκευτική αίρεση που αποδίδει στο Χριστό μόνο μία θέληση και ενέργεια, τη θεία.
μονοιάζω, ρ., αόρ. *μόνοιασα*, μτχ. παρκ. *μονοιασμένος* (συνιζ.). Α. (μτβ.) συμφιλιώνω: *μόνοιασε τα παιδιά του.* Β. (αμτβ.) συμφιλιώνομαι: *συνέχεια μαλώνουν και δεν μπορούν να μονοιάσουν* (συνών. στις σημασ. Α και Β *φιλιώνω*).
μόνοιασμα το, ουσ. (συνιζ.), συμφιλίωση.
μονοκαλλιέργεια η, ουσ. (ασυνίζ. δις), σύστημα γεωργικής εκμετάλλευσης του εδάφους με την καλλιέργεια ενός μόνο προϊόντος.
μονοκατάληκτος, -η, -ο, επίθ. (γραμμ.) (για επίθ. κυρίως λόγ. ή αρχ.) που και τα τρία γένη του έχουν την ίδια κατάληξη.
μονοκατοικία η, ουσ., κατοικία χτισμένη για μια μόνο οικογένεια (αντ. *πολυκατοικία*).
μονοκέρατος, -η, -ο, επίθ. (για ζώα) που έχει ένα μόνο κέρατο: *ρινόκερος ~*.
μονόκερος ο, γεν. *-ου*, ουσ., ονομασία μυθικού ζώου με μορφή ίππου και ένα μακρύ κέρατο στο μέτωπο.
μονόκλ το, ουσ. άκλ., στρογγυλός φακός που προσαρμόζεται στο ένα μόνο μάτι. [γαλλ. *monocle*].
μονόκλινος, -η, -ο, επίθ. (για δωμάτιο) που έχει ένα μονό κρεβάτι. - Το ουδ. ως ουσ. = δωμάτιο ξενοδοχείου με ένα μονό κρεβάτι: *νοίκιασα ένα -ο για τις διακοπές*.
μονόκλιτος, -η, -ο, επίθ. (αρχιτ.) ναός με ένα μόνο κλίτος (βλ. λ.).
μονοκόκαλος, -η, -ο, επίθ., που αποτελείται από ένα μόνο κόκαλο· (συνεκδοχικά) άκαμπτος, ανελαστικός, μονοκόμματος.
μονοκόμματος, -η, -ο, επίθ. 1. (για πράγμα) που αποτελείται από ένα μόνο κομμάτι: *πόρτα / κολόνα -η.* 2. (για πρόσωπα) α. δύσκαμπτος: *περπατάει ~.* β. άκαμπτος, επίμονος στις ιδέες του. - Επίρρ. **-α**: *είδε το θέμα -α*.
μονοκονδυλιά και **μονοκοντυλιά** η, ουσ. (συνιζ.), γραφή λέξης, φράσης, σχήματος ή (συνήθως) υπογραφής με μία χωρίς διακοπή κίνηση της πένας. Φρ. *με μια μονοκοντυλιά* (= αβασάνιστα, χωρίς περίσκεψη): *τον διέγραψαν από το κόμμα με μια μονοκοντυλιά*.
μονοκοπανιά η, ουσ. (συνιζ.). 1. ένα μόνο χτύπημα με τον κόπανο. 2. (ως επίρρ.) ~ *και -ιάς* = μονομιάς, χωρίς διακοπή, χωρίς τη μεσολάβηση κάποιου χρονικού διαστήματος: *άδειασε το ποτήρι ~* (συνών. *διαμιάς*).
μονοκοτυλήδονος, -η, -ο, επίθ. (φυτολ.) που έχει μόνο ένα κοτυληδόνα στο σπέρμα του: *Τα -α και τα δικοτυλήδονα ανθίζανε στον κάμπο* (Σεφέρης).
μονοκούκκι, επίρρ., μόνο στη φρ. *ψηφίζω ~* (για σύνολο ανθρώπων που ψηφίζουν όλοι τον ίδιο υποψήφιο): *όλο το σόι τον ψήφισε ~*.
μονοκύτταρος, -η, -ο, επίθ. (βιολ.) που αποτελείται από ένα μόνο κύτταρο: *~ οργανισμός* (αντ. *πολυκύτταρος*).
μονολεκτικός, -ή, -ό, επίθ., που αποτελείται από μία μόνο λέξη, που εκφράζεται με μία μόνο λέξη: *απάντηση -ή* (αντ. *περιφραστικός*).
μονόλεπτος, -η, -ο, επίθ. 1. που διαρκεί ένα πρώτο λεπτό της ώρας: *-η σιγή.* 2. (παλαιότερα) που έχει αξία ενός λεπτού (= ενός εκατοστού) της δραχμής. - Το ουδ. ως ουσ. = (παλαιότερα) κέρμα αξίας ενός λεπτού της δραχμής.
μονόλογος ο, ουσ. 1. το να μιλά κάποιος μόνος του, με τον εαυτό του. 2. μακρά ομιλία προσώπου που δε δίνει την ευκαιρία και σε άλλους να μιλήσουν. 3. (θεατρ.) α. το να μιλά ένα θεατρικό πρόσωπο πολλή ώρα μόνο του, εκθέτοντας σκέψεις, συναισθήματα, σκοπούς, κλπ., που αφορούν τη σκηνική δράση· β. μικρό έμμετρο ή πεζό σκηνικό έργο που παίζεται από ένα μόνο ηθοποιό. 4. (λογοτ.) *εσωτερικός ~* = λογοτεχνικός τρόπος που προσπαθεί να αποδώσει το λόγο που δεν έχει ακόμη αρθρωθεί, διατηρώντας τη συνειρμική σύνδεση και την έλλειψη λογικής και συντακτικής επεξεργασίας που έχει η ροή της συνείδησης.
μονολογώ, -είς, ρ., μιλώ μόνος μου χωρίς την παρουσία κανενός, σαν να απευθύνομαι στον εαυτό μου: *περπατούσε μόνος του και -ούσε*.
μονομανής, -ής, -ές, γεν. *-ούς*, πληθ. αρσ. και θηλ. *-είς*, ουδ. *-ή*, επίθ., που πάσχει από μονομανία.
μονομανία η, ουσ. 1. (ψυχ.) ψυχική διαταραχή με σύμπτωμα την κυριαρχία στο μυαλό κάποιου μιας έμμονης ιδέας ή ενός κύκλου ιδεών (συνών. *ιδεοληψία*). 2. ισχυρότατη κλίση σε κάτι, που απορροφά όλη τη σκέψη και την ενεργητικότητα του ατόμου, πάθος: *έχει ~ με τον κινηματογράφο*.
μονομαχία η, ουσ. α. ένοπλη αναμέτρηση δύο ατόμων: *~ Έκτορα και Αχιλλέα·* β. (ειδικότερα) ένοπλη αναμέτρηση δύο ατόμων για λόγους τιμής: *τον κάλεσε σε ~·* γ. (μεταφ.) ειρηνικός συναγωνισμός, άμιλλα δύο ατόμων ή ομάδων: *~ στο σκάκι / στην κολύμβηση*.
μονομάχος ο, ουσ. 1. αυτός που παίρνει μέρος σε μονομαχία. 2. δούλος ή κατάδικος στην αρχαία Ρώμη που μαχόταν εναντίον ανθρώπων ή θηρίων για την τέρψη των θεατών.
μονομαχώ, -είς, ρ. 1. μετέχω σε μονομαχία (συνήθως για λόγους τιμής). 2. (μεταφ., γενικά) ανταγωνίζομαι κάποιον αντίπαλο.
μονομελής, -ής, -ές, γεν. *-ούς*, πληθ. αρσ. και θηλ. *-είς*, ουδ. *-ή*, επίθ., που έχει μόνο ένα μέλος: *-ές πρωτοδικείο* (αντ. *πολυμελής*).
μονομέρεια η, ουσ. (ασυνίζ.), το να κρίνει κάποιος βασιζόμενος στα επιχειρήματα της μίας μόνο πλευράς: *αντίκρισε το θέμα με ~*.
μονομερής, -ής, -ές, γεν. *-ούς*, πληθ. αρσ. και θηλ. *-είς*, ουδ. *-ή*, επίθ. 1. που απαρτίζεται από ένα μόνο μέρος ή τεμάχιο (αντ. *πολυμερής, πολυμελής, πολυσύνθετος*). 2. (για συμπέρασμα, κ.τ.ό.) που συνάγεται με βάση την εξέταση της μιας μόνο πλευράς ζητήματος: *κρίση / άποψη ~.* 3. που γίν[ε]ται μόνο από τη μια πλευρά (ενός διμελούς ή πολυμελούς συνόλου): *προσπάθεια ειρήνευσης ~* (αντ. *αμοιβαίος*). - Επίρρ. **-ώς**.
μονομερίς, επίρρ., σε μια και μόνη μέρα, αυθημερόν: *κλάδεψε όλο το περιβόλι ~*.
μονομερώς, βλ. *μονομερής*.
μονομεταλλισμός ο, ουσ., νομισματικό σύστημα που βασίζεται σε ένα μόνο μεταλλικό κανόνα (του χρυσού ή του αργύρου) (αντ. *διμεταλλισμός*).
μονομιάς, επίρρ. (συνιζ.). 1. αμέσως: *το κατάλαβε ~.* 2. χωρίς διακοπή: *άδειασε το μπουκάλι ~* (συ-

νών. στις σημασ. 1 και 2 *μεμιάς*).

μονόμπαντα (μη έρρ., έρρ.) και **μονόπαντα** (έρρ.), επίρρ., από τη μία μόνο πλευρά: *το κύμα χτυπούσε τη βάρκα ~*.

μονοξείδιο το, ουσ. (ασυνίζ.), (χημ.) ένωση στοιχείου με ένα άτομο οξυγόνου: *~ του θείου / αζώτου / άνθρακα*.

μονόξυλο το, ουσ., πρωτόγονο σκάφος κατασκευασμένο από κορμό δέντρου.

μονόπαντα, βλ. *μονόμπαντα*.

μονοπάτι το, ουσ., στενός αγροτικός δρόμος (συνήθως ανώμαλος) σχηματισμένος από τη συχνή διάβαση ανθρώπων και ζώων: *Σαν το φοβάσαι το γκρεμό, έλα απ' το ~* (δημ. τραγ.)· *ανοίγω ~*. - Υποκορ. **-άκι** το.

μονόπατος, -η, -ο, επίθ. (για σπίτι) που έχει μόνο ένα πάτωμα, έναν όροφο (συνών. *μονώροφος*· αντ. *πολυόροφος*).

μονοπέταλος, -η, -ο, επίθ. (βοτ., για άνθος) που έχει τα πέταλα ενωμένα σε ενιαία στεφάνη.

μονόπετος, -η, -ο, επίθ. (για σακάκι, κ.τ.ό.) που έχει μονό πέτο: *κοστούμι -ο*.

μονόπετρο το, ουσ., δαχτυλίδι με μία πολύτιμη πέτρα, συνήθως διαμάντι: *λάμπει το δάκρυ σα ~* (Ελύτης).

μονοπλάνο το, ουσ., παλαιού τύπου αεροσκάφος που έχει μόνο μία φέρουσα επιφάνεια. [γαλλ. *monoplan*].

μονόπλευρος, -η, -ο, επίθ. 1. που έχει μόνο μία πλευρά (αντ. *πολύπλευρος*). 2α. (για άνθρωπο) που κρίνει ή ενεργεί εξετάζοντας μόνο μία πλευρά του ζητήματος (αντ. *αντικειμενικός*)· β. (για συμπέρασμα, κ.τ.ό.) που συνάγεται με βάση την εξέταση μιας μόνο πλευράς του ζητήματος: *-η κρίση / αντιμετώπιση του προβλήματος* (συνών. *μονομερής*· αντ. *πολύπλευρος, αντικειμενικός*).

μονόπορτο το, ουσ., η μοναδική πόρτα διαμέσου της οποίας περνά κανείς σε περισσότερες κατοικίες.

μονόπρακτος, -η, -ο, επίθ. (για θεατρ. έργο) που αποτελείται από μία πράξη: *-η κωμωδία*. - Το ουδ. ως ουσ. = θεατρικό έργο με μία πράξη.

μονόπτερος, -η, -ο, επίθ. (για αρχαίο ναό) που έχει μία σειρά κιόνων γύρω από το σηκό.

μονοπύρηνος, -η, -ο, επίθ. 1. (βοτ.) που έχει έναν πυρήνα: *καρπός ~*. 2. (βιολ., για κύτταρο) που έχει έναν πυρήνα: *-α λεμφοκύτταρα*.

μονοπώληση η, ουσ. 1. η πώληση κατ' αποκλειστικότητα από ένα πρόσωπο ή έναν οργανισμό προϊόντων (που αποκλείονται από το ελεύθερο εμπόριο). 2. (μεταφ.) το να έχει κάποιος ή κάτι κατ' αποκλειστικότητα μια ιδιότητα, ένα προσόν, κ.τ.ό.: *~ του ενδιαφέροντος* (από κάποιον).

μονοπωλιακός, -ή, -ό, επίθ. (ασυνίζ.), που έχει σχέση με το μονοπώλιο ή αναφέρεται σ' αυτό: *-ή τιμή· ~ καπιταλισμός*. - Επίρρ. **-ώς**.

μονοπώλιο το, ουσ. (ασυνίζ.). 1. το δικαίωμα επιχείρησης, οργανισμού ή κράτους να πουλά ένα εμπόρευμα κατ' αποκλειστικότητα. 2. η υπηρεσία που διαχειρίζεται τα μονοπωλιακά είδη, καθώς και το κτίστημα όπου στεγάζεται. 3. (μεταφ.) αποκλειστική χρήση, νομή ή κατοχή κάποιας ιδιότητας: *~ της εξυπνάδας / της γνώσης*.

μονοπωλώ, -είς, ρ. 1. πουλώ κατ' αποκλειστικότητα. 2. (μεταφ.) παρουσιάζομαι ως μόνος κάτοχος κάποιας ιδιότητας ή αρετής: *~ το ενδιαφέρον της κοινής γνώμης / τη γνώση*.

μονορούφι, επίρρ. 1. με μία μόνο ρόφηση, χωρίς αναπνοή: *ήπιε όλο το κρασί ~*. 2. (μεταφ.) χωρίς διακοπή: *το διάβασα ~* (συνών. στις σημασ. 1 και 2 *μεμιάς, μονομιάς*).

μονόροφος, βλ. *μονώροφος*.

μόνος, -η, -ο, επίθ. (με επόμενη την προσωπ. αντων.). 1α. που δεν είναι μαζί με άλλους ανθρώπους, μοναχός: *θέλω να μείνω ~ μου· πέρασε τις διακοπές -η της·* (για δύο ή λίγους ανθρώπους) που βρίσκονται κάπου χωρίς την παρουσία ή τη συντροφιά άλλων: *πήγαν -οι τους στην εξοχή·* φρ. *~ του τα λέει, ~ τ' ακούει* (για κάποιον που δεν του δίνουν σημασία οι άλλοι)· β. που δεν έχει οικογένεια ή δικούς του ανθρώπους ή βρίσκεται κάπου χωρίς φίλους: *παιδιά ορφανά και -α στη ζωή· είναι ~ του στην ξενιτιά*. 2α. που κάνει κάτι χωρίς τη βοήθεια άλλου: *-η της μεγάλωσε τα παιδιά· του μαγείρεψε*. β. (για δήλωση αυτοπάθειας) ο ίδιος, όχι άλλος: *του κουρεύεται* (συνών. στις σημασ. α και β *μοναχός*). 3. μοναδικός· εξαίρετος: *ωραία και -η η Ζάκυνθος με κυριεύει* (Κάλβος). Έκφρ. *από ~ μου / σου / του...* (= α. με δική μου πρωτοβουλία: *από ~ του το αποφάσισε να του μιλήσει·* β. χωρίς τη συμβολή άλλου: *τα ράβει όλα από -η της*)· ~ *κι έρημος* (στον κόσμο / σαν την καλαμιά στον κάμπο) (= ολομόναχος).

μονός, -ή, -ό, επίθ. 1. που αποτελείται από ένα στοιχείο ή μέρος, που δεν είναι διπλός, τριπλός, κλπ. *κλωστή -ή· κρεβάτι -ό* (για ένα άτομο)· *κουβέρτα -ή* (συνών. *απλός·* αντ. *διπλός, πολλαπλός*). 2. (για αριθμό) που δε δίνει τέλειο πηλίκο όταν διαιρεθεί με το 2: *-οί αριθμοί είναι το 1, 3, 5, 7... αύριο κυκλοφορούν τα αυτοκίνητα -ού αριθμού· αλλιώς: μονά* (συνών. *περιττός*· αντ. *ζυγός, άρτιος*)· εκφρ. *-ά - ζυγά* (= είδος παιγνιδιού)· φρ. *~ - ζυγά τα θέλει δικά του* (= θέλει να είναι πάντα ο νικητής, να τα έχει όλα δικά του). 3. (για φυτό) που έχει άνθη με απλή στεφάνη (βλ. λ.): *ιβίσκος ~* (αντ. *διπλός*).

μονοσακχαρίτες οι, ουσ. (χημ.-βιολ.) απλά ζάχαρα που δεν μπορούν να διασπαστούν σε απλούστερα όπως π.χ. η γλυκόζη (αντ. *πολυσακχαρίτες*).

μονοσέπαλος, -η, -ο, επίθ. (φυτολ., για άνθη) που ο κάλυκας του αποτελείται από σέπαλα ενωμένα.

μονοσήμαντος, -η, -ο, επίθ. (έρρ.). 1. (για λέξεις) που έχει μόνο μία σημασία (συνών. *μονόσημος·* αντ. *δίσημος, πολυσήμαντος*). 2. (μαθημ., σε παράσταση συμβόλων) που παριστάνει ένα μόνο σύμβολο: *αντιστοιχία -η*.

μονοσημία η, ουσ. (συνήθως για λέξεις) το να έχει κάτι μία σημασία (αντ. *πολυσημία*).

μονόσημος, -η, -ο, επίθ. (για λέξεις) που έχει μόνο μια σημασία (συνών. *μονοσήμαντος·* αντ. *δίσημος, αμφίσημος, πολύσημος*).

μονοσθενής, -ής, -ές, γεν. *-ούς*, πληθ. αρσ. και θηλ. *-είς*, ουδ. *-ή*, επίθ. (για χημ. στοιχεία) που το μόριό τους περιέχει ένα άτομο: *ρίζα ~*.

μονοσταυρία η, ουσ. (πολιτ.) εκλογικό σύστημα σύμφωνα με το οποίο ο εκλογέας έχει δικαίωμα να επιλέξει με σταυρό, σημειωμένο δίπλα στο όνομα του υποψηφίου, έναν μόνο υποψήφιο: *για τις μικρές εκλογικές περιφέρειες ισχύει το σύστημα της -ας* (αντ. *δισταυρία, πολυσταυρία*).

μονόστηλος, -η, -ο, επίθ. 1. (για πλοία) που έχει ένα μόνο κατάρτι. 2. (για έντυπα) που αποτελείται από μια στήλη: *άρθρο (εφημερίδας) -ο*. 3. (στην

μονοστιγμής   894

τυπογραφία) που στοιχειοθετείται στο πλάτος μιας μόνο στήλης: *τίτλος* ~.

μονοστιγμής, επίρρ. (λαϊκ.), σε μια στιγμή, αμέσως: *σε κάθε ερώτηση του 'δινε ~ μια απάντηση*.

μονοσυλλαβικός, -ή, -ό, επίθ. (γραμμ., γλωσσολ.) που αποτελείται από μονοσύλλαβες λέξεις: *γλώσσες -ές*.

μονοσύλλαβος, -η, -ο, επίθ. (για λέξεις) που αποτελείται από μία συλλαβή: *οι -ες λέξεις δεν παίρνουν τόνο* (αντ. *πολυσύλλαβος*). - Το ουδ. στον πληθ. ως ουσ. = οι μονοσύλλαβες λέξεις· φρ. *μιλάει με -α* (= δεν είναι καθόλου ομιλητικός).

μονοτονία η, ουσ. 1. το να μην υπάρχει εναλλαγή ή ποικιλία σε μια κατάσταση με αποτέλεσμα να προκαλείται ανία και πλήξη: *τον μελαγχολούσε η ~ του τοπίου· ήθελε να ξεφύγει από τη ~ της ζωής της*. 2. (μουσ.) το να αποτελείται ένας ήχος από ένα μόνο μουσικό τόνο.

μονοτονικός, -ή, -ό, επίθ. (γραμμ.) *-ό σύστημα (γραφής)* = σύστημα ορθογραφικό της νέας ελληνικής σύμφωνα με το οποίο χρησιμοποιείται ένας μόνο τόνος (η οξεία) (αντ. *πολυτονικός*).

μονότονος, -η, -ο, επίθ. 1. που δεν παρουσιάζει εναλλαγή ή ποικιλία με αποτέλεσμα να προκαλεί ανία και πλήξη: *η αφήγηση / ζωή* (συνών. *ανιαρός, πληκτικός*). 2. (μουσ. για ήχο) που αποτελείται από ένα μόνο μουσικό τόνο, που δεν έχει ποικιλία.

μονοτύπης ο, ουσ., τυπογράφος ειδικευμένος στη μονοτυπία (βλ. λ.).

μονοτυπία η, ουσ. (στην τυπογραφία) τεχνική μηχανικής στοιχειοθεσίας με την οποία το κείμενο μεταφέρεται με πληκτρολόγιο σε μια διάτρητη ταινία που στη συνέχεια παράγει με ειδική μηχανή μεμονωμένα στοιχεία από λειωμένο μέταλλο.

μονοτυπικός, -ή, -ό, επίθ., που αναφέρεται στη μονοτυπία: *μηχανή -ή*.

μονόφθαλμος, -η, -ο, επίθ., που έχει ένα μόνο μάτι ή που βλέπει μόνο από το ένα μάτι· παροιμ. φρ. *στους τυφλούς ξεχωρίζει ο* ~ (= ανάμεσα σε δύο ή περισσότερα ανίκανα άτομα επιλέγεται το λιγότερο ανίκανο).

μονοφόρι το, ουσ., ρούχο που φοριέται πολύ, που δεν αλλάζεται συχνά (συνήθως ως επίρρ.): *αυτά τα ρούχα τα φοράει* ~.

μονόφυλλο το, ουσ., έντυπο που αποτελείται από ένα μόνο φύλλο.

μονόφυλλος, -η, -ο, επίθ. 1. (για φυτά) που έχει ένα μόνο σέπαλο (συνών. *μονοσέπαλος*). 2. (για πόρτες, παράθυρα) που έχει ένα μόνο φύλλο (βλ. λ.) που ανοίγει: *παραθύρι -ο* (αντ. *δίφυλλο*).

μονοφυσίτης ο, ουσ., οπαδός της αίρεσης του μονοφυσιτισμού.

μονοφυσιτικός, -ή, -ό, επίθ., που να αναφέρεται στο μονοφυσιτισμό: *δοξασία -ή*.

μονοφυσιτισμός ο, ουσ., θρησκευτική αίρεση του 5. αιώνα μ.Χ. που αναγνωρίζει μόνο τη θεία φύση του Χριστού.

μονοφωνία η, ουσ. (μουσ.) τραγούδι που εκτελείται από μία μόνο φωνή ή από περισσότερες σε ταυτοφωνία και πάντα χωρίς συνοδεία.

μονοφωνικός, -ή, -ό, επίθ., που ανήκει ή αναφέρεται στη μονοφωνία: *μουσική -ή*.

μονόφωνος, -η, -ο, επίθ. (για τραγούδι, κ.τ.ό.) που εκτελείται μόνο από μία φωνή ή από πολλές με ταυτοφωνία και πάντα χωρίς συνοδεία: *δημοτικά τραγούδια -α*.

μονόχηλος, -η, -ο, επίθ. (για ζώα) που έχει μόνο μία χηλή ενιαία και όχι σκισμένη στα δύο (αντ. *δίχηλος*).

μονόχνοτος, -η, -ο, επίθ., που αποφεύγει επαφές με άλλους ανθρώπους, ακοινώνητος.

μονόχορδος, -η, -ο, επίθ. 1. (για μουσ. όργανο) που έχει μία μόνο χορδή. 2. (μεταφ.) μονότονος.

μονοχρονίς, επίρρ., στη διάρκεια ενός χρόνου: *το δέντρο κάρπισε* ~· *του συνέβησαν όλα* ~.

μονοχρωμία η, ουσ. 1. το να έχει κάτι ένα χρώμα, το να είναι μονόχρωμο. 2. (μεταφ.) ομοιομορφία, μονοτονία.

μονόχρωμος, -η, -ο, επίθ. 1. που έχει μόνο ένα χρώμα: *μπλούζα -η* (αντ. *πολύχρωμος*). 2. (μεταφ.) ομοιόμορφος, μονότονος.

μονοψήφιος, -α, -ο, επίθ. (ασυνίζ.), (για αριθμούς) που αποτελείται από ένα ψηφίο: *νούμερο -ο*.

μονταδόρος ο, ουσ. (έρρ.), τεχνίτης ειδικός στο μοντάρισμα (βλ. λ.): ~ *επίπλων*.

μοντάζ το, ουσ. άκλ. (έρρ.). 1. μοντάρισμα (βλ. λ.). 2. συνένωση, συρραφή εικόνων: ~ *φωτογραφικό*. 3. επιλογή και σύνδεση των εικόνων κινηματογραφικής ταινίας σύμφωνα με την καθορισμένη σειρά που απαιτεί η παρουσίαση, η εξέλιξη της υπόθεσης ή η άποψη του σκηνοθέτη. 4. (συνεκδοχικά) κινηματογραφική ταινία ή μουσική παραγωγή που αποτελείται από διάφορα κομμάτια που προϋπήρχαν και συνενώθηκαν με μια ορισμένη σειρά ή σύμφωνα με κάποιον ασυνήθιστο συνδυασμό [γαλλ. *montage*].

μοντάρισμα το, ουσ. (έρρ.). 1. συναρμολόγηση: ~ *μηχανήματος* (αντ. *αποσύνδεση, ξεμοντάρισμα*). 2. μοντάζ (βλ. λ. σημασ. 3).

μοντάρω, ρ., παρατ. *-ριζα*, αόρ. *-αρα και -ρισα* (έρρ.). 1. συναρμολογώ: ~ *μια μηχανή*. 2. επιλέγω και συνδέω τις εικόνες κινηματογραφικής ταινίας ή τα μέρη μουσικής παραγωγής σύμφωνα με καθορισμένη σειρά. 3. (μεταφ.) καταρτίζω: ~ *το νέο φορολογικό σύστημα*. [ιταλ. *montare*].

μοντελάκι, βλ. *μοντέλο*.

μοντελισμός ο, ουσ. (όχι έρρ.), αναπαραστάσεις αντικειμένων ή προσώπων που γίνονται πιστά, υπό κλίμακα, σε τρεις διαστάσεις. [γαλλ. *modélisme*].

μοντελίστας ο, θηλ. **-ίστα**, ουσ. (όχι έρρ.), καλλιτέχνης-τεχνικός που δημιουργεί τα πρότυπα (πατρόν) με βάση τα οποία κατασκευάζονται στη συνέχεια τα ενδύματα. [γαλλ. *modéliste*].

μοντέλο το, ουσ. (όχι έρρ.). 1α. πρόσωπο ή αντικείμενο του οποίου την εικόνα χρησιμοποιεί ως πρότυπο ένας καλλιτέχνης· β. (συνεκδοχικά) πρόσωπο που επαγγελματικά ποζάρει για κάποιον καλλιτέχνη (ζωγράφο, γλύπτη, φωτογράφο, κλπ.). 2α. είδος νεοτερισμού που κατασκευάζεται και λανσάρεται ως υπόδειγμα για την παραγωγή κομματιών όμοιων με αυτό ή κατασκευασμένων σύμφωνα με τη δική του γραμμή: *το ταγιέρ της είναι ~ του τάδε οίκου μόδας·* ~ *παριζιάνικο / ανοιξιάτικο*· β. πρόσωπο που το επάγγελμά του είναι να λανσάρει τα παραπάνω μοντέλα φορώντας τα σε επιδείξεις μόδας ή σε φωτογραφίσεις για ρεπορτάζ μόδας: ~ *ανδρικό* (συνών. *μανεκέν*). 3. (μεταφ.) πρόσωπο ή πράγμα που μιμείται ή θέλει να μιμείται κανείς (συνών. *πρότυπο*). 4. (μεταφ.) σύστημα οικονομικό, κοινωνικό, κλπ., που έχει χρησιμοποιηθεί και θεωρείται κατάλληλο να ακολουθηθεί ως πρότυπο ώστε να επιτευχθούν τα

ίδια ή παρόμοια αποτελέσματα: ~ ανάπτυξης / κρατικής εξουσίας / σοσιαλισμού (συνών. πρότυπο). 5. (τεχνολ.) ορισμένος τύπος αυτοκινήτων, μηχανημάτων ή οικοσκευών: το αμάξι του είναι ~ του 1970· παλιά -α που δεν κυκλοφορούν πια· ανταλλακτικά για όλα τα -α πλυντηρίων. 6. (τεχν.) υπόδειγμα, σε φυσικές συνήθως διαστάσεις, κάποιας κατασκευής. - Υποκορ. **-άκι** το, στη σημασ. 2α. [ιταλ. *modello*].
μοντέρ ο, ουσ. άκλ. (έρρ.), ειδικευμένος τεχνίτης της λιθογραφίας που τακτοποιεί και τοποθετεί πάνω σε ειδική πλαστική διαφάνεια τα φωτογραφικά φιλμ των κειμένων και εικόνων που πρόκειται να εκτυπωθούν. [γαλλ. *monteur*].
μοντεράτο το, ουσ. άκλ. (όχι έρρ.), (μουσ.) μέτριος ρυθμός, ούτε γρήγορος ούτε αργός: *αλέγκρο ~*. [ιταλ. *moderato*].
μοντερνίζω, ρ. (όχι έρρ.), ακολουθώ τη μόδα.
μοντερνισμός ο, ουσ. (όχι έρρ.). 1. πιστή παρακολούθηση των διάφορων νεοτερισμών της μόδας. 2. το φαινόμενο της παρακολούθησης των νεοτεριστικών ρευμάτων: *λογοτεχνικός ~*. 3. (λογοτ.) το λογοτεχνικό κίνημα που εκδηλώθηκε στα τέλη του δέκατου ένατου αιώνα στη λατινική Αμερική και ακολουθούσε τις βασικές τάσεις των παρνασσιστών και των συμβολιστών. 4. τεχνοτροπία στις καλές τέχνες· οι ιδέες και μέθοδοι της σύγχρονης τέχνης που χαρακτηρίζονται από την αναζήτηση με κάθε τρόπο του μοντέρνου, κυρίως σε αντίθεση με τον αρχαϊσμό και το συντηρητισμό: *~ στη ζωγραφική*. [γαλλ. *modernisme*].
μοντερνιστής ο, θηλ. **-ίστρια**, ουσ. (όχι έρρ.), καλλιτέχνης ή άνθρωπος των γραμμάτων και του πνεύματος που ακολουθεί το μοντερνισμό (βλ. λ. στη σημασ. 2): *~ πεζογράφος*.
μοντέρνος, -α, -ο, επίθ. (όχι έρρ.). 1. που ακολουθεί τις τάσεις της μόδας: *ντύσιμο / καπέλο -ο· επίπλωση -α* (αντ. *απαρχαιωμένος*). 2. (για πρόσωπο) α. που έχει σύγχρονες αντιλήψεις που συχνά δεν έχουν γίνει αποδεκτές ακόμη από πολλά άτομα σε μια κοινωνία: *-ο ζευγάρι·* β. που παρακολουθεί την πρόοδο των πραγμάτων και υιοθετεί τις νέες απόψεις κυρίως στους τομείς που τον αφορούν ή τον ενδιαφέρουν· γ. (συνεκδοχικά): *ιδέες -ες· γούστο -ο*. 3. (για πράγματα) που χαρακτηρίζεται από τις σύγχρονες απόψεις ή τάσεις: *κατάστημα / διαμέρισμα / στιλ -ο·* (με απόχρωση αποδοκιμασίας) *-οι καιροί!* 4. νεοτεριστικός, που εισάγει και ακολουθεί καινοτομίες: *τεχνολογία -α· πόλη -α· μέθοδοι -ες*. 5. εκσυγχρονισμένος από τεχνική άποψη: *κατοικία με ανέσεις -ες*. 6. (ειδικά για την τέχνη και τα γράμματα) που εμφανίστηκε τα πρόσφατα χρόνια: *χορός ~· μουσική / ζωγραφική / αρχιτεκτονική -α· γλωσσολογία / διδασκαλία -α* (αντ. *κλασικός*). [ιταλ. *moderno*].
μόντους βιβέντι το, άκλ. (όχι έρρ., έρρ.), αποτέλεσμα διαπραγμάτευσης που οδηγεί σε συμφωνία δύο μέρη χωρίς να εξαφανίζει τα βαθύτερα αίτια της διαφοράς: *βρήκαμε ένα ~ στο ζήτημα·* (γενικότερα) *τρόπος αποδοχής προσωρινής λύσης σε μια πραγματικότητα*. [λατ. *modus vivendi*].
μονωδία η, ουσ. (μουσ.) τραγούδι που εκτελείται από ένα μόνον άτομο, σόλο.
μονωδός ο, ουσ. (μουσ.) αυτός που εκτελεί μονωδίες, σολίστας.
μονώνυμο το, ουσ. (μαθημ.) αλγεβρική παράσταση που περιέχει μόνο πολλαπλασιασμούς μεταξύ γραμμάτων και αριθμών: *~ ακέραιο / μηδενικό*.
μονώνω, ρ. (φυσ.) 1. περιβάλλω κάτι με μονωτική ύλη (λάστιχο, πλαστικό, κλπ.) η οποία εμποδίζει τη δίοδο του ηλεκτρισμού: *~ τη λαβή ηλεκτρικού τρυπανιού*. 2. (κυρίως στην κατασκευή κτηρίων) τοποθετώ ειδικά μονωτικά υλικά στο εσωτερικό ή και στην επιφάνεια των τοίχων και των οροφών ώστε να εμποδίζεται το πέρασμα θορύβων στους χώρους ή η απώλεια θερμότητας κατά το χειμώνα.
μονώροφος, -η, -ο, επίθ. (για κτίσματα) που έχει ένα μόνο όροφο, ένα πάτωμα: *σπίτι -ο· πύραυλος ~*.
μόνωση η, ουσ. (φυσ.) 1. το να περιβάλλεται κάτι (εργαλείο ή άλλο αντικείμενο) με μονωτική ύλη (λάστιχο, πλαστικό, κλπ.) ώστε να εμποδίζεται η δίοδος του ηλεκτρισμού. 2. (κυρίως στην κατασκευή κτηρίων) στρώσιμο θερμομονωτικού υλικού για προστασία από τη θερμότητα ή τον ήχο: *διαμέρισμα με ακουστική / θερμική ~*. 3. (ηλεκτρολ.) α. ο ηλεκτρικός διαχωρισμός ενός ηλεκτρικού αγωγού από έναν άλλο ή από το υποστήριγμά του ώστε να αποφευχθεί ηλεκτρική απώλεια· β. (συνεκδοχικά) το σύνολο των μονωτικών υλικών που τοποθετούνται στην κατασκευή μηχανής ή συσκευής για να μονωθούν οι αγωγοί· γ. η ηλεκτρική αντίσταση που παρουσιάζει ένα μεμονωμένο τμήμα ενός συστήματος που έχει μονωθεί.
μονωτήρας ο, ουσ. (ηλεκτρολ.) υλικό ή όργανο κατάλληλο για τη μόνωση ηλεκτρικών αγωγών.
μονωτικός, -ή, -ό, επίθ., που είναι κατάλληλος για μόνωση: *υλικό -ό*. - Το ουδ. ως ουσ. = ουσία ή σώμα που η ηλεκτρική, θερμική ή ηχητική αγωγιμότητά του είναι μηδενική ή πολύ μικρή.
Μοραβή, βλ. *Μοραβός*.
μοραβίτικος, -η, -ο, επίθ., που ανήκει ή αναφέρεται στη Μοραβία ή τους Μοραβούς.
Μοραβός ο, θηλ. **-ή**, αυτός που κατοικεί στη Μοραβία της Τσεχίας ή κατάγεται από εκεί.
Μοραΐτης ο, θηλ. **-ισσα**, αυτός που κατοικεί στο Μοριά ή κατάγεται από εκεί, Πελοποννήσιος.
μοραΐτικος, -η, -ο, επίθ., που ανήκει ή αναφέρεται στο Μοριά ή τους Μοραΐτες, πελοποννησιακός.
Μοραΐτισσα, βλ. *Μοραΐτης*.
μορατόριουμ το, ουσ. άκλ. (ασυνίζ.), (νομ.) νομότυπη απόφαση με την οποία αναστέλλεται προσωρινά και για καθορισμένο χρονικό διάστημα η εκτέλεση ορισμένων συμβατικών ή νόμιμων υποχρεώσεων και παρατείνονται ορισμένες προθεσμίες. [λατ. *moratorium*].
μοργανατικός, -ή, -ό, επίθ., *~ γάμος* = γάμος ηγεμόνα ή πρίγκιπα με γυναίκα κατώτερης κοινωνικής τάξης, που ούτε στη σύζυγο ούτε στα παιδιά δίνει το δικαίωμα να φέρουν το όνομα του συζύγου ή πατέρα και τίτλους ευγένειας. [μεσν. λατ. *(matrimonium ad) morganaticam*].
μορέσκα η, ουσ. (θεατρ.) χορός με χρήση όπλων· ρυθμική και χορευτική ξιφασκία· είδος ιντερμέδιου χορευτικού ανάμεσα στις πράξεις έργων του κρητικού θεάτρου. [ιταλ. *moresca (danza)*].
μοριακός, -ή, -ό, επίθ. (ασυνίζ.), (χημ.) που ανήκει ή αναφέρεται στα μόρια της ύλης: *βάρος -ή* (βλ. ά. *βάρος* σημασ. 9β)· *έλξη -ή* (= έλξη των μορίων μεταξύ τους)· *θεωρία -ή* (θεωρία που στηρίζεται στην παραδοχή ότι τα ελάχιστα συστατικά της ύλης είναι τα μόρια).

μορίδιο το, ουσ. (ασυνίζ.), (βιολ.) ένα από τα πρώτα στάδια της ζωής του εμβρύου.

μόριο το, ουσ. (ασυνίζ.). **1α.** το ελάχιστο μέρος ενός όλου, σωματίδιο: *-α σκόνης αιωρούνταν στην ατμόσφαιρα*· **β.** (συνεκδοχικά) πολύ μικρό τμήμα ή ποσότητα ύλης· **γ.** (μεταφ. για συναισθήματα ή αφηρημένες έννοιες και κυρίως σε αποφατικές φρ.): *δεν αισθάνεται / έχει ~ ντροπής / λύπης· δεν παραχωρούν ούτε ~ από την ελευθερία / τα δικαιώματά τους* (συνών. *ίχνος*). **2.** (φυσ.-χημ.) το ελάχιστο σωματίδιο, το πιο μικρό μέρος ενός σώματος απλού ή σύνθετου ή μιας χημικής ένωσης που μπορεί να υπάρξει σε ελεύθερη κατάσταση διατηρώντας τις ιδιότητες του σώματος στο οποίο ανήκει: *-α αόρατα / ραδιενεργά· τα συστατικά -α μιας ουσίας*. **3.** μέλος ή μέρος του σώματος: *μωλωπισμός των μαλακών -ίων· ~ ανδρικό* (= το γεννητικό όργανο). **4.** (γραμμ.) μονοσύλλαβες λέξεις που χρησιμοποιούνται κυρίως για να σχηματιστούν χρόνοι και εγκλίσεις ρημάτων· (συντακτ.) γενικά όλες οι άκλιτες λέξεις όταν χρησιμοποιούνται έξω από την κατανοητή τους σημασία για να εκφραστούν διάφορες σημασίες με τις οποίες δηλώνονται κυρίως επιρρηματικές σχέσεις: *~ μελλοντικά (θα) / δεικτικό (να, δα) / προτρεπτικό (ας) / ερωτηματικό / στερητικό· ~ εγκλιτικό* (που ο τόνος του ακολουθεί τους κανόνες τονισμού των εγκλιτικών λέξεων)· *-α αποφατικά ή αρνητικά· -α αχώριστα* (που δε λέγονται μόνα τους, αλλά συνηθίζονται μόνο στη σύνθεση ως πρώτα συνθετικά: *ξε-πούλημα, ανα-βροχιά*). **5.** μονάδα στη βαθμολογία εξετάσεων και στην εργασιακή εξέλιξη υπαλλήλων, την πρόσληψη ή τη μετάθεσή τους: *παίρνω / συγκεντρώνω -α*.

μορς (Αλφάβητο ή σύστημα), ουσ. άκλ., διεθνές σύστημα ηλεκτρομαγνητικής τηλεγραφίας, του οποίου ο κώδικας χρησιμοποιεί συνδυασμούς από τελείες και παύλες ή συντομότερους και διαρκέστερους ήχους που αντιστοιχούν σε κάθε γράμμα του αλφαβήτου: *σήματα ~*. [< όνομα του εφευρέτη *Morse*].

μορσικός, -ή, -ό, επίθ., που ανήκει ή αναφέρεται στο σύστημα μορς: *αλφάβητο -ό*.

μορταδέλα και **μορταντέλα** (όχι έρρ.) και **μουρταδέλα** η, ουσ., είδος αλλαντικού που μοιάζει με πολύ χοντρό λουκάνικο και παρασκευάζεται από κρέας χοιρινό και βοδινό: *φέτες -ας*. [ιταλ. *mortadella*].

μορτάκι και **μορτάκος**, βλ. *μόρτης*.

μορταρία η, ουσ., πλήθος από μόρτηδες (συνών. *αληταρία*).

μορτή, βλ. *επίμορτος*.

μόρτης ο, πληθ. **-ες** και **-ηδες**, θηλ. **-ισσα**, ουσ. **α.** άνθρωπος του δρόμου, αλήτης, μάγκας· **β.** παιδί του δρόμου, αλητόπαιδο. - Υποκορ. **-άκι** το και **-άκος** ο. [αβέβαιη ετυμ.].

μόρτικος, -η, -ο, επίθ., που αναφέρεται ή ταιριάζει σε μόρτη: *φέρσιμο / ύφος -ο* (συνών. *αλήτικος, μάγκικος*). - Επίρρ. **-α**.

μόρτισσα, βλ. *μόρτης*.

μορφάζω, ρ., κάνω μορφασμούς (βλ. λ.): *~ από πόνο / αηδία / δυσαρέσκεια*.

μορφασμός ο, ουσ., σύσπαση των μυών του προσώπου που οφείλεται συνήθως σε κάτι δυσάρεστο: *-οί πόνου / φρίκης* (συνών. *γκριμάτσα, στραβομουτσούνιασμα*).

μορφή η, ουσ. **1.** (για άνθρωπο) η εξωτερική εμφάνιση, το παρουσιαστικό: *η γοργόνα παριστάνεται από τη μέση κι επάνω με ανθρώπινη ~* (συνών. *διάπλαση, φιγούρα, σουλούπι*). **2.** (για πράγμα) το σύνολο των εξωτερικών γραμμών που προκύπτει από την κατασκευή και τη σύνθεση των μερών του, η εξωτερική όψη: *~ ακανόνιστη / κυλινδρική· τυποποιημένη ~ προϊόντων· βιβλιοστάτες με ~ αλόγου· παίρνω / δίνω ~* (συνών. *σχήμα, περίγραμμα, γραμμή*). **3.** πρόσωπο ή πράγμα που δε γίνεται αντιληπτό καθαρά: *μία ακαθόριστη ~ τον προσπέρασε μες στο σκοτάδι* (συνών. *φιγούρα, σιλουέτα, σκιά*). **4.** το πρόσωπο, η όψη του ανθρώπου: *~ αποκρουστική / σκυθρωπή· η έκφραση της -ής* (συνών. *φυσιογνωμία*). **5.** (συνεκδοχικά για άτομο): *οι ψηλόλιγνες -ές στους πίνακες του Θεοτοκόπουλου*. **6.** η εξωτερική όψη πράγματος που προσδίδει σ' αυτό την ιδιαιτερότητά του: *αποφεύγει τα φάρμακα σ' οποιαδήποτε ~* (συνών. *είδος*.) **7.** κατάσταση: *το τάδε στοιχείο βρίσκεται σε ~ υγρή*. **8.** τρόπος εκδήλωσης ή δραστηριότητας: *μάθημα σε ~ διαλόγου· καταδικάζομε τη βία σε οποιαδήποτε ~ της*. **9.** τρόπος έκφρασης, τύπος και ύφος γραπτού ή προφορικού λόγου: *γλωσσική ~*. **10.** (ειδικά για κλιτές λέξεις) ο ιδιαίτερος κάθε φορά τύπος της λέξης με τον οποίο δηλώνεται ο ενικός, ο πληθυντικός, ο χρόνος, κλπ. **11.** (μεταφ.) είδος κοινωνικού ή πολιτικού θεσμού: *~ πολιτεύματος / κοινωνικής ασφάλισης*. **12.** τρόπος με τον οποίο εμφανίζεται ένα γεγονός ή φαινόμενο, μια ενέργεια ή γνώση, μια ιδεολογία, κλπ.: *πρωτόγονη ~ ζωής· ο ηλεκτρισμός ως ~ ενέργειας*. **13.** φάση εξέλιξης ενός όντος, μιας ενέργειας ή κατάστασης: *~ εμβρυακή* (συνών. *στάδιο*). **14.** τύπος, κατηγορία: *δίνω κάποιο θεσμό σε ~ νόμου· διάφορες -ές καλλιέργειας του αμπελιού*. **15.** είδος, περίπτωση· (ιατρ.) *ήπια / οξεία ~ αρρώστιας*. **16.** (για καλλιτεχνήματα και λογοτεχνικά έργα) το σύνολο των μεθόδων και των παραστατικών μέσων με τα οποία δίνεται η εξωτερική τους εμφάνιση, η κατασκευή ή η σύνθεσή τους σε αντιδιαστολή με την ιδέα που εκφράζουν το θέμα ή το περιεχόμενό τους: *το χειρόγραφο παρέχει τη γνήσια ~ του κειμένου· αδιάσπαστη ενότητα -ής και περιεχομένου*. **17.** (αισθητική) η πλαστική ή γραφική ερμηνεία ενός θέματος στον τομέα μιας συγκεκριμένης τέχνης και κατά συνέπεια η αναπαράσταση ενός αντικειμένου και η έκφραση ενός συναισθήματος: *προαισθητικές -ές ζωγραφικής* (συνεκδοχικά) *οι -ές στη βυζαντινή αγιογραφία· -ές εξαϋλωμένες / ασκητικές* (συνών. *φόρμα*). **18.** (μαθημ.) κάθε παράσταση που αποτελείται από μαθηματικά σύμβολα, ανεξάρτητα από τους αριθμούς που συμβολίζονται. **19.** (μουσ.) **α.** η δομή, το σχέδιο σύνθεσης ενός μουσικού έργου· **β.** το μουσικό είδος (σπουδή, κονσέρτο, μπαλάντα, κλπ.)· **γ.** η φιλολογική, θρησκευτική, χορογραφική, τεχνική, κλπ., προέλευση του έργου. **20.** (βοτ.) *~ βλάστησης* = εξωτερική διαμόρφωση διάφορων φυτών που οφείλεται στις συνθήκες του περιβάλλοντος.

μόρφημα το, ουσ. (γλωσσολ.) η μικρότερη σημασιολογική μονάδα: *-ήματα λεκτικά* = οι περισσότερες άκλιτες λέξεις και τα θέματα των κλιτών λέξεων π.χ. *και, σχολ*(*-ή, -είο*) *~ γραμματικό* = που χρησιμεύει στο σχηματισμό των γραμματικών τύπων των λέξεων π.χ. οι καταλήξεις (*φων-ή, τιμ-ώ*)· *~ ελεύθερο* = η απλή (όχι σύνθετη) λέξη·

~ συνδεμένο = τα προθήματα, επιθήματα και οι ρίζες των λέξεων (συνών. *μόνημα*).

μορφίνη η, ουσ., κύριο αλκαλοειδές του οπίου που χρησιμοποιείται στη φαρμακευτική ως αναλγητικό και υπνωτικό, υπάγεται στα ναρκωτικά και η κατάχρησή του επιφέρει εθισμό. [γαλλ. *morphine* <Μορφεύς].

μορφινισμός ο, ουσ., χρόνια δηλητηρίαση που οφείλεται σε κατάχρηση μορφίνης.

μορφινομανής, -ής, -ές, γεν. *-ούς,* πληθ. αρσ. και θηλ. *-είς,* ουδ. *-ή,* επίθ., που κάνει κατάχρηση μορφίνης, που πάσχει από μορφινομανία (βλ. λ.).

μορφινομανία η, ουσ., νοσηρός εθισμός στη μορφίνη, που λαμβάνεται συνήθως σε μορφή υποδορίων ενέσεων.

μορφολογία η, ουσ. **1.** (βιολ.) κλάδος των βιολογικών επιστημών που ασχολείται με την εξωτερική μορφή και τη δομή των οργανισμών ή των οργάνων τους: *~ εξωτερική / εσωτερική· ~ του σώματος των ζώων / εντόμων / των φυτών*. **2.** (γεωλ.) κλάδος της γεωγραφίας που μελετά το γήινο ανάγλυφο, δηλ. τις μορφές της εξωτερικής επιφάνειας της Γης, καθώς και την εξέλιξη και τους μετασχηματισμούς των μορφών αυτών: *~ εδάφους· ~ παράκτια*. **3.** (φυσιολ. και ψυχ.) επιστήμη που μελετά τις μορφές του ανθρώπινου σώματος και τις σχέσεις των μορφών αυτών με την υγεία, την ιατρική και την ψυχολογία. **4.** (αρχιτ.) ο τρόπος κατασκευής και η εξωτερική μορφή των κτισμάτων. **5.** (γραμμ.) μέρος της γραμματικής που εξετάζει τις μεταβολές των λέξεων (συνών. *τυπολογικό*).

μορφολογικός, -ή, -ό, επίθ., που ανήκει ή αναφέρεται στη μορφολογία (βλ. λ.): *το κύτταρο είναι η βασική -ή και λειτουργική μονάδα κάθε ζωντανού οργανισμού· χάρτης ~ μιας περιοχής·* (φυσιολ.) *-οί τύποι* = μορφές τις οποίες λαμβάνει το ανθρώπινο σώμα ανάλογα με το περιβάλλον στο οποίο είναι ο άνθρωπος προσαρμοσμένος από άποψη ιδιοσυστασίας: *-ή ανάπτυξη των μυϊκών μαζών του ανθρώπινου σώματος·* (γραμμ.) *-ή απόκλιση μιας λέξης* (συνών. *τυπολογικός,* βλ. και *μορφολογία* σημασ. 5).

μορφονιός, και *-ά,* βλ. *ομορφονιός*.

μορφοποίηση η, ουσ., το να αποκτά κάτι μορφή, μεθοδευμένη εξωτερική υπόσταση: *~ μιας ιδέας*.

μορφοποιώ, ρ. (ασυνίζ.), δίνω σε κάτι (γεγονός, ιδέα, κ.τ.ό.) μορφή, μεθοδεύω την εξωτερική του παρουσίαση: *~ ένα αίτημα*.

μόρφωμα το, ουσ., κατασκεύασμα, σχηματισμός· φαινόμενο: *~ κοινωνικό / ψυχολογικό· νομικό ~ η συγκέντρωση εταιρειών*.

μορφώνω, ρ. **1α.** (υποκ. ονομ. προσ.) διδάσκω κάποιον για μεγάλο χρονικό διάστημα και συνήθως σε σχολείο, ινστιτούτο, κ.τ.ό., παρέχοντάς του νέες γνώσεις σε ορισμένους τομείς (μέσ.) *με αυτό το σύστημα εκμάθησης διασκέδαζα και -όμουν· -ωμένος άνθρωπος* (= πνευματικά καλλιεργημένος) (αντ. *αμόρφωτος*)· **β.** (υποκ. πράγμα) *το σχολείο -ει*. **2.** παρέχω τα μέσα, οικονομικά και άλλα, ώστε κάποιος να αποκτήσει γνώσεις φοιτώντας στις διάφορες βαθμίδες της εκπαίδευσης.

μόρφωση η, ουσ., η καλλιέργεια του πνεύματος και η απόκτηση γνώσεων, ιδίως με μακρόχρονη φοίτηση σε σχολείο, σχολή, κ.τ.ό., και συνεκδοχικά η κατάσταση ενός πνεύματος που κατέχει ποικίλες και εκτεταμένες γνώσεις: *φροντίζω για τη ~ των παιδιών μου· παίρνω γενική / εγκυκλοπαιδική ~· ~ κοινωνική* (αντ. *αμορφωσιά*).

μορφωτικός, -ή, -ό, επίθ., που ανήκει ή αναφέρεται στη μόρφωση ή που συντελεί σ' αυτήν: *μέσα -ά· πρόγραμμα / ίδρυμα -ό· επίπεδο -ό*.

-μός, κατάλ. αρσ. αφηρ. ουσ.: *ερχομός, σκοτωμός*.

μοσκ-, βλ. *μοσχ-*.

μόστρα η, ουσ. (λαϊκ.). **1.** επίδειξη, έκθεση (εκλεκτού είδους από σύνολο πραγμάτων ή προσώπων για εντυπωσιασμό)· συνήθως στη φρ. *έχω κάτι* (σπανιότ. *κάποιον*)*, για ~* (συχνά με την έννοια ότι αυτό δεν έχει πραγματική ή χρηστική αξία ή ότι τα άλλα όμοιά του είναι κατώτερης ποιότητας): *για ~ τα 'χουν τα όπλα, αφού δεν ξέρουν να τα χρησιμοποιούν·* (ειδικά για δείγμα προϊόντος ή εμπορεύματος) *έβαλε πάνω πάνω μερικά μεγάλα κόκκινα μήλα για ~* (συνών. *φιγούρα, ρεκλάμα*). **2.** (συνεκδοχικά) **α.** το εκλεκτότερο μέρος ή δείγμα προϊόντος ή εμπορεύματος: *ο μανάβης είχε τη ~ στα μπροστινά τελάρα·* **β.** βιτρίνα. **3.** (προφ. ειρων.) για το πρόσωπο, την όψη: *του έδωσε μια γροθιά και του χάλασε τη ~*. [ιταλ. *mostra*].

μοστράρω, ρ. (λαϊκ.), δείχνω, προβάλλω κάτι (για να εντυπωσιάσω). [ιταλ. *mostrare*].

μοσχαναθρεμμένος, -η, -ο και **μοσχοαναθρεμμένος,** επίθ. (για παιδί) που ανατράφηκε με μεγάλη φροντίδα και πολλές περιποιήσεις (πβ. *καλοθρεμμένος*).

μοσχάρι το, (λαϊκ.) **μοσκ-** και **μουσκ-,** ουσ. **1.** το νεογέννητο της αγελάδας, αγελάδα ή ταύρος σε μικρή ηλικία: *~ τρυφερό·* (συνεκδοχικά για το κρέας σφαγμένου ζώου, ωμό ή μαγειρεμένο) *αγόρασα ένα κιλό ~· ~ με πατάτες*. **2.** (σκωπτ.) για άνθρωπο ανόητο, αφελή (πβ. *βόδι*). - Υποκορ. **-άκι** το.

μοσχαρίσιος, -α, -ο και **μοσκ-,** επίθ. (συνιζ.), που προέρχεται από μοσχάρι: *μπριζόλες -ες*.

μοσχαροκεφαλή και **μοσκ-** η, ουσ., κεφαλή μοσχαριού, κομμένο και προορισμένο για μαγείρεμα· συνεκδοχικά για το σχετικό φαγητό.

μοσχάτος, -η, -ο και **μοσκ-,** επίθ. **1.** (γενικά) ευωδιαστός: *το παιδί μου το -ο στην αμυγδαλιά 'ποκάτω* (δημ. τραγ.). **2.** ειδικά για εύγευστο και αρωματικό είδος σταφυλιού και το μυρωδάτο κρασί που παράγεται από αυτό. - Το ουδ. ως ουσ. = *μοσχάτο κρασί*.

μόσχευμα το, ουσ. **1.** (βοτ.) τμήμα φυτού (κλαδί, ρίζα, μάτι, φύλλο) που το αποσπά κανείς από τη θέση του και το μεταφυτεύει με σκοπό την αναπαραγωγή του φυτού. **2.** (ιατρ.) μέρος του οργανισμού που αφαιρείται και προορίζεται για μεταμόσχευση στο ίδιο ή σε άλλο άτομο.

μόσχευση η, ουσ. (βοτ.) πολλαπλασιασμός φυτού με μοσχεύματα.

μοσχεύω, ρ. (βοτ.) φυτεύω μοσχεύματα.

μοσχοαναθρεμμένος, βλ. *μοσχαναθρεμμένος*.

μοσχοβίτικος, -η, -ο, επίθ., που ανήκει ή αναφέρεται στη Μόσχα ή τους κατοίκους της.

μοσχοβόλημα και **μοσκ-** το, ουσ., το να μοσχοβολά, να ευωδιάζει κάτι και το αποτέλεσμα της ενέργειας αυτής: *στο πρώτο μοσχοβόλημα ενός ρόδου μικρινού* (Πλαμάς) (συνών. *μοσχοβολιά, ευωδιά·* αντ. *αναδοσιά*).

μοσχοβολιά και **μοσχο-** η, ουσ. (συνιζ., λαϊκ.), μοσχοβόλημα (βλ. λ.).

μοσχοβολώ και **μοσκ-,** ρ., μυρίζω πολύ ευχάριστα: *-ά το πεύκο / το σπίτι· να μοσχοβολάς σμύρτο και*

δροσιά ('Αγρας) (συνών. *ευωδιάζω, μοσχομυρίζω*). Μτχ. *-ισμένος* ως επίθ. = εύοσμος, ευωδιαστός: *νερά χαριτωμένα / χύνονται μες την άβυσσο τη -ισμένη* (Σολωμός).

μοσχοκαρυδιά και **μοσκ-** η, ουσ. (συνιζ.), (βοτ.) δέντρο των τροπικών χωρών που παράγει μοσχοκάρυδα.

μοσχοκάρυδο και **μοσκ-** το, ουσ. (βοτ.) ο καρπός της μοσχοκαρυδιάς και ειδικότερα το κουκούτσι του, σφαιρικό ή ωοειδές, καφετί, έντονα αρωματικό, που χρησιμοποιείται ως άρτυμα ή τονωτικό.

μοσχοκάρφι και **μοσκ-** το, ουσ., γαρίφαλο (βλ. λ. στη σημασ. 2) (συνών. *καρυοφύλλι*).

μοσχολίβανο και **μοσκ-** το, ουσ. (βοτ.) αρωματική ρητίνη που εκκρίνεται από ορισμένα δέντρα και χρησιμοποιείται για τον αρωματισμό χώρων, ιδίως εκκλησιών.

μοσχολούλουδο και **μοσκ-** το, ουσ. (ποιητ.) ευωδιαστό λουλούδι.

μοσχομάγκας ο, ουσ. (έρρ., λαϊκ., παλαιότερο), αλητόπαιδο, αλανιάρης: *όλοι οι ξυπόλυτοι -ες του τόπου* (Παπαδιαμάντης). [κύρ. όν. *Μόσχος* + *μάγκας*].

μοσχομπίζελο και **μοσκ-** το, ουσ. (όχι έρρ.), (βοτ.) φυτό συγγενικό με το λαθούρι που καλλιεργείται για τα ευωδιαστά, μεγάλα και πολύχρωμα λουλούδια του.

μοσχομυρίζω και **μοσκ-**, ρ., μοσχοβολώ: *από το γλυκό -μύριζε η κουζίνα*.

μοσχομύριστος, -η, -ο και **μοσκ-**, επίθ. (λογοτ.) που μοσχομυρίζει, ευωδιαστός, μυρωδάτος: *γαζία -η*.

μοσχομυρωδάτος, -η, -ο και **μοσκ-**, επίθ. (λαϊκ.) μοσχομύριστος.

μοσχοπλένω και **μοσκ-**, ρ. (λαϊκ.), πλένω καλά κάτι ώστε να ευωδιάζει: *τα εικονίσματα... -πλύθηκαν με κρασί* (Σταύρου).

μοσχοπουλώ και **μοσκ-**, ρ., πουλώ κάτι σε πολύ καλή τιμή και εύκολα.

μόσχος ο, Ι. ουσ. (λόγ.), μοσχάρι· συνήθως εκκλ. στην έκφρ. *ο ~ ο σιτευτός* (από την παραβολή του ασώτου).

μόσχος, II. και **μόσκος** ο, ουσ., λιπαρή, έντονα αρωματική ουσία που εκκρίνεται από τους υπογάστριους αδένες ενός είδους μηρυκαστικού· συνεκδοχικά το άρωμα που γίνεται με βάση το μόσχο, καθώς και συνθετικό παρασκεύασμα με παρόμοια μυρωδιά. Έκφρ. *~! ή επιτ. ~ και κανέλα / γαρίφαλο!* (ευχή σε μωρό που ρεύεται, ιδίως αφού θηλάσει).

μοσχοσάπουνο και **μοσκ-** το, ουσ., αρωματικό σαπούνι.

μοσχοστάφυλο και **μοσκ-** το, ουσ. (λαϊκ.), μοσχάτο σταφύλι: *να 'χα και ~ από καλό αμπέλι* (δημ. τραγ.).

μοτέλ το, ουσ. άκλ., μικρό ξενοδοχείο κοντά σε δρόμο με μεγάλη κίνηση για να καταλύουν περαστικοί που ταξιδεύουν με ιδιωτικό αυτοκίνητο. [αγγλ. *motel* από συμφ. των λ. *motor(car)* «αυτοκίνητο» και *hotel* «ξενοδοχείο»].

μοτέρ, άκλ., και (λαϊκ.) **-ρι** το, ουσ., κινητήρια μηχανή, κινητήρας (ιδίως αυτοκινήτου ή αεροπλάνου) (πβ. *μοτόρι*). - Υποκορ. **-άκι** το. [γαλλ. *moteur*].

μοτέτο το, ουσ. (μους.) είδος θρησκευτικής πολυφωνικής σύνθεσης. [ιταλ. *mottetto*].

μοτίβο το, ουσ. **1.** (μους.) μικρό χαρακτηριστικό στοιχείο μουσικής σύνθεσης που συμβάλλει με την επανάληψή του στην ενότητα του έργου ή τμήματός του: *~ μελωδικό / ρυθμικό· παραλλαγές πάνω σε λαϊκά -α* (βλ. και *θέμα* σημασ. 3β· πβ. *λάιτ-μοτίβ*). **2.** διακοσμητικό σχέδιο που συνήθως επαναλαμβάνεται σε μια καλλιτεχνική σύνθεση ή σε πολλές ομοειδείς: *αρχαϊκά -α στις σαρακατσάνικες ποδιές*. **3.** (φιλολ.) θέμα ή ιδέα που συχνά επαναλαμβάνεται σε ένα ή ομοειδή λογοτεχνικά έργα: *τα χέρια είναι ένα -ο που διατρέχει την ποίηση του Παλαμά· το ~ του κάστρου στα βυζαντινά ιπποτικά μυθιστορήματα / του θανάτου στα ρεμπέτικα τραγούδια*. [ιταλ. *motivo*].

μότο το, ουσ. άκλ., γνωμικό ή σύντομο απόσπασμα κειμένου που έχει νόημα σχετικό με το θέμα ενός βιβλίου και συνοδεύει τον τίτλο ή προτάσσεται στην εισαγωγή ή τα προλεγόμενά του. [ιταλ. *motto*].

μότο-κρος το, ουσ. άκλ., (αθλητ.) πορεία με μοτοσικλέτα σε ανώμαλο έδαφος: *αγώνες ~*. [αγγλ. *moto-cross*].

μοτοποδήλατο το, ουσ., δίκυκλο όχημα που μοιάζει με ποδήλατο, αλλά είναι αρκετά πιο ογκώδες και ιδίως βαρύτερο από αυτό και κινείται με μηχανή (συνών. *μηχανάκι·* πβ. *βέσπα, παπί, σκούτερ*).

μοτόρι το, ουσ. (λαϊκ.). **1.** κινητήρας, μηχανή: *έλυσα το παλαμάρι του καΐκιού κι έβαλα μπρος το ~*. **2.** (συνεκδοχικά) μικρό μηχανοκίνητο πλοίο (συνών. *βενζίνα·* πβ. *μότορσιπ*). - Υποκορ. **-άκι** το. [ιταλ. *motore*].

μότορσιπ το, ουσ., άκλ. (ναυτ.) διεθνής ονομασία εμπορικών πλοίων που κινούνται με μηχανές εσωτερικής καύσης.[αγγλ. *motorship*· βραχυγρ. M/S].

μοτοσακό το, ουσ. άκλ., μοτοποδήλατο. [ιταλ. *moto-sako* (SAKO = όνομα εργοστασίου)].

μοτοσικλέτα η, ουσ., δίκυκλο μηχανοκίνητο όχημα με κινητήρα ισχυρότερο από του μοτοποδηλάτου: *~ μεγάλου κυβισμού / με καλάθι· τρέχω πάνω στη ~* (συνών. *μηχανή*). [γαλλ. *motocyclette*].

μοτοσικλετιστής ο, θηλ. **-τρια**, ουσ., αυτός που οδηγεί μοτοσικλέτα: *~ του στρατού / της αστυνομίας*.

μουαρέ το, ουσ. άκλ., ύφασμα με κυματοειδείς αντανάγειες, με «νερά». Η λ. ως επίθ. = ρούχο από μουαρέ: *πουκάμισο ~*. [γαλλ. *moiré*].

μουγγαίνω, ρ. (έρρ.). **Ι.** (ενεργ.) κάνω κάποιον μουγγό, βουβαίνω. **II.** (συνήθως μέσ.) βουβαίνομαι: (μεταφ.) *σωπαίνω, μένω άφωνος (από έκπληξη, θλίψη, κ.τ.ό.*

μουγγαμάρα η, ουσ. (έρρ.), το να είναι κανείς μουγγός, βουβαμάρα· (μεταφ.) απόλυτη σιωπή (από έκπληξη, στενοχώρια, κ.τ.ό.): *δε μ' ανησυχεί η φουρτούνα όσο η ~ του καπετάνιου*.

μουγγός, -ή, -ό, επίθ. (έρρ.), που δεν μπορεί να μιλήσει, βουβός, άλαλος. [παλαιότερο *μογγός* = που έχει βραχνή, υπόκωφη φωνή· πβ. παλαιότερο *μυκός*, Ησύχιος].

μουγγρί το, ουσ. (έρρ.), (ζωολ.) σαρκοφάγο ψάρι με σώμα στενόμακρο, πιο χοντρό από χέλι, χωρίς καθόλου λέπια και σκεπασμένο με γυαλιστερή βλέννα. [παλαιότερο *γογγρίον*].

μουγκανίζω (έρρ.) και **μουκα-**, ρ. (για βόδι, αγελάδα, κ.τ.ό.) μουγκρίζω: *-άνιζαν ασυνήθιστα τα καματερά* (Μπαστιάς)· (μεταφ. για παρατεταμένο, υπόκωφο και δυνατό ήχο) *άκουσε τις αλυσίδες να*

τρίζουν, να μουκανίζουν (Ι.Μ. Παναγιωτόπουλος). [λ. ηχομιμ.· πβ. αρχ. μυκώμαι].
μουγκρητό το, ουσ. (έρρ.). 1α. παρατεταμένη, υπόκωφη και δυνατή φωνή των βοοειδών («μου»)· **β.** (σπανιότ.) για άγρια θηρία, ιδίως λιοντάρια (συνών. μούγκρισμα). **2.** (μεταφ.) για φυσικά φαινόμενα: το ~ της θάλασσας· με το σεισμό ακούστηκε ένα ~ στα υπόγεια της γης· (συνεκδοχικά) το ~ των κινητήρων (συνών. βογγητό, βουητό).
μουγκρίζω, ρ. (έρρ.). 1α. (για ζώο) βγάζω μουγκρητό (βλ. λ. στη σημασ. 1): το βόδι -ει· **β.** (μεταφ. για φυσικά φαινόμενα): η φουρτούνα -ει· (συνεκδοχικά) στην ανηφόρα η μηχανή μούγκριζε (συνών. βογγώ). **2.** (μεταφ. για άνθρωπο) βγάζω παρατεταμένη, κλειστή και ρινική φωνή από υπερβολικό πόνο, στενοχώρια, κ.τ.ό.: ~ απ' τις λαβωματιές κι απ' τις δικές σου μαχαιριές (λαϊκ. τραγ.) (συνών. βογγώ). [λ. ηχομιμ.].
μούγκρισμα το, ουσ. (έρρ.), 1α. το να μουγκρίζει ένα ζώο, μουγκρητό: ~ της αγελάδας· **β.** (μεταφ. για φυσικά φαινόμενα): το ~ της θάλασσας / του ανέμου (συνών. βογγητό, βοή). **2.** (μεταφ. για άνθρωπο) έντονο βογγητό.
μούδα η και σπανιότερα **μούδο** το, ουσ. (ναυτ., συνήθως στον πληθ.) καθένα από τα συστήματα σχοινιών ιστιοφόρου που είναι προσδεμένα πάνω στο πανί και χρησιμεύουν για να διπλώνεται ορισμένο τμήμα της επιφάνειάς του και να μικραίνει σε περίπτωση κακοκαιρίας: δένω / πιάνω -ες (= μουδάρω, βλ. λ.) (λόγ. σειρά). [βενετ. muda].
μουδάρω, ρ., μτχ. -ισμένος, (ναυτ.) δένω τις μούδες (βλ. λ.) ενός πανιού για να μικρύνω την επιφάνεια που εκτίθεται στον άνεμο: γρήγορα -ετε το πανί γιατί έρχεται κύμα! [βενετ. mudar].
μουδιάζω, ρ. (συνιζ.), μτχ. -ιασμένος. **1.** χάνω προσωρινά τη δυνατότητα να αισθάνομαι (ειδικά τον πόνο) σε ένα μέρος του σώματός μου ή να το κινώ, νιώθοντας συγχρόνως εκεί μικρά τσιμπήματα, μυρμήγκιασμα: -ουν τα δόντια (από κάτι ξινό)· ακουμπούσα πολλή ώρα στο χέρι μου και -ιασε· έχω -ιάσει από το καθισιό· (μτβ.) το αναισθητικό άρχισε να μου -ει το μάγουλο. **2.** (μεταφ.) χάνω τον ενθουσιασμό, το θάρρος, το ζήλο μου για κάτι, δεν μπορώ να αντιδράσω ή να εκφράσω τα αισθήματά μου όπως πρέπει (από φόβο, ταραχή, απογοήτευση, κ.τ.ό.): μπροστά στις δυσκολίες -ιασε· στεκόταν μπροστά στο διευθυντή -σμένος (= διστακτικός, συνεσταλμένος)· (μτβ.) τα νέα με μούδιασαν [αρχ. αιμωδιώ].
μούδιασμα το, ουσ. (συνιζ.). **1.** το να μουδιάζει μέρος του σώματος. **2.** (μεταφ.) απώλεια του ενθουσιασμού, του δυναμισμού, κλονισμός του ηθικού κάποιου: η ξαφνική επίθεση προκάλεσε αρχικά ένα ~ στον εχθρό.
μουδιάστρα η, ουσ. (συνιζ., λαϊκ.), (ζωολ.) ψάρι με σώμα πλατύ και στρογγυλό και με ειδικά όργανα για να παράγει ηλεκτρικό ρεύμα και να παραλύει ή να σκοτώνει τους εχθρούς και τη λεία της (λόγ. νάρκη).
μούδο, βλ. μούδα.
μουεζίνης ο, ουσ., μουσουλμάνος ιερωμένος που υπηρετεί σε τζαμί και το έργο του είναι να καλεί από το μιναρέ σε προσευχή τους πιστούς: η μακρόσυρτη φωνή του -η. [τουρκ. müezzin].
μουζικάντης ο, ουσ. (έρρ., λαϊκ.), λαϊκός οργανοπαίχτης, μουσικός (κάποτε υποτιμητικά). [ιταλ. musicante].

μουζίκος ο, ουσ., χωρικός στην τσαρική Ρωσία [ρωσ. mužik].
μουκανίζω, βλ. μουγκανίζω.
μούλα η, ουσ., θηλυκό μουλάρι, κατά κανόνα στείρο: ~ σελωμένη / φορτωμένη (συνών. μουλάρα). [λατ. mula].
μουλάρα η, ουσ. (λαϊκ.). **1.** (σπανιότ.) μούλα. **2.** (υβριστικά) για γυναίκα πολύ κακότροπη, αναίσθητη. - Υποκορ. **-ίτσα** η.
μουλαράκι, βλ. μουλάρι.
μουλαράς ο, ουσ. (λαϊκ.), **α.** οδηγός μουλαριού, ημιονηγός· **β.** (στρατ. βίος) οπλίτης που υπηρετεί σε λόχο ορεινών μεταφορών· **γ.** (μεταφ.) για άνθρωπο άξεστο, αγροίκο.
μουλάρι το, ουσ. **1.** ζώο που μοιάζει με το άλογο και προέρχεται από τη διασταύρωση γαϊδάρου και φοράδας (γαϊδουρομούλαρο) ή αλόγου και γαϊδούρας (αλογομούλαρο), δυνατό, υπομονετικό και κατάλληλο για μεταφορές σε δύσβατα μέρη (λόγ. ημίονος). **2.** (υβριστικά) για άνθρωπο αγενή ή πεισματάρη. - Υποκορ. **-άκι** το.
μουλαρίσιος, -α, -ο, επίθ. (συνιζ.), **α.** που ανήκει ή αναφέρεται στο μουλάρι, που μοιάζει με του μουλαριού: σαμάρι -ο· **β.** (ειδικά) για το χαρακτήρα πεισματάρη ανθρώπου: αυτός έχει -ο κεφάλι (= αγρίοιστο)· γινάτι / πείσμα -ο (= άγριο, ανένδοτο).
μουλαρίτσα, βλ. μουλάρα.
μουλαρόδρομος ο, ουσ. (λαϊκ.), δρόμος ανώμαλος και δύσβατος, κατάλληλος για μουλάρια (και όχι για κάρα ή άλλα μεταφορικά μέσα).
μουλαρώνω, ρ. (λαϊκ.), πεισματώνω.
μουλάς και **μολάς** ο, ουσ. **α.** τίτλος μουσουλμάνου θεολόγου που ερμηνεύει και διδάσκει τον Ιερό νόμο του Ισλάμ: οι -άδες της Τεχεράνης επηρέαζαν τα πλήθη· **β.** (ιστ.) τίτλος ανώτατων και ανώτερων δικαστών (καδήδων) στην οθωμανική αυτοκρατορία. [τουρκ. molla].
μουλιάζω, ρ. (συνιζ.). **Α.** (μτβ.) μουσκεύω κάτι για να μαλακώσει: ~ τα ρούχα. **Β.** (αμτβ.) διαποτίζομαι, μαλακώνω από παρατεταμένη επαφή με κάτι υγρό: τα παπούτσια μου είχαν -ιάσει· δάχτυλα -ιασμένα από το νερό [πιθ. παλαιό ιταλ. mollire].
μούλιασμα το, ουσ. (συνιζ.), το να μουλιάζει κανείς κάτι και το αποτέλεσμα της ενέργειας αυτής.
μούλικο το, ουσ. (λαϊκ.), νόθο παιδί.
μούλκι το, ουσ. (ιστ.) στην Τουρκοκρατία, μορφή γεωργικής ιδιοκτησίας υποκείμενης σε φόρο, που θεωρείται όμως ελεύθερη ο ιδιοκτήτης της έχει απόλυτη κυριότητα πάνω σ' αυτήν (σε αντιδιαστολή με τις κρατικές και τις βακουφικές γαίες, καθώς και τα τιμάρια)· (κοιν.) αγροτικό κτήμα. [αραβουτουρκ. mülk].
μούλος ο, ουσ. (λαϊκ.), νόθο παιδί. [μούλα].
μουλώνω και **-χνω**, ρ. (λαϊκ.), σωπαίνω και μαζεύομαι (από φόβο), δεν εκφράζω τα αισθήματα, τις προθέσεις μου: είχα -ώσει και περίμενα να του περάσει ο θυμός. [*μυλόω<μυλλός (Ησύχιος)].
μουλωχτός, -ή, -ό, επίθ. (λαϊκ.), (για άνθρωπο) που κρύβει τα αισθήματα, τις σκέψεις, τις προθέσεις του, ύπουλος. Έκφρ. στα -ά = κρυφά, συγκαλυμμένα, ύπουλα.
μούμια η, ουσ. (συνιζ.). **1.** πτώμα ανθρώπου που έχει ταριχευτεί και τυλιχτεί με λωρίδες συνήθως υφάσματος: -ες των αρχαίων Αιγυπτίων βασιλιάδων. **2.** (μεταφ.) άνθρωπος ζαρωμένος και ασχημοκαμωμένος, ασχημομούρης. [ιταλ. mummia, αραβ. προέλευσης].

μουνί το, ουσ. (λαϊκ., χυδ.), γυναικείο αιδοίο. [πιθ. αρχ. *ευνή-ευνίον*].
μουνότριχα η, ουσ. (λαϊκ., χυδ.), τρίχα του γυναικείου αιδοίου.
μουνουχίζω, ρ. (λαϊκ.), ευνουχίζω (βλ. λ.).
μουνούχισμα το, ουσ. (λαϊκ.), ευνουχισμός (βλ. λ.).
μουνούχος ο, ουσ. (λαϊκ.), ευνούχος (βλ. λ.). [*ευνούχος*].
μουνόψειρα η, ουσ. (λαϊκ., χυδ.). 1. είδος ψείρας που αναπτύσσεται στο τριχωτό του αιδοίου. 2. (μεταφ.) άνθρωπος φορτικός, ενοχλητικός (συνών. *κολλιτσίδα*).
μουντάδα η, ουσ. (έρρ.), το να είναι κάτι μουντό, θολούρα.
μουντάρισμα το, ουσ. (έρρ., λαϊκ.), (ξαφνική) επίθεση.
μουντάρω, ρ. (έρρ., λαϊκ.), αόρ. *μούνταρα*, ορμώ, επιτίθεμαι ξαφνικά, απότομα (συνών. *χυμώ*). [ιταλ. *montare*].
μού(ν)τζα η, ουσ. (λαϊκ.), υβριστική χειρονομία με ανοιγμένη την παλάμη προς το μέρος αυτού που υβρίζεται: *του έριξε δυο -ες* (συνών. *φάσκελο*).
μου(ν)τζαλιά η, ουσ. (συνιζ.), κηλίδα από μελάνι, μουντζούρα, μελανιά.
μου(ν)τζάλωμα το, ουσ., το να λερώνει κανείς με μελάνι, να μουντζουρώνει.
μου(ν)τζαλώνω, ρ., λερώνω με μελάνι, μουντζουρώνω.
μου(ν)τζούρα η, ουσ. 1. λεκές από μελάνι, καπνιά ή σκουρόχρωμη ουσία, σκούρη κηλίδα: *έχεις μια ~ στο πρόσωπο· τετράδιο γεμάτο -ες*. 2. είδος παιχνιδιού στα χαρτιά (συνών. στη σημασ. 2 *μου(ν)τζούρης*).
μου(ν)τζούρης, -α, -ικο, επίθ., που είναι λερωμένος με μουντζούρες, κηλίδες από μελάνι ή καπνιά. - Το αρσ. ως ουσ. = 1. (προφ.) για μηχανουργό. 2. είδος παιχνιδιού στα χαρτιά (συνών. στη σημασ. 2 *μουντζούρα*).
μου(ν)τζούρωμα το, ουσ., το να μουντζουρώνει κανείς.
μου(ν)τζουρώνω, ρ. 1. λερώνω κάτι με κηλίδες από μελάνι ή με καπνιά ή άλλη σκουρόχρωμη ουσία: *είχε -ώσει τα χέρια της / το τετράδιό του· -ουν αθώα λευκά χαρτιά, χωρίς αιτία* (Καρυωτάκης). 2. (μεταφ.) στιγματίζω ηθικά, ντροπιάζω: *-ωσε την τιμή της οικογένειας* (συνών. *κηλιδώνω*).
μού(ν)τζωμα το, ουσ., το να μουντζώνει κανείς, το να δίνει μούντζες (συνών. *φασκέλωμα*).
μου(ν)τζώνω, ρ., χειρονομώ υβριστικά με ανοιγμένη την παλάμη προς το μέρος εκείνου που τον βρίζω, δίνω μούντζες (συνών. *φασκελώνω*).
μουντός, -ή, -ό, επίθ. (έρρ.), θαμπός, θολός, σκοτεινός: *ουρανός ~· ατμόσφαιρα -ή· φως -ό·* (μεταφ.) *πρόσωπο -ό* (= σκυθρωπό) [αρχ. *μυνδός*].
μουράγιο το, ουσ. (συνιζ.), χτιστό κρηπίδωμα κατά μήκος της παραλίας όπου δένονται τα πλοία και οι βάρκες: *μια βάρκα πλεύρισε στο ~· περπατούσε πάνω στο ~* (συνών. *προκυμαία*). [βενετ. *muragia*].
μουράκλα, βλ. *μούρη*.
μούργα η, ουσ., κατακάθι του λαδιού ή σπάνια του κρασιού. [αρχ. *αμόργη* ή λατ. *amurea*].
μούργος ο, ουσ. 1. τσομπανόσκυλο συνήθως με σκούρο χρώμα. 2. (μεταφ., υβριστ.) για άνθρωπο αγροίκο. [αβέβαιη ετυμ.].
μούρη η, ουσ. (λαϊκ.). 1. (για ζώα) το μπροστινό μέρος του κεφαλιού, ρύγχος, μουσούδα. 2. (χλευαστικά για άνθρωπο) πρόσωπο, μούτρο: *δεν κοιτάς τη ~ σου!* 3. (προφ. για αυτοκίνητο) η μπροστινή του όψη. - Υποκορ. **-ίτσα** η. - Μεγεθ. **-άκλα** η. [γενουατικό *murro*].
μουριά η, ουσ. (συνιζ.), είδος δέντρου με ανοιχτόχρωμα ή βαθυπράσινα φύλλα που χρησιμοποιούνται στη σηροτροφία και που παράγει τα μούρα: *~ λευκή / μαύρη* (συνών. *συκαμινιά*). [μτγν. *μορέα*].
μουρίτσα, βλ. *μούρη*.
μούρλα και (συνιζ.) **μούρλια** η, ουσ. 1. έλλειψη πνευματικής ωριμότητας, διανοητική ανισορροπία, τρέλα: *τον έπιασε ~· η ~ του δεν έχει όρια* (συνών. *ζούρλα, λωλάδα, παλαβωμάρα*). 2. (μόνο στον τ.) α. (ως επίθ.) εξαιρετικός, θαυμάσιος, έξοχος: *κορίτσι / φόρεμα -ια·* β. (ως επίρρ.) θαυμάσια, έξοχα: *περάσαμε ~ στην εξοχή* (συνών. στις σημασ. α και β *τρέλα*). - Μεγεθ. **-άρα** η (στη σημασ. 1).
μουρλαίνω, ρ. 1. οδηγώ κάποιον σε κατάσταση τρέλας, τρελαίνω: *τον -ανε με τις παραξενιές της* (συνών. *ζουρλαίνω*). 2. ξετρελαίνω, ξεμυαλίζω: *-άθηκαν από τη χαρά τους· τον -ανε με τα νάζια της* (συνών. *ζουρλαίνω*).
μουρλάρα, βλ. *μούρλα*.
μούρλια, βλ. *μούρλα*.
μουρλός, -ή, -ό, επίθ. 1α. διανοητικά ή πνευματικά ανισόρροπος, τρελός: *είναι ~ για δέσιμο·* (ως χλευαστικός χαρακτηρισμός για ανθρώπους με ιδιόρρυθμη συμπεριφορά) τρελός: *τι κάνει ο ~!* (συνών. *ζουρλός·*) β. ζωηρός, όχι φρόνιμος: *παιδί -ό*. 2. (λαϊκ.) που ασχολείται μανιωδώς με κάτι: *είναι ~ με τα αυτοκίνητα* (συνών. *τρελός, ζουρλός*); [πιθ. βενετ. *murlon*].
μουρμούρα η, ουσ. 1. μεμψιμοιρία, γκρίνια: *από τότε που αρρώστησε είναι όλο ~*. 2. ψάρι με στενόμακρο σώμα, ασημί χρώμα και σκουρόχρωμες κάθετες ρίγες στα πλευρά του, που ζει στα ρηχά νερά (συνών. *μουρμούρι*).
μουρμουράκι, βλ. *μουρμούρι*.
μουρμούρης, -α, -ικο, επίθ., που μουρμουρίζει συνέχεια, γκρινιάρης.
μουρμουρητό το, ουσ. 1. το να μουρμουρίζει κανείς, μουρμούρισμα. 2. συνεχής σιγανός ήχος όπως ο ήχος νερού που κυλά ή φωνών που έρχονται από μακριά: *~ της θάλασσας* (συνών. *μούρμουρο*). 3. γκρίνια (συνών. *μουρμούρα*).
μουρμούρι το, ουσ., είδος ψαριού, μουρμούρα (βλ. λ. στη σημασ. 2): *-ια στη σκάρα*. - Υποκορ. **-άκι** το.
μουρμουρίζω, ρ. 1. παράγω σιγανό συνεχή ήχο όπως το νερό που κυλά: *η θάλασσα -ιζε όλη τη νύχτα*. 2. μιλώ συνεχώς και χαμηλόφωνα, ψιθυρίζω: *«εσείς εκεί τι -ετε;» φώναξε η δασκάλα*. 3. γκρινιάζω, παραπονιέμαι, μεμψιμοιρώ: *-ισε λιγάκι, αλλά ύστερα τον πλήρωσε*. [μτγν. *μορμυρίζω*].
μουρμούρισμα το, ουσ. 1. το να μουρμουρίζει κανείς, μουρμουρητό, μούρμουρο. 2. ψιθύρισμα.
μουρμουριστά, επίρρ., μουρμουρίζοντας, ψιθυριστά: *διάβαζε ~ το μάθημά του*.
μούρμουρο το, ουσ., συνεχής σιγανός ήχος όπως ο ήχος νερού που κυλά ή φωνών που έρχονται από μακριά: *τ' αλαφρό ~ του πελάγου / της νύχτας* (συνών. *μουρμουρητό* στη σημασ. 2).
μουρντάρα, βλ. *μουρντάρης*.
μουρντάρεμα το, ουσ. 1. το να μουρνταρεύει κανείς, να λερώνει κάτι. 2. (μεταφ.) πράξη αξιοκατά-

κριτή ή αθέμιτη, κατεργαριά. 3. πράξη ανήθικη ή ασελγής.

μουρνταρεύω, ρ. 1. λερώνω, ρυπαίνω. 2. (μεταφ.) ρέπω σε παράνομες ερωτικές περιπέτειες.

μουρντάρης ο, θηλ. **-α**, ουσ. 1. άνθρωπος ρυπαρός, ακάθαρτος. 2. (μεταφ.) άνθρωπος που ρέπει σε παράνομες ερωτικές περιπέτειες (ιδίως για άπιστο σύζυγο). [τουρκ. *murdar*].

μουρνταριά η, ουσ. (συνιζ.), πράξη που έχει σχέση με παράνομες ερωτικές περιπέτειες.

μουρντάρικος, -η, -ο, επίθ., που αναφέρεται στο μουρντάρη (βλ. λ.): *χειρονομία -η*.

μούρο το, ουσ., ο μικρός μοβ ή ανοιχτοπράσινος καρπός της μουριάς με σπυρωτή επιφάνεια που τρώγεται ως φρούτο: *-α άσπρα / μαύρα*.

μουρούνα η, ουσ., είδος μεγάλου ψαριού που ανήκει στην ίδια οικογένεια με το μπακαλιάρο και ζει σε νερά κρύα, από το συκώτι του οποίου παίρνεται το μουρουνόλαδο. [λατ. *(gadus) morrhua*].

μουρουνέλαιο και **μουρουνόλαδο** το, ουσ., λάδι από το συκώτι της μουρούνας με τονωτικές ιδιότητες (συνών. *ψαρόλαδο*).

μουρταδέλα, βλ. *μορταδέλα*.

μουρτάτης ο, ουσ., εξωμότης (βλ. λ.).

μούσα η, ουσ. 1. θεότητα της αρχαίας ελληνικής μυθολογίας που προστατεύει τα γράμματα και τις τέχνες; *οι εννέα -ες· Πιερίδες -ες*. 2. (μεταφ.) α. φανταστική μορφή (συνήθως γυναικεία) που εμπνέει τους ποιητές και τους καλλιτέχνες: *ο ποιητής επικαλείται τη ~· η ~ του ζωγράφου·* β. υπαρκτή (γυναικεία) μορφή που παρομοιάζεται με μούσα, γιατί δίνει στον ποιητή ή τον καλλιτέχνη έμπνευση. 3. (συνεκδοχικά) έμπνευση (ποιητή ή καλλιτέχνη). 4. (για το ποιητικό έργο ενός λαού, έθνους, κ.τ.ό.) *η λαϊκή / νεοελληνική ~*.

μουσακάς ο, ουσ., ανατολίτικο φαγητό που παρασκευάζεται με μελιτζάνες, πατάτες, κιμά και κρέμα στο φούρνο. [τουρκ. *musakka*].

μουσαμαδένιος, -ια, -ιο, επίθ. (συνιζ.), που είναι φτιαγμένος από μουσαμά: *τραπεζομάντηλο / αδιάβροχο -ο*.

μουσαμαδιά η, ουσ. (συνιζ.), αδιάβροχο πανωφόρι από μουσαμά.

μουσαμάς ο, ουσ. 1. χοντρό αδιάβροχο ύφασμα αλειμμένο με κερί. 2. πανωφόρι από το παραπάνω ύφασμα, αδιάβροχο (συνών. *μουσαμαδιά*). 3. υλικό ζωγραφικής από το παραπάνω ύφασμα: *λάδι σε -ά* (= ελαιογραφία πάνω σε ύφασμα μουσαμά). 4. μουσαμαδένιο τραπεζομάντηλο. [τουρκ. *muşamba*].

μουσάτος ο, ουσ., άντρας με μούσι.

μουσαφίρης ο, πληθ. *-ηδες* και *-αίοι*, θηλ. **-ισσα**, ουσ., φιλοξενούμενος, επισκέπτης· παροιμ. *όσα ξέρει ο νοικοκύρης δεν τα ξέρει ο ~* (συνών. *επισκέπτης, φιλοξενούμενος*). [τουρκ. *misafir*].

μουσαφιρλίκι το, ουσ., περιποίηση προς φιλοξενούμενο ή επισκέπτη που εκδηλώνεται κυρίως με την προσφορά εδεσμάτων και ποτών. [τουρκ. *misefirlik*].

μουσειακός, -ή, -ό, επίθ. (ασυνίζ.). 1. που ανήκει σε μουσείο ή σχετίζεται μ' αυτό· *εκθέματα -ά*. 2. παλιός, απαρχαιωμένος: *ζωγραφική / γλυπτική -ή*.

μουσείο το, ουσ., ίδρυμα ή κτήριο όπου φυλάσσονται και εκτίθενται συλλογές θεματικά ομοειδών και συνήθως σπάνιων εκθεμάτων, όπως αρχαιότητες, έργα τέχνης, δημιουργήματα της φύσης ή

του ανθρώπινου πολιτισμού: *~ αρχαιολογικό / λαογραφικό / τεχνολογικό· ~ φυσικής ιστορίας*.

μουσελίνα η, ουσ., είδος λεπτού υφάσματος από μαλλί, μπαμπάκι ή μετάξι, που πήρε το όνομά του από την πόλη Μοσούλη της Μεσοποταμίας, όπου κατασκευάζεται [γαλλ. *mousseline*].

μούσι το, ουσ., μικρό γένι κάτω από το σαγόνι, υπογένειο [γαλλ. *mouche*].

μουσικά, βλ. *μουσικός*.

μουσική η, ουσ. 1. η τέχνη της ρυθμικής συναρμολόγησης των ήχων που γεννά στην ανθρώπινη ψυχή το αίσθημα του ρυθμού και της αρμονίας. 2. σημειογραφία μουσικών ήχων, γραφική παράσταση μουσικών ήχων με τη βοήθεια διεθνώς αναγνωρισμένων συμβόλων. 3. ορχήστρα μουσικών οργάνων: *η ~ του δήμου*. 4. μουσικότητα, μελωδικότητα: *λόγια γεμάτα ~*.

μουσικοδιδάσκαλος ο, θηλ. **-ισσα**, ουσ. 1. αυτός που διδάσκει μουσική, ο δάσκαλος της μουσικής. 2. διακεκριμένος μουσικοσυνθέτης.

μουσικοκριτικός, -ή, -ό, επίθ., που ασκεί κριτική σε μουσικά έργα και ιδιαίτερα σε μουσικές εκτελέσεις: *άρθρο -ό· -ή στήλη εφημερίδας*. - Το αρσ. και το θηλ. ως ουσ. = ειδικός κριτικός μουσικών έργων. - Το θηλ. ως ουσ. = η κριτική των μουσικών έργων.

μουσικολογία η, ουσ., η επιστήμη της μουσικής.

μουσικολόγος ο και η, ουσ., ο ασχολούμενος επιστημονικά με τη μουσική.

μουσικομανής, -ής, -ές, γεν. *-ούς*, πληθ. αρσ. και θηλ. *-είς*, ουδ. *-ή*, επίθ., που αγαπά «μετά μανίας» τη μουσική, ο φανατικός λάτρης της μουσικής.

μουσικομανία η, ουσ., το να αγαπά κανείς με πάθος, «μετά μανίας» τη μουσική.

μουσικός, -ή, -ό, επίθ. 1. που προκαλεί ευχαρίστηση στην ακοή, αρμονικός: *ήχος ~* (συνών. *μελωδικός*). 2. που ανήκει ή αναφέρεται στη μουσική: *όργανο -ό· σύνθεση -ή· βραδιά / εκδήλωση -ή*. 3. που είναι προικισμένος με μουσικότητα, έμφυτη κλίση στη μουσική: *ιδιοφυΐα -ή· έχει αφτί -ό* (= μουσική αντίληψη). - Το αρσ. και το θηλ. ως ουσ. = καλλιτέχνης που ασχολείται με τη μουσική (συνθέτης, καθηγητής ή εκτελεστής): *~ της κρατικής ορχήστρας*. - Επίρρ. **-ά**.

μουσικοσυνθέτης ο, θηλ. **-τρια**, ουσ., αυτός που συνθέτει μουσικά έργα (συνών. *μουσουργός*).

μουσικότητα η, ουσ. 1. το να είναι κάτι ευχάριστο στην ακοή (συνών. *μελωδικότητα*). 2. μουσική αντίληψη.

μουσικόφιλος, -η, -ο, επίθ., που αγαπά τη μουσική: *κοινό -ο*.

μουσίτσα η, ουσ. 1. μικρό φτερωτό έντομο που αναπτύσσεται σε βαρέλια με μούστο. 2. (μεταφ.) θωπευτ.) (συνήθως γυναικείο) πρόσωπο πονηρούτσικο [ιταλ. *muso* + *-ίτσα*].

μουσκάρι, βλ. *μοσχάρι*.

μούσκεμα το, ουσ. 1. η πράξη και το αποτέλεσμα του μουσκεύω: *~ ρούχων / οσπρίων* (= μαλάκωμα των οσπρίων σε νερό) (συνών. *βρέξιμο*). 2. (επιρρημ.) τελείως βρεγμένα: *τα ρούχα είναι ~ ακόμη*· φρ. *είμαι / γίνομαι ~* = μουσκεύω από βροχή ή ιδρώτα, κλπ. *τα κάνω ~* = αποτυχαίνω σε κάτι, τα θαλασσώνω): *τα 'κανε ~ στις εξετάσεις*.

μουσκέτο το, ουσ., είδος παλιού πυροβόλου όπλου που γέμιζε από μπροστά· φρ. *τον πέρασαν από ~* = τον εκτέλεσαν. [ιταλ. *moschetto*].

μουσκεύω, ρ., αόρ. *μούσκεψα*. **Α.** (μτβ.) βρέχω,

μουσκίδι

διαποτίζω κάτι: *χώμα -μένο·* ~ *ρούχα / όσπρια* (= τα μαλακώνω σε νερό). Β. (αμτβ.) βρέχομαι: *μούσκεψα από τη βροχή / ιδρώτα·* ~ *ως το κόκαλο* (= βρέχομαι πάρα πολύ)· φρ. *τα* ~ = αποτυχαίνω σε κάτι, τα θαλασσώνω. [αρχ. *μοσχεύω*].

μουσκίδι το, ουσ. (επιρρημ.), το να γίνεται κανείς μούσκεμα: *γύρισε στο σπίτι* ~· φρ. *γίνομαι* ~ = μουσκεύω, βρέχομαι σε μεγάλο βαθμό: *έγινα* ~ *από τη νεροποντή.*

μούσκλι και **μούσκλο** το, ουσ., ονομασία διάφορων ειδών βρύων και φυτών: *πάνω στα ξύλα φύτρωσαν -α*. [λατ. *musculus* ή ιταλ. *muschio*].

μούσκουλο το, ουσ. (λαϊκ.), μυώνας (συνών. *ποντίκι* στη σημασ. 2). [ιταλ. *muscolo*].

μουσμουλιά η, ουσ. (συνιζ.), οπωροφόρο δέντρο με ωραίο φύλλωμα και νόστιμους μικρούς καρπούς.

μούσμουλο το, ουσ., ο καρπός της μουσμουλιάς. [αρχ. *μέσπιλον*].

μουσόληπτος, -η, -ο, επίθ. (λόγ.), που έχει ποιητική ιδιοφυΐα.

μουσολινικός, -ή, -ό, επίθ., που σχετίζεται με τον Ιταλό δικτάτορα Μουσολίνι και την εποχή στην οποία κυβέρνησε: *καθεστώς -ό· νόμοι -οί.* - Το αρσ. και το θηλ. ως ουσ. = οπαδός του Μουσολίνι.

μουσοτραφής, -ής, -ές, γεν. *-ούς*, πληθ. αρσ. και θηλ. *-είς*, ουδ. *-ή*, επίθ. (λόγ.), που ασχολείται και γνωρίζει καλά τις καλές τέχνες και τα γράμματα.

μουσούδι το και **μουσούδα** η, ουσ. 1. ρύγχος ζώου (συνών. *μούρη*). 2. (ειρων.) πρόσωπο ανθρώπου (συνών. *μούτρο*). [ιταλ. *muso*].

μουσουλμάνα, βλ. *μουσουλμάνος.*

μουσουλμανικός, -ή, -ό, επίθ., που ανήκει ή που αναφέρεται στους μουσουλμάνους ή το μουσουλμανισμό: *τέμενος -ό* (συνών. *μωαμεθανικός, ισλαμικός*).

μουσουλμανισμός ο, ουσ., μωαμεθανισμός (βλ. λ.).

μουσουλμάνος ο, θηλ. **-άνα**, ουσ., μωαμεθανός (βλ. λ.). [τουρκ. *müsülman*].

μουσουργός ο, ουσ., συνθέτης μουσικών έργων (συνών. *μουσικοσυνθέτης*).

μουσόφιλος, -η, -ο, επίθ., που είναι φίλος των μουσών, λάτρης των τεχνών και των γραμμάτων.

μουστάκα και **μουστακάκι**, βλ. *μουστάκι.*

μουστακαλής ο, ουσ., αυτός που έχει μεγάλο ή παχύ μουστάκι.

μουστακάτος, -η, -ο, επίθ., που έχει μουστάκι.

μουστάκι το, ουσ. 1α. πυκνό τρίχωμα στο επάνω χείλι των ανδρών: *λεπτό / ψαλιδισμένο· στρίβω το* ~· β. (προφ.) για τα ίχνη που αφήνει γύρω από τα χείλια ένα ποτό που ήπιε κανείς, συνήθως γάλα. 2α. τριχοειδείς εκφύσεις στο επάνω χείλος σαρκοφάγων και τρωκτικών: *η γάτα έγλειφε τα -ια της·* β. για τις προεξοχές που κρέμονται από το πηγούνι μερικών ψαριών: *μπαρμπούνια με -ια.* 3. βελονοειδείς ή νηματοειδείς αποφύσεις φυτών: *τα στάχυα έβγαλαν -ια·* τα *-ια του καλαμποκιού.* Φρ. *γελούν και τα -ια του, γελά κάτω απ' τα -ια του,* βλ. γελώ. - Υποκορ. **-άκι** το. - Μεγεθ. **-άκα** η: *είχανε κάτι -ες σαν του Πετρόμπεη.*

μουσταλευριά η, ουσ. (συνιζ.), είδος γλυκίσματος που παρασκευάζεται από μούστο και αλεύρι.

μουστάρδα η, ουσ., παχύρρευστο καρύκευμα με σκούρο κίτρινο χρώμα που παρασκευάζεται από αλεύρι σιναπιού, ξίδι και άλλα υλικά: ~ *πικάντικη·* (χημ.) είδος ασφυξιογόνου αερίου που χρησιμεύει για πολεμικούς σκοπούς (συνών. *ιπερίτης*). [γαλλ. *moutarde*].

μουσταρδής, -ιά, -ί, επίθ., που έχει το χρώμα της μουστάρδας: *πουκάμισο -ί.* - Το ουδ. ως ουσ. = χρώμα που μοιάζει με εκείνο της μουστάρδας.

μουσταρδιέρα η, ουσ. (συνιζ.), επιτραπέζιο σκεύος για μουστάρδα.

μουστερής ο, ουσ. 1. πελάτης, αγοραστής: *πλάκωσαν οι -ήδες* (για επισκέπτες που έχουν πολλές απαιτήσεις)· 2. (μεταφ.) ενδιαφερόμενος για κάτι: *πολλοί -ήδες για τη νύφη.* [τουρκ. *müşteri*].

μουστόγρια η, ουσ. (ασυνίζ., λαϊκ.), (σκωπτ.) γριά πολύ ζαρωμένη (συνών. *μπαμπόγρια*).

μουστοκούλουρο το, ουσ., κουλούρι με αλεύρι, ζάχαρη και μούστο.

μούστος ο, ουσ., χυμός πατημένων σταφυλιών προτού γίνει κρασί (συνών. *γλεύκος*). [λατ. *(vinum) mustum*].

μουσώνας ο, ουσ., περιοδικός άνεμος που δημιουργείται στους ωκεανούς κοντά στις μεγάλες ηπείρους εξαιτίας της διαφοράς θερμοκρασίας που παρατηρείται μεταξύ των ηπείρων και των ωκεανών. [γαλλ. *mousson*].

μούτζ- και **μουτζ-**, βλ. *μούντζ-* και *μουντζ-*.

μούτρο το, ουσ. 1. (εν. και πληθ.) πρόσωπο. 2. άνθρωπος πονηρός, κατεργάρης: *(σου) είναι ένα* ~! *έμπλεξε με κάτι -α.* Φρ. *αρπάζω κάποιον από τα* ~ (= τον αποπαίρνω)· *δεν είναι για τα -α (μου, σου, κλπ.)* (= δεν είμαι, είσαι, κλπ., άξιος για κάτι): *η κοπέλα δεν είναι για τα -α σου· δεν έχω -α να του δω* (= ντρέπομαι από την ενοχή μου)· *έχω -α και μιλώ ακόμα* (= τολμώ επιπλέον να παραπονιέμαι ή να δικαιολογούμαι)· *κάνω -α σε κάποιον* (= δείχνω, κάνω το θυμωμένο)· *κατεβάζω ή κρεμώ -α* (= δείχνω δυσαρέσκεια με την έκφραση του προσώπου μου)· *ξινίζω τα* ~ *μου* (= εκφράζω τη δυσαρέσκεια μου με κάποια χαρακτηριστική μορφασμό)· *παίρνω τα -α μου και φεύγω* (= φεύγω κατατροπιασμένος)· *πέφτω ή ρίχνομαι με τα -α κάπου* (= επιδίδομαι με όλες μου τις δυνάμεις): *έπεσε με τα -α στη μελέτη / δουλειά· τα κάνει σαν τα -α του* (= δεν τα καταφέρνει, αποτυχαίνει)· *τους τα χτυπώ στα -α* (= τους τα λέω απερίφραστα)· *τρώω τα -α μου* (= α. χτυπώ άσχημα στο πρόσωπο· β. αποτυχαίνω). - Υκορ. **-άκι** το. [πιθ. ιταλ. *mutria*].

μούτρωμα το, ουσ., κατσούφιασμα από δυσαρέσκεια.

μουτρώνω, ρ., δίνω στο πρόσωπό μου έκφραση που εκδηλώνει την άσχημη ψυχική μου διάθεση, κατσουφιάζω από δυσαρέσκεια: *με την παραμικρή παρατήρηση -ει·* είναι *-ωμένος.*

μούτσος ο, ουσ., μαθητευόμενος ναύτης (συνών. *ναυτόπουλο*). [ιταλ. *mozzo*].

μουτσούνα η, ουσ. 1. μάσκα: *ετοίμασε τις ενδυμασίες και τις -ες* (συνών. *προσωπίδα*). 2. πρόσωπο (συνήθως σκυθρωπό ή άσχημο): *κοίτα τη* ~ *του.* - Μεγεθ. **-άρα** η. [πιθ. βενετ. *musona*].

μουφλόν το, ουσ. άκλ. 1. μηρυκαστικό ζώο των βουνών της Ευρώπης και της βόρειας Αμερικής που μοιάζει με πρόβατο. 2. είδος χνουδωτού υφάσματος.

μουφλούζεμα το, ουσ. (λαϊκ.), χρεοκοπία, πτώχευση.

μουφλουζεύω, ρ. (λαϊκ.), πτωχεύω, χρεοκοπώ.

μουφλούζης ο, ουσ. (λαϊκ.), αυτός που έχει χρεοκοπήσει (συνών. *χρεοκόπος*). [τουρκ. *müflüs*].

μουφτής ο, ουσ., θεολόγος, ερμηνευτής σε ζητήματα του μουσουλμανικού δικαίου. [τουρκ. *müfti*].

μούχλα η, ουσ. 1. γκριζοπράσινοι νηματομύκητες που αναπτύσσονται σε αλλοιωμένα τρόφιμα καθώς και σε υγρούς τοίχους και ρούχα: *έπιασε ~ το ψωμί / το τυρί· μύριζε ~ το υπόγειο.* 2. (μεταφ.) α. πνευματική στασιμότητα, ηθική αποσύνθεση· β. για άνθρωπο νωθρό ή αντικοινωνικό· 3. (βοτ.) είδος μύκητα από τον οποίο παίρνουμε την πενικιλίνη. [*ομίχλη*].
μουχλιάζω, ρ. (συνιζ.). Α. αμτβ. 1. καλύπτομαι από μούχλα: *-ιασε το σιτάρι / ο τοίχος.* 2. (μεταφ.) παραμένω σε σωματική ή πνευματική αδράνεια: *ιδέες -ιασμένες* (= αναχρονιστικές, οπισθοδρομικές). Β. (μτβ.) κάνω κάτι να καλυφθεί από μούχλα: *η υγρασία μού -ιασε τα ρούχα.*
μούχλιασμα το, ουσ. (συνιζ.). 1. το αποτέλεσμα του μουχλιάζω. 2. (μεταφ.) πνευματική νωθρότητα ή ηθική αποσύνθεση.
μουχρός, -ή, -ό, επίθ., σκοτεινός, θαμπός: *ηλιοβασίλεμα -ό* (συνών. *μουντός·* αντ. *λαμπερός*). [αρχ. *μορυχός* ή *ημίωχρος*].
μούχρωμα το, ουσ. 1. σκοτείνιασμα, θάμπωμα. 2. δειλινό, σούρουπο.
μουχρώνει, ρ. απρόσ., αρχίζει να σουρουπώνει.
μοχθηρία η, ουσ., φθόνος, κακεντρέχεια: *νιώθει ~ για τους καλύτερούς του* (συνών. *μοχθηρότητα*).
μοχθηρός, -ή, -ό, επίθ., που αισθάνεται φθόνο για την ευτυχία των άλλων (συνών. *κακόβουλος·* αντ. *καλόψυχος*).
μοχθηρότητα η, ουσ., μοχθηρία (βλ. λ.).
μόχθος και (λαϊκ.) **μόχτος** ο, ουσ., αίσθημα κόπωσης σωματικής ή ψυχικής που προκαλείται από επίπονη ή δυσάρεστη εργασία· ταλαιπωρία: *μεγάλωσε τα παιδιά της με πολλούς -ους· ο κόσμος του -ου* (= της εργασίας) (συνών. *κόπος*)· έκφρ. *με (πολλούς) κόπους και -ους* (για επίταση).
μοχθώ, ρ., εργάζομαι σκληρά σε δουλειά δυσάρεστη και δύσκολη, που προκαλεί σωματική ή ψυχική κόπωση: *-ησε πολύ για να πετύχει αυτό το αποτέλεσμα* (συνών. *κοπιάζω, κουράζομαι*).
μοχλός ο, ουσ. 1α. (φυσ.-μηχ.) στερεό σώμα που μπορεί να περιστρέφεται γύρω από άξονα και υπόκειται σε δύο δυνάμεις (δύναμη και αντίσταση): *~ πρώτου· είδους* (π.χ. ψαλίδι) / *δεύτερου είδους* (π.χ. καρυοθραύστης) / *τρίτου είδους* (π.χ. λαβίδα)· β. (κοιν.) ξύλινη ή σιδερένια ράβδος που η μια της άκρη τοποθετείται κάτω από βαρύ αντικείμενο ώστε, όταν κάποιος σπρώξει προς τα κάτω το άλλο άκρο της, να μπορεί να μετακινηθεί ή να ανυψωθεί το αντικείμενο. 2. *~ αλλαγής ταχυτήτων* = ράβδος κάτω από το τιμόνι των αυτοκινήτων που ελέγχει την αλλαγή των ταχυτήτων (συνών. *λεβιέ*). 3. (μεταφ.) κάποιος ή κάτι που αποτελεί κινητήρια δύναμη, ουσιώδη παράγοντα, αποφασιστικό συντελεστή για την πραγμάτωση ενός στόχου: *~ πίεσης στην πολιτική κατάσταση.*
μόχτος, βλ. *μόχθος*.
μπα, επιφωνηματικό μόρ., (χρησιμοποιείται άπλυτα, καθώς και στην αρχή ή στο τέλος πρότασης). 1. για να δηλώσει έκπληξη για κάτι απροσδόκητο: *~, τι βλέπω· ~, εσύ τι γυρεύεις εδώ;* (σε επανάληψη) *~~! πήγες κιόλα;* 2. για δήλωση ειρωνείας: *~, μη μου πεις!* (με προηγούμενο το επιφ. α) *α ~, πώς το 'παθε;* 3. για να δηλωθεί άρνηση για κάτι που είπε κάποιος άλλος: *λες να ομολογήσει; —, δε νομίζω* (με προηγούμενο το επιφ. α) *«μαλώνετε;» - «α ~, συζητάμε»·* (σε επανάληψη) *«θα τον ψηφίσεις;» - ~ - ~!* 4. (εμφατικά) α. για δήλωση απόκρουσης ή αποδοκιμασίας του ισχυρισμού, της απαίτησης ή προτροπής άλλου: *~ σε καλό σου! τι είναι αυτά που λες; ~ που να φας τη γλώσσα σου!* β. για δήλωση δυσφορίας, αγανάκτησης: *~, τον άτιμο, τι μου έκανε!*

μπαγαπόντης ο και **βα-**, θηλ. **-ισσα**, ουσ. (όχι ερρ., ερρ.). α. κατεργάρης, απατεώνας: *του 'φαγε πάλι χρήματα ο ~!* β. (χαϊδευτικά) κατεργάρης, άτιμος (βλ. λ.): *τι μου 'κανες, βρε -η;.* - Υποκορ. (στη σημασ. β) **-άκος** ο. [ιταλ. *vagabondo*].
μπαγαποντιά η, ουσ. (όχι ερρ., ερρ., συνιζ.). 1. το να είναι κανείς μπαγαπόντης: *η ~ του δεν έχει όρια.* 2. ενέργεια, πράξη που κάνει ο μπαγαπόντης, κατεργαριά: *νομίζει ότι με τις -ιές του θα καταφέρει κάτι.*
μπαγαπόντικος, -η, -ο, επίθ. (όχι ερρ., ερρ.), που ανήκει ή αναφέρεται στο μπαγαπόντη.
μπαγαπόντισσα, βλ. *μπαγαπόντης*.
μπαγάσας ο, πληθ. *-ηδες* ουσ. (λαϊκ.). 1. άνθρωπος διεφθαρμένος, ανήθικος. 2. άνθρωπος αναξιόπιστος ή απατεώνας. 3. (χαϊδευτικά) κατεργάρης, άτιμος (βλ. λ.): *βρε το -α τι μου σκάρωσε!* [ιταλ. *bagascia* ή γαλλ. *bagasse*].
μπαγιαντέρα η, ουσ. (συνιζ., όχι ερρ.), Ινδή χορεύτρια. [γαλλ. *bayadère* πορτογαλικής προέλευσης].
μπαγιατεύω, ρ. (συνιζ.). 1. παύω να είμαι φρέσκος: *το ψωμί / το φαγητό -εψε.* 2. (μεταφ.) παύω να έχω φρεσκάδα, επειδή πάλιωσα: *-εψε πια ο ενθουσιασμός του.*
μπαγιάτικος, -η, -ο, επίθ. (συνιζ.). 1. που δεν είναι πια φρέσκος, επειδή έχει παλιώσει: *ψωμί -ο· αβγά -α.* 2. (μεταφ.) που έχει χάσει τη φρεσκάδα του, που έχει παλιώσει: *ενθουσιασμός ~.* [τουρκ. *bayat*].
μπαγιατίλα η, ουσ. (συνιζ.), η μυρωδιά του μπαγιάτικου: *το ψωμί μύριζε ~.*
μπαγιονέτα η, ουσ. (συνιζ.). 1. ξιφολόγχη. 2α. σύστημα για τη συγκράτηση ηλεκτρικής λάμπας με μικρούς άξονες που εξέχουν και εσοχές στο σημείο προσαρμογής· β. (συνεκδοχικά) ηλεκτρική λάμπα που διαθέτει τέτοιο σύστημα. [γαλλ. *baïonnette*].
μπαγκάζ το, ουσ. άκλ., λέγε και γράφε *αποσκευή*.
μπαγκάζια τα, ουσ. (όχι ερρ., συνιζ.), αποσκευές: *πήρε τα ~ του κι έφυγε.* [γαλλ. *bagage*].
μπαγκατέλα (όχι ερρ.) και **-κα-** και **-χα-** η, ουσ. (λαϊκ.). 1. αντικείμενο κακής ποιότητας, ευτελές ή φθαρμένο. 2. (μεταφ.) λόγος ανόητος: *μου λες -ες* (συνών. *κουραφέξαλα*). 3. για μεγάλης ηλικίας ή ασήμαντη γυναίκα. [ιταλ. *bagattella*].
μπαγκέτα η, ουσ. (όχι ερρ.). 1. μικρή λεπτή βέργα με την οποία ο μαέστρος διευθύνει την ορχήστρα. 2. (στον πληθ.) λεπτές ξύλινες βέργες με τις οποίες χτυπούν τα τύμπανα ή τα ντραμς. 3. ψωμί σε μορφή επιμήκη. [γαλλ. *baguette*].
μπάγκος, βλ. *πάγκος*.
μπαγλαμάς ο, ουσ. 1. λαϊκό μουσικό έγχορδο όργανο ανατολίτικης προέλευσης με τρεις χορδές και μικρές διαστάσεις: *οι φυλακισμένοι φτιάχνουν -άδες.* 2. (μεταφ., λαϊκ.) για άνθρωπο α. κορόιδο· β. (υβριστικά) ανόητος, ηλίθιος: *κοίτα τι μου έκανε ο ~!* - Υποκορ. **-αδάκι** το (στη σημασ. 1). [τυυρκ. *bağlama*].
μπαγλάρωμα το, ουσ. (λαϊκ.), το να μπαγλυρώνει κανείς κάποιον και το αποτέλεσμα αυτής της ενέργειας.
μπαγλαρώνω, ρ. (λαϊκ.). 1α. δένω: *τον -ώσανε χε-*

μπάζα

ροπόδαρα· β. (συνεκδοχικά) φυλακίζω. 2. (μεταφ.) δέρνω. [τουρκ. *bağlamak*].

μπάζα η, ουσ. 1. (στη χαρτοπαιξία) τα χαρτιά που κερδίζει ο παίχτης σε μια φορά (συνών. *χαρτωσιά*). 2. (μεταφ.) ποσό (χρημάτων) που κερδίζει κανείς, συχνά με μέσα αθέμιτα (συνών. *κέρδος*)· φρ. *έκανε γερή* ~ (= *κέρδισε πολλά*). Φρ. *αυτό δεν πιάνει* ~ (= δεν αξίζει): *το αυτοκίνητό του δεν πιάνει* ~ *μπροστά στο δικό μου*. [βενετ. *baza*].

μπάζα τα, ουσ., απορρίμματα από κατεδάφιση κτισμάτων ή από σκάψιμο της γης: *πετάξαμε τα* ~· *έριξαν* ~ *στο υπόγειο για να υψώσουν τη στάθμη του* [άγν. ετυμ.].

μπαζούκα(ς) το, ουσ. άκλ., (στρατ.) μακρύ αντιαρματικό κυλινδρικό φορητό όπλο που βαστιέται στους ώμους και εκτοξεύει βλήματα. [αγγλ. *bazooka*].

μπάζω, ρ., αόρ. *έμπασα*, μτχ. παρκ. *μπασμένος*. 1. βάζω κάτι ή κάποιον μέσα: *τον έμπαζε στο σπίτι της· έμπασε τα πράγματα στην τσάντα* (αντ. *βγάζω*). 2. επιτρέπω κάτι να περάσει, να μπει μέσα: *η βάρκα -ει νερά* 3. (μεταφ.) κάνω κάποιον να καταλάβει, να εννοήσει κάτι: *τον έμπασε νωρίς στο νόημα της ζωής· αυτός είναι μπασμένος στα κόλπα της δουλειάς*. 4. (αμτβ.) (για ύφασμα) μαζεύω, μπαίνω. 5. (απρόσ.) κάνει ρεύμα, μπαίνει κρύος αέρας: *από τις χαραμάδες -ει ένα φαρμάκι που σ' αρπάζει από τα πόδια* (Τ. Σταύρου). - Η μτχ. ως επίθ. = αδύνατος και κοντός: *ήταν ένας άνθρωπος μπασμένος και κακομοιριασμένος*.

μπάζωμα το, ουσ., να ρίχνει κανείς μπάζα για να γεμίσει άδειο χώρο ή να ανεβάσει τη στάθμη μιας επιφάνειας γης: *για να καλυφθεί το κενό από τις κατολισθήσεις χρειάζεται* ~ *της πλαγιάς* (συνών. *επιχωμάτωση*).

μπαζώνω, ρ., ρίχνω μπάζα για να γεμίσω άδειο χώρο ή να υψώσω τη στάθμη μιας επιφάνειας γης (συνών. *επιχωματώνω*).

μπαίγνιο το, ουσ. (συνίζ.), αντικείμενο εμπαιγμού, περίγελως: *έγινε* ~ *της γειτονιάς*.

μπαϊλντίζω, ρ. (λαϊκ.). 1. χάνω τις αισθήσεις μου, λιποθυμώ. 2. νιώθω δυσφορία, κουράζομαι από κάτι δυσάρεστο που επαναλαμβάνεται: *-ισε από την πολλή δουλειά / από τις στενοχώριες*. [τουρκ. *bayılmak*].

μπαϊλντισμα το, ουσ. (λαϊκ.). 1. λιποθυμία. 2. το να αισθάνεται κανείς δυσφορία και κούραση από κάτι δυσάρεστο που επαναλαμβάνεται.

μπαινοβγαίνω, ρ. α. μπαίνω και βγαίνω κάπου συνεχώς: *το χερούλι της πόρτας -ει·* β. (ειδικότερα) συχνάζω κάπου: *-ε στο σπίτι τους*.

μπαίνω, ρ., αόρ. *μπήκα*, προστ. *μπες* και (λαϊκ.) *έμπα*, μτχ. παρκ. *μπασμένος* (χρησιμοποιείται ως μέσο του *μπάζω*). 1α. προχωρώ, κατευθύνομαι στο εσωτερικό συνήθως κλειστού χώρου: ~ *στο δωμάτιο / στην πολυκατοικία· μπήκε σκόνη στα μάτια μου* (αντ. *βγαίνω*)· β. εισχωρώ: *-ει αέρας από τη χαραμάδα της πόρτας*. 2. περνώ τα όρια πόλης, χώρας, κλπ.: *θα δεις μια βρύση λίγο πριν μπεις στο χωριό· μπήκαν κρυφά στην Ελλάδα από τον Έβρο*. 3. επιβιβάζομαι (σε πλωτό μέσο συγκοινωνίας): ~ *στο πλοίο*. 4. μπήγομαι, καρφώνομαι: *μπήκε ένα αγκάθι στο δάχτυλό μου*. 5. (για ύφασμα) συστέλλομαι, μαζεύω στο πλύσιμο. 6. χωρώ: *αδύνατο να μπει το πόδι μου σ' αυτό το παπούτσι· η χαραμάδα είναι στενή και το χέρι μου δεν -ει*. 7α. τοποθετούμαι: *το κάθε βιβλίο πρέπει να μπει στη θέση του·* β. (για γραπτό κείμενο) γράφομαι, σημειώνομαι: *δεν -ει τόνος σε μονοσύλλαβη λέξη· ψηλά στην κόλλα -ει η ημερομηνία*. 8. εφαρμόζω, ταιριάζω: *τέτοιο φις δεν -ει σ' αυτή την πρίζα· στη μηχανή μου δεν -ει φλας με μπαταρία*. 9. (μεταφ.) παίρνω μέρος σε κάτι, συμμετέχω: ~ *στον πόλεμο / στη συζήτηση*. 10α. εισάγομαι (ύστερα από εξετάσεις) σε εκπαιδευτικό ίδρυμα ή δημόσιο οργανισμό: *μπήκε στο πανεπιστήμιο / στον ΟΤΕ·* β. (σε νοσηλευτικό ίδρυμα) *μπήκε στο νοσοκομείο·* γ. ~ *στη φυλακή* = *φυλακίζομαι*. 11. φτάνω σε κάποια ηλικία: *μπήκε στα τρία / στα σαράντα* (συνών. *πατώ*). 12. (για έναρξη χρονικής περιόδου): *μπήκε ο χειμώνας για τα καλά· μπήκε ο Νοέμβρης*. 13. υποβάλλομαι σε κάτι: ~ *στα έξοδα / στον κόπο / στην υποχρέωση να κάνω κάτι·* ~ *στα βάσανα*. 14. (με κατηγορ.) α. γίνομαι, ορίζομαι: ~ *μάρτυρας / εγγυητής / συνεταίρος·* β. εκλέγομαι, τοποθετούμαι σε αξίωμα: *μπήκε νομάρχης στη Χίο*. Φρ. *από το ένα αφτί μου -ει και από το άλλο βγαίνει*, βλ. *αφτί· μου -ει στο νου* (= κάνω τη σκέψη, σκέφτομαι)· *μου μπήκαν ψύλλοι στ' αφτιά*, βλ. *αφτί· μπάτε σκύλοι αλέστε κι αλεστικά μη δώστε*, βλ. *αλεστικός· μπήκε κάτι στο δρόμο του* (= εξελίσσεται κανονικά)· *μπήκε το νερό στ' αυλάκι*, βλ. *αυλάκι· ~ ανάμεσα σε κάποιους* (= γίνομαι αιτία να απομακρυνθούν ο ένας από τον άλλο ή να χωρίσουν): *μια γυναίκα / η σκιά της υποψίας μπήκε ανάμεσά μας·* ~ *μέσα* (= α. φυλακίζομαι: *μπήκε μέσα για διακίνηση ναρκωτικών·* β. έχω παθητικό στα χαρτιά ή σε κάποια επιχείρησή μου)· ~ *σε λογαριασμό*, βλ. *λογαριασμός·* ~ *σε μοναστήρι* (= γίνομαι μοναχός)· ~ *σε μπελάδες* (= μπλέκομαι σε δύσκολη υπόθεση)· ~ *στο νόημα* (= κατανοώ, αντιλαμβάνομαι): (λαϊκ.) *μπήκες;* (= *κατάλαβες;*)· ~ *σε πειρασμό* (= σκανδαλίζομαι): *μπήκα στον πειρασμό να κρυφακούσω τι έλεγαν·* ~ *στο πνεύμα* (ενός συγγραφέα, μιας εποχής)· ~ *σε (μια) σειρά, ρεγουλα* (= ρυθμίζομαι, τακτοποιούμαι)· ~ *σε σκέψεις* (= προβληματίζομαι, υποψιάζομαι κάτι)· ~ *στη ζωή κάποιου* (= γνωρίζομαι και συνδέομαι με κάποιον): *κόντευε πια τα σαράντα της όταν μπήκε στη ζωή της εκείνος ο άνθρωπος·* ~ *στη λίστα* (για υποψήφιο βουλευτή, συμπεριλαμβάνομαι στους υποψήφιους βουλευτές)· ~ *στο μάτι κάποιου*, βλ. *μάτι·* ~ *στο ρουθούνι / στη μύτη κάποιου* (= γίνομαι ενοχλητικός σε κάποιον)· ~ *στο χορό* (= παρασύρομαι, μπλέκομαι σε κάτι χωρίς τη θέλησή μου)· *του -ει* (λαϊκ.), (= του επιτίθεται με λόγια). Παροιμ. *η αρρώστια -ει με το σακί και βγαίνει με το βελόνι*, βλ. *αρρώστια· μπήκε ο καλόγερος στο τσουκάλι* (για φαγητό που έχει καεί).

μπαϊπάς το, ουσ. άκλ., (ιατρ.) παράκαμψη (βλ. λ. στη σημασ. 3). [αγγλ. *bypass*].

μπαϊράκι το, ουσ. (λαϊκ.), σημαία. Φρ. *σηκώνω* ~ (= στασιάζω, επαναστατώ απειθαρχώ): *μια σταλιά παιδί και σήκωσε* ~. [τουρκ. *bayrak*].

μπαϊράμι το, ουσ., μεγάλη θρησκευτική γιορτή των μουσουλμάνων. [τουρκ. *bayram*].

μπαϊραχτάρης ο, ουσ. (ιστ.) σημαιοφόρος του οθωμανικού στρατού. [τουρκ. *bayraktar*].

μπάκα η, ουσ. (λαϊκ.), κοιλιά· στομάχι: *απ' το πολύ φαΐ έκανε* ~· *μόνο την* ~ *του σκέφτεται*. [ιταλ. *banga*].

μπάκακας ο, ουσ. (λαϊκ.), βάτραχος. - Υποκορ. *-άκι* το. [λ. ηχομιμ.].

μπακαλάρος, βλ. *μπακαλιάρος.*
μπακάλης ο, θηλ. **-ισσα** και **-αινα,** ουσ. 1. αυτός που έχει κατάστημα όπου πουλιούνται πολλών ειδών πράγματα, συνήθως για το σπίτι, καθώς και ορισμένα είδη τροφίμων: *ο ~ της γειτονιάς* (συνών. *παντοπώλης*). 2. (το θηλ. **-αινα** και) η γυναίκα του μπακάλη. [τουρκ. *bakkal*].
μπακαλ(ι)άρος ο, I. ουσ. (ναυτ.) δοκάρι που βρίσκεται κατά μήκος των πλευρών των ξύλινων πλοίων. [ιταλ. πληθ. *baccalari* με εν. *baccalare*].
μπακαλιάρος ο, II. ουσ. (συνιζ.), ψάρι που ζει στα βαθιά νερά με σώμα στενόμακρο, άσπρη κοιλιά και άσπρο κρέας που τρώγεται νωπό ή αλίπαστο: *~ τηγανητός* (συνών. *βακαλάος*). - Υποκορ. **-άκι** το. [ιταλ. *baccalaro*].
μπακαλική η, ουσ., το επάγγελμα του μπακάλη.
μπακάλικο το, ουσ., κατάστημα όπου πουλιούνται πολλών ειδών πράγματα, συνήθως για το σπίτι, και ορισμένα είδη τροφίμων: *τα -α είναι ανοιχτά ως τις 3 μ.μ.* (συνών. *παντοπωλείο*).
μπακάλικος, -η, -ο και **-ίστικος, -η, -ο,** επίθ., που ανήκει ή αναφέρεται στο μπακάλη: *τεφτέρι -ο·* (μειωτ.) *νοοτροπία -ίστικη.*
μπακάλισσα, βλ. *μπακάλης.*
μπακαλίστικος, βλ. *μπακάλικος.*
μπακαλόγατος ο, ουσ. 1. γάτος του παντοπωλείου. 2. (μεταφ.) μικρός που βοηθά στις δουλειές του παντοπωλείου (συνών. *μπακαλόπαιδο, μπακαλόπουλο*).
μπακαλόπαιδο και **μπακαλόπουλο** το, ουσ., μικρός που βοηθά στις δουλειές του παντοπωλείου (συνών. *μπακαλόγατος* στη σημασ. 2).
μπακαράς ο, ουσ., είδος τυχερού παιχνιδιού που παίζεται μ' έναν μπανκιέρη (βλ. λ.) και πολλούς παίκτες. [γαλλ. *baccara*].
μπακατέλα, βλ. *μπαγκατέλα.*
μπακιρένιος, -α, -ο, επίθ. (συνιζ.), που είναι κατασκευασμένος από χαλκό: *σκεύη -α· δεκάρα -α* (συνών. *χάλκινος*).
μπακίρι το, ουσ. 1. χαλκός: *σε γελάσανε και αντί χρυσάφι σου δώσανε ~ κιούπι από ~.* 2. (στον πληθ.) χάλκινα οικιακά σκεύη, χαλκώματα: *-ια από την Πόλη* (συνών. *μπακιρικά*). [τουρκ. *bakır*].
μπακιρικό το και **μπακιρικά** τα, ουσ., χάλκινα οικιακά σκεύη, μπακίρια, χαλκώματα: *η κουζίνα ήταν διακοσμημένη με τα -ά της γιαγιάς.*
μπακιρτζής ο, ουσ., τεχνίτης που κατασκευάζει χάλκινα οικιακά σκεύη, μπακίρια (συνών. *χαλκωματής*). [τουρκ. *bakırcı*].
μπακίρωμα το, ουσ. (λαϊκ.), επικάλυψη ενός μετάλλου με χαλκό: *~ των σκευών* (συνών. *επιχάλκωση*).
μπακιρώνω, ρ. (λαϊκ.), καλύπτω ένα μέταλλο με στρώματα χαλκού: *-ωσα τα κιούπια* (συνών. *επιχαλκώνω*).
μπακλαβάς ο, ουσ., γλυκό του ταψιού που παρασκευάζεται με φύλλα κρούστας, καρύδια, σιρόπι και διάφορα αρωματικά και κόβεται σε κομμάτια με σχήμα ρόμβου: *~ γωνία.* - Υποκορ. **-αδάκι** το. [τουρκ. *baklava*].
μπακλαβωτός, -ή, -ό, επίθ , που έχει το σχήμα των κομματιών του μπακλαβά, δηλ. σχήμα ρόμβου: *μπλούζα με -ό σχέδιο.*
μπάλα η, ουσ. 1. σφαίρα (βλ. λ.), σφαιρικό αντικείμενο: *~ χιονιού.* 2α. σφαιρικό αντικείμενο με το οποίο παίζουν τα παιδιά ή οι αθλητές πετώντας το με τα χέρια ή κλοτσώντας το: *~ δερμάτινη / του ποδοσφαίρου* (συνών. *τόπι*)· β. (συνεκδοχικά) παιχνίδι που παίζεται με μπάλα και κυρίως το ποδόσφαιρο: *παίζω / βλέπω ~· άσος / νικητής της -ας.* 3. μεγάλη ποσότητα πραγμάτων όπως ρούχων, κλπ. ή εμπορευμάτων τυλιγμένων σε σφιχτό δέμα: *-ες βαμβάκι.* 4. βολίδα πυροβόλου όπλου ή τουφεκιού, βλήμα: *οι -ες κι οι σαγίτες τρυπούσανε τα σκουτάρια τους* (Κόντογλου) (συνών. *σφαίρα, βόλι*). - Υποκορ. **-άκι** το: *-άκι του τένις·* φρ. *πετάω σε κάποιον το -άκι* (= αποφεύγω κάτι, υπεκφεύγω μεταθετοντάς το έντεχνα σε κάποιον τρίτο). [ιταλ. *palla*].
μπαλαλάικα η, ουσ., είδος έγχορδου μουσικού οργάνου των Ρώσων. [ρωσ. *balalajka*].
μπαλάντα η, ουσ. (όχι ερρ.). α. είδος αφηγηματικού ποιήματος που συνδυάζει το επικό, το λυρικό και το δραματικό στοιχείο και αποτελείται συνήθως από τρεις στροφές και μια επωδό που καταλήγουν όλες στον ίδιο στίχο: *θα γράψω μια λυπητερή ~ στους ποιητές άδοξοι που 'ναι* (Καρυωτάκης)· β. είδος μουσικής σύνθεσης που αποτελείται από στροφές και επωδό. [γαλλ. *ballade*].
μπαλαντέζα η, ουσ. (όχι ερρ.), φορητός ηλεκτρικός λαμπτήρας με μακρύ καλώδιο: *η αποθήκη φωτιζόταν με μια ~.* [γαλλ. *balladeuse*].
μπαλάντζα και **πα-** η, ουσ. (ερρ.). 1. είδος παλιάς φορητής ζυγαριάς. 2. (μεταφ.) άνθρωπος ασταθής, που δεν έχει ξεκαθαρισμένες απόψεις ή συμπεριφέρεται με άστατο και αλλοπρόσαλλο τρόπο. [βενετ. *balanza*].
μπαλάντσο το, ουσ. (ερρ.), ισολογισμός (βλ. λ.). [ιταλ. *bilancio*].
μπαλαούρο το και **-ρος** ο, ουσ. (ναυτ.) αποθήκη πλοίου. [βενετ. *ballauro*].
μπαλαρίνα η, ουσ., χορεύτρια μπαλέτου (βλ. λ.). [ιταλ. *ballerina*].
μπαλάσκα και **πα-** η, ουσ. 1. μικρή θήκη φυσιγγίων. 2. εξάρτηση (βλ. λ.) στρατιώτη: *-ες χαλαρές· προσαρμόζω τις -ες.* 3. κυνηγετικός σάκος. [τουρκ. *palaska*].
μπαλένα και **μπανέλα** η, ουσ. 1. κεράτινο έλασμα που βρίσκεται στο στόμα φάλαινας. 2. έλασμα από μεταλλική ή πλαστική ύλη για διάφορες χρήσεις. [ιταλ. *balena*].
μπαλέτο το, ουσ. 1. χορογραφική σύνθεση που προορίζεται να παιχτεί στη σκηνή (θεάτρου) από έναν ή περισσότερους χορευτές με συνοδεία μουσικής: *βραδιά -ου* (συνών. *χορόδραμα*). 2. (συνεκδοχικά) το σύνολο των χορευτών του χοροδράματος: *σοβιετικά -α Μπολσόι.* [ιταλ. *balletto*].
μπαλιά η, ουσ. (συνιζ.), (αθλητ.) χτύπημα της μπάλας στις αθλοπαιδιές (ποδόσφαιρο, μπάσκετ, βόλεϊ, κλπ.).
μπαλκόνι το, ουσ., εξώστης: *βγήκε στο ~.* - Υποκορ. **-άκι** το. [ιταλ. *balcone*].
μπαλκονόπορτα η, ουσ., πόρτα εξόδου σε εξώστη ή ταράτσα.
μπαλόνι το, ουσ. 1. ελαστική σφαίρα που γεμίζεται με αέρα και χρησιμοποιείται ως παιδικό παιχνίδι. 2. (γενικά) πράγμα διογκωμένο. 3. αερόστατο. [γαλλ. *ballon*].
μπάλος ο, ουσ., ελληνικός νησιώτικος αντικριστός χορός. [ιταλ. *ballo*].
μπαλότο το, ουσ. (λαϊκ.), συσκευασμένο δέμα εμπορευμάτων. [βενετ. *baloto*].
μπάλσαμο, βλ. *βάλσαμο.*

μπαλσάμωμα, βλ. *βαλσάμωμα*.
μπαλσαμώνω, βλ. *βαλσαμώνω*.
μπαλταδιά η, ουσ. (συνιζ.). 1. χτύπημα με μπαλτά (βλ. λ.) (συνών. τσεκουριά). 2. (συνεκδοχικά) μπαλτάς: *με τη ~ κόψανε το κρέας.*
μπαλτάς ο, ουσ., είδος τσεκουριού. [τουρκ. *balta*].
μπαλτατζής ο, ουσ., ξυλοκόπος. [τουρκ. *baltacι*].
μπάλωμα το, ουσ. 1α. επιδιόρθωση φθαρμένου υφάσματος ή άλλου αντικειμένου με προσθήκη κομματιού από το ίδιο είδος: *το παντελόνι θέλει ~* β. (μεταφ.) σποραδική επισκευή σοβά, ασφάλτου ή κακοτεχνίας. 2. (συνεκδοχικά) η ύλη που χρησιμοποιείται για την επιδιόρθωση: *παντελόνι με -ώματα·* (μεταφ.) *δρόμος γεμάτος -ώματα.* 3. (μεταφ.) προσπάθεια για δικαιολόγηση σφάλματος ή για πρόχειρη κάλυψη αναγκών ή ατελειών.
μπαλωματής ο, θηλ. **-ού**, ουσ., επιδιορθωτής παπουτσιών.
μπαλώνω, ρ. Α. ενεργ. 1. επιδιορθώνω φθαρμένο ρούχο ράβοντας επάνω μικρό κομμάτι ύφασμα: *-ώνει το παντελόνι· κάθεται ακόμα η μάνα σου / σκυφτή και σε -ώνει* ('Αγρας)· *-ωμένα παλιόρασα*' (γενικότερα) *-ουνε τα δίχτυα.* 2. επισκευάζω: *-ώσανε τα χαλάσματα.* Β. (μέσ.) αποκομίζω υλικό ή ηθικό όφελος, βολεύομαι: *ζητώ ο ταλαίπωρος να -ωθώ* (Καβάφης). Φρ. *τα ~* = (μεταφ.) δικαιολογώ σφάλμα ή τακτοποιώ πρόχειρα κάτι: *μην προσπαθείς να τα -ώσεις!* Παροιμ. *Παπούτσι από τον τόπο σου κι ας είν᾽ και -ωμένο,* βλ. ά. *παπούτσι.* [*εμβαλλώνω].
μπαμ (το), άκλ., ήχος από εκπυροκρότηση πυροβόλου όπλου: *ένα ~ ακούστηκε!* Φρ. *κάνω ~* = (μεταφ.) έχω μεγάλη επιτυχία· κάνω εξαιρετική εντύπωση (συνών. *μπουμ*). [ηχομιμ. λ.].
μπάμια η, ουσ. (συνιζ.), το φυτό «ιβίσκος ο εδώδιμος» και ο καρπός του. [τουρκ. *bamya*].
μπαμπαδέλι το, ουσ. (ναυτ.) κιονίσκος στο κατάστρωμα πλοίου στον οποίο δένεται άκρο του ιστίου ή άλλα σκοινιά (συνών. *καμπανέλι*, αρχαϊστ. *ποδοδέτης*).
μπαμπάκ- και **μπαμπακ-**, βλ. *βαμβάκ-* και *βαμβακ-*.
μπαμπακάδα, βλ. *βαμβακάδα*.
μπαμπάκας, βλ. *μπαμπάς*.
μπαμπαλής ο, ουσ. (όχι έρρ., λαϊκ.), γερομπαμπαλής (βλ. λ.). [τουρκ. *babalιk*].
μπάμπαλο το, ουσ. (λαϊκ.). 1. κουρέλι και γενικά άχρηστο πράγμα. 2. (μεταφ.) άνθρωπος ανόητος.
μπαμπάς ο, ουσ. 1. (συνήθως προφ.) πατέρας· έκφρ. *παιδί του -ά* (= βουτυρόπαιδο, παραχαϊδεμένο). 2. είδος γλυκίσματος. - Υποκορ. (στη σημασ. 1) α. (θωπευτ.) **-μπούλης** ο· β. **-μπάκας** ο (συχνά με ειρωνική σημασία): *ας είναι καλά ο -μπάκας της, που τη βόλεψε.* [τουρκ. *baba*].
μπαμπέσης ο, θηλ. **-σα**, ουσ. (όχι έρρ.). α. άνθρωπος ύπουλος, δόλιος· β. αναξιόπιστος. [αλβανικό *pabesë*].
μπαμπεσιά η, ουσ. (όχι έρρ., συνιζ.), δολιότητα, κατεργαριά: *πήρε τη νύχτα με ~ το καράβι* (Κόντογλου).
μπαμπέσικος, -η, -ο, επίθ. (όχι έρρ., λαϊκ.), που ανήκει ή αναφέρεται στον μπαμπέση (βλ. λ.), που γίνεται με δόλιο τρόπο: *ενέργεια -η* (συνών. *ύπουλος, δολερός*). - Επίρρ. **-α**: *του τη φέρανε -α.*
μπαμπόγερος ο, θηλ. **-γρια**, ουσ., άνθρωπος πολύ προχωρημένης ηλικίας. [*μπαμπαλής* + *γέρος*].
μπαμπού το, ουσ. άκλ. (έρρ.), φυτό των τροπικών χωρών με καλαμωτό κορμό, κούφιο εσωτερικά

που χρησιμεύει για την κατασκευή επίπλων, καλαθιών, κλπ.: *καλάμια / έπιπλα ~*. [πορτογαλικό-μαλαισιανό *bambu*].
μπαμπουίνος ο, ουσ. (όχι έρρ.), είδος κυνοκέφαλων πιθήκων της Αφρικής. [ιταλ. *bab(b)uino*].
μπάμπουλας και **μπάμπουρας, μπούμπουρας** ο, ουσ. (όχι έρρ., λαϊκ.). 1. το έντομο «βόμβος ο μελανός», είδος αγριομέλισσας. 2. όνομα διάφορων εντόμων που βομβούν όταν πετούν. [αρχ. *βομβυλιός*].
μπαμπούλας ο, ουσ. (όχι έρρ.). 1. φανταστικός δαίμονας, φόβητρο για μικρά παιδιά. 2. (γενικά) ό,τι προκαλεί φόβο, φόβητρο: *είναι ο ~ της επιχείρησης*.
μπαμπούλης, βλ. *μπαμπάς*.
μπαμπουλώνω, ρ. (όχι έρρ., λαϊκ.), καλύπτω με μέρος ενδύματος ή ειδικό κάλυμμα (π.χ. μαντήλα, πέπλο, κασκόλ) το κεφάλι κάποιου έτσι που να κρύβεται πολύ ή εντελώς το πρόσωπό του· (συνήθως στο μέσ.): *για να βγούμε έξω στο χιόνι -ωθήκαμε καλά.* [*μπαμπούλας*].
μπάμπουρας, βλ. *μπάμπουλας*.
μπάμπω η, ουσ. (όχι έρρ., λαϊκ.). 1. γυναίκα πολύ προχωρημένης ηλικίας, μπαμπόγρια. 2. γιαγιά. [σλαβ. *babo*].
μπανάνα η, ουσ., φρούτο μακρύ και καμπυλωτό με κίτρινο εξωτερικό περίβλημα και εσωτερικό μαλακό και πολύ θρεπτικό, ο καρπός της μπανανιάς. [πορτογαλ. *banana*].
μπανανιά η, ουσ. (συνιζ.), φυτό των τροπικών και παρατροπικών χωρών που παράγει μπανάνες.
μπανανόφλουδα η, ουσ., φλούδα της μπανάνας.
μπανγκαλόου το, ουσ. άκλ., εξοχική κατοικία με έναν όροφο και μεγάλη βεράντα. [αγγλ. *bungalow*].
μπανέλα, βλ. *μπαλένα*.
μπανιαρίζω, ρ. (συνιζ., λαϊκ.), καθαρίζω κάποιον κάνοντάς του μπάνιο: *μόλις -ίστηκα.*
μπανιάρισμα το, ουσ. (συνιζ., λαϊκ.), καθαρισμός με μπάνιο.
μπανιέρα η, ουσ. (συνιζ.), ειδική λεκάνη μπάνιου σε λουτρό.
μπανιερό το, ουσ. άκλ. (συνιζ.), μαγιό (βλ. λ.).
μπανίζω, ρ. (λαϊκ.). 1. διακρίνω από μακριά· βλέπω, ξεχωρίζω: *τον -ίσανε το λαγό δυο κυνηγοί και του ρίξανε.* 2. κοιτάζω κρυφά κάποιο πρόσωπο με ερωτική διάθεση.
μπάνικος, -η, -ο, επίθ., που προκαλεί ερωτικό πόθο, ελκυστικός: *κοπέλα -η*.
μπάνιο το, ουσ. (συνιζ.). 1α. καθαρισμός, λούσιμο του σώματος: *κάνω ~ με ζεστό νερό·* β. (ειδικά για το κολύμπι στη θάλασσα): *έκανα είκοσι -ια το καλοκαίρι.* 2. ο χώρος του λουτρού, η μπανιέρα ή ολόκληρο το λουτροδωμάτιο. 3. (στον πληθ.) ιαματικές πηγές με κατάλληλες εγκαταστάσεις για τους ασθενείς: *η γιαγιά λείπει στα -ια.* [ιταλ. *bagno*].
μπάνισμα και **μπανιστήρι** το, ουσ. (λαϊκ.), το να κρυφοκοιτάζει κανείς με ερωτική διάθεση: *κάνω ~*.
μπανιστής ο, ουσ. (λαϊκ.), αυτός που κάνει μπανιστήρι (βλ. λ.), αυτός που αρέσκεται να κρυφοκοιτάζει ερωτικές σκηνές (συνών. *ηδονοβλεψίας*).
μπάνκα η, ουσ. (ως χαρτοπαικτικός όρος) κάσα (βλ. λ. στη σημασ. 5: *κάνω τη ~· είμαι ~*).
μπανκαδόρος ο, ουσ. (χαρτοπαικτικός όρος) χαρτοπαίκτης που κάνει την μπάνκα, την κάσα.

μπανκανότα η, ουσ., χάρτινη τουρκική λίρα. [τουρκ. banknot<αγγλ. bank-note].

μπανκιέρης ο, ουσ. (συνιζ.), μπανκαδόρος (βλ. λ.).

μπάντα η, 1. ουσ. (ερρ.). 1. στενό και μακρύ κομμάτι λεπτού και μαλακού υφάσματος που τοποθετείται γύρω από ένα αντικείμενο για να το καλύψει: *του έβαλαν μια ~ στο πληγωμένο χέρι του* (= επίδεσμο). 2. ταινία από ύφασμα με κεντητές εικόνες ή σχέδια που κρεμούν σ' ένα εσωτερικό τοίχο, εργόχειρο. [γαλλ. bande].

μπάντα II. και **πά-** η, ουσ. (ερρ.). 1. ορχήστρα, συγκρότημα από πνευστά και κρουστά μουσικά όργανα: *η ~ του δήμου*. 2α. απόμερο σημείο, γωνία δωματίου, δρόμου, κλπ.: *συζητούσαν χαμηλόφωνα σε μια ~* (συνών. *γωνιά, άκρη*)· β. πλευρά, πλάι: *γύρισε από την άλλη ~ κι έκανε πως κοιμάται* (συνών. *πλευρό, μεριά*)· (ειδικά) εξωτερική πλευρά πλοίου: *το καράβι έγερνε από τη μια ~· έκανε νερά απ' ούλες τις -ες* (Κόντογλου). Έκφρ. *στην ~* (= παράμερα, στην άκρη). Φρ. *κάνω / βάζω / τραβώ / αφήνω στην ~* (= παραμερίζω)· *κάθομαι στην ~* (= μένω ουδέτερος, δεν αναμιγνύομαι σε κάποια υπόθεση). [ιταλ. banda].

μπαντάρισμα το, ουσ. (ερρ.), επίδεση τραύματος.

μπαντάρω, ρ. (ερρ.), θέτω επίδεσμο, τυλίγω με επίδεσμο. [γαλλ. bande].

μπαντιέρα και **πα-** η, ουσ. (ερρ., συνιζ., λαϊκ.), σημαία, φλάμπουρο, συνήθως στις φρ. *σηκώνω ~* (= επαναστατώ, εξεγείρομαι) και *ο καθένας έχει τη δική του ~* (= ακολουθεί τη δική του κατεύθυνση). [ιταλ. bandiera].

μπαξεβάνης ο, ουσ., κηπουρός, περιβολάρης. [τουρκ. bahçivan].

μπαξές και **μπαχτσές** ο, ουσ. 1. κήπος. 2. (μεταφ.) άνθρωπος καλόκαρδος: *αυτός είναι ~*. [τουρκ. bahçe].

μπαξίσι το, ουσ. (λαϊκ.), φιλοδώρημα. [τουρκ. bahşiş].

μπαούλο το, ουσ. 1. μεγάλο κιβώτιο για είδη ρουχισμού (συνών. *σεντούκι*). 2. (στον πληθ.) αποσκευές. - Υποκορ. **-άκι** το. [βενετ. baul].

μπαρ το, ουσ. άκλ. 1. χώρος ή κατάστημα όπου προσφέρονται ποτά (συνήθως αλκοολούχα). 2. έπιπλο όπου τοποθετούνται μπουκάλια με ποτά. - Υποκορ. **-άκι** το. [αγγλ. bar].

μπάρα η, ουσ. 1. λοστός για κλείσιμο πόρτας εσωτερικά. 2. (γυμν.) οριζόντια μεταλλική δοκός, στερεωμένη από τις δύο άκρες στον τοίχο, από όπου στηρίζονται συνήθως οι χορευτές και οι αθλητές για να γυμνάζονται. 3. μεταλλικό δοκάρι που πέφτει σε διασταύρωση όταν περνά τρένο. 4. σιδερένιο κιγκλίδωμα σε επικίνδυνα σημεία του δρόμου. [ιταλ. barra].

μπαράγκα, βλ. *παράγκα*.

μπαράκι, βλ. *μπαρ*.

μπαρκάρισμα το, ουσ. 1. επιβίβαση σε πλοίο. 2. ναυτολόγηση.

μπαρκάρω, ρ., αόρ. *μπάρκαρα* και *-άρισα*. 1. επιβιβάζομαι σε πλοίο για να ταξιδέψω: *έδωσαν διαταγή να μην -ει καμιά γυναίκα στο καράβι*. 2. επιβιβάζομαι σε πλοίο για να αναλάβω υπηρεσία: *-άρισε για το Σουέζ* (συνών. *ναυτολογούμαι*· αντ. *ξεμπαρκάρω*). [ιταλ. imbarcare].

μπάρκο το, ουσ. (ναυτ.). 1. ναυτολόγηση. 2. είδος τρικάταρτου ιστιοφόρου. [ισπαν. barco].

μπαρμπαροσυκιά η, ουσ. (συνιζ.), αραποσυκιά (βλ. λ.).

μπάρμπας ο, ουσ. (όχι ερρ.). 1. αδελφός του πατέρα ή της μητέρας, θείος. 2. προσφώνηση ηλικιωμένων προσώπων από νεότερους (συνήθως σε συνεκφορά με το κύριο όνομά τους): *μπάρμπα-Γιάννης*. Φρ. *έχει -α στην Κορώνη* = έχει γερά μέσα (συνήθως πολιτικά). - Υποκορ. (θωπευτ.) **-ούλης** ο. [βενετ. barba].

μπαρμπέρης ο, ουσ. (όχι ερρ., λαϊκ.), κουρέας: (παροιμ.) *πολλοί -ηδες για του σπανού τα γένια* (= πρόθυμοι είναι πολλοί να καταπιαστούν με εύκολες υποθέσεις). [ιταλ. barbiere].

μπαρμπεριάτικα τα, ουσ. (όχι ερρ., συνιζ., λαϊκ.), αμοιβή του μπαρμπέρη.

μπαρμπέρικο το, ουσ. (όχι ερρ., λαϊκ.), κουρείο.

μπαρμπούλης, βλ. *μπάρμπας*.

μπαρμπούνι το, ουσ. (όχι ερρ.). 1. είδος μικρού νόστιμου ψαριού με κοκκινωπό χρώμα και μουστάκια κάτω από το στόμα του. 2. (στον πληθ.) μπαρμπουνοφάσουλα (βλ. λ.). - Υποκορ. **-άκι** το στη σημασ. 1. - Μεγεθ. **-άρα** η (= μεταφ. εύσωμη και ωραία γυναίκα) στη σημασ. 1. [βενετ. barbon].

μπαρμπουνοφάσουλο το, ουσ. (όχι ερρ.), (συνήθως στον πληθ.) ποικιλία φασολιών που όταν ωριμάσουν γίνονται κοκκινωπά.

μπαρμπούτι το, ουσ. (όχι ερρ., λαϊκ.), τυχερό παιχνίδι που παίζεται με ζάρια (συνών. *ζάρια*). [τουρκ. barbut].

μπαρμπουτιέρα η, ουσ. (όχι ερρ., συνιζ.), ειδικό τραπέζι όπου παίζεται το τυχερό παιγνίδι μπαρμπούτι, καθώς και η λέσχη όπου παίζουν αυτό το παιγνίδι.

μπαρόκ το, ουσ. άκλ. ρυθμός αρχιτεκτονικός, ζωγραφικός, λογοτεχνικός, κλπ., που οι εξεζητημένες φόρμες του αντιτίθενται σ' εκείνες της Αναγέννησης και εμφανίζεται στην Ευρώπη στις αρχές του 16ου αιώνα: (ως επίθ.) *μουσική / αρχιτεκτονική ~*. [γαλλ. baroque].

μπαρούμα η, ουσ. (ναυτ.) σκοινί της πλώρης για την πρόσδεση πλοίου ή βάρκας. [βεν. paroma].

μπαρούτη η και **μπαρούτι** το, ουσ., πυρίτιδα (βλ. λ.). Φρ. *βρομάει ή μυρίζει ~* (= η κατάσταση είναι επικίνδυνη, προμηνύεται «έκρηξη»)· *γίνομαι ~* (= θυμώνω πολύ, «ανάβω»)· *έφαγα το ~ με τις χούφτες* (= πήρα μέρος σε πολλές μάχες)· *είναι κάτι ~* (= είναι πολύ καυτερό): *~ οι πιπεριές!* [τουρκ. barut<αρχ. πυρίτις].

μπαρουτιάζω, ρ. (συνιζ.). Α. (μτβ.) εξοργίζω κάποιον: *τον -ούτιασε μ' αυτά που είπε*. Β. (αμτβ.) εξάπτομαι, εξοργίζομαι: *-ούτιασα με όσα άκουσα* (συνών. *θυμώνω, «ανάβω»*).

μπαρουτίλα η, ουσ., μυρωδιά μπαρουτιού.

μπαρουτόβολα τα, ουσ., μπαρουτόσκαγα (βλ. λ.).

μπαρουτοκαπνισμένος, -η, -ο, επίθ. α. που πήρε μέρος σε μάχες: *παλληκάρι -ο*· β. που προέρχεται από άνθρωπο που βρίσκεται σε (πολεμικό) μέτωπο: *γράμμα -ο*.

μπαρουτόσκαγα τα, ουσ., μπαρούτι και σκάγια που χρησιμοποιούν οι κυνηγοί στα τουφέκια τους (συνών. *μπαρουτόβολα*).

μπαρούφα η, ουσ. 1. ανοησία, σαχλαμάρα: *λέει όλο -ες* (συνών. *μπούρδα*). 2. ψεύτικη είδηση, ψευτιά. [ιταλ. baruffa].

μπας, μόρ., (με επόμενο το *και*) *μήπως: είναι αλήθεια ή ~ και ονειρεύομαι;* [φρ. *μην πας*].

μπασαβιόλα και **πασαβιόλα** η, ουσ. (συνιζ.), μουσικό όργανο με χορδές που δίνουν βαθύ ήχο (συνών. *κοντραμπάσο*). [ιταλ. bassa viola].

μπασιά και (έρρ.) **εμπασιά** η, ουσ. (συνιζ., λαϊκ.). 1. το μέρος από όπου μπαίνει κανείς κάπου, είσοδος: ~ *του λιμανιού*. 2. (σπάνια) στενός δρόμος. 3. πλημμυρίδα, φουσκονεριά (αντ. *άμπωτις,*).

μπάσιμο το, ουσ. (λαϊκ.). 1. είσοδος: *δύο κάβοι βρίσκονται στο ~ του μπογαζιού* (Κόντογλου). 2. (λαϊκ.) εισαγωγή. 3. μάζεμα υφάσματος όταν βραχεί: ~ *μπλούζας*.

μπασιμπουζούκος (όχι έρρ.) και **βασιβουζούκος** ο, ουσ. 1. άτακτος στρατιώτης του οθωμανικού στρατού. 2. άνθρωπος σκληρός και απείθαρχος, κακοποιός, νταής. [τουρκ. *başıbozuk*].

μπασίστας ο, θηλ. **-ίστρια**, ουσ., μουσικός που παίζει μπάσο (βλ. λ. σημασ. 1).

μπάσκετ και **μπάσκετ-μπολ** το, ουσ. άκλ., καλαθόσφαιρα (βλ. λ.). [αγγλ. *basket-ball*].

μπασκετμπολίστας ο, ουσ. (όχι έρρ.), παίχτης του μπάσκετ (συνών. *καλοθοσφαιριστής*).

μπασμένος, βλ. *μπάζω*.

μπάσο το, ουσ. 1. είδος πνευστού μουσικού οργάνου που παράγει βαθύ ήχο. 2. φωνή που αποδίδει τους βαθύτερους ήχους. 3. (στον πληθ.) χορδές ή πλήκτρα μουσικών οργάνων που παράγουν τους βαθείς ήχους: *χάλασαν τα -α της κιθάρας*. 4. (για ραδιόφωνο, στερεοφωνικό, κλπ.) δυνατότητα αναπαραγωγής των χαμηλών μουσικών ήχων καθώς και ο διακόπτης που τους ρυθμίζει: *χαμήλωσε / δυνάμωσε τα -α*.

μπάσος, -α, -ο, επίθ. (για ήχο) χαμηλός, βαθύς: *έχει -α φωνή*. - Το αρσ. και το θηλ. ως ουσ. = άνθρωπος με φωνή που πιάνει τις χαμηλότερες νότες μουσικής κλίμακας (αντ. *υψίφωνος, πριμαντόνα*). [ιταλ. *basso*].

μπάστακας ο, ουσ. (λαϊκ.). 1. η πέτρα-στόχος στο παιγνίδι «αμάδες». 2. (μεταφ.) άνθρωπος ακίνητος: *έμεινε εκεί* ~.

μπαστάρδακι, βλ. *μπάστάρδος*.

μπαστάρδεμα το, ουσ. (λαϊκ.), νόθευση: ~ *ράτσας*.

μπαστάρδεύω, ρ. (λαϊκ.). 1. νοθεύω: *ανακατεύτηκαν με άλλα γίδια και -εύτηκε το είδος*. 2. μεταβάλλω, διαστρέφω κακόβουλα: *μην -εις τα πράγματα*.

μπαστάρδικος, -η, -ο, επίθ., νόθος, νοθευμένος: *χαρακτηριστικά -α* (αντ. *γνήσιος*).

μπάστάρδος, -η, -ο, επίθ. και ουσ. (λαϊκ.) 1α. νόθος, νόθο παιδί: *έχει -ο παιδί* (συνών. *μούλος·* αντ. *γνήσιος·*) β. που οι γονείς του προέρχονται από δύο διαφορετικές φυλές ή ράτσες: *γατιά -α*. 2. (μεταφ.) κακοήθης, ελεεινός: *εκείνος ο ~ φταίει για όλα*. -Υποκορ. **-άκι** το. [ιταλ. *bastardo*].

μπαστούνι το, ουσ. 1. ραβδί που χρησιμοποιούν συνήθως οι γέροι ή οι ανάπηροι για να στηρίζονται όταν περπατούν (συνών. *μαγκούρα*). 2. μία από τις τέσσερις κατηγορίες χαρτιών της τράπουλας: *ντάμα* ~. 3. (γενικά) καθετί που μοιάζει με μπαστούνι: *ψωμί / κουλούρι* ~. 4. (ναυτ.) κοντάρι πρόσθετο στον πρόβολο του ιστιοφόρου ή που προεξέχει στην πλώρη ενός καϊκιού και στο οποίο προσδένονται μικρότερα ή συμπληρωματικά πανιά: ~ *του φλόκου*. Φρ. *τα βρίσκω -ια* (= συναντώ δυσκολίες)· *παρουσιάζομαι σα φάντης* ~ (για άνθρωπο που εμφανίζεται εντελώς απροσδόκητα). - Μεγεθ. **-ούνα** η και **-άρα** η. - Υποκορ. **-άκι** το. [βενετ. *bastun*].

μπαστουνιά η, ουσ. (συνιζ.), χτύπημα με μπαστούνι (συνών. *μαγκουριά*).

μπαστουνόβλαχος ο, ουσ. (λαϊκ., σκωπτ.), άνθρωπος άξεστος, αγροίκος (συνών. *μπουρτζόβλαχος*).

μπατάλα, βλ. *μπατάλης*.

μπαταλεύω, ρ. (λαϊκ.), (για πρόσωπα) αναπτύσσομαι άκομψα· γίνομαι δυσκίνητος και πλαδαρός: *-άλεψε από το πολύ καθισιό*.

μπατάλης ο, θηλ. **-άλα,** ουσ., άνθρωπος δυσκίνητος και πλαδαρός· άχαρος. [τουρκ. *battal*].

μπατάλικος, -η, -ο, επίθ., δυσκίνητος και πλαδαρός· άχαρος, άκομψος: *πλεκτό -ο*.

μπατανία και **πατανία** η, ουσ., λεπτό μάλλινο κλινοσκέπασμα (συνών. *κουβέρτα*). [τουρκ. *battaniye*].

μπαταχτσής και **μπαταχτσής** ο, θηλ. **-ξού** και **-χτσού,** ουσ., αυτός που δεν πληρώνει τα χρέη του: *είναι* ~ *και αποφεύγω τις συναλλαγές μαζί του* (συνών. *κακοπληρωτής·* αντ. *καλοπληρωτής*). [τουρκ. *batakçi*].

μπαταρία η, ουσ. 1. ηλεκτρική στήλη: ~ *αυτοκινήτου*. 2. σύστημα από βρύσες κρύου και ζεστού νερού με ε με όργανο ανάμιξης. [βενετ. *bataria*].

μπαταριά η, ουσ. (συνιζ.), ταυτόχρονη εκπυρσοκρότηση πολλών όπλων: *απάντησαν στα κανόνια μας και έριξαν μια* ~ (συνών. *ομοβροντία*). [τουρκ. *batarya*].

μπατάρισμα το, ουσ. 1. το να γέρνει κάτι προς τη μία πλευρά. 2. αναποδογύρισμα, τουμπάρισμα: ~ *βάρκας* (συνών. *ανατροπή*).

μπατάρω, ρ., παρατ. *μπατάριζα*, αόρ. *μπάταρα* και *μπατάρισα*. Α. μτβ. ανατρέπω, βυθίζω: *η φουρτούνα -ισε τη βάρκα* (συνών. *τουμπάρω, αναποδογυρίζω*). Β. αμτβ. 1. κλίνω προς τη μία πλευρά, γέρνω. 2. αναποδογυρίζω, ανατρέπομαι: *η βάρκα -άρισε στ' ανοιχτά*. 3. (μεταφ.) χρεοκοπώ: *-άρισε η επιχείρηση*. [ιταλ. *battere*].

μπαταχτσής, βλ. *μπαταξής*.

μπατζάκι το, ουσ., καθένα από τα δύο σκέλη παντελονιού ή περισκελίδας: *γύρισε τα -ια του σαν τους ψαράδες*. Έκφρ. *φωτιά / τρομάρα στα -ια σου* (= για πρόσωπο που το βρίσκει απροσδόκητα κάτι δυσάρεστο). Φρ. *τα λεφτά τρέχουν από τα -ια του* (= είναι πολύ πλούσιος). [τουρκ. *bacak*].

μπατζανάκης ο, θηλ. **-ισσα** και **-αινα,** ουσ., σύγαμπρος ή συννυφάδα. [τουρκ. *bacanak*].

μπάτης ο, ουσ., θαλασσινή αύρα. [αρχ. *εμβάτης*].

μπατίκ το, ουσ. άκλ. α. τεχνική για την αποτύπωση διακοσμητικών σχεδίων σε ύφασμα με χρήση κεριού, που τοποθετείται προτού το ύφασμα μπει στη βαφή σε όσα σημεία του δεν πρόκειται να χρωματιστούν· β. (συνεκδοχικά) ύφασμα, συνήθως μεταξωτό ή βαμβακερό, βαμμένο με την παραπάνω τεχνική: *βιομηχανία* ~ *της Ιάβας*. [γαλλ. *batik*].

μπατίκια, βλ. *εμπατίκια*.

μπατίρης ο, θηλ. **-ισσα,** ουσ. (λαϊκ.), χρεοκοπημένος, πάμπτωχος, αδέκαρος. [*μπατιρίζω*].

μπατίρω και **μπατιρίζω,** ρ. (λαϊκ.), (συνήθως στον αόρ.) καταστρέφομαι οικονομικά, μένω χωρίς καθόλου λεφτά. [τουρκ. *batirmak*].

μπατίστα, μπατιστένιος, -α, -ο, μπατιστούλα, βλ. *βα-*.

μπατούτα ουσ. (λαϊκ.), (μους.) ρυθμικό χτύπημα, μέτρο, ο χρόνος που δίνει ο μαέστρος. [ιταλ. *battuta*].

μπάτσα η, ουσ. (λαϊκ.), μπάτσος, σκαμπίλι. [λ. ηχομιμ. από τον κρότο *pat-pat* των χεριών].

μπατσάκι, βλ. *μπάτσος*.

μπατσιά η, ουσ. (συνιζ., λαϊκ.), μπάτσος.

μπατσίζω, ρ. (λαϊκ.), δίνω μπάτσο σε κάποιον, σκαμπιλίζω, χαστουκίζω: *της είπε κάτι απρεπές κι εκείνη τον -ισε·* (μεταφ. για οδυνηρή εντύπωση, προσβολή) *οι φωνές της, θαρρείς, μας σπρώχνανε και μας -ανε* (Σταύρου).

μπάτσισμα το, ουσ. (λαϊκ.), το να μπατσίζει κανείς, μπάτσος.

μπάτσος ο και **μπάτσο** το, ουσ. (λαϊκ.). **1.** χτύπημα που δίνει κανείς με ανοιχτή την παλάμη στο πρόσωπο και κυρίως στα μάγουλα κάποιου: ~ *δυνατός / ηχηρός· τραβώ / τρώω -ο·* φρ. *είναι του κλότσου και του -ου ή τον έχουν από κλότσο κι από -ο* (= τον κακομεταχειρίζονται, δεν τον υπολογίζουν καθόλου). **2.** (προφ.) μειωτ. για αστυνομικό. - Υποκορ. **-άκι** το, στη σημασ. 1. [λ. ηχομιμ.].

μπάφα η, ουσ. (ζωολ.) θηλυκός κέφαλος απ' όπου βγαίνει αβγοτάραχο.

μπαφιάζω, ρ. (συνιζ., λαϊκ.). **α.** λαχανιάζω, φουσκώνω· κουράζομαι: *μπάφιασα στην ανηφόρα / από τις ερωτήσεις τους·* (μτβ.) *ώσπου να συμφωνήσει, με μπάφιασε·* **β.** (ειδικά) ζαλίζομαι, πονοκεφαλιάζω από το πολύ κάπνισμα. [λ. ηχομιμ. από τον ήχο *μπαφ* ή *παφ* της εκπνοής].

μπάφιασμα το, ουσ. (συνιζ., λαϊκ.) το να μπαφιάζει, το να είναι μπαφιασμένος κανείς.

μπάχαλο το, ουσ. (προφ.), οχλαγωγία, ακαταστασία, σύγχυση. [λ. ηχομιμ.].

μπαχάρι το, ουσ. **1.** μπαχαρικό. **2.** (ειδικά) καρπός δέντρου της τροπικής Αμερικής σε σχήμα μικρού κόκκου, που έχει έντονο άρωμα και χρησιμοποιείται για καρύκευμα. [περσοτουρκ. *bahar*].

μπαχαρικό το, ουσ. (γενικά) αρωματικό μαγειρικό άρτυμα, καρύκευμα (λ.χ. κανέλα, μοσχοκάρυδο): *τρεχαντήρι φορτωμένο -α*.

μπαχατέλα, βλ. *μπαγκατέλα*.

μπαχτσές, βλ. *μπαξές*.

μπέε το, ουσ. άκλ., για να δηλωθεί η φωνή των προβάτων. [λ. ηχομιμ.].

μπεζ, επίθ. άκλ., που έχει το χρώμα του φυσικού (προβατίσιου) μαλλιού περίπου (πολύ ανοιχτό καφέ): *κοστούμι ~.* - Το ουδ. ως ουσ. = το μπεζ χρώμα. [γαλλ. *beige*].

μπεζαχτάς ο, ουσ. (λαϊκ.). **α.** τραπέζι για εμπορικές συναλλαγές με συρτάρια όπου φυλάγονται οι καθημερινές εισπράξεις του καταστήματος: *γεμίζει ο ~·* **β.** (συνεκδοχικά) εισπράξεις: *του πήραν το -ά*. [τουρκ. *beştahta*].

μπεζεβέγκης, βλ. *πεζεβέγκης*.

μπεζές ο, ουσ., είδος γλυκίσματος από ασπράδι αβγού και ζάχαρη. [γαλλ. *baiser*].

μπεζεστένι το, ουσ., κλειστή αγορά πολύτιμων εμπορευμάτων, ιδίως κοσμημάτων και υφασμάτων και το μεγάλο και γερά χτισμένο με θόλο κτήριο όπου αυτή στεγάζεται (σε πόλεις ισλαμικές ή της οθωμανικής αυτοκρατορίας): *το ~ της Θεσσαλονίκης / των Σερρών*. [τουρκ. *bezesten*].

μπέης ο, ουσ. **1.** (ιστ.) **α.** τιμητικός τίτλος αρχηγών τουρκικών φυλών και αξιωματούχων της οθωμανικής αυτοκρατορίας: *οι -ηδες της Ρούμελης·* **β.** τίτλος αρχόντων της Μάνης στην Τουρκοκρατία. **2.** για άνδρα αυθαίρετο στη συμπεριφορά ή απαιτητικό και λάτρη της καλοπέρασης: *ήτανε ~ μες στο σπίτι*. [τουρκ. *bey*].

μπέικα, βλ. *μπέικος*.

μπέικον το, ουσ. άκλ., καπνιστό λαρδί, αρκετά άπαχο, που τρώγεται σε λεπτές φέτες, συνήθως τηγανισμένο: *αβγά με ~.* [αγγλ. *bacon*].

μπέικος, -η και **-ια, -ο,** επίθ. (λαϊκ.), που ανήκει, αναφέρεται ή ταιριάζει σε μπέη: *φέρσιμο -ο* (= αυθαίρετο)· *φαγητό -ο* (= πλούσιο). - Επίρρ. **-α** = με καλοπέραση, με ανέσεις· πλουσιοπάροχα: *ζει -α· μας περιποιήθηκαν -α*.

μπεϊλήδικος, -η, -ο, επίθ. (λαϊκ.), που ανήκει ή ταιριάζει σε μπέη, μπέικος.

μπεϊλίκι το, ουσ. (ιστ.) η ιδιότητα, το αξίωμα του μπέη· (λαϊκ.) αυθαίρετη και αλαζονική συμπεριφορά (σαν των μπέηδων). [τουρκ. *beylik*].

μπέιμπι-σίτερ η, ουσ. άκλ. (όχι έρρ.), άτομο που αναλαμβάνει συνήθως με αμοιβή να συντροφεύει και να περιποιείται μωρά ή μικρά παιδιά στο σπίτι τους όταν οι γονείς τους λείπουν. [αγγλ. *baby-sitter*].

μπέισμπολ το, ουσ. άκλ. (όχι έρρ.), (αθλητ.) στις Η.Π.Α., παγνίδι όπου οι παίκτες δυο ομάδων χτυπούν τη μπάλα με ειδικά ραβδιά: *γήπεδο ~.* [αγγλ. *base-ball*].

μπέισσα η, ουσ., η γυναίκα του μπέη.

μπεκ το, ουσ. άκλ., στενή προεξοχή στο άκρο συσκευής με στόμιο απ' όπου βγαίνει αέριο ή υγρό: ~ *καυστήρα / γκαζιέρας·* περιστρεφόμενο ~ για ποτισμα χωραφιών. [γαλλ. *bec*].

μπεκάτσα η, ουσ. (ζωολ.) αποδημητικό πουλί της Ελλάδας με μακρύ ράμφος, μαλακό στην άκρη, κοντά πόδια και καστανό φτέρωμα: *κυνηγά -ες* (συνών. *ξυλόκοτα*)· φρ. *εδώ κυνηγούν -ες* (= κάνει πολύ κρύο). [βενετ. *becazza*].

μπεκατσίνι και **-όνι** το, ουσ. (ζωολ.) αποδημητικό πουλί της Ελλάδας με χαρακτηριστικό ίσιο και μακρύ ράμφος σαν της μπεκάτσας, πιο μικρό και με μακρύτερα πόδια απ' αυτήν. [ιταλ. *beccaccino*].

μπεκιάρης ο, ουσ. (συνιζ., λαϊκ.), ανύπαντρος, εργένης: *χήρα γυναίκα να μπαίνει σε σπίτια -ηδων!* (Κονδυλάκης). [τουρκ. *bekâr*].

μπεκιάρικος, -η, -ο, επίθ. (συνιζ., λαϊκ.), που ανήκει ή αναφέρεται στο μπεκιάρη, εργένικος.

μπεκιαρλίκι το, ουσ. (συνιζ., λαϊκ.), το να είναι κανείς μπεκιάρης. [τουρκ. *bekârlik*].

μπεκρής ο, θηλ. **-ού** και **μπέκρος** ο, θηλ. **-ω,** ουσ. (λαϊκ.), μέθυσος: ~ *αδιόρθωτος / μεγάλος*. [τουρκ. *bekri*].

μπεκριλίκι το, ουσ. (λαϊκ.), το να είναι κανείς μέθυσος [τουρκ. *bekrilik*].

μπεκροκανάτα η και **-ας** ο, ουσ. σκωπτ. για μέθυσο.

μπεκρολόγημα το, ουσ. (λαϊκ.), το να πίνει κανείς πολύ κρασί ή άλλα οινοπνευματώδη και να μεθά συχνά, μεθοκόπημα.

μπεκρολογώ, ρ. (λαϊκ.), πίνω σε μεγάλη ποσότητα και για πολλή ώρα κρασί ή άλλα οινοπνευματώδη, μεθοκοπώ.

μπεκρόμουτρο το, ουσ. (λαϊκ.), σκωπτ. για μέθυσο.

μπέκρος, μπεκρού, και **μπέκρω,** βλ. *μπεκρής*.

μπεκρουλιάζω, ρ. (συνιζ., λαϊκ.), μπεκρολογώ: *-ει στα καπηλιά*.

μπεκρούλιακας ο, ουσ. (λαϊκ.), (επιτ.) μέθυσος (συνών. *μεθύστακας*).

μπεκρούλιασμα το, ουσ. (λαϊκ.), το να μπεκρολογά κανείς, μεθοκόπημα.

μπέκρω, βλ. *μπεκρής*.

μπελαλήδικος, -η και **-ια, -ο,** επίθ. (λαϊκ.), (ιδίως για πράγματα ή καταστάσεις) ενοχλητικός, δυσάρεστος, δύσκολος: *υποθέσεις -ες· μηχάνημα -ο*.

μπελαλής, -ού, -ήδικο, επίθ. (λαϊκ.), (ιδίως για πρόσωπα, συχνά στο αρσ. και το θηλ. ως ουσ.) που προκαλεί μπελάδες, ενοχλητικός, δυσάρεστος, εριστικός. [τουρκ. *belâli*].

μπελαντόνα η, ουσ. (όχι έρρ.), (βοτ.) δηλητηριώδες φυτό με καρπούς μαύρες ράγες απ' όπου βγαίνει η ατροπίνη. [ιταλ. *belladonna*].

μπελάς και **-ιάς** ο, ουσ. (λαϊκ.). **α.** δυσάρεστη κατάσταση, στενοχώρια, ενόχληση, σκοτούρα, ανησυχία, φασαρία: ~ *ξαφνικός· βάζω κάποιον / μπαίνω σε -ά/-άδες· έβαλα καινούργιο -ά στο κεφάλι μου·* φρ. *βρίσκω το -ά μου* (= αντιμετωπίζω δυσκολίες ή μπλέκομαι σε δυσάρεστη υπόθεση χωρίς να φταίω): *πήγα να τους χωρίσω και βρήκα εγώ το -ά μου· μη λες πολλά για να μη βρεις το -ά σου·* **β.** για άνθρωπο που προκαλεί μπελάδες: *μου έγινε κακός ~ ο γείτονας*. [τουρκ. *belâ*].

μπελερίνα, βλ. *πελερίνα*.

μπελιάς, βλ. *μπελάς*.

μπελκάντο το, ουσ. άκλ. (όχι έρρ.), η τέχνη του τραγουδιού σύμφωνα με τις παραδόσεις της ιταλικής όπερας. [ιταλ. *belcanto*].

μπελ(ν)τές, βλ. *πελτές*.

μπεμόλ το, ουσ. άκλ. (μουσ.) ύφεση (βλ. λ.). [γαλλ. *bémol*].

μπέμπα, βλ. *μπέμπης*.

μπεμπέ, επίθ. άκλ. (όχι έρρ.), για είδη κατάλληλα για μωρά: *φορέματα βαφτιστικά και ~* (= μωρουδιακά). [γαλλ. *bébé*].

μπεμπεδίστικος, -η, -ο, επίθ. (όχι έρρ.), που ταιριάζει σε μωρό: *γιακαδάκι -ο· καμώματα -α*.

μπεμπέκα η, ουσ. (όχι έρρ.), (χαϊδευτικά) μπέμπα: *ολόκληρο κορίτσι και το ντύνουν σαν ~!*

μπεμπέλη η, ουσ. (όχι έρρ., λαϊκ.), ιλαρά· συνήθως στη φρ. *βγάζω τη ~* (= υποφέρω από την υπερβολική ζέστη). [σλαβ. *pepeli*].

μπεμπές ο, ουσ. (όχι έρρ.), αρσενικό μωρό: ~ *στρουμπουλός·* (ειρων.) ~ *υπερφυσικός* (για νεαρό με εμφάνιση ή και συμπεριφορά που θυμίζει μωρό).

μπέμπης ο, θηλ. **-α**, ουσ. (όχι έρρ.). **α.** για μωρό αρσενικού ή θηλυκού γένους: *θα κοιμίσω / ταΐσω τη -α και θα 'ρθω· κάνει το -η·* **β.** (χαϊδευτικά) για μικρό παιδί· **γ.** (σκωπτ.) για μεγαλύτερο παιδί ή νεαρό άτομο ανώριμο, άπειρο, ανόητο: *φωνάζει τη μαμά του ο ~! -* Υποκορ. **-ούλης** ο, θηλ. **-ούλα** η. [αγγλ. *baby*].

μπενετάδα η, ουσ. (λαϊκ.), αποχαιρετιστήριο γεύμα ή κέρασμα. [ετυμ. αβέβαιη].

μπενζίνα, βλ. *βενζίνη*.

μπεντένι το, ουσ. (όχι έρρ., λαϊκ.), έπαλξη (τείχους): *η αγάπη κάστρα καταλεί, -ια ρίχνει κάτω* (δημ. τραγ.). [τουρκ. *beden*].

μπεντονάκι και **μπεντόνι**, βλ. *μπιντόνι*.

μπεράτι και (λόγ., ασυνίζ.) **βεράτιον** το, ουσ. (ιστ.) διάταγμα με το οποίο ο σουλτάνος διόριζε κάποιον σε διοικητική θέση της οθωμανικής αυτοκρατορίας, παραχωρούσε τιμάρια ή εμπορικά προνόμια και ειδικότερα εγκαθιστούσε στα καθήκοντά τους τα μέλη του ανώτατου ορθόδοξου κλήρου: *-ια εκκλησιαστικά*. [τουρκ. *berat*].

μπεργαντί και **περγαντί** το, ουσ. (έρρ.), (ναυτ.) μικρό πλοίο συνοδείας, χαμηλό και χωρίς κουβέρτα και γέφυρα, που κινείται με πανιά και κουπιά. [βενετ. *bergantin*].

μπεργαντίνι και **μπριγκαντίνι** το, ουσ. (όχι έρρ.), (ναυτ.) μπεργαντί (βλ. λ.). [βενετ. *bergantin* ή ιταλ. *bergantino*-ιταλ. *brigantino*].

μπέρδεμα το, ουσ. **1.** το να μπερδεύεται κάτι: *τέτοιο ~ στα σκοινιά δεν ξανάγινε* (συνών. *μπλέξιμο, ανακάτωμα*). **2.** νοητική σύγχυση, λαθεμένη αντίληψη, έλλειψη σαφήνειας στην έκφραση: *ας τον βοηθήσει ένας πιο έμπειρος, γιατί βρίσκεται σε μεγάλο ~*. **3.** (συνήθως στον πληθ.) εμπλοκή σε ύποπτη, δυσάρεστη ή επιζήμια σχέση ή υπόθεση: *είχε -έματα με λαθρεμπόρους· άργησα, γιατί μου έτυχε ένα ~ στο τελωνείο· έχει -έματα με την αστυνομία* (συνών. *μπλέξιμο, εμπόδιο, περιπλοκή·* αντ. στις σημασ. 1-3 *ξεμπέρδεμα*.

μπερδεύω, ρ. **1α.** κάνω να πλεχτούν χωρίς τάξη μεταξύ τους τα μέρη ενός πράγματος ή πράγματα ομοειδή ή διαφορετικά, ώστε να μην μπορεί κανείς να τα ξεχωρίσει ή να τα χρησιμοποιήσει σωστά: *~ την κλωστή / τα σκοινιά·* (μέσ.) *τα νήματα -τηκαν* (συνών. *μπλέκω*)· **β.** διαταράσσω την κανονική θέση ή σειρά ομοειδών ή διαφορετικών πραγμάτων, ανακατεύω: *κάποιος -ει τα βιβλία· τα παιδιά μπέρδεψαν τα εργαλεία μου· αν έψεις ούζο και ρετσίνα, θα μεθύσεις* (= αν πιεις διαδοχικά)· **γ.** (μέσ.) πιάνομαι, σκαλώνω σε κάτι, πεδικλώνομαι: *-τηκα στο σκοινί κι έπεσα* (συνών. *μπλέκω*). **2.** προκαλώ σύγχυση, κάνω να φαίνεται μια κατάσταση ασαφής, δυσνόητη, περίπλοκη: *πρότεινε αναβολή της δίκης για να -έψει τα πράγματα·* (μέσ.) *η υπόθεση -τηκε* (συνών. *μπλέκω*). **3.** συγχέω, θεωρώ από λάθος ότι κάτι ή κάποιος είναι άλλος απ' ό,τι στην πραγματικότητα: *μπέρδεψα το δρόμο κι έστριψα δυο τετράγωνα νωρίτερα· -ει στην ορθογραφία τις λέξεις ωφέλεια και όφελος· με -εις με τον αδερφό μου* (= με περνάς για...). **4α.** προκαλώ σύγχυση σε κάποιον, τον δυσκολεύω να σκεφτεί σωστά, να ξέρει τι πρέπει να κάνει: *μη μιλάς όταν μετράω γιατί με -εις· είμαι πολύ -ένος με τις πολιτικές εξελίξεις* (συνών. *προβληματίζω*)· **β.** παρασύρω σε σφάλμα: *ο δικηγόρος πήγε να με -έψει με τις ερωτήσεις του·* (μέσ.) *-τηκα και κατέβηκα μια στάση μετά το σπίτι σου* (συνών. *παγιδεύω*). **5α.** κάνω να αναμιχθεί κάποιος, συχνά χωρίς να το θέλει, σε σχέση ή υπόθεση που του δημιουργήσει δυσκολίες, προβλήματα: *με μπέρδεψαν με τα κοινόχρηστα και δε βρίσκω ησυχία·* (μέσ.) *τον συμβούλευαν να μη -εται με τα πολιτικά / στις υποθέσεις των άλλων·* **β.** παρασύρω σε κάτι κακό, ύποπτο: *τον μπέρδεψαν σε μια βρομοδουλειά·* (μέσ.) *με τις παρέες που είχε, δε γινόταν να μη -τεί κι αυτός* (συνών. *μπλέκω·* κατά περίπτωση στις προηγούμενες σημασ.· αντ. *ξεμπερδεύω*). Φρ. *~ τη γλώσσα μου*, βλ. ά. *γλώσσα· ~ τα λόγια μου / τις κουβέντες μου ή τα ~* (= εκφράζομαι ασαφώς, με αντιφάσεις ή υπεκφυγές)· *-ομαι στα πόδια κάποιου* (= **1.** παρεμβάλλω με το σώμα μου εμπόδιο στην κίνηση ή στην πορεία κάποιου. **2.** ανακατεύομαι στις υποθέσεις κάποιου, του προκαλώ εμπόδια ή περισπασμούς). - Η μτχ. παρκ. ως επίθ. = περίπλοκος: *δουλειά -εμένη*. [*εμπεριδέω*]

μπερδεψιά η, ουσ. (συνιζ., λαϊκ.), μπέρδεμα (βλ. λ.).

μπερδεψογλωσσιά η, γλωσσοδέτης (βλ. λ.).

μπερδεψοδουλειά η, ουσ. (συνιζ., λαϊκ.), περιπλοκή ή ύποπτη υπόθεση.

μπερέ και **μπερεδάκι**, βλ. *μπερές*.

μπερεκέτι το, ουσ. (λαϊκ.), αφθονία αγαθών, πλού-

τος: *πέρσι βοήθησε ο καιρός κι είχαμε -ια.* [τουρκ. *bereket*].
μπερές ο, πληθ. **-έδες** και **μπερέ** το, ουσ. άκλ., κάλυμμα του κεφαλιού από μάλλινο ύφασμα, εύκαμπτο, επίπεδο και με στρογγυλό σχήμα: *~ βασκικός* (στρατ. βίος) *τα πράσινα -έ* (ενν. *των καταδρομέων*)· *φορά στραβά το -έ.* - Υποκορ. **-εδάκι** το. [γαλλ. *béret*].
μπερέτα η, ουσ. (ιδιωμ.), είδος σκούφου. [ιταλ. *ber(r)etta*].
μπέρι-μπέρι το, ουσ. άκλ. (όχι ερρ.), (ιατρ.) αρρώστια που οφείλεται στην έλλειψη της βιταμίνης Β από την υπερβολική αποκλειστική κατανάλωση αποψιλοιωμένου ρυζιού και εκδηλώνεται κυρίως με νευρικές διαταραχές. [λ. διεθνής με κεϋλανική προέλευση].
μπερλίνα η, ουσ., παιγνίδι συναναστροφών στο οποίο συγκεντρώνονται οι γνώμες (συνήθως σκωπτικές) των προσώπων που κάθονται γύρω γύρω για όποιον βρίσκεται στη μέση και του γνωστοποιούνται ανωνύμως. [ιταλ. *berlina*].
μπερμπαντάκος, βλ. *μπερμπάντης*.
μπερμπαντεύω, ρ. (έρρ., λαϊκ.), (για άνδρα). 1. έχω άτακτη ερωτική ζωή, «κυνηγώ» γυναίκες. 2. γλεντώ, ξεφαντώνω (ιδίως με γυναικεία συντροφιά).
μπερμπάντης ο, θηλ. **-ισσα**, ουσ. (έρρ., λαϊκ.). 1. άνθρωπος κακοήθης, αλιτήριος, κατεργάρης. 2. άνθρωπος έξυπνος, πονηρός: *μπράβο, -ηδες, μια χαρά τα καταφέρατε.* 3. γυναικάς: *πώς τον έλεγαν τον -η αρχαίο θεό που δεν άφηνε θηλυκό...*; (Καζαντζάκης). - Υποκορ. **-άκος** ο. [ιταλ. *birbante*].
μπερμπαντιά η, ουσ. (έρρ., συνιζ., λαϊκ.). 1. κακοήθεια, παλιανθρωπιά. 2. το να είναι κάποιος γυναικάς.
μπερμπάντικος, -η, -ο, επίθ. (έρρ., λαϊκ.), που ανήκει, αναφέρεται ή ταιριάζει σε μπερμπάντη: *δουλειές -ες· φέρσιμο -ο.*
μπερμπάντισσα, βλ. *μπερμπάντης*.
Μπερμπερίνος ο, ουσ. (όχι ερρ.), (στον πληθ.) ομάδα λαών του Σουδάν που ανήκει στη νέγρικη φυλή και έχει έρθει σε επιμιξία με τη λευκή φυλή (αλλιώς: *Νουβοί*).
μπερντάχι και **μπερντάκι** το, ουσ. (λαϊκ.), ξύλο, δαρμός: *χρειάζεται ένα ~ για να «στρώσει».* [τουρκ. *perdah*].
μπερντές ο, ουσ. (λαϊκ.). 1. παραπέτασμα που τοποθετείται σε πόρτες ή παράθυρα, κουρτίνα. 2. *~ του καραγκιόζη* = καραγκιόζ-μπερντές (βλ. λ.). - Υποκορ. **-εδάκι** το. [τουρκ. *perde*].
μπερξονισμός ο, ουσ. (φιλοσ.) η θεωρία του Μπερξόν που τονίζει τη σημασία της ενόρασης (βλ. λ.) για την εικόνα που έχει ο άνθρωπος για τον κόσμο.
μπερξονιστής ο, θηλ. **-ίστρια**, ουσ. (φιλοσ.) οπαδός του μπερξονισμού.
μπέρτα η, ουσ., φαρδύ, ριχτό πανωφόρι χωρίς μανίκια που κλείνει στο λαιμό. [ιταλ. *berta*].
μπέσα η, ουσ. (λαϊκ.), λόγος τιμής που δίνεται αμοιβαία για βεβαίωση φιλίας, συνεργασίας, κλπ.: στις φρ. *~ για* (όταν δίνεται λόγος τιμής) *έχει ~* (= μπορεί κανείς να τον εμπιστευτεί) *δώσαμε ~* (= δώσαμε το λόγο της τιμής μας. [αλβαν. *besa*].
μπεσαλής ο, θηλ. **-ού**, ουσ., άνθρωπος που μπορεί να τον εμπιστευτεί κανείς, ευθύς, έντιμος: (ως επίθ.) *άντρας ~.*
μπεσαμέλ η, ουσ. άκλ. (μαγειρ.) λευκή κρέμα με βάση το γάλα που αποτελεί το επάνω στρώμα ορισμένων φαγητών (λ.χ. παστίτσιου, μουσακά). [γαλλ. *béchamel*].
μπεστ-σέλερ το, ουσ. άκλ., για βιβλίο που σημειώνει εξαιρετική εμπορική επιτυχία: *τα ~ της χρονιάς.* [αγγλ. *best-seller*].
μπετατζής ο, ουσ., εργάτης που μεταφέρει, ανακατεύει και στρώνει (υγρό) σκυρόδεμα.
μπετόν και (λαϊκ.) **μπετό** το, πληθ. *μπετά*, ουσ., σκυρόδεμα (βλ. λ.): *~ αρμέ* (= σιδηροπαγές σκυρόδεμα). [γαλλ. *béton, béton armé*].
μπετόνι, βλ. *μπι(ν)τόνι*.
μπετονιέρα η, ουσ. (συνιζ.), μηχάνημα που αποτελείται από κοίλο περιστρεφόμενο τύμπανο με πτερύγια μέσα στο οποίο τοποθετούνται διάφορα υλικά για να αναμιχθούν (κυρίως για την παρασκευή σκυροδέματος). [γαλλ. *bétonnière*].
μπετούγια και **πετούγια** η, ουσ. (συνιζ.), χειρολαβή, πόμολο πόρτας. [ισπαν. *bedijia*].
μπεχλιβάνης και **πεχλιβάνης** ο, ουσ. (λαϊκ.). α. παλαιστής που παλεύει με τρόπο θεαματικό μπροστά σε κοινό, συνήθως στο ύπαιθρο· β. ψευτοπαλληκαράς, νταής. [τουρκ. *pehlivan*].
μπήγω και (λαϊκ.) **μπήζω, μπήχνω**, ρ. 1. βάζω, χώνω κάτι (συνήθως αιχμηρό αντικείμενο) μέσα σε στερεό σώμα με τρόπο βίαιο, ορμητικό: *έμπηξε το παλούκι στο χώμα· μπήξε τα καρφιά στο σανίδι* (συνών. *καρφώνω*)· (για μέρος του σώματος) *έμπηξε τα νύχια στα μάγουλά του· ~ το μαχαίρι στο στήθος / στην καρδιά.* 2. *~ τις φωνές / τα κλάματα / τα γέλια* = ξεσπώ σε φωνές / κλάματα / γέλια (συνών. *βάζω, πατώ*). [αόρ. *έμπηξα<ενέπηξα του εμπήγνυμι*].
μπήξιμο το, ουσ., το να μπήγει κανείς κάτι (κάπου) και το αποτέλεσμα της ενέργειας αυτής: *το ~ του καρφιού στον τοίχο.*
μπήχνω, βλ. *μπήγω*.
μπηχτή η, ουσ. α. χτύπημα (γροθιά ή μαχαιριά) που γίνεται βίαια και ύπουλα: *έφαγε / έδωσε κάμποσες -ές·* β. (μεταφ., συνηθέστερα) κακόβουλος υπαινιγμός: *πέταξε μερικές -ές.*
μπήχτης ο, ουσ. (λαϊκ.), άντρας γυναικάς.
μπηχτός, -ή, -ό, επίθ., που έχει μπηχτεί, καρφωθεί: *παλούκι -ό στο χώμα.*
μπιγκόνια (όχι ερρ.) και **βιγόνια** η, ουσ. (συνιζ.), (βοτ.) καλλωπιστικό φυτό ποώδες, πολυετές, με ωραίο χνουδωτό φύλλωμα και μικρά λουλούδια με ζωηρά χρώματα. [ιταλ. *begonia*<κύρ. όν. *Bégon*].
μπιγκουτί το, ουσ. άκλ. (όχι ερρ.), μικρό ρολό που με τη βοήθεια φουρκέτας τυλίγει κανείς (συνήθως οι γυναίκες) κάθε τούφα μαλλιών για να σγουρύνει. [γαλλ. *bigoudi*].
μπιζάρισμα το, ουσ., το να μπιζάρει κανείς έναν καλλιτέχνη και το αποτέλεσμα αυτής της ενέργειας.
μπιζάρω, ρ. (για κοινό θεατρικής παράστασης ή συναυλίας) ανακαλώ καλλιτέχνη στη σκηνή με παρατεταμένα χειροκροτήματα για να επαναλάβει μέρος του έργου που έχει ερμηνεύσει με επιτυχία. [ιταλ. *bissare*].
μπιζέλι το, ουσ., ο καρπός της μπιζελιάς: α. ο λοβός με τους σπόρους· β. καθένας από τους στρογγυλούς εδώδιμους σπόρους που υπάρχουν στο λοβό της μπιζελιάς. [ιταλ. *pisello*].
μπιζελιά η, ουσ. (συνιζ.), φυτό αναρριχητικό με μικρά άσπρα λουλούδια και πράσινους λοβούς.

μπίζνες, βλ. *μπίσνες.*
μπιζού το, ουσ. άκλ., κόσμημα. - Υποκορ. **-ουδάκι** το, και ως χαρακτηρισμός για καθετί μικροκαμωμένο και κομψό. [γαλλ. *bijou*].
μπιζουτάρισμα το, ουσ. (τεχν. όρος). α. επεξεργασία στις άκρες της περιμέτρου πλακών, πινάκων, τζαμιών, κλπ., με λέπτυνση του πάχους με λοξή εγκοπή· β. λοξή εγκοπή. [γαλλ. *biseauter*].
μπιζουτιέρα η, ουσ. (συνιζ.), θήκη για κοσμήματα (συνών. *κοσμηματοθήκη*).
μπικ το, ουσ. άκλ. (προφ.) στιλό διάρκειας. [*BIC*, επωνυμία της κατασκευάστριας εταιρείας].
μπικίνι το, ουσ. άκλ., γυναικείο μαγιό που αποτελείται από δύο κομμάτια ύφασμα από τα οποία το ένα καλύπτει το στήθος και το άλλο την περιοχή της ήβης και τους γλουτούς. [αγγλ. *bikini*].
μπίλια η, ουσ. (συνιζ.). 1. μικρή σφαίρα από κάθε είδους στερεή ύλη. 2α. βώλος (βλ. λ.)· β. (στον πληθ.) παιδικό παιχνίδι με βώλους: *παίξαμε -ιες*. [ιταλ. *biglia*].
μπιλιάρδο το, ουσ. (συνιζ., λαϊκ.). 1. παιχνίδι που παίζεται με μικρές μπάλες από ελεφαντόδοντο ή συνήθως από άλλο παρόμοιο υλικό που τις χτυπά κανείς με ειδικό κοντάρι (στέκα) πάνω σε ορθογώνιο τραπέζι με ψηλά τοιχώματα και πράσινο υφασμάτινο κάλυμμα (τσόχα): *παρτίδα / πρωτάθλημα -ου*. 2. (συνεκδοχικά) σφαιριστήριο (βλ. λ. στις σημασ. 1 και 2). [ιταλ. *bigliardo*].
μπιλιέτο το, ουσ. (συνιζ.), επισκεπτήριο (βλ. λ.). - Υποκορ. **-άκι** το. [ιταλ. *biglietto*].
μπιμπελό και **μπιμπλό** το, ουσ. άκλ. (όχι έρρ.), μικρό διακοσμητικό αντικείμενο. [γαλλ. *bibelot*].
μπιμπερό το, ουσ. άκλ. (όχι έρρ.), θήλαστρο (βλ. λ. στη σημασ. β). [γαλλ. *biberon*].
μπίμπικας ο, ουσ. (όχι έρρ., λαϊκ.), ο δάκος της ελιάς (βλ. λ.). [αρχ. *βέμβιξ*].
μπιμπίκι το, ουσ. (όχι έρρ.), μαύρο στίγμα που εμφανίζεται στο δέρμα συνήθως νεαρών ατόμων με ακμή και που οφείλεται σε κλείσιμο πόρου του δέρματος από σμήγμα: *το πρόσωπό του ήταν γεμάτο -ια και σπυράκια*.
μπιμπίλα και **μπιρμπίλα** η, ουσ. (όχι έρρ.). 1. γύρισμα, στρίφωμα λεπτών υφασμάτων (π.χ. μαντηλιών). 2. λεπτή δαντέλα που γίνεται με βελόνα του ραψίματος και κουβαρίστρα. [πιθ. τουρκ. *bir-biri*].
μπιμπιλώνω και **μπιρμπιλώνω**, ρ. (όχι έρρ.), στολίζω λεπτό ύφασμα με μπιμπίλα (βλ. λ.).
μπιμπιλωτός, -ή, -ό και **μπιρμπιλωτός**, επίθ. (όχι έρρ.), (για ύφασμα) στολισμένος με μπιμπίλες (βλ. λ.).
μπιμπλό, βλ. *μπιμπελό*.
μπινάρης, βλ. *μπινιάρης*.
μπινές ο, ουσ. (λαϊκ.), (υβριστικά) ενεργητικός ομοφυλόφιλος άντρας. [τουρκ. *ibne*].
μπιν(ι)άρης, -α, -ικο, επίθ. (συνιζ., λαϊκ.), δίδυμος: *παιδιά -ιάρικα*. [λατ. *binarius*].
μπιντές ο, ουσ. (όχι έρρ.), λεκάνη επιμήκης, χαμηλή, με πόδι, για πλύσιμο των γεννητικών οργάνων και των οπισθίων. [γαλλ. *bidet*].
μπι(ν)τόνι και **μπε(ν)τόνι** το, ουσ. (όχι έρρ.), δοχείο υγρών: *δυο -ια πετρέλαιο*. - Υποκορ. **-ονάκι** το. [γαλλ. *bidon*].
μπίρα η, ουσ., ζύθος (βλ. λ.): ~ *μαύρη / ξανθή*. [ιταλ. *birra*].
μπιραρία η, ουσ., ζυθοπωλείο (βλ. λ.). [ιταλ. *birreria*].
μπιρμπίλα, βλ. *μπιμπίλα*.

μπιρμπιλομάτης, -α, -ικο, επίθ. (όχι έρρ.), που έχει ζωηρά και παιχνιδιάρικα μάτια.
μπιρμπίλω η, ουσ. (όχι έρρ., λαϊκ.), γυναίκα που ακκίζεται (συνών. *καμωματού, ναζιάρα*).
μπιρμπιλώνω, βλ. *μπιμπιλώνω*.
μπιρμπιλωτός, βλ. *μπιμπιλωτός*.
μπιρσίμι, βλ. *μπρισίμι*.
μπισκότο το, ουσ., γλύκισμα, παρασκεύασμα από αλεύρι και διάφορα υλικά, που είναι ξερό και τρίβεται εύκολα: *-α με σοκολάτα· -α αλμυρά*. - Υποκορ. **-άκι** το. [ιταλ. *biscotto*].
μπίσνες οι, ουσ. άκλ. (προφ.), επιχειρήσεις ή, κυρίως επιχειρηματικές δραστηριότητες: *ασχολείται με ~*. [αγγλ. *business*].
μπιστεμένος, βλ. *εμπιστεμένος*.
μπιστικός, βλ. *πιστικός*.
μπιστόλι, βλ. *πιστόλι*.
μπιστολιά, βλ. *πιστολιά*.
μπιτ, επίρρ. (λαϊκ.), εντελώς· καθόλου: *είναι ~ βλάκας· δεν έχει ~ μυαλό!* [τουρκ. *bit*].
μπιτίζω, ρ., συνήθως στον αόρ. *μπίτισα* (λαϊκ.). Α. (μτβ.) τελειώνω κάτι: *-ισα τη δουλειά*. Β. (αμτβ.) α. φτάνω στο τέλος μου: *-ισε η δουλειά*· β. (για χρηματικό ποσό) ξοδεύομαι, τελειώνω: *-ισαν τα λεφτά*. [τουρκ. *bittim*, αόρ. του *bitmek*].
μπιτονάκι και **μπιτόνι**, βλ. *μπι(ν)τόνι*.
μπιφτέκι το, ουσ., έδεσμα από κιμά που ζυμώνεται με καρυκεύματα και ψήνεται (στα κάρβουνα ή στο φούρνο): ~ *γεμιστό με κασέρι*. [γαλλ. *bifteck* < αγγλ. *beefsteak*].
μπιχλιμπίδι το, ουσ. (όχι έρρ.), (συνήθως στον πληθ.) ασήμαντα μικροαντικείμενα, συνήθως στολίδια και γενικά αντικείμενα καλλωπισμού: *πουλούσε καθρεφτάκια, χάντρες και άλλα -ια* (με μειωτ. σημασ.) *φορούσε γαλόνια, παράσημα κι άλλα -ια·* (για διακομητικές λεπτομέρειες, στολίδια υφασμάτων, κλπ.) *το φόρεμα είχε πολλά -ια*.
μπλαβίζω, ρ. (λαϊκ.), γίνομαι μπλάβος: *-ισε απ' το κακό του* (συνών. *μελανιάζω*).
μπλάβος, -α, -ο, επίθ., που έχει χρώμα σκούρο μπλε: *σταφύλι -ο· ουρανός ~.* [βενετ. *blavo*].
μπλαζέ, επίθ. άκλ., για άνθρωπο που τα συναισθήματά του και οι αντιδράσεις του έχουν χάσει τη ζωηράδα τους, επειδή νιώθει κουρασμένος και χορτασμένος από τη ζωή: *είναι τύπος ~· ύφος ~* (= *βαριεστημένο*). [γαλλ. *blasé*].
μπλαμπλά το, τα, ουσ. άκλ. (όχι έρρ., προφ.), ανούσια, φλύαρα λόγια (που συνήθως έχουν σκοπό να πείσουν): *βαριέμαι τα ~· ο υπάλληλος άρχισε το ~ για να με καταφέρει να το αγοράσω*. [γαλλ. *blabla (bla)*].
μπλάστρι το, ουσ. (λαϊκ.), έμπλαστρο (βλ. λ.): *βάλε ένα ~ για να περάσει ο πόνος*. [*έμπλαστρον*].
μπλαστρωμα το, ουσ. (λαϊκ.), το να μπλαστρώνει κανείς και το αποτέλεσμα αυτής της ενέργειας.
μπλαστρώνω, ρ. (λαϊκ.), βάζω έμπλαστρο.
μπλε, επίθ. άκλ., που έχει το χρώμα της ανοιχτής βαθιάς θάλασσας ή του ζαφειριού: *μάτια ~*. - Το ουδ. ως ουσ. = *το μπλε χρώμα* (πιο σκούρο από το γαλάζιο): ~ *σιέλ* (= *ανοιχτό μπλε, γαλάζιο*)· ~ *μαρέν* (= *σκούρο μπλε*). [γαλλ. *bleu, bleu ciel, bleu marine*].
μπλέκω, ρ. 1α. μπερδεύω (βλ. λ. στη σημασ. 1α) μεταξύ τους τα μέρη ενός πράγματος ή πράγματα ομοειδή ή διαφορετικά: ~ *τις κλωστές*· (μέσ.) *τα νήματα -χτηκαν*· β. (μέσ.) πιάνομαι, σκαλώνω σε κάτι, πεδικλώνομαι: *-χτηκαν και ιππόκαμποι στα*

δίχτυα εκτός απ' τα ψάρια· -χτηκα στα σκοινιά κι έπεσα (συνών. μπερδεύομαι). 2. προκαλώ σύγχυση, μπερδεύω (βλ. λ. στη σημασ. 2) μια κατάσταση: προσπαθεί να -ξει τα πράγματα· (μέσ.) η υπόθεση -χτηκε. 3. προκαλώ σύγχυση σε κάποιον, τον δυσκολεύω να σκεφτεί σωστά: είμαι τόσο μπλεγμένος με τις τελευταίες εξελίξεις που δεν ξέρω πια τι να πιστέψω (συνών. μπερδεύω). 4α. (αμτβ.) αναμιγνύομαι συχνά χωρίς να το θέλω σε σχέση ή υπόθεση που μπορεί να μου δημιουργήσει προβλήματα: έμπλεξα μ' ένα φίλο κι άργησα· δεν -εται σε ξένες δουλειές· -χτηκε με κακές παρέες· β. (μτβ.) κάνω να αναμιχθεί κάποιος συχνά χωρίς να το θέλει σε σχέση ή υπόθεση που μπορεί να του δημιουργήσει προβλήματα: τον έμπλεξε κι αυτόν με τα χαρτιά του και τους υπολογισμούς του και δεν μπορούσε να ξεφύγει· γ. παρασύρω σε κάτι κακό, ύποπτο: αυτός τον έμπλεξε στις βρομοδουλιές του· (μέσ.) -χτηκε σ' αυτήν την κομπίνα. 5. δημιουργώ ερωτικές σχέσεις (που συχνά κατακρίνονται από την κοινωνία) με κάποιον: έμπλεξε / (μέσ.) -χτηκε με έναν παντρεμένο· φρ. τα ~: τις άλλες τα 'μπλεξα κι εγώ με μια ξανθιά μικρούλα (λαϊκ. τραγ.) (κατά περίπτωση στις προηγούμενες σημασίες αντ. ξεμπλέκω). Φρ. -ομαι στα πόδια κάποιου (= μπερδεύομαι στα πόδια κάποιου, βλ. μπερδεύω στις φρ.). - Η μτχ. παρκ. ως επίθ. = περίπλοκος: υπόθεση -γμένη. [εμπλέκω].

μπλεξιά η, ουσ. (συνιζ., λαϊκ.), μπλέξιμο: δε θέλω -ιές.

μπλέξιμο το, ουσ. 1. το να μπλέκεται κάτι: τι ~ κι αυτό με τις κλωστές (συνών. μπέρδεμα, ανακάτωμα). 2. (συνήθως στον πληθ.) εμπλοκή σε επίπονη, δυσάρεστη ή επιζήμια σχέση ή υπόθεση: θα 'χεις -ίματα μ' αυτόν τον άνθρωπο· είχε -ίματα με την αστυνομία (συνών. μπέρδεμα).

μπλιγούρι, βλ. πλιγούρι.

μπλοκ το, I. ουσ. άκλ. 1. συμμαχία, συνασπισμός κρατών ή ισχυρών ατόμων με συγγενή πολιτική ιδεολογία και κοινωνικό στόχους που παίρνουν αποφάσεις από κοινού σε διάφορα σημαντικά ζητήματα: το ~ των κρατών της ΕΟΚ. 2. σύνολο ατόμων που ανήκουν στον ίδιο πολιτικό χώρο: το Α κόμμα απευθύνεται σ' ένα κοινωνικό ~· (ειδικά σε διαδήλωση) μέλη ομάδας, οργάνωσης ή κόμματος συγκεντρωμένα χωριστά από τους υπόλοιπους που συμμετέχουν στην ίδια εκδήλωση: το ~ των αριστεριστών / της οργάνωσης Χ. 3. οικοδομικό τετράγωνο: ~ κτηρίων. [γαλλ. bloc<ολλανδικό bloc].

μπλοκ το, II. ουσ. άκλ. α. φύλλα χαρτιού του ίδιου σχήματος, συνήθως λευκά, συνδεδεμένα μεταξύ τους, με τρόπο που να μπορούν εύκολα να αποσπώνται, σε σχήμα τετραδίου ή βιβλίου: ~ σημειώσεων / ζωγραφικής / χαρτογραφίας· β. ομάδα φύλλων χαρτιού που εκδίδονται για συγκεκριμένο σκοπό —ο οποίος και αναγράφεται πάνω τους— αριθμημένων και συνδεδεμένων μεταξύ τους με βάση την αριθμητική τους ακολουθία: ~ αποδείξεων / επιταγών / εισιτηρίων / λαχνών. [γαλλ. bloc<αγγλ. block-notes].

μπλοκάρισμα το, ουσ. 1. κλείσιμο σημείων διάβασης με την παρεμβολή εμποδίων: ~ των δρόμων / της συγκοινωνίας (συνών. μπλόκο). 2. (για καταθέσεις ή κάποιο εμπορικό προϊόν) δέσμευση, αποκλεισμός από την κυκλοφορία. 3. (αθλητ.) για τερματοφύλακα, το να μπλοκάρει (βλ. λ.) την μπάλα.

μπλοκάρω, ρ. παρατ. μπλόκαρα και -άριζα, αόρ. -άρισα, μτχ. παρκ. -ισμένος. 1. αποκλείω· περικυκλώνω· πολιορκώ: δε σήκωσε ποτές πολιορκία δίχως να πάρει το κάστρο που -άριζε (Κόντογλου). 2α. παρεμβάλλοντας κάτι παρεμποδίζω τη διέλευση, το πέρασμα από κάποιο σημείο: ο δρόμος -ίστηκε από τους διαδηλωτές· β. (μεταφ.) εμποδίζω τη διεξαγωγή ενός γεγονότος δημιουργώντας τεχνητά κωλύματα: -ίστηκαν και πάλι οι διαπραγματεύσεις για... 3. (για καταθέσεις ή κάποιο εμπορικό πλοίο) δεσμεύω, αποκλείω την κυκλοφορία, τη χρησιμοποίηση: η τράπεζα -άρισε τα χρήματα που προορίζονταν για δάνεια. [ιταλ. bloccare].

μπλόκο το και (σπανιότ.) **μπλόκος** ο, ουσ. 1. το να περιζώνει η εξουσία μια περιοχή, αποκλεισμός, περικύκλωση ενός σημείου: στην Κατοχή οι Γερμανοί έκαναν συχνά ~. 2. μπλοκάρισμα (βλ. λ. στη σημασ. 1): η τροχαία έκανε ~ στη διασταύρωση. [ιταλ. blocco].

μπλουζ το, ουσ. άκλ. 1. είδος μουσικής που μοιάζει με την τζαζ με ρυθμό αργό και μελαγχολικό. 2. (συνεκδοχικά) σύγχρονος αργός χορός που χορεύεται από ζευγάρια. [αγγλ. blues].

μπλούζα η, ουσ. 1. υφασμάτινο ή πλεκτό ρούχο για το πάνω μέρος του σώματος κλειστό στο λαιμό: ~ παιδική / κοντομάνικη. 2. το λευκό φαρδύ πουκάμισο που το φορούν γιατροί, νοσοκόμοι, καθώς και άτομα άλλων επαγγελμάτων κατά την ώρα της εργασίας τους πάνω από τα ρούχα τους. - Υποκορ. **-ίτσα** η και **-άκι** το, στη σημασ. 1 και με τη σημασ.: πρόχειρη, ελαφριά και συνήθως βαμβακερή καλοκαιρινή μπλούζα. [γαλλ. blouse].

μπλουζόν το, ουσ. άκλ., μακριά και φαρδιά μπλούζα που στενεύει στους γοφούς. [γαλλ. blouson].

μπλουτζίν το, ουσ. άκλ. 1. είδος ανθεκτικού βαμβακερού υφάσματος, συνήθως μπλε. 2. (συνεκδοχικά) παντελόνι φτιαγμένο από το παραπάνω ύφασμα: φόρεσε το ~ του και μια κόκκινη μπλούζα. 3. (ως επίθ.) φτιαγμένος από το παραπάνω ύφασμα: σακάκι / φούστα ~. - Πβ. και τζιν II. [αγγλ. blue-jean].

μπλόφα η, ουσ. 1. (στη χαρτοπαιξία) τακτική με την οποία επιδιώκεται να εντυπωσιαστεί ο αντίπαλος ώστε να αναγκαστεί να παραιτηθεί ή να υποχωρήσει. 2. (γενικά) κάθε τακτική που επιδιώκει να αιφνιδιάσει ή να εντυπωσιάσει τον αντίπαλο: δεν έπιασε η ~ του. [αγγλ. bluff].

μπλοφάρω, ρ., προσπαθώ να εξαπατήσω κάποιον παρέχοντάς του την εντύπωση ότι υπερέχω απέναντί του ώστε να τον αναγκάσω να υποχωρήσει: ~ στα χαρτιά / στον πόλεμο / στην πολιτική / στο σκάκι / ποδόσφαιρο.

μπλοφατζής ο, θηλ. **-ού**, ουσ. (λαϊκ.), αυτός που συχνά κάνει μπλόφες.

μποά, βλ. μπουά.

μπογαλάκι το, ουσ. 1. μικρός μπόγος (βλ. λ.): πήρε ένα ~ κι έφυγε. 2. (στον πληθ.) οι αποσκευές, τα μπαγάζια: μάζεψε τα ~ και φύγε.

μπογιά η, ουσ. (συνιζ.). 1. βαφή, χρωστική ουσία, στερεά ή υγρή, διάφορων χρωμάτων σε διάφορες μορφές συσκευασίας (στο εμπόριο) για την κάλυψη ή το χρωματισμό επιφανειών ή αντικειμένων: ~ για τα μαλλιά / τα μάτια / τα υφάσματα / τα πασχαλινά αβγά· ~ για τα παπούτσια (= βερνίκι) / *για τους τοίχους* (π.χ. ελαιόχρωμα, υδρόχρωμα, λαδομπογιά). 2. επικάλυψη από στερεή μπογιά μεταλλικού συνήθως αντικειμένου (για να το προστατεύει από φθορές): *έφυγε / γδάρθηκε η ~ από τα κάγκελα / από το φτερό του αυτοκινήτου.* 3. ξύλινο μολύβι που περιέχει χρωστική ύλη για βάψιμο πάνω σε χαρτί (συνών. *ξυλομπογιά*). Φρ. *δεν πιάνει* ~ (= δεν επιδέχεται βάψιμο)· *δεν περνάει η ~ του* (για κάποιον που δεν κατορθώνει να επιτύχει). [τουρκ. *boya*].

μπογια(ν)τίζω, ρ. (συνιζ., όχι έρρ.), βάφω, χρωματίζω: *ζωγράφιζε το χάρτη του και τον -άντιζε με κίτρινα και κόκκινα μολύβια·* (για τοίχο) καλύπτω με ελαιόχρωμα ή λαδομπογιά. [τουρκ. *boyadım*, αόρ. του *boyamak*].

μπογιά(ν)τισμα το, ουσ. (συνιζ.), βάψιμο, χρωματισμός· (ειδικά για τοίχο) η κάλυψη με ελαιόχρωμα ή λαδομπογιά.

μπόγιας ο, ουσ. (συνιζ.). 1. δήμιος. 2. υπάλληλος που μαζεύει από τους δρόμους τα αδέσποτα σκυλιά. 3. (μεταφ.) άπονος και σκληρόκαρδος άνθρωπος. [ιταλ. *boia*].

μπογιατζήδικο το, ουσ. (συνιζ.). 1. βαφείο. 2. κατάστημα με χρώματα.

μπογιατζής ο, ουσ. (συνιζ.). 1. βαφέας. 2. ελαιοχρωματιστής, ασπριτζής. Παροιμ. φρ. *τα μυαλά σου και μια λίρα και του -ή ο κόπανος* (για κάποιον που λέει ασυναρτησίες). [τουρκ. *boyacı*].

μπογιατίζω, βλ. *μπογιαντίζω*.

μπογιάτισμα, βλ. *μπογιάντισμα*.

μπόγος ο, ουσ. 1. δέμα από ρούχα τυλιγμένα σ' ένα μεγάλο τετράγωνο ύφασμα που οι άκρες του δένανε μεταξύ τους: *με -ους και κασέλες κατεβαίνανε στο λιμάνι να μπαρκάρουνε* (Μπαστιά). 2. (μεταφ.) ο κοντόχοντρος άνθρωπος. [άγνωστη ετυμ.].

μποέμ ο και η, και -**ης** ο, θηλ. -**ισσα**, ουσ. άκλ., αυτός που ζει ζωή ανέμελη και ευχάριστη —έστω κι αν δεν έχει οικονομική άνεση— χωρίς να δεσμεύεται από τις υποχρεώσεις που επιβάλλει η κοινωνική ζωή (συνήθως για καλλιτέχνες). [γαλλ. *bohème*].

μποέμικος, -η, -ο, επίθ., που σχετίζεται με τον μποέμη ή με τον τρόπο ζωής του: *ζωή / συνήθεια -ικη*.

μποέμισσα, βλ. *μποέμ*.

μπόι το, πληθ. *-για*, ουσ. (λαϊκ.). 1. ύψος, ανάστημα: *~ μέτριο·* πρώτο ~ (για πολύ ψηλό ή ειρων. για πολύ κοντό άτομο)· φρ. *παίρνω / ρίχνω / πετώ ~* (= ψηλώνω). 2. το ύψος ενός κανονικού ατόμου που παίρνεται ως μονάδα μέτρησης ύψους ή βάθους: *δέντρο τρία -για ψηλό· ξέρες ως δυο -για κάτω από το νερό* (Κόντογλου). [τουρκ. *boy*].

μποϊκοτάζ το, ουσ. άκλ. 1. ο αποκλεισμός των προϊόντων μιας χώρας από την αγορά μιας ή περισσοτέρων άλλων χωρών. 2. (γενικά) η άρνηση κάποιου να πάρει μέρος σε κάτι ή να στηρίξει κάτι που έντονα το αποδοκιμάζει: *~ του φιλμ από τους κινηματογράφους*. [γαλλ. *boycottage*<αγγλ. *boycott*].

μποϊκοτάρισμα το, ουσ., μποϊκοτάζ (βλ. λ.).

μποϊκοτάρω, ρ. 1. (για χώρα) αποκλείω την εισαγωγή και την κατανάλωση προϊόντων άλλης χώρας από την εσωτερική μου αγορά, κάνω μποϊκοτάζ. 2. (γενικά) αρνούμαι να πάρω μέρος σε κάτι ή να στηρίξω κάτι που το αποδοκιμάζω: *~ τη συγκέντρωση / το προϊόν μιας εταιρείας*.

μποϊλής ο, ουσ. (λαϊκ.), αρκετά ή πολύ ψηλός (αντ. *κοντός*). [τουρκ. *boylu*].

μπολ το, ουσ. άκλ., σκεύος γυάλινο, κρυστάλλινο ή πλαστικό, συνήθως μικρού, αλλά και μεγαλύτερου μεγέθους, ανοιχτό, ρηχό και στρογγυλό: *τα ~ του παγωτού*. - Υποκορ. -**άκι** το. [γαλλ. *bol*<αγγλ. *bowl*].

μπολερό το, ουσ. άκλ. 1. κοντό σακάκι ως τη μέση με ή χωρίς μανίκια, ανοιχτό μπροστά, που φοριέται κυρίως από γυναίκες. 2. παραδοσιακός ισπανικός χορός. [γαλλ. *boléro*<ισπαν. *bolero*].

μπόλι το, ουσ. (λαϊκ.), εμβόλιο (βλ. λ.).

μπόλια η, ουσ. (συνιζ., λαϊκ.) 1. κομμάτι μάλλινου ή βαμβακερού υφάσματος που ρίχνεται στο κεφάλι, μαντήλα, τσεμπέρι. 2. το περιτόναιο των σφαγμένων ζώων. [βενετ. αρχ. *imbolia*].

μπολιάζω, ρ. (συνιζ., λαϊκ.), εμβολιάζω (βλ. λ.).

μπόλικος, -η, -ο, επίθ. 1. άφθονος, αρκετός: *βάλε -ο λάδι στη σαλάτα* (αντ. *λιγοστός*). 2. (για ρούχα) ευρύχωρος, φαρδύς: *η μέση της φούστας μου είναι -η.* - Επίρρ. -**ικα**. [τουρκ. *bol*].

Μπολονιέζος ο, θηλ. -**α**, ουσ. (συνιζ.), αυτός που κατοικεί στην Μπολόνια της Ιταλίας ή κατάγεται από εκεί.

μπολσεβικικός, -ή, -ό, επίθ., που ανήκει ή αναφέρεται στους μπολσεβίκους ή το μπολσεβικισμό.

μπολσεβικισμός ο, ουσ. (ιστ.) το πολιτικό και κοινωνικό σύστημα και οι ιδέες που ο Λένιν και οι οπαδοί του υποστήριξαν από το 1903 και εισήγαγαν μετά την επανάσταση του 1917 στη Ρωσία (πβ. *μενσεβικισμός*).

μπολσεβίκος ο, (σπάνια λαϊκ.) θηλ. -**α**, ουσ. 1. μέλος ή οπαδός της πλειοψηφίας του παλαιού σοσιαλδημοκρατικού κόμματος της Ρωσίας, υποστηρικτής του μπολσεβικισμού (πβ. *μενσεβίκος*). 2. (παλαιότ.) α. Ρώσος κομουνιστής. β. (κατ' επέκταση) για κάθε κομουνιστή. [ρωσ. *bolševik*].

μπόμπα η, ουσ. (έρρ.), βόμβα (βλ. λ.). [ιταλ. *bomba*].

μπόμπι, βλ. *πόμπα*.

μπομπάρδα η, ουσ. (έρρ.). 1. είδος παλιότερου τηλεβόλου όπλου. 2. πολεμικό πλοίο εξοπλισμένο με μπομπάρδες. 3. είδος ιστιοφόρου, σκούνα: *η ~ ήτανε ένα σκαρί με φαρδιά κοιλιά και με τάκο στην πρύμη,... με δυο άλμπουρα* (Κόντογλου). [ιταλ. *bombarda*].

μπομπαρδίζω, βλ. *βομβαρδίζω*.

μπομπέ ο, ουσ. άκλ. (έρρ.), είδος φουσκωτού καπέλου. [γαλλ. *bombé*].

μπομπή, βλ. *πομπή*.

μπόμπιρας ο, ουσ. (όχι έρρ.). 1. είδος εντόμου, σφήκα. 2. μικρό στην ηλικία ή μικροκαμωμένο αγόρι. [πιθ. ιταλ. *bombero*].

μπομπόνι το, ουσ. (έρρ.), καραμέλα, κουφέτο. [γαλλ. *bonbon*].

μπομπονιέρα η, ουσ. (έρρ., συνιζ.), κουφέτα μέσα σε τούλι ή κάποια άλλη συσκευασία που προσφέρονται στους καλεσμένους σε γάμους και βαφτίσια. [γαλλ. *bonbonière*].

μπομπότα η, ουσ. (όχι έρρ., λαϊκ.). 1. αραβοσιτάλευρο. 2. ψωμί από αραβοσιτάλευρο. [ρουμ. *bobotă*].

μπομποτάλευρο το, ουσ. (όχι έρρ., λαϊκ.), αραβοσιτάλευρο.

μποναμάς και **μπου-** ο, ουσ., δώρο για τη νέα χρονιά. [βενετ. *bonamàn*].

μπονάτσα, βλ. *μπουνάτσα*.

μποξ το, ουσ. άκλ., πυγμαχία (βλ. λ.). [αγγλ. *box*].

μποξάς ο, ουσ., κομμάτι από μάλλινο ή πλεκτό ύφασμα που ρίχνεται στους ώμους ή χρησιμοποιείται για περιτύλιξη: *τυλίχτηκε στο -ά της, πήρε ένα μπογαλάκι... και τράβηξε* (Μπαστιάς). - Υποκορ. **-αδάκι** το. [τουρκ. *bohça*].

μποξέρ ο, ουσ. άκλ., αθλητής της πυγμαχίας, πυγμάχος, [γαλλ. *boxeur*].

μπόρα η, ουσ. 1. ξαφνική και δυνατή βροχή μικρής διάρκειας: *ρίχνει καμιά ~ και πάλι κόβει*. 2. (μεταφ.) αναπάντεχη συμφορά· φρ. *~ ήτανε και πέρασε* (κυριολεκτικά και μεταφ.)· *τον πήρε η ~* (= δέχτηκε τις κακές συνέπειες ενός γεγονότος χωρίς να έχει άμεση σχέση μ' αυτό). [ιταλ. *bora*].

μπόρεση η, ουσ. (λαϊκ.), ικανότητα, δύναμη: *ούτε κανένας... έχει τόση ~ να κρίνει ποιος είναι και ποιος δεν είναι χριστιανός.*

μπορετός, -ή, -ό, επίθ., που είναι δυνατό να γίνει, κατορθωτός (συνών. *δυνατός, εφικτός*· αντ. *αδύνατος, ακατόρθωτος*).

μπορντέλο (όχι έρρ.) και **μπουρδέλο** το, ουσ., οίκος ανοχής, πορνείο. [ιταλ. *bordello*].

μπορντούρα η, ουσ. (όχι έρρ.). 1. η λωρίδα κατά μήκος της άκρης υφάσματος ή φορέματος. 2. το κέντημα ή άλλου είδους διακόσμηση κατά μήκος της άκρης υφάσματος: *η ~ του τραπεζομάντηλου*. 3. στενή και πυκνή σειρά από χαμηλά φυτά και άνθη κατά μήκος της άκρης κήπων ή παρτεριών με χλόη. [γαλλ. *bordure*].

μπορώ, ρ., παρατ. -ούσα, αόρ. -εσα. 1. έχω τη σωματική ή ψυχική δύναμη για κάτι: *δεν ~ να σηκώσω τα πόδια μου από την κούραση· δεν -εσε να βγάλει μιλιά από την τρομάρα του*. 2α. έχω την ικανότητα, πληρώ τις προϋποθέσεις για κάτι: *-είς να λύσεις αυτή την άσκηση; δεν -εί να βάλει υποψηφιότητα στις εκλογές, γιατί είναι δημόσιος υπάλληλος*· β. έχω τη δυνατότητα, την ευχέρεια για κάτι: *θα -έσεις να έρθεις το απόγευμα;* 3. (σε ερωτ. ή αποφατική πρόταση, όταν κάποιος ζητά κάτι ή την άδεια για κάτι) μου είναι δυνατό, μου επιτρέπεται: *~ να έχω λίγο τσάι ακόμα; ~ να σε βοηθήσω; δεν -είτε να τον δείτε· είναι στην εντατική*. 4. (λαϊκ., με αντικ.) δε αντέχω, δε μου είναι δυνατό να υποφέρω κάποιον ή κάτι: *δεν ~ πια! πώς την -είς τη γκρίνια του κάθε μέρα!* 5. *δεν ~* = δεν είμαι καλά στην υγεία μου, είμαι άρρωστος. 6. (τριτοπρόσ.) είναι δυνατό ή ενδεχόμενο: *δεν -εί να λέει αλήθεια· -εί κάποτε να γίνω πλούσιος*· (ως μονολεκτική απάντηση = ίσως) *λες να μας κοροϊδεύει; -ει*. [πορώ<αρχ. ευπορώ<εύπορος με παρετυμ. επίδραση του έμπορος].

μπόσικα, βλ. *μπόσικος*.

μποσικάδα η, ουσ. (λαϊκ.). 1. το να είναι κάτι μπόσικο, έλλειψη σταθερότητας (συνών. *χαλαρότητα, ατονία*). 2. (μεταφ.) επιπολαιότητα, ελαφρότητα.

μποσικάρισμα το, ουσ. (λαϊκ.), χαλάρωση, λασκάρισμα.

μποσικάρω, ρ. (λαϊκ.), χαλαρώνω, λασκάρω (συνών. *ξεσφίγγω*).

μπόσικος, -η, -ο, επίθ. 1. που είναι χαλαρός, ξετέντωτος: *σκοινί -ο* (συνών. *λασκαρισμένος*· αντ. *τεντωμένος*). 2. (συνεκδοχικά) που δεν είναι καλά προσαρμοσμένος· που δεν είναι αρκετά στέρεος: *βίδα -η· τοίχος ~* (= ετοιμόρροπος). 3. (μεταφ.) επιπόλαιος, ελαφρόμυαλος - Το ουδ. στον πληθ. ως ουσ. = τα πλάγια τοιχώματα της κοιλιάς, τα ψαχνά (συνών. *τα μαλακά, τα λαγόνια*). Φρ. *κρατώ τα -α*, βλ. *κρατώ*. - Επίρρ. **-α** (στις σημασ. 1 και 2). [τουρκ. *boş*].

μποστάνι το, ουσ., περιβόλι για λαχανικά και κυρίως για καρπούζια ή πεπόνια: *δούλευε στα -ια και στα ποτιστικά*. [τουρκ. *bostan*].

μποσταντζής ο, ουσ. (έρρ.), αυτός που καλλιεργεί μποστάνι (βλ. λ.).

μπότα η, ουσ., ψηλό γυναικείο ή ανδρικό παπούτσι: *-ες στρατιωτικές* (= αρβύλες). [γαλλ. *botte*].

μπότζι το, ουσ. (ναυτ.) η κίνηση της ταλάντωσης που κάνει ένα πλωτό μέσο, η οποία συνίσταται στη διαδοχική ανύψωση και καταβύθιση των πλευρών του εξαιτίας των κυμάτων: *το πλοίο κάνει ~*. [βενετ. *bozza*].

μπότης ο, ουσ. (λαϊκ.), μικρό πλατύστομο δοχείο νερού ή άλλου υγρού, κανάτα. [μεσν. *εμπότης*].

μποτίλια η, ουσ. (συνιζ.), γυάλινο δοχείο με στενό λαιμό για υγρά, φιάλη (συνών. *μπουκάλα*). - Υποκορ. **-λάκι** το. [ιταλ. *bottiglia*].

μποτιλιάρισμα το, ουσ. (συνιζ.). 1. εμφιάλωση (βλ. λ.): *~ μαυροδάφνης*. 2α. (μεταφ., ναυτ.) αποκλεισμός πλοίου σε λιμάνι· β. ακινητοποίηση αυτοκινήτων εξαιτίας της κυκλοφοριακής συμφόρησης: *ο ταξιτζής έκοψε δρόμο για να αποφύγει το ~ στο κέντρο*.

μποτιλιάρω, ρ., παρατ. *-ιζα*, αόρ. *-ισα* (συνιζ.). 1. βάζω υγρό σε μποτίλια και τη σφραγίζω, εμφιαλώνω. 2α. (μεταφ., ναυτ.) αποκλείω πλοία σε λιμάνι φράζοντας την έξοδο· β. ακινητοποιώ αυτοκίνητα, προκαλώ κυκλοφοριακή συμφόρηση: *ήταν -ισμένος κάμποση ώρα στην εθνική οδό*.

μποτίνι το, ουσ., χαμηλή μπότα που καλύπτει τους αστραγάλους. [γαλλ. *bottine*].

μπότσα η, ουσ., ξύλινο (ή μεταλλικό) δοχείο που χρησιμοποιείται ως μέτρο χωρητικότητας ή για τη μεταφορά κυρίως κρασιού. [βενετ. *bozza*].

μποτσάρω, ρ. (ναυτ.) δένω με μπότσο (βλ. λ.) (αντ. *ξεμποτσάρω*).

μπότσος ο, ουσ. (ναυτ.) το σκοινί που στερεώνει το κεφάλι της άγκυρας (συνών. *κεφαλοδέτης, αγκυροδέτης*).

μπουά και **μποά** το, ουσ. άκλ., γυναικείο περιλαίμιο από γουναρικό ή φτερά. [γαλλ. *boa*].

μπουαζερί η, ουσ. άκλ., επένδυση ξύλου. [γαλλ. *boiserie*].

μπούας ο, ουσ. (λαϊκ.), άνθρωπος βλάκας, ανόητος. [ιταλ. *bue*].

μπουάτ η, ουσ. άκλ., μικρό νυχτερινό κέντρο διασκέδασης: *τραγουδά σε ~*. [γαλλ. *boîte (de nuit)*].

μπουγάδα η, ουσ., πλύσιμο ρούχων: *έχω / βάζω ~*. [βενετ. *bugada*].

μπουγαδιάζω, ρ. (συνιζ., λαϊκ.), κάνω μπουγάδα (βλ. λ.), πλένω ρούχα.

μπουγάδιασμα το, ουσ. (συνιζ., λαϊκ.), πλύσιμο ρούχων, μπουγάδα.

μπουγαδοκόφινο το, ουσ., κοφίνι όπου μαζεύεται η μπουγάδα.

μπουγάζι το, ουσ. (λαϊκ.). 1. στενή θαλάσσια λωρίδα ανάμεσα σε δυο στεριές, πορθμός: *ρίχνουν τα δίχτυα μέσα στο ~* (Κόντογλου) (συνών. *κανάλι*). 2. στενό πέρασμα ανάμεσα σε όρη και υψώματα, δερβένι. 3. (συνεκδοχικά) ρεύμα αέρα που σχηματίζεται από στενό πέρασμα (κανάλι ή δερβένι): *κατεβάζει δυνατό ~· τα νησάκια δέρνονται από το ~ της Έγριπος* (Μπαστιάς).[τουρκ. *boğaz*].

μπουγαρίνι το, ουσ., λουλούδι της μπουγαρινιάς: *έκοψε ένα μάτσο -ια* (συνών. *φούλι*). [βενετ. *bugarin*].
μπουγαρινιά η, ουσ. (συνιζ.), το καλλωπιστικό φυτό «ίασμος ο αραβικός», γιασεμί.
μπουγάτσα η, ουσ., είδος πίτας που παρασκευάζεται με φύλλα ζύμης και κρέμα ή τυρί. [τουρκ. *boğaça*].
μπουγατσατζήδικο το, ουσ., κατάστημα πώλησης μπουγάτσας (βλ. λ.) ή εργαστήριο που παρασκευάζει μπουγάτσα.
μπουγατσατζής ο, ουσ., αυτός που παρασκευάζει ή πουλά μπουγάτσα (βλ. λ.).
μπουγέλο το, ουσ. (λαϊκ.), κάδος για την άντληση νερού: *με το ~ άδειαζε τα νερά από τη βάρκα*. [ιταλ. *bugliulo*].
μπούγιο το, ουσ. (συνιζ., λαϊκ.). 1. μεγάλος όγκος, χώρος που κατέχεται από αντικείμενο. 2. (μεταφ.) εντύπωση που δεν ανταποκρίνεται στην πραγματικότητα, υπερβολική φρ. *κάνω ~* (= εντυπωσιάζω αδικαιολόγητα). 3. αναβρασμός, φασαρία: *στη συγκέντρωση είχε πολύ ~*. [άγν. ετυμ.].
μπουγιουρντί το, ουσ. (συνιζ., όχι ερρ., λαϊκ.). 1. έγγραφο με δυσάρεστο συνήθως περιεχόμενο (επιβολή ποινής, απόλυση, κλπ.), διαταγή: *ήρθε το ~ για την κατάταξή μου στο στρατό*. 2. (μεταφ.) επίπληξη, κατσάδα (συνών. *επιτίμηση, μομφή, κατσάδιασμα*). [τουρκ. *buyrultu*].
μπούζι το, ουσ. άκλ. (λαϊκ.). 1. πάγος. 2. (ως επίθ.) πολύ κρύος, ψυχρός σαν τον πάγο: *το νερό / το χέρι σου είναι ~* (συνών. *παγωμένος*). [τουρκ. *buz*].
μπουζί το, ουσ. άκλ. (μηχανολ.) αναφλεκτήρας των μηχανών εσωτερικής καύσης: *χάλασε το ~ του αυτοκινήτου*. [γαλλ. *bougie*].
μπουζούκι το, ουσ. 1. έγχορδο λαϊκό μουσικό όργανο με μικρό σχετικά ηχείο και μεγάλο χέρι. 2. (μεταφ.) μπουζουκοκέφαλος (βλ. λ.). - Στον πληθ. (συνεκδοχικά) = **α.** ορχήστρα, συγκρότημα λαϊκών μουσικών οργάνων· **β.** κέντρο διασκέδασης όπου παίζει συγκρότημα λαϊκών μουσικών οργάνων: *χτες ήμαστε στα -ια*. - Υποκορ. **-άκι** το. [τουρκ. *büzük*].
μπουζουκοκέφαλος, -η, -ο, επίθ. (λαϊκ.). 1. που έχει κεφάλι μεγάλο σε μέγεθος (σαν το ηχείο του μπουζουκιού), κεφάλας. 2. (μεταφ.) ανόητος, κουτός, ξεροκέφαλος.
μπουζουξής και **-κτσής** ο, ουσ., αυτός που παίζει μπουζούκι (βλ. λ.), οργανοπαίχτης του μπουζουκιού.
μπούκα η, ουσ., στόμιο (πυροβόλου όπλου, λιμανιού, σήραγγας, κλπ.): *είδαμε στη ~ του ποταμού μιαν αμμόζερα* (Κόντογλου). Φρ. *έχω κάποιον στη ~* (= έχω εχθρικές διαθέσεις απέναντί του): *τον έχει στη ~ ο προϊστάμενος*. [λατ. *bucca*].
μπουκαδόρος ο, ουσ. (λαϊκ.), κλέφτης που μπουκάρει (βλ. λ.) στα σπίτια από τα ανοιχτά παράθυρα· διαρρήκτης.
μπουκαδούρα η, ουσ. (ναυτ.) άνεμος που πνέει στο στόμιο ενός κόλπου με κατεύθυνση στο μυχό. [πιθ. ιταλ. *bucatura*].
μπουκάλι το, ουσ., δοχείο από γυαλί (ή πλαστικό) με στενό «λαιμό» για υγρά (συνών. *φιάλη, μποτίλια*). - Υποκορ. **-άκι** το. - Μεγεθ. **-άλα** η· φρ. *μένω / αφήνω (κάποιον) -άλα* (= στη μέση, στα κρύα του λουτρού): *πήγαν εκδρομή και άφησαν -άλα*. [ιταλ. *boccale*].

μπουκαπόρτα η, ουσ. (λαϊκ.). 1. οριζόντια πόρτα υπογείου, καταπαχτή, γκλαβανή. 2. (ναυτ.) **α.** τετράγωνο άνοιγμα στα πλάγια του πλοίου· είδος μικρής εξωτερικής πόρτας απ' όπου γίνεται φορτοεκφόρτωση: *το καράβι έμπαζε νερό από τις -ες· ξεχαρβαλωμένες -ες* (συνών. *θυρίδα*)· **β.** (ειδικά) *~ του κανονιού*: κανονιοθυρίδα (βλ. λ.). [βενετ. *bocaporto*].
μπουκάρισμα το, ουσ. (λαϊκ.), (ναυτ.) αιφνίδια εισβολή, εισόρμηση: *το ~ που κάνει η θάλασσα μέσα στις σπηλιές*.
μπουκάρω, ρ., αόρ. *μπούκαρα* και *μπουκάρισα* (λαϊκ.). 1. (ναυτ.) εισπλέω σε στενό θαλάσσιο χώρο, ιδίως στο στόμιο λιμανιού (αντ. *ξεμπουκάρω*. 2. (για υγρό, κ.ά.) μπαίνω με ορμή και θόρυβο κάπου: *-αρε η θάλασσα στ' αμπάρι* (αντ. *ξεμπουκάρω*). 3. **α.** μπαίνω αιφνιδιαστικά και ορμητικά κάπου: *τότε -αραν οι αστυνομικοί και τους τσάκωσαν στο κουμάρι* (πβ. *ξεμπουκάρω*)· **β.** μπαίνω κάπου παραβιάζοντας την είσοδο, κάνω διάρρηξη. [ιταλ. *imboccare*].
μπουκέτο το, ουσ., ανθοδέσμη (βλ. λ.): *ένα ~ κόκκινα τριαντάφυλλα*. [γαλλ. *bouquet*].
μπουκιά η, ουσ. (συνιζ.). 1. ποσότητα τροφής που χωρεί στο στόμα: *μια ~ ψωμί· δεν έβαλα ~ στο στόμα* (συνών. *χαψιά, βούκα*). 2. (μεταφ.) πολύ μικρή ποσότητα: *μιας -άς άνθρωπος* (= μικροκαμωμένος ή ασήμαντος). Έκφρ. *~ και συχώριο* (**α.** για νόστιμο φαγητό· **β.** για πρόσωπο πολύ όμορφο). - Υποκορ. **-ίτσα** η (στη σημασ. 1). [*μπούκα*].
μπούκλα η, ουσ., σύνολο τριχών που σχηματίζουν δαχτυλίδι, βόστρυχος: *τα γενάκια του έστριβαν -ες -ες* (Κόντογλου). - Υποκορ. **-άκι** το και **-ίτσα** η. [γαλλ. *boucle*].
μπουκουνιά η, ουσ. (συνιζ., λαϊκ.), μπουκιά (βλ. λ.). [ιταλ. *boccone + -ιά*].
μποϋκοτάζ, βλ. *μποϊκοτάζ*.
μπούκωμα το, ουσ. 1. γέμισμα του στόματος με τροφή. 2. (μεταφ.) φράξιμο: *~ των ρουθουνιών από κρυολόγημα· ~ της μηχανής του αυτοκινήτου*. 3. δωροδοκία, εξαγορά συνείδησης.
μπουκώνω, ρ. 1. γεμίζω το στόμα κάποιου με τροφή: *είναι -ωμένος και δεν μπορεί να μιλήσει*. 2. φράζω, βουλώνω: *μπούκωσε η μηχανή του αυτοκινήτου*. 3. δωροδοκώ, εξαγοράζω: *για να προχωρήσει η υπόθεσή του μπούκωσε κάποιους*. [*μπουκιά*].
μπουλγούρι, βλ. *πλιγούρι*.
μπούλμπερη, μπούρπερη και **πούλβερη** η, ουσ. (λαϊκ.). 1. μπαρούτι. 2. σκόνη, στάχτη. Φρ. *στάχτη και ~ να γίνουν όλα* (= αδιαφορώ εντελώς). [ιταλ. *polvere*].
μπουλντόγκ το, ουσ. άκλ. (όχι ερρ.), ράτσα μεγαλόσωμων και δυνατών σκύλων με χοντρό κεφάλι. [αγγλ. *bulldog*].
μπουλντόζα η, ουσ. (όχι ερρ.), όχημα με μεγάλη ισχύ, με ειδική κάθετη προς την επιφάνεια του εδάφους κατασκευή στο μπροστινό μέρος που χρησιμοποιείται κυρίως στην οδοποιία. [αγγλ. *bulldozer*].
μπουλντοζιέρης ο, ουσ. (όχι ερρ., συνιζ.), τεχνίτης που οδηγεί και χειρίζεται μπουλντόζα (βλ. λ.).
μπουλόνι το, ουσ. (μηχ.) κυλινδρικός άξονας από σίδερο ή άλλο μέταλλο που χρησιμοποιείται για τη σύνδεση των μερών μεταλλικής ή άλλης κατασκευής και για τη στερέωση βαριών μηχανών

(τόρνοι, πρέσες, κλπ.) στο έδαφος. [γαλλ. *boulon*].
μπουλουγούρι, βλ. *πλιγούρι.*
μπουλούκα, βλ. *μπουλούκος.*
μπουλούκι το, ουσ. 1. ασύντακτο πλήθος από ανθρώπους, ζώα, πουλιά, κλπ., κοπάδι: *τα ψάρια έρχονται -ια· -ια -ια φτάνουν οι τουρίστες.* 2. (ιστ., κατά την τουρκοκρατία) ομάδα άτακτων πολεμιστών, μικρό στρατιωτικό απόσπασμα: *οι κλέφτες εσκορπίσανε, γίνανε τρία -ια* (δημ. τραγ.). 3. (θεατρ.) πρόχειρος θίασος που περιοδεύει. [τουρκ. *bölük*].
μπουλούκος ο, θηλ. **-α,** ουσ., παχουλός άνθρωπος. [τουρκ. *bolluk*].
μπουλουξής ο, ουσ., αυτός που είναι επικεφαλής μπουλουκιού (βλ. λ. στις σημασ. 2 και 3).
μπουμ το, I. ουσ. άκλ. 1. ήχος από εκπυρσοκρότηση πυροβόλου όπλου: *μπαμ και ~ οι κουμπουριές· το ~ του κανονιού* (συνών. *μπαμ*). 2. (γενικά) υπόκωφος ήχος, κρότος, βροντή (κεραυνού, κλπ.). [λ. ηχομιμ.].
μπουμ το, II. ουσ. άκλ. 1. (οικον.) περίοδος μεγάλης οικονομικής ανάπτυξης, απότομης ανόδου των τιμών των αξιών στο χρηματιστήριο και διεύρυνσης των περιθωρίων κέρδους (αντ. *κραχ*). 2. (γενικά) ένταση ενός φαινομένου, όξυνση μιας κατάστασης: *το ~ για τις υποκλοπές τηλεφωνημάτων.* [αγγλ. *boom*].
μπούμα η, ουσ. (ναυτ.) το τελευταίο πανί προς την πρύμη του καραβιού σε σχήμα τραπεζίου. [ιταλ. *boma*].
μπούμερανγκ το, ουσ. άκλ. 1. αντικείμενο από ξύλο ή άλλο υλικό που, αν το πετάξει κανείς με τον κατάλληλο τρόπο, επιστρέφει σ' αυτόν. 2. (μεταφ.) για ενέργεια που κάνει κάποιος με σκοπό να βλάψει άλλους και τελικά επιστρέφει στον ίδιο: *η άποψή του αποδείχτηκε ~ για τον ίδιο.* [αγγλ. *boomerang*].
μπουμπάρι το, ουσ. (έρρ., λαϊκ.). 1. παχύ έντερο σφαγίου που χρησιμοποιείται για την παρασκευή είδους φαγητού· (συνεκδοχικά) το είδος του φαγητού από μπουμπάρι παραγεμισμένο με κομματάκια κρέας και ρύζι με τη μορφή λουκάνικου. 2. κυλινδρικό κατασκεύασμα από τρίχες που τοποθετούσαν παλαιότερα οι γυναίκες ανάμεσα στα μαλλιά τους. [τουρκ. *bumbar*].
μπουμπούκι το, ουσ. (έρρ.). 1. λουλούδι που έχει ολοκληρώσει το σχηματισμό του, χωρίς να έχει ανοίξει τελείως τα πέταλά του. 2. βλαστός φυτού που δεν έχει ακόμα αναπτυχθεί, μάτι (βλ. λ.). [αρχ. *βομβύκιον*].
μπουμπουκιάζω, ρ. (έρρ., συνιζ.), (για φυτό) βγάζω μπουμπούκια (βλ. λ.): *η τριανταφυλλιά -ιασε.*
μπουμπούκιασμα το, ουσ. (έρρ., συνιζ.), (για φυτό) το να βγάζει μπουμπούκια (βλ. λ.), το να μπουμπουκιάζει: *οι αχλαδιές είναι πάνω στο ~.*
μπουμπούνας ο, ουσ. (όχι έρρ.), χοντροκέφαλος, βλάκας: *μα τι ~ που είσαι!* [πιθ. ονοματοπ.].
μπουμπουνητό το, ουσ. (λαϊκ.), αστραπόβροντο και ιδίως συνεχείς βροντές: *ήρθε μια νεροποντή με -ά* (συνών. *μπουμπούνισμα*).
μπουμπουνίζω, ρ. (λαϊκ.), (συνήθως τριτοπρόσ.) *-ει* = βροντά, ακούγονται μπουμπουνητά (βλ. λ.). [ονοματοπ. λέξη από τον ήχο της βροντής *μπου μπου*].
μπουμπούνισμα το, ουσ. (λαϊκ.), μπουμπουνητό (βλ. λ.) (συνών. *βροντή, αστραπόβροντο*).

μπούμπουρας, βλ. *μπάμπουλας.*
μπουναμάς, βλ. *μποναμάς.*
μπο(υ)νάτσα η, ουσ., κατάσταση ηρεμίας και γαλήνης που επικρατεί στη θάλασσα, όταν υπάρχει άπνοια: *η θάλασσα ήτανε κοιμισμένη,* ~ (Κόντογλου). [βενετ. *bonazza*].
μπουνατσάρει, ρ. (απρόσ. ή τριτοπρόσ.), το να επικρατεί γαλήνη και άπνοια στη θάλασσα: *επειδή -άρισε, μπορέσαμε και βγάλαμε τα πανιά* (Κόντογλου).
μπουνέντης και **μπουνέντες,** βλ. *πουνέντης.*
μπούνια τα, ουσ. (συνιζ.), (ναυτ.) ανοίγματα στα πλευρά του καραβιού που επιτρέπουν τα νερά να φεύγουν από το κατάστρωμα προς τη θάλασσα· έκφρ. *πλοίο γεμάτο ως τα ~* (= υπερφορτωμένο). Έκφρ. *ως τα ~* (= ως το τελευταίο όριο, ως το τέρμα): *χρεώθηκε ως τα ~.* [βενετ. *bugna*].
μπουνιά η, ουσ. (συνιζ.). 1. η παλάμη με τα δάχτυλα σφιγμένα προς τα μέσα (συνών. *γροθιά, πυγμή*). 2. χτύπημα που καταφέρεται με την παλάμη σφιγμένη: *του έδωσε μια ~ στο στομάχι· έφαγα μια ~* (συνών. *γροθιά, γρόνθος*). [ιταλ. *pugno*].
μπουνταλάδικος, -η, -ο, επίθ. (όχι έρρ., λαϊκ.), που αναφέρεται στον μπουνταλά: *φέρσιμο -ο.*
μπουνταλάς ο, θηλ. **-ού,** ουσ. (όχι έρρ., λαϊκ.), άνθρωπος αφελής και αδέξιος, χαζούλης, χαζούτσικος. [τουρκ. *budala*].
μπουνταλοσύνη η, ουσ. (όχι έρρ., λαϊκ.), το να είναι κάποιος μπουνταλάς.
μπουνταλού, βλ. *μπουνταλάς.*
μπουντέλι, βλ. *πουντέλι.*
μπουντρούμι το, ουσ. 1. σκοτεινό και υγρό, συνήθως υπόγειο, κελί φυλακής: *τον έκλεισαν σε ~.* 2. διαμέρισμα υγρό και σκοτεινό. [τουρκ. *bodrum*< ελλην. *ιππόδρομος*].
μπουράσκα η, ουσ. (ναυτ.) δυνατή καταιγίδα και ανεμοθύελλα που πιάνει στη θάλασσα, θαλασσοταραχή: *ποτάμι κατάκρυο η ~, μούσκευε το κορμί τους.* [ιταλ. *burrasca*].
μπούρδα η, ουσ., ανόητος, χαζός λόγος, αερολογία: *μη λες -ες* (συνών. *χαζομάρα, βλακεία*). [γαλλ. *bourde*].
μπουρδέλο, βλ. *μπορντέλο.*
μπουρδούκλωμα και **πε(ρ)δίκλωμα** το, ουσ. 1. το να μπερδεύει κάποιος το βήμα του και να σκοντάφτει. 2. μπέρδεμα, περιπλοκή (μιας υπόθεσης).
μπουρδουκλώνω και **πε(ρ)δικλώνω,** ρ. 1. κάνω κάποιον να σκοντάψει επί τη βάσει του βήματος του: (μέσ.) *-ώθηκα και κόντεψα να πέσω.* 2. μπερδεύω, ανακατώνω (συνήθως για υπόθεση, κ.τ.ό.): *τα -ωσε και τώρα δεν μπορεί να τα ξαναφτιάξει.* [αβέβ. ετυμ.].
μπουρέκι και **μπουρεκάκι** το, ουσ., είδος πίτας σε μικρό μέγεθος (ανάλογο μ' αυτό που έχει το τυροπίτάκι) από ζύμη, που γεμίζεται συνήθως με τυρί και αυγά: *-άκια πολίτικα.* [τουρκ. *börek*].
μπουρζουάδικος, -η, -ο, επίθ., που αναφέρεται στην μπουρζουαζία ή τον μπουρζουά: *νοοτροπία -η.*
μπουρζουαζία η, ουσ., το σύνολο των ανθρώπων που ανήκουν στην κοινωνική τάξη που κατέχει και διακινεί τον πλούτο σε ένα καπιταλιστικό σύστημα, η μεγαλοαστική τάξη. [γαλλ. *bourgeoisie*].
μπουρζουάς ο, πληθ. *-άδες,* ουσ. α. μεγαλοαστός (βλ. λ.)· β. τυπικός, χαρακτηριστικός ως προς τη νοοτροπία εκπρόσωπος της πλούσιας τάξης που ζει στα μεγάλα αστικά κέντρα. [γαλλ. *bourgeois*].

μπουρί το, ουσ., τσίγκινος σωλήνας προσαρμοσμένος στο πίσω μέρος της σόμπας (ή συστήματος εξαερισμού) που διοχετεύει τον καπνό έξω από το κτήριο: *καθαρίζω τα -ιά της σόμπας.* [τουρκ. *boru*].

μπουρίνι το, ουσ. 1. απότομη ανεμοθύελλα με βροντές και κεραυνούς: *έπιασε / σηκώθηκε ~.* 2. (στον πληθ. μεταφ.) θυμός, οργή: *τον πιάσανε / έχει τα -ια του* (= είναι πολύ οργισμένος) (συνών. *νεύρα τα*). [βενετ. *borin*].

μπουρινιάζω, ρ. (συνιζ., λαϊκ.). 1. (σε γ΄ πρόσ.) πιάνει μπουρίνι, συννεφιάζει και έρχεται ανεμοθύελλα: *ο αγέρας -ιασε* (Κόντογλου). 2. (μεταφ. για άνθρωπο) γίνομαι κατηφής από μεγάλη στενοχώρια ή οργή: *πρόσωπο -σμένο· μόλις έμαθε τα νέα -ιασε.*

μπουρλοτιέρης ο, ουσ. (συνιζ.), (ιστ.) πυρπολητής.

μπουρλότο το, ουσ. 1. μικρό πολεμικό γρήγορο πλοίο (ή βάρκα), γεμάτο με εύφλεκτα υλικά, που εκτοξεύεται εναντίον του εχθρού για να τον πυρπολήσει. 2. (συνεκδοχικά) φωτιά, πυρπόληση: *έβαλε ~.* 3. είδος παιχνιδιού στα χαρτιά. [βενετ. *burloto*].

μπουρμπουλήθρα η, ουσ., μικρή ποσότητα αέρα σε σφαιρικό σχήμα που ανεβαίνει στην επιφάνεια υγρών, όταν βράζουν ή ανακινούνται, φυσαλίδα: *έκανε -ες με το καλαμάκι.*

μπουρνέλα η, ουσ. (λαϊκ.), κορόμηλο (βλ. λ.). [λατ. *prunus + -έλα*].

μπουρνελιά η, ουσ. (συνιζ., λαϊκ.), κορομηλιά (βλ. λ.).

μπουρνουζάκι, βλ. *μπουρνούζι*.

μπουρνουζένιος, -α, -ο, επίθ. (συνιζ.), που είναι φτιαγμένος από το βαμβακερό ύφασμα με το οποίο φτιάχνονται τα μπουρνούζια.

μπουρνούζι το, ουσ., είδος ρόμπας από ειδικό βαμβακερό ύφασμα, συχνά με κουκούλα, που φοριέται μετά το μπάνιο στο λουτρό ή στη θάλασσα. - Υποκορ. **-άκι** το: *-άκι του μωρού.* [τουρκ. *burnuz*].

μπουρνουζοπετσέτα η, ουσ., μεγάλη πετσέτα που χρησιμοποιείται αντί για μπουρνούζι μετά το μπάνιο.

μπουρού η, ουσ. 1α. μεγάλο κοχύλι που χρησιμοποιείται ως τηλεβόας: *φύσηξε τη ~* (συνών. *κοχύλι, βούκινο*)· β. σφυρίχτρα καραβιού: *σφύριξε η ~ και ξεκίνησε το καράβι.* 2. σειρήνα εργοστασίου. [τουρκ. *boru*].

μπούρμπερη, βλ. *μπούλμερη*.

μπούρτζι το, ουσ., φρούριο σε νησάκι για να προστατεύει την είσοδο λιμανιού. [τουρκ. *burç*].

μπουρτζόβλαχος ο, ουσ. (λαϊκ.), άνθρωπος άξεστος, αγροίκος (συνών. *μπαστουνόβλαχος*).

μπούσουλας ο, ουσ., ναυτική πυξίδα: *η βελόνα του -α έδειχνε προς το Νότο.* Φρ. *χάνω το -α* (= αποπροσανατολίζομαι, μπερδεύομαι). [ιταλ. *bussola*].

μπουσουλιστά (λαϊκ.), επίρρ., μπουσουλώντας, αρκουδίζοντας.

μπουσουλώ, -άς, ρ., περπατώ στα τέσσερα, με τα χέρια και τα πόδια: *το μωρό άρχισε να -άει* (συνών. *αρκουδίζω*). [αβέβ. ετυμ.].

μπούστος ο και **μπούστο** το, ουσ. 1. το τμήμα του σώματος από τη μέση ως το λαιμό, κορμός. 2. (συνεκδοχικά) γυναικείο ρούχο ή εσώρουχο εφαρμοστό στον κορμό του σώματος. 3. προτομή. [ιταλ. *busto*].

μπούτι το, ουσ., το παχύτερο τμήμα του ποδιού των ανθρώπων και των ζώων, που εκτείνεται από το γόνατο έως τους γοφούς: *~ της κότας* (συνών. *μηρός, μερί*). - Υποκορ. **-άκι** το: *-άκι αρνίσιο.* [τουρκ. *but*].

μπουτίκ η, ουσ. άκλ., μικρό κατάστημα που πουλά ρούχα του συρμού, καθώς και τα εξαρτήματά τους. [γαλλ. *boutique*].

μπουτονιέρα η, ουσ. (συνιζ.), κουμπότρυπα: *ο γαμπρός φορούσε άνθος στη ~.* [γαλλ. *boutonnière*].

μπουφάν το, ουσ. άκλ., κοντό και φουσκωτό γυναικείο και ανδρικό πανωφόρι που συνήθως έχει λάστιχο στο κάτω μέρος του: *~ αδιάβροχο.* [γαλλ. *bouffant*].

μπουφές ο, ουσ. 1. έπιπλο της σαλοτραπεζαρίας όπου τοποθετούνται σερβίτσια και γυαλικά. 2. κυλικείο που βρίσκεται σε σταθμό ή πάνω σε τρένο, κ.τ.ό., ή σε δημόσιο κτήριο (συνών. *μπαρ*). 3. τραπέζι ή ειδικός πάγκος με ποικίλα εδέσματα σε δημόσια ή ιδιωτική δεξίωση όπου οι καλεσμένοι σερβίρονται μόνοι τους. - Υποκορ. **-εδάκι** το. [γαλλ. *buffet*].

μπουφετζής ο, ουσ., ιδιοκτήτης ή υπάλληλος μπουφέ (βλ. λ. στη σημασ. 2): *ο ~ του πλοίου / του γραφείου.*

μπούφος ο, ουσ. 1. μεγάλο νυκτόβιο αρπακτικό πουλί που ζει στα δάση και μοιάζει με την κουκουβάγια. 2. (μεταφ. για άνθρωπο) κουτός, χαζός και αδέξιος. [λατ. *bufus*].

μπουχός ο, ουσ., πυκνή σκόνη. [σλαβ. *mŭhŭ*].

μπουχτίζω, ρ. 1. χορταίνω υπερβολικά από κάτι, φτάνω στον κορεσμό: *-ισα από μακαρόνια.* 2. (μεταφ.) χορταίνω από κάτι τόσο ώστε να μου προκαλεί αηδία, βαριέμαι, κουράζομαι από κάτι: *-ισα πια (από) τα ψέματά του.* [αόρ. *biktim* του τουρκ. *bikmak*].

μπούχτισμα το, ουσ., το να μπουχτίζει κανείς από κάτι, κορεσμός.

μπόχα η, ουσ., πολύ άσχημη μυρωδιά, δυσοσμία. [αβέβ. ετυμ.].

μπράβο, επιφ., (μόνο του ή με τη γεν. της προσωπ. αντων. *μου, σου, του*...) 1. για επιδοκιμασία ή θαυμασμό: *~! απάντησες σωστά· ~ σου που τα κατάφερες έτσι* (συνών. *εύγε*). 2. για ειρωνεία: *~ (σου)! πώς μπόρεσες να το κάνεις!* - Έναρθρο ως ουσ. = επιδοκιμασία: *τα ~ που άκουσε τον ενθάρρυναν.* [ιταλ. *bravo*].

μπράβος ο, ουσ. 1. έμμισθος σωματοφύλακας στην υπηρεσία πολιτικών ανδρών ή πλουσίων, κ.τ.ό.: *-οι του κέντρου διασκεδάσεως.* 2. πληρωμένος ταραχοποιός που δρα για λογαριασμό κάποιου (συνήθως πολιτικών κομμάτων): *οι -οι της οργάνωσης προκάλεσαν ταραχές στη συγκέντρωση* (συνών. *τραμπούκος*). [ιταλ. *bravo*].

μπράντα η, ουσ. (ερρ.), (ναυτ.) κρεμαστό κρεβάτι των ναυτών, αιώρα. [ιταλ. *branda*].

μπρατσαράς ο, ουσ. (λαϊκ.), άντρας με γερά μπράτσα (συνών. *μπρατσωμένος*).

μπρατσέρα η, ουσ. (ναυτ.) ιστιοφόρο πλοίο με δύο κατάρτια και πανιά σε σχήμα τραπεζίου. [βενετ. *brazzera*].

μπράτσο το, ουσ. 1. το παχύτερο τμήμα του χεριού που βρίσκεται ανάμεσα στον ώμο και τον αγκώνα, βραχίονας: *τη σήκωσε με τα γερά του -α·* φρ. *κάνω -α* (= αποκτώ ποντίκια, δυνατούς μύες). 2. καθένα από τα πλαϊνά στηρίγματα της πολυθρόνας όπου ακουμπά κανείς τα χέρια του. - Υποκορ. **-άκι** το (στη σημασ. 1)· (στον πληθ.) είδος μικρών σω-

σιβίων που προσαρμόζονται στα μπράτσα κολυμβητών και κυρίως παιδιών. [βενετ. *brazzo*].
μπρατσωμένος, -η, -ο, επίθ., που έχει γερά μπράτσα (συνών. *μπρατσαράς*).
μπρε, βλ. *βρε.*
μπρετέλα η, ουσ. (συνήθως στον πληθυντικό) λεπτή λωρίδα από λάστιχο ή ύφασμα που συγκρατεί στους ώμους γυναικείο εσώρουχο: *-ες του στηθόδεσμου.* [γαλλ. *bretelle*].
μπριάμ(ι) το, ουσ. (ασυνίζ.), λαδερό φαγητό με διάφορα λαχανικά, που ψήνεται στο φούρνο. [τουρκ. *birian*].
μπριγιάν και **μπριγιάντι,** βλ. *μπριλάντι.*
μπριγιαντίνη η, ουσ. (συνιζ., έρρ.), καλλυντικό παρασκεύασμα με βάση αρωματικό λάδι που δίνει λάμψη και σταθερό χτένισμα στα μαλλιά. [γαλλ. *brillantine*].
μπριγκαντίνι, βλ. *μπεργαντίνι.*
μπριζόλα και **μπριτζόλα** η, ουσ., κομμάτι κρέας με κόκαλο από τα πλευρά ζώου που τρώγεται ψητό ή τηγανητό: *~ στα κάρβουνα.* - Υποκορ. *-ίτσα* η και *-άκι* το. [βενετ. *brisiola*].
μπρικ το, ουσ. άκλ., είδος αβγοτάραχου που παρασκευάζεται από αβγά σολωμού και έχει κοκκινωπό χρώμα, κόκκινο χαβιάρι. [αγγλ. *brick*].
μπρίκι το, ουσ. I. (ναυτ.) δικάταρτο ιστιοφόρο πλοίο με τετράγωνα πανιά. [αγγλ. *brig*].
μπρίκι το, ουσ. II. μικρό μεταλλικό οικιακό σκεύος με λαβή για το ψήσιμο καφέ ή την παρασκευή άλλων αφεψημάτων. [τουρκ. *ibrik*].
μπριλάντι και **μπριγιάντι** και (άκλ.) **μπριγιάν** και (σπανιότ.) **μπιριλάντι** και **περλάντι** το, ουσ. (έρρ.), διαμάντι κατεργασμένο έτσι ώστε να έχει πολλές έδρες: *δαχτυλίδι με ~.* [ιταλ. *brillante*].
μπρίο το, ουσ. άκλ., ζωντάνια, ζωηράδα που εκφράζεται με λόγια ή κινήσεις, ευθυμία, κέφι: *τραγουδίστρια με ~· μιλά με το γνωστό του ~.* [ιταλ. *brio*].
μπριόζος, -α, -ο, επίθ. (ασυνίζ.), που έχει μπρίο, εκφραστικός, εύθυμος: *ηθοποιός ~.* [ιταλ. *brioso*].
μπρισίμι και **μπρισίμι** το, ουσ., μεταξωτή κλωστή: *κεντημένο με ~ πράσινο και χρυσό.* [τουρκ. *ibrişim*].
μπριτζ το, ουσ. άκλ., είδος παιχνιδιού στα χαρτιά που παίζεται με τέσσερις παίκτες: *παίζουν ~· αγώνας ~.* [αγγλ. *bridge*].
μπριτζόλα, βλ. *μπριζόλα.*
μπρόκα, βλ. *πρόκα.*
μπρόκολο το, ουσ., είδος λαχανικού με πράσινο μίσχο και πράσινα ή βυσσινί ανθάκια. [ιταλ. *broccolo*].
μπρος, βλ. *εμπρός.*
μπροσούρα η, ουσ., φυλλάδιο, συνήθως με εικόνες, που παρέχει πληροφορίες για ένα προϊόν, που διαφημίζει ή προπαγανδίζει μια ιδέα: *~ διαφημιστική / ενημερωτική.* [γαλλ. *brochure*].
μπροστά, επίρρ. (μόνο του ή με γεν. της προσωπ. αντων. ή με πρόθ.).**1.** (τοπ. για στάση ή κίνηση) **α.** σε σημείο μακρινό ή κοντινό του οποίου κοιτάζει κάποιος, στην πρόσοψη πράγματος ή προσώπου ή πέρα απ' αυτήν: *όταν περπατάς να βλέπεις πάντα ~· στη σειρά στεκόταν ~ μου· τον είδε ~ στην είσοδο του κτηρίου· (με πρόθ.) προς τα ~.* **β.** πολύ κοντά: *σπίτι ~ στη θάλασσα·* **γ.** απέναντι, αντίκρυ: *κάθεται ~ στην τηλεόραση·* **δ.** στο μπροστινό μέρος (κάποιου πράγματος ή του σώματος): *ανέβηκε στο λεωφορείο και στάθηκε*

~· η φούστα κουμπώνει ~. **ε.** (ως επίθ., λαϊκ.) μπροστινός: *το ~ κάθισμα.* **2.** (χρον.) **α.** (για το μέλλον): *έχεις όλον τον καιρό ~ σου· κοιτάζω πάντα ~* (= το μέλλον)· **β.** (για το παρελθόν) *πιο ~* (= πρωτύτερα). **3.** ενώπιον κάποιου, όταν κάποιος είναι παρών: *κλαίει ~ σ' όλους· πνίγηκε ~ στα μάτια τους· μη λες τίποτε ~ τους.* **4.** (συγκρ.) **α.** σε σύγκριση με κάποιον ή κάτι άλλο: *δε βάζει καμιά άλλη ~ στη γυναίκα του·* **β.** όταν πρόκειται για (κάτι): *~ στο συμφέρον του θυσιάζει τα πάντα.* **5.** (μεταφ.) σε περίπτωση αντιμετώπισης (γεγονότος), σε ενδεχόμενο: *δείλιασε ~ στον κίνδυνο* (συνών. *εμπρός,* σε όλες τις σημασ.· αντ. *πίσω* στις σημασ. 1α, δ, ε, 2α, 3). Φρ. *βάζω κάποιον ~,* βλ. *βάζω· είμαι ~* (= είμαι παρών): *ήταν ~ όταν μάλωναν· πάω ~* (= προοδεύω): *αυτό το παιδί θα πάει ~, γιατί έχει μυαλό.* [*εμπρός*].
μπροστάντζα η, ουσ., προκαταβολή (μισθού, μισθώματος, κ.τ.ό.): *πήρε / έδωσε εκατό χιλιάδες δραχμές ~.* [*μπροστά*].
μπροστάρης ο, ουσ. **1.** κριάρι ή τράγος που προχωρεί μπροστά και οδηγεί το κοπάδι. **2.** (για άνθρωπο) αυτός που προπορεύεται σε κάτι, που καθοδηγεί κάποιους, οδηγός: *~ στους κοινωνικούς αγώνες* (συνών. *οδηγητής*).
μπροστέλα η, ουσ., ποδιά που φοριέται πάνω από τη φούστα για να προφυλάσσει από λεκιάσματα.
μπροστινός, -ή, -ό, επίθ. **1α.** που βρίσκεται μπροστά: *τα -ά πόδια του ζώου· τα -ά δόντια·* **β.** που βρίσκεται μπροστά από κάποιον άλλο: *ο ~ μου στο θρανίο* (αντ. *πισινός* στις σημασ. α και β). **2.** που αποτελεί την πρόσοψη κάποιου πράγματος: *η -ή πλευρά του κήπου· δωμάτια -ά* (αντ. *πισινός*).
μπρούμυτα, επίρρ., (ξαπλωμένος, πεσμένος) με το πρόσωπο προς το έδαφος, το κρεβάτι, κλπ.: *έπεσε ~· κοιμάται ~* (αντ. *ανάσκελα*). [*πρόμυτα<προ + μύτη*].
μπρουμυτίζω, ρ., πέφτω ή ξαπλώνω μπρούμυτα.
μπρού(ν)τζα τα, ουσ. (λαϊκ.), αντικείμενα από μπρούντζο: *γυαλίζω τα ~.*
μπρού(ν)τζινος, -η, -ο, επίθ. (έρρ.), κατασκευασμένος από μπρούντζο: *άγαλμα -ο* (συνών. *ορειχάλκινος*).
μπρού(ν)τζος ο, ουσ. (έρρ.), κράμα χαλκού και κασσίτερου (συνών. *ορείχαλκος*). [ιταλ. *bronzo*].
μπρούσκος, -α, -ο και **μπρούσικος, -η, -ο**, επίθ. (για κρασί) που έχει δυνατή και στυφή γεύση. [ιταλ. *brusco*].
μπρούτζα, βλ. *μπρούντζα.*
μπρούτζινος, βλ. *μπρούντζινος.*
μπρούτζος, βλ. *μπρούντζος.*
μπρούτο το, ουσ., το συνολικό βάρος εμπορεύματος μαζί με τη συσκευασία του (αντ. *νέτο*). [ιταλ. *brutto*].
μπύρα, βλ. *μπίρα.*
μυ το, ουσ. άκλ., το δωδέκατο γράμμα του ελληνικού αλφαβήτου· ένα από τα σύμφωνα της ελληνικής γλώσσας (μ, Μ).
μυαλγία η, ουσ. (ασυνίζ.), (ιατρ.) πόνος των μυών του σώματος.
μυαλγικός, -ή, -ό, επίθ. (ασυνίζ.), (ιατρ.) που σχετίζεται με τη μυαλγία: *ενοχλήσεις -ές.*
μυαλό το, ουσ. (συνιζ.), (στον εν. και πληθ.). **1.** εγκέφαλος: *τον χτύπησε στο ~ και έμεινε στον τόπο.* **2.** μεδούλι: *κόκαλο γεμάτο ~* (συνών. *μυελός*). **3.** (συνεκδοχικά) **α.** σύνολο νοητικών λειτουργιών, νους, αντίληψη: *δεν έχει καθόλου μυα-*

μυαλωμένος

λό (= είναι κουτός)· *έχει γερό* ~ (= είναι πολύ έξυπνος)· **β.** σύνεση: *άνθρωπος με* ~ (= συνετός) (συνών. *φρόνηση*). Έκφρ. *θηλυκό* ~, βλ. *θηλυκός*. Φρ. *βάζω* ~, βλ. *βάζω*· *κόβει το* ~ *μου*, βλ. *κόβω*· *με τα -ά που έχεις θα φας το κεφάλι σου* (= με τον τρόπο που σκέφτεσαι και ενεργείς θα καταστραφείς)· *μου παίρνει το* ~ *κάτι* (= με ζαλίζει)· *μου πήρε το* ~ *ο θόρυβος της μηχανής*· *μου περνά κάτι απ' το* ~ (= σκέφτομαι, υποψιάζομαι κάτι)· *πάει το* ~ *μου σε κάτι* (σκέφτομαι κάτι)· *παίρνουν τα -ά μου αέρα* (= α. γίνομαι αλαζόνας: *πλούτισε ξαφνικά και πήραν τα -ά του αέρα* β. δεν αντιμετωπίζω ρεαλιστικά μια κατάσταση)· *παίρνω ή σηκώνω τα -ά κάποιου* (= ξεμυαλίζω): *η επιτυχία του του πήρε τα -ά*· *πήζει το* ~ *μου* (= ωριμάζω διανοητικά)· *τινάζω τα -ά μου στον αέρα* (= αυτοκτονώ χρησιμοποιώντας πυροβόλο όπλο)· *χάνω το* ~ *μου* (= τρελαίνομαι). Παροιμ. *τα -ά σου και μια λίρα (και του μπογιατζή ο κόπανος)* (= ειρων.). - Υποκορ. **-ουδάκι** το. [μτγν. *μυαλός*].

μυαλωμένος, η, -ο, επίθ. (συνιζ.), που έχει μυαλό, συνετός: *γυναίκα -η* (συνών. *γνωστικός, φρόνιμος*· αντ. *άμυαλος*).

μυασθένεια η, ουσ. (ασυνίζ.), (ιατρ.) πάθηση που χαρακτηρίζεται από πολύ εύκολη κόπωση των μυών και οφείλεται σε ανωμαλία της μετάδοσης των χημικών αντιδράσεων στα σημεία επαφής νεύρου και μυών.

μυασθενικός, -ή, -ό, επίθ. (ασυνίζ.), που σχετίζεται με τη μυασθένεια.

μυατονία η, ουσ. (ασυνίζ.), (ιατρ.) έλλειψη ή ελάττωση του μυϊκού τόνου.

μυατονικός, -ή, -ό, επίθ. (ασυνίζ.), που σχετίζεται με τη μυατονία: *σύνδρομο -ό*.

μυατροφία η, ουσ. (ασυνίζ.), (ιατρ.) ατροφία των μυών.

μυατροφικός, -ή, -ό, επίθ. (ασυνίζ.), που σχετίζεται με τη μυατροφία.

μύγα η, ουσ., μικρό δίπτερο έντομο συνήθως μαύρου χρώματος. Έκφρ. *σαν τη* ~ *μες στο γάλα* (για δυσαρμονία πραγμάτων). Φρ. *βαράω / σκοτώνω -ες* (= 1. τεμπελιάζω, είμαι αργόσχολος. 2. δεν έχω δουλειά ή πελατεία)· *δε σηκώνω* ~ *στο σπαθί μου* (= είμαι πολύ ευέξαπτος)· *χάφτω -ες* (= είμαι μωρόπιστος)· *πιάνει ή τσιμπάει κάποιον η* ~ (= συμπεριφέρεται αλλόκοτα)· *κι από τη* ~ *ξίγγι βγάζει* (= είναι τσιγγούνης)· *όποιος έχει τη* ~ *μυγιάζεται* (βλ. *μυγιάζομαι*). Παροιμ. *τρώει η* ~ *σίδερο και το κουνούπι ατσάλι* (= δημιουργείται μεγάλη φασαρία, καβγάς, κ.τ.ό.). - Υποκορ. **-ίτσα** η, **-ούλα** η, **-άκι** το: *είδος μικρής μύγας*.

μυγδαλιά, βλ. *αμυγδαλιά*.

μύγδαλο, βλ. *αμύγδαλο*.

μυγιάγγιχτος, -η, -ο, επίθ. (συνιζ.), εύθικτος, ευερέθιστος.

μυγιάζομαι, ρ. (συνιζ.). 1. (για ζώο) το πειράζει η μύγα. 2. (μεταφ.) είμαι καχύποπτος, εύκολα παρεξηγώ τους άλλους. Φρ. *όποιος έχει τη μύγα -εται* (= όποιος έχει συναίσθηση της ενοχής του νομίζει διαρκώς ότι τον υποπτεύονται).

μυγίτσα, βλ. *μύγα*.

μυγοκάθισμα το, ουσ. (λαϊκ.), τα αβγά που γεννά η κρεατόμυγα πάνω σε κρέας ή άλλες τροφές.

μυγοσκοτώστρα η, ουσ., όργανο ελαφρό, πλατύ στο ένα του άκρο και με μακριά λαβή, με το οποίο σκοτώνει κανείς μύγες, κουνούπια, κ.τ.ό. (πβ. *ξεμυγιαστήρι*).

μυγούλα, βλ. *μύγα*.

μυγοχάφτης ο, θηλ. **-ισσα,** ουσ. (λαϊκ.), (μεταφ.) άνθρωπος ευκολόπιστος.

μυγόχεσμα το, ουσ. (λαϊκ.), ακαθαρσίες της μύγας.

μύδι το, ουσ., μαλάκιο που ζει μέσα σε σκουρόχρωμο κοχύλι. - Υποκορ. **-άκι** το.

μυδοπίλαφο το, ουσ., φαγητό που παρασκευάζεται με μύδια, ρύζι, κρεμμύδια και ντομάτα.

μυδράλιο το, ουσ. (ασυνίζ.), βλήμα πολυβόλου όπλου (συνών. *μύδρος*). [γαλλ. *mitraille* με επίδραση του *μύδρος*].

μυδραλιοβόλο το, ουσ. (ασυνίζ.), επαναληπτικό, ελαφρό ή βαρύ, πολεμικό όπλο (συνών. *πολυβόλο*).

μύδρος ο, ουσ. 1. κομμάτι στερεοποιημένης λάβας που εκτινάσσεται κατά την έκρηξη ηφαιστείου. 2. (παλαιότερα) βλήμα πολυβόλου (συνών. *μυδράλιο*). 3. (μεταφ.) έντονα επιθετικός λόγος: *εξαπέλυσε -ους κατά του πολιτικού του αντιπάλου*.

μυελασθένεια η, ουσ. (ασυνίζ.), (ιατρ.) νωτιαία μορφή νευρασθένειας.

μυελίτιδα η, ουσ. (ιατρ.) φλεγμονώδης πάθηση του νωτιαίου μυελού.

μυελοκήλη η, ουσ. (ιατρ.) μη φυσιολογική προεξοχή του νωτιαίου μυελού έξω από το σωλήνα της σπονδυλικής στήλης από σχισμή των τόξων των σπονδύλων.

μυελοκύτταρο το, ουσ., κύτταρο του μυελού των οστών.

μυελοκυψέλη η, ουσ. (ανατομ.) καθεμιά από τις μικρές κοιλότητες που αποτελούν τη σπογγώδη ουσία των οστών και περιέχουν τον οστέινο μυελό και τα αιμοφόρα αγγεία.

μυελομηνιγγίτιδα η, ουσ. (ιατρ.) φλεγμονή των μηνίγγων και του νωτιαίου μυελού.

μυελονευρίτιδα η, ουσ. (ιατρ.) φλεγμονή των νεύρων και του μυελού συγχρόνως.

μυελοπάθεια η, ουσ. (ιατρ.) γενική ονομασία παθήσεων του νωτιαίου μυελού ή του μυελού των οστών.

μυελός ο, ουσ. (ασυνίζ.), λιπώδης ουσία στο σωληνωτό κοίλωμα των οστών (συνών. *μεδούλι, μυαλό*)· *προμήκης* ~, βλ. ά. *προμήκης*· *νωτιαίος* ~ = το τμήμα του κεντρικού νευρικού συστήματος που περιέχεται μέσα στο σωλήνα της σπονδυλικής στήλης.

μυελώδης, -ης, -ες, γεν. **-ους,** πληθ. αρσ. και θηλ. **-εις,** ουδ. **-η,** επίθ. (ασυνίζ.), που μοιάζει μυελό: *-ες περίβλημα νευρικών ινών*.

μυέλωμα το, ουσ. (ασυνίζ.), (ιατρ.) νεοπλασία του οστικού μυελού.

μυζήθρα και **μυτζήθρα** η, ουσ., τυροκομικό προϊόν που προκύπτει μετά την πήξη και παραλαβή του τυριού. [*ζυμήθρα*].

μυζηθρόπιτα η, ουσ., πίτα με μυζήθρα.

μυζητήρας ο, ουσ., όργανο με το οποίο γίνεται η απομύζηση αίματος ή χυμών: *-ες εντόμων*.

μυζητικός, -ή, -ό, επίθ., που είναι ικανός στην απομύζηση: *έντομα -ά*.

μύηση η, ουσ. 1. εισαγωγή κάποιου σε μυστική οργάνωση με τη διδασκαλία των μυστικών της στον ενδιαφερόμενο, αφού υποβληθεί σε ορισμένες δοκιμασίες: ~ *στη Φιλική Εταιρεία*. 2. (μεταφ.) εκμάθηση των μυστικών τέχνης ή επιστήμης: ~ *στην ποίηση / γλυπτική*.

μύθευμα το, ουσ., πλαστή ιστορία.

μυθικός, -ή, -ό, επίθ. **1.** που ανήκει ή αναφέρεται στους μύθους: *περίοδος -ή* (= η εποχή της προϊστορίας κατά την οποία παρατηρείται σύγχυση μεταξύ πραγματικών γεγονότων και μύθων). **2.** πλαστός, φανταστικός: *διηγήσεις -ές.* **3.** άξιος θαυμασμού: *πλούτη -ά* (συνών. *μυθώδης*).

μυθιστόρημα το, ουσ. **1α.** εκτενές λογοτεχνικό έργο κατά κανόνα σε πεζό λόγο και σπανιότερα έμμετρο που περιλαμβάνει διήγηση φανταστικών περιπετειών, μελετά τους χαρακτήρες των ατόμων και αναλύει αισθήματα και πάθη μέσα από μια ιδιαίτερη πλοκή: *διαβάζει -ατα· ήρωες του -ατος· -ατα ιπποτικά (έμμετρα)· -ατα αστυνομικά·* **β.** (μόνο στον εν.) το αντίστοιχο λογοτεχνικό είδος: *~ γαλλικό / ιστορικό / ψυχολογικό.* **γ.** (μεταφ.) *η ζωή είναι ένα ~* (= γεμάτη περιπέτειες). **2.** (μεταφ.) *μυθολόγημα* (βλ. λ. στη σημασ. 2): *έπλασε ολόκληρο ~ για να μας πείσει.*

μυθιστορηματικός, -ή, -ό, επίθ. **1.** που ανήκει ή αναφέρεται στο μυθιστόρημα: *πλοκή / παραγωγή -ή· κόσμος / αφηγητής ~.* **2.** που έχει τη μορφή, τα χαρακτηριστικά του μυθιστορήματος· που μοιάζει με μυθιστόρημα: *βιογραφία -ή· περιπέτεια -ή.*

μυθιστορία η, ουσ., διήγηση ενός φανταστικού, αξιοπερίεργου γεγονότος: *οι -ες του Ηροδότου.*

μυθιστορικός, -ή, -ό, επίθ., που ανήκει ή αναφέρεται στη μυθιστορία: *αφήγηση -ή.*

μυθιστοριογραφία η, ουσ. (ασυνίζ.). **1.** συγγραφή μυθιστορημάτων. **2.** το σύνολο της παραγωγής μυθιστορημάτων σε μια εποχή ή μια χώρα: *η ~ της δεκαετίας του '50.*

μυθιστοριογράφος ο και η, ουσ. (ασυνίζ.), συγγραφέας μυθιστορημάτων.

μυθιστοριογραφώ, -είς, ρ. (ασυνίζ.), ασχολούμαι με τη συγγραφή μυθιστορημάτων.

μυθογραφία η, ουσ., συγγραφή ή συλλογή και καταγραφή μύθων.

μυθογραφικός, -ή, -ό, επίθ., που ανήκει ή αναφέρεται στη μυθογραφία ή το μυθογράφο: *έργο -ό.*

μυθογράφος ο, ουσ., αυτός που συγγράφει ή συλλέγει και καταγράφει μύθους: *ο Αίσωπος, ο ~ της αρχαιότητας.*

μυθογραφώ, -είς, ρ., συγγράφω ή συλλέγω και καταγράφω μύθους.

μυθολόγημα το, ουσ. **1.** μυθική διήγηση, μύθος: *μέσα στο έργο αυτό βρίσκουμε πολλά -ατα.* **2.** ψευδής διήγηση, ψευδολόγημα, «παραμύθι»: *συκοφαντεί τους συναδέλφους του με -ατα.*

μυθολογία η, ουσ. **1.** το σύνολο των μύθων και των παραδόσεων ενός λαού, ενός πολιτισμού, μιας θρησκείας: *αρχαία ελληνική ~.* **2.** επιστημονική μελέτη των μύθων, της καταγωγής, της εξέλιξης και της σημασίας τους: *στο πανεπιστήμιο ειδικεύτηκε στη ~.* **3.** το σύνολο των φανταστικών ή υπερβολικών ιδεών και αντιλήψεων που επικρατούν σχετικά με κάποιο θέμα ή κάποιο πρόσωπο: *γύρω από τη ζωή αυτού του ζωγράφου υπάρχει ολόκληρη ~.*

μυθολογικός, -ή, -ό, επίθ., που ανήκει ή αναφέρεται στη μυθολογία: *έρευνα -ή· στοιχεία -ά.*

μυθολόγος ο, ουσ., επιστήμονας ειδικευμένος στη μελέτη της μυθολογίας.

μυθολογώ, -είς, ρ., ασχολούμαι επιστημονικά με τη μυθολογία, είμαι μυθολόγος.

μυθομανής, -ής, -ές, γεν. -*ούς,* πληθ. αρσ. και θηλ. -*είς,* ουδ. -*ή,* επίθ., που πάσχει από μυθομανία (βλ. λ.): *όλοι ξέρουν ότι είναι ~ κι αυτά που διηγείται δεν έγιναν ποτέ.*

μυθομανία η, ουσ. (ψυχ.-κοινων.) παθολογική τάση να επινοεί κανείς και να διηγείται ψευδείς ιστορίες διαστρέφοντας την πραγματικότητα.

μυθοπλασία η, ουσ., επινόηση μύθων· (συνεκδοχικά) μύθος: *πού ξεχωρίζει η ~ από τα γεγονότα;*

μυθοπλαστικός, -ή, -ό, επίθ., που ανήκει ή αναφέρεται στη μυθοπλασία: *ικανότητα / φαντασία -ή.*

μυθοποίηση η, ουσ. (λόγ.). **1.** επινόηση, σύνθεση μύθων. **2.** (μεταφ.) απόδοση εξαιρετικών ιδιοτήτων σε κάποιον ή κάτι (συνών. *θεοποίηση*).

μυθοποιός ο, ουσ. (ασυνίζ.), αυτός που επινοεί ή συνηθέστερα διασκευάζει σε πεζή ή ποιητική μορφή απλές λαϊκές αφηγήσεις με παραδειγματική αξία κυρίως από τη ζωή των ζώων: *ο ~ Αίσωπος* (συνών. *παραμυθάς*).

μυθοποιώ, ρ., (μεταφ.) εκδηλώνω υπερβολικό θαυμασμό για κάποιον ή κάτι (συνών. *θεοποιώ*).

μύθος ο, ουσ. **1α.** διήγηση που έπλασαν οι άνθρωποι ιδίως στο απώτερο παρελθόν με το νου και τη φαντασία τους, που έχει για θέμα μια εντυπωσιακή ιστορία από την κοινωνία των θεών, των ανθρώπων ή των ζώων και επιδιώκει με συμβολικό τρόπο να περιγράψει και να εξηγήσει πώς δημιουργήθηκε ο κόσμος και άρχισε η ζωή, πώς συμβαίνουν τα φυσικά φαινόμενα ή να δικαιολογήσει θρησκευτικές αντιλήψεις, την κοινωνική οργάνωση, κ.ά.: *-οι κοσμογονικοί / αιτιολογικοί· ο ~ του Προμηθέα· παραλλαγές ενός -ου·* **β.** (περιληπτικά) το σύνολο των μυθολογικών διηγήσεων και η ερμηνεία του κόσμου με τη βοήθειά τους: *μετάβαση από το -ο στο λόγο.* **2.** (συνεκδοχικά) το να παριστάνεται κάτι ως ιστορικό πρόσωπο ή γεγονός παραμορφωμένο ή απλουστευμένο από τη λαϊκή φαντασία: *ο ~ του Ναπολέοντα / της Ατλαντίδας· ~ ζωντανός* (για σύγχρονο διάσημο πρόσωπο) (συνών. *θρύλος*). **3.** (φιλοσ.) για την έκφραση μιας ιδέας ή την παρουσίαση μιας θεωρίας διαμέσου πλαστής διήγησης με μορφή μύθου: *ο ~ του σπηλαίου στον Πλάτωνα* (συνών. *αλληγορία*). **4.** σύντομη πλαστή διήγηση, πεζή ή έμμετρη, συνήθως με πρωταγωνιστές ζώα και με σκοπό να προβάλει ένα ηθικό δίδαγμα: *-οι του Αισώπου / του Λαφοντέν.* **5α.** νοητικό κατασκεύασμα (ιδέα, ερμηνεία, κ.τ.ό.) άσχετο προς την πραγματικότητα: *όσα διέδιδαν για τον Α. ήταν ~* (συνών. *παραμύθι, επινόηση*)· **β.** (κοινων.) απλουστευτικός τρόπος σκέψης, συχνά με ψευδαισθήσεις και έλλειψη ορθολογισμού, που υιοθετείται από κοινωνικές και πολιτιστικές ομάδες σε σχέση με πρόσωπα ή γεγονότα και ρυθμίζει σε μεγάλο βαθμό τη συμπεριφορά και τις εκτιμήσεις τους: *ο ~ της φυλετικής καθαρότητας / του νεοελληνικού φιλότιμου / της Αμερικής· διαλύω το -ο για κάτι* (= απομυθοποιώ) (πβ. *σύμβαση*). **6.** (φιλολ.) υπόθεση λογοτεχνικού έργου: *ανάπτυξη του -ου.*

μυθώδης, -ης, -ες, γεν. -*ους,* πληθ. αρσ. και θηλ. -*εις,* ουδ. -*η,* επίθ. (λόγ.). **1.** μυθολογικός: *διηγήσεις -εις.* **2.** που υπάρχει μόνο στους μύθους, υπερβολικός, πέρα από κάθε μέτρο: *χλιδή ~* (συνών. *παραμυθένιος*)· *ποσά -η* (συνών. *φανταστικός*).

μυϊκός, -ή, -ό, επίθ. (ανατομ.-ανθρωπολ.) που ανήκει ή αναφέρεται στους μύες: *σύστημα -ό· δύναμη*

-ή· ιστός ~· δέσμη -ή (= ομάδες από μυϊκές ίνες, που αποτελούν το γραμμωτό μυ)· συστολή -ή (= το να διεγείρεται ο μυς και να ασκεί δύναμη ύστερα από κατάλληλο ερέθισμα)· τόνος ~ (= μόνιμη κατάσταση μικρής συστολής των μυών που γίνεται αντανακλαστικά)· κάματος ~, βλ. κάματος.

μυκηθμός ο, ουσ. (λόγ.), (για βοοειδή) μουγκρητό.

Μυκηναία, βλ. Μυκηναίος.

μυκηναϊκός, -ή, -ό, επίθ. (ιστ.) σχετικός με το κράτος και τον πολιτισμό που αναπτύχθηκε με κέντρο τις Μυκήνες στον ελληνικό χώρο κατά την τελευταία περίοδο της εποχής του χαλκού (1600-1100 π.Χ.): κέντρα -ά (λ.χ. Πύλος, Τίρυνθα)· ανάκτορο -ό· θολωτοί τάφοι -οί.

Μυκηναίος ο, θηλ. **-α**, ουσ. (ιστ.) ο κάτοικος των αρχαίων Μυκηνών ή του μυκηναϊκού κράτους.

μύκητας ο, ουσ. (βοτ.) **α.** φυτό με πολλές χιλιάδες είδη, διαφορετικά στο μέγεθος ή στη μορφή, που δεν έχει χλωροφύλλη, βλαστό, ρίζες, φύλλα ή άνθη, δεν μπορεί να παραγάγει όσες ουσίες χρειάζονται για να τραφεί και ζει είτε παρασιτικά σε φυτά, ζώα ή ανθρώπους: -ες απαραίτητοι για τις ζυμώσεις / παθογόνοι· **β.** (ειδικότερα) μανιτάρι (βλ. λ.).

μυκητίαση η, ουσ. (ιατρ.) παρασιτική πάθηση που προκαλείται από μύκητες: -άσεις του δέρματος / (βοτ.) των φυτών.

μυκητολογία η, ουσ., κλάδος της βοτανικής που μελετά τους μύκητες.

μυκητολογικός, -ή, -ό, επίθ., που σχετίζεται με τη μυκητολογία ή τους μυκητολόγους.

μυκητολόγος ο, ουσ., επιστήμονας ειδικευμένος στη μυκητολογία.

Μυκονιάτης ο, θηλ. **-ισσα**, ουσ. (συνιζ.), αυτός που κατοικεί στη Μύκονο ή κατάγεται από εκεί.

μυκονιάτικος, -η, -ο, επίθ. (συνιζ.), που ανήκει ή αναφέρεται στη Μύκονο ή τους Μυκονιάτες: ανεμόμυλοι -οι.

Μυκονιάτισσα, βλ. Μυκονιάτης.

μυκτηρίζω, ρ. (λόγ.), εμπαίζω, χλευάζω, κοροϊδεύω.

μυκτηρισμός ο, ουσ. (λόγ.), εμπαιγμός, χλευασμός, κοροϊδία.

μυκτηριστικός, -ή, -ό, επίθ. (λόγ.), περιπαικτικός, χλευαστικός, κοροϊδευτικός.

μυκώμαι, ρ. (λόγ.), (για βοοειδή) μουγκρίζω, μουκανίζω.

μυλαύλακο το, ουσ. (λαϊκ.), αυλάκι για να διοχετεύεται στο νερόμυλο το νερό που τον κινεί (συνών. αμπολή).

μυλεργάτης ο, ουσ. (λόγ.), αυτός που εργάζεται σε μύλο.

μυλοκόπι το, ουσ. (ζωολ.) ψάρι με αρκετά φαρδύ σώμα και άσπρο κρέας με λίγα αγκάθια που μαγειρεύεται κομμένο σε φέτες.

μυλόπετρα η, ουσ., καθεμιά από τις δύο μεγάλες κυλινδρικές μονοκόμματες πέτρες του μύλου· (ποιητ. για τη σκληρότητα της ζωής) ψυχές / δοσμένες στις -ες σαν το σιτάρι (Σεφέρης).

μύλος ο, ουσ. **1α.** μηχανή με την οποία αλέθει κανείς κόκκους δημητριακών, ιδίως σιταριού, που την αποτελούν δύο πέτρινοι κύλινδροι σε επαφή, από τους οποίους ο ένας μένει ακίνητος και ο άλλος κινείται με το χέρι ή με την ενέργεια του νερού ή του ανέμου· **β.** (γενικότερα) ογκώδης μηχανή, συνήθως μεταλλική και ηλεκτροκίνητη, όπου αλέθονται δημητριακά ή κονιορτοποιούνται σκληρά υλικά ή συνθλίβονται μαλακές ύλες, ιδίως φαγώσιμες: κύλινδροι του -ου· στη Δημητσάνα δούλευαν -οι για μπαρούτι. **2.** το κτίριο όπου είναι εγκατεστημένες οι παραπάνω μηχανές: το αυλάκι / τα φτερά του -ου. **3.** φορητή οικιακή συσκευή, χειροκίνητη ή ηλεκτρική, που αλέθει κόκκους ή πολτοποιεί ωμές ή μαγειρεμένες τροφές: ~ του καφέ / για αλεύρι ολικής άλεσης· περνώ φρούτα / πατάτες στο -ο. Φρ. ο ~ (του) αλέθει, βλ. αλέθω στη σημασ. **4·** έγινε ~ (για κατάσταση σύγχυσης, έντονης διαμάχης, κ.τ.ό.)· ρίχνω / φέρνω νερό στο -ο κάποιου (= ενισχύω κάποιον, του παρέχω επιχειρήματα σε μια πολιτική αντιπαράθεση).

μυλωνάς ο, θηλ. **-ού**, ουσ. **1.** ιδιοκτήτης ή εργάτης αλευρόμυλου (συνήθως παραδοσιακού, βλ. ά. μύλος στη σημασ. 1α)· παροιμ. θεωρία επισκόπου και καρδιά -ά (= βλ. ά. θεωρία στη σημασ. 5)· όλοι κλαίγαν τον πόνο τους κι ο ~ τ' αυλάκι (= καθένας φροντίζει για ό,τι άμεσα τον ενδιαφέρει). **2.** το θηλ.: και η γυναίκα του μυλωνά.

μύξα η, ουσ. **1α.** γλοιώδης ουσία που εκκρίνεται και κατεβαίνει από τα ρουθούνια: σκουπίζει τη ~ του· (συχνά στον πληθ.) του τρέχουν οι -ες· ρουφάει τις -ες του· **β.** (συνεκδοχικά) για γλοιώδες έκκριμα: το σαλιγκάρι έβγαζε μια ~. **2.** (λαϊκ., μετων.) μυξιάρης (βλ. λ. στη σημασ. 2).

μυξαδένας ο, ουσ. (ανατομ.) η υπόφυση (βλ. λ.) του εγκεφάλου.

μυξαδενικός, -ή, -ό, επίθ., που ανήκει ή αναφέρεται στο μυξαδένα.

μυξάρης, βλ. μυξιάρης.

μύξης ο, ουσ. (λαϊκ.), μυξιάρης.

μυξιάζω, ρ. (συνιζ., λαϊκ.), γίνομαι μυξιάρης (βλ. λ. στη σημασ. 1).

μυξιάρης (συνιζ.) και **μυξάρης** ο, θηλ. **-α**, ουδ. **-ικο**, επίθ. (λαϊκ.). **1.** αυτός που από τα ρουθούνια του τρέχουν μύξες. **2.** ως έντονα περιφρονητικός και υβριστικός χαρακτηρισμός κάποιου. **3.** (το ουδ.) περιφρονητικά για μικρό παιδί (συνών. κουτσούβελο, νιάνιαρο).

μυξοίδημα το, ουσ. (ιατρ.) πάθηση που οφείλεται σε ανεπάρκεια ή έλλειψη της λειτουργίας του θυρεοειδούς και χαρακτηρίζεται από πρήξιμο και κιτρινωπή απόχρωση στο δέρμα, καθώς και από διανοητικές και σεξουαλικές διαταραχές: μορφή συγγενούς -ήματος είναι ο κρετινισμός.

μυξοκλαίω, ρ. (λαϊκ.), κλαίω και μου τρέχουν οι μύξες· συνήθως σκωπτ. για κλάμα αληθινό ή προσποιητό.

μυξομάντηλο το, ουσ. (έρρ., λαϊκ.), υφασμάτινο μαντήλι με το οποίο σκουπίζει κανείς τη μύτη του.

μυογράφημα το, ουσ. (ασυνίζ.), γραφική παράσταση της συστολής ενός μυός που λαμβάνεται με το μυογράφο.

μυογράφος ο, ουσ. (ασυνίζ.), συσκευή που καταγράφει, αφού πρώτα μεγεθύνει, τις μυϊκές συστολές.

μυοκάρδιο το, ουσ. (ασυνίζ.), (ανατομ.) κοίλος μυς με γραμμωτές ίνες που διαπλέκονται, ο οποίος αποτελεί το κυριότερο τοίχωμα της καρδιάς και παίζει σπουδαίο ρόλο στην κυκλοφορία του αίματος: ~ των κόλπων· έμφραγμα του -ίου.

μυοκαρδίτιδα η, ουσ. (ασυνίζ.), (ιατρ.) φλεγμονή του μυοκαρδίου: ~ ρευματική.

μυολογία η, ουσ. (ασυνίζ.), τμήμα της ανατομικής που μελετά το μυϊκό σύστημα.
μυοπάθεια η, ουσ. (ασυνίζ.), (ιατρ.) πάθηση του μυϊκού συστήματος που καταλήγει συνήθως σε ατροφία του.
μυοσωτίς, βλ. *μη με λησμόνει*.
μυοτομία η, ουσ. (ιατρ.) τομή των μυών με χειρουργική επέμβαση.
μυριάδα η, ουσ. (ασυνίζ. και συνιζ.). 1. σύνολο δέκα χιλιάδων μονάδων, ο αριθμός 10.000. 2. (στον πληθ.) αναρίθμητο πλήθος: *-ες στρατιωτών· -ες κουνούπια*.
μυριάκριβος, -η, -ο, επίθ. (συνιζ.), πολυαγαπημένος: *έχασε το -ο παιδί της*.
μυριαρίφνητος, -η, -ο, επίθ. (συνιζ., λαϊκ.), αναρίθμητος.
μυρίζω, ρ. I. Ενεργ. Α. (μτβ.) οσφραίνομαι, απολαμβάνω τη μυρωδιά ενός πράγματος: *~ το τριαντάφυλλο*. Β. αμτβ. α. αναδίδω ευχάριστη μυρωδιά: *-ει ο τόπος από τις ανθισμένες πασχαλιές* (συνών. *ευωδιάζω, μοσχοβολώ*)· β. αναδίδω.δυσάρεστη μυρωδιά: *-ει ο βόθρος· -ουν τα ψάρια·* γ. (σε γ΄ πρόσ.) αναδίδουν οσμή (ευχάριστη ή δυσάρεστη): *-ει βαριά / ωραία*. II. Μέσ. Α. μτβ. 1. αισθάνομαι τη μυρωδιά που αναδίδεται από κάτι: *ο σκύλος -ίστηκε λαγό*. 2. (μεταφ.) προαισθάνομαι, αντιλαμβάνομαι εγκαίρως κάτι, υποψιάζομαι (με αντικ. κάτι δυσάρεστο): *τον -ίστηκαν ότι ήταν προικοθήρας· τα -μίστηκαν τα κακά μαντάτα· καλά το -ίστηκα ότι θα με γελάσεις* (συνών. *υποπτεύομαι*). Β. (αμτβ.) έχω την αίσθηση της όσφρησης: *δε -ομαι πια καλά*. Φρ. *-ει μπαρούτι*, βλ. ά. *μπαρούτι· δε ~ τα δάχτυλά μου* (= δεν είμαι προφήτης)· *ο ένας του βρομάει και ο άλλος του -ει* (για δύστροπο άνθρωπο)· παροιμ. *πέρυσι κάηκε, φέτος μύρισε* (για γεγονός που γίνεται γνωστό ύστερα από μεγάλο χρονικό διάστημα).
μυριο- (συνιζ. και ασυνίζ.), α΄ συνθ. πολλών λέξεων που δηλώνει ότι αυτό που υπάρχει ή γίνεται στο β΄ συνθ. συμβαίνει άπειρες φορές (π.χ. *μυριοευχαριστώ, μυριόκλωνος*).
μυριοευχαριστώ, ρ. (συνιζ.), ευχαριστώ κάποιον αμέτρητες φορές, χιλιοευχαριστώ.
μύριοι, -ες, -α, επίθ. (συνιζ.). 1. δέκα χιλιάδες. 2. (συνεκδοχικά) πολλοί, αναρίθμητοι: *πειρασμοί ~· καταστροφές -ες* έκφρ. *τα -α όσα* (= άπειρα, αναρίθμητα· για δυσάρεστη ενέργεια, συμπεριφορά, κ.τ.ό., που έχουν επαναληφθεί πάρα πολλές φορές): *του έκαναν / ακούγονται τα -α όσα·* (αίνιγμα) *χίλιοι ~ καλόγεροι σ᾽ ένα ράσο τυλιγμένοι* (για το ρόδι) (συνών. *μυριάδες*).
μυριόκλωνος, -η, -ο, επίθ. (συνιζ.), που έχει αναρίθμητα κλωνιά: *ιτιά -η·* (μεταφ.) *~ ο πόνος που πονώ*.
μυριόλεκτος, -η, -ο, επίθ. (ασυνίζ., λόγ.), που έχει λεχθεί άπειρες φορές (συνών. *χιλιοειπωμένος*).
μυριομπαλωμένος, -η, -ο, επίθ. (συνιζ., λαϊκ.), που είναι μπαλωμένος σε πάρα πολλά σημεία: *ρούχο -ο*.
μυριοπαρακαλώ, ρ. (συνιζ.), παρακαλώ αμέτρητες φορές.
μυριοστόλιστος, -η, -ο, επίθ. (συνιζ., λαϊκ.), που είναι στολισμένος με αμέτρητα στολίδια: *νύφη -η*.
μυριόστομος, -η, -ο, επίθ. (συνιζ.), που βγαίνει από άπειρα στόματα: *κραυγή -η*.
μυριοστός, -ή, -ό, επίθ. (ασυνίζ.). 1. που κατέχει θέση που καθορίζεται από τον αριθμό 10.000. 2. που έχει μέγεθος ή βάρος 10.000 φορές μικρότερο από αυτό που συγκρίνεται. - Το ουδ. ως ουσ. = καθένα από τα δέκα χιλιάδες μέρη στα οποία διαιρείται η ακέραιη μονάδα.
μυριοχαριτωμένος, -η, -ο, επίθ. (συνιζ., λαϊκ.), που έχει μύριες χάρες: *κόρη -η*.
μυριόχρωμος, -η, -ο, επίθ. (συνιζ.), που έχει ποικίλα χρώματα: *δέντρα -α*.
μύρισμα το, ουσ. 1. η πράξη και το αποτέλεσμα του μυρίζω. 2. αρωματική ουσία.
μυριστικός, -ή, -ό, επίθ., ευωδιαστός, μυρωδάτος. - Το ουδ. ως ουσ. = 1. αρωματικό φυτό: *το περιβόλι με τα -ά του*. 2. αρωματική ουσία, μυρωδικό.
μυρμηγκάκι, βλ. *μυρμήγκι*.
μύρμηγκας και **μέρμηγκας** ο, ουσ. (έρρ.), μυρμήγκι. [*μύρμηξ*].
μυρμήγκι και **μερμήγκι** το, ουσ. (έρρ.), έντομο υμενόπτερο που ζει κατά ομάδες· φρ. *~ δεν πειράζει* (= δεν ενοχλεί, δε βλάπτει κανένα). - Υποκορ. **-άκι** το. [μυρμήκιον].
μυρμηγκιά η, ουσ. (έρρ., συνιζ.). 1. μυρμηγκοφωλιά. 2. (μεταφ.) μεγάλη συνάθροιση ανθρώπων (συνών. *όχλος, συρφετός*).
μυρμηγκιάζω και **μερμηγκιάζω**, ρ. (έρρ., συνιζ.). 1. γεμίζω μυρμήγκια. 2. είμαι πολυάριθμος όπως τα μυρμήγκια, μαζεύομαι σαν τα μυρμήγκια· είμαι γεμάτος: *βλέπω τον κόσμο που -ει· μερμηγκιάζουν άστρα και σκουλήκια στο πετσί του κόσμου* (Ρίτσος). 3. αισθάνομαι μούδιασμα, φαγούρα: *ένιωσε το κορμί του να -ει*.
μυρμήγκιασμα το, ουσ. (έρρ.), μυρμηκίαση (βλ. λ.).
μυρμηγκοβότανο και **μερμηγκοβότανο** το, ουσ. (έρρ.), πώδες εξωτικό φυτό που τα άνθη του χρησιμοποιούνται στη φαρμακευτική.
μυρμηγκότρυπα η, ουσ. (έρρ.), μυρμηγκοφωλιά (βλ. λ.).
μυρμ(γ)κοφάγος ο, ουσ. (έρρ.). 1. ζώο θηλαστικό με μακρόστενο κεφάλι, μακρύ και μυτερό ρύγχος και λεπτή γλώσσα που καλύπτεται με κολλώδη ουσία για να συγκρατούνται τα μυρμήγκια που συλλαμβάνει. 2. πουλί με καφετί χρώμα επάνω και κιτρινωπό κάτω, σκωληκοειδή γλώσσα σκεπασμένη με κολλητική ουσία για να κολλούν τα μυρμήγκια και τα αβγά τους με τα οποία τρέφεται.
μυρμηγκοφωλιά η, ουσ. (έρρ., συνιζ.), φωλιά μυρμηγκιών.
μυρμηδίζω και **-ιάζω, μερμηδίζω** και **-ιάζω,** ρ. (συνιζ.), μυρμηγκιάζω (βλ. λ.): *μερμήδιασε το κορμί του*. [μτγν. *μυρμηδών*].
μυρμήδισμα και **μερμήδισμα** το, ουσ., μυρμήγκιασμα (βλ. λ.): *νιώθω -ίσματα στα δάκτυλα*.
μυρμηκίαση η, ουσ., αίσθηση κνησμού που μοιάζει με αυτό που προκαλείται όταν περπατούν στο δέρμα μυρμήγκια (συνών. *μούδιασμα*).
μυρμηκικός, -ή, -ό, επίθ. (λόγ.), που ανήκει ή αναφέρεται στα μυρμήγκια (χημ.) *-ό οξύ* = οξύ που περιέχεται στο σώμα των μυρμηγκιών και άλλων εντόμων, καθώς και σε μερικά φυτά και υγρά.
μυρμηκοφάγος, βλ. *μυρμηγκοφάγος*.
μύρο το, ουσ. 1α. αρωματικό λάδι (φυτικό ή τεχνητό): *άλειψαν με -α το σώμα του Χριστού·* β. (θρησκ.) για το μύρο που πιστεύεται ότι αναβλύζει από τα σώματα των αγίων. 2. (εκκλ.) έκφρ. *άγιο ~* = αρωματικό λάδι με το οποίο ο ιερέας χρίει το βαπτιζόμενο.

μυροβλύτης ο, ουσ. (για άγιο) αυτός που αναβλύζει μύρο και σκορπά γύρω του ευωδιά: *άγιος Δημήτριος ο ~*. [*μύρο + βλύζω*].

μυροβόλος, -α, -ο, επίθ., που αναδίδει άρωμα: *άνοιξη -α* (συνών. *ευωδιαστός, μυρωδάτος*).

μυρογυάλι το, ουσ. (συνιζ., λαϊκ.), μυροδοχείο.

μυροδοχείο το, ουσ. **1.** δοχείο για φύλαξη μύρων. **2.** (εκκλ.) λειτουργικό σκεύος όπου φυλάγεται το άγιο μύρο.

μυροποιία η, ουσ., η τέχνη της παρασκευής μύρων (συνών. *αρωματοποιία*).

μυροποιός ο, ουσ. (ασυνίζ.), παρασκευαστής μύρων (συνών. *αρωματοποιός*).

μυροπωλείο το, ουσ., κατάστημα όπου πουλιούνται χρώματα και καλλυντικά (συνών. *αρωματοπωλείο*).

μυρουδιά, βλ. *μυρωδιά*.

μυροφόρος, -α, -ο, επίθ., που φέρνει ή έχει μύρα. - *Το θηλ. στον πληθ. ως κύρ. όν.* = (εκκλ.) οι τρεις ευσεβείς γυναίκες της Γαλιλαίας που πήγαν μετά τη σταύρωση του Χριστού στον τάφο για να αλείψουν το σώμα του με μύρα και πρώτες έμαθαν από τον άγγελο την είδηση της Ανάστασης.

μυρσινέλαιο το, ουσ., αιθέριο έλαιο που βγαίνει από τα φύλλα της μυρσίνης.

μυρσίνη και **μερσίνη** και **μερσίνα** η, ουσ., μυρτιά (βλ. λ.).

μυρτιά και **σμυρτιά** η, ουσ. (συνιζ.), θάμνος ή δέντρο αειθαλές με άσπρα και ευωδιαστά άνθη που βγαίνουν στις μασχάλες των φύλλων και ευδοκιμεί στις μεσογειακές χώρες (συνών. *μυρσίνη*).

μύρτινος, -η, -ο, επίθ., που είναι κατασκευασμένο από μυρτιά: *στεφάνι -ο*.

μύρτο και **σμύρτο** το, ουσ., ο καρπός της μυρτιάς· (συνεκδοχικά) φυλλοφόρο κλαδί της μυρτιάς.

μυρωδάτος, -η, -ο, επίθ., που αναδίδει ευχάριστη οσμή: *φρούτα -α· καπνός ~* (συνών. *ευωδιαστός, αρωματικός*).

μυρωδιά και **μυρουδιά** η, ουσ. (συνιζ.). **1.** ευχάριστη ή δυσάρεστη οσμή που αναδίδει από κάτι: *~ του τριαντάφυλλου· βαριά ~ κρέατος*. **2.** (σπάνια) άρωμα: *πασαλείφτηκε -ές*. **3.** (συνεκδοχικά) μικρή ποσότητα από φαγητό που μυρίζει ευχάριστα: *έλα να πάρεις μια ~ από το ψητό* (συνών. *μεζές*). Έκφρ. για *~* (= σε ελάχιστη ποσότητα): *το λάδι το βάζουν για ~*.

μυρωδικό το, ουσ. **1.** αρωματική ουσία. **2.** αρωματικό άρτυμα φαγητών ή γλυκισμάτων (συνών. *μυριστικό, μπαχαρικό*).

μύρωμα το, ουσ. **1.** επάλειψη με μύρο. **2.** (εκκλ.) α. σταυροειδής επάλειψη με άγιο μύρο που γίνεται από τον ιερέα σε ορισμένα σημεία του σώματος αυτού που βαφτίζεται· **β.** σταυροειδής επάλειψη με αγιασμένο έλαιο που γίνεται στο μέτωπο των χριστιανών κατά την τελετή του μυστηρίου του ευχέλαιου.

μυρωμένος, -η, -ο, ρημ. επίθ. **1.** ευωδιαστός. **2.** που έγινε χριστιανός με το μυστήριο του βαπτίσματος και του χρίσματος.

μυρώνω, ρ. **1.** αλείφω με μύρο. **2.** εκκλ. **α.** (υποκ. *ιερέας*) κάνω σταυροειδή επάλειψη με άγιο μύρο σε ορισμένα σημεία του σώματος αυτού που βαφτίζεται: (παροιμ.) *βαφτίζω και ~, άρα ζήσει και μη ζήσει* (βλ. *βαφτίζω* στη σημασ. 2)· **β.** κάνω σταυροειδή επάλειψη με αγιασμένο έλαιο στο μέτωπο των χριστιανών κατά την τελετή του μυστηρίου του ευχελαίου.

μυς ο, γεν. *μυός*, αιτ. *μυ*, πληθ. *μύες*, αιτ. *μυς* και *μύες*, ουσ. **1.** (λόγ.) ποντικός. **2.** (ανατομ.) όργανο ή μέρος οργάνου που αποτελείται από τη συνένωση ινών ευδιέγερτων και συσταλτών, του οποίου οι συστολές εξασφαλίζουν τις λειτουργίες της κίνησης: *-ες λείοι* (= που σχηματίζουν τα εσωτερικά όργανα και εκτελούν τις φυσικές λειτουργίες / *γραμμωτοί* (= που προκαλούν την κίνηση των οργάνων του σώματος τα οποία σχετίζονται με το εξωτερικό περιβάλλον)· *~ καρδιακός* (= το μυοκάρδιο)· *-ες γελαστικοί / κοιλιακοί· παράλυση / συσπάσεις των -ών*. **3.** μυώνας, μούσκουλο: *-ες γυμνασμένοι·* φρ. *είναι όλος ~* (= είναι γυμνασμένος, δεν έχει πάχος)· *έκανε ~* (= απέκτησε γυμνασμένους, δυναμωμένους μυς)· *έχει ~* (= είναι γεροδεμένος, δυνατός) (κοιν. *ποντίκι*).

μυσαρός, -ή, -ό, επίθ. (λόγ.), που προκαλεί αηδία ή αποτροπιασμό: *δολοφόνος ~* (συνών. *σιχαμερός, απεχθής, μισητός*).

μυσαρότητα η, ουσ. (λόγ.), το να προκαλεί κάποιος ή κάτι αηδία ή αποτροπιασμό (συνών. *βδελυρότητα*).

μυσταγωγία η, ουσ. **1.** (εκκλ.) *θεία ~* = η θυσία του σώματος και του αίματος του Χριστού που τελείται από τον ιερέα κατά τη θεία λειτουργία. **2.** (μεταφ.) παράσταση (μουσική, θεατρική, κλπ.) υπερβολικά ωραία που προκαλεί ψυχική ανάταση.

μυσταγωγικός, -ή, -ό, επίθ., που ανήκει ή αναφέρεται στη μυσταγωγία: *χαρακτήρας ~ τελετής / παράστασης·* (εκκλ.) *-ή θεολογία* = μορφή της λειτουργικής που εξετάζει τη λειτουργία και τις διάφορες τελετές από την άποψη του μυστηρίου και όχι ιστορικά.

μυσταγωγός ο, ουσ. **1.** αυτός που μυεί, που κάνει κάποιον να εννοήσει τα (θρησκευτικά) μυστήρια (συνών. *κατηχητής*). **2.** (μεταφ.) αυτός που παίζει πρωτεύοντα ρόλο διδάσκοντας και μεταδίδοντας κάποια ανώτερη ιδέα ή αρχή: *~ επιστήμης*.

μυσταγωγώ, -είς, ρ., εισάγω, μυώ κάποιον στα (θρησκευτικά) μυστήρια (συνών. *κατηχώ*).

μυστηριακός, -ή, -ό, επίθ. (ασυνίζ.), που ανήκει ή αναφέρεται στα μυστήρια: *τελετές -ές· ~ χαρακτήρας λατρείας·* (θρησκ.-ιστ.) *θρησκείες -ές* = απόκρυφες λατρείες που συνδέονταν με ορισμένες θεότητες (π.χ. τα Ελευσίνια μυστήρια της Δήμητρας, η λατρεία των Καβείρων στη Σαμοθράκη, του Διόνυσου, κλπ.) και στις οποίες είχαν δικαίωμα συμμετοχής μόνον οι μύστες (συνών. *μυστήρια*).

μυστήριο το, ουσ. (ασυνίζ.). **1α.** (αρχ.) γνώση ιερή ή πράξη τελεστική, απόρρητη και απόκρυφη στους πολλούς, στην οποία μπορούσαν να μετέχουν μόνο οι μύστες (βλ. λ.)· **β.** (αρχ.-θρησκ., συνήθως στον πληθ.) απόκρυφες συμβολικές εορτοτελεστίες και διδασκαλίες που αναφέρονταν στη λατρεία ορισμένων θεοτήτων, τελούνταν συνήθως κάθε χρόνο, σε καθορισμένο χρονικό διάστημα και στις οποίες μπορούσαν να μετέχουν μόνον οι μύστες: *-α Ελευσίνια / Ορφικά*. **2.** (εκκλ.) **α.** θρησκευτικό δόγμα που αναφέρεται σε κάποια ανώτερη μυστική έννοια που ο ανθρώπινος νους δεν μπορεί να την κατανοήσει και να την εξηγήσει: *το ~ της αγίας Τριάδας / της ενανθρώπισης του Χριστού·* **β.** θρησκευτική αλήθεια που έχει αποκαλυφθεί από το Θεό: *το ~ του Ευαγγελίου· τα -α τη Βασιλείας των ουρανών·* **γ.** καθεμία από τις επτά ιερές τελετές (βάπτισμα, χρίσμα, θεία ευχαριστία, μετάνοια ή εξομολόγηση, ευχέλαιο, γάμος, ιεροσύνη) με τις οποίες μεταδίδεται μυστηριωδώς η θεία χάρη διαμέσου των αισθητών, δηλ. των εξωτερικών σημείων στο χριστιανό ώστε να προαχθεί στον αγιασμό και τη σωτηρία του: *τέλεση -ίου· άγια ή άχραντα -α* (= η Θεία Κοινωνία). 3. καθετί που είναι ή πιστεύεται ότι είναι θαυμαστό και ακατανόητο για τον ανθρώπινο νου: *το ~ της δημιουργίας / του θανάτου*. 4. (συνήθως στον πληθ.) λεπτομερείς και βαθύτερες επιστημονικές γνώσεις που απαιτούν ειδικότερη σπουδή και μελέτη. 5. καθετί που είναι ανεξήγητο για τους πολλούς: *~ παραμένει η τελευταία δολοφονία· κλειδί του -ίου· ~ πώς έκανε τέτοιο πράμα! ο άνθρωπος αυτός είναι ένα ~! ~ πώς δεν πάγωσε! ταινία -ίου*. 6. (συνεκδοχικά) ασάφεια, κατά κανόνα ηθελημένη, που περιβάλλει κάτι: *πυκνό ~ καλύπτει την υπόθεση· πέπλος -ίου*. 7. η ιδιότητα προσώπου, τόπου, κλπ., να ασκεί ή να βρίσκεται (ή να πιστεύεται ότι βρίσκεται) κάτω από την επίδραση μυστικών δυνάμεων: *το ~ του πύργου*. 8. (θεατρ.) είδος θεατρικού έργου με υπόθεση από τις σχετικές αφηγήσεις της Βίβλου, των Αποκρύφων και των βίων των αγίων που παίζονταν μέσα στους χριστιανικούς ναούς ή και έξω από αυτούς κατά το μεσαίωνα.

μυστηριολογία η, ουσ. (ασυνίζ.). 1. η μελέτη των μυστηρίων (βλ. λ. στη σημασ. 1β) στις αρχαίες θρησκείες. 2. η φιλοσοφική και ηθικολογική ερμηνεία του εσώτερου νοήματος αυτών των μυστηρίων, πβ. *αποκρυφισμός*.

μυστήριος, -α, -ο, επίθ. (ασυνίζ.). 1. μυστηριώδης: *δεν υπάρχει τίποτε το -ο στην υπόθεση· κουβέντες -ες*. 2. παράξενος, ιδιότροπος: *πολύ ~ είσαι, βρε αδελφέ!* - Το αρσ. και το θηλ. ως ουσ. = (λαϊκ.) άνθρωπος άγνωστος ή και ύποπτος: *πέρασε ένας ~ και ρωτούσε για σένα*.

μυστηριώδης, -ης, -ες, γεν. -ους, πληθ. αρσ. και θηλ. -εις, ουδ. -η, επίθ. (ασυνίζ.). 1. που μοιάζει με μυστήριο ή είναι γεμάτος μυστήριο, άγνωστος ή ακατανόητος και ανεξήγητος: *ασθένεια ~* (συνών. *μυστήριος*). 2. που κρύβει κάποιο μυστήριο, αινιγματικός: *μήνυμα -ες· ύφος / χαμόγελο -ες*. 3. που δεν μπορούν να προσδιοριστούν με ακρίβεια οι προθέσεις ή τα χαρακτηριστικά του, που μπορεί να κρύβει κάτι άγνωστο ή και επικίνδυνο: *φωνή ~· σε -εις περιοχές του Αμαζονίου· -η ιπτάμενα αντικείμενα*. 4. που πιστεύεται ότι κυριαρχείται από την παρουσία μυστικών, υπερφυσικών δυνάμεων: *τόπος / πύργος ~· ο ~ κόσμος των αστρολόγων*. 5. παράξενος, που δύσκολα γίνεται κατανοητός και δύσκολα εξηγείται: *η ~ φράση...· -η σχήματα στους τοίχους σπηλαίου*. 6. (συνεκδοχικά) **a.** που γίνεται με τρόπο παράξενο: *εξαφάνιση ~· -εις συνθήκες θανάτου* **β.** που οφείλεται σε πράγμα παράξενο και κακό: *έχει καταληφθεί από -εις φοβίες*. 7. (για πράγμα) που η φύση του, ο σκοπός, το περιεχόμενο ή η χρησιμότητά του παραμένουν μυστικά: *ταξίδι -ες· φάκελος ~*. 8. (για πρόσ.) που παραμένει μυστικός ο ρόλος του, η ταυτότητά του ή οι ενέργειές του: *συνεργάζεται με κάτι -εις τύπους· ταξιδιώτης ~*. 9. που γίνεται με μυστικό τρόπο, κρυφά: *ενέργειες -εις*. - Επίρρ. **-ωδώς**.

μύστης ο, ουσ. 1. αυτός που έχει κατηχηθεί σε μυστήρια, που έχει διδαχτεί την έννοια των μυστηριακών συμβόλων και τελετουργιών: (αρχ.) *χορός*

-ών. 2. (μεταφ.) αυτός που είναι βαθύς γνώστης μιας επιστήμης ή τέχνης.

μυστικά, βλ. *μυστικός*.

μυστικισμός ο, ουσ. 1α. (θεολ.-φιλοσ.) φιλοσοφικό σύστημα και θρησκευτικό δόγμα σύμφωνα με το οποίο η τελειότητα συνίσταται στη μυστηριώδη ένωση του ανθρώπου με το θείο: *~ θρησκευτικός / φιλοσοφικός / δογματικός*. **β.** η ψυχική διάθεση αυτών που αναζητούν την παραπάνω ένωση και τελειότητα, *ψυχική ανάταση* **γ.** (περιληπτικά) ονομασία των μεταφυσικών και θεολογικών δοξασιών που βασίζονται στην υπόθεση ότι απόκρυφες δυνάμεις ενεργούν στον κόσμο: *~ νεοπλατωνικών*. 2. ένθερμη τάση προς αυτό που έχει χαρακτήρα μυστηριώδη. 3. φιλοσοφική διδασκαλία που βασίζεται στην άποψη ότι η αντικειμενική πραγματικότητα είναι απρόσιτη στο νου του ανθρώπου και γνωρίζεται μόνο με την ενόραση (βλ. λ.).

μυστικιστής ο, θηλ. **-τρια** η, ουσ. 1. αυτός που έχει τάσεις μυστικισμού. 2. οπαδός του φιλοσοφικού ή θρησκευτικού μυστικισμού (συνών. *μυστικός*).

μυστικιστικός, -ή, -ό, επίθ., που ανήκει ή αναφέρεται στο μυστικισμό ή στους μυστικιστές: *-ά στοιχεία στην Αγία Γραφή· αντιλήψεις -ες*.

μυστικίστρια, βλ. *μυστικιστής*.

μυστικό το, ουσ. 1α. αυτό που γνωρίζουν ή πληροφορούνται ένα ή δύο μεταξύ τους άτομα ή μικρή ομάδα ατόμων και το κρατούν κρυφό: *~ σοβαρό / προσωπικό / στρατιωτικό· προδίδω / φανερώνω / εμπιστεύομαι / εκμυστηρεύομαι ένα ~· δεν είναι ~ ότι έχουν δεσμό· μπορεί και κρατάει -ά· ~ κρατικό* (= πληροφορία που η αποκάλυψή της βλάπτει τα συμφέροντα του κράτους)· *~ επαγγελματικό* = **α.** δέσμευση από το νόμο να μην ανακοινώνονται εμπιστευτικές πληροφορίες που αναφέρονται κατά την άσκηση ενός επαγγέλματος, π.χ. *των γιατρών, δικηγόρων, κλπ.* (συνών. *απόρρητο*) **β.** γνώση γύρω από την τεχνογνωσία επαγγέλματος που δεν πρέπει να γίνει γνωστή, ιδίως στους ανταγωνιστές)· φρ. *μαθαίνω τα / μπαίνω στα -ά της δουλειάς*. έκφρ. *κοινό ~* (= γεγονός που οι ενδιαφερόμενοι αποκρύπτουν, όμως είναι γνωστό σε πολλούς): *είναι πια κοινό ~ ότι θα αλλάξει δουλειά·* **β.** (συνεκδοχικά): *το ~ του παλιού πύργου* (συνών. *αίνιγμα, μυστήριο*). 2. (ειδικότερα και συνεκδοχικά για τα κρύφια της ψυχής ή τη συνείδηση του ατόμου): *δεν έχω -ά από σένα!* 3α. γνώση που οφείλεται σε πείρα μαζί με δεξιότητα για την επιτυχία μιας ενέργειας ή επιδίωξης: *κατέχει τα -ά για προσοδοφόρες εμπορικές συναλλαγές·* **β.** ο τρόπος ενέργειας για να επιτευχθεί κάποιο επιθυμητό αποτέλεσμα, γνωστός μόνο σε λίγους που και αυτοί συνήθως τον διαδίδουν: *το ~ της επιτυχίας·* (μεταφ.) *ο τάδε οίκος καλλυντικών γνωρίζει τα -ά ομορφιάς / γοητείας·* **γ.** ο καλύτερος ή μοναδικός τρόπος για να πετύχει κανείς κάτι: *το ~ της συνταγής είναι να μη φουσκώσει πολύ η ζύμη*. 4. μυστήριο (βλ. λ. στη σημασ. 3): *τα -ά της φύσης*. 5. κρυμμένη αιτία ενός πράγματος, εξήγηση: *μόνον ο ανακριτής γνώριζε το ~ της υπόθεσης* (συνών. *«κλειδί»* στη σημασ. 6).

μυστικοπάθεια η, ουσ. (αωνίζ.). 1. διάθεση, ροπή προς το μυστικισμό (βλ. λ.). 2. η τάση να κρατά κανείς κρυφό ό,τι κάνει ή πληροφορείται: *~ μεγάλη / παθολογική*.

μυστικοπαθής, -ής, -ές, επίθ., γεν. -ούς, πληθ.

αρσ. και θηλ. *-είς*, ουδ. *-ή*. 1. που ρέπει προς το μυστικισμό. 2. που έχει την τάση να κρατά κρυφό ό,τι κάνει ή πληροφορείται.
μυστικός, -ή, -ό, επίθ. 1. που ανήκει ή αναφέρεται στα μυστήρια (βλ. λ. στις σημασ. 1α, β.): *λατρείες / τελετές -ές* (συνών. *μυστηριακός)· Μ-ός Δείπνος* (= το τελευταίο πασχαλινό δείπνο του Ιησού Χριστού με τους Αποστόλους την παραμονή της Σταύρωσής του με το οποίο ιδρύθηκε το μυστήριο της Θείας Ευχαριστίας). 2. που κρύβει κάποιο μυστήριο (βλ. λ. στις σημασ. 3, 5): *άγνωρος κόσμος, ~, γεμάτος παραμύθι* (Αθάνας) (συνών. *μυστηριώδης).* 3. που είναι γνωστός σε ένα ή δύο άτομα ή σε μικρή ομάδα ατόμων και δεν πρέπει να ανακοινωθεί στους πολλούς, που υπάρχει ή γίνεται κρυφά: *κρατώ / φυλάω κάτι -ό· οι λόγοι της υπόθεσης παραμένουν -οί· ψηφοφορία -ή· αρραβώνες -οί· διαθήκη -ή* (= που η κατάρτισή της έγινε ενώπιον συμβολαιογράφου και μαρτύρων και το περιεχόμενο ή και η ύπαρξή της παραμένουν μυστικά)· *σκάλα -ή· πέρασμα -ό* (= που επιτρέπουν την είσοδο και έξοδο από ένα χώρο χωρίς να γίνει κανείς αντιληπτός)· *κώδικας ~· πληροφορίες -ες· όπλο -ό* (= που η ανακάλυψη, κατασκευή και χρήση του από κάποιο κράτος τηρούνται μυστικές) (συνών. *κρυφός, απόρρητος, απόκρυφος*· αντ. *φανερός).* 4. που συνηθίζει να αποκρύπτει από τους άλλους τις σκέψεις, προθέσεις ή ενέργειές του: *είναι πολύ ~ σε ό,τι κάνει* (συνών. *κρυψίνους, κρυφός)· αστυνόμος ~* (το αρσ. και ως ουσ.) (= αστυνομικός που δε φορά στολή για να μην αναγνωρίζεται)· *αστυνομία -ή* (= αστυνομική υπηρεσία που δρα χωρίς διαφάνεια και ασχολείται με πολιτικές δραστηριότητες)· *υπηρεσίες -ές* (= κρατικές υπηρεσίες που έχουν έργο να ανακαλύπτουν τα μυστικά εχθρικών ή ξένων χωρών και να προστατεύουν τα δικά τους)· *πράκτορας ~* (= πρόσωπο που χρησιμοποιείται από την κυβέρνηση μιας χώρας για να ανακαλύπτει τα στρατιωτικά και πολιτικά μυστικά άλλων χωρών· πβ. *κατάσκοπος)· εταιρείες -ές* (= ενώσεις προσώπων που επιδιώκουν πολιτικούς, θρησκευτικούς, κοινωνικούς ή οικονομικούς σκοπούς, των οποίων η οργάνωση και η δραστηριότητα τηρούνται κρυφές). 5. που δε συνηθίζει να ανακοινώνει ό,τι πληροφορείται ή του εμπιστεύονται, εχέμυθος. 6. που αποκρύπτει την πραγματική του φύση, την ταυτότητά του: *εχθρός ~*. 7. που αναφέρεται στο μυστικισμό (βλ. λ.) *θεολογία / φιλολογία -ή·* το αρσ. ως ουσ. = οπαδός του μυστικισμού, μυστικιστής. — Επίρρ. *-ά*.
μυστικοσυμβούλιο το, ουσ. (ασυνίζ.). α. (ιστ.) σώμα από ανώτατους αξιωματούχους που συζητούσαν με το βασιλιά ή το μονάρχη και αποφάσιζαν για τις σπουδαιότερες κρατικές υποθέσεις· β. σώμα από ανώτατους υπαλλήλους που γνωμοδοτεί για νομοθετικά και διοικητικά ζητήματα.
μυστικοσύμβουλος ο, ουσ. 1. μέλος μυστικοσυμβουλίου (βλ. λ.). 2. (συνεκδοχικά) έμπιστο πρόσωπο που το συμβουλεύεται κάποιος για τις επαγγελματικές ή προσωπικές υποθέσεις του.
μυστικότητα η, ουσ., το να γίνεται κάτι κρυφά ή να τηρείται κάτι μυστικό, κρυφό: *τηρώ απόλυτη ~*.
μυστρί το, ουσ., σιδερένιο εργαλείο σε σχήμα μικρού τριγωνικού φτυαριού με κοντή ξύλινη λαβή που χρησιμοποιούν οι κτίστες και οι σοβατζήδες για να τοποθετούν το κονίαμα κατά την τοιχοδομία ή να το απλώνουν κατά το σοβάντισμα, ο κοιν. *μαλάς*.
μύστρισμα το, ουσ., η επεξεργασία κονιάματος με το μυστρί (βλ. λ.).
μυτάκι και **μυτάρα,** βλ. *μύτη*.
μυταράς ο, θηλ. *-ού* η, ουσ., αυτός που έχει μεγάλη μύτη.
μύταρος, βλ. *μύτη*.
μυτερός, -ή, -ό, επίθ. α. που απολήγει σε μύτη: *πάσσαλος ~· μαχαίρι -ό· το -ό καπέλο του πιερότου· παπούτσια / τακούνια -ά·* β. που το σχήμα του μοιάζει με μύτη, που η επιφάνειά του σχηματίζει μύτη ή μύτες: *βράχια -ά· -ή στέγη του πύργου·* γ. (για μέρος του σώματος): *πιγούνι -ό· δόντια -ά* (συνών. *αιχμηρός, σουβλερός·* αντ. *στρογγυλός, στρογγυλεμένος).*
μυτζήθρα, βλ. *μυζήθρα*.
μύτη η, ουσ. 1α. προεξοχή του προσώπου τοποθετημένη στον άξονά του ανάμεσα στο μέτωπο και το άνω χείλος που χρησιμεύει ως όργανο όσφρησης και αναπνοής: *πτερύγια / διάφραγμα / χόνδρος της -ης· ~ αετίσια / γαμψή· ~ (αρχαία) ελληνική ή κλασική* (= αυτή που παριστάνεται από τους καλλιτέχνες της κλασικής περιόδου στα έργα τους και στις μορφές των Ελλήνων)· *πλακουτσωτή ~ της μαύρης φυλής· σκουπίζω / φυσώ τη ~* (= την καθαρίζω)· *μη ρουφάς τη ~ σου! στάζει ή τρέχει η ~ μου* (= έχω συνάχι)· *βούλωσε η ~ μου* (για κρυολόγημα)· *βουλώνω τη ~* (= κλείνω τα ρουθούνια με το χέρι για να αποφύγω κάποια δυσάρεστη μυρωδιά)· *του 'σπασε τη ~* (για ξυλοδαρμό)· *ψεύτικη ~* (= χάρτινο ή πλαστικό αστείο ομοίωμα μύτης που συνήθως φορούν οι μασκαράδες, οι κλόουν, κλπ.)· β. (συνεκδοχικά) ρουθούνι ή ρουθούνια: *μη βάλεις το δάχτυλο στη ~!* 2. (για ζώα) ρύγχος. 3. (για πτηνά) ράμφος: *η μακριά ~ του πελαργού*. 4. (συνεκδοχικά) όσφρηση: *έχει γερή ~.* 5. (μεταφ.) η αιχμηρή, οξεία άκρη κάποιου πράγματος: *~ κονταριού* (= αιχμή) */ μαχαιριού· ~ της βελόνας· ~ μολυβιού / πένας*. 6α. (στον πληθ. για τα δάχτυλα των ποδιών) *σηκώνομαι / χορεύω στις -ες των ποδιών· βαδίζω στις -ες* (= στα σιγά, για να μην κάνω θόρυβο)· β. (για το μπροστινό μέρος των παπουτσιών): *-ες στρογγυλές / τετράγωνες / γυριστές προς τα πάνω*. 7. (για πλεούμενο ή αεροσκάφος) το μπροστινό τμήμα: *η ~ του καραβιού έσκιζε τα νερά· το αεροπλάνο έκανε βουτιά με τη ~.* 8α. άκρη γης, ξηράς που προεξέχει και εισχωρεί στη θάλασσα: *πίσω από μια ~ που έκανε το νησί* (Κόντογλου) (συνών. *γλώσσα).* β. το ακρότατο σημείο ακρωτηρίου. 9. (γενικά) άκρη που εξέχει, προεξοχή ή γωνιώδης απόληξη (συνήθως για υφάσματα ή ρούχα): *ο ποδόγυρος / η κουρτίνα κάνει ~* (= «κρεμάει» σε κάποιο σημείο). Έκφρ. *κάτω ή μπροστά από τη ~ κάποιου* (= για πράξη ή γεγονός που γίνεται μπροστά σε κάποιον τόσο φανερά που είναι αδύνατο να μη γίνει αντιληπτό): *τα κάνει αυτά κάτω από τη ~ μου, ο αναιδής! πέρασε μπροστά από τη ~ του*. Φρ. *άνοιξε ή λύθηκε ή μάτωσε η ~ κάποιου* (= άρχισε να τρέχει αίμα): *έγιναν συμπλοκές χωρίς, ευτυχώς, να ανοίξει ~· βάζω ή έχω τη ~ μου (πάνω) σε κάτι / κάπου* (= είμαι πολύ κοντά σ' αυτό, το πλησιάζω πολύ): *τι βάζεις τη ~ σου στην κατσαρόλα / στο συρτάρι μου· είναι κάτι στη ~ μου* (= είναι πολύ κοντά μου, είναι μπροστά μου): *στη ~ σου είναι το κλειδί·*

μωρέ

δεν το βλέπεις;· βγάζω κάτι από τη ~ κάποιου (= τον στενοχωρώ ύστερα από κάτι ευχάριστο) ή *μου βγήκε κάτι (ξινό) από τη ~* (= πλήρωσα με υλική ή ηθική ζημιά κάποια ευχαρίστηση που προηγήθηκε): *το ταξίδι μάς βγήκε από τη ~· δεν βλέπει (μήτε) τη ~ του* (= **α.** είναι πολύ σκοτεινά· **β.** είναι μεθυσμένος)· *δε βλέπει πέρα από τη ~ του* (= δεν κατανοεί τα αίτια των γεγονότων ή δεν προβλέπει τα αποτελέσματά τους)· *κάνω τη ~ μου ζευγάρι* (= κάνω τα αδύνατα δυνατά για να πετύχω κάτι)· *μιλώ με τη ~* (= μιλώ με τη μύτη βουλωμένη, συνήθως από παθολογικές αιτίες και γι' αυτό η ομιλία μου χαρακτηρίζεται από έντονους έρρινους φθόγγους)· *μπαίνω στη ~ κάποιου,* βλ. *μπαίνω* στις φρ. *πέφτει η ~ κάποιου* (= ταπεινώνεται, εξευτελίζεται)· *πιάνω κάτι με τη ~* (= αντιλαμβάνομαι εύκολα κάτι που δεν είναι φανερό)· *σηκώνω ~* (= παίρνω πολύ θάρρος και γίνομαι αυθάδης)· *σηκώνω (ψηλά) τη ~ μου* (= γίνομαι αλαζονικός)· *σκάω ~* (= εμφανίζομαι, παρουσιάζομαι): *πού θα πάει; θα σκάσει κάποτε ~ και τότε να δεις τι θα πάθει!· το δόντι έσκασε ~* (= φύτρωσε)· *σέρνω ή τραβώ κάποιον από τη ~* (= του έχω επιβληθεί εντελώς): *η γυναίκα του τον σέρνει από τη ~· μου 'σπασε ή τρύπησε τη ~ η μυρωδιά* (= αισθάνθηκα έντονη οσμή): *μας έσπασαν τη ~ τα κεφτεδάκια σου!· το άρωμά της μου τρύπησε τη ~!· να μου τρυπήσεις τη ~!* (για να δηλωθεί βεβαιότητα ότι κάτι δεν πρόκειται να συμβεί): *να μου τρυπήσεις τη ~, αν σου επιστρέψει τα δανεικά! τον τρώει η ~ του* (= προβαίνει σε ενέργειες για τις οποίες σίγουρα θα έχει συνέπειες, θα τιμωρηθεί)· *χώνω τη ~ μου παντού* (= ανακατεύομαι σε ξένες υποθέσεις από περιέργεια ή για το δικό μου συμφέρον)· *ψηλώνω τη ~ ή έχω ψηλή ή ψηλά τη ~* (= είμαι ψηλομύτης, αλαζόνας). Παροιμ. *η ~ του να πέσει δε σκύβει να την πιάσει / σηκώσει* (για ψωροπερήφανους)· *το έξυπνο πουλί από τη ~ πιάνεται* (= την παθαίνουν εύκολα αυτοί που κάνουν τον έξυπνο). - Υποκορ. **-άκι** το, **-ίτσα** και **-ούλα** η. - Μεγεθ. **-άρα** η, **-αρος** και **-ος** ο.

μυτιά η, ουσ. (συνιζ.), χτύπημα με τη μύτη ή στη μύτη.

μυτίζω, ρ. (για πτηνά) τσιμπώ κάτι με τη μύτη, ραμφίζω.

μύτικας ο, ουσ. (σπάνια-λογοτ.), προεξοχή γης που εισχωρεί στη θάλασσα: *έβγαινε ένας ~ που τον λέγανε Γλώσσα κι έκοβε τη φουσκοθαλασσιά* (Κόντογλου).

μυτιληναίικος, -η, -ο, επίθ., που ανήκει ή αναφέρεται στη Μυτιλήνη ή τους Μυτιληνιούς.

Μυτιληνιός, -ά, -ό, επίθ. (συνιζ.), που κατοικεί στη Μυτιλήνη ή κατάγεται ή προέρχεται από αυτήν: *κρασί / λάδι -ό· καράβια είχανε μαζευτεί... ένα-δυο χιώτικα, δυο-τρία -ά* (Κόντογλου).

μυτίτσα, μύτος, μυτούλα, βλ. *μύτη.*

μύχιος, -α, -ο, επίθ. (ασυνίζ.), που βρίσκεται στα βάθη της ψυχής, βαθύς και κρυφός, ενδόμυχος: *σκέψεις -ες· πόθος ~.* - Ο πληθ. του ουδ. ως ουσ.: *τα -α της ψυχής / καρδιάς.*

μυχός ο, ουσ., το πιο βαθύ μέρος ενός τόπου, ιδίως κύλπου ή λιμανιού: *ο ~ του Θερμαϊκού κόλπου.*

μυώ, -είς, ρ., αόρ. *μύησα,* παθ. αόρ. *-ήθηκα,* μτχ. παρκ. *-ημένος, -η, -ο.* **1.** εισάγω κάποιον σε (θρησκευτικά) μυστήρια (βλ. λ.) (συνών. *κατηχώ*). **2.** (μεταφ.) εισάγω κάποιον σε μια μυστική οργάνωση ή άλλη ομαδική απόκρυφη δραστηριότητα δι-

δάσκοντάς του τα μυστικά της ή υποβάλλοντάς τον σε ορισμένες δοκιμασίες: *-ήθηκε στον τεκτονισμό.* **3.** (μεταφ.) εισάγω κάποιον στη γνώση ορισμένων δυσπρόσιτων πραγμάτων: *τον -ησε στη φιλοσοφία / μουσική.* **4.** πρώτος διδάσκω σε κάποιον κάτι, του παρέχω μια εμπειρία ή τον οδηγώ σ' αυτήν: *ο πατέρας του τον -ησε στα μυστικά του ψαρέματος.* **5.** (μέσ.) αποκτώ τα πρώτα στοιχεία τέχνης ή επιστήμης: *κοντά του -ήθηκε στην τεχνική του σμάλτου.*

μυώδης, -ης, -ες, γεν. *-ους,* πληθ. αρσ. και θηλ. *-εις,* ουδ. *-η,* επίθ., που έχει γυμνασμένους, δυνατούς μυς: *μπράτσα -η.*

μύωμα το, ουσ. (ιατρ.) καλοήθης όγκος που αποτελείται από μυϊκό ιστό: *~ της μήτρας* (= ινομύωμα) */ του προστάτη.*

μυώνας ο, ουσ., το μέρος του σώματος όπου υπάρχουν ή συσπώνται πολλοί μύες· σύνδεσμοι πολλών μυών.

μύωπας ο και η, ουσ., αυτός που πάσχει από μυωπία.

μυωπία η, ουσ. (ιατρ.) ανωμαλία της όρασης κατά την οποία η εικόνα ενός αντικειμένου που βρίσκεται μακριά σχηματίζεται μπροστά από τον αμφιβληστροειδή, η αδυναμία του ματιού να βλέπει ευκρινώς τα μακρινά αντικείμενα: *~ ελαφρά* (αντ. *πρεσβυωπία*).

μυωπικός, -ή, -ό, επίθ. **1.** που ανήκει ή αναφέρεται στο μύωπα ή τη μυωπία ή που πάσχει από μυωπία: *γυαλιά -ά· μάτια -ά.* **2.** (μεταφ.) που είναι ανίκανος να εννοεί τα βαθύτερα αίτια και τα απώτερα αποτελέσματα των γεγονότων: *πολιτικός ~·* (συνεκδοχικά για πράγματα): *-ή πολιτική του κράτους· -ή εκτίμηση του παρελθόντος* (συνών. *κοντόφθαλμος, κοντόθωρος*).

μωαμεθανή, βλ. *μωαμεθανός.*

μωαμεθανικός, -ή, -ό, επίθ., που ανήκει ή αναφέρεται στο Μωάμεθ ή τους μωαμεθανούς (συνών. *μουσουλμανικός, ισλαμικός*).

μωαμεθανισμός ο, ουσ., θρησκεία μονοθεϊστική που ιδρύθηκε από το Μωάμεθ τον 7ο αι. μ.Χ. και δέχεται τον Αλλάχ ως μοναδικό της θεό, τελευταίο προφήτη το Μωάμεθ και έχει ιερό της βιβλίο το κοράνιο (συνών. *ισλαμισμός, μουσουλμανισμός*).

μωαμεθανός ο, θηλ. **-ή,** ουσ., οπαδός της θρησκείας του Μωάμεθ (συνών. *μουσουλμάνος*).

μώλωπας ο, ουσ., πρήξιμο και μελάνιασμα του δέρματος ύστερα από χτύπημα ή πέσιμο.

μωλωπίζω, ρ., προξενώ μώλωπες.

μωλωπισμός ο, ουσ., δημιουργία ελαφρών κακώσεων.

μωραίνει Κύριος (ή ο Θεός) ον βούλεται απολέσαι· αρχαϊστ. φρ. = η θεία δικαιοσύνη κάνει τον αμαρτωλό ανόητο ώστε να κάνει πράξεις που προκαλούν τελικά την απώλειά του.

μωραίνω, ρ., αόρ. *μώρανα.* I. (ενεργ.) κάνω κάποιον μωρό, τον κάνω να αποβλακωθεί: *τον μώρανε ο Θεός!* II. (μέσ.) γίνομαι μωρός: *πάει, μωράθηκε ο γέρος* (συνών. *ξεμωραίνω*).

Μωραΐτης, βλ. *Μοραΐτης.*

μωράκι, βλ. *μωρό.*

μωρέ, ωρέ και **βρε,** επιφ. α, (για άνδρες ή γυναίκες, χωρίς να δηλώνεται απρέπεια): *εγέρασα, ~ παιδιά, σαράντα χρόνους κλέφτης* (δημ. τραγ.)· **β.** (απόλυτα για να δηλωθεί απορία, θαυμασμός ή διαμαρτυρία): *~, τι έπαθε και δε μιλάει! ~, μάτια*

μωρία

μου, τι θησαυρός! έγινες, ~, *γιατρός!· πες μου,* ~ *παιδί μου.* - Βλ. και *μωρός.*
μωρία η, ουσ. 1. ανοησία, αφροσύνη. 2. (συνεκδοχικά) ανόητος λόγος ή πράξη (αντ. *εξυπνάδα*). 3. (ψυχιατρ.) διανοητική καθυστέρηση σε βαθμό ώστε να απαιτείται επίβλεψη και προστασία του αρρώστου.
μωρό το, ουσ. 1a. πολύ μικρό παιδί που δεν έχει αρχίσει ακόμη να περπατά ή να μιλά: (σε θέση επιθετικού προσδ.) *μην κάνεις σαν* ~ *παιδί* (συνών. *βρέφος*)· β. (για μεγαλύτερο παιδί ή ενήλικο) αυτός που συμπεριφέρεται σαν μωρό (κλαίει εύκολα, κλπ.). 2. (θωπευτικά, με την αντων. *μου*) προσφώνηση αγαπημένου προσώπου (συζύγου, παιδιού, κλπ.). - Υποκορ. **-άκι, -ουδάκι, -ουδέλι** το.
μωρολόγημα το, ουσ., ανόητη κουβέντα (αντ. *ευφυολόγημα*).
μωρολογία η, ουσ., ανόητη φλυαρία, ανοησία.
μωρολόγος, -α, -ο, επίθ., που λέει ανοησίες.
μωρολογώ, -είς, ρ., λέω ανοησίες, φλυαρώ ανόητα.
μωροπίστευτος, -η, -ο, επίθ., μωρόπιστος (βλ. λ.).
μωρόπιστος, -η, -ο, επίθ., εύπιστος (από έλλειψη κρίσης ή πείρας) (συνών. *μωροπίστευτος*).
μωρός, -ή, -ό, επίθ. (λόγ.), ανόητος, κουτός: *ενέργειες -ών ανθρώπων.* - Το θηλ. ως επιφωνηματική έκφρ. συνήθως με προσβλητική χροιά: *μη φωνάζεις, -ή!* ή και κατά τρόπο οικείο: *πες μου, -ή γυναίκα.* - Βλ. και *μωρέ* και *μωρό.*

μωρόσοφος, -η, -ο, επίθ., που φαντάζεται ότι είναι σοφός, ενώ στην ουσία είναι ανόητος (συνών. *δοκησίσοφος*).
μωρουδάκι και **μωρουδέλι**, βλ. *μωρό.*
μωρουδιακός, -ή, -ό, επίθ. (συνιζ.), που αναφέρεται σε μωρό. - Το ουδ. στον πληθ. ως ουσ. = είδη κατάλληλα για μωρά.
μωρουδίζω, ρ., συμπεριφέρομαι σαν μωρό: *έγινε ολόκληρη κοπέλα και ακόμη -ει.*
μωρουδίσματα τα, ουσ., λόγια ή πράξεις που ταιριάζουν σε μωρά: *άσε τα* ~· *έγινες πια ολόκληρος άντρας.*
μωρουδίστικος, -η, -ο, επίθ., που ταιριάζει σε μωρό: *συμπεριφορά -η· φόρεμα -ο.* - Το ουδ. στον πληθ. ως ουσ. = μωρουδιακά (βλ. λ. *μωρουδιακός*).
μωσαϊκό το, ουσ. 1. ψηφιδωτό δάπεδο ή ψηφιδωτή τοιχογραφία: *τα -ά της Ραβέννας* (συνών. *ψηφιδωτό*). 2. επικάλυψη δαπέδου με στρώμα από μαρμαροψηφίδες και τσιμέντο, που ύστερα από κυλίνδρωση και αφού ξεραθεί γίνεται λείο με τρίψιμο, ώστε να εμφανίζονται οι μαρμάρινες ψηφίδες· (σε χρήση επιθετική): *δάπεδο -ό.* 3. (μεταφ.) σύνολο διαφορετικών στοιχείων ή έργο φτιαγμένο από διαφορετικά κομμάτια: *η Ιταλία ήταν άλλοτε ένα πραγματικό* ~ *από πριγκιπάτα.* [ιταλ. *mosaico*].
μωσαϊκός, -ή, -ό, επίθ., που σχετίζεται με το Μωυσή: *νόμος* ~ (= οι δέκα εντολές του Μωυσή).
μωσαϊσμός ο, ουσ., σύνολο θρησκευτικών και πολιτικών κανόνων που αποδίδονται στο Μωυσή.

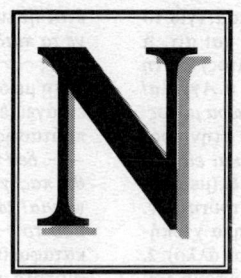

ν, Ν (νυ). **1.** το δέκατο τρίτο γράμμα του ελληνικού αλφαβήτου· ένα από τα σύμφωνα της ελληνικής γλώσσας. - Βλ. και *νυ*. **2.** αριθμητικό σημείο α. (όταν έχει τόνο επάνω δεξιά ή τελεία κάτω δεξιά: *ν΄*, *Ν΄*, *ν.*) πενήντα, πεντηκοστός: *κεφάλαιο ν΄*. β. (όταν έχει τόνο κάτω αριστερά: *,ν*) πενήντα χιλιάδες. **3.** (το κεφαλαίο Ν) σύμβολο που τοποθετείται στο πίσω μέρος αυτοκινήτου για να πληροφορήσει τους άλλους οδηγούς ότι ο οδηγός του αυτοκινήτου πρόσφατα απόχτησε δίπλωμα.

να, Ι. μόρ. **Ι.** σε κύριες προτ. συνήθως με υποτ. εκφράζει: **1.** απλή βούληση (στο α΄ εν. και πληθ. πρόσ.): *~ μην το ξεχάσω· σου χρωστώ χρήματα· ~ φεύγουμε, γιατί η ώρα πέρασε*. **2.** προτροπή, προσταγή, παραχώρηση: *Εσύ ~ κοιτάζεις τη δουλειά σου· ~ κλειδώσεις φεύγοντας· ~ πας, αλλά μην αργήσεις*. **3.** ευχή ή κατάρα: *~ είσαι καλά! Ο Θεός ~ σου ξεπληρώσει το καλό που μου έκανες· ~ σε πάρει ο διάβολος· ~ φας τη γλώσσα σου*. **4.** έκπληξη (επιφωνηματικό να): *~ σκέφτεσαι τέτοιο πράγμα για μένα! ~ σε αδικούν και ~ μη διαμαρτύρεσαι!* **5.** σε διηγήσεις (διηγηματικό να): *Τι ήθελα και τη ρώτησα για το δικαστήριο· ~ φωνάζει, ~ βρίζει, ~ απειλεί. Δεν μπορούσα να τη σταματήσω*. **6.** με οριστ. για επιθυμία ή απραγματοποίητη ευχή: *~ είχα τώρα μια σοκολάτα! ~ ζούσε κι ο πατέρας, ~ σ' έβλεπε!* **ΙΙ.** σε ευθείες ερωτ. προτ. **1.** με οριστ. (ερωτ. ~) = άραγε, τάχα: *τι ~ λένε τόση ώρα; τι ~ έγινε αυτός ο άνθρωπος; ποιος ~ το 'λεγε ότι θα σε ξανάβλεπα;* **2.** με υποτ. για α. απορία (απορημ. ~): *~ σου διαβάσω το γράμμα; ~ του τηλεφωνήσω;* β. κάτι δυνατό: *πώς ~ αντισταθεί σε τέτοιο πειρασμό; πού ~ βρω χρήματα να σε πληρώσω;* **ΙΙΙ.** σε πλάγιες ερωτήσεις με οριστ. ή υποτ. για απορία: *ήθελα να ξέρω τι ~ λένε τόση ώρα· δεν είχαν τι ~ πουν· δεν ξέρω τι στάση ~ κρατήσω μ' αυτόν τον άνθρωπο!* **ΙV.** σε δευτερεύουσες προτ. έχει θέση συνδέσμου: **1.** ειδικού (με οριστ. για κάτι αμφίβολο): *δε φαντάζομαι ~ ξέχασα τίποτε· δε θυμούμαι ~ είπα κάτι τέτοιο· λες ~ έμαθε ότι γύρισα*. **2.** βουλητικού (ύστερα από ρ. που σημαίνουν θέληση, επιθυμία) **α.** (με υποτ.): *αποφάσισα ~ φύγω στο εξωτερικό· θέλεις ~ παίξομε σκάκι; δεν πρέπει ~ κουράζεσαι τόσο πολύ· αισθάνομαι την ανάγκη ~ μιλήσω σε κάποιον· δεν έκανες καλά ~ τον διώξεις*. β. (με οριστ. ιστ. χρόνου, για απραγματοποίητη ευχή ή σκέψη αυτού που μιλεί): *ήθελα ~ σου έμοιαζα· δεν αποκλείεται ~ μας εξαπάτησε*. **3.** αιτιολ. (με υποτ. και με προηγούμενο το συνδ. *για*): *κοίτα τι έπαθες για ~ μη με ακούς· για ~ ξοδεύεις ασυλλόγιστα, έμεινες απέντερος*. **4.** τελ. (με υποτ., συνήθως ύστερα από ρ. κίνησης): *τον έστειλε ~ του αγοράσει ψωμί· έλα ~ με βοηθήσεις· (με προηγούμενο το συνδ. για): πάρε αυτό για ~ με θυμάσαι· έστρωσε για ~ κοιμηθεί*. **5.** αποτελεσματικού (με υποτ.) *= έτσι που να: τους έκανε όλους ~ κλαίνε από συγκίνηση· κουμπώσου καλά ~ μην κρυώσεις· (με προηγούμενους τους συνδ. για, ώστε): δεν είμαι τόσο κουτός για (ώστε) ~ με γελάσεις πάλι*. **6.** υποθ. α. (με υποτ. για κάτι ενδεχόμενο ή αόριστη επανάληψη): *θα λυπηθεί ~ μάθει ότι είσαι άρρωστος· ~ σε δω να καίγεσαι, δε θα λυπηθώ· ~ μάθουν κάτι καλό για μας, λυσσάνε από το κακό τους*. β. (με οριστ. ιστ. χρόνου, για κάτι μη πραγματικό ή μια απλή σκέψη αυτού που μιλεί): *~ μην έβρεχε, θα πηγαίναμε περίπατο· ~ μη λούσα, θα μ' έλεγες βλάκα*. **7.** ενδοτικού (με οριστ. ιστ. χρόνου ή υποτ.) = *(έστω) κι αν: ο κόσμος να καεί, δεν του καίγεται καρφί· (με προηγούμενο το επιδοτικό και): ~ φύγω, το μυαλό μου θα είναι εδώ· και μάνα του ~ ήσουν, αυτό δε θα του το συγχωρούσες*. **8.** χρον. (με υποτ. για προσδοκώμενο ή αόριστη επανάληψη): *ξεκουράζομαι ~ σ' ακούω να τραγουδάς· (με προηγούμενο χρον. συνδ.): θα περιμένω ώσπου ~ βγει το φεγγάρι· μη φύγεις προτού ~ γυρίσω*. **9.** α. (με υποτ. ή οριστ. ιστ. χρόνου, για κάτι ενδεχόμενο συχνά με προηγούμενο το αναφ. που): *ξέρεις κανέναν ~ θέλει να δουλέψει εδώ; (συνήθως η κύρια πρόταση που προηγείται είναι αποφατική): δεν υπάρχει μουσείο (που) ~ μην το επισκέφτηκε· δεν άφησε κανέναν (που) ~ μην τον κακολογήσει*. β. αναφ.- αποτελεσματικού (με προηγούμενο συχνά το αναφ. που) = τέτοιος που: *θέλω ένα αυτοκίνητο (που) ~ μην καίει πολλή βενζίνη· ένα κορίτσι, ~ το πιεις στο ποτήρι*. γ. (με προηγούμενο το μόρ. σαν, για υποθ. παρομοίωση): *έτρεχα σαν ~ με κυνηγούσαν· με κοίταζε σαν ~ μη με γνώριζε*. [αρχ. *ίνα*].

να, ΙΙ. μόρ. δεικτ. **1.** για δείξιμο προσώπων ή πραγμάτων (με ονομ.) *εδώ είναι, αυτός είναι: ~ ο Γιώργος! ~ η ευκαιρία να εκδικηθεί! (με την ονομ. της προληπτικής αντων. και ονομ. ονόματος προσώπου ή πράγματος) ~ τος ο Βασίλης! (σε διηγήσεις για αιφνίδια εμφάνιση με γεν. ηθ.) δεν πρόλαβε να τελειώσει και ~ σου ο λύκος· έκφρ. τα μας! (για δήλωση έκπληξης ή δυσαρέσκειας):*

β. (με αιτ.) δες εδώ, δες εκεί: ~ με, γύρισα! (για το γ' πρόσ. με αιτ. προληπτικής αντων. και αιτ. ή ονομ. ονόματος προσώπου ή πράγματος) ~ τη λοιπόν την άκρη που έψαχνε· ~ την η Αγγέλα! (με αιτ. και κατηγορ. σε ονομ.) ~ με τώρα μόνος· γ. με αιτ., όταν προηγείται όνομα που στην πρόταση έχει θέση αντικειμένου: γύρισε και είδε τα μάτια του· ~ κάτι μάτια ορθάνοιχτα! δ. (με αιτ.) πάρε: ~ γλυκά για να φας· έκφρ. ~ και τούτη (ενν. η ξυλιά), ~ κι εκείνη! (για αλλεπάλληλα χτυπήματα που καταφέρει κάποιος σε κάποιον άλλο). 2. με πρόταση a. για να προκληθεί η προσοχή του ακροατή: ~! ποιος είναι ο ένοχος; ~! το γνωρίσαμε κι αυτό στις μέρες μας· β. με προτρεπτ. πρότ.: ~! κοίταξε το γράμμα· γ. με το μόρ. που ή το σύνδ. και: ~ που έγινε κι αυτό· ~ και πρόβαλε απ' το δάσος ένα λιοντάρι· (για άμεση χρον. ακολουθία) δεν είχε καλά καλά έρθει και ~ χτύπησε το τηλέφωνο. δ. για συγκεφαλαίωση προηγούμενων εννοιών: παιχνίδια, ποδόσφαιρο, γλυκά — ~ τι είχε στο νου του ο μικρός· ε. για να επιβεβαιωθεί προηγούμενος γενικός ισχυρισμός: όλο και κάποιος θα κερνούσε κάτι στο γραφείο· ~ χτες έφερε ο Τάσος γλυκά, γιατί γιόρταζε η κόρη του. [ηνί ή ηνά<αρχ. ην].

ναδίρ το, ουσ. άκλ. a. (αστρον.) (νοητό) σημείο της ουράνιας σφαίρας που τοποθετείται στο κατώτερο σημείο της ευθείας η οποία ορίζεται από το σημείο που βρίσκεται ο παρατηρητής και το κέντρο της γης· β. (μεταφ.) το κατώτερο σημείο μιας εξέλιξης (αντ. ζενίθ στις σημασ. α και β). [γαλλ. nadir αραβικής προέλευσης].

νάζι το, ουσ. (λαϊκ.), (συνήθως στον πληθ.) a. προσποιητή άρνηση· β. προσποιητή φιλάρεσκη συμπεριφορά που επιζητεί να ελκύσει την προσοχή ατόμων του άλλου φύλου: όλο -ια είναι μαζί του (συνών. στις σημασ. a και β, καμώματα, ακκισμοί) φρ. κάνει -ια. - Υποκορ. **-άκι** το (ιδίως στον πληθ. -άκια). [τουρκ. naz].

ναζί ο, ουσ. άκλ., σπανίως λαϊκ. πληθ. -ήδες, ναζιστής (βλ. λ.): το κόμμα των ~· (ως επίθ.) οι ~ εγκληματίες. [γαλλ. nazi<γερμ. Nazi (βραχυγρ. του Nationalsozialist)].

ναζιάρης, -α, -ικο, επίθ. (συνιζ., λαϊκ.), που συμπεριφέρεται με τρόπο προσποιητό και φιλάρεσκο για να ελκύσει την προσοχή των άλλων, κυρίως του άλλου φύλου.

ναζιάρικος, -η, -ο, επίθ. (συνιζ., λαϊκ.), που αναφέρεται στο ναζιάρη ή ανήκει σ' αυτόν: καμώματα -α.

ναζισμός ο, ουσ., εθνικοσοσιαλισμός (βλ. λ.), χιτλερισμός. [γαλλ. nazisme].

ναζιστής ο, θηλ. **-ίστρια**, ουσ., οπαδός του ναζισμού, εθνικοσοσιαλιστής (βλ. λ.).

ναζιστικός, -ή, -ό, επίθ., που ανήκει ή αναφέρεται στο ναζισμό ή τους ναζιστές: κόμμα -ό (συνών. εθνικοσοσιαλιστικός).

ναζίστρια, βλ. ναζιστής.

ναζού η, ουσ. (λαϊκ.), γυναίκα ναζιάρα (συνών. καμωματού, μπιρμπίλω).

Ναζωραίος ο, θηλ. **-α**, επίθ., κάτοικος της Ναζαρέτ· (ειδικότερα για το Χριστό): Ιησούς ο ~ ή απλώς: ~.

ναι, επίρρ. βεβ. 1a. ως μονολεκτική βεβαιωτική απάντηση σε ερώτηση ή στην αρχή ή το μέσο καταφατικής πρότασης (για έμφαση): ήρθε ο Βασίλης; ~· (σε ερώτηση) ~ ή όχι; το ήξερα, ~, πως έτσι ήτανε· (επαναλαμβάνεται για έμφαση) ήρθανε τα παιδιά; — ~, ~ ήρθανε! το είπε πραγματικά; — ~, ~, ~! β. με το αλλά για να δηλωθεί συγκατάθεση με όρους: ~, θα το κάνω, αλλά υπό όρους· γ. εισάγει έντονη διαμαρτυρία ή απόκρουση μιας πρότασης: δεν πήγες στη γιαγιά τα πράγματα. — ~, δεν τα πήγα! Όχι μόνο τα πήγα, αλλά και... θα πας για ψώνια. — ~, πάλι εγώ θα πάω για ψώνια! 2a. με άρθρο ως ουσ. = συγκατάθεση: πες μου το ~. β. (με ή χωρίς άρθρο σε ψηφοφορία) καταφατική απάντηση σε ερώτημα ή σε υποψηφιότητα προσώπου, κόμματος, κλπ.: 10 ~ και 2 όχι· τα ~ ήταν περισσότερα απ' τα όχι. Έκφρ. και ~ και όχι (όταν αμφιταλαντευόμαστε για την απάντηση)· μα το ~ (όρκος), βλ. μα· (λαϊκ.) ~ και καλά (= σώνει και καλά)· ούτε ~ ούτε όχι (για αποφυγή κατηγορηματικής απάντησης)· ~; (= αλήθεια; τι μου λες; για να δηλωθεί έκπληξη).

νάι και **νέι** το, ουσ. (λαϊκ.), παλαιότερη ονομασία της φλογέρας. [τουρκ. ney].

νάιλον το, ουσ. άκλ., ανθεκτικό ελαστικό υλικό που χρησιμοποιείται για υφάσματα και άλλα αντικείμενα: είναι από ~· (ως επίθ.) σακούλες / κάλτσες ~. [αγγλ. nylon].

νάμα και (λαϊκ.) **άναμα** και **ανάμα** το, ουσ. 1. (λόγ.) νερό πηγής. 2. κρασί (κόκκινο και άριστης ποιότητας) για θεία μετάληψη.

ναματερό το, ουσ. (λαϊκ.), δοχείο στο οποίο τοποθετείται το κρασί που προορίζεται για τη θεία μετάληψη.

νανάκια, βλ. νάνι.

ναναρίζω, βλ. νανουρίζω.

νανάρισμα, βλ. νανούρισμα.

νάνι το και **νανάκια** τα, ουσ. (μόνο στην ονομαστική και την αιτιατική), βρεφική λέξη για τον ύπνο: ~ το μωρό να κάνει. [ονοματοπ. από νανουριστική φωνή να να].

νανισμός ο, ουσ., πάθηση κατά την οποία το ανάστημα του ατόμου δεν αναπτύσσεται περισσότερο από ένα ορισμένο όριο κυρίως εξαιτίας ορμονικών διαταραχών.

νανοκεφαλία η, ουσ. (ιατρ.) πάθηση κατά την οποία το κεφάλι του ατόμου δεν αναπτύσσεται φυσιολογικά και που συνοδεύεται από ελλιπή διανοητική ανάπτυξη.

νανοκέφαλος, -η, -ο, επίθ. (ιατρ.) που πάσχει από νανοκεφαλία.

νάνος ο, ουσ. 1a. ενήλικο άτομο που το ύψος του είναι πολύ μικρότερο από του συνηθισμένου ατόμου (ως 1,30 μ. για άντρες και 1,21 μ. για γυναίκες) εξαιτίας ορμονικών διαταραχών· β. (μεταφ.) για άνθρωπο ασήμαντο (συνήθως για να υπογραμμιστεί η αξία κάποιου άλλου): οι σύγχρονοί του ήταν πνευματικά -οι. 2. (ζωολ.-βοτ.) για φυτά ή ζώα με ύψος πολύ μικρότερο από το συνηθισμένο και κανονικές αναλογίες: (ως επίθ.) κοτόπουλα -οι· φυτό ~. 3. (αστρον.) για αστέρα με μικρή επιφάνεια και λαμπρότητα (αντ. στις σημασ. 1 και 3 γίγαντας).

νανουρίζω και **ναναρίζω**, ρ. a. αποκοιμίζω μωρό τραγουδώντας απαλό τραγούδι: η γιαγιά -ιζε το εγγονάκι της· β. (μεταφ.) αποκοιμίζω κάποιον παράγοντας μονότονο ήχο: η βουή της θάλασσας τους -ιζε.

νανούρισμα και **νανάρισμα** το, ουσ. 1. το να νανουρίζει κάποιος κάποιον. 2a. τραγούδι απαλό (παραδοσιακό ή έντεχνο) που το τραγουδά κανείς

για να νανουρίσει ένα μωρό· β. (μεταφ.) ήχος μονότονος που αποκοιμίζει: *το ~ της θάλασσας*.
νανουριστός, -ή, -ό, επίθ., που μοιάζει με νανούρισμα, που νανουρίζει: *τραγούδι -ό· φωνή -ή*.
Νάξιος ο, θηλ. **-ια** (ασυνίζ.) και **Ναξιώτης** και (λαϊκ.) **Αξιώτης** ο, θηλ. **-ισσα** (συνιζ.), ουσ., αυτός που κατοικεί στη Νάξο ή κατάγεται από εκεί. [ο τ. με α΄ συνθ. *Αξιά<Ναξία<Νάξος*].
ναξιώτικος, -η, -ο και **αξιώτικος,** επίθ. (συνιζ.), που ανήκει ή αναφέρεται στη Νάξο ή τους Ναξιώτες: *ελιές -ες· έθιμα -α*.
ναός ο, ουσ. **1.** κτήριο όπου τελείται η λατρεία κάποιας θεότητας: *ο ~ του Ποσειδώνα· ο ~ του Σολομώντα* (= που έχτισε ο Σολομώντας)· (ειδικότερα για χριστιανικό ναό αφιερωμένο συνήθως σε κάποιο ιερό πρόσωπο ή γεγονός) *~ του αγ. Δημητρίου / της Υπαπαντής· ~ ενοριακός / καθεδρικός* (συνών. *εκκλησία*). **2.** (μεταφ.) τόπος ή κτήριο όπου καλλιεργείται κάποια πνευματική δραστηριότητα: *~ της επιστήμης* (για πανεπιστήμιο)· *~ των Μουσών* (για θέατρο, κ.ά.)· *~ της Θέμιδος* (= δικαστήριο).
Ναουσαία, βλ. *Ναουσαίος*.
ναουσαϊικος, -η, -ο, επίθ., που ανήκει ή αναφέρεται στους Ναουσαίους ή τη Νάουσα.
Ναουσαίος ο, θηλ. **-α,** ουσ., αυτός που κατοικεί στη Νάουσα ή κατάγεται από εκεί.
ναπάλμ το, ουσ. άκλ., εύφλεκτη ύλη που χρησιμοποιείται για την κατασκευή εμπρηστικών βομβών: (ως επίθ.) *βόμβες ~*. [γαλλ.-αγγλ. *napalm <na(phtheme) + palm(itic)*].
ναπολεόνι το, ουσ., παλαιότερο γαλλικό χρυσό νόμισμα είκοσι φράγκων που παρίστανε τη μορφή του Ναπολέοντα. [γαλλ. *napoléon*].
ναπολεόντειος, -α, -ο, επίθ. (ασυνίζ.), που ανήκει στο Ναπολέοντα Βοναπάρτη ή αναφέρεται σ' αυτόν: *πόλεμοι -οι*.
Ναπολιτάνα, βλ. *Ναπολιτάνος*.
ναπολιτάνικος, -η, -ο, επίθ., που ανήκει στη Νεάπολη της Ιταλίας ή τον κάτοικο της Νεάπολης ή αναφέρεται σ' αυτήν/όν.
Ναπολιτάνος ο, θηλ. **-α,** ουσ., αυτός που κατάγεται από την Νεάπολη της Ιταλίας ή κατοικεί σ' αυτήν. [ιταλ. *Napolitano*].
ναργιλές ο, ουσ., πίπα ανατολίτικη που αποτελείται από ένα μακρύ, ευλύγιστο σωλήνα που επικοινωνεί με ένα δοχείο γεμάτο με αρωματισμένο νερό, από το οποίο περνάει ο καπνός πριν φτάσει στο στόμα. [τουρκ. *nargile*].
νάρδος ο, ουσ. (βοτ.) πώδους πολυετές φυτό, που περιλαμβάνει πολλά είδη, έχει φαρμακευτικές ιδιότητες και από τη ρίζα του παίρνουμε με απόσταξη άρωμα. [λατ. *nardus*].
νάρθηκας ο, ουσ. **1.** το τμήμα της εκκλησίας που βρίσκεται αμέσως μετά την είσοδο και πριν από τον κυρίως ναό (συνών. *πρόναος*). **2.** ειδική ξύλινη (συνήθως) κατασκευή με την οποία πετυχαίνεται η ακινησία μέλους του σώματος που έπαθε κάταγμα: *του έβαλαν -α στο χέρι*. **3.** (βοτ.) φυτό πώδους, που μπορεί να πάρει και μεγάλες διαστάσεις, με μεγάλες ρίζες, πολυετές και που έχει φαρμακευτικές ιδιότητες.
ναρκαλιεία η, ουσ., επιχείρηση περισυλλογής και εξουδετέρωσης ναρκών, που γίνεται από τα ναρκαλιευτικά.
ναρκαλιευτικός, -ή, -ό, επίθ., που έχει στόχο την περισυλλογή και την εξουδετέρωση ναρκών που

υπάρχουν στη θάλασσα: *επιχείρηση -ή*. - Το ουδ. ως ουσ. = πολεμικό πλοίο κατάλληλα εφοδιασμένο για την περισυλλογή και την εξουδετέρωση ναρκών.
νάρκη η, ουσ. **1.** προσωρινή απώλεια των αισθήσεων και της κινητικής ικανότητας: *ο ασθενής βρισκόταν σε κατάσταση βαθιάς -ης· χειμερία ~* = επιβράδυνση των ζωτικών λειτουργιών κατά τη διάρκεια του χειμώνα σε ορισμένα ζώα - αρκούδες, ερπετά, κλπ. **2.** έντονη υπνηλία, κατάσταση μεταξύ ύπνου και εγρήγορσης: *μ' έπιασε νάρκη απ' τη μεγάλη ζέστη*. **3.** (ζωολ.) το ψάρι μουδιάστρα (βλ. λ.). **4.** (στρατ.) είδος πολεμικής εκρηκτικής συσκευής που κρύβεται κάτω από το έδαφος ή στη θάλασσα και αναφλέγεται μόλις προσκρούσει σ' αυτήν οποιοδήποτε στερεό σώμα (πλοίο, όχημα, κλπ.): *το υποβρύχιο έπεσε πάνω σε νάρκη κι ανατινάχτηκε· πάτησε νάρκη και ακρωτηριάστηκε*. **5.** (μεταφ.) εμπόδιο που αποσκοπεί στην αποτυχία κάποιου σχεδίου ή σκοπού: *τα δύο κόμματα κατέληξαν τελικά σε συμφωνία, αφού απομακρύνθηκαν την τελευταία στιγμή οι νάρκες που είχαν στηθεί*.
ναρκισσεύομαι, ρ., θαυμάζω τον εαυτό μου, δείχνω υπερβολική αυταρέσκεια.
ναρκισσισμός ο, ουσ., το να θαυμάζει κανείς τον εαυτό του, υπερβολική αυταρέσκεια: *η περιαυτολογία είναι δείγμα -ού*.
νάρκισσος ο, ουσ. **1.** βολβοειδές πολυετές φυτό της οικογένειας των αμαρυλλιδών, μονοκοτυλήδονο, με λουλούδια κίτρινα ή άσπρα σε σχήμα καμπάνας που μυρίζουν έντονα. **2.** άνθρωπος που θαυμάζει τον εαυτό του, υπερβολικά αυτάρεσκος.
ναρκοθέτηση η, ουσ. **1.** τοποθέτηση ναρκών στην ξηρά ή τη θάλασσα: *~ λιμανιού*. **2.** υπονόμευση, σκόπιμη παρεμπόδιση της επιτυχίας κάποιου πράγματος: *~ διαπραγματεύσεων / σχεδίων*.
ναρκοθέτιδα η, ουσ., πολεμικό πλοίο κατάλληλα εξοπλισμένο για τη ναρκοθέτηση θαλάσσιων περιοχών (αντ. *ναρκοσυλλέκτιδα*).
ναρκοθετώ, -είς, ρ. **1.** τοποθετώ νάρκες: *-ησαν την έξοδο του λιμανιού*. **2.** (μεταφ.) υπονομεύω, εμποδίζω κάτι να πετύχει: *η πολιτική αυτή -εί τις προσπάθειες για ειρήνευση στην περιοχή* (συνών. στη σημασ. 2 *τορπιλίζω*).
ναρκομανής ο και η, γεν. **-ή,** πληθ. **-είς,** ουσ., άτομο εθισμένο στη χρήση ναρκωτικών και εξαρτημένο απ' αυτά: *οι -είς παθαίνουν κρίσεις, όταν σταματούν να παίρνουν ναρκωτικά*.
ναρκομανία η, ουσ., εθισμός ενός ατόμου στα ναρκωτικά και εξάρτησή του απ' αυτά.
ναρκοπέδιο το, ουσ. (ασυνίζ.), χώρος της ξηράς όπου έχουν τοποθετηθεί νάρκες.
ναρκοσυλλέκτιδα η, ουσ., πλοίο κατάλληλα εξοπλισμένο για να εντοπίζει και να εξουδετερώνει νάρκες στη θάλασσα (αντ. *ναρκοθέτιδα*).
ναρκώνω, ρ. **1.** προκαλώ αναισθησία ολόκληρου του οργανισμού ή ενός μέλους του: *πριν από τη χειρουργική επέμβαση τον -ωσαν*. **2.** προκαλώ έντονη υπνηλία και χαλάρωση των αισθήσεων: *με -ωσε αυτό το κρασί*.
νάρκωση η, ουσ., αναισθητοποίηση ολόκληρου του οργανισμού ή κάποιου μέλους του: *ο εγχειρισμένος άργησε να ξυπνήσει από τη ~· της έκαναν τοπική ~ στο πόδι*.
ναρκωτικός, -ή, -ό, επίθ., που προκαλεί νάρκωση: *φάρμακο -ό· -ές ιδιότητες ενός φυτού*. - Το ουδ.

ναστόδερμα 932

στον πληθ. ως ουσ. = ουσίες τοξικές που δρουν στο νευρικό σύστημα προκαλώντας χαλάρωση ή ευφορία και που η υπερβολική χρήση τους προκαλεί σοβαρές διαταραχές, φυσικές και διανοητικές, και μια κατάσταση εξάρτησης και εθισμού: *-ά σκληρά* (= πολύ ισχυρά, π.χ. ηρωίνη, κοκαΐνη, κλπ.)· *διακίνηση και εμπόριο -ών.*

ναστόδερμα το, ουσ., είδος τεχνητού δέρματος από το οποίο κατασκευάζονται σόλες παπουτσιών. [αρχ. επίθ. *ναστός* (= συμπιεσμένος) + *δέρμα*].

ναστόχαρτο το, ουσ., χαρτί χοντρό καί δύσκαμπτο (κοιν. *χαρτόνι*). [αρχ. επίθ. *ναστός* + *χάρτης*].

νατοϊκός, -ή, -ό, επίθ., που αναφέρεται στο Ν.Α.-Τ.Ο., τη Βορειοατλαντική Συμμαχία: *επεμβάσεις/ αποφάσεις -ές· πολιτική -ή.*

νατουραλισμός ο, ουσ. **1.** (φιλοσ.) θεωρία σύμφωνα με την οποία όλα τα όντα και τα φαινόμενα μπορούν να ερμηνευτούν σύμφωνα με τους νόμους της φύσης, ενώ αποκλείεται οτιδήποτε το υπερφυσικό (συνών. *φυσιοκρατία*). **2.** (καλ. τεχν.) ακριβής απομίμηση της φύσης και των αντικειμένων, που αντιτίθεται στον ιδεαλισμό και τον συμβολισμό. **3.** λογοτεχνικό κίνημα του 19. αι., το οποίο απέβλεπε στο να αναπαράγει την πραγματικότητα με πλήρη αντικειμενικότητα και σε όλες της τις όψεις, χωρίς τάση εξιδανίκευσής της. [γαλλ. *naturalisme*].

νατουραλιστής ο, θηλ. **-ίστρια,** ουσ., οπαδός του νατουραλισμού στη φιλοσοφία, την τέχνη ή τη λογοτεχνία.

νατουραλιστικός, -ή, -ό, επίθ., που ανήκει ή αναφέρεται στο νατουραλισμό ή τους νατουραλιστές: *-ή τεχνοτροπία στη ζωγραφική· μυθιστόρημα -ό· θεωρία -ή.*

νατουραλίστρια, βλ. *νατουραλιστής.*

νάτριο το, ουσ. (ασυνίζ.), χημικό στοιχείο που ανήκει στα μέταλλα: *~ ανθρακικό* (= σόδα) */ χλωριούχο* (= μαγειρικό αλάτι).

ναυάγιο το, ουσ. (ασυνίζ.). **1.** βύθιση ή συντριβή πλοίου κατά τη διάρκεια του ταξιδιού του: *ελάχιστα άτομα γλύτωσαν από το ~ του Τιτανικού.* **2.** συντρίμμια πλοίου που τσακίστηκε ή λείψανα πλοίου που βυθίστηκε: *τα -α επέπλεαν στην επιφάνεια της θάλασσας.* **3.** (μεταφ.) πλήρης αποτυχία ή καταστροφή: *~ διαπραγματεύσεων / επιχείρησης / υπόθεσης.* **4.** (μεταφ.) άνθρωπος κατεστραμμένος, αποτυχημένος από κάθε άποψη: *από τις ατυχίες που του βρήκαν στη ζωή του κατάντησε ~* (συνών. *ερείπιο*).

ναυαγός ο και η, ουσ. **1.** επιβάτης πλοίου που ναυάγησε: *περισυλλογή -ών.* **2.** (μεταφ.) άνθρωπος αποτυχημένος: *είναι ένας ~ της ζωής.*

ναυαγοσώστης ο, ουσ. **α.** άτομο που παίρνει μέρος στη διάσωση ναυαγών ή πλοίων που ναυάγησαν: *οι -ες βοήθησαν στην περισυλλογή των ναυαγών·* **β.** άτομο που έχει επάγγελμα να σώζει ανθρώπους που κινδυνεύουν να πνιγούν στη θάλασσα.

ναυαγοσωστικός, -ή, -ό, επίθ., που έχει σκοπό τη διάσωση πλοίων που κινδυνεύουν ή ναυαγών: *επιχειρήσεις -ές· λέμβος -ή.* - Το ουδ. ως ουσ. = ειδικά κατασκευασμένο και εφοδιασμένο για τη διάσωση πλοίων που κινδυνεύουν ή ναυαγών: *δύο -ά πήγαν στο σημείο όπου έγινε το ναυάγιο.*

ναυαγώ, -είς, ρ. **1.** (για πλοία και ανθρώπους) παθαίνω ναυάγιο: *το πλοίο -ησε εξαιτίας της σφοδρής τρικυμίας.* **2.** (μεταφ.) αποτυχαίνω εντελώς,

καταλήγω σε καταστροφή· ματαιώνομαι, δεν πραγματοποιούμαι: *-ησαν οι διαπραγματεύσεις· η επιχείρησή του -ησε· -ησαν τα σχέδια / τα όνειρα / οι ελπίδες του.*

ναυαρχείο το, ουσ., οίκημα όπου εδρεύει ο ναύαρχος, καθώς και τα γραφεία των υπηρεσιών που βρίσκονται στην αρμοδιότητά του.

ναυαρχία η, ουσ., το αξίωμα του ναυάρχου· η αρχηγία του στόλου και ο χρόνος διάρκειάς της: *η ~ του διάρκεσε τρία χρόνια.*

ναυαρχίδα η, ουσ., πλοίο στο οποίο επιβαίνει ο ναύαρχος ή ο αρχηγός του στόλου κατά τη διάρκεια επιχείρησης.

ναυαρχικός, -ή, -ό, επίθ., που ανήκει ή αναφέρεται στο ναύαρχο: *αξίωμα -ό· δικαιώματα -ά.* - Το ουδ. ως ουσ. = το διακριτικό σήμα του ναυάρχου ή του αρχηγού του στόλου, με το οποίο διακρίνεται το πλοίο στο οποίο αυτός επιβαίνει.

ναύαρχος ο, ουσ., ο ανώτατος βαθμός των αξιωματικών του πολεμικού ναυτικού.

ναύκληρος ο, ουσ., ο επικεφαλής του κατώτερου προσωπικού καταστρώματος που υπάγεται στις άμεσες διαταγές του υποπλοίαρχου (συνών. *λοστρόμος*).

ναυλαγορά η, ουσ., το σύστημα της εξασφάλισης των ναυλώσεων των πλοίων και της διαμόρφωσης των τιμών των ναύλων στην ελεύθερη οικονομία.

ναυλολόγιο το, ουσ. (ασυνίζ.), πίνακας που περιέχει τις καθορισμένες από το υπουργείο εμπορικής ναυτιλίας τιμές των ναύλων για τη μεταφορά επιβατών και εμπορευμάτων με τις θαλάσσιες συγκοινωνίες.

ναυλομεσίτης ο, ουσ., πρόσωπο που μεσολαβεί μεταξύ πλοιοκτήτη και ναυλωτή για την επίτευξη ναύλωσης.

ναύλος ο, πληθ. *ναύλοι* οι και ουδ. *ναύλα* τα, ουσ. **1.** το αντίτιμο για τη ναύλωση (βλ. λ.) πλοίου. **2.** ναύλωση πλοίου. - Ο πληθ. *ναύλα* τα = το αντίτιμο της μεταφοράς ανθρώπων με μεταφορικό μέσο.

ναυλοσύμφωνο το, ουσ., συμφωνητικό έγγραφο για τη ναύλωση πλοίου (συνών. *ναυλωτήριο*).

ναυλοχώ, ρ. (λόγ.), είμαι αγκυροβολημένος σε λιμάνι.

ναύλωμα το, ουσ., ναύλωση (βλ. λ.).

ναυλώνω, ρ. **1.** παρέχω σε κάποιον το πλοίο μου με πληρωμή για τη μεταφορά φορτίου ή επιβατών: *-ωσα το καΐκι μου σ' έναν έμπορο.* **2.** νοικιάζω το πλοίο κάποιου για τη μεταφορά φορτίου ή επιβατών: *το τουριστικό γραφείο -ωσε ένα καράβι για τη μεταφορά των τουριστών.*

ναύλωση η, ουσ., μίσθωση πλοίου για μεταφορά φορτίου και επιβατών (συνών. *ναύλωμα*).

ναυλωτήριο το, ουσ. (ασυνίζ.), ναυλοσύμφωνο (βλ. λ.).

ναυλωτής ο, θηλ. **-τρια,** ουσ., αυτός που ναυλώνει πλοίο για μεταφορά φορτίου ή επιβατών: (σε επιθετ. χρήση) *-τρια εταιρεία.*

ναυμαχία η, ουσ., η μάχη που γίνεται στη θάλασσα μεταξύ των πλοίων των αντίπαλων παρατάξεων: *η ~ της Σαλαμίνας.*

ναυμάχος ο, ουσ., πολεμιστής που παίρνει μέρος σε ναυμαχία.

ναυμαχώ, -είς, ρ., μάχομαι με πλοία στη θάλασσα: *οι δύο αντίπαλες δυνάμεις -ησαν στον Ειρηνικό.*

Ναυπάκτιος ο, θηλ. **-ια** (ασυνίζ.) και (λαϊκ.) **Επαχτίτης** ο, θηλ. **-ισσα,** ουσ., αυτός που κατοικεί στη Ναύπακτο ή κατάγεται από εκεί.

ναυπηγείο το, ουσ., τόπος ή εργοστάσιο όπου κατασκευάζονται μεγάλα ή μικρά σκάφη.

ναυπήγηση η, ουσ., κατασκευή κάθε πλωτού μέσου.

ναυπηγήσιμος, -η, -ο, επίθ., χρήσιμος ή κατάλληλος για τη ναυπήγηση: *ξυλεία -η.*

ναυπηγικός, -ή, -ό, επίθ., που σχετίζεται με τη ναυπήγηση ή το ναυπηγό: *εγκαταστάσεις -ές.* - Το θηλ. ως ουσ. = η επιστήμη που ασχολείται με τη ναυπήγηση (βλ. λ.).

ναυπηγός ο και η, ουσ., επιστήμονας ή και τεχνίτης που ασχολείται με τη σχεδίαση, την κατασκευή ή την επισκευή πλωτού μέσου: *ο ~ θα έχει σύντομα έτοιμα τα σχέδια του πλοίου.*

ναυπηγώ, -είς, ρ., κατασκευάζω πλωτό μέσο.

ναυπλιακός, -ή, -ό (ασυνίζ.) και **ναυπλιώτικος** και (λαϊκ.) **αναπλιώτικος** (συνιζ.), επίθ., που ανήκει ή αναφέρεται στο Ναύπλιο ή τους Ναυπλιώτες.

Ναυπλιώτης και (λαϊκ.) **Αναπλιώτης** ο, θηλ. **-ισσα,** ουσ. (συνιζ.), αυτός που κατοικεί στο Ναύπλιο ή κατάγεται από αυτό.

ναυσιπλοΐα η, ουσ., το να ταξιδεύει κανείς με πλοίο· μεταφορά προϊόντων ή επιβατών με πλοίο: *~ παράκτια.*

ναύσταθμος ο, ουσ., λιμάνι ή όρμος με ειδικές εγκαταστάσεις, όπου αγκυροβολούν, ναυπηγούνται, επισκευάζονται ή εξοπλίζονται πολεμικά πλοία.

ναυτάκι, βλ. *ναύτης.*

ναυταπάτη η, ουσ., αδίκημα που διαπράττεται από τον πλοίαρχο ή άλλο μέλος του πληρώματος εμπορικού πλοίου εις βάρος πλοιοκτήτη, φορτωτή ή ασφαλιστών.

ναυτασφάλεια η, ουσ. (ασυνίζ.), ασφάλιση πλοίων ή των φορτίων τους κατά των κινδύνων κατά τη διάρκεια του πλου.

ναυτασφάλιση η, ουσ., εξασφάλιση της αξίας εμπορευμάτων και άλλων ανάλογων ειδών που μεταφέρονται με πλωτά μέσα ύστερα από συμφωνία με αρμόδια εταιρεία (συνών. *θαλασσασφάλιση*).

ναυτεργάτης ο, ουσ., αυτός που εργάζεται σε πλοίο, ο ναυτικός (συνών. *εργάτης της θάλασσας*).

ναυτεργατικός, -ή, -ό, επίθ., που ανήκει ή αναφέρεται στους ναυτεργάτες: *σωματείο -ό· δυναμικό -ό.*

ναύτης ο, θηλ. **-ινα,** ουσ. **1.** ο μη βαθμοφόρος του πληρώματος εμπορικού πλοίου. **2.** στρατιώτης που υπηρετεί τη θητεία του στο πολεμικό ναυτικό. - Υποκορ. **-άκι** το.

ναυτία η, ουσ. **1.** (ιατρ.-κοιν.) ζάλη και τάση για εμετό που προκαλείται από τους κλυδωνισμούς πλοίου· (γενικά) τάση για εμετό: *ένιωσα ~ και βγήκα στο κατάστρωμα να πάρω αέρα.* **2.** (μεταφ.) αίσθημα αηδίας, αποστροφής για κάτι: *οι κολακείες του μου προκαλούν ~.*

ναυτικός, -ή, -ό, επίθ., που ανήκει ή αναφέρεται στους ναύτες ή τη ναυτιλία: *σχολή -ή· βάση / δύναμη -ή· φυλλάδιο -ό· λαός -ός.* - Το αρσ. ως ουσ. = αυτός που εργάζεται στα πλοία είτε ως απλός ναύτης είτε ως βαθμοφόρος: *δουλεύει ~ στα καράβια.* - Το θηλ. ως ουσ. = η ναυτική τέχνη και επιστήμη. - Το ουδ. ως ουσ. = **α.** (στον εν.) το σύνολο των πλοίων μιας χώρας και τα πληρώματά τους και τον εξοπλισμό τους: *εμπορικό / πολεμικό -ό·* **β.** (στον πληθ.) η στολή του ναύτη: *του πάνε πολύ τα -ά.*

ναυτιλία η, ουσ. **1.** το να ταξιδεύει κανείς στη θάλασσα, ναυσιπλοΐα· το έργο και η τέχνη του ναυτικού. **2.** το εμπορικό ναυτικό μιας χώρας: *~ υπερωκεάνια / παράκτια.*

ναυτιλιακός, -ή, -ό, επίθ. (ασυνίζ.), που σχετίζεται με τη ναυτιλία: *έγγραφα -ά* = επίσημα πιστοποιητικά και βιβλία που πρέπει να έχει κάθε πλοίο που ταξιδεύει· *νομοθεσία -ή.*

ναυτίλλομαι, ρ., μόνο στη μετ. ενεστ. *ναυτιλλόμενος* (ο) = ναυτικός, θαλασσινός: *οδηγίες για τους -ομένους.*

ναυτίλος ο, ουσ., είδος μαλακίων κεφαλόποδων με κέλυφος σπειροειδές που ζουν σε βαθιά νερά.

ναυτίνα, βλ. *ναύτης.*

ναυτοδάνειο το, ουσ. (ασυνίζ.), θαλασσοδάνειο (βλ. λ.).

ναυτοδικείο το, ουσ., δικαστήριο που έχει ως μέλη του αξιωματικούς του ναυτικού, αρμόδιο για την απονομή δικαιοσύνης στο πολεμικό ναυτικό.

ναυτοδίκης ο, ουσ., μέλος ναυτοδικείου (βλ. λ.).

ναυτολόγηση η, ουσ. **1.** κατάταξη κληρωτών στο πολεμικό ναυτικό, ναυτική στρατολογία. **2.** πρόσληψη προσωπικού σε εμπορικό πλοίο, που συντελείται με την εγγραφή στο ναυτολόγιο.

ναυτολογία η, ουσ., ναυτολόγηση.

ναυτολογικός, -ή, -ό, επίθ., που ανήκει ή αναφέρεται στη ναυτολογία: *γραφείο -ό· κατάλογος ~.*

ναυτολόγιο το, ουσ. (ασυνίζ.), πίνακας ή βιβλίο όπου αναγράφονται τα ονόματα των ναυτικών που υπηρετούν σε ένα πλοίο, καθώς και οι όροι με τους οποίους ανέλαβαν υπηρεσία.

ναυτολόγος ο, ουσ., αυτός που καταρτίζει τους ναυτολογικούς πίνακες σε κάθε απογραφή στο πολεμικό ναυτικό.

ναυτολογώ, -είς, ρ. Ι. ενεργ. **1.** κατατάσσω και εγγράφω στους καταλόγους του πολεμικού ναυτικού τους κληρωτούς που καλούνται κάθε χρόνο. **2.** μισθώνω ναύτες για το εμπορικό ναυτικό εγγράφοντάς τους στο ναυτολόγιο. ΙΙ. (μέσ.) εγγράφομαι στο ναυτολόγιο εμπορικού πλοίου για να εργαστώ ως ναύτης: *-ήθηκα πέρυσι σ' αυτό το πλοίο.*

ναυτομεσίτης ο, ουσ., μεσίτης που προμηθεύει ναύτες στους πλοιοκτήτες όσες φορές παρουσιάζονται κενά στα πληρώματα των πλοίων τους.

ναυτόπουλο το, ουσ., νεαρό μέλος πληρώματος εμπορικού πλοίου που εκτελεί βοηθητικές εργασίες, μαθητευόμενος ναύτης.

ναυτοφυλακή η, ουσ., ίδρυμα ή και παροπλισμένο πλοίο όπου κρατούνται ή φυλακίζονται ναύτες καταδικασμένοι από το ναυτοδικείο.

νάφθα η, ουσ. (χημ.) προϊόν απόσταξης του ακάθαρτου πετρελαίου που χρησιμοποιείται ως πρώτη ύλη. [περσ. *naft*].

ναφθαλίνη η, ουσ. (χημ.) άσπρη κρυσταλλική ουσία με έντονη ιδιάζουσα οσμή που παίρνεται κυρίως από την πίσσα των λιθανθράκων. [γαλλ. *naphtaline*].

νεάζω, ρ. **1.** είμαι ή φαίνομαι νέος. **2.** προσπαθώ να φαίνομαι νέος.

νεανικός, -ή, -ό, επίθ., που αναφέρεται ή ταιριάζει σε νέο: *όνειρα / ρούχα -ά* (αντ. *γεροντικός, γεροντίστικος*). - Επίρρ. **-ά.**

νεανικότητα η, ουσ., η κατάσταση του νεαρού, η νεανική ηλικία.

νεανίσκος ο, ουσ. (λόγ.), (συνήθως ειρων.) νεαρός: *παριστάνει το -ο.*

νεαρός, -ή, -ό, επίθ., που είναι νέος στην ηλικία ή ύπαρξη: *ζευγάρι -ό.* - Το αρσ. ως ουσ. = νέος άντρας: *σε ζήτησε ένας* ~ (αντ. *ηλικιωμένος*). - Το θηλ. ως ουσ. (σπανιότ.) = νέα γυναίκα.

νεβρίδα η, ουσ., δέρμα από μικρό ελάφι.

νέγρα, βλ. *νέγρος.*

νέγρικος, -η, -ο, επίθ., που ανήκει ή αναφέρεται στους νέγρους: *-η θρησκευτική μουσική* (= θρησκευτικά τραγούδια των μαύρων της Αμερικής με χριστιανική έμπνευση σε αμερικάνικη γλώσσα).

νεγροαφρικανικός, -ή, -ό, επίθ., που ανήκει ή αναφέρεται στους νέγρους της Αφρικής: *γλώσσα -ή.*

νέγρος ο, θηλ. **-α**, ουσ., αυτός που ανήκει στη μαύρη αφρικανική ή νεγροαφρικανική φυλή (συνών. *μαύρος* ο). [ισπαν. *negro*].

νέι, βλ. *νάι.*

νειροφάντασμα, βλ. *ονειροφάντασμα.*

νέκρα η, ουσ. 1. (μεταφ.) έλλειψη κάθε εκδήλωσης ζωής, κίνησης: ~ *σήμερα η αγορά* (συνών. *στασιμότητα*). 2. απόλυτη σιγή: *παντού* ~ *και σιωπή.*

νεκραναστάινω, ρ., αόρ. *νεκρανάστησα*, (μέσ.) *νεκραναστήθηκα* (λαϊκ.), ξαναφέρνω κάποιον από το θάνατο στη ζωή.

νεκρανάσταση η, ουσ. 1. επάνοδος από το θάνατο στη ζωή. 2. (μεταφ.) αναγέννηση, αναζωογόνηση: ~ *της φύσης.*

νεκρικός, -ή, -ό, επίθ., που ανήκει ή ταιριάζει σε νεκρό: *πομπή / σιωπή -ή.*

νεκρόδειπνο το, ουσ. 1. δείπνο που δίνεται μετά την κηδεία. 2. (αρχαιολ.) ανάγλυφο (αναθηματικό ή επιτύμβιο) που παριστάνει θεούς, ήρωες ή νεκρούς να δειπνούν.

νεκροζώντανος, -η, -ο, επίθ., μισοπεθαμένος.

νεκροθάφτης ο, ουσ., άτομο που έχει ως επάγγελμα την ταφή των νεκρών.

νεκρόκασα η, ουσ. (λαϊκ.), φέρετρο (βλ. λ.): *τρίζανε οι -ες από τη ζέστη* (συνών. *νεκροκρέβατο*).

νεκροκέρι το, ουσ. (λαϊκ.), κερί που ανάβεται σε νεκρό.

νεκροκεφαλή η, ουσ., κρανίο ανθρώπινου σκελετού.

νεκροκρέβατο το, ουσ., φέρετρο (βλ. λ.) (συνών. *νεκρόκασα*).

νεκρολογία η, ουσ. 1. επικήδειος λόγος. 2. κείμενο που αναφέρεται στο χαρακτήρα και τη δράση προσώπου που πέθανε πρόσφατα.

νεκρολούλουδο το, ουσ. 1. φυτό ποώδες και μονοετές που έχει κίτρινα άνθη. 2. (στον πληθ.) λουλούδια που αποθέτουμε στο νεκρό.

νεκρόπολη η, ουσ. 1. νεκροταφείο. 2. (αρχαιολ.) διαμέρισμα αρχαίων πόλεων προορισμένο για την ταφή νεκρών.

νεκροπούλι το, ουσ., είδος νυκτόβιου πουλιού.

νεκρός, -ή, -ό, επίθ. 1. που δεν έχει ζωή: *σώμα / θήραμα -ό* (συνών. *πεθαμένος·* αντ. *ζωντανός*). 2. που δεν είναι παραγωγικός: *ιδιοκτησία -ή.* 3. που δεν ισχύει: *-ό γράμμα του νόμου* (βλ. *γράμμα*). 4. (για πλανήτη ή νερό) που δεν περιέχει ζωντανούς οργανισμούς: *θάλασσα -ή·* οι *επιστήμονες πιστεύουν ότι ο* ῎*Αρης είναι ένας* ~ *πλανήτης.* 5a. (για γλώσσα) που δε μιλιέται πια: *τα λατινικά είναι -ή γλώσσα·* β. (για πολιτισμό) που δε συνεχίστηκε: ~ *πολιτισμός των Ασσυρίων.* 6. (για τηλέφωνο) που δε λειτουργεί: *-ή τηλεφωνική γραμμή.* 7. που δεν έχει κίνηση: *ο χειμώνας είναι -ή περίοδος για τον τουρισμό.* 8. (για μέλος του σώματος) που δεν έχει αισθήσεις για ένα μικρό χρονικό διάστημα (συνών. *αναίσθητος*). 9. (ζωγρ.) *φύση -ή* = a. είδος ζωγραφικής που παρουσιάζει αντικείμενα ή όντα άψυχα: *ζωγράφος -ής φύσης·* β. πίνακας αυτού του είδους ζωγραφικής. 10. *-ό σημείο* = a. (μηχ.) σημείο διαδρομής μηχανικού οργάνου κατά το οποίο αυτό δε δέχεται πλέον ώθηση από τον κινητήρα· β. (στο αυτοκίνητο) θέση χειρισμού του κιβωτίου ταχυτήτων, κατά την οποία ο κύριος άξονας δεν περιστρέφει το δευτερεύοντα. - Το αρσ. ως ουσ. = πτώμα, λείψανο· (στον πληθ.) = οι πεθαμένοι.

νεκροσέντονο το, ουσ. (ερρ.), σάβανο (βλ. λ.).

νεκροσέντουκο το, ουσ. (ερρ.), φέρετρο (βλ. λ.).

νεκροστάσιο το, ουσ. (ασυνίζ.), ειδικός κλειστός χώρος σε νεκροταφείο όπου τοποθετούνται οι νεκροί εωσότου κηδευτούν.

νεκροστολίζω, ρ., στολίζω φέρετρο νεκρού.

νεκροστόλισμα το, ουσ., στόλισμα νεκρού.

νεκροσυλία η, ουσ., κλοπή ρούχων, κοσμημάτων ή άλλων αντικειμένων που έχουν ταφεί μαζί με το νεκρό.

νεκρόσυλος ο, ουσ., αυτός που παραβιάζει τάφο για να τον συλήσει.

νεκροταφείο το, ουσ., τόπος ενταφιασμού νεκρών (συνών. *κοιμητήριο, μνήματα*).

νεκροτομείο το, ουσ., εγκατάσταση ή ίδρυμα στο οποίο μεταφέρονται τα πτώματα για ιατροδικαστικό έλεγχο.

νεκροτομία και **νεκροτομή** η, ουσ., ανατομική εξέταση πτώματος για να προσδιοριστούν τα αίτια θανάτου (συνών. *νεκροψία*).

νεκροφάνεια η, ουσ. (βιολ.) κατάσταση του οργανισμού κατά την οποία εκλείπουν τα σημεία ζωής ώστε να φαίνεται και να θεωρείται νεκρός, φαινομενικός θάνατος.

νεκροφιλία η, ουσ., σεξουαλική διαστροφή ατόμων που επιθυμούν να συνουσιάζονται με πτώματα.

νεκροφιλώ, -είς, ρ. (λαϊκ.), ασπάζομαι νεκρό: *να -ήσω τα παιδιά μου, αν σου λέω ψέματα* (αντί όρκου).

νεκροφόρα η, ουσ., ειδικό αυτοκίνητο για τη μεταφορά των νεκρών στο νεκροταφείο.

νεκροψία η, ουσ., ιατροδικαστική εξέταση πτώματος για την εξακρίβωση των αιτίων του θανάτου.

νέκρωμα το, ουσ., νέκρωση (βλ. λ.).

νεκρώνω, ρ. Α. μτβ. 1. προκαλώ το θάνατο, σκοτώνω κάποιον. 2. παραλύω, αναισθητοποιώ: *η ένεση του είχε -ώσει το πόδι.* 3. (μεταφ.) κάνω κάτι να χάσει τη ζωτικότητά του, την κίνησή του: *ο πόλεμος -ει τις εμπορικές συναλλαγές.* Β. (αμτβ.) (μεταφ.) χάνω κάθε ζωντάνια και κίνηση: *-ει η αγορά / η παραλία.*

νέκρωση η, ουσ. 1. τοπικός θάνατος των κυττάρων ιστού ή οργάνου του σώματος (ενώ ο υπόλοιπος οργανισμός εξακολουθεί να ζει): ~ *σηπτική / κυτταρική* (συνών. *αναισθητοποίηση*). 2. (μεταφ.) παράλυση κάθε κίνησης, στασιμότητα: ~ *της αγοράς από την παγωνιά* (συνών. *νέκρα*).

νεκρώσιμος, -η, -ο, επίθ., που αναφέρεται στους νεκρούς: *εμβατήριο -ο.*

νέκταρ το, ουσ. 1. (μυθολ.) το ποτό των ολύμπιων θεών. 2. γλυκός χυμός των λουλουδιών που τον μαζεύουν οι μέλισσες και άλλα έντομα. 3. χαρακτηρισμός κάθε εύγευστου ποτού: *κρασί* ~.

νεκταρίνι το, ουσ., είδος ρωδάκινου με λεία και όχι χνουδωτή φλούδα, ο καρπός της νεκταρινιάς.
νεκταρινιά η, ουσ. (συνίζ.), ποικιλία ρωδακινιάς που προέρχεται από διασταύρωση ρωδακινιάς και δαμασκηνιάς.
νέμεση η, ουσ., θεία δικαιοσύνη που τιμωρεί τους άδικους.
νέμομαι, ρ. (λόγ.), έχω την επικαρπία κάποιου πράγματος: *-εται την περιουσία του ανήλικου ανιψιού του·* (με αρνητ. σημασ.) *μια μικρή ομάδα προνομιούχων -εται την εξουσία.*
νένα η, ουσ. (λαϊκ.), παραμάνα, τροφός. [βεν. *nena*].
νενέ η, ουσ. (λαϊκ.), γιαγιά. [τουρκ. *nine*].
νεο- και (συνίζ.) **νιο-**, α´ συνθ. λέξεων που δηλώνει: α. ότι αυτό που δηλώνεται από το β´ συνθ. έγινε πρόσφατα (π.χ. *νεόπλουτος, νιόπαντρος*)· β. ότι το β´ συνθ. έχει την έννοια του μεταγενέστερου ή νεότερου (π.χ. *νεοκλασικός*).
νεοβαφτισμένος, -η, -ο, επίθ., που βαφτίστηκε πρόσφατα.
νεογέννητος, -η, -ο και (συνιζ., λαϊκ.) **νιογέννητος**, επίθ., που γεννήθηκε πριν από λίγο, που έχει μόλις γεννηθεί: *παιδί -ο·* (μεταφ.) *ψυχή -η.* - Το ουδ. ως ουσ. = το νεογνό.
νεογνό το, ουσ., βρέφος ή ζώο που μόλις γεννήθηκε (συνών. *νεογέννητο*).
Νεοέλληνας, βλ. *Έλληνας*.
νεοελληνικός, -ή, -ό, επίθ., που έχει σχέση με τους νεότερους Έλληνες ή τη νεότερη Ελλάδα: *πολιτισμός / διαφωτισμός ~· αρχιτεκτονική -ή.* - Το θηλ. ως ουσ. = η νέα ελληνική γλώσσα. - Το ουδ. στον πληθ. ως ουσ. = το μάθημα της νέας ελληνικής γλώσσας και φιλολογίας.
νεοεμπρεσιονισμός ο, ουσ. (προφ. *μ-π*, ασυνίζ.), καλλιτεχνική σχολή που ανανέωσε τον εμπρεσιονισμό.
νεοεμπρεσιονιστής ο, θηλ. **-ίστρια**, ουσ. (προφ. *μ-π*, ασυνίζ.), οπαδός του νεοεμπρεσιονισμού.
Νεοζηλανδή, βλ. *Νεοζηλανδός*.
νεοζηλανδικός, -ή, -ό, επίθ., που ανήκει ή αναφέρεται στη Νέα Ζηλανδία.
Νεοζηλανδός ο, θηλ. **-ή**, ουσ., κάτοικος της Νέας Ζηλανδίας.
νεοκαντιανισμός ο, ουσ. (ερρ., ασυνίζ.), φιλοσοφική σχολή που διαμορφώθηκε στα μέσα του περασμένου αιώνα και τείνει στην αποκατάσταση της θεωρίας του Καντ ως βάσης της φιλοσοφίας.
νεοκαντιανός, -ή, -ό, επίθ. (ερρ., ασυνίζ.), που ανήκει ή αναφέρεται στο νεοκαντιανισμό. - Το αρσ. και θηλ. ως ουσ. = οπαδός του νεοκαντιανισμού.
νεοκλασικισμός ο, ουσ., καλλιτεχνική σχολή που πρωτοεμφανίστηκε στην Αναγέννηση και έχει ως κύριο χαρακτηριστικό της τη μίμηση των κλασικών έργων της αρχαιότητας.
νεοκλασικιστής ο, θηλ. **-ίστρια**, ουσ., οπαδός του νεοκλασικισμού.
νεοκλασικός, -ή, -ό, επίθ., που ανήκει ή αναφέρεται στο νεοκλασικισμό: *αρχιτεκτονική -ή· κτήριο -ό.*
νεόκοπος, -η, -ο, επίθ. **1.** (για νόμισμα) που κόπηκε πρόσφατα. **2.** (συνεκδοχικά, μεταφ.) πρόσφατος, καινούργιος: *~ οπαδός του δημοτικισμού.*
νεόκτιστος, -η, -ο και (συνιζ., λαϊκ.) **νιόχτιστος**, επίθ., χτισμένος πρόσφατα: *-η πτέρυγα κτηρίου.*
νεολαία η, ουσ., το σύνολο των νέων, οι νέοι: *η ~ ασπάζεται τις νεοτεριστικές ιδέες.*

νεολαίος ο, θηλ. **-α**, ουσ. (νεολογ.), μέλος πολιτικής οργάνωσης νέων.
νεολατινικός, -ή, -ό, επίθ., που σχετίζεται με τα έθνη που η γλώσσα τους είναι λατινογενής: *γλώσσες / λογοτεχνία -ές* (συνών. *ρομανικός*).
νεολιθικός, -ή, -ό, επίθ., που αναφέρεται στην περίοδο της προϊστορίας (μέσα έβδομης - τέλος τέταρτης χιλιετηρίδας π.Χ.) κατά την οποία ο άνθρωπος κατασκεύαζε εργαλεία από λίθο: *πολιτισμός ~· -οί οικισμοί του Σέσκλου και του Διμηνίου.*
νεολογικός, -ή, -ό, επίθ. (για λεξιλογικό στοιχείο) που δημιουργήθηκε πρόσφατα: *αυθαίρετα -ά κατασκευάσματα.*
νεολογισμός ο, ουσ., λέξη πρόσφατα δημιουργημένη ή δανεισμένη πρόσφατα από ξένη γλώσσα· νέα σημασία λέξης παλαιότερης (σημασιολογικός νεολογισμός): *ο ~ εξυπηρετεί νεότερες ανάγκες γλωσσικής επικοινωνίας* (αντ. *αρχαϊσμός*).
νεομαρξισμός ο, ουσ. (πολιτ.) νεότερη ερμηνεία της οικονομικοπολιτικής θεωρίας του μαρξισμού.
νεομαρξιστής ο, θηλ. **-ίστρια**, ουσ., οπαδός του νεομαρξισμού.
νεομάρτυρας ο, ουσ. (εκκλ.) μάρτυρας της ορθόδοξης εκκλησίας (κατά την περίοδο μετά την εικονομαχία).
νέον το, ουσ. (χημ.) χημικό στοιχείο που ανήκει στην κατηγορία των ευγενών αερίων, περιέχεται στον ατμοσφαιρικό αέρα και χρησιμοποιείται για παροχή φωτισμού με σωλήνες φθορισμού.
νεόνυμφος, -η, -ο και (συνιζ., λαϊκ.) **νιόνυφος**, επίθ., που μόλις παντρεύτηκε, νιόπαντρος.
νεοπλασία η, ουσ. (βιολ.-ιατρ.) **1.** παθολογικός σχηματισμός νέου ιστού. **2.** (συνηθέστερα) νεόπλασμα, όγκος (κυρίως κακοήθης).
νεόπλασμα το, ουσ. (βιολ.-ιατρ.) όγκος καλοήθης ή κακοήθης που δημιουργείται στους ιστούς του οργανισμού.
νεόπλαστος, -η, -ο, επίθ. (για λέξη) που δημιουργήθηκε πρόσφατα: *-ες λέξεις.*
νεοπλατωνικός, -ή, -ό, επίθ. (φιλοσ.) που σχετίζεται με το νεοπλατωνισμό: *φιλόσοφος ~· φιλοσοφία -ή.*
νεοπλατωνισμός ο, ουσ. (φιλοσ.) νεότερη μορφή της πλατωνικής φιλοσοφίας που διαμορφώθηκε κατά τους πρώτους μεταχριστιανικούς αιώνες και αποτελεί ανάμιξη των ιδεών του Πλάτωνα με ανατολικές μυστικιστικές δοξασίες.
νεοπλουτικός, -ή, -ό, επίθ., που σχετίζεται με τους νεόπλουτους: *-ή επίδειξη.*
νεόπλουτος, -η, -ο, επίθ. και ουσ., άτομο που πλούτισε πρόσφατα και που, μην έχοντας προσαρμοστεί στη νέα οικονομική του κατάσταση, κάνει προκλητική επίδειξη του πλούτου του συνήθως με τρόπο άκομψο.
νεορεαλισμός ο, ουσ., τάση του μεταπολεμικού ιταλικού κινηματογράφου (και κατ' επέκταση και άλλων καλών τεχνών) που επιδιώκει την απεικόνιση της κοινωνικοπολιτικής πραγματικότητας.
νέος, -α, -ο και (συνιζ., λαϊκ.) **νιος, -α, -ο**, επίθ., συγκρ. *νεότερος, -η, -ο*, υπερθετ. *νεότατος, -η, -ο*. **1α.** που κατασκευάστηκε ή δημιουργήθηκε πρόσφατα: *-α εκκλησία· -ο χωριό·* **β.** για κάτι που επινοήθηκε, σχεδιάστηκε ή αναπτύχθηκε πρόσφατα: *~ τύπος αυτοκινήτου· -α μέθοδος θεραπείας.* **2α.** που έχει μικρή ηλικία, νεαρός: *ήρθε*

απ' την Πόλη νιος πραματευτής (Γρυπάρης) (αντ. ηλικιωμένος, γέρος)· **β.** ανώριμος εξαιτίας της νεαρής του ηλικίας: *είναι πολύ ~ για πατέρας / διευθυντής.* 3. που απέκτησε πρόσφατα μια ιδιότητα: *~ οδηγός· -ες μητέρες.* 4. που αντικατέστησε κάποιον άλλο: *~ πρωθυπουργός / διευθυντής.* 5. που δεν έχει προηγούμενη γνώση, πείρα κάποιου πράγματος: *είμαι ~ σ' αυτήν τη δουλειά / την πόλη.* 6. για κάτι που παρουσιάζεται πάλι ή ξαναρχίζει από την αρχή: *σελήνη -α· χρόνος ~.* 7. σύγχρονος: *~ ελληνισμός.* Έκφρ. *Νέος Κόσμος* (= το τμήμα της Γης που ανακαλύφθηκε στα χρόνια της Αναγέννησης και κατόπιν, και κυρίως η Αμερική) (συνών. στις σημασ. 1, 3, 4, 5, 6 *καινούργιος*· αντ. *παλιός*). - Το αρσ. ως ουσ. = **1α.** νέος άντρας· **β.** (στρατ.) νεοσύλλεκτος. - Το θηλ. ως ουσ. (σπανιότ.) = νέα γυναίκα. - Το ουδ. στον πληθ. ως ουσ. = ειδήσεις: *καλά / κακά -α· ν' ακούσουμε τα -α στο ραδιόφωνο.*
νεοσπαρμένος, -η, -ο, επίθ., που έχει σπαρθεί πρόσφατα: *γη -η.*
νεοσσός ο, ουσ. 1. νεογέννητο πουλί. 2. (μεταφ.) νεογέννητο παιδί.
νεοσύλλεκτος, -η, -ο και νεοσύλλεχτος, επίθ., άτομο που κατατάχτηκε πρόσφατα στο στρατό: *φαντάρος ~·* (ως ουσ.) *παρουσιάστηκαν οι -οι.*
νεοσύστατος, -η, -ο, επίθ., που δημιουργήθηκε πρόσφατα: *εταιρεία -η.*
νεότατος, -η, -ο, βλ. *νέος.*
νεοτερίζω, ρ., επιχειρώ νέα πράγματα, εφαρμόζω νέα και «επαναστατικά» συστήματα, καινοτομώ: *αντίδραση των συντηρητικών εναντίον όσων νεοτερίζουν.*
νεοτερισμός ο, ουσ. 1. αποδοχή νέων αντιλήψεων, καινοτομία, πρωτοτυπία: *εισήγαγε -ούς στη διοίκηση της επιχείρησης.* 2. αλλαγή της ενδυμασίας, του στιλ διάφορων πραγμάτων, μεταβολή σύμφωνα με τις επιταγές της μόδας: *κατάστημα -ών.*
νεοτεριστής ο, θηλ. **-ίστρια**, ουσ., που αποδέχεται και εισάγει νέες ιδέες, μεθόδους και συστήματα (συνών. *καινοτόμος*· αντ. *συντηρητικός*).
νεοτεριστικός, -ή, -ό, επίθ., που ρέπει προς νεοτερισμούς (βλ. λ. σημασ. 1), που νεοτερίζει: *-ό σύστημα διδασκαλίας· αντιλήψεις -ές.*
νεοτερίστρια, βλ. *νεοτεριστής.*
νεότερος, βλ. *νέος.*
νεότητα η, ουσ. 1. η ιδιότητα του νέου, το να είναι κάποιος νέος, η νεανική ηλικία (αντ. *γηρατειά* τα). 2. (λόγ.) το σύνολο των νέων ανθρώπων, η νεολαία.
νεοτουρκικός, -ή, -ό, επίθ. (ιστ.) που έχει σχέση με τους Νεοτούρκους και το νεοτουρκισμό.
νεοτουρκισμός ο, ουσ. (ιστ.) εθνικιστικό κίνημα με μεταρρυθμιστικές και εκσυγχρονιστικές τάσεις που εκδηλώθηκε στην Τουρκία πριν από τον Α΄ παγκόσμιο πόλεμο.
Νεότουρκοι οι, ουσ. (ιστ.) οι οπαδοί του νεοτουρκισμού.
Νεοϋορκέζος ο, θηλ. **-α**, ουσ., αυτός που κατοικεί στη Νέα Υόρκη ή κατάγεται από εκεί.
νεοφασισμός ο, ουσ. (πολιτ.) πολιτική κίνηση στην Ιταλία και αλλού που επιδιώκει την αναβίωση του φασισμού.
νεοφασίστας ο, ουσ. (πολιτ.) οπαδός του νεοφασισμού.
νεοφερμένος, -η, -ο και νιόφερτος, -η, -ο, επίθ., που ήρθε ή τον έφεραν πρόσφατα.

νεοφοβία η, ουσ., αποστροφή για οτιδήποτε νέο, για κάθε καινοτομία.
νεοφυτικός, -ή, -ό, επίθ. (γεωλ.) που ανήκει ή αναφέρεται στην τελευταία από τις τρεις περιόδους της Γης (παλαιοφυτική, μεσοφυτική, νεοφυτική), κατά την οποία έγινε η εμφάνιση της νέας χλωρίδας.
νεοφώτιστος, -η, -ο, επίθ. 1. (θρησκ.) που πήρε πρόσφατα τη θεία φώτιση με το μυστήριο της βάφτισης, που βαφτίστηκε πρόσφατα. 2. (μεταφ.) που ασπάστηκε κάποια πίστη ή ιδεολογία πρόσφατα: *βουδιστής / κομουνιστής ~.*
νεόχτιστος, -η, -ο και νεοχτισμένος, -η, -ο, επίθ., που χτίστηκε πρόσφατα: *σχολείο -ο.*
νεποτισμός ο, ουσ., το να παρέχει ένα ισχυρό πολιτικό πρόσωπο ή ένας δημόσιος λειτουργός χαριστικά σε συγγενείς του θέσεις και αξιώματα, εκμεταλλευόμενος την εξουσία και την επιρροή του και χωρίς να παίρνει υπόψη τις ικανότητες των προσώπων ή τις ανάγκες της πολιτείας (ή ενός κόμματος, κ.τ.ό.)· πβ. *ευνοιοκρατία*. [γαλλ. *népotisme*].
νεραγκούλα η, ουσ. (έρρ.), (βοτ.) ποώδες υδρόβιο φυτό, που καλλιεργείται ως καλλωπιστικό. [*νεράγκουλο*<ιταλ. *ranuncolo*, με παρετυμ. προς το ουσ. *νερό*].
νεράιδα και (ιδιωμ.) **ανεράιδα** η, ουσ. (συνιζ.). α. (λαογρ.) δαιμονικό ον που ο λαός το φαντάζεται με μορφή νέας και πολύ ωραίας γυναίκας που εμφανίζεται συνήθως τη νύχτα στην εξοχή, ιδίως σε μέρη με δέντρα και πολλά νερά, και είναι δυνατόν κάποτε να βλάψει τον άνθρωπο: *οι -ες του πηγαδιού· το μαντήλι της -ας* (συνών. *καλοκυρά, ξωθιά*)· **β.** για πανέμορφη κοπέλα. - Υποκορ. **-οπούλα** η. [αρχ. ουσ. *Νηρηίς* με παρετυμ. προς το ουσ. *νερό*].
νεραϊδογεννημένος, -η, -ο και νεραϊδογέννητος, -η, -ο, επίθ. (συνιζ.), (λαογρ.) που γεννήθηκε από νεράιδα.
νεραϊδοπαρμένος, -η, -ο, επίθ. (συνιζ.), (λαογρ.) που του πήραν τα λογικά οι νεράιδες: *τριγυρίζει στις ερημιές σα ~.*
νεραϊδοπούλα, βλ. *νεράιδα.*
νέραϊδος ο, ουσ. (συνιζ.), (λαογρ.) αρσενικό δαιμονικό ον που μοιάζει με νεράιδα.
νεραϊδόχορτο το, ουσ. (συνιζ., λαϊκ.), ονομασία ορισμένων ειδών λειχήνων που αναπτύσσονται πάνω στον κορμό δέντρων.
νεράκι το, ουσ., νερό (υποκοριστικά): *δώσε μου λίγο ~·* φρ. *μαθαίνω / ξέρω / λέω (το μάθημα κ.τ.ό.) ~ ή σαν ~* (δηλ. «σαν τρεχούμενο νερό» = απομνημονεύω εντελώς το μάθημα και μπορώ να το πω εύκολα και χωρίς λάθη): *ήξερε την αλφαβήτα ~.*
νεραντζάκι, βλ. *νεράντζι.*
νεραντζάνθι το, ουσ. (ποιητ.) το λουλούδι της νεραντζιάς.
νεράντζι το, ουσ., ο καρπός της νεραντζιάς, φρούτο όμοιο με πορτοκάλι, αλλά τραχύτερο εξωτερικά, με βαθύτερο χρώμα και ξινόπικρη σάρκα, που χρησιμοποιείται σε μικρό μέγεθος για την παρασκευή του ομώνυμου γλυκού του κουταλιού. - Υποκορ. **-άκι** το (συνήθως για το γλυκό). [βενετ. *naranga*].
νεραντζιά η, ουσ. (συνιζ.), (βοτ.) δέντρο της οικογένειας των εσπεριδοειδών λίγο κοντύτερο από την πορτοκαλιά, με πυκνότερο φύλλωμα και μεγά-

λα, ευωδιαστά λουλούδια: ~ *ανθισμένη*. - Υποκορ. **-ούλα** η: *κάτω στο γιαλό κοντή -ούλα φουντωτή* (δημ. τραγ.).
νερό το, ουσ. **1α.** διαφανές και αραιό υγρό που το πίνουν άνθρωποι και ζώα, επειδή είναι απολύτως αναγκαίο για τη ζωή τους, άχρωμο, άοσμο και χωρίς δυσάρεστη γεύση, όταν είναι καθαρό· (χημ.) αποτελείται από υδρογόνο και οξυγόνο, υπάρχει στη φύση επίσης σε κατάσταση στερεή (πάγος, χιόνι) ή αέρια (υδρατμοί) και είναι από τα κυριότερα συστατικά ζωικών και φυτικών οργανισμών: ~ *της βροχής / της πηγής·* ~ *αλμυρό* (= *της θάλασσας*)· ~ *αποσταγμένο· δεξαμενή -ού· ρίχνω* ~ *για να σβήσω τη φωτιά· όταν πλένεσαι, γεμίζεις τον τόπο -ά·* **β.** για την ποσότητα (συνήθως πόσιμου) νερού που περιέχεται σε ένα δοχείο ή σκεύος: *φέρνω* ~ *από το πηγάδι· δώσε μου ένα ποτήρι* ~· (προφ.) *ο σερβιτόρος έφερε τρία -ά* (= τρία ποτήρια νερό)· **γ.** για την παροχή καθαρού νερού με αγωγούς σε σπίτια και εργοστάσια ή σε χωράφια για πότισμα: *μας έκοψαν το* ~· (συνεκδοχικά για το κόστος της κατανάλωσης) *θ' ακριβύνει και το* ~· **δ.** για φυσικά νερά που πηγάζουν μέσα από τη γη και περιέχουν διαλυμένες διάφορες ουσίες, ιδίως μέταλλα, με θεραπευτική δράση σε όσους τα πίνουν ή λούζονται σ' αυτά: *-ά μεταλλικά / θειούχα / ιαματικά*. **2α.** για λίγο ή πολύ μεγάλη έκταση ή όγκο νερού (κυρίως σε θάλασσα, ποτάμι, κ.τ.ό.): *η βάρκα σκίζει τα -ά· πέφτω στο* ~· *τα σκοτεινά -ά του Νέστου· το βάθος του -ού*· **β.** για την επιφάνεια μιας έκτασης με νερό: *κολυμπώ κάτω από το* ~· *αγωνιζόταν να κρατήσει το κεφάλι του πάνω από το* ~. **3.** (στον πληθ.) **α.** θαλάσσια έκταση κοντά σε έναν τόπο ή που τον περικλείει: *πλησιάσαμε στα -ά της Αφρικής·* **β.** θαλάσσια έκταση που ανήκει στην επικράτεια μιας χώρας: *το υποβρύχιο είχε μπει κρυφά στα -ά μας·* **γ.** (γενικά) για θάλασσα ή τμήμα της έκτασής της: *το πλοίο χτυπήθηκε στα επικίνδυνα -ά του Περσικού Κόλπου*. **4.** (λαϊκ.) βροχή: *το μπουρίνι κατέβασε πολύ* ~· γνωμ. *αν κάνει ο Μάρτης δυο -ά κι ο Απρίλης άλλο ένα, / χαρά σ' εκείνο του ζευγά που 'χει πολλά σπαρμένα*. **5.** (λαϊκ.) το υγρό που μαζεύεται σε σημείο του σώματος από παθολογική αιτία: ~ *στον πνεύμονα*. **6.** (με τις κτητ. αντων. *μου, σου...*) ευφ. για το ούρο, την ούρηση: *θέλει να κάνει το* ~ *του·* (λαϊκ.) *πήγε προς -ού του* (= ...να κατουρήσει). **7.** (λαϊκ.) για υλικό με πολύ αραιή, υδαρή σύσταση: *η σούπα ήταν σκέτο* ~· *με πάει* ~ (= έχω έντονη διάρροια). **8.** (λαϊκ.) η κάθε φορά που ένα ρούχο πλένεται με σαπούνι ή απορρυπαντικό: *έκανα το πουκάμισο ένα* ~· *το παντελόνι του στο τρίτο* ~ *έβγαζε ακόμη μαυρίλα*. **9.** (στον πληθ., ναυτ.) *τα ίσαλα του πλοίου* (βλ. *ίσαλος*). **10.** (στον πληθ.) **α.** κυματοειδείς αποχρώσεις: *τα -ά του μαρμάρου* (συνών. *φλέβες*)· **β.** κυματώσεις στα τζάμια· **γ.** ανταύγειες σαν από νερό και διάφορες αποχρώσεις της επιφάνειας υλικού ανάλογα με το πώς πέφτει το φως: *τα -ά του υφάσματος*. Έκφρ. *αθάνατο* ~, βλ. *αθάνατος· αμίλητο* ~, βλ. *αμίλητος· ένα ποτήρι* ~ (για στοιχειώδες ενδιαφέρον, φροντίδα και περιποίηση): *απ' το χέρι τους δεν είδα ούτ' ένα ποτήρι* ~· *μες στο* ~ (= ευκολότατα, σίγουρα): *τη μηχανή μπορείς να την πουλήσεις εκατό χιλιάδες μες στο* ~· *μια τρύπα στο* ~ (για μηδαμινά ή αρνητικά αποτελέσματα μιας προσπάθειας): *και που τον μήνυσες τι κα-*

τάφερες; μια τρύπα στο ~· (λαογρ.) ~ *της αρνησιάς / της λησμονιάς* (= που όποιος το πιει ξεχνά τους δικούς του, την πατρίδα του)· *σαν νερό* (για ποσότητα που λιγοστεύει κι εξαντλείται γρήγορα, χωρίς να καταλαβαίνουμε πώς): *ο μισθός ξοδεύεται σαν* ~· *τα νιάτα φεύγουν σαν* ~· *σαν το κρύο το* ~ *ή τα κρύα τα -ά*, βλ. *κρύος* σημασ. 1γ· *του γλυκού -ού*, βλ. *γλυκός* σημασ. 1. Φρ. *βάζω* ~ *στο κρασί μου*, βλ. *κρασί· βάζω το* ~ *στ' αυλάκι ή το* ~ *μπαίνει / κύλησε στ' αυλάκι* (= μια ενέργεια αρχίζει να οδηγεί προς το επιθυμητό αποτέλεσμα, μια υπόθεση ρυθμίζεται)· *δε δίνει τ' αγγέλου του* ~ (= είναι πολύ φιλάργυρος)· *δεν παίρνει πια* ~ (= δεν υπάρχει πλέον άλλος τρόπος, άλλη διέξοδος)· *έρχομαι στα -ά κάποιου ή πάω με τα -ά του* (= συμφωνώ σκόπιμα με ό,τι λέει ή κάνω ό,τι θέλει, χωρίς να τον δυσαρεστώ με τις αντιρρήσεις μου)· *η υπόθεση / το πράγμα σηκώνει* ~ (για ζήτημα που δεν είναι σαφώς καθορισμένο, αλλά χρειάζεται περισσότερη σκέψη ή συζήτηση για να πάρει οριστική μορφή)· *θολώνω τα -ά*, βλ. *θολώνω* σημασ. 1· *κάνει -ά* (α. για σκάφος με ρωγμές απ' όπου μπαίνει νερό· **β.** για κάποιον που δε μένει σταθερός, αρχίζει να ενδίδει, δεν μπορείς να του έχεις εμπιστοσύνη)· *κάνω μια τρύπα στο* ~ (= κοπιάζω μάταια)· *μαθαίνω / ξέρω* (*το μάθημα*, κ.τ.ό.) ~ (= «σαν νερό»· βλ. *νεράκι*)· *πνίγομαι / χάνομαι σε μια κουταλιά* ~, βλ. *κουταλιά· ρίχνω / φέρνω* ~ *στο μύλο κάποιου*, βλ. *μύλος· σπάζουν τα -ά* (λέγεται για ετοιμόγεννη γυναίκα, όταν το αμνιακό υγρό, που περιβάλλει το μωρό μέσα στη μήτρα, βγαίνει από το σώμα της, κι επομένως πλησιάζει η ώρα το τοκετού): *καθώς πηγαίναμε στην κλινική, της έσπασαν τα -ά· το αίμα* ~ *δε γίνεται*, βλ. *αίμα· φέρνω κάποιον στα -ά μου* (= πείθω κάποιον, τον κάνω να συμφωνήσει μαζί μου και να κάνει ό,τι θέλω)· *χάνω τα -ά μου* (= μέσα σ' ένα καινούργιο περιβάλλον παύω να είμαι επιδέξιος, ικανός). -. Βλ. και **-άκι** το. [*νηρόν* το (6. αι.), ουδ. του μτγν. επιθ. *νηρός* (< *νεαρός*) ως ουσ.].

νεροβάρελο το, ουσ. (λαϊκ.), βαρέλι για την αποθήκευση και τη μεταφορά νερού: *τα -α του καραβιού*.

νερόβραστος, -η, -ο, επίθ. **1α.** (για φαγητό, συνήθως νηστήσιμο) που έβρασε μόνο με νερό, χωρίς λάδι ή λιπαρή ουσία: *φασόλια -α· πατάτες -ες·* (το ουδ. στον πληθ. ως ουσ.) *ο γιατρός μου είπε να τρώω -α·* **β.** (συνεκδοχικά) ανούσιος. **2.** (μεταφ.) **α.** (για λόγια) ανούσιος, σαχλός: *αστεία -α·* **β.** (για πρόσωπο) άχαρος, κρύος, πλαδαρός.

νεροδεσιά η, ουσ. (συνιζ., λαϊκ.), φράγμα που συγκρατεί τα νερά ή τα οδηγεί προς ορισμένη κατεύθυνση.

νεροζούμι το, ουσ. (λαϊκ.), για φαγητό ή ρόφημα με υπερβολική ποσότητα νερού και γι' αυτό άνοστο: *παραγγείλαμε σούπα και μας έφεραν αυτό το* ~ (συνών. *νερομπούλι, νερόπλυμα*).

νεροκαίγομαι, ρ. (λαϊκ.), (συνήθως στον αόρ.) διψώ πάρα πολύ.

νεροκανάτα η και **-κάνατο** το, ουσ. (λαϊκ.), κανάτα για νερό.

νεροκολοκύθα, βλ. *νεροκολόκυθο*.

νεροκολοκυθιά η, ουσ. (συνιζ.), (βοτ.) είδος κολοκυθιάς, ετήσιο, που αναρριχάται ή έρπει (συνών. *φλασκιά*).

νεροκολόκυθο το και **-κολοκύθα** η, ουσ., ο καρ-

νερόκοτα

πός της νεροκολοκυθιάς, μεγάλο κολοκύθι, συνήθως σφαιρικό και με στενόμακρο λαιμό, που παλαιότερα το χρησιμοποιούσαν πολύ, αφού αφαιρούσαν το εσωτερικό του, για δοχείο νερού, κρασιού, κ.ά.: *μάθαιναν να κολυμπούν με -α* (συνών. *φλασκί*).

νερόκοτα η, ουσ. (ζωολ.) υδρόβιο πουλί, μεγάλο περίπου όσο ένα περιστέρι.

νεροκουβαλητής ο, ουσ. 1. (λαϊκ.) νερουλάς. 2. άτομο που κοπιάζει για να εξυπηρετήσει κάποιον ή κάποιους, χωρίς επίγνωση ή συνήθως σκόπιμα και προσδοκώντας απώτερο προσωπικό όφελος.

νερόκρασο το, ουσ. (λαϊκ.), κρασί ανάμικτο με νερό.

νεροκράτης ο, ουσ. (λαϊκ.). 1. (παλαιότερο) υδρονομέας (βλ. λ.). 2. πέτρινη σκάφη για νερό, γούρνα, ποτίστρα.

νερόκρινο το, ουσ. (βοτ.) είδος της τάξης των ιριδωδών, υδρόβιο και με κίτρινα λουλούδια.

νερόλακκος ο, ουσ., λάκκος γεμάτος νερό.

νερομάνα η, ουσ. (λαϊκ.), πηγή με άφθονο νερό (συνών. *κεφαλάρι*, *κεφαλόβρυσο*).

νερόμελο το, ουσ., μέλι όχι πυκνό, αραιωμένο με νερό.

νερομολόχα η, ουσ. (βοτ.) φυτό που συγγενεύει με τη μολόχα, με ψηλότερο βλαστό και μικρότερα φύλλα από αυτήν καί ρίζα με φαρμακευτική χρήση.

νερομουρμούρισμα το, ουσ. (ποιητ.) για τον ήχο νερού που κυλά: *~ όπου αναβρύζει... μόλις αντίσκοβε τη σιγαλιά* (Σολωμός).

νερομπογιά η, ουσ. (όχι ερρ., συνιζ.), χρωστική ουσία διαλυμένη σε νερό, που χρησιμοποιείται για την εκτέλεση ζωγραφικών έργων, συνήθως από μαθητές του σχολείου (πβ. *υδρόχρωμα*, για τη βαφή μεγάλων επιφανειών, *ακουαρέλα*, για καλλιτεχνικό έργο).

νερομπούλι το, ουσ. (λαϊκ.), νεροζούμι (βλ. λ.): *το πρωί για τσάι έδιναν ένα ~*.

νερόμυλος ο, ουσ., μύλος που αλέθει με ενέργεια από τη ροή ή την πτώση νερού.

νερόπιασμα το, ουσ. (συνιζ., λαϊκ.), υδρωπικία (βλ. λ.).

νερόπλυμα το, ουσ. (λαϊκ.). 1. το νερό από το πλύσιμο των μαγειρικών σκευών. 2. νεροζούμι (βλ. λ.): *δυο τρεις πατάτες κολυμπούσαν σ' ένα ~*.

νεροποντή η, ουσ. (ερρ.), ραγδαία βροχή: *~ ξαφνική / ανοιξιάτικη*.

νεροπότηρο το, ουσ., ποτήρι για νερό: *έπινε τη ρακή με το ~*.

νεροπούλα η, ουσ. (ζωολ.) υδρόβιο πουλί με σώμα πλατύ, αρκετά μικρότερο από της νερόκοτας.

νεροπρίονο το, ουσ., μηχανικό πριόνι με κινητήρια δύναμη το νερό: *τα δόντια του -ου*.

νεροσυρμή η, ουσ. (λαϊκ.), φυσικό κατηφορικό αυλάκι στην πλαγιά βουνού ή λόφου όπου κυλούν τα νερά της βροχής: *οι νεράιδες λούζουν τα μαλλιά τους τη νύχτα στις -ές* (Ι.Μ. Παναγιωτόπουλος).

νεροτριβή η, ουσ., κατεργασία χοντρών υφασμάτων με τη δύναμη νερού που πέφτει ορμητικά, για να γίνουν χνουδωτά και απαλά· (συνεκδοχικά) το μέρος όπου γίνεται η παραπάνω εργασία.

νερουλάς ο, ουσ. (λαϊκ.), άτομο που ιδίως στο παρελθόν είχε ως επάγγελμα να μεταφέρει και να πουλά νερό: *το κάρο του -ά*.

νερουλιάζω, ρ. (συνιζ., λαϊκ.). 1. γίνομαι νερουλός: *η κρέμα -ει*. 2. (μεταφ., για το σώμα) γίνομαι υπερβολικά πλαδαρός, χαλαρός: *τα κρέατά του -ιασαν· μπράτσα -σμένα*. Φρ. *-ει το μυαλό μου* (= αποβλακώνομαι, ξεκουτιαίνω).

νερούλιασμα το, ουσ. (συνιζ., λαϊκ.), το να γίνεται ή να είναι κάτι νερουλό.

νερουλός, -ή, -ό, επίθ., που μοιάζει με νερό, πολύ αραιός, ρευστός: *σούπα / λάσπη -ή* (συνών. *υδαρής*· αντ. *πηχτός*).

νεροφαγιά η (συνιζ.) και **νεροφάγωμα** το, ουσ. (λαϊκ.), κοιλότητα σε πέτρα ή στο χώμα που δημιουργήθηκε από την αποσαθρωτική δύναμη τρεχούμενου νερού.

νεροφίδα η και **νερόφιδο** το, ουσ. (ζωολ.) είδος φιδιού που ζει στο νερό. Φρ. *πίνει σα ~* (λαϊκ., για μανιώδη πότη).

νερόχαρος, -η, -ο, επίθ. (ποιητ. για φυτό) που ευδοκιμεί στο νερό: *ο ~ λωτός* (Παλαμάς).

νεροχελίδονο το, ουσ. (ζωολ.) μικρό πουλί με κασταανό και λαδί το πάνω μέρος, μακριές και μυτερές φτερούγες και μαύρη διχαλωτή ουρά.

νεροχελώνα η, ουσ. (ζωολ.) είδος αμφίβιας χελώνας.

νερόχιονο το, ουσ. (συνιζ, λαϊκ.), χιονόνερο (βλ. λ.).

νεροχύτης ο, ουσ., φαρδιά πέτρινη ή συνηθέστερα μεταλλική λεκάνη σε μια κουζίνα, με βρύσες για παροχή νερού και σωλήνα συνδεμένο με την αποχέτευση, όπου πλένει κανείς κυρίως μαγειρικά και επιτραπέζια σκεύη ή φαγώσιμα: *με περίμενε μια στοίβα πιάτα στο -η· βούλωσε ο ~*.

νέρωμα το, ουσ. (λαϊκ.), το να νερώνει κανείς ένα υγρό, κυρίως κρασί ή γάλα.

νερώνω, ρ. (για υγρό, κυρίως κρασί ή γάλα) νοθεύω με την προσθήκη νερού: *πουλάει κρασί -ωμένο*.

νεστοριανισμός ο, ουσ. (ασυνίζ.), (ιστ.) η αιρετική διδασκαλία του Νεστορίου, πατριάρχη Κωνσταντινουπόλεως (427-431 μ.Χ.), που διέκρινε στο Χριστό δύο πρόσωπα, όπως διακρίνονται σ' αυτόν δύο φύσεις, η θεία και η ανθρώπινη.

νεστοριανός ο, ουσ. (ασυνίζ.), (ιστ.) οπαδός του νεστοριανισμού: *οι -οί ίδρυσαν δική τους Εκκλησία στην Περσία·* (ως επίθ.) *αίρεση -ή*.

νέτα, βλ. *νέτος*.

νετάρω, ρ., αόρ. *-ισα* και *νέταρα*, μτχ. παρκ. *-ισμένος* (λαϊκ.). 1. (συνήθως στον αόρ. και τον παρκ.) α. (αμτβ.) τελειώνω μια δουλειά: *ο μάστορας είπε μόλις -ουμε να φύγουμε·* β. (μτβ.) εξαντλώ κάτι τελείως, δεν αφήνω τίποτε: *πότε τα -ανε τόσα λεφτά;* 2. (αμτβ. στον αόρ.) α. έχω αποκάμει, «τελείωσα»· β. (στον πληθ.) τακτοποιήσαμε ό,τι εκκρεμείς λογαριασμούς είχαμε. 3. (φωτογρ.) ρυθμίζω το φακό μηχανής ώστε να «καθαρίσει» η εικόνα που φαίνεται μέσα από αυτόν, εστιάζω. [ιταλ. *nettare*].

νέτος, -η, -ο, επίθ. (λαϊκ.). 1. (για εμπόρευμα) που το βάρος του υπολογίζεται **καθαρό**, χωρίς το απόβαρο. 2. (για έργο, κ.τ.ό.) τελειωμένο, έτοιμος (ύστερα από κάποια επεξεργασία). 3. (για πρόσωπο) αυτός που τελείωσε τη δουλειά του. - Επίρρ. **-α** = για τελειωμένη δουλειά: *-α, καπετάνιο!* Έκφρ. *-α - σκέτα* (= απερίφραστα, κατηγορηματικά, ρητά): *του τα είπα -α - σκέτα*. [ιταλ. *netto*].

νετρόνιο το, ουσ. (ασυνίζ.), (χημ.) στοιχειώδες σωματίδιο που δεν έχει ηλεκτρικό φορτίο (είναι ουδέτερο) και αποτελεί τμήμα του πυρήνα κάθε ατόμου εκτός από του υδρογόνου: *τα -α έχουν την ίδια περίπου μάζα με τα πρωτόνια· βόμβα -ίου* = ατομικό όπλο ικανό να εξοντώνει ανθρώπους και ζώα χωρίς μεγάλη έκρηξη και χωρίς να καταστρέφει κτήρια ή να προκαλεί έντονη ραδιενεργό μόλυνση (συνών. *ουδετερόνιο*). [γαλλ. *neutron*].

νεύμα το, ουσ., κίνηση που κάνει κάποιος με το κεφάλι, τα χέρια ή τα μάτια προς ορισμένη κατεύθυνση για να δείξει ότι συμφωνεί με κάποιον και τον καταλαβαίνει ή το αντίθετο, ότι τον αναγνωρίζει, ή για να προκαλέσει την προσοχή του, να τον προσκαλέσει, να του παραγγείλει να κάνει κάτι, κ.ά.: ~ *αδιόρατο / συνθηματικό· μου κάνει -ατα· έκανα -α στο γκαρσόνι* (συνών. *γνέμα, γνέψιμο, νόημα*).

νευρά η, ουσ. (λόγ.-ποιητ.), χορδή (τόξου ή μουσικού οργάνου): *σαν από δοξαριού ~ μένει πνιχτό βουητό* (Σεφέρης).

νευράκια, βλ. *νεύρο*.

νευραλγία η, ουσ. (ιατρ.) έντονος πόνος που προέρχεται από ερεθισμό νεύρου. [*νεύρον* + *άλγος*].

νευραλγικός, -ή, -ό, επίθ. 1. που σχετίζεται με τη νευραλγία: *πόνος ~*. 2. (μεταφ.) ευαίσθητος, ευπαθής και (κατ' επέκταση) άξιος ιδιαίτερης προσοχής, σημαντικός: ~ *τομέας επιχείρησης· σημείο -ό* = σημείο ευαίσθητο από το οποίο μπορούν να ξεκινήσουν κατευθύνσεις διάφορες: *-ό σημείο μιας κατάστασης*

νευρασθένεια η, ουσ. (ασυνίζ.), (ιατρ.) ασθένεια που χαρακτηρίζεται από ψυχοσωματικά συμπτώματα, όπως κατάθλιψη, αβουλία, δύσκολη διατύπωση ιδεών, υποχώρηση νευρικής και μυϊκής δύναμης και συνήθως κακοδιαθεσία, κεφαλόπονους, πεπτικές διαταραχές.

νευρασθενής, -ής, -ές, γεν. *-ούς*, πληθ. αρσ. και θηλ. *-είς*, ουδ. *-ή*, επίθ., που πάσχει από νευρασθένεια, νευρασθενικός.

νευρασθενικός, -ή, -ό, επίθ., που έχει σχέση με τη νευρασθένεια ή που αναφέρεται σ' αυτήν: *-ές εκδηλώσεις· -ά συμπτώματα·* (για πρόσωπο) που πάσχει από νευρασθένεια, νευρασθενής.

νευριάζω, ρ., αόρ. *-ίασα* και (λαϊκ.) *νεύριασα*, μτχ. παρκ. *-ισμένος* (συνίζ. και ασυνίζ.). **Α**. (μτβ.) ερεθίζω, εξάπτω, εκνευρίζω κάποιον: *με -ίασε επαναλαμβάνοντάς μου συνεχώς τα ίδια πράγματα*. **Β**. (αμτβ.) ερεθίζομαι, εξάπτομαι, εκνευρίζομαι: *-ίασα με τη συμπεριφορά του*.

νευρίασμα το, ουσ., το να νευριάζει κανείς και το αποτέλεσμα αυτής της ενέργειας, ερεθισμός των νεύρων (συνών. *εκνευρισμός*).

νευριαστικός, -ή, -ό, επίθ. (ασυνίζ.), που προκαλεί εκνευρισμό (συνών. *εκνευριστικός*).

νευρικός, -ή, -ό, επίθ. 1. που έχει σχέση με τα νεύρα ή αναφέρεται σ' αυτά: *ιστός / κλονισμός ~· υπερδιέγερση -ή· σύστημα -ό*. 2. (για πρόσωπο) ευέξαπτος, εκνευρισμένος, οξύθυμος: *είναι πολύ ~*. - Το ουδ. στον πληθ. ως ουσ. = οι παθήσεις των νεύρων: *έχει -ά*. - Επίρρ. **-ώς, -ά**.

νευρικότητα η, ουσ., το να είναι κανείς νευρικός: ~ *του ηθοποιού πριν βγει στη σκηνή· διάχυτη αγωνία και ~ στην ατμόσφαιρα*.

νευρικώς, βλ. *νευρικός*.

νευρίτης ο, ουσ. (ανατομ.) ο άξονας του νευρικού κυττάρου.

νευρίτιδα η, ουσ. (ιατρ.) φλεγμονώδης ή εκφυλιστική αλλοίωση των περιφερειακών νεύρων.

νεύρο το, ουσ. 1. (ανατομ.) καθεμιά από τις χορδές του νευρικού συστήματος που ξεκινούν από τον εγκεφαλονωτιαίο άξονα και μεταφέρουν αισθητικά ή κινητικά ερεθίσματα από τον εγκέφαλο στα διάφορα όργανα και αντίστροφα. 2. (στον πληθ.) για τη συναισθηματική, ψυχοσωματική και διανοητική κατάσταση κάποιου και κυρίως για την ύπαρξη ψυχικής ηρεμίας και ψυχραιμίας ή εκνευρισμού και ταραχής: *-α γερά / εύθραυστα / τεντωμένα· πόλεμος -ων* = **α**. (σε πόλεμο) σύνολο δραστηριοτήτων της μιας από τις εμπόλεμες παρατάξεις με σκοπό την εξασθένιση του ηθικού των αντιπάλων (π.χ. ψεύτικες ειδήσεις, εκφοβιστικές εκστρατείες, κ.τ.ό.)· **β**. (μεταφ. σε διαπροσωπικές σχέσεις) προσπάθεια εξουθένωσης κάποιου με άσκηση ψυχολογικής πίεσης: *μου έκαναν πόλεμο -ων* στη *δουλειά·* φρ. *έχω τα -α μου* (= βρίσκομαι σε νευρική ταραχή, είμαι εκνευρισμένος)· *με πιάνουν τα -α μου* (= εκνευρίζομαι)· *μου δίνει / με χτυπάει στα -α* (= με εκνευρίζει). 3. ενεργητικότητα, ζωτικότητα: *αγωνίστηκε με ~ και νίκησε τον αντίπαλό του*. 4. χορδή, νευρά. 5. η ίνα των φυτών. - Υποκορ. (στη σημασ. 2) **-άκια** τα.

νευροαρθριτικός, -ή, -ό, επίθ., που έχει σχέση με το νευροαρθριτισμό ή αναφέρεται σ' αυτόν: *-ά συμπτώματα*.

νευροαρθριτισμός ο, ουσ. (ιατρ.) αρθριτισμός που προκαλεί νευροπάθεια, ιδίως νευρασθένεια στον ασθενή.

νευροδερματίτιδα η, ουσ. (ιατρ.) έκζεμα ως είδος λειχήνας διάχυτο σ' όλο το σώμα ή περιορισμένο σε ορισμένα σημεία, που οφείλεται σε πάθηση του κεντρικού νευρικού συστήματος.

νευροκαβαλίκεμα και (σπανιότ.) **νευροκαβάλημα** το, ουσ., μετατόπιση ή αναδίπλωση των μυών ή των τενόντων, «κράμπα».

νευρολογία η, ουσ. (ιατρ.) κλάδος της ιατρικής που ασχολείται με την ανατομία, τη φυσιολογία και την παθολογία των νεύρων και του νευρικού συστήματος.

νευρολογικός, -ή, -ό, επίθ., που έχει σχέση με τη νευρολογία ή αναφέρεται σ' αυτήν: *μελέτη / κλινική -ή*. - Επίρρ. **-ώς**.

νευρολόγος ο, ουσ., γιατρός ειδικευμένος στις παθήσεις των νεύρων και τη θεραπεία τους.

νευρομυελίτιδα η, ουσ. (ασυνίζ.), (ιατρ.) φλεγμονή του μυελώδους περιβλήματος των νευρικών ινών που έχει αποτέλεσμα την εκφυλιστική αλλοίωση των νεύρων.

νευροπάθεια η, ουσ. (ασυνίζ.), (ιατρ.) 1. γενική ονομασία των παθήσεων των νεύρων. 2. (ειδικότερα) ασθένεια του νευρικού συστήματος που συνοδεύεται όχι μόνον από οργανικές, αλλά και από ψυχικές διαταραχές.

νευροπαθής, -ής, -ές, γεν. *-ούς*, πληθ. αρσ. και θηλ. *-είς*, ουδ. *-ή*, επίθ., άτομο που πάσχει από νευρογενείς διαταραχές.

νευροπαθητικός, -ή, -ό, επίθ., που έχει σχέση με τους νευροπαθείς ή τη νευροπάθεια: *-ή συμπεριφορά*.

νευροπαθολογία η, ουσ. (ιατρ.) μελέτη των παθήσεων του νευρικού συστήματος.

νευροπαθολογικός, -ή, -ό, επίθ., που έχει σχέση με τη νευροπαθολογία ή αναφέρεται σ' αυτήν.

νευροπληξία η, ουσ. (ιατρ.) ξαφνική νευρική κατάπτωση που εκδηλώνεται έπειτα από σοβαρή βλάβη των ιστών ή έντονη συγκίνηση, με κύρια συμ-

νευρορραφή

πτώματα μυϊκή παράλυση, διανοητική συσκότιση, ωχρότητα, κ.τ.ό.

νευρορραφή η, ουσ. (ιατρ.) ραφή των τμημάτων νεύρου που έχει κοπεί.

νευρόσπασμα το, ουσ. (προφ.), άνθρωπος υπερβολικά νευρικός (συνών. *νευρόσπαστο*).

νευρόσπαστο το, ουσ. 1. (θεατρ.) είδος κούκλας που κινείται με χορδές ή νήματα (συνών. *μαριονέτα*). 2. άτομο χωρίς δική του βούληση, που ενεργεί μόνο με την προτροπή ή την υποκίνηση άλλων. 3α. άνθρωπος υπερβολικά νευρικός· β. άνθρωπος με κλονισμένα νεύρα (συνών. *νευρασθενικός*).

νευροτομία και **νευροτομή** η, ουσ. (ιατρ.) τομή νεύρου που γίνεται για θεραπευτικούς σκοπούς.

νευροφυτικός, -ή, -ό, επίθ., που αφορά το φυτικό (ή αυτόνομο) νευρικό σύστημα που αποτελείται από το συμπαθητικό και το παρασυμπαθητικό και ρυθμίζει τις φυτικές (= αυτόματες) λειτουργίες του οργανισμού (κυκλοφορία του αίματος, πέψη, κ.τ.ό.).

νευροχειρουργική η, ουσ. (ιατρ.) η χειρουργική του νευρικού συστήματος.

νευροχειρουργικός, -ή, -ό, επίθ., που ανήκει στη νευροχειρουργική ή το νευροχειρουργό ή αναφέρεται σ' αυτή/-όν: *κλινική / επέμβαση -ή*.

νευροχειρουργός ο, ουσ., γιατρός που έχει ειδικευτεί στη νευροχειρουργική.

νευροψυχιατρική η, ουσ. (ασυνίζ.), (ιατρ.) κλάδος της ιατρικής που περιλαμβάνει τη νευρολογία και την ψυχιατρική.

νευροψυχίατρος ο, ουσ., γιατρός ειδικευμένος στη νευροψυχιατρική.

νευροψυχικός, -ή, -ό, επίθ., που έχει σχέση με το νευρικό σύστημα και τον ψυχικό κόσμο του ανθρώπου: *διαταραχές -ές*.

νευρώδης, -ης, -ες, γεν. -*ους*, πληθ. αρσ. και θηλ. -*εις*, ουδ. -*η*, επίθ. 1. που είναι γεμάτος νεύρα· μυώδης: *άντρας ~*. 2. (μεταφ.) έντονος, ζωηρός, δυνατός: *φωνή / αγόρευση ~*.

νεύρωμα το, ουσ., όγκος που αναπτύσσεται σε νεύρο.

νευρώνας ο, ουσ., το νευρικό κύτταρο με τις αποφύσεις του.

νευρώνω, ρ. (λαϊκ.). Α. (αμτβ.) νευριάζω, εκνευρίζομαι. Β. (μτβ.) εκνευρίζω, νευριάζω κάποιον.

νεύρωση η, ουσ. (ψυχιατρ.) ψυχική διαταραχή χωρίς φανερή οργανική αιτία που χαρακτηρίζεται από ορισμένα ψυχογενή συμπτώματα: *αγχώδης / φοβίας ~*.

νευρωτικός, -ή, -ό και **νευρωσικός,** επίθ. 1. που έχει σχέση με τη νεύρωση ή αναφέρεται σ' αυτήν: *συμπεριφορά -ή*. 2. που πάσχει από νεύρωση: *άτομο -ό*.

νεύω, ρ., κάνω νεύμα, γνεύω (βλ. λ.).

νέφαλο το, ουσ. (λαϊκ.), νέφος, σύννεφο: *~ στον ουρανό κάνει τση γης η σκόνη* (Βιτσ. Κορνάρος).

νεφέλη η, ουσ. (λόγ.), νέφος, σύννεφο.

νεφελώδης, -ης, -ες, γεν. -*ους*, πληθ. αρσ. και θηλ. -*εις*, ουδ. -*η*, επίθ. 1. σκεπασμένος από σύννεφα, γεμάτος σύννεφα: *ουρανός ~*· (κατ' επέκταση) *καιρός ~* (συνών. *συννεφιασμένος*). 2. (μεταφ.) ασαφής, σκοτεινός: *θεωρία / ιδέα / εξήγηση ~ λόγια -η* (αντ. *σαφής, ακριβής*).

νεφέλωμα το, ουσ. 1. (μετεωρ.) γενικό όνομα ουρανίων σωμάτων ακαθόριστου σχήματος, που φαίνονται στον ουρανό σαν κηλίδες υπόλευκες και

μοιάζουν με σύννεφα. 2. (μεταφ., σπανιότ.) καθετί το συγκεχυμένο, το ακαθόριστο, το ασαφές.

νεφόκαμα το, ουσ., κουφόβραση (βλ. λ.) (συνών. *συννεφόκαμα*).

νεφολογία η, ουσ. (μετεωρ.) κλάδος της μετεωρολογίας που έχει ως αντικείμενο τη μελέτη των νεφών.

νεφομετρία η, ουσ. (μετεωρ.) μέτρηση των νεφώσεων (βλ. λ.) και της κίνησης των νεφών.

νέφος το, ουσ. 1. (μετεωρ.) σύννεφο (βλ. λ.). 2. το ορατό αποτέλεσμα ρύπων φωτοχημικής ρύπανσης ή αιθαλομίχλης που σωρεύονται σε σχετικά χαμηλό ύψος πάνω από την επιφάνεια της γης, ιδίως σε μεγάλα αστικά και βιομηχανικά κέντρα: *το πνιγηρό ~ σκέπασε την Αθήνα· μέτρα κατά του -φους*.

νεφοσκόπιο το, ουσ. (ασυνίζ.), (μετεωρ.) μετεωρολογικό όργανο που χρησιμοποιείται για τη μέτρηση της διεύθυνσης και της ταχύτητας των νεφών.

νεφραμιά η, ουσ. (συνίζ.), το νεφρό και η γύρω απ' αυτό περιοχή του σώματος ανθρώπων ή ζώων.

νεφρεκτομία και **νεφρεκτομή** η, ουσ. (ιατρ.) αφαίρεση του νεφρού με χειρουργική επέμβαση.

νεφρί, βλ. *νεφρό*.

νεφρίδιο το, ουσ. (ασυνίζ.), (ζωολ.) καθένα από τα μικρά όργανα έκκρισης που απαντούν σε προηγμένες μορφές ασπόνδυλων ζώων, κυρίως σε σκουλήκια, και θεωρούνται ως ο πρόδρομος των νεφρών των σπονδυλωτών.

νεφρικός, -ή, -ό, επίθ., που ανήκει ή αναφέρεται στα νεφρά: *ανεπάρκεια -ή· φλέβες -ές*.

νεφρίτης ο, ουσ. (ορυκτ.) ορυκτό σκληρό, που έχει χρώμα πράσινο και χρησιμοποιείται κυρίως για την κατασκευή κοσμημάτων.

νεφρίτιδα η, ουσ. (ιατρ.) φλεγμονή του νεφρού: *οξεία ~*.

νεφριτικός, -ή, -ό, επίθ. 1. (για άνθρωπο) που πάσχει από τα νεφρά του. 2. (για φάρμακο) που δίνεται για την καταπολέμηση ασθενειών των νεφρών.

νεφρό το, **νεφρός** ο και (λαϊκ.) **νεφρί** το, ουσ. (ανατομ.) καθένα από τα δυο αδενώδη απεκκριτικά όργανα του σώματος ανθρώπων ή ζώων που βρίσκονται στην οσφυϊκή κοιλότητα, συμμετρικά τοποθετημένα ως προς την σπονδυλική στήλη και έχουν έργο να απομακρύνουν τις άχρηστες ουσίες του αίματος με τη μορφή ούρων: *μεταμόσχευση -ού*. Φρ. *μου έπεσαν / κόπηκαν τα νεφρά* (= κουράστηκα πολύ σηκώνοντας κάποιο βάρος).

νεφροκήλη η, ουσ. (ιατρ.) πρόπτωση του νεφρού στην κοιλιακή κοιλότητα, συνήθως από κάποια χαλαρή ουλή εγχείρησης.

νεφρολιθίαση η, ουσ. (ιατρ.) παρουσία πέτρας (βλ. λ. σημασ. 3) στα νεφρά ή σε άλλα όργανα του ουροποιητικού συστήματος.

νεφρολιθικός, -ή, -ό, επίθ., που ανήκει ή αναφέρεται στη νεφρολιθίαση ή τους νεφρολίθους· που οφείλεται στην παρουσία νεφρολίθων.

νεφρόλιθος ο, ουσ. (ιατρ.) πέτρα (βλ. λ. σημασ. 3) που σχηματίζεται στα νεφρά ή σε άλλα όργανα του ουροποιητικού συστήματος (ουρητήρες, ουροδόχο κύστη, κλπ.).

νεφρολόγος ο, ουσ., γιατρός ειδικός στις παθήσεις των νεφρών.

νεφροπάθεια η, ουσ. (ασυνίζ.), (ιατρ.) πάθηση των νεφρών: *~ της κύησης* (= ειδική αρρώστια των

εγκύων, που μπορεί να καταλήξει σε εκλαμψία).
νεφρόπτωση η, ουσ. (ιατρ.) παθολογική μετατόπιση και έξοδος του νεφρού από την οσφυϊκή κοιλότητα.
νεφρός, βλ. *νεφρό.*
νεφροτομία και **νεφροτομή** η, ουσ. (ιατρ.) χειρουργική τομή του νεφρού, που γίνεται συνήθως για αφαίρεση της πέτρας.
νέφτι το, ουσ. 1. υγρό πτητικό με έντονη μυρωδιά, προϊόν της κλασματικής απόσταξης πετρελαίου, που χρησιμοποιείται κυρίως ως διαλυτικό και καθαριστικό (συνών. *νάφθα).* 2. τερεβινθέλαιο (βλ. λ.). [τουρκ. neft<περσ. naft].
νέφωση η, ουσ. 1. κάλυψη του ουρανού από σύννεφα, συννέφιασμα. 2. (μετεωρ.) η έκταση του ουρανού που είναι σκεπασμένη από σύννεφα: *-ώσεις πυκνές / τοπικές.*
νεωκόρος ο, ουσ. (λόγ.), πρόσωπο που εργάζεται στην εκκλησία, βοηθεί τον ιερέα στην εκτέλεση των καθηκόντων του και φροντίζει για την καθαριότητα και την τάξη του ναού (συνών. *καντηλανάφτης, εκκλησιάρης).*
νεώριο το, ουσ. (ασυνίζ.), τόπος σε πολεμικό λιμάνι όπου ναυπηγούνται ή επισκευάζονται πολεμικά πλοία και φυλάγονται τα σκεύη τους σε αποθήκες.
νεώτερος, βλ. *νεότερος.*
νηκτικός, -ή, -ό, επίθ. (λόγ.). α. που είναι ικανός, επιδέξιος στην κολύμβηση: *-ά πουλιά·* β. που είναι χρήσιμος στην κολύμβηση: ~ *υμένας.* - Το ουδ. στον πληθ. ως ουσ. = τα πουλιά που μπορούν να επιπλέουν στο νερό.
νήμα το, ουσ. 1. σύνολο από λεπτές υφαντικές ίνες, κλωστή: *βαμβακερά / μάλλινα νήματα* (συνών. *γνέμα).* 2. (μεταφ.) λογική σειρά, αλληλουχία: *το ~ των σκέψεων / συλλογισμών / ιδεών* (συνών. *ειρμός).* 3. (βοτ.) το επίμηκες μέρος του στήμονα του άνθους. Έκφρ. ~ *της στάθμης* (= βαρίδι· βλ. λ.). Φρ. *κόπηκε το ~ της ζωής του* (= πέθανε). - Υποκορ. στη σημασ. 1 **-ατάκι** το.
νημάτινος, -η, -ο, επίθ. 1. που αποτελείται από νήματα. 2. που είναι όμοιος με νήμα, νηματοειδής: *ο ~ ιστός της αράχνης.* 3. που είναι χωρισμένος σε νήματα: *-α κρόσσια.* 4. (κατ' επέκταση) που αποτελείται από δέσμη λεπτών στριμμένων συρμάτων: *καλώδιο -ο.*
νημάτιο το, ουσ. (ασυνίζ., λόγ.). 1. πολύ λεπτή κλωστή (συνών. *κλωστίτσα, κλωστούλα).* 2. (ιατρ.) νηματοειδής έκφυση: *οσφρητικά -α.*
νηματοειδής, -ής, -ές, γεν. *-ούς,* πληθ. αρσ. και θηλ. *-είς,* ουδ. *-ή,* επίθ. (ασυνίζ.), που είναι όμοιος με νήμα, νηματινός: *-είς βακτοί.*
νηματομύκητας ο, ουσ. (μικροβιολ.) μικροοργανισμός που αποτελείται από νηματοειδή κύτταρα: *γκριζοπράσινοι -ες αποτελούν τη μούχλα.*
νηματοποίηση η, ουσ., κατασκευή νήματος από μαλλί, βαμβάκι, κλπ. (συνών. *κλώση).*
νηματουργείο το, ουσ., εργοστάσιο κατασκευής και επεξεργασίας νημάτων (συνών. *κλωστήριο).*
νηματουργία η, ουσ. 1. κατεργασία κλωστικών υλών για κατασκευή νημάτων (συνών. *κλωστική).* 2. (περιληπτικά) το σύνολο της παραγωγής νημάτων με κλωστικές μηχανές σε μια χώρα: *η ~ της Αγγλίας.*
νηματουργός ο, ουσ. 1. τεχνίτης ειδικευμένος στην κατασκευή και επεξεργασία νημάτων. 2. ιδιοκτήτης νηματουργείου.

νηνάκι, βλ. *νηνί.*
νηνεμία η, ουσ. (λόγ.). α. το να μη φυσά άνεμος, άπνοια (συνών. *μπονάτσα)·* β. (μεταφ.) ύφεση, γαλήνη, ηρεμία: *επικρατεί ~ στην πολιτική ζωή.*
νηνί το, ουσ. 1. μωρό, βρέφος (στην παιδική γλώσσα). 2. κούκλα με την οποία παίζουν συνήθως τα μικρά κορίτσια. - Υποκορ. **-άκι** το. [αρχ. ιωνικό *νήνις*].
νηολόγηση η, ουσ. (ασυνίζ.), εγγραφή πλοίου σε νηολόγιο (βλ. λ.).
νηολόγιο το, ουσ. (ασυνίζ. δις), ειδικό μητρώο που τηρούν τα λιμεναρχεία όπου καταγράφονται τα πλοία που ανήκουν σε κάθε λιμάνι.
νηολογώ, -είς, ρ., (για λιμεναρχείο) εγγράφω πλοίο σε νηολόγιο λιμανιού.
νηοπομπή η, ουσ. (ασυνίζ., έρρ., λόγ.), ομάδα εμπορικών κυρίως πλοίων που πλέουν με τη συνοδεία πολεμικών σκαφών.
νηοψία η, ουσ. (ασυνίζ., λόγ.), (σε καιρό πολέμου) έρευνα σε εμπορικό πλοίο από πολεμικά σκάφη εμπόλεμων κρατών που αποσκοπεί στην εξακρίβωση της ιθαγένειας και του φορτίου του.
νηπενθές το, γεν. *-ούς,* πληθ. *-ή,* ουσ. (βοτ.) καλλωπιστικό φυτό με ιδιόρρυθμα φύλλα.
νηπιαγωγείο το, ουσ. (ασυνίζ.), ειδικό παιδαγωγικό ίδρυμα για παιδιά της προσχολικής ηλικίας που τα προετοιμάζει για τη φοίτησή τους στο δημοτικό σχολείο.
νηπιαγωγός ο και η, ουσ. (ασυνίζ.), ειδικός παιδαγωγός για την αγωγή των παιδιών της προσχολικής ηλικίας στο νηπιαγωγείο.
νηπιακός, -ή, -ό, επίθ. (ασυνίζ.), που ανήκει ή αναφέρεται στο νήπιο· που είναι χαρακτηριστικός των νηπίων: *-ή ηλικία / αντίληψη* (συνών. *παιδαριώδης, παιδιάστικος).*
νήπιο το, ουσ. (ασυνίζ.). 1. νεογέννητο παιδί, βρέφος, μωρό. 2. παιδί προσχολικής ηλικίας (από το δεύτερο ως τον πέμπτο χρόνο): *ψυχολογία του -ίου.*
νηπιοβρεφικός, -ή, -ό, επίθ. (ασυνίζ.), βρεφονηπιακός (βλ. λ.): ~ *σταθμός.*
νηπιώδης, -ης, -ες, γεν. *-ους,* πληθ. αρσ. και θηλ. *-εις,* ουδ. *-η,* επίθ. (ασυνίζ., λόγ.). 1. που ανήκει ή αναφέρεται στο νήπιο, νηπιακός· που ταιριάζει σε νήπιο, παιδιάστικος. 2. (μεταφ.) που βρίσκεται στη «νηπιακή» ηλικία, στα πρώτα βήματα, που δεν έχει ακόμη αναπτυχθεί ικανοποιητικά: *βιομηχανία / επιστήμη ~.*
νησί το, ουσ., τμήμα ξηράς, ανεξαρτήτως μεγέθους, που περιβάλλεται ολόγυρα από νερά (θάλασσα, ποταμό ή λίμνη). - Υποκορ. **-άκι** το.
νησίδα η, ουσ. (λόγ.). 1. μικρό νησί, νησάκι. 2. υπερυψωμένη λωρίδα στη μέση του δρόμου.
νησίδιο το, ουσ. (ασυνίζ., λόγ.). 1. μικρό νησί, νησάκι. 2. μεγάλος βράχος που εξέχει από την επιφάνεια της θάλασσας, σκόπελος.
νησιωτάκι το, ουσ. (συνιζ.), νεαρός νησιώτης (βλ. λ.) (συνών. *νησιωτόπουλο).*
νησιώτης το, ουσ., θηλ. **-ισσα,** ουσ. (συνιζ.), αυτός που κατοικεί σε νησί ή κατάγεται από νησί (αντ. *στεριανός).*
νησιωτικός, -ή, -ό και **-σιώ-,** επίθ. (συνιζ.). α. που ανήκει ή αναφέρεται σε νησί ή σε νησιώτες· που προέρχεται από νησί: ~ *πολιτισμός· -α προϊόντα·* β. που αποτελείται από νησιά: *το -ό σύμπλεγμα των Κυκλάδων.*
νησιώτισσα, βλ. *νησιώτης.*

νησιωτόπουλο το, θηλ. **-ούλα,** ουσ. (συνιζ.), νεαρός που κατοικεί σε νησί ή κατάγεται από νησί (συνών. *νησιωτάκι*).

νηστεία και (συνιζ., λαϊκ.) **νήστεια** η, ουσ. α. αναγκαστική ή εκούσια αποχή από τροφή, ασιτία· β. αποφυγή ορισμένων τροφών (κρέατος, γάλατος, ψαριού, αβγών) τις ημέρες που έχει ορίσει η Εκκλησία: *η ~ της Σαρακοστής / του Δεκαπενταύγουστου·* γ. τιμωρία που επιβαλλόταν παλιότερα στα παιδιά και στους μαθητές για σωφρονισμό με στέρηση του φαγητού ή παραμονή στο σχολείο για ορισμένο χρονικό διάστημα μετά τη λήξη των μαθημάτων.

νηστεύσαντες και μη νηστεύσαντες· αρχαϊστ. έκφρ. = όλοι ανεξαιρέτως.

νηστευτής ο, θηλ. **-τρια,** ουσ., αυτός που απέχει από ορισμένες τροφές τις ημέρες που έχει ορίσει η Εκκλησία.

νηστεύω, ρ., αόρ. *-εψα,* (λαϊκ.) μτχ. παρκ. *-στεμένος.* 1α. απέχω από το φαγητό, δεν τρώγω, μένω άσιτος· β. αποφεύγω ορισμένες τροφές σύμφωνα με τους κανόνες της Εκκλησίας: (μέσ. λαϊκ.) *ήταν -στεμένος για να μεταλάβει* (αντ. *αρταίνομαι*). 2. (κατ' επέκταση) απέχω από τις σαρκικές απολαύσεις, είμαι εγκρατής. Παροιμ. (ειρων.) *-ει ο δούλος του Θεού, γιατί φαΐ δεν έχει.*

νηστήσιμος, -η, -ο, επίθ., (για τροφές) που τρώγεται τις ημέρες της εκκλησιαστικής νηστείας: *-α θαλασσινά / γλυκίσματα* (συνών. *σαρακοστιανός·* αντ. *αρτυμένος*). - Το ουδ. πληθ. ως ουσ. = τα φαγητά που δεν αρταίνουν.

νηστικάδα η, ουσ. (λαϊκ.), δυσάρεστη μυρωδιά του στόματος νηστικού ανθρώπου.

νηστικάτα, επίρρ. (λαϊκ.), χωρίς να έχει φάει κανείς, ενώ είναι ακόμη νηστικός.

νηστικός, -ή. -ό, επίθ., που δεν έχει φάει, πεινασμένος: *είναι ~ από χτες* (αντ. *χορτάτος, φαγωμένος*). Παροιμ. *-ό αρκούδι δε χορεύει* (= όποιος δεν μπορεί να καλύψει τις στοιχειώδεις ανάγκες δεν είναι σε θέση να αποδώσει σε καμιά περίπτωση).

νηφάλιος, -α, -ο, επίθ. (ασυνίζ.). 1. που δεν έχει πιει κρασί, αμέθυστος (συνών. *άποτος·* αντ. *πιωμένος, σουρωμένος, μεθυσμένος*). 2. (μεταφ.) που έχει πνευματική διαύγεια, ήρεμος (συνών. *ατάραχος·* αντ. *ανάστατος, παράφορος*). - Επίρρ. **-α.**

νηφαλιότητα η, ουσ. (ασυνίζ.). 1. το να μην έχει πιει κάποιος οινοπνευματώδες ποτό (αντ. *οινοποσία, μέθη*). 2. (μεταφ.) πνευματική διαύγεια (αντ. *αλλοφροσύνη, παραφορά*).

νιάμερα, βλ. *εννιάμερα.*

νιανιά τα, ουσ. (συνιζ. δις). 1. (λ. παιδική) φαγητό: *έλα να σου δώσω ~*. 2. φαγητό λειωμένο σαν αυτό που δίνουμε στα μωρά: *το 'κανες το φαγητό ~* (= το παράβρασες ή το 'κοψες σε πολύ μικρά κομμάτια).

νιάνιαρο το, ουσ. (συνιζ. δις), μικρό παιδί (πολλές φορές υποτιμητικά): *την άφησε ~ και τη βρήκε σωστή γυναίκα.*

νιάου, ουσ. άκλ. (συνιζ.), λ. ηχομιμ. για απόδοση της φωνής της γάτας· φρ. *τι κάνει ~ ~ στα κεραμίδια;* (= για πράγμα αυτονόητο).

νιαουρίζω, ρ. (συνιζ.). 1. για απόδοση της φωνής της γάτας. 2. κλαψουρίζω (όπως η γάτα).

νιαούρισμα το, ουσ. (συνιζ.). 1. η φωνή της γάτας. 2. κλαψούρισμα.

νιάτα τα, ουσ. (συνιζ.). 1. νεανική ηλικία: *δύναμη που δεν είχα μήτε στα πρώτα ~* (Σολωμός)· *να*

χαρείς τα -α σου (ευχή)· *κρίμα τα ~ του* (έκφρ. συμπάθειας σε νεκρό ή νεαρό άτομο που έπαθε κακό) (συνών. *νεότητα, νιότη·* αντ. *γεράματα*). 2. νεολαία.

νίβω και **νίφτω,** ρ. 1. πλένω με νερό το πρόσωπο ή τα χέρια: (παροιμ.) *το 'να χέρι -ει τ' άλλο και τα δυο το πρόσωπο* (= απαραίτητη η αλληλοβοήθεια στην κοινωνία). 2. (παλαιότερο, μεταφ.) καθαρίζω, εξαγνίζω. [*νίπτω*].

Νιγηριανός ο, θηλ. **-ή,** ουσ. (ασυνίζ.), αυτός που κατοικεί στη Νιγηρία ή κατάγεται από εκεί.

νιγριτινός, -ή, -ό, επίθ., που ανήκει ή αναφέρεται στη Νιγρίτα. - Το αρσ. και θηλ. ως κύρια ουσ. = αυτός που κατοικεί στη Νιγρίτα ή κατάγεται από εκεί.

νιζάμης ο, ουσ. (παλαιότερο) οπλίτης του τακτικού τουρκικού στρατού. [τουρκ. *nizam*].

Νικαραγουανός και **Νικαραγουινός** ο, θηλ. **-ή,** αυτός που κατοικεί στη Νικαράγουα ή κατάγεται από εκεί.

νίκελ το, ουσ. άκλ. 1. νικέλιο (βλ. λ.). 2. (ως επίθ.) νικέλινος: *νόμισμα ~*. [γαλλ. *nickel*].

νικέλινος, -η, -ο, επίθ., που είναι κατασκευασμένος από νικέλιο: *σκεύη -α.*

νικέλιο το, ουσ. (ασυνίζ.), χημικό στοιχείο που ανήκει στα μέταλλα και έχει αργυρόλευκο χρώμα.

νικέλωμα το, ουσ., νικέλωση (βλ. λ.).

νικελώνω, ρ., επικαλύπτω επιφάνεια μετάλλου με νικέλιο (συνών. *επινικελώνω*).

νικέλωση η, ουσ., επικάλυψη επιφάνειας μετάλλου με στρώμα νικελίου (συνών. *επινικέλωση, νικέλωμα*).

νίκη η, ουσ. 1. υπερίσχυση απέναντι σε κάποιον αντίπαλο (σε οποιαδήποτε αναμέτρηση): *~ της ομάδας / των αντιπάλων·* (με την πρόθ. *με* σε θέση επιρρ. κατηγορ.): *με ~ επέστρεψε η εθνική μας ομάδα* (συνών. *υπεροχή·* αντ. *ήττα*). 2. (γενικά) κάθε είδους επικράτηση: *~ της αλήθειας.* Έκφρ. *πύρρεια ~* (= νίκη που συνοδεύεται από μεγάλες απώλειες)· *κάδμεια ~* (= νίκη ολέθρια για το νικητή).

νικητήριος, -α, -ο, επίθ. (ασυνίζ.), που ανήκει ή αναφέρεται στο νικητή ή τη νίκη: *κραυγή / όπλα -α.* - Το ουδ. στον πληθ. ως ουσ. = γιορτή για τη νίκη ή ύμνος για το νικητή.

νικητής ο, θηλ. **-τρια,** ουσ. (ασυνίζ.), αυτός που νίκησε σε μάχη ή άλλη αναμέτρηση: *~ των εκλογών / αγώνα / παιχνιδιού·* (το θηλ. σε χρήση επιθετ.): *-τρια ομάδα.*

νικηφόρος, -α, -ο, επίθ., που φέρνει, που πετυχαίνει τη νίκη: *πόλεμος ~*.

Νικολοβάρβαρα τα, ουσ., οι τρεις γιορτές στη σειρά: της Αγίας Βαρβάρας, του Αγίου Σάββα και του Αγίου Νικολάου (συνών. *Αϊνικολοβάρβαρα*).

νικοτίνη η, ουσ., χημική ουσία που περιέχεται στον καπνό και που σε μεγάλη δόση είναι δηλητηριώδης. [γαλλ. *nicotine*].

νικοτινίαση η, ουσ., δηλητηρίαση που προκαλείται από κατάχρηση καπνού και προσβάλλει κυρίως το αναπνευστικό και το νευρικό σύστημα.

νικώ, -άς, ρ. Α. μτβ. 1. καταβάλλω κάποιον σε μάχη ή σε άλλη αναμέτρηση: *τον νίκησε στο σκάκι* (συνών. *κερδίζω*). 2α. αποδεικνύομαι ανώτερος από κάποιον ή κάτι· εξουδετερώνω: *η δουλειά -ά τη φτώχεια* (γνωμ.), (συνών. *υπερνικώ υπερισχύω*)· β. (για πάθος) δαμάζω, κατανικώ: *προσπάθησε να -ήσει το πάθος της χαρτοπαιξίας* (συνών.

καταστέλλω, συγκρατώ). Β. (αμτβ.) αναδεικνύομαι νικητής, υπερισχύω σε μάχη ή σε οποιαδήποτε αναμέτρηση: *νίκησαν οι προοδευτικές δυνάμεις του τόπου* (συνών. *επικρατώ*).

νίλα η, ουσ. 1. μεγάλη ζημία, συμφορά: *πάθαμε* ~. 2. (στρατ.) καψόνι (από παλαιότερους σε νεοσύλλεκτους).

νινί, βλ. *νηνί*.

νιο-, βλ. *νεο-*.

νιόβγαλτος, -η, -ο, επίθ. (συνιζ. λαϊκ.), αρχάριος, πρωτόβγαλτος: ~ *στο εμπόριο* (συνών. *άπειρος*).

νιόγαμπρος ο, πληθ. (λαϊκ.) *-γάμπρια* τα (με νοούμενη και τη νύφη), ουσ. (συνιζ., έρρ.), άντρας που παντρεύτηκε πρόσφατα (συνών. *νιόπαντρος*).

νιογέννητος, βλ. *νεογέννητος*.

νιοθέριστος, -η, -ο, επίθ. (συνιζ.), που θερίστηκε πρόσφατα: *σιτάρι / χωράφι -ο*.

νιονιό το, ουσ. (συνιζ. δις, λαϊκ.), μυαλό (βλ. λ.): *σταλιά* ~ *δεν έχει*.

νιόνυφος, βλ. *νεόνυμφος*.

νιόπαντρος, -η, -ο, επίθ. (συνιζ.), που μόλις παντρεύτηκε: *ζευγάρι -ο.* - Το αρσ. στον πληθ. ως ουσ. = το ζευγάρι που μόλις παντρεύτηκε.

νιος, βλ. *νέος*.

νιότη η, ουσ. (συνιζ.). 1. νεότητα, νιάτα: *δε λυπήθηκε τη* ~ *του*. 2. νεολαία.

νιούτσικος, -η, -ο, επίθ. (συνιζ.), κάπως νέος. - Το αρσ. ως ουσ. = νέος, παλληκάρι: *εκίνησε ο* ~ *να πάει ν' αρραβωνίσει* (δημ. τραγ.).

νιόφερτος, βλ. *νεοφερμένος*.

νιόχτιστος, βλ. *νεόχτιστος*.

νιπτήρας ο, ουσ. 1. εγκατάσταση σε μπάνιο για το πλύσιμο των χεριών και του προσώπου. 2. (εκκλ.) ειδική ακολουθία που τελείται τη Μ. Πέμπτη στα Ιεροσόλυμα και την Ιερή Μονή της Πάτμου σε ανάμνηση του πλυσίματος των ποδιών των Αποστόλων από το Χριστό.

νίπτω τας χείρας μου· αρχαϊστ. φρ. = αποκλείω οποιαδήποτε δική μου ευθύνη για μελλοντική πράξη με την οποία δε συμφωνώ και την οποία προσπάθησα να αποτρέψω.

νιρβάνα η, ουσ. 1. (σύμφωνα με τη διδασκαλία των βουδιστών) το τελευταίο στάδιο της πνευματικής συγκέντρωσης που χαρακτηρίζεται από έλλειψη πόνου και κατάκτηση της αλήθειας. 2. (γενικά) κατάσταση τέλειας ευτυχίας και γαλήνης. [ινδ. *nirvāna*].

νισάφι το, ουσ. (λαϊκ.), έλεος, συμπόνια· (συνήθως σε επιφωνηματική χρήση) αρκετά, φτάνει: *πολλά τα έξοδα φέτος για επισκευές·* ~*! βαρέθηκα τη γκρίνια!* ~ *πια!* [τουρκ. *insaf*].

νισεστές ο, ουσ., άμυλο που το παίρνουμε ύστερα από ορισμένη επεξεργασία των σιτηρών. [τουρκ. *nışasta*].

νιτερέσο, βλ. *ιντερέσο*.

νίτικο το, ουσ., είδος εύγεστου καπνιστού ψαριού (συνών. *λικουρίνος*). [*αινίτικο<Αίνος*].

νιτρικός, -ή, -ό, επίθ., που σχετίζεται με το νίτρο, που περιέχει νίτρο: *-ό οξύ*.

νίτρο το, ουσ., κοινή ονομασία των νιτρικών αλάτων, ιδίως του νιτρικού καλίου και νατρίου.

νιτρογλυκερίνη η, ουσ. (χημ.) ελαιώδες υγρό (κράμα θειικού και νιτρικού οξέος με γλυκερίνη) με κιτρινοπό χρώμα που είναι ισχυρή εκρηκτική ύλη και χρησιμοποιείται στην κατασκευή δυναμίτιδας.

νιτροκυτταρίνη η, ουσ. (χημ.) συνολική ονομασία των νιτρικών εστέρων της κυτταρίνης που παράγονται με επίδραση μίγματος νιτρικού και θειικού οξέος σ' αυτήν.

νιτσεϊκός, -ή, -ό, επίθ., που αναφέρεται στο φιλόσοφο Νίτσε και το έργο του.

νιτσεράδα η, ουσ., αδιάβροχο επανωφόρι: *ο καπετάνιος φόρεσε τη* ~ *του*. [ιταλ. *incerata*].

νιφάδα η, ουσ., καθένα από τα κρυσταλλικά κομμάτια του χιονιού που πέφτει.

νίφτω, βλ. *νίβω*.

νιχιλισμός ο, ουσ., μηδενισμός (βλ. λ.). [γαλλ. *nihilisme*].

νιχιλιστής ο, θηλ. **-ίστρια**, ουσ. (ασυνίζ.), μηδενιστής (βλ. λ.).

νίψιμο το, ουσ., πλύσιμο του προσώπου και των χεριών με νερό.

νιώθω και (ιδιωμ.) **-νω**, ρ. (συνιζ.), αόρ. *ένιωσα*. Α. μτβ. 1α. καταλαβαίνω, αντιλαμβάνομαι: *δε -εις τι σου λέω·* (συνών. *εννοώ*)· β. καταλαβαίνω, συνειδητοποιώ: ~ *βαριά την ευθύνη*. 2α. αντιλαμβάνομαι με τις αισθήσεις, παίρνω είδηση κάποιον: *τον ένιωσε ο σκύλος ότι ερχόταν·* ένιωθα *το βλέμμα του πάνω μου·* β. προαισθάνομαι: ~ *πως θα μου συμβεί κάτι κακό*. 3. δοκιμάζω συναίσθημα: ~ *μίσος / θαυμασμό / κατάπληξη* (συνών. *αισθάνομαι, συναισθάνομαι*). Β. (αμτβ.) έχω γνώσεις σχετικά με κάτι, ξέρω: *κάτι* ~ *κι εγώ από μουσική* (συνών. *γνωρίζω*). Φρ. *δε -ει πού παν τα τέσσερα* (= είναι εντελώς ανίδεος). [πιθ. *έννοια*].

νιώσμα το, ουσ. (συνιζ., λαϊκ.), αίνιγμα. [*νιώνω*].

Νιώτης ο, θηλ. **-ισσα**, ουσ. (συνιζ.), αυτός που κατοικεί στην Ίο ή κατάγεται από εκεί.

νιώτικος, -η, -ο, επίθ. (συνιζ.), που ανήκει ή αναφέρεται στην Ίο ή στους Νιώτες· που προέρχεται από την Ίο: *κρασί -ο*.

Νιώτισσα, βλ. *Νιώτης*.

νοβοπάν το, ουσ., άκλ. θρυμματόπλακα (βλ. λ.). [διεθνής όρος *novopan*, επωνυμία κατασκευάστριας εταιρείας].

νογώ, -άς, ρ. (λαϊκ.), (αμτβ.) καταλαβαίνω, νιώθω, αντιλαμβάνομαι: *είσαι νια και δε -άς· προσευχότανε καθώς -ούσε· ουδέ τι έλεγε ήξερε, ουδέ τι έκανε -ούσε* (Μπαστιάς) (συνών. *εννοώ, ξέρω*). [αρχ. *νοώ* με ανάπτυξη του *γ*].

Νοέβρης και **Νοέμβρης**, βλ. *Νοέμβριος*.

νοεμβριανός, -ή, -ό, επίθ. (ασυνίζ.), που ανήκει ή αναφέρεται στο Νοέμβριο· που γίνεται το Νοέμβριο: *-ές εκλογές / βροχές*. - Το ουδ. στον πληθ. ως ουσ. = (ιστ.) συγκρούσεις ανάμεσα σε αγήματα του γαλλικού ναυτικού και τμήματα του ελληνικού στρατού στις 17 Νοεμβρίου 1916.

Νοέμβριος και (λαϊκ.) **Νοέβρης** και **Νοέμβρης** ο, ουσ., ο ενδέκατος μήνας του χρόνου: *έχει γενέθλια στις 28 του Νοέμβρη*.

νοερός, -ή, -ό, επίθ. 1α. που γίνεται αντιληπτός μόνο με το νου, νοητός: *το -ό φως της καρδιάς* (συνών. *φανταστικός*)· β. άυλος: *-ές δυνάμεις / φύσεις* (= άγγελοι) (αντ. *αισθητός*). 2. που γίνεται, πλάθεται με το νου: *-ή ανάγνωση / συμφωνία*. - Επίρρ. **-ώς**: *να ταξιδέψουμε -ώς στη Χαβάη*.

νόημα το, ουσ. 1. ό,τι σκέφτεται κανείς, το αποτέλεσμα της ενέργειας του νου: *νοήματα υψηλά* (συνών. *διανόημα, στοχασμός*). 2. οι σκέψεις, οι ιδέες που εκφράζει ένα καλλιτεχνικό έργο: *το* ~ *του ποιήματος / της ταινίας*. 3. σημασία, περιεχό-

νοηματικός 944

μενο: *το ~ μιας λέξης / χειρονομίας*. **4.** τελικός σκοπός γεγονότος, φαινομένου, κλπ.: *η ζωή έχανε το -ά της· το ~ των αντιδράσεων / των κοινωνικών συγκρούσεων* (συνών. *σημασία*). **5.** νεύμα, γνέψιμο: *με -ατα μου έδωσε να καταλάβω·* φρ. *κάνω ~ σε κάποιον* (= γνέφω). Φρ. *δε βγάζω ~ από κάτι* (= δεν καταλαβαίνω κάτι)· *δε βγαίνει / δίνει ~* (συνήθως για λόγο γραπτό ή προφορικό ακατανόητο)· *δεν έχει ~ να...* (= δεν πετυχαίνομε τίποτα κάνοντας κάτι)· *μπαίνω στο ~*, βλ. *μπαίνω*, φρ.

νοηματικός, -ή, -ό, επίθ., που ανήκει ή αναφέρεται στο νόημα: *-ή ακολουθία· -ό περιεχόμενο· ~ σύνδεσμος / συμφυρμός.*

νοημοσύνη η, ουσ., γενική ικανότητα του ατόμου, ανεξάρτητα από τις γνώσεις του, να αντιλαμβάνεται σχέσεις και να προσαρμόζεται σε νέες καταστάσεις (συγκεκριμένες και αφηρημένες) ώστε να επιτυγχάνει τους στόχους της, διανοητική επάρκεια: *τεστ -ης· άτομο ανώτερης -ης· μην υποτιμάς τη ~ μου* (συνών. *ευφυΐα*).

νόηση η, ουσ. **1.** η αντίληψη με το νου. **2.** η συνολική ικανότητα του ατόμου να αντιλαμβάνεται ιδιότητες, σχέσεις, κλπ., του αντικειμενικού κόσμου που δε γίνονται άμεσα αντιληπτές με τις αισθήσεις: *πρακτική ~* (= που λύνει προβλήματα που δε σχετίζονται με το λόγο). **3.** (συνεκδοχικά) διάνοια, νους.

νοησιαρχία και **νοησιοκρατία** η, ουσ. (ασυνίζ.), φιλοσοφική θεωρία που δέχεται ότι η νόηση είναι η ανώτατη ψυχική δύναμη, η πρωταρχική αιτία όλων των εκδηλώσεων της ψυχής και ότι αυτή μόνο οδηγεί στη γνώση (αντ. *εμπειριοκρατία*).

νοησιαρχικός, -ή, -ό και **νοησιοκρατικός**, επίθ. (ασυνίζ.), που ανήκει ή αναφέρεται στη νοησιαρχία (βλ. λ.).

νοησιοκρατία, βλ. *νοησιαρχία*.

νοησιοκρατικός, βλ. *νοησιαρχικός*.

νοητικός, -ή, -ό, επίθ. **1.** που ανήκει ή αναφέρεται στη νόηση (βλ. λ.): *-ή λειτουργία· -ές διαδικασίες* (συνών. *πνευματικός, διανοητικός*). **2.** που είναι ικανός να νοεί, να σκέφτεται. - Επίρρ. **-ά**.

νοητός, -ή, -ό, επίθ. **1.** που είναι προσιτός μόνο στη διάνοια και όχι στις αισθήσεις, ιδεατός: *-ή καμπύλη / ευθεία· ~ άξονας της Γης* (αντ. *αισθητός*). **2.** που είναι κατανοητός, καταληπτός (αντ. *ακατανόητος, ακατάληπτος*).

νοθεία η, ουσ., παραποίηση, νόθευση (βλ. λ.): *εκλογική ~*.

νόθευση η, ουσ. **1.** παραποίηση, νοθεία. **2.** αλλοίωση τη σύστασης ενός πράγματος με την προσθήκη ξένων ουσιών για εξαπάτηση.

νοθευτής ο, θηλ. **-τρια**, ουσ., αυτός που νοθεύει κάτι.

νοθεύω, ρ. **1.** καταστρέφω τη γνησιότητα κάποιου πράγματος, παραποιώ: *~ τη γλώσσα / ένα χειρόγραφο*. **2.** αλλοιώνω τη σύσταση ενός πράγματος προσθέτοντας ξένες ουσίες με σκοπό να εξαπατήσω: *-εψε το λάδι με σπορέλαιο· ~ το γάλα / πετρέλαιο*.

νόθος, -α, -ο, επίθ. **1.** (για άνθρωπο) που δεν είναι γεννημένος από νόμιμο γάμο, αλλά από εξώγαμη ερωτική επαφή (συνών. *εξώγαμος, μπάσταρδος*· αντ. *γνήσιος*). **2.** (για ζώα ή φυτά) που προέρχεται από τη διασταύρωση διαφορετικών ειδών (ράτσας, ποικιλίας, κλπ.). **3α.** (για αντικείμενα, πράγματα) που έχει νοθευτεί, πλαστός: *εκλογές -ες·* **β.**

(για λογοτεχνικό έργο) που αμφισβητείται η γνησιότητά του, που οι μελετητές αμφιβάλλουν αν το έγραψε το πρόσωπο που φέρεται ως συγγραφέας του (κυρίως για τους αρχαίους ΄Ελληνες συγγραφείς): *-ο έργο του Ομήρου / του Ευριπίδη*. **4.** (μεταφ.) που δεν είναι κανονικός: *-η κατάσταση / λύση* (συνών. *ανώμαλος*).

νοιάζει και (λαϊκ.) **γνοιάζει**, ρ. (συνιζ., απρόσ.), συνήθως στις φρ. **α.** *δε με ~* (= μου είναι αδιάφορο)· **β.** *με ~ και με παρανοιάζει* (= ενδιαφέρομαι πολύ)· **γ.** *τι σε ~*; (= γιατί ενδιαφέρεσαι;). Παροιμ. *από πίτα που δεν τρως τι σε ~ κι αν καεί*; [μεσν. *εννοιάζομαι*].

νοιάζομαι και (λαϊκ.) **γνοιά-**, ρ. (συνιζ.). **Α.** μτβ. **α.** ενδιαφέρομαι για κάτι: *δε -όταν να μάθει την αιτία* (αντ. *αδιαφορώ*)· **β.** (για πρόσωπο) περιποιούμαι κάποιον, φροντίζω: *~ να καλυτερέψει η τύχη σου· να μου γνοιαστείς τα παιδιά μου* (συνών. *μεριμνώ, κοιτάζω*). **Β.** (αμτβ.) ανησυχώ, έχω έγνοιες: *-εται πολύ για την οικογένειά του· μη -εσαι, όλα θα τακτοποιηθούν*. - Ο αόρ. *νοιάστηκα*! (περιφρονητικά) = αδιαφορώ. [*έννοια + -άζομαι*].

νοικάρης ο, θηλ. **-ισσα**, ουσ., ενοικιαστής κατοικίας.

νοίκι, βλ. *ενοίκιο*.

νοικιάζω, ρ. (συνιζ.). **1.** χρησιμοποιώ για ορισμένο χρονικό διάστημα κάτι χρησιμοποιήσιμο καταβάλλοντας ενοίκιο στον ιδιοκτήτη του: *-ιασα ένα διαμέρισμα / ένα ποδήλατο* (συνών. *μισθώνω*). **2.** παραχωρώ σε κάποιον για ορισμένο χρονικό διάστημα τη χρήση ενός πράγματος που έχω στην ιδιοκτησία μου παίρνοντας ενοίκιο: *-ιασα το διαμέρισμά μου σε μια οικογένεια· -ιασα το ποδήλατο σε ένα νέο* (συνών. λόγ. *εκμισθώνω*).

νοίκιασμα το, ουσ., ενοικίαση (βλ. λ.).

νοικοκερίο, βλ. *νοικοκυριό*.

νοικοκυρά και (λαϊκ.) **-κερά** η, ουσ. **1.** γυναίκα (συνήθως παντρεμένη) που ασχολείται με τις δουλειές του σπιτιού και με τη φροντίδα της οικογένειας έχοντας συνήθως αυτό ως κύρια απασχόληση: *δυο -ές στην ίδια κουζίνα δε χωράνε*. **2.** ιδιοκτήτρια σπιτιού: *πλήρωσα το νοίκι στη ~* (συνών. *σπιτονοικοκυρά*). **3.** γυναίκα επιτήδεια στις σπιτικές εργασίες, που διαχειρίζεται τα θέματα του σπιτιού της με αξιοσύνη: *πολύ καλή ~· το σπίτι της λάμπει*.

νοικοκυρεμένος, -η, -ο, μτχ. παρκ. ως επίθ. **1.** συγυρισμένος, τακτοποιημένος, καθαρός, χωρίς λάθη ή παραλείψεις: *σπίτι / γραφείο -ο· -α λογιστικά βιβλία*. **2.** (για άνθρωπο) τακτικός, καλοντυμένος.

νοικοκυρεύω και (λαϊκ.) **-κερεύω**, ρ. **1.** εξασφαλίζω οικονομική άνεση σε κάποιον, τον αποκαθιστώ οικονομικά, τον κάνω νοικοκύρη: *τον πάντρεψε και τον -εψε*. **2.** τακτοποιώ, βάζω σε τάξη, συγυρίζω: *-εψε το σπίτι* (μεταφ.) *~ την κρατική μηχανή*.

νοικοκύρης, πληθ. *-ηδες* και *-αίοι*, ουσ. **1.** αρχηγός της οικογένειας: *όσα ξέρει ο ~ δεν τα ξέρει ο μουσαφίρης / ο κόσμος όλος* (παροιμ.). **2.** ιδιοκτήτης (ιδίως σπιτιού ή διαμερίσματος): *είδα το διαμέρισμα, αλλά θα πρέπει να συζητήσω την τιμή με το -η*. **3.** άνθρωπος οικονομικά ευκατάστατος: *του προσπόριζε τόσο εισόδημα ώστε να λογαριάζεται ~* (Μπαστιάς). **4.** καλός διαχειριστής των οικιακών πραγμάτων και υποθέσεων: *Βασίλη κάτσε φρόνιμα να γίνεις ~* (δημ. τραγ.). **5.** κύριος

αυτεξούσιος: *να γίνει ο λαός μας ~ στον τόπο του.* [*οίκος* + *κύριος*].
νοικοκυριό και (λαϊκ.) **-κεριό** το, ουσ. (συνιζ.). 1. το σύνολο των αναγκαίων πραγμάτων ενός σπιτιού: *σήκωσε όλο το ~ του και μετακόμισε.* 2. η μέριμνα για το σπίτι, η φροντίδα του σπιτιού: *της έδωσε να κουμαντάρει το ~ του σπιτιού.*
νοικοκυρίστικος, -η, -ο, επίθ., που ταιριάζει σε νοικοκύρη, που γίνεται με τάξη και σοβαρότητα: *-ο φέρσιμο· -η διαχείριση.*
νοικοκυρόπαιδο το, ουσ. (λαϊκ.), συνετό, μυαλωμένο παιδί, παιδί από νοικοκυρόσπιτο.
νοικοκυροπούλα η, ουσ., κορίτσι συνετό και νοικοκυρεμένο, κορίτσι από νοικοκυρόσπιτο.
νοικοκυρόσπιτο το, ουσ., σπιτικό οργανωμένο πάνω σε σωστές βάσεις, που έχει καλή διαχείριση, οικονομικά ανεξάρτητο.
νοικοκυροσύνη η, ουσ. 1. το να είναι κανείς νοικοκύρης· η καλή διαχείριση του σπιτιού και ιδιαίτερα των οικονομικών του. 2. τάξη, επιμέλεια.
νοιώθω, βλ. *νιώθω.*
νομάδες οι, ουσ., άτομα που περιφέρονται από τόπο σε τόπο κυρίως για λόγους βοσκής των ζώων που εκτρέφουν. [αρχ. *νομάς* ο, γεν. *-άδος*].
νομαδικός, -ή, -ό, επίθ., που έχει σχέση με τους νομάδες ή αναφέρεται σ' αυτούς: *λαός ~* (= πληθυσμός που δεν έχει μόνιμη κατοικία)· *-ή φυλή της ερήμου· ζωή -ή.* - Επίρρ. **-ώς, -ά.**
νομάρχαινα, βλ. *νομάρχης.*
νομαρχείο το, ουσ., δημόσιο οίκημα, όπου εδρεύει ο νομάρχης και οι υπηρεσίες που διευθύνει (συνών. *νομαρχία* στη σημασ. 3).
νομαρχεύω, ρ., εκτελώ χρέη νομάρχη, αναπληρώνω το νομάρχη.
νομάρχης ο, θηλ. **-ισσα** και **-ίνα** και **-αινα,** ουσ., ανώτερος διοικητικός υπάλληλος, διοικητής νομού: *~ Μαγνησίας.* - *Οι τ. του θηλ. -ίνα* και *-αινα* δηλώνουν και τη σύζυγο του νομάρχη.
νομαρχία η, ουσ. 1. διοικητική περιφέρεια που διοικείται από νομάρχη: *~ Θεσσαλονίκης.* 2. το αξίωμα του νομάρχη. 3. δημόσιο οίκημα όπου εδρεύει ο νομάρχης και οι υπηρεσίες που διευθύνει, νομαρχείο (βλ. λ.).
νομαρχιακός, -ή, -ό, επίθ., που ανήκει ή αναφέρεται στο νομάρχη ή τη νομαρχία: *εγκύκλιος / υπηρεσία -ή· συμβούλιο -ό.*
νομαρχίνα και **νομάρχισσα,** βλ. *νομάρχης.*
νομαρχώ, -είς, ρ. 1. είμαι νομάρχης. 2. εκτελώ χρέη νομάρχη (συνών. *νομαρχεύω*).
νοματαίοι, βλ. *νομάτοι.*
νομάτισμα, βλ. *ονομάτισμα.*
νομάτοι και **νοματαίοι** οι, ουσ. (λαϊκ.), άτομα, πρόσωπα: *ένα χωριό τριάντα ~ όλοι κι όλοι.* [*όνομα*].
νομέας ο, ουσ. (νομ.) πρόσωπο που έχει την επικαρπία ξένου πράγματος: *όποιος απέκτησε τη φυσική εξουσία κάποιου πράγματος, είναι ~ του· ~ της κληρονομίας* (αστ. κώδ.).
νομενκλατούρα η, ουσ. 1. ονοματολόγιο, κατάλογος ονομάτων αξιωματούχων στις σοσιαλιστικές χώρες. 2. ονομασία της κοινωνικής τάξης που νεμόταν τα αξιώματα και τα προνόμια στις σοσιαλιστικές χώρες. [λατ. *nomenclatura*].
νομή η, ουσ. 1. (λόγ.) βοσκότοπος. 2. (νομ.) κατοχή και επικαρπία ξένου πράγματος: *η ~ μεταβιβάζεται στους κληρονόμους του νομέα* (αστ. κώδ.).
-νομία, β' συνθ. αφηρ. ουσ. που δηλώνει α. δημόσια αρχή: *αστυνομία, στρατονομία, υγειονομία·* β.

διαχείριση, οργάνωση κάποιου τομέα: *βιβλιοθηκονομία, δικονομία, οικονομία.* [αρχ. *-νομία*].
νομίατρος ο και η, ουσ., γιατρός που ασκεί ως δημόσιος υπάλληλος την υγιεινή εποπτεία νομού.
νομίζω, ρ. 1. έχω τη γνώμη, θαρρώ (χωρίς να είμαι εντελώς βέβαιος): *~ πως τελικά θα έρθει.* 2. πείθομαι, πιστεύω: *-ισε πως ήταν αλήθεια όσα είδε.* 3α. εκλαμβάνω, θεωρώ: *δε ~ απαραίτητη την αλλαγή· σε -ιζα ικανό γι' αυτή τη δουλειά·* β. (με το *για*) μου φαίνεται κάποιος σαν...: *με -ισαν για το Γιώργο· σε 'ιζα για έξυπνο, αλλά τελικά γελάστηκα.* 4. υποθέτω, φαντάζομαι: *στην αρχή -ισα ότι με κοροϊδεύεις· ύστερα κατάλαβα ότι λες την αλήθεια.* 5. (σε ερώτηση, για να εκφράσουμε το θυμό ή την ταραχή μας από τη συμπεριφορά κάποιου, χωρίς να περιμένουμε απάντηση): *ποιος -εις ότι είσαι;· τι -εις ότι κάνεις;· -ισες ότι θα σε φοβηθώ;·* 6. (ευγενικός τρόπος όταν κανείς εξηγεί ή προτείνει σε κάποιον ό,τι θέλει να κάνει ή όταν αποδέχεται ή αρνείται κάποια πρόταση): *~ ότι είναι ώρα να πηγαίνουμε· σ' ευχαριστώ, αλλά δε ~ ότι μπορούμε να συνεργαστούμε.*
νομικά, βλ. *νομικός.*
νομική η, ουσ., επιστήμη που ασχολείται με τη μελέτη του δικαίου και των νόμων.
νομικός, -ή, -ό, επίθ. 1. που ανήκει ή αναφέρεται σε νομικά θέματα ή το νόμο: *συμβουλή -ή· σύγγραμμα -ό· σύμβουλος ~.* 2. που στηρίζεται στο νόμο: *διατυπώσεις -ές.* 3. (για ιδρύματα) που υπάρχει σύμφωνα με το νόμο: *αυτή η υπηρεσία είναι -ό πρόσωπο ιδιωτικού δικαίου* (αντ. *φυσικός*). - *Το αρσ. ως ουσ.* = επιστήμονας που ασχολείται με την ερμηνεία και την εφαρμογή των νόμων (δικηγόρος ή δικαστικός). - *Το ουδ. στον πληθ. ως ουσ.* = η νομική επιστήμη: *σπουδάζει -ά.* - Επίρρ. **-ά.**
νομιμοποίηση η, ουσ., κατοχύρωση με νόμιμους τύπους πράξης ή κατάστασης (συνήθως παράνομης)· αναγνώριση νομιμότητας ή γνησιότητας σε ενέργεια ή σχέση που δεν την έχει: *~ κληρονόμων / αυθαίρετου ακινήτου.*
νομιμοποίητος, -η, -ο, επίθ. (για εξώγαμο παιδί) που αναγνωρίζεται εκ των υστέρων από τους γονείς ως γνήσιο: *κληρονομικό δικαίωμα -ων τέκνων.*
νομιμοποιώ, -είς, ρ. (ασυνίζ.), προσδίδω εκ των υστέρων γνησιότητα ή νομιμότητα σε πράξη ή κατάσταση (συνήθως παράνομη): *-ποίησε το δεσμό του.*
νόμιμος, -η, -ο, επίθ. 1. που είναι σύμφωνος με το νόμο ή που αναγνωρίζεται απ' αυτόν: *σύζυγος ~· ενέργεια -η· έχω τα -α προσόντα* (συνών. *έννομος·* αντ. *παράνομος, άνομος*). 2. που η ύπαρξη και τα δικαιώματά του παρέχονται από το νόμο: *κληρονόμος ~.* 3. που καθορίζεται από το νόμο: *δικαιώματα -α· ηλικία -η* (= συμπλήρωση της ηλικίας που ορίζει ο νόμος για την απόκτηση ορισμένων δικαιωμάτων). - *Το ουδ. στον πληθ. ως ουσ.* = νομικές διατάξεις και διατυπώσεις που καθορίζονται από το νόμο: *-α διεθνή.*
νομιμότητα η, ουσ., το να είναι κάτι σύμφωνο με το νόμο: *~ απόφασης.*
νομιμοφάνεια η, ουσ. (ασυνίζ.), το να φαίνεται ότι κάτι είναι νόμιμο: *ο πονηρός κρύβει πίσω από τη ~ την ανομία του.*
νομιμόφρονας ο, ουσ., αυτός που τηρεί τους νόμους και συμμορφώνεται μ' αυτούς: *πολίτες -ες* (εδώ η χρήση επιθετ.).

νομιμοφροσύνη η, ουσ., υπακοή στους νόμους: ~ των πολιτών.
νομιναλισμός ο, ουσ. (φιλοσ.) θεωρία που οι οπαδοί της ισχυρίζονται ότι γενικές (καθολικές) έννοιες είναι μόνο τα ονόματα των πραγμάτων που υπάρχουν αντικειμενικά (συνών. *ονοματοκρατία*).
νομιναλιστής ο, θηλ. **-ίστρια**, ουσ., οπαδός της θεωρίας του νομιναλισμού.
νομιναλιστικός, -ή, -ό, επίθ., που ανήκει ή αναφέρεται στο νομιναλισμό ή το νομιναλιστή: *θεωρία -ή*.
νομιναλίστρια, βλ. *νομιναλιστής*.
νόμισμα το, ουσ. 1α. κέρμα από μέταλλο που αντιπροσωπεύει καθορισμένη αγοραστική αξία αναγραφόμενη πάνω του και που εκδίδεται από το κράτος ως μέσο διεξαγωγής αγοραπωλησιών· β. (κατ' επέκταση) χαρτονόμισμα που αντικαθιστά τα μεταλλικά κέρματα. 2. νομισματική μονάδα μιας χώρας: *το νόμισμα της Ιταλίας είναι η λιρέτα*. Εκφρ. *η μια πλευρά του -ατος* (= η μία άποψη ενός ζητήματος)· *σκληρό ~* (= ισχυρό νόμισμα). Φρ. *πληρώνω με το ίδιο ~* (= ανταποδίδω με τον ίδιο ακριβώς τρόπο μια αδικία που μου έγινε)· *αποτελούν πλευρές του ίδιου -ατος* (= διαφορετικές εκδηλώσεις του ίδιου πράγματος, προβλήματος, κλπ.).
νομισματικός, -ή, -ό, επίθ., που έχει σχέση με το νόμισμα ή αναφέρεται σ' αυτό: *πολιτική -ή· σύστημα -ό· μέτρα -ά*. - Το θηλ. ως ουσ. = επιστήμη (κλάδος της αρχαιολογίας) που έχει ως αντικείμενο τη μελέτη των αρχαίων νομισμάτων.
νομισματοθήκη η, ουσ., θήκη όπου φυλάγονται ή εκτίθενται αρχαία, σπάνια ή μεγάλης αξίας νομίσματα.
νομισματοκοπείο το, ουσ., κρατικό εργοστάσιο όπου «κόβονται» (= κατασκευάζονται) μεταλλικά νομίσματα και τυπώνονται χαρτονομίσματα.
νομισματολογία η, ουσ., επιστήμη (κλάδος της αρχαιολογίας) που έχει ως αντικείμενο τη μελέτη των αρχαίων νομισμάτων (συνών. *νομισματική*).
νομισματολογικός, -ή, -ό, επίθ., που έχει σχέση με τη νομισματολογία ή αναφέρεται σ' αυτήν: *μελέτη -ή*. - Επίρρ. **-ώς**.
νομισματολόγος ο και η, ουσ., επιστήμονας που ασχολείται με τη νομισματολογία.
νομισματοπώλης ο, ουσ. 1. αργυραμοιβός (βλ. λ.). 2. αυτός που πουλά παλαιά νομίσματα στους συλλέκτες.
νομοδιδάσκαλος ο, ουσ. 1. δάσκαλος της νομικής επιστήμης. 2. νομομαθής με κύρος.
νομοθεσία η, ουσ. 1. η συγγραφή νόμων και η επιβολή τους: *η ~ του Σόλωνα / του Λυκούργου*. 2. το σύνολο των νόμων που ισχύουν σ' ένα κράτος: *ελληνική / αγγλική ~*. 3. (ειδικά) το σύνολο των νόμων που ρυθμίζουν ορισμένες σχέσεις δημοσίου ή ιδιωτικού δικαίου: *αστική / ποινική / στρατιωτική / εμπορική ~*.
νομοθέτημα το, ουσ., νόμος που ισχύει, θεσπισμένος κανόνας δικαίου.
νομοθέτης ο, ουσ. 1. (ιστ.) πρόσωπο (συνήθως ευρείας αποδοχής και μεγάλου κύρους) που συνέτασσε και επέβαλλε νόμους στις αρχαίες κοινωνίες: *οι -ες Σόλωνας και Λυκούργος*. 2. (νομ.) άτομο (συνήθως μέλος επιτροπής) που έχει ως έργο τη σύνταξη νόμων: *ο ~ έβαλε την παράγραφο αυτή για να αποφευχθεί πιθανή καταστρατήγηση του νόμου*.

νομοθέτηση η, ουσ., η θέσπιση νόμων.
νομοθετικός, -ή, -ό, επίθ., που ανήκει ή αναφέρεται στο νομοθέτη ή τη νομοθεσία: *εξουσία / ρύθμιση -ή· πράξη -ού περιεχομένου· σώμα -ό*.
νομοθετώ, -είς, ρ. I. (ενεργ.) θέτω νόμους, θεσμοθετώ, συντάσσω και επιβάλλω νόμους. II. (παθ.) θεσμοθετούμαι, επιβάλλομαι με νόμο: *-ήθηκε η πενθήμερη εργασία*.
νομοκάνονας ο, ουσ., τίτλος βυζαντινών νομικών συλλογών που περιλαμβάνουν κανόνες και διατάξεις της εκκλησιαστικής και της πολιτικής νομοθεσίας που αφορούν την Εκκλησία.
νομολογία η, ουσ. (νομ.) 1. το σύνολο των δικαστικών ερμηνειών νόμων, το σύνολο των δικαστικών αποφάσεων, που δεν αποτελεί μόνο του πηγή δικαίου, αλλά είναι σημαντικός παράγοντας διαμόρφωσής του: *~ του Αρείου Πάγου*. 2. (ειδικότερα) το σύνολο των δικαστικών αποφάσεων που εκδόθηκαν πάνω σ' ένα θέμα και αποτελούν κατά κάποιο τρόπο οδηγό για ανάλογες περιπτώσεις.
νομολογικός, -ή, -ό, επίθ., που έχει σχέση με τη νομολογία ή αναφέρεται σ' αυτήν. - Επίρρ. **-ώς**.
νομομάθεια η, ουσ. (ασυνίζ.), η εξοικείωση με τους νόμους ή η γνώση των νόμων σε σημαντικό βαθμό.
νομομαθής, -ής, -ές, γεν. **-ούς**, πληθ. αρσ. και θηλ. **-είς**, ουδ. **-ή**, επίθ. και ουσ., γνώστης των νόμων, ο κάτοχος της νομικής επιστήμης, ο νομοδιδάσκαλος.
νομομηχανικός ο, ουσ., επιστήμονας μηχανικός που επιβλέπει και ως δημόσιος υπάλληλος καθοδηγεί τα δημόσια έργα νομού.
νομοπαρασκευαστικός, -ή, -ό, επίθ., που επεξεργάζεται σχέδιο νόμου: *επιτροπή -ή*.
νόμος ο, ουσ. 1. γραπτός κανόνας δικαίου (σε αντιδιαστολή προς τον άγραφο κανόνα) που θεσπίζεται από οργανωμένη πολιτεία, εκφράζει τη βούλησή της και ρυθμίζει τις σχέσεις των πολιτών μεταξύ τους και με την πολιτεία: *στις σύγχρονες κοινωνίες κύρια μορφή τυπικής πράξης θεσμοθέτησης είναι ο ~*. 2. το σύνολο των νόμων που ισχύουν σε μια πολιτεία, η νομοθεσία (βλ. λ. στη σημασ. 2): *ο γαλλικός / ιταλικός ~*. 3. (μεταφ.) οι αρχές και ειδικότερα η αστυνομία: *έχει δοσοληψίες με το -ο· ο κακοποιός έπεσε στην παγίδα του -ου*. 4. (μεταφ.) για καθετί που έχει τη δύναμη επιβολής, την ισχύ του νόμου: *ο λόγος του πατέρα ήταν ~ μέσα στο σπίτι*. 5. κανόνας που ρυθμίζει την ανθρώπινη συμπεριφορά: *~ της προσφοράς και της ζήτησης / της αγοράς*. 6. βασικός κανόνας, αξίωμα που διέπει μια επιστήμη: *οι της φυσικής / χημείας*. 7. (φυσ.) νόμος της φύσης, σταθερή σχέση αιτίας - φαινομένου: *~ της παγκόσμιας έλξης / της βαρύτητας*. Εκφρ. *άγραφος ~* (= κανόνας γενικής αποδοχής που δεν έχει θεσπιστεί από την πολιτεία και δεν υπάρχει σε κανένα νομικό κώδικα, αλλά τον έχει καθιερώσει και επιβάλει στην συνείδηση των ανθρώπων η μακροχρόνια αποδοχή και χρήση του)· *θείος ~* (= οι θεϊκές εντολές σε αντιδιαστολή με τους ανθρώπινους νόμους)· *οι -οι και οι προφήτες* (= ο νόμος ή αυτοί που θεωρούνται αυθεντία σε κάποιο θέμα)· *ο ~ του νικητή* (= το δίκαιο του ισχυρότερου)· *στρατιωτικός ~*, βλ. *στρατιωτικός*. Φρ. *δεν έχει ούτε πίστη ούτε -ο* (= δεν έχει ηθικές αναστολές)· *είμαι εκτός -ου* (= είμαι παράνομος και καταδιώκομαι από το νόμο και τους εκπροσώπους του).

-**νόμος,** β΄ συνθ. ουσ. που δηλώνουν επάγγελμα (α. εκπρόσωπο δημόσιας αρχής· β. διαχειριστή κάποιου τομέα): *τροχονόμος, βιβλιοθηκονόμος.*
νομός ο, ουσ., διοικητική περιφέρεια της ελληνικής επικράτειας με προϊστάμενο νομάρχη.
νομοσχέδιο το, ουσ. (ασυνίζ.), σχέδιο νόμου που υποβάλλεται σε νομοθετικό σώμα για ψήφιση.
νομοταγής, -ής, -ές, γεν. *-ούς,* πληθ. αρσ. και θηλ. *-είς,* ουδ. *-ή,* επίθ., που συμμορφώνεται με το νόμο, που ενεργεί στα πλαίσια του νόμου: *πολίτης ~.*
νομοτέλεια η, ουσ. (ασυνίζ.), η ύπαρξη ορισμένων νόμων που επιδρούν καθοριστικά στην εξελικτική πορεία πραγμάτων, γεγονότων, καταστάσεων, φαινομένων, κλπ.: *η κατάρρευση του θεσμού της βασιλείας ήταν ιστορική ~· φυσική ~.*
νομοτελειακός, -ή, -ό, επίθ. (ασυνίζ.), που υπόκειται στην καθοριστική επίδραση ορισμένων νόμων, που διέπεται από νομοτέλεια: *ανάγκη -ή.* - Επίρρ. **-ώς:** *η εφαρμογή αυτής της πολιτικής οδηγεί -ώς στη χρεοκοπία.*
νομοτελεστικός, -ή, -ό, επίθ., που έχει σχέση με την εκτέλεση νόμων ή αναφέρεται σ' αυτήν: *διάταγμα -ό.* - Το ουδ. ως ουσ. = (ιστ.) προσωρινή διοίκηση που εγκαθίδρυσε η Συνέλευση της Επιδαύρου το 1822 με έργο την άσκηση της εκτελεστικής εξουσίας.
νομότυπος, -η, -ο, επίθ., που είναι τυπικά εναρμονισμένος με το νόμο, που είναι σύμφωνος με το «γράμμα» (αλλά όχι απαραίτητα και με το «πνεύμα») του νόμου: *διαθήκη / συμπεριφορά / διαδικασία -η.* - Επίρρ. **-τύπως** και **-α:** *η σύνταξη του καταστατικού έγινε -α.*
νόνα η, ουσ., γιαγιά. [μεσν. *νόνα*<λατ. *nonna*].
νονός και (λαϊκ.) **νουνός** ο, θηλ. **-ά,** ουσ. **1.** άτομο που βαφτίζει παιδί, που δίνει όνομα σε παιδί σύμφωνα με το τυπικό της Εκκλησίας (συνών. *λόγ. ανάδοχος).* **2.** (μεταφ.) που δίνει όνομα ή παρατσούκλι σε κάποιον ή κάτι. **3.** (μεταφ.) άνθρωπος του υπόκοσμου, αρχηγός σπείρας κακοποιών. [λατ. *nonnus*].
νοοτροπία η, ουσ., ιδιαίτερος τρόπος με τον οποίο σκέφτεται κάποιος, το σύνολο από ιδέες, αξίες και πνευματικές διαθέσεις που είναι ενσωματωμένες μέσα στο ίδιο το άτομο και συνδέονται με σχέσεις λογικά και σχέσεις πεποιθήσεων: *~ δημοσιοϋπαλληλική / περίεργη.*
νοούμενο το, ουσ. (φιλοσ.) αυτό που γίνεται αντιληπτό μόνο με το νου (συνών. *υπεραισθητό, ιδέα).* - Βλ. και *νοώ.*
Νορβηγίδα, βλ. *Νορβηγός.*
νορβηγικός, -ή, -ό, επίθ., που ανήκει ή αναφέρεται στη Νορβηγία ή τους Νορβηγούς: *φιόρδ -ά.*
Νορβηγός ο, θηλ. **-ίδα,** αυτός που κατάγεται από τη Νορβηγία ή κατοικεί σ' αυτήν.
νόρμα η, ουσ. (κοινων.) **1.** νομιμοποιημένος θεσμός, κοινά αποδεκτός κανόνας κοινωνικής συμπεριφοράς προς τον οποίο τα μέλη της κοινωνικής ομάδας πρέπει να συμμορφώνονται: *~ δικαίου.* **2.** καθορισμένη ποσότητα προϊόντος που πρέπει να παραχθεί με τις δεδομένες τεχνολογικές συνθήκες σε ένα χρονικό διάστημα που συνήθως είναι η εργάσιμη μέρα ή μια ώρα εργασίας: *~ στατιστική.* **3.** *γλωσσική ~* = ο καθιερωμένος και κοινά αποδεκτός γλωσσικός τύπος (μορφολογικός ή συντακτικός). [λατ. *norma*].
Νορμανδή, βλ. *Νορμανδός.*

νορμανδικός, -ή, -ό, επίθ., που ανήκει ή αναφέρεται στη Νορμανδία ή τους Νορμανδούς: *ακτές -ές.*
Νορμανδός ο, θηλ. **-ή,** αυτός που κατάγεται από τη Νορμανδία ή κατοικεί σ' αυτήν.
νοσηλεία η, ουσ., ιατρική περίθαλψη, περιποίηση αρρώστου: *χρόνος -ας.*
νοσηλευτήριο το, ουσ. (ασυνίζ.), ίδρυμα στο οποίο νοσηλεύονται ασθενείς (συνών. *θεραπευτήριο).*
νοσηλεύω, ρ. **I.** (ενεργ.) περιποιούμαι άρρωστο για να θεραπευτεί. **II.** (μέσ.) δέχομαι ιατρική περίθαλψη και φροντίδα: *οι τραυματίες -ονται στο νοσοκομείο.*
νοσήλια τα, ουσ. (ασυνίζ.), τα έξοδα νοσηλείας.
νόσημα το, ουσ., ασθένεια, αρρώστια: *δερματικά / αφροδισιακά -ατα* (συνών. *νόσος, πάθηση).*
νοσηρός, -ή, -ό, επίθ. **1.** που προκαλεί κάποια αρρώστια, επιβλαβής στην υγεία: *κλίμα -ό* (συνών. *νοσογόνος).* **2.** που δεν είναι υγιής, φυσιολογικός: *ιδέες -ές· φαντασία -ή.*
νοσηρότητα η, ουσ., το να είναι κάτι νοσηρό: *ηθική / κοινωνική ~.*
νοσογόνος, -ος, -ο, επίθ., που προκαλεί κάποια αρρώστια, νοσηρός: *-α μικρόβια* (συνών. *παθογόνος).*
νοσοκόμα, βλ. *νοσοκόμος.*
νοσοκομειακός, -ή, -ό, επίθ. (ασυνίζ.), που ανήκει ή αναφέρεται στα νοσοκομεία ή τους νοσοκόμους: *περίθαλψη / κάλυψη / σχολή -ή· γιατρός ~.*
νοσοκομείο το, ουσ., ίδρυμα κοινωνικό και επιστημονικό όπου νοσηλεύονται άρρωστοι: *~ στρατιωτικό.*
νοσοκόμος ο, θηλ. **-α** και **-ος,** ουσ., πρόσωπο που περιποιείται τους αρρώστους, συνεργάτης του γιατρού ή άλλων ειδικών (ψυχολόγου, κοινωνικού λειτουργού, κ.ά.) που συμβάλλει στην πρόληψη και τη θεραπεία των ασθενειών: *αδελφή ~· σχολή αδελφών -ων.*
νοσολογία η, ουσ. (ιατρ.) κλάδος της ιατρικής που ερευνά τα αίτια, τα συμπτώματα, τα εργαστηριακά ευρήματα, την πρόγνωση, τις επιπλοκές και τη θεραπεία των ασθενειών των οργάνων του ανθρώπινου σώματος (συνών. *παθολογία).*
νοσολογικός, -ή, -ό, επίθ., που ανήκει ή αναφέρεται στη νοσολογία: *μελέτες -ές.*
νόσος η, ουσ. (λόγ.), αρρώστια, ασθένεια: *λοιμώδεις -οι· δερματική / αλλεργική ~· ~ των δυτών / αεροπόρων* (συνών. *νόσημα, πάθηση).*
νοσοφοβία η, ουσ. (ιατρ.) είδος νευρασθένειας που εκδηλώνεται με τον έμμονο φόβο του αρρώστου μήπως προσβληθεί από κάποιο νόσημα.
νοσταλγία η, ουσ. **α.** βαρυθυμία που προέρχεται από τη μεγάλη επιθυμία των ξενιτεμένων να γυρίσουν στην πατρίδα τους· **β.** συναίσθημα τρυφερότητας και θλίψης εξαιτίας της ανάμνησης περασμένων ευχάριστων γεγονότων ή καταστάσεων: *θυμάμαι τα παιδικά μου χρόνια με ~.*
νοσταλγικός, -ή, -ό, επίθ., που ανήκει ή αναφέρεται στη νοσταλγία· που προκαλεί νοσταλγία: *διάθεση -ή· γράφει -ά ποιήματα.* - Επίρρ. **-ά.**
νοσταλγός ο και η, ουσ., αυτός που κατέχεται από νοσταλγία, αυτός που νοσταλγεί κάτι: *~ του ένδοξου παρελθόντος.*
νοσταλγώ, -είς, ρ., αισθάνομαι νοσταλγία για κάτι, κατέχομαι από νοσταλγία: *-ησα τα παιδικά μου χρόνια.*

νοστιμάδα η, ουσ. α. ευχάριστη γεύση, νοστιμιά· **β.** (μεταφ.) ερωτική ευχαρίστηση: *ανάρια ανάρια το φιλί για να 'χει ~* (παροιμ.).

νοστιμεύω, ρ. I. ενεργ. Α. μτβ. **1.** κάνω κάτι νόστιμο, του δίνω ευχάριστη γεύση: *το λεμόνι -ει το ψητό* (συνών. *νοστιμίζω*). **2.** (μεταφ.) κάνω κάποιον ή κάτι κομψό και χαριτωμένο, ομορφαίνω: *το νέο χτένισμα τη -εψε περισσότερο* (αντ. *ασχημίζω*). Β. αμτβ. **1.** γίνομαι ή είμαι νόστιμος, αποκτώ ή έχω ευχάριστη γεύση. **2.** (μεταφ.) γίνομαι κομψός, χαριτωμένος. II. (μέσ.) επιθυμώ κάποιον ή κάτι έντονα: *το -εται το κορίτσι ο Γιάννης*.

νοστιμιά η, ουσ. (συνιζ.). **1.** ευχάριστη γεύση, νοστιμάδα. **2.** (συνεκδοχικά) εύγευστο, νόστιμο έδεσμα: *μας πρόσφερε ένα σωρό -ιές*.

νοστιμίζω, ρ., νοστιμεύω (βλ. λ. σημασ. I. Α. 1 και Β. 1).

νόστιμος, -η, -ο, επίθ. **1.** που έχει ευχάριστη γεύση: *φαγητό πολύ -ο* (συνών. *εύγεστος, γευστικός·* αντ. *άνοστος*). **2.** (μεταφ. για λόγια) ευχάριστος, χαριτωμένος: *ανέκδοτο -ο* (συνών. *αστείος, διασκεδαστικός·* αντ. *κρύος*). **3.** (μεταφ. για πρόσωπο) που είναι ευχάριστος στην όψη, όμορφος: *-ο παλληκάρι / κορίτσι* (συνών. *ωραίος, θελκτικός·* αντ. *άσχημος, άνοστος*). - Υποκορ. **-ούλης, -ούλικος,** και **-ούτσικος**.

νόστος ο, ουσ. (λόγ.), επιστροφή, γυρισμός στην πατρίδα (συνών. *παλιννόστηση, επαναπατρισμός·* αντ. *εκπατρισμός, ξενιτεμός*).

νοσώ, -είς, ρ., αμτβ. **1.** είμαι άρρωστος, πάσχω από κάποια (σωματική ή ψυχική) αρρώστια (συνών. *ασθενώ*). **2.** (μεταφ.) βρίσκομαι σε δυσάρεστη κατάσταση: *η ελληνική οικονομία -εί*.

νότα η, ουσ. **1.** (μουσ.) το γραπτό σύμβολο του μουσικού ήχου (συνών. *φθογγόσημο*) και ο ίδιος ο μουσικός ήχος: *οι -ες της βυζαντινής μουσικής· ~ φάλτσα*. **2.** απόχρωση ήχου, τόνος: *υπήρχε μια λυπητερή ~ στη φωνή του·* (μεταφ.) για πρόσωπο ή πράγμα που δίνει μια ιδιαίτερη ατμόσφαιρα σε μια εκδήλωση: *αυτός ήταν η ευχάριστη ~ της βραδιάς*. **3.** επίσημο διπλωματικό έγγραφο με το οποίο διατυπώνονται διάφορα ζητήματα που αφορούν τις σχέσεις των κρατών, διπλωματική διακοίνωση. [λατ. *nota*].

νοτερός, -ή, -ό, επίθ., που έχει υγρασία, υγρός: *κλίμα / βράδι -ό* (αντ. *ξερός*).

νότια, βλ. *νότιος*.

νοτιάς ο και **-ά** η, ουσ. (συνιζ.). **1.** το νότιο σημείο του ορίζοντα, νότος (βλ. λ.): *το παράθυρο / μπαλκόνι βλέπει κατά το -ιά* (αντ. *βορράς*). **2.** νότιος άνεμος: *φυσάει / σηκώθηκε ~* (συνών. *όστρια·* αντ. *βοριάς*). **3.** υγρασία, υγρός καιρός: *η -ιά μάς τρυπούσε τα κόκαλα*.

νοτίζω, ρ. Α. (μτβ.) κάνω κάτι νοτερό, υγραίνω: *η βροχή -ισε τα άχυρα*. Β. (αμτβ., λαϊκ.) γίνομαι υγρός, υγραίνομαι: *μάτια -ισμένα· χώμα -ισμένο· ατμόσφαιρα -ισμένη· -ισε το αλάτι*. [*νότος*].

νοτινός, -ή, -ό, επίθ., που βρίσκεται στο νότο, έχει κατεύθυνση ή στρέφεται προς τα εκεί ή προέρχεται από εκεί: *τράβηξα κατά τα -ά* (ενν. *μέρη*) *του νησιού* (συνών. *νότιος·* αντ. *βορινός, βόρειος*).

Νοτιοαμερικανή, βλ. *Νοτιοαμερικανός*.

νοτιοαμερικανικός, -ή, -ό, επίθ. (ασυνίζ.), που ανήκει ή αναφέρεται στη νότια Αμερική ή τους Νοτιοαμερικανούς.

Νοτιοαμερικανός ο, θηλ. **-ή** (ασυνίζ.), αυτός που κατοικεί στη νότια Αμερική ή κατάγεται από εκεί.

νοτιοανατολικός, -ή, -ό, επίθ. (ασυνίζ.). α. που βρίσκεται ανάμεσα στο νότο και στην ανατολή (συντομογραφία ΝΑ): *δωμάτιο -ό·* β. (για άνεμο) που πνέει από το σημείο του ορίζοντα που βρίσκεται ανάμεσα στο νότο και στην ανατολή. - Επίρρ. **-ά** και **-ώς**.

νοτιοαφρικανικός, -ή, -ό, επίθ. (ασυνίζ.), που ανήκει ή αναφέρεται στη Νότια Αφρική ή τους Νοτιοαφρικανούς.

Νοτιοβιετναμέζα, βλ. *Νοτιοβιετναμέζος*.

νοτιοβιετναμέζικος, -η, -ο, επίθ. (ασυνίζ. δις), που ανήκει ή αναφέρεται στο Νότιο Βιετνάμ ή στους Νοτιοβιετναμέζους.

Νοτιοβιετναμέζος ο, θηλ. **-α,** ουσ. (ασυνίζ. δις), αυτός που κατοικεί στο Νότιο Βιετνάμ ή κατάγεται από εκεί.

νοτιοδυτικός, -ή, -ό, επίθ. (ασυνίζ.). α. που βρίσκεται ανάμεσα στο νότο και στη δύση, που είναι στραμμένος προς το σημείο του ορίζοντα που βρίσκεται ανάμεσα στο νότο και στη δύση (συντομογραφία ΝΔ)· β. (για άνεμο) που πνέει από το σημείο του ορίζοντα που βρίσκεται ανάμεσα στο νότο και στη δύση (συνών. *λίβας, γαρμπής*). - Επίρρ. **-ά** και **-ώς**.

Νοτιοκορεάτης ο, θηλ. **-ισσα,** ουσ. (ασυνίζ.), αυτός που κατοικεί στη Νότια Κορέα ή κατάγεται από εκεί.

νοτιοκορεατικός, -ή, -ό, επίθ. (ασυνίζ.), που ανήκει ή αναφέρεται στη Νότια Κορέα ή κατάγεται από εκεί.

Νοτιοκορεάτισσα, βλ. *Νοτιοκορεάτης*.

νότιος, -α, -ο, επίθ. (ασυνίζ.), που βρίσκεται στο νότο, έχει κατεύθυνση προς τα εκεί ή προέρχεται από εκεί: *-ο ημισφαίριο· Ν-ος Πόλος· ~ άνεμος* (= νοτιάς). - Το αρσ. και το θηλ. ως ουσ. = αυτός ή αυτή που κατάγεται από τις νότιες χώρες (κυρίως της Ευρώπης) ή από τις νότιες επαρχίες μιας χώρας (αντ. *βόρειος*). - Επίρρ. **-α**.

νότισμα το, ουσ., το να νοτίζεται κάτι, εμποτισμός, ύγρανση: *~ αλατιού / χώματος / σπίρτων*.

νότος ο, ουσ. **1.** ένα από τα τέσσερα βασικά σημεία του ορίζοντα· το ακριβώς απέναντι από το βορρά (βλ. λ.)· αλλιώς, το σημείο στα δεξιά ενός προσώπου που κοιτάζει προς την ανατολή (συντομογραφία Ν): *το παράθυρο βλέπει προς το -ο· οι χώρες του -ου*. **2.** (λόγ.) άνεμος που πνέει από το σημείο αυτό (κοιν. *νοτιάς, όστρια*).

νουάρ, επίθ. άκλ., στην έκφρ. *φιλμ ~* το = είδος κινηματογραφικών ταινιών, συνήθως ασπρόμαυρων και αμερικανικής προέλευσης, με ατμόσφαιρα υποβλητική και μυστηριώδη. [γαλλ. *noir*].

νουβέλα η, ουσ. (λογοτ.) πεζό νεότερο λογοτεχνικό είδος που τοποθετείται μεταξύ διηγήματος και μυθιστορήματος ως προς την έκταση, διηγείται πραγματικά ή φανταστικά γεγονότα και περιγράφει χαρακτήρες και ήθη. [γαλλ. *nouvelle*].

νουθεσία η, ουσ., συμβουλή, σύσταση που γίνεται σε κάποιον που έχει παρεκτραπεί ή που μπορεί να προβεί σε άτοπες ενέργειες (συνών. *παραίνεση*).

νουθέτημα το, ουσ., νουθέτηση, παραίνεση.

νουθέτηση η, ουσ., το να παρέχει κανείς συμβουλές σε κάποιον που έχει παρεκτραπεί.

νουθετώ, -είς, ρ., παρέχω συμβουλές, κάνω συστάσεις σε κάποιον που έχει παρεκτραπεί ή που μπορεί να διαπράξει κάτι άτοπο (συνών. *παραινώ*).

νουκλεϊκός, -ή, -ό και **νουκλεϊνικός,** επίθ. (βιοχημ.) *-ά οξέα* = σπουδαία συστατικά του ζωντανού κυττάρου που βρίσκονται κυρίως στον πυρήνα του, αποτελούνται από την ένωση πολλών νουκλεοτιδίων και χαρακτηρίζουν το μηχανισμό αναπαραγωγής των ζωντανών οργανισμών συμμετέχοντας ενεργά στο σχηματισμό νέων πρωτεϊνών που βρίσκονται στη βάση του φαινομένου της ζωής και της κληρονομικότητας. [γαλλ. *nucléique*].

νουκλεόνιο το, ουσ. (ασυνίζ.), (πυρηνική φυσ.-χημ.) κοινή ονομασία για τα πρωτόνια και νετρόνια του πυρήνα του ατόμου. [γαλλ. *nucléon*].

νουκλεοτίδιο το, ουσ. (ασυνίζ.), (βιοχημ.) χημική ένωση —συστατικό του ζωντανού κυττάρου— που αποτελείται από μια πεντόζη, μια οργανική βάση και φωσφορικό οξύ. [γαλλ. *nucléotide*].

νούλα η, ουσ. (λαϊκ.). **1.** ο αριθμός μηδέν, το μηδενικό. **2.** (μεταφ.) άνθρωπος χωρίς καμιά αξία, τιποτένιος: *αυτός είναι μια ~.* [ιταλ. *nulla*].

νούμερο το, ουσ. **1.** (βραχυγρ. *No* μπροστά από κάποιον αριθμό) αριθμός (βλ. λ. σημασ. 1, 4 και 5)· φρ. *είναι το ~ 1* (= είναι ο καλύτερος, σπουδαιότερος ή πιο δημοφιλής από οποιονδήποτε άλλο του είδους του). **2.** αυτοτελής σκηνή, μικρό θέαμα που αποτελεί μέρος του προγράμματος μιας επιθεώρησης, ενός θεάτρου ποικιλιών, κέντρου διασκέδασης ή τσίρκου: *~ ξεκαρδιστικό.* **3α.** (συνεκδοχικά) ψευτο-παράσταση που δίνει ένα άτομο για να ελκύσει την προσοχή και να το ενδιαφέρον των άλλων: *έκανε πάλι το ~ του μέσα στην τάξη.* **β.** δυστροπία: *τους έκανε πολλά -α πριν απ' το γάμο!* **4.** (μεταφ.) άτομο που δε χαρακτηρίζεται από σοβαρότητα, γελοίο: φρ. *έγινε ~* (= γελοιοποιήθηκε). **5.** (στρατ. βίος) βάρδια: *είμαι το πρώτο ~ σκοπός / θαλαμοφύλακας* (δηλ. το πρώτο δίωρο). [ιταλ. *numero*].

νουμηνία η, ουσ. (αστρον.) η αρχή της νέας σελήνης.

νουνά, βλ. *νονός*.

νουνεχής, -ής, -ές, γεν. *-ούς,* πληθ. αρσ. και θηλ. *-είς,* ουδ. *-ή,* επίθ. (λόγ.), συνετός, γνωστικός (αντ. *ασύνετος, άμυαλος*).

νουνός, βλ. *νονός*.

νούντσιος ο, ουσ. (ασυνίζ.), διπλωματικός αντιπρόσωπος του πάπα σε ξένο κράτος. [ιταλ. *nunzio*].

νους ο, ουσ. **1.** η διανοητική και αντιληπτική ικανότητα του ανθρώπου σε αντιδιαστολή με το συναίσθημα και τη βούληση: *~ εύστροφος / διαυγής· ετοιμότητα / εγρήγορση του νου·* (συνών. *νόηση, διάνοια, μυαλό*). **2.** κρίση, κριτική ικανότητα: *~ άγουρος / διεισδυτικός.* **3α.** ευφυΐα, εξυπνάδα: *~ οξύς / καλλιεργημένος· δεν έχει νου αυτό το παιδί!* **β.** οξυδέρκεια. **4α.** το λογικό, η ικανότητα να σκέφτεται κανείς σωστά: *~ υγιής / θετικός·* **β.** φρόνηση, σύνεση: *~ ισορροπημένος* (αντ. *αφροσύνη, αμυαλιά*). **5.** η ενέργεια του νου, η σκέψη, ο λογισμός: *~ πρακτικός / σατανικός· που τρέχει ο ~ σου; ο ~ του πάντα πάει στο κακό.* **6.** (συνεκδοχικά) προσοχή: *πού έχεις το νου σου;* (επιφωνηματικά): *το νου σου!* (= πρόσεχε!) **7.** (φιλοσ.) ο λογισμός, το λογικό ως αρχή που δρα μέσα στο σύμπαν: *θείος / σοφός ~.* **8.** (συνεκδοχικά για πρόσωπο) άτομο με εξαιρετική διανόηση: *~ έξοχος / φωτισμένος / δαιμόνιος.* Εκφρ. *κοινός ~,* βλ. *κοινός*· *κοντά στο νου κι η γνώση,* βλ. *γνώση*· *ο ~ του στο ψητό / κεχρί* (για άνθρωπο που έχει έμμονη ιδέα, επιθυμία να αποκτήσει κάποιο πράγ-

μα). Φρ. *βάζει ο ~ κάποιου κάτι* (= φαντάζεται, αναλογίζεται): *έκανε τέτοιο πράγμα που δεν το βάζει ο ~ του ανθρώπου! βάζω με το νου μου* (= α. σκέφτομαι, αναλογίζομαι: *δεν το 'βαλα με το νου μου τέτοιο πράγμα!* β. υποθέτω, υποψιάζομαι): *Τι ξέρεις... για τα σχέδια...;* — *Βάζω με το νου μου πως έχουνε υλικό για πούλημα* (Μπαστιάς)· *βγάζω κάτι από το νου μου* (= α. παύω να σκέφτομαι κάτι, ξεχνώ κάτι που έγινε ή απομακρύνω από τη σκέψη μου την ιδέα ενός πράγματος): *δεν μπορώ να βγάλω απ' το νου μου τα τελευταία επεισόδια...*· (β. φαντάζομαι κάτι, το επινοώ): *απ' το νου σου έβγαλες το νέο ότι ο Γιώργος αλλάζει δουλειά· βγαίνει ή φεύγει κάτι από το νου μου* (= το ξεχνώ· συνήθως με άρνηση): *δε βγαίνουν / φεύγουν απ' το νου μου όσα μου είπες· είναι ο ~ μου σε...* (= σκέφτομαι κάτι συνέχεια, θέλω να ασχολούμαι μ' αυτό συνεχώς): *ο ~ του είναι διαρκώς στο παιχνίδι / φαγητό· έρχεται κάτι στο νου μου* (= α. σκέφτομαι κάτι): *μου ήρθε στο νου μια νέα ιδέα...*· (β. θυμούμαι κάτι): *τώρα ήρθε στο νου μου ότι έπρεπε να περάσω από το ταχυδρομείο· έχω κάποιον ή κάτι στο νου μου* (= α. σκέφτομαι, θυμούμαι): *όπου κι αν πάει, έχει τα παιδιά στο νου της· έχε στο νου σου ότι πρέπει να τους τηλεφωνήσεις·* (β. σκοπεύω, σχεδιάζω): *δεν έχω στο νου μου κανένα ταξίδι για τις γιορτές·* (γ. έχω υπόψη μου, γνωρίζω): *έχεις στο νου σου κανένα καινούργιο βιβλίο; έχω κατά νου* (= σκοπεύω, έχω την πρόθεση): *δεν το 'χε κατά νου να παντρευτεί· έχω το νου μου* (= προσέχω): *έχε το νου σου στο παιδί ώσπου να γυρίσω· έχω το νου αλλού* (= σκέφτομαι άλλα πράγματα, είμαι αφηρημένος): *η ομιλία ήταν ενδιαφέρουσα, όμως αυτός είχε το νου του αλλού· κατεβάζει κάτι ~ μου* (= σκέφτομαι, επινοώ κάτι): *ο ~ του κατεβάζει ιδέες για όλα! κρατώ κάτι στο νου μου* (= θυμούμαι κάτι)· *κρατώ κάτι με το νου μου* (= μαθαίνω κάτι απέξω, το απομνημονεύω)· *λέω με το νου μου* (= σκέφτομαι να..., λογαριάζω κάτι από κάποιου νου): *λέω στο νου μου* (= αναλογίζομαι): *«θα βρέξει πολύ» έλεγε στο νου της βλέποντας τα πυκνά σύννεφα· παίρνω το νου κάποιου* (= ξελογιάζω, ξεμυαλίζω): *μας πήρε το νου το νησί με τις ομορφιές του·* (ερωτικά): *μου πήρε το νου με τα νάζια της· περνά κάτι από το νου μου* (= α. σκέφτομαι· φαντάζομαι: *δεν πέρασε καν απ' το νου μου ότι θα έρθεις με τέτοιον καιρό·* β. θυμούμαι κάτι: *τα λόγια του πατέρα τους περνούσαν απ' το νου τους κάθε φορά που μάλωναν...*)· *φέρνει ο ~ μου κάτι ή φέρνω κάτι στο νου μου* (= θυμούμαι, αναλογίζομαι): *δεν μπορώ να φέρω στο νου μου το νούμερο του τηλεφώνου τους· δεν το χωράει ο ~ μου* (= δεν μπορώ να πιστέψω ή να αποδεχτώ κάτι ως πραγματικό): *μας έκανε τέτοια ζημιά που ακόμη δεν το χωράει ο ~ μου.*

νούφαρο το, ουσ. (βοτ.) υδρόβια πολυετής πόα με μεγάλα φύλλα και μακρούς μίσχους που επιπλέουν στην επιφάνεια του νερού και με λευκά, κίτρινα ή ροζ άνθη. [αραβ. *nufar*].

νοώ, -είς, ρ. (λόγ.), στη φρ. *δε -είται άνθρωπος (μαθητής, κλπ.) που να μην...* (= δεν μπορούμε να συλλάβουμε την έννοια του ανθρώπου, του μαθητή, κλπ., χωρίς αυτό το στοιχείο). *δε -είται μαθητής που να μην ξέρει να διαβάζει·* (γραμμ.-συντακτ.) *σχήμα κατά το νοούμενον* = σχήμα κατά το οποίο η γραμματική συμφωνία ενός όρου μιας πρότασης προς έναν άλλο προηγούμενο σχετικό

όρο της ίδιας πρότασης ή περιόδου γίνεται με βάση όχι το γραμματικό τύπο του προηγούμενου όρου, αλλά το νόημά του, π.χ. *ο κόσμος το 'χουν τούμπανο κι εμείς κρυφό καμάρι· τα κορίτσια τραγουδούσαν πιασμένες απ' το χέρι.* - Βλ. και *νοούμενο.*
ντα, παιδική λ. που δηλώνει το ξύλο, το δαρμό: *θα σε κάνω ~* (συνών. *νταντά*).
νταβάνι, βλ. *ταβάνι.*
νταβανόσκουπα, βλ. *ταβανόσκουπα.*
νταβαντούρι, βλ. *ταβατούρι.*
νταβάς, Ι, βλ. *ταβάς.*
νταβάς ο, II. ουσ. (λαϊκ.). 1. νταβατζής (βλ. λ.). 2. μπελάς. 3. ενοχή. [τουρκ. *dâva*].
νταβατζής ο, ουσ. (λαϊκ.), εραστής και προαγωγός ιεροδούλων. [τουρκ. *dâvacı*].
νταβατούρι, ταβατούρι και (όχι έρρ.) **νταβαντούρι** το, ουσ. (λαϊκ.), θόρυβος, φασαρία: *έγινε / έχομε μεγάλο ~* (συνών. *σαματάς*). [τουρκ. *tevatür*].
νταβούλι, βλ. *νταούλι.*
νταβραντισμένος (όχι έρρ., λαϊκ. μτχ.), γεμάτος ζωτικότητα, σφριγηλός. [τουρκ. *davrandum*, αόρ. του *davranmak*].
νταγιαντίζω και **νταγιαντώ,** ρ. (έρρ., λαϊκ.), ανέχομαι, υπομένω, υποφέρω, κάνω υπομονή. [τουρκ. *dayandım*, αόρ. του *dayanmak*].
νταγλαράς ο, ουσ. (λαϊκ.), υπερβολικά ψηλός και άχαρος άνθρωπος: *ένας ~ ίσαμε κει πάνω!* (συνών. *κρεμανταλάς, μαντράχαλος*). [τουρκ. *dağlı + -arás*].
νταηλίκι το, ουσ. (λαϊκ.), επίδειξη ανύπαρκτης γενναιότητας, παλληκαρισμός, ψευτοπαλληκαριά: *το ~ κι οι γυναίκες τον φάγανε* (Ι.Μ. Παναγιωτόπουλος)· «*πουλάει» ~ · νόμιζε ότι θα περνούσαν τα -ια του σ' εμάς.* [τουρκ. *dayılık*].
νταής ο, πληθ. *-ήδες,* ουσ. (λαϊκ.), αυτός που επιδεικνύει τον εαυτό του ως παλληκαρά, ψευτοπαλληκαράς: *κάνω το -ή.* [τουρκ. *dayı*].
νταϊφάς, βλ. *ταϊφάς.*
ντάκος, βλ. *τάκος.*
ντάλα, επίρρ., μόνο στην έκφρ. *~ μεσημέρι =* ακριβώς το μεσημέρι, στο καταμεσήμερο· (συνεκδοχικά) *~ καλοκαίρι.* [αβέβαιη προέλευση].
νταλαβέρι, βλ. *νταραβέρι.*
νταλαβερίζομαι, βλ. *νταραβερίζομαι.*
νταλγκάς και **νταλκάς** ο, ουσ. (λαϊκ.). α. μεγάλη επιθυμία, πόθος ιδίως ερωτικός: *~ μεγάλος / βαρύς·* β. έγνοια. [τουρκ. *dalga*].
ντάλια η, ουσ. (συνίζ.), (βοτ.) α. διακοσμητικό φυτό που έχει φύλλα αντίθετα, ρίζες κονδυλώδεις και ποικιλόχρωμα άνθη με πολλές σειρές από πέταλα· β. το άνθος του φυτού. [γαλλ. *dahlia*<όνομα του Σουηδού βοτανολόγου *Dahl*].
νταλίκα η, ουσ., μεγάλο φορτηγό αυτοκίνητο με σκεπαστή καρότσα. [τουρκ. *talika* με σλαβ. προέλευση].
νταλικιέρης ο, ουσ. (συνίζ.), οδηγός νταλίκας (βλ. λ.).
νταλκάς, βλ. *νταλγκάς.*
ντάμα η, ουσ. 1. (για γυναίκα που συνοδεύεται από άνδρα σε κάποια κοινωνική εκδήλωση): *στον περίπατο κρατούσε την ~ του από το μπράτσο.* 2. (για γυναίκα που χορεύει με κάποιον άνδρα): *στο τέλος του χορού οι καβαλιέροι υποκλίθηκαν μπροστά στις -ες τους.* 3. γυναικεία φιγούρα στην τράπουλας: *~ κούπα.* 4. είδος επιτραπέζιου παιγνιδιού. [ιταλ. *dama*].

νταμάρι το, ουσ. (λαϊκ.). 1. λατομείο: *δουλεύει στα -ια.* 2. (μεταφ.) γενιά: *ο τάδε είναι (από) ξένο ~* (για το ηθικό ποιόν κάποιου) *είναι από καλό ~.* [τουρκ. *damar*].
νταμαρτζής ο, ουσ. (λαϊκ.), εργάτης λατομείου.
νταμετζάνα, νταμιτζάνα, δαμετζάνα, δαμι-, ταμε- και **ταμι-** η, ουσ., μεγάλο γυάλινο δοχείο υγρών, μπουκάλα φαρδιά στη μέση ντυμένη με καλάθινο πλέγμα. [βενετ. *damegiana*].
νταμλάς, νταμπλάς και **ταμπλάς** ο, ουσ. (έρρ., λαϊκ.). 1α. συμφόρηση, αποπληξία· συνήθως στις φρ. *του 'ρθε / τον χτύπησε ~ ·* β. θάνατος από συγκοπή. 2. (μεταφ.) το να μείνει κανείς άφωνος και ακίνητος από κατάπληξη: *~ του 'ρθε όταν άκουσε τα νέα.* [τουρκ. *damla*].
ντάμπινγκ το, ουσ. άκλ. (έρρ. δις), (οικον.) πολιτική που συνίσταται στην πώληση ενός προϊόντος (συνήθως που πλεονάζει) στις αγορές του εξωτερικού σε τιμές κατώτερες από εκείνες της εσωτερικής αγοράς, στο κόστος ή ακόμη και με ζημία (συνών. *υποτίμηση*). [αγγλ. *dumping*].
νταμπλάς, βλ. *νταμλάς.*
ντάνα η, ουσ., στήλη, στοίβα εμπορευμάτων που είναι τοποθετημένα το ένα πάνω στο άλλο: *~ υφασμάτων / κιβωτίων.* [ιταλ. *andana*].
ντάνσινγκ το, ουσ. άκλ., κοσμικό χορευτικό κέντρο. [αγγλ. *dancing*].
νταντά η, ουσ. (όχι έρρ., λαϊκ.), γυναίκα που έχει ως επάγγελμα την περιποίηση και την ανατροφή μικρών παιδιών (συνών. *παραμάνα, γκουβερνάντα*). [τουρκ. *dada*].
νταντά (όχι έρρ.), ντα (βλ. λ.).
νταντά το, ουσ. (όχι έρρ.), νταντα ϊσμός (βλ. λ.).
ντανταϊσμός ο, ουσ. (όχι έρρ.), καλλιτεχνικό και φιλολογικό κίνημα που εμφανίστηκε το 1916 και είχε ως σκοπό να σαρκάσει και να αμφισβητήσει τους παραδοσιακούς εκφραστικούς τρόπους της κοινωνίας. [γαλλ. *dadaïsme*].
νταντέλα, βλ. *δαντέλα.*
νταντελένιος, βλ. *δαντελένιος.*
νταντελένιος, -α, -ο, βλ. *δαντελένιος.*
νταντελωτός, -ή, -ό, βλ. *δαντελωτός.*
ντάντεμα το, ουσ. (όχι έρρ., λαϊκ.). α. περιποίηση μικρού παιδιού· β. (συνεκδοχικά) υπερβολική φροντίδα που δείχνει κανείς σε κάποιο άτομο.
ντάντεύω, ρ. (όχι έρρ. λαϊκ.). α. περιποιούμαι μικρό παιδί· β. (συνεκδοχικά) δείχνω υπερβολική φροντίδα σε κάποιον.
νταούλι και **νταβούλι** το, ουσ. 1. τύμπανο (βλ. λ.) ως βασικό στοιχείο της δημοτικής μουσικής: *παίζανε ζουρνάδες και -ια· βαρώ το ~.* 2. (μεταφ.) για μέλος ή μέρος του σώματος που έχει πρηστεί πολύ): *το χέρι του έγινε ~· κοιλιά ~ απ' το πιοτό.* - Υποκορ. *-άκι* το (στη σημασ. 1). [τουρκ. *davul*].
νταουλιέρης ο, ουσ. (συνίζ.), αυτός που παίζει νταούλι.
νταουλτζής ο, ουσ., νταουλιέρης (βλ. λ.).
ντάπια, βλ. *τάμπια.*
ντάρα και **τάρα** η, ουσ., απόβαρο (βλ. λ.). [ιταλ. *tara*<αραβ. *tarh*].
νταραβέρι και **νταλαβέρι** το, ουσ. (λαϊκ.). 1. εμπορική συναλλαγή: *έχω καλό ~ μαζί του.* 2. (μεταφ.) συνήθως στον πληθ.) α. αμοιβαίες σχέσεις: *τι -ια έχει μαζί τους;* β. ερωτικές σχέσεις: *έχω -ια με κάποιον.* 3. φασαρία, φιλονικία συμπλοκή: *μυρίζομαι μεγάλο ~ · οι Φράγκοι... ταμπουρωμένοι... μ' ακαρτεράνε* (Μπαστιάς). [ιταλ. *dare-avere*].

νταραβερίζομαι και **νταλαβερίζομαι**, ρ. (λαϊκ.). 1. έχω δοσοληψίες, εμπορικές συναλλαγές με κάποιον. 2. συνδέομαι ερωτικά με κάποιον.

νταρντάνα η, ουσ. (όχι έρρ., λαϊκ.), (συνήθως σκωπτ.) γυναίκα μεγαλόσωμη και άχαρη. [ιταλ. *tartana* = είδος μεταφορικού πλοίου].

ντε, μόρ. 1. (επιτ. με προηγούμενη προστ. για να δηλωθεί επίμονη αξίωση ή απαίτηση και πολλές φορές μαζί και δυσφορία, γιατί κάτι που ζητά κανείς δεν εκτελείται αμέσως ή γίνεται κάτι που δεν του είναι ευχάριστο): *πήγαινε να φέρεις λίγο νερό. Πήγαινε ~· μίλα ~·* έκφρ. *άντε ~* (= εμπρός λοιπόν): *άντε ~, κάνε κι εσύ καμιά δουλειά.* 2. (με προηγούμενη οριστ. για να εκφραστεί δυσφορία για την επιμονή του άλλου σε κάτι και συγχρόνως να δηλωθεί ότι έγινε ή θα γίνει οπωσδήποτε αυτό που εκείνος λέει ή απαιτεί): *άκουσες τι σου είπα; — Άκουσα ~· να πας στο γιατρό. — Θά πάω ~·* έκφρ. *καλά ~*. 3. (προτρεπτ. σε υποζύγια για να προχωρήσουν): *~, βρε γαϊδαράκο!* Έκφρ. *έτσι ~* (για να δηλωθεί ευχαρίστηση **α.** επειδή γίνεται κάτι πολύ επιθυμητό: *σας φέρνω ευχάριστα νέα. — Έτσι ~, να χαρούμε λίγο·* **β.** επειδή κάποιος παθαίνει κάτι δυσάρεστο από δική του απείθεια και κακογνωμιά: *χάλασα τελικά τη συσκευή αντί να τη διορθώσω. — Έτσι ~, για να μάθεις να μην κάνεις τον έξυπνο)· ~ και καλά* (= με το ζόρι): *~ και καλά να μου κάνει το τραπέζι.* Φρ. *έλα ~* (**α.** επιτ. με επόμενη προστ.: *έλα ~, κάθισε φρόνιμα·* **β.** με επόμενη ερωτ. πρότ. για να δηλωθεί ότι συμμερίζεται κανείς την απορία ή το θαυμασμό του άλλου για κάτι: *πώς έφτασε αυτός ο άνθρωπος τόσο ψηλά. —Έλα ~, πώς έφτασε;).* [τουρκ. *de*].

ντε γιούρε (συνιζ.), επιρρημ. έκφρ., νόμιμα, για λόγους δικαίου (σε αντιδιαστολή με το *ντε φάκτο): η κυβέρνηση αναγνωρίστηκε ~.* [λατιν. *de jure*]

ντεκοβίλ το, ουσ. άκλ., σιδηροδρομική γραμμή μικρού διαμετρήματος για μικρές φορτηγάμαξες. [ιταλ. *decauville*<όνομα Γάλλου μηχανικού].

ντεκολτέ το, ουσ. άκλ., άνοιγμα ρούχου για να περνάει το κεφάλι, που αφήνει ακάλυπτο το λαιμό και ένα μέρος του στήθους ή της πλάτης: *~ μυτερό / τετράγωνο / τολμηρό.* [γαλλ. *décolleté*].

ντεκόρ το, ουσ. άκλ. 1. το σύνολο των στοιχείων που χρησιμοποιούνται στη διακόσμηση ενός χώρου, καθώς και ο τρόπος με τον οποίο αυτό γίνεται: *~ σπιτιού / γραφείου.* 2. εικονική αναπαράσταση ενός τόπου που χρησιμοποιείται σε θεατρικές, κινηματογραφικές ή τηλεοπτικές παραστάσεις ως ο χώρος όπου διαδραματίζονται τα γεγονότα της υπόθεσης: *~ από χαρτόνι· αλλάζω ~*. 3. (μεταφ.) απλό εξωτερικό στοιχείο χωρίς λειτουργικό ρόλο: *ήταν όλα ~ για να τον ξεγελάσουν.* [γαλλ. *décor*].

ντελάλης και **τελάλης** ο, ουσ. (παλαιότερα) διαλαλητής (βλ. λ.) δημόσιος ή ιδιωτικός· σήμερα συνήθως στην ειρων. φρ. *δε θα βγάλουμε και -η για...* (= δε θα γνωστοποιήσουμε σε όλους ότι...). [τουρκ. *dellâl* και *tellâl*].

ντελαπάρισμα και **ντεραπάρισμα** το, ουσ. (για όχημα) το να ντελαπάρει, το να γλιστρήσει στο δρόμο: *από τη βροχή σημειώθηκαν πολλά -ατα.*

ντελαπάρω και **ντεραπάρω**, ρ. αόρ. -ισα, (για όχημα) γλιστρώ: *το αυτοκίνητο -ισε από λάδια που είχαν χυθεί στο δρόμο.* [γαλλ. *déraper*].

ντελβές και **τελβές** ο, ουσ. (λαϊκ.), το κατακάθι του καφέ. [τουρκ. *telve*].

ντελής ο, ουσ. (λαϊκ.), άνθρωπος παράφρονας, τρελός. [τουρκ. *deli*].

ντελικάτος, -η, -ο, επίθ. 1. (για πρόσωπα) που έχει από τη φύση του λεπτή κατασκευή: *κοπέλα -η* (συνών. *λεπτομακωμένος*). 2. ευαίσθητος, ευπαθής, ευπρόσβλητος: *υγεία -η.* 3. ευγενικός, αβρός: *τρόποι -οι.* [γαλλ. *délicat* ή ιταλ. *delicato*].

ντελίριο το, ουσ. (ασυνίζ.). 1. οξύ παθολογικό παραλήρημα (βλ. λ.). 2. επικίνδυνη μανία, παραφροσύνη, παραφορά. 3. έξαλλη χαρά: *~ ενθουσιασμού.* [ιταλ. *delirio*].

ντελμπεντέρης, -ισσα, -ικο, βλ. *ντερμπεντέρης*.

ντεμακιγιάζ το, ουσ. άκλ. (συνιζ.), αφαίρεση του μακιγιάζ. [γαλλ. *démaquillage*].

ντεμιρτζής και **δεμιρτζής** ο, ουσ. (παλαιότερα) σιδεράς, σιδηρουργός. [τουρκ. *demirci*].

ντεμί-σεζόν, σε θέση επιθ. άκλ., που χρησιμοποιείται την άνοιξη ή το φθινόπωρο: *ύφασμα / ρούχο ~* (= ούτε πολύ ελαφρύ, ούτε πολύ ζεστό). [γαλλ. *demi-saison*].

ντεμοντέ, επίθ. άκλ. (όχι έρρ.), που δεν είναι σύμφωνος με τη μόδα: *σακάκι / ντύσιμο ~· θεωρίες ~* (= απαρχαιωμένες, ξεπερασμένες) (αντ. *μοντέρνος*). [γαλλ. *démodé*].

ντεμπουτάρω, ρ. αόρ. *-ισα,* (όχι έρρ.). 1. αρχίζω μια δραστηριότητα ή ένα επάγγελμα, ξεκινώ σταδιοδρομία. 2. (για ηθοποιό) εμφανίζομαι για πρώτη φορά στη σκηνή. [ιταλ. *debuttare*].

ντεμπούτο το, ουσ. (όχι έρρ.), πρώτη δημόσια εμφάνιση ενός καλλιτέχνη, ιδίως ηθοποιού. [ιταλ. *debutto*].

ντενεκεδένιος, βλ. *τενεκεδένιος.*

ντενεκές, βλ. *τενεκές.*

ντεπόζιτο και **τεπόζιτο** το, ουσ. 1. μεταλλική δεξαμενή για την αποθήκευση νερού. 2. δοχείο βενζίνης του αυτοκινήτου, ρεζερβουάρ. [ιταλ. *deposito*].

ντεραπάρισμα, βλ. *ντελαπάρισμα.*

ντεραπάρω, βλ. *ντελαπάρω.*

ντερβέναγας, βλ. *δερβέναγας.*

ντερβένι, βλ. *δερβένι.*

ντερβίσης, βλ. *δερβίσης.*

ντερβίσικος, -η, -ο, βλ. *δερβίσικος.*

ντερέκι και **ντιρέκι** το, ουσ. (λαϊκ.), υπερβολικά ψηλός άνδρας. [τουρκ. *direk*].

ντερμπεντέρης, -ισσα, -ικο και **ντελμπεντέρης**, επίθ. (όχι έρρ, δις, λαϊκ.), λεβέντης, γενναιόψυχος. [τουρκ. *derbeder*].

ντέρμπι το, ουσ. άκλ. (όχι έρρ.), (αθλητ.) αγώνας μεταξύ ισοδύναμων ομάδων: *~ τοπικό / κορυφής.* [αγγλ. *derby*].

ντέρτι το, ουσ. (λαϊκ.), μεγάλη λύπη, καημός, μεράκι: *την παίδευαν δικά της -ια και καημοί· δεν έχω φίλους για να πω το ~ που με καίει* (λαϊκ. τραγ.). [τουρκ. *dert*].

ντερτιλής ο, ουσ. (λαϊκ.), αυτός που έχει ντέρτια, καημούς. [τουρκ. *dertli*].

ντεσιμπέλ το, ουσ. άκλ. (όχι έρρ.), μονάδα μέτρησης της έντασης των ήχων. [γαλλ. *décibel*].

ντετέκτιβ ο και η, ουσ. άκλ., ιδιωτικός αστυνομικός που αναλαμβάνει την έρευνα και ανακάλυψη των στοιχείων μιας υπόθεσης ή τον εντοπισμό ατόμων που εμπλέκονται σ' αυτήν. [αγγλ. *detective*].

ντετερμινισμός ο, ουσ., αιτιοκρατία (βλ. λ.). [γαλλ. *déterminisme*].
ντε φάκτο, επιρρημ. έκφρ., για κάτι που χωρίς να έχει νομική υπόσταση αναγνωρίζεται (σε αντιδιαστολή με το *ντε γιούρε*): *η κυβέρνηση αναγνωρίστηκε ~*. [λατ. *de facto*].
ντεφετισμός ο, ουσ., προτιμότερο το *ηττοπάθεια* (βλ. λ.). [γαλλ. *défaitisme*].
ντεφετιστής ο, ουσ., προτιμότερο το *ηττοπαθής* (βλ. λ.). [γαλλ. *défaitiste*].
ντέφι και **τέφι** το, ουσ., κρουστό μουσικό όργανο που αποτελείται από ένα ξύλινο κύλινδρο με διάμετρο πάντα μεγαλύτερη από το ύψος, σκεπασμένο συνήθως στη μία μόνο βάση με δέρμα, με κύμβαλα ή κουδουνάκια τοποθετημένα γύρω, που παίζεται με τα χέρια. [τουρκ. *tef*].
Ντηνιακός, βλ. *Τηνιακός*.
ντίβα η, ουσ. 1. διάσημη τραγουδίστρια: *~ της όπερας*. 2. ηθοποιός που αποθεώνεται από το κοινό της: *η μεγάλη ~ του βωβού κινηματογράφου*. [ιταλ. *diva*].
ντιβάνι το, ουσ., είδος αναπαυτικού στενού κρεβατιού χωρίς ράχη ή μπράτσα. [τουρκ. *divan*].
ντιζέζ η, ουσ. άκλ., τραγουδίστρια σε κέντρο διασκέδασης. [γαλλ. *diseuse*].
ντίζελ η, ουσ. άκλ. (μηχ.) κινητήρας εσωτερικής καύσης και υψηλής πίεσης που χρησιμοποιεί ως καύσιμο το βαρύ πετρέλαιο: *~ δίχρονη / τετράχρονη· ~ ηλετρική* = ηλεκτρική μηχανή σιδηροδρόμου, της οποίας η ισχύς παρέχεται από κινητήρα ντίζελ που κινεί ηλεκτρική γεννήτρια ώστε να τροφοδοτηθούν με ρεύμα οι ηλεκτρικοί κινητήρες και να τεθούν σε κίνηση οι τροχοί. [γερμ. *Diesel*<όνομα του εφευρέτη].
ντιζελοκίνητος, -η, -ο, επίθ., που κινείται με μηχανή ντίζελ: *αμαξοστοιχία -η· πλοίο -ο*.
ντιζέρ ο, ουσ. άκλ., τραγουδιστής σε κέντρο διασκέδασης. [γαλλ. *diseur*].
-ντίζω (όχι έρρ.), κατάλ. ρ. με τουρκ. προέλ.: *καβουρντίζω, καζαντίζω*. [αόρ. τουρκ. ρ. σε *-dim + -ίζω*].
ντιλετάντης ο, ουσ. (έρρ.), ερασιτέχνης (βλ. λ.). [γαλλ. *dilettante*].
ντιλεταντισμός ο, ουσ. (έρρ.), ερασιτεχνισμός (βλ. λ.).
ντιμινουέντο το, ουσ. άκλ. (έρρ.), (μουσ.) βαθμιαία ελάττωση της έντασης του ήχου (αντ. *κρε(τ)σέντο*). [ιταλ. *diminuendo*].
ντιπ, επίρρ. άκλ. (λαϊκ.). 1. τελείως, εντελώς: *~ ανόητος άνθρωπος· θα 'μουνα ~ μωρό*. 2. (σε αρνητ. προτ.) καθόλου: *~ μυαλό δεν έχεις!* [τουρκ. *dip*].
ντιράμ το, ουσ. άκλ., νομισματική μονάδα του Μαρόκου. [λ. αραβ.].
ντιρέκι, βλ. *ντερέκι*.
ντιρεκτίβα και **ντιρεχτίβα** η, ουσ. (πολιτ.) γενική οδηγία ενός κορυφαίου σώματος (κόμματος, κλπ.) για την εφαρμογή τακτικής προς ορισμένη κατεύθυνση. [ρωσ. *directiva*].
ντισκοτέκ η, ουσ. άκλ., κέντρο διασκέδασης κυρίως νεαρών ατόμων που χορεύουν με συνοδεία μουσικής από δίσκους. [γαλλ. *discothèque*].
ντο το, ουσ. άκλ. (μουσ.) ο πρώτος φθόγγος, η πρώτη νότα της μουσικής ευρωπαϊκής κλίμακας. [ιταλ. *do*].
ντοβλέτι, βλ. *δοβλέτι*.
ντοκ το, ουσ. άκλ., το τμήμα εμπορικού λιμανιού που βρίσκεται ανάμεσα στο βασικό κρηπίδωμα και τις προβλήτες, όπου γίνεται η φόρτωση, εκφόρτωση και επισκευή των πλοίων. [αγγλ. *dock*].
ντοκιμαντέρ το, ουσ. άκλ. (έρρ.), κινηματογραφική ταινία σύντομης ή μεσαίας διάρκειας που πληροφορεί το θεατή γύρω από ένα θέμα δείχνοντας τα ίδια τα γεγονότα που έχουν καταγραφεί με απόλυτη ακρίβεια. [γαλλ. *documentaire*].
ντοκουμέντο το, ουσ. (έρρ.), κάθε αποδεικτικό στοιχείο, ιδίως γραπτό ή έντυπο: *-α ιστορικά / φωτογραφικά· μια ανάλυση — ~ που καταγράφει τα σύγχρονα ρεύματα τέχνης*. [ιταλ. *documento*].
ντολμάς ο, ουσ. 1. (στον πληθ.) είδος φαγητού παρασκευασμένου με μίγμα από κιμά και ρύζι που το τυλίγουν κατά μικρές ποσότητες με αμπελόφυλλα ή λαχανόφυλλα: *-άδες γιαλαντζί* (συνών. *σαρμάς*). 2. γλυκό του κουταλιού από κολοκύθι. - Υποκορ. *-αδάκι* το στη σημασ. 1. [τουρκ. *dolma*].
ντόλτσο το, ουσ. (συνήθως στον πληθ.) είδος γλυκού πορτοκαλιού. [ιταλ. επιθ. *dolce*].
ντομάτα και **τομάτα** η, ουσ. 1. λαχανικό κόκκινο, σχεδόν σφαιρικό, με λεία επιφάνεια που τρώγεται ωμό ή μαγειρεμένο ή χρησιμοποιείται για την παρασκευή σάλτσας: *-ες γεμιστές· ~ άγουρη / πράσινη*. 2. (συνεκδοχικά) το φυτό ντοματιά. - Υποκορ. *-άκι* το και *-ούλα* η: *-άκι γλυκό· -άκια κονσέρβα*. [ιταλ. *tomata*, ισπαν. προέλευσης].
ντοματιά και **τοματιά** η, ουσ. (συνιζ.), κηπευτικό ποώδες φυτό, ετήσιο, που καλλιεργείται για τους καρπούς του.
ντοματοπελτές ο, ουσ., διατηρημένος πολτός ντομάτας (συνών. *πελτές* στη σημασ. 1).
ντοματοσαλάτα η, ουσ., σαλάτα φτιαγμένη με ωμές ντομάτες.
ντοματόσουπα η, ουσ., σούπα με ντομάτα.
ντοματούλα, βλ. *ντομάτα*.
ντόμινο το, Ι. ουσ. άκλ. α. είδος αποκριάτικης φορεσιάς που αποτελείται από ένα ριχτό φόρεμα και κουκούλα· β. (συνεκδοχικά) άτομο μεταμφιεσμένο με την παραπάνω στολή. [ιταλ. *domino* =άμφιο].
ντόμινο το, ΙΙ. ουσ. άκλ., είδος επιτραπέζιου παιγνιδιού που παίζεται με μικρά ορθογώνια κομμάτια από ξύλο ή πλαστικό που έχουν τη μία πλευρά τους χωρισμένη σε δύο μέρη, το καθένα από τα οποία φέρει από καμία έως και έξι κουκκίδες. [ιταλ. *domino* = «κύριος»].
ντόμπρος, -α, -ο και **τόμπρος**, επίθ. (όχι έρρ., λαϊκ.), ευθύς, ειλικρινής: *άνθρωπος ήμερος και ~* - Επίρρ. *-α*. [σλαβ. *dobr*].
ντομπροσύνη η, ουσ. (όχι έρρ., λαϊκ.), το να είναι κανείς ευθύς χαρακτήρας, το είναι ντόμπρος, ειλικρινής.
ντοπαρίζομαι, βλ. *ντοπάρω*.
ντοπάρισμα το, ουσ., το να ντοπάρεται (βλ. λ.) ένας αθλητής πριν από τους αγώνες ή ένα άλογο πριν από τις ιπποδρομίες.
ντοπάρω, μέσ. *-ομαι* και *-ίζομαι*, ρ., παρέχω διεγερτικό φάρμακο σ' έναν αθλητή πριν από τους αγώνες ή σ' ένα άλογο πριν από τις ιπποδρομίες για να εμφανίσει όσο το δυνατό καλύτερη απόδοση: *-ισμένος αθλητής*. [γαλλ. *doper*].
ντοπιολαλιά η, ουσ. (συνιζ. δις), τοπικό γλωσσικό ιδίωμα, διάλεκτος. [επίθ. *ντόπιος* + *λαλιά*].
ντόπιος, βλ. *εντόπιος*.
ντορβάς, ντουρβάς, τορβάς και **τουρβάς** ο, ουσ. (λαϊκ.), ταγάρι (βλ. λ.). Φρ. *βάζω το κεφάλι μου στον -ά* (= διακυβεύω, παίζω τη ζωή μου): *Δε γινό-*

τανε να παίζει όταν είχε βάλει το κεφάλι του στο -ά (Μπαστιάς). [τουρκ. *torba*].

ντορής ο, ουσ. (λαϊκ.), κόκκινο άλογο. [τουρκ. *doru*].

ντόρος ο, ουσ. (λαϊκ.). **1.** μεγάλη αναστάτωση, ταραχή, πολύς θόρυβος: *με το άκουσμα των αποτελεσμάτων έγινε φοβερός ~·* έκφρ. *πολύς ~ για το τίποτα*. **2.** μεγάλη ή σκανδαλώδης εντύπωση που δημιουργείται από κάποιο πράγμα όταν αυτό βλέπει το φως της δημοσιότητας ή απλώς κοινοποιείται με αποτέλεσμα να συζητείται έντονα και για μεγάλο χρονικό διάστημα: *το διαζύγιο τους / η ταινία έκανε μεγάλο -ο*. [άγνωστη ετυμ.].

ντορός ο, ουσ. (λαϊκ.). **1.** τα ίχνη των ζώων, των θηραμάτων, που τα ανακαλύπτουν τα κυνηγετικά σκυλιά από την οσμή. **2.** (συνεκδοχικά) τα ίχνη των ποδιών ανθρώπων, πατημασιές· φρ. *πάω με το -ό* (= χάνω την κατεύθυνση ή τις συνήθειές μου). [αλβαν. *torùa-tordi*].

ντόρτια τα, ουσ. (συνιζ., λαϊκ.), (στο τάβλι) τα δύο τεσσάρια μαζί. [τουρκ. *dört*].

ντοσιέ το, ουσ. άκλ. (συνιζ.), κάλυμμα από χαρτόνι ή πλαστικό που διπλώνει και μέσα στο οποίο φυλάγονται και μεταφέρονται έγγραφα. [γαλλ. *dossier*].

ντοτόρος ο, ουσ. (παλαιότερο) γιατρός. [ιταλ. *dottore*].

ντουβάρι το, ουσ. (λαϊκ.). **1.** τοίχος: *-α χοντρά σαν κάστρο*. **2.** (μεταφ. για άτομο ανεπίδεκτο μάθησης) *μαθητής σωστό ~!* [τουρκ. *duvar*].

ντούγα, βλ. *δόγα*.

ντουέτο το, ουσ. άκλ., (μουσ.) **α.** τραγούδι που εκτελείται από δύο φωνές ή όργανα, η διωδία· **β.** (συνεκδοχικά) δύο άτομα που τραγουδούν μαζί. [ιταλ. *duetto*].

ντουζ, βλ. *ντους*.

ντουζιέρα, βλ. *ντουσιέρα*.

ντούζικο το, ουσ., ποικιλία ούζου. [τουρκ. *düz + -ικο*].

ντουζίνα η, ουσ., δωδεκάδα. [ιταλ. *dozzina*].

ντουί το, ουσ. άκλ. (τεχν.) κυλινδρική πλαστική υποδοχή στην άκρη ηλεκτρικού καλωδίου στην οποία τοποθετείται ο λαμπτήρας. [γαλλ. *douille*].

ντούκο το, ουσ. (τεχν.). **1.** σμαλτόχρωμα από κυτταρίνη: *κάγκελα βαμμένα με ~*. **2.** βαφή με το παραπάνω σμαλτόχρωμα. [όν. *Ducco*].

ντούκου, επίρρ. (λαϊκ.), με άμεση πληρωμή, με μετρητά: *θα δώσει ~ τα λεφτά για το αυτοκίνητο*. Φρ. *περνώ κάτι ~* (= δεν του δίνω ιδιαίτερη σημασία, δεν το πολυπροσέχω). [λ. τουρκ.].

ντουλάπα η, ουσ., έπιπλο ψηλό που κλείνει με πορτόφυλλα όπου κρεμιούνται τα ρούχα ή φυλάγονται είδη ιματισμού, κλπ.: *~ τρίφυλλη / εντοιχισμένη*.

ντουλάπι το, ουσ., έπιπλο που κλείνει με πορτόφυλλα όπου φυλάγονται μαγειρικά σκεύη, συσκευασμένα τρόφιμα, κλπ.: *-α χτιστά / κουζίνας*. - Υποκορ. **-άκι** το. [τουρκ. *dolap*].

ντουμάνι το, ουσ. (λαϊκ.). **1.** πυκνός καπνός διαχυμένος στην ατμόσφαιρα: *γέμισε το σπίτι ~· σηκώθηκε ~*. **2.** ορμή, δύναμη· φρ. *δίνω ~* (= κάνω να δυναμώσει): *καίει το καλοριφέρ ~· δώσε ~ στη φωτιά*. [τουρκ. *duman*].

ντουμανιάζω, ρ. (συνιζ., λαϊκ.), (μτβ. και αμτβ.) γεμίζω με καπνό: *-ιασε το σπίτι*.

ντουμ ντουμ το, ουσ. άκλ., βλήμα πυροβόλου όπλου χαραγμένο σταυροειδώς για να προκαλέσει μεγάλο τραύμα. [γαλλ. *dum-dum* < όν. αγγλ. στρατοπέδου στην Ινδία].

ντούμπλα η, ουσ. (όχι ερρ.), (παλιότερο) είδος φλουριού. [γαλλ. *double*].

ντουμπλάρισμα το, ουσ. (όχι ερρ.). **1.** το να καλύπτεται η εσωτερική πλευρά ενός ρούχου με ύφασμα. **2.** αντικατάσταση ηθοποιού ή της φωνής του κατά το γύρισμα κινηματογραφικής ταινίας.

ντουμπλάρω, ρ., αόρ. *-ισα*, μτχ. παρκ. *-ισμένος* (όχι ερρ.). **1.** καλύπτω την εσωτερική πλευρά ενός ρούχου με ύφασμα: *ζακέτα -ισμένη με σατέν*. **2.** αντικαθιστώ ηθοποιό ή τη φωνή ηθοποιού κατά το γύρισμα κινηματογραφικής ταινίας. [γαλλ. *doubler*].

ντουνιάς ο, ουσ. (συνιζ., λαϊκ.). **1.** ο κόσμος: *από απέντα ρους γεμάτος είναι ο ~· ο ψεύτης ~· το 'μαθε όλος ο ~·* φρ. *αυτά έχει ο ~* (= έτσι είναι ο κόσμος). **2.** πολύ πλήθος: *μαζεύτηκε ~·* έκφρ. *κόσμος και ~*. [τουρκ. *dünya*].

ντουντούκα η και **ντουντούκι** το, ουσ. (όχι ερρ., λαϊκ.), σφυρίχτρα, φλογέρα. [τουρκ. *düdük*].

ντούπλεξ το, ουσ. άκλ., σύστημα διπλής τηλεγραφικής ή τηλεφωνικής επικοινωνίας. [γαλλ. *duplex*].

ντούρα, βλ. *ντούρος*.

ντουρβάς, βλ. *ντορβάς*.

ντούρος, *-α, -ο*, επίθ. (λαϊκ.), ευθυτενής, αλύγιστος· γερός: *κορμοστασιά -α· γέρος ~*. - Επίρρ. *-α*. [ιταλ. *duro*].

ντους και **ντουζ** το, ουσ. άκλ. **1.** καταιονισμός (βλ. λ.), συνήθως με τη βοήθεια συστήματος προσαρμοσμένου σε αγωγό νερού, το οποίο περιλαμβάνει έναν σταθερό ή εύκαμπτο και κινητό σωλήνα που καταλήγει σε ραντιστήρι: *κάνω ~*. **2.** (συνεκδοχικά) το παραπάνω σύστημα για καταιονισμό: *~ του χεριού / οροφής*. [γαλλ. *douche*].

ντουσιέρα και **ντουζιέρα** η, ουσ. (συνιζ.). **1.** αβαθής λεκάνη του ντους. **2.** περίφραγμα χώρου για ντους (ή για μπάνιο) από τζάμι ή πλαστικά φύλλα, για να μην πιτσιλίζονται νερά έξω από τη λεκάνη του ντους (ή τη μπανιέρα).

ντουφέκι, ντουφεκιά, ντουφεκίδι, ντουφεκίζω, ντουφεξής, ντουφέκισμα, βλ. *τουφ-*.

ντράβαλα και **τράβαλα** τα, ουσ. (λαϊκ.). **α.** δυσκολίες, σκοτούρες, φασαρίες, μπλεξίματα· **β.** σειρά από ταλαιπωρίες, βάσανα. [ιταλ. *travaglio*].

ντράγα, βλ. *δράγα*.

ντράμερ ο και η, ουσ. άκλ., μουσικός που παίζει ντραμς (βλ. λ.). [αγγλ. *drummer*].

ντραμς τα, ουσ. άκλ., σύστημα κρουστών μουσικών οργάνων που αποτελείται από τύμπανα και μεταλλικά πιάτα που τα χτυπούν με μπαγκέτες (βλ. λ.). [αγγλ. *drums*].

ντραπαρία και **τραπαρία** η, ουσ., βαρύ ύφασμα με φαρδιές πτυχές που κρέμεται παράλληλα με μια λεπτότερη κουρτίνα. [γαλλ. *draperie*].

ντρέπομαι, ρ., αόρ., *ντράπηκα*. **1.** νιώθω ντροπή (βλ. λ. σημασ. 1): *πρέπει να -εσαι γι' αυτό που έκανες·* φρ. *~ για λογαριασμό σου· σα δε -εσαι* (= ντροπή σου!). **2.** αποφεύγω, διστάζω να κάνω κάτι από σεμνότητα ή έλλειψη αυτοπεποίθησης, κ.ά.: *ντράπηκα τον πατέρα σου / τον κόσμο, αλλιώς ήξερα τι θα σου έλεγα· μην ντραπείς να ζητήσεις βοήθεια*.

ντρέτνοτ το, ουσ. άκλ., (ναυτ.) τύπος θωρηκτού στις αρχές του 20ού αιώνα. [αγγλ. *dreadnought*].

ντρέτος, -η, -ο και **ντρίτος**, επίθ. (λαϊκ.). 1. ίσιος, ευθύς. 2. (για άνθρωπο) που έχει ευθύ χαρακτήρα. - Επίρρ. **-α**. [βενετ. *dreto*, ιταλ. *dritto*].

ντρίλι το, ουσ. (λαϊκ.), βαμβακερό λεπτό χρωματιστό ύφασμα. [γαλλ. *drille*].

ντρίλινος, -η, -ο, επίθ. (λαϊκ.), (για ρούχο) φτιαγμένος από ντρίλι: *παντελόνι -ο*.

ντρίτος, βλ. *ντρέτος*.

ντροπαλός, -ή, -ό, επίθ., που εύκολα νιώθει ντροπή: *είναι τόσο -ό παιδί που πρέπει να ρωτάς εσύ τι θέλει* (συνών. *συνεσταλμένος, σεμνός*· αντ. *θαρρετός, αυθάδης, θρασύς*). - Επίρρ. **-ά**. [αρχ. *εντροπαλίζομαι* < *ντροπή*, κατά τα επίθ. -*αλός*].

ντροπαλότητα και **ντροπαλοσύνη** η, ουσ., το να είναι κανείς ντροπαλός, αίσθημα ντροπής: *κατακόκκινος από* ~ (συνών. *σεμνότητα*· αντ. *αδιαντροπιά, αναίδεια, θρασύτητα*).

ντροπή και **εντροπή** η, ουσ. (ερρ.). 1. αίσθημα δυσφορίας, ταπείνωσης από συναίσθηση κατωτερότητας, ενοχής, κ.τ.ό., που προκαλείται από λαθεμένη συμπεριφορά, μια αποτυχία, κ.ά. (του ίδιου του υποκειμένου ή κάποιου άλλου, της οικογένειάς του, κλπ.): — *εθνική δε νιώθεις* ~ *που του είπες ψέματα; κοκκινίζει από* ~ (πβ. *καταισχύνη*· αντ. *περηφάνια*). 2. η ιδιότητα ή η ικανότητα κάποιου να αισθάνεται ντροπή: *δεν έχει* ~ *επάνω του*· *έχασε την* ~. 3. ό,τι προκαλεί ντροπή, πράξη ή συμπεριφορά ταπεινή και ανάρμοστη, ενέργεια εσφαλμένη: *η δουλειά δεν είν'* ~ (συνεκδοχικά για πρόσωπο) *η* ~ *της οικογένειας* (συνών. *όνειδος, αίσχος*· αντ. *τιμή*)· έκφρ. (επιφ.) ~ *! ή τι* ~ *! ~ σου!* (λέγονται αποτρεπτικά ή ως αποδοκιμασία σε κάποιον που προσπαθεί να κάνει ή κάνει κάτι κακό χωρίς να ντρέπεται): *μη χτυπάς τα παιδιά!* ~*!* 4. διστακτικότητα, σεμνότητα, συστολή: ~ *παιδική· χαμήλωσε τα μάτια από* ~ (αντ. *θάρρος, αυθάδεια*). [αρχ. *εντροπή*].

ντροπιάζω, ρ. (συνιζ.). α. κάνω κάποιον να αισθανθεί ντροπή: *με τη συμπεριφορά σου -εις τον πατέρα σου* (αντ. *τιμώ*)· φρ. ~ *το λόγο μου* (= παραβαίνω μια υπόσχεσή μου)· β. ξεπερνώ κάποιον σε ποιότητα, επιδόσεις, κ.τ.ό.: *μια σταλιά παιδί και μας -ιασε όλους με το θάρρος του*.

ντροπιάρης, -α, -ικο, επίθ. (συνιζ., λαϊκ.), ντροπαλός.

ντρόπιασμα το, ουσ. (συνιζ.), το να δοκιμάζει κανείς ντροπή.

ντροπιαστικός, -ή, -ό, επίθ. (συνιζ.), που προκαλεί ντροπή, καταισχύνη: *ήττα -ή* (συνών. *ατιμωτικός, προσβλητικός*· αντ. *τιμητικός*). - Επίρρ. **-ά**.

ντύμα το, ουσ. (λαϊκ.), επένδυση, κάλυμμα (ιδίως βιβλίου).

ντύνω, ρ., αόρ. *έντυσα*. 1α. φορώ σε κάποιον (κυρίως σε παιδί) τα ρούχα του ή τον βοηθώ να τα φορέσει: *-σε καλά το μωρό, γιατί κάνει ψύχρα* (λαογρ.) *-ουν τη νύφη / το γαμπρό* (αντ. *γδύνω, ξεντύνω*)· β. (μέσ.) φορώ τα ρούχα μου: *-θηκα γρήγορα και βγήκα έξω*· *-ομαι ελαφρά / κομψά*. 2α. φορώ σε κάποιον ορισμένη ενδυμασία ή στολή: *για την επίσκεψη τους έντυσα τα γιορτινά τους* (μέσ.) *-ομαι σα γαμπρός* (= πολύ επίσημα)· φρ. *-ομαι γαμπρός / νύφη* (= παντρεύομαι)· *-ομαι στα μαύρα* (= πενθώ)· β. για μεταμφίεση: *τι θα -σεις το γιο σου στις Απόκριες;* (μέσ.) *μπήκαν στο τμήμα -μένοι αστυνομικοί*· *-ομαι καρναβάλι*· (απολ.) *θα ντυθείς φέτος;* 3. αγοράζω ρουχισμό για κάποιον: *ξόδεψα ένα μισθό για να -σω τα παιδιά*· φρ. *εσένα* *καλύτερα να σε -ουν παρά να σε ταΐζουν* (για κάποιον που τρώει πολύ)· (μέσ.) *-εται στου Α* (= στο κατάστημα του Α). 4. σχεδιάζω, κατασκευάζω ή παρέχω τα ρούχα που φορά ή θα φορέσει κάποιος: *οίκος μόδας που -ει χιλιάδες γυναίκες σε όλο τον κόσμο*· (στρατ. βίος) *τη μέρα που καταταχτήκαμε δεν πρόλαβαν να μας -σουν όλους*. 5. (για πράγμα, κυρίως βιβλίο, κ.τ.ό.) σκεπάζω εξωτερικά με προστατευτικό κάλυμμα, συνήθως από χαρτί, πλαστικό ή ύφασμα: *έντυσα τα τετράδιά μου*· *-ένα μαξιλάρι*. [αρχ. *ενδύω*].

ντύσιμο το, ουσ. 1. το να ντύνει κανείς άλλον ή τον εαυτό του: *τα παιδιά με κουράζουν πολύ στο* ~ (αντ. *γδύσιμο*). 2. ο τρόπος με τον οποίο ντύνεται ή είναι ντυμένος κανείς, το είδος των ρούχων που χρησιμοποιεί: ~ *εξεζητημένο / σεμνό* (συνών. *αμφίεση, περιβολή*). 3. αγορά ρούχων: *ξοδεύει πολλά λεφτά για* ~. 4. (για πράγμα, κυρίως βιβλίο, κ.τ.ό.) επένδυση, κάλυμμα.

νυ το, ουσ. άκλ., το δέκατο τρίτο γράμμα του ελληνικού αλφαβήτου· ένα από τα σύμφωνα της ελληνικής γλώσσας (ν, Ν). Έκφρ. *με το* ~ *και με το σίγμα* (= με κάθε λεπτομέρεια): *μου τα διηγήθηκε με το* ~ *και με το σίγμα*.

νυγμός ο, ουσ. (λόγ.), τσίμπημα (με αιχμηρό αντικείμενο).

νυκταλωπία η, ουσ. (βιολ.-ιατρ.) ιδιότητα να βλέπει κανείς καλά τη νύχτα ή με χαμηλό φωτισμό, φυσιολογική σε μερικά ζώα (λ.χ. στη γάτα) και σπάνια στον άνθρωπο. [αρχ. *νυκτάλωψ*].

νυκταλωπικός, -ή, -ό, επίθ. (βιολ.-ιατρ.) που ανήκει ή αναφέρεται στη νυκταλωπία· (ως ουσ.) αυτός που εξαιτίας οφθαλμικής πάθησης διακρίνει καλύτερα τα πράγματα στα σκοτεινά ή τη νύχτα και όχι την ημέρα.

νυκτερινός, βλ. *νυχτερινός*.

νυκτόβιος, -α, -ο και **νυχτόβιος**, επίθ. (ασυνίζ.), (ζωολ.) για ζώο ή πτηνό που περιφέρεται και αναζητά την τροφή του κατά τη διάρκεια της νύχτας. - Το αρσ. στον τ. *νυχτόβιος* ως ουσ. = *ξενύχτης* (βλ. λ.).

νυκτός, -ή, -ό, επίθ. (μουσ.) για έγχορδο όργανο που το παίζει κανείς χτυπώντας τις χορδές του με πλήκτρο ή με τα δάχτυλα (λ.χ. κιθάρα, μπουζούκι, άρπα).

νυμφαία η, ουσ. (βοτ.) νούφαρο (βλ. λ.).

νυμφεύω, ρ. (λόγ.), παντρεύω.

νύμφη η, ουσ. 1. (μυθολ., με κεφ. το αρχικό γράμμα) όνομα που δινόταν σε δευτερεύουσες γυναικείες θεότητες των αρχαίων Ελλήνων, οι οποίες ζούσαν στα ποτάμια, τις πηγές, τα δάση και τα βουνά. 2. (ζωολ.) το δεύτερο στάδιο στις μεταμορφώσεις των εντόμων, όταν η προνύμφη (βλ. λ.) συστέλλεται και αποκτά σκληρό περίβλημα, που λίγο αργότερα σχίζεται και βγαίνει το τέλειο έντομο. - Βλ. και *νυφή*.

νυμφίος, ο, ουσ. α. (απαρχ.) γαμπρός ή νιόγαμπρος· β. (εκκλ., με κεφ. το αρχικό γράμμα) για το Χριστό: *Ν-ς της Εκκλησίας*.

νυμφομανής, επίθ. θηλ. και ουσ., γεν. *-ούς*, πληθ. *-είς*, μητρομανής (βλ. λ.).

νυμφομανία η, ουσ. (ιατρ.) μητρομανία (βλ. λ.).

νυν, επίρρ. (αρχ. = τώρα), μόνο στην έκφρ. ~ *και αεί* (= συνεχώς, για πάντα)· *το* ~ *και αεί* (= σημείο που πέρα απ' αυτό δεν πρέπει να συνεχιστεί μια κατάσταση, το τελευταίο όριο αντοχής): *τα πράματα έφτασαν στο* ~ *και αεί*.

νυν απολύεις τον δούλον σου, δέσποτα· αρχαϊστ. φρ. (= τώρα, κύριε, μπορείς ν' αφήσεις το δούλο σου να πεθάνει ειρηνικά)· όταν κάποιος αισθάνεται ικανοποίηση, επειδή πραγματοποιήθηκαν οι προσδοκίες ή οι επιδιώξεις του.

νυν υπέρ πάντων αγών· αρχαϊστ. φρ. (= τώρα αγώνας για όλα)· όταν σύνολο ατόμων ή ένας άνθρωπος πρέπει ή καλείται να αγωνιστεί για την υπεράσπιση των βασικότερων αγαθών του.

νύξη η, ουσ., υπαινιγμός: ~ λεπτή / προσβλητική / σαφής· κάνω ~ σχετική με το θέμα.

νύστα η, ουσ., το να νυστάζει κανείς, η τάση για ύπνο: ~ ανυπόφορη· μ' έπιασε / μου ήρθε ~· κλείνουν τα μάτια μου / κουτουλώ από τη ~ (συνών. υπνηλία, γλάρωμα· αντ. ξενύσταγμα).

νυστάζω, ρ. Α. (αμτβ.) νιώθω την ανάγκη για ύπνο: *τα παιδιά δεν κοιμήθηκαν το μεσημέρι και -αξαν νωρίς· διαρκώς -ει*. Β. (μτβ.) κάνω κάποιον να νυστάξει, προκαλώ υπνηλία: *ο ομιλητής ήταν τόσο ανιαρός που μας -αξε όλους* (συνών. κοιμίζω· αντ. στις σημασ. Α και Β *ξενυστάζω*). - Η μτχ. παρκ. ως επίθ. = 1. που νυστάζει: *το βραδινό τρένο γεμάτο -γμένους φαντάρους*. 2α. που φανερώνει νύστα: *λόγια -γμένα·* (μεταφ. για την εντύπωση από φωτισμό σε θολή νυχτερινή ατμόσφαιρα): *Ήταν ο καιρός βροχερός..., τα φώτα κοίταζαν -γμένα* (Ι.Μ. Πυναγιωτόπουλος)· β. (μεταφ.) δυσκίνητος, νωθρός: *κινήσεις -γμένες.* - Επίρρ. **γμένα**.

νυσταλέος, -α, -ο, επίθ. (λόγ.), νυσταγμένος (βλ. *νυστάζω*): *βλέμμα -ο· υπάλληλος ~*.

νυστέρι το, ουσ., μικρό μαχαίρι με στενόμακρη λεπίδα, μυτερή στην άκρη και πολύ κοφτερή, που χρησιμοποιείται σε χειρουργικές επεμβάσεις: *έκανε μια τομή με το ~· ο σουγιάς του ακονισμένος κόβει σα ~·* (μεταφ. για λήψη δραστικών μέτρων με σκοπό να διορθωθεί μια άσχημη κατάσταση): *~ στη φοροδιαφυγή*. [αρχ. **νυστήριον< νύσσω*].

νυστεριά η, ουσ. (συνιζ., λαϊκ.), τομή με νυστέρι.

νύφη η, πληθ. -ες και λαϊκ. -άδες, ουσ. **1α.** γυναίκα που μόλις παντρεύτηκε ή πρόκειται σε λίγο να παντρευτεί· ειδικότερα για γυναίκα την ημέρα του γάμου της (πβ. *γαμπρός*): *η ~ φορούσε ένα κατάσπρο φόρεμα· περιμένουν τη ~.* φρ. *καμαρώνει σα ~· ντύνομαι ~* (για γυναίκα, παντρεύομαι)· *πληρώνω τη ~* (= ξοδεύω, ζημιώνομαι ή αδικούμαι εξαιτίας ενός άλλου)· παροιμ. *αν θέλει η ~ κι ο γαμπρός, τύφλα να 'χει ο πεθερός* (= η θέληση των αμέσως ενδιαφερομένων έχει μεγαλύτερη σημασία από οποιουδήποτε άλλου)· *σαν ξαναγίνω ~, ξέρω να προσκυνήσω* (= μετά από ένα γεγονός αποκτά κανείς πείρα, μαθαίνει πώς πρέπει να φερθεί σε παρόμοια περίπτωση)· **β.** γυναίκα που υποψήφια για γάμο: *του προξένευαν μια πλούσια νύφη*. **2.** παντρεμένη γυναίκα σε σχέση με τους γονείς του συζύγου της (πεθερικά) και τα αδέρφια του: *τον φρόντισε η ~ καλύτερα κι από τις κόρες του*· εκφρ. *σαν τη ~ / όπως η ~ με την πεθερά* (για πρόσωπα, ιδίως γυναίκες, που συνεχώς γκρινιάζουν και μαλώνουν)· φρ. *όλα τα στραβά ψωμιά (τα 'κανε) η ~* (όταν κάποιος θεωρείται ανεξέταστα υπεύθυνος για σφάλματα, παραλείψεις, κ.τ.ό.)· *τα λέω της πεθεράς για να τ' ακούσει η ~* (όταν παρατήρηση, διαταγή, μομφή, κ.τ.ό., δεν απευθύνεται άμεσα στο πρόσωπο που ταιριάζει, αλλά σε κάποιον τρίτο, άσχετο και ανεύθυνο). - Υποκορ. **-ούλα** η. - Βλ. και *νύμφη*. [αρχ. *νύμφη*].

νυφιάτικος, -η, -ο, επίθ. (συνιζ., λαϊκ.), για ό,τι αφορά μια γυναίκα όταν γίνεται νύφη, κατά το γάμο: *στολή -η· Δαχτυλιδάκι τάξω εγώ, -ο στεφάνι (Αθάνας)* (συνών. *νυφικός, γαμήλιος*· πβ. *γαμπριάτικος*).

νυφικός, -ή, -ό, επίθ., που ανήκει ή αναφέρεται στη νύφη (βλ. λ. σημασ. 1): *παπούτσια -ά· τραγούδι -ό* (= γαμήλιο) (συνών. *νυφιάτικος*). - Το ουδ. ως ουσ. = φόρεμα πολυτελές, συνήθως άσπρο και μακρύ, που φορά η νύφη κατά την τελετή του γάμου.

νυφίτσα η, ουσ. (ζωολ.) μικρόσωμο αρπακτικό θηλαστικό με καφετί μαλακό και πλούσιο τρίχωμα, που τρέφεται με μικρά πουλιά, αβγά και ποντικούς. [μεσν. *νυμφίτσα*].

νυφοπάζαρο το, ουσ. (λαϊκ.), (λ. πλαστή) για το βραδινό περίπατο στον κεντρικό δρόμο επαρχιακής πόλης, γειτονιάς ή χωριού όπου, παλιότερα κυρίως, δινόταν η ευκαιρία σε ανύπαντρες κοπέλες και άντρες να ειδωθούν και να διαμορφώσουν ή να εκδηλώσουν τις προτιμήσεις τους με απώτερο σκοπό το γάμο.

νυφοστόλι το, ουσ. (λαϊκ.). **α.** ντύσιμο και στολισμός της νύφης· **β.** η στολή της νύφης στο σύνολό της· **γ.** (ειρων.) για τα υπερβολικά στολίδια που φορά μια γυναίκα.

νυφοστολίζω, ρ. (λαϊκ.), ντύνω και στολίζω τη νύφη για την τελετή του γάμου.

νυφοστόλισμα το, ουσ. (λαϊκ.), το να ντύνουν και να στολίζουν τη νύφη για το γάμο.

νυφούλα, βλ. *νύφη*.

νυχάκι το, ουσ. **1.** μικρό νύχι, (ειδικά) το νύχι του μικρού δαχτύλου του χεριού. **2.** ποικιλία ρυζιού (για μαγείρεμα). **3.** είδος σταφυλιού. **4.** είδος λουλουδιού με μικρά σαρκώδη στενόμακρα φύλλα και ποικιλόχρωμα λουλούδια.

νυχάρα, βλ. *νύχι*.

νυχάτος, -η, -ο, επίθ. (λαϊκ.), (για πτηνό) που έχει μακριά γαμψά νύχια: *πετεινός ~*.

νυχθημερόν, επίρρ. (λόγ.), σε όλη τη διάρκεια της νύχτας και της ημέρας, αδιάκοπα (συνών. *νυχτοήμερα*).

νύχι το, ουσ. **1.** λεπτό, σκληρό και κάπως κυρτό στρώμα από κερατίνη (βλ. λ.) με σχήμα πετάλου, που καλύπτει και προστατεύει το επάνω μέρος των άκρων των δαχτύλων, ελεύθερο στο μπροστινό μέρος, στενό και αυξάνεται, ενώ οι υπόλοιπες πλευρές του κρύβονται στη σάρκα: *ρίζα του -ιού· κόβω / βάφω τα -ια μου· τρώω τα -ια μου* (από κακή συνήθεια ή αμηχανία). **2.** σκληρό, κυρτό προς τα κάτω και μυτερό στέλεχος από κερατίνη στην άκρη των ποδιών ζώων και πουλιών (ιδιαίτερα ισχυρό στα σαρκοφάγα ζώα και τα αρπακτικά πτηνά): *η γάτα έβγαλε / ακονίζει τα -ια της· -ια γαμψά του αϊτού*. **3.** για την οπλή των ιππιδών. **4.** (ναυτ.) επιφάνεια με σχήμα περίπου τριγωνικό στην άκρη του κάθε βραχίονα της άγκυρας: *ρίξαμε την άγκυρα και πιάσανε καλά τα -ια της* (Κόντογλου). Εκφρ. *απ' την κορφή ως τα -ια* (για ολόκληρο το σώμα ή πολύ μεγάλο μέρος του)· *με -ια και με δόντια* (για έντονη προσπάθεια που καταβάλλει κάποιος με κάθε δυνατό μέσο για να πετύχει ή να αποφύγει κάτι). Φρ. *αν δεν έχεις -ια να ξυστείς, μην περιμένεις τα ξένα* (= καλύτερα να προσπαθεί κανείς να πετύχει το σκοπό του χωρίς να βασίζεται σε ξένη βοήθεια· *αυτοί οι δυο είναι ~ και κρέας* (βλ. *κρέας*)· *δε μύρισα τα -ια μου* (= μου ήταν φυσικά αδύνατο να προαισθανθώ τι

έμελλε να γίνει): *δεν τον φτάνει ούτε στο μικρό του* ~ (= είναι ασύγκριτα κατώτερος)· *ξύνω τα -ια μου για καβγά* (= επιδιώκω την παραμικρή αφορμή για ν' αρχίσω φιλονικία)· *πατώ / περπατώ στα -ια* (= βαδίζω πατώντας στις άκρες των ποδιών, για να μην κάνω θόρυβο)· *πέφτω στα -ια κάποιου* (= γίνομαι θύμα εκμετάλλευσης· αντ. *σώζομαι απ' τα -ια κάποιου*)· *στέκω στα -ια* (= είμαι προθυμότατος, πανέτοιμος)· *τρώγομαι με τα -ια μου* (= γκρινιάζω, νευριάζω χωρίς λόγο ή για κάτι ασήμαντο). - Υποκορ. **-άκι** το (βλ. ά.). - Μεγεθ. **-άρα** η. [αρχ. *ονύχιον*].
νυχιά η, ουσ. (συνιζ.), γρατσούνισμα από νύχι.
νύχτα η, ουσ. α. το τμήμα του εικοσιτετραώρου κατά το οποίο επικρατεί έξω σκοτάδι: *ήρθε η* ~· (ποιητ.) *Είναι αξημέρωτη* ~ *η ζωή* (Καρυωτάκης)· (συνεκδοχικά για το σκοτάδι): *έπεσε / πλάκωσε η* ~· (μεταφ. για δυσάρεστη εποχή, λ.χ. καταπίεσης, πολιτιστικής στασιμότητας): *η ζοφερή* ~ *της Κατοχής*· **β**. (ειδικότερα) το χρονικό διάστημα από τη δύση του ήλιου ως την ανατολή: *στις 21 Ιουνίου είναι η πιο σύντομη* ~ *του χρόνου*· *μακρές πολικές -ες*· **γ**. η χρονική περίοδος κατά την οποία επικρατεί σκοτάδι και οι άνθρωποι συνήθως κοιμούνται: *όλη τη* ~ *δεν έκλεισα μάτι*· *ο άρρωστος πέρασε ήσυχη* ~· ~ *αγωνίας έζησε η πόλη την πρώτη* ~ *του γάμου* (που περνά μαζί ένα νιόπαντρο ζευγάρι) (συνών. *βράδι*· αντ. *ημέρα*). Έκφρ. *μέρα* ~ *ή* ~ *μέρα* (= αδιάκοπα). Φρ. *είναι (η) μέρα με τη* ~, βλ. *ημέρα*· *είναι σα δυο ώρες* ~ (= είναι εντελώς ανίδεος)· *κάνει τη μέρα* ~ (= δουλεύει παραπάνω απ' όσο πρέπει)· *πουλάει μέρα κι αγοράζει* ~ (= δεν τελειώνει από αμέλεια τις δουλειές του την ημέρα και αναγκάζεται να ξενυχτίσει)· *της -ας τα καμώματα τα βλέπει η μέρα και γελά*, βλ. *ημέρα*. - Η αιτ. ως επίρρ. = **α.** κατά τη διάρκεια της νύχτας: *προτιμώ να ταξιδεύω* ~· *φτάσαμε* ~ *στο λιμάνι*· **β**. προτού ξημερώσει, πολύ νωρίς το πρωί: *για να φτάνω εγκαίρως στο γραφείο πρέπει να σηκώνομαι* ~. [αρχ. *νυξ*].
νυχτερεύω, ρ. (λαϊκ.), ξαγρυπνώ δουλεύοντας.
νυχτέρι το, ουσ., εργασία κατά τη διάρκεια όλης της νύχτας: *κάνανε / είχανε* ~ *για να ετοιμάσουν την προίκα*. [ουδ. του μτγν. επιθ. *νυκτέριος* ως ουσ.].
νυχτερίδα η, ουσ. (ζωολ.) μικρό νυκτόβιο ζώο που μοιάζει με ποντικό, το μόνο θηλαστικό με την ικανότητα να πετά χάρις σε μια σκληρή πτητική μεμβράνη που συνδέει και τα τέσσερα άκρα του. Φρ. *έχει το κοκαλάκι της -ας*, βλ. *κόκαλο*.
νυχτερινός, -ή, -ό και **νυκτερινός**, επίθ., που ανήκει ή αναφέρεται στη νύχτα, που συμβαίνει, λειτουργεί ή (συνεκδοχικά για πρόσωπο) εργάζεται στη διάρκεια της νύχτας: *ώρες -ες*· *γαλήνη / ζωή -ή*· *κέντρο -ό*· *την επόμενη βδομάδα θα είμαι -ή στο εργοστάσιο*. - Το θηλ. ως ουσ. = νοσοκόμα που ασκεί τα καθήκοντά της τη νύχτα: *πήρα μια -ή* (πβ. *αποκλειστική*).
νυχτιά η, ουσ. (συνιζ.), (ποιητ.) νύχτα: *μες στης -ιάς τη σιγαλιά*.
νυχτιάτικος, -η, -ο, επίθ. (συνίζ.), νυχτερινός. - Συνηθέστερο το επίρρ. **-α** = μέσα στη νύχτα, σε ακατάλληλη νυχτερινή ώρα: *ήρθαν για επιθεώρηση -α*.
νυχτικιά η (συνιζ.) και **νυχτικό** το, ουσ., άνετο φόρεμα από ελαφρό ύφασμα που το φορούν στον ύπνο οι γυναίκες (παλιότερα και οι άντρες).
νυχτόβιος, βλ. *νυκτόβιος*.
νυχτοήμερα, επίρρ. (συνιζ., λαϊκ.), νύχτα και μέρα, αδιάκοπα: ~ *παράστεκε τον άρρωστο* (συνών. *νυχθημερόν*).
νυχτοκόπος ο, ουσ. (λαϊκ.), αυτός που βαδίζει τη νύχτα, νυχτοπαρωρίτης.
νυχτοκόρακας ο, ουσ. (ζωολ.) νυχτόβιο πουλί της οικογένειας των ερωδιών με μαύρη ράχη, κεφάλι και ράμφος, σταχτιά φτερά και θρηνητική φωνή που μοιάζει με του κόρακα.
νυχτολούλουδο το, ουσ., φυτό που οι κάλυκες των λουλουδιών του ανοίγουν τη νύχτα.
νυχτοπαρωρίτης ο, θηλ. **-τρα**, ουσ. (λαϊκ.), αυτός που περιπλανιέται αργά τη νύχτα: *σαν τι γυρεύουν στην ερμιά οι -ες*; (δημ. τραγ.).
νυχτοπάτης ο, ουσ. (λαϊκ.), νυχτοκόπος (βλ. λ.): *πέρασε κυνηγημένος* ~ (Ι.Μ. Παναγιωτόπουλος).
νυχτοπερπάτημα το, ουσ. (λαϊκ.), το να βαδίζει, να τριγυρίζει κανείς αργά τη νύχτα.
νυχτοπερπατώ, -άς, ρ. (λαϊκ.), βαδίζω, τριγυρίζω κατά τις νυχτερινές ώρες: *Αν δε -ησα και για δική σου χάρη* (Αθάνας).
νυχτοπούλι το, ουσ. **1.** (γενικά) νυκτόβιο πουλί: *-ια αρπακτικά*. **2.** (μεταφ.) για κάποιον που ξενυχτά ή δεν κοιμάται την ώρα που πρέπει.
νυχτοφύλακας ο, ουσ., πρόσωπο που το επάγγελμά του είναι να φρουρεί κτήρια ή άλλους χώρους τη νύχτα: ~ *του εργοστασίου*.
νυχτοφυλακή η, ουσ. (σπανίως) η δουλειά, η υπηρεσία του νυχτοφύλακα, νυχτερινή φρούρηση ή (συνεκδοχικά) φρουρά.
νύχτωμα το, ουσ. (λαϊκ.), το να νυχτώνει, να έρχεται το σκοτάδι: *τώρα στα -ατα σου ήρθε να δουλέψεις;* (πβ. *βράδιασμα, σκοτείνιασμα*· αντ. *ξημέρωμα*).
νυχτώνω, ρ. και μέσ. **-ομαι** (συνηθέστερο), βρίσκομαι την ώρα που αρχίζει η νύχτα σε κάποιο μέρος, συνήθως όπου δε θα ήθελα να είμαι: *με το κουβεντολόι μ' έκαναν να -ώσω*· *-ωθήκαμε στα μισά του δρόμου* (συνών. *βραδιάζομαι*· αντ. *ξημερώνω*). Φρ. *μακριά που -ωσες! ή μακριά είσαι -ωμένος* (= δεν καταλαβαίνεις τίποτε, αγνοείς τα πάντα). Το γ' εν. πρός. του ενεργ. απροσ. = αρχίζει η νύχτα: *το χειμώνα -ει νωρίς* (συνών. *βραδιάζει, σκοτεινιάζει*· αντ. *ξημερώνει*).
νωδός, -ή, -ό, επίθ. (λόγ.), (για ενήλικο) που δεν έχει δόντια, που τα δόντια του έπεσαν (λαϊκ. *ξεδοντιασμένος, φαφούτης*).
νωθρός, -ή, -ό, επίθ. **α.** βραδυκίνητος, αργός από τη φύση του: *σαν το -ό βόδι στο ζυγό* (Χατζόπουλος) (συνών. *νωχελής, ράθυμος, οκνός*· αντ. *ευκίνητος*)· **β.** (για πρόσωπο) οκνηρός (αντ. *ζωηρός, δραστήριος*).
νωθρότητα η, ουσ., η ιδιότητα του νωθρού (συνών. *ραθυμία, οκνηρία*· αντ. *ευκινησία, ζωηρότητα*).
νωματάρχης, βλ. *ενωμοτάρχης*.
νωμίτης, βλ. *ωμίτης*.
νώμος, βλ. *ώμος*.
νωπογραφία η, ουσ. (ζωγρ.) τρόπος για την εκτέλεση τοιχογραφιών πάνω σε κονίαμα που δεν έχει ακόμη στεγνώσει με τη χρήση χρωμάτων διαλυμένων σε νερό· (συνεκδοχικά) ζωγραφικό έργο που έγινε με τον παραπάνω τρόπο: *-ες βυζαντινής εποχής* (συνών. *φρέσκο*).
νωπός, -ή, -ό, επίθ. **1.** (λόγ.). **α.** (για προϊόν) φρέσκος: *βούτυρο -ό*· *κρέας -ό* (σε αντιδιαστολή με

το *κατεψυγμένο)*· β. (ειδικά για φρούτα και λουλούδια) που έχει κοπεί πρόσφατα και διατηρεί τη δροσιά του: *τριαντάφυλλα -ά* (αντ. *μαραμένος, ξερός)·* οπωροκηπευτικά *-ά* (σε αντιδιαστολή με τα διατηρημένα)· γ. που είναι ακόμη υγρός, δεν έχει στεγνώσει: *έδαφος / ρούχο -ό· βαφή -ή* (αντ. *στεγνός, στεγνωμένος).* 2. (μεταφ.) για κάτι που έγινε πρόσφατα ή σχετίζεται με πρόσφατο γεγονός: *τραύματα -ά· αναμνήσεις -ές.* [*νεωπός<νέος + κατάλ. *-ωπός*].

νωρίς και (λόγ.) **ενωρίς,** συγκρ. *-ίτερα,* επίρρ., (χρον.) εγκαίρως, πριν να φτάσει ή να περάσει η προκαθορισμένη ή η κανονική ώρα: *προμηθευτείτε ~ εισιτήρια· με ξύπνησες ~* (= πολύ πρωί) (αντ. *αργά).* [*ενωρί(<έκφρ. εν ώρα*) + κατάλ. *-ς*].

νώτα τα, ουσ. 1. το πίσω μέρος του σώματος, ράχη, τα πισινά. Φρ. *στρέφω τα ~* (= α. γυρίζω την πλάτη δείχνοντας περιφρόνηση σε κάποιον. β. για στρατιώτες, τρέπομαι σε φυγή). 2. (στρατ.) τμήματα μιας στρατιωτικής παράταξης στο πίσω μέρος της (σε σχέση με το μέτωπο): *επίθεση αλεξιπτωτιστών στα ~ του εχθρού· ~ ακάλυπτα / προστατευμένα* (συνών. *μετόπισθεν).*

νωτιαίος, -α, -ο, επίθ. (ασυνίζ.), (ανατομ.) που ανήκει ή αναφέρεται στα νώτα και ειδικά στη σπονδυλική στήλη ανθρώπων και ζώων: *γάγγλια -α· μυελός ~,* βλ. *μυελός.*

νωχέλεια η, ουσ. (ασυνίζ.), σκόπιμη συνήθως βραδύτητα στην κίνηση συνδυασμένη με αδιαφορία για ό,τι συμβαίνει γύρω.

νωχελής, -ής, -ές, γεν. *-ούς,* πληθ. αρσ. και θηλ. *-είς,* ουδ. *-ή,* επίθ. (λόγ.), νωθρός.

νωχελικός, -ή, -ό, επίθ., που χαρακτηρίζεται από *νωχέλεια: βάδισμα -ό. -* Επίρρ. **-ά.**

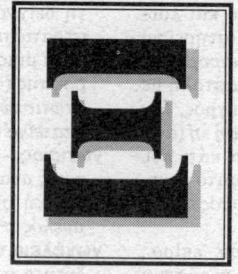

Ξ, ξ (ξι). 1. το δέκατο τέταρτο γράμμα του ελληνικού αλφαβήτου· ένα από τα σύμφωνα της ελληνικής γλώσσας. - Βλ. και ξι. 2. αριθμητικό σημείο = α. (όταν έχει τόνο πάνω δεξιά ή τελεία κάτω δεξιά: ξ΄, Ξ΄, ξ.) εξήντα, εξηκοστός· β. (όταν έχει τόνο κάτω αριστερά: ͵ξ) εξήντα χιλιάδες.

ξ-, αχώρ. μόρ. ως αρκτικό λέξεων που αρχίζουν από φωνήεν με σημασία: α. στερ.: *ξαγκιστρώνω, ξαραχνιάζω* β. επιτ.: *ξαγρυπνώ, ξοπίσω*. [πρόθ. εξ με αφαίρεση του ε].

ξαγγρίζω, ρ. (έρρ., λαϊκ.), ερεθίζω, εξαγριώνω: *ο ταυρομάχος -ει τον ταύρο* (συνών. *αγγρίζω*).

ξάγι το, ουσ. (λαϊκ.). 1. σιτάρι που δίνεται ως αμοιβή στο μυλωνά, τα αλεστικά. 2. δοχείο που χρησιμοποιείται ως μέτρο χωρητικότητας ή βάρους των δημητριακών και ισοδυναμεί με βάρος μισού κιλού. [μτγν. *εξάγιον*].

ξαγκίστρωμα το, ουσ. (έρρ.), το να ξαγκιστρώνει κανείς ψάρι, κ.τ.ό.

ξαγκιστρώνω, ρ. (έρρ.). I. (ενεργ.) βγάζω κάτι (συνήθως ψάρι) από το αγκίστρι όπου είναι γαντζωμένο: *περνούσε τη μέρα του -οντας αχινούς* (συνών. *απαγκιστρώνω*). II. (μέσ.) (για ψάρι) απαλλάσσομαι, ελευθερώνομαι από το αγκίστρι, ξεγαντζώνομαι: *την ώρα που έβγαζε την πετονιά το ψάρι -ώθηκε*.

ξάγναντα, επίρρ. (έρρ., λαϊκ.), απέναντι, αντίκρυ (συνών. *αγνάντια*).

ξαγνάντεμα το, ουσ. (έρρ.), το να βλέπει κανείς από μέρος που βρίσκεται σε ύψωμα όλη τη γύρω περιοχή σε απόσταση (συνών. *αγνάντεμα*).

ξαγναντεύω, ρ. (έρρ.), βλέπω από μέρος που βρίσκεται σε ύψωμα όλη τη γύρω περιοχή σε απόσταση: *ανέβαινε στο λόφο, -ευε και συλλογιόταν* (συνών. *αγναντεύω*).

ξάγναντο το, ουσ. (έρρ.), μέρος, τοποθεσία συνήθως σε ύψωμα απ' όπου μπορεί κανείς να βλέπει όλη τη γύρω περιοχή ή που μπορεί να το δει κανείς από μακριά.

ξαγοράρης ο, ουσ. (λαϊκ.), εξαγορευτής (βλ. λ.), εξομολόγος.

ξαγόρεμα το, ουσ. (λαϊκ.), εξομολόγηση.

ξαγορευτής, βλ. *εξαγορευτής*.

ξαγορεύω, βλ. *εξαγορεύω*.

ξαγόρεψη, βλ. *εξαγόρευση*.

ξαγρύπνια η, ουσ. (συνιζ.), το να μένει κανείς άγρυπνος, επειδή δεν μπορεί ή δε θέλει να κοιμηθεί: *τα μάτια του είχαν μαυρίσει από την ~* (συνών. *αγρύπνια, αϋπνία*).

ξάγρυπνος, -η, -ο, επίθ., που μένει άυπνος, επειδή δεν μπορεί ή δε θέλει να κοιμηθεί: *ήταν ~ τρία μερόνυχτα· μένω ~* (συνών. *άγρυπνος*).

ξαγρυπνώ, ρ., δεν μπορώ ή δε θέλω να κοιμηθώ, μένω άυπνος, άγρυπνος: *-ούσε δίπλα στο άρρωστο παιδί της* (συνών. *αγρυπνώ*).

ξαδειάζω, ρ. (συνιζ.), έχω ελεύθερο χρόνο, είμαι απαλλαγμένος από ασχολίες: *άμα ξαδειάσω, θα 'ρθω να σε δω· δεν ~ να κάνω μια βόλτα* (συνών. *αδειάζω*).

ξαδελφ-, ξαδελφ-, ξαδερφ- και ξαδερφ-, βλ. *εξάδελφος*.

ξαδιαντροπιά, βλ. *ξεδιαντροπιά*.

ξαδιάντροπος, βλ. *ξεδιάντροπος*.

ξαίνω, ρ., αόρ. *έξανα*, παθ. αόρ. *ξάστηκα*, μτχ. *ξασμένος*, επεξεργάζομαι το μαλλί ή το λινάρι (με χτένισμα) ώστε να γίνει κατάλληλο για κλώσιμο: *μαλλί ξασμένο·* φρ. *εύρηκα μαλλιά να ξάνω!* (= έμπλεξα στα δυσάρεστα και τα δύσκολα) (συνών. *λαναρίζω*).

ξαίρω, βλ. *ξέρω*.

ξακοσάρι, βλ. *εξακοσάρι*.

ξακουσμένος, -η, -ο και ξακουστός, -ή, -ό, επίθ., που έχει γίνει πολύ γνωστός για μια ιδιότητά του και αποτελεί αντικείμενο θαυμασμού, φημισμένος: *πόλη ξακουστή· αθλητής ξακουστός· μια φορά κι έναν καιρό ήταν μια βασιλοπούλα -η σ' όλο τον κόσμο για την ομορφιά της* (συνών. *περιβόητος, περίφημος*).

ξακρίδι το, ουσ. α. ό,τι απομένει μετά το ξάκρισμα κάποιου πράγματος, συνήθως το ροκανίδι που μένει άχρηστο μετά το ξάκρισμα σανίδας· β. (κυριολεκτικά και μεταφ.) υπόλειμμα.

ξακρίζω, ρ. (συνήθως για φύλλα βιβλίου ή άλλου εντύπου) κόβω με ειδικό μηχάνημα ή ψαλίδι τις περιττές άκρες: *βιβλίο -ισμένο* (= που κυκλοφορεί με κομμένα τα φύλλα του στα πλάγια).

ξάκρισμα το, ουσ., το να κόβει κανείς τις περιττές άκρες ενός αντικειμένου, συνήθως των φύλλων βιβλίου.

ξαλάφρωμα το και **ξαλαφρωμός** ο και **ξαλάφρωση** η, ουσ. (κυριολεκτικά και ιδίως μεταφ.) το να ξαλαφρώνει κάποιος ή κάτι, ανακούφιση.

ξαλαφρώνω, ρ. I. ενεργ. Α. μτβ. 1. κάνω κάτι πιο ελαφρό, το απαλλάσσω από ένα μέρος του βάρους του: *~ το φορτίο*. 2. απαλλάσσω κάποιον από υλικό ή ηθικό βάρος, ανακουφίζω: *τον -ωσε από τα χρέη· ο άνθρωπος αυτός... -ωνε / όλο της ψυχής σου το βάρος* (Τ. Λειβαδίτης). Β. αμτβ. 1. απαλλάσσομαι από ένα μέρος του βάρους μου, γίνομαι ελαφρότερος: *η βάρκα -ωσε.* **2α.** ελευθερώνομαι από υλικό βάρος και συνήθως (μεταφ.) από δυσάρεστα συναισθήματα, π.χ. στενοχώρια, ανακουφίζομαι: *του είπε τον πόνο του και -ωσε· η καρδιά της -ωσε·* **β.** ανακουφίζομαι ύστερα από ούρηση ή αφόδευση. **II.** (μέσ.) αισθάνομαι απαλλαγμένος από δυσάρεστα συναισθήματα, ανακουφίζομαι: *φεύγοντας απ' το εκκλησάκι ένιωθε -ωμένη* (συνών. σε όλες τις σημασ. ελαφρώνω, αλαφρώνω).

ξαλάφρωση, βλ. *ξαλάφρωμα.*

ξαλλάζω, ρ. (λαϊκ.), αλλάζω ρούχα, βγάζω τα καλά μου ρούχα και φορώ τα καθημερινά ή αντίστροφα: *την περίμενε στο σαλόνι ώσπου να -ξει.*

ξαλμυρίζω και **ξαρμυρίζω,** ρ. **Α.** (μτβ.) κάνω κάτι λιγότερο ή καθόλου αλμυρό συνήθως αφήνοντάς το σε νερό: ~ *μπακαλιάρο / τυρί / ελιές.* **Β.** (αμτβ.) (για τροφή αλμυρή) γίνομαι λιγότερο ή καθόλου αλμυρός: *ο γαλέος δεν -ισε ακόμη.*

ξαλμύρισμα και **ξαρμύρισμα** το, ουσ., το να κάνει κανείς μια τροφή λιγότερο ή καθόλου αλμυρή συνήθως αφήνοντάς την σε νερό: ~ *του μπακαλιάρου.*

ξαμολώ, -άς, ρ., μέσ. *-ιέμαι,* μτχ. *ξαμολημένος* (λαϊκ.). **I.** ενεργ. **1α.** αφήνω ένα ζώο ελεύθερο να ορμήσει: *όταν δει υπόπτους, -ά τα σκυλιά του· μην αφήνετε -ημένα τα ισομπανόσκυλα·* **β.** (γενικά) αφήνω κάτι ελεύθερο να κινείται: *-ήσανε τις βάρκες στο πέλαγος.* **2.** (για πρόσωπο) στέλνω κάποιον βιαστικά να κάνει κάτι: *-ησε το μικρό για τα θελήματα.* **II.** (μέσ. για πρόσωπο) φεύγω ή κινούμαι βιαστικά για να κάνω κάτι: *η Χοντροκατερίνα είχε -ηθεί σ' όλο το χωριό... από σπίτι σε σπίτι* (Μπαστιάς).

ξαμώνω, ρ. (ιδιωμ.). **1.** απλώνω το χέρι (για να χτυπήσω κάποιον). **2.** στοχεύω, σκοπεύω: *-ωσε το πουλί και το χτύπησε.* **3.** παίρνω μέτρα, μετρώ. **4.** επιδιώκω κάτι: *για πού -εις;.* [έξαμον<λατ. *examen*].

ξανά, επίρρ., άλλη μια φορά, πάλι, εκ νέου: *θα πάω ~ να δω μήπως ήρθε· τον ρώτησε ~ αν ήξερε κάτι· μπορούσε ~ να βλέπει όπως πρώτα· μου λέτε ~ το όνομά σας;* Έκφρ. ~ *και ~* (= πολλές φορές, συνέχεια, επανειλημμένα): *λέω κάτι ~ και ~· επιχείρησε να τον βρει ~ και ~.* [α΄ συνθ. ξανα-].

ξανα-, α΄ συνθ. ρημάτων και σπανιότερα ονομάτων που δηλώνει ότι η ενέργεια του β΄ συνθ. γίνεται πάλι ή κατ' επανάληψη: *ξαναπηγαίνω, ξαναβρίσκω, ξαναβλέπω, ξαναγύρισμα.* [παλαιότερα α΄ συνθ. εξανα-<ξανθ. εξ + ανά].

ξαναβλέπω, ρ., βλέπω (βλ. λ.) πάλι· φρ. *αν με ξαναδεί, να μου γράψει* (= δεν πρόκειται να με ξαναδεί).

ξαναβρίσκω, ρ., βρίσκω (βλ. λ.) πάλι· φρ. ~ *τον εαυτό μου* (= **α.** ανακτώ τις αισθήσεις μου έπειτα από λιποθυμία, συνέρχομαι· **β.** επανέρχομαι στις προηγούμενες συνήθειές μου, στον κανονικό ρυθμό της ζωής μου έπειτα από μια περίοδο έντασης).

ξανάβω, ρ., αόρ. *ξάναψα,* μτχ. παρκ. *ξαναμμένος.* **Α.** μτβ. **1.** (για τραύματα, ευαίσθητα σημεία του σώματος, κλπ.) ερεθίζω, φλογίζω: *το οινόπνευμα του ξάναψε τα σωθικά.* **2.** (μεταφ.) διεγείρω, ερεθίζω, εξάπτω. **Β.** αμτβ. **1.** (για πληγές, ευαίσθητα σημεία του σώματος, κλπ.) ερεθίζομαι, «φουντώνω»: *-ει η αναφυλαξία.* **2.** εξάπτομαι, εξοργίζομαι: *τότε εκείνος ξάναψε και του αποκρίθηκε με θυμό.*

- Η μτχ. παρκ. ως επίθ. = φουντωμένος, αναψοκοκκινισμένος· ερεθισμένος: *ήταν ξαναμμένος από το τρέξιμο·* (μεταφ.) *να ησυχάσει ο ξαναμμένος νους του.*

ξαναγεννώ, ρ. **1.** γεννώ (βλ. λ.) πάλι. **2.** (μέσ., μεταφ.) αναζωογονούμαι, ξανανιώνω: *όταν βλέπω θάλασσα -ιέμαι.*

ξαναγίνομαι, ρ., γίνομαι (βλ. λ.) ξανά, επαναλαμβάνομαι: *ο αγώνας -γινε ύστερα από απόφαση του αθλητικού δικαστή.* Φρ. *δεν έχει -ει / δεν -γινε ποτέ* (= δεν έγινε καμιά φορά στο παρελθόν, έγινε για πρώτη φορά τώρα σ' αυτό το μέγεθος, σ' αυτή την έκταση και με τέτοια ένταση): *τέτοια πυρκαγιά / τέτοιος σεισμός δεν -γινε.*

ξαναγυρίζω, ρ. **α.** (αμτβ.) γυρίζω (βλ. λ.) πάλι· ~ *στην πατρίδα.* **β.** (μτβ.) επιστρέφω: *-ισε το βιβλίο που δανείστηκε·* **γ.** (αμτβ., μεταφ.) επαναλαμβάνομαι: *κάποιοι στίχοι -ουν στο ποίημα· τα λόγια της -ίζαν ολοένα στο μυαλό του.*

ξαναγύρισμα το, ουσ., η ενέργεια και το αποτέλεσμα του ξαναγυρίζω.

ξαναδείχνω, ρ., δείχνω (βλ. λ.) πάλι.

ξαναδοκιμάζω, ρ., δοκιμάζω (βλ. λ.) πάλι.

ξαναζωντάνεμα το, ουσ. (έρρ.). **1.** επαναφορά στη ζωή, ανάσταση: *το ~ του Λαζάρου.* **2.** (μεταφ.) αναζωογόνηση, αφύπνιση, ανανέωση: ~ *του σώματος / του έρωτα / της επιθυμίας / της μνήμης.*

ξαναζωντανεύω, ρ. (έρρ.). **Α.** μτβ. **1.** επαναφέρω στη ζωή κάποιον ή κάτι, ανασταίνω. **2.** αναζωογονώ: *πότισε τα λουδούδια και τα -εψε.* **Β.** αμτβ. **1.** επανέρχομαι στη ζωή, ανασταίνομαι. **2.** αναζωογονούμαι, ξαναβρίσκω τη χαμένη μου ζωτικότητα: *την άνοιξη η φύση -ει.*

ξαναθυμούμαι και **-άμαι,** ρ., θυμούμαι (βλ. λ.) ξανά, πάλι.

ξανακαινουργ(ι)ώνω, ρ. (λαϊκ.). **I.** (ενεργ.) κάνω κάτι καινούργιο και πάλι, ανακαινίζω: *-γιωσα το σπίτι / το αυτοκίνητο.* **II.** (μέσ. και μεταφ.) ανανεώνομαι: *-ιώθηκε ο πόνος της.*

ξανακάνω, ρ., κάνω (βλ. λ.) πάλι.

ξανακινώ, ρ., ξεκινώ (βλ. λ.) πάλι.

ξανακούω, ρ., ακούω (βλ. λ.) πάλι.

ξανακυλώ, ρ. **1.** κυλώ (βλ. λ.) πάλι. **2.** (για άρρωστο) παρουσιάζω υποτροπή: *έγινε καλά και -ησε.*

ξαναλέω, ρ., λέω (βλ. λ.) ξανά· φρ. *λέω και ~* (= λέω επιμόνως το ίδιο πράγμα): *σ' το 'πα και σ' το ~, στο γιαλό μην κατεβείς* (δημ. τραγ.)· *τα -έμε* (= συνεχίζουμε τη συζήτηση): *καληνύχτα κι αύριο τα -έμε.*

ξαναμιλώ, ρ., μιλώ (βλ. λ.) πάλι: *από τότε που μάλωσαν δεν της -ησε πια.*

ξάναμμα το, ουσ. **1.** ερεθισμός, φλεγμονή «φούντωμα»: ~ *της αναφυλαξίας.* **2.** (μεταφ.) διέγερση, ερεθισμός, έξαψη: *το ~ του πάθους / της οργής.*

ξαναμωραίνομαι, ρ., παθ. αόρ. *-άθηκα, ξαναγίνομαι μωρός,* συμπεριφέρομαι σα μωρό: *-άθηκε ολόκληρος άντρας.*

ξαναθίζω, ρ., ανθίζω πάλι.

ξανανιώθω, ρ. (συνιζ.), νιώθω πάλι: *-ωσε τον παλιό του έρωτα για κείνην.*

ξανανιώνω, ρ., αόρ. *-νιωσα,* μτχ. παρκ. *-ιωμένος* (συνιζ.), γίνομαι πάλι νέος, αναζωογονούμαι: *πήγα διακοπές στη θάλασσα και -νιωσα.*

ξαναντα μώνω, ρ. (έρρ.), ανταμώνω (βλ. λ.) ξανά, πάλι.

ξαναπαίρνω, ρ., παίρνω (βλ. λ.) πάλι.

ξαναπαρακαλώ, ρ., παρακαλώ (βλ. λ.) πάλι.

ξαναπερνώ, ρ., περνώ (βλ. λ.) πάλι.
ξαναρίχνω, ρ., ρίχνω (βλ. λ.) πάλι.
ξαναρχίζω και **ξαναρχινώ**, ρ., αρχίζω (βλ. λ.) πάλι.
ξαναρχίνισμα το, ουσ, το να αρχίζει κανείς ξανά κάτι· καινούργια αρχή.
ξαναρχινώ, βλ. ξαναρχίζω.
ξανάρχομαι, ρ., έρχομαι (βλ. λ.) πάλι.
ξαναρωτώ, ρ., ρωτώ (βλ. λ.) πάλι.
ξανασαίνω, ρ., αόρ. *-ανα*, (απαλλάσσομαι από κοπιώδη εργασία και) παύω να ασθμαίνω, παίρνω ανάσα· (μεταφ.) απαλλάσσομαι από βασανιστικά προβλήματα, «ξαλαφρώνω», ησυχάζω, ξεκουράζομαι, ανακουφίζομαι: *πήρα την άδεια μου και -ανα*.
ξανάσασμα το, ουσ., απαλλαγή από κοπιώδη εργασία ή βασανιστικά προβλήματα, ανακούφιση, ξαλάφρωμα.
ξανασκίζω, βλ. ξανασχίζω.
ξανασμίγω, ρ., σμίγω (βλ. λ.) πάλι.
ξανασμίξιμο το, ουσ., η εκ νέου συνάντηση ή ένωση προσώπων που στο παρελθόν τούς συνέδεαν δεσμοί συγγένειας, οικειότητας, φιλίας, κλπ.: ~ της οικογένειας.
ξανάστροφος, -η, -ο, επίθ., ανάστροφος, ανάποδος. - Το θηλ. ως ουσ. = χτύπημα στο μάγουλο με την εξωτερική πλευρά της παλάμης: *θα φας καμιά -η*. - Επίρρ. **-α**.
ξανασχίζω και (λαϊκ.) **ξανασκίζω**, ρ., σχίζω (βλ. λ.) ξανά.
ξανατρέχω, ρ., τρέχω (βλ. λ.) πάλι.
ξαναφαίνομαι, ρ., παθ. αόρ. *-φάνηκα*, φαίνομαι (βλ. λ.) πάλι.
ξαναφέγγω, ρ. (ερρ.), φέγγω (βλ. λ.) πάλι.
ξαναφεύγω, ρ., φεύγω (βλ. λ.) πάλι.
ξαναφτιάχνω και (λαϊκ.) **ξαναφκιάνω**, ρ. (συνιζ.). **α.** φτιάχνω (βλ. λ) πάλι· **β.** (λαϊκ.) αποκαθιστώ τις σχέσεις μου με κάποιον: *είχαν μαλώσει, αλλά τα -φτιαξαν*.
ξαναχτίζω, ρ., χτίζω (βλ. λ.) ξανά.
ξαναχτυπώ, ρ., χτυπώ (βλ. λ.) πάλι.
ξανθαίνω, ρ. Α. (μτβ.) κάνω κάτι ξανθό, μεταβάλλω το χρώμα ενός πράγματος σε ξανθό: *-ει τα μαλλιά της*. Β. (αμτβ.) γίνομαι ξανθός.
ξανθίζω, ρ. Α. μτβ. **α.** κάνω κάτι ξανθό, του δίνω ξανθό χρώμα: *-ει τα μαλλιά της*. **β.** (ειδικότερα) τσιγαρίζω κάτι ωσότου γίνει ξανθό: ~ *το κρεμμύδι στο τηγάνι*. Β. αμτβ. **α.** έχω ελαφρά ξανθό χρώμα, ξανθές αντανάκλασεις: *τα μαλλιά της -ίζουν*· **β.** αποκτώ ξανθό χρώμα: *το κρεμμύδι -ει με το τσιγάρισμα*.
ξάνθισμα το, ουσ., το να αποκτά κάτι ξανθό χρώμα και το αποτέλεσμα αυτής της ενέργειας: *τέλειωσε το ~ των μαλλιών της*.
ξανθογένης ο, ουσ., άντρας με ξανθά γένια.
ξανθοκόκκινος, -η, -ο, επίθ., που έχει χρώμα ανάμεσα στο ξανθό και στο κόκκινο.
ξανθομάλλης, -α και **-ού** και **-ούσα, -ικο**, επίθ., που έχει ξανθά μαλλιά (συνών. *ξανθός*· αντ. *μαυρομάλλης, μελαχρινός*).
ξανθόμαλλος, -η, -ο, επίθ., ξανθομάλλης.
ξανθομαλλού και **ξανθομαλλούσα**, βλ. ξανθομάλλης.
ξανθομούστακος, -η, -ο, επίθ., που έχει ξανθό μουστάκι.
ξανθός, -ή και **-ιά, -ό**, επίθ. 1. που έχει χρυσοκίτρινο χρώμα: *-ή μπίρα*· *-ές ανταύγειες στα μαλλιά*· *πάνω στην άμμο την -ή γράψαμε τ' όνομά της*

(Σεφέρης). **2α.** που έχει μαλλιά με χρυσοκίτρινο χρώμα: (σε προσωποποίηση) *έστησ' ο Έρωτας χορό με τον -όν Απρίλη* (Σολωμός)· **β.** (συνεκδοχικά) για άνθρωπο με ανοιχτόχρωμο δέρμα σε αντιδιαστολή με το *μελαχρινός*.
ξανθούλα η, ουσ. (υποκορ. του *ξανθή, ξανθιά*), κοπέλα με ξανθά μαλλιά: *Την είδα την Ξ-, την είδα ψες αργά...* (Σολωμός).
ξανθωπός, -ή, -ό, επίθ., που έχει χρώμα που πλησιάζει στο ξανθό, που είναι περίπου ξανθός.
ξάνοιγμα το, ουσ., η ενέργεια και το αποτέλεσμα του ξανοίγω.
ξανοίγω, ρ., αόρ. *ξάνοιξα*. Ι. ενεργ. Α. μτβ. **1.** ανοίγω τελείως, απλώνω: *ξάνοιξε το νήμα για να στεγνώσει*. **2.** βλέπω, διακρίνω: *σε -ει από τα νέφη και το μάτι του αετού* (Σολωμός). **3.** (για χρώμα) κάνω πιο ανοιχτό: *ξάνοιξε το χρώμα των μαλλιών της*. Β. αμτβ. **1.** γίνομαι διαυγής, βελτιώνομαι: *άρχισε να -ει ο καιρός* (συνών. *ανοίγω, ξαστερώνω*· αντ. *συννεφιάζω*). **2.** (για χρώμα) παύω να είμαι σκούρος: *από τον ήλιο ξάνοιξαν τα χρώματα της τέντας* (συνών. *ξεθωριάζω*). ΙΙ. μέσ. **1α.** επεκτείνω τις δραστηριότητές μου περισσότερο από ό,τι μου επιτρέπουν οι (οικονομικές) μου δυνατότητες: *-χτηκε πολύ στις εμπορικές του συναλλαγές*· **β.** δαπανώ περισσότερα από ό,τι πρέπει: *με το καινούργιο σπίτι -χτήκαμε πολύ*. **2.** ανοίγομαι στα βαθιά: *ήτανε ψηλά ακόμα ο ήλιος σαν -χτήκαμε*. **3.** εξωτερικεύω τα αισθήματά μου: *μην -γεσαι στον καθένα* (συνών. *εκμυστηρεύομαι*).
ξανοστεύω και **ξανοστίζω**, ρ. **1.** γίνομαι άνοστος (συνών. *ξενοστιμίζω*). **2.** παύω να είμαι άνοστος.
ξαντήριο το, ουσ. (ερρ., ασυνίζ.), χώρος όπου γίνεται το λανάρισμα.
ξάντης ο, θηλ. **-ντρια**, ουσ. (ερρ.). **1.** εργάτης ειδικευμένος στο λανάρισμα (συνών. *λαναράς*). **2.** εργαλείο με το οποίο γίνεται το λανάρισμα (συνών. *λανάρα*).
ξαντικός, -ή, -ό, επίθ. (ερρ.), που αναφέρεται στο λανάρισμα: *τέχνη -ή*. - Το θηλ. ως ουσ. = η τέχνη του λαναρίσματος: *έμαθε την -ή σε μικρή ηλικία*. - Το ουδ. στον πληθ. ως ουσ. = αμοιβή του λαναρά.
ξαντό το ή **-ός** ο, ουσ. (ερρ.), (παλαιότερα) νήματα από ξεφτισμένο άσπρο λινό ύφασμα που το χρησιμοποιούσαν για επίδεση πληγής (αντί για γάζα). [επίθ. *ξαντός<ξαίνω*].
ξάντρια, βλ. ξάντης.
ξάπλα η, ουσ. **1α.** το να ξαπλώνει κανείς αναπαυτικά: *του αρέσει η* ~· **β.** ροπή για ανάπαυση και η έξη που αποκτάται απ' αυτήν: *συνήθισε στην* ~ *και του φαίνεται δύσκολη η δουλειά* (συνών. *χουζούρι, ραχάτι*). **2.** (ως επίρρ.) ξαπλωτά, ξαπλωμένα: *τον βρήκαν* ~.
ξάπλωμα το, ουσ., το να ξαπλώνει κανείς (για ύπνο ή ξεκούραση).
ξαπλώνω, ρ. Ι. ενεργ. Α. μτβ. **1.** πλαγιάζω κάποιον κάπου: *-ωσε το παιδί της στο κρεβάτι μήπως και νιώσει καλύτερα*. **2α.** (για παλαιστές) καταβάλλω: *με μια λαβή -ωσε τον αντίπαλο*· **β.** (με το επίρρ. *κάτω*) σκοτώνω: *με μια μαχαιριά τον -ωσε κάτω*. Β. (αμτβ.) πλαγιάζω για ύπνο ή ξεκούραση: *ήρθε λιγάκι για να ξεκουραστεί -ώσαμε νωρίς το βράδι*. ΙΙ. (μέσ.) πέφτω κάτω, πλαγιάζω: *-ώθηκε κάτω η αρκούδα και δεν έλεγε να σηκωθεί*.
ξαπλωσιά η, ουσ. (συνιζ.), ξάπλωμα.
ξαπλωτά, βλ. ξαπλωτός.

ξαπλωταριά η και **ξαπλωταριό** το, ουσ. (συνιζ., λαϊκ.). 1. ξάπλα, χουζούρι: *απ' το πρωί ως το βράδι* ~. 2. (ως επίρρ.) ξάπλα: *τους είδα έτσι* ~.
ξαπλωτήρα και **ξαπλώτρα** η, ουσ., είδος καθίσματος κατάλληλου για να ξαπλώνει κανείς.
ξαπλωτός, -ή, -ό, επίθ., ξαπλωμένος, πλαγιαστός: *τον βρήκαν -ό*. - Επίρρ. **-ά**.
ξαπλώτρα, βλ. *ξαπλωτήρα*.
ξαπολώ, -άς και **ξαπολνώ, -άς**, ρ. (λαϊκ.), εξαπολύω (βλ. λ.) (συνών. *απολνώ*).
ξαποσταίνω, ρ., αόρ. *-στασα*, ξεκουράζομαι: *θα -στάσουμε μαζί / κάτω απ' το θόλο των πλατάνων* (Σεφέρης) (συνών. *αναπαύομαι*).
ξαπόσταμα το, ουσ., ξεκούραση, ανάπαυση.
ξαποστέλνω, βλ. *εξαποστέλλω*.
ξαραχνιάζω, ρ. (συνιζ.), καθαρίζω το χώρο από τους ιστούς της αράχνης: *-χνιασα το σπίτι*.
ξαράχνιασμα το, ουσ. (συνιζ.), καθαρισμός κάποιου χώρου από τις αράχνες: ~ *σπιτιού*.
ξαρμάτωμα το, ουσ., αφαίρεση οπλισμού, αφοπλισμός.
ξαρματώνω, ρ. I. ενεργ. 1. αφαιρώ βίαια τον οπλισμό κάποιου, αφοπλίζω. 2. (για πλοίο) αφαιρώ την «αρματωσιά» του, παροπλίζω. II. (μέσ., λαϊκ.) βγάζω τα όπλα, αφοπλίζομαι.
ξαρμάτωτος, -η, -ο, επίθ. 1. που έμεινε χωρίς άρματα, άοπλος. 2. (για πλοίο) που δεν έχει «αρματωσιά», παροπλισμένος.
ξαρμυρίζω, βλ. *ξαλμυρίζω*.
ξαρμύρισμα, βλ. *ξαλμύρισμα*.
ξαρραβωνιάζω, ρ. (συνιζ.), (ενεργ. και μέσ.) διαλύω τον αρραβώνα: *-νιασε την κόρη του· δεν πρόλαβαν να αρραβωνιαστούν και μέσα σ' ένα μήνα -στηκαν*.
ξαρρωστικό το, ουσ. (λαϊκ.), τονωτικό φάρμακο.
ξαρρωστώ, ρ. (λαϊκ.), θεραπεύομαι από αρρώστια, γίνομαι καλά: *αρρώστησε, -στησε κι άλλη γυναίκα πήρε* (δημ. τραγ.).
ξάρτι το, ουσ. 1. σκοινί που συγκρατεί το κατάρτι: *λασκάρισαν τα -ια*. 2. (στον πληθ.) τα σκοινιά των καταρτιών και το σύνολο των εξαρτημάτων καταστρώματος πλοίου. [*εξάρτιον*<*εξαρτίζω*].
ξαρτόδεμα το, ουσ. (ναυτ.) κόμπος με τον οποίο ανασυνδέονται τα κομμένα κομμάτια σκοινιού της αρματωσιάς πλοίου.
ξάσιμο το, ουσ., η ενέργεια του «ξαίνω».
ξάσμα το, ουσ. (λαϊκ.), μαλλί ξασμένο, λαναρισμένο.
ξασπρίζω, ρ. Α. μτβ. 1. κάνω κάτι άσπρο, ασπρίζω (συνών. *λευκαίνω*). 2. κάνω κάτι να χάσει το αρχικό του χρώμα, να ξεθωριάσει: *ο ήλιος -ισε την τέντα*. Β. (αμτβ.) αποκτώ χρώμα ασπριδερό, χάνοντας το αρχικό μου: *-ισαν από τον ήλιο τα ρούχα*.
ξάσπρισμα το, ουσ. 1. άσπρισμα, λεύκανση. 2. ξεθώριασμα.
ξασπρουλιάρης, -α, -ικο, επίθ. (συνιζ.), που έχει χάσει το χρώμα του, ξέθωρος.
ξαστεριά η, ουσ. (συνιζ.), η κατάσταση του έναστρου ή καθαρού ουρανού: *ήλιος και* ~ (αντ. *συννεφιά*).
ξάστερος, -η, -ο, επίθ. 1. (για τον ουρανό κυρίως) που δεν έχει σύννεφα, έναστρος, καθαρός: *ουρανός* ~ *νύχτα -η* (αντ. *συννεφιασμένος*). 2. (συνεκδοχικά) καθαρός, διαυγής: *μυαλό -ο*. 3. ανυπόκριτος, ειλικρινής: *κουβέντες -ες*. - Επίρρ. **-α**: *με σαφήνεια, ξεκάθαρα· εκφρ. καθαρά και -α* (= με ειλι-

κρίνεια, ξεκάθαρα): *να του μιλήσεις καθαρά και -α*.
ξαστέρωμα το, ουσ., το να ξαστερώνει ο ουρανός.
ξαστερώνω, ρ. 1. (για τον ουρανό κυρίως) γίνομαι καθαρός, ξανοίγω: *-στέρωσε ο ουρανός·* (σε γ΄ πρόσ.) σιγά σιγά *-ει*. 2. (μεταφ.) γίνομαι καθαρός, διαυγής: *-στέρωσε το μυαλό*.
ξαστοχαίνω, βλ. *ξαστοχώ*.
ξαστόχημα το και (συνιζ.) **ξαστοχιά** η, ουσ. (λαϊκ.). 1. αποτυχία (σκοπού ή στόχου): *οι δυο του γιοι ήτανε ρεμάλια και πέφτανε από ξαστοχιά σε ξαστοχιά*. 2. παράλειψη από λησμονιά.
ξαστοχώ και **ξαστοχαίνω**, ρ., αόρ. *ξαστόχησα* (λαϊκ.). 1. αποτυχαίνω στο στόχο: *πέταξα μια πέτρα, αλλά -στόχησα*. 2. λησμονώ, ξεχνώ: *-στόχησα να περάσω από το σπίτι*.
ξαφνιάζω, (συνιζ.) και **ξαφνίζω**, ρ. I. ενεργ. 1. αιφνιδιάζω, τρομάζω κάποιον: *με -ιασες έτσι που με φώναξες*. 2. προκαλώ έκπληξη: *με -ιασε η παρουσία σου στη συγκέντρωση*. 3. με απότομη κίνηση προκαλώ πόνο: ~ *το λαιμό / το πόδι*. II. μέσ. 1. μένω έκπληκτος: *-ιάστηκα που σε είδα στη γιορτή*. 2. τρομάζω: *-ιάστηκα με τις φωνές σου*.
ξάφνιασμα (συνιζ.) και **ξάφνισμα** το, ουσ. 1. ξαφνικό αίσθημα φόβου. 2. έκπληξη. 3. πρόκληση πόνου από απότομη κίνηση: ~ *λαιμού / μέσης*.
ξαφνίζω, βλ. *ξαφνιάζω*.
ξαφνικός, -ή, -ό, επίθ., που συμβαίνει γρήγορα και απροσδόκητα: *θάνατος / γάμος / πόνος* ~ (συνών. *αιφνίδιος, αναπάντεχος*). - Το ουδ. ως ουσ. = αναπάντεχο γεγονός (συνήθως κακό): *τι είναι αυτό το -ό που μας βρήκε! -ό να σου 'ρθει!* (κατάρα). - Επίρρ. **-ά**.
ξάφνισμα, βλ. *ξάφνιασμα*.
ξάφνου, επίρρ., ξαφνικά: ~ *μια φωνή ακούστηκε* (συνών. *αναπάντεχα*).
ξαφρίζω, ρ. 1. αφαιρώ τον αφρό: ~ *το κρέας / το γλυκό*. 2. (μεταφ.) αφαιρώ κάτι κρυφά, κλέβω: *του ξάφρισαν το πορτοφόλι*. Φρ. *αφρίζει -ει τον παρά μου έδωσα* (= είναι δεν είναι καλό, δεν έχει σημασία, και το πλήρωσα).
ξάφρισμα το, ουσ. 1. αφαίρεση του αφρού: ~ *φαγητού / γλυκού*. 2. (μεταφ.) κλοπή: ~ *πορτοκαλιού*.
ξαφτέρουγα, βλ. *εξαπτέρυγα*.
ξε-, I. μόρ. 1. στερ. μόρ. ρημάτων: *ξεβάφω, ξεκαρφώνω*. 2. επιτακτικό μόριο ρημάτων: *ξεγελώ, ξεπαγιάζω, ξεκουφαίνω*. [από παρατ. και αόρ. ρημάτων σύνθετων με την πρόθ. *εκ*].
ξε-, II. μόρ. ρημάτων με τη σημασ. «περνώ»: *ξεκαλοκαιριάζω, ξενυχτώ*. [αρχ. πρόθ. *εκ*].
ξε-, III. πρόθεμα που χρησιμοποιείται: 1. πριν από ουσιαστικά για να δηλώσει ιδιότητα που εγκαταλείφθηκε: *δάσκαλος, ξε-δάσκαλος*. 2. για να δηλώσει αγανάκτηση ή αδιαφορία γι' αυτό που σημαίνει η λέξη που συνοδεύει, η οποία συνήθως έχει προηγηθεί στο διάλογο: — *Έχω γρίπη. — Γρίπη, ξε-γρίπη πρέπει να τελειώσουμε·* φρ. *δεν έχει μα και ξε-μά*, βλ. *μα*. [επέκταση του στερ. *ξε-*].
ξέβαμμα το, ουσ. 1. αποχρωματισμός. 2. ξεθωριασμα: ~ *υφάσματος*.
ξεβασκαίνω, ρ. (με ξόρκια) απαλλάσσω κάποιον από τη βασκανία (συνών. *ζεματιάζω·* αντ *βασκαίνω*).
ξεβάσκαμα το, ουσ., ξεμάτιασμα (βλ. λ.).
ξεβάφω, ρ. I. ενεργ. Α. (μτβ.) αποχρωματίζω, αφαιρώ το χρώμα από κάτι, ξασπρίζω κάτι: *ξέβαψε τα*

ξεβάψιμο

νύχια της· το λευκαντικό -ει τα χρωματιστά ρούχα· ο ήλιος ξέβαψε τη σημαία. Β. (αμτβ.) αποχρωματίζομαι, χάνω το χρώμα μου, ξεθωριάζω, ξασπρίζω: *με το πέρασμα του καιρού ο τοίχος ξέβαψε· το φόρεμα ξέβαψε.* II. (μέσ.) αφαιρώ το μακιγιάζ, ξεμακιγιάρομαι.
ξεβάψιμο το, ους., ξέβαμμα (βλ. λ.).
ξεβγάζω και (λαϊκ.) **ξεβγάνω**, ρ., αόρ. *ξέβγαλα* και *ξέβγανα*, παθ. αόρ. *ξεβγάλθηκα*, μτχ. παρκ. *ξεβγαλμένος*. 1. πλένω τα ρούχα για τελευταία φορά ώστε να φύγουν υπολείμματα σαπουνιού ή απορρυπαντικών. 2. παρασύρω στη διαφθορά, διαφθείρω: *ήταν καλό κορίτσι, αλλά την ξέβγαλε η φίλη της·* η μτχ. *ξεβγαλμένος* (ιδίως στο θηλ.) = που έχει πολλές ερωτικές εμπειρίες. 3. συνοδεύω ως την έξοδο, ξεπροβοδίζω: *την ξέβγαλε ως την εξώπορτα.*
ξέβγαλμα το, ους. 1. πλύσιμο ρούχων με τρόπο που να φύγουν και τα τελευταία υπολείμματα σαπουνιού και απορρυπαντικού. 2. εκτροπή, απομάκρυνση από τον ίσιο δρόμο, διαφθορά. 3. το να συνοδεύει κανείς πρόσωπο που αναχωρεί, κατευόδωμα (συνών. *ξεπροβόδισμα*).
ξεβγάνω, βλ. *ξεβγάζω.*
ξεβίδωμα το, ους. 1. το να ξεβιδώνει κανείς βίδα ή άλλο αντικείμενο και το αποτέλεσμα αυτής της ενέργειας (αντ. *βίδωμα*). 2. (μεταφ.) έντονη και απότομη κίνηση (ιδίως σωματική άσκηση ή ρυθμός με έντονους ρυθμούς) που καταπονεί τις αρθρώσεις.
ξεβιδώνω, ρ. 1. αποσυνδέω βίδα ή αντικείμενο με κοχλιωτή εγχάραξη (ή αντικείμενο προσαρτημένο κάπου με βίδες) στρέφοντάς τα κατά την αντίθετη φορά από εκείνη που χρησιμοποιείται κατά το βίδωμα: *~ βίδα / ηλεκτρικό λαμπτήρα.* 2. (μεταφ.) καταπονώ κάποιον υποχρεώνοντάς τον σε έντονη σωματική κίνηση: *τον -ωσε στη δουλειά·* (μέσ.) *-ωθήκαμε στο χορό.*
ξεβλαστάρωμα το, ους., το φύτρωμα βλαστών από σπαρμένους σπόρους ή κορμούς και κλαδιά φυτών.
ξεβλασταρώνω, ρ. (για φυτά) βγάζω βλαστάρια: *το σιτάρι / το δέντρο -ωσε* (συνών. *ξεφυτρώνω*).
ξεβοτανίζω, ρ., ξεριζώνω τα επιβλαβή αγριόχορτα που φυτρώνουν ανάμεσα στα καλλιεργημένα φυτά (συνών. *βοτανίζω, ξεχορταριάζω*).
ξεβοτάνισμα το, ους., ξερίζωμα των επιβλαβών αγριόχορτων που φυτρώνουν ανάμεσα στα καλλιεργημένα φυτά (συνών. *βοτάνισμα, ξεχορτάριασμα*).
ξεβούλωμα το, ους. 1. αφαίρεση πώματος: *~ του μπουκαλιού* (συνών. *ξεστούπωμα, άνοιγμα·* αντ. *βούλωμα, κλείσιμο*). 2. άνοιγμα: *~ του νεροχύτη / της φραγμένης αποχέτευσης.*
ξεβουλώνω, ρ. 1. βγάζω το βούλωμα: *~ το μπουκάλι* (συνών. *ξεστουπώνω, ανοίγω·* αντ. *βουλώνω, κλείνω*). 2. ξεφράζω, ανοίγω: *-ωσα την αποχέτευση / το νιπτήρα.*
ξεβούλωτος, -η, -ο, επίθ., που δεν έχει πώμα, βούλωμα· ανοιχτός (αντ. *βουλωμένος, κλειστός*).
ξεβράζω, ρ. (για τρικυμισμένη θάλασσα) ρίχνω έξω, βγάζω στην ξηρά: *η θάλασσα -ασε ξύλα και πτώματα·* (μέσ.) *δυο πτώματα ναυτικών -άστηκαν στην όχθη.*
ξεβράκωμα το, ους. (χυδ.). 1. αφαίρεση, βγάλσιμο του βρακιού. 2. (μεταφ.) αποκάλυψη, εξευτελισμός, ρεζίλεμα: *το ~ του απατεώνα.*

ξεβρακώνω, ρ. (χυδ.). I. ενεργ. 1. αφαιρώ, βγάζω το βρακί κάποιου. 2. (μεταφ.) αποκαλύπτω, εξευτελίζω, διασύρω. II. (μέσ.) αφαιρώ, βγάζω το βρακί μου.
ξεβράκωτος, -η, -ο, επίθ. (χυδ.). 1. που δεν φορά βρακί, που του λείπει και το τελευταίο εσώρουχο, εντελώς γυμνός. 2. (μεταφ.) που δεν έχει καθόλου περιουσία· (ειδικότερα) γυναίκα που δεν έχει καθόλου προίκα: *την παντρεύτηκε -η.*
ξέβρασμα το, ους., αυτό που βγάζει στην ξηρά η θάλασσα.
ξεβρομίζω, ρ. Α. μτβ. 1. απαλλάσσω από την ακαθαρσία κάποιον ή κάτι, καθαρίζω: *-ίσαμε το σπίτι.* 2. (μεταφ.) επανορθώνω μια ανώμαλη κατάσταση. Β. (αμτβ.) απαλλάσσομαι από την ακαθαρσία, καθαρίζω: *πλύθηκα και -ισα.*
ξεβρόμισμα το, ους. 1. η ενέργεια και το αποτέλεσμα του ξεβρομίζω, η απαλλαγή από ακαθαρσία, το καθάρισμα. 2. (μεταφ.) επανόρθωση μιας ανώμαλης κατάστασης.
ξεγάντζωμα το, ους., αφαίρεση αντικειμένου από γάντζο, όπου κρέμεται ή είναι προσαρμοσμένο.
ξεγαντζώνω, ρ. 1α. αφαιρώ κάτι από το γάντζο όπου κρέμεται ή είναι προσαρμοσμένο· β. ελευθερώνω κάτι που έχει πιαστεί από αντικείμενο σε σχήμα γάντζου: *-ωσα το πουλόβερ από το σύρμα.* 2. (μέσ., μεταφ.) παύω να εξαρτώμαι από κάποιον: *επιτέλους -ώθηκε απ' τη μάνα του!*
ξέγδαρμα το, ους., επιφανειακό σκίσιμο του δέρματος (συνών. *αμυχή, γρατσουνιά*).
ξεγδέρνω, ρ., αόρ. *ξέγδαρα*, παθ. αόρ. *ξεγδάρθηκα*, μτχ. παρκ. *ξεγδαρμένος*, προκαλώ σκίσιμο του δέρματος (ανθρώπου ή ζώου) με αιχμηρό αντικείμενο: *τον ξέγδαρε με τα νύχια του.*
ξεγέλασμα το, ους., παραπλάνηση, εξαπάτηση, εμπαιγμός (κάποιου από κάποιον άλλον).
ξεγελαστής ο, θηλ. **-άστρα**, ους., πρόσωπο που εμπαίζει, παραπλανά, εξαπατά (κάποιον).
ξεγελώ, ρ., παραπλανώ με ψεύτικες υποσχέσεις, εμπαίζω, εξαπατώ.
ξεγέννημα το, ους., το να ξεγεννά κανείς και το αποτέλεσμα αυτής της ενέργειας.
ξεγεννώ, ρ. 1. (μτβ., για μαιευτήρα, γιατρό ή μαία) βοηθώ έγκυο γυναίκα (ή θηλυκό ζώο) να γεννήσει: *ο γιατρός αυτός -ησε τη γυναίκα μου· ο αγρότης -ησε τη φοράδα του* (συνών. *λευτερώνω*). 2. (αμτβ., για ζώα κοπαδιού, όταν ολοκληρωνεται η περίοδος των γεννήσεων) σταματώ τις γεννήσεις, παύω (για φέτος) να γεννώ: *τα πρόβατα -ησαν.*
ξεγίνομαι, ρ., παύω να υπάρχω: *ό,τι έγινε δεν -εται.*
ξεγλίστρημα το, ους. α. φυγή κάποιου προσώπου που περνάει απαρατήρητη, λαθραία φυγή, διαφυγή· β. αποφυγή δυσάρεστης κατάστασης.
ξεγλιστρώ, ρ. α. ξεφεύγω απαρατήρητος, διαφεύγω: *-ησε μέσα από τα χέρια των εχθρών·* β. ξεφεύγω από δυσάρεστη κατάσταση με επιτήδειο τρόπο: *~ απ' τους κινδύνους· του έκαναν δύσκολες ερωτήσεις, αλλά -ησε.*
ξεγνοιάζω, βλ. *ξενοιάζω.*
ξεγνοιασιά, βλ. *ξενοιασιά.*
ξέγνοιαστος, -η, -ο, βλ. *ξένοιαστος.*
ξεγοφιάζω, ρ. (συνιζ.). 1. καταστρέφω την άρθρωση του μηριαίου οστού στην περιοχή του ισχίου, «βγάζω» το γοφό κάποιου: *εκεί που παλεύανε του τράβηξε δυνατά το πόδι και τον -ιασε.* 2. (μεταφ.) κουράζω υπερβολικά, ταλαιπωρώ, εξουθενώνω σωματικά κάποιον (υποχρεώνοντάς τον να εργα-

στεί ή να ασκηθεί σκληρά): *το αφεντικό μάς -ιασε στο τσαπί σήμερα·* (μέσ.) -ιάστηκα στο χορό (συνών. ξεθεώνω).

ξεγόφιασμα το, ουσ. (συνίζ.). 1. εξάρθρωση του μηριαίου οστού στην περιοχή του ισχίου. 2. υπερβολική σωματική κόπωση, ταλαιπωρία.

ξεγράφω, ρ. 1. διαγράφω, εξαλείφω κάτι γραμμένο, σβήνω· παροιμ. φρ. (σε προσωποποίηση του πεπρωμένου, της μοίρας) *ό,τι γράφει δεν -ει* (= είναι αδύνατο να αποφύγει κανείς το πεπρωμένο του). 2. αγνοώ, δεν υπολογίζω κάποιον ή κάτι, συμπεριφέρομαι σαν να μην υπάρχει· φρ. *ξέγραψέ με* (= μη με λογιαριάζεις). 3. διαγράφω από τη μνήμη μου, σβήνω από το μυαλό μου: *αυτό να το -άψεις!* 4. θεωρώ κάποιον καταδικασμένο να πεθάνει εξαιτίας βαριάς ασθένειας: *τον είχαν -μμένο οι γιατροί.*

ξεγύμνωμα το, ουσ. 1. αφαίρεση των ενδυμάτων, γύμνωση (συνών. *γδύσιμο*). 2. (μεταφ.) αφαίρεση του προσωπείου, αποκάλυψη των ελαττωμάτων ή των αδυναμιών κάποιου (συνών. *ξεσκέπασμα, ξεμασκάρεμα*).

ξεγυμνώνω, ρ. 1. αφαιρώ τα ρούχα κάποιου, γδύνω· (μέσ.) βγάζω τα ρούχα μου. 2. (συνεκδοχικά) ληστεύω. 3. (μεταφ.) αφαιρώ το προσωπείο κάποιου, αποκαλύπτω τα ελαττώματα ή τις αδυναμίες του.

ξεγυρίζω, ρ., μτχ. παρκ. -*ισμένος.* 1. (μτβ.) στρέφω, γυρίζω κάτι από την άλλη όψη, «τα μέσα έξω»: *-ισα το παλιό μου κουστούμι· -ισμένο ρούχο.* 2. (για ασθενή) βαδίζω προς το καλύτερο, αρχίζω να αναρρώνω: *την τελευταία βδομάδα το παιδί -ισε.* - Η μτχ. ως επίθ.: *χαστούκι -ισμένο* = δυνατό· *απάντηση -ισμένη* = που δεν αφήνει περιθώρια για άλλο σχόλιο.

ξεγύρισμα το, ουσ. 1. γύρισμα ενός πράγματος από την άλλη όψη, «τα μέσα έξω». 2. (για άρρωστο) βελτίωση, καλυτέρευση της υγείας.

ξεδένω, ρ., λύνω.

ξεδιάλεγμα το, ουσ. (συνιζ.), ξεχώρισμα του εκλεκτότερου μέρους μιας ποσότητας, επιλογή (συνών. *διαλογή*).

ξεδιαλε(γ)ούδι το, ουσ. (συνιζ., λαϊκ.), (συνήθως στον πληθ.) αυτό που μένει μετά το ξεδιάλεγμα και (συνεκδοχικά) αυτό που υστερεί σε ποιότητα: *έδωσε όλα τα καλά κομμάτια και του έμειναν τα -ια* (συνών. *υπόλειμμα, απομεινάρι*).

ξεδιαλέγω, ρ. (συνιζ.), ξεχωρίζω το εκλεκτότερο μέρος (μιας ποσότητας, ενός συνόλου): *-άλεξε τις καλύτερες ελιές / τα καλύτερα αποσπάσματα για την ανθολογία του* (συνών. *επιλέγω, σταχυολογώ, ανθολογώ*).

ξεδιαλεούδι, βλ. *ξεδιαλεγούδι.*

ξεδιάλυμα το, ουσ. (συνιζ.), ξεκαθάρισμα, αποσαφήνιση· διαλεύκανση, λύση.

ξεδιαλύνω, ρ. (συνιζ.), αόρ. *-άλυνα.* Α. μτβ. 1. ξεκαθαρίζω, καθαρίζω: ~ *το αλεύρι από τα πίτουρα.* 2. αποσαφηνίζω, διαλευκαίνω: *προσπαθούσε να -ει το νόημα των λόγων του.* 3. διακρίνω από μεγάλη απόσταση, βλέπω από πολύ μακριά, ξανοίγω (βλ. λ. στη σημασ. 2): *...ζω με την ελπίδα πως κάπου ανοιχτά στο πέλαγο... θα* ~ *το καράβι του* (Μπαστιάς). Β. (αμτβ.) (για όνειρο) εξηγούμαι καθώς επαληθεύομαι: *-άλυνε το όνειρο.*

ξεδιάντροπα, βλ. *ξεδιάντροπος.*

ξεδιαντροπιά και **ξαδιαντροπιά** η, ουσ. (συνιζ. δις), ολοκληρωτική έλλειψη ντροπής, αναισχυ-

ντία (συνών. λόγ. *αναίδεια,* λαϊκ. *ξετσιπωσιά*· αντ. *ντροπαλότητα, σεμνότητα*).

ξεδιάντροπος, -η, -ο και **ξαδιάντροπος,** επίθ. (συνιζ.), που δεν έχει καθόλου ντροπή, αναισχυντος (συνών. λόγ. *αναιδής,* λαϊκ. *ξετσίπωτος·* αντ. *ντροπαλός, σεμνός, συνεσταλμένος*). - Επίρρ. -**α**.

ξεδικιωμός ο, ουσ. (συνιζ.), εκδίκηση (βλ. λ.).

ξεδικιωτής ο, ουσ. (συνιζ.), που παίρνει εκδίκηση, τιμωρός, εκδικητής (βλ. λ.).

ξεδίνω, ρ., αόρ. *ξέδωσα,* μτχ. παρκ. *ξεδομένος,* διασκεδάζω, γλεντώ για να ξεχάσω τα βάσανά μου: *βγήκαμε να ξεδώσουμε λιγάκι* (συνών. λαϊκ. *ξεσκάζω*).

ξεδίπλωμα το, ουσ., το άνοιγμα διπλωμένου πράγματος, το άπλωμα: ~ *του χαρτιού / του σεντονιού / των φτερών.*

ξεδιπλώνω, ρ., ανοίγω κάτι διπλωμένο (ή συσκευασμένο), απλώνω: ~ *χαρτί / σεντόνι / πακέτο / τα φτερά.* Φρ. *την -ωσε* (= έφαγε χορταστικά).

ξεδίπλωτος, -η, -ο, επίθ., που ήταν διπλωμένος και ξεδιπλώθηκε, ανοιχτός, απλωμένος: *χαρτί -ο· σημαία -η.*

ξεδίψασμα το, ουσ. 1. απαλλαγή από το αίσθημα της δίψας. 2. (μεταφ.) ικανοποίηση μιας ανάγκης: ~ *της περιέργειας.*

ξεδιψώ, ρ. Α. (μτβ.) σβήνω τη δίψα κάποιου: *μας -ίψασε η πηγή στην κορυφή του βουνού.* Β. αμτβ. 1. καταπραΰνω τη δίψα μου. 2. (μεταφ.) ικανοποιώ μια ανάγκη: *δεν -ίψασε ο πόθος του για γνώση.*

ξέδομα το, ουσ., απαλλαγή από φροντίδες με κάποια ψυχαγωγία (συνών. *ξέσκασμα*).

ξεδοντιάζω, ρ. (έρρ., συνιζ.). Ι. (ενεργ.). 1. σπάζω ή βγάζω τα δόντια κάποιου: *του 'δωσε μια γροθιά και τον -ιασε.* 2. (μτβ.) αφαιρώ από κάποιον (ιδίως χρήματα) για κάποια υπηρεσία που του προσέφερα. ΙΙ. (μέσ.) (για γέρους) χάνω τα δόντια μου, μένω χωρίς δόντια.

ξεδοντιάρης, -άρα, -ικο, επίθ. (έρρ., συνιζ.), που δεν έχει καθόλου δόντια ή που του λείπουν πολλά: *γέρος* ~· *σκυλί -ικο* (συνών. *φαφούτης*).

ξεδόντιασμα το, ουσ. (έρρ. συνίζ.), βγάλσιμο ή χάσιμο των δοντιών.

ξεζαλίζω, ρ. Ι. (ενεργ.) κάνω κάποιον να απαλλαγεί από τη ζάλη: *ο καφές που ήπια με -ισε.* ΙΙ. (μέσ.) συνέρχομαι από τη ζάλη: *βγήκα στον καθαρό αέρα και -ίστηκα* (αντ. *ζαλίζω*).

ξέζεμα το, ουσ., λύσιμο ζώου από το ζυγό (αντ. *ζέψιμο*).

ξεζεύω, ρ., λύνω από το ζυγό κάποιο ζώο: *-εψα το άλογο* (αντ. *ζεύω*).

ξεζουμίζω, ρ. 1. αφαιρώ το ζουμί από κάτι, στύβω: *-ισα το πορτοκάλι.* 2. (μεταφ.) εξαντλώ οικονομικά κάποιον: *είχε πολλά χρήματα, αλλά τον -ισαν τα αδέλφια του.*

ξεζούμισμα το, ουσ., το να ξεζουμίζει (βλ. λ.) κανείς και το αποτέλεσμα αυτής της ενέργειας.

ξεζώνω, ρ., μέσ. -*ώνομαι,* αόρ. (*ε*)*ξεζώθηκα* και (*ε*)-*ξεζώστηκα,* μτχ. παρκ. *ξεζωσμένος,* αφαιρώ τη ζώνη ή οτιδήποτε είναι τυλιγμένο γύρω από τη μέση ή κρεμασμένο απ' αυτήν: -*ωσε το σπαθί* (μέσ. μτβ.) -*ώστηκε τ' άρματα* (αντ. *ζώνω*).

ξέζωμα το, ουσ., το να ξεζώνει, ξεζώνεται (βλ. λ.) κανείς.

ξέζωστος, -η, -ο, επίθ., που δε φορά ζώνη: *βγήκε έξω* ~.

ξεθάβω και **ξετάφτω**, ρ. 1α. βγάζω τα οστά ή το σώμα νεκρού από τον τάφο· πραγματοποιώ εκτα-

ξέθαρρα

φή: *-θαψαν το πτώμα για τη νεκροψία·* **β.** βγάζω κάτι από τη γη αφαιρώντας το χώμα που το σκεπάζει: *στις ανασκαφές -θαψαν ένα άγαλμα* (αντ. *θάβω, παραχώνω)·* **γ.** βγάζω κάποιον που έχει καταπλακωθεί· ειδικά συνεργεία *-θαψαν νεκρούς και τραυματίες του μεγάλου σεισμού.* **2.** (μεταφ.) φέρνω στη δημοσιότητα κάτι που έχει ξεχαστεί ή αποσιωπηθεί: *οι δημοσιογράφοι -θαψαν αυτή την παλιά υπόθεση* (αντ. *θάβω).*
ξέθαρρα, βλ. *ξέθαρρος.*
ξεθάρρεμα το, ουσ., το να ξεθαρρεύει κανείς και το αποτέλεσμα αυτής της ενέργειας.
ξεθαρρεύω, ρ., ενεργ. και μέσ., παίρνω θάρρος· αποθρασύνομαι: *-εψε κι άρχισε να έχει απαιτήσεις.*
ξέθαρρος, -η, -ο, επίθ., που έχει πάρει θάρρος, ξεθαρρεμένος: *πολύ ~ έγινες κι άρχισες να αντιμιλάς! -* Επίρρ. **-α:** *του απάντησε -α.*
ξεθάφτω, βλ. *ξεθάβω.*
ξεθάψιμο το, ουσ., εκταφή (βλ. λ.).
ξεθεμελίωμα το, ουσ. **1.** γκρέμισμα ενός κτίσματος από τα θεμέλια. **2.** (μεταφ.) πλήρης, ολοκληρωτικός αφανισμός, καταστροφή.
ξεθεμελιώνω, ρ. (συνιζ.). **1.** γκρεμίζω κάτι από τα θεμέλια: *ο σεισμός του -ιωσε το σπίτι.* **2.** (μεταφ.) καταστρέφω, αφανίζω εντελώς: *περιοχές ολόκληρες -ιώθηκαν απ' τον εχθρό.*
ξεθεώμαι το, ουσ., υπερβολική κούραση, ταλαιπωρία: *τι ~ κι αυτό σήμερα!*
ξεθεώνω, ρ. **Ι.** (ενεργ.) κουράζω υπερβολικά κάποιον: *τον -ωσαν στη δουλειά.* **ΙΙ.** (μέσ.) κουράζομαι υπερβολικά από κάτι: *-ώθηκα στον ποδαρόδρομο / στο διάβασμα.*
ξεθηκαρώνω και **ξεφηκαρώνω** και **ξεφουκαρώνω,** ρ. **1.** τραβώ από τη θήκη του μαχαίρι ή σπαθί: *-ωσε από το πλατύ του ζωνάρι την κάμα του* (Ι.Μ. Παναγιωτόπουλος). **2.** (στον τ. *ξεφουκαρώνω)* αποκαλύπτω, φέρνω στο φως: *από πού το -ωσες πάλι τούτο;*
ξεθηλύκωμα το, ουσ., ξεκούμπωμα (βλ. λ.) (αντ. *θηλύκωμα).*
ξεθηλυκώνω, ρ., ξεκουμπώνω (βλ. λ.) (αντ. *θηλυκώνω).*
ξεθηλύκωτος, -η, -ο, επίθ., ξεκούμπωτος (βλ. λ.).
ξεθολώνω, ρ. **Α.** μτβ. **1.** κάνω κάτι από θολό να γίνει διαυγές, καθαρό: *στράγγιξα το κρασί για να το -ώσω· σκούπισα το τζάμι και το -ωσα.* **2.** κάνω μια πνευματική λειτουργία που προσωρινά είχε ελαττωθεί να ξαναβρεί τη δύναμή της: *η ξεκούραση -ώνει το μυαλό / τη σκέψη.* **Β.** αμτβ. **1.** γίνομαι από θολός διαυγής, καθαρός: *-ωσε το νερό / ο καθρέφτης / -ωσε η ανάμνησή της στο μυαλό μου.* **2.** (για τα μάτια) βλέπω καθαρά: *σκούπισα τα δάκρυα και -ωσαν τα μάτια μου.* **3.** (για πνευματική λειτουργία που προσωρινά είχε ελαττωθεί) ξαναποκτώ τη δύναμή μου: *-ωσε το μυαλό μου / η μνήμη μου.* **4.** συνέρχομαι από μεθύσι: *έριξα νερό στο πρόσωπό μου και -ωσα.*
ξεθυμαίνω, ρ., αόρ. *-ανα,* μτχ. *-ασμένος.* **1.** χάνω τη σπιρτάδα, την ουσία, τη δύναμή μου: *-ανε το κρασί / το πιπέρι / το άρωμα / το νέφτι.* **2.** (μεταφ., για συναισθήματα) χάνω την έντασή μου, ατονώ: *-ανε το ενδιαφέρον του για τη λογοτεχνία.* **3.** (μεταφ.) εκτονώνομαι (ύστερα από ξέσπασμα): *έκλαψε πολύ ώσπου -ανε.*
ξεθύμασμα το, ουσ. **1.** το να χάσει κάτι τη σπιρτάδα, τη μυρωδιά, τη δύναμή του: *~ της κολώνιας /*

του κρασιού / του οινοπνεύματος. **2.** (μεταφ.) το να χάσει ένα συναίσθημα την έντασή του: *~ της αγάπης του.* **3.** ξέσπασμα, εκτόνωση: *~ του θυμού με βρισιές.*
ξεθυμώνω, ρ., μου περνά ο θυμός, παύω να είμαι θυμωμένος: *μην του μιλάς ώσπου να -ώσει* (συνών. *ξεκακιώνω·* αντ. *θυμώνω).*
ξεθωριάζω, ρ. (συνιζ.). **Α.** μτβ. **1.** κάνω να χαθεί ή να χάσει τη ζωηράδα του το χρώμα ενός αντικειμένου: *ο ήλιος -ώριασε τις κουρτίνες.* **2.** (μεταφ.) κάνω να χάσει την έντασή της η ανάμνηση ενός γεγονότος ή προσώπου: *ο χρόνος -ώριασε τις αναμνήσεις της προσφυγιάς.* **Β.** αμτβ. **1.** χάνω το χρώμα μου ή παθαίνω αλλοίωση του χρωματισμού μου: *-ώριασε η μπλούζα με το πλύσιμο.* **2.** (μεταφ., για ανάμνηση γεγονότος ή προσώπου) χάνω την ένταση, τη ζωηρότητά μου: *-ώριασε με τον καιρό η ανάμνησή της.*
ξεθώριασμα το, ουσ. **1.** χάσιμο του χρώματος ή της ζωηρότητας του χρώματος ενός αντικειμένου: *~ ρούχου / φωτογραφίας.* **2.** (μεταφ.) χάσιμο της έντασης, της ζωηρότητας μιας ανάμνησης: *~ της ανάμνησης του πολέμου.*
ξέθωρος, -η, -ο, επίθ. **1.** που έχει χάσει το χρώμα του ή τη ζωηρότητα του χρώματός του, ξεθωριασμένος: *φόρεμα -ο· φωτογραφία -η.* **2α.** που το χρώμα του δεν είναι ζωηρό: *μάτια -α·* **β.** (για χρώμα) αχνός, όχι πολύ έντονος: *οι τοίχοι ήταν βαμμένοι μ' ένα -ο γαλάζιο.*
ξείδι, βλ. *ξίδι.*
ξείδρωμα το, ουσ., το να παύει κανείς να είναι ιδρωμένος.
ξεϊδρώνω, ρ., δεν είμαι πια ιδρωμένος: *σταμάτησα λίγο το παιχνίδι για να -ώσω* (αντ. *ιδρώνω).*
ξεινός, βλ. *ξινός.*
ξεκαβαλίκεμα το, ουσ., το να ξεκαβαλικεύει κανείς (συνών. *ξεπέζεμα·* αντ. *καβαλίκεμα).*
ξεκαβαλικεύω, ρ. **1.** κατεβαίνω από άλογο ή άλλο υποζύγιο, ξεπεζεύω: *-εψα το μουλάρι.* **2.** κατεβαίνω από κάτι στο οποίο καθόμουν καβαλικευτά, όπως δηλ. θα καθόμουν πάνω σε άλογο: *-εψε το ποδήλατο* (αντ. *καβαλικεύω).*
ξεκάθαρα, βλ. *ξεκάθαρος.*
ξεκαθαρίζω, ρ. **Α.** μτβ. **1.** απομακρύνω τα άχρηστα στοιχεία: *~ τις φακές απ' τα πετραδάκια.* **2.** εξηγώ, διευκρινίζω, αποσαφηνίζω: *δε μας -ει τι θέλει -ίστηκε το θέμα με τις εξηγήσεις του.* **3.** διευθετώ κάποιο πρόβλημα, τη διαφορά μου με κάποιον: *να -ίσουμε τους λογαριασμούς μας.* **Β.** αμτβ. **1.** αποσαφηνίζομαι, διευκρινίζομαι: *δεν -ισε το πράγμα ακόμη.* **2α.** γίνομαι διαυγής: *η εικόνα στην οθόνη σιγά σιγά -ισε·* **β.** (για διανοητική λειτουργία) αποκτώ διαύγεια: *βγήκα έξω να -ίσει το μυαλό μου· -ισαν οι αναμνήσεις.*
ξεκαθάρισμα το, ουσ., το να ξεκαθαρίζει (βλ. λ.) κάτι ή κάποιος κάτι, καθώς και το αποτέλεσμα της ενέργειας αυτής: *~ της υπόθεσης / λογαριασμών / της σκέψης μου.*
ξεκάθαρος, -η, -ο, επίθ. α. σαφής και τελεσίδικος: *προειδοποίηση -η·* **β.** (συνεκδοχικά) ευθύς: *κουβέντες -ες* (συνών. *ντόμπρος)·* **γ.** διαυγής: *εικόνα -η· μυαλό -ο. -* Επίρρ. **-α:** *το είδε -α πια· μιλούσε -α.*
ξεκάκιωμα το, ουσ., το να αποβάλλει κανείς το θυμό του.
ξεκακιώνω, ρ., (συνιζ.), παύω να είμαι θυμωμένος με κάποιον: *-ιωσε και μου μιλάει ξανά* (συνών. *ξεθυμώνω·* αντ. *κακιώνω).*

ξεκαλοκαιριάζω, ρ. (συνιζ.). 1. περνώ το καλοκαίρι μου: *-ασα στην πόλη εφέτος*. 2. (σε γ΄ πρόσ.) περνά, τελειώνει το καλοκαίρι: *-ιασε πια και άρχισαν οι βροχές*.

ξεκαλοκαίριασμα το, ουσ., το να περνά κανείς το καλοκαίρι του κάπου.

ξεκαλούπωμα το, ουσ., αφαίρεση των ξύλινων καλουπιών από αψίδα οικοδομής.

ξεκαλουπώνω, ρ., βγάζω τα ξύλινα καλούπια που χρησιμοποιήθηκαν για την κατασκευή κολόνας ή καμάρας οικοδομής.

ξεκάλτσωμα το, ουσ., το να βγάζει ή το να έχει βγάλει κανείς τις κάλτσες του.

ξεκαλτσώνω, ρ. Ι. (ενεργ.) βγάζω τις κάλτσες κάποιου. ΙΙ. (μέσ.) βγάζω τις κάλτσες μου· κυκλοφορώ χωρίς κάλτσες: *-ώθηκε γιατί ζεσταινόταν· όταν μπαίνει το καλοκαίρι -ομαι*.

ξεκάλτσωτος, -η, -ο, επίθ., που δε φοράει κάλτσες: *τριγυρίζει ~ και θα κρυώσει*.

ξέκαμα το, ουσ., ξεκάμωμα (βλ. λ.).

ξεκάμωμα το, ουσ. 1. εξόντωση: *σκοπός του ήταν το ~ του εχθρού του*. 2. υπερβολική καταπόνηση: *αυτός ο αγώνας ήταν πραγματικό ~*.

ξεκάνω ρ. (λαϊκ.). 1. εξοντώνω, σκοτώνω κάποιον: *πλήρωσαν δυο μαχαιροβγάλτες να τον -άνουν*. 2. κουράζω υπερβολικά κάποιον: *με -ανε στη δουλειά*.

ξεκαπάκωμα το, ουσ., αφαίρεση του καπακιού από δοχείο ή σκεύος.

ξεκαπακώνω, ρ., βγάζω το καπάκι κάποιου σκεύους ή δοχείου: *-ωσε την κατσαρόλα* (αντ. *καπακώνω*).

ξεκαπάκωτος, -η, -ο, επίθ., που είναι χωρίς καπάκι: *κατσαρόλα -η· βαρέλι -ο*.

ξεκαπέλωμα το, ουσ., βγάλσιμο του καπέλου (αντ. *καπέλωμα*).

ξεκαπελώνω, ρ. Ι. (ενεργ.) βγάζω το καπέλο κάποιου. ΙΙ. (μέσ.) βγάζω το καπέλο μου.

ξεκαπέλωτος, -η, -ο, επίθ., που δε φορά καπέλο: *έκανε ηλιοθεραπεία ~*.

ξεκαπίστρωμα το, ουσ., αφαίρεση του χαλιναριού από υποζύγιο (αντ. *καπίστρωμα*).

ξεκαπιστρώνω, ρ., βγάζω το χαλινάρι από υποζύγιο: *-ωσε το άλογο* (αντ. *καπιστρώνω*).

ξεκαπίστρωτος, -η, -ο, επίθ. 1. που είναι χωρίς καπίστρι: *άλογο -ο·* (υβριστ.) *γαϊδούρι / μουλάρι -ο* (για άνθρωπο ανάγωγο). 2. (μεταφ., λογοτ.) αχαλίνωτος, χωρίς φραγμούς, ασυγκράτητος: *-ες δυνάμεις του καιρού μας* (Καζαντζάκης).

ξεκαπνίζω, ρ., καθαρίζω από τον καπνό ή την καπνιά: (μτβ.) *-ισα τα μπουριά της σόμπας·* (αμτβ.) *άνοιξε το παράθυρο να -ίσει το δωμάτιο*.

ξεκάπνισμα το, ουσ., καθάρισμα από τον καπνό ή την κάπνα.

ξεκαρδαμώνω, ρ., (ιδίως στον αόρ.) αποκτώ ξανά τις σωματικές μου δυνάμεις.

ξεκαρδίζομαι, ρ. γελώ πάρα πολύ για κάτι: *-ίστηκε όταν άκουσε αυτό το ανέκδοτο*.

ξεκαρδιστικός, -ή, -ό, επίθ., που προκαλεί άφθονο γέλιο: *ταινία -ή· ανέκδοτο -ό*.

ξεκαρφώνω, ρ., αφαιρώ τα καρφιά από κάτι, το ξηλωνώ: *-ωσε το κιβώτιο / τα σανίδια* (αντ. *καρφώνω*).

ξεκάρφωτος, -η, -ο, επίθ. 1. που δεν είναι καρφωμένος: *καρέκλα -η*. 2. (μεταφ.) ασυνάρτητος, ασύνδετος· αταίριαστος: *λόγια -α· έμοιαζε ~ ανάμεσά τους*. Φρ. *Θεέ, πώς βαστάς τα κεραμίδια -α!* ή *πώς βαστάει ο Θεός τα κεραμίδια -α!* (σε περίπτωση που κάποιος μας λέει κάτι εντελώς ανόητο ή παράλογο).

ξεκατηνιάζω, ρ. (συνιζ., λαϊκ.). Ι. (ενεργ.) κάνω κάποιον να κουραστεί πολύ, συνήθως βάζοντάς τον να σηκώσει μεγάλο βάρος: *τον ξεκατήνιασες με το φορτίο που τον έβαλε να κουβαλήσει*. ΙΙ. (μέσ.) κουράζομαι πολύ, συνήθως σηκώνοντας κάποιο βάρος: *θα ξεκατηνιαστεί ο γάιδαρος με το γομάρι που σηκώνει*. [ξε + μεσν. *κατήνα* (= σπονδυλική στήλη)].

ξεκατήνιασμα το, ουσ. (λαϊκ.), υπερβολική κούραση, συνήθως από σήκωμα υπερβολικού βάρους.

ξεκίνημα το και (λαϊκότερα) **ξεκινημός** ο, ουσ. 1. αναχώρηση: *~ για το σχολείο*. 2. έναρξη προσπάθειας ή έργου: *~ σταδιοδρομίας / επισκευών*.

ξεκινώ, -άς, ρ. Α. μτβ. 1. αρχίζω (κάποιο έργο ή κάποια προσπάθεια): *χτες ξεκίνησα ένα εργόχειρο· ξεκίνησα να του γράψω ένα γράμμα*. 2. (για χρονικό διάστημα): *~ ευχάριστα τη μέρα μου*. Β. αμτβ. 1. απομακρύνομαι από κάποιον τόπο για να πάω σε άλλον, αναχωρώ: *-ήσαμε το πρωί για το βουνό· ξαναγύρισε στο μέρος απ᾽ όπου -ησε*. 2. (για προσπάθεια ή έργο) αρχίζω: *η καριέρα του -ησε πολύ καλά*. 3. (για χρονική περίοδο): *ένας νέος χρόνος -ά*.

ξεκλέβω, ρ., αόρ. *ξέκλεψα*, εξοικονομώ χρόνο: *ξέκλεψα πέντε λεπτά για να σε δω*.

ξεκλείδωμα το, ουσ., το να ξεκλειδώνει κανείς μια πόρτα ή γενικά αντικείμενο με κλειδαριά.

ξεκλειδώνω, ρ. Α. μτβ. 1. ανοίγω με κλειδί μια πόρτα ή γενικά κάποιο αντικείμενο που έχει κλειδαριά: *-ωσα το συρτάρι / την πόρτα / (συνεκδοχικά) το σπίτι*. 2. παραλύω τις αρθρώσεις κάποιου, εξαρθρώνω: *με τράβηξε δυνατά και μου -ωσε το χέρι*. Β. (αμτβ.) (για πράγματα) ανοίγομαι με κλειδί: *δεν -ώνει η ντουλάπα / η πόρτα*.

ξεκλείδωτος, -η, -ο, επίθ., που δεν είναι κλειδωμένος: *πόρτα -η· κουτί -ο* (συνών. *ακλείδωτος*).

ξεκληρίζω, ρ., εξολοθρεύω ομάδα ανθρώπων που έχουν μεταξύ τους δεσμούς αίματος, κοινή καταγωγή, κλπ. (π.χ. οικογένεια, λαό): *η οικογένειά του -ίστηκε στο δυστύχημα· η αρρώστια -ισε το νησί*.

ξεκλήρισμα το, ουσ., το να αφανίζεται ομάδα ανθρώπων που έχουν μεταξύ τους δεσμούς αίματος, κοινή καταγωγή, κλπ. (π.χ. οικογένεια, λαός): *~ της φαμελιάς*.

ξεκλώσσημα το, ουσ. (για πουλί) εκκόλαψη.

ξεκλωσσώ, ρ. (για πουλί) σταματώ να κλωσσώ, τελειώνω το κλώσσημα.

ξεκόβω και (λαϊκότερα) **ξεκόφτω**, ρ. μτχ. παρκ. *ξεκομμένος*. Ι. ενεργ. Α. μτβ. 1. απομακρύνω κάποιον από κάποιον άλλο ή από το περιβάλλον του: *τα πολλά γράμματα... -ουνε τον άνθρωπο απ᾽ τον άνθρωπο* (Τ. Σταύρου). 2. αποκλείω κατηγορηματικά κάτι: *ήθελε να τον βοηθήσω, μα του το ξέκοψα*. Β. (αμτβ.) απομακρύνομαι από κάποιο σημείο· παύω να συχνάζω κάπου ή να συναναστρέφομαι κάποιον: *ξέκοψε απ᾽ τους άλλους και πλησίασε στην πόρτα· ξέκοψε πια απ᾽ την παρέα μας*. ΙΙ. (μέσ.) απομακρύνομαι από κάποιο σύνολο, περιβάλλον, κ.τ.ό.: *παιδιά της πόλης που μεγαλώνουν ξεκομμένα από τη φύση*. - Βλ. και *ξεκομμένα*.

ξεκοιλιάζω, ρ. (συνιζ.). 1. ανοίγω την κοιλιά σφαγίου για να του βγάλω τα εντόσθια: *-ιασα το αρνί*.

ξεκοίλιασμα

2. τραυματίζω θανάσιμα κάποιον ανοίγοντάς του την κοιλιά με μαχαίρι: *τον -ιασε ένας μαχαιροβγάλτης* (συνών. *σφάζω*).

ξεκοίλιασμα το, ουσ., το να ξεκοιλιάζει (βλ. λ.) κανείς άνθρωπο ή ζώο: ~ *του αρνιού / του θύματος*.

ξεκοκαλίζω, ρ. 1. αφαιρώ τα κόκαλα από το κρέας: *-ισε το ψάρι πριν το φας*. 2. τρώω το κρέας ώσπου να μείνουν μόνο τα κόκαλα: *-ισα ολόκληρο το κοτόπουλο*. 3. (μεταφ.) ξοδεύω, κατασπαταλώ: *-ει τα χρήματα της κληρονομιάς*. 4. (μεταφ.) διαβάζω με πολύ ενδιαφέρον: *-ισα την ιστορία αυτού του ήρωα*.

ξεκοκάλισμα το, ουσ. 1. αφαίρεση των κοκάλων από το κρέας. 2. το να φάει κανείς το κρέας αφήνοντας μόνο τα κόκαλα. 3. (μεταφ.) κατασπατάληση: ~ *χρημάτων / κληρονομιάς*.

ξεκοκκινίζω, ρ., χάνω το κοκκινωπό χρώμα που είχα: *συνήλθε απ' το μεθύσι και -ισε· το σίδερο -ισε και σκλήρυνε*.

ξεκόλλημα το, ουσ., το να ξεκολλά (βλ. λ.) κάτι και το αποτέλεσμα αυτής της ενέργειας.

ξεκολλημός ο, ουσ., συνήθως στη φρ. *δεν έχει -ό* (ή σπανιότερα: *-ούς*) για επισκέπτη που αργεί να αναχωρήσει ή για κάποιον που δε θέλει να σταματήσει κάτι ή να απομακρυνθεί από κάποιον: *όταν πηγαίνει στη γιαγιά του, δεν έχει -ό· δεν έχει -ό απ' την τηλεόραση*.

ξεκόλλητος, -η, -ο, επίθ., που δεν τον κόλλησαν (κάπου) ή που ξεκόλλησε: *άφησε -ο το φάκελο· γραμματόσημα -α*.

ξεκολλώ, ρ. Α. μτβ. 1. χωρίζω κάτι που είναι κολλημένο με κάτι άλλο, αποσπώ: *πρόσεξε μην -ήσεις το χερούλι*. 2. (μεταφ., συνήθως με άρνηση) απομακρύνω: *δεν -ούσε τα μάτια / το βλέμμα του από εκεί*. Β. αμτβ. 1. αποχωρίζομαι, αποσπώμαι: *-ησε κι έπεσε·* (μεταφ.) *νόμιζα κι η καρδιά μου -ά* (Τ. Σταύρου). 2. (μεταφ., συνήθως με άρνηση) απομακρύνομαι: *δεν -ά από την παρέα του / απ' τα βιβλία του*.

ξεκομμένα, επίρρ. (λαϊκ.). 1. απερίφραστα· αμετάκλητα: *του το είπα ~· δεν πρόκειται να γίνει*. 2. απομονωμένα: *δούλεψε ~ από τους άλλους*.

ξεκούκιασμα το, ουσ., εκκόκιση (βλ. λ.).

ξεκουμπίδια τα, ουσ. (έρρ. συνιζ.), στην έκφρ. *(στα) ~! =* (υβριστ.) όταν διώχνουμε βίαια κάποιον: *στα ~! και να μην ξαναπατήσεις!* στη φρ. *δεν έχει ~* (για ανεπιθύμητο επισκέπτη που παρατείνει την επίσκεψή του).

ξεκουμπίζομαι, ρ. (έρρ.), φεύγω απαλλάσσοντας κάποιον από την παρουσία μου: *(υβριστ) -ίσου από δω! ακόμα δεν -ίστηκαν;* [πιθ. αρχ. *εκκομίζω*].

ξεκούμπισμα το, ουσ. (έρρ.), μόνο στην έκφρ. *στα -ατα! =* (υβριστ.) όταν διώχνουμε κάποιον βίαια: *στα -ατα! και να μην ξαναφανείς αποδώ!*

ξεκούμπωμα το, ουσ. (έρρ.), το να ξεκουμπώνει ή να ξεκουμπώνεται (βλ. λ.) κάποιος ή κάτι.

ξεκουμπώνω, ρ. (έρρ.). Ι. ενεργ. Α. (μτβ.) βγάζω, ελευθερώνω τα κουμπιά ενός ρούχου από τις αντίστοιχες κουμπότρυπες: *-ωσε τα κουμπιά / το πουκάμισο·* (συνεκδοχικά) *-ωνε τα στήθια κι έπαιρνε βαθιές ανάσες* (Μπαστιάς) (συνών. *ξεθηλυκώνω·* αντ. *κουμπώνω*). Β. (αμτβ.) (για κουμπί) βγαίνει από την αντίστοιχη κουμπότρυπα: *-ει κάθε τόσο το κουμπί μου·* (για ρούχο με κουμπιά) *δεν -ει εύκολα το πουκάμισό μου*. ΙΙ. (μέσ.) (για πρόσωπο) ανοίγω το ρούχο που φορώ βγάζοντας τα κουμπιά από τις αντίστοιχες κουμπότρυπες: *-ώσου γιατί θα σκάσεις απ' τη ζέστη·* (για ρούχο) *-ώθηκε το σακάκι σου·* (για κουμπί) *-ώθηκε ένα κουμπί στη ζακέτα σου* (συνών. *ξεθηλυκώνομαι·* αντ. *κουμπώνομαι*).

ξεκούμπωτος, -η, -ο, επίθ. (έρρ.), που έχει ξεκουμπωθεί: *κουμπί / πουκάμισο -ο· μη γυρνάς ~, θα κρυώσεις* (αντ. *κουμπωμένος*).

ξεκούνημα το, ουσ. (λαϊκ.). 1. το να μετακινείται κάποιος ή κάτι. 2. (μεταφ.) το να παρακινεί κάποιος κάποιον: *για να δουλέψει θέλει ~*.

ξεκουνώ, ρ. (λαϊκ.). 1. κινώ, μετακινώ: *-ησα μια πέτρα·* (μέσ.) *δεν -ιέται απ' τη θέση του*. 2. (μεταφ.) παρακινώ: *πρέπει να τον -ήσεις για να δουλέψει*.

ξεκουράζω, ρ. Ι. (ενεργ.) κάνω κάποιον να ξεκουραστεί, τον βοηθώ να απαλλαγεί από την κούραση: *η μουσική με -ει*. ΙΙ. (μέσ.) απαλλάσσομαι από την κούραση· αναπαύομαι: *έκανα ένα διάλειμμα για να -αστώ* (αντ. *κουράζω*).

ξεκούραση η, ουσ., απαλλαγή από την κούραση, ανάπαυση: *πήγε στην εξοχή για να βρει λίγη ~* (αντ. *κούραση*).

ξεκούραστα, βλ. *ξεκούραστος*.

ξεκουραστικός, -ή, -ό, επίθ., που συντελεί στην ξεκούραση, αναπαυτικός.

ξεκούραστος, -η, -ο, επίθ. 1α. που απαλλάχτηκε από την κούραση: *κοιμήθηκα και τώρα είμαι ~·* β. που δεν κουράστηκε καθόλου κατά τη διάρκεια μιας προσπάθειας: *ήταν ~ έως το τέλος της εκδρομής* (αντ. *κουρασμένος*). 2. που δεν προκαλεί μεγάλο κόπο: *απασχόληση -η· ταξίδι -ο* (αντ. *κουραστικός*). - Επίρρ. *-α =* χωρίς κούραση.

ξεκουρδίζω, βλ. *ξεκουρντίζω*.

ξεκούρδισμα, βλ. *ξεκούρντισμα*.

ξεκούρδιστος, βλ. *ξεκούρντιστος*.

ξεκουρντίζω και **ξεκουρδίζω**, ρ. Ι. ενεργ. 1. χαλαρώνω τις χορδές μουσικού οργάνου: ~ *την κιθάρα*. 2. χαλαρώνω το ελατήριο ρολογιού: *-ισα το ρολόι του τοίχου*. ΙΙ. (μέσ., συνηθέστερο) παύω να είμαι κουρδισμένος: *η κιθάρα / το ρολόι / το παιχνίδι -ίστηκε* (αντ. σε όλες τις σημασ. *κουρντίζω, -ομαι*).

ξεκούρντισμα και **ξεκούρδισμα** το, ουσ., το να ξεκουρδίζεται κάτι και το αποτέλεσμα αυτής της ενέργειας (αντ. *κούρντισμα*).

ξεκούρντιστος, -η, -ο, και **ξεκούρδιστος**, επίθ., που έχει ξεκουρδιστεί: *ρολόι / μπουζούκι / παιχνίδι -ο* (αντ. *κουρντισμένος*).

ξεκούτης ο, ουσ., άνθρωπος ξεμωραμένος.

ξεκουτιαίνω και **ξεκουτιάζω**, ρ., μτχ. παρκ. *ξεκουτιασμένος* (συνιζ.). 1. (μτβ.) ξεμωραίνω (βλ. λ.): *τον -ιανε ο έρωτας*. 2. (αμτβ.) ξεμωραίνομαι: *-ιανε τώρα στα γεράματα*.

ξεκουτιάρης, -α, -ικο, επίθ. (συνιζ.), ανόητος, ξεμωραμένος, βλ. *ξεμωραίνω*.

ξεκουτιάρικος, -η, -ο, επίθ. (συνιζ.), που ταιριάζει σε ξεκουτιάρη: *φερσίματα -α*.

ξεκούτιασμα το, ουσ., το να ξεκουτιαίνει (βλ. λ.) κάποιος.

ξεκουφαίνω, ρ., ενοχλώ υπερβολικά κάποιον προκαλώντας πολύ δυνατό θόρυβο: *μας -ανε αυτό το μεγάφωνο!*

ξεκόφτω, βλ. *ξεκόβω*.

ξεκρέμασμα το, ουσ., το να κατεβάζει κανείς κάτι που είναι κρεμασμένο: ~ *εικόνας / ρούχου*.

ξεκρέμαστος, -η, -ο, επίθ. 1. που δεν έχει κρεμαστεί κάπου: *ακόμη -η είναι η κουρτίνα* (αντ. *κρεμασμένος*). 2. (μεταφ.) που δεν έχει λογικό ειρμό, ασυνάρτητος: *λόγια -α· ιστορία -η* (συνών. *ξεκάρφωτος*). 3. που δεν έχει (οικονομική ή άλλη) βοήθεια, υποστήριξη: *όταν αρνήθηκαν να επιβεβαιώσουν τα λόγια του, έμεινε τελείως ~.*

ξεκρεμώ, ρ., κατεβάζω κάτι που είναι κρεμασμένο: *-ασα το κάδρο από τον τοίχο· -ασε το φόρεμα από την κρεμάστρα* (αντ. *κρεμώ*).

ξεκρίνω, ρ. (λαϊκ.), διακρίνω, ξεχωρίζω με το βλέμμα μου κάτι: *-αμε το καράβι που έμπαινε στο λιμάνι.*

ξεκωλώνω, ρ. (λαϊκ.). Ι. (ενεργ.) κουράζω υπερβολικά κάποιον: *το αφεντικό τον -ωσε στη δουλειά.* ΙΙ. (μέσ.) κουράζομαι υπερβολικά κάνοντας κάποια δουλειά: *-ώθηκε κουβαλώντας σακιά* (συνών. *ξεθεώνω*).

ξελαγαρίζω, ρ. (λαϊκ.), καθαρίζω, λαγαρίζω: *η κρίση μου έχει τώρα -ίσει.*

ξελαιμιάζομαι, ρ. (συνιζ.), κουράζω το λαιμό μου με το να στρέφω συνεχώς το κεφάλι προς μια κατεύθυνση: *-ιάστηκε να κοιτάζει στο τραπέζι μας.*

ξελαίμιασμα το, ουσ., το να κοιτάζει κανείς επίμονα προς μια κατεύθυνση κουράζοντας το λαιμό του.

ξελάκκωμα το, ουσ., άνοιγμα λάκκου γύρω από τη ρίζα ενός φυτού για λίπανση ή πότισμα.

ξελακκώνω, ρ., σκάβω λάκκο γύρω από τη ρίζα φυτού για λίπανση ή πότισμα.

ξελαρυγγιάζομαι, βλ. *ξελαρυγγίζομαι.*

ξελαρύγγι(α)σμα το, ουσ. (έρρ.), το να φωνάζει κανείς πολύ δυνατά κουράζοντας το λαρύγγι του.

ξελαρυγγίζομαι και (συνιζ.) **-ιάζομαι,** ρ., κουράζω το λαρύγγι μου από τις φωνές, φωνάζω πολύ δυνατά: *-ιάστηκα να τον φωνάζω, αλλά δεν απαντά.*

ξελαρύγγισμα, βλ. *ξελαρύγγιασμα.*

ξελάσπωμα το, ουσ., το να ξελασπώνει (βλ. λ.) κάποιος ή κάτι: *~ των παπουτσιών·* (μεταφ.) *οικονομικό ~.*

ξελασπώνω, ρ. Α. μτβ. 1. καθαρίζω κάτι από τη λάσπη: *-ωσα το κατώφλι.* 2. (μεταφ.) βγάζω κάποιον από δύσκολη θέση ή από οικονομικό αδιέξοδο: *πρέπει να βρω κάποιο ψέμα για να σε -ώσω.* Β. αμτβ. 1. καθαρίζω από τη λάσπη: *-ωσε η αυλή.* 2. (μεταφ.) βγαίνω από κάποια δύσκολη θέση ή από οικονομικό αδιέξοδο: *-ωσα με τα λεφτά που μου έδωσε ο αδελφός μου.*

ξελάφρωμα το, ουσ., ξαλάφρωμα (βλ. λ.).

ξελαφρώνω, ρ., ξαλαφρώνω (βλ. λ.).

ξελαχανιάζω, ρ. (συνιζ.), παύω να είμαι λαχανιασμένος: *σταμάτησα για λίγο το τρέξιμο για να -ιάσω* (αντ. *λαχανιάζω*).

ξελεπιάζω, ρ. (συνιζ.), αφαιρώ, απομακρύνω (συνήθως με μαχαίρι) τα λέπια ψαριού: *-ασα τις πέστροφες.*

ξελέω, ρ., αόρ. *ξείπα* (λαϊκ.), αρνούμαι, παίρνω πίσω κάτι που είπα: φρ. *λέω και ~, είπα ξείπα.*

ξελησμονώ, ρ. (λαϊκ.). 1. ξεχνώ, λησμονώ: *-ησες αυτά που σου είχα πει.* 2. (μέσ.) αφαιρούμαι: *-ήθηκα με το διάβασμα και δεν κατάλαβα πώς πέρασε η ώρα.*

ξελίγωμα το, ουσ., το να ξελιγώνεται κανείς από έντονη πείνα ή ερωτική επιθυμία.

ξελιγώνω, ρ. Ι. (ενεργ.) προκαλώ έντονη πείνα: *μας -ωσαν οι μυρωδιές των φαγητών.* ΙΙ. μέσ. 1. νιώθω μεγάλη πείνα: *-ωθήκαμε τόσες ώρες χωρίς να φά-*

με. 2. νιώθω έντονη ερωτική επιθυμία· αποχαυνώνομαι από επιθυμία: (μειωτ.) *την κοιτούσε -ωμένος* (συνών. *λιγώνομαι*).

ξελογιάζω, ρ. (συνιζ.), κάνω κάποιον να συμπεριφέρεται παρά τη λογική του, του *«παίρνω τα μυαλά»,* παρασύρω: *-ιασε τον άντρα της φίλης της·* (μέσ.-παθ.) *-ιάστηκε με μια παντρεμένη* (συνών. *ξεμυαλίζω, αποπλανώ*).

ξελόγιασμα το, ουσ., το να ξελογιάζει κανείς κάποιον ή να ξελογιάζεται (συνών. *ξεμυάλισμα, αποπλάνηση*).

ξελογιαστής ο, θηλ. **-άστρα,** ουσ. (συνιζ., λαϊκ.), αυτός που ξελογιάζει, που αποπλανά: (το θηλ. και ως επίθ.) *-άστρα Αθηνά* (συνών. *ξεμυαλιστής*).

ξεμαθαίνω, ρ., αόρ. *ξέμαθα,* μτχ. παρκ. *-ημένος.* α. ξεχνώ κάτι που είχα μάθει παλιότερα: *και τα λίγα γράμματα που ήξερε, τα -μαθε·* β. ξεχνώ παλιότερες συνήθειες, ξεσυνηθίζω: *-μαθε τη συντροφιά των ανθρώπων τόσα χρόνια στην απομόνωση· -μαθε να τρώει πολύ μετά την αρρώστια του.*

ξεμακιγιάρω, ρ., αόρ. *-ισα,* παθ. αόρ. *-ίστηκα* (συνιζ.), αφαιρώ το μακιγιάζ·. (μέσ.) αφαιρώ το μακιγιάζ από το πρόσωπό μου (συνών. *ξεβάφω, -ομαι*).

ξέμακρα, βλ. *ξέμακρος.*

ξεμακραίνω, ρ., αόρ. *ξεμάκρυνα.* Α. (μτβ.) απομακρύνω βαθμιαία κάποιον από έναν τόπο ή έναν κύκλο ανθρώπων: *σιγά σιγά -υναν από την παρέα τους τους ανεπιθύμητους.* Β. (αμτβ.) απομακρύνομαι βαθμιαία από τόπο ή κύκλο ανθρώπων: *αργά το πλοίο -αινε από τη στεριά· ο νους του -υνε από τις παρέες του.*

ξεμάκρεμα το, ουσ., το να ξεμακραίνει κάποιος ή κάτι.

ξέμακρος, -η, -ο, επίθ., αποκρυσμένος, απόμακρος: *χωριό -ο.* - Επίρρ. **-α.**

ξεμάλλιαγος, -η, -ο, επίθ., που έχει ανακατωμένα μαλλιά, αναμαλλιασμένος.

ξεμαλλιάζω, ρ. (συνιζ.). 1. τραβώ και ξεριζώνω τα μαλλιά κάποιου (συνήθως σε καβγά): (μέσ.-αλληλ.) *μάλωσαν και -αστήκανε.* 2. ανακατώνω τα μαλλιά, αναμαλλιάζω: *με -ασε ο αέρας.* - Η μτχ. παρκ. ως επίθ. = που έχουν ανακατωθεί τα μαλλιά του, αναμαλλιασμένος.

ξεμαλλιάρης, -α, -ικο, επίθ. (συνιζ.), που έχει ανακατωμένα μαλλιά, ξεμαλλιασμένος: *πώς βγήκε έτσι ~ στο δρόμο;* (συνών. *αναμαλλιασμένος, ξεμάλλιαγος*).

ξεμάλλιασμα το, ουσ., το να τραβά και να ξεριζώνει κανείς τα μαλλιά κάποιου ή τα δικά του· (συνεκδοχικά) έντονος καβγάς.

ξεμανίκωτος, -η, -ο, επίθ. (λαϊκ.). 1. (για ρούχο) που δεν έχει μανίκια: *μπλούζα -η.* 2. (για πρόσωπο) που φορεί ρούχο χωρίς μανίκια: *κυκλοφορούσε -η ακόμη και το χειμώνα* (συνών. *ξεμπράτσωτος*).

ξεμαντάλωμα το, ουσ. (έρρ.), το να ξεμανταλώνει κανείς την πόρτα.

ξεμανταλώνω, ρ. (έρρ.), βγάζω το μάνταλο από την πόρτα και την ανοίγω.

ξεμασκαλίδι το, ουσ., βλαστάρι φυτού που κόβεται από τη μασχάλη για να μεταφυτευτεί για μόσχευμα.

ξεμασκαλίζω, ρ., κόβω βλαστάρι φυτού από τη μασχάλη για να το μεταφυτεύσω.

ξεμασκάλισμα το, ουσ., το να κόβει κανείς βλαστάρια φυτού από τη μασχάλη για να τα μεταφυτεύσει.

ξεματιάζω, ρ. (συνιζ.), απαλλάσσω κάποιον από το μάτιασμα με μαγικά λόγια και χειρονομίες: *η γιαγιά του τον -ιαζε κάθε φορά που τον είχαν ματιάσει* (αντ. *ματιάζω*).

ξεμάτιασμα το, ουσ., το να ξεματιάζει κανείς κάποιον.

ξεμαυλίζω, βλ. *εκμαυλίζω*.

ξεμαύλισμα το, ουσ. (σπάνιο), η πράξη και το αποτέλεσμα του ξεμαυλίζω (συνών. *εκμαυλισμός*).

ξεμαυλιστής ο, θηλ. **-ίστρα**, ουσ., αυτός που παρακινεί σε ασέλγεια, εκμαυλιστής.

ξεμέθυστος, -η, -ο, επίθ. 1. που δεν είναι μεθυσμένος, νηφάλιος: *ήταν ~ και ήξερε καλά τι έλεγε*. 2. που έχει συνέλθει από το μεθύσι, που έχει ξεμεθύσει.

ξεμεθώ, ρ., συνέρχομαι από το μεθύσι, παύω να είμαι μεθυσμένος: *όταν -ησε, μετάνιωσε για όσα είπε* (αντ. *μεθώ*).

ξεμένω, ρ., αόρ. *ξέμεινα* (λαϊκ.). 1. απομένω κάπου τελευταίος ή μόνος: *κάποτε ξέμεινε ο φίλος μας αργά σ' εμάς*. 2. (με επόμενη την πρόθ. *από*) μου τελειώνει εντελώς η ποσότητα ενός πράγματος που έχω στη διάθεσή μου: *~ από λεφτά*.

ξεμεσημεριάζω, ρ. (συνιζ., λαϊκ.). 1. περνώ το μεσημέρι. 2. κοιμούμαι τις μεσημβρινές ώρες.

ξεμεσημέριασμα το, ουσ. (λαϊκ.), 1. το να περνά κανείς κάπου το μεσημέρι. 2. το να κοιμάται κανείς τις μεσημβρινές ώρες.

ξεμεσιάζω, ρ. (συνιζ., λαϊκ.). 1. προκαλώ εξάρθρωση της μέσης: *με -έσιασε αυτό το μπαούλο!* (μέσ.) *-ιάστηκε κατά τη μεταφορά των επίπλων*. 2. κατακουράζω, καταπονώ τη μέση: *τον έχουν -ιάσει τα καθημερινά ψώνια και τα τρεχάματα* (μέσ.) *-ιάστηκα με την καθαριότητα του σπιτιού!* (συνών. *ξεγοφιάζω, κοψομεσιάζω*).

ξεμεσίασμα το, ουσ. (λαϊκ.). 1. εξάρθρωση της μέσης. 2. καταπόνηση της μέσης (συνών. *ξεγόφιασμα, κοψομεσίασμα*).

ξεμοναχιάζω, ρ. (συνιζ., λαϊκ.). 1. απομονώνω: *-ασμένο σπιτοκάλυβο* (μέσ.) *-ιασμένος σ' ένα έρημο μέρος*. 2. οδηγώ ή παρασύρω κάποιον σε απόκεντρο ή απόμερο μέρος ώστε να βρεθούμε μόνοι: *τον -ιασε σε μιαν άκρη και τον ρωτούσε...*

ξεμονάχιασμα το, ουσ. (λαϊκ.), η ενέργεια και το αποτέλεσμα του ξεμοναχιάζω (βλ. λ.).

ξεμοντάρισμα το, ουσ. (έρρ.), αποσυναρμολόγηση: *~ μηχανήματος* (συνών. *αποσύνδεση*· αντ. *μοντάρισμα, συναρμολόγηση*).

ξεμοντάρω, ρ., αόρ. *ξεμοντάρισα* (έρρ.), αποσυναρμολογώ: *~ μια μηχανή* (συνών. *αποσυνδέω*· αντ. *μοντάρω, συναρμολογώ*).

ξεμουδιάζω, ρ. (συνιζ.), παύω να αισθάνομαι μούδιασμα σε μέρος ή μέλος του σώματος: *άργησε πολύ να -ιάσει η περιοχή του στόματος από τη νάρκωση*· *βαδίζω για να -ιάσουν τα πόδια μου* (αντ. *μουδιάζω*).

ξεμούδιασμα το, ουσ., το να παύει κανείς να αισθάνεται μούδιασμα σε μέρος ή μέλος του σώματός του (αντ. *μούδιασμα*).

ξεμουρλαίνω, ρ. (λαϊκ., σπάνιο), κάνω κάποιον να χάσει το λογικό του, μουρλαίνω εντελώς.

ξεμουχλιάζω, ρ. (συνιζ.), αφαιρώ τη μούχλα από κάποιο πράγμα· (κυρίως αμτβ. μεταφ.) αναζωογονούμαι: *μην κάθεσαι άπραγος! κοίτα να ασχοληθείς με κάτι να -ιάσεις!* (αντ. *μουχλιάζω*, «*αποτελματώνομαι*»).

ξεμούχλιασμα το, ουσ., η ενέργεια και το αποτέλεσμα του ξεμουχλιάζω (βλ. λ.).

ξεμπαρκάρισμα το, ουσ. (όχι έρρ., λαϊκ.), αποβίβαση.

ξεμπαρκάρω, ρ., παρατ. *-άριζα*, αόρ. *-άρισα* και *ξεμπάρκαρα* (όχι έρρ., λαϊκ.). Α. (μτβ.) κατεβάζω από το πλοίο επιβάτες ή εμπορεύματα, αποβιβάζω. Β. αμτβ. 1. αποβιβάζομαι: *φοβότανε μη δεν πάμε μαζί του, μη -ούμε... στη Σύρα* (Μπαστιάς). 2. παύω να είμαι ναυτικός, εγκαταλείπω το επάγγελμα του ναυτικού, τη ζωή στη θάλασσα (αντ. *μπαρκάρω*).

ξεμπάρκος, -η, -ο, επίθ. (όχι έρρ.), (για ναυτικό) που δεν μπάρκαρε, που δε δουλεύει σε καράβι. [στερ. *ξε + μπάρκο*].

ξεμπέρδεμα το, ουσ. (όχι έρρ.). 1. το να ξεμπερδεύεται (βλ. λ. στη σημασ. 1α) κάτι: *~ κλωστής / μαλλιών* (αντ. *μπέρδεμα, μπλέξιμο*). 2. (μεταφ.) διευθέτηση μιας περίπλοκης ή ασαφούς κατάστασης: *~ αδύνατο* (συνών. *ξεκαθάρισμα*). 3. απαλλαγή από μια εργασία κοπιαστική ή δυσάρεστη: *καλά -ατα!* 4. το να βγαίνει κάποιος από δυσχερή θέση, το να γλυτώνει από δυσκολίες ή προβλήματα: *κακά -ατα θα έχουμε μ' αυτούς τους τύπους* (αντ. *μπέρδεμα, μπλέξιμο*). 5. (λαϊκ.) το να εξοντώσει, να σκοτώσει κανείς κάποιον (συνών. *ξεπάστρεμα*, «*καθάρισμα*»).

ξεμπερδεμός ο, ουσ. (όχι έρρ.), ξεμπέρδεμα (βλ. λ.).

ξεμπερδεύω και (σπανιότ.) **ξεμπερδένω, ρ.** (όχι έρρ.). 1α. ξεμπλέκω, ξεχωρίζω κάτι που έχει τυλιχτεί γύρω από τον εαυτό του ή από κάποιο άλλο πράγμα δημιουργώντας κόμπους ή μπερδεμένη μάζα: *~ το νήμα / τα σκοινιά*· *μετά το λούσιμο τα μαλλιά μου -ονται δύσκολα* (αντ. *μπερδεύω, μπλέκω*) β. (μέσ.) ξεσκαλώνομαι από κάτι στο οποίο έχω πιαστεί: *το δελφίνι δεν μπορούσε να -ευτεί από τα δίχτυα* (συνών. *ξεμπλέκομαι*· αντ. *μπερδεύομαι*, «*πιάνομαι*», *σκαλώνω*). 2. (μεταφ.) διευθετώ, εξομαλύνω μια κατάσταση περίπλοκη ή ασαφή: *έτσι όπως έχουν τα πράγματα δύσκολα θα -ευτούν*· *~ τους λογαριασμούς μου με κάποιον* (συνών. *ξεκαθαρίζω*). 3. (συνηθέστερα με επόμενη την πρόθ. *με* + αιτ.) απαλλάσσομαι από μια εργασία ή υπόθεση κοπιαστική ή δυσάρεστη, την τελειώνω: *-εψε με όλες του τις δουλειές*· (αμτβ.) *έκανα ώρες να -έψω στο τελωνείο*· *έλα -ευε πια!* *-εψα μαζί του μια και καλή* (= διέκοψα τις σχέσεις μαζί του απότομα και οριστικά). 4. κάνω να βγει κάποιος από δυσχερή θέση, τον γλυτώνω από σχέση ή υπόθεση που του δημιουργεί προβλήματα: *εγώ σε μπέρδεψα σ' αυτή την ιστορία, εγώ θα σε -έψω!* (αμτβ.) *το έλεγα να μην τρέχει όταν οδηγεί! να δούμε τώρα πώς θα -έψει!* (συνών. *ξεμπλέκω*· αντ. *μπλέκω*). 5. (λαϊκ.) εξοντώνω, σκοτώνω κάποιον: *τον -εψαν για να μη τους μαρτυρήσει* (συνών. *ξεπαστρεύω*, «*καθαρίζω*»).

ξέμπλεκος, -η, -ο, επίθ. (όχι έρρ.), που δεν είναι μπλεγμένος (συνών. *ξεμπερδεμένος*).

ξεμπλέκω, ρ. (όχι έρρ.), ξεμπερδεύω (βλ. λ.).

ξεμπλοκάρισμα το, ουσ. (όχι έρρ.). 1. το να απομακρύνονται τα εμπόδια από ένα πέρασμα, το να ελευθερώνεται η διέλευση από ένα σημείο: *~ των αυτοκινήτων*. 2α. το να παύει να εμποδίζεται με τεχνητά κωλύματα η διεξαγωγή ενός γεγονότος: *~ των διαπραγματεύσεων* β. η αποδέσμευση, λ.χ. καταθέσεων ή εμπορικού προϊόντος, η ελεύθερη κυκλοφορία ή χρησιμοποίησή του (αντ. *μπλοκάρισμα*).

ξεμπλοκάρω, ρ., παρατ. *-αρα*, αόρ. *-αρα* και *-ισα* (όχι έρρ.). 1. βγάζω τα εμπόδια, ελευθερώνω τη διέλευση, το πέρασμα από κάποιο σημείο: ~ *το δρόμο*. 2α. παύω να δημιουργώ τεχνητά κωλύματα ώστε να μην εμποδίζω πια τη διεξαγωγή ενός γεγονότος: ~ *τη διαδικασία* β. (για καταθέσεις ή κάποιο εμπορικό προϊόν) αποδεσμεύω, αφήνω ελεύθερη την κυκλοφορία ή τη χρησιμοποίηση: *το υπουργείο -άρισε τη διάθεση του νέου φαρμάκου* (αντ. *μπλοκάρω*).

ξεμποτσάρισμα το, ουσ. (όχι έρρ.), (ναυτ.) το να λύνεται ο μπότσος (βλ. λ.).

ξεμποτσάρω, ρ., αόρ. *ξεμπότσαρισα* (όχι έρρ.), (ναυτ.) λύνω το μπότσο (βλ. λ.) (αντ. *μποτσάρω*).

ξεμπουκάρισμα το, ουσ. (όχι έρρ.). 1. (ναυτ.) το να βγαίνει (ένα πλεούμενο) από στενό θαλάσσιο χώρο στην ανοιχτή θάλασσα. 2. (για υγρό ή αέριο) ορμητική και θορυβώδης εξαγωγή του από κλειστό χώρο. 3. (μεταφ.) αιφνίδια και ορμητική εμφάνιση. 4. (τεχν.) ξεβούλωμα σωλήνα.

ξεμπουκάρω, ρ., παρατ. *ξεμπουκάριζα*, αόρ. *ξεμπουκάρισα* και *ξεμπούκαρα* (όχι έρρ.). Α. αμτβ. 1. (ναυτ.) βγαίνω από στενό θαλάσσιο χώρο στην ανοιχτή θάλασσα: *-άραμε από το μπουγάζι στη μεγάλη θάλασσα* (Κόντογλου). 2. (κυρίως για υγρό ή αέριο) βγαίνω με ορμή και θόρυβο από το στόμιο ή το άνοιγμα ενός χώρου: *το φράγμα έσπασε και τα νερά -αραν στα σπαρμένα χωράφια* (πβ. *μπουκάρω*). 3. (μεταφ.) εμφανίζομαι αιφνίδια και ορμητικά: *-αραν μπροστά τους δυο αστυνομικοί* (πβ. *μπουκάρω*). Β. (μτβ.) (τεχν.) ξεβουλώνω σωλήνα.

ξεμπράτσωμα το, ουσ. (όχι έρρ.), το να ανασηκώνει κανείς τα μανίκια και να γυμνώνει τα μπράτσα του.

ξεμπρατσώνομαι, ρ. (όχι έρρ.). 1. ανασηκώνω τα μανίκια και γυμνώνω τα μπράτσα μου: *ο καπετάνιος -ωμένος... τριγύριζε* (Κόντογλου). 2. (μεταφ.) αρχίζω μια εργασία με αποφασιστικότητα και προθυμία (συνών. *ανασκουμπώνομαι*).

ξεμπράτσωτος, -η, -ο, επίθ. (όχι έρρ.), που έχει ανασηκωμένα τα μανίκια, που είναι με τα μπράτσα γυμνά (συνών. *ανασκουμπωμένος, ξεμανίκωτος*).

ξεμπροστιάζω, ρ. (όχι έρρ., συνιζ., λαϊκ.), αποκαλύπτω τα σφάλματα ή την ανικανότητα κάποιου ενώπιον άλλων.

ξεμπρόστιασμα το, ουσ. (όχι έρρ., λαϊκ.), το να αποκαλύπτει κανείς τα σφάλματα ή την ανικανότητα κάποιου ενώπιον άλλων.

ξεμυαλίζω, ρ. (συνιζ.). 1. παρασύρω κάποιον σε παράλογες ενέργειες (συνών. *ξελογιάζω*). 2. παρασύρω κάποιον σε ενέργειες που δεν είναι ηθικές ή συνετές: *την -ισε με τα λεφτά του* (μέσ.) *-ίστηκε με μια μικρούλα* (συνών. *παραπλανώ, ξελογιάζω*). - Η μτχ. παρκ. ως επίθ. = άμυαλος, απερίσκεπτος: *καιρός είναι να πεις πως δεν το είδα και τούτο με τα μάτια μου, -ισμένη!* (Ι.Μ. Παναγιωτόπουλος).

ξεμυάλισμα το, ουσ. (συνιζ.), η ενέργεια και το αποτέλεσμα του ξεμυαλίζω (βλ. λ.) (συνών. *ξελόγιασμα*).

ξεμυαλιστής ο, θηλ. **-λίστρα**, η, ουσ. (συνιζ.), αυτός που παρασύρει σε ενέργειες ασύνετες ή ανήθικες (συνών. *ξελογιαστής*).

ξεμυγιάζω, ρ. (συνιζ.), απομακρύνω τις μύγες από κάπου.

ξεμύγιασμα το, ουσ. (συνιζ.), η ενέργεια και το αποτέλεσμα του ξεμυγιάζω (βλ. λ.).

ξεμυγιαστήρι το, ουσ. (συνιζ.), όργανο με το οποίο διώχνει κανείς τις μύγες (συνών. *μυγοσκοτώστρα*).

ξεμυτίζω και **ξεμυτώ**, ρ. 1. ξεπροβάλλω, φαίνομαι: *-ισε πίσω από αγριόδεντρα ένας πύργος* (Κόντογλου). 2. εμφανίζομαι, βγαίνω έξω: *με τέτοιο κρύο δεν τολμώ να -ίσω*.

ξεμωραίνομαι, ρ., μτχ. παρκ. *ξεμωραμένος* (κυρίως για ηλικιωμένα άτομα) γίνομαι εντελώς μωρός, αρχίζω να έχω μειωμένη διανοητικότητα: *-άθηκε από τα γηρατειά* (η μτχ. ως επίθ.) *γέρος -αμένος* (συνών. *ξεκουτιαίνω, ραμολίρω*).

ξεμώραμα το, ουσ. (κυρίως για ηλικιωμένα άτομα) το να γίνεται κανείς μωρός (συνών. *ξεκούτιασμα, ραμολίρισμα*).

ξένα, βλ. *ξένος*.

ξενάγηση η, ουσ., το να ξεναγεί (βλ. λ.) κανείς ξένους: ~ *στις βυζαντινές εκκλησίες*· (μεταφ.) *αυτό το βιβλίο κάνει μια* ~ *στον αρχαίο ελληνικό κόσμο*.

ξεναγός ο και η, ουσ., επαγγελματίας που οδηγεί τους τουρίστες σε ξένη χώρα και τους ενημερώνει για τα αξιοθέατα ενός τόπου.

ξεναγώ, ρ., οδηγώ ξένους δείχνοντάς τους τα αξιοθέατα ενός τόπου και δίνοντάς τους πληροφορίες για θέματα και πράγματα της χώρας που επισκέπτονται: *-άγησε τους τουρίστες στο χώρο του αρχαιολογικού μουσείου*.

ξενάκι, βλ. *ξένος*.

ξενερίζω, ρ. 1. (για ψάρια) παραπλανώμαι, χάνω τα νερά μου. 2. αναδύομαι, βγαίνω στην επιφάνεια του νερού (κυρίως για ψάρια και υφάλους): *εδώ κι εκεί -έριζε καμιά πέτρα στεφανωμένη με φύκια* (Κόντογλου). 3. (μτβ.) αλλάζω το νερό στο οποίο είναι τοποθετημένη κάποια τροφή προκειμένου να φύγει η αλμύρα ή η πικράδα: ~ *τις ελιές / το τυρί*.

ξενέρισμα το, ουσ., η ενέργεια και το αποτέλεσμα του ξενερίζω.

ξενερώνω, ρ., ξενερίζω (βλ. λ.).

ξενέρωτος, -η, -ο, επίθ. (λαϊκ.). 1. που συνήλθε από μεθύσι (συνών. *νηφάλιος, ξεμέθυστος*· αντ. *μεθυσμένος, πιωμένος*). 2. για άνθρωπο που δεν είναι δραστήριος, χωρίς έντονη προσωπικότητα, νωθρός (συνών. *κοιμισμένος*).

ξενηλασία η, ουσ., η απέλαση των ξένων από μια χώρα: ~ *σπαρτιατική* / (μεταφ.) *γλωσσική*.

ξενηστικωμένος, -η, -ο, επίθ., τελείως νηστικός (συνών. *θεονήστικος*).

ξενίζω, ρ., κάνω ιδιότροπη εντύπωση, κάνω κάποιον να παραξενευτεί: *με -ισε η συμπεριφορά του*.

ξενικός, -ή, -ό, επίθ. α. που έχει ξένη προέλευση· που ταιριάζει σε αλλοδαπούς ή στα ξένα που χαρακτηρίζει: *συνήθειες -ές*· *μιλούσε με -ή προφορά* β. που γίνεται, ασκείται από ξένους: *-ή κατοχή* (συνών. στις σημασ. α και β *ξένος*· αντ. *ντόπιος*).

ξενισμός ο, ουσ. α. μίμηση της συμπεριφοράς, των συνηθειών, κλπ., των ξένων· β. μίμηση των φραστικών τρόπων ξένων γλωσσών (πβ. *ά. αγγλισμός, γαλλισμός,...*).

ξενιτειά η, ουσ. α. το να ζει κανείς σε ξένη χώρα: *δεν μπορώ την* ~· *τραγούδια της -άς* β. οι ξένες

χώρες: *έφυγε / ζει στην ~ (συνών. τα ξένα).*
ξενιτεμένος, -η, -ο, επίθ., που έχει φύγει από την πατρίδα του για να ζήσει στο εξωτερικό: *περίμενε τα -α της παιδιά·* (ως ουσ.) *ο γυρισμός του -ου.*
ξενιτεμός ο, ουσ., το να απομακρύνεται κανείς από την πατρίδα του για να ζήσει σε ξένη χώρα (συνών. *αποδημία·* αντ. *επαναπατρισμός).*
ξενιτεύομαι, ρ., φεύγω, απομακρύνομαι από την πατρίδα μου για να ζήσω σε ξένη χώρα (συνών. *μεταναστεύω).*
ξενιτιά, βλ. *ξενιτειά.*
ξενόγλωσσος, -η, -ο, επίθ. α. (για πρόσωπο) που μιλά ξένη γλώσσα· β. (για κείμενο) που έχει γραφεί σε ξένη γλώσσα: *επιγραφή -η· βιβλία -α.*
ξενοδουλευτής ο, θηλ. **-τρα,** ουσ., αυτός που ξενοδουλεύει.
ξενοδουλεύω, ρ., εργάζομαι στην υπηρεσία άλλου, συνήθως περιστασιακά, κάνοντας βαριά σωματική εργασία: *οι γυναίκες μας -οντας στα κεφαλόβρυσα και τα παιδιά μας στα λατομεία* (Σεφέρης).
ξενόδουλος, -η, -ο, επίθ., που υπηρετεί τα συμφέροντα των ξένων και όχι της πατρίδας του: *πολιτική -η.*
ξενοδόχα, βλ. *ξενοδόχος.*
ξενοδοχειακός, -ή, -ό, επίθ. (ασυνίζ.), που ανήκει στο ξενοδοχείο ή αναφέρεται σ' αυτό: *εξοπλισμός ~· επιχειρήσεις -ές.*
ξενοδοχείο το, ουσ., εγκατάσταση όπου μπορεί κανείς να διανυκτερεύσει προσωρινά ή για μακρότερο χρονικό διάστημα.
ξενοδόχος ο, θηλ. **-α** και **-ισσα,** ουσ., ιδιοκτήτης ή διευθυντής ξενοδοχείου.
ξενοδοχοϋπάλληλος ο, ουσ., υπάλληλος ξενοδοχείου.
ξενοιάζω και **ξεγνοιάζω,** ρ. (συνιζ.), απαλλάσσομαι από έγνοιες, φροντίδες: *μεγάλωσαν τα παιδιά του και -οιασε· -ασα απ' τις δουλειές μου.*
ξενοιασιά και **ξεγνοιασιά** η, ουσ. (συνιζ. δις), το να μην έχει κανείς έγνοιες: *παιδική ~· η ~ των νέων.*
ξένοιαστος, -η, -ο και **ξέγνοιαστος,** επίθ. (συνιζ.), που δεν έχει έγνοιες: *έκανε ~ τις διακοπές του·* (συνεκδοχικά) *-α παιδικά χρόνια* (συνών. *αμέριμνος).* - Επίρρ. **-α.**
ξενοικιάζω, ρ. (συνιζ.), παύω να κατέχω με ενοίκιο ξένο ακίνητο.
ξενοίκιαστος, -η, -ο, επίθ. (συνιζ.), (για σπίτι, διαμέρισμα, κλπ.) που έπαψε να είναι νοικιασμένο: *έμεινε το σπίτι μου ένα χρόνο -ο.*
ξενοκίνητος, -η, -ο, επίθ. (για πολιτική ενέργεια, δραστηριότητα, κ.τ.ό.) που υποκινείται από ξένες χώρες, ξένες δυνάμεις: *πραξικόπημα -ο· πολιτική -η.*
ξενοκοιμούμαι και **-άμαι,** ρ., κοιμούμαι σε ξένο σπίτι (συνήθως για άτομο με εξωσυζυγικές ερωτικές σχέσεις).
ξενοκρατία η, ουσ. **1.** επικράτηση του ξένου στοιχείου (ιδιωτών ή ξένων δυνάμεων) στη δημόσια, πολιτική και οικονομική ζωή μιας χώρας: (ιστ.) *η ~ στα πρώτα χρόνια της ζωής του ελληνικού κράτους* (λ.χ. *η Βαυαροκρατία στην Ελλάδα).* **2.** κυριαρχία μιας χώρας σε μια άλλη: *η ~ στην Κύπρο* (= *η αγγλοκρατία).*
ξενομανής, -ής, -ές, γεν. **-ούς,** πληθ. αρσ. και θηλ. **-είς,** ουδ. **-ή,** επίθ., που τον χαρακτηρίζει η ξενομανία.

ξενομανία η, ουσ., άκριτη και υπερβολική μίμηση των συνηθειών, του τρόπου ζωής, κλπ., των ξένων, των αλλοδαπών.
ξενομερίτης ο, θηλ. **-ισσα,** ουσ., αυτός που κατάγεται από ξένο τόπο: *οι ντόπιοι και οι -ες.*
ξένον το, ουσ. (χημ.) ένα από τα ευγενή αέρια (σύμβολο *X*).
ξενοπλένω και **-πλύνω,** ρ., πλένω ξένα ρούχα με αμοιβή: *-ει για να ζήσει τα παιδιά της.*
ξένος, -η, -ο, επίθ. **1.** που ανήκει σε άλλον ή προέρχεται, γεννήθηκε, κλπ., από άλλον κι όχι από την ομιλητή ή το πρόσωπο για το οποίο γίνεται λόγος (σε αντιδιαστολή με το *δικός μου):* δε *φορώ -α ρούχα· ο οργανισμός δε δέχεται εύκολα -α σώματα· -ο παιδί· -ες χώρες.* **2.** που προέρχεται από χώρα διαφορετική από τη δική μας: ~ *ανταποκριτής· εισαγωγή -ων προϊόντων· μιλά -ες γλώσσες·* ελληνική και -η *λογοτεχνία* (συνών. *αλλοδαπός·* αντ. *ντόπιος, ιθαγενής).* **3.** που δε γνωρίζουμε (γιατί δεν έχουμε ξαναδεί, ξανασυναντήσει, κλπ.): *η μητέρα του δε συμπαθούσε τους -ους ανθρώπους· οι πρόσφυγες έφεραν συνήθειες -ες στους ντόπιους* (συνών. *άγνωστος·* αντ. *γνωστός, γνώριμος).* **4.** (για πρόσωπο) που δεν έχει σχέση με κάτι, δεν έχει ανάμειξη σε κάτι: *είμαι ~ μ' όλα αυτά* (συνών. *άσχετος, αμέτοχος).* Παροιμ. *κάνει μνημόσυνο με -α κόλλυβα* (= εκμεταλλεύεται κάτι που δεν του ανήκει). - Το αρσ. και το θηλ. ως ουσ. = **1.** αυτός/-ή που κατάγεται από άλλο τόπο, άλλη χώρα: *δυο -οι στην ίδια πόλη· πολλοί -οι επισκέπτονται την Ελλάδα το καλοκαίρι.* **2.** αυτός/-ή που δε γνωρίζουμε: *δυο -οι σε ζητούσαν το πρωί* (συνών. *άγνωστος).* - Το ουδ. στον πληθ. ως ουσ. = οι ξένες χώρες: *έφυγε / ζει στα -α* (συνών. *ξενιτειά).* - Υποκορ. του αρσ. ως ουσ. (λαϊκ.) **-άκι** ο.
ξενότροπος, -η, -ο, επίθ., που γίνεται με τον τρόπο που συνηθίζουν οι ξένοι: *τα κτήρια αυτά είναι -ες κατασκευές.*
ξενοφερμένος, -η, -ο, επίθ. α. (για πρόσωπο) που έχει έρθει από ξένη χώρα: *οι -οι δεν καταλάβαιναν τις συνήθειες των ντόπιων* (συνών. *ξένος)·* β. (για πράγματα, συνήθειες, ιδέες, κλπ.) φερμένος από ξένο τόπο, ξένη χώρα: *ιδανικά -α* (συνών. *ξενόφερτος.*
ξενόφερτος, -η, -ο, επίθ., ξενοφερμένος (βλ. λ.).
ξενοφοβία η, ουσ., φόβος ή έντονη αντιπάθεια για ανθρώπους από ξένες χώρες: *ο μεγάλος αριθμός ξένων εργατών σε συνδυασμό με την ανεργία δημιούργησε στους κατοίκους ~.*
ξεντερίζω, ρ. (έρρ.), βγάζω τα έντερα ζώου: -ισε *την κότα για να τη γεμίσει.*
ξεντέρισμα το, ουσ. (έρρ.), το να ξεντερίζει κανείς και το αποτέλεσμα αυτής της ενέργειας.
ξεντύνω, ρ. (όχι έρρ.). **1.** (ενεργ.) βγάζω τα ρούχα κάποιου ή τον βοηθώ να βγάλει τα ρούχα του: *-υσε το παιδί* (συνών. *γδύνω·* αντ. *ντύνω).* **2.** (μέσ.) βγάζω τα ρούχα μου: *-ύθηκα για να κάνω μπάνιο* (συνών. *γδύνομαι·* αντ. *ντύνομαι).* **3.** αφαιρώ κάποια επισημότερη ενδυμασία: *-υσε το παιδί όταν γύρισε απ' την εκκλησία·* (μέσ.) *τώρα που -θηκα δε βγαίνω για εφημερίδα* (αντ. *ντύνω).*
ξέντυτος, -η, -ο, επίθ. (όχι έρρ.). α. που δε φορά ρούχα, γυμνός (αντ. *ντυμένος)·* β. που δε φορά κανονική ενδυμασία: *βγήκε ~ έξω.*
ξενυστάζω, ρ. **1.** (μτβ.) κάνω κάποιον να σταματήσει να νυστάζει: *με -αξε ο καφές / ο κρύος αέρας.*

2. (αμτβ.) παύω να νυστάζω: *-αξα με τη βόλτα στον καθαρό αέρα.*
ξενυχιάζω, ρ. (συνιζ.). 1. αποσπώ βίαια τα νύχια κάποιου: *τον -ιασαν στην ανάκριση.* 2. (μεταφ.) πατώ κάποιον δυνατά στα νύχια των ποδιών κάνοντάς τον να πονέσει: *με -ιασε καθώς χορεύαμε.*
ξενύχιασμα το, ουσ. (συνιζ.), το να ξενυχιάζει κανείς κάποιον και το αποτέλεσμα αυτής της ενέργειας.
ξενύχτης ο, θηλ. **-ισσα,** ουσ. 1. που έχει ξενυχτίσει: *είμαι ~ από προχτές και νιώθω εξαντλημένος.* 2. που συνηθίζει να ξενυχτά διασκεδάζοντας: *είναι μεθύστακας και ~.*
ξενύχτι το, ουσ. 1. το να περνά κανείς τη νύχτα του άγρυπνος: *το ~ πάνω απ' το βιβλίο δεν αποδίδει.* 2. διασκέδαση κατά τη διάρκεια της νύχτας: *γλέντια και -ια.*
ξενύχτισμα το, ουσ., το να ξενυχτά κανείς.
ξενύχτισσα, βλ. *ξενύχτης.*
ξενυχτώ, ρ., μτχ. παρκ. *-ισμένος.* Α. αμτβ. 1. περνώ τη νύχτα χωρίς να κοιμηθώ: *-ά για να διαβάσει· -ησε στο νοσοκομείο προσέχοντας τον άρρωστο.* 2. διασκεδάζω όλη νύχτα: *-ισε στα μπουζούκια χτες.* Β. μτβ. 1. κρατώ κάποιον άγρυπνο: *μας -ισαν οι γείτονες με τις φωνές τους.* 2. συντροφεύω άγρυπνος νεκρό τη νύχτα πριν από την κηδεία του: *-ίσαμε τη γιαγιά μου χτες.*
ξενώνας ο, ουσ., δωμάτιο (συνήθως σε μοναστήρι ή φιλανθρωπικό ίδρυμα) για προσωρινή διαμονή ξένων.
ξεπαγιάζω, ρ. (συνιζ.). 1. (αμτβ.) κρυώνω πάρα πολύ (συνών. *παγώνω*). 2. (μτβ.) κάνω κάποιον να κρυώσει πολύ.
ξεπάγιασμα το, ουσ. 1. το να κρυώνει κάποιος πάρα πολύ· (κατ' επέκταση) το υπερβολικό κρύο (συνών. *παγωνιά*). 2. (στον πληθ.) χιονίστρες (βλ. λ.).
ξεπαπαδεύω, ρ. (λαϊκ.) (για κληρικό) αποβάλλω με τη θέλησή μου το ιερατικό σχήμα και επιστρέφω στην κοσμική ζωή.
ξέπαπας ο, ουσ., κληρικός που μόνος του αποβάλλει το ιερατικό σχήμα και επιστρέφει στην κοσμική ζωή.
ξεπαραγγέλνω, ρ. (ερρ.), ακυρώνω παραγγελία: *~ ένα δείπνο στο εστιατόριο.*
ξεπαραδιάζω, ρ. (συνιζ., λαϊκ.), αφήνω κάποιον απένταρο, χωρίς καθόλου χρήματα.
ξεπαρθένεμα το, ουσ., η ρήξη του παρθενικού υμένα κοπέλας (συνών. *διακόρευση*).
ξεπαρθενευτής ο, ουσ. (λαϊκ.), αυτός που διακόρευσε κοπέλα (συνών. *διακορευτής*).
ξεπαρθενεύω, ρ., (μτβ.) προκαλώ ρήξη του παρθενικού υμένα κοπέλας (συνών. *διακορεύω*).
ξεπάστρεμα το, ουσ., αφανισμός· (ειδικά για ανθρώπους και ζώα) εξόντωση, εξολόθρευση: *το κούρσεμα τόσων καραβιών,... το ~ των Αραπάδων* (Μπαστιάς).
ξεπαστρεύω, ρ. 1α. (για πρόσωπο) εξοντώνω, σκοτώνω: *τον κουρσάρο τον -έψανε οι Μπερμπερίνοι* (Μπαστιάς)· **β.** (ειδικά για ζώα) αφανίζω, εξολοθρεύω: *ο λύκος -εψε τ' αρνιά· η επιδημία -εψε τα πουλερικά.* 2. (για πράγματα) χαλώ, καταστρέφω: *-ει όλα του τα παιχνίδια.* 3. (μεταφ.) καταναλώνω κάτι εντελώς: *το -εψες όλο το γλυκό;*
ξέπασχα, επίρρ. (λαϊκ.), μετά το Πάσχα (συνών. *ξώλαμπρα*).
ξεπάτωμα το, ουσ. 1. ζημιά, καταστροφή. 2. (μεταφ.) κούραση, κόπος, εξάντληση (συνών. *ξεθέωμα*). 3. (μεταφ.) εξόντωση, εξολόθρευση.
ξεπατώνω, ρ. 1. προκαλώ φθορά, καταστρέφω: *σκαρί... γέρικο... με γδαρμένα μαδέρια, με -ωμένη κουβέρτα* (Κόντογλου). 2. (μεταφ.) κουράζω, ταλαιπωρώ κάποιον υπερβολικά: *ο γυμναστής τούς -ωσε στο τρέξιμο* (συνών. *ξεθεώνω*). 3. (μεταφ., για ανθρώπους και ζώα) εξοντώνω, εξολοθρεύω (συνών. *ξεπαστρεύω*). 4. (μέσ.) κουράζομαι υπερβολικά: *-ώθηκα στις δουλειές του σπιτιού·* φρ. *-ομαι στη δουλειά = έχω πάντα υπερβολική δουλειά, εργάζομαι υπερβολικά.*
ξεπεζεύω το, ουσ., το να ξεπεζεύει (βλ. λ.) κανείς, το να κατεβαίνει από υποζύγιο (συνών. *ξεκαβαλίκεμα*).
ξεπεζεύω, ρ., κατεβαίνω από υποζύγιο (συνών. *ξεκαβαλικεύω*).
ξεπέρασμα το, ουσ. 1. το βγάλσιμο με τράβηγμα ενός πράγματος που πριν ήταν περασμένο κάπου. 2. υπεροχή κάποιου σε σχέση με άλλους. 3. υπέρβαση: *~ του ορίου ταχύτητας.* 4. υπερνίκηση, αντιμετώπιση μιας κατάστασης με επιτυχία: *~ της κρίσης / της δοκιμασίας.* 5. το να ξεφεύγει κάτι από τα στενά όρια μέσα στα οποία ως τώρα κινούνταν.
ξεπερνώ, ρ. 1. τραβώ και βγάζω κάτι που ήταν περασμένο μέσα σε κάτι άλλο: *~ την κλωστή από τη βελόνα· -άσανε το πόδι του από τις καδένες* (Μπαστιάς). 2. υπερτερώ, αναδεικνύομαι ανώτερος από άλλον ή άλλους: *τους -έρασε όλους στο τρέξιμο / στην επίδοση* 3. υπερβαίνω: *η μόλυνση -έρασε το όριο επιφυλακής· οι παρευρισκόμενοι δεν -ούσαν τους είκοσι / τα δάχτυλα του ενός χεριού* (για μικρό αριθμό)· (μεταφ.) *η παράσταση -έρασε τις προσδοκίες μας.* 4. υπερνικώ, αντιμετωπίζω με επιτυχία: *~ την κρίση / τις δυσκολίες / τα εμπόδια.* 5. ξεφεύγω, βγαίνω έξω από κάποια όρια μέσα στα οποία κινιόμουν ως τώρα: *η φήμη του -έρασε τα σύνορα της χώρας.* 6. αφήνω πίσω μου κάτι, παύω να επηρεάζομαι από κάτι: *πρέπει να -άσεις αυτές τις αντιλήψεις.* 7. (μέσ., αλληλ.) συναγωνίζομαι: *-ιόμαστε (στο τρέξιμο), να δούμε ποιος θα νικήσει;* - Η μτχ. παρκ. *ξεπερασμένος* ως επίθ. = αναχρονιστικός, απαρχαιωμένος: *ιδέες / μέθοδοι -ες.*
ξεπεσμός ο, ουσ. 1. απώλεια της υψηλής κοινωνικής θέσης ή της οικονομικής ευμάρειας. 2. ηθική ή πνευματική παρακμή: *~ των αξιών / της εθνικής ζωής.*
ξεπέταγμα το, ουσ. 1. σκίρτημα: *-άγματα της καρδιάς* (Κόντογλου). 2. ολοκλήρωση μιας εργασίας σε σύντομο χρονικό διάστημα. 3. (για μικρό παιδί) ανάπτυξη και μεγάλωμα του παιδιού.
ξεπεταρούδι το, ουσ. (λαϊκ.). 1. το πουλάκι που μόλις έγινε ικανό να πετάει. 2. (μεταφ.) το μικρό παιδί που έχει αρκετά μεγαλώσει.
ξεπετώ, ρ. I. ενεργ. 1. (μτβ.) τελειώνω κάτι σε σύντομο χρονικό διάστημα: *-έταξαν την οικοδομή σε πέντε μήνες.* 2. (αμτβ.) σκιρτώ: *όποτε δω θάλασσα, -ά η καρδιά μου* (Κόντογλου). II. μέσ. *-ιέμαι και -άγομαι.* 1. εμφανίζομαι ξαφνικά: *από πού ξεπετάχτηκες εσύ;* 2. παίρνω το λόγο σε μια συζήτηση ή σε συντροφιά χωρίς να μου έχει δοθεί. 3. (για μικρό παιδί) έχω μεγαλώσει αρκετά.
ξεπέφτω, ρ., μτχ. παρκ. *ξεπεσμένος.* 1. χάνω την οικονομική άνεση ή την υψηλή κοινωνική θέση που είχα: *έμπορος / αριστοκράτης -σμένος.* 2.

ξεπηδώ

(μεταφ.) χάνω την υπόληψη, την αξιοπρέπειά μου, πέφτω χαμηλά.
ξεπηδώ, ρ., εμφανίζομαι ξαφνικά (συνών. *ξεπετιέμαι*).
ξεπιάνομαι, ρ. (συνιζ.), μου περνά το «πιάσιμο» από την ακινησία ή την παράλυση: *με εντριβές και ασκήσεις -άστηκαν τα πόδια μου*.
ξεπίτηδες, βλ. *εξεπίτηδες*.
ξεπλάνεμα το, ουσ. 1. αποπλάνηση ατόμου νεαρότερου ή άπειρου (συνών. *ξελόγιασμα*). 2. ξεγέλασμα, παραπλάνηση: *η καλή και πραγματική ευτυχία κι όχι τα -ατα που χαρίζει η ζωή*.
ξεπλανεύω, ρ. 1. αποπλανώ συνήθως άπειρο άτομο: *αυτή η μάγισσα θα -έψει όλα τα παλληκάρια* (Μπαστιάς) (συνών. *ξελογιάζω, ξεμαλίζω*). 2. ξεγελώ, παραπλανώ: *ο ελληνισμός -εύτηκε κάποτε σε μια εικονική αναγέννηση*.
ξέπλεγμα το, ουσ., το να ξεπλέκει κάποιος κάτι πλεγμένο ή μπερδεμένο.
ξέπλεκος, -η, -ο και **-χτος,** επίθ., που δεν είναι πλεγμένος· (ειδικά για τα μαλλιά του κεφαλιού) λυμένος.
ξεπλέκω, ρ., λύνω κάτι πλεγμένο ή μπερδεμένο.
ξεπλένω και **ξεπλύνω,** ρ., αόρ. *ξέπλυνα*, μτχ. *-υμένος*. 1. πλένω κάτι με νερό για να το καθαρίσω: *το μονοπάτι το στερνό, που έχει η βροχή ξεπλύνει* ('Αγρας)· ~ *το πρόσωπο*. 2. πλένω με καθαρό νερό κάτι σαπουνισμένο για να φύγει η σαπουνάδα, ξεβγάζω: ~ *τα ρούχα / τα πιάτα*. 3. (μεταφ.) αποκαθιστώ την τιμή, την υπόληψή μου: ~ *τη ντροπή / τη μουτζούρα*. 4. (μεταφ.) (για χρήματα) «εξαγνίζω»: *η τράπεζα -ει χρήματα από παράνομες δραστηριότητες*. - Η μτχ. παρκ. ως επίθ.: (για χρώμα) που δεν είναι ζωηρός, άτονος, ξεθωριασμένος.
ξέπλεχτος, βλ. *ξέπλεκος*.
ξεπληρώνω, ρ. 1. εξοφλώ κάτι που το χρωστώ: *ως το τέλος του χρόνου θα έχω -ώσει τις δόσεις*. 2. ανταποδίδω ηθική υποχρέωση: *πώς να σου -ώσω αυτό το καλό*;
ξέπλυμα το, ουσ. 1. πλύσιμο με νερό για το καθάρισμα ενός πράγματος. 2. (μεταφ.) ανούσιο φαγητό. 3. (για «βρόμικο χρήμα» σε τράπεζες) δήθεν «εξαγνισμός».
ξεπλύνω, βλ. *ξεπλένω*.
ξέπνοος, -η, -ο, επίθ., που δεν έχει πνοή, ξεψυχισμένος.
ξεποδαριάζω, ρ. (συνιζ.). 1. κουράζω κάποιον αναγκάζοντάς τον να κάνει μεγάλη διαδρομή με τα πόδια: *με -άριασες όλη μέρα στην αγορά*. 2. (μέσ.) *-ομαι:* κουράζομαι από το πολύ περπάτημα.
ξεποδάριασμα το, ουσ., κούραση από πολύ περπάτημα.
ξεπορτίζω, ρ., βγαίνω ή φεύγω κρυφά από το σπίτι.
ξεπόρτισμα το, ουσ., το να βγαίνει ή να φεύγει κάποιος από σπίτι του κρυφά.
ξεπούλημα το, ουσ. 1. η πώληση εμπορευμάτων σε πολύ χαμηλές τιμές. 2. (μεταφ.) η προδοσία των ιδανικών κάποιου με ανταλλάγματα.
ξεπουλώ, ρ. 1. πουλώ εξολοκλήρου αντικείμενα ή κτήματα που βρίσκονται στην κατοχή μου, γιατί έχω ανάγκη από χρήματα: *-ούλησε όλα τα κοσμήματα της μητέρας του*. 2. (για έμπορο) α. πουλώ τα εμπορεύματά μου σε πολύ χαμηλές τιμές, επειδή πρόκειται να κλείσω ή ανακαινίσω το κατάστημά μου (συνών. *εκποιώ*)· β. (αμτβ.) πουλώ όλα τα εμπορεύματα που είχα για πούλημα: *ο ψαράς*

972

-ησε κι έφυγε. 3. (μτβ.) προδίνω κάτι στο οποίο πιστεύω προκειμένου να κερδίσω υλικά ή ηθικά ανταλλάγματα: *-ησε την πατρίδα / τους φίλους του*.
ξεπουπουλιάζω (συνιζ.) και **-ίζω,** ρ. 1. αφαιρώ τα πούπουλα, τα φτερά πουλιού (συνών. *μαδώ*). 2. (μεταφ.) αποσπώ από κάποιον χρήματα.
ξεπουπούλιασμα και **-ισμα** το, ουσ. 1. η αφαίρεση των φτερών πουλιού (συνών. *μάδημα*). 2. (μεταφ.) η συνεχής απόσπαση χρημάτων από κάποιον.
ξεπουπουλίζω, βλ. *ξεπουπουλιάζω*.
ξεπουπούλισμα, βλ. *ξεπουπούλιασμα*.
ξεπρήζομαι, ρ., παύω να είμαι πρησμένος (συνών. *ξεφουσκώνω*).
ξεπροβαίνω, ρ., εμφανίζομαι ξαφνικά μπροστά σε κάποιον.
ξεπροβάλλω, ρ., παρουσιάζομαι, εμφανίζομαι ξαφνικά.
ξεπροβοδίζω και **-ώ,** ρ., συνοδεύω ως ένα σημείο κάποιον που φεύγει και τον αποχαιρετώ (συνών. *παραβγάζω, κατευοδώνω*).
ξεπροβόδισμα το, ουσ., το να συνοδεύεις ως ένα σημείο κάποιον που φεύγει και να τον αποχαιρετάς (συνών. *κατευόδωση*).
ξεπροβοδώ, βλ. *ξεπροβοδίζω*.
ξέρα η, ουσ. 1. θαλάσσιος βράχος που μόλις καλύπτεται από τα νερά: *το καΐκι έπεσε στις -ες*. 2. ξηρασία ύστερα από ανομβρία. [από το επίθ. *ξερός*].
ξερά, βλ. *ξερός*.
ξεραγκιανός, βλ. *ξερακιανός*.
ξεράδι το, ουσ. 1. ξερό κλαδί φυτού ή δέντρου. 2. περιφρονητικά, για τα πόδια τρίτου προσώπου: *μάζεψε τα -ια σου να περάσω!* (συνών. *ξερό*).
ξεραΐλα η, ουσ. 1. ξηρασία ύστερα από ανομβρία. 2. (μεταφ.) έντονη έλλειψη ενός πράγματος.
ξεραίνω, ρ. Ι. ενεργ. 1. αφαιρώ την υγρασία από κάτι, στεγνώνω: *ο σκληρός χειμώνας -ανε το 30% της καλλιεργήσιμης γης*. 2. προκαλώ σε κάποιον υπερβολικό πόνο από δυνατό χτύπημα. ΙΙ. μέσ. 1. (για φυτό) χάνω όλους τους χυμούς μου. 2. (μεταφ.) μένω κατάπληκτος, εμβρόντητος. Φρ. *-αίνομαι στα γέλια* (= γελώ πάρα πολύ).
ξέρακας ο, ουσ., μεγάλο, τελείως ξερό ξύλο ή ξερό δέντρο.
ξερακιανός, -ή, ό και **-γκια-,** επίθ. (συνιζ.), λεπτός, λιγνός: *γριά -ή*.
ξέρασμα το, ουσ. (λαϊκ.), εμετός, ξερατό. [μτγν. *εξέραμα<εξερώ*].
ξερατό το, ουσ. (λαϊκ.), εμετός, ξέρασμα: *να σου 'ρχεται* ~ *και ζαλάδα, καθώς τον έβλεπες* (Ι.Μ. Παναγιωτόπουλος).
ξερίζωμα το, ουσ. 1. το βγάλσιμο από το χώμα φυτού ή δέντρου μαζί με τις ρίζες του. 2. εκδίωξη κάποιου από την πατρίδα του ή από τόπο όπου έμενε πολλά χρόνια (συνών. *εκπατρισμός*). 3. αφανισμός, εξόντωση ολοκληρωτική.
ξεριζωμός ο, ουσ., βίαιη απομάκρυνση κάποιου από την πατρίδα του ή από το τόπο όπου έμενε πολλά χρόνια (συνών. *εκπατρισμός*).
ξεριζώνω, ρ. 1. βγάζω φυτό ή δέντρο από το χώμα μαζί με τη ρίζα του. 2. αποσπώ, τραβώ βίαια: ~ *τα μαλλιά κάποιου*· (μεταφ.) *να -ώσει τα πάθη που φωλιάζουν στην καρδιά του*· φρ. *-ώνεται η καρδιά μου* (= θλίβομαι υπερβολικά): *τον θρηνούσε έτσι που να -ώνεται του καθενού η καρδιά* (Ι.Μ. Παναγιωτόπουλος). 3. (μεταφ.) εκδιώκω κάποιον από

την πατρίδα του ή από έναν τόπο όπου ζούσε πολλά χρόνια (συνών. *εκπατρίζω*). 4. αφανίζω, εξοντώνω ολοκληρωτικά.

ξερικός, -ή, -ό, επίθ. 1. (για καλλιεργούμενο έδαφος) που δεν ποτίζεται από πηγαία νερά: *χωράφι / περιβόλι -ό* (αντ. *ποτιστικό*). 2. (για καλλιέργεια) που αναπτύσσεται χωρίς πότισμα.

ξερνοβολώ, ρ. (λαϊκ.), κάνω συνεχώς εμετό.

ξερνώ, ρ. (λαϊκ.). 1. κάνω εμετό. 2. (μεταφ.) ομολογώ: *τα -ασε όλα στην ανάκριση*. 3. (για τη θάλασσα) βγάζω με το κύμα στη στεριά (συνών. *ξεβράζω*). 4. υφίσταμαι τις συνέπειες μιας κακής μου πράξης: *— Ώστε τον έσφαξε... τον Κάργα... — Κάποτε θα το -άσει κι αυτός...* (Μπαστιάς). [αόρ. *εξέρασα* του αρχ. *εξερώ*).

ξερόβηχας ο, ουσ. 1. ξερός βήχας χωρίς φλέγματα. 2. προσποιητός, ψεύτικος βήχας.

ξεροβήχω, ρ. 1. έχω ξερό βήχα χωρίς να βγάζω φλέγματα. 2. βήχω επίτηδες για να προκαλέσω την προσοχή κάποιου.

ξεροβόρι το, ουσ., βόρειος άνεμος ξερός και ψυχρός: *το ~ του Γενάρη*.

ξεροβούνι το, ουσ., βουνό χωρίς καθόλου βλάστηση: *τα -ια της Ηπείρου*.

ξερογλείφομαι, ρ., γλείφω με τη γλώσσα τα χείλη μου καθώς περιμένω να φάω κάτι που μου αρέσει.

ξερόκαμπος ο, ουσ. (έρρ.), πεδιάδα άνυδρη και άγονη.

ξεροκατάπιμα το, ουσ., το να καταπίνει κάποιος το σάλιο του χωρίς να τρώει — από νευρικότητα, συγκίνηση ή αμηχανία.

ξεροκαταπίνω, ρ., καταπίνω το σάλιο μου — χωρίς να τρώω κάτι— από νευρικότητα, αμηχανία ή συγκίνηση: *η Μαρίνα κοντοστάθηκε, κόμπιασε και -άπιε* (Μπαστιάς).

ξεροκεφαλιά η, ουσ. (συνιζ.), πείσμα, επιμονή, ισχυρογνωμοσύνη (συνών. *στενοκεφαλιά*).

ξεροκέφαλος, -η, -ο, επίθ., επίμονος, ισχυρογνώμονας.

ξεροκοκαλίζω, ρ. 1. τρώω κάτι λαίμαργα και γρήγορα ώσπου να μείνουν μόνο τα κόκαλα: *~ ένα κοτόπουλο*. 2. σπαταλώ χρήματα, διασπαθίζω: *-ισε την περιουσία του πατέρα του* (συνών. και στις δύο σημασ. *ξεκοκαλίζω*).

ξεροκοκκινίζω, ρ. 1. ψήνω κάτι πολύ που έτσι παίρνει κοκκινωπό χρώμα (συνών. *ξεροψήνω*). 2. (μεταφ.) κοκκινίζω από ντροπή.

ξεροκοκκίνισμα το, ουσ. 1. υπερβολικό ψήσιμο φαγητού ώσπου να πάρει κοκκινωπό χρώμα. 2. (μεταφ.) κοκκίνισμα από ντροπή.

ξεροκόμματο το, ουσ. 1. κομμάτι ξερού ψωμιού. 2. (μεταφ.) αμοιβή μικρή που φτάνει μόνο για να εξασφαλίσει σε κάποιον τη διατροφή του: *με τούτες τις αγγάριες θα ’βγαζε το ~ που του χρειαζότανε* (Μπαστιάς).

ξερολίθι το και **ξερολιθιά** η, ουσ. (συνιζ.), τοίχος χτισμένος με πέτρες χωρίς συνδετική ύλη: *καλύβα από -ιά*.

ξερονήσι το, ουσ., νησί που δεν έχει καθόλου νερό και βλάστηση.

ξεροπήγαδο το, ουσ., πηγάδι χωρίς καθόλου νερό, που έχει στερέψει.

ξεροπόταμος ο και **ξεροπόταμο** το, ουσ., ποτάμι που μένει το καλοκαίρι χωρίς νερό.

ξερός, -ή, -ό, επίθ. 1. που δεν έχει καθόλου νερό ή υγρασία: *ποτάμι / πηγάδι / χώμα -ό· αέρας ~* (συνών. *στεγνός, άνυδρος*). 2α. (για φυτό) που έχει χάσει όλους τους χυμούς του: *λουλούδι / δέντρο / χόρτο -ό·* β. (για τόπο) που δεν έχει βλάστηση: *βουνό / νησί -ό*. 3. αποξηραμένος, αφυδατωμένος: *σύκα -ά*. 4. (μεταφ.) μόνος, σκέτος: *πώς να ζήσει με τον -ό μισθό του τελωνοφύλακα;* (Καρκαβίτσας)· *δε φτάνουν οι -ές γνώσεις για να μάθεις τον κόσμο*. 5α. νεκρός, αναίσθητος: *έπεσε ~ από το χτύπημα·* β. εμβρόντητος, αποσβολωμένος: *έμεινε ~ μόλις το άκουσε*. ΄Εκφρ. *απάντηση -ή* (σύντομη, χωρίς πολλά λόγια και περιστροφές)· *βήχας ~* (χωρίς φλέγματα)· *κεφάλι -ό* (για αμετάπειστο και ισχυρογνώμονα άνθρωπο)· *κορμί -ό* (για άτομο που δεν έχει οικογένεια ή στενούς συγγενείς)· *κρότος ~* (= δυνατός και οξύς ήχος από κάτι που σπάζει)· *ύφος -ό* (= μονότονο, ανιαρό, πληκτικό)· *ψωμί -ό* (ψωμί που τρώγεται χωρίς άλλο προσφάι). Παροιμ. *μαζί με τα -ά καίγονται και τα χλωρά* (για κάποιον που υφίσταται τις συνέπειες του λάθους άλλου). - Το θηλ. ως ουσ. = είδος χαρτοπαιγνίου. - Το ουδ. ως ουσ. = **α**. το κεφάλι· το μυαλό κάποιου: *δικός μου λογαριασμός να κάνω ό,τι κόψει το -ό μου* (Μπαστιάς)· **β**. περιφρονητικά το χέρι ή το πόδι: *μάζεψε τα -ά σου να περάσω κάτω το -ό σου!* - Επίρρ. **-ά** (σύντομα και ψυχρά): *μου αποκρίθηκε έτσι -ά*. - Βλ. και *ξηρός*.

ξεροσταλιάζω, ρ. (συνιζ.), εξαντλούμαι, κουράζομαι μένοντας συνήθως όρθιος και ακίνητος κάπου για πολλή ώρα.

ξεροστάλιασμα το, ουσ., κούραση από την πολύωρη ορθοστασία ή ακινησία σε κάποιο μέρος.

ξεροσφύρι το, ουσ., πιοτό δίχως μεζέ: (συνήθως ως επίρρ.) *το ήπιε ~*.

ξεροτηγανίδι το, ουσ., αυτό που απομένει στο τηγάνι μετά το τηγάνισμα.

ξεροτηγανίζω, ρ. 1. τηγανίζω κάτι με λίγο λάδι ή για περισσότερη ώρα ώστε να γίνει τραγανό. 2. (μεταφ.) ταλαιπωρώ, βασανίζω (συνών. *τσιγαρίζω*).

ξεροτηγάνισμα το, ουσ. 1. τηγάνισμα με λίγο λάδι ή για περισσότερο χρόνο για να γίνει κάτι τραγανό. 2. (μεταφ.) βασάνισμα, παίδεμα (συνών. και στις δύο σημασ. *τσιγάρισμα*).

ξεροτήγανο το, ουσ., είδος γλυκίσματος που ψήνεται στο τηγάνι, δίπλες.

ξερότοπος ο, ουσ., τόπος χωρίς νερό και (επομένως) χωρίς βλάστηση.

ξεροτρόχαλος ο, ουσ., τοίχος φτιαγμένος με τροχάλους χωρίς συνδετική ύλη μεταξύ τους (συνών. *ξερολιθιά*).

ξεροφαγιά (συνιζ.) και (λόγ.) **ξηροφαγία** η, ουσ., κατανάλωση στερεάς και όχι μαγειρεμένης τροφής· (ειδικότερα στη διαιτητική) αγωγή κατά την οποία παίρνει κάποιος ξερά τροφή και όχι υγρά για να ελαττώσει τα υγρά του σώματος.

ξερόχορτο το, ουσ., χόρτο που έχει ξεραθεί.

ξεροψήνω, ρ., ψήνω κάτι περισσότερο απ’ όσο πρέπει ώσπου να γίνει ξερό, τραγανό (συνών. *ξεροκοκκινίζω*).

ξεροψήσιμο το, ουσ., το ψήσιμο (φαγητού, γλυκού, κλπ.) ώσπου να γίνει ξερό, τραγανό (συνών. *ξεροκοκκίνισμα*).

ξερόψωμο το, ουσ. 1. ψωμί μπαγιάτικο. 2. ψωμί που τρώγεται χωρίς προσφάι.

ξέρω, ρ., παρατ. *ήξερα* (οι άλλοι χρόνοι από συγγενή ρ.). 1. γνωρίζω, μου είναι γνωστό κάτι: *εις τη διεύθυνσή του / τι ώρα φεύγει το τρένο; ~ ότι λέει ψέματα*. 2. (για κάτι που χρειάζεται μελέτη·

ξεσαβούρωμα

μια τέχνη, μια τεχνική) έχω μελετήσει ή εξασκηθεί σε κάτι και το κατέχω: ~ *το πάτερ ημών / ένα ποίημα απέξω / τους κανόνες του παιχνιδιού· ~ να οδηγώ / να ζωγραφίζω.* 3. (για πρόσωπο) α. γνωρίζω κάποιον προσωπικώς, έχω συναντηθεί στο παρελθόν με κάποιον: *τον αδελφό μου τον -εις·* β. γνωρίζω το χαρακτήρα κάποιου: *τον -εις τον Α. πόσο απόλυτος / πονόψυχος είναι.* 4. (για περιοχή, πόλη): *την Αθήνα την ~ καλά· δε χάνομαι.* 5. (για γλώσσα) είμαι κάτοχος μιας γλώσσας και τη χειρίζομαι καλά: ~ *γερμανικά* (συνών. *μιλώ*). 6. (με κατηγορούμενο του αντικ.) έχω τη γνώμη για κάποιον ότι: *τον ~ (για) άνθρωπο τίμιο.* 7. το β΄ πρόσ. παρενθετικά όταν κάποιος α. διστάζει να εκφράσει κάτι: *τις περισσότερες φορές, -εις, νομίζω ότι με κοιτάζει σαν ηλίθιος·* β. προσπαθεί να δικαιολογήσει κάτι: *δε θυμούμαι την ημερομηνία· αυτά, -εις, τα μπερδεύω.* 8. το α΄ προσ. ως καταφατική μονολεκτική απάντηση, όταν κάποιος συμφωνεί με κάτι που ειπώθηκε: — *Είναι πολύ δύσκολος χαρακτήρας.— ~.* Φρ. *άσε αυτά που -εις* (= πάψε να χρησιμοποιείς τις μεθόδους που εφάρμοζες ως τώρα)· *αυτό το -ει κι η γάτα* (για κάτι πολύ εύκολο)· *δε θέλω να σε ~* (= διακόπτω τις σχέσεις μου μαζί σου)· *δεν -ει πού παν τα τέσσερα / τι του γίνεται* (για άνθρωπο αμαθή ή ανίδεο)· *ένας Θεός -ει* (για κάτι που θα ήθελε κάποιος να μάθει, αλλά κανένας δεν είναι σε θέση να του απαντήσει): *ένας Θεός -ει αν θα γίνει καλά! να το -εις* (= σε διαβεβαιώνω, να είσαι σίγουρος)· ~ *το μάθημα νερό/-άκι,* βλ. *νεράκι· ~ κι εγώ;* (= δε γνωρίζω) *-ει και μιλάει / τι λέει* (= είναι σίγουρος γι᾽ αυτά που λέει). [από το ηξεύρω< εξεύρον αόρ. του εξευρίσκω].

ξεσαβούρωμα το, ουσ. (ναυτ.) αφαίρεση της σαβούρας (βλ. λ. σημασ. 1) από πλοίο.

ξεσαβουρώνω, ρ. (ναυτ.) βγάζω τη σαβούρα (βλ. λ. σημασ. 1) από πλοίο.

ξεσαβούρωτος, -η, -ο, επίθ. (για πλοίο) που του έχει αφαιρεθεί η σαβούρα, το έρμα.

ξεσαμάρωμα το, ουσ. (για υποζύγιο) βγάλσιμο του σαμαριού.

ξεσαμαρώνω, ρ. (για υποζύγιο) βγάζω το σαμάρι.

ξεσαμάρωτος, -η, -ο, επίθ. (για υποζύγιο) που δε φορά σαμάρι· έκφρ. *γαϊδούρι -ο* (υβριστ.) (για άνθρωπο κακομαθημένο).

ξεσβερκιάζομαι, ρ. (συνιζ.), αισθάνομαι πόνους στο σβέρκο από βάρος που σηκώνω ή από υπερβολική κούραση.

ξεσέλωμα το, ουσ. (για υποζύγιο) βγάλσιμο της σέλας.

ξεσελώνω, ρ. (για υποζύγιο) βγάζω τη σέλα.

ξεσέλωτος, -η, -ο, επίθ. (για υποζύγιο) που δε φορά σέλα.

ξεσέρνω, ρ., μετακινώ κάτι σέρνοντάς το.

ξεσήκωμα το, ουσ. 1. αναστάτωση, ταραχή. 2. στάση, εξέγερση: *ξεσπάει επανάσταση, ~ όμως απροετοίμαστο.* 3. αντιγραφή.

ξεσηκωμός ο, ουσ., εξέγερση, επανάσταση.

ξεσηκώνω, ρ. Ι. ενεργ. 1. δημιουργώ αναστάτωση, ακαταστασία μετακινώντας διάφορα πράγματα: *έχω το σπίτι -ωμένο για να ασπρίσω.* 2. (μεταφ.) αναστατώνω: *-ωσε τη γειτονιά με τις φωνές του.* 3. παρακινώ, παρασύρω: *μας -ωσε να πάμε εκδρομή· ~ τα μυαλά κάποιου* (= πείθω κάποιον να πάρει μια παρακινδυνευμένη απόφαση). 4. αντιγράφω, μιμούμαι: *-ωσε το σχέδιο του πλεκτού από τη βι-*

τρίνα. II. (μέσ.) αντιδρώ· επαναστατώ: *ο λαός -ώθηκε από την πολλή καταπίεση.*

ξεσκάζω και **ξεσκώ,** ρ., απαλλάσσομαι από φροντίδες με κάποια ψυχαγωγία: *της είπα τον πόνο μου και ξέσκασα* (συνών. *ξεδίνω*).

ξεσκαλίζω, ρ. (κυριολεκτικά και μεταφ.) ανασκαλίζω ζητώντας κάτι: *τι θέλεις και -εις την υπόθεση;*

ξεσκάλισμα το, ουσ., ανασκάλεμα υπόθεσης.

ξεσκάλωμα το, ουσ., ξεμπέρδεμα, ξέμπλεγμα: ~ *χαρταετού / μαλλιών.*

ξεσκαλώνω, ρ. Α. (μτβ.) ελευθερώνω κάτι που σκάλωσε ή μπερδεύτηκε: ~ *χαρταετό.* Β. (αμτβ.). 1. ελευθερώνομαι από σκάλωμα ή μπέρδεμα. 2. (μεταφ.) ξεφεύγω από δύσκολη θέση, ξεμπερδεύω: *ευτυχώς που κατάφερε να -ώσει από την κακή του παρέα.*

ξεσκαρτάρω, ρ., αφαιρώ από ένα σύνολο τα άχρηστα ή τα ασήμαντα (συνών. *σκαρτάρω*).

ξέσκασμα το, ουσ., απαλλαγή από δυσάρεστα συναισθήματα και στενοχώριες (συνών. *ξέδομα*).

ξεσκατώνω και **ξεσκατίζω,** ρ. (λαϊκ.), καθαρίζω από τα περιττώματα (μωρό, άρρωστο ή γέρο).

ξεσκεπάζω, ρ. Ι. ενεργ. 1. αφαιρώ το σκέπασμα: ~ *το παιδί / την κατσαρόλα.* 2. (μεταφ.) αποκαλύπτω, φανερώνω: *-άστηκαν οι απάτες του.* II. (μέσ.) αφαιρώ το σκέπασμα από πάνω μου: *-άστηκα τη νύχτα και κρύωσα.*

ξεσκέπασμα το, ουσ. 1. αφαίρεση σκεπάσματος. 2. (μεταφ.) αποκάλυψη: ~ *του σκανδάλου.*

ξεσκέπαστος, -η, -ο, επίθ., που δεν είναι σκεπασμένος, ακάλυπτος: *κοιμήθηκε ~ και κρυολόγησε· σπίτι -ο· κατσαρόλα -η* (συνών. *ξέσκεπος.*

ξέσκεπος, -η, -ο, επίθ. 1. ξεσκέπαστος: *κι αλιά! σε λίγο -α τα λίγα στήθια μένουν* (Σολωμός). 2. (μεταφ.) ειλικρινής· φρ. *γεννήθηκε σε -ο σπίτι* (= μιλάει με παρρησία, ξάστερα).

ξεσκίζω, ρ. 1. σκίζω εντελώς, κατακομματιάζω: *-ισε το βιβλίο του / τα ρούχα του.* 2. προκαλώ αμυχές, γρατσουνίζω: *τ᾽ αγκαθερά φυτά -ουνε σα νύχια* (Παλαμάς). 3. κατασπαράζω: *τον -ισαν τα άγρια θηρία.* - Η μτχ. *-ισμένος* ως επίθ. (λαϊκ.) = χωρίς υπόληψη, εξευτελισμένος.

ξέσκισμα το, ουσ., σκίσιμο, κομμάτιασμα.

ξεσκλάβωμα το, ουσ., απαλλαγή από σκλαβιά (συνών. *απελευθέρωση*).

ξεσκλαβώνω, ρ. 1. απαλλάσσω από τη σκλαβιά, απελευθερώνω. 2. (μεταφ.) απαλλάσσω από δύσκολη θέση ή φροντίδες: *είπε να -ωθεί τώρα που πάντρεψε τα παιδιά του, αλλά τον βρήκε άλλο κακό.*

ξεσκολίζω, ρ. (λαϊκ.), τελειώνω τη φοίτηση στο σχολείο: *φέτος -ει το μεγάλο μου παιδί.* - Η μτχ. *-ισμένος* ως επίθ. = που έχει πείρα σε κάτι (συνήθως κακό): *είναι -ισμένος στο κλέψιμο.*

ξεσκόλισμα το, ουσ., αποφοίτηση από σχολείο.

ξεσκονίζω, ρ. 1. απομακρύνω, αφαιρώ τη σκόνη: ~ *τα παπούτσια.* 2. (μεταφ.) (για εξέταση) κάνω λεπτομερειακές ερωτήσεις σε κάποιον για να διαπιστώσω το σύνολο των γνώσεών του: *με -ισε στην ιστορία.*

ξεσκόνισμα το, ουσ., απομάκρυνση της σκόνης: ~ *επίπλων.*

ξεσκονιστήρι το, ουσ., σύνολο φτερών προσαρμοσμένο σε στέλεχος με το οποίο ξεσκονίζουμε (συνών. *φτερό*).

ξεσκονίστρα η, ουσ., σκούπα με μακρύ κοντάρι

που χρησιμοποιείται για ξεσκόνισμα τοίχων και οροφής.
ξεσκονόπανο το, ουσ., πανί για ξεσκόνισμα.
ξεσκοτίζω, ρ. (ενεργ. και μέσ.) παύω να είμαι σκοτισμένος: *ξεσκότιζέ με* (= παράτα με, μη με σκοτίζεις).
ξεσκούντημα το, ουσ. (έρρ.). 1. σκούντημα, σπρώξιμο. 2. προτροπή, παρακίνηση.
ξεσκουντώ, ρ. (έρρ.). 1. σκουντώ, σπρώχνω. 2. (μεταφ.) προτρέπω, παρακινώ.
ξεσκουριάζω, ρ. (συνιζ.). 1. (μτβ.) βγάζω τη σκουριά από μεταλλικά αντικείμενα. 2. (αμτβ., μεταφ.) δραστηριοποιούμαι ξανά.
ξεσκούριασμα το, ουσ. 1. βγάλσιμο της σκουριάς. 2. (μεταφ.) δραστηριοποίηση εκ νέου.
ξεσκούφωμα το, ουσ., βγάλσιμο σκούφου ή καπέλου.
ξεσκουφώνω, ρ. I. (ενεργ.) βγάζω το σκούφο ή το καπέλο κάποιου. II. (μέσ.) βγάζω το σκούφο ή το καπέλο μου: *μην -εσαι, γιατί θα κρυολογήσεις.*
ξεσκούφωτος, -η, -ο, επίθ., που δε φοράει σκούφο ή κάλυμμα στο κεφάλι: *ξυπόλυτα και -α έπαιζαν τα παιδιά στο δρόμο.*
ξεσκώ, βλ. ξεσκάζω.
ξέσμα το, ουσ., σβήσιμο (γραμμάτων) με ξύσιμο: *απαγορεύονται -ατα στο σώμα της εγγραφής* (αστ. κώδ.).
ξεσπάζω, βλ. ξεσπώ.
ξεσπάθωμα το, ουσ. 1. τράβηγμα του σπαθιού. 2. (μεταφ.) αγρίεμα, υποστήριξη με ζέση.
ξεσπαθώνω, ρ. 1. τραβώ το σπαθί από τη θήκη του. 2. (μεταφ.) α. αγριεύω, υποστηρίζω με ζέση: *κοίταξε πώς -σπάθωσε και τα θέλει όλα δικά του!* β. επιτίθεμαι εναντίον τρίτου ή απόψεών του: *-ωσε εναντίον των κομματικών αντιπάλων του* (συνών. ξιφουλκώ). - Η μτχ. *-ωμένος* = αγριεμένος, θυμωμένος.
ξέσπασμα το, ουσ. 1. βίαιη εμφάνιση, απότομη εκδήλωση: ~ *συναισθηματικό / θύελλας / επιδημίας / πυρκαγιάς / πολέμου* (συνών. έκρηξη). 2. ξεθύμασμα, εκτόνωση.
ξεσπιτίζω, ρ., φεύγω από το σπίτι μου: *-σπίτισε η κόρη τους.*
ξεσπίτωμα το, ουσ., το να διωχτεί κάποιος από το σπίτι του, το να χάσει το σπίτι του: ~ *του γονιού από το παιδί του.*
ξεσπιτώνω, ρ. I. (ενεργ.) διώχνω κάποιον από το σπίτι, του στερώ το σπίτι: *τον -σπίτωσε ο γιος του.* II. (μέσ.) αναγκάζομαι να φύγω από το σπίτι μου.
ξεσποριάζω, ρ. (συνιζ.). Α. (μτβ.) βγάζω τα κουκούτσια από καρπό. Β. (αμτβ.) σποριάζω: *-σπόριασαν τα μαρούλια·* (μεταφ.) *η Τουρκιά -ιασε και σαπίζει* (Πετσάλης).
ξεσπόριασμα το, ουσ. 1. αφαίρεση σπόρων από καρπό. 2. σπόριασμα (βλ. λ.).
ξεσπώ και **ξεσπάζω**, ρ., αόρ. ξέσπασα. 1. ξεχύνομαι σπάζοντας το φράγμα που εμποδίζει τη διέξοδό μου: *-ασε το ποτάμι και πλημμύρισε την πεδιάδα.* 2α. αρχίζω να κάνω κάτι ξαφνικά: *-ασε σε κλάμα / σε γέλιο.* β. εμφανίζομαι, εκδηλώνομαι βίαια ή απότομα: *-ασε μπόρα / το συνάχι / επιδημία / πυρκαγιά / πόλεμος / σκάνδαλο.* 3α. ξεθυμαίνω, εκτονώνομαι: *μάλωσε με τον άντρα της και -ασε στα παιδιά της·* β. εκδηλώνομαι σε βάρος κάποιου: *όλα -ασαν στην καμπούρα του.*

ξεσταχιάζω, ρ. (συνιζ.), (για δημητριακά) βγάζω στάχια: *-στάχιασε το σιτάρι.*
ξεστάχιασμα το, ουσ., εμφάνιση σταχιού στο καλάμι των δημητριακών: *τα χωράφια είναι πάνω στο* ~.
ξεστηθιασμένος, -η, -ο, επίθ. (συνιζ., λαϊκ.), ξέστηθος (βλ. λ.): *γυναίκα -η.*
ξέστηθος, -η, -ο, επίθ., που αφήνει να φαίνονται τα στήθη του: *δούλευε χειμώνα καλοκαίρι* ~.
ξεστηθώνομαι, ρ., δείχνω τα στήθη μου· (ειδικότερα για μητέρα) παραμερίζοντας τα ρούχα βγάζω το μαστό για να θηλάσω το βρέφος: *-ώθηκε παράμερα για να θηλάσει το μωρό.* - Η μτχ. *-ωμένος* ως επίθ. = ξέστηθος: *το κουρελιασμένο φουστάνι της την άφηνε -ωμένη.*
ξεστήθωτος, -η, -ο, επίθ., ξέστηθος (βλ. λ.).
ξεστήνω, ρ., αποσυναρμολογώ: ~ *τη σκηνή.*
ξέστης ο και **ξέστα** η, ουσ., μονάδα μέτρησης στερεών και υγρών που ισοδυναμεί με πενήντα περίπου κιλά: *αγόρασα δύο -ες λάδι.* [μτγν. ξέστης].
ξεστολίζω, ρ., αφαιρώ τα στολίδια: *-ίσαμε το χριστουγεννιάτικο δέντρο.*
ξεστομίζω, ρ., βγάζω από το στόμα μου, λέω: *δεν τολμούσε να -ίσεις μπροστά του λόγο κακό.*
ξεστούμπωμα, βλ. ξεστουπώμα.
ξεστουμπώνω, βλ. ξεστουπώνω.
ξεστούπωμα και (έρρ.) **ξεστούμπωμα** το, ουσ., αφαίρεση του στουπώματος (συνών. ξεβούλωμα).
ξεστουπώνω και (έρρ.) **ξεστουμπώνω**, ρ., αφαιρώ το στούπωμα, το βούλωμα: ~ *το βαρέλι / το νεροχύτη* (συνών. ξεβουλώνω).
ξεστράβωμα το, ουσ. (λαϊκ.). 1. το να γίνει κάτι από στραβό ίσιο (συνών. ίσιωμα). 2. ανάκτηση όρασης. 3. μόρφωση. 4. (μεταφ.) έξοδος από την πλάνη, την απάτη.
ξεστραβώνω, ρ. (λαϊκ.). 1. κάνω κάτι από στραβό ίσιο: ~ *μέταλλο / ξύλο* (συνών. ισιώνω). 2. κάνω κάποιον να ανακτήσει την όρασή του. 3. (μεταφ.) κάνω κάποιον ικανό να αντιλαμβάνεται, του «ανοίγω τα μάτια».
ξεστρατίζω, ρ. (λαϊκ.), βγαίνω από τη στράτα, από το δρόμο· (μεταφ.) βγαίνω από το σωστό δρόμο, αποκτώ κακές συνήθειες: *-στράτισε το παιδί της* (συνών. παραστρατώ).
ξεστράτισμα το, ουσ., το να βγαίνει κάποιος από τη στράτα, το δρόμο· (μεταφ.) το να βγαίνει κανείς από το σωστό δρόμο: ~ *μικρού παιδιού* (συνών. παραστράτημα).
ξεστρίβω, ρ., κάνω κάτι να μην είναι πια στριμμένο: ~ *την κλωστή / το σκοινί.*
ξέστρωμα το, ουσ., αφαίρεση στρώματος ή καλύμματος: ~ *κρεβατιού / τραπεζιού* (αντ. στρώσιμο).
ξεστρώνω, ρ., αφαιρώ το στρώμα ή το κάλυμμα: *κάθε μέρα στρώνω και* ~ *το κρεβάτι μου·* ~ *το σπίτι* (= βγάζω τα χαλιά).
ξέστρωτος, -η, -ο, επίθ. 1. που δεν είναι στρωμένος: *τραπέζι / κρεβάτι / σπίτι -ο.* 2. (για υποζύγιο) *αγκαρεμένος· γαϊδούρι -ο.*
ξεστυλώνω, ρ., αφαιρώ το στύλωμα, το στήριγμα: *ποιος -στύλωσε το δέντρο;*
ξεσυνερίζομαι και **ξεσυνορίζομαι**, ρ., συνερίζομαι (βλ. λ.).
ξεσυνέρισμα και (σπανιότερα, συνιζ.) **ξεσυνέριο** το, ουσ., συνεριστά (βλ. λ.).
ξεσυνηθίζω, ρ., αφήνω, ξεχνώ μια συνήθεια: *-ισα*

το κάπνισμα / το ποτό (συνών. ξεμαθαίνω).
ξεσυννεφιάζω, ρ. (συνιζ.), (για ουρανό) γίνομαι πάλι ασυννέφιαστος.
ξεσυνορίζομαι, βλ. *ξεσυνερίζομαι.*
ξεσφίγγω, ρ. (έρρ.), ξελασκάρω, χαλαρώνω κάτι: ~ *τη ζώνη.*
ξετελεύω, ρ., αόρ. -*εψα* (λαϊκ.), αποτελειώνω τη δουλειά μου: *κοίταξε να -λέψουμε γρήγορα.*
ξετέντωμα το, ουσ. (έρρ.), χαλάρωση: ~ *σκοινιού* (αντ. *τέντωμα*).
ξετεντώνω, ρ. (έρρ.), αφήνω χαλαρό: ~ *σκοινί / το χέρι* (συνών. *χαλαρώνω·* αντ. *τεντώνω*).
ξετέντωτος, -η, -ο, επίθ., που δεν είναι τεντωμένος, χαλαρός.
ξετιμητής ο, ουσ. (λαϊκ.), αυτός που καθορίζει την αξία κάποιου αντικειμένου, εκτιμητής.
ξετιμώ, ρ. (λαϊκ.), καθορίζω την αξία κάποιου πράγματος (συνών. *αποτιμώ*).
ξετίναγμα το, ουσ. 1. τίναγμα: ~ *χαλιού.* 2. (μεταφ.) οικονομική καταστροφή. 3. (μεταφ.) εξονυχιστική εξέταση ή ανάκριση.
ξετινάζω, ρ. 1. τινάζω κάτι (για να φύγει από πάνω του η σκόνη): ~ *το χαλί.* 2. καταστρέφω κάποιον οικονομικά: *με τα έξοδά του τον -αξε ο γιος του.* 3. (για έλεγχο από το δάσκαλο των γνώσεων που έχει κάποιος): *με -αξε με τις ερωτήσεις του.* 4. καταβάλλω (σωματικά): *μας -αξε το κόψιμο.*
ξετραχηλισμένος, -η, -ο, επίθ. (λαϊκ.), που αφήνει τον τράχηλο ακάλυπτο.
ξετρελαίνω, ρ., αόρ. -*ανα.* I. ενεργ. 1. κάνω κάποιον να χάσει τα λογικά του. 2. εμπνέω ενθουσιασμό: *μας -ανε η παράσταση.* 3. (μεταφ.) εμπνέω σφοδρό έρωτα, ξελογιάζω κάποιον: *τον -ανε μια κοπέλα.* II. μέσ. 1. ενθουσιάζομαι: *είναι -αμένη με το καινούργιο της σπίτι.* 2. ερωτεύομαι παράφορα.
ξετρύπωμα το, ουσ. 1. ανακάλυψη (πράγματος ή προσώπου). 2. ξαφνική εμφάνιση. 3. ξήλωμα τρυπώματος.
ξετρυπώνω, ρ. Α. μτβ. 1. βγάζω από την τρύπα, τη φωλιά: *ο σκύλος -ωσε ένα λαγό.* 2. βρίσκω, ανακαλύπτω: *πού το -ωσες πάλι αυτό;* 3. αφαιρώ το τρύπωμα από ρούχο: *τώρα που τέλειωσες τη φούστα, -τρύπωσέ την.* Β. αμτβ. 1. βγαίνω από την τρύπα, τη φωλιά: *ο κάβουρας -ει κάτω από την πέτρα.* 2. εμφανίζομαι ξαφνικά: *από πού -ωσε πάλι αυτός;* (συνών. *ξεφυτρώνω*).
ξετσίπωμα, βλ. *ξετσιπωσιά.*
ξετσιπώνομαι, ρ., χάνω την ντροπή μου, γίνομαι αδιάντροπος.
ξετσιπωσιά η (συνιζ.) και **ξετσίπωμα** το, ουσ., αδιαντροπιά, αναίδεια: *η ~ τους δεν περιγράφεται.*
ξετσίπωτος, -η, -ο, επίθ., που δεν έχει «τσίπα», ντροπή, αδιάντροπος: *γυναίκα -η.*
ξετσιτώνω, ρ., ξετεντώνω, χαλαρώνω: ~ *τα μαλλιά μου·* ήθελε να *-ώσει τα νεύρα του.*
ξετυλιγάδι το, ουσ., νήμα μαλλιού ή βαμβακιού που προέρχεται από ξήλωμα.
ξετύλιγμα το, ουσ. 1. αφαίρεση περιτυλίγματος: ~ *πακέτου.* 2. ξεδίπλωμα πράγματος τυλιγμένου: ~ *κουβαριού / χαλιού* (αντ. *τύλιγμα*).
ξετυλίγω, ρ. I. ενεργ. 1. αφαιρώ το περιτύλιγμα: ~ *το πακέτο.* 2. ξεδιπλώνω πράγμα τυλιγμένο: ~ *το κουβάρι.* II. μέσ. 1. (λαϊκ.) εκτυλίσσομαι, συμβαίνω: *τα γεγονότα -ίχτηκαν απρόοπτα.* 2. απλώνομαι, εκτείνομαι: *δρόμος -όταν μπροστά τους.*

ξευτίλα η, ουσ. (λαϊκ.). 1. εξευτελισμός (βλ. λ.). 2. (για πρόσωπο) άνθρωπος αχρείος.
ξευτιλίζω, βλ. *εξευτελίζω.*
ξεφανερώνω, ρ. (λαϊκ.), κάνω φανερό, αποκαλύπτω κάτι.
ξέφαντο το, ουσ. (έρρ.), (μόνο στον εν.) ανοιχτός και φωτεινός χώρος σε ύψωμα: *να βγει ψηλά στο ~.*
ξεφάντωμα το, ουσ. (έρρ.), γλέντι, διασκέδαση: *έγινε μεγάλο ~ στα γενέθλιά του.*
ξεφαντώνω, ρ. (έρρ.), γλεντώ, διασκεδάζω: *-ώσαμε πολύ τις απόκριες.* [επίθ. *έκφαντος*].
ξεφάντωση η, ουσ. (έρρ.), ξεφάντωμα (βλ. λ.): *και ~ γυρεύει με τραγούδια τρυφερά* (Σολωμός).
ξεφαντωτής ο, ουσ. (έρρ.), γλεντοκόπος.
ξεφάσκιωμα το, ουσ. (λαϊκ.), αφαίρεση φασκιάς βρέφους.
ξεφασκιώνω, ρ. (συνιζ., λαϊκ.), αφαιρώ τις φασκιές από βρέφος.
ξεφεύγω, ρ., αόρ. *ξέφυγα.* 1. κατορθώνω να αποφύγω κάτι δυσάρεστο, δύσκολο ή επικίνδυνο: ~ *τη δίωξη / την τιμωρία / την προσοχή.* 2α. κατορθώνω να απομακρυνθώ από κάποιο πρόσωπο: *μπόρεσε και τους ξέφυγε·* β. κατορθώνω να απομακρυνθώ από κατάσταση ή αισθήματα που δε μου αρέσουν: *ξέφυγε από τη μιζέρια· ξεφύγαμε λίγο από την καθημερινή ρουτίνα.* 3. γλιστρώ: *μου ξέφυγε το βάζο απ' τα χέρια.* 4. πηγαίνω σε άλλο θέμα: *το γραπτό του ξέφυγε απ' το θέμα.* 5. (σε γ' πρόσ.) α. χάνω τον έλεγχό μου και εκστομίζω κάτι που δεν έπρεπε να πω: *της ξέφυγε μια βαριά κουβέντα·* β. χάνω τον έλεγχο και κάνω πράγματα ανεπίτρεπτα ή ανεπιθύμητα: *του ξέφυγε μια άπρεπη χειρονομία / (για έλεγχο του οργανισμού): του ξέφυγαν λίγα ούρα·* γ. (γενικά) χάνω τον έλεγχό: *σας ξέφυγε η κατάσταση.*
ξεφηκαρώνω, βλ. *ξεθηκαρώνω.*
ξεφλουδίζω, ρ. I. (ενεργ.) αφαιρώ τη φλούδα: ~ *το μήλο / την πατάτα.* II. μέσ. α. (για το δέρμα) απομακρύνονται μικρά τμήματα της επιδερμίδας: *-ίστηκε το δέρμα / η πλάτη του απ' την ηλιοθεραπεία· -ίστηκα απ' τον ήλιο·* β. (για δέντρο) βγαίνει η φλούδα, ο φλοιός: *-ίστηκε ο κορμός του δέντρου·* γ. (για βαμμένη επιφάνεια) χάνω την επιφανειακή επίστρωση: *-εται ο τοίχος.*
ξεφλούδισμα το, ουσ., το να ξεφλουδίζεται κάποιος ή κάτι: ~ *του φρούτου / του δέρματος / του τοίχου.*
ξεφορμάρισμα το, ουσ. 1. το να βγάζει κανείς κάτι από τη φόρμα του: ~ *του κέικ.* 2. το να χάνει κάτι τη φόρμα του: ~ *των μαλλιών / των παπουτσιών.*
ξεφορμάρω, ρ. 1. βγάζω κάτι από τη φόρμα, το καλούπι του: ~ *το κέικ.* 2. χαλώ την αρχική φόρμα και προσδίδω σε κάτι νέα μορφή (αντ. *φορμάρω*).
ξεφορτίζω, ρ. I. (ενεργ.) αφαιρώ το ηλεκτρικό φορτίο. II. (μέσ.) χάνω το ηλεκτρικό μου φορτίο: *-ίστηκε η μπαταρία / η γεννήτρια* (συνών. *αποφορτίζω*).
ξεφόρτωμα το, ουσ. 1. αφαίρεση φορτίου· μεταφορά φορτίου: ~ *πλοίου / σιταριού.* 2. απαλλαγή από φορτική κατάσταση ή ενοχλητικά πρόσωπα.
ξεφορτώνω, ρ. I. ενεργ. Α. μτβ. α. αφαιρώ το φορτίο που μεταφέρει κάποιος ή κάτι (όχημα, κλπ.): ~ *φορτηγό / πλοίο·* β. μεταφέρω φορτίο οχήματος σε άλλο μέρος: *οι εργάτες -ωσαν τα τούβλα.* Β. (αμτβ.) απαλλάσσομαι από το φορτίο μου: *το*

φορτηγό -ωσε και έφυγε. II. (μέσ). απαλλάσσομαι από φορτική κατάσταση ή ενοχλητικά πρόσωπα: *επιτέλους τον -ώθηκα!*
ξεφουκαρώνω, βλ. *ξεθηκαρώνω.*
ξεφουρνίζω, ρ. 1. βγάζω από το φούρνο: ~ *το ψωμί.* 2. παρουσιάζω κάτι ξαφνικά· λέω κάτι που δεν το περιμένει κανείς: *τι ήταν αυτό πάλι που -ισες!*
ξεφούρνισμα το, ουσ. 1. βγάλσιμο από το φούρνο: ~ *πίτας.* 2. (μεταφ.) απρόοπτη παρουσίαση.
ξεφούσκωμα το, ουσ. 1. αφαίρεση του αέρα: ~ *σωσιβίου.* 2. (μεταφ.) ανακούφιση από φούσκωμα.
ξεφουσκώνω, ρ. Α. (μτβ.) αφαιρώ από κάπου τον αέρα: ~ *τα λάστιχα αυτοκινήτου.* Β. αμτβ. 1. χάνω τον αέρα: ~*ωσε το λάστιχο.* 2. (για πρόσωπο) παύω να είμαι φουσκωμένος: *μόνο αφού ήπιε μερικές σόδες -ωσε.* 3. (μεταφ.) εκτονώνομαι: *της τα έψαλε και -ωσε.*
ξεφούσκωτος, -η, -ο, επίθ., που δεν είναι φουσκωμένος καλά ή καθόλου, που έχει ξεφουσκώσει: *μπαλόνι -ο.*
ξέφραγμα το, ουσ., αφαίρεση περίφραξης: ~ *της αυλής.*
ξέφραγος, -η, -ο, επίθ., που δεν έχει φράχτη· εκφρ. *αμπέλι -ο* (= για χώρο, τοπ. και μεταφ., όπου μπορεί κανείς να συμπεριφέρεται όπως θέλει): *-ο αμπέλι κατάντησε το σπίτι / το κράτος.*
ξεφράζω, ρ. 1. αφαιρώ την περίφραξη. 2. ξεβουλώνω: *ο υδραυλικός -αξε την αποχέτευση.*
ξέφρενα, βλ. *ξέφρενος.*
ξεφρενιασμένος, -η, -ο, επίθ. (συνιζ.), ξέφρενος, έξαλλος: *λαός ~ από τη χαρά του* (Μυριβήλης). - Επίρρ. **-α.**
ξέφρενος, -η, -ο, επίθ., που δεν έχει φραγμούς· πολύ μεγάλος, δυνατός, έντονος: *ταχύτητα -η· ρυθμός* ~· *γλέντι -ο.* - Επίρρ. **-α.**
ξεφτέρι το, ουσ. 1. είδος γερακιού (συνών. *κιρκινέζι*): *το ~ μάς άρπαξε μια κότα.* 2. (μεταφ.) άνθρωπος πολύ έξυπνος και ικανός: *είναι ~ στην αριθμητική / στη δουλειά του* (συνών. *σαΐνι·* αντ. *μπούφος*). [μτγν. *οξύπτερος* ο ή *-ον* το].
ξέφτι και **ξεφτίδι** το, ουσ., νήμα που κρέμεται από φθαρμένο ύφασμα: *κόψε τα -ια του πουκάμισου.*
ξεφτίζω και **ξεφτώ,** ρ., μτχ. παρκ. *-ισμένος.* Α. (μτβ.) ξηλώνω τις άκρες υφάσματος: *-ισε το ύφασμα για να περάσει κρόσια.* Β. αμτβ. 1. γίνομαι όλο ξέφτια, φθείρομαι: *-ισε το φόρεμα / το χαλί.* 2. (μεταφ.) χάνω τη σημασία μου: *στην εποχή μας -ισαν οι παλιές παραδόσεις* (συνών. *ξεπέφτω*). [αρχ. *εκπτύω*].
ξέφτισμα το, ουσ. 1. φθορά ύφανσης από πολύχρονη τριβή. 2. (μεταφ.) φθορά, παρακμή: ~ *εθίμων.*
ξεφτώ, βλ. *ξεφτίζω.*
ξεφυλλίζω, ρ., γυρνώ τις σελίδες βιβλίου, τετραδίου, κλπ.· βλέπω πρόχειρα βιβλίο, κλπ.: *-ισε το άλμπουμ με τις φωτογραφίες· άρχισε να -ει το καινούργιο του βιβλίο* (συνών. *φυλλομετρώ*).
ξεφύλλισμα το, ουσ., το να ξεφυλλίζει κανείς κάτι: ~ *βιβλίου.*
ξέφυλλος, -η, -ο, επίθ., που έχει χάσει τα φύλλα: *δέντρο -ο.*
ξεφύσημα το, ουσ. 1. ορμητική έξοδος αέρα: ~ *της μηχανής.* 2. λαχάνιασμα. 3. βαθύς αναστεναγμός.
ξεφυσώ, ρ. 1. αφήνω να περάσει αέρας από το στόμα μου ορμητικά. 2. λαχανιάζω, κοντανασαίνω: *-ούσε απ' το τρέξιμο.* 3. αναστενάζω: *τι έχεις και -άς;* φρ. *φυσά και -ά* (για άνθρωπο που εκδηλώνει την ταραχή και τη δυσφορία του).

ξεφύτρωμα το, ουσ. 1. φύτρωμα. 2. (μεταφ.) απρόοπτη εμφάνιση: ~ *αυθαίρετης οικοδομής.*
ξεφυτρώνω, ρ. 1. φυτρώνω. 2. εμφανίζομαι ξαφνικά: *από πού -ωσες εσύ;*
ξεφωνητό το, ουσ., δυνατή φωνή, κραυγή: *τον υποδέχτηκαν με χαμόγελα και -ά.*
ξεφωνίζω, ρ. Α. (αμτβ.) φωνάζω δυνατά, κραυγάζω: *δάγκωσε τα χείλη της για να μην -ίσει από τον πόνο.* Β. (μτβ.) αποδοκιμάζω δημόσια, γιουχαΐζω.
ξέφωτα, I. επίρρ. (λαϊκ.), μετά τα Φώτα, μετά την εορτή των Θεοφανείων: *το κρύο άρχισε* ~.
ξέφωτα, II. βλ. *ξέφωτος.*
ξέφωτο, βλ. *ξέφωτος.*
ξέφωτος, -η, -ο, επίθ. (λαϊκ.), (για τόπο) κατάφωτος, ηλιόλουστος (συνών. *φωτεινός, φωτερός*). - Το ουδ. ως ουσ. = α. άδενδρη, ακαλλιέργητη και ανοιχτή έκταση γης συνήθως μέσα σε δάσος· β. αμμόστρωτη περιοχή στο βυθό της θάλασσας τριγυρισμένη από βράχια. - Επίρρ. **-α.**
ξεχάνω, ρ. (λαϊκ.), ξεχνώ (βλ. λ.).
ξεχαρβάλωμα το, ουσ. (λαϊκ.), εξάρθρωση, διάλυση· (μεταφ.) αποδιοργάνωση.
ξεχαρβαλώνω, ρ. (μτβ.) εξαρθρώνω κάτι, το διαλύω: *καγκελόπορτα -ωμένη·* (μεταφ.) *είμαστε κάτι -ωμένες κιθάρες* (Καρυωτάκης)· εκφρ. *-ωμένο σπίτι* (= οικογένεια που δε στηρίζεται σε αυστηρές ηθικές αρχές) (συνών. *καταστρέφω, αποδιοργανώνω*).
ξεχαρβάλωτος, -η, -ο, επίθ. (λαϊκ.), που έχει ξεχαρβαλωθεί, διαλυμένος· αποδιοργανωμένος.
ξεχασιά η, ουσ. (συνιζ., λαϊκ.), λησμονιά, λήθη.
ξεχασιάρης, -α, -ικο, επίθ. (συνιζ., λαϊκ.), που ξεχνά εύκολα.
ξεχασμός ο, ουσ. (λαϊκ.), λησμονιά, λήθη (συνών. *ξεχασιά*).
ξεχέζω, ρ. (λαϊκ.), βρίζω (συνών. *καταχέζω*).
ξέχειλα, βλ. *ξέχειλος.*
ξεχειλίζω, ρ. (λαϊκ.). Α. (μτβ.) γεμίζω ως τα χείλη (ποτηριού, δοχείου, κλπ.): *το -ισες το ποτήρι.* Β. αμτβ. 1. (για υγρό) ξεπερνώ τα χείλη του δοχείου και χύνομαι, υπερχειλίζω: *το βάζο -ισε* (αντ. *αδειάζω*). 2. (για ποτάμι ή λίμνη) ανεβαίνω πάνω από την κοίτη, πλημμυρίζω. 3. (μεταφ. για ψυχικές καταστάσεις) περνώ τα φυσιολογικά όρια, γίνομαι υπέρμετρος: *ξεχείλισε ο θυμός μου· ξεχείλισε η καρδιά του από αγάπη.* Φρ. *ξεχείλισε το ποτήρι* (μεταφ., απηύδησα πλέον). [*ξέχειλος*].
ξεχείλισμα το, ουσ. (λαϊκ.), το να ξεχειλίζει κάτι (βλ. ά. *ξεχειλίζω* Β): ~ *της ζωντάνιας του.*
ξέχειλος, -η, -ο, επίθ. (λαϊκ.). 1. (για δοχείο, ποτήρι, κλπ.) που είναι γεμάτος ως τα χείλη. 2. (για υγρά) που ξεχειλίζει (βλ. λ. σημασ. Β I και 2). 3. (μεταφ. για συναισθήματα, ψυχικές καταστάσεις) που υπερβαίνει το μέτρο ή τα φυσιολογικά όρια, υπέρμετρος: ~ *λυρισμός.* - Επίρρ. **-α.**
ξεχειλ-, -άς, ρ. (λαϊκ.), ξεχειλίζω (βλ. λ.): *ποτάμια -λάνε και τρέχουνε κατά τη θάλασσα.*
ξεχείλωμα το, ουσ. (λαϊκ.), (για ρούχο) το να ξεχειλώνει (βλ. λ.), το να ανοίγει στις άκρες.
ξεχειλώνω, ρ. Α. (αμτβ. για ρούχα) σχηματίζω κολπώματα, ανοίγω στις άκρες και χάνω την καλή εφαρμογή: *από τα πολλά πλυσίματα ξεχείλωσε το πουλόβερ.* Β. (μτβ.) καταστρέφω την εφαρμογή ρούχου ανοίγοντάς το: *μην τραβάς το μπλουζάκι, γιατί θα το -ώσεις.*
ξεχειμαδιό το, ουσ. (συνιζ., λαϊκ.), μέρος κατάλληλο για διαχείμανση (βλ. λ.), *χειμαδιό.*

ξεχειμάζω, ρ. (λαϊκ.), περνώ κάπου το χειμώνα (συνών. ξεχειμωνιάζω, διαχειμάζω· αντ. ξεκαλοκαιριάζω).

ξεχειμωνιάζω, ρ. (συνιζ., λαϊκ.), αμτβ. 1. περνώ κάπου το χειμώνα, ξεχειμάζω (συνών. διαχειμάζω· αντ. ξεκαλοκαιριάζω). 2. (τριτοπρόσ. συνήθως στον αόρ.) περνά, τελειώνει ο χειμώνας: *περιμένει να -άσει για να μπαρκάρει* (αντ. ξεκαλοκαιριάζει, ξεκαλοκαιρεύει).

ξεχειμώνιασμα το, ουσ. (λαϊκ.). 1. το να περνά κάποιος το χειμώνα κάπου, διαχείμαση. 2. το πέρασμα του χειμώνα, το τέλος της εποχής του χειμώνα.

ξεχεριάζομαι, ρ. (συνιζ., λαϊκ.), κουράζω τα χέρια μου με πολύωρη ή βαριά χειρωνακτική εργασία: *ξεχεριάστηκα να κουβαλάω νερό*.

ξεχέριασμα το, ουσ. (λαϊκ.), το να κουράζει κάποιος τα χέρια του εξαιτίας πολύωρης ή βαριάς χειρωνακτικής εργασίας.

ξεχέρσωμα το, ουσ. (λαϊκ.), το να ξεριζώνει κάποιος τα αγριόκλαδα από ακαλλιέργητο χωράφι, τις τυχόν πέτρες, να το καθαρίζει, να το οργώνει και να το κάνει καλλιεργήσιμο (συνών. εκχέρσωση).

ξεχερσώνω, ρ. (λαϊκ.), κάνω τη χέρσα γη καλλιεργήσιμη αφαιρώντας τις πέτρες, τους θάμνους, κλπ. (συνών. εκχερσώνω).

ξεχλομιάζω, ρ. (συνιζ., λαϊκ.), παύω να είμαι χλομός, ξαναβρίκω το χρώμα μου, συνέρχομαι: *ηρέμησα και -ιασα*.

ξεχνώ και **ξεχάνω**, ρ., αόρ. ξέχασα, (μτβ. και αμτβ.) παύω να θυμάμαι, με απατά η μνήμη μου, λησμονώ: *ξέχασα το θυμό μου / να πάρω το πορτοφόλι μου· γέρασε και -ά* (συνών. ξεχάνω· αντ. θυμάμαι). - Το μέσ. ξεχνιέμαι και ξεχνιούμαι = αποσπάται η προσοχή μου, χάνω (προσωρινά) την αίσθηση της γύρω μου πραγματικότητας: *ξεχάστηκε και το φαΐ κάηκε / και έχασε το λεωφορείο -χνιέμαι στις βιτρίνες των καταστημάτων* (συνών. αφαιρούμαι). - Η μτχ. παρκ. ξεχασμένος ως επίθ. = α. που έχει αποσπαστεί η προσοχή του, αφηρημένος, απρόσεχτος: *τι -ο παιδί!* β. για τον οποίο δεν ενδιαφέρεται κανείς: *ζούσαμε εκεί -οι από τον κόσμο· -η περιοχή* (= για την οποία αδιαφορούν οι αρμόδιοι). Παροιμ. εκφρ. *περασμένα -α* (= ας μη θυμόμαστε τα περασμένα, ιδίως όταν είναι δυσάρεστα). [αόρ. ξέχασα του μεσν. ξεχάνω].

ξεχολιάζω, ρ. (συνιζ., λαϊκ.), παύω να είμαι θυμωμένος: *τόσος καιρός πέρασε κι ακόμη να -ιάσει* (συνών. ξεθυμώνω· αντ. χολιάζω, θυμώνω).

ξεχόλιασμα το, ουσ. (λαϊκ.), το να πάψει να είναι θυμωμένος κάποιος, ξεθύμωμα.

ξεχορταριάζω, ρ. (συνιζ., λαϊκ.), βγάζω τα αγριόχορτα από καλλιεργημένη γη, βοτανίζω.

ξεχορτάριασμα το, ουσ. (λαϊκ.), βοτάνισμα (βλ. λ.).

ξεχρέωμα το, ουσ., απαλλαγή από χρέος, εξόφληση.

ξεχρεώνω, ρ. (μτβ. και αμτβ.). α. απαλλάσσω κάποιον από τα χρέη του ή απαλλάσσομαι από χρέος· β. εξοφλώ το χρέος που είχα: *πριν από λίγο καιρό ξεχρέωσε το αυτοκίνητο* (αντ. χρεώνομαι).

ξεχτένιστος, -η, -ο, επίθ. (λαϊκ.). α. (για μαλλιά) που δεν είναι χτενισμένα· β. (για άνθρωπο) που τα μαλλιά του δεν είναι χτενισμένα: *η γυναίκα* (συνών. αχτένιστος· αντ. χτενισμένος).

ξεχύνω, ρ. (λαϊκ.). Ι. ενεργ. 1. (μτβ.) χύνω κάτι προς τα έξω. 2. (για αρρώστια) σχηματίζω εξανθήματα, βγάζω σπυράκια. ΙΙ. (μέσ.) εξορμώ, ορμώ: *το νερό -ύθηκε από το σπασμένο φράγμα·* (μεταφ.) *οι μαθητές -ύθηκαν στο δρόμο*.

ξεχωνιάζω, ρ. (συνιζ., λαϊκ.). 1. σκάβω, σκαλίζω βαθιά γη ακαλλιέργητη. 2. βγάζω κάτι που ήταν χωμένο, θαμμένο (συνών. ξεχώνω· αντ. καταχωνιάζω, χώνω).

ξεχωνίασμα το, ουσ. (λαϊκ.). 1. βαθύ σκάψιμο γης ακαλλιέργητης. 2. αποκάλυψη, ξεθάψιμο πράγματος που ήταν κρυμμένο (συνών. ξέχωσμα).

ξεχώνω ρ. (λαϊκ.), βγάζω κάτι που ήταν κρυμμένο, ανασύρω στην επιφάνεια, φέρνω στο φως· ξεθάβω: *πάσκιζε να -ώσει το θησαυρό* (συνών. ξεχωνιάζω· αντ. χώνω, καταχωνιάζω, θάβω).

ξέχωρα, βλ. ξέχωρος.

ξεχωρίζω, ρ. Α. μτβ. 1. βάζω κάτι χωριστά, χωρίζω από άλλα: *ξεχώρισε τα σάπια από τα καλά πορτοκάλια· η εργασία ξεχώρισε τον άνθρωπο από τα ζώα* (συνών. διαχωρίζω, αποχωρίζω· αντ. ενώνω, συγχωνεύω). 2. διακρίνω βλέποντας, αναγνωρίζω: *ήταν μακριά και δεν ξεχώρισα ποιος ήταν*. 3. εκλέγω, διαλέγω: *είναι δύσκολο να -ίσει κανείς ποιος είναι ο πιο ωραίος πίνακας ζωγραφικής* (συνών. επιλέγω, προτιμώ). Β. αμτβ. α. διακρίνομαι (από τους άλλους), διαφέρω: *ο Γιάννης -ίζει από τα ξανθά μαλλιά του·* β. είμαι ανώτερος, υπερέχω: *ο μαθητής -ίζει μέσα στην τάξη του· -ίζει για την ευσυνειδησία στη δουλειά του* (συνών. υπερτερώ, εξέχω· αντ. υστερώ, μειονεκτώ).

ξεχώρισμα το, ουσ. 1. τοποθέτηση χωριστά, διαχωρισμός: *~ των φρούτων*. 2. εκλογή, επιλογή. 3. διάκριση, διαφορά· υπεροχή.

ξεχωριστός, -ή, -ό, επίθ. 1. που είναι ξεχωρισμένος, ιδιαίτερος: *του φέρονται με -ό τρόπο*. 2. εκλεκτός, εξαιρετικός: *ομορφιά -ή· γούστο -ό· άνθρωπος ~*. - Επίρρ. **-ά** (σημασ. 1).

ξέχωρος, -η, -ο, επίθ., ξεχωριστός (βλ. λ.). - Επίρρ. **-α**.

ξέχωσμα το, ουσ. (λαϊκ.), ξεχωνίασμα (βλ. λ. σημασ. 2).

ξεψαρίζω το, ουσ. (ναυτ.) το να ξεδιαλέγει ένας ψαράς ό,τι έχει πιαστεί στα δίχτυα του, κρατώντας όσα ψάρια χρειάζεται και πετώντας καθετί άλλο (π.χ. φύκια, άχρηστα ψάρια).

ξεψαχνίζω, ρ. 1. χωρίζω και τρώγω το ψαχνό κρέας αφήνοντας τα κόκαλα και τα λίπη (συνών. ξεκοκαλίζω). 2. (μεταφ.) εξεταλίζω λεπτομερώς (συνών. λεπτολογώ). 3. εκμεταλλεύομαι κάποιον οικονομικώς, του αποσπώ χρήματα με έντεχνο ή επιλήψιμο τρόπο: *τον -ίσανε στα χαρτιά* (συνών. ξεζουμίζω, μαδώ).

ξεψάχνισμα το, ουσ. 1. το να φάει κανείς όλο το ψαχνό κρέας (συνών. ξεκοκάλισμα). 2. (μεταφ.) λεπτομερής εξέταση. 3. απόσπαση χρημάτων με επιτήδειο ή επιλήψιμο τρόπο (συνών. ξεζούμισμα, μάδημα).

ξεψειριάζω (συνιζ.) και **-ίζω**, ρ., βγάζω τις ψείρες από το κεφάλι ή το κορμί κάποιου ή το δικό μου, απαλλάσσω ή απαλλάσσομαι από τις ψείρες.

ξεψείριασμα και **-ρισμα** το, ουσ., απαλλαγή από ψείρες.

ξεψειρίζω, βλ. ξεψειριάζω.

ξεψείρισμα, βλ. ξεψείριασμα.

ξεψύχημα το, ουσ. (ιδιωμ.), το να καταλαμβάνεται

κανείς από μανιώδη επιθυμία για κάτι (συνών. *βούρλισμα, λύσσιασμα*).

ξεψύχισμα το, ουσ., εκπνοή, θάνατος (συνών. *ξεψυχισμός*).

ξεψυχισμένα, βλ. *ξεψυχώ*.

ξεψυχισμός ο, ουσ., ξεψύχισμα (βλ. λ.).

ξεψυχώ, -άς, ρ., μτχ. παρκ. *-χισμένος.* 1. (αμτβ.) εκπνέω, παραδίδω το πνεύμα, πεθαίνω: *έλειπε, όταν -χούσε ο πατέρας του· τη βρήκαν -χισμένη στα χιόνια*. 2. (μεταφ.) επιθυμώ πολύ κάτι: *-άει για χορό* (συνών. *πεθαίνω, λυσσάζω*). - Η μτχ. παρκ. ως επίθ. = (μεταφ.) υπερβολικά άτονος, «ψόφιος»: *-ισμένη φωνή.* - Επίρρ. *-ισμένα: τραγουδούσαν -ισμένα και δεν ακουγόταν τίποτε*.

ξηγιέμαι, βλ. *εξηγώ*.

ξήλωμα το, ουσ. 1. (για ρούχο) κόψιμο των ραφών και αποχωρισμός των συρραμμένων μερών, διάλυση της ραφής. 2. (συνεκδοχικά) το σημείο στο οποίο έχει ξηλωθεί κάτι. **3α.** ξεκάρφωμα. **β.** διαχωρισμός στα μέρη από τα οποία αποτελείται κάτι σύνθετο: ειδικότερη έκφρ. (πολιτ.) *~ των στρατιωτικών βάσεων* (= διακοπή της λειτουργίας τους). 4. (για πρόσωπο) **α.** απόλυση· **β.** (ειδικότερα για αξιωματικό) καθαίρεση. 5. σπατάλη, δαπάνη πολλών χρημάτων.

ξηλώνω, ρ. 1. (για ρούχο) διαλύω, κόβω τις ραφές και αποχωρίζω τα συρραμμένα τεμάχια: *~ το φουστάνι.* **2α.** ξεκαρφώνω: *~ τα σανίδια·* **β.** αποχωρίζω τα τεμάχια σύνθετου συνόλου, διαχωρίζω κάτι σύνθετο στα κομμάτια του: *~ τη στέγη / τη μηχανή* (συνών. *ξεμοντάρω, αποσυνθέτω·* αντ. *συναρμολογώ, μοντάρω*). 3. απομακρύνω: *έκαναν διαδήλωση για να -ωθούν οι στρατιωτικές βάσεις*. 4. (για πρόσωπο) **α.** απολύω: *τον -ωσαν από τη θέση του διευθυντή·* **β.** (ειδικότερα για στρατιωτικό ή αξιωματικό των σωμάτων ασφαλείας) αφαιρώ τα γαλόνια που δηλώνουν το βαθμό του, τον καθαιρώ. 5. (το μέσ. λαϊκ.) ξοδεύω, πληρώνω πάρα πολλά χρήματα: *-ώθηκε για τα καλά στο γάμο της κόρης του*. Παροιμ. *ράβε, ξήλωνε, δουλειά να μη σου λείπει* (για όσους επανέρχονται μάταια ή άσκοπα στο ίδιο θέμα ή στην ίδια ασχολία). [παλαιότερο *εξηλώ* < *εκ* + *ήλος* = *καρφί*].

ξημεροβραδιάζομαι, ρ. (συνιζ.). 1. ξημερώνομαι και βραδιάζομαι, περνώ κάπου τον καιρό μου άσκοπα με την νύχτα: *-εται στο καφενείο*. 2. (μεταφ.) ασχολούμαι με κάτι όλο το εικοσιτετράωρο: *-εται για να τελειώσει το βιβλίο του*.

ξημεροβράδιασμα το, ουσ., συνεχής απασχόληση με κάτι.

ξημέρωμα το, ουσ. 1. ερχομός της καινούργιας μέρας: *το ~ τους βρήκε στο βουνό* (συνών. *χάραμα, φέξη·* αντ. *βράδιασμα, σουρούπωμα*). 2. (επιρρημ. συνήθως στον πληθ.) με το πρώτο φως της ημέρας, με την αυγή: *έφτασε -ώματα στο νησί*. Έκφρ. *καλό ~!* (ευχή ή αποχαιρετισμός σε προχωρημένες νυχτερινές ώρες αντί *καληνύχτα*).

ξημερώνει, ρ. (τριτοπρόσ.). **α.** έρχεται, αρχίζει η καινούργια μέρα: *ξημερώνει (η μέρα)* (συνών. *χαράζει·* αντ. *βραδιάζει, σουρουπώνει*)· **β.** (σε ιδιάζουσα χρήση) *είχε καλά -ώσει ο Θεός τη μέρα* (Μπαστιάς). Παροιμ. *Όπου λαλούν πολλοί κοκόροι αργεί να -ώσει* (= όπου ανακατεύονται πολλοί, το αποτέλεσμα αργεί να έρθει).

ξημερώνομαι, ρ. **α.** με βρίσκουν τα ξημερώματα της καινούργιας μέρας άγρυπνο: *-εται στο διάβασμα·* **β.** (λαϊκότερα) αργώ, καθυστερώ: *βιαστείτε,*

παιδιά, γιατί -ωθήκαμε. Φρ. *~ δεν ~* (= «τη βγάζω δεν τη βγάζω τη νύχτα», είναι αμφίβολο αν θα ζήσω ως την επόμενη μέρα): *η γιαγιά -εται δεν -εται, είπε ο γιατρός*.

ξηρά η, ουσ., το μέρος της γης που δεν καλύπτεται από θάλασσα: *στρατός -άς* (σε αντιδιαστολή με την αεροπορία και το ναυτικό)· *πολεμικές επιχειρήσεις από ~ και από θάλασσα* (συνών. *στεριά*).

ξηραίνω, ρ. (λόγ.), ξεραίνω (βλ. λ.).

ξήρανση η, ουσ. (χημ.) διαδικασία απομάκρυνσης του νερού ή άλλων υγρών (που βρίσκονται σε μορφή υγρασίας και όχι όταν είναι χημικά ενωμένα με την ξηραινόμενη ουσία) από διάφορα στερεά, υγρά ή αέρια παρασκευάσματα.

ξηραντήρας ο, ουσ. (έρρ.), συσκευή (ή εγκατάσταση) όπου πραγματοποιείται η διαδικασία της ξήρανσης (βλ. λ.) (συνών. *ξηραντήριο*).

ξηραντήριο το, ουσ. (έρρ., ασυνίζ.), ξηραντήρας (βλ. λ.).

ξηραντικός, -ή, -ό, επίθ. (έρρ.), που έχει τη δυνατότητα να ξεραίνει: *ουσία -ή*.

ξηρασία η, ουσ. 1. (μετεωρ.) ατμοσφαιρική κατάσταση κατά την οποία υπάρχει έλλειψη υδρατμών (αντ. *υγρασία*). 2. ανομβρία (συνών. *αναβροχιά, ξεραΐλα*).

ξηρογραφία η, ουσ. (νεολογ.) φωτογραφική και εκτυπωτική μέθοδος που βασίζεται στην επίδραση του φωτός σε μια πλάκα με ευαίσθητο στο φως στρώμα και συνίσταται στο σχηματισμό ηλεκτροστατικού ειδώλου που μεταφέρεται στο χαρτί.

ξηρογραφικός, -ή, -ό, επίθ., που ανήκει ή αναφέρεται στην ξηρογραφία (βλ. λ.).

ξηροδερμία η, ουσ. (ιατρ.) πάθηση που χαρακτηρίζεται από ξηρότητα του δέρματος και προκαλείται από την επίδραση των ηλιακών (υπεριωδών) ακτίνων στα ακάλυπτα μέρη του σώματος: *μελαγχρωστική ~* = κληρονομική πάθηση που προσβάλλει κυρίως τα παιδιά και παρουσιάζεται με τη δημιουργία μικρών κηλίδων στο δέρμα.

ξηροκαλλιέργεια η, ουσ. (ασυνίζ.), σύστημα καλλιέργειας και γεωργικής εκμετάλλευσης άνυδρων εδαφών που περιλαμβάνει βαθύ όργωμα πριν από την περίοδο των βροχών, ξεκούραση του χωραφιού χωρίς καλλιέργεια για ένα χρόνο, σβάρνισμα και απαραίτητη εκλογή φυτών που αντέχουν στην ξηρασία, ξερική καλλιέργεια.

ξηροκαμπία η, ουσ. (έρρ.), ξερός κάμπος, άγονη περιοχή.

ξηροκλίβανος ο, ουσ., κλίβανος για την απολύμανση μεταλλικών και γυάλινων σκευών.

ξηρόπισσα η, ουσ., το στερεό υπόλειμμα που απομένει μετά την απόσταξη της πίσσας των λιθανθράκων.

ξηρός, -ά, -ό, επίθ. (λόγ.), ξερός: *καιρός ~· κλίμα -ό·* συνηθέστερα στις εκφρ.: *καρποί -οί* (= **α.** βοτ., καρποί με περικάρπιο λεπτό, μεμβρανώδες, που συχνά ανοίγει από νεκρά αποξυλωμένα κύτταρα, όπως λ.χ. ο λοβός της φασολιάς, το κάρυο της βελανιδιάς· αντ. *σαρκώδεις·* **β.** κοιν., καρποί ή σπόροι φυτών που δεν είναι σαρκώδεις ή ξεραίνονται και διατηρούνται για κατανάλωση αρκετόν καιρό μετά την παραγωγή τους, λ.χ. αμύγδαλα, φυστίκια, σύκα, σταφίδες)· *οίνος ~· ή κρασί -ό* (= που δεν είναι γλυκός)· (χημ.) *πάγος ~* (= διοξείδιο του άνθρακα σε στερεά μορφή ως ισχυρό ψυκτικό μέσο)· (στρατ.) *τροφή -ά* (= στερεά τρό-

ξηρότητα

φιμα, διατηρημένα ή ετοιμασμένα από πριν, λ.χ. κονσέρβες, ψωμί, κ.τ.ό., που τρώγονται όταν δεν υπάρχει διαθέσιμη μαγειρεμένη τροφή, λ.χ. σε ασκήσεις, πυρόσβεση ή άλλες έκτατες περιστάσεις): *μας έδωσαν -ά τροφή για τρεις ημέρες.* - Βλ. και *ξερός.*

ξηρότητα η, ουσ., το να είναι κάτι ξερό, η έλλειψη υγρασίας.

ξηροφαγία, βλ. *ξεροφαγιά.*

ξηρόφυτα τα, ουσ. (βοτ.) φυτά που μπορούν να ζήσουν μόνιμα ή προσωρινά σε μεγάλη ξηρασία.

ξι ουσ. άκλ., το, το δέκατο τέταρτο γράμμα του ελληνικού αλφαβήτου.

ξίγγι το, ουσ. (έρρ., λαϊκ.), ζωικό λίπος, πάχος: *~ του γουρουνιού*· φρ. *βγάζω κι από τη μύγα ~* (= είμαι πολύ φιλάργυρος, αντλώ το μεγαλύτερο δυνατό όφελος κι από το πιο ασήμαντο πράγμα)· *κατέβηκε το ~ του* (= έπαθε κήλη). [μτγν. *οξύγγιον*].

ξιδάκι, βλ. *ξίδι.*

ξιδάτος, -η, -ο, επίθ., που έχει φτιαχτεί με ξίδι ή διατηρείται μέσα σ' αυτό: *ελιές -ες· χταπόδι -ο.*

ξίδι το, ουσ., υγρό αψύ στη γεύση που προκύπτει από την αυτόματη ή την τεχνητή οξική ζύμωση του κρασιού ή ενός αλκοολούχου διαλύματος και χρησιμοποιείται για την άρτυση ή τη συντήρηση τροφίμων: *~ κόκκινο / ξεθυμασμένο ~ από μήλα· βάζω ~ στις φακές / στη σαλάτα· αγγουράκια στο ~·* φρ. *να πιει ~! ή ~!* (δήλωση αδιαφορίας για την οργή κάποιου)· *τζάμπα ~ γλυκό σα μέλι,* βλ. *τζάμπα·* τρεις *το λάδι, δυο το ~, πέντε το λαδόξιδο,* βλ. *λαδόξιδο* (συνών. *γλυκάδι*). - Υποκορ. **-άκι** το. [μτγν. *οξίδιον*].

ξιδιάζω, ρ. (συνιζ., λαϊκ.). 1. (μτβ.) βάζω στο ξίδι. 2. (αμτβ. για κρασί) γίνομαι ξίδι, ξινίζω.

ξιδοβάρελο το, ουσ. (λαϊκ.), μικρό βαρέλι όπου αποθηκεύεται ξίδι.

ξίκι το, ουσ. (λαϊκ.), έλλειψη· συνήθως στη φρ. *~ να γίνει* (για δήλωση περιφρονητικής άρνησης ή αδιαφορίας για κάτι: «να λείπει», «ας πάει στο καλό»). [τουρκ. *eksik*].

ξίκικος, -η, -ο, επίθ. (λαϊκ.), ως προς το βάρος λειψός. - Επίρρ. **-α.** [τουρκ. *eksik + -ικος*].

ξινά, βλ. *ξινός.*

ξινάδα η, ουσ. (λαϊκ.), το να είναι κάτι ξινό, γεύση ξινού (συνών. *ξινίλα*).

ξινήθρα η, ουσ. (βοτ.) είδος λάπαθου με ευχάριστη υπόξινη γεύση.

ξινίζω, ρ. I. ενεργ. 1. αποκτώ ξινή γεύση· (για κρασί) μεταβάλλομαι σε ξίδι: *έβαλαν συντηρητικό στο κρασί για να μην -ίσει·* (συνών. *ξιδιάζω*)· 2. (για τρόφιμα) αποκτώ ή έχω δυσάρεστη γεύση ή οσμή, που φανερώνουν αλλοίωση: *γιαούρτι -σμένο.* II. μέσ. 1. γεύομαι κάτι έντονα και δυσάρεστα ξινό: *δάγκωσα ένα δαμάσκηνο και -ίστηκα·* 2. (μεταφ.) δυσαρεστούμαι (φανερά) από κάτι: *-ίστηκαν, όταν έμαθαν ποια θα παντρευτεί.* Φρ. *μου ξίνισε* (για πράγμα που προκαλεί δυσαρέσκεια): *του ξίνισε που τον ρώτησα για το χρέος· ~ τα μούτρα ή τα ~* (= κάνω μορφασμό που φανερώνει δυσαρέσκεια, δυσφορία)· *το ένα του -ει, το άλλο του βρομάει* (= είναι πολύ ιδιότροπος, όλα τον πειράζουν).

ξινίλα η, ουσ. α. ξινάδα (βλ. λ.)· β. (ειδικά) η δυσάρεστη αίσθηση ξινού στο στόμα και το φάρυγγα όταν κανείς ρεύεται έχοντας δυσπεψία: *έχω -ες (στο στομάχι).*

ξίνισμα το, ουσ., το να ξινίζει κάτι: *το ~ του κρασιού.*

ξινόγαλα και **-ο** το, ουσ. (λαϊκ.). α. το γάλα που απομένει μετά το πήξιμο του βουτύρου· β. γιαούρτη αραιωμένη με νερό και χτυπημένη· γ. στραγγισμένο γάλα ελαφρά αλατισμένο.

ξινόγλυκος, -η, -ο, επίθ. (λαϊκ.), ξινός και γλυκός μαζί: *ήπιε και το νερό τους... το -ο* (Ψυχάρης) (συνήθως *γλυκόξινος*).

ξινόδεντρα τα, ουσ. (έρρ.), ονομασία των εσπεριδοειδών.

ξινοκέρασο το, ουσ. (λαϊκ.), βύσσινο.

ξινομηλιά η, ουσ. (συνιζ.), (βοτ.) είδος μηλιάς που παράγει μήλα με ξινή γεύση (αντ. *γλυκομηλιά*).

ξινόμηλο το, ουσ., καρπός της ξινομηλιάς.

ξινομυζήθρα η, ουσ. (λαϊκ.), είδος ξινής μυζήθρας.

ξινός, -ή, -ό, επίθ. 1α. που έχει έντονη γεύση όπως αυτή του λεμονιού ή ενός άγουρου μήλου: *σταφύλια -ά·* (συνεκδοχικά) *γεύση -ή·* β. (ειδικά) για κρασί που ξιδιάζει (βλ. λ.). 2. (για γάλα, κρέας ή άλλο τρόφιμο) που έχει δυσάρεστη γεύση ή οσμή, επειδή αλλοιώθηκε: *κρέμα -ή·* (συνεκδοχικά) *μυρωδιά -ή.* 3α. (μεταφ.) για έκφραση ή όψη που φανερώνει δυσαρέσκεια ή εχθρική διάθεση: *ύφος -ό·* β. (συνεκδοχικά) για άνθρωπο δύστροπο, στρυφνό, αντιπαθή. Έκφρ. *παλιά -ά κρασιά ή περσινά -ά σταφύλια* (για γεγονότα του παρελθόντος που πλέον δεν έχουν καμία σημασία). Φρ. *μου βγαίνει -ό κάτι, βγάζω -ό κάτι σε κάποιον* (για κάτι ευχάριστο, που έχει όμως δυσάρεστα επακόλουθα ή συνέπειες): *τα παιδιά αρρώστησαν και μας βγήκαν -ές οι διακοπές· του/της αρέσουν τα -ά* (για όποιον επιδιώκει να δημιουργεί ερωτικές σχέσεις). - Το ουδ. ως ουσ. 1. (στον εν.) κιτρικό οξύ (βλ. *κιτρικός*) για μαγειρική και ζαχαροπλαστική χρήση (κοιν. *λεμόντουζου*). 2. (στον πληθ.) καρποί των εσπεριδοειδών. - Επίρρ. **-ά.** - Υποκορ. **-ούτσικος, -η, -ο** και επίρρ. **-ά.** [αρχ. *όξινος*].

ξινοστάφυλο το, ουσ. (λαϊκ.), αγουρίδα (βλ. λ.).

ξινότσικα, βλ. *ξινός.*

ξινοφαίνεται, ρ., τριτοπρόσ. (λαϊκ.), προκαλεί δυσαρέσκεια: *Στην αρχή μου -φάνηκε,... μα σαν τον ξέταξα καλύτερα, είδα πως είχε δίκιο* (Ι.Μ. Παναγιωτόπουλος).

ξινοφέρνει, ρ., τριτοπρόσ. (λαϊκ.), έχει γεύση κάπως ξινή, είναι υπόξινος.

ξιππάζομαι, ρ., μτχ. παρκ. **-σμένος** (= υπερβολικά περήφανος, καυχιέμαι για τον εαυτό μου· το παίρνω απάνω μου (συχνά χωρίς να το αξίζω): *έκανε λεφτά και -άστηκε.* - Η μτχ. παρκ. ως επίθ. = αλαζονικός: *άνθρωπος -σμένος.* - Πβ. και *ξυπάζω.* [εξ + *ιππάζομαι*].

ξιππασιά η, ουσ. (συνιζ.), έπαρση (βλ. λ.): *μιλούσε με ~.*

ξιφάρι το, ουσ. (ποιητ.), ξίφος.

ξιφασκία η, ουσ. (αθλητ.) η τέχνη της χρήσης ξίφους με το οποίο κεντά κανείς τον αντίπαλο, καθώς και η άσκηση για να μάθει κανείς την τέχνη αυτή: *αγώνες -ας.*

ξιφίας και (λαϊκ., συνιζ.) **ξιφιός** ο, ουσ. (ζωολ.) μεγάλο θαλασσινό ψάρι που η επάνω σιαγόνα του προεκτείνεται πολύ και μοιάζει με μακρύ και μυτερό ξίφος: *οι -ες κάνουν ζημιές στα δίχτυα.*

ξιφίδιο το, ουσ. (ασυνίζ.), (στρατ.) μικρό ξίφος που φέρουν με την επίσημη στολή τους οι μαθητές των παραγωγικών σχολών των ενόπλων δυνάμεων (ευέλπιδες, ίκαροι, ναυτικοί δόκιμοι, κ.ά.).

ξιφιός, βλ. ξιφίας.
ξιφοειδής -ής, -ές, γεν. -ούς, πληθ. αρσ. και θηλ. -είς, ουδ. -ή, επίθ. (λόγ.), που έχει το σχήμα ξίφους, στενόμακρος και μυτερός.
ξιφολόγχη η, ουσ., λόγχη (βλ. λ. σημασ. 2) (συνών. μπαγιονέτα).
ξιφομαχία η, ουσ., μονομαχία με ξίφος: ~ θεαματική.
ξιφομάχος ο, ουσ., αυτός που ξιφομαχεί ή ξέρει να ξιφομαχεί.
ξιφομαχώ, -είς, ρ., μάχομαι, μονομαχώ με ξίφος.
ξίφος το, ουσ. α. αμυντικό και επιθετικό όπλο για αγώνα σώμα προς σώμα που αποτελείται από ένα ίσιο, μυτερό και κοφτερό έλασμα, συνήθως βαρύ και πλατύ, και μια λαβή με προστατευτικό τμήμα ή όχι, σήμερα μόνο ως συμπλήρωμα στρατιωτικών στολών: ~ δίκοπο· ~ ρωμαϊκό (συνών. σπαθί)· **β.** (ειδικά αθλητ.) ελαφρύ ατσάλινο ξίφος συνήθως με τριγωνική τομή στη λεπίδα του, που χρησιμοποιείται στην ξιφασκία.
ξιφούλκηση η, ουσ. (λόγ.), το να ξιφουλκεί κανείς (συνών. ξεσπάθωμα).
ξιφουλκώ, ρ. (λόγ.), ξεσπαθώνω (βλ. λ.). [ξίφος + έλκω].
ξόανο το, ουσ. 1. (αρχ.) ξύλινο άγαλμα θεού, συνήθως χονδροειδές και κακότεχνο: το ~ της Αθηνάς στο Ερέχθειο. 2. (μεταφ.) **α.** για άνθρωπο ανόητο, ακοινώνητο ή αμόρφωτο: Ήταν ο έπαρχος μωρός / κι οι πέριξ του -α επίσημα και σοβαροφανή (Καβάφης)· **β.** για άσχημο άνθρωπο.
ξόβεργα η, ουσ., κλαδί που το άλειφαν με ιξό (βλ. λ.) και το χρησιμοποιούσαν παλαιότερα για να πιάνουν πουλιά: στήνω -ες. [ιξός + βέργα].
ξόδεμα το, ουσ. **1α.** το να ξοδεύει κανείς, το να εξαντλεί με τη χρήση κάτι, κυρίως χρήματα (συνών. δαπάνη, κατανάλωση, ξόδεψη)· **β.** (μεταφ.) χρησιμοποίηση (λ.χ. χρόνου, δυνάμεων) για κάποιο σκοπό (συνών. ανάλωση, δαπάνη). **2.** (λαϊκ., για προϊόν) πώληση, ιδίως σε μεγάλες ποσότητες (συνών. ξοδεμός, ξόδεψη).
ξοδεμός ο, ουσ. (λαϊκ.), ξόδεμα (βλ. λ. σημασ. 2).
ξοδευτής ο, θηλ. **-εύτρα**, ουσ. (λαϊκ.), αυτός που ξοδεύει πολλά πράγματα ή χρήματα, που είναι σπάταλος (συνών. ξοδιαστής).
ξοδεύω, ρ. **1.** χρησιμοποιώ ένα αγαθό για να ικανοποιήσω κάποια ανάγκη, κάνω με τη χρήση να εξαντληθεί: -ουμε πολύ ρεύμα· -έψαμε όλο το νερό της δεξαμενής (συνών. καταναλώνω). **2α.** (ειδικά για χρήματα) πληρώνω και εξαντλώ ένα ποσό, κάνω έξοδα για κάτι που θέλω: έκανα διακοπές χωρίς να -έψω δραχμή (= δωρεάν)· (αμτβ.) -ει για τα παιδιά χωρίς να περιμένει ανταμοιβή· φρ. ~ πολλά (= είμαι πολυέξοδος, σπάταλος) (συνών. δαπανώ, τρώω)· **β.** (μτβ.) βάζω κάποιον σε έξοδα: θα πληρώσω εγώ, δε θέλω να σε -έψω. **3.** (για ενέργεια, χρόνο, κ.τ.ό.) χρησιμοποιώ και εξαντλώ κάνοντας κάτι, για κάποιο σκοπό: άδικα -εις τα λόγια σου, δεν πείθεται· -εψε όλη τη ζωή της υπηρετώντας τ' αδέλφια της (= πέρασε)· (μέσ.) -ονται σε μάταιες συζητήσεις (συνών. αναλώνω, δαπανώ). **4.** (λαϊκ. για εμπόρευμα) **α.** διαθέτω σε αγοραστές: σε μια βδομάδα -έψαμε όλους τους ανεμιστήρες (συνών. ξεπουλώ)· **β.** (μέσ.) όχω μεγάλη κατανάλωση: στις γιορτές -ονται πολύ τα εισαγόμενα φρούτα (συνών. τραβιέμαι). [μτγν. εξοδεύω].
ξόδεψη η, ουσ. (λαϊκ.), ξόδεμα (βλ. λ.).

ξόδι το, ουσ. (λαϊκ.), εκφορά νεκρού, κηδεία: η γιαγιά είχε λίγα λεφτά στην άκρη για το ~ της. [αρχ. εξόδιον].
ξοδιάζω, ρ. (συνιζ., λαϊκ.), ξοδεύω (πράγματα ή χρήματα): ξόδιαζε περσότερα απ' όσα σόδιαζε (Μπαστιάς). [μτγν. εξοδιάζω].
ξόδιαση η, ουσ. (λαϊκ.), ξοδίασμα (βλ. λ.).
ξόδιασμα το, ουσ. (συνιζ., λαϊκ.), ξόδεμα (πραγμάτων ή χρημάτων).
ξοδιασμός ο, ουσ. (συνιζ., λαϊκ.), ξόδιασμα (βλ. λ.). [αρχ. εξοδιασμός].
ξοδιαστής ο, θηλ. **-άστρα**, ουσ. (συνιζ., λαϊκ.), ξοδευτής (βλ. λ.). [μεσν. εξοδιαστής].
ξολοθρεμός, βλ. εξολοθρεμός.
ξομολογητάρι, βλ. εξομολογητήριο.
ξομολογητήρι, βλ. εξομολογητήριο.
ξομολόγος, βλ. εξομολόγος.
ξομολογώ, βλ. εξομολογώ.
ξόμπλι το, ουσ. (όχι έρρ., λαϊκ.). **1.** σχέδιο κεντήματος. **2.** κέντημα, διακόσμηση, στολίδι (κυρίως υφάσματος). **3.** (μεταφ.) κουτσομπολιό. [*εξέμπλιον<έξομπλον].
ξομπλιάζω, ρ. (συνιζ., όχι έρρ., λαϊκ.). **1.** κεντώ, στολίζω με κέντημα: -ει μια πετσέτα· (μεταφ.) ~ μιαν όμορφη φράση (Καζαντζάκης). **2.** (μεταφ.) κουτσομπολεύω.
ξόμπλιασμα το, ουσ. (όχι έρρ., λαϊκ.). **1.** κέντημα. **2.** κουτσομπολιό.
ξομπλιαστός, -ή, -ό, επίθ. (όχι έρρ. συνιζ., λαϊκ.), κεντημένος, στολισμένος: μαντήλα ή.
ξομπλιάστρα η, ουσ. (όχι έρρ., συνιζ., λαϊκ.). **1.** κεντήστρα. **2.** (μεταφ.) κουτσομπόλα.
ξοπίσω, επίρρ. (λαϊκ.). **1.** (τοπ.) πίσω, αποπίσω, κατόπιν: στέκει ~· (ως πρόθ.) τα μωρά τρέχουν ~ της. **2.** (χρον.) αμέσως ύστερα από κάτι, κατόπιν: τρία αστροπελέκια επέσανε, ένα ~ στ' άλλο (Σολωμός). [αρχ. εξοπίσω].
ξορίζω, βλ. εξορίζω.
ξόρκι το, ουσ., λόγια μαγικά και συχνά ασυνάρτητα που, όπως πιστεύουν όσοι τα λεν, έχουν τη δύναμη να διώχνουν πονηρά πνεύματα, να γιατρεύουν αρρώστους και γενικά να απομακρύνουν το κακό· συνεκδοχικά και για την τελετουργία που τα συνοδεύει: ξέρει -ια· κάμανε στην κουβέρτα της φρεγάδας... λειτουργίες και -ια (Μπαστιάς).
ξορκίζω, βλ. εξορκίζω.
ξόρκισμα το, ουσ. (λαϊκ.), εξορκισμός (βλ. λ. σημασ. 2).
ξορκιστής και **ξορκίστρα**, βλ. εξορκιστής.
ξουρ-, ξουρα- και **ξουρά-**, βλ. ξυρ-, ξυρα- και ξυρά-.
ξούρα η, ουσ. (λαϊκ.), ξύρισμα (ιδίως φροντισμένο).
ξούρας ο, ουσ. (λαϊκ.), χλευαστικά για γέρο που προσπαθεί να φαίνεται νέος (πβ. ξαναμωραμένος). [πιθ. αρχ. επίθ. έξωρος].
ξουράφ- και **ξουραφ-**, βλ. ξυράφ- και ξυραφ-.
ξουράφι το, ουσ., είδος ψαριού συγγενικού με το λαβράκι, με ροδί ανοιχτό χρώμα και νόστιμο κρέας, αλλιώς κατσούλα. - Βλ. και ξυράφι.
ξόφληση η, ουσ. (λαϊκ.). **1.** εξόφληση. **2.** παρακμή.
Ξοφλώ, βλ. εξοφλώ.
ξοχάρης, βλ. εξοχάρης.
ξύγκι, βλ. ξίγγι.
ξυλαγγουριά η, ουσ. (έρρ., συνιζ.), ποικιλία αγγουριάς με καρπούς μικρότερους και τρυφερότε-

ρους από τα κοινά αγγούρια· αλλιώς *αντζουριά*.
ξυλάγγουρο το, ουσ. (έρρ.). 1. ο μικρός και τρυφερός καρπός της ξυλαγγουριάς με υπόλευκο χρώμα, που τρώγεται ως σαλάτα, αλλιώς *αντζούρι*. 2. πεπόνι μικρό και άγουρο που στο εξωτερικό του χρώμα, καθώς και στη γεύση του, μοιάζει με τον καρπό της ξυλαγγουριάς. 3. (μεταφ., λαϊκ.), για άνθρωπο άχαρο, αδέξιο.
ξυλάδικο το, ουσ. (λαϊκ.). 1. ξυλουργείο. 2. κατάστημα όπου πουλιέται ξυλεία. 3. κατάστημα όπου πουλιούνται ξύλα για καύσιμη ύλη, κάρβουνα, κ.τ.ό.
ξυλάλευρο το, ουσ., σκόνη ξύλου που προκύπτει ύστερα από ειδική κατεργασία ροκανιδιών του ξύλου και χρησιμοποιείται για την παρασκευή ειδικού χαρτιού.
ξυλάνθρακας ο, ουσ., κάρβουνο που σχηματίζεται από ατελή καύση του ξύλου (συνών. *ξυλοκάρβουνο*).
ξυλαποθήκη η, ουσ., αποθήκη όπου φυλάγεται ξυλεία.
ξυλάρμενος, -η, -ο, επίθ. (ναυτ., για ιστιοφόρα πλοία) που σε περίπτωση καταιγίδας πλέει με τα πανιά του μαζεμένα και δεμένα στους ιστούς: *γολέτα -η*. ~ Επίρρ. **-α** = *το σκάφος έπλεε -α*.
ξυλαρμογή η, ουσ., εφαρμογή κομματιών ξύλου πάνω σε άλλα.
ξυλάς ο, ουσ. (λαϊκ.), αυτός που εμπορεύεται ή πουλά ξυλεία, ξυλέμπορος.
ξυλεία η, ουσ., το σύνολο των ξύλων που προέρχονται από την υλοτομία και προορίζονται για χρήση σε οικοδομικές, ναυπηγικές, κ.ά., εργασίες ή για καύσιμη ύλη: ~ *οικοδομήσιμη*· *η ~ μιας περιοχής* (= το σύνολο των ξύλων που μπορεί να αποδώσει)· *έμπορος / κατάστημα -ας*.
ξυλεμπορικός, -ή, -ό, επίθ. (έρρ.), που ανήκει ή αναφέρεται στον ξυλέμπορο ή το ξυλεμπόριο: *κατάστημα -ό*.
ξυλεμπόριο το, ουσ. (έρρ., ασυνίζ.), εμπόριο ξυλείας.
ξυλέμπορος ο, ουσ. (έρρ.), έμπορος ξυλείας.
ξυλένιος, -α, -ο, επίθ. (συνιζ., λαϊκ.), που είναι φτιαγμένος από ξύλο, ξύλινος: *καλύβα -α*.
ξύλημα το, ουσ., το σύνολο των στοιχείων από τα οποία αποτελείται το ξύλο των φυτών.
ξυλιά η, ουσ. (συνιζ.), χτύπημα με βέργα από ξύλο: *ο δάσκαλος του έδωσε μια ~ στο χέρι*· *έδινε στο γάιδαρο -ές για να ξεκινήσει*· *έφαγε μια ~* (συνών. *βιτσιά*).
ξυλιάζω, ρ. (συνιζ.). Α. (αμτβ.) γίνομαι άκαμπτος όπως το ξύλο (συνήθως από κρύο): *-ασαν τα χέρια μου*· *μύτη -ιασμένη από το κρύο*· *-ιασα* (= πάγωσα). Β. (μτβ. σπανιότερα) κάνω κάτι να γίνει άκαμπτο σαν ξύλο: *το κρύο της -ιασε τα πόδια*.
ξυλίασμα το, ουσ., το να γίνεται κάτι άκαμπτο σαν ξύλο, συνήθως από το κρύο: ~ *των χεριών*.
ξυλίζω, ρ. (λαϊκ.), δέρνω κάποιον με βέργα από ξύλο, δίνω ξυλιές και γενικά δέρνω, δίνω ξύλο (βλ. λ. σημασ. 3): *-ει τα παιδιά του / το γάιδαρο*.
ξυλική η, ουσ., η απαραίτητη για οικοδομικές ή άλλες εργασίες ξυλεία: *το καράβι... ήτανε φορτωμένο ~ για τον ταρσανά* (Κόντογλου).
ξυλίκι το, ουσ. 1. μικρό ξύλο. 2. μικρό κυλινδρικό λειασμένο ξύλο που χρησιμοποιείται ως πλάστης. 3. είδος παιδικού παιχνιδιού που παίζεται με ξύλα.
ξύλινος, -η, -ο, επίθ., που είναι κατασκευασμένος ή αποτελείται από ξύλο: *-ο τραπέζι / κιβώτιο*· *-η κουτάλα / γέφυρα* (συνών. *ξυλένιος*).
ξύλισμα το, ουσ. (λαϊκ.), το να δέρνει κάποιος με βέργα από ξύλο, να δίνει ξυλιές.
ξύλο το, ουσ. **1α.** το σκληρό υλικό από το οποίο αποτελείται ο κορμός των δέντρων και χρησιμοποιείται για την κατασκευή επίπλων ή την παραγωγή θερμότητας με καύση: ~ *καρυδιάς*· *-α για το τζάκι*. **β.** (ειδικά) βέργα από ξύλο ή κλαδί δέντρου: *κρατούσε στο χέρι του ένα ~*· *τον χτύπησε με ~*. **2.** (μεταφ.) για κάτι σκληρό και άκαμπτο: *η παγωνιά έκανε το πανί (σαν) ~* (= *το ξύλιασε*). **3.** (μεταφ.) το να δέρνει κάποιος κάποιον, να τον ξυλοκοπά: *δίνω ~*· *τρώγω ~*· *έπεφτε πολύ ~ στην τάξη*. Έκφρ. *τίμιο ~* (= κομμάτι ξύλου από το σταυρό του Χριστού που χρησιμοποιείται ως φυλαχτό). Φρ. *χτυπάω ~* (φρ. που συνοδεύεται από χτύπημα ξύλου και δηλώνει απευχή για κάτι δυσάρεστο που αναφέρθηκε)· *το ~ βγήκε απ' τον παράδεισο* (συνδυασμός της παράδοσης για το «ξύλο της γνώσης» της Παλαιάς Διαθήκης και του ξυλοκοπήματος ως μεθόδου γνώσης). Παροιμ. *άνθρωπος αγράμματος, ~ απελέκητο*.
ξυλόβιδα η, ουσ. **1.** μικρή σιδερένια βίδα με επίπεδο κεφάλι, με την οποία συνδέουν ξύλινα κομμάτια ή μεταλλικά κομμάτια πάνω σε ξύλο. **2.** ξύλινος σφιγκτήρας σε σχήμα Π για συγκόλληση ή συγκράτηση κομματιών ξύλου. **3.** ξύλινη βίδα.
ξυλοβιομηχανία η, ουσ. (ασυνίζ.). **1.** κλάδος της βιομηχανίας που ασχολείται με την κατεργασία ξύλου. **2.** εργοστάσιο κατεργασίας ξύλου: *δουλεύει σε μια ~*.
ξυλόγατα η, ουσ., είδος ποντικοπαγίδας.
ξυλογλύπτης ο, ουσ., τεχνίτης που με τη βοήθεια ειδικών εργαλείων σκαλίζει το ξύλο για να κατασκευάσει ανάγλυφα διακοσμητικά ή λειτουργικά σύνολα.
ξυλογλυπτική η, ουσ., η τέχνη απεικόνισης ανάγλυφων παραστάσεων πάνω σε ξύλο.
ξυλόγλυπτος, -η, -ο, επίθ. **1.** που αποτελείται από ξύλο σκαλισμένο με ανάγλυφες μορφές: *τέμπλο -ο*. **2.** σκαλισμένο σε ξύλο: *μορφή -η*. - Το ουδ. ως ουσ. = έργο από ξύλο σκαλισμένο με ανάγλυφες μορφές: *τα -α του ναού*.
ξυλογλυφία η, ουσ. (λόγ.), ξυλογλυπτική (βλ. λ.).
ξυλογράφημα το, ουσ., ξυλογραφία (βλ. λ. σημασ. 2).
ξυλογραφία η, ουσ. **1.** η τέχνη της χάραξης σε ξύλινες πλάκες παραστάσεων που προορίζονται για εκτύπωση. **2.** έργο (τέχνης) που γίνεται με την παραπάνω τεχνική, χαρακτικό: *έκθεση -ιών* (συνών. *ξυλογράφημα*).
ξυλογραφικός, -ή, -ό, επίθ., που ανήκει ή αναφέρεται στον ξυλογράφο ή την ξυλογραφία.
ξυλογράφος ο, ουσ., καλλιτέχνης ειδικός στην ξυλογραφία (βλ. λ.), χαράκτης.
ξυλογραφώ, ρ. **1.** (για καλλιτέχνη) ασχολούμαι με την ξυλογραφία (βλ. λ.). **2.** διακοσμώ ένα χώρο· σε ξυλογραφίες.
ξυλοδαρμός ο, ουσ., το να δέρνει κανείς κάποιον βίαια και πολλές φορές για να τον τιμωρήσει, ξυλοκόπημα: *-οί μαθητών / διαδηλωτών*.
ξυλοδεσιά η, ουσ. (συνιζ.), ο ξύλινος σκελετός οικοδομής που αποτελείται από δοκάρια και υποστυλώματα συνδεδεμένα μεταξύ τους έτσι ώστε να εξασφαλίζουν σταθερότητα και αντοχή στην κατασκευή.

ξυλόδεσμος ο, ουσ. 1. συναρμογή ξύλων. 2. (ναυτ.) είδος βρόγχου.
ξυλόδετος, -η, -ο, επίθ., που έχει ξύλινο σκελετό: *σπίτι -ο.*
ξυλοειδής, -ής, -ές, γεν. -ούς, πληθ. αρσ. και θηλ. -είς, ουδ. -ή, επίθ. (λόγ.), που μοιάζει με ξύλο: ~ *επένδυση του τοίχου* (συνών. *ξυλώδης*).
ξυλοεπένδυση η, ουσ., επένδυση με ξύλο: *περάσαμε ~ στην αίθουσα υποδοχής.*
ξυλοκάρβουνο το, ουσ., κάρβουνο που σχηματίζεται από ατελή καύση του ξύλου (συνών. *ξυλάνθρακας*).
ξυλοκάρφι και **ξυλόκαρφο** το, ουσ. 1. ξύλινο καρφί. 2. μικρός σιδερένιος άξονας για τη σύνδεση ξύλων. 3. (ναυτ.) είδος γόμφου (βλ. λ.), πίρος.
ξυλοκερατιά η, ουσ. (συνιζ.), χαρουπιά (βλ. λ.).
ξυλοκέρατο το, ουσ., χαρούπι (βλ. λ.).
ξυλόκολλα η, ουσ., κόλλα που χρησιμοποιείται για τη συγκόλληση ξύλων.
ξυλοκόπημα το, ουσ., το να δέρνει ή να δέρνεται κάποιος συνεχώς, χωρίς διακοπή, ξυλοδαρμός: *είχε μελανιάσει απ' το ~.*
ξυλοκόπος ο, ουσ., αυτός που έχει ως επάγγελμα να κόβει ξύλα, υλοτόμος.
ξυλοκοπτική η, ουσ., είδος χειροτεχνίας με την οποία κόβονται και σκαλίζονται κομμάτια ξύλου όπου απεικονίζονται αναγλυφες παραστάσεις.
ξυλοκοπώ, -άς, ρ., δέρνω, χτυπώ επίμονα κάποιον: *τον -όπησαν και τον άφησαν αναίσθητο καταγής* (συνών. *ξυλοφορτώνω*).
ξυλόκοτα η, ουσ. 1. μπεκάτσα (βλ. λ.). 2. (μεταφ.-χλευαστικά) για γυναίκα ψηλή, αδύνατη και άχαρη.
ξυλοκρέβατο το, ουσ. 1. ξύλινο κρεβάτι. 2. φέρετρο.
ξυλομετρία η, ουσ., κλάδος της δασοπονίας που ασχολείται με τη μέτρηση του όγκου των ξύλων, όρθιων και υλοτομημένων: *μέθοδοι -ας.*
ξυλόμετρο το, ουσ., όργανο για τη μέτρηση του όγκου κομματιών ξύλου με ανώμαλη επιφάνεια που χρησιμοποιείται στην ξυλομετρία.
ξυλομπογιά η, ουσ. (όχι έρρ., συνιζ.), ξύλινο μολύβι που περιέχει χρωστική ύλη και χρησιμοποιείται για να βάφει κανείς πάνω σε χαρτί (συνών. *μπογιά στη σημασ. 3*).
ξυλοπάπουτσο το, είδος ξύλινου υποδήματος, είδος τσόκαρου.
ξυλοπάτωμα το, ουσ., ψευτοπάτωμα (βλ. λ.).
ξυλοπέδιλο το, ουσ., είδος ξύλινου υποδήματος, τσόκαρο.
ξυλοπελεκητός, -ή, -ό, επίθ., που αποτελείται από ξύλο σκαλισμένο με ανάγλυφες παραστάσεις: *εικόνα -ή· γοργόνα -ή* (συνών. *ξυλόγλυπτος*).
ξυλοπόδαρο το, ουσ. 1. (συνήθως στον πληθ.) μακριά ξύλινα κοντάρια που έχουν στα κάτω άκρα τους ομοιώματα πέλματος και τα φορούν οι κλόουν του τσίρκου ή οι μεταμφιεσμένοι για να περπατούν πάνω σ' αυτά με σκοπό να προκαλέσουν το γέλιο. 2. ομοίωμα ξύλινου ποδιού που φορούν ανάπηροι για να αντικαταστήσουν το ακρωτηριασμένο.
ξυλοπολτός ο, ουσ., πολτός από ίνες ξύλων που χρησιμοποιείται για την κατασκευή χαρτιού.
ξυλόπροκα η, ουσ., ξύλινη πρόκα που χρησιμοποιούν συνήθως οι παπουτσήδες.
ξυλοσκεπή η, ουσ., ξύλινη σκεπή.
ξυλοσκίστης και **-σχίστης** ο, ουσ. 1. ξυλοκόπος. 2. (υβριστικά) για άνθρωπο εντελώς ανίκανο, ανάξιο.
ξυλόσομπα η, ουσ. (όχι έρρ.), θερμάστρα που λειτουργεί με ξύλα.
ξυλόσοφος ο, ουσ. (παιγνιωδώς) άνθρωπος ανόητος που παριστάνει το σοφό, μωρόσοφος.
ξυλόσπιτο το, ουσ., ξύλινο σπίτι, συνήθως πρόχειρη παράγκα.
ξυλοστάτης ο, ουσ., ξύλινο δοκάρι που χρησιμοποιείται στις οικοδομικές κατασκευές ως υποστήριγμα.
ξυλόστρωση η, ουσ., το να καλύπτεται μια επιφάνεια (συνήθως δάπεδο) με ξύλα και το αποτέλεσμα της ενέργειας αυτής.
ξυλόστρωτος, -η, -ο, επίθ., που έχει στρωθεί με ξύλα. - *Το ουδ. ως ουσ.* = δάπεδο ξυλόστρωτο.
ξυλοσχίστης, βλ. *ξυλοσκίστης.*
ξυλότοιχος ο, ουσ., τοίχος που αποτελείται από ξύλινο σκελετό (του οποίου τα ενδιάμεσα κενά γεμίζονται με πήχες ή πλιθιές) επιχρισμένο με σοβά.
ξυλουργείο το, ουσ., εργαστήρι όπου γίνεται η κατεργασία του ξύλου και κατασκευάζονται ξύλινα αντικείμενα (συνών. *μαραγκούδικο*).
ξυλουργία η, ουσ., η τέχνη του ξυλουργού.
ξυλουργικός, -ή, -ό, επίθ., που ανήκει στον ξυλουργό ή την ξυλουργία ή αναφέρεται σ' αυτόν/-ή: *εργαλεία -ά· εργασίες -ές. - Το θηλ. ως ουσ.* = ξυλουργία (βλ. λ.).
ξυλουργός ο, ουσ., τεχνίτης που κατεργάζεται το ξύλο και κατασκευάζει ξύλινα αντικείμενα (π.χ. έπιπλα, κουφώματα, κλπ.) (συνών. *μαραγκός*).
ξυλοφάγος, -ο, επίθ., που τρέφεται με ξύλο: *έντομα -α* (π.χ. σαράκι).
ξυλοφάγος και (λαϊκ.) **-φάος** και **-φάς** ο, ουσ. 1. είδος λίμας για τη λείανση του ξύλου (συνών. *ράσπα*). 2. (ζωολ.) γένος μικρών μαλακίων με σφαιρικό σχήμα που ζουν συνήθως μέσα σε ξύλινα αντικείμενα.
ξυλοφόρτωμα το, ουσ., το να ξυλοφορτώνει κάποιος κάποιον.
ξυλοφορτώνω, ρ., δέρνω κάποιον αλύπητα (συνών. *ξυλοκοπώ*).
ξυλώδης, -ης, -ες, γεν. -ους, πληθ. αρσ. και θηλ. -εις, ουδ. -η, επίθ., που μοιάζει με ξύλο (συνών. *ξυλοειδής*).
ξυνός, βλ. *ξινός.*
ξύνω και (λαϊκ.) **ξ(υ)ώ,** ρ., παρατ. έξυνα και (λαϊκ.) *(ε)ξ(υ)ούσα,* αόρ. έξυσα, μέσ. ξύνομαι και (λαϊκ.) *ξυέμαι, ξυούμαι,* παθ. αόρ. *(ε)ξύθηκα* και *(ε)ξύστηκα,* μτχ. παρκ. *ξυ(σ)μένος.* **1α.** τρίβω με τα νύχια μου (ή κάποιο αντικείμενο) ελαφρά το δέρμα μου: ~ *το χέρι μου γιατί με τρώει· έξυσε το κεφάλι του με απορία* (μέσ.) *το σκυλί -όταν σ' ένα ξύλο·* **β.** (μεταφ.) ~ *παλιές πληγές* = θυμίζω πράγματα που πληγώνουν, αναμοχλεύω παλιά πάθη. **2α.** τρίβω κάτι, συνήθως με αιχμηρό αντικείμενο, για να απομακρύνω επιφανειακό πρόσθετο στρώμα: *το έξυσα μ' ένα μαχαίρι κι έφυγε η βρομιά· η μπογιά του αυτοκινήτου ξύστηκε από τα σύρματα·* **β.** αφαιρώ τα λέπια ψαριών τρίβοντάς τα με τη λεπίδα μαχαιριού: ~ *τα λέπια της πέστροφας / τα λιθρίνια.* **3.** κάνω πιο λεπτό ή μυτερό κάτι χρησιμοποιώντας αιχμηρό όργανο: ~ *το μολύβι με την ξύστρα· έξυσε το ξύλο με το μαχαίρι κι έκανε κοντάρι.* Παροιμ. φρ. *αν δεν έχεις νύχια να -στείς, μην περιμένεις τα ξένα,* βλ. *νύχι.* **-ει κοιλιές (και**

ξυπάζω

φτιάνει φανάρια) (για οκνηρούς και αργόσχολους)· ~ *τα νύχια μου για καβγά,* βλ. *νύχι·* όταν η προβατίνα θέλει ξύλο ξυέται στου τσομπάνη τη μαγκούρα (για αναιδείς ανθρώπους που συνεχώς προκαλούν τους άλλους). [αόρ. *έξυσα* του *ξύω*].

ξυπάζω, ρ., ξαφνιάζω, προκαλώ έκπληξη σε κάποιον· τρομάζω, φοβίζω κάποιον: *τους -ασε η εμφάνισή του·* (μέσ.) *το ζώο -άστηκε απ' το θόρυβο· -άστηκα όταν άκουσα τα λόγια του.* [εκ-συσπάζω <εκσυσπώ]. - Πβ. και **ξιππάζομαι.**

ξύπασμα το, ουσ., το ξαφνιάζεται κανείς.

ξύπνημα το, ουσ., το να ξυπνά κανείς (βλ. λ.): *ευχάριστο πρωινό* ~· (μεταφ.) ~ *των συνειδήσεων / των αισθήσεων* (συνών. *αφύπνιση*).

ξυπνητήρι το, ουσ. **α.** μηχανισμός σε ρολόγια που ειδοποιεί με χαρακτηριστικό ήχο: *έχει* ~ *το ρολόι σου*· **β.** ρολόι, συνήθως επιτραπέζιο, που διαθέτει τέτοιο μηχανισμό και χρησιμοποιείται για την αφύπνιση: *άφησα το* ~ *στο κομοδίνο για να χτυπήσει στις 7.*

ξυπνητός, -ή, -ό, επίθ., που δεν κοιμάται: *ήμουν -ή ακόμη όταν χτύπησε το τηλέφωνο* (συνών. *ξύπνιος·* αντ. *κοιμισμένος*).

ξυπνητούρια τα, ουσ. (συνιζ., λαϊκ.), ξύπνημα (βλ. λ.)· συνήθως στην έκφρ. *καλά* ~ (= **α.** για άνθρωπο που μόλις ξύπνησε· **β.** ειρων. για άνθρωπο που αργά κατάλαβε κάτι: *τώρα το πήρες είδηση; καλά* ~!

ξύπνιος, -ια, -ιο, επίθ. (συνιζ.). **1.** που δεν κοιμάται: *ακόμη* ~ *είσαι τέτοια ώρα;* (συνών. *ξυπνητός·* αντ. *κοιμισμένος*). **2.** (μεταφ.) έξυπνος, ευφυής: *είναι -ιο παιδί και δε θα πέσει στην παγίδα* (αντ. *κοιμισμένος, χαζός*).

ξύπνος ο, η κατάσταση της εγρήγορσης: *τίποτε δεν τάραξε τον ύπνο ή τον -ο του· ανάμεσα ύπνου και -ου* (αντ. *ύπνος*).

ξυπνός, -ή, -ό, επίθ., ξύπνιος (βλ. λ.).

ξυπνώ, ρ. **1.** (αμτβ.) παύω να κοιμούμαι, περνώ από την κατάσταση του ύπνου στην κατάσταση της εγρήγορσης: *-ήσαμε πρωί για το ταξίδι· -ησα από ένα δυνατό θόρυβο.* **2.** (μτβ.) διακόπτω τον ύπνο κάποιου, τον κάνω να περάσει από την κατάσταση του ύπνου στην κατάσταση της εγρήγορσης: *ξύπνησέ τον, έχει ώρες που κοιμάται· με -ησε το κλάμα του μωρού.* **3.** (μεταφ.) **α.** αρχίζω να αντιλαμβάνομαι σωστά όσα συμβαίνουν: *-ησε το μυαλό του με όσα είδε· τον κορόιδευαν τόσο καιρό, μα τώρα -ησε πια·* (μτβ.) *προσπαθούσε να -ήσει τις συνειδήσεις των ανθρώπων·* **β.** αναζωογονώ, ξαναζωντανεύω· (μτβ.) *μου -ησες αναμνήσεις·* (αμτβ.) *όταν -ά του σώματος η μνήμη* (Καβάφης) (συνών. σε όλες τις σημασ. *αφυπνίζω, -ομαι*).

ξυπολυέμαι, ρ. (συνιζ., λαϊκ.), βγάζω τα παπούτσια μου (συχνά και τις κάλτσες): *-ύθηκαν και τρέξαμε στη θάλασσα.* [μεσν. *εξυπολύομαι*].

ξυπολυσιά η, ουσ. (συνιζ., λαϊκ.), το να είναι κανείς ξυπόλυτος.

ξυπόλυτος, -η, -ο, επίθ. **1.** που δε φορά παπούτσια (συχνά ούτε κάλτσες): *μικροί γυρνούσαμε -οι όλη μέρα· μην περπατάς* ~, *θα κρυώσεις.* **2.** (μεταφ.) για άνθρωπο πολύ φτωχό.

ξυράφι και (λαϊκ.) **ξουράφι** το, ουσ., εργαλείο με λεπίδα που κόβει τις τρίχες πολύ κοντά στο δέρμα και χρησιμοποιείται για το ξύρισμα: *δε χρησιμοποιώ* ~, *αλλά ξυριστική μηχανή·* (παροιμ.) *σπανός ξουράφι αγόραζε* (για εκείνους που ενεργούν

άσκοπα)· έκφρ. *στην κόψη του -ιού* (για πολύ επικίνδυνες καταστάσεις)· έκφ. *μυαλό ξουράφι* και φρ. *το μυαλό του κόβει ξουράφι* (για ανθρώπους πολύ έξυπνους). - Υποκορ. **-άκι** το = λεπίδα ξυραφιού: *έκοψε τις φλέβες του με -άκι.* - Βλ. και **ξουράφι.**

ξυραφιά και (λαϊκ.) **ξουραφιά** η, ουσ. (συνιζ.). **1.** το να κόβει κανείς κάτι με ξυράφι· η κίνηση που κάνει κανείς κόβοντας με ξυράφι. **2.** το σημάδι που αφήνει το κόψιμο με ξυράφι: *φαινόταν -ιές στο χέρι.*

ξυραφίζω και (λαϊκ.) **ξουραφίζω,** ρ., κόβω με ξυράφι: *-ουν το δέρμα για να πάρουν κοφτές βεντούζες·* (ειδικότερα) ξυρίζω: *ξουραφίζω τα γένια του.*

ξυράφισμα και (λαϊκ.) **ξουράφισμα** το, ουσ., το να ξυραφίζει κανείς και το αποτέλεσμα αυτής της ενέργειας.

ξυρίζω και (λαϊκ.) **ξουρίζω,** ρ. **1.** κόβω τις τρίχες με ξυράφι πολύ κοντά στο δέρμα έτσι ώστε να μην φαίνονται: ~ *τα γένια μου κόντρα·* οι *Ελληνίδες -ουν τα πόδια τους·* (λαογρ.) *-ουν και ντύνουν το γαμπρό·* (μέσ.) *-ομαι μόνος μου / σε κουρέα.* **2.** (μεταφ.) για πολύ κρύο και δυνατό αέρα: *δεν μπορείς να βγεις έξω, -ει ο βαρδάρης.* **3.** (μεταφ., λαϊκ.), για έμπορο που πουλά τα προϊόντα του σε πολύ υψηλές τιμές: *— είναι ακριβός; — μόνο ακριβός; -ει!*

ξύρισμα και (λαϊκ.) **ξούρισμα** το, ουσ., το να ξυρίζει η να ξυρίζεται κανείς και το αποτέλεσμα αυτής της ενέργειας: *κρέμα -ατος.* - Υποκορ. **-ατάκι** το.

ξυριστικός, -ή, -ό, επίθ., που ανήκει στο ξύρισμα ή αναφέρεται σ' αυτό· (ειδικότερα) που χρησιμεύει στο ξύρισμα: *λεπίδα / μηχανή -ή.* - Το ουδ. στον πληθ. ως ουσ. = **1.** η αμοιβή του κουρέα για το ξύρισμα. **2.** εργαλεία ή άλλα αντικείμενα απαραίτητα για το ξύρισμα (π.χ. ξυράφι, ξυριστική μηχανή, πινέλο, κλπ.): *πήρες μαζί σου τα -ά στην εξοχή;*

ξυσιματιά και **ξυσιά** η, ουσ. (συνιζ.), ίχνος που αφήνει αιχμηρό αντικείμενο όταν ξύνει κάποια επιφάνεια: *υπήρχαν -ιές από αγκάθια στην τσάντα.*

ξύσιμο το, γεν. *-ίματος,* πληθ. *-ίματα.* **1.** ουσ., το να ξύνει κανείς κάτι: *ακουγόταν το* ~ *του τοίχου απ' τα ποντίκια.* **2.** ξυσιματιά (βλ. λ.): *έμειναν -ίματα στο αυτοκίνητο.*

ξύσμα το, ουσ. **1.** (στον εν. και πληθ.) πολύ μικρά και λεπτά κομματάκια από κάποιο υλικό που προέρχονται από την τριβή κάποιου αντικειμένου απ' αυτό το υλικό με αιχμηρό αντικείμενο: *έξυσε το μολύβι και μάζεψε τα -ατα·* ~ *πορτοκαλιού στη γέμιση του κοτόπουλου.* **2.** σβήσιμο λέξεων από κείμενο που γίνεται με τη χρήση αιχμηρού αντικειμένου: *διαγραφές,.... -ατα ή άλλα ελαττώματα... μπορούν να επιφέρουν την ακυρότητα της διαθήκης* (αστ. κώδ.).

ξυστά, επίρρ., (για πρόσωπο ή αντικείμενο που κινείται). **α.** πολύ κοντά στην επιφάνεια του δέρματος: *η σφαίρα / πέτρα τον πήρε* ~ **β.** πολύ κοντά σε κάποια επιφάνεια: *πέρασα* ~ *απ' τον τοίχο και δε με είδαν.*

ξυστήρα, βλ. **ξύστρα.**

ξυστήρι το, ξύστρα (βλ. λ.).

ξύστρα και **ξυστήρα** η, ουσ. **1.** όργανο με κατάλληλη υποδοχή και λεπίδα που χρησιμοποιούμε για να κάνουμε λεπτά και μυτερά τα μολύβια: *πήρε μολύβι, σβήστρα,* ~, *τετράδιο κι είναι έτοιμος* *για το σχολείο.* **2.** (οικοδ.) α. μικρό ορθογώνιο έλασμα από χάλυβα με το οποίο ξύνεται η επιφάνεια ξύλου· β. σιδερένιο έλασμα για καθάρισμα σε πέτρινες επιφάνειες.

ξυστρί το, ουσ., όργανο με το οποίο ξύνουμε το τρίχωμα ζώων (κυρίως αλόγων, γαϊδουριών και μουλαριών) για να καθαρίσει.

ξυστρίζω, ρ., ξύνω το τρίχωμα ζώων (κυρίως αλόγων, γαϊδουριών και μουλαριών) με ξυστρί για να καθαρίσει: *εξύστριζε δένοντάς τα στο στύλο δυο άλογα* (Καρκαβίτσας).

ξύστρισμα το, ουσ., το να ξυστρίζει κανείς ένα ζώο και το αποτέλεσμα αυτής της ενέργειας.

ξυώ και **ξω,** βλ. *ξύνω.*

ξω- και **ξώ-,** α΄ συνθ. λέξεων που δηλώνει «εξωτερικός»: *ξωκκλήσι, ξώπορτα.*

ξώδερμα, επίρρ., στην επιφάνεια του δέρματος, όχι βαθιά, ξώπετσα: *η σφαίρα τον πήρε* ~.

ξωθιά η, ουσ. (συνιζ.), (λαογρ.) νεράιδα (βλ. λ.): *τον πήραν οι -ιές.* [εξωτικιά].

ξωκκλήσι και (σπανιότερα) **εξωκκλήσι** το, ουσ., μικρός χριστιανικός ναός που βρίσκεται έξω από πόλη ή χωριό, στην εξοχή (συνών. *ερημοκκλήσι*).

ξώλαμπρα, επίρρ. (λαϊκ.), μετά τη Λαμπρή, μετά το Πάσχα (συνών. *απόλαμπρα, απόπασχα, ξώπασχα*).

ξωμάχος ο, ουσ., αυτός που εργάζεται στα χωράφια, γεωργός, αγρότης: *ήταν όλοι απλοί άνθρωποι, -οι και ψαράδες* (συνών. *ξωτάρης*).

ξωμερίτης και **εξωμερίτης** ο, θηλ. **-ισσα,** ουσ. (λαϊκ.), αυτός που ήρθε από ξένη χώρα, αλλοδαπός, ξένος.

ξώπασχα και **εξώπασχα,** επίρρ. (λαϊκ.), μετά το Πάσχα (συνών. *απόλαμπρα, ξώλαμπρα*).

ξώπετσα, επίρρ. α. στην επιφάνεια του δέρματος, όχι βαθιά: *κόπηκε* ~ (συνών. *ξώδερμα*)· β. (μεταφ.) επιφανειακά, επιπόλαια: *το είδε* ~ *το πράγμα.*

ξώπορτα, βλ. *εξώπορτα.*

ξωτάρης ο, ουσ., ξωμάχος (βλ. λ.).

ξωτικός, -ή και **-ιά, -ό,** επίθ., εξωτικός (βλ. λ.). - Το θηλ. *-ιά* ως ουσ. = (λαογρ.) νεράιδα (βλ. λ.). - Το ουδ. ως ουσ. = (λαογρ.) γενική ονομασία κάθε είδους πνευμάτων, καλών ή κακών (νεράιδων, δαιμονικών, καλικαντζάρων, κλπ.).

ξώφαλ(τ)σος, -η, -ο και **ξώφαρσος,** επίθ. (για χτύπημα) που γίνεται στην επιφάνεια του δέρματος. - Επίρρ. **-α** = στην επιφάνεια του δέρματος, όχι βαθιά: *του έδωσε μια με το μαχαίρι, μα τον πέτυχε / πήρε -α* (συνών. *ξώδερμα, ξώπετσα, ξυστά*).

ξώφυλλο, βλ. *εξώφυλλο.*

ο, Ο (όμικρον). 1. το δέκατο πέμπτο γράμμα του ελληνικού αλφαβήτου· ένα από τα φωνήεντα της ελληνικής γλώσσας. - Βλ. και *όμικρον*. 2. αριθμητικό σημείο = α. (όταν έχει τόνο πάνω δεξιά ή τελεία κάτω δεξιά: ο΄, Ο΄, ο.) εβδομήντα, εβδομηκοστός· β. (όταν έχει τόνο κάτω αριστερά ‚ο) εβδομήντα χιλιάδες.

ο, η, το. Ι. οριστικό άρθρο. Α. 1. χρησιμοποιείται α. πριν από ονόματα γνωστά ή που προσδιορίζονται με κάποιον τρόπο: *ο σερβιτόρος με το παχύ μουστάκι*· β. ονόματα ουρανίων σωμάτων, γεωγραφικών όρων, φυσικών φαινομένων: *η κίνηση των πλανητών*· γ. ονόματα χρονικών περιόδων: *ο χειμώνας με κουράζει· τα χρόνια του Ιουστινιανού*· δ. ονόματα φυτών ή ζώων: *η λεμονιά μοιάζει με την κιτριά*· ε. ονόματα που δηλώνουν γεγονότα ή ασχολίες της καθημερινής ζωής: *ασχολείται με τη γεωγραφία*· ς. λέξεις που δηλώνουν αφηρημένες έννοιες: *η υγεία/ελευθερία είναι πολύτιμο αγαθό*· ζ. ονόματα συγγενικών προσώπων ή πραγμάτων οικείων: *η κόρη του σπουδάζει· γυρίζω στην πατρίδα*· η. ονόματα μελών του σώματος: *πόνεσε το κεφάλι μου*· θ. κύρια ονόματα: *πάω στη Βέροια· τι κάνει ο Γιώργος*; ι. πριν από παράθεση που προσδίδει στο ουσιαστικό μια ιδιότητα: *Μηνάς ο ρέμπελος (Μπαστιάς)· Λέων ο σοφός*. 2. οριστικό με κτητική σημασία: *πληρώθηκες το δώρο· πάει στο καφενείο για τον πρωινό καφέ*. 3α. ειδοποιό (στον εν. ή πληθ., όταν γίνεται αναφορά σε σύνολο ομοειδών προσώπων ή πραγμάτων): *ο λαγός είναι το πιο γρήγορο ζώο· οι εφημερίδες γράφουν υπερβολές*· β. ειδοποιό με διανεμητική σημασία (με ονόματα που σημαίνουν διαίρεση χρόνου): *έρχεται τρεις φορές το μήνα*. 4. με απόλυτο αριθμ. δηλώνει α. ενωμένο σύνολο (με προηγούμενο το *και*): *έφυγαν και οι τρεις*· β. μέρος συνόλου: *θα προσλάβουν τον ένα από τους τρεις*. Β. ουσιαστικοποιεί α. επίθ. και μτχ.: *ενδιαφέρονται οι νέοι για την πολιτική· κάμε το καλό και ρίξ᾽ το στο γιαλό· η οικουμένη*· β. αριθμ.: *μέθοδος των τριών· πάτησε τα πενήντα*. Γ. επιθετοποιεί α. επιρρ. (κυρίως τοπικά): *ο κάτω κόσμος· ο έξω Ελληνισμός*· β. αριθμ.: *οι εφτά νάνοι· οι δώδεκα χώρες - μέλη της ΕΟΚ*. Δ. α. προσδίδει στο επίθ. ίδιος ιδιότητες οριστ. αντων. (βλ. *ίδιος*)· β. με την αντων. *άλλος* = υπόλοιπος (βλ. *άλλος* 4)· γ. προσδίδει σημασία υπερθ. βαθμού σε επίθ. συγκρ. βαθμού: *είσαι ο πιο ευαίσθητος άνθρωπος που γνώρισα*. Ε. επαναλαμβάνεται α. για λόγους επί- τασης όταν το επίθ. προηγείται του ουσ.: *το καλό το πράγμα αργεί να γίνει*· β. όταν το επίθ. ακολουθεί το ουσ.: *η ώρα η καλή!* - Το ουδ. *το* χρησιμοποιείται 1. πλεοναστικά α. πριν από επίρρ. (κυρίως στον πληθ.): *ως τα χθες/τα τώρα*· β. το σύνδ. *λοιπόν* (βλ. *λοιπόν*)· γ. δευτερεύουσες προτ.: *το τι άκουσα εκεί δε λέγεται· μου είπαν το πόσο βελτιώθηκε η κατάσταση της υγείας σου*. 2. συνοδεύει το επίρρ. *πολύ* για να δηλωθεί ανώτατο όριο: *θα ήταν 200 άτομα το πολύ*. 3. ουσιαστικοποιεί μέρος του λόγου ή και ολόκληρη πρότ.: *μη ρωτάς το πώς και το γιατί· συγκλονίστηκε το είναι μου· με το να είσαι απόλυτος δεν μπορείς να συζητήσεις*. II. (παλαιότερα) ως αναφ. αντων.: *ορίζεις με να κάνω τό δε σώνω (Θυσία του Αβραάμ)*. Φρ. *το και το* (δεικτ. χρήση) *σε διηγήσεις για σύντομη υπαινικτική αναφορά σε ό,τι έχει εκτεθεί προηγουμένως και είναι γνωστό στον ακροατή ή τον αναγνώστη ή για ό,τι θα ακολουθήσει αναλυτικότερα: *πήγε λοιπόν και του είπε: το και το*.

● **αίρων τας αμαρτίας του κόσμου** αρχαϊστ. έκφρ. = θεωρούμαι πρόχειρα υπαίτιος για άτοπα που έγιναν.

● **αναμάρτητος πρώτος τον λίθον βαλέτω** αρχαϊστ. φρ. λέγεται σε περίπτωση που κάποιοι ζητούν επιβολή αυστηρής τιμωρίας για παραπτώματα που οφείλονται στην ανθρώπινη αδυναμία.

● **αποθανών δεδικαίωται** αρχαϊστ. φρ. = δεν επιτρέπεται να κατακρίνει κανείς νεκρό.

● **αρπάξας του αρπάξαντος και ο κλέψας του κλέψαντος**· αρχαϊστ. φρ.· για δήλωση γενικής ασυδοσίας και ανομίας.

όαση η, ουσ. 1. μικρή έκταση σε έρημο με νερό και βλάστηση. 2. (μεταφ.) κάθε χώρος ή κατάσταση που ανακουφίζει τον άνθρωπο όταν βρίσκεται σε δυσάρεστη θέση.

οβάλ, επίθ. άκλ., που έχει σχήμα έλλειψης: *μενταγιόν/πρόσωπο ~ (συνών. ωοειδής)*. [γαλλ. *ovale*].

οβελίας ο, ουσ., αρνί ψημένο στη σούβλα.

οβελίζω, ρ. 1. σουβλίζω. 2. (φιλολ.) εξοβελίζω (βλ. λ.).

οβελίσκος ο, ουσ. 1. (λόγ.) μικρή σούβλα, σουβλάκι. 2. μονόλιθος τετράεδρος στύλος που λεπταίνει όσο υψώνεται καταλήγοντας σε μικρή πυραμίδα, τον οποίο οι αρχαίοι Αιγύπτιοι έστηναν σε μνημεία.

οβελισμός ο, ουσ. 1. (λόγ.) σούβλισμα. 2. (φιλολ.) διαγραφή λέξης ή λέξεων που προτείνει ο εκδότης παλαιότερου κειμένου (συνών. *αθέτηση*).

οβελός ο, ουσ. 1. (λόγ.) σούβλα. 2. (φιλολ.) μικρή οριζόντια γραμμή που σημειώνεται στο περιθώριο κειμένου και δηλώνει την έλλειψη γνησιότητας.

οβίδα η, ουσ., βλήμα πυροβόλου κυλινδροειδές γεμάτο από εκρηκτική ύλη και μυδράλια.

οβιδιακός, -ή, -ό, επίθ. (ασυνίζ.), που σχετίζεται με το λατίνο ποιητή Οβίδιο.

ο βίος βραχύς, η δέ τέχνη μακρά αρχαϊστ. έκφρ. = η ανθρώπινη ζωή είναι εφήμερη, ενώ η τέχνη αιώνια.

όβολο το, ουσ. (ιδιωμ.), (συνήθως στον πληθ.) χρήματα: *μου πήρε όλα μου τα -α.*

οβολός ο, ουσ. 1. μονάδα βάρους (0,72 γραμμάρια) και νόμισμα της αρχαίας Ελλάδας (1/6 της αττικής δραχμής). 2. μικρή χρηματική προσφορά: *ο ~ της χήρας.*

Οβριός και **-ά,** βλ. *Εβραίος.*

ογδόη η, ουσ. (μους.) οκτάβα (βλ. λ.).

ογδοηκονταετηρίδα η, ουσ. (έρρ.). 1. ογδοηκοστή επέτειος. 2. χρονικό διάστημα ογδόντα ετών (συνών. *ογδοηκονταετία*).

ογδοηκονταετής, -ής, -ές, γεν. *-ούς,* πληθ. αρσ. και θηλ. *-είς,* ουδ. *-ή,* επίθ. (λόγ.), που έχει ηλικία ογδόντα χρόνων (συνών. *ογδοντάρης*). 2. που διαρκεί ογδόντα χρόνια: *ειρήνη ~.*

ογδοηκονταετία η, ουσ., χρονικό διάστημα ογδόντα χρόνων (συνών. *ογδοηκονταετηρίδα*).

ογδοηκοστός, -ή, -ό, επίθ., που κατέχει σε αριθμητική σειρά τον αριθμό ογδόντα: *επέτειος -ή.* - Το ουδ. ως ουσ. = καθένα από τα ογδόντα ίσα μέρη ενός όλου.

ογδόντα, αριθμ. άκλ. 1. ο αριθμός που αποτελείται από οχτώ δεκάδες (80): *~ κιλά/δραχμές.* 2α. (στη θέση τακτικού αριθμ.): *το κεφάλαιο ~* β. (για χρονολογία) το ογδοηκοστό έτος: *το ~ π.Χ./μ.Χ.* 3. με το ουδ. άρθρο ως ουσ. = α. (στον εν.) γραφική παράσταση του αριθμού ογδόντα και οτιδήποτε φέρει τον αριθμό ογδόντα: *το λεωφορείο με το ~·* β. (στον πληθ.) το ογδοηκοστό έτος της ηλικίας κάποιου: *πέρασε τα ~.*

ογδοντάρης ο, θηλ. **-α,** ουσ. (έρρ.), αυτός που έχει ηλικία ογδόντα χρόνων: *~, αλλά βαστιέται καλά ακόμα.*

ογδονταριά η, ουσ. (έρρ., συνιζ.), σύνολο από ογδόντα μονάδες· συνήθως στην έκφρ. *καμιά ~* = περίπου ογδόντα.

όγδοο, επίρρ., πβ. *πρώτον, δεύτερον, τρίτον.*

όγδοον θαύμα· αρχαϊστ. έκφρ.· λέγεται με υπερβολή για κάτι εξαιρετικά ωραίο (ή και ειρωνικά).

όγδοος, -η, -ο, επίθ., που κατέχει σε αριθμητική σειρά τον αριθμό οχτώ: *μήνας ~· σειρά -η.* - Το θηλ. ως ουσ. (προκειμένου για ημερομηνία): *η ογδόη του μηνός.* - Το ουδ. ως ουσ. = καθένα από τα οχτώ ίσα μέρη στα οποία διαιρείται ένα ποσό ή ένα μέγεθος.

ό γέγονε, γέγονε· αρχαϊστ. φρ.· σε περιπτώσεις που ένα γεγονός, μια πράξη, κλπ., δεν μπορεί να μεταβληθεί ή να τροποποιηθεί.

ό γέγραφα, γέγραφα· αρχαϊστ. φρ.· σε περίπτωση που μια απόφαση δεν είναι δυνατόν να μεταβληθεί ή να τροποποιηθεί.

ογκηθμός ο, ουσ. (έρρ., λύγ.), γκάριγμα (βλ. λ.).

ογκίδιο ο, ουσ. (έρρ., ασυνίζ.), μικρός όγκος.

ογκόλιθος ο, ουσ. (έρρ.), ακατέργαστη πέτρα μεγάλων διαστάσεων: *~ προϊστορικός.*

ογκολογία η, ουσ. (ιατρ.) κλάδος της παθολογικής ανατομίας που ασχολείται με τη μελέτη των όγκων.

ογκολογικός, -ή, -ό, επίθ. (έρρ.), που ανήκει ή αναφέρεται στην ογκολογία: *ανάλυση -ή.*

ογκομετρία και **ογκομετρική** η, ουσ. 1. μέτρηση του όγκου σώματος. 2. προσδιορισμός με μέτρηση των διαστάσεων των εσωτερικών οργάνων του σώματος.

ογκόμετρο το, ουσ. (έρρ.). 1. (φυσ.) όργανο μέτρησης του όγκου των στερεών σωμάτων, καθώς και της πυκνότητας και του ειδικού βάρους. 2. όργανο με το οποίο μετρούμε το μέγεθος των εσωτερικών οργάνων του σώματος.

όγκος ο, ουσ. (έρρ.). 1. ο χώρος που καταλαμβάνει ένα σώμα στερεό, υγρό ή αέριο: *μονάδα μέτρησης -ου είναι το κυβικό μέτρο* (m^3). 2. (συνεκδοχικά) το ίδιο το σώμα που καταλάμβάνει ορισμένο χώρο: *ο ~ του κτηρίου/υψώματος.* 3. μεγάλο ποσό ή πλήθος: *~ εργασίας· ο ~ της δραματικής παραγωγής του ποιητή.* 4. (μεταφ.) σπουδαιότητα, βαρύτητα: *όλος ο ~ της δουλειάς έπεσε πάνω μου.* 5. (ιατρ.) παθολογική παραγωγή ή αυξημένος πολλαπλασιασμός των κυττάρων που καταλήγει σε συνεχή υπερπαραγωγή ιστών, οι οποίοι δεν είναι προσαρμοσμένοι στη φυσιολογική αρχιτεκτονική του οργανισμού: *~ καλοήθης/κακοήθης.*

ογκώδης, -ης, -ες, γεν. *-ους,* πληθ. αρσ. και θηλ. *-εις,* ουδ. *-η,* επίθ. (έρρ.). 1. που έχει μεγάλο όγκο, που καταλαμβάνει μεγάλο χώρο: *μηχάνημα/κτήριο -ες· συγγραφικό έργο -ες.* 2. (μεταφ.) πομπώδης, στομφώδης: *συγγραφικό ύφος -ες.* 3. (μεταφ.) άκομψος, χονδροειδής: *έπιπλα -η* (συνών. *μπατάλικος*).

ογρός, βλ. *υγρός.*

οδαλίσκη η, ουσ., δούλη θαλαμηπόλος των χαρεμιών, ιδίως των σουλτανικών, που είχε ερωτικές σχέσεις με οθωμανούς αξιωματούχους ή με το σουλτάνο. [γαλλ. *odalisque*<τουρκ. *odalιk*].

οδεύω, ρ. (λόγ.), (αμτβ.) προχωρώ βαδίζοντας, πορεύομαι: *οι διαδηλωτές -ουν προς το υπουργείο·* (μεταφ.) *το πρόβλημα -ει προς τη λύση του.*

οδήγημα ο, ουσ., οδήγηση.

οδήγηση η, ουσ., το να οδηγεί κανείς: *~ αεροπλάνου· δίπλωμα -ης· αυτόματη ~* (συνών. *οδήγημα*).

οδηγητής ο, θηλ. **-γήτρια** και (λαϊκ.) **-γήτρα,** αυτός που καθοδηγεί, που κατευθύνει: (ως προσων.) *Παναγία η Οδηγήτρια* (συνών. *καθοδηγητής*).

οδηγητικός, -ή, -ό, επίθ., που είναι ικανός ή κατάλληλος να οδηγεί, καθοδηγητικός: *έντυπο -ό* (= οδηγός, βλ. λ.)· *ομιλία -ή.*

οδηγήτρα και **οδηγήτρια,** βλ. *οδηγητής.*

οδηγία η, ουσ. 1. το να οδηγεί κάποιος, το να υποδεικνύει την οδό, την πορεία (συνών. *οδήγηση*). 2. καθοδήγηση: *έμαθε γρήγορα τη δουλειά με τις -ίες του προϊσταμένου του.* 3. συμβουλή σχετικά με τον τρόπο ενέργειας ή συμπεριφοράς, υπόδειξη: *-ίες γραπτές/απαραίτητες.* 4. (συνεκδοχικά) έγγραφο που περιέχει τέτοιες υποδείξεις: *τι λένε οι -ίες;*

οδηγισμός ο, ουσ., η διεθνής προσκοπική οργάνωση κοριτσιών.

οδηγός ο και η, ουσ. 1. αυτός που προπορεύεται και δείχνει το δρόμο στους άλλους: *πήραν δύο ντόπιους για -ούς.* 2. αυτός που οδηγεί όχημα, σοφέρ: *~ λεωφορείου/ταξί· σχολή -ών* (= ιδιωτική επιχείρηση όπου διδάσκεται η οδήγηση αυτοκινήτου). 3. (ειδικά) αυτός που έχει ως επάγγελμα να

οδηγώ

ξεναγεί ξένους, εκδρομείς, κλπ., ξεναγός. **4.** (μόνο στο θηλ.) μέλος ομάδας οδηγισμού, προσκοπίνα. **5.** (μόνο στο αρσ.) βιβλίο ή έντυπο με λεπτομερείς οδηγίες ή ακριβείς πληροφορίες για κάποιο πράγμα, για την εκτέλεση κάποιου έργου, για την περιγραφή κάποιου τόπου, κλπ.: ~ *μαγειρικής· τουριστικός* ~· ~ *καλής συμπεριφοράς*. **6.** καθετί που χρησιμεύει για καθοδήγηση: *έχει για -ό τη διαίσθησή του/την πείρα του· λέξη* ~, βλ. *λέξη*.

οδηγώ, -είς, ρ. (μτβ.). **1.** προπορεύομαι και δείχνω το δρόμο σε κάποιον: *άστρο λαμπρό τους -εί* (χριστουγεννιάτικα κάλαντα). **2.** κατευθύνω, καθοδηγώ: *το στοιχείο αυτό με -ησε στη λύση του προβλήματος*. **3.** υποδεικνύω ή επεξηγώ τον τρόπο της εκτέλεσης έργου, παρέχω οδηγίες για κάτι: *ο χάρτης θα σε -ήσει στο σωστό μέρος*. **4.** (μτβ. και αμτβ.) διευθύνω την κίνηση οχήματος και ιδίως αυτοκινήτου: *-εί επιπόλαια*. **5.** φέρνω μπροστά σε κάποιον, προσάγω: *ο αστυφύλακας -ησε τον κατηγορούμενο στον εισαγγελέα*. **6.** φέρνω, απολήγω: *ο δρόμος -εί σε αδιέξοδο· τα ναρκωτικά -ούν στην καταστροφή· η δυστυχία -με -ησε στα άκρα*. - Το μέσ. **-ούμαι** = εξελίσσομαι σε κάτι: *η εταιρεία -είται στη χρεοκοπία*.

οδικός, -ή, -ό, επίθ., που ανήκει ή αναφέρεται στους δρόμους: *μεγάλη -ή αρτηρία* (= λεωφόρος)· *-ές συγκοινωνίες· -ό δίκτυο*· ~ *δείκτης κατεύθυνσης* (= οδοδείκτης, βλ. λ.)· *κώδικας -ής κυκλοφορίας* (= σύνολο κανόνων που καθορίζουν τα σχετικά με την κυκλοφορία των οχημάτων και των πεζών στους δρόμους). - Επίρρ. **-ώς** = διαμέσου της ξηράς: *ταξίδεψε -ώς από τον Πειραιά στη Θεσσαλονίκη* (σε αντιδιαστολή με ταξίδι αεροπορικό ή με πλοίο).

οδογέφυρα η, ουσ., γέφυρα πάνω από εδαφικό κοίλωμα.

οδοδείκτης και **-χτης** ο, ουσ., σήμα, κυρίως σε διασταυρώσεις δρόμων, που δείχνει χιλιομετρικές αποστάσεις ή κατεύθυνση προς πλησιέστερες πόλεις ή περιοχές.

οδοιπορία η, ουσ., (μακριά) πορεία διαμέσου της ξηράς, πεζοπορία.

οδοιπορικό το, ουσ. **1.** λεπτομερής περιγραφή οδοιπορίας, ταξιδιού: ~ *στο Άγιο Όρος*. **2.** βιβλίο με ταξιδιωτικές εντυπώσεις. - Ο πληθ. = **α.** έξοδα για τη μετακίνηση υπαλλήλων ή στρατιωτικών από τόπο σε τόπο· **β.** χρονικό διάστημα συμπλήρωσα άδειας στρατιώτη ή υπαλλήλου για να μεταβεί σε μακρινό τόπο: *πήρε πέντε μέρες άδεια και δυο μέρες -ά από το διοικητή του· τα -ά δεν υπολογίζονται στην άδεια*.

οδοιπόρος ο, ουσ., πρόσωπο που βαδίζει πολλές ώρες (συνών. *πεζοπόρος*).

οδοιπορώ, -είς, ρ., πορεύομαι διαμέσου της ξηράς, βαδίζω μακρύ δρόμο (συνών. *πεζοπορώ*).

οδοκαθαριστής ο, ουσ., πρόσωπο που ασκεί το επάγγελμα του καθαριστή των δρόμων μιας πόλης (συνών. λαϊκ. *σκουπιδιάρης*).

οδομαχία η, ουσ., μάχη, συμπλοκή στους δρόμους κατοικημένης περιοχής.

οδόντα αντί οδόντος· αρχαϊστ. εκφρ.· λέγεται για περίπτωση εκδίκησης.

οδοντιατρείο το, ουσ. (έρρ., ασυνίζ.), ιατρείο, εργαστήριο οδοντογιατρού (βλ. λ.).

οδοντιατρική η, ουσ. (έρρ., ασυνίζ.), κλάδος της ιατρικής που ασχολείται με τη μελέτη και τη θεραπεία των παθήσεων των δοντιών.

οδοντιατρικός, -ή, -ό, επίθ. (έρρ., ασυνίζ.), που ανήκει ή αναφέρεται στην οδοντιατρική ή τον οδοντογιατρό (βλ. λ.): *εργαλεία -ά· σχολή -ή*.

οδοντίατρος ο και η, ουσ. (έρρ., λόγ.), οδοντογιατρός.

οδοντικός, -ή, -ό, επίθ. (έρρ.). **1.** που ανήκει ή αναφέρεται στα δόντια: *νεύρο -ό*. **2.** (γραμμ.) *-ά σύμφωνα* = οι φθόγγοι *τ, δ, θ*, που προφέρονται με τη βοήθεια των δοντιών.

οδοντόβουρτσα η, ουσ. (έρρ.), μικρή βούρτσα με μακριά λαβή που χρησιμεύει στον καθαρισμό των δοντιών.

οδοντογιατρός ο, θηλ. **-ίνα**, ουσ. (έρρ., συνίζ.), ειδικός γιατρός που φροντίζει για την καλή κατάσταση των δοντιών, των ιστών που τα περιβάλλουν και ολόκληρης της στοματικής κοιλότητας εφαρμόζοντας προληπτική ή θεραπευτική αγωγή (συνών. *οδοντίατρος*).

οδοντογλυφίδα η, ουσ. (έρρ.), ειδικό λεπτό ξυλαράκι για να καθαρίζονται τα διαστήματα ανάμεσα στα δόντια από τις τροφές που εισχωρούν σ' αυτά.

οδοντοειδής, -ής, -ές, γεν. **-ούς**, πληθ. αρσ. και θηλ. **-είς**, ουδ. **-ή**, επίθ. (έρρ., λόγ.), που μοιάζει με δόντι, που έχει σχήμα δοντιού.

οδοντοθεραπεία η, ουσ. (έρρ.), θεραπεία χαλασμένων δοντιών.

οδοντόκρεμα η, ουσ. (έρρ.), πολτώδες φαρμακευτικό παρασκεύασμα που τοποθετούμενο στην οδοντόβουρτσα καθαρίζει τα δόντια (συνών. *οδοντόπαστα*).

οδοντολαβίδα η, ουσ. (έρρ.), ειδικό οδοντιατρικό εργαλείο για την τοποθέτηση φαρμάκου σε κοιλότητα χαλασμένου δοντιού.

οδοντόπαστα η, ουσ. (έρρ.), οδοντόκρεμα (βλ. λ.).

οδοντοσκόπιο το, ουσ. (έρρ., ασυνίζ.), οδοντιατρικό εργαλείο που αποτελείται από μικρό στρογγυλό καθρέφτη και μακριά λαβή για να εξετάζονται τα δόντια και η στοματική κοιλότητα.

οδοντοστοιχία η, ουσ. (έρρ.). **1.** καθεμιά από τις δύο σειρές δοντιών στη φυσική τους διάταξη: *άνω/κάτω* ~. **2.** *τεχνητή* ~ = κατασκεύασμα από τεχνητά δόντια στη σειρά που αντικαθιστούν όσα φυσικά δόντια λείπουν (συνών. στις σημασ. 1 και 2 *μασέλα*).

οδοντοτεχνία η, ουσ. (έρρ.), η τέχνη της κατασκευής τεχνητών δοντιών και οδοντοστοιχιών (συνών. *οδοντοτεχνική*).

οδοντοτεχνική η, ουσ. (έρρ.), οδοντοτεχνία, η τέχνη του οδοντοτεχνίτη.

οδοντοτεχνίτης ο, ουσ. (έρρ.), τεχνίτης ειδικευμένος στην κατασκευή, επισκευή ή τροποποίηση τεχνητών οδοντοστοιχιών, γεφυρών, στεφανών και άλλων αντικειμένων που αντικαθιστούν δόντια που λείπουν ή βοηθούν να διατηρηθούν αυτά που υπάρχουν.

οδοντοτροχός ο, ουσ., τροχός οδοντωτός.

οδοντοφυΐα η, ουσ. (έρρ.), σχηματισμός και φυσιολογική εμφάνιση των δοντιών.

οδόντωση η, ουσ. (έρρ.), σύνολο εγκοπών και προεξοχών κάποιου αντικειμένου: ~ *γραμματοσήμου/γραναζιού*.

οδοντωτός, -ή, -ό, επίθ. (έρρ.), που έχει εναλλασσόμενες εγκοπές και προεξοχές: ~ *τροχός* (= γρανάζι, βλ. λ.)· *-ή λάμα*· ~ *σιδηρόδρομος* (συνών. *πριονωτός*).

οδοποιία η, ουσ., το σύνολο των τεχνικών εργασιών για την κατασκευή και συντήρηση δρόμων: ~ *αγροτική*.

οδός η, ουσ. (λόγ.). 1α. δρόμος (βλ. λ.): ~ *εθνική/επαρχιακή* (αρχ. ιστ.) *ιερά* ~ (= δρόμος που οδηγούσε από την Αθήνα στην Ελευσίνα)· β. ορισμένος δρόμος που έχει ονομασία σε πινακίδα: ~ *Τσιμισκή/Εγνατία*· φρ. *κάθομαι* ~ *Σταδίου 5*. 2. (μεταφ.) τρόπος ενέργειας, μέθοδος: *θα ακολουθήσει η υπόθεση τη νόμιμη -ό*. 3. διαδρομή που ακολουθούν ορισμένες ουσίες μέσα από διάφορα όργανα του οργανισμού: ~ *αναπνευστική*.

οδοσήμανση η, ουσ., τοποθέτηση οδοσήμων σε δρόμους: *διεύθυνση -ης του δήμου*.

οδόσημο το, ουσ., πινακίδα σε (δημόσιο) δρόμο που δείχνει χιλιομετρικές αποστάσεις.

οδόστρωμα το, ουσ., το μέρος του δρόμου όπου γίνεται η κυκλοφορία των οχημάτων και είναι κατασκευασμένο με ανθεκτικά σκληρά υλικά: *σημειώθηκαν βλάβες στο* ~ *από τον παγετό*.

οδοστρωτήρας ο, ουσ. 1. (τεχν.) όχημα οδοποιίας εφοδιασμένο στο μπροστινό του μέρος με βαρύ μεταλλικό κύλινδρο για την πίεση και ισοπέδωση του εδάφους. 2. (μεταφ.) για άνθρωπο ικανό να εξουδετερώνει κάθε εμπόδιο.

οδόφραγμα το, ουσ., πρόχειρο οχυρωματικό έργο που κατασκευάζεται κάθετα σε ένα δρόμο από ξύλα, πέτρες, κλπ.

οδύνη η, ουσ., πόνος (κυρίως ψυχικός), θλίψη: έκφρ. (νομ.) *ψυχική* ~ (= μείωση της ψυχικής ενεργητικότητας ατόμου που προκαλείται από ενέργεια άλλου).

οδυνηρός, -ή, -ό, επίθ., που προκαλεί πόνο: *εξέταση -ή* (συνών. *επώδυνος*· αντ. *ανώδυνος*).

οδυρμός ο, ουσ., γοερό κλάμα: *θρήνος και* ~.

οδύρομαι, ρ. (ελλειπτ.), κλαίω απαρηγόρητα: *κλαίει και -εται*.

οδύσσεια η, ουσ. 1. (με κεφαλαίο Ο) το επικό ποίημα που αποδίδεται στον Όμηρο και περιγράφει τις περιπλανήσεις του Οδυσσέα κατά την επιστροφή του στην πατρίδα. 2. ταξίδι γεμάτο περιπέτειες· διαβίωση που μπορεί να παρομοιαστεί με το ταξίδι του Οδυσσέα: *περνάει* ~. 3. ενέργεια που εγκλείει περιπέτειες.

ο ελεών πτωχόν δανείζει Θεώ αρχαϊστ. φρ. = όποιος δίνει ελεημοσύνη σ' ένα φτωχό που δε θα του την ανταποδώσει, είναι σα να δανείζει στο Θεό που θα του επιστρέψει το δάνειο αμείβοντάς τον.

ό εστί μεθερμηνευόμενον· αρχαϊστ. έκφρ. = πράγμα που σημαίνει.

ο έχων ώτα ακούειν ακουέτω αρχαϊστ. φρ. = όποιος καταλαβαίνει από λόγια ας τα ακούσει.

ο εωρακώς (ή ο ακηκοώς) μεμαρτύρηκε αρχαϊστ. φρ.· για να δηλωθεί «η μαρτυρία μου είναι ασφαλής».

όζα η, ουσ., βερνίκι νυχιών: ~ *κόκκινη/διαφανής*.

όζαινα η, ουσ. (ιατρ.) μορφή ατροφικής ρινίτιδας με χαρακτηριστική δύσοσμη απόπνοια.

όζον το, ουσ. (χημ.) αέριο με έντονη και διαπεραστική οσμή που αποτελεί δραστική μορφή του οξυγόνου και βρίσκεται στην ατμόσφαιρα σε ίχνη. *ζώνη -οντος γύρω από την ατμόσφαιρα*.

-όζος, κατάλ. επιθ.: *σκερτσόζος, φουριόζος*. [ιταλ. *-oso*].

όζω, ρ. (λόγ.), (ελλειπτ.), μυρίζω άσχημα.

όθε, επίρρ. (λαϊκ.). 1. όπου. 2. από όπου.

οθόνη η, ουσ. 1. (λόγ.) λεπτό λευκό ύφασμα, λινό ή βαμβακερό. 2. κάθετη επίπεδη επιφάνεια στην οποία προβάλλεται μια εικόνα: *πανοραμική* ~ *κινηματογράφου*· έκφρ. *μεγάλη* ~ (= κινηματογράφος)· *μικρή* ~ (= τηλεόραση). 3. τερματικό ηλεκτρονικού υπολογιστή.

Οθωμανή, βλ. *Οθωμανός*.

οθωμανικός, -ή, -ό, επίθ. 1. που ανήκει ή αναφέρεται στους Οθωμανούς: *δίκαιο -ό*· *αυτοκρατορία -ή*. 2. που γίνεται κατά τον τρόπο των Οθωμανών.

οθωμανισμός ο, ουσ. (ιστ.) πολιτικό σύστημα που υιοθετήθηκε από πολιτικούς της οθωμανικής αυτοκρατορίας και απέβλεπε στο σχηματισμό οθωμανικής εθνότητας που θα περιελάμβανε τους διάφορους λαούς που διατελούσαν υπό την ηγεσία του σουλτάνου.

Οθωμανός ο, θηλ. **-ή**, ουσ., Τούρκος που ανήκει στην τουρκική φυλή του Οθμάν ή Οσμάν (ιδρυτή της οθωμανικής αυτοκρατορίας) και γενικά Τούρκος.

οθωνικός, -ή, -ό, επίθ., που ανήκει ή αναφέρεται στον πρώτο βασιλιά της Ελλάδας, τον Όθωνα.

οθωνιστής ο, ουσ., οπαδός του Όθωνα, του πρώτου βασιλιά της Ελλάδας.

οίδημα το, ουσ. (ιατρ.) παθολογική διόγκωση του υποδόρειου ιστού ή άλλων οργάνων του σώματος από υπερβολική περιεκτικότητα σε υγρό: ~ *πνευμονικό* (συνών. λαϊκ. *πρήξιμο*).

οιδιπόδειος, -α, -ο, επίθ. (ασυνίζ.), που ανήκει ή αναφέρεται στον Οιδίποδα· έκφρ. *-ο σύμπλεγμα* = (ψυχ.) ερωτικός δεσμός που συνδέει κάθε αγόρι με τη μητέρα του και κατ' επέκταση κάθε παιδί με το γεννήτορα του αντίθετου φύλου.

οιηματίας ο, ουσ. (λόγ.), αλαζόνας.

οίηση η, ουσ. (λόγ.), έπαρση, αλαζονεία: *η* ~ *πολλές φορές αδικεί την κρίση*.

οικειοθελώς, επίρρ. (ασυνίζ.), θελημα τικά (συνών. *εκουσίως*).

οικειοποίηση η, ουσ. (ασυνίζ.), το να κάνω δικό μου κάτι ξένο: ~ *ξένων περιουσιακών στοιχείων* (συνών. *ιδιοποίηση, σφετερισμός*).

οικειοποιούμαι, ρ. (ασυνίζ. δις), σφετερίζομαι ιδέες, σχέδια, πράγματα: *-ήθηκε τα συγγραφικά δικαιώματα του βιβλίου* (συνών. *ιδιοποιούμαι*).

οικείος, -α, -ο, επίθ. (λόγ.). 1. που έχει εξοικειωθεί κανείς μαζί του, γνώριμος, γνωστός: *ύφος/περιβάλλον -ο*. 2. κατάλληλος, αρμόδιος, σχετικός: *ανέτρεξε στις -ες διατάξεις του νόμου*. - Το αρσ. στον πληθ. ως ουσ. = στενοί φίλοι ή συγγενείς.

οικειότητα η, ουσ. (ασυνίζ.), εγκάρδια, φιλική σχέση: *έχουν μεγάλη* ~ *με τον προϊστάμενό τους*.

οικείωση η, ουσ. (λόγ.), εξοικείωση.

οίκημα το, ουσ., το οικοδόμημα όπου διαμένει κάποιος: ~ *αγροτικό/ερειπωμένο*.

οικία η, ουσ. (λόγ.), κατοικία, σπίτι: ~ *αγροτική*.

οικιακός, -ή, -ό, επίθ. (ασυνίζ.), που ανήκει ή αναφέρεται στο σπίτι και τη ζωή σ' αυτό: *ηλεκτρικές συσκευές -ές* (λόγ.) *βοηθός -ή* (= υπηρέτρια)· *ζώα -ά* (= κατοικίδια)· *οικονομία -ή* (= η τέχνη της φροντίδας και της διαχείρισης του σπιτιού και συνεκδοχικά το σχετικό γυμνασιακό μάθημα). - Το ουδ. στον πληθ. ως ουσ. = η φροντίδα για το σπίτι και την οικογένεια: *γυναίκα που ασχολείται με τα -ά* (συνήθως σε αντιδιαστολή με κάποια που ασκεί επάγγελμα).

οικίσκος ο, ουσ. (λόγ.), μικρή κατοικία, σπιτάκι.

οικισμός ο, ουσ. 1. (λόγ.) εγκατάσταση νέων κατοί-

οικιστής 990

κων σε έναν τόπο (συνών. *εποίκιση, εποικισμός*). 2. σύνολο κατοικιών, λίγων ή και πολλών, που στεγάζουν νοικοκυριά και βρίσκονται σε σχετικά μικρή απόσταση μεταξύ τους, έτσι ώστε να δημιουργούνται μεταξύ τους τοπικές και λειτουργικές σχέσεις: ~ *αγροτικός/παραθεριστικός/προσφυγικός* ~ *με περισσότερους από 10.000 κατοίκους θεωρείται πόλη.*

οικιστής ο, ουσ. (αρχ. ιστ.) που οδηγεί εποίκους σ' έναν τόπο και ρυθμίζει τα σχετικά με την εγκατάστασή τους, ο ιδρυτής μιας πόλης: ~ *μιας αποικίας.*

οικιστικός, -ή, -ό, επίθ., που αναφέρεται στους οικισμούς, τη δημιουργία και την ανάπτυξή τους: *οι μεγαλύτερες πόλεις υπήρξαν κάποτε μικροί -οί πυρήνες· μονάδα/πολιτική -ή· δίκτυο -ό.* - Το θηλ. ως ουσ. = η επιστήμη που σχετίζεται με τους οικισμούς, χωριά ή πόλεις (πβ. *πολεοδομία*).

οικογένεια η, ουσ. (ασυνίζ.). 1. θεσμοποιημένη ομάδα ατόμων που την αποτελούν οι γονείς (και οι δυο ή μόνον ο ένας) και τα παιδιά ή και τα εγγόνια τους, που συνήθως ζουν κοινή ζωή και μένουν στο ίδιο σπίτι: *εργάτες με πολυμελείς -ες· παιδιά από διαλυμένες -ες· η* ~ *ως κύτταρο της κοινωνίας* (συνών. *σπίτι, φαμίλια*)· έκφρ. *από* ~ (για πρόσωπο από έντιμη και αξιοπρεπή οικογένεια)· *η Αγία* ~ (= ο Ιησούς σε παιδική ηλικία μαζί με την Παναγία και τον Ιωσήφ)· ~ *Χωραφά* (για πολύτεκνη οικογένεια)· *σα μια* ~ (για άτομα μη συγγενικά που ζουν αγαπημένα και συνεργάζονται αρμονικά)· φρ. *αποκτώ/δημιουργώ/κάνω* ~ (= παντρεύομαι και αποκτώ παιδιά)· *είναι της -ειας* (για πολύ στενό οικογενειακό φίλο). 2. (γενικά) σύνολο ατόμων που τα συνδέει δεσμός αίματος ή συγγενεύουν εξ αγχιστείας· ο σύζυγος ή η σύζυγος κάποιου και τα παιδιά του ή τα αδέρφια και οι γονείς τους, συχνά μαζί με άλλους συγγενείς (λ.χ. παππούδες, θείους, ξαδέρφια): ~ *πατριαρχική· σταμάτησε τη δουλειά για ν' αφοσιωθεί στην -ά της.* 3. σύνολο ατόμων που κατάγονται διαδοχικά το ένα από το άλλο, όλοι οι παλιότεροι συγγενείς κάποιου: ~ *βασιλική· ανήκει σε παλιά αρχοντική* ~· *δεν έχουμε ιστορικό καρδιοπαθειών στην -ά μας* (συνών. *γενιά, οίκος, σόι*). 4. (βιολ.) καθεμιά από τις μεγάλες υποδιαιρέσεις όπου κατατάσσονται συστηματικά τα ζώα και τα φυτά, ομάδα από γένη με κοινούς και τα βασικά γνωρίσματα: *η γάτα ανήκει στην* ~ *των αιλουροειδών.* 5. (γλωσσολ.) ~ *λέξεων* = λέξεις που προήλθαν από την ίδια ρίζα ή απλή λέξη μέ παραγωγή ή με σύνθεση: *οι λέξεις «βλέμμα» και «βλέφαρο»/«άνεμος» και «ανεμοζάλη» ανήκουν στην ίδια* ~· ~ *γλωσσών* = γλώσσες με κοινή προέλευση, συγγενικές.

οικογενειακός, -ή, -ό, επίθ. (ασυνίζ.). 1. που ανήκει ή αναφέρεται στην οικογένεια: *επίδομα -ό· επιχείρηση/υπόθεση -ή· παραιτήθηκε για -ούς λόγους· δέντρο -ό* (= γενεαλογικό)· *προγραμματισμός* ~ (= πρακτική που επιτρέπει τη γέννηση του επιθυμητού αριθμού παιδιών σε μια οικογένεια με τη χρήση αντισυλληπτικών μεθόδων· αλλιώς *έλεγχος των γεννήσεων*)· έκφρ. *σε στενό -ό κύκλο* (για εκδήλωση όπου συμμετέχουν μόνο κοντινοί συγγενείς)· (γλωσσολ.) *ονόματα -ά* (= επώνυμα)· (ως ουσ.) *-ά πατρωνυμικά/επαγγελματικά/ξενικά.* (νομ.) *-ό δίκαιο* (= τμήμα του αστικού δικαίου με διατάξεις που διέπουν όσες σχέσεις δημιουργούνται από γάμο ή συγγένεια). 2. που προσφέρει υπηρεσίες ή ταιριάζει σε μια οικογένεια, στους γονείς μαζί με τα παιδιά τους: *γιατρός* ~ (συνήθως γενικός παθολόγος)· *ταβέρνα -ή· θαλπωρή -ή.* - Επίρρ. **-ώς** (για μια ολόκληρη οικογένεια): *μας φιλοξένησαν -ώς.*

οικογενειάρχης ο, ουσ. (ασυνίζ.), (για πατέρα) αυτός που συντηρεί μια οικογένεια και θεωρείται πως έχει τον πρώτο λόγο στις αποφάσεις που την αφορούν, ο αρχηγός της οικογένειας.

οικογενειοκρατία η, ουσ. (ασυνίζ.), το να διαχειρίζονται την εξουσία τα μέλη μιας ή ελάχιστων οικογενειών, να κατέχουν αυτοί κυρίως ανώτατες θέσεις και αξιώματα σε ένα κράτος (ή κόμμα, κ.ά.) (πβ. *νεποτισμός*).

οικοδέσποινα η, ουσ., η σύζυγος του οικοδεσπότη, η κυρία του σπιτιού, συνήθως όταν έχει προσκαλέσει ή έχει δεχτεί επισκέπτες, καλεσμένους ή φιλοξενούμενους: ~ *περιποιητική* (πβ. *νοικοκυρά*).

οικοδεσπότης ο, ουσ., ο κύριος του σπιτιού, αυτός που σε μια κοινωνική εκδήλωση στο σπίτι του ή αλλού έχει προσκαλέσει ή έχει δεχτεί επισκέπτες, καλεσμένους ή φιλοξενούμενους: ~ *πρόσχαρος* (πβ. *νοικοκύρης*).

οικοδίαιτος, -η, -ο, επίθ. (λόγ.), οικόσιτος (βλ. λ.).

οικοδομή, ουσ. 1. (λόγ.) οικοδόμηση. 2. κτήριο, συνήθως με δύο ή περισσότερους ορόφους, που είτε βρίσκεται στο στάδιο της ανέγερσης είτε είναι ήδη χτισμένο: *εργολάβος/υλικά -ών· δουλεύω στις -ές.*

οικοδόμημα το, ουσ. 1. ό,τι είναι χτισμένο κι έχει σχετικά μεγάλες διαστάσεις (λ.χ. σπίτι, εκκλησία, γέφυρα, κρήνη): *θεμέλια αρχαίου -ήματος· πλινθόκτιστο* (συνών. *κτίσμα, κτήριο*). 2. (μεταφ.) για ιδέα, σχέση, κατάσταση ή σύστημα ιδεών, κλπ., που έχει δημιουργηθεί σταδιακά με το συνδυασμό σκέψεων και ενεργειών: ~ *πνευματικό/κοινωνικό.*

οικοδόμηση η, ουσ. 1. κατασκευή οικοδομήματος, χτίσιμο. 2. (μεταφ.) σταδιακή δημιουργία ιδέας, κατάστασης, κλπ., με το συνδυασμό σκέψεων και ενεργειών: ~ *εμπιστοσύνης/σταθερών σχέσεων φιλίας ανάμεσα στους δύο λαούς.*

οικοδομήσιμος, -η, -ο, επίθ., κατάλληλος να χρησιμοποιηθεί για την κατασκευή μιας οικοδομής, ενός κτίσματος: *έκταση/ξυλεία -η.*

οικοδομικός, -ή, -ό, επίθ., που ανήκει ή αναφέρεται στην οικοδόμηση ή τα οικοδομήματα: *οργανισμός/συνεταιρισμός* ~ (= που ασχολείται με την κατασκευή κτηρίων)· *υλικά -ά· τετράγωνο -ό,* βλ. *τετράγωνο· γενικός* ~ *κανονισμός* (= σύνολο διατάξεων που καθορίζουν τα σχετικά με την εκτέλεση οικοδομικών εργασιών, τα όρια εκμετάλλευσης των οικοπέδων, κ.ά.). - Το θηλ. ως ουσ. = κλάδος της αρχιτεκτονικής που μελετά τα προβλήματα της σχεδίασης και της κατασκευής οικοδομικών έργων: *-ή αστική/σύγχρονη.*

οικοδόμος ο, ουσ., εργάτης που ασχολείται με την κατασκευή οικοδομημάτων, χτίστης: *σωματείο/απεργία -ων.*

οικοδομώ, ρ. 1. κατασκευάζω οικοδόμημα, χτίζω. 2. (μεταφ.) δημιουργώ σταδιακά ιδέα, κατάσταση, κλπ.: *με την ανοχή των πολιτών -ήθηκε ένα αυταρχικό καθεστώς.*

οίκοθεν νοείται· αρχαϊστ. φρ. = εννοείται από μόνο του, είναι αυτονόητο.

οικοκυρικός, -ή, -ό, επίθ. (λόγ.), που αναφέρεται στο νοικοκύρη ή τη νοικοκυρά και στις ασχολίες και τις υποχρεώσεις τους. - Το θηλ. στον εν. και το ουδ. στον πληθ. ως ουσ. = οικιακή οικονομία (βλ. *οικιακός*).

οικολογία η, ουσ., η μελέτη των σχέσεων ανάμεσα στους οργανισμούς (φυτά, ζώα, ανθρώπους) και το φυσικό περιβάλλον τους, καθώς και των ισορροπιών που έχουν μεταξύ τους οι σχέσεις αυτές.

οικολογικός, -ή, -ό, επίθ. **1.** που αναφέρεται στις σχέσεις των ζωντανών οργανισμών μεταξύ τους και προς το περιβάλλον τους: *ισορροπία/ καταστροφή -ή· προβλήματα -ά* (συνών. *περιβαλλοντολογικός*). **2.** (για ομάδες ανθρώπων) που ενδιαφέρεται για την προστασία του περιβάλλοντος και των φυσικών πόρων, καθώς και για τη βελτίωση της ποιότητας ζωής: *κίνημα -ό· νοοτροπία -ή.*

οικολόγος ο, ουσ. **1.** επιστήμονας που ασχολείται με την οικολογία. **2.** πρόσωπο που πιστεύει πως είναι ανάγκη να προστατεύεται το περιβάλλον και οι γήινοι φυσικοί πόροι και να μη γίνεται αλόγιστη εκμετάλλευσή τους και που ενδιαφέρεται ενεργά για τη διάδοση και την επικράτηση των ιδεών του: *οργανώσεις -ων.*

οικομετρία η, ουσ. (οικον.) κλάδος της οικονομικής επιστήμης που χρησιμοποιεί στατιστικά δεδομένα σχετικά με οικονομικά φαινόμενα για να προσδιοριστούν συγκεκριμένοι ποσοτικοί κανόνες που αφορούν κυρίως την πρόβλεψη οικονομικών διακυμάνσεων, την έρευνα της αγοράς και τον προγραμματισμό.

οικονομετρικός, -ή, -ό, επίθ., σχετικός με την οικονομετρία: *έρευνα/μέθοδος -ή.*

οικονομία η, ουσ. **1α.** (απαρχ.) διοίκηση του σπιτιού, φροντίδα για τη σωστή διαχείριση εσόδων και δαπανών: ~ *οικιακή,* βλ. *οικιακός·* **β.** (θεολ.) *θεία* ~ = η βουλή του Θεού να σώσει τον άνθρωπο από την αμαρτία και το θάνατο με την ενανθρώπιση, τη διδασκαλία και τη θυσία του Χριστού. **2α.** σύνολο ενεργειών που πραγματοποιεί μια ανθρώπινη ομάδα υπό την πίεση των αναγκών της με σκοπό την παραγωγή, τη διάθεση και την κατανάλωση αγαθών: ~ *συλλεκτική/αγροτική·* υ*πουργός εθνικής -ας.* **β.** για το σύστημα οργάνωσης της οικονομικής ζωής, των μέσων παραγωγής, του εμπορίου και του χρήματος σ' έναν τόπο: ~ *αυτάρκης/κλειστή·* ~ *καπιταλιστική/ελεύθερη·* ~ *κατευθυνόμενη* (όπου παρεμβάλλεται αποφασιστικά το κράτος)· ~ *μικτή* (όπου συνδυάζονται δημόσια και ιδιωτικά κεφάλαια)· **γ.** για την απόδοση της οικονομικής δραστηριότητας και τους αντίστοιχους θεσμούς: ~ *αναπτυγμένη/υπανάπτυκτη·* (για τον πλούτο που παράγεται) *συμβολή της ναυτιλίας στην* ~. **3.** (επιστ.) ~ *πολιτική* = επιστήμη που μελετά όσα φαινόμενα σχετίζονται με την παραγωγή, τη διάθεση και την κατανάλωση των οικονομικών αγαθών (λ.χ. ανθρώπινες ανάγκες, οργάνωση παραγωγής, κυκλοφορία νομίσματος, διακίνηση αγαθών). **4α.** (γενικά) η χρησιμοποίηση της απαραίτητης ποσότητας χρόνου, ενέργειας, αγαθού, κ.ά., για να επιτευχθεί το επιθυμιώ αποτέλεσμα: ~ *δυνάμεων/χώρου· αρχή της -ας* (ότι ο άνθρωπος επιδιώκει να πετύχει ορισμένο αποτέλεσμα με τη μικρότερη δυνατή προσπάθεια) (αντ. *σπατάλη*). **β.** (ειδικότερα) συνετή και μετρημένη χρήση ενός αγαθού, κυρίως του χρήματος, ώστε να αποφεύγεται η άσκοπη κατανάλωση, να επαρκεί η διαθέσιμη ποσότητα όσο γίνεται περισσότερο ή να υπάρχει περίσσευμα: *για λόγους -ας δεν ανάβουν όλα τα φώτα στους δρόμους·* φρ. *κάνω* ~ *ή -ες* (= **α.** περιορίζω τη χρήση, την κατανάλωση: *κάντε* ~ *στο νερό·* **β.** περιορίζω τα έξοδά μου στα απαραίτητα: *κάνει -ες για να αγοράσει τηλεόραση*) (αντ. *σπατάλη*)· **γ.** (στον πληθ. συνεκδοχικά) χρήματα που απομένουν αφού ξοδέψει κανείς όσα χρειάζεται και που προορίζονται συνήθως για μελλοντικές ανάγκες: *καταθέτει κάθε μήνα/του έκλεψαν τις -ες του.* **5.** (γλωσσολ.) η τάση να ικανοποιούνται οι ανάγκες της επικοινωνίας με την οργάνωση του λόγου έτσι ώστε να καταβάλλεται μόνον όση ενέργεια χρειάζεται: *αρχή της -ας στη γλωσσική έκφραση.* **6.** (για λογοτεχνικό ή θεατρικό έργο) ο τρόπος που οργανώνονται τα διάφορα μέρη του (ενότητες, σκηνές) ώστε να εξυπηρετούν με τη θέση και τη διαδοχή τους τις προθέσεις του δημιουργού: ~ *του δράματος/σκηνική·* ~ *συμμετρική* (πβ. *δομή* σημασ. 2).

οικονομικός, -ή, -ό, επίθ. **1α.** που αναφέρεται στην παραγωγή, τη διάθεση και την κατανάλωση αγαθών, στην ύπαρξη και την οργάνωση των μέσων παραγωγής, του εμπορίου, του χρήματος και κάθε κερδοφόρας δραστηριότητας σ' έναν τόπο: *πολιτική/σταθερότητα -ή μιας χώρας· ισορροπία/ κρίση -ή· κατάρρευση του -ού συστήματος· έτος -ό* (βλ. *έτος* σημασ. 3γ)· *εφορία -ή* (βλ. *εφορία* σημασ. 1)· **β.** ειδικότερα για την ύπαρξη, την εξεύρεση και τη διάθεση χρηματικών πόρων: *μέσα -ά· διευκολύνσεις/υποχρεώσεις -ές·* **γ.** για τη μελέτη των παραπάνω φαινομένων: *επιστήμες/θεωρίες -ές· γεωγραφία/ιστορία -ή· εφημερίδες -ές.* **2.** που έχει φτηνό κόστος, που δε χρειάζονται πολλά χρήματα για να γίνει ή για να λειτουργήσει: *ταξίδι/φαΐ -ό· αυτοκίνητο -ό· άνθρωπος* ~ (= *λιτός*)· *συσκευασία -ή ή μέγεθος -ό* (= συσκευασία αγαθού σε ποσότητα μεγαλύτερη από τη συνηθισμένη που διατίθεται έτσι σε μικρότερη τιμή) (αντ. *ακριβός, δαπανηρός*). - Το ουδ. στον πληθ. ως ουσ. = **1.** οργάνωση και απόδοση της οικονομίας, των οικονομικών δραστηριοτήτων μιας ανθρώπινης ομάδας: *τα -ά του δήμου/των κομμάτων· υπουργείο -ών.* **2.** (για πρόσωπο) η σχέση των εσόδων κάποιου προς τα έξοδα ή τις ανάγκες του: *βελτιώνονται τα -ά μου.* **3.** οι οικονομικές επιστήμες: *σπουδάζει -ά.* - Επίρρ. **-ά** και **-ώς:** *-ώς αναπτυγμένες χώρες· καταστράφηκε -ά· ζούμε -ά* (= με οικονομίες).

οικονομολογία η, ουσ., (σπανίως) η οικονομική επιστήμη.

οικονομολογικός, -ή, -ό, επίθ., που σχετίζεται με την οικονομολογία ή τους οικονομολόγους.

οικονομολόγος ο και η, ουσ. **1.** επιστήμονας που σπούδασε τις αρχές και τις θεωρίες της οικονομίας και αναλύει σχετικά φαινόμενα ή προβλήματα. **2.** (προφ., ειρων.) για άνθρωπο οικονόμο.

οικονόμος ο και η, ουσ. **1.** πρόσωπο που ασχολείται με τις δαπάνες και διαχειρίζεται υλικά ή τρόφιμα ενός ιδρύματος, μιας κοινότητας ανθρώπων ή παλαιότερα μιας πλούσιας αστικής οικογένειας: ~ *του οικοτροφείου/της μονής.* **2.** (εκκλ.) αξίωμα και τίτλος ιερωμένου. - Ως επίθ. (θηλ. *λαϊκ. -α*) = που ξοδεύει τα χρήματά του με προσο-

χή και σύνεση (συνών. *νοικοκύρης·* αντ. *σπάταλος).*
οικονομώ και (λαϊκ.) **κονομάω,** ρ. 1. αποκτώ, προμηθεύομαι, βρίσκω: *σε δυο μέρες -ησα δέκα χιλιάδες· πού το κονόμησες τόσο ωραίο σακάκι;* (πβ. *εξοικονομώ)·* φρ. (λαϊκ.) *τα* — ή (συνηθέστερα) *τα κονομάω* (= α. κατορθώνω να εξασφαλίσω τα χρήματα που χρειάζομαι: *παρόλο που δούλευε σκληρά, δύσκολα τα -ούσε·* β. κερδίζω όσα θέλω, πλουτίζω: *το όνειρό του ήταν να τα κονομήσει χωρίς να ζοριστεί πολύ).* 2. διευθετώ, ταχτοποιώ: *προσπαθώ να -ήσω έτσι τα πράγματα ώστε να μείνω λίγο περισσότερο.*
οικοπεδάκι, βλ. *οικόπεδο.*
οικοπεδικός, -ή, -ό, επίθ., που αναφέρεται σε οικόπεδο: *εκτάσεις/διαφορές -ές.*
οικόπεδο το, ουσ., εδαφική έκταση, σχετικά μικρή, που έχει μετρηθεί και οριοθετηθεί και προορίζεται για να χτιστεί σ' αυτήν ένα κτήριο ή που έχει ήδη χτιστεί: ~ *εντός σχεδίου/παραθαλάσσιο· περιφράξεις/απαλλοτριώσεις -έδων· -α με δόσεις.* - Υποκορ. **-άκι** το.
οικοπεδοποίηση η, ουσ., μετατροπή μιας αγροτικής ή δασικής έκτασης σε οικοπεδική: ~ *παραλιακών εκτάσεων.*
οικοπεδούχος ο, ουσ., ιδιοκτήτης οικοπέδου: *οι -οι συμφώνησαν με τον εργολάβο.*
οικοπεδοφάγος ο, ουσ., σφετεριστής οικοπέδου ή γενικά εδαφικής έκτασης: *η γη περνά από τους αγρότες στους -ους· αιτία της πυρκαγιάς ήταν η απληστία των -ων.*
οίκος ο, ουσ. 1. (λόγ.) κατοικία, σπίτι: ~ *καλλιμάρμαρος·* συνήθως στις εκφρ. *ευκτήριος* ~ και ~ *Θεού* (για ναό, εκκλησία)· *Λευκός Ο-ς* (βλ. *λευκός* σημασ. 3)· *κατ' οίκον* (βλ. λ.)· ~ *ανοχής/* (σπανιότ.) *διαφθοράς* (= *πορνείο*)· ~ *ευγηρίας,* βλ. *ευγηρία.* 2. γενιά, οικογένεια παλιά, ονομαστή ή αρχοντική, ιδίως εκείνη όπου ανήκε ένας βασιλιάς ή μια βασίλισσα: ~ *αυτοκρατορικός/πριγκιπικός.* 3. επιχείρηση, εταιρεία (ιδίως μεγάλη που ασχολείται με εκδόσεις βιβλίων, δανεισμό χρημάτων και σχεδίαση ενδυμάτων): ~ *εκδοτικός/εξαγωγικός/μόδας.* 4. (εκκλ.) το τροπάριο ενός κοντακίου εκτός το προοίμιο: *τα αρχικά των πρώτων στίχων κάθε -ου σχηματίζουν ακροστιχίδα.*
οικόσημο το, ουσ., σήμα με μορφή ασπίδας που φέρει χαρακτηριστικές παραστάσεις και χρησιμεύει ως έμβλημα αριστοκρατικής οικογένειας (συνών. *θυρεός).*
οικόσιτος, -η, -ο, επίθ. 1. (για ζώα ή πτηνά) που μένει και τρέφεται σε σπίτι (συνών. *οικοδίαιτος, κατοικίδιος).* 2. (για πρόσωπα) οικότροφος (βλ. λ.).
οικοσκευή η, ουσ., το σύνολο των οικιακών σκευών και επίπλων, ο οικιακός εξοπλισμός, το νοικοκυριό.
οικοσύστημα το, ουσ., σύνολο οργανισμών και φυσικοχημικών παραγόντων ενός χώρου, που με τις αλληλεπιδράσεις τους σχηματίζουν λειτουργική ενότητα: ~ *του Θερμαϊκού κόλπου.*
οικοτεχνία η, ουσ., βιοποριστική τέχνη που ασκεί κανείς στο σπίτι του, οικιακή βιοτεχνία.
οικοτεχνικός, -ή, -ό, επίθ., που ανήκει ή αναφέρεται στην οικοτεχνία.
οικοτουρισμός ο, ουσ., τουρισμός που έχει οικολογικό χαρακτήρα: *ανάπτυξη -ού.*

οικοτουρίστας ο, θηλ. **-τρια** η, ουσ., τουρίστας με οικολογικά ενδιαφέροντα: *τα τελευταία χρόνια αυξάνεται ο αριθμός των -ών που έρχονται να παρατηρήσουν τα πουλιά στον Έβρο.*
οικοτουριστικός, -ή, -ό, επίθ., που ανήκει ή αναφέρεται στον οικοτουρισμό: *περιοχές με οικολογικές ιδιαιτερότητες μπορούν να γίνουν -ά κέντρα.*
οικοτουρίστρια, βλ. *οικοτουρίστας.*
οικοτροφείο το, ουσ., ίδρυμα όπου μένει κανείς πληρώνοντας τη διαμονή και διατροφή του: *μαθητής εσωτερικός σε* ~.
οικότροφος ο και η, ουσ. 1. αυτός που έχει κατοικία και τροφή με πληρωμή σε ξένο σπίτι. 2. μαθητής που διαμένει και τρέφεται στο σχολείο όπου φοιτά, εσωτερικός μαθητής.
οικουμένη η, ουσ. α. όλη η γη, όλος ο κόσμος, η υφήλιος· β. (συνεκδοχικά) το σύμπαν.
οικουμενικός, -ή, -ό, επίθ., που ανήκει ή αναφέρεται στην οικουμένη, παγκόσμιος, παναπθρώπινος: *κυβέρνηση -ή* (= που συγκροτείται από αντιπροσώπους όλων ή των περισσότερων πολιτικών κομμάτων)· (εκκλ.) *κίνηση -ή* (= κίνηση που άρχισε στις αρχές του 20. αι. μεταξύ διάφορων χριστιανικών Εκκλησιών για αμοιβαία γνωριμία και για να μελετηθούν οι δυνατότητες να ενωθούν τα διαφορετικά δόγματα)· *σύνοδος -ή* (= το ανώτατο συλλογικό όργανο που εκπροσωπεί το σύνολο της Εκκλησίας και συγκαλείται όταν κάποιο δογματικό ή άλλο θρησκευτικό ζήτημα προκαλεί ταραχή στην Εκκλησία και πολιτεία και παράλληλα ασκεί διοικητικά, δικαστικά και νομοθετικά καθήκοντα): *η -ή σύνοδος της Νίκαιας/Χαλκηδόνας·* ~ *πατριάρχης* (= τίτλος που απονέμεται στον πατριάρχη Κωνσταντινουπόλεως από τον 5.-6. αι.)· *-ό πατριαρχείο* (= η εγκατεστημένη από το 1601 στο Φανάρι της Κωνσταντινούπολης έδρα του οικουμενικού πατριάρχη, αρχηγού της Ορθοδοξίας και προκαθημένου των πατριαρχών της Ανατολικής Εκκλησίας)· ~ *θρόνος* (= όρος που χρησιμοποιείται για να δηλώσει το πατριαρχείο της Κωνσταντινούπολης και την εξαιρετική του θέση ανάμεσα στις ορθόδοξες Εκκλησίες).
οικουμενικότητα η, ουσ., το να είναι κάτι οικουμενικό (συνών. *καθολικότητα, παγκοσμιότητα).*
οικουμενισμός ο, ουσ. (εκκλ.) κίνηση που γίνεται μεταξύ των χριστιανικών Εκκλησιών με στόχο την ένωσή τους.
οικουρώ, ρ. (λόγ., συνήθως στον ενεστ.), παραμένω στο σπίτι επειδή είμαι άρρωστος.
οικτίρω, ρ. 1. αισθάνομαι οίκτο για κάποιον (συνών. *λυπούμαι, συμπονώ).* 2. χαρακτηρίζω κάποιον ως ελεεινό, αξιολύπητο, τον περιφρονώ (συνών. *ελεεινολογώ, ταλανίζω).*
οίκτος ο, ουσ. 1. λύπη, συμπάθεια που αισθάνεται κανείς απέναντι σε κάποιον που πάσχει: ~ *ανθρώπινος* (συνών. *ευσπλαχνία, έλεος, λύπηση·* αντ. *ασπλαχνία, απονιά).* 2. λύπη μαζί και περιφρόνηση για κάποιον που πάσχει: *η συμπεριφορά σου μου προκαλεί τον -ο* (συνών. *ελεεινολόγηση).*
οικτρός, -ή, -ό, επίθ. 1α. που είναι άξιος οίκτου, αξιολύπητος: *βρίσκεται σε -ή κατάσταση· περίπτωση -ή·* β. που προκαλεί τον οίκτο, θλιβερός: *θέαμα -ό.* 2. που είναι άξιος περιφρόνησης, ελεεινός, άθλιος. - Επίρρ. **-ώς** και **-ά.**
οικτρότητα η, ουσ., το να είναι κάτι ή κάποιος οικτρός, αξιολύπητος ή ελεεινός.

οικτρώς, βλ. *οικτρός.*
οϊμέ και **οϊμένα**, επιφ., αλίμονο (βλ. λ.). [αβέβαιη ετυμ.].
οινικός, -ή, -ό, επίθ., που έχει σχέση με το κρασί και την παραγωγή του: *ζήτημα -ό.*
οινογεύστης ο, ουσ. (τεχν.) σωλήνας από λευκοσίδηρο που χρησιμοποιείται για την παραλαβή από βαρέλια και δεξαμενές κρασιού μικρών ποσοτήτων που προορίζονται για δοκιμή.
οινολογία η, ουσ., κλάδος της χημείας που ασχολείται με τη μελέτη, εξακρίβωση και καθορισμό των μεθόδων παρασκευής και διατήρησης του κρασιού.
οινολογικός, -ή, -ό, επίθ., που ανήκει ή αναφέρεται στην οινολογία.
οινολόγος ο και η, ουσ., ειδικός επιστήμονας, χημικός ή εμπειροτέχνης που ασχολείται με την οινολογία.
οινομαγειρείο το, ουσ., εστιατόριο μαζί και καπηλειό, λαϊκή ταβέρνα.
οινοπαραγωγός, -ός, -ό, επίθ. (για τόπους) που παράγει κρασιά: *χώρα/περιοχή* ~.
οινοπαραγωγός ο, ουσ., ιδιοκτήτης αμπελιών και εγκαταστάσεων παραγωγής κρασιού.
οινόπνευμα το, ουσ., αλκοόλ (βλ. λ.): ~ *καθαρό/ φαρμακευτικό/φωτιστικό.*
οινοπνευματοποιείο το, ουσ., εργοστάσιο παραγωγής οινοπνεύματος και οινοπνευματωδών ποτών.
οινοπνευματοποιία η, ουσ., βιομηχανία παραγωγής οινοπνεύματος και οινοπνευματωδών ποτών.
οινοπνευματοποιός ο, ουσ. (ασυνίζ.), βιομήχανος ή ειδικός τεχνίτης παραγωγής οινοπνεύματος και οινοπνευματωδών ποτών.
οινοπνευματούχος, -α, -ο, επίθ., που περιέχει οινόπνευμα: *ποτά -α* (συνών. *αλκοολούχος*).
οινοποιητικός, -ή, -ό, επίθ. (ασυνίζ.), που έχει σχέση με την παρασκευή κρασιών: *βιομηχανία -ή.*
οινοποιία η, ουσ. (ασυνίζ.). α. βιομηχανία παρασκευής κρασιών· β. εργοστάσιο όπου παρασκευάζονται κρασιά.
οινοποιός ο, ουσ. (ασυνίζ.), βιομήχανος ή ειδικός τεχνίτης παρασκευής κρασιών.
οινοποσία η, ουσ., το να πίνει κανείς κρασί και μάλιστα σε υπερβολικό βαθμό (συνών. *κρασοπότι*).
οίνος ο, ουσ. (λόγ.), κρασί (βλ. λ.) και ιδίως αυτό που χρησιμοποιείται για την τέλεση της Θείας Ευχαριστίας: ~ *λευκός ξηρός.*
οίνος ευφραίνει καρδίαν ανθρώπου· αρχαϊστ. έκφρ.· λέγεται συνήθως σε χαριτολογίες ανάμεσα σε χρήστες του ευθυμούν.
οινοχόη η, ουσ. (αρχαιολ.) μικρό αγγείο με το οποίο οι αρχαίοι έριχναν κρασί στα κύπελλά τους: ~ *ερυθρόμορφη.*
οινοχόος ο, ουσ., υπηρέτης στην αρχαία Ελλάδα που είχε έργο να γεμίζει τα κύπελλα των συνδαιτημόνων με κρασί, κεραστής.
οιοσδήποτε, οιαδήποτε, οιονδήποτε, αντων. (ασυνίζ.), οποιοσδήποτε (βλ. λ.).
οι παροικούντες εις την Ιερουσαλήμ· αρχαϊστ. έκφρ. = όσοι βρίσκονται κοντά στα γεγονότα.
οισοφαγίτιδα η, ουσ., φλεγμονή του οισοφάγου που οφείλεται σε τραυματισμούς ή λοιμώξεις.
οισοφάγος ο, ουσ. (ανατομ.) τμήμα του πεπτικού συστήματος που μοιάζει με σωλήνα και συνδέει το φάρυγγα με το στομάχι στο οποίο διοχετεύει τις τροφές (συνών. *καταπιώνας*).
οιστρηλατούμαι, -είσαι, ρ. (λόγ.), διεγείρομαι από οίστρο, κυριεύομαι από πάθος, από παράφορο ενθουσιασμό.
οιστρογόνο το, ουσ. (ιατρ.) ορμόνη υπεύθυνη για τα χαρακτηριστικά του γυναικείου φύλου που παράγεται στις ωοθήκες: *τεχνητά -α.*
οίστρος ο, ουσ. (λόγ.). 1. δίπτερο έντομο που εξαγριώνει με το τσίμπημά του τα ζώα και ιδίως τα βόδια, βοϊδόμυγα. 2. (μεταφ.) ψυχική ή πνευματική διέγερση, μανία, ενθουσιασμός ή ευθυμία: *ποιητικός/μουσικός* ~.
οιωνός ο, ουσ. (ασυνίζ., λόγ.). 1. μαντικό πουλί, από την κραυγή ή το πέταγμα του οποίου οι αρχαίοι Έλληνες μάντευαν το μέλλον. 2. (μεταφ.) σημείο στο οποίο στηρίζεται η πρόγνωση, προειδοποιητικό σημάδι: *καλός/αίσιος* ~ (= καλοσημαδιά)· *κακός* ~ (= κακοσημαδιά).
οιωνοσκοπία η, ουσ. (ασυνίζ., λόγ.), πρόγνωση του μέλλοντος που στηρίζεται στην παρατήρηση των οιωνών.
οιωνοσκόπος ο, ουσ. (ασυνίζ., λόγ.), αυτός που προφητεύει το μέλλον βασιζόμενος στην εξέταση του πετάγματος και των κραυγών των οιωνών.
οκά η, ουσ., παλιότερη μονάδα βάρους που ισοδυναμούσε με 1282 γραμμάρια. [τουρκ. *okka*].
οκαδιάρικος, -η, -ο, επίθ. (συνιζ., λαϊκ.), που ζυγίζει μια οκά: *ψάρι/πακέτο* -ο.
οκαρίνα η, ουσ. (μουσ.) μικρό πνευστό όργανο. [ιταλ. *ocarina*].
όκιο, ουσ. (συνιζ.), (ναυτ.) τρύπα από την οποία βγαίνει η αλυσίδα της άγκυρας: *ένα σανίδι το ταίριασε στα -ια της καινούργιας φελούκας* (Κόντογλου). [ιταλ. *occhio*].
οκλαδόν, επιρρ. (λόγ.), με διασταυρωμένες τις κνήμες, σταυροπόδι: *καθίστε* ~ (συνών. *διπλοπόδι, σταυρωτά*).
οκνεύω, ρ. (λόγ.), (ενεργ. και μέσ.) είμαι ή γίνομαι οκνηρός, τεμπελιάζω, βαριέμαι.
οκνηρία η, ουσ., το να είναι κάποιος οκνηρός, τάση για αποφυγή οποιασδήποτε εργασίας (συνών. *τεμπελιά, βαρεστιμιάρα*).
οκνηρός, -ή, -ό, επίθ., που αποφεύγει την εργασία, τεμπέλης (συνών. *νωθρός, φυγόπονος*· αντ. *εργατικός, φιλόπονος*).
οκνός, -ή, -ό, επίθ. α. που αποφεύγει την εργασία, οκνηρός· β. αργός, βραδυκίνητος: *στη δουλειά του είναι* ~· *καλό είναι το γαϊδούρι, αλλά λιγάκι -ό* (αντ. *ευκίνητος, γοργός*).
οκτάβα και **οχτάβα** η, ουσ. 1. (μεταφ.) στροφή ποιήματος που αποτελείται από οχτώ στίχους που συμπλέκονται με τρία είδη ομοιοκαταληξίας. 2. (μουσ.) διάστημα οχτώ διαδοχικών μουσικών φθόγγων, οι οχτώ βαθμίδες της μουσικής κλίμακας (συνών. *ογδόη*).
οκταγωνικός, -ή, -ό, επίθ., που έχει σχήμα οκτάγωνου.
οκτάγωνος, -η, -ο, επίθ., που έχει οχτώ γωνίες: *οικοδόμημα -ο.* - Το ουδ. ως ουσ. = γεωμετρικό σχήμα που αποτελείται από οχτώ πλευρές και οχτώ γωνίες.
οκτάδα και **οχτάδα** η, αριθμ., σύνολο οχτώ μονάδων: *είναι χωρισμένοι σε* -*ες.*
οκταεδρικός, -ή, -ό, επίθ., που έχει σχήμα οκταέδρου.

οκτάεδρος, -η, -ο, επίθ., που έχει οχτώ έδρες, επιφάνειες. - Το ουδ. ως ουσ. = (γεωμ.) στερεό σχήμα που έχει οχτώ έδρες.
οκταετής, -ής, -ές, γεν. *-ούς,* πληθ. αρσ. και θηλ. *-είς,* ουδ. *-ή,* επίθ. (λόγ.), που έχει ηλικία ή διάρκεια οχτώ ετών, οχτάχρονος (βλ. λ.).
οκταετία η, ουσ., χρονικό διάστημα οχτώ χρόνων.
οκταήμερος, -η, -ο, επίθ., που διαρκεί οχτώ μέρες: *εκδρομή -η.* - Το ουδ. ως ουσ. = χρονικό διάστημα οχτώ ημερών: *-ο εκπτώσεων.*
οκτακόσιοι, -ιες, -ια (ασυνίζ.) και (λαϊκ.) **οχτακόσιοι** (συνιζ.) και **-κόσοι,** αριθμ., που αποτελούν οχτώ εκατοντάδες: *-ια χρόνια· -ιες δραχμές.* - Το ουδ. ως ουσ. = α. ο αριθμός 800· β. σε χρονολόγηση αντί του τακτικού: *το -ια μ.Χ.*
οκτακοσιοστός, -ή, -ό, αριθμ. (ασυνίζ.), που έχει σε μια σειρά αριθμούμενων πραγμάτων τη θέση που αντιστοιχεί στον αριθμό οκτακόσια (800).
οκτάμηνος, -η, -ο, επίθ., που έχει διάρκεια ή ηλικία οκτώ μηνών: *παράταση -η.* - Το ουδ. ως ουσ. = το χρονικό διάστημα οχτώ μηνών: *τον προσέλαβαν πριν από ένα -ο.*
οκταόροφος, -η, -ο, επίθ., που αποτελείται από οχτώ ορόφους: *πολυκατοικία -η.*
οκταπλασιάζω, ρ. (ασυνίζ.), κάνω κάτι μεγαλύτερο ή περισσότερο κατά οκτώ φορές.
οκταπλάσιος, -α, -ο, επίθ. (ασυνίζ.), που είναι μεγαλύτερος ή περισσότερος από κάποιον άλλο κατά οκτώ φορές.
οκτάπλευρος, -η, -ο, επίθ., που έχει οκτώ πλευρές: *σχήμα -ο.* - Το ουδ. ως ουσ. = σχήμα με οκτώ πλευρές: *σχηματίστε ένα -ο.*
οκτασέλιδος, -η, -ο, επίθ., που αποτελείται από οκτώ σελίδες: *ανάτυπο -ο.*
οκτάστηλος, -η, -ο, επίθ., που πιάνει οκτώ στήλες σε εφημερίδα: *ο δημοσίευμα.* - Το ουδ. ως ουσ. = άρθρο που πιάνει οκτώ στήλες σε εφημερίδα.
οκτάστιχος, -η, -ο, επίθ., που αποτελείται από οκτώ στίχους: *στροφή -η.* - Το ουδ. ως ουσ. = στροφή με οκτώ στίχους που αποτελεί παραδοσιακή μορφή της επικής ιταλικής ποίησης.
οκτάστυλος, -η, -ο, επίθ., που έχει οκτώ κίονες στο μέτωπο: *ναός ~.*
οκτασύλλαβος, -η, -ο, επίθ., που αποτελείται από οκτώ συλλαβές: *στίχος ~ λέξη -η.* - Το αρσ. ως ουσ. = στίχος από οκτώ συλλαβές: *~ ιαμβικός/ τροχαϊκός.*
οκτάτευχος, -η, -ο, επίθ., που αποτελείται από οκτώ τεύχη: *τόμος ~.* - Το θηλ. ως ουσ. (*οκτάτευχος*) = τόμος που περιέχει τα οκτώ πρώτα βιβλία της Παλαιάς Διαθήκης.
οκτάτομος, -η, -ο, επίθ., που αποτελείται από οκτώ τόμους: *έκδοση -η.*
οκτάωρος, -η, -ο, επίθ., που διαρκεί οκτώ ώρες: *εργασία -η.* - Το ουδ. ως ουσ. = χρόνος οκτάωρης εργασίας που αποτελεί το ανώτατο όριο ημερήσιας εργασίας: *κάθε μέρα δουλεύει -ο.*
οκτώ και **οχτώ,** αριθμ. άκλ. 1. αυτό που προκύπτει αν προσθέσουμε στα επτά μία μονάδα: *~ άτομα/ κιλά/μέτρα.* 2. (στη θέση τακτικού αριθμ. για χρόνο): *στις ~ Νοεμβρίου·* (για όμοια πράγματα συνήθως αριθμημένα): *το κεφάλαιο ~* (συνήθως *όγδοος).* 3. (με ουδ. άρθρο) ο αριθμός οκτώ (8): *το γραφείο με το ~·* (για τραπουλόχαρτο): *το ~ σπαθί·* (για βαθμολογία): *πέρασε το μάθημα με ~·* (για το ψηφίο που αντιπροσωπεύει τον αριθμό) *~ ελληνικό (η ΄)/αραβικό (8).* Εκφρ. *αύριο ~* (= όταν αύριο θα έχει περάσει μια εβδομάδα)· *σήμερα ~* (= πριν από μια βδομάδα).
οκτωβριανός, -ή, -ό, επίθ. (ασυνίζ.), που ανήκει ή αναφέρεται στο μήνα Οκτώβριο ή που γίνεται μέσα σ' αυτόν: *-ή επανάσταση* (= η επανάσταση των Μπολσεβίκων στη Ρωσία τον Οκτώβριο του 1917).
Οκτώβριος (ασυνίζ.), **Οκτώβρης** και **Οχτώβρης** ο, ουσ., ο δέκατος μήνας του γρηγοριανού ημερολογίου που έχει τριάντα μία ημέρες.
οκτώηχος η και (λαϊκ.) **οχτωήχι** το, ουσ., λειτουργικό βιβλίο της Ανατολικής Ορθόδοξης Εκκλησίας που περιέχει οκτώ αναστάσιμες ακολουθίες Κυριακών.
Οκτώμβριος, βλ. το ορθό *Οκτώβριος.*
ο κύβος ερρίφθη· αρχαϊστ. φρ.· λέγεται σε περιπτώσεις που παίρνουμε μια σημαντική απόφαση έπειτα από σκέψη και δισταγμό.
ολάκερος, -η, -ο, επίθ. (λαϊκ.), ολόκληρος (βλ. λ.). [*όλος* + *ακέραιος*].
ολάνοιχτος, -η, -ο, επίθ., ορθάνοιχτος: *πόρτα -η· φτερούγες -ες* (αντ. *κατάκλειστος*).
ολάρφανος, -η, -ο, επίθ., που είναι ορφανός από πατέρα και μητέρα (συνών. *πεντάρφανος*).
ολάσπρος, -η, -ο και **ολόασπρος,** επίθ., κάτασπρος (βλ. λ.): *μπλούζα -η* (συνών. *ολόλευκος*· αντ. *κατάμαυρος*).
ολέθριος, -α, -ο, επίθ. (ασυνίζ.), που επιφέρει όλεθρο: *σχέση -α· -α αποτελέσματα μιας ενέργειας, μιας τακτικής.* - Επίρρ. **-α.**
όλεθρος ο, ουσ., καταστροφή, αφανισμός.
ολημέρα και **ολημερίς,** επίρρ., από το πρωί ως το βράδι: *~ πάει κι έρχεται μέσα στο σπίτι.*
ολιγάνθρωπος, -η, -ο, επίθ. (για χώρα, πόλη) που κατοικείται από λίγους ανθρώπους (αντ. *πολυάνθρωπος*).
ολιγάριθμος, -η, -ο, επίθ., που αποτελείται από λίγους: *-α τμήματα μαθητών* (αντ. *πολυάριθμος*).
ολιγάρκεια η, ουσ. (ασυνίζ.), το να αρκείται κανείς στα λίγα (συνών. *λιτότητα*).
ολιγαρκής, -ής, -ές, γεν. *-ούς,* πληθ. αρσ. και θηλ. *-είς,* ουδ. *-ή,* που αρκείται στα λίγα.
ολιγαρχία η, ουσ. 1. μορφή πολιτεύματος στο οποίο η εξουσία ασκείται από μία περιορισμένη ομάδα προνομιούχων ατόμων. 2α. η τάξη που ασκεί την εξουσία στα ολιγαρχικά πολιτεύματα· β. η τάξη των πλουτοκρατών: *εξυπηρετεί τα συμφέροντα της ντόπιας και ξένης -ίας.*
ολιγαρχικός, -ή, -ό, επίθ., που ανήκει ή αναφέρεται στην ολιγαρχία: *πολίτευμα -ό· παράταξη -ή.* - Η λ. ως ουσ. = οπαδός της ολιγαρχίας. - Επίρρ. **-ώς.**
ολιγο-, α΄ συνθ. λέξεων που προσδίδει στο β΄ συνθ. την έννοια του λίγου ή μικρού σε ποσότητα ή χρονική διάρκεια: *ολιγοετής, ολιγοσέλιδος.*
ολιγογράφος ο και η, ουσ., συγγραφέας που γράφει ή που έχει γράψει λίγα.
ολιγοδάπανος, -η, -ο, επίθ. α. που απαιτεί λίγες δαπάνες· β. (για πρόσωπο) οικονόμος (αντ. *πολυδάπανος, πολυέξοδος*).
ολιγοετής, -ής, -ές, γεν. *-ούς,* πληθ. αρσ. και θηλ. *-είς,* ουδ. *-ή,* επίθ. (λόγ.), που διαρκεί λίγα χρόνια: *σύμβαση ~* (αντ. *πολυετής*).
ολιγόζωος, -η, -ο και **λιγόζωος,** επίθ., που ζει λίγο χρόνο (συνών. *βραχύβιος*).
ολιγοήμερος, -η, -ο, επίθ., που διαρκεί λίγες μέρες: *άδεια/εκδρομή -η* (αντ. *πολυήμερος*).
ολιγόλεπτος, -η, -ο και **λιγόλεπτος,** επίθ., που

διαρκεί λίγα λεπτά της ώρας: *εκπομπή/σιωπή -η· διάλειμμα -ο.*
ολιγολογία η, ουσ., το να λέει κανείς λίγα λόγια (αντ. *πολυλογία*).
ολιγόλογος, βλ. *λιγόλογος.*
ολιγόμηνος, -η, -ο, επίθ., που διαρκεί λίγους μήνες: *-η διακοπή.*
ολιγόπιστος, -η, -ο, επίθ., που δεν έχει έντονη θρησκευτική πίστη.
ολιγοπώλιο το, ουσ. (ασυνίζ.), (οικον.) η οργάνωση της αγοράς με τέτοιο τρόπο ώστε μικρός αριθμός πωλητών ή παραγωγών να μπορεί να ελέγχει τη διαμόρφωση των συνθηκών της.
ολίγος, βλ. *λίγος.*
ολιγοσέλιδος, -η, -ο, επίθ., που έχει λίγες σελίδες: *έντυπο -ο.*
ολιγόστιχος, -η, -ο, επίθ., που αποτελείται από λίγους στίχους, από λίγες σειρές: *ποίημα/σημείωμα -ο.*
ολιγοσύλλαβος, -η, -ο, επίθ., που αποτελείται από λίγες συλλαβές (αντ. *πολυσύλλαβος*).
ολιγουρία η, ουσ. (ιατρ.) η μείωση της ποσότητας των ούρων που εκκρίνονται σε ένα εικοσιτετράωρο (αντ. *πολυουρία*).
ολιγοφαγία η, ουσ., το να τρώει κανείς λίγο (αντ. *πολυφαγία*).
ολιγοχρόνιος, -α, -ο, επίθ. (ασυνίζ.). **1.** που έχει μικρή χρονική διάρκεια (συνών. *λιγόχρονος·* αντ. *μακροχρόνιος*). **2.** που ζει λίγα χρόνια· βραχύβιος (συνών. *λιγόχρονος·* αντ. *πολύχρονος*).
ολιγοψυχία η, ουσ. (λόγ.), έλλειψη θάρρους, δειλία, ατολμία (βλ. *λιγοψυχιά* σημασ. 1).
ολιγόωρος, -η, -ο, επίθ., που διαρκεί λίγες ώρες: *ανάπαυση/διακοπή -η* (αντ. *πολύωρος*).
ολιγωρία η, ουσ., το να μη δείχνει κανείς για κάτι τη φροντίδα που πρέπει (συνών. *ακηδία, αμέλεια, παραμέληση*).
ολιγωρώ, ρ., δε δείχνω για κάτι όση φροντίδα χρειάζεται (συνών. *παραμελώ, αδιαφορώ*).
ολικός, -ή, -ό, επίθ., που αναφέρεται στο σύνολο, σε όλα τα μέρη ή στοιχεία πράγματος ή φαινομένου ή περιλαμβάνει το σύνολο ενός πράγματος, όλα τα μέρη ή στοιχεία κατάστασης ή ενέργειας ή συμβάντος: *ποσόν -ό· ευθύνη -ή· -ή έλλειψη σελήνης* (= όταν κρύβεται ολόκληρος ο δίσκος της)· *κώφωση -ή· ζημία -ή· άθροισμα/εμβαδόν -ό· τιμή -ή* (συνών. *συνολικός·* αντ. *μερικός*). - Επίρρ. **-ά** και **-ώς.**
ολίσθημα το, ουσ. **1.** (λόγ.) γλίστρημα (βλ. λ.). **2.** (μεταφ.) ηθικό παράπτωμα, αμάρτημα. Έκφρ. ~ *της γλώσσας* (= α. γλωσσικό, φραστικό σφάλμα· β. ανακριβολογία).
ολισθηρός, -ή, -ό, επίθ., που πάνω του μπορεί εύκολα να γλιστρήσει κανείς, γλιστερός: *έδαφος -ό· δρόμοι -οί· από τον πάγο.*
ολισθηρότητα η, ουσ., το να είναι κάτι ολισθηρό: ~ *εδάφους/δρόμου.*
ολκή η, ουσ. (λόγ.), σπουδαιότητα προσώπου, πράγματος ή γεγονότος· μόνο στην εκφρ. *(μεγάλης) -ής: επιστήμονας μεγάλης -ής.*
ολλανδέζικος, θηλ. **-ζα** και **-νδή,** βλ. *Ολλανδός.*
Ολλανδέζος, θηλ. **-ζα** και **-νδή,** βλ. *Ολλανδός.*
ολλανδικός, -ή, -ό, επίθ., που ανήκει ή αναφέρεται στους Ολλανδούς ή την Ολλανδία ή προέρχεται απ' αυτήν: *τυριά -ά· τουλίπες -ές.* - Το ουδ. στον πληθ. ως ουσ. = γερμανική γλώσσα που μιλιέται στις Κάτω Χώρες και στο βόρειο Βέλγιο.

Ολλανδός, θηλ. **-ή** και **-έζος,** θηλ. **-έζα,** ουσ., αυτός που κατάγεται από την Ολλανδία ή κατοικεί σ' αυτήν.
ολμοβόλο το, ουσ. (στρατ.) όλμος.
όλμος ο, ουσ. (στρατ.). **1.** πυροβόλο όπλο με βραχύ και φαρδύ σωλήνα με το οποίο εκτοξεύονται βλήματα ψηλά στον αέρα για να πέσουν κάθετα πάνω στο στόχο. **2.** (συνεκδοχικά) το βλήμα του παραπάνω όπλου.
ολο-, ολ- συνθ. λέξεων που **α.** προσδίδει στο β' συνθ. την έννοια του ολόκληρου, του ακέραιου: *ολοήμερος, ολόψυχα·* **β.** επιτείνει τη σημασία του: *ολόγερος, ολοκάθαρος.*
όλο, επίρρ. **1.** (με τοπ. σημασ.) σε όλη την έκταση, σε όλη την επιφάνεια: *βουνό ~ δάση· ύφασμα ~ κέντημα.* **2.** (μεταφ., για να δηλωθεί ομοειδές πλήθος προσώπων ή πραγμάτων): *στη συγκέντρωση ήταν ~ νέοι επιστήμονες.* **3.** (για να δηλωθεί η ποιότητα, το υλικό από το οποίο αποτελείται κάτι) μόνον από: *φόρεμα ~ μετάξι· έπιπλο ~ καρυδιά.* **4.** (μεταφ., για να δηλωθεί το ποιόν του πράγματος): *βλέμμα ~ κακία.* **5.** (με χρον. σημασ.) συνεχώς, διαρκώς, πάντοτε: ~ *τσακώνεται/ μιλάει.* **6.** (επιτ. με επόμενο το σύνδ. και και συγκρ.): *τα πράγματα θα πάνε ~ και καλύτερα· βάδιζε ~ και πιο γρήγορα· κερδίζει ~ και περισσότερα.* Έκφρ. ~ *και κάτι* (= σίγουρα, οπωσδήποτε κάτι...): ~ *και κάτι θα βγάλει απ' αυτήν τη δουλειά.*
ολόανθος, -η, -ο, επίθ. (λογοτ.), που είναι γεμάτος άνθη, που έχει πολλά άνθη: *περιβόλι -ο.*
ολόασπρος, βλ. *ολάσπρος.*
ολογάλανος, -η, -ο, επίθ., που είναι εντελώς γαλανός: *ουρανός ~* (συνών. *καταγάλανος*).
ολόγδυμνος, βλ. *ολόγυμνος.*
ολόγεμος, βλ. *ολόγιομος.*
ολόγερος, -η, -ο, επίθ. **1.** (για πρόσωπο) που είναι εντελώς γερός, υγιέστατος: *νέα γυναίκα -η.* **2.** (για πράγματα) που δεν έχει υποστεί εντελώς καμία φθορά: *σχοινί -ο.*
ολόγιομος, -η, -ο (συνιζ.) και **ολόγεμος,** επίθ., που είναι εντελώς γεμάτος (συνήθως για την πανσέληνο): *φεγγάρι -ο.*
ολόγλυκος, -η, -ο, επίθ., που είναι υπερβολικά γλυκός (κυρίως μεταφ.): *βλέμμα/χαμόγελο -ο.*
ολόγλυφος, -η, -ο, επίθ. (για πλαστικά έργα) που είναι κατεργασμένος γύρω γύρω, σε όλες του τις διαστάσεις (πβ. *ανάγλυφος*).
ολόγραμμα το, ουσ., απεικόνιση πάνω σε επιφάνεια ενός τρισδιάστατου αντικειμένου ή χώρου.
ολογραφία η, ουσ., μορφή τέχνης και τεχνικής που επιτρέπει την παραγωγή τρισδιάστατων φωτογραφιών με τη χρήση ακτίνων λέιζερ.
ολογραφικός, -ή, -ό, επίθ., που ακολουθεί τη μέθοδο της ολογραφίας ή χρησιμοποιείται σ' αυτήν: *τηλεόραση -ή· φωτογραφική μηχανή -ή.*
ολόγραφος, -η, -ο, επίθ., που είναι γραμμένος με ολόκληρες λέξεις και όχι με συντομογραφίες, αριθμούς: *υπογραφή -η.* - Επίρρ. **-άφως:** σημειώστε το ποσό *-άφως.*
ολογράφος ο, ουσ., αυτός που ασχολείται με την ολογραφία.
ολογράφως, βλ. *ολόγραφος.*
ολόγυμνος, -η, -ο και (λαϊκ.) **ολόγδυμνος,** επίθ. **1.** που είναι τελείως γυμνός (συνών. *θεόγυμνος, κατάγυμνος*). **2.** (μεταφ., για τόπο) που δεν έχει βλάστηση: *βουνό -ο.*

ολόγυρα, επίρρ. α. γύρω γύρω, τριγύρω, κυκλικά: *τρέξαμε... ίσαμε ένα μίλι ~ (Κόντογλου)· ~ στη λίμνη·* β. (συνεκδοχικά) από ή σε όλα τα μέρη γύρω γύρω: *κοίταζε ~ περίεργα.*

ολοδικός, -ή, -ό, επίθ., (με επόμενη την κτητ. αντων. *μου, σου, κλπ.*): εντελώς δικός (*μου, σου, κλπ.*): *το βιβλίο είναι -ό μου* (συνών. *καταδικός μου, σου, κλπ.*).

ολόδροσος, -η, -ο, επίθ., που είναι γεμάτος δροσιά, πολύ δροσερός: *νερό -ο.*

ολοένα, επίρρ., διαρκώς, αδιάκοπα· πάντοτε: *~ φλυαρεί· αυξάνει ~ ο κίνδυνος.*

ολοζωής, επίρρ. (σπανίως), σε όλη τη διάρκεια της ζωής.

ολοζώντανος, -η, -ο, επίθ. 1. που είναι γεμάτος ζωή: *τον είδα στον ύπνο μου και μου φάνηκε ~.* 2. (μεταφ.) που είναι γεμάτος ζωντάνια, ζωτικότητα, πολύ δραστήριος: *η μητέρα τους είναι ένας ~ τύπος.* 3. (μεταφ., για πράγματα) που αναπαριστάνει κάτι με ζωηρότητα, με ζωντάνια, πολύ παραστατικός: *περιγραφή -η· μνήμες -ες.* 4. (ειδικά για ψάρια, θαλασσινά, κλπ.) πολύ φρέσκος: *γαρίδες -ες.* - Επίρρ. **-α.**

ολοήμερος, -η, -ο και **ολόημερος**, επίθ., που διαρκεί όλη την ημέρα: *εκδρομή -η.*

ολοήσκιωτος, -η, -ο, επίθ., που είναι γεμάτος σκιά, που βρίσκεται όλος σε σκιά.

ολόιδιος, -ια, -ιο, επίθ. 1. που έμεινε εντελώς ο ίδιος, αμετάβλητος, αναλλοίωτος: *χωριό -ιο στο πέρασμα του χρόνου.* 2. που είναι εντελώς ίδιος, όμοιος με κάποιον άλλο, απαράλλαχτος: *είναι ~ ο πατέρας του.*

ολόισιος, -ια, -ιο και **ολόισος, -η, -ο**, επίθ., που είναι εντελώς ίσιος, εντελώς ευθύς ή ευθυτενής: *κυπαρίσσι -ιο· κορμοστασιά -ια.* - Επίρρ. **-ια** και **-α** = α. εντελώς ίσια: *κρατώ -ια το κορμί·* β. κατευθείαν: *πήγε/τράβηξε -ια για το σπίτι.*

ολοϊσκίωτος, βλ. *ολοήσκιωτος.*

ολόϊσος, βλ. *ολόισιος.*

ολοκάθαρα, επίρρ., (για κάτι που βλέπει κανείς ή γενικά φαντάζεται ή σκέφτεται) ολοζώντανα, με σαφήνεια, ξεκάθαρα: *~ είδε μπροστά του τη σκηνή που είχε ζήσει πριν από χρόνια· έβλεπε ~ πως δε θα τα κατάφερνε.*

ολοκάθαρος, -η, -ο, επίθ. 1. που είναι εντελώς καθαρός: *ρούχα -α· σπίτι -ο* (συνών. *πεντακάθαρος*). 2. που είναι εντελώς διαυγής: *νερό -ο· ατμόσφαιρα -η.* 3. (μεταφ.) που είναι εντελώς σαφής: *έννοια -η· είπε -η την αλήθεια* (συνών. *ξεκάθαρος*). 4. (μεταφ.) που είναι εντελώς τίμιος, ηθικός, αγνός: *συνείδηση/ψυχή -η.*

ολοκαίνουργιος, -ια, -ιο, επίθ., που είναι εντελώς καινούργιος: *παπούτσια -ια* (συνών. *κατακαίνουργιος*).

ολόκαλα, επίρρ., (επιτ.) πάρα πολύ καλά.

ολόκαρδα, επίρρ., με όλη την καρδιά, ολόψυχα.

ολοκαύτωμα το, ουσ. (λόγ.). 1. οτιδήποτε καταστρέφεται ολοκληρωτικά από τη φωτιά, «παρανάλωμα του πυρός». 2. (μεταφ.) ολοκληρωτική θυσία για κάποιο ιδανικό: *το ~ του Αρκαδίου/Μεσολογγίου.*

ολόκλειστος, -η, -ο, επίθ., που είναι εντελώς κλειστός (συνών. *κατάκλειστος*· αντ. *ολάνοιχτος, ορθάνοιχτος*).

ολόκληρος, -η, -ο, επίθ. 1. που έχει πλήρη όλα τα μέρη που τον αποτελούν, ολάκερος, ακέραιος: *ψωμί -ο· ~ ο πολιτικός κόσμος καταδίκασε την τρομοκρατική ενέργεια* (= *σύσσωμος*) (συνών. *όλος*· αντ. *λειψός, ελλιπής*). 2. (λαϊκ.) μεγάλος, αξιόλογος: *στοίχισε μια -η περιουσία·* (για πρόσωπο) *-ο παλληκάρι έγινε.*

ολοκλήρωμα το, ουσ. 1. αυτό με το οποίο συμπληρώνεται κάτι, συμπλήρωμα: *η απεργία πείνας είναι το ~ των αγώνων του.* 2. μαθηματική συνάρτηση: *διπλό ~* (= με δύο μεταβλητές, για τον υπολογισμό εμβαδού επιφανειών).

ολοκληρώνω, ρ., συμπληρώνω, τελειώνω: *η επιτροπή -ωσε την επεξεργασία των αποτελεσμάτων·* (μέσ.) συντελούμαι: *-ώθηκε η συγκρότηση του εκλογικού νόμου/δεν έχω -ωμένη αντίληψη για το θέμα* (= *πλήρη, σφαιρική*).

ολοκλήρωση η, ουσ. 1. το να συμπληρώνεται κάποιο πράγμα, το να συντελείται κάτι: *~ του αναπτυξιακού προγράμματος.* 2. (μαθημ.) το σύνολο των αριθμητικών πράξεων με τις οποίες βρίσκουμε τα ολοκληρώματα (βλ. λ.) και λύνουμε διαφορικές εξισώσεις. 3. (οικον.) δημιουργία διεθνών οικονομικών συνασπισμών ανάμεσα σε κράτη με σκοπό την καλύτερη εξυπηρέτηση των συμφερόντων τους: *η Κοινή Αγορά είναι μια μορφή -ης.*

ολοκληρωτικός, -ή, -ό, επίθ. 1. που συντελεί στην ολοκλήρωση. 2. που είναι εντελώς πλήρης, τελειωτικός: *καταστροφή -ή.* 3. (μαθημ.) που ανήκει ή αναφέρεται στο ολοκλήρωμα ή στην ολοκλήρωση: *~ λογισμός.* 4. (κοινων.) που ανήκει ή αναφέρεται στον ολοκληρωτισμό· που υποστηρίζει, δέχεται τον ολοκληρωτισμό: *καθεστώτα -ά· ιδεολογία -ή.* 5. (πολιτ.) *~ πόλεμος* = μορφή επιθετικού πολέμου που δε δέχεται τους κανόνες του διεθνούς δικαίου και τις συνήθειες του πολέμου, αλλά επιτρέπει τη χρησιμοποίηση όλων των μεθόδων εξόντωσης ακόμη και ενάντια στον πληθυσμό της αντίπαλης χώρας: *η χιτλερική Γερμανία διεξήγαγε -ό πόλεμο.* - Επίρρ. **-ά** (στη σημασ. 2): *τα έξοδα βαρύνουν -ά τον κρατικό προϋπολογισμό.*

ολοκληρωτισμός ο, ουσ. (κοινων.) πολιτικό σύστημα που απαιτεί τη συνένωση όλων των πολιτών σε μια ενιαία μονάδα στην υπηρεσία ενός αυταρχικού κράτους, που δε δέχεται καμία μορφή αντιπολίτευσης και ελέγχει όλες τις πράξεις του ατόμου.

ολοκόκκινος, -η, -ο, επίθ., που είναι εντελώς κόκκινος, κατακόκκινος: *φόρεμα -ο* (συνών. *άλικος*).

ολόκορμος, -η, -ο, επίθ., ολόσωμος (βλ. λ.), σύγκορμος.

ολόλαμπρος, -η, -ο, επίθ. (έρρ.), που είναι πάρα πολύ φωτεινός, που τον λούζει άπλετο φως: *αίθουσα -η* (συνών. *ολόφωτος, κατάφωτος*· αντ. *κατασκότεινος, ολοσκότεινος*).

ολολυγμός ο, ουσ. (λόγ.), γοερός θρήνος, οδυρμός (συνών. *ολοφυρμός*).

ολόμαλλος, -η, -ο, επίθ. (για ύφασμα) που είναι κατασκευασμένος εξολοκλήρου από μαλλί: *πουλόβερ/κασκόλ -ο.*

ολόμαυρος, -η, -ο, επίθ., που είναι εντελώς μαύρος: *άλογο -ο· Στων Ψαρών την -η ράχη* (Σολωμός) (συνών. *κατάμαυρος*· αντ. *κάτασπρος*).

ολομέλεια η, ουσ. (ασυνίζ., λόγ.), σύνολο μελών σώματος που συνεδριάζει: *~ της Βουλής/του Αρείου Πάγου/του διοικητικού συμβουλίου.*

ολομέταξος, -η, -ο, επίθ. (για ύφασμα) που είναι κατασκευασμένος εξολοκλήρου από μετάξι: *πουκάμισο -ο.*

ολομέτωπος, -η, -ο, επίθ., που γίνεται σε όλα τα μέτωπα, από όλες τις πλευρές: *επίθεση -η· αγώνας ~· σύγκρουση -η* (συνών. *ολόπλευρος*).

ολόμοιος, -α, -ο, επίθ. (συνιζ.), που είναι εντελώς όμοιος με κάποιον άλλο: *αγγεία/αυτοκίνητα -α* (συνών. *ολοίδιος, φτυστός*).

ολομόναχος, -η, -ο, επίθ., που είναι εντελώς μόνος: *ζει ~ στο αγρόκτημά του· έμεινε -η στον κόσμο* (συνών. *κατάμονος*).

ολόμπροστα, επίρρ. (έρρ.), εντελώς μπροστά, μπροστά μπροστά (συνών. *κατάμπροστα*).

ολονυχτία η, ουσ. 1. αγρυπνία όλη τη νύχτα. 2. ιερή ακολουθία που διαρκεί όλη τη νύχτα.

ολονύχτιος, -α, -ο, επίθ. (ασυνίζ.), που διαρκεί όλη τη νύχτα: *γλέντι -ο*.

ολονυχτίς, επίρρ., όλη τη νύχτα: *~ ανέβαινε η δέηση, το λιβάνι* (Σολωμός)· (αντ. *ολημερίς*).

ολόξανθος, -η, -ο, επίθ., που είναι εντελώς ξανθός: *μαλλιά -α· κορίτσι -ο* (συνών. *κατάξανθος*).

ολόξερος, -η, -ο, επίθ., εντελώς ξερός: *δέντρο -ο· κήπος ~* (συνών. *κατάξερος*).

ολόπλευρος, -η, -ο, επίθ. 1. που συμβαίνει ή υπάρχει σε όλη την έκταση της πλευράς. 2. που γίνεται από όλες τις πλευρές, σε όλα τα μέτωπα: *επίθεση/ υποστήριξη -η* (συνών. *ολομέτωπος*). -Επίρρ. **-α**: *-α αναπτυγμένη προσωπικότητα του ατόμου* (= πλήρως).

ολοπόρφυρος, -η, -ο, επίθ. (ποιητ.), που είναι εντελώς πορφυρός, που έχει χρώμα βαθύ κόκκινο: *άστρο -ο*.

ολοπράσινος, -η, -ο, επίθ., που είναι εντελώς πράσινος: *λιβάδια -α· τοπίο -ο* (συνών. *καταπράσινος*).

ολοπρόθυμος, -η, -ο, επίθ., που είναι πάρα πολύ, εξαιρετικά πρόθυμος: *παιδί -ο* (αντ. *απρόθυμος*).

ολόρθος, -η, -ο, επίθ. 1. που είναι εντελώς όρθιος: *τινάχτηκε ~· στάθηκε -η αντίκρυ του*. 2. (μεταφ.) που είναι ή παραμένει ψυχικά ή ηθικά απρόσβλητος: *στ' άρματα, εμπρός, -οι, φτερωμένοι* (Παλαμάς).

όλος, -η, -ο, γεν. πληθ. και *ολωνών*, επίθ. 1. (για ποσότητα, έκταση, μέγεθος, κλπ.) ολάκερος, ολόκληρος: *έφαγε -ο το φαγητό· δεν έκλεισα μάτι -η (τη) νύχτα από τον πόνο· με -η μου την καρδιά* (= *ολόψυχα*)· *-α τα ξέρει αυτός* (= *τα πάντα*). **2α**. (στον πληθ. για πλήθος προσώπων ή πραγμάτων) καθένας χωριστά στο σύνολό τους: *-οι οι πολίτες πρέπει να ενδιαφερθούν για το περιβάλλον· ήταν κάμποσοι, -οι γέροι*. **β**. (για πρόσωπο, με τα εγκλιτικά *μας, σας, τους* για να δηλωθεί διασάφηση): *πήραμε -οι μας τα βουνά* (= *όλοι εμείς*)· *-οι τους με πειράζουν/είναι ίδιοι* (= *όλοι αυτοί*)· **γ**. (διπλό για επίταση, συχνά με το σύνδ. *και και* με ειρωνική διάθεση) συνολικά, στο σύνολό του: *μικρό ήταν το κοπάδι του, δεκαπέντε κατσίκες -ες (κι) -ες· εκατό κιλά λάδι ήταν -η (κι) -η η φετινή σοδειά*. **3**. (λόγ., με άρθρο) συνολικός, ολικός: *το -ο έργο θα στοιχίσει...· η -η περιουσία του ανέρχεται στο ποσό των είκοσι εκατομμυρίων*. Έκφρ. *μέσα σ' -α* (γι' αυτόν που έχει πολλά ενδιαφέροντα, που ασχολείται με πολλά πράγματα): *είναι μέσα σ' -α· μες στα -α* (γι' αυτόν που ενεργεί αποφασιστικά, αλλά χωρίς προσεκτική προετοιμασία): *αυτός χώνεται/μπαίνει μες στα -α· με τα -α του* (με προηγούμενο ουσ. για να τονιστούν χαρίσματα, πλεονεκτήματα): *άντρας με τα -α του· σπίτι με τα -α του* (= *με όλες τις ανέσεις*)· *-α κι -α* (για δήλωση έντονης διαμαρτυρίας ή απειλής = *όλα τα δέχομαι εκτός από αυτό, ως εδώ και μη παρέκει*): *-α κι -α, δικαιολογίες δε δέχομαι· ~ ο κόσμος* (= *όλοι*). Φρ. *είμαι ~ αφτιά*, βλ. *αφτί· είναι ικανός για -α* (= *δεν έχει ηθικούς φραγμούς*, βλ. και *ικανός*, σημασ. 2)· *-α τέλειωσαν ανάμεσά μας* (σε διακοπή φιλικών σχέσεων)· *που ήταν ~ δικός του* (για μεγάλο πάθημα): *έφαγε ξύλο που ήταν -ο δικό του· τα θέλει -α δικά του* (για πλεονέκτη ή για κάποιον που έχει παράλογες απαιτήσεις)· *τα παίζω -α για -α* (= *διακινδυνεύω τα πάντα, αρκεί να πετύχω αυτό που θέλω*). Παροιμ. φρ. *-α γίνονται, μόνο του σπανού τα γένια δε γίνονται* (ή *δε φυτρώνουν*), βλ. *γένι· -α τα δάχτυλα δεν είναι ίσ(ι)α/ίδια*, βλ. *δάχτυλο· -α τα στραβά καρβέλια η νύφη* (ή *η στραβή πινακωτή*) *τα κάνει*, βλ. *καρβέλι· -α τα 'χε η Μαριωρή, ο φερετζές της έλειπε*, βλ. *λείπω*. - Το ουδ. ως ουσ. = (λόγ.) *ολότητα, σύνολο*.

ολόσγουρος, -η, -ο, επίθ. (προφ. ζ), που είναι εντελώς σγουρός: *-α μαλλιά* (μετων.) *-ο κοριτσάκι*.

ολοσέλιδος, -η, -ο, επίθ., που καλύπτει όλη τη σελίδα του εντύπου (βιβλίου, εφημερίδας, κλπ.): *τίτλος· -η φωτογραφία*.

ολοσκότεινος, -η, -ο, επίθ., που είναι εντελώς σκοτεινός: *κελί/δωμάτιο -ο* (συνών. *κατασκότεινος·* αντ. *ολόλαμπρος, ολόφωτος*). - Επίρρ. **-α**.

ολόστεγνος, -η, -ο, επίθ., που είναι εντελώς στεγνός: *παντελόνι -ο* (συνών. *κατάστεγνος*).

ολοστερνός, -ή, -ό, επίθ. (λαϊκ.), που είναι εντελώς στερνός, τελευταίος: *τα -ά χρόνια* (Καζαντζάκης).

ολοστρόγγυλος, -η, -ο, επίθ., που είναι εντελώς στρογγυλός: *φεγγάρι -ο* (= *ολόγιομο*)· *καθρέφτης ~* (συνών. *καταστρόγγυλος*).

ολοσχερής, -ής, -ές, γεν. *-ούς*, πληθ. αρσ. και θηλ. *-είς*, ουδ. *-ή*, επίθ. (λόγ.), που είναι πλήρης, ολοκληρωτικός: *~ εξόφληση χρέους*.

ολοσώματος, -η, -ο, επίθ., *ολόσωμος*.

ολόσωμος, -η, -ο, επίθ. 1. που έχει ολόκληρο το σώμα: *σκελετός ~* (συνών. *ολόκορμος, σύγκορμος*). 2. (για ρούχο) που καλύπτει όλο το σώμα ή το μεγαλύτερο μέρος του: *φόρεμα -ο· μαγιό -ο* (= *που αποτελείται από ένα κομμάτι ύφασμα σε αντίθεση με το μπικίνι*). - Το ουδ. στον πληθ. ως ουσ. = (ζωολ.) *μικροσκοπικοί οργανισμοί που το σώμα τους δεν έχει ούτε υποδιαίρεση ούτε ειδικά όργανα*.

ολοταχώς, επίρρ. (λόγ.), με όλη τη δυνατή ταχύτητα, όσο πιο γρήγορα γίνεται.

ολότελα, επίρρ. (λαϊκ.), ολοκληρωτικά, εξ ολοκλήρου, εντελώς: *το καράβι απομακρυνόταν αργά αργά ώσπου χάθηκε ~ στο πέλαγο*. Παροιμ. φρ. (λαϊκ.) *από ~ καλή κι η Παναγιώταινα* (όταν κάποιος που απέτυχε στους στόχους του μετριάζει τις απαιτήσεις του).

ολότητα η, ουσ. (λόγ.), το σύνολο.

ολοτρόγυρα και **ολοτρίγυρα**, επίρρ. (λαϊκ.), γύρω γύρω απ' όλα τα μέρη, απ' όλες τις πλευρές: *εκεί ~ γύριζε το σκυλί ουρλιάζοντας* (συνών. *ολόγυρα*).

ολοτσίτσιδος, -η, -ο, επίθ. (λαϊκ.), ολόγυμνος (βλ. λ.).

ολούθε, επίρρ. (λαϊκ.), (τοπ.) 1. απ' όλες τις πλευρές, από παντού: *τον κύκλωσαν ~*. 2. σε όλα τα μέρη, παντού: *~ η πλάση ήταν πράσινη*.

ολοφάνερος, -η, -ο, επίθ., που είναι εντελώς φανερός: *το πράγμα είναι -ο· απάτη/αδικία -η* (συνών.

ολοφούσκωτος

εξόφθαλμος, οφθαλμοφανής). - Επίρρ. **-α.**
ολοφούσκωτος, -η, -ο, επίθ. (λαϊκ.), που είναι εντελώς φουσκωμένος: *-α πανιά* (Σολωμός) (συνών. *καταφουσκωμένος* αντ. *ξεφούσκωτος).*
ολόφρεσκος, -η, -ο, επίθ., που είναι εντελώς φρέσκος (βλ. λ.): *ψάρια/λαχανικά/αβγά -α* (αντ. *μπαγιάτικος).*
ολόφτυστος, -η, -ο, επιθ. (λαϊκ.), που μοιάζει απόλυτα με κάποιον άλλο: *είναι ~ ο πατέρας του.*
ολοφυρμός ο, ουσ. (λόγ.), γοερός θρήνος, οδυρμός (συνών. *ολολυγμός).*
ολοφύρομαι, ρ. (λόγ.), κλαίω γοερά, θρηνώ και οδύρομαι.
ολόφωτος, -η, -ο, επίθ., που είναι όλος φωτισμένος (συνών. *κατάφωτος·* αντ. *κατασκότεινος).*
ολόχαρος, -η, -ο, επίθ., καταχαρούμενος (αντ. *περίλυπος).*
ολοχρονίς, επίρρ. (λαϊκ.), όλο το χρόνο· διαρκώς.
ολόχρυσος, -η, -ο, επίθ. **1.** που είναι κατασκευασμένος όλος από χρυσάφι: *ζώνη -η.* **2.** που έχει έντονο χρυσαφί χρώμα: *ήλιος ~· μαλλιά -α.*
ολόψυχος, -η, -ο, επίθ., που γίνεται με όλη την ψυχή: *υποστήριξη -η* (συνών. *θερμός, εγκάρδιος).* - Επίρρ. **-α** και **-ύχως.**
ολύμπια τα, ουσ. (έρρ., ασυνίζ.), (ιστ.) αγώνες που τελούνταν κάθε τέσσερα χρόνια στην αρχαία Ολυμπία για να τιμήσουν τον Ολύμπιο Δία και στους οποίους έπαιρναν μέρος αθλητές από όλη την Ελλάδα.
ολυμπιάδα η, ουσ. (έρρ., ασυνίζ.). **1.** (αρχ.) χρονικό διάστημα τεσσάρων χρόνων που οι αρχαίοι Έλληνες το είχαν καθιερώσει ως χρονολογική μονάδα για την χρονολόγηση ιστορικών γεγονότων με αφετηρία το 776 π.Χ., χρονιά των πρώτων ολυμπιακών αγώνων. **2.** ολυμπιακοί αγώνες της σύγχρονης εποχής.
ολυμπιακός, -ή, -ό, επίθ. (έρρ., ασυνίζ.), που ανήκει ή αναφέρεται στην Ολυμπία ή τα ολύμπια: *διεθνής -ή επιτροπή -ή ιδέα· αγώνες -οί* (= αθλητικοί αγώνες με παγκόσμια συμμετοχή, που τελούνται κάθε τετραετία από το 1896 σε διαφορετική κάθε φορά χώρα, ως αναβίωση των ομώνυμων αγώνων της αρχαιότητας).
ολυμπιονίκης ο, ουσ. (έρρ., ασυνίζ.), νικητής σε ολυμπιακούς αγώνες.
ολύμπιος, -α, -ο, επίθ. (έρρ., ασυνίζ.). **1.** που ανήκει ή αναφέρεται στον Όλυμπο: *θεοί -οι.* **2.** (συνεκδοχικά) θείος, μεγαλοπρεπής.
ολυμπισμός ο, ουσ. (έρρ.), η αθλητική ιδέα που διαμορφώθηκε σύμφωνα με το πνεύμα των ολυμπιακών αγώνων.
ολυνθιακός, -ή, -ό, επίθ. (ασυνίζ.), που ανήκει ή αναφέρεται στην Όλυνθο ή τους Ολύνθιους: *-οί λόγοι του Δημοσθένη.*
ολωσδιόλου, επίρρ. (ασυνίζ.), τελείως, εντελώς: *έχεις ~ αποθρασυνθεί· το φαγητό είναι ~ άψητο.*
ομάδα η, ουσ. **1.** σύνολο ατόμων που είναι συγκεντρωμένα στον ίδιο χώρο την ίδια ώρα: *~ περιέργων/διαδηλωτών· οι εργαζόμενοι βγήκαν -ες -ες.* **2.** σύνολο ατόμων που έχουν κοινούς σκοπούς ή κοινά ενδιαφέροντα: *~ κοινωνική/πολιτική.* **3.** σύνολο ατόμων με ειδικές γνώσεις που οργανώνονται για να εργαστούν ή να ενεργήσουν μαζί: *~ κινηματογράφησης· ~ λεξικού* (συνών. *συνεργείο).* **4.** (σε κατάταξη) σύνολο ατόμων ή πραγμάτων που έχουν ένα κοινό χαρακτηριστικό: *~ γλωσσών/χημικών στοιχείων.* **5.** (αθλητ.) σύνολο ατό-

μων που επιδίδονται στο ίδιο άθλημα και συγκροτείται για να διεκδικήσει αθλητική νίκη: *~ ποδοσφαιρική.* **6.** (στρατ.) *~ μάχης* (= βασική πολεμική μονάδα πεζικού)· *~ αναγνώρισης* (= απόσπασμα που αποστέλλεται για αναγνώριση). Έκφρ. *~ αίματος* (= σύνολο ατόμων που το αίμα τους μπορεί να μεταγγίζεται ανάμεσά τους, χωρίς να παρατηρείται θρόμβωση στα αιμοπετάλια)· *~ κοινοβουλευτική* (= το σύνολο των βουλευτών ενός κόμματος)· *~ πίεσης* (= σύνολο ατόμων με κοινά συμφέροντα που ασκούν πίεση στα όργανα αποφάσεων).
ομαδάρχης ο, θηλ. **-ισσα,** ουσ., αρχηγός ομάδας: *πολιτικού κόμματος/κατασκήνωσης.*
ομαδικός, -ή, -ό, επίθ. **1.** που ανήκει ή αναφέρεται στην ομάδα: *συμφέρον/πνεύμα -ό* (= που ενώνει την ομάδα). **2.** που γίνεται από ομάδα ή κατά ομάδες: *εργασία/διαμαρτυρία/έξοδος -ή.* **3.** (για παιχνίδι, άθλημα, κλπ.) που παίζεται από ομάδα ή κατά ομάδες: *άθλημα/παιχνίδι -ό.* - Επίρρ. **-ώς** και **-ά.**
ομαδόν, επίρρ. (λόγ.), (σπανίως) ομαδικά: *πυρά ~* (= στρατ. παράγγελμα).
ομαδοποίηση η, ουσ., σχηματισμός ομάδας: *~ στοιχείων.*
ομαλά, βλ. *ομαλός.*
ομαλοποίηση η, ουσ., επαναφορά στην ομαλότητα, κανονικότητα: *~ της πολιτικής ζωής* (συνών. *εξομάλυνση).*
ομαλοποιώ, ρ. (ασυνίζ.), επαναφέρω στην ομαλότητα, στη φυσιολογική κατάσταση: *-ήθηκε η λειτουργία της αγοράς* (συνών. *εξομαλύνω).*
ομαλός, -ή, -ό, επίθ. **1.** που δεν παρουσιάζει ανωμαλίες ή ανομοιομορφίες στην επιφάνειά του: *δρόμος ~· επιφάνεια -ή* (συνών. *λείος, ισόπεδος·* αντ. *ανώμαλος, ανισόπεδος).* **2.** (μεταφ.) που εξελίσσεται κανονικά, φυσιολογικός: *-ή διεξαγωγή εκλογών/εργασιών* (συνών. *κανονικός, συνηθισμένος·* αντ. *ανώμαλος, αντικανονικός).* **3.** (γραμμ.) που είναι σύμφωνος με τους γραμματικούς και συντακτικούς κανόνες: *ρήμα -ό* (αντ. *ανώμαλος).* - Επίρρ. **-ώς** και **-ά.**
ομαλότητα η, ουσ. **1.** έλλειψη ανωμαλίας ή ανομοιομορφίας: *~ εδάφους/επιπέδου* (αντ. *ανωμαλία).* **2.** (μεταφ.) ομαλή, φυσιολογική κατάσταση πραγμάτων: *~ σχέσεων/πολιτική* (συνών. *κανονικότητα·* αντ. *ανωμαλία, αντικανονικότητα).*
ομαλύνω, ρ., κάνω κάτι ομαλό, εξομαλύνω.
ομαλώς, βλ. *ομαλός.*
ομελέτα η, ουσ., φαγητό από αβγά τηγανισμένα (αφού πρώτα χτυπηθούν), στα οποία μπορεί κανείς να προσθέσει τυρί, ζαμπόν ή μανιτάρια. [γαλλ. *omelette*].
ό μη γένοιτο· αρχαϊστ. φρ. = είθε να μη συμβεί.
ομήγυρη η, ουσ., σύνολο ανθρώπων που συγκεντρώνεται για κάποιο σκοπό.
ομήλικος, -η, -ο, επίθ. (λόγ.), που έχει την ίδια ηλικία με κάποιον άλλο (συνών. *συνομήλικος).*
ομηρεία η, ουσ., το να είναι κανείς όμηρος.
ομηρικός, -ή, -ό, επίθ., που ανήκει ή αναφέρεται στον Όμηρο ή στα έργα του: *έπη -ά· λέξεις -ές· ζήτημα -ό* (= το πρόβλημα που αφορά στην πατρότητα και τον τρόπο σύνθεσης των ομηρικών επών).
ομηριστής ο, ουσ., επιστήμονας που ασχολείται με τον Όμηρο και το ομηρικό ζήτημα.

όμηρος ο, ουσ. 1. άτομο που παίρνεται αιχμάλωτο από οργάνωση ή άλλο πρόσωπο ή απειλείται με κακοποίηση ή θάνατο αν δεν εφαρμοστούν όσα απαιτούν (η οργάνωση ή το πρόσωπο). 2. πρόσωπο που απάγεται από εχθρικά στρατεύματα: *Κύπριοι -οι* (συνών. *αιχμάλωτος*).

όμικρον το, ουσ. άκλ., το δέκατο πέμπτο γράμμα του ελληνικού αλφαβήτου· ένα από τα φωνήεντα της ελληνικής γλώσσας. - Βλ. και *Ο, ο*.

ομιλητής ο, θηλ. **-ήτρια**, ουσ. 1. άτομο που μιλάει σε μια συγκεκριμένη στιγμή: *ο κάθε ~ χρησιμοποιεί με το δικό του τρόπο τη γλώσσα*. 2. πρόσωπο που δίνει διάλεξη ή κάνει ανακοίνωση σε συγκεντρωμένο πλήθος: *ο υπεύθυνος της εκδήλωσης παρουσίασε τον -ή της βραδιάς*.

ομιλητικός, -ή, -ό, επίθ., που μιλά πολύ εξωτερικεύοντας τις ενδόμυχες σκέψεις ή τα συναισθήματά του: *δεν είναι καθόλου ~ σήμερα* (αντ. *λιγομίλητος*). - Το θηλ. ως ουσ. = α. η τέχνη του ομιλητή· β. επιστημονική διδασκαλία της εκκλησιαστικής ρητορικής.

ομιλητικότητα η, ουσ., το να είναι κανείς ομιλητικός.

ομιλήτρια, βλ. *ομιλητής*.

ομιλία η, ουσ. 1. λόγος που εκφωνείται μπροστά σε ακροατήριο: *η επόμενη ~ αφορά τα ναρκωτικά* (συνών. *διάλεξη*). 2. (γλωσσολ.) ο ατομικός λόγος, ο λόγος που εκφέρεται σε κάθε κάθε συγκεκριμένη περίπτωση από έναν ομιλητή, σύμφωνα με τους κανόνες της γλώσσας (βλ. *γλώσσα* ΙΙ, σημασ. 1α). 3. (συνήθως στον πληθ.) λόγια, κουβέντες (που δεν είναι ευδιάκριτες): *ακούγονται -ες από το διπλανό διαμέρισμα*. 4. (εκκλ.) θρησκευτικό κήρυγμα στο οποίο ο ομιλητής ερμηνεύει κείμενα της αγίας γραφής. 5. θεατρική λαϊκή εκδήλωση: *-ες Ζακυνθινές*.

όμιλος ο, ουσ. 1. ομάδα ανθρώπων που έχουν τα ίδια ενδιαφέροντα: *~ αθλητικός/εκπαιδευτικός* (συνών. *σύλλογος, σωματείο*). 2. (συνεκδοχικά) χώρος όπου συναντιέται τα μέλη ενός ομίλου. 3. σύνολο συγκεντρωμένων ανθρώπων.

ομιλώ, ρ. (λόγ.), μιλώ· μτχ. ενεστ. *ομιλών*: *κινηματογράφος -ών = ταινίες στις οποίες ακούγονται οι ομιλίες των ηθοποιών (σε αντίθεση με το βουβό)*. - Η μτχ. μέσ. ενεστ. *-ουμένη* ως ουσ. = η γλώσσα που μιλιέται (σε αντίθεση με τη νεκρή).

ομίχλη η, ουσ. α. χαμηλό νέφος που σχηματίζεται στον αέρα από υδάτινα μικροσκοπικά σταγονίδια που ελαττώνουν τη διαφάνειά του· β. καιρός ομιχλώδης (συνών. *καταχνιά*).

ομιχλώδης, -ης, -ες, γεν. *-ους*, πληθ. αρσ. και θηλ. *-εις*, ουδ. *-η*, επίθ., που έχει ομίχλη: *καιρός ~*.

ομο-, α΄ συνθ. λόγ. επίθ. και ουσ., που δηλώνει ότι δύο ή περισσότερα πρόσωπα, πράγματα, κλπ., έχουν από κοινού την ιδιότητα, ικανότητα κλπ., που δηλώνει το β΄ συνθ.: *ομοεθνής, ομόκεντρος, ομοσπονδία*. [αρχ. *ομο-<ομού*].

ομοβροντία η, ουσ. 1. ταυτόχρονη εκπυρσοκρότηση πυροβόλων όπλων: *ακούστηκε μια ~*. 2. (μεταφ.) μια αλλεπάλληλες σφοδρές ενέργειες: *~ επικρίσεων* (πβ. *καταιγισμός*).

ομογάλακτος, -η, -ο, επίθ., για ανθρώπους που χωρίς να είναι αδέρφια ονομάζονται έτσι, επειδή έχουν τραφεί με το γάλα της ίδιας γυναίκας: *αδέλφια -α*.

ομογένεια η, ουσ. (ασυνίζ.). 1. το να είναι κάποιος ομογενής με κάποιον άλλο, κοινότητα καταγωγής. 2. (περιληπτικά) το σύνολο των Ελλήνων που ζουν σε μια πόλη ή χώρα του εξωτερικού (πβ. *κοινότητα* σημασ. 3).

ομογενής, -ής, -ές, γεν. *-ούς*, πληθ. αρσ. και θηλ. *-είς*, ουδ. *-ή*, επίθ. 1. που ανήκει στο ίδιο έθνος με τον ομιλητή ή το πρόσωπο για το οποίο γίνεται λόγος (συνήθως για Έλληνες που ζουν στο εξωτερικό): *οι -είς στον Καναδά* (συνών. *ομοεθνής*· αντ. *αλλοεθνής*). 2. (χημ.) για μίγμα που έχει την ίδια σύσταση σε όλα τα σημεία του (π.χ. αλατόνερο): *τα -ή μίγματα τα διαχωρίζουμε με απλή απόσταξη* (αντ. *ετερογενής*).

ομογενοποιημένος, -η, -ο, επίθ. (για μίγμα) που γίνεται με κατάλληλη επεξεργασία ομογενές (βλ. λ.): *γάλα -ο*.

ομογενοποίηση η, ουσ., ειδική επεξεργασία με την οποία ένα μίγμα γίνεται ομογενές (βλ. λ.): *~ του γάλακτος*.

ομογλωσσία, ουσ. 1. το να μιλά κάποιος την ίδια γλώσσα με κάποιον άλλο. 2. (γλωσσολ.) σύνολο γλωσσών που κατάγονται από μια αρχική γλώσσα και έχουν κοινά χαρακτηριστικά: *ινδοευρωπαϊκή ~*.

ομόγλωσσος, -η, -ο, επίθ., που μιλά την ίδια γλώσσα με κάποιον άλλο: *άτομα -α· κοινότητα -η* (αντ. *αλλόγλωσσος, ξενόγλωσσος*).

ομόγνωμος, -η, -ο, επίθ., που έχει την ίδια γνώμη με κάποιον άλλο.

ομογνωμοσύνη η, ουσ., το να έχει κανείς την ίδια γνώμη με κάποιον άλλο.

ομόδοξος, -η, -ο, επίθ. (λόγ.), ομόθρησκος (βλ. λ.).

ομοεθνής, -ής, -ές, γεν. *-ούς*, πληθ. αρσ. και θηλ. *-είς*, ουδ. *-ή*, επίθ., που ανήκει στο ίδιο έθνος με τον ομιλητή ή το πρόσωπο για το οποίο γίνεται λόγος.

ομοεθνία η, ουσ., ομάδα εθνών που έχουν κοινή καταγωγή: *ιαπετική γλωσσική ~*.

ομοειδής, -ής, -ές, γεν. *-ούς*, πληθ. αρσ. και θηλ. *-είς*, ουδ. *-ή*, επίθ. (λόγ.), που ανήκει στο ίδιο είδος, που έχει τις ίδιες ιδιότητες (με κάτι άλλο): *φαινόμενα -ή*. - Επίρρ. **-ώς**.

ομοζύγωτα, ομοζυγωτά και **ομοζυγωτικά** τα, ουσ., μονοζύγωτα (βλ. λ.).

ομοηχία η, ουσ. (γραμμ.) ομωνυμία (βλ. λ.): *ο ρόλος της -ας στην ποίηση των υπερρεαλιστών*.

ομόηχος, -η, -ο, επίθ. (γραμμ.) *λέξεις -ες = λέξεις ομώνυμες* (βλ. λ. σημασ. 2).

ομόθρησκος, -η, -ο, επίθ., που έχει την ίδια θρησκεία (με τον ομιλητή ή το πρόσωπο για το οποίο γίνεται λόγος) (αντ. *αλλόθρησκος, αλλόπιστος*).

ομόθυμος, -η, -ο, επίθ. (λόγ.), που γίνεται ή που παρέχεται από όλους, που εκφράζει όλους: *συμπαράσταση/επιδοκιμασία -η*. - Επίρρ. **-α**.

όμοια, βλ. *όμοιος*.

ομοιογένεια η, ουσ. (ασυνίζ. δις), το να είναι κάποιος ομοιογενής: *~ κοινωνίας* (συνών. *ομοιομορφία*).

ομοιογενής, -ής, -ές, γεν. *-ούς*, πληθ. αρσ. και θηλ. *-είς*, ουδ. *-ή*, επίθ. (ασυνίζ.), που τα μέλη του ή τα μέρη του είναι όμοια: *κοινωνική ομάδα ~* (συνών. *ομοιόμορφος*).

ομοιογενοποιώ, ρ. (ασυνίζ. δις), (νεολογ.) προσδίδω ομοιογένεια: *η γλώσσα -εί τα μέλη μιας κοινωνικής ομάδας*.

ομοιοθερμία η, ουσ. (ασυνίζ.), (βιολ.) η ιδιότητα ορισμένων οργανισμών να διατηρούν τη θερμο-

ομοιόθερμος

κρασία τους άσχετα από τη μεταβολή της θερμοκρασίας του περιβάλλοντος.

ομοιόθερμος, -η, -ο, επίθ. (ασυνίζ.), (βιολ., για ζώο) που διατηρεί σταθερή τη θερμοκρασία του σώματός του, άσχετα με τη μεταβολή της θερμοκρασίας του περιβάλλοντος (κοινότερο: *θερμόαιμος*).

ομοιοκατάληκτος, -η, -ο, επίθ. (ασυνίζ.), (για στίχο) που ομοιοκαταληκτεί με κάποιον άλλο.

ομοιοκαταληκτώ, ρ. (ασυνίζ.), (μετρ. για στίχο ή λέξη) παρουσιάζω ομοιοκαταληξία: *οι στίχοι του ποιήματος δεν -ούν* (συνών. *ριμάρω*).

ομοιοκαταληξία η, ουσ. (ασυνίζ.), (μετρ.) η επανάληψη του ίδιου ήχου στις τονισμένες συλλαβές της τελευταίας λέξης δύο ή περισσότερων στίχων: ~ *ζευγαρωτή/σταυρωτή*· ~ *εσωτερική* (= μέσα στον ίδιο στίχο)· ~ *πλούσια* (= **α.** όταν η ομοηχία αρχίζει και πριν από το τελευταίο τονισμένο φωνήεν· **β.** όταν οι λέξεις που ομοιοκαταληκτούν διαφέρουν πολύ μεταξύ τους ετυμολογικά, σημασιολογικά, μορφολογικά) (συνών. *ρίμα*).

ομοιομέρεια η, ουσ. (ασυνίζ. δις), το να είναι κάτι ομοιομερές.

ομοιομερής, -ής, -ές, γεν. -ούς, πληθ. αρσ. και θηλ. -είς, ουδ. -ή, επίθ. (ασυνίζ., λόγ.), που αποτελείται από μέρη όμοια μεταξύ τους.

ομοιόμορφα, βλ. *ομοιόμορφος*.

ομοιομορφία η, ουσ. (ασυνίζ.), το να έχουν δύο ή περισσότερα πράγματα, φαινόμενα, κλπ. ή τα μέρη ενός πράγματος, φαινομένου, κλπ., την ίδια μορφή: ~ *στις ενδυμασίες και στις κινήσεις των χορευτών*· *γλωσσική* ~ *του κειμένου*.

ομοιόμορφος, -η, -ο, επίθ. (ασυνίζ.), για πρόσωπα, πράγματα ή φαινόμενα που παρουσιάζουν ομοιομορφία ή για πράγμα ή φαινόμενο που τα μέρη του παρουσιάζουν ομοιομορφία: *σπίτια -α*· *γλώσσα -η*. - Επίρρ. **-α:** *στοιχεία -α κατανεμημένα στα μέρη του συνόλου*.

ομοιοπαθής, -ής, -ές, γεν. -ούς, πληθ. αρσ. και θηλ. -είς, ουδ. -ή, επίθ. (ασυνίζ.), που πάσχει από την ίδια ασθένεια ή που βρίσκεται στην ίδια δυσάρεστη θέση (με κάποιον άλλο).

ομοιοπαθητική η, ουσ. (ασυνίζ.), θεραπευτικό σύστημα κατά το οποίο χρησιμοποιούνται σε πολύ μεγάλες αραιώσεις θεραπευτικές ουσίες που σε μεγαλύτερες ποσότητες θα προκαλούσαν σε ένα υγιές άτομο τα συμπτώματα της αντίστοιχης ασθένειας.

ομοιοπαθητικός, -ή, -ό, επίθ. (ασυνίζ.), που ανήκει στην ομοιοπαθητική ή αναφέρεται σ' αυτήν: *φάρμακα -ά*· *γιατρός* ~ (= που εφαρμόζει την ομοιοπαθητική).

ομοιόπτωτος, -η, -ο, επίθ. (ασυνίζ.), (γραμμ., συντακτ.) που βρίσκεται ή πρέπει να βρίσκεται στην ίδια πτώση με κάποιον άλλο: *προσδιορισμός* ~.

όμοιος, -α, -ο, επίθ. (ασυνίζ.). **1.** που έχει τα ίδια ή παραπλήσια γνωρίσματα με κάποιον άλλο: ~ *με τον πατέρα του* (συνών. *ίδιος, παρόμοιος*· αντ. *διαφορετικός, ανόμοιος*). Παροιμ. ~ *στον -ο κι η κοπριά στα λάχανα*, βλ. *κοπριά*. **2.** (μαθημ.) *σχήματα -α* = τα σχήματα που έχουν το ίδιο αριθμό γωνιών και πλευρών και που οι πλευρές τους είναι ανάλογες και οι γωνίες ίσες: *τρίγωνα -α*. - Επίρρ. **-α** και **-οίως:** έκφρ. *ίσα κι -α*, βλ. *ίσος*.

όμοιος ομοίω αεί πελάζει αρχαϊστ. φρ. = ο κάθε άνθρωπος συναναστρέφεται μ' αυτούς που του ταιριάζουν.

ομοιοτέλευτος, -η, -ο, επίθ. (ασυνίζ.), (για στίχο) που στο τέλος του παρουσιάζει λεκτική ομοιότητα με κάποιον άλλο. - Το ουδ. ως ουσ. = ομοιοκαταληξία (βλ. λ.).

ομοιότητα η, ουσ. (ασυνίζ.). **1.** το να παρουσιάζουν δύο ή περισσότερα άτομα, πράγματα, γεγονότα ή καταστάσεις κοινά ή ανάλογα γνωρίσματα: ~ *εξωτερική / συμπτωματική / καταπληκτική*. **2.** (μαθημ.) η ιδιότητα των ομοίων (βλ. λ.) σχημάτων, που έχουν μεταξύ τους ίσες γωνίες και ανάλογες πλευρές: *κριτήρια -ας τριγώνων*.

ομοιότροπος, -η, -ο, επίθ. (ασυνίζ.). **1.** που έχει τους ίδιους τρόπους, τον ίδιο χαρακτήρα με κάποιον άλλο. **2.** που γίνεται με τον τρόπο με τον οποίο γίνεται και κάποιος άλλος.

ομοιοτυπία η, ουσ. (ασυνίζ.), ομοιότητα στον τύπο, στη μορφή με κάτι άλλο (συνών. *ομοιομορφία*).

ομοιότυπος, -η, -ο, επίθ. (ασυνίζ.), που έχει τον τύπο ή τη μορφή που έχει και κάτι άλλο (συνών. *ομοιόμορφος*).

ομοιοχρωμία η, ουσ. (ασυνίζ.), (βιολ.) η προσαρμογή του χρώματος ενός ζώου στο χρώμα του χώρου όπου ζει, ώστε να είναι δυσδιάκριτο.

ομοιόχρωμος, -η, -ο, επίθ. (ασυνίζ.), που το χρώμα του μοιάζει με το χρώμα κάποιου άλλου.

ομοίωμα το, ουσ., αυτό που κάποιος κατασκευάζει παίρνοντας κάτι άλλο ως πρότυπο και στο οποίο δίνει ίδια μορφή και ίδιο σχήμα και (όχι πάντα) ίδιες διαστάσεις: ~ *αυτοκινήτου της Κατοχής*.

ομοιωματικός, -ή, -ό, επίθ. (ασυνίζ.), που δηλώνει ομοιότητα με κάτι άλλο. - Το ουδ. στον πληθ. ως ουσ. = σημεία του γραπτού λόγου που σημειώνονται κάτω από λέξη, φράση ή αριθμό και δηλώνουν ότι στη θέση τους εννοούνται όσα βρίσκονται παραπάνω ακριβώς.

ομοίως, βλ. *όμοιος*.

ομόκεντρος, -η, -ο, επίθ., (για γεωμ. σχήματα) που έχει το ίδιο κέντρο με κάτι άλλο: *κύκλοι -οι*.

ομολογητής ο, ουσ. (για τους πρώτους Χριστιανούς) άτομο που έχει υποστεί διωγμούς και βασανιστήρια, επειδή «ομολόγησε» την πίστη του.

ομολογία η, ουσ. **1.** παραδοχή, αναγνώριση: *έκφρ. κατά γενική* ~ (= όπως παραδέχονται οι περισσότεροι). **2.** η παραδοχή από κάποιον (αυθόρμητη ή αναγκαστική) ότι διέπραξε αδίκημα. **3.** επίσημη δήλωση από κάποιον των θρησκευτικών ή ιδεολογικών φρονημάτων του. **4.** έγγραφο με το οποίο ο εκδότης του «ομολογεί» το χρέος του και υπόσχεται στον κάτοχο του χαρτιού την καταβολή ορισμένου τόκου σε συγκεκριμένη χρονική περίοδο: *-ες ανώνυμων εταιρειών*.

ομολογιακός, -ή, -ό, επίθ. (ασυνίζ.), που έχει σχέση με «ομολογίες»: *δάνειο -ό* (= το δάνειο που συνάπτουν οι μεγάλοι δημόσιοι οργανισμοί, που για να καλύψουν μακροπρόθεσμες ανάγκες τους απευθύνονται στο ευρύ κοινό εκδίδοντας ομολογίες.)

ομολογιούχος, -α, -ο, επίθ. (ασυνίζ.), που έχει στην κατοχή του ομολογίες δανείου.

ομόλογος, -η, -ο, επίθ. **1.** αντίστοιχος, ανάλογος: *ο ύπνος και τα -α μ' αυτόν φαινόμενα*. **2.** που έχει ανάλογη μορφολογία ή δομή: (βιολ.) *όργανα/ χρωματοσώματα -α*. **3.** (για άτομο) που έχει ανάλογες αρμοδιότητες: *ο υπουργός εξωτερικών συναντήθηκε με τον Τούρκο -ό του*. - Το ουδ. ως ουσ. = τίτλος που δίνει τη δυνατότητα στον εκδότη του (κυβέρνηση μιας χώρας, δημόσιο οργανι-

σμό, εταιρεία) να καταφύγει στη λαϊκή αποταμίευση συνάπτοντας έντοκα δάνεια ορισμένου χρόνου για παραγωγικές επενδύσεις: *-α του δημοσίου· τραπεζικά -α.*
ομολογουμένως, επίρρ., κατά κοινή ομολογία· προφανώς.
ομολογώ και (λαϊκ.) **μο-**, ρ. 1. αναγνωρίζω, παραδέχομαι την αλήθεια ενός πράγματος: *~ ότι με έπεισες.* 2. παραδέχομαι σφάλμα ή ενοχή μου ή κάτι για το οποίο αισθάνομαι άσχημα: *~ ότι εγώ προκάλεσα το επεισόδιο/ότι δεν έχω ιδέα από ζωγραφική·* (απόλυτο, για αξιόποινη πράξη): *στην ανάκριση -ησε.* 3. (λαϊκ.) λέω, διηγούμαι για κάποιον κατηγορώντας τον: *το τι της μολογάει η γειτονιά, άλλο πράγμα!* (Ι.Μ. Παναγιωτόπουλος).
ομομήτριος, -α, -ο, επίθ. (ασυνίζ.), που έχει γεννηθεί από την ίδια μήτρα.
ομόνοια η, ουσ. (ασυνίζ.), ταυτότητα γνωμών, απόψεων, αισθημάτων (συνών. *ομοφροσύνη, σύμπνοια·* αντ. *διχόνοια*)· η αρμονική συνύπαρξη με άλλους στο ίδιο περιβάλλον: *η ~ χτίζει σπίτια κι η διχόνοια τα χαλάει* (παροιμ. φρ.).
ομονοώ, ρ., έχω την ίδια γνώμη με κάποιον άλλον, συμφωνώ (αντ. *διαφωνώ*).
ομοούσιος, -α, -ο, επίθ. (ασυνίζ.), που έχει την ίδια ουσία, την ίδια φύση με κάποιον άλλον. - Το ουδ. ως ουσ. = η ταυτότητα της ουσίας· (δογματικά) όρος που καθιέρωσε η Α΄ οικουμενική σύνοδος το 325 μ.Χ. για να δηλώσει την ταυτότητα της ουσίας του Πατρός και του Υιού κατά της διδασκαλίας του Αρείου.
ομοπάτριος, -α, -ο, επίθ. (ασυνίζ.), που έχει γεννηθεί από τον ίδιο πατέρα.
όμορος, -η, -ο, επίθ., που έχει τα ίδια σύνορα με κάποιον άλλο, γειτονικός.
ομόρρυθμος, -η, -ο, επίθ., που έχει την ίδια μορφή, τον ίδιο τύπο με κάποιον άλλο· *εταιρεία -η* (= εμπορική εταιρεία που δημιουργείται από δύο ή περισσότερα πρόσωπα που ευθύνονται με ολόκληρη την περιουσία τους για όλες τις υποχρεώσεις που ανέλαβε η εταιρεία).
όμορφα, σπανιότ. **έμορφα**, επίρρ. 1. καλαίσθητα, με γούστο: *ντύνεται ~· τι ~ που στόλισες το δωμάτιο!* (αντ. *άσχημα*). 2. επιδέξια: *χορεύει/ζωγραφίζει ~.* 3. ευχάριστα, συγκρατημένα: *μίλησέ του ~· μην τον εξαγριώνεις.* 4. ευχάριστα: *περνάμε ~* (αντ. *δυσάρεστα*).
ομορφάδα η, ουσ., ομορφιά (βλ. λ.).
ομορφαίνω, ρ. Α. (μτβ.) κάνω κάτι όμορφο, προσδίδω ομορφιά. Β. (αμτβ.) γίνομαι όμορφος, αποκτώ ομορφιά.
ομορφάνθρωπος ο, ουσ., άνθρωπος όμορφος, ωραίος (αντ. *ασχημάνθρωπος*).
ομορφάντρας ο, ουσ., όμορφος, ωραίος άντρας (αντ. *ασκημάντρας*).
ομορφιά η, ουσ. (συνιζ.). 1. η ωραιότητα της μορφής, του προσώπου κάποιου: *διατήρησε την ~ της ως αυτή την ηλικία·* (μεταφ.) *η ~ της ψυχής κάποιου.* 2. η ιδιότητα ενός πράγματος ή μιας κατάστασης, που δημιουργεί σ᾽ αυτόν που τα βλέπει, τα ζει και τα αισθάνεται ευχάριστα συναισθήματα: *η ~ του τοπίου/των στιγμών που ζούμε* (πβ. *όμορφος*).
ομορφοκαμωμένος, -η, -ο, επίθ. 1. όμορφος, ωραίος: *κοπέλα -η.* 2. περίτεχνα φτιαγμένος (συνών. *καλοφτιαγμένος*).

ομορφοκόριτσο το, ουσ., όμορφη, ωραία κοπέλα (αντ. *ασκημοκόριτσο*).
ομορφονιός και **μο-** ο, θηλ. **ομορφονιά** και **μο-**, ουσ. (συνιζ.), ωραίος νέος: *ήταν... άλλοτες μορφονιός, να τον λιμπίζεται η πάσα γυναίκα* (Ι.Μ. Παπαγιωτόπουλος)· (κυρίως ειρων.) *τη έδεσε με στεφάνι και με παιδί... ο αγαπησιάρης, ο μορφονιός* (Ι.Μ. Παναγιωτόπουλος) (συνών. *ομορφόπαιδο, ομορφοκόριτσο*).
ομορφόπαιδο το, ουσ., όμορφο, ωραίο παιδί ή παλληκάρι (αντ. *ασκημόπαιδο*).
όμορφος, -η, -ο, επίθ. 1. (για πρόσωπο) που έχει ωραία εμφάνιση και (ειδικότερα) ωραίο, καλοσχηματισμένο πρόσωπο: *κοπέλα -η·* (και για χαρακτηριστικά του προσώπου): *μάτια/μαλλιά -α* (αντ. *άσχημος*). 2. που η θέα του προκαλεί σε κάποιον ευχαρίστηση ή θαυμασμό (σύμφωνα με τα αισθητικά του κριτήρια): *κήπος ~· βάζο/κέντημα -ο.* 3. που η αίσθηση, η αντίληψή του προκαλεί ευχάριστα συναισθήματα: *ζήσαμε -ες στιγμές* (αντ. *δυσάρεστος*).
ομοσπονδία η, ουσ. 1. ένωση κρατών που διατηρούν τα νομοθετικά και εκτελεστικά τους όργανα με δράση περιορισμένη σ᾽ έναν καθορισμένο κύκλο ζητημάτων υπό τη διοίκηση κεντρικής εξουσίας, που ασχολείται με θέματα τα οποία αφορούν όλη τη χώρα (π.χ. εξωτερική πολιτική). 2α. ένωση οργανώσεων (συλλόγων, σωματείων) που επιδιώκουν κοινούς σκοπούς: *Ελληνική Ποδοσφαιρική Ο-α·* β. συνδικαλιστική οργάνωση που περιλαμβάνει όλα τα σωματεία του ίδιου κλάδου.
ομοσπονδιακός, -ή, -ό, επίθ. (ασυνίζ.). 1. που σχετίζεται με την ομοσπονδία: *~ προπονητής.* 2. (για κράτος) που αποτελείται από ομοσπονδίες: *-ή δημοκρατία της Γερμανίας.*
ομόσπονδος, -η, -ο, επίθ., που αποτελεί μαζί με κάποιον άλλον ομοσπονδία.
ομοταξία η, ουσ. 1. (βιολ.) η δεύτερη κατά σειρά υποδιαίρεση των ζώων και των φυτών στη συστηματική κατάταξή τους, που περιλαμβάνει τάξεις (βλ. λ.) με κοινά μεταξύ τους γνωρίσματα. 2. (εκκλ.) *σύστημα -ας* = σύστημα σχέσεων πολιτείας και Εκκλησίας κατά το οποίο η πολιτεία αναγνωρίζει εκτεταμένη αυτοδιοίκηση στην Εκκλησία και δεν ασκεί εποπτεία σ᾽ αυτήν, ούτε η Εκκλησία οφείλει υποταγή στην πολιτεία.
ομότεχνος, -η, -ο, επίθ., που ασκεί την ίδια τέχνη με κάποιον άλλο, σύντεχνος. - Το αρσ. ως ουσ. = συντεχνίτης.
ομοτικός, -ή, -ό, επίθ., που ανήκει στον όρκο ή αναφέρεται σ᾽ αυτόν: *έκφραση -ή·* (γραμμ.) *μόριο -ό* (για τα νέα ελληνικά το *μα*, βλ. λ.).
ομότιμος, -η, -ο, επίθ. 1. που απολαμβάνει ή δικαιούται ίσες τιμές με κάποιον άλλο. 2. (για καθηγητή πανεπιστημίου) που έχει τον τίτλο χωρίς να ασκεί το επάγγελμα κατά κανόνα, επειδή έχει συνταξιοδοτηθεί.
ομοτράπεζος, -η, -ο, επίθ., που τρώει στο ίδιο τραπέζι με τους άλλους, συνδαιτυμόνας.
ομού, επίρρ. (λόγ.). 1. μαζί. 2. ταυτόχρονα.
ομόφυλος, -η, -ο, επίθ. 1. που ανήκει στην ίδια φυλή, γένος ή έθνος (συνών. *ομοεθνής, ομογενής·* αντ. *αλλόφυλος*). 2. που έχει το ίδιο φύλο με άλλους.
ομοφυλοφιλία η, ουσ., η τάση εκείνου που επιδιώκει να συνευρίσκεται ερωτικά με άτομο του ίδιου φύλου.

ομοφυλόφιλος, -η, -ο, επίθ., που θέλει να έχει ερωτικές σχέσεις με άτομα του ίδιου φύλου· και ως ουσ.
ομόφωνα, βλ. *ομόφωνος*.
ομοφωνία η, ουσ. 1. ταυτότητα απόψεων, σύμπτωση γνωμών, απόλυτη συμφωνία: ~ *σε αποφάσεις*. 2. (μουσ.) ομοιότητα φωνής ή τόνου (συνών. *ταυτοφωνία*).
ομόφωνος, -η, -ο, επίθ., που γίνεται με σύμφωνη γνώμη, που λαμβάνεται με τη συγκατάθεση όλων: *απόφαση -η*. - Επίρρ. **-α** και **-ώνως**.
ομοχρωμία η, ουσ., ταυτότητα χρώματος, ομοιοχρωμία.
ομόχρωμος, -η, -ο, επίθ., που έχει το ίδιο χρώμα, ομοιόχρωμος.
ομοψυχία η, ουσ., το να υπάρχει ψυχική ενότητα μεταξύ δύο ή περισσότερων ατόμων: *εθνική* ~.
όμποε το, ουσ. άκλ. (όχι έρρ.), είδος πνευστού μουσικού οργάνου, οξύαυλος. [ιταλ. *oboe*].
ομπρέλα η, ουσ. (έρρ.), φορητό κατασκεύασμα που αποτελείται από μεταλλικό σκελετό που διπλώνει, καλυμμένο με αδιάβροχο ύφασμα και στερεωμένο στην άκρη ενός μπαστουνιού, που χρησιμεύει για να προφυλάγεται κανείς από τη βροχή: ~ *για τη θάλασσα/τον ήλιο* (= μεγαλύτερου μεγέθους κάτω από την οποία κάθονται για προστασία από το δυνατό ήλιο). [ιταλ. *ombrella*].
ομπρελάδικο το, ουσ. (έρρ.), κατάστημα όπου κατασκευάζονται ή πουλιούνται ομπρέλες.
ομπρελάς ο, ουσ. (έρρ.), αυτός που κατασκευάζει, πουλά ή επισκευάζει ομπρέλες.
ομπρελίνο το, ουσ. (έρρ.), (παλαιότερο) μικρή γυναικεία ομπρέλα για τον ήλιο. [ιταλ. *ombrellino*].
ομπρελοθήκη η, ουσ. (έρρ.), μικροέπιπλο για την τοποθέτηση ομπρελών.
ομπρός, βλ. *εμπρός*.
ομπυάζω, βλ. *εμπυάζω*.
όμπυασμα, βλ. *εμπύασμα*.
όμπυο, βλ. *έμπυο*.
ομφαλικός, -ή, -ό, επίθ., που έχει σχέση με τον ομφαλό: (ανατομ.) *δακτύλιος* ~· *αγγεία -ά*.
ομφάλιος, -α, -ο, επίθ. (ασυνίζ.), που ανήκει ή αναφέρεται στον αφαλό: *λώρος* ~ = **α.** (ανατομ.) σωληνοειδές όργανο που συνδέει το έμβρυο με τον πλακούντα· **β.** (τεχνολ.) το ειδικό σκοινί με το οποίο προσδένονται οι αστροναύτες κατά την έξοδο τους από διαστημόπλοιο ή δορυφόρο εν πτήσει στον κενό χώρο, για να εκτελέσουν πείραμα, για παρατηρήσεις ή επισκευές, κλπ.
ομφαλοκήλη η, ουσ. (ιατρ.) πρόπτωση ή προεξοχή των σπλάχνων, κήλη (βλ. λ.) που δημιουργείται στον αφαλό.
ομφαλομαντεία η, ουσ. (λαογρ.) είδος μαντικής κατά το οποίο εξετάζεται με προσοχή ο ομφάλιος λώρος αρτιγέννητου βρέφους για να μαντευτεί πόσα παιδιά θα γεννήσει στο σύνολο η μητέρα του (συνών. *ομφαλοσκοπία*).
ομφαλός (λόγ.) και (λαϊκ.) **αφαλός** ο, ουσ. (ανατομ.) 1. τμήμα της κοιλιάς του εμβρύου από το οποίο διέρχονται τα όργανα που συνδέουν το έμβρυο με τη μητέρα. 2. η ουλή που μένει στην κοιλιά μετά τη γέννηση, αφού κοπεί ο ομφάλιος λώρος· έκφρ. *λύσιμο ή πέσιμο του αφαλού* (= λαϊκ., για πάθηση γαστρική, ιδίως διάρροια)· φρ. *του λύθηκε ο αφαλός από το φόβο* (= κατατρόμαξε) / *από τα γέλια* (= ξεκαρδίστηκε στα γέλια). 3. (μεταφ.) το σπουδαιότερο ή κεντρικότερο σημείο πράγματος, το κέντρο· έκφρ. ~ *της γης* (= οι Δελφοί κατά τους αρχαίους).
ομφαλοσκοπία η, ουσ. 1. ομφαλομαντεία (βλ. λ.). 2. το να ατενίζει κανείς για πολλή ώρα και εντατικά τον αφαλό του, ωσότου φτάσει σε έκσταση. 3. (μεταφ.) μοιρολατρία, αβουλία.
ομφαλοσκόπος ο, ουσ. 1. αυτός που επιδίδεται στο να ατενίζει εντατικά τον αφαλό του ωσότου φτάσει σε έκσταση. 2. (ειδικότερα) οπαδός της αίρεσης των Ησυχαστών μοναχών του Αγίου Όρους κατά το 13. και 14. αι. που επιδίωκαν με την παρατεταμένη προσήλωσή τους στον αφαλό τους να δουν το φως που περιέβαλε το Χριστό κατά τη μεταμόρφωσή του στο όρος Θαβώρ. 3. (μεταφ.) άνθρωπος αδρανής και άβουλος εξαιτίας νωθρότητας και συνεκδοχικά άνθρωπος μοιρολάτρης.
ομφαλοσκοπώ, ρ., επιδίδομαι στην ομφαλοσκοπία (βλ. λ.).
ομωνυμία η, ουσ., ταυτότητα ονόματος· το γεγονός όταν δύο ή περισσότερα σημαινόμενα δηλώνονται με την ίδια ηχητική μορφή (συνών. *ομοηχία*).
ομώνυμος, -η, -ο, επίθ. 1. που έχει το ίδιο όνομα: *το Α διήγημα του συγγραφέα από το ομώνυμο έργο του*. 2. (γραμμ.) *λέξεις -ες* = λέξεις που ταυτίζονται σε ένα τουλάχιστο από τα στοιχεία του επιπέδου έκφρασης (έχουν δηλ. την ίδια φωνητική ή ως προς τη γραφή απόδοση) και διαφέρουν αισθητά σε ένα τουλάχιστο από τα στοιχεία του επιπέδου περιεχομένου (σημασιολογία), π.χ. *νοίκι - νίκη, κρητικός - κριτικός, τοίχος - τείχος*. 3. (μαθημ.) *κλάσματα -α* = τα κλάσματα που έχουν τον ίδιο παρονομαστή (αντ. *ετερώνυμα*).
όμως, σύνδ. **α.** (για να συνδεθούν αντιθετικώς περίοδοι, κώλα περιόδων ή απλές προτάσεις) αλλά, εντούτοις, μα, ωστόσο: *περίμενα ως αργά, ~ δε φάνηκε κανείς τους· πόνεσε, ~ δεν έβγαλε μιλιά*· **β.** (επιτ. με προηγούμενο το σύνδ. *και*): *ήμουν τόσο στενοχωρημένος, και ~ εκείνη την ώρα τα ξέχασα όλα*· **γ.** (σε διάλογο): — *Πάλι ξέχασες το βιβλίο!* — *Και ~ αυτή τη φορά το έφερα*· (ελλειπτ.): — *Δεν μπόρεσε να τα καταφέρει*. — *Και ~!* (= και βέβαια τα κατάφερε)· **δ.** (σε αποφατικές συνδέσεις με επόμενο το σύνδ. *και*): *δεν ομολογούσε, ούτε ~ και το αρνιόταν*· **ε.** (για να συνδεθούν απλές αντιθετικές έννοιες): *όμορφη, ~ εκνευριστική αυτή η κοπέλα*.
ον το, γεν. *όντος*, πληθ. *όντα*, ουσ. (έρρ.). 1. ό,τι υπάρχει, ό,τι έχει υπόσταση, ζωή: *-τα έμβια/έμψυχα· -τα εξωγήινα·* (θρησκ.) *το υπέρτατο* ~ = ο Θεός (συνών. *οργανισμός, πλάσμα, ύπαρξη*). 2. ο άνθρωπος, το άτομο: *-τα ανθρώπινα*. 3. (μεταφυσ. φιλοσ.) ό,τι έχει ύπαρξη απόλυτη και καθαρή, χωρίς προσδιοριστικές ιδιότητες, που η έννοια του παίρνει μορφή μόνο στο νου του ανθρώπου (πβ. *οντότητα*).
ον αγαπά Κύριος παιδεύει, αρχαϊστ. εκκλ. φρ.· δηλώνει ότι μέσα από συνεχείς δυσκολίες μπορεί κανείς να βελτιωθεί ή να αποκομίσει όφελος, επειδή ακριβώς σκληραγωγείται, αποκτά εμπειρίες και πείρα.
όναγρος ο, ουσ. (ζωολ.). είδος άγριου όνου.
ονειδίζω, ρ. (λόγ.), εκφράζω για κάποιον περιφρονητικούς ή υποτιμητικούς αστεϊσμούς (συνών. *χλευάζω*).
ονειδισμός ο, ουσ., το να ονειδίζεται κάποιος (συνών. *χλευασμός, ντρόπιασμα*).

όνειδος το, ουσ. (λόγ.). 1. ό,τι προσβάλλει την τιμή: *πλημμέλημα που προξενεί στο δράστη ατιμωτικό* ~ (αστ. κώδ.). 2. ντρόπιασμα, ιδίως με προσβλητικά λόγια· ντροπή, καταισχύνη.

ονειρεμένος, -η, -ο, μτχ. ως επίθ., εξαιρετικά ωραίος, που ξεπερνά σε ομορφιά ή ευτυχία κάθε πραγματικότητα, θεσπέσιος, εξαίσιος: *ακρογιαλιές -ες* (συνών. *ονειρευτός, ονειρώδης*). - Επίρρ. **-α**: *περάσαμε -α*.

ονειρεύομαι, ρ. Α. αμτβ. 1. βλέπω όνειρα (βλ. λ.): (ειρων.) *-εται ξύπνιος!* 2. αφήνω ελεύθερη τη φαντασία μου, φαντασιοκοπώ: *τι είναι αυτά που λες; μου φαίνεται -εσαι!* 3. απορροφούμαι μέσα στις επιθυμίες μου, ονειροπολώ: *Καθένας χωριστά -εται και δεν ακούει το βραχνά των άλλων* (Σεφέρης). Β. μτβ. 1. βλέπω κάποιον ή κάτι στον ύπνο μου, στο όνειρό μου: *την -εται κάθε βράδι·* ~ *συχνά ότι...* (με κατηγορ.): *άκου! -τηκα τον εαυτό μου αλεξιπτωτιστή να πέφτει από μεγάλο ύψος!·* παροιμ. *ο πεινασμένος/νηστικός καρβέλια -εται*. 2. φαντάζομαι ότι είδα ή άκουσα κάτι ή ότι μου συνέβη κάτι, φαντασιοκοπώ: *είσαι σίγουρος ή τα -τηκες όλα αυτά που μου λες;* 3. (μεταφ.) α. επιθυμώ πολύ κάτι, το λαχταρώ και σκέφτομαι επίμονα γύρω από αυτό: *-εται να γίνει πυρηνικός επιστήμονας·* πάντα *-όμουν ένα τέτοιο ταξίδι!* β. αποβλέπω σε...: *-εται την εξουσία*. 4. (συνήθως χωρίς άρθρο) επιθυμώ κάτι χιμαιρικό: ~ *ταξίδια σ' όλο τον κόσμο· -εται δόξες και τιμές*.

ονειρευτός, -ή, -ό, επίθ. 1. (σπάνια) που τον βλέπει κανείς στο όνειρό του. 2. ονειρεμένος (βλ. λ.), ονειρώδης: *ζωή -ή*. 3. (μεταφ.) περιπόθητος, λαχταριστός.

ονειρικός, -ή, -ό, επίθ., που αναφέρεται στα όνειρα ή που μοιάζει με όνειρο: *κατάσταση -ή· παραλήρημα -ό* (= που μοιάζει με όνειρο στο περιεχόμενο και την εμφάνιση)· *ψευδαισθήσεις -ές* (= σειρά ψευδαισθήσεων που παριστάνουν πράξεις ή εξελίξεις γεγονότων). - Επίρρ. **-ά**: *το χρώμα της θάλασσας ήταν -ά γαλανό* (Ουράνης).

όνειρο το, πληθ. *-α* και (λαϊκ.) *-ατα*, ουσ. 1α. ακολουθία φυσικών φαινομένων —σύνολο ή ασυνάρτητη σειρά εικόνων και παραστάσεων— που παρουσιάζεται στο νου του ανθρώπου κατά τη διάρκεια του ύπνου, αυτοματική δραστηριότητα του εγκεφάλου, ανεξάρτητη από τη θέληση του ανθρώπου, που παράγει αλληλουχία φανταστικών γεγονότων, στα οποία παρίσταται συνήθως νοερά εκείνος που κοιμάται· (συνεκδοχικά) αυτά τα ίδια τα φανταστικά γεγονότα: *τα -α χαρακτηρίστηκαν ως η βασική οδός προς το ασυνείδητο· είδα στο* ~ *μου ότι...·* ~ *εφιαλτικό/μπερδεμένο·* (ευχετ. πριν από τον ύπνο): *καληνύχτα, -α γλυκά!* φρ. *βγήκε το* ~ *αληθινό·* πιστεύει στα *-α* (δηλ. ότι κάτι προαγγέλλουν)· β. (για ανακριβείς πληροφορίες ή ανέφικτες καταστάσεις, ειρων.): *-α βλέπεις! στο* ~ *σου το είδες*; γ. (για πράγματα τόσο παράξενα ή ευχάριστα, που μοιάζουν απίστευτα): *σα σε* ~*! μου φαίνεται σαν* ~*!* δ. (για δυσάρεστες εμπειρίες): *μη φοβάσαι πια! 'Ηταν ένα κακό/άσχημο* ~ *που πέρασε*. 2. δημιούργημα της φαντασίας, σκέψεις γύρω από ευχάριστα πράγματα με τις οποίες προσπαθεί κανείς να ξεφύγει από την πραγματικότητα, ευχάριστη φαντασίωση: ~ *απατηλό· ζει/τρέφεται με -α* (συνών. *ονειροπόλημα, φαντασιοκόπημα*). 3. (για κάτι παροδικό, για πράγμα εφήμερο): *η σχέση τους* ~ *ήταν που δεν*

κράτησε πολύ. 4α. ελπίδα απραγματοποίητη, πόθος ανεκπλήρωτος: *-α νεανικά/τρελά· κάνω -α· το ταξίδι στην Κίνα έμεινε* ~ β. (συνεκδοχικά) καθετί απραγματοποίητο, χίμαιρα: ~ *άπιαστο/μακρινό*. 5. διακαής επιθυμία, μεγάλη προσδοκία ή φιλοδοξία: *το* ~ *του είναι να γίνει γιατρός· έχει μεγάλα -α για το παιδί της·* (στη γεν. πληθ. για να δηλωθεί κάτι το ιδανικό): *η γυναίκα/ ο άνδρας/το σπίτι των -ων μου·* παροιμ. *αλλού τ'* ~ *και αλλού το θάμα*, βλ. *αλλού*. 6. καθετί υπερβολικά ωραίο, θεσπέσιο: *Μάγεμα η φύσις κι* ~ *στην ομορφιά και χάρη* (Σολωμός)· *βραδιά* ~· (σε επιρρημ. χρήση): *το φόρεμα σου πάει* ~*!* (συνών. *«θαύμα»*.

ονειρόδραμα το, ουσ., είδος θεατρικού έργου του οποίου η υπόθεση ξετυλίγεται με ανάλογη σκηνική διευθέτηση, σαν σε όνειρο που βλέπει κάποιο πρόσωπο του δράματος: ~ *του Σέξπιρ*.

ονειροκρίτης ο, ουσ. 1. αυτός που ερμηνεύει όνειρα. 2. τίτλος εντύπου που περιέχει ερμηνείες ονείρων.

ονειροκριτικός, -ή, -ό, επίθ., που σχετίζεται με την ερμηνεία των ονείρων. - Το ουδ. ως ουσ. = βιβλίο που περιέχει ερμηνείες διάφορων ονείρων, ονειροκρίτης.

ονειρομαντεία η, ουσ. (έρρ.), το να κάνει κανείς προγνώσεις για το μέλλον ερμηνεύοντας όνειρα (συνών. *ονειρομαντική*).

ονειρομαντική η, ουσ. (έρρ.), ονειρομαντεία.

ονειροπαρμένος, -η, -ο, επίθ., ονειροπόλος.

ονειροπόλημα το, ουσ., το να ονειροπολεί κανείς, το να βυθίζεται σε ρεμβασμούς, ευχάριστη φαντασίωση.

ονειροπόληση η, ουσ., ονειροπόλημα.

ονειροπόλος, -α, -ο, επίθ. 1. που ονειροπολεί, που βυθίζεται σε ρεμβασμούς. 2. που ποθεί κάτι που δεν μπορεί να πραγματοποιηθεί, που επιδιώκει το ακατόρθωτο.

ονειροπολώ, ρ. 1. απομακρύνομαι νοερά από την πραγματικότητα κάνοντας σκέψεις κυρίως ευχάριστες γύρω από πράγματα ακαθόριστα ή ευμετάβλητα ή γύρω από μελλοντικά σχέδια, βυθίζομαι σε ρεμβασμούς, πλάθω *«όνειρα»*. 2. κατέχομαι από πόθο για κάτι που δεν μπορεί να πραγματοποιηθεί, επιδιώκω το ακατόρθωτο.

ονειροφαντασία και (συνιζ., λαϊκ.) **ονειροφαντασιά** η, ουσ. (έρρ.), (σπάνιο). 1. ευχάριστη φαντασίωση, ρεμβασμός. 2. όνειρο (συνών. *ονειροφάντασμα*).

ονειροφάντασμα και (λαϊκ.) **'νειροφάντασμα** το, ουσ. (έρρ.), (σπάνιο, λογοτ.) ονειροφαντασία.

ονειρώδης, -ης, -ες, γεν. *-ους*, πληθ. αρσ. και θηλ. *-εις*, ουδ. *-η*, επίθ. 1. που μοιάζει με όνειρο. 2. (μεταφ.) ονειρεμένος (βλ. λ.), ονειρευτός: *-η συμπαθητική ομορφιά* (Καβάφης).

ονείρωξη η, ουσ., ρεύση σπέρματος που πραγματοποιείται κατά τον ύπνο ύστερα από σεξουαλική παρόρμηση σε όνειρο.

ονίσκος ο, ουσ., το ψάρι γάδος, ο μπακαλιάρος.

όνομα το, ουσ. 1α. (για πρόσωπα) λέξη ή ομάδα λέξεων με την οποία προσδιορίζεται ένα άτομο και ξεχωρίζει από τα υπόλοιπα και την οποία χρησιμοποιούμε για να το προσφωνήσουμε: ~ *μικρύ/βυφτιστικό/οικογενειακό·* ~ *πλήρες·* ~ *κοινό· πολλά άτομα έχουν το ίδιο* ~ *ως ποιητής είναι γνωστός με το* ~ *Χ· έκφρ.* ~ *και μη χωριό* (για πρόσωπο που δε θέλει κανείς να κατονομάσει): *'Αρχοντας παλιός,* ~ *και μη χωριό... κάτι στραβό* έλαχε... κι έγινε κουρσάρος, για μια εκδίκηση (Μπαστιάς)· φρ. *βάζω/γράφω το ~ μου* (= υπογράφω)· *βγάζω/δίνω (το)* ~ (για βάφτιση): *ο νονός της έβγαλε/έδωσε το όνομα 'Αννα· δίνω το ~ μου σε κάποιον* (α. στο παιδί που υιοθετείται· β. στη σύζυγο)· *δεν αναφέρω/λέω -ατα* (= δεν κατονομάζω κανέναν)· β. τα στοιχεία ταυτότητας ενός ατόμου: *έδωσε ψεύτικο ~ στο ξενοδοχείο· ιδιοποίηση -ατος·* εκφρ. *στο ~ κάποιου* (για να δηλωθεί κυριότητα πράγματος ή όποια άλλη καταχώριση): *οι μετοχές είναι στο ~ της γυναίκας του· δεν έχει τίποτε στο ~ του* (= δεν έχει κανένα περιουσιακό στοιχείο)· *οι κρατήσεις των δωματίων εγίναν στο ~ μου*. 2. χαρακτηρισμός, ονομασία που δίνεται για να δηλωθεί μια ιδιότητα: παροιμ. *άλλος έχει τ' ~ κι άλλος τη χάρη* (= άλλος έχει αξίωμα ή κοινωνική θέση και άλλος απολαμβάνει τα αγαθά που αναλογούν· άλλος θεωρείται ότι έχει κι άλλος πράγματι έχει μια ιδιότητα). 3. (συνεκδοχικά) οικογένεια: *τα καλύτερα/μεγαλύτερα -ατα της πόλης*. 4. ~ εμπορικό = επωνυμία, ονομασία που χρησιμοποιεί ένας έμπορος και που αποτελεί στοιχείο ηθικού κεφαλαίου που μπορεί να μεταβιβασθεί σε τρίτο. 5α. (μεταφ.) φήμη, υπόληψη· δόξα: *απόκτησε μεγάλο ~· έχει ~ στην αγορά·* εκφρ. *με τ' ~* (= ο ξακουστός, ο περίφημος): *θαυμάσιος κομμωτής, ο τάδε με τ' ~!* ~ *και πράμα* (όταν κάτι ανταποκρίνεται στη φήμη του): *τσιγγούνης ~ και πράμα!* φρ. *αφήνω ~* (= γίνομαι περιώνυμος): *άφησε ~ ως υπουργός· βγάζω (κακό) ~ ή μου βγήκε τ' ~* (= αποκτώ/απέκτησα κακή φήμη)· *βγάζω το ~ κάποιου* (= τον δυσφημώ, τον συκοφαντώ)· *κάνω ~* (= γίνομαι ονομαστός, διάσημος): *έκανε ~ ως καρδιοχειρουργός·* παροιμ. *κάλλιο/καλύτερα να σου βγει το μάτι παρά τ' ~* (= καλύτερα να πάθει κανείς ένα μεγάλο κακό παρά να αποκτήσει κακή φήμη)· β. (συνεκδοχικά) διάσημο πρόσωπο, διασημότητα: *μεγάλα -ατα της τέχνης και των γραμμάτων*. 6. (συνεκδοχικά) η ισχύς ή εξουσία που παρέχει κάποιο όνομα ή η επίκλησή του και που χρησιμοποιεί κανείς κατά κανόνα για να δικαιώσει τις ενέργειές του: *επικαλούμαι το ~ του Θεού· στο ~ της ελευθερίας·* εκφρ. *για τ' ~ του Θεού/Χριστού / της Παναγίας* (ως επιφώνηση για να αποτραπεί κάποια ενέργεια ή για διαμαρτυρία): *για τ' ~ του Θεού, τι είν' αυτά που λες*; (θρησκ.) *εις το ~ του Πατρός και του Υιού και του Αγίου Πνεύματος* (= εκφώνηση με την οποία αρχίζει κανείς μια προσευχή). 7. λέξη που προσδιορίζει ζώο, πράγμα ή τόπο: *έδωσε στο σκυλάκι του το ~ Φοξ· πλοίου· τα -ατα των δρόμων· -ατα γεωγραφικά* (= τοπωνύμια). 8α. λέξη που προσδιορίζει όντα ή πράγματα που ανήκουν στην ίδια λογική κατηγορία και ειδικότερα στο ίδιο είδος, ονομασία: *τα κατώτερα στρώματα χαρακτηρίζονταν με το ~ πληβείοι·* β. (συνεκδοχικά και περιληπτικά) το σύνολο όσων φέρουν την παραπάνω ονομασία: *το ένδοξο ελληνικό ~*. 9. λέξη με την οποία κατονομάζεται μια αφηρημένη έννοια, ιδέα ή κατάσταση: ~ *της ελευθερίας/αγάπης·* φρ. *λέω τα πράγματα με τ' ~ τους* (= μιλώ χωρίς υπεκφυγές). 10. (γραμμ.) όρος γραμματικός, σε αντιδιαστολή με το ρήμα, με τον οποίο χαρακτηρίζεται κάθε λέξη που δηλώνει πρόσωπο, ζώο, πράγμα ή αφηρημένη έννοια (ουσιαστικά) ή τις ιδιότητές τους (επίθετα): ~ *αρσενικό/θηλυκό· -ατα συγκεκριμένα/ προσηγορικά· -ατα κύρια/εθνικά*. - Υποκορ. **-ατάκι** το (στη σημασ. 1α).

ονομάζω, ρ. I. ενεργ. 1. (για πρόσωπα) δίνω όνομα (βλ. λ.) σε κάποιον όταν γεννιέται ή όταν βαφτίζεται: *το παιδί τους το -ασαν Κωνσταντίνο* (συνών. *ονοματίζω, «βγάζω»*). 2. δίνω μια ονομασία, προσδιορίζω με μια ιδιαίτερη λέξη ή ομάδα λέξεων ένα ζώο, πράγμα ή έννοια, ιδίως στην αρχή της υπόστασης, ύπαρξης ή εμφάνισής του: *το νέο διαστημόπλοιο -άστηκε Κρόνος* (συνών. *αποκαλώ*). 3. επονομάζω (βλ. λ.): *ο Ιουλιανός -άστηκε παραβάτης*. 4α. (για πρόσωπο) χαρακτηρίζω κάποιον με μια λέξη ή ομάδα λέξεων που δηλώνει ιδιότητα ή χαρακτηριστικό, του προσδίδω κάποιον χαρακτηρισμό: *μετά το συμβάν τον -ασαν ραδιούργο/σωτήρα τους·* β. (για πράγματα ή έννοιες): *-ομε κύριες τις προτάσεις που μπορούν να σταθούν μόνες τους στο λόγο*. 5. διαλέγω κάποιον για το κύρος ή την προσωπικότητά του, για να καταλάβει ένα λειτούργημα ή αξίωμα: *-άστηκε πρέσβης* (συνών. *διορίζω, αναγορεύω* αντ. *εκλέγω, ψηφίζω*). 6. (νομ.) απονέμω κάποια ιδιότητα: *Αν ο διαθέτης άφησε στον τιμώμενο... την περιουσία του..., ο τιμώμενος θεωρείται ότι έχει εγκατασταθεί ως κληρονόμος, ακόμη και αν δεν -άστηκε κληρονόμος* (αστ. κώδ.). II. (μέσ.) έχω, φέρω το όνομα...: *-εται Ιωάννης Ευαγγέλου· πώς -εστε;* (συνών. *λέγομαι, καλούμαι,* κοιν. *«με λένε»*).

ονομασία η, ουσ. 1. το να ονομάζει (βλ. λ. σημασ. I και 2) κανείς, το να δίνει όνομα σε κάποιον ή κάτι. 2. όνομα (βλ. λ.): ~ *γενική/επιστημονική/ ξενική*. 3. διορισμός σε αξίωμα: ~ *τιμητική* (πβ. *εκλογή, ψήφιση*).

ονομαστικά, βλ. *ονομαστικός*.

ονομαστική η, ουσ. (γραμμ.) η πρώτη πτώση των πτωτικών μερών του λόγου (άρθρων, ουσιαστικών, επιθέτων, αντωνυμιών και μετοχών) που μεταχειριζόμαστε απαντώντας στην ερώτηση «ποιος;» «τι;», π.χ. *ο Δημήτρης γράφει, ο ήλιος λάμπει*.

ονομαστικοποίηση η, ουσ. (νεολ.), (για μετοχές ή άλλο χρηματικό τίτλο) το να αναγράφεται το ονοματεπώνυμο και τα υπόλοιπα στοιχεία ταυτότητας κάποιου, το να ανήκει ονομαστικά σε κάποιον.

ονομαστικός, -ή, -ό, επίθ. 1. που ανήκει ή αναφέρεται στο όνομα, στην ονομασία: *γιορτή -ή· ψηφοφορία -ή* (= όπου ψηφίζει κανείς αφού κληθεί με το όνομά του). 2. (για κατάλογο, κατάσταση, κ.τ.ό.) που περιλαμβάνει ονόματα κατά κανόνα προσώπων. 3. που φέρει το όνομα συγκεκριμένου ατόμου, που ισχύει μόνο στο όνομα αυτού του ατόμου: *-οί χρηματικοί τίτλοι· -ές μετοχές* (αντ. *ανώνυμος*). 4. (οικον.) που δεν έχει οριστεί εν των προτέρων χωρίς να αντιστοιχεί στην πραγματική οικονομική πράξη: *-ή αξία ομολόγων και γραμματίων* (= αυτή που αναγράφεται πάνω σ' αυτά) (αντ. *πραγματική, τρέχουσα· αποδοχές -ές* (αντ. *«καθαρές»*). - Επίρρ. **-ά** = με το όνομα: *στην κατάσταση αναφέρονται -ά όλα τα μέλη του συλλόγου*.

ονομαστός, -ή, -ό, επίθ. που έχει αποκτήσει μεγάλη φήμη: *επιστήμονας ~· περιοχή -ή για τους καταρράχτες της* (συνών. *ξακουστός*).

ονοματεπώνυμο το, ουσ., το βαφτιστικό όνομα και το επίθετο ενός ατόμου.

ονοματίζω, ρ. 1. δίνω όνομα, συχνά καταχρηστικό,

σε κάποιον ή κάτι, ονομάζω (βλ. λ.), αποκαλώ: *ο Δημητρός ουδέ στιγμή αλησμόνησε την καπετάνισσα καθώς τ' άρεσε να την -ει* (Μπαστιάς). **2.** κατονομάζω, αναφέρω ονομαστικά: *— Ο Θεός... να μας φυλάξει... — μην τον -εις διόλου, τον διέκοψε ο Μηνάς* (Μπαστιάς).

ονοματικός, -ή, -ό, επίθ. (γραμμ.). **α.** που ανήκει ή αναφέρεται στο όνομα (βλ. λ. σημασ. 10): *προσδιορισμοί -οί·* **β.** που χρησιμοποιείται όπως ένα όνομα (ως υποκείμενο, αντικείμενο, κλπ.): *προτάσεις -ές·* **γ.** που αποτελείται από όνομα, που αντιστοιχεί συντακτικά σε ένα όνομα: *σύνολο -ό* (= όνομα μπροστά στο οποίο βρίσκεται άρθρο, επίθετο ή αντωνυμία)· *φράση -ή* (= χωρίς ρήμα) (αντ. *ρηματικός*).

ονομάτισμα και (λαϊκ.) **νομάτισμα** το, ουσ. **1.** το να ονοματίζει (βλ. λ.) κανείς, το να δίνει όνομα σε κάποιον ή κάτι (συνών. *ονομασία*). **2.** το να αναφέρει κανείς κάποιον με το όνομά του: *(λαογρ.) τα -ατα των νεκρών με ανακαλήματα ή μοιρολόγια πάνω στους τάφους*.

ονοματοθεσία η, ουσ. **1.** το να δίνει κανείς όνομα σε κάποιον ή κάτι (συνών. *ονομασία, ονομάτισμα*). **2.** η καθιέρωση ειδικών επιστημονικών, τεχνικών, καλλιτεχνικών ή άλλων όρων.

ονοματοθετώ, ρ. **1.** δίνω όνομα σε κάποιον ή κάτι, ονομάζω (βλ. λ.). **2.** καθιερώνω ειδικούς επιστημονικούς, τεχνικούς, καλλιτεχνικούς ή άλλους όρους.

ονοματοκρατία η, ουσ., νομιναλισμός (βλ. λ.).

ονοματολογία η, ουσ. **1α.** το σύνολο των ειδικών όρων μιας επιστήμης, τεχνικής, τέχνης, κλπ., μεθοδικά ταξινομημένων: ~ *χημική·* **β.** (συνεκδοχικά) η μέθοδος με την οποία ταξινομούνται οι παραπάνω όροι: ~ *συστηματική.* **2.** κλάδος της γλωσσολογίας που ασχολείται με την έρευνα, μελέτη και διάσωση ανθρωπωνυμίων και τοπωνυμίων.

ονοματολογικός, -ή, -ό, επίθ., που ανήκει ή αναφέρεται στην ονοματολογία. **1.** ως σύνολο ειδικών όρων: *-ή μέθοδος/ταξινόμηση.* **2.** ως κλάδος της γλωσσολογίας: ~ *πλούτος μιας χώρας· έρευνες -ές.*

ονοματολόγιο το, ουσ. (ασυνίζ.), κατάλογος που περιλαμβάνει τα ονόματα αντικειμένων ή ειδικών όρων που χρησιμοποιούνται σε μια επιστήμη, τεχνική, τέχνη, κλπ.

ονοματολόγος ο, ουσ. (γλωσσολ.) επιστήμονας που ασχολείται με την ονοματολογία (βλ. λ. σημασ. 2).

ονοματοποιία η, ουσ. (γλωσσολ.) σχηματισμός ονομάτων, λέξεων κατά μίμηση ήχων που παράγονται στη φύση, για να αποδοθούν κατά προσέγγιση φυσικά φαινόμενα, ήχοι από φθόγγους ανθρώπινης γλώσσας, η φωνή ζώων, πουλιών, κλπ.

ονοματοποιώ, ρ., μτχ. παρκ. *-ημένος*, σχηματίζω λέξεις με βάση τις ακουστικές εικόνες που έχω από τους ήχους που παράγουν τα πράγματα στα οποία αναφέρομαι.

όνος ο, ουσ. (λόγ.), γάιδαρος (βλ. λ.).

ο νοών νοείτω· αρχαϊστ. φρ. = όποιος έχει την ικανότητα να αντιλαμβάνεται, καταλαβαίνει αυτό που είπα.

οντάριο το, ουσ. (έρρ., ασυνίζ.), άτομο ανάξιο προσοχής.

όντας, σύνδ. (έρρ., λαϊκ.), όταν: ~ *βυθίσει ο ήλιος και το σούρουπο ακολουθήσει* (Μαβίλης). [*όταν*].

οντάς ο, ουσ. (όχι έρρ.), αίθουσα, δωμάτιο: ~ *χαμηλοτάβανος.* [τουρκ. *oda*].

οντογένεση και **οντογονία** η, ουσ. (έρρ.), (βιολ.) η σειρά των διαδοχικών καταστάσεων και μορφών από το ζυγωτό κύτταρο ως το ακμαίο άτομο.

οντολογία η, ουσ., (φιλοσ.) κλάδος της μεταφυσικής που μελετά την έννοια ή τη σύσταση του όντος γενικά και όχι τα επιμέρους χαρακτηριστικά των ξεχωριστών όντων.

οντολογικός, -ή, -ό, επίθ., που σχετίζεται με την οντολογία: *επιστήμη/απόδειξη -ή.* - Επίρρ. *-ώς.*

οντολόγος ο, ουσ., επιστήμονας που ασχολείται με την οντολογία.

οντότητα η, ουσ. (έρρ.). **1α.** η αφηρημένη έννοια του όντος, ύπαρξη, υπόσταση: *η ~ της ψυχής·* **β.** αυτό το ίδιο το ον: *αποτελεί ξεχωριστή ~ στο ζωικό βασίλειο.* **2.** (συνεκδοχικά) ατομική αυθυπαρξία, προσωπικότητα: *η ~ ενός καλλιτέχνη.*

όντως, επίρρ. (έρρ.), πράγματι: ~ *είχες δίκιο.*

όνυχας ο, ουσ. **1.** (σπάνια) νύχι (βλ. λ.): ~ *του εξολκέα.* **2.** είδος αχάτη με παράλληλες ραβδώσεις ποικίλου χρωματισμού· *μάρμαρο* ~ = μάρμαρο της Αλγερίας, κιτρινωπό, διαφανές, που χρησιμοποιείται στην επιπλοποιία.

ονυχοφαγία η, ουσ., μανία που παρατηρείται κυρίως σε παιδιά και εκδηλώνεται με το δάγκωμα του ελεύθερου άκρου των νυχιών.

ονυχοφάγος ο και η, ουσ., άτομο που έχει τη συνήθεια να δαγκώνει τις άκρες των νυχιών του.

οξαλίδα η, ουσ., φυτό ποώδες και πολυετές, πλούσιο σε οξαλικό οξείδιο.

οξαλικός, -ή, -ό, επίθ., που ανήκει ή αναφέρεται στο οξύ της οξαλίδας: *ένωση -ή· οξύ -ό.*

οξαλουρία η, ουσ. (ιατρ.) απέκκριση με τα ούρα μεγάλης ποσότητας οξαλικών ενώσεων.

οξαλουρικός, -ή, -ό, επίθ., που σχετίζεται με την οξαλουρία: *οξύ -ό* (= ονομασία οξέος που περιέχεται σε μικρή αναλογία στα ούρα του ανθρώπου).

οξαποδώ(ς), βλ. *εξαποδώ.*

οξεία η, ουσ. (γραμμ.) ένα από τα τονικά σημάδια του πολυτονικού συστήματος (´).

οξείδιο το, ουσ. (ασυνίζ.), χημική ένωση που προκύπτει από την ένωση του οξυγόνου με άλλο στοιχείο: ~ *όξινο/βασικό.*

οξειδώνομαι, ρ. (για μέταλλο) σχηματίζω στην επιφάνειά μου οξείδιο, σκουριάζω: *-ώθηκε το χάλκινο σκεύος/η μπαταρία.*

οξείδωση η, ουσ. **1.** (χημ.) χημική αντίδραση κατά την οποία σε ένα στοιχείο ή σε μία ένωση προστίθεται οξυγόνο ή από μία ένωση αφαιρείται υδρογόνο, και γενικά όταν από ένα στοιχείο ή μία ένωση αφαιρούνται ηλεκτρόνια. **2.** (κοιν.) σκούριασμα: ~ *χάλκινου σκεύους/μπαταρίας.*

οξένιος, -α, -ο, επίθ. (συνιζ.), που είναι φτιαγμένος από ξύλο οξιάς: *τραπέζι/κάθισμα -ο.*

οξέωση η, ουσ. (ιατρ.) παθολογική κατάσταση που χαρακτηρίζεται από μεταβολή προς το όξινο της αντίδρασης των υγρών του σώματος και μάλιστα του αίματος.

οξιά η, ουσ. (συνιζ.). **α.** δασικό κυπελλοφόρο δέντρο με ψηλό και ίσιο κορμό, φύλλα ωοειδή και σκληρά, που ευδοκιμεί σε εύκρατες και ψυχρές περιοχές· **β.** το ξύλο από το δέντρο αυτό.

οξιζενέ το, ουσ. άκλ., διάλυμα υπεροξειδίου του υδρογόνου στο νερό, που χρησιμοποιείται ως

οξικός

αντισηπτικό και λευκαντικό. [γαλλ. *(eau) oxygénée*].

οξικός, -ή, -ό, επίθ., που έχει σχέση με το όξος: *ζύμωση -ή* (= που μ' αυτήν παράγεται ξίδι)· *οξύ -ό* (= οξύ στο οποίο οφείλει το ξίδι τη γεύση και τις βασικές ιδιότητές του).

όξινος, -η, -ο, επίθ., που έχει τις ιδιότητες των οξέων: *διάλυμα -ο· βροχή -η* (= βροχή που περιέχει ιόντα οξέων που προέρχονται από βιομηχανίες και προκαλούν καταστροφές στη βλάστηση).

οξόνη η, ουσ. 1. (χημ.) ακετόνη. 2. ονομασία παρασκευάσματος που περιέχει λειωμένο υπεροξείδιο του νατρίου με ίχνη οξειδίου του χαλκού και χρησιμοποιείται στα εργαστήρια για την παρασκευή μικρών ποσοτήτων οξυγόνου.

όξος το, ουσ. (λόγ.). 1. ξίδι. 2. (γενικά) κάθε υγρό που παράγεται με οξική ζύμωση αλκοολούχων υγρών.

οξύ το, γεν. *-έος,* πληθ. *-έα,* ουσ. (χημ.) χημική ένωση που περιέχει στα μόριά της ένα ή περισσότερα άτομα υδρογόνου που μπορούν να αντικατασταθούν από ηλεκτροθετικά στοιχεία ή ρίζα.

οξύαυλος και **οξυβόας** ο, ουσ., όμποε (βλ. λ.).

οξυγονικός, -ή, -ό, επίθ., που σχετίζεται με το οξυγόνο.

οξυγόνο το, ουσ. (χημ.) χημικό στοιχείο, αέριο, άχρωμο, άοσμο και άγευστο, βαρύτερο από τον αέρα, ένα από τα κύρια συστατικά του ατμοσφαιρικού αέρα και του νερού.

οξυγονοκόλληση η, ουσ., κόλλημα κομματιών από μέταλλο με χρήση φλόγας υδρογόνου και οξυγόνου.

οξυγονοκολλητής ο, ουσ., τεχνίτης ειδικευμένος στην οξυγονοκόλληση.

οξυγονούχος, -α, -ο, επίθ. (λόγ.), που περιέχει οξυγόνο: *νερό -ο* = οξιζενέ (βλ. λ.).

οξυγονώνω, ρ. I. (ενεργ.) ενώνω με οξυγόνο μέταλλα. II. (μέσ.) καθαρίζομαι με την επίδραση οξυγόνου: *το αίμα του δεν -εται ικανοποιητικά.*

οξυγόνωση η, ουσ. 1. πρόσληψη οξυγόνου από το αίμα. 2. (χημ.) ένωση μιας ουσίας με το οξυγόνο.

οξυγονωτήρας ο, ουσ., συσκευή που παρέχει οξυγόνο: ~ *ενδοαγγειακός.*

οξυγώνιος, -α, -ο, επίθ. (ασυνίζ.), (γεωμ.), (για τρίγωνο) που έχει οξείες και τις τρεις γωνίες του.

οξυδέρκεια η, ουσ. (ασυνίζ.). α. (λόγ.) οξεία όραση· β. οξεία αντίληψη: ~ *πνευματική.*

οξυδερκής, -ής, -ές, γεν. *-ούς,* πληθ. αρσ. και θηλ. *-είς,* ουδ. *-ή,* επίθ. α. (λόγ.) που έχει οξεία όραση· β. που έχει οξεία αντίληψη.

οξύθυμος, -η, -ο, επίθ., που θυμώνει εύκολα (συνών. *αψύς, ευερέθιστος*).

οξύμετρο το, ουσ. 1. συσκευή που χρησιμοποιείται για τον προσδιορισμό της οξύτητας υγρών (λαδιού, κρασιού, κλπ.). 2. όργανο με το οποίο προσδιορίζουν την ποσότητα του οξυγόνου και του αζώτου που υπάρχει στον αέρα (συνών. *ευδιόμετρο*).

οξύμωρος, -η, -ο, επίθ.· (συντακτ.) *σχήμα -ο* = σχήμα λόγου κατά το οποίο συνδέονται δύο έννοιες που φαινομενικά αποκλείουν η μία την άλλη, στην πραγματικότητα όμως εκφράζουν κάτι αληθινό (π.χ. *τούτος ο κόσμος ο μικρός, ο μέγας,* Ελύτης· *χαίρε νύμφη ανύμφευτε,* Ακάθιστος Ύμνος).

οξύνοια η, ουσ. (ασυνίζ., λόγ.), οξύτητα αντίληψης.

οξύνους, -ους, επίθ. (λόγ.), που τον διακρίνει ευστροφία πνεύματος: *πολιτικός* ~ (συνών. *εύστροφος*).

όξυνση η, ουσ. 1. το να γίνεται κάτι οξύ. 2. (μεταφ.) έξαρση, ένταση: ~ *σχέσεων των δύο κρατών.*

οξύνω, ρ., μτχ. παρκ. *-μμένος.* 1. (λόγ.) κάνω κάτι οξύ, αιχμηρό: ~ *εργαλείο.* 2. (μεταφ.) εντείνω, δημιουργώ έξαρση: *τα γεγονότα -ουν τις σχέσεις των δύο κρατών.* 3. (μεταφ.) κάνω κάποιον ή κάτι να αποκτήσει μεγαλύτερη αντίληψη: *η μελέτη των μαθηματικών -ει το νου.* 4. (γραμμ.), (στο πολυτονικό σύστημα) βάζω οξεία και όχι περισπωμένη: *η βραχεία συλλαβή πάντοτε -εται.*

οξύρρυγχος, -η, -ο, επίθ., που έχει οξύ ρύγχος. -Το αρσ. ως ουσ. = είδος μεγάλου ψαριού με μακρύ κεφάλι και οξύ ρύγχος που αλιεύεται κυρίως για το χαβιάρι του (μαύρο χαβιάρι).

οξύς, -εία, -ύ, γεν. αρσ. και ουδ. *-έος,* επίθ. (λόγ.). 1. που απολήγει σε αιχμηρό άκρο: *εργαλείο -ύ* (συνών. *σουβλερός, μυτερός·* αντ. *αμβλύς*). 2. (για όργανο που κόβει) κοφτερός. 3. (μεταφ.) διαπεραστικός: *βλέμμα -ύ.* 4. (για αισθήσεις) δυνατός: *όραση/ακοή -εία.* 5. που αντιλαμβάνεται γρήγορα: *μυαλό -ύ.* 6. έντονος, δριμύς: *λόγος* ~. 7. (μεταφ.) έντονος, ισχυρός: *-εία καλλιτεχνική συνείδηση· αντιθέσεις -είες.* 8α. (για ήχο) υψηλός, διαπεραστικός· β. (για φωνή) λεπτός, διαπεραστικός. 9. (για αρρώστια) που εμφανίζεται ξαφνικά και εξελίσσεται γρήγορα: *σκωληκοειδίτιδα -εία* (αντ. *χρόνιος*). 10. (γεωμ.) *γωνία -εία* = που είναι μικρότερη από ενενήντα μοίρες.

οξύτητα η, ουσ. (λόγ.). 1. το να είναι κάτι οξύ, αιχμηρότητα: ~ *βέλους.* 2. ταχύτητα αντίληψης: ~ *μυαλού.* 3. (χημ.) ιδιότητα των οξέων· παρουσία οξέος σε υγρό: ~ *λαδιού.*

οξύτονος, -η, -ο, επίθ. 1. (γραμμ.) που παίρνει τόνο στη λήγουσα: *λέξη -η.* 2. (για στίχο) που καταλήγει σε λέξη που τονίζεται στη λήγουσα: ~ *ιαμβικός δεκασύλλαβος.*

οξύφωνος, -η, -ο, επίθ., που έχει διαπεραστική φωνή. -Το αρσ. ως ουσ. = τραγουδιστής που έχει την οξύτερη ανδρική φωνή (συνών. *τενόρος·* αντ. *βαθύφωνος, μπάσος*).

οξφορδιανός, -ή, -ό, επίθ. (ασυνίζ.), που σχετίζεται με την Οξφόρδη ή προέρχεται από εκεί: *βιβλιοθήκη -ή· κώδικας* ~. - Το αρσ. και το θηλ. ως ουσ. (με κεφ.) = αυτός που κατοικεί στην Οξφόρδη ή κατάγεται από εκεί.

όξω, βλ. *έξω.*

οπαδός ο και η, ουσ. 1. πρόσωπο αφοσιωμένο σε κάποιον διάσημο, σε θρησκεία, σε κόμμα ή σε ομάδα: ~ *της δημοκρατικής παράταξης/ποδοσφαιρικής ομάδας.* 2. πρόσωπο που επιλέγει μια θεωρητική άποψη και την υποστηρίζει: ~ *της θεωρίας του ορθολογισμού* (συνών. *υπέρμαχος, υποστηρικτής*).

οπαλίνα η, ουσ. 1. είδος γυαλιού που απομιμείται τις αποχρώσεις του οπαλίου. 2. είδος υφάσματος που είναι λεπτό και διαφανές: ~ *ιταλική.* [γαλλ. *opaline*].

οπάλινος, -η, -ο, επίθ., που είναι φτιαγμένος από οπάλιο ή οπαλίνα: *καθρέφτης* ~.

οπάλιο το, ουσ. (ασυνίζ.), είδος πολύτιμου λίθου, συνήθως λευκό και διαφανές με μεταβαλλόμενους ιριδισμούς.

όπερα η, ουσ. 1. θεατρικό δραματικό μουσικό έργο, εμπλουτισμένο με διαλογικά μέρη, τραγούδια, χορωδιακά κομμάτια και καμιά φορά χορό με συνοδεία ορχήστρας: ~ μπούφα (= όπερα με χαρακτήρα κωμικό). 2. είδος μουσικό που περιλαμβάνει τέτοια έργα: αγαπώ την ~. 3. κτήριο ή θέατρο όπου ανεβάζονται αυτά τα έργα. 4. ομάδα καλλιτεχνών που παρουσιάζουν όπερες: η ~ της Σόφιας (πβ. μελόδραμα). [ιταλ. opera].

οπερατέρ ο, ουσ. άκλ., άτομο ειδικευμένο στο χειρισμό της μηχανής για το γύρισμα κινηματογραφικής ταινίας (προτιμότερο: εικονολήπτης). [γαλλ. opérateur].

όπερ έδει δείξαι· αρχαϊστ. φρ. = αυτό που έπρεπε να αποδειχτεί, αποδείχτηκε.

οπερέτα η, ουσ. 1. μικρή όπερα κωμική με θέμα και στιλ δανεισμένα από την κωμωδία. 2. είδος μουσικό που περιλαμβάνει τέτοια έργα. [ιταλ. operetta].

οπερετικός, -ή, -ό, επίθ. 1. που σχετίζεται με την οπερέτα. 2. (μειωτ.) πομπώδης και γελοίος: -ή εμφάνιση προσώπου· πραξικόπημα -ό.

οπή, η, ουσ. (λόγ.), τρύπα (βλ. λ.).

όπιο το, ουσ. (ασυνίζ.), παυσίπονο, χρησιμοποιούμενο στη φαρμακευτική, που προκαλεί στην αρχή ευφορία, κατόπιν χαλάρωση των αισθήσεων και τελικά υπνηλία (συνών. αφιόνι).

οπιομανής, -ής, -ές, γεν. -ούς, πληθ. αρσ. και θηλ. -είς, ουδ. -ή, επίθ. (ασυνίζ.), που πάσχει από οπιομανία (πβ. μορφινομανής).

οπιομανία η, ουσ. (ασυνίζ.), το πάθος να παίρνει κανείς όπιο ως ναρκωτικό (πβ. μορφινομανής).

οπιούχος, -α, -ο, επίθ. (ασυνίζ.), που περιέχει όπιο: φάρμακα -α.

οπισθάγκωνα και (λαϊκ.) **πισταγκωνα,** επίρρ., με τους αγκώνες ή τα χέρια δεμένα προς τα πίσω: τον μετέφεραν ~ δεμένο.

οπισθαγκωνίζω και (λαϊκ.) **πισταγκωνίζω,** ρ., δένω κάποιον οπισθάγκωνα.

όπισθεν· επίρρ. (λόγ.), πίσω, προς τα πίσω: το αυτοκίνητο έκανε ~ (αντ. εμπρός).

οπίσθιος, -α, -ο, επίθ. (ασυνίζ., λόγ.), που βρίσκεται στο πίσω μέρος: τα -α δόντια της κάτω σιαγόνας (συνών. πισινός· αντ. μπροστινός, εμπρόσθιος). - Το ουδ. στον πληθ. ως ουσ. = τα πισινά: μου γύρισε τα -ά της.

οπισθο- α´ συνθ. λέξεων με τη σημασ. «πίσω»: π.χ. οπισθογέμιση, οπισθόγραφος, οπισθοδρομικός, οπισθοχωρώ.

οπισθοβουλία η, ουσ. (λόγ.), υστεροβουλία (βλ. λ.).

οπισθόβουλος, -η, -ο, επίθ. (λόγ.), υστερόβουλος (βλ. λ.).

οπισθογεμής, -ής, -ές, γεν. -ούς, πληθ. αρσ. και θηλ. -είς, ουδ. -ή, επίθ., (για όπλο) που γεμίζεται από το πίσω τμήμα: δίκαννο -ές (αντ. εμπροσθογεμής).

οπισθογέμιση η, ουσ., (για όπλο) γέμιση από το πίσω τμήμα.

οπισθογράφηση η, ουσ., ενυπόγραφη δήλωση πίσω από πιστωτικό τίτλο για μεταβίβαση κυριότητας ή κατοχής ή εντολής με άλλον για είσπραξη: ~ επιταγής.

οπισθόγραφος, -η, -ο, επίθ., που είναι γραμμένος στο πίσω μέρος πιστωτικού ιίτλου.

οπισθογράφος ο και η, ουσ., αυτός που οπισθογραφεί πιστωτικό τίτλο.

οπισθογραφώ, ρ., μεταβιβάζω πιστωτικό τίτλο με οπισθογράφηση.

οπισθόδομος ο, ουσ. (αρχαιολ.) ιδιαίτερος χώρος στο πίσω τμήμα του σηκού των αρχαίων ελληνικών ναών, που χρησίμευε και ως θησαυροφυλάκιο: ο ~ του Παρθενώνα.

οπισθοδρόμηση η, ουσ. 1. κίνηση προς τα πίσω, οπισθοχώρηση: ~ σωλήνα πυροβόλου. 2. (μεταφ., κοινων.) τύπος εξέλιξης που τον χαρακτηρίζει η επιστροφή σε ξεπερασμένες μορφές και δομές που αντιτίθενται στην πρόοδο.

οπισθοδρομικός, -ή, -ό, επίθ. 1. που κινείται ή γίνεται προς τα πίσω: κίνηση -ή. 2. (μεταφ.) που έχει παλιές και ξεπερασμένες αντιλήψεις (συνών. καθυστερημένος, συντηρητικός· αντ. προοδευτικός). - Επίρρ. **-ά** και **-ώς.**

οπισθοδρομικότητα η, ουσ., το να είναι κανείς οπισθοδρομικός.

οπισθοδρομικώς, βλ. οπισθοδρομικός.

οπισθοδρομώ, ρ. 1. κινούμαι προς τα πίσω, οπισθοχωρώ. 2. (μεταφ.) μένω πίσω, δεν προοδεύω.

οπισθοφύλακας ο, ουσ. (αθλητ.) παίκτης που αγωνίζεται στην άμυνα μιας ποδοσφαιρικής ομάδας: ~ κεντρικός.

οπισθοφυλακή η, ουσ. (στρατ.) το τμήμα που βρίσκεται στα νώτα μιας στρατιωτικής δύναμης σε πορεία ή αποστολή να την προστατεύσει από εχθρικές επιθέσεις: ~ της φάλαγγας (αντ. εμπροσθοφυλακή).

οπισθόφυλλο το, ουσ., το τελευταίο φύλλο ενός βιβλίου, όπου δεν περιλαμβάνεται κείμενο άλλο από τον κολοφώνα (βλ. λ.).

οπισθοχώρηση η, ουσ. 1. μετακίνηση κάποιου προς τα πίσω (συνών. πισωδρόμισμα· αντ. προχώρεμα). 2. (στρατ.) το να οπισθοχωρεί μια στρατιωτική μονάδα: αναγκαστική ~· κατά την ~ σημειώθηκαν λιποταξίες (συνών. υποχώρηση· αντ. προέλαση, προώθηση).

οπισθοχωρητικός, -ή, -ό, επίθ., που αναφέρεται στην οπισθοχώρηση ή γίνεται με αυτόν τον τρόπο: σειρά/πορεία -ή.

οπισθοχωρώ, ρ. 1. μετακινούμαι, βαδίζω προς τα πίσω (συνών. υποχωρώ· αντ. προχωρώ). 2. (στρατ.) σκόπιμα ή από ανάγκη εγκαταλείπω τις θέσεις μου και απομακρύνομαι από τον εχθρό για να αποφύγω τη σύγκρουση μαζί του: όταν το τάγμα συνάντησε αντίσταση, -ησε δύο-τρία χιλιόμετρα και ζήτησε αεροπορική υποστήριξη (συνών. υποχωρώ· αντ. προελαύνω, προχωρώ, προωθούμαι).

οπλαρχηγός ο, ουσ., αρχηγός ομάδας πολεμιστών που δεν ανήκουν σε τακτικό στρατό: οι -οί της Επανάστασης του 1821.

οπλασκία η, ουσ. (στρατ.) εξάσκηση στρατιώτη στο χειρισμό του ατομικού οπλισμού του.

οπλή η, ουσ. (ζωολ.) σχηματισμός από κερατίνη (βλ. λ.) που περιβάλλει το άκρο του δακτύλου των περισσοδάκτυλων και των αρτιοδάκτυλων θηλαστικών: -ές του αλόγου/της αγελάδας (πβ. νύχι σημασ. 3).

οπληφόρα τα, ουσ. (ζωολ.) θηλαστικά που έχουν οπλές.

οπλίζω, ρ. 1. εφοδιάζω κάποιον με όπλα: αλεξιπτωτιστές βαριά -ισμένοι· (μέσ.) οι χωρικοί -ίστηκαν με ό,τι εύρισκαν πρόχειρο· (συνεκδοχικά) ποιος όπλισε το χέρι του δολοφόνου; (συνών. αρματώνω, εξοπλίζω· αντ. αφοπλίζω). 2. (για πυροβόλο όπλο) τοποθετώ τα κατάλληλα εξαρτήματα του όπλου σε τέτοια θέση, ώστε να είναι έτοιμο να

εκπυρσοκροτήσει με απλό χειρισμό (λ.χ. πάτημα της σκανδάλης): *γεμίζω ένα πιστόλι, ~ και απασφαλίζω.* 3. (μεταφ.) παρέχω σε κάποιον εφόδια, κυρίως ηθικά και πνευματικά, απαραίτητα για την επιτυχία ενός σκοπού: *οι δοκιμασίες τον είχαν -ίσει με θάρρος και υπομονή·* (μέσ.) *πήγαινε να γράψει εξετάσεις -ισμένος με ψυχραιμία· -ίστηκε με χαμόγελο και μπήκε στο γραφείο* (συνών. *εφοδιάζω*). - Η μτχ. παρκ. ως επίθ. = για υλικό που ενισχύεται, στερεώνεται, γίνεται πιο ανθεκτικό με τη βοήθεια πρόσθετου στοιχείου: *σκυροκονίαμα ή σκυρόδεμα -ισμένο* (κοιν. *μπετόν αρμέ*)· *τζάμι -ισμένο με συρματόπλεγμα.*
οπλικός, -ή, -ό, επίθ., που αναφέρεται σε όπλα (σύγχρονα): *συστήματα -ά.*
όπλιση η, ουσ., το να οπλίζει κανείς πυροβόλο όπλο (βλ. *οπλίζω* στη σημασ. 3).
οπλισμός ο, ουσ. 1. εφοδιασμός με όπλα (συνών. *αρμάτωμα, εξοπλισμός·* αντ. *αφοπλισμός*). 2. το σύνολο των όπλων, επιθετικών και αμυντικών, που φέρει κάποιος ή κάτι: ~ *ατομικός/φορητός (ενός στρατιώτη)· αεροσκάφος με βαρύ -ό.* 3. (μεταφ.) μέσα και εφόδια, κυρίως ηθικά και πνευματικά για την επιτυχία ενός σκοπού: *δημοσίευμα χωρίς φιλολογικό -ό.* 4. πρόσθετο στοιχείο που ενισχύει, που στερεώνει ένα υλικό: *πωρόλιθος με -ό ανοξείδωτου χάλυβα.* 5. σύνολο εξαρτημάτων συσκευής: ~ *ηλεκτρικού πυκνωτή.*
οπλιταγωγό το, ουσ. (στρατ.) πλοίο με σχετικά μικρό εκτόπισμα και ειδική διαρρύθμιση για τη μεταφορά στρατιωτών και του φορητού οπλισμού τους.
οπλίτης ο, ουσ. 1. (αρχ. ιστ.) πεζός στρατιώτης με βαρύ οπλισμό, κυρίως με δόρυ, ασπίδα και θώρακα (σε αντιδιαστολή με έναν *ψιλό,* έναν *ιππέα* ή έναν *τοξότη*). 2. στρατιώτης ή έφεδρος υπαξιωματικός του στρατού ξηράς: *η δύναμη του λόχου ήταν 5 αξιωματικοί και 132 -ες.*
όπλο το, ουσ. 1. (γενικά) όργανο ή μέσο που χρησιμοποιεί κανείς για να καταβάλει έναν αντίπαλο ή για να προστατέψει τον εαυτό του από εχθρική δράση· (ειδικότερα) αντικείμενο ή συσκευή που χρησιμοποιεί κάποιος για να βλάψει ή να σκοτώσει έναν άλλον άνθρωπο σε μια σύγκρουση ή κυρίως στη διάρκεια ενός πολέμου: *-α επιθετικά/αμυντικά· ~ νεολιθικό/μεσαιωνικό· ~ αντιαρματικό/πυροβόλο/φονικό·* (συχνά στον πληθ.) *-α συμβατικά/πυρηνικά/χημικά· έμπορος -ων·* συνομιλίες για τον περιορισμό των στρατηγικών *-ων·* (ειδικά για τουφέκι) ~ *αεροβόλο/κυνηγετικό· γεμίζω το ~·* έκφρ. *στα -α!* (παράγγελμα συναγερμού που εκφωνεί ένας φρουρός)· *κατάθεση των -ων,* βλ. *κατάθεση*· φρ. *αδειάζω το ~ εναντίον σε κάποιον* (= πυροβολώ κάποιον πολλές φορές)· *έχω υπό τα -α* (για την ετοιμοπόλεμη στρατιωτική δύναμη που διαθέτει μία χώρα· *καλώ υπό τα -α* (= επιστρατεύω)· *κατεθέτω τα -α,* βλ. *καταθέτω· παίρνω τα -α εναντίον κάποιου* (= αρχίζω ένοπλο αγώνα, επαναστατώ)· *παραδίδω/πετώ/ρίχνω τα -α* (κυριολεκτικά ή μεταφορικά για να δηλωθεί εγκατάλειψη του αγώνα, συνθηκολόγηση) (συνών. στον πληθ. *άρματα τα*). 2. (στρατ.) τμήμα στρατού με ιδιαίτερο οπλισμό, οργάνωση και διοίκηση που αναλαμβάνει έναν τομέα της πολεμικής δράσης συμμετέχοντας άμεσα στη μάχη (σε αντιδιαστολή με ένα *σώμα,* βλ. λ.): *τα -α είναι: πεζικό, τεθωρακισμένα, πυροβολικό, διαβιβάσεις,*

μηχανικό. 3. ισχυρό μέσο για την επιτυχία ενός σκοπού, για την προστασία σε μια δύσκολη περίσταση: ~ *ηθικό/πνευματικό· χρησιμοποιεί το τελευταίο του ~, τη συκοφαντία.*
οπλοβαστός ο, ουσ. (στρατ.) μακρόστενο ξύλινο ή μεταλλικό στήριγμα με χωρίσματα σ' ένα θάλαμο στρατοπέδου, όπου οι στρατιώτες ακουμπούν όρθια τα όπλα τους για να μπορούν να τα παίρνουν εύκολα και γρήγορα, όποτε χρειάζεται.
οπλοθήκη η, ουσ. 1. (λόγ.) αποθήκη όπλων, οπλοστάσιο: *ο γεμιτζής... πήγε γρήγορα στην ~, τους αρμάτωσε...* (Μπαστιάς). 2. είδος προθήκης, κρεμαστής στον τοίχο, όπου τοποθετούνται όπλα συνήθως ιστορικής αξίας.
οπλοκατοχή η, ουσ. (νομ.) κατοχή όπλου.
οπλομαχία η, ουσ. α. άσκηση στη χρήση όπλων (πβ. *ξιφασκία*) β. (στρατ.) λογχομαχία.
οπλονόμος ο, ουσ. (στρατ.) υπαξιωματικός του πολεμικού ναυτικού με καθήκοντα ελέγχου του πληρώματος και του φορητού οπλισμού σε ένα πλοίο.
οπλοποιείο το, ουσ. (λόγ.), εργοστάσιο κατασκευής ή επισκευής όπλων.
οπλοποιία η, ουσ. (λόγ.), η τέχνη της κατασκευής όπλων.
οπλοποιός ο, ουσ. (ασυνίζ., λόγ.), αυτός που κατασκευάζει ή επισκευάζει όπλα.
οπλοπολυβόλο το, ουσ., φορητό αυτόματο πυροβόλο όπλο κάπως ελαφρύτερο και μικρότερο σε όγκο από το πολυβόλο (βλ. λ.): *βολή/γεμιστήρα -ου.*
οπλοπωλείο το, ουσ., κατάστημα όπου πωλούνται όπλα.
οπλοπώλης ο, ουσ., καταστηματάρχης που πουλά όπλα.
οπλοστάσιο το, ουσ. (ασυνίζ.). 1. (λόγ.) αποθήκη όπλων. 2. το σύνολο των όπλων που διαθέτει κανείς, ιδίως μια χώρα: *ανανέωση του πυρηνικού -ίου των Η.Π.Α.·* (μεταφ.) ~ *επιχειρημάτων/λεξιλογικό.*
οπλοφορία η, ουσ. (νομ.) το να φέρει, το να έχει κανείς επάνω του όπλο: *άδεια -ίας· ~ παράνομη.*
οπλοφόρος ο, ουσ., άτομο οπλισμένο με φορητό πυροβόλο όπλο, ιδίως πιστόλι ή τουφέκι (συνών. *ένοπλος*).
οπλοφορώ, ρ., είμαι οπλισμένος με φορητό όπλο (λ.χ. μαχαίρι, πιστόλι).
οπλοχρησία η, ουσ. (νομ.) το να χρησιμοποιεί κανείς όπλο για να διαπράξει πλημμέλημα ή κακούργημα (π.χ. τραυματισμό, φόνο).
οποθενδήποτε, επίρρ. (λόγ.), απ' οπουδήποτε: *η κυβέρνηση καταδικάζει τη βία ~ και αν προέρχεται.*
όποιος, -α, -ο, γεν. εν. *-ου* και *οποιανού,* γεν. πληθ. *-ων* και *οποιανών,* αντων. (συνιζ.), (αναφ. που χρησιμοποιείται αοριστολ., μόνη της ή με ουσ. ως επίθ.) α. εκείνος που, κάποιος απ' όλους (δεν έχει σημασία ποιος): ~ *με άκουσε, δε μετάνιωσε· ρώτα -ον θέλεις· -ο βιβλίο πάρεις, να το αφήσεις πάλι στη θέση του·* (συχνά σε παροιμ.) ~ *βιάζεται, σκοντάφτει· ~ δεν έχει μυαλό, έχει ποδάρια.* β. για να δηλωθεί άγνοια ή αδιαφορία γι' αυτό που θα επακολουθήσει: *τρέχαν όλοι πίσω από το λεωφορείο και ~ προλάβει· παλεύουμε κι ~ κερδίσει·* φρ. *σ' -ον αρέσει ή* (λαϊκ.) *-ανού τ' αρέσει·* γ. με επόμενο το *και αν* ή *και να* για να δηλωθεί παραχώρηση: ~ *κι αν τηλεφωνήσει, πείτε ότι*

λείπω· -ο δρόμο και να πάρεις, θα φτάσεις στο ίδιο σημείο· **δ.** με προηγούμενο το οριστικό άρθρο για να δηλωθεί παραχώρηση: *έχασε σταδιακά την -α αξιοπιστία είχε διατηρήσει ως τότε* (= όποια ή όση τυχόν). ´Εκφρ. ~ κι ~ (= συνήθως με άρν., για πρόσωπο ή πράγμα κοινό, τυχαίο που δεν του αποδίδεται αξία ή σημασία): *στο καφενείο του δε σύχναζαν οι -οι κι -οι.* [άρθρο *ο* + *αντων. ποίος*].

οποίος, -α, -ο, αντων. αναφ., χρησιμοποιείται με το άρθρο *ο, η, το,* κλπ., αντί για την κοινότερη *που* κυρίως στο γραπτό λόγο, ιδιαίτερα στις πλάγιες πτώσεις και εμπροθέτως, όταν μάλιστα η χρήση του *που* ενδέχεται να προκαλέσει νοηματική ασάφεια: *ρώτησα μια συμμαθήτριά μου, της -ας ο πατέρας ήταν γιατρός·* είναι πρόσωπο με το *-ο δεν μπορείς να συζητήσεις ήρεμα·* κάθε συγγραφέας *εκφράζει την εποχή στην -α ζει.*

οποιοσδήποτε, οποιαδήποτε, οποιοδήποτε, αντων. (συνιζ.), (χρησιμοποιείται αοριστολ., συχνά για να δηλωθεί παραχώρηση) όποιος και αν, όποιος τυχόν (εννοη. υπάρχει, παρουσιάζεται, κ.τ.ό.): *~ ήθελε, έμπαινε μέσα·* ο αγώνας *θα γίνει με οποιεσδήποτε συνθήκες·* (με προηγούμενο αόρ. ή οριστ. άρθρο) *θα δεχόμουν μια οποιαδήποτε συμβουλή·* (με οριστ. άρθρο, συνήθως με άρν., για πρόσωπο ή πράγμα συνηθισμένο, τυχαίο, όχι ιδιαίτερα σημαντικό): *δεν μπορεί ο ~ να γνωμοδοτεί για σοβαρά θέματα.*

οπορτουνισμός ο, ουσ. (πολιτ.) καιροσκοπισμός (βλ. λ.). [γαλλ. *opportunisme*].

οπορτουνιστής ο, θηλ. **-ίστρια,** ουσ. (πολιτ.) καιροσκόπος (βλ. λ.).

οπορτουνιστικός, -ή, -ό, επίθ. (πολιτ.) που χαρακτηρίζεται από οπορτουνισμό, καιροσκοπικός (βλ. λ.): *εξωτερική πολιτική -ή.*

οπορτουνίστρια, βλ. *οπορτουνιστής.*

οπόταν, σύνδ. (λόγ.), (χρον.) κάθε φορά που.

όποτε, σύνδ. 1. (αναφ. χρον.) κάθε φορά που: *~ πηγαίναμε εκδρομή, έβρεχε·* ~ *έχεις απορία να με ρωτάς.* 2. (αοριστολ.) όταν: ~ *μπορέσω, θα σου τηλεφωνήσω.*

οπότε, σύνδ. 1. (αναφ. χρον., για περιπτώσεις που δηλώνεται κάτι ξαφνικό και απροσδόκητο· εισάγει πρότ. που ακολουθεί την κύρια) όταν: *βρισκόμασταν λίγο έξω απ' το λιμάνι,* ~ *ξεσπάει μια φοβερή καταιγίδα* (= και τότε)· *δεν ήθελε να μιλήσει κανείς,* ~ *εγώ αρπάζω το μικρόφωνο...* (= τότε λοιπόν...). 2. (για να δηλωθεί συμπέρασμα, ακολουθία) στην περίπτωση αυτή: *άργησε να προσκομίσει τη βεβαίωση,* ~ *κι αυτοί δικαιολογημένα καθυστερούν την πληρωμή.*

οποτεδήποτε, σύνδ. (χρον.) κάθε φορά που, όποτε κι αν, σε οποιαδήποτε περίπτωση: *μπορείς να έρχεσαι,* ~ *θελήσεις.*

όπου, που, επίρρ. 1. (αναφ. τοπ., αοριστολ.) σε όποιο μέρος: *ψάξε* ~ *θέλεις·* ~ *και να πας, δε θα γλυτώσεις την τιμωρία·* έκφρ. ~ *και να 'ναι ή* συνηθέστερα ~ *να 'ναι* (= στο άμεσο μέλλον, σε πολύ λίγη ώρα ή σε πολύ λίγο καιρό) = *να 'ναι φτάνει το τρένο* ~ *(κι)* ~ (= οπουδήποτε αδιακρίτως): *δεν μπορώ να καθίσω* ~ *κι* ~· φρ. ~ *φύγει φύγει*, βλ. *φεύγω.* 2. (αναφ. τοπ., οριστ.) στο μέρος που: *κόψε* ~ *πρέπει·* ~ *βλέπεις το χώμα σκαμμένο, έχω σπείρει·* (σε παροιμ.) ~ *λαλούν πολλοί κοκόροι, αργεί να ξημερώσει·* (με επόμενο το *και*) *γεννήθηκε στη Βέροια,* ~ *και πέρασε τα παιδικά του χρόνια* (= κι εκεί). 3. (ως εμπρ. αναφ. προσδ.) **α.** (τοπ.) *στάσου εκεί* ~ *αρχίζει η αμμουδιά· ανέβηκαν σε μια κορφή* ~ *δεν είχε πατήσει άνθρωπος·* **β.** (χρον.) *ήταν μια εποχή που καθένας κοίταζε να σώσει τον εαυτό του.* 4. (αναφ. χρον., για να δηλωθεί συμπέρασμα, ακολουθία) *τον είχαν κυκλώσει από παντού·* ~ *αυτός, μην έχοντας άλλη διέξοδο, βγαίνει στο παράθυρο...* (= τότε λοιπόν αυτός).

όπου δεν πίπτει λόγος, πίπτει ράβδος· αρχαϊστ. φρ., για περιπτώσεις που οι συμβουλές και οι παραινέσεις δεν έχουν αποτέλεσμα και κρίνεται αναγκαίο να εφαρμοστεί βία.

οπουδήποτε, σύνδ. (τοπ.) όπου και αν, σε οποιοδήποτε μέρος: ~ *ακουμπούσε, άφηνε σημάδι·* (ως επίρρ.) *μια τέτοια συνάντηση δεν είναι δυνατόν να γίνει* ~.

ο πρώτος τυχών· αρχαϊστ. έκφρ. = ο οποιοσδήποτε: *δεν ανέχομαι να μου κάνει υποδείξεις* ~.

οπτασία η, ουσ., άυλη μορφή που εμφανίζεται ή θεωρείται ότι εμφανίζεται σε κάποιον όταν είναι ξυπνητός (σε έκσταση): ~ *εφιαλτική/υπερφυσική* (συνών. *όραμα*).

οπτικά, βλ. *οπτικός.*

οπτική η, ουσ. 1. κλάδος της φυσικής που μελετά τα φωτεινά φαινόμενα που διεγείρουν το αισθητήριο της όρασης. 2. τομέας της φυσιολογίας που ερευνά τα σχετικά με την όραση.

οπτικοακουστικός, -ή, -ό, επίθ., που είναι οπτικός και ακουστικός ταυτόχρονα, που χρησιμοποιεί συγχρόνως εικόνα και ήχο: *-ά μέσα διδασκαλίας.*

οπτικομετρία και **-τρική** η, ουσ., η τέχνη της μέτρησης των βαθμών της όρασης με το οπτικόμετρο (βλ. λ.).

οπτικομετρικός, -ή, -ό, επίθ., που ανήκει ή αναφέρεται στην οπτικομετρία ή στο οπτικόμετρο: *-ά όργανα.*

οπτικόμετρο το, ουσ. (ιατρ.) όργανο που ελέγχει την όραση και διάφορες μορφές άμβλυνσης της.

οπτικοποίηση η, ουσ. (νεολογ.), το να μετατρέπονται στοιχεία του προφορικού ή γραπτού λόγου σε εικόνα, χρησιμοποίηση οπτικών μέσων (εικονογράφηση, δραματοποίηση, σλάιτς) για την παρουσίαση ενός θέματος: *η* ~ *μαθημάτων βοηθά στην εμπέδωσή τους.*

οπτικοποιώ, ρ. (ασυνίζ., νεολογ.), μετατρέπω στοιχεία του γραπτού ή προφορικού λόγου σε εικόνα, χρησιμοποιώ οπτικά ή οπτικοακουστικά μέσα (σλάιτς, δραματοποίηση) για να παρουσιάσω ένα θέμα (συνήθως με διδακτικό σκοπό): *-ποιημένο μάθημα διδασκαλίας.*

οπτικός, -ή, -ό, επίθ. 1. που ανήκει ή αναφέρεται στην όραση: *-ή απάτη/παραίσθηση* (= οφθαλμαπάτη) *-ό πεδίο* (= ό,τι μπορεί να βλέπει κανείς, ο ορίζοντας) *-ά σήματα· καταστήματα -ών (ειδών) -ή γωνία* (= το πώς βλέπει κανείς τα πράγματα, σκοπιά αντιλήψεων, πρίσμα): *-ή γωνία του αφηγητή σ' ένα μυθιστόρημα· μοντέρνα -ή (γωνία) του σκηνοθέτη.* 2. που ανήκει ή αναφέρεται στο μάτι ως όργανο της όρασης: *-ό νεύρο· -ή θηλή.* - Το αρσ. και το θηλ. ως ουσ. (συνήθως όχι γιατρός) που ασχολείται με την κατασκευή, επισκευή, ρύθμιση και εφαρμογή των οπτικών οργάνων και ειδικότερα εφαρμόζει φακούς για τη διόρθωση των διαθλαστικών ανωμαλιών της όρασης με βάση συνταγές οφθαλμιάτρου. - Επίρρ. **-ώς** και **-ά** (στη σημασ. 1).

οπτιμισμός ο, ουσ., φιλοσοφική θεωρία της αισιοδοξίας (αντ. *πεσιμισμός*). [γαλλ. *optimisme*].
οπτιμιστής ο, θηλ. **-ίστρια**, ουσ., οπαδός του οπτιμισμού (βλ. λ.), αισιόδοξος (αντ. *πεσιμιστής*).
οπωρικό το, ουσ. (συνήθως στον πληθ.) καρπός οπωροφόρου δέντρου, καρπός που τρώγεται αμέσως χωρίς να χρειάζεται προηγούμενη κατεργασία (συνών. *φρούτο*).
οπωροκηπευτικά τα, ουσ., φρούτα και λαχανικά.
οπωροπωλείο το, ουσ., κατάστημα όπου πουλιούνται οπωροκηπευτικά, μανάβικο.
οπωροπώλης ο, θηλ. **-ισσα**, ουσ., αυτός που πουλάει οπωροκηπευτικά, αυτός που έχει κατάστημα οπωρικών (συνών. *μανάβης*).
οπωροσάκχαρο το, ουσ. (χημ.) φρουκτόζη (βλ. λ.).
οπωροφόρος, -α, -ο, επίθ. (για δέντρο) που παράγει οπωρικά (βλ. λ.), φρούτα.
οπωρώνας ο, ουσ., τόπος κατάφυτος από οπωροφόρα δέντρα.
όπως, επίρρ. Α. (ως τροπ. επίρρ.) 1. έτσι που, με τον τρόπο που, καθώς: *πέρασε ~ περνούσες τόσον καιρό· ~ φαίνεται, θα βρέξει· να φερθείς ~ πρέπει·* φρ. *όπως σε βλέπω και με βλέπεις* (= χωρίς αμφιβολία, με βεβαιότητα)· *~ και να το πάρει κανείς ή ~ κι αν έχει το πράγμα* (= έτσι κι αλλιώς, πάντως, οπωσδήποτε). 2. διπλό είτε ασυνδέτως είτε με το *και* ενδιάμεσα = με τα μέσα που υπάρχουν, όπως είναι δυνατόν, με κάθε τρόπο: *χρειάστηκε να το τελειώσω ~ ~ τον δέχτηκα ~ (κι) ~· βιάστηκε να την παντρέψει ~ ~ πριν πεθάνει* (= οπωσδήποτε). Β. (ως σύνδ.) 1. (χρον.) καθώς, εκεί που, ενώ: *~ ανέβαινε τη σκάλα, του ήρθε ζάλη· ~ άνοιξε το κλουβί, πετάχτηκε έξω το καναρίνι*. 2. (αιτιολ.) επειδή, αφού: *~ φέρεσαι έτσι, θα χάσεις όλους τους φίλους σου*.
οπωσδήποτε, επίρρ., με οποιονδήποτε τρόπο, έτσι κι αλλιώς, όπως όπως· με βεβαιότητα, χωρίς άλλο: *πρέπει να χειρουργηθεί ~! θα έρθω ~!*
όραμα το, ουσ. 1. ό,τι υπερφυσικό βλέπει κανείς όταν βρίσκεται σε έκσταση: *είναι ετοιμοθάνατος και βλέπει -ατα* (συνών. *ψευδαίσθηση*). 2. το σύνολο των υψηλών μελλοντικών επιτευγμάτων που την πραγματοποίησή τους εύχεται κανείς για τον εαυτό του, τους συγχρόνους του ή το μελλοντικό κοινωνικό σύνολο: *το ~ του Ρήγα για την Ελλάδα, τη βαλκανική ομοσπονδία*. 3. (γενικότερα) υψηλή επιδίωξη ενός ατόμου: *~ μου είναι να αποκαταστήσω όπως πρέπει τα παιδιά μου*.
οραματίζομαι, ρ., προβλέπω και εύχομαι να πραγματοποιηθούν στο μέλλον επιτεύγματα που με αφορούν προσωπικά ή σχετίζονται με το κοινωνικό σύνολο της σύγχρονης ή μελλοντικής εποχής: *-ίστηκαν την επικράτηση κοινωνικής δικαιοσύνης/παγκόσμιας ειρήνης*.
οραματικός, -ή, -ό, επίθ., που ανήκει ή αναφέρεται στο όραμα: *-ή πνοή ενός ποιητή*.
οραματισμός ο, ουσ., το να οραματίζεται (βλ. λ.) κανείς.
οραματιστής ο, θηλ. **-ίστρια**, ουσ., αυτός που οραματίζεται (βλ. λ.): *~ της παγκόσμιας ειρήνης*.
οράριο το, ουσ. (ασυνίζ.), στενόμακρο, μεταξωτό και κεντημένο άμφιο του διακόνου που αναδιπλώνεται στον αριστερό ώμο. [λατ. *orarium*].
όραση η, ουσ. (χωρίς πληθ.), η ικανότητα του να βλέπει κανείς, η αίσθηση του φωτός και των εξωτερικών αντικειμένων με τα μάτια: *φυσιολογική ~· άμβλυνση της -ης*.

ορατόμετρο το, ουσ. (ιατρ.) όργανο για τον προσδιορισμό του βαθμού ορατότητας.
ορατόριο το, ουσ. (ασυνίζ.), εκτενής μουσική σύνθεση θρησκευτικού περιεχομένου που αποτελείται από ωδές που τραγουδιούνται από χορό με τη συνοδεία ορχήστρας. [λατ. *oratorium*].
ορατός, -ή, -ό, επίθ., που μπορεί να γίνει αντιληπτός με την όραση, που μπορεί κανείς να τον δει: *τα μικρόβια δεν είναι -ά με γυμνό μάτι* (αντ. *αόρατος*).
ορατότητα η, ουσ. 1. το να μπορεί να γίνει κάτι αντιληπτό με την όραση. 2. (μετεωρ.) η μέγιστη απόσταση σε μέτρα ή χιλιόμετρα στην οποία μπορούμε να διακρίνουμε καθαρά αντικείμενα που φωτίζονται: *οριζόντια ~· βαθμός -ας*.
οργανάκι το, I. ουσ., οργανέτο (βλ. λ. στη σημασ. 1).
οργανάκι το, II. ουσ., όργανο (βλ. λ.).
οργανέτο το, ουσ. 1. (μουσ.) μικρό αυτόματο μουσικό όργανο (συνών. *οργανάκι*). 2. (μεταφ.) άνθρωπος που είναι κάτω από την εξουσία άλλου, υποχείριος. [ιταλ. *organetto*].
οργανίδια τα, ουσ. (ασυνίζ.), (βιολ.) ειδικοί ζωντανοί σχηματισμοί που βρίσκονται κυρίως στους μονοκύτταρους οργανισμούς και συντελούν στη μετακίνησή τους.
οργανικός, -ή, -ό, επίθ. 1. που ανήκει ή αναφέρεται σε όργανο, οργανισμό ή οργάνωση. 2. (βιολ.) που προέρχεται από ζωντανό οργανισμό, ενόργανος: *ουσίες -ές· κόσμος ~· ύλη/ζωή -ή* (αντ. *ανόργανος*). 3. (χημ.) *ενώσεις -ές* = αυτές που περιέχουν άνθρακα· *χημεία -ή* = κλάδος της χημείας που εξετάζει τις οργανικές ενώσεις. 4. (ιατρ., για νόσο) που έχει σωματικό αίτιο σε αντιδιαστολή με μη οργανικές διαταραχές, που έχουν λειτουργική ή ψυχική προέλευση: *ανωμαλία/πάθηση -ή*. 5. *μουσική -ή* = αυτή στην οποία ακούγονται μόνο μουσικά όργανα και όχι φωνές. 6. (νομ.) *νόμος ~* = αυτός που καθορίζει την οργάνωση κρατικής υπηρεσίας· *θέση -ή* = αυτή που προβλέπεται από τον οργανισμό που ρυθμίζει τα σχετικά με τη λειτουργία μιας υπηρεσίας: *εκπαιδευτικός με -ή (θέση) στη Θεσσαλονίκη*. - Επίρρ. **-ώς** και **-ά**.
οργανισμός ο, I. ουσ. (βιολ.) 1. οργανωμένο σύνολο που τα τμήματά του συνεργάζονται αρμονικά και έχουν ως αποτέλεσμα την εμφάνιση του φαινομένου της ζωής: *ανθρώπινος ~*. 2. (συνεκδοχικά) έμβριο ον (ζώο ή φυτό): *θαλάσσιοι/πολυκύτταροι/φυτικοί -οί*.
οργανισμός ο, II. ουσ., συγκροτημένη υπηρεσία που περιλαμβάνει παράγοντες και συντελεστές με καθορισμένες σχέσεις ανάμεσά τους και επιδιώκει συγκεκριμένο σκοπό: *διεθνής/πολιτικός ~· ~ που εποπτεύεται από το υπουργείο· Ο-ς Ηνωμένων Εθνών*.
οργανίστας ο, ουσ., μουσικός που παίζει εκκλησιαστικό όργανο. [ιταλ. *organista*].
όργανο το, ουσ. 1. φυσικό ή τεχνητό μέσο που χρησιμεύει για παραγωγή έργου: *γεωμετρικά/γυμναστικά -α· η γλώσσα ως ~ σκέψης/επικοινωνίας* (συνών. *σύνεργο, εργαλείο*). 2. (βιολ.) καθένα από τα αυτοτελή μέρη του οργανισμού των έμβιων όντων, που αποτελείται από ιστούς και χαρακτηρίζεται από συγκεκριμένη κατασκευή και λειτουργία απαραίτητη για τη ζωή: *αισθητήρια/γεννητικά -α· δωρητής -άνων του ανθρώπινου σώματος· φωνητικό ~*. 3. (μουσ.) α. τεχνητό κα-

τασκεύασμα που παράγει μουσικούς ήχους και με το οποίο εκτελείται μουσική σύνθεση ή συνοδεύεται τραγούδι: *έγχορδα/πνευστά/κρουστά -α· εκκλησιαστικό ~· β.* (στον πληθ.) συγκρότημα μουσικών οργάνων, μικρή λαϊκή ορχήστρα: *ακούγονταν απόμακρα -α από πανηγύρι·* (συνεκδοχικά) οι οργανοπαίχτες: *κάλεσε τα -α στο τραπέζι του.* 4. (μεταφ.) πρόσωπο που ανήκει σε (κρατική) υπηρεσία και επιτελεί συγκεκριμένο έργο: *αστυνομικό/αρμόδιο ~· -α εξουσίας/δικαιοσύνης/ δημόσιας τάξης.* 5. (με μειωτ. σημασία) άνθρωπος που είναι κάτω από την εξουσία άλλου, που υπηρετεί τα σχέδια και τους σκοπούς κάποιου άλλου: *~ του τάδε* (συνών. *οργανέτο*). - Υποκορ. **-άκι** το, στη σημασ. 3α.

οργανόγραμμα το, ουσ. **α.** απλοποιημένη σχηματική απεικόνιση της οργανωτικής δομής ή των λειτουργιών μιας επιχείρησης ή ενός δημόσιου ή ιδιωτικού οργανισμού· **β.** γραφική παράσταση της λειτουργίας ενός προγράμματος: *~ για τη δραστηριότητα κόμματος.*

οργανοπαίχτης ο, ουσ., πρόσωπο που παίζει μουσικό (λαϊκό κυρίως) όργανο: *λαϊκοί -ες* (συνών. *μουσικός*).

οργανοποιείο το, ουσ., εργαστήριο κατασκευής και επισκευής μουσικών οργάνων.

οργανοποιία η, ουσ., η τέχνη της κατασκευής μουσικών οργάνων.

οργανοποιός ο, ουσ. (ασυνίζ.), τεχνίτης που κατασκευάζει και επισκευάζει μουσικά όργανα.

οργαντίνα η, ουσ. (έρρ.), λεπτό και διαφανές βαμβακερό ύφασμα. [γαλλ. *organdi*].

οργανώνω, ρ. **Ι.** ενεργ. **1.** προγραμματίζω, ελέγχω και αξιολογώ τη χρήση ή την απόδοση των μέσων που διαθέτω ώστε να έχω καλύτερο και γρηγορότερο αποτέλεσμα: *~ την εργασία μου/τον ελεύθερο χρόνο μου.* **2.** βάζω σε σωστή και λογική σειρά, συστηματοποιώ: *~ τις σκέψεις μου· λόγος -ωμένος αυστηρά από νοηματική άποψη.* **3.** κάνω τις απαραίτητες ενέργειες για να πραγματοποιηθεί κάτι κανονικά και να έχει όσο το δυνατόν καλύτερο αποτέλεσμα: *~ μια παράσταση/συναυλία· έγκλημα -ωμένο.* **ΙΙ.** μέσ. **1.** εντάσσομαι σε ομάδα με τα μέλη της οποίας έχω κοινούς ιδεολογικούς, πολιτικούς ή θρησκευτικούς προσανατολισμούς ή κοινά επαγγελματικά και οικονομικά συμφέροντα: *-ομαι σε πολιτική οργάνωση· εμποροβιοτέχνης -ωμένος σε συντεχνίες.* **2.** κάνω τις απαιτούμενες προετοιμασίες και εφοδιάζομαι με όλα τα απαραίτητα για κάποια δουλειά ή εξόρμησή μου: *πήγαν -ωμένοι για ψάρεμα/κυνήγι/διακοπές στο βουνό.*

οργάνωση η, ουσ. **1.** ο τρόπος λειτουργίας ενός συστήματος, ειδικά ο τρόπος με τον οποίο τα διάφορα μέλη του σχετίζονται και συνεργάζονται μεταξύ τους: *~ της κοινωνίας/μιας υπηρεσίας.* **2.** (βιολ.) η τοποθέτηση και η σύνδεση των διαφόρων τμημάτων ενός σώματος με κάποια τάξη. **3.** ο προγραμματισμός, ο έλεγχος και η αξιολόγηση της χρήσης των μέσων που διαθέτουμε για να πετύχουμε καλύτερο αποτέλεσμα και μεγαλύτερη απόδοση: *~ της εργασίας/της παραγωγικής διαδικασίας.* **4.** το να κάνει κάποιος τις απαραίτητες προετοιμασίες για μια συγκεκριμένη δραστηριότητα ώστε να πραγματοποιηθεί κανονικά και να έχει το καλύτερο αποτέλεσμα: *~ μιας εκδρομής* (συνών. *διοργάνωση*). **5.** ομάδα που έχει κοινούς ιδεολογικούς, πολιτικούς, θρησκευτικούς ή άλλους προσανατολισμούς ή κοινά επαγγελματικά ή οικονομικά συμφέροντα: *~ πολιτική/συντεχνιακή.* **6.** η ένταξη ατόμου σε μια ομάδα ή σωματείο για τη δυναμικότερη προβολή και διεκδίκηση των αιτημάτων του.

οργανωτής ο, θηλ. **-ώτρια**, ουσ., αυτός που οργανώνει ή διοργανώνει κάτι.

οργανωτικός, -ή, -ό, επίθ. **1.** που αναφέρεται στην οργάνωση: *προβλήματα -ά· ψυχολογία -ή* = κλάδος της βιομηχανικής ψυχολογίας που μελετά τη συμπεριφορά του ατόμου σε μια οργάνωση. **2.** που έχει την ικανότητα να οργανώνει κάτι: *μυαλό -ό· πείρα/μέθοδος -ή.* - Το θηλ. ως ουσ. **1.** η μέθοδος που χρησιμοποιείται για το συντονισμό των λειτουργιών μιας συγκροτημένης ομάδας με σκοπό την επίτευξη του άριστου αποτελέσματος.

οργανώτρια, βλ. *οργανωτής*.

οργασμός ο, ουσ. **1.** φυσιολογική κατάσταση μικρής διάρκειας που αποτελεί το κορυφαίο σημείο της σεξουαλικής ικανοποίησης, συνοδεύεται από υπεραιμία των γεννητικών οργάνων, ρεύση εκκρίσεων, ψυχική διέγερση και στον άνδρα συμπίπτει με την εκσπερμάτωση. **2.** (μεταφ.) έντονη δραστηριότητα: *οικοδομικός/δημοσιευμάτων· για ένα θέμα/της φύσης* (= η έντονη παραγωγική δραστηριότητα της φύσης που παρατηρείται την άνοιξη).

οργή η, ουσ. **1.** δυνατός ψυχικός ερεθισμός ή ακράτητος θυμός που προκαλείται από προσβολή, αδικία ή ενόχληση κάποιου και εκδηλώνεται με αγανάκτηση ή παραφορά: *σε μια έκρηξη -ής έσπασε τον καθρέφτη· ~ Θεού* (= θεομηνία ή απάντεχο κακό)· φρ. *δίνω τόπο στην ~* (= συγκρατώ το θυμό μου). **2.** σε έκφρ. ή φρ. ως κατάρα: *να παρ' η ~· άμε στην ~· στην ~ του Θεού· πού στην ~ βρίσκεται;*

οργιά η, ουσ. (συνίζ.). **1.** μονάδα μέτρησης αποστάσεων και ειδικά του βάθους του νερού ίση περίπου με το ύψος ενός άνδρα που έχει τα χέρια τεντωμένα από τη μια άκρη στην άλλη: *φίδι ίσαμε μια ~· πηγάδι εκατό -ιές βαθύ.* **2.** (ναυτ.) μονάδα μήκους ίση με 1,83 μέτρα ή 6 πόδια.

οργιάζω, ρ. (ασυνίζ.). **1.** επιδίδομαι σε όργια, διαπράττω ακολασίες ή ανηθικότητες. **2.** βρίσκομαι σε κατάσταση οργασμού, έντονης παραγωγικής δραστηριότητας: *η φύση/η βλάστηση -ει·* (μεταφ.) *-ουν οι φήμες για κάτι.*

οργιαστικός, -ή, -ό, επίθ. (ασυνίζ.). **1.** που έχει σχέση με όργια. **2.** που βρίσκεται σε κατάσταση οργασμού, έντονης παραγωγικής δραστηριότητας: *βλάστηση -ή.*

οργίζομαι, ρ., κυριεύομαι από οργή, θυμώνω, εξοργίζομαι· (μεταφ.) *νιάτα -ισμένα* (που κατέχονται από μαχητικό πνεύμα, που δε συμβιβάζονται).

οργίλος, -η, -ο, επίθ., που εύκολα οργίζεται (συνών. *ευέξαπτος, οξύθυμος*).

όργιο το, ουσ. (ασυνίζ.). **1.** (αρχ. ιστ., στον πληθ.) μυστικές τελετές στις οποίες έπαιρναν μέρος μόνον οι μυημένοι: *-α βακχικά.* **2α.** (στον πληθ.) αφροδισιακές ακολασίες: *στο πάρτι έγιναν -α·* **β.** ηθική παρεκτροπή. **3α.** για να χαρακτηριστεί κάτι ως υπερβολική και επιζήμια σειρά ενεργειών για κάποιο σκοπό: *~ φημολογίας για επικείμενο σεισμό·* **β.** για να χαρακτηριστεί η υπερβολική παρουσία κάποιου πράγματος, ιδιότητας, κλπ.: *~ χρωμάτων στους πίνακες του τάδε ζωγράφου.*

όργωμα το, ουσ., η γεωργική εργασία κατά την οποία σκάβεται το έδαφος με άροτρο για να ακολουθήσει η σπορά.

οργώνω, ρ. 1. σκάβω το έδαφος με αλέτρι συνήθως πριν από τη σπορά. 2. (μεταφ.) περιέρχομαι μια περιοχή με τα πόδια ή με άλλο μεταφορικό μέσο για να τη γνωρίσω ή ψάχνοντας κάτι. [*εργώνω <έργον].

ορδή η, ουσ., άτακτο πλήθος ανθρώπων, μπουλούκι, ασκέρι: -ές βαρβάρων. [ταταρικό (h)orda].

ορδινιά η, ουσ. (συνίζ., ιδιωμ.), προετοιμασία, προπαρασκευή. [λατ. ordo, -inis].

ορδινιάζω, ρ. (συνίζ., ιδιωμ.), τακτοποιώ, ετοιμάζω. [ιταλ. ordinare].

ορέγομαι, βλ. ρέγομαι.

ορειβασία η, ουσ., αναρρίχηση σε απότομες πλαγιές βουνών που γίνεται ως άθλημα.

ορειβάτης ο, θηλ. **-ισσα**, ουσ., αυτός που έχει την ικανότητα ή επιδεξιότητα να σκαρφαλώνει σε απότομες πλαγιές βουνών ή ασχολείται με την ορειβασία (ως άθλημα).

ορειβατικός, -ή, -ό, επίθ., που έχει σχέση με την ορειβασία (ως άθλημα): σύλλογος ~· ραβδί -ό.

ορειβάτισσα, βλ. ορειβάτης.

ορεινός, -ή, -ό, επίθ. 1. που έχει σχέση με το βουνό: κλίμα -ό· χωριά -ά. 2. που είναι γεμάτος βουνά: χώρα/περιοχή -ή. - Το αρσ. ως ουσ.: κάτοικος ορεινού χωριού (συνών. βουνήσιος· αντ. καμπίσιος).

ορειχάλκινος, -η, -ο, επίθ., κατασκευασμένος από ορείχαλκο: άγαλμα -ο.

ορείχαλκος ο, ουσ., κράμα από χαλκό και κασσίτερο σε διαφορετικές μεταξύ τους αναλογίες, που επιδέχεται στίλβωση, αντέχει στη διάβρωση και χρησιμοποιείται για την κατασκευή αντικειμένων ή σκευών χρηστικών ή διακοσμητικών.

ορειχάλκωση η, ουσ., κάλυψη της επιφάνειας μεταλλικού σώματος με στρώμα ορείχαλκου.

ορεκτικός, -ή, -ό, επίθ., που προκαλεί σε κάποιον τη διάθεση να φάει, που ανοίγει την όρεξη. - Το ουδ. ως ουσ. 1. φαρμακευτικό προϊόν που προκαλεί αίσθημα πείνας και αυξάνει τις ανάγκες του οργανισμού για τροφή. 2. φαγώσιμο ή ποτό που σερβίρεται πριν από το φαγητό για να προκαλέσει την όρεξη.

ορεξάτος, -η, -ο, επίθ. 1. που έχει όρεξη για κάτι: ~ για δουλειά. 2. κεφάτος, ευδιάθετος.

όρεξη η, ουσ. 1. διάθεση, επιθυμία για φαγητό: δεν έχω ~ (= δεν πεινώ)· μου άνοιξε/κόπηκε η ~· καλή ~ (ως ευχή). 2. (μεταφ.) προθυμία, διάθεση για κάτι: ~ για δουλειά/για κουβέντες. Παροιμ. τρώγοντας έρχεται η ~ (με κυριολεκτική και μεταφ. σημασ.).

ορεογνωσία η, ουσ., κλάδος της γεωλογίας που αναφέρεται στο σχηματισμό και τη σύσταση των βουνών.

ορεογραφία η, ουσ. 1. η μελέτη των βουνών από μορφολογική άποψη. 2. η ανάγλυφη παράσταση σε χάρτη των ανωμαλιών του εδάφους.

ορεσίβιος, -α, -ο, επίθ. (ασυνίζ.), που ζει στα βουνά (συνών. βουνήσιος).

ορθά, βλ. ορθός.

ορθάνοιχτος, -η, -ο, επίθ., διάπλατα ανοιχτός: πόρτα -η· μάτια -α· τον περίμενε μ' - η αγκαλιά.

όρθιος, -α, -ο, επίθ. (ασυνίζ.). 1. που βρίσκεται σε ίσια και ορθή, κατακόρυφη στάση: κορμί -ο· θέση -α (= στάση προσοχής)· σκύλος με μικρά και -α αφτιά· (για αντικείμενο) που στηρίζεται στη στενή του βάση ή πλευρά: να βάλω τα βιβλία -α ή ξαπλωτά; κράτα το βάζο/μπουκάλι -ο· φρ. τίποτε δεν έμεινε/δεν άφησε -ο (για μεγάλη καταστροφή ή ζημιά). 2. (για άνθρωπο) που στέκεται στα πόδια του: με το ζόρι κρατιέται ~· επιβάτες -οι (αντ. καθιστός ή ξαπλωτός).

ορθο-, α' συνθ. λέξεων στις οποίες δίνει την έννοια α. του σωστού, του ορθού: ορθόδοξος, ορθογραφία, ορθοφωνία· β. του όρθιου: ορθοστασία, ορθοποδώ.

ορθογράφηση η, ουσ. 1. η ορθή γραφή των λέξεων. 2. ο τρόπος με τον οποίο ορθογραφείται μια λέξη: ~ εσφαλμένη· λέξεις με ποικίλη ~.

ορθογραφία η, ουσ. 1. η ορθή γραφή των λέξεων: μαθητής καλός στην ~. 2. οι ορθογραφικοί κανόνες. 3. η συγκεκριμένη μορφή με την οποία αποτυπώνεται μια γλώσσα σε ορισμένη εποχή και χρόνο. 4. ορθογραφική συνήθεια συγκεκριμένου προσώπου ή συγκεκριμένης εποχής και γλώσσας: ~ νεοελληνική· ~ του Ψυχάρη. 5. ~ ιστορική = η ορθογραφία που πηγάζει από την ετυμολογία και την ιστορία της γλώσσας και είναι συχνά απομακρυσμένη από την προφορά της γλώσσας· ~ φωνητική = ορθογραφία που στηρίζεται στην προφορά και όχι στην ιστορία της γλώσσας.

ορθογραφικός, -ή, -ό, επίθ., που αναφέρεται στην ορθή γραφή των λέξεων: κανόνες -οί· οδηγός ~· λάθος -ό (= γραφή μιας λέξης με παρέκκλιση από την καθιερωμένη ορθογραφία)· μεταρρύθμιση -ή (= τροποποίηση ορισμένων συμβάσεων από εκείνες που ρυθμίζουν την ορθογραφία μιας γλώσσας).

ορθογράφος ο, ουσ., αυτός που κατέχει τη σωστή γραφή των λέξεων μιας γλώσσας.

ορθογραφώ, ρ., γράφω σωστά, χωρίς ορθογραφικά λάθη: πώς -είται η λέξη;

ορθογώνιος, -α, -ο, επίθ. (ασυνίζ.), (γεωμ.) που σχηματίζει ορθή γωνία: τρίγωνο/παραλληλόγραμμο -ο. - Το ουδ. ως ουσ. = τετράπλευρο που οι τέσσερις γωνίες του είναι ορθές.

ορθοδοντική η, ουσ. (ερρ.), κλάδος της οδοντιατρικής που αποβλέπει στην αισθητική και τη λειτουργική αρμονία των δοντιών και των οδοντικών φραγμών.

ορθοδοντικός, -ή, -ό, επίθ. (έρρ.), που σχετίζεται με την ορθοδοντική: μηχανήματα/στηρίγματα -ά. - Το αρσ. ως ουσ. = οδοντογιατρός ειδικευμένος στη διόρθωση κακοσχηματισμένων δοντιών.

ορθόδοξα, βλ. ορθόδοξος.

ορθοδοξία η, ουσ. 1. σύνολο αρχών και χρήσεων παραδοσιακά ή γενικά αποδεκτών στην τέχνη, την επιστήμη, την ηθική, τη θρησκεία, κλπ. 2. (εκκλ.) το ορθό θρησκευτικό δόγμα· (ειδικότερα) το ανατολικό χριστιανικό δόγμα, σε αντιδιαστολή προς τον καθολικισμό, προτεσταντισμό, κλπ. 3. (συνεκδοχικά) το σύνολο των ορθόδοξων χριστιανών· Κυριακή της Ο-ας = η πρώτη Κυριακή της Μεγάλης Σαρακοστής.

ορθόδοξος, -η, -ο, επίθ. 1. που είναι σύμφωνος με τα καθιερωμένα: τακτική/συμπεριφορά -η (συνών. σωστός· αντ. ανορθόδοξος). 2α. που πιστεύει ανεπιφύλακτα στις περισσότερο παραδοσιακές ιδέες της θρησκείας, ενός πολιτικού κόμματος, κλπ.: ~ δημοκρατικός· β. (εκκλ., ειδικά) που ασπάζεται τα δόγματα και τις παραδόσεις της Ανατολικής Ορθόδοξης Εκκλησίας: χριστιανός ~· εκ-

κλησία -η (= Ανατολική Χριστιανική Εκκλησία)· δόγμα -ο (= το δόγμα της Ανατολικής Εκκλησίας). - Το αρσ. και θηλ. ως ουσ. = χριστιανός που ασπάζεται το ορθόδοξο δόγμα. - Επίρρ. -α.
ορθοέπεια η, ουσ. (ασυνίζ.), ικανότητα να εκφράζεται κανείς σωστά, τηρώντας τους γραμματικούς και συντακτικούς κανόνες στο λόγο.
ορθοεπής, -ής, -ές, γεν. -ούς, πληθ. αρσ. και θηλ. -είς, ουδ. -ή, επίθ. (λόγ.). 1. που εκφράζεται σωστά, τηρώντας τους γραμματικούς και τους συντακτικούς κανόνες στο λόγο. 2. που διατυπώνεται σωστά: *λόγος ~.*
ορθολογικός, -ή, -ό, επίθ., που είναι σύμφωνος με τον ορθό λόγο: *-ή κατανομή χρόνου.* - Επίρρ. **-ά**.
ορθολογισμός ο, ουσ. 1. (γενικά) κρίση ή σκέψη σύμφωνη με τον ορθό λόγο. 2. (φιλοσ.) σύστημα που βασίζεται στη λογική, σε αντίθεση με τα συστήματα που βασίζονται στην αποκάλυψη ή την εμπειρία: *κύριοι εκπρόσωποι του -ού στο 18. αι. υπήρξαν ο Βολταίρος και ο Ντιντερό* (συνών. *ρασιοναλισμός*). 3. (θεολ.) θεωρία που συνίσταται στο να εξηγεί τα θρησκευτικά δόγματα προστρέχοντας στη λογική, σε αντίθεση με το μυστικισμό. 4. (Καλ. Τέχν.) θεωρία που τείνει στην ακριβή προσαρμογή του αντικειμένου (κτηρίου, κλπ.) στον προορισμό του, ενώ η ομορφιά των σχημάτων θεωρείται αποτέλεσμα αυτής της προσαρμογής.
ορθολογιστής ο, θηλ. **-ίστρια**, ουσ. 1. οπαδός της θεωρίας του ορθολογισμού. 2. άτομο που σκέφτεται και ενεργεί σύμφωνα με τη λογική.
ορθολογιστικός, -ή, -ό, επίθ., που σχετίζεται με τον ορθολογισμό: *θεωρία -ή· -ή οργάνωση εργασίας* = οργάνωση της εργασίας με τρόπο που να συντελεί στην αύξηση της παραγωγικότητας και τη μείωση των τιμών του κόστους, ώστε να αυξάνει η κατανάλωση των καταναλωτικών αγαθών. -Επίρρ. **-ά**.
ορθολογίστρια, βλ. *ορθολογιστής.*
ορθομαρμάρωση η, ουσ., επένδυση τοίχου με πλάκες από πολύχρωμα μάρμαρα.
ορθομετρικός, -ή, -ό, επίθ. (για κρύσταλλο) που οι άξονές του τέμνονται κατά ορθές γωνίες.
ορθόν το, ουσ., (ανατομ.) το απευθυσμένο (βλ. λ.).
ορθοπεδική η, ουσ., κλάδος της ιατρικής που πραγματεύεται τις παθήσεις του κινητικού συστήματος (δηλαδή οστών, αρθρώσεων, μυών και τενόντων).
ορθοπεδικός, -ή, -ό, επίθ., που αναφέρεται ή σχετίζεται με την ορθοπεδική: *μηχανήματα -ά· κλινική -ή.* - Το αρσ. ως ουσ. = χειρουργός ειδικευμένος σε εγχειρήσεις μυών, ιστών και αρθρώσεων.
ορθοποδώ, ρ. (μεταφ.) α. ευημερώ (ιδίως οικονομικά)· β. επανέρχομαι στην προηγούμενη καλή κατάσταση.
ορθός, -ή, -ό, επίθ. (λόγ.). 1. κατακόρυφος, στητός: *παράστημα -ό· -ό βουνό.* 2. που στέκεται στα πόδια του, όρθιος. 3. (μεταφ.) σωστός: *γνώμη/απόφαση -ή.* 4. (γεωμ.) *γωνία -ή* = που σχηματίζεται από δύο γραμμές κάθετες μεταξύ τους και είναι ίση με ενενήντα μοίρες. Fκφρ. (ιατρ.) *έντερο -ό* = το τελευταίο άκρο του παχέος εντέρου (συνών. *απευθυσμένο*)· *~ λόγος* = ορθολογισμός, ευθυκρισία. - Το ουδ. ως ουσ. = το πρέπον, το σωστό. - Επίρρ. **-ώς** (σπανίως) **-ά**, ιδίως στη φρ. *μιλώ -ά κοφτά* (= μιλώ ξεκάθαρα, χωρίς επιφυλάξεις).

ορθοσκόπηση η, ουσ. (ιατρ.) ενδοσκόπηση του τελικού τμήματος του παχέος εντέρου.
ορθοσκόπιο το, ουσ. (ασυνίζ.). 1. όργανο για εξέταση του απευθυσμένου. 2. οπτικό όργανο για εξέταση του οφθαλμού και ειδικότερα της ίριδας.
ορθοστασία η, ουσ., το να στέκεται κανείς όρθιος: *τον κουράζει η ~ στη δουλειά του* (αντ. *καθισιό*).
ορθοστάτης ο, ουσ., κατακόρυφο στήριγμα με το οποίο κρατιέται κάτι όρθιο: *-ες βιβλίων· -ες πόρτας/σκηνής* (= κάθετα δοκάρια).
ορθοστατικός, -ή, -ό, επίθ. (ιατρ.) που αναφέρεται στην ορθή στάση ή προέρχεται απ' αυτήν: *υπόταση -ή.*
ορθότητα η, ουσ., το να είναι κάτι σωστό: *~ σκέψεων.*
ορθοφρονώ, ρ. (λόγ.), σκέφτομαι σωστά, λογικά (αντ. *παραλογίζομαι*).
ορθοφροσύνη η, ουσ., ευθυκρισία, λογικότητα.
ορθοφωνητικός, -ή, -ό, επίθ., που ανήκει ή αναφέρεται στην ορθοφωνία. - Το θηλ. ως ουσ. = ορθοφωνία.
ορθοφωνία η, ουσ. 1. σωστή και κανονική προφορά των λέξεων. 2. μέθοδος με την οποία διορθώνονται τα φωνητικά ελαττώματα.
ορθρινός, -ή, -ό, επίθ., που ανήκει ή αναφέρεται στον όρθρο: *ακολουθία -ή* (συνών. *αυγινός·* αντ. *εσπερινός*).
όρθρος ο, ουσ. 1. ο χρόνος λίγο πριν από τη χαραυγή (συνών. *χάραμα·* αντ. *σούρουπο, μούχρωμα*). 2. (εκκλ.) ακολουθία της χριστιανικής Εκκλησίας που ψάλλεται κάθε πρωί κατά την ανατολή του ήλιου, συνήθως πριν από τη λειτουργία.
όρθρου βαθέως αρχαϊστ. έκφρ. = πολύ νωρίς το πρωί, πριν ακόμη χαράξει.
ορθώνω, ρ. I. (ενεργ.) στήνω: *-ωσαν οδοφράγματα.* II. μέσ. 1. σηκώνομαι, στέκομαι όρθιος. 2. (μεταφ.) επαναστατώ: *-ώθηκαν ενάντια στη δουλεία.* Φρ. *~ το ανάστημά μου*, βλ. ά. *ανάστημα.*
ορθώς, βλ. *ορθός.*
οριακός, -ή, -ό, επίθ. (ασυνίζ.), που ανήκει ή αναφέρεται στα όρια: *-ή αύξηση του ακαθάριστου εθνικού προϊόντος· επιτυχία/πλειοψηφία -ή.*
ορίζοντας ο, ουσ. (έρρ.). 1. κυκλική νοητή γραμμή σε μακρινή απόσταση όπου ο ουρανός φαίνεται να ακουμπά στην ξηρά ή στη θάλασσα: *καπνός/ πλοίο στον -α.* 2. (μεταφ.) α. νοητό πεδίο που ανοίγεται στη σκέψη, στην αντίληψη, κλπ.: *οι νέοι πνευματικοί -ες·* β. προοπτική: *ο ~ του 2000.* 3. (μεταφ.) κύκλος πραγμάτων, γενικότερη κατάσταση: *σκοτεινός ο διεθνής πολιτικός ~· προβλήματα στον -α.* 4. (αστρον.) ο μέγιστος κύκλος κατά τον οποίο τέμνεται η ουράνια σφαίρα από επίπεδο που διέρχεται από το κέντρο της και είναι κάθετο στη διεύθυνση της βαρύτητας.
οριζόντιος, -α, -ο, επίθ. (έρρ., ασυνίζ.), που ανήκει ή αναφέρεται στον ορίζοντα, που είναι παράλληλος προς τον ορίζοντα: *-α στήλη σταυρόλεξου· -α τοποθέτηση των βιβλίων σε ράφια· κύκλοι -οι* = μικροί κύκλοι της ουράνιας σφαίρας παράλληλοι προς τον ορίζοντα· *ιδιοκτησία -α* = ιδιοκτησία κατά όροφο (αντ. *κατακόρυφος, κάθετος*). - Επίρρ. **-ίως** και **-α**.
οριζοντιότητα η, ουσ. (έρρ., ασυνίζ.), το να είναι κάτι οριζόντιο: *η ~ μιας ευθείας.*
οριζοντιώνομαι, ρ. (έρρ., ασυνίζ.), (λαϊκ.), ξαπλώνω και μένω στο κρεβάτι: *αρρώστησε και -ώθηκε για πολλές μέρες.*

οριζοντίως, βλ. *οριζόντιος*.

οριζοντίωση η, ουσ. (έρρ.), οριζόντια τοποθέτηση: ~ επιπέδου/σώματος.

ορίζουσα η, ουσ. (μαθημ.) αλγεβρικό άθροισμα των γινομένων που παίρνουμε από ν² αριθμούς ή γράμματα που είναι διευθετημένα σε οριζόντιες γραμμές και κάθετες στήλες, παίρνοντας με κάθε δυνατό τρόπο ένα μόνο στοιχείο από κάθε γραμμή και στήλη. [μτχ. ενεστ. του αρχ. *ορίζω*].

ορίζω, ρ. **1.** χρησιμεύω ως όριο: (συνήθως παθ.) *η Ελλάδα -εται στα ανατολικά από τον Έβρο*. **2.** αποφασίζω ποιο ακριβώς είναι ή πώς, πότε, κ.τ.ό., ακριβώς θα γίνει κάτι: *δεν έχει -ιστεί ακόμη η ημερομηνία των εκλογών· τιμές -ισμένες από την αγορανομία* (συνών. *καθορίζω, προσδιορίζω, ρυθμίζω*). **3.** τοποθετώ κάποιον σε επίσημη ή υπεύθυνη θέση, του αναθέτω ορισμένα καθήκοντα: *τον -ισε αντιβασιλέα· -ίστηκε κηδεμόνας του παιδιού*. **4.** διατυπώνω τον ορισμό (βλ. λ. στη σημασ. 2) μιας λέξης, εξηγώ τι ακριβώς σημαίνει: *πώς -ει το λεξικό τη λέξη «αγάπη»;* **5.** δίνω τα στοιχεία που χαρακτηρίζουν ή αποτελούν κάτι: (μαθημ.) *ένα επίπεδο -εται από μια ευθεία και ένα σημείο έξω από αυτήν*. **6.** διατάζω, προστάζω: *ο βασιλιάς -ισε να μετακινηθούν οι υπήκοοί του· -ισε και του φέραν ένα άλογο·* (απολύτως) *ο κόσμος όλος κι αν το πει κι ο βασιλιάς που -ίζει* (δημ. τραγ.)· (για ανώτερη δύναμη) *έγιναν όπως -ισε ο Θεός/η μοίρα*. **7.** επιθυμώ· ζητώ, απαιτώ: *τι -ει η αφεντιά σου;* **8.** εξουσιάζω μια περιοχή, κυριαρχώ: *η Τουρκία -ιζε τις παραδουνάβιες ηγεμονίες·* (μεταφ.) *εσύ -εις το νου και την ψυχή μου*. **9.** έχω υπό τις διαταγές μου: *ένα νέο παλληκάρι -ει ολόκληρο στρατό!* **10.** επιβάλλω: *ο νόμος -ει ότι...* **11.** έρχομαι· στη φρ. *καλώς -ισες!* - Η προστ. **ορίστε = 1.** ως απάντηση (ευγενική) όταν μας καλούν: *Γιώργο! - Ορίστε;* (σε ανώτερο ή προϊστάμενο) *ορίστε, κύριε διευθυντά·* (όταν δεν ακούμε καλά το συνομιλητή και θέλουμε να επαναλάβει) *ορίστε; δε σας άκουσα·* (όταν σηκώνουμε το ακουστικό του τηλεφώνου για να δηλώσουμε ότι ακούμε) *ορίστε; ποιος είναι, παρακαλώ;* **2.** με επίρρ. ή εμπρ. προσδ. τόπου ως φιλοφρονητική πρόσκληση σε επισκέπτες: *ορίστε μέσα*. **3.** ως απλό προστακτικό μόρ.: *ορίστε, καθήστε· ορίστε σας ακούω!* **4.** ως δεικτ. μόρ.: *ορίστε τα πράγματά σου* (συνών. *να*). **5.** για να δηλώσουμε δυσφορία ή αγανάκτηση: *ορίστε κατάσταση! ορίστε μας! τι πράγματα είναι αυτά;* - Η μτχ. παθ. παρκ. στον πληθ. ως επίθ. = μερικοί, μερικές, μερικά: *θα αποκτήσει -σμένες βασικές γνώσεις για τους ηλεκτρονικούς υπολογιστές· έχω -σμένα προβλήματα*.

όριο το, ουσ. (ασυνίζ.). **1α.** γραμμή που χωρίζει δύο πεδία ή περιοχές: *το διαχωριστικό ~ ανάμεσα στα κτήματά μας·* (στον πληθ.) *τα -α ανάμεσα στις δύο χώρες* (συνών. *σύνορα*)· **β.** το ακραίο σημείο ως το οποίο φτάνει μια επιφάνεια, έκταση: *τα -α του οικοπέδου*. **2.** (χρον.) το τέλος ενός χρονικού διαστήματος: *περιορισμένα χρονικά -α· ~ ηλικίας δημοσίων υπαλλήλων* (= το έτος (ηλικίας) κατά το οποίο πρέπει να αποχωρήσουν από την υπηρεσία). **3.** (μεταφ.) **α.** το ακραίο σημείο ως το οποίο μπορεί να φτάσει κάτι: *έχει και η υπομονή τα -ά της! αυτό υπερβαίνει τα -α της ανοχής μου·* φρ. *κάτι δεν έχει -α* (= είναι απεριόριστο): *η αναίδειά του δεν έχει -α·* **β.** σημείο που δεν μπορεί ή δεν επιτρέπεται να το ξεπεράσει κάποιος ή κάτι: *το αυτοκίνητο ξεπέρασε το ~ ταχύτητας· υπάρχει ένα ~ στο συνάλλαγμα που μπορεί να εξαγάγει κανείς στο εξωτερικό· τα -α της εκτελεστικής εξουσίας είναι καθορισμένα από το νόμο·* φρ. *βγαίνει από τα -ια* (για κάθε είδους παρεκτροπή). **4.** (μαθημ.) σταθερό μέγεθος το οποίο μπορεί να πλησιάσει ένα μεταβλητό μέγεθος χωρίς αναγκαστικά και να το φτάσει. **5.** (μηχ.) ~ *ελαστικότητας* = το σημείο πέρα από το οποίο, αν καταπονηθεί ένα σώμα, δεν μπορεί να επανέλθει στην αρχική του μορφή.

οριοθέτηση η, ουσ. (ασυνίζ.), προσδιορισμός, καθορισμός των ορίων, των συνόρων: ~ *της υφαλοκρηπίδας*.

οριοθετώ, -είς, ρ. (ασυνίζ.), προσδιορίζω, καθορίζω τα όρια, τα σύνορα: *πρέπει να -ηθεί η υφαλοκρηπίδα*.

ορισμός ο, ουσ. **1α.** το να ορίζεται ποιο ακριβώς είναι η πώς, πότε, κ.τ.ό., ακριβώς θα γίνει κάτι: ~ *της ημερομηνίας του γάμου* (συνών. *καθορισμός, προσδιορισμός*)· **β.** το να ορίζεται κάποιος σε υπεύθυνη θέση: ~ *κηδεμόνα*. **2.** πρόταση που το πρώτο της μέρος αποτελείται από τον όρο που πρέπει να εξηγηθεί και το δεύτερο από όρους γνωστούς που βοηθούν να κατανοήσουμε τη σημασία, τα ουσιώδη χαρακτηριστικά του πρώτου, π.χ. «ο ξηροκλίβανος είναι κλίβανος για την απολύμανση μεταλλικών και γυάλινων σκευών»: ~ *ακριβής/λαθεμένος*. **3.** (λαϊκ.) **α.** διαταγή, προσταγή: *στους -ούς σας·* **β.** επιθυμία: *αν είναι ~ σας, Χριστού τη θεία γέννηση να πω στ' αρχοντικό σας* (κάλαντα Χριστουγέννων).

ορίστε, βλ. *ορίζω*.

οριστικός, -ή, -ό, επίθ. **1.** σαφώς καθορισμένος, τελικός: *καταλήγω σε -ή απόφαση· εγκρίθηκε η -ή μελέτη*. **2.** (γραμμ.) **α.** που ξεχωρίζει ένα πρόσωπο ή πράγμα από άλλα ομοειδή: *άρθρο -ό* (= το άρθρο *ο, η, το*)· *αντωνυμία -ή* (= το έναρθρ. επίθ. *ο ίδιος, η ίδια, το ίδιο* και το επίθ. *μόνος, -η, -ο*, που συνοδεύεται από τη γεν. της προσωπ. αντων.)· **β.** *-ή έγκλιση* ή ως ουσ. *-ή η* = η έγκλιση με την οποία εκφράζεται κάτι το πραγματικό: *-ή δυνητική/ευχετική/πιθανολογική*. - Επίρρ. **-ά** και **-ώς** στη σημασ. 1: *το αποφάσισα -ά και αμετάκλητα*.

οριστικότητα η, ουσ., το να είναι κάποιος ή κάτι οριστικό(ς).

οριστικώς, βλ. *οριστικός*.

ορκίζω, ρ. **Ι.** (ενεργ.) ως εκπρόσωπος επίσημης αρχής δέχομαι τον όρκο κάποιου που αναλαμβάνει ορισμένα καθήκοντα, αναδεικνύεται σε αξίωμα, κ.τ.ό.: *ο πρύτανης -ισε τους πτυχιούχους·* (για ανώτερο κληρικό) *ο αρχιεπίσκοπος -ισε τη νέα κυβέρνηση*. **II.** (μέσ.) διαβεβαιώνω η υπόσχομαι με όρκο: *-ίστηκε στο Ευαγγέλιο/στην τιμή του ότι έτσι έγιναν τα πράγματα· -ομαι να μην το ξανακάνω·* (για κάποιον που αναλαμβάνει ορισμένα καθήκοντα, αναδεικνύεται σε αξίωμα, κ.τ.ό., και σε επίσημη τελετή δίνει όρκο ότι θα τηρεί τις υποχρεώσεις του) *-ίστηκαν σήμερα οι νέοι υπουργοί*. - Η μτχ. *-ισμένος* ως επίθ. = φανατικός: *είναι -ισμένος εχθρός της προόδου*.

όρκιση η, ουσ., το να ορκίζει κανείς κάποιον: ~ *μαρτύρων στο δικαστήριο*.

ορκοληψία η, ουσ. (λόγ.), όρκιση κάποιου προσώπου από δημόσιο υπάλληλο, ιδίως δικαστή.

όρκος ο, ουσ., επίσημη υπόσχεση ή διαβεβαίωση που γίνεται με την επίκληση ιερού προσώπου ή πράγματος (π.χ. μα το Θεό/το σταυρό) ως μάρτυρα της αλήθειας, αλλά και τιμωρού στην περίπτωση επιορκίας: ~ βαρύς/ψεύτικος· βάνω/δίνω/κάνω/παίρνω -ο (= ορκίζομαι)· παραβαίνω/πατάω τον -ο μου (= επιορκώ)· (προκ. για τη συγκεκριμένη λεκτική φόρμουλα που χρησιμοποιείται) ~ των δημοσίων υπαλλήλων (όταν αναλαμβάνουν υπηρεσία)· ο ~ του Ιπποκράτη (= όρκος που δίνουν οι νέοι γιατροί ότι θα τηρήσουν την ιατρική δεοντολογία)· φρ. δεν παίρνω -ο (όταν δεν είμαστε απολύτως βέβαιοι για κάτι).

ορκωμοσία η, ουσ., το να ορκίζεται κανείς (συνήθως όταν αναλαμβάνει ορισμένα καθήκοντα, αναδεικνύεται σε αξίωμα, κ.τ.ό.) ενώπιον εκπροσώπου επίσημης αρχής: ενώπιον του *Προέδρου της Δημοκρατίας* έγινε η ~ *των νέων ανθυπολοχαγών*.

ορκωτός, -ή, -ό, επίθ. 1. που έχει δεσμευτεί με όρκο απέναντι σε δημόσια αρχή ότι θα τηρεί τις υποχρεώσεις του: *-οί λογιστές*. 2. *-ά δικαστήρια* = δικαστήρια στα οποία συμμετέχουν ένορκοι (βλ. λ.) στη λήψη αποφάσεων.

ορμαθός ο, ουσ. (λόγ.), πολλά ομοειδή πράγματα περασμένα σε νήμα, σύρμα, κ.τ.ό.: ~ *κλειδιών*· (μεταφ.) ~ *ανοησιών* (συνών. *αρμαθιά*).

ορμέμφυτος, -η, -ο, επίθ., που οφείλεται σε αυτόματη φυσική ορμή και όχι στη λογική σκέψη: *κίνηση/πράξη -η* (συνών. *ενστικτώδης*). - Το ουσ. ως ουσ. = ένστικτο (βλ. λ. στη σημασ. 1). - Επίρρ. **ορμεμφύτως**.

ορμή η, ουσ. 1a. βίαιη και έντονη κίνηση προς τα εμπρός: *έτρεχε με* ~· *δε συγκράτησαν την* ~ *των εχθρών*· (μεταφ.) *η νεανική του* ~ *τον οδηγούσε σε τολμηρές πράξεις*. β. (για φυσικά φαινόμενα) βίαιη κίνηση, σφοδρότητα: *το κύμα χτύπησε με* ~ *τα βράχια*. 2. το να κλίνει κανείς από τη φύση του σε κάτι· (ψυχολ.) σωματική και ψυχική προδιάθεση του ατόμου που το οδηγεί στην ικανοποίηση σημαντικής βιολογικής ανάγκης: ~ *για αυτοσυντήρηση*· *γενετήσια* ~. 3. (φιλοσ.) ζωτική ~ = κατά τον Μπερξόν η διηνεκής αναπήδηση της ζωής που δημιουργεί την εξέλιξη των όντων.

ορμηνεύω και **αρμηνεύω**, ρ. (λαϊκ.). 1. νουθετώ, συμβουλεύω: *τον* ~, *μα δεν ακούει*. 2. υποδεικνύω, καθοδηγώ: *τον -εψε πώς θα το φτιάσει*. [αρχ. *ερμηνεύω*].

ορμήνια και **αρμήνια** η, ουσ. (συνιζ., λαϊκ.). 1. συμβουλή, νουθεσία: *δε χρειάζομαι ούτε τη γνώμη σου, ούτε την* ~ *σου*. 2. υπόδειξη, καθοδήγηση. [*ορμηνεύω*].

ορμητικός, -ή, -ό, επίθ., που γίνεται, εκδηλώνεται με ορμή: *επίθεση -ή· άνεμος* ~. - Επίρρ. **-ά** και **-ώς**.

ορμητικότητα η, ουσ., το να είναι κάποιος ή κάτι ορμητικό(ς): *η* ~ *του ποταμού*.

ορμητικώς, βλ. *ορμητικός*.

ορμιά η, ουσ. (συνιζ., λαϊκ.), μακρύ και γερό νήμα στο οποίο δένονται τα αγκίστρια αλιευτικών οργάνων.

όρμιγγας ο, ουσ., έλμινθα (βλ. λ.). [αρχ. *έλμιγξ*].

ορμίδι το, ουσ. (λαϊκ.), ορμιά (βλ. λ.).

ορμίσκος ο, ουσ., μικρός όρμος (βλ. λ.).

ορμόνη η, ουσ. α. (βιολ.) χημική ουσία που εκκρίνεται από ενδοκρινείς αδένες και ελέγχει τη λειτουργία οργάνων και ιστών του σώματος αφού μεταφερθεί με το αίμα· β. *συνθετικές -ες* = συνθετικές χημικές ουσίες που έχουν την ίδια ή παραπλήσια φυσιολογική δράση με τη δράση των αντίστοιχων ορμονών και χρησιμοποιούνται στη θεραπευτική· γ. *φυτικές -ες* = ουσίες χημικές που παράγονται από τους φυτικούς οργανισμούς και δρουν με τρόπο ανάλογο με τις ορμόνες. [αγγλ. *hormone*<ελλ. *ορμώ*].

ορμονικός, -ή, -ό, επίθ., που ανήκει στις ορμόνες ή αναφέρεται σ' αυτές: *διαταραχές -ές*.

ορμονοθεραπεία η, ουσ., χρησιμοποίηση φυσικών ή συνθετικών ορμονών για θεραπευτικούς σκοπούς.

όρμος ο, ουσ., μέρος της ακτής όπου η θάλασσα εισχωρεί βαθύτερα στην ξηρά σχηματίζοντας χώρο κατάλληλο για να αγκυροβολούν με ασφάλεια τα πλοία (συνών. *αγκυροβόλιο, αραξοβόλι, καραβοστάσι*).

ορμώ, -άς, ρ., κινούμαι με ορμή (βλ. λ. στη σημασ. 1): *-ησε στο δωμάτιο· -ησαν εναντίον των εχθρών*.

ορνεοσόφιο το, ουσ. (ασυνίζ.), σύγγραμμα στο οποίο γίνεται λόγος για το σωστό τρόπο εκτροφής των πτηνών, καθώς και για τρόπους θεραπείας των διάφορων ασθενειών τους.

όρνιθα η, ουσ., κότα (βλ. λ.): παροιμ. *εβάλανε την αλεπού τις -ες να βλέπει*.

ορνίθι το, ουσ., κοτόπουλο.

ορνιθοειδή τα, ουσ. (ζωολ.) τάξη πτηνών, μεγαλόσωμων και με βαρύ πέταγμα, που περιλαμβάνει την κότα, το παγώνι, το φασιανό, κ.ά. (αλλιώς *αλεκτοροειδή, ορνιθόμορφα*).

ορνιθοκομείο το, ουσ., τόπος όπου με επιστημονικές μεθόδους εκτρέφονται κοτόπουλα και άλλα κατοικίδια πτηνά (πβ. *ορνιθοτροφείο*).

ορνιθοκομία η, ουσ., εκτροφή κατοικίδιων πτηνών που γίνεται με επιστημονικές μεθόδους (πβ. *ορνιθοτροφία*).

ορνιθοκομικός, -ή, -ό, επίθ., που ανήκει ή αναφέρεται στην ορνιθοκομία: *-ές μέθοδοι/εγκαταστάσεις*.

ορνιθοκόμος ο, ουσ., αυτός που εκτρέφει κατοικίδια πτηνά με επιστημονικές μεθόδους (πβ. *ορνιθοτρόφος*).

ορνιθολογία η, ουσ. (ζωολ.) κλάδος της ζωολογίας με αντικείμενο τη μελέτη των πτηνών.

ορνιθολογικός, -ή, -ό, επίθ., που ανήκει ή αναφέρεται στην ορνιθολογία.

ορνιθολόγος ο, ουσ., επιστήμονας που ασχολείται με την ορνιθολογία (βλ. λ.).

ορνιθόμορφα τα, ουσ., κατηγορία μεγαλόσωμων πτηνών με κοντά και δυνατά πόδια εφοδιασμένα με μικρά και ισχυρά νύχια.

ορνιθόπουλο το, ουσ., κοτόπουλο.

ορνιθοπωλείο το, ουσ., κατάστημα όπου πουλιούνται κοτόπουλα ή γενικά πουλερικά.

ορνιθοπώλης ο, θηλ. **-ισσα**, ουσ., αυτός που πουλά πουλερικά.

ορνιθοσκαλίσματα τα, ουσ. (μεταφ.) πολύ δυσανάγνωστα γράμματα.

ορνιθοτροφείο το, ουσ., τόπος όπου εκτρέφονται κοτόπουλα και άλλα κατοικίδια πτηνά (πβ. *ορνιθοκομείο*).

ορνιθοτροφία η, ουσ. α. εκτροφή κατοικίδιων πτηνών· β. κλάδος της ζωοτεχνίας που έχει ως αντικείμενο την επιστημονική εκτροφή κατοικίδιων πτηνών με σκοπό την οικονομική εκμετάλλευση του κρέατος, των αβγών και των φτερών τους (πβ. *ορνιθοκομία*)· γ. το σύνολο της παραγωγής ενός

ορνιθοτρόφος τόπου ή χώρας σε κοτόπουλα και άλλα κατοικίδια πτηνά.

ορνιθοτρόφος ο, ουσ., αυτός που εκτρέφει κοτόπουλα και άλλα κατοικίδια πτηνά, που ασχολείται με την ορνιθοτροφία (βλ. λ. στη σημασ. β) (πβ. *ορνιθοκόμος*).

ορνιθώνας ο, ουσ. **α.** κοτέτσι (βλ. λ.), κουμάσι· **β.** εγκαταστάσεις ορνιθοτροφείου.

όρνιο το, ουσ. (συνίζ.). **1α.** κάθε άγριο και αρπακτικό πτηνό: ~ *πεινασμένο/μαύρο* (ποιητ.) *Τα -α μοιράζονται ψηλά τις ψίχες τ' ουρανού* (Ελύτης)· **β.** (ειδικά) για το γύπα ή το γυπαετό. **2.** (σκωπτ., υβριστικά) βλάκας, ανίδεος, αστοιχείωτος άνθρωπος (πβ. *μπούφος*). [αρχ. *όρνεον*].

ορνιός και **ορνός**, βλ. *ερινιός*.

ορντέβρ το, ουσ. άκλ., ορεκτικό: *σέρβιραν τα* ~. [γαλλ. *hors-d'oeuvre*].

όρντινα η και **όρντινο** το, ουσ. (λαϊκ., λογοτ.), διαταγή: *ο... καπετάνιος έδωσε -α να το γυρέψουμε παντού* (Κόντογλου).

ορντινάντσα και **-άτσα** η, ουσ. (παλαιότερο), (στρατ.) στρατιώτης απεσπασμένος στην προσωπική υπηρεσία αξιωματικού: *η* ~ *του συνταγματάρχη/του καπετάνιου* (πβ. *ιπποκόμος*). [ιταλ. *ordinanza*].

όρντινο, βλ. *όρντινα*.

ορο-, Ι. α΄ συνθ. λέξεων που αναφέρονται σε όρους: *οροθέτηση, ορολογία*.

ορο-, ΙΙ. α΄ συνθ. λέξεων που αναφέρονται σε όρη: *οροπέδιο, οροσειρά*.

ορο-, ΙΙΙ. α΄ συνθ. λέξεων που αναφέρονται σε ορούς: *οροθεραπεία*.

ορογόνος, -ο, επίθ., (για όργανα του σώματος) που παράγει ορό. - *Το θηλ.* ως ουσ. = λεπτή βλεννογόνος που καλύπτει κοιλότητες του σώματος και προστατεύει τα όργανα που αυτές περιέχουν.

οροθεραπεία η, ουσ. (ιατρ.) μέθοδος για τη θεραπεία ή την πρόληψη λοιμωδών ασθενειών με τη χρησιμοποίηση ορού από άνθρωπο ή ζώα που έχουν αποκτήσει ανοσία.

οροθεσία η, ουσ., οροθέτηση (βλ. λ.).

οροθέσιο το, ουσ. (ασυνίζ., λόγ.), σημείο ή σήμα (από πέτρα, πάσσαλο, κ.ά.) που δείχνει τα όρια μιας έκτασης, τα σύνορα ανάμεσα σε δύο περιοχές, χώρες, κ.τ.ό. (συνών. *ορόσημο*).

οροθέτηση η, ουσ., καθορισμός ορίων, συνόρων: *επιτροπή για την* ~ *μιας επαρχίας* (συνών. *οριοθέτηση*).

οροθετικός, -ή, -ό, επίθ., που προσδιορίζει τα όρια μιας περιοχής, ειδικά τα σύνορα δύο γειτονικών χωρών: *γραμμή -ή* (συνών. *συνοριακός*)· (μεταφ.) *-ό της ιδεολογικής του εξέλιξης ποίημα* (Γ. Βελουδής).

οροθετώ, ρ., καθορίζω με ειδικά σημάδια (οροθέσια) τα όρια μιας έκτασης, τα σύνορα δύο γειτονικών περιοχών, κ.τ.ό.: *απόφαση να -ηθεί η επίμαχη κοιλάδα*· (μεταφ.) *σονάτες που -ούν τη μετάβαση του συνθέτη σε νέες αναζητήσεις* (συνών. *οριοθετώ*).

ορολογία η, Ι. ουσ., σύνολο όρων που χρησιμοποιούνται σε μια επιστήμη, μια τέχνη ή έναν κλάδο τους, ή ακόμη από κάποιον συγγραφέα σε ένα βιβλίο του: ~ *νομική/ναυτική/παλαιογραφική*.

ορολογία η, ΙΙ. ουσ. (ιατρ.) έρευνα σχετική με τους ορούς, τις ιδιότητες και τη θεραπευτική ή προληπτική χρήση τους.

οροπέδιο το, ουσ. (ασυνίζ.), (γεωγρ.) έκταση σχετικά ομαλή, πεδινή, που βρίσκεται σε κάποιο ύψος πάνω από τη στάθμη της θάλασσας, συχνά ανάμεσα σε βουνά: ~ *του Λασηθίου/του Νευροκοπίου*.

όρος ο, ουσ. **1α.** (λόγ.) όριο, τέρμα: *μόνο στις εκφρ. εφ' -ου ζωής* (= ισοβίως)· *μέσος* ~ (= το ενδιάμεσο μεταξύ δύο ακραίων ορίων· βλ. και *μέσος* σημασ. 2) **β.** (αρχαιολ.) σύνορο, ορόσημο: ~ *της αθηναϊκής Αγοράς*. **2.** λέξη ή έκφραση με ειδικό νόημα που προσδιορίζει ως ονομασία ένα πράγμα ή μια έννοια στις επιστήμες, τις τέχνες, κ.ά.: ~ *διεθνής/δυσνόητος για τους πολλούς*· *λεξικό ιατρικών -ων*· *η «αργή κίνηση» είναι ένας κινηματογραφικός* ~ ~ *χαρτοπαικτικός*. **3α.** (για συμφωνία, κ.τ.ό.) ειδική υποχρέωση που αναλαμβάνει ή επιβάλλει κανείς, διάταξη όπου περιγράφεται μια μελλοντική ενέργεια ή κατάσταση, την οποία καθένα από τα δύο ή περισσότερα ενδιαφερόμενα μέρη δεσμεύεται εκ των προτέρων να πραγματοποιήσει ή να αποδεχτεί αντίστοιχα, υπόσχεση που αποτελεί την προϋπόθεση της συμφωνίας: ~ *αναγκαίος*· *οι συμβάσεων εργασίας*· *οι απαγωγείς θέτουν -ους για την απελευθέρωση των ομήρων*· *παράδοση χωρίς -ους*· *οι -οι της συνθήκης των Βερσαλλιών*· εκφρ. *με τους δικούς μου -ους* (= όπως θέλω εγώ)· **β.** ειδικά για τις υποχρεώσεις που σχετίζονται με αγοραπωλησία και πληρωμή χρημάτων: *-οι της πώλησης*· *δάνειο με ευνοϊκούς -ους*. **γ.** (στον πληθ.) παράγοντες που επηρεάζουν τη ζωή, την εργασία και γενικά τη δραστηριότητα κάποιου: *-οι απαράδεκτοι/ευνοϊκοί*· *η προέλαση συνεχιζόταν υπό εξαιρετικά δυσμενείς -ους* (συνών. *κατάσταση, περιστάσεις, συνθήκες*). **4.** (Λογική) καθένα από τα απλά στοιχεία ανάμεσα στα οποία αναγνωρίζεται κάποια σχέση: *-οι μιας πρότασης*. **5.** (γραμμ.) **α.** καθένα από τα βασικά στοιχεία της πρότασης: *-οι κύριοι* (υποκείμενο και κατηγόρημα)/*δευτερεύοντες* (προσδιορισμοί)· **β.** καθένα από τα δύο κύρια στοιχεία σε μια σύγκριση: ~ *πρώτος* (από αυτόν ξεκινούμε για να κάνουμε τη σύγκριση)/*δεύτερος* (με αυτόν γίνεται η σύγκριση). **6.** (μαθημ.) απλό στοιχείο (αριθμός ή γράμμα) ή μονώνυμο που βρίσκεται σε ορισμένη σχέση με άλλο ή άλλα: *-οι της πρόσθεσης* (= προσθετέοι)/ *της αφαίρεσης* (μειωτέος και αφαιρετέος)/*κλάσματος*· *-οι πολυωνύμου/ισότητας*.

όρος το, ουσ. (λόγ.), βουνό: ~ *ηφαιστειογενές*· (γεωγρ.) *το Λευκό Ό-ς* (εκκλ.) *το Ό-ς των Ελαιών*· ~ *θεοβάδιστο* (για το Σινά)· ~ *αγιώνυμο ή απλώς Ό-ς* (για το Άγιον Όρος)· (ιστ.) *οι βασιλείς των ορέων* (για τους ληστάρχους του β΄ μισού του 19. αι. στην Ελλάδα)· (ανατομ.) ~ *της Αφροδίτης* (= το γυναικείο εφήβαιο).

ορός ο, ουσ. **1.** (λόγ.) το υγρό που απομένει αφού πήξει το γάλα (κοιν. *τυρόγαλο*). **2.** (ανθρωπολ.) το διαυγές υποκίτρινο υγρό συστατικό του αίματος που απομένει όταν απομακρυνθούν τα έμμορφα συστατικά του (ερυθρά και λευκά αιμοσφαίρια, αιμοπετάλια) και οι ουσίες που προκαλούν την πήξη του αίματος: *οι περισσότερες χημικές εξετάσεις αίματος γίνονται σε δείγματα -ού*. **3.** (ιατρ.) **α.** υγρό που λαμβάνεται από αίμα ανθρώπων ή ζώων που έχουν περάσει μια ορισμένη αρρώστια και το οποίο περιέχει έτοιμα αντισώματα, που εισάγονται στον οργανισμό σε περίπτωση ασθένειας που εξελίσσεται γρήγορα ή τραυματισμού: ~

αντιδιφθεριτικός/αντιτετανικός· **β**. διάλυμα άλατος ή άλλων ουσιών που χορηγείται ενδοφλεβίως για θεραπευτικούς σκοπούς: ~ *φυσιολογικός* (= αραιό διάλυμα χλωριούχου νατρίου): *επειδή δεν μπορεί να φάει, τον συντηρούν με -ούς·* (συνεκδοχικά) για το δοχείο του ορού με το περιεχόμενό του, καθώς και τα σχετικά εξαρτήματα: *τώρα ήταν σε ανάρρωση κι έβγαινε για βόλτα στο διάδρομο κουβαλώντας τον -ό·* **γ**. ~ *της αλήθειας* = ονομασία που δίνεται σε διαλύματα βαρβιτουρικών παραγώγων που χορηγούνται σε κάποιον ενδοφλεβίως και του προκαλούν μια κατάσταση σύντομης ελαφράς νάρκωσης, στη διάρκεια της οποίας εύκολα αποκαλύπτει γεγονότα που διαφορετικά θα τα κρατούσε κρυφά.

οροσειρά η, ουσ. (γεωγρ.) βουνά ή λόφοι με διάφορα ύψη που συνδέονται μεταξύ τους και αποτελούν μια μακριά σειρά: ~ *της Πίνδου/των Πυρηναίων.*

ορόσημο το, ουσ. **1**. οροθέσιο (βλ. λ.): *διακανονιμός των -ήμων μιας περιφέρειας· α όμορων ακινήτων* (αστ. κώδ.). **2**. (μεταφ.) για σημαντικό γεγονός που θεωρείται χρονικό σημείο απ' όπου αρχίζει νέα περίοδος: *η συμφωνία του Ελσίνκι αποτελεί ~ στη μεταπολεμική ιστορία της Ευρώπης* (συνών. *σταθμός*).

οροφή η, ουσ. **1α**. η εσωτερική όψη της στέγης, η επάνω εσωτερική επιφάνεια δωματίου ή άλλου στεγασμένου χώρου: *ρωγμές στην ~ του ναού· του γραφείου* (συνών. *ταβάνι*)· **β**. (συνεκδοχικά) στέγη οικοδομήματος: *μονώσεις -ής/δαπέδου·* ~ *κινητή*. **2**. (αεροναυτική) το ανώτατο ύψος στο οποίο μπορεί να πετάξει με ασφάλεια ένας τύπος αεροσκάφους: *το φάντομ έχει ~... μέτρα*. **3**. επίσημα καθορισμένο ανώτατο όριο σε μισθούς, τιμές, κ.τ.ό., πέρα από το οποίο θεωρείται ότι δεν επιτρέπεται να αυξηθούν: *καταργείται η ~ για στεγαστικά δάνεια.*

όροφος ο, ουσ. **1α**. ο χώρος μιας οικοδομής που περιλαμβάνεται ανάμεσα στο δάπεδο και τη στέγη της ή ανάμεσα σε δύο διαδοχικά δάπεδα και κατέχεται από ισοϋψή δωμάτια, ένα διαμέρισμα ή περισσότερα: *σπίτι με έναν -ο* (= μονώροφο)· (νομ.) *-οι θεωρούνται και τα υπόγεια, καθώς και τα δωμάτια κάτω από τη στέγη* (αστ. κώδ.)· **β**. συχνότερα για τους ορόφους πολυκατοικίας πάνω από το ισόγειο μαζί με τυχόν ημιόροφο: *από την έκρηξη έπαθε ζημιές ο πρώτος ~* (συνών. *πάτωμα*). **2**. (συνεκδοχικά) καθένα από τα επίπεδα ενός πράγματος ή ενός συνόλου από τμήματα που βρίσκονται το ένα πάνω στο άλλο: *-οι μιας τούρτας/ενός υπόγειου γκαράζ.* **3**. (βιολ.) το επάνω φύλλωμα ενός δάσους. **4**. (τεχνολ.) τμήμα πυραύλου που περιέχει προωθητικό υλικό και αποσπάται από αυτόν αφού το καταναλώσει.

ορρωδώ, ρ. (λόγ.), φοβούμαι, δειλιάζω, διστάζω: μόνο στην αρχαϊστ. φρ. *δεν -εί προ ουδενός* = είναι εντελώς αδίστακτος.

όρσε, επιφωνηματική φρ., λέγεται χλευαστικά, υβριστικά και συνοδεύει συνήθως ταυτόσημη χειρονομία (μούντζα)· φρ ~. *γαμπρέ, κουφέτα* (για κάποιον που ευχαρίστως πρόκειται να του δώσει μια αδέξια) (συνών. *να!, πάρ' τα!*). [προστ. *όρισε* του ρ. *ορίζω*].

ορτανσία η, ουσ. (βοτ.) μικρός καλλωπιστικός θάμνος με ωοειδή ή ελλειπτικά και αιχμηρά φύλλα που παράγει ποικιλόχρωμα άνθη· το λουλούδι του φυτού. [γαλλ. *hortensia*].

όρτσα, ναυτ. πρόσταγμα· δηλώνει πως με την κατάλληλη μετακίνηση του τιμονιού ή των πανιών ένα πλοίο, κυρίως ιστιοφόρο, πρέπει να έρθει ή να έχει ήδη βρεθεί σε τέτοια θέση ώστε η πλώρη του να πλησιάσει την ευθεία της φοράς του ανέμου: ~ *τα πανιά! το καΐκι πάει ~·* (ευχή) ~ *και καλοτάξιδο·* (ποιητ.) *με ~ ψυχή με άρμη στα χείλη* (Ελύτης). [ιταλ. *orza*].

ορτσάρισμα το, ουσ. (ναυτ.) το να ορτσάρει κανείς ένα καράβι και το αποτέλεσμα της ενέργειας αυτής.

ορτσάρω, ρ., παρατ. *-άριζα*, αόρ. *όρτσαρα* ή *-άρισα*, (ναυτ.) κυβερνώ ένα πλοίο, κυρίως ιστιοφόρο, ώστε η πλώρη του να πλησιάσει την ευθεία της φοράς του ανέμου: *αρμένιζα με φουρτούνα κι όλο -άριζα* (Κόντογλου)· ~ *τα πανιά·* (αμτβ.) *γαλέρες μ' ανοιχτά πανιά -άρανε όποτε φυσούσε ο αγέρας* (Κόντογλου). [ιταλ. *orzare*].

ορτύκι το, ουσ. **α**. (ζωολ.) αποδημητικό πτηνό, που ζει σε πεδινά μέρη, με σχεδόν στρογγυλό σχήμα, μικρή ουρά και κοντό λαιμό: *κοπάδι -ια·* **β**. (συνεκδοχικά) το κρέας του παραπάνω πτηνού: ~ *νόστιμο/κατεψυγμένο.* [γεν. *όρτυκος* του αρχ. ουσ. *όρτυξ·* πβ. αρχ. *ορτύγιον*].

όρυγμα το, ουσ. **α**. (λόγ.) σκάμμα σχετικά βαθύ, λάκκος, χαντάκι: ~ *στενό·* **β**. (στρατ.) λάκκος, συχνά πρόχειρος, που τον σκάβουν οι στρατιώτες για να προστατευτούν από τα εχθρικά πυρά: *ένας όλμος έπεσε μέσα στο ~.*

ορυζοφυτεία η, ουσ., ορυζώνας (βλ. λ.).

ορυζώνας ο, ουσ., χωράφι, συνήθως μεγάλο και σκεπασμένο με νερό, όπου καλλιεργείται ρύζι: *στους απέραντους -ες του Βιετνάμ.*

ορυκτέλαιο το, ουσ. (χημ.) σχετικά παχύρρευστο λιπαντικό έλαιο που λαμβάνεται κατά την απόσταξη του πετρελαίου (κοιν. *λάδι*).

ορυκτό το, ουσ. (χημ.) στερεό ή υγρό υλικό του φλοιού της γης που δημιουργήθηκε πριν από εκατομμύρια χρόνια και έχει καθορισμένη χημική σύσταση (είναι ένωση αμετάλλων ή μετάλλων ή αποτελείται από ένα μόνο στοιχείο): *έρευνες για τον εντοπισμό -ών· εκμεταλλεύσιμο κοίτασμα -ού· -ά του σιδήρου/του ψευδαργύρου.*

ορυκτογεωλογία η, ουσ., κλάδος της γεωλογίας που μελετά τη δημιουργία και την ανάπτυξη των ορυκτών από γεωλογική άποψη.

ορυκτογραφία η, ουσ., κλάδος της ορυκτολογίας που ερευνά τα είδη, τις παραλλαγές και τις ποικιλίες των ορυκτών (πβ. *ορυκτοδιαγνωστική*).

ορυκτοδιαγνωστική η, ουσ. (ασυνίζ.), κλάδος της ορυκτολογίας που ασχολείται με την αναγνώριση του είδους των ορυκτών ανάλογα με το σχήμα, το χρώμα και άλλες ιδιότητές τους (πβ. *ορυκτογραφία*).

ορυκτολογία η, ουσ., η επιστήμη που μελετά την προέλευση, τη σύσταση, τις ιδιότητες και τις χρήσεις των ορυκτών.

ορυκτολογικός, -ή, -ό, επίθ., που ανήκει ή αναφέρεται στην ορυκτολογία και τα ορυκτά: *πλούτος ~.*

ορυκτολόγος ο, ουσ., επιστήμονες που ασχολείται με την ορυκτολογία.

ορυκτός, -ή, -ό, επίθ. **1**. για υλικό που λαμβάνεται από το έδαφος με εξόρυξη: *αλάτι -ό* (σε αντιδιαστολή με το θαλασσινό). **2**. που αφορά ορυκτό (βλ. λ.): *αξιοποίηση του -ού πλούτου μιας χώρας.*

ορυχείο το, ουσ. **1**. τόπος που σκάβεται συστημα-

ορφάνεμα

τικά για την εξαγωγή ορυκτών. **2.** (σπανίως) κοίτασμα ουσίας ορυκτής ή απολιθωμένης που μπορεί να εξορυχθεί και περικλείεται στα έγκατα της γης ή βρίσκεται στην επιφάνειά της: *ανακάλυψε ~ χρυσού.*

ορφάνεμα το, ουσ., το να απομείνει κανείς ορφανός.

ορφανεύω, ρ. **1.** χάνω τον ένα ή και τους δυο γονείς μου: *-άνεψε από μικρός.* **2.** (μεταφ.) χάνω τον προστάτη μου ή πρόσωπο σημαντικό για μένα. - Η μτχ. παθ. παρκ. *-εμένος* ως επίθ. = ορφανός: *παιδί -ο.*

ορφάνια η, ουσ. (συνίζ.), η κατάσταση του ορφανού.

ορφανός, -ή, -ό, επίθ. **1.** που έχασε τον να ή και τους δύο γονείς του: *έμεινε από μικρός ~·* (το ουδ. —συνήθως στον πληθ.— ως ουσ.) *τα -ά.* **2.** (μεταφ.) που έμεινε χωρίς σύντροφο ή προστάτη.

ορφανοτροφείο το, ουσ., ίδρυμα όπου διατρέφονται και μορφώνονται ορφανά παιδιά.

ορφικός, -ή, -ό, επίθ., που ανήκει ή αναφέρεται στον Ορφέα: *λατρεία -ή· ποιήματα -ά* = το σύνολο της ποιητικής και φιλοσοφικής λογοτεχνίας που σχετίζεται με το μυθικό πρόσωπο του Ορφέα. - Το αρσ. στον πληθ. ως ουσ. = αρχαίοι μυστικοπαθείς ποιητές που θεωρούνταν μαθητές του Ορφέα.

ορφισμός ο, ουσ. **1.** διδασκαλία των ορφικών μυστηρίων που προήλθε από συγκερασμό προελληνικών δοξασιών και της λατρείας του Διονύσου και δίδασκε ότι η άσκηση επιταχύνει την απελευθέρωση της ψυχής με αλλεπάλληλες μετεμψυχώσεις. **2.** (καλ. τέχν.) τάση κατά την οποία οι μορφές και τα χρώματα στην τέχνη διαθέτουν δύναμη έκφρασης ανεξάρτητη από αυτήν που έχουν οι μορφές και τα χρώματα της αισθητής πραγματικότητας.

ορφός, βλ. *ροφός.*

ορχεοειδή τα, ουσ., καλλωπιστικά φυτά, ποώδη και πολυετή με ποικιλόχρωμα άνθη.

όρχηση η, ουσ., χορός.

ορχηστής ο, ουσ., χορευτής και μάλιστα επαγγελματίας.

ορχηστική η, ουσ. (αρχ.), η τέχνη του χορού στο συνδυασμό της με την ποίηση και τη μουσική.

ορχήστρα η, ουσ. **1.** ομάδα μουσικών που εκτελεί ή έχει συγκροτηθεί με σκοπό να εκτελέσει μουσική πολυφωνική, καθώς και το σύνολο των μουσικών οργάνων που συμβάλλουν στην εκτέλεση ενός συμφωνικού έργου: *~ κρατική· διευθυντής -ας· ~ συμφωνική* (= ορχήστρα που περιλαμβάνει την πιο μεγάλη ποικιλία μουσικών οργάνων και πολυάριθμους εκτελεστές). **2.** χώρος θεάτρου που βρίσκεται μπροστά στη σκηνή και προορίζεται για μουσικούς. **3.** κυκλικός χώρος του αρχαίου θεάτρου που βρισκόταν ανάμεσα στη σκηνή και τα καθίσματα των θεατών.

ορχηστρικός, -ή, -ό, επίθ., που ανήκει ή αναφέρεται σε ορχήστρα: *κομμάτι -ό.*

ορχιδέα η, ουσ., είδος καλλωπιστικού φυτού της οικογένειας των ορχεοειδών με ωραία παράξενα λουλούδια.

όρχις ο, γεν. *-εως*, ουσ. (λόγ.), καθένας από τους δίδυμους γεννητικούς αδένες του αρσενικού που βρίσκονται μέσα σε χιτώνες, έχουν σχήμα ωοειδές και στο επάνω άκρο τους καλύπτονται από την επιδιδυμίδα (συνών. *αρχίδι*).

ορχίτιδα η, ουσ. (ιατρ.) φλεγμονή των όρχεων.

ορχούμαι, ρ. (λόγ.), χορεύω.

ορώδης, -ης, -ες, γεν. *-ους*, πληθ. αρσ. και θηλ. *-εις*, ουδ. *-η*, επίθ., που έχει τα χαρακτηριστικά του ορού.

-ος, κατάλ. αρσ. ουσ.: *κόμπος, βράχος, γέρος, μύλος, πήδος·* κατάλ. ουδ. ουσ.: *μάκρος·* κατάλ. επιθ.: *ωραίος, δύστυχος.*

-ος, κατάλ. μεγεθ. ουσ.: *κόμματος, μύτος.*

-ός, καταλ. αρσ. ουσ.: *ουρανός, αργαλειός·* κατάλ. επιθ. *λευκός, ακριβός, απλός.*

οσάκις, επίρρ. (λόγ.), κάθε φορά που.

οσιανικός, -ή, -ό, επίθ. (ασυνίζ.), που σχετίζεται με το θρυλικό ήρωα και ποιητή Όσιαν και τα έργα που αποδίδονται σ' αυτόν: *ποιήματα -ά.*

οσιομάρτυρας ο και η, ουσ. (ασυνίζ.), όσιος που μαρτύρησε για τη χριστιανική πίστη (πβ. *ιερομάρτυρας, μεγαλομάρτυρας*).

όσιος, -α, -ο, επίθ. (λόγ., ασυνίζ.). **1.** (σπανίως) που είναι σύμφωνος με το θείο νόμο: *πράξεις -ες* (αντ. *ανόσιος, ανίερος*). **2.** (ως ουσ.) ασκητής που «άγιασε»: *το μοναστήρι του -ου Λουκά.* Φρ. *δεν έχει ούτε ιερό ούτε -ο* (για άνθρωπο κακοήθη που δε φοβάται ούτε θεία τιμωρία ούτε τους *νόμους*)· *κάνει την -ία Μαρία* (για άνθρωπο που υποκρίνεται τον ευσεβή, τον αθώο).

οσιότητα η, ουσ. (ασυνίζ.). **1.** αγιότητα, αγιοσύνη (αντ. *ανοσιότητα*). **2.** (εκκλ.) τιμητική προσφώνηση ιερωμένων.

οσμή η, ουσ. (λόγ.), μυρωδιά (βλ. λ.): *~ ευχάριστη/ δυσάρεστη.*

οσμίζομαι, ρ. **1.** μυρίζω (βλ. λ.). **2.** (μεταφ.) διαισθάνομαι, παίρνω χαμπάρι: *τα ρεμάλια είχανε -ιστεί ότι κάτι κακό μαγειρευόταν γύρω τους.*

όσμιο το, ουσ. (ασυνίζ.), (χημ.) χημικό στοιχείο που ανήκει στα μέταλλα (της ομάδας του λευκόχρυσου) και είναι στερεό και σκληρό.

όσμηση η, ουσ. (φυσ.) διαπίδυση (βλ. λ.): *ηλεκτρική ~.* [γαλλ. *osmose·* πβ. μτγν. *ωσμός*].

οσμοσκόπιο το, ουσ. (ασυνίζ.), όργανο που χρησιμοποιείται για τη μέτρηση της όσμωσης (βλ. λ.).

όσο, Α. ως επίρρ. **1.** (ποσ.) **α.** τόσο όσο: *μου κόστισε ~ δε φαντάζεσαι·* **β.** ως απόδοση στο τόσο: *~ περνούσε ο καιρός τόσο το μαρτύριο της γινόταν φοβερότερο·* **γ.** σε οποιαδήποτε ποσότητα, μέγεθος, ένταση, κλπ.: *τρέχα ~ μπορείς.* **2.** (με την πρθ. για) σε σχέση με, ως προς: *~ για μένα, μην ανησυχείς.* **Β.** ως σύνδ. **1.** (χρον.) **α.** εφόσον, έως ότου: *~ ζω, θα σε θυμάμαι· ~ του μιλούσα γι' αυτό το θέμα, τον έβλεπα σε εκνευρίζεται·* **β.** (με το *που* ή το *να*) ώσπου: *~ που βασίλεψε ο ήλιος· φύλαγε τα πράγματα ~ να γυρίσουμε.* **2.** (αιτιολ.): *και πάλι, ~ έβλεπε την επιμονή μου, δεν ήθελε να με δυσαρεστήσει.* Έκφρ. *~* (= σε οποιαδήποτε τιμή, πάμφθηνα): *τα ξεπούλησε ~.* Φρ. *~ βαστά η ψυχή του* (= χωρίς μέτρο, κατά συνείδηση)· *~ ναι/να πεις* (= πάντως, οπωσδήποτε): *τον επηρεάζει ~ να 'ναι και η γυναίκα του· ~ να πεις κύμινο* (= αμέσως)· *όσον αφορά* (= ως προς, σε σχέση με)· *~ παίρνει* (= όσο γίνεται)· *~ περνά από το χέρι μου* (= όσο εξαρτάται από μένα). Παροιμ. *στου κουφού την πόρτα ~ θέλεις βρόντα* (για άνθρωπο που πεισματάρης και αμετανόητος).

όσος, -η, -ο, αντων. **1.** τόσο μεγάλος ή πολύς ή ισχυρός, κλπ., όπως και άλλος: *του έδωσα -α ζήτησε·* ως απόδοση στο τόσος: *-α δίνεις, τόσα παίρνεις.* **2.** οσοσδήποτε (σε ποσό, μέγεθος, ένταση, κλπ.· πολλές φορές με το *και αν*): *-α κι αν μου* πεις, δεν πρόκειται να με πείσεις. 3. (με ρήμα) όλος: -οι παρακολούθησαν τη διάλεξη, έμειναν κατενθουσιασμένοι· του έδωσα -α είχα. - Το ουδ. στον πληθ. ως ουσ.: τα -α υποφέρει ο άνθρωπος δεν περιγράφονται. Εκφρ. -α -α = σε πολύ χαμηλή τιμή, πάμφτηνα: το πουλάει -α -α. Φρ. -α ξέρει ο νοικοκύρης δεν τα ξέρει ο μουσαφίρης/ο κόσμος όλος (= πιο ενημερωμένος είναι όποιος βρίσκεται κοντά στην υπόθεση)· -α πάνε κι -α έρθουν (= για σπάταλους χωρίς μέτρο)· -α φέρνει η ώρα δεν τα φέρνει ο χρόνος (= το σημαντικό γεγονός μπορεί να γίνει σε οποιαδήποτε στιγμή).

οσοσδήποτε, οσηδήποτε, οσοδήποτε, αντων., όσος κι αν.

όσπριο το, ουσ. (ασυνίζ.), (συνήθως στον πληθ.) τα ξερά σπέρματα ορισμένων φυτών που χρησιμοποιούνται ως τροφή του ανθρώπου (όπως φασόλια, φακή, ρεβίθια, κλπ.).

οσπριοφαγία η, ουσ. (ασυνίζ.), το να τρώει κανείς κυρίως όσπρια.

οσπριοφάγος ο και η, ουσ. (ασυνίζ.), αυτός που τρέφεται κυρίως με όσπρια.

οστάριο το, ουσ. (ασυνίζ., λόγ.), μικρό κόκαλο.

οστεαλγία η, ουσ. (ιατρ.) πόνος των οστών.

οστεΐνη η, ουσ. (βιολ.) οργανική ουσία, κύριο συστατικό των οστών του σκελετού, καθώς και των δοντιών.

οστέινος, -η, -ο, επίθ., που είναι κατασκευασμένος από κόκαλο: πετάλια -α (συνών. κοκάλινος, οστικός).

οστεοαρθρίτιδα η, ουσ. (ιατρ.) φλεγμονώδης πάθηση των αρθρώσεων που συνοδεύεται από αλλοίωση των επιφανειών των οστών.

οστεοαρθροπάθεια η, ουσ. (ασυνίζ.), (ιατρ.) παραμορφωτική πάθηση άρθρωσης και των οστών που την περιβάλλουν.

οστεοθήκη η, ουσ., κιβώτιο, συνήθως ξύλινο, όπου φυλάσσονται οστά νεκρών.

οστεολογία η, ουσ. (ιατρ.) κλάδος της ανατομικής που μελετά τη σύνθεση του σκελετού και τις παθήσεις των οστών.

οστεολογικός, -ή, -ό, επίθ., που ανήκει ή αναφέρεται στην οστεολογία (βλ. λ.).

οστεομυελίτιδα η, ουσ. (ιατρ.) πυώδης φλεγμονή του μυελού των οστών.

οστεοπάθεια η, ουσ. (ασυνίζ.), (ιατρ.) γενική ονομασία των παθήσεων των οστών.

οστεοπλαστική η, ουσ. (ιατρ.) πλαστική χειρουργική επέμβαση για μερική ή ολική αντικατάσταση οστού.

οστεοπλαστικός, -ή, -ό, επίθ. (ιατρ.) που ανήκει ή αναφέρεται στην οστεοπλαστική (βλ. λ.).

οστεοπόρωση η, ουσ. (ιατρ.) πάθηση κυρίως της γεροντικής ηλικίας που χαρακτηρίζεται από ατροφία του ιστού των οστών με αποτέλεσμα τα οστά να γίνονται εύθραυστα.

οστεορραφία η, ουσ. (ιατρ.) ανασύνδεση τμημάτων σπασμένου οστού.

οστεοσάρκωμα το, ουσ. (ιατρ.) σάρκωμα, κακοήθης όγκος του οστού.

οστεοσκλήρυνση η, ουσ. (ιιιτρ.) υπερβολική αύξηση της φλοιώδους ουσίας με αποτέλεσμα τη σκλήρυνση του οστού.

οστεοσύνθεση η, ουσ. (ιατρ.) χειρουργική μέθοδος θεραπείας των καταγμάτων κατά την οποία συγκρατούνται τα κομμάτια από το σπασμένο οστούν με μεταλλικό σύρμα, ελάσματα, πλάκες ή καρφιά, αφού πρώτα μπουν στη θέση τους.

οστεοτομία η, ουσ. (ιατρ.) χειρουργική επέμβαση κατά την οποία γίνεται τομή οστών και διόρθωση της θέσης τους.

οστεοφυλάκιο το, ουσ. (ασυνίζ.), ειδικός χώρος σε νεκροταφείο στον οποίο φυλάγονται οι οστεοθήκες με τα οστά των νεκρών μετά την ανακομιδή των λειψάνων τους.

οστεόφυτο το, ουσ. (ιατρ.) οστέινη προεξοχή που δημιουργείται στους σπονδύλους και σε άλλα οστά και προκαλεί συγχώνευση των γειτονικών σπονδύλων και περιορισμό των κινήσεών τους.

οστέωμα η, ουσ. (ιατρ.) καλοήθης όγκος από σκληρό οστέινο ιστό που αφαιρείται με εγχείρηση.

οστέωση η, ουσ. (ιατρ.) διαδικασία κατά την οποία ολοκληρώνεται η διάπλαση των οστών.

όστια η, ουσ. (ασυνίζ.). 1. άζυμος άρτος στρογγυλού σχήματος με τον τύπο του σταυρού στην επάνω επιφάνεια, που χρησιμοποιείται από τη ρωμαιοκαθολική εκκλησία για την τέλεση του μυστηρίου της θείας Ευχαριστίας. 2. (φαρμ.) μικρή κάψουλα από άζυμο άρτο μέσα στην οποία βρίσκεται φάρμακο με δυσάρεστη γεύση για την ευκολότερη κατάποσή του. [λατιν. hostia].

οστικός, -ή, -ό, επίθ., οστέινος (βλ. λ.).

οστίτιδα η, ουσ. (ιατρ.) φλεγμονή των οστών που οφείλεται σε μικροοργανισμούς ή σε τοξικές ουσίες.

οστούν το, ουσ. (λόγ.), κόκυλο (βλ. λ.).

οστρακιά η, ουσ. (συνιζ.), λοιμώδης (παιδική κυρίως) αρρώστια που χαρακτηρίζεται από υψηλό πυρετό, πονοκέφαλο, έντονη φαρυγγίτιδα και αμυγδαλίτιδα και από μικρές κόκκινες κηλίδες σ' ολόκληρο σχεδόν το σώμα (συνών. σκαρλατίνα).

οστράκινος, -η, -ο, επίθ., που αποτελείται ή είναι κατασκευασμένος από όστρακο: -ο χτένι.

οστρακισμός ο, ουσ. (αρχ. ιστ.) εξορία (όχι ατιμωτική) αρχαίου Αθηναίου για μια δεκαετία με αναγραφή του ονόματός του σε ειδικό όστρακο (βλ. λ. στη σημασ. 3) από τους συμπολίτες του, επειδή επιδίωκε την ανατροπή του πολιτεύματος (συνών. εξοστρακισμός).

όστρακο το, ουσ. 1. σκληρό και στερεό περίβλημα ασπόνδυλων ζώων (χελώνας, αστακού, κοχυλιών, κλπ.) (συνών. καβούκι, καύκαλο, κέλυφος). 2. (αρχαιολ.) θραύσμα πήλινου αγγείου. 3. (αρχ. ιστ.) πήλινο πινακίδιο πάνω στο οποίο οι αρχαίοι χάραζαν το όνομα εκείνου που ήθελαν να εξοστρακίσουν.

οστρακόδερμα τα, ουσ. (ζωολ.) οστρακοειδή (βλ. λ.).

οστρακοειδής, -ής, -ές, γεν. -ούς, πληθ. αρσ. και θηλ. -είς, ουδ. -ή, επίθ., που είναι όμοιος με όστρακο. - Το ουδ. στον πληθ. ως ουσ. = (ζωολ.) τάξη υδρόβιων αρθρόποδων πολύ μικρών διαστάσεων που περιβάλλονται από ασβεστολιθικό όστρακο με δύο θυρίδες (συνών. οστρακόδερμα).

οστρακολογία η, ουσ. 1. κλάδος της ζωολογίας που ασχολείται με τη μελέτη των οστράκων. 2. (αρχαιολ.) κλάδος της παλαιογραφίας που ασχολείται με την ανάγνωση και ερμηνεία των γραπτών μνημείων που σώζονται σε θραύσματα αγγείων.

οστρακοφόρος, -α, -ο, επίθ., που έχει περίβλημα από όστρακο: -α μαλάκια.

οστρεοκαλλιέργεια η, ουσ. (ασυνίζ. δις), συστηματική καλλιέργεια και εκτροφή στρειδιών για

εμπορική εκμετάλλευση (συνών. *οστρεοκομία, οστρεοτροφία).*
οστρεοκομία η, ουσ., οστρεοκαλλιέργεια (βλ. λ.).
οστρεοτροφείο το, ουσ., χώρος όπου εκτρέφονται στρείδια για εμπορική εκμετάλλευση.
οστρεοτροφία η, ουσ., οστρεοκαλλιέργεια (βλ. λ.).
οστρεοτρόφος ο, ουσ., αυτός που ασχολείται με τη συστηματική καλλιέργεια και εκτροφή στρειδιών για εμπορική εκμετάλλευση.
όστρια η, ουσ. (ασυνίζ.), (ναυτ.) νότιος άνεμος: *άγριες σοροκάδες και -ες αναταράζανε το Αιγαίο· αρμένιζε από τραμουντάνα σ' ~· έκανε ρότα κατά την ~ (Μπαστιάς)* (συνών. *νοτιάς).* [ιταλ. *ostro].*
-οσύνη, κατάλ. θηλ. ουσ. που εκφράζουν ιδιότητες σχετικές με το επίθετο από το οποίο παράγονται: *αγραμματοσύνη, καλοσύνη.*
οσφραίνομαι, ρ., αόρ. *-άνθηκα,* (μτβ.). **1.** αισθάνομαι την οσμή κάποιου πράγματος, μου μυρίζει κάτι: ~ *την κνίσα από τα ψητά.* **2.** (μεταφ.) προαισθάνομαι, προμαντεύω: ~ *τις εκλογές/κυβερνητικό ανασχηματισμό/τον κίνδυνο* (συνών. *προβλέπω).*
οσφραντικός, -ή, -ό, επίθ. (έρρ.), που έχει την ικανότητα να οσφραίνεται, που είναι ευαίσθητος στις οσμές.
όσφρηση η, ουσ. **1.** η αίσθηση με την οποία αισθανόμαστε τις οσμές, γίνεται η διάκριση των οσμών των διάφορων ουσιών: *το αισθητήριο της -ης* (= η μύτη). **2.** (μεταφ.) προαίσθηση, διαίσθηση.
οσφρητικός, -ή, -ό, επίθ., που ανήκει ή αναφέρεται στην όσφρηση: *-ά νευρικά κύτταρα· ~ βλεννογόνος* (= ανατομικός σχηματισμός που βρίσκεται στο υψηλότερο σημείο των ρινικών κοιλοτήτων).
οσφυαλγία η, ουσ. (ιατρ.) πόνος γύρω από τη μέση που οφείλεται σε τραυματισμό ή ερεθισμό των ιστών γύρω από τη σπονδυλική στήλη (νεύρων, μυών, κλπ.), ύστερα από απότομη κίνηση του σώματος ή από ψύξη ή από απότομο σήκωμα μεγάλου βάρους.
οσφυϊκός, -ή, -ό, επίθ. (ιατρ.) που ανήκει ή αναφέρεται στην οσφύ (βλ. λ.): *-ή μοίρα της σπονδυλικής στήλης· -οί σπόνδυλοι.*
οσφύς η, γεν. *-ύος,* ουσ. (ιατρ.) το μέρος του σώματος ανάμεσα στη βάση του θώρακα και στα λαγόνια, μέση.
όσχεο το, ουσ. (ανατομ.) δερμάτινο περίβλημα των όρχεων πιο σκούρο από το υπόλοιπο δέρμα, με άφθονες εγκάρσιες ρυτίδες.
όταν, χρον. σύνδ. **1.** (με οριστ.) **α.** με απλή οριστ. για να εκφραστεί ένα πραγματικό γεγονός πριν, συγχρόνως ή ύστερα από εκείνο για το οποίο γίνεται λόγος στην προσδιοριζόμενη πρόταση: ~ *τελείωσε ο πόλεμος, γύρισα εδώ· θα σου φέρω ένα δαχτυλίδι,* ~ *θα πάω στην πόλη·* **β.** (με ιστ. χρόνο για να εκφραστεί χρονικό σημείο) όσο καιρό, τότε που: ~ *ήμουν δάσκαλος·* ~ *κηρύχτηκε η επανάσταση·* **γ.** με δυνητική οριστ. για να εκφραστεί κάτι το δυνατόν ή ενδεχόμενο στο παρελθόν: *σκεφτόταν πώς θα ήταν το χωριό,* ~ *θα γύριζε συνταξιούχος πια·* **δ.** με μέλλ. για να δηλωθεί κάτι βέβαιο που επρόκειτο να γίνει στο παρελθόν: *συλλογιζόταν πώς θα τον κρίνουν,* ~ *θα μάθουν το σφάλμα τους·* **ε.** (για να δηλωθεί επανάληψη) κάθε φορά που, όσες φορές: *-έβρεχε, τον έπιανε μελαγχολία·* ~ *μιλούσε, συνάρπαζε το πλήθος·* **στ.** σε διηγήσεις για να δηλωθεί κάτι το αιφνίδιο και απροσδόκητο: *όλοι σώπαιναν,* ~ *ξαφνικά ακούστηκε ένας πυροβολισμός* (συνών. *οπότε).* **2.** (με υποτ.) **α.** (με υποτ. αορ. για να εκφραστεί μια πράξη προσδοκώμενη κατόπιν ή πριν από την οποία θα γίνει εκείνο για το οποίο γίνεται λόγος στην προσδιοριζόμενη πρόταση) μόλις, ευθύς ως, σε περίπτωση που, τότε που θα: ~ *μάθεις την αλήθεια, θα αλλάξεις γνώμη·* **β.** (με υποτ. ενεστ. ή αορ. για να δηλωθεί πράξη αορίστως επαναλαμβανόμενη ή σε παρατεταμένο χρόνο κατά τη διάρκεια της οποίας ή κατόπιν ή προηγουμένως γίνεται εκείνο που λέγεται στην προσδιοριζόμενη πρόταση) κάθε φορά που, όση ώρα ή όσο χρόνο: ~ *το πνεύμα κοιμάται, το σώμα τρέφεται·* ~ *τα θυμηθώ, με πιάνει ανατριχίλα·* ~ *κοιμάται, δεν ακούει ούτε κανονιές·* **γ.** σε υπόθεση: ~ *είσαι εργατικός, δε θα πεινάσεις.*
-ότατος, -η, -ο, κατάλ. υπερθ. βαθμού επιθ.: *εντιμότατος, μετριότατος, πυκνότατος.*
-ότερος, -η, -ο, κατάλ. συγκρ. βαθμού επιθ.: *μικρότερος, νεότερος.*
-ότη (λαϊκ.), κατάλ. αφηρ. θηλ. ουσ.: *νιότη, γλυκότη, ωραιότη.* [αρχ. κατάλ. *-ότης].*
-ότητα, κατάλ. αφηρ. θηλ. ουσ.: *ποιότητα, σφοδρότητα, ομοιότητα.* [αρχ. κατάλ. *-ότης].*
ότι, Ι. ειδικός σύνδ., πως: *νομίζω* ~ *έχει δίκιο· φαίνεται* ~ *θα βρέξει· η χθεσινή διάδοση* ~ *ήταν βαριά άρρωστος δεν ήταν αληθινή.*
ότι, ΙΙ. χρον. σύνδ. **1.** μόλις: ~ *αρχίσαμε να τρώμε, ήρθε ο πατέρας·* ~ *έβγαινα από την πόρτα, τον συνάντησα* (= τη στιγμή ακριβώς που...). **2.** (ως επίρρ.) **α.** μόλις, πριν από λίγο: ~ *βγήκε·* ~ *ξημέρωνε·* **β.** μόλις και μετά βίας, με δυσκολία: ~ *ανάσαινε.* [ό,τι].
ό,τι, αναφ. αντων. **α.** (ως ουσ. γένους ουδ., αρ. εν., πτώσης ονομ. ή αιτ.) όποιο πράγμα, όποιο γεγονός, όποιο πρόσωπο, κλπ.: *πάρε* ~ *θέλεις· έτρωγε* ~ *έβρισκε·* ~ *έγινε έγινε· να μη χαρώ* ~ *αγαπώ·* **β.** (ως επίθ. κάθε γένους, αρ. και πτώσης) όποιος, όσος, οποιοσδήποτε: ~ *καιρός είναι εδώ, είναι κι εκεί·* ~ *πράματα είχες περιττά, δώσ' του τα·* ~ *ώρα έρθεις, θα με βρεις στο σπίτι· σήμερα σηκώθηκα πιο νωρίς απ'* ~ *κάθε μέρα.* Έκφρ. *όχι* ~ *κι* ~ (για να δηλωθεί κάτι ξεχωριστό σε ποιότητα): *αγόρασαν έπιπλα όχι* ~ *κι* ~. Φρ. ~ *βγάλει η άκρη ή* ~ *βρέξει ας κατεβάσει ή* ~ *τύχει* (για να δηλωθεί αδιαφορία γι' αυτά που θα συμβούν)· ~ *γράφει δεν ξεγράφει* (ενν. *η μοίρα)* (= η τύχη ή η μοίρα του ανθρώπου είναι καθορισμένη και δεν μπορεί να την αποφύγει ή να την αλλάξει κανείς)· ~ *και να πεις* (ενν. *χάνεις τα λόγια σου ή δεν ωφελεί)* (για να δηλωθεί απογοήτευση ή απαισιοδοξία). - Πβ. και *οτιδήποτε.*
οτιδήποτε, αναφ. αντων. κυρίως σε θέση ουσ. ουδ. γένους (κατά παράβαση για τα άλλα γένη μόνο στον προφ. λόγο), οποιοδήποτε πράγμα, γεγονός, κλπ.: ~ *ζητήσεις θα το έχεις·* ~ *συμβεί να μου το αναφέρεις·* ~ *δουλειά μου πεις την κάνω·* ~ *δυσκολίες θα τις ξεπεράσω.* - Πβ. και *ό,τι.*
οτομοτρίς η, ουσ. άκλ., αυτοκινητάμαξα (βλ. λ.). [γαλλ. *automotrice].*
οτοστόπ το, ουσ. άκλ., το να σταματά πεζός τον οδηγό διερχόμενου αυτοκινήτου με χαρακτηριστική χειρονομία για να του ζητήσει να μεταφερθεί δωρεάν: *κάνω* ~. [γαλλ. *auto-stop].*
ότου, βλ. *εωσότου.*
οτρά, τρα και **ότρια** η, ουσ. (σπάνιο) **α.** επίχρυση ή επάργυρη κλωστή· **β.** νήμα τόσο όσο περνούμε

στη βελόνα, βελονιά. [τουρκ. *otra*].

ότρια, βλ. *οτρά*.

ο τρώσας και ιάσεται· αρχαϊστ. φρ. = αυτός που έβλαψε θα φέρει την επανόρθωση.

ου, επιφ. α. για να δηλωθεί αποδοκιμασία: *δε θέλω ~! — να μου καθείς!·* β. (συνήθως ύστερα από ερώτηση) για να δηλωθεί θαυμασμός ή επιβεβαίωση: *— Είχε κόσμο; — ~! πάρα πολύ!*

-ού, I. κατάλ. θηλ. ουσ. (συνήθως επαγγελματικών): *αλεπού, μυλωνού·* κατάλ. ανδρων.: *Μιχαλού*.

-ού, II. κατάλ. επιρρ.: *αλλού, παντού*.

ουαί, επιφ. (λόγ.), αλίμονο· μόνο στην έκφρ. *~ κι αλίμονο!* (για να δηλωθεί: α. οδύνη για κατάσταση εξαιρετικά δεινή· β. κάποια απειλή: *~ κι αλίμονο αν δεν κάνετε αυτό που σας είπα!*).

Ουαλλός ο, θηλ. **-ή,** ουσ., αυτός που κατοικεί στην Ουαλλία ή κατάγεται από εκεί.

ουβερτούρα η, ουσ. (μουσ.) προοίμιο μουσικής σύνθεσης, εισαγωγή (βλ. λ. στη σημασ. 7) (συνών. πρελούντιο). [γαλλ. *ouverture*].

ούγαινα η, ουσ. **1.** ύαινα (βλ. λ.). **2.** χαρακίδα (βλ. λ.). [αρχ. *ύαινα*].

ου γαρ οίδασι τι ποιούσι· αρχαϊστ. φρ.· για ανθρώπους που σφάλλουν από άγνοια.

Ουγγαρέζα, βλ. *Ουγγαρέζος*.

ουγγαρέζικος, -η, -ο, επίθ., που ανήκει ή αναφέρεται στην Ουγγαρία ή στους Ούγγρους· που προέρχεται από την Ουγγαρία: *ο άλογο* (συνών. *ουγγρικός*).

Ουγγαρέζος ο, θηλ. **-α,** ουσ., Ούγγρος (βλ. λ.).

ουγγιά η, ουσ. (συνιζ.), μονάδα βάρους ίση με 28,34 γραμμάρια ή με το 1/6 της λίμπρας. [λατ. *uncia*].

ουγγρικός, -ή, -ό, επίθ., ουγγαρέζικος (βλ. λ.): *πρωτεύουσα -ή*.

Ούγγρος ο, ουσ., αυτός που κατοικεί στην Ουγγαρία ή κατάγεται από αυτήν (συνών. *Ουγγαρέζος*).

Ουγενότοι οι, ουσ., (ιστ.) οι Γάλλοι διαμαρτυρόμενοι (καλβινιστές) και ειδικότερα η πολιτικοστρατιωτική τους οργάνωση κατά τη διάρκεια των θρησκευτικών πολέμων. [γαλλ. *Huguenots* (πληθ.)].

ούγια η, ουσ. (συνιζ.), παρυφή, άκρη υφάσματος: *η ~ του είναι κόκκινη·* (παροιμ.) *δες ~ πάρε πανί, δες μάνα πάρε παιδί*. [μεσν. *ούια*<μτγν. *ούα*<αρχ. *ώα*].

-ούδα, κατάλ. θηλ. υποκορ.: *κοπελούδα*.

-ουδάκι, κατάλ. υποκορ. ουσ.: *λαγουδάκι, σταυρουδάκι, μωρουδάκι, μυαλουδάκι*. [κατάλ. *-ούδι + άκι*].

ουδέ, συμπλ. αποφατικός σύνδ., ούτε και, μήτε: *τα πάθη μου κανείς να μην τα πάθει, ~ καράβι στο γιαλό ~ πουλί στα δάση* (δημ. τραγ.).

ουδείς αναμάρτητος· αρχαϊστ. έκφρ., για δικαιολόγηση αμαρτήματος, γιατί μόνος αναμάρτητος είναι ο Θεός, ενώ ο άνθρωπος είναι αδύνατον να μην αμαρτήσει.

ουδέ κόκκον συνάπεως· αρχαϊστ. έκφρ. = καθόλου, εντελώς τίποτα.

ουδέποτε, επιρρ. (λόγ.), (χρον.) ούτε μια φορά, ποτέ: *~ συναναστράφηκα αυτό το άτομο* (αντ. *πάντοτε, πάντα*).

ουδετερόνιο το, ουσ. (ασυνίζ.), (χημ.) νετρόνιο (βλ. λ.).

ουδετεροποιημένη (περιοχή), (διεθνές δίκ.) περιοχή στην οποία έχει επιβληθεί καθεστώς ουδετεροποίησης (βλ. λ.): *η διώρυγα του Σουέζ είναι ~ περιοχή*.

ουδετεροποίηση η, ουσ. (διεθνές δίκ.) προβλεπόμενη από διεθνείς συμβάσεις απαγόρευση μετατροπής κάποιας περιοχής σε θέατρο πολεμικών επιχειρήσεων, που συνοδεύεται συνήθως και με την αποστρατιωτικοποίησή της: *~ της διώρυγας του Παναμά*.

ουδέτερος, -η, -ο, επίθ. **1α.** που δε μετέχει σε μια ρήξη, που δεν εκφράζει γνώμη μπροστά σε μια διένεξη: *τηρώ -η στάση· παρέμεινα ~ στον καβγά τους* (συνών. *αμέτοχος*)· β. (ειδικά για χώρα) που δε μετέχει σε πολεμική σύγκρουση ή (κατά ειρηνικές περιόδους) σε στρατιωτικό συνασπισμό· (διεθνές δίκ.) *ζώνη -η ή έδαφος -ο* = τμήμα εδάφους όπου έχει επιβληθεί καθεστώς ουδετεροποίησης (βλ. λ.). **2.** (γενικά) που δε μετέχει σε καμιά από δύο ή περισσότερες ομάδες, κατηγορίες, τάξεις, κλπ., αμέτοχος, αδιάφορος. **3.** (γραμμ.) **α.** (για άρθρο, ουσ., επίθ., αντων. ή μτχ.) που δεν ανήκει ούτε στο αρσ. ούτε στο θηλ. γένος: *-α (ονόματα) σε -μα·* (ως ουσ.) *ισοσύλλαβα -α·* β. *ρήματα -ης διάθεσης ή -α* = τα ρήματα που φανερώνουν πως το υποκείμενο ούτε ενεργεί ούτε δέχεται ενέργεια, αλλά βρίσκεται σε μια κατάσταση, λ.χ. *ζω, κοιμάμαι, διψώ, ευτυχώ*. **4.** (για χρώμα) **α.** που δεν είναι έντονο, που δεν ξεχωρίζει ιδιαίτερα· β. που συνδυάζεται με πολλά άλλα χρώματα: *το άσπρο και το μαύρο είναι -α χρώματα*. **5α.** (φυσ.) *-η ζώνη* = περιοχή του μαγνήτη που βρίσκεται ανάμεσα στους πόλους και έχει περιορισμένες μαγνητικές ιδιότητες· β. (χημ.) *-η ένωση* = που δε σχηματίζει άλλες ενώσεις ούτε με οξέα ούτε με βάσεις.

ουδετερότητα η, ουσ., το να είναι κανείς ουδέτερος (βλ. λ.): *κρατώ στάση -ας σε μια διένεξη*.

ουδετερόφιλος, -η, -ο, επίθ., που αγαπά την ουδετερότητα, που δεν του αρέσει να συμμετέχει σε συγκρούσεις ή διενέξεις.

-ούδης, κατάλ. υποκορ. αρσ. ουσ.: *λειχούδης*.

-ούδι, κατάλ. υποκορ. ουδ. ουσ.: *αγγελούδι, μαθητούδι, χαρούδι, ξεπεταρούδι*. [μτγν. *-ούδιον*].

ουέστερν, βλ. *γουέστερν*.

ουζάδικο το, ουσ., κατάστημα όπου σερβίρεται ούζο, ουζοπωλείο.

ουζάκι το, ουσ., ούζο (κυρίως η ποσότητα ούζου που σερβίρεται σε ειδικό μικρό ποτήρι): *ήπιαμε από δυο -ια ο καθένας*.

ούζο το, ουσ., οινοπνευματώδες ελληνικό ποτό που παλιότερα το παρασκεύαζαν από το απόσταγμα ζυμωμένων σταφυλιών (των τσίπουρων) με διπλή απόσταξη και με την προσθήκη αρωματικών ουσιών, ενώ σήμερα παρασκευάζεται βιομηχανικά με αραίωση οινοπνεύματος σε νερό και προσθήκη διάφορων αρωματικών ουσιών και αιθέριων ελαίων: *δυνατό ~· μεθύσι από ~*. [ίσως από την ιταλ. φρ. *uso Marsiglia* = για (εμπορική) χρήση στη Μασσαλία].

ουζοποσία η, ουσ., το να πίνει κανείς πολύ ούζο.

ουζοπότης ο, ουσ., αυτός που πίνει πολύ ούζο.

ουζοπωλείο το, ουσ., κατάστημα όπου σερβίρεται κυρίως ούζο (συνών. *ουζάδικο*).

ουζοπώλης ο, ουσ., ιδιοκτήτης ουζοπωλείου (βλ. λ.).

ουίσκι το, ουσ., οινοπνευματώδες ποτό (σκωτικής κυρίως προέλευσης) που παρασκευάζεται με την απόσταξη του χυμού δημητριακών που έχει υποστεί ζύμωση. [αγγλ. *whisky*].

ουκάζιον το, ουσ. (ασυνίζ.), διάταγμα των τσάρων της Ρωσίας με κύρος νόμου.

ουκ αν λάβοις παρά του μη έχοντος· αρχαϊστ. φρ., για δήλωση έσχατης φτώχειας.

ουκ έχω πού την κεφαλήν κλίναι· αρχαϊστ. φρ. = δε βρίσκω πουθενά ανάπαυση ή βοήθεια.

-ούκλα, κατάλ. μεγεθ. θηλ. ουσ.: *χερούκλα, ψαρούκλα, ματούκλα.* [λατ. -uc(u)la].

Ουκρανή, βλ. *Ουκρανός*.

ουκρανικός, -ή, -ό, επίθ., που ανήκει ή αναφέρεται στην Ουκρανία ή τους Ουκρανούς: *πόλεις -ές.*

Ουκρανός ο, θηλ. **-ή**, ουσ., αυτός που κατοικεί στην Ουκρανία ή κατάγεται απ' αυτήν.

-ούλα, κατάλ. υποκορ. θηλ. ουσ.: *βαρκούλα, γατούλα, ξανθούλα, ψυχούλα.* [λατ. -ulla].

-ουλάκι, κατάλ. υποκορ.: *λιγουλάκι, μικρουλάκι.*

ουλαμαγός ο, ουσ. (στρατ.) αυτός που διοικεί ουλαμό (βλ. λ.), ο επικεφαλής (συνήθως κατώτερος αξιωματικός ή μόνιμος υπαξιωματικός) του ουλαμού.

ουλαμός ο, ουσ. (στρατ.) υποδιαίρεση ίλης (βλ. λ.), τμήμα στρατιωτών παλιότερα ιππικού και σήμερα αρμάτων ή θωρακισμένων οχημάτων.

ουλάνος ο, ουσ. (παλαιότερα) λογχοφόρος ιππέας του γερμανικού, αυστριακού και ρωσικού στρατού. [γαλλ. *uhlan*].

-ουλάς, κατάλ. επαγγελματικών αρσ. ουσ.: *νερουλάς, αβγουλάς.*

ουλεμάς ο, ουσ., μωαμεθανός γνώστης του ιερού νόμου, μουσουλμάνος νομομαθής και ιεροδιδάσκαλος. [τουρκ. *ulema*].

ουλή η, ουσ., ίχνος που απομένει από πληγή που θεραπεύτηκε, σημάδι λαβωματιάς: *έχει μια βαθιά ~ στο μάγουλο/πόδι.*

-ούλης, κατάλ. υποκορ. αρσ. ουσ. και επιθ.: *μικρούλης, εαυτούλης, νοστιμούλης.*

-ούλι, κατάλ. υποκορ. ουδ. ουσ.: *σακούλι, χερούλι.* [μεσν. -ούλιν<αρχ. -ύλλιον].

-ούλιακας (συνιζ.), κατάλ. επιτ. ουσ.: *μπεκρούλιακας, στραβούλιακας, κουτούλιακας.* [υποκορ. σε *-ούλης* + μεγεθ. κατάλ. *-ακας*].

-ουλίζω, κατάλ. υποκορ. ρ.: *μασουλίζω.*

ουλίτιδα η, ουσ. (ιατρ.) φλεγμονή των ούλων που οφείλεται σε διάφορα αίτια.

ούλο το, ουσ. (ανατομ.) το μέρος του βλεννογόνου της στοματικής κοιλότητας που καλύπτει τις φατνιακές αποφύσεις των οστών της κάτω και της άνω γνάθου.

ουλοποίηση η, ουσ. (ιατρ.) αμυντική διεργασία του οργανισμού που ο ρόλος της είναι να επουλώνει τα τραύματα του δέρματος.

-ουλός, -ή, -ό, κατάλ. επιθ. που παράγονται από άλλα επιθ., που φανερώνει κυρίως εκείνον που μοιάζει με αυτό που φανερώνει η πρωτότυπη λέξη: *βαθύς - βαθουλός, παχύς - παχουλός, μακρύς - μακρουλός.*

ουλοτριχία η, ουσ. (ιατρ.) ιδιότητα ορισμένων ατόμων να εμφανίζουν σγουρές τρίχες (κυρίως στους νέγρους). [αρχ. *ούλος* + *τρίχα*].

ουμανισμός ο, ουσ., ανθρωπισμός (βλ. λ.). [νεολατ. *humanismus*].

ουμανιστής ο, θηλ. **-ίστρια**, ουσ., ανθρωπιστής (βλ. λ.): *οι -ές της Αναγέννησης.*

ουμανιστικός, -ή, -ό, επίθ., ανθρωπιστικός (βλ. λ.): *ήθος -ό*· *-ές ιδέες της εποχής της Αναγέννησης.*

ουμανίστρια, βλ. *ουμανιστής*.

ουνίτης ο, ουσ. (θρησκ.) χριστιανός που ανήκει άλλοτε στην Ορθόδοξη Εκκλησία, της οποίας διατηρεί όλους σχεδόν τους εξωτερικούς τύπους, αλλά αναγνωρίζει ως αρχηγό του χριστιανισμού το πάπα. [*ουνία* (= το σύνολο των ουνιτών)<λατ. *unus*].

ουνιτικός, -ή, -ό, επίθ., που ανήκει ή αναφέρεται στον ουνιτισμό ή τους ουνίτες (βλ. λ.): *εκκλησία -ή.*

ουνιτισμός ο, ουσ. (θρησκ.) χριστιανική αίρεση που περιλαμβάνει ουνίτες (βλ. λ.).

ουννικός, -ή, -ό, επίθ., που ανήκει ή αναφέρεται στους Ούννους (βλ. λ.): *φυλές -ές.*

Ούννοι οι, ουσ. 1. (ιστ.) μογγολικός νομαδικός λαός διαβόητος για τις καταστρεπτικές επιδρομές του στην Ευρώπη τον 5. αι. μ.Χ. 2. (μεταφ. και στον εν.) βάρβαρος, άγριος· καταστροφέας, βάνδαλος.

-ούρα, κατάλ. θηλ. ουσ.: *θολούρα, μουτζούρα, σκοτούρα, φαγούρα, κλεισούρα.* [λατ. *-ura*].

ουρά η, ουσ. **1α.** το τελικό οπίσθιο άκρο του κορμού των σπονδυλωτών ζώων, συνήθως επίμηκες και ευκίνητο, που ο σκελετός του αποτελεί συνέχεια της σπονδυλικής στήλης· **β.** (ανθρωπολ.) οι τελευταίοι κάτω σπόνδυλοι της σπονδυλικής στήλης: *χτύπησα στην ~ και πονώ (συνών. κόκκυγας).* **2.** (συνεκδοχικά) **α.** καθετί που μοιάζει στο σχήμα με ουρά ή αποτελεί το (πίσω) άκρο κάποιου πράγματος: *~ αεροπλάνου/κομήτη/χαρταετού/του γράμματος ρ*· **β.** μίσχος καρπού ή φύλλου, κοτσάνι: *~ αχλαδιού/μήλου*· **γ.** (στρατ.) οπισθοφυλακή στρατιωτικού τμήματος σε πορεία ή μοίρας στόλου σε πλεύση· **δ.** η πίσω και προς τα κάτω προεξοχή γυναικείου φορέματος: *νυφιάτικο φουστάνι με ~*· **ε.** (μετρ.) *~ σονέτου* = (σπανίως) στίχοι (συνήθως δύο) που ακολουθούν τους κανονικούς δεκατέσσερις στίχους του σονέτου. **3.** (γενικά) το τελευταίο πρόσωπο ή πράγμα σειράς. **4.** (μεταφ.) μια ή περισσότερες σειρές ανθρώπων που στέκονται με τάξη και περιμένουν για κάτι: *είχε μεγάλη ~ στην τράπεζα/στο ταμείο.* **5.** αχώριστος φίλος προσώπου, σκιά: *μου έγινε ~* (= με ακολουθεί παντού). **6.** (βοτ.) λαϊκή ονομασία φυτών κυρίως της οικογένειας των ορχεοειδών: *~ του λαγού/της αλεπούς.* Έκφρ. *λεφτά/λίρα/παράς με ~* (= άφθονα)· *ψέματα με ~* (= τερατώδη). Φρ. *βάζει ο διάολος την ~ του*, βλ. *βάζω· βάζω την ~ μου (παντού)*, βλ. *βάζω· βάζω την ~ στα σκέλια*, βλ. *βάζω· βγάζω την ~ μου*, βλ. *βγάζω· έχει κομμένη την ~ του* (= έχει χάσει το θάρρος του ή την ισχύ του)· *έχω ή χώνω την ~ μου (παντού)* (= βάζω την ουρά μου): *δε στάθηκε βρομοδουλειά που να μην είχε την ~ του ο Σταύρος (Μπαστιάς)· κάνω ~* (= τοποθετούμαι πίσω από σειρά ανθρώπων και περιμένω για κάτι)· (για γυναίκα) *κουνάει την ~ της* (= προκαλεί ερωτικώς)· *μαζεύω την ~ στα σκέλια* (= βάζω την ουρά στα σκέλια)· *τραβώ την ~ μου (έξω)* (= βγάζω την ουρά μου).* Παροιμ. *είναι φτωχό τ' αρνί, μα έχει και πλατιά ~* (για φτωχό, αλλά περήφανο άνθρωπο)· *πίσω έχει η αχλάδα την ~*, βλ. *αχλάδα*· *το έξυπνο πουλί από την ~ ή τη μύτη πιάνεται*, βλ. *μύτη*. Υποκορ. **-ίτσα** η (στις σημασ. 1α, 2α, 2β και 4).

ουραγκοτάγκος και **ουραγκουτάγκος** ο, ουσ. (έρρ., δις), (ζωολ.) δενδρόβιος ανθρωποειδής πίθηκος που έχει δέρμα με θυσανωτό γκριζωπό ή καστανόχρωμο τρίχωμα, κεφάλι αρκετά μεγάλο και ζει στην Ινδονησία. [μαλαισιανό *orangutan*].

ουραγός ο, ουσ. **1.** (στρατ.) βαθμοφόρος που δεν

έχει οργανική θέση στη σύνθεση της ομάδας και όταν αυτή κινείται σε παράταξη, αυτός την ακολουθεί, λ.χ. ο υπαξιωματικός σιτιστής. **2.** (ναυτ.) το τελευταίο πλοίο στόλου ή νηοπομπής. **3.** (μεταφ.) τελευταίος στη σειρά ή στην κατάταξη: *ποδοσφαιρική ομάδα ~ στη βαθμολογία* (αντ. *πρωτοπόρος, επικεφαλής*). **4.** (μεταφ.) άνθρωπος χωρίς πρωτοβουλία, τόλμη ή ικανότητες που «ακολουθεί» τις καταστάσεις χωρίς να μπορεί ή να θέλει να επιδράσει σ' αυτές.

ουραγώ, -είς, ρ., είμαι ουραγός (βλ. λ.).

ουραιμία η, ουσ. (ιατρ.) αύξηση της ποσότητας της ουρίας στο αίμα που οφείλεται σε νεφρική ανεπάρκεια και η δηλητηρίαση του αίματος που προκαλείται από την αύξηση αυτή.

ουραιμικός, -ή, -ό, επίθ. (ιατρ.) που ανήκει ή αναφέρεται στην ουραιμία (βλ. λ.). - Το αρσ. και το θηλ. ως ουσ. = αυτός που πάσχει από ουραιμία.

ουραίο το, ουσ., μέρος του κλείστρου οπισθογεμούς όπλου.

ουραλοαλταϊκός, -ή, -ό, επίθ., που ανήκει ή αναφέρεται στα Ουράλια και τα Αλτάια όρη της Σιβηρίας: *λαοί -οί* (συνών. *σκυθικός*).

ουρανής, -ιά (συνιζ.), **-ί,** επίθ., που έχει το χρώμα του ουρανού: *φορούσε ένα -ί φόρεμα* (συνών. *γαλάζιος*).

ουράνια τα, ουσ. (ασυνίζ. και συνιζ. λαϊκ.), ουρανός: *η βροχή δυναμώνει σαν κάτι να 'γινε καινούργιο στα ~*. Φρ. *ανεβάζω στα ~ κάποιον*, βλ. *ανεβάζω· ανεβαίνω ή πετώ στα ~* (= αισθάνομαι ευτυχισμένος, συνήθως για μεθυσμένο)· *άνοιξαν τα ~* (= πέφτει βροχή κατακλυσμιαία).

ουρανικός, -ή, -ό, επίθ. **1.** (γραμμ. για σύμφωνο), που προφέρεται με τον ουρανίσκο (τα σύμφωνα *κ, γ, χ* και *γκ*) (συνών. *λαρυγγικός, ουρανισκόφωνος*). **2.** (χημ.) που ανήκει ή αναφέρεται στο ουράνιο (βλ. λ.).

ουράνιο το, ουσ. (ασυνίζ.), (χημ.) χημικό στοιχείο, μέταλλο βαρύ και ελατό που χρησιμοποιείται ως πυρηνικό καύσιμο στους πυρηνικούς αντιδραστήρες για την παραγωγή ηλεκτρικής ενέργειας και ραδιοϊσοτόπων και ως εκρηκτικό υλικό στα πυρηνικά όπλα. [διεθνές *uranium*].

ουράνιος, -α, -ο, επίθ. (ασυνίζ.). **1α.** που ανήκει ή αναφέρεται στον ουρανό: *θόλος ~·* β. που υπάρχει ή συμβαίνει στον ουρανό: *-α σώματα* (= αστέρες ή αστερισμοί)· *φαινόμενα -α·* -ο *τόξο* = ατμοσφαιρικό οπτικό φαινόμενο σε μορφή τόξου κύκλου (διαστάσεις ημικυκλίου), που προκαλείται από το φως, όταν αυτό πέφτει σε μικρές σταγόνες βροχής· γ. που προέρχεται από τον ουρανό (αντ. *γήινος*). **2.** (αστρον.) *-α σφαίρα* = νοητή σφαίρα, στην εσωτερική επιφάνεια της οποίας φαίνονται προβαλλόμενα όλα τα ουράνια σώματα· *-α μηχανική* = κλάδος της αστρονομίας που μελετά τις κινήσεις των ουράνιων σωμάτων. **3.** *θεϊκός, θείος: -ες δυνάμεις/στρατιές* (= οι άγγελοι) · *~ Πατέρας* (= ο Θεός). **4.** (μεταφ.) εξαίσιος, υπέροχος: *-α ομορφιά* (συνών. *αιθέριος*).

ουρανίσκος ο, ουσ. (ανατομ.) το πάνω τοίχωμα της στοματικής κοιλότητας, που χωρίζει το στόμα από την κοιλότητα της μύτης (συνών. *υπερώα, ουρανός*).

ουρανισκόφωνος, -η, -ο, επίθ. (γραμμ.) ουρανικός (βλ. λ. στη σημασ. Ι).

ουρανοβατώ, -είς, ρ., μου λείπει η αίσθηση της πραγματικότητας, φαντασιοκοπώ.

ουρανογραφία η, ουσ. **1.** η αναζήτηση και αναγνώριση των αστερισμών και των αστέρων που είναι ορατοί με γυμνό μάτι κατά τις διάφορες εποχές ή τους μήνες του έτους. **2.** κατάρτιση χάρτη του ουρανού.

ουρανοθέμελα τα, ουσ., τα θεμέλια του ουρανού, το σημείο όπου φαίνεται ότι ενώνεται ο ουρανός με τον ορίζοντα.

ουρανοκατέβατος, -η, -ο, επίθ. (συνήθως για κάτι καλό) ανέλπιστος, απροσδόκητος.

ουρανομήκης, -ης, γεν. *-ους,* πληθ. *-εις,* επίθ. (λόγ.), που φτάνει ως τον ουρανό· πανύψηλος.

ουρανοξύστης ο, ουσ., πανύψηλο κτήριο με πολλούς ορόφους.

ουρανόπεμπτος, -η, -ο, επίθ. (για κάτι καλό) σταλμένος από τον ουρανό, ανέλπιστος (συνών. *θεόπεμπτος*).

ουρανός ο, ουσ. **1.** το άπειρο διάστημα γύρω από τη γη στο οποίο κινούνται τα ουράνια σώματα: *~ έναστρος/γαλάζιος*. **2.** ο κατά τόπους ουρανιός θόλος: *~ αττικός.* **3.** (και στον πληθ.) τόπος αιώνιας ευτυχίας όπου πιστεύεται ότι κατοικούν ο Θεός, οι άγγελοι και οι ενάρετοι άνθρωποι μετά το θάνατό τους. **4.** στέγη ή κάλυμμα ενός χώρου, επίπλου ή άλλου αντικειμένου που έχει σχήμα θολωτό και ρόλο προστατευτικό ή διακοσμητικό: *~ του αυτοκινήτου/του κρεβατιού* (εκκλ.) *~ επιταφίου.* **5.** (αστρον., με κεφ. μόνο στη σημασ. αυτή) μεγάλος πλανήτης του ηλιακού μας συστήματος, ο έβδομος κατά σειρά απόστασης από τον ήλιο. Φρ. *βλέπω τον -ό σφοντύλι/τον -ό με τ' άστρα* (για ζάλη που προέρχεται από ισχυρό κτύπημα)· *βρίσκεται στον έβδομο -ό* (= στο ύψιστο σημείο ευτυχίας)· *έπεσε από τον -ό* (για απροσδόκητο καλό)· *η κότα πίνει νερό και κοιτάζει τον -ό* (παροιμ., για την ευγνωμοσύνη που ο άνθρωπος οφείλει να δείχνει στο Θεό για τη φροντίδα του σ' αυτόν)· *καθαρός ~ αστραπές δε φοβάται,* βλ. *καθαρός* 3β· *κινώ γη και -ό* (= καταβάλλω κάθε προσπάθεια προκειμένου να επιτύχω κάτι).

ουρήθρα η, ουσ., σωληνοειδής πόρος από τον οποίο βγαίνουν τα ούρα από την ουροδόχο κύστη και αποβάλλονται από τον οργανισμό.

ουρηθρίτιδα η, ουσ., φλεγμονή της ουρήθρας.

ούρηση η, ουσ., το να ουρεί κανείς.

ουρητήρας ο, ουσ., ο καθένας από τους δύο σωλήνες που μεταφέρουν τα ούρα από κάθε νεφρό στην ουροδόχο κύστη.

ουρητήριο το, ουσ. (ασυνίζ.), κτίσμα κατάλληλα διαμορφωμένο (συνήθως σε δημόσιο χώρο) για ούρηση.

-ούρι, κατάλ. ουδ. ουσ.: *μασούρι, στηθούρι, αχούρι*. [κατάλ. *-ουρος + -ιον*].

ουρί το, ουσ., η ωραία γυναίκα που η μωαμεθανική θρησκεία υπόσχεται στον κάθε πιστό μουσουλμάνο ότι θα βρει στον παράδεισο. [αραβ. *huri*].

-ούρια (συνιζ.), κατάλ. πληθ. ουδ. ουσ.: *γεννητούρια, ξυπνητούρια*. [κατάλ. *-τήρια* με επίδρ. ουσ. σε *-ούρι*].

ουρία η, ουσ., προϊόν του μεταβολισμού που αποβάλλεται φυσιολογικά από τα ούρα και αυξάνει ποσοτικά στο αίμα όταν υπάρχει πρόβλημα στη λειτουργία των νεφρών.

-ουριά (συνιζ.), κατάλ. θηλ. ουσ. που δηλώνουν αφθονία, πλήθος: *γυφτουριά, βλαχουριά, κλεφτουριά*. [κατάλ. *-ούρα + κατάλ. -ιά*].

ουρικός, -ή, -ό, επίθ., που έχει σχέση με τα ούρα:

ουριοδρομώ

οξύ -ό = προϊόν του μεταβολισμού που αυξάνει στο αίμα σε ορισμένες παθολογικές καταστάσεις ή ύστερα από χορήγηση ορισμένων φαρμάκων· *αρθρίτιδα -ή* = πάθηση που οφείλεται στη διαταραχή του μεταβολισμού ορισμένων ουσιών με αποτέλεσμα τη συσσώρευση ουρικού οξέος στον οργανισμό και που χαρακτηρίζεται από αρθρικές παραμορφώσεις και λειτουργική ανεπάρκεια.

ουριοδρομώ, -είς, ρ. (ασυνίζ.), πλέω με ούριο άνεμο.

ούριος, -α, -ο, επίθ. (ασυνίζ.), (για άνεμο) που πνέει από την πλευρά της πρύμνης του καραβιού, ευνοϊκός (συνών. *πρύμος*).

ουρίτσα, βλ. *ουρά*.

ουρλιάζω, ρ. (συνιζ.), (για τα σκυλιά κυρίως, αλλά και άλλα ζώα) βγάζω μεγάλη σε διάρκεια κραυγή, δυνατή και σε τόνο ψηλό που μοιάζει με κλάμα, σκούζω· (μεταφ. για τον άνθρωπο σε έκρηξη πόνου, οργής): *μου κατέβηκε να έβγω όξω να -άξω* (Κόντογλου)· (κατ' επέκταση για ό,τι παράγει ήχο δυνατό και συρτό): *οι άνεμοι -άζανε καθώς κοπάδι λυσσασμένα σκυλιά* (Ι.Μ. Παναγιωτόπουλος) (συνών. *ωρύομαι*).

ούρλιασμα και **ουρλιαχτό** το, ουσ. (συνιζ.), (για ορισμένα ζώα και μεταφ. για τον άνθρωπο σε έκρηξη πόνου ή οργής) κραυγή άγρια και δυνατή μεγάλης διάρκειας: *-ατα λύκων και τσακαλιών*· (κατ' επέκταση για συρτό και δυνατό ήχο) *από την άβυσσο σηκωνόντανε τα -χτά... από καράβι που 'χε βουλιάξει η μπάντα του* (Κόντογλου).

ουρμπανισμός ο, ουσ. 1. αστυφιλία (βλ. λ.). 2. η επιρροή των αστικών κέντρων, όσον αφορά τα ήθη, τα έθιμα και τα χαρακτηριστικά τους, στη γύρω ύπαιθρο χώρα. [γαλλ. *urbanisme*].

ούρο το, ουσ., κιτρινωπό υγρό που εκκρίνεται από τα νεφρά και αποβάλλεται από τον οργανισμό από την ουρήθρα, κάτουρο.

ουροδοχείο το, ουσ., δοχείο για ούρηση, καθίκι, τσουκάλι.

ουροδόχος, επίθ., στην έκφρ. *~ κύστη* (βλ. *κύστη* 1β).

ουροκυστίτιδα η, ουσ. (ιατρ.) φλεγμονή της ουροδόχου κύστης.

ουρολιθίαση η, ουσ. (ιατρ.) σχηματισμός λίθων στα όργανα του ουροποιητικού συστήματος.

ουρόλιθος ο, ουσ. (ιατρ.) λίθος που σχηματίζεται στα όργανα του ουροποιητικού συστήματος.

ουρολογία η, ουσ., κλάδος της ιατρικής που ασχολείται με τη λειτουργία και τις ασθένειες των οργάνων του ουροποιητικού συστήματος.

ουρολόγος ο, ουσ., γιατρός ειδικευμένος στην ουρολογία.

ουροποίηση η, ουσ., ο σχηματισμός ούρων.

ουροποιητικός, -ή, -ό, επίθ. (ασυνίζ.), που παράγει ούρα: *όργανα -ά· σύστημα -ό* = το σύνολο των οργάνων που παράγουν τα ούρα και που αποτελείται από τα δύο νεφρά, τους δύο ουρητήρες, την ουροδόχο κύστη και την ουρήθρα.

Ουρουγουανός και **Ουρουγουαϊνός** ο, θηλ. **-ή**, ουσ., αυτός που κατοικεί στην Ουρουγουάη ή κατάγεται από εκεί.

ουρώ, ρ., αποβάλλω ούρα, κατουρώ.

-ούσα, κατάλ. θηλ. ουσ. που δηλώνουν κάποια ιδιότητα ή χαρακτηριστικό: *χαμηλοβλεπούσα, γλυκοφιλούσα, ξανθομαλλούσα*. [μτχ. ρ. *σε -ώ*].

ουσάρος ο, ουσ., στρατιώτης μονάδας ελαφρού ιππικού. [γαλλ. *hussard*<ουγγρ. *huszar*].

ουσία η, ουσ. 1. ύλη, σώμα φυσικό· το ένα ή το καθένα από τα συστατικά από τα οποία αποτελείται ένα σώμα: *-ες τοξικές/καρκινογόνες· -ες θρεπτικές* (= οι αναγκαίες για τη διατροφή ενός οργανισμού)· (ανθρωπολ.) *~ λευκή/φαιά* = οι δύο ουσίες από τις οποίες αποτελούνται τα ημισφαίρια του εγκεφάλου και ο νωτιαίος μυελός. 2. (φιλοσ.) το εσωτερικό περιεχόμενο ενός πράγματος που εκφράζεται στην ενότητα όλων των ποικίλων ιδιοτήτων και σχέσεών του. 3. η πραγματική υπόσταση ενός πράγματος, αυτό που υπάρχει αντικειμενικά και αληθινά. 4. το κύριο, το ουσιώδες στοιχείο ενός πράγματος: *ο φωτορεπόρτερ προσπαθεί ν' αποδώσει φωτογραφικά την ~ των γεγονότων*· (σε λόγο, κείμενο, κ.ά.) το βασικό νόημα ή μήνυμα: *η ~ μιας θεωρίας/των λεγομένων κάποιου*. 5. η σπουδαιότητα, η αξία, το βάθος έννοιας ή πράγματος, «σημασία»: *λόγοι -ας· κριτική χωρίς ~*. 6. η ιδιαίτερη γεύση που κάνει ένα φαγητό νόστιμο ή όχι: *αν το φας ανάλατο, δεν έχει ~*. Έκφρ. *στην ~* (= ουσιαστικά, στην πραγματικότητα).

ουσιαστικός, -ή, -ό, επίθ. (ασυνίζ.). 1. πραγματικός, αληθινός: *διάλογος ~· συνεργασία -ή* (αντ. *τυπικός*). 2. σημαντικός, αξιόλογος: *πολιτιστική ατμόσφαιρα με -ά επακόλουθα· αύξηση -ή της παραγωγής*. - Το ουδ. ως ουσ. *~* (γραμμ.) κλιτό μέρος του λόγου που φανερώνει πρόσωπο, ζώο ή πράγμα, ενέργεια, κατάσταση ή ιδιότητα.

ουσιώδης, -ης, -ες, γεν. *-ους*, πληθ. αρσ. και θηλ. *-εις*, ουδ. *-η*, επίθ. (ασυνίζ.), που αποτελεί την ουσία, κύριος, σημαντικός (αντ. *επουσιώδης*).

ους ο Θεός συνέζευξεν άνθρωπος μη χωριζέτω· αρχαϊστ. φρ. = δεν επιτρέπεται να συντελέσει κανείς στο χωρισμό συζύγων.

ουστ, επιφ., το χρησιμοποιεί κανείς για να διώξει ένα σκύλο και προσβλητικά για άνθρωπο. [τουρκ. *οşt*].

ούτε, σύνδ. Α. ως σύνδ. (συνδέει παρατακτικά αρνητ. προτ. ή όρους προτ.): *δεν ήρθε ~ ο Γιώργος ~ ο Πέτρος· ~ προφορικά να του πεις ~ να του το γράψεις*. Β. ως μόρ. 1. (με σημασ. προσθετική, αρνητ., πολλές φορές με το *δεν* ή το *και*) και δεν: *~ τα δημοτικά τραγούδια έχουν απολύτως ενιαία γλώσσα· ~ εσύ μ' άκουσες! ~ εγώ δεν τον είδα*. 2α. (με σημασ. επιτ. αρνητ.) ακόμα και, ακόμα και... όχι: *δεν παίρνουν τίποτε στα σοβαρά, ~ το θάνατο· αυτό δεν το ήξερε ~ ο ίδιος*· **β.** (με το *καν*) ακόμη και... δεν: *~ καν εφημερίδες διαβάζει· δεν προσέχει ~ καν τα πιο σπουδαία*· γ. (με προηγούμενη καταφ. προτ.) *έφαγε μια μπουκιά και ~*. 3. (με σημασ. ενδοτική ή παραχωρητική, αρνητ.) έστω και: *~ έβλεπα ψηλά στον ουρανό που δεν είχε ~ ένα άστρο· θέλει να μιλήσει και δεν μπορεί ~ να ανασάνει*. 4. (με σημασ. συμπλ., αρνητ.) και δεν, και: *το εμπόδιο το παραμέλησε, ~ φαινόταν πια στο κατάστημα*. 5. (με το *καν* ή το *που* ή και χωρίς αυτά) καθόλου δεν: *εγώ ~ σε λογαριάζω πια· ~ ήξερα τι μου γινόταν· ~ καν να τα πεις αυτά μπροστά του· ~ που τη νοιάζει τι θα γίνει*. Παροιμ. *~ ψύλλος στον κόρφο* του (= για άνθρωπο που βρίσκεται σε δύσκολη θέση). Έκφρ. *~ γάτα ~ ζημιά* (= δε συνέβη τίποτε)· *~ λίγο ~ πολύ* (= πολύ περισσότερο απ' ό,τι έπρεπε)· *~ μια στάλα* (= καθόλου)· *~ σύγκριση* (όταν κάποιος είναι κατά πολύ ανώτερος)· *~ συζήτηση* (= δε χωρεί δεύτερη γνώμη)· *~ φωνή ~ ακρόαση* (= για άνθρωπο που έχει να εμφανιστεί καιρό). Φρ. *δε θέλω να τον δω ~ ζωγραφιστό* (όταν κάποιος αισθάνεται ζωηρή αποστροφή για κάποιον)· *δεν τρώγεται ~ ωμός ~ ψημένος* (όταν κάποιος είναι δύστροπος· *~ κρύο ~ ζέστη μου κάνει* (= μου είναι εντελώς αδιάφορο)· *~ να λέγεται*(= το αποκλείω εντελώς)· *~ του παπά να μην το πεις* (για πράγμα που πρέπει να τηρηθεί απολύτως μυστικό).

ούτε κατά διάνοιαν· αρχαϊστ. έκφρ. = ούτε που το σκέφτηκα· καθόλου.

ούτι το, ουσ. (μουσ.) έγχορδο ανατολίτικο μουσικό όργανο που μοιάζει με λαούτο. [τουρκ. *ut*].

ουτιδανός, -ή, -ό, επίθ. (λόγ.), που είναι ανάξιος λόγου, τιποτένιος.

ουτοπία η, ουσ. 1. φανταστική χώρα όπου μία ιδανική κυβέρνηση βασιλεύει σ' ένα λαό ευτυχισμένο. 2. ιδανικό, άποψη πολιτική ή κοινωνική, επιδίωξη που δε λαμβάνεται υπόψη την πραγματικότητα: *η απόλυτη δικαιοσύνη είναι ~· όλα του τα όνειρα αποδείχτηκαν ~.*

ουτοπικός, -ή, -ό, επίθ., που αποτελεί μια ουτοπία ή σχετίζεται μ' αυτήν: *~ τρόπος αντιμετώπισης της πραγματικότητας.* - Επίρρ. **-ά.**

ουτοπιστής ο, θηλ. **-ίστρια,** ουσ., άτομο που αρέσκεται σε σχέδια μη πραγματοποιήσιμα (συνών. *ονειροπόλος*).

ουτοπιστικός, -ή, -ό, επίθ., ουτοπικός (βλ. λ.).

ουτοπίστρια, βλ. *ουτοπιστής.*

-ούτσικος, κατάλ. υποκορ. επιθ.: *ζεστούτσικος, μικρούτσικος.*

ούτως (ή *έτσι*) [= sic], λέξη μέσα σε αγκύλες για να δηλωθεί ότι παρέχεται λέξη ή φράση που μπορεί να χαρακτηριστεί ιδιότροπη στον τύπο της ή στην ορθογράφησή της.

ούτως ή άλλως· αρχαϊστ. έκφρ. = πάντως, οπωσδήποτε.

ουφ, επιφ. (λαϊκ.), εκφράζει δυσαρέσκεια, αποστροφή, ανυπομονησία ή και ανακούφιση: *~! έσκασα· ~! βαρέθηκα να τον ακούω.*

-ούχος, κατάλ. επιθ. που δηλώνει τον κάτοχο.

οφειλέτης ο, θηλ. **-τρια,** ουσ. 1. αυτός που οφείλει κάτι (συνήθως χρήματα)· (ως επίθ.): *χώρα -τρια* (συνών. *χρεώστης*). 2. (νομ.) το ένα από τα δύο πρόσωπα που υπόκεινται σε ενοχή και είναι υποχρεωμένο να πληρώσει.

οφειλή η, ουσ. 1. χρέος· υποχρέωση, καθήκον. 2. (νομ.) υποχρέωση για οφειλή.

οφείλω, ρ. (ελλειπτ.). 1. χρωστώ (συνήθως χρήματα): *-ει μεγάλα ποσά στην τράπεζα.* 2. έχω καθήκον, υποχρέωση: *-εις να καταβάλλεις μεγαλύτερη προσπάθεια.* 3. αισθάνομαι υποχρέωση για κάτι που μου έγινε ή πήρα: *~ πολλά στη μητέρα μου.* **4α.** για γεγονός που αποδίδεται σε συγκεκριμένο αίτιο: *η επιχείρηση -ει την επιτυχία της στην ποιότητα της παραγωγής·* **β.** (τριτοπρόσ.) αποδίδεται (σε κάτι που θεωρείται αίτιο): *σε τι -εται η επίσκεψή σου;*

όφελος το, ουσ., ωφέλεια, κέρδος: *δεν είχαμε κανένα ~ από την όλη υπόθεση.*

οφθαλμαπάτη η, ουσ., οπτική απάτη, το να βλέπει κανείς πράγματα ανύπαρκτα ή διαφορετικά από ό,τι πραγματικά είναι.

οφθαλμία η, ουσ. (ιατρ.) γενική ονομασία φλεγμονωδών παθήσεων του οφθαλμού.

οφθαλμιατρείο το, ουσ. (ασυνίζ.), ιατρείο ή νοσηλευτικό ίδρυμα για τη θεραπεία οφθαλμικών παθήσεων.

οφθαλμιατρικός, -ή, -ό, επίθ. (ασυνίζ.), οφθαλμολογικός (βλ. λ.).

οφθαλμίατρος ο και η, ουσ., γιατρός ειδικευμένος στις παθήσεις των ματιών.

οφθαλμικός, -ή, -ό, επίθ., που ανήκει στον οφθαλμό ή σχετίζεται μ' αυτόν: *νεύρο -ό· αλοιφή -ή.*

οφθαλμολογία η, ουσ., επιστήμη που ασχολείται με την ανατομία, τη φυσιολογία και τις παθήσεις των οφθαλμών.

οφθαλμολογικός, -ή, -ό, επίθ., που ανήκει ή αναφέρεται στην οφθαλμολογία: *κλινική -ή· τμήμα -ό.* - Επίρρ. **-ώς.**

οφθαλμολόγος ο και η, ουσ., οφθαλμίατρος.

οφθαλμόν αντί οφθαλμού· αρχαϊστ. έκφρ.· για ανταπόδοση ίσου κακού.

οφθαλμοπάθεια η, ουσ. (ασυνίζ.), γενική ονομασία των οφθαλμικών παθήσεων.

οφθαλμοπληγία η, ουσ. (ιατρ.) παράλυση των μυών του οφθαλμού.

οφθαλμός ο, ουσ. 1. ένα από τα δύο όργανα που βρίσκονται στο πρόσωπο (ανθρώπου ή ζώου) και χρησιμεύουν για να βλέπουμε. 2. (βοτ.) βλαστός ή νεαρό άνθος που δεν έχει πάρει ακόμη την οριστική μορφή με το ανάλογο μέγεθος (συνών. *μάτι,* στις σημασ. 1 και 2).

οφθαλμοσκόπηση η, ουσ. (ιατρ.) εξέταση του εσωτερικού του ματιού με το οφθαλμοσκόπιο.

οφθαλμοσκόπιο το, ουσ. (ασυνίζ.), (ιατρ.) όργανο με το οποίο εξετάζεται οπτικά το εσωτερικό του ματιού.

οφθαλμοφανής, -ής, -ές, γεν. *-ούς,* πληθ. αρσ. και θηλ. *-είς,* ουδ. *-ή,* επίθ. (λόγ.), ολοφάνερος: *είναι το πράγμα -ές.* - Επίρρ. **-ώς.**

οφθαλμοφόρος, -α, -ο, επίθ. (για φυτό) που έχει οφθαλμούς (βλ. λ.): *~ βλαστός φυτού.*

οφικιάλιος ο, ουσ. (ασυνίζ. δις). 1. (βυζ. ιστ.) αυτός που κατέχει κάποιο αξίωμα· αξιωματούχος. 2. (εκκλ.) άτομο που του απονέμεται κάποιο εκκλησιαστικό οφίκιο σε εκδήλωση τιμής για τις υπηρεσίες του. [λατ. *officialis*].

οφίκιο το, ουσ. (ασυνίζ.). α. (εκκλ.) αξίωμα που προσφέρει ο πατριάρχης σε μερικά άτομα για την εκούσια προσφορά τους προς την Εκκλησία· β. γενικότερα κάθε αξίωμα. [λατ. *officium*].

οφιοειδής, -ής, -ές, γεν. *-ούς,* πληθ. αρσ. και θηλ. *-είς,* ουδ. *-ή,* επίθ. (ασυνίζ., λόγ.), που μοιάζει με φίδι· (για δρόμο, ποτάμι κλπ.) ελικοειδής (βλ. λ.).

όφου, βλ. *ώφου.*

όφσετ το, ουσ. άκλ., σύστημα εκτύπωσης κατά το οποίο γίνεται φωτογράφηση του κειμένου· *χαρτί ~* = ειδικό για εκτύπωση όφσετ. [αγγλ. *offset*].

οχ, I. πρθθ. (ιδιωμ., λογοτ.), από: *κατεβαίνει ασπροντυμένη ~ το βουνό* (Σολωμός). [εκ].

οχ, II. βλ. *ωχ.*

όχεντρα η, ουσ. (ερρ.), οχιά (βλ. λ.). [αρχ. *έχιδνα* και νεότ. *σκολόπεντρα*].

οχετός ο, ουσ., υπόγειο αυλάκι ή σήραγγα για τη διοχέτευση ακάθαρτων νερών: *~ υδραγωγείου.*

οχεύω, ρ. (για αρσενικά ζώα) βατεύω (βλ. λ.).

όχημα το, ουσ., μηχανή (όπως αυτοκίνητο, τρένο, κλπ.) που μεταφέρει πρόσωπα ή πράγματα από ένα μέρος σε άλλο: *~ επιβατικό/φορτηγό/διαστημικό.*

οχηματαγωγό το, ουσ., πλοίο ειδικά διασκευασμένο ώστε να μεταφέρει οχήματα.

όχθη η, ουσ., το τμήμα της ξηράς που είναι κοντά στο νερό λίμνης ή ποταμού.

όχι, μόρ. **1α.** ως σύντομη αρνητ. απάντηση σε ερώτηση, προτροπή ή παράκληση: *θα έρθεις μαζί μας;* ~· **β.** αρνητ. απάντηση σε προσφορά (συνήθως μαζί με το «ευχαριστώ»: *θέλετε μια καραμέλα;* ~, *ευχαριστώ*. **2.** με αρνητ. πρότ., για ενίσχυση της αποφατικής της έννοιας: ~, *δε γίνεται*· ~, ~, *δεν κουράστηκα ακόμη*. **3.** μπροστά από μέλος αποφατικής πρότ., με το οποίο κατά κύριο λόγο δηλώνεται άρνηση, και που επαναλαμβάνεται με έμφαση: *δεν έχει να δώσει λόγο σε κανένα,* ~ *σε κανένα.* **4.** μπροστά από μέλος οποιασδήποτε πρότ. ή φρ. για να δηλωθεί άρνηση της έννοιάς του ή απόκρουση του σημαινόμενου: *πήγε* ~ *η Μαρία, η Καίτη· η πράξη έχει συμβολική,* ~ *πραγματική σημασία.* **5.** ως σύντομη επανάληψη μιας προηγούμενης πρότ. στην αρνητική της μορφή: *με κατάλαβες ή* ~; **6.** σε αντιθ. συμπλοκή προτάσεων **α.** με το ~ *που...*, *(μα) και να μη* (= όχι γιατί..., μα και να μη) ή ~ *που δεν*..., *μα και να* (= όχι διότι δεν..., μα, κλπ.): ~ *που έχω δουλειά, μα και να μην είχα, δε θα ερχόμουν·* **β.** με το ~ *πως* ή ~ *πως δεν...*, *αλλά* (= όχι γιατί ή όχι γιατί δεν..., αλλά): ~ *πως είναι παιδί μου, αλλά όλη η γειτονιά έχει να κάνει με την καλοσύνη του·* έκφρ. ~ *να* (= όχι πως θέλω να): ~ *να το παινευτώ, έχω καλά παιδιά·* ~ *πως δεν* (= δεν είπα ότι): ~ *πως δε βρέχει· βρέχει.* **7.** σε διάφορες άλλες συμπλοκές προτάσεων: **α.** σε απλές αρνητ. συμπλοκές: *να... (και)* ~ *να* (= να... και να μη): *να μ' αγαπάτε και* ~ *να με φοβάστε·* **β.** σε εναντ. ή ενδοτικές συμπλοκές: ~ *να..,* ~ *να...* (= και να... και να... ή ακόμη κι αν... κι αν...): ~ *να θυμώσεις,* ~ *να φωνάξεις, εκείνος θα κάνει το δικό του·* **γ.** σε επιδοτικές συμπλοκές, όπως ~..., *μα και* (= όχι μόνο, ...μα και): ~ *τον κλέφτη, μα και σένα πιάνω ακόμα, άμα θέλω·* ~ *μόνο..., αλλά και: με υποστήριξε* ~ *μόνο ηθικά, αλλά και χρηματικά.* **8α.** εισάγει πρότ. που περιέχει έντονη διάψευση ισχυρισμού ενός άλλου ή μια έντονη αποδοκιμασία πράξης: *να κοιτάζεις τη δουλειά σου·* ~ *έρχεσαι κάθε μέρα εδώ και με συγχύζεις!* **β.** πολύ περισσότερο ή πολύ λιγότερο (για να δηλώσουμε κάτι ασυμβίβαστο ή δυσανάλογο με τα πράγματα): *εσύ που είσαι άντρας φοβάσαι,* ~ *αυτό που είναι μικρό παιδί.* **9.** απευχή: *Θεέ μου,* ~ *άλλες συμφορές!* **10.** με το άρθρο ως ουσ. **α.** = η άρνηση: *το* ~ *πριν από τον ελληνοϊταλικό πόλεμο του '40·* **β.** (με ή χωρίς άρθρο σε ψηφοφορία) καταφατική απάντηση σε ερώτημα ή σε υποψηφιότητα προσώπου, κόμματος, κλπ.: *10 ναι και 2* ~. Έκφρ. ~ *δα* (για να δηλώσουμε κατηγορηματική άρνηση σε ερώτηση που μας έγινε ή μεγάλη έκπληξη): *το είπες αυτό;* — *δα! και ναι και* ~, *ούτε ναι ούτε* ~ (όταν αμφιταλαντευόμαστε για την απάντηση). Φρ. ~ *παίζουμε,* βλ. *παίζω.* [εγώ ουχί].

οχιά η, ουσ. (συνιζ., λαϊκ.). **1.** (ζωολ.) δηλητηριώδες φίδι με τριγωνικό κεφάλι, πολύ επίμηκες που ζει συνήθως σε βραχώδη μέρη. **2.** (μεταφ.) άνθρωπος δόλιος (συνών. *έχιδνα, όχεντρα*).

οχλαγωγία η, ουσ. **1.** θορυβώδης συνάθροιση όχλου. **2.** (κατ' επέκταση) κάθε θόρυβος από πολλές φορές (συνών. *οχλοβοή, χαλαλή*).

οχλαγωγικός, -ή, -ό, επίθ., που σχετίζεται με την οχλαγωγία (συνών. *θορυβώδης*).

οχληρός, -ή, -ό, επίθ., ενοχλητικός, φορτικός.

οχληρότητα η, ουσ., ενοχλητικότητα, φορτικότητα.

όχληση η, ουσ. (λόγ.). **1.** ενόχληση. **2.** (νομ.) πρόσκληση εκ μέρους του δανειστή ή άλλου δικαιούχου προς τον οφειλέτη ή άλλον υπόχρεο, για να εκπληρώσει την οφειλή ή άλλη υποχρέωσή του: ~ *εξώδικη.*

οχλοβοή η, ουσ., βοή, μεγάλος θόρυβος που προέρχεται από συγκεντρωμένο πλήθος ανθρώπων που μιλούν ή φωνάζουν όλοι μαζί.

οχλοκρατία η, ουσ., πολιτική κατάσταση κατά την οποία επικρατεί ο όχλος (βλ. λ.).

οχλοκρατικός, -ή, -ό, επίθ., που σχετίζεται με την οχλοκρατία.

όχλος ο, ουσ., μόνο στον εν., μεγάλο πλήθος ανθρώπων που εκδηλώνονται άκοσμα ή βίαια: ~ *εξαγριωμένος· συγκρατώ τον -ο.*

όχου, βλ. *ώχου.*

οχτάβα, βλ. *οκτάβα.*

οχτάδα, βλ. *οκτάδα.*

οχτακοσάρης, -α, -ι, επίθ. (λαϊκ.), που αποτελείται από οχτακόσιες μονάδες ή περιέχει οχτακόσιες μονάδες. - Το ουδ. ως ουσ. = **1.** χρηματικό ποσό από οχτακόσιες ομοειδείς (νομισματικές) μονάδες: *θέλει ένα -ι χιλιάδες για να επισκευάσει το αυτοκίνητο.* **2.** (αθλητ.) αγώνισμα δρόμου οχτακοσίων μέτρων.

οχτακοσαριά η, ουσ. (συνιζ.), (με την αντων. *καμιά*) περίπου οχτακόσιοι: *ήταν καμιά* ~ *άτομα.*

οχτακόσ(ι)οι, βλ. *οκτακόσιοι.*

οχτάχρονος, -η, -ο, επίθ., που έχει ηλικία οκτώ ετών.

οχταπόδι, βλ. *χταπόδι.*

όχτος ο, ουσ. (λαϊκ.), όχθη, ακροποτάμι.

οχτρεύομαι, βλ. *εχθρεύομαι.*

οχτρός, βλ. *εχθρός.*

οχτώ, βλ. *οκτώ.*

Οχτώβρης, βλ. *Οκτώβριος.*

οχτώηχι, βλ. *οκτώηχος.*

οχυρό το, ουσ. (στρατ.) τοποθεσία που έχει οχυρωθεί (βλ. λ.) για την υπεράσπιση θέσης με στρατηγική σημασία, πόλης, κλπ.: ~ *απόρθητο· -ά ανάσχεσης* (συνών. *φρούριο*).

οχυρός, -ή, -ό, επίθ. (λόγ.), (στρατ. για τόπο) που είναι δύσβατος από τη φύση ή οχυρωμένος (βλ. λ.).

οχυρότητα η, ουσ. (για τόπο) το να είναι οχυρός (βλ. λ.).

οχύρωμα το, ουσ. (στρατ.) οχυρωματικό έργο μικρής έκτασης που προορίζεται κυρίως για την ενίσχυση ενός οχυρού.

οχυρωματικός, -ή, -ό, επίθ. (στρατ.) που ανήκει ή αναφέρεται στο οχύρωμα ή την οχύρωση, που χρησιμεύει για οχύρωση: *έργα -ά* (συνών. *οχυρωτικός*).

οχυρώνω, ρ. **Ι.** (ενεργ.), (στρατ.) καθιστώ οχυρή (βλ. λ.) μια θέση στρατηγικής σημασίας εκτελώντας τεχνικά έργα κυρίως αμυντικά και άλλα αναγκαία για τους μαχητές και εφοδιάζοντάς την με ισχυρό πυροβολικό: *πόλη -ωμένη· λιμάνι -ωμένο.* **II.** μέσ. με επόμενη την πρόθ. *σε* ή το επίρρ. *πίσω.* **1.** (στρατ.) καταλαμβάνω θέση οχυρωμένη για να προστατευτώ από επίθεση του εχθρού: *οι στρατιώτες -ώθηκαν πρόχειρα στο παλιό κάστρο.* **2.** (μεταφ.) χρησιμοποιώ κάτι ως δικαιολογία ή επιχείρημα: *-εται πίσω από/στις διατάξεις του νόμου.*

οχύρωση η, ουσ. (στρατ.) **α.** το να οχυρώνεται (βλ. λ.) μια θέση, η αμυντική ενίσχυσή της: ~ *μεθοδική· φυσική· -σε λόφους·* **β.** (συνεκδοχικά) το σύ-

νολο των οχυρωματικών έργων με τα οποία μια θέση γίνεται οχυρή.
οχυρωτικός, -ή, -ό, επίθ. (στρατ.) οχυρωματικός (βλ. λ.). - Το θηλ. ως ουσ. = κλάδος της πολεμικής τέχνης που φροντίζει για την άμυνα επίκαιρων θέσεων με έργα εκσκαφής και οικοδομικής.
όψη η, ουσ. **1.** η εξωτερική επιφάνεια ενός πράγματος που μπορούμε να τη δούμε: ~ μπροστινή/ πλάγια· ~ χαρτιού· ανάποδη/καλή ~ υφάσματος· (κυριολεκτικά και μεταφ.) οι δύο -εις του νομίσματος (συνών. πλευρά). **2.** (μεταφ.) η καθεμιά από τις μορφές με τις οποίες εμφανίζεται ένα θέμα ή μια ιδέα, καθώς και ο τρόπος εμφάνισης: εξετάζω κάθε ~ (συνών. άποψη). **3.** (για τον άνθρωπο) **α.** πρόσωπο, φυσιογνωμία, μορφή: ~ υγιής/αρρενωπή· **β.** έκφραση του προσώπου, ύφος: ~ αγριεμένη/φρικτή. **4.** (για άψυχα) εξωτερική μορφή, εμφάνιση: η ~ του χωριού άλλαξε μέσα σε λίγα χρόνια. **5.** (για αφηρ. έννοιες) μορφή, εικόνα. **6.** βλέμμα, ματιά, κοίταγμα: σε γνωρίζω από την ~ που με βια μετράει τη γη (Σολωμός). **7.** (νομ.) καταθέσεις «-εως», βλ. κατάθεση.
οψιανός και **οψιδιανός** ο, ουσ. (ασυνίζ.), (ορυκτ.) ηφαιστειογενές συμπαγές πέτρωμα που μοιάζει με σκοτεινόχρωμο γυαλί.

όψιμα, βλ. όψιμος.
οψιμάθεια η, ουσ. (ασυνίζ., λόγ.), μάθηση που αποκτά κανείς σε προχωρημένη ηλικία.
οψιμαθής, -ής, -ές, γεν. -ούς, πληθ. αρσ. και θηλ. -είς, ουδ. -ή, επίθ. (λόγ.), που απέκτησε μάθηση, που μορφώθηκε σε προχωρημένη ηλικία.
όψιμος, -η, -ο, επίθ. **1.** που εμφανίζεται, που συμβαίνει αργά, προς το τέλος μιας περιόδου, μιας εξέλιξης, που γίνεται μετά το χρόνο που πρέπει ή έχει καθοριστεί: ωριμότητα/σπορά -η· χειμώνας ~ (αντ. πρόωρος). **2.** (μεταφ.) που εκδηλώνεται καθυστερημένα: τύψεις -ες. **3.** (βοτ. για καρπούς) που ωριμάζει μετά το τέλος της κανονικής εποχής: φρούτα -α. - Επίρρ. **-α.**
οψίπλουτος, -η, -ο, επίθ. (λόγ.), που πλούτισε πρόσφατα (συνών. νεόπλουτος).
οψίτυπος, -η, -ο, επίθ. (για συγγραφικό έργο) που τυπώθηκε, που κυκλοφόρησε μετά το θάνατο του συγγραφέα.
όψομαι, ρ., μόνο στις φρ. ας -εται! να -εσαι! να -εται! (= ας τον/να σε τιμωρήσει ο Θεός!).
οψόμεθα ες Φιλίππους αρχαϊστ. φρ. = (απειλητικά) θα έρθει η μέρα της αναμέτρησης, της δοκιμασίας, η μέρα που θα «ξεκαθαριστούν οι λογαριασμοί».

π, Π (πει και πι). **1.** το δέκατο έκτο γράμμα του ελληνικού αλφαβήτου· ένα από τα σύμφωνα της ελληνικής γλώσσας. - Βλ. και *πι*. **2.** αριθμητικό σημείο = α. (όταν έχει τόνο επάνω δεξιά ή τελεία κάτω δεξιά: π΄, Π΄, π.) ογδόντα, ογδοηκοστός: *έτος ͵αππ΄* (= 1680)· **β.** (όταν έχει τόνο κάτω αριστερά: ͵π) ογδόντα χιλιάδες.
πα, επιφ. (πάντοτε με επανάληψη) φανερώνει διαμαρτυρία, αγανάκτηση: *~ ~ ~! τι κουβέντα ήταν αυτή! / τι άνθρωπος είσ' εσύ!*
πα΄, βλ. *επάνω.*
παγ-, βλ. *παν-.*
παγάδα η, ουσ. (ναυτ.) γαλήνη. [βενετ. ρ. *pagar*].
παγαίνω, βλ. *πηγαίνω.*
παγάκι το, ουσ., πολύ μικρό κομμάτι τεχνητού πάγου, συνήθως με ορισμένο σχήμα, που το χρησιμοποιούμε κυρίως για να κάνουμε δροσερό ένα ποτό: *ουίσκι με -ια.*
παγάνα και **παγανιά** (συνιζ.) η, ουσ. **1.** τρόπος κυνηγιού ζώων, συνήθως άγριων, με συμμετοχή πολλών ατόμων, κυνηγών και όχι, που προχωρούν από διάφορα σημεία αναζητώντας και καταδιώκοντας τα θηράματα· συνήθως στη φρ. *βγαίνω ~* (μεταφ. για καταδίωξη προσώπων) *ο χάρος βγήκε -ιά.* **2.** (συνεκδοχικά) ομάδα ατόμων που κυνηγούν με τον παραπάνω τρόπο: *οι -ες έζωσαν τη λαγκαδιά·* (μεταφ.) *ο τόπος ολόγυρα εγέμισε -ες, δε θ' αφήσουν Οβριό* (Ι.Μ. Παναγιωτόπουλος). [μεσν. ρ. *παγανεύω*<*παγανός* ο].
παγανισμός ο, ουσ., ειδωλολατρία, πολυθεϊσμός: επιβιώσεις *-ού* σε νεοελληνικές λαϊκές δοξασίες· (ειδικά για πολυθεϊστική διάθεση και παρουσία θεμάτων από την ελληνορωμαϊκή αρχαιότητα) *ο ~ της αναγεννησιακής ζωγραφικής.* [γαλλ. *paganisme*].
παγανιστικός, -ή, -ό, επίθ., ειδωλολατρικός, πολυθεϊστικός.
παγανό το και **-ός,** ουσ. (λαϊκ.), (συνήθως στον πληθ.) **α.** ξωτικό· **β.** καλικάντζαρος: *αγιάσαν τα νερά, παν τα -ά.* [μτγν. *paganό*<λατ. *paganus* (= χωρικός· πολυθεϊστής)].
παγγερμανισμός ο, ουσ. (έρρ.), (ιστ.) πολιτικό κίνημα που εκδηλώθηκε το 1846 για την ενοποίηση μέσα σε ένα κράτος όλων των λαών που θεωρούνται γερμανικής καταγωγής: *αναβίωση του -ού.* [γαλλ. *pangermanisme*].
παγγερμανιστής ο, θηλ. **-ίστρια,** ουσ. (έρρ.), οπαδός του παγγερμανισμού. [γαλλ. *pangermaniste*].

παγγερμανιστικός, -ή, -ό, επίθ. (έρρ.), που σχετίζεται με τον παγγερμανισμό: *προπαγάνδα -ή.*
παγγερμανίστρια, βλ. *παγγερμανιστής.*
παγερός, -ή, -ό, επίθ. **1.** κρύος σαν πάγος, κατάψυχρος: *άνεμος ~· νύχτα -ή* (συνών. *παγωμένος·* αντ. *καυτερός*). **2.** (μεταφ. για ύφος ή εκδήλωση κάποιου) που φανερώνει πως λείπει εντελώς η φιλική διάθεση, που γίνεται χωρίς καθόλου εγκαρδιότητα: *βλέμμα -ό· υποδοχή -ή* (αντ. *θερμότατος*).
παγερότητα η, ουσ., το να είναι κάτι παγερό: (λόγ.) *~ του ανέμου·* (μεταφ.) *~ του ύφους / μιας χειραψίας.*
παγετός ο, ουσ. (μετεωρ.) το να κατεβαίνει η θερμοκρασία της ατμόσφαιρας στο μηδέν ή πιο κάτω, πολύ δυνατό κρύο που κάνει να παγώνουν τα νερά: *τα μεσάνυχτα θα σημειωθεί ~* (κοιν. *παγωνιά*).
παγετώνας ο, ουσ., μεγάλη μάζα αιώνιων πάγων καμωμένη από συσσωρευμένα ογκώδη στρώματα χιονιού που μεταβλήθηκε σε πάγο, συχνά κινούμενη με ελάχιστη ταχύτητα πάνω στην επιφάνεια της γης, ιδίως σε μια πλαγιά βουνού ή μια κοιλάδα: *-ες πολικοί / των Άλπεων·* (γεωλ.) *εποχή των -ων* (= περίοδος της γήινης ιστορίας οπότε ύστερα από μεγάλη πτώση της ατμοσφαιρικής θερμοκρασίας οι παγετώνες επεκτάθηκαν σε τεράστιες εκτάσεις του βόρειου ημισφαιρίου).
παγίδα η, ουσ. **1α.** όργανο ή μέσο για τη σύλληψη ζώων, πτηνών ή εντόμων, που το προσεγγίζουν (λ.χ. δίχτυ, σκεπασμένος λάκκος, δόκανο, ξόβεργα): *οι κυνηγοί στήνουν -ες· η αλεπού πιάστηκε στην ~·* **β.** (μεταφ.) για ενέργειες που οδηγούν στη σύλληψη προσώπου: *ο διαρρήκτης έπεσε στην ~ της αστυνομίας.* **2.** (γενικά) μέσο που χρησιμοποιεί κάποιος για να εξαπατήσει, να παραπλανήσει έναν άλλο, για να προκαλέσει ανεπιθύμητη ενέργειά του ή δυσάρεστη κατάσταση που θα τον βλάψουν: *αντιλήφθηκα την ~ των δικηγόρων του αντιδίκου·* (εκκλ.) *-ες του σατανά.* **3.** (στρατ.) τέχνασμα ή συσκευή για την αιφνιδιαστική βλάβη ανύποπτου αντιπάλου (λ.χ. νάρκη με μορφή ακίνδυνου αντικειμένου).
παγίδευση η, ουσ. **1.** σύλληψη με τη βοήθεια παγίδας: *~ άγριων θηρίων.* **2.** αποκλεισμός σε επικίνδυνο χώρο απ' όπου είναι δύσκολη η διαφυγή: *τραυματιών στα ερείπια του κτηρίου.* **3.** (μεταφ.) εξαπάτηση, παραπλάνηση: *δελεαστικές προσφορές για την ~ των μικροκαταθετών.* **4.** το να «πα-

γιδεύεται» ένα αντικείμενο για να προκαλέσει με την έκρηξή του βλάβη (βλ. *παγιδεύω* σημασ. 4): ~ *αυτοκινήτου.*

παγιδεύω, ρ. 1a. χρησιμοποιώ παγίδα ή συλλαμβάνω ζώο ή πτηνό με παγίδα· β. (μεταφ.) για σύλληψη προσώπου: *οι αστυνομικοί κατάφεραν να -εύσουν τους ληστές.* 2. (μέσ.) βρίσκομαι σε χώρο (συνήθως κτηρίου) όπου διατρέχω άμεσο κίνδυνο και από όπου είναι δύσκολο να απομακρυνθώ: *ένοικοι της οικοδομής που καιγόταν είχαν -ευτεί στην ταράτσα.* 3. (μεταφ.) εξαπατώ, παραπλανώ, οδηγώ σε ενέργεια με βλαβερές συνέπειες ή σε δυσάρεστη κατάσταση από την οποία είναι δύσκολο να απαλλαγεί κανείς: *ο ανακριτής προσπαθούσε με τις ερωτήσεις του να -εύσει τον ύποπτο·* (μέσ.) *νιώθει -ευμένη σε μια σχέση που δεν οδηγεί πουθενά.* 4. προσαρμόζω εκρηκτικό μηχανισμό σε αντικείμενο που δεν προκαλεί υποψίες ώστε, όταν εκραγεί ξαφνικά, να βλάψει σοβαρά τον αντίπαλο.

παγίδι, βλ. *παΐδι.*

πάγιος, -α, -ο, επίθ. (ασυνίζ.), (για θέση, κατάσταση, κ.τ.ό.) αμετάβλητος, μόνιμος, σταθερός, διαρκής: *αίτημα / εκλογικό σύστημα -ο· διατάξεις -ες· -α πρακτική / επιδίωξη της κυβέρνησης* (αντ. *μεταβλητός, έκτακτος, προσωρινός*). - Το ουδ. ως ουσ. = προκαθορισμένο χρηματικό ποσό, αντίστοιχο ή όχι με κάποια θεωρητικά ελάχιστη προσφορά υπηρεσιών, που το εισπράττει ένας οργανισμός κοινής ωφέλειας (λ.χ. Δ.Ε.Η., O.T.E.) από κάθε συνδρομητή του ανεξάρτητα από τις υπηρεσίες που χρησιμοποίησε στην πραγματικότητα: *το καλοκαίρι που λείπω πληρώνω για νερό μόνο το -ο·* (για ηλεκτρικό ρεύμα) ~ *ημέρας και νύχτας.* - Επίρρ. **-ίως.**

παγιότητα η, ουσ. (ασυνίζ.), το να είναι κάτι πάγιο.

παγιώνω, ρ. (ασυνίζ.), καθιστώ κάτι πάγιο: *ο νέος πρόεδρος -ει σταδιακά τη θέση του·* (μέσ.) *-εται μια αντίληψη / ο συσχετισμός δυνάμεων* (συνών. *σταθεροποιώ, εδραιώνω, οριστικοποιώ*).

παγίως, βλ. *πάγιος.*

παγίωση η, ουσ., το να γίνεται πάγιο κάτι: ~ *σχέσεων εμπιστοσύνης / της διεθνούς ειρήνης* (συνών. *εμπέδωση, εδραίωση, σταθεροποίηση, στερέωση*).

παγκάκι το, ουσ. (έρρ.), στενόμακρο χαμηλό κάθισμα από ξύλο μόνο ή μαζί με άλλο υλικό (λ.χ. μέταλλο, τσιμέντο) που βρίσκεται συνήθως σε δημόσιους χώρους: *δυο-τρεις συνταξιούχοι καθισμένοι στα -ια του πάρκου.*

παγκάκιστος, -η, -ο, επίθ. (έρρ., λόγ.), πάρα πολύ κακός· (εκκλ.) συνήθως για το διάβολο ή διώκτες του Χριστιανισμού.

παγκαλόμορφος, -η, -ο, επίθ. (έρρ.), (ποιητ.) πανέμορφος: *ροδέμνοστε και -έ μου* (Γρυπάρης).

πάγκαλος, -η, -ο, επίθ. (έρρ., λόγ.), πανέμορφος: (εκκλ.) *μνήμη του -άλου Ιωσήφ.*

παγκάρι το, ουσ. (έρρ.), (εκκλ.) είδος πάγκου κοντά στην είσοδο εκκλησίας όπου τοποθετούνται τα κεριά που αγοράζουν οι πιστοί, συνήθως στασιδιά όπου στέκονται οι επίτροποι.

πάγκοινος, -η, -ο, επίθ. (έρρ., λόγ.), συνηθισμένος, γνωστός ή φανερός σε όλους: *αντιλήψεις -ες.* - Επίρρ. **παγκοίνως.**

πάγκος και **μπάγκος** ο, ουσ. (έρρ.) 1. μακρύ κάθισμα, συνήθως ξύλινο χωρίς ράχη, όπου μπορούν να καθίσουν ταυτόχρονα πολλά άτομα: ~ *πέτρι-*

νος / της σχολικής αίθουσας. 2. (ναυτ.) σανίδα όπου κάθεται ο κωπηλάτης (σε βάρκα ή παλιότερα και σε καράβι, λ.χ. γαλέρα)· έκφρ. *(ο) κάθε κατεργάρης στον -ο του*, βλ. *κατεργάρης.* 3. τραπέζι όπου εργάζεται ένας τεχνίτης (λ.χ. ξυλουργός, τσαγγάρης) ή τοποθετεί ένας έμπορος το εμπόρευμά του: ~ *του μαραγκού / μικροπωλητή.* 4. στενόμακρο έπιπλο καταστήματος με συρτάρια και ράφια προς την εσωτερική πλευρά, όπου στέκεται ο καταστηματάρχης ή άλλος υπεύθυνος για το ταμείο και την εξυπηρέτηση των πελατών: ~ *του καφενείου / του βιβλιοπωλείου.* 5. σταθερή κατασκευή, χτιστή ή σήμερα συνηθέστερα από ξύλο και άλλα υλικά, με συρτάρια και ντουλάπια, που βρίσκεται σε μια κουζίνα και χρησιμεύει για διάφορες εργασίες του νοικοκυριού. - Βλ. και *παγκάκι.* [ιταλ. *banco*].

παγκόσμιος, -α, -ο, επίθ. (έρρ., ασυνίζ.). 1. που ανήκει ή αναφέρεται σε ολόκληρο τον κόσμο, στο σύμπαν: *αρμονία -α· έλξη -α* (που ασκείται αμοιβαίως ανάμεσα στα διάφορα ουράνια σώματα). 2. που ανήκει ή αναφέρεται σε ολόκληρη τη γη, στο σύνολο των χωρών και των ανθρώπων της ή σε μεγάλο μέρος τους: *εξαντλούνται τα -α αποθέματα πετρελαίου· μαέστρος με -α φήμη· πόλεμος ~* (αντ. *τοπικός*). - Επίρρ. **-α** και **-ίως.**

παγκοσμιότητα η, ουσ. (έρρ., ασυνίζ.), το να είναι κάτι παγκόσμιο, το να αφορά όλους τους ανθρώπους της γης: ~ *της μουσικής / της χριστιανικής διδασκαλίας.*

παγκοσμίως, βλ. *παγκόσμιος.*

παγκρατιαστής ο, ουσ. (έρρ., ασυνίζ.), (αρχ.) αθλητής που αγωνίζεται στο παγκράτιο.

παγκράτιο το, ουσ. (έρρ., ασυνίζ.), (αρχ.) αγώνισμα που περιλάμβανε πάλη και πυγμαχία.

πάγκρεας το, γεν. *παγκρέατος*, ουσ. (μόνο στον εν., έρρ.), (ανατομ.) αδένας που βρίσκεται πίσω από το στομάχι του ανθρώπου και παράγει το παγκρεατικό υγρό και την ινσουλίνη.

παγκρεατικός, -ή, -ό, επίθ. (έρρ.), που σχετίζεται με το πάγκρεας, που εκκρίνεται από αυτό: *υγρό -ό* (περιέχει ένζυμα που διασπούν τις πρωτεΐνες, τα λίπη και τους υδατάνθρακες στα πιο απλά συστατικά τους· και βοηθά έτσι την πέψη).

παγκρεατίνη η, ουσ. (έρρ.), (βιομηχ.) ένζυμο του παγκρεατικού υγρού.

παγκρεατίτιδα η, ουσ. (έρρ.), (ιατρ.) οξεία ή χρόνια φλεγμονή του πάγκρεατος.

παγκυτοπενία η, ουσ. (ιατρ.), η μείωση των έμμορφων στοιχείων του αίματος κάτω του κανονικού.

παγόβουνο το, ουσ. 1. μεγάλη μάζα πάγου που αποσπάστηκε από πολικό παγετώνα και κινείται μέσα στη θάλασσα: *το υπερωκεάνειο Τιτανικός συγκρούστηκε μ' ένα ~ και βυθίστηκε·* έκφρ. *κορυφή του -ου* (για απειλή ή πρόβλημα που φαίνεται χωρίς σημασία, αλλά στην πραγματικότητα είναι πολύ σοβαρό κι επικίνδυνο). 2. (μεταφ.) για άνθρωπο αναίσθητο, ασυγκίνητο· ιδιαίτερα για γυναίκα που δύσκολα ανταποκρίνεται ερωτικά, είναι ή δείχνει «ψυχρή».

παγόδα η, ουσ., τύπος ναού, ιδίως του Βούδα, στις χώρες της Άπω Ανατολής με πολλούς ορόφους και συνήθως πυραμιδοειδή πολύεδρη στέγη. [γαλλ. *bagode*, ινδικής προέλευσης].

παγοδρομία η, ουσ., το να γλιστρά κανείς στον

πάγο με παγοπέδιλα: *-ες καλλιτεχνικές / αθλητικές· πίστα -ών.*

παγοδρομικός, -ή, -ό, επίθ., που ανήκει ή αναφέρεται στην παγοδρομία ή τους παγοδρόμους.

παγοδρόμιο το, ουσ. (ασυνίζ.), πίστα ειδική για παγοδρομίες.

παγοδρόμος ο και η, ουσ., αθλητής που επιδίδεται στην παγοδρομία.

παγοδρομώ, ρ., γλιστρώ στον πάγο με πατίνια, επιδίδομαι στην παγοδρομία (συνών. *πατινάρω*).

παγοθραύστης ο, ουσ., όργανο ειδικό στο κατάστρωμα ή την πλώρη πλοίων που χρησιμεύει για το σπάσιμο των πάγων.

παγοθραυστικός, -ή, -ό, επίθ., που είναι κατάλληλος για το σπάσιμο των πάγων. - Το ουδ. ως ουσ. = πλοίο με πλώρη ειδικά ενισχυμένη που προορίζεται να ανοίγει δίοδο στην παγωμένη επιφάνεια της αρκτικής θάλασσας.

παγόνι, βλ. *παγώνι.*

παγοπέδιλο το, ουσ. (συνήθως στον πληθ.), υπόδημα με μεταλλική ράβδο προσαρμοσμένη στο κάτω μέρος που το φορά κανείς κάνοντας παγοδρομία (συνών. *πατίνι*).

παγοπληξία η, ουσ. (ιατρ.) παράλυση του οργανισμού που εκδηλώνεται με ισχυρή κόπωση και υπνηλία —που μπορεί να την ακολουθήσει απώλεια της συνείδησης και θάνατος— και που οφείλεται στο υπερβολικό ψύχος.

παγοποιείο το, ουσ. (ασυνίζ.), εργοστάσιο όπου κατασκευάζεται τεχνητός πάγος.

παγοποιία η, ουσ. (ασυνίζ.). 1. κατασκευή τεχνητού πάγου. 2. βιομηχανία κατασκευής τεχνητού πάγου.

παγοπώλης ο, θηλ. **-ισσα,** ουσ. (παλαιότερα) πωλητής τεχνητού πάγου.

πάγος ο, ουσ. **1α.** η στερεή μορφή που παίρνει το νερό όταν ψύχεται σε θερμοκρασία 0° C: *~ διάφανος· γλιστρώ / περπατώ στον -ο· οι δρόμοι έπιασαν ένα λεπτό στρώμα -ου·* (ειδικά) *ο ~ που σχηματίζεται στο ψυγείο·* **β.** (στον πληθ.) κομμάτια πάγου ή μεγάλοι όγκοι πάγου: *άρχισαν να λειώνουν οι -οι·* **γ.** ο πάγος που παράγεται στα παγοποιεία με την ψύξη νερού μέσα σε μεταλλικές στήλες: *κολόνα πάγου·* **δ.** (χημ.) ~ *ξηρός,* βλ. *ξηρός.* **2.** (συνεκδοχικά) κάθε στερεοποιημένο από την παγωνιά υγρό: *έγινε ~ το λάδι!* **3.** (συνεκδοχικά) παγετός, παγωνιά: *ο ~ έκαψε τα φυτά.* **4.** (μεταφ.) **α.** (για να δηλωθεί η υπερβολικά χαμηλή θερμοκρασία ενός πράγματος) παγωμένος: *το δωμάτιο / τα πόδια μου είναι ~!* **β.** (για να δηλωθεί υπερβολική έλλειψη ευαισθησίας) σκληρότητα: *γυναίκα από -ο· καρδιά από -ο.* Φρ. (προφ.) *βάζω -ο* (= αποθαρρύνω με απότομο τρόπο): *αν τότε που του 'βαλε -ο έκοψε τις επισκέψεις· βάζω στον -ο* (= σταματώ οποιαδήποτε δραστηριότητα σχετικά με κάποιο θέμα): *οι αρμόδιοι έβαλαν στον -ο την προώθηση του νομοσχεδίου· σπάζω τον -ο ή έσπασε ο ~* (= **α.** όταν διαλύεται η ψυχρότητα και επέρχεται η συμφιλίωση ανάμεσα σε άτομα που έχουν διαφορές): *έσπασε ο ~ και μίλησαν·* **β.** όταν χάνεται η αμηχανία που επικρατεί σε μια συγκέντρωση): *έσπασε τον -ο με τα αστεία του και σε λίγο όλοι γλεντούσαν με την καρδιά τους.* - Βλ. και *παγάκι.*

παγούρι το, ουσ., μικρό φορητό δοχείο υγρών, κυρίως νερού, στρογγυλό ή σε σχήμα πεπλατυσμένου μπουκαλιού: *~ στρατιωτικό / εκδρομικό.*

πάγωμα το, ουσ. **1.** η μετατροπή ενός υγρού σε στερεό σώμα με ψύξη: ~ *βαθμιαίο / τεχνητό· ~ νερών.* **2.** η έντονη μείωση της θερμοκρασίας ενός σώματος από το πολύ κρύο (συνών. *ξεπάγιασμα*). **3.** βλάβη ή καταστροφή που οφείλεται στο δριμύ ψύχος: ~ *δέντρων / καλλιεργειών.* **4.** (μεταφ.) η διακοπή οποιασδήποτε ενέργειας σχετικής με την πρόοδο ενός ζητήματος: ~ *έργων που αναλαμβάνεται η εκτέλεσή τους.* **5.** (μεταφ.) το να μην επιτρέπεται με επίσημη απόφαση η αύξηση της τιμής ή του αριθμού ενός πράγματος για καθορισμένο χρονικό διάστημα: ~ *των εξοπλισμών / ενοικίων / τιμών / χρεών.* **6.** (οικον.) το να αναγορεύεται για ορισμένο χρονικό διάστημα η χρήση ή διάθεση ενός ποσού: ~ *κεφαλαίων / πιστώσεων.* **7.** (μεταφ.) το να μην είναι πια κανείς φιλικός: ~ *των σχέσεων δύο χωρών.*

παγώνι το, ουσ., μεγαλόσωμο ορνιθόμορφο πτηνό με μακριά ουρά σαν του φασιανού που μπορεί να την ανοιγοκλείνει σαν βεντάλια: ~ *κακόφωνο.* Φρ. *περπατά / φουσκώνει σαν ~* (για άνθρωπο που κορδώνεται). [μτγν. *παών* ή ιταλ. *pagone* < *pavone*].

παγωνιά η, ουσ. (συνιζ.). **1.** παγετός (βλ. λ.): *κάνει φοβερή ~· οι φετινές -ιές έκαψαν τις καλλιέργειες.* **2.** (μεταφ.) ~ *του θανάτου / της καρδιάς.*

παγωνιέρα η, ουσ. (συνιζ.), (παλαιότερα) ψυκτική συσκευή που λειτουργεί με βιομηχανικό πάγο στην οποία τοποθετούνται τρόφιμα και ποτά για συντήρηση.

παγώνω, ρ., μτχ. παρκ. **-ωμένος. Α.** μτβ. **1.** κάνω ένα υγρό να πάρει στερεή μορφή υποβάλλοντάς το σε πολύ χαμηλή θερμοκρασία (συνήθως υποκ. *το κρύο, η παγωνιά, κ.τ.ό.*): *το δυνατό κρύο -ωσε τη λιμνούλα.* **2.** (συνεκδοχικά για τη γη, το χώμα) κάνω να πετρώσει επειδή παγώνει η υγρασία που υπάρχει μέσα: *στις χώρες του βορρά ο μακρύς χειμώνας -ει το έδαφος.* **3.** προκαλώ έντονη αίσθηση κρύου, κάνω κάποιον να κρυώνει υπερβολικά: *μας -ωσαν τα φετινά κρύα.* **4.** (για μέλος του σώματος) κάνω να κρυώσει τόσο πολύ ώστε να μην μπορεί να λειτουργήσει ή να κινηθεί: *ο αέρας μου -ωσε τη μύτη / τα χέρια.* **5.** (για το δριμύ ψύχος) προκαλώ βλάβη ή καταστροφή: *ο μαρτιάτικος παγετός -ωσε τις αμυγδαλιές.* **6.** (μεταφ.) κάνω κάποιον να μείνει απότομα άφωνος και ακίνητος, ξαφνιάζω ή τρομάζω: *με -ωσε η όψη του.* **7α.** (μεταφ.) σταματώ και εμποδίζω οποιαδήποτε ενέργεια ή δραστηριότητα σχετική με την πρόοδο ενός ζητήματος: *-ωσαν τις εργασίες για την περιφερειακή ανάπτυξη.* **β.** ~ *το παιγνίδι* (= επιβραδύνω το ρυθμό του). **8.** (μεταφ.) δηλώνω με επίσημη απόφαση ότι δε θα επιτραπεί η άνοδος της τιμής ή η αύξηση του αριθμού ενός πράγματος για καθορισμένο χρονικό διάστημα: ~ *τα ενοίκια / τις τιμές προϊόντων.* **9.** (οικον.) δηλώνω με έννομα μέσα ότι σταματώ τη χρήση ή διάθεση ενός ποσού για ορισμένο χρονικό διάστημα: ~ *τα κεφάλαια / τις καταθέσεις· -ωμένες πιστώσεις.* **Β.** αμτβ. **1.** (για υγρά) μεταβάλλομαι σε πάγο (βλ. λ. σημασ. Ι και 2): *το νερό -ει σε 0° C.* **2.** (συνεκδοχικά για το έδαφος) πετρώνω, σκληραίνω από το δυνατό κρύο: *-ωμένες εκτάσεις της Σιβηρίας.* **3.** (γενικά) πετρώνω επειδή υποβάλλομαι σε ψύξη: *έβγαλα νωρίς το κρέας από την κατάψυξη, αλλά είναι ακόμη -ωμένο.* **4.** αποκτώ θερμοκρασία υπερβολικά χαμηλή από το πολύ κρύο που επικρατεί: *δωμά-*

τιο -ωμένο. **5.** αισθάνομαι έντονα το κρύο, κρυώνω υπερβολικά: *-ει κανείς σ' αυτό το γραφείο.* **6.** (για μέλος του σώματος) κρυώνω τόσο πολύ ώστε δεν μπορώ να λειτουργήσω ή να κινηθώ: *-ωσαν τα δάχτυλά μου και δεν μπορώ να πιάσω το μολύβι· πόδια -ωμένα* (συνών. *ξεπαγιάζω*). **7.** παθαίνω βλάβη ή καταστρέφομαι από το δριμύ ψύχος: *-ωσαν τα φυτά / οι καλλιέργειες.* **8.** (ειδικά τεχν.) πέφτει η θερμοκρασία μου κάτω από το κανονικό και δεν μπορώ να τεθώ σε λειτουργία: *-ωσε η μηχανή του αυτοκινήτου.* **9.** γίνομαι πολύ κρύος ή δροσερός με τεχνητό τρόπο (στο ψυγείο, με παγάκια, κλπ.): *θα βάλω τις μπίρες να -ώσουν.* **10.** (για να δηλωθεί έντονη συναισθηματικότητα): *τα χέρια της είχανε -ώσει και το πρόσωπό της ήτανε ξαναμμένο* (Μπαστιάς). **11α.** (μεταφ.) μένω απότομα άφωνος και ακίνητος, παραλύω από έκπληξη ή φόβο: *-ωσα μόλις τον είδα·* **β.** (συνεκδοχικά): *το χαμόγελο -ωσε στα χείλη του.* **12.** (μεταφ.) σταματώ, διακόπτομαι, παύει οποιαδήποτε ενέργεια ή δραστηριότητα σχετική με την πρόοδο ή συνέχισή μου: *-ουν οι διαπραγματεύσεις.* **13.** (μεταφ.) παύει με επίσημη απόφαση η αύξηση του αριθμού ή της τιμής μου για καθορισμένο χρονικό διάστημα: *-ουν οι μισθοί / οι τιμές κάποιων αγαθών.* **14.** (οικον.) παύει επισήμως η χρήση ή διάθεση ενός ποσού για ορισμένο χρονικό διάστημα: *-ουν οι τραπεζικές καταθέσεις / πιστώσεις.* **15.** (μεταφ.) ειδικά παύω να είμαι φιλικός: *-ωσαν οι σχέσεις των δύο χωρών.* Φρ. *θα το -ώσει (απόψε)* (= θα κάνει παγωνιά)· *~ το αίμα κάποιου* (= τον τρομάζω πολύ)· (αμτβ.) *-ει το αίμα μου ή το αίμα στις φλέβες μου* (= παραλύω από το φόβο μου). – Η μτχ. παρκ. ως επίθ. = **1.** που έχει μεταβληθεί σε πάγο: *λίμνη -ωμένη.* **2.** πολύ κρύος: *αέρας -ωμένος· μπίρα -ωμένη.* **3.** (μεταφ.) αποθαρρυμένος, απελπισμένος: *καρδιά -ωμένη.*

παγωτό το, ουσ., παρασκεύασμα με γλυκιά γεύση που γίνεται από παγωμένο μίγμα γάλακτος, σοκολάτας, χυμών, κλπ.: *~ κασάτο· ~ κρέμα.*

παζάρεμα το, ουσ., το να παζαρεύει κανείς: *-ατα ατέλειωτα / γύφτικα* (συνών. *παζάρι*).

παζαρευτής ο, θηλ. **-τρα,** ουσ. (σπάνιο) αυτός που παζαρεύει.

παζαρεύω, ρ. **1.** διαπραγματεύομαι την τιμή ενός εμπορεύματος. **2.** συζητώ για την επίτευξη μιας συμφωνίας με τους πιο συμφέροντες όρους.

παζάρι το, ουσ. **1.** λαϊκή αγορά (βλ. λ.) και ο τόπος όπου γίνεται: *κάθε Τρίτη έχει στη γειτονιά ~·* παροιμ. *τι θέλει / γυρεύει η αλεπού στο ~,* βλ. *αλεπού.* **2.** ετήσια εμποροπανήγυρη: *το ~ της Λάρισας.* **3.** παζάρεμα· φρ. *είμαστε στα -ια· κάνω -ια.* [τουρκ. *pazar*]

παθαίνω, ρ., αόρ. *έπαθα,* μέσ. *παθαίνομαι* (ελλειπτ.). **Ι.** (ενεργ.) υφίσταμαι κάτι οδυνηρό, επιζήμιο ή πολύ δυσάρεστο: *έπαθε μεγάλη ζημιά / μεγάλο κακό· τι έπαθε και κλαίει;* (γενικότερα): *αυτό πρώτη φορά το ~·* (επιφωνηματικά): *κακό που (το) έπαθα!* (για να δηλωθεί εγκάρδια ικανοποίηση): *καλά να πάθει!* (δηλ. σου άξιζε που έπαθες)· (απειλητικά): *τι έχεις να πάθεις!...* (συνεκδοχικά, προφ.): *έπαθε η υγεία του* (= κλονίστηκε)· φρ. *δε θα πάθεις τίποτα αν / να ...* (για κατανίκηση διστραγμών): *δε θα πάθεις τίποτα αν περιμένεις λίγο ακόμα· είδα κι έπαθα να...* (= κοπίασα πολύ για να...)· *ήθελές τα κι έπαθές τα* (= μόνος σου προκάλεσες το δυσάρεστο που σου συνέβη)· *πώς το 'παθες και...* (= τι σου συνέβη, από τι επηρεάστηκες;): *πώς το 'παθες και μιλάς ευγενικά*; *την έπαθα (τη δουλειά)* (= απέτυχα απρόοπτα σε κάτι)· *την ~ / έπαθα άσχημα / σαν αγράμματος / χιώτικα* (= εξαπατώμαι / εξαπατήθηκα οικτρά) (συνών. *πάσχω, υποφέρω, περνώ, τραβώ*). **ΙΙ.** (μέσ.) συγκινούμαι υπερβολικά· εξάπτομαι· κυριεύομαι από έντονο πάθος (συνών. *παθιάζομαι*).

πάθημα το, ουσ., αυτό που παθαίνει κανείς, δυσάρεστο ή ατυχές γεγονός· έκφρ. *το ~ μάθημα ή τα -ατα μαθήματα* (= η πείρα που αποκτά κανείς από τα παθήματα γίνεται οδηγός του ώστε να μην υποστεί τα ίδια).

πάθηση η, ουσ. (ιατρ.) μόνιμη νοσηρή κατάσταση του οργανισμού ύστερα από κάποια ασθένεια κατά την οποία η τελευταία εκδηλώνεται όχι δυναμικά, αλλά στατικά: *~ χρόνια· -ήσεις των νεφρών· ~ οργανική.*

παθητικά, βλ. *παθητικός.*

παθητικό το, ουσ. **1α.** (οικον.) το σύνολο των οικονομικών υποχρεώσεων, των χρεών ενός προσώπου ή μιας επιχείρησης: *φέτος η εταιρεία παρουσίασε μεγάλο -ό·* **β.** (συνεκδοχικά) το ένα από τα δύο σκέλη ενός ισολογισμού (αντ. *ενεργητικό*). **2.** (μεταφ.) το σύνολο των αποτυχιών ή μειονεκτημάτων ενός ατόμου: *έχει πολλά στο -ό του* (αντ. *ενεργητικό*). **3.** (νομ.) *~ κληρονομίας* = τα χρέη ή τα βάρη με τα οποία επιβαρύνεται μια κληρονομούμενη περιουσία (αντ. *ενεργητικό κληρονομίας*).

παθητικός, -ή, -ό, επίθ. **1.** που παθαίνει, που δέχεται την ενέργεια που προκαλεί κάποιος άλλος (αντ. *ενεργητικός*). **2.** (γραμμ.) που δηλώνει ότι το υποκείμενο παθαίνει, δηλαδή δέχεται μια ενέργεια από άλλον: *ρήματα -ά· διάθεση / φωνή -ή.* **3.** που υφίσταται τα όσα γίνονται ή λέγονται για το άτομό του χωρίς να αντιδρά: *κρατάει πάντα στάση -ή· αντίσταση -ή* (= η άρνηση υπακοής ατόμου ή ομάδας στα όσα προστάξει κάποιος ανώτερος χωρίς να προσφύγει στη βία) (συνών. *αδρανής, απαθής*). **4.** που διακατέχεται από έντονη συναισθηματικότητα, που εκφράζει ή προκαλεί συγκίνηση ή πάθος: *ομιλία / μελωδία -ή.* **5.** (για ομοφυλόφιλο) που έχει το γυναικείο ρόλο σε μια σχέση (αντ. *ενεργητικός*). **6.** (εμπορο-οικον.) που δεν είναι επικερδής, που προκαλεί ζημία: *επιχείρηση -ή.* **7.** (νομ.) *-ή ενοχή εις ολόκληρον* = όταν καθένας οφειλέτης της ίδιας παροχής έχει την υποχρέωση να την καταβάλει ολόκληρη, ο δανειστής όμως έχει το δικαίωμα να την απαιτήσει μόνο μια φορά (αστ. κώδ.). **8.** (ιατρ., αθλητ.) που γίνεται ή επιτυγχάνεται με ενέργεια που επιφέρει κάποιο άλλο πρόσωπο ή όργανο: *-ή γύμναση των μυών με ηλεκτροδιέγερση.* – Επίρρ. **-ά** και **-ώς** στις σημασ. 3 και 4.

παθητικότητα η, ουσ. **1α.** το να είναι κανείς παθητικός (βλ. *παθητικός* σημασ. 3): *~ του χαρακτήρα* (συνών. *αδράνεια, απάθεια* αντ. *ενεργητικότητα, επιθετικότητα*)· **β.** (βλ. *παθητικός* σημασ. 4): *~ φωνής / τραγουδιού· ~ νοσηρή* (συνών. *περιπάθεια*). **2.** (χημ.) η ιδιότητα ορισμένων μετάλλων να καλύπτονται με λεπτό στρώμα οξειδίου από το ίδιο μέταλλο και να γίνονται έτσι απρόσβλητα από τα οξέα.

παθητικώς, βλ. *παθητικός.*

παθιάζομαι, ρ. (συνιζ.), διακατέχομαι ή καταλαμβάνομαι από κάποιο πάθος: *-εται με τη μουσική* (συ-

παθογένεια

νών. *παθαίνομαι*). - Η μτχ. παρκ. ως επίθ. = φανατικός: *είναι -σμένος με το ποδόσφαιρο.*

παθογένεια η, ουσ. (ασυνίζ.), (ιατρ.) **α.** κλάδος της παθολογίας που αναζητά και ερμηνεύει το μηχανισμό με τον οποίο τα παθογόνα αίτια δρουν στο ζωντανό οργανισμό προκαλώντας διάφορες νοσηρές καταστάσεις· **β.** ο παραπάνω μηχανισμός.

παθογόνος, -ος, -ο, επίθ., που μπορεί να προκαλέσει πάθηση: *μικρόβια / αίτια -α* (συνών. *νοσογόνος*).

παθολογία η, ουσ. (ιατρ.) κλάδος της ιατρικής που μελετά τα αίτια και την εξέλιξη, καθώς και τη θεραπεία των ασθενειών: *~ γενική / πειραματική.*

παθολογικός, -ή, -ό, επίθ. **1.** που ανήκει ή αναφέρεται στην παθολογία ή τους παθολόγους: *έρευνες -ές· ψυχολογία -ή* (= κλάδος που ασχολείται με την επιστημονική έρευνα των διαταραχών της συμπεριφοράς, της συνείδησης και της ανθρώπινης επικοινωνίας). **2.** που αναφέρεται ή οφείλεται σε πάθηση: *~ σχηματισμός θυλάκου.* **3.** (μεταφ.) που χαρακτηρίζεται από έντονη συναισθηματικότητα: *έχει στο παιδί της -ή αγάπη.* - Επίρρ. **-ά**.

παθολόγος ο και η, ουσ., γιατρός ειδικός στην παθολογία.

πάθος το, ουσ. **1.** αυτό που παθαίνει κανείς· (γραμμ.) *-η των φθόγγων* = οι μεταβολές που παρουσιάζουν τα φωνήεντα και τα σύμφωνα ώστε οι λέξεις να αλλάζουν τύπο. **2.** (σπανιότερα) αρρώστια, πάθηση: *ταλαιπωρείται από χρόνιο ~.* **3.** (συνήθως στον πληθ.) βάσανα, δοκιμασίες: *-η αβάσταχτα·* έκφρ. *τα Π-η του Χριστού / τα Άγια Π-η* (= η σύλληψη και σταύρωση Του)· *η Εβδομάδα των Π-ών* (= η μεγάλη Εβδομάδα)· φρ. *έπαθε των -ών του τον τάραχο* (= τράβηξε πολλά)· *τράβηξε του λιναριού τα -η* (= τον βρήκαν απερίγραπτα βάσανα) (συνών. *πάθημα*). **4.** έντονη συναισθηματική κατάσταση, προσανατολισμένη προς ένα αποκλειστικό αντικείμενο: *ο έρωτας και η φιλοδοξία είναι τα ισχυρότερα -η στον άνθρωπο.* **5.** (ειδικά) η αγάπη όταν εκδηλώνεται σαν αίσθημα ισχυρό και διαρκές που μερικές φορές φτάνει ως την παραφορά· η ακατανίκητη σεξουαλική έλξη προς κάποιο πρόσωπο: *ομολογώ το ~ μου· το ανικανοποίητο ~ του τον οδήγησε στο έγκλημα.* **6.** εχθρική διάθεση, εμπάθεια ή και μίσος: *του επιτέθηκε κυριευμένος από το ~ εναντίον του·* έκφρ. *χωρίς φόβο και ~.* **7.** η μόνιμη επικράτηση πάνω στη διάθεση του ανθρώπου μιας επιθυμίας τόσο ισχυρής ώστε να υπουδουλώνεται σ' αυτήν κάθε του σκέψη και θέληση: *-η ταπεινά· ~ του καπνίσματος· δούλος των -ών του· νικώ τα -η μου· κυριαρχώ στα -η μου.* **8α.** η επίμονη ροπή της βούλησης σε κάποιο αντικείμενο, ακατανίκητη επιθυμία ή κλίση προς αυτό: *έχει ~ με τη μουσική· το ~ για εξουσία·* **β.** (συνεκδοχικά) το ίδιο το αντικείμενο της παραπάνω επιθυμίας ή κλίσης: *ο ιππόδρομος είναι το μεγάλο ~ του.* **9α.** θερμή συναισθηματική εκδήλωση, ζέση: *μίλησε με ~·* **β.** (για το ύφος του λόγου) έκφραση εμφαντική: *επιστολή γραμμένη με ~.* **10.** (ειδικά) ο χαρακτήρας ενός καλλιτεχνικού, λογοτεχνικού, κλπ., έργου που οφείλεται στην ευαισθησία ή τον ενθουσιασμό του δημιουργού του: *το γλυπτό εντυπωσιάζει με το ~ του· σελίδες γεμάτες ~.* **11α.** έντονη συναισθηματικότητα που επηρεάζει αρνητικά τη λογική και εκδηλώνεται βίαια: *αντιμετώπισε τους αντιπάλους του χωρίς ~·* **β.** παράλογη άποψη ή

ιδέα που εκφράζεται συχνά με παράφορο ή βίαιο τρόπο: *οξύνθηκαν τα πολιτικά -η.*

παθός ο, ουσ. (λαϊκ.), αυτός που έχει πάθει κάτι, που έχει αποκτήσει πικρή πείρα από κάτι: *καλύτερος γιατρός από τον -ό δε ματαστάθηκε* (Μπαστιάς)· φρ. *είναι ~ παροιμ. ο ~ μαθός,* βλ. *μαθός.* [μτχ. β' αόρ. *παθών* του αρχ. *πάσχω*].

παιάνας ο, ουσ. (αρχ.) **α.** θρησκευτικό τραγούδι που λέγεται από χορό με συνοδεία λύρας ή αυλού προς τιμήν του Απόλλωνα ή της Άρτεμης σε κρίσιμες περιστάσεις· **β.** (γενικά) πολεμικός, νικητήριος ύμνος.

παιγνίδι και **παιχνίδι** το, ουσ. **1α.** (γενικά) πράξη που γίνεται απλώς για ψυχαγωγία, το να παίζει κανείς: *~ θορυβώδες / ομαδικό· χόρτασα ~· αν δεν τελειώσεις το διάβασμα, δε θ' αρχίσεις ~* (συνών. *παίξιμο*). **β.** (συνήθως στον πληθ.) για ζωηρές κινήσεις που φανερώνουν ευχάριστη διάθεση ή προκαλούν διασκέδαση: *γέλια και -ια· κάνω -ια στο μωρό·* (για ζώο) *-ια των δελφινιών· μόλις με είδε ο σκύλος, άρχισε να κάνει -ια·* **γ.** για ερωτοτροπίες ή φιλάρεσκες κινήσεις. **2.** (ειδικότερα) δραστηριότητα ή άθλημα που απαιτεί σωματικές και πνευματικές ικανότητες, γνώσεις ή τύχη, έχει για κύριο σκοπό την ψυχαγωγία και όποιος συμμετέχει σ' αυτό ακολουθεί προκαθορισμένους κανόνες και προσπαθεί να ξεπεράσει ή να κερδίσει έναν αντίπαλο ή να πετύχει κάτι δύσκολο, λ.χ. να απαντήσει σε μια ερώτηση: *~ που παίζεται από δύο έως έξι παίκτες· ~ υπαίθριο / επιτραπέζιο / τηλεοπτικό· ~ επιστημονικό ή τεχνικό* (λ.χ. σκάκι, μπιλιάρδο) */ τυχερό* (λ.χ. χαρτιά, ρουλέτα) */ μικτό* (λ.χ. τάβλι)· *~ πνευματικό* (λ.χ. σταυρόλεξο)· φρ. *σέβομαι / τηρώ τους κανόνες του -ιού.* **3.** για ομαδικό άθλημα σε γήπεδο, για αθλητικό αγώνα (λ.χ. ποδοσφαίρου, μπάσκετ): *~ στημένο / επεισοδιακό.* **4.** για χαρτοπαιξία ή κερδοσκοπικές χρηματιστηριακές συναλλαγές: *~ χοντρό* (όπου διεκδικούνται πολλά χρήματα· αντ. *~ ψιλό*)· φρ. *χάνω το ~* (= αποτυγχάνω στις επιδιώξεις μου). **5α.** για κάθε ξεχωριστή περίπτωση που παίζει κανείς ένα παιγνίδι, με προηγούμενη συμφωνία για το πόσο λ.χ. θα κρατήσει, πόσες φορές θα επαναληφθεί, κ.ά.: *από τα εφτά -ια κέρδισα τα έξι·* (για χαρτοπαιξία) φρ. *κάνω* (= αρχίζω να παίζω)· **β.** μέρος ενός αγώνα (λ.χ. βόλεϊ, τένις) που τελειώνει όταν πετύχει ο ένας από τους αντιπάλους ορισμένο αριθμό σημείων («πόντων»): *το πρώτο ~ έληξε με νικητή τον Α* (συνών. *σετ*)· **γ.** για την απόδοση κάποιου ή τον ιδιαίτερο τρόπο που έχει, όταν παίζει ορισμένο παιγνίδι: *έκανε σήμερα το καλύτερο ~ της καριέρας του.* **6.** (μεταφ.) για δουλειά που γίνεται εύκολα, για υπόθεση που θεωρείται απλή ή κατάσταση που δεν αντιμετωπίζεται σοβαρά: *ήταν ~ για μένα να διορθώσω τη βρύση· η ζωή δεν είναι ~.* **7.** αντικείμενο που χρησιμοποιεί κανείς, ιδίως ένα παιδί, για να παίξει, να ψυχαγωγηθεί: *χαλάει σε μια μέρα τα -ια του.* **8.** (μεταφ.) για πρόσωπο άβουλο ή για πράγμα που δεν αντιστέκεται σε μια δύναμη: *κατάντησε ~ της γυναίκας του· το καράβι ήταν ~ των κυμάτων* (συνών. *πιόνι, έρμαιο*)· φρ. *γίνομαι ~ στα χέρια κάποιου* (= με μεταχειρίζεται κάποιος όπως θέλει και για να διασκεδάσει). **9α.** (μεταφ.) δόλιο τέχνασμα για την εξαπάτηση κάποιου, κόλπο· **β.** αστεϊσμός εις βάρος κάποιου, φάρσα, νίλα: συνήθως στις φρ. *παίζω / σκαρώνω*

παιδί

άσκημο ~ *σε κάποιον* (= ξεγελώ ή γελοιοποιώ). **10.** (μεταφ.) δραστηριότητα όπου εφαρμόζει κανείς ορισμένο σχέδιο, ιδίως με σκοπό να έχει κάποιο όφελος: ~ *της εξουσίας / πολιτικό· βρίσκομαι έξω από το* ~· *μπαίνω στο* ~· φρ. *παίζω διπλό* ~ (= εργάζομαι για σκοπό άλλον από αυτόν που φαίνεται)· *παίζω το* ~ *κάποιου*, βλ. *παίζω*. **11.** (μουσ., στον πληθ.) α. λαϊκά μουσικά όργανα: *δυο ζυγιές -ια· βαστά λαγούτα κι άργανα, πολλών λογιών -ια* (δημ. τραγ.)· β. (συνεκδοχικά) μικρή λαϊκή ορχήστρα. - Υποκορ. **-άκι** το.

παιγνιδιάρης, -α, -ικο και **παιχνιδιάρης,** επίθ. (συνίζ.). **1.** που του αρέσει να παίζει, που διασκεδάζει με κινήσεις ή πράξεις (συνήθως για μικρά παιδιά ή για ζώα): *μπέμπης / σκύλος* ~. **2.** (στο θηλ., ειδικά) για νεαρή γυναίκα που της αρέσει να προκαλεί ερωτικά με χαριτωμένο τρόπο ή έτσι που να τη διασκεδάζει (συνών. *καμωματού, ναζιάρα, σκερτσόζα, τσαχπίνα*).

παιγνιδιάρικος, -η, -ο και **παιχνιδιάρικος,** επίθ. (συνίζ.). **1.** που αναφέρεται στον παιγνιδιάρη ή που τον χαρακτηρίζει: *καμώματα -α· βλέμμα -ο.* **2.** παιγνιδιάρης: *γατί -ο.* - Επίρρ. **-α**.

παιγνιδιάτορας ο, ουσ. (συνίζ., λαϊκ.), επαγγελματίας οργανοπαίκτης.

παιγνιδίζω και **παιχνιδίζω,** ρ., κινούμαι ζωηρά και χαριτωμένα ή ευχάριστα: *μια λάμψη -ισε στο βλέμμα του·* (για άψυχο) *ο μπάτης -ει στα μαλλιά σου· τα νερά -ανε στα πλευρά του καραβιού* (Μπαστιάς).

παιγνίδισμα και **παιχνίδισμα** το, ουσ., το να παιγνιδίζει κάτι: ~ *του ανέμου /* (μεταφ.) *λεκτικό* ~.

παιγνιδότοπος και **-χνι-** ο, ουσ., τόπος κατάλληλος για να παίζουν τα παιδιά.

παιγνιόχαρτο το, ουσ. (ασυνίζ., λόγ.), τραπουλόχαρτο.

παιγνιώδης, -ης, -ες, γεν. **-ους,** πληθ. αρσ. και θηλ. **-εις,** ουδ. **-η,** επίθ., (ασυνίζ., λόγ.), που φανερώνει ευτράπελη διάθεση: *φραστικός σχηματισμός* ~. - Επίρρ. **-ώς**.

παιδαγωγικός, -ή, -ό, επίθ., που αναφέρεται στον παιδαγωγό και το έργο του: *συνέδριο -ό· Π-κή Σχολή /* (παλαιότερα) *Ακαδημία* (= ανώτατη σχολή από την οποία αποφοιτούν εκπαιδευτικοί της στοιχειώδους εκπαίδευσης). - Το θηλ. στον εν. και σπανιότ. το ουδ. στον πληθ. ως ουσ. = η επιστήμη της αγωγής που έχει σκοπό να αναπτύξει τις φυσικές, διανοητικές και ηθικές ιδιότητες του παιδιού για να διευκολύνει την κοινωνική προσαρμογή του, που μελετά το θέμα της εκπαίδευσης από όλες τις απόψεις.

παιδαγωγισμός ο, ουσ. **1.** η τάση για υπέρμετρη θεωρητικοποίηση παιδαγωγικών προβλημάτων και σχολαστική προσήλωση σε μια παιδαγωγική μέθοδο. **2.** υπερβολικός και άτοπος παιδαγωγικός ζήλος (πβ. *διδακτισμός*).

παιδαγωγός ο και η, ουσ., άτομο που μελετά τις αρχές και τις μεθόδους της αγωγής των παιδιών και ασχολείται με την εφαρμογή τους (λέγεται επαινετικά για δάσκαλο).

παιδάκι, βλ. *παιδί*.

παϊδάκι το, ουσ. (συνήθως στον πληθ.) πλευρό σφαγμένου αρνιού ή κατσικιού προοριζόμενο για ψήσιμο ή ψημένο ήδη. - Βλ. και *παϊδί*.

παιδαρέλι το, ουσ., μειωτ. για μικρό παιδί ή νεαρό άντρα (ανώριμο ή άπειρο): *έβαλαν διοικητή του λόχου ένα* ~.

παιδάριο το, ουσ. (ασυνίζ., λόγ.), παιδαρέλι.

παιδαριώδης, -ης, -ες, γεν. **-ους,** πληθ. αρσ. και θηλ. **-εις,** ουδ. **-η,** επίθ. (ασυνίζ.), (μειωτ. για λόγια ή πράξεις) που ταιριάζει σε μικρό παιδί, που δείχνει πνευματική ανωριμότητα: *λάθη -η· ερώτηση* ~ (= πολύ αφελής ή εύκολη) (συνών. *παιδιακίσιος*). - Επίρρ. **-ώς**.

παίδαρος ο, ουσ. (προφ.), εύρωστος και όμορφος νεαρός (πβ. *κορίτσαρος*).

παιδεία η, ουσ. α. (γενικά) η πνευματική και ηθική αγωγή των νέων, η διάπλαση των διανοητικών δυνάμεων και του χαρακτήρα τους με την παροχή μόρφωσης: ~ *ανθρωπιστική·* β. (ειδικότερα) εκπαίδευση: *υπουργείο εθνικής -ας και θρησκευμάτων·* γ. το αποτέλεσμα της αγωγής και της εκπαίδευσης, μόρφωση: *η έλλειψη -ας τον εμποδίζει να κατανοήσει το πρόβλημα·* δ. *γλωσσική* ~ = το αποτέλεσμα της εκπαίδευσης στον τομέα της σωστής χρήσης της γλώσσας (πλούτος λεξιλογίου, σημασιολογικές αποχρώσεις, κλπ.).

παίδεμα το και **παιδεμός** ο, ουσ. **1.** καταπόνηση: *άξιζε τόσο* ~ *γι' αυτό το αποτέλεσμα;* **2.** βάσανο, δοκιμασία, ταλαιπωρία: *δεν άντεχε τους -ούς κι έφυγε από τη δουλειά*.

παιδεραστής ο, ουσ., άντρας που έχει ερωτικές σχέσεις με αγόρια (πβ. *αρσενοκοίτης, ομοφυλόφιλος*).

παιδεραστία η, ουσ. α. γενετήσια διαστροφή που συνίσταται στην ερωτική σχέση ενός άντρα με αγόρι, με ανήλικο νεαρό (πβ. *ομοφυλοφιλία*)· β. (αρχ.) ως θεσμός σε περιοχές ή πόλεις της Ελλάδας (λ.χ. Κρήτη, Αθήνα) ιδίως στα κλασικά χρόνια.

παίδευση η, ουσ. (λόγ.), πνευματική κατάρτιση, μόρφωση, εκπαίδευση.

παιδευτικός, -ή, -ό, επίθ., που ανήκει ή αναφέρεται στην παίδευση, μορφωτικός, εκπαιδευτικός: *έκδοση με -ούς σκοπούς·* η *-ή αξία των αρχαίων ελληνικών*.

παιδεύω, ρ. **1.** κουράζω πολύ, καταπονώ: *η τελευταία άσκηση με -εψε πολύ, αλλά κατάφερα να τη λύσω·* (μέσ.) *ώρες -εται να διορθώσει τη μηχανή* (για επίπονη προσπάθεια). **2.** βασανίζω, ταλαιπωρώ, τυραννώ, υποβάλλω σε δοκιμασία (σωματική ή ψυχική): *μην το -ετε το σκυλάκι· με -ει η αμφιβολία·* (μέσ.) *πολύ -τηκε ώσπου να γιατρευτεί*.

παϊδί και **παγίδι** το, ουσ. (λαϊκ.), πλευρό του σκελετού ανθρώπου ή ζώου: *ήταν τόσο αδύνατος που μέτραγες τα -ια του· του τσάκισαν τα -ια* (= τον έδειραν πολύ). [αρχ. *παγίς*].

παιδί το, ουσ. **1α.** άνθρωπος αρσενικού ή θηλυκού γένους και οποιασδήποτε ηλικίας σε σχέση με τους γονείς του, γιος ή κόρη: *περιμένω* ~ (= είμαι έγκυος)· *αποκτώ / γεννώ / κάνω* ~· *έχω τρία -ιά· υιοθέτησαν ένα* ~. β. (ειδικά) για μωρό που δεν έχει γεννηθεί: *το* ~ *κλοτσάει·* φρ. *ρίχνω το* ~ (για έκτρωση)· *χάνω το* ~ (για αποβολή)· γ. (λαϊκ.) αγόρι: *κάνουν μάθημα -ιά και κορίτσια μαζί* δ. (προφ.) για μαθητές σε σχέση με το δάσκαλό τους: *τα -ιά μου είναι φρόνιμα·* ε. (συνεκδοχικά) για το μικρό ζώου: *η γάτα μαθαίνει τα -ιά της να κυνηγούν ποντικούς·* στ. (σε προσφών.· στον εν. με την κτητ. αντων. *μου*, στον πληθ. με ή χωρίς αυτήν) φανερώνει συμπάθεια, οικειότητα ή ανωτερότητα: *πάμε, -ιά, να μεταφέρουμε τα έπιπλα· γιατί,* ~ *μου, είσαι αδιάβαστος;* **2.** (κατ' επέκταση) α. για πρόσωπο που κατάγεται από έναν τόπο ή προέρχεται από κοινωνική ή άλλη ομάδα: *-ιά της Σαμαρίνας* (δημ. τραγ.)· ~ *του λαού*· **β.** σε συσχετισμό με ορισμένη εποχή ή κατάσταση για να δηλωθεί πως τα παραπάνω επέδρασαν ισχυρά στη διαμόρφωση ενός ατόμου: ~ *της κατοχής*· *-ιά του αιώνα τους*. **3α.** ένας άνθρωπος από τη στιγμή που θα γεννηθεί ώσπου να φτάσει στην εφηβεία ή να ενηλικιωθεί, αγόρι ή κορίτσι: *βιβλία για -ιά*· *άντρες, γυναίκες και -ιά*· **β.** (προφ.) σε χρήση από άντρα ανεξαρτήτως ηλικίας για συνομηλίκους του. **4.** για άνθρωπο αφελή, ανοιχτόκαρδο ή ανώριμο (συχνά αποδοκιμαστικά): *μη γίνεσαι ~! είναι ένα (μεγάλο) ~.* **5.** (λαϊκ.) νεαρός υπάλληλος ή μαθητευόμενος: *το ~ του μανάβη έφερε τα ψώνια*· *το ~ του κουρείου* (συνών. *μικρός*). ´Εκφρ. ~ *θαύμα*, βλ. *θαύμα*· ~ *της μαμάς*, βλ. *μαμά*· ~ *του δρόμου* (= αλητάκι)· ~ *του Θεού* (για κάθε άνθρωπο)· *της μάνας του ~*, βλ. *μάνα*· *το τρομερό ~ (μιας ομάδας*, κ.τ.ό.) (για όποιο μέλος ενός συνόλου έχει την τάση να εκδηλώνει έντονη ανεξαρτησία πνεύματος): *ο Γ. είναι το τρομερό ~ του κόμματος / του ελληνικού κινηματογράφου*· *χαϊδεμένο ~* (για πρόσωπο που πραγματοποιούν όλες τις επιθυμίες του). Φρ. *παπά ~ διαβόλου εγγόνι* (τα παπαδοπαίδια θεωρούνται ζωηρά και άτακτα)· *του -ιού μου το ~ είναι δυο φορές ~ μου* (δηλώνει τη μεγάλη στοργή και την αδυναμία των παππούδων προς τα εγγόνια τους)· *χάνει η μάνα το ~ και το ~ τη μάνα*, βλ. *μάνα*. Παροιμ. *πολλές μαμμές στραβό το ~*, βλ. *μαμμή*. - Υποκορ. **-άκι** και (λαϊκ.) **-όπουλο** το· θηλ. **-ούλα** και (σπανίως) **-οπούλα** η.

παιδιακίζω, ρ. (συνιζ., λαϊκ.), παιδιαρίζω.

παιδιακίσιος, -ια, -ιο, επίθ. (συνιζ. δις, λαϊκ.), παιδιάστικος: *φωνούλες -ιες*.

παιδιακίστικος, -η, -ο, επίθ. (συνιζ., λαϊκ.), παιδιάστικος: *καμώματα -α*.

παιδιαρίζω, ρ. (συνιζ.), (για ενήλικο ή νεαρό άτομο με τόνο αποδοκιμασίας) φέρομαι σαν μικρό παιδί: *πάψε επιτέλους να -εις* (πβ. *μωρουδίζω*).

παιδιάρισμα το, ουσ. (συνιζ.), το να παιδιαρίζει κάποιος: *άφησε πια τα -ατα*.

παιδιάστικος, -η, -ο και **παιδιάτικος**, επίθ. (συνιζ.), που ταιριάζει σε· ένα μικρό παιδί, που χαρακτηρίζει την ηλικία ή τη συμπεριφορά του: *ενθουσιασμός ~· γέλια / χρόνια παιδιάτικα*. - Επίρρ. **-α**.

παιδιατρική η, ουσ. (ασυνίζ.), (ιατρ.) κλάδος της ιατρικής που ασχολείται με την πρόληψη, τη διάγνωση και τη θεραπεία των ασθενειών των μικρών παιδιών.

παιδίατρος ο και η, ουσ., γιατρός ειδικευμένος στην παιδιατρική.

παιδικός, -ή, -ό, επίθ. **α.** που ανήκει ή αναφέρεται σε παιδί, ιδίως μικρής ηλικίας: *ηλικία / λογοτεχνία -ή*· *κατασκηνώσεις / φιλίες -ές*· *γλώσσα -ή* (= η γλώσσα της πρώιμης παιδικής ηλικίας που χαρακτηρίζεται από απλοποιημένες μορφές λέξεων και ακατανόητες φράσεις)· *σταθμός ~* (= κρατικό ή ιδιωτικό ίδρυμα για τη φύλαξη και τη φροντίδα παιδιών της προσχολικής ηλικίας)· *φίλος ~* (ενν. στα παιδικά χρόνια ή από τότε)· έκφρ. *-ή χαρά* (= υπαίθριος χώρος με εξοπλισμό κατάλληλο για να παίζουν παιδιά)· **β.** (ειδικά) για κάτι που κυρίως ή χρησιμοποιείται από παιδιά: *τροφές -ές* (ιδίως για μωρά). **γ.** παιδιάστικος: *χαμόγελο -ό· άντρας με -ό πρόσωπο*. - (Προφ., ιδίως στον πληθ.) το ουδ. ως ουσ. = τηλεοπτικό πρόγραμμα για παιδιά: *όλο το πρωί έβλεπαν -ά*.

παιδικότητα η, ουσ., η ιδιότητα τρόπου, χαρακτηριστικών ή συμπεριφοράς που ταιριάζει σε μικρό παιδί: *είχε μια ~ στα λόγια* (συνών. *απλοϊκότητα, αφέλεια*).

παιδισμός ο, ουσ. (ιατρ.) ανωμαλία στην ανάπτυξη ενήλικου ατόμου που συνίσταται στη διατήρηση χαρακτηριστικών της παιδικής ηλικίας.

παιδόγγονα τα, ουσ. (όχι έρρ., λαϊκ.), παιδιά και εγγόνια.

παιδοδοντίατρος ο και η, ουσ. (έρρ.), οδοντίατρος ειδικευμένος στην παιδοδοντική.

παιδοδοντική η, ουσ., ειδικότητα της οδοντιατρικής με αντικείμενο την πρόληψη και τη θεραπεία των νόσων του στόματος και των δοντιών στα μικρά παιδιά.

παιδοκομία η, ουσ., η τέχνη της περιποίησης και της ανατροφής μικρών παιδιών.

παιδοκομικός, -ή, -ό, επίθ., που αναφέρεται στην παιδοκομία: *σταθμός ~*.

παιδοκόμος ο και η, ουσ. (λόγ.), άτομο που ασχολείται επαγγελματικά με τη φύλαξη και την περιποίηση μικρών παιδιών (πβ. *βρεφοκόμος*).

παιδοκομώ, ρ., φροντίζω και ανατρέφω μικρά παιδιά.

παιδοκτονία η, ουσ. (νομ.) φόνος παιδιού, ιδίως μικρού, από την ίδια τη μητέρα ή τον πατέρα του (πβ. *βρεφοκτονία*).

παιδοκτόνος ο και η, ουσ., άτομο που σκότωσε το παιδί ή τα παιδιά του (πβ. *βρεφοκτόνος*).

παιδολογία η, ουσ., κλάδος της παιδαγωγικής που ερευνά τους νόμους που ρυθμίζουν τη σωματική, πνευματική και ψυχική εξέλιξη, καθώς και τη συμπεριφορά του παιδιού.

παιδολογικός, -ή, -ό, επίθ., που σχετίζεται με την παιδολογία.

παιδολόι το, ουσ. (λαϊκ.), παιδομάνι: *το ~ της γειτονιάς*.

παιδομάζωμα το, ουσ. (ιστ.) θεσμός και πρακτική του οθωμανικού κράτους από το 14. έως και το 18. αι. που συνίστατο στην αναγκαστική στρατολόγηση παιδιών από χριστιανικές οικογένειες για να εξισλαμιστούν, να εκπαιδευτούν και να γίνουν γενίτσαροι ή να υπηρετήσουν στα ανάκτορα του σουλτάνου ή σε άλλες δημόσιες θέσεις.

παιδομάνι το, ουσ. (λαϊκ.), πλήθος μικρών παιδιών: *καΐκια γεμάτα ~* (Κόντογλου).

παιδομετρία η, ουσ., κλάδος της παιδολογίας (βλ. λ.) που εξετάζει τη σωματική ανάπτυξη του παιδιού και τους νόμους που την καθορίζουν.

παιδομετρικός, -ή, -ό, επίθ., που σχετίζεται με την παιδομετρία.

παιδομορφισμός ο, ουσ. (ιατρ.) παιδισμός (βλ. λ.).

παιδονόμος ο, ουσ. (παλαιότερα) υπάλληλος επιφορτισμένος με τον έλεγχο της ευπρέπειας και της ευταξίας των παιδιών, κυρίως των μαθητών, στο σχολείο ή το δρόμο.

παιδόπουλο, παιδούλα και **παιδοπούλα**, βλ. *παιδί*.

παιδότοπος ο, ουσ. (νεολογ.) παιδική χαρά (βλ. *παιδικός*).

παιδοψυχιατρική η, ουσ. (ασυνίζ.), κλάδος της ψυχιατρικής που ασχολείται με τις ψυχικές παθήσεις των παιδιών.

παιδοψυχίατρος ο και η, ουσ., ψυχίατρος ειδικευμένος στην παιδοψυχιατρική.

παιζογελώ, -άς, ρ. **1.** εκδηλώνω την εύθυμη διάθεσή μου. **2.** παίζω, κοροϊδεύω: *-άς μαζί του και τον*

νικάς και του ξεφεύγεις (του Χάρου) και χαίρεσαι (Μπαστιάς).
παίζω, ρ. Α. μτβ. **1.** ασχολούμαι περνώντας την ώρα μου με κάτι που μ' ευχαριστεί είτε μόνος μου είτε με άλλους: *η γάτα -ει με το κουβάρι· τα παιδιά -ουν κρυφτό / κυνηγητό· ~ κάποιον* (= δέχομαι, εγκρίνω τη συμμετοχή κάποιου στο παιχνίδι): *με -ετε;* **2.** (για άθλημα) ασχολούμαι ερασιτεχνικά ή επαγγελματικά με κάποιο άθλημα: *~ μπάσκετ / ποδόσφαιρο / τένις.* **3.** *~ με κάποιον* = έχω κάποιον σύντροφο ή αντίπαλο στο παιχνίδι μου ή σε αγώνα: *~ με τον αδελφό μου· η εθνική μας ομάδα -ει με την αντίστοιχη ιταλική·* (μεταφ.) εξαπατώ ή παραπλανώ κάποιον για να διασκεδάσω μαζί του· κοροϊδεύω: *δεν ντρέπεσαι να -εις μαζί μου; με τον πόνο μου -εις τώρα;* **4.** παίρνω μέρος σε τυχερό παιχνίδι για να περάσω την ώρα μου ή να κερδίσω χρήματα: *~ τάβλι / σκάκι / χαρτιά·* (κατ' επέκταση) *~ λαχεία / ΠΡΟΠΟ· παίζω* (απολ.) = χαρτοπαίζω: *δεν πίνει, δεν -ει.* **5.** (σε θεατρικό έργο ή κινηματογραφική ταινία) υποδύομαι, παριστάνω κάποιον από τους χαρακτήρες: *-ει πάντα τον κακό· -ει το ρόλο του θαυμάσια.* **6.** (για κινηματογράφο ή θεατρική σκηνή) φιλοξενώ στη σκηνή μου, προβάλλω: *Το Κρατικό Θέατρο -ει τη Μήδεια· τι -ουν οι κινηματογράφοι αυτή τη βδομάδα;* **7.** (για ραδιόφωνο ή τηλεόραση) εκπέμπω, προβάλλω: *Το ραδιόφωνο -ει μια παιδική εκπομπή / κλασική μουσική.* **8.** (για μουσικό όργανο) χειρίζομαι μουσικό όργανο έτσι ώστε να παράγεται μουσικός ήχος: *~ βιολί / κλαρίνο.* **9.** (για μουσικό κομμάτι) εκτελώ: *~ ένα τραγούδι στο πιάνο· η ορχήστρα -ει ένα βαλς.* Β. αμτβ. **1.** (για συσκευή που παράγει ήχο ή εικόνα) βρίσκομαι σε λειτουργία: *γιατί δεν -ει το πικάπ / το βίντεο;* **2.** ταλαντεύομαι, κουνιέμαι, σαλεύω: *τα φύλλα -ουν στο φύσημα του αέρα· -ει η ζυγαριά* (= μετακινείται ο δείκτης της). **3.** (μεταφ.) αυξομειώνομαι, υφίσταμαι διακυμάνσεις: *-ουν οι τιμές των μετοχών στο χρηματιστήριο.* **4.** (για ομάδα) δίνω αγώνα, αγωνίζομαι: *που -ει η ομάδα σου;* Φρ. *δεν είναι παίξε γέλασε,* βλ. *γελώ· δεν παίζω!* (σε ένδειξη σοβαρότητας ή απειλής)· *όχι -ουμε!* (έκφραση της ικανοποίησης κάποιου για την επιτυχία ενέργειάς του την οποία αμφισβητούσε κάποιος ή εκπλήσσεται που τη μαθαίνει)· *-εται η τύχη μου* (για κάτι πολύ σημαντικό στη ζωή κάποιου)· *-ει η γάτα με το ποντίκι;* (για φιλική εκδήλωση υποκριτική και επικίνδυνη)· *-ει η κοιλιά μου ταμπουρά,* βλ. *κοιλιά· -ει λόρδα* (για υπερβολική πείνα)· *-ει το μάτι μου,* βλ. *μάτι· ~ θέατρο,* βλ. *θέατρο· ~ τη ζωή μου / τη θέση μου / το κεφάλι μου κορόνα-γράμματα* (= βάζω κάτι πολύτιμο σε κίνδυνο προκειμένου να επιτύχω κάτι)· *~ κρυφτούλι* (= αποφεύγω να εκπληρώσω υποχρεώσή μου)· *~ μ' ανοιχτά χαρτιά* (= ενεργώ ή μιλώ απροκάλυπτα)· *~ με τη φωτιά* (= περιφρονώ, αψηφώ τον κίνδυνο)· *~ με τις λέξεις,* βλ. *λέξη· ~ παιχνίδι,* βλ. *παιχνίδι· ~ ρόλο* (= μετέχω με κάποιο τρόπο σε μια υπόθεση): *οι εφημερίδες -ουν ενεργό ρολό υτη διαμόρφωση της κοινής γνώμης· ~ κάτι στα δάχτυλα,* βλ. *δάχτυλο· ~ τυν πα πά,* βλ. *παπάς· ~ το παιγνίδι κάποιου* (= ενεργώ έμμεσα προς όφελος κάποιου)· *~ το τελευταίο μου χαρτί* (= θέτω σ' ενέργεια το τελευταίο μέσο που μου έμεινε για να αποφύγω επικείμενη καταστροφή)· *τα ~ όλα για όλα,* βλ. *όλος· τον -ει όπως*

η γάτα το ποντίκι, βλ. *γάτα· του τις~* (= δέρνω, ξυλοκοπώ κάποιον).
παίζω εν ου παικτοίς· αρχαϊστ. φρ. = αστειεύομαι ανόητα για πράγματα σοβαρά.
παίκτης και **παίχτης** ο, ουσ. **1.** αυτός που παίρνει μέρος σε τυχερό παιχνίδι: *είναι πολύ καλός ~ στο σκάκι / στα χαρτιά.* **2.** (σε ομαδικά αθλήματα) μέλος της ομάδας: *ο διαιτητής απέβαλε δύο -ες.*
παινάδι το, ουσ., στοιχείο του χαρακτήρα ή της συμπεριφοράς κάποιου για το οποίο του αξίζει έπαινος (αντ. *ψεγάδι*).
παίνεμα το, ουσ., έπαινος (βλ. λ.).
παινεσιά και **-ψιά** η, ουσ. (συνιζ.). **1.** έπαινος, παίνεμα. **2.** καυχησιά.
παινεσιάρης, -α, -ικο και **-ψιά-,** επίθ. (συνιζ.), που συνεχώς παινεύεται, καυχησιάρης.
παινεύω, ρ. I. (ενεργ.) επαινώ (βλ. λ.). II. (μέσ.) καυχιέμαι, καυχησιολογώ.
παινεψιά, βλ. *παινεσιά.*
παινεψιάρης, βλ. *παινεσιάρης.*
παινώ, βλ. *επαινώ.*
παίξιμο το, ουσ. **1.** το να παίζει κάποιος (κάτι): *κουράστηκαν από το ~.* **2.** ο τρόπος με τον οποίο κάποιος παίζει ή χειρίζεται κάτι: *τεχνικό ~ του σπαθιού* (Κόντογλου) */ του βιολιού / της μπάλας.* **3.** ελαφρή και χαριτωμένη κίνηση, παιχνίδισμα: *~ των ματιών.*
παίρνω, ρ., αόρ. *πήρα,* μτχ. παρκ. *παρμένος.* **1.** πιάνω, κρατώ κάτι (στα χέρια μου): *πήρε την κιθάρα του να παίξει / ιο παιδί στην αγκαλιά του.* **2α.** σηκώνω και μεταφέρω μαζί μου: *~ στον ώμυ μου· πάρε τις βαλίτσες σου και φύγε·* **β.** (για άτομο) οδηγώ, συνοδεύω: *τον πήρε στο γραφείο του να μιλήσουν.* **3.** απομακρύνω: *πάρε το χέρι σου από πάνω μου· πάρε το αυτοκίνητο πιο εκεί, γιατί εμποδίζει.* **4.** αποσπώ κάτι βίαια από τη θέση του, παρασύρω: *ο αέρας μου πήρε το καπέλο· οι θάλασσες κάθε φορά που χυνόνταν απάνω στο μόλο... -ανε κάτου κι ένα κομμάτι γης* (Κόντογλου). **5.** (για χώρο που απαλλοτριώνεται): *το οικόπεδο το πήρε ο δρόμος.* **6.** παραλαμβάνω, δέχομαι (κάτι που μου στέλνεται από μακριά): *~ γράμμα / τηλεγράφημα.* **7α.** αποκτώ, κερδίζω (από την εργασία μου): *πόσα -εις το μήνα; το ψωμί μου το ~ με τα μπράτσα μου* (Ι.Μ. Παναγιωτόπυλος)· (από συμμετοχή μου σε τυχερό παιχνίδι): *πήρε πολλά λεφτά από το λαχείο·* (από επίδοσή μου σε κάτι): *~ άριστα / υποτροφία·* *πήρε το χρυσό μετάλλιο·* (από αίτησή μου ή ασκώντας κάποιο δικαίωμα): *~ άδεια / μερίδιο από την κληρονομιά·* **β.** (λαϊκ.) κερδίζω αντίπαλο: *θα τους πάρουμε ή θα χάσουμε;* **8.** αποκτώ σύζυγο, παντρεύομαι: *~ έξυπνη γυναίκα· πάρθηκαν* (= παντρεύτηκαν). **9.** ιδιοποιούμαι, κλέβω: *μου πήραν το πορτοφόλι.* **10.** κυριεύω, εκπορθώ: *οι Φράγκοι πήραν την Πόλη το 1204.* **11.** αγοράζω: *~ καινούργιο πλυντήριο / αυτοκίνητο.* **12.** διαλέγω: *-ει για τον εαυτό του πάντα το καλύτερο.* **13.** μετρώ: *~ τη θερμοκρασία / το σφυγμό κάποιου.* **14α.** (για φαγητό ή ποτό) δέχομαι να φάω ή να πιω, γεύομαι: *θα πάρεις ένα γλυκό; ~ τον καφέ / το πρωινό μου·* **β.** εισάγω στον οργανισμό μου διάφορες ουσίες από το στόμα ή με ενέσεις: *~ φάρμακα / ναρκωτικά.* **15.** (για χώρο) περιλαμβάνω, χωρώ: *πόσα άτομα -ει το αυιοκίνητο;· το δοχείο -ει πέντε κιλά.* **16.** (σε περιπτώσεις που κάτι εισχωρεί κάπου) μπάζω: *τα παπούτσια μου -ουν νερό· το φιλμ πήρε φως.* **17.** (για

δρόμο, κατεύθυνση) ακολουθώ: *πάρε την πρώτη πάροδο δεξιά· ~ την ακρογιαλιά για κανένα σπάνιο κοχύλι* (Κόντογλου). **18.** (για μεταφορικό μέσο) χρησιμοποιώ για τη μετακίνησή μου: *~ ταξί.* **19.** (για επιθετική ενέργεια) χτυπώ, βρίσκω: *το βόλι τον πήρε στο μπράτσο.* **20.** προσλαμβάνω: *τον πήρε γραμματέα.* **21.** παραλαμβάνω: *θα περάσω να σε πάρω στις έξι· θα πάω στο ταχυδρομείο να πάρω ένα δέμα.* **22.** αναλαμβάνω: *~ την ευθύνη / πρωτοβουλίες / κάποιον στην προστασία μου / θέμα για επιστημονική διατριβή.* **23.** καταλαβαίνω, εννοώ (με την προθ. *από*, συνήθως αρνητικά): *ούτε από συμβουλή ούτε από φοβερισμούς έπαιρνε* (Καρκαβίτσας)· *δεν -ει από λόγια / χωρατά·* φρ. *δεν -ει τα γράμματα* (= είναι ανεπίδεκτος μάθησης). **24.** εξετάζω: *ας πάρουμε τα πράγματα από την αρχή· πάρε για παράδειγμα τον Α.* **25.** εκλαμβάνω, θεωρώ (με την προθ. *για*): *τον πήρα για έξυπνο· για ποιον με πήρες; το πήραν για προσβολή.* **26.** (για αισθητήριο όργανο) πιάνω, συλλαμβάνω: *κάτι πήρε τ' αφτί μου· σε πήρε το μάτι μου.* **27.** (για μηχανή λήψης) *γελάστε· σας -ει η κάμερα / ο φωτογράφος.* **28.** (για αρρώστια) προσβάλλομαι, αρπάζω: *πήρα κρυολόγημα.* **29.** (για μαιευτήρα) αποσπώ από τη μήτρα: *πήρε το παιδί με καισαρική τομή.* **30.** (για ψήφους) λαβαίνω, κερδίζω: *και τι δεν υπόσχεται για να πάρει την ψήφο τους!* **31.** (για χρήματα) εισπράττω: *πήγα να πάρω το μισθό μου·* (από την τράπεζα) αποσύρω. **32.** (στο γ΄ πρόσ. με υποκ. τις λ. *αέρας, κλπ.*) αρχίσει: *πήρε βοριάς / αέρας.* **33.** (απρόσ. με υποκ. βουλητική πρότ.) αρχίζει, άρχισε να...: *πήρε να νυχτώνει / να βρέχει.* **34.** με κάποιο ουσ. ισοδυναμεί με το αντίστοιχο ρ.: *~ βράση* (= βράζω)· *~ δύναμη* (= δυναμώνω)· *~ πληροφορίες* (= πληροφορούμαι)· *~ στροφή* (= στρίβω)· *~ προαγωγή* (= προάγομαι). **35.** (χρον., στο γ΄ πρόσ. για απαιτούμενο χρόνο): *θα μου πάρει πολλή ώρα να σου το εξηγήσω· πόσο θα πάρει αυτή η δουλειά;* Φρ. *δε με -ει η ώρα* (= δεν έχω αρκετό χρόνο)· *δεν -ει πια νερό,* βλ. *νερό· ίσαμ' εκεί που δεν -ει* (για να δηλωθεί υπέρτατος βαθμός ιδιότητας ή το ανώτατο όριο μέχρι το οποίο μπορεί να γίνει ανεκτή μια κατάσταση)· *με πήρε η νύχτα* (= βράδιασε πριν τελειώσω αυτό που ήθελα να κάνω)· *με πήρε ο ύπνος* (= αποκοιμήθηκα)· *με πήρε το παράπονο* (= άρχισα να κλαίω)· *μου -ει το μυαλό κάτι,* βλ. *μυαλό· να πάρει η οργή / ο διάβολος* (έκφραση αγανάκτησης, δυσφορίας)· *να σε πάρει ο διάβολος / ο χάρος* (κατάρα)· *όσο -ει,* βλ. *όσο· -ουν τα μυαλά μου αέρα,* βλ. *μυαλό· ~ αέρα* (= **α.** δροσίζομαι· **β.** αποθρασύνομαι)· *~ αίμα* (= κάνω αφαίμαξη)· *~ ανάσα / αναπνοή,* βλ. *ανάσα· ~ απάνω μου (κάτι),* βλ. *επάνω· ~ αποδίπλα,* βλ. *αποδίπλα· ~ από κακό ή καλό μάτι,* βλ. *μάτι· ~ αποκοντά* (= παρακολουθώ κάποιον με κάποιο σκοπό)· *~ αποπίσω* (= ακολουθώ κάποιον)· *~ άσχημο / κακό / στραβό δρόμο,* βλ. *δρόμος σημασ. 9· ~ άρεση* (= συγχωρούμαι)· *~ βάρος,* βλ. *βάρος· ~ βεντούζες* (= εφαρμόζω τις βεντούζες στην πλάτη κάποιου για θεραπευτικούς λόγους)· *~ γραμμή,* βλ. *γραμμή· ~ δρόμο* (= φεύγω γρήγορα)· *δρόμο -ει, δρόμο αφήνει,* βλ. *δρόμος· ~ είδηση,* βλ. *είδηση· ~ θέση σε κάτι,* βλ. *θέση· ~ κάβο,* βλ. *κάβος· ~ και δίνω* (= **α.** διαδραματίζω σημαντικό ρόλο· βλ. και *δίνω·* **β.** συνεχίζομαι για πολύ επιτείνομαι): *το τουφεκίδι έδινε κι έπαιρνε* (Μπα-

στιάς)· *πήραν κι έδωσαν οι φήμες· ~ κατά γράμμα* (= υπολογίζω σοβαρά)· *~ κατάκαρδα,* βλ. *κατάκαρδα· ~ κατά μέρος* (= ξεμοναχιάζω κάποιον)· *~ καταπόδι,* βλ. *καταπόδι· ~ κουράγιο,* βλ. *κουράγιο· ~ λόγια* (= αποσπώ από κάποιον με τέχνη ένα μυστικό του)· *~ μάκρος* (= αποκτώ διάρκεια, χρονίζω)· *~ μέρος,* βλ. *μέρος· ~ με τις λεμονόκουπες,* βλ. *λεμονόκουπα· ~ με το καλό / άγριο* (= συμπεριφέρομαι σε κάποιον με καλό ή άσχημο τρόπο)· *~ μέτρα* (= ενεργώ προληπτικά για να αποφύγω ένα κακό)· *~ μπρος* (για μηχανή), βλ. *εμπρός· ~ μυρωδιά* (= **α.** δοκιμάζω, γεύομαι κάτι· **β.** (μεταφ.) καταλαβαίνω, «μυρίζομαι» κάποιον): *τον πήραν μυρωδιά τι κλέφτης είναι· ~ ξυστρί / παπούτσι / πόδι* (= με διώχνουν)· *~ πρέφα* (= αντιλαμβάνομαι, παίρνω είδηση)· *~ σβάρνα* (= **α.** επισκέπτομαι διαδοχικά το ένα μετά το άλλο): *πήρα σβάρνα όλα τα μαγαζιά και δε βρήκα αυτό που ζητούσα·* (**β.** παρασύρω στο πέρασμά μου)· *~ σκοινί κορδόνι* (= επαναλαμβάνω συνεχώς το ίδιο πράγμα)· *~ στα ζεστά,* βλ. *ζεστός· ~ στα σοβαρά* (= θεωρώ σοβαρό κάτι)· *~ στα χέρια μου κάτι* (= αναλαμβάνω)· *~ στο λαιμό μου,* βλ. *λαιμός· ~ στο μεζέ,* βλ. *μεζές· ~ στο ψιλό* (= εμπαίζω, κοροϊδεύω)· *~ στραβά κάτι* (= παρεξηγώ, εννοώ κακώς)· *~ συχωροχάρτι* (= απαλλάσσομαι από την κατηγορία, αθωώνομαι)· *~ τα βουνά,* βλ. *βουνό· ~ τα βρεμένα μου,* βλ. *βρέχω· ~ τα μάτια μου* (ή *των ομματιών μου) και φεύγω,* βλ. *μάτι· ~ τα μέτρα κάποιου,* βλ. *μέτρο· ~ τα μυαλά κάποιου,* βλ. *μυαλό· ~ τα πόδια μου* (= περπατώ): *με δυσκολία -ει τα πόδια του· ~ τ' αφτιά / το κεφάλι / το μυαλό κάποιου* (= ζαλίζω, ξεκουφαίνω κάποιον)· *~ τη θέση κάποιου,* βλ. *θέση· ~ την κάτω / απάνω βόλτα,* βλ. *βόλτα· ~ την κρυάδα,* βλ. *κρυάδα· ~ το αίμα μου πίσω* (= εκδικούμαι)· *~ τοις μετρητοίς* (= υπολογίζω στα σοβαρά κάτι που ειπώθηκε ως αστείο)· *~ το κεφάλι κάποιου,* βλ. *κεφάλι· ~ το λόγο,* βλ. *λόγος· ~ το λόγο μου πίσω* (= αναιρώ την υπόσχεσή μου)· *~ το μέρος κάποιου,* βλ. *μέρος· ~ τον αέρα από κάποιον,* βλ. *αέρας· ~ τον κατήφορο* (= βαδίζω προς την ηθική ή οικονομική καταστροφή)· *~ το νου κάποιου,* βλ. *νους· ~ τους δρόμους,* βλ. *δρόμος· ~ φαλάγγι* (= τρέπω σε φυγή και καταδιώκω)· *~ φλέβα από κάποιον* (για συγγενείς, έχω όμοιες ιδιότητες ή συνήθειες με κάποιον)· *~ φόρα* (= ετοιμάζομαι να ορμήσω)· *~ φύσημα* (= με διώχνουν)· *~ φωτιά* (= **α.** αναφλέγομαι, πιάνω φωτιά· **β.** μεταφ., εξάπτομαι, εξοργίζομαι)· *~ ψηλά τον αμανέ,* βλ. *αμανές· ~ χαμπάρι* (= αντιλαμβάνομαι)· *πάρε-δώσε,* βλ. *δίνω· πάρε πέντε,* βλ. *πέντε· πάρε τη βόλτα σου,* βλ. *βόλτα· πάρε τον ένα, χτύπα τον άλλον,* βλ. *άλλος· παρ' τα και στο γάμο σου να σου πει και του χρόνου,* βλ. *γάμος· πήρα μάθημα,* βλ. *μάθημα· το μυαλό του δεν -ει στροφές* (= δεν τον χαρακτηρίζει ευστροφία πνεύματος)· *τον -ει το σχέδιο* (= υπάγεται στην ίδια κατηγορία)· *τον πήρα* (= αποκοιμήθηκα)· *τον πήρανε τα αίματα* (= τραυματίστηκε σοβαρά)· *τον πήρανε τα κλάματα* (= άρχισε να κλαίει)· *τον πήραν τα γεράματα / τα χρόνια* (= γέρασε)· *τον πήρε και τον σήκωσε* (= αλίμονό του!)· *τον πήρε ο Χάρος* (= πέθανε)· *τον πήρε το ποτάμι* (= καταστράφηκε οικονομικά)· *το ~ αλλιώς* (= παρεξηγώ)· *το ~ απάνω μου,* βλ. *επάνω· το ~ απόφαση,* βλ. *απόφαση· το ~ απ' την ανάποδη / ανάποδα* (= παρεξηγώ κάτι)· *το ~ γαϊτάνι,* βλ. *γαϊτάνι· το ~ δίπλα,* βλ.

δίπλα· το ~ ψηλά (= κομπάζω, περιαυτολογώ)· το πήρε βαριά, βλ. βαριά· το πήρες απ' το στόμα μου (= αυτό θα έλεγα κι εγώ)· όσο δεν -ει (άλλο) (= πάρα πολύ, στο έπακρον)· ~ τη βόλτα μου (= κάνω περίπατο)· ~ βόλτα (= φεύγω).

παϊτόνι το, ουσ., είδος σκεπαστής ή ημισκεπαστής άμαξας με θέσεις για δύο ή τέσσερα άτομα και υψηλές ρόδες. [τουρκ. *payton*].

παιχνίδι, παιχνιδάκι, βλ. *παιγνίδι*.

παιχνιδιάρης, βλ. *παιγνιδιάρης*.

παιχνιδιάρικος, βλ. *παιγνιδιάρικος*.

παιχνιδίζω, βλ. *παιγνιδίζω*.

παιχνίδισμα, βλ. *παιγνίδισμα*.

παιχνιδότοπος, βλ. *παιγνιδότοπος*.

παίχτης, βλ. *παίκτης*.

πακετάρισμα το, ουσ., η ετοιμασία πακέτων.

πακετάρω, ρ., συσκευάζω κάτι σε πακέτο.

πακέτο το, ουσ. **1.** δέμα που μπορεί να περιέχει διάφορα αντικείμενα περιτυλιγμένα με χαρτόνι: *ένα ~ με βιβλία* (συνών. *πάκο*). **2.** (ειδικά) το κουτί των τσιγάρων: *καπνίζει ένα ~ τσιγάρα την ημέρα*. **3.** (μεταφ.) σύνολο, δέσμη: *~ μέτρων / προτάσεων / θεμάτων· ~ μετοχών τράπεζας*. [ιταλ. *pacchetto*].

Πακιστανή, βλ. *Πακιστανός*.

πακιστανικός, -ή, -ό, επίθ., που ανήκει ή αναφέρεται στο Πακιστάν ή στους Πακιστανούς: *~ λαός*.

Πακιστανός ο, θηλ. **-ή,** ουσ., αυτός που κατοικεί στο Πακιστάν ή κατάγεται από εκεί.

πάκο το, ουσ. **1.** πακέτο (βλ. λ. σημασ. 1), δέμα. **2.** (λαϊκ.) ποσότητα αντικειμένων: *ένα ~ χιλιάρικα*. [ιταλ. *pacco*].

πακτωλός ο, ουσ., για πηγή που παρέχει άφθονα υλικά αγαθά: *~ χρημάτων*. [κύρ. όν. *Πακτωλός*].

παλαβάδα η, ουσ., παλαβωμάρα.

παλαβομάρα, βλ. *παλαβωμάρα*.

παλαβός, -ή, -ό, επίθ. **1.** τρελός, παράφρονας. **2.** (συνεκδοχικά) που δεν αντιμετωπίζει σοβαρά μια κατάσταση (συνών. *παράτολμος, ριψοκίνδυνος*). [πιθ. *παλαλός<αρχ. απολωλός* του ρ. *απόλλυμαι*].

παλάβρα η, ουσ. **1.** καυχησιά, κομπορρημοσύνη. **2.** παλαβωμάρα. [ισπαν. *palavra<*λατ. *parabola<* ελλην. *παραβολή*].

παλάβρας ο, ουσ. (λαϊκ.), αυτός που κάνει τρέλες, παλαβωμάρες, παλαβός.

παλάβωμα το, ουσ., η εκδήλωση παλαβωμάρας σε κάποιον· το να φέρεται ανόητα, χωρίς λογική.

παλαβωμάρα η, ουσ. **1.** το να είναι κάποιος παλαβός: *η ~ του δεν περιγράφεται* (συνών. *τρέλα*). **2.** ενέργεια ή λόγος χωρίς λογική: *από τη χαρά του κάνει -ες* (συνεκδοχικά για πράξη ή απόφαση ριψοκίνδυνη).

παλαβώνω, ρ. **1.** (μτβ.) κάνω κάποιον να τρελαθεί, τρελαίνω: *τον -ωσαν τα βάσανα*. **2.** (αμτβ.) τρελαίνομαι: *-ωσε από τη χαρά του*.

παλάγκο το, ουσ. (έρρ.), σύστημα τροχαλιών στα ιστιοφόρα πλοία για την ανύψωση των βαρών. [ιταλ. *palanco*].

παλαιικός, -ή, -ό, επίθ., που αναφέρεται σε παλιότερη εποχή, που τον χαρακτηρίζει παλιότερη νοοτροπία (αντ. *νεοτερικός*).

παλαίμαχος ο, ουσ. **1.** παλιός πολεμιστής. **2.** άτομο που έχει ασχοληθεί με κάτι ή συμμετέχει σε κάποια δραστηριότητα για πολύ χρόνο και διαθέτει μεγάλη πείρα: *οι -οι του ποδοσφαίρου* (συνών. *βετεράνος·* αντ. *αρχάριος*).

παλαιο-, α' συνθ. πολλών λέξεων που δηλώνει ότι το σημαινόμενο του β' συνθ. έχει την ιδιότητα του παλαιού ή αναφέρεται σε παλιά πράγματα ή παλιά εποχή.

παλαιοβιβλιοπωλείο το, ουσ. (ασυνίζ.), κατάστημα όπου πουλιούνται παλιά και ιδίως μεταχειρισμένα βιβλία.

παλαιοβιβλιοπώλης ο, θηλ. **-ισσα,** ουσ. (ασυνίζ.), βιβλιοπώλης που εμπορεύεται παλιά και ιδίως μεταχειρισμένα βιβλία.

παλαιογραφία η, ουσ., κλάδος της φιλολογίας που ασχολείται με τις μεθόδους γραφής παλαιότερων χρόνων και ειδικότερα με την ανάγνωση των αρχαίων κωδίκων, την έρευνα των χαρακτήρων, των τύπων και των μορφών της γραφής, τις επιδράσεις που υπέστη ή άσκησε σε άλλες γραφές και που σε συνδυασμό με την κωδικολογία εξετάζει τις μορφές των αρχαίων βιβλίων.

παλαιογραφικός, -ή, -ό, επίθ., που ανήκει ή αναφέρεται στην παλαιογραφία.

παλαιογράφος ο, ουσ., επιστήμονας που ασχολείται με την παλαιογραφία.

παλαιοζωικός, -ή, -ό, επίθ. (γεωλ.) αιώνας ~ = ο τέταρτος κατά σειρά από τους έξι γεωλογικούς αιώνες στην ιστορία της γης, ο οποίος άρχισε πριν από 500 εκατομμύρια χρόνια (χαρακτηρίζεται από την εξέλιξη θαλάσσιων ζωικών οργανισμών με σκληρό κέλυφος και την ανάπτυξη φυτικών οργανισμών στη θάλασσα).

παλαιοημερολογίτης και (λαϊκότερα, συνιζ.) **παλιο-,** θηλ. **-ισσα,** ουσ., οπαδός του παλιού (Ιουλιανού) εκκλησιαστικού ημερολογίου.

παλαιοημερολογιτισμός ο, ουσ., η άποψη ότι πρέπει να ακολουθείται το παλιό (Ιουλιανό) εκκλησιαστικό ημερολόγιο.

παλαιοημερολογίτισσα, βλ. *παλαιοημερολογίτης*.

παλαιολιθικός, -ή, -ό, επίθ., που ανήκει ή αναφέρεται σ' εκείνη την περίοδο της ζωής του ανθρώπου κατά την οποία αυτός κατασκεύαζε όπλα και εργαλεία από ακατέργαστη πέτρα: *-ή εποχή* (πριν από τη 10. π.Χ. χιλιετηρίδα) (πβ. *νεολιθικός*).

παλαιοντολογία η, ουσ. (έρρ.), επιστήμη που ασχολείται με τη μελέτη των έμβιων όντων που έζησαν στη γη κατά τη διάρκεια των προϊστορικών γεωλογικών χρόνων με βάση τα απολιθώματά τους (βλ. λ.).

παλαιοντολογικός, -ή, -ό, επίθ. (έρρ.), που αναφέρεται στην παλαιοντολογία: *μουσείο -ό*.

παλαιοντολόγος ο και η, ουσ. (έρρ.), επιστήμονας που ασχολείται με την παλαιοντολογία.

παλαιοπωλείο το, ουσ., κατάστημα όπου πουλιούνται παλιά και ιδίως μεταχειρισμένα αντικείμενα.

παλαιοπώλης ο, θηλ. **-ισσα,** ουσ., έμπορος παλιών και ιδίως μεταχειρισμένων αντικειμένων (πβ. *αρχαιοπώλης*).

παλαιός, -ά, -ό, (λόγ.) και (συνιζ.) **παλιός, -ιά, -ιό,** επίθ., συγκρ. **παλαιότερος** και **παλιότερος. 1α.** που κατασκευάστηκε ή δημιουργήθηκε πριν από πολλά χρόνια: *έπιπλα / χαλιά -ιά· ιδέες -ιές· κρασί -ιό* (= που παρασκευάστηκε πριν από πολλά χρόνια και έχει αποκτήσει ξεχωριστή γεύση)· **β.** που επινοήθηκε, σχεδιάστηκε ή αναπτύχθηκε από καιρό: *-ιό μοντέλο αυτοκινήτου· -ιό σύστημα προσλήψεων υπαλλήλων στο δημόσιο·* **γ.** για κάτι που υπήρχε από παλιά, χωρίς να αντικατασταθεί από κάτι άλλο: *κόσμος ~* (σε αντίθεση με το νέο)· *Διαθήκη Π-αιά,* βλ. *διαθήκη*. **2.** φθαρμένος, μεταχειρισμένος: *-ιά ρούχα / παπούτσια / σίδερα* (αντ. *αμεταχείριστος*). **3.** που δε χρησιμοποιείται πια ή έχει αντικατασταθεί από καινούργιο: *-ιά έκδοση κειμένου· -ιός αριθμός τηλεφώνου· νόμος ~.* **4.** (για κατάσταση ή συμπεριφορά) που υπάρχει ή συμβαίνει από καιρό: *γνωριμία -ιά.* **5.** (για φίλους, εχθρούς, κλπ.) που έχει γνωρίσει ή κάνει κανείς στο παρελθόν: *ήρθε ένας ~ μου φίλος· είναι -ιοί εχθροί.* **6.** πεπειραμένος στο επάγγελμα ή την απασχόλησή του: *ναυτικός ~· νοικοκυρά -ιά.* **7.** που πρεσβεύει κάτι από πολύ καιρό: *~ βενιζελικός.* **8.** που εφαρμόζει παλιές μεθόδους στην άσκηση του επαγγέλματός του και δεν παρακολουθεί την πρόοδο: *γιατρός ~· μοδίστρα -ιά.* **9.** που διατέλεσε σε κάποιο υπούργημα ή επάγγελμα και δεν είναι πια στην υπηρεσία: *δήμαρχος / αξιωματικός ~.* **10.** (για ζώα) μεγάλης ηλικίας: *η -ιά η κότα έχει το ζουμί*, βλ. *ζουμί· ~ γάτος τρυφερά ποντίκια ονειρεύεται* (παροιμ., για ερωτόληπτους ηλικιωμένους). **11.** (για τόπο) που προηγουμένως πήρε την ίδια ονομασία ή υπήρξε πριν άλλο ομώνυμο: *Φάληρο -ιό· Ελλάδα -ιά* (= Στερεά Ελλάδα και Πελοπόννησος). **12.** (για πράγματα που τα ξέρει κανείς καλά, γιατί έχουν επινοηθεί από παλιά και έχουν επαναληφθεί πολλές φορές): *κόλπο / αστείο -ιό.* **13.** (για κάτι που έχει φύγει και δεν υπάρχει πια): *πάει ο -ιός χρόνος· έχασε την -ιά του δόξα· -ιές καλές μέρες* (αντ. *νέος*). ΄Εκφρ. *-ιοί λογαριασμοί* (= κακές σχέσεις που η αρχή τους τοποθετείται στο παρελθόν): *έχει μαζί του -ιούς λογαριασμούς.* Φρ. *γράφω κάποιον στα -ιά μου τα παπούτσια* (= τον περιφρονώ τελείως). Παροιμ. *το -ιό σακί καινούργιο δε γίνεται* (= για ανεπανόρθωτα φθαρμένα αντικείμενα ή και για ανθρώπους που δεν αλλάζουν τις παλιές τους συνήθειες). - Το αρσ. στον πληθ. ως ουσ. = άνθρωποι περασμένων καιρών (σε αντίθεση με τους νέους): *οι -ιοί έβλεπαν εντελώς διαφορετικά πολλά πράγματα.* - Το ουδ. στον πληθ. ως ουσ. = πράγματα που έγιναν τον παλιό καιρό: *ο νους του γυρίζει συνεχώς στα -ιά.* - Επίρρ. **-ιά**: *από παλιά· παλιά έκαναν αλλιώς.*

παλαιότητα η, ουσ., το να είναι κάτι παλιό: *η ~ του καλού κρασιού φαίνεται από τη γεύση του· ~ ζωγραφικού πίνακα.*

παλαιοφυτικός, -ή, -ό, επίθ. (γεωλ.) που ανήκει ή αναφέρεται στην πρώτη από τις τρεις περιόδους ανάπτυξης της χλωρίδας της γης (παλαιοφυτική, μεσοφυτική, νεοφυτική).

παλαιοχριστιανικός, -ή, -ό, επίθ. (συνιζ.), που ανήκει ή αναφέρεται στους πρώτους χριστιανικούς χρόνους: *τέχνη / βασιλική -ή.*

παλαιστής ο, θηλ. **-τρια**, ουσ., αθλητής ειδικευμένος στο αγώνισμα της πάλης.

παλαιστικός, -ή, -ό, επίθ., που ανήκει ή αναφέρεται στους παλαιστές ή το αγώνισμα της πάλης. - Το θηλ. ως ουσ. = η τέχνη του παλαιστή.

Παλαιστίνια, βλ. *Παλαιστίνιος.*

παλαιστινιακός, -ή, -ό, επίθ. (ασυνίζ.), που ανήκει ή αναφέρεται στην Παλαιστίνη ή τους Παλαιστίνιους: *λαός ~.*

Παλαιστίνιος ο, θηλ. **-α**, ουσ. (ασυνίζ.), ιδίως ΄Αραβας κάτοικος της Παλαιστίνης ή αυτός που κατάγεται από την Παλαιστίνη.

παλαίστρα η, ουσ. **1.** χώρος σε γυμναστήριο κατάλληλα διαμορφωμένος, όπου ασκούνται ή διαγωνίζονται οι παλαιστές. **2.** (μεταφ.) πεδίο πνευματικού ή πολιτικού ανταγωνισμού.

παλαίστρια, βλ. *παλαιστής.*

παλαμάκια τα, ουσ. (συνιζ.). **1.** παιδικό παιχνίδι κατά το οποίο δυο παιδιά χτυπούν μεταξύ τους τα χέρια τους πρώτα αντικριστά και ύστερα σταυρωτά. **2.** χειροκροτήματα. [*παλάμη*].

παλαμάρι το, ουσ. (ναυτ.) χοντρό σκοινί της πρύμνης που χρησιμεύει για να δένεται το πλοίο στη στεριά: *έλυσε το ~· ξεψύχησαν στο ~* (= πέθαναν ως ναυτικοί) (συνών. *κάβος, καραβόσκοινο, πρυμάτσα*). [πιθ. μεσν. *παλαμάριον* ή ιταλ. *palamara*].

παλαμάρω, ρ., παλαμίζω.

παλάμη και (λαϊκ.) **απαλάμη**, ουσ. **1.** η εσωτερική επιφάνεια του χεριού. **2.** μονάδα μήκους ίση με το ένα δέκατο του μέτρου: *έριξε μια ~ χιόνι.* **3.** (ναυτ.) εργαλείο για το ράψιμο των πανιών του πλοίου.

παλαμιά η, ουσ. (συνιζ.), χτύπημα με την παλάμη του χεριού.

παλαμίζω, ρ., επαλείφω την εξωτερική επιφάνεια πλοίου με μίγμα από πίσσα, λίπος και θειάφι: *-ουνε τις βάρκες* (συνών. *παλαμάρω*). [*παλάμη+-ίζω*].

παλαμικός, -ή, -ό, Ι. επίθ., που ανήκει ή αναφέρεται στην παλάμη: *μυς ~.*

παλαμικός, -ή, -ό, ΙΙ. επίθ., που ανήκει ή αναφέρεται στον ποιητή Κωστή Παλαμά: *στίχοι -οί· ύφος -ό.*

παλάμισμα το, ουσ., η ενέργεια και το αποτέλεσμα του παλαμίζω.

παλαμύδα η, ουσ., ψάρι που συγγενεύει με το σκουμπρί και τον τόννο, με ράχη γαλαζοπράσινη με σκούρες γραμμές, κοιλιά σταχτόλευκη και κρέας νόστιμο και ολόπαχο: *παστωμένη ~* (= λακέρδα). [αρχ. *πηλαμύς*].

παλάντζα, βλ. *μπαλάντζα.*

παλάσκα, βλ. *μπαλάσκα.*

παλάτι το, ουσ. **1.** ανάκτορο. **2.** (συνεκδοχικά) **α.** η ακολουθία του βασιλιά, οι αυλικοί: *οι ίντριγκες του -ιού έβλαψαν το κράτος·* **β.** ο ίδιος ο βασιλιάς και η εξουσία του: *το ~ διόρισε δικό του υπουργό παιδείας* (συνών. *στέμμα*)· **γ.** η βασιλική οικογένεια. **3.** (μεταφ.) επιβλητικό οικοδόμημα, μέγαρο, πολυτελές οίκημα: *το σπίτι σου είναι παλάτι.* [λατ. *palatium*].

παλατιανός, -ή, -ό, επίθ. (συνιζ.), που ανήκει στην υπηρεσία των ανακτόρων, που είναι άνθρωπος του παλατιού (συνών. *ανακτορικός, αυλικός*).

πάλεμα το, ουσ., το να παλεύει κανείς· (αθλητ.) το αγώνισμα της πάλης (βλ. λ.).

Παλερμιτάνα, βλ. *Παλερμιτάνος.*

παλερμιτάνικος, -η, -ο, επίθ., που ανήκει ή αναφέρεται στο Παλέρμο ή στους Παλερμιτάνους· που προέρχεται από το Παλέρμο.

Παλερμιτάνος ο, θηλ. **-α**, ουσ., αυτός που κατοικεί στο Παλέρμο ή κατάγεται από εκεί.

παλέτα η, ουσ. **1.** ειδική πλάκα, συνήθως ξύλινη, που χρησιμοποιούν οι ζωγράφοι για να αναμιγνύουν τα χρώματα (συνών. *χρωματοθήκη*). **2.** (θεατρ.) ειδική χρωματοθήκη με τροχούς με τα χρώματα της σκηνογραφίας. **3.** ειδική βάση σε ξυλουργείο όπου τοποθετούνται εργαλεία. [ιταλ. *paletta*].

παλεύω, ρ. **1α.** αγωνίζομαι με κάποιον σώμα με σώμα προσπαθώντας να τον ρίξω καταγής: *πήγαν και -έψανε στα μαρμαρένια αλώνια* (δημ. τραγ.)· **β.** (αθλητ.) αγωνίζομαι στην πάλη, επιδίδομαι στο αγώνισμα της πάλης. **2α.** αγωνίζομαι σκληρά ενάντια σε αντιπάλους ή σε αντίξοες συνθήκες: *-ευε ώρες ολόκληρες με τα κύματα·* ~ *να μαϊνάρω τα πανιά* (συνών. *μάχομαι, πολεμώ)·* **β.** προσπαθώ έντονα να πετύχω κάτι: *-ει τόσο καιρό να διοριστεί στο δημόσιο* (συνών. *μοχθώ).* Φρ. ~ *με το Χάρο* (= ψυχομαχώ).

πάλη η, ουσ. **1.** (αθλητ.) αγώνισμα κατά το οποίο δύο αθλητές αγωνίζονται σώμα με σώμα με σκοπό την πτώση του ενός από τους δύο αντιπάλους ή την εγκατάλειψη του αγώνα από τον αντίπαλο: *ελληνορωμαϊκή* ~ (στην οποία δεν επιτρέπονται οι λαβές κάτω από τη μέση και η χρησιμοποίηση των ποδιών)· *ελεύθερη* ~ (στην οποία επιτρέπονται όλες οι λαβές εκτός από τα χτυπήματα, τις επικίνδυνες λαβές, το τράβηγμα των μαλλιών και των αφτιών, κλπ.)· *ελεύθερη επαγγελματική* ~ = «κατς» (όπου επιτρέπονται όλες σχεδόν οι λαβές). **2.** (μεταφ.) αγώνας επικράτησης, έντονη προσπάθεια υπερνίκησης αντίθετων δυνάμεων ή εμποδίων: *η* ~ *του Καλού με το Κακό / των δύο φύλων / με το θάνατο·* ~ *των στοιχείων της φύσης·* (κοινων.) ~ *των τάξεων* (= σύμφωνα με τη μαρξιστική αντίληψη ο αγώνας ανάμεσα στις κοινωνικές τάξεις με στόχο τον έλεγχο των μέσων παραγωγής και της πολιτικής εξουσίας) (συνών. *πάλεμα* στις σημασ. 1 και 2).

πάλι, επίρρ. **1.** (για να δηλωθεί επανάληψη πράξης) ξανά, κι άλλη φορά, εκ νέου: ~ *βγήκε βουλευτίνα·* ~ *τα ίδια;* **2.** με αντιθ. σημασ. **α.** (μόνο του, ύστερα από όν. προσώπων ή από προσωπ. ή δεικτ. αντων. ή με το σύνδ. *και* ή το *μα* μπροστά του σε υποθ. πρότ., που αποτελεί αντίθεση προς μια άλλη προηγούμενη υποθ. πρότ.) εξάλλου, από το άλλο μέρος: *ο Χρίστος* ~ *τι γύρεψε σ' εκείνο το μέρος; αν θέλεις, πάμε μαζί· κι αν* ~ *δε θέλεις, πάω μόνος μου·* **β.** (μόνο του ή συνηθέστερα με το *και* ή το *μα* μπροστά του σε προτ. που το περιεχόμενό τους δείχνει ισχυρή αντίθεση προς μια κατάσταση ή προς κάποιους όρους που δείχνει μια άλλη προηγούμενη πρότ.) μολαταύτα, εντούτοις, παρ' όλα αυτά: *φορούσε το βαρύ πανωφόρι του και* ~ *κρύωνε.*έκφρ. *και* ~*!* (= ούτε κι αυτό): *μόνο ο ήλιος με ζεσταίνει· και* ~*!* (= ακόμη ούτε κι αυτός).

παλιά, βλ. *παλαιός.*

παλιάλογο το, ουσ. (συνιζ., λαϊκ.). **1.** γέρικο και σχεδόν άχρηστο άλογο. **2.** ατίθασο άλογο.

παλιάμπελο το, ουσ. (συνιζ., έρρ., λαϊκ.), αμπέλι που δεν παράγει πολλά σταφύλια·παροιμ. φρ. *ας πάει και το* ~ (= ας θυσιαστούν όλα·φτάνει να διασκεδάσουμε).

παλιανθρωπιά η, ουσ. (συνιζ. δις). **α.** το να είναι κάποιος παλιάνθρωπος, αχρειότητα (συνών. *φαυλότητα, κακοήθεια*· αντ. *χρηστότητα, καλοσύνη)·* **β.** ενέργεια πολύ ταιριαξει σε παλιάνθρωπο.

παλιάνθρωπος ο, ουσ. (συνιζ.), άνθρωπος κακός, αχρείος: *α! τον -ο!* (συνών. *παλιόμουτρο).*

παλιατζής ο, θηλ. **-ού,** ουσ. (συνιζ.), έμπορος παλιών και ευτελών αντικειμένων: *πλανόδιος* ~.

παλιατζίδικο το, ουσ. (συνιζ.), κατάστημα όπου πουλιούνται παλιά ή και ευτελή αντικείμενα (έπιπλα, έργα τέχνης, κλπ.).

παλιατζού, βλ. *παλιατζής.*

παλιατσαρία η, ουσ. (συνιζ., λαϊκ.). **α.** αντικείμενο πολύ παλιό και φθαρμένο·**β.** (συνεκδοχικά) σύνολο παλιών και φθαρμένων αντικειμένων: *πέταξα όλη την* ~ *από την αποθήκη.*

παλιάτσος ο, ουσ. (συνιζ., λαϊκ.), μίμος συνήθως με αστεία ενδυμασία που τα αστεία καμώματά του χαρακτηρίζονται από γκάφες, ζημιές, αφέλειες, προσβολές και ψευτοτσακώματα (συνών. *γελωτοποιός, κλόουν).* [ιταλ. *pagliaccio*].

παλιγγενεσία η, ουσ. (πρόφ. *νγ),* δεύτερη γέννηση, αρχή νέας ζωής, αναγέννηση: *εθνική* ~ (= η απελευθέρωση από τους Τούρκους με την επανάσταση του Εικοσιένα).

παλικαρ-, βλ. *παλληκαρ-.*

παλιλλογία η, ουσ. (λόγ.), ανιαρή επανάληψη των ίδιων λόγων (συνών. *ταυτολογία, αναμάσημα).*

παλιμπαιδισμός ο, ουσ. (έρρ., λόγ.), το να συμπεριφέρεται ένας ηλικιωμένος σαν μικρό παιδί.

παλίμπαις ο και η, γεν. **-αιδος,** ουσ. (λόγ.), ξεμωραμένος γέρος.

παλίμψηστο το, ουσ. (παλαιογρ.) χειρόγραφο (περγαμηνή ή πάπυρος) του οποίου η πρώτη γραφή σβήστηκε ή ξύστηκε για να γραφτεί άλλο κείμενο.

παλινδρόμηση η, ουσ. (λόγ.). **α.** κίνηση ή πορεία προς τα εμπρός και προς τα πίσω διαδοχικά·**β.** (μηχανολ.) σταθερή τροχιά (κίνηση και επάνοδος στην αρχική θέση από την αντίθετη κατεύθυνση) που διαγράφει τμήμα μηχανής σε ορισμένο χρονικό διάστημα (πβ. *ταλάντωση).*

παλινδρομικός, -ή, -ό, επίθ., που κινείται προς τα εμπρός και προς τα πίσω διαδοχικά: *-ή κίνηση μηχανής.* - Επίρρ. **-ά** και **-ώς.**

παλινδρομώ, -είς, ρ. **α.** κινούμαι προς τα εμπρός και προς τα πίσω, πηγαινοέρχομαι·**β.** (μεταφ.) αλλάζω στάση, γνώμη, κλπ., δεν έχω σταθερές απόψεις ή συμπεριφορά.

παλιννόστηση, η, ουσ. (λόγ.), επιστροφή (ξενιτεμένου) στην πατρίδα: ~ *Ποντίων* (συνών. *επαναπατρισμός*· αντ. *εκπατρισμός, ξενιτεμός).*

παλιννοστώ, -είς, ρ. (λόγ.), επιστρέφω στην πατρίδα (συνών. *επαναπατρίζομαι*· αντ. *ξενιτεύομαι, εκπατρίζομαι).*

παλινόρθωση η, ουσ., αποκατάσταση κάποιου στην προηγούμενη θέση του (ειδικότερα ενός πολιτειακού καθεστώτος, κυρίως μοναρχίας): ~ *των Στιούαρτ στην Αγγλία* (συνών. *επαναφορά).*

παλινωδία η, ουσ. (λόγ.), αναίρεση των όσων ειπώθηκαν προηγουμένως: *κατηγόρησαν την κυβέρνηση για* ~ (συνών. *υπαναχώρηση*· αντ. *εμμονή, σταθερότητα).*

παλινωδώ, -είς, ρ. (λόγ.), αναιρώ όσα έχω πει, αλλάζω τα λόγια μου (συνών. *ξελέω, υπαναχωρώ).*

παλιο- (συνιζ., λαϊκ.), α΄ συνθ. ουσ. που δίνει σ' αυτό που φανερώνει το β΄ συνθ. την έννοια **α.** του παλιού, του φθαρμένου: *παλιοπάπουτσο·* **β.** του φαύλου, του αχρείου: *παλιόπαιδο, παλιογυναίκα.*

παλιοβρόμα η, ουσ. (συνιζ., λαϊκ.), (υβριστικά) γυναίκα αισχρής διαγωγής (συνών. *παλιογυναίκα, παλιοθήλυκο).*

παλιόγερος ο, θηλ. **-γρια,** ουσ. (συνιζ.), (υβριστικά) γέρος δύστροπος ή διεστραμμένος (συνών. *βρομόγερος).*

παλιογυναίκα η, ουσ. (συνιζ.), (υβριστικά. **1.** γυναίκα δύστροπη, κακεντρεχής (συνών. *παλιοθήλυκο, παλιοβρόμα).* **2.** γυναίκα διεφθαρμένη (συνών. *πόρνη, βρομογυναίκα).*

παλιογύναικο το, ουσ. (συνιζ.), παλιογυναίκα.

παλιοδουλειά η, ουσ. (συνιζ. δις). **1.** δύσκολη, βρόμικη ή επικίνδυνη δουλειά: *πολλοί θεωρούν τη δουλειά του ανθρακωρύχου* ~. **2.** (γενικά) άχαρη,

παλιόδρομος ο, ουσ. (συνιζ.), δρόμος σε κακή κατάσταση.

αvιαρή δουλειά. 3. παράνομη, ύποπτη δουλειά (συνών. *βρομοδουλειά* στις σημασ. 1 και 3).

Παλιο(ε)λλαδίτης ο, θηλ. **-ισσα**, ουσ. (συνιζ.), αυτός που κατοικεί στην παλαιά (= νότια) Ελλάδα ή κατάγεται από εκεί.

παλιοζαγάρι το, ουσ. (συνιζ.), (υβριστικά) παλιόσκυλο (βλ. λ.).

παλιοζωή η, ουσ. (συνιζ.), ζωή πολυβασανισμένη, γεμάτη βάσανα και στερήσεις (συνών. *βρομοζωή*).

παλιοημερο-, βλ. *παλαιοημερο-*.

παλιοθήλυκο το, ουσ. (συνιζ.), (υβριστικά) γυναίκα δύστροπη ή ανήθικη (συνών. *βρομοθήλυκο, παλιογυναίκα, παλιοκόριτσο*).

παλιοκάικο το, ουσ. (συνιζ.), παλιό και φθαρμένο καΐκι.

παλιοκαιρινός, -ή, -ό, επίθ. (συνιζ.). α. παλιός: *-ά ρούχα*· β. ασυμβίβαστος με τη σύγχρονη εποχή, απαρχαιωμένος: *-ές ιδέες*· *-ά πολιτικά σχήματα* (συνών. *παλαιοκαιρίσιος*· αντ. *σύγχρονος, μοντέρνος*).

παλιοκαιρίσιος, -α, -ο, επίθ. (συνιζ. δις), παλιοκαιρινός.

παλιόκαιρος ο, ουσ. (συνιζ.), άσχημος, άστατος καιρός (συνήθως ο βροχερός) (συνών. *βρομόκαιρος*).

παλιοκοινωνία η, ουσ. (συνιζ.), κοινωνία διεφθαρμένη, ελεεινή (συνών. *παλιόκοσμος*).

παλιοκόριτσο το, ουσ. (συνιζ.), (υβριστικά) κορίτσι δύστροπο, ανάγωγο ή διεφθαρμένο (συνών. *παλιοθήλυκο, βρομοκόριτσο*).

παλιόκοσμος ο, ουσ. (συνιζ.), κοινωνία διεφθαρμένη, πρόστυχη (συνών. *παλιοκοινωνία*).

παλιοκουβέντα η, ουσ. (συνιζ., έρρ.), αισχρή λέξη ή φράση, βρομόλογο: *πού τις έμαθε τις -ες το παιδί;* (συνών. *αισχρολογία*).

παλιοκούρελο το, ουσ. (συνιζ.), (επιτ.) παλιό και φθαρμένο ρούχο, κουρέλι: *τυλιγμένος με κάτι -α*.

παλιόκρασο το, ουσ. (συνιζ.), κρασί χαλασμένο, ξινισμένο.

Παλιολλαδίτης, βλ. *Παλιοελλαδίτης*.

παλιόλογο το, ουσ. (συνιζ., λαϊκ.), (συνήθως στον πληθ.) βρομόλογο, αισχρολογία (συνών. *παλιοκουβέντα*).

παλιόμουτρο το, ουσ. (συνιζ.), (υβριστικά) άνθρωπος κακοήθης (συνών. *παλιάνθρωπος*).

παλιοοικογένεια η, ουσ. (συνιζ., ασυνίζ.), οικογένεια ανέντιμη, φαύλη (συνών. *βρομοοικογένεια*).

παλιόπαιδο το, ουσ. (συνιζ.), παιδί ανάγωγο, άτακτο ή και ανήθικο (συνών. *αλητόπαιδο, βρομόπαιδο*).

παλιοπάπουτσο το, ουσ. (συνιζ.), παλιό και φθαρμένο παπούτσι.

παλιοπαρέα η, ουσ. (συνιζ.), παρέα από ύποπτα, ανυπόληπτα πρόσωπα: *έχει μπλέξει με -ες*.

παλιόπραμα το, ουσ. (συνιζ.). 1. αντικείμενο χωρίς αξία: *βγάλε από πάνω σου αυτό το ~!* 2. (μεταφ.) άνθρωπος τιποτένιος.

παλιόρουχο το, ουσ. (συνιζ., λαϊκ.), ρούχο φθαρμένο ή άχρηστο.

παλιός, βλ. *παλαιός*.

παλιοσκρόφα η, ουσ. (συνιζ., λαϊκ.), (υβριστικά) παλιογυναίκα.

παλιόσκυλο το, ουσ. (συνιζ., λαϊκ.). 1. σκυλί που δεν είναι ράτσας και κατ' επέκταση αδέσποτο. 2.

(μεταφ., υβριστικά) άνθρωπος αχρείος, κάθαρμα: *φοβάσαι ~, φώναζε ο καπετάνιος* (συνών. *παλιοτόμαρο*).

παλιόσπιτο το, ουσ. (συνιζ., λαϊκ.). 1. σπίτι παλιό ή μικρής αξίας. 2. οίκος ανοχής.

παλιοτόμαρο το, ουσ. (συνιζ.), (υβριστικά) άνθρωπος αισχρός, παλιόμουτρο.

παλιούρι το, ουσ. (συνιζ.), αγκαθωτός θάμνος της Ευρώπης και της Ασίας με λεία αγκάθια, ωοειδή φύλλα και κιτρινοπράσινα άνθη.

παλιόχαρτο το, ουσ. (συνιζ., λαϊκ.), χαρτί κακής ποιότητας ή κομμάτι χαρτιού φθαρμένο.

παλίρροια η, ουσ. (ασυνίζ.), φαινόμενο κατά το οποίο παρατηρείται καθημερινά και περιοδικά ανύψωση και υποχώρηση της επιφάνειας της θάλασσας που οφείλεται στην έλξη της Σελήνης και του Ήλιου. [*πάλιν+ρέω*].

παλιρροϊκός, -ή, -ό, επίθ., που ανήκει ή αναφέρεται στην παλίρροια: *ρεύμα -ό*· *δίνη -ή*.

παλιρροιογράφος ο, ουσ. (ασυνίζ.), όργανο που καταγράφει αυτόματα τις μεταβολές της θαλάσσιας στάθμης, που οφείλονται κυρίως στην παλίρροια, αλλά και στους ανέμους και τις μεταβολές της βαρομετρικής πίεσης.

πάλιωμα το, ουσ. (συνιζ., λαϊκ.), φθορά από πολύχρονη χρήση: *~ ρούχου / παπουτσιών*.

παλιώνω, ρ. (συνιζ., λαϊκ.). Α. (μτβ.) κάνω κάτι παλιό (από την πολλή χρήση ή πολυκαιρία), φθείρω: *-ωσες τα παπούτσια σου πολύ γρήγορα*. Β. αμτβ. α. γίνομαι παλιός: *-ώσαμε πια στη δουλειά*· β. φθείρομαι (από την πολλή χρήση ή πολυκαιρία): *-ωσε και έπεσε το σπίτι*.

παλκοσένικο το, ουσ. 1. σανίδωμα σκηνής και γενικά σκηνή θεάτρου. 2. (συνεκδοχικά) θέατρο: *βγήκε στο ~ σε πολύ μικρή ηλικία*. [ιταλ. *palcoscenico*].

παλλάδιο το, I. ουσ. (ασυνίζ.). 1. (αρχ.) ξόανο· (ειδικά) ομοίωμα της Παλλάδας Αθηνάς που προστάτευε την πόλη των Αθηνών. 2. (κατ' επέκταση) καθετί που θεωρείται ως προστατευτικό μέσο, ως ιερό αντικείμενο: *το Σύνταγμα είναι το ~ της ελευθερίας*.

παλλάδιο το, II. ουσ. (ασυνίζ.), (χημ.) μέταλλο ελαφρό, στιλπνό και λευκό της οικογένειας του λευκόχρυσου. [αγγλ. *palladium*].

παλλαϊκός, -ή, -ό, επίθ. (προφ. δύο λ), που γίνεται με τη συμμετοχή ολόκληρου του λαού: *συγκέντρωση / αντίδραση -ή*.

παλλακεία η, ουσ., παράνομη συμβίωση γυναίκας με άντρα.

παλλακίδα η, ουσ., γυναίκα που συζεί με άντρα χωρίς γάμο (συνών. *μετρέσα*).

παλληκαράκι, βλ. *παλληκάρι*.

παλληκαράς ο, ουσ. 1. άντρας γενναίος. 2. (ειρων.) άντρας που παριστάνει το γενναίο.

παλληκάρι το, ουσ. 1. νέος άντρας (σε αντίθεση με το γέρο): *έχει άντρα ~* (ως επίθ.) (συνών. *νεαρός*). 2. άντρας γενναίος και μαχητικός: *ήταν ~ στον πόλεμο* (συνών. *παλληκαράς*). 3. (συνεκδοχικά) άντρας ανύπαντρος: *δεν παντρεύτηκε*· *είναι ακόμα ~*. 4. άντρας κι αν πέσει στις τι έχει στο αντιξοότητες: *φάνηκε ~ στις τόσες δυσκολίες*. 5. αρσενικό παιδί (σε αντίθεση με τις κόρες): *έχει μια κόρη και δύο -ια*. 6. (επί Τουρκοκρατίας) κλέφτης ή αρματολός, μέλος ομάδας πολεμιστών: *τα -ια του Νικηταρά*. Φρ. *~ της φακής* (ειρων. για θρασύδειλους που επιδεικνύουν ανύπαρκτη γεν-

ναιότητα)· *το καλό το ~ ξέρει κι άλλο μονοπάτι* (παροιμ. για ανθρώπους που υπερπηδούν τα εμπόδια με επιδεξιότητα). - Υποκορ. **-άκι, -όπουλο** το. - Μεγεθ. **-λλήκαρος** ο. [μτγν. *πάλληξ*].
παλληκαριά η, ουσ. (συνιζ.). 1. γενναιότητα, ανδρεία: *στον πόλεμο φαίνεται η ~* (αντ. *ανανδρία*). 2. ενέργεια που δείχνει παλληκαρισμό (μερικές φορές ειρωνικά): *άσε καταμέρος τις -ιές*.
παλληκαρίσιος, -ια, -ιο, επίθ. (συνιζ.), που ταιριάζει σε παλληκάρι: *φέρσιμο -ιο*. - Επίρρ. **-ια**.
παλληκαρισμός ο, ουσ. 1. επίδειξη ανδρείας. 2. (στον πληθ.) παλληκαριές.
παλληκαρίστικος, -η, -ο, επίθ., παλληκαρίσιος. - Επίρρ. **-α**.
παλληκαρόπουλο και **παλλήκαρος,** βλ. *παλληκάρι*.
παλληκαροσύνη η, ουσ., παλληκαριά.
πάλλω, ρ. (λόγ.), ελλειπτ. Ι. ενεργ. Α. (μτβ.) κάνω κάτι να κινείται παλινδρομικά και γρήγορα: *~ το δόρυ / τη λόγχη*. Β. (αμτβ.) (για την καρδιά) κάνω ζωηρές παλμικές κινήσεις (συνήθως από μεγάλη συγκίνηση) (συνών. *χτυπώ*). II. (μέσ.) έχω γρήγορη παλινδρομική κίνηση: *-εται η χορδή*.
παλμικός, -ή, -ό, επίθ., που σχετίζεται με τους παλμούς ή γίνεται μ' αυτούς: *-ές δονήσεις του ήχου· -ές κινήσεις της καρδιάς*.
παλμογράφημα το, ουσ. 1. (φυσ.) η καμπύλη της έντασης του ηλεκτρικού ρεύματος που παίρνεται με παλμογράφο. 2. (ιατρ.) καρδιογράφημα (βλ. λ.).
παλμογράφος ο, ουσ. 1. (φυσ.) όργανο για την καταγραφή της έντασης του ηλεκτρικού ρεύματος. 2. (ιατρ.) καρδιογράφος (βλ. λ.).
παλμός ο, ουσ. 1. ισχυρή παλινδρομική κίνηση: *~ χορδής*. 2. (για την καρδιά και τις αρτηρίες) σφυγμός (βλ. λ.). 3. (αθλητ.) προπαρασκευαστική συσπείρωση και ένταση του σώματος σε διάφορα αγωνίσματα (συνών. *φόρα*). 4. (μεταφ.) (γενικά) ιδέες, απόψεις: *~ της εποχής*.
παλούκι το, ουσ. 1. πάσσαλος: *περίφραξη με -ια*. 2. (λαϊκ.) (μεταφ.) μεγάλη δυσκολία, δύσκολη υπόθεση: *η δουλειά αυτή είναι ~*. Έκφρ. *άνθρωπος του σκοινιού και του -ιού* (= εντελώς διεφθαρμένος). Παροιμ. φρ. *όποιος πηδάει πολλά -ια, του μπαίνει ένα στον κώλο* (για ανθρώπους που ριψοκινδυνεύουν απερίσκεπτα). [λατ. *palus*].
παλουκοκαύτης ο, ουσ. (λαϊκ.), (ως επίθ. του μήνα Μάρτη): *Μάρτης γδάρτης και ~* (παροιμ.), γιατί με το κρύο του αναγκάζει πολλές φορές τους ανθρώπους να καίνε ακόμη και παλούκια για να ζεσταθούν.
παλούκωμα το, ουσ. (λαϊκ.), σούβλισμα (συνών. *ανασκολοπισμός*).
παλουκώνω, ρ. (λαϊκ.). I. (ενεργ.) διαπερνώ το σώμα κάποιου με παλούκι (συνών. *σουβλίζω, ανασκολοπίζω*). II. (μέσ.) (μεταφ.) κάθομαι ακίνητος: *-ώσου επιτέλους!*
παλτό το, ουσ., χοντρό μακρύ επανωφόρι. [γαλλ. *paletot*].
παμ-, βλ. *παν-*.
παμβαλκανικός, -ή, -ό, επίθ., που ανήκει ή αναφέρεται σε όλους τους βαλκανικούς λαούς: *συνέδριο -ό*.
παμμακάριστος, επίθ. (προφ. δύο *μ*), προσων. της Παναγίας: *μονή της Π-ίστου*.
παμμέγιστος, -η, -ο, επίθ. (προφ. δύο *μ*), υπερβολικά μεγάλος.

παμμίαρος, -η, -ο, επίθ. (προφ. δύο *μ*), εντελώς μιαρός, κακοηθέστατος.
παμπάλαιος, -η, -ο, επίθ., πολύ παλιός (συνών. *πανάρχαιος*· αντ. *ολοκαίνουργιος*).
πάμπλουτος, -η, -ο, επίθ., βαθύπλουτος (συνών. *ζάπλουτος*· αντ. *πάμφτωχος*).
πάμπολυς, -πολλη, -πολυ, επίθ., πάρα πολύς ως προς τον αριθμό, την ποσότητα ή το μέγεθος (συνήθως στον πληθ.): *το βιβλίο μεταφράστηκε σε -πολλες γλώσσες* (αντ. *ελάχιστος*).
παμπόνηρος, -η, -ο, επίθ. (ερρ.), πολύ πονηρός: *αλεπού -η*.
παμφάγος, α-, -ο, επίθ. 1. (για ζώο) που τρέφεται με τροφές τόσο ζωικής όσο και φυτικής προέλευσης. 2. (μεταφ.) που τρώει, καταστρέφει τα πάντα.
πάμφτηνος, -η, -ο, επίθ. (λαϊκ.), πάρα πολύ φτηνός: *ρούχα -α* (αντ. *πανάκριβος*). - Επίρρ. **-α**.
πάμφτωχος, -η, -ο, επίθ., που είναι πολύ φτωχός (αντ. *πάμπλουτος, ζάπλουτος, βαθύπλουτος*). - Επίρρ. **-α**.
πάμφωτος, -η, -ο, επίθ., που είναι γεμάτος φως: *δωμάτιο -ο* (συνών. *ολόφωτος*· αντ. *ολοσκότεινος*).
παμψηφεί, επίρρ., με παμψηφία, ομόφωνα: *εκλέχτηκε ~*.
παμψηφία η, ουσ. (σε αρχαιρεσίες) συγκέντρωση του συνόλου των ψήφων σε ένα πρόσωπο ή μία πρόταση: *εκλέχτηκε με ~· αποφασίστηκε με ~*.
παν-, παγ-, παμ-, α' συνθ. ουσ. ή επίθ. που δηλώνει ότι: 1. το β' συνθ. υπάρχει ή γίνεται στον υπέρτατο βαθμό: *πάμπλουτος, πανάγαθος*. 2. το β' συνθ. αναφέρεται σε σύνολο πραγμάτων ή σε μεγάλο πλήθος: *πανεπιστήμιο, πανελλήνιος, πάγκοινος*.
παν το, γεν. παντός, πληθ. **πάντα.** 1. όλος ο κόσμος, το σύμπαν: *ο δημιουργός του -τός*· (μεταφ.) όλα τα καλά: *είσαι το ~ για μένα*. 2. το σπουδαιότερο μέρος ενός πράγματος, μιας κατάστασης, κλπ.: *το ~ είναι να γίνει η αρχή*. 3. (στον πληθ.) όλα: *τα πάντα λειτούργησαν άψογα*. Φρ. *κάνω το ~* (ή *τα πάντα*) (= χρησιμοποιώ κάθε μέσο): *κάνουν το ~ για να μην αποτύχει η επιχείρηση*.
πάνα η, ουσ. 1. μεγάλο κομμάτι από λευκό ύφασμα με το οποίο περιτυλίσσονται τα βρέφη. 2. φουρνόπανο (βλ. λ.). 3. μούχλα στην επιφάνεια των τροφίμων.
πανάγαθος, -η, -ο, επίθ., αγαθός σε ανώτατο βαθμό (κυρίως ως επίθ. του Θεού).
Παναγία και (συνιζ.) **Παναγιά** η, ουσ. 1. προσωνυμία της Θεοτόκου. 2. (συνεκδοχικά) η εικόνα της Θεοτόκου, καθώς και ο ναός που φέρει το όνομά της: *θα πάμε στην ~ της Τήνου*. 3. (μεταφ.) το άκρον άωτον της σεμνότητας (πολλές φορές ειρωνικά): *κάνει την ~!* η κλητ. ως επιφ. για να δηλωθεί έκπληξη, κλπ.: *~ μου! έπεσε το παιδί!* έκφρ. *Χριστός και ~!* (σε εκδήλωση θαυμασμού). - Υποκορ. **-ίτσα** η.
πανάγιος, -α, -ο, επίθ. (ασυνίζ.), άγιος σε ύψιστο βαθμό: *τάφος ~* (= ο τάφος του Χριστού και συνεκδοχικά ο τόπος και ο ναός όπου βρίσκεται ο τάφος)· *ο υπερθ. βαθμός ως προσφών. του οικουμενικού πατριάρχη, καθώς και του μητροπολίτη Θεσ/νίκης*.
παναγιότητα η, ουσ. (ασυνίζ.), τιμητικός τίτλος του πατριάρχη Κων/πόλεως.
Παναγίτσα, βλ. *Παναγιά*.

πάναγνος, -η, -ο, επίθ., αγνός σε ανώτατο βαθμό (κυρίως ως επίθ. της Παναγίας).
πανάδα η, ουσ., φακίδα στο πρόσωπο ή σε άλλο μέρος του σώματος. [*πάνα*].
Παναθήναια τα, (αρχ.) μεγάλη γιορτή των Αθηναίων προς τιμήν της θεάς Αθηνάς.
παναθηναϊκός, -ή, -ό, επίθ. 1. που ανήκει ή αναφέρεται σε όλους τους Αθηναίους. 2. (ιστ.) που ανήκει ή αναφέρεται στη γιορτή των Παναθηναίων: *πομπή -ή· αμφορέας ~*.
πανάθλιος, -α, -ο, επίθ. (ασυνίζ.), εντελώς άθλιος.
πανάκεια η, ουσ. (ασυνίζ.). 1. φάρμακο που θεωρείται ότι θεραπεύει κάθε είδους αρρώστια. 2. (μεταφ.) θεραπευτικό μέσο για οποιαδήποτε δυσάρεστη κατάσταση: *τα νέα μέτρα για τη φοροδιαφυγή δεν αποτελούν ~*.
πανάκριβος, -η, -ο, επίθ., πάρα πολύ ακριβός: *ρούχα -α· συνεκδοχικά για κατάστημα που έχει υψηλές τιμές*.
Παναμαία, βλ. *Παναμαίος*.
παναμαϊκός, -ή, -ό, επίθ., που ανήκει ή αναφέρεται στον Παναμά ή στους Παναμέζους· που προέρχεται από τον Παναμά: *-ή σημαία*.
Παναμαίος και **-μέζος** ο, θηλ. **-α** και **-μέζα**, ουσ., αυτός που κατοικεί στον Παναμά ή κατάγεται από εκεί.
παναμάς ο, ουσ. (παλαιότερα). 1. καπέλο πολύ μαλακό πλεγμένο με φύλλο δενδρυλλίου της Κεντρικής Αμερικής. 2. κάθε ψάθινο καπέλο. [*Παναμάς*, χώρα της Κ. Αμερικής].
Παναμέζος, -μέζα, βλ. *Παναμαίος*.
παναμερικανικός, -ή, -ό, επίθ., που ανήκει σε όλη την Αμερική ή όλους τους Αμερικανούς ή αναφέρεται σε αυτήν/-ούς: *διάσκεψη -ή*.
παναμερικανισμός ο, ουσ., κίνηση πολιτική που τείνει στο να ενώσει τα κράτη της Αμερικής κάτω από την κηδεμονία των Ηνωμένων Πολιτειών.
πανανθρώπινος, -η, -ο, επίθ., που ανήκει σε όλους τους ανθρώπους ή αναφέρεται σε όλους τους ανθρώπους: *ιδανικά -α* (πβ. *παγκόσμιος, οικουμενικός*).
παναπεί, μόρ. (λαϊκ.), (για επεξήγηση) δηλαδή (βλ. λ. σημασ. 1).
παναραβικός, -ή, -ό, επίθ., που αφορά όλους τους Άραβες: *-ή συνδιάσκεψη*.
παναραβισμός ο, ουσ., πολιτική κίνηση που αποβλέπει στη συνένωση όλων των αραβόφωνων χωρών.
παναραβιστής ο, ουσ., οπαδός του παναραβισμού.
παναρισμένος, -η, -ο, επίθ. (για κρέας κυρίως) που κυλίστηκε πρώτα σε ξηρή τριμμένη ψίχα ψωμιού (φρυγανιά) και ύστερα τηγανίστηκε (συνών. *πανέ*). [γαλλ. *paner*].
πανάρχαιος, -η, -ο, επίθ. (επιτ.) πολύ παλαιός: *~ τύπος αργαλειού· πολιτισμός ~*.
πανάσχημος, -η, -ο, επίθ., πάρα πολύ άσχημος (αντ. *πανέμορφος*).
παναφρικανικός, -ή, -ό, επίθ., που αφορά όλες τις αφρικανικές χώρες: *-ή συνδιάσκεψη*.
πανάχραντος, επίθ. λόγ. της Παναγίας, συνήθως στην κλητ., άχραντος, αμόλυντος (επιτ.).
πανδαιμόνιο το, ουσ. (ασυνίζ.), κατάσταση κατά την οποία επικρατεί μεγάλος θόρυβος, σύγχυση και αταξία: *...κόρνες αμαξιών, φωνές οδηγών, σωστό ~!*
πανδαισία η, ουσ., απόλαυση που προκαλεί κάποιο αγαθό που υπάρχει σε αφθονία: *~ μουσικής / χρωμάτων*.
πανδαμάτωρ χρόνος· αρχαϊστ. έκφρ.· για το χρόνο που «δαμάζει» τα πάντα, φέρνει τη φθορά (στον άνθρωπο, σε πολιτισμούς, κλπ.) και αμβλύνει τις έντονες καταστάσεις (πάθη, κ.τ.ό.).
πάνδεινα τα, ουσ., βάσανα, δυστυχίες, συμφορές: (συνήθως στη φρ.) *υποφέρω τα ~*.
πάνδημος, -η, -ο, επίθ., που γίνεται με τη συμμετοχή όλου του λαού: *εορτασμός ~· συλλαλητήριο -ο* (συνών. *παλλαϊκός*).
πανέ, επίθ. άκλ., (για κρέας) τρόπος μαγειρέματος σύμφωνα με τον οποίο το κρέας πριν τηγανιστεί κυλιέται σε ξηρή τριμμένη ψίχα ψωμιού: *κοτολέτες / μυαλά ~* (συνών. *παναρισμένος*). [γαλλ. *pané*].
πανεθνικός, -ή, -ό, επίθ., που ανήκει σε όλο το έθνος ή αναφέρεται σε όλο το έθνος.
πανελλαδικός, -ή, -ό, επίθ., που ανήκει σε όλη την Ελλάδα ή αφορά όλη την Ελλάδα: *απεργία -ή* (πβ. *πανελλήνιος*).
πανελλήνιος, -α, -ο, επίθ. (ασυνίζ.), που ανήκει σε όλους τους Έλληνες ή αφορά όλους τους Έλληνες: *αγώνες -οι· -ο επιστημονικό συμπόσιο· έρανος ~* (πβ. *πανελλαδικός*). - Το ουδ. ως ουσ. = το σύνολο όλων των Ελλήνων: *συγκλονίστηκε το -ο με την υπόθεση αυτή*. - Επίρρ. **-ίως**.
πανέμορφος, -η, -ο, επίθ., πάρα πολύ όμορφος: *τοπίο -ο* (αντ. *πανάσχημος*).
πανένδοξος, -η, -ο, επίθ., πάρα πολύ ένδοξος.
πανέξυπνος, -η, -ο, επίθ., πάρα πολύ έξυπνος: *παιδί -ο* (συνών. *τετραπέρατος*)· *μάτια -α*.
πανεπιστημιακός, -ή, -ό, επίθ. (ασυνίζ.), που ανήκει στο πανεπιστήμιο ή αναφέρεται σε αυτό: *σχολή -ή· κλινική -ή· μόρφωση -ή· άσυλο -ό* (βλ. *άσυλο*).
πανεπιστήμιο το, ουσ. (ασυνίζ.). 1. ανώτατο εκπαιδευτικό ίδρυμα που περιλαμβάνει σχολές όπου διδάσκονται διάφορες επιστήμες και προωθείται η επιστημονική έρευνα: *μπαίνω / φοιτώ στο ~*. 2. (συνεκδοχικά) το σύνολο των εκπαιδευτικών και των φοιτητών του πανεπιστημίου: *το ~ αναστατώθηκε όταν ακούστηκε η είδηση*. 3. (συνεκδοχικά) το κτήριο ή το σύνολο των κτηρίων όπου στεγάζονται οι πανεπιστημιακές σχολές.
πανεπιστημιούπολη η, ουσ. (ασυνίζ.), χώρος όπου είναι συγκεντρωμένα τα κτήρια των πανεπιστημιακών σχολών.
πανεπιστήμονας ο, ουσ., άνθρωπος πολύ μορφωμένος, με γνώσεις σε πολλούς τομείς: *ο ~ ήταν ο ιδανικός τύπος ανθρώπου κατά την Αναγέννηση*.
πανέρι το, ουσ., σκεύος πλεγμένο από λεπτές βέργες ή καλάμια, αρκετά φαρδύ και αβαθές, χωρίς λαβές που χρησιμοποιείται για τη μεταφορά πραγμάτων: *~ με ψωμιά* (πβ. *καλάθι, κοφίνι*). - Υποκορ. **-άκι** το.
πανέτοιμος, -η, -ο, επίθ., εντελώς έτοιμος: *διάβασα πολύ κι είμαι ~ για τις εξετάσεις*.
πανευρωπαϊκός, -ή, -ό, επίθ., που ανήκει σε όλη την Ευρώπη ή όλους τους Ευρωπαίους ή αναφέρεται σε αυτήν/-ούς: *ιδέα -ή· -οί αγώνες στίβου*.
πανευτυχής, -ής, -ές, γεν. **-ούς**, πληθ. αρσ. και θηλ. **-είς**, ουδ. **-ή**, επίθ., πάρα πολύ ευτυχισμένος.
πανζουρλισμός ο, ουσ., κατάσταση κατά την οποία επικρατεί γενικός ενθουσιασμός που εκδηλώνεται με κραυγές, κ.τ.ό.

πανήγυρη η, πληθ. -ύρεις, ουσ., πανηγύρι (βλ. λ. σημασ. 1 και 2): *εορτές και -ύρεις.*

πανηγύρι το, ουσ. **1.** συγκέντρωση πλήθους σε ναό για εκκλησιαστική τελετή την ημέρα που γιορτάζει ο ναός: *το ~ της αγίας Τριάδας.* **2.** συγκέντρωση εμπόρων και έκθεση εμπορευμάτων για πώληση που γίνεται συνήθως σε υπαίθριο χώρο μια φορά το χρόνο και με την ευκαιρία θρησκευτικής γιορτής (συνών. *εμποροπανήγυρη, παζάρι*). **3.** ομαδική διασκέδαση συνήθως με φαγοπότι, μουσική και χορό, γλέντι: *έκαναν μεγάλο ~ όταν γεννήθηκε το παιδί.* **4.** (ειρων.) θορυβώδης και κωμική διένεξη: *μαλώσανε οι δυο κουτσομπόλες κι έγινε ~.* Φρ. *είναι για τα -ια* (ειρων. για αντικείμενο, προϊόν κακής ποιότητας ή για άνθρωπο ανόητο ή ιδιόρρυθμο): *είναι για τα -ια· ο κόσμος γελά με τα καμώματά του· είναι ~* (για άνθρωπο εύθυμο και ζωηρό).

πανηγυρίζω, ρ. **1.** (για ναό που τιμά τη μνήμη αγίου στον οποίο είναι αφιερωμένος): *η εκκλησία της ενορίας μας -ει αύριο.* **2.** εκδηλώνω τη χαρά που νιώθω για ένα σημαντικό γεγονός με πράξεις διαφορετικές από αυτές των συνηθισμένων ημερών: *-ίσαμε την επιτυχία του ανοίγοντας μια σαμπάνια· -ισαν τη νίκη.*

πανηγυρικός, -ή, -ό, επίθ. **1.** που ανήκει ή αναφέρεται σε πανηγύρι (βλ. λ. σημασ. 1): *-ή θεία λειτουργία· -ή απόθεση ιερού λειψάνου σε ναό.* **2α.** εορταστικός: *ατμόσφαιρα -ή·* **β.** λαμπρός: *υποδοχή -ή.* **3.** *λόγος ~* ή *το αρσ. ως ουσ.* = *α.* (λόγος) που εκφωνείται σε αναμνηστική γιορτή ή επίσημη τελετή: *τον -ό της ημέρας θα εκφωνήσει ο πρύτανης·* **β.** (ειρων.) για σφοδρή προσωπική επίθεση: *άκουσε τον -ό του.* - Επίρρ. **-ώς** και **-ά.**

πανηγυρίσιος, -α, -ο, επίθ. (συνιζ.), που ανήκει σε πανηγύρι (βλ. λ. σημασ. 2 και 3) ή αναφέρεται σ' αυτό.

πανηγύρισμα το, ουσ. (λαϊκ.), πανηγυρισμός.

πανηγυρισμός ο, ουσ., το να πανηγυρίζει κανείς: *ο ~ της επετείου της απελευθέρωσης·* (στον πληθ. για τις εκδηλώσεις αυτών που πανηγυρίζουν) *έξαλλοι -οί των φιλάθλων.*

πανηγυριώτης ο, θηλ. **-ισσα,** ουσ. (συνιζ.), αυτός που μετέχει σε πανηγύρι.

πανηγυριώτικος, -η, -ο, επίθ. (συνιζ.), που ανήκει σε πανηγυριώτη ή αναφέρεται σ' αυτόν.

πανηγυριώτισσα, βλ. *πανηγυριώτης.*

πανθεϊσμός ο, ουσ. **α.** φιλοσοφική και θρησκευτική θεωρία σύμφωνα με την οποία ο Θεός ταυτίζεται με τον κόσμο: *~ του Σπινόζα / των στωικών·* **β.** τάση να θεοποιεί κανείς τη φύση: *διάχυτος ~ σε ποιητικό έργο.*

πανθεϊστής ο, θηλ. **-ίστρια,** ουσ., οπαδός του πανθεϊσμού.

πανθεϊστικός, -ή, -ό, επίθ., που ανήκει ή αναφέρεται στον πανθεϊσμό ή τους πανθεϊστές: *ιδέες -ές.*

πανθεΐστρια, βλ. *πανθεϊστής.*

πάνθεο το, ουσ. **1.** ναός αφιερωμένος σε όλους τους θεούς. **2.** το σύνολο των θεών μιας πολυθεϊστικής θρησκείας: *το ~ της αρχαίας ελληνικής θρησκείας.* **3.** μεγαλοπρεπές οικοδόμημα για την ταφή των μεγάλων ανδρών ενός έθνους. **4.** (μεταφ.) το σύνολο των ονομαστών προσωπικοτήτων μιας εποχής ή ενός έθνους: *το ~ των ηρώων της ελληνικής επανάστασης.*

πάνθηρας ο, ουσ. (ζωολ.) μεγαλόσωμο άγριο σαρκοφάγο θηλαστικό της οικογένειας των αιλουροειδών, με χρώμα μαύρο ή κιτρινωπό με μαύρες κηλίδες, που ζει κυρίως στις τροπικές χώρες.

πανθομολογούμαι, ρ. (κυρίως στο γ´ πρόσ. *-είται* και τη μτχ. *-ούμενο*): είναι πανθομολογούμενο (= το παραδέχονται όλοι) ότι *στην εποχή μας υπάρχει κρίση των αξιών.*

πανί το, ουσ. **1.** ύφασμα, συνήθως βαμβακερό ή λινό με απλή ύφανση για ποικίλες χρήσεις. **2α.** μικρό κομμάτι από το ύφασμα αυτό: *φέρε ένα ~ να σκουπίσω το τραπέζι·* **β.** (λαϊκ.) φουρνόπανο (βλ. λ.). **3.** ιστίο (βλ. λ.): *με τα -ιά κρεμάμενα στ΄ άλμπουρα* (Κόντογλου). Φρ. *γίνομαι ~* (= γίνομαι πολύ ωχρός, πανιάζω): *έγινε ~ απ' το φόβο του· είμαι ~ με ~* (= είμαι εντελώς απένταρος)· *είμαι / βρίσκομαι / σηκώνομαι στα -ιά* (= είμαι έτοιμος για αναχώρηση)· *κάνω / ανοίγω -ιά* (= αποπλέω, σαλπάρω): *πήραμε απάνω την άγκουρα και κάναμε -ιά* (Κόντογλου)· *τα τέσσερα φραντσέζικα... σαλπάρανε κι ανοίξανε -ιά για το πέλαγος* (Μπαστιάς). [μτγν. παν(ν)ίον, υποκορ. του μτγν. *πάννος*].

πανιάζω, ρ. (συνιζ.). **1.** χάνω το χρώμα μου, γίνομαι ωχρός, άσπρος σαν το πανί: *-ιασα απ' το φόβο μου / απ' το κρύο.* **2.** (για τρόφιμα) σχηματίζω μούχλα (πάνα) στην επιφάνειά μου.

πανίδα η, ουσ., το σύνολο των ζώων μιας γεωγραφικής περιοχής. [μυθ. όν. *Παν*, κατά μετάφραση του λατ. *fauna*].

πανιερότατος ο, ουσ. (ασυνίζ.), (συνήθως σε προσφών.) τίτλος που απονέμεται σε εκκλησιαστικούς.

πανιερότητα η, ουσ. (ασυνίζ.), (με κεφ. το πρώτο γράμμα) τίτλος εκκλησιαστικών.

πανίζω, ρ., καθαρίζω με ειδικό πανί το δάπεδο του φούρνου από τη στάχτη.

πανικά τα, ουσ., γενικά τα βαμβακερά και λινά υφάσματα.

πανικοβάλλω, ρ., ελλειπτ., παθ. *πανικοβάλλομαι,* αόρ. *-βλήθηκα,* (σπάνια) μτχ. *-βλημένος.* **I.** (ενεργ.) προκαλώ σε κάποιον πανικό: *τον -βαλες μ' αυτά που του είπες.* **II.** (μέσ.-παθ.) καταλαμβάνομαι από πανικό: *-βλήθηκε όταν άκουσε τους πυροβολισμούς.*

πανικόβλητος, -η, -ο, επίθ., που έχει καταληφθεί από πανικό: *πλήθος -ο.*

πανικός ο, ουσ., αίσθημα υπερβολικού και ξαφνικού φόβου, συχνά ομαδικού που κάνει κάποιον να χάσει τον έλεγχο των πράξεών του: *προκάλεσε -ό στους εχθρούς.* [αρχ. επίθ. *πανικός* (Παν)].

πάνινος, -η, -ο, επίθ., που είναι κατασκευασμένος από πανί: *παπούτσια -α· καπέλο -ο.*

πανισλαμικός, -ή, -ό, επίθ., που αφορά όλους τους ισλαμικούς, τους μουσουλμανικούς λαούς: *-ή συνδιάσκεψη.*

πανισλαμισμός ο, ουσ., θρησκευτικοπολιτική κίνηση που αποβλέπει στην ένωση όλων των μουσουλμανικών λαών.

πάνισμα το, ουσ., το να πανίζει (βλ. λ.) κανείς και το αποτέλεσμα αυτής της ενέργειας.

πανίσχυρος, -η, -ο, επίθ., που έχει πολύ μεγάλη δύναμη ή επιρροή (κυρίως πολιτική ή οικονομική): *πολιτικός / επιχειρηματίας ~.*

πανό το, ουσ. άκλ., κομμάτι υφάσματος ή χαρτόνι όπου αναγράφονται πολιτικά συνήθως συνθήματα. [γαλλ. *panneau*].

πανόδετος, -η, -ο, επίθ. (για βιβλίο) που είναι δεμένο με πανί.

πανόμοιος, -α, -ο, επίθ. (ασυνίζ.), που είναι εντελώς όμοιος με κάποιον.
πανομοιότητα η, ουσ. (ασυνίζ.), το να είναι κανείς εντελώς όμοιος με κάποιον.
πανομοιότυπος, -η, -ο, επίθ. (ασυνίζ.), που αποτελεί ακριβές αντίγραφο, πιστή απομίμηση κάποιου πρωτοτύπου: *έκδοση -η.* - Το ουδ. ως ουσ. = α. ακριβές αντίγραφο, πιστή απομίμηση κάποιου πρωτοτύπου: *-ο μιας εικόνας*· β. καθετί που μοιάζει πάρα πολύ με κάτι άλλο: *είναι το -ο της μητέρας της.*
πανοπλία η, ουσ., το σύνολο των ατομικών (αμυντικών και επιθετικών) όπλων ενός (αρχαίου ή μεσαιωνικού) πολεμιστή: *η ασπίδα αποτελούσε μέρος -ας*· (μεταφ.) *~ πνευματική* (= το σύνολο των πνευματικών εφοδίων κάποιου).
πάνοπλος, -η, -ο, επίθ. 1. που είναι πλήρως οπλισμένος, που είναι καλά εφοδιασμένος για μάχη: *στρατός ~*. 2. (μεταφ.) που είναι απόλυτα έτοιμος, που έχει όλα τα εφόδια για να αντιμετωπίσει μια κατάσταση: *είναι ~ για τις εξετάσεις.*
πανόραμα το, ουσ. 1. συσκευή σε μορφή κιβωτίου με φακό στη μια πλευρά της και που στο εσωτερικό της βλέπει κανείς (με τη βοήθεια του φακού) εναλλασσόμενες εικόνες σε μεγέθυνση. 2. θέα εκτεταμένης περιοχής που τη βλέπει κανείς από μεγάλο ύψος: *~ της Θεσσαλονίκης / της πεδιάδας*. 3. (μεταφ.) μελέτη ενός θέματος σε όλο το φάσμα και την ποικιλία του: *~ του αιώνα / της σύγχρονης λογοτεχνίας.*
πανοραμικός, -ή, -ό και **πανοραματικός**, επίθ., που έχει τα χαρακτηριστικά πανοράματος, που επιτρέπει να δούμε το σύνολο ενός τοπίου ή μιας περιοχής: *θέα / άποψη -ή.*
πανοσιολογιότατος ο, ουσ. (ασυνίζ. δις), (συνήθως σε προσφών.) τίτλος που απονέμεται σε άγαμους κληρικούς με θεολογική κατάρτιση (συνήθως αρχιμανδρίτες).
πανοσιότατος ο, ουσ. (ασυνίζ.), (συνήθως σε προσφών.) τιμητικός τίτλος που απονέμεται σε ιερομόναχους και άγαμους κληρικούς.
πάνου, βλ. *επάνω.*
πανούκλα η, ουσ., η ασθένεια πανώλης (βλ. λ.). Έκφρ. *απέξω κούκλα κι απομέσα ~*, βλ. *κούκλα.* [λατ. *panuc(u)la*].
πανουκλιάζω, ρ. (συνιζ., λαϊκ.), μτχ. *πανουκλιασμένος*, προσβάλλομαι από πανούκλα.
πανουκλιάρης, -α, -ικο, επίθ. (συνιζ., λαϊκ.), που έχει προσβληθεί από πανούκλα.
πανουργία η, ουσ. α. το να είναι κανείς πανούργος: *η ~ του τον έχει κάνει μισητό σε όλους·* β. πράξη νοσηρή, δόλια: *με τις -ες του κατάφερε ν' ανέβει επαγγελματικά.*
πανούργος, -α, -ο, επίθ., που χρησιμοποιεί κάθε μέσο για να πετύχει τους σκοπούς του, πονηρός, δόλιος.
πανσεβάσμιος, -α, -ο, επίθ. (ασυνίζ.), που είναι πολύ σεβαστός από όλους.
πανσέληνος η, ουσ., ο πλήρης κύκλος της σελήνης, καθώς φωτίζεται ολόκληρη από τον ήλιο: *κάθε 29 μέρες έχουμε -ο.*
πάνσεπτος, -η, -ο, επίθ. (λόγ.), πολύ σεβαστός, ιερός: *-ο λείψανο του αγίου.*
πανσές ο, ουσ., ποώδες καλλωπιστικό φυτό, που τα άνθη του είναι ποικιλόχρωμα και με βελούδινη υφή. [γαλλ. *pensée*].

πανσιόν η, ουσ. άκλ. (συνιζ.), είδος μικρού, απλού ξενοδοχείου. [γαλλ. *pension*].
πανσλαβικός, -ή, -ό, επίθ., που ανήκει ή αναφέρεται στο σύνολο των σλαβικών λαών: *εξόρμηση -ή.*
πανσλαβισμός ο, ουσ. (ιστ.) πολιτική κίνηση του 19. αι. που επιδίωκε την ένωση όλων των σλαβικών λαών σε ένα κράτος.
πανσλαβιστής ο, θηλ. **-ίστρια**, ουσ., οπαδός του πανσλαβισμού.
πανσλαβιστικός, -ή, -ό, επίθ., που ανήκει ή αναφέρεται στον πανσλαβισμό ή τους πανσλαβιστές: *θεωρία -ή.*
πανσλαβίστρια, βλ. *πανσλαβιστής.*
πάνσοφος, -η, -ο, επίθ. (κυρίως για το Θεό) που είναι πολύ σοφός, που γνωρίζει τα πάντα, παντογνώστης: *ο ~ Δημιουργός.*
πανσπερμία η, ουσ. α. ανάμιξη ανθρώπων διαφορετικών εθνικοτήτων ή διαφορετικής προέλευσης: *~ φυλών·* β. γενικά ανάμιξη διαφορετικών πραγμάτων: *~ ιδεών / επιδράσεων.*
πανστρατιά η, ουσ. (συνιζ.). 1. το σύνολο των ανδρών που μπορούν να πολεμήσουν. 2. κινητοποίηση όλων των στρατιωτικών δυνάμεων μιας χώρας, γενική επιστράτευση.
πάντα, επίρρ. (έρρ.). α. πάντοτε, ολοένα: *φεύγει ~ τελευταίος από το γραφείο·* *είναι ~ κεφάτος* (συνών. *διαρκώς, συνεχώς*· αντ. *ποτέ*)· β. πάντως, και τώρα ακόμη, οπωσδήποτε: *γέρασε, αλλά διατηρεί ~ την κομψότητά της·* γ. ανέκαθεν: *~ ονειρευόταν ένα σπίτι στην εξοχή·* *~ ήταν σεμνός.* Έκφρ. *για ~* (= για όλο τον υπόλοιπο χρόνο)· *μια για ~* (= πρώτη και τελευταία φορά).
πάντα η, βλ. *μπάντα* II.
πανταλόνι και **παντε-** το, ουσ. (έρρ.), ένδυμα κυρίως αντρικό που περιβάλλει καθένα από τα σκέλη χωριστά. - Υποκορ. **-άκι** το. [γαλλ. *pantalon*].
παντατίφ το, ουσ. άκλ. (έρρ.). 1. κόσμημα που κρεμιέται συνήθως με λεπτή αλυσίδα από το λαιμό, περιδέραιο. 2. σκουλαρίκι. [γαλλ. *pendentif*].
πανταχού παρών· αρχαϊστ. έκφρ.· για το Θεό ή (μεταφ., παιγνιωδώς) για άνθρωπο που βρίσκεται παντού είτε για να προσφέρει βοήθεια ή για να ανακατευτεί σε ξένες υποθέσεις.
πανταχούσα, βλ. *απανταχούσα.*
παντελόνι και **-άκι**, βλ. *πανταλόνι.*
παντέρημος, -η, -ο και **παντέρμος**, επίθ. (έρρ.). α. (για τόπο) που είναι εντελώς έρημος: *-η ακρογιαλιά*· β. (για άνθρωπο) που είναι εντελώς μόνος και επομένως δυστυχισμένος.
παντερόλι το, ουσ. (έρρ.), (ναυτ.) α. ανεμοδείκτης (συνών. *ανεμοδούρα*)· β. σημαία (πολεμικού) πλοίου. [βενετ. *bandarola*].
πάντες οι, (έρρ.), όλοι: *αυτό το ξέρουν οι ~*. [πληθ. αρς. της αντων. *πας, πάσα, παν*].
παντεσπάνι το, ουσ. (έρρ.), είδος γλυκίσματος που φτιάχνεται με αλεύρι, αβγά και ζάχαρη και χρησιμοποιείται συνήθως ως βάση για άλλα γλυκίσματα. [ιταλ. *pan di Spagna* = ψωμί της Ισπανίας].
παντζάρι το, ουσ. (έρρ.), είδος λαχανικού με βολβό κόκκινου χρώματος που τρώγεται ως σαλάτα. [τουρκ. *pancar*].
παντζούρι το, ουσ. (έρρ.), εξωτερικό ξύλινο παραθυρόφυλλο που αποτελείται από λεπτές σανίδες προσαρμοσμένες σε πλαίσιο και που ανοίγει προς τα έξω. [τουρκ. *pancur*].

παντιέρα, βλ. *μπαντιέρα.*
παντο-, α' συνθ. ουσ. και επίθ. που δηλώνει ότι αυτό που φανερώνει το β' συνθ. αναφέρεται σε όλα ή σε όλους: *παντογνώστης, παντοδύναμος, παντοκράτορας, παντοπωλείο.*
παντοβάνικος, -η, -ο, επίθ. (όχι ερρ.), που ανήκει ή αναφέρεται στην Πάντοβα ή στους Παντοβάνους· που προέρχεται από την Πάντοβα.
Παντοβάνος ο, θηλ. **-α,** ουσ. (όχι ερρ.), αυτός που κατοικεί στην Πάντοβα ή κατάγεται από εκεί.
παντογνωσία η, ουσ. (ερρ.), το να κατέχει κάποιος πάρα πολλές γνώσεις, πανσοφία.
παντογνώστης ο, θηλ. **-τρια,** ουσ. (ερρ.), αυτός που γνωρίζει τα πάντα, πάνσοφος. - Το αρσ. ως ουσ. = ο Θεός.
παντογράφος ο, ουσ., όργανο μηχανικής αντιγραφής σχεδίων και χαρτών από μεγαλύτερη σε μικρότερη κλίμακα ή και το αντίστροφο.
παντοδυναμία η, ουσ. (ερρ.), το να είναι κανείς παντοδύναμος, κυριαρχία σε όλα: *οικονομική ~.*
παντοδύναμος, -η, -ο, επίθ. (ερρ.), που μπορεί να κάνει τα πάντα, πανίσχυρος. - Το αρσ. ως ουσ. = ο Θεός.
παντοειδής, -ής, -ές, γεν. *-ούς,* πληθ. αρσ. και θηλ. *-είς,* ουδ. *-ή,* επίθ. (ερρ., λόγ.), που είναι κάθε είδους, κάθε λογής, ποικίλος: *-ή σχόλια.*
παντοιοτρόπως, επίρρ. (ερρ., ασυνίζ., λόγ.), με όλα τα μέσα, με κάθε τρόπο (συνών. *ποικιλοτρόπως).*
παντοκράτορας ο, ουσ. (ερρ.), αυτός που τα εξουσιάζει όλα. - Ως κύρ. όν. = προσων. του Θεού.
παντοκρατορία η, ουσ. (ερρ.), το να είναι κανείς παντοκράτορας, παντοδυναμία.
παντόμετρο το, ουσ., τοπογραφικό όργανο παλαιού τύπου που χρησιμοποιείται για τη μέτρηση γωνιών και τη χάραξη κάθετων ευθειών στο έδαφος.
παντομίμα η, ουσ. (ερρ.). 1. η γλώσσα των νευμάτων (μορφασμών, κινήσεων της κεφαλής και των χεριών, της στάσης του σώματος). 2. θεατρικό είδος στο οποίο ο λόγος υποκαθίσταται εν μέρει ή στο σύνολο από μιμικές κινήσεις, μορφασμούς και χειρονομίες (συνών. *μιμόδραμα).* 3. (ιστ. θεατρ.) θεατρικό είδος των ρωμαϊκών αυτοκρατορικών χρόνων που συγγένευε θεματικά με την τραγωδία και παρουσίαζε μυθολογικές σκηνές μόνο με τυποποιημένες εκφραστικές κινήσεις, χωρίς ομιλία και τραγούδι, αλλά με μουσική συνοδεία ορχήστρας ή ενός οργάνου (συνών. *παντόμιμος).* Φρ. *παίζει ~* (= προσπαθεί να συνεννοηθεί μόνο με χειρονομίες). [*παντόμιμος*].
παντομιμικός, -ή, -ό, επίθ. (ερρ.), που ανήκει ή αναφέρεται στην παντομίμα: *παράσταση -ή.*
παντόμιμος ο, ουσ. (ερρ.), παντομίμα (βλ. λ. σημασ. 3).
παντοπωλείο το, ουσ. (ερρ.), κατάστημα όπου πουλιούνται κάθε είδους πράγματα, κυρίως τρόφιμα (συνών. *μπακάλικο).*
παντοπώλης ο, θηλ. **-ισσα,** ουσ. (ερρ.), ιδιοκτήτης παντοπωλείου, έμπορος τροφίμων (συνών. *μπακάλης).*
πάντοτε, επίρρ. (ερρ.), πάντα (βλ. λ. σημασ. α, β, γ), ολοένα.
παντοτινός, -ή, -ό, επίθ. (ερρ.), αιώνιος, αδιάκοπος: *αγάπη -ή· θαυμασμός ~* (συνών. *αδιάλειπτος, διαρκής·* αντ. *προσωρινός, εφήμερος).* - Επίρρ. **-ά.**

παντού, επίρρ. (ερρ.), (τοπ.) σε κάθε τόπο, σε όλα τα μέρη: *~ τα ίδια.*
παντουρκισμός ο, ουσ. (ερρ.), πολιτική κίνηση που αποβλέπει στην ένωση ή το συνασπισμό όλων των λαών που έχουν τουρκική ή τουρανική καταγωγή.
παντόφλα και **-ούφλα** η, ουσ. (ερρ.), ελαφρό και αναπαυτικό υπόδημα που φοριέται μέσα στο σπίτι. [ιταλ. *pantofola*].
παντρειά η, ουσ. (ερρ., ασυνίζ.), γάμος: *παιδί / κόρη για ~* ή *της -άς* (= ώριμο για γάμο). Παροιμ. έκφρ. *με το ζόρι ~* (για κάτι που επιβάλλεται με τη βία).
παντρεύω, ρ., αόρ. *-εψα,* μτχ. παρκ. *-εμένος* (ερρ.). I. ενεργ. 1. (για γονιό) βρίσκω τον κατάλληλο (ή την κατάλληλη) σύζυγο για το παιδί μου και τακτοποιώ όλη τη διαδικασία που σχετίζεται με το γάμο: *την Κυριακή -ει την κόρη του·* παροιμ. φρ. *όποιος δεν -εψε παιδί και δεν έχτισε σπίτι τον κόσμο δεν κατάλαβε.* 2. γίνομαι κουμπάρος σε ζευγάρι που τελεί τους γάμους του. 3. (για ιερέα) τελώ το μυστήριο του γάμου σε ζευγάρι (συνών. *στεφανώνω* στις σημασ. 1, 2 και 3). II. (μέσ.) *-ομαι =* συνάπτω γάμο, παίρνω σύζυγο: *-ομαι με πολιτικό γάμο·* παροιμ. φρ. *κλαίνε οι χήρες, κλαίνε κι οι -εμένες,* βλ. *κλαίω.*
παντρολό(γ)ημα το, ουσ. (ερρ.), (συνήθως στον πληθ. *-γήματα*) διαπραγμάτευση για σύναψη γάμου.
παντρολογί(σ)τρα η, ουσ. (ερρ., λαϊκ.), γυναίκα που μεσολαβεί για τη σύναψη γάμου, προξενήτρα.
παντρολογώ, -είς, ρ. (ερρ.). I. (ενεργ., μτβ.) μεσολαβώ για συνοικέσιο, διαπραγματεύομαι τη σύναψη γάμου (συνών. *προξενεύω).* II. (μέσ.) *-ιέμαι* και *-ούμαι =* επιδιώκω να παντρευτώ.
παντρολόημα, βλ. *παντρολόγημα.*
πάντως, επίρρ. (ερρ.). α. σε κάθε περίπτωση, όπως κι αν έχει το πράγμα, «μια φορά»: *εγώ ~ δε συμφωνώ· εσύ ~ να μην ανακατευτείς* (συνών. *οπωσδήποτε)·* β. ωστόσο: *αναπτύχθηκε η περιοχή, η νοοτροπία ~ δεν άλλαξε.*
πανύψηλος, -η, -ο, επίθ., πάρα πολύ ψηλός: *δέντρα / κτήρια / βουνά -α.*
πάνω, βλ. *επάνω.*
πάνωθε, βλ. *απάνωθε.*
πανώγραμμα, βλ. *(α)πανώγραμμα.*
πανωκαλύμμαυχο και **πανωκαμήλαυκο,** βλ. *επανωκαλύμμαυχο.*
πανωλεθρία η, ουσ. α. ολοκληρωτική καταστροφή, συντριπτική ήττα μαχόμενου στρατού: *η ~ του Δράμαλη στα Δερβενάκια·* β. (μεταφ.) πλήρης αποτυχία μιας προσπάθειας, ενός στόχου.
πανώλης η, ουσ., οξεία λοιμώδης ασθένεια, συνήθως θανατηφόρα, που οφείλεται στο μικρόβιο «παστερέλα η πανωλική» και μεταδίδεται στον άνθρωπο κυρίως από τα ποντίκια: *~ βουβωνική / πνευμονική / σηψαιμική* (συνών. *πανούκλα).*
πανωπροίκι, βλ. *απανωπροίκι.*
πανώριος, -α, -ο, επίθ. (συνιζ., λαϊκ.), που είναι πάρα πολύ ωραίος: *-ια λυγερή* (συνών. *πανέμορφος).*
πανωσάγονο, βλ. *απανωσάγονο.*
πανωσέντονο, βλ. *απανωσέντονο.*
πανωσκέπασμα, βλ. *απανωσκέπασμα.*
πανωτόκι και **επανω-** το, ουσ., συμπληρωματικός τόκος παράνομα εισπραττόμενος.

πανωφόρι και **επανω-** το, ουσ., χειμωνιάτικο χοντρό ένδυμα που φοριέται πάνω από τα άλλα (συνών. *παλτό*).

πανωχείλι, βλ. *απανωχείλι.*

παξιμάδα η, ουσ. 1. μεγάλο παξιμάδι. 2. (σπάνια) γυναίκα του δρόμου, ελαφρών ηθών.

παξιμάδι το, ουσ. 1. λεπτή φέτα ψωμιού που ξαναψήνεται ώστε να γίνει τραγανιστή και χρησιμοποιείται κυρίως ως βούτημα. 2. μεταλλικό στρογγυλό εξάρτημα με μια τρύπα στη μέση που χρησιμοποιείται για τη σταθεροποίηση της βίδας. [παλαιότερα *παξαμάδιον*<*παξαμάς*<κύρ. όν. *Πάξαμος*].

παξιμαδιάζω, ρ. (συνιζ.). Α. (μτβ.) μετατρέπω (με ψήσιμο) ψωμί σε παξιμάδι. Β. (αμτβ., για ψωμί) γίνομαι σκληρός σαν παξιμάδι.

παξιμάδιασμα το, ουσ., μετατροπή του ψωμιού σε παξιμάδι.

παπαγαλάκι, βλ. *παπαγάλος.*

παπαγαλίζω, ρ., επαναλαμβάνω άκριτα τα λόγια άλλου ή αποστηθίζω χωρίς να καταλαβαίνω πλήρως το νόημα: *-ισε τη λύση της άσκησης.*

παπαγαλισμός ο, ουσ., το να παπαγαλίζει κανείς.

παπαγαλιστί, επίρρ., σαν παπαγάλος (βλ. λ. σημασ. 3), παπαγαλίζοντας: *έμαθε την άσκηση ~.*

παπαγαλιστικός, -η, -ο, επίθ., που χαρακτηρίζει τον παπαγάλο, εκείνον που παπαγαλίζει: *~ τρόπος μελέτης.*

παπαγάλος ο, ουσ. 1. (ζωολ.) είδος εξωτικού πτηνού με φτέρωμα ποικιλόχρωμο και ράμφος παχύ και γαμψό που εξημερώνεται και μιμείται ανθρώπινους φθόγγους. 2. (ζωολ.) ψάρι με χρώμα μολυβί, κιτρινωπό ή κοκκινωπό, σώμα στρογγυλεμένο και κοφτερά δόντια (αλλιώς *σκάρος.*) 3. (μεταφ.) αυτός που παπαγαλίζει. - Υποκορ. **-άκι** το. [ιταλ. *pappagallo*].

παπαδάκι, βλ. *παπάς.*

παπαδαριό το, ουσ. (συνιζ., λαϊκ.). 1. πλήθος από παπάδες. 2. (μειωτ.) ο κλήρος (συνών. *παπαδολόι*).

παπαδάσκαλος ο, ουσ. (λαϊκ.), ιεροδιδάσκαλος (βλ. λ.).

παπαδιά η, ουσ. (συνιζ.). 1α. η σύζυγος του παπά· **β.** (μεταφ.) για άνθρωπο που παριστάνει τον φρόνιμο: *κάνει την / κάθεται σαν ~.* 2. (ναυτ.) α. το πάνω μέρος της πρύμης πλοίου: *η θάλασσα έδωσε μια απάνου στην ~ και σφεντόνισε τη βάρκα παραπέρα* (Κόντογλου)· **β.** τιμόνι πλοίου, δοιάκι.

παπαδική η, ουσ., το αξίωμα, το λειτούργημα του ιερέα (συνών. *ιεροσύνη* στη σημασ. 1).

παπαδίστικος, -η, -ο, επίθ., που ανήκει σε παπά ή τον χαρακτηρίζει: *ρούχα -α· νοοτροπία -η.* - Το ουδ. στον πληθ. ως ουσ. = 1. η στολή, τα ράσα του παπά. 2. λόγια με τα οποία κάποιος προσπαθεί να ξεγελάσει, να εξαπατήσει τους άλλους: *άσε / μην αρχίζεις τα -α.*

παπαδοκρατία η, ουσ., το να κυβερνά ή το να ασκεί μεγάλη εξουσία ο κλήρος σε ένα κράτος.

παπαδολόι το, ουσ. (λαϊκ.). 1. πλήθος από παπάδες. 2. (μειωτ.) ο κλήρος (συνών. *παπαδαριό*).

παπαδοπαίδι το, ουσ., το παιδί του παπά.

παπαδοπούλα η, ουσ., η κόρη του παπά.

παπάζι το, ουσ. 1α. το πλέγμα που συνδέει το φέσι με τη φούντα του· **γενικά η φούντα του φεσιού (ιδίως του ναυτικού)· β.** (συνεκδοχικά) το φέσι, ιδίως των γυναικών (παλαιότερα). 2. (ναυτ.) είδος σφουγγαρίστρας που είναι φτιαγμένη από κλώσματα σκοινιού, έχει σχήμα φούντας και χρησιμοποιείται για το σφουγγάρισμα καταστρωμάτων πλοίων. [τουρκ. *papazi*<ελλην. *παπάς*].

παπάκης ο, ουσ. (ιδιωμ.), θωπευτική προσηγορία για τον πατέρα.

παπάκι, βλ. *πάπια.*

παπάρα η, ουσ. 1. ψωμί βουτηγμένο σε νερό, γάλα ή σούπα. 2. (μεταφ., λαϊκ.) αυστηρή επίπληξη, κατσάδα: *έφαγα ~ απ' το διευθυντή.* [τουρκ. *papara*].

παπαρδέλας ο, θηλ. **-έλα,** ουσ., αυτός που αερολογεί, λέει ανοησίες.

παπαρδέλες οι, ουσ., ανόητες κουβέντες, αερολογίες, φλυαρίες. [αβέβαιη προέλευση].

παπαρούνα η, ουσ., ποώδες φυτό των αγρών με λουλούδι έντονου κόκκινου χρώματος. Φρ. *γίνομαι ~* (= κοκκινίζει το πρόσωπό μου από ντροπή, συγκίνηση, θυμό, κλπ.). [ρουμ. *paparoană*].

πάπας ο, ουσ. 1. ο επίσκοπος Ρώμης, αρχηγός της καθολικής εκκλησίας και αρχηγός του κράτους του Βατικανού. 2. πρόσωπο με αναμφισβήτητο κύρος: *ο ~ του συντηρητισμού.* Φρ. *βαστάει τον απ' τα γένια* (για άνθρωπο υπερβολικά αλαζόνα).

παπάς ο, ουσ. 1. ο ιερέας (βλ. λ. σημασ. 1) της χριστιανικής ορθόδοξης εκκλησίας· *έκφρ. αλλουνού -ά βαγγέλιο,* βλ. *άλλος· αλλού ο ~ κι αλλού τα ράσα του* (σε περιπτώσεις μεγάλης ακαταστασίας)· *ή ~ ~ ή ζευγάς ζευγάς,* βλ. *ζευγάς· -ά παιδί διαβόλου εγγόνι,* βλ. *παιδί·* φρ. *μην το πεις ούτε του -ά* (για κάποιον που βγήκε ανέλπιστα από μια δύσκολη κατάσταση)· *να σου πει ο ~ στ' αφτί κι ο διάκος στο ριζάφτι,* βλ. *αφτί· -ά πρώτα τα γένια του ευλογάει,* βλ. *γένι· τρελός ~ σε βάφτισε!* (όταν κάποιος λέει ή κάνει ανοησίες, παλαβομάρες). 2. χαρτί της τράπουλας, ο ρήγας. 3. λωποδυτικό παιγνίδι της τράπουλας που παίζεται με τρία φύλλα, από τα οποία το ένα είναι ο ρήγας· φρ. *μας παίζει τον -ά* (= προσπαθεί να μας εξαπατήσει). - Υποκορ. **-δάκι** το = α. νεαρός παπάς· **β.** μαθητής ιερατικής σχολής. [μεσν. *παπάς*<αρχ. *πάππας*].

παπατζής ο, θηλ. **-τζού,** ουσ., αυτός που παίζει τον παπά (βλ. λ. σημασ. 3)· (κατ' επέκταση) απατεώνας, ψεύτης.

παπατρέχας ο, ουσ. 1. παπάς που διαβάζει πολύ γρήγορα τις ακολουθίες. 2. γενικά αυτός που διαβάζει πολύ γρήγορα ή ενεργεί πολύ βιαστικά.

παπαφίγκος ο, ουσ. (έρρ.), (ναυτ.) στα μεγάλα ιστιοφόρα μικρό τετράγωνο πανί που τοποθετείται στην κορυφή του καταρτιού. [βενετ. *pappafigo*].

πάπια η, ουσ. (συνιζ.). 1. (ζωολ.) υδρόβιο πτηνό με πλατύ κίτρινο ράμφος, φτερά μακριά και μυτερά και δάκτυλα ενωμένα με τεντωμένη νηκτική μεμβράνη. 2. είδος ουροδοχείου σε πλατύ σχήμα για κατάκοιτους αρρώστους. Φρ. *κάνω την ~,* βλ. *κάνω.* - Υποκορ. **παπί** και **-άκι** το = α. το μικρό της πάπιας· **β.** είδος μικρής μοτοσικλέτας. Φρ. *γίνομαι -ί* (= μουσκεύομαι εντελώς. [αβέβαιη προέλευση].

παπιγιόν το, ουσ. άκλ. (συνιζ.), λαιμοδέτης σε σχήμα πλατιού φιόγκου που χρησιμοποιείται αντί γραβάτας σε πιο επίσημες περιπτώσεις. [γαλλ. *papillon*].

παπικός, -ή, -ό, επίθ., που ανήκει ή αναφέρεται στον πάπα: *εκκλησία -ή* (= η ρωμαιοκαθολική εκκλησία)· *τιάρα -ή* (= το στέμμα του πάπα).

παπίσιος, -ια, -ιο, επίθ. (συνιζ.), που ανήκει ή αναφέρεται στην πάπια: *φτερά -ια· βάδισμα -ιο.*
παπισμός ο, ουσ. 1. το σύνολο των δογμάτων της δυτικής εκκλησίας και ιδίως η διδασκαλία της για τον πάπα ως μοναδικό αντιπρόσωπο του Θεού πάνω στη γη και για το αλάθητό του. 2. η κοσμική εξουσία του πάπα: *ο ρόλος του -ού στη φραγκοκρατούμενη Ελλάδα.*
πάπισσα η, θηλ. του *πάπας*, ουσ., γυναίκα που έγινε πάπας (σύμφωνα με μεσαιωνική σχετική παράδοση· πβ. το μυθιστόρημα του Εμμανουήλ Ροΐδη: «Η Πάπισσα Ιωάννα»). [πβ. μεσν. λατιν. *papissa*].
παπιστής ο, θηλ. **-ίστρια,** ουσ., οπαδός του παπισμού (βλ. λ. σημασ. 1).
πάπλωμα το, ουσ., χοντρό κλινοσκέπασμα που αποτελείται από ένα περίβλημα γεμισμένο με βαμβάκι, πούπουλα ή μαλλί. Φρ. *ο καβγάς για το ~,* βλ. *καβγάς· όσο φτάνει το ~ να απλώνεις τα πόδια* (= δεν πρέπει να κάνει κανείς έξοδα δυσανάλογα προς την οικονομική του κατάσταση). - Υποκορ. **-ατάκι** το. [πιθ. *πέπλωμα*].
παπλωματάδικο το, ουσ., εργαστήριο όπου κατασκευάζονται ή κατάστημα όπου πουλιούνται παπλώματα.
παπλωματάκι, βλ. *πάπλωμα.*
παπλωματάς ο, θηλ. **-ού,** ουσ., αυτός που κατασκευάζει ή πουλά παπλώματα.
παπόρι, βλ. *βαπόρι.*
πάπος ο, ουσ., αρσενική πάπια (βλ. λ.).
παποσύνη η, ουσ., το αξίωμα και η εξουσία του πάπα.
παπουτσάκι, βλ. *παπούτσι.*
παπουτσήδικο το, ουσ., κατάστημα όπου πουλιούνται ή εργαστήριο όπου φτιάχνονται και επισκευάζονται παπούτσια.
παπουτσής ο, ουσ., τεχνίτης που κατασκευάζει ή επιδιορθώνει παπούτσια.
παπούτσι το, ουσ., εξάρτημα της ενδυμασίας, φτιαγμένο από ανθεκτικό υλικό, που καλύπτει και προστατεύει τα πόδια. Φρ. *γράφω κάποιον στα παλιά μου τα -ια* (= τον περιφρονώ, αδιαφορώ τελείως γι' αυτόν)· *δίνω σε κάποιον τα -ια στο χέρι* (= τον διώχνω)· *μου έβαλε τα δυο πόδια σ' ένα ~,* βλ. *δύο· ~ απ' τον τόπο σου κι ας είν' και μπαλωμένο* (= πρέπει να προτιμούμε σύζυγο από τον τόπο μας κι ας έχει μειονεκτήματα). - Υποκορ. **-άκι** το = α. μικρό παπούτσι· β. (στον πληθ.) είδος φαγητού που φτιάχνεται με μελιτζάνες, κιμά και κρέμα. [τουρκ. *pabuç*].
παπουτσοσυκιά η, ουσ. (λαϊκ.), φραγκοσυκιά (βλ. λ.).
παπουτσόσυκο το, ουσ. (λαϊκ.), φραγκόσυκο (βλ. λ.).
παπούτσωμα το, ουσ., η φροντίδα για να έχει κάποιος την υπόδησή του.
παπουτσώνω, ρ., φροντίζω οικονομικώς ώστε κάποιος να έχει τα παπούτσια του.
πάππος ο, ουσ. (λόγ.), μόνο στην έκφρ. *πάππου προς πάππον* (= από γενιά σε γενιά).
παππούς ο, ουσ. 1. ο πατέρας του πατέρα ή της μητέρας κάποιου. 2. προσηγορία ηλικιωμένων (ιδίως σεβάσμιων) ανδρών: *ένας ~ μας ζήτησε να του δείξουμε το δρόμο.* 3. (στον πληθ.) ο παππούς και η γιαγιά μαζί. 4. (στον πληθ.) οι πρόγονοι: *οι παραδόσεις των -ούδων μας.* Φρ. *έλα, -ού μου, να σου δείξω τ' αμπελοχώραφά σου,* βλ. *αμπελοχώραφα.* - Υποκορ. **-ούλης** ο = (θωπευτ.) 1. για τον παππού. 2. για ηλικιωμένο παπά.
πάπρικα η, ουσ. 1. είδος κόκκινης πιπεριάς με καφτερή γεύση. 2. πικάντικο καρύκευμα, παχύρρευστο ή σε σκόνη, που έχει χρώμα κόκκινο και παρασκευάζεται με βάση αυτή την πιπεριά. [σλαβ. *paprika*].
παπυρικός, -ή, -ό και **παπύρινος,** επίθ., που σχετίζεται με τον πάπυρο· συνήθως για κείμενα που είναι γραμμένα σε πάπυρο: *-ά αποσπάσματα.*
παπυρολογία η, ουσ., κλάδος της παλαιογραφίας που ασχολείται με κείμενα γραμμένα σε παπύρους.
παπυρολογικός, -ή, -ό, επίθ., που ανήκει ή αναφέρεται στην παπυρολογία ή τους παπυρολόγους: *επιστήμη -ή· έρευνες -ές.*
παπυρολόγος ο και η, ουσ., φιλόλογος ειδικευμένος στην παπυρολογία.
πάπυρος ο, ουσ. 1. (φυτολ.) υδροχαρές φυτό που φυτρώνει κυρίως στις όχθες του Νείλου, με βλαστό ψηλό και λεπτό, από το οποίο κατασκεύαζαν στην αρχαιότητα είδος χαρτιού, κόβοντάς το σε λωρίδες που τις κολλούσαν τη μία δίπλα στην άλλη. 2. το χαρτί που κατασκευάζεται από το παραπάνω φυτό: *επιστολές γραμμένες σε -ο.* 3. κάθε κείμενο γραμμένο σε πάπυρο.
πάρα, επίρρ., (επιτ.), κατά κανόνα με το επίθ. *πολύς* και το επίρρ. *πολύ*) σε μεγάλο βαθμό, εξαιρετικά, υπερβολικά: *μαζεύτηκαν ~ πολλοί· κάνει ~ πολύ κρύο·* (λογυι.) *με ~ μεγάλα λιγνά πόδια* (Θεοτόκης). [*παρά*].
παρά, Α. πρόθ. 1α. (με δοτ.) κοντά: μόνο στις αρχαϊστ. εκφρ. ~ *τω πρωθυπουργώ* (για υπουργό ή υφυπουργό άμεσα υφιστάμενο του πρωθυπουργού, με τον οποίον έχει τακτική συνεργασία)· *δικηγόρος παρ' Αρείω Πάγω* (που μπορεί να αναλάβει υποθέσεις που υπάγονται στην αρμοδιότητα του ανωτάτου δικαστηρίου)· β. (με αιτ.) δίπλα: μόνο στην αρχαϊστ. έκφρ. (στρατ.) ~ *πόδα* (για τη θέση του όπλου όταν ο στρατιώτης ακίνητος το κρατά όρθιο και με το κοντάκι να ακουμπά στο έδαφος δίπλα στο δεξί του πόδι· *παράγγελμα: πόδα αρμ!*). 2. αντίθετα με, εναντίον: *τον έφερα ~ τη θέλησή του· εξακολουθεί να καπνίζει ~ τις συστάσεις των γιατρών·* (με επόμ. το επίθ. *όλος*) *παρ' όλα όσα έχει κάνει τον αγαπώ· έκφρ. παρ' ελπίδα* (= ανέλπιστα, απροσδόκητα): *αν παρ' ελπίδα έχει φύγει το λεωφορείο, ελάτε να διανυκτερεύσετε στο σπίτι μας· παρ' όλα αυτά* (= ωστόσο, μολαταύτα, κι όμως) *οι κριτικές δεν ήταν καλές, παρ' όλα αυτά εμείς συνεχίσαμε τις παραστάσεις· ~ φύση / φύσιν* (= α. αντίθετα προς ό,τι θεωρείται φυσιολογικό· β. πέρα από κάθε όριο, υπέρμετρα). 3. για να δηλωθεί το λιγότερο· κυρίως στη μέτρηση χρόνου, βάρους, αποστάσεων, κ.τ.ό., δηλώνει πόσες μικρότερες μονάδες υπολείπονται για να συμπληρωθεί μια μεγαλύτερη: *είκοσι κιλά ~ διακόσια γραμμάρια· ένα εκατομμύριο ~ τέσσερις χιλιάδες·* (ειδικά για την ώρα) *δώδεκα ~ τέταρτο· (αόριστα) έφυγα στις οχτώ ~* (δηλ. ανάμεσα στις εφτάμιση και τις οχτώ) *(αντ. και)· έκφρ. ~ λίγο / τρίχα* (= λίγο έλειψε να...): ~ *λίγο να έπεφτε· ~ τρίχα θα τον πατούσε ένα αυτοκίνητο· (στο) πέντε* (για άμεσο κίνδυνο). 4. για να δηλωθεί χρονική εναλλαγή: *έρχεται μέρα ~ μέρα* (δηλ. μια μέρα έρχεται, την άλλη όχι)· *σπέρνει καλαμπόκι χρονιά ~ χρονιά.* Β. (επίρρ.) σε αποφατική πρότ.

παρα-

δηλώνει περιορισμό, ότι αποκλείεται δηλ. καθετί εκτός από αυτό που εκφράζει ένας όρος της πρότ. ή μια πρότ. που ακολουθεί: *δεν ήπια ~ ένα ποτήρι κρασί· δε ζητώ ~ λίγη κατανόηση* (επιτ. με επόμενο το *μόνο, μονάχα*) στο χωριό δεν έμειναν ~ *μονάχα οι γέροντες*· (επιτ. με προηγούμενο το *τίποτε άλλο*) *Δε θέλω τίποτε άλλο ~ να μιλήσω απλά* (Σεφέρης)· φρ. *δεν μπορεί / δεν μπορούσε ~ να...* (= εξάπαντος, οπωσδήποτε): *η συμπεριφορά του δασκάλου δεν μπορεί ~ να τους επηρεάζει*. Γ. (συνδ.) 1. συγκριτικός (εισάγει β΄ όρο σύγκρισης ύστερα από συγκριτικό επίρρ. ή επίθ.): *καλύτερα μιας ώρας ελεύθερη ζωή ~ σαράντα χρόνια σκλαβιά και φυλακή* (Ρήγας Βελεστινλής)· *περισσότερο μ' αρέσει το βουνό ~ η θάλασσα·* (σε παροιμ.) *κάλλιο γαϊδουρόδενε ~ γαϊδουρογύρευε·* έκφρ. *~ ποτέ* (= όσο ποτέ άλλοτε στο παρελθόν): *σήμερα ήταν χλομότερος ~ ποτέ*. 2. αντιθετικός (= αλλά): *δε διαβάζει, ~ κάθεται και χαζεύει.*

παρα-, παρά-, α΄ συνθ. ον., ρ. ή επιρρ. που δηλώνουν: 1. εγγύτητα, στάση ή κίνηση κοντά: *παραγώνι, παρακλάδι, παραθαλάσσιος, παραμεθόριος, παραπλέω, παραστέκω*. 2. εναντιότητα, *παράβαση, διαφορά: παραφωνία, παράνομος, παράταιρος, παρακούω*. 3. (με ουσ.) υποκατάσταση: *παραγιός, παραπόρτι*. 4. (με επίρρ. τοπ.) λίγο πιο, ακόμη πιο, πιο: *παραπάνω, παρέκει*. 5. (με ρ.) πολύ, υπερβολικά: *παράφαγα, παραχαϊδεύω·* συχνά με επανάληψη του αρχικού ρ.: *θέλω και παραθέλω, έχει και παραέχει, φταις και παραφταίς*.

παραβάζω, ρ., βάζω κάτι σε ποσότητα μεγαλύτερη απ' όση πρέπει: *η μάνα σου -ει μπαχαρικά στο φαγητό*.

παραβαίνω, ρ., παρατ. *παρέβαινα*, πληθ. *παραβαίναμε*, μέλλ. θα -*βώ*, αόρ. μόνο στην υποτ. (*να*) -*βώ*, (για συμφωνία, συνθήκη, όρκο, νόμο, κ.τ.ό.) ενεργώ αντίθετα με ό,τι συμφώνησα, υποσχέθηκα ή με ό,τι είναι το σωστό (συνών. *αθετώ, καταπατώ, παραβιάζω·* αντ. *τηρώ*).

παραβάλλω, ρ., παρατ. *παρέβαλλα*, πληθ. *παραβάλλαμε*, αόρ. *παρέβαλα*, πληθ. *παραβάλαμε*. 1. εξετάζω παράλληλα, συγκρίνω δύο πράγματα για να εξακριβώσω ποιες ομοιότητες ή διαφορές υπάρχουν μεταξύ τους: *~ τη μετάφραση με το αρχαίο κείμενο*. 2. (για πρόσωπο ή πράγμα) συγκρίνω με άλλο(ν) ως προς την αξία: *μπορείς να το -βάλεις με τα καλύτερα ευρωπαϊκά ξενοδοχεία* (= είναι ισάξιο με...) (συνών. *αντιπαραβάλλω* στις σημασ. 1 και 2).

παραβάν το, ουσ. άκλ. α. έπιπλο από κάθετα κινητά πλαίσια με ύφασμα που συνδέονται μεταξύ τους και τοποθετούνται σε τεθλασμένη γραμμή, για να απομονώσουν ένα τμήμα δωματίου: *ο γιατρός του είπε να γδυθεί πίσω από το* ~. β. συνεκδοχικά για κουρτίνα που εξυπηρετεί τους παραπάνω σκοπούς: *μπήκε στο δοκιμαστήριο και τράβηξε το* ~. [γαλλ. *paravent*].

παραβαραίνω, ρ., αόρ. -*υνα*, (αμτβ.) βαραίνω (βλ. λ. σημασ. Α 1, 3-5) υπερβολικά: *ο άρρωστος άρχισε να -ει·* (για έγκυο) *μπήκε στο μήνα της και -υνε.*

παράβαση η, ουσ. 1α. το να παραβαίνει κανείς κάτι: *~ σοβαρή / συνθήκης / τροχαία·* (για δημόσιο υπάλληλο, κ.ά.) *~ καθήκοντος* (συνών. *αθέτηση, καταπάτηση, παραβίαση·* αντ. *τήρηση*)· β. ειδικά για παράβαση των κανόνων οδικής κυκλοφορίας: *κάνω* ~. 2. (φιλολ.) τμήμα (είδος διαλείμματος)

της αρχαίας αττικής κωμωδίας όπου ο συγγραφέας διασπά τη δραματική ψευδαίσθηση και απευθύνεται μέσω του χορού στους θεατές σατιρίζοντας πρόσωπα και καταστάσεις της σύγχρονής του εποχής και δίνοντας σχετικές συμβουλές.

παραβάτης ο, θηλ. -**ιδα**, ουσ., αυτός που παραβαίνει νόμο ή συμφωνία, που δεν κρατά τον όρκο ή την υπόσχεσή του: *~ μιας εντολής·* οι -*ες θα τιμωρούνται*.

παραβγάζω, ρ. (λαϊκ.), ξεπροβοδίζω: *στάσου να σε -λω ως την αυλόπορτα*.

παραβγαίνω, ρ. 1. συναγωνίζομαι κάποιον, αναμετριέμαι με κάποιον σε κάτι: *έλα να -βγούμε στο τρέξιμο· κανείς δεν μπορεί να του -βγεί στην πονηριά* (= να τον ξεπεράσει). 2. βγαίνω από το σπίτι (λ.χ. για διασκέδαση) συχνότερα απ' ό,τι συνήθως ή απ' όσο πρέπει: *τελευταία -ει με τον Α. κι αυτό με ανησυχεί.*

παράβγαλμα το, ουσ. (λαϊκ.), παρωνύμιο (βλ. λ.).

παραβιάζω, ρ. (ασυνίζ.). 1. ανοίγω κάτι ασκώντας βία, μπαίνω κάπου βίαια ή παράνομα: *~ την κλειδαριά* (= διαρρηγνύω)· -*στηκε το πανεπιστημιακό άσυλο·* *αεροσκάφη της Χ -βίασαν τον ελληνικό εναέριο χώρο·* (μεταφ.) *ρύθμιση που -ει τη σφαίρα της προσωπικότητας του άλλου*. 2. παραβαίνω (βλ. λ.): *~ μια συνθήκη· χώρα που -ει τα ανθρώπινα δικαιώματα* (συνών. *αθετώ, καταπατώ·* αντ. *τηρώ*).

παραβίαση η, ουσ. 1. το να παραβιάζει κανείς κάτι (βλ. λ. σημασ. 1): *~ του οικογενειακού ασύλου / των χωρικών υδάτων*. 2. παράβαση (βλ. λ. σημασ. 1α): *~ της συμφωνίας / του Συντάγματος·* *~ των κανόνων του διεθνούς δικαίου* (συνών. *αθέτηση, καταπάτηση·* αντ. *τήρηση*).

παραβλάπτω, ρ., παρατ. *παρέβλαπτα*, πληθ. *παραβλάπταμε*, αόρ. *παρέβλαψα*, πληθ. *παραβλέψαμε* (λόγ.), (νομ.) βλάπτω, ζημιώνω κάποιον: *διακρατική συμφωνία που δεν -ει τα εθνικά συμφέροντα*.

παραβλάσταρο το, ουσ. (λαϊκ.), παραφυάδα (βλ. λ.).

παραβλέπω, ρ., αόρ. *παρέβλεψα* και (λαϊκ.) *παράβλεψα*, πληθ. *παραβλέψαμε*, προσποιούμαι ότι δε βλέπω, δεν αντιλαμβάνομαι κάτι, ανέχομαι, δείχνομαι επιεικής σχετικά με κάτι: *~ τα ελαττώματά του· η επιτροπή βράβευσε την εργασία του Α -οντας τις αδυναμίες της*.

παραβλέψη η, ουσ., το να παραβλέπει κανείς κάτι.

παραβολή η, ουσ. 1. το να παραβάλλει κανείς κάτι με κάτι άλλο (βλ. *παραβάλλω* σημασ. 1): *~ των χειρογράφων ενός κειμένου και επισήμανση των διαφορετικών γραφών* (συνών. *αντιβολή, αντιπαραβολή*). 2α. (θεολ.) στην Παλαιά και ιδίως στην Καινή Διαθήκη, αλληγορική απλή διήγηση από την καθημερινή ζωή η φύση με υψηλό ηθικό και θρησκευτικό νόημα: *η ~ του καλού Σαμαρείτη*. β. (συνεκδοχικά) για λόγια που κρύβουν βαθύτερο πνευματικό νόημα: *Κι α σου μιλώ με παραμύθια και -ές / είναι γιατί τ' ακούς γλυκότερα* (Σεφέρης). 3. (μαθημ.) καμπύλη που κάθε σημείο της βρίσκεται σε ίση απόσταση από ένα σταθερό σημείο (*εστία*) και μια σταθερή ευθεία.

παραβολικός, -ή, -ό, επίθ. 1. που ανήκει ή αναφέρεται στην παραβολή (βλ. λ. σημασ. 1): *διδασκαλία με -ή μορφή* (πβ. *αλληγορικός*). 2. που σχετίζεται με την παραβολή (βλ. λ. σημασ. 4) ή έχει το σχήμα της: *κάτοπτρο -ό*. - Επίρρ. -**ά**.

παράβολο το, ουσ., χρηματικό ποσό που προκατα-

βάλλει κανείς στο δημόσιο προκειμένου να ασκήσει ένδικο μέσο ή ορισμένο δικαίωμα (υποβολή υποψηφιότητας βουλευτή, κ.ά.).
παραβρίσκομαι ρ., βοηθώ. - Πβ. ά. *παρευρίσκομαι.*
παραγάδι το, ουσ. (ναυτ.) όργανο ψαρέματος που αποτελείται από ένα μακρύ σκοινί απ' όπου κατά διαστήματα κρέμονται σαν κρόσσια ψιλές στερεές κλωστές που καθεμιά τους καταλήγει σε μεσηνέζα και αγκίστρι: *ψαρεύω με* ~. [μτγν. *παραγαύδιν*<λατ. *paragaudis*].
παραγαδιάρης ο, ουσ. (συνιζ.), (ναυτ.) αυτός που ψαρεύει με παραγάδι.
παραγγελία και (συνιζ., λαϊκ.) **-ιά** η, ουσ. (έρρ.). **1.** εντολή, συμβουλή ή επιθυμία που διαβιβάζεται σε κάποιον· (νομ.) ~ *εισαγγελική· δίνω / στέλνω* ~· έκφρ. *κατά* ~ (κυριολεκτικά και μεταφ., όταν πρέπει να κάνομε ή να αισθανθούμε, κ.ά., κάτι μόνο και μόνο επειδή το θέλει κάποιος άλλος): *συμπέρασμα / συγκίνηση κατά* ~. **2α.** εντολή σε κάποιον να προμηθεύσει ή να κατασκευάσει εμπορικό, βιομηχανικό ή γενικά καταναλωτικό είδος: *χρειάζεται να κάνει ειδική* ~ *για πουκάμισο·* (ειδικά για φαγητό σε εστιατόριο) *το γκαρσόνι άργησε να πάρει τις -ες·* **β.** (συνεκδοχικά) για το είδος που παραγγέλλει κανείς: *η* ~ *σας έχει ήδη φορτωθεί στο πλοίο.*
παραγγελιοδότης ο, ουσ. (έρρ., ασυνίζ.), αυτός που δίνει εμπορική παραγγελία σε κάποιον.
παραγγελιοδοχικός, -ή, -ό, επίθ. (έρρ., ασυνίζ.), που ανήκει ή αναφέρεται σε παραγγελιοδόχο: *εργασίες -ές.*
παραγγελιοδόχος ο, ουσ. (έρρ., συνιζ.), (οικον.) άτομο που πραγματοποιεί με το δικό του όνομα εμπορικές πράξεις για λογαριασμό τρίτου (του παραγγελιοδότη): ~ *αξιόπιστος.*
παραγγέλλω, και (λαϊκ.) **-έλνω,** ρ., παρατ. *παρήγγελλα* και (λαϊκ.) *-ελνα,* πληθ. *παραγγέλλαμε* και *-έλναμε,* αόρ. *παρήγγειλα* και (λαϊκ.) *παράγγειλα,* πληθ. *παραγγείλαμε* (έρρ.). **1.** διαβιβάζω εντολή, συμβουλή ή επιθυμία μου σε κάποιον: *θα -είλω στο θείο σου να έρθει· μου παρήγγειλε τ' αηδόνι... να του χτίσω τη φωλιά του* (δημ. τραγ.). **2.** ζητώ από επαγγελματία ή τεχνίτη να μου προμηθεύσει κάτι ή να κατασκευάσει κάτι για λογαριασμό μου: *παρήγγειλα ένα κοστούμι.*
παράγγελμα το, ουσ. (έρρ.). **1.** διαταγή, πρόσταξη σε κάποιον να πραγματοποιήσει ορισμένη κίνηση ή ενέργεια: ~ *γυμναστικό· ο λοχίας δίνει -ατα.* **2.** (ηθ.) συμβουλή, υποθήκη.
παραγγέλνω, βλ. *παραγγέλλω.*
παραγεμίζω, ρ. **1.** γεμίζω κάτι πάρα πολύ. **2.** (μαγειρ.) συμπληρώνω το κύριο φαγητό με πρόσθετο υλικό ή αρτύματα: ~ *τη γαλοπούλα.*
παραγέμισμα το, ουσ., το να παραγεμίζει κανείς κάτι.
παραγεμιστός, -ή, -ό, επίθ. (μαγειρ.) παραγεμισμένος (βλ. *παραγεμίζω* σημασ. 2): *κοτόπουλο -ό* (συνών. *γεμιστός*).
παραγερνώ, ρ., γίνομαι πολύ γέρος: *-γέρασε πια και σπάνια βγαίνει απ' το σπίτι.*
παραγίνομαι, ρ., αόρ. *παραέγινα* και *παράγινα,* πληθ. *παραγίναμε.* **1.** γίνομαι κάτι σε μεγάλο βαθμό, φτάνω στην υπερβολή: *παραέγινες ιδιότροπος· το κακό παράγινε.* **2.** (για καρπό) ωριμάζω περισσότερο από το κανονικό: *σύκα -νωμένα.*
παραγίνωμα το, ουσ. (λαϊκ.), (για φρούτο) υπερβολική ωρίμανση.

παραγιός ο, ουσ. (συνιζ., λαϊκ.), νεαρός μαθητευόμενος ή βοηθός τεχνίτη ή επαγγελματία: ~ *του σιδερά* (συνών. *τσιράκι*).
παράγκα και (λαϊκ.) **μπα-** η, ουσ. (έρρ.), πρόχειρο οικοδόμημα από σανίδες, λαμαρίνες ή πλιθάρια που χρησιμεύει για κατοικία ή αποθήκη, κ.τ.ό.: ~ *προσφυγική / του καραγκιόζη.* - Υποκορ. **-ούλα** η. [ιταλ. *baracca*].
παραγκωνίζω, ρ. (έρρ.). **1.** σπρώχνω με τον αγκώνα και απωθώ, παραμερίζω κάποιον. **2.** (μεταφ.) υποσκελίζω, παραμερίζω, θέτω στο περιθώριο κάποιον: *-ίστηκε από το κόμμα* (αντ. *υπερισχύω, επικρατώ, επιβάλλομαι*).
παραγκώνιση η, ουσ. (έρρ.), *παραγκωνισμός.*
παραγκωνισμός ο, ουσ. (έρρ.), (μεταφ.) το να παραμερίζεται, να υποσκελίζεται ένα πρόσωπο από άλλο επιτηδειότερο: ~ *από τους συναδέλφους* (αντ. *επικράτηση, υπερίσχυση*).
παραγνωρίζω, ρ. **1.** δεν κρίνω σωστά κάποιον (κυρίως από πρόθεση): *-ει τα προβλήματα / τις δυνατότητες·* (μέσ.) *-ονται οι ικανότητές του* (συνών. *υποτιμώ*). **2.** δεν αναγνωρίζω σωστά κάποιον, τον μπερδεύω με άλλον: *την -ισα μέσα στο σκοτάδι / πλήθος.* **3.** (μέσ.) έχω πολύ στενές σχέσεις με κάποιον, συνδέομαι μαζί του με υπερβολική οικειότητα: *-στήκαμε και το εκμεταλλεύτηκες.*
παραγνώριση η, ουσ., εσφαλμένη κρίση ή διαπίστωση· υποτίμηση, περιφρόνηση: ~ *της αξίας / της προσφοράς / των προσπαθειών του.*
παράγοντας ο, ουσ. (έρρ.). **1.** καθετί που συμβάλλει ουσιαστικά στην παραγωγή αποτελέσματος: *ψυχολογικοί / κλιματολογικοί -ες· αποφασιστικός* ~. **2.** (ειδικά) πρόσωπο που συμβάλλει ουσιαστικά σε κάτι, προσωπικότητα σημαντική και υπολογίσιμη: *πολιτικός / πνευματικός / αθλητικός / δυναμικός* ~. **3.** (μαθημ.) κάθε όρος γινομένου (που μπορεί να είναι αριθμός ή όρος αλγεβρικής παράστασης), δηλ. ο πολλαπλασιαστής και ο πολλαπλασιαστέος: *κοινοί -ες.*
παραγοντισμός ο, ουσ. (έρρ.), η τάση να διαμορφώνονται τα πολιτικά πράγματα με βάση όχι τις ιδεολογικές αρχές ή τα προγράμματα, αλλά με τις αντικανονικές επεμβάσεις των κομματικών παραγόντων: *ασκείται* ~ *στην υπόθεση.*
παραγοντοποίηση η, ουσ. (μαθημ., για αλγεβρική παράσταση) ανάλυση σε γινόμενο παραγόντων: ~ *πολυωνύμων.*
Παραγουανός ο, θηλ. **-ή,** ουσ., αυτός που κατοικεί στην Παραγουάη ή κατάγεται από εκεί.
παραγραμματισμός ο, ουσ., αλλοίωση λέξης με την τοποθέτηση (στο γραπτό ή στον προφορικό λόγο) γράμματος αντί άλλου, π.χ. *μέλος* αντί *μέρος, κόλακας* αντί *κόρακας.*
παραγραφή η, ουσ. (νομ.) **α.** (αστ. δίκ.) απόσβεση μιας αξίωσης, αν ο δικαιούχος της αδρανήσει για ένα ορισμένο χρονικό διάστημα, ύστερα από το οποίο ο υπόχρεος της αξίωσης δεν μπορεί να εξαναγκαστεί να εκπληρώσει τις υποχρεώσεις του: ~ *συναλλαγματικής· ένσταση -ής·* **β.** (ποιν. δίκ.) εξάλειψη της ποινικής αξίωσης της πολιτείας μετά την πάροδο ορισμένου χρονικού διαστήματος από την τέλεση μιας αξιόποινης πράξης ή μετά την εκδίκασή της, πράγμα που πρακτικώς σημαίνει ότι το κράτος δεν μπορεί να τιμωρήσει τον ένοχο μετά την πάροδο αυτού του χρονικού διαστήματος: ~ *των σκανδάλων.*
παράγραφος η, ουσ., τμήμα του πεζού λόγου που

παραγράφω

αποτελεί νοηματική ενότητα, αποτελείται από περιόδους και σημειώνεται τυπογραφικά είτε με λευκό διάστημα στην αρχή είτε με ειδικό σημείο (§): ~ νόμου / διατάγματος. Έκφρ. άλλη ~ (= άλλο κεφάλαιο· για ζήτημα διαφορετικό από εκείνο για το οποίο γίνεται λόγος).

παραγράφω, ρ., αόρ. *παρέγραψα,* πληθ. *παραγράψαμε,* (νομ.) (συνήθως μέσ. τριτοπρόσ.) αποσβήνω, ακυρώνω δικαίωμα αγωγής ή μήνυσης μετά την παρέλευση του προβλεπόμενου χρονικού διαστήματος: *οι αξιώσεις του χρήστη για αποζημίωση λόγω μεταβολών ή φθορών του πράγματος -ονται αφού περάσουν έξι μήνες από τότε που το ανέλαβε* (αστ. κώδ.).

παράγω, ρ., παρατ. *παρήγα,* πληθ. *παρήγαμε,* αόρ. *παρήγαγα,* πληθ. *παραγάγαμε,* παθ. αόρ. *-χθηκα.* **1α.** κάνω να γεννηθεί, δίνω καρπούς, ως αποτέλεσμα μιας βιολογικής διαδικασίας: *η Βραζιλία -ει καφέ·* (μέσ.) *στη Λακωνία -ονται εσπεριδοειδή* (συνών. *βγάζω*) **β.** κατασκευάζω ή παρασκευάζω κάτι: *το εργαστάσιο -ει ανταλλακτικά αυτοκινήτων·* (μέσ.) *στη Λέσβο -εται ούζο·* **γ.** δημιουργώ: (νομ.) *ο γάμος -ει υποχρέωση·* -*εται πρόσθετη ενοχή.* **2.** (για αντικείμενο ή φαινόμενο) δημιουργώ ως αποτέλεσμα της φύσης μου, της ενέργειάς μου ή της δράσης μου: *ο ήλιος -ει θερμότητα· κάτι -ει ήχο.* **3.** (μεταφ. για πνευματικό προϊόν) συνθέτω, συγγράφω: *συγγραφέας που -ήγαγε σημαντικό έργο.* **4.** (μέσ., γραμμ., για λέξη) σχηματίζομαι, προέρχομαι από άλλη λέξη, ετυμολογούμαι: *η λέξη «μετοχή» -εται από το ρήμα μετέχω.*

παραγωγή η, ουσ. **1α.** (πολιτ. οικον.) το σύνολο των ενεργειών που αποσκοπούν στη δημιουργία οικονομικών αγαθών· χρησιμοποίηση διάφορων δυνάμεων (φυσικών ή τεχνητών) για να μετασχηματιστεί η ύλη ή να μεταβληθεί η μορφή της κατά τρόπο που να γίνει κατάλληλη για την ικανοποίηση των ανθρώπινων αναγκών: *πρωτογενής ~* = *γεωργία, κτηνοτροφία, αλιεία, δασικές εκμεταλλεύσεις, κλπ.)· δευτερογενής ~* (= *χειροτεχνία, βιοτεχνία, βιομηχανία, οι κλάδοι δηλ. που αξιοποιούν τα προϊόντα της πρωτογενούς παραγωγής)· συντελεστές -ής* (= η εργασία, η φύση και το κεφάλαιο)· **β.** «γέννηση», δημιουργία: *~ λαδιού / καπνού / λιγνίτη· κρασί εγχώριας -ής· εργοστάσιο -ής ηλεκτρισμού / αυτοκινήτων.* **2.** (συνεκδοχικά) το σύνολο των παραγόμενων προϊόντων: *η γεωργική / βιομηχανική ~ αυξήθηκε σε σχέση με πέρυσι.* **3.** (μεταφ. για πνευματικό προϊόν) σύνθεση, δημιουργία: *κινηματογραφικό έργο αμερικανικής -ής· ~ δίσκων·* (συνεκδοχικά) *λογοτεχνική ~· δισκογραφική ~.* **4.** (γραμμ.) **α.** σχηματισμός λέξης από άλλη (με την προσθήκη επιθημάτων στη ρίζα της πρωτότυπης), ετυμολογία: *λαϊκή / λόγια ~ και σύνθεση·* **β.** (συνεκδοχικά, ειδικότερα) το τμήμα της Γραμματικής που πραγματεύεται το σχηματισμό λέξεων από άλλες. **5.** (λογική) συλλογιστική μέθοδος κατά την οποία από το γενικό συνάγεται το μερικό (αντ. *επαγωγή*). **6α.** (στρατ.) σχηματισμός φάλαγγας (με μικρό μέτωπο και σε αρκετό βάθος)· **β.** (ναυτ.) σχηματισμός ναυτικής μοίρας σε ένα στοίχο.

παραγωγικός, -ή, -ό, επίθ. **1.** που ανήκει ή αναφέρεται στην παραγωγή (βλ. λ. σημασ. 1, 3, 4 και 5): (πολιτ. οικον.) *-ές δυνάμεις* (= *ο άνθρωπος και τα μέσα παραγωγής)· -ή διαδικασία· -ές ανάγκες μιας χώρας / τάξεις·* (γραμμ.) *-ή κατάληξη* (= που με την προσθήκη της σχηματίζουμε παράγωγες λέξεις)· (για πνευματική παραγωγή) *χρονιά -ή όσον αφορά τη λογοτεχνία·* (λογική) *-ή μέθοδος, ~ συλλογισμός* (= που πορεύεται από τα γενικά στα μερικά· αντ. *επαγωγικός*). **2.** που παράγει κάτι σε μεγάλο βαθμό, που είναι αποδοτικός, προσοδοφόρος: *-ό κτήμα / επάγγελμα.* - Το ουδ. ως ουσ. = (γραμμ.) το μέρος της Γραμματικής που εξετάζει το σχηματισμό λέξεων από άλλες (συνών. *παραγωγή,* βλ. λ. σημασ. 4β). - Επίρρ. **-ώς** και **-ά.**

παραγωγικότητα η, ουσ. **α.** το να είναι κάποιος παραγωγικός, η ικανότητα για παραγωγή: *μεγάλη ~.* **β.** (πολιτ. οικον.) η σχέση που υπάρχει ανάμεσα στα αποτελέσματα της παραγωγής (προϊόντα ή υπηρεσίες) και στα μέσα (συντελεστές παραγωγής, βλ. λ.) που χρησιμοποιήθηκαν για την επίτευξή τους: *γεωργική ~· ύψος -ας.*

παραγωγικώς, βλ. *παραγωγικός.*

παράγωγος, -η, -ο, επίθ. που παράγεται από άλλον: (γραμμ.) *-ες λέξεις* (αντ. *πρωτότυπος*). - Το ουδ. ως ουσ. = **1.** (χημ.) το παραγόμενο υποπροϊόν: *τα -α του πετρελαίου.* **2.** (γραμμ. στον πληθ. για λέξεις) οι λέξεις που παράγονται, σχηματίζονται από αυτήν: *τα -α του ουσιαστικού «λόγος».*

παραγωγός ο και η, ουσ. **1.** πρόσωπο που εργάζεται στην παραγωγή κάποιου προϊόντος, αυτός που παράγει κάποιο προϊόν σε αντιδιαστολή με τόν έμπορο ή τον καταναλωτή (αγρότης, βιοτέχνης, βιομήχανος, κλπ.): *-οί πατάτας / καπνού.* **2.** (νεολογ., τεχνολ.) τμήμα μηχανής που παράγει, δημιουργεί κάτι: *~ χαρακτήρων σε ηλεκτρονικό υπολογιστή.* **3.** (ειδικά) πρόσωπο που είναι υπεύθυνο για την παραγωγή κινηματογραφικού ή τηλεοπτικού έργου, ή ραδιοφωνικής εκπομπής, μουσικών δίσκων, κλπ.: *~ ταινιών.*

παραγώνι το, ουσ. (λαϊκ.), το μέρος δίπλα στη «γωνιά», στο τζάκι, παραστιά: *το χειμώνα καθόταν στο ~.*

παραδάκι το, ουσ. (λαϊκ.), (χαϊδευτικά) το χρήμα, τα λεφτά: *βγάζει μπόλικο ~.*

παράδαρμα το, ουσ. (λαϊκ.), παραδαρμός.

παραδαρμός ο, ουσ. (λαϊκ.). **α.** ταλαιπωρία, πάθημα· **β.** (ειδικότερα) κλυδωνισμός (πλοίου), πάλη με τα κύματα, σάλος.

παράδειγμα το, ουσ. **1.** καθετί που χρησιμεύει ως υπόδειγμα άξιο για μίμηση ή ως πάθημα χρήσιμο για την προφύλαξη των άλλων: *φωτεινό ~· το ~ των γονιών / δασκάλων· δίνω το (καλό/κακό) ~* (= γίνομαι το πρότυπο για μίμηση σε κάποιον). **2.** περίπτωση εφαρμογής νόμου, αρχής ή κανόνα: *ο ομιλητής ανέφερε τρία -ατα παράβασης του νόμου·* έκφρ. για *~* (δηλώνει ότι ο ομιλητής θα αναφέρει περίπτωση στην οποία αποδεικνύονται ή επιβεβαιώνονται τα όσα υποστηρίζει). - Υποκορ. **-ατάκι** το (στη σημασ. 2).

παραδειγματίζομαι, ρ., παίρνω παράδειγμα, επηρεάζομαι από το (καλό ή κακό) παράδειγμα των άλλων, διδάσκομαι.

παραδειγματικός, -ή, -ό, επίθ. **1.** που χρησιμεύει ως παράδειγμα, που αποτελεί υπόδειγμα ή πρότυπο: *-ή τιμωρία.* **2.** (συνεκδοχικά) που έχει κάποια ιδιότητα σε μεγάλο βαθμό και μπορεί να χρησιμοποιηθεί ως παράδειγμα, εξαιρετικός: *τάξη / ακρίβεια -ή· τρόπος ~* (συνών. *υποδειγματικός*). **3.** (μαθημ.) *~ (ή κάθετος) άξονας* = ο ένας από τους δύο κάθετους μεταξύ τους άξονες που ορίζουν ένα καρτεσιανό σύστημα αναφοράς στο επί-

πεδο, ο οποίος τέμνει τον οριζόντιο (αντ. *συνταγματικός* (ή *οριζόντιος*) *άξονας*). - Επίρρ. **-ώς** και **-ά**.

παραδειγματισμός ο, ουσ., το να διδάσκεται κάποιος από το παράδειγμα των άλλων.

παραδείγματος χάριν (συντομογραφία *π.χ.*)· αρχαϊστ. έκφρ. = για παράδειγμα (βλ. λ., έκφρ.).

παραδεισένιος, -ια, -ιο, επίθ. (συνιζ.), που ανήκει ή αναφέρεται στον παράδεισο· (συνεκδοχικά) πάρα πολύ ωραίος ή ευχάριστος: *-ιο τοπίο· -ια ομορφιά* (συνών. *παραδεισιακός*).

παραδεισιακός, -ή, -ό, επίθ. (ασυνίζ.), που ανήκει, αναφέρεται ή ταιριάζει στον παράδεισο· (συνεκδοχικά) πολύ ωραίος ή ευχάριστος (συνών. *παραδεισένιος*).

παραδείσιος, -α, -ο, επίθ. (ασυνίζ.), παραδεισένιος: *-α πουλιά* (= πτηνά με ποικιλόχρωμο φτέρωμα, ιδιαίτερα εντυπωσιακό στα αρσενικά).

παράδεισος ο και (λαϊκ.) **-ο** η, ουσ. **1**. (στην Παλαιά Διαθήκη) κήπος όπου ο Θεός εγκατέστησε τους πρωτοπλάστους, κήπος της Εδέμ. **2**. (στην Καινή Διαθήκη) ουράνιος τόπος διαμονής των αγίων, των αγγέλων και των ψυχών όλων των ενάρετων ανθρώπων (αντ. *κόλαση*). **3**. (μεταφ.) τόπος πάρα πολύ ωραίος: *επίγειος / τεχνητός ~.*

παραδεκτός, -ή, -ό και (λαϊκ.) **-χτός**, επίθ., που μπορεί να γίνει δεκτός, αποδεκτός: *-ή υποψηφιότητα* (αντ. *απαράδεκτος*).

παραδέρνω, ρ., αόρ. *παράδειρα*, μτχ. παρκ. *-δαρμένος*. **Α**. (μτβ.) δέρνω, χτυπώ πολύ κάποιον: *τον παράδειρε το σκύλο*. **Β**. αμτβ. (και μέσ.). **1**. (ειδικά για πλοίο) παλεύω με τα κύματα, με χτυπούν τα κύματα παρασύροντάς με πέρα δώθε (συνών. *κλυδωνίζομαι, θαλασσοδέρνομαι*). **2**. (μεταφ. για πρόσωπο) ταλαιπωρούμαι υπερβολικά, βασανίζομαι: *ψυχή -δαρμένη από το κρίμα* (Παλαμάς) (συνών. *παιδεύομαι, δεινοπαθώ, υποφέρω*). Φρ. *-ει το μυαλό του* (= ταλαντεύεται ανάμεσα σε αντίθετες πεποιθήσεις ή αποφάσεις).

παραδέχομαι, ρ., αόρ. *-χτηκα*, μτχ. παρκ. *-δεγμένος*. **1**. δέχομαι κάτι ως αληθινό ή σωστό, αποδέχομαι: *οι -δεγμένες αξίες* (= που τις δέχεται όλος ο κόσμος) (συνών. *συμφωνώ, συναινώ, εγκρίνω*· αντ. *απορρίπτω*). **2**. ομολογώ κάτι, αναγνωρίζω: *-χτηκε το σφάλμα του· σε ~* (= σε αναγνωρίζω ως άξιο).

παραδεχτός, βλ. *παραδεκτός*.

παραδιαβάζω, ρ. (συνιζ.), διαβάζω, μελετώ πάρα πολύ.

παραδίδω και (λαϊκ.) **παραδίνω**, ρ., αόρ. *παρέδωσα* και *παράδωσα*, πληθ. *παραδώσαμε*, μέσ. αόρ. *παραδόθηκα*, μτχ. παρκ. *παραδομένος*. **Ι**. ενεργ. **1**. δίνω σε κάποιον κάτι που το δικαιούται: *ο ταχυδρόμος -έδωσε την επιστολή στον παραλήπτη* (αντ. *παραλαμβάνω*). **2**. μεταβιβάζω ή παραχωρώ τη χρήση ή την κυριότητα ακινήτου ή πράγματος σε κάποιον ύστερα από συμφωνία: *ο εργολάβος -έδωσε την οικοδομή σε δύο χρόνια· τμήμα του νέου αυτοκινητόδρομου -δίδεται στην κυκλοφορία*. **3**. παραχωρώ, μεταβιβάζω σε άλλον αρχή, υπηρεσία ή αξίωμα σε αντικαταστάτη: *~ ταμείο / διεύθυνση* (στρατ., απόλ.) *ο σκοπός θα -δώσει σε δύο ώρες* (αντ. *αναλαμβάνω*). **4**. εμπιστεύομαι σε κάποιον κάτι: *-έδωσε τα χρήματα στην τράπεζα για φύλαξη· -έδωσε το παιδί του στο δάσκαλο*. **5**. (για δάσκαλο) διδάσκω: *ο δάσκαλος -έδωσε παρακάτω· ο καθηγητής -ει αγγλικά / πιάνο*. **6**. δίνω περισσότερο από το κανονικό: *δίνω και -δίνω σημασία σ' αυτό· του παράδωσες θάρρος*. **7**. μεταδίδω, κληροδοτώ από γενιά σε γενιά: *τα δημοτικά μας τραγούδια -δίδονται από γενιά σε γενιά*. **8**. (για πρόσωπα, χώρες, πόλεις, κλπ.) παραχωρώ (ύστερα από συνθηκολόγηση ή συμφωνία): *-έδωσαν τους ενόχους στη δικαιοσύνη· -έδωσαν το φρούριο*. **9**. (σε γ' πρόσ. λαϊκ. *-δίνει*) χαροπαλεύει, ψυχάει. **ΙΙ**. μέσ. **1**. παύω να πολεμώ ή να αντιστέκομαι σε κάποιον και συνθηκολογώ μαζί του: *δε θα -δοθούμε ποτέ· ο εγκληματίας -δόθηκε μόνος του στην αστυνομία*. **2**. είμαι αδύναμος να αντισταθώ περισσότερο σε κάποιον ή κάτι, υποκύπτω: *-δόθηκε στο πάθος του*. **3**. (σε γ' πρόσ. για κείμενο) φτάνει ως τις μέρες μας, σώζεται: *το κείμενο -δίδεται σε τρία χειρόγραφα*. Φρ. *~ τα όπλα* (= **α**. συνθηκολογώ· **β**. μεταφ., υποκύπτω)· *~ το πνεύμα / την ψυχή* (= ξεψυχώ).

παραδίπλα και (λαϊκ.) **παράδιπλα**, επίρρ., παραπλεύρως: *μένει ~·* (με το άρθρο επιθετ.): *η ~ κάμαρα*.

παραδοδουλειά η, ουσ. (συνιζ., λαϊκ.), δουλειά που δίνει χρήματα.

παραδοξογράφος ο και η, ουσ., συγγραφέας παράδοξων πραγμάτων.

παραδοξολόγημα το, ουσ., παραδοξολογία.

παραδοξολογία η, ουσ., διήγηση παράδοξων πραγμάτων.

παραδοξολόγος ο, ουσ., αυτός που διηγείται ή λέει πράγματα παράδοξα.

παραδοξολογώ, ρ., διηγούμαι παράδοξα πράγματα, λέω παραδοξολογίες.

παράδοξος, -η, -ο, επίθ., που συμβαίνει παρά την κοινή λογική και αντίληψη, παράξενος: *-ο φυσικό φαινόμενο· περίπτωση -η*. - Το ουδ. ως ουσ. = καθετί που συμβαίνει απροσδόκητα και προκαλεί έκπληξη. - Επίρρ. **-δόξως**.

παραδοξότητα η, ουσ., το να είναι κάποιος ή κάτι παράδοξο.

παραδόξως, βλ. *παράδοξος*.

παραδόπιστος, -η, -ο, επίθ. (λαϊκ.), που αγαπά πολύ το χρήμα (συνών. *φιλοχρήματος*).

παράδοση η, ουσ. **1**. το να παραδίδει κανείς κάτι σε κάποιον: *~ επιστολής* (αντ. *παραλαβή*). **2**. μεταβίβαση ή παραχώρηση χρήσης ή κυριότητας ακινήτου ή πράγματος σε κάποιον ύστερα από συμφωνία: *~ έτοιμης οικοδομής*. **3**. (για αρχή, αξίωμα, κλπ.) μεταβίβαση, παραχώρηση σε αντικαταστάτη: *~ διεύθυνσης* (αντ. *ανάληψη*). **4**. παράδοση με διδασκαλία: *~ μαθήματος·* (στον πληθ.) τακτική διδασκαλία μαθήματος που γίνεται από καθηγητή (ανώτατων σχολών) σε μαθητές. **5**. παραχώρηση (ύστερα από συνθηκολόγηση ή συμφωνία): *~ οχυρού*. **6**. (φιλολ.) *~ χειρόγραφη* = το σύνολο των χειρογράφων στα οποία σώζεται το έργο ενός συγγραφέα. **7**. εμπειρία, εξοικείωση με κάτι: *το ζαχαροπλαστείο αυτό έχει ~ στους κουραμπιέδες*. **8**. (εκκλ.) *~ ιερή* = πηγή της χριστιανικής πίστης, ισότιμη με την Αγία Γραφή που περιλαμβάνει το σύνολο των εκδηλώσεων της χριστιανικής ζωής και σκέψης από τις πρώτες χριστιανικές κοινότητες ως τις μέρες μας. **9**. (λαογρ.) μυθική δίηγηση που πλάθει ο λαός και τη συνδέει με ορισμένο τόπο ή χρόνο, με ορισμένα φυσικά φαινόμενα και όντα ή, πολλές φορές, με ορισμένα ιστορικά πρόσωπα, τα οποία πιστεύει ως αληθινά: *η ~ για το μαρμαρωμένο βασιλιά*. **10**.

παραδοσιακός

τρόπος σκέψης, πράξης ή ενέργειας που είναι κληρονομιά από το παρελθόν: *αυτό το είδος του σοσιαλισμού είναι σύμφωνο με τη γαλλική ~· ~ οικογενειακή* (συνών. *έθιμο, συνήθεια*). 11. θεωρία και πρακτική (θρησκευτική ή ηθική) που μεταδίδεται από αιώνα σε αιώνα (βασικά με το λόγο ή το παράδειγμα), καθώς και το σύνολο των θεωριών και πρακτικών που μεταδίδονται με αυτόν τον τρόπο: *~ εβραϊκή / ισλαμική*.

παραδοσιακός, -ή, -ό, επίθ. (ασυνίζ.). 1. που ανήκει ή αναφέρεται στην παράδοση: *ο ~ προφορικός λόγος*. 2. που έχει φτιαχτεί σύμφωνα με τα πρότυπα που καθιερώθηκαν από την παράδοση: *κοσμήματα -ά· οικισμός ~*. 3. που γίνεται κατά παράδοση: *~ λόγος της νέας κυβέρνησης στη βουλή*.

παραδοτέος, -α, -ο, επίθ., που πρέπει να παραδοθεί: *αγόρασε διαμέρισμα -ο σε ένα χρόνο*.

παραδότης ο, ουσ., αυτός που παραδίδει κάτι: *~ τηλεγραφήματος* (αντ. *παραλήπτης*).

παραδουλεύτρα η, ουσ., γυναίκα που με αμοιβή βοηθάει τη νοικοκυρά στις δουλειές του σπιτιού.

παραδουλεύω, ρ. (λαϊκ.), δουλεύω υπερβολικά.

παραδουνάβιος, -α, -ο, επίθ. (ασυνίζ.), που βρίσκεται κοντά στο Δούναβη ή στις όχθες του: *πόλη -α·* (ιστ.) *-ες ηγεμονίες* (= η Βλαχία και η Μολδαβία).

παραδοχή η, ουσ., αποδοχή, συμφωνία: *~ των απόψεων του συγγραφέα* (αντ. *άρνηση*).

παραδρομή η, ουσ., σφάλμα, αβλεψία: *λάθος από ~*.

παραδώ και **παραδώθε,** επίρρ. (λαϊκ.). **α.** (για στάση) σε μέρος πιο κοντά σ' αυτόν που βρίσκεται σε ένα μέρος: *κάθεται ~ από το σχολείο·* **β.** (για κίνηση) πιο κοντά, πιο εδώ: *έλα λιγάκι ~* (αντ. *παρακεί*).

παραείμαι, ρ. (ελλειπτ., λαϊκ.), είμαι κάτι περισσότερο από το κανονικό, έχω μια ιδιότητα σε υπερβολικό βαθμό: *-είναι καλός*.

παραεκκλησιαστικός, -ή, -ό, επίθ. (ασυνίζ.), που σχετίζεται με εκκλησιαστική δραστηριότητα σωματείων έξω από τις διαδικασίες της επίσημης Εκκλησίας: *οργανώσεις -ές*.

παραεμπόριο, βλ. *παρεμπόριο*.

παραεξουσία η, ουσ., η μη επίσημα αναγνωρισμένη εξουσία, που όμως επηρεάζει τη διοίκηση.

παραέξω, επίρρ. (λαϊκ.), (για στάση ή κίνηση) πιο έξω: *έβγα / στάσου ~* (αντ. *παραμέσα*).

παραέχω, ρ., έχω περισσότερο από όσο πρέπει ή νομίζεται: *έχει και -ει χρήματα*.

παραζάλη η, ουσ. 1. υπερβολική ζάλη. 2. σύγχυση, σαστιμάρα.

παραζαλίζω, ρ. 1. ζαλίζω υπερβολικά: *μας -ισε το κρασί*. 2. στενοχωρώ υπερβολικά: *μη με -εις άλλο* (συνών. *παρασκοτίζω*).

παραζάλισμα ο, ουσ., παραζάλη.

παραζεσταίνω, ρ., αόρ. *-ζέστανα,* ζεσταίνω σε μεγάλο βαθμό: *-ζεστάθηκε το νερό*.

παραθαλάσσιος, -α, -ο, επίθ. (ασυνίζ.), που βρίσκεται κοντά στη θάλασσα: *πόλη -α* (συνών. *παράλιος*). - Το ουδ. ως ουσ. = περιοχή παράλια: *βροχές θα πέσουν στα -α*.

παραθείο το, ουσ., δραστικό εντομοκτόνο σε υγρή κατάσταση και υποκίτρινο χρώμα.

παράθεμα το, ουσ., μικρό απόσπασμα από συγγραφή που παρατίθεται από μεταγενέστερο συγγραφέα για να δώσει σαφέστερη εικόνα των απόψεων ή των μαρτυριών που παρέχονται από παλαιότερη συγγραφή ή παλαιότερο συγγραφέα.

παραθερίζω, ρ., περνώ το καλοκαίρι μου (συνήθως στην εξοχή): *φέτος -ίσαμε σε βουνό*.

παραθέριση η, ουσ., παραμονή στην εξοχή κατά τη διάρκεια του καλοκαιριού (συνών. *παραθερισμός*).

παραθερισμός ο, ουσ., παραθέριση.

παραθεριστής ο, θηλ. **-ίστρια,** ουσ., άτομο που παραθερίζει: *γέμισε -ές το νησί μας*.

παραθεριστικός, -ή, -ό, επίθ., που σχετίζεται με την παραθέριση: *οικισμός ~*.

παραθερίστρια, βλ. *παραθεριστής*.

παράθεση η, ουσ. 1. τοποθέτηση διάφορων πραγμάτων κοντά το ένα στο άλλο: *~ βιβλιογραφίας σε ένα δημοσίευμα*. 2. (συνεκδοχικά) αντιπαράθεση, παραλληλισμός: *~ δειγμάτων γραφής*. 3. (για γεύμα) προσφορά. 4. η κατά λέξη αναγραφή περικοπής κειμένου μέσα σε άλλο κείμενο. 5. (γραμμ. - συντακτ.) ονοματικός ομοιόπτωτος προσδιορισμός που ακολουθεί έναν όρο στην πρόταση για να τον χαρακτηρίσει με μεγαλύτερη ακρίβεια: *~ προεξαγγελτική* (= παράθεση που μπαίνει μπροστά από τον όρο που προσδιορίζει).

παραθετικός, -ή, -ό, επίθ., που ανήκει ή αναφέρεται στην παράθεση. - Το ουδ. στον πληθ. ως ουσ. (γραμμ.) = ο συγκριτικός και ο υπερθετικός βαθμός επιθ. ή επιρρ.: *ανώμαλα ~ επιθέτων*.

παραθέτω, ρ., αόρ. *παρέθεσα,* πληθ. *παραθέσαμε*. 1. τοποθετώ διάφορα πράγματα το ένα κοντά στο άλλο: *ο συγγραφέας -ει στο βιβλίο πλούσια βιβλιογραφία*. 2. αραδιάζω το ένα μετά το άλλο, αναφέρω κάτι για να υποστηρίξω τις θέσεις μου: *~ επιχειρήματα / αποδεικτικά στοιχεία*. 3. (για γεύμα) προσφέρω: *-έθεσαν γεύμα στον επίσημο καλεσμένο*.

παραθυμώνω, ρ. **Α.** (μτβ.) κάνω κάποιον να θυμώσει υπερβολικά, τον εξοργίζω. **Β.** (αμτβ.) εξοργίζομαι υπερβολικά.

παραθυράκι, βλ. *παράθυρο*.

παραθυρεοειδής, -ής, -ές, γεν. *-ούς,* πληθ. *αρσ.* και *θηλ. -είς,* ουδ. *-ή,* επίθ. (ανατομ.) *αδένες -είς* = τέσσερα μικροσκοπικά σώματα κολλημένα στο θυρεοειδή αδένα, μεγέθους καρφίτσας, που ρυθμίζουν την ισορροπία των νευρικών κινήσεων και μυϊκών συσπάσεων, καθώς και τη συναισθηματική σταθερότητα του ανθρώπου.

παράθυρο (λογοτ.) **παραθύρι** το, ουσ. 1. άνοιγμα σε τοίχο, οροφή ή σε πλαϊνό τμήμα αυτοκινήτου που καλύπτεται με τζάμι ώστε να μπαίνει φως και να μπορεί κανείς να δει έξω: *έβγαλε το χέρι από το ~ για να τους αποχαιρετήσει*. 2. παραθυρόφυλλο. Έκφρ. *από το ~* (= αντικανονικά, με πλάγιο τρόπο): *μπήκε στη θέση από το ~*. Φρ. *ο νόμος αφήνει -α* (ή *-άκια*) (= αφήνει ασαφείς διατάξεις που ο καθένας ή και τις ερμηνεύσει όπως θέλει). - Υποκορ. **-άκι** το.

παραθυρόφυλλο το, ουσ. 1. καθένα από τα κατακόρυφα στρεπτά φύλλα με τα οποία κλείνεται εξωτερικά το άνοιγμα παραθύρου και προστατεύεται έτσι ο εσωτερικός χώρος από τις δυσμενείς καιρικές συνθήκες (συνών. *παράθυρο* στη σημασ. 2, *κανάτι* II, *παντζούρι*). 2. τζαμωτό πλαίσιο με το οποίο κλείνεται το άνοιγμα του παραθύρου εσωτερικά.

παραϊατρικός, -ή, -ό, επίθ., που βοηθεί στην περιποίηση και τη θεραπεία των ασθενών χωρίς να

ανήκει στο ιατρικό σώμα: *επαγγέλματα -ά.*
παραίνεση η, ουσ. (λόγ.), νουθεσία (βλ. λ.).
παραινετικός, -ή, -ό, επίθ. (λόγ.), συμβουλευτικός.
- Επίρρ. **-ώς.**
παραίσθηση η, ουσ. α. (ιατρ.-ψυχιατρ.) παθολογική αντίληψη γεγονότων που δε συμβαίνουν ή αντικειμένων που δεν υπάρχουν, πλάνη των αισθήσεων που δεν οφείλεται σε εξωτερικό ερεθισμό: *οι υψηλοί πυρετοί / τα ναρκωτικά φέρνουν -ήσεις·* β. (ειδικά): *οι συγκεντρωμένοι πιστοί έφτασαν σε ομαδική ~·* γ. (προφ., συνεκδοχικά για να δηλωθεί υπερβολή): *μου φαίνεται πως έχεις -ήσεις, αφού λες ότι άκουσες τη φωνή του!*
παραισθησιογόνος, -ος, -ο, επίθ., που προκαλεί παραισθήσεις.
παραισθητικός, -ή, -ό, επίθ., που χαρακτηρίζεται από παραισθήσεις.
παραίτηση η, ουσ., εκούσια απομάκρυνση από τα καθήκοντα που έχει κανείς κατέχοντας μια συγκεκριμένη θέση ή συγκεκριμένο αξίωμα, καθώς και το έγγραφο που συνοδεύει την ενέργεια αυτή: *~ υπουργού· υπέβαλε την ~ του· έγινε δεκτή η ~.*
παραιτούμαι, ρ., αόρ. *παραιτήθηκα,* (με επόμενη πάντα την πρόθ. *από* + αιτ.). 1α. εγκαταλείπω με τη θέλησή μου τη θέση ή το αξίωμά μου: *-ήθηκε από την προεδρία της εταιρείας·* β. (γενικά για δικαίωμα) *-ήθηκε από την κληρονομιά / τις αξιώσεις ιου.* 2. παύω να ενδιαφέρομαι για κάτι ή να ασχολούμαι με κάτι, απογοητεύομαι και σταματώ: *στην κατάστασή του θα έπρεπε να έχει -ηθεί από τέτοιες δραστηριότητες·* φρ. *~ από κάθε αντίσταση* (= αποθαρρύνομαι, αφήνομαι στη ροή των πραγμάτων)· *~ από τις συνήθειές μου* (= τις αποβάλλω). - Το ενεργ. *παραιτώ* (προφ., ειρων.), αναγκάζω κάποιον να παραιτηθεί: *τον -αίτησαν από το υπουργείο.*
παραιτώ, βλ. *παρατώ.*
παρακάθομαι, ρ., παραμένω, κάθομαι κάπου πολλή ώρα, περισσότερο από όσο πρέπει: *-ίσαμε και σας κουράσαμε!*
παρακαιρος, -η, -ο, επίθ., που γίνεται μετά τον κατάλληλο χρόνο: *ενέργειες -ες.*
παρακάλεμα, βλ. *παρακάλεσμα.*
παρακάλεση η, ουσ. (λαϊκ.), παράκληση (βλ. λ.).
παρακάλεσμα και **παρακάλεμα** το, ουσ. (λαϊκ.), παράκληση (βλ. λ.), παρακάλιο.
παρακαλεστά, βλ. *παρακαλεστός.*
παρακαλεστικός, -ή, -ό, επίθ., παρακλητικός: *ύφος -ό.* - Επίρρ. **-ά:** *τα σκυλιά κουνούσανε -ά τις ουρές τους* (Κόντογλου).
παρακαλεστός, -ή, -ό και **παρακαλετός,** επίθ., που γίνεται ύστερα από παρακλήσεις. - Επίρρ. **-ά.**
παρακαλετό το, ουσ. (λαϊκ., συνήθως στον πληθ.) παράκληση.
παρακαλετός, βλ. *παρακαλεστός.*
παρακάλιο το, ουσ. (συνίζ., λαϊκ.), (συνήθως στον πληθ.) παράκληση: *-ια ανώφελα·* την πιλάτευε με *τα -ια της·* έκφρ. *χίλια -ια* (= πάρα πολλά)· φρ. *θέλει -ια* (= του αρέσει να τον παρακαλούν).
παρακαλώ, -είς, -εί, -ούμε, κλπ., (λαϊκ.) **-άς,** κλπ., ρ., αόρ. *παρακάλεσα.* 1α. ζητώ από κάποιον με ευγενικό ή ταπεινό τρόπο να κάνει κάτι για μένα ως εξυπηρέτηση ή χάρη: *~ επίμονα· τον -εσε θερμά να τον βοηθήσει·* β. (συνήθως απευθυνόμενος σε κάποιον): *σε ~, μαμά, κάνε μου αυτό το χατίρι!* γ. (σε γ΄ πρόσ. για να δηλωθεί υπερβολική ευγένεια): *η κυρία τάδε -είται να περάσει από το γρα-*

φείο· δ. (σε υποτ. β΄ προσ. με άρνηση για να δηλωθεί προειδοποίηση ή απειλή): *να -άς μόνο να μην το μάθουν οι γονείς σου!* 2. (επιτ.) ικετεύω, δέομαι, θερμοπαρακαλώ: *-ούμε το Θεό να βρέξει.*
3. (σε προσκλήσεις διατυπωμένες με καθορισμένο τυπικό τρόπο): *-είσθε να τιμήσετε με την παρουσία σας την εκδήλωση.* 4. (επιφωνηματικά σε φρ. διατυπωμένες με ευγένεια): *-ευχαριστώ πολύ για τα λουλούδια! - ~! ακολουθήστε με, ~! ησυχία, ~! (πάρτε) τα ρέστα σας, ~! μια βοήθεια, ~! μια θέση στην κυρία, ~! μπορώ να καθήσω; ~!* 5. (για να εκφραστεί διαμαρτυρία ή έκπληξη): *σε ~! τι κουβέντες είναι αυτές; κάνει και το δάσκαλο, ~!* (= φανταστείτε)· *ζητάει και τα ρέστα, ~!* 6. (για να προκαλέσουμε την προσοχή κάποιου): *~, κυρίες και κύριοι! ακολουθούν μερικές ανακοινώσεις!*
παρακαμπτήριος η, ουσ. (έρρ., ασυνίζ.), (τεχν.) α. δευτερεύουσα σιδηροδρομική γραμμή σε σταθμούς ή στάσεις που χρησιμοποιείται για τη διασταύρωση αμαξοστοιχιών, την απρόσκοπτη φορτοεκφόρτωση βαγονιών, κλπ.· β. δευτερεύουσα οδική γραμμή που χρησιμοποιείται για την αποσυμφόρηση της κύριας ή κατά την εκτέλεση έργων σ' αυτήν.
παρακάμπτω, ρ. (έρρ.), αόρ. *παρέκαμψα,* πληθ. *παρακάμψαμε.* 1. προσπερνώ κάποιο σημείο ακολουθώντας ημικυκλική πορεία για να μην το συναντήσω. 2. (για πλοίο) παραπλέω (ακρωτήριο), καβατζάρω. 3. (μεταφ.) υπερπηδώ με επιτήδειο τρόπο κάποιο εμπόδιο: *~ τις δυσκολίες·* αποφεύγω να αντιμετωπίσω κάτι δύσκολο ή δυσάρεστο: *η έρευνα συνήθως -ει το θέμα.*
παρακαμψη η, ουσ. 1. το να παρακάμπτει (βλ. λ. σημασ. 1) κανείς κάποιο σημείο. 2. (συνεκδοχικά) παρακαμπτήριος. 3. (ιατρ. για εγχειρήσεις καρδιάς) η αλλαγή της ροής του αίματος έτσι ώστε αυτό να μην περνά από σημείο της καρδιάς κατεστραμμένο ή φραγμένο (αγγλ. *by pass*). 4. (μεταφ.) υπερπήδηση, αποφυγή εμποδίου.
παρακάνω, ρ., αόρ. *παράκανα* (λαϊκ.). 1. κάνω κάτι σε υπερβολικό βαθμό ή συμπεριφέρομαι σε κάποια περίσταση με υπερβολικό τρόπο: *~ αγορές / ταξίδια·* φρ. *το ~* (= προχωρώ πέρα απ' όσο πρέπει, ξεπερνώ τα όρια του επιτρεπτού ή της ανοχής): *το -ανες πια με τις αντιρρήσεις σου!* 2. (σε γ΄ πρόσ. επιτ.) κάνει: *-ει ζέστη.*
παρακατάθεση η, ουσ. (νομ.) 1. κατάθεση χρημάτων ή κινητών πραγμάτων σε τρίτο πρόσωπο για να τα φυλάξει. 2. απόσβεση υποχρέωσης ενός οφειλέτη με κατάθεση της οφειλής σε δημόσιο ταμείο.
παρακαταθέτης ο, ουσ. (νομ.) αυτός που καταθέτει χρήματα ή κινητά πράγματα σε ένα θεματοφύλακα για να τα φυλάξει: *ο ~ οφείλει να αποδώσει στο θεματοφύλακα ό,τι αυτός δαπάνησε κανονικά για τη φύλαξη του πράγματος* (αστ. κώδ.).
παρακαταθέτω, ρ., παρατ. *παρακατέθετα,* πληθ. *παρακαταθέταμε,* αόρ. *παρακατέθεσα,* πληθ. *παρακαταθέσαμε,* μτχ. παρκ. *παρακαταθεμένος,* (νομ.) καταθέτω χρήματα ή κινητά πράγματα σε τρίτο πρόσωπο, τον θεματοφύλακα, για φύλαξη: *ο θεματοφύλακας δεν έχει δικαίωμα να επιστρέψει το πράγμα που -έθηκε πριν περάσει η προθεσμία που ορίστηκε* (αστ. κώδ.).
παρακαταθήκη η, ουσ. 1. το χρηματικό ποσόν ή το πράγμα που κατατίθεται σε τρίτο πρόσωπο για φύλαξη: *ταμείο -ών και δανείων.* 2. παρακατάθεση

(βλ. λ.). **3.** (νομ.) σύμβαση με την οποία τρίτο πρόσωπο, ο θεματοφύλακας, παραλαμβάνει χρήματα ή κινητό πράγμα για να το φυλάξει με την υποχρέωση να το αποδώσει όταν του ζητηθεί. **4.** (μεταφ.) ό,τι έχει παραδοθεί (νόμοι, ηθικοί κανόνες, θρησκεία, έθιμα, κλπ.) από τους παλαιότερους στους νεότερους, που τηρείται πιστά και φυλάγεται ως ιερό και πολύτιμο: ~ *ιερή / εθνική*. **5α.** απόθεμα (βλ. λ. σημασ. 1)· **β.** διαθέσιμη ποσότητα αποθημευμένου εμπορεύματος, απόθεμα (βλ. λ. σημασ. 2) (συνών. *στοκ*).

παρακατιανός, -ή, -ό, επίθ. (συνιζ.). **1.** που είναι κατώτερης αξίας ή ποιότητας: *εμπόρευμα -ό.* **2.** (για άνθρωπο) που προέρχεται από κατώτερη κοινωνική τάξη.

παρακάτω, επίρρ. **1.** (τοπ.) λίγο πιο κάτω, ακόμη πιο κάτω από κάποιο συγκεκριμένο σημείο ή μέρος: *σκάψε ~! κάθεται λίγο ~ από μας* (αντ. *παραπάνω*). **2.** (ποσ.) λιγότερο· φθηνότερα: *μην επιμένεις! δεν το δίνω το εμπόρευμα ~ από όσο είπα!* έκφρ. *ούτε δεκάρα ~·* φρ. *η τιμή δεν πάει ~.* **3.** (για υπόθεση, διήγηση, κείμενο, κλπ.) πιο πέρα, στη συνέχεια: *τι έγινε ~; διάβασε ~!*

παρακεί και **παρέκει,** επίρρ. **α.** πιο εκεί, πιο πέρα από ορισμένο σημείο: *κάνε λιγάκι ~!* (αντ. *παραδώ*)· **β.** (επιτ.) παραπέρα, μακρύτερα. Έκφρ. ως *εδώ και μη -έκει,* βλ. *εδώ* έκφρ.

παρακείμενος ο, μτχ. ως επίθ. (γραμμ.) χρόνος του ρήματος που δηλώνει πως εκείνο που σημαίνει το ρήμα έγινε στο παρελθόν και είναι πια τελειωμένο την ώρα που μιλούμε.

παρακελευσματικός, -ή, -ό, επίθ. (λόγ.), προτρεπτικός (βλ. λ.).

παρακεντές ο, ουσ. (έρρ., λαϊκ.). **α.** άνθρωπος που προσκολλάται σε κάποιον άλλο και ζει εις βάρος του· **β.** άνθρωπος εντελώς ανάξιος, τιποτένιος. [τουρκ. *perakende*].

παρακέντηση η, ουσ. (έρρ.), (ιατρ.) διαγνωστική ή θεραπευτική τεχνική κατά την οποία εισάγεται βελόνα σε κάποια κοιλότητα του σώματος φυσική (π.χ. κοιλιακή) ή παθολογική (π.χ. κύστη νεφρού) με σκοπό την αναρρόφηση υγρού με σύριγγα που συνδέεται με τη βελόνα: ~ *περικαρδιακή / αρθρώσεων.*

παρακεντώ, ρ. (έρρ.), (ιατρ.) εκτελώ παρακέντηση.

παρακινδυνευμένος, -η, -ο, επίθ., που αντιμετωπίζει μεγάλους κινδύνους, που εκτίθεται σε μεγάλο κίνδυνο (συνών. *παράτολμος·* αντ. *ακίνδυνος*).

παρακινδύνευση η, ουσ., το να εκθέτει ή να εκτίθεται κανείς σε κίνδυνο· παράτολμη και επικίνδυνη ενέργεια.

παρακίνηση η, ουσ., το να παρακινεί κανείς κάποιον να προβεί σε μια ενέργεια (συνών. *παρότρυνση, προτροπή*).

παρακινώ, ρ., προτρέπω κάποιον να προβεί σε μια ενέργεια ενθαρρύνοντάς τον ή κάνοντάς τον να πεισμώσει ή να θυμώσει: *τον -κίνησε ο αδελφός του να υποβάλει μήνυση· -κινημένος από ζήλεια* (συνών. *παροτρύνω*).

παρακλάδι το, ουσ. **1.** μικρό κλαδί δέντρου ή θάμνου που φυτρώνει από τους μασχαλιαίους οφθαλμούς του κορμού ή μεγαλύτερων κλαδιών: *κόβω / κλαδεύω τα -ια.* **2.** διακλάδωση: *η πάροδος έκοβε τη λεωφόρο κι άνοιγε ~ κατά τη μεριά της θάλασσας.* **3.** (μεταφ.) κλάδος (βλ. λ. σημασ. 5): *οι τέχνες είναι ~ του πολιτισμού· -ια οργανώσεων.*

παρακλαίω, ρ., αόρ. *παράκλαψα* (λαϊκ.), κλαίω υπερβολικά, για πολλή ώρα ή συχνά.

παρακλέβω, ρ. (μόνο στον ενεστ., λαϊκ.), κλέβω πολύ ή πολύ συχνά, το παρακάνω στην κλεψιά.

παράκληση η, ουσ. **1.** το να παρακαλεί (βλ. λ.) κανείς, το να ζητεί με ευγενικό ή ταπεινό τρόπο κάτι ως εξυπηρέτηση ή χάρη: ~ *θερμή· -ήσεις επίμονες.* **2.** ικεσία, δέηση: ~ *προς το Θεό.* **3.** (συνεκδοχικά) ο παρακλητικός κανόνας προς την Παναγία που ψάλλεται από τον ιερέα: *φόρεσε το πετραχήλι του κι άρχισε να διαβάζει ~* (Μπαστιάς)· *-ήσεις του Δεκαπενταύγουστου.*

παρακλητικός, -ή, -ό, επίθ., που γίνεται για παράκληση, που εκφράζει παράκληση: *ύφος / βλέμμα -ό·* (εκκλ.) *κανόνες -οί* (= ακολουθίες με περιεχόμενο ικετευτικό που απευθύνονται στο Χριστό, την Παναγία και τους αγίους). - Το θηλ. ως ουσ. = (εκκλ.) λειτουργικό βιβλίο που περιέχει τις ακολουθίες της Κυριακής και ολόκληρης της εβδομάδας τοποθετημένες σύμφωνα με τη διάταξη των οκτώ ήχων της λειτουργικής μουσικής. - Επίρρ. *-ά.*

Παράκλητος ο, ουσ. (θρησκ.) το Άγιο Πνεύμα.

παρακλινικός, -ή, -ό, επίθ. (ιατρ. μόνο για εξετάσεις αιματολογικές, μικροβιολογικές, κλπ.) που πραγματοποιούνται για να βοηθήσουν στη διάγνωση και θεραπεία της ασθένειας ενός ατόμου.

παρακμάζω, ρ., παρατ. *παρήκμαζα,* πληθ. *παρακμάζαμε,* αόρ. *παρήκμασα,* πληθ. *παρακμάσαμε,* χάνω την ακμή, τη δύναμη, τη σπουδαιότητά μου, «γερνάζω»: *μια πόλη / ένα κράτος / ένας πολιτισμός / ένα πολίτευμα ακμάζει και -ει· σήμερα έχει -άσει η ποίηση* (συνών. *δύω, φθίνω·* αντ. *ακμάζω, ανθώ, μεσουρανώ*).

παρακμή η, ουσ., προοδευτική ελάττωση της ακμής, της δύναμης, της ζωτικότητας, της σπουδαιότητας ή του ενδιαφέροντος κάποιου πράγματος: *η ~ του βυζαντινού κράτους· η αγγλική βιομηχανία ναυπήγησης πλοίων έπεσε σε ~* (συνών. *μαρασμός, κατάρρευση, πτώση·* αντ. *ακμή, άνθηση, μεσουράνημα*).

παρακόβω, ρ., αόρ. *παράκοψα,* κόβω περισσότερο από όσο πρέπει: *-κοψες τα μαλλιά σου / την ελιά.* Φρ. *τα -ει τα ψέματα* (= τα παραλέει, διαρκώς ψεύδεται).

παρακοή η, ουσ. **α.** άρνηση υποταγής, απείθεια: (για την ανυπακοή προς το Θεό και την εκδίωξη του ανθρώπου από τον παράδεισο) *η ~ της Εύας και του Αδάμ·* **β.** το να υπακούει κανείς δύσκολα: *δείχνει ~ στον πατέρα του* (συνών. *ανυπακοή·* αντ. *υπακοή, υποταγή*).

παρακοιμούμαι και **-άμαι,** ρ., αόρ. *-ήθηκα,* κοιμάμαι περισσότερο απ' όσο πρέπει, αργώ να ξυπνήσω: *-ήθηκα απόψε.*

παρακοιμώμενος ο, ουσ. **α.** (ιστ.) ανώτατος βυζαντινός αξιωματούχος που κοιμόταν κοντά στον αυτοκράτορα, αρχηγός των σωματοφυλάκων, επιφορτισμένος και με άλλες εμπιστευτικές υπηρεσίες· **β.** (μεταφ. για πρόσωπο πολύ έμπιστο και «δεξί χέρι» κάποιου): *είναι ~ του τάδε υπουργού.* [μτχ. του *παρακοιμώμαι*].

παρακοινοβούλιο το, ουσ. (ασυνίζ.), (σκωπτ.) ομάδα πολιτικών προσώπων που αντιδρά από τα παρασκήνια κατά της νομοθετικής εξουσίας.

παρακολούθημα το, ουσ., αυτό που συμβαίνει συγχρόνως ή αμέσως ύστερα από ένα γεγονός, επακολούθημα.

παρακολούθηση η, ουσ., το να παρακολουθεί ή να παρακολουθείται κάποιος ή κάτι.

παρακολουθώ, -είς, ρ. **1.** ακολουθώ από κοντά, βαδίζω στα ίχνη κάποιου, παραφυλάγω, κατασκοπεύω: ~ *τις κινήσεις κάποιου· η αστυνομία -ησε τον ύποπτο.* **2α.** είμαι παρών και προσέχω κάτι που γίνεται, βλέπω ή ακούω με προσοχή: ~ *αγώνα / διάλεξη / συναυλία·* **β.** (κατά την ανάγνωση ή αφήγηση) προσέχω τη σειρά, την ακολουθία των γεγονότων που περιγράφονται: ~ *τις περιπέτειες του ήρωα με ενδιαφέρον.* **3.** επιβλέπω, εποπτεύω: *ο επιστάτης -εί το ρυθμό εργασίας των εργατών.* **4α.** δείχνω ενδιαφέρον για κάτι: *-εί τις ατομικές έρευνες / την εξέλιξη των επιστημών·* **β.** φροντίζω για κάποιον ή κάτι: *τον -εί ένας καλός γιατρός· οι γονείς -ούν την πρόοδο των παιδιών.* **5.** εννοώ ακριβώς τα λεγόμενα κάποιου, καταλαβαίνω: *με -είς σε όσα σου λέω;*

παρακόρη η, ουσ. **1.** θετή θυγατέρα (συνών. *ψυχοκόρη*). **2.** νεαρή υπηρέτρια: *την πήρε ~.*

παράκουος, -η, -ο, επίθ. **1.** που παρακούει (βλ. λ. σημασ. Α. 1). **2.** ανυπάκουος, απείθαρχος: *μαθητής ~ στους καθηγητές του· παιδιά -α* (αντ. *υπάκουος*).

παρακουρεύω, ρ., κουρεύω, κόβω τα μαλλιά περισσότερο απ' όσο πρέπει: *-τηκα και φαίνομαι σα φαντάρος.*

παράκουσμα το, ουσ., κακή ή λαθεμένη ακουστική αντίληψη.

παρακούω, ρ., αόρ. *παράκουσα.* Α. αμτβ. **1.** ακούγοντας απρόσεκτα ή εξαιτίας βαρηκοΐας σχηματίζω λαθεμένη αντίληψη για κάτι: *παράκουσες και γι' αυτό παρανόησες αυτό που σου είπα* (συνών. *βαριακούω*). **2.** αρνούμαι να υπακούσω σε κάποιον ή κάτι, απειθώ: *-ει στις διαταγές των ανωτέρων του.* Β. (μτβ.) δεν πειθαρχώ, δείχνω ανυπακοή σε κάποιον ή κάτι: *παράκουσες τη μητέρα σου και τη λύπησες πολύ* (συνών. *παραβαίνω·* αντ. *υπακούω, πειθαρχώ*).

παρακράτημα το, ουσ. (στην οικονομία) μέρος ενός γεωργικού προϊόντος που αφαιρείται από τον παραγωγό για να εξασφαλιστεί η τιμή του ή για την περίπτωση έλλειψης: ~ *σταφίδας.*

παρακράτηση η, ουσ. (στην οικονομία) **α.** (για φόρο) η ενέργεια του παρακρατώ (βλ. λ. σημασ. Α. α)· **β.** (ειδικότερα) οικονομικό μέτρο που συνίσταται στο να παρακρατείται ένα ποσοστό του παραγόμενου προϊόντος προκειμένου να ισορροπηθεί η προσφορά και η ζήτηση και να μην υποτιμηθεί η αξία του.

παρακρατικός, -ή, -ό, επίθ., που αναφέρεται ή σχετίζεται με το *παρακράτος:* ~ *ή οργάνωση.*

παρακράτος το, ουσ., οργανωμένο σύνολο ανθρώπων που δρα παράνομα και συνήθως με την ανοχή του επίσημου κράτους: *το ~ υποθάλπει τρομοκρατικές ενέργειες.*

παρακρατώ, ρ. Α. μτβ. **α.** (για φόρο) κρατώ από ποσό που πρόκειται να καταβληθεί ένα μέρος του αντίστοιχο στο φόρο που αναλογεί, προτού γίνει ο τελικός υπολογισμός του φόρου: *ποσά που -ήθηκαν·* **β.** αποθηκεύω μέρος προϊόντος για επωφελέστερη διάθεση (πβ. *παρακράτηση* σημασ. β). Β. (αμτβ.) διαρκώ, συνεχίζομαι περισσότερο απ' όσο πρέπει: *-ησε αυτή η κατάσταση / το αστείο* (συνών. *παραβαστώ*).

παράκρουση η, ουσ. **α.** (μους.) εσφαλμένη κρούση, παραφωνία μουσικού οργάνου· **β.** (ψυχιατρ.) ψυχική διαταραχή που προκαλείται από λαθεμένη ακουστική αντίληψη και (γενικά) ελαφράς μορφής ψυχική διαταραχή.

παράκτιος, -α, -ο, επίθ. (ασυνίζ.). **α.** που ανήκει ή αναφέρεται στις ακτές: *ναυσιπλοΐα / χλωρίδα -α·* **β.** που βρίσκεται κοντά στις ακτές: *οικισμός ~* (συνών. *παραθαλάσσιος*).

παρακώλυση η, ουσ., παρεμπόδιση.

παρακωλύω, ρ., παρεμβάλλω κώλυμα σε κάτι, παρεμποδίζω: *με τις αλλεπάλληλες παρεμβάσεις του -ει την ομαλή πορεία των διαβουλεύσεων.*

παραλαβαίνω, βλ. *παραλαμβάνω.*

παραλαβή η, ουσ. **1.** το να παίρνει, να δέχεται κάποιος κάτι που του παραδίνεται (βλ. *παραλαμβάνω* σημασ. 1α, β) (αντ. *παράδοση*). **2.** (συνεκδοχικά) το τμήμα δημόσιου ή ιδιωτικού καταστήματος όπου γίνεται η παραλαβή των διάφορων εγγράφων ή εμπορευμάτων: *παίρνω τα ψώνια μου από την ~.*

παραλαμβάνω και (λαϊκ.) **παραλαβαίνω,** ρ., αόρ. *παρέλαβα* και (λαϊκ.) *παράλαβα,* πληθ. *παραλάβαμε.* **1α.** παίρνω κάτι που μου παραδίδεται, δέχομαι: ~ *ταχυδρομικό δέμα / επιταγή·* **β.** (γενικά) παίρνω: *-έλαβα ό,τι μου έστειλες.* **2.** υποδέχομαι κάποιο πρόσωπο και το συνοδεύω: *θα έρθω να σε -λάβω από το σταθμό.* **3.** (για πρόσωπο που διαδέχεται κάποιον ή κάποιους σε κάποια αρχή ή εξουσία) αναλαμβάνω: ~ *τα ηνία της εξουσίας / τη διεύθυνση της επιχείρησης* (αντ. στις σημασ. 1α, β *παραδίδω*).

παραλειπόμενα τα, ουσ. **1.** διάφορα γεγονότα, συνήθως ευτράπελα, που συμβαίνουν έξω από τον κορμό των κύριων γεγονότων μιας εκδήλωσης: ~ *του συνεδρίου / ενός μουσικού φεστιβάλ.* **2.** τμήμα βιβλίου (συνήθως στο τέλος του), όπου περιλαμβάνονται πληροφορίες που παραλείφθηκαν, επειδή συγκεντρώθηκαν προς το τέλος της συγγραφής ή κατά τη διάρκεια της εκτύπωσής του.

παραλείπω, ρ., παρατ. *παρέλειπα,* πληθ. *παραλείπαμε,* αόρ. *παρέλειψα,* πληθ. *παραλείψαμε.* **1.** αφήνω κατά μέρος, δεν περιλαμβάνω, αποκλείω: *στη νέα έκδοση του βιβλίου -λείφθηκαν ορισμένα κεφάλαια.* **2.** αφήνω κάτι ανεκτέλεστο, αμελώ: *-έλειψες το καθήκον σου / να υπογράψεις το συμφωνητικό.* **3.** δεν αναφέρω, αποσιωπώ: *-έλειψα τα δυσάρεστα για να μη σε στενοχωρήσω·* φρ. *τα ευκόλως εννοούμενα παραλείπονται.* **4.** δεν αναφέρω ένα τμήμα από όσα διαβάζω ή αφηγούμαι: *-έλειψες το σημείο όπου περιγράφεται ο φόνος.* **5.** λησμονώ, ξεχνώ: *-έλειψα να σας αναφέρω ότι...*

παράλειψη η, ουσ. **1.** αποκλεισμός, εξαίρεση: ~ *ονομάτων σε ονομαστική κατάσταση.* **2.** έλλειψη, ατέλεια: *αυτό το σύγγραμμα έχει πολλές -είψεις.* **3.** αμέλεια, παραμέληση: *ευθύνεται για ασυγχώρητες -είψεις· ~ καθήκοντος.* **4.** αποσιώπηση: ~ *δυσάρεστων γεγονότων.* **5.** το να παραλείπει κάποιος ένα τμήμα των όσων διαβάζει ή αφηγείται: ~ *δύο επεισοδίων.* **6.** το να λησμονείς κάποιος κάτι: ~ *ενημέρωσης του πελάτη από τον πωλητή.*

παραλέω, ρ., αόρ. *παραείπα, λέω,* μιλώ με τρόπο υπερβολικό, μεγαλοποιώ· συνήθως στη φρ. *τα παραλές* (= είσαι υπερβολικός μ' αυτά που λες).

παραλήγουσα η, ουσ. (γραμμ.) η πριν από ιη λήγουσα προτελευταία συλλαβή της λέξης.

παραλήπτης ο, θηλ. **-τρια,** ουσ., πρόσωπο που παραλαμβάνει κάτι που παραδίδεται ή αποστέλλε-

παραλήρημα

ται: ~ *ταχυδρομικής επιστολής* (αντ. *αποστολέας*).

παραλήρημα το, ουσ. **α.** ασυνάρτητη ομιλία (συνών. *παραμιλητό*)· **β.** (ψυχιατρ.) σύμπτωμα φρενοβλάβειας μόνιμης ή παροδικής κατά την οποία ο ασθενής κατέχεται από παράλογες ιδέες ή και μιλά ασυνάρτητα για πράγματα που δεν ισχύουν στην πραγματικότητα: *ασυνάρτητο / ενοχής* ~· ~ *αισθήσεων* (= η υπερδιέγερση των οργάνων των αισθήσεων)· **γ.** (μεταφ.) υπερβολικός ενθουσιασμός, συνήθως ομαδικός, ομαδική υστερία: ~ *χαράς* (συνών. *φρενίτιδα, ντελίριο*).

παραληρητικός, -ή, -ό και **παραληρηματικός**, επίθ., που σχετίζεται με το παραλήρημα: *σκέψεις / ιδέες -ές*.

παραληρώ, ρ. **α.** μιλώ ασυνάρτητα: *-ούσε όλη τη νύχτα από τον πυρετό* (συνών. *παραμιλώ*)· **β.** (μεταφ.) κυριεύομαι από υπερβολικό ενθουσιασμό: *-ούσαν από χαρά*.

παραλής ο, θηλ. **-ού**, ουσ. (λαϊκ.), αυτός που έχει πολλά χρήματα (συνών. *πλούσιος, λαϊκ. λεφτάς*· αντ. *αδέκαρος*). [τουρκ. *paral*✓].

παραλία η, ουσ. **α.** ακροθαλασσιά, ακτή (συνών. *ακρογιαλιά, περιγιάλι*)· **β.** απλωμένη σε έκταση (συνήθως αμμώδης) παραθαλάσσια περιοχή για λουτρά (συνών. *πλαζ*).

παράλια τα, ουσ. (ασυνίζ.), εκτάσεις γης που βρίσκονται κοντά στη θάλασσα: *τα ~ της Μ. Ασίας*.

παραλιακός, -ή, -ό, επίθ. (ασυνίζ.), που ανήκει, αναφέρεται ή βρίσκεται κοντά στην παραλία: *πόλη / λεωφόρος -ή*.

παραλίγο, επίρρ., λίγο ακόμη και, λίγο έλειψε να: ~ *να πέσουμε στο γκρεμό / χτύπησες*; ~ .

παραλλαγή η, ουσ. **1.** (γενικά) το να διαφέρει ελάχιστα κάποιος ή κάτι από κάποιον ή κάτι άλλο, ποικιλία: ~ *έννοιας / ήχου / χρώματος* (συνών. *χροιά, απόχρωση*). **2.** (συνεκδοχικά, ζωολ. και φυτολ.) ζώο ή φυτό που διαφέρει ελάχιστα από άλλο όμοιό του, του οποίου αποτελεί κατά κάποιο τρόπο ποικιλία: *ο σκύλος είναι ~ του λύκου*. **3.** (συνεκδοχικά, λογοτ.) διαφορετική μορφή ενός μνημείου του προφορικού ή του γραπτού λόγου: *το τραγούδι αυτό είναι ~ του «Γεφυριού της Άρτας»* η «*Μυθιστορία του Μ. Αλεξάνδρου» σώζεται σε έξι διαφορετικές -ές*. **4.** (συνεκδοχικά, μουσ.) είδος σύνθεσης που αποτελείται από την επανάληψη ενός μουσικού θέματος διαρκώς μεταβαλλόμενου χωρίς να αλλοιώνεται ο αρχικός χαρακτήρας του: *-ές για πιάνο του Μότσαρτ*. **5.** (ναυτ.) η διαφορά που υπάρχει μεταξύ της διεύθυνσης του βορρά που δείχνει η ναυτική πυξίδα και της πραγματικής θέσης του: ~ *πυξίδας*. **6.** (στρατ.) εξωτερική μεταμόρφωση θέσης ή αντικειμένου, ιδίως σε καιρό πολέμου, με σκοπό την παραπλάνηση του εχθρού, τεχνητή απόκρυψη (συνών. *καμουφλάζ*).

παραλλάσσω και (λαϊκ.) **-άζω**, ρ., διαφέρω ελάχιστα από κάποιον ή κάτι άλλο: *το ήμερο περιστέρι -ει από το άγριο· οι ανθρώπινοι χαρακτήρες -ουν*.

παράλληλα, βλ. *παράλληλος*.

παραλληλεπίπεδος, -η, -ο, επίθ. (γεωμ.) που έχει επιφάνειες παράλληλες και επίπεδες: *σχήμα -ο*. - Το ουδ. ως ουσ. = στερεό εξάεδρο που οι έδρες του ανά δύο είναι παράλληλες μεταξύ τους.

παραλληλία η, ουσ., το να βρίσκονται δύο ή περισσότερα πράγματα σε παράλληλη θέση: ~ *απέναντι εδρών παραλληλεπιπέδου*.

παραλληλίζω, ρ. **1.** κάνω δύο ή περισσότερες γραμμές ή επιφάνειες παράλληλες μεταξύ τους. **2.** συγκρίνω μεταξύ τους δύο ή περισσότερα πράγματα για να διαπιστώσω τις τυχόν ομοιότητες ή διαφορές τους (συνών. *παραβάλλω*).

παραλληλισμός ο, ουσ. **1.** κατάσταση δύο ή περισσότερων πραγμάτων (γραμμών, επιφανειών, κλπ.) παράλληλων μεταξύ τους: ~ *δρόμων*. **2.** σύγκριση μεταξύ δύο ή περισσότερων πραγμάτων: ~ *γεγονότων*. **3.** (λογοτ.) επανάληψη της ίδιας έννοιας με δύο ισοδύναμες εκφράσεις ή παράθεση δύο ανάλογων εικόνων (π.χ. *εγώ σωπαίνω και δε μιλώ πια*). **4.** (φιλοσ.) θεωρία σύμφωνα με την οποία σε κάθε φυσικό φαινόμενο αντιστοιχεί ένα ψυχικό γεγονός και αντίστροφα.

παραλληλόγραμμος, -η, -ο, επίθ. (γεωμ. για επιφάνειες) που έχει τις απέναντι πλευρές παράλληλες: *σχήμα -ο· διάταξη -η*. - Το ουδ. ως ουσ. (γεωμ.) = τετράπλευρο που οι πλευρές του είναι ανά δύο παράλληλες: *-ο ορθογώνιο = παραλληλόγραμμο που έχει τις γωνίες του ορθές*.

παράλληλος, -η, -ο, επίθ. **1.** που είναι πολύ όμοιος με κάτι άλλο, αλλά υπάρχει ή συμβαίνει σε διαφορετικό τόπο ή χρόνο: *γεγονότα / φαινόμενα -α· έκφρ. -η αγορά* (= μαύρη αγορά). **2.** που έχει ομοιότητες ή αναλογίες με κάποιον άλλο, και έτσι μπορεί να συγκριθεί: *βίοι / ποιητές -οι*. **3.** (για πράγμα μακρύ) που βρίσκεται σε όλο του το μήκος σε ίση απόσταση από κάτι άλλο: *δρόμοι -οι*. **4.** (αστρον.) *κύκλοι -οι* = νοητοί κύκλοι κάθετοι προς τον άξονα της γης ή της ουράνιας σφαίρας. **5.** (μαθημ.) (για γραμμές ή επιφάνειες) που όσο και αν επεκταθούν δε συναντώνται· τον λόγ. θηλ. *παράλληλος* ως ουσ. = ευθεία παράλληλη σε άλλη ή σε επίπεδο. - Επίρρ. **-λήλως** και **-α**.

παραλληλότητα η, ουσ., το να είναι κάτι ή κάποιος παράλληλος με κάτι ή κάποιον άλλο (συνών. *παραλληλία*).

παραλλήλως, βλ. *παράλληλος*.

παραλογή η, ουσ. (φιλολ.) πολύστιχο αφηγηματικό δημοτικό τραγούδι που αφηγείται δραματικές κυρίως περιπέτειες της ανθρώπινης ζωής με τον τρόπο των παραμυθιών: *η ~ του «νεκρού αδελφού»*. [*παρακαταλογή*].

παραλογιάζω, ρ. (συνιζ., λαϊκ.). **Α.** (μτβ.) κάνω κάποιον να χάσει τα λογικά του, τον σαστίζω ή τον τρελαίνω: *η υπηρέτρια ανεβοκατέβαινε -σμένη*. **Β.** (μέσ. αμτβ., συνήθως στη μτχ. *παραλογιασμένος*) χάνω τα λογικά μου, τρελαίνομαι.

παραλόγιασμα το, ουσ. (λαϊκ.), το να χάνει κανείς τα λογικά του.

παραλογίζω, ρ. **1.** (ενεργ., μτβ.) κάνω κάποιον να χάσει τα λογικά του, τον σαστίζω: *κυκλόφερνε ένας στρόβιλος στα μάτια των παιδιών, τα -ιζε*. **II.** (μέσ.) κάνω ή λέω κάτι αντίθετο προς τη λογική, σκέφτομαι παράλογα.

παραλογισμός ο, ουσ. **1.** συλλογισμός ή ενέργεια που αντιτίθεται στη λογική: ~ *ρομαντικός*. **2.** (λογική) εσφαλμένος συλλογισμός από ακούσια παράβαση των συλλογιστικών κανόνων.

παραλογιστικός, -ή, -ό, επίθ., που σχετίζεται με τον παραλογισμό.

παράλογος, -η, -ο, επίθ. **1α.** που δε συμφωνεί με την κοινή λογική: *αξιώσεις -ες* (συνών. *ανόητος*)· **β.** (για χρηματικό ποσό) μεγάλος, υπερβολικός: *μου ζήτησε για τη δουλειά ένα -ο ποσό*. **2.** (για πρόσωπο) που δε σκέφτεται ή δε συμπεριφέρεται

λογικά: *είναι εντελώς* ~· *δε βρίσκεις άκρη μαζί του* (αντ. *λογικός*). - Το ουδ. ως ουσ. (φιλοσ.) = καθετί που αντιτίθεται στη λογική· *θέατρο του -ου* = είδος σύγχρονου θεάτρου που προσπαθεί να εκφράσει τη δική του αίσθηση για τη χωρίς νόημα ανθρώπινη ύπαρξη και την ανεπάρκεια της ορθολογιστικής προσέγγισης με μια ειλικρινή εγκατάλειψη κάθε ορθολογιστικής επινόησης και επαγωγικού συλλογισμού.
παραλογοτεχνία η, ουσ., σύνολο παραγωγής κειμένων χωρίς χρησιμότητα, που δε θεωρούνται λογοτεχνικά: *τα αστυνομικά βιβλία τσέπης, καθώς και τα κόμικς θεωρούνται* ~.
παραλού, βλ. *παραλής*.
παράλυση η, ουσ. 1. χαλάρωση της συνοχής πράγματος, αποδιοργάνωση: ~ *συγκοινωνίας / οικονομίας* (συνών. *εξάρθρωση*). 2. (ιατρ.) μείωση ή κατάργηση της κινητικότητας που οφείλεται σε βλάβες των νευρικών ινών ή μυών: ~ *περιοδική / παιδική*.
παραλυσία η, ουσ. 1. παράλυση. 2. (μεταφ.) έκλυτη ζωή, ακολασία.
παραλυτικός, -ή, -ό, επίθ. 1. που σχετίζεται με την παράλυση: *-ή ισορροπία των πολιτικών δυνάμεων*. 2. που προκαλεί παράλυση: *-ή ενέργεια φαρμάκων*. - Το αρσ. ως ουσ. = παράλυτος: *η θεραπεία του -ού*.
παράλυτος, -η, -ο, επίθ., που πάσχει από παράλυση: *χέρι -ο*. - Το αρσ. ως ουσ. ¯ άνθρωπος που πάσχει από παράλυση: *το θαύμα της θεραπείας του -ου*.
παραλύω, ρ., αόρ. *παρέλυσα*, πληθ. *παραλύσαμε*. Α. μτβ. 1. προξενώ χαλάρωση, εξάρθρωση: *η αποχή των φοιτητών -σε τη λειτουργία του πανεπιστημίου· η έλλειψη καυσίμων -σε τη συγκοινωνία*. 2. προξενώ παράλυση των μυών σε μέλος του σώματος: *το τραύμα του νωτιαίου τού -σε τα κάτω άκρα*. Β. αμτβ. 1. εξαρθρώνομαι, χαλαρώνω: *-σε το εμπόριο· -σαν οι δημόσιες υπηρεσίες*. 2. προσβάλλομαι από παράλυση: *-σε το αριστερό του πόδι ύστερα από τη συμφόρηση*. 3. (μεταφ.) δεν μπορώ να κινηθώ, χάνω τις δυνάμεις μου: *-σα από το κρύο / τον τρόμο*. - Η μτχ. *παραλυμένος* ως επίθ. = ακόλαστος, διεφθαρμένος: *γέρος* ~.
παραμάγειρος και (λαϊκ.) **παραμάγειρας** ο, ουσ., βοηθός μάγειρα: *μπάρκαρε* ~ *και ύστερα έγινε μούτσος*.
παραμαγούλες οι, ουσ. (λαϊκ.), (ιατρ.) η αρρώστια παρωτίτιδα (βλ. λ.) (συνών. *μαγουλάδες*).
παραμαζεύω, ρ. (λαϊκ.). Α. (μτβ.) συγκεντρώνω, μαζεύω περισσότερα από άλλη φορά: *σήμερα -έψαμε σταφύλια*. Β. (αμτβ.) μπάζω, μαζεύω υπερβολικά: *-εψε η μπλούζα στο πλύσιμο*.
παραμακρύνω και **παραμακραίνω**, ρ. Α. (μτβ.) μακραίνω κάτι περισσότερο από το κανονικό: *-μάκρυνα το φόρεμα* (αντ. *παρακονταίνω*). Β. αμτβ. 1. μακραίνω υπερβολικά: *-μάκρυναν τα μαλλιά σου· θέλουν κόψιμο*. 2. γίνομαι πολύ μακρύς, διαρκώ πολύ: *-ει η συζήτηση*.
παραμάνα η, Ι. ουσ., γυναίκα που θηλάζει ή φροντίζει ξένο παιδί με αμοιβή: *έχει* ~ *για τα παιδιά της* (συνών. *τροφος, ντανιά*). [*παρά* + *μάνα*].
παραμάνα η, ΙΙ. ουσ., είδος καρφίτσας με ασφάλεια.
παραμάσκαλα, επίρρ. (λαϊκ.), κάτω από τη μασχάλη: *κυκλοφορεί με ένα βιβλίο* ~.
παραμεθόριος, -α, -ο, επίθ. (ασυνίζ.), που βρίσκεται κοντά στα σύνορα (δύο χωρών): *ζώνη -α*. - Το ουδ. στον πληθ. ως ουσ. = περιοχή που βρίσκεται κοντά στα σύνορα.
παραμέληση η, ουσ., έλλειψη φροντίδας, αμέλεια: ~ *καθηκόντων / συζύγου*.
παραμελώ, -είς, ρ., μτχ. παρκ. *παραμελημένος*, παύω να φροντίζω, να ενδιαφέρομαι για κάτι: *-ει την οικογένειά του / τη δουλειά του*.
παραμένω, ρ., αόρ. *παρέμεινα* και *παραέμεινα*, πληθ. *παραμείναμε*. 1. εξακολουθώ να υπάρχω: *το πρόβλημα -ει άλυτο*. 2α. διαμένω κάπου για αρκετό χρόνο: *θα -μείνει στην πόλη μας για δύο μήνες*· β. εξακολουθώ να βρίσκομαι στην ίδια θέση, δεν μετακινούμαι: *ο υπάλληλος -έμεινε στη θέση του*. 3. μένω κάπου περισσότερο από ό,τι χρειάζεται ή από ό,τι πρέπει: *παραέμεινες στο κρύο και κρυολόγησες*.
παράμερα, επίρρ. (λαϊκ.), κατά μέρος, πιο πέρα: *στάθηκε* ~ *και άρχισε να κλαίει*.
παραμερίζω, ρ. Α. μτβ. 1. τραβώ κάτι από τη μέση για να δημιουργήσω ελεύθερο χώρο: *-μέρισε τα πόδια σου για να βάλω το κάθισμα*. 2. (μεταφ.) παραγκωνίζω, υποσκελίζω: *κατάφερε να -ίσει όλους τους ικανούς*. Β. (αμτβ.) τραβιέμαι στην άκρη για να δημιουργήσω ελεύθερο χώρο: *-ίσαμε για να περάσει ο επιτάφιος*.
παραμέρισμα το, ουσ., το να τραβιέται κανείς από τη μέση, παραγκωνισμός.
παραμερισμός ο, ουσ., παραμέρισμα.
παράμερος, -η, -ο, επίθ. (σπάνιο), απόμερος, απομακρυσμένος: *εκκλησία -η*.
παραμέσα, επίρρ. (λαϊκ.), πιο μέσα: *πήγαινε* ~ (αντ. *παραέξω*).
παραμεσόγειος, -α, -ο, επίθ. (ασυνίζ.), που βρίσκεται κοντά στη Μεσόγειο θάλασσα: *εκτάσεις -ες*.
παράμεσος, -η, -ο, επίθ., που βρίσκεται κοντά στο μέσο. - Το αρσ. ως ουσ. = το δάχτυλο του χεριού που βρίσκεται ανάμεσα στο μέσο και το μικρό δάχτυλο.
παράμετρος η, ουσ. 1. ποσότητα που χρησιμοποιείται ως μέτρο σύγκρισης άλλων ποσοτήτων. 2. σημαντικό στοιχείο που η γνώση του εξηγεί τα ουσιώδη χαρακτηριστικά ενός συνόλου, ενός θέματος: *ανέπτυξε τις -ους που καθορίζουν τη μακροβιότητα ενός βιβλίου*. 3. (μαθημ.) ποσότητα που καθορίζεται ελεύθερα σε μια εξίσωση, σε μαθηματική έκφραση ή σε μια συνάρτηση.
παρά μίαν τεσσαράκοντα (έφαγε)· αρχαϊστ. έκφρ. · για δυνατό ξυλοδαρμό.
παραμικρός, -ή, -ό, επίθ. (μόνο στον εν.), πάρα πολύ μικρός ή λίγος, ελάχιστος: *δεν υπάρχει η -ή αμφιβολία*. - Το ουδ. ως ουσ. (για ελάχιστη, μηδαμινή, ασήμαντη ποσότητα): *τον ενοχλεί το -ό·* έκφρ. *με το -ό* (= με την πιο ασήμαντη αφορμή): *μαλώνουν / ξυπνά με το -ό* (πβ. *με το τίποτε*)· *στο -ό* (= καθόλου): *δεν του μοιάζει στο -ό*.
παραμίλημα το, ουσ., παραμιλητό.
παραμιλητό το, ουσ. 1. το να παραμιλά (βλ. λ. σημασ. 1) κάποιος (συνών. *παραλήρημα*). 2α. λόγια χωρίς λογικό ειρμό, διαφορετικά από την πραγματικότητα ή ακατανόητα (ιδίως αρρώστου ή κοιμισμένου)· β. (ειρων.) φλυαρίες ή ανοησίες.
παραμιλώ, ρ. 1α. μιλώ ασύναρτα, λέω λόγια ακατανόητα (ιδίως στον ύπνο μου ή σε αρρώστια): *όλη τη νύχτα -ουσε* (συνών. *παραληρώ*)· β. μιλώ μόνος μου, λέω ανοησίες. 2. φλυαρώ υπερβολικά.

παραμόνεμα το, ουσ., το να παραμονεύει κάποιος (συνών. *παραφύλαγμα*).

παραμονεύω, ρ. (μτβ. και αμτβ.) **1**. βρίσκομαι σε κρυφό μέρος περιμένοντας να επιτεθώ σε κάποιον αιφνιδιαστικά, στήνω καρτέρι: *-μόνευαν οι αντάρτες (να περάσει) το γερμανικό καμιόνι·* (σε μεταφ.) *ο θάνατος -ει σε κάθε βήμα* (συνών. *ενεδρεύω, παραφυλάω*). **2**. στέκομαι κάπου, συνήθως στα κρυφά, προσέχοντας τις κινήσεις κάποιου ή περιμένοντας να τον συναντήσω απροειδοποίητα: *εσένα -ει ο επιστάτης, για σένα ήρθε.*

παραμονή η, ουσ. **1**. (στον εν.) **α**. το να συνεχίζει κανείς να βρίσκεται κάπου, το να μην απομακρύνεται από εκεί: *είναι αδύνατη η ~ στο βυθό περισσότερο από λίγα λεπτά· ~ μιας χώρας στο NATO·* **β**. το να μένει κανείς κάπου (για σύντομο ή μακρότερο χρονικό διάστημα): *απαγορεύεται η ~ του κοινού στο χώρο των αποσκευών.* **2α**. (στον εν.) η προηγούμενη ημέρα μιας γιορτής ή ενός γεγονότος: *~ των Φώτων / της Πρωτοχρονιάς* (αντ. *επομένη*)· **β**. (στον πληθ.) οι ημέρες αμέσως πριν από μια γιορτή ή το χρονικό διάστημα πριν από ένα γεγονός: *οι -ές των Χριστουγέννων /* (προφ.) *-ές Χριστούγεννα· οι -ές του 1821.*

παραμόρφωμα το, ουσ. (λαϊκ.), παραμόρφωση.

παραμορφώνω, ρ., αλλάζω τη μορφή προσώπου ή πράγματος προς το χειρότερο, ώστε να γίνει αγνώριστο: *ο θυμός είχε -ώσει την όψη του·* το *δοχείο -ώθηκε από την υψηλή θερμοκρασία·* (μεταφ.) *~ τις απόψεις κάποιου* (= *διαστρεβλώνω*) (συνών. *αλλοιώνω*).

παραμόρφωση η, ουσ. **1**. το να παραμορφώνεται κάτι: *~ προσώπου /* (μεταφ.) *των γεγονότων* (συνών. *αλλοίωση*). **2**. (φυσ.) **α**. μεταβολή του σχήματος ή του μεγέθους ενός στερεού σώματος από την επίδραση εξωτερικών δυνάμεων: *~ ελαστική / μόνιμη·* **β**. (στην οπτική) εκτροπή του φακού ή των κατόπτρων που χαρακτηρίζεται από παραμόρφωση της εικόνας· **γ**. (στις τηλεπικοινωνίες, κ.τ.ό.) αλλοίωση ήχου κατά την αναπαραγωγή του: *δέκτης με μικρή ~.*

παραμορφωτικός, -ή, -ό, επίθ., που αναφέρεται στην παραμόρφωση: *τάση -ή·* (ιατρ.) *αρθρίτιδα -ή* (= πάθηση που χαρακτηρίζεται από αλλοίωση των αρθρώσεων και παραμόρφωση των οστών, ιδίως στα χέρια)· (φυσ.) *φακός ~* (όπου παρατηρείται παραμόρφωση· βλ. λ. σημασ. 2β).

παραμπαίνω, ρ. (όχι έρρ., λαϊκ.), μπαίνω, πηγαίνω κάπου πολύ συχνά. Φρ. *μου -ει στη μύτη ή μου -μπήκε* (για κάποιον που ενοχλεί υπερβολικά).

παραμπρός και **παραμπροστά**, επίρρ. (όχι έρρ.), λίγο πιο μπροστά: *στάσου ~* (αντ. *παραπίσω*).

παραμυθάς ο, θηλ. (σπανίως) **-ού**, ουσ. **1**. (λαογρ.) άτομο που κατέχει την τέχνη της σύνθεσης και της αφήγησης ενός παραμυθιού: *~ γεννημένος* (πβ. *μυθοποιός*). **2**. ψεύτης (επιτ.) τερατολόγος: *κατάλαβα τι ~ είναι και δεν πιστεύω λέξη απ' όσα μου λέει.*

παραμυθένιος, -ια, -ιο, επίθ. (συνιζ.). **α**. που αναφέρεται ή υπάρχει στα παραμύθια: *παλάτι -ιο* (συνών. *μυθικός, φανταστικός*)· **β**. για κάτι, ιδίως ομορφιά ή πλούτο, που ξεπερνά την πραγματικότητα, θεωρείται εξαιρετικό: *χλιδή -ια* (συνών. *ονειρεμένος, παραδεισένιος, υπερκόσμιος, φαντασμαγορικός*).

παραμυθητικός, -ή, -ό, επίθ. (φιλολ.) για κείμενο που έχει σκοπό να παρηγορήσει κάποιον: *επι-*στολές *του Μ. Βασιλείου -ές· λόγος ~* (συνών. *παρηγορητικός*).

παραμύθι το, ουσ. **1**. (λαογρ.) λαϊκή διήγηση που έχει θέμα μια φανταστική ιστορία ή την αποτελούν περισσότεροι πυρήνες (μοτίβα) μύθων από τη ζωή των ανθρώπων ή των ζώων: *~ μαγικό· κατάταξη -ιών· -ια της γιαγιάς / της Χαλιμάς.* **2**. ψεύτικη ιστορία, ψευτιά: *είναι αληθινά κάτι πράγματα που τα 'χες για -ια* (Κόντογλου)· φρ. (λαϊκ.) *πουλάω ~* (= λέω ψέματα προσπαθώντας να εξαπατήσω κάποιον)· *χάβω το ~* (= πιστεύω ένα ψέμα, εξαπατώμαι).

παραμυθία η, ουσ. (λόγ.), παρηγοριά: *~ θεϊκή.*

παραμυθιακός, -ή, -ό, επίθ. (ασυνίζ.), που αναφέρεται στο παραμύθι: *μοτίβα -ά.*

παραμυθολογία η, ουσ., κλάδος της λαογραφίας που μελετά τα παραμύθια από άποψη φιλολογική, γλωσσική, δομική, ανθρωπολογική, κ.ά.

παραμυθολόγος ο, ουσ. (λόγ.), παραμυθάς (βλ. λ.).

παραμυθού, βλ. *παραμυθάς.*

παρανάγνωση η, ουσ. (παλαιογρ.) εσφαλμένη ανάγνωση: *λάθη του αντιγραφέα χειρογράφου που οφείλονται σε ~.*

παρανάλωμα το, ουσ., μόνο στη λόγ. φρ. *γίνομαι ~ του πυρός* (= για πράγμα που καταστρέφεται εντελώς από φωτιά): (λογοτ.) *σ' έναν κόσμο που κάνει τη ζωή ~ του... ευδαιμονισμού* (Τερζάκης).

παρανάρθηκας ο, ουσ. (εκκλ.) εξωνάρθηκας (βλ. λ.).

παρανόηση η, ουσ., εσφαλμένη ερμηνεία, αντίληψη νοήματος που δεν συμφωνεί με την πραγματικότητα: *~ βιβλικού χωρίου* (συνών. *παρερμηνεία, παρεξήγηση·* αντ. *κατανόηση*).

παράνοια η, ουσ. (ασυνίζ.). **α**. (ψυχιατρ.) διανοητική ασθένεια κατά την οποία πιστεύει κάποιος ότι οι άλλοι άνθρωποι προσπαθούν να τον βλάψουν (μανία καταδιώξεως) ή ότι είναι κατώτεροι απ' αυτόν· **β**. (γενικότερα) σύνολο διαταραχών του χαρακτήρα που προκαλούν εκδηλώσεις παραληρήματος και επιθετικότητας: *~ ομαδική.*

παρανοϊκός, -ή, -ό, επίθ. **1**. που αναφέρεται στην παράνοια: *ιδέα / αντίδραση -ή.* **2**. (για πρόσωπο· το αρσ. και ως ουσ.) που πάσχει από παράνοια.

παράνομα, βλ. *παράνομος.*

παράνομα, παρανόμι και **παρόνομα** το, ουσ. (λαϊκ.). **1**. επώνυμο. **2**. σκωπτικό όνομα.

παρανομία η, ουσ. **1**. παράνομη πράξη: *διαπράττω ~· τιμωρώ τις -ες* (συνών. *ανομία*). **2**. εκτροπή από τη νομιμότητα, *παράνομη ζωή: ένα κόμμα δρα στην ~· βγαίνω στην ~.*

παρανομιάζω, ρ. (συνιζ., λαϊκ.), δίνω σε κάποιον πρόσθετο, συνήθως σκωπτικό όνομα.

παράνομος, -η, -ο, επίθ. **1**. (για πράξη, γεγονός, κ.τ.ό.) που είναι αντίθετος στους νόμους ή τα ήθη: *οπλοφορία -η· σχέσεις -ες* (= εξωσυζυγικές)· *συμβίωση -η* (χωρίς γάμο) (αντ. *νόμιμος*). **2**. (για πρόσωπο, κ.ά.) που παραβαίνει το νόμο, που δε ζει ή δεν ενεργεί σύμφωνα με το νόμο ή το δίκαιο: *πωλητής ~· οργάνωση -η·* (το αρσ. ιδίως στον πληθ. ως ουσ.) *αγώνας εναντίον των -όμων* (συνών. *άνομος, εκτός νόμου*). - Επίρρ. **-α** και **-νόμως**.

παρανομώ, ρ., παραβιάζω τους νόμους και το δίκαιο, ενεργώ παράνομα.

παρανόμως, βλ. *παράνομος.*

παρανοώ, ρ. (μτβ.) αντιλαμβάνομαι εσφαλμένα: *-εί σκόπιμα το πνεύμα της διαταγής* (συνών. *παρερμηνεύω, παρεξηγώ·* αντ. *κατανοώ*).

παράνυμφος ο και η, ουσ. 1. φίλος του γαμπρού ή (στο θηλ.) φίλη της νύφης που συνοδεύει αντίστοιχα τον καθένα τους από το σπίτι ως την εκκλησία και στέκεται δίπλα τους κατά τη διάρκεια της τελετής του γάμου. 2. κουμπάρος.
παρανυστάζω, ρ. (συνήθως στον αόρ.) νυστάζω υπερβολικά.
παρανυφάκι το, ουσ. (λαϊκ.), μικρό αγόρι ή συνηθέστερα κορίτσι ντυμένο όπως ο γαμπρός ή η νύφη αντίστοιχα, που τους συνοδεύει στην εκκλησία και στέκεται δίπλα τους κατά τη διάρκεια της τελετής του γάμου: *τα -ια κρατούσαν το πέπλο της νύφης.*
παρανυχίδα, βλ. *παρωνυχίδα.*
παράξενα, βλ. *παράξενος.*
παραξενεύω, ρ. I. (ενεργ.) φαίνομαι παράξενος σε κάποιον, του προκαλώ έκπληξη, απορία: *με -εψε η ερώτησή σου·* (παθ.) *πολύ -τηκα από τις στολές των κατοίκων* (συνών. *ξενίζω*). II. (μέσ.) νιώθω έκπληξη, απορία για κάτι: *-ομαι που σε βρίσκω τόσο περασμένη ώρα στο γραφείο.*
παραξενιά η, ουσ. (συνιζ.), ιδιοτροπία: *~ εργένικη· δεν ανέχομαι τις -ιές του.*
παραξενιάζω, ρ. (συνιζ., λαϊκ.), γίνομαι παράξενος, ιδιότροπος, δύστροπος: *γερνά και -ει.*
παράξενος, -η, -ο, επίθ. 1α. αλλόκοτος, ασυνήθιστος ή απροσδόκητος, συχνά έτσι που να προκαλεί σε κάποιον δυσκολία ή φόβο: *στο μέτωπο επικρατούσε μια -η ηρεμία· βλέμμα / όνειρο -ο* (συνών. *παράδοξος, περίεργος*· αντ. *κανονικός, φυσιολογικός*)· β. (ειδικά) για αίσθημα απροσδιόριστα δυσάρεστο, για δυσφορία σωματική ή ψυχική. 2. ιδιότροπος: *είχα μια δασκάλα πολύ -η.* - Επίρρ. **-α**.
παραξηλώνω, ρ., μόνο στη φρ. *το ~* (συνήθως στον αόρ.) = ξεπερνώ τα ανεκτά όρια συμπεριφοράς (συνών. *το παρακάνω*).
παραξοδεύομαι, ρ., κάνω υπερβολικά έξοδα.
παραξοδιάζω, ρ. (συνιζ., λαϊκ.), παραξοδεύομαι.
παραοικονομία η, ουσ. (νεολογ.) σύνολο αντικανονικών οικονομικών δραστηριοτήτων που αναπτύσσεται παράλληλα με την επίσημη οικονομία μιας χώρας: *η αυθαίρετη δόμηση είναι προσοδοφόρος κλάδος της -ας.*
παραπαιδεία η, ουσ., σχολικές γνώσεις που παρέχει ή προσπαθεί να εμπεδώσει σε μαθητές κάποιος (με αμοιβή) έξω από τον κρατικό χώρο του σχολείου, καθώς και συνολικά η σχετική δραστηριότητα (η λ. συνήθως μειωτ. για τα σχολικά φροντιστήρια) (βλ. λ.).
παραπαίδι το, ουσ. (λαϊκ.), θετό παιδί, ψυχοπαίδι.
παραπαίρνω, ρ., παίρνω σε υπερβολικό βαθμό, περισσότερο απ' όσο πρέπει: *-πήραν τα μυαλά του αέρα· να μην το -εις αγκαλιά το μωρό, γιατί κακομαθαίνει.*
παραπαίω, ρ. (λόγ., μόνο στον ενεστ. και τον παρατ.), καθώς βαδίζω κλονίζομαι και κινδυνεύω να πέσω, τρικλίζω, παραπατώ: *τον είδα να -ει και έτρεξα να τον συγκρατήσω·* (συνήθως μεταφ.) *-ει η οικονομία* (= δεν έχει ομαλή πορεία)· (για πρόσωπο) *-ει διανοητικά* (= *παραλογίζεται*).
παράπαν, επίρρ. (λόγ.), εντελώς, εξολοκλήρου· (συνήθως σε άρνηση) καθόλου: *δεν είναι το ~ ικανός στη δουλειά του.*
παραπανίσιος, -ια, -ιο, (συνιζ.) και **παραπανιστός, -ή, -ό**, επίθ. 1. που είναι πιο πολύς από το κανονικό: *έβαλες -ια ζάχαρη στον καφέ μου* (συνών. *περίσσιος*· αντ. *λιγοστός*). 2. περιττός: *μη φέρνεις άλλο πιάτο, γιατί θα είναι -ιο· λόγια -ια.* - Επίρρ. **-ια**: *έφαγα -ια σήμερα.*
παραπάνω, επίρρ. 1. (τοπ.) πιο πάνω, πιο ψηλά από κάποιο συγκεκριμένο σημείο ή μέρος: *ανέβα ~· σε τούτη δω τη γειτονιά, στην ~ ρούγα* (δημ. τραγ.)· (μεταφ.) *δεν μπόρεσε ν' ανέβει ~ στη δουλειά του.* 2. (ποσ.) α. πιο πολύ· πιο ακριβά: *ζυγίζει 5 κιλά ~ από μένα·* β. επιπλέον: *θα πιω κι ένα ποτήρι ~ σήμερα που είναι γιορτή.* 3. (χρον.) πιο μεγάλο χρονικό διάστημα: *έχω ~ από μήνα να του γράψω.* 4. (για διήγηση, κείμενο, κ.τ.ό.) πιο πριν, σε προηγούμενο σημείο: *αυτό το αναφέρω ~·* Έκφρ. *ένα ~ που...*(= κυρίως γιατί...): *δεν πρέπει να κάνεις περιττά έξοδα, ένα ~ που είσαι χρεωμένος· κοντόν αυτόν τον καιρό· ένα το παραπάνω* (= πιο πολύ απ' το κανονικό ή απ' όσο θα περίμενε κανείς): *δούλεψε με το ~.*
παρά πάσαν προσδοκίαν· αρχαϊστ. έκφρ. = αντίθετα με ό,τι περιμένουμε, χωρίς να το περιμένει κανείς.
παραπάτημα το, ουσ. 1. στραβοπάτημα, γλίστρημα. 2. τρέκλισμα.
παραπατώ, -άς, ρ. Α. (μτβ.) πατώ υπερβολικά: *τα -ησες τα σταφύλια.* Β. αμτβ. 1. στραβοπατώ με αποτέλεσμα να χάσω την ισορροπία μου: *-ησα και μου έπεσαν τα χαρτιά.* 2. περπατώ τρεκλίζοντας, με όχι σταθερό βάδισμα: *-ούσε στο δρόμο απ' το μεθύσι.*
παραπαχαίνω, ρ., παχαίνω υπερβολικά.
παραπάω, ρ., αόρ. *-πήγα, παραπηγαίνω* (βλ. λ.): *-πάμε στον κινηματογράφο αυτήν την εποχή.* Φρ. *αυτό -ει!* (= ξεπερνάει τα όρια): *-ει* (ή *-πήγε*) *το πράμα* (= ως εδώ και μη παρέκει): *-πήγε το πράμα με τις παραξενιές του!*
παραπείθω, ρ., παρατ. *παρέπειθα*, πληθ. *παραπείθαμε*, αόρ. *παρέπεισα*, πληθ. *παραπείσαμε*, πείθω κάποιον για κάτι με απατηλά λόγια ή μέσα, παραπλανώ, ξεγελώ.
παραπειστικός, -ή, -ό, επίθ., που πείθει για κάτι μη αληθινό, που ξεγελά, παραπλανητικός: *ερωτήσεις -ές* (= ερωτήσεις που οδηγούν σε απάντηση που συμφέρει αυτόν που ρωτά).
παραπεμπτικός, -ή, -ό, επίθ. α. που με αυτόν ή με βάση αυτόν γίνεται παραπομπή: *βούλευμα -ό* (= απόφαση που παραπέμπει τον κατηγορούμενο σε δίκη)· β. (ειδικότερα, φιλολ.) που παραπέμπει από μία λέξη σε άλλη: *-ό δελτίο / λήμμα* (*λεξικού*)· *σημείωση -ή.*
παραπέμπω, ρ., παρατ. *παρέπεμπα*, πληθ. *παραπέμπαμε*, αόρ. *παρέπεμψα*, πληθ. *παραπέμψαμε*, παθ. αόρ. *παραπέμφθηκα*. 1. στέλνω κάποιον σε αρμόδιο πρόσωπο για διεκπεραίωση υπόθεσής του: *τον -εμψαν στον αρμόδιο τμηματάρχη για τη λύση του ζητήματός του.* 2. (για έγγραφο, αίτηση, αναφορά, υπόθεση, κλπ.) επαναβιβάζω για διεκπεραίωση, περαιτέρω εξέταση, κλπ.: *η αίτησή σου -μφθηκε ήδη στον αρμόδιο υπάλληλο·* φρ. *παραπέμπω κάτι* (ζήτημα, υπόθεση, κ.τ.ό.) *στις ελληνικές καλένδες*, βλ. *καλένδες.* 3. (σε δικαστικές υποθέσεις) στέλνω για εκδίκαση ή για ανάκριση: *η υπόθεση -μφθηκε στον ανακριτή.* 4. (σε κείμενο, συνήθως επιστημονικό) αναφέρω ακριβώς την πηγή ή το βοήθημα από όπου άντλησα κάποιο απόσπασμα ή κάποια πληροφορία, ώστε να μπορεί ο αναγνώστης να εξακριβώσει την ακρίβεια αυτών που λέω ή να πληροφορηθεί

εκτενέστερα: *ο συντάκτης του άρθρου μάς -ει για περισσότερες λεπτομέρειες στο τάδε έργο.*
παραπέρα, επίρρ. 1. (τοπ.) πιο πέρα, πιο μακριά: *προχώρησα / κάθισα λίγο ~.* 2. (χρον.) αργότερα, στο μέλλον: *δεν ξέρω τι θα γίνει ~, αλλά προς το παρόν τα πάω καλά στη δουλειά μου.*
παραπέταμα το, ουσ., το να παραπετάει κανείς κάτι ή κάποιον και το αποτέλεσμα της ενέργειας αυτής.
παραπέτασμα το, ουσ. (λόγ.). 1. υφασμάτινο προκάλυμμα, ιδίως αυτό που κρέμεται από το πάνω μέρος πόρτας ή παράθυρου, κουρτίνα. 2. (ειδικά, εκκλ.) υφασμάτινο προκάλυμμα, με χρώμα βυσσινί, που κρέμεται από την ωραία Πύλη και χωρίζει το άγιο Βήμα από τον κυρίως ναό. Έκφρ. *σιδηρούν ~* η απλώς *~* (= όρος που χρησιμοποιήθηκε μετά το δεύτερο παγκόσμιο πόλεμο για να δηλώσει το σύνορο που χώριζε τις χώρες της δυτικής Ευρώπης από τις λαϊκές δημοκρατίες της ανατολικής).
παραπέτο το, ουσ., προστατευτικό τοίχωμα στην άκρη γεφυρών, μπαλκονιών, καταστρωμάτων πλοίων, κλπ., που φτάνει περίπου έως το ύψος του στήθους (συνών. *στηθαίο, θωράκιο*). [ιταλ. *parapetto*].
παραπετώ, -άς, ρ. 1. πετώ κάτι παράμερα, το αφήνω όπου τύχει: *-πέταξε το βιβλίο και δεν το βρίσκει.* 2. (μεταφ.) παραμελώ ή εγκαταλείπω κάποιον: *παιδιά -πεταμένα από τους γονείς τους.*
παραπέφτω, ρ., αόρ. *παράπεσα* και *-έπεσα,* πληθ. *παραπέσαμε.* 1. πέφτω συχνά ή υπερβολικά: *-έπεσα έξω στους υπολογισμούς μου.* 2. (για μικρό αντικείμενο) πέφτω παράμερα με αποτέλεσμα να είναι δύσκολο να με βρουν: *κάπου θα -εσε το γράμμα και δεν το βρίσκω.*
παραπηγαίνω, ρ., αόρ. *-πήγα,* πηγαίνω πολύ συχνά: *φέτος -ετε εκδρομές.*
παράπηγμα το, ουσ. 1. πρόχειρο οικοδόμημα, παράγκα (βλ. λ.): *ξύλινο ~.* 2. (ναυτ., στον πληθ.) όλα τα πρόσθετα μέρη που βρίσκονται στο κατάστρωμα ή τους τοίχους ενός πλοίου.
παραπιέζω, ρ. (ασυνίζ.), πιέζω υπερβολικά: *μην - εις το μπαλόνι, γιατί θα σκάσει· μην τον -ετε να κάνει γρήγορα, γιατί είναι κουρασμένος.*
παραπικραίνω, ρ., πικραίνω, στενοχωρώ υπερβολικά κάποιον.
παραπίνω, ρ., αόρ. *παράηπια,* καταναλώνω μεγάλη ποσότητα (κυρίως οινοπνευματωδους) ποτού: *-ήπιε χτες βράδι και σήμερα έχει πονοκέφαλο.*
παραπίσω, επίρρ. 1. (τοπ.) πιο πίσω: *ο Α στεκόταν μπροστά και ο Β παραπίσω· έκανα ~ για να μην πέσει επάνω μου.* 2. (χρον.) πιο πριν, προηγουμένως: *ας δούμε τι γινόταν είκοσι χρόνια ~.*
παραπλάνηση η, ουσ., το να κάνει κανείς κάποιον να παραπλανηθεί, εξαπάτηση.
παραπλανητικός, -ή, -ό, επίθ., που στοχεύει στην παραπλάνηση κάποιου: *σχέδιο -ό.*
παραπλανώ, -άς, ρ., ξεγελώ κάποιον, τον κάνω (με τα λόγια ή τις πράξεις μου) να πιστεύει κάτι λανθασμένο: *με τα λόγια του -ησε τους δικαστές* (συνών. *εξαπατώ*).
παράπλασμα το, ουσ. (βιολ.) το σύνολο των νεκρών συστατικών του κυτταροπλάσματος (συνών. *μετάπλασμα*).
παράπλευρος, -η, -ο, επίθ., που βρίσκεται δίπλα σε κάποιον, που είναι συνεχόμενος με κάποιον:
οικόπεδο -ο (συνών. *διπλανός, πλαϊνός*). - Επίρρ. **-πλεύρως** και **-α.**
παραπλέω, ρ., παρατ. *παρέπλεα,* πληθ. *παραπλέαμε,* αόρ. *παρέπλευσα,* πληθ. *παραπλεύσαμε,* (για πλεούμενο) πλέω κατά μήκος της ακτής ενός τόπου.
παραπληγία η, ουσ. (ιατρ.) παράλυση των κάτω άκρων του ανθρώπινου σώματος.
παραπληγικός, -ή, -ό, επίθ., που πάσχει από παραπληγία.
παραπληθαίνω, ρ., αυξάνομαι, πληθαίνω υπερβολικά: *-υναν τα κουνέλια.*
παραπληροφόρηση η, ουσ., εσκεμμένη διαστροφή αληθινών πληροφοριών ή επινόηση ψευδών.
παραπληροφορώ, -είς, ρ., διαστρέφω εσκεμμένα ακριβείς πληροφορίες ή επινοώ ψευδείς για να πετύχω συγκεκριμένους στόχους.
παραπληρωματικός, -ή, -ό, επίθ., συμπληρωματικός· (γεωμ.) *γωνίες -ές =* που το άθροισμά τους είναι ίσο με 180°.
παραπλήσιος, -α, -ο, επίθ. (ασυνίζ.), σχεδόν ίδιος με κάποιον: *οι απόψεις του είναι -ες με τις δικές μου* (συνών. *παρόμοιος*).
παρά πόδα, βλ. *παρά.*
παραποίηση η, ουσ. 1. σκόπιμη τροποποίηση ενός πράγματος: *~ επιστολής / της αλήθειας.* 2. δόλια απομίμηση ενός πράγματος: *~ νομίσματος* (= παραχάραξη).
παραποιώ, -είς, ρ. 1. παραλλάζω σκόπιμα κάτι για να εξαπατήσω ή για να το παρουσιάσω όπως εγώ θέλω: *~ έγγραφο· τα λόγια κάποιου.* 2. κάνω δόλια απομίμηση ενός πράγματος: *~ νόμισμα.*
παραπομπή η, ουσ. 1. το να στέλνεται κάποιος σε αρμόδιο πρόσωπο για διεκπεραίωση υπόθεσής του. 2. μεταβίβαση εγγράφου, αίτησης, κ.τ.ό., για διεκπεραίωση, περαιτέρω εξέταση, κλπ. 3. (σε δικαστήρια) το να στέλνεται κάποιος ή μια υπόθεση για εκδίκαση: *~ κατηγορουμένου σε δίκη.* 4. (σε κείμενο, συνήθως επιστημονικό) σημείωση όπου αναφέρεται η πηγή από την οποία άντλησε ο συγγραφέας κάποιο παράθεμα ή κάποια πληροφορία, ώστε να μπορεί ο αναγνώστης να εξακριβώσει την ακρίβεια των γραφομένων ή να βρει περισσότερες πληροφορίες: *-ή βιβλιογραφική.*
παραπόνεμα το και **παραπόνεση** η, ουσ., παράπονο.
παραπονετικός, -ή, -ό, επίθ., που εκφράζει παράπονο που είναι γεμάτος παράπονο: *ύφος -ό.*
παραπονιάρης, -α, -ικο, επίθ. (συνιζ.), που έχει την τάση να παραπονιέται διαρκώς.
παραπονιάρικος, -η, -ο, επίθ. (συνιζ.), παραπονετικός.
παραπονιέμαι, βλ. *παραπονούμαι.*
παράπονο το, ουσ. 1. έκφραση (με λόγια ή κλάμα) αισθήματος πόνου ή θλίψης για δυσάρεστη ψυχική κατάσταση: *υποφέρει χωρίς -α* φρ. *με πιάνει ή με πιάνει το παράπονο· 'χω παράπονο* (= νιώθω πικρία για κάτι). 2. έκφραση δυσαρέσκειας ή ήπιας διαμαρτυρίας για αδικία ή παραμέληση που γίνεται εις βάρος μας: *οι υπάλληλοι διατύπωσαν -α στη διεύθυνση για τις απολύσεις·* έκφρ. *τα -ά σου στο δήμαρχο* (όταν αδιαφορούμε για τις διαμαρτυρίες κάποιου)· φρ. *υποβάλλω -ο* (= ζητώ, συνήθως γραπτώς, από προϊστάμενη αρχή την επανόρθωση αδικίας που μου έγινε).
παραπονούμαι και **-ιέμαι,** ρ. (συνιζ.). 1. εκφράζω (με λόγια ή κλάμα) τη θλίψη μου για κάποια δυσά-

ρεστη κατάσταση στην οποία βρίσκομαι: *διαρκώς -ιέται για τις ατυχίες του*. **2.** διαμαρτύρομαι με ήπιο τρόπο για κάποια αδικία ή παραμέληση που γίνεται εις βάρος μου: *οι εργάτες -ούνται για τις άσχημες συνθήκες εργασίας*.

παραπόρτι το, ουσ. **α.** μικρή πόρτα που βρίσκεται δίπλα ή πάνω στην εξώπορτα· **β.** μικρή μυστική πόρτα που βρίσκεται συνήθως στο πίσω μέρος του σπιτιού.

παραπόταμος, -α, -ο, επίθ. (ασυνίζ.), που βρίσκεται ή κατοικεί κοντά σε ποτάμι.

παραπόταμος ο, ουσ., μικρός ποταμός που χύνεται σε κάποιον άλλο μεγαλύτερο.

παραπούλι το, ουσ. **1.** παραφυάδα, μικρό βλαστάρι που βγαίνει στο κάτω μέρος του κορμού ενός φυτού. **2.** είδος καρμπολάχανου. Παροιμ. *καιρός σπέρνει* (ή *βγάζει* ή *φέρνει*) *τα λάχανα, καιρός τα -ια* (= το καθετί πρέπει να γίνεται στην κατάλληλη περίσταση για να φέρει αποτέλεσμα. [παρά + λατ. *pullus* (= βλαστάρι)].

παραπροϊόν το, ουσ., δευτερεύον προϊόν χημικής βιομηχανίας που παράγεται κατά τις χημικές αντιδράσεις μαζί με τα κύρια και χρησιμοποιείται ως πρώτη ύλη σε άλλη βιομηχανία.

παράπτωμα το, ουσ. **1.** (νομ.) παράβαση νόμου όχι σοβαρή, πταίσμα, πλημμέλημα. **2.** σφάλμα στο χώρο της ηθικής.

παραρίχνω, ρ., αόρ. *παράριξα* και *παραέριξα*, πληθ. *παραρίξαμε*. **1.** ρίχνω κάτι στην άκρη, παράμερα. **2.** (μεταφ.) περιφρονώ κάποιον ή αδιαφορώ γι' αυτόν: *τον έχουν -ριγμένο οι συγγενείς του*. **3.** ρίχνω κάτι υπερβολικά, περισσότερο από όσο πρέπει: *-έριξες ζάχαρη στο γάλα μου*.

παράρτημα το, ουσ. **1.** τμήμα ιδρύματος ή εταιρείας που λειτουργεί σε άλλη περιοχή: *εταιρεία με -ατα σε πολλές πόλεις*. **2.** (παλαιότερα) έκτακτη έκδοση εφημερίδας, συνήθως μονοσέλιδη, που περιέχει σημαντική είδηση. **3.** ξεχωριστό τμήμα βιβλίου, στο οποίο περιλαμβάνονται κείμενα ή εικόνες που έχουν έμμεση σχέση με το κύριο σώμα του βιβλίου.

παράς ο, πληθ. *παράδες*, γεν. *παράδων* και (λαϊκ.) *παράδ(ι)ών*, ουσ. **1α.** υποδιαίρεση του τουρκικού νομίσματος που ισοδυναμεί με το 1/40 του γροσιού και το αντίστοιχο κέρμα· **β.** υποδιαίρεση του γιουγκοσλαβικού νομίσματος που ισοδυναμεί με το 1/100 του δηναρίου και το αντίστοιχο κέρμα. Φρ. *δε δίνω (έναν) παρά για κάποιον* ή *κάτι* (= αδιαφορώ τελείως)· *δεν αξίζει / δεν πιάνει (έναν) παρά* (= για πράγμα ή πρόσωπο, είναι ευτελής ή ανάξιος)· *τον έκανε δυο / τριών / πέντε παραδιών* (= τον καταεξύτελισε). **2.** (λαϊκ.) πολλά χρήματα, περιουσία: *νύφη με -άδες*· φρ. *έχει -ά με ουρά*, βλ. και *παραδάκι*. [τουρκ. *para*].

παρασάγγης ο, ουσ. (έρρ.), αρχαίο περσικό μέτρο μήκους που ισοδυναμούσε με τριάντα στάδια (βλ. λ.)· φρ. *κάτι απέχει -ας* (= διαφέρει πάρα πολύ από κάτι άλλο): *οι απόψεις μας απέχουν -ας*.

παρασελίδιος, -α, -ο, επίθ. (ασυνίζ., λόγ.), που έχει σημειωθεί, γραφτεί στα περιθώρια της σελίδας: *διόρθωση -α· σημειώσεις -ες*.

παρασέρνω, βλ. *παρασύρω*.

παρασήμανση η, ουσ., κατανόηση ή πληροφόρηση με τη χρήση συμβόλων ή σημείων.

παρασημαντική η, ουσ. (έρρ.), (μους.) παράσταση των μουσικών ήχων με τη χρήση ειδικών γραπτών συμβόλων: *μεταγραφή από τη βυζαντινή ~ σε ευρωπαϊκές νότες* (συνών. *σημειογραφία*).

παράσημο το, ουσ., μικρό έμβλημα, είδος μεταλλίου, που απονέμει η πολιτεία σε κάποιον ως επιβράβευση για ειδικές υπηρεσίες που έχει προσφέρει: *απονέμω ~ ανδρείας· άστραφταν τα -α του στρατηγού·* (λαϊκ.) *πήρε ~ βλακείας*.

παρασημοφόρηση η, ουσ., απονομή παρασήμου: *η ~ των ηρώων έγινε με τυμπανοκρουσίες*.

παρασημοφορώ, ρ., απονέμω παράσημο σε κάποιον ως ηθική επιβράβευση για την προσφορά ειδικών υπηρεσιών.

παρασιτικός, -ή, -ό, επίθ. **1.** που αναφέρεται στο παράσιτο: *έντομα -ά*. **2.** που αναφέρεται στον παρασιτισμό: *ζωή -ή*. **3.** που προκαλείται από τα παράσιτα: *ασθένεια -ή* (συνών. *παρασιτογενής*). - Επίρρ. **-ώς** και **-ά**: *οι μύκητες ζουν -ώς*.

παρασιτισμός ο, ουσ. **1.** (βιολ.) σχέση δύο οργανισμών κατά την οποία ο ένας (το παράσιτο) ζει εις βάρος του άλλου προκαλώντας του παθολογικές διαταραχές. **2.** (κοινων.) το να ζει κανείς εις βάρος της εργασίας άλλων χωρίς ο ίδιος να παράγει ή να προσφέρει κάτι.

παράσιτο το, ουσ. **1.** (βιολ.) ζωικός ή φυτικός οργανισμός που ζει πάνω ή μέσα σε άλλο ζώο ή φυτό διαφορετικού είδους και τρέφεται απ' αυτό: *γεωργικό φάρμακο για τα -α*. **2.** (στον πληθ.) παρενοχλήσεις στη λήψη ραδιοηλεκτρικών κυμάτων που παρουσιάζονται ως θόρυβοι ή παραμορφώσεις εικόνας που δυσχεραίνουν τις τηλεπικοινωνίες: *δεν τον άκουγε, γιατί το τηλέφωνο έκανε -α· -α στην εικόνα της τηλεόρασης*. **3.** (μεταφ.) *παράσιτος* (βλ. λ.): *~ της κοινωνίας*.

παρασιτογενής, -ής, -ές, γεν. *-ούς*, πληθ. αρσ. και θηλ. *-είς*, ουδ. *-ή*, επίθ. (βιολ.-ιατρ.) που προκαλείται από παράσιτα: *ασθένεια ~* (συνών. *παρασιτικός* στη σημασ. 3).

παρασιτοκτόνο το, ουσ., χημική ουσία που χρησιμοποιείται για την εξόντωση παρασίτων.

παρασιτολογία η, ουσ. **α.** κλάδος της βιολογίας που ασχολείται με τη μελέτη των παρασίτων που ζουν εις βάρος των ζώων, των φυτών ή των ανθρώπων· **β.** κλάδος της ιατρικής που ασχολείται με τη μελέτη των παρασίτων που προκαλούν παθολογικές διαταραχές στον ανθρώπινο οργανισμό, καθώς και με τους τρόπους εξόντωσής τους.

παράσιτος ο, ουσ., άνθρωπος που ζει εις βάρος των άλλων, χωρίς να προσφέρει τίποτε, χαραμοφάης.

παρασιώπηση η, ουσ. (ασυνίζ.), αποσιώπηση (βλ. λ.).

παρασιωπώ, ρ. (ασυνίζ.), παραλείπω σκόπιμα να αναφέρω κάτι, αποσιωπώ (βλ. λ.).

παρασκευάζω, ρ., κάνω κάτι κατάλληλο ή έτοιμο για χρήση βρίσκοντας και χρησιμοποιώντας τα αναγκαία υλικά ή τις πρώτες ύλες· καταρτίζω· ετοιμάζω: *~ φαγητό / φάρμακο*.

παρασκεύασμα το, ουσ. (συνήθως) μίγμα που προκύπτει ύστερα από ειδική επεξεργασία για να χρησιμοποιηθεί ως φαγητό, φάρμακο, καλλυντικό, κλπ.· (γενικά) ό,τι παρασκευάζεται, προϊόν που προκύπτει από ειδική επεξεργασία: *φαρμακευτικό ~*.

παρασκευαστήριο το, ουσ. (ασυνίζ.). **α.** (γενικά) χώρος όπου υιεγάζεται συνεργείο για την παρασκευή ενός προϊόντος: *~ φαρμακείου*· **β.** ειδικός χώρος του ναυστάθμου όπου στεγάζεται συνεργείο για την παρασκευή εξαρτημάτων των πλοίων.

παρασκευαστής ο, θηλ. **-τρια**, ουσ. 1. αυτός που παρασκευάζει ένα προϊόν: *κρέμα εγγυημένη από τους -ές της·* (ως επίθ.) *-τρια εταιρεία*. 2. (ειδικά) βοηθός σε ανώτερες τεχνικές σχολές ή ιδρύματα που ετοιμάζει τα υλικά και τα όργανα για τη διεξαγωγή πειραμάτων στα εργαστήρια.

παρασκευαστικός, -ή, -ό, επίθ., που αναφέρεται στον παρασκευαστή ή την παρασκευή.

παρασκευάστρια, βλ. *παρασκευαστής*.

παρασκευή η, ουσ. 1. το να γίνεται κάτι έτοιμο ή κατάλληλο για χρήση με τη χρησιμοποίηση των αναγκαίων πρώτων υλών: *εργοστάσιο -ής αλουμίνας·* ~ *φαρμάκων*. 2. (με κεφαλαίο Π) η έκτη ημέρα της εβδομάδας, η ημέρα μετά την Πέμπτη και πριν από το Σάββατο· έκφρ. *Μεγάλη Π-ή* (= η ημέρα της Μεγάλης Εβδομάδας κατά την οποία τιμάται στη χριστιανική θρησκεία ο ενταφιασμός του Εσταυρωμένου).

παρασκηνιακός, -ή, -ό, επίθ. (ασυνίζ.), (μεταφ., για ενέργεια, κ.τ.ό.) που γίνεται κρυφά σε κλειστό κύκλο ατόμων ώστε να μη γνωστοποιείται σε ευρύτερο κοινό: *-ές διαπραγματεύσεις για τις μετεκλογικές εξελίξεις*. - Επίρρ. **-ά**: *το θέμα συζητείται -ά*.

παρασκήνιο το, ουσ. (ασυνίζ.). 1. (στον εν. και πληθ.) οι χώροι του θεάτρου που βρίσκονται πλαγίως και πίσω από τη σκηνή από την οποία χωρίζονται με κουρτίνες ή σκηνικά ώστε να μην είναι ορατοί από τους θεατές: *ο σκηνοθέτης παρακολουθούσε την παράσταση από τα -α*. 2. (στον πληθ., μεταφ.) ενέργειες, συχνά με παράνομους σκοπούς, που γίνονται κρυφά σε κλειστό κύκλο ατόμων ώστε να μη γνωστοποιούνται σε ευρύτερο κοινό: *τα -α της πολιτικής ζωής / της απόφασης του συμβουλίου*.

παρασκύβω, ρ., παρατ. *παραέσκυβα*, πληθ. *παρασκύβαμε*, αόρ. *παραέσκυψα*, πληθ. *παρασκύψαμε*, σκύβω πολύ, περισσότερο απ' ό,τι μπορώ: *-έσκυψε και της πόνεσε η μέση*.

παρασόκακο το, ουσ., μικρό δρομάκι, στενή πάροδος.

παρασόλι το, ουσ. (παλαιότ.) ομπρέλα για την προστασία από τον ήλιο. [ιταλ. *parasole*].

παρασούσουμος, -η, -ο, επίθ. (λαϊκ.), που έχει παραμορφωμένα τα χαρακτηριστικά του προσώπου.

παράσπιτο το, ουσ., μικρό πρόχειρο κτίσμα δίπλα στο κύριο οικοδόμημα.

παρασπονδία η, ουσ., αθέτηση συμφωνίας που έχει συναφθεί.

παρασπονδυλιακός, -ή, -ό, επίθ. (ασυνίζ.), (ανατομ.) που βρίσκεται δίπλα στη σπονδυλική στήλη: *οίδημα -ό*.

παρασπόρι το, ουσ. 1. τμήμα τσιφλικιού που το καλλιεργεί ο μισθωτής για δικό του λογαριασμό. 2. (στον πληθ., λαογρ.) ομαδική εργατική προσφορά, χωρίς αμοιβή, σε μια ημέρα αργίας για τη συνδρομή μιας ανήμπορης οικογένειας.

παραστάδα η, ουσ. 1. (αρχιτ.-αρχαιολ.) τετράγωνος κίονας με τον οποίο τελειώνει ένας τοίχος ναού ή άλλου κτίσματος στην πρόσοψη και χρησιμεύει ως στήριγμα ή ως διακοσμητικό. 2. κούφωμα (βλ. λ. σημασ. 3) παραθύρου, κάσα.

παρασταίνω, βλ. *παριστάνω*.

παράσταση η, ουσ. 1α. η παρουσίαση ενός αντικειμένου, φαινομένου ή έννοιας με τρόπο αισθητό (με εικόνες, σχήματα, κ.τ.ό.): *μουσικών ήχων με νότες·* (μαθημ.) *αλγεβρική* ~ (= έκφραση που δηλώνει σειρά πράξεων μεταξύ αριθμών, ορισμένοι από τους οποίους παριστάνονται με γράμματα)· *γραφική* ~ (= σύνολο σημείων που δίνει τη γεωμετρική εικόνα μιας συνάρτησης)· β. απεικόνιση αντικειμένου, φαινομένου ή έννοιας με τις εικαστικές τέχνες ή το γραπτό λόγο: *γλυπτή* ~ *της γιγαντομαχίας*. 2. (ψυχ.) νοητική αναπαραγωγή, εικόνα μιας παλαιότερης εντύπωσης ή αντίληψης, χωρίς την παρουσία του αντικειμένου που τη δημιούργησε, παρμένη από την πραγματικότητα ή επεξεργασμένη από τη φαντασία: *ανάπλαση / συνειρμός -άσεων· -άσεις οπτικές*. 3. το να παρουσιάζεται, να παίζεται ένα θεατρικό έργο μπροστά σε κοινό: ~ *ερασιτεχνική / θιάσου·* δίνω ~· φρ. *κλέβω την* ~, βλ. *κλέβω* φρ. 4. κοινωνική εμφάνιση επίσημου προσώπου όπως την απαιτεί ο νόμος ή την προσδιορίζουν οι παγιωμένες συνήθειες: ~ *αξιωματικών·* έκφρ. *έξοδα -εως* (= χρήματα που παρέχονται σε αξιωματούχους, επαγγελματίες, κ.ά., ή καταβάλλονται από τους ίδιους για την ευπρεπή εμφάνισή τους σε επίσημες εκδηλώσεις). 5. (νομ.) παρουσία δικηγόρου ή διαδίκου στο δικαστήριο. 6. (πολιτ., στον εν. και πληθ.) ενέργειες (κείμενο, λόγος, κλπ.) με τις οποίες μια κυβέρνηση ή άλλος επίσημος φορέας διατυπώνει γνώμη ή εκφράζει διαμαρτυρίες για ένα γεγονός: *-άσεις μιας χώρας στον Ο.Η.Ε.*.

παραστάτης ο, ουσ. α. στρατιώτης που στέκεται δίπλα σε άλλον σε στρατιωτική παράταξη· β. καθένας απ' αυτούς που στέκονται δίπλα ή πίσω από το σημαιοφόρο σε μια παρέλαση.

παραστατικός, -ή, -ό, επίθ. 1. που γίνεται με τη βοήθεια παραστάσεων: *διδασκαλία -ή*. 2. που μπορεί να εκφράσει ή να περιγράψει κάτι με τρόπο σαφή: *περιγραφή / διήγηση -ή· ο μάρτυρας ήταν πολύ* ~ *στην εξιστόρηση των γεγονότων*. - Το ουδ. ως ουσ. = 1. (ψυχ.) μέρος της ψυχολογίας που εξετάζει τις παραστάσεις (βλ. λ. σημασ. 2). 2. (οικον.) αποδεικτικό στοιχείο για έξοδα, κ.τ.ό.: *δικαιολόγηση εξόδων χωρίς -ά*. - Επίρρ. **-ά** στη σημασ. 1: *περιέγραψε πολύ -ά όσα είδε*.

παραστέκω (μόνο στον εν.) και **παραστέκομαι**, ρ. 1. προσφέρω βοήθεια ή υποστήριξη σε κάποιον, βρίσκομαι στο πλευρό του: *της -στάθηκε σ' όλη της τη ζωή* (συνών. *συμπαραστέκομαι, βοηθώ*). 2. φροντίζω άρρωστο, περιβάλλω.

παράστημα το, ουσ., στάση του σώματος, εξωτερική εμφάνιση του ανθρώπου (ιδίως κατά το βάδισμα): *αθλητικό / επιβλητικό* ~ (συνών. *κορμοστασιά, παρουσιαστικό*).

παραστιά η, ουσ. (συνιζ., λαϊκ.), το μέρος δίπλα στην εστία, τζάκι (συνών. *παραγώνι, γωνιά*). [*παρέστιος ή πυρεστία*].

παραστράτημα και **-τισμα** το, ουσ. α. το να παραστρατεί κάποιος, παρεκτροπή· β. (συνεκδοχικά) ηθικό ολίσθημα.

παραστράτι, βλ. *παράστρατο*.

παραστρατίζω, βλ. *παραστρατώ*.

παραστράτισμα, βλ. *παραστράτημα*.

παραστρατιωτικός, -ή, -ό, επίθ. (ασυνίζ.), που δρα παράνομα με στρατιωτικό τρόπο (ή μέσα στο στρατό) χωρίς να έχει άμεση σχέση με το κανονικό στράτευμα: *-ή οργάνωση*.

παράστρατο και **-άτι** το, ουσ., μικρός δρόμος, μονοπάτι: *πήρε ένα* ~ *και βγήκε στα χωράφια πιο γρήγορα*.

παραστρατώ, -είς και **-τίζω**, ρ. (αμτβ., ηθ.) παρασύρομαι σε άσχημο δρόμο, παίρνω τον κακό δρόμο (συνών. *παρεκτρέπομαι, ξεστρατίζω*). - Το θηλ. της μτχ. παρκ. *-τημένη* ως ουσ. = γυναίκα ανήθικη.

παρασυμπαθητικό σύστημα το, (ανθρωπολ.) το ένα από τα δύο μέρη του αυτόνομου ή φυτικού νευρικού συστήματος που ανταγωνίζεται το συμπαθητικό (βλ. λ.).

παρασυναγωγή η, ουσ. α. (εκκλ.) παράνομη συνέλευση σχισματικών αρχιερέων (ή γενικά κληρικών)· β. (κατ' επέκταση) παράνομη ή κρυφή συνάθροιση.

παρασυνάγωγος ο, ουσ., μέλος παρασυναγωγής.

παρασύνθεση η, ουσ. (γραμμ.) σχηματισμός λέξης από άλλη σύνθετη.

παρασύνθετος, -η, -ο, επίθ. (γραμμ. για λέξη) που σχηματίζεται από σύνθετη λέξη ή από δύο ή περισσότερες που προφέρονται μαζί, π.χ. *καλωσόρισμα<καλωσορίζω, αρεοπαγίτης< Άρειος Πάγος*. - Το ουδ. στον πληθ. ως ουσ. = *παρασύνθετες λέξεις*.

παρασύνθημα το, ουσ., η δεύτερη από τις δύο λέξεις (ή σπανιότ. φράσεις) που αποτελούν το σύνθημα και λέγεται ως απάντηση σ' αυτό: *προχώρει στο ~*.

παρασύρω, ρ., παρατ. και αόρ. *παρέσυρα*, πληθ. *παρασύραμε*. 1. σέρνω βίαια κάποιον ή κάτι, «παίρνω σβάρνα»: *ο χείμαρρος -έσυρε πολλά δέντρα· -ρθηκε από το αυτοκίνητο*. 2. (μεταφ.) βγάζω κάποιον από το (σωστό) δρόμο του: *τον -έσυρε η κακή συναναστροφή· τον -έσυρε ο ενθουσιασμός του* (συνών. *ξεμυαλίζω, ξελογιάζω*).

παρασφίγγω, ρ., σφίγγω κάτι υπερβολικά.

παράτα η, ουσ. 1. στρατιωτική παράταξη ή παρέλαση, πομπή ή εορτή στην οποία συμμετέχει και στρατιωτικό τμήμα: *έβλεπε την ~ από το μπαλκόνι του*. 2. (ειρων.) θορυβώδης εμπαιγμός ή αποδοκιμασία σε κάποιον που διέρχεται: *τα παιδιά έκαναν ~ στον τρελό*. [ιταλ. *parata*].

παράταιρος, -η, -ο, επίθ., που δεν ταιριάζει, που δε συμφωνεί με άλλο (συνήθως για πράγματα που αποτελούν ζευγάρι): *-α παπούτσια· -η φωνή* (αντ. *ταιριαστός*).

παρατακτικός, -ή, -ό, επίθ. 1. (γραμμ.) *-ά σύνθετα* = σύνθετες λέξεις που σημαίνουν ό,τι και τα δύο συνθετικά τους ενωμένα με το σύνδεσμο *και*, π.χ. *αντρόγυνο, ανοιγοκλείνω, γυναικόπαιδα*. 2. (συντακτ.) *-ή σύνταξη ή σύνδεση* = τρόπος σύνδεσης προτάσεων σύμφωνα με τον οποίο παρατάσσονται ισοδύναμες προτάσεις η μια δίπλα στην άλλη (συνών. *παράταξη* αντ. *υπόταξη, υποτακτική*)· *-οί σύνδεσμοι* = οι συμπλεκτικοί, αντιθετικοί, διαζευκτικοί και συμπερασματικοί, γιατί συνδέουν όμοιες προτάσεις, δηλαδή κύριες με κύριες ή δευτερεύουσες με δευτερεύουσες. - Επίρρ. **-ώς** (στις σημασ. 1 και 2) = με παρατακτικό τρόπο.

παράταξη η, ουσ. 1α. τοποθέτηση προσώπου ή πράγματος δίπλα σε άλλο όμοιό του σε σειρά: *~ μαθητών / στρατιωτών·* β. (στρατ.) σχηματισμός στρατιωτικού τμήματος (στρατιωτών, πλοίων, αεροπλάνων, κλπ.) σύμφωνα με τους κανόνες της τακτικής: *άρματα σε ~ μάχης·* γ. (συνεκδοχικά) πομπή ή τελετή στην οποία συμμετέχει παραταγμένο τμήμα στρατού. 2. ομάδα ατόμων με τις ίδιες ιδέες και τους ίδιους γενικούς αντικειμενικούς σκοπούς (πολιτικό κόμμα ή ένωση κομμάτων): *πολιτικές -τάξεις*. 3. (συντακτ.) τρόπος σύνταξης προτάσεων σύμφωνα με τον οποίο τοποθετούνται ισοδύναμες προτάσεις η μια δίπλα στην άλλη (κύριες με κύριες ή δευτερεύουσες με δευτερεύουσες), παρατακτική σύνταξη ή σύνδεση (αντ. *υπόταξη*).

παραταξιακός, -ή, -ό, επίθ. (ασυνίζ.), που ανήκει ή αναφέρεται σε μια (πολιτική) παράταξη: *-ή επιτροπή*.

παράταση η, ουσ., χρονική επιμήκυνση, το να συνεχίζεται η διάρκεια ενέργειας, γεγονότος, κατάστασης, κλπ.: *~ μίσθωσης / εκπτώσεων* (συνών. *εξακολούθηση*).

παρατάσσω, ρ., παρατ. *παρέτασσα*, πληθ. *παρατάσσαμε*, αόρ. *παρέταξα*, πληθ. *παρατάξαμε*, παθ. αόρ. *-χθηκα*, μτχ. παρκ. *-ταγμένος*. 1. τοποθετώ κάποιον ή κάτι δίπλα σε άλλο, σχηματίζω παράταξη (βλ. λ. σημασ. 1): *-χθηκαν σε τριάδες*. 2. (μεταφ. για επιχειρήματα) διατυπώνω το ένα μετά το άλλο, αραδιάζω.

παρατατικός ο, ουσ. (γραμμ.) χρόνος του ρήματος που φανερώνει πως εκείνο που σημαίνει το ρήμα γινόταν στο παρελθόν εξακολουθητικά: *να γραφεί το ρήμα «πηγαίνω» στον -ό*.

παρατείνω, ρ., αόρ. *παρέτεινα*, πληθ. *παρατείναμε*, παθητ. αόρ. *-τάθηκα*, μτχ. παρκ. (λόγ.) *-τεταμένος*, αυξάνω τη χρονική διάρκεια, δίνω παράταση (βλ. λ.): *~ τη διαμονή μου· -εται η ημερομηνία λήξης μίσθωσης· -εται ο βήχας / ο πυρετός· -τεταμένα χειροκροτήματα* (συνών. *εξακολουθώ, συνεχίζω* αντ. *συντομεύω*).

παρατέντωμα το, ουσ. (έρρ., λαϊκ.), υπερβολικό τέντωμα: *κόπηκε το σκοινί από το ~*.

παρατεντώνω, ρ. (έρρ.), τεντώνω υπερβολικά· Φρ. *το -ει το σκοινί* (= είναι υπερβολικά πιεστικός, εξωθεί στα άκρα· συνών. φρ. *το παρατραβά το σκοινί*).

παράτημα το, ουσ. (λαϊκ.), το να εγκαταλείπεται κάποιος ή κάτι: *~ στη μέση* (συνών. *εγκατάλειψη*).

παρατήρημα το, ουσ., μόνο στην έκφρ. *κακό ~* (= οιωνός, σημάδι).

παρατήρηση η, ουσ. 1. προσεκτική παρακολούθηση ή εξέταση με το βλέμμα: *~ του ήλιου από τη γη·* η *~ και το πείραμα· μετεωρολογικές -ήσεις*. 2. (μεταφ.) ό,τι σημειώνει ή σχολιάζει κάποιος: *γραμματικές -ήσεις* (συνών. *σχόλιο*). 3. (συνεκδοχικά) διατύπωση διαφορετικής ή αντίθετης γνώμης, αντίρρηση: *εύστοχες / άκαιρες -ήσεις* (συνών. *αντιλογία, αντιγνωμία*). 4. (συνεκδοχικά) δυσμενής κριτική, επίπληξη: *ο διευθυντής του έκανε αυστηρές -ήσεις* (συνών. *επίκριση, έλεγχος*).

παρατηρητήριο το, ουσ. (ασυνίζ.). α. θέση από την οποία μπορεί κανείς να παρατηρήσει κάτι· β. (ειδικά, στρατ.) φυσική ή ειδικά διαμορφωμένη υψηλή θέση από την οποία παρακολουθούνται οι κινήσεις του εχθρού.

παρατηρητής ο, θηλ. **-τρια**, ουσ. 1α. αυτός που παρατηρεί κάτι· β. (στρατ.) αυτός που παρακολουθεί από το παρατηρητήριο τις κινήσεις του εχθρού. 2. πρόσωπο που έχει εντολή να παρακολουθεί εκδήλωση ή τη δραστηριότητα ιδρύματος, σώματος, κράτους, κλπ., χωρίς να συμμετέχει ενεργά σ' αυτήν: *-ές στο συνέδριο ενός κόμματος*.

παρατηρητικός, -ή, -ό, επίθ. 1. που έχει την ικανότητα να παρατηρεί. 2. που κάνει παρατηρήσεις

(βλ. λ. σημασ. 4), επικριτικός (συνών. *επιτιμητικός, αποδοκιμαστικός*· αντ. *επιδοκιμαστικός, εγκωμιαστικός*).
παρατηρητικότητα η, ουσ., η ικανότητα να παρατηρεί κανείς κάτι και να το εντυπώνει.
παρατηρήτρια, βλ. *παρατηρητής.*
παρατηρώ, -είς, ρ. (μτβ.). 1. παρακολουθώ προσεκτικά ή εξετάζω με το βλέμμα: *-ούσαν την τροχιά του κομήτη· ~ τις αντιδράσεις του πλήθους* (συνών. *κοιτάζω, βλέπω, προσέχω*). 2. αντιλαμβάνομαι, διακρίνω, διαπιστώνω: *τον τελευταίο καιρό ~ μια ψυχρότητα στις σχέσεις τους· ~ βελτίωση της επίδοσης του μαθητή.* 3. (συνεκδοχικά) διατυπώνω δυσμενή κριτική σε κάποιον, τον επιπλήττω: *τον -ησε αυστηρά για την αμέλειά του* (συνών. *επιτιμώ, επικρίνω*). - Το μέσ. τριτοπρόσ. = διαπιστώνεται, εμφανίζεται: *-ήθηκε έλλειψη τροφίμων· -είται αύξηση της ανεργίας·* (η μτχ. παρκ.): *είναι -ρημένο* (= έχει διαπιστωθεί) *ότι το καλοκαίρι μειώνεται η κυκλοφορία των εφημερίδων.*
παρατιμονιά η, ουσ. (συνιζ.). α. σφάλμα στον χειρισμό του τιμονιού, στραβοτιμονιά (βλ. λ.)· β. (μεταφ.) εσφαλμένος χειρισμός υπόθεσης, άστοχη ενέργεια.
παράτιτλος ο, ουσ., τίτλος δημοσιεύματος που τοποθετείται μετά τον κανονικό τίτλο.
παράτολμος, -η, -ο, επίθ., εξαιρετικά τολμηρός, παρακινδυνευμένος: *-ο σχέδιο· -η ενέργεια* (συνών. *ριψοκίνδυνος*). - Επίρρ. **-α.**
παρατονισμός ο, ουσ., εσφαλμένος τονισμός μιας λέξης στη γραφή ή στην εκφορά της.
παράτονος, -η, -ο, επίθ. 1. (μουσ.) που είναι παράφωνος (βλ. λ.), φάλτσος. 2. (γραμμ.) που δεν είναι σωστά τονισμένος: *-η λέξη.*
παρατράβηγμα το, ουσ. 1. υπερβολικό τράβηγμα: *~ σκοινιού.* 2. (χρον.) υπερβολική παράταση: *~ υπόθεσης.*
παρατραβώ, -άς, ρ. 1. (μτβ.) τραβώ υπερβολικά κάτι: *μην -άς το σκοινί, γιατί θα κοπεί.* 2. (χρον.) α. (μτβ.) παρατείνω χρονικά κάτι: *μην -τραβήξεις την κουβέντα* (αντ. *συντομεύω*)· β. (αμτβ.) διαρκώ πέρα από τον κανονικό χρόνο: *-τράβηξε η συζήτηση.* - Η μτχ. παρκ. ως επίθ. = (μεταφ.) που δεν είναι απόλυτα σωστός, αυθαίρετος: *εξήγηση -γμένη.* Φρ. (λαϊκ.) *~ το σκοινί* (= επιμένω σε κάτι με προκλητικό τρόπο, εξωθώ στα άκρα).
παρατράγουδο το, ουσ., απρεπές και θορυβώδες επεισόδιο: *έγιναν πολλά -α στις εκλογές* (συνών. *ατόπημα*).
παρατρεχάμενος ο, θηλ. **-η,** ουσ. 1. κατώτερος υπηρέτης για δύσκολες δουλειές. 2. αυτός που είναι πρόθυμος να εξυπηρετεί ισχυρά πρόσωπα για να έχει την εύνοιά τους: *ο υπουργός με τους -νούς του.* [μτχ. παθ. ενεστ. του *παρατρέχω* ως ουσ.].
παρατρέχω, ρ. 1. παραβαίνω στο τρέξιμο: *έλα να -ξουμε.* 2. τρέχω πολύ, με υπερβολική ταχύτητα: *μην -εις με το αυτοκίνητο.* 3. (μτβ., για λόγο ή πράξη) αποφεύγω να αναφέρω κάτι, αποσιωπώ: *-έτρεξε τα μειονεκτήματα του σχεδίου* (συνών. *παρασιωπώ*).
παρατρίβω, ρ., τρίβω υπερβολικά. - Το παθ. *-ομαι* = φθείρομαι από την υπερβολική τριβή: *-φτηκε το παντελόνι·* η μτχ. παρκ. ως επίθ. = *φθαρμένος: -τριμμένα ρούχα.*
παρατρώγω, ρ., αόρ. *παράφαγα,* (μτβ. και αμτβ.) τρώγω υπερβολικά.

παρατσούκλι το, ουσ. (λαϊκ.), χαρακτηριστικό παρωνύμιο (συνών. *παρανόμι, παράνομα*).
παράτυπα, βλ. *παράτυπος.*
παρατυπία η, ουσ., παράτυπη ενέργεια, παράβαση κανόνων ή εθιμικών τύπων.
παράτυπος, -η, -ο, επίθ., που συμβαίνει κατά παράβαση κάποιου νόμου ή κανόνα (αντ. *νομότυπος*). - Επίρρ. **-α** και **-τύπως.**
παρατυπώ, ρ., ενεργώ κατά παράβαση κάποιου νόμου ή κανόνα.
παρατύπωμα το, ουσ., τυπογραφικό λάθος.
παρατύπως, βλ. *παράτυπος.*
παράτυφος ο, ουσ., μεταδοτική ασθένεια με συμπτώματα ανάλογα προς τον τυφοειδή πυρετό, όμως ηπιότερης μορφής.
παρατώ και **παραιτώ,** ρ., αφήνω, εγκαταλείπω: *-ησε την οικογένειά του / τη δουλειά του.* Φρ. *παράτα με! / δε με -άς!* (= άφησέ με ήσυχο).
παραϋστερα, επίρρ. (λαϊκ.), αργότερα, κατόπιν.
παραφασάδα η, ουσ., ελάττωμα στην ύφανση υφάσματος.
παραφασία η, ουσ. (ιατρ.) διαταραχή της ομιλίας κατά την οποία ο ασθενής υποκαθιστά τις λέξεις με άλλες συγχέοντας τη σημασία τους.
παραφέντης ο, ουσ. (έρρ., λαϊκ.), αυτός που αντικαθιστά τον αφέντη ή άτομο που αμείβεται για να ασκεί τα χρέη του αφέντη.
παραφέρνω, ρ., φέρνω με το παραπάνω.
παραφέρομαι, ρ., ξεπερνώ τα όρια του πρέποντος, παρεκτρέπομαι (συνήθως από οργή).
παραφθείρω, ρ., παρατ. και αόρ. *παρέφθειρα,* πληθ. *παραφθείραμε,* προκαλώ φθορά, αλλοίωση ή νόθευση ενός πράγματος.
παραφθορά η, ουσ., φθορά, αλλοίωση, νόθευση ενός πράγματος: *~ της γλώσσας.*
παραφινέλαιο και **παραφινόλαδο** το, ουσ., άχρωμο και διαυγές ελαιώδες υγρό χωρίς οσμή και γεύση, προϊόν της παραφίνης, που χρησιμοποιείται στη φαρμακευτική κυρίως ως καθαρτικό.
παραφίνη η, ουσ., μίγμα στερεών υδρογονανθράκων, προϊόν της απόσταξης του πετρελαίου, με τη μορφή μαλακής και λιπαρής μάζας που χρησιμοποιείται κυρίως στην κατασκευή κεριών.
παραφινόλαδο, βλ. *παραφινέλαιο.*
παραφορά η, ουσ., εκδήλωση δυνατού ή βίαιου συναισθήματος με υπερβολικό τρόπο.
παράφορος, -η, -ο, επίθ. 1. δυνατός, σφοδρός, ορμητικός: *πάθος -ο.* 2. (για πρόσωπο) που εξάπτεται και παραφέρεται εύκολα (συνών. *ευέξαπτος*). - Επίρρ. **-α.**
παραφόρτωμα το, ουσ. 1. υπερβολικό φόρτωμα, υπερφόρτωση. 2. (μεταφ.) ανάθεση πολλής εργασίας ή επιβάρυνση με πολλές φροντίδες και ευθύνες.
παραφορτώνω, ρ. 1. φορτώνω υπερβολικά: *~ το ζώο / το αυτοκίνητο.* 2. (μεταφ.) αναθέτω σε κάποιον πολλή εργασία ή τον επιβαρύνω με πολλές φροντίδες. 3. (μέσ.) γίνομαι φορτικός, κουράζω κάποιον με αλλεπάλληλες παρακλήσεις ή απαιτήσεις, που *-εται τελευταία.*
παραφουσκώνω, ρ. 1. φουσκώνω πολύ: *~ το μπαλόνι.* 2. φρ. *τα ~* = υπερβάλλω στα λεγόμενά μου με σκοπό να ξεγελάσω ή να εντυπωσιάσω. - Η μτχ. *παραφουσκωμένος* ως επίθ. (για ποσό ή λογαριασμό) = *αυξημένος, διογκωμένος, μεγάλος.*
παραφράζω, ρ., κάνω ελεύθερη μετάφραση ενός κειμένου αρχαίου ή ξενόγλωσσου.

παράφραση η, ουσ. 1. ελεύθερη απόδοση αρχαίου ή ξενόγλωσσου κειμένου: *δημώδεις -άσεις έργων σε αρχαΐζουσα γλώσσα από τους Βυζαντινούς*. 2. διασκευή μουσικού έργου συμφωνικού ή μελοδραματικού για ένα μόνο όργανο.
παραφραστής ο, ουσ., αυτός που κάνει παράφραση ενός κειμένου.
παράφρονας ο, ουσ., φρενοβλαβής, τρελός.
παραφρονώ, ρ., χάνω τα λογικά μου, τρελαίνομαι.
παραφροσύνη η, ουσ. 1. απώλεια του λογικού, τρέλα. 2. μεγάλη απερισκεψία.
παραφυάδα η, ουσ., νεαρός βλαστός που φυτρώνει από τη ρίζα ή από τον υπόγειο κορμό του φυτού (συνών. *παραβλάσταρο*).
παραφύλαγμα το, ουσ., παραμόνεμα, παραφύλαξη.
παραφυλά(γ)ω, ρ., παρακολουθώ κρυφά και προσεκτικά τις κινήσεις κάποιου για να εμφανιστώ ή να επιτεθώ αιφνιδιαστικά (συνών. *ενεδρεύω, παραμονεύω*).
παραφύλαξη η, ουσ., κρυφή και συστηματική παρακολούθηση των κινήσεων κάποιου για ενδεχόμενη αιφνιδιαστική επίθεση (συνών. *παραμόνεμα*).
παραφυλάω, βλ. *παραφυλάγω*.
παράφυλλο το, ουσ., καθένα από τα δύο μικρά φύλλα που φυτρώνουν από τη μια και την άλλη μεριά της βάσης του μίσχου.
παρά φύσιν αρχαϊστ. έκφρ. — αντίθετα προς τους νόμους της φύσης, αφύσικα, ανώμαλα.
παράφωνα, βλ. *παράφωνος*.
παραφωνάζω, ρ., φωνάζω πολύ.
παραφωνία η, ουσ. 1. έλλειψη αρμονίας ή συμφωνίας μεταξύ ήχων ή άλλων πραγμάτων (συνών. *δυσαρμονία*). 2. φθόγγος που δε δένεται αρμονικά με τους άλλους του ρυθμού, φάλτσο· (μεταφ.) δυσάρεστη αντίθεση: *ο Α είναι μια θλιβερή ~ μέσα στην οικογένειά του*.
παράφωνος, -η, -ο, επίθ. 1. (για ήχο) που δε δένεται αρμονικά με τους άλλους. 2. (για άτομα) κακόφωνος, φάλτσος. - Επίρρ. **-α**.
παραφύαγμα το, ουσ., παραφάραξη.
παραχαράζω, ρ. 1. κατασκευάζω κίβδηλα, πλαστά νομίσματα. 2. (μεταφ.) διαστρέφω, παραποιώ κάτι.
παραχαράκτης και **-χτης** ο, ουσ. 1. αυτός που κατασκευάζει κίβδηλα, πλαστά νομίσματα. 2. (μεταφ.) αυτός που διαστρέφει ή παραποιεί κάτι.
παραχάραξη η, ουσ. 1. κατασκευή κίβδηλων νομισμάτων. 2. (μεταφ.) διαστροφή, παραποίηση: *~ της αλήθειας / των γεγονότων*.
παραχαράχτης, βλ. *παραχαράκτης*.
παραχειμάζω, ρ. (λόγ.), περνώ κάπου το χειμώνα (συνών. *ξεχειμωνιάζω*).
παραχείμαση η, ουσ. (λόγ.), διαμονή κατά το χειμώνα σε κάποιον τόπο (συνών. *ξεχειμώνιασμα*).
παραχοντραίνω, ρ. (έρρ.). Α. μτβ. 1. κάνω κάποιον ή κάτι πολύ παχύ, παραπαχαίνω κάποιον. 2. δείχνω κάποιον παχύτερο απ' ό,τι είναι: *η φωτογραφία σε -ει*. 3. (μεταφ.) δίνω σε κάτι τόνο σκληρότερο ή βαρύτερο: *από το θυμό -όντρυνε τη συμπεριφορά / τα λόγια του*. Β. αμτβ. 1. γίνομαι πολύ παχύς. 2. (για τη φωνή) βραχνιάζω υπερβολικά. 3. (μεταφ., για υπόθεση όπου παίζονται όλο και περισσότερα χρήματα): *-όντρυνε το παιχνίδι*.
παράχορδος, -η, -ο, επίθ. (για ήχο) που παράγεται από μη κατάλληλη χορδή· παράφωνος.
παραχορταίνω, ρ., αόρ. *-χόρτασα* (λαϊκ.). 1. χορταίνω σε υπερβολικό βαθμό. 2. (μεταφ.) απολαμβάνω κάτι σε υπερβολικό βαθμό.
παράχωμα το, ουσ. (λαϊκ.). 1. συσσωρευμένο χώμα στη ρίζα του φυτού. 2. το να χώνει κανείς κάτι στο χώμα για να το αποκρύψει (συνών. *παραχώσιμο*). 3. (συνεκδοχικά) ταφή.
παραχώνω, ρ. Ι. ενεργ. 1. χώνω βαθιά. 2. κρύβω στη γη, καλύπτω με χώμα. 3. (λαϊκ.) ενταφιάζω. II. (μέσ.) γίνομαι υπερβολικά ενοχλητικός, ανακατεύομαι σε μεγάλο βαθμό: *-εται στις υποθέσεις μου*.
παραχώρηση η, ουσ. 1. μεταβίβαση πράγματος ή δικαιώματος σε άλλον (συνών. *εκχώρηση*). 2. (διεθνές δίκ.) πράξη με την οποία ένα κράτος μεταβιβάζει σε άλλο την κυριαρχία ή την εκμίσθωση τμήματος του εδάφους του. 3. (θρησκ.) ~ *θεία* = η ανοχή της θείας Πρόνοιας στο κακό, σύμφωνα με τη χριστιανική διδασκαλία.
παραχωρητήριο το, ουσ. (ασυνίζ.), επίσημο έγγραφο με το οποίο παραχωρείται πράγμα ή δικαίωμα σε άλλον (συνών. *εκχωρητήριο*).
παραχωρητής ο, θηλ. **-τρια**, ουσ., εκχωρητής (βλ. λ.).
παραχωρητικός, -ή, -ό, επίθ., που σχετίζεται με την παραχώρηση (συνών. *εκχωρητικός*).
παραχωρήτρια, βλ. *παραχωρητής*.
παραχωρώ, ρ. α. μεταβιβάζω με επίσημη πράξη πράγμα ή δικαίωμα (συνών. *εκχωρώ*)· β. παρέχω, δίνω: *μου -χώρησε το εξοχικό του για δέκα ημέρες*.
παραχώσιμο το, ουσ., η ενέργεια και το αποτέλεσμα του παραχώνω (βλ. λ. σημασ. 1, 2) (συνών. *παράχωμα* στη σημασ. 2).
παραψυχολογία η, ουσ., η μελέτη βιωμάτων και φαινομένων πέραν των αισθήσεων του ανθρώπου (τηλεπάθεια, πρόβλεψη μελλοντικών γεγονότων, μεταβίβαση σκέψης, τηλεκινησία, προφητικά όνειρα), που χαρακτηρίζονται συνήθως ως πνευματισμός, αποκρυφισμός και που η επιστήμη δεν τα θεωρεί υπαρκτά.
παραψυχολογικός, -ή, -ό, επίθ., που σχετίζεται με την παραψυχολογία.
παράωρα, βλ. *πάρωρα*.
παραωριμάζω, ρ. (λαϊκ.). 1. ωριμάζω πολύ: *-ασαν τα φρούτα* (συνών. *παραγίνομαι*). 2. (μεταφ., για πρόσωπο) έχω περάσει την κατάλληλη ηλικία για γάμο ή γενικά έχω μεγαλώσει πολύ (συνήθως ειρων.).
Παργηνός ο, θηλ. **-ή**, ουσ., αυτός που κατοικεί στην Πάργα ή κατάγεται από εκεί.
παρδαλός, -ή, -ό, επίθ. 1. που έχει κηλίδες ή στίγματα: *κατσίκι -ό*· φρ. *γελάει και το -ό κατσίκι* (για πράγμα παράξενο που προξενεί γέλιο). 2. ποικιλόχρωμος: *φουστάνι -ό*. 3. (για γυναίκα) που ζει «ελεύθερο βίο».
παρδαλοσύνη η, ουσ., το να είναι κανείς παρδαλός.
παρέα η, ουσ. 1. συντροφιά, συναναστροφή: *κάνει ευχάριστη ~· έδειξε μεγάλη διάθεση για ~*. 2. ομάδα φίλων, κλπ.: *πήγαμε με μια μεγάλη ~ για μπάνιο*. 3. (ως επίρρ.) μαζί: *πήγαμε ~ στο θέατρο*. [ισπαν. *pareja*].
παρεγκεφαλίδα η, ουσ. (ανατομ.) το μέρος του εγκεφάλου που βρίσκεται στο οπίσθιο τμήμα της κρανιακής κοιλότητας.
παρεγκεφαλιδικός, -ή, -ό, επίθ. (ανατομ.) που ανήκει στην παρεγκεφαλίδα: *αρτηρία -ή· σύνδρομο*

παρεγκεφαλίτιδα

-ό (= το σύνολο των διαταραχών που προκαλούνται από βλάβη της παρεγκεφαλίδας).

παρεγκεφαλίτιδα η, ουσ. (ιατρ.) φλεγμονή της παρεγκεφαλίδας.

παρέγχυμα το, ουσ. 1. (βοτ.) μαλακός, σπογγώδης και πρασινωπός κυτταρώδης ιστός των φύλλων, των καρπών και των κλαδιών. 2. (ζωολ.) συμπαγής ιστός σπλάχνων του σώματος (π.χ. σπλήνας, ήπατος, κλπ.).

παρεδρεύω, ρ. (νομ.) είμαι πάρεδρος, εκτελώ καθήκοντα παρέδρου.

πάρεδρος ο και η, ουσ., αναπληρωτής ανώτερου άρχοντα ή δημόσιου λειτουργού: ~ *νομικού συμβουλίου· ~ συμβουλίου επικρατείας.*

πάρε-δώσε το ή τα, άκλ. α. συναλλαγές: *έχει ~ με σπουδαίους επιχειρηματίες·* β. στενές σχέσεις, οικειότητες: *έχει πολλά ~ τελευταία με το διευθυντή.*

παρειά η, ουσ. (ασυνίζ., λόγ.). 1. μάγουλο. 2. (μεταφ.) τοίχωμα σκεύους, αγγείου, κρατήρα, κλπ.: *-ές αρχαϊκού αγγείου.*

παρείσακτος, -η, -ο, επίθ. α. που πέρασε ή μπήκε κάπου χωρίς να έχει το δικαίωμα ή τα απαιτούμενα προσόντα· β. (κατ' επέκταση) ανεπιθύμητος: ~ *στην οικογένεια / στη συγκέντρωση.*

παρεισδύω, ρ., παρατ. *παρεισέδυα*, πληθ. *παρεισδύαμε*, αόρ. *παρεισέδυσα*, πληθ. *παρεισδύσαμε* (λόγ.), εισδύω κάπου αντικανονικά.

παρεισφρέω, ρ., παρατ. (σπάνιος) *παρεισέφρεα*, πληθ. *παρεισφρήαμε*, αόρ. *παρεισέφρησα*, πληθ. *παρεισφρήσαμε* (λόγ.), εισδύω αντικανονικά (συνήθως για λάθος που γίνεται από αβλεψία σε κείμενο ή λογαριασμό): *«γλωσσήματα» -ουν στο κείμενο παλαιότερου συγγραφέα.*

παρείσφρηση η, ουσ. (λόγ.), αντικανονική είσοδος.

παρέκβαση η, ουσ., απομάκρυνση ομιλητή ή συγγραφέα από το θέμα του.

παρεκβατικός, -ή, -ό, επίθ., που σχετίζεται με την παρέκβαση.

παρέκει, βλ. *παρακεί*.

παρεκκλήσι το, ουσ., μικρός ναός ή διαμέρισμα μεγαλύτερου ναού που περιλαμβάνει την αγία Τράπεζα για την τέλεση της χριστιανικής λατρείας σε ορισμένες περιπτώσεις ή όταν το εκκλησίασμα είναι περιορισμένο: ~ *φυλακών / νοσοκομείου.*

παρεκκλίνω, ρ. (λόγ.). 1. εκτρέπομαι από την κανονική μου θέση ή κατεύθυνση (συνών. *λοξοδρομώ*). 2. (μεταφ.) παραβαίνω τις αρχές μου, ξεφεύγω από το σκοπό μου.

παρέκκλιση η, ουσ. (λόγ.), απομάκρυνση, παρεκτροπή: ~ *από τις διατάξεις του νόμου / του καθήκοντος.*

παρεκτρέπομαι, ρ., αόρ. *παρεκτράπηκα*. 1. απομακρύνομαι από την κανονική θέση ή κατεύθυνση: *το λεωφορείο -τράπηκε και έπεσε στον γκρεμό.* 2. (μεταφ.) παρασύρομαι λέγοντας ή κάνοντας άπρεπα πράγματα: *-εται πάντοτε όταν πίνει λίγο παραπάνω* (συνών. *παραφέρομαι*).

παρεκτροπή η, ουσ. 1. εκτροπή από την κανονική θέση ή πορεία: ~ *βλήματος / πυξίδας.* 2. (μεταφ.) παρέκκλιση από το καθήκον ή τη σεμνότητα: *ζήτησε συγγνώμη για τη χθεσινή ~ του.*

παρέλα η, ουσ. (ναυτ.) 1. πολύσπαστο (βλ. λ.). 2. συμβολή δύο ξύλων: ~ *με δόντι / με σφήνα*. [ιταλ. *pariglia*].

παρέλαση η, ουσ. 1. επιδεικτική διέλευση ομάδας ανθρώπων (ή οχημάτων) συνταγμένων σε φάλαγγες μπροστά από επισήμους ή πλήθος κόσμου (συνήθως σε εθνικές επετείους ή ξεχωριστά γεγονότα): ~ *μαθητική / στρατιωτική.* 2. (μεταφ.) διαδοχή: ~ *αναμνήσεων.*

παρελαύνω, ρ., παρατ. *παρήλαυνα*, πληθ. *παρελαύναμε*, αόρ. *παρήλασα*, πληθ. *παρελάσαμε* (λόγ.). 1. κάνω παρέλαση. 2. περνώ με τη σειρά: *-ασαν όλοι οι συγγενείς από το σπίτι για να μας συγχαρούν.*

παρέλευση η, ουσ. (λόγ.), (για χρόνο) πάροδος, πέρασμα: *μετά ~ τριών μηνών.*

παρελθέτω απ' εμού το ποτήριον τούτο· αρχαϊστ. φρ.· ευχή για απομάκρυνση ή απαλλαγή από κάποια ενοχλητική κατάσταση, υποχρέωση ή καθήκον.

παρελθόν το, ουσ. 1. ο χρόνος που υπήρχε πριν από το παρόν. 2. το σύνολο των γεγονότων ή πραγμάτων που συνέβησαν πριν από το παρόν, η περασμένη ζωή ατόμων, ομάδων ή εθνών που έχουν ζήσει πριν από το παρόν: *έχει άμεμπτο ~· το ένδοξο ~ της Ελλάδας.*

παρελθοντικός, -ή, -ό, επίθ., που αναφέρεται στο παρελθόν.

παρελθοντολογία η, ουσ. (έρρ.), αναδρομή στο παρελθόν.

παρελθοντολογώ, ρ. (έρρ.), κάνω λόγο κατά κόρον για γεγονότα του παρελθόντος.

παρέλκυση η, ουσ. (λόγ.), αποφυγή εκτέλεσης κάποιου πράγματος με αναβολή (συνών. *επιβράδυνση*).

παρελκυστικός, -ή, -ό, επίθ., που σχετίζεται με την παρέλκυση: *μέθοδος -ή.*

παρελκύω, ρ., παρατ. *παρείλκυα*, πληθ. *παρελκύαμε*, αόρ. *παρείλκυσα*, πληθ. *παρελκύσαμε* (λόγ.), σύρω κάτι στα πλάγια· (μεταφ.) επιβραδύνω αναβάλλοντας διαρκώς: *η κυβέρνηση -ει το ζήτημα* (αντ. *επιταχύνω, επισπεύδω*).

παρέλκω, ρ. (λόγ.), (σε γ΄ πρόσ.) πλεονάζει, περιττεύει: *-ει κάθε συζήτηση πάνω σ' αυτό το θέμα.*

παρ' ελπίδα· αρχαϊστ. έκφρ.· για κάτι που γίνεται χωρίς να το περιμένει κανείς, κάτι ανέλπιστο.

παρεμβαίνω, ρ., παρατ. *παρενέβαινα*, πληθ. *παρεμβαίναμε*, αόρ. *παρενέβην.* 1α. υπεισέρχομαι ανάμεσα σε δύο ή περισσότερα πράγματα επηρεάζοντας έτσι την εξέλιξη ή πορεία τους: *-ενέβησαν οι τάδε παράγοντες και επέφεραν διάσταση των απόψεων* (συνών. *παρεμβάλλομαι*)· β. (ειδικά για γεγονός) συμβαίνει ξαφνικά και σταματώ, καθυστερώ ή αποτρέπω κάτι. 2α. (για πρόσωπο) μπαίνω ανάμεσα σε δυο ή περισσότερα πρόσωπα για να τους συμβιβάσω ή για να υποστηρίξω το ένα από αυτά: *οι συνδικαλιστικές ομάδες ζήτησαν από το προεδρείο να -έμβει* (συνών. *μεσολαβώ, επεμβαίνω*)· β. (ειδικά για συνομιλία, συζήτηση) διακόπτω για να προσθέσω ή να παρατηρήσω κάτι. 3. (και νομ.) παίρνω μέρος οικειοθελώς σε μια υπόθεση για να τη διαλευκάνω ή για να ασκήσω επιρροή: *ο δικηγόρος / η υπεράσπιση -ει στο δικαστήριο για να υποβάλει ερωτήσεις στο μάρτυρα.*

παρεμβάλλω, ρ., παρατ. *παρενέβαλλα*, πληθ. *παρεμβάλλαμε*, αόρ. *παρενέβαλα*, πληθ. *παρεμβάλαμε*, παθ. αόρ. *παρεμβλήθηκα*, μτχ. παρκ. *παρεμβλημένος.* 1. ενεργ. Α. (μτβ.) εισάγω κάτι ανάμεσα σε δύο ή περισσότερα πράγματα: *σ' αυτό το* *σημείο ο συγγραφέας -ει το γνωστό μύθο...· ~ προσκόμματα.* Β. (αμτβ., ειδικά): *τους συνέλαβαν γιατί -ενέβαλαν στην εκπομπή του σταθμού* (= προκαλούσαν παράσιτα). II. μέσ. 1a. παρεμβαίνω (βλ. λ. σημασ. 1a)· β. (ειδικά για γεγονός) συμβαίνω εντωμεταξύ, παρεμβαίνω (βλ. λ. σημασ. 1β), μεσολαβώ: *-βλήθησαν δυσάρεστες καταστάσεις.* 2. (για πρόσωπα) παρεμβαίνω (βλ. λ. σημασ. 2a, β). 3. αποτελώ ή γίνομαι εμπόδιο: *-ονται παράσιτα.*

παρέμβαση η, ουσ., το να παρεμβαίνει κάποιος ή κάτι: ~ *καλοπροαίρετη / κυβερνητική·* (μεταφ.) ~ *θεϊκή·* (ειδικά): *-άσεις σε κείμενο* (συνών. *επέμβαση, παρεμβολή*).

παρεμβατικός, -ή, -ό, επίθ., που παρεμβαίνει, που χαρακτηρίζεται από παρέμβαση ή παρεμβατισμό: *θεσμός ~.*

παρεμβατισμός ο, ουσ., επεμβατισμός (βλ. λ.).

παρέμβλητος, -η, -ο, επίθ., που παρεμβάλλεται, που μεσολαβεί: *-α επεισόδια (σε λογοτεχνικό έργο).*

παρεμβολή η, ουσ. 1. το να παρεμβάλλεται κάτι, το να τίθεται κάτι μεταξύ δύο ή περισσότερων πραγμάτων: ~ *προσωπικών σχολίων στη διήγηση* (συνών. *παρέμβαση*). 2. (συνεκδοχικά) κάτι που παρεμβάλλεται: ~ *ενδιαφέρουσα / σύντομη.* 3. (προκ. για τηλεοπτική εκπομπή) το να προκαλούνται εμπόδια από εξωτερικό αίτιο: ~ *σε εκπομπή.*

παρεμπιπτόντως, επίρρ. (έρρ.), κατά παρέμβαση στο θέμα που μας απασχολεί: *δηλώνω κάτι ~.*

παρεμποδίζω, ρ. (έρρ.), θέτω ή παρεμβάλλω εμπόδια: ~ *την πρόοδο μιας εργασίας* (συνών. *παρακωλύω*).

παρεμπόδιση η, ουσ., παρεμβολή εμποδίων: ~ *εργασίας / ελευθερίας* (συνών. *παρακώλυση*).

παρεμπόριο και **παραεμπόριο** το, ουσ. (έρρ., ασυνίζ.), η άσκηση εμπορίου με παράνομο τρόπο.

παρεμφερής, -ής, -ές, γεν. *-ούς,* πληθ. αρσ. και θηλ. *-είς,* ουδ. *-ή,* επίθ., που είναι σχεδόν όμοιος: *διατύπωση ~* (συνών. *παρόμοιος, παραπλήσιος*).

παρένθεση η, ουσ. 1. παρατήρηση που παρεμβάλλεται, δευτερεύουσα επεξηγηματική ή συμπληρωματική λέξη ή ανάπτυξη που απομακρύνεται από το κύριο θέμα. 2. (γραμμ.) τα δύο τοξοειδή σημεία στίξης () στα οποία περικλείεται η παραπάνω παρατήρηση που παρεμβάλλεται ή οι παραπομπές: *ανοίγω / κλείνω ~· (Προς Κορινθίους Α΄ ιγ΄ 4).* 3. (παλαιογρ.) τα σημεία της παρένθεσης όταν χρησιμοποιούνται, συνήθως σε κριτικό υπόμνημα, για την ανάλυση βραχυγραφιών ή συντμήσεων: *M(arcus).* 4. (μεταφ.) ομιλία που είναι εκτός θέματος, παρέκβαση: *θα κάνω μια μικρή / σύντομη ~.* 5. (μεταφ.) χρονική περίοδος που χαρακτηρίζεται από γεγονότα άσχετα με το πριν ή το κατόπιν και που έχει πια περάσει: *η δικτατορία αποτέλεσε μια οδυνηρή ~ στον πολιτικό βίο του τόπου.*

παρενθετικός, -ή, -ό, επίθ. 1. που ανήκει, αναφέρεται ή είναι κλεισμένος σε παρένθεση: *πρόταση -ή.* 2. που γίνεται με παρεκβάσεις ή κάνει συχνά παρεκβάσεις: *πληροφορία -ή.* - Επίρρ. **-ά:** *-ά αναφέρω ότι...*

παρένθετος, -η, -ο, επίθ. 1. που παρεμβάλλεται (συνών. *εμβόλιμος*). 2. που είναι κλεισμένος σε παρένθεση, παρενθετικός.

παρενόχληση η, ουσ. 1. το να παρενοχλεί ή να παρενοχλείται κάποιος. 2. (στρατ.) ~ *του εχθρού* = το να ενοχλείται με συνεχείς μικρές επιθέσεις ή αιφνιδιασμούς.

παρενοχλώ, -είς, ρ. 1. προκαλώ συνεχείς ενοχλήσεις σε κάποιον με λόγια ή έργα, διαταράσσω την ησυχία ή απασχόλησή του ή θίγω τα συμφέροντά του δημιουργώντας του συνεχώς προβλήματα. 2. (στρατ.) ~ *τον εχθρό* = δεν τον αφήνω να ησυχάσει με συνεχείς μικρές επιθέσεις ή αιφνιδιασμούς.

πάρες, πρόθ. (απαρχ.), εκτός: *μήγαρις έχω άλλο στο νου μου ~ ελευθερία και γλώσσα;* (Σολωμός).

παρεξήγηση η, ουσ. 1. εσφαλμένη ερμηνεία, παρανόηση. 2. απόκλιση στην αμοιβαία κατανόηση μεταξύ ατόμων που νόμιζαν ότι αλληλοκατανοούνται: *αιτία -ης· έγινε ~· διαλύθηκε η ~· ~ χοντρή.* 3. (συνεκδοχικά) ασυμφωνία στην οποία οδηγεί αυτή η απόκλιση.

παρεξηγησιάρης, -α, -ικο, επίθ. (συνίζ., λαϊκ.), που θίγεται εύκολα από παρανόηση των προθέσεων τρίτου.

παρεξηγήσιμος, -η, -ο, επίθ., που μπορεί να παρεξηγηθεί.

παρεξηγώ, -είς, ρ., μέσ. *παρεξηγούμαι, παρεξηγιέμαι* και (λαϊκ.) *παραξηγιέμαι.* I. ενεργ. 1. ερμηνεύω κάτι εσφαλμένα, παρανοώ, παρερμηνεύω: ~ *τα λόγια κάποιου· -ημένη περίοδος της Ιστορίας.* 2. θεωρώ ότι κάτι ειπώθηκε ή έγινε από κακή πρόθεση για το άτομό μου: ~ *τη χειρονομία κάποιου·* (με αντικ. αιτ. προσ.): *με -ήγησες!* II. (μέσ.) δυσαρεστούμαι από παρανόηση, θίγομαι επειδή εσφαλμένα αποδίδω κακές προθέσεις σε κάποιον: *-ιέται εύκολα· είναι -ηγημένοι από καιρό·* (με επόμενη την πρόθ. *με*): *-ηγήθηκε με τον αδελφό του· -είται με το τίποτα.*

παρεπιδημία η, ουσ. (λόγ.), προσωρινή διαμονή σε ξένη χώρα.

παρεπιδημώ, ρ. (λόγ.), διαμένω προσωρινά σε ξένη χώρα.

παρεπίτροπος ο, ουσ. (νομ.) δεύτερος επίτροπος ανηλίκου, που διορίζεται από το δικαστήριο, αφού γνωμοδοτήσει το συγγενικό συμβούλιο και έχει έργο την επιτήρηση της διαχείρισης του επιτρόπου και την αναπλήρωσή του σε περιπτώσεις που συγκρούονται τα συμφέροντα του επιτρόπου και του επιτροπευομένου.

παρεπόμενο το, ουσ. 1. αναγκαίο αποτέλεσμα μιας ενέργειας (συνών. *επακόλουθο, συνέπεια*). 2. (γραμμ. στον πληθ.) τα απαραίτητα για τον προσδιορισμό της έννοιάς τους γνωρίσματα των λέξεων, που είναι για τα ονόματα το γένος, η κλίση, ο αριθμός και η πτώση και για τα ρήματα η φωνή, η διάθεση, η συζυγία, ο χρόνος, η έγκλιση, ο αριθμός και το πρόσωπο.

πάρεργος, -η, -ο, επίθ., που γίνεται έξω από το καθαυτό έργο, επουσιώδες: *δημοσίευμα -ο.* - Το ουδ. ως ουσ. = δευτερεύουσα ασχολία συνήθως στην τέχνη ή την επιστήμη. - Επίρρ. **-έργως.**

παρερμηνεία η, ουσ., εσφαλμένη ερμηνεία (συνών. *παρεξήγηση*).

παρερμήνευμα το, ουσ., παρερμηνεία.

παρερμήνευση η, ουσ., παρερμηνεία.

παρερμηνευτής ο, ουσ., εκείνος που παρερμηνεύει.

παρερμηνεύω, ρ., ερμηνεύω εσφαλμένα: ~ *τα λόγια κάποιου / ένα χωρίο* (συνών. *παρεξηγώ*).

παρέρχομαι, ρ., αόρ. *παρήλθα* (λόγ.), φεύγω με τον καιρό, χάνομαι: *άνθρωποι έρχονται και -ονται.*

πάρεση η, ουσ. **1.** μείωση της έντασης, χαλάρωση. **2.** (ιατρ.) ελαφρά παράλυση μυός, ιδίως των σφιγκτήρων: ~ *κύστης*.

παρετυμολογία η, ουσ., εσφαλμένη σύναψη λέξης με κάποια άλλη με την οποία δε σχετίζεται ετυμολογικά.

παρετυμολογώ, ρ., ετυμολογώ εσφαλμένα κάποια λέξη παρασυρόμενος από μια άλλη.

παρευθύς, επίρρ., χωρίς να μεσολαβήσει χρονικό διάστημα, ευθύς αμέσως.

παρευρίσκομαι, ρ., αόρ. *παρευρέθηκα,* πληθ. *παρευρεθήκαμε,* παρίσταμαι, είμαι παρών, παίρνω μέρος (συνήθως σε κάποια επίσημη εκδήλωση ή συγκέντρωση): *στην τελετή -ευρέθηκαν οι υπουργοί παιδείας και πολιτισμού.*

παρέχω, ρ. (ελλειπτ.), παρατ. *παρείχα,* αόρ. παθ. *παρασχέθηκα.* **1.** δίνω, χορηγώ: *το ηλεκτρικό ρεύμα σε ορισμένους οργανισμούς -έχεται με έκπτωση· το νερό -έχεται με εκ περιτροπής ωράριο* (= διανέμεται). **2.** προμηθεύω, εφοδιάζω: ~ *σε κάποιον τα μέσα για...* **3α.** προσφέρω κάτι σε κάποιον που βρίσκεται σε δύσκολη θέση από μόνος μου ή επειδή το ζητεί: *-σχέθηκε οικονομική ενίσχυση στους σεισμοπαθείς·* **β.** (με αντικ. αφηρημένα ή άυλα πράγματα): *το προοίμιο -ει τη δυνατότητα να εντοπίσουμε χρονικά το έργο.* **4.** διαθέτω: *το ξενοδοχείο -ει όλες τις σύγχρονες ανέσεις.* **5.** προσφέρω κάτι (συνήθως από το χώρο των γνώσεων), δίνω την ευκαιρία σε κάποιον να το αποκτήσει: *το λύκειο -ει γενικές γνώσεις.* Φρ. ~ *εγγύηση / εχέγγυα* (= είμαι αξιόπιστο άτομο)· (λόγ.) ~ *πράγματα* (= προξενώ δυσκολίες, κάνω αντιπερισπασμό).

παρηγόρηση η, ουσ., παρηγοριά.

παρηγορητής ο, θηλ. **-ήτρια** και **-ήτρα** η, ουσ., αυτός που παρηγορεί κάποιον, ιδίως όταν πενθεί. - Το θηλ. ως επίθ. της Παναγίας = που παρηγορεί τους χριστιανούς.

παρηγορητικός, -ή, -ό, επίθ., που δίνει παρηγοριά: *λόγια -ά.* - Επίρρ. **-ά.**

παρηγορήτρ(ι)α, βλ. *παρηγορητής.*

παρηγοριά και **παρηγόρια** η, ουσ. (συνιζ.). **1.** το να παρηγορεί ή να παρηγορείται κανείς: *δίνω* ~· *λόγια -ιάς·* εκφρ. *καφές της -ιάς* (= ο καφές που σερβίρεται μετά την κηδεία)· *μαύρη* ~ (= μάταιη ή ελάχιστα ικανοποιητική)· φρ. *βρίσκω* ~ *σε κάτι ή κάποιον: βρήκε* ~ *στη δουλειά· -δεν έχει* (= δεν παρηγορείται με τίποτε)· παροιμ. ~ *στον άρρωστο ώσπου να βγει η ψυχή του* (για μάταιη ελπίδα ή αναμονή). **2.** (συνεκδοχικά) ό,τι παρηγορεί, ό,τι προκαλεί ανακούφιση: *σε τέτοιες ώρες είναι μεγάλη* ~ *να ξέρεις πως έχεις δυο φίλους.* **3.** το δείπνο που προσφέρεται μετά την κηδεία (συνών. *νεκρόδειπνο, μακαριά*).

παρηγορικός, -ή, -ό, επίθ. (φαρμ. για θεραπεία ή φάρμακο) που αποσκοπεί στη μείωση ή υποχώρηση των οδυνηρών συμπτωμάτων, όχι όμως και στη θεραπεία αρρώστιας: *σιρόπι -ό για το βήχα.*

παρήγορος, -η, -ο, επίθ., που δίνει παρηγοριά: *λόγια -α·* φρ. *το -ο είναι ότι...* (= αυτό που ανακουφίζει ή ενθαρρύνει...) (συνών. *παρηγορητικός*).

παρηγορώ, ρ. α. ανακουφίζω ή προσπαθώ να ανακουφίσω κάποιον που είναι λυπημένος με κατάλληλα λόγια ή άλλη έμπρακτη συμπαράσταση: *κανείς δεν μπορεί να τον -ήσει για το χαμό του παιδιού του·* **β.** (με υποκ. πράγματα) προκαλώ, φέρνω παρηγοριά, ανακούφιση: *οι φωτογραφίες του παλιού καιρού την -ουσαν στις ώρες της μοναξιάς·* γ. (με αντικ. αφηρ. ουσ. που δηλώνουν αισθήματα λύπης ή ανάλογες καταστάσεις) ελαφρώνω, ελαττώνω, ανακουφίζω: ~ *τον πόνο κάποιου·* δ. (μέσ.): *-ήθηκε με τη σκέψη ότι...*

παρήκοος, -η, -ον, επίθ. (λόγ.), ανυπάκουος, απειθής (πβ. και *παράκουος*).

παρήλικος, -η, -ο, επίθ., κάπως ηλικιωμένος (πβ. *υπερήλικας*). [μτγν. *παρήλιξ*].

παρήχηση η, ουσ. (γραμμ.) α. επανάληψη σε γειτονικές συλλαβές ή λέξεις του ίδιου ή των ίδιων συμφωνικών φθόγγων, τυχαία ή σκόπιμα για να επιτευχθεί αρμονικό ή άλλο επιδιωκόμενο αποτέλεσμα, λ.χ. *είχε ο γιαλός της γλύκας γυρογυάλι* (Μαβίλης)· **β.** επανάληψη της ίδιας λέξης ή τοποθέτηση ομόηχων λέξεων, συνήθως συγγενικών ετυμολογικά, της μίας κοντά στην άλλη, λ.χ. *Πήραν την Πόλη, πήραν την, πήραν τη Σαλονίκη* (δημ. τραγ.) (αλλιώς *παρονομασία* ή *ετυμολογικό σχήμα*).

παρηχητικός, -ή, -ό, επίθ., που αναφέρεται στην παρήχηση: *εναλλαγή φθόγγων με -ό τρόπο.*

παρθένα και (λόγ.) **-ος** η, ουσ. **1.** κορίτσι ή γυναίκα που δεν είχε σεξουαλική σχέση, που δεν έχει διακορευτεί: *μένει* ~. **2.** (γενικά) κόρη, κοπέλα. **3.** (με κεφ., συνηθέστερα στον τ. *-ος*) όνομα της Θεοτόκου: *με πρεσβείες της Π-ου (Μαρίας)·* (λαϊκ.) *βόηθα, Παναγιά Π-α.*

παρθεναγωγείο το, ουσ. (παλαιότερα) σχολείο ιδίως της μέσης εκπαίδευσης όπου φοιτούσαν μόνο κορίτσια.

παρθενία και (συνιζ., λαϊκ.) **-ιά** η, ουσ. α. το να είναι μια γυναίκα (και κατ' επέκταση ένας άντρας) παρθένος: *το καημό σου εκεί εκεί μέσα στον τάφο / το στολίζει σεμνή* ~ (Σολωμός)· *ο μοναχός δίνει υπόσχεση να φυλάξει την* ~ *του* (συνών. *αγνότητα*)· β. συνεκδοχικά για τον παρθενικό υμένα: *σπάζω την -ιά* (= διακορεύω· στον στρατ. βίο μεταφ. για την πρώτη πειθαρχική ποινή που υφίσταται κάποιος)· γ. φρ. *παίρνω την -ιά κάποιας* (= διακορεύω)· (μεταφ. για πράγμα) γεύομαι, απολαμβάνω πρώτος κάτι.

παρθενικός, -ή, -ό, επίθ. **1.** που ανήκει ή αναφέρεται σε παρθένα: *χιτώνας* ~· (ανατομ.) *υμένας* ~ (= μεμβράνη που φράζει εν μέρει την είσοδο του κόλπου της παρθένου). **2α.** που χαρακτηρίζει μια παρθένο ή της ταιριάζει: *δροσιά -ή* (συνών. *κοριτσίστικος*)· **β.** (μεταφ.) αγνός, αμόλυντος, ηθικός: *ματιά / ψυχή -ή.* **3.** (μεταφ. για πλοίο ή αεροπλάνο) πρώτος: *ταξίδι -ό· πτήση -ή.*

παρθενικότητα η, ουσ., το να είναι κάτι παρθενικό.

παρθενογένεση η, ουσ. (βιολ.) διαδικασία δημιουργίας απογόνων σε μερικά φυτά ή ζώα κατά την οποία το ωάριο εξελίσσεται σε νέο οργανισμό χωρίς να έχει γονιμοποιηθεί.

παρθένος ο, ουσ., για άντρα που δεν έχει έρθει σε σεξουαλική επαφή.

Παρθένος η, βλ. *παρθένα.*

παρθένος, -α, -ο, επίθ. **1.** αγνός, αδιάφθορος: *ήθη -α.* **2α.** καθαρός, άθικτος: *χιόνι -ο· αγνό -ο μαλλί·* **β.** για τόπο που δεν τον έχουν εξερευνήσει ή εκμεταλλευτεί οι άνθρωποι, που δεν τον έχουν αλλοιώσει οι επεμβάσεις τους: *δάσος -ο· εκτάσεις -ες·* (μεταφ.) *η πεζογραφία του 16ου αιώνα είναι ακόμη -ο έδαφος για τους μελετητές.*

πάρθιον βέλος· αρχαϊστ. έκφρ. = ύπουλη προσβολή, προσβλητικός υπαινιγμός που γίνεται στο τέλος ομιλίας, συζήτησης, κ.τ.ό. (από το πολεμικό τέχνασμα των Πάρθων ιππέων να τοξεύουν αιφνιδιαστικά, καθώς υποχωρούν, τους αντιπάλους τους).

παριανός, -ή, -ό, επίθ. (συνιζ.), που ανήκει στην Πάρο ή προέρχεται από εκεί: *κρασί -ό*. - Το αρσ. και το θηλ. ως ουσ. (με κεφαλαίο) = κάτοικος της Πάρου.

παρίας ο, ουσ. 1. στην Ινδία, άτομο που ανήκει στην κατώτερη κάστα ή σε καμία κάστα και περιφρονείται από το κοινωνικό σύνολο. 2. (μεταφ.) άτομο που θεωρείται κατώτερο κοινωνικά ή πολιτικά σε σχέση με άλλα. [γαλλ. *paria*, με ινδική προέλευση].

Παριζιάνα, βλ. *Παριζιάνος*.

παριζιάνικος, -η, -ο, επίθ. (συνιζ.), που ανήκει ή αναφέρεται στο Παρίσι ή στους κατοίκους του: *μόδα -η*.

Παριζιάνος ο, θηλ. **-α**, ουσ. (συνιζ.), ο κάτοικος του Παρισιού ή όποιος κατάγεται από εκεί. [γαλλ. *Parisien*].

πάριος, ουδ. **-ιο**, επίθ. (ασυνίζ., λόγ.), που ανήκει ή αναφέρεται στην Πάρο ή προέρχεται από εκεί: (ιστ.) *μάρμαρο ή χρονικό -ο* (= μαρμάρινη επιγραφή του 3. αι. π.Χ. που βρέθηκε στην Πάρο και παρέχει σπουδαίες ιστορικές πληροφορίες).

παρισινός, -ή, -ό, επίθ., παριζιάνικος: *μετρό -ό*. - Το αρσ. και το θηλ. ως ουσ. (με κεφαλαίο) = κάτοικος του Παρισιού, Παριζιάνος.

παρίσταμαι, ρ. (ελλειπτ.), υποτ. αορ. *παραστώ* (λόγ.). 1. είμαι παρών, παρευρίσκομαι: *στη δεξίωση θα παραστεί και ο πρόεδρος της Δημοκρατίας*. 2. (νομ., για δικηγόρο) ασκώ την υπεράσπιση κάποιου στο δικαστήριο ως συνήγορός του.

παριστάνω και **παρασταίνω**, ρ., αόρ. *παρέστησα* και *παράστησα*. 1. εμφανίζω, παρουσιάζω, δείχνω, περιγράφω: *αδύνατο να παραστήσω με τις λέξεις το μέγεθος της συμφοράς*. 2. απεικονίζω: *ο πίνακας -ει την έξοδο του Μεσολογγίου*. 3. εμφανίζομαι, προσπαθώ να φαίνομαι διαφορετικός απ' ό,τι πραγματικά είμαι: *-ει τον αδιάφορο*. 4. (ειδικότερα) **α.** υποδύομαι ρόλο: *σ' αυτή την ταινία ο ηθοποιός -ει το Ναπολέοντα*· (για μεταμφιεσμένο) *ο Μανόλης ο σαπουντζής,... που παράσταινε «τον δίκαιον Αριστείδην»* (Κόντογλου)· **β.** ανεβάζω θεατρικό έργο: *κομπανίες που -ανε στα χωριά τον «Αγαπητικό της βοσκοπούλας»*.

παρκάκι, βλ. *πάρκο*.

παρκάρισμα το, ουσ., το να παρκάρει κανείς (ένα αυτοκίνητο) και το αποτέλεσμα της ενέργειας αυτής: *δυσκολεύομαι στο ~* (συνών. *στάθμευση*).

παρκάρω, ρ., παρατ. **-ιζα**, αόρ. *πάρκαρα* και **-ρισα**, μτχ. παρκ. **-ισμένος**, (μτβ. και αμτβ.) κάνω να σταματήσει σε ορισμένο χώρο το αυτοκίνητο που οδηγώ, το αφήνω εκεί προσωρινά και χωρίς επιτήρηση: *είχε -ει το φορτηγό του στη γωνία*· (αμτβ.) *μαθαίνω να ~*· *δε βρίσκω μέρος να ~* (συνών. *σταθμεύω*). [ιταλ. *parcare*].

παρκέ το, ουσ. άκλ. **α.** ξύλινο γυαλιστερό δάπεδο δωματίων ή αιθουσών κατασκευασμένο από μικρές σανίδες που συνδυάζονται σε διάφορα σχήματα: *~ ψαροκόκαλο*· φρ. *κάνω ~* (= παρκετάρω)· **β.** (συνεκδοχικά) ξύλινο πάτωμα γυαλισμένο με παρκετίνη. [γαλλ. *parquet*].

παρκετάρισμα το, ουσ., το να παρκετάρει κανείς.

παρκετάρω, ρ., γυαλίζω δάπεδο από παρκέ.

παρκετέζα η, ουσ., μηχανή που χρησιμοποιείται για παρκετάρισμα.

παρκετίνη η, ουσ., υλικό που χρησιμοποιείται για παρκετάρισμα.

παρκέτο το, ουσ. 1. παρκέ. 2. καθεμιά από τις σανίδες που συνθέτουν το παρκέ. [ιταλ. *parchetto*].

πάρκιν και **-ινγκ** το, ουσ. άκλ., τόπος που προορίζεται για τη στάθμευση μηχανοκινήτων. [αγγλ. *parking*].

πάρκινσον η, ουσ. άκλ. (ιατρ.) ~ *ή νόσος του Π-ον* = χρόνια γεροντική πάθηση του κεντρικού νευρικού συστήματος που τη χαρακτηρίζουν ένα ελαφρό τρεμούλιασμα, ειδικά των χεριών, μυϊκή υπερένταση και γενικότερη αδυναμία (αλλιώς *τρομώδης παράλυση*). [κύρ. όν. *Parkinson*, Άγγλος γιατρός (1755-1824)].

πάρκο το, ουσ. **1α.** μικρό τεχνητό δάσος· **β.** μεγάλος κήπος με χλόη, δέντρα ή λουλούδια και χώρους ή εγκαταστάσεις όπου μπορεί κανείς να περπατήσει, να παίξει και γενικά να βρει αναψυχή. **2.** μεγάλη έκταση ή κάποτε περιφραγμένη όπου προστατεύεται η χλωρίδα και η πανίδα ενός τόπου: *~ Εθνικό* (πβ. *δρυμός*)· *~ ζωολογικό* (βλ. *ζωολογικός*)· (συνεκδοχικά) *~ θαλάσσιο* (για την προστασία θαλάσσιων ειδών που απειλούνται). **3.** χαμηλός, κλειστός και φορητός, συχνά πτυσσόμενος, φράχτης από ξύλο ή άλλο υλικό, στο εσωτερικό του οποίου βάζουμε πολύ μικρά παιδιά για να παίξουν, να μάθουν να περπατούν, κ.ά.: *το μικρό αποκοιμήθηκε μέσα στο ~*. - Υποκορ. **-άκι** το. [ιταλ. *parco*].

παρκόμετρο το, ουσ., μετρητής που βρίσκεται σε δημόσιο χώρο, λειτουργεί με κέρματα και δίπλα σ' αυτόν μπορεί να σταθμεύσει ένα αυτοκίνητο για ορισμένο χρονικό διάστημα. [γαλλ. *parcomètre*].

παρκοπεζόδρομος ο, ουσ. (νεολογ.) πεζόδρομος όπου επιτρέπεται σε ορισμένα σημεία η στάθμευση αυτοκινήτων (πάρκινγκ).

παρκοτεχνία η, ουσ., η τέχνη της δημιουργίας πάρκων.

πάρλα η, ουσ. (λαϊκ.), φλυαρία.

παρλαμέντο το, ουσ. (όχι ερρ.), (παλαιότερο) κοινοβούλιο. [ιταλ. *parlamento*].

παρλαπίπα η, ουσ. (λαϊκ.), ανόητη φλυαρία.

παρλαπίπας ο, ουσ. (σκωπτ.) φλύαρος, αυτός που λέει παρλαπίπες.

παρλάρω, ρ. (λαϊκ.), φλυαρώ. [ιταλ. *parlare*].

παρλάτα η, ουσ. (θεατρ.) μονόλογος, συνήθως εύθυμος ή κωμικός, σε έργα του ελαφρού θεάτρου, κ.ά.: *~ επιθεωρησιακή / χιουμοριστική*. [ιταλ. *parlata*].

παρμεζάνα η, ουσ., σκληρό τυρί που παρασκευάζεται με αποβουτυρωμένο γάλα και ζαφορά στην Πάρμα και άλλες περιοχές της βόρειας Ιταλίας, κ.ά. [γαλλ. *parmesan*].

Παρμεζάνος ο, θηλ. **-α**, ουσ., αυτός που κατοικεί στην Πάρμα ή κατάγεται από εκεί.

παρμένος, -η, -ο, μτχ. ως επίθ. (λαϊκ.), που έχει σοβαρό διανοητικό ή σωματικό ελάττωμα (συνών. *βλαμμένος*).

παρμός ο, ουσ. (λαϊκ.), πάρσιμο.

παρμπρίζ το, ουσ. άκλ. (όχι ερρ.). **α.** πλάκα από διαφανές υλικό στο μπροστινό μέρος οχήματος ή σκάφους για να προστατεύει τον οδηγό και τους επιβάτες από τον άνεμο, κ.ά.: *~ μοτοσικλέτας /*

βενζινακάτου· β. το μπροστινό «τζάμι» του αυτοκινήτου. [γαλλ. *pare-brise*].
παρνασσιακός, -ή, -ό, επίθ. (ασυνίζ.), (φιλολ.) που ανήκει ή αναφέρεται στη γαλλική λογοτεχνική σχολή των «παρνασσιακών»: *κίνημα -ό. -* Το αρσ. ως ουσ. = (συνήθως στον πληθ.) ποιητής που ανήκει στη σχολή του παρνασσισμού.
παρνασσισμός ο, ουσ. (φιλολ.) γαλλική ποιητική σχολή των μέσων του 19. αι. με ιδρυτή το Θεόφιλο Γκοτιέ, όπου ανήκαν όσοι αντιδρούσαν στη συναισθηματική και λεκτική ασάφεια των ρομαντικών και επιδίωκαν την τελειότητα της μορφής τηρώντας αυστηρά τους στιχουργικούς κανόνες. [γαλλ. *Parnasse*].
παρνασσιστής ο, ουσ., ποιητής οπαδός του παρνασσισμού (βλ. λ.).
παροδικός, -ή, -ό, επίθ., που διαρκεί για σύντομο χρονικό διάστημα: *αδιαθεσία -ή* (συνών. *προσωρινός, περαστικός, πρόσκαιρος·* αντ. *διαρκής, χρόνιος*). - Επίρρ. **-ά.**
παροδικότητα η, ουσ., το να είναι κάτι παροδικό.
παρόδιος, -α, -ο, επίθ. (ασυνίζ.), που βρίσκεται ή κατοικεί κοντά στο δρόμο: *-οι ιδιοκτήτες ακινήτων.*
πάροδος η, ουσ. **1.** στενός και μικρός δρόμος που καταλήγει σε άλλον μεγαλύτερο: *λεωφόρος με πολλές -όδους.* **2.** (χρον.) πέρασμα χρόνου, *παρέλευση: -ος προθεσμίας.* **3.** (αρχαιολ.) **α.** καθεμιά από τις πλάγιες εισόδους του αρχαίου θεάτρου που οδηγούσε στην ορχήστρα (βλ. λ.)· **β.** (φιλολ., συνεκδοχικά) τραγούδι που έψελνε ο χορός μπαίνοντας στην ορχήστρα με ρυθμισμένο βηματισμό και ειδικό σχηματισμό.
παροικία η, ουσ., σύνολο ομοεθνών που κατοικούν σε ξένη πόλη: *η ελληνική ~ της Βιέννης.*
πάροικος ο και η, ουσ., πρόσωπο που διαμένει σε ξένη χώρα χωρίς να έχει πολιτικά δικαιώματα σ' αυτήν.
παροιμία η, ουσ., λαϊκή φράση που εκφράζει με συντομία και με μεταφορικό, αλληγορικό ή σκωπτικό τρόπο μια σημαντική αλήθεια, λ.χ. *ο καλός καραβοκύρης στη φουρτούνα φαίνεται.*
παροιμιακός, -ή, -ό, επίθ. (ασυνίζ.), που ανήκει ή αναφέρεται στις παροιμίες· που λέγεται σαν παροιμία: *-ή φράση,* λ.χ. *μείναμε τρεις κι ο κούκος* (= μόνοι, κατάμονοι). - Επίρρ. **-ώς.**
παροιμιογράφος ο, ουσ. (ασυνίζ.), αυτός που συλλέγει και ερμηνεύει παροιμίες.
παροιμιόμυθος ο, ουσ. (ασυνίζ.), η συνήθως αλληγορική παροιμία που έχει θέμα της ένα μύθο ή ένα περιστατικό και το διατυπώνει βραχυλογικά σαν αφήγηση ή σαν περιγραφή, σαν διάλογο ή και σαν φευγαλέα αποσπασματική φράση, π.χ. *λείπει ο γάτος και χορεύουν τα ποντίκια· εδώ σε θέλω, κάβουρα, να περπατάς στα κάρβουνα.*
παροιμιώδης, -ης, -ες, γεν. *-ους,* πληθ. αρσ. και θηλ. *-εις,* ουδ. *-η,* επίθ. (ασυνίζ.). **1.** που μοιάζει με παροιμία, που λέγεται σαν παροιμία: *~ φράση* (συνών. *παροιμιακός*). **2.** (συνεκδοχικά) περίφημος, ονομαστός, πασίγνωστος: *υπομονή / τσιγγουνιά ~.* - Επίρρ. **-ώς.**
παροκέτο, βλ. *παρουκέτο.*
παρόλα η, ουσ., φλυαρία, ανόητα ή ψεύτικα λόγια: *άρχισε πάλι τις -ες του* (συνών. λαϊκ. *μπούρδα*). [ιταλ. *parola*].
παρόλο που, εναντ. έκφρ., αν και, μόλο που, μολονότι: *ζει ευτυχισμένος, ~ δεν είναι πλούσιος.*

παρομοιάζω, ρ., αόρ. *παρομοίασα* και (λαϊκότερα) *παρόμοιασα* (συνιζ.). **Α.** μτβ. **1.** θεωρώ ή παριστάνω κάποιον ή κάτι όμοιο με άλλο: *ο Σωκράτης στην Απολογία του -ει τον εαυτό του με αλογόμυγα.* **2.** εκλαμβάνω κάποιον αντί άλλου, τον παίρνω για άλλον (συνών. *παραγνωρίζω*). **Β.** (αμτβ.) μοιάζω με κάποιον, φαίνομαι όμοιος.
παρόμοιος, -α, -ο, επίθ. (ασυνίζ.), που είναι σχεδόν όμοιος με κάποιον, παραπλήσιος: *-α αγγεία / σπίτια* (συνών. *παρεμφερής*). - Επίρρ. **-μοίως,** με τον ίδιο τρόπο, επίσης.
παρομοίωση η, ουσ. **α.** σύγκριση, παραβολή: *εύστοχη ~.* **β.** (ειδικότερα, γραμμ.) σχήμα λόγου κατά το οποίο παρομοιάζει κανείς κάτι με κάτι άλλο αρχίζοντας συνήθως με ένα από τα επιρρήματα *σαν, όπως, καθώς,* π.χ. *ολόξανθα μαλλιά σαν χρυσάφι.*
παρόν το, γεν. *-όντος,* ουσ., ο χρόνος κατά τον οποίο υπάρχουμε, μιλούμε ή ενεργούμε σε αντιδιαστολή προς το παρελθόν και το μέλλον: *το θέμα αυτό δεν είναι του -όντος* (= γι' αυτή την ώρα)· έκφρ. *προς το ~* (= για την ώρα, προσωρινά): *προς το ~ δεν είναι ανησυχητική η κατάσταση.* [ουδ. της μτχ. *παρών* του αρχ. *πάρειμι*].
παρόνομα, βλ. *παράνομα.*
παρονομάζω, ρ., ονομάζω, φωνάζω κάποιον με το παρανόμι (βλ. λ.) του· *βγάζω παρατσούκλι σε κάποιον: τον -ουν 'Αραβα, γιατί είναι μελαψός.*
παρονομασία η, ουσ. **1.** (ρητορ.) σχήμα λόγου κατά το οποίο μεταβάλλεται λίγο μια λέξη και παίρνει διαφορετική έννοια σχετική ή άσχετη με την πρώτη, π.χ. *χρήματα-ρήματα, τροφή-στροφή.* **2.** σχήμα λόγου κατά το οποίο παρατίθενται ομόηχες λέξεις συγγενείς ετυμολογικά, π.χ. *Χάρε, χαρά που μου ~ φέρες και λύπη που μου πήρες* (συνών. *παρήχηση*). **3.** παρωνύμιο, παρατσούκλι.
παρονομαστής ο, ουσ. (μαθημ.) ο ένας από τους δύο όρους του κλάσματος που σημειώνεται κάτω από τη γραμμή και δηλώνει τον αριθμό των μερών στα οποία διαιρέθηκε η μονάδα: *κοινός ~ δύο κλασμάτων* (αντ. *αριθμητής*)· (μεταφ.) *βρίσκω έναν κοινό -ή* (= σημεία επαφής, προσέγγισης)· *φτάσαμε ή καταλήξαμε σε έναν κοινό ή στον ίδιο -ή* (= στο ίδιο ακριβώς σημείο, στην ίδια κατάσταση ή στο ίδιο συμπέρασμα ή αποτέλεσμα).
παροντικός, -ή, -ό, επίθ. (έρρ.), που ανήκει ή αναφέρεται στον παρόν, τωρινός: (γραμμ.) *-οί χρόνοι* (= ο ενεστώτας και ο παρακείμενος, γιατί εκφωνούν αντίστοιχα κάτι που γίνεται τώρα, εξακολουθητικά ή πως εκείνο που σημαίνει το ρήμα έγινε στα περασμένα και είναι πια αποτελειωμένο, συντελεσμένο την ώρα που μιλούμε).
παρονυχίδα, βλ. *παρωνυχίδα.*
παρόξυνση η, ουσ., το να παροξύνεται κάτι, ερεθισμός (αντ. *κατευνασμός*).
παροξυντικός, -ή, -ό, επίθ. (έρρ.). **1.** που παροξύνει, ερεθιστικός (αντ. *ανασταλτικός, καταπραϋντικός*). **2.** (ιατρ.) που έρχεται ύστερα από παροξυσμό.
παροξύνω, ρ., αόρ. *-όξυνα.* **1.** ερεθίζω, εξάπτω (αντ. *καλμάρω, κατευνάζω, καταπραϋνω*). **2.** (γραμμ.) θέτω οξεία στην παραλήγουσα μιας λέξης.
παροξυσμός ο, ουσ. **1α.** ερεθισμός, έξαψη (αντ. *κατευνασμός*)· **β.** (μεταφ.) ο μεγαλύτερος βαθμός, το υπέρτατο σημείο ορισμένων συναισθηματικών και άλλων εκδηλώσεων (συνών. *ζενίθ·* αντ. *ναδίρ*). **2.** (ειδικά, ιατρ.) φάση μιας αρρώστιας ή

μιας αρρωστημένης κατάστασης, κατά τη διάρκεια της οποίας τα συμπτώματα εκδηλώνονται με τη μεγαλύτερη οξύτητα. 3. (ιατρ.) παροδική και σύντομη νευρική κρίση που έρχεται και λήγει απότομα.

παροξύτονος, -η, -ο, επίθ. (για λέξη) που παίρνει οξεία στην παραλήγουσα· (για στίχο) στον οποίο τονίζεται η προτελευταία συλλαβή: *-η ομοιοκαταληξία* (= που γίνεται στις δύο τελευταίες συλλαβές δύο στίχων και όλα τα σύμφωνα και τα φωνήεντα που βρίσκονται έπειτα από το τονισμένο φωνήεν έχουν τον ίδιο ήχο, π.χ. *κλώνος-πόνος, άτι-μάτι*).

παροπλίζω, ρ. α. (για πλοίο) ξαρματώνω (αντ. *αρματώνω, εξοπλίζω*)· β. (μεταφ.) παραγκωνίζω: *-ίστηκε από την ηγεσία του κόμματος* (συνών. *παραμερίζω*).

παροπλισμός ο, ουσ. α. (για πλοίο) μόνιμη αγκυροβόληση σε ναύσταθμο ή σε λιμάνι και συντήρησή του από λιγοστό πλήρωμα (συνών. *δέσιμο, ξαρμάτωμα·* αντ. *αρμάτωμα*)· β. (μεταφ.) παραγκωνισμός: *~ του από τα όργανα του κόμματος*.

παρόραμα το, ουσ., λάθος από απροσεξία, από αβλεψία και ιδίως τυπογραφικό λάθος· (στον πληθ.) πίνακας τυπογραφικών λαθών που έγιναν από το στοιχειοθέτη και ξέφυγαν από το μάτι του διορθωτή και τυπώνεται στο τέλος του βιβλίου.

παροργίζω, ρ. (λόγ.), εξοργίζω κάποιον, τον κάνω να καταληφθεί από οργή (συνών. *ερεθίζω, φουρκίζω, θυμώνω*· αντ. *καλμάρω, κατευνάζω*).

παρόργιση η, ουσ. (λόγ.), εξόργιση, ερεθισμός (συνών. *εξαγρίωση·* αντ. *κατευνασμός*).

παρόρμημα το, ουσ. (λόγ.), παρότρυνση, παρακίνηση (συνών. *παρόρμηση, προτροπή*).

παρόρμηση η, ουσ. 1. παρότρυνση, προτροπή (συνών. *παρακίνηση, υποκίνηση·* αντ. *αποτροπή*). 2. (ψυχ.) ακατανίκητη τάση για εκτέλεση ορισμένων πράξεων και ιδίως ανακλαστικών κινήσεων, έμφυτη εσωτερική ορμή: *-ήσεις στη διάρκεια του ύπνου·* ποιητική *~*.

παρορμητικός, -ή, -ό, επίθ., που ανήκει ή αναφέρεται στην παρόρμηση. - Επίρρ. **-ώς** και **-ά**.

παρότι, εναντ. σύνδ., αν και, μολονότι, παρά το ότι, μόλο που: *πρέπει να μείνει στο κρεβάτι, ~ αυτό δεν του είναι ευχάριστο.* [συνεκφ. *παρά + ότι*].

παρότρυνση η, ουσ., παρακίνηση, προτροπή (συνών. *παρόρμηση·* αντ. *αποτροπή*).

παροτρυντικός, -ή, -ό, επίθ. (έρρ.), που ανήκει ή αναφέρεται στην παρότρυνση, προτρεπτικός (συνών. *παρακινητικός, παρορμητικός·* αντ. *αποτρεπτικός*).

παροτρύνω, ρ., αόρ. *-ότρυνα*, προτρέπω κάποιον να κάνει κάτι: *τους -ότρυνε να απεργήσουν* (συνών. *παρακινώ·* αντ. *αποτρέπω*).

παρο(υ)κέτο το, ουσ. (ναυτ.) δόλωνας (βλ. λ.) της πλώρης, μικρό τετράγωνο πανί στην πλώρη ιστιοφόρου πλοίου. [ιταλ. *parrocchetto*].

παρουλίτιδα η, ουσ. (ιατρ.) φλεγμονή δίπλα στα ούλα ή απόστημα στο περιόστεο της φατνιακής απόφυσης.

παρουσία η, ουσ. 1. το να είναι κανείς παρών, το να παρευρίσκεται κάπου: *εγκαίνια με την ~ του πρωθυπουργού* (αντ. *απουσία*). 2. (συνεκδοχικά) εμφάνιση· προσέλευση, ερχομός: *~ στη συνεδρίαση· ~ ανατολικών επιδράσεων στη μουσική· κάνω αισθητή την ~ μου.* Έκφρ. *Δευτέρα Π-ία* (= στο Χριστιανισμό, ερχομός του Χριστού για

δεύτερη φορά στη γη για να κρίνει ζωντανούς και νεκρούς)· *ως τη Δευτέρα Π-ία* (= ποτέ).

παρουσιάζω, ρ., αόρ. *-ίασα* (ασυνίζ.). I. ενεργ. μτβ. 1. εμφανίζω, επιδεικνύω κάτι: *-ίασε αποδεικτικά στοιχεία / νέους μάρτυρες στο δικαστήριο·* η οικονομία *-ει επιδείνωση.* 2α. οδηγώ κάποιον μπροστά σε άλλον ή άλλους για να γνωριστούν, συστήνω: *ο διευθυντής -ίασε το νέο τμηματάρχη στους υπαλλήλους·* β. (για πράγμα) κάνω κάτι γνωστό σε κοινό: *ο εκδότης -ίασε το νέο δημοσίευμα στους δημοσιογράφους·* (ειδικά) επιμελούμαι, συντονίζω πρόγραμμα (π.χ. σε κέντρο διασκέδασης) ή εκπομπή στο ραδιόφωνο ή στην τηλεόραση. II. μέσ. 1. (για πρόσωπο) εμφανίζομαι μπροστά σε κάποιον (ιδίως ανώτερο): *-στηκε οικειοθελώς στο αστυνομικό τμήμα και παραδόθηκε· -εται στο κέντρο εκπαίδευσης για να καταταγεί.* 2. (για πράγμα) εμφανίζομαι, προκύπτω: *-στηκε επιδημία / λειψυδρία / πρόβλημα.* Φρ. *~ όπλα* (και στρατ. παράγγελμα *-στε αρμ*) (= αποδίδω στρατιωτικές τιμές με ορισμένο τρόπο).

παρουσίαση η, ουσ. 1. το να εμφανίζεται κάποιος ή κάτι: *~ ανάκαμψης στο χρηματιστήριο· ~ νέων αποδεικτικών στοιχείων* (= προσκόμιση). 2. αυτό να γίνεται γνωστό σε κάποιον: *~ της γλωσσικής θεωρίας του Κοραή· ~ τηλεοπτικής εκπομπής από γνωστό δημοσιογράφο.*

παρουσιάσιμος, -η, -ο, επίθ. (ασυνίζ.), που έχει καλή εμφάνιση, που είναι εμφανίσιμος.

παρουσιαστής ο, θηλ. **-τρια**, ουσ. (ασυνίζ.), αυτός που παρουσιάζει (βλ. λ.) πρόγραμμα (π.χ. σε κέντρο διασκέδασης) ή εκπομπή ραδιοφωνική ή τηλεοπτική: *~ ενημερωτικής τηλεοπτικής εκπομπής.*

παρουσιαστικό το, ουσ. (ασυνίζ.), συνολική εξωτερική εμφάνιση κάποιου: *συμπαθητικό ~· στο ~ ήταν μικροσκοπικός.*

παρουσιάστρια, βλ. *παρουσιαστής*.

παροχέτευση η, ουσ. 1. διοχέτευση υγρού προς άλλη κατεύθυνση: *~ χειμάρρου.* 2. παροχή, δόσιμο: *~ ηλεκτρικού ρεύματος.*

παροχετεύω, ρ. 1. διοχετεύω υγρό σε διαφορετική κατεύθυνση: *~ το χείμαρρο.* 2. (μεταφ. για ηλεκτρικό ρεύμα) το μεταδίδω από το κέντρο διανομής σε σύστημα αγωγών μιας εσωτερικής εγκατάστασης.

παροχή η, ουσ. 1. το να παρέχει κανείς κάτι, δόσιμο ενός πράγματος: *~ ψήφου εμπιστοσύνης στην κυβέρνηση· ~ εγγυήσεων· ~ ηλεκτρικού ρεύματος* (συνών. *χορήγηση*). 2. (συνεκδοχικά) αυτό που παρέχεται, που χορηγείται: *~ επιδόματος· κοινωνικές -ές.* 3. (νομ.) υποχρέωση που γεννιέται (από μια σχέση) σε ένα πρόσωπο απέναντι σε κάποιο άλλο: *χρηματική ~· εκπλήρωση -ής* (αστ. κώδ.).

παρόχθιος, -α, -ο, επίθ. (ασυνίζ.), που βρίσκεται ή κατοικεί κοντά σε όχθη (ποταμού ή λίμνης): *πλατάνι -ο· κτήματα -α.*

παρρησία η, ουσ., έκφραση της γνώμης κάποιου με θάρρος και ειλικρίνεια.

πάρσιμο το, ουσ. 1. το να παίρνει κάποιος κάτι. 2. άλωση, κατάληψη: *το ~ της Πόλης.* 3. (για ρούχο φαρδύ) μάζεμα, στένεμα: *η φούστα χρειάζεται ~ από τα πλάγια.* 4. (για ξύλο) ίσωμα, ροκάνισμα.

παρτάλι το, ουσ., κουρέλι. [τουρκ. *partal*].

παρτενέρ ο, ουσ. άκλ. 1. ο σύντροφος κάποιου στο παιχνίδι (συνών. *συμπαίκτης*) ή στο χορό

παρτέντζα

(συνών. *συγχορευτής*). 2. (σε κινηματογραφική ταινία ή θεατρικό έργο) ηθοποιός που συνοδεύει τον πρωταγωνιστή ή την πρωταγωνίστρια. [γαλλ. *partenaire*].

παρτέντζα η, ουσ. (έρρ.), αναχώρηση, ξεκίνημα (ειδικά για πλοίο) απόπλους. [ιταλ. *partenza*].

παρτέρι το, ουσ., τμήμα κήπου ή πάρκου ειδικά διαμορφωμένο για το φύτεμα λουλουδιών. [γαλλ. *parterre*].

πάρτη η, ουσ., μέρος, πλευρά· έκφρ. *η ~ μου* = ο εαυτός μου, το συμφέρον μου: *ο καθένας κοιτάζει την ~ του*. [ιταλ. *parte*].

πάρτι το, ουσ., συγκέντρωση στο σπίτι κάποιου —με την ευκαιρία κάποιου γεγονότος— ατόμων της ίδιας ηλικίας όπου διασκεδάζουν. [αγγλ. *party*].

παρτίδα η, ουσ. 1. μερίδα, μέρος συνόλου: *η τελευταία ~ αντιβιοτικών αποσύρθηκε από την αγορά*. 2. (για παιχνίδι): *μια ~ σκάκι*. 3. φρ. *ανοίγω / έχω -ες με κάποιον* = έχω σχέσεις, δοσοληψίες με κάποιον [βενετ. *partida*].

παρτιζάνικος, -η, -ο, επίθ., που αναφέρεται στους παρτιζάνους ή σχετίζεται μ' αυτούς.

παρτιζάνος ο, ουσ., εθελοντής σώματος ατάκτων που μάχεται για ένα ιδεώδες εθνικό ή πολιτικό, αντάρτης. [γαλλ. *partisan*<ιταλ. *partigiano*].

παρτιτούρα η, ουσ., τετράδιο που περιέχει όλα τα μέρη μιας συμφωνικής μουσικής σύνθεσης. [ιταλ. *partitura*].

παρτσαδιάζω, ρ. (συνιζ., ιδιωμ.), τεμαχίζω, κόβω σε κομμάτια (συνών. *κομματιάζω*· αντ. *συνενώνω*).

παρτσάδιασμα το, ουσ. (συνιζ., ιδιωμ.), τεμαχισμός, κόψιμο σε κομμάτια (συνών. *κομμάτιασμα*).

παρτσάς ο, ουσ. (ιδιωμ.), καθένα από τα κομμάτια στα οποία κόπηκε, τεμαχίστηκε κάτι. [τουρκ. *parça*].

παρυδάτιος, -α, -ο, επίθ. (ασυνίζ.), (για φυτικό ή ζωικό οργανισμό) που ζει και αναπτύσσεται κοντά στο νερό.

παρυφή η, ουσ. 1. στενή λωρίδα κατά μήκος των πλευρών υφάσματος, ούγια. 2. (μεταφ.) ακραίο σημείο, όριο: *~ του χωριού*· (στον πληθ., για βουνό, ύψωμα) πρόποδες: *κατασκήνωση στις -ές της Πεντέλης*.

παρφουμαρίζομαι, ρ., μτχ. παρκ. *-ισμένος*, φορώ αρώματα, αρωματίζομαι. [γαλλ. *parfumer*].

παρωδία η, ουσ. 1. διασκευή έργου ή αποσπάσματος έργου λογοτεχνικού ή καλλιτεχνικού με παιγνιώδη και χιουμοριστική διάθεση: *μια ~ του Ρωμαίου και της Ιουλιέττας*. 2. αδέξια μίμηση ειρωνικού ή κυνικού χαρακτήρα.

παρωδώ, -είς, ρ. 1. παρουσιάζω ένα έργο ή απόσπασμα έργου λογοτεχνικού ή καλλιτεχνικού με παιγνιώδη και χιουμοριστική διάθεση διασκευάζοντάς το ανάλογα. 2. σατιρίζω, ειρωνεύομαι κάτι μιμούμενος αυτό με αδέξιο τρόπο.

παρώθηση η, ουσ., υποκίνηση, παρακίνηση, προτροπή.

παρωθώ, -είς, ρ., παρακινώ, παροτρύνω.

παρών, -ούσα, -όν, γεν. *-όντος, -ούσας, -όντος*, πληθ. *-όντες, -ούσες, -όντα*, μτχ. ως επίθ. (λόγ.). 1. που παρευρίσκεται, που παρίσταται κάπου: *πόσοι βουλευτές ήταν -όντες στην ψηφοφορία;* Φρ. *λέω «~»* (= φωνάζω τη λέξη «παρών» για να δηλώσω ότι παρευρίσκομαι κάπου)· *δίνω το «~»* (= α. πα-

ρευρίσκομαι κάπου· β. συμμετέχω σε ενέργεια) (αντ. *απών*). 2. τωρινός, σημερινός: *η -ούσα κυβέρνηση*· *το -όν διοικητικό συμβούλιο*. - Το ουδ. ως ουσ. έναρθρ. = το χρονικό διάστημα που τώρα διανύεται· έκφρ. *προς το -όν*: *δε σκέφτομαι να παντρευτώ προς το -όν*. [μτχ. του αρχ. *πάρειμι*].

παρώνυμα τα, ουσ. (γραμμ.) λέξεις που μοιάζουν κάπως στην προφορά, αλλά έχουν εντελώς διαφορετική σημασία, π.χ. *αιθέρας-αθέρας*, *κράση-κρασί*.

παρωνυμία η, ουσ., παρωνύμιο.

παρωνύμιο το, ουσ. (ασυνίζ.), πρόσθετο όνομα που δίνεται σε κάποιον (συνών. *προσωνυμία*)· (ειδικά) το σκωπτικό όνομα (συνών. *παρατσούκλι*, *παρανόμι*).

παρωνυχίδα και **παρανυχίδα** η, ουσ. 1. λεπτή και σκληρή λωρίδα του δέρματος, η οποία σχηματίζεται στις άκρες των νυχιών κάθε δακτύλου. 2. (μεταφ.) ως χαρακτηρισμός ασήμαντου ζητήματος.

παρωπίδα η, ουσ., κομμάτι δέρματος, τμήμα από το χαλινάρι ζώου, που καλύπτει από τα πλάγια τα μάτια του έτσι ώστε να βλέπει μόνο μπροστά του. Φρ. *έχει / φορεί -ες* (μεταφ., για άτομο που βλέπει τα πράγματα από μια μόνο σκοπιά).

πάρωρα και **παράωρα**, επίρρ. (λαϊκ.), σε ώρα προχωρημένη, περασμένη· αργά το βράδι: *ήταν ~ όταν γύρισε*.

πάρωρος, -η, -ο, επίθ., που συμβαίνει σε όχι κανονική ή κατάλληλη χρονική στιγμή (συνών. *καθυστερημένος*, *παράκαιρος*).

παρωτίδα η, ουσ., καθένας από τους δύο μεγαλύτερους σιελογόνους αδένες, που βρίσκονται κοντά στον έξω ακουστικό πόρο του κάθε αφτιού.

παρωτίτιδα η, ουσ., μεταδοτική ασθένεια, που προσβάλλει κυρίως τα παιδιά και χαρακτηρίζεται από φλεγμονή και διόγκωση των παρωτίδων.

παρωχημένος, -η, -ο, μτχ. ως επίθ., που αναφέρεται στο παρελθόν: *κατάσταση -η* (συνών. *παρελθοντικός*· αντ. *μελλοντικός*). [μτχ. παρκ. του αρχ. *παροίχομαι*].

πάσα η, ουσ. (λαϊκ.). 1. μεταβίβαση ενός πράγματος από χέρι σε χέρι. 2. μεταβίβαση της μπάλας από έναν παίκτη σε άλλον.

πασαβιόλα, βλ. *μπασαβιόλα*.

πάσα γη πατρίς· αρχαϊστ. έκφρ. για να δηλωθεί ότι ο άνθρωπος δέχεται για πατρίδα του κάθε περιοχή ή χώρα όπου ζει ευχάριστα.

πασαδούρος ο, ουσ. (ναυτ.) σκοινί δεμένο παράλληλα προς τις κεραίες των ιστιοφόρων, πάνω στο οποίο πατούν οι ναύτες για να μαζεύουν ή να ανοίγουν τα πανιά. [βενετ. *passador*].

πασαλίδικος, -η, -ο, επίθ., που σχετίζεται με τη ζωή και ειδικά τις υλικές απολαύσεις του πασά.

πασαλίκι το, ουσ. (ιστ.) 1. το αξίωμα του πασά. 2. περιοχή που υπαγόταν στη δικαιοδοσία του πασά. [τουρκ. *paşalιk*].

πασαμέντο το, ουσ. (προφ. *ν-τ*), λουρίδα από σανίδες, πλάκες ή μάρμαρο στο κάτω μέρος των εσωτερικών τοίχων οικοδομής. [ιταλ. *passamento*].

πασαπόρτι το, ουσ. (λαϊκ.), διαβατήριο (βλ. λ.). Φρ. *μου έδωσε ~* (= με έδιωξε). [ιταλ. *passaporto*].

πάσαρα η, ουσ., ελαφρή, γρήγορη και κομψή λέμβος για τον κυβερνήτη ή για άλλες επείγουσες δουλειές του πλοίου. [βενετ. *passera*].

πασαρέλα η, ουσ., μακριά εξέδρα πάνω στην οποία

μανεκέν παρουσιάζουν τα μοντέλα μιας επίδειξης μόδας. [ιταλ. *passerella*].
πασάρω, ρ. 1. διαβιβάζω «χέρι με χέρι». 2. (αθλητ.) μεταβιβάζω τη μπάλα σε συμπαίκτη μου. 3. «φορτώνω» σε άλλον κάτι προβληματικό ή δυσάρεστο με επιτήδειο τρόπο: *τον καταφέρανε και του -άρανε το παλιό αυτοκίνητο*. [ιταλ. *passare*].
πασάς ο, ουσ. 1. (ιστ.) τιμητικός τίτλος ανώτερου αξιωματούχου της οθωμανικής αυτοκρατορίας και αργότερα της Αιγύπτου. 2. (σήμ.) ως χαϊδευτική προσφώνηση σε αγαπημένο πρόσωπο: ~ *μου!* [τουρκ. *paşa*].
πασατέμπος ο και **-ο** το, ουσ. (ερρ.). 1. σπόροι, συνήθως κολοκυθιού, καβουρδισμένοι και αλατισμένοι που τρώγονται ως ξηροί καρποί. 2. (μεταφ.) άσκοπη ενασχόληση ή οτιδήποτε άλλο γίνεται ή χρησιμεύει για να περνά κάποιος την ώρα του. [ιταλ. *passa-tempo*].
πασέτα η, ουσ., είδος τυχερού παιγνιδιού.
πασίγνωστος, -η, -ο, επίθ., πολύ γνωστός, γνώριμος σε όλους: *ηθοποιός ~ φαινόμενο -ο*.
πασίδηλος, -η, -ο, επίθ., πολύ φανερός σ' όλους.
πασιέντζα η, ουσ. (συνιζ.), είδος παιχνιδιού στα χαρτιά που παίζεται από ένα μόνο παίκτη, κατά το οποίο πρέπει να τοποθετηθούν και να μετακινούνται τα τραπουλόχαρτα με ορισμένη σειρά ώστε να επιτευχθεί ορισμένος συνδυασμός· χρησιμοποιείται και ως τρόπος πρόχειρης μαντείας: *έριχνε -ες για να περάσει την ώρα του· δε μου βγαίνει η ~* (= δεν μπορεί να προχωρήσει το παιχνίδι, γιατί δεν επιτυγχάνεται ο συγκεκριμένος συνδυασμός χαρτιών). [ιταλ. *pazienza*].
πασίχαρος, -η, -ο, επίθ., πάρα πολύ χαρούμενος.
Πάσκα, βλ. *Πάσχα*.
πασκάζω, βλ. *πασχάζω*.
πασκάλια, βλ. *πασχάλια*.
πασκαλιά, βλ. *πασχαλιά*.
πασκαλιάτικος, βλ. *πασχαλιάτικος*.
πασκαλινός, βλ. *πασχαλινός*.
πασκίζω, βλ. *πασχίζω*.
πάσο το, ουσ. 1α. άδεια ελεύθερης κυκλοφορίας ή εισόδου σε κάποιο χώρο ή μέσο συγκοινωνίας με μειωμένη αμοιβή ή και δωρεάν εξαιτίας κάποιας ιδιότητας· β. (συνεκδοχικά) κάρτα που διαθέτουν όσοι έχουν το παραπάνω δικαίωμα: *~ φοιτητικό / στρατιωτικό*. 2. (στον πληθ.) οι έλικες της βίδας: *τα -α της βίδας χαλάρωσαν*. Έκφρ. *με το ~ μου* (= χωρίς βιασύνη): *έρχεται με το ~ του*. Φρ. *πάω ~* = 1. (σε τυχερό παιχνίδι) παραχωρώ τη σειρά μου στον επόμενο παίκτη. 2. δεν ανακατεύομαι, δεν αναμιγνύομαι σε κάτι: *σ' αυτή την υπόθεση εγώ πάω ~*. [ιταλ. *passo*].
πασοκικός, -ή, -ό, επίθ., που ανήκει ή αναφέρεται στο ΠΑ.ΣΟ.Κ. (Πανελλήνιο Σοσιαλιστικό Κίνημα).
πασουμάκι το, ουσ. 1. είδος παλαιότερου γυναικείου υποδήματος. 2. γυναικεία παντόφλα με τακουνάκι: *-ια πολίτικα*. [τουρκ. *paşmak*].
πασούμι ο, ουσ., πασουμάκι. [*πασουμάκι*].
πάσπαλη η, ουσ. 1. οποιαδήποτε ουσία τριμμένη σε πολύ λεπτή σκόνη: *Τα πετραδάκια του γιαλού είναι σκεπασμένα από μια ψιλή σκόνη, από μια ψιλότατη ~* (Κόντογλου). 2. πολύ λεπτό αλεύρι, φαρίνα. [αρχ. *πασπάλη*].
πασπαλίζω, ρ., ρίχνω, σκορπίζω σκόνη από κάτι πάνω σε κάτι: *-ισε το γλυκό με άχνη· γης -ισμένη με ψιλό χαλίκι* (Ι.Μ. Παναγιωτόπουλος).

πασπάλισμα το, ουσ., το να πασπαλίζεις κάτι με σκόνη· κάλυψη κάποιου υλικού ή πράγματος με σκόνη.
πασπαρτού το, ουσ. άκλ. 1. είδος κλειδιού κατάλληλου να ανοίγει όλες τις κλειδαριές: *το ~ του διαρρήκτη*. 2. (μεταφ.) λύση-κλειδί για πολλών ειδών προβλήματα. 3. πλαίσιο από χαρτόνι πάνω στο οποίο μπορούν να επικολληθούν γκραβούρες ή φωτογραφίες. [γαλλ. *passe-partout*].
πασπάτεμα το, ουσ., το να πασπατεύει κάποιος κάτι, ψηλάφιση, ψαχούλεμα.
πασπατεύω, ρ. α. αγγίζω, ψηλαφώ κάτι με τα δάχτυλα για να το ανιχνεύσω ή να το απολαύσω: *-ευε την πόρτα στα σκοτεινά για να βρει την κλειδαριά* (συνών. *ψαχουλεύω*)· β. μαλάζω κάτι με τα δάχτυλα: *μην -εις το ψωμί*.
πασσαλάκι, βλ. *πάσσαλος*.
πασσαλείβω και **-φω**, ρ. Ι. ενεργ. 1. αλείφω με κάτι μια επιφάνεια άτεχνα ή απρόσεχτα. 2. λερώνω κάτι ρίχνοντας επάνω ή αλείφοντας το άθελά μου με κάτι άλλο: *-ειψες το τραπεζομάντηλο με σάλτσα*. 3. (μεταφ.) ασχολούμαι με κάτι πρόχειρα και όχι συστηματικά· (ειδικά) διαβάζω κάτι επιπόλαια και όχι μεθοδικά, αποκτώ επιφανειακές γνώσεις: *τα ~*. ΙΙ. μέσ. 1. λερώνομαι με κάτι που ρίχνω επάνω μου ή αλείφομαι χωρίς να το θέλω: *-είφτηκα με σοκολάτα*. 2. (ειρων.) για άτομο που αλείφει το πρόσωπό του με καλλυντικά. [*πίσσα + αλείφω*].
πασσάλειμμα το, ουσ. 1. επάλειψη επιφάνειας άτεχνη ή απρόσεχτη. 2. (μεταφ.) διάβασμα επιπόλαιο, βιαστικό και όχι συστηματικό.
πασσαλείφω, βλ. *πασσαλείβω*.
πάσσαλος ο, ουσ., ραβδί από ξύλο ή μέταλλο που μπήγεται όρθιο στη γη ή σε άλλο μέρος και χρησιμοποιείται για να στηρίξει κάτι (π.χ. ένα νέο φυτό) ή για να δένουν σ' αυτό κάτι: *έδεσε το άλογο στον -ο* (συνών. *παλούκι*). - Υποκορ. **-άκι** το: *στερέωσε το γιασεμί σε ένα -άκι*.
πασσάλωμα το, ουσ. 1. το να μπήγει κάποιος πασσάλους, να πασσαλεύει. 2. σύνολο πασσάλων που αποτελούν ξύλινο φράχτη.
πασσαλώνω, ρ. α. μπήγω πασσάλους· β. στερεώνω κάτι με πασσάλους.
πάστα η, ουσ. 1. κάθε είδους ζυμαρικό: *ιταλική ~*. 2. είδος μικρού γλυκίσματος που παρασκευάζεται με ζύμη από αλεύρι, αβγά, βούτυρο, ζάχαρη και με κρέμα, σοκολάτα, κ.τ.ό.: *~ αμυγδάλου / σοκολατίνα*. 3. μίγμα από διάφορα υλικά ή κάποια ουσία πολτοποιημένη, πολτός: *~ αντσούγιας / δοντιών* (= οδοντόκρεμα). 4. η φύση, η ποιότητα του χαρακτήρα ενός ανθρώπου: *είναι από καλή ~· είναι φτιαγμένοι από την ίδια ~* (συνών. *ποιόν, στόφα*). - Υποκορ. **-άκι** το, στη σημασ. 2. [ιταλ. *pasta* <αρχ. ελλην. *παστή*].
παστάδα η, ουσ., νυφικό δωμάτιο.
παστάκι, βλ. *πάστα*.
πάστα-φλώρα η, ουσ., είδος γλυκίσματος με βάση τάρτας (βλ. λ.) που είναι γεμισμένη με μαρμελάδα.
παστέλ το, ουσ. άκλ. 1. κρητιδογραφία (βλ. λ. σημασ. 1). 2. ζωγραφικό έργο που γίνεται με τη μέθοδο της κρητιδογραφίας (συνών. *κρητιδογραφία στη σημασ. 2*). 3. (ως επίθ., για χρώμα) ανοιχτό, απαλό. [γαλλ. *pastel*].
παστέλι το, ουσ., είδος γλυκού σε σχήμα συνήθως συμπαγούς βέργας παρασκευασμένο από μέλι και σουσάμι: *~ με το μέλι*. [βενετ. *pastela*].

παστεριώνω, ρ. (ασυνίζ.), (χημ.) αποστειρώνω υγρά τρόφιμα με τη μέθοδο της παστερίωσης.

παστερίωση η, ουσ. (χημ.) μέθοδος με την οποία με θέρμανση καταστρέφονται τα παθογόνα βακτηρίδια που υπάρχουν στα υγρά τρόφιμα, χωρίς να μεταβάλλονται τα φυσικά συστατικά τους: ~ *του γάλακτος*. [κύρ. όν. *Pasteur*].

παστίλια η, ουσ. (συνιζ.), φαρμακευτική ουσία σκευασμένη σε δισκίο: ~ *για τον πονόλαιμο*. [ιταλ. *pastiglia*].

παστίτσιο το, ουσ. (συνιζ.), είδος φαγητού με μακαρόνια, κιμά ή τυριά και κρέμα. [ιταλ. *pasticcio*].

παστοκύδωνο το, ουσ., κυδωνόπαστο (βλ. λ.).

πάστορας ο, ουσ., ιερέας, εφημέριος εκκλησίας διαμαρτυρομένων. [μεσν. *πάστωρ*<λατ. *pastor*].

παστός, -ή, -ό, επίθ., που έχει διατηρηθεί με αλάτι ή σε άρμη: *ψάρια -ά· κρέας -ό* (συνών. *αλίπαστος*). - Το ουδ. στον πληθ. και ως ουσ.

παστουρμάς ο, ουσ., είδος ανατολίτικου αλλαντικού από παστό κρέας βουβαλιού ή καμήλας με σκόρδο και διάφορα καρυκεύματα: ~ *πολίτικος*. [τουρκ. *pastırma*].

πάστρα η, ουσ., καθαριότητα: *το σπίτι έλαμπε από την* ~.

πάστρεμα το, ουσ., το να παστρεύει κανείς, το καθάρισμα.

παστρεύω, ρ. 1. καθαρίζω, κάνω πάστρα: *-εψε την αυλή.* 2. (μεταφ., σπανιότ.) βγάζω κάποιον απ' τη μέση, εξοντώνω (συνών. *ξεπαστρεύω*). [μεσν. *σπαρτεύω*].

παστρικός, -ή και (συνιζ.) **-ιά, -ό,** επίθ. 1. (για πρόσωπα και πράγματα) καθαρός: *κάμαρη -ή.* 2. (μεταφ., για άνθρωπο) **α.** αγνός, ηθικός· **β.** (ειρων.) ανήθικος, φαύλος: *-ό κουμάσι.* - Το θηλ. *-ιά* ως ουσ. = *γυναίκα ανήθικη, πόρνη.* - Επίρρ. **-ά:** *μίλα -ά!* (= με ειλικρίνεια).

πάστωμα το, ουσ., το να κάνει κάποιος κάτι παστό.

παστώνω, ρ. 1. διατηρώ κάτι με αλάτι ή σε άρμη, κάνω κάτι παστό: ~ *ψάρια.* 2. τοποθετώ, στοιβάζω πράγματα το ένα πάνω στο άλλο, όπως τα παστά: (μεταφ. για ανθρώπους) *οι άνθρωποι ζούσανε εκεί μέσα* (εννοείται *στο παλιοκάικο) σαν -ωμένοι* (Κόντογλου)· *-ωθήκαμε στο λεωφορείο* (= είχε πολύ κόσμο). 3. (μεταφ.) αλείφω, πασσαλείβω μια επιφάνεια, όπως αλείβουν τα παστά με αλάτι: *-ωνε το πρόσωπο μ' ένα σωρό φτιασίδια.* Φρ. ~ *κάποιον στο ξύλο* (= δέρνω υπερβολικά, μέχρις αναισθησίας).

Πάσχα και (λαϊκ.) **Πάσκα** το, ουσ. άκλ. 1. μεγάλη χριστιανική γιορτή με την οποία γιορτάζεται η ανάμνηση της ανάστασης του Χριστού: *Κυριακή του* ~· *διακοπές / αρνί του* ~ (συνών. *Λαμπρή, πασχαλιά*). 2. γιορτή των Εβραίων με την οποία γιορτάζεται η ανάμνηση της απελευθέρωσής τους από την αιγυπτιακή κυριαρχία και της φυγής τους από την Αίγυπτο.

πασχάζω και (λαϊκ.) **πασκάζω,** ρ., σταματώ τη νηστεία της σαρακοστής και αρχίζω να τρώω κρέας το Πάσχα.

πασχάλια και **πασκάλια** τα, ουσ. (συνιζ., λαϊκ.), στη φρ. *χάνω (τ' αβγά) και τα* ~ = παθαίνω σύγχυση, «τα χάνω», μπερδεύομαι. [μεσν. *πασχάλιον*].

πασχαλιά και **πασκαλιά** η, ουσ. (συνιζ.). 1. οι ημέρες του Πάσχα, η γιορτή του Πάσχα (συνών. *Λαμπρή*). φρ. *δεν είναι κάθε μέρα* ~ (= τα καλά ή τα ευχάριστα πράγματα δε συμβαίνουν όλη την ώρα). 2. φυλλοβόλο μικρό δέντρο ή θάμνος που ανθίζει την άνοιξη, με μικρά αρωματικά άνθη τοποθετημένα σε πυκνά μπουκέτα, που έχουν ιώδες ή λευκό χρώμα.

πασχαλιάτικος, -η, -ο και **πασκ-,** επίθ. (συνιζ.), που αναφέρεται ή ανήκει στο Πάσχα: *τσουρέκι / τραπέζι -ο* (συνών. *πασχαλινός, λαμπριάτικος*). - Επίρρ. **-α** = κατά την εποχή, κατά την περίοδο του Πάσχα: *-α αρρώστησα*.

πασχαλινός, -ή, -ό και **πασκ-,** επίθ., που αναφέρεται ή ανήκει στο Πάσχα: *τραπέζι -ό· αβγά -ά* (συνών. *πασχαλιάτικος, λαμπριάτικος*).

πασχαλίτσα η, ουσ., μικρό έντομο με φτερά κόκκινα με μαύρες βούλες, που ζει την άνοιξη (συνών. *λαμπρίτσα*).

πασχίζω και (λαϊκ.) **πασκίζω,** ρ., καταβάλλω κάθε προσπάθεια για να επιτύχω ένα σκοπό, κοπιάζω: *-ισε πολύ, μα δεν τα κατάφερε· -ει να του αλλάξει γνώμη.*

πάσχω, ρ. (μόνο στον ενεστ. και παρατ.). 1. παθαίνω, δοκιμάζω κάτι κακό, υποφέρω από κάτι κακό, συνήθως αρρώστια, κ.τ.ό.: *-ει από ανίατη ασθένεια· έπασχε από μελαγχολία.* 2. (λαϊκ. στο γ' πρόσ.) είναι χαζός, βλαμμένος: *μην ακούς τι λέει, αυτός -ει!*

πάταγος ο, ουσ. 1. βίαιος δυνατός κρότος: *ο ογκόλιθος έπεσε κάνοντας -ο.* 2. (μεταφ.) μεγάλη εντύπωση, ζωηρή αίσθηση: *έκανε -ο η ομιλία / η παράσταση.*

παταγώδης, -ης, -ες, γεν. *-ους,* πληθ. αρσ. και θηλ. *-εις,* ουδ. *-η,* επίθ., που προκαλεί πάταγο: *αποτυχία* ~. - Επίρρ. **-ώς.**

πατάκι το, ουσ. 1. μικρός πάτος που τοποθετείται στο εσωτερικό παπουτσιού. **2α.** χαλάκι πριν την είσοδο σπιτιού για το καθάρισμα των παπουτσιών· **β.** μικρό και στενό χαλί.

πατανία η, βλ. *μπατανία*.

πάταξη η, ουσ. 1. τιμωρία. 2. εξόντωση, καταστολή: ~ *φοροδιαφυγής*.

πατάρι το, ουσ. 1. πάτωμα σαν εξέδρα μέσα σε χώρο σε αρκετό ύψος από το δάπεδο: ~ *καταστήματος / μπάνιου.* 2. ξεχωριστό τμήμα ντουλάπας που βρίσκεται στο επάνω μέρος και χρησιμεύει συνήθως ως αποθήκη. [αρχ. *πάτος*].

πατάσσω, ρ., αόρ. *-αξα,* παθ. αόρ. *-άχθηκα.* 1. τιμωρώ αυστηρά: *θα -χθεί η απειθαρχία.* 2. εξοντώνω, καταστέλλω: ~ *τη φοροδιαφυγή.*

πατάτα η, ουσ. 1. το φυτό πατατιά: *φυτέψαμε -ες.* 2. ο κόνδυλος της πατατιάς που είναι τροφή πλούσια σε άμυλο: *-ες τηγανητές.* 2. (σκωπτ.) γυναίκα χοντρή και δυσκίνητη. [ισπ. *patata*].

πατατάλευρο το, ουσ., αλεύρι από πατάτα που χρησιμοποιείται στη μαγειρική και τη ζαχαροπλαστική.

πατατιά η, ουσ. (συνιζ.), ποώδες φυτό που οι κόνδυλοί του, οι πατάτες, είναι μία από τις σπουδαιότερες τροφές του ανθρώπου.

πατατοκεφτές ο, ουσ., κεφτές από βραστές πατάτες, αβγά, τυρί και άλλα καρυκεύματα.

πατατούκα η, ουσ., βαρύ ανδρικό επανωφόρι που φτάνει ως επάνω από το γόνατο. [ιταλ. *patatucco*].

πατατράκ το, ουσ. άκλ. 1. θόρυβος, φασαρία. 2. σοκ: *έπαθε μεγάλο* ~ *από το επεισόδιο.* [ιταλ. *patatràc*].

πατέ το, ουσ. άκλ., πολτός κρέατος, ψαριού ή πουλερικών αναμιγμένος με αλεσμένα λαχανικά και διάφορα καρυκεύματα: ~ λαγού / σολωμού. [γαλλ. pâté].

πατέντα η, ουσ. (προφ. ν-τ). **1.** δίπλωμα ευρεσιτεχνίας. **2.** (γενικά) δίπλωμα που παρέχει άδεια εξασκήσεως κάποιου επαγγέλματος. **3.** τυποποιημένη εργασία. ΄Εκφρ. *βλάκας με* ~ (= βλάκας κατά γενική διαπίστωση). [ιταλ. *patente*].

πατεντάτος, -η, -ο, επίθ. (προφ. ν-τ). **1.** που κατέχει πατέντα. **2.** αναγνωρισμένος, γνήσιος: *αναρχικός* ~.

πάτερ ο, ουσ. άκλ. (λαϊκ.), ως τίτλος ή προσφώνηση κληρικών: *ο* ~ *Γεώργιος* (συνών. *παπα-*). [κλητ. του αρχ. *πατήρ*].

πατέρας ο, πληθ. λαϊκ. *-άδες*, ουσ. **1α.** αρσενικός γονιός (νομ.) αρσενικός πρόγονος πρώτου βαθμού: ~ *φυσικός / θετός·* **β.** (για ζώα): ~ *του πουλαριού ήταν ένα καθαρόαιμο·* **γ.** (συνεκδοχικά) πεθερός (συνήθως σε προσφώνηση) (συνών. *μπαμπάς*). **2.** άτομο που θεωρείται σαν πατέρας· προστάτης: *θα είμαι* ~ *σας ώσπου να μεγαλώσετε·* ~ *των φτωχών / των ορφανών*. **3.** (θεολ.) το πρώτο πρόσωπο της Αγίας Τριάδας· έκφρ. *ο* ~ *όλων* (= ο Θεός). **4.** δημιουργός, επινοητής: *ο Ηρόδοτος, ο* ~ *της Ιστορίας*. **5.** τίτλος ή προσφώνηση ιερέα ή μοναχού: *ο* ~ *Τιμόθεος*. **6.** (ειρων. για βουλευτές): *οι -ες του ΄Εθνους*. **7.** (στον πληθ.) οι πρόγονοι. **8.** *-ες της Εκκλησίας* = επίσκοποι και εκκλησιαστικοί συγγραφείς γενικά των πρώτων μεταχριστιανικών αιώνων που διακρίθηκαν για την ορθοδοξία της διδασκαλίας τους και την αγιότητα του βίου τους. ΄Εκφρ. *παιδί του -α του* (για παιδιά που έχουν τα προτερήματα ή τα ελαττώματα των γονέων τους). Φρ. *ζητάει τη μάνα του και τον -α του*, βλ. *μάνα·* ούτε που να 'χει το Θεό -α (= έστω κι αν έχει ισχυρό προστάτη). - Υποκορ. **-ούλης** ο.

πάτερ ημών το, ουσ. **1.** προσευχή της θείας λειτουργίας που αρχίζει με τις δύο αυτές λέξεις. **2.** (λαϊκ. πληθ.). *πατερημά* και *πατερμά* τα = λόγια κατά κόρον επαναλαμβανόμενα.

πατερικός, -ή, -ό, επίθ., που ανήκει ή αναφέρεται σε πατέρες της Εκκλησίας: *κείμενα / βιβλία -ά*.

πατερίτσα η, ουσ. **1.** δεκανίκι. **2.** ποιμαντική ράβδος δεσπότη. [πιθ. *πατερό*].

πατερμά, βλ. *πάτερ ημών*.

πατερναλισμός ο, ουσ. **1.** κοινωνική δραστηριότητα των αυταρχικών καθεστώτων που χαρακτηρίζεται από παραχώρηση δικαιωμάτων εκ των άνω χωρίς συμμετοχή ή μεσολάβηση των εργατών. **2.** (στο συνδικαλισμό) η τάση να προστατεύει κανείς ομάδα ατόμων που έχει καθορισμένες επιδιώξεις. [γαλλ. *paternalisme*].

πατερναλιστικός, -ή, -ό, επίθ., που σχετίζεται με τον πατερναλισμό: *πολιτική -ή*.

πάτερο και **πατερό**, ουσ. **α.** μεγάλο ξύλινο δοκάρι που στηρίζει σειρά από άλλα δοκάρια· **β.** δοκάρι μεγάλων διαστάσεων σε πάτωμα. ΄Εκφρ. *κολοκύθια στο* ~ (= ανοησίες). [*πάτος*].

πατερόξυλο το, ουσ., πάτερο (βλ. λ. σημασ. α).

πατερούλης, βλ. *πατέρας*.

πάτερ φαμίλιας ο, ουσ. **1.** ο πατέρας ως αρχηγός της οικογένειας. **2.** αυταρχικός οικογενειάρχης. [λατ. *pater familias*].

πάτημα το, ουσ, **1.** πίεση με πόδι ή με χέρι; ~ *των σταφυλιών / κουμπιού*. **2α.** αχνάρι πέλματος ζώου ή ανθρώπου: *ακολούθησε τα -ατα στο χιόνι* (συνών. *πατημασιά, πατησιά*)· **β.** (μεταφ.) αχνάρια, παράδειγμα: *ακολουθεί τα -ατα του πατέρα του*. **3.**

(συνεκδοχικά) βήμα: ~ *βαρύ· άκουσε -ατα στον κήπο*. **4.** περπατησιά: *έχει το* ~ *της πέρδικας*. **5.** (μεταφ.) πρόσχημα, πλαστή δικαιολογία, αφετηρία: *βρήκε* ~ *και έφυγε*.

πατημασιά η, ουσ. (συνιζ.), πάτημα (βλ. λ. σημασ. 2, 3): *ακούστηκαν -ιές*.

πατησιά η, ουσ. (συνιζ.), πατημασιά.

πατητήρι το, ουσ., ληνός (βλ. λ.).

πατητής ο, θηλ. **-τρια**, ουσ., άτομο που πατάει σταφύλια.

πατητός, -ή, -ό, επίθ., πατημένος, ζουληγμένος: *σύκα -ά*. - Το θηλ. ως ουσ. = είδος αραιάς βελονιάς.

πατήτρια, βλ. *πατητής*.

πατίκωμα το, ουσ., το να πατικώνει κανείς κάτι: ~ *ρούχων*.

πατικώνω, ρ., πατώ, πιέζω κάτι ώστε να πιάσει μικρότερο χώρο: ~ *τα ρούχα στο μπαούλο*.

πατίνα η, ουσ. **1.** απομίμηση παλιάς απόχρωσης. **2.** το σύνολο των στοιχείων που δείχνουν την παλαιότητα ενός επίπλου ή ενός έργου τέχνης. [γαλλ. *patine*].

πατινάδα η, ουσ., ερωτικό τραγούδι που τραγουδιέται στο δρόμο τη νύχτα με συνοδεία οργάνων (συνών. *μαντινάδα*).

πατινάζ το, ουσ. άκλ. **1.** παγοδρομία (βλ. λ.): ~ *καλλιτεχνικό*. **2.** γλίστρημα πάνω σε λεία επιφάνεια με ειδικά πέδιλα: *πίστα* ~. [γαλλ. *patinage*].

πατινάρισμα το, ουσ. **1.** πατινάζ. **2.** (για τροχοφόρο) το να γλιστρούν οι τροχοί του ή να παίρνουν στροφές στο κενό.

πατινάρω, ρ. **1.** κάνω πατινάζ. **2.** (για τροχοφόρο) γλιστρούν οι τροχοί του ή παίρνουν στροφές στο κενό. [γαλλ. *patiner*].

πατίνι το, ουσ. **1.** πέδιλο για πατινάζ. **2.** υποτυπώδες ξύλινο ποδήλατο. [γαλλ. *patine*].

Πατινιώτης, -ισσα, βλ. *Πάτμιος*.

πατιρντί το, ουσ. άκλ., φασαρία, αναστάτωση (συνών. *σαματάς*). [τουρκ. *patırdı*].

πατισάχ ο, ουσ. άκλ., τίτλος του σουλτάνου. [περσ. *padişah*].

Πατμία, βλ. *Πάτμιος*.

πατμιακός, -ή, -ό, επίθ. (ασυνίζ.), που ανήκει ή αναφέρεται στην Πάτμο ή στους Πατμίους· που προέρχεται από την Πάτμο.

Πάτμιος (ασυνίζ.) και (συνιζ., λαϊκ.) **Πατινιώτης** ο, θηλ. **-ία** και **Πατινιώτισσα**, ουσ., αυτός που κατοικεί στην Πάτμο ή κατάγεται από εκεί.

πατόκορφα, επίρρ., από τα νύχια ως την κορυφή: *τον έβρεξε* ~· φρ. *λούζω / βρίζω κάποιον* ~ (= τον βρίζω χυδαία).

πατόξυλο το, ουσ. **1.** πάτερο (βλ. λ.). **2.** ξύλινο δοκάρι ή σανίδα στη βάση κιβωτίου, κλπ.

πάτος ο, ουσ. **1.** το κατώτερο μέρος κάποιου πράγματος: *ο* ~ *της θάλασσας / του δοχείου* (συνών. *πυθμένας·* αντ. *επιφάνεια*). **2.** πρωκτός· φρ. *μου βγήκε ο* ~ (= ξεπατώθηκα). **3.** σόλα παπουτσιών, καθώς και το εσωτερικό υπόστρωμά τους: *έβαλα -ους στα παπούτσια μου, γιατί μου ήταν λίγο μεγάλα*. Φρ. *είμαι / έρχομαι* ~, *πιάνω -ο* (= βγαίνω τελευταίος σε εκλογές, προτιμήσεις, κλπ.).

πατούμενο το, ουσ. (λαϊκ.), παπούτσι: *με γεια τα -α*.

πατούνα, βλ. *πατούσα*.

πατούρα η, ουσ., εγκοπή σε πλαϊνό τμήμα σανίδας.

πατούσα, (ιδιωμ.) **πατούνα** και **πατούχα** η, ουσ. **1.**

πέλμα (βλ. λ.). 2. το μέρος της κάλτσας που αντιστοιχεί στο πέλμα.
πατούχας ο, ουσ. (ιδιωμ.) άτομο με μεγάλες πατούσες.
πατραγαθία η, ουσ. (παλαιότερο) ανδραγαθήματα του πατέρα ή των προγόνων γενικά.
πατραϊκός, -ή, -ό, επίθ., που ανήκει ή αναφέρεται στην Πάτρα ή προέρχεται απ' αυτήν: *κόλπος* ~ (συνών. *πατρινός*).
πατριά η, ουσ. (ασυνίζ.), (ιστ.) μορφή ευρύτερης οικογένειας από συγγενείς εξ αίματος, που αποτελούσε τη βάση της κοινωνικής οργάνωσης στις πρώτες κοινωνίες.
πατριαρχείο το, ουσ. (ασυνίζ.). 1. έδρα και κατοικία του πατριάρχη. 2. θρησκευτική εξουσία του πατριάρχη, καθώς και η οργάνωση για την άσκησή της: *δικαιοδοσία -ου*. 3. καθένας από τους τέσσερις αρχιεπισκοπικούς θρόνους της Ανατολικής Εκκλησίας και συνεκδοχικά το τμήμα της ορθόδοξης Εκκλησίας στο οποίο εκτείνεται η δικαιοδοσία καθενός από τα τέσσερα πατριαρχεία: ~ *οικουμενικό* (= το πατριαρχείο Κων/πολης που έχει τα πρωτεία τιμής απέναντι στα υπόλοιπα πατριαρχεία από τον 6. αι.).
πατριαρχεύω, ρ. (ασυνίζ.), ασκώ καθήκοντα παριάρχη (συνων. *πατριαρχώ*).
πατριάρχης ο, ουσ. (ασυνίζ.). 1. (στην Π. Διαθήκη) ο αρχηγός των φυλών του Ισραήλ. 2. (εκκλ.) ο ύψιστος τίτλος που απονεμήθηκε τον 4. αι. μ.Χ. στους επισκόπους Κων/πολης, Αντιοχείας, Αλεξάνδρειας και Ιεροσολύμων· ~ *οικουμενικός* (= ο πατριάρχης Κων/πολης). 3. (μεταφ.): *ο Σωκράτης, ο ~ του αγνωστικισμού*.
πατριαρχία η, ουσ. (ασυνίζ.). 1. το αξίωμα και η εξουσία του πατριάρχη, καθώς και ο χρόνος που είναι κανείς πατριάρχης. 2. κοινωνικό σύστημα, κατά το οποίο ο πατέρας ασκεί ευρεία εξουσία στα μέλη της οικογένειάς του (σε αντίθεση με τη μητριαρχία).
πατριαρχικός, -ή, -ό, επίθ. (ασυνίζ.). 1. που σχετίζεται με τον πατριάρχη ή προέρχεται από αυτόν: *θρόνος* ~· *σχολή -ή*. 2. που σχετίζεται με το κοινωνικό σύστημα της πατριαρχίας: *οικογένεια / κοινωνία -ή* (αντ. *μητριαρχικός*).
πατριαρχώ, -είς, ρ. (ασυνίζ.), πατριαρχεύω (βλ. λ.).
πατρίδα η, ουσ. 1. η πόλη ή το χωριό όπου γεννήθηκε ή διαμένει κανείς: *η ιδιαίτερη ~ μας*. 2. ο τόπος όπου γεννήθηκαν και κατοικούν άνθρωποι με συνείδηση κοινής καταγωγής και κοινής ιστορίας: *έπεσαν ηρωικά για την* ~. 3. (για ζώα ή φυτά) τόπος καταγωγής ή εμφάνισης: ~ *της πατάτας είναι η Αμερική*. 4. (μεταφ.) τόπος προέλευσης ή εμφάνισης: ~ *των ακριτικών τραγουδιών ήταν η Καππαδοκία*. 5. (συνεκδοχικά, λαϊκ.) συμπολίτες, συμπατριώτες: *ήρθε όλη η ~ να τον ακούσει*.
πατριδογνωσία η, ουσ., γνώση της γεωγραφίας, ιστορίας των ηθών και εθίμων της πατρίδας, καθώς και το αντίστοιχο μάθημα που διδάσκεται στο δημοτικό σχολείο.
πατριδογραφία η, ουσ. (παλαιότερα) πατριδογνωσία.
πατριδοκαπηλία η, ουσ., ιδιοτελής εκμετάλλευση της ιδέας της πατρίδας.
πατριδοκάπηλος ο, ουσ., αυτός που χρησιμοποιεί την ιδέα της πατρίδας με ιδιοτέλεια.

πατριδολάτρης ο, ουσ., αυτός που λατρεύει την πατρίδα του.
πατριδολατρία η, ουσ., πολύ μεγάλη φιλοπατρία.
πατριδωνυμικό, επίθ. ουδ. (γραμμ.) για όνομα που φανερώνει τον τόπο όπου μένει ή απ' όπου κατάγεται ή μετοίκησε κάποιος (λ.χ. *Κρητικός, Ρουμελιώτης*): *-ά οικογενειακά ονόματα*. - Η λ. συχνά ως ουσ. (συνών. *εθνικό*).
πατρικά, βλ. *πατρικός*.
πατρίκιος ο, (ασυνίζ.), θηλ. **-ία**, ουσ. (ιστ.) 1. πρόσωπο που ανήκε στην ανώτερη κοινωνική τάξη της αρχαίας Ρώμης και απολάμβανε πολλά προνόμια (αντ. *πληβείος, προλετάριος*). 2. (στο βυζαντινό κράτος) τιμητικός τίτλος που τον απένεμε ο αυτοκράτορας σε ανώτατους αυλικούς, σε άρχοντες, κ.ά.
πατρικός, -ή, -ό, επίθ., που ανήκει ή αναφέρεται στον πατέρα κάποιου, που προέρχεται από τον πατέρα: *σπίτι -ό· συμβουλή -ή* (= που δείχνει ενδιαφέρον σαν του πατέρα)· *κληρονομιά -ή*. - Το ουδ. ως ουσ. = **1**. το πατρικό σπίτι, η οικογενειακή κατοικία: *γιορτάσαμε το Πάσχα στο -ό της γυναίκας μου*. **2**. το οικογενειακό όνομα μιας παντρεμένης γυναίκας πριν από το γάμο (σε αντιδιαστολή με το επώνυμο του συζύγου της). - Επίρρ. **-ά**.
πατρικότητα η, ουσ., το να είναι κάτι πατρικό.
πατρινός, -ή, -ό, επίθ., που ανήκει ή αναφέρεται στην Πάτρα ή τους κατοίκους της: *καρναβάλι -ό*. - Το αρσ. και το θηλ. (με κεφ. το αρχικό γράμμα) ως εθν. = αυτός που κατοικεί στην Πάτρα ή κατάγεται από εκεί.
πάτριος, -α, -ο, επίθ. (ασυνίζ., λόγ.), που ανήκει ή αναφέρεται στους προγόνους, που προέρχεται από τους προγόνους: *εδάφη -α* (ενν. *της πατρίδας*)· *νόμοι -οι* (συνών. *προγονικός, πατροπαράδοτος*). - Το ουδ. στον πληθ. ως ουσ. = πατροπαράδοτα ήθη, έθιμα, αντιλήψεις, κ.τ.ό.
πατριός ο, ουσ. (ασυνίζ.), ο σύζυγος μιας γυναίκας σε σχέση με τα παιδιά που έχει αυτή από άλλον πατέρα (συνών. λαϊκ. *μητριός*).
πατριώτης ο, θηλ. **-ισσα**, ουσ. (ασυνίζ.). 1. πρόσωπο που κατάγεται από την ίδια χώρα, πόλη ή περιοχή από όπου και ένας άλλος: *στο τρένο αντάμωσα δυο-τρεις -ες σου* (συνών. *συμπατριώτης*). 2. συντοπίτης, συμπολίτης: *καλύτερα εξυπηρετούν τους ξένους παρά τους -ες τους*. 3. αυτός που αγαπά την πατρίδα του και οτιδήποτε συνδέεται με την έννοια της πατρίδας (λ.χ. το έδαφος, τους ανθρώπους, την παράδοση, τη γλώσσα, το πολίτευμα, τα μνημεία): ~ *φλογερός*. - Υποκορ. **-άκι** το στη σημασ. 1.
πατριωτικός, -ή, -ό, επίθ. (ασυνίζ.), που ανήκει ή αναφέρεται στον πατριώτη (βλ. λ. σημασ. 3): *τραγούδια -ά· καθήκον -ό*. - Επίρρ. **-ά**.
πατριωτισμός ο, ουσ. (ασυνίζ.), αυτό που χαρακτηρίζει τον πατριώτη (βλ. λ. σημασ. 3), αγάπη προς την πατρίδα: ~ *αγνός*· φρ. *επαφίεται στον -ό των Ελλήνων* (κυριολεκτικά για το Σύνταγμα· ειρων. για κάτι που εξαρτάται από την καλή θέληση κάποιων ή γενικά του κοινού) (συνών. *φιλοπατρία*· αντ. *αφιλοπατρία*).
πατριώτισσα, βλ. *πατριώτης*.
πατρογονικός, -ή, -ό, επίθ., που ανήκει ή αναφέρεται στους προγόνους, που προέρχεται από τους προγόνους: *οι Έλληνες της Μικρασίας εγκατέλειψαν τις -ές εστίες· κληρονομιά -ή* (συνών.

προγονικός, πάτριος). - Το ουδ. ως ουσ. = (λαϊκ.)
1. σπίτι ή κτήμα της πατρικής οικογένειας: *ήρθε να διαφεντέψει το -ό του* (Ι.Μ. Παναγιωτόπουλος) (συνών. *γονικό, πατρικό*). **2.** (στον πληθ.) οι πρόγονοι: *ντρόπιασε τα -ά του.*

πατρογραμμικός, -ή, -ό, επίθ. (κοινων.) που αναφέρεται στο σύστημα κοινωνικής οργάνωσης σύμφωνα με το οποίο η καταγωγή των παιδιών καθορίζεται από τον πατέρα και την οικογένειά του, όπου και ανήκουν (αντ. *μητρογραμμικός*).

πατροκτονία η, ουσ., η πράξη του πατροκτόνου.

πατροκτόνος ο και η, ουσ., πρόσωπο που σκότωσε τον πατέρα του.

πατρολογία η, ουσ. **1.** κλάδος της Θεολογίας που ασχολείται με τη ζωή, τη διδασκαλία και ιδιαίτερα με τα έργα των πατέρων της χριστιανικής εκκλησίας και όλων των άλλων εκκλησιαστικών συγγραφέων. **2.** (συνεκδοχικά) συλλογή έργων της εκκλησιαστικής γραμματείας: *Π~ Ελληνική / Λατινική.*

πατρολογικός, -ή, -ό, επίθ., που αναφέρεται στην πατρολογία.

πατρόν το, ουσ. άκλ., σχέδιο σε χαρτί ή ύφασμα που χρησιμοποιείται για τη ραφή ενδύματος: *αγόρασα ένα ~ για ζακέτα* (συνών. *αχνάρι*). [γαλλ. *patron*].

πατρόνα η, ουσ. **1.** (λαϊκ.) ιδιοκτήτρια ή διευθύντρια οίκου ανοχής (συνών. *ματρόνα*). **2.** (ιδιωμ.) φυσιγγιοθήκη: *Πότες θα κάμει ξαστεριά, πότες θα φλεβαρίσει / να πάρω το τουφέκι μου, την όμορφη ~* (δημ. τραγ.). [ιταλ. *padrona*].

πατρονάρισμα το, ουσ., το να πατρονάρει κανείς πρόσωπο, δραστηριότητα, κ.ά. (πβ. *κηδεμονία*).

πατρονάρω, ρ. **1.** προστατεύω ή ενισχύω οικονομικά κάποιον, συνήθως με σκοπό να πραγματοποιηθεί μια πολιτιστική δραστηριότητα: *η έκδοση του περιοδικού -εται από την τράπεζα Χ.* **2.** (με τόνο αποδοκιμασίας) **α.** ενισχύω ή καθοδηγώ κάποιον, συχνά αφανώς για μια δραστηριότητα που είναι προς το συμφέρον μου· **β.** φέρομαι σε κάποιον με φιλικό τρόπο, που δείχνει όμως ότι θεωρώ τον εαυτό μου ανώτερο, συνήθως προσπαθώντας να τον επηρεάσω (συνών. *κηδεμονεύω*). [ουσ. *πάτρονας*].

πάτρονας ο, ουσ. **1.** (ιστ.) στην αρχαία Ρώμη, προστάτης απελεύθερου ή πατρίκιος (βλ. λ.) με δύναμη και πλούτο που προστάτευε τα συμφέροντα ελεύθερων πολιτών κοινωνικά χαμηλότερων, κ.ά. (πβ. *πελάτης*). **2.** (μειωτ.) προστάτης, αφεντικό. [μτγν. *πάτρων*<λατ. *patronus*].

πατροπαράδοτος, -η, -ο, επίθ. (για ήθη, έθιμα, αντιλήψεις, κ.τ.ό.) που έχει παραδοθεί από τους προγόνους, που υπάρχει σε έναν τόπο από πάρα πολλά χρόνια: *πασχαλινός οβελίας ~· φιλοξενία -η* (συνών. *παραδοσιακός*).

πατρότητα η, ουσ. **1.** το να είναι κανείς πατέρας· (νομ.) η ιδιότητα του πατέρα και η σχέση ανάμεσα σ᾽ αυτόν και το παιδί του, που δημιουργούνται εκ φύσεως ή με νομική πράξη: *αγωγή μητέρας για την αναγνώριση της -ας εξώγαμου τέκνου της.* **2.** το να είναι κανείς ο δημιουργός, ο επινοητής, ο συντάκτης, κ.τ.ό. (έργου, κ.ά.): *διεκδικεί την ~ της εφεύρεσης· αμφιβάλλω για την ~ του αποφθέγματος.*

πατρωνυμία η, ουσ., η ονομασία κάποιου με όνομα που σχηματίστηκε από το πατρωνύμιό του.

πατρωνυμικός, -ή, -ό, επίθ. (γραμμ.) για όνομα προσώπου που φανερώνει την καταγωγή του και έχει σχηματιστεί από το όνομα του πατέρα ή κάποιου προγόνου του (σε γεν., ονομ. ή με την προσθήκη των καταλ. *-ίδης, -όπουλος, -ογλου,* κ.ά.· λ.χ. *Ιωάννου, Πετρόπουλος*). - Η λ. στο ουδ. συνήθως ως ουσ.

πατρώνυμο το, ουσ., το όνομα του πατέρα.

πατσαβούρα η και **-ι** το, ουσ. (λαϊκ.). **1.** ευτελές ύφασμα που χρησιμοποιείται για καθάρισμα, σφουγγάρισμα, κ.τ.ό.· (συνεκδοχικά) βρόμικο κουρέλι. **2.** (το θηλ. υβριστικά) **α.** για πρόστυχη γυναίκα· **β.** για κακή εφημερίδα. [βενετ. *spazza(d)ura*].

πατσάς ο, ουσ. **1α.** πόδια σφαγίου, ιδίως χοίρου ή αρνιού («ποδαράκια») και συνεκδοχικά το στομάχι του, που προορίζονται για μαγείρεμα· **β.** φαγητό με τα παραπάνω υλικά, συχνά μαζί και με το κεφάλι του ζώου: *~ ψιλοκομμένος.* **2.** (σκωπτ.) για πλαδαρό ή ζαρωμένο πρόσωπο ή σώμα. - Βλ. και *πατσιές*. [τουρκ. *paça*].

πατσατζίδικο το, ουσ., εστιατόριο όπου παρασκευάζεται και σερβίρεται κυρίως πατσάς.

πατσατζής ο, ουσ., αυτός που παρασκευάζει και πουλά πατσά. [τουρκ. *paçaci*].

πατσές, βλ. *πατσιές.*

πάτσι, επίρρ. (προφ.) για ισοπαλία σε παιγνίδι ή σε ανταγωνισμό, διένεξη, κ.τ.ό., όταν έχει ανταποδοθεί προηγούμενη επιτυχία του αντιπάλου, έχουν εξοφληθεί αμοιβαία οι υποχρεώσεις· συνήθως στη φρ. *είμαστε ~* (συνών. *κιτ*).

πατσιές (συνιζ.) και **-τσές** οι, ουσ. (θηλ., λαϊκ.), πατσάς (βλ. λ.). - Υποκορ. **-ίτσες** οι.

πατσίζω, ρ. (προφ. συνήθως στον πληθ.) είμαι ισόπαλος, ισοδύναμος με κάποιον, εξισορροπώ προηγούμενη επιτυχία του, ανταποδίδω τα ίσα.

πατσίτσες, βλ. *πατσιές.*

πατσουλί το, ουσ. **1α.** αιθέριο έλαιο που βγαίνει από τα φύλλα ομώνυμου φυτού της ανατολικής Ασίας και της Αυστραλίας και χρησιμοποιείται στην αρωματοποιία· **β.** είδος αρώματος από το παραπάνω έλαιο. **2.** συνήθως μειωτ. για άρωμα κακής ποιότητας. [γαλλ. *patchouli*].

πατώ και **-άω, -είς** και **-άς,** ρ. **1.** (μτβ. και αμτβ.) μετακινώ το πόδι μου (ή τα πόδια μου) και το βάζω ν᾽ ακουμπήσει με το πέλμα ολόκληρο ή ένα μέρος του σε σημείο του εδάφους, στηρίζω τα πόδια μου στο έδαφος: *με πονάει το πόδι και δεν μπορώ να (το) -ήσω· για να μην τον ακούσουν, -ούσε στις μύτες.* **2.** έχω ή βάζω το πόδι μου πάνω σε κάτι: *μην -άτε τη χλόη· -ησα την ουρά του σκύλου.* **3.** (με αντικ. άνθρωπο) πατώ πάνω στο πόδι του: *χωρίς να το θέλω σε -ησα.* **4α.** (αμτβ., για τόπο) πηγαίνω, μπαίνω· ερχομαι: *είχε χρόνια να σε εκκλησία από την ημέρα που παντρεύτηκε· κανείς δεν -άει στο μαγαζί του·* **β.** στη φρ. *~ το πόδι μου κάπου: να μην -ήσεις άλλη φορά το πόδι σου στο γραφείο μου.* **5.** (λαϊκ.) κυριεύω, καταλαμβάνω, μπαίνω βίαια κάπου να κλέψω: *οι πειρατές -ησαν το κάστρο.* **6.** (ποιητ.) κατανικώ: *Φως που -εί χαρούμενο τον Άδη και το Χάρο* (Σολωμός). **7.** (για υπόσχεση, κ.τ.ό.) αθετώ, παραβαίνω, ατιμάζω: *~ τον όρκο μου.* **8.** (με αντικ. αριθμό) φθάνω σε ορισμένη ηλικία: *έχει -ήσει τα 40.* **9α.** πιέζω και συνθλίβω ή συμπιέζω με τα πόδια: *~ τα σταφύλια·* **β.** (για αυτοκίνητο) σπρώχνω με το πόδι (ένα πηδάλιο): *-άω γκάζι* (συνεκδοχικά, αναπτύσσω ταχύτητα) / *φρένο* (συνεκδοχικά, κόβω ταχύτητα

ή σταματώ)· γ. πιέζω κάτι, ιδίως με το δάχτυλο, για να υποχωρήσει: *-άω ένα κουμπί / το κουδούνι* (συνών. **χτυπώ**)· δ. πιέζω δυνατά: *όταν γράφεις, μην -άς το μολύβι·* ε. (για ρούχο) σιδερώνω: *δώσε να σου -ήσω λίγο το πουκάμισο.* 10. (για όχημα) βάζω κάτω από τους τροχούς, παρασύρω και τραυματίζω ή σκοτώνω κάποιον: *τους -ησε το τρένο.* 11. (προφ.) για υπερβολική ένταση σε μια πράξη, δραστηριότητα, κ.τ.ό.: *-άει δουλειά για τρία άτομα· του -ησα μια κατσάδα...* (συνών. **ρίχνω**). 12. (προφ.) για την έναρξη μιας ενέργειας: *-ησε τα γέλια* (= άρχισε να γελά)· *-ησε τις φωνές* (= άρχισε να φωνάζει). Φρ. *εδώ -ά κι εκεί βρίσκεται* (= είναι πολύ γρήγορος)· *-είς με ~ σε* (για μεγάλο συνωστισμό)· *-ησα την πεπονόφλουδα / την πίτα* ή απλώς *την -ησα* (= απέτυχα οικτρά, διαψεύστηκαν οι προσδοκίες μου)· *~ ποδάρι / πόδι* (= επιμένω)· *~ σ' αναμμένα κάρβουνα* (= αντιμετωπίζω μια δύσκολη κατάσταση)· *~ στα νύχια*, βλ. **νύχι**· *τον -ησα στον κάλο*, βλ. **κάλος**· *αλλού -άει κι αλλού βρίσκεται*, βλ. **αλλού**.
πάτωμα το, ουσ. 1. δάπεδο (από σανίδες ή άλλο υλικό): *μας έστρωσε να κοιμηθούμε στο ~· σφουγγαρίζω το ~.* 2. όροφος: *μένει στο τρίτο ~.*
πατωματάς ο, ουσ. (λαϊκ.), τεχνίτης ειδικευμένος στην κατασκευή του δαπέδου οικοδομημάτων.
πατώνω, ρ. 1. (λαϊκ., μτβ.) κατασκευάζω το δάπεδο μιας οικοδομής: *~ το σπίτι.* 2. (λαϊκ., μτβ.) στοιβάζω διάφορα αντικείμενα σε κιβώτιο, σακί, κ.τ.ό.· φρ. *την ~* (ενν. *την κοιλιά μου* = έφαγα πολύ, χόρτασα με το παραπάνω). 3. (αμτβ.) ακουμπώ με τα πόδια το βυθό της θάλασσας, τον πυθμένα δεξαμενής, κ.τ.ό.: *κολύμπα ως εκεί που -εις* (συνών. *πατώ*).
πατωσιά η, ουσ. (συνιζ., λαϊκ.). 1. σκαλωσιά. 2α. στρώσιμο ενός μέρους με σανίδες· β. πάτωμα: *σανίδια -ιάς πιο καθαρά από του σπιτιού μας.*
παύλα η, ουσ. (γραμμ.) σημείο στίξης (-)· 1. σημειώνεται για να δηλώσουμε ότι αλλάζει ο συνομιλητής σε έναν διάλογο (συνών. **κεραία**). 2. *~ διπλή* = δύο παύλες που χρησιμοποιούνται για να απομονώσουμε μέσα σ' αυτές φράση ή μέρος της όταν δε θεωρούμε το νόημά τους τόσο επουσιώδες ώστε να τις βάλουμε σε παρένθεση. Έκφρ. *τελεία και ~* (για οριστική παύση, διακοπή).
παυσανίας ο, ουσ. (παλαιότερα, σκωπτ.) για πρόσωπο που παύτηκε από τη θέση του, που απολύθηκε από την υπηρεσία του.
παύση και (λαϊκ.) -**ψη** η, ουσ. 1α. λήξη, διακοπή, σταμάτημα: *~ των εργασιών της Βουλής / (νομ.) της πληρεξουσιότητας·* β. διάλειμμα: *~ ημίωρη.* 2. (στον πληθ.) οι καλοκαιρινές διακοπές των σχολικών μαθημάτων (συνηθέστερα *διακοπές*). 3. (για δημόσιο υπάλληλο) προσωρινή ή οριστική απόλυση από την υπηρεσία: *τιμωρήθηκε με τρίμηνη ~* (συνεκδοχικά για το σχετικό έγγραφο) *δεν του κοινοποίησαν ακόμη την ~ του.* 4. (μουσ.) χρονικό διάστημα σιωπής σ' ένα μουσικό έργο, καθώς και το σημάδι που το δηλώνει.
παυσίλυπος, -η, -ο, επίθ. (λόγ.), που διώχνει τη λύπη.
παυσίπονος, -η, -ο, επίθ. (φαρμ.) για ουσία που ανακουφίζει τον πόνο: *ένεση -η.* - *Το ουδ. ως ουσ.* = *παυσίπονο φάρμακο* (συνών. *αναλγητικός*).
παύω, ρ., αόρ. *έπαψα*, μτχ. παρκ. *παυμένος* και (λαϊκ.) *παμένος.* 1α. (μτβ. και αμτβ.) σταματώ, τελειώνω: *πάψε πια τη γκρίνια· δεν -ει να επαινεί το*

ήθος σας· β. (αμτβ.) σωπαίνω: *του είπα απότομα να πάψει.* 2. απομακρύνω, απολύω, διώχνω κάποιον (από θέση, αξίωμα, κ.τ.ό.): *η δικτατορία τον έπαψε από δικαστή για πολιτικούς λόγους.*
παφιλ-, βλ. **παφυλλ-**.
παφλαγονικός, -ή, -ό, επίθ., που ανήκει ή αναφέρεται στην Παφλαγονία της Μ. Ασίας ή στους κατοίκους της.
παφλάζω, ρ. 1. (σπάνια) κοχλάζω (βλ. λ.). 2. (για νερό που κυλάει ή για κύματα που σπάζουν στην ακτή) παράγω ήχο παρόμοιο με αυτόν που κάνει το νερό όταν κοχλάζει: *ακούω να -ουν γύρω μου βαθιά ζαφειρένια ρέματα* (Κόντογλου).
πάφλασμα το, ουσ., παφλασμός.
παφλασμός ο, ουσ. 1. (σπάνια) κοχλασμός (βλ. λ.). 2. ο ήχος που παράγεται από νερό που κυλάει ή από κύματα που σπάζουν.
πάφυλλας ο, ουσ. (λαϊκ.). 1. ορείχαλκος, κίτρινος τενεκές. 2. συνεκδοχικά για το λευκοσίδηρο (άσπρο τενεκέ). 3. παφύλλι. [πιθ. τουρκ. *pafta* με επίδραση του ουσ. *φύλλα*].
παφυλλένιος, -ια, -ιο, επίθ. (συνιζ., λαϊκ.), ορειχάλκινος.
παφύλλι το, ουσ. (λαϊκ.), λεπτό έλασμα, συνήθως από ορείχαλκο: *παλιό ντουφέκι στολισμένο με -ια.*
παχαίνω και **παχύνω**, ρ. Α. μτβ. 1. κάνω κάποιον (άνθρωπο ή ζώο) να γίνει παχύς: *-ει τη γαλοπούλα για να τη σφάξει.* 2. κάνω κάποιον να φαίνεται πιο παχύς απ' ό,τι είναι: *αυτό το φόρεμα σε -ει.* Β. (αμτβ.) παίρνω βάρος, γίνομαι παχύς, χοντρός: *-υνα πολύ τον τελευταίο καιρό.*
πάχνη η, ουσ., πολύ λεπτό στρώμα πάγου που σχηματίζεται στην επιφάνεια των φυτών και γενικά των διάφορων σωμάτων τις πρωινές ώρες, όταν η θερμοκρασία είναι χαμηλή.
παχνί το, ουσ., ξύλινη κατασκευή (ή κοίλωμα στον τοίχο στάβλου ή σε κορμό δέντρου) όπου τοποθετείται η τροφή για τα ζώα (συνών. *φάτνη*). [*παθνίον*, υποκορ. του μτγν. *πάθνη* < αρχ. *φάτνη*].
παχνιάζω, I. ρ. (συνιζ.), ρίχνω στο παχνί τροφή για τα ζώα, ταΐζω τα ζώα.
παχνιάζω, II. ρ. (συνιζ.), σκεπάζομαι από πάχνη [*πάχνη*].
παχόμετρο, βλ. **παχύμετρο**.
πάχος το, πληθ. (λαϊκ.) *-ια* και *-ητα*, ουσ. 1. η μία από τις τρεις διαστάσεις στερεού σώματος (οι άλλες δύο είναι το μήκος και το πλάτος ή το ύψος και το πλάτος) που ισούται με την απόσταση ανάμεσα στις δύο παράλληλες επιφάνειές του: *το βιβλίο αυτό έχει αρκετό ~.* 2. λίπος (βλ. λ.): *αυτό το κρέας είχε πολύ ~* (συνών. *ξίγγι*). 3. παχυσαρκία (βλ. λ.): *το ~ βλάπτει την υγεία.*
παχουλός, -ή, -ό, επίθ., που είναι κάπως παχύς (συνών. *χοντρουλός·* αντ. *αδυνατούλης, αδυνατούτσικος*).
παχουλούτσικος, -η, -ο, επίθ., κάπως παχουλός.
παχυδερμία η, ουσ. 1. το να έχει κανείς παχύ δέρμα. 2. (μεταφ.) το να είναι κανείς αδιάφορος, να μη συγκινείται με τίποτα. 3. (ιατρ.) παθολογική πάχυνση και σκλήρυνση του δέρματος (συνήθως σε μία περιοχή του σώματος) λόγω υπερτροφίας του συνθετικού του ιστού (συνών. *ελεφαντίαση*).
παχύδερμος, -η, -ο, επίθ. 1. που έχει παχύ δέρμα. 2. (μεταφ.) άνθρωπος αδιάφορος, που δε συγκινείται με τίποτα (συνών. *χοντρόπετσος*). - *Το ουδ. στον πληθ. ως ουσ.* = (ζωολ.) κατηγορία μεγαλόσωμων

φυτοφάγων μη μηρυκαστικών θηλαστικών, όπως ο ελέφαντας, ο ιπποπόταμος, κλπ.

παχυλός, -ή, -ό, επίθ. (λόγ.), υπερβολικά μεγάλος: *μισθός* ~· *αμάθεια -ή.*

παχύμετρο και **παχόμετρο** το, ουσ., σιδερένιος (συνήθως) κανόνας με δύο σκέλη που χρησιμοποιείται στην οικοδομική για τη μέτρηση πάχους ή διαμέτρου.

πάχυνση η, ουσ., το να παίρνει κανείς βάρος, το να γίνεται παχύς, χοντρός.

παχυντικός, -ή, -ό, επίθ. (έρρ.), που προκαλεί πάχυνση: *φαγητά / φάρμακα -α.*

παχύνω, βλ. *παχαίνω.*

παχύρρευστος, -η, -ο, επίθ., που βρίσκεται σε κατάσταση μεταξύ στερεού και υγρού, που είναι πηχτός, κολλώδης και γι' αυτό δεν κυλά εύκολα: *μάζα / λάσπη -η.*

παχύς, -ιά, -ύ, επίθ. **1.** (για στερεό σώμα) που έχει μεγάλο πάχος (βλ. λ. σημασ. 1): -ύ *στρώμα λάσπης· χαλί -ύ* (αντ. *λεπτός*). **2.** (για ανθρώπους και ζώα και τα μέλη τους) που έχει μεγάλο βάρος, παχύσαρκος: *αρνί -ύ· πόδι -ύ* (αντ. *αδύνατος, λεπτός*). **3α.** (για τρόφιμα) που περιέχει πολύ λίπος, λιπαρός: *τυρί -ύ·* **β.** (για μαγειρεμένο φαγητό) που έχει μαγειρευτεί ή ψηθεί με πολύ λίπος: *σούπα -ιά.* **4.** (για υγρά) παχύρρευστος: *λάδι / μέλι -ύ.* **5.** πυκνός: *μουστάκι -ύ· ήσκιος* ~· *σκοτάδι -ύ.* **6.** (για έδαφος) εύφορος: *γη -ιά.* **7.** (μεταφ.) πομπώδης, μεγαλόστομος: *λόγια -ιά· υποσχέσεις -ιές.* **8.** *-ύ έντερο* = (ανατομ.) το τμήμα του εντερικού σωλήνα που αρχίζει μετά το λεπτό έντερο και καταλήγει στον πρωκτό. - Το ουδ. (στον εν. και στον πληθ.) ως ουσ. = το λιπαρό μέρος από ένα κομμάτι κρέας (αντ. *ψαχνό*).

παχυσαρκία η, ουσ., το να είναι κανείς παχύσαρκος.

παχύσαρκος, -η, -ο, επίθ., που έχει μεγάλο βάρος, χοντρός (αντ. *λιπόσαρκος*).

πάψη, βλ. *παύση.*

πάω, βλ. *πηγαίνω.*

πέδηση η, ουσ., επιβράδυνση ή σταμάτημα κίνησης σώματος με χρησιμοποίηση φρένου (πέδης), φρενάρισμα.

πεδιάδα η, ουσ. (ασυνίζ.), έκταση γης επίπεδη και ομαλή με χαμηλή βλάστηση και πολύ λίγα ή καθόλου δέντρα: ~ *εύφορη* (συνών. *κάμπος*)

πέδικλο το, ουσ., δεσμός (από μέταλλο, ξύλο ή σχοινί) που προσαρμόζεται στα μπροστινά πόδια ορισμένων ζώων για να μην απομακρύνονται από μια περιοχή ή για να συνηθίσουν σε ορισμένο βηματισμό. [μεσν. *πέδικλον<*λατ. *pediculus*].

πεδίκλωμα, βλ. *μπουρδούκλωμα.*

πεδικλώνω, βλ. *μπουρδουκλώνω.*

πέδιλο το, ουσ. **1.** είδος ελαφρού παπουτσιού που καλύπτει μόνο το πέλμα και από πάνω στερεώνεται με λωρίδες καλύπτοντας ένα μικρό μέρος του ποδιού. **2.** κάθε παρόμοιο υπόδημα που χρησιμοποιείται σε κάποιο σπορ: *-α του πατινάζ / των βατραχανθρώπων.* **3.** (τεχνολ.) πετάλι (βλ. λ.). **4.** (ναυτ.) ξύλινη βάση όπου σφηνώνεται ο ιστός της βάρκας.

πεδιλοδρομία η, ουσ., πατινάζ (βλ. λ.).

πεδιλοποιείο το, ουσ., εργαστήριο ή εργοστάσιο όπου κατασκευάζονται πέδιλα.

πεδιλοποιός ο, ουσ. (ασυνίζ.), τεχνίτης που κατασκευάζει πέδιλα.

πεδινός, -ή, -ό, επίθ. **1.** που ανήκει ή αναφέρεται σε πεδιάδα: *βλάστηση -ή· κλίμα -ό.* **2.** (για περιοχή) που αποτελείται κυρίως από πεδιάδα ή πεδιάδες: *χώρα -ή.*

-πέδιο, β´ συνθ. ουδ. ουσ. που έχουν σχέση με πεδιάδα, κάμπο· π.χ. *οροπέδιο, λεκανοπέδιο.* [αρχ. *πεδίον*].

πεδίο το, ουσ. **1.** (λόγ.) επίπεδη και ομαλή έκταση γης, πεδιάδα: *Ηλύσια -α.* **2.** περιοχή (πραγματική ή νοητή) όπου αναπτύσσεται κάποια δραστηριότητα: ~ *πολεμικών ασκήσεων·* ~ *έρευνας / δραστηριοτήτων·* ~ *οπτικό* (βλ. *οπτικός*).

-πεδο, β´ συνθ. ουδ. ουσ., π.χ. *στρατόπεδο, οικόπεδο.* [αρχ. *πέδον*].

πεδούκλι και **περδούκλι** το, **πεδούκλα** και **περδούκλα** η, ουσ. (λαϊκ.), πέδικλο (βλ. λ.).

πεζά, βλ. *πεζός.*

πεζεβέγκης και **μπεζεβέγκης** ο, θηλ. **-ισσα,** ουσ., μαστρωπός, προαγωγός· (κατ' επέκταση) παλιάνθρωπος. [τουρκ. *pezevenk*].

πέζεμα το, ουσ., το να πεζεύει κανείς (συνών. *ξεπέζεμα, ξεκαβαλίκεμα*).

πεζεύω, ρ., κατεβαίνω από υποζύγιο (συνών. *ξεπεζεύω, ξεκαβαλικεύω*).

πεζή, επίρρ. (λόγ.), με τα πόδια, περπατώντας: *πήγαμε ως εκεί* ~.

πεζικάριος ο, ουσ. (ασυνίζ.), (στρατ.) στρατιώτης ή αξιωματικός του πεζικού.

πεζικός, -ή, -ό, επίθ. (στρατ.) που αναφέρεται στους στρατιώτες της ξηράς: *στρατεύματα -ά· δυνάμεις -ές· σώμα -ό.* - Το ουδ. ως ουσ. = το σύνολο των στρατιωτών που μετακινούνται και μάχονται στην ξηρά με τα πόδια ή με μικρά οχήματα και όχι με άρματα ή (παλαιότερα) άλογα.

πέζο το, ουσ. **1.** (λαϊκ.) βάρος: *το κιβώτιο αυτό έχει* ~ *20 κιλά.* **2.** παλιά νομισματική μονάδα της Αργεντινής, της Χιλής, της Κολομβίας και της Ουρουγουάης. [ιταλ. *peso*].

πεζόβολος ο και **πεζόβολο** το, ουσ., είδος αλιευτικού διχτυού, σχήματος κωνικού, με βαρίδια μολυβιού στις άκρες του, που, όταν το ρίχνουν στο νερό, ανοίγει σαν ομπρέλα πιάνοντας όσα ψάρια βρίσκονται κάτω από αυτό. [αρχ. *πέζα* + *βάλλω*].

πεζογράφημα το, ουσ., λογοτεχνικό έργο που είναι γραμμένο σε πεζό λόγο.

πεζογραφία η, ουσ. **1.** συγγραφή πεζογραφημάτων: *ασχολείται με την* ~. **2.** το σύνολο της παραγωγής πεζογραφημάτων σε μια χώρα ή μια εποχή: *η ελληνική* ~ *του εικοστού αιώνα.*

πεζογραφικός, -ή, -ό, επίθ., που ανήκει ή αναφέρεται στην πεζογραφία: *έργο -ό.*

πεζογράφος ο και η, ουσ., συγγραφέας πεζογραφημάτων.

πεζογραφώ, -είς, ρ., ασχολούμαι με τη συγγραφή πεζογραφημάτων.

πεζοδρόμηση η, ουσ., μετατροπή κανονικού δρόμου σε δρόμο μόνο για πεζούς.

πεζοδρομιακός, -ή, -ό, επίθ. (ασυνίζ.), που ανήκει στο πεζοδρόμιο ή αναφέρεται σ' αυτό.

πεζοδρόμιο το, ουσ. (ασυνίζ.), τμήμα του δρόμου στην άκρη του οδοστρώματος, υπερυψωμένο, συνήθως πλακόστρωτο, που προορίζεται για τους πεζούς: *πέρασε στο απέναντι* ~. Έκφρ. *του -ίου* (για κάποιον ή κάτι που ανήκει στον υπόκοσμο ή προέρχεται από αυτόν): *άνθρωπος / γλώσσα του -ίου* (ειδικότερα) *γυναίκα του -ίου* (= *πόρνη·* συνών. *του δρόμου*). Φρ. *κάνει* ~ (για πόρνη που βρίσκει τους πελάτες της σε δημόσιο χώρο).

πεζόδρομος ο, ουσ., δρόμος που προορίζεται αποκλειστικά για πεζούς, συνήθως τμήμα δρόμου που πεζοδρομείται.

πεζοδρόμος ο, ουσ., πεζοπόρος (βλ. λ.).

πεζοδρομώ, -είς, ρ., μετατρέπω έναν κανονικό δρόμο σε δρόμο μόνο για πεζούς: *-ήθηκε ένα τμήμα του δρόμου.*

πεζολογία η, ουσ. (συνήθως στον πληθ.), στοιχεία ποιητικού κειμένου που πλησιάζουν τον πεζό λόγο είτε σκόπιμα είτε από αδεξιότητα του συγγραφέα: *αφόρητες -ες του κειμένου.*

πεζολογικός, -ή, -ό, επίθ., που ανήκει στην πεζολογία ή τον πεζό λόγο ή αναφέρεται σ' αυτήν/-όν.

πεζομαχία η, ουσ., μάχη μεταξύ πεζών στρατιωτών (συνήθως σε αντιδιαστολή με την αερομαχία και τη ναυμαχία ή, για την αρχαιότητα, τη μάχη μεταξύ ιππέων).

πεζοναύτης ο, ουσ., στρατιώτης ειδικά εκπαιδευμένος για αποβατικές επιχειρήσεις.

πεζοναυτικός, -ή, -ό, επίθ., που ανήκει στους πεζοναύτες ή αναφέρεται σ' αυτούς.

πεζοπορία η, ουσ., το να διανύει κανείς μεγάλη απόσταση με τα πόδια.

πεζοπορικός, -ή, -ό, επίθ., που ανήκει στην πεζοπορία ή τον πεζοπόρο ή αναφέρεται σ' αυτήν/-όν.

πεζοπόρος ο, ουσ., αυτός που διανύει μεγάλη απόσταση με τα πόδια· (εδώ ως επίθ. ουδ.) *-α τμήματα του στρατού.*

πεζοπορώ, -είς, ρ., διανύω (μεγάλη) απόσταση με τα πόδια.

πεζός, -ή, -ό, επίθ. 1. που διανύει μια απόσταση με τα πόδια και όχι με μεταφορικό μέσο: *πήγε ~ ως εκεί.* 2. (για γραπτό λόγο) που δεν έχει μέτρο και ρυθμό: *λόγος ~ -ές και έμμετρες αφηγήσεις* (αντ. *έμμετρος, ποιητικός*). 3. (μεταφ.) συνηθισμένος, που δεν παρουσιάζει ιδιαίτερο ενδιαφέρον: *~ άνθρωπος· -ή πραγματικότητα.* - Το αρσ. ως ουσ. = 1. αυτός που διανύει μια απόσταση με τα πόδια, όχι με όχημα: *διάβαση -ών.* 2. (αρχ. ιστ.) *οι -οί* = πολεμιστές που ανήκουν στο πεζικό (συνήθως σε αντιδιαστολή με τους ιππείς). - Επίρρ. *-ά* στη σημασ. 3: *σκέφτεται -ά.*

πεζότητα η, ουσ., το να είναι κάτι συνηθισμένο, κοινότυπο: *η ~ της καθημερινής ζωής.*

πεζοτράγουδο το, ουσ. (λογοτ.) μικρό πεζό κείμενο με ρυθμό και έντονο λυρισμό.

πεζούλα η, ουσ., πεζούλι.

πεζούλι το, ουσ. 1. λιθόκτιστος μικρός τοίχος που εφάπτεται σε μεγαλύτερο τοίχο και χρησιμεύει για να κάθεται κανείς: *κάθισε στο ~ της βρύσης.* 2. αναλημματικός τοίχος (συνήθως ξερολιθιά) που συγκρατεί λουρίδα γης σε κατωφερές έδαφος. - Υποκορ. στη σημασ. 1 *-άκι* το.

πεζούρα η, ουσ. (λαϊκ.), πεζικές (βλ. λ.): *ήτανε η καβαλαρία τρακόσες χιλιάδες κι η ~ πεντακόσιες χιλιάδες* (Κόντογλου) (αντ. *καβαλαρία*).

πεθαίνω και (λαϊκ.) **αποθαίνω**, ρ., αόρ. *πέθανα* και (λαϊκ.) *απόθανα*, μτχ. παρκ. *πεθαμένος* και (λαϊκ.) *αποθαμένος*. Α. αμτβ. 1. (για έμβιο ον και κυρίως άνθρωπο) παύω να ζω (όταν η καρδιά πάψει να χτυπά κι όταν οι άλλες λειτουργίες του σώματος και του πνεύματος σταματήσουν): *πέθανε σε βαθιά γεράματα / από τύφο*· (σπανίως με σύστοιχο αντικ.) *πέθανε φυσικό θάνατο*· φρ. *ως τότε ποιος ζει, ποιος -ει* (για μοιρολατρικό σκεπτικισμό για το άγνωστο μέλλον). 2. (σε χρόνο που δηλώνει διάρκεια) η κατάσταση της υγείας μου είναι άσχημη και δεν θα ζήσω πολύ: *-ει από καρκίνο* (συνών. *σβήνω*). 3. (μεταφ.) εξασθενώ και σιγά σιγά παύω να υπάρχω: *ένας κόσμος / μια εποχή που -ει· οι πολιτισμοί -ουν*· (για συναισθήματα) *η αληθινή αγάπη δεν -ει ποτέ* (συνών. *σβήνω*). 4α. βασανίζομαι, εξαντλούμαι από κάτι: *~ στη δουλειά*· *πεθαμένος στην κούραση*· β. για να δηλωθεί ότι κάτι γίνεται σε υπερβολικό βαθμό: *πεθάναμε στα γέλια.* 5. επιθυμώ έντονα κάτι: *-ει για ταξίδια* (συνών. *ψοφάω*). 6. θεωρώ κάτι τόσο υψηλό ώστε είμαι έτοιμος να θυσιάσω και τη ζωή μου γι' αυτό: *-ει για τα ιδανικά του.* Β. μτβ. (λαϊκ.). 1. είμαι υπαίτιος για το θάνατο κάποιου: *τον πέθανε ο γιατρός*· *την πέθανε ο άντρας της.* 2. βασανίζω, εξαντλώ κάποιον (σωματικά ή ψυχικά): *τον πέθανε στο ξύλο / στη δουλειά*· *τον πέθανε ο καημός* (συνών. *θανατώνω, σκοτώνω*). - Η μτχ. παρκ. ως επίθ. = νεκρός: *τον βρήκαν πεθαμένο*· *οι ψυχές των πεθαμένων.* - Το ουδ. στον πληθ. *τα πεθαμένα (μου, σου, ...)* = τα συγγενικά πρόσωπα που έχουν πεθάνει, συνήθως στη φρ. *Θεός σχωρέσ' τα πεθαμένα σας* (ευχή).

πεθαμός ο, ουσ. (λαϊκ.). 1. θάνατος· συνήθως στη φρ. *είναι του -ού* (= είναι ετοιμοθάνατος ή, μεταφ., πολύ λυπημένος). 2. (μεταφ.) υπερβολική κούραση, ταλαιπωρία.

πεθερά η, ουσ., η μητέρα του / της συζύγου (ή του μνηστήρα / της μνηστής) σε σχέση με τη νύφη ή το γαμπρό της· έκφρ. *κακιά ~* (για γυναίκα εριστική ή σπανιότ. για άντρα εριστικό)· *σαν τη νύφη με την ~*, βλ. *νύφη* σημασ. 2· φρ. *σ' αγαπάει η ~ σου* (όταν κάποιος έρχεται την ώρα του φαγητού)· *τα λέω της νύφης για να τ' ακούσει η -ά ή τα λέω της -άς για να τ' ακούσει η νύφη*, βλ. *νύφη* σημασ. 2.

πεθερικά τα, ουσ., ο πεθερός και η πεθερά μαζί.

πεθερός ο, ουσ., ο πατέρας του / της συζύγου (ή του μνηστήρα / της μνηστής) σε σχέση με τη νύφη ή το γαμπρό του· φρ. *αν θέλει η νύφη κι ο γαμπρός, τύφλα να 'χει ο ~*, βλ. *νύφη* σημασ. 2.

πεθυμιά, βλ. *επιθυμία*.

πεθυμώ, βλ. *επιθυμώ*.

πειθαναγκάζω, ρ., αναγκάζω κάποιον να υπακούσει με σωματική ή ψυχολογική βία.

πειθαναγκασμός ο, ουσ., το να αναγκάζει κανείς κάποιον να υπακούσει με άσκηση σωματικής ή ψυχολογικής βίας.

πειθαρχείο το, ουσ. (στρατ.) ειδικός θάλαμος σε στρατόπεδο όπου κρατούνται σε ορισμένες περιπτώσεις οι στρατιώτες που τιμωρούνται με φυλάκιση: *κλείνω στο ~.*

πειθαρχία η, ουσ. 1. το σύνολο των υποχρεώσεων που ρυθμίζουν τη ζωή ορισμένων διοικητικών σωμάτων: *υπόκειμαι σε στρατιωτική ~.* 2. υποταγή σε κάποιους κανόνες, ανάληψη ορισμένων υποχρεώσεων: *ενήργησε από ανάγκη -ίας στο κόμμα.* Φρ. *βάζω κάποιον σε ~* (= τον αναγκάζω να γίνει πειθαρχικός).

πειθαρχικός, -ή, -ό, επίθ. 1. (για πρόσωπο) που σέβεται και τηρεί την πειθαρχία, υπάκουος: *στρατιώτης ~.* 2. που ανήκει στην πειθαρχία ή αναφέρεται σ' αυτήν: *δίωξη -ή· επιβάλλω -ές κυρώσεις· -ή εξουσία* (= το δικαίωμα των αρμόδιων οργάνων της πολιτείας να επιβάλλουν πειθαρχικές ποινές)· *-ό δίκαιο* (= τμήμα του διοικητικού δικαίου που περιλαμβάνει τους κανόνες που σχετίζονται με

την άσκηση πειθαρχικής εξουσίας)· *-ό συμβού-
λιο* (= συλλογικό όργανο που προβλέπεται από το
νόμο για την επιβολή πειθαρχικών ποινών στους
δημόσιους υπάλληλους)· (κατ' επέκταση) *-ό (συμ-
βούλιο) πολιτικού κόμματος.* - Επίρρ. **-ώς**.
πειθαρχώ, -είς, ρ., υπακούω στις αρχές ή τους
ανωτέρους· τηρώ την πειθαρχία. - Η μτχ. *-ημένος*
ως επίθ. = υπάκουος, συγκρατημένος: *άτομο -ημέ-
νο· -ημένος τρόπος ζωής.*
πειθήνιος, -α, -ο, επίθ. (ασυνίζ.), πειθαρχικός, υπά-
κουος. - Επίρρ. **-α**: *υπακούω -α.*
πείθω, ρ., αόρ. *έπεισα*, κάνω κάποιον να δεχτεί τη
γνώμη μου ή να πάρει την απόφαση που θέλω
προβάλλοντας λογικά επιχειρήματα ή παρέχο-
ντας σημαντικά κίνητρα: *δυσκολεύτηκα να τον
πείσω ότι έτσι έγιναν τα πράγματα· τον έπεισε να
συνεργαστεί προσφέροντάς του καλή αμοιβή.*
πειθώ η, ουσ., η ικανότητα να πείθει κανείς.
πείνα η, ουσ. **1.** η επιτακτική ανάγκη να λάβει κα-
νείς τροφή, το αίσθημα που δοκιμάζει κανείς
όταν έχει ανάγκη φαγητού: ~ *άγρια / διαβολεμέ-
νη·* εκφρ. *απεργία -ας* (= η άρνηση λήψης τροφής
ως εκδήλωση διαμαρτυρίας και για την επιτυχία
ορισμένων αιτημάτων)· *μισθός -ας,* βλ. *μισθός·*
φρ. (επιφωνηματικά) *έχω μια ~!* (= πεινώ πολύ)·
μ' έπιασε ~ (= πείνασα)· *δε σε βλέπω από την ~,
με θερίζει η ~, πεθαίνω της -ας, ψοφάω από την ~*
(= πεινώ υπερβολικά)· *τραβώ ~ ή -ες* (για μεγάλα
ανέχεια, όταν δεν υπάρχουν τα απαραίτητα ούτε
για τη διατροφή) (αντ. *χόρταση, χορτασμός*). **2.**
γενική έλλειψη τροφίμων, λιμός: *χιλιάδες παιδιά
πεθαίνουν κάθε χρόνο από την ~· η ~ μαστίζει τη
χώρα·* εκφρ. ~ *και των γονέων* (= πολύ μεγάλη). **3.**
επιθυμία (μεταφ.) έντονη κάποιου για κάτι που το
έχει στερηθεί για μεγάλο χρονικό διάστημα: ~
σεξουαλική / ακόρεστη (αντ. *κορεσμός*).
πεινάλας ο, θηλ. **πεινάλα**, ουσ. (λαϊκ.), αυτός που
είναι μονίμως και πολύ πεινασμένος.
πεινάλεος, -α, -ο, επίθ., πολύ πεινασμένος (αντ.
χορτάτος).
πεινώ, -άς, ρ., αόρ. *-ασα*, μτχ. παρκ. *-ασμένος*. **1.**
κατέχομαι από το αίσθημα της πείνας (βλ. λ. ση-
μασ. 1): *το μωρό -ασε και κλαίει· ~ τρομερά / σα
λύκος* (= πάρα πολύ)· (προφ.) *-άω για κάτι* (= θέλω
να φάω κάτι συγκεκριμένο) (αντ. *χορταίνω*). **2.**
υποφέρω από έλλειψη τροφίμων, τρέφομαι ανε-
παρκώς, λιμοκτονώ: *το σπίτι του -άει* (= είναι πο-
λύ φτωχοί)· *λαοί της Αφρικής που -ούν*. **3.** (μεταφ.
συνήθως στη μτχ. παρκ.) επιθυμώ έντονα κάτι που
το έχω στερηθεί για μεγάλο χρονικό διάστημα.
πείρα η, ουσ. **1.** η γνώση ή επιδεξιότητα που απο-
κτάται στην πράξη ύστερα από δοκιμή ή εφαρμο-
γή των θεωρητικών τεχνικών ή επιστημονικών
γνώσεων για μεγάλο χρονικό διάστημα: *τεχνίτης
με ~· η μακρόχρονη ~ του ως δασκάλου* (συνών.
εμπειρία· αντ. *απειρία*). **2.** (φιλοσ.) η αισθησιακή,
εμπειρική αντανάκλαση του εξωτερικού κόσμου·
το σύνολο των πραγμάτων και γεγονότων που πέ-
φτουν στην αντίληψή μας. **3.** το σύνολο των γεγο-
νότων, γνώσεων και αισθημάτων που αποτελούν
τη ζωή ενός ατόμου και συντελούν στον εμπλου-
τισμό των γνώσεών του και την αύξηση των ικα-
νοτήτων του: *αποκτω ~· έχω προσωπική / άσχη-
μη ~ από...* Εκφρ. *από ~: το ξέρω / μιλώ από ~·*
φρ. *έχω ~ του πράγματος / του κόσμου* (αντ.
απειρία). **4.** οι παραπάνω εμπειρίες ως χαρακτη-
ριστικό πολυγνωσίας, σοφίας του ατόμου και γι'

αυτό διαφοροποίησής του από τους άλλους: *η
(έως τώρα) ~ μας οδηγεί... / αποδεικνύει...*
πείραγμα το, ουσ. **1.** το να πειράζει ή να πειράζεται
κάποιος: ~ *ανυπόφορο* (συνών. *παρενόχληση*). **2.**
(συνεκδοχικά) πράξη ή λόγος με τον οποίο ενο-
χλεί, πειράζει κάποιος: ~ *άπρεπο*. **3.** ενοχλητικός
αστεϊσμός: ~ *αθώο· χυδαία -ατα*. **4.** προσβολή
(βλ. λ.).
πειράζω, ρ., αόρ. *-αξα*, παθ. αόρ. *-άχτηκα*, μτχ.
παρκ. *-αγμένος*. **I.** ενεργ. **1.** ενοχλώ κάποιον με τα
λόγια ή τις πράξεις μου, τον κάνω να αισθανθεί
εκνευρισμό, δυσαρέσκεια ή στενοχώρια: *ποιος
-αξε το παιδί και κλαίει; ο θόρυβος τον -ει· μην
-εις το σκύλο!* (= μην τον ερεθίζεις)· φρ. *αν δε σας
-ει, θα...· τι σε -ει αν/να...·* (ερωτ. απρόσ.) *-ει να
καθίσω κοντά σου;* (απρόσ. συχνά ως απάντηση ή
σχόλιο): — *Έχυσα τον καφέ! —Δεν -ει! και τι -ει;*
(απειλητικά) *τώρα δεν -ει! μετά θα δεις τι θα πά-
θεις!* (συνών. *παρενοχλώ, ενοχλώ*). **2.** δυσαρεστώ·
προσβάλλω, θίγω: *με -αξαν τα λόγια σου! δεν το
είπε για να σε -άξει!* **3.** αστειολογώ ή χειρονομώ
εις βάρος κάποιου: *του αρέσει να -ει τους άλλους*
(συνών. *αστεΐζομαι, αστειεύομαι*). **4a.** προκαλώ
βλάβη, κάνω κακό συνήθως στην υγεία ή τη λει-
τουργία κάποιου οργάνου: *αυτό το φως -ει στα
μάτια·* φρ. *αυτό με -ει στα νεύρα* (= *νευριάζει*)
(αμτβ.) *το κάπνισμα -ει*. **β.** προκαλώ ενοχλήσεις
στον οργανισμό, κάνω κάποιον να αρρωστήσει:
τον -ει η υγρασία / το ποτό· (ειδικά για φαγητό):
μην το τρως όλο· θα σε -άξει! γ. (για ζώα ή φυτά):
*ο πάγος -αξε τις καλλιέργειες· η ζέστη -αξε τα
κοτόπουλα*. **5.** (για πράγματα) κάνω ζημιά, προ-
καλώ καταστροφή ή αλλοίωση: *η υγρασία -αξε τα
ξύλινα πατώματα· η φωτιά -αξε τις πλαστικές σω-
ληνώσεις*. **6.** αγγίζω, σκαλίζω ή μετακινώ κάτι:
— *Πήρες την τσάντα μου;* — *Δεν την -αξα!* (ειδι-
κά): *μην -άξεις το φαγητό* (= μην το φας)· *-αξες το
σπυρί και το μάτωσες* (= *το πλήγωσες*). **7.** βάζω
κάποιον σε πειρασμό, σκανδαλίζω, κολάζω: *ο διά-
ολος τον -αξε να βάλει χέρι στα ξένα λεφτά*. **8.**
φλερτάρω: *τα αγόρια -αζαν τα κορίτσια στο δρό-
μο*. **9.** (για λουλ., ευφ.) διακορεύω: *αφού την -αξε
πρέπει να την παντρευτεί*. **10.** κακοποιώ: *ο κατη-
γορούμενος ισχυρίστηκε ότι δεν την -αξε*. **II.** μέσ.
1. θίγομαι, παρεξηγούμαι: *-εται εύκολα / με το
τίποτα· δε μου μιλάει, γιατί είναι -αγμένος*. **2.**
προσβάλλομαι από ασθένεια, αρρωσταίνω· (για
το λογικό) σαλεύω: *-άχτηκε το μυαλό του*. **3.** (για
φαγώσιμα είδος) παρουσιάζω σήψη, αλλοιώνο-
μαι: (συνήθως στη μτχ. παρκ.) *κρέας -αγμένο*.
πειραϊκός, -ή, -ό, επίθ., που ανήκει ή αναφέρεται
στον Πειραιά ή προέρχεται από αυτόν (συνών.
πειραιώτικος).
Πειραιώτης ο, θηλ. **-ισσα**, κάτοικος του Πειραιά ή
καταγόμενος από εκεί.
πειραιώτικος, -η, -ο, επίθ., πειραϊκός.
Πειραιώτισσα, βλ. *Πειραιώτης*.
πείραμα το, ουσ. **1.** το να παράγει ο άνθρωπος με
τεχνητό, επιστημονικό τρόπο φυσικά, φυσιολο-
γικά ή ψυχικά φαινόμενα για να εξακριβώσει τη
φύση και τους νόμους της εξέλιξής τους: *-ατα στη
χημεία / ψυχολογία· διεξάγω / εκτελώ -ατα· ερ-
γαστήριο -άτων*. **2.** (γενικό) σκόπιμη δοκιμαστική
διαδικασία για την έρευνα ενός γεγονότος ή για
την επίτευξη ενός σκοπού που συχνά βασίζεται
σε μια νέα ιδέα ή μέθοδο: *το ~ της αυτοδιαχείρη-
σης στα εργοστάσια*. **3.** δοκιμή, απόπειρα: *ένα ~*

θα μας πείσει· -ατα θα κάνουμε τώρα;
πειραματίζομαι, ρ. **1.** εκτελώ πειράματα (βλ. λ. σημασ. 1). **2.** εφαρμόζω μια δοκιμαστική διαδικασία για να ερευνήσω ένα γεγονός ή για να επιτύχω ένα σκοπό: *οι μονάδες -ονται με τα όπλα νέου τύπου...* **3.** δοκιμάζω, προσπαθώ να διαπιστώσω ή να κάνω κάτι: *μην -εσαι άδικα· δε συναρμολογείται έτσι η μηχανή.*
πειραματικός, -ή, -ό, επίθ., που ανήκει ή αναφέρεται στο πείραμα (βλ. λ. σημασ. 1) ή που βρίσκεται σε πειράματα: *μέθοδος -ή· επιστήμες -ές* (= αυτές που χρησιμοποιούν κυρίως το πείραμα)· *ψυχολογία -ή* (= η ερευνητική ψυχολογική μέθοδος και το σύνολο των σχετικών αποτελεσμάτων)· *αεροσκάφος που βρίσκεται σε -ό στάδιο.* **2.** που εφαρμόζει δοκιμαστικά διαδικασίες που βασίζονται σε νέες ιδέες ή μεθόδους: *καλλιέργειες -ές· -ή θεατρική παράσταση· Π-ό Σχολείο* (όπου εφαρμόζονται νέες μέθοδοι διδασκαλίας). - Επίρρ. **-ά.**
πειραματισμός ο, ουσ., το να πειραματίζεται κανείς, η εκτέλεση πειραμάτων.
πειραματιστής ο, θηλ. **-τρια,** ουσ., αυτός που εκτελεί πειράματα.
πειραματόζωο το, ουσ., ζώο που χρησιμοποιείται σε επιστημονικά πειράματα (ιατρικής έρευνας ή ψυχολογίας): (μεταφ.) *η γυναίκα ως σύμβολο ~ στα σύγχρονα ρεύματα της τέχνης.*
πείραξη η, ουσ. (λαϊκ.), ενόχληση, δοκιμασία: *έχω / είμαι σε μεγάλη ~.*
πειρασμός ο, ουσ. **1.** το να παρακινείται κάποιος να παραβεί ένα νόμο θρησκευτικό ή ηθικό· (γενικά) προτροπή που ωθεί στην αμαρτία, το κακό ή τη διέγερση της επιθυμίας για κάτι αθέμιτο ή απαγορευμένο: *-οί του σώματος· υποκύπτω / αντιστέκομαι στον -ό·* φρ. *βάζω σε -ό· μπήκα στον -ό να...· μου μπήκε ο ~* (από το διάβολο ή τους δαίμονες)· *ο ~ του Ιησού στην έρημο· οι -οί του αγίου Αντωνίου* (συνών. *σκανδαλισμός*). **2.** καθετί, κατά κανόνα θελκτικό, που διεγείρει την επιθυμία για κάτι αθέμιτο ή απαγορευμένο: *γυναίκα ~* (= προκλητική).
πειρατεία η, ουσ. **1.** (παλαιότερα) ληστεία πλοίων, συνήθως εμπορικών, που γινόταν από τους πειρατές στην ανοιχτή θάλασσα. **2.** (νεότερο στο διεθνές δίκαιο) κάθε σύληση ή κλοπή μη εχθρικού πλοίου, καθώς και κάθε ένοπλη διαρπαγή ή βιαιοπραγία στην ανοιχτή θάλασσα εις βάρος ενός αλλοδαπού και της περιουσίας του ακόμη και σε καιρό πολέμου. **3.** (νεολογ.) το να παίρνει κανείς με παράνομο τρόπο την περιουσία ή τη δουλειά ενός άλλου: *κάνει ~ με κασέτες· ~ στα ερτζιανά.*
πειρατής ο, ουσ. **1.** κουρσάρος (βλ. λ.). **2.** (παλαιότερα) ο κουρσάρος που με άλλους ομοίους του αποβιβαζόταν προσωρινά και ασκούσε ληστεία στην ξηρά: *τα νησιά υπέφεραν πολλά από τους -ές.* **3.** (νεολογ.) πρόσωπο που παίρνει και χρησιμοποιεί τη δουλειά ή την περιουσία ενός άλλου χωρίς να έχει την άδεια ή τα δικαιώματα που απαιτούνται από το νόμο: *~ ταξιτζής / των ερτζιανών.*
πειρατικός, -ή, -ό, επίθ. **1.** που ανήκει ή αναφέρεται στην πειρατεία ή τους πειρατές (βλ. *πειρατεία, πειρατής* σημασ. 1): *επιδρομές -ές·* (το ουδ. και ως ουσ. για καράβι): *μας επιτέθηκαν δύο -ά* (συνών. *κουρσάρικος*). **2.** που ανήκει ή αναφέρεται στην πειρατεία ή τους πειρατές (βλ. λ. σημασ.

3): *~ ραδιοφωνικός σταθμός·* (το ουδ. και ως ουσ. για *αυτοκίνητο-ταξί*). - Επίρρ. **-ώς.**
πειραχτήριο (ασυνίζ.) και **πειραχτήρι** το, ουσ., αυτός που του αρέσει να πειράζει (βλ. λ. σημασ. 3) τους άλλους: *αυτό το παιδί είναι μεγάλο ~!.*
πειραχτικός, -ή, -ό, επίθ. **1.** που προκαλεί δυσαρέσκεια· προσβλητικός: *σχόλια -ά.* **2.** που γίνεται με σκοπό τον αστεϊσμό εις βάρος κάποιου: *γέλια -ά.* - Επίρρ. **-ά.**
πείρος, βλ. *πίρος.*
πεισιθάνατος, -η, -ο, επίθ. (λόγ.), που πείθει ή παρακινεί κάποιον σε θάνατο.
πείσμα το, ουσ. **1.** ανένδοτη και συχνά παράλογη επιμονή σε κάποια γνώμη, ιδέα, ενέργεια ή επιθυμία: *~ μουλαρίσιο· αντιτάσσω / προβάλλω ~·* έκφρ. *με ~· σε/στο ~ όλων·* φρ. *έχει ~* (= είναι πεισματάρης)· *με πιάνει (το) ~· (το) βάζω ~ (να...)* (= παίρνω σταθερή απόφαση για κάτι)· (επιφωνηματικά) *ας είναι καλά το ~ σου/του* (συνών. *ισχυρογνωμοσύνη, γινάτι*). **2.** (στον πληθ.) νάζια: *-ατα γυναικεία·* φρ. *κάνει -ατα.*
πεισματάρης, -α, -ικο, επίθ., που έχει πείσμα: *παιδί -ικο* (συνών. *ισχυρογνώμονας*).
πεισματερός, -ή, -ό, επίθ., πεισματάρικος: *μουγκαμάρα -ή.*
πεισματάρικος, -η, -ο, επίθ., που γίνεται ή λέγεται με πείσμα, που δείχνει πείσμα: *χτυπούσε το πόδι με τρόπο -ο* (συνών. *πεισματικός*).
πεισματικός, -ή, -ό, επίθ., πεισματάρικος. - Επίρρ. **-ά, -ώς.**
πεισματώδης, -ης, -ες, γεν. *-ους,* πληθ. αρσ. και θηλ. *-εις,* ουδ. *-η,* επίθ., (συνήθως για αγώνα, μάχη, συμπλοκή, κ.τ.ό.) που διεξάγεται με πείσμα.
πεισμάτωμα το, ουσ., το να πεισματώνει κανείς, το να αντιτάσσει το πείσμα του ή να κάνει κάποιον άλλο να προβάλει το δικό του (συνών. *πείσμωμα*).
πεισματώνω, ρ. **Α.** (μτβ.) κάνω κάποιον να προβάλει το πείσμα του, τον ερεθίζω τόσο ώστε να αντιδράσει με πείσμα (συνών. *πεισμώνω*). **Β.** αμτβ. **α.** δείχνω πείσμα, φέρομαι με πείσμα· **β.** καταλαμβάνομαι από πείσμα, με πιάνει πείσμα (συνών. *πεισμώνω*).
πείσμωμα το, ουσ., πεισμάτωμα.
πεισμώνω, ρ., πεισματώνω: *-ωμένη επειδή δεν μπορούσε να τον κάμει του χεριού της.*
πειστήριο το, ουσ. (ασυνίζ.), (νομ.) αποδεικτικό μέσο ή στοιχείο με το οποίο βεβαιώνεται η διάπραξη ενός εγκλήματος ή η ενοχή ή η αθωότητα του κατηγορουμένου.
πειστικός, -ή, -ό, επίθ., που έχει τη δύναμη να πείθει. **α.** (για πρόσωπα): *ο συνήγορος ήταν ~ στην αγόρευσή του·* **β.** (για πράγματα): *άποψη / ευγλωττία -ή.* - Επίρρ. **-ά.**
πειστικότητα η, ουσ., η ικανότητα να πείθει κάποιος τους άλλους, το να είναι κάποιος πειστικός.
πεκούνια τα, ουσ. (ασυνίζ., λαϊκ.), χρήματα: *μια νύφη με πολλά ~* (συνών. *παράδες*). [ιταλ. *pecunia*].
πελαγιανισμός ο, ουσ. (ασυνίζ.), (θρησκ.) χριστιανική αίρεση του 5. αι. που ονομάστηκε έτσι από το μοναχό Πελάγιο του οποίου η διδασκαλία αναφέρεται κυρίως στη θεία χάρη και την ελευθερία της βούλησης ως τους κύριους παράγοντες σωτηρίας με τη βοήθεια πάντα του Θεού.
πελαγιανός, -ή, -ό, επίθ. (ασυνίζ.), που ανήκει ή αναφέρεται στον Πελάγιο ή τον πελαγιανισμό: *-ή*

διδασκαλία. - Το αρσ. στον πληθ. ως ουσ. = οι οπαδοί του πελαγιανισμού.

πελαγίσιος, -ια, -ιο, επίθ. (συνιζ.), που αναφέρεται στο πέλαγος· που συμβαίνει ή υπάρχει σ' αυτό: *κύματα -ια· δροσιά -ια.*

πέλαγο, βλ. *πέλαγος.*

πελαγοδρόμηση η, ουσ., το να πελαγοδρομεί κανείς.

πελαγοδρομία η, ουσ., το να ταξιδεύει κανείς στο πέλαγος, σε ανοιχτή θάλασσα.

πελαγοδρόμος ο, ουσ., αυτός που ταξιδεύει στο πέλαγος, σε ανοιχτή θάλασσα.

πελαγοδρομώ, -είς, ρ. 1. ταξιδεύω στο πέλαγος, στην ανοιχτή θάλασσα. 2. (μεταφ.) α. περιέρχομαι σε αμηχανία, διστάζω γιατί νιώθω ανίκανος να πάρω μια γρήγορη απόφαση· β. ξεφεύγω από το θέμα μου, κάνω ατελείωτες παρεκβάσεις.

πέλαγος και **πέλα(γ)ο** το, ουσ. 1. η ανοιχτή θάλασσα, η θάλασσα μακριά από τις ακτές: ~ *άγριο / μανιασμένο·* φρ. *οργώνω τα -α* (= ταξιδεύω στις ανοιχτές θάλασσες). 2. (γεωγρ.) τμήμα θαλάσσιας έκτασης μικρότερο από τον ωκεανό και τη θάλασσα που συνήθως παίρνει το όνομά του από τα γειτονικά μέρη: *Αιγαίο / Κρητικό* ~. 3. (μεταφ. για να δηλωθεί ο μεγάλος αριθμός, η μεγάλη ποσότητα ή το εξαιρετικό ενός πράγματος): *η δύναμή σου -ο κι η θέλησή μου βράχος* (Σολωμός).

πελάγρα η, ουσ. (ιατρ.) είδος δερματίτιδας που χαρακτηρίζεται από ερύθημα και νευρικά και γαστρεντερικά φαινόμενα που προκαλούνται από αβιταμίνωση. [λατ. *pellagra*].

πελάγωμα το, ουσ., το να πελαγώνει κανείς.

πελαγώνω, ρ., περιέρχομαι σε αδιέξοδο, σε σύγχυση εξαιτίας πολλών προβλημάτων ή δυσκολιών: *-ωσε με τόσα έξοδα.*

πελάδα η, ουσ. (λαϊκ.), πρόχειρη αχυρένια ή καλαμένια ψαροκαλύβα που στηρίζεται σε πασσάλους σε λιμνοθάλασσα· παραδοσιακό κτίσμα στη λιμνοθάλασσα του Μεσολογγιού.

πέλαο, βλ. *πέλαγος.*

πελαργίνα, βλ. *πελαργός.*

πελαργόνι το, ουσ. (βοτ.) πολυετές καλλωπιστικό φυτό.

πελαργός ο, θηλ. (λαϊκ.) **-ίνα,** ουσ., μεγαλόσωμο αποδημητικό πτηνό με πολύ μακριά πόδια, λαιμό και ράμφος· φρ. *ο ~ έφερε ένα μωρό* (= η οικογένεια απέκτησε παιδί).

πελασγικός, -ή, -ό, επίθ., που ανήκει ή αναφέρεται στους Πελασγούς ή που κατασκευάστηκε απ' αυτούς: *πολιτισμός -· τείχος -ό* (= το αρχαιότερο πολυγωνικό σύστημα τειχισμού της Ακρόπολης των Αθηνών).

πελατεία η, ουσ., το σύνολο των ανθρώπων που είναι καταναλωτές ή πελάτες ενός καταστήματος ή μιας υπηρεσίας: *το εστιατόριο έχει μόνιμη ~· εκλογική ~* (= ψηφοφόροι ενός πολιτευτή που ζητούν ανταλλάγματα για την ψήφο τους).

πελατειακός, -ή, -ό, επίθ. (ασυνίζ.), που αναφέρεται στην πελατεία ή τον πελάτη: *-ές σχέσεις μεταξύ βουλευτή και ψηφοφόρου.*

πελάτης ο, θηλ. **-ισσα,** ουσ. 1. τακτικός καταναλωτής, αγοραστής ειδών ενός καταστήματος ή θαμώνας ενός κέντρου: *είναι τακτική -ισσα του μαγαζιού.* 2. αυτός που έναντι αμοιβής ζητεί τη συμβουλή ή τις υπηρεσίες ενός επαγγελματία ή οργανισμού: *-ες δικηγόρου / γιατρού.* 3. (ιστ.) στην αρχαία Ρώμη, τάξη ελεύθερων πολιτών κοινωνικά χαμηλότερων, που εξαιτίας της πενίας τους ζητούσαν την προστασία πατρικίων προσφέροντάς τους διάφορες, συνήθως πολιτικές, υπηρεσίες ως αντάλλαγμα (πβ. *πάτρονας*).

πελεκάνος ο, ουσ. (ζωολ.) μεγάλο πουλί με πυκνό λευκό φτέρωμα και χαμηλά πόδια που ζει συνήθως στην ακροθαλασσιά ή στις όχθες λιμνών και ποταμών και τρέφεται αποκλειστικά με ψάρια που τα φυλάγει στο κάτω τμήμα του ράμφους του που έχει σχήμα μεγάλης σακούλας (*λαρυγγικός σάκος*).

πέλεκας, βλ. *πελέκι.*

πελέκημα το, ουσ. 1. το να πελεκά (βλ. λ.) κάποιος, κόψιμο με τσεκούρι. 2. πελεκούδι (βλ. λ.).

πελεκητής ο, ουσ. 1. αυτός που πελεκά. 2. τεχνίτης ειδικευμένος στο να κατεργάζεται κάτι χρησιμοποιώντας αιχμηρό όργανο.

πελεκητός, -ή, -ό, επίθ., σκαλισμένος, κατεργασμένος με κοφτερό όργανο, πελεκημένος: *μπαούλο -ό* (συνών. *λαξευτός*).

πελέκι το, ουσ., τσεκούρι. - Μεγεθ. **πέλεκας** ο. [αρχ. *πέλεκυς*].

πελεκίζω, βλ. *πελεκώ.*

πελεκούδι το και **πελεκούδα** η, ουσ. (λαϊκ.), μικρό κομμάτι ξύλου που έχει αποκοπεί με το πελέκημα. Φρ. *θα καεί το* ~ (= θα γίνει σπουδαίο και πλούσιο γλέντι, μεγάλη διασκέδαση).

πέλεκυς ο, ουσ., μόνο στην έκφρ. ~ *της δικαιοσύνης* (= δύναμη που τιμωρεί σκληρά αποδίδοντας δικαιοσύνη): *βαρύς θα πέσει ο* ~ *της δικαιοσύνης στους ενόχους.*

πελεκώ, -άς και **πελεκίζω,** ρ. 1. κόβω ξύλα με τσεκούρι. 2. κατεργάζομαι το ξύλο με τσεκούρι ή άλλο αιχμηρό αντικείμενο ή την πέτρα με σφυροκοπήματα.

πελερίνα η, ουσ., ανδρικό και γυναικείο ένδυμα φαρδύ, χωρίς μανίκια, συχνά με κουκούλα, που ρίχνεται στους ώμους (συνών. *μπέρτα*). [γαλλ. *pèlerine*].

πελιδνός, -ή, -ό, επίθ. (λόγ.), ωχρός, μαυροκίτρινος: *πρόσωπο -ό.*

πελιδνότητα η, ουσ. (λόγ.), το να είναι κάποιος πελιδνός, ωχρός.

πέλμα το, ουσ. 1. η κάτω επιφάνεια του ποδιού από τη φτέρνα έως τα δάχτυλα ή της οπλής των ζώων (συνών. *πατούσα*). 2. μεταλλικό στέλεχος όμοιο με πέλμα ανθρώπινου ποδιού που χρησιμεύει στο χειρισμό μοχλού με το πόδι. 3. η κατώτερη επιφάνεια τροχού, η οποία έρχεται σε επαφή με το έδαφος: ~ *στα λάστιχα αυτοκινήτου / τροχού οδοστρωτήρα.* 4. βάση από χάλυβα ή σκυρόδεμα που χρησιμοποιείται ως στήριγμα κατασκευής: *-ατα θεμελίων οικοδομής.*

πελματόδερμα το, ουσ., χοντρό δέρμα με το οποίο κατασκευάζονται οι σόλες.

Πελοποννήσια, βλ. *Πελοπόννησος.*

πελοποννησιακός, -ή, -ό, επίθ. (ασυνίζ.), που αναφέρεται και ανήκει στην Πελοπόννησο ή που προέρχεται απ' αυτήν: *ακτές -ές·* (αρχ. ιστ.) *πόλεμος* ~.

Πελοποννήσιος ο, θηλ. **-α,** ουσ. (ασυνίζ.), αυτός που κατάγεται από την Πελοπόννησο ή κατοικεί εκεί (συνών. *Μοραΐτης*).

πελότα η, ουσ., μικρό μαξιλαράκι όπου μπήγουν καρφίτσες ή βελόνες και το χρησιμοποιούν συνήθως οι μοδίστρες, κ.ά. [γαλλ. *pelote*].

πελούζα η, ουσ., επίπεδος χώρος καλυμμένος με πυκνό και κοντό χορτάρι. [γαλλ. *pelouse*].
πελτές και **μπελ(ν)τές** ο, ουσ. 1. διατηρημένος πολτός ντομάτας (συνών. *ντοματοπελτές*). 2. είδος γλυκίσματος συνήθως από κυδώνι ή και άλλα φρούτα που έχει μορφή ζελέ (βλ. λ.): ~ *από κυδώνι / μούστο*. [τουρκ. *pelte*<ελλην. *πολτός*].
πελώριος, -α, -ο, επίθ. (ασυνίζ.), πάρα πολύ μεγάλος: *σπίτι -ο* (συνών. *τεράστιος*).
πεμπτημόριο το, ουσ. (ασυνίζ.), καθένα από τα πέντε ίσα μέρη στα οποία διαιρείται ένα σύνολο.
πέμπτον, επίρρ., πβ. τα ά. *πρώτον, δεύτερον, τρίτον*.
πέμπτος, -η, -ο, αριθμ. (έρρ.). 1. που έχει σε μια σειρά αριθμούμενων πραγμάτων τη θέση που δηλώνει ο αριθμός 5, που είναι τοποθετημένος μετά τον τέταρτο: *κάθεται στον -ο όροφο.* 2. (ιστ.-πολιτ.) *-η φάλαγγα* = μυστικές υπηρεσίες κατασκοπείας του εχθρού που δρουν σε μια χώρα χρησιμοποιώντας προδότες της ίδιας της εχθρικής χώρας (όρος που καθιερώθηκε από τον ισπανικό εμφύλιο). - Το θηλ. ως ουσ. = 1. *-η δημοτικού* = η πέμπτη τάξη: *οι μαθητές της -ης*. 2. *η -η του μηνός* = η πέμπτη ημέρα του μήνα. 3. (με κεφ. Π) η πέμπτη ημέρα της εβδομάδας, η ημέρα μετά την Τετάρτη και πριν από την Παρασκευή: *μεγάλη Π—η* (= η ημέρα της μεγάλης εβδομάδας κατά την οποία τιμάται η Σταύρωση του Χριστού). 4. (μουσ.) το διάστημα ανάμεσα σε δύο νότες μιας μουσικής κλίμακας, όταν ανάμεσά τους μεσολαβούν τρεις άλλες νότες. - Το ουδ. ως ουσ. = καθένα από τα πέντε ίσα μέρη στα οποία διαιρείται ένα σύνολο: *τα δύο -α (2/5) του πληθυσμού* (συνών. *πεμπτημόριο*).
πεμπτουσία η, ουσ. (έρρ.). 1. (αλχ.) το απαραίτητο συστατικό μιας ουσίας (κυρίως των αλκοολών) που λαμβάνεται από επανειλημμένες αποστάξεις. 2. (μεταφ.) αυτό που συμπυκνώνει το πιο αναγκαίο και καθαρό στοιχείο ενός πράγματος ή ενός θέματος, το πιο ουσιώδες χαρακτηριστικό του, το πιο αντιπροσωπευτικό της κύριας φύσης του: *η ~ μιας θεωρίας.* [*πέμπτη ουσία,* αρχ. φιλοσ. όρος].
πεμπτοφαλαγγίτης ο, ουσ. (έρρ. δις), (πολιτ.) προδότης που βοηθά τους εχθρούς της χώρας του ή εχθρικές μυστικές υπηρεσίες (πβ. *πέμπτος σημασ.* 2).
πένα η, Ι. ουσ. 1α. φτερό, κατάλληλα κατεργασμένο ώστε να είναι αιχμηρό στο άκρο του, που το χρησιμοποιούσαν παλαιότερα για να γράφουν βουτώντας το σε μελάνι· β. μεταλλικό έλασμα με αιχμηρή μύτη που το βουτούν σε μελάνι και χρησιμοποιείται ως όργανο γραφής ή που έχει στο βάθος του μια μικρή μεταλλική σφαίρα για να μεταφέρει το μελάνι στο χαρτί και είναι τοποθετημένο σε στυλογράφο: *του χάρισαν μια χρυσή ~* (συνών. στις σημασ. α και β *γραφίδα*). 2. (μεταφ.) ύφος λόγου, τρόπος γραψίματος, γραφή ενός συγγραφέα· έκφρ. *άνθρωπος της -ας* (= που ασχολείται με συγγραφική ή απλώς γραφική εργασία)· φρ. *είναι / έχει γερή / καλή ~* (= γράφει ωραία, είναι καλός συγγραφέας). 3. φτερό ή τριγωνικό έλασμα από άλλο υλικό (συνήθως κόκαλο) που χρησιμοποιείται ως πλήκτρο των χορδών μουσικού οργάνου. 4. (ναυτ.) είδος τριγωνικών ιστίων ορισμένων πλοίων που συνεκδοχικά μονόστηλο ιστιοφόρο πλοίο με τέτοια ιστία. Έκφρ. *στην ~* (= στην εντέλεια): *ήταν ντυμένος στην ~.* - Υποκορ. **-άκι** το στις σημασ. 1 και 3. [ιταλ. *penna*].

πένα η, II. ουσ., υποδιαίρεση του αγγλικού νομίσματος που ισοδυναμεί με το ένα εκατοστό της λίρας. [αγγλ. *penny*].
πενάκι, βλ. *πένα*.
πέναλτι το, ουσ. άκλ. (στο ποδόσφαιρο) δικαίωμα ενός παίκτη της μιας ομάδας να κλοτσήσει την μπάλα προς την εστία από μικρή απόσταση, που του δίνεται από το διαιτητή ως ποινή που επιβάλλεται στην αντίπαλη ομάδα, όταν ένας παίκτης της διαπράξει ορισμένο παράπτωμα: *ο διαιτητής σφύριξε ~.* [αγγλ. *penalty*].
πενήντα, αριθμ. (έρρ.). 1. ο αριθμός που δηλώνει πέντε δεκάδες. 2. με το ουδ. άρθρο αντί για το τακτικό αριθμ. *πεντηκοστός* για να δηλωθεί χρονολογία ή ηλικία: *το ~ μ.Χ.· πέθανε μόλις στα ~ του.*
πενηντάδραχμο το, ουσ. (έρρ.), νόμισμα, χαρτονόμισμα ή κέρμα, αξίας πενήντα δραχμών (συνών. *πενηντάρικο*).
πενηντάλεπτο το, ουσ. (έρρ.), κέρμα αξίας πενήντα λεπτών της δραχμής (συνών. *πενηνταράκι* στη σημασ. 2).
πενηντάρα, βλ. *πενηντάρης*.
πενηνταράκι το, ουσ. (έρρ.). 1. μέτρο χωρητικότητας υγρών που ισοδυναμεί με πενήντα δράμια: *παράγγειλε ένα ~ ούζο.* 2. κέρμα αξίας πενήντα λεπτών της δραχμής (συνών. *πενηντάλεπτο*).
πενηντάρης ο, θηλ. **-άρα,** ουσ. (έρρ.), που έχει ηλικία πενήντα χρονών.
πενηντάρι το, ουσ. (έρρ.), νόμισμα, χαρτονόμισμα ή κέρμα, αξίας πενήντα δραχμών (συνών. *πενηντάρικο, πενηντάδραχμο*).
πενηνταριά η, ουσ. (έρρ., συνιζ.), στην έκφρ. *καμιά ~* (= περίπου πενήντα): *μαζεύτηκαν καμιά ~ άτομα.*
πενηνταρίζω, ρ. (έρρ.), γίνομαι πενήντα χρονών.
πενηντάρικο, ουσ. (έρρ.), νόμισμα, χαρτονόμισμα ή κέρμα, αξίας πενήντα δραχμών (συνών. *πενηντάδραχμο*).
πενηντάχρονος, -η, -ο, επίθ. (έρρ.), πεντηκονταετής (βλ. λ.). - Το ουδ. στον πληθ. ως ουσ. = η ντηκοστή επέτειος: *φέτος γιορτάστηκαν τα -α από την ίδρυση του μουσείου.*
πενθήμερος, -η, -ο, επίθ., που διαρκεί πέντε ημέρες: *-η απεργία.* - Το ουδ. ως ουσ. = το χρονικό διάστημα των πέντε ημερών (από την Δευτέρα έως την Παρασκευή) κατά το οποίο εργάζονται οι δημόσιοι και πολλοί ιδιωτικοί υπάλληλοι: *δουλεύει -ο· καθιέρωση του -έρου.*
πένθιμα, βλ. *πένθιμος*.
πενθημιμερής, -ής, -ές, γεν. *-ούς,* πληθ. αρσ. και θηλ. *-είς,* ουδ. *-ή,* επίθ., μόνο στην αρχ. μετρ. *τομή ~* = η τομή που γίνεται μετά δύμισυ πόδες στο δακτυλικό εξάμετρο και στο ιαμβικό τρίμετρο.
πένθιμος, -η, -ο, επίθ. 1. που δηλώνει πένθος, που αναφέρεται στο πένθος ή που προκαλεί πένθος: *ρούχα -α.* 2. (μεταφ.) που δηλώνει κακή ψυχική διάθεση, θλιμμένος: *μάτια -α· θα πεθάνω ένα -ο του φθινοπώρου δείλι* (Ουράνης). - Επίρρ. **-α:** *η καμπάνα χτυπούσε -α.*
πένθος το, ουσ. 1. μεγάλη θλίψη για το θάνατο αγαπημένου προσώπου: *ο χαμός του βούτηξε στο ~ όλο το χωριό.* 2. το να αποφεύγει κάποιος ορισμένες ενέργειες και εκδηλώσεις που δηλώνουν χαρά, επειδή έχει χάσει αγαπημένο του πρόσωπο,

καθώς και το χρονικό διάστημα που τηρεί αυτή τη στάση: *ο γάμος τους αναβλήθηκε επειδή είχαν ~*. 3. μαύρη ταινία από ύφασμα που στερεώνεται στο μανίκι για να δηλώσει το θάνατο συγγενικού προσώπου: *φορά ~ στο μανίκι του.*

πενθώ, -είς, ρ. 1. αισθάνομαι μεγάλη θλίψη για το θάνατο αγαπημένου προσώπου: *σήμερα -ούμε το θάνατο του μεγάλου μας δασκάλου.* 2. αισθάνομαι πολύ στενοχωρημένος για κάτι ή κάποιον που έχασα: *θα -εί σε όλη της τη ζωή για την ευκαιρία που έχασε.* 3. κρατώ πένθος, βρίσκομαι σε πένθος (βλ. λ. σημασ. 2): *-ησε τη μητέρα της τρία χρόνια.*

πενία η, ουσ. (λόγ.). 1. το να ζει κανείς με στερήσεις, το να μην έχει τα αναγκαία για να ζήσει· φρ. *~ τέχνας κατεργάζεται* (= η φτώχεια αναγκάζει τον άνθρωπο να βρίσκει χίλιους δυο τρόπους για να εξασφαλίσει τα αναγκαία) (συνών. *ανέχεια*). 2. (μεταφ.) ανεπάρκεια: *~ γλωσσική* (συνών. *ένδεια, φτώχεια*).

πενιά η, ουσ. (συνιζ., λαϊκ.), (μουσ.) χτύπημα, κρούση της χορδής μουσικού οργάνου με το πλήκτρο του, την πένα, και συνεκδοχικά ο ήχος που παράγεται με αυτόν τον τρόπο.

πενικιλίνη η, ουσ., αντιβιοτική ουσία με ισχυρή αντιβακτηριακή δράση που παράγεται από το μήκυτα πενικίλιο και ανακαλύφθηκε το 1928 από τον Αλέξανδρο Φλέμινγκ.

πενικίλιο το, ουσ. (ασυνίζ.), είδος μύκητα από τον οποίο παίρνουμε την πενικιλίνη. [*penicillium notatum*].

πενιουάρ το, ουσ. άκλ. (συνιζ.). 1. μακρύ φόρεμα από ύφασμα απορροφητικό του νερού με μακριά μανίκια που το φορούν στην έξοδο από το λουτρό. 2. πρόχειρο ελαφρό φόρεμα που το φορούν οι γυναίκες μέσα στο σπίτι πριν να ντυθούν. [γαλλ. *peignoir*].

πενιχρός, -ή, -ό, επίθ. 1. φτωχικός, που ταιριάζει σε φτωχό: *γεύμα -ό· ρούχα -ά.* 2. ανεπαρκής, λιγοστός: *αμοιβή -ή.* 3. ασήμαντος, ανάξιος λόγου: *προσπάθεια με -ά αποτελέσματα.* - Επίρρ. -**ά**.

πενιχρότητα η, ουσ., το να είναι κανείς πενιχρός, η ιδιότητα του πενιχρού.

πένομαι, ρ. (λόγ.), είμαι φτωχός, ζω μέσα στη φτώχεια.

πένσα η, ουσ., είδος μεταλλικής λαβίδας που χρησιμοποιείται ως εργαλείο για να συγκρατούμε ή να αφαιρούμε με δύναμη κάτι. [γαλλ. *pince*].

πεντα- (έρρ.), α΄ συνθ. λέξεων που επιτείνει την έννοια του β΄ συνθ., π.χ. *πεντάρφανος, πεντάμορφος.*

πεντα- και **πεντο-** (έρρ.), α΄ συνθ. λέξεων που σημαίνει ότι αυτό που δηλώνει το β΄ συνθ. υπάρχει ή γίνεται πέντε φορές, π.χ. *πεντάγωνος, πεντάλεπτος.*

πεντάγλωσσος,-η,-ο, επίθ. (έρρ.), που είναι γραμμένος σε πέντε γλώσσες: *έκδοση -η.*

πεντάγνωμος, -η, -ο, επίθ., που αλλάζει διαρκώς γνώμη: (μεταφ.) *Μάρτης ο ~* (= που έχει πολύ ασταθή καιρό).

πεντάγραμμο το, ουσ. (έρρ.). 1. σύνολο πέντε οριζόντιων παράλληλων γραμμών που έχουν ίση απόσταση μεταξύ τους και πάνω ή ανάμεσά τους σημειώνονται οι φθόγγοι της ευρωπαϊκής μουσικής. 2. (συνεκδοχικά) το τραγούδι: *αστέρια του -ού·* φρ. *βγαίνω στο ~* (= αρχίζω την καριέρα μου ως τραγουδιστής).

πενταγωνικός, -ή, -ό, επίθ. (έρρ.), που έχει σχήμα πενταγώνου: *κτήριο -ό.*

πεντάγωνος, -η, -ο, επίθ. (έρρ.), που έχει πέντε γωνίες. - Το ουδ. ως ουσ. = 1. πολύγωνο που έχει πέντε γωνίες και επομένως και πέντε πλευρές. 2. (με κεφ. το αρχικό γράμμα) α. το κτήριο που στεγάζει το υπουργείο άμυνας των ΗΠΑ· β. (συνεκδοχικά) το ίδιο το υπουργείο: *το Π-ο αποφάσισε να στείλει ενισχύσεις στη Μ. Ανατολή.*

πεντάδα η, ουσ. (έρρ.), σύνολο πέντε προσώπων ή όμοιων πραγμάτων: *μια ~ πιάτα· οι στρατιώτες παρατάχθηκαν κατά -ες.*

πεντάδιπλος, -η, -ο, επίθ. (έρρ.). 1. πενταπλάσιος (βλ. λ.). 2. που είναι διπλωμένος πέντε φορές.

πεντάδραχμο το, ουσ. (έρρ.), νόμισμα αξίας πέντε δραχμών (συνών. *τάλιρο*).

πενταετής, -ής, -ές, γεν. -ούς, πληθ. αρσ. και θηλ. *-είς*, ουδ. *-ή* επίθ. (έρρ.), που έχει διάρκεια πέντε χρόνων: *συμβόλαιο -ές* (συνών. *πεντάχρονος*).

πενταετία η, ουσ. (έρρ.), χρονικό διάστημα πέντε ετών.

πένταθλο το, ουσ. (έρρ.). 1. (ιστ.) σύνθετο άθλημα των αρχαίων Ελλήνων και Ρωμαίων που περιλάμβανε πέντε αγωνίσματα (δισκοβολία, ακοντισμό, άλμα εις μήκος, δρόμο ταχύτητας, πάλη). 2α. σύγχρονο σύνθετο άθλημα του στίβου που περιλαμβάνει τα αγωνίσματα του αρχαίου πεντάθλου (με τη διαφορά ότι η πάλη έχει αντικατασταθεί από δρομό ημιαντοχής) (αλλιώς *κλασικό πένταθλο*)· β. *μοντέρνο ~* = σύγχρονο σύνθετο άθλημα που περιλαμβάνει κολύμβηση, σκοποβολή, ξιφασκία, ιππασία και δρόμο.

πεντακάθαρος, -η, -ο, επίθ. (έρρ.). 1. πολύ καθαρός: *-η εικόνα* (συνών. *ολοκάθαρος*). 2. εξαιρετικά σαφής: *κουβέντες -ες.* - Επίρρ. -**α** = με μεγάλη σαφήνεια: *μου το 'πε -α.*

πεντάκλωνος, -η, -ο, επίθ. (έρρ.). 1. (για φυτό) που έχει πέντε κλωνιά (βλαστούς). 2. (για νήμα) που αποτελείται από πέντε κλωστές.

πεντακοσάρα, επίθ. θηλ. και ουσ. (έρρ., λαϊκ.). 1. (ως ουσ.) φιάλη ή δοχείο χωρητικότητας πεντακοσίων δραμιών. 2α. (ως επίθ.) για μηχανή (αυτοκινήτου ή μοτοσικλέτας) πεντακοσίων κυβικών: *μηχανή ~·* β. (ως ουσ.) μοτοσικλέτα με μηχανή πεντακοσίων κυβικών.

πεντακοσάρι το, ουσ. (έρρ., λαϊκ.). 1. πεντακοσάρικο. 2. πεντακοσάρα (βλ. λ. σημασ. 1).

πεντακοσαριά η, ουσ. (έρρ., συνιζ.), μόνο στην έκφρ. *καμιά ~* (= περίπου πεντακόσιοι).

πεντακοσάρικο το, ουσ. (έρρ.), χαρτονόμισμα της αξίας πεντακοσίων δραχμών.

πεντακόσιοι, -ιες, -ια, (συνιζ.) και **-κόσοι**, αριθμ. (έρρ.), επίθ., που αποτελούν σύνολο πέντε εκατοντάδων ή πενήντα δεκάδων: *~ μαθητές.* - Το ουδ. ως ουσ. = α. ο αριθμός 500· β. σε χρονολογία αντί του τακτικού: *το -ια προ Χριστού.*

πεντακοσιοστός, -ή -ό, αριθμ. επίθ. (έρρ., ασυνίζ.), που έχει σε μια σειρά ομοειδών πραγμάτων τη θέση που αντιστοιχεί στον αριθμό πεντακόσια: *~ υποψήφιος.* - Το ουδ. ως ουσ. = το ένα από τα πεντακόσια ίσα μέρη στα οποία διαιρείται ένα σύνολο.

πεντακόσοι, βλ. *πεντακόσιοι.*

πεντάλ το, ουσ. άκλ. (όχι έρρ.), μοχλός πλατιού σχήματος που λειτουργεί με την πίεση του ποδιού και θέτει σε κίνηση ένα μηχανισμό: (σε αυτοκίνητο) *~ της ταχύτητας / του φρένου* (συνών. *πετά-*

λι, πέδιλο στη σημασ. 3). [γαλλ. *pédale*].

πεντάλεπτος, -η, -ο, επίθ. (έρρ.), που η διάρκειά του είναι πέντε λεπτά της ώρας: *δελτίο ειδήσεων -ο.* - Το ουδ. ως ουσ. = 1. χρονικό διάστημα πέντε λεπτών της ώρας: *η εκπομπή κρατάει ένα -ο.* 2. (παλαιότερα) νόμισμα αξίας πέντε λεπτών της δραχμής, πεντάρα.

πεντάλφα η, ουσ. άκλ. (έρρ.), αποκρυφιστικό ζωγραφικό σύμβολο που μοιάζει με αστέρι, προκύπτει από το συνδυασμό πέντε κεφαλαίων Α και χρησιμοποιείται (ήδη από την αρχαιότητα) ως μυστικιστικό σύμβολο.

πενταμελής, -ής, -ές, γεν. *-ούς*, πληθ. αρσ. και θηλ. *-είς*, ουδ. *-ή*, επίθ. (έρρ.), που αποτελείται από πέντε μέλη: *οικογένεια ~.*

πεντάμετρος, -η, -ο, επίθ. (έρρ.). 1. που έχει μήκος πέντε μέτρων: *απόσταση -η.* 2. (αρχ. και νεότερη μετρ.) για στίχο που αποτελείται από πέντε μετρικούς πόδες: *στίχος ~* (στο αρσ. και το ουδ. ως ουσ.) *αναπαιστικός ~· δακτυλικό -ο.*

πεντάμηνος, -η, -ο, επίθ. (έρρ.). 1. που έχει διάρκεια πέντε μηνών: *προθεσμία -η.* 2. που έχει ηλικία πέντε μηνών: *βρέφος -ο.* Το ουδ. ως ουσ. = χρονικό διάστημα πέντε μηνών: *τα μαθήματα διήρκεσαν ένα -ο.*

πεντάμορφος, -η, -ο, επίθ. (έρρ.), (λογοτ.) εξαιρετικά όμορφος: *κόρη -η* (συνών. *πανέμορφος*). - Το θηλ. ως ουσ. = πολύ όμορφη κοπέλα.

πενταόροφος, βλ. *πενταώροφος.*

πενταπλά, βλ. *πενταπλός.*

πενταπλάσια, βλ. *πενταπλάσιος.*

πενταπλασιάζω, ρ. (έρρ., ασυνίζ.), πολλαπλασιάζω κάτι επί πέντε, το κάνω πέντε φορές μεγαλύτερο ή περισσότερο: *αν -άσεις το δέκα, βρίσκεις τον αριθμό πενήντα·* (και ως μέσ.) *ο πληθυσμός της πόλης -άστηκε τα τελευταία χρόνια.*

πενταπλασιασμός ο, ουσ. (έρρ., ασυνίζ.), το να γίνεται κάτι πενταπλάσιο.

πενταπλάσιος, -α, -ο, επίθ. (έρρ., ασυνίζ.), που είναι πέντε φορές μεγαλύτερος ή περισσότερος (σε ποσότητα, μέγεθος, ένταση): *απόσταση -α· χρηματικό ποσό -ο· βάρος -ο.* - Το ουδ. ως ουσ. (στον εν. και τον πληθ.) = ποσότητα πέντε φορές μεγαλύτερη ή περισσότερη: *κερδίζει τα -α από τους συναδέλφους του.* - Επίρρ. **-α.**

πενταπλός, -ή, -ό, επίθ. (έρρ.). 1. που επαναλαμβάνεται πέντε φορές, που αποτελείται από πέντε όμοια μέρη. 2. πενταπλάσιος. 3. που εμφανίζεται με πέντε διαφορετικές μορφές ή τρόπους. - Επίρρ. **-ά.**

πεντάπρακτος, -η, -ο, επίθ. (έρρ.), για θεατρικό έργο που έχει πέντε πράξεις: *επιθεώρηση -η.*

πεντάρα η, ουσ. (έρρ.). 1. (παλαιότερα) χάλκινο ή νικέλινο νόμισμα με αξία πέντε λεπτών (συνών. *πεντάλεπτο*)· σήμερα συνήθως στις φρ. *δε δίνω ~* (= αδιαφορώ εντελώς)· *δεν αξίζει ~* (= δεν έχει καμιά αξία). 2α. (προφ. για ποδοσφαιρικό αγώνα) πέντε τέρματα: *μας έριξαν μια ~.* **β.** (στρατ. βίος) πέντε μέρες φυλακή: *ο διοικητής μοίραζε -ες.* 3. (στον πληθ., για παιγνίδι με ζάρια) η περίπτωση που και οι δύο κύβοι σταματούν με την πλευρά τους που φέρει πέντε στίγματα προς τα επάνω.

πεντάρι το, ουσ. (έρρ.), ο αριθμός 5: (για βαθμολογία) *μου φτάνει ένα ~* στη γλωσσολογία· (για τραπουλόχαρτο) *~ κούπα* (βλ. και *πέντε*). - Υποκορ. **-άκι** το.

πενταροδεκάρες οι, ουσ. (έρρ.). α. (παλαιότερα) πεντάρες και δεκάρες: *στο κουτί του αρκουδιάρη έπεφταν βροχή οι ~.* **β.** (συνεκδοχικά) μηδαμινό χρηματικό ποσό: *δουλεύαμε για ~.*

πεντάρφανος, -η, -ο, επίθ. (έρρ.), που έχει χάσει και τους δύο γονείς του κι επιπλέον δεν έχει συγγενή και προστάτη στον κόσμο.

πεντάστιχος, -η, -ο, επίθ. (έρρ.), για ποίημα ή στροφή ποιήματος που αποτελείται από πέντε στίχους. - Το ουδ. ως ουσ.

πεντασύλλαβος, -η, -ο, επίθ. (έρρ.), για λέξη, στίχο ή μέτρο που αποτελείται από πέντε συλλαβές.

πεντάτευχος, -η, -ο, επίθ. (έρρ.), που αποτελείται από πέντε τεύχη ή βιβλία. - (Συνηθέστερα) το θηλ. *Π-ς* ως ουσ. = (περιληπτικά) τα πέντε πρώτα βιβλία της Παλαιάς Διαθήκης (*Γένεσις, Έξοδος, Λευιτικόν, Αριθμοί, Δευτερονόμιον*).

πεντάτομος, -η, -ο, επίθ. (έρρ.), για σύγγραμμα που αποτελείται από πέντε τόμους: *ελληνική μυθολογία -η.*

πεντάφυλλος, -η, -ο, επίθ. (έρρ.), για φυτό που έχει πέντε φύλλα.

πεντάφωνος, -η, -ο, επίθ. (έρρ.), (μουσ.) για άσμα που εκτελείται με πέντε φωνές.

πεντάφωτος, -η, -ο, επίθ. (έρρ.), που έχει πέντε φώτα, λαμπτήρες.

πεντάχορδος, -η, -ο, επίθ. (έρρ.), (μουσ.) για έγχορδο που έχει πέντε χορδές.

πεντάχρονος, -η, -ο, επίθ. (έρρ.). **α.** που έχει ηλικία πέντε ετών: *παιδί / κρασί -ο·* **β.** που διαρκεί ή διήρκεσε πέντε χρόνια: *θητεία / πολιορκία -η* (συνών. *πενταετής*).

πεντάωρος, -η, -ο, επίθ. (έρρ.), που διαρκεί πέντε ώρες: *κατάθεση -η.* - Το ουδ. ως ουσ. = διάστημα πέντε ωρών (πραγματικών ή «διδακτικών»): *κοιμήθηκα ένα -ο· έχουμε δύο -α την εβδομάδα.*

πενταώροφος, -η, -ο, επίθ. (έρρ.), που έχει πέντε ορόφους: *πολυκατοικία / τούρτα -η.*

πέντε, αριθμ. άκλ. (έρρ.). 1. ο αριθμός που αποτελείται από το άθροισμα μιας τετράδας και μιας μονάδας: *τα ~ δάχτυλα του χεριού.* 2. για χρονολογία, ώρα, ηλικία, κ.ά., στη θέση του αντίστοιχου τακτικού αριθμ.: *στις ~ Ιανουαρίου* (= την πέμπτη ημέρα)· *ξεκινήσαμε στις ~* (= την πέμπτη ώρα, πρωινή ή απογευματινή)· *στη σελίδα ~·* (προφ.) *γεννήθηκε το ~* (ενν. το 1905). 3. (με ουδ. άρθρο) ο αριθμός πέντε (5): *μένω στο ~* (= στο οίκημα με τον αριθμό 5 μιας οδού)· (για τραπουλόχαρτο) *~ καρό·* (για βαθμολογία) *πέρασα το μάθημα με ~·* (για το ψηφίο που αντιπροσωπεύει τον αριθμό) *~ αραβικό (5) / ελληνικό (ε΄) / λατινικό (V).* 4. για να δηλωθεί λίγη ποσότητα, μικρός αριθμός: *θα επιστρέψω σε ~ λεπτά* (= σε λίγο, πολύ σύντομα)· *~ άνθρωποι αποφασίζουν για λογαριασμό όλων.* Έκφρ. *δώδεκα παρά ~ ή (στο) παρά ~,* βλ. *παρά· - ~* (= ανά πέντε). Φρ. *αφήνω στους ~ δρόμους,* βλ. *αφήνω· κόλλα ~* (παραίνεση για χειραψία)· *μένω στους ~ δρόμους,* βλ. *μένω· πάρε ~* (συνοδεύει τη χειρονομία του φασκελώματος)· *του πάει ~ - ~* (= φοβάται υπερβολικά). Παροιμ. *κάλλιο ~ και στο χέρι παρά δέκα και καρτέρει,* βλ. *καρτερώ.*

πεντελικός, -ή, -ό, επίθ. (έρρ.), που ανήκει ή αναφέρεται στο βουνό Πεντέλη: *κίονες από -ό μάρμαρο.*

πεντελίσιος, -ια, -ιο, επίθ. (έρρ., συνιζ.), πεντελικός.

πεντηκονταετηρίδα η, ουσ. (έρρ. δις). 1. η πεντηκοστή επέτειος και η γιορτή που γίνεται με αυτή την ευκαιρία: ~ *της μάχης της Κρήτης (1941-1991)*. **2.** πεντηκονταετία.

πεντηκονταετής, -ής, -ές, γεν. *-ούς,* πληθ. αρσ. και θηλ. *-είς,* ουδ. *-ή,* επίθ. (έρρ. δις). **α.** που έχει ηλικία πενήντα ετών (συνών. *πενηντάρης, πενηντάχρονος)·* **β.** που διαρκεί ή διήρκεσε πενήντα χρόνια (συνών. *πενηντάχρονος).*

πεντηκονταετία η, ουσ. (έρρ. δις). **α.** χρονικό διάστημα πενήντα συνεχών ετών· **β.** (ιστ.) για την περίοδο της αρχαίας ελληνικής ιστορίας από τα Μηδικά ως την αρχή περίπου του πελοποννησιακού πολέμου (480-430 π.Χ.).

πεντηκοστάριο το, ουσ. (έρρ., ασυνίζ.), (εκκλ.) λειτουργικό βιβλίο της ορθόδοξης λατρείας που χρησιμοποιείται στην περίοδο από το Πάσχα έως των αγίων Πάντων.

Πεντηκοστή η, (έρρ.), (εκκλ.) η τελευταία μέρα του κινητού λειτουργικού κύκλου που περιλαμβάνει τις πενήντα μέρες μετά το Πάσχα και η γιορτή της ημέρας αυτής, οπότε τιμάται η ίδρυση της Εκκλησίας.

πεντηκοστός, -ή, -ό, επίθ. αριθμ. (έρρ.), που έχει σε μια σειρά τη θέση που αντιστοιχεί στον αριθμό πενήντα (50). - Το ουδ. ως ουσ. = το ένα από τα πενήντα ίσα μέρη στα οποία χωρίζεται η μονάδα.

πεντόβολα τα, ουσ., (έρρ., λαϊκ.), παιγνίδι με πέντε πετραδάκια που τα πετούσε ένα παιδί προς τα πάνω και τα έπιανε καθώς έπεφταν.

πεντοβολώ, -άς, ρ., (έρρ.), βγάζω έντονη και ωραία μυρωδιά, μοσκοβολώ.

πεντοζάλης ο, ουσ. (έρρ.), ζωηρός κυκλικός χορός της Κρήτης με κύριο χαρακτηριστικό την επανάληψη πέντε βημάτων («ζάλων»).

πεντόζη η, ουσ. (χημ.), συστατικό του νουκλεοτιδίου (βλ. ά.).

πεντόλιρο το, ουσ. (έρρ.), νόμισμα με αξία πέντε λιρών.

πεντόφραγκο το, ουσ. (έρρ., όχι έρρ.). **α.** νόμισμα με αξία πέντε φράγκων (γαλλικών, κ.ά.)· **β.** (λαϊκ.) πεντάδραχμο, τάλιρο.

πεντοχίλιαρο το, ουσ. (έρρ., συνιζ.), χαρτονόμισμα με αξία πέντε χιλιάδων δραχμών.

πέος το, ουσ. (ανατομ.) ανδρικό όργανο για την ούρηση και τη συνεύρεση.

πεπαλαιωμένος, -η, -ο, επίθ. (λόγ.), απαρχαιωμένος (βλ. λ.).

πεπατημένη η, ουσ. (λόγ.), (κυριολεκτικά για δρόμο που έχει πατηθεί, για γνωστή διαδρομή) μόνο στη φρ. *ακολουθώ την ~* = ενεργώ όπως παλιότερα και άλλοι, αποφεύγω τους πειραματισμούς από φόβο μήπως αποτύχω.

πεπειραμένος, -η, -ο, επίθ. (λόγ.), έμπειρος: *οδηγός / εκδότης ~.*

πεπερασμένος, -η, -ο, επίθ. (λόγ.), που έχει πέρας, όρια: *η ανθρώπινη γνώση είναι -η· μέγεθος -ο* (αντ. *άπειρος).*

πεπιεσμένος, -η, -ο, επίθ. (ασυνίζ.). **1.** (λόγ.) που έχει υποστεί πίεση· που φαίνεται σαν να έχει πατηθεί: *έντομο με σώμα -ο·* έκφρ. *χαρτί -ο* (= εύπλαστη μάζα που παρασκευάζεται όταν αναμίξουμε και πιέσουμε χαρτοπολτό ή κομμάτια χαρτί με κόλλα): *φιγουρίνι από -ο χαρτί.* **2.** (φυσ.) για αέριο που βρίσκεται σε ορισμένο χώρο υπό πίεση: *οξυγόνο -ο· φιάλη -ου αέρα.* - Βλ. και *πιέζω.*

πεπλατυσμένος, -η, -ο, επίθ. (λόγ.), που έχει μεγάλο πλάτος (σε σχέση με το μήκος ή το ύψος του), πλακουτσωτός, πατικωμένος: *σώμα ψαριού -ο.*

πέπλος ο και **πέπλο** το, ουσ., κοινός πληθ. *-α* τα. **1α.** ύφασμα ελαφρό και λεπτοϋφασμένο που σκεπάζει το κεφάλι ή και το πρόσωπο μιας γυναίκας: *-ο νυφικό·* **β.** (συνεκδοχικά) αραχνούφαντο ύφασμα, τούλι. **2.** (αρχ.) εξωτερικό ένδυμα των γυναικών στα ομηρικά χρόνια, μακρύ, λεπτοϋφασμένο και στολισμένο με κεντήματα: *το ~ της θεάς Αθηνάς.* Έκφρ. *~ μυστηρίου* (όταν οι συνθήκες ή σκόπιμες ενέργειες εμποδίζουν τη σαφή αντίληψη ή τη γνώση για κάτι): *~ μυστηρίου καλύπτει την απόπειρα δολοφονίας του Χ.*

πεποιημένος, -η, -ο, επίθ. (λόγ.), στην έκφρ. *-η λέξη* = λέξη που μιμείται κάποιον ήχο. [μτχ. παθ. παρκ. του αρχ. *ποιώ*].

πεποίθηση η, ουσ. **1.** σταθερή πίστη, βέβαιη ελπίδα: *~ βάσιμη· σας γράφω με την ~ ότι θα θελήσετε να συνεργαστείτε...* **2.** (στον πληθ.) οι ιδέες που ασπάζεται και ακολουθεί κανείς: *-ήσεις θρησκευτικές / πολιτικές* (συνών. *φρονήματα).*

πεπόνι το, ουσ., ο σχετικά μεγάλος, σφαιρικός ή ωοειδής καρπός της πεπονιάς, με σάρκα κιτρινωπή, εύγεστη και ζουμερή: *~ μυρωδάτο / αργίτικο· μια φέτα ~.* Έκφρ. *βαρύ ~* (προφ. για πρόσωπο που είναι ή προσποιείται πως είναι ζόρικος και αδιάφορος). Φρ. *μαχαίρι έχεις, ~ τρώς* (ωφελείται, εξυπηρετεί το συμφέρον του, μόνον όποιος έχει τις απαιτούμενες δυνατότητες ή τα μέσα). - Υποκορ. *-άκι* το. [αρχ. *πέπων*].

πεπονιά η, ουσ. (συνιζ.), (φυτολ.) ποώδες φυτό, ερπυστικό ή αναρριχητικό, που παράγει τα πεπόνια.

πεπονόσπορος ο, ουσ., σπόρος πεπονιού.

πεπονόφλουδα η, ουσ., φλούδα πεπονιού. Φρ. *πατώ την ~·* βλ. *πατώ.*

πεπραγμένα, βλ. *πράττω.*

πεπρωμένο το, ουσ., ό,τι έχει οριστεί από τη μοίρα, καθώς και η ίδια η μοίρα (βλ. λ.): *το ~ του ήταν να γίνει ποιητής* (μεταφ.) *το ~ μου είσαι εσύ* (συνών. *γραφτό, ριζικό*) (στον πληθ.) *τα -α της φυλής* (= ο ρόλος που πιστεύεται πως έχει ορίσει η μοίρα να διαδραματίσει η φυλή). [αρχ. *πεπρωμένον,* μτχ. ουδ. του *πέπρωται*].

πεπτικός, -ή, -ό, επίθ. (ανατομ.) που χρησιμεύει στην πέψη ή γενικά σχετίζεται μ' αυτήν: *σύστημα -ό* (= το σύνολο των οργάνων και των αδένων με τα οποία γίνεται η πέψη των τροφών που εισάγονται στον οργανισμό)· *έλκος -ό· διαταραχές -ές.*

πέρα, επίρρ. **Α.** τοπ. **1α.** μετά ένα τοπικό όριο (με εμπρ. προσδ.): *δε θα πας πέρ' από δω· πήγαινε λίγο πιο ~* (εν. από το σημείο που βρισκόμαστε)· **β.** (με προηγούμενο εμπρ. προσδ. και το σύνδ. *και*): *από το σπίτι και ~.* **2.** για να δηλωθεί (μεγάλη) απόσταση: *εκεί ~ τον είδα· φάνηκε ~ το ουράνιο τόξο.* **3α.** με τοπ. επίρρ. στη θέση απλού επιρρήματος: *εδώ / εκεί ~·* **β.** με τοπ. επίρρ. χωρίς τοπ. σημασ., για έμφαση: *μα τι λέτε εδώ ~!* **4.** απέναντι, αντίκρυ (έναρθρ. ως επίθετ. προσδ.) *ο ~ μαχαλάς.* **Β.** χρον. **α.** μετά ένα χρονικό όριο (με εμπρ. προσδ.): *~ από το δεκαπενταύγουστο· δεν μπορείς να διοριστείς ~ από τα τριανταοχτώ·* **β.** (με προηγούμενο εμπρ. προσδ. και το σύνδ. *και*): *από τα πενήντα και ~ αρχίζουν οι αρρώστιες.* **Γ.** (μεταφ.) **1.** εκτός: *~ από τη δημιουργική λογοτεχνία καλλιέργησε και τη λογοτεχνική κριτική.* **2.** για κάτι που υπερβαίνει κάποιο όριο: *είναι ~ από τις* δυνάμεις μου. Έκφρ. ~ για ~ ή ~ ως ~ ή ~ ~ (= α. από τη μια πλευρά ως την άλλη: *η σφαίρα τον τρύπησε ~ ως ~*· β. επιτ.: *είναι ~ για ~ τεμπέλης*)· ~ *δώθε* (για κίνηση που επαναλαμβάνεται παλινδρομικά). Φρ. *κάνω κάποιον ή κάτι ~* (= α. παραμερίζω κάποιον ή κάτι· β. διακόπτω τις σχέσεις μου, παύω να ασχολούμαι μαζί του)· *κάνω ~* (= α. παραμερίζω· β. υποχωρώ)· ~ *βρέχει* (για κάποιον που αδιαφορεί για κάτι ή αγνοεί κάτι): *Μα τι πράγμα είναι η Τέχνη; χαμπάρι! ~ βρέχει!* (Κόντογλου)· *τα βγάζω ~* (= αντιμετωπίζω με επιτυχία μια δύσκολη κατάσταση)· *δεν τα βγάζω ~* (= δεν έχω οικονομικούς πόρους, δεν μπορώ να συντηρηθώ).

περαιτέρω, επίρρ. (λόγ.), περισσότερο, πιο πέρα (από κάτι): *οι δύο υπουργοί θα εξετάσουν ~ την υπόθεση* (συνήθως έναρθρ. ως επιθετ. προσδ.) *οι ~ εξελίξεις*· *τα ~* (= τα όσα ακολουθούν): *τον παρέπεμψαν στον αρμόδιο για τα ~*· έκφρ. *το μη ~* (= το απροχώρητο, το έσχατο σημείο): *η κατάσταση έφτασε στο μη ~*.

πέραμα το, ουσ. (λαϊκ.). 1. τόπος σε ποτάμι, πορθμό, κλπ., κατάλληλος για να περνά κανείς στην απέναντι όχθη (συνών. *περαταριά*). 2. πλοιάριο που μεταφέρει ανθρώπους και εμπορεύματα από τη μία όχθη ποταμού, λίμνης, κλπ., στην άλλη.

περαματάρης ο, ουσ. (ιδιωμ.), αυτός που μεταφέρει ανθρώπους ή εμπορεύματα με το πέραμα (βλ. λ. σημασ. 2).

πέρας το, γεν. *πέρατος*, πληθ. *πέρατα*, ουσ. (λόγ.), εύχρηστο στην ονομ. και την αιτ. του εν. και στην ονομ. του πληθ., το *τέλος μιας ενέργειας, διαδικασίας*, κ.τ.ό.: *το ~ της τελετής*· *μετά το ~ των διαπραγματεύσεων*· φρ. *τα -ατα της γης* (= η άκρη της, για να δηλωθεί μεγάλη έκταση ή απόσταση).

πέραση η, ουσ. (λαϊκ.), στη φρ. *έχει ~* (= αναγνωρίζεται, έχει κύρος, υπολογίζεται): *ο λόγος του έχει ~*.

περασιά η, ουσ. (συνιζ., λαϊκ.), τόπος όπου περνά κανείς, διάβαση, πέρασμα.

πέρασμα το, ουσ. 1α. το να περνά κανείς από κάπου, διάβαση: *εμποδίζω το ~ σε κάποιον*· (με γεν. αντικειμενική) *το ~ του Ατλαντικού*· (με γεν. υποκειμενική) *το ~ των πλοίων*· β. το να περνά κάποιο χρονικό διάστημα: *το ~ του χρόνου* (συνών. *παρέλευση*). 2. (μεταφ.) μετάβαση από μια κατάσταση, μορφή σε μια άλλη: *το ~ από τον πίθηκο στον άνθρωπο*· *το ~ από τη διάλεκτο στην εθνική γλώσσα*. 3. το να περνά κανείς κάτι μέσα από κάτι άλλο: *~ της κλωστής στο βελόνι*. 4α. το σημείο, το μέρος από όπου περνά κάποιος: *το μονοπάτι ήταν ~ για τ' αγρίμια* (συνών. *περασιά*)· β. πολυσύχναστο σημείο: *η πλατεία ήταν ~ κι όλο και κάποιον θα συναντούσα*.

περαστικός, -ή, -ό, επίθ. 1. που περνά από κάποιο μέρος: *ήμουν ~ και σκέφτηκα να πω μια «καλημέρα»*. 2. (για γεγονός) α. που περνά και φεύγει χωρίς συνέπειες: *-ή να είναι η αρρώστια* (ευχή) *-ά σου* (για ασθενείς ή ειρων. για πάθημα)· β. που έχει μικρή χρονική διάρκεια: *μπόρα -ή* (συνών. *σύντομος*). 3. (μεταφ.) για να δηλωθεί το σύντομο της ανθρώπινης ζωής: *είμαστε -οί απ' αυτόν τον κόσμο*. 4. (λαϊκ., για δρόμο) πολυσύχναστος.

περαστός, -ή, -ό, επίθ. 1. που περνιέται και προσαρμόζεται κάπου χωρίς να στερεώνεται με καρφιά, κόλλα ή άλλο μέσο: *-ά παραθυρόφυλλα*. 2. (στη μαγειρική) που έχει περαστεί από τον τρίφτη: *ντομάτα -ή*.

περαταριά η, ουσ. (συνιζ., λαϊκ.), τόπος κατάλληλος για διάβαση ποταμού, πορθμού, κ.τ.ό. (συνών. *πέραμα*).

περάτης ο, ουσ. (λαϊκ.), αυτός που μεταφέρει άτομα από τη μια όχθη ποταμού, λίμνης, κλπ., στην άλλη.

περατώνω, ρ. (λόγ.), φέρνω κάτι σε πέρας· ολοκληρώνω: *η διαδικασία συνεχίζεται και -εται σύμφωνα με τις σχετικές διατάξεις*.

περάτωση η, ουσ. (λόγ.), το να τελειώνει, να ολοκληρώνεται κάτι.

περβάζι και **πρεβάζι** το, ουσ., πλαίσιο πόρτας ή παράθυρου. [τουρκ. *pervaz*].

περβολάρης, βλ. *περιβολάρης*.

περβολάρικος και **περβολαρίσιος**, βλ. *περιβολάρικος*.

περβόλι, βλ. *περιβόλι*.

περγαμηνέα η, ουσ. (βοτ.) δέντρο από τα εσπεριδοειδή, μέτριου μεγέθους, με άνθη μικρά, λευκά και ευώδη και καρπό που μοιάζει με το λεμόνι, το περγαμόντο (βλ. λ.).

περγαμηνή η, ουσ. 1α. δέρμα (συνήθως νεαρού) ζώου, λεπτό και μαλακό που υποβάλλεται σε ειδική επεξεργασία και χρησιμοποιείται για γραφή ή βιβλιοδεσία· β. *φυτική ~* = χαρτί που κατασκευάζεται χημικά με επίδραση θειικού οξέος σε συνθισμένο χαρτί χωρίς κόλλα και χρησιμοποιείται αντί για τη γνήσια περγαμηνή σε επίσημα και πολυτελή έγγραφα. 2. (συνεκδοχικά) τίτλος που γράφεται πάνω σε περγαμηνή, και γενικά καθετί που αποδεικνύει κάποιον τίτλο (σπουδών, ικανοτήτων, κ.τ.ό.): *επιδεικνύει τις -ές του*.

περγαμό(ν)το το, ουσ., ο καρπός του φυτού περγαμηνέα, λίγο μεγαλύτερος από το λεμόνι, με χρώμα κίτρινο προς το πορτοκαλί, πικρή γεύση και έντονο άρωμα. [ιταλ. *bergamotto*].

περγαντί, βλ. *μπεργαντί*.

περγ(κ)ο(υ)λα και (συνιζ.) **περγο(υ)λιά** η, ουσ. 1. κατασκευή (συνήθως ξύλινη, από καλάμια ή μεταλλική) που χρησιμεύει ως στήριγμα αναρριχητικών φυτών. 2. η παραπάνω κατασκευή μαζί με την κληματαριά που στηρίζεται σ' αυτήν. 3. (συνεκδοχικά) η κληματαριά. [ιταλ. *pergola*].

πέρδικα η, ουσ. 1. (ζωολ.) πουλί με σώμα κοντό και στρογγυλεμένο, ράμφος κοντό και καμπύλο και πόδια ψηλά με μακριά δάχτυλα που τους επιτρέπουν να περπατά και να τρέχει σ' όλα τα εδάφη. 2. (στα δημ. τραγ.) ο τύπος της κοντούλας και παχουλής γυναίκας· (γενικά) γυναίκα χαριτωμένη και σβέλτη: *καλώς τηνε την ~ που περπατεί λεβέντικα* (δημ. τραγ.)· φρ. *περπατεί σαν ~* (= γρήγορα και άνετα). - Υποκορ. *-άκι*.

περδίκι το, ουσ., μικρή πέρδικα· συνήθως στη φρ. *είναι / έγινε ~* (για άρρωστο που ανάρρωσε).

περδικίσιος, -ια, -ιο, επίθ. (συνιζ.), που ανήκει στην πέρδικα ή αναφέρεται σ' αυτήν: *αβγό -ιο*.

περδικλί το, ουσ., πέδικλο (βλ. λ.).

περδίκλωμα, βλ. *μπουρδούκλωμα*.

περδικλώνω, βλ. *μπουρδουκλώνω*.

περδικοπάνι το, ουσ., πανί πολύχρωμο και καλά τεντωμένο σ' ένα πλαίσιο από καλάμι που ασκεί μεγάλη έλξη στις πέρδικες και το χρησιμοποιεί ο κυνηγός για να τις πλησιάσει και να τις σκοτώσει.

περδικόστηθη, επίθ. θηλ. (για γυναίκα) που έχει

στήθος στητό σαν της πέρδικας: ~ τσιγγάνα (Παλαμάς).
περδικούλα η, ουσ., μικρή πέρδικα· συνήθως στη φρ. *το λέει η ~ του* (= «το λέει η καρδιά του», είναι τολμηρός).
πέρδομαι, ρ. (λόγ.), αφήνω αέρια από τα έντερά μου (συνών. λαϊκ. *κλάνω*).
περδούκλι και **περδούκλα**, βλ. *πεδούκλι, πεδούκλα*.
περεστρόικα η, ουσ. άκλ., αντιδογματική μεταρρυθμιστική κίνηση της Σοβιετικής Ένωσης στην εξωτερική και εσωτερική πολιτική της που εγκαινιάστηκε το 1985. [ρωσ. *perestrojka*].
περεχύνω, βλ. *περιχύνω*.
περηφανεύομαι και **υπερηφανεύομαι**, ρ., είμαι υπερήφανος, καυχιέμαι για κάτι: *-όταν για τα παιδιά της / για τα κατορθώματά του.*
περηφάνια (συνιζ.) και (ασυνίζ.) **υπερηφάνεια** η, ουσ. 1. το να αισθάνεται κανείς χαρούμενος για κάτι που έκανε ή που έχει αποκτήσει ο ίδιος ή κάποιο αγαπημένο του πρόσωπο: *κοίταξε την κόρη του με ~*. 2. αίσθημα αξιοπρέπειας ή ακαταδεξιάς που έχει κανείς: *από ~ δε δέχτηκε το δώρο*. 3. ακατάδεχτη συμπεριφορά: *η ~ της την έκανε αντιπαθητική στη γειτονιά* (συνών. *αλαζονεία*· αντ. *σεμνότητα*).
περήφανος, -η, -ο και **υπερήφανος**, επίθ. 1. που αισθάνεται χαρούμενος για κάτι που έκανε ή έχει αποκτήσει ο ίδιος ή κάποιο αγαπημένο του πρόσωπο: *ένιωθε ~ για το πτυχίο του· ο γιος τους τους έκανε -ους*. 2. (για πρόσωπο ή ανθρώπινες εκδηλώσεις) που τον χαρακτηρίζει αίσθημα αξιοπρέπειας και αυτοσεβασμού: *ήταν φτωχός αλλά ~ τρόποι -οι*. 3. που νιώθει ανώτερος από τους άλλους και το εκδηλώνει με ακατάδεκτη συμπεριφορά: *είναι πολύ ~· δε μιλά με τον καθένα* (συνών. *αλαζονικός*· αντ. *σεμνός*)· φρ. *είναι ~ στ' αφτιά ή έχει -ο αφτί* (= δεν ακούει καλά).
περι-, α' συνθ. λέξεων που δηλώνει περιστροφή γύρω από κάτι, π.χ. *περιστρέφω, περιφορά*.
περιαδενίτιδα η, ουσ. (ασυνιζ.), (ιατρ.) φλεγμονή του συνδετικού ιστού που βρίσκεται γύρω από αδένες.
περιαδράχνω, ρ., αόρ. *-άδραξα* (ασυνίζ.), πιάνω κάποιον γρήγορα και με δύναμη με όλη την παλάμη: *τον -άδραξε από το λαιμό και τον τίναξε στον τοίχο* (συνών. λαϊκ. *βουτώ*).
περί ανέμων, υδάτων, τόπων ή **περί ανέμων και υδάτων** αρχαίστ. εκφρ. = συζητούσαν διάφορα πράγματα ή και άσκοπα: *συζητούσαν ~*.
περιάνθιο το, ουσ. (ασυνίζ. δις), (βοτ.) το σύνολο των περιβλημάτων του άνθους που μπορεί να αποτελείται από έναν κάλυκα και μία στεφάνη.
περιαρθρικός, -ή, -ό, επίθ. (ασυνίζ.), (ιατρ.) που βρίσκεται γύρω από την άρθρωση ή σχετίζεται με μέρη που βρίσκονται γύρω από άρθρωση: *απόστημα -ό*.
περιαρθρίτιδα η, ουσ. (ασυνίζ.), (ιατρ.) φλεγμονή των μαλακών μορίων που περιβάλλουν κάποια άρθρωση.
περιαρτηρίτιδα η, ουσ. (ασυνίζ.), (ιατρ.) φλεγμονή του εξωτερικού χιτώνα των αρτηριών.
περιαυτολογία η, ουσ. (ασυνίζ.). 1. το να μιλεί κανείς επαινετικά για τον εαυτό του (συνών. *καυχησιολογία*). 2. (στον πληθ.) (συνεκδοχικά) επαινετικά λόγια που λέγονται από κάποιον για τον εαυτό του: *άρχισε πάλι τις -ες*.

περιαυτολόγος ο και η, ουσ. (ασυνίζ.), αυτός που περιαυτολογεί (συνών. *καυχησιάρης*).
περιαυτολογώ, -είς, ρ. (ασυνίζ.), μιλώ επαινετικά για τον εαυτό μου (συνών. *καυχιέμαι*).
περιβάλλον το, ουσ. 1. σύνολο φυσικών και κοινωνικών συνθηκών και παραγόντων που επιδρούν πάνω στους ζωντανούς οργανισμούς και στις ανθρώπινες δραστηριότητες: *~ φυσικό / υπαίθρου / ακουστικό*. 2. εξωτερικές συνθήκες που επιδρούν στη λειτουργία ενός συστήματος. 3. κοινωνικός περίγυρος, κύκλος γνωριμιών: *άνθρωποι από το στενό του ~*. 4. χώρος διαβίωσης. 5. *ψυχολογία του -οντος* = επιστημονικός κλάδος που μελετά την επίδραση του φυσικού και κοινωνικού περιβάλλοντος στη διαμόρφωση της ανθρώπινης συμπεριφοράς, καθώς και τη δραστηριότητα των ανθρώπων για τη διαμόρφωση του περιβάλλοντος.
περιβαλλοντικός, -ή, -ό, επίθ. (ερρ.), που σχετίζεται με το περιβάλλον ή ανήκει σ' αυτό: *συνθήκες -ές*· *-ή πρόνοια*.
περιβαλλοντολογία η, ουσ. (ερρ.), μελέτη της σχέσης του ανθρώπου με το περιβάλλον, φυσικό ή οικιστικό, καθώς και η λήψη μέτρων για την προστασία του.
περιβαλλοντολογικός, -ή, -ό, επίθ. (ερρ.), που σχετίζεται με την περιβαλλοντολογία: *αίτια -ά*.
περιβαλλοντολόγος ο και η, ουσ. (ερρ.), άτομο που ασχολείται με την περιβαλλοντολογία.
περιβάλλω, ρ., αόρ. (ασυνίζ.) *-έβαλα*, α' πληθ. *περιβάλαμε* (λόγ.). 1. τοποθετώ γύρω γύρω: *-έβαλε την πόλη με τείχη*. 2. είμαι, βρίσκομαι γύρω από κάτι: *τα τείχη -ουν όλη την πόλη*. 3. περιστοιχίζω, περιτριγυρίζω: *δίκτυο κατασκόπων -ει τις ένοπλες δυνάμεις*. 4. (μεταφ., για αισθήματα, με την πρόθ. *με*) παρέχω, δίνω: *~ με αισθήματα αγάπης / στοργής*· *τον -έβαλε με εμπιστοσύνη*.
περίβλεπτος, -η, -ο, επίθ. 1. που τον βλέπει κανείς από παντού. 2. (μεταφ.) που θαυμάζεται από όλους. - Το θηλ. και ως επίθ. της Παναγίας.
περίβλημα το, ουσ., καθετί που περιβάλλει κάτι άλλο: *~ αγκαθωτό*.
περιβόητος, -η, -ο, επίθ., που γίνεται πολύς λόγος γι' αυτόν (συνήθως με αρνητική έννοια): *δίκη -η* (συνών. *ξακουστός, περίφημος*).
περιβολάκι, βλ. *περιβόλι*.
περιβολάρης και **περβολάρης** ο, θηλ. **-ρισσα**, ουσ., πληθ. *-άρηδες* και *-αραίοι*, κηπουρός.
περ(ι)βολαρίκος, -η, -ο και (συνιζ.) **περ(ι)βολαρίσιος, -ια, -ιο**, επίθ., που σχετίζεται με το περιβόλι ή τον περιβολάρη.
περιβολάρισσα, βλ. *περιβολάρης*.
περιβολή η, ουσ. (λόγ.), ένδυμα, φορεσιά: *~ επίσημη / σεμνή*· (καταχρ.) *~ αδαμιαία* (= το να είναι κανείς εντελώς γυμνός).
περιβόλι και **περβόλι** το, ουσ., χώρος (συνήθως περιφραγμένος) όπου καλλιεργούνται οπωροφόρα δέντρα ή λαχανικά· φρ. *κάνω την καρδιά κάποιου ~* (= τον χαροποιώ, με ειρωνική συνήθως σημασία). - Υποκορ. **-άκι** το.
περίβολος ο, ουσ. 1. φράχτης ή τοίχος που περιβάλλει κάποιο χώρο: *~ εκκλησίας* (συνών. *περίφραξη*). 2. περίφρακτος χώρος: *τα παιδιά παίζουν στον -ο της εκκλησίας*.
περιβραχιόνιο το, ουσ. (ασυνίζ. δις), υφασμάτινη ταινία που φοριέται γύρω από το μπράτσο ως διακριτικό πένθους ή αξιώματος: *~ μαύρο*.

περιβρέχω, ρ., βρέχω κάποιον ή κάτι από παντού (συνών. *περιλούζω*).

περίγειο το, ουσ. (αστρον.) το πλησιέστερο στη Γη σημείο της τροχιάς ουράνιου σώματος: *κατεύθυνση -ου Σελήνης* (αντ. *απόγειο*).

περιγέλασμα το, ουσ., εμπαιγμός, κοροϊδία.

περιγελαστής ο, θηλ. **-τρια**, ουσ., άτομο που περιγελά κάποιον ή κάτι: *ο Αριστοφάνης, ο ~ του Ευριπίδη*.

περιγελαστικός, -ή, -ό, επίθ., που αναφέρεται στο περιγέλασμα ή τον περιγελαστή: *λόγια -ά*.

περιγελάστρια, βλ. *περιγελαστής*.

περιγέλιο το, ουσ. (συνιζ.), χλευασμός, κοροϊδία.

περίγελος ο, ουσ., αντικείμενο χλευασμού: *έγινε ~ του χωριού*.

περιγελώ, -άς, ρ., γελώ ειρωνικά ή περιφρονητικά σε βάρος κάποιου (συνών. *περιπαίζω*).

περιγιάλι το, ουσ. (συνιζ.), η λωρίδα της ξηράς που εκτείνεται κατά μήκος της ακτής (συνών. *παραλία, ακρογιαλιά*). [μτγν. επίθ. *παραιγιάλιος*].

περίγραμμα το, ουσ. 1. η εξωτερική γραμμή που περιβάλλει και περικλείει τα όρια ενός σχήματος: *το ~ της κορυφογραμμής / της χώρας στο χάρτη*. 2. (μεταφ.) περίληψη, διάγραμμα: *~ της έκθεσης*.

περιγραφή η, ουσ. 1. παρουσίαση στοιχείων ή ιδιαίτερων γνωρισμάτων που συνθέτουν τη μορφή προσώπου ή αντικειμένου: *~ του δράστη / του χειρογράφου*. 2. (για γεγονός) αναλυτική εξιστόρηση, αφήγηση.

περιγραφικός, -ή, -ό, επίθ. 1. που ανήκει ή αναφέρεται στην περιγραφή: *απόδοση -ή· γραμματική -ή* (= που περιγράφει τη δομή μιας γλώσσας χωρίς να ερμηνεύει ή να ρυθμίζει τα γραμματικά φαινόμενα)· *γλωσσολογία -ή*, βλ. *γλωσσολογία*. 2. που έχει την ικανότητα να περιγράφει: *ύφος -ό*.

περιγραφικότητα η, ουσ., η τεχνική, η ικανότητα της περιγραφής.

περιγράφω, ρ., αόρ. *-έγραψα*. 1. παρουσιάζω με το λόγο τα εξωτερικά στοιχεία και κυρίως τα ιδιαίτερα γνωρίσματα προσώπου, τόπου ή αντικειμένου: *να μου -άψω τον αδελφό μου / το χωριό μου / το νέο μου γραφείο*. 2. (για γεγονός) εξιστορώ με λεπτομέρειες: *μας -έγραψε πώς άρχισε ο καβγάς*. 3. (γεωμ.) γράφω σχήμα γύρω από ένα άλλο.

περίγυρα, επίρρ., ολόγυρα, τριγύρω.

περιγυριά η, ουσ. (συνιζ., λαϊκ.), ο τόπος που απλώνεται γύρω από κάτι.

περίγυρος ο και **-ο** το, ουσ., αυτό που περιβάλλει κάτι γύρω γύρω· (μεταφ.) *~ κοινωνικός* = το στενό και κοινωνικό περιβάλλον.

περιδεής, -ής, -ές, γεν. *-ούς*, πληθ. αρσ. και θηλ. *-είς*, ουδ. *-ή*, επίθ., γεμάτος φόβο.

περιδέραιο το, ουσ., αλυσίδα από πολύτιμο μέταλλο ή σειρά από πολύτιμες πέτρες που φοριέται ως κόσμημα γύρω από το λαιμό.

περιδιαβάζω, ρ. (συνιζ.), περπατώ αργά, χωρίς συγκεκριμένη κατεύθυνση ή προορισμό, κοιτώντας γύρω μου για να ξεκουράσω το μυαλό μου ή να περάσω ευχάριστα την ώρα μου (συνών. *σεριανίζω*).

περιδιαβαίνω, ρ. (συνιζ.), περιδιαβάζω.

περιδιάβαση η, ουσ. (συνιζ.), περίπατος, βόλτα χωρίς συγκεκριμένη κατεύθυνση ή προορισμό που γίνεται για την ευχαρίστηση κάποιου, σεριάνι.

περιδρομιάζω, ρ. (συνιζ., λαϊκ.), τρώω υπερβολική ποσότητα φαγητού.

περίδρομος ο, ουσ. 1. ισχυρός σπασμωδικός πόνος του στομαχιού ή των εντέρων· φρ. (ως κατάρα) *να βγάλεις τον -ο· να σε κόψει ~· άμε στον -ο* (= στο διάβολο)· (για να δηλωθεί μεγάλη ποσότητα ή μεγάλος αριθμός) *τρώω τον / έναν -ο· έχει έναν -ο παιδιά·* (για κρύο) *~ όξω απόψε· φάτε μάτια ψάρια και (η) κοιλιά -ο·* βλ. *μάτι*. 2. φλεγμονή στην άκρη του δαχτύλου (συνών. *τριγυρίστρα*).

περιδρομόχορτο το, ουσ., το φυτό ασφόδελος.

περιεκτικός, -ή, -ό, επίθ. (ασυνίζ.). 1. που περιέχει κάτι σε μεγάλη ποσότητα: *τροφή -ή σε λιπαρά*. 2. (για λόγο) που περιέχει πολλά νοήματα ή εκφράζει πολλά μηνύματα και ιδέες μέσα από λίγες λέξεις.

περιεκτικότητα η, ουσ. (ασυνίζ.). 1. η ποσότητα που μπορεί κάτι να περιλάβει (συνών. *χωρητικότητα*). 2. η αναλογία με την οποία κάτι περιέχεται μέσα σε κάτι άλλο: *μεγάλη ~ καυσίμων σε θείο*. 3. (για λόγο) το να εκφράζει μέσα από λίγες λέξεις πολλά νοήματα και ιδέες.

περιεργάζομαι, ρ. (ασυνίζ.), παρατηρώ κάτι με προσοχή ως την τελευταία του λεπτομέρεια: *μας -όταν από την κορφή ως τα νύχια*.

περιέργεια η, ουσ. (ασυνίζ.). 1. το ενδιαφέρον κάποιου να γνωρίσει κάτι ή να μάθει όσο γίνεται περισσότερα πράγματα γι' αυτό: *μάτια γεμάτα ~· δεν έχεις την ~ να μάθεις τη συνέχεια;* 2. η επιθυμία κάποιου να μαθαίνει πράγματα που αφορούν την ιδιωτική ζωή των άλλων: *~ ενοχλητική*.

περίεργος, -η, -ο, επίθ. 1. που ενδιαφέρεται να μάθει όσο γίνεται περισσότερα πράγματα για κάτι: *είμαι ~ να μάθω πώς λειτουργεί αυτό το μηχάνημα*. 2. που θέλει να μαθαίνει για την ιδιωτική ζωή των άλλων. 3. (για πρόσωπα και πράγματα) παράξενος, ιδιότροπος: *φορούσε ένα -ο καπέλο*. 4. δυσεξήγητος, που δεν μπορεί να τον ερμηνεύσει κανείς: *πολύ -η αυτή η ιστορία!*

περιέρχομαι, ρ. (ασυνίζ.). 1. (λόγ.) περιφέρομαι, (τρι)γυρίζω σε διάφορα μέρη. 2. (μεταφ.) α. φτάνω, καταλήγω κάπου: *τα έγγραφα -ήλθαν στα χέρια της δικαιοσύνης·* β. περιπίπτω σε μια κατάσταση: *~ στη δικαιοδοσία κάποιου*.

περιεχόμενο το, ουσ. (ασυνίζ.). 1. αυτό που περιέχεται ή περικλείεται μέσα σε κάτι: *το ~ του κουτιού*. 2. αυτό που περιλαμβάνει ένα κείμενο ή έργο γραπτό: *ήξερε από πριν το ~ του γράμματος·* *τα -α βιβλίου (ή περιοδικού)* = ο πίνακας των μερών, κεφαλαίων και άλλων υποδιαιρέσεών του, ο οποίος δίνεται στην αρχή ή στο τέλος της έκδοσης με τη σειρά που εκτίθενται στο βιβλίο (ή το περιοδικό) και δίνει τον αριθμό της σελίδας του καθενός. 3. το βαθύτερο νόημα, οι ιδέες που αναπτύσσονται στην παρουσίαση ενός πνευματικού ή καλλιτεχνικού έργου σε αντίθεση με την εξωτερική του μορφή, (και γενικά) το βαθύτερο νόημα, η ουσία: *η συζήτηση δεν είχε ουσιαστικό ~ λόγια με ~*. 4. (κατ' επέκταση για άτομο) φρ. *χωρίς ~* = που δεν έχει πνευματική ή εσωτερική συγκρότηση, άδειος, κενός.

περιέχω, ρ. (ασυνίζ.), περικλείω, περιλαμβάνω: *τι -ει η βαλίτσα; το χειρόγραφο -ει δύο έργα*.

περιζήτητος, -η, -ο, επίθ., που έχει μεγάλη ζήτηση: *γαμπρός ~· σαπούνι -ο*.

περίζωμα το, ουσ. 1. ποδιά από ύφασμα ή δέρμα που φορούν οι τεχνίτες την ώρα της δουλειάς τους. 2. γείσωμα που προεξέχει σε οικοδόμημα, κορνίζα.

περιζώνω, ρ., περιβάλλω, ζώνω γύρω γύρω: *ο κισσός -ει το χάλασμα.*

περιήγηση η, ουσ., επίσκεψη κάποιου σε περιοχές που τον ενδιαφέρουν για μελέτη ή απλή γνωριμία μ' αυτές.

περιηγητής ο, ουσ., αυτός που επισκέπτεται διάφορα μέρη για να τα γνωρίσει απλώς ή να τα μελετήσει.

περιηγητικός, -ή, -ό, επίθ., που αναφέρεται στον περιηγητή ή την περιήγηση.

περιηγούμαι, -είσαι, ρ., επισκέπτομαι διάφορα (αξιοθέατα) μέρη για γνωριμία ή μελέτη.

περιήλιο το, ουσ. (ασυνίζ.), (αστρον.) το πλησιέστερο προς τον ήλιο σημείο της τροχιάς των ουράνιων σωμάτων.

περιθάλπω, ρ., παρατ. *περιέθαλπα,* πληθ. *περιθάλπαμε,* αόρ. *περιέθαλψα,* πληθ. *περιθάλψαμε* (λόγ.), φροντίζω ή προστατεύω κάποιον που έχει ανάγκη από βοήθεια: *οι χωρικοί -έθαλψαν τους τραυματίες.*

περίθαλψη η, ουσ. 1. το να περιποιείται ή να προστατεύει κανείς κάποιον που έχει ανάγκη βοήθειας: ~ *αρρώστου.* 2. κοινωνική πρόνοια, κρατική μέριμνα: ~ *υγειονομική* (= η πρόνοια που λαμβάνει η πολιτεία για την ιατρική φροντίδα των πολιτών).

περιθωριακός, -ή, -ό, επίθ. (ασυνίζ.). 1. που είναι γραμμένος στο περιθώριο κειμένου: *παρατηρήσεις -ές.* 2. που βρίσκεται έξω από τα κύρια γεγονότα, δευτερεύων: *ρόλος ~· το πρόβλημα αυτό κατέχει -ή θέση στο χώρο της έρευνας.* 3. που βρίσκεται έξω από ό,τι θεωρεί καθιερωμένο μια κοινωνία: *άτομο -ό· επάγγελμα -ό.* - Το αρσ. και το θηλ. ως ουσ. = άτομο που ζει στο περιθώριο της κοινωνίας: *ο υπόκοσμος αποτελείται από -ούς.*

περιθώριο το, ουσ. (ασυνίζ.). 1. ο λευκός χώρος στις άκρες χειρογράφου ή τυπωμένου κειμένου: *σημειώσεις στο ~.* 2. (γενικότερα) το κενό διάστημα στις άκρες κάποιας επιφάνειας: *ν' αφήσεις αρκετό ~ στο εργόχειρο για να μπει η κορνίζα.* 3. (μεταφ.) τα όρια μέσα στα οποία μπορεί να κινηθεί κάποιος· η άνεση, η ευκολία που δίνεται σε κάποιον για να κάνει κάτι: *σου άφησαν μεγάλο ~ χρόνου· δεν έχει -α για σπατάλες.* 4. (μεταφ.) καθετί που βρίσκεται έξω από τα κύρια γεγονότα: *στο ~ της συνδιάσκεψης ο πρωθυπουργός συναντήθηκε με δημοσιογράφους.* 5. (μεταφ.) καθετί ή καθένας που βρίσκεται έξω από τα καθιερωμένα πλαίσια που έχει θέσει ομάδα ατόμων ή η κοινωνία: έκφρ. *ζω στο ~ (της κοινωνίας)* (= δεν είμαι ενταγμένος στην κοινωνία και δε γίνομαι αποδεκτός απ' αυτήν): *οι μετανάστες στα μεγάλα ευρωπαϊκά κράτη ζουν στο ~ της κοινωνίας.* 6. (μεταφ.) ό,τι σχετίζεται με το περιθώριο της κοινωνίας: *δράση / λογοτεχνία του -ίου.* Έκφρ. *βάζω / θέτω κάποιον στο ~* (= τον παραγκωνίζω): *ο καινούργιος διευθυντής τον έβαλε στο ~.*

περιθωριοποίηση η, ουσ. (ασυνίζ.), το να γίνεται κάποιος ή κάτι περιθωριακός/-ό: ~ *των ανέργων.*

περιθωριοποιώ, -είς, ρ. (ασυνίζ.), κάνω κάποιον ή κάτι περιθωριακό: *οι κοινωνικές δομές -ούν ορισμένα στρώματα του πληθυσμού.*

περίκαλος, -η, -ο, επίθ., εξαιρετικά καλός· μόνο στην έκφρ. *καλός και ~* (= πάρα πολύ καλός).
- Επίρρ. **-α·** μόνο στην έκφρ. *καλά και -α.*

περικάλυμμα το, ουσ., καθετί που καλύπτει κάτι ολόγυρα: ~ *βιβλίου.*

περικάρδιο το, ουσ. (ασυνίζ.), (ανατομ.) προστατευτική μεμβράνη κωνικού σχήματος που περιβάλλει την καρδιά.

περικαρδίτιδα η, ουσ. (ιατρ.) φλεγμονή του περικαρδίου.

περικάρπιο το, ουσ. (ασυνίζ.), (φυτολ.) το μέρος του καρπού που περιβάλλει το σπέρμα και αποτελείται από το φλοιό του καρπού, τη σάρκα και το τοίχωμα του σπέρματος.

περικεφαλαία η, ουσ. (παλαιότερα) μεταλλικό προστατευτικό κάλυμμα του κεφαλιού που το φορούσαν στα αρχαία χρόνια οι πολεμιστές. Έκφρ. *με ~* (= πάρα πολύ, αναμφισβήτητα): *βλάκας με ~.*

περικλείνω, βλ. *περικλείω.*

περίκλειστος, -η, -ο, επίθ., κλεισμένος απ' όλες τις πλευρές: *-α ιδιόκτητα νερά* (αστ. κώδ.).

περικλείω και **-κλείνω,** ρ., παρατ. *-έκλεια* και *-έκλεινα,* πληθ. *-κλείαμε* και *-κλείναμε,* αόρ. *-έκλεισα,* πληθ. *-κλείσαμε.* 1. κλείνω κάτι ολόγυρα: *θα -είσει το κτήμα του με φράχτη* (συνών. *περιφράσσω).* 2. περιλαμβάνω, περιέχω: *το γράμμα -έκλειε οδηγίες.*

περικνημίδα η, ουσ. (λόγ.). 1. κάλυμμα που περιβάλλει την κνήμη του ποδιού και εφάπτεται απευθείας πάνω στο δέρμα· έκφρ. *παράσημο της -ας* (= παράσημο ιπποτικού τάγματος που ιδρύθηκε το 14. αι. από τον Εδουάρδο Γ' της Αγγλίας). 2. (ειδικά) δερμάτινο ή μεταλλικό κάλυμμα που προστάτευε τις κνήμες του πολεμιστή (συνών. *κνημίδα).*

περικοκλάδα, βλ. *περιπλοκάδα.*

περίκομψος, -η, -ο, επίθ., πολύ κομψός· υπερβολικά, εξεζητημένα κομψός.

περικοπή η, ουσ. 1. μείωση, ελάττωση, περιορισμός: ~ *των αποδοχών.* 2. απόσπασμα κειμένου με κάποια αυτοτέλεια: *ευαγγελικές -ές.*

περικόπτω, ρ., ελαττώνω, μειώνω, περιορίζω κάτι: ~ *τις δαπάνες.*

περικυκλώνω, ρ., σχηματίζω με ανθρώπους ή πράγματα έναν κύκλο γύρω από κάτι ή κάποιον, περιβάλλω κάτι ή κάποιον απ' όλες τις πλευρές: *η αστυνομία -ωσε το τετράγωνο* (συνών. *κυκλώνω).*

περικύκλωση η, ουσ., το να περικυκλώνει κανείς κάποιον ή κάτι: ~ *του εχθρικού στρατού.*

περιλαβαίνω, ρ. (λαϊκ.), συλλαμβάνω, «τσακώνω» κάποιον: *τον -ει και του δίνει ένα γερό ξύλο.*

περιλαίμιο το, ουσ. (ασυνίζ.). 1. (λόγ.) α. καθετί που περιβάλλει το λαιμό: *- ορθοπεδικό·* β. (ειδικά) το τμήμα του ρούχου (ραμμένο ή πρόσθετο) που περιβάλλει το λαιμό, γιακάς: ~ *στολής.* 2. δερμάτινη ή μεταλλική λωρίδα, που φοριέται γύρω από το λαιμό κατοικίδιων ζώων, συνήθως σκυλιών.

περιλάλητος, -η, -ο, επίθ., ξακουστός, πολύ φημισμένος: *πόλη -η.*

περιλαμβάνω, ρ., παρατ. *-ελάμβανα* και *-λάμβανα,* πληθ. *-λαμβάναμε,* αόρ. *-έλαβα,* πληθ. *-λάβαμε.* 1. έχω κάτι μέσα στο χώρο που καταλαμβάνω, εμπεριέχω: *το σπίτι -ει τρία δωμάτια, κουζίνα και λουτρό.* 2. έχω ως μέρος, μέλος ή στοιχείο μου: *ο σύλλογός μας -ει πενήντα άτομα.* 3. (για κείμενο, έργο) πραγματεύομαι κάτι, έχω κάτι ως περιεχόμενο: *το έργο -ει την ιστορία της Ελλάδας στο 19. αι.* (συνών. *περιέχω).* 4. (στη μέσ. φωνή) α. συνυπολογίζομαι: *στην τιμή της εκδρομής δεν -ονται τα γεύματα*. β. συγκαταλέγομαι: *δεν -εται το όνομά του στη λίστα των υποψηφίων βουλευτών*.

περίλαμπρος, -η, -ο, επίθ. (έρρ.), πάρα πολύ λαμπρός (βλ. λ.): *θέση -η* (συνών. *υπέρλαμπρος*). - Επίρρ. **-α**.

περιληπτικός, -ή, -ό, επίθ., που στηρίζει κάτι με λίγα λόγια, συνοπτικός: *-ή εξιστόρηση των γεγονότων*· (γραμμ.) ουσιαστικά *-ά* = τα ουσιαστικά που, ενώ εκφέρονται σε ενικό αριθμό, σημαίνουν πολλά ομοειδή πρόσωπα, ζώα ή πράγματα, π.χ. *ελαιώνας, λαός, στρατός, πλήθος*, κλπ. - Επίρρ. **-ώς** και **-ά**.

περίληψη η, ουσ., απόδοση με λίγα λόγια του περιεχομένου ενός κειμένου ή των λόγων κάποιου: *θα σας πω μια ~ των όσων άκουσα*.

περιλούζω, ρ., παρατ. *-έλουζα*, πληθ. *-λούζαμε*, αόρ. *-έλουσα*, πληθ. *-λούσαμε*. **1.** βρέχω κάτι απ' όλες τις πλευρές, παντού (συνών. *περιβρέχω*). **2.** (μεταφ.) βρίζω κάποιον: *με -έλουσε* (*με ανάρμοστα λόγια*) *για το λάθος*.

περίλυπος, -η, -ο, επίθ., πάρα πολύ λυπημένος (αντ. *χαρούμενος*).

περιμάζεμα και (λαϊκ.) **-ωμα** το, ουσ. **α.** το να περιμαζεύει κανείς κάτι ή κάποιον· **β.** (στον πληθ. *-ώματα*) για πράγματα ή ανθρώπους κακής ποιότητας, ανάξια λόγου (συνών. *μαζέματα*).

περιμαζεύω και (λαϊκ.) **-ώνω,** ρ. **1.** μαζεύω κάτι εγκαταλειμμένο ή πράγματα σκορπισμένα (συνών. *περισυλλέγω, συμμαζεύω*· αντ. *σκορπίζω*). **2.** (για πρόσωπο) παρέχω προστασία, άσυλο, περίθαλψη σε κάποιον που κινδυνεύει: *ένα καράβι -εψε τους ναυαγούς* (συνών. *περισυλλέγω*).

περιμάζωμα, βλ. *περιμάζεμα*.

περιμαζώνω, βλ. *περιμαζεύω*.

περιμάντρωμα το, ουσ. (έρρ., λαϊκ.), το να περικλείει κανείς ένα χώρο με μάντρα.

περιμαντρώνω, ρ. (έρρ., λαϊκ.), περιβάλλω με μάντρα, με αυλόγυρο.

περιμάχητος, -η, -ο, επίθ. (λόγ.). **1.** που πολλοί τον ζητούν, τον επιδιώκουν (συνών. *περιζήτητος*). **2.** που για την απόκτησή του γίνεται μάχη (συνών. *επίμαχος*).

περιμένω, ρ., παρατ. και αόρ. *περίμενα*, προστ. ενεστ. και αόρ. *περίμενε*, πληθ. *-μένετε*, (μόνο ενεργ.· στην παθ. σε χρήση κατά περίπτωση το παθ. του ρ. *αναμένω*). **1.** περνώ κάποιο χρονικό διάστημα μένοντας συνήθως στο ίδιο μέρος και χωρίς σοβαρή ασχολία, ώσπου να συμβεί κάτι ή να μπορέσω να κάνω κάτι ή να έρθει κάποιος ή κάτι: *έδωσε εξετάσεις και ~ ν' ανακοινωθούν τα αποτελέσματα ~ το λεωφορείο / γράμμα* (αμτβ.) *-ίμενε στην ουρά!* (συνών. λαϊκ. *καρτερώ*). **2.** ελπίζω, προσδοκώ: *μην -εις ν' αλλάξω γνώμη*. **3α.** θεωρώ πως είναι πιθανό ή δυνατό να κάνει κάποιος κάτι ή να συμβεί κάτι: *απ' αυτόν όλα να τα -εις*· (με άρνηση για απρόοπτο γεγονός) *δεν -ίμενα να καθυστερήσουμε τόσο*· β. νομίζω, υποθέτω: *τι -ίμενες, ότι πάντα θα γίνεται το δικό σου;* **4.** (τριτοπρόσ., στη φρ. *με -ει κάτι*) **α.** μπορεί να μου τύχει κάτι, συνήθως δυσάρεστο: *κανείς δεν ξέρει τι τον -ει*· **β.** πρέπει οπωσδήποτε να ασχοληθώ με κάτι: *μας -ει πολλή δουλειά το καλοκαίρι*· **γ.** μπορώ να χρησιμοποιήσω κάτι: *στη γωνία θα σε -ει ένα ταξί*. **5.** (στην προστ., για να διακόψουμε κάποιον που μιλά, επειδή έχουμε αντιρρήσεις) σταμάτα: *για -ίμενε, εσύ νωρίτερα έλεγες το αντίθετο!*

Φρ. *~ να δω* (για επιφυλακτική στάση ή έλλειψη ανησυχίας για ό,τι μπορεί να συμβεί): *~ να δω πόσα θα ζητήσει και θα του φερθώ ανάλογα*· *~ παιδί* (= είμαι έγκυος)· *τα -ει όλα από κάποιον* (για άνθρωπο αδρανή)· *τι -εις και δεν...*; (προτροπή για να γίνει κάτι επείγον ή απαραίτητο): *με τέτοιους πόνους τι -εις και δεν πας στο γιατρό*; (= πήγαινε αμέσως...)· *τον -ουμε / -ουν* (= είναι ετοιμοθάνατος).

περιμετρικός, -ή, -ό, επίθ., που ανήκει ή αναφέρεται στην περίμετρο: *περιπολία στην -ή ζώνη του στρατοπέδου*. - Επίρρ. **-ά**.

περίμετρος η, ουσ. **1.** (μαθημ.) η κλειστή τεθλασμένη γραμμή που ορίζει εξωτερικά την έκταση ενός πολυγωνικού επιπέδου, καθώς και το μήκος της γραμμής αυτής. **2.** (συνεκδοχικά) η νοητή γραμμή που εκτείνεται στην περιφέρεια μιας έκτασης γης και το συνολικό μήκος της γραμμής αυτής: *~ οικοπέδου*.

περιμήτριο το, ουσ. (ασυνίζ.), (ανατομ.) το τμήμα του περιτοναίου (βλ. λ.) που περιβάλλει τη μήτρα.

περίνοια η, ουσ. (ασυνίζ., λόγ.), σύνεση.

περιοδεία η, ουσ. (ασυνίζ.), το να πηγαίνει κανείς από τόπο σε τόπο για ορισμένο σκοπό: *~ προεκλογική· θίασος σε ~* (= τουρνέ)· *κάνω ~*.

περιόδευση η, ουσ. (ασυνίζ., λόγ.), το να περιοδεύει κανείς, περιοδεία.

περιοδεύω, ρ. (ασυνίζ.), επισκέπτομαι διαδοχικά διάφορους τόπους για ορισμένο σκοπό: *ο υπουργός θα -σει την επαρχία*.

περιοδικά, βλ. *περιοδικός*.

περιοδικό το, ουσ. (ασυνίζ.). **1.** έντυπο με διαστάσεις μικρότερες από μιας εφημερίδας, συνήθως εικονογραφημένο, που κυκλοφορεί κατά ορισμένα χρονικά διαστήματα και έχει για κύριο σκοπό να ψυχαγωγήσει και να ενημερώσει: *~ εβδομαδιαίο / οικογενειακό*. **2.** περιοδική έκδοση, συνήθως σε σχήμα βιβλίου, όπου δημοσιεύονται λογοτεχνικά έργα, επιστημονικά άρθρα, μελέτες, βιβλιοκρισίες, κ.ά. (συνών. *επιθεώρηση*). **3.** (νεολογ.) ραδιοφωνική ή τηλεοπτική εκπομπή με ορισμένο αντικείμενο: *το παιδικό ~ του σταθμού μας*.

περιοδικός, -ή, -ό, επίθ. (ασυνίζ.). **1α.** (για γεγονός ή κατάσταση) που πραγματοποιείται ή παρουσιάζεται κατά ορισμένα χρονικά διαστήματα: *συνελεύσεις -ές του Συμβουλίου ασφάλειας· ξηρασία -ή* (αντ. *τακτικός, συνεχής, αδιάκοπος*)· **β.** (φυσ.) για φαινόμενο που επαναλαμβάνεται το ίδιο σε ίσα χρονικά διαστήματα: *κίνηση -ή της Γης γύρω από τον Ήλιο*. **2.** *τύπος* ~ = το σύνολο των περιοδικών, βλ. λ. σημασ. 1. **3.** (μαθημ.) για αριθμό με δεκαδικό μέρος από ομάδα ψηφίων που επαναλαμβάνονται συνεχώς (λ.χ. 1, 2323...). **4.** (χημ.) *-ό σύστημα στοιχείων* = πίνακας που περιλαμβάνει τα 105 γνωστά στοιχεία ταξινομημένα σε ομάδες και περιόδους (βλ. λ.). - Επίρρ. **-ώς** και **-ά**.

περιοδικότητα η, ουσ. (ασυνίζ.), το να γίνεται ή να εμφανίζεται κάτι περιοδικώς: *~ των ηλιακών κηλίδων*.

περιοδικώς, βλ. *περιοδικός*.

περίοδος η, ουσ. **1α.** ορισμένο χρονικό διάστημα: *~ χειμερινή*· (σε σχέση με ορισμένη δραστηριότητα, κατάσταση ή φαινόμενο που μπορεί να επαναλαμβάνεται σε κανονικά χρονικά διαστήματα) *~ εξεταστική / μεταβατική*· έκφρ. *κατά -όδους* (=

α. περιοδικά· β. κατά καιρούς)· ~ βουλευτική (κατά την οποία μπορεί να συνέρχεται μια βουλή, από την εκλογή ως τη λήξη της θητείας της)· ~ ισχνών αγελάδων (όταν λείπουν τρόφιμα ή γενικά δεν υπάρχει οικονομική άνεση)· ~ χάριτος (= χρονικό διάστημα που δίνεται ως χάρη σε κάποιον για να εκτελέσει την υποχρέωσή του)· β. μεγάλη χρονική υποδιαίρεση στην ιστορία της γης ή των ανθρώπων: ~ προϊστορική / ελληνιστική (συνών. εποχή). 2. (φυσ.) α. ο χρόνος που χρειάζεται ένα σώμα για να εκτελέσει μια πλήρη κίνηση: ~ εκκρεμούς / κύματος· β. (για σεισμό) ο χρόνος (σε δευτερόλεπτα) που απαιτείται για να επιστρέψει στην αρχική του θέση το χώμα ή ένα κτήριο που ταλαντεύεται. 3. (γραμμ.) ολοκληρωμένος λόγος που αποτελείται από μία ή περισσότερες προτάσεις και καταλήγει, όταν είναι γραπτός, σε τελεία ή βρίσκεται ανάμεσα σε δύο τελείες. 4. εμμηνόρροια (βλ. λ.): *πόνοι -όδου*.
περίοικος ο, ουσ. (συνήθως στον πληθ.), γείτονας: *οι -οι διαμαρτυρήθηκαν για τους θορύβους στην αστυνομία*.
περί όνου σκιάς αρχαϊστ. έκφρ.· όταν υπάρχει αντιδικία ή γίνεται σοβαρή συζήτηση για ασήμαντη υπόθεση.
περίοπτος, -η, -ο, επίθ. (λόγ.), ορατός από παντού (συνήθως με το ουσ. *θέση*): *στο σαλόνι σε -η θέση έβαλε την πιστόλα του προπάππου του*.
περί ορέξεως ουδείς λόγος αρχαϊστ. έκφρ.· για να δηλωθεί ότι οι επιθυμίες του καθενός διαφέρουν από τις επιθυμίες του άλλου.
περιορίζω, ρ. (ασυνίζ.). 1. θέτω όρια πέρα από τα οποία δεν επιτρέπω να υπάρξει ή να επεκταθεί κάτι: *-ίστηκε η φωτιά σε μια χαράδρα*. 2. κλείνω σε ορισμένο χώρο: *-ισαν τους αιχμαλώτους σ' ένα παλιό κτήριο*. 3α. θέτω εμπόδια στην ελεύθερη κίνηση, δράση, κ.τ.ό.: *νόμος που -ει τις συνδικαλιστικές ελευθερίες·* β. υποβάλλω σε πειθαρχία, συνετίζω: *φρόντισε να -ίσεις το γιο σου* / (συνεκδοχικά) *τη γλώσσα σου* (συνών. *μαζεύω, συμμαζεύω*). 4. μετριάζω: *~ τις φιλοδοξίες μου*. 5. ελαττώνω μερικώς: *~ τα έξοδά μου* (= περικόπτω) (αντ. *αυξάνω*). 6. για κάτι που γίνεται σε βαθμό μικρότερο από το συνηθισμένο ή αφορά μόνο μέρος ενός συνόλου: *θα -ίσω την κριτική μου σε βασικά σημεία του έργου·* (μέσ.) *το διαιτολόγιό μου -ίστηκε σε ψάρι και χορταρικά·* -ομαι στα απαραίτητα (= αρκούμαι). - Η μτχ. παρκ. ως επίθ. = μικρότερος, λιγότερος ή κατώτερος από το κανονικό ή απ' όσο χρειάζεται: *οικονομικοί πόροι -ισμένοι·* *δυνατότητες -ισμένες* (αντ. *απεριόριστος*).
περιορισμός ο, ουσ. (ασυνίζ.). 1. το να μπαίνουν όρια σε κάτι. 2α. το να υποχρεώνεται κάποιος να μείνει κλεισμένος σ' ένα χώρο· β. (στρατ.) στέρηση εξόδου (βλ. λ.), είδος ελαφράς ποινής σε στρατιώτη. 3. παρεμπόδιση της ελευθερίας στην κίνηση, τη δράση, κ.τ.ό.: *-οί στην κυκλοφορία των οχημάτων* (συνών. *δέσμευση*). 4. συγκράτηση μέσα σε λογικά όρια, μετριασμός: *~ των απαιτήσεων*. 5. μερική ελάττωση, μείωση: *~ του προσωπικού μιας επιχείρησης* (αντ. *αύξηση*).
περιοριστικός, -ή, -ό, επίθ. (ασυνίζ.), που συντελεί ή αποσκοπεί στον περιορισμό: *μέτρα -ά* (συνών. *δεσμευτικός, κατασταλτικός*).
περιόστεο το, ουσ. (ασυνίζ.), (ανατομ.) ινώδης υμένας που καλύπτει τα οστά.

περιοστίτιδα η, ουσ. (ασυνίζ.), (ιατρ.) φλεγμονή του περιοστέου από τραυματισμό ή εξαιτίας κάποιας αρρώστιας.
περιουσία η, ουσ. (ασυνίζ.), τα υλικά αγαθά που ανήκουν σε κάποιον: *~ κινητή·* φρ. *κάνω ~* (= πλουτίζω) (συνών. *υπάρχοντα, βίος*).
περιουσιακός, -ή, -ό, επίθ. (ασυνίζ.), που ανήκει ή αναφέρεται στην περιουσία κάποιου: *στοιχεία -ά· κατάσταση -ή*.
περιούσιος, -α, -ο, επίθ. (ασυνίζ., λόγ.), (μόνο με τα ουσ. *λαός, φυλή*, κ.τ.ό., και σε σχέση με το Θεό· συνήθως για τους Εβραίους στην Παλαιά Διαθήκη) εκλεκτός, αγαπητός.
περιοχή η, ουσ. (ασυνίζ.). 1. χώρος, έκταση γύρω από έναν τόπο: *κατάγομαι από την ~ της Λαμίας*. 2. μικρή ή μεγάλη επιφάνεια γης, ορισμένο τμήμα πόλης, χώρας, του κόσμου, κ.ά.: *σπίτια στην ~ της Καλαμαριάς· μια ταραγμένη ~ του πλανήτη·* (για θαλάσσια έκταση) *πετρελαιοκηλίδα στην ~ του Σαρωνικού·* (για τόπο που υπάγεται στη δικαιοδοσία κάποιου) *~ αστυνομικού τμήματος*. 3. μεγάλη έκταση γης χωρίς καθορισμένα σύνορα, αλλά με κάποιο κύριο χαρακτηριστικό: *~ πεδινή / δασώδης*. 4. πεδίο επιστημονικής, καλλιτεχνικής ή άλλης δραστηριότητας: *εξελίξεις στην ~ της νευροχειρουργικής* (συνών. *χώρος*). 5. για μέρος του ανθρώπινου σώματος: *τραυματίστηκε στην ~ της ωμοπλάτης*.
περιπάθεια η, ουσ. (ασυνίζ., λόγ.), το να κυριεύεται κανείς από συναισθήματα, το να εκφράζει τρομερό πάθος (συνών. *παθητικότητα*).
περιπαθής, -ής, -ές, γεν. -ούς, πληθ. αρσ. και θηλ. -είς, ουδ. -ή, επίθ. (λόγ.), γεμάτος έντονο συναισθηματισμό, που φανερώνει με πολλή θέρμη κρυφό συναίσθημα: *βλέμμα -ές· λυρισμός ~*. - Επίρρ. **-ώς**.
περίπαιγμα το, ουσ., περιγέλασμα, κοροϊδία.
περιπαίζω, ρ., παρατ. *περιέπαιζα*, α' πληθ. *περιπαίζαμε*, αόρ. *-έπαιξα* και *περίπαιξα*, α' πληθ. *περιπαίξαμε*, (μόνο ενεργ.) αστεΐζομαι εις βάρος κάποιου, εμπαίζω, περιγελώ, κοροϊδεύω κάποιον.
περιπαικτικός, -ή, -ό και **-χτικός**, επίθ., που γίνεται για εμπαιγμό, κοροϊδευτικός: *χαμόγελο -χτικό*. - Επίρρ. **-ά**.
περιπατητής ο, θηλ. **-τρια**, ουσ., αυτός που κάνει ή του αρέσει να κάνει περίπατο: *-ές στο πάρκο*.
περιπατητικός, -ή, -ό, επίθ. (φιλοσ.) για τους μαθητές και τη φιλοσοφική διδασκαλία του Αριστοτέλη (η λ. από τη συνήθειά του να περπατά την ώρα που δίδασκε ή συζητούσε). - Το αρσ. (με κεφ. *Π*) ως ουσ. = οπαδός της περιπατητικής σχολής, του Αριστοτέλη (συνών. *αριστοτελικός*).
περιπατήτρια, βλ. *περιπατητής*.
περίπατος ο, ουσ. 1α. βόλτα, συνήθως με τα πόδια (βλ. *βόλτα* σημασ. 2): *~ βραδινός / θαλασσινός·* (παλαιότερο) *φόρεμα -άτου·* (νεολογ.) *~ διαστημικός* (στο κενό έξω από το διαστημόπλοιο)· φρ. *βγάζω / κάνω / πάω -ο κάποιον* (= τον οδηγώ ή τον συνοδεύω σε περίπατο)· *βγαίνω / κάνω / πάω -ο* (= περπατώ για διασκέδαση ή αναψυχή)· *πάει -ο* (= α. για υπόθεση που παραμελείται ή εγκαταλοίπεται: *άρχισαν τις συζητήσεις και η δουλειά πήγε -ο·* β. για ιδιότητα, κ.τ.ό., που χάθηκε ή φθάρηκε ανεπανόρθωτα: *πάει -ο η καλαισθησία)· στέλνω -ο κάποιον* (= τον διώχνω με απότομο τρόπο)· β. (σχολ.) κοντινή εκδρομή με τα πόδια. 2.

δρόμος κατάλληλος για περίπατο (βλ. σημασ. 1α).
περιπέτεια η, ουσ. (ασυνίζ.). **1α.** απρόβλεπτο γεγονός με επακόλουθο να κινδυνέψει ή να ταλαιπωρηθεί κάποιος: *να 'ναι μακρύς ο δρόμος,/ γεμάτος -ες, γεμάτος γνώσεις* (Καβάφης)· **β.** *(αισθηματική/ερωτική)* ~ = απρόοπτη ή σύντομη ή επιπόλαιη ερωτική σχέση. **2.** (μόνο στον εν.) σύνολο ενεργειών, δραστηριοτήτων ή εμπειριών με τις οποίες κανείς εκτίθεται σε κινδύνους, καθώς επιχειρεί κάτι καινούργιο που θεωρεί ότι αξίζει να το κάνει: *η γοητεία της -ας·* η ~ *της εξερεύνησης του διαστήματος.* **3.** πάθημα, δοκιμασία: *οι -ες του ποντιακού ελληνισμού.* **4.** (φιλολ.) στο αρχαίο δράμα, η αιφνίδια αναστροφή των περιστάσεων, γύρω από την οποία περιστρέφεται η πλοκή της τραγωδίας. - Υποκορ. **-ούλα** η (στη σημασ. 1β).
περιπετειώδης, -ης, -ες, γεν. *-ους,* πληθ. αρσ. και θηλ. *-εις,* ουδ. *-η,* επίθ. (ασυνίζ.), γεμάτος περιπέτειες: *ταξίδι -ες· αναζήτηση* ~.
περιπίπτω, ρ., παρατ. *-έπιπτα,* πληθ. *-πίπταμε,* αόρ. *-έπεσα,* πληθ. *-ιπέσαμε* (λόγ.), (μεταφ.) **1.** εμπλέκομαι, εμπίπτω: *-έπεσε σε αντιφάσεις.* **2.** περιέρχομαι σε χειρότερη κατάσταση, καταντώ: *ο κλάδος είχε -πέσει σε μαρασμό· ο άρρωστος -έπεσε σε κωματώδη κατάσταση.*
περιπλάνηση η, ουσ. **1.** το να περιφέρεται κανείς άσκοπα εδώ κι εκεί, τριγύρισμα. **2.** (συνεκδοχικά) το να χάσει κανείς το δρόμο του, (ακούσια) εκτροπή από τη ορθή κατεύθυνση. **3.** περιήγηση: *η -ή μας στον αρχαιολογικό χώρο κράτησε τρεις ώρες.*
περιπλανητικός, -ή, -ό, επίθ., που γίνεται με περιπλάνηση· που γίνεται για περιπλάνηση.
περιπλανιέμαι, ρ. (συνιζ.), παρατ. *-ιόμουν,* αόρ. *-ήθηκα.* **1.** περιφέρομαι άσκοπα εδώ κι εκεί, τριγυρίζω. **2.** (συνεκδοχικά) χάνω το δρόμο μου, παρεκκλίνω. **3.** περιηγούμαι. Έκφρ. (λόγ.) *-ώμενος Ιουδαίος* (= το μυθολογικό πρόσωπο Αχασβήρος και μεταφ. κάθε άνθρωπος που μετακινείται διαρκώς).
περιπλέκω, ρ., παρατ. *-έπλεκα,* πληθ. *-πλέκαμε,* ενεργ. αόρ. *-έπλεξα,* πληθ. *-πλέξαμε,* παθ. αόρ. *-πλέχτηκα* (λόγ.). **1.** πλέκω κάτι γύρω από κάτι άλλο· μπλέκω: *-πλέχτηκε το σκοινί* (συνών. *μπερδεύω*). **2.** (μεταφ.) δυσκολεύω, δημιουργώ εμπόδια: *-εται η κατάσταση / υπόθεση.*
περιπλέω, ρ., αόρ. *-έπλευσα,* πληθ. *-πλεύσαμε,* πλέω γύρω γύρω: *-έπλευσαν το Άγιο Όρος.*
περιπλοκάδα και **περικοκλάδα** η, ουσ. **1.** είδος αναρριχητικού φυτού με μικρά φύλλα, πολύ κοινό στην Ελλάδα: *βράχοι σκεπασμένοι από -ες.* **2.** γενική ονομασία διάφορων αναρριχητικών φυτών. **3.** (στον τ. *περικοκλάδα* και μόνο στον πληθ., μεταφ.) υπεκφυγές, πλάγιος τρόπος ομιλίας: *πες μου τι ακριβώς έγινε κι άσε τις -ες.* [*περιπλέκω*].
περιπλοκάδι το, ουσ., περιπλοκάδα (βλ. λ.).
περιπλοκή η, ουσ. (λόγ.), (μεταφ.) δημιουργία εμπολίων, απροσδόκητη δυσχέρεια: *είχαμε -ές.*
περίπλοκος, -η, -ο, επίθ. **1.** που είναι σύνθετος ως προς τη διάταξή ή περιπλεγμένος: *σχέδιο / μηχάνημα -ο* (συνών. *πολύπλοκος·* αντ. *απλός*). **2.** (μεταφ.) που είναι γεμάτος εμπόδια ή δυσκολίες: *-η κατάσταση / υπόθεση· -ο συγγραφικό ύφος* (= στριφνό).
περίπλους ο, ουσ. (λόγ.) **α.** ταξίδι γύρω από τις ακτές: ~ *του Αγίου Όρους / της Πελοποννήσου·*

β. (συνεκδοχικά) περιγραφή ταξιδιού γύρω από τις ακτές κάποιου τόπου.
περιπνευμονία η, ουσ. (ιατρ.) πνευμονία (βλ. λ.).
περιποίηση η, ουσ. **1α.** πρόθυμη εξυπηρέτηση ή εκδούλευση, ευγενική και ανιδιοτελής παροχή υπηρεσιών: ~ *αρρώστου* (συνών. *φροντίδα, καλομεταχείρισμα*)· **β.** (ειδικά) υπηρεσία που προσφέρεται σε σπίτι ή ξενοδοχείο με αμοιβή· **γ.** (για κτήμα) καλλιέργεια, φροντίδα. **2.** (στον πληθ.) φιλοφρονήσεις: *οι -ήσεις τους δεν τελειώνουν ποτέ.*
περιποιητικός, -ή, -ό, επίθ., που παρέχει περιποιήσεις (βλ. λ.): *νύφη / πεθερά -ή.*
περιποιούμαι, -είσαι, ρ. (ασυνίζ.), (μτβ.) **1.** παρέχω, προσφέρω περιποιήσεις σε κάποιον ή κάτι, φροντίζω: *-ήθηκε τον άρρωστο πατέρα του·* ~ *το περιβόλι μου·* (αντ. *παραμελώ*). **2.** κάνω περιποιήσεις, φιλικές εκδουλεύσεις σε κάποιον. **3.** (ειρων.) φέρομαι με αυστηρότητα σε κάποιον, επιπλήττω ή τιμωρώ κάποιον για κάτι που έκανε: *έννοια σου και θα τον -ηθώ, μόλις γυρίσει!* - Η μτχ. παρκ. *-ημένος, -η, -ο,* ως επίθ. = **α.** επιμελημένος, καλοδουλεμένος: *-ημένο αμπέλι / σπίτι·* **β.** (για πρόσωπο) κομψός, καλοφορεμένος: *τα παιδιά της τα έχει πάντα -ημένα.*
περιπολάρχης ο, ουσ. (στρατ.) βαθμοφόρος επικεφαλής περιπόλου.
περιπολία η, ουσ. (στρατ.). **1.** το να περιπολεί (βλ. λ.) κάποιος. **2.** (συνεκδοχικά) περίπολος (βλ. λ.).
περίπολο το, ουσ. (λαϊκ.), περίπολος.
περίπολος η, ουσ. **1α.** (στρατ.) μικρό στρατιωτικό απόσπασμα που περιφέρεται γύρω από το στρατόπεδο συνήθως τη νύχτα, για την τήρηση της ασφάλειας και της τάξης ή ενεργεί ανιχνεύσεις σε καιρό πολέμου (συνών. *περιπολία*)· **β.** μικρό αστυνομικό απόσπασμα: *αστυνομική* ~. **2.** (ναυτ.) πολεμικό πλοίο που επιτηρεί καθορισμένη θαλάσσια περιοχή.
περιπολώ, -είς, ρ. (στρατ.) κάνω περιπολία (βλ. λ.), φρουρώ ή ανιχνεύω περιφερόμενος.
περιποταμιά η, ουσ. (συνιζ.), η κοίτη και οι όχθες του ποταμού, η περιοχή γύρω από τον ποταμό (συνών. *ποταμιά*).
περίπου, επίρρ. (για να δηλωθεί κάτι όχι με απόλυτη ακρίβεια) πάνω κάτω: *σήμερα ξόδεψα πενήντα χιλιάδες* ~ (συνών. *σχεδόν, ίσαμε, γύρω, κοντά*). - (Με άρθρο. ως ουσ.) *μου μιλά με το* ~· *υπολόγισα την απόσταση στο* ~.
περιπτεράς ο, (λαϊκ.), θηλ. **-ού,** ουσ., περιπτερούχος (βλ. λ.).
περίπτερο το, ουσ. **1.** μικρός στεγασμένος χώρος, εγκατεστημένος σε δρόμους, πλατείες, σταθμούς, κλπ., όπου πουλιούνται εφημερίδες, περιοδικά και μικροαντικείμενα. **2.** οικοδόμημα ή μέρος οικοδομήματος όπου στεγάζονται εκθέματα, κλπ.: ~ *σε διεθνή έκθεση.*
περίπτερος, -η, -ο, επίθ. (για αρχαίο ναό) που περιβάλλεται από κίονες (συνών. *περίστυλος*).
περιπτερού, βλ. *περιπτεράς.*
περιπτερούχος ο, ουσ., ιδιοκτήτης περιπτέρου (βλ. λ. σημασ. 1) (συνών. *περιπτεράς*).
περίπτυξη η, ουσ. (λόγ.), το να αγκαλιάζονται κάποιοι, εναγκαλισμός.
περίπτωση η, ουσ., αυτό που συμβαίνει ή συνέβη ή θα συμβεί, ενδεχόμενο: *υπάρχει* ~ *να λείπω από το σπίτι·* ~ *πολέμου·* έκφρ. *σε αντίθετη* ~... (= αν, αντίθετα, συμβεί να...)· *σε κάθε* ~ ... (= ό,τι κι αν

συμβεί πάντως...)· *σε καμιά* ~ (= ποτέ)· *σε / στην* ~ *που*... (= αν συμβεί να...).
περιρρέουσα ατμόσφαιρα η, (μεταφ.) το κοινωνικό και το πνευματικό περιβάλλον.
περισκεπάζω, ρ., σκεπάζω ολόγυρα· (μεταφ.) περιβάλλω: *την -ασε με τη ματιά του* (Ι.Μ. Παναγιωτόπουλος).
περίσκεψη η, ουσ., προσεκτική, συνετή και λεπτομερής εξέταση: *ενεργεί πάντα με* ~ (αντ. *απερισκεψία, επιπολαιότητα*).
περισκόπιο το, ουσ. (ασυνίζ.), (στρατ.-ναυτ.) οπτικό όργανο που αποτελείται από σύστημα καθρεφτών και φακών για παρατήρηση του ορίζοντα από χαμηλό και περίκλειστο χώρο: ~ *υποβρυχίου / άρματος*.
περισπασμός ο, ουσ. (λόγ.). 1. απομάκρυνση από την κύρια εργασία και ενασχόληση με κάτι άλλο, απόσπαση της προσοχής. 2. (συνεκδοχικά) δυσκολία στην αντιμετώπιση των βιοτικών αναγκών: *αφοσιώθηκε τώρα στην έρευνα χωρίς -ούς*.
περισπέρμιο το, ουσ. (ασυνίζ.), ιστός γύρω από το σπέρμα πολλών καρπών.
περισπούδαστος, -η, -ο επίθ. 1. που αξίζει να μελετηθεί, αξιόλογος: *έργο -ο· μελέτη -η*. 2. (συνεκδοχικά) σοβαρός, βαθυστόχαστος: *ύφος -ο*.
περισπώμαι, -άσαι, ρ., για αρχαία ή αρχαϊστική λέξη που δέχεται περισπωμένη (βλ. λ.): *η προπαραλήγουσα ποτέ δεν -άται*.
περισπωμένη η, ουσ. (γραμμ.) σημάδι τονισμού των λέξεων (στο πολυτονικό σύστημα), που συμβολίζεται με παύλα (˜).
περίσσεια η, ουσ. (ασυνίζ., λόγ.). 1. περίσσευμα. 2. αφθονία: ~ *αγαθών*.
περίσσευμα το, ουσ., ό,τι περισσεύει, ό,τι μένει ως υπόλοιπο, ποσότητα από κάτι που είναι περισσότερη απ' ό,τι χρειάζεται: *ξεπούλησε όσο όσο το* ~ *του εμπορεύματος* (συνών. *πλεόνασμα·* αντ. *υστέρημα*).
περισσεύω και (λαϊκ.) **περσεύω**, ρ., μτχ. (λαϊκ.) *-ευούμενος*. 1. υπάρχω σε ποσότητα μεγαλύτερη απ' ό,τι χρειάζεται: *δεν του -ουν ποτέ χρήματα*. 2. γίνομαι περισσότερος ή μεγαλύτερος, αυξάνω: *η ταραχή του όλο και -ευε*. 3. μένω ως υπόλοιπο, απομένω: *μας -εψε φαΐ από το μεσημέρι*. 4. υπάρχω σε αφθονία: *του -ει η γνώση*. 5. δε θεωρούμαι απαραίτητος, είμαι περιττός, άχρηστος: *-ευαν δυο εργάτες και τους σκόλασαν*. Φρ. *κάτι φτάνει και -ει* (= είναι υπεραρκετό)· (παροιμ. φρ.) *μονό δε φτάνει, διπλό -ει* (για άνθρωπο ανικανοποίητο).
περίσσιος, -ια, -ιο, επίθ. (συνίζ.). 1. που υπάρχει σε μεγαλύτερη ποσότητα απ' ό,τι χρειάζεται, που περισσεύει (συνών. *παραπανίσιος*). 2. που υπάρχει σε μεγάλη ποσότητα, άφθονος: *είχε -ια κάλλη*. 3. που δεν χρειάζεται να γίνει, άχρηστος: *έκανες -ιο κόπο*. - Επίρρ. **-ια** (= πάρα πολύ): *τον αγαπά -ια*.
περισσότερος, -η, -ο και (λαϊκ.) **περσότερος**, επίθ. (χρησιμοποιείται ως συγκρ. του επιθ. *πολύς*), πιο πολύς (αντ. *λιγότερος*). [*περισσός + -τερος*].
περισταλτικός, -ή, -ό, επίθ., που μπορεί να περιστέλλει· *κινήσεις -ές* (= συσπάσεις του στομαχιού και του εντέρου κατά τη διαδικασία της πέψης).
περίσταση η, ουσ. 1. το σύνολο των συνθηκών, η κατάσταση των πραγμάτων σε μια συγκεκριμένη στιγμή, συγκυρία: *το απαιτούσε η* ~· *-άσεις αντίξοες*. 2. γεγονός ή κατάσταση που δίνει την ευ-

καιρία να συμβεί κάτι, ευκαιρία: *εκμεταλλεύτηκες τις -άσεις*.
περιστασιακός, -ή, -ό, επίθ. (ασυνίζ.), που δε συμβαίνει συνεχώς ή συχνά, αλλά σε ορισμένες μόνο περιστάσεις, όταν δίνεται η κατάλληλη ευκαιρία: *μέτρα -ά*. - Επίρρ. **-ά**: *αρθρογραφεί -ά*.
περιστατικό το, ουσ., κάτι που έγινε, που συνέβη: *του συνέβη ένα παράξενο* ~· *-ά της ζωής του* (συνών. *γεγονός, συμβάν*).
περιστέλλω, ρ., παρατ. *-έστελλα*, πληθ. *-στέλλαμε*, αόρ. *-έστειλα*, πληθ. *-στείλαμε*, περιορίζω την έκταση ή την ένταση: *η κυβέρνηση -έστειλε τις δαπάνες*.
περιστέρα η, ουσ., θηλυκό περιστέρι.
περιστερά η, ουσ., στη φρ. *παριστάνει την αθώα* ~ = παριστάνει τον αθώο, κάνει πως δεν γνωρίζει τίποτε.
περιστεράκι, βλ. *περιστέρι*.
περιστέρι το, ουσ., άγριο πουλί που μπορεί να εξημερωθεί και να γίνει κατοικίδιο, με γκρίζο συνήθως φτέρωμα και πράσινες ανταύγειες, που βγάζει ένα χαρακτηριστικό ήχο: *-ια ταχυδρομικά*. - Υποκορ. **-άκι** το (συχνά σε προσφών. σε παιδιά ή γυναίκες): *-άκι μου!*
περιστερίσιος, -ια, -ιο, επίθ. (συνίζ., λαϊκ.), που αναφέρεται ή ανήκει στα περιστέρια: *αβγά / φωλιά -α*.
περιστερ(ι)ώνας ο, ουσ., καλύβι, μεγάλο κουτί ή και τμήμα σπιτιού που χρησιμοποιείται ως κατοικία εξημερωμένων περιστεριών.
περιστεροτροφείο το, ουσ., μονάδα συστηματικής εκτροφής περιστεριών.
περιστεροτροφία η, ουσ., το να εκτρέφει κάποιος περιστέρια με σκοπό την εκμετάλλευσή τους.
περιστεροτρόφος ο, ουσ., αυτός που εκτρέφει περιστέρια συνήθως για εκμετάλλευση.
περιστερώνας, βλ. *περιστεριώνας*.
περιστοιχίζω, ρ. 1. τοποθετώ κάτι κυκλικά γύρω από κάποιον ή κάτι: *το σπίτι -εται από φράκτες*. 2. συγκεντρώνομαι, συναθροίζομαι γύρω από κάποιον ή κάτι: *η ηθοποιός ήταν -ισμένη από θαυμαστές*. 3. (μεταφ. για προβλήματα, κ.τ.ό.) υπάρχω παντού, περιβάλλω, περικυκλώνω: *-εται από μύριους κινδύνους / πειρασμούς*.
περιστολή η, ουσ. (λόγ.), περιορισμός, ελάττωση της έκτασης ή της έντασης πράγματος ή φαινομένου: ~ *των καταχρήσεων*.
περιστόμιο το, ουσ. (ασυνίζ., λόγ.), καθετί που βρίσκεται ή μπορεί να τοποθετηθεί γύρω από ένα στόμιο: ~ *φρέατος / οπλου*.
περιστρέφω, ρ. Ι. (ενεργ.) κινώ, στρέφω κάτι γύρω από κάποιον ή κάτι (συνών. *στριφογυρίζω*). ΙΙ. (μέσ.) (κυριολεκτικά και μεταφ.) κινούμαι, στρέφομαι γύρω από κάποιον ή κάτι: *η γη -εται γύρω από τον άξονά της·* (μεταφ.) *η συζήτηση -εται γύρω από την οικονομική κρίση*.
περιστροφή η, ουσ. α. το να περιστρέφεται κάτι (συνών. *στριφογύρισμα*)· β. πλήρης κυκλική κίνηση: ~ *της γης γύρω από τον άξονά της*. Έκφρ. *χωρίς -ές* (= απερίφραστα): *του μίλησε χωρίς -ές*.
περιστροφικός, -ή, -ό, επίθ., που αναφέρεται στην περιστροφή ή που γίνεται με περιστροφή: *κινήσεις -ές* (γύρω από σταθερό άξονα).
περίστροφο τυ, ουσ., είδος μικρού φορητού πυροβόλου όπλου που μπορεί να ρίξει γρήγορα πολλές σφαίρες, πιστόλι.
περιστύλιο το, ουσ. (ασυνίζ.), (αρχαιολ.) σειρά κιό-

περίστυλος

νων γύρω από ναό ή αυλή κάποιου κτίσματος (συνών. *περίστυλο*).

περίστυλος, -η, -ο, επίθ. (για αρχαίο ναό ή αυλή) που περιβάλλεται από κίονες (συνών. *περίπτερος*). - Το ουδ. ως ουσ. = περιστύλιο (βλ. λ.).

περισυλλέγω, ρ., παρατ. *περισυνέλεγα*, πληθ. *περισυλλέγαμε*, αόρ. *περισυνέλεξα*, πληθ. *περισυλλέξαμε*. 1. μαζεύω από δω κι από κει αντικείμενα εγκαταλειμμένα ή σκορπισμένα: *περισυνέλεξε τα απομεινάρια της περιουσίας του* (συνών. *περιμαζεύω*). 2. (μεταφ.) παρέχω προστασία σε κάποιον χαμένο ή εγκαταλειμμένο: *το λιμενικό σκάφος περισυνέλεξε τους ναυαγούς* (συνών. *περιμαζεύω*).

περισυλλογή η, ουσ. 1. το να περιμαζεύει κανείς αντικείμενα διασκορπισμένα ή ανθρώπους εγκαταλειμμένους: ~ *των αδέσποτων σκυλιών*. 2. το να συλλογίζεται, να στοχάζεται κάποιος βαθιά σχετικά με ένα θέμα: *έπεσε σε βαθιά* ~.

περισφίγγω, ρ. (έρρ.), παρατ. *περιέσφιγγα*, πληθ. *περισφίγγαμε*, αόρ. *περιέσφιξα*, πληθ. *περισφίξαμε*, σφίγγω κάποιον ή κάτι απ' όλες τις πλευρές.

περισώζω, ρ., αόρ. *περιέσωσα*, πληθ. *περισώσαμε*, σώζω κάτι από ένα σύνολο πραγμάτων που έχουν χαθεί ή απειλούνται να καταστραφούν: *περισώσαμε από το σεισμό ό,τι προλάβαμε*.

περιτειχίζω, ρ., χτίζω τείχος γύρω από ένα χώρο, περιβάλλω με τείχος: *-ισαν την πόλη*.

περιτείχιση η, ουσ., το να περιβάλλεται ένας χώρος με τείχος.

περιτείχισμα το, ουσ., τείχος χτισμένο γύρω από ένα χώρο ή ο χώρος που περιβάλλεται από τείχος.

περιτεχνος, -η, -ο, επίθ., που γίνεται ή είναι καμωμένος με μεγάλη επιδεξιότητα και πολλή τέχνη: *αγγειογραφίες -ες* (συνών. *αριστοτεχνικός*).

περιτοιχίζω, ρ., χτίζω τοίχο γύρω από ένα χώρο, περιφράζω με τοίχο.

περιτοίχιση η και **περιτοιχισμός** ο, ουσ., το να περιβάλλεται ένας χώρος με τοίχο.

περιτοίχισμα το, ουσ., τοίχος που χτίζεται γύρω από ένα χώρο, καθώς και ο χώρος που περιβάλλεται από τον τοίχο.

περιτοιχισμός, βλ. *περιτοίχιση*.

περιτομή η, ουσ., κυκλική εκτομή τμήματος της πόσθης με χειρουργική επέμβαση για θρησκευτικούς ή θεραπευτικούς σκοπούς.

περιτοναϊκός, -ή, -ό, επίθ., που ανήκει ή αναφέρεται στο περιτόναιο: *κοιλότητα -ή*.

περιτόναιο το, ουσ. (ανατομ.) υμένας που περιβάλλει τα κοιλιακά όργανα.

περιτονίτιδα η, ουσ. (ιατρ.) οξεία ή χρόνια φλεγμονή του περιτοναίου.

περιτρανος, -η, -ο, επίθ., πολύ σαφής, καταφανής: *παράδειγμα -ο*.

περιτρέχω, ρ., τρέχω προς όλες τις κατευθύνσεις (συνών. *τριγυρίζω*).

περιτρίγυρα, επίρρ. (λαϊκ.), γύρω γύρω, ολόγυρα (συνών. *γυρωτρίγυρα*).

περιτριγυρίζω, ρ. 1. περιβάλλω, περιστοιχίζω. 2. (μεταφ.) περιστοιχίζω, πολιορκώ κάποιον για να πετύχω κάτι: *τον -ουν οι κληρονόμοι του*.

περιτριγύρισμα το, ουσ., το να περιτριγυρίζει κανείς κάτι ή κάποιον.

περίτρομος, -η, -ο, επίθ., κατατρομαγμένος: *όταν κατάλαβε το σεισμό, βγήκε ~ από το σπίτι· μάτια -α* (συνών. *έντρομος*).

περιττεύω, ρ., είμαι περιττός, πλεονάζω: *-ει η παραπέρα συζήτηση πάνω σ' αυτό το θέμα*.

περιττολογία η, ουσ. 1. το να λέει κανείς περιττά και άχρηστα πράγματα. 2. (συνεκδοχικά, συνήθως στον πληθ.) λόγια περιττά: *άρχισε πάλι τις -ες* (συνών. *φλυαρία*).

περιττολόγος, -α, -ο, επίθ., που περιττολογεί (συνών. *φλύαρος*).

περιττολογώ, ρ., λέω περιττά λόγια (συνών. *φλυαρώ*).

περιττός, -ή, -ό, επίθ. 1. που πλεονάζει: *λόγια / έξοδα -ά* (συνών. *παραπανίσιος*). 2. (μαθημ.) *αριθμός* ~ = κάθε αριθμός που δε διαιρείται ακριβώς με το 2: *οι αριθμοί 3 και 5 είναι -οί* (συνών. *μονός·* αντ. *άρτιος, ζυγός*).

περιττοσύλλαβος, -η, -ο, επίθ. (γραμμ., για ονόματα) που έχουν στη γενική του ενικού και στον πληθυντικό μια συλλαβή παραπάνω από την ονομαστική του ενικού (συνών. *ανισοσύλλαβος*).

περίττωμα το, ουσ., άχρηστη ύλη που αποβάλλεται από τον οργανισμό διαμέσου των εντέρων μετά την πέψη των τροφών (συνών. *κόπρανα*).

περιτύλιγμα το, ουσ. 1. περιτύλιξη (βλ. λ.): *χαρτί -ατος*. 2. το υλικό με το οποίο περιτυλίγουμε κάτι: *έσκισα το* ~ *του δέματος*.

περιτυλίγω, ρ., καλύπτω ολόγυρα (με χαρτί, ύφασμα, κλπ.): ~ *δέμα·* με *-ιξε ένα σύννεφο σκόνης*.

περιτύλιξη η, ουσ., το να περιτυλίγει κανείς κάτι: ~ *πακέτου*.

περιυβρίζω, ρ. 1. βρίζω βαριά κάποιον. 2. συμπεριφέρομαι υβριστικά: ~ *όργανο τάξης*.

περιύβριση η, ουσ. 1. το να βρίζει κανείς κάποιον βαριά. 2. υβριστική συμπεριφορά: ~ *οργάνου τάξης*.

περιφέρεια η, ουσ. (ασυνίζ.). 1α. κλειστή κυκλική γραμμή που αποτελεί το εξωτερικό όριο της έκτασης κάποιου σώματος: ~ *κορμού δέντρου·* β. (συνεκδοχικά) το μήκος της καμπύλης γραμμής στην οποία τελειώνει η περιφέρεια. 2. (μεταφ.) εδαφική περιοχή στην οποία εκτείνεται η δικαιοδοσία κάποιας αρχής ή μέσα στην οποία υπάρχει ή συντελείται κάτι καθορισμένο: ~ *διοικητική / εκλογική / εκπαιδευτική*. 3. διαστάσεις γλουτών (ιδίως γυναικείας): *έχει μεγάλη / στενή* ~. 4. (μαθημ.) ~ *κύκλου* = η καμπύλη γραμμή στην οποία τελειώνει η επιφάνεια του κύκλου και της οποίας όλα τα σημεία απέχουν το ίδιο από το κέντρο του κύκλου.

περιφερειακός, -ή, -ό, επίθ. (ασυνίζ.), που ανήκει ή αναφέρεται στην περιφέρεια: *ανάπτυξη -ή· δρόμος* ~· *συμβούλια -ά*. - Επίρρ. **-ώς** = κατά περιφέρειες.

περιφερειάρχης ο, θηλ. **-ισσα**, ουσ. (ασυνίζ.), διοικητής περιφέρειας: ~ *Αττικής*.

περιφέρω, ρ. I. ενεργ. α. φέρνω κάτι εδώ και εκεί, περνώ από πολλά μέρη: *-ουν τον επιτάφιο·* β. στρέφω εδώ και κεί: ~ *το βλέμμα*. II. μέσ. 1. κινούμαι κυκλικά: *η Σελήνη -εται γύρω από τη Γη*. 2. πλανιέμαι εδώ κι εκεί: *-εται άσκοπα στους δρόμους*.

περίφημος, -η, -ο, επίθ. 1. που έχει μεγάλη φήμη: *επιστήμονας* ~ (συνών. *ξακουστός*). 2. έξοχος, θαυμάσιος: *κρασί -ο· κουζίνα -η*. - Επίρρ. **-α** στη σημασ. 2.

περιφορά η, ουσ. 1. το να κινεί κανείς κάτι κυκλικά ή προς όλες τις κατευθύνσεις: ~ *επιταφίου*. 2. κίνηση κυκλική γύρω από κάτι: ~ *της Σελήνης*. 3.

(γυμν.) κίνηση που πραγματοποιεί μέλος ή μέρος του σώματος, διαγράφοντας περιφέρεια κύκλου: ~ χεριών. Έκφρ. (υπηρεσιακή γλώσσα) δια -άς = χωρίς να συνέλθουν τα μέλη του σώματος σε συγκεκριμένο χώρο: *το υπόμνημα ψηφίστηκε / υπογράφηκε διά -άς.*
περίφραγμα το, ουσ. περίφραξη (βλ. λ.).
περιφράζω, ρ., φράζω ολόγυρα: ~ *κτήμα / αυλή.*
περίφρακτος, -η, -ο, επίθ., φραγμένος ολόγυρα: ~ *αρχαιολογικός χώρος.*
περίφραξη η, ουσ. 1. το να περιφράζει κανείς κάτι: *η* ~ *του κτήματος έγινε από ειδικό συνεργείο.* 2. φράχτης: *τα κολονάκια της -ης* (συνών. *περίφραγμα).*
περίφραση η, ουσ., το να διατυπώνει κανείς μια σκέψη με περισσότερα λόγια, ενώ θα μπορούσε να εκφραστεί πιο σύντομα: *άσε τις -άσεις και τελείωνε.*
περιφραστικός, -ή, -ό, επίθ., που διατυπώνεται με περίφραση: *λόγος* ~· (γραμμ.) ~ *τύπος ρήματος* = που σχηματίζεται με τη βοήθεια του *θα,* του *έχω* ή του *είμαι* (δηλ. ο μέλλοντας, ο παρακείμενος και ο υπερσυντέλικος). - Επίρρ. **-ώς** και **-ά.**
περιφρόνηση η, ουσ., συναίσθημα που νιώθει κανείς για κάποιον ή κάτι θεωρώντας το(ν) ανάξιο λόγου: ~ *για το χρήμα / τη δόξα* (αντ. *εκτίμηση).*
περιφρονητής ο, ουσ., αυτός που περιφρονεί κάποιον ή κάτι: ~ *της δόξας / του πλούτου* (συνών. *καταφρονητής).*
περιφρονητικός, -ή, -ό, επίθ., που εκφράζει περιφρόνηση ή γίνεται για περιφρόνηση: *ύφος -ό· λόγια -ά.* - Επίρρ. **-ώς** και **-ά.**
περιφρονώ, -είς, ρ., δεν υπολογίζω κάποιον ή κάτι, γιατί θεωρώ ότι ο χαρακτήρας του ή η ποιότητά του είναι ανάξια λόγου: *-εί τα πλούτη / τον κίνδυνο* (συνών. *καταφρονώ, αψηφώ·* αντ. *εκτιμώ).*
περιφρούρηση η, ουσ., προφύλαξη από κίνδυνο· προστασία: ~ *δικαιοσύνης / δικαιωμάτων.*
περιφρουρώ, -είς, ρ., φρουρώ κάποιον ή κάτι, προστατεύω: ~ *τη δημόσια υγεία.*
περιχαρακώνω, ρ. 1. περιβάλλω με χαράκωμα· οχυρώνω. 2. (μέσ., μεταφ.) κλείνομαι κάπου για να προστατευτώ: *-ώθηκε στον εαυτό του.*
περιχαράκωση η, ουσ., το να περιχαρακώνει (βλ. λ.) κανείς κάτι.
περιχάραξη η, ουσ. (λόγ.), το να περιχαράσσει κανείς κάτι και το αποτέλεσμα της ενέργειας αυτής: ~ *των κεκτημένων.*
περιχαράσσω, ρ. (λόγ.). 1. χαράζω ολόγυρα. 2. (μεταφ.) προστατεύω: *η πολιτική της κυβέρνησης -ει την εθνική ακεραιότητα.*
περίχαρος -η, -ο, επίθ., πάρα πολύ χαρούμενος.
περίχυμα το, ουσ., η ενέργεια και το αποτέλεσμα του περιχύνω (βλ. λ. σημας. 1).
περιχύνω και (λαϊκ.) **περεχύνω** και **περιχώ,** ρ. 1. ρίχνω πάνω σε κάποιον ή κάτι υγρό βρέχοντας τον σ' όλο το σώμα ή σ' όλη του την επιφάνεια: ~ *τους λουκουμάδες με μέλι· ένιωθα σαν να με -σανε με κρύο νερό.* 2. (για υγρό) τρέχω σε όλο το σώμα κάποιου: *με -ει κρύος ιδρώτας.*
περίχωρα τα, ουσ., η περιοχή που βρίσκεται γύρω από μια πόλη.
περιώνυμος -η, -ο, επίθ., φημισμένος, ξακουστός: *συγγραφέας* ~.
περιωπή η, ουσ., μόνο στη γεν. *-ής,* για άτομο με αναγνωρισμένη αξία ή υψηλή κοινωνική θέση: *κυρία / επιστήμονας -ής.*
πέρκα η, ουσ. (ζωολ.) κοινή ονομασία ομάδας ψαριών από τα οποία άλλα ζουν σε θαλάσσια και άλλα σε γλυκά νερά.
περκάλι το, ουσ., είδος λεπτού βαμβακερού υφάσματος. [ιταλ. *percalle*].
πέρκνα και **περκνάδα** η, ουσ. (συνήθως στον πληθ.) κηλίδες που εμφανίζονται στο δέρμα ξανθών ατόμων από επίδραση των ηλιακών ακτίνων. [αρχ. επίθ. *περκνός*].
πέρλα η, ουσ., μαργαριτάρι. [ιταλ. *perla*].
περμανάντ η, ουσ. άκλ., μέθοδος με την οποία χτενίζονται τα μαλλιά έτσι ώστε να γίνουν σγουρά και να μείνουν έτσι για κάμποσο διάστημα· *κάνω* ~. [γαλλ. *(ondulation) permanente*].
περνοδιαβαίνω, ρ. (συνιζ.), περνώ συχνά από κάπου.
περνώ, -άς, ρ., αόρ. *(ε)πέρασα,* παθ. *περνιέμαι,* αόρ. *(ε)περάστηκα,* μτχ. παρκ. *περασμένος.* 1. πηγαίνω από ένα μέρος σε άλλο σε σχέση με κάποιο σημείο που βρίσκεται είτε στη γραμμή της κίνησής μου είτε έξω από αυτήν: *πέρασα απ' το χωριό καθώς ταξίδευα για την Αθήνα· θα περάσω να σε πάρω·* (μτβ.) *περάσανε στεριές και θάλασσες* (συνών. *διαβαίνω).* 2. διαπερνώ: *το μαχαίρι τον πέρασε πέρα για πέρα· η σφαίρα δεν -ά το ατσάλι· το κρύο δεν -ά τον τοίχο· η υγρασία πέρασε (από) τα ντουβάρια.* 3. (μτβ.) **α.** μετακινώ κάτι έτσι ώστε να εισχωρήσει μέσα από άνοιγμα που έχει ένα σώμα και να βρεθεί στην άλλη πλευρά: ~ *την κλωστή στη / από τη βελόνα·* **β.** μετακινώ κάτι έτσι ώστε να τοποθετηθεί γύρω από κάτι άλλο: ~ *τους κρίκους γύρω απ' το μπουκάλι.* 4. (μτβ.) **α.** οδηγώ κάποιον να περάσει (σημασ. 1) από κάπου: *πέρασε το κοπάδι μέσα απ' το χωράφι·* **β.** μεταφέρω άλλον με κάποιο μέσο από ένα σημείο σε άλλο: *ο βαρκάρης μάς πέρασε απέναντι·* **γ.** περιφέρω: *-ούν τον Επιτάφιο / το δίσκο στην Εκκλησία.* 5. (αμτβ.) εκτείνομαι προς καί κατεύθυνση: *ο δρόμος / το ποτάμι -ά μέσα απ' τα βουνά.* 6. (αμτβ.) έρχομαι: *περάστε τη Δευτέρα.* 7. (αμτβ.) μπαίνω σε ένα χώρο: *πέρασε στο σαλόνι!* (απολ., για φιλοφρονητική πρόσκληση): *ορίστε, περάστε!* 8. (αμτβ.) (για χρον. διάστημα) **α.** τελειώνω: *πέρασε το καλοκαίρι· πέρασαν οι καλές εποχές·* **β.** (σε χρόνο που δηλώνει διάρκεια) αρχίζω, συνεχίζομαι και τελειώνω: *οι μέρες -ούσαν χωρίς τίποτε να συμβαίνει.* 9. (αμτβ., για γεγονότα, καταστάσεις, ασθένειες) παύω να υπάρχω: *πέρασε η κρίση· πάει, πέρασε (το κακό)! -ά η μόδα ενός πράγματος· του πέρασε ο πονόδοντος.* 10. χρησιμοποιώ, ξοδεύω ένα χρονικό διάστημα με κάποιο συγκεκριμένο τρόπο (με τροπικό προσδ.): (μτβ.) *-ά τον καιρό του διαβάζοντας·* (αμτβ.) *καλά να περάσετε από· ψε!* φρ. *πώς (τα) -άτε;* (= *πώς είστε;).* 11. ~ *ένα όριο ηλικίας* = είμαι μεγαλύτερος από μια ηλικία: *έχει περάσει τα τριάντα.* 12. (μτβ.) βρίσκομαι σε κάποιο μέρος για ένα χρονικό διάστημα (με τοπικό προσδ.): *πού περάσατε το Σαββατοκύριακο;* 13. (μτβ.) ζω μια δύσκολη κατάσταση· υποφέρω: *πέρασε βάσανα / τόσα και τόσα· πέρασα τις παιδικές αρρώστιες.* 14. (αμτβ.) υποβάλλομαι ή (μτβ.) υποβάλλω κάποιον σε δοκιμασία (με την πρόθ. *από): πέρασε από ανάκριση·* (μεταφ.) *τους πέρασαν από κόσκινο* (πβ. σημας. 32). 15. (για ενέργεια) μένω χωρίς αντίδραση: *πέρασε ανεκμετάλ-*

περόνη

λευτή η ευκαιρία. 16α. (μτβ. και αμτβ.) αντιμετωπίζω επιτυχώς μια δοκιμασία: *πέρασα (σ)τις εξετάσεις* (αντ. *κόβομαι*)· **β.** (μτβ., για εξεταστή) δίνω βαθμό που επιτρέπει στον εξεταζόμενο να προαχθεί: *~ ένα μαθητή* (αντ. *κόβω*). 17. (μτβ.) ξεπερνώ, προσπερνώ: *περάσαμε τη βουνοκορφή πριν από τα μεσάνυχτα·* (μεταφ.) *έχει περάσει τα όρια της ευπρέπειας.* 18. (μτβ.) ξεπερνώ κάποιον σε κάτι· αποδεικνύομαι ανώτερος: *ο μικρός πέρασε το μεγάλο στο μπόι· τον -ά στην εξυπνάδα*. 19α. ~ *κάποιον ή κάτι για* = σχηματίζω μια εντύπωση για κάποιον ή κάτι που συνήθως δεν ανταποκρίνεται στην πραγματικότητα: *με πέρασε για τον αδελφό μου·* **β.** *~ ή -ιέμαι για* = επικρατεί η αντίληψη ότι είμαι κάτι που στην πραγματικότητα δεν είμαι: *-ά για ποιητής· -ιέται για έξυπνος*. 20. (μτβ.) έχοντας πει ή κάνει ορισμένα πράγματα προχωρώ το λόγο ή το έργο μου: *ας περάσουμε τώρα στις λεπτομέρειες*. 21α. (μτβ.) μεταβιβάζω: *πέρασε στο γιο του το σπίτι·* **β.** (αμτβ.) μεταβιβάζομαι· περιέρχομαι: *το σπίτι πέρασε από τον πατέρα στο γιο*. 22α. (μτβ.) καταχωρίζω σε έντυπο: *πέρασε την είδηση στην εφημερίδα!* **β.** (αμτβ.) καταχωρίζομαι σε έντυπο: *πέρασε η φωτογραφία στο περιοδικό*. 23. (για έγγραφα, λογαριασμό, κ.τ.ό.) καταχωρίζω, καταγράφω: *πέρασε τα έξοδα στο λογαριασμό μου*. 24. (αμτβ.) (για πρόταση, νομοσχέδιο, κ.τ.ό., που υποβάλλεται για έγκριση σε επίσημο σώμα) εγκρίνομαι, ψηφίζομαι: *δεν πέρασε το νομοσχέδιο από τη Βουλή*. 25α. (μτβ.) κατορθώνω να επικρατήσει η άποψή μου, μια αντίληψη, κ.τ.ό., σε ένα σύνολο ατόμων: *η παράταξή προσπάθησε να περάσει την πρότασή της στη συνέλευση·* **β.** (αμτβ.) (για αντίληψη, άποψη) διαδίδομαι και επικρατώ: *στον κόσμο έχει περάσει η αντίληψη ότι...* 26. (μτβ.) αλείφω κάτι σ' όλη του την έκταση: *πέρασα ένα χέρι μπογιά το ταβάνι.* 27. (μτβ.) κάνω κάτι απ' την αρχή ως το τέλος: *πέρασα μια φορά το βιβλίο, αλλά θέλω να ξαναδιαβάσω μερικά πράγματα.* 28. (για εξαρτήματα κάποιου πράγματος) τοποθετώ κάτι στη θέση που πρέπει να βρίσκεται: *~ το τζάμι στο σπίτι· ~ λάστιχο στο αυτοκίνητο.* 29. (μτβ.) φορώ ένα ρούχο ή φορώ σε άλλον ένα ρούχο: *πέρασα πάνω μου ένα σακάκι· πέρασε στο παιδί τη ζακέτα του.* 30. έχω ισχύ, υπολογίζομαι: *περνάει ο λόγος του* (για νόμισμα) *είναι κάλπικο, δεν -άει*. 31. *-ά κάτι ή κάποιος απ' τα χέρια μου* = ασχολούμαι για ένα διάστημα με κάτι ή κάποιον: *πέρασαν απ' τα χέρια του διάφορα έγγραφα / πολλοί μαθητές*. 32. χρησιμοποιώ σκεύος με ανοίγματα για να διαχωρίσω τα συστατικά κάποιου πράγματος, ώστε να το κόψω σε μικρά κομματάκια, κ.τ.ό.: *~ το αλεύρι απ' το κόσκινο* (= κοσκινίζω· πβ. σημας. 14)· *~ τη ντομάτα στον τρίφτη* (= τρίβω). Φρ. *κάτι -ά από το χέρι μου* (= μπορώ να κάνω κάτι)· *μου -ά μια ιδέα απ' το μυαλό* (= σκέφτομαι κάτι, συλλαμβάνω μια ιδέα)· *μου -ά ή το δικό μου* (= γίνεται αυτό που θέλω)· *πέρασε από μαχαίρι* (= τον έσφαξαν)· *~ ζωή και κότα*, βλ. *ζωή· -ά η μπογιά του*, βλ. *μπογιά· ~ κάποιον γενεές δεκατέσσερες*, βλ. *γενεά· ~ τη θηλειά στο λαιμό κάποιου* (= πιέζω υπερβολικά κάποιον να κάνει κάτι)· *την -ά κοτσάνι* (= περνά πολύ καλά). - Η μτχ. παρκ.: 1. ως επίθ. για χρονικό διάστημα ή για γεγονότα, καταστάσεις, κ.τ.ό., που έχουν περάσει: *σε χρόνια περασμένα· περασμένα μεγαλεία και διηγώντας τα να κλαις* (Σο-

λωμός). 2. *με λ. που δηλώνει χρόνο σε πτώση αιτ.* ως προσδ. του χρόνου: *ήρθε περασμένα μεσάνυχτα*. 3. στη φρ. *περασμένα, ξεχασμένα* (ως προτροπή να ξεχαστεί κάποιο γεγονός του παρελθόντος). 4. το ουδ. στον πληθ. ως ουσ. = το παρελθόν ή τα όσα έγιναν στο παρελθόν: *σκεφτόμουν τα περασμένα*. [αρχ. *περώ*].

περόνη η, ουσ. 1. (αρχαιολ.) η καρφίτσα της πόρπης (βλ. λ.). 2. (ανατομ.) το πίσω κόκαλο της κνήμης.

περονιάζω, βλ. *πιρουνιάζω*.

περόνιασμα, βλ. *πιρούνιασμα*.

περονόσπορος ο, ουσ. 1. γένος μυκήτων που προσβάλλει τα φυτά (κυρίως το αμπέλι). 2. (συνεκδοχικά) η ασθένεια που προκαλεί στα φυτά ο παραπάνω μύκητας. Φρ. *πέφτει / έπεσε ~* (για καταστροφή ή έλλειψη κάποιου πράγματος).

Περουβιανός ο, θηλ. **-ή**, ουσ. (ασυνίζ.), αυτός που κατάγεται από το Περού ή κατοικεί σ' αυτό.

περουβιανός -ή, -ό, επίθ. (ασυνίζ.), που ανήκει στο Περού ή τους Περουβιανούς ή αναφέρεται σ' αυτό/-ούς.

περούκα η, ουσ., κατασκευή από φυσικά ή τεχνητά μαλλιά που προορίζεται για να καλύψει ολόκληρο το κεφάλι. [βενετ. *peruca*].

περουνιάζω, βλ. *πιρουνιάζω*.

περούνιασμα, βλ. *πιρούνιασμα*.

περπάτημα το, ουσ. 1. το να περπατά κανείς: *με κουράζει το ~* (συνών. *βάδισμα*). 2. ο τρόπος που περπατά κανείς: *~ βαρύ* (συνών. *περπατησιά, βήμα*).

περπατησιά και (λαϊκ.) **-σιά** η, ουσ. (συνιζ.), ο τρόπος που περπατά κανείς: *~ γρήγορη* (συνών. *περπάτημα, βήμα*).

περπατητά, επίρρ., περπατώντας, με τα πόδια: *πήγε ~ ως εκεί*.

περπατώ -είς και **-άς**, ρ. 1α. μετακινούμαι τοποθετώντας διαδοχικά το ένα πόδι πριν από το άλλο πάνω στο έδαφος (συνών. *βαδίζω*)· **β.** διανύω πεζός μια απόσταση: *έπρεπε να -ήσω πέντε χιλιόμετρα για να φτάσω εκεί*. 2. (μεταφ., για υπόθεση) εξελίσσομαι, προχωρώ: *δεν -ά το ζήτημα.* 3. (λαϊκ.) ζω: *μα 'γω μαζί σου θα -ήσω / κι ας υποφέρω, κι ας δυστυχήσω* (λαϊκ. τραγ.). 4. (λαϊκ.) κυκλοφορώ· έχω εμπορική επιτυχία: *ποιο χρώμα θα -ήσει φέτος;* 5. (λαϊκ., μτβ.) περνώ από κάπου: *να πάρω δίπλα τα βουνά, να -ήσω λόγγους* (δημ. τραγ.)· *με -ησε ένα μαμούνι*. Φρ. *~ με το κεφάλι ψηλά*, βλ. *κεφάλι· ~ στα νύχια*, βλ. *νύχι· ~ στα τέσσερα* (= χρησιμοποιώντας χέρια και πόδια, μπουσουλώ). - Η μτχ. *-ημένος* ως επίθ. = (λαϊκ.) έμπειρος.

πέρπυρο και **πέρπερο**, βλ. *υπέρπυρο*.

περσεύω, βλ. *περισσεύω*.

Πέρσης ο, θηλ. **-ίδα**, ουσ., που κατάγεται από την Περσία ή κατοικεί σ' αυτήν (συνών. για τη σύγχρονη εποχή: *Ιρανός*).

πέρσι, βλ. *πέρυσι*.

Περσίδα, βλ. *Πέρσης*.

περσίδα η, ουσ., είδος γρίλιας που μπορεί να μετακινείται.

περσικός, -ή, -ό, επίθ., που ανήκει στην (αρχαία ή νεότερη) Περσία ή τους Πέρσες ή αναφέρεται σ' αυτήν: *χαλιά -ά·* (ιστ.) *-οί πόλεμοι* (= οι πόλεμοι των Ελλήνων και των Περσών κατά την αρχαιότητα). - Το ουδ. στον πληθ. και το θηλ. ως ουσ. = η περσική γλώσσα.

περσινός, βλ. *περυσινός.*

περσοναλισμός ο, ουσ. (φιλοσ.) κάθε θεωρία που αποδέχεται την ύπαρξη προσώπων ελεύθερων και δημιουργικών και τους αναγνωρίζει σημαντική θέση μέσα στην πραγματικότητα. [γαλλ. *personalisme*].

περσοναλιστής ο, θηλ. **-τρια,** ουσ., οπαδός του περσοναλισμού.

πέρ(υ)σι και (λαϊκ.) **επέρσι,** επίρρ., κατά το χρόνο που πέρασε πριν από τον τωρινό· πριν από ένα χρόνο: ~ *τέτοια εποχή·* φρ. *κάθε ~ και καλύτερα.*

περ(υ)σινός, -ή, -ό, επίθ. (για πρόσωπα, ζώα ή πράγματα) που έγινε πέρυσι: *σοδιά -ή· εκλογές -ές· -ή χρονιά·* έκφρ. *-ά ξινά σταφύλια,* βλ. *ξινός.*

πες, βλ. *λέγω.*

πεσέτα η, ουσ., νομισματική μονάδα της Ισπανίας. [ισπαν. *peseta*].

πεσιμισμός ο, ουσ. **1.** απαισιοδοξία (βλ. λ.). **2.** (φιλοσ.) θεωρία που πρεσβεύει ότι ο πόνος και το κακό επικρατούν στον κόσμο (αντ. *οπτιμισμός*). [γαλλ. *pessimisme*].

πεσιμιστής ο, θηλ. **-τρια,** ουσ., οπαδός του πεσιμισμού. (βλ. λ. σημασ. 2) (αντ. *οπτιμιστής*). [γαλλ. *pessimiste*].

πεσιμιστικός, -ή, -ό, επίθ., που ανήκει στον πεσιμισμό ή τον πεσιμιστή ή αναφέρεται σ' αυτούς: *διάθεση / θεωρία -ή.*

πεσιμίστρια, βλ. *πεσιμιστής.*

πέσιμο το, ουσ., το να πέφτει (βλ. λ.) κάποιος ή κάτι (συνών. *πτώση*).

πεσκαδούρος ο, ουσ. (ναυτ.) μεγάλος γάντζος, πολύσπαστο που χρησιμεύει για να πιάνει το νύχι (βλ. λ. σημασ. 4) της άγκυρας και να την κρεμά στη θέση της, όταν το πλοίο σαλπάρει. [ιταλ. *pescatore*].

πεσκαντρίτσα η, ουσ. (ερρ.), ψάρι με παράξενη όψη, πολύ μεγάλο κεφάλι και στόμα πλατύ με δόντια μυτερά, σώμα αγκαθωτό χωρίς λέπια, με θωρακικά πτερύγια, που ζει στο βυθό της θάλασσας, τρέφεται με ψάρια και τρώγεται βραστό. [ιταλ. *(rana) pescatrice*].

πεσκέσι το, ουσ., προσφορά ή δώρο (που συνήθως είναι κάτι φαγώσιμο) από κάποιον κατώτερο σε ανώτερό του: *του έστειλε ~ ένα αρνί.* [τουρκ. *peşkeş*].

πεσκίρι το, ουσ. (λαϊκ.), προσόψι, πετσέτα. [τουρκ. *peşkir*].

πεσόντες οι, ουσ. (ερρ.), αυτοί που έπεσαν νεκροί σε πεδία μαχών: *μνημείο των -όντων.* [μτχ. αορ. του αρχ. *πίπτω*].

πεσσός ο, ουσ. (αρχιτ.) κίονας που στηρίζει την στοά μπροστά από την είσοδο μοναστηριών ή τον τρούλο βυζαντινών ναών.

πέστροφα η, ουσ., ψάρι των γλυκών νερών, είδος σολομού με σώμα μακρύ, μεγάλο στόμα με κοφτερά δόντια και νόστιμο κρέας. [πιθ. βουλγ. *pŭstŭrva*].

πέταγμα και **πέταμα** το, ουσ. **1.** το να πετά κανείς κάτι: *~ άχρηστων πραγμάτων·* φρ. *είναι για πέταμα.* **2.** το να πετά κάποιος ή κάτι, πτήση: *το ~ μας πάνω από την 'Ανδρο δεν κράτησε παρά μόνο λίγα λεπτά.*

πετάγομαι, βλ. *πετιώ.*

πετάλι το, ουσ. **1.** τμήμα του ποδηλάτου που αποτελείται από δύο κομμάτια που σπρώχνοντάς τα κανείς προκαλεί την κυκλική κίνησή τους ώστε να κινηθεί το ποδήλατο. **2.** μοχλός αυτοκινήτου ή μηχανής που πιέζεται με το πόδι ώστε να ελέγχει την κίνηση και την ταχύτητά τους: ~ *φρένου* (συνών. *πεντάλ*). **3.** εξάρτημα μουσικού οργάνου που μπαίνει σε κίνηση με το πόδι: ~ *πιάνου.* **4.** παστό κεφαλόπουλο. **5.** πούλια (συνών. *πετάλιο* στη σημασ. 1).

πεταλίδα η, ουσ., μαλακόστρακο σε σχήμα κωνικού κοχυλιού που ζει κολλημένο σε βράχους.

πετάλιο το, ουσ. (ασυνίζ.). **1.** μικρός δίσκος από μέταλλο που λαμπυρίζει και χρησιμεύει για τη διακόσμηση ενδυμάτων ή ως στολίδι για τα άλογα (συνών. *πούλια, πετάλι*). **2.** κάθε είδους μεταλλικός δίσκος ή έλασμα. **3.** (ανατομ.) *-α οστέινα* = βασικό συστατικό των οστών.

πέταλο το, ουσ. **1.** σιδερένιο ημικυκλικό αντικείμενο που τοποθετείται στο πέλμα των αλόγων· φρ. *μια στο καρφί και μια στο ~,* βλ. *καρφί.* **2.** καθετί που έχει σχήμα ή μορφή πετάλου· αντικείμενο σε σχήμα πετάλου που θεωρείται ότι φέρνει καλή τύχη: *το χωριό ήταν χτισμένο στο ~ του κόλπου· του χάρισαν ένα ~ για γούρι.* **3.** (βοτ.) κάθενα από τα μέρη του άνθους, με ζωηρά συνήθως χρώματα, που ενώνονται στη βάση και σχηματίζουν το κύριο τμήμα του άνθους, τη στεφάνη· φρ. *τινάζω τα -α* (= πεθαίνω).

πεταλοειδής, -ής, -ές, γεν. *-ούς,* πληθ. αρσ. και θηλ. *-είς,* ουδ. *-ή,* επίθ., που έχει σχήμα πετάλου: *κολπίσκος ~.*

πεταλοποιός ο, ουσ. (ασυνίζ.), τεχνίτης που κατασκευάζει πέταλα (συνών. *πεταλουργός*).

πεταλούδα η, ουσ. **1.** έντομο κολεόπτερο με λεπτό σώμα και πολύχρωμα φτερά. **2.** τρικέφαλο αγκίστρι με μεταλλική λάμα, που μοιάζει με το έντομο αυτό, για ψάρεμα. **3.** (μεταφ., ευφ.) γυναίκα ελεύθερων ηθών: *-ες της νύχτας.* - Υποκορ. (στις σημασ. 1 και 3) *-ίτσα* η.

πεταλουδίζω, ρ., πετώ σαν πεταλούδα, με ανάλαφρο πέταγμα.

πεταλουδίτσα, βλ. *πεταλούδα.*

πεταλουργείο το, ουσ., εργαστήριο όπου κατασκευάζονται πέταλα.

πεταλουργός ο, ουσ., τεχνίτης που κατασκευάζει πέταλα (συνών. *πεταλοποιός*).

πετάλωμα το, ουσ., προσαρμογή πετάλων στα πέλματα των υποζυγίων (συνών. *καλίγωμα*).

πεταλώνω, ρ., προσαρμόζω στα πέλματα των υποζυγίων πέταλα (συνών. *καλιγώνω*). Φρ. *-ει τη μύγα* (= είναι πανέξυπνος).

πεταλωτήριο το, ουσ. (ασυνίζ.), εργαστήριο όπου προσαρμόζονται στα υποζύγια πέταλα.

πεταλωτής ο, ουσ. (ασυνίζ.), τεχνίτης που κατασκευάζει και περνά πέταλα στα υποζύγια (συνών. *καλιγωτής*).

πέταμα, βλ. *πέταγμα.*

πεταμός ο, ουσ., μόνο στη φρ. *είναι του -ού* (= είναι άχρηστο, είναι για πέταμα).

πεταρίζω, ρ. **1.** πετώ ανάλαφρα ή με αστάθεια: *η πεταλούδα -ιζε ανάμεσα στα λουλούδια.* **2.** (μεταφ.) τρέμω, σκιρτώ: *η καρδιά του -ει σαν το μικρό πουλί.*

πεταχτάρι το, ουσ., όργανο για ψάρεμα από την ξηρά που αποτελείται από ορμιά, αγκίστρι και βαρίδι και πετιέται στη θάλασσα (συνών. *πετονιά*).

πεταχτός, -ή, -ό, επίθ. (μεταφ.) ζωηρός: *κορίτσι -ό.* - Το ουδ. ως ουσ. = το πρώτο χοντρό κονίαμα που μπαίνει σε τοίχο, κ.τ.ό., όταν χτίζεται. - Το θηλ. ως ουσ. -ή (εvv. βελονιά) = είδος βελονιάς στο κέντημα. ´Εκφρ. στα -ά (= γρήγορα, σβέλτα): διάβασα την εφημερίδα στα -ά. - Υποκορ. **-ούλης, -α, -ικο**.

πετεινά τα, ουσ., μόνο στην έκφρ.: τα ~ του ουρανού (= πουλιά).

πετεινάρι το, ουσ., μικρός πετεινός· (μεταφ.) για άνθρωπο που εύκολα θίγεται και προκαλεί καβγάδες, εριστικός. - Υποκορ. **-άκι** το.

πετεινός ο, ουσ. 1. το αρσενικό της κότας που ως ιδιαίτερα χαρακτηριστικά έχει το λειρί πάνω στο κεφάλι του και το πλούσιο ζωηρόχρωμο φτέρωμά του (συνών. *κόκορας*). 2. επικρουστήρας πυροβόλου όπλου, «λύκος» (συνών. *κόκορας*).

πετιμέζι και **πετμέζι** το, ουσ. 1. παχύρρευστο σιρόπι που παρασκευάζεται από μούστο με βράσιμο. 2. (μεταφ., ως επίθ.) πολύ γλυκός: *γλυκό / κορίτσι ~*. [τουρκ. *pekmez*].

πέτο το, ουσ., το μέρος εκείνο του ενδύματος που βρίσκεται στο στήθος ως συνέχεια του γιακά: *φορά καρφίτσα στο ~*. [ιταλ. *petto*].

πετονιά η, ουσ. (συνιζ.), μικρό κομμάτι φελού πάνω στο οποίο είναι τυλιγμένο γερό νήμα από πλαστικό που στην άκρη του προσαρμόζεται αγκίστρι και βαρίδι και χρησιμοποιείται για ψάρεμα (συνών. *καθετή*).

πετόσφαιρα η, ουσ., βόλεϊ (βλ. λ.).

πετούγια, βλ. *μπετούγια*.

πέτρα η, ουσ. 1. σκληρή συμπαγής ουσία ή μικρό κομμάτι βράχου που υπάρχει στην επιφάνεια του εδάφους: *σκάλα χτισμένη από ~· χτύπησα το πόδι μου σε μια ~* (συνών. *λιθάρι, κοτρώνι*). 2. για πράγμα που είναι ή γίνεται σκληρό: *το ψωμί έγινε ~, δεν τρώγεται·* (μεταφ.) *καρδιά (από) ~*. 3. στερεό και σκληρό σώμα, συνήθως μικρού μεγέθους, που σχηματίζεται στα νεφρά ή άλλα όργανα του ουροποιητικού συστήματος εξαιτίας ανεπαρκούς διάλυσης στα ούρα διάφορων ουσιών και προκαλεί έντονο πόνο: *έχει ~ στα νεφρά* (συνών. *νεφρόλιθος*). 4. σκληρή κιτρινωπή ουσία από άλατα που σχηματίζεται ανάμεσα στα δόντια: *έχει ~ στα δόντια* (συνών. *τρυγία*). ´Εκφρ. *~ της κολάσεως* (= αλχ., νιτρικός άργυρος)· *~ του σκανδάλου* (= αιτία ή αφορμή έριδας). Φρ. *κάνω ~ την καρδιά μου* (= κάνω υπομονή)· *όποια ~ σηκώσεις τον βρίσκεις αποκάτω* (για άνθρωπο που η παρουσία του γίνεται παντού αισθητή, που αναμιγνύεται σε πολλές υποθέσεις)· *παίρνω κάποιον με τις -ες* (= τον κυνηγώ)· *ρίχνω (μαύρη) ~ πίσω μου* (= φεύγω οριστικά από ένα μισητό τόπο).

πετράδι το, ουσ. 1. μικρή πέτρα. 2. πολύτιμος λίθος: *φορούσε ακριβά -ια*. - Υποκορ. **-άκι** το (στη σημασ. 1).

πετραρχικός, -ή, -ό, επίθ., που αναφέρεται στον Ιταλό ποιητή Πετράρχη.

πετραχήλι το, ουσ., στενόμακρο άμφιο, συχνά χρυσοποίκιλτο, που κρέμεται από τον τράχηλο του ιερέα όταν λειτουργεί. Φρ. *τάζω λαγούς με -ια*, βλ. *λαγός*. [μτγν. *περιτραχήλιον*].

πετρελαιαγωγός ο, ουσ., μεταλλικός σωλήνας μεγάλου μήκους, συνήθως υπόγειος, που χρησιμοποιείται για τη μεταφορά πετρελαίου, πετρελαιοειδών ή φυσικού αερίου σε μεγάλη απόσταση.

πετρελαϊκός, -ή, -ό, επίθ., που αναφέρεται στο πετρέλαιο: *-ή κρίση*.

πετρέλαιο το, ουσ. α. φυσικό ορυκτό έλαιο που υπάρχει κάτω από την επιφάνεια της γης ή τον πυθμένα της θάλασσας, που συνίσταται σε μίγμα υδρογονανθράκων με σκούρο χρώμα και χαρακτηριστική μυρωδιά, από την κατεργασία του οποίου προκύπτουν διάφορα προϊόντα: *~ αργό· κοιτάσματα / διυλιστήρια -αίου·* β. υγρό παράγωγο του ακατέργαστου πετρελαίου, εύφλεκτο, που χρησιμοποιείται ως πηγή ενέργειας: *το πλοίο κινείται με ~· φωτιστικό ~*.

πετρελαιοειδή τα, ουσ., προϊόντα που παράγονται με επεξεργασία του πετρελαίου: *εισαγωγές -ών*.

πετρελαιοκηλίδα η, ουσ., μάζα πετρελαίου που έχει απλωθεί και επιπλέει στην επιφάνεια της θάλασσας ή λίμνης ύστερα από διαρροή πετρελαιοφόρου ή άλλου πλοίου.

πετρελαιοκίνηση η, ουσ., το να κινείται μια μηχανή με πετρέλαιο: *~ των αυτοκινήτων*.

πετρελαιοκινητήρας ο, ουσ., κινητήρας μηχανής (κυρίως πλοίου) που κινείται με πετρέλαιο.

πετρελαιοκίνητος, -η, -ο, επίθ., που κινείται με πετρέλαιο: *πλοίο -ο*.

πετρελαιομηχανή η, ουσ., μηχανή εσωτερικής καύσης που λειτουργεί με πετρέλαιο.

πετρελαιοπαραγωγός -ός, -ό, επίθ. (λόγ.), που διαθέτει κοιτάσματα πετρελαίου: *χώρα ~*. - Το αρσ. ως ουσ. = ιδιοκτήτης πετρελαιοπηγών.

πετρελαιοπηγή η, ουσ., οπή στο έδαφος ή στον πυθμένα της θάλασσας που γίνεται με γεώτρηση με σκοπό την εξαγωγή πετρελαίου.

πετρελαιοφόρος -α, -ο, επίθ. 1. που περιέχει πετρέλαιο: *κοιτάσματα -α*. 2. *-ο πλοίο* = μεγάλο πλοίο ειδικά κατασκευασμένο ώστε να μεταφέρει πετρέλαιο, τάνκερ.

πετριά η, ουσ. (ασυνίζ.). 1. πέταγμα, ρίξιμο πέτρας. 2. (συνεκδοχικά) η απόσταση από το σημείο από το οποίο ρίχνει κάποιος μια πέτρα ως το σημείο στο οποίο πέφτει (ως πρόχειρο μέτρο μήκους): *οι βάρκες σταθήκανε σε μια ~ από το καράβι* (Κόντογλου). 3. χτύπημα με πέτρα: *έφαγε μια ~ στο κεφάλι*. 4. (μεταφ.) υπαινιγμός, υπονοούμενο: *του έριξαν κάτι -ές για το γιο του* (συνών. *νύξη*). 5. (μεταφ.) έμμονη ιδέα, ψύχωση, ιδεοληψία: *έχει την ~ να νομίζει πως είναι λογοτέχνης*.

πέτρινος -η, -ο, επίθ. 1. που είναι φτιαγμένος από πέτρα: *-ο άγαλμα· ~ τοίχος* (συνών. *λίθινος*). 2. (μεταφ.) σκληρός, άτεγκτος: *η έκφρασή του, όπως πάντα -η* (Κόντογλου)· *τα μάτια τους ήταν -α* (Λειβαδίτης).

πετρίτης ο, ουσ., είδος γερακιού (συνών. *τσιχλογέρακας*).

πετροβόλημα το, ουσ. (λαϊκ.), λιθοβολισμός (βλ. λ.).

πετροβολώ -άς, ρ. (λαϊκ.). 1. πετώ πέτρες με σκοπό να χτυπήσω κάποιον, χτυπώ με πέτρες (συνών. *λιθοβολώ*). 2. (κατ' επέκταση) ρίχνω μικρά αντικείμενα (λ.χ. αβγά) εναντίον κάποιου.

πετρόβραχο το, ουσ. (λαϊκ.), μεγάλος πέτρινος όγκος, βράχος: *ραγίζανε τα -α από τα σφυρίγματα και από τα χουγιαχτά του* (Κόντογλου).

πετρογραφία και **πετρολογία** η, ουσ., επιστήμη συγγενική της ορυκτολογίας και της γεωλογίας που μελετά τα πετρώματα.

πετρογραφικός, -ή, -ό και **πετρολογικός**, επίθ., που ανήκει ή αναφέρεται στην πετρογραφία ή την πετρολογία (βλ. λ.): *-λογική μελέτη*.

πετρογωβιός, βλ. *πετροκωβιός*.

πετροκαλαμίθρα η, ουσ. (ναυτ.) είδος πρωτόγονης μαγνητικής βελόνας, μαγνητική πέτρα που χρησιμοποιούσαν παλιότερα ως πυξίδα: *καταπώς στέκει στο βοριά η* ~(Σολωμός). [ιταλ. *pietra calamita* = βράχος με σιδηρούχο μετάλλευμα].

πετροκάραβο το, ουσ. (λαϊκ.), βραχώδες νησί, νησί με απόκρημνες ακτές.

πετροκάρβουνο το, ουσ. (λαϊκ.), ορυκτός άνθρακας, λιθάνθρακας.

πετροκερασιά η, ουσ. (συνιζ.), ποικιλία κερασιάς με καρπούς γλυκούς και τραγανούς που χρησιμοποιούνται συνήθως για γλυκό.

πετροκέρασο το, ουσ., καρπός της πετροκερασιάς (βλ. λ.): *χείλια κόκκινα σαν το* ~ (Μπαστιάς).

πετροκόντυλο το, ουσ. (έρρ., λαϊκ.), γραφίδα από σχιστόλιθο με την οποία οι μικροί μαθητές έγραφαν στις πλάκες τους παλιότερα (συνών. *κοντύλι*, (βλ. λ. σημασ. 1).

πετροκοπ(ε)ιό το, ουσ. (συνιζ., λαϊκ.), λατομείο (συνών. *νταμάρι*).

πετροκόπος ο, ουσ. (λαϊκ.). 1. αυτός που κόβει πέτρες (συνών. *λατόμος*). 2. αυτός που κατεργάζεται τις πέτρες (συνών. *λιθοξόος*). 3. μηχάνημα που σπάει πέτρες.

πετροκότσυφας ο, ουσ. (ζωολ.) είδος κότσυφα που ζει σε γυμνά και πετρώδη μέρη: *το λέει κι ο* ~ *μές' από τη φωλιά του* (δημ. τραγ.).

πετροκωβιός και **-γωβιός** ο, ουσ. (ζωολ.) είδος κωβιού που ζει σε βραχώδεις βυθούς.

πετρολογία, βλ. *πετρογραφία*.

πετρολογικός, βλ. *πετρογραφικός*.

πετρομάρουλο το, ουσ. (φυτολ.) ποικιλία μαρουλιού.

πετρομπάρμπουνο το, ουσ. (ζωολ.) είδος μπαρμπουνιού που ζει σε πετρώδεις βυθούς.

πετροπέρδικα η, ουσ. (ζωολ.) πολύχρωμη πέρδικα που ζει σε πετρώδη μέρη κυρίως στην Ελλάδα και στις γύρω από τη Μεσόγειο χώρες: ~ *αηδονολαλούσα* (δημ. τραγ.).

πετροπόλεμος ο, ουσ., συμπλοκή με πέτρες, παιδικό παιχνίδι που διεξάγεται με πετροβολήματα.

πετροσέλινο το, ουσ. (φυτολ.) μαϊντανός (βλ. λ.) (συνών. *μακεδονήσι*).

πετροτόπι το, ουσ. (λαϊκ.), πετρότοπος.

πετρότοπος ο, ουσ., τόπος πετρώδης (συνών. *πετροτόπι, βραχότοπος, κατσάβραχο*).

πετροχελίδονο το, ουσ. (ζωολ.) το πτηνό που μοιάζει με το χελιδόνι στην εξωτερική εμφάνιση, έχει πολύ κοντά πόδια και φωλιάζει σε βράχους στην περιοχή της Μεσογείου (συνών. *κύψελος*).

πετροχημεία η, ουσ., κλάδος της χημικής βιομηχανίας που εξετάζει την παρασκευή προϊόντων από πρώτες ύλες που εξάγονται από το πετρέλαιο και το φυσικό αέριο.

πετροχημικός, -ή, -ό, επίθ., που ανήκει ή αναφέρεται στην πετροχημεία (βλ. λ.): *-ές βιομηχανίες* (= που παράγουν υφάσματα, καλλυντικά, ελαστικά, πλαστικά, λιπάσματα, διαλυτικά χρωμάτων, κλπ., με βάση το πετρέλαιο και το φυσικό αέριο).

πετρόχορτο το, ουσ. (φυτολ.) οποιοδήποτε φυτό που φυτρώνει σε βράχους.

πετρόψαρο το, ουσ. (ζωολ.) οποιοδήποτε ψάρι που ζει κοντά στις πέτρες της ακτής, όπως ο σπάρος και η πέρκα, σε αντίθεση με τα αφρόψαρα και με άλλα που ζουν σε αμμώδεις βυθούς.

πετρώδης, -ης, -ες, γεν. *-ους*, πληθ. αρσ. και θηλ. *-εις*, ουδ. *-η*, επίθ. (για τόπο) που είναι γεμάτος πέτρες (συνών. *βραχώδης*).

πέτρωμα το, ουσ. 1. μεταβολή πράγματος ή ζωντανού οργανισμού σε πέτρα, μαρμάρωμα (βλ. λ. σημασ. 1). 2. (γεωλ.) συστατικό του στερεού φλοιού της γης που αποτελείται από διάφορα ορυκτά ή από συσσωματώσεις ενός ορυκτού: *ηφαιστειογενή / αργιλικά -ατα*. 3. στερεοποίηση υγρού, πήξιμο. 4. (μεταφ.) το να μένει κανείς ακίνητος και άναυδος από φόβο, κατάπληξη, κλπ. (συνών. *μαρμάρωμα*, βλ. λ. σημασ. 2).

πετρώνω, ρ. Α. (μτβ.) μετατρέπω σε πέτρα, κάνω κάτι να αποκτήσει λίθινη φύση, απολιθώνω· (παθ.) *-ωμένο δάσος*. Β. αμτβ. 1. (για υγρά) στερεοποιούμαι, πήζω: *-ωσε το γλυκό*. 2. γίνομαι σκληρός σαν πέτρα: *-ωσε η λάσπη*. 3. (μεταφ. για πρόσωπο) γίνομαι σκληρόκαρδος, σκληραίνω. 4. (μεταφ.) μένω ακίνητος σαν πέτρα, μαρμαρώνω από φόβο, κατάπληξη, κλπ.: *είχε -σει σε μια γωνιά· -ωσες ή σάλεψε ο νους σου;* (Μπαστιάς).

πετρωτός -ή, -ό, επίθ., που είναι κατασκευασμένος από πέτρες, πέτρινος.

πέτσα η, ουσ. (λαϊκ.). 1. δέρμα, επιδερμίδα (συνών. *πετσί*). 2. λεπτό στρώμα σχετικά σκληρό που σχηματίζεται σε μια επιφάνεια: ~ *του ψωμιού* (= *κόρα*)· ~ *τραύματος·* ~ *του γάλατος* (= *κρούστα*). 3. φλοιός: ~ *του λεμονιού / των καρπών* (συνών. *φλούδα*). 4. (ειδικότερα) λεπτό φύλλο από συμπυκνωμένο πολτό δαμάσκηνων ή βερίκοκων που τρώγεται. Φρ. *μου σηκώνεται η* ~ (= αισθάνομαι φρίκη, φρίττω)· *δεν έχει* ~ (= είναι αναίσχυντος, αδιάντροπος). [ιταλ. *pezza*].

πετσάκι, βλ. *πετσί*.

πετσάς ο, ουσ. (λαϊκ.). α. αυτός που κατεργάζεται δέρματα, βυρσοδέψης (συνών. *ταμπάκης*) β. αυτός που ασχολείται με το εμπόριο δέρματος, δερματέμπορος.

πετσένιος, -ια, -ιο, επίθ. (συνιζ., λαϊκ.), πέτσινος (βλ. λ.).

πετσέτα η, ουσ., κομμάτι υφάσματος με το οποίο σκουπίζουμε το πρόσωπο, το σώμα, τα χέρια: ~ *προσώπου* (= *προσόψι*)· ~ *μπάνιου / φαγητού*. [βενετ. *pezzetta*].

πετσετοθήκη η, ουσ. 1. θήκη για πετσέτες. 2. σκεύος ή μικρό έπιπλο όπου κρεμούν τα προσόψια.

πετσί το, ουσ. (λαϊκ.), δέρμα ανθρώπου ή ζώου ή κατεργασμένο κομμάτι δέρματος· εκφρ. ~ *και κόκαλο* (για άνθρωπο πολύ αδύνατο)· φρ. *το 'χει στο* ~ *του* (για μόνιμο χαρακτηριστικό): *το 'χει στο* ~ *του το ψέμα· σηκώθηκε το* ~ *μου* (= έφριξα)· *το 'νιωσα στο* ~ *μου* (= πολύ έντονα και γενικά με τρόπο που δεν ξεχνιέται)· *ο ηθοποιός μπήκε στο* ~ *του ρόλου του* (= ερμήνευσε το ρόλο του πειστικά). - Υποκορ. **-άκι** το. [ιταλ. *pezzo*].

πετσιάζω, ρ. (συνιζ., λαϊκ.), (αμτβ.) σχηματίζω κρούστα: *το γάλα -ιασε*.

πέτσιασμα το, ουσ. (λαϊκ.), το να σχηματίζεται πέτσα (βλ. λ.), σχηματισμός κρούστας.

πέτσινος, -η, -ο, επίθ., που είναι κατασκευασμένος από δέρμα: *-ο μπουφάν / πανταλόνι* (συνών. *δερμάτινος*).

πετσοκόβω, ρ. (λαϊκ.). 1. κόβω σε μικρά κομμάτια, κομματιάζω. 2. (μεταφ.) σκοτώνω με άγριο τρόπο ή χωρίς οίκτο: *έπεσε απάνω τους και τους -κοψε*. 3. κατακόβω: *-κόπηκε στο ξύρισμα*.

πετσόκομμα το, ουσ. (λαϊκ.). 1. κόψιμο σε μικρά κομμάτια, κατακομμάτιασμα. 2. (μεταφ.) άγρια σφαγή (συνών. *κατακρεούργηση*).

πετσοκομματιάζω, ρ. (συνιζ., λαϊκ.), πετσοκόβω (βλ. λ.).

πετσοκόμματο το, ουσ. (λαϊκ.), κομμάτι από πετσί.

πέτσωμα το, ουσ. (λαϊκ.). **1.** επένδυση με δέρμα (συνών. *βύρσωμα*). **2α.** κατασκευή σανιδώματος ή γενικότερα επένδυσης· **β.** (συνεκδοχικά, ναυτ.) εξωτερική επένδυση του πλοίου, περίβλημα: *σηκώθηκε ένα σανίδι από το ~ του καραβιού* (Κόντογλου). **3.** (μεταφ.) αμοιβή για παράνομες ενέργειες.

πετσώνω, ρ. (λαϊκ.). **1.** επενδύω με δέρμα. **2.** κατασκευάζω σανίδωμα ή γενικά επένδυση: *~ τη στέγη.* **3.** (μεταφ., λαϊκ. με αντικ. την κοιλιά) γεμίζω την κοιλιά μου, χορταίνω (συνών. *την τυλώνω*).

πετυχαίνω και **(ε)πιτυχαίνω,** ρ., αόρ. *πέτυχα,* παθ. αόρ. (λόγ., σπάνιο) *επιτεύχθηκε,* μτχ. παρκ. *-χημένος.* Α. **1.** μτβ. σκοπεύω και βρίσκω το στόχο: *~ το λαγό / την πέρδικα·* *πέτυχε διάνα·* *η πέτρα τον πέτυχε στο κεφάλι* (συνών. *ευστοχώ·* αντ. *-στοχώ*). **2.** (μεταφ.) μαντεύω· δίνω τη σωστή απάντηση: *μπράβο, το πέτυχες, αυτό είναι!* (συνών. *βρίσκω*). **3α.** (για πρόσωπο) συναντώ κατά τύχη, βρίσκω τυχαία: *πέτυχα το Χρίστο στην παραλία / στο θέατρο* (συνών. *ανταμώνω*)· **β.** βρίσκω κάτι τυχαία ή ύστερα από κάποια αναζήτηση: *πού το πέτυχες το ψάρι αυτό;* **4.** κατορθώνω να πραγματοποιήσω το σκοπό, τις επιδιώξεις μου: *πέτυχε να προσληφθεί στο δημόσιο* (συνών. *καταφέρνω·* αντ. *αποτυχαίνω*). Β. αμτβ. **1.** (για ενέργεια ή επιδίωξη) εξελίσσομαι καλά, φέρνω το επιθυμητό αποτέλεσμα: *πέτυχε η απεργία / η παράσταση.* **2.** (για πρόσωπο) ευδοκιμώ, προκόβω: *πέτυχε στο γάμο του / στις εξετάσεις* (αντ. *αποτυχαίνω*). - Η μτχ. παρκ. *πετυχημένος* ως επίθ. = **α.** που έχει φέρει αποτέλεσμα: *-χημένη προσπάθεια·* **β.** που έγινε με επιτυχία: *-χημένη παράσταση·* **γ.** (για πρόσωπο) που εκπλήρωσε τις φιλοδοξίες του, που ευδοκίμησε στη σταδιοδρομία του: *-χημένος γιατρός / επιχειρηματίας* (αντ. *αποτυχημένος*). Φρ. *(αναποδιά / αναίδεια, κλπ.) να σου πετύχει!* (= που σου έτυχε)· (ειρων.) *συνέδριο να σου πετύχει!*

πετώ, -άς, ρ., παρατ. *-ούσα* και *-αγα,* αόρ. *-αξα,* μέσ. *-άγομαι, -τιέμαι* και (λαϊκ.) *-ιούμαι,* παθ. αόρ. *-άχτηκα,* μτχ. μέσ. ενεστ. *-ούμενος* και *-άμενος,* μτχ. παρκ. *-α(γ)μένος.* Ι. ενεργ. Α. μτβ. **1.** ρίχνω κάτι μακριά, εκσφενδονίζω: *-ούσε βότσαλα στη θάλασσα.* **2.** απορρίπτω κάτι άχρηστο ή φθαρμένο: *-αξε τα παλιά του παπούτσια·* (παθ.) *-αμένα χαρτιά.* **3α.** διώχνω κάποιον: *τον -αξε έξω·* **β.** απολύω από την υπηρεσία, παύω: *τον -αξαν από νομάρχη.* **4.** δίνω (περιφρονητικά) σε κάποιον κάτι, ρίχνω: *του -αξε ένα ξεροκόμματο για να μη γαβγίζει.* **5.** (για χρήματα) σπαταλώ, ξοδεύω ασυλλόγιστα και μάταια: *-ά τα λεφτά του στον ιππόδρομο·* (παθ. *-αμένα λεφτά*). **6.** (για δέντρα ή φυτά) βλαστάνω: *η τριανταφυλλιά -αξε μπουμπούκια.* **7.** (μεταφ. για λόγο) κάνω υπαινιγμό σε βάρος κάποιου: *μην απαντάς, μια κουβέντα για σένα·* φρ. *την -αξε!* (= είπε την ανοησία του!). **8.** πηγαίνω, μεταφέρω (με το αυτοκίνητο) κάποιον: *θα με -άξεις ως το λιμάνι / ως τη διασταύρωση;* Β. αμτβ. **1α.** (για πουλιά ή έντομα) φτερουγίζω: *τα χελιδόνια -ούσαν χαμηλά·* **β.** αλλάζω θέση με πέταγμα· απομακρύνομαι: *τα σπουργίτια -ούσαν από στέγη σε στέγη.* **2.** (διασχίζω τον αέρα) *ο χαρταετός / το αεροπλάνο -ούσε πολύ ψηλά.* **3α.** (για άνθρωπο) ταξιδεύω με αεροπλάνο: *-ούσαμε πάνω από τα σύννεφα·* **β.** (ειδικά για αεροπόρο) εκτελώ υπηρεσία πτήσης: *του απαγόρεψαν να -ά ώσπου να γίνει εντελώς καλά.* **4.** (συνεκδοχικά) βαδίζω πάρα πολύ γρήγορα: *έφυγε -ώντας.* **5.** (μεταφ. για τον καιρό) περνώ, παρέρχομαι: *πάει, -αξε εκείνο το καθημερινό: — Μαμά, θέλω τούτο ... μαμά, θέλω εκείνο ...* (Τ. Σταύρου). **6.** (για τη σκέψη) κατευθύνομαι: *της Μαλάμως ο νους -αξε στο χωριό της.* **7.** (για το μάτι) πάλλονται ξαφνικά και για λίγα συνήθως δευτερόλεπτα τα βλέφαρά μου (για να δηλωθεί ακούσια, ασύνειδη κίνηση). **8.** (το γ΄ εν. διπλό ως ουσ.) *-άξε -άει* = είδος παιδικού παιχνιδιού. II. μέσ. **1.** τινάζομαι από τη θέση μου ξαφνικά· αναπηδώ: *-άγομαι στον ύπνο μου· γυμνός -ιέται οχ το ζεστό κρεβάτι* (Σολωμός) *·άγεται έξω / επάνω από το φόβο και...* **2.** πηγαίνω κάπου γρήγορα και για μικρό χρονικό διάστημα: *θα -αχτώ ως το γραφείο μου.* **3.** (συνεκδοχικά) παρεμβαίνω στην κουβέντα: *— Παιδί μου, για το όνομα του Θεού, -ιέται η μαμά μας τρομαγμένη* (Τ. Σταύρου) (με αρνητ. σημασ. για θρασεία ή άκαιρη παρέμβαση): *να μην -άγεσαι όταν μιλά άλλος· -ιέται στη μέση.* - Οι μτχ. μέσ. ενεστ. *-αμένος* και *-ούμενος* = **α.** ως επίθ. *των πτηνών·* **β.** (μεταφ.) κανείς: *ούτε πουλί -ούμενο να μη βρεθεί μπροστά σου·* **γ.** (το ουδ. ως ουσ.) *πτηνό: πεινασμένα -ούμενα.* Φρ. *~ από τη χαρά μου* (= είμαι πάρα πολύ χαρούμενος)· *~ στα ουράνια,* βλ. *ουράνια.* *~ στα σύννεφα* (= είμαι ανεδαφικός, δε βλέπω ρεαλιστικά την πραγματικότητα): *ο Κώστας είναι πάντοτε προσγειωμένος, αντίθετα ο Παύλος -ά στα σύννεφα.* *~ το γάντι* (= προκαλώ κάποιον): *του -άξε το γάντι· -ά με ξένα φτερά* (για άνθρωπο που επιδεικνύεται ή αναδεικνύεται κοινωνικώς με ξένη υποστήριξη)· *-ά η καρδιά της για...* (= σκιρτά, έχει έντονη επιθυμία για...): *-ά η καρδιά της για ταξίδια· -άνε τα μυαλά του* (= είναι φαντασιόπληκτος ή επιπόλαιος)· *-αξε μπόι* (= ψήλωσε πολύ γρήγορα)· *-αξε το πουλάκι* (= χάθηκε η ευκαιρία).

πεύκι το, ουσ., μικρό χαλί, τάπητας. [μεσν. *πεύκιον* < *επεύχιον*].

πευκιάς ο, ουσ. (συνιζ.), τόπος με πολλά πεύκα, πευκιώνας (συνών. *πευκόδασο*).

πεύκινος, -η, -ο, επίθ. **α.** που ανήκει ή αναφέρεται στο πεύκο: *ο δάσος·* **β.** που είναι φτιαγμένος από πεύκο.

πεύκο το, ουσ. (φυτολ.) δέντρο κωνοφόρο, αειθαλές, ψηλό, που ευδοκιμεί στο βόρειο κυρίως ημισφαίριο με φύλλα βελονοειδή και καρπούς, τις κουκουνάρες, καθώς και με μεγάλη ποσότητα ρητίνης (συνών. *πευκόδεντρο*).

πευκόδασο και **-δάσος** το, ουσ., τόπος κατάφυτος από πεύκα (συνών. *πευκώνας, πευκιάς*).

πευκόδεντρο το, ουσ., το δέντρο πεύκο (βλ. λ.).

πεύκος ο, ουσ. **1.** πεύκο (βλ. λ.). **2.** (ειδικά) πεύκο ψηλό ή μεγάλης ηλικίας.

πευκόφυτος, -η, -ο, επίθ. (για τόπο) που είναι φυτεμένος με πεύκα.

πευκώνας ο, ουσ., δάσος από πεύκα.

πεφταστέρι και **πεφτάστρι** το, ουσ. (λαϊκ.), διάττοντας αστέρας.

πέφτω, ρ., αόρ. *έπεσα,* μτχ. παρκ. *πεσμένος.* **1.** χάνω την ισορροπία μου και γλιστρώ στο έδαφος με όλο μου το βάρος: *σκόνταψε κι έπεσε· κρατήθηκε από μια καρέκλα για να μην πέσει.* **2.** κατεβαίνω, γλιστρώ απότομα από ένα μέρος ψηλό σε ένα μέρος πιο χαμηλό ή βαθύ: *έπεσε στο κενό / στη* *θάλασσα·* (για πράγματα) *έπεσε το αεροπλάνο· το νερό του καταρράχτη -ει με δύναμη.* **3.** (για κτίσμα) καταρρέω, γκρεμίζομαι: *ο τοίχος έπεσε.* **4.** (μεταφ.) χάνω τη δύναμη, την έντασή μου, εξασθενίζω: *έπεσε ο αέρας / ο ρυθμός της δουλειάς / ο τόνος της φωνής του.* **5α.** (μεταφ.) μειώνομαι, ελαττώνομαι: *έπεσε ο τιμάριθμος / το ποσοστό των ανέργων / η δημοτικότητά του·* **β.** (ειδικά για νομίσματα) υποτιμώμαι: *έπεσε η δραχμή.* **6.** (μεταφ.) παύω να είμαι στην εξουσία, ανατρέπομαι: *έπεσε η κυβέρνηση.* **7.** (μεταφ.) περνώ (συνήθως απότομα) σε μια (άσχημη) συναισθηματική κατάσταση: *~ σε μελαγχολία / απελπισία.* **8.** (μεταφ.) οδηγούμαι σε κάτι αρνητικό: *~ σε λάθη / υπερβολές.* **9.** (μεταφ.) καταλήγω, καταντώ: *~ στην κατοχή / εξουσία κάποιου.* **10.** (μεταφ.) **α.** λαχαίνω, τυχαίνω σε κάποιον: *μου έπεσε το λαχείο / μια κληρονομιά·* **β.** αναλογώ σε κάποιον: *μου -ει καλό μερτικό.* **11.** (μεταφ.) μου τυχαίνει κάτι: *έπεσα σε καλό αφεντικό· πέσαμε σε άσχημο καιρό.* **12.** (σε φυσικά ή καιρικά φαινόμενα) κατεβαίνω από ψηλά (προς το έδαφος): *-ει η βροχή / το χιόνι· -ουν οι ακτίνες του ήλιου.* **13.** παύω να συγκρατούμαι, αποκολλώμαι από κάπου: *-ουν τα μαλλιά μου· -ουν τα φύλλα.* **14.** κρέμομαι: *τα μαλλιά της -ουν στους ώμους της· το φόρεμα -ει ωραία στο σώμα της* (= είναι ωραία προσαρμοσμένο στις γραμμές του σώματός της). **15.** καλύπτω: *το μαλλί τού -ει στα μάτια.* **16.** σκοτώνομαι στο πεδίο της μάχης: *έπεσε πολεμώντας ηρωικά.* **17.** (για πόλη ή οχυρό) κυριεύομαι. *η πόλη αυτή έπεσε μετά από μακρόχρονη πολιορκία.* **18.** ορμώ: *έπεσαν πάνω στους εχθρούς·* (μεταφ.) *έπεσε στην αγκαλιά του.* **19.** (μεταφ. για κάποιο γεγονός) συμπίπτω: *τα γενέθλιά μου -ουν την ημέρα του Πάσχα.* **20.** (μεταφ.) βρίσκομαι: *το σπίτι μου -ει λίγο μακριά· πού -ει αυτό το μέρος;* **21.** (μεταφ., για κάτι κακό) συμβαίνω: *έπεσε πείνα / βαρυχειμωνιά.* **22.** (μεταφ.) εκδηλώνομαι έντονα, σε μεγάλο βαθμό: *έπεσε γέλιο / ξύλο.* **23.** (μεταφ.) παύω να υπάρχω, υπερνικώμαι: *έπεσαν οι προκαταλήψεις / τα εμπόδια.* **24.** (μεταφ., για θεατρική παράσταση) δε συναντώ επιτυχία και σταματώ να παίζομαι: *το έργο έπεσε σε δυο εβδομάδες* (συνών. κατεβαίνω). **25.** πλαγιάζω στο κρεβάτι: *πάω να πέσω γιατί νύσταξα.* **26.** είμαι εξαντλημένος από κάτι και με δυσκολία κρατιέμαι όρθιος: *πέφτω (κάτω) από την κούραση / πείνα.* **27.** (μεταφ., λαϊκ.) πείθομαι από κάποιον να κάνω αυτό που θέλει· υποκύπτω: *μην τον καλοπιάνεις, γιατί δεν -ει εύκολα.* **28.** (μεταφ., μτβ., λαϊκ.) πληρώνω, δίνω χρήματα: *πέσε το παραδάκι!* Φρ. *δε μου -ει λόγος,* βλ. *λόγος· έπεσε απ' τον ουρανό,* βλ. *ουρανός· έπεσε η αυλαία,* βλ. *αυλαία· πέσε πίτα να σε φάω* (για ανθρώπους οκνηρούς που περιμένουν όλα από την τύχη ή τους άλλους)· *-ει η μύτη κάποιου,* βλ. *μύτη· -ει κάποιος στα χέρια μου* (= **α.** τον συλλαμβάνω, τον «τσακώνω» **β.** έρχεται στην εξουσία μου)· *-ει κάτι στα χέρια μου* (= έρχεται στην κατοχή μου ή το βρίσκω τυχαία)· *-ουν τα φτερά κάποιου* (= απογοητεύεται κάποιος, επειδή διαψεύσθηκαν οι προσδοκίες του)· *~ από δίπλα σε κάποιον* (= τον πλησιάζω πιεστικά για να κερδίσω κάτι)· *~ απ' τα σύννεφα* (= νιώθω μεγάλη έκπληξη συνήθως για κάτι δυσάρεστο, μένω εμβρόντητος): *έπεσα απ' τα σύννεφα όταν άκουσα ότι πήρε διαζύγιο· — έξω,* βλ. *έξω· ~ με τα μούτρα κάπου,* βλ. *μούτρο· ~ να*

πεθάνω (= είμαι ετοιμοθάνατος)· *~ πάνω σε κάποιον* (= τον συναντώ τυχαία)· *~ στα μάτια κάποιου* (= μειώνομαι ηθικά στη συνείδησή του)· *~ στα νύχια κάποιου,* βλ. *νύχι· ~ στα πόδια κάποιου* (= τον ικετεύω)· *~ στα στόματα του κόσμου* (= σχολιάζομαι δυσμενώς από τους άλλους)· *~ στην αντίληψη κάποιου* (= γίνομαι τυχαία αντιληπτός από κάποιον)· *~ στη φωτιά για κάποιον* (= είμαι έτοιμος να κάνω οποιαδήποτε θυσία γι' αυτόν)· *~ στο στρώμα* (= αρρωσταίνω)· *πολύ του -ει* (= δεν του αξίζει, είναι υπερβολικά πολύ γι' αυτόν): *πολύ του -ει να κάνουμε τέτοιες θυσίες για χάρη του.* [αρχ. *πίπτω*].

πεφυσιωμένος, -η, -ο, (λόγ.), αλαζόνας, υπερόπτης. [μτχ. παρκ. του αρχ. ρ. *φυσιώ*].

πεχλιβάνης, βλ. *μπεχλιβάνης.*

πέψη η, ουσ. (βιολ.) το σύνολο των επεξεργασιών με τις οποίες οι τροφές διασπώνται μηχανικά και χημικά μέσα στον πεπτικό σωλήνα για να αφομοιωθούν από τον οργανισμό.

πεψίνη η, ουσ., ένζυμο του γαστρικού υγρού που διασπά τις πρωτεΐνες. [γαλλ. *pepsine*].

πηγάδα η, ουσ., μεγάλο (πλατύ και βαθύ) πηγάδι από το οποίο αντλούμε με μηχανήματα νερό κυρίως για άρδευση κτήματος.

πηγαδάκι, βλ. *πηγάδι.*

πηγαδάς ο, ουσ., αυτός που έχει ως επάγγελμα να ανοίγει πηγάδια.

πηγάδι το, ουσ., κυλινδρικό όρυγμα βαθύ και στενό, με χτιστά συνήθως τοιχώματα, που σκάβεται στο έδαφος με σκοπό την άντληση νερού. - Υποκορ. **-άκι** το **= 1.** μικρό πηγάδι. **2.** (μεταφ.) μικρή ομάδα ατόμων που στέκονται συνήθως όρθιοι και συζητούν: *οι φοιτητές είχαν κάνει -ια και σχολίαζαν τα αποτελέσματα των εκλογών.*

πηγαδίσιος, -ια, -ιο, επίθ. (συνίζ.), που τον παίρνουμε από πηγάδι: *νερό -ο.*

πηγαδόνερο το, ουσ., νερό που παίρνουμε από πηγάδι.

πηγαδόσκοινο το, ουσ., σκοινί στο οποίο δένουμε το δοχείο με το οποίο αντλούμε νερό από ένα πηγάδι.

πηγάζω, ρ. **1.** έχω την πηγή μου (βλ. λ. σημασ. 1) κάπου: *το ποτάμι -ει από τον απέναντι βουνό.* **2.** (μεταφ.) προέρχομαι, έχω την αρχή μου, την αιτία μου σε κάτι: *από ποῦ -ει ο ενθουσιασμός σου;* **3.** (φυσ., για φως, θερμότητα, ήχο κ.τ.ό.) έχω την πηγή μου (βλ. λ. σημασ. 4), εκπέμπομαι από κάπου: *η θερμότητα αυτή -ει από την αναμμένη λάμπα.*

πηγαιμός ο, ουσ., το να πηγαίνει κανείς κάπου: *στον -ό* (= καθώς θα πηγαίνεις) *πέρνα από το σπίτι* (αντ. *ερχομός*).

πηγαινέλα το, ουσ. άκλ., το να πηγαινοέρχεται (βλ. λ.) κανείς: *βαρέθηκα το ~ στην αγορά.* - Ως επίρρ. = πηγαίνοντας συχνά: *~ στο υπουργείο, κάτι κατάφερε.*

πηγαινοέρχομαι, ρ., πηγαίνω κάπου και επιστρέφω συχνά: *~ εδώ και μέρες στο σπίτι του, αλλά δεν τον βρίσκω.*

πηγαίνω και **πάω,** ρ. Α. αμτβ. **1α.** μετακινούμαι από το μέρος όπου βρίσκομαι σε ένα άλλο, μεταβαίνω: *~ στο σπίτι μου / με τα πόδια·* **β.** (για πράγματα) κατευθύνομαι: *το αεροπλάνο -ει στη Ρώμη.* **2.** προχωρώ: *το αυτοκίνητο -ει με μεγάλη ταχύτητα.* **3.** συχνάζω, παρακολουθώ κάτι τακτικά ως μέρος της καθημερινής μου ζωής: *τις Κυριακές ~ στην* εκκλησία. **4.** (για δρόμο) οδηγώ, καταλήγω: *πού -ει αυτό το μονοπάτι;* **5.** φεύγω: *είναι ώρα να -ου- με· -ετε κύριε, τελειώσαμε.* **6.** (μεταφ.) πεθαίνω: *πάει ο καημένος ο θείος! πάει κι αυτός!* **7.** (μεταφ.) βρίσκομαι σε κάποια κατάσταση: *πώς πάει ο άρρωστος;* **8.** (μεταφ.) εξελίσσομαι: *πάει καλά η υπόθεσή σου.* **9.** (μεταφ.) καταλήγω, αποβαίνω: *πού θα πάει αυτή η υπόθεση; πήγαν χαμένες οι προσπάθειές μου.* **10.** (μεταφ., για περιουσιακό στοιχείο) μεταβιβάζομαι σε κάποιον (συνήθως μετά το θάνατο του προηγούμενου ιδιοκτήτη): *όλα τα σπίτια θα πάνε στην κόρη του.* **11.** (σε διάλεξη, συζήτηση, κείμενο) περνώ σε κάποιο σημείο που θέλω να συζητήσω: *πάμε τώρα σε ένα άλλο σημείο του βιβλίου.* **12.** περνώ, παρέρχομαι: *πάνε αυτά που ξέρατε· πάνε έξι μήνες από τότε.* **13.** (μεταφ.) ταιριάζω: *το φόρεμα αυτό σου -ει· η λέξη αυτή δεν πάει εδώ·* (και απρόσ.) *δεν πάει να μιλάς έτσι σ' έναν ηλικιωμένο* (= δεν αρμόζει). **14.** (μεταφ.) δαπανώμαι, ξοδεύομαι: *ο μισός μισθός του -ει στο νοίκι.* **15.** (μεταφ.) τιμώμαι: *πόσο πάνε σήμερα τα σταφύλια;* **16.** (μεταφ.) λειτουργώ: *το ρολόι μου δεν -ει καλά.* **17.** (μεταφ.) αρχίζω, ξεκινώ: *πάμε! πάμε απ' την αρχή.* **18.** φτάνω: (για χρόνο) *πήγε πέντε η ώρα· ως εκεί πήγε το μυαλό του.* **19.** (σε ορισμένα τυχερά παιχνίδια) ποντάρω: *πάω ένα πεντακοσάρικο στον άσο.* **20.** (με την πρόθ. για) επιδιώκω να γίνω κάτι, έχω βλέψεις για κάτι: *πάει για πρωθυπουργός.* **21.** (τριτοπρόσ., συνοδευόμενο από ρήμα ιστορικού χρόνου) για να εκφράσουμε τη θλίψη μας (συνήθως) ή την ανακούφισή μας για κάτι που συντελέστηκε οριστικά: *πάει, πέρασε ο καιρός· πάει, μαράθηκαν τα λουλούδια· πάει, τέλειωσα τη δουλειά μου.* **Β. μτβ. 1α.** οδηγώ ή συνοδεύω κάποιον: *θα σε πάω έως την πόρτα.* **β.** μεταφέρω: *τον πήγαν με φορείο· πήγαινε το πιάτο στο τραπέζι.* **2.** καταγγέλλω κάποιον: *θα σε πάω στην αστυνομία / στον εισαγγελέα.* **3.** (με το να) επιχειρώ: *πήγα να του μιλήσω, αλλά δεν με άφησε.* **4.** (με το να) κοντεύω: *πήγα να το ξεχάσω· πάω να τρελαθώ.* Φρ. *από δω παν κι οι άλλοι,* βλ. *άλλος· ας πάει και το παλιάμπελο,* βλ. *παλιάμπελο· δεν ξέρει πού πάνε τα τέσσερα,* βλ. *ξέρω· δεν πάει άλλο* (= η κατάσταση έχει φτάσει στο απροχώρητο)· *κάτι πάει κι έρχεται,* βλ. *έρχομαι· να σε παν οι τέσσερις* (όταν καταριόμαστε κάποιον να πεθάνει)· *όσα πάνε κι όσα έρθουν,* βλ. *έρχομαι· όταν εσύ πήγαινες, εγώ γύριζα,* βλ. *γυρίζω· πάει μακριά η βαλίτσα* (για υπόθεση που χρονίζει)· *πάει να πει* (= σημαίνει): *τι πάει να πει αυτή η φράση; πάει πολύ* (= είναι υπερβολή)· *πάει το μυαλό μου σε κάτι,* βλ. *μυαλό· πάω άναυλος ή άναυλα* (= πεθαίνω άδικα)· *πάω άπατα ή άπατα* (= α. ναυαγώ· **β.** αποτυχαίνω)· *πάω καλά* (= έχω επιτυχία): *το βιβλίο / η παράσταση πάει καλά· πάω κατά διαβόλου,* βλ. *διάβολος· πάω κόντρα* (= αντιτίθεμαι): *θυμώνει όταν του πάνε κόντρα· ~ με τα νερά κάποιου,* βλ. *νερό· πάω μπροστά,* βλ. *μπροστά· πάω πάσο,* βλ. *πάσο· πάω περίπατο,* βλ. *περίπατος· πάω σε μάκρος* (= παρατείνεται η διάρκεια μου, χρονίζω)· πβ. έκφρ. *τραβώ σε μάκρος,* βλ. *μάκρος)· πάω (κάτι) στοίχημα* (= στοιχηματίζω)· *πάω στο βρόντο, πάω στράφι, πάω χαράμι* (για κάτι που γίνεται μάταια): *πήγαν στο βρόντο όσα του είπα· πήγαν στράφι όλες μου οι προσπάθειες· χαράμι πήγε τόσο διάβασμα· πάω χαμένος* (= καταστρέφομαι)· *πήγαινε στο καλό / στην ευχή της*

Παναγίας (ευχή για κάποιον που φεύγει)· *πήγε για μαλλί και βγήκε κουρεμένος,* βλ. *κουρεύω· πήγε για μαμή κι έκατσε για λεχώνα* (για κάποιον που άργησε υπερβολικά να γυρίσει από κάποια δουλειά που τον στείλαμε)· *πήγε σαν το σκυλί στ' αμπέλι,* βλ. *αμπέλι· πού θα μου πάει;* (= δε θα μου ξεφύγει)· *πού το πας;* (= τι προθέσεις έχεις;)· *τα πάω καλά με κάποιον* (= έχω αρμονικές σχέσεις μαζί του)· *του πάει πέντε-πέντε,* βλ. *πέντε· όσο πάει...* (= με το πέρασμα του χρόνου...): *όσο πάει και χειροτερεύει η κατάσταση· όσο πάει πέφτει η δραχμή.* [παρατ. και αόρ. του αρχ. υπάγω· ο τ. πάω από το αρχ. υπάγω].

πηγαίος, -α, -ο, επίθ., αυθόρμητος, φυσικός, αβίαστος: *χιούμορ -ο· ταλέντο -ο.* [πηγή].

πήγασος ο, ουσ., για ποιητική έμπνευση· φρ. (λόγ.) *ιππεύει τον -ο* (= έχει ποιητικό οίστρο, ποιητική έμπνευση). [Πήγασος, όν. μυθ. αλόγου].

πηγεμός, βλ. *πηγαιμός.*

πηγή η, ουσ. **1α.** άνοιγμα του εδάφους, φυσικό ή τεχνητό, από όπου αναβλύζει νερό (ή άλλο υγρό, όπως πετρέλαιο): *ήπια νερό από την ~· ιαματική* (= που το νερό της περιέχει συστατικά που θεραπεύουν διάφορες παθήσεις)· **β.** (ειδικότερα) το μέρος από όπου ξεκινά ένα ποτάμι: *στο βουνό αυτό έχει τις -ές του ένας μεγάλος ποταμός.* **2.** (μεταφ.) αιτία, προέλευση ενός πράγματος: *το γεγονός αυτό είναι η ~ της δυστυχίας μας.* **3.** (μεταφ.) καθετί από το οποίο αντλούμε κάτι: *~ πληροφοριών· ~ έμπνευσης / ανεφοδιασμού.* **4.** (ειδικότερα, φυσ.) *~ φωτός / θερμότητας / ενέργειας / ήχου, κλπ.* (= σύστημα, ουσία ή αντικείμενο που παράγει φως, θερμότητα, ενέργεια, ήχο, κλπ.). **5.** (φιλολ., ιστ.) παλαιό κείμενο από το οποίο αντλούμε πληροφορίες για κάποιο θέμα (σε αντίθεση με το «βοήθημα», που είναι νεότερο δημοσίευμα και δίνει έμμεσες πληροφορίες): *κριτική των -ών· ο Προκόπιος αποτελεί την κυριότερη ~ για την ιστορία της αυτοκρατορίας του Ιουστινιανού.* **6.** (ανατομ.) μικρό διάστημα στο κρανίο εμβρύου ή βρέφους (σε σημείο σύνδεσης κρανιακών οστών) που δεν έχει ακόμα οστεοποιηθεί και καλύπτεται από υμένα. Έκφρ. *Ζωοδόχος Π-ή* = επίθετο της Παναγίας.

πηγούνι, βλ. *πιγούνι.*

πηδάλιο το, ουσ. (ασυνίζ.). **1.** το όργανο με το οποίο δίνεται κάθε φορά η κατεύθυνση σε πλοίο ή αεροσκάφος. **2.** (μεταφ.) εξουσία, διεύθυνση, διακυβέρνηση: *πήρε το ~ της επιχείρησης στα χέρια του* (συνών. *τιμόνι*).

πηδαλιούχος ο, ουσ. (ασυνίζ.), αυτός που με το πηδάλιο κυβερνά πλοίο ή αεροσκάφος.

πηδαλιουχούμενος, -η, -ο, μτχ. ως επίθ., που μπορεί να κυβερνηθεί με πηδάλιο.

πήδημα το, ουσ. **1.** απότομη κίνηση με την οποία το σώμα υψώνεται στιγμιαία πάνω από το έδαφος για να διασχίσει μια μικρή απόσταση ή για να ξαναπέσει στην ίδια θέση: *μ' ένα ~ πέρασε το χαντάκι.* **2.** το να ρίχνεται κανείς από ένα μέρος που βρίσκεται πιο ψηλά σε ένα άλλο χαμηλότερο: *από αεροπλάνο / στο κενό.* **3.** απότομη κίνηση που κάνει κανείς για να αλλάξει θέση: *με ένα ~ σηκώθηκε απ' το κρεβάτι.* **4α.** (για ζώα) βάτεμα (βλ. λ.)· **β.** (χυδ., για άνθρωπο) ερωτική επαφή.

πηδηματιά η, ουσ. (συνιζ., λαϊκ.), πήδημα.

πηδηξιά η, ουσ. (συνιζ., λαϊκ.), πήδημα.

πηδηχτός, -ή, -ό, επίθ. 1. που συνηθίζει να πηδά καθώς περπατάει: *πολύ ~ είναι ο γιος σου.* 2. που γίνεται με πηδήματα: *περπάτημα -ό· χορός ~.* - Επίρρ. **-ά** (= με πηδήματα).

πήδος ο, ουσ., μεγάλο πήδημα: *έκανε έναν -ο και πέρασε το φράχτη.*

πηδώ, -άς, ρ. Α. αμτβ. 1. υψώνομαι πάνω από το έδαφος, εγκαταλείπω την επαφή με το έδαφος στιγμιαία με τίναγμα του σώματος· διασχίζω μια μικρή απόσταση, ένα κενό διάστημα με την κίνηση αυτή: *~ ψηλά / στον αέρα· -ησε στο απέναντι μπαλκόνι.* 2. ρίχνομαι από ένα μέρος που βρίσκεται πιο ψηλά σε ένα άλλο χαμηλότερο: *~ από το παράθυρο / στο κενό.* 3. ανεβοκατεβαίνω, σηκώνομαι απότομα: *~ απ' το κρεβάτι / απ' τη θέση μου / πάνω στ' άλογο.* 4. κάνω απότομες κινήσεις από έντονο συναίσθημα που νιώθω: *~ από χαρά / ενθουσιασμό.* 5. πηγαίνω σε κάποια μεγαλύτερη τάξη (για μαθητή) ή σε κάποιο υψηλότερο αξίωμα χωρίς να έχω περάσει από τα ενδιάμεσα στάδια: *-ησε από τη δευτέρα στην τέταρτη τάξη.* 6. περνώ απότομα από ένα αντικείμενο ομιλίας ή συγγραφής σε ένα άλλο άσχετο με το προηγούμενο: *~ από το ένα θέμα στο άλλο.* Β. μτβ. 1. αφήνοντας το έδαφος διασχίζω κάτι ή περνώ από πάνω του: *-ησα το φράχτη.* 2. παραλείπω, προσπερνώ κάτι: *-ησε μια παράγραφο / μια ερώτηση.* 3. πηγαίνω σε μεγαλύτερη τάξη ή σε υψηλότερο αξίωμα χωρίς να έχω περάσει από τα ενδιάμεσα στάδια: *-ησε τάξη / χρονιά / βαθμούς αξιώματος.* **4α.** (για ζώα) βατεύω (βλ. λ.)· **β.** (χυδ., για άτομο αρσ. γένους) συνουσιάζομαι. Φρ. *-ει πολλά παλούκια,* βλ. *παλούκι.*

πήζω, ρ. Α. (μτβ.) κάνω κάτι υγρό να μεταβληθεί σε στερεό· έκφρ. *~ τυρί / γιαούρτι.* Β. αμτβ. 1. περνώ από την υγρή κατάσταση στη στερεή, μεταβάλλομαι σε στερεό: *έπηξε η κρέμα.* 2. (μεταφ.) **α.** έχω κάτι σε αφθονία: *έπηξε στο χρήμα·* **β.** μπουχτίζω, βαριέμαι κάτι: *πήξαμε στις υποσχέσεις·* **γ.** συνωστίζομαι· είμαι γεμάτος από κάτι: *πήξαμε στον κόσμο· το κτήμα έπηξε στο αγριόχορτο.* Φρ. *-ει το μυαλό μου* (= ωριμάζω): *είναι πολύ νέος και δεν έπηξε ακόμα το μυαλό του.*

πηκτικός -ή, -ό, επίθ., που προκαλεί πήξη: *ουσία -ή.*

πηκτικότητα η, ουσ., η δυνατότητα ενός υγρού να πήξει· (ιδίως για το αίμα του ανθρώπινου οργανισμού): *~ του αίματος.*

πηλίκιο το, ουσ. (ασυνίζ.). 1. είδος στρατιωτικού καπέλου με γείσο που φορούν οι αξιωματικοί του στρατού και οι άνδρες της αστυνομίας. 2. (παλαιότερα) κασκέτο (βλ. λ. σημασ. 1): *~ μαθητικό.* [αρχ. *πήληξ*].

πηλίκο το, ουσ., το αποτέλεσμα που παίρνουμε από τη μαθηματική πράξη της διαίρεσης. Φρ. *μηδέν στο ~* (για προσπάθεια που απέτυχε ή για συζήτηση που δεν κατέληξε σε αποτέλεσμα).

πήλινος, -η, -ο, επίθ., που είναι κατασκευασμένο από πηλό: *βάζο -ο* (συνών. *κεραμικός*).

Πηλιορείτης ο, θηλ. **-ισσα,** ουσ., αυτός που κατοικεί στο Πήλιο ή κατάγεται από εκεί.

πηλοπλάστης ο, ουσ., τεχνίτης που πλάθει τον πηλό και απ' αυτόν κατασκευάζει αγγεία ή σκεύη (συνών. *πηλουργός*).

πηλός ο, ουσ. (λαϊκ. πληθ. τα *πηλά*). 1. αργιλώδες πέτρωμα που χρησιμοποιείται στην αγγειοπλαστική και γλυπτική για την κατασκευή προπλα-σμάτων. 2. η λάσπη που χρησιμοποιείται στην οικοδομική. 3. (κατ' επέκταση) η λάσπη που σχηματίζεται στο δρόμο από τις βροχές.

πηλοσωλήνας ο, ουσ., σωλήνας από ψημένη άργιλο, με εσωτερικό στίλβωμα (συνών. *κιούγκι*).

πηλουργός ο, ουσ., πηλοπλάστης (βλ. λ.).

πηλοφόρι το, ουσ., πλατύ σανίδι με το οποίο ο χτίστης φέρνει κοντά του, σε μικρές ποσότητες, τη λάσπη για χτίσιμο.

πηνίο το, ουσ. 1. κύλινδρος από χαρτί, ξύλο ή μέταλλο γύρω από τον οποίο τυλίγεται νήμα για ύφανση ή ραφή (συνών. *καρούλι, μασούρι*). 2. (ηλεκτρολ.) διάταξη που αποτελείται από σύρματινο ή λεπτό σωληνωτό αγωγό, συνήθως μονωμένο εξωτερικά, που τυλίγεται γύρω γύρω συνήθως ελικοειδώς σε πολλές ή μία στρώσεις.

πήξη η, ουσ. 1. (φυσ.) μετάβαση ενός σώματος από τη ρευστή κατάσταση στη στερεή: *~ νερού / αίματος* (αντ. *τήξη*). 2. φαινόμενο που δημιουργείται από παράγοντες φυσικούς ή χημικούς που προκαλούν τη συναρμογή πολλών τμημάτων σε ένα σύνολο (συνών. *πήξιμο*).

πήξιμο το, ουσ., πήξη (βλ. λ. σημασ. 2).

πηρούνι, βλ. *πιρούνι.*

πήχης ο και (λαϊκ.) **πήχη** η, ουσ. 1. (παλαιότερα) μέτρο μήκους ίσο με 64 εκατοστά του μέτρου. 2. (ανατομ.) το τμήμα του ανθρώπινου χεριού που ξεκινά από τον αγκώνα και φτάνει ως τον καρπό. 3. λεπτή λωρίδα σανίδας που το πλάτος της δεν υπερβαίνει τα δύο έως τρία εκατοστά. Φρ. *βγάζω μια -η γλώσσα* (= αυθαδιάζω)· *βγαίνει η γλώσσα μου μια -η* (= **α.** λαχανιάζω από τρέξιμο· **β.** καταβάλλω εξαντλητικές προσπάθειες).

πηχτός -ή, -ό, επίθ. 1. παχύρρευστος: *σούπα / κρέμα -ή* (αντ. *αραιός, νερουλός*). 2. (μεταφ.) πυκνός, βαθύς: *σκοτάδι -ό.* - Το θηλ. ως ουσ. = είδος φαγητού από βρασμένο χοιρινό κεφάλι και διάφορα καρυκεύματα.

πήχτρα η, ουσ. **α.** συνωστισμός: *~ ο κόσμος στη διάλεξη·* **β.** αφθονία: *~ το χωράφι από αγριόχορτα· σκοτάδι ~* (= βαθύ σκοτάδι).

πηχυαίος, -α, -ο, επίθ. (λόγ.). 1. που έχει μήκος έναν πήχυ. 2. (μεταφ.) πολύ μεγάλος: *-οι τίτλοι εφημερίδας.*

πι το, ουσ. άκλ., το δέκατο έκτο γράμμα του ελληνικού αλφαβήτου (π, Π)· έκφρ. *στο ~ και φι* (= πολύ εύκολα, αμέσως): *τέλειωσα τις δουλειές μου στο ~ και φι* (εξαιτίας της ευκολίας με την οποία προφέρονται τα γράμματα π και φ). - Βλ. και *Π, π.*

πια και (λαϊκ.) **πλια,** επίρρ. (συνιζ.). 1. καθόλου από τότε: *δεν ξαναπάτησε ~ στο σπίτι μας.* 2. τώρα (σε αντίθεση με το παρελθόν): *είσαι άντρας ~.* 3. από εδώ και πέρα, στο εξής: *να μην πεις ~ τέτοια λόγια.* 4. επιτέλους: *πότε ~ θα τελειώσει το μαρτύριο!* 5. χωρίς άλλο, εξάπαντος: *αύριο φεύγει ~ για την Αμερική.* [*πλέον<πλέα<πλεά*]

πιάζ (ασυνίζ.), άκλ., βραστά φασόλια με λάδι, ξίδι ή λεμόνι και κρεμμύδι. [τουρκ. *piyaz*].

πιανίσιμο (συνιζ.), επίρρ., με αργό ρυθμό, πάρα πολύ σιγά, απαλά· ως ουσ. = μουσικό κομμάτι που παίζεται πολύ απαλά: *τέλειωσε το μουσικό κομμάτι με ένα ~* (αντ. *φορτίσιμο*). [ιταλ. *pianissimo*].

πιανίστας ο, θηλ. **-ίστα,** ουσ. (συνιζ.), άτομο που παίζει πιάνο (επαγγελματικά ή ερασιτεχνικά). [ιταλ. *pianista*].

πιάνο το, ουσ. (συνιζ.). 1. μεγάλο μουσικό όργανο που οι χορδές του χτυπιούνται με πλήκτρα και όχι με πένα: ~ με ουρά. 2. (μουσ.) α. (ως επίρρ.) απαλά· β. (ως ουσ.) μουσικό κομμάτι που παίζεται απαλά (αντ. φόρτε). [ιταλ. piano].

πιανόλα η, ουσ., μηχανικό πιάνο που τα πλήκτρα του κινιούνται αυτόματα με κατάλληλο μηχανισμό. [ιταλ. pianola].

πιάνω, ρ. (συνιζ.). I. ενεργ. Α. μτβ. 1. παίρνω κάτι στο χέρι μου και το κρατώ: *έπιασα το μωρό από το χέρι· δεν έπιασε βιβλίο όλη μέρα* (= δε διάβασε καθόλου) (συνών. αδράχνω). 2α. αγγίζω: *μην το -σεις, γιατί καίει·* β. ψηλαφώ: *πιάσε το πόδι μου να δεις που είναι πρησμένο.* 3. συλλαμβάνω, τσακώνω, παγιδεύω: *έπιασαν τον κλέφτη· η αλεπού -στηκε στο δόκανο.* 4α. καταλαμβάνω: *έπιασαν το πέρασμα / τις πρώτες θέσεις·* β. κρατώ: *πιάσε και για μας θέσεις.* 5. (μεταφ.) κυριεύω, κατέχω: *τον έπιασε επιληψία / κόψιμο / παράπονο· την έπιασαν οι πόνοι* (= ήρθε η ώρα να γεννήσει). 6. (μεταφ.) συναντώ κάποιον ή επικοινωνώ μαζί του προσωπικά: *έπιασε τον καθηγητή και του μίλησε για το γιο του.* 7. (λαϊκ.) εισπράττω, κερδίζω: *-ει πέντε χιλιάδες την ημέρα·* φρ. *τα 'πιασε* (= δωροδοκήθηκε). 8. (λαϊκ.) πετυχαίνω: *έπιασε δεκατριάρι / τα θέματα των εξετάσεων.* 9. νοικιάζω: *-σανε καινούργιο σπίτι.* 10. (στο γ΄ πρόσ.) συμβαίνει κάτι, με βρίσκει κάτι κατά τη διάρκεια μιας ενέργειάς μου: *μ' έπιασε βροχή στο δρόμο.* 11. (μεταφ.) ενεργώ δραστικά: *δεν τον -ει το φάρμακο· τον -ει ο ήλιος* (= μαυρίζει)· *τον -ει το κρασί* (= μεθά εύκολα)· *τον -ει η θάλασσα* (= παθαίνει ναυτία) (συνών. επενεργώ). 12. (μεταφ.) α. αρχίζω, καταπιάνομαι με κάτι (με το να ή ουσ.): *έπιασε να ποτίσει / την κουβέντα·* β. αποκτώ: *-ει δουλειά σε εργοστάσιο.* 13. συμπιέζω, μαγκώνω: *έπιασα το δάχτυλο στην πόρτα.* 14. (μεταφ.) καταλαμβάνω, χωρώ: *το γλυκό έπιασε όλο το βάζο.* 15. (λαϊκ.) ράβω πρόχειρα: *πιάσε λίγο το παντελόνι εκεί που τρύπησε.* 16. (μεταφ.) υπολογίζω, συνυπολογίζω: *θα το πιάσω στο λογαριασμό.* 17. (μεταφ.) α. αντιλαμβάνομαι: *έπιασα τη μυρωδιά καθώς περνούσα·* β. καταλαβαίνω κάποιον ή κάτι: *το 'πιασες αυτό που σου είπα;* 18. (μεταφ.) δημιουργώ: *έπιασε σκουριά / πέτσα.* 19. (λαϊκ.) φέρνω: *πιάσε ένα ούζο / ένα ποτήρι.* 20. (μεταφ.) ακολουθώ ορισμένη πορεία ή κατεύθυνση: *-σαμε τη ρεματιά και βγήκαμε στο χωριό.* 21. (μεταφ.) α. συνάπτω: *~ σχέσεις / φιλίες / γνωριμίες·* β. αποκτώ σχέσεις με κάποιον: *τον έπιασε φίλο.* 22. (μεταφ.) αποκτώ, γεμίζω: *~ ψείρες.* Β. αμτβ. 1. (μεταφ., για φυσικά φαινόμενα) εκδηλώνομαι, ξεσπώ: *έπιασε ψύχρα.* 2. (μεταφ., για πλοίο) προσορμίζομαι: *το πλοίο -ει κάθε εβδομάδα στο νησί.* 3. (μεταφ., για φαγητό) αρχίζω να καίγομαι από έλλειψη νερού, κολλώ: *έπιασαν τα ντολμαδάκια.* 4. (μεταφ.) συλλαμβάνω, μένω έγκυος: *έπιασε η προβατίνα* (συνών. λαϊκ. γκαστρώνομαι)· φρ. *~ παιδί* (= μένω έγκυος). 5. (μεταφ.) ανάβω, καίγομαι: *η φωτιά δεν έπιασε.* 6. (μεταφ., για φυτό) ριζοβολώ: *-ει ο σπόρος.* 7. ενεργώ δραστικά, είμαι αποτελεσματικός: *-ει το εμβόλιο / η βίδα· δεν -ουν τα φρένα·* (μεταφ.) *κουβέντα / συμβουλή που δεν έπιασε* (= δεν έπεισε). 8. (μεταφ., σε γ΄ πρόσ.) αξίζει: *το σπίτι -ει δέκα εκατομμύρια.* II. μέσ. 1. κρατιέμαι από κάπου, γαντζώνομαι: *πιάσου από τις χειρολαβές.* 2. μπλέκομαι, σκαλώνω: *-άστηκε η φούστα στο φράχτη.* 3. συμπλέκομαι, καβγαδίζω: *-άστηκαν μπροστά στο καφενείο.* 4. (μεταφ.) α. παθαίνω παράλυ-

ση ή αγκύλωση: *-άστηκα καθώς έσκυβα· -άστηκε η αριστερή του πλευρά·* β. μουδιάζω: *-άστηκε το πόδι μου·* (κατ' επέκταση): *-άστηκε η φωνή μου* (= βράχνιασα). 5. (μεταφ.) αποκτώ δύναμη ή περιουσία: *-άστηκε και δε μιλιέται πια.* Φρ. *δεν ~ μπάζα / χαρτωσιά* (= είμαι κατώτερος): *δεν -ει χαρτωσιά μπροστά της· δεν -ομαι* (= είμαι ασυναγώνιστος)· *δεν τον -ει το μάτι σου* (= δεν τον υπολογίζεις): *είναι τόσο μικρό που δεν -ει το μάτι σου· μ' έπιασαν τα νεύρα* (= κυριεύτηκα από νευρική έξαψη)· *με -ει ο αέρας, η βροχή,* κλπ. (= είμαι εκτεθειμένος στον αέρα, στη βροχή): *το σπίτι το -ει πολύ ο βαρδάρης· με -ει το κεφάλι, η κοιλιά,* κλπ. (= αρχίζει να με πονά το κεφάλι, κλπ.)· *-ει πουλιά στον αέρα* (= είναι πολύ έξυπνος ή επιδέξιος)· *-εται από τα λόγια του* (= φανερώνεται ψεύτης από τα λόγια του)· *-ουν τα χέρια μου* (= είμαι επιδέξιος)· *~ κάποιον απ' το λαιμό* (= πιέζω)· *~ κάποιον κορόιδο,* βλ. *κορόιδο· ~ κάποιον στα πράσα* (= τον συλλαμβάνω επ' αυτοφώρφ)· *~ κάποιον στο στόμα μου* (= τον σχολιάζω δυσμενώς)· *~ μεγάλο ψάρι / λαβράκι* (= έχω μεγάλη επιτυχία)· *~ την καλή* (= πλουτίζω)· *~ το Μάη* (= γιορτάζω την Πρωτομαγιά στην εξοχή)· *~ τόπο* (= ωφελώ, αξιοποιούμαι): *έπιασαν τόπο τα χρήματα / οι συμβουλές· ποιος με -ει!* (θριαμβευτική αναφώνηση για επιτυχία). Παροιμ. *ο πνιγμένος απ' τα μαλλιά του -εται* (= όποιος κινδυνεύει καταφεύγει σε οποιοδήποτε μέσο σωτηρίας)· *το έξυπνο πουλί από τη μύτη -εται,* βλ. *μύτη.* - Η μτχ. *πιασμένος* ως επίθ. = 1α. παράλυτος· β. που έχει πάθει αγκύλωση. 2. κατειλημμένος: *θέσεις -σμένες.* 3. κρατημένος: *τα δωμάτια είναι -σμένα από το χειμώνα.* 4. απασχολημένος, «κλεισμένος»: *ο ηλεκτρολόγος είναι -σμένος για τρεις εβδομάδες.* [δωρικό πιάζω <πιέζω].

πιάσιμο το, ουσ. (συνιζ.). 1. άδραγμα, κράτημα. 2. άγγιγμα. 3. αφή, ψαύση: *ρούχο απαλό στο ~.* 4. ριζοβόλημα: *~ λουλουδιού / δέντρου.* 5. (λαϊκ.) εγκυμοσύνη. 6. πρόχειρο ράψιμο: *~ ξηλωμένου ρούχου.* 7. σκάλωμα: *~ της φούστας στο φράχτη.* 8. (για φαγητό) κόλλημα. 9. παράλυση ή αγκύλωση: *δεν μπορεί να κουνηθεί από το ~.* 10. μάγκωμα: *~ του δάχτυλου στην πόρτα.* 11. λαβή: *τα -ατα της στάμνας.* 12. (στον πληθ., λαϊκ.) καμπύλες: *γυναίκα με πολλά -ατα.*

πιάσμα το, ουσ. (συνιζ.), λαβή, χερούλι: *~ μπαστουνιού.*

πιάστρα η, ουσ. (συνιζ.), (συνήθως στον πληθ.) μικρά κομμάτια από χοντρό ύφασμα ή πλεκτό που συνήθως ενώνονται μεταξύ τους με λεπτή ταινία και χρησιμεύουν στο πιάσιμο ζεστών σκευών.

πιαστράκι το, ουσ. (συνιζ.). 1. καθετί που χρησιμεύει για πιάσιμο. 2. μικρή κλειστή φουρκέτα για τη συγκράτηση των μαλλιών.

πιάστρο το, ουσ. (συνιζ.), νομισματική μονάδα πολλών χωρών (λ.χ. Τουρκίας, Αιγύπτου) με διαφορετική αξία. [ιταλ. piastra].

πιατάκι, βλ. *πιάτο.*

πιατέλα η, ουσ. (συνιζ.), μεγάλο ρηχό πιάτο με στρογγυλό ή ωοειδές σχήμα που χρησιμεύει για σερβίρισμα: *~ του κέικ.*[βενετ. piatela].

πιατέλο το, ουσ. (συνιζ.), μικρό πιάτο. [ιταλ. *piattello*].

πιατικό το, ουσ. (συνιζ.). α. μεγάλος αριθμός πιάτων: *είχα πολύ ~ για πλύσιμο σήμερα·* β. (συνή-

θως στον πληθ.) το σύνολο των πιάτων μιας κουζίνας.
πιάτο το, ουσ. (συνιζ.). **1α.** σκεύος της κουζίνας ευρύχωρο, επίπεδο, όπου τοποθετείται το φαγητό: ~ *ρηχό/της σούπας·* **β.** οτιδήποτε μοιάζει με πιάτο: ~ *διακοσμητικό.* **2.** το περιεχόμενο του πιάτου: *ένα ~ μελιτζάνες.* **3.** το κάθε φαγητό που σερβίρεται στο τραπέζι: *προσφέρθηκαν τρία -α.* Φρ. *θέλει το φαΐ (ή το θέλει) στο ~* (= επιθυμεί να τα έχει όλα έτοιμα χωρίς δικές του φροντίδες). - Υποκορ. **-άκι** το. [ιταλ. *piatto*].
πιατοθήκη η, ουσ. (συνιζ.), ειδικό έπιπλο της κουζίνας όπου τοποθετούνται τα πιάτα μετά το πλύσιμό τους.
πιάτσα η, ουσ. (συνιζ., λαϊκ.). **1.** ο χώρος της αγοράς: *έμπορος με καλό όνομα στην ~· άνθρωπος της -ας·* φρ. *βγάζω στην πάτσα* (= **α.** για προϊόν, εκθέτω ή διαθέτω για πώληση· **β.** για γυναίκα, οδηγώ στην πορνεία· αμτβ. *βγαίνω στην ~*). **2.** χώρος όπου σταθμεύουν αυτοκίνητα δημόσιας χρήσης περιμένοντας πελάτες: ~ *ταξί·* (για οδηγό) *κάνει ~ στο αεροδρόμιο.* [ιταλ. *piazza*].
πίβουλος, βλ. *επίβουλος.*
πιγκουίνος ο, ουσ. (έρρ.), μεγαλόσωμο πουλί των αρκτικών θαλασσών, με σώμα μαύρο ή γκρίζο στη ράχη και λευκό στην κοιλιά και τα δάχτυλα των ποδιών του ενωμένα με μεμβράνη, που μπορεί να περπατά όρθιο. [ιταλ. *pinguino*].
πιγούνι το, ουσ., χαρακτηριστικό τμήμα του προσώπου που διαμορφώνεται από το κάτω σαγόνι. - Υποκορ. **-άκι** το. - Μεγεθ. **-ούνα** η. [αρχ. *πώγων*].
πίδακας ο, ουσ., ποσότητα νερού που υψώνεται κατακόρυφα και ορμητικά από μια δεξαμενή ή από γλυπτό.
πιδεξιοσύνη, βλ. *επιδεξιοσύνη.*
πιέζω, ρ. (ασυνίζ.). **1α.** κρατώ μέλος του σώματός μου, κυρίως το χέρι μου, ή ένα πράγμα σταθερά σε επαφή με κάτι και το σπρώχνω με το βάρος μου ή χρησιμοποιώντας ιδιαίτερη δύναμη: *η θήκη ανοίγει μόλις -σεις ελαφρά το κάλυμμα* (για δυνατή πίεση) *-εις το μολύβι και μπορεί να σπάσει η μύτη του·* **β.** (για καρπό) συνθλίβω για να βγει χυμός: *μηχανή που -ει τις ελιές* (συνών. *πατώ*). **2.** σφίγγω ενοχλητικά: *αν σε -σει ο επίδεσμος να τον χαλαρώσεις.* **3.** (στρατ.- αθλητ.) καταπονώ τον αντίπαλο με διαρκή έντονη δράση σε κάποιο σημείο των θέσεών του: *ο λόγος -ζόταν πολύ κι αναγκάστηκε να υποχωρήσει.* **4.** για κατάσταση που επιδρά δυσάρεστα και με τρόπο αναπόφευκτο: *με -ουν οι τύψεις·* (μέσ.) *-ομαι οικονομικά· νιώθω πιεσμένος* (συνών. *βασανίζω, στενοχωρώ, καταπιέζω*). **5.** προσπαθώ έντονα να πείσω κάποιον να κάνει, να δεχτεί ή να πει κάτι χωρίς ο ίδιος να το θέλει: *τον -ουν οι γονείς του να παντρευτεί·* φρ. ~ *τον εαυτό μου ...* (= εντείνω τις προσπάθειές μου). **6.** προσπαθώ εντατικά να πετύχω ή να αποκτήσω κάτι ενεργώντας ώστε να πειστεί κάποιος, ιδίως μια αρχή, ότι αυτό είναι επιθυμητό: *ο ΟΗΕ θα εξακολουθήσει να -ει για μια ειρηνική λύση του προβλήματος.*
ιένα η, ουσ. (συνιζ.), στην έκφρ. (ιδίως για θέατρο) *έχουμε ~ ή -ες σήμερα* (= η αίθουσα είναι εντελώς γεμάτη). [ιταλ. *piena*].
ιερότος ο, ουσ. (ασυνίζ.), πρόσωπο μεταμφιεσμένο στις αποκριές με άσπρο κοστούμι και γιακά με πτυχές. [γαλλ. *pierrot*].
ίεση η, ουσ. **1.** το να πιέζει κανείς κάτι: *το κιβώτιο δεν άντεξε στην ~ κι έσπασε* (συνών. *πάτημα*). **2.** δυσάρεστο συναίσθημα, στενοχώρια εξαιτίας ορισμένων συνθηκών: ~ *των ευθυνών.* **3.** έντονη προσπάθεια να πεισθεί κάποιος ή να αναγκαστεί να κάνει κάτι: *ύστερα από ~ ο κατηγορούμενος ομολόγησε· -εις διπλωματικές·* έκφρ. *ομάδα -ης* (= οργανωμένο σύνολο ανθρώπων που δρα με σκοπό να επηρεάσει μια κυβέρνηση ή άλλη αρχή, ώστε να αποφασίσει ή να ενεργήσει με ορισμένο τρόπο) (συνών. *λόμπι*). **4.** (φυσ.) η δύναμη που ασκείται πάνω σε ορισμένη επιφάνεια: ~ *ενός υγρού στα τοιχώματα του δοχείου του.* **5.** (μετεωρ.) *ατμοσφαιρική ~* (= η πίεση που ασκεί ο ατμοσφαιρικός αέρας στην επιφάνεια διάφορων σωμάτων)· (απολ.) *πιέσεις χαμηλές/υψηλές.* **6.** (φυσιολ.) **α.** *αρτηριακή ~* = η πίεση του αίματος στα τοιχώματα των αρτηριών· (συνηθέστερα απολ.): *συγχύστηκα και μου ανέβηκε η ~· παίρνω* (= μετρώ) *την ~·* **β.** *υπέρταση.*
πιεσόμετρο το, ουσ. (ασυνίζ.), ιατρικό όργανο για τη μέτρηση της αρτηριακής πίεσης.
πιεστήριο το, ουσ. (ασυνίζ. δις). **1.** μηχάνημα με το οποίο συμπιέζονται ή συνθλίβονται διάφορα σώματα (π.χ. ελιές, σταφύλια, κλπ.) (συνών. *πρέσα*). **2.** μηχάνημα για την εκτύπωση κειμένων, εικόνων, κλπ. Έκφρ. *επί του -ρίου* (για ειδήσεις σε εφημερίδα τυπωμένες την τελευταία στιγμή πριν από την κυκλοφορία του φύλλου).
πιεστής ο, ουσ. (ασυνίζ.), εργάτης τυπογραφείου που ασχολείται με εργασίες του πιεστηρίου.
πιεστικός, -ή, -ό, επίθ. (ασυνίζ.). **α.** που ασκεί πίεση σε άλλον για να τον πείσει ή να τον αναγκάσει να κάνει κάτι: *ήταν πολύ ~ στα αιτήματά του·* **β.** για κατάσταση που επιδρά σε κάποιον με τρόπο καταπιεστικό: *ανάγκη -ή.* - Το ουδ. ως ουσ. = είδος αντλίας που αυξάνει την πίεση του νερού.
πιεστικότητα η, ουσ. (ασυνίζ.), το να είναι κανείς πιεστικός: ~ *ανυπόφορη.*
πιέτα η, ουσ. (συνιζ.), δίπλα υφάσματος: *φούστα με -ες* (συνών. *πτυχή*). [βενετ. *pieta*].
πιζώής, βλ. *επιζωής.*
πιθαμή και **σπιθαμή** η, ουσ., η απόσταση ανάμεσα στις άκρες του μεγάλου και του μικρού δαχτύλου ανοιχτής παλάμης (ως πρόχειρο μέτρο μήκους): *το βράδυ έριξε μια ~ χιόνι·* (για να δηλωθεί διάστημα πολύ μεγαλύτερο από το κανονικό ή πολύ μικρό) *άνοιξε μια ~ το στόμα του· δε σάλευε ~ απ' τη θέση του.*
πιθανολόγημα το, ουσ., λόγος, γνώμη που μπορεί να χαρακτηριστεί πιθανή.
πιθανολογώ, -είς, ρ., διατυπώνω γνώμη, άποψη που μπορεί να θεωρηθεί πιθανή: (απρόσ.) *-είται ότι... (= θεωρείται πιθανό).*
πιθανός, -ή, -ό, επίθ., που μπορεί να συμβεί, να πραγματοποιηθεί: *-ή έκβαση μιας υπόθεσης* (αντ. *απίθανος*)· φρ. *(είναι) πιθανόν να... (= υπάρχει πιθανότητα να...).* - Επίρρ. **-ώς.**
πιθανότητα η, ουσ. **1.** το να είναι κάτι πιθανό: ~ *μιας υπόθεσης/ενός πολέμου· έχει πολλές -ες να επιτύχει.* **2.** *θεωρία πιθανοτήτων* = μαθηματικός χαρακτηρισμός βαθμού δυνατότητας για την παρουσία τυχαίου γεγονότος.
πιθανώς, βλ. *πιθανός.*
πιθαράδικο το, ουσ., εργαστήριο όπου κατασκευάζονται πιθάρια.
πιθαράκι, βλ. *πιθάρι.*
πιθαράς ο, ουσ., κατασκευαστής πιθαριών.

πιθάρι το, ουσ., μεγάλο δοχείο (συνήθως από πηλό) όπου διατηρούνται υγρά ή αλατισμένα φαγώσιμα (συνών. κιούπι). - Υποκορ. **-άκι** το. [αρχ. πίθος].

πιθηκάκι, βλ. πίθηκος.

πιθηκάνθρωπος ο, ουσ. **1.** γένος πιθήκων, ανύπαρκτο σήμερα, που θεωρείται ενδιάμεσος τύπος μεταξύ πιθήκου και ανθρώπου. **2.** (μεταφ., μειωτ.) πολύ άσχημος άνθρωπος.

πιθηκίζω, ρ. (μειωτ.) μιμούμαι πιστά (όπως ο πίθηκος).

πιθηκισμός ο, ουσ. (μειωτ.) πιστή, άκριτη μίμηση.

πιθηκοειδής, -ής, -ές, γεν. ούς, πληθ. αρσ. και θηλ. είς, ουδ. -ή, επίθ. (λόγ.), που η μορφή του πλησιάζει τη μορφή του πιθήκου (συνών. πιθηκόμορφος).

πιθηκόμορφος, -η, -ο, επίθ., που έχει μορφή που πλησιάζει τη μορφή του πιθήκου (συνών. πιθηκοειδής).

πίθηκος ο, ουσ. (ζωολ.) θηλαστικό που ανήκει στα πρωτεύοντα, με πρόσωπο συνήθως άτριχο, αναπτυγμένο εγκέφαλο, κάτω άκρα πιο μικρά από τα επάνω και παλάμες: *οι μεγάλοι -οι είναι απ' όλα τα ζώα τα πιο κοντινά στον άνθρωπο· άσχημος/ τριχωτός σαν ~* (συνών. *μαϊμού*). - Υποκορ. **-άκι** το.

πίθος ο, ουσ. (λογ.), (αρχαιολ.) πιθάρι (βλ. λ.): *~ μινωικός·* φρ. *αντλώ στον -ο των Δαναΐδων* (= ματαιοπονώ).

πιθυμώ, βλ. επιθυμώ.

πίκα η, ουσ., πείσμα, μνησικακία εναντίον κάποιου που μας έχει πειράξει: *δεν του έκανα το χατίρι από ~.* φρ. *τον έχω ~* (= με έχει πειράξει και έχω τη διάθεση κάτι να του κάνω). [ιταλ. *picca*].

πικάντικος, -η, -ο, επίθ. (έρρ.). **1.** (για φαγητό) που προκαλεί ερεθισμό στη γλώσσα: *γεύση/σάλτσα -η* (συνών. *δυνατός*). **2.** (μεταφ.) που έχει ελαφρά άσεμνο και διασκεδαστικό περιεχόμενο: *αστεία -α.*

πικάπ το, ουσ. άκλ., ηλεκτρική συσκευή περιστροφής δίσκων μουσικής. [αγγλ. *pick-up*].

πικάρισμα το, ουσ., το να ερεθίζει κανείς κάποιον με λόγια και το αποτέλεσμα της ενέργειας αυτής.

πικάρω, ρ., παρατ. -ιζα, αόρ. -ισα, παθ. -ίστηκα, μτχ. παρκ. -ισμένος, ερεθίζω κάποιον με τα λόγια μου. [ιταλ. *piccare*].

πικεδένιος, -α, -ο, επίθ. (συνιζ.), που είναι κατασκευασμένος από πικέ (βλ. λ.): *κουβέρτες -ες γιακάς ~.*

πικές ο, ουσ., ύφασμα από μπαμπάκι με σχέδια στην πλέξη του. [γαλλ. *piqué*].

πικέτο το, ουσ., παιχνίδι της τράπουλας που παίζεται με τριάντα δύο χαρτιά. [ιταλ. *picchetto*].

πικ-νικ το, ουσ. άκλ., πρόχειρο γεύμα εκδρομέων που γίνεται στο ύπαιθρο με προμήθειες που έχει φέρει ο καθένας μαζί του. [γαλλ. *pique-nique*].

πίκολο το, ουσ., μικρός πλαγίαυλος. [ιταλ. *piccolo*].

πίκρα η, ουσ. **1.** η αίσθηση του πικρού: *αυτό το αμύγδαλο αφήνει ~ στο στόμα· ~ του καφέ.* **2.** έντονα δυσάρεστο συναίσθημα, λύπη, απογοήτευση: *δοκίμασε πολλές -ες στη ζωή του.*

πικρά, βλ. *πικρός.*

πικραγγουριά η, ουσ. (έρρ., συνιζ.), άγριο ποώδες φυτό που φυτρώνει συνήθως σε άγονες περιοχές.

πικράδα και **πικρίλα** η, ουσ., πίκρα (βλ. λ.): *αφήνει μια -ίλα στο στόμα· κατάφερα και κόπηκε η -άδα του.*

πικραίνω, ρ., ενεργ. αόρ. *πίκρανα,* παθ. αόρ. *πικράθηκα,* μτχ. -αμένος. **I.** ενεργ. **Α.** μτβ. **1.** δημιουργώ σε κάποιον ή κάτι την αίσθηση του πικρού: *το χαπάκι μού πίκρανε το στόμα.* **2.** (μεταφ.) προκαλώ πικρία, δυσαρεστώ, λυπώ έντονα: *μια νέα αποτυχία θα -άνει πολύ τους γονείς μου.* **Β.** (αμτβ.) γίνομαι πικρός: *αν πατήσεις την αγγουριά, οι καρποί της -ουν* (συνών. *πικρίζω*). **II.** (μέσ.) νιώθω έντονη δυσαρέσκεια, θλίβομαι: *'Οσα πουλιά τ' ακούσανε, όλα τους -αθήκαν* (δημ. τραγ.) (αντ. *γλυκαίνω*). - Η μτχ. ως επίθ. = θλιμμένος πολύ: *καρδιά -αμένη.*

πικραλίδα η, ουσ., πικρομάρουλο (βλ. λ.).

πικραμυγδαλιά η, ουσ. (συνιζ.), είδος αμυγδαλιάς με πικρό καρπό.

πικραμύγδαλο το, ουσ., ο καρπός της πικραμυγδαλιάς: *λικέρ από -α.*

πικραμυγδαλόλαδο το, ουσ., λάδι που βγαίνει από πικραμύγδαλα.

πικράντερος, -η, -ο, επιθ. (έρρ.), που δεν έχει καλή ψυχική διάθεση για τους άλλους.

πικραντικός, -ή, -ό, επίθ. (έρρ.), που προσδίδει σε κάτι πικράδα (αντ. *γλυκαντικός*).

πικρία η, ουσ., δυσάρεστο συναίσθημα, δυσάρεστη ψυχική κατάσταση, λύπη, απογοήτευση: *δοκίμασα πολλές -ες* (συνών. *πίκρα* σημασ. 2).

πικρίζω, ρ. **Α.** (μτβ.) προσδίδω πικρίλα σε κάτι. **Β.** (αμτβ.) είμαι κάπως πικρός στη γεύση: *αυτό το αμύγδαλο -ει.*

πικρίλα, βλ. *πικράδα.*

πίκρισμα το, ουσ., η αίσθηση του πικρού: *ένιωσα ~ όταν ήπια αυτό το φάρμακο.*

πικρόγελο το, ουσ., γέλιο που δεν είναι πραγματικό (αντ. *γλυκόγελο*).

πικρόγλυκος, -η, -ο, επίθ., που είναι συνάμα πικρός και γλυκός.

πικρόγλωσσος, -η, -ο, επίθ., που δημιουργεί δυσάρεστα συναισθήματα σ' αυτούς που τον ακούν να μιλά και να αποφαίνεται (συνών. *δηκτικός*).

πικροδάφνη, η, ουσ. **1.** το φυτό ροδοδάφνη (βλ. λ.). **2.** ποτό που παρασκευάζεται από πικροδάφνη και θεωρείται δυναμωτικό για τα παιδιά και τους ασθενείς.

πικροθάλασσα η, ουσ., η θάλασσα όταν προκαλεί πίκρες στους ανθρώπους: *θάλασσα ~ και πικροκυματούσα* (δημ. τραγ.).

πικροκαρδίζω, ρ. **Α.** (μτβ.) προκαλώ δυσάρεστα συναισθήματα σε κάποιον, τον κάνω να πικραθεί. **Β.** (αμτβ.) νιώθω πικρία, θλίψη.

πικρόκαρδος, -η, -ο, επίθ., (λαϊκ.), που έχει κακή ψυχική διάθεση, φθονερός.

πικροκυματούσα, επίθ. της θάλασσας όταν προκαλεί πίκρες στους ανθρώπους (βλ. και *πικροθάλασσα*).

πικρόλογα τα, ουσ., λόγια δυσάρεστα (αντ. *γλυκόλογα*).

πικρομάρουλο το, ουσ., άγριο χόρτο με πικρή γεύση (συνών. *πικραλίδα, πικροράδικο*).

πικροράδικο το, ουσ., πικρομάρουλο (βλ. λ.).

πικρός, -ή, -ό, επίθ. **1α.** που έχει έντονα δυσάρεστη γεύση: *~ σαν κινίνο·* **β.** για καφέ που δεν έχει ζάχαρη (συνών. *σκέτος·* αντ. *γλυκύς*). **2.** (μεταφ.) που προκαλεί πικρία, θλίψη, δυστυχία: *λόγια -α· ξενιτιά -ή.* **3.** (μεταφ.) που φανερώνει έντονη δυσαρέσκεια ή λύπη, συνήθως από μια απογοήτευση, ατυχίες, την άδικη συμπεριφορά κάποιου: *δάκρυα -ά· χαμόγελο -ό* (αντ. στις σημασ. 1-3 *γλυκός*). - Επίρρ. **-ά.**

πικρότητα η, ουσ., το να είναι πικρό κάτι.
πικρούτσικος, -η, -ο, επίθ., ελαφρά πικρός.
πικρόχολος, -η, -ο, επίθ. α. που αρέσκεται να εκστομίζει πικρά, δηκτικά λόγια: *γυναίκα -η·* **β.** που εκφράζει πικρία, δηκτική διάθεση: *ειρωνεία -η.*
πικρόχορτο το, ουσ., είδος φαρμακευτικού φυτού.
πιλάλα η και **πιλαλητό** το, ουσ. το να τρέχει κανείς, τρέξιμο (συνών. *τρεχάλα).*
πιλαλώ, ρ., τρέχω.
πιλάτεμα το, ουσ., το να πιλατεύει (βλ. λ.) κανείς κάποιον.
πιλατεύω, ρ., ενοχλώ σοβαρά κάποιον: *με -τευε πολλή ώρα* (συνών. *βασανίζω).* [πιθ. *Πιλάτος].*
πιλάφι το, ουσ., φαγητό από βρασμένο ρύζι και διάφορα καρυκεύματα που συνοδεύει συνήθως κρέας. [τουρκ. *pilâv].*
πίλημα το, ουσ. **1.** χοντρό ύφασμα από τρίχες ζώου (συνών. *κετσές).* **2.** κομμάτι τέτοιου υφάσματος (τσόχας) για την κατασκευή καπέλων.
πιλοποιείο το, ουσ., εργαστήριο όπου κατασκευάζονται και πουλιούνται καπέλα.
πιλοτάγιο το, ουσ. (ασυνίζ.), το να κυβερνά κανείς αεροπλάνο ή πλοίο: *σ' εκείνα τα στενά το ~ ήταν κουραστικό.* [ιταλ. *pilotaggio].*
πιλοτάρισμα το, ουσ., οδήγηση πλωτού μέσου ή αεροπλάνου.
πιλοτάρω, ρ. **1.** οδηγώ πλωτό μέσο ή αεροπλάνο. **2.** (μεταφ.) καθοδηγώ κάποιον. [ιταλ. *pilotare].*
πιλοτή η, ουσ., ισόγειος χώρος ανοιχτός γύρω γύρω που σχηματίζεται από κολόνες που κρατούν κτήριο. [γαλλ. *pilotis].*
πιλοτήριο το, ουσ. (ασυνίζ.), ο χώρος του αεροπλάνου όπου βρίσκεται ο πιλότος.
πιλοτιέρα και **πιλοτίνα** η, ουσ., το μικρό πλοίο του πιλότου (βλ. λ. σημασ. 2). [ιταλ. *pilotina].*
πιλότος ο και η, ουσ. **1.** ο οδηγός κυρίως ενός μεγάλου πλωτού μέσου ή αεροπλάνου. **2.** πρόσωπο που έχει έργο να κατευθύνει από το πλοιάριό του με επιτυχία τα σκάφη που μπαίνουν στο λιμάνι (συνών. *πλοηγός).* [βενετ. *pilot].*
πίνακας ο, ουσ. **1.** ορθογώνιο ή τετράγωνο κατασκεύασμα με επίπεδη επιφάνεια συνήθως από ξύλο ή πλαστικό, που χρησιμεύει για να γράφει κανείς πάνω σ' αυτό: *~ σχολικός* (πβ. *μαυροπίνακας)·* φρ. (σχολ.) *σηκώνομαι στον -α* (= *πλησιάζω στον πίνακα για να γράψω κάτι ή να εξεταστώ στο μάθημα).* **2.** ορθογώνια συνήθως ξύλινη πλάκα που χρησιμεύει για να δέχεται επιγραφές, ανακοινώσεις, κλπ.: *~ αναχωρήσεων του σιδηροδρομικού σταθμού.* **3.** (καλ. τέχν.) κινητό ζωγραφικό έργο που έχει εκτελεστεί σε σταθερή επιφάνεια, συνήθως σε ξύλο, μουσαμά, χαρτόνι (συχνά στις εκφρ. *~ ζωγραφικής ή ζωγραφικός ~.* πβ. και *εικόνα* σημασ. 1β): *~ μοντέρνος/πλαστός· εκθέτω/συλλέγω -ες.* **4α.** σύνολο πραγμάτων που αναγράφονται με ορισμένη σειρά: *~ περιεχομένων· -ες χρονολογικοί·* **β.** για κατάλογο προσώπων, κατάσταση: *δημοσιεύτηκε ο ~ των προακτέων.* **5.** (ηλεκτρολ.) σύνολο εξαρτημάτων που χρησιμεύουν για τον έλεγχο της λειτουργίας ή της κατάστασης ηλεκτρικών κυκλωμάτων, καθώς και για το χειρισμό τους: *~ γενικός/διανομής* (συνών. *ταμπλό).* **6.** *~ τηλεφωνικός =* συσκευή για την ταυτόχρονη λήψη τηλεφωνικών κλήσεων με διαφορετική προέλευση και για την πραγματοποίηση πολλαπλών συνδέσεων.
πινακίδα η, ουσ. α. μικρή πλάκα με επιγραφή σε πόρτα, συρτάρι, τοίχο, κ.α., ή σπανιότερα φορητή: *~ πλαστική* (συνών. *ταμπέλα)·* **β.** (ειδικά) μεταλλική πινακίδα στο μπροστινό και το πίσω μέρος οχήματος όπου αναγράφεται ο αριθμός κυκλοφορίας του: *στάθμευσε παράνομα και του πήραν τις -ες·* γ. (αρχαιολ.) *μικρή πλάκα που προοριζόταν να δεχτεί ή φέρει ήδη μια εικόνα ή συνηθέστερα μια επιγραφή: ~ κέρινη/μυκηναϊκή.*
πινάκιο το, ουσ. (ασυνίζ.), (νομ.) πίνακας όπου καταγράφονται με τη σειρά τους οι υποθέσεις που θα εκδικαστούν την κάθε μέρα στο δικαστήριο.
πινάκλ το, ουσ. άκλ., είδος χαρτοπαίγνιου. [γαλλ. *pinacle].*
πινακογλείφτης ο, ουσ. (λαϊκ.), κόλακας (συνών. *τσανακογλείφτης).*
πινακοθήκη η, ουσ., ίδρυμα όπου έχουν συγκεντρωθεί ζωγραφικοί πίνακες: *Εθνική Π~.*
πινακωτή η, ουσ. **1.** σκεύος ξύλινο όπου τοποθετούνται τα ψωμιά προτού φουρνιστούν· φρ. *όλα τα στραβά καρβέλια η στραβή ~ τα κάνει* (= *στο ίδιο πάντα πρόσωπο φορτώνονται οι ευθύνες).* **2.** (παλαιότερα) είδος παιδικού παιχνιδιού.
πινγκ-πονγκ το, ουσ. άκλ., επιτραπέζια αντισφαίριση (βλ. λ.). [αγγλ. *ping-pong].*
πινδαρικός, -ή, -ό, επίθ., που ανήκει ή αναφέρεται στον Πίνδαρο: *ωδή -ή.*
πινέζα η, ουσ., μικρό καρφί με πλατύ κεφάλι: *το χαρτί το στερεώσαμε με -ες· κάρφωσα τη φωτογραφία στον τοίχο με -ες.* [γαλλ. *punaise].*
πινελιά η, ουσ. (συνιζ.). **1.** το ίχνος χρώματος που αφήνει το πινέλο όταν χρησιμοποιείται από ζωγράφο κυρίως. **2.** ο τρόπος που μεταχειρίζεται το πινέλο ο ζωγράφος: *αδρή ~.*
πινέλο το, I. ουσ. α. μικρό βουρτσάκι που χρησιμοποιεί ο ζωγράφος για να ζωγραφίζει ή το χρησιμοποιούμε γενικά για να αλείφομε υγρό ή σπανιότερα σκόνη σε μια επιφάνεια· **β.** βουρτσάκι που χρησιμοποιεί κανείς στο ξύρισμα για να κάνει αφρό. [ιταλ. *pennello].*
πινέλο το, II. ουσ. (ναυτ.) άγκυρα μικρή, βοηθητική. [ιταλ *pennello].*
πίννα η, ουσ., είδος θαλασσινού μαλάκιου: *στρείδια, -ες και άλλα θαλασσινά.*
πινό το, ουσ. (ναυτ.) η κάθε άκρη της κεραίας πλοίου: *οι ναύτες σκαρφαλώσανε στα πινά.* [βενετ. *penòn].*
πινόμι το, ουσ. (λαϊκ.), επώνυμο ή παρατσούκλι.
πίνω, ρ., αόρ *ήπια,* μτχ. *πιωμένος* (συνιζ.). Α. μτβ. **1.** παίρνω υγρό με το στόμα και το καταπίνω ώστε να καταλήξει στο στομάχι μου: *~ γάλα/καφέ·* φρ. *θα σου πιω το αίμα* (ως απειλή). **2.** απορροφώ: *η γη ήπιε αμέσως το νερό της βροχής* (συνών. *ρουφώ).* **3.** (λαϊκ., με ουσ. *τσιγάρο)* καπνίζω. Φρ. *~ φαρμάκια =* περνώ συμφορές. Β. αμτβ. **1.** έχω μεγάλη εξάρτηση από το αλκοόλ: *είμαι μέθυσος: καπνίζει και -ει πολύ.* **2.** (για ύφασμα) μαζεύω, στενεύω: *το φόρεμα ήπιε με το πλύσιμο* (συνών. *μπαίνω)·* φρ. *~ στην υγεία κάποιου =* κάνω πρόποση. - Η μτχ. *πιωμένος* ως επίθ. = *μεθυσμένος: πάλι πιωμένος είσαι;*
πιο και (λαϊκ.) **πλιο,** μόριο που χρησιμεύει για τον περιφραστικό σχηματισμό παραθετικών στα επίθετα και τα επιρρήματα: *~ έξυπνος· ~ γρήγορα* συχνά (λαϊκ.) και με ουσιαστικά για να δηλωθεί διαβάθμιση: *η Μαρία είναι ~ νοικοκυρά απ' την αδελφή της* (= *περισσότερο, καλύτερη νοικοκυρά).* [αρχ. *πλέον].*

πιόμα το, ους. (συνιζ., λαϊκ.), αυτό που πίνει κανείς.

πιόνι το, ους. (ασυνίζ.). 1. καθένα από τα δεκαέξι μικρά αντικείμενα με ορισμένο σχήμα που χρησιμοποιεί ο παίκτης στο σκάκι. 2. πρόσωπο άβουλο: *αυτός είναι ~ του* (συνών. *ανδρείκελο, παιγνίδι*, σημασ. 8). [γαλλ. *pion*].

πιονιέρος ο, θηλ. **-ισσα**, ους. (ασυνίζ., συνιζ.), αυτός που εγκαινιάζει μια νέα κατεύθυνση στην έρευνα ή και σε άλλες δραστηριότητες.

πιόσιμο το, ους. (συνιζ., λαϊκ.), το να καταπίνει κανείς ένα υγρό.

πιόσιμος, -η, -ο, επίθ. (συνιζ., λαϊκ.), (κυρίως για το νερό) που μπορεί κανείς να το πίνει άφοβα. - Βλ. και ά. *πόσιμος*.

πιότερος, -η, -ο, επίθ. (συνιζ.), συγκρ. του επιθ. *πολύς*. - Το ουδ. ως επιρρ. = περισσότερο (βλ. λ.).

πιοτής ο, ους. (συνιζ., λαϊκ.), αυτός που αρέσκεται να πίνει (συνων. *μπεκρής, πότης*).

πιοτό και **πιοτί** το, ους. (συνιζ.). 1. οινοπνευματώδες ποτό: *να με κεράσω στα νέα ποτήρια το αρχαίο πιοτί* (Παλαμάς). 2. υπερβολική κατανάλωση οινοπνευματωδών ποτών: *του αρέσει το -ό· το 'ριξε τελευταία στο -ό*.

πίπα η, ους. 1α. σωληνάριο που καταλήγει σε μικρή εστία όπου καίγεται καπνός ή άλλη ουσία (συνών. *τσιμπούκι*)· β. μικρή σύριγγα όπου τοποθετείται τσιγάρο. 2. άκρο στομίου σε ηλεκτρικό σωλήνα από πορσελάνη. 3. (ναυτ.) δοχείο που δέχεται νερό. [ιταλ. *pipa*].

πιπεράτος, -η, -ο, επίθ. 1. που έχει πολύ πιπέρι. 2. πικάντικος (ιδίως σε φαγητό): *τυρί -ο*. 3. (για λόγια) καυστικός.

πιπέρι το, ους. 1. μπαχαρικό με καυστική γεύση: ~ *μαύρο/κόκκινο*· φρ. *θα σου βάλω ~ στο στόμα* (= θα σε τιμωρήσει για τα κακά λόγια που λες, σε παιδιά)· *όποιος έχει πολύ ~ βάζει και στα λάχανα* (για υπερβολική σπατάλη πράγματος που υπάρχει σε αφθονία). 2. (λαϊκ.) πιπεριά (βλ. λ. σημασ. 2): *-α γεμιστά*.

πιπεριά η, ους. (συνιζ.). 1. (φυτολ.) φυτό με κυλινδρικό βλαστό με φύλλα με μακρούς μίσχους, που ο καρπός του χρησιμοποιείται στη μαγειρική. 2. ο καρπός του παραπάνω φυτού, κωνικού σχήματος: ~ *γλυκιά/καυτερή*.

πιπεριέρα η, ους. (συνιζ.), επιτραπέζιο σκεύος όπου τοποθετείται πιπέρι.

πιπερίζω, βλ. *πιπερώνω*.

πιπέρωμα το, ους., το να βάζει κανείς πιπέρι σε φαγητό.

πιπερώνω και **πιπερίζω**, ρ. 1. πασπαλίζω με πιπέρι: *-ώσαμε τα στρείδια και τα μύδια· πιπερίζω το ψημένο αυγό*. 2. (μεταφ.) προκαλώ, ερεθίζω: *το πρόσωπό της είχε μια νοστιμιά που -ιζε* (Ι. Μ. Παναγιωτόπουλος).

πιπί το, ους. (παιδική γλώσσα). 1. αιδοίο. 2. (συνεκδοχικά) ούρηση· φρ. *κάνω ~ = ουρώ*. [γαλλ. *pipi*].

πίπιζα η, ους. 1. πνευστό μουσικό όργανο, ξύλινο είδος φλογέρας. 2. γκάιντα (βλ. λ.). [αλβαν. *pipëza*].

πιπίζω, βλ. *πιππίζω*.

πιπίλα η, ους., λαστιχένια θηλή που δίνουν στα βρέφη για να την πιπιλίζουν.

πιπιλίζω, ρ. 1. απομυζώ με τα χείλη και τη γλώσσα: ~ *μια καραμέλα· το μωρό -ει το δάχτυλό του*. 2. (μεταφ.) κάνω λόγο επανειλημμένα για το ίδιο θέμα: *όλο τα ίδια μου -ει*· φρ. *μου -ισε το μυαλό* (= με κούρασε επαναλαμβάνοντας τα ίδια και τα ίδια). [ιταλ. *pipilare*].

πιπίλισμα το, ους., το να πιπιλίζει (βλ. λ.) κανείς.

πιππίζω, ρ. (για τους νεοσσούς) βγάζω φωνή (που μοιάζει με τους φθόγγους *πι πι*).

πίππισμα το, ους., η ενέργεια του πιππίζω (βλ. λ.).

πιρέξ το, ους. ακλ. α. είδος γυαλιού με πολύ μεγάλη αντοχή στην υψηλή θερμοκρασία· β. (συνεκδοχικά) αντικείμενα (συσκευές χημικών εργαστηρίων, μαγειρικά σκεύη, κ.ά.) από τέτοιο γυαλί. [διεθνής λ. *pyrex*].

πιρόγα η, ους., μονόξυλο σκάφος με πολλά κουπιά σε χρήση από τους πρωτόγονους λαούς. [ιταλ. *piroga*].

πίρος ο, ους. 1. μικρό άνοιγμα στο πιθάρι ή το βαρέλι για να αντλείται το κρασί. 2. η ύλη για το κλείσιμο, το στουπί. 3. τάπα βαρελιού, βούλωμα. Φρ. *θα δούμε τι θα βγάλει ο κάτω ~* (= τα δυσάρεστα θα έρθουν στη συνέχεια). [ιταλ. *piro*].

πιρούνι το, ους., μικρό σκεύος της κουζίνας με αιχμές και λαβή που χρησιμοποιείται κατά το φαγητό· εκφρ. *γερό ~* (= (καλο)φαγάς). [αρχ. *περόνη*].

πιρουνιά η, ους. (συνιζ.), ό,τι μπορεί να πάρει κανείς από το πιάτο του με το πιρούνι.

πιρουνιάζω και **περουνιάζω**, ρ. (συνιζ.). 1. τρυπώ κάτι με το πιρούνι. 2. (μεταφ.) *μας -ασε το κρύο/η υγρασία* = διείσδυσε μέσα στο σώμα μας.

πιρούνιασμα και **περόνιασμα** το, ους. (συνιζ.), η ενέργεια και το αποτέλεσμα του πιρουνιάζω.

πισίνα η, ους., δεξαμενή νερού που κατασκευάζεται σε σπίτια, ξενοδοχεία, κ.τ.ό., κατάλληλη για κολύμπι: *έκανα μπάνιο στην ~· ~ θερμαινόμενη*. [βενετ. *pissina*].

πισινός, -ή, -ό, επίθ., που βρίσκεται πίσω. - Το αρσ. και ο πληθ. του ουδ. ως ους. = οι γλουτοί· (για ζώα) εκφρ. *σηκώθηκε στα -ά του* (= στα πίσω πόδια του). - Το θηλ. στη φρ. *κρατάει* (ή *φυλάει) πισινή* (=λαμβάνει τα μέτρα του από πριν για να μην πάθει).

πίσσα η, ους. 1. πολύ μαύρο παχύρρευστο προϊόν από την απόσταξη υλών που καίονται, ιδίως από άνθρακα (συνών. *κατράμι*). 2. σε θέση επίθ.: πολύ μαύρος: *μαύρος ~· ~ σκοτάδι*.

πισσοκόκαλος, -η, -ο, επίθ. (υβριστικώς) για τον οποίο καταριέται κανείς να μη λειώσουν τα κόκαλά του άμα πεθάνει και να μαυρίσουν σαν την πίσσα.

πισσόπανο το, ους., χοντρό ύφασμα ποτισμένο με πίσσα που χρησιμοποιείται για στεγανώσεις.

πισσόστρωση η, ους., επίστρωση οδοστρώματος με πίσσα.

πισσόχαρτο το, ους., χαρτί αλειμμένο με πίσσα και γι' αυτό αδιάβροχο.

πίσσωμα το, ους., το να πισσώνει κανείς.

πισσώνω, ρ., αλείφω με πίσσα: ~ *το δρόμο* (= ασφαλτοστρώνω)· *-άσανε τα καΐκια*.

πίστα η, ους., χώρος όπου γίνεται χορός ή επίδειξη σε τσίρκο, απογείωση αεροπλάνου, κλπ.: *κατέβηκε στην ~ για να χορέψει*.

πιστά, βλ. *πιστός*.

πιστάγκωνα, βλ. *οπισθάγκωνα*.

πισταγκωνίζω, βλ. *οπισθαγκωνίζω*.

πιστευτός, -ή, -ό, επίθ. (για λόγια κυρίως) που μπορεί κανείς να τον πιστέψει (συνών. *αξιόπιστος*).

πιστεύω, ρ. 1. έχω εμπιστοσύνη, βασίζομαι σε κάποιον ή κάτι: ~ σε σένα και στις ικανότητές σου. 2. δέχομαι για κάποιον ότι λέει την αλήθεια: ποιον από τους δυο -εις; φρ. δεν ~ στα μάτια μου/ στ' αφτιά μου (για να φανεί το μέγεθος της έκπληξης κάποιου γι' αυτό που βλέπει ή ακούει). 3. δίνω πίστη σε κάτι, δέχομαι ως αληθινό: -εις στα φαντάσματα/στις θεωρίες του; 4. έχω τη γνώμη, νομίζω, φρονώ: ~ ότι είναι σπουδαίος επιστήμονας. 5. φρ. θέλω να ~ (= ελπίζω): θέλω να ~ ότι δε σας κούρασα με την πολυλογία μου. 6. (για το Θεό) είμαι βέβαιος για την ύπαρξη και τη δύναμή του και του είμαι απόλυτα πιστός. 7. (για ιδέα, πολιτικό ή κοινωνικό σύστημα) δέχομαι και υποστηρίζω κάτι επειδή το θεωρώ σωστό, δίκαιο: ~ στην ισότητα των ανθρώπων/στη δημοκρατία. Φρ. να το δω και να μην το -έψω (για κάτι που επιθυμώ πολύ, αλλά αμφιβάλλω αν θα πραγματοποιηθεί ποτέ)· πίστευε και μη ερεύνα (= όποιος πιστεύει σε κάτι δογματικά δε χρειάζεται λογικές αποδείξεις). - Έναρθρο, ως ουσ. = 1. το σύμβολο της πίστεως. 2. οι αρχές, οι ιδέες, οι πεποιθήσεις κάποιου.

πίστη η, ουσ. 1. ισχυρό αίσθημα εμπιστοσύνης και σιγουριάς σε κάποιον ή κάτι: έδειξαν ~ στο νέο γεωπόνο και στις μεθόδους που τους υπέδειξε. 2. σταθερή παραδοχή ενός πράγματος ως αληθινού: μη δίνεις ~ σε ό,τι σου λένε/στις θεωρίες του.3. άποψη, γνώμη· δοξασία: η λαϊκή ~ στους καλικάντζαρους. 4 θρήσκευμα, θρησκεία: ~ χριστιανική/ορθόδοξη. 5. το βαθύ συναίσθημα του ανθρώπου που απορρέει από την πεποίθησή του για την ύπαρξη, την παντοδυναμία και την πρόνοια του Θεού. 6. προσήλωση σε μια ιδέα ή σύστημα ιδεών που είναι αποτέλεσμα της πεποίθησης ότι οδηγεί στο καλό: ~ στην παράδοση/στις αξίες του έθνους/στην ελευθερία του ανθρώπου. 7. αξιοπιστία, φερεγγυότητα. Έκφρ. άνθρωπος καλής -ης/με καλή ~ (= με προθέσεις ανιδιοτελείς και ειλικρινείς)· ~ συζυγική (= η αμοιβαία υποχρέωση των συζύγων στην τήρηση των κανόνων της συζυγικής αποκλειστικής αφοσίωσης)· σύμβολο της Πίστεως (= η σύνοψη των ουσιωδών αληθειών της χριστιανικής πίστης). Φρ. αλλάζω την ~ κάποιου, βλ. αλλάζω· βγάζω την ~ κάποιου, βλ. βγάζω.

πιστικός και **μπιστικός, -ή, -ό**, επίθ. (λαϊκ.), πιστός, αφοσιωμένος: (για πρόσωπο) φίλος μπιστικός· (για αίσθημα) τότες μια αγάπη μπιστική στον κόσμο εφανερώθη (Ερωτόκριτος). - Το αρσ. ως ουσ. = μισθωτός βοσκός: να 'μουν το Μάη ~ τον Αύγουστο δραγάτης/και στην καρδιά του χειμωνιού να 'μουνα κρασοπούλος (δημ. τραγ.). [μτγν. πιστικός].

πιστοδότηση η, ουσ., παροχή πίστωσης.
πιστοδοτώ, ρ., παρέχω πίστωση.
πιστολαδόρος ο, ουσ. (οικοδ.) που χειρίζεται πιστόλι (βλ. λ., σημασ. 2).
πιστόλι και **μπιστόλι** το, ουσ. 1. το μικρότερο σε μέγεθος φορητό πυροβόλο όπλο για εξουδετέρωση αντιπάλου που βρίσκεται σε κοντινή απόσταση: ~ στρατιωτικό/σκοποβολής. 2. (οικοδ.) ψεκαστήρας για χρωματισμούς. - Υποκορ. **-άκι** το = 1. μικρό πιστόλι. 2. μικρή ηλεκτρική συσκευή με σχήμα πιστολιού που χρησιμοποιείται για το στέγνωμα των μαλλιών. [ιταλ. pistola].
πιστολιά η, ουσ. (συνιζ.), εκπυρσοκρότηση: ακούστηκαν -ιές.

πιστολίδι το, ουσ., σειρά από πιστολιές: δεν ακούς το ~;
πίστομα, βλ. επίστομα.
πιστόνι το, ουσ. 1. έμβολο κινητήρα μηχανής. 2. κλειδί χάλκινου πνευστού οργάνου. [γαλλ. piston ή ιταλ. pistone].
πιστοποίηση η, ουσ., η ενέργεια του πιστοποιώ (βλ. λ.).
πιστοποιητικό το, ουσ. (ασυνίζ.), γραπτή βεβαίωση συνήθως κρατικής υπηρεσίας που βεβαιώνει κάτι: ~ κατάθεσης (βλ. κατάθεση)· ~ γέννησης.
πιστοποιώ, ρ. 1. βεβαιώνω κάποιο γεγονός, συνήθως γραπτώς. 2. επιβεβαιώνω (γενικά): την ομοιότητα -εί κι ένα άλλο γεγονός.
πιστός, -ή, -ό, επίθ. 1. που εκπληρώνει απαρέγκλιτα τις υποχρεώσεις του: ~ στο λόγο του/στο καθήκον του. 2. που εκδηλώνει αφοσίωση σε ένα πρόσωπο: φίλος ~· για άτομο που εκδηλώνει αποκλειστική αφοσίωση στο/στη σύντροφο της ζωής του. 3. που δεν παρεκκλίνει από τις αρχές και πεποιθήσεις του: ~ στις δημοκρατικές ιδέες. 4. που είναι σταθερός στις συνήθειες και τις προτιμήσεις του: ~ αναγνώστης συγγραφέα· ~ στις καθορισμένες συναντήσεις του. 5. (για πράγμα ή γεγονός) που αναπαριστά κάτι με ακρίβεια: αντίγραφο -ό· -ή αναπαράσταση του εγκλήματος. - Το αρσ. στον πληθ. ως ουσ. = το σύνολο όσων ανήκουν στο ίδιο θρησκευτικό δόγμα: έγινε κήρυγμα στους -ούς. - Επίρρ. **-ά**.
πιστότητα η, ουσ. 1. το να είναι κανείς πιστός (βλ. λ.). 2. το να αποδίδεται κάτι με μεγάλη ακρίβεια: ~ μετάφρασης· υψηλή ~ ήχου.
πιστούχος ο, ουσ. (λόγ.), αυτός που έχει πίστωση.
πιστοχρεώνω, ρ., εγγράφω ποσά σε λογιστικά βιβλία πιστώνοντας και χρεώνοντας.
πιστοχρέωση η, ουσ., η ενέργεια του πιστοχρεώνω (βλ. λ.).
πιστρόφι(ο), βλ. επιστρόφι(ο).
πιστώνω, ρ. 1. παρέχω εμπόρευμα με πίστωση. 2. καταγράφω το ποσό της πίστωσης στο λογαριασμό κάποιου.
πίστωση η, ουσ. 1. παροχή εμπορεύματος που το αντίτιμό του θα πληρωθεί αργότερα. 2. παροχή δανείου. 3. εγγραφή χρέους σε λογιστικά βιβλία. 4. εγγραφή στον προϋπολογισμό του κράτους: δεν υπάρχουν -εις για τη χρηματοδότηση έργου. Έκφρ. ~ χρόνου: σου δίνω ~ χρόνου να μου απαντήσεις· επί πιστώσει (= με τον όρο μεταγενέστερης πληρωμής).
πιστωτής ο, ουσ., αυτός που παρέχει χρήματα ή εμπόρευμα με πίστωση.
πιστωτικός, -ή, -ό, επιθ., που σχετίζεται με την πίστωση, που παρέχει πίστωση: -ό υπόλοιπο· φερεγγυότητα -ού ιδρύματος.
πίσω, επίρρ. (μόνο του ή με γεν. της προσωπ. αντων. ή με πρόθ.). 1. τοπ. α. (για κίνηση) προς την αντίθετη κατεύθυνση απ' αυτήν που βλέπει κάποιος ή κινούνταν πιο πριν: κάνε μερικά βήματα ~/προς τα ~. β. επιστροφή στην αφετηρία ή στο χώρο που ήταν κάποιος πριν: θα γυρίσω ~ σε λίγο· φεύγω ~ στην πατρίδα μου· γ. (για στάση) στην αντίθετη πλευρά απ' αυτήν που βλέπει κάποιος: ήταν κρυμμένος ~ από το φράχτη· ο ήλιος είναι ~ από τα σύννεφα (μεταφ., για κάτι που δε λέγεται ευθέως, αλλά υπονοείται από άλλα λόγια ή ενέργειες): ~ από τα λόγια του διακρίνω την απογοήτευσή του· δ. πέρα, αντίπερα: το χωριό

βρίσκεται ~ από το λόφο/το ποτάμι· ε. στο πισινό μέρος (του ανθρώπινου σώματος ή πράγματος): *το πουκάμισό μου κουμπώνει* ~· *μπήκαν στην αίθουσα και κάθισαν* ~. **2.** (χρον. για αναφορά στο παρελθόν): *η αρχή της ιστορίας τοποθετείται μερικά χρόνια* ~. **3.** (τροπικά, λαϊκ.) πάλι, ξανά: ~ *τα ίδια κάνεις;* **4.** (για συνοδεία ή ακολουθία): *τρέχει* ~ *της σαν σκυλάκι· ο κόσμος βάδιζε αργά* ~ *από τον επιτάφιο*. **5.** όταν κάποιος είναι απών ή εν αγνοία του: ~ *σου λένε χίλια δυο*· εκφρ. ~ *από την πλάτη του* (= χωρίς ο ίδιος να το γνωρίζει). **6.** μετά την αναχώρηση κάποιου από ένα χώρο: *άφησαν* ~ *τους καμένη γη·* (εδώ από τη ζωή) *δε μένει απ᾽* ~ *το σόι μου κανένας* ~ *μου για να ντροπιαστεί* (Κόντογλου). **7.** με τα ρήματα *παίρνω, δίνω, ζητώ* έχει την έννοια της επιστροφής (ενός πράγματος): *του έδωσα/ζήτησα* ~ *τα δανεικά·* φρ. *παίρνω* ~ *το αίμα μου*, βλ. *παίρνω· παίρνω* ~ *το λόγο μου*, βλ. *παίρνω*. **8.** (για να δηλωθεί αργοπορία ή καθυστέρηση σ᾽ έναν τομέα): *το ρολόι μου πάει/μένει* ~· *η δουλειά μου έμεινε* ~ *εξαιτίας σου·* (για μαθητή χωρίς ιδιαίτερη επίδοση): *έμεινε* ~ *στα μαθηματικά* (αντ. είναι προχωρημένος). **9.** (ως επίθ.) που βρίσκεται στο πίσω μέρος, πισινός: *τα* ~ *καθίσματα του αυτοκινήτου· το* ~ *μέρος κτηρίου* (= που είναι από την αντίθετη πλευρά της εισόδου). **10.** Ως επιρ. προτρεπτικό για παραμέριση ή οπισθοχώρηση. Εκφρ. *μπρος γκρεμός και* ~ *ρέμα*, βλ. *γκρεμός· μπρος φίλος και* ~ *σκύλος* (για άτομο εχθρικό που υποκρίνεται). Φρ. *δεν πάει* ~ (για άτομο που δεν υστερεί σε κάποιο ελάττωμα): *μην τον κατηγορείς, γιατί κι εσύ δεν πας* ~· *κάνω* ~, βλ. *κάνω·* ~ *έχει η αχλάδα την ουρά*, βλ. *αχλάδα·* ~ *μου σ᾽ έχω Σατανά!* (όταν αποφασίζει κάποιος να δώσει τόπο στην οργή για να αποφύγει κάτι ενοχλητικό)· *ρίχνω (μαύρη) πέτρα* ~ *μου* (για να δηλωθεί αποστροφή σε τόπο που κάποιος τον εγκαταλείπει).
πισωβελονιά η, ουσ. (συνιζ.), είδος βελονιάς που χρησιμοποιείται στο κέντημα.
πισωγυρίζω, ρ. **1.** γυρίζω πίσω, επιστρέφω. **2.** (μεταφ.) μεταστρέφομαι, μετανοώ.
πισωγύρισμα το, ουσ. **1.** το να γυρίζει κανείς πίσω. **2.** (μεταφ.) μεταστροφή, αλλαγή γνώμης.
πισωδρόμισμα το, ουσ., γυρισμός προς τα πίσω (συνών. *οπισθοχώρηση*).
πισωδρομώ, -είς, ρ., γυρίζω πίσω (συνών. *οπισθοχωρώ*).
πίσωθε, επίρρ., στο πίσω μέρος, αποπίσω.
πισωκάπουλα, επίρρ. (λαϊκ.) (για θέση καβαλάρη), στα καπούλια του ζώου.
πισώκωλα, επίρρ. (λαϊκ.), με τα νώτα: *τρέχω* ~.
πισώπλατα, επίρρ., προς το μέρος της πλάτης: *τον χτύπησε η σφαίρα* ~.
πίτα η, ουσ., είδος πλατυσμένου αρτοσκευάσματος από φύλλα ζύμης, λίπος και διάφορα άλλα υλικά (π.χ. τυρί, σπανάκι, κρέας, κλπ.). Φρ. *από* ~ *που δεν τρως τι σε μέλλει κι αν καεί;* (= να μην ενδιαφέρεσαι για πράγματα που δε σε αφορούν)· *γίναμε* ~ (στο λεωφορείο, κ.τ.ό.) (= υπήρξε μεγάλος συνωστισμός)· *έγινα* ~ (= μέθυσα πολύ)· *και την* ~ *σωστή και το σκύλο χορτάτο* (για όσους θέλουν να πετύχουν κάτι χωρίς καμιά θυσία)· *πάτησες την* ~*!* (= δεν το πέτυχες!)· *πέσε* ~ *να σε φάω*, βλ. *πέφτω*.
πίτερο, βλ. *πίτουρο*.
πιτζάμα η, ουσ., ένδυμα ευρύχωρο που αποτελείται από χιτώνιο και παντελόνι και φοριέται στον ύπνο. [αγγλ. *pyjamas*, ινδικής προέλευσης].
πιτόρος ο, ουσ. α. (συνήθως ειρων.) ζωγράφος· **β.** (ιδιωμ.) τεχνίτης για χρωματισμούς. [ιταλ. *pittore*].
πίτουρο, πίτερο και **πίτυρο** το, ουσ., το φλούδι των σιτηρών που ξεχωρίζει με το άλεσμα. Φρ. *όποιος ανακατεύεται με τα -α τον τρων οι κότες* (για όσους αδιαφορούν με ποιους έρχονται σε επικοινωνία και οδηγούνται σε δυσάρεστα αποτελέσματα).
πίτσα η, ουσ. είδος ιταλικής πίτας από ζύμη, γαρνιρισμένη με ντομάτες, τυρί και αλλαντικά, που πουλιέται σε ειδικά καταστήματα. [ιταλ. *pizza*].
πιτσαρία η, ουσ., κατάστημα όπου σερβίρεται πίτσα. [ιταλ. *pizzeria*].
πιτσικάτο το, ουσ. (μους.) κομμάτι μουσικής που εκτελείται με δόνηση των χορδών μουσικού οργάνου με το δείχτη του χεριού. [ιταλ. *pizzicato*].
πίτσικος, -η, -ο, επίθ., πολύ μικρός - Το ουδ. ως ουσ. = το μικρό παιδί (συνών. *πιτσιρίκος*). [τουρκ. *piç + -ικος*].
πιτσιρίκος και **-ρικάς** ο, θηλ. **-ρίκα**, ουσ., μικρό παιδί. [πιθ. διαλεκτ. ιταλ. *piccirillo*].
πιτσούνι το, ουσ. **1.** ο νεοσσός του περιστεριού: *το πούπουλο των -νιών* (συνών. *περιστεράκι, περιστερόπουλο*). **2.** προσφώνηση σε μικρό κορίτσι ή μεταξύ ερωτευμένων: ~ *μου*. - Υποκορ. **-άκι** το.
πιτσυλάδα και **-ύλα** η, ουσ., στίγμα της επιδερμίδας (συνών. *πανάδα, φακίδα*).
πιτσυλιά η, ουσ. (συνιζ.), κηλίδα από πιτσύλισμα (συνών. *λεκές*).
πιτσυλίζω, βλ. *πιτσυλώ*.
πιτσύλισμα το, ουσ. **1.** η ενέργεια του πιτσυλώ (βλ. λ.) και το αποτέλεσμά της. **2.** (οικοδ.) πεταχτή νερουλή στρώση σε επιχρίσματα.
πιτσυλιστός, -ή, -ό, επίθ., που έχει πιτσυλιστεί ή που γίνεται με πιτσύλισμα: *τοίχος* ~· *βάψιμο -ό*. -Επίρρ. **-ά**.
πιτσυλώ και **πιτσυλίζω**, ρ., μτχ. παρκ. *-λισμένος*, ρίχνω ή αφήνω να πέσουν κάπου σταγόνες νερού ή άλλου υγρού: *μου -ύλισαν το πρόσωπο·* καθώς *κάναμε βαρκάδα η θάλασσα μας -ιζε με τον αφρό της·* *-ύλίστηκα καθώς περνούσα από κει*. [μτγν. *πιτυλίζω*].
πιττάκι το, ουσ. (ειρων.) γράμμα, επιστολή: *έφτασε το* ~.
πιτυρίαση η, ουσ., πάθηση του δέρματος του κεφαλιού κατά την οποία το τριχωτό μέρος του απολεπίζεται.
πιτυρίδα η, ουσ., μικρά λευκά δερματικά εκλεπίσματα του κεφαλιού που οφείλονται σε πιτυρίαση. [μτγν. *πιτυρίς*].
πίτυρο, βλ. *πίτουρο*.
πιτυρούχος, -α, -ο, επίθ. (για αλεύρι και ψωμί) που περιέχει το πίτουρό του.
πιτυχαίνω, βλ. *πετυχαίνω*.
πίφερο το, ουσ., πνευστό όργανο από ξύλο, μικρό φλάουτο. [ιταλ. *piffero*].
πλαγγόνα η, ουσ., μικρό ομοίωμα ανθρώπου (συνών. *κούκλα*). [μτγν. *πλαγγών*].
πλάγι, βλ. *πλάι*.
πλάγια, βλ. *πλάγιος*.
πλαγιά η, ουσ., πλευρά βουνού ή λόφου.
πλαγιάζω, ρ. (συνιζ.). **Α. αμτβ. 1.** πέφτω στο κρεβάτι μου για ύπνο. **2.** είμαι ξαπλωμένος στο κρεβάτι μου· κοιμάμαι. Φρ. *-ει με τις κότες* (= κοιμάται

νωρίς). Β. μτβ. 1. βάζω κάποιον να κοιμηθεί: *είναι ώρα να -άσω τα παιδιά* (συνών. *κοιμίζω*). 2. (ναυτ.) δίνω τέτοια κατεύθυνση στο πλοίο, ώστε τα πανιά να επηρεάζονται ευνοϊκά από τον άνεμο.

πλάγιασμα το, ουσ. (συνιζ.), το να πλαγιάζει κανείς: *το ~ των παιδιών*..

πλαγιαστός, -ή, -ό, επίθ. (συνιζ.), που γέρνει, που έχει κλίση, που δεν είναι όρθιος: *έβαλα το βιβλίο -ό στο ράφι* (συνών. *γερτός*). Παροιμ. *-ό φεγγάρι, όρθιος γεμιτζής* (= σε κάθε περίπτωση ανάγκης πρέπει να αγρυπνεί κανείς). - Επίρρ. **-ά**.

πλαγίαυλος ο, ουσ., πνευστό μουσικό όργανο σε σχήμα αυλού (συνών. *φλάουτο*).

πλαγιογράφηση η, ουσ. (ασυνίζ.), γράψιμο και τύπωμα με πλάγια στοιχεία ορισμένων λέξεων με σκοπό να διακριθούν από τις άλλες.

πλαγιογραφώ, ρ. (ασυνίζ.), γράφω δίνοντας στα γράμματα πλάγια κατεύθυνση.

πλαγιοδρομία η, ουσ. (ασυνίζ.), η ενέργεια του πλαγιοδρομώ (βλ. λ.).

πλαγιοδρομώ, ρ. (ασυνίζ.), (ναυτ.) κατευθύνω το ιστιοφόρο με τρόπο ώστε ο άνεμος να πνέει κάθετα προς τη διεύθυνση του πλοίου.

πλάγιος, -α, -ο, επίθ. (ασυνίζ.). 1α. που έχει θέση κεκλιμένη σε σχέση με κάποιον ή κάτι άλλο, που αποκλίνει από το κάθετο, λοξός (βλ. λ.): *στάση -α· επίπεδο -ο·* **β**. κυρτός: *-α τυπογραφικά στοιχεία*. 2α. που έχει λοξή κατεύθυνση: *τομή -α·* (μαθημ.) *γραμμή -α·* **β**. (για βλέμμα) λοξό (βλ. λ. σημασ. Ιβ)· γ. (ναυτ.) ~ *άνεμος* = ο άνεμος που πνέει κάθετα προς τον κατά μήκος άξονα του πλοίου. 3. που βρίσκεται στο πλάι, κοντά σε κάποιον άλλο: *δρόμος ~* (συνών. *παράπλευρος, πλαϊνός*) - το ουδ. στον πληθ. ουσ. = οι πλευρές: *τα -α ενός κιβωτίου/του εχθρού*. 4. (για το έδαφος) κατωφερικό, επικλινές. 5. (νομ. για συγγένεια) που δεν είναι εξ αίματος, αλλά από αγχιστεία: *συγγενής δεύτερου βαθμού σε -α γραμμή* (αστ. κώδ.). 6. (μεταφ.) που δε γίνεται απευθείας, έμμεσος: *να του το πούμε με -ο τρόπο*. 7. (συνεκδοχικά) που γίνεται αντικανονικά ή παράνομα: *ενέργειες -ες· μέσα -α*. 8. (γραμμ.) *πτώση -α* = κάθε πτώση (γενική, δοτική, αιτιατική) κλιτού μέρους του λόγου σε αντιδιαστολή με την ονομαστική και την κλητική. 9. (συντακτ.) ~ *λόγος* = λεκτικός τρόπος κατά τον οποίο κάτι δε λέγεται άμεσα από αυτόν που μιλεί, αλλά έμμεσα με την επανάληψη από τρίτο πρόσωπο και σε εξάρτηση από ρήματα λεκτικά, αισθητικά, γνωστικά, ερωτηματικά, κλπ. 10. (βυζ. μους.) *ήχος ~ του πρώτου/δεύτερου/τρίτου* (= βαρύς)/ *τετάρτου* = καθένας από τους παραγώγους ήχους της εκκλησιαστικής μουσικής σημειογραφίας που ακολουθεί την ίδια μελωδική κλίμακα του πρώτου, δεύτερου, τρίτου και τέταρτου ήχου αντίστοιχα. - Επίρρ. **-ια, -ίως**: *το φως έπεφτε -ια*.

πλαγιότιτλο το, ουσ. (ασυνίζ.), μικρό δημοσίευμα εφημερίδας τοποθετημένο στο πλάι σημαντικότερων δημοσιευμάτων.

πλαγιότιτλος ο, ουσ. (ασυνίζ.), τίτλος κειμένου που αναγράφεται πλάγια.

πλαγιοφυλακή η, ουσ. (ασυνίζ.), στρατιωτικό τμήμα που προφυλάσσει τα πλευρά στρατιωτικής φάλαγγας σε πορεία ή σε μάχη.

πλαγιοφύλαξη η, ουσ. (ασυνίζ.), προφύλαξη των πλευρών στρατιωτικής φάλαγγας από ενδεχόμενη επίθεση από τα πλάγια.

πλαγίως, βλ. *πλάγιος*.

πλαγκτό το, ουσ., το σύνολο των οργανισμών που πλανιούνται στα νερά και η κολυμβητική τους ικανότητα είναι μικρότερη από την κινητικότητα του νερού. [αρχ. επίθ. *πλαγκτός*].

πλαδαρός, -ή, -ό, επίθ. 1. (για τις σάρκες, τους μύες του σώματος) που είναι μαλακός, χαλαρός (από έλλειψη άσκησης): *κορμί -ό* (αντ. *σφιχτός, νευρώδης, σφιχτοδεμένος*). 2. (μεταφ. για το γραπτό λόγο) που του λείπει η εσωτερική και τεχνική συνοχή και επομένως η ζωηρότητα, ο τόνος: *ύφος -ό*.

πλαδαρότητα η, ουσ. 1. (για τις σάρκες, τους μύες του σώματος) το να είναι πλαδαρός (βλ. λ.), μαλακός (από έλλειψη άσκησης). 2. (μεταφ. για γραπτό λόγο) το να του λείπει η εσωτερική και τεχνική συνοχή και επομένως η ζωηρότητα, ο τόνος: ~ *ύφους*.

πλαζ η, ουσ. άκλ., αμμώδης επίπεδη έκταση κοντά στη θάλασσα κατάλληλη για θαλάσσια λουτρά: *κάθε πρωί κατεβαίνουμε στην ~ για το μπάνιο μας*. [γαλλ. *plage* > ελλην. *πλάγιος*].

πλάθω, ρ., αόρ. *έπλασα*, παθ. *πλάστηκα*, μτχ. παρκ. *πλασμένος*. 1. δημιουργώ, πλάττω (βλ. λ.): φρ. *είναι πλασμένος για* . . . (= ο προορισμός του είναι...). 2. (μεταφ.) δίνω υπόσταση, διαμορφώνω: *το τραγούδι -άστηκε στο μεσαίωνα· γύρω από τα κατορθώματα των ακριτών -ονταν θρύλοι*. 3α. δίνω μορφή, σχήμα σε εύπλαστη ύλη: *ο αγγειοπλάστης -ει τα αγγεία του με πηλό· το κερί -εται εύκολα·* **β**. (ειδικά για την παρασκευή φαγώσιμου είδους): ~ *κουλουράκια/μπιφτέκια· ~ ψωμί/κιμά* (= ζυμώνω)· φρ. *δεν -εται η ζύμη* (= είναι νερουλή). 4. (μεταφ.) διαπλάθω, διαμορφώνω: ~ *το χαρακτήρα*. 5. (μεταφ.) επινοώ, δημιουργώ με το μυαλό ή τη φαντασία μου: ~ *μια ιστορία/όμορφες εικόνες·* φρ. ~ *όνειρα* = **α**. *ονειροπολώ·* **β**. *έχω φιλοδοξίες*. [αρχ. *πλάττω*].

πλάι και **πλάγι** το, πληθ. *πλάγια* (συνιζ.), ουσ. 1. το πλάγιο τμήμα αντικειμένου ή του ανθρώπινου σώματος: *κοιμάμαι με το ~·* εκφρ. *στο ~* (= δίπλα). 2. (στον πληθ.) οι πλαγιές βουνού ή λόφου. - Ως επίρρ. (μόνο στον τ. *πλάι*) = δίπλα: *εκεί βρίσκεται το δημαρχείο· ~ είναι και η νομαρχία*.

πλαϊνός, -ή, -ό, επίθ., που βρίσκεται στο πλάι, διπλανός: *το -ό δωμάτιο*. - Το ουδ. στον πληθ. ως ουσ. = τα τμήματα που βρίσκονται στο πλάι: *τα -ά της φρεγάτας*.

πλαίσιο το, ουσ. (ασυνίζ.). 1. κατασκεύασμα τετράπλευρο ή άλλου σχήματος, συνήθως από ξύλο ή μέταλλο που περιβάλλει και συγκρατεί κάποιο (ομοιόσχημο) αντικείμενο αποτελώντας έτσι το σκελετό με τον οποίο αυτό στερεώνεται ή διακοσμείται: *επιχρυσωμένο ~ κρεμάστρας· ~ πόρτας* (= *κάσα, περβάζι*) *στρογγυλό ~ εργοχείρου* (= *τελάρο*). 2. (ειδικά για οχήματα) ο σκελετός στον οποίο βασίζονται όλα τα όργανα ενός οχήματος: *αριθμός -ίου αυτοκινήτου· ~ άρματος* (συνών. *σασί*). 3. (λόγ.) κάδρο, κορνίζα: *φωτογραφία σε ασημένιο ~*. 4. περιθώριο (βλ. λ.): *εξώφυλλο με μπλε ~· άγραφο ~ σελίδας*. **5α**. (μεταφ.) τα (χρονικά) όρια μέσα στα οποία συμβαίνει, πραγματοποιείται ή διεξάγεται κάτι (συνήθως στις εκφρ. *στο ~ στα ~*): ~ *συμφωνίας/συνεργασίας· στα -α του εορτασμού/των εκδηλώσεων έγιναν ομιλίες·* **β**. (συνεκδοχικά) *στα -α των δυνατοτήτων μας θα...* 6. (μεταφ.) καθεστώς ή σύνολο κανόνων ή ιδεών στο οποίο βασίζεται κανείς προκειμένου να χειριστεί κάποια ζητήματα, να πάρει αποφάσεις, κλπ.: *-α εθνικά· κινείται σε στενά κοινωνικά -α· στα -α της ενιαίας ευρωπαϊκής αγοράς.* **7.** (μεταφ.) σύνολο γεγονότων ή καταστάσεων που αποτελεί το γενικό φόντο στο οποίο εντάσσεται ή από το οποίο επηρεάζεται αυτό που αποτελεί αντικείμενο της συζήτησης ή αντιμετώπισής μας: *τα ιστορικά -α μέσα στα οποία δημιουργήθηκε ένα λογοτεχνικό έργο· η επιθετικότητα των νέων πρέπει να εξετάζεται μέσα στα οικογενειακά -α.* **8.** (νομ.) έκφρ. *νόμος ~* (για νόμο που παρέχει περιθώρια μέσα στα οποία μπορεί να ρυθμιστεί κάποιο θέμα): *νόμος ~ για τη λειτουργία των ανώτατων εκπαιδευτικών ιδρυμάτων.*

πλαισιώνω, ρ. (ασυνίζ.). **1.** περιβάλλω κάτι με πλαίσιο (βλ. λ. σημασ. 1): *πόρτα -ωμένη από πελεκητές πέτρες.* **2.** κορνιζάρω. **3.** (μεταφ.) περιβάλλω σαν πλαίσιο κάτι έτσι ώστε να τονίζω το σχήμα του: *πρόσωπο -ωμένο από μαύρα μακριά μαλλιά.* **4.** (μεταφ.) συμβαίνω ή διεξάγομαι μέσα στα όρια μιας άλλης εκδήλωσης ή γεγονότος: *τελετουργικό δείπνο -ίωνε τις γιορτές στα αρχαία Ασκληπιεία.* **5.** (μεταφ.) περιστοιχίζω κάποιον: *ο πρόεδρος της εταιρείας -εται από αξιόλογους συνεργάτες.*

πλαισίωση η, ουσ., το να πλαισιώνει (βλ. λ.) ή να πλαισιώνεται κάτι ή κάποιος.

πλάκα η, ουσ. **1.** στερεό επίπεδο σώμα από πέτρα που το πάχος του είναι πολύ μικρότερο από το μήκος και το πλάτος του: *~ αναθηματική* (θρησκ.) *-ες του μαρτυρίου/της διαθήκης* (στις οποίες ήταν γραμμένος ο ιουδαϊκός νόμος). **2.** λεπτή πέτρα, συνήθως φύλλο σχιστόλιθου, που χρησιμοποιείται για επίστρωση σε δάπεδα, στέγες ή άλλους χώρους: *-ες τετράγωνες· τα βήματά του ακούγονταν στις -ες της αυλής.* **3.** κάθε πεπλατυσμένη, κάθε μεγάλη κάπως και λεία πέτρα: *έκλεισε το άνοιγμα με μια ~· αυτή η ~ γλιστρούσε πολύ.* **4α.** (ειδικά) ταφόπετρα: *~ μαρμάρινη·* φρ. *τον σκέπασε η (μαύρη) ~* (= πέθανε)· **β.** (μεταφ. για αίσθημα δυσφορίας, άγχους, κλπ.): *νιώθω μια ~ στο στήθος.* **5.** κάθε στερεό επίπεδο σώμα από οποιοδήποτε υλικό που έχει τη μια διάστασή του μικρότερη από τις άλλες δύο: *- ες χρυσού· ~ μονωτική.* **6.** (παλαιότερα) πινακίδια· έκφρ. *~ τα γαλόνια* (για τους ανώτερους αξιωματικούς που φέρουν στο στήθος διάσημα πολλά). **7.** (παλαιότερα) κομμάτι από ειδικό σχιστόλιθο όπου έγραφαν οι μαθητές με το κοντύλι. **8.** (συνεκδοχικά) καθετί που έχει σχήμα πλάκας: *μια ~ σαπούνι/σοκολάτα.* **9.** (ειδικά) **α.** τυπογραφική *~* = σελίδα στοιχειοθετημένη έτοιμη για εκτύπωση ή πολλές τέτοιες σελίδες δεμένες μεταξύ τους οριζοντίως· **β.** εστία ηλεκτρικής κουζίνας· **γ.** ο δίσκος ή πίνακας ρολογιού στον οποίο είναι γραμμένες οι ώρες και τα λεπτά· **δ.** *φωτογραφική ~* = γυάλινη πλάκα καλυμμένη με χημική ουσία ευαίσθητη στο φως, στην οποία αποτυπώνεται η αρνητική εικόνα του αντικειμένου που φωτογραφίζεται. **10.** ομαλή και πλατιά έκταση γης· (γεωλ.) *θεωρία των -ών* = θεωρία που δέχεται ότι στη γη υπάρχουν έξι πλάκες, ήπειροι ή τμήματα ηπείρων, που πλέον πάνω σε ένα λειωμένο υπόστρωμα και στα σημεία που συναντιούνται γίνονται οι σεισμοί. **11.** (ιατρ.) **α.** *συφιλιδικές ή βλεννώδεις -ες* = δευτεροπαθείς εκδηλώσεις της σύφιλης που αναπτύσσονται στο δέρμα και τους βλεννογόνους του στόματος και των γεννητικών οργάνων· **β.** *σκλήρυνση κατά -ας* = σοβαρή πάθηση του κεντρικού νευρικού συστήματος· **γ.** *οδοντική ~* = σκληρή ουσία που σχηματίζεται στην επιφάνεια των δοντιών από σάλιο, βακτήρια και υπολείμματα τροφών και προκαλεί ουλίτιδες· **δ.** (λαϊκ.) ακτινογραφία: *βγάζω -ες· τι έδειξαν οι -ες;* **12α.** το δάπεδο κάθε ορόφου μιας πολυκατοικίας· φρ. *ρίχνω ~* (= ρίχνω, αδειάζω μπετόν αρμέ για την κατασκευή του δαπέδου αυτού)· **β.** (συνεκδοχικά) όροφος: *αγόρασαν ολόκληρη την πρώτη ~·* **γ.** ταράτσα: *ανέβηκε στην ~ να διορθώσει την κεραία της τηλεόρασης.* **13.** (λαϊκ.) δίσκος γραμμοφώνου ή πικάπ. **14.** (μεταφ., λαϊκ.) πειραχτικό αστείο· εκφρ. *για ~* (= ως αστείο): *το 'κανα για ~·* φρ. *έχει ~* (= είναι διασκεδαστικό)· *κάνω ~* (σε κάποιον)· *σπάω ~* (= αισθάνομαι ευχαρίστηση πειράζοντας ή κοροϊδεύοντας κάποιον). [αρχ. *πλαξ*].

πλακάκι το, ουσ. **1.** μικρή επίπεδη, συνήθως τετράγωνη πλάκα από ειδικά επεξεργασμένο γύψο, πηλό, τσιμέντο, κλπ., με τη μία πλευρά λεία και στιλπνή, μονόχρωμη ή με σχέδιο ή μωσαϊκό, που προορίζεται για επίστρωση δαπέδων, τοίχων ή άλλων επιφανειών (συνών. *πλακίδιο*). **2.** φρ. *τα κάνω -ια* = αποσιωπώ, συγκαλύπτω κάτι ανήθικο ή σκανδαλώδες σε συνεργασία με κάποιον άλλο.

πλακάς ο, ουσ., τεχνίτης ειδικευμένος στο να στρώνει πλακάκια σε δάπεδο ή σε τοίχο.

πλακάτ το, ουσ. άκλ., πινακίδα αναρτημένη σε κοντάρι με πολιτικά συνήθως συνθήματα ή εικόνες προσώπων. [γερμ. *Plakat*].

πλακέτα η, ουσ. **1.** ποιητική συλλογή περιλαμβανόμενη σε περιορισμένου πάχους αυτοτελές δημοσίευμα. **2.** μικρή μεταλλική αναμνηστική πλάκα σε πολλά αντίγραφα προς τιμήν κάποιας προσωπικότητας. [γαλλ. *plaquette*].

πλακί, επίρρ., είδος μαγειρέματος φαγητού με λάδι, ντομάτα και διάφορα καρυκεύματα σε χαμηλό σκεύος: *ψάρια/φασόλια ~*. [*πλακί* = μικρή πλάκα].

Πλακιώτης ο, θηλ. **-ισσα,** ουσ. (συνιζ.), κάτοικος της Πλάκας (αθηναϊκής συνοικίας).

πλακιώτικος, -η, -ο, επίθ. (συνιζ.), που ανήκει ή αναφέρεται στην αθηναϊκή συνοικία της Πλάκας: *ταβέρνα -η.*

Πλακιώτισσα, βλ. *Πλακιώτης.*

πλακοπαγίδα η, ουσ., είδος παγίδας πυ αποτελείται κυρίως από μια μεγάλη πλάκα και χρησιμοποιείται για να πιάνονται πουλιά.

πλακόπιτα η, ουσ., πίτα ψημένη πάνω σε πλάκα.

πλακόστρωμα το και **-στρωση** η, ουσ. **1.** η ενέργεια του πλακοστρώνω (βλ. λ.) και το αποτέλεσμά της. **2.** επιφάνεια στρωμένη με πλάκες.

πλακοστρώνω, ρ., στρώνω δάπεδο ή τοίχους με πλάκες.

πλακόστρωση, βλ. *πλακόστρωμα.*

πλακόστρωτος, -η, -ο, επίθ., στρωμένος με πλάκες: *αυλή -η. -* Το ουδ. ως ουσ. = δάπεδο στρωμένο με πλάκες.

πλακούντας ο, ουσ. **1.** είδος γλυκίσματος από ζύμη με πλατυσμένο σχήμα. **2.** (ιατρ.) σπογγώδες στρογγυλό σώμα που αναπτύσσεται στο εσωτερικό της μήτρας κατά τη διάρκεια της εγκυμοσύνης για να χρησιμεύσει στη θρέψη του εμβρύου και αποβάλλεται μετά τον τοκετό. - Υποκορ. **-ούντιο** το (στη σημασ. 1).

πλακουτσομύτης ο, θηλ. **-α,** ουσ., αυτός που έχει μύτη πλακουτσωτή.
πλακουτσωτός, -ή, -ό, επίθ., που είναι πλατυσμένος: *μύτη -ή.*
πλάκωμα το, ουσ. **1.** η ενέργεια και το αποτέλεσμα του πλακώνω (βλ. λ.), η πίεση που ασκείται σε ένα σώμα με την τοποθέτηση βάρους επάνω του. **2.** (μεταφ.) αίσθημα δυσφορίας: *είναι λίγες μέρες που νιώθω/έχω ένα ~.* **3.** (χυδ.) συνουσία.
πλακώνω, ρ. **1.** ασκώ πίεση σε ένα σώμα βάζοντας επάνω του κάποιο βάρος ή με το δικό μου βάρος: *φύλλα χαρτί -ωμένα μ' ένα κομμάτι μάρμαρο·* φρ. *~, ~ στο ξύλο/στα χαστούκια* (= δέρνω, ξυλοκοπώ κάποιον άγρια): (μέσ.) *πριν λήξει ο αγώνας, οι φίλαθλοι -ώθηκαν στις κερκίδες.* **2.** συνθλίβω με το βάρος μου, πέφτω βίαια ή ξαφνικά σε κάποιον ή κάτι κάνοντάς του κακό: *έπεσε ο μαντρότοιχος και τον -ωσε·* παροιμ. *αν δεν παινέσεις το σπίτι σου, θα πέσει να σε -ώσει.* **3.** (μεταφ.) καλύπτω κάποιον με τρόπο ενοχλητικό ή δυσάρεστο, πιέζω, καταπιέζω: *η κάψα τα -ει όλα* (Κόντογλου)· *ήταν όλα σιωπηλά, γιατί τα 'σκιαζε η φοβέρα και τα -ωνε η σκλαβιά* (Σολωμός). **4.** (μεταφ.) προκαλώ αίσθημα βάρους, δυσφορίας ή στενοχώριας: *ένα βάρος του -ωνε την καρδιά.* **5.** (χυδ., για άντρα) συνουσιάζομαι. **6α.** (μτβ. και αμτβ.) έρχομαι ή συμβαίνω ξαφνικά, καταλαμβάνω κάποιον εντελώς απροσδόκητα: *τους -ωσε η συμφορά·* **β.** (για φυσικά φαινόμενα) *-ωσε ο χειμώνας· -ωσαν τα κρύα/οι βροχές.* **7.** (αμτβ., για πρόσωπα συνήθως ανεπιθύμητα) καταφθάνω απροσδόκητα: *-ωσε το σόι·* Είν' *ο καινούργιος κύρης/που -ωσε, με ξένο βιο να γένει νοικοκύρης* (Βαλαωρίτης)· (συνεκδοχικά) *πολλή μαυρίλα -ωσε, μαύρη σαν καλιακούδα* (δημ. τραγ.).
πλάκωση η, ουσ., αίσθημα βάρους στο στήθος, δυσφορία: *νιώθω μια ~.*
πλακωτός, -ή, -ό, επίθ., πλατυσμένος, που μοιάζει με πλάκα: *στήθος/κέντημα -ό. -* Το ουδ. ως ουσ. = είδος παιχνιδιού στο τάβλι.
πλάνεμα το, ουσ., ξεγέλασμα, παραπλάνηση, αποπλάνηση.
πλανερός, -ή, -ό, επίθ., που παραπλανά: *σχέδια -ά· προθέσεις -ές.*
πλανευτής ο, ιδίως το θηλ. **-εύτρα,** ουσ., γυναίκα σαγηνευτική, που αποπλανά ερωτικώς· (μεταφ.) *θάλασσα -εύτρα.*
πλανευτικός, -ή, -ό, επίθ., που παραπλανά.
πλανεύτρα, βλ. *πλανευτής.*
πλανεύω, ρ., αόρ. *-εψα,* παθ. *εύτηκα,* μτχ. παρκ. *-εμένος.* **1.** ξεγελώ, εξαπατώ κάποιον με κολακείες, απατηλές υποσχέσεις ή ψέματα ώστε να κάνει αυτό που επιδιώκω: *ο Γιώργης δεν -εύτηκε σαν και τότες που δεν έφτανε το μυαλό του* (Κόντογλου) (συνών. *παραπλανώ, πλανώ).* **2.** (μεταφ.) για τα αισθητήρια δημιουργώ εσφαλμένη αντίληψη, ψευδαίσθηση. **3.** (συνεκδοχικά) δημιουργώ σε κάποιον ψευδείς εντυπώσεις, τον κάνω να ελπίζει σε κάτι απατηλό. **4.** παρασύρω κάποιον στο κακό, τον κάνω να βγει από τον ίσιο δρόμο. **5.** (ειδικά για κοπέλα) ξεγελώ ερωτικά, αποπλανώ.
πλάνεψη η, ουσ., παραπλάνηση, αποπλάνηση.
πλάνη η, I. ουσ. **1.** λανθασμένη γνώμη, άποψη ή κρίση: *βρίσκεσαι σε ~ υποστηρίζοντας ότι... δικαστική ~.* **2.** κάτι που ξεγελά, παραπλανά: *τα σχέδια της ζωής σου/που βγήκαν όλα πλάνες* (Καβάφης).

πλάνη η, II.ουσ., εργαλείο χειροκίνητο για τη λείανση ξύλινων ή σκληρών επιφανειών (σίδερου, μάρμαρου, κλπ.) (συνών. *ροκάνι).* [λατ. *plana*].
πλανητάριο το, ουσ. (ασυνίζ.), η αναπαράσταση του ουράνιου θόλου, των άστρων, των αστερισμών κλπ., σε ένα θόλο. [γαλλ. *planétarium*].
πλανήτης ο, ουσ., ουράνιο σώμα ετερόφωτο που στρέφεται με ελλειπτική τροχιά γύρω από τον ήλιο.
πλανητικός, -ή, -ό, επίθ., που ανήκει ή αναφέρεται στους πλανήτες: *-ό σύστημα* = όλοι οι πλανήτες που κινούνται γύρω από τον ήλιο· *-ή τροχιά.*
πλανητολογία η, ουσ., η επιστημονική μελέτη των πλανητών και ειδικότερα των χαρακτηριστικών της επιφάνειάς τους.
πλανιαρίζω και **πλανιάρω,** ρ. (συνιζ.), πλανίζω (βλ. λ.) - Πβ. *απλανιάριστος.*
πλανίδι το, ουσ., φλούδι από ξύλο που πλανίστηκε (συνών. *ροκανίδι).*
πλανίζω, ρ., λειαίνω μια επιφάνεια με την πλάνη: ~ *τα ξύλα* (βλ. *πλάνη* II) (συνών. *ροκανίζω).*
πλάνισμα το και **πλάνιση** η, ουσ., η ενέργεια του πλανίζω (βλ. λ.).
πλάνο το, I. ουσ., (φωτογραφία) εικόνα ή (στον κινηματογράφο) διαδοχή εικόνων που καθορίζεται από την απομάκρυνση του αντικειμένου ή της σκηνής που φωτογραφίζεται ή κινηματογραφείται και από το περιεχόμενο αυτής της εικόνας (διασιώσεις αντικειμένων)· ~ *κοντινό·* φρ. *θέτω κάτι σε πρώτο ~* (= του αποδίδω μεγάλη σπουδαιότητα). [γαλλ. *plan*].
πλάνο το, II. ουσ. **1.** αρχιτεκτονικό σχέδιο (κτηρίου, κήπου, γηπέδου, κλπ.). **2.** κάθε επεξεργασμένο σχέδιο που περιλαμβάνει μια ορισμένη σειρά ενεργειών ή διατάξεων, διευθετήσεων και στοχεύει στην επίτευξη κάποιου σκοπού: ~ *στρατηγικό· ~ μιας εργασίας· ~ οικονομικό.* **3.** διάταξη, οργάνωση των μερών ενός έργου του γραπτού λόγου που γίνεται πριν ή μετά τη σύνθεσή του: *~ ενός μυθιστορήματος/μιας κωμωδίας.* [γαλλ. *plan*].
πλανόδιος, -α, -ο, επίθ. (ασυνίζ.), που περιφέρεται στους δρόμους ή που μετακινείται από τόπο σε τόπο παραμένοντας μόνο για σύντομο χρονικό διάστημα στον καθένα, συνήθως με σκοπό να εργαστεί εκεί: *πωλητής/θίασος ~.*
πλάνος, -α, -ο, επίθ. **1.** που ξεγελά: *-ες ελπίδες.* **2.** που γοητεύει: *μάτια -α.*
πλάνταγμα το και **πλανταγμός** ο, ουσ. (ερρ.), το να πλαντάξει (βλ. λ.) κανείς.
πλαντάζω και **πλαντώ** ρ., αόρ. *-αξα,* μτχ. παρκ. *-γμένος* (ερρ.). **1.** αισθάνομαι μεγάλη στενοχώρια από θυμό ή ταραχή, πνίγομαι από δυσφορία, «σκάζω»: ~ *απ' το κακό μου· -γμένος νιούς* (σε κατάρα) *να σκάσεις και να -άξεις!* (μτβ.): *Τούτος ο λόγος... -αξε το νου της* (Μπαστιάς). **2.** πνίγομαι, δεν μπορώ να αναπνεύσω, ασφυκτιώ: *ένας ήσκιος μέσα μου με πνίγει, πλαντώ* (Καζαντζάκης). **3.** ξεσπώ, εκδηλώνω το πάθος ή τη στενοχώρια μου με ασυγκράτητο τρόπο: *-αξε στο κλάμα.* Φρ. *-αξε η φωτιά* (= έσβησε από έλλειψη αέρα). [*πλαντάσσω <πλατάσσω*].
πλανταμός και **πλαντασμός** ο, ουσ. (ερρ.), πλάνταγμα (βλ. λ.): (σε κατάρα) *σκασμός και -σμός!*
πλαντώ, βλ. *πλαντάζω.*
πλανώ, ρ., αόρ. *-εσα,* μέσ. *ιέμαι,* (λόγ.) *ώμαι,* αόρ. *-ήθηκα,* μτχ. *-ημένος* και *-εμένος.* I. ενεργ. **1.** πε-

ριφέρω κάτι εδώ κι εκεί. **2.** πλανεύω (βλ. λ. σημασ. 1), εξαπατώ, παραπλανώ. **3.** κάνω κάποιον να βγει από τον ίσιο δρόμο, πλανεύω (βλ. λ. σημασ. 4). **4.** οδηγώ κάποιον σε πλάνη, τον παρασύρω σε σφάλμα, πλανεύω (βλ. λ. σημασ. 3). **II.** μέσ. **1α.** περιφέρομαι σε διάφορους τόπους, περιπλανιέμαι: *-ίεμαι στις ερημιές* **β.** (μεταφ.): *ένας αόριστος φόβος/μια απειλή -ιόταν στον αέρα*. **2.** βγαίνω από τον ίσιο δρόμο, παρασύρομαι, πλανεύομαι. **3.** σχηματίζω λανθασμένη γνώμη, πέφτω σε πλάνη: *-άσαι αν πιστεύεις ότι ...* (συνών. *γελιέμαι, απατώμαι*). **4.** ακολουθώ ψευδή διδασκαλία, οδηγούμαι σε πλάνη ως προς τις θρησκευτικές ή ηθικές πεποιθήσεις μου.
πλασάρισμα το, ουσ., η ενέργεια και το αποτέλεσμα του πλασάρω (βλ. λ.): ~ *εμπορεύματος*.
πλασάρω, ρ., αόρ. *-αρα* και *-άρισα*, ως πλασιέ (βλ. λ.), τοποθετώ εμπορεύματα στην αγορά.
πλάση η, ουσ., το σύνολο των ανθρώπων, όλος ο κόσμος, η οικουμένη ως θεία δημιουργία: *όλη η ~ είναι δική μου* (συνών. *κτίση*).
πλασιέ ο και η, ουσ. (συνιζ.), εντεταλμένο πρόσωπο εμπορικής επιχείρησης που με προμήθεια τοποθετεί εμπορεύματα στην αγορά. [γαλλ. *placier*].
πλάσιμο το, ουσ. **1.** (για ζύμη, πηλό, κλπ.) διαμόρφωση. **2.** (μεταφ.) διαμόρφωση αισθητική, ηθική, κλπ.: ~ *της φράσης/χαρακτήρα*.
-πλάσιος, β΄ συνθ. αριθμ.: *διπλάσιος, τριπλάσιος,* κλπ.
πλάσμα το, ουσ. **1α.** κατασκεύασμα, δημιούργημα: *οι άνθρωποι είναι -ατα του Θεού· αυτά είναι -ατα της φαντασίας σου·* **β.** ο άνθρωπος (ως πλάσμα του Θεού): *τι γυρεύουν εδώ αυτά τα -ατα; ανόητο ~·* **γ.** (νομ.) κάτι που υπάρχει, όμως από νομική άποψη θεωρείται ανύπαρκτο. **2.** *λέξη* - ~ = «κατασκευασμένη» λέξη, όχι γνήσια. **3.** (ιατρ.) το κατεξοχήν ρευστό μέρος του αίματος όπου βρίσκονται τα αιμοσφαίρια.
πλασματικός, -ή, -ό, επίθ., που δεν είναι πραγματικός, αλλά αντικαθιστά τον πραγματικό: *-ά χρόνια δημόσιας υπηρεσίας* (συνών. *πλαστός·* αντ. *πραγματικός*).
πλασμοκύτταρο το, ουσ., είδος κυττάρων που σε παθολογικές καταστάσεις διαπιστώνεται η ύπαρξή τους σε συνδετικούς ιστούς ή στο αίμα.
πλασμώδιο το, ουσ. (ασυνίζ.). **1.** (ανατομ.) κύτταρο με πολλούς πυρήνες. **2.** το μικρόβιο της ελονοσίας.
πλάσσω, ρ., μόνο στον αόρ. *έπλασα,* για το Θεό ως δημιουργό του κόσμου: *ο Θεός έπλασε τον άνθρωπο κατ' εικόνα και καθ' ομοίωσιν.* - Βλ. και *πλάθω.*
πλαστερό το, ουσ., σανίδα όπου πλάθεται το ζυμάρι.
πλαστήρι το, ουσ., ραβδί κυλινδρικό με το οποίο ανοίγονται λεπτά φύλλα ζύμης (συνών. *πλάστης* σημασ. 3).
πλάστης ο, θηλ. **-τρα,** ουσ. **1.** αυτός που πλάθει (βλ. λ.): *Σβησμένες όλες οι φωτιές οι πλάστρες μες στη χώρα* (Παλαμάς). **2.** ο Θεός ως δημιουργός του κόσμου. **3.** (μόνο στο αρσ.) πλαστήρι (βλ. λ.).
πλάστιγγα η, ουσ. (έρρ.). **1.** ζυγαριά για μεγαλύτερα βάρη. **2.** ο δίσκος της ζυγαριάς.
πλαστικός, -ή, -ό, επίθ. **1.** κατασκευασμένος από ύλη που υπόκειται σε ποικίλες διαμορφώσεις, φτιαγμένος από πλαστικό (βλ. το ουδ. ως ουσ.): *σωλήνες -οί· χρώμα -ό· σημαία -ή· πάτωμα -ό·* *χρήμα -ό* (για τις πιστωτικές κάρτες συναλλαγών). **2α.** που έχει αρμονική σωματική διάπλαση όπως των αγαλμάτων: *σώμα -ό·* **β.** (ιατρ.) *-ή εγχείρηση* (= ειδική εγχείρηση που αποκαθιστά σωματικό ελάττωμα). **3.** (για εικαστικό έργο) που αναπαριστά κάτι ώστε να αποδίδονται έντονα οι όγκοι του, ανάγλυφα: *-ή αναπαράσταση της τιτανομαχίας.* - Το ουδ. ως ουσ. = **α.** συνθετική ύλη που μπορεί να πάρει πολλές μορφές και χρησιμοποιείται για την κατασκευή ποικίλων πραγμάτων: *σκεύος από -ό·* **β.** χρώμα πλαστικό. - Το θηλ. ως ουσ. = η γλυπτική.
πλαστικότητα η, ουσ. **1.** το να έχει κάτι ευρυθμία, αρμονία: ~ *φράσης.* **2.** (στη γλυπτική και γενικά για εικαστικό έργο) το να αποδίδονται έντονα οι όγκοι του σώματος ή του αντικειμένου που αναπαριστάται: ~ *αγάλματος.*
πλαστογράφημα το, ουσ., το αποτέλεσμα της πλαστογραφίας (βλ. λ.).
πλαστογράφηση η, ουσ. **1.** η ενέργεια του πλαστογραφώ (βλ. λ.) (συνών. *πλαστογραφία*). **2.** (μεταφ.) διαστροφή ιστορικών γεγονότων: ~ *της ιστορίας.*
πλαστογραφία η, ουσ., η ενέργεια του πλαστογραφώ (βλ. λ.): *έκανε ~.*
πλαστογραφικός, -ή, -ό, επίθ., που σχετίζεται με την πλαστογράφηση ή τον πλαστογράφο.
πλαστογράφος ο, ουσ., αυτός που επιχειρεί πλαστογραφίες.
πλαστογραφώ, -είς, ρ. **1.** απομιμούμαι τη γραφή τρίτου με δόλιο τρόπο: ~ *υπογραφή.* **2.** παραποιώ ξένο κείμενο: ~ *πιστοποιητικό.* **3.** (μεταφ.) διαστρέφω ιστορικά γεγονότα: ~ *την ιστορία.*
πλαστοπροσωπία η, ουσ., αθέμιτη παρουσία ενός προσώπου αντί άλλου.
πλαστός, -ή, -ό, επίθ. **1.** που είναι δημιούργημα φαντασίας, ανύπαρκτος: *δημοσίευσε το άρθρο του με -ό όνομα συγγραφέα· -ή ατμόσφαιρα μυθιστορήματος.* **2.** που αναγνωρίζεται από τη νομοθεσία χωρίς να ανταποκρίνεται στην πραγματικότητα: *-ά χρόνια υπηρεσίας που θεωρούνται συντάξιμα.* **3.** που είναι αντίθετος προς την πραγματικότητα: *-ό δίλημμα· -ές ευγένειες* (συνών. στις σημασ. 2, 3 *πλασματικός*).
πλαστότητα η, ουσ., το να είναι κάτι πλαστό, κίβδηλο: ~ *επιστολής* (αντ. *γνησιότητα*).
πλαστουργός ο, ουσ., δημιουργός: *ο Θεός ως ~ του σύμπαντος.*
πλαστουργώ, ρ., δημιουργώ: *ο Θεός -ησε τον κόσμο.*
πλάστρα, βλ. *πλάστης.*
παταγίζω, ρ., δημιουργώ θόρυβο με κάποια κίνηση πλατυσμένων σωμάτων: *-ισε με τη γλώσσα του· μια σημαία -ίζε* (= κυμάτιζε) (Ελύτης).
πλατάγισμα το, ουσ., η ενέργεια του παταγίζω (βλ. λ.).
πλαταίνω, ρ., αόρ. *-τυνα.* **Α.** (μτβ.) κάνω κάτι πλατύ. **Β.** (αμτβ.) γίνομαι πλατύς.
πλατάνι το, ουσ., υψηλό υδρόφιλο δέντρο με πλατιά φύλλα.
πλατανιάς ο, ουσ. (συνιζ.), τόπος όπου φύονται υψηλά πλατάνια (συνών. *πλατανότοπος*).
πλατανοδάσος το, ουσ., δάσος από πλατάνια.
πλάτανος ο, ουσ., πλατάνι (βλ. λ.)· φρ. *χαιρέτα μας τον -ο* (για κάτι που θεωρείται ουτοπικό, ακατόρθωτο).
πλατανότοπος ο, ουσ., τόπος με πολλά πλατάνια.
πλατανόφυλλο το, ουσ., φύλλο του πλατάνου.

πλαταράς ο, ουσ., αυτός που έχει γερές πλάτες: *ήτανε σαν θεριά, χεροδύναμοι, -άδες* (Κόντογλου).

πλατάρια τα, ουσ. (συνιζ.), οι φτερούγες, το κεφάλι, ο λαιμός και τα εντόσθια πουλιού μαγειρεμένα.

πλατεία και (λαϊκ.) **πλατέα** η, ουσ. 1. επίπεδη έκταση, σε πόλη ή χωριό, κατάλληλα διαμορφωμένη που αποτελεί τόπο όπου συγκεντρώνεται σημαντικό μέρος της κίνησης οικισμού. 2. πλατύς χώρος για τους θεατές θεατρικής παράστασης ή άλλης συναφούς εκδήλωσης.

πλατειάζω, ρ. (ασυνίζ. και συνιζ.), μιλώντας επεκτείνομαι πέρα από το κανονικό: *στις διηγήσεις του -ει.*

πλατειασμός ο, ουσ. (ασυνίζ.), η ενέργεια του πλατειάζω (βλ. λ.): *του αρέσουν οι -οί στις κουβέντες του.*

πλατειαστικός, -ή, -ό, επίθ. (ασυνίζ.), που πλατειάζει στα λόγια του.

πλάτεμα το, ουσ., το να πλαταίνει κάτι.

πλάτη η, ουσ. 1. ράχη: *με πονάει η* ~· φρ. *γυρίζω την* ~ *σε κάποιον* (= του φέρομαι προσβλητικά, τον αποφεύγω)· *κάνω -ες σε κάποιον* (= τον βοηθώ σε παράνομες ενέργειες ή συγκαλύπτω παράνομες πράξεις του)· *κάποιος έχει γερές -ες* (= διαθέτει ισχυρούς προστάτες)· *φορτώνω κάτι στην* ~ *κάποιου* (= επιβαρύνω κάποιον με ευθύνη ή υποχρέωση)· *χτυπώ κάποιον στην* ~ (κυριολεκτικά ως εκδήλωση συμπάθειας και προστασίας). 2. η ωμοπλάτη των ζώων (συνών. *σπάλα*). 3. το πίσω μέρος καθίσματος, επίπλου, βιβλιοθήκης, κλπ. 4. το πίσω μέρος πολλών εργαλείων: *η* ~ *του φτυαριού*. 5. το μέρος του κουπιού που βυθίζεται στη θάλασσα.

πλατιά, βλ. *πλατύς*.

πλατίνα η, I. ουσ., λευκόχρυσος (βλ. λ.). [γαλλ. *platine*<ισπαν. *platina*].

πλατίνα η, II. ουσ. (μηχανολ. συνήθως στον πληθ.) μεταλλικός διακόπτης ρεύματος χαμηλής τάσης που βρίσκεται μέσα στο διανομέα αυτοκινήτου και συμβάλλει στο να πολλαπλασιάζεται η τάση και να προκαλείται ανάφλεξη. [γαλλ. *platine*].

πλατινένιος, -α, -ο, επίθ. (συνιζ.), κατασκευασμένος από πλατίνα.

πλατό, του, ουσ. άκλ. 1. χώρος κινηματογραφικού ή τηλεοπτικού στούντιο κατάλληλα διαμορφωμένος για το γύρισμα ταινίας. 2. η επιφάνεια ενός πικάπ όπου τοποθετείται ο δίσκος. [γαλλ. *plateau*].

πλάτος το, ουσ. 1α. η μικρότερη από τις διαστάσεις μιας επιφάνειας (σε αντιδιαστολή με το μήκος), η οριζόντια απόσταση των δύο άκρων της μικρότερης πλευράς του ίδιου πράγματος (σε αντιδιαστολή με το μήκος, το ύψος, το βάθος): ~ *του δρόμου/του τοίχου*· έκφρ. *σ' όλα τα μήκη και τα -η της γης*, βλ. *μήκος* β. (για σωλήνα, κ.τ.ό.) διαμέτρημα (συνών. *φάρδος*). 2. (μεταφ., για γνώση, κ.τ.ό.) ευρύτητα: ~ *της ενημερότητας κάποιου*. 3. (φιλοσ.) ~ *μιας έννοιας* = το σύνολο των αντικειμένων στα οποία αναφέρεται. 4α. (γεωγραφικό) ~ = (ως μία από τις δύο συντεταγμένες σημείου της γήινης επιφάνειας) η γωνιώδης απόσταση του σημείου αυτού από τον ισημερινό, που μετριέται σε μοίρες πάνω στο τόξο του μεσημβρινού του: *όλα τα σημεία μιας παραλλήλου έχουν το ίδιο* ~. β. (αστρον.) η γωνιώδης απόσταση ενός άστρου από την εκλειπτική (βλ. λ.).

πλατουλός, -ή, -ό, επίθ., αρκετά πλατύς.

πλατς, το, ουσ. άκλ., για τον κρότο που ακούγεται όταν κάτι πέφτει στο νερό. [λ. ηχομιμ.].

πλάτσα-πλούτσα, άκλ., για τον κρότο που παράγεται όταν κανείς βαδίζει ή τσαλαβουτά μέσα στη λάσπη ή στο νερό. [λ. ηχομιμ.].

πλατσαρίζω και **πλατσουρίζω**, ρ. (λαϊκ.). α. πατώ άτακτα και με θόρυβο σε λάσπες ή νερά· β. κινώ άτακτα τα χέρια και τα πόδια μου παίζοντας μέσα στο νερό (συνών. *τσαλαβουτώ*). [λ. ηχομιμ.].

πλατσομύτης, -α, -ικο, επίθ. (λαϊκ.), που έχει πλακουτσωτή μύτη.

πλατσουρίζω, βλ. *πλατσαρίζω*.

πλάττω, ρ., συνήθως στον αόρ. *έπλασα* (εκκλ., για το Θεό) δημιουργώ: *ο Θεός έπλασε τον άνθρωπο κατ' εικόνα και καθ' ομοίωσιν*. - Πβ και *πλάθω*, *πλάσσω*.

πλατύγυρος, -η, -ο, επίθ. (μόνο για καπέλο) που έχει πλατύ γύρο.

πλατυκεφαλία η, ουσ. (ιατρ.) ανώμαλος σχηματισμός του κρανίου με πλάτυνση προς τα πίσω.

πλατυκέφαλος, -η, -ο, επίθ. (ιατρ.) που πάσχει από πλατυκεφαλία.

πλατυμέτωπος, -η, -ο, επίθ., που έχει πλατύ μέτωπο.

πλάτυνση η, ουσ. (λόγ.), πλάτεμα.

πλατυποδία η, ουσ., (ιατρ.) το να μην έχει κάποιος καμάρα στο πέλμα του ποδιού του και να δυσκολεύεται έτσι στο περπάτημα, ως πάθηση, συνήθως συγγενής, που διορθώνεται στις περισσότερες περιπτώσεις με ορθοπεδικές μεθόδους.

πλατυπρόσωπος, -η, -ο, επίθ., που έχει πλατύ πρόσωπο.

πλατύς, -ιά (συνιζ.), **-ύ**, επίθ. 1. που έχει πλάτος μεγαλύτερο από το συνηθισμένο: *ποτάμι -ύ· ζώνη -ιά* (συνών. *φαρδύς*· αντ. *στενός*). 2. που καταλαμβάνει σχετικά μεγάλη έκταση: *φτερούγες -ιές· χαμόγελο -ύ* (ως δείγμα εγκαρδιότητας)· έκφρ. *φαρδύς* ~ (για ξαπλωμένο ή πεσμένο κάπου με ολόκληρο το σώμα του). 3. (μεταφ., για γνώση, σκέψη, κ.τ.ό.) που δε γνωρίζει περιορισμούς ή προκαταλήψεις: *πνεύμα -ύ* (αντ. *στενός*). 4α. που αναφέρεται σε πολλά πράγματα, θέματα, κ.ά.: *έννοια -ιά* (αντ. *στενή*)· *για το ζήτημα θα γίνει -ύτερος λόγος πιο κάτω*· β. για εκδήλωση όπου συμμετέχουν πολλοί: *ολομέλεια/συσπείρωση -ιά*. - Επίρρ. **-ιά**.

πλατύσκαλο το, ουσ., σκαλοπάτι πλατύτερο από τα άλλα, τοποθετημένο εκεί όπου η σκάλα στρίβει ή συναντά όροφο.

πλατύστερνος, -η, -ο, επίθ., που έχει πλατύ στέρνο.

πλατύστομος, -η, -ο, επίθ. (για αγγείο) που έχει πλατύ στόμιο.

πλατύσωμος, -η, -ο, επίθ. (λόγ.), που έχει πλατύ κορμό.

πλατυτέρα η, ουσ. (εκκλ.) η εικόνα που ζωγραφίζεται στο εσωτερικό της (μεσαίας) κόχης του αγίου βήματος και παριστάνει τη Θεοτόκο να κρατά στην αγκαλιά της το Χριστό, που ευλογεί τον κόσμο.

πλατύφυλλος, -η, -ο, επίθ. (για φυτό) που έχει πλατιά φύλλα: *βασιλικός* ~.

πλατφόρμα η, ουσ. 1. χώρος σιδηροδρομικού σταθμού που είναι δίπλα στις γραμμές και σε κάπως μεγαλύτερο ύψος από αυτές και χρησιμεύει για την επιβίβαση και την αποβίβαση των επιβα-

των. **2.** μεγάλο μεταφορικό όχημα, συνήθως ανοιχτό, που ρυμουλκείται από μηχανοκίνητο όχημα: *νταλίκα/τρακτέρ με ~.* **3.** (πολιτ.) α. σύνολο ιδεών στις οποίες βασίζει κανείς την πολιτική του· β. πρόγραμμα για τη δράση κόμματος, οργάνωσης, κ.τ.ό. [γαλλ. *plate-forme*].
πλάτωμα το, ουσ., ανοιχτή και πλατιά έκταση, ιδίως πάνω σε βουνό: *στην κορφή βρήκαμε ένα ~ στρογγυλό* (συνών. πλατωσιά).
πλατωνικός, -ή, -ό, επίθ. **1.** που ανήκει ή αναφέρεται στον Πλάτωνα και τη φιλοσοφία του: *διάλογος ~· ηθική/πολιτεία -ή.* **2.** (συνεκδοχικά) που έχει καθαρά πνευματικό, ιδεαλιστικό χαρακτήρα: *αίσθημα -ό* (= αγνό)· *έρωτας ~* (αντ. σαρκικός). **3.** που έχει θεωρητικό χαρακτήρα, δεν αποβλέπει σε πρακτικό αποτέλεσμα, μάταιος: *διαμαρτυρία -ή.* - Επίρρ. **-ώς** και **-ά**.
πλατωνισμός ο, ουσ., φιλοσοφική σκέψη βασισμένη στην πλατωνική διδασκαλία ή έντονη επίδρασή της.
πλατωσιά η, ουσ. (συνιζ., λαϊκ.), πλάτωμα (βλ. λ.).
πλαφόν το, ουσ. άκλ., οροφή (βλ. λ. στη σημασ. 3): *~ στους μισθούς των τραπεζικών.* [γαλλ. *plafond*].
πλαφονιέρα η, ουσ. (συνιζ.), φωτιστικό σώμα στερεωμένο σταθερά στην οροφή (χωρίς να κρέμεται, όπως λ.χ. ένα πολύφωτο). [ιταλ. *plafoniera*].
πλέγμα το, ουσ. **1α.** ό,τι προέρχεται από το πλέξιμο διάφορων αντικειμένων: *~ αραιό/συρμάτινο·* β. ό,τι έχει όμοια μορφή με το παραπάνω: *~ πλαστικό* (πβ. *δικτυωτό, πλεμάτι*). **2.** (μεταφ.) σύνολο πραγμάτων, εννοιών, καταστάσεων, κ.ά. που βρίσκονται σε στενή σχέση και αλληλεξάρτηση: *~ καθημερινών βιωμάτων/σχέσεων που καθιερώνουν οι συντακτικοί κανόνες.*
πλέθρο το, ουσ. (αρχ.) **1.** μονάδα μήκους ισοδύναμη στους ιστορικούς χρόνους με 29,57 μέτρα. **2.** μονάδα επιφάνειας ίση με 874 τετραγωνικά μέτρα.
πλειάδα η, ουσ. (ασυνίζ., λόγ.), (για ομάδα ποιητών, συγγραφέων, επιστημόνων, κ.τ.ό.) μεγάλος αριθμός: *κέντρο με ~ άξιων ερευνητών.*
πλειοδοσία η, ουσ. (ασυνίζ.), το να πλειοδοτεί κανείς (αντ. *μειοδοσία*).
πλειοδότης ο, θηλ. **-τρια,** ουσ., αυτός που πλειοδοτεί: *ο λαχνός κατακυρώνεται στον τελευταίο -η* (αντ. *μειοδότης*).
πλειοδοτικός, -ή, -ό, επίθ. (συνίζ.), που αναφέρεται στην πλειοδοσία: *διαγωνισμός ~* (αντ. *μειοδοτικός*).
πλειοδότρια, βλ. *πλειοδότης*.
πλειοδοτώ, ρ. (ασυνίζ.). **1.** (σε πλειστηριασμό, δημοπρασία) προσφέρω τιμή μεγαλύτερη από των άλλων για να αγοράσω κάτι (αντ. *μειοδοτώ*). **2.** (μεταφ.) υποστηρίζω μια υπόθεση ή μια άποψη πιο έντονα από τους άλλους: *-εί σε υποσχέσεις* (συνών. *υπερθεματίζω*).
πλειονότητα η, ουσ. (ασυνίζ.), το μεγαλύτερο μέρος από ένα σύνολο προσώπων, ζώων ή πραγμάτων: *στην -ά τους οι γιατροί πιστεύουν ότι...*
πλειοψηφία η, ουσ. (ασυνίζ.). **1α.** σύνολο ψήφων ή βουλευτικών εδρών που κατά μια εκλογή ή ψηφοφορία ευνοεί πρόσωπο, κόμμα ή κυβέρνηση και του παρέχει την υπεροχή, γιατί ξεπερνά το σύνολο των ψήφων ή των εδρών του αντιπάλου ή όλων των αντιπάλων μαζί ή καθενός χωριστά: *~ απόλυτη/αυτοδύναμη* (οι μισές ψήφοι ή έδρες αυξημένες κατά μία) · *~ σχετική* (όταν κάποιος συγκεντρώνει περισσότερες ψήφους ή έδρες από

καθένα αντίπαλο, χωρίς όμως να επιτυγχάνει την απόλυτη πλειοψηφία)· *διαθέτω/εξασφαλίζω την ~·* έκφρ. *~ σιωπηλή ή σιωπηρή* (= η πλειοψηφία του πληθυσμού που θεωρείται ότι δεν εκφράζει τις απόψεις της, ενώ άλλοι, μολονότι λιγότεροι, τις υποστηρίζουν φανερά και δυναμικά) (αντ. *μειοψηφία*)· β. (ειδικά) η διαφορά των ψήφων ή των εδρών του νικητή ψηφοφορίας ή εκλογών από εκείνες που παίρνει ο δεύτερος ή το σύνολο των αντιπάλων του: *~ μιας έδρας/ισχνή.* **2α.** σύνολο μελών μιας σύναξης, το οποίο έχει μεγαλύτερη αριθμητική δύναμη από τα άλλα: *η ~ αποφάσισε να αναβληθεί η συζήτηση* (αντ. *μειοψηφία*)· β. (γενικά) το μεγαλύτερο μέρος ενός συνόλου: *η ~ των ακροατών δεν συμμερίζεται τις απόψεις του* (συνών. *πλειονότητα*).
πλειοψηφικός, -ή, -ό, επίθ. (ασυνίζ.), για εκλογικό σύστημα, κατά το οποίο κερδίζει όποιος εξασφαλίσει περισσότερες ψήφους από καθέναν χωριστά από τους άλλους υποψηφίους (σε αντιδιαστολή με το *αναλογικό*).
πλειοψηφώ, ρ. (ασυνίζ.), έχω ή επιτυγχάνω την πλειοψηφία (αντ. *μειοψηφώ*).
πλειστηριάζω, ρ. (ασυνίζ., λόγ.), πουλώ κάτι με πλειστηριασμό (συνών. *δημοπρατώ*).
πλειστηρίασμα το, ουσ. (νομ.) το τίμημα πράγματος που εκποιήθηκε με πλειστηριασμό.
πλειστηριασμός ο, ουσ. (ασυνίζ.), δημόσια πώληση αγαθών ή ακινήτων, κατά την οποία κάθε υποψήφιος αγοραστής πλειοδοτεί, ώσπου το πράγμα να πουληθεί σε όποιον προσφέρει τα περισσότερα: *βγάζω κάτι σε -ό* (συνών. *δημοπρασία*).
πλείστος, -η, -ο, ουσ., αυτός στη λόγ. εκφρ. *-οι όσοι* και *-α όσα* (= πολλοί/-ά και διάφοροι/-α): *ψιθυρίζονται -α όσα εις βάρος του.* - Πβ. και κατά το *-ον* και *ως επί το -ον*.
πλεκτάνη η, ουσ., δολοπλοκία, μηχανορραφία: *διαβολική· αποκαλύπτω την ~.*
πλεκτήριο το, ουσ. (ασυνίζ.), βιοτεχνία που παράγει πλεκτά ρούχα.
πλέκτης και **-χτης** ο, ουσ. **1.** τεχνίτης που με το πλέξιμο κατασκευάζει αντικείμενα: *~ καρεκλών.* **2.** τεχνίτης που εργάζεται σε πλεκτήριο (βλ. λ.).
πλεκτική η, ουσ., η τέχνη του να πλέκει κανείς.
πλεκτός, -ή, -ό και **χτός,** επίθ. **1.** που είναι αποτέλεσμα πλεκτής εργασίας: *-ά κοφίνια/φορέματα.* **2.** (μετρ.) *πλεκτή ομοιοκαταληξία* (στις περιπτώσεις που συμπίπτουν στο τετράστιχο οι ομοιοκαταληξίες του πρώτου στίχου με τον τρίτο και του δεύτερου με τον τέταρτο). - Το ουδ. ως ουσ. = φόρεμα που κατασκευάστηκε με πλέξιμο.
πλέκω, ρ. **1α.** λυγίζω και στρίβω μακριά και ευλύγιστα αντικείμενα (λ.χ. τρίχες, νήματα, κλαδιά) περνώντας το ένα μέσα από το άλλο και συνδέοντάς τα μεταξύ τους, έτσι ώστε να προκύψει ή να κατασκευαστεί κάτι: *~ τα μαλλιά μου* (πβ. *πλεξίδα*)*/λουλούδια·* (ως προς το αποτέλεσμα) *~ καλάθια· αγόρασα βελόνες για να -ξω μια μπλούζα* (αντ. *ξεπλέκω, ξηλώνω*)· β. (ειδικά) *~ τα χέρια/τα δάχτυλα* = περνώ τα δάχτυλα του ενός χεριού ανάμεσα στα δάχτυλα του άλλου. **2.** (μεταφ.) α. συνθέτω ή δημιουργώ κάτι με λόγια: *έχουν πλεχτεί γύρω του πολλοί θρύλοι* (συνών. *πλάθω*). φρ. *~ το εγκώμιο* (= επαινώ ενθουσιωδώς) · β. για τη δημιουργία τρυφερής ερωτικής σχέσης: *δεν άργησε να πλεχτεί το ειδύλλιο.*
πλεμάτι το, ουσ. (λαϊκ.). **1.** δίχτυ: *να πιάσουν τα -ια*

σου ψάρι καλό (Μπαστιάς). **2.** διχτυωτό σακούλι. [μτγν. *πλεγμάτιον*].

πλεμόνι, βλ. *πνευμόνι.*

πλέμπα, πλεμπάγια και **χλεμπάγια** η, ουσ. (όχι έρρ., συνιζ.), ο όχλος (περιφρονητικώς), συρφετός: *η ~ δούλευε για χάρη τους.* [ιταλ. *plebe, plebaglia*].

πλένω, βλ. *πλύνω.*

πλεξάνα η, ουσ., πλεξίδα από σκόρδα ή κρεμμύδια.

πλεξιγκλάς το, ουσ. άκλ., άθραυστα γυαλικά από διαφανή πλαστική ύλη. [*plexiglas*, ονομασία εταιρείας].

πλεξούδα και **πλεξίδα** η, ουσ. **1.** ομάδα από τρίχες του κεφαλιού που χωρίζονται σε μικρότερες ομάδες οι οποίες πλέκονται μεταξύ τους: *χτένισε τα μαλλιά της σε δυο -ες* (συνών. *πλόκαμος, πλοκάμι*). **2.** σκόρδα ή κρεμμύδια πλεγμένα σε σχήμα πλεξούδας. - Υποκορ. **-ίδι, -ούδι** και **-ιδάκι** το. - Μεγεθ. **-ουδάρα** η και **-ούδαρος** ο.

πλεονάζω, ρ., ξεπερνώ ως προς τον αριθμό: *-ουν οι αρνητικές ψήφοι από τις θετικές* (συνών. *υπερτερώ*).

πλεόνασμα το, ουσ., ό,τι πλεονάζει, περισσεύει: *~ του ισοζυγίου πληρωμών· ~ παραγωγής* (αντ. *έλλειμμα*).

πλεονασμός, ο, ουσ. (γραμμ.) το να μεταχειρίζεται κανείς στο λόγο του περισσότερες λέξεις από όσες χρειάζονται.

πλεοναστικός, -ή, -ό, επίθ. **1.** (πολιτ. οικον.) που παρουσιάζει πλεόνασμα, περίσσευμα: *κρατικός προϋπολογισμός ~* (στην περίπτωση που τα έσοδα υπερβαίνουν τα έξοδα) (αντ. *ελλειμματικός*). **2.** ό,τι σχετίζεται με κάθε πλεόνασμα.

πλεοναστικότητα η, ουσ., το να είναι κάτι πλεοναστικό.

πλεονέκτημα το, ουσ. **1.** αυτό που οδηγεί σε όφελος (υλικό ή ηθικό): *τα -ατα της ζωής στο χωριό και στην πόλη.* **2.** προσόν, προτέρημα: *πνευματικά/σωματικά -ατα* (αντ. *μειονέκτημα*, στις σημασ. 1 και 2).

πλεονέκτης και **πλεονέχτης** ο, θηλ. **-έκτρια,** ουσ., εκείνος που επιθυμεί να αποκτήσει ή να έχει περισσότερα από το κανονικό: *έμπορος ~* (συνών. *άπληστος*· αντ. *ολιγαρκής*).

πλεονεκτικός, -ή, -ό, επίθ., που παρέχει ή δημιουργεί πλεονεκτήματα: *-ή τοποθέτηση χρημάτων* (αντ. *μειονεκτικός*). - Επίρρ. **-ά.**

πλεονεκτικότητα η, ουσ. το να είναι κάτι πλεονεκτικό, να υπερέχει: *η ~ της θέσης* (αντ. *μειονεκτικότητα*).

πλεονέκτρια, βλ. *πλεονέκτης.*

πλεονεκτώ, -είς, ρ. (για πρόσωπα και για πράγματα) έχω περισσότερα από το κανονικό, υπερτερώ.

πλεονεξία η, ουσ., η ιδιότητα του πλεονέκτη (συνών. *απληστία.*)

πλεονέχτης, βλ. *πλεονέκτης.*

πλεούμενο το, ουσ., κάθε πλωτό μέσο (συνών. *σκάφος*).

πλεούσα η, ουσ., τα ύφαλα ή τα βρεχούμενα μέρη του πλοίου (συνών. *γάστρα*).

πλερέζα η, ουσ., πέπλος που τον φορούν γυναίκες για να δηλώσουν πένθος. [γαλλ. *pleureuse*].

πλέριος, -α, -ο, επίθ. (συνιζ.), πλήρης, τέλειος (συνών. *γεμάτος*· αντ. *άδειος*).

πλέρωμα, βλ. *πλήρωμα.*

πλερωμή, βλ. *πληρωμή.*

πλερώνω, βλ. *πληρώνω.*

πληρωτής, βλ. *πληρωτής.*

πλευρά η, ουσ. **1.** (ανατομ.) καθένα από τα επιμήκη και καμπύλα κόκαλα που σχηματίζουν τη θωρακική κοιλότητα (συνών. *πλευρό, παΐδι*). **2.** (γεωμ.) ευθεία γραμμή γεωμετρικού σχήματος: *οι τρεις -ές του τριγώνου.* **3.** άποψη: *η μια ~ ενός ζητήματος·* έκφρ. *από την άλλη ~* (= εξάλλου).

πλευρεκτομία η, ουσ. (ιατρ.) χειρουργική επέμβαση για την αφαίρεση πλευράς του ανθρώπινου σώματος.

πλευρίζω, ρ. **1.** έρχομαι κοντά σε κάτι: *η βάρκα -ισε στο μουράγιο·* το *καράβι δεν -ει* (= φτάνοντας δεν προσεγγίζει εντελώς στην προκυμαία)· *ενώ ταξιδεύαμε μας -ισε ένα διωκτικό σκάφος του λιμεναρχείου.* **2.** πλησιάζω κάποιο πρόσωπο με σκοπό να ωφεληθώ από αυτή την προσέγγιση: *μας -ισε για να πάρει πληροφορίες* (συνών. *διπλαρώνω*).

πλευρικός, -ή, -ό, επίθ. **1.** που ανήκει ή αναφέρεται στην πλευρά ή τις πλευρές: *-ό τόξο.* **2.** που επιχειρείται από τα πλάγια: *-ή επίθεση στρατιωτικής μονάδας.*

πλεύρισμα το, ουσ. **1.** (για πλοία) η ενέργεια του πλευρίζω. **2.** το πλησίασμα ατόμου σε άτομο με συγκεκριμένη επιδίωξη.

πλευρίτιδα η και (λαϊκ.) **πλευρίτης** ο, ουσ., φλεγμονή στο εσωτερικό περίβλημα των πνευμόνων.

πλευριτώνω, παθ. **-ομαι,** ρ. **1.** (μέσ.) προσβάλλομαι από πλευρίτιδα: *βγήκα έξω χωρίς παλτό και -ώθηκα.* **2.** (ενεργ., μτβ.) προξενώ πλευρίτιδα, κάνω κάποιον να κρυώσει: *τους -ωσε με ανοιχτή την πόρτα.*

πλευρό το, ουσ. **1.** (ανατομ.) καθένα από τα κόκαλα που σχηματίζουν τη θωρακική κοιλότητα: *έκανε εγχείρηση στα -ά του.* **2.** το πλάγιο μέρος σώματος (ανθρώπου ή ζώου), αντικειμένου ή επιφάνειας: *τα -ά της ντουλάπας.* Φρ. *βρίσκομαι στο ~ κάποιου* (= τον υποστηρίζω): *η μητέρα πάντα βρίσκεται στο ~ του παιδιού της·* θα *σου σπάσω τα -ά* (= θα σε δείρω)· *αν μ' ενοχλήσεις το βράδι, θα σου σπάσω τα -ά· μ' αυτό το ~ να κοιμάσαι!* (= δύσκολα, αδύνατα πράγματα επιδιώκεις).

πλευροκόπημα το, ουσ. (στρατ.) επίθεση εναντίον των πλευρών στρατιωτικού σώματος.

πλευροκοπικός, -ή, -ό, επίθ. (στρατ.) που σχετίζεται με το πλευροκόπημα: *-ά πυρά.*

πλευροκοπώ, ρ. (στρατ.) επιτίθεμαι εναντίον των πλευρών στρατιωτικής μονάδας.

πλευρόπονος ο, ουσ., πόνος στα πλευρά του ανθρώπινου σώματος.

πλευροτομία και **-μή** η, ουσ. (ιατρ.) χειρουργική διάνοιξη των πλευρών του ανθρώπινου σώματος.

πλεύση η, ουσ., η πορεία ενός πλοίου.

πλεύω, βλ. *πλέω.*

πλέχτης, βλ. *πλέκτης.*

πλεχτός, βλ. *πλεκτός.*

πλέω και (λαϊκ.) **πλεύω,** ρ. **1.** κατορθώνω να βρίσκομαι στην επιφάνεια νερού, θάλασσας, κ.τ.ό, επιπλέω: *το καράβι -ει.* **2.** (για πλοίο ή για ανθρώπους που ταξιδεύουν με πλοίο) κατευθύνομαι: *αφού περάσαμε από τη Λήμνο, -εύσαμε προς τη Λέσβο.* Φρ. *-ει στο στόμα μου* (= αδυνατώ να θυμηθώ και να το αρθρώσω)· *-ουνε στο αίμα* (= είναι αιμόφυρτοι)· *-ουνε τα ρούχα απάνω του* (= του έρχονται πολύ φαρδιά): *αδυνάτισε τόσο πολύ που τα ρούχα του -ουν απάνω του·* ~ *σε πελάγη ευτυχίας* (= είμαι πάρα πολύ ευτυχισμένος).

πληβείος ο, θηλ. **εία**, ουσ. 1. (ιστ.) πολίτης κατώτερης τάξης στην αρχαία Ρώμη (αντ. *πατρίκιος*). 2. (συνεκδοχικά) άτομο ταπεινής καταγωγής.

πληγή η, ουσ. 1α. βλάβη σε μέρος του σώματος που προκαλεί πόνο, μπορεί να μολυνθεί και προκαλείται από χτύπημα, κόψιμο, κλπ.: *γέμισε το σώμα του -ές· ~ που δεν κλείνει·* β. (μεταφ. για συναισθήματα) καημός: *μ' άνοιξε ~ στα στήθια.* 2. (μεταφ.) α. οδυνηρό γεγονός ή φαινόμενο που συνήθως συμβαίνει ξαφνικά και είναι δύσκολο να αντιμετωπιστεί, συμφορά: *το φαινόμενο της βίας αποτελεί κοινωνική ~· οι δέκα -ές του Φαραώ·* β. για άνθρωπο που προξενεί δυστυχία ή συμφορές: *κακή ~ αυτή η γυναίκα.* Φρ. *ανοίγω -ές* (= δημιουργώ αιτίες για δυσάρεστες καταστάσεις ή συμφορές)· *ξύνω παλιές -ές* (= ξαναφέρνω στη μνήμη παλιές δυσάρεστες υποθέσεις ή παλιά πάθη που έχουν πια ξεχαστεί).

πληγιάζω, ρ. (συνιζ.). 1. (αμτβ.) αποκτώ πληγή ή γεμίζω πληγές: *το σώμα του -ιασε από το ξύσιμο.* 2. (μτβ.) προκαλώ πληγή: *το παπούτσι μού -ιασε το πόδι.*

πλήγιασμα το, ουσ., το να προξενεί κάτι πληγές ή να αποκτά κάποιος πληγές.

πλήγμα το, ουσ. (μεταφ.) γεγονός που προκαλεί ζημιές υλικές ή ηθικές ή συμφορά: *ο θάνατός του ήταν μεγάλο ~ για την οικογένεια* (συνών. *χτύπημα*).

πλήγωμα το, ουσ., το να πληγώνει ή να πληγώνεται κανείς.

πληγώνω, ρ. 1. προκαλώ βλάβη σε μέρος του σώματός μου ή του σώματος τρίτου χτυπώντας το ή χρησιμοποιώντας όπλο: *-ώθηκε στον ώμο· το παπούτσι μού -ωσε το πόδι·* (η μτχ. ως ουσ.) *οι -ωμένοι* (= οι τραυματίες) (συνών. *λαβώνω, τραυματίζω*). 2. (μεταφ.) με τα λόγια ή τις πράξεις μου προξενώ σε κάποιον μεγάλη στενοχώρια ή τον προσβάλλω: *η συμπεριφορά του την -ωσε· -ωμένος εγωισμός.*

πληθαίνω και (λόγ.) **πληθύνω**, ρ., αόρ. -*υνα*. Α. (μτβ.) κάνω κάτι περισσότερο, αυξάνω κάτι σε ποσότητα: *~ τους πόντους του πλεκτού.* Β. (αμτβ.) αυξάνω σε ποσότητα, πολλαπλασιάζομαι: *τα προβλήματα -αίνουν* (αντ. στις σημασ. Α και Β *λιγοστεύω*).

πλήθεμα το, ουσ., το να πληθαίνει κάποιος ή κάτι, αύξηση, πολλαπλασιασμός (συνών. *πλήθυνση*).

πήθιος, -ια, -ιο, επίθ. (συνιζ., λαϊκ.), πολύς, περίσσιος: *έχει -ια κρίματα/-ιες χάρες.*

πλήθος το, ουσ. 1. μεγάλη ποσότητα ή μεγάλος αριθμός ανθρώπων ή πραγμάτων: *~ αγαθών στην αγορά· είχε εγγόνια ~*. 2α. ομάδα πολλών ανθρώπων συγκεντρωμένων για ορισμένο συνήθως σκοπό: *το ~ περίμενε σιωπηλό τον ομιλητή·* β. λαός, λαϊκές μάζες: *το ανώνυμο ~*.

πληθυντικός, -ή, -ό, επίθ. (έρρ.), (μόνο στη γραμματική χρήση *πληθυντικός αριθμός* ή και ως ουσ. *πληθυντικός* ο) 1. οι χαρακτηριστικοί τύποι μιας κλινόμενης λέξης που χρησιμοποιούνται α. για να δηλωθούν περισσότερα πρόσωπα ή πράγματα (π.χ. *η πράξη, οι πράξεις*): *η λέξη «άνθρωπος» λήγει στον -ό σε -οι· κλίνε τον -ό του «πατέρας»·* β. όταν εκείνος που μιλά θέλει να αποταθεί με ευγένεια στο συνομιλητή του: *πώς είστε;* (αντί *πώς είσαι;*). 2. η ίδια η λέξη όταν απαντά στον πληθυντικό αριθμό: *ο ~ του «τέρας» είναι «τέρατα».*

πληθύνω, βλ. *πληθαίνω*.

πληθυσμιακός, -ή, -ό, επίθ. (ασυνίζ.), που αναφέρεται στον πληθυσμό: *πρόβλημα -ό· έκρηξη -ή* (η μεγάλη και ξαφνική αύξηση του πληθυσμού μιας χώρας).

πληθυσμός ο, ουσ. 1. το σύνολο των ανθρώπων που κατοικούν στη γη ή σε μια χώρα και που ανανεώνεται διαρκώς με τη διαδικασία της αναπαραγωγής: *ο ~ της Ελλάδας· μείωση του -ού μιας περιοχής.* 2. (βιολ.) σύνολο ατόμων του ίδιου είδους που ζουν στην ίδια περιοχή: *-οί υδρόβιοι.*

πληθώρα η, ουσ. 1. το να υπάρχει κάτι σε μεγάλες ποσότητες, αφθονία: *~ αγαθών στην αγορά.* 2. (ιατρ.) το να υπάρχουν κάποια συστατικά του οργανισμού σε ποσότητες μεγαλύτερες από τις φυσιολογικές.

πληθωρικός, -ή, -ό, επίθ. 1. που υπάρχει σε μεγάλη ποσότητα, άφθονος: *στήθη -ά· ταλέντο -ό* (συνών. *πλούσιος*). 2α. (για άτομα και ανθρώπινες ενέργειες) που εκδηλώνει πολλά ενδιαφέροντα ή έχει πολλαπλή δραστηριότητα ή που εκφράζεται με παραστατικότητα: *προσωπικότητα -ή· κινήσεις -ές·* β. (για το λόγο) που συνδέεται με τη χρησιμοποίηση χωρίς φειδώ των εκφραστικών μέσων (συνών. *πλούσιος*).

πληθωρισμός ο, ουσ. 1. (οικον.) πορεία προς σταθερή αύξηση των τιμών που οδηγεί σε μείωση της αξίας του νομίσματος και σε οικονομική κρίση: *αύξηση/καταπολέμηση του -ού.* 2. (γενικά) το να υπάρχει κάτι σε υπερβολική ποσότητα ή αριθμό, περισσότερο απ' ό,τι είναι αναγκαίο, υπεραφθονία: *ο επαγγελματικός ~ της εποχής μας.*

πληθωριστικός, -ή, -ό, επίθ., που αναφέρεται στον πληθωρισμό (βλ. λ. σημασ. 1) ή οφείλεται σ' αυτόν: *-ές τάσεις της οικονομίας· έκδοση -ού νομίσματος.*

πληκτικός, -ή, -ό και (λαϊκ.) **πληχτικός**, επίθ., που προκαλεί πλήξη, ανία: *τόπος ~· έργο -ό· παρέα -ή.* - Επίρρ. *-ά*.

πλήκτρο το, ουσ. 1. καθένα από τα κουμπιά γραφομηχανής, αριθμομηχανής ή ηλεκτρονικού υπολογιστή, κ.τ.ό., που ύστερα από πίεση γράφουν ένα γράμμα ή ψηφίο ή παριστάνουν σε οθόνη μια εικόνα. 2. καθένα από τα μακρόστενα κομμάτια από ξύλο, πλαστικό ή άλλα υλικά σε μουσικό όργανο, όπως το πιάνο, κ.τ.ό., που ύστερα από πίεση θέτουν σε κίνηση τις χορδές και παράγουν συγκεκριμένη μουσική νότα το καθένα. 3. (ζωολ.) μεγάλο νύχι που έχουν πουλιά, όπως ο πετεινός, πάνω στο πισινό δάχτυλο του ποδιού και το χρησιμοποιούν ως όπλο.

πληκτρολόγιο το, ουσ. (ασυνίζ.), το σύνολο των πλήκτρων γραφομηχανής, ηλεκτρονικού υπολογιστή, κ.τ.ό. ή μουσικού οργάνου, όπως του πιάνου, κ.τ.ό., τοποθετημένων σε συγκεκριμένη σειρά.

πλημμελειοδικείο το, ουσ. (ασυνίζ.), πρωτοβάθμιο ποινικό δικαστήριο που εκδικάζει πλημμελήματα (βλ. λ.).

πλημμελειοδίκης ο, ουσ. (ασυνίζ.), πρωτοδίκης δικαστής που εκδικάζει πλημμελήματα (βλ. λ.).

πλημμέλημα το, ουσ. (νομ.) αξιόποινη πράξη που τιμωρείται από το νόμο με φυλάκιση, χρηματική ή επανορθωτική ποινή.

πλημμύρα η, ουσ. 1. ανύψωση της στάθμης του νερού ποταμού, λίμνης ή θάλασσας και έξοδος από την κοίτη μεγάλης ποσότητας νερού με αποτέλεσμα να καλύπτεται η επιφάνεια της γης στη γύρω περιοχή. **2.** (μεταφ.) μεγάλη ποσότητα ενός πράγματος, αφθονία: ~ *αγαθών/κόσμου.*

πλημμυρίδα η, ουσ., η φάση της παλίρροιας κατά την οποία ανεβαίνει η στάθμη των νερών (συνών. (λαϊκ.) *φουσκονεριά·* αντ. *άμπωτη).*

πλημμυρίζω, ρ. **1.** (μτβ.) (για ποταμό, θάλασσα, κ.τ.ό.) συνήθως ύστερα από νεροποντή ανεβάζω την επιφάνειά μου με αποτέλεσμα να καλύψω ορισμένη περιοχή: *το ποτάμι -ισε την πεδιάδα* (συνών. *ξεχειλίζω).* **2.** (αμτβ.) κατακλύζομαι, γεμίζω από νερό: *έσπασαν οι σωλήνες και -ισε το υπόγειο· οι δρόμοι -ισαν μετά την καταιγίδα.* **3.** (μτβ., μεταφ., για ανθρώπους) έρχονται ή μπαίνουν σε κάποιο χώρο κατά ποσότητες, σε μεγάλο αριθμό: *το πλήθος -ισε την πλατεία* (συνών. *κατακλύζω, γεμίζω).* **4.** (μεταφ.) γεμίζω εντελώς από κάτι, κατακλύζομαι: *το δωμάτιο -ισε (από) φως μόλις άνοιξε το παράθυρο·* φρ. *το πρόσωπό του -ισε από δάκρυα.* **5.** (μεταφ.) αισθάνομαι κάτι σε μεγάλη ένταση: *την -ισε χαρά/φόβος.*

πλημμύρισμα το, ουσ., το να πλημμυρίζει ποταμός ή η θάλασσα ή μια περιοχή (συνών. *ξεχείλισμα).*

πλημμυροπαθής, -ής, -ές, γεν. *-ούς,* πληθ. αρσ. και θηλ. *-είς,* ουδ. *-ή,* επίθ., που έπαθε ζημιές από πλημμύρα: *περιοχές -είς.* - (Ως ουσ.) άνθρωπος που έχει υποστεί σοβαρές απώλειες εξαιτίας πλημμύρας: *αποζημίωση των -ών.*

πλην, (μαθημ.) σύμβολο της αφαίρεσης (-): *πέντε ~ δύο* (αντ. *συν).* Εκφρ. ~ *όμως* (= όμως, αλλά)· *τα συν και τα* ~ (= τα πλεονεκτήματα και τα μειονεκτήματα).

πλήξη η, ουσ., αίσθημα στενοχώριας που προκαλείται από μονότονη ασχολία ή μονότονο τρόπο ζωής ή από την έλλειψη ασχολίας: *ένιωθε αφόρητη* ~· *ζωή γεμάτη* ~ (συνών. *ανία, βαριεστιμάρα).*

πληρεξούσιος, -α, -ο, επίθ. (ασυνίζ.), (νομ.) που έχει εξουσιοδοτηθεί από κάποιον να ενεργεί για λογαριασμό του σε ορισμένες υποθέσεις: *δικηγόρος* ~· *(διπλωματική γλώσσα) υπουργός* ~· - Το ουδ. ως ουσ. = έγγραφο με το οποίο παρέχεται η πληρεξουσιότητα σε κάποιον (συνών. *εξουσιοδότηση).*

πληρεξουσιότητα η, ουσ. (ασυνίζ.), (νομ.) το να μπορεί κάποιος να ενεργεί νόμιμα για λογαριασμό τρίτου.

πλήρης, -ης, -ες, γεν. *-ους,* πληθ. αρσ. και θηλ. *-εις,* ουδ. *-η,* επίθ. (λόγ.). **1.** γεμάτος (βλ. λ.): *το ασανσέρ/θέατρο ήταν -ες.* **2.** ολοκληρωτικός, τέλειος: *οι διαπραγματεύσεις σημείωσαν -η αποτυχία.* **3.** ολοκληρωμένος: *έδωσε μια -η εικόνα της κατάστασης* (αντ. *ατελής).* Εκφρ. ~ *απασχόληση* (= απασχόληση σε όλες τις εργάσιμες ώρες της εβδομάδας· αντ. *μερική απασχόληση)·* ~ *τροφή* (= που περιέχει όλα τα θρεπτικά συστατικά που χρειάζεται ο άνθρωπος). - Επίρρ. **ως** στη σημασ. 2.

πληρότητα η, ουσ., το να είναι κάτι ολοκληρωμένο: ~ *μιας επιστημονικής πραγματείας.*

πληροφόρηση η, ουσ., το να παρέχονται πληροφορίες για κάποιο θέμα, ενημέρωση: *ανεπαρκής* ~ *των ενδιαφερομένων· τομέας -ης (ενός οργανισμού).*

πληροφορία η, ουσ. **α.** κάθε στοιχείο γνώσης ή κρίσης που μεταδίδεται με τη βοήθεια του λόγου, του ήχου ή της εικόνας, καθώς και με το σύνολο των συμβόλων που είναι κατανοητά στους ανθρώπους, με σκοπό να τους ενημερώσει για κάποιο γεγονός ή θέμα: *ζητώ -ες· από το κείμενο αντλούμε -ες για τη συγκεκριμένη εποχή·* **β.** (συνεκδοχικά) χώρος ή γραφείο αρμόδιο να παρέχει πληροφορίες: *ρωτήστε στις -ες.*

πληροφοριακός, -ή, -ό, επίθ. (ασυνίζ.), που δίνει πληροφορίες ή που γίνεται για να πληροφορήσει: *έντυπο -ό· το κείμενο έχει -ό χαρακτήρα.* - Επίρρ. **-ά:** *σου το είπα -ά.*

πληροφορική η, ουσ., σύνολο επιστημονικών κλάδων και τεχνικών που με ηλεκτρονικά μέσα αποβλέπουν στον αυτόματο και λογικό χειρισμό πληροφοριών για τη συγκέντρωση, τη διατήρηση και τη διάδοσή τους.

πληροφοριοδότης ο, ουσ. (ασυνίζ.). **1.** αυτός που δίνει πληροφορίες. **2.** (συνηθέστερα) αυτός που συλλέγει πληροφορίες για ορισμένα άτομα και τις ενεργειές τους για τη χρήση τους από ορισμένες υπηρεσίες κρατικής ασφάλειας.

πληροφορώ, -είς, ρ., παρέχω πληροφορίες σε κάποιον σχετικά με ένα γεγονός ή θέμα, ενημερώνω: *με -ησε για το θέμα που με ενδιέφερε· -ήθηκα το δυσάρεστο γεγονός.* - Η μτχ. ως επίθ. = που γνωρίζει πάρα πολλά πράγματα, έμπειρος, ενήμερος.

πληρώ, οίς, ρ., συνήθως στον ενεστ. (λόγ.), εκπληρώνω: *-οί τις προϋποθέσεις/τους όρους.*

πλήρωμα το, ουσ. **1.** το σύνολο των ανθρώπων που προσφέρουν τις υπηρεσίες τους σε πλοίο, αεροπλάνο και γενικά σε μέσα συγκοινωνίας, μεταφοράς, κ.τ.ό.: ~ *διαστημικού λεωφορείου/ασθενοφόρου· μέλος -ατος.* **2.** (αρχαϊστικά) *το* ~ *του χρόνου* = η συμπλήρωση του προκαθορισμένου χρόνου για να συμβεί κάτι: *όλα θα κριθούν όταν έρθει το* ~ *του χρόνου.*

πληρωμή και (λαϊκ.) **πλερωμή** η, ουσ. **1.** το να πληρώνει ή να πληρώνεται κάποιος, καταβολή χρημάτων για αγορά ή παροχή υπηρεσιών. **2.** (μεταφ.) ανταπόδοση για κάποιο καλό ή κακό που έκανε κάποιος.

πληρώνω και (λαϊκ.) **πλερώνω,** ρ. **1.** δίνω χρήματα για την αγορά ενός πράγματος, την παροχή υπηρεσιών ή για την εξόφληση χρέους ή καταβάλλω το ημερομίσθιο ή το μισθό εργαζομένου: ~ *για λογαριασμό/με επιταγές.* **2.** (μεταφ.) αποζημιώνω κάποιον για μια καλή πράξη που έκανε, ανταμείβω: *ο Θεός να σε -ώσει για το καλό που μας έκανες* (συνών. *ξεπληρώνω).* **3.** υφίσταμαι τις αρνητικές συνέπειες των πράξεών μου ή των σφαλμάτων που άλλοι διέπραξαν, τιμωρούμαι: *αυτό που έκανες θα μου το -ώσεις! τα λάθη -ονται· στον άλλο κόσμο πλέρωνε τα κρίματά του* (Σεφέρης)· φρ. *τη νύφη,* βλ. *νύφη* στη σημασ. 1α· *-τα σπασμένα,* βλ. *σπάζω.* **4.** δωροδοκώ: *ο αρμόδιος υπάλληλος -ώθηκε για την απόφαση που έβγαλε.* Εκφρ. *απάντηση -ωμένη* (= απάντηση εύστοχη που αποστομώνει το συνομιλητή). Φρ. *αυτό δεν -εται* (= δεν υπάρχει γι' αυτό η ανταμοιβή που του ταιριάζει)· *το* ~ (= υφίσταμαι τις αρνητικές ενέργειες για την οποία δεν ευθύνομαι): *με τα νέα οικονομικά μέτρα θα το -ώσουν οι μισθωτοί· το/την πλήρωσε ακριβά* (= τιμωρήθηκε περισσότερο απ' όσο του άξιζε)· ~ *κάτι με τη ζωή μου* (= χάνω τη ζωή μου ως επακόλουθο μιας ενέργειάς μου): *-ωσαν την επιπολαιότητά τους με τη ζωή τους.*

πλήρως, βλ. *πλήρης.*

πλήρωση η, ουσ. (λόγ.), εκπλήρωση, εκτέλεση: ~ *των όρων της διαθήκης*.

πληρωτέος, -α, -ο, επίθ., που πρέπει να πληρωθεί: *-ο ποσό/γραμμάτιο*.

πληρωτής και (λαϊκ.) **πλερωτής** ο, θηλ. **-τρια**, ουσ. 1. αυτός που πληρώνει: *είναι καλός* ~. 2. (για γραμμάτιο, κ.τ.ό.) αυτός που εκδίδει γραμμάτιο και είναι υποχρεωμένος να το πληρώσει.

πλησιάζω, ρ. (ασυνίζ.). 1. (μτβ.) φέρνω κάτι κοντά σε κάποιον ή κάτι άλλο: *-ασε το ακουστικό στο αφτί του* (συνών. *προσεγγίζω* αντ. *απομακρύνω*). 2. (μτβ. και αμτβ.) έρχομαι ή πηγαίνω κοντά σε κάποιον ή κάτι: *μη με -εις· μόνο όταν -ασε τον αναγνώρισε* (συνών. *σιμώνω, προσεγγίζω*). 3. (αμτβ.) βαθμιαία έρχομαι πιο κοντά από άποψη χρόνου, δεν απέχω πολύ χρονικά, πρόκειται να συμβώ σύντομα: *οι διακοπές -ουν* (συνών. *κοντεύω*). 4. (μεταφ., μτβ.) έρχομαι σε επαφή με κάποιον, συναναστρέφομαι: *δεν -ει άνθρωπο*.

πλησίασμα το, ουσ., το να πλησιάζει κάποιος κάπου ή κάτι, προσέγγιση.

πλησιέστερος, -η, -ο, επίθ. (ασυνίζ.). α. που βρίσκεται πιο κοντά (σε σχέση με κάτι άλλο): *η -η ακρογιαλιά*· β. (για συγγένεια) πιο κοντινός, πιο στενός: *οι -οι συγγενείς*.

πλησίον ο, ουσ. άκλ., ο συνάνθρωπος: *πρέπει να αγαπούμε τον* ~ *μας*. [το αρχ. επίρρ. *πλησίον*].

πλησίστιος, -α, -ο, επίθ. (ασυνίζ., λόγ.), (μεταφ.) που κινείται ολοταχώς προς συγκεκριμένο στόχο.

πλήττω, ρ. 1. (λόγ., μεταφ.) προκαλώ ζημιές ή βλάβες: *οι πλημμύρες έπληξαν τους αγρότες*. 2. αισθάνομαι ανία εξαιτίας μοναξιάς ή της μονότονης ασχολίας και από έλλειψη ασχολίας: *σ' αυτόν τον τόπο έπληττε θανάσιμα*.

πληχτικός, βλ. *πληκτικός*.

πλιά, βλ. *πια*.

πλιάτσικο το, ουσ. (συνιζ., λαϊκ.). 1. πολύτιμο αντικείμενο ή χρήματα που αρπάζουν οι στρατιώτες από τους ηττημένους εχθρούς τους. 2. αρπαγή πολύτιμων αντικειμένων από καταστήματα, εκκλησίες, κλπ. ή από τον εχθρό μετά την ήττα του (συνών. *λαφυραγωγία, πλιατσικολόγημα*). [αλβ. *plaçkë*<σλαβ. *pljatška*].

πλιατσικολόγημα το, ουσ. (συνιζ., λαϊκ.), λεηλασία, πλιάτσικο (βλ. λ.).

πλιατσικολόγος ο, ουσ. (συνιζ. λαϊκ.), αυτός που αρπάζει βίαια πολύτιμα αντικείμενα από καταστήματα, εκκλησίες, κλπ. ή από τους ηττημένους εχθρούς.

πλιατσικολογώ, ρ. (συνιζ., λαϊκ.), λεηλατώ, κάνω πλιάτσικο (βλ. λ.): *-ήσαν το χωριό*.

πλιγούρι και **μπλιγούρι** και **μπουλ(ου)γούρι** το, ουσ. 1. χοντραλεσμένο σιτάρι που χρησιμοποιείται για να ετοιμαστεί ένα είδος σούπας και κάποια φαγητά. 2. (συνεκδοχικά) είδος σούπας καθώς και φαγητού που φτιάχνεται με πλιγούρι (σημασ. 1). [*πνιγούρι*<*πνίγω* + κατάλ. *-ούρι*· ο τ. *μπουλουγούρι* από το τουρκ. *bulgur* με αντδ.].

πλίθα, βλ. *πλιθιά*.

πλιθί και **πλιθάρι** το, ουσ., πλίθος (βλ. λ.).

πλιθιά (συνιζ.) και **πλίθ(ρ)α** η, ουσ., πλίθος (βλ. λ.).

πλίθινος, -η, -ο, επίθ. 1. φτιαγμένος με πλιθιά (συνών. *πλινθόκτιστος*). 2. φτιαγμένος από πηλό (συνών. *πήλινος*).

πλίθος ο, ουσ., άψητο τούβλο που χρησιμοποιείται ως δομικό υλικό.

πλιθόχτιστος, βλ. *πλινθόκτιστος*.

πλίθρα, βλ. *πλιθιά*.

πλινθοδομή η, ουσ. 1. χτίσιμο με τούβλα. 2. οικοδόμημα που έχει χτιστεί με τούβλα.

πλινθόκτιστος, -η, -ο, και (λαϊκ.) **πλιθόχτιστος**, επίθ., χτισμένος με τούβλα: *καλύβα -η*.

πλινθοποιείο το, ουσ., εργαστήριο όπου κατασκευάζονται τούβλα.

πλινθοποιία η, ουσ., κατασκευή τούβλων.

πλινθοποιός ο, ουσ. (ασυνίζ.), αυτός που κατασκευάζει τούβλα.

πλιο, βλ. *πιο*.

πλισάρισμα το, ουσ., η ενέργεια του πλισάρω (βλ. λ.).

πλισάρω, ρ., κάνω πτυχές σε ύφασμα με ειδική μηχανή ή με το σίδερο.

πλισέ, επίθ. άκλ., (για ύφασμα) που έχει πυκνές και ίσες μεταξύ τους πτυχές φτιαγμένες με ειδική μηχανή ή με το σίδερο: *φούστα* ~. [γαλλ. *plissé*].

πλισεδωτός, -ή, -ό, επίθ., πλισέ (βλ. λ.).

πλισές ο, πληθ. *-έδες*, για ύφασμα πλισέ (βλ. λ.).

πλοήγηση η, ουσ., οδήγηση πλοίου από τον πλοηγό σε δύσκολα περάσματα ή συνήθως κατά την είσοδο ή την έξοδό του από λιμάνι (συνών. *πιλοτάρισμα*).

πλοηγός ο, ουσ., αυτός που οδηγεί το πλοίο σε δύσκολα περάσματα ή κατά την είσοδο ή έξοδό του από λιμάνι (συνών. *πιλότος*).

πλοηγώ, ρ. (μτβ.) οδηγώ πλοίο μέσα από δύσκολα περάσματα ή στο λιμάνι.

πλοιάριο, βλ. *πλοίο* και *πλοιάρι*.

πλοίαρχος ο, ουσ. 1. κυβερνήτης πλοίου. 2. ανώτερος βαθμός αξιωματικού του πολεμικού ναυτικού.

πλοίο το, ουσ., πλωτό σκάφος μεγάλης χωρητικότητας που μεταφέρει φορτίο ή επιβάτες: ~ *ιστιοφόρο/επιβατηγό/αλιευτικό* (μεταφ.) ~ *της ερήμου* = *καμήλα* (συνών. *καράβι*). - Υποκορ. **-ιάριο**.

πλοιοκτησία η, ουσ., ιδιοκτησία πλοίου ή πλοίων.

πλοιοκτήτης ο, θηλ. **-ήτρια**, ουσ., άτομο που εκμεταλλεύεται για δικό του λογαριασμό πλοίο που ανήκει σε αυτόν κατά κυριότητα: *εταιρεία -ήτρια* (εδώ ως επίθ.).

πλοκάμι το, ουσ. 1. πλεξούδα μαλλιών. 2. καθένας από τους βραχίονες του χταποδιού, καθώς και άλλων μαλακίων. 3. καθένα από τα νήματα του πολυάγκιστρου. 4. (μεταφ., για οργάνωση) ο τρόπος με τον οποίο κατευθύνει ή ελέγχει τα μέλη της κάνοντας τα ανήμπορα να δράσουν ή να σκεφτούν κάτι χωρίς την επίδρασή της: *τα -ια της μαφίας*.

πλόκαμος (λόγ.) και (λαϊκ.) **αποκλαμός** και **απλοκαμός** ο, ουσ., πλοκάμι (βλ. λ.).

πλοκή η, ουσ., η ιστορία και ο τρόπος με τον οποίο εξελίσσεται ένα έργο (θεατρικό, λογοτεχνικό, κινηματογραφικό) για να μας προετοιμάσει κατάλληλα για το τέλος.

πλουμί και **πλουμίδι** το, ουσ., διακοσμητικό σχέδιο, συνήθως ζωγραφιστό ή κεντητό: *ντυμένος με χρυσά κεντίδια και -δια*. [λατ. *pluma*].

πλουμίζω, ρ., διακοσμώ με πλουμίδια: *τ' αγριολούλουδα -ιζαν τις κορφές και τους κάμπους*.

πλούμισμα το, ουσ., διακόσμηση με πλουμίδια: *χρυσά κεντίδια και -ατα*.

πλουμιστός, -ή, -ό, επίθ., πλουμισμένος, στολισμένος.

πλουραλισμός ο, ουσ. 1. φιλοσοφική θεωρία σύμφωνα με την οποία τα όντα είναι πολλαπλά, ατομικά και δεν εξαρτώνται από μια απόλυτη πραγ-

ματικότητα (αντ. *μονισμός*). 2. (πολιτ.) πολιτική θεωρία αντίθετη σε μια αυταρχική θεώρηση του κράτους που αναγνωρίζει δικαιώματα και καθήκοντα στην κοινότητα και τις επιμέρους οργανώσεις μεταξύ ατόμων και κράτους. 3. (γενικά) αποδοχή ή ανάπτυξη πολλών απόψεων σε όλα τα θέματα: ~ *στα μέσα μαζικής ενημέρωσης· ~ απόψεων.* [γαλλ. *pluralisme*].
πλουραλιστικός, -ή, -ό, επίθ., που αναφέρεται στον πλουραλισμό ή σχετίζεται μ' αυτόν: -ό *πολιτικό σύστημα· -ή έκφραση απόψεων.*
πλούσια, βλ. *πλούσιος.*
πλουσιοπάροχος, -η, -ο, επίθ. (ασυνίζ.), που παρέχεται με αφθονία, άφθονος: *αμοιβή -η· γεύμα -ο.* - Επίρρ. **-α.**
πλούσιος, -α, -ο, επίθ. (ασυνίζ.). 1. που διαθέτει σημαντική περιουσία (κινητή και ακίνητη): *οικογένεια -α* (αντ. *φτωχός*). 2. που έχει μεγάλη παραγωγή προϊόντων: *χώρα -α.* 3. κάτοχος πράγματος ή ιδιότητας σε αφθονία: ~ *σε αισθήματα/αρετές· τροφή -α σε βιταμίνες/λίπη.* 4. άφθονος: *γλώσσα -α* = που διαθέτει άφθονο λεξιλόγιο και ποικιλία εκφράσεων. 5. που δεν είναι απλός, πολυτελής: *διακόσμηση -α· φόρεμα -ο.* 6. (για ομοιοκαταληξία) βλ. ά. *ομοιοκαταληξία.* Έκφρ. *-α τα ελέη σου!* (= αναφώνηση για αφθονία πραγμάτων). Φρ. *κάνω -ο γάμο* (= παντρεύομαι με πλούσιο πρόσωπο). - Η λ. και ως ουσ. = άτομο με σημαντική περιουσία. - Επίρρ. **-α.**
πλουσιόσπιτο το, ουσ. (ασυνίζ.), σπίτι ή οικογένεια πλουσίων: *κατάγεται από -ο.*
πλουταίνω, ρ., αόρ. *πλούτυνα.* Α. (μτβ.) κάνω κάποιον πλούσιο: *τον -υνε η επιχείρηση.* Β. (αμτβ.) γίνομαι πλούσιος (αντ. *φτωχαίνω*).
πλουτίζω, ρ. Α. μτβ. 1. κάνω κάποιον ή κάτι πλούσιο ή πιο πλούσιο. 2. (μεταφ.) αυξάνω κάτι με νέες προσκτήσεις: *εμπειρίες που -ουν συναισθηματικά τον άνθρωπο· ~ το λεξιλόγιό μου με νέες λέξεις· τα δάση -ουν την ατμόσφαιρα με οξυγόνο* (συνών. *εμπλουτίζω*). Β. (αμτβ.) γίνομαι πλούσιος ή πιο πλούσιος.
πλουτισμός ο, ουσ. 1. αύξηση της περιουσίας: ~ *αδικαιολόγητος.* 2. εμπλουτισμός.
πλουτοκράτης ο, θηλ. **-ισσα,** ουσ., άτομο που ανήκει στην τάξη των πλουσίων και ισχυρών (συνών. *κεφαλαιοκράτης*).
πλουτοκρατία η, ουσ. 1. πολιτική επιβολή των ομάδων και των ατόμων που κατέχουν τα μεγάλα κινητά πλούτη (βιομηχάνων, οικονομικών ενώσεων). 2. οι πλούσιοι στο σύνολό τους ως άρχουσα κοινωνική τάξη.
πλουτοκρατικός, -ή, -ό, επίθ., που σχετίζεται με την πλουτοκρατία ή τον πλουτοκράτη: *πολίτευμα -ό.*
πλουτοκράτισσα, βλ. *πλουτοκράτης.*
πλουτολογία η, ουσ. (παλαιότερα) ονομασία της επιστήμης της πολιτικής οικονομίας.
πλουτοπαραγωγικός, -ή, -ό, επίθ., που παράγει πλούτο: *πόροι -οί· χώρες -ές* (συνών. *πλουτοφόρος*).
πλούτος ο, πληθ. τα **-η,** ουσ. 1. το σύνολο των οικονομικών αγαθών, του κεφαλαίου κτλ της γης που κατέχει κανείς: *απέκτησε δόξα και -η* (συνών. *περιουσία*). 2. αφθονία (διανοητικών ή συναισθηματικών στοιχείων): ~ *γνώσεων/ψυχικός.* 3. πολυτέλεια: ~ *διακόσμησης.* - Βλ. και *πλούτος* το.
πλούτος το, πληθ. **-ια,** ουσ. (λαϊκ.), υλικός ή ηθι-

κός πλούτος: *θρεφότανε από το ~ της καρδιάς μου.* -Βλ. και *πλούτος* ο.
πλουτοφόρος, -α, -ο, επίθ., πλουτοπαραγωγικός (βλ. λ.): *πηγές -ές.*
πλουτώ, ρ. (λόγ.), είμαι ή γίνομαι πλούσιος.
πλουτώνιο το, ουσ. (ασυνίζ.), (χημ.) χημικό στοιχείο που δεν απαντά στη φύση, γιατί είναι έντονα ραδιενεργό και χρησιμοποιείται για την κατασκευή ατομικών βομβών και ορισμένων τύπων ατομικών στηλών. [γαλλ. *plutonium*<Πλούτων].
πλύμα το, ουσ. (λαϊκ.), νερό που χρησιμοποιήθηκε για πλύση (συνών. *απόπλυμα*).
πλυντήριο το, ουσ. (έρρ., ασυνίζ.). 1. ηλεκτρική οικιακή συσκευή για το πλύσιμο ρούχων ή πιάτων. 2. (συνεκδοχικά) ποσότητα ρούχων ή πιάτων όση χωράει ένα ηλεκτρικό πλυντήριο: *άπλωσα το ~ έχω δύο -α για πλύσιμο.* 3. ιδιαίτερος χώρος με κατάλληλες εγκαταστάσεις για πλύσιμο ρούχων, αυτοκινήτων, μεταλλευμάτων, κλπ. 4. κατάστημα που αναλαμβάνει το πλύσιμο ρούχων. 5. (νεολογ., μεταφ.): *η τράπεζα λειτουργούσε και ως ~ βρόμικου χρήματος.*
πλύντης ο, θηλ. **-ντρια,** ουσ. (έρρ.), άτομο που έχει ως επάγγελμα το πλύσιμο ρούχων, πιάτων, αυτοκινήτων, κλπ.: *δουλεύει ~ σε γκαράζ.*
πλύση η, ουσ. 1. πλύσιμο με νερό (και απορρυπαντικό). 2. μπουγάδα. 3. καθαρισμός τραύματος ή κοιλότητας του σώματος με αντισηπτικό φάρμακο: ~ *στομάχου.* Έκφρ. ~ *εγκεφάλου* = εξαναγκασμός κάποιου να πιστέψει κάτι (συνήθως λανθασμένο) ως σωστό χωρίς να σκεφτεί ελεύθερα και ανεπηρέαστα: *πολιτική ~ εγκεφάλου.*
πλύσιμο το, ουσ., το να πλένει κανείς κάτι: ~ *ρούχων στο χέρι/στο πλυντήριο* (συνών. *πλύση*).
πλυσταριό το, ουσ. (συνιζ.), (παλαιότερα) χώρος δημόσιος ή ιδιωτικός που προορίζεται για το πλύσιμο ρούχων.
πλυστικά τα, ουσ., αμοιβή για το πλύσιμο ρούχων, κλπ.
πλύστρα η, ουσ. 1. γυναίκα που έχει ως επάγγελμα το πλύσιμο ρούχων. 2. (παλαιότερα) σανίδα ή πέτρινη πλάκα πάνω στην οποία έτριβαν ή κοπάνιζαν τα ρούχα.
πλώρη η, ουσ., το μπροστινό τμήμα πλοίου (αντ. *πρύμνη*). Φρ. *βάζω ~ (για)* = ξεκινώ για κάπου: *έβαλαν ~ για τη Μήλο·* (μεταφ.) επιδιώκω κάτι: *έβαλε ~ για δήμαρχος.* [αρχ. *πρώρα*].
πλωρίζω, ρ. (λαϊκ.). 1. βάζω πλώρη: *το καράβι -ισε για τη Σύρο.* 2. (μεταφ.) επιδιώκω κάτι: *-ιζε για μεγάλα πράγματα.*
πλωριός, -ιά, -ιό και (λόγ.) **πρωραίος,** επίθ. (συνιζ.), που βρίσκεται στην πλώρη: *άλμπουρο -ό.*
πλωτάρχης ο, ουσ. (ναυτ.) ανώτερος αξιωματικός του πολεμικού ναυτικού, που ο βαθμός του είναι αντίστοιχος με τον ταγματάρχη του στρατού ξηράς.
πλωτήρας ο, ουσ. 1. κάθε ελαφρό σώμα που επιπλέει στο νερό ή βοηθάει άλλο να επιπλέει (συνών. *φλοτέρ*). 2. στεγανό κατασκεύασμα που μοιάζει με λέμβο και συγκρατεί τα αεροπλάνα στην επιφάνεια της θάλασσας.
πλωτός, -ή, -ό, επίθ. 1. που μπορεί κανείς να τον πλεύσει: *ποταμός ~.* 2. που κινείται ή επιπλέει πάνω στο νερό: *-ά μέσα συγκοινωνίας· γέφυρα -ή.*
πνεύμα το, ουσ. 1. η αρχή της ζωής που νοείται ως πνοή που ζωογονεί το σώμα και (συνεκδοχικά) ζωή: Φρ. *παραδίδω το ~* (= πεθαίνω). 2. η ψυχή

και οι ψυχικές λειτουργίες, η ψυχική και ηθική υπόσταση (σε αντίθεση προς τη σάρκα και την ύλη). 3. διανοητικές ικανότητες, ευφυΐα, διάνοια: *τα μεγάλα -ατα·* ~ *επιχειρηματικό/εφευρετικό.* 4. ψυχική ή διανοητική κατάσταση, ψυχική διάθεση: *επικράτησε* ~ *αμοιβαίας εμπιστοσύνης/κατανόησης.* 5. κάθε υπεράνθρωπο, υπερφυσικό όν (όπως φάντασμα, δαιμόνιο, τελώνιο, κλπ.): ~ *πονηρό* = ο διάβολος. 6. κύρια και χαρακτηριστική τάση, νοοτροπία: *το* ~ *του ιπποτισμού· το* ~ *της εποχής* = το σύνολο των αντιλήψεων και των τάσεων μιας εποχής. 7. βαθύτερο νόημα, κεντρική ιδέα: *το* ~ *του νόμου/του συγγραφέα.* 8. (θρησκ.) καθετί άυλο και ασύλληπτο, έξω από τον αισθητό κόσμο της ύλης: ~ *ο Θεός· Άγιο Πνεύμα* = το τρίτο πρόσωπο της Αγίας Τριάδας. 9. (κατά τους πνευματιστές) η ψυχή πεθαμένου που έρχεται σε επικοινωνία με τους ζωντανούς κάτω από ορισμένες συνθήκες. 10. (φιλοσ.) όρος που χρησιμοποιείται για χαρακτηρισμό της **ψυχής** και των ψυχικών φαινομένων, καθώς και για να δηλωθεί ο νους, ο λόγος και η αυτοσυνείδητη ενέργεια της ψυχής. 11. (γραμμ., παλαιότερα) η ψιλή (') και η δασεία ('). Έκφρ. *κάνω* ~(= κάνω τον έξυπνο)· ~ *αντιλογίας* (= αντιρρησίας).

πνευματικός, -ή, -ό, επίθ. 1. που ανήκει στο πνεύμα ή αναφέρεται σ' αυτό: *έχει -ές ικανότητες/καταβολές· ίδρυμα -ό· ελευθερία -ή* (= ελευθερία σκέψης)· *ιδιοκτησία -ή,* βλ. *ιδιοκτησία· κλίμα -ό μιας εποχής.* 2. άυλος, ασώματος: *όντα -ά οι άγγελοι.* -Το αρσ. ως ουσ. = εξομολογητής. - Επίρρ. **-ά** και **-ώς.**

πνευματικότητα η, ουσ. 1. το να είναι κάτι πνευματικό: ~ *ενός ατόμου.* 2. ύπαρξη πνευματικού περιεχομένου: *τα έργα του έχουν* ~.

πνευματικώς, βλ. *πνευματικός.*

πνευματισμός ο, ουσ., θεωρία κατά την οποία είναι δυνατή, κάτω από ορισμένες συνθήκες, η επικοινωνία των ζωντανών με τις ψυχές των νεκρών (τα πνεύματα).

πνευματιστής ο, θηλ. **-ίστρια,** ουσ., οπαδός των θεωριών του πνευματισμού.

πνευματιστικός, -ή, -ό, επίθ., που σχετίζεται με τον πνευματισμό: *συζητήσεις -ές.*

πνευματίστρια, βλ. *πνευματιστής.*

πνευματώδης, -ης, -ες, γεν. **-ους,** πληθ. αρσ. και θηλ. **εις,** ουδ. **-η,** επίθ., που έχει «πνεύμα», έξυπνος: *αστεία-η.*

πνευμάτωση η, ουσ. (ιατρ.) παθολογική κατάσταση που προκαλείται από τη συσσώρευση αερίου σε φυσιολογικές κοιλότητες οργάνων ή ιστών του σώματος.

πνευμοθώρακας ο, ουσ. (ιατρ.) συλλογή αέρα μέσα στην κοιλότητα του υπεζωκότος· ~ *τεχνητός* = εισαγωγή αερίου στην κοιλότητα του υπεζωκότος για θεραπευτικούς σκοπούς.

πνεύμονας ο, ουσ. 1. καθένα από τα δύο αναπνευστικά όργανα των ανθρώπων και των ζώων που βρίσκονται μέσα στη θωρακική κοιλότητα. 2. (μεταφ.) εστία αναπνοής: ~ *πρασίνου.*

πνευμόνι, πλεμόνι και **φλεμόνι** το, ουσ. (λαϊκ.), πνεύμονας (βλ. λ. στη σημασ. 1): *-ια γερά.*

πνευμονία η, ουσ. (ιατρ.) λοιμώδης αρρώστια των πνευμόνων.

πνευμονικός, -ή, -ό, επίθ., που αναφέρεται στους πνεύμονες ή σχετίζεται μ' αυτούς: *οίδημα -ό.*

πνευμον(ι)όκοκκος ο, ουσ. (ιατρ.) παθογόνος παράγοντας της πνευμονίας και άλλων παθήσεων.

πνευμονογράφημα το, ουσ., διάγραμμα που προκύπτει από πνευμονογράφηση.

πνευμονογράφηση η, ουσ., γραφική παράσταση των αναπνευστικών κινήσεων.

πνευμονογραφικός, -ή, -ό, επίθ., που σχετίζεται με τον πνευμονογράφο.

πνευμονογράφος ο, ουσ., όργανο που καταγράφει τις μεταβολές του θώρακα κατά την αναπνοή.

πνευμονόκοκκος, βλ. *πνευμονιόκοκκος.*

πνευμονολογία η, ουσ. (ιατρ.) κλάδος της ιατρικής που μελετά τις παθολογικές αλλοιώσεις των πνευμόνων και τη θεραπεία των παθήσεών τους.

πνευμονολόγος ο και η, ουσ., γιατρός ειδικευμένος στην πνευμονολογία.

πνευμονοπλευρίτιδα η, ουσ. (ιατρ.) πνευμονία και πλευρίτιδα συγχρόνως.

πνευμονορραγία η, ουσ. (ιατρ.) αιμορραγία που προέρχεται από τους πνεύμονες.

πνευστός, -ή, -ό, επίθ. (για μουσικό όργανο) που λειτουργεί με φύσημα αέρα από το στόμα: *η φλογέρα ανήκει στα -ά όργανα.*

πνέω, ρ., αόρ. *έπνευσα,* (για άνεμο) φυσώ: *-ει ούριος άνεμος·* (μεταφ.) *-ει ο αέρας της λευτεριάς.*

πνέω μένεα· αρχαϊστ. έκφρ. = είμαι πολύ οργισμένος.

πνέω τα λοίσθια· αρχαϊστ. έκφρ. = ψυχορραγώ, πεθαίνω.

πνιγηρός, -ή, -ό και (λαϊκ.) **πνιγερός,** επίθ., αποπνικτικός: *νέφος -ό.*

πνιγηρότητα η, ουσ., αποπνικτικότητα: ~ *της ατμόσφαιρας.*

πνιγμονή η, ουσ. (ιατρ.) βίαιος θάνατος ύστερα από μηχανική απόφραξη των αναπνευστικών οδών.

πνιγμός ο, ουσ., βίαιος θάνατος που προέρχεται από απόφραξη της εισόδου των αεροφόρων οδών από νερό ή άλλο υγρό ή δηλητηριώδη αέρια (συνών. *πνίξιμο*).

πνίγω, ρ., αόρ. *έπνιξα,* παθ. αόρ. *-γηκα,* μτχ. παθ. παρκ. *-γμένος.* I. ενεργ. 1. θανατώνω με πνιγμό: *έπνιξε τη γάτα· τους έπνιξε θύελλα στο ποτάμι.* 2. προκαλώ δύσπνοια: *μας έπνιξε ο καπνός/η σκόνη.* 3. (μεταφ.) προκαλώ μεγάλη δυσφορία, στενοχωρώ υπερβολικά: *με -ουν τα χρέη/η μοναξιά.* 4. δεν αφήνω να εκδηλωθεί: ~ *το γέλιο μου.* 5α. καλύπτω σε μεγάλο βαθμό: *πολιτεία -γμένη στο πράσινο/στο τσιμέντο·* β. (για αγριόχορτα) φυτρώνω γύρω από φυτά και αφαιρώ τη συστατικά ζωής τους: *τα αγριόχορτα έπνιξαν τα σιτάρια.* II. μέσ. 1. πεθαίνω από πνιγμό ή πνιγμονή: *-γηκε ενώ κολυμπούσε/έτρωγε·* (υβριστ.) *άι -ξου.* 2. (μεταφ.) *«-ομαι» (από φαγητό ή υγρό)* (= φαγητό ή υγρό εισέρχεται στις αναπνευστικές οδούς και ο οργανισμός αντιδρά με βήχα προσπαθώντας να τα αποβάλει): *τρώγε σιγά σιγά, γιατί θα -γείς.* 3. (μεταφ.) ασφυκτιώ: *-ομαι εδώ μέσα, θα βγω να πάρω αέρα.* Φρ. *-ομαι σε μια γουλιά νερό/σε μια κουταλιά νερό/στα ρηχά* (= χάνω την ψυχραιμία μου, δεν ξέρω τι να κάνω με την παραμικρή αφορμή)· *-ομαι στη δουλειά* (= έχω πολλή δουλειά). Παροιμ. *εδώ καράβια -ονται, βαρκούλες αρμενίζουν* (γι' ανθρώπους που είναι παράλογα τολμηροί)· *ο -γμένος από τα μαλλιά του πιάνεται,* βλ. *πιάνω.*

πνίξιμο το, ουσ., πνιγμός (βλ. λ.): *θέλεις* ~ (απειλητικά).

πνιχτά, βλ. *πνιχτός.*

πνίχτης ο, ουσ., άτομο που πνίγει.

πνιχτός, -ή, -ό, επίθ., που δεν εκδηλώνεται· συγκρατημένος: *γέλιο -ό.* - Επίρρ. **-ά.**

πνοή η, ουσ. **1.** δυνατή ή ελαφριά κίνηση του αέρα (συνών. *φύσημα*). **2.** (συνεκδοχικά) ανάσα, αναπνοή· φρ. *αφήνω την τελευταία μου ~* (= πεθαίνω). **3.** (μεταφ.) έμπνευση: *έργο μεγάλης -ής.* **4.** (μεταφ.) ζωή.

πόα η, ουσ. **1.** (φυτολ.) φυτό με τρυφερό βλαστό που μπορεί να είναι μονοετές, διετές ή και πολυετές. **2.** γρασίδι, πρασινάδα.

πογκρόμ το, ουσ. άκλ., λαϊκό αντισημιτικό κίνημα στην τσαρική Ρωσία που συνοδευόταν από λεηλασίες και σφαγές· (γενικά) εξοντωτικός διωγμός. [γαλλ. *pogrom*<ρωσ. προέλευσης].

ποδάγρα η, ουσ. **1.** παγίδα για τη σύλληψη θηραμάτων από τα πόδια. **2.** (ιατρ.) χρόνια πάθηση με ποικίλες μορφές που εντοπίζεται συνήθως στις αρθρώσεις των ποδιών.

ποδάρα, βλ. *ποδάρι.*

ποδαράκι, βλ. *ποδάρι.*

ποδάρας και **ποδαράς** ο, θηλ. **-ού,** ουσ. (λαϊκ.), που έχει μακριά πόδια (συνήθως δυσανάλογα με το υπόλοιπο σώμα).

ποδαράτος, -η, -ο, επίθ. **1.** που έχει πόδια. **2.** που γίνεται στα όρθια. - Επίρρ. **-άτα.**

ποδάρι το, ουσ. (λαϊκ.), πόδι (βλ. λ.): *μου πονούν τα -ια μου.* Έκφρ. *δουλειά του -ιού* (= δουλειά που δεν απαιτεί μόνιμη εγκατάσταση ή οργάνωση). Φρ. *πατώ ~,* βλ. *πατώ*· *σηκώνω τον κόσμο στο ~* (= δημιουργώ αναστάτωση)· *στέκω στο ~* (= βρίσκομαι σε ετοιμότητα). Παροιμ. *ο διάβολος έχει πολλά -α* (= πολλά μπορούν να συμβούν από κει που δεν το περιμένεις). - Υποκορ. **-άκι**· μεγεθ. **ποδάρα.** - Βλ. και ά. *πόδι.*

ποδαρικό το, ουσ. **1.** πόδι επίπλου, υποστήριγμα. **2.** (λαογρ.) η καλή ή κακή τύχη που φέρνει ο πρώτος επισκέπτης ή πελάτης σε ορισμένες μέρες ή περιπτώσεις: *έχει καλό ~*· *μας έκανε ~ την πρωτοχρονιά* (= μας επισκέφτηκε πρώτος).

ποδαρίλα η, ουσ., δυσοσμία που προέρχεται από τα πόδια.

ποδαρόδρομος ο, ουσ., το να διανύει κανείς μια απόσταση με τα πόδια: *χρειάζεται δύο ώρες ~ ως εκεί.*

ποδαρού, βλ. *ποδαράς.*

ποδένω, ρ. (λαϊκ.), φορώ ή προμηθεύω σε κάποιον παπούτσια· (συνήθως μεταφ.) προμηθεύω σε κάποιον τα αναγκαία για τη ζωή: *προσπαθεί να -έσει την οικογένεια.*

ποδηγετώ, εις, ρ. (λόγ.), καθοδηγώ, χειραγωγώ: *προσπαθεί να -ήσει το λαό.*

ποδηλασία η, ουσ., το να οδηγεί κανείς ποδήλατο: *αγώνες -ίας.*

ποδηλάτης ο, θηλ. **-ισσα,** ουσ. α. οδηγός ποδηλάτου· β. ποδηλατιστής (βλ. λ.).

ποδηλατικός, -ή, -ό, επίθ., που ανήκει ή αναφέρεται στο ποδήλατο, την ποδηλασία ή τον ποδηλάτη: *εξαρτήματα -ά·* *αγώνες -οί.*

ποδηλάτισσα, βλ. *ποδηλάτης.*

ποδηλατιστής ο, θηλ. **-τρια,** ουσ., αθλητής που παίρνει μέρος σε ποδηλατικούς αγώνες (συνών. *ποδηλάτης,* σημασ. β).

ποδήλατο το, ουσ. **1.** μικρό ελαφρό όχημα για ένα άτομο με δύο συνήθως ρόδες που κινείται καθώς ο αναβάτης κινεί με τα πόδια του τα πετάλια κι αυτά με τη σειρά τους κινούν την πίσω ρόδα: *αγωνιστικό ~.* **2.** *~ γυμναστικής* = όργανο γυμναστικής που μοιάζει με ποδήλατο, χωρίς ρόδες και χρησιμοποιείται κυρίως για αδυνάτισμα. [*πους, -δός* + αρχ. *ελαύνω*].

ποδηλατοδρομία η, ουσ., αγώνας ταχύτητας με ποδήλατα.

ποδηλατοδρόμιο το, ουσ. (ασυνίζ.), γήπεδο όπου γίνονται αγώνες ποδηλάτου.

πόδι το, ουσ. **1α.** το καθένα από τα δύο κάτω άκρα, δηλαδή τα τμήματα του σώματος που βρίσκονται μετά τους γοφούς και χρησιμεύουν για να στηριζόμαστε σ' αυτά και να περπατάμε: *έσπασε το ~ του*· *μου πονούν τα -ια*· β. (ειδικότερα, κοιν. και ανατομ.) το τελευταίο τμήμα των κάτω άκρων μετά τον αστράγαλο που χρησιμεύει για να στηριζόμαστε: *έχει μικρό/μεγάλο ~ και δε βρίσκει εύκολα παπούτσι.* **2.** καθένα από τα μέλη του σώματος που χρησιμοποιεί ένα ζώο για να στέκεται και να περπατά: *τα -ια της αράχνης/του αετού.* **3.** τμήμα επίπλου που ακουμπά στο πάτωμα και στηρίζει το έπιπλο: *τα -ια του τραπεζιού/της ντουλάπας.* **4.** χερσόνησος: *το δεύτερο ~ της Χαλκιδικής.* **5.** μονάδα μήκους ίση περίπου με το μήκος ποδιού ενήλικου άνδρα, που διαφέρει κατά εποχές και λαούς: *αγγλικό ~* = μονάδα μήκους των αγγλοσαξονικών χωρών ίση με 30,48 εκατοστόμετρα. Έκφρ. *με τα -ια* (= περπατώντας): *κάναμε όλο το δρόμο με τα -ια.* Φρ. *αφήνω/βάζω κάποιον στο ~ μου* (= ορίζω αντικαταστάτη μου)· *είμαι / βρίσκομαι στο ~* (= είμαι αναστατωμένος): *όλη η πόλη ήταν στο ~*· *είμαι στο ~ όλη μέρα/από το πρωί* (= δεν ξεκουράστηκα καθόλου)· *μου έβαλε τα δυο -ια σ' ένα παπούτσι,* βλ. *δύο*· *μου κόβει τα -ια,* βλ. *κόβω*· *μου κόβονται τα -ια,* βλ. *κόβω*· *θα σου κόψω τα -ια,* βλ. *κόβω*· *δε με κρατάνε τα -ια μου/δεν μπορώ να πάρω/να σύρω τα -ια μου* (= νιώθω εξασθενημένος, συνήθως από κούραση)· *όποιος δεν έχει μυαλό έχει -ια* (= όποιος δεν είναι προνοητικός κουράζεται περισσότερο)· *παίρνω ~,* βλ. *παίρνω*· *πατώ ~,* βλ. *πατώ*· *πατώ το ~ μου κάπου* (= πατώ κάπου): *είχαν δυο μήνες να πατήσουν το ~ τους στη στεριά*· *περνώ μια αρρώστια στο ~* (= χωρίς να πέσω στο κρεβάτι)· *πέφτω στα -ια κάποιου,* βλ. *πέφτω*· *σηκώνω κάποιον στο ~* (= αναστατώνω): *σήκωσε τη γειτονιά στο ~*· *το βάζω στα -ια/βάζω τα -ια στον ώμο,* βλ. *βάζω*· *τρώγω/πίνω στο ~* (= πρόχειρα)· *ώσπου να σηκώσει το ένα ~ το άλλο βρομάει/το τρώει ο λύκος/αραχνιάζει* (για πολύ οκνηρούς ανθρώπους). - Βλ. και *ποδάρι.*

ποδιά η, ουσ. (συνιζ.). **1α.** κομμάτι υφάσματος που δένεται γύρω από τη μέση και καλύπτει το μπροστινό μέρος των ρούχων για να τα προφυλάσσει: *η ~ της νοικοκυράς*· β. ελαφριά ρόμπα που φορά κανείς πάνω από τα ρούχα του την ώρα της δουλειάς: *οι πωλητές φορούσαν ομοιόμορφες -ές*· *σχολική ~* (= μπλε ποδιά που φορούσαν παλαιότερα στο σχολείο οι μαθήτριες). **2.** η παρυφή του βουνού. **3.** *~ της εικόνας* = άσπρο χασεδένιο ύφασμα με δαντέλα στις άκρες που το τοποθετούσε κάτω από την εικόνα. **4α.** στηθαίο (βλ. λ.) σε παράθυρο· β. κατώφλι (βλ. λ.). **5.** (ναυτ.) το τμήμα του ιστίου που στρέφεται προς τα έξω, που κυρτώνεται προς τα έξω. Φρ. *φίλησε κατουρημένες -ιές* (= ταπεινώθηκε ικετεύοντας για να πετύχει κάτι). [*ποδέα*<αρχ. *ποδείον*].

ποδίζω, ρ. (ναυτ.) **1.** απομακρύνω την πλώρη από την ευθεία του ανέμου. **2.** σταματώ την πορεία του πλοίου εξαιτίας κακοκαιρίας και προσορμίζομαι

πόδισμα 1126

σε απάνεμο λιμάνι: *ο καπετάνιος αναγκάστηκε να -ίσει.*
πόδισμα το, ουσ. (ναυτ.) το να ποδίζει κανείς.
ποδοβολή η, ουσ., ποδοβολητό (βλ. λ.).
ποδοβολητό το, ουσ., θόρυβος, κρότος από τρέξιμο ανθρώπων ή ζώων (συνήθως αλόγων): *ακούστηκε το ~.*
ποδόγυρος ο, ουσ. 1. η κάτω άκρη φορέματος που γυρίζει και ράβεται για να προστατευτεί το ρούχο από το ξήλωμα. 2. (λαϊκ.) οι γυναίκες, το γυναικείο φύλο: *έχει το νου του στον -ο· κυνηγά τον -ο.*
ποδοκίνητος, -η, -ο, επιθ., που κινείται, λειτουργεί με τα πόδια: *ραπτομηχανή -η* (αντ. *χειροκίνητη*).
ποδοκόπι το, ουσ. (ιδιωμ.). 1. κουραστική, κοπιαστική πεζοπορία. 2. (συνεκδοχικά) μικρό χρηματικό δώρο που δίνεται σε κάποιον για εκδούλευση, επειδή χρειάστηκε να πάει κάπου με τα πόδια.
ποδοκρότημα το, ουσ., το να ποδοκροτεί κανείς (βλ. λ.).
ποδοκροτώ, είς, ρ., χτυπώ τα πόδια στο πάτωμα για να εκφράσω αποδοκιμασία (συνήθως για κοινό που παρακολουθεί ομιλία, καλλιτεχνική εκδήλωση, κ.τ.ό.).
ποδοκύλημα και **ποδοκύλισμα** το, ουσ., το να ποδοκυλά (βλ. λ.) κάποιος κάποιον ή κάτι.
ποδοκυλώ, ρ., μέσ. **-ιέμαι,** αόρ. **-ίστηκα. 1α.** κυλώ, απωθώ κάποιον ή κάτι με τα πόδια· **β.** (συνεκδοχικά) από αμέλεια ή πρόθεση ή κατά τύχη αφήνω κάτι να σέρνεται κάτω στο εδάφος: *-ησες το παλτό σου πέφτοντας·* (μέσ. αλληλοπαθητικό) *πιάστηκαν στα χέρια και -ήθηκαν.* 2. (μεταφ.) προσβάλλω, εξευτελίζω: *-ησε την υπόληψη του σπιτιού του* (συνών. *ποδοπατώ, τσαλαπατώ*).
ποδολαβίδα η, ουσ., δαγκάνα (βλ. λ.).
ποδόλουτρο το, ουσ., λουτρό των ποδιών.
ποδοπάτηση η και **ποδοπάτημα** το, ουσ., το να ποδοπατεί (βλ. λ.) κάποιος κάποιον ή κάτι.
ποδοπατώ, ρ., παθ. **-ιέμαι. 1.** πατώ (με τα πόδια) κάποιον ή κάτι με αποτέλεσμα να τον κακοποιήσω: *τον -ησε το άλογό του.* 2. (μεταφ.) καταπατώ, εξευτελίζω: *-ησες την αξιοπρέπειά μου.*
ποδοπέδη η, ουσ., πέδιλο που πατώντας το κάποιος με το πόδι ανακόπτει την κίνηση μηχανισμού (συνών. *ποδόφρενο·* αντ. *χειρόφρενο*).
ποδόπληκτρο το, ουσ., το πέδιλο του πιάνου, πεντάλ.
ποδόσταμα, ποδόστημα και **ποδόσταμο** το, ουσ. (ναυτ.) η πρυμναία κάθετη συνέχεια της τρόπιδας του πλοίου όπου προσαρμόζεται το πηδάλιο. [*πους* + *ίστημι*].
ποδόσφαιρα η, ουσ., η μπάλα του ποδοσφαίρου.
ποδοσφαιρικός, -ή, -ό, επιθ. 1. που ανήκει ή αναφέρεται στο ποδόσφαιρο: *αγώνας/σύλλογος ~.* 2. (μειωτ.) για άκαιρες και άπρεπες εκδηλώσεις του πλήθους: *η συγκέντρωση μετατράπηκε σε -ή εκδήλωση.*
ποδοσφαίριση, η, ουσ., το ποδόσφαιρο (βλ. λ.).
ποδοσφαιριστής ο, ουσ., παίκτης ποδοσφαίρου.
ποδόσφαιρο το, ουσ., αθλητικό παιχνίδι που παίζεται από είκοσι δύο παίκτες χωρισμένους σε δύο ομάδες, οι οποίοι επιδιώκουν να στείλουν τη μπάλα στο αντίπαλο τέρμα χωρίς να χρησιμοποιήσουν τα χέρια. [από. του αγγ. *foot-ball*].
ποδότης και (σπανιότ.) **ποδότας** ο, ουσ. (λαϊκ.), ναύκληρος, λοστρόμος. [*πους* με επίδραση του ιταλ. *pedota*].

ποδόφρενο το, ουσ., η ποδοπέδη (βλ. λ.).
ποετάστρος ο, ουσ. (σπανίως), ποιητής που γράφει κακότεχνα ποιήματα. [ιταλ. *poetastro*].
πόζα η, ουσ. **α.** προσποιητή ή επιμελημένη στάση που παίρνει κάποιος για να φωτογραφηθεί ή να χρησιμεύσει ως μοντέλο καλλιτέχνη· φρ. *παίρνω πόζα·* **β.** (γενικά) επιτηδευμένη στάση του σώματος για να προκληθεί εντύπωση, προσποιητό ύφος· φρ. *παίρνω -ες·* **γ.** (μεταφ.) σοβαροφάνεια, επιτήδευση, ακαταδεξία· συνήθως στη φρ. *κρατώ ~* (= κάνω το σπουδαίο, το σοβαρό). [ιταλ. *posa*].
ποζάρω, ρ. 1. (σε πίνακα, φωτογραφία) παίρνω επιμελημένη στάση για να φωτογραφηθώ ή να χρησιμεύσω ως μοντέλο σε καλλιτέχνη. 2. (†γενικά) παίρνω επιτηδευμένες στάσεις για να εντυπωσιάσω: *της αρέσει να -ει μπροστά στον καθρέφτη.* [ιταλ. *posare*].
ποζάτος, -η, -ο, επίθ. 1. αυτός που παίρνει επιτηδευμένη στάση του σώματος ή προσποιητό ύφος για να προκαλέσει εντύπωση. 2. (μεταφ.) σοβαροφανής, ακατάδεκτος.
ποζιτιβισμός ο, ουσ. (φιλοσ.) θετικισμός (βλ. λ.). [γαλλ. *positivisme*].
ποζιτιβιστής ο, ουσ., θετικιστής (βλ. λ.).
ποζιτιβιστικός, -ή, -ό, επίθ., που αναφέρεται στον ποζιτιβισμό (βλ. λ.).
ποζιτρόνιο το, ουσ. (χημ.) αντισωματίδιο του ηλεκτρονίου (βλ. λ.).
πόθεν έσχες· αρχαϊστ. έκφρ.· για να δηλωθεί ο τρόπος με τον οποίο αποκτήθηκε μια περιουσία.
ποθητός, -ή, -ό, επίθ., αγαπητός (αντ. *μισητός*). -Το αρσ. ως ουσ. = ο αγαπημένος.
ποθοπλάνταγμα το, ουσ. (ερρ.), μεγάλη ερωτική στενοχώρια.
ποθοπλαντάζω, ρ., μτχ. παθ. παρκ. **-γμένος** (ερρ.), (ποιητ.) υποφέρω πολύ από ερωτικό πόθο: *οι νιες -ουν του χωριού* (Γρυπάρης).
πόθος ο, ουσ. 1. έντονη επιθυμία: *ικανοποίησε τους -ους του.* 2. ερωτικό πάθος: *-οι κι αλμύρα του κόσμου οι καημοί* (Πορφύρας). 3. (φυτολ.) αναρριχώμενο καλλωπιστικό φυτό με φύλλα σε σχήμα καρδιάς.
ποθώ, ρ. 1. επιθυμώ πάρα πολύ να συναντήσω ή να πράξω κάτι: *-εί να ταξιδέψει σ' όλο τον κόσμο* (συνών. *λαχταρώ*). 2. αισθάνομαι ερωτική αίσθημα: *την -ούσε τόσο πολύ, ώστε όλα τα έκανε για χάρη της. -* Το ουδ. της παθ. μτχ. του ενεστ. ως ουσ. = το αντικείμενο της επιθυμίας: *πέτυχε το -ούμενο.*
ποίημα το, ουσ. 1. λογοτεχνικό δημιούργημα σε στίχους ή σε πεζό που έχει ποιητικά χαρακτηριστικά (βλ. και *ποίηση*). 2. (μεταφ.) για κάτι πολύ όμορφο: *η θέα εδώ είναι ~.* - Υποκορ. **-ατάκι** το.
ποίηση η, ουσ. 1. η τέχνη να προκαλούνται αισθήσεις, εντυπώσεις, συγκινήσεις με ιδιαίτερη χρησιμοποίηση της γλώσσας καθώς αυτή μεταχειρίζεται την ηχητική, τους ρυθμούς, την αρμονικότητα των λέξεων και των φράσεων με εικόνες, κλπ.: *άτομα ευαίσθητα στην ~.* 2. ειδικότερη κατηγορία ποίησης που καλλιεργείται σε ορισμένο λογοτεχνικό είδος με τα χαρακτηριστικά που το είδος αυτό παρουσιάζει σε μια εποχή: *ρομαντική ~.* 3. το σύνολο των ποιητικών δημιουργημάτων ενός συγγραφέα: *η ~ του Παλαμά.* 4. τα χαρακτηριστικά ενός αντικειμένου που συγκινεί: *η ~ ενός τοπίου: η βροχή έχει πολλή ~ μέσα της* (Ι. Μ. Παναγιωτόπουλος).

-ποίηση, β' συνθ. ουσιαστικού που δηλώνει ότι γίνεται ή δημιουργείται κάτι που το φανερώνει το α' συνθ.: *ενοποίηση, πολιτικοποίηση, κινητοποίηση.*
ποιητάκος ο, ουσ. (μειωτ.) όχι σημαντικός ποιητής.
ποιητάρης ο, ουσ. α. λαϊκός στιχουργός επίκαιρων γεγονότων και επεισοδίων της καθημερινής ζωής (ιδίως στην Κύπρο) που τραγουδεί· **β.** εκείνος που στα πανηγύρια και τις γιορτές διαγωνίζεται με αυτοσχέδια δίστιχα.
ποιητής ο, ουσ., λογοτέχνης που συστηματικά καλλιεργεί την ποίηση (βλ. λ. σημασ. 1).
ποιητικός, -ή, -ό, επίθ. **1.** που έχει τα χαρακτηριστικά της ποίησης (βλ. λ. σημασ. 1) ή του ποιητή: *γλώσσα -ή· μορφή -ή· όραμα -ό.* **2.** (γραμμ.) *-ό αίτιο* = ο προσδιορισμός (ονομαστικός ή εμπρόθετος) που φανερώνει το πρόσωπο ή το πράγμα από το οποίο προέρχεται το πάθημα του υποκειμένου. - Το θηλ. ως ουσ. = η τέχνη που με την τήρηση των κανόνων της αναγνωρίζεται κανείς ποιητής· η θεωρία για την ποιητική δημιουργία. - Επίρρ. **-ά.**
ποιητικότητα η, ουσ., το να είναι κάτι ποιητικό (αντίθ. *πεζότητα*).
ποικιλία η, ουσ. **1.** σύνολο ομοειδών πραγμάτων που διαφέρουν κάποως μεταξύ τους: ~ *φαγητών.* **2.** εναλλαγή, αποφυγή μονοτονίας· φρ. *χάριν -ίας.* **3.** *γλωσσικές ίες* = διαφοροποιήσεις μιας γλώσσας σε διαλέκτους και ιδιώματα. **4.** (ζωολ., βοτ.) ομάδα ζωικών ή φυτικών οργανισμών που ξεχωρίζουν αναμεταξύ τους με τα δευτερεύοντα χαρακτηριστικά τους.
ποικίλλω ρ., παρατ. *(ε)ποίκιλλα,* αόρ. *(ε)ποίκιλα,* συνήθως μόνο στον ενεστ. και τον παρατ. **1.** (σπανιότ.) στολίζω: *-ει το λόγο του με ευχάριστα ανέκδοτα.* **2.** παρουσιάζω κατά τις περιστάσεις ή τις απόψεις ξεχωριστή μορφή: *το πράγμα -ει· η γλώσσα -ει κατά τον ομιλητή και τις περιστάσεις.*
ποίκιλμα το, ουσ., στολίδι (συνών. *πλουμίδι*).
ποικιλόθερμος, -η, -ο, επίθ. (ζωολ., για ζώο) που δε διατηρεί σταθερή τη θερμοκρασία του σώματός του.
ποικιλομορφία η, ουσ., το να παρουσιάζει κάτι κατά τις περιστάσεις ποικίλες μορφές (αντίθ. *ομοιομορφία*)· (βιολ.) η ποικιλία μορφών σ' ένα πληθυσμό (βλ. λ. σημασ. 2).
ποίκιλος, -η, -ο, επίθ., που παρουσιάζει διαφορετικές όψεις· που έχει πολλές μορφές ή πολλά διακοσμητικά στοιχεία.
ποικιλότητα η, ουσ., το να είναι κάτι ποικίλο.
ποικιλότροπος, -η, -ο, επίθ., που πραγματοποιείται ή φανερώνεται με ποικίλους τρόπους. - Επίρρ. **-ως.**
ποικιλοχρωμία η, ουσ., το να έχει κάτι ποικίλα χρώματα.
ποικιλόχρωμος, -η, -ο, επίθ., που παρουσιάζει πολλά χρώματα: *πτέρωμα -ο.*
ποικιλώνυμος, -η, -ο, επίθ. (συνήθως μειωτ.) που παρουσιάζεται με άλλα ονόματα και ποικίλες μορφές: *-α πολιτικά κόμματα.*
ποιμαντικός, -ή, ό, επίθ. (έρρ.), που ανήκει στον επίσκοπο ή σχετίζεται μ' αυτόν: *ράβδος/εγκύκλιος -ή· έργο -ό* (συνών. *ποιμαντορικός*). - Το θηλ. ως ουσ. = πρακτικός κλάδος της θεολογίας που αναφέρεται στην ποιμαντική καθοδήγηση των πιστών.

ποιμαντορία η, ουσ. (έρρ.), θρησκευτική καθοδήγηση των πιστών από τον εκκλησιαστικό ηγέτη.
ποιμαντορικός, -ή, -ό, επίθ. (έρρ.), που ανήκει ή αναφέρεται στον εκκλησιαστικό ηγέτη: *ράβδος/εγκύκλιος -ή* (συνών. *ποιμαντικός*).
ποιμενάρχης ο, ουσ., εκκλησιαστικός ηγέτης.
ποιμενικός, -ή, -ο, επίθ. **1.** που αναφέρεται στην ποιμενική ζωή ή σχετίζεται μ' αυτήν: *ειδύλλιο/δράμα -ό.* **2.** που αναφέρεται ή ανήκει στον εκκλησιαστικό ηγέτη: *ράβδος -ή.*
ποίμνιο το, ουσ. (ασυνίζ.). **1.** (ζωολ.) ομάδα ζώων, ιδιαίτερα προβάτων (συνών. *κοπάδι*). **2.** σύνολο πιστών κάποιου από τη θρησκευτική καθοδήγηση εκκλησιαστικής αρχής.
ποινή η, ουσ., τιμωρία για κολάσιμη πράξη: *δικαστική* ~ (= εκείνη που επιβάλλεται από το δικαστήριο)· *πειθαρχική* ~ (= που επιβάλλεται από διοικητική αρχή σε δημόσιο υπάλληλο)· *χρηματική* ~ (= που συνίσταται σε καταβολή χρηματικού ποσού).
ποινικοποίηση η, ουσ., το να χαρακτηρίζεται μια ενέργεια ως κολάσιμη πράξη: ~ *της υπόθεσης.*
ποινικός, -ή, -ό, επίθ., που αναφέρεται σε αδίκημα ή σχετίζεται με αδίκημα για το οποίο προβλέπεται δικαστική ποινή: *νόμος* ~· *δικονομία/ευθύνη -ή· ρήτρα -ή* (= ζημία για τον παραβάτη όρων μιας σύμβασης). - Το ουδ. στον πληθ. ως ουσ. = η επιστήμη του ποινικού δικαίου. - Επίρρ. **-ώς.**
ποινολόγιο το, ουσ. (ασυνίζ.), βιβλίο όπου καταγράφονται οι ποινές που επιβάλλονται σε σχολεία ή σε στρατιωτικές υπηρεσίες.
ποιόν το, ουσ. (ασυνίζ.), χαρακτήρας ατόμου: *το ~ του δε μου φαίνεται εξαίρετο.*
ποιος, -α, -ο (συνίζ.), ερωτ. αντων., γεν. *ποιου, ποιας* και *ποιανού, ποιανής,* πληθ. *ποιων* και *ποιανών.* **1.** σε ερώτηση για να δοθούν στοιχεία **α.** για το δράστη μιας ενέργειας: *ποιος χτυπά την πόρτα·* **β.** για να δοθεί απάντηση που καθορίζει έναν από περισσότερους δράστες μιας ενέργειας: ~ *από σας δεν κατάλαβε την ερμηνεία του έδωσα·* **2.** για να διατυπωθεί αντίρρηση ή απορία στη δήλωση ότι κάποιος ενέργησε κατά ορισμένο τρόπο: *- Αυτό το έκανε ο Γιάννης — -ο Γιάννη μου λες·* **3.** ~ *και* ~ ; (για να δηλωθεί ονομαστικά ο καθένας χωριστά).
ποιότητα η, ουσ. (ασυνίζ.). **1.** τα ουσιαστικά χαρακτηριστικά ενός πράγματος: *υψηλή* ~ *υφάσματος.* **2.** είδος εμπορεύματος με συγκεκριμένα χαρακτηριστικά: *αυτή η* ~ *που διαθέτει το κατάστημα είναι ακριβή.* **3.** εκλεκτή ποιότητα αντικειμένου, γεγονότος, κατάστασης: *τρόφιμα -ας·* ~ *περιβάλλοντος/ζωής.*
ποιοτικός, -ή, -ό, επίθ. (ασυνίζ.). **1.** που ανήκει ή αναφέρεται στην ποιότητα: *-ή επιλογή.* **2.** (χημ.) *-ή ανάλυση* = εκείνη που προσδιορίζει το είδος των συστατικών ενός σώματος. - Επίρρ. **-ά.**
ποίσος, άκλ. (λαϊκ.), στην έκφρ. *ο* ~ *και ο δείξος,* για να μην αναφερθούν δυσάρεστα χαρακτηριστικά κάποιου προσώπου.
ποιώ, ρ. (ασυνίζ.), μόνο στον παρατ. *εποίει,* που χαράσσεται σε γλυπτά έργα για να συνοδεύσει το όνομα του καλλιτέχνη.
-ποιώ (ασυνίζ.), β' συνθ ρημάτων: *αξιοποιώ, πραγματοποιώ, κλπ.*
πόκα η, ουσ., είδος χαρτοπαιξίας. [αγγλ. *poker*].
ποκαμίσα και **ποκάμισο,** βλ. *πουκαμίσα* και *πουκάμισο.*

ποκάρι το, ουσ., το μαλλί που συγκεντρώνεται μετά το κούρεμα προβάτου. [μτγν. *ποκάριον*].

πόκερ το, ουσ. άκλ., είδος τυχερού παιχνιδιού με χαρτιά. [αγγλ. *poker*].

πολέμαρχος ο, ουσ. 1. αρχηγός στρατιωτικού σώματος κατά τη διάρκεια πολέμου, οπλαρχηγός των χρόνων της τουρκοκρατίας. 2. γενναίος αγωνιστής.

πολεμικός, -ή, -ό, επίθ. 1. που ανήκει ή αναφέρεται στον πόλεμο: *συμβούλιο/ναυτικό -ό· τέχνη -ή· -ή διαθεσιμότητα*. - Το ουδ. στον πληθ. ως ουσ. = τα σκάφη του πολεμικού ναυτικού. 2. (για πρόσωπο) που είναι ικανός αγωνιστής (στον ιδεολογικό τομέα) (συνών. *μαχητικός*). - Το θηλ. ως ουσ. = οξύτατη κριτική (στο χώρο της λογοτεχνίας και των ιδεών).

πολεμικότητα η, ουσ., το να είναι κανείς πολεμικός (βλ. λ. σημασ. 3) (συνών. *μαχητικότητα*).

πολεμιστής ο, ουσ., αυτός που πολεμά, αγωνίζεται (συνών. *μαχητής*).

πολεμίστρα η, ουσ., άνοιγμα σε φρούριο από όπου πολεμούσαν οι πολεμιστές με τα τουφέκια τους.

πολεμοθρεμμένος, -η, -ο, επίθ., που έχει λάβει μέρος σε πολλούς πολέμους.

πολεμοπαθής, -ής, -ές, επίθ., γεν. *-ούς*, πληθ. αρσ. και θηλ. *-είς*, ουδ. *-ή*, που έχει υποστεί ζημιές από πόλεμο.

πόλεμος ο, ουσ. 1. ένοπλη σύρραξη ανάμεσα σε κράτη ή και σε οργανωμένες ομάδες του ίδιου κράτους: *επιθετικός / αμυντικός / εμφύλιος ~*. 2. μη ένοπλος αγώνας για επικράτηση μεταξύ ανταγωνιστικών κρατών, ομάδων ή ατόμων: *οικονομικός ~· ~ ραδιοφωνικών σταθμών· νεύρων* (= ανταγωνισμός για να επιτευχθεί υπερνίκηση της ψυχικής αντοχής)· *~ ραδιοφωνικών σταθμών· ~ νεύρων* (= ανταγωνισμός για να επιτευχθεί υπερνίκηση της ψυχικής αντοχής)· *~ συμφερόντων· ψυχρός ~* (= περίοδος άκρας διεθνούς έντασης 1946 κ.ε.) που απείλησε επανειλημμένα την έκρηξη πολέμου μεταξύ Ηνωμ. Πολιτειών και των συμμάχων τους από το ένα μέρος και των κομουνιστικών κρατών από το άλλο· γενικά σφοδρός ανταγωνισμός σε πολλούς τομείς μεταξύ κρατών χωρίς να καταφεύγουν σε πολεμικές επιχειρήσεις). 3. διαμάχη μεταξύ ατόμων: *έχουν κηρύξει άγριο ~ μεταξύ τους*.

πολεμοφόδια τα, ουσ. (ασυνίζ.), πυρομαχικά, καθώς και άλλα υλικά (π.χ. ανταλλακτικά πυροβόλων) απαραίτητα για πόλεμο.

πολεμοχαρής, -ής, -ές, γεν. *-ούς*, πληθ. αρσ. και θηλ. *-είς*, ουδ. *-ή* και **πολεμόχαρος, -η, -ο,** επίθ. (ιδίως για λαό) που αρέσκεται στον πόλεμο (συνών. *φιλοπόλεμος*).

πολεμώ, ρ. Α. μτβ. και αμτβ. 1. (για λαούς και κράτη) έχω κηρύξει και κάνω πόλεμο: *ο επεκτατισμός είναι ένας λόγος που ωθεί τους λαούς να -ούν μεταξύ τους*. 2. (για οποιοδήποτε ανταγωνισμό ή αυστηρή κριτική μεταξύ ατόμων ή ομάδων): *οι ρομαντικοί -ησαν κατά των παλαιότερων ποιητικών σχολών*. 3. αγωνίζομαι για να εξουδετερώσω ένα καθεστώς ή μια συγκεκριμένη πολιτική τάση: *~ κατά του αυταρχισμού*. Β. μτβ. 1. (για φάρμακο) βοηθώ στην αντιμετώπιση μιας ασθένειας: *-ά τη φυματίωση*. 2. προσπαθώ να κάνω κάτι: *-ησα να του δείξω ότι..., μα δεν τα κατάφερα*. Φρ. *πώς τα -άς;* (= πώς τα φέρνεις βόλτα,

πώς τα καταφέρνεις;)· (λαϊκ.) *τι -άς;* (= με τι απασχολείσαι;)

πολεοδομία η, ουσ. 1. επιστημονικός κλάδος που ασχολείται με το σχεδιασμό κατασκευής πόλεων σε τρόπον ώστε να γίνεται όσο το δυνατόν πληρέστερη η παράλληλη εξυπηρέτηση των κοινωνικών αναγκών. 2. κρατική υπηρεσία που ασχολείται με θέματα τεχνικά, διοικητικά, νομικά, καθώς και κοινωνικά μέτρα που σχετίζονται με τη νόμιμη και σωστή δόμηση.

πολεοδομικός, -ή, -ό, επίθ., που ανήκει ή αναφέρεται στην πολεοδομία: *σχέδιο -ό· -ή οργάνωση ελεύθερων χώρων· -ή ανασυγκρότηση*.

πόλη η, ουσ. 1. γεωγραφικός και κοινωνικός χώρος μεγαλύτερος από χωριό και κωμόπολη σχηματισμένος με την οργανική ύπαρξη κατασκευών και εγκαταστάσεων, μέσα στον οποίο οι κάτοικοι ασχολούνται με ποικίλα έργα και εξυπηρετούνται με συνεπτυγμένες κυκλοφορίας και αναψυχής: *επαρχιακή ~· επάνω ~* = τμήματα της πόλης τοποθετημένα γεωγραφικώς ψηλότερα. 2. (συνεκδοχικά) οι κάτοικοι μιας πόλης: *η επιδημία παραλίγο να προσβάλει τη μισή ~· όλη η ~ μιλάει για το δήμαρχο*. 3. η ζωή μιας πόλης με τις συνήθειές της επηρεασμένη από τις φυσικές και άλλες επιδράσεις που δέχεται: *ο θόρυβος/το νερό της -ης*. - Με κεφ. το αρχικό π *(Πόλη)* = η Κωνσταντινούπολη.

πολικός, -ή, -ό, επίθ., που ανήκει ή αναφέρεται στους πόλους: *-ή ημέρα* = το χρονικό διάστημα κατά το οποίο ο Ήλιος βρίσκεται συνεχώς πάνω από τον ορίζοντα παρατηρητή στον πόλο· *-ό ψύχος* = το ψύχος στους πόλους, υπερβολικό ψύχος· *~ αστέρας* = αστέρας του αστερισμού της μικρής άρκτου.

πολιομυελίτιδα η, ουσ. (ασυνίζ. δις), (ιατρ.) ασθένεια που προσβάλλει τα κινητικά κέντρα των μυών του σώματος και οδηγεί σε παράλυση.

πολιορκητής ο, ουσ. (ασυνίζ.), αυτός που πολιορκεί (βλ. λ.).

πολιορκητικός, -ή, -ό, επίθ. (ασυνίζ.), που ανήκει ή αναφέρεται στην πολιορκία (βλ. λ.)· που χρησιμεύει στην πολιορκία: *μηχανές -ές*. - Το θηλ. ως ουσ. = κλάδος της πολεμικής τέχνης που ασχολείται με την οργάνωση ή την απόκρουση πολιορκίας.

πολιορκία η, ουσ. (ασυνίζ.). 1. αποκλεισμός φρουρίου ή οχυρωμένης πόλης από στρατιωτικές δυνάμεις: *~ του Μεσολογγίου*. 2. *κατάσταση -ας* = προσωρινή αναστολή συνταγματικών ελευθεριών και αποφάσεις για να ληφθούν έκτακτα μέτρα. 3. (μεταφ.) *ερωτική ~*: πίεση στο αγαπώμενο πρόσωπο ώστε να ενδώσει.

πολιορκώ, είς, ρ., (ασυνίζ.). 1. (στρατ.) περισφίγγω πόλη ή φρούριο με στρατιωτικές δυνάμεις. 2. πιέζω κάποιον για να επιτύχω απ' αυτόν κάτι καταφεύγοντας σε ποικίλες μεθόδους: *μ' έχει -ήσει με τους φίλους του για να ενδώσω*.

πολιούχος ο, ουσ. (ασυνίζ.), (για άγιο) που προστατεύει μια πόλη και τιμάται με ναό αφιερωμένο στη μνήμη του: *άγιος Δημήτριος ο ~ της Θεσσαλονίκης*.

πόλισμαν, άκλ. και (λαϊκ.) **-μάνος** ο, ουσ. (παλαιότερα) αστυφύλακας (βλ. λ.).

πολιτάρχης ο, ουσ. (ιστ.). 1. δημογέροντας (στα χρόνια της Τουρκοκρατίας). 2. διευθυντής αστυνομίας (στα χρόνια του Καποδίστρια).

πολιτεία η, ουσ. 1. οργανωμένο κοινωνικό σύνολο

με αυτοδύναμη νομοθετική και κυβερνητική εξουσία σε μια χώρα: *Ηνωμένες Πολιτείες (της Αμερικής)* (συντομογραφία *ΗΠΑ*) = το ομοσπονδιακό κράτος της βόρειας Αμερικής μεταξύ Καναδά και Μεξικού. **2.** το σύνολο των θεσμών ενός κράτους και το ίδιο το κράτος: *δημοκρατική ~· η ~ αναγνώρισε τη δημοτική γλώσσα το 1976· η στάση της -ας απέναντι στους απεργούς.* **3.** συμπεριφορά: *δε μου αρέσει η ~ του· φρ. αυτός είναι βίος και ~* (= έχει περάσει ζωή όχι άμεμπτη). **4.** πόλη: *σε άλλη ~ θα εγκατασταθούμε.*
πολιτειακός, -ή, -ο, επίθ. (ασυνίζ.), που αναφέρεται στην πολιτεία (βλ. λ. σημασ. 2) ή συνδέεται μ' αυτήν: *μεταρρύθμιση -ή· ζήτημα -ό* (= το ζήτημα της μορφής του πολιτεύματος).
πολιτειολογία η, ουσ. (ασυνίζ.), κλάδος επιστημονικός που ασχολείται με τη γένεση, την εξέλιξη και τη διαμόρφωση των πολιτευμάτων.
πολιτειολόγος ο, ουσ. (ασυνίζ.), επιστήμονας που ασχολείται με την πολιτειολογία.
πολίτευμα το, ουσ., οι θεσμοί σύμφωνα με τους οποίους διοικείται ένα κράτος: *~ δημοκρατικό/αυταρχικό· ανατροπή του -ατος· ~ ολοκληρωτικό* (στην περίπτωση που η εξουσία ρυθμίζει καταναγκαστικά το δημόσιο και ιδιωτικό βίο)· *~ φιλελεύθερο* (στην περίπτωση που το κράτος παρέχει περιθώρια αυτονομίας στο άτομο και τις κοινωνικές ομάδες).
πολιτεύομαι, ρ. **1.** συμπεριφέρομαι κατά ορισμένο τρόπο ρυθμίζοντας τις ατομικές μου υποθέσεις: *δεν -εσαι σωστά.* **2.** (προκειμένου για κυβέρνηση κράτους) κυβερνώ. **3.** αναμιγνύομαι στην πολιτική ζωή της χώρας μου: *αυτός έπαυσε να -εται.* **4.** συμπεριφέρομαι, ενεργώ λαμβάνοντας τις αναγκαίες προφυλάξεις για τον εαυτό μου: *έτσι που -εται θα τα καταφέρει.*
πολιτευτής ο, ουσ., ο ασχολούμενος με την πολιτική (βλ. λ.).
πολίτης ο, ουσ. **1.** κάτοικος μιας πόλης ή ενός κράτους ο οποίος έχει πολιτικά δικαιώματα: *είμαι Έλληνας ~ με όλα τα δικαιώματά μου.* **2.** άτομο που ανήκει σε μια κοινωνική ομάδα ή τάξη: *~ ευυπόληπτος· ακαδημαϊκός ~* (= εκείνος που έχει συμπληρώσει τις εγκύκλιες σπουδές του)· *έκφρ. καλός ~* (= ευχή σε αυτόν που μόλις πήρε απολυτήριο στρατού). **3.** άτομο που ούτε στρατιωτικός είναι, ούτε κάποιο άλλο ιερό κλήρο: *πέντε -ες και πέντε στρατιωτικοί.* **4.** *~ του σύμπαντος* = πολίτης που τοποθετεί το συμφέρον του ανθρώπινου γένους πάνω από τα επιμέρους εθνικά συμφέροντα.
Πολίτης ο, θηλ. **-ισσα,** ουσ., κάτοικος της Κωνσταντινούπολης.
πολιτικά, βλ. *πολιτικός.*
πολιτικάντης ο, ουσ. (έρρ.), (μειωτ.) πολιτικός που δεν ασκεί την πολιτική όπως αρμόζει, αλλ' αποβλέπει μόνο στην προσωπική του επιβίωση ως πολιτικού.
πολιτικάντικος, -η, -ο, επίθ. (έρρ.), που ταιριάζει σε πολιτικάντη: *λόγος ~·* -Επίρρ. **-α.**
πολιτική, η, ουσ. **1.** δραστηριότητα κάποιου που ενδιαφέρεται για τις δημόσιες υποθέσεις: *ασχολείται με την ~· έγινε μάλιστα και υπουργός.* **2.** το σύνολο των μέτρων και των πρωτοβουλιών του κράτους για την επίτευξη κοινού βίου ως προς τη διακυβέρνηση και τις σχέσεις των κοινωνικών τάξεων: *επιτυχημένη κυβερνητική ~· εκπαιδευτική ~.* **3.** οι πολιτειακοί κανόνες σύμφωνα με τους οποίους ασκείται η εξουσία του κράτους: *~ φιλελεύθερη/αυταρχική· η ~ του Τρικούπη.* **4.** τακτική όχι πάντοτε απόλυτης ευθύτητας, που όμως εξυπηρετεί εκείνον που την ακολουθεί: *αυτός κάνει ~ και θα το επιτύχει· δε μ' αρέσει η ~ του.*
πολιτικολογία η, ουσ., η κατά κόρον συζήτηση για τα πολιτικά πράγματα, την πολιτική κατάσταση.
πολιτικολόγος ο, ουσ., που ασχολείται με την πολιτικολογία (βλ. λ.).
πολιτικολογώ, είς, ρ., κατά κόρον συζητώ για την πολιτική κατάσταση.
πολιτικομανία η, ουσ., το να πολιτικολογεί (βλ. λ.) κανείς υπερβολικά.
πολιτικοποίηση η, ουσ., το να παίρνει ένα γεγονός, μια κίνηση, κλπ., πολιτικό χρώμα: *~ των εργατικών συνδικάτων.*
πολίτικος, -η, -ο, επίθ., που αναφέρεται στην Πόλη (= Κωνσταντινούπολη) ή σχετίζεται μ' αυτήν: *χαλβάς ~.*
πολιτικός, -ή, -ό, επίθ. **1.** που αναφέρεται στον πολίτη και τους θεσμούς της πολιτείας: *δικαιώματα -ά.* **2.** που αναφέρεται στην πολιτική (βλ. λ.): *βούληση -ή· κόστος -ό* (= η απώλεια σε κύρος και δύναμη ενός πολιτικού εξαιτίας ορισμένης τακτικής του)· *η Βουλή είναι -ό σώμα· -ό γραφείο κόμματος* (= γραφείο που διεκπεραιώνει υποθέσεις πολιτικών)· *-ές επιστήμες· -ή οικονομία· έκφρ. -ά πράγματα* (= η πολιτική). **3.** (για δικαστήριο). **α.** που δεν είναι στρατοδικείο: *η υπόθεση πήγε στα -ά δικαστήρια·* **β.** που δεν είναι ποινικό. **4.** *-ή αγωγή* = που επιδιώκει από το δικαστήριο αποζημίωση για ζημία ή βλάβη ατόμου. **5.** (για το θεσμό του γάμου) όταν η τέλεσή του δε γίνεται με θρησκευτική τελετή. **6.** (μετρ.) *-ός στίχος,* βλ. *στίχος.* **7.** *~ μηχανικός,* βλ. *μηχανικός.—* Το ουδ. στον πληθ. ως ουσ. = **α.** η πολιτική κατάσταση· **β.** η πολιτική συζήτηση· **γ.** έκφρ. *φοράω -ά* (= όχι στρατιωτική στολή). - Επίρρ. **-ώς** και **-ά** (= από άποψη πολιτικών φρονημάτων): *-ά βρίσκομαι στην αριστερά.*
πολιτικός, ο, ουσ. **1.** πολιτευτής (βλ. λ.). **2.** (σε θέση επιθ.) υπολογιστικός: *μην τον φοβάσαι· αυτός είναι ~.*
πολιτικότητα η, ουσ., το να ενεργεί κανείς λαμβάνοντας τις αναγκαίες προφυλάξεις για τον εαυτό του (συνών. *διπλωματικότητα*).
πολιτικώς, βλ. *πολιτικός.*
πολιτισμένος, -η, -ο, επίθ. (για άτομο, ομάδα ατόμων, χώρα) που έχει προαχθεί στο στάδιο του πολιτισμού (βλ. λ.). - Επίρρ. **-α.**
πολιτισμικός, -ή, -ό, επίθ., που συνδέεται με τον πολιτισμό (βλ. λ.): *αγαθά -ά· παράδοση -ή.*
πολιτισμολογία η, ουσ., ιστορικός επιστημονικός κλάδος που μελετά τη δημιουργία και την εξέλιξη των ποικίλων πολιτισμών.
πολιτισμός ο, ουσ., το σύνολο των επιτευγμάτων των ανθρώπων γενικώς ή και μόνο σε συγκεκριμένο χώρο και τόπο στους τομείς της επιστήμης, της καλλιτεχνικής δημιουργίας, των τεχνικών μέσων, της εκπαίδευσης, καθώς και των καθοριζόμενων κανόνων συμβίωσης, όπως η γλώσσα, η θρησκεία και ό,τι άλλο συμβάλλει στην εξημέρωση των ηθών: *ο ευρωπαϊκός ~· ο ~ των αρχαίων Αιγυπτίων· ο ~ στα μεσαιωνικά χρόνια.*
Πολίτισσα, βλ. *Πολίτης.*
πολιτιστικός, -ή, -ό, επίθ., που αναφέρεται στον πολιτισμό ή σχετίζεται μ' αυτόν: *κίνηση -ή· αγαθά -ά· εκδηλώσεις -ές.*

πολιτογράφηση η, ουσ., η ενέργεια του πολιτογραφώ (βλ. λ.).

πολιτογραφώ, -είς, ρ. 1. καταχωρίζω το όνομα ενός ατόμου στο μητρώο των πολιτών μιας χώρας. 2. (μεταφ. μέσ.) γίνομαι δεκτός, καθιερώνομαι: *κεντρικές ψυχαναλυτικές έννοιες -ήθηκαν στην ψυχιατρική.*

πολιτοφύλακας ο, ουσ., μέλος της πολιτοφυλακής (βλ. λ.).

πολιτοφυλακή η, ουσ., σώμα συγκροτημένο από πολίτες με σκοπό να προασπίζει την πόλη ή τη χώρα από ενδεχόμενο κίνδυνο.

πολίχνη η, ουσ. (λογ.), (σπανίως) μικρή πόλη.

πόλκα η, I. ουσ. (παλαιότερα) γυναικείο μεσάτο πανωφόρι που κουμπώνει στη μέση και καλύπτει το πάνω μέρος της φούστας.

πόλκα η, II. ουσ. (παλαιότερα) χορός τσεχικής ή πολωνικής προέλευσης. [πολων. *polka*].

πόλκα η, III. ουσ., είδος χτενίσματος των γυναικείων μαλλιών.

πολλαπλασιάζω, ρ. (ασυνίζ.). Α. ενεργ. 1. αυξάνω (γενικώς): *-ασε τα πλούτη του/τις προσπάθειές του και πέτυχε.* 2. (μαθημ.) κάνω την πράξη του πολλαπλασιασμού (βλ. λ.): *~ το δέκα επί πέντε.* Β. μέσ. 1. αυξάνομαι σε αριθμό ή ποσότητα: *τον τελευταίο καιρό πολλαπλασιάστηκαν οι τρομοκρατικές ενέργειες.* 2. (για έμβια όντα) αναπαράγομαι.

πολλαπλασιασμός ο, ουσ. (ασυνίζ.). 1. η ενέργεια του πολλαπλασιάζω (βλ. λ. στη σημασ. 1). 2. μηχανισμός πολλαπλασιασμού που στηρίζεται στην ύπαρξη δύο φύλων και στην παραγωγή γαμετών. 3. (μαθημ.) αύξηση ενός αριθμού τόσες φορές όσες ορίζει ένας άλλος· η μαθηματική πράξη (ως παράσταση) του πολλαπλασιασμού.

πολλαπλασιαστέος ο, ουσ. (ασυνίζ.), (μαθημ.) ο αριθμός που πρόκειται να πολλαπλασιαστεί, π.χ. 5 επί 10 (ο αριθμός 5).

πολλαπλασιαστής ο, ουσ. (ασυνίζ.). 1. (μαθημ.) ο αριθμός που πολλαπλασιάζει έναν άλλον, π.χ. *5 επί 10 (ο 10).* 2. εργαλείο ή μηχάνημα που ενεργεί πολλαπλασιασμούς. 3. (λογιστ.) μηχανή που εκτελεί πολλαπλασιασμούς.

πολλαπλασιαστικός, -ή, -ό, επίθ. (ασυνίζ.), (γραμμ.) *-ά αριθμητικά* = όσα λήγουν σε *-πλός* (αρχ. *-πλούς*): *το -ό του τρία είναι το «τριπλός».*

πολλαπλάσιος, -α, -ο, επίθ. (ασυνίζ.), που είναι επί πολλές φορές μεγαλύτερος ή περισσότερος από κάποιον άλλο: *χρειάζεται -α δύναμη για να μετακινηθεί.* - Το ουδ. ως ουσ. = (μαθημ.) ο αριθμός που προκύπτει από τον πολλαπλασιασμό κάποιου άλλου αριθμού: *το σαράντα είναι -ο του πέντε.*

πολλαπλός, -ή, -ό, επίθ. 1. που επαναλαμβάνεται πολλές φορές: *κάρτα -ών διαδρομών*· *-ή καλλιέργεια* (βλ. λ.). 2. *-ή ιθαγένεια* = το να είναι κανείς πολίτης όχι μιας, αλλά περισσότερων χωρών. - Επίρρ. **-ώς** = σε μεγάλο βαθμό.

πολληώρα, επίρρ. (λαϊκ.). 1. αρκετή ώρα, αρκετό χρονικό διάστημα: *~ αργοπορούσε εις τον Μάρκου την ταφή* (Σολωμός). 2. πρωτύτερα: *σε κοίταζα ~ κι απορούσα.*

πολλοί κλητοί, λίγοι δε εκλεκτοί· αρχαϊστ. έκφρ.· για να δηλωθεί ότι αξιόλογοι είναι πάντοτε λίγοι σε σχέση με όσους έχουν οριστεί για κάποιο έργο.

πολλοστημόριο το, ουσ. (ασυνίζ.), εκείνο που είναι πολλές φορές μικρότερο (αντ. *πολλαπλάσιος*).

πολλού γε και δει· αρχαϊστ. έκφρ.· για να δηλωθεί ότι χρειάζεται ακόμη μεγαλύτερη προσπάθεια για να επιτευχθεί κάτι συγκεκριμένο.

πόλο το, ουσ. άκλ. 1. (αθλητ.) παιχνίδι στο οποίο ομάδες έφιππων παικτών χτυπούν με ειδικές ράβδους μια μπάλα. 2. *υδατόσφαιρα* (βλ. λ.) (συνών. *υδατοσφαίριση, γουότερ πόλο*). [αγγλ. *polo*].

πόλος ο, ουσ. 1. το καθένα από τα δύο άκρα άξονα γύρω απ' τον οποίο περιστρέφεται μια σφαίρα και μάλιστα η σφαίρα της γης: *βόρειος ~· νότιος ~·* 2. το καθένα από τα άκρα ηλεκτρικής στήλης ή ηλεκτρικής μηχανής. 3. το καθένα από τα άκρα υλικού σώματος όπου εκδηλώνονται μαγνητικές δυνάμεις.

πολτός ο, ουσ., μάζα μαλακή και νερουλή σαν χυλός: *βασιλικός ~* = ουσία που παράγουν οι μέλισσες με την κατεργασία στο στόμα τους μελιού και γύρης από τα λουλούδια για να τρέφονται οι απόγονοι της βασίλισσας· *μηχανικός ~* = μάζα χαρτιού που κατασκευάστηκε από κομμάτια ξύλου ύστερα από ορισμένη κατεργασία· *χημικός ~* = μάζα χαρτιού που προήλθε από κομμάτια ξύλου επεξεργασμένα σε πλυντήριο μεγάλης θερμοκρασίας.

πολτώδης, -ης, -ες, γεν. *-ους,* πληθ. αρσ. και θηλ. *-εις,* ουδ. *-η,* επίθ., που μοιάζει με πολτό: *μίγμα -ες.*

πολυ-, α' συνθ. λέξεων που δηλώνει πλησμονή: *πολυθόρυβος, πολύγλωσσος.*

πολύ, επίρρ. 1. σε μεγάλο βαθμό· υπερβολικά: *τρώει ~* (πριν από επίθ. ή επίρρ. για δήλωση υπερθ. βαθμού) *είναι ~ πλούσιος· περάσαμε ~ ωραία.* 2. πριν από επίθ. ή επίρρ. συγκρ. βαθμού για επίταση της σύγκρισης: *είναι ~ μικρότερος από μένα· ήρθε ~ νωρίτερα απ' ό,τι τον περίμενα.* 3. για μεγάλο χρονικό διάστημα: *έλειψε ~ από την πατρίδα του.* Έκφρ. *κατά ~* (= *σε μεγάλο βαθμό*)· *~ που* (= καθόλου δεν): *~ που ενδιαφέρθηκε για την υγεία μου! το ~ ~* (= κατά ανώτατο όριο)· *ως επί το ~* (λόγ.) *=* στις περισσότερες περιπτώσεις). Φρ. *δεν το 'χει ~* (= *δεν το 'χει σε τίποτα, είναι ικανός για κάτι*)· *δεν το 'χει ~ να το αρπάξει μπρος στα μάτια σου.*

πολυαγάπητος, -η, -ο και **πολυαγαπημένος,** επίθ. (ασυνίζ.), πολύ αγαπητός.

πολυαγαπώ η, ουσ. (ασυνίζ.), (σε δημ. τραγ.) αγαπητικιά.

πολυάγκιστρο το, ουσ. (ασυνίζ.), πετονιά με πολλά αγκίστρια.

πολυαιμοσφαιρία η, ουσ. (ασυνίζ.), (ιατρ.) παθολογική αύξηση των ερυθρών αιμοσφαιρίων του αίματος.

πολυάνθρωπος, -η, -ο, επίθ. (ασυνίζ.), που συγκροτείται από πολλούς ανθρώπους: *ομάδα/πόλη -η.*

πολυαρθρίτιδα η, ουσ. (ασυνίζ.), (ιατρ.) φλεγμονώδης αρθρίτιδα σε πολλές αρθρώσεις του ανθρώπινου οργανισμού.

πολυάριθμος, -η, -ο, επίθ. (ασυνίζ.), που αποτελείται από πλήθος: *συγκέντρωση -η* (αντ. *ολιγάριθμος*).

πολυαρχία η, ουσ. (ασυνίζ.), εξουσία πολλών συγχρόνως.

πολυάσχολος, -η, -ο, επίθ. (ασυνίζ.), που ασχολείται με πολλά· που ενδιαφέρεται για πολλά.

πολυβασανισμένος, -η, -ο, επίθ., που βασανίστηκε πολύ (στη ζωή του ή σε ποικίλες περιστάσεις).

πολυβολαρχία η, ουσ. (στρατ.) μονάδα πυροβολικού από τέσσερις συνήθως διμοιρίες πολυβόλων.

πολυβόλο το, ουσ., φορητό ή προσαρμοσμένο πάνω σε όχημα ή αεροπλάνο πυροβόλο όπλο, αρκετά βαρύ και ογκώδες, που παρέχει μεγάλη δύναμη πυρός σε μεγάλες αποστάσεις και για παρατεταμένο χρονικό διάστημα: ~ *αντιαεροπορικό· κροτάλισμα των -ων* φρ. (για πολυλογά) *μιλάει σαν* ~.

πολυβουίζω, ρ., βουίζω υπερβολικά.

πολύβουος, -η, -ο, επίθ., υπερβολικά θορυβώδης (συνών. *πολυθόρυβος*).

πολύγαμα τα, ουσ. 1. (ζωολ.) ζώα που ζουν σε ομάδες με ένα αρσενικό σε κάθε ομάδα. 2. (φυτολ.) φυτά που έχουν άνθη και μονογενή (αρσενικά ή θηλυκά) και ερμαφρόδιτα.

πολυγαμία η, ουσ. 1. σύνδεση με πολλά πρόσωπα ετέρου φύλου. 2. ο θεσμός της πολυγαμίας. 3. (ζωολ.) το να υπάρχει ένα μόνο αρσενικό σε μια ομάδα ζώων. 4. (φυτολ.) το να έχει ένα φυτό και μονογενή (αρσενικά ή θηλυκά) και ερμαφρόδιτα άνθη.

πολυγαμικός, -ή, -ό, επίθ., που σχετίζεται με την πολυγαμία ή αναφέρεται σ᾽ αυτήν (αντ. *μονογαμικός*).

πολυγλωσσία η, ουσ., η ιδιότητα του πολύγλωσσου (βλ. λ.).

πολύγλωσσος, -η, -ο, επίθ. 1. (για άτομα) που είναι ικανός να χρησιμοποιεί πολλές γλώσσες. 2. που είναι γραμμένος σε πολλές γλώσσες: *λεξικό -ο*.

πολυγνοιάζω, βλ. *πολυνοιάζω*.

πολύγνωμος, -η, -ο, επίθ., που έχει πολλές γνώμες (συνών. *αναποφάσιστος*).

πολύγνωρος, -η, -ο, επίθ., που έχει πολλές γνώσεις (συνών. *πολύξερος*).

πολυγνωσία η, ουσ., η ιδιότητα του να ξέρει κανείς πολλά.

πολυγουστάρω, ρ. (λαϊκ.), (συνήθως σε αρνητ. φράσεις με αντικ. πρόσωπο ή πράγμα) αρέσκομαι πολύ σε κάτι, μου αρέσει κάποιος: *δεν τον* ~· (τριτοπρόσ.) *δε μου -ει να βγαίνω τα βράδια*.

πολύγραφος ο και **πολύγραφο** το, ουσ., μηχάνημα με το οποίο επιτυγχάνεται η αναπαραγωγή γραπτών σχεδίων.

πολυγράφος, -ο, επίθ. (για συγγραφέα) που συγγράφει ή έχει συγγράψει πολλά.

πολυγραφώ, είς, ρ., χρησιμοποιώ τον πολύγραφο (βλ. λ.).

πολυγωνικός, -ή, -ό, επίθ., που έχει το σχήμα πολυγώνου: *κτίσμα -ό*.

πολύγωνο το, ουσ. 1. επίπεδο και ευθύγραμμο γεωμετρικό σχήμα με περισσότερες από τέσσερις γωνίες και από τέσσερις πλευρές. 2. (με κεφ. το αρχικό γράμμα) σύνολο γραφείων στρατιωτικών υπηρεσιών (συνών. *Πεντάγωνο*).

πολυδαίδαλος, -η, -ο, επίθ. 1. πολύπλοκος: *οικοδόμημα -ο*. 2. (μεταφ.) που απαιτεί πολλές διατυπώσεις: *διαδικασία -η*.

πολυδάπανος, -η, -ο, επίθ., που απαιτεί πολλές δαπάνες: *ταξίδι -ο*.

πολυδιαβασμένος, -η, -ο, επίθ. (συνιζ.). 1. που έχει διαβάσει πολλά· που είναι ενήμερος σε πολλά. 2. (για βιβλίο) που έχει διαβαστεί από πολλούς.

πολυδιάστατος, -η, -ο, επίθ. (ασυνίζ.). 1. που παρουσιάζει πολλές απόψεις: *πρόβλημα -ο*. 2. (για διπλωματική δραστηριότητα) που παρουσιάζει πολλές συνάμα επιδιώξεις: *-η εξωτερική πολιτική*.

πολυδουλεμένος, -η, -ο, επίθ., που τον έχουν επεξεργαστεί πολύ: *-ο γραπτό κείμενο* (= ιδιαίτερα φροντισμένο).

πολυδύναμος, -η, -ο, επίθ., που έχει πολλές δυνάμεις (συνών. *δυνατός*).

πολυεδρικός, -ή, -ό, επίθ. (ασυνίζ.). 1. που έχει σχήμα πολυέδρου (βλ. λ.). 2. (μεταφ.) που παρουσιάζει πολλές απόψεις: *-ή αντιμετώπιση του θέματος*.

πολύεδρο το, ουσ. (γεωμ.) στερεό σώμα που καταλήγει σε επίπεδα πολύγωνα.

πολυεθνικός, -ή, -ό, επίθ. (ασυνίζ.), που αναφέρεται σε πολλά έθνη ή συγκροτείται από εκπροσώπους πολλών εθνών: *εταιρεία/συγκέντρωση -ή*.

πολυέλαιος ο, ουσ. (ασυνίζ.), (εκκλ.) πολυτελές κρεμαστό φωτιστικό σώμα με κεριά, καντήλες ή σήμερα συνήθως με ηλεκτρικούς λαμπτήρες στο κέντρο ή και σε άλλα σημεία χριστιανικού ναού: ~ *μπρούτζινος/τεράστιος·* φρ. *σιγά τον -ο!* (ειρων. προς έναν που καυχιέται ή αποδίδει μεγάλη σημασία σε κάτι ασήμαντο ή θίγεται από αυτό).

πολυέλεος, -η, -ο, επίθ. (ασυνίζ.), (εκκλ.) 1. (ως επίθ. του Θεού) που το έλεός του είναι πολύ, πολυεύσπλαχνος (αντ. *ανελέητος*). 2. ~ *ύμνος* (και ως ουσ.) = ο ύμνος που αποτελείται από τους ψαλμούς 134 και 135 και όταν ψάλλεται, τις Κυριακές ή σε άλλες ευκαιρίες, ανάβουν τους πολυελαίους.

πολυέξοδος, -η, -ο, επίθ. (ασυνίζ.). 1. που ξοδεύει πολλά: *γυναίκα -η* (συνών. *σπάταλος*). 2. που γι᾽ αυτόν έγιναν ή χρειάζεται να γίνουν πολλά έξοδα: *παρέλαση -η* (συνών. *πολυδάπανος*· αντ. *ανέξοδος*).

πολυετής, -ής, -ές, γεν. -ούς, πληθ. αρσ. και θηλ. -είς, ουδ. -ή, επίθ. (ασυνίζ.). 1. που διαρκεί ή διήρκεσε πολλά χρόνια: *προσπάθειες -είς· υπηρεσία* ~ (συνών. *πολύχρονος, μακροχρόνιος*). 2. (για φυτό) που ζει πολλά χρόνια, ανεξάρτητα από το πόσες φορές ανθίζει (αντ. *μονοετής*).

πολυετία η, ουσ. (ασυνίζ.), διάστημα πολλών ετών, μεγάλη χρονική περίοδος: *επίδομα -ας*.

πολυεύσπλα(γ)χνος, -η, -ο, επίθ. (ασυνίζ.), (συνήθως εκκλ., ως επίθ. του Θεού) πολύ σπλαχνικός, πονετικός (συνών. *πολυέλεος* αντ. *άσπλαχνος*).

πολυζηλεμένος, -η, -ο, επίθ. (λαϊκ.), που προκαλεί έντονη ζήλεια.

πολυζήλευτος, -η, -ο, επίθ., ζηλευτός πολύ ή από πολλούς.

πολυζήτητος, -η, -ο, επίθ. (λόγ.), που έχει πολύ μεγάλη ζήτηση, περιζήτητος (αντ. *αζήτητος*).

πολύζυγο το, ουσ. (γυμν.) όργανο που αποτελείται από δύο κάθετους ξύλινους παραστάτες ύψους 3 μέτρων που συνδέονται με 20 ατσαλόβεργες (μπάρες) σε μικρή απόσταση τη μια από την άλλη (9 εκατοστά) (πβ. *μονόζυγο*).

πολυζυγωτός και **-ζύγωτος**, βλ. *διζυγωτός* και *-ζύγωτος*.

πολυζώητος, -η, -ο, επίθ. (λαϊκ.), που έζησε πολλά χρόνια (συνών. *μακρόβιος*· αντ. *λιγόζωος*).

πολυζωισμένος, -η, -ο, μτχ. επίθ. (λαϊκ., λογοτ.), που έζησε πολλά χρόνια.

πολυήμερος, -η, -ο, επίθ., που διαρκεί ή διήρκεσε πολλές ημέρες: *εκδρομή -η* (αντ. *ολιγοήμερος*).

πολυθέαμα το, ουσ., υπερθέαμα (βλ. λ.).

πολυθεΐα η, ουσ. (θρησκ.) η λατρεία πολλών θεών, ο πολυθεϊσμός (αντ. *μονοθεϊσμός*).

πολυθεϊσμός ο, ουσ. (θρησκ.) θρησκευτικό σύ-

πολυθεϊστής

στημα όπου επικρατεί η πίστη σε πολλούς θεούς ταυτόχρονα (αντ. *μονοθεϊσμός*).

πολυθεϊστής ο, θηλ. **-τρια**, ουσ., αυτός που πιστεύει σε πολλούς συνάμα θεούς.

πολυθεϊστικός, -ή, -ό, επίθ., που σχετίζεται με τον πολυθεϊσμό: *θρησκείες -ές* (αντ. *μονοθεϊστικός*).

πολυθεΐστρια, βλ. *πολυθεϊστής*.

πολυθεσία η, ουσ., το να κατέχει κάποιος περισσότερες από μία θέσεις στο δημόσιο, σε νομικά πρόσωπα δημοσίου δικαίου (εκτός από τις περιπτώσεις εξαιρέσεων που ορίζει ο νόμος).

πολυθεσίτης ο, ουσ., άτομο που το χαρακτηρίζει η πολυθεσία.

πολυθόρυβος, -η, -ο, επίθ., υπερβολικά θορυβώδης: *δρόμος* ~ (συνών. *πολύβουος* αντ. *ήσυχος*).

πολυθρόνα η, ουσ., ευρύχωρο και αναπαυτικό κάθισμα με ράχη και μπράτσα, που συνήθως η βάση ή και άλλα μέρη του είναι γεμισμένα με μαλακό υλικό (η λ. συχνά για μονό κάθισμα σε αντιδιαστολή με τον καναπέ): ~ *περιστρεφόμενη/αναπηρική·* έκφρ. ~ *- κρεβάτι* (που μετατρέπεται σε κρεβάτι). [ιταλ. *poltrona* με παρετυμ. επίδραση των λ. *πολύς* και *θρόνος*].

πολυθρύλητος, -η, -ο, επίθ., θρυλικός, περίφημος.

πολυϊατρείο το, ουσ., ιατρείο που εξυπηρετεί ασθενείς με ποικίλες ασθένειες: ~ *του ΙΚΑ*.

πολυκαιρία η, ουσ., πάροδος μεγάλου χρονικού διαστήματος (από τότε που έγινε, που εμφανίστηκε κάτι): *εικόνισμα μαυρισμένο απ' την* ~.

πολυκαιρίζω, ρ., μτχ. -ισμένος (λαϊκ.). α. διαρκώ πολύν καιρό· β. παλιώνω, μπαγιατεύω.

πολυκαιρινός, -ή, -ό, επίθ. α. για πράγμα που έγινε, που εμφανίστηκε πριν από πολύν καιρό: *καπέλο/δέντρο -ό* β. παλιωμένος, μπαγιάτικος· γ. απαρχαιωμένος.

πολυκαιρίτικος, -η, -ο, επίθ. (λαϊκ.), πολυκαιρινός.

πολυκαλλιέργεια η, ουσ. (ασυνίζ.), (γεωπ.) η ταυτόχρονη καλλιέργεια πολλών προϊόντων από μια αγροτική κοινότητα ή στην ίδια περιοχή (αντ. *μονοκαλλιέργεια*).

Πολυκανδριώτης ο, θηλ. **-ισσα,** ουσ. (ασυνίζ.), αυτός που κατοικεί στη Φολέγανδρο ή κατάγεται από εκεί.

πολυκανδριώτικος, -η, -ο, επίθ. (ασυνίζ.), που ανήκει ή αναφέρεται στην Πολύκανδρο (= Φολέγανδρο) ή στους Πολυκανδριώτες· που προέρχεται από την Πολύκανδρο.

Πολυκανδριώτισσα, βλ. *Πολυκανδριώτης*.

πολυκάντηλο το, ουσ. (έρρ.), (εκκλ.) φωτιστική συσκευή με πολλές καντήλες σε χριστιανικό ναό.

πολυκαταλαβαίνω, ρ. (προφ.), (συνήθως με άρνηση) καταλαβαίνω κάτι εύκολα, πολλά πράγματα: *δεν* ~ *τι λέει/από χημεία*.

πολυκατάστημα το, ουσ. (νεολογ.) μεγάλο κατάστημα όπου πωλούνται πολλών ειδών τρόφιμα, οικιακά αγαθά, κ.ά., και όπου συνήθως παίρνει κανείς μόνος του από τις θέσεις τους όσα πράγματα θέλει και πληρώνει για όλα μαζί προτού φύγει (συνών. *σούπερ-μάρκετ*).

πολυκάτεχος, -η, -ο, επίθ. (λαϊκ.), που γνωρίζει πολλά, πολύξερος (αντ. *άγνωρος, ακάτεχος*).

πολυκατοικία η, ουσ., κτήριο με πολλούς ορόφους (περισσότερους από δύο) όπου υπάρχουν κατοικίες ή γραφεία.

πολυκέφαλος, -η, -ο, επίθ. 1. που έχει πολλά κεφάλια: *η Λερναία Ύδρα, το -ο θηρίο.* 2. (μεταφ.) που έχει πολλούς αρχηγούς: *στράτευμα/κόμμα -ο*.

πολυκλαδικός, -ή, -ό, επίθ. (νεολογ.) για σχολείο με τμήματα που παρέχουν το καθένα διαφορετική θεωρητική και πρακτική κατάρτιση και κατευθύνουν τους μαθητές σε διάφορους επιστημονικούς και επαγγελματικούς κλάδους: *ενιαίο -ό λύκειο*.

πολύκλαδος,-η, -ο, επίθ., που έχει πολλά κλαδιά: *φτελιά -η*.

πολύκλαυστος, -η, -ο, επίθ. (λόγ., για πρόσωπο) που το θάνατό του θρήνησαν πολλοί.

πολυκλινική η, ουσ., θεραπευτικό ίδρυμα όπου παρέχεται ιατρική φροντίδα και νοσηλεία σε ασθενείς με διάφορες παθήσεις.

πολύκλωνος, -η, -ο, επίθ., πολύκλαδος (βλ. λ.): *κατέβαιναν από ψηλά στριμμένα κλήματα, γυμνά -α* (Σεφέρης).

πολυκομματικός, -ή, -ό, επίθ., για χώρο ή θεσμό της πολιτικής ζωής όπου συμμετέχουν πολλά κόμματα: *κυβέρνηση -ή· κράτος -ό* (αντ. *μονοκομματικός*).

πολυκομματισμός ο, ουσ., χαρακτηριστικό της πολιτικής ζωής μιας χώρας όπου υπάρχουν και δρουν ελεύθερα πολλά κόμματα (αντ. *μονοκομματισμός*).

πολυκοσμία η, ουσ., συγκέντρωση, ύπαρξη πολλών ανθρώπων στο ίδιο μέρος: ~ *της αγοράς*.

πολύκροτος, -η, -ο, επίθ., που προκάλεσε ζωηρή η σκανδαλώδη εντύπωση (πβ. *κρότος*): *συνέντευξη -η*.

πολυκύμαντος, -η, -ο, επίθ. (έρρ.). 1. (για θάλασσα, κ.τ.ό.) που κυματίζει πολύ, που είναι πολύ τρικυμισμένος. 2. (μεταφ.) για πολυτάραχη, περιπετειώδη ζωή ή δράση κάποιου (αντ. *ακύμαντος* στις σημασ. 1 και 2).

πολυκύτταρος, -η, -ο, επίθ. (για οργανισμό) που αποτελείται από πολλά κύτταρα (αντ. *μονοκύτταρος*).

πολυλογάς, -ού, -άδικο και **-ούδικο,** επίθ. (συνήθως μειωτ.) που μιλά πολύ, λέει πολλά και περιττά (συνών. *γλωσσάς, λογάς, φλύαρος·* αντ. *λιγόλογος, λιγομίλητος*). - Το αρσ. και το θηλ. και ουσ.

πολυλογία η, ουσ., το να πολυλογεί κανείς: ~ *ανούσια* (συνών. *φλυαρία* αντ. *ολιγολογία*).

πολυλογού και **-άδικο, -ούδικο,** βλ. *πολυλογάς*.

πολυλογώ, -είς, ρ., λέω πολλά ή και περιττά, μιλώ συνεχώς: (συνήθως με άρνηση σε βουλητική πρότ., ως διαβεβαίωση του ομιλητή ότι είναι ή θα είναι σύντομος): *(για) να μην (τα) -ούμε,...*

πολυλυπάμαι, ρ. (μόνο με άρνηση) λυπάμαι υπερβολικά.

πολυμάθεια η, ουσ. (ασυνίζ.), το να είναι κάποιος πολυμαθής (αντ. *αμάθεια*).

πολυμαθής, -ής, -ές, γεν. -ούς, πληθ. αρσ. και θηλ. είς, ουδ. -ή, επίθ., που έχει μάθει πολλά, που κατέχει πολλές γνώσεις (αντ. *αμαθής*).

πολυμαστία η, ουσ. (ιατρ.) ανωμαλία που συνίσταται στην ύπαρξη υπεράριθμων μαστών.

πολυμελής, -ής, -ές, γεν. -ούς, πληθ. αρσ. και θηλ. -είς, ουδ. -ή, επίθ., που έχει πολλά μέλη: *αντιπροσωπεία* ~ *· οικογένεια* ~ (αντ. *ολιγομελής*).

πολυμέρεια η, ουσ. (ασυνίζ.), το να είναι κάτι πολυμερές (βλ. λ.): ~ *μόρφωσης/ενδιαφερόντων*.

πολυμερής, -ής, -ές, γεν. -ούς, πληθ. αρσ. και θηλ. -είς, ουδ. -ή, επίθ. 1. που αποτελείται από πολλά μέρη. 2α. που έχει πολλές βλέψεις, που αποβλέπει σε πολλά: *ενδιαφέρον -ές·* β. (ειδικότερα) που ασχολείται με πολλούς κλάδους της γνώ-

σης ή της επιστήμης: *μόρφωση* ~. 3. (χημ.) για ένωση που παρουσιάζει το φαινόμενο του πολυμερισμού (βλ. λ.).
πολυμερισμός ο, ουσ. 1. διαίρεση σε πολλές μερίδες, ομάδες, πολλά τμήματα: ~ *ενός πολιτικού κόμματος*. 2. (χημ.) μετατροπή χημικής ένωσης σε άλλη με τα ίδια στοιχεία, αλλά με διπλάσιο ή πολλαπλάσιο μοριακό βάρος.
πολύμηνος, -η, -ο, επίθ., που διαρκεί πολλούς μήνες: *απουσία -η*.
πολυμήχανος, -η, -ο, επίθ., που επινοεί ποικίλους τρόπους για να επιτύχει κάτι (συνών. *εφευρετικός*).
πολυμιλώ, -είς ή **-άς**, ρ., μιλώ πολύ, υπερβολικά.
πολυμορφία η, ουσ., το να παρουσιάζεται κάτι με πολλές μορφές: *η ~ των ελληνικών ακτών· ~ της γλώσσας* = το να χρησιμοποιούνται ποικίλοι παράλληλοι τύποι σε μια γλώσσα.
πολύμορφος, -η, -ο, επίθ., που παρουσιάζεται με πολλές μορφές: *προσωπικότητα -η*.
Πολυνήσια, βλ. *Πολυνήσιος*.
πολυνησιακός, -ή, -ό, επίθ. (ασυνίζ.), που ανήκει ή αναφέρεται στην Πολυνησία ή τους Πολυνησίους.
Πολυνήσιος ο, θηλ. **-α**, ουσ. (ασυνίζ.), αυτός που κατοικεί στην Πολυνησία ή κατάγεται από εκεί.
πολυνοιάζω και **πολυγνοιάζω**, ρ. (ασυνίζ.), (μόνο σε άρνηση) I. (ενεργ.) ενδιαφέρω ιδιαίτερα κάποιον: *δε με -ουν αυτά που μου λες·* (και απρόσ.) *δε με -ει αν θα βρω δουλειά*. II. (μέσ.) ενδιαφέρομαι ιδιαίτερα για κάτι: *δεν -εται για το σπίτι του*.
πολυνοστιμεύομαι, ρ. (μόνο σε άρνηση) μου αρέσει ή μου είναι συμπαθές ιδιαίτερα κάτι: *δεν ~ τις ιδέες του* (Παλαμάς).
πολύνω, ρ. (λαϊκ.). A. (μτβ.) αυξάνω, πληθαίνω κάτι. B. (αμτβ.) αυξάνομαι.
πολυξακουσμένος, -η, -ο, επίθ., που έχει αποκτήσει μεγάλη φήμη.
πολύξερος, -η, -ο, επίθ., που ξέρει πολλά: *~και κοσμογυρισμένος* (αντ. *ανήξερος*).
πολυόροφος, βλ. *πολυώροφος*.
πολυουρία η, ουσ. (ιατρ.) αύξηση της ποσότητας των ούρων που εκκρίνονται σε ένα εικοσιτετράωρο (αντ. *ολιγουρία*).
πολυπαθής, -ής, -ές, γεν. *-ούς*, πληθ. αρσ. και θηλ. *-είς*, ουδ. *-ή* και (λαϊκ.) **πολύπαθος, -η, -ο**, επίθ., που έχει γνωρίσει πολλές δοκιμασίες στη ζωή του.
πολύπειρος, -η, -ο, επίθ., που έχει αποκτήσει μεγάλη πείρα (αντ. *άπειρος*).
πολύπλευρος, -η, -ο, επίθ. 1. (γεωμ.) που έχει πολλές πλευρές: *σχήμα -ο*. 2. (μεταφ.) α. που παρουσιάζει πολλές πλευρές, πολλές όψεις: *ζήτημα -ο* (= που μπορεί να το δει κανείς από πολλές απόψεις) β. που προέρχεται από πολλές πλευρές: *-η αντίδραση σε κυβερνητικό μέτρο·* γ. που εκτείνεται σε πολλούς χώρους: *-η κοινωνική κρίση*.
πολυπλησιάζω, ρ. (ασυνίζ.), (συνήθως με άρνηση) πλησιάζω πολύ κάποιον: *μην τον -ετε, γιατί έχει ιλαρά* (συνών. *πολυσιμώνω*).
πολύπλοκος, -η, -ο, επίθ., περίπλοκος (βλ. λ.): *πρόβλημα· ο· κατάσταση -η*. - Επίρρ. **-α**.
πολυπλοκότητα η, ουσ., το να είναι κάτι πολύπλοκο: *η ~ των περιστάσεων*.
πολύποδα τα, ουσ. 1. (ζωολ.) γενική ονομασία εντόμων που έχουν ως χαρακτηριστικό το μεγάλο αριθμό ποδιών (όπως π.χ. η *σαρανταποδαρούσα*).
2. κατηγορία κοιλεντερωτών (βλ. λ.) ακτινωτών ζώων με σώμα κυλινδρικό ή μακρύ.
πολυποδαρούσα η, ουσ., ονομασία ορισμένων ειδών εντόμων με μακρύ σώμα και πολλά πόδια.
πολύπους ο, γεν. *-οδος*, ουσ. (ιατρ.) καλοήθης όγκος που αναπτύσσεται στο βλεννογόνο της μήτρας, της μύτης, του λάρυγγα, του εντέρου, κ.ά.
πολυπράγμονας, επίθ. (μόνο στο αρσ.) που ασχολείται με πάρα πολλά: *πολιτικός/συγγραφέας* ~.
πολυπραγμονώ, -είς, ρ. (λόγ.), ασχολούμαι με πολλά και (μειωτ.) ασχολούμαι με περισσότερα από όσα είναι κανονικό ή επιτρεπτό.
πολυπραγμοσύνη η, ουσ., το να είναι κανείς πολυπράγμονας (βλ. λ.).
πολύπραγος, -η, -ο, επίθ. (λαϊκ.), πολυάσχολος, πολύπειρος (αντ. *άπραγος*).
πολυπροσέχω, ρ. (συνήθως με άρνηση) δίνω μεγάλη προσοχή ή ιδιαίτερη σημασία σε κάτι.
πολυπρόσωπος, -η, -ο, επίθ. 1α. που είναι συγκροτημένος από πολλά άτομα: *-η εθνική αντιπροσωπεία· ~ θίασος·* β. (για εικαστικό έργο) που αναπαριστά πολλά πρόσωπα, πολλές μορφές: *-η ζωγραφική σύνθεση*. 2. (για άτομο) που εμφανίζει πολλά «πρόσωπα», ποικίλους τρόπους στη συμπεριφορά του.
πολύπτυχος, -η, -ο, επίθ. 1. που έχει πολλές πτυχές: *φόρεμα -ο*. 2. (μεταφ.) που έχει πολλές όψεις: *θέμα -ο*. - Το ουδ. ως ουσ. = 1. (αρχαιολ.) εικόνα σπαστή που αποτελείται από πολλά τμήματα που διπλώνονται. 2. (ιστ.) πινακίδιο με επιφάνεια καλυμμένη με κερί που αποτελούνταν από πολλά φύλλα και χρησιμοποιούνταν για να γράφει κανείς επάνω του.
πολυρωτώ, -άς, ρ. (συνήθως με άρνηση) ρωτώ κατά κόρον: *δεν τους -ούσε για την οικονομική τους κατάσταση*.
πολύς, πολλή, πολύ, το θηλ. ομαλά, γεν. εν. αρσ. και ουδ. *πολλού*, ον. πληθ. αρσ. *πολλοί*, ουδ. *πολλά*, γεν. πληθ. αρσ. και ουδ. *πολλών*, αιτ. πληθ. αρσ. *πολλούς*, ουδ. *πολλά*, συγκρ. *περισσότερος, -η, -ο* και (συνιζ., λόγ.) *πλιότερος, -η, -ο*, επίθ. 1. που απαντά σε σημαντική ποσότητα: *κόσμος· -ά χρήματα*. 2. που γίνεται ή υπάρχει σε μεγάλο βαθμό: *-ή κούραση/ωριμότητα*. 3. που έχει μεγάλη ένταση: *~ θόρυβος*. 4. που καταλαμβάνει μεγάλη έκταση: *-ύ χώρο πιάνει το έπιπλο· -ή λάσπη στους δρόμους*. 5. που έχει μεγάλη διάρκεια: *~ καιρός πέρασε*. 6. (για πρόσωπο) σπουδαίος, σημαντικός· συνήθως στις εκφρ. *μέγας και* ~, *ο* ~ + κύρ. όν. και στη φρ. *μας κάνει τον -ύ: πήγε στο εξωτερικό κι έγινε μέγας και* ~· *ο ~ Ωνάσης· έβγαλε κάποια χρήματα και μας κάνει τον -ύ*. Εκφρ. *οι πολλοί* (= ο λαός, το πλήθος)· *πόσος* ~, (σε ερώτηση ύστερα από πρότ. όπου απαντά το *πολύς*): - Θα του αντιτάξω πολλά επιχειρήματα. — Πόσα πολλά; (= πόσα είναι τα επιχειρήματα;) *το -ύ -ύ* (= κατά ανώτατο όριο). Φρ. *δεν έχω πολλά πολλά μαζί του* (= δεν έχω ιδιαίτερες επαφές, σχέσεις μαζί του). - Επίρρ. **πολύ** (βλ. λ.).
πολυσακχαρίτης ο, ουσ. (χημ.) ένωση από άνθρακα, υδρογόνο και οξυγόνο.
πολυσέβαστυς, -η, -ο, επίθ., πολύ σεβαστός.
πολυσκλετίζομαι, ρ. (συνήθως με άρνηση) στενοχωριέμαι πολύ: *δεν -εται για τις αποτυχίες του*.
πολυσέλιδος, -η, -ο, επίθ., που αποτελείται από πολλές σελίδες: *έκδοση -η* (αντ. *ολιγοσέλιδος*).

πολυσέπαλος, -η, -ο, επίθ. (για άνθος) που έχει πολλά σέπαλα.

πολυσήμαντος, -η, -ο, επίθ. (έρρ.). 1. που είναι πολύ σημαντικός: *-η απάντηση* (συνών. *βαρυσήμαντος* αντ. *ασήμαντος*). 2. (για λέξη ή φράση) που έχει πολλές σημασίες (αντ. *μονοσήμαντος*).

πολυσημία η, ουσ., το να έχει συνήθως μια λέξη πολλές σημασίες.

πολύσημος, -η, -ο, επίθ. (συνήθως για λέξεις) που έχει πολλές σημασίες: *φράση -η* (συνών. *πολυσήμαντος* αντ. *μονοσήμαντος*).

πολυσιμώνω, ρ. (συνήθως με άρνηση) πλησιάζω πολύ κάποιον.

πολυσκέπτομαι και **πολυσκέφτομαι**, ρ. (συνήθως με άρνηση) σκέφτομαι πολύ (κάτι): *δεν -εται πριν κάνει κάτι· δεν τους άφησε να το πολυσκεφτούνε.*

πολυσκοτίζομαι, ρ. (συνήθως με άρνηση) νοιάζομαι, ενδιαφέρομαι πολύ για κάποιον ή κάτι, με απασχολεί ιδιαίτερα κάποιος ή κάτι: *δεν -ότανε για τους άλλους.*

πολύσπαστο το, ουσ., μηχάνημα με τροχαλίες με το οποίο υψώνονται μεγάλα βάρη.

πολυσπόρια τα, ουσ. (συνιζ.), συγκεντρωμένοι διάφοροι σπόροι από σιτηρά και όσπρια.

πολυσταυρία η, ουσ., το δικαίωμα του εκλογέα να δείχνει την κατεξοχήν προτίμησή του σε περισσότερους υποψήφιους βουλευτές (και όχι μόνο σε ένα) θέτοντας στο ψηφοδέλτιο σταυρό δίπλα στο όνομά τους (αντ. *μονοσταυρία, δισταυρία*).

πολύστηλος, -η, -ο, επίθ. (για άρθρα εφημερίδων) που καταλαμβάνει πολλές στήλες στην εφημερίδα (αντ. *μονόστηλος*).

πολύστιχος, -η, -ο, επίθ. (για ποίημα) που έχει πολλούς στίχους.

πολυσύνθετος, -η, -ο, επίθ. 1. που αποτελείται από πολλά μέρη ή πολλά συστατικά. 2. (για λέξεις) που αποτελείται από πολλά συνθετικά (αντ. *απλός*).

πολυσύχναστος, -η, -ο, επίθ., για τόπο όπου συχνάζουν πολλοί: *καφενείο -ο*.

πολυσχιδής, -ής, -ές, γεν. *-ούς*, πληθ. αρσ. και θηλ. *-είς*, ουδ. *-ή*, επίθ. (λόγ.) που μπορεί να διαιρεθεί σε πολλά μέρη ή να απλωθεί σε πολλούς χώρους: *δραστηριότητα/υπηρεσία ~*.

πολυταξιδεύω, ρ. μτχ. παρκ. *-δεμένος*, (συνήθως με άρνηση) ταξιδεύω συχνά: *τώρα πια δεν ~*.

πολυτάραχος, -η, -ο, επίθ. 1. που χαρακτηρίζεται από πολλή ταραχή, πολύ θόρυβο: *πλατεία/θάλασσα -η*. 2. περιπετειώδης: *ταξίδι -ο*.

πολύτεκνος, -η, -ο, επίθ. (για οικογένεια ή γονείς) που έχει πολλά παιδιά: *επίδομα στις -ες μητέρες*.

πολυτέλεια η, ουσ. (ασυνίζ.). 1. το να εμφανίζεται κανείς κατά τρόπο που να δείχνει τον πλούτο του (συνών. *λούσο*). 2. το να ζει κανείς πολυέξοδα (αντ. *λιτότητα*). 3. (μεταφ.) άνεση που έχει κανείς να κάνει κάτι: *δεν έχω/διαθέτω την ~ να σκέφτομαι για πολλή ώρα αυτά που θα γράψω.*

πολυτελής, -ής, -ές, γεν. *ούς*, πληθ. αρσ. και θηλ. *-είς*, ουδ. *ή*, επίθ. (για πράγματα) που δίνει την εικόνα του πλούτου: *εμφάνιση ~· σπίτι -ές* (συνών. *λουσάτος*). - Επίρρ. **-ώς**.

πολυτεντώνω, ρ. (έρρ.), (συνήθως σε άρνηση) τεντώνω υπερβολικά. Φρ. *μην -εις το σκοινί* (= μην οδηγείσαι στα άκρα).

πολυτεχνείο το, ουσ., ανώτατο εκπαιδευτικό ίδρυμα όπου διδάσκονται κυρίως θετικές επιστήμες.

πολυτεχνικός, -ή, -ό, επίθ., που ανήκει ή αναφέρεται στο πολυτεχνείο: *σχολή -ή*.

πολυτεχνίτης ο, θηλ. **-ισσα**, ουσ., που γνωρίζει πολλές τέχνες. Εκφρ. *~ κι ερημοσπίτης* (για άνθρωπο που γνωρίζει πολλές τέχνες, που καταπιάνεται με πολλά, αλλά αποτυχαίνει σχεδόν παντού).

πολυτίμητος, -η, -ο, επίθ. 1. (σπανίως) (για πρόσωπο) που τιμάται πολύ, που είναι πολύ σεβαστός: *πρόσωπο -ο*. 2. (για πράγματα) που έχει μεγάλη αξία, πολύτιμος: *δώρα -α*.

πολύτιμος, -η, -ο, επίθ. 1. (για πρόσωπα και αντικείμενα) που έχει μεγάλη αξία (υλική, ηθική, πνευματική): *δώρα -α· λίθοι -οι· μέταλλα -α· φίλος ~*. 2. σημαντικός, αξιόλογος: *-η έκδοση κειμένου*. 3. ωφέλιμος, ενεργετικός: *-η βοήθεια/συμπαράσταση· η βροχή είναι -η για τα σπαρτά*.

πολύτομος, -η, -ο, επίθ., που αποτελείται από πολλούς τόμους: *σύγγραμμα -ο*.

πολυτονικός, -ή, -ό, επίθ. (ιδίως για ορθογραφικό σύστημα) που χρησιμοποιεί πολλά τονικά σημεία στις λέξεις της ελληνικής γλώσσας. - Το ουδ. ως ουσ. *=* το παραπάνω τονικό σύστημα.

πολυτραβώ, -άς, ρ., τραβώ υπερβολικά. Φρ. *μην -άς το σκοινί* (= μην οδηγείσαι στα άκρα).

πολυτρίχι το, ουσ. 1. είδος φυτού με φύλλα πολύ λεπτά και μακριά που μοιάζουν με τρίχες. 2. αφέψημα τονωτικό των μαλλιών.

πολύτροπος, -η, -ο, επίθ. 1. που εργάζεται με πολλούς τρόπους: *συγγραφέας ~*. 2. (για ενέργεια, πράξη) που γίνεται με πολλούς τρόπους.

πολυτυπία η, ουσ. (γλωσσ.) το να υπάρχουν ποικίλοι τύποι μιας λέξης.

πολυφαγία η, ουσ., η ιδιότητα του πολυφάγου (βλ. λ.).

πολυφάγος, επίθ. (συνήθως μόνο στο αρσ.), που τρώει πολύ (συνών. *αδηφάγος* αντ. *λιτοδίαιτος, λιγόφαγος*).

πολυφαρμακία η, ουσ., το να χρησιμοποιούνται από τον ασθενή πολλά φάρμακα.

πολυφασικός, -ή, -ό, επίθ. (ηλεκτρολ.) που παρουσιάζει διαφορά στις φάσεις του: *ρεύμα -ό· μηχανή -ή* (= που παράγει πολυφασικό ρεύμα).

πολυφέγγω, ρ.(όχι έρρ.), (συνήθως με άρνηση) φέγγω πολύ: *δεν πολύφεγγε ακόμα* (= δεν είχε αρχίσει να ξημερώνει).

πολύφερνος, -η, -ο, επίθ., συνήθως στο θηλ. *-η νύφη* = νύφη με μεγάλη προίκα.

πολυφημισμένος, -η, -ο, επίθ., που έχει μεγάλη φήμη: *συγγραφέας ~*.

πολυφορώ, -είς και **-άς**, ρ., φορώ ένα ρούχο πολύ συχνά: *-ρεμένο πανταλόνι*.

πολύφυλλος, -η, -ο, επίθ., που έχει πολλά φύλλα: *δέντρο -ο*.

πολυφωνία η, ουσ. 1. (μουσ.) συνδυασμός πολλών φωνών, πολλών τμημάτων σε μια μουσική σύνθεση. 2. (συνεκδοχικά) τραγούδι με πολλές φωνές: *οι -ες του 16. αι.* 3. (μεταφ.) η ύπαρξη πολλών απόψεων σε ένα θέμα: *~ των μέσων μαζικής ενημέρωσης*.

πολυφωνικός, -ή, -ό, επίθ. 1. (μουσ.) που αποτελεί μια πολυφωνία που είναι για περισσότερες φωνές: *-ή μουσική σύνθεση*. 2. που σχετίζεται με την πολυφωνία (στη σημασ. 3): *-ή αντιμετώπιση θέματος*.

πολύφωνος, -η, -ο, επίθ., που εκπέμπει πολλούς ήχους.

πολύφωτο το, ουσ., σύνολο από πολλά φωτιστικά σώματα (πβ. *πολυέλαιος*).

πολύχορδος, -η, -ο, επίθ. 1. (για μουσικό όργανο) που έχει πολλές χορδές (αντ. *μονόχορδος*). 2. (για μουσικό κομμάτι) που εκτελείται με πολλές χορδές.
πολύχρηστος, -η, -ο, επίθ., που χρησιμοποιείται σε πολλές περιπτώσεις, που είναι χρήσιμος.
πολυχρονεμένος, -η, -ο, επίθ. (λαϊκ.), που γι' αυτόν γίνεται ευχή να ζήσει πολλά χρόνια: ~ *ο βασιλιάς*.
πολυχρονίζω, ρ. Α. (μτβ.) εύχομαι σε κάποιον να ζήσει πολλά χρόνια. Β. (αμτβ.) διαρκώ, υφίσταμαι για μακρό χρονικό διάστημα: -*ισε η υπόθεση στα δικαστήρια*.
πολυχρόνιον το, ουσ. (ασυνίζ.), (παλαιότερα) εκκλησιαστική δέηση για μακροημέρευση βασιλιάδων.
πολυχρόνισμα το, ουσ. 1. ευχή για μακροβιότητα. 2. διάρκεια για μακρό χρονικό διάστημα.
πολυχρονισμός ο, ουσ., η απαγγελία του πολυχρόνιου (βλ. λ.) στην εκκλησία.
πολύχρονος, -η, -ο, επίθ. 1. που διαρκεί πολλά χρόνια: *πολιορκία -η*. 2. που ζει πολλά χρόνια, μακρόβιος· συνήθως σε ευχές: ~*! ή ~ να είσαι!*
πολυχρωμία η, ουσ. 1. η ιδιότητα του πολύχρωμου (βλ. λ.). 2. τυπογραφική μέθοδος να τυπώνονται εικόνες ή και άλλα αντικείμενα με συνδυασμό πολλών χρωμάτων.
πολύχρωμος, -η, -ο, επίθ., που έχει πολλά χρώματα, που εμφανίζεται με ποικιλία χρωμάτων: -*ες φανέλες στα γήπεδα· -ο λουλούδι*.
πολυχωνεύω, ρ. (συνήθως με άρνηση) συμπαθώ πολύ: *δεν τον ~ γιατί είναι αλαζόνας*.
πολυψήφιος, -α, -ο, επίθ. (ασυνίζ.), (για αριθμούς) που έχει πολλά ψηφία (αντ. *μονοψήφιος*).
πολυώνυμο το, ουσ. (μαθημ.) άθροισμα ανόμοιων μονωνύμων (βλ. λ.).
πολύωρος, -η, -ο, επίθ., που διαρκεί πολλές ώρες: -*η καθυστέρηση τρένου*.
πολυώροφος, -η, -ο, επίθ., που έχει πολλούς ορόφους: *κατοικία/τούρτα -η* (αντ. *μονώροφος*).
πολονέζα η, ουσ. α. εθνικός χορός των Πολωνών· β. μουσική σύνθεση με την οποία χόρευαν αυτό το χορό: *οι -ες του Σοπέν·* γ. βλ. *Πολωνός*.
πολωνέζικος, -η, -ο, επίθ. (λαϊκ.), πολωνικός (βλ. λ.).
Πολωνή και -**έζα**, βλ. *Πολωνός*.
πολωνικός, -ή, -ό, επίθ., που ανήκει ή αναφέρεται στην Πολωνία ή τους Πολωνούς: *-ή πολιτική κρίση· -ή γλώσσα· -ές πεδιάδες. - Το ουδ. στον πληθ. ως ουσ. = η πολωνική γλώσσα: έμαθε τα -ά*.
πολώνιο το, ουσ. (ασυνίζ.), (χημ.) ραδιενεργό στοιχείο (σύμβολο *Po*). [*Πολωνία*, πατρίδα της Μαρίας Κιουρί].
Πολωνός ο, θηλ. -**ή** και -**έζα**, ουσ., αυτός που κατοικεί στην Πολωνία ή κατάγεται από αυτήν.
πολώνω, ρ., προκαλώ πόλωση (βλ. λ. σημασ. 1, 2, 3).
πόλωση η, ουσ. 1. (φυσ.) εκμηδένιση στην ένταση φωτεινής ακτίνας κάτω από ορισμένες συνθήκες. 2. (ηλεκτρολ.) μείωση της έντασης του ηλεκτρικού ρεύματος. 3. διάσταση και έντονη αντιπαράθεση μεταξύ δύο υμάδων (συνήθως πολιτικών) ή μεταξύ των μελών μιας ομάδας.
πολωτικός, -ή, -ό, επίθ., που προκαλεί πόλωση (βλ. λ.): *συσκευή -ή· -οί παράγοντες της πολιτικής ζωής*.

πομάδα η, ουσ., είδος αρωματισμένης αλοιφής για φαρμακευτική ή καλλωπιστική χρήση. [βενετ. *pomada*].
πόμολο το, ουσ., σφαιρικό χερούλι πόρτας, παράθυρου, συρταριού, κρεβατιού ή και σε κορυφή καταρτιού: *τα χρυσά -α του κρεβατιού λάμπανε*. [ιταλ. *pomolo*].
πομόνα η, ουσ., μεγάλος μονοκόμματος κοχλιωτός σωλήνας που περιστρέφεται και χρησιμεύει στην άντληση νερού (κυρίως στις αγροτικές εργασίες). [άγνωστη ετυμ.].
πόμπα και **μπόμπα** η, ουσ. (έρρ.), (ναυτ.) αντλία: *ο λοστρόμος δουλεύει την ~ της πλώρης* (Καρκαβίτσας). [βενετ. *pompa*].
πόμπεμα το, ουσ. (έρρ., λαϊκ.), διαπόμπευση: *όλα τα κορίτσια θα συρθούνε στο ~ και στην ατιμία* (Μπαστιάς).
πομπεύω, ρ. (έρρ.), διαπομπεύω, διασύρω, ντροπιάζω: *τους πομπέψανε γι' αυτό που μου κάμανε· κατάντησαν σκλάβες και πομπεμένες*.
πομπή η, I. ουσ. (έρρ.), παρέλαση πολλών ατόμων μαζί σε τελετή, γιορτή, κλπ.
πομπή, II. (έρρ.) και (όχι έρρ., έρρ.) **μπομπή** η, ουσ. (λαϊκ.). 1. διαπόμπευση (συνών. *πόμπεμα*). 2. (συνεκδοχικά) πράξη ντροπιασμένη, αισχρή: *ξέρω τις -ές του*.
πομπικός, -ή, -ό, επίθ. (έρρ.), που ανήκει ή αναφέρεται στην πομπή (βλ. λ. I): *-ή περιφορά*.
πομπός ο, ουσ. (έρρ.). 1. (φυσ.) συσκευή που λειτουργεί με ηλεκτρικό ρεύμα και παράγει ηλεκτρομαγνητικά κύματα που εκπέμπονται με τη βοήθεια κεραίας και μεταφέρουν ήχους και σήματα σε μεγάλες αποστάσεις. 2. (γενικότερα) αυτός που στέλνει κάποιο μήνυμα: ~ *νέων ιδεών* (αντ. *δέκτης*).
πομπώδης, -ης, -ες, γεν. -*ους*, πληθ. αρσ. και θηλ. -εις, ουδ. -η, επίθ. (έρρ.), εντυπωσιακός, πανηγυρικός, στομφώδης: *εμφάνιση/λόγος ~*.
πομφόλυγες οι, ουσ. (λόγ.), «μπουρμπουλήθρες», ανόητη πολυλογία, στομφώδης κενολογία. [αρχ. *πομφόλυξ*].
πονάκι και **πονάκος**, βλ. *πόνος*.
πόνεϊ και **πόνι** το, ουσ. άκλ., είδος μικρόσωμου αλόγου ράτσας. [σκοτσέζικο *powney*, αγγλ. *pony*].
πόνεμα το, ουσ. (λαϊκ.). 1. πόνος, ιδίως ψυχικός. 2. μεγάλο εξάνθημα που προκαλεί πόνο: *έχω ~ στο αφτί*.
πονεμένος, -η, -ο, μτχ. ως επίθ. 1. για μέλος του σώματος που πονά: *δεν μπορώ να γράψω με το -ο χέρι*. 2α. που είναι θλιμμένος, που υποφέρει ψυχικά ή που έχει υποφέρει πολύ στη ζωή του: *γυναίκα -η·* β. που φανερώνει θλίψη: *βλέμμα -ο. - Επίρρ.* -**α**.
πονέντες και **πονέντης**, βλ. *πουνέντης*.
πόνεση η, ουσ. (λαϊκ.), ευσπλαχνία, συμπόνια, συμπάθεια που δείχνει κανείς σε κάποιον.
πονεσιάρης, -α, -ικο, επίθ. (συνιζ., λαϊκ.), πονετικός (βλ. λ.).
πονετικός, -ή, -ό, επίθ., που συμπονεί τους άλλους (συνών. *πονόψυχος·* αντ. *άπονος*). - Επίρρ. -**ά**.
πόνημα το, ουσ. (λόγ.), συγγραφικό έργο, σύγγραμμα: ~ *με θέμα την Επανάσταση του '21*.
πονηρά, βλ. *πονηρός*.
πονηράδα η, ουσ. (λαϊκ.), πονηριά.
πονήρεμα το, ουσ., το να πονηρεύεται κανείς· πονηρή, πανούργα πράξη.

πονηρεύω, ρ. Ι. ενεργ. Α. μτβ. 1. κάνω κάποιον πονηρό: *οι παρέες του τον -εψαν.* 2. προκαλώ την υποψία σε κάποιον: *η περίεργη συμπεριφορά της τον -εψε.* Β. (αμτβ.) γίνομαι πονηρός: *τα όσα πέρασε τον έκαναν να -έψει.* ΙΙ. (μέσ.) γίνομαι καχύποπτος, αρχίζω να υποψιάζομαι κάποιον: *πήρε το μάτι του κάτι ύποπτες κινήσεις και -εύτηκε.*
πονηρία και (συνιζ.) **πονηριά** η, ουσ. 1. το να εξαπατά, να ξεγελά κανείς τους άλλους με υποκριτικά τεχνάσματα: *με την -ιά του καταφέρνει να κερδίζει πάντα αυτό που θέλει* (συνών. *δολιότητα*). 2. το να είναι κανείς καχύποπτος, να μην ξεγελιέται εύκολα: *έχει τέτοια -ιά που δεν μπορείς να τον γελάσεις σε τίποτα.* 3. (συνεκδοχικά) δόλια, υποκριτικά τεχνάσματα με τα οποία προσπαθεί κανείς να εξαπατήσει τους άλλους: *άσε τις -ιές και δε με ξεγελάς.*
πονηρός, -ή, -ό, επίθ. 1. που χαρακτηρίζεται από πονηρία: *γυναίκα -ή.* 2. που εκφράζει, που δείχνει πονηρία: *βλέμμα -ό.* 3. που έχει άσεμνο περιεχόμενο: *θεάματα/ανέκδοτα -ά.* - Το αρσ. ως ουσ. = *ο διάβολος.* - Επίρρ. **-ά.**
πονήρω η, ουσ. (λαϊκ.), πονηρή γυναίκα.
πόνι, βλ. *πόνεϊ.*
πονόδοντος ο, ουσ. (έρρ.), πόνος στο δόντι.
πονόκαρδος, -η, -ο, επίθ. (λαϊκ.), πονόψυχος (βλ. λ.).
πονοκεφαλιάζω, ρ. (συνιζ.). Α. (μτβ.) προξενώ σε κάποιον πονοκέφαλο, τον κάνω να ζαλιστεί, να σκοτιστεί: *με -ιασε έτσι γρήγορα που μιλούσε.* Β. (αμτβ.) παθαίνω πονοκέφαλο, ζαλίζομαι, σκοτίζομαι από κάτι: *-ιασα απ' αυτό το θόρυβο.*
πονοκεφάλιασμα το, ουσ. (συνιζ.). 1. υπερβολική ενόχληση, ζάλη, σκοτούρα: *τι ~ σήμερα στο μαγαζί!* 2. (συνεκδοχικά) οτιδήποτε προκαλεί ζάλη, σκοτούρα: *αυτή η άσκηση ήταν σκέτο ~.*
πονοκέφαλος ο, ουσ. 1. πόνος στο κεφάλι (συνών. *κεφαλόπονος*). 2. (συνεκδοχικά) οτιδήποτε μας προξενεί πόνο στο κεφάλι, μας ζαλίζει, μας σκοτίζει: *σωστός ~ είναι αυτή η υπόθεση/αυτός ο άνθρωπος.*
πονόκοιλος ο, ουσ. α. πόνος στην κοιλιά· β. (ειδικότερα) διάρροια, κόψιμο: *θα σε πιάσει ~ από τα πολλά φρούτα.*
πονόλαιμος ο, ουσ., πόνος στο λαιμό.
πονόματος ο, ουσ., πόνος στο μάτι.
πόνος ο, ουσ. 1. δυσάρεστη, οδυνηρή αίσθηση σε ένα σημείο ή μια περιοχή του σώματος, που οφείλεται συνήθως σε αρρώστια ή τραυματισμό: *μ' έπιασε ~ στο στομάχι.* 2α. το να υποφέρει κανείς ψυχικά, θλίψη, στενοχώρια: *είναι μεγάλος ~ να χάνει κανείς τους γονείς του· το ποίημα αυτό εκφράζει τον -ο του μοναχικού ανθρώπου·* β. (ειδικότερα) ερωτικός καημός: *έχει μεγάλο -ο στην καρδιά για σένα· μου εξομολογήθηκε τον -ο του για τη Μαρία.* 3. συμπόνια, συμπάθεια: *δε νιώθει κανένα -ο για το δύστυχο αδελφό του.* 4. (ειρων.) μεγάλο, ιδιαίτερο ενδιαφέρον: *τον έπιασε ο ~ για τη δουλειά του/για την υγεία μου.* 5. (στον πληθ.) οι ωδίνες του τοκετού: *την έπιασαν οι -οι.* Παροιμ. φρ. *ξένος ~ ξώπετσα* (= δεν μπορούμε ποτέ να αισθανθούμε σαν δική μας τη στενοχώρια κάποιου άλλου). Φρ. *παίρνω κάτι επί -ου* (= νιώθω μεγάλη στενοχώρια για κάτι ή του αποδίδω υπερβολική σημασία): *πήρε πολύ επί -ου το ζήτημα.* - Υποκορ. **-άκος** ο και **-άκι** το (= ελαφρός πόνος).

πονοστομαχιάζω, ρ. (συνιζ.). Α. (μτβ.) προκαλώ σε κάποιον στομαχόπονο: *με -ιασε αυτό το φαγητό.* Β. (αμτβ.) παθαίνω στομαχόπονο: *έφαγα τόσο γρήγορα το φαΐ που -ιασα.*
πονοστόμαχος ο, ουσ. (σπανίως) πόνος στο στομάχι (συνών. *στομαχόπονος*).
πονοψυχιά η, ουσ. (συνιζ.). 1. το να είναι κανείς πονόψυχος, ευσπλαχνία: *όλοι είχαν να λένε για την ~ του* (συνών. *συμπόνια*). 2. εκδήλωση, έκφραση ευσπλαχνίας: *έκανε πολλές -ές στη ζωή του* (συνών. *ψυχικό*).
πονόψυχος, -η, -ο, επίθ., που συμπονεί τους άλλους, σπλαχνικός.
πόντα, βλ. *πούντα.*
ποντοδόρος ο, θηλ. **-α**, ουσ. (προφ. ν-τ), αυτός που ποντάρει σε τυχερά παιχνίδια.
ποντάρισμα το, ουσ. (προφ. ν-τ), το να ποντάρει (βλ. λ.) κανείς.
ποντάρω, ρ. (προφ. ν-τ). 1. μετέχω σε τυχερό παιχνίδι καταθέτοντας χρηματικό ποσό σε χαρτί ή νούμερο: *~ ένα χιλιάρικο στο ρήγα.* 2. (μεταφ.) αποβλέπω, στοχεύω σε κάτι: *-ει σε μεγάλα κέρδη.* 3. (μεταφ.) υπολογίζω, βασίζομαι σε κάτι: *~ πολύ στη βοήθειά σου.* [ιταλ. *puntare*].
πόντζα και **πόντσα** ουσ. (έρρ.), (ναυτ.) παράγγελμα που δίνεται στον τιμονιέρη του πλοίου για να στρέψει το τιμόνι έτσι ώστε να απομακρυνθεί η πλώρη του πλοίου από τη φορά του ανέμου (αντ. *όρτσα*). [ιταλ. *poggia*].
Πόντια, βλ. *Πόντιος.*
ποντιακός, -ή, -ό, επίθ. (ερρ., ασυνίζ.), που ανήκει ή αναφέρεται στους Ποντίους ή στον Πόντο: *έθιμα -ά· ελληνισμός ~.* - Το ουδ. στον πληθ. ως ουσ. = η ποντιακή διάλεκτος.
ποντίζω, ρ. (έρρ.), βυθίζω κάτι, το ρίχνω στο βυθό της θάλασσας (συνών. *καταποντίζω*).
ποντικάκι, βλ. *ποντικός.*
πόντικας ο, ουσ. (έρρ.), μεγάλο ποντίκι.
ποντίκι το και **ποντικός** ο, ουσ. (έρρ.). 1. (ζωολ.) μικρόσωμο τρωκτικό με οξύ ρύγχος, μακριά μουστάκια και μακριά ουρά, χρώματος γκρίζου που ζει συνήθως μέσα στα σπίτια και προξενεί ζημιές. 2. (μόνο στο ουδ.) μυς του σώματος που διακρίνεται κάτω από το δέρμα (ιδίως στα μπράτσα): *έκανε -ια από την πολλή γυμναστική.* 3. κομμάτι κρέατος που προέρχεται από το κάτω μέρος του ποδιού (ιδίως μοσχαριού): *αγόρασα δύο κιλά ~.* Φρ. *τον παίζει όπως η γάτα το ~*, βλ. *γάτα.* Παροιμ. φρ. *όταν λείπει η γάτα χορεύουν τα -ια*, βλ. *γάτα.* - Υποκορ. **-άκι** το.
ποντικοκούραδο το, ουσ. (έρρ.), περίττωμα ποντικιού.
ποντικοκτόνος, -ος, -ο, επίθ. (έρρ.), που χρησιμεύει για την εξόντωση των ποντικιών: *ουσίες -ες· φάρμακα -α.*
ποντικομαμή η, ουσ. (έρρ.), (σκωπτ.) άνθρωπος δόλιος, πανούργος, που δρα υπόγεια προσπαθώντας να ανακαλύψει σκάνδαλα.
ποντικοπαγίδα η, ουσ. (έρρ.), παγίδα με την οποία πιάνουμε ποντίκια, φάκα.
ποντικός, βλ. *ποντικός.*
ποντικότρυπα η, ουσ. (έρρ.), είσοδος φωλιάς ποντικού και, κατ' επέκταση, ολόκληρη η φωλιά.
ποντικοφάγωμα το, ουσ. (έρρ.), δαγκωματιά από ποντίκι.
ποντικοφαγωμένος, -η, -ο, επίθ. (έρρ.), που έχει δαγκωθεί από ποντίκια: *βιβλίο -ο.*

ποντικοφάρμακο το, ουσ. (έρρ.), δηλητήριο με το οποίο εξοντώνουμε ποντίκια.
ποντικοφωλιά η, ουσ. (έρρ., συνιζ.), φωλιά ποντικιού.
ποντίνι το, ουσ. (προφ. ν-τ), η άκρη, η μύτη του παπουτσιού. [βενετ. *pontina*].
Πόντιος ο, θηλ. **-α**, ουσ. (ερρ., ασυνίζ.), Έλληνας που κατοικούσε στην περιοχή του Πόντου, στα νότια του Εύξεινου Πόντου (ΒΑ Μικρά Ασία) ή κατάγεται από εκεί: *χοροί/διωγμοί των -ίων*· ως επίθ. *-οι πρόσφυγες.*
πόντιουμ το, ουσ. άκλ. (όχι έρρ., ασυνίζ.), βάθρο πάνω στο οποίο στέκεται κάποιος για να δώσει μια διάλεξη, να διευθύνει μια ορχήστρα, κλπ. [λατ. *podium*<αρχ. *πόδιον*].
πόντιση η, ουσ. (έρρ.), ρίξιμο στο βυθό της θάλασσας: *~ καλωδίου* (συνών. *καταποντισμός, φουντάρισμα*).
ποντίφηκας ο, ουσ. (έρρ.). **1.** (ιστ.) αρχιερέας των αρχαίων Ρωμαίων. **2.** τίτλος του πάπα. [λατ. *pontifex*].
ποντιφικός, -ή, -ό, επίθ. (έρρ.), παπικός (βλ. λ.): *κράτος -ό* (= το κρατίδιο του Βατικανού).
ποντοπλοΐα η, ουσ. (έρρ.), πλους στο πέλαγος, στην ανοιχτή θάλασσα.
ποντοπορία η, ουσ. (έρρ.), ποντοπλοΐα (βλ. λ.).
ποντοπόρος, -α, -ο, επίθ. (έρρ.), που διασχίζει τα πέλαγα: *πλοίο -ο.*
ποντοπορώ, -είς, ρ. (έρρ.), πλέω στην ανοιχτή θάλασσα.
πόντος ο, Ι. ουσ. (έρρ., λόγ.), πέλαγος, ανοιχτή θάλασσα.
πόντος ο, ΙΙ. ουσ. (προφ. ν-τ). **1.** εκατοστόμετρο (βλ. λ.): *το τραπέζι έχει εκατόν ογδόντα -ους.* **2.** μονάδα βαθμολογίας (συνήθως σε τυχερά παιχνίδια ή σε αθλητικούς αγώνες): *κερδίσατε πέντε -ους.* **3.** καθένας από τους μικρούς κρίκους από νήμα που γίνονται με τις βελόνες κατά το πλέξιμο και με την αλληλοσύνδεσή τους σχηματίζεται το ύφασμα ενός πλεκτού: *πρέπει να προσθέσεις πέντε -ους στο μανίκι του πλεκτού μου έφυγε ~ απ' το καλσόν* (συνών. *θηλιά*). **4.** υπαινιγμός· φρ. *ρίχνω -ους* (= κάνω διάφορους υπαινιγμούς προσπαθώντας να βολιδοσκοπήσω μια κατάσταση). Φρ. *είναι γερός ~* (συνήθως ειρων. για πρόσωπο «επιτήδειο»). [βενετ. *ponto*].
ποντς, ουσ. άκλ., είδος οινοπνευματώδους ποτού με βάση το ρούμι, στο οποίο προστίθεται ζεστό νερό, χυμός λεμονιού, ζάχαρη και διάφορα μυρωδικά: *έπινε ~, δηλαδή βρασμένο ρούμι* (Κόντογλου). [αγγλ. *punch*].
πόντσα, βλ. *πόντζα*.
πονώ, -είς και **-άς**, ρ. Α. αμτβ. **1α.** νιώθω πόνο σε ένα σημείο ή σε μια περιοχή του σώματός μου: *~ στην πλάτη.* **β.** (με υποκ. το μέλος ή το όργανο του σώματος στο οποίο νιώθουμε πόνο).: *-ά το στομάχι μου ή μου -ά το στομάχι*· φρ. *μου -ά το δόντι για κάποιον/α* (= είμαι ερωτευμένος/η με κάποιον/α). **2α.** νιώθω θλίψη, στενοχώρια, υποφέρω ψυχικά: *-εσε πολύ όταν έχασε τον αδελφό του*· **β.** (ειδικότερα) νιώθω ερωτικό καημό: *ξέρω κάποιον που -ά για σένα.* Β. μτβ. **1.** προξενώ σωματικό πόνο σε κάποιον: *με -άς έτσι που μου σφίγγεις το χέρι.* **2.** προξενώ ψυχικό πόνο, θλίψη σε κάποιον: *με -εσε ο χωρισμός μας.* **3α.** νιώθω οίκτο, συμπάθεια, στοργή για κάποιον: *δεν -ά καθόλου τους γέρους γονείς του·* **β.** (κατ' επέκταση για άψυχα πράγματα) αισθάνομαι ιδιαίτερη αγάπη ή ενδιαφέρον για κάτι: *~ το χωριό μου/το σπίτι μου*· *την -ά τη δουλειά του.* Φρ. *πού σε -εί και πού σε σφάζει* (σε περίπτωση έντονης σύγκρουσης μεταξύ ατόμων ή και ξυλοδαρμού).
ποπκόρν το, ουσ. άκλ., σπόροι καλαμποκιού ψημένοι και αλατισμένοι που τρώγονται. [αμερικανικό *pop-corn*].
ποπλίνα η, ουσ., είδος υφάσματος που μοιάζει στη στιλπνότητα με μεταξωτό. [γαλλ. *popelin*].
ποπό, επιφ., για να δηλωθεί έκπληξη, θαυμασμός, φόβος, ισχυρός πόνος, απορία ή μεμψιμοιρία: *~, τι μεγάλο που είναι ...! ~, κακό που μας βρήκε!* [πιθ. αρχ. *πόποι!*]
ποπολάρος ο, ουσ. (λαϊκ.), άνθρωπος του λαού, πληβείος. [ιταλ. *popolaro*].
πόπολο το, ουσ. (λαϊκ.), ο πολύς λαός, οι πολλοί, ο όχλος (αντ. *αριστοκρατία, αρχοντολόι*). [ιταλ. *popolo*].
πορδή η, ουσ. (λαϊκ.), θορυβώδης έξοδος εντερικών αερίων από το απευθυσμένο (συνών. *κλανιά*). Φρ. *πετάγεται σαν ~* (για κάποιον που επεμβαίνει άκαιρα στη συζήτηση). Παροιμ. *με -ές αβγά δε βάφονται* (= δεν κατορθώνεται κάτι σημαντικό χωρίς σοβαρές προσπάθειες).
πορδίζω, ρ. (λαϊκ.), αφήνω πορδές, πέρδομαι (συνών. *κλάνω*).
πορδοκοπώ, -άς, ρ. (λαϊκ.), πέρδομαι συχνά.
πόρδος ο, ουσ. (λαϊκ.), πορδή (βλ. λ.).
πορεία η, ουσ. **1α.** περπάτημα, κάλυψη απόστασης μεγάλου μήκους με τα πόδια: (στρατ.) *γυμνάσια -ας*· **β.** (ειδικά, συνεκδοχικά) σειρά ανθρώπων σε κίνηση, σε βάδιση: *οι διαδηλωτές σχημάτισαν ~· η ~ κατέληξε στο υπουργείο*· **γ.** (γενικά) κίνηση: *~ αστέρων* (= τροχιά)· *φώτα -ας αυτοκινήτου.* **2α.** κατεύθυνση: *υποχρεωτική ~ αριστερά* (κώδικας οδικής κυκλοφορίας)· **β.** (ειδικά, ναυτ.) η διεύθυνση που ακολουθεί το πλοίο (συνών. *ρότα, πλεύση*). **3.** (μεταφ.) βαθμιαία εξέλιξη, μεταβολή θέσης ή κατάστασης: *η ~ της αρρώστιας/της ελληνικής οικονομίας*· *ανοδική/επικίνδυνη ~· πνευματική ~.* **4.** (στρατ.) *φύλλο -ας* = έγγραφο που δίνεται σε στρατιωτικό για να μεταβεί κάπου (σε άδεια, μετάθεση ή απόσπαση): *ομαδικό/ατομικό φύλλο -ας για τον Έβρο.*
πορεύομαι, ρ. **1.** βαδίζω, οδεύω: (μεταφ.) *το δρόμο που -εύτηκε η νιότη μου.* **2α.** (μεταφ.) περνώ τη ζωή μου, ζω: *ο άνθρωπος πρέπει να -εται καταπώς ορίζει το ριζικό του* (Ι. Μ. Παναγιωτόπουλος)· *πάρε μια γυναίκα και -έψου* (Ι. Μ. Παναγιωτόπουλος)· **β.** (συνεκδοχικά και μεταφ.) (και το ενεργ. λαϊκ. με προηγούμενο το άρθρο *τα*) εξοικονομώ τα απαραίτητα για τη ζωή, αντεπεξέρχομαι στα έξοδά μου: *δεν τα -εύω κι άσκημα* (συνών. φρ. *τα βολεύω*)· παροιμ. *και τ' ορφανό -εται κι η χήρα κυβερνιέται* (= κανείς δε χάνεται, για όλους έχει ο Θεός).
πορεύω, βλ. *πορεύομαι.*
πόρεψη η, ουσ. (λαϊκ.). **1.** εξοικονόμηση των απαραίτητων για τη ζωή: *πήγε ξενιτιά για ~.* **2α.** (συνεκδοχικά) τα απαραίτητα για τη ζωή: *δε βγάζει την -ή του ο άνθρωπος* (Ι. Μ. Παναγιωτόπουλος)· **β.** το μέσο με το οποίο εξοικονομούνται τα απαραίτητα για τη ζωή, η δουλειά: *έχασε την -η του.*
πορθητής ο, ουσ., αυτός που εκπόρθησε, που κυρίευσε πόλη ή χώρα (συνών. *κατακτητής*).

πορθμέας ο, ουσ., αυτός που έχει ως επάγγελμα τη μεταφορά ανθρώπων στην απέναντι όχθη ή ακτή με το πλεούμενό του (συνών. *περάτης, περαματάρης*).

πορθμείο το, ουσ. **1.** τόπος, σημείο από το οποίο περνά κανείς από ακτή σε ακτή ή από όχθη σε όχθη (συνών. *πέραμα*). **2.** (συνεκδοχικά) σκάφος με το οποίο περνά κανείς στην απέναντι ακτή ή όχθη (συνών. *φέρι-μποτ*). **3.** (στον πληθ.) η αμοιβή του πορθμέα (βλ. λ.) (συνών. *βαρκαδιάτικα*).

πορθμός ο, ουσ., στενό θαλάσσιο τμήμα που χωρίζει δύο ξηρές και ενώνει δύο θάλασσες, κανάλι: ο ~ του Ευρίπου.

ποριά η, ουσ. (συνιζ., λαϊκ.). **1.** διάβαση (ποταμού, χειμάρρου, κλπ.), πέρασμα. **2.** (ειδικότερα) το σημείο περίφρακτου χώρου από όπου μπαίνει κανείς: ~ αμπελιού (συνών. *μπασιά*).

πορίζομαι, ρ., αποκομίζω (υλικά αγαθά), κερδίζω.

πόρισμα το, ουσ. **1.** το συμπέρασμα στο οποίο καταλήγει κανείς ύστερα από έρευνα ή εξέταση κάποιου ζητήματος: ~ *επιτροπής/ανακρίσεων·* τα *νεότερα -ίσματα της ιατρικής επιστήμης*. **2.** (μαθημ.) αποτέλεσμα μαθηματικού υπολογισμού, πρόταση της οποίας η αλήθεια γίνεται φανερή μετά την απόδειξη προηγούμενου θεωρήματος.

πορισμός ο, ουσ., εξεύρεση, απόκτηση: *πηγή -ού χρημάτων*.

Ποριώτης ο, θηλ. **-ισσα**, ουσ. (συνιζ.), αυτός που κατάγεται από τον Πόρο ή κατοικεί εκεί.

ποριώτικος, -η, -ο, επίθ. (συνιζ.), που ανήκει ή αναφέρεται στον Πόρο ή τους Ποριώτες· που προέρχεται από τον Πόρο.

Ποριώτισσα, βλ. *Ποριώτης*.

πορνεία η, ουσ. **1.** παραχώρηση του ανθρώπινου σώματος για σεξουαλικές πράξεις έναντι αμοιβής: *η φτώχεια την οδήγησε στην* ~ (συνών. *ιεροδουλία*). **2.** (συνεκδοχικά) η ιδιότητα και το επάγγελμα της πόρνης.

πορνείο το, ουσ., οίκος ανοχής (συνών. *μπορντέλο, χαμαιτυπείο*).

πορνεύω, ρ. **1.** (μτβ.) εξωθώ γυναίκα στην πορνεία, εκπορνεύω. **2.** (αμτβ. και μέσ. για γυναίκα) είμαι ή γίνομαι πόρνη, εκδίδομαι.

πόρνη η, ουσ. α. γυναίκα που προσφέρει το σώμα της σε άντρες για σαρκική μίξη με χρηματική αμοιβή (συνών. *πουτάνα, ιερόδουλη*)· β. υβριστικά για ανέντιμη γυναίκα.

πορνίδιο το, ουσ. (ασυνίζ.). α. νεαρή πόρνη, πουτανίτσα· β. υβριστικά για ανέντιμη γυναίκα.

πορνικός, -ή, -ό, επίθ. α. που ανήκει ή αναφέρεται στην πόρνη, που ταιριάζει σε πόρνη: *-ή συμπεριφορά·* β. (μεταφ.) άσεμνος, αισχρός: *-ό περιεχόμενο· -ά έργα*. - Επίρρ. **-ώς**.

πορνοβοσκός ο, ουσ. (λόγ.), αυτός που εκδίδει πόρνες, προαγωγός (συνών. *μαστροπός*).

πορνόγερος ο, ουσ., γεροπόρνος (βλ. λ.).

πορνογράφημα το, ουσ., έργο αμφίβολης καλλιτεχνικής ποιότητας που αναφέρεται σε πορνικά θέματα.

πορνογραφία η, ουσ. α. παραγωγή και δημοσίευση ή κυκλοφορία κάθε έργου (με λέξεις ή εικόνες) με πορνική υπόθεση· β. (συνεκδοχικά) το σύνολο των έργων πορνικού περιεχομένου.

πορνογραφικός, -ή, -ό, επίθ., που ανήκει ή αναφέρεται στην πορνογραφία (βλ. λ.): *-ά περιοδικά*.

πορνογράφος ο, ουσ., αυτός που γράφει ή παράγει πορνογραφήματα (βλ. λ.).

πορνογραφώ, -είς, ρ., γράφω ή παράγω πορνογραφήματα.

πόρνος ο, ουσ. **1.** άντρας που πορνεύεται με χρηματική αμοιβή (συνών. *κίναιδος*). **2.** άντρας τακτικός θαμώνας οίκων ανοχής. **3.** (γενικά) άντρας ακόλαστος, ασελγής.

πορνόσπιτο το, ουσ. (λαϊκ.), πορνοστάσιο (βλ. λ.), πορνείο.

πορνοστάσιο το, ουσ. (ασυνίζ., λόγ.), οίκος ανοχής (συνών. *πορνείο, πορνόσπιτο, μπορντέλο*).

πορνοταινία η, ουσ., κινηματογραφική ταινία με άσεμνο περιεχόμενο.

πόρος ο, ουσ. **1.** (για ποταμό, πορθμό, κλπ.) το μέρος από το οποίο περνά κανείς στην απέναντι όχθη (συνών. *πέρα(σ)μα, ποριά, διάβαση*). **2.** (ανατομ.) μικρή κοιλότητα, στενό άνοιγμα από το οποίο μπορεί να περάσει κάτι (υγρά, εκκρίσεις ή αέρας): *ρινικοί/δερματικοί -οι· ακουστικός/βουβωνικός* ~. **3.** (στον πληθ.) τα εφόδια που διαθέτουμε για να ικανοποιήσουμε τις ανάγκες και τις επιθυμίες μας· εισοδήματα, πρόσοδοι: *φυσικοί -οι· δεν έχει -ους για να ζήσει· κρατικοί/άδηλοι -οι.*

ποροσκοπία η, ουσ., μέθοδος με την οποία ελέγχεται η ταυτότητα δακτυλικών αποτυπωμάτων.

ποροσκοπικός, -ή, -ό, επίθ., που ανήκει ή αναφέρεται στην ποροσκοπία (βλ. λ.)· που γίνεται με ποροσκοπία: *-ή εξέταση δακτυλικών αποτυπωμάτων*.

ποροφάραγγο το, ουσ. (ιδιωμ.), στενό πέρασμα από φαράγγι.

πόρπη η, ουσ. (αρχαιολ.) μικρό μεταλλικό αντικείμενο που χρησίμευε για να στερεώνει το χιτώνα ή τις ζώνες, αλλά και για να στολίζει τα μαλλιά.

πόρρω απέχει αρχαϊστ. φρ. = βρίσκεται πολύ μακριά (για κάτι πολύ διαφορετικό απ' ό,τι πρέπει ή επιθυμεί κανείς).

πορσελάνη και **-να**, ουσ. **1.** συμπαγές λευκό ορυκτό από ένυδρο πυριτικό αργίλιο που χρησιμοποιείται για την κατασκευή εκλεκτών αντικειμένων κεραμευτικής τέχνης: *φλιτζάνια από (γνήσια)* ~. **2.** (συνεκδοχικά) σκεύος, αγγείο από το ορυκτό αυτό. **3.** *συνθετική* ~ = ουσία που χρησιμοποιείται στην οδοντοϊατρική. [ιταλ. *porcellana*].

πορσελάνινος, -η, -ο, επίθ., που είναι κατασκευασμένος από πορσελάνη (βλ. λ.): *-ο βάζο*.

πόρτα η, ουσ. **1.** το άνοιγμα από το οποίο μπαίνουμε σε κλειστό ή περίφρακτο χώρο και (συνεκδοχικά) το κατασκεύασμα (ξύλινο ή μεταλλικό) που κλείνει αυτό το άνοιγμα: *εσωτερική* ~ *η* ~ *του κήπου* (συνών. *θύρα, είσοδος*)· ἐκφρ. ~ ~ *ή από* ~ *σε* ~ (= από σπίτι σε σπίτι): *πάνε* ~ *και κάνουν έρανο· από* ~ *σε* ~ *διακόνευαν·* φρ. *βρίσκω την* ~ *ανοιχτή (ή κλειστή) ή βρίσκω -ες ανοιχτές (ή κλειστές)* (= με υποδέχονται ευμενώς – ή δυσμενώς – κάπου)· *δείχνω ή κλείνω την* ~ *(σε κάποιον ή κάτι)* (= α. *διώχνω·* β. μεταφ., *αποκλείω*): *δεν έκλεισε την* ~ *για διαπραγματεύσεις με τους απεργούς ο υπουργός· χτυπά την* ~ (= επίκειται, είναι προσεχώς αναμενόμενο: *ο πρώιμος χειμώνας μας χτυπά την* ~. **2.** (ιστ. ως κύρ. όν.) η Υψηλή Πύλη, η τουρκική κυβέρνηση στην εποχή των σουλτάνων. - Υποκορ. **-ούλα** και **-ίτσα** η, **-ί** και **-άκι** το. [λατ. *porta*].

πορτάρης ο, θηλ. **-ισσα**, ουσ. (εκκλ.) θυρωρός μο-

νής. [μεσν. *πορτάριος*<λατ. *portarius*].
πορτατίφ το, ουσ. άκλ., φορητή, ιδίως ηλεκτρική, συσκευή φωτισμού. [γαλλ. *portatif*].
πορτέλο το, ουσ., μικρή πόρτα, άνοιγμα (συνών. *θυρίδα*). [ιταλ. *portello*].
πορτί, βλ. *πόρτα*.
πορτιέρης ο, θηλ. **-ισσα**, ουσ. (συνιζ.), θυρωρός. [ιταλ. *portiere*].
πορτίτσα, βλ. *πόρτα*.
πορτμαντό το, ουσ. άκλ. (έρρ.), ειδικό έπιπλο για την ανάρτηση πανωφοριών, παλτών, κλπ. [γαλλ. *portemanteau*].
πορτμονέ το, ουσ. άκλ., είδος πορτοφολιού. [γαλλ. *porte-monnaie*].
πορτμπαγκάζ το, ουσ. άκλ. (όχι έρρ.), ειδικός χώρος στο πίσω μέρος οχήματος για την τοποθέτηση αποσκευών. [γαλλ. *porte-bagages*].
πόρτο το, ουσ. (ναυτ.) λιμάνι. [ιταλ. *porto*].
Πορτογαλίδα, βλ. *πορτογάλος*.
πορτογαλικός, -ή, -ό, επίθ., που ανήκει ή αναφέρεται στην Πορτογαλία ή τους Πορτογάλους: *οικονομία -η.* – Το ουδ. στον πληθ. ως ουσ. = η πορτογαλική γλώσσα (που μιλιέται στην Πορτογαλία και τη Βραζιλία).
Πορτογάλος ο, θηλ. **-ίδα**, ουσ., αυτός που κατοικεί στην Πορτογαλία ή κατάγεται από εκεί. [βενετ. *portogalo*].
πορτοκαλάδα η, ουσ., φυσικός χυμός πορτοκαλιού ή αναψυκτικό που παρασκευάζεται από τέτοιο χυμό, νερό, ζάχαρη και άλλες ουσίες: *~ με ανθρακικό.*
πορτοκαλάκι, βλ. *πορτοκάλι*.
πορτοκαλεώνας ο, ουσ., φυτεία με πορτοκαλιές.
πορτοκαλής, -ιά, -ί, επίθ., που έχει το χρώμα του πορτοκαλιού.
πορτοκάλι το, ουσ., ο φαγώσιμος καρπός της πορτοκαλιάς, στρογγυλός και με σάρκα χυμώδη που χωρίζεται σε τμήματα και φλούδα χοντρή που, όταν είναι ώριμος, έχει χρώμα ανάμεσα στο κίτρινο και το κόκκινο: *~ γλυκό* (ενν. κουταλιού). – Υποκορ. **-άκι** το. [βενετ. *portogalo*].
πορτοκαλιά η, ουσ. (συνιζ.), (βοτ.) δέντρο της οικογένειας των εσπεριδοειδών που παράγει τα πορτοκάλια: *άνθη -άς.*
πορτολάνος και **-ουλάνος** ο, ουσ. (ναυτ.) βιβλίο με οδηγίες για ασφαλή πλεύση σε διάφορες περιοχές, λεπτομερείς περιγραφές λιμανιών και ναυτικούς και υδρογραφικούς χάρτες (συνεκδοχικά) λεπτομερής λιμενικός χάρτης ή συλλογή τέτοιων χαρτών (συνών. *λιμενοδείκτης*). [ιταλ. *portolano* και παλαιότερα *portulano*].
πορτοπαράθυρα τα, ουσ. α. πόρτες και παράθυρα· β. (ειδικά) τα εξωτερικά κουφώματα οικοδομής.
Πορτουγέζος ο, θηλ. **-α**, ουσ., Πορτογάλος (βλ. λ.): *παίρνει διαταγές από έναν -ο* (Κόντογλου). [πορτογαλικό *portuguez*· πβ. ιταλ. *portoghése*].
πορτούλα, βλ. *πόρτα*.
πορτουλάνος, βλ. *πορτολάνος*.
πορτοφολάκι, βλ. *πορτοφόλι*.
πορτοφολάς ο, θηλ. **-ού**, ουσ., αυτός που κλέβει πορτοφόλια.
πορτοφόλι το, ουσ., μικρό φορητό αντικείμενο από δέρμα, ύφασμα ή πλαστικό σε διάφορα σχήματα, που συνήθως διπλώνει ή κλείνει και είναι εφοδιασμένο με θήκες όπου βάζει κανείς χρήματα, χρήσιμα χαρτιά, κ.ά.: *~ γυναικείο·* (συνεκδοχικά για τον πλούτο) *η δύναμη στον άνθρωπο είναι το*

~ (λαϊκ. τραγ.)· φρ. *έχω γεμάτο / φουσκωμένο ~* (= είμαι πλούσιος). – Υποκορ. **-άκι** το. [ιταλ. *portafoglio*].
πορτοφολού, βλ. *πορτοφολάς*.
πορτόφυλλο το, ουσ., το κινητό μέρος πόρτας, θυρόφυλλο.
πορτρετίστας ο, ουσ., ζωγράφος προσωπογραφιών (συνών. *προσωπογράφος*).
πορτρέτο το, ουσ. 1. (ζωγρ., φωτογρ.) προσωπογραφία (βλ. λ.). 2. (συνεκδοχικά) γραπτό, συνήθως σύντομο, ή ταινία όπου παρουσιάζεται μια εικόνα ή μια άποψη της προσωπικότητας, του χαρακτήρα ή της δράσης κάποιου: *-α φιλολογικά.* [γαλλ. *portrait*].
πορφύρα η, ουσ. 1. (ζωολ.) μαλάκιο με χοντρό αγκαθωτό κοχύλι και αδένα που εκκρίνει βαθυκόκκινο υγρό, που οι αρχαίοι το χρησιμοποιούσαν ως πολύτιμη χρωστική ουσία. 2. (συνεκδοχικά) α. η παραπάνω χρωστική ουσία· β. ύφασμα βαμμένο με πορφύρα· γ. πορφυρό επίσημο ένδυμα βασιλέων, αυτοκρατόρων, κ.ά. 3. (ιατρ.) σύνδρομο που χαρακτηρίζεται από τριχοειδείς αιμορραγίες κυρίως του δέρματος, αισθητές με τη μορφή διάσπαρτων ερυθρών κηλίδων.
πορφυρένιος, -ια, -ιο, επίθ. (συνιζ.), πορφυρός: *δύση -ια.*
πορφυρίζω, ρ., έχω ή παίρνω το χρώμα της πορφύρας ή παραπλήσιο, γίνομαι βαθυκόκκινος: *άδολο κρασί που -ει* (Μυριβήλης).
πορφυρογέννητος, -η, -ο, επίθ., για παιδί βυζαντινών αυτοκρατόρων γεννημένο τον καιρό που ο πατέρας του κυβερνούσε: *Κωνσταντίνος Ζ΄ ο Π~.*
πορφυρός, -ή, -ό, επίθ., που έχει ή θυμίζει το χρώμα της πορφύρας, βαθυκόκκινος: *χιτώνας ~· χείλη -ά.*
πορώδης, -ης, -ες, γεν. *-ους*, πληθ. αρσ. και θηλ. *-εις*, ουδ. *-η*, επίθ. (για σώμα, υλικό) που έχει πόρους (πβ. *σπογγώδης*).
πόσθη η, ουσ. (ανατομ.) το δέρμα του πέους.
πόσιμος, -η, -ο, επίθ. (για φυσικό νερό) που είναι κατάλληλος να τον πιει κανείς. - Βλ. και ά. *πιόσιμος.*
ποσό και **ποσόν** το, ουσ. 1. ποσότητα (βλ. λ.): *~ τροφής / ενέργειας·* (μαθημ.) *-ά αντιστρόφως ανάλογα.* 2. (ειδικά) ποσότητα χρημάτων, χρηματικό ποσό.
ποσολογία η, ουσ. (ιατρ.) κλάδος της νοσηλευτικής που ασχολείται με τον υπολογισμό της ποσότητας φαρμάκου (δόσης) που πρέπει να χορηγηθεί σε έναν ασθενή, μία ή περισσότερες φορές, ανάλογα με την ηλικία, το βάρος του, κ.ά. (πβ. *δοσολογία*). [γαλλ. *posologie*].
ποσολογικός, -ή, -ό, επίθ., που ανήκει ή αναφέρεται στην ποσολογία: *έλεγχος ~.*
ποσόν, βλ. *ποσό*.
πόσος, -η, -ο, ερωτ. αντων. 1. (επιθετικώς) όταν θέλει κανείς να μάθει ποσότητα, μέγεθος, χρονική διάρκεια, έκταση ή αξία: *-α κιλά είσαι; -ες μέρες θα λείψεις;* (σε θέση ουσ. για χρήματα) *-α παίρνεις/πληρώνεις;* (για ημερομηνία) *-ες του μηνός έχουμε;* 2. (επιφωνηματικώς) υπερβολικά πολύς, πάρα πολύς: *-ες φορές με πλήγωσες! -α πέρασε ώσπου να ξεχρεωθεί!* – Το ουδ. ως επίρρ. = 1. σε ποια ποσότητα, ποιο μέγεθος, κλπ.: *-ο πλούσιος είναι; -ο στοιχίζει;* (για ημερομηνία) *-ο έχουμε σήμερα;* (με επίρρ.) *-ο μακριά μένεις;* 2. (επι-

φωνηματικώς) πάρα πολύ: *-ο βασανίστηκα κοντά σου!*
ποσοστιαίος, -α, -ο, επίθ. (ασυνίζ.), για σχέση ποσοτήτων που εκφράζεται με ποσοστά: *κατανομή πληθυσμού κατά ηλικίες/αναλογία -α· αύξηση του πληθωρισμού κατά δύο -ες μονάδες* (δηλ. 2%).
ποσοστό το, ουσ. α. (μαθημ. – κοιν.) η αντιστοιχία που υπάρχει ανάμεσα σε δύο ποσά εκφρασμένη με κλάσμα που έχει παρονομαστή το 100 ή σπανιότερα το 1000 (~ *επί τοις εκατό/χιλίοις* συμβολική παράσταση: *α%* ή *α‰*): *αυξήθηκε το ~ διοξειδίου του θείου στην ατμόσφαιρα· χαμηλό ~ αναλφαβητισμού·* φρ. *δουλεύω με -ά* ή *παίρνω -ά* (= παίρνω ως αμοιβή για εργασία ή άλλη δραστηριότητα προκαθορισμένο ποσοστιαίο μέρος των συνολικών κερδών)· **β.** (αορίστως) μέρος ενός συνόλου: *ένα ~ των υποψηφίων έρχεται στις εξετάσεις απροετοίμαστο.*
ποσότητα η, ουσ. **1.** μέγεθος που μπορεί να μετρηθεί και να αυξηθεί ή να ελαττωθεί: *εφοδιασμός της αγοράς με επαρκείς -ες τροφίμων· ~ νερού που χρειάζεται καθημερινά ένας άνθρωπος·* (συχνά σε αντιδιαστολή προς την ποιότητα) *το έργο του είναι αξιόλογο σε ~, αλλά υστερεί ποιοτικά·* έκφρ. *σε ~* (για μεγάλη ποσότητα, για κάτι που είναι πολύ): *εισάγει ανταλλακτικά σε ~.* **2.** (γραμμ. – μετρ.· για συλλαβή λέξης της αρχαίας ελληνικής ή της καθαρεύουσας) η ιδιότητά της να είναι μακρά ή βραχεία. **3.** (φυσ.) **α.** ~ *θερμότητας* = η θερμική ενέργεια που παρέχει ένα σύστημα (σε θερμίδες)· **β.** ~ *φωτός* = το γινόμενο της φωτεινής έντασης μιας πηγής και του χρόνου εκπομπής.
ποσοστικός, -ή, -ό, επίθ. **1.** που σχετίζεται με την ποσότητα: *εξέταση της γλώσσας πολλών χειρογράφων για την εξαγωγή -ών δεδομένων.* **2.** (χημ.) *ανάλυση -ή* (μιας ουσίας) = προσδιορισμός της ποσοστιαίας αναλογίας των συστατικών της. – Επίρρ. *-ά* και *-ώς.*
πόστα η, ουσ. **1.** (απαρχ.) ταχυδρομείο. **2.** (λαϊκ.) μίζα (βλ. λ. σημασ. I). **3.** (ναυτ.) ομάδα εργατών, ιδίως φορτοεκφορτωτών, που εναλλάσσεται σε ένα έργο με άλλες. **4.** (λαϊκ.) ατμοκίνητο τρένο. **5.** φρ. *βάζω ~* = ελέγχω αυστηρά, μαλώνω κάποιον. [ιταλ. *posta*].
ποστάλι το, ουσ. (παλαιότερο, ναυτ.) ταχυδρομικό πλοίο. [ιταλ. *postale*].
ποστατικό, βλ. *υποστατικό.*
ποστίς το, ουσ. άκλ., πρόσθετα φυσικά ή τεχνητά μαλλιά για να αλλάζει κανείς όπως θέλει την κόμμωσή του. [γαλλ. *postiche*].
πόστο το, ουσ. (λαϊκ.). **α.** θέση όπου εκτελεί κάποιος ορισμένη εργασία: *ο δάσκαλος πήγε στο ~ του· αλλάζω ~.* **β.** (ειδικά) υψηλή και επίκαιρη θέση στη διοίκηση (δημόσιας υπηρεσίας, επιχείρησης, κ.ά.): *έβαλε δικούς του σε όλα τα -α.* [ιταλ. *posto*].
ποσώς, επίρρ. (λόγ. – λαϊκ.), καθόλου: (σε αρνητ. πρότ.) *δε με ενδιαφέρει ~.*
ποταμάκι, βλ. *ποτάμι.*
ποταμηδόν, επίρρ. (λόγ.), (για άφθονη ροή) σαν ποτάμι.
ποτάμι το, ουσ. **1.** ποταμός. **2.** (μεταφ.) για άφθονη ροή υγρού: *ο ιδρώτας έτρεχε ~* (ή *σαν ~*). Έκφρ. *σιγανό ~,* βλ. *σιγανός.* Φρ. *με πήρε το ~* (= καταστράφηκα). Παροιμ. *από τα σιγανά -ια να φοβάσαι,* βλ. *σιγανός.* – Υποκορ. **-άκι** το.

ποταμιά η, ουσ. (συνιζ.), η περιοχή κοντά σε ποτάμι.
ποτάμιος, -α, -ο, επίθ. (ασυνίζ.), (για αρχαία θεότητα) που σχετίζεται με ποταμό.
ποταμίσιος, -ια, -ιο, επίθ. (συνιζ.), που προέρχεται από ποτάμι, που βρίσκεται ή ζει σε ποτάμι: *πέτρες -ιες· ψάρι -ιο.*
ποταμολίμνη η, ουσ. (γεωγρ.) λίμνη που σχηματίζεται σε κάποιο σημείο της ροής ποταμού με διεύρυνση της κοίτης του.
ποταμοπλοΐα η, ουσ., ναυσιπλοΐα σε πλωτά ποτάμια: *η ~ του Δούναβη.*
ποταμόπλοιο το, ουσ. (ασυνίζ.), πλατύ, αβαθές σκάφος χωρίς καρίνα για μεταφορές σε ποτάμια: *-α του Μισισιπή.*
ποταμός ο, ουσ. **1.** (γεωγρ. – κοιν.) μεγάλη ποσότητα φυσικού νερού που κυλά αδιάκοπα, αφού ξεκινήσει από ψηλότερο τόπο, διανύει μεγάλη απόσταση και χύνεται στη θάλασσα, σε λίμνη ή σε μεγαλύτερο ποταμό: *πηγές/όχθες/κοίτη/εκβολές -ού· ~ ορμητικός* (πβ. *ρυάκι, χείμαρρος*). **2.** (μεταφ.) **α.** η άφθονη ροή υγρού: *-οί αίματος· χτίστηκε με -ούς ιδρώτα·* (κατ' αναλογία) *~ λάβας.* **β.** (φιλολ.) *μυθιστόρημα ~* = μυθιστόρημα πολύ εκτενές, που παρουσιάζει τη ζωή πολλών προσώπων για πολλές γενεές. Έκφρ. *άνω -ών* (βλ. λ.).
ποταμόψαρο το, ουσ., ψάρι που ζει σε ποτάμια (λ.χ. πέστροφα).
ποταπός, -ή, -ό, επίθ. (για πρόσωπο ή πράξη) τιποτένιος, ελεεινός, πρόστυχος. – Επίρρ. *-ά.*
ποταπότητα η, ουσ., η ιδιότητα του ποταπού.
ποτάσα η, ουσ. **1.** στερεό σώμα σε μορφή σκόνης με λευκό χρώμα που προέρχεται από τη στάχτη καμένων ξύλων ή από κατεργασία άλλων φυσικών ή χημικών στοιχείων και χρησιμοποιείται για την παρασκευή υδροξειδίου του καλίου, γυαλιού, σαπουνιού, διάφορων αλάτων και σε χημικές αναλύσεις (επιστ. ον. *ανθρακικό κάλιο*). **2.** *καυστική ~* = λευκό στερεό σώμα εξαιρετικά καυστικό που διαλύεται σε ζεστό νερό και χρησιμοποιείται για την παρασκευή σαπουνιού, ως απολυμαντικό στη φαρμακευτική και σε χημικές αναλύσεις (επιστ. ον. *υδροξείδιο του καλίου*) (συνών. *σόδα*). [ιταλ. *potassa*].
πότε, επίρρ. **1.** (ερωτ. – χρον.), (εισάγει ευθεία ερωτ. πρότ.) σε ποιο χρονικό διάστημα, σε ποια περίπτωση: *~ θα πάτε διακοπές; ~ με το καλό ο γάμος;* (εισάγει πλάγια ερωτ. πρότ.) *δεν ήξερε ~ θα έφευγε* (με άρθρο) *δεν ήταν σίγουρη για το ~ συνέβη το δυστύχημα* (με προηγούμενη ή επόμενη πρόθ. ή επίρρ.) *από ~;· άραγε θα τον ξαναδούμε;* **2.** (αοριστολ.) μια φορά, άλλοτε, κάποτε: *κοίταξε ~ τον ένα, ~ τον άλλο* (συνών. *μια σημασ.* 3)· έκφρ. *~ ~* (= καμιά φορά, κάποτε, κάπου κάπου): *περνά ~ ~ να μας δει.*
ποτέ, επίρρ. **1.** (χρον. – αοριστολ.) κάποια φορά, μια φορά, κάποτε: *είδες ~* (*σου*) *το ουράνιο τόξο; αν ~ έρθεις στην πόλη μας, έλα να με βρεις.* **2.** (χρον., δηλώνει άρνηση) καμιά φορά, σε καμιά περίπτωση: *αυτό που λες δε θα γίνει ~· δε μου αρνήθηκε ~ τίποτε· από τότε δεν τον είδα ~ πια·* (με γεν. προσωπ. αντων.) *δε μιλώ ~ μου με αγνώστους* (αντ. *πάντα*). Έκφρ. *παρά ~,* βλ. *παρά· ~ των ποτών* (για έμφαση): *δε θα με ξαναδείτε ~ των ποτών.*
ποτήρι το, ουσ. **1.** σκεύος κυλινδρικό χωρίς λαβή συνήθως από γυαλί ή κρύσταλλο που το χρησι-

μοποιούμε για να πίνουμε απ' αυτό νερό ή άλλο ποτό: ~ *του κρασιού· τσουγκρίσαμε τα -ια* (συνών. λαϊκ. *γυαλί* σημασ. 4). **2.** (συνεκδοχικά) η ποσότητα του υγρού που περιέχεται σε ένα ποτήρι: *ένα ~ νερό· ήπιε τρία -ια κρασί*. **3.** (συνεκδοχικά) το να πίνει κάποιος οινοπνευματώδη ποτά: *αγαπά το ~·* έκφρ. *γερό ~,* βλ. *γερός*. **4.** (συνεκδοχικά, λαϊκ.) βεντούζα: *μου χτύπησε -ια* (= μου έκανε βεντούζες). Φρ. *(ένα κορίτσι) να το πιεις στο ~* (= πολύ ωραίο, λαχταριστό)· *το ~ ξεχείλισε*, βλ. *ξεχειλίζω. πίνω το πικρό ~* (= υφίσταμαι ψυχική δοκιμασία). – Υποκορ. **-άκι** το: *-ια του λικέρ*.
ποτηριά η, ουσ. (συνιζ., λαϊκ.). **1.** ποσότητα τόση όση μπορεί να χωρέσει σ' ένα ποτήρι. **2.** χτύπημα με ποτήρι.
πότης ο, θηλ. **-τρια**, ουσ., αυτός που συνηθίζει να πίνει σε μεγάλες ποσότητες οινοπνευματώδη ποτά· (κατ' επέκταση) μέθυσος.
ποτίζω, ρ. Α. μτβ. **1α.** ρίχνω νερό ή ραντίζω με νερό φυτά για να μεγαλώσουν: *-ει κάθε μέρα τις γλάστρες·* **β.** διοχετεύω νερό με ειδικούς σωλήνες ή από αυλάκι στα χωράφια. **2α.** δίνω στα ζώα νερό για να πιουν: *-ισε τα άλογα·* **β.** (λαϊκ., για άνθρωπο) του δίνω να πιει κάτι, συνήθως σε μεγάλη ποσότητα: *τον -ισε (με) κρασί.* **Β.** (αμτβ.) τραβώ υγρασία, υγραίνομαι: *-ισε ο τοίχος από τη βροχή*. Φρ. *μας -ισε φαρμάκι* (= μας πίκρανε, μας στενοχώρησε πολύ)· (παροιμ.) *για χάρη του βασιλικού -εται κι η γλάστρα*, βλ. *βασιλικός*.
πότισμα το, ουσ., το να ποτίζει κανείς φυτά ή ζώα: *~ των λουλουδιών/των αγελάδων/του χωραφιού*.
ποτιστήρι το, ουσ., δοχείο με μακρύ κλειστό στόμιο με τρύπες που χρησιμοποιείται για το πότισμα των φυτών. – Μεγεθ. **-α** η.
ποτιστής ο, θηλ. **-τρια**, ουσ. **1.** αυτός που ποτίζει. **2.** αρδευτικό αυλάκι.
ποτιστικός, -ή, -ό, επίθ. **1.** που αναφέρεται στο πότισμα ή που χρησιμεύει στο πότισμα: *σύστημα -ό· εργαλεία -ά.* **2.** (για φυτά) που ποτίζεται ή που χρειάζεται πότισμα για να αυξηθεί: *φασόλια -ά· δέντρο -ό.* **3.** (για τη γη) που αρδεύεται: *χωράφια -ά* (αντ. *ξερικός*). Έκφρ. *βροχή -ή* (= σιγανή βροχή που απορροφάται από τη γη). – Το ουδ. ως ουσ. = **1.** λαχανόκηπος: *δούλευε στο -ό*. **2.** μηχάνημα ή σύστημα άρδευσης κήπου ή αγρού.
ποτίστρα η, ουσ., μέρος κατάλληλα διαμορφωμένο, γούρνα όπου πίνουν νερό τα ζώα ή τα κατοικίδια πτηνά.
ποτίστρια, βλ. *ποτιστής*.
ποτό το, ουσ. **1.** υγρό παρασκεύασμα που πίνει κανείς για να ξεδιψάσει, κλπ.: *οινοπνευματώδη -ά.* **2.** (ειδικότερα) οινοπνευματώδες ποτό: *θα πάρετε κανένα ~; πάμε απόψε για κανένα ~;*
ποτοποιείο το, ουσ. **1.** εργοστάσιο ή εργαστήριο όπου παρασκευάζονται ποτά. **2.** κατάστημα ή αποθήκη όπου πουλιούνται ποτά και αναψυκτικά (συνών. *κάβα*).
ποτοποιία η, ουσ., επιχείρηση που ασχολείται με την παρασκευή ποτών.
ποτοποιός ο, ουσ. (ασυνίζ.), αυτός που παρασκευάζει ποτά.
ποτ-πουρί το, ουσ. άκλ. **1.** (μουσ.) ελαφρό κομμάτι που συναποτελείται από μουσικά θέματα δανεισμένα από διάφορα τραγούδια. **2.** (μεταφ.) σύνολο ετερόκλιτων στοιχείων. [γαλλ. *pot-pourri*].
πότρια, βλ. *πότης*.

που, άκλ. **Α.** (ως επίρρ.) **1.** (ως αναφ. επίρρ. που δηλώνει τόπο) στο μέρος που, όπου: *εδώ ~ ήρθες να μην ξαναπατήσεις· Τον τόπο ~ μεγάλωσα παιδάκι ν' αφήσω κάποιο δείλι* (Καρυωτάκης)· (ως ισοδύναμο με εμπρ. προσδ. τόπου): *στο δρόμο ~ πήγαιναν απάντησαν ένα περιβόλι·* έφυγαν από *κει ~ ήρθαν* (= απ' όπου). **2.** (ως ισοδύναμο με εμπρ. προσδ. που δηλώνει τρόπο, αιτία, αναφορά): *ο τρόπος ~ μιλούσε ήταν παράξενος· αυτός είναι ο λόγος ~ έφυγα· εκείνο, ~ είμαι βέβαιος, είναι πως ...* (= για το οποίο). **3α.** (σε εκφρ. ως αναφ. επίρρ. που δηλώνει τρόπο) όπως: *ήταν γίγαντας, ~ λέει ο λόγος· πάω, ~ λες, και τι να δω!* (= μάθε το, άκου, λοιπόν)· **β.** με το να: *τι καταλαβαίνει ~ μαλώνει· καλά έκανες ~ ήρθες.* - Πβ. ά. *όπου*. **Β.** (ως αναφ. αντων.) **α.** ο οποίος: *το φόρεμα ~ φορά το έραψε μόνη της· η γυναίκα ~ του μιλούσε είναι αδερφή του·* **β.** τέτοιος, όσος, κλπ.: *δεν έχω τόσα χρήματα ~ μου χρειάζονται.* **Γ.** (ως συνδ.). **1.** (χρον.). **α.** όταν: *το πρωί ~ ξυπνήσαμε έβρεχε·* **β.** αφότου, από τότε που: *δυο χρόνια είναι ~ έφυγε·* **γ.** χρον. έκφρ. (με προηγούμενη αντων., συνδ. ή επίρρ.): *όσο ~ να 'ρθει νύχτωσε· ότι ~ μιλούσαμε για σένα· κάθε ~ τον σκεφτόταν, έκλαιγε· εκεί ~ τρώγαμε, ακούστηκε ένας θόρυβος· ίσα ~ τον πρόλαβε· με το ~ πέρασε στο πανεπιστήμιο, άρχισαν οι δυσκολίες.* **2.** (αιτιολ.): *στενοχωρήθηκε ~ του μίλησαν έτσι· με συγχωρείτε ~ άργησα·* (με επιρρ. ή επίθ. βραχυλογικά *κρίμα ~ τέλειωσε τόσο γρήγορα η φιλία μας·* έκφρ. *σαν ...~: σαν τίμιος οικογενειάρχης ~ ήταν, έτσι έπρεπε να πράξει.* **3.** (συμπερ.) ώστε (συνήθως με προηγούμενο το *τόσο(ς)* ή έτσι): *πήρα μια τρομάρα ~ κόντεψα να πεθάνω· ήπιε τόσο πολύ ~ μέθυσε.* **4.** (εναντιωματικός, με προηγούμενους άλλους συνδ.): *να μιλήσουμε σιγά, ~ έπρεπε να φωνάξουμε· και ~ πήγα τι κέρδισα; παρόλο ~,* βλ. *παρόλο που.* **5.** (παραχωρητικός) (με επόμ. το *να* + υποτ.) *ακόμη και αν: δεν ξαναγυρίζω ~ με χρυσώσουν.* **6.** (ειδικός) ότι, πως: *άκουσα ~ μιλούσατε και ήρθα· είδες ~ δεν ήταν τίποτε σοβαρό; θαύμα ήτανε ~ γλύτωσε·* (με επιρρ. βραχυλογικά *καλά/ευτυχώς/εξόν* (κλπ.) ~: *καλά έφυγες νωρίς.* **7.** (σε παρατακτική σύνδεση ρηματικών τύπων της οριστικής) αφού: *θα πάει ~ θα πάει, ας πάρει και τα πράγματα μαζί του·* **Δ.** (ως μόριο), **1.** (ευχετ., με επόμενο το *να*): *κοιμήσου ~ να σε χαρεί ο γιος που θα σε πάρει* (δημ. τραγ.)· (συνήθως σε κατάρες): *~ να μη σώσει! μπα ~ να φάει τη γλώσσα του! ~ να πάρει (η οργή)!* **2.** (επιφωνηματικό): *συμφορά ~ με βρήκε! τι κουτός ~ είσαι! άλλο ~ δε θέλει!* (με προηγούμενο το *να*): *να ~ ξύπνησα/ήρθαμε νωρίς.* Έκφρ. *μια ~,* βλ. *μία·* μια ~ ήρθες, κάτσε να φάμε· ούτε/μήτε ~, βλ. ά. *ούτε: ούτε ~ το άγγιξα· όχι ~,* βλ. *όχι.* [οπού<αρχ. *όπου*].
πού, ερωτ. επίρρ. **Α. 1.** (εισάγει ευθείες και πλάγιες ερωτ. προτ.) σε ποιο τόπο, σε ποιο μέρος: *~ είναι ο αδερφός σου; με ρώτησε ~ θα ξοδέψω τόσα χρήματα·* φρ. *για ~* (= *το 'βαλες*); (= πού πηγαίνεις;) **2.** (τροπικό) πώς, με ποιο τρόπο: *~ να το ξέρω; ~ σου ήρθε τέτοια σκέψη;* **Β.** χρησιμοποιείται σε επιφωνηματικές προτ. ή ρητορικές ερωτήσεις για να εκφράσει: **1.** έκπληξη: *~ να σου τα λέω! ~ το κατάλαβες!* (= πώς); *~ ακούστηκε τέτοιο πράγμα! ~ τα πουλάς αυτά* (= σε ποιον)· *που τα 'μαθες αυτά τα λόγια* (= από ποιον). **2.** ισχυρή

άρνηση: ~ τα είδες τα χιόνια; (= δεν υπάρχουν χιόνια)· ~ σε είδα, ~ σε ξέρω (= δε σε ξέρω)· οι ώρες περνούσαν κι αυτή ~ να φύγει! (= δεν έλεγε να φύγει)· ~ καιρός/διάθεση για διάβασμα! (= δεν υπάρχει...)· ~ να φανταστείς ότι... (= δεν ήταν δυνατό να φανταστείς). 3. επιθυμία απραγματοποίητη που αναφέρεται στο παρελθόν (με επόμενο το να + υποτ. παρελθοντικού χρόνου) δυστυχώς δεν, μακάρι να...: ~ να το ήξερε να φυλαγόταν! ~ να 'ξερες τι σου ετοίμαζαν! Εκφρ. από ~ κι ως ~; (= πώς άραγε; με ποια δικαιολογία; για ποιο λόγο;) από ~ κι ως ~ επεμβαίνει στα προσωπικά των άλλων; αραιά/αριά και ~ ή ~ και ~ (= κάπου κάπου, πότε πότε, καμιά φορά): αριά και ~ μας επισκεπτόταν. Φρ. ~ τον(την/το, κλπ.) χάνεις, ~ τον βρίσκεις: ~ τον έχανες, ~ τον έβρισκες, στης φιλενάδας του ήταν.
πουάρ το, ουσ. άκλ. (σπάνιο), μικρό αχλαδόσχημο κλύσμα (βλ. λ. σημασ. γ). [γαλλ. *poire*].
πουγγί το, ουσ. (έρρ.). 1. μικρό σακκουλάκι από πανί ή δέρμα για τη φύλαξη χρημάτων (συνών. *βαλάντιο σημασ.* 1) 2. (συνεκδοχικά) χρηματικό απόθεμα (συνών. *βαλάντιο σημασ.* 2). [λατ. *punga*].
πούδρα και (όχι έρρ., λαϊκ.) **πούντρα** η, ουσ., ουσία σε μορφή σκόνης (από αλεύρι ή ρύζι) που απλώνεται στο δέρμα ως καλλυντικό ή ως είδος φαρμάκου: ~ προσώπου/για. [γαλλ. *poudre*].
πουδράρισμα το, ουσ., το να βάζει κάποιος πούδρα στο πρόσωπο ή σε άλλα σημεία του δέρματος.
πουδράρω, ρ., αόρ. -ισα, μέσ. αόρ. -ίστηκα, μτχ. παρκ. -ισμένος, απλώνω πούδρα στο πρόσωπο ή άλλα σημεία του δέρματος: *είχε τα μάγουλα -ισμένα.*
πουδριέρα και (όχι έρρ., λαϊκ.) **πουντριέρα** η, ουσ. (συνιζ.), θήκη όπου τοποθετείται πούδρα και συχνά κουτί που περιλαμβάνει θήκη για πούδρα, καθρεφτάκι και πινέλο για μακιγιάρισμα. [γαλλ. *poudrier*].
πούθε, ερωτ. επίρρ. (λαϊκ.), από ποιο μέρος, από πού: ~ *έρχεσαι;* [αρχ. *πόθεν*].
πουθενά, επίρρ. 1. (αοριστολ.) σε κάποιο μέρος, κάπου: *θα πας ~ το καλοκαίρι;* 2. σε κανένα τόπο, σε κανένα μέρος: *δε βρήκε ~ την ευτυχία· δε θα πάει ~·* (ως ουσ., μεταφ.) *βαδίζουμε στο ~.* [αρχ. *πόθεν*].
πουκαμίσα η, ουσ. 1. πουκάμισο φαρδύ και μακρύ με μικρό άνοιγμα επάνω ή με κουμπιά ως κάτω που φοριέται ριχτό και συνήθως από γυναίκες. 2. (παλαιότερα) μακρύ νυχτικό.
πουκαμισάδικο το, ουσ. (λαϊκ.), εργαστήριο όπου ράβονται ή κατάστημα όπου πουλιούνται πουκάμισα.
πουκαμισάκι, βλ. *πουκάμισο*.
πουκαμισάς ο, ουσ. (λαϊκ.), τεχνίτης ειδικευμένος στο να ράβει πουκάμισα· (παλαιότερα) αυτός που έχει κατάστημα όπου πουλιούνται πουκάμισα.
πουκάμισο το, ουσ. 1. ένδυμα συνήθως από λεπτό ύφασμα που φοριέται στο επάνω μέρος του σώματος, με κολάρο, γιακά και κουμπιά από πάνω ως κάτω στο μπροστινό του τμήμα. 2. (λαϊκ.) το παλιό δέρμα του φιδιού που ξεραίνεται και αποβάλλεται την άνοιξη — Υποκορ. **άκι** το. [παλαιότερο *υποκάμισον*<μεσν. λατ. *camisia*].
-πούλα, I. κατάλ. θηλ. ουσ.: *βασιλοπούλα, βοσκοπούλα, βεζιροπούλα*. [θηλ. της κατάλ. *-πουλος*].

-πούλα, II. κατάλ. θηλ. ουσ.: *ψαροπούλα*. [θηλ. της μεσν. κατάλ. *-πουλος*<*πώλης*].
πουλάδα και **πουλακίδα** η, ουσ., νεαρή κότα.
πουλάκι, βλ. *πουλί*.
πουλάρι το, ουσ., νεαρό άλογο, μουλάρι ή γαϊδούρι. [αρχ. *πωλάριον*].
πούλβερη, βλ. *μπούλμπερη*.
πουλερικό το, ουσ., γενική ονομασία κατοικίδιων πτηνών όπως η κότα, η πάπια, η χήνα, κ.τ.ό., που τα εκτρέφουν για την παραγωγή αβγών, καθώς και για το κρέας τους.
πούλημα, βλ. *πώληση*.
πούληση, βλ. *πώληση*.
πουλητήριο, βλ. *πωλητήριο*.
πουλητής, βλ. *πωλητής*.
πούλι το, ουσ. 1. μικρός και λεπτός κυλινδρικός δίσκος από διάφορα υλικά που χρησιμοποιείται στο τάβλι. 2. πούλια (βλ. λ.), πετάλιο (βλ. λ. σημασ. 1). [τουρκ. *pul*].
-πούλι, β΄ συνθ. ουδ. ουσ. (που σημαίνουν είδος πουλιού)· *νυχτοπούλι, ψαροπούλι, θαλασσοπούλι*.
πουλί το, ουσ. 1α. ον του ζωικού βασιλείου που έχει φτερά και δύο πόδια, το σώμα του καλύπτεται από πούπουλα, πετά και γεννά αβγά: *-ιά αρπακτικά/παραδείσια* (βλ. *παραδείσιος*)· (ως σύμβολο ελευθερίας) *λεύτερος σαν το ~* (συνών. πτηνό)· **β.** (προφ.) για πρόσωπο συνήθως σε προσφών. ως δείγμα οικειότητας ή συμπάθειας: *χτύπησες, ~ μου!* 2. ο νεοσσός της κότας. 3. (λαϊκ.) το ανδρικό γεννητικό όργανο, το πέος. Εκφρ. *και του -ιού το γάλα* (= όλα τα αγαθά): *στο σπίτι έβρισκες και του -ιού το γάλα*. Φρ. (*πάει*) *πέταξε το ~* (= χάθηκε η ευκαιρία)· *πιάνει -ιά στον αέρα*, βλ. *πιάνω*· *το έξυπνο ~ από τη μύτη πιάνεται*, βλ. *μύτη.* — Υποκορ. **-άκι** το (σε όλες τις σημασ.) Φρ. *πέταξε το -άκι· τα μάτια μου κάνουν -άκια* (= βλέπω διάφορα σχήματα ή χρώματα, που στην πραγματικότητα δεν υπάρχουν, από ζαλάδα, νύστα, πόνο, κλπ., ή *βλέπω άλλ' αντ' άλλων*). [μτγν. *πουλλίον* υποκορ. του *πούλλος*<λατ. *pullus*].
πούλια η, ουσ. (συνιζ.). 1. μικρός δίσκος από μέταλλο που λαμπυρίζει και χρησιμεύει για τη διακόσμηση ενδυμάτων ή ως στολίδι για τα άλογα (συνών. *πετάλι σημασ.* 5, *πετάλιο σημασ.* 1, *πούλι σημασ.* 2). 2. ο αστερισμός των πλειάδων: *η ~ κι ο αυγερινός*. [αβέβαιη ετυμολ.].
πούλμαν το, ουσ. άκλ., μεγάλο όχημα που μεταφέρει πολλούς ανθρώπους από έναν τόπο σε άλλο, τουριστικό λεωφορείο. [αγγλ. *pullman* από κύρ. όν.].
-πουλο, κατάλ. ουδ. ουσ. με υποκορ. σημασ.: *πριγκιπόπουλο, ελληνόπουλο, αρχοντόπουλο*. [ουδ. της κατάλ. *-πουλος*<λατ. *pullus*].
πουλόβερ το, ουσ. άκλ., πλεκτό ρούχο για το επάνω μέρος του σώματος που φοριέται πάνω από κεφάλι. — Υποκορ. **-άκι** το. [αγγλ. *pullover*].
πουλολόγος ο, ουσ. (λαϊκ.), κυνηγός πουλιών: *σαν ~ ξόβεργα/βροχόλουρα και δίχτυα θε να στήσω* (Γρυπάρης).
-πουλος, κατάλ. υποκορ. ονομάτων και ιδίως επωνύμων: *Παπαδόπουλος, Πετρόπουλος*. [μεσν. *-πουλος*<λατ. *pullus*].
πουλουδιαστός, -ή, -ό, επίθ. (συνιζ., λαϊκ.), λουλουδιαστός: *μαξιλάρι/μαντήλι -ό*.
πούλουδο το, ουσ. (λαϊκ.), λουλούδι. [*λουλούδι*].

πουλώ, -άς και **-είς**, ρ. 1. μεταβιβάζω την κυριότητα αντικειμένου εισπράττοντας χρήματα: *ο μανάβης τα -ησε τα πορτοκάλια· του -ησα ένα οικόπεδο.* 2. είμαι κάτοχος ενός αντικειμένου (κινητού ή ακινήτου) και επιθυμώ να το μεταβιβάσω με αντίστοιχη πληρωμή: *έχει ανάγκη και -άει το σπίτι του.* 3. (μεταφ.) εξαπατώ: *αυτός είναι ικανός να με -ήσει.* 4. (μέσ.) εξαγοράζομαι, δωροδοκούμαι. Φρ. *αγοράζω και δεν -άω* (= ακούω γνώμες, αλλά αποφεύγω να πω τη δική μου)· *αλλού να τα -άς αυτά!* (= δε με ξεγελάς! εγώ αυτά δεν τα πιστεύω)· *-άει και τη μάνα του*, βλ. *μάνα· πούλησε την ψυχή του στο διάβολο* (= ξέπεσε ηθικά)· *~ παραμύθι*, βλ. *παραμύθι· σε -ά και σ' αγοράζει* (για άτομο ιδιαίτερα επιτήδειο).

πουμμωμένος, -η, -ο και **πωμωμένος** (ιδιωμ.), επίθ., που η μύτη του είναι φραγμένη εξαιτίας κρυολογήματος. [*πώμα*].

πουνέντης, πουνέντες, πονέντης, πονέντες, μπουνέντες και **μπουνέντης** ο, ους. (έρρ.). 1. δυτικός άνεμος: *φυσάει* ~· 2. δυτικό σημείο του ορίζοντα: *έβλεπε κατά τον -η (Κόντογλου)· βαστούσε πλώρη ανάμεσα μπουνέντη και γαρμπή (Κόντογλου).* Έκφρ. *-ες του σατανά* (= άγριος, δυνατός δυτικός άνεμος). [ιταλ. *ponente*].

πουνεντογάρμπης ο, ους. (έρρ.), (ναυτ.) νοτιοδυτικός άνεμος. [*πουνέντες + γαρμπής*].

πουνεντομαΐστρος ο, ους. (έρρ.), (ναυτ.) βορειοανατολικός άνεμος. [*πουνέντες + μαΐστρος*].

πούντα και **πόντα** η, ους. (έρρ.). 1. κρυολόγημα στους πνεύμονες: *άρπαξα μια* ~! 2. ακρωτήριο (στη θάλασσα). [ιταλ. *punta*].

πουντελάρισμα, βλ. *πουντελιάρισμα*.

πουντέλι και **μπουντέλι** το, ους. (έρρ.), (ναυτ.) σιδερένιο ή και ξύλινο στήριγμα. [ιταλ. *puntello*].

πουντελ(ι)άρισμα το, ους. (έρρ.), η ενέργεια του πουντελιάρω.

πουντελιάρω ρ. (έρρ., συνιζ.), στηρίζω επιφάνεια τοίχου, στοάς, κλπ., με πουντέλια (βλ. λ.).

πουντιάζω, ρ., μτχ. παρκ. *-ιασμένος* (έρρ., συνιζ.). Α. (αμτβ.) κρυολογώ επικίνδυνα: *-ιασε από το ούσκεμα.* Β. (μτβ.) κάνω κάποιον να κρυολογήσει επικίνδυνα: *θα το -ιάσεις το παιδί, μην το αφήνεις στο ρεύμα.*

πούντρα, βλ. *πούδρα*.

πουντριέρα, βλ. *πουδριέρα*.

πούπα η, ους. (ναυτ.) πρύμη πλοίου. [βενετ. *pupa*].

πούπετα, επίρρ. (σπάνιο), πουθενά. [έκφρ. *που ποτέ*].

πουπουλένιος, -ια, -ιο, επίθ. (συνιζ.). 1. καμωμένος από πούπουλα: *πάπλωμα -ιο.* 2. (μεταφ.) απαλός και ελαφρός: *άγγιγμα -ιο.*

πούπουλο το, ους. 1. μαλακό χνουδωτό φτερό που φυτρώνει κάτω από τα μεγάλα και σκληρά φτερά των πουλιών. 2. (μεταφ., επιρρημ.) καθετί μαλακό και ελαφρό: *ύφασμα* ~. Φρ. *έχω κάποιον στα -α* (= τον περιποιούμαι πολύ)· *μεγάλωσα στα -α* (= με πολλές ανέσεις και περιποιήσεις). [βενετ. *pupola*].

πουργκατόριο το, ους. (ασυνίζ.), καθαρτήριο (βλ. λ.). [ιταλ. *purgatorio*].

πουργός ο, ους. (λαϊκ.), βοηθός χτίστη. [*υπουργός*].

πουρές ο και (άκλ.) **πουρέ** το, ους., φαγητό από λειωμένες πατάτες ή από χόρτα ή όσπρια. [γαλλ. *purée*].

πουρί το, ους. 1. ασβέστωμα που μένει σε δοχεία μετά το βρασμό ή και σε σωλήνες ως επίστρωμα. 2. κατάλοιπο από τις τροφές που στερεοποιείται και κολλάει στα δόντια. [μτγν. *πωρίον*].

πουριάζω, ρ. (συνιζ., λαϊκ.), αποκτώ πουρί (βλ. λ.): *δόντια -ιασμένα*.

πουριτανή, βλ. *πουριτανός*.

πουριτανικός, -ή, -ό, επίθ., που ανήκει ή αναφέρεται στους πουριτανούς ή τον πουριτανισμό: *συμπεριφορά -ή*. - Επιρρ. **-ά**.

πουριτανισμός ο, ους. 1. η θεωρία των πουριτανών. 2. το να είναι κανείς πουριτανός, η ιδιότητα του πουριτανού (βλ. λ. σημασ. 2): *ο ~ του δεν έχει όρια.* [γαλλ. *puritanisme*].

πουριτανός ο, θηλ. **-ή,** ους. 1. μέλος αιρετικής κάστας πρεσβυτεριανών που πίστευαν σε έναν αγνότερο χριστιανισμό και σε αυστηρότητα ηθών, από τους οποίους πολλοί μετανάστευσαν στην Αμερική το 17. αι. 2. (γενικότερα) αυστηρός οπαδός ηθικών αρχών. [αγγλ. *puritan*].

πουρμπουάρ το, ους. άκλ., (όχι έρρ.), χρηματικό ποσόν που δίνει ο πελάτης σε έναν μισθωτό για κάποια εξυπηρέτηση που του προσφέρει (συνών. *φιλοδώρημα*) [γαλλ. *pourboire*].

πουρνάρι και **πρινάρι** το, ους., δέντρο θαμνώδες, αειθαλές με σκληρά αγκαθωτά φύλλα, σκληρό ξύλο και καρπό με βαφικές ιδιότητες. Φρ. *αφήνουμε το γάμο και πάμε για -ια.* (= αδιαφορούμε για τα σημαντικά και ενδιαφερόμαστε για τα ασήμαντα).

πουρνό το, ους. (λαϊκ.), πρωί, πρωινό. - Επίρ. ~ ~ *ή το* ~ = πρωί πρωί, το πρωί: *ξεκινήσαμε* ~ ~. - Βλ. και *πρωινό*. [μτγν. *πρωινός*].

πούρο το, ους., μεγάλο και χοντρό τσιγάρο που σχηματίζεται με το περιτύλιγμα φύλλων ειδικού καπνού. [ιταλ. *puro tabacco di Havana*].

πούρος, -α, -ο, επίθ. (λαϊκ.), γνήσιος: *-ο μαλαματικό/κρασί· -ος συντηρητισμός.* [ιταλ. *puro*].

πους ο, γεν. *ποδός*, πληθ. *πόδες*, ους., στην έκφρ. *μετρικός* ~ = σύνολο δύο ή περισσότερων (για τα νέα ελληνικά τριών) συλλαβών που αποτελούν μια ρυθμική μονάδα (π.χ. ίαμβος, ανάπαιστος).

πούσι το, ους. 1. ατμοσφαιρική υγρασία σε μορφή σύννεφου επάνω στη γη και τη θάλασσα (συνών. *ομίχλη*). 2. στρώμα από βελόνες πεύκου που σχηματίζεται κάτω από το δέντρο. [τουρκ. *pus*].

πούσταρος ο, ους. (χυδ.) μεγάλος πούστης. - Υποκορ. **-έλι** το.

πούστης ο, ους. (χυδ.) ομοφυλόφιλος (συνών. *κίναιδος*). [τουρκ. *puşt*].

πούστικος, -η, -ο, επίθ. (χυδ.) που χαρακτηρίζει τον πούστη: *καμώματα -α*. - Επιρρ. **-α**.

πουτάνα η, ους. (χυδ.) πόρνη. [ιταλ. *puttana*].

πουταναριό το, ους. (συνιζ.), (χυδ.) πορνείο, μπορντέλο, χαμαιτυπείο.

πουτανιά, η, ους. (συνιζ.), (χυδ.) ανήθικη πράξη ή συμπεριφορά που προσιδιάζει στην πόρνη.

πουτίγκα η, ους. (έρρ.), είδος γλυκίσματος που παρασκευάζεται με αλεύρι, σταφίδες, ζάχαρη και αβγά. [γαλλ. *poudingue*<αγγλ. *pudding*].

πούτσα η και **πούτσος** ο, ους. (χυδ.) πέος. [αβέβαιη ετυμ.].

πουτσαράς, ο, ους. (χυδ.) 1. αυτός που έχει μεγάλο πέος. 2. (μεταφ.) άνθρωπος με μεγάλη αντοχή.

πούτσος, βλ. *πούτσα*.

πουφ, I. επιφ., για να δηλωθεί απέχθεια, αηδία, αποστροφή. [ηχομιμ. λ.].

πουφ το, II. ους. άκλ., το τίποτα· φρ. λαϊκ. *πήγαν στα* ~ = αποδείχτηκαν μάταια.

πουφ το, III. ουσ. άκλ., χοντρό κυλινδρικό μαξιλάρι με κάποιο ύψος που τοποθετείται στο δάπεδο και χρησιμοποιείται για κάθισμα. [γαλλ. *pouf*].

ποώδης, -ης, -ες, γεν. *-ους*, πληθ. αρσ. και θηλ. *-εις*, ουδ. *-η*, επίθ. (για φυτά) που έχει μαλακό κορμό.

πραγκαρόλι το, ουσ. (ναυτ.) εργαλείο για το ψάρεμα καλαμαριών. [ιταλ. *brancarella*].

πράγμα και (λαϊκ.) **πράμα** το, ουσ. **1.** γενικός όρος που δηλώνει καθετί υπαρκτό που νοείται ως αυτοτελές αντικείμενο (συγκεκριμένο ή αφηρημένο· πραγματικό ή θεωρητικό): *είναι ευχάριστο ~ να συναντά κανείς τους φίλους του*. **2.** αντικείμενο, θέμα διήγησης: *έχω πολλά -ατα να διηγηθώ· θα σου πω ένα ~* (= το ακόλουθο)· *έτσι έχουν τα -ατα.* **3.** περιεχόμενο πνευματικού ή καλλιτεχνικού έργου: *αυτό το βιβλίο/μουσείο έχει ωραία -ατα.* **4.** κάθε περιουσιακό αντικείμενο και (νομ.) κάθε αντικείμενο περιουσίας είτε υλικά υπαρκτό είτε ως δικαίωμα: *δε φροντίζει για τα -ατά του.* **5.** (στον πληθ.) αποσκευές ταξιδιώτη ή έπιπλα και σκεύη μεταφερόμενα γενικώς: *έχασα τα -ατά μου στο σιδηροδρομικό σταθμό.* **6.** (ο τ. *πράμα* στον πληθ.) τα πρόβατα, τα γίδια, κλπ. **7.** (στον πληθ.) η πραγματικότητα, η κατάσταση στην οποία βρίσκεται ένα άτομο, μια ομάδα ανθρώπων ή και η κοινωνική ολότητα: *παίρνω τα -ατα όπως έρχονται· λέω τα -ατα με τ' όνομά τους· τα -ατα του κόσμου· τα πολιτικά/τα δημόσια -ατα* (= η πολιτική/η δημόσια ζωή)· (λαϊκ.) *ντροπής πράματα!* (= η κατάσταση μας κάνει να ντρεπόμαστε). **8.** εμπόρευμα: *έχει καλό ~ στο μαγαζί του.* **9α.** γεγονός: *έγιναν πολλά -ατα τον καιρό που έλειπες· να σου πω πώς έγινε το ~·* σπουδαίο ~ *να ξέρεις να φέρεσαι·* **β.** ως περιληπτικό των όσων ειπώθηκαν ή γράφτηκαν πιο πριν, ακολουθούμενο από αναφ. πρότ.: *δε δέχτηκε την πρόσκληση, ~ που σημαίνει ότι...· απορρίφθηκε στις εξετάσεις, ~ που τον έκανε να...* **10.** υπόθεση: *ανακατεύεται σε πολλά -ατα· τα λάσπωσαν τα -ατα* (= δεν πήγε καλά η υπόθεση). **11.** (στον τ. *πράμα* ευφ.) αιδοίο. **12.** με συνοδεία επιθέτου μπορεί να αντικαταστήσει το ουσιαστικό ή το αντίστοιχο αφηρημένο: *τα ωραία -ατα* (= η ωραιότητα)· *ένα νέο ~* (= ο νεοτερισμός)· *το ίδιο ~* (= το ίδιο). **13.** σε ερωτηματικές φράσεις: *τι πράμα είναι αυτός;* (= *τίνος ποιού άνθρωπος;*)· *τι πράμα μου λες;* (*περί τίνος πρόκειται;*)· *τι πράμα θέλεις;* (= *τι είναι η επιθυμία σου;*) **14.** (μόνο στον τ. *πράμα*, προφ.) ύστερα από ουσ. που φανερώνουν ιδιότητα προσώπου για να δηλώσει ότι το πρόσωπο αυτό κάνει κάτι που δε συμβιβάζεται με την ιδιότητά του: *πώς τα κατάφερε μόνο του, παιδί πράμα;* Εκφρ. *μικρά πράματα!* (= ασήμαντο το αποτέλεσμα)· *όνομα και πράμα* (για κάποιον ή κάτι που είναι άξιος/ο της καλής ή κακής του φήμης)· *σπουδαία τα πράματα!* ή *σπουδαίο ~* (= πρόκειται για ασήμαντο γεγονός). Φρ. *άλλο πράμα είναι αυτό!* (= διαφέρει εντελώς, είναι εξαιρετικό)· *δεν είναι αστείο ~* (= πρόκειται για σοβαρό ζήτημα)· *δεν είναι αυτός για μεγάλα -ατα* (= δεν του έχω εμπιστοσύνη ότι θα κατορθώσει κάτι ουσιαστικό)· *δεν είναι πράμα αυτό!* (= αυτό είναι απαράδεκτο!)· *δεν είναι χρυσάφι κάθε πράμα που γυαλίζει* (= τα φαινόμενα συχνά απατούν)· *είμαι μέσα στα -ατα* (= είμαι ενημερωμένος)· *ένα ~ ξέρω· ότι...* (= *βεβαιώνω ότι...*) *μου 'ρχονται στραβά τα πράματα* (= οι περιστάσεις δεν ευνοούν τις προσπά-

θειές μου)· *το ~ κρίθηκε* (= η υπόθεση τελείωσε οριστικά). - Επίρρ. **-άκι** το.

πραγματεία η, ουσ., εκτενής γραπτή έκθεση μιας επιστημονικής έρευνας και των πορισμάτων στα οποία κατέληξε: *δημοσίευσα πολλές -ες πάνω στο θέμα* (συνών. *μελέτη, διατριβή*).

πραγματεύομαι, ρ. (επιστ.) ερευνώ διεξοδικά και αναπτύσσω γραπτά ένα θέμα καταλήγοντας σε ορισμένα συμπεράσματα.

πραγμάτευση η, ουσ., η ενέργεια του πραγματεύομαι (βλ. λ.).

πράγματι, επίρρ., πραγματικά, αληθινά (συνών. *όντως*).

πραγματικός, -ή, -ό, επίθ., που ανταποκρίνεται απόλυτα στην πραγματικότητα (συνών. *αληθινός·* αντ. *φαινομενικός, φανταστικός*). - Επίρρ. **-ά** και **-ώς**.

πραγματικότητα η, ουσ. **1.** το να είναι κάτι πραγματικό: *η ~ του θανάτου.* **2.** ό,τι συμβαίνει ή υπάρχει πραγματικά, αληθινά στις διάφορες εκφάνσεις της ζωής: *αντιμετωπίζω κατάματα την ~· ψυχολογική ~· η καθημερινή / η ελληνική ~.*

πραγματικώς, βλ. *πραγματικός.*

πραγματιστής, ο, θηλ. **-τρια,** ουσ., ο ικανός να αντιμετωπίσει τα φαινόμενα και τις πραγματικότητες της ζωής στην ουσιαστικότερή τους υπόσταση: *είναι ~, δε ζει «στα σύννεφα»* (συνών. *ρεαλιστής·* αντ. *ιδεαλιστής*).

πραγματογνώμονας ο, ουσ., εκείνος που είναι σε θέση να αντιληφθεί την πραγματικότητα και να την αξιολογήσει· ειδικότερα εκείνος που σύμφωνα με την ειδικότητά του (ως γραφολόγου, γιατρού, κλπ.), αποφαίνεται για θέμα που απασχολεί τις δικαστικές ή άλλες αρχές ή και κοινωνικές ομάδες.

πραγματογνωμοσύνη η, ουσ., το έργο του πραγματογνώμονα (βλ. λ.) και το αποτέλεσμα των ενεργειών του.

πραγματογνωσία η, ουσ. **1.** το να γνωρίζει κανείς τα ίδια τα πράγματα, την πραγματικότητα. **2.** (παλαιότ.) μάθημα του δημοτικού που παρείχε γνώσεις για τα πράγματα της γύρω ζωής.

πραγματογνωστικός, -ή, -ό, επίθ., που αναφέρεται στην πραγματογνωσία (βλ. λ. σημασ. 1).

πραγματολογικός, -ή, -ό, επίθ., που αναφέρεται στα πραγματικά στοιχεία ή γεγονότα: *ανάλυση -ή ενός κειμένου.*

πραγματοποίηση η, ουσ., το να γίνεται κάτι πραγματικότητα, υλοποίηση, εκπλήρωση: *~ σχεδίου.*

πραγματοποιήσιμος, -η, -ο, επίθ., που είναι δυνατόν να πραγματοποιηθεί (συνών. *εφικτός, κατορθωτός·* αντ. *απραγματοποίητος*).

πραγματοποιός ο, ουσ., εκείνος που είναι ικανός να κάνει πραγματικότητα στο χώρο της δραστηριότητάς του ό,τι θέλει ως άμεσο ή απώτερο σκοπό.

πραγματοποιώ, ρ. (ασυνίζ.), κάνω κάτι πραγματικότητα, εκτελώ, εκπληρώνω: *-ήθηκαν οι συνελεύσεις των συλλόγων/οι επιθυμίες σου.*

πραγματώνω, ρ., πραγματοποιώ (βλ. λ.).

πραγμάτωση η, ουσ., πραγματοποίηση (βλ. λ.).

πραίτωρας ο, ουσ. (ιστ.) **1.** στο ρωμαϊκό κράτος, τίτλος αιρετών αρχόντων πολιτικών ή στρατιωτικών που ήταν δεύτεροι στην ιεραρχία μετά τους υπάτους. **2.** στο Βυζάντιο, ο ανώτατος δικαστής ενός θέματος. [μτγν. *πραίτωρ*<λατ. *praetor*].

πραιτωριανός ο, ουσ. (ασυνίζ.). 1. αυτός που ανήκει στον πραίτωρα, πραιτωρικός. 2. (στον πληθ., ιστ.) οι στρατιώτες των ταγμάτων της αυτοκρατορικής φρουράς των Ρωμαίων. 3. (συνεκδοχικά) στρατιωτικοί στην υπηρεσία δικτατόρων.
πραιτωρικός, -ή, -ό, επίθ., που σχετίζεται με τον πραίτωρα.
πραιτώριο το, ουσ. (ασυνίζ.), (ιστ.) 1. η επίσημη κατοικία του πραίτωρα. 2. το δικαστήριο του οποίου προΐσταται ο πραίτωρας. [μτγν. *πραιτώριον*<λατ. *praetorium*].
πρακτικά, βλ. *πρακτικός.*
πρακτική η, ουσ., ο τρόπος με τον οποίο εφαρμόζονται στην πράξη κάποιες γνώσεις ή απόψεις: ~ *επαναστατική/απλή.*
πρακτικό το, ουσ. 1. γραπτή έκθεση γεγονότος ή ενέργειας δοσμένη συνοπτικά που καταχωρίζεται σε ειδικό αρχείο: ~ *παραλαβής/παράδοσης.* 2. (στον πληθ.) επίσημη έκθεση που περιλαμβάνει τους λόγους και τις αποφάσεις των ατόμων που συμμετέχουν στη συνεδρίαση ενός οργανωμένου σώματος: *-ά της δίκης/της Βουλής.*
πρακτικογράφος ο, ουσ., υπάλληλος που τηρεί τα πρακτικά συνεδριάσεων ή συζητήσεων.
πρακτικός, -ή, -ό και (λαϊκ.) **-χτικός**, επίθ. 1. που αφορά την πραγματικότητα, που αναφέρεται σε πραγματικά γεγονότα και όχι σε ιδέες ή θεωρίες: *δεν έχει -ή αξία/εφαρμογή* (αντ. *θεωρητικός*). 2. (για πρόσωπο) που παίρνει αποφάσεις ή προτείνει λύσεις αποτελεσματικές που στηρίζονται στη λογική και τη σωστή αίσθηση της πραγματικότητας: *μυαλό -ό.* 3. που εφαρμόζει μεθόδους (κυρίως σε κάτι που κάνει με τα χέρια), τις οποίες έχει διδαχτεί από την πείρα του: *γιατρός* ~. 4. που εκτός από την χρησιμότητά του παρέχει άνεση και ευκολία στη χρήση: *συσκευή -ή·* (για είδος ιματισμού) που προσφέρει άνεση στην κίνηση χωρίς να συμβαδίζει απαραίτητα με τη μόδα ή να είναι κομψό: *τσάντα/φούστα -ή.* – Επίρρ. **-ά** στις σημασ. 1 και 3.
πρακτικότητα η, ουσ., το να είναι κάτι πρακτικό συνδυάζοντας τη χρησιμότητα με την άνεση και την ευκολία στη χρήση.
πράκτορας ο, ουσ. 1. άτομο που αναλαμβάνει τη διεκπεραίωση ξένων υποθέσεων με αμοιβή: ~ *ασφαλιστικής εταιρείας· – διπλωματικός* (= ο πρόξενος που έχει και διπλωματικά καθήκοντα)· ~ *εφημερίδων* (= που έχει αναλάβει τη διανέμηση τους). 2. όργανο μυστικής υπηρεσίας μιας χώρας που εργάζεται με μισθό για τα συμφέροντά της: *δράση/σύλληψη -όρων·* ~ *διπλός.*
πρακτορεία η, ουσ. 1. (νομ.) επιχείρηση με αντικείμενο τη διεκπεραίωση ξένων υποθέσεων με αμοιβή. 2. το αντικείμενο της εργασίας του πράκτορα.
πρακτορείο το, ουσ., εμπορική επιχείρηση που αναλαμβάνει με αμοιβή τη διεκπεραίωση υποθέσεων ορισμένης φύσης άλλων ατόμων: ~ *ειδήσεων/τουριστικό.*
πρακτόρευση η, ουσ., *άσκηση πρακτορείας από κάποιον ή κάποιους*: ~ *οργανισμών.*
πρακτορεύω, ρ., ενεργώ ως πράκτορας, πυρμικολουθώ και δίνω πληροφορίες.
πραλίνα η, ουσ., κρέμα ζαχαροπλαστικής που έχει βάση της το καβουρντισμένο αμύγδαλο: *σοκολάτα με γέμιση* ~. [γαλλ. *praline*].
πράμα, βλ. *πράγμα.*

πραμάτεια η, ουσ. (συνιζ., λαϊκ.), εμπόρευμα που προορίζεται για πούλημα.
πραματευτάδικο το, ουσ. (λαϊκ.), κατάστημα με πραμάτειες.
πραματευτής ο, ουσ., πλανόδιος έμπορος κυρίως ψιλικών ή υφασμάτων.
πράξη η, ουσ. 1. ενέργεια κάποιου για συγκεκριμένο σκοπό και το αποτέλεσμά της: *ο καθένας είναι υπεύθυνος για τις -εις του· καλές -εις* (= αγαθοεργίες)· (ως έννοια αντίθετη στη θεωρία ή τα λόγια) *δράση, έργα: λόγια ακούμε πολλά· -εις δε βλέπουμε.* 2. πρακτική εφαρμογή, εκτέλεση: *η* ~ *θα δείξει αν το μηχάνημα αξίζει· στην* ~ *θα το μάθεις καλύτερα· το σχέδιο μπήκε σε* ~ (= εφαρμόστηκε). 3. αυτό που ισχύει πραγματικά, πραγματικότητα: *η γλωσσική* ~ *έχει καθιερώσει και νέα γλωσσικά στοιχεία.* 4. απόφαση ανώτατου διοικητικού ή δικαστικού οργάνου: *υπουργική/δικαστική* ~. 5. έγγραφο που περιλαμβάνει τους όρους συμφωνίας σχετικής με την ιδιοκτησία γης ή κτίσματος. 6. καταχώρηση των στοιχείων προσώπου ή των λεπτομερειών γεγονότος σε επίσημο αρχείο: *ληξιαρχική* ~ *γάμου·* ~ *ανάληψης υπηρεσίας.* 7. καθένα από τα αυτοτελή τμήματα θεατρικού έργου στο οποίο συντελείται μέρος της υπόθεσης. 8. συνουσία: *ερωτική/σεξουαλική* ~. 9. (μαθημ.) *-εις αριθμητικές* = οι τέσσερις τρόποι (*πρόσθεση – αφαίρεση – πολλαπλασιασμός – διαίρεση*) με τους οποίους από αριθμούς που δίνονται παράγεται άλλος· *-εις αλγεβρικές* = οι μετασχηματισμοί στις αλγεβρικές παραστάσεις και εξισώσεις.
πραξικόπημα το, ουσ. 1. αιφνιδιαστική ενέργεια μερίδας πολιτικών ή στρατιωτικών που αποσκοπεί στην κατάληψη της πολιτικής ηγεσίας με παράνομα μέσα. 2. ενέργεια αρχής που παραβιάζει τους συνταγματικούς κανόνες. 3. (μεταφ.) δόλια ή βίαια αιφνιδιαστική ενέργεια.
πραξικοπηματίας ο, ουσ., άτομο που είναι αρχηγός πραξικοπήματος ή μετέχει σ' αυτό.
πραξικοπηματικός, -ή, -ό, επίθ. 1. που αναφέρεται στο πραξικόπημα. 2. (μεταφ.) που γίνεται αιφνιδιαστικά, βίαια και με δόλο. – Επίρρ. **-ά**.
πράος, -ο, επίθ., ήπιος, ήρεμος, γλυκός: *άνθρωπος/χαρακτήρας* ~.
πραότητα η, ουσ. (για χαρακτήρα ατόμου) γλυκύτητα, ηπιότητα.
πρασιά η, ουσ. (συνιζ.). 1. τμήμα κήπου με λαχανικά, λουλούδια ή χλόη (συνών. *βραγιά*). 2. ο ακάλυπτος χώρος ανάμεσα σε οικοδομή και το δρόμο: *ο εργολάβος άφησε τρία μέτρα* ~.
πρασινάδα η, ουσ. 1. πράσινο χρώμα. 2. χορτάρι, γρασίδι: *ξαπλώσαμε στην* ~. 3. φυτό (διακοσμητικό) που δεν ανθίζει.
πρασινίζω, ρ. 1. (αμτβ.) αποκτώ πράσινο χρώμα: *-ισε το παντελόνι μου από τα χόρτα· -ισε από το φόβο.* 2α. (για τη γη) καλύπτομαι από χλόη· β. (για τα δέντρα) βγάζω νέο φύλλωμα. 3. (μτβ.) δίνω σε κάτι πράσινο χρώμα.
πρασινίλα η, ουσ., απόχρωση που κλίνει προς το πράσινο.
πρασίνισμα το, ουσ., απόκτηση πράσινου χρώματος.
πρασινογάλαζος, -η, -ο, επίθ., που το χρώμα του βρίσκεται μεταξύ πράσινου και γαλάζιου: *θάλασσα -η.*
πρασινοκίτρινος, -η, -ο, επίθ., που το χρώμα του

πράσινος

βρίσκεται μεταξύ πράσινου και κίτρινου.
πράσινος, -η, -ο, επίθ. 1. που έχει το χρώμα του χόρτου ή των φύλλων των φυτών: *μάτια -α*. 2. (για τόπο) που είναι σκεπασμένος από χόρτα, φυτά ή δέντρα και όχι από κτίσματα: *λιβάδι -ο· πλαγιές -ες*. 3. (για φρούτο) που δεν έχει ωριμάσει. Εκφρ. *ούτε ένα -ο φύλλο* (= τίποτε)· *-α άλογα* (για κουβέντες ασυνάρτητες ή παράλογες)· *-ο φως* (= η άδεια για κάποια ενέργεια από μέρους ατόμου που διαθέτει κάποια εξουσία). – Το ουδ. ως ους. = 1. το πράσινο χρώμα, το χρώμα που προέρχεται από την ανάμιξη κίτρινου και μπλε. 2. χλόη, χορτάρι· (γενικά) κάθε είδος βλάστησης: *μην πατάτε το -ο· στην πόλη δεν υπάρχει πολύ -ο*.
πρασινωπός, -ή, -ό, επίθ., που η απόχρωσή του κλίνει προς το πράσινο.
πράσο το, ουσ. (βοτ.) είδος φυτού της οικογένειας του κρεμμυδιού που καλλιεργείται για τα λευκά, τρυφερά σαρκώδη στελέχη και φύλλα του που τρώγονται μαγειρεμένα ή νωπά. Φρ. (μτφ.) *πιάνω στα -α κάποιον* (= τον συλλαμβάνω τη στιγμή που κάνει κάτι κακό, «επ' αυτοφώρω).
πρασολογώ, -είς, ρ. (λαϊκ.), μαζεύω πράσα.
πρασόπιτα η, ουσ., είδος πίτας με βασικό συστατικό τα πράσα.
πρασόρυζο το, ουσ., είδος φαγητού που παρασκευάζεται από πράσα και ρύζι.
πρασοτόπος ο, ουσ. (λαϊκ.), τόπος φυτεμένος με πράσα.
πρασόφυλλο το, ουσ., φύλλο πράσου (βλ. λ.).
πρατήριο το, ουσ. (ασυνίζ.). 1. κατάστημα όπου πουλιέται ορισμένο είδος εμπορεύματος σε λιανική τιμή: *~ τσιγάρων/βενζίνης/ψωμιού*. 2. (ειδικά) κατάστημα από όπου προμηθεύονται τα διάφορα εμπορεύματα μέλη συνεταιρισμού, στρατιωτικοί, κλπ.: *-α γεωργικών συνεταιρισμών*.
πρατηριούχος ο, ουσ. (ασυνίζ.), ιδιοκτήτης πρατηρίου: *~ βενζίνης*.
πρατιγάρω, ρ. (ναυτ.) ελευθεροκοινωνώ (βλ. λ.). [*πράτιγο·* πβ. βενετ. *pratigare*].
πράτιγο το, ουσ. (ναυτ.) ελευθεροκοινωνία (βλ. λ.). φρ. *παίρνω* ~ = 1. (για πλοίο) ελευθεροκοινωνώ. 2. (μεταφ.) παίρνω άδεια αποχώρησης ή αναρρώνω από αρρώστια. [καταλανικό *prátiga·* πβ. βενετ. *pratigo*].
πράττω, ρ., αόρ. *έπραξα* (λόγ.), κάνω, ενεργώ, πραγματοποιώ, εκτελώ: *~ το καθήκον μου*. – Το ουδ. μτθ. της μτχ. παρκ. *πεπραγμένα* ως ουσ. = οι πράξεις ή οι αποφάσεις (συμβουλίου, συνεδρίου ή άλλου σώματος).
πράυνση η, ουσ., το να καθησυχάζει κάποιος ή κάτι, κατευνασμός (συνών. *ημέρωμα, καλμάρισμα·* αντ. *ερεθισμός, διέγερση*).
πραϋντικός, -ή, -ό, επίθ. (έρρ.), που συντελεί στην καταπράυνση, ανακουφιστικός: *η -ή παρουσία της φύσης* (συνών. *κατευναστικός·* αντ. *διεγερτικός, ερεθιστικός*). – Το ουδ. ως ους. = ηρεμιστικό, ανακουφιστικό φάρμακο. – Επίρρ. *-ά* και *-ώς*.
πραΰνω, ρ., αόρ. *πράυνα*, παθ. αόρ. *πραΰνθηκα*, κάνω κάποιον πράο ή ήρεμο, τον κατευνάζω (συνών. *μαλακώνω, ανακουφίζω·* αντ. *ερεθίζω, εξάπτω*).
πραχτικός, βλ. *πρακτικός*.
πρεβάζι, βλ. *περβάζι*.
πρεβαντόριο και **πρεβεντόριο** το, ουσ. (έρρ., α-συνίζ.), υγειονομικές εγκαταστάσεις για ανάπαυση και διαβίωση στο ύπαιθρο όσων απειλούνται από φυματίωση ή βρίσκονται στο στάδιο της ανάρρωσης, αναρρωτήριο για φυματικούς ή προφυματικούς. [γαλλ. *préventorium*].

πρεβεζάνικος, -η, -ο, επίθ., που ανήκει ή αναφέρεται στην Πρέβεζα ή στους Πρεβεζάνους· που προέρχεται από την Πρέβεζα.

Πρεβεζάνος ο, θηλ. **-α**, ουσ., αυτός που κατοικεί στην Πρέβεζα ή κατάγεται από εκεί.

πρεβεντόριο, βλ. *πρεβαντόριο.*

πρέζα η, ουσ. (λαϊκ.). 1. (παλαιότερο) λεία, λάφυρα: *έπεσε στα χέρια των κουρσάρων μια ~ ως σαράντα χιλιάδες δουκάτα* (Κόντογλου). 2. ποσότητα πράγματος σε σκόνη που μπορούν να πιάσουν ο αντίχειρας με το δείκτη: *μια ~ ταμπάκος* (Κόντογλου). 3. (γενικά) ελάχιστη, μικρή ποσότητα. 4. (ειδικά) ποσότητα, δόση ναρκωτικού (που χρησιμοποιείται από τοξικομανή): *άρχισε την ~ εδώ κι ένα χρόνο*. [βενετ. *presa*].

πρεζάκιας ο, ουσ. (συνιζ., λαϊκ.), τοξικομανής, ναρκομανής.

πρεζάρισμα το, ουσ. (λαϊκ.), λήψη πρέζας (βλ. λ. σημασ. 2 και 4) με ρούφηγμα από τη μύτη.

πρεζάρω, ρ. (λαϊκ.), παίρνω πρέζα (ταμπάκο ή ναρκωτική ουσία σε σκόνη) ρουφώντας από τη μύτη.

πρέκι το, ουσ. (οικοδ.) οριζόντιο δοκάρι σε ανώφλι ανοίγματος (πόρτας, παραθύρου, κλπ.): *~ από μπετόν αρμέ*. [πιθ. βενετ. *brechia*].

πρελούντιο (όχι έρρ., ασυνίζ.) και **πρελούδιο** (ασυνίζ.) το, ουσ. 1. (μους.) α. μικρό μουσικό κομμάτι που παίζεται ως εισαγωγή σε εκτενέστερη μουσική σύνθεση (συνών. *ουβερτούρα*· β. σύντομη εισαγωγική φράση σε χορικό (συνών. *προανάκρουσμα*). 2. (μεταφ.) ενέργεια ή πράξη που προετοιμάζει σπουδαιότερη κατάσταση (συνών. *προοίμιο*). [ιταλ. *preludio*].

πρεμιέρα η, ουσ. (συνιζ.). 1α. πρώτη θεατρική παράσταση ή πρώτη εκτέλεση μουσικού έργου· β. (για πρόσωπο) πρώτη εμφάνιση στο κοινό: *~ ηθοποιού στην τηλεόραση*. 2. (μεταφ.) πρώτη μέρα κατά την οποία αρχίζει κάτι, έναρξη: *~ στα σχολεία· ~ του ποδοσφαιρικού πρωταθλήματος/ της προεκλογικής περιόδου*. [γαλλ. *première*].

πρεμούρα η, ουσ. (λαϊκ.), βιασύνη, μεγάλη ανυπομονησία: *τον έχει πιάσει ~ τον τελευταίο καιρό να τελειώσει το έργο* (συνών. *φούρια*). [ιταλ. *premura*].

πρέπει, ρ. (ελλειπτ., σε χρήση μόνο στον ενεστ. και στον παρατ.). 1. (λαϊκ.), (με προηγούμενο τον αδύνατο τύπο της προσωπ. αντων. *μου, σου, του,...*) αρμόζει, αξίζει: *δεν του 'πρεπε αυτή η γυναίκα· σου ~ μεγαλύτερη τιμωρία· Σαν μισούνται ανάμεσό τους/δεν τους ~ ελευθεριά* (Σολωμός). 2. (απρόσ. ακολουθούμενο από *να*) α. είναι αναγκαίο, σωστό ή δίκαιο, απαιτείται, επιβάλλεται: *~ να πας εσύ ο ίδιος· δεν έπρεπε να το πεις αυτό·* β. (με επιρρημ. σημασ.) φαίνεται ότι..., είναι πιθανότατο ότι...: *~ να έβρεξε τη νύχτα· όπου να 'ναι ~ να 'ρθει· ~ να είναι καλός άνθρωπος...·* γ. (ο παρατ. *έπρεπε* ακολουθούμενος από άλλον παρατ.) θα ήταν χρήσιμο ή ευχής έργο: *θα έπρεπε να ήσουν κι εσύ μαζί μας· έπρεπε να πήγουν και να μην εγώ στη θέση του*. Φρ. *όπως ~* (= όπως επιβάλλεται): *να φερθείς όπως ~· ήταν ένας συμπαθητικός, όπως ~ κύριος· ό,τι ~* (= ως επίθ. κατάλληλος, καλός): *το μέρος είναι ό,τι ~ για διακοπές*.

πρεπούμενος, -η, -ο, επίθ. (λαϊκ.), που είναι αναγκαίος, επιβαλλόμενος ή κατάλληλος: *μπήκε στο* ναό με τον -ο σεβασμό· έψαχνε να βρει τον τρόπο και την -η ώρα (Μπαστιάς). -Το ουδ. ως ουσ. = αυτό που αρμόζει ή δικαιωματικά ανήκει σε κάποιον: *για κάθε πρόβλημα τους έλεγε το -ο· του έδωσε τα -α*.

πρέσα, η, ουσ. (μηχ.) 1. ειδική αντλία επάνω σε αυτοκίνητο, με συγκρότημα από σωλήνες και με πτυσσόμενους σιδερένιους βραχίονες που συγκρατούν τους σωλήνες, για μεταφορά σκυροκονιάματος με πίεση για στρώσιμο. 2. (γενικά) κάθε μηχάνημα που χρησιμεύει για ισχυρή πίεση, πιεστήριο: ~ *χαλκογραφίας/επιπλοποιού/τυπογραφίας/για σιδέρωμα*. [ιταλ. *pressa*].

πρεσάρισμα το, ουσ. 1. συμπίεση με πρέσα (βλ. λ. σημασ. 2). 2. μεταφορά σκυροδέματος με την πρέσα (βλ. λ. σημασ. 1).

πρεσαριστός, -ή, -ό, επίθ., που έχει γίνει με τη χρησιμοποίηση πρέσας: *-ή πόρτα* (= φύλλο πόρτας που αποτελείται από σκελετό με κολλημένα και από τις δυο μεριές φύλλα κόντρα πλακέ με δυνατή πίεση σε ειδική πρέσα).

πρεσάρω, ρ., αόρ. *-ισα*. 1. συμπιέζω με την πρέσα (βλ. λ. σημασ. 2). 2. μεταφέρω σκυρόδεμα με την πρέσα (βλ. λ. σημασ. 1). [ιταλ. *pressare*].

πρεσβεία η, ουσ. 1. ανώτατη διπλωματική αντιπροσωπεία ενός κράτους σε ξένη χώρα. 2. (συνεκδοχικά) το οίκημα όπου είναι εγκατεστημένες οι υπηρεσίες της πρεσβείας (βλ. σημασ. 1).

πρεσβεία τα, ουσ., τιμές που απονέμονται σε ηλικιωμένους ή σε πρόσωπα που προηγούνται στην ιεραρχία.

πρέσβειρα η, ουσ., σύζυγος του πρέσβη ή και γυναίκα πρέσβης. - Βλ. και *πρέσβης*.

πρεσβευτής ο, θηλ. **-τίνα**, ουσ., ανώτατος διπλωματικός αντιπρόσωπος ενός κράτους σε ξένη χώρα.

πρεσβεύω, ρ. (μεταφ.) υποστηρίζω, πιστεύω: *~μια ιδεολογία/άποψη*.

πρέσβης ο, γεν. -η, πληθ. *-εις*, γεν. *-εων*, ουσ., ανώτατος διπλωματικός αντιπρόσωπος μιας χώρας. - Βλ. και *πρέσβειρα*.

πρεσβυτέρα η, ουσ., σύζυγος ιερέα (συνών. *παπαδιά*).

πρεσβυτεριανός, -ή, επίθ. (ασυνίζ.), (θρησκ.) Άγγλος διαμαρτυρόμενος που δεν αναγνωρίζει το επισκοπικό αξίωμα και διοικείται από πρεσβυτέρους.

πρεσβυτέριο το, ουσ. (ασυνίζ.), (εκκλ.) 1a. το αρχιερατικό συνέδριο των Ιουδαίων· **β**. (συνεκδοχικά) ο τόπος ή το ίδρυμα όπου συνερχόταν το αρχιερατικό συνέδριο των Ιουδαίων. 2. το σύνολο των ιερέων.

πρεσβύτερος, -η, -ο, επίθ., που είναι μεγαλύτερος στην ηλικία από άλλον ή άλλους. - Το αρσ. ως ουσ. = έγγαμος ιερέας.

πρεσβύτης ο, ουσ. (λόγ.), γέροντας.

πρεσβύωπας ο, ουσ. (ιατρ.) αυτός που πάσχει από πρεσβυωπία (βλ. λ.).

πρεσβυωπία η, ουσ. (ιατρ.) εξασθένηση της όρασης, συνήθως των ηλικιωμένων, σύμφωνα με την οποία αυτός που πάσχει δε βλέπει ευκρινώς τα κοντινά πράγματα (αντ. *μυωπία*).

πρεσβυωπικός, -ή, -ό, επίθ., που ανήκει ή αναφέρεται στην πρεσβυωπία (βλ. λ.).

πρες-ρουμ το, ουσ. άκλ. 1. αίθουσα στο υπουργείο Τύπου ή αλλού όπου οι δημοσιογράφοι έχουν τη δυνατότητα να συναντούν πολιτικά πρόσωπα —συνήθως τον κυβερνητικό εκπρόσωπο— και να ζητούν πληροφορίες για κυβερνητικά θέματα. 2. (συνεκδοχικά) συνάντηση και συζήτηση των δημοσιογράφων με πολιτικά πρόσωπα. [αγγλ. *pressroom*].

πρεστίσιμο το, ουσ. (μουσ.) διεθνής όρος που δηλώνει ότι μια σύνθεση ή ένα απόσπασμα πρέπει να εκτελεστεί με τη μέγιστη δυνατή ταχύτητα. [ιταλ. *prestissimo*].

πρέστο το, ουσ. (μουσ.) διεθνής όρος που δηλώνει ότι μια σύνθεση ή ένα απόσπασμα πρέπει να εκτελεστεί σε γρήγορο χρόνο. [ιταλ. *presto*].

πρέφα η, ουσ. α. είδος τυχερού παιχνιδιού με τράπουλα. **β**. (συνεκδοχικά) η δεσμίδα των τριάντα δύο τραπουλόχαρτων του παιχνιδιού. Φρ. *παίρνω ~* (= παίρνω είδηση, αντιλαμβάνομαι): *τους πήρε ~ ο νυχτοφύλακας*.

πρεφαδόρος ο, ουσ. (λαϊκ.), αυτός που παίζει πρέφα.

πρήζω και (σπανιότ.) **πρήσκω**, ρ., αόρ. *έπρηξα*, παθ. αόρ. *πρήστηκα*, μτχ. παρκ. *πρησμένος*. I. ενεργ. 1. κάνω κάτι να φουσκώσει, να διογκωθεί. 2. (μεταφ.) ταλαιπωρώ, βασανίζω: *μ' έπρηξε ώσπου να συμφωνήσει·* φρ. *~ το συκώτι κάποιου* (= γίνομαι πολύ ενοχλητικός). II. μέσ. 1. εμφανίζω οίδημα: *-στηκε το πόδι μου* (συνών. *φουσκώνω* αντ. *ξεπρήζομαι*). 2. φουσκώνω (από φαγητό): *έφαγα πολύ και -στηκα*. [αρχ. *πρήθω*].

πρηνηδόν, επίρρ. (στρατ.) μπρούμυτα: *βολή ~* (αντ. *υπτίως*).

πρηνής, -ής, -ές, γεν. *-ούς*, πληθ. αρσ. και θηλ. *-είς*, ουδ. *-ή*, επίθ., (λόγ.), που βρίσκεται μπρούμυτα στο έδαφος: *ρίξε το όπλο και σωριάσου ~, όταν ακούσεις ανθρώπους* (Καρυωτάκης) (αντ. *ύπτιος*).

πρήξιμο το, ουσ. 1. οίδημα, εξόγκωμα: *~ στο πόδι*. 2. φούσκωμα: *έχω ένα ~ στο στομάχι*.

πρήσκω, βλ. *πρήζω*.

πριαπισμός ο, ουσ. (ιατρ.) παθολογική κατάσταση που χαρακτηρίζεται από παρατεταμένες και συχνές επώδυνες στύσεις, που δημιουργούνται χωρίς γενετήσια επιθυμία.

πριάρι, βλ. *προιάρι*.

πρίγκιπας ο, θηλ. **-ισσα** και **-έσα**, ουσ. (έρρ.). 1. τίτλος παιδιών βασιλιάδων που κληρονομείται. 2. ανώτατος τίτλος ευγένειας. 3. τίτλος ανώτατου άρχοντα χώρας ανεξάρτητης ή υποτελούς: *ο ~ του Μονακό*. - Υποκορ. **-όπουλο**, το, **-οπούλα** η.

πριγκιπάτο το, ουσ. (έρρ.), κρατίδιο που κυβερνιέται από πρίγκηπα: *~ του Λιχτενστάιν*.

πριγκιπέσα, βλ. *πρίγκιπας*.

πριγκιπικός, -ή, -ό, επίθ. (έρρ.). 1. που σχετίζεται με πρίγκιπα: *γάμος ~·* 2. που ταιριάζει σε πρίγκιπα, μεγαλοπρεπής: *έζησε -ή ζωή*. - Επίρρ. **-ά**.

πριγκίπισσα, βλ. *πρίγκιπας*.

πριγκιπόπουλο και **-οπούλα**, βλ. *πρίγκιπας*.

πρίζα η, ουσ., ρευματοδότης (βλ. λ.). [γαλλ. *prise*].

πριμ το, ουσ. άκλ., πρόσθετη έκτακτη αμοιβή σε υπάλληλο ή εργάτη ως αναγνώριση και ενδιαφέρον του ως προς την απόδοση στην εργασία του: *~ παραγωγικότητας/ποδοσφαιριστών* (συνών. *επιδότηση, πριμοδότηση*). [γαλλ. *prime*].

πρίμα, βλ. *πρίμος*.

πρίμα βίστα, (μουσ.) εκτέλεση μουσικού κομματιού χωρίς προηγούμενη μελέτη του. [ιταλ. *prima vista*].

πριμαντόνα η, ουσ. (όχι έρρ.). 1. υψίφωνος όπερας,

πριμάτος

2. πρωταγωνίστρια μελοδράματος. [ιταλ. *prima donna*].

πριμάτος ο, ουσ., τίτλος που απονέμεται σε ανώτατους εκκλησιαστικούς της δυτικής εκκλησίας. [λατ. *primas, -atis*].

πριμιτιβισμός ο, ουσ. (καλ. τέχν.) τεχνοτροπία που μιμείται πρωτόγονες καλλιτεχνικές μορφές. [γαλλ. *primitivisme*].

πριμιτιβιστής ο, ουσ., καλλιτέχνης που μιμείται πρωτόγονες καλλιτεχνικές μορφές. [γαλλ. *primitif*].

πριμιτιβιστικός, -ή, -ό, επίθ., που σχετίζεται με τον πριμιτιβισμό: *τέχνη -ή*.

πρίμο το, ουσ. άκλ., η υψηλότερη φωνή σε διωδία ή χορωδία (αντ. *σεγκόντο*). [ιταλ. *primo*].

πριμοδότηση η, ουσ., επιδότηση (κυρίως γεωργικών προϊόντων) (συνών. *πριμ*).

πριμοδοτώ, -είς, ρ. 1. ανταμείβω την παροχή επαρκούς παραγωγικής εργασίας. 2. επιδοτώ (κυρίως γεωργικά προϊόντα): *το κράτος θα -ήσει τα σιτηρά*. [πριμ + *-δοτώ*].

πρίμος, -α, -ο, επίθ. (ναυτ.) ευνοϊκός: *σαλπάραμε με -ο καιρό· φυσούσε -ο αγέρι*. – Επίρρ. **-α:** *έχουμε -α τον αέρα/τον καιρό·* φρ. *πάω -α* = α. ταξιδεύω με ούριο άνεμο· β. προκόβω.

πριν, Α. επίρρ. 1. (χρον.) α. προηγουμένως, πρωτύτερα: *πρέπει να γίνει ~ μια εξέταση· δεν άκουσα τι είπατε ~·* β. άλλοτε: *αυτά τα ζητούσαν ~· τώρα θέλουν άλλα*. 2. (τοπ.) πιο μπροστά: *λίγα μέτρα ~ είναι το μαγαζί μας*. Β. (σύνδ.) προτού: *~ φύγεις, έλα να σε δω*. Γ. (πρόθ.) (με επόμενη την πρόθ. *από*) μπροστά: *κατέβηκε μια στάση ~ από το τέρμα· θα γυρίσω ~ από το Πάσχα*. Δ. (με το άρθρο, ως επίθ.) προηγούμενος: *μην εξετάσεις τα ~·* βλέπε μόνο μπροστά. Παροιμ. *των φρονίμων τα παιδιά ~ πεινάσουν μαγειρεύουν* (= πρέπει να είναι κανείς προνοητικός).

πριν αλέκτορα φωνήσαι αρχαϊστ. φρ.· α. για άνθρωπο επιπόλαιο που στην πρώτη δυσκολία αρνείται το φίλο του· β. για κάτι που περιμένομε με βεβαιότητα να συμβεί, πριν περάσει ορισμένος χρόνος.

πρινάρι, βλ. *πουρνάρι*.

πρίνος ο, ουσ., πουρνάρι (βλ. λ.).

πριόνι το, ουσ. (ασυνίζ.), μετάλλινη οδοντωτή λεπίδα που μπορεί να τεθεί σε παλινδρομική ή σε συνεχή κίνηση είτε με το χέρι είτε με μηχανικά μέσα και χρησιμοποιείται για την κοπή διάφορων υλικών (όπως ξύλου, πλαστικών, πέτρας, κλπ.): *~ ηλεκτρικό*. – Υποκορ. **-άκι** το.

πριονίδι το, ουσ. (ασυνίζ.), λεπτό κομματάκι ξύλου που απομένει από το κόψιμό του με πριόνι.

πριονίζω, ρ. (ασυνίζ.), κόβω με πριόνι: *~ ξύλο*.

πριόνισμα το, ουσ. (ασυνίζ.), κόψιμο με πριόνι: *~ ξύλων*.

πριονιστήριο το, ουσ. (ασυνίζ. δις), εργαστήριο με μηχανικά πριόνια.

πριονιστής ο, ουσ. (ασυνίζ.), εργάτης ειδικός στο πριόνισμα.

πριονιστός, -ή, -ό, επίθ., που είναι κομμένος με πριόνι: *ξυλεία -ή*.

πριονοκορδέλα η, ουσ. (ασυνίζ.), κορδέλα (βλ. λ.).

πριονωτός, -ή, -ό, επίθ., που έχει δόντια όπως το πριόνι (συνών. *οδοντωτός*).

πρίσμα το, ουσ. 1. (μαθημ.) πολύεδρο που οι δύο έδρες, που ονομάζονται βάσεις, είναι ίσα και παράλληλα πολύγωνα, ενώ οι άλλες είναι παραλληλόγραμμα: *~ κανονικό/κολοβό*. 2. (οπτικά) τριγωνικό πρίσμα από διαφανές υλικό που εκτρέπει και αναλύει τις φωτεινές ακτίνες: *~ εκτυφλωτικό*. 3. (μεταφ.) άποψη (με την οποία εξετάζει κανείς ένα θέμα): *εξετάζει το θέμα κάτω από το ~ των συμφερόντων του μόνο*.

πρισματικός, -ή, -ό, επίθ. 1. που ανήκει ή αναφέρεται στο πρίσμα. 2. που αποτελείται από πρίσματα: *διόπτρα -ή*.

πρισματοειδής, -ής, -ές, γεν. *-ούς*, πληθ. αρσ. και θηλ. *-είς*, ουδ. *-ή*, επίθ., που έχει σχήμα πρίσματος: *πολύεδρο -ές*.

προαγγελία η, ουσ. (έρρ.). 1. προειδοποίηση. 2. προαναγγελία.

προαγγέλλω, ρ., παρατ. *-ήγγελλα*, πληθ. *-αγγέλαμε*, αόρ. *-ήγγειλα*, πληθ. *-αγγείλαμε* (έρρ., λόγ.). 1. προειδοποιώ. 2. προμηνύω.

προάγγελμα το, ουσ. (έρρ.). 1. προειδοποίηση. 2. προμήνυμα.

προάγγελος ο, ουσ. (έρρ.), αυτός που προαναγγέλλει κάτι: *το χελιδόνι είναι ο ~ της άνοιξης*.

προαγορά η, ουσ., αγορά πράγματος που πρόκειται να παραδοθεί μετά από κάποιο χρονικό διάστημα (αντ. *προπώληση*).

προαγοράζω, ρ., πληρώνοντας προκαταβολικά αγοράζω πράγμα ή εμπόρευμα που πρόκειται να παραλάβω μέσα σε ορισμένη προθεσμία ή, ειδικότερα, γεωργικό προϊόν πριν από τη συγκομιδή του (αντ. *προπωλώ*).

προαγοραστής ο, θηλ. **-τρια**, ουσ., αυτός που προαγοράζει κάτι.

προάγω, ρ., αόρ. *-ήγαγα*, πληθ. *προαγάγαμε*, ελλειπτ. στο μές. αόρ., μές.-παθ. παρκ. *έχω -αχθεί*. 1. κάνω να προοδεύσει, να βελτιωθεί κάτι: *η συμφωνία θα -αγάγει τις σχέσεις συνεργασίας των δύο λαών* (συνών. *προωθώ*). 2α. (στρατ. – υπηρεσιακή γλώσσα) απονέμω ανώτερο βαθμό: *το συμβούλιο -ήγαγε τον ταξίαρχο Α σε υποστράτηγο·* β. (σχολ., για μαθητή) προβιβάζω (βλ. λ.) (αντ. *απορρίπτω*).

προαγωγή η, ουσ. 1. το να προάγεται κάτι, προώθηση, ανάπτυξη: *~ πολιτιστικού επιπέδου* (αντ. *στασιμότητα*). 2α. (στρατ. – υπηρεσιακή γλώσσα) άνοδος βαθμοφόρου ή υπαλλήλου σε ανώτερο βαθμό στην κλίμακα της ιεραρχίας: *~ επ' ανδραγαθία/κατ' αρχαιότητα·* β. (σχολ., για μαθητή) προβιβασμός (βλ. λ.) (αντ. *απόρριψη*).

προαγωγικός, -ή, -ό, επίθ., που αναφέρεται στην προαγωγή (βλ. λ. σημασ. 2): *εξετάσεις -ές*.

προαγωγός ο και η, ουσ., άτομο που παρακινεί σε πορνεία και διευκολύνει ιδιοτελώς αυτή τη δραστηριότητα (συνών. *μαστροπός, ρουφιάνος*).

προαίρεση η, ουσ. α. εσωτερική τάση που ωθεί προς μια ενέργεια, ελεύθερη και αυτόβουλη εκλογή: *άνθρωπος με αγαθή ~* (συνών. *πρόθεση, προτίμηση*)· β. (νομ.) πρόθεση.

προαιρετικός, -ή, -ό, επίθ., για πράξη, κ.τ.ό., που γίνεται με την ελεύθερη επιλογή εκείνου που την κάνει, κατά την επιθυμία του: *μαθήματα -ά· συμμετοχή -ή* (αντ. *υποχρεωτικός*). – Επίρρ. **-ά** και **-ώς**.

προαιρούμαι, -είσαι, ρ. (λόγ.), μόνο στον ενεστ. και στη φρ. *(δώστε) ό,τι -είσθε* (= ό,τι προτιμάτε, ό,τι επιθυμείτε).

προαισθάνομαι, ρ., αισθάνομαι κάτι που πρόκειται να συμβεί, το προβλέπω προτού γίνει αντιληπτό από άλλον: *-νθηκε το τέλος του*.

προαίσθημα το, ουσ., καθετί που προαισθάνεται κάποιος: *έχω ένα άσχημο ~*.
προαίσθηση η, ουσ., το να προαισθάνεται κανείς κάτι.
προαιώνιος, -α, -ο, επίθ. (ασυνίζ.), που υπάρχει από πάρα πολλά χρόνια: *έχθρα/λεύκα -α* (συνών. *παμπάλαιος*).
προαλείφομαι, ρ., μόνο στον ενεστ. και σπανίως στον παρατ. (με την πρόθ. *για*) προετοιμάζομαι για κάτι, περιμένω να αναλάβω (θέση ή αξίωμα): *-εται για διευθυντής του οργανισμού*.
προάλλες, (λαϊκ.)· μόνο στην αιτ. *τις ~ = πριν από μερικές μέρες*: *πέρασε τις ~ ένας φίλος σου*.
προαναγγελία η, ουσ. (ερρ.), το να προαναγγέλλει κανείς κάτι: *~ επίσημη*.
προαναγγέλλω, ρ., παρατ. -*ήγγελα*, πληθ. -*αγγέλαμε*, αόρ. -*ήγγειλα*, πληθ. -*αγγείλαμε*. (ερρ.), αναγγέλλω κάτι, πληροφορώ για κάτι από πριν: *από πολλούς μήνες είχε -είλει την παραίτησή του* (πβ. *προειδοποιώ*).
προανακρίνω, ρ. (νομ.) υποβάλλω κάποιον σε προανάκριση (βλ. λ.).
προανάκριση η, ουσ. (νομ.) προκαταρκτική εξέταση που γίνεται με παραγγελία του εισαγγελέα πριν από την ανάκριση για το αν μια πράξη είναι αξιόποινη: *~ για τα αίτια του δυστυχήματος εκτελεί η Τροχαία Προαστίων*.
προανακριτικός, -ή, -ό, επίθ., που αναφέρεται στην προανάκριση: *διαδικασία -ή*.
προανάκρουση η ουσ. (λόγ.), προανάκρουσμα (βλ. λ.).
προανάκρουσμα το, ουσ. 1. (μουσ.) σύντομο εισαγωγικό μέρος μουσικού έργου (συνών. *πρελούντιο, εισαγωγή, ουβερτούρα*). 2. (μεταφ.) πράξη ή ενέργεια που προηγείται από ένα σπουδαιότερο γεγονός, που προετοιμάζει τους ανθρώπους για σοβαρότερη κατάσταση: *τα επεισόδια υπήρξαν ~ γενικότερης αναταραχής* (συνών. *πρελούντιο*).
προανακρούω, ρ. (μουσ., σπανίως) παίζω κάτι ως προανάκρουσμα (βλ. λ. σημασ. 1).
προαναφέρω, ρ., συνήθως στον αόρ. -*έφερα* και -*άφερα*, πληθ. -*αφέραμε*, αναφέρω, μνημονεύω κάτι πριν από κάτι άλλο: *ο Α, όπως -ανέφερα, ήταν ο σπουδαιότερος λόγιος...*
προαναφλέγω ρ. (λόγ.), προκαλώ προανάφλεξη (βλ. λ.).
προανάφλεξη η, ουσ. (μηχανολ.) ανάφλεξη του σπινθήρα στο μπουζί μηχανής αυτοκινήτου, προτού το έμβολο φτάσει σε ορισμένη θέση του κυλίνδρου.
προάνθρωποι οι, ουσ. (ζωολ.) ομάδα όντων, γνωστών από απολιθώματα, που έχουν σχέση με τον άνθρωπο και περιλαμβάνουν τον πιθηκάνθρωπο και το σινάνθρωπο.
προαπαιτώ, ρ. (λόγ.), απαιτώ κάτι προκαταβολικά: *για την επιτυχία του έργου -είται να...*
προαπάντημα το, ουσ. (ερρ., λαϊκ.), προϋπάντηση (βλ. λ.).
προαπαντώ, ρ. (ερρ., λαϊκ.), προϋπαντώ (βλ. λ.).
προαποβιώνω ρ. (ασυνίζ.), (νομ.) πεθαίνω πριν από κάποιον άλλον ή πριν από κάποιο γεγονός: *αν -ώσει ο δωρητής...*
προαποβίωση η, ουσ. (νομ.) το να προαπυβιώνει κάποιος: *~ του κληροδόχου*.
προαπόδειξη η, ουσ. (νομ.) απόδειξη που παρουσιάζει ένας από τους διαδίκους στο δικαστήριο μετά την έναρξη της δίκης, προτού όμως εκδοθεί προδικαστική απόφαση που να ζητά αποδείξεις.
προαποφασίζω, ρ., αποφασίζω κάτι προκαταβολικά: *η ετυμηγορία του δικαστηρίου ήταν -ισμένη*.
προάσκηση η, ουσ., προκαταρκτική άσκηση.
προασπίζω, ρ. (συνήθως με αφηρ. ουσ.), υπερασπίζομαι, απομακρύνω κάθε κίνδυνο: *θεσμοί που -ουν τη λειτουργία της δημοκρατίας*.
προάσπιση η, ουσ., το να προασπίζει κανείς κάτι, υπεράσπιση: *των συνόρων/των ηθικών αξιών μιας κοινωνίας*.
προασπιστής ο, θηλ. -**τρια**, ουσ., αυτός που προασπίζει κάτι, υπερασπιστής.
προαστιακός, -ή, -ό, επίθ. (ασυνίζ.), που ανήκει στα προάστια: *περιοχή -ή· γραμμές λεωφορείων -ές*.
προάστιο το, ουσ. (ασυνίζ.), περιοχή μιας πόλης ή οικισμός που βρίσκεται μακριά από το κέντρο της πόλης και κατοικείται σε μεγάλο ποσοστό από ανθρώπους που εργάζονται σ' αυτήν: *-α βόρεια/βιομηχανικά*.
προασφάλιση η, ουσ., προκαταβολική ασφάλιση (εμπορεύματος).
προαύλιο το, ουσ. (ασυνίζ.), η αυλή και ο χώρος μπροστά από ένα κτήριο: *~ του σχολείου/του ναού* (πβ. *αυλή*).
προαφαίρεση η, ουσ., το να προαφαιρεί κάποιος κάτι.
προαφαιρώ, -είς, ρ., αφαιρώ κάτι προκαταβολικά.
πρόβα η, ουσ. 1. (για φόρεμα) δοκιμή (βλ. λ. σημασ. 1): *κάνω ~*. 2. (για θεατρικό ή μουσικό έργο, άλλη ενέργεια ή εκδήλωση) δοκιμαστική εκτέλεση, προτού παρουσιαστεί κάτι στο κοινό, με σκοπό το καλύτερο δυνατό αποτέλεσμα: *εξαντλητικές -ες· ~ για την παρέλαση· έκφρ. ~ τζενεράλε* (= η γενική δοκιμή, πριν από την εμφάνιση στο κοινό). [ιταλ. *prova*].
προβαδίζω, ρ. (λόγ.), βαδίζω μπροστά από κάποιον άλλον σε μια πορεία ή πομπή, προπορεύομαι.
προβάδισμα το, ουσ. 1. το να προβαδίζει κανείς· (ειδικά) το δικαίωμα κάποιου να προπορεύεται από άλλους σε επίσημη τελετή, επειδή έχει ανώτερο αξίωμα· φρ. *έχω το ~* (= α. προβαδίζω· β. μεταφ., είμαι καλύτερος, προηγούμαι): *χώρα που έχει ~ στην εξερεύνηση του διαστήματος*. 2. (μεταφ.) το να αποδίδεται σε κάτι σημασία μεγαλύτερη απ' ό,τι σε άλλα· φρ. *δίνω το ~* (= θεωρώ κάτι σπουδαιότερο από τα άλλα): *η κυβέρνηση θα δώσει το ~ στην οικονομική σταθερότητα*.
προβαίνω, ρ., συνήθως στον ενεστ. και στο μέλλ., παρκ., κλπ. (θα *προβώ*, κλπ.) (μόνο ενεργ.). 1. προχωρώ: *-ει αφεύγατος ο Χάρος* (Σολωμός). 2. (λόγ., με την πρόθ. *σε*) κάνω: *ο υπουργός θα -βεί σε δηλώσεις· ~ σε δωρεά*.
προβάλλω, ρ., παρατ. -*έβαλλα*, πληθ. -*βάλαμε*, αόρ. -*έβαλα*, πληθ. -*βάλαμε*. Α. μτβ. 1. προτάσσω, προτείνω: *~ το πόδι*. 2. εμφανίζω, δείχνω με προβολή: *~ ταινία/εικόνες*. 3. (μεταφ.) προτείνω, εκφέρω: *~ αντιρρήσεις/απόψεις*. 4. προωθώ με διαφήμιση ή επίδειξη: *η χώρα μας -ει τα προϊόντα της στις ξένες αγορές*. Β. αμτβ. α. εμφανίζομαι, παρουσιάζομαι: *πρόβαλε στην πόρτα μια όμορφη γυναίκα*· β. εμφανίζομαι, ανατέλλω: *-ει ο ήλιος/το φεγγάρι*.
προβάρισμα το, ουσ., δοκιμή (βλ. λ. σημασ 1): *~ ρούχων/παπουτσιών*.
προβάρω, ρ., κάνω πρόβα, δοκιμάζω: *~ ρούχα/παπούτσια*. [ιταλ. *provare*].

προβατάκι το, ουσ. 1. μικρό πρόβατο. 2. άνθρωπος αγαθός. 3. (λαϊκ. στον πληθ.) οι άσπροι αφροί των κυμάτων που σχηματίζονται σε πυκνά διαστήματα όταν φυσάει δυνατός άνεμος.

προβατέμπορος ο, ουσ. (έρρ.), ο έμπορος προβάτων.

προβατίλα η, ουσ., χαρακτηριστική δυσοσμία που αναδίνουν τα πρόβατα.

προβατίνα η, ουσ., θηλυκό πρόβατο.

προβατίσιος, -ια, -ιο, επίθ. (ασυνίζ.), που σχετίζεται με το πρόβατο ή προέρχεται από αυτό: *γούνα -ια· γάλα -ιο* (συνών. *πρόβιος, αρνίσιος*).

πρόβατο το, ουσ. (ζωολ.). 1. ζώο θηλαστικό μηρυκαστικό με σώμα μέτριου μεγέθους, πυκνό τρίχωμα και τριχωτή ουρά. 2. (μεταφ.) άνθρωπος πράος ή απονήρευτος, αφελής (συνών. *αρνί*).

προβατοκάμηλος η, ουσ. (ζωολ.) λάμα (βλ. *λάμα* II).

προβατοτροφία η, ουσ., εκτροφή προβάτων: ~ *νομαδική*.

προβέλνω, βλ. *προβάλλω*.

προβηγκιανός, -ή, -ό, επίθ. (έρρ., ασυνίζ.), που ανήκει στην Προβηγκία ή τους Προβηγκιανούς ή αναφέρεται σ' αυτήν/-ούς: *γλώσσα/λογοτεχνία -ή*.

Προβηγκιανός, -ή, -ό, ουσ. (έρρ., ασυνίζ.), που κατάγεται από την Προβηγκία (περιοχή της Γαλλίας) ή κατοικεί σ' αυτήν.

προβιά η, ουσ. (συνιζ.), δέρμα προβάτου ή συγγενικού ζώου (κατεργασμένο ή σε φυσική κατάσταση): *παπούτσια φοδραρισμένα με ~*.

προβιβάζω, ρ. 1α. προάγω υπάλληλο ή αξιωματικό σε ανώτερο βαθμό: *τον -ασαν στο βαθμό του ταξίαρχου* (αντ. *υποβιβάζω*)· **β.** (σχολικός βίος) προάγω μαθητή, τον κάνω να περάσει στην αμέσως επόμενη τάξη: *-άστηκε στην τρίτη τάξη* (αντ. *απορρίπτω*).

προβιβασμός ο, ουσ. 1α. προαγωγή (βλ. λ.) υπαλλήλου ή αξιωματικού σε ανώτερο βαθμό: ~ *δημόσιου υπαλλήλου* (αντ. *υποβιβασμός*)· **β.** (σχολ.) προαγωγή μαθητή στην αμέσως επόμενη τάξη: *διάβασε πολύ για τον -ό του από τη δευτέρα στην τρίτη Λυκείου* (αντ. *απόρριψη*).

πρόβιος, -ια, -ιο, επίθ. (συνιζ.), που προέρχεται από πρόβατο: *γιαούρτι -ιο* (συνών. *προβατίσιος, αρνίσιος*).

προβιταμίνη η, ουσ. (βιολ., χημ.) ουσία που αποτελεί το προηγούμενο στάδιο σχηματισμού μιας βιταμίνης σε ένα ζωικό οργανισμό.

προβλεπτικός, -ή, -ό, επίθ., που μπορεί να προβλέπει: *άνθρωπος ~* (συνών. *προνοητικός*).

προβλεπτικότητα η, ουσ., προνοητικότητα (αντ. *απρονοησία*).

προβλέπω, ρ., παρατ. *προέβλεπα* και *πρόβλεπα*, πληθ. *προβλέπαμε*, αόρ. *πρόβλεψα* και *προέβλεψα*, πληθ. *προβλέψαμε*. **1α.** γνωρίζω ή έχω τη γνώμη ότι πρόκειται να συμβεί κάτι: *-εται συνεδρία για την επόμενη εβδομάδα· ~ νίκη των δημοκρατικών στις εκλογές* **β.** συνειδητοποιώ ότι πρόκειται να συμβεί κάτι και παίρνω τα κατάλληλα μέτρα. **2.** λέγω τι πρόκειται να συμβεί στο μέλλον, προμαντεύω. **3.** φροντίζω έγκαιρα για την αντιμετώπιση δυσχερειών, προνοώ: *-εψε για την αποκατάσταση των παιδιών του*. **4.** κάνω προβλέψεις για τον καιρό: *η μετεωρολογική υπηρεσία -ει για αύριο βροχές και καταιγίδες*. **5.** (νομ.) καθορίζω εκ των προτέρων: *τι -ει ο νόμος γι' αυτήν την περίπτωση;*

πρόβλεψη η, ουσ. **1.** δυνατότητα να βλέπει κανείς τι πρόκειται να συμβεί στο μέλλον και να το παίρνει υπόψη του όταν κάνει κάτι. **2.** πρόνοια ή έγκαιρη φροντίδα για το μέλλον: *~ για την αποκατάσταση των παιδιών του*. **3.** πληροφορία για την πιθανή εξέλιξη του καιρού: *μετεωρολογικές -εις*. **4.** (εμπόριο) αντιστάθμισμα ποσού που πρόκειται να πληρωθεί από τον αποδέκτη συναλλαγματικής.

πρόβλημα το, ουσ. **1.** ζήτημα ή κατάσταση που προκαλεί δυσκολίες σε ανθρώπους ώστε να σκέφτονται τρόπους να τις λύσουν ή να τις θεραπεύσουν: ~ *υγείας/οικονομικό·-ατα προσωπικά/κοινωνικά*. **2.** ζήτημα που προβάλλεται για λύση με εφαρμογή μαθηματικών ή άλλων επιστημονικών μεθόδων: ~ *αλγεβρικό/φιλοσοφικό*. Εκφρ. *κανένα ~* (για να δηλώσουμε ότι δε μας πειράζει οτιδήποτε θελήσουν ή αποφασίσουν για μας). - Υποκορ. **-άκι** το.

προβληματίζω, ρ. I. (ενεργ.) δημιουργώ σε κάποιον προβλήματα ή ανησυχίες: *με -ει η υγεία της μητέρας μου*. II. (μέσ.) προϋπολογίζω στην επίλυση ζητήματος τα υπέρ και τα κατά, σκέφτομαι βαθιά. - Η μτχ. παρκ. ως επίθ. = που είναι γεμάτος ερωτήματα και ανησυχίες.

προβληματικός, -ή, -ό, επίθ. **1.** που παρουσιάζει ή δημιουργεί προβλήματα: *επιχείρηση/περιοχή -ή· παιδί -ό*. **2.** που η ύπαρξη, η αλήθεια ή η επιτυχία του είναι αμφίβολη: *-ή εξέλιξη της υπόθεσης*. - Το θηλ. ως ουσ. = **1.** το σύνολο των προβλημάτων των οποίων τα στοιχεία είναι αλληλένδετα: *-ή ενός θέματος*. **2.** τέχνη ή επιστήμη του να θέτεις προβλήματα: *απουσίασε η διεθνής διάσταση και -ή από τις ομιλίες των πολιτικών*.

προβληματικότητα η, ουσ., το να παρουσιάζει κάποιος ή κάτι προβλήματα: ~ *του βιομηχανικού φορέα*.

προβληματισμός ο, ουσ., το να προβληματίζεται κανείς για κάτι: *έντονος ~ για το θέμα των ναρκωτικών*.

προβλήτα η, ουσ., μόλος (βλ. λ.) (συνών. *προκυμαία*).

προβοδίζω και **-ώνω** ρ. (ιδιωμ.), ξεπροβοδώ (βλ. λ.) (συνών. *κατευοδώνω*).

προβόδισμα και **προβόδωμα** το, ουσ. (ιδιωμ.), κατευόδωση (βλ. λ.).

προβοδώνω, βλ. *προβοδίζω*.

προβοκάτορας ο και θηλ. **-ισσα,** ουσ., άτομο που ωθεί άλλο άτομο ή ομάδα στη βία ή σε πράξη παράνομη προς όφελος αντίθετης παράταξης, αστυνομίας, κλπ.: ~ *της αντίδρασης*. [λατ. *provocator*].

προβοκατόρικος, -η, -ο, επίθ., που ταιριάζει σε προβοκάτορα: *ενέργειες -ες*. - Επίρρ. **-α**.

προβοκατόρισσα, βλ. *προβοκάτορας*.

προβοκάτσια η, ουσ. (συνιζ.), το να προκαλεί κανείς σκόπιμα αναταραχή, δυσαρέσκεια ή βίαιες ενέργειες από άτομο ή ομάδα με σκοπό την πραγματοποίηση των επιδιώξεων και των συμφερόντων του ή κάποιου τρίτου. [ρωσ. *provokacija*].

προβολέας ο, ουσ. **1.** μηχανή που προβάλλει ταινίες ή διαφάνειες σε οθόνη ή τοίχο. **2α.** μεγάλο και δυνατό φως στο μπροστινό μέρος μεταφορικού μέσου: *-είς αυτοκινήτου*· **β.** μεγάλο και δυνατό φως σταθερό ή που μπορεί να περιστρέφεται για να φωτίζει σε οποιαδήποτε κατεύθυνση: *γέ-*

μισαν την *πλατεία με -είς*· ~ *αντιαεροπορικός.*
προβολή η, ουσ. 1. (λόγ.) προέκταση, προεξοχή: ~ *της κάτω γνάθου.* 2. εμφάνιση εικόνων ή ταινίας σε οθόνη με προβολέα, παράσταση: *η ταινία παίζεται σε πρώτη* ~· *την* ~ *θα ακολουθήσει συζήτηση.* 3. προώθηση με διαφήμιση ή επίδειξη: ~ *ελληνικών προϊόντων στις ευρωπαϊκές αγορές·* ~ *του Χ στην πολιτική.* 4. (γυμν.) λοξή μετάθεση του δεξιού ή αριστερού ποδιού με λυγισμένο το γόνατο.
πρόβολος ο, ουσ. 1. (ναυτ.) ιστός που προεξέχει από την πλώρη πλοίου. 2. (αρχιτ.) λιθόκτιστο στήριγμα που αποβλέπει στην ενίσχυση βάρους γέφυρας ή τμήματος της παραλίας από τη διαβρωτική ενέργεια των κυμάτων.
προβοσκίδα η, 1. ουσ. (ζωολ.) μακρύς και ευκίνητος σωλήνας που σχηματίζεται με επιμήκυνση στοματικών ή ρινικών εξαρτημάτων και χρησιμεύει για αναρρόφηση ή σύλληψη τροφής: ~ *ελέφαντα/εντόμου.* 2. (ειρων.) για μεγάλη μύτη.
προβοσκιδωτά τα, ουσ. (ζωολ.) τάξη μεγαλόσωμων θηλαστικών που χαρακτηρίζεται από την παρουσία προβοσκίδας: *ο ελέφαντας ανήκει στην τάξη των -ών.*
προβούλευμα το, ουσ. (νομ.) πράξη του εισαγγελέα πρωτοδικών με την οποία απορρίπτεται μήνυση που υποβλήθηκε ως αβάσιμη.
προγαμιαίος, -α, -ο, επίθ. (ασυνίζ.), που γίνεται ή δίνεται πριν από το γάμο: *σχέσεις -ες·* δωρεά *-α.*
προγενέστερος, -η, -ο, επίθ., που υπήρξε ή συνέβη πριν από κάποιον ή κάτι άλλο, προηγούμενος: *-η γεωλογική εποχή* (συνών. *πρωτύτερος·* αντ. *μεταγενέστερος, ύστερος).* – *Το ουδ.* στον πληθ. ως ουσ. = πρόγονοι. – Επίρρ. **-έρως.**
πρόγευμα το, ουσ. α. πρωινό φαγητό (συνών. *πρωινό)·* β. ελαφρό γεύμα (συνήθως ανάμεσα στο πρωινό και στο μεσημεριανό φαγητό), κολατσιό: ~ *εργασίας.*
προγευματίζω, ρ., παίρνω πρόγευμα, κολατσίζω ή παίρνω το πρωινό μου.
πρόγευση η, ουσ. (νεολογ.), προϊδεασμός· πρώτη γεύση: ~ *χαράς.*
προγεφύρωμα το, ουσ. 1. (στρατ.) τοποθεσία (μπροστά από γέφυρα ή αλλού) οχυρωμένη για να χρησιμοποιηθεί ως ορμητήριο κατά εχθρικών στρατευμάτων: *οι αποβατικές δυνάμεις δημιούργησαν* ~ *στην ακτή· οι αλεξιπτωτιστές σταθεροποίησαν το* ~. 2. (μτφ.) καθετί που βοηθά αποτελεσματικά στην επιτυχία ενός σκοπού ή έργου: *η δημαρχία/ο γάμος ήταν το* ~ *για να ανεβεί κοινωνικά* (συνών. *μέσο).*
προγεωλογικοί χρόνοι οι, (γεωλ.) το χρονικό διάστημα που διήνυσε η γη αφότου σχηματίστηκε σε αυτοτελές ουράνιο σώμα εωσότου εμφανίστηκε ζωντανό στοιχείο με τη μορφή πρωτοπλάσματος.
προγιαγιά η, ουσ. (συνιζ. δις), μητέρα του παππού ή της γιαγιάς κάποιου: *στην τέταρτη τάξη καλούνται οι προπαππούδες και οι -άδες του κληρονομουμένου* (αστ. κώδ.).
πρόγκα η, ουσ. (έρρ., λαϊκ.), ομαδικός και θορυβώδης αποδοκιμασία, χλευασμός. [πιθ. σλαβ *poroga].
προγκώ, -άς και **-ίζω** και **-άρω** ρ. (έρρ., λαϊκ.). Α. μτβ. 1. διώχνω με φωνές και θόρυβο. 2. αποδοκιμάζω ή κοροϊδεύω με θόρυβο: *την -ιξανε κάτι αλήτες στο δρόμο.* 3. φέρομαι απότομα σε κάποιον. Β. (αμτβ.· κυρίως για ζώα) ξαφνιάζομαι: *-ιξε το άλογο μόλις πρόβαλε το αυτοκίνητο.* [*πρόγκα*].
προγναθία η, ουσ. (ανθρωπολ.) προγναθισμός.
προγναθισμός ο, ουσ. (ανθρωπολ.) προεξοχή των σιαγόνων που παρατηρείται σε ορισμένα άτομα ή και σε φυλές (συνών. *προγναθία*).
πρόγνωση η, ουσ. 1. (ιατρ.) προκαθορισμός της πορείας μιας αρρώστιας: ~ *του καρκίνου·* ~ *ευνοϊκή.* 2α. συγκεκριμένη πρόβλεψη ή κρίση για την κατάσταση κάποιου φαινομένου στο μέλλον: ~ *του εκλογικού αποτελέσματος·* ~ *του μέλλοντος* (= μαντεία, προμάντεμα)· β. πιθανή κρίση για το μέλλον με βάση ειδική επιστημονική έρευνα, επιστημονική πρόβλεψη: ~ *του καιρού από τη μετεωρολογική υπηρεσία.*
προγνωστικός, -ή, -ό, επίθ., που ανήκει ή αναφέρεται στην πρόγνωση: *ικανότητα -ή.* – Το ουδ. ως ουσ. = α. πρόβλεψη με βάση γεγονότα ή επιστημονικά δεδομένα για το πώς θα πορευτεί μια εξέλιξη: *διατυπώνω -ά του καιρού* (= πρόγνωση της ατμοσφαιρικής κατάστασης)· *-ά των ποδοσφαιρικών αγώνων·* β. σημείο στο οποίο στηρίζεται η πρόγνωση: *τα άστρα/τα όνειρα θεωρούνται από πολλούς -ά του μέλλοντος.*
προγόμφιος, ο, ουσ. (ασυνίζ.), (ανατομ.) καθένα από τα οχτώ δόντια (από τέσσερα σε κάθε γνάθο) που βρίσκονται ανά δύο δίπλα στους κυνόδοντες: *οι -οι λείπουν από τα προσωρινά δόντια.*
προγονή, βλ. *προγονός.*
προγόνι το, ουσ. (λαϊκ.), προγονός (βλ. λ.)· έκφρ. *σαν τα (κακά) -ια* (για άτομα που αντιπαθούνται αμοιβαία και διαρκώς μαλώνουν).
προγονικός, -ή, -ό, επίθ., που ανήκει ή αναφέρεται στους προγόνους: *δόξα -ή* (συνών. *πατρογονικός, αρχαίος*).
προγονισμός ο, ουσ. 1. προγονική κληρονομικότητα, αταβισμός (βλ. λ.). 2. η τάση να επικαλείται ο Νεοέλληνας την αυθεντία των αρχαίων και σε περιπτώσεις που δεν είναι κανονικό.
προγόνισσα, βλ. *πρόγονος.*
προγονολατρεία η, ουσ. 1. απονομή θρησκευτικών τιμών στους προγόνους. 2. υπερβολική προσήλωση στα πρότυπα της ζωής των προγόνων. 3. (συνεκδοχικά) προγονοπληξία (βλ. λ.).
προγονόπληκτος, -η, -ο, επίθ., που καυχιέται για την προγονική δόξα.
προγονοπληξία η, ουσ., το να καυχιέται κανείς υπερβολικά για τους προγόνους του (συνών. *προγονολατρεία* στη σημασ. 2).
πρόγονος ο και η, (λαϊκ.) θηλ. **-ισσα**, ουσ., αυτός από τον οποίο κατάγεται κάποιος· (συνήθως στον πληθ.) *-οι* = οι προπάτορες: *οι αρχαίοι -οί μας.*
προγονός ο, θηλ. **-ή**, ουσ., παιδί από προηγούμενο γάμο ενός από τους συζύγους σε σχέση με τον άλλο σύζυγο (συνών. *προγόνι*).
προγούλι το ουσ. (λαϊκ.), το λίπος που κρέμεται κάτω από το πιγούνι σ' έναν παχύ λαιμό: *γυναίκα με διπλό* ~. [*προ* + *γούλια*].
πρόγραμμα το, ουσ. 1. συστηματική ή ειδικευμένη έκθεση πράξεων και ενεργειών που έχει κανείς την πρόθεση να κάνει σε ορισμένο χρόνο: ~ *δράσης του συλλόγου·* πενταετές ~ *οικονομικής ανάπτυξης* (συνών. *πλάνο*). 2. (σχολ.) σχέδιο εργασίας που πρόκειται να πραγματοποιηθεί σε κα θορισμένο χρονικό διάστημα και σε σειρά στα πλαίσια της διδακτικής δραστηριότητας του σχολείου: ~ *ωρολόγιο· αναλυτικό* ~ *μαθημάτων·* ~

εξετάσεων/σπουδών. **3α.** το σύνολο των μερών που συγκροτούν μια παράσταση ή πολλών εκδηλώσεων, θεαμάτων, κλπ., που θα πραγματοποιηθούν σε καθορισμένη χρονική περίοδο: ~ συναυλίας/τελετής/θεατρικής παράστασης· **β.** (ειδικά για το ραδιόφωνο και την τηλεόραση) το σύνολο των ενημερωτικών, ψυχαγωγικών, κ.ά. ραδιοφωνικών ή τηλεοπτικών εκπομπών και των ταινιών που ανακοινώνεται ότι θα μεταδοθούν ή θα προβληθούν αντίστοιχα, σε καθορισμένη χρονική περίοδο, συνήθως εβδομαδιαίως: *το ~ των καναλιών αυτήν την εβδομάδα.* **4.** (συνεκδοχικά) φύλλο ή φυλλάδιο στο οποίο έχει τυπωθεί ένα πρόγραμμα (βλ. σημασ. 1 και 3): *~ εικονογραφημένο.* **5.** προκαθορισμένος και συνήθως απαρέγκλιτος τρόπος ενέργειας ή συμπεριφοράς: *βάζω ~ στη ζωή μου· ~ δίαιτας* (συνών. *σύστημα, μέθοδος*). **6.** (γενικά) σχέδιο: *τι ~ έχεις για το καλοκαίρι/απόψε;* **7α.** (νεολογ. - ηλεκτρον.) το σύνολο των στοιχείων που περιλαμβάνουν σε ειδικό τεύχος τις οδηγίες για να λειτουργήσει ένα μηχάνημα· **β.** (ειδικότερα για ηλεκτρονικό υπολογιστή) κατάρτιση λεπτομερούς σχεδίου με συγκεκριμένες εντολές που δίνονται στον ηλεκτρονικό υπολογιστή για να εκτελέσει σε καθορισμένη σειρά ορισμένες πράξεις. Έκφρ. *εκτός -ατος* (προκειμένου για έκτακτη δραστηριότητα).
προγραμματίζω, ρ. **1.** καταρτίζω πρόγραμμα (βλ. λ. σημασ. 2 και 3). **2.** σχεδιάζω να κάνω κάτι: *~ ένα ταξίδι στο εξωτερικό· -ισμένη συνεδρίαση/κινητοποίηση.* **3.** κατευθύνω κάποια δραστηριότητα (οικονομική, κοινωνική, κλπ.) σύμφωνα με ένα πρόγραμμα. **4.** (νεολογ.) ετοιμάζω το πρόγραμμα (βλ. λ. σημασ. 7) για μια μηχανή, ιδίως ηλεκτρονική· (ειδικά) ρυθμίζω το βίντεο να εγγράψει σε βιντεοταινία τηλεοπτική εκπομπή ή ταινία.
προγραμματικός, -ή, -ό, επίθ., που ανήκει ή αναφέρεται σε πρόγραμμα: *-ές δηλώσεις της (νέας) κυβέρνησης* (= η συνολική πολιτική που ανακοινώνει στη βουλή ο νέος πρωθυπουργός). - Επιρρ. **-ά.**
προγραμματισμός ο, ουσ. **α.** κατάρτιση προγράμματος· σχεδιασμός ενεργειών: *~ της δραστηριότητας ενός οργανισμού/κόμματος· επαγγελματικός/ οικογενειακός* (βλ. λ.) *~* **β.** (ειδικά - οικον.) καθορισμός των μέσων και μεθόδευση της πραγματοποίησης των ιεραρχημένων στόχων ενός συνασπισμού κρατών, ενός κράτους, ενός οργανισμού, μιας οικονομικής μονάδας ή ενός ατόμου σε μια ορισμένη χρονική περίοδο με τον οικονομικότερο τρόπο.
προγραμματιστής ο, θηλ. **-τρια,** ουσ., αυτός που καταρτίζει πρόγραμμα· (ειδικότερα) ειδικευμένος τεχνικός που καταστρώνει το πρόγραμμα ενός ηλεκτρονικού υπολογιστή.
προγραφή η, ουσ., δίωξη ή καταδίκη πολιτικού αντιπάλου χωρίς τις νόμιμες διατυπώσεις.
προγράφω, ρ., παρατ. *προέγραφα,* πληθ. *προγράφαμε,* αόρ. *προέγραψα,* πληθ. *προγράψαμε,* διώκω ή καταδικάζω πολιτικό αντίπαλο χωρίς τις νόμιμες διατυπώσεις.
προγυμνάζω, ρ. **1.** γυμνάζω κάποιον προκαταρκτικά. **2.** (γενικά) γυμνάζω, ασκώ. **3.** (ειδικά) διδάσκω μαθητή στο σπίτι του, τον προετοιμάζω (για εξετάσεις) παραδίνοντάς του ιδιαίτερα μαθήματα.
προγύμναση η, ουσ. **1.** το να γυμνάζεται κάποιος προκαταρκτικά (συνών. *προάσκηση, προπόνηση*). **2.** (γενικά) άσκηση, γύμναση. **3.** προετοιμασία μαθητή (για εξετάσεις) με την παράδοση ιδιαίτερων μαθημάτων από ειδικό εκπαιδευτικό.
προγυμνάσιο το, ουσ. (ασυνίζ.), (παλαιότερο) σχολείο τριετούς φοίτησης ανάμεσα στο τετρατάξιο δημοτικό σχολείο και στο επίσης τετρατάξιο γυμνάσιο, κοινώς ελληνικό σχολείο (συνών. *σχολαρχείο*).
προγύμνασμα το, ουσ., προπαρασκευαστικό γύμνασμα, προγύμναση.
προγυμναστήριο το, ουσ. (ασυνίζ.), ειδικός χώρος όπου προγυμνάζεται (βλ. λ. σημασ. 1) κάποιος.
προγυμναστής ο, θηλ. **-τρια,** ουσ. **1.** αυτός που προγυμνάζει (βλ. λ. σημασ. 1), προπονητής. **2.** εκπαιδευτικός που προετοιμάζει μαθητή παραδίδοντάς του ιδιαίτερα μαθήματα.
πρόδειπνο το, ουσ., ελαφρό γεύμα το απόγευμα πριν από το δείπνο (πβ. *πρόγευμα*).
πρόδηλος, -η, -ο επίθ. (λόγ.), προφανής, ολοφάνερος: *κρίση -η· σκοπός ~* (αντ. *άδηλος*).
προδιαγραφή η, ουσ. (ασυνίζ.). **α.** κατάρτιση λεπτομερειακού σχεδίου για ένα έργο ή μια ενέργεια· **β.** (τεχν.) λεπτομερής περιγραφή μελλοντικού τεχνικού έργου με πίνακες, σχεδιαγράμματα, κλπ.: *το νέο αεροδρόμιο θα ακολουθεί ειδικές/ διεθνείς -ές.*
προδιαγράφω, ρ., παρατ. *-διέγραφα,* πληθ. *-διαγράφαμε,* αόρ. *-διέγραψα,* πληθ. *-διαγράψαμε,* μτχ. παρκ. *-διαγραμμένος* (ασυνίζ.). **1.** καταρτίζω λεπτομερές σχέδιο για ένα έργο ή μια ενέργεια. **2α.** (μεταφ.) προκαθορίζω, προβλέπω: *ο νόμος -ει συγκεκριμένη κύρωση για το αδίκημα·* **β.** (ενεργ. και μέσ.) προοιωνίζομαι: *η πορεία της οικονομίας -εται κακή.*
προδιάθεση η, ουσ. (ασυνίζ.). **1.** ψυχική προετοιμασία κάποιου για μια κατάσταση που πρόκειται να αντιμετωπίσει. **2.** έμφυτη ικανότητα για κάτι, ροπή: *~ μουσική/καλλιτεχνική* (συνών. *κλίση*). **3.** (ιατρ.) έμφυτη ή επίκτητη κατάσταση κατά την οποία ο οργανισμός προσβάλλεται εύκολα από μια ασθένεια: *~ κληρονομική.*
προδιαθέτω, ρ., παρατ. *-διέθετα,* πληθ. *-διαθέταμε,* αόρ. *-διέθεσα,* πληθ. *-διαθέσαμε* (ασυνίζ.), μέσ. (λόγ.) *-διατίθεμαι,* παθ. αόρ. *-διατέθηκα,* μτχ. παρκ. *-διατεθειμένος,* προετοιμάζω ψυχικώς, προϊδεάζω κάποιον να δεχτεί κάτι ευνοϊκά: *φρόντισε να τον -διαθέσει ευνοϊκά για τα σχέδιά του.*
προδίδω, ρ, αόρ. *πρόδωσα,* παθ. αόρ. *-δόθηκα,* μτχ. παρκ. *-δομένος,* μτβ. **1.** παραβαίνω, καταπατώ ηθική υποχρέωση: *πρόδωσες τη φιλία μας· πρόδωσαν τα ιδανικά τους.* **2.** δίνω στον εχθρό πληροφορίες που μπορούν να βλάψουν την πατρίδα μου, γίνομαι προδότης. **3.** καταδίδω κάποιον: *τον πρόδωσε στην αστυνομία.* **4.** αποκαλύπτω, φανερώνω κάτι από πρόθεση ή από απερισκεψία: *τον πρόδωσε το βάδισμά του.*
προδικάζω, ρ. (μεταφ.) εκφράζω τη γνώμη μου για κάποιο ζήτημα που το αποτέλεσμά του δεν είναι ακόμη γνωστό, προεξοφλώ: *~ αποτυχία· -ουν άνοδο του κόμματος στις εκλογές.*
προδικασία η, ουσ. (νομ.) τμήμα της ποινικής διαδικασίας, που συνήθως ακολουθεί την άσκηση της ποινικής δίωξης και προηγείται από την κύρια διαδικασία, με το οποίο επιδιώκεται η συλλογή των απαραίτητων στοιχείων για την παραπομπή ποινικής υπόθεσης στο δικαστήριο.
προδικαστικός, -ή, -ό, επίθ. (νομ.) που ανήκει ή

αναφέρεται στην προδικασία (βλ. λ.): *απόφαση -ή.*

πρόδομος ο, ουσ. **1.** χώρος μπροστά από τα δωμάτια σπιτιού ή τις αίθουσες άλλου κτηρίου, προθάλαμος· (ειδικά για ναό) νάρθηκας (βλ. λ.), *πρόναος.* **2.** (ανατομ.) ~ *κολεού* = χώρος του γυναικείου αιδοίου από την κλειτορίδα ως τον κολεό· ~ *λάρυγγα* = κοιλότητα από την είσοδο του λάρυγγα ως τη νόθο φωνητική χορδή· ~ *πυλωρού* = μέρος του στομαχιού.

προδοσία η, ουσ. **1.** (γενικά) αθέμιτη και ιδιοτελής εγκατάλειψη αρχών και έμπρακτη αθέτηση υποσχέσεων και υποχρεώσεων απέναντι σε φίλους, γονείς, συνεργάτες, κλπ. **2α.** (ειδικά) σύνολο παράνομων ενεργειών που μ' αυτές ο πολίτης μιας χώρας προσβάλλει την ασφάλεια και την ακεραιότητα της πατρίδας του για να εξυπηρετήσει ξένα συμφέροντα· έκφρ. *εσχάτη* ~ (= έγκλημα κατά της ασφάλειας ή κατά του πολιτεύματος μιας χώρας)· **β.** κατάδοση, «κάρφωμα».

προδότης ο, θηλ. **-τρ(ι)α** και **-ισσα**, ουσ. **1.** αυτός που παραβαίνει ηθική υποχρέωση, αυτός που διαπράττει προδοσία (βλ. λ. σημασ. 1). **2α.** (ειδικά) αυτός που με παράνομες ενέργειες βοηθεί τους εχθρούς της πατρίδας του, αυτός που διαπράττει το έγκλημα της εσχάτης προδοσίας (βλ. λ. σημασ. 2α)· **β.** καταδότης.

προδοτικός, -ή, -ό, επίθ., που ανήκει ή αναφέρεται στον προδότη· που ταιριάζει σε προδότη: *τακτική/ενέργεια -ή.* - Επίρρ. **-ά.**

προδότρια και **προδότισσα**, βλ. *προδότης.*

προδρομικός, -ή, -ό, επίθ. **1.** που ανήκει ή αναφέρεται σε πρόδρομο. **2.** (φιλολ.) που ανήκει ή αναφέρεται στο Βυζαντινό ποιητή Θεόδωρο Πρόδρομο: *ποιήματα -ά.*

πρόδρομος ο, ουσ. **1.** αυτός που προαναγγέλλει ή προετοιμάζει την εμφάνιση κάποιου άλλου συνήθως σημαντικότερου· ειδικά (με κεφ.) ως επίθ. του Ιωάννη του Βαπτιστή. **2.** (συνεκδοχικά) πρόσωπο που η διδασκαλία ή γενικά το έργο και η προσφορά του ανοίγουν το δρόμο σε μια μεγάλη προσωπικότητα ή σε μια κίνηση: *οι της σύγχρονης τεχνολογίας.* **3.** (γενικά για πράγματα ή γεγονότα που αποτελούν σημεία για το τι θα ακολουθήσει στο μέλλον): *ο νέος κινητήρας προορίζεται να αποτελέσει τον -ο των μηχανών του εικοστού πρώτου αιώνα.*

προεγγραφή, η ουσ. (έρρ.), το να προεγγράφεται κανείς: *-ές για τις νέες σειρές γραμματοσήμων.*

προεγγράφομαι, ρ. (έρρ.), κάνω την εγγραφή μου (βλ. λ. σημασ. 1) εκ των προτέρων, πριν από την ημερομηνία κατά την οποία αρχίζει η λειτουργία, η διανομή, ή όποια άλλη διαδικασία στην οποία θέλω να λάβω μέρος.

προεδρείο το, ουσ. **1.** το σύνολο των προσώπων που προΐστανται σε σωματείο, σε συνέλευση, κ.τ.ό.: *εκλογές για την ανάδειξη νέου -ου.* **2.** οι θέσεις όπου κάθονται ο πρόεδρος και τα άλλα μέλη του προεδρείου.

προεδρεύω, ρ. Ι. ενεργ. **1.** είμαι πρόεδρος (βλ. λ. σημασ. 1), ασκώ καθήκοντα προέδρου. **2.** διευθύνω τη συζήτηση σε μια επίσημη συνάντηση: ~ *στη συνεδρία του συμβουλίου.* ΙΙ. (μέσ.) έκφρ. *-όμενη δημοκρατία* = τύπος δημοκρατικού πολιτειακού συστήματος όπου ο πρόεδρος - αρχηγός του κράτους είναι απλώς ο ρυθμιστής του πολιτεύματος, όπως λ.χ. στην Ελλάδα (πβ. *προεδρικός*).

προεδρία η, ουσ. **1.** το αξίωμα του προέδρου (βλ. λ.). **2.** η διάρκεια άσκησης του αξιώματος. **3.** (συνεκδοχικά) τόπος, οίκημα όπου εδρεύει ο πρόεδρος και στεγάζονται οι συναφείς υπηρεσίες.

προεδρικός, -ή, -ό, επίθ., που ανήκει ή αναφέρεται στον πρόεδρο: *-ό αξίωμα· -ές εκλογές· -ό διάταγμα* = διατακτική πράξη που εκδίδεται με εισήγηση της κυβέρνησης από τον πρόεδρο της Δημοκρατίας για να ρυθμιστεί η εκτέλεση νόμου· *-ή δημοκρατία* = τύπος δημοκρατικού πολιτειακού συστήματος όπου επικεφαλής της εκτελεστικής εξουσίας είναι ο πρόεδρος, που αποτελεί ουσιαστικά τον κυβερνήτη της χώρας, όπως λ.χ. στις ΗΠΑ (πβ. *προεδρεύω* σημασ. ΙΙ).

προεδριλίκι το, ουσ. (λαϊκ.), το αξίωμα του προέδρου, προεδρία.

πρόεδρος ο και η και θηλ. **προεδρίνα**, ουσ. **1.** αυτός που προΐσταται, που διευθύνει τις εργασίες σε συνεδρία, συνέλευση, δικαστήριο, πολιτικό ή άλλο σωματείο, οργανισμό, οργάνωση, κλπ.: ~ *της Βουλής·* ~ *της εταιρείας/εξεταστικής επιτροπής.* **2.** αρχηγός κράτους, πρόσωπο που κατέχει την υψηλότερη πολιτική θέση: ~ *Δημοκρατίας·* υποψήφιος ~. **3.** αρχηγός της εκτελεστικής εξουσίας ενός κράτους: ~ *κυβέρνησης* (= πρωθυπουργός). **4.** (συνεκδοχικά) αρχηγός πολιτικού κόμματος. **5.** (το θηλ.) σύζυγος προέδρου.

προειδοποίηση, η ουσ. **1.** το να προειδοποιεί ή να προειδοποιείται κανείς: *έφυγε χωρίς καμιά* ~. ~ *απειλητική.* **2.** το μέσο με το οποίο προειδοποιείται κανείς: ~ *γραπτή.*

προειδοποιητικός, -ή, -ό, επίθ., που προειδοποιεί ή που χρησιμεύει ως προειδοποίηση: *βολές -ές· σημείο -ό* (= προμήνυμα, προάγγελμα)· (μεταφ.) *όνειρο -ό.* - Επίρρ. **-ά.**

προειδοποιώ, εις, (ασυνίζ.). **1.** ειδοποιώ κάποιον εκ των προτέρων για κάτι (πρόβλημα ή κίνδυνο) ώστε να είναι ενήμερος: *το υπουργείο -εί: το κάπνισμα βλάπτει την υγεία.* **2.** συμβουλεύω κάποιον να αποφύγει πιθανό κίνδυνο ή τιμωρία: *τον είχα -ήσει να μη χάσει την ψυχραιμία του στη συνεδρίαση·* απειλητικά) *σε* ~: *μην τολμήσεις να...*

προεικάζω, ρ. (λόγ.), συμπεραίνω εκ των προτέρων, προβλέπω.

προεικονίζω, ρ., παρουσιάζω εκ των προτέρων τα στοιχεία προσώπου, πράγματος ή φαινομένου που πρόκειται να ακολουθήσει.

προεικόνιση η, ουσ., το να παρουσιάζονται εκ των προτέρων όλα τα στοιχεία ενός προσώπου, πράγματος ή φαινομένου που πρόκειται να ακολουθήσει.

προεισαγωγή η, ουσ., το πρώτο ή εισαγωγικό μέρος σε ένα κύριο θέμα: *ο ομιλητής έκανε μια σύντομη* ~ (συνών. *εισαγωγή, προοίμιο, πρόλογος*).

προεισαγωγικός, -ή, -ό, επίθ., που ανήκει ή αναφέρεται στην προεισαγωγή: *ο* ~ *χαρακτήρας της ανακοίνωσης.* - Επίρρ. **-ά.**

προείσπραξη η, ουσ., είσπραξη χρηματικού ποσού πριν από την καθορισμένη ή τακτή ημερομηνία καταβολής του: ~ *αμοιβής/ενοικίου.*

προεισπράττω, ρ., παρατ. *-εισέπραττα*, πληθ. *-εισπράτταμε*, αόρ. *εισέπραξα*, πληθ. *-εισπράξαμε*, εισπράττω κάποιο χρηματικό ποσό πριν από την καθορισμένη ή τακτή ημερομηνία καταβολής του.

προεισφορά η, ουσ., το να προπληρώνει, να δίνει κανείς χρήματα προκαταβολικά.

προεκβολή η, ουσ. 1α. το να εκτείνεται κάτι ώστε να εξέχει προς τα εμπρός ή μακρύτερα από καθορισμένο όριο ή θέση, προέκταση· β. (γυμν.) η μετάθεση του δεξιού ή αριστερού ποδιού κατευθείαν μπροστά ή προς τα πίσω και σε συγκεκριμένη απόσταση. 2. (συνεκδοχικά) αυτό που προεκτείνεται, προεξοχή: ~ ξηράς στη θάλασσα.

προεκλογικός, -ή, -ό, επίθ. 1. που αναφέρεται στο χρόνο πριν από τις εκλογές: *περίοδος/ατμόσφαιρα -ή* (αντ. *μετεκλογικός*). 2. που γίνεται στον παραπάνω χρόνο με στόχο πάντοτε τις εκλογές: *λόγος ~· συγκέντρωση -ή.* - Επίρρ. **-ά** και **-ώς**.

προέκταση η, ουσ. 1. το να εκτείνεται κάτι προς τα εμπρός, το να αυξάνεται σε έκταση ή μήκος. 2. (συνεκδοχικά) η επιφάνεια, το μέρος στο οποίο προεκτείνεται κάτι. 3. (μεταφ.) *~ ενός γεγονότος* =συνέπεια από αυτό το γεγονός.

προεκτείνω, ρ., εκτείνω κάτι προς τα εμπρός, πέρα από κάποιο ορισμένο όριο.

προέλαση η, ουσ. (για στρατό) το να προελαύνει, να προχωρεί γρήγορα προς τα εμπρός: *~ θυελλώδης/ραγδαία* (αντ. *υποχώρηση*).

προελαύνω, ρ., παρατ. *προήλαυνα*, πληθ. *προελαύναμε*, αόρ. *προήλασα*, πληθ. *προελάσαμε* (λόγ.), (για στρατό σε καιρό πολέμου) προχωρώ γρήγορα προς τα εμπρός: *οι στρατιωτικές μας δυνάμεις -ήλασαν ακάθεκτες...* (αντ. *υποχωρώ*).

προέλευση η, ουσ. 1. ο τόπος από τον οποίο προέρχεται κάτι ή ξεκινά μια δραστηριότητα: *προϊόντα ξένης/εγγυημένης -ης· πληροφορίες μυστικής/ύποπτης -ης.* 2. ο τόπος καταγωγής κάποιου: *άτομο άγνωστης -ης.*

Προέλληνες οι, ουσ. (ιστ.) γενική ονομασία που δίνεται στα φύλα που κατοικούσαν στον ελληνικό χώρο πριν από την κάθοδο των Δωριέων.

προελληνικός, -ή, -ό, επίθ., που ανήκει ή αναφέρεται στους Προέλληνες: *φύλα -ά· λέξεις -ές.*

προεμβάζω, ρ., εμβάζω (βλ. λ.) προκαταβολικά.

προέμβασμα το, ουσ. 1. έμβασμα (βλ. λ.) που αποστέλλεται προκαταβολικά. 2. (συνεκδοχικά) το ποσό που προεμβάζεται.

προεξαγγελία η, ουσ. (έρρ.), εξαγγελία (βλ. λ.) που γίνεται εκ των προτέρων: *~ νέων μέτρων για την αντιμετώπιση του κυκλοφοριακού προβλήματος.*

προεξαγγέλλω, ρ. αόρ., *προεξήγγειλα*, πληθ. *προεξαγγείλαμε* (έρρ.), εξαγγέλλω (βλ. λ.) εκ των προτέρων.

προεξάρχω, ρ., παρατ. *προεξήρχα*, πληθ. *προεξήρχαμε*, ελλειπτ. στον αόρ. (λόγ.), είμαι επικεφαλής, κατέχω την πρώτη θέση, προΐσταμαι.

προεξετάζω, ρ. (σπάνιο), εξετάζω εκ των προτέρων.

προεξέχω, ρ., παρατ. *προεξείχα*, πληθ. *προεξείχαμε*, ελλειπτ. στον αόρ., εξέχω (βλ. λ. σημασ. I).

προεξόφληση η, ουσ., εξόφληση χρέους ή άλλης οικονομικής υποχρέωσης πριν από την καθορισμένη ημερομηνία καταβολής.

προεξοφλήσιμος, -η, -ο, επίθ. (συνήθως για γραμμάτια, συναλλαγματικές, κ.τ.ό.) που μπορεί να προεξοφληθεί, που συγκεντρώνει τα απαραίτητα στοιχεία ώστε να γίνει αποδεκτός για προεξόφληση.

προεξοφλητής ο, ουσ., αυτός που προεξοφλεί οικονομικές απαιτήσεις τρίτων πριν από τη λήξη της προθεσμίας τους εισπράττοντας ορισμένο ποσοστό κέρδους.

προεξοφλητικός, -ή, -ό, επίθ., που ανήκει ή αναφέρεται στην προεξόφληση: *τόκος ~* (= τόκος που εκπίπτει εξαιτίας της προεξόφλησης).

προεξοφλώ, -είς, ρ. 1. εξοφλώ χρέος ή άλλη οικονομική υποχρέωση πριν από την καθορισμένη ημερομηνία καταβολής: *~ τα γραμμάτια στην τράπεζα.* 2. (μεταφ.) θεωρώ εκ των προτέρων κάτι ως δεδομένο, βέβαιο: *~ την επιτυχία* (συνών. *προδικάζω*).

προεξοχή η, ουσ., τμήμα πράγματος που εξέχει από την υπόλοιπη επιφάνειά του ή από τα άλλα σώματα που βρίσκονται γύρω του: *~ ανεπαίσθητη· επικίνδυνες -ες βράχων· ~ αρχιτεκτονική (σαχνισί)* (συνών. *εξοχή*).

προεορτάζω, ρ. (λόγ.), γιορτάζω εκ των προτέρων.

προεόρτια τα, ουσ. (ασυνίζ.), εορτασμός που γίνεται την παραμονή μιας γιορτής· (συνεκδοχικά) η παραμονή της γιορτής (αντ. *μεθεόρτια*).

προεργάζομαι, ρ. (σπάνιο), κάνω προκαταρκτική, προπαρασκευαστική εργασία, προετοιμάζω.

προεργασία η, ουσ., προκαταρκτική, προπαρασκευαστική εργασία, προετοιμασία: *~ απαραίτητη/μεθοδική.*

προέρχομαι, ρ., αόρ. *προήλθα*, ελλειπτ. στη μτχ. παρκ. 1. αρχίζω να συμβαίνω ή να ενεργώ από κάποιο σημείο ή τόπο, έχω την αφετηρία ή προέλευσή μου: *το μεγαλύτερο μέρος των εισαγομένων ειδών -ονται από την ΕΟΚ.* 2. έρχομαι ως συνέπεια, έχω κάπου την αιτία μου: *δεν μπορώ να καταλάβω από τι -ήλθε η βλάβη.* 3. (για πρόσωπο) κατάγομαι.

προεστός ο, ουσ. (ιστ.) (στα χρόνια της τουρκοκρατίας) Έλληνας κοινοτικός άρχοντας ή, γενικά, άτομο με πλούτο και επιρροή σε μια κοινότητα (συνών. *δημογέροντας, πρόκριτος, προύχοντας*). [αρχ. *προεστώς*, μτχ. παρκ. του *προΐσταμαι*].

προετοιμάζω, ρ., ετοιμάζω (βλ. λ.): *-εται εντατικά για τις εξετάσεις.*

προετοιμασία η, ουσ., ετοιμασία (βλ. λ.): *ανέλαβα την ~ της εκδρομής.*

προέχει, ρ. (λόγ.), ελλειπτ. σε αόρ., παρκ. και υπερσ., (τρίτο πρόσ.) έχει σπουδαιότερη σημασία, άμεση προτεραιότητα, επείγει: *-ει το ζήτημα της περίθαλψης των τραυματιών.*

πρόζα η, ουσ. 1α. πεζός λόγος (σε αντιδιαστολή προς την ποίηση): *θέατρο -ας* (διαφορετικό το *μουσικό θέατρο*)· β. (συνεκδοχικά) έργο γραμμένο σε πεζό λόγο: *διαβάζω/παίζω ~.* 2. (ποιητ.) πεζολογία, πεζότητα: *Ανυπόφορη νομίζουμε ~/των καλών ανθρώπων τη συντροφιά* (Καρυωτάκης). [ιταλ. *prosa*].

προζύμι το, ουσ., ζυμάρι ή μίγμα αλευριού με νερό που τα έχουμε αφήσει να γίνουν όξινα και που, όταν τα ανακατέψουμε με μεγαλύτερη ποσότητα από αλεύρι, νερό και άλλα συστατικά, προκαλούν τη ζύμωση (η λ. συνήθως σε αντιδιαστολή με τη *μαγιά*, βλ. λ., που είναι βιομηχανικό παρασκεύασμα): *πιάνω ~* (πβ. *ζύμη* σημασ. 3).

προηγιασμένος, -η, -ο, επίθ. (ασυνίζ.), (εκκλ.) για τα τίμια δώρα (άρτο και οίνο) που καθαγιάστηκαν την προηγούμενη Κυριακή κατά την τέλεση της θείας Ευχαριστίας, χωρίς να καταλυθούν τότε· εκφρ. *-η θεία λειτουργία* (ως ουσ. *-η η*) ή *θεία λειτουργία των -ων* (ενν. *δώρων*) (= η ακολουθία της Μ. Τεσσαρακοστής που τελείται κάθε Τετάρτη και Παρασκευή, καθώς και τη Μ. Δευτέ-

ρα, Τρίτη και Τετάρτη με προηγιασμένο άρτο).
προηγμένος, -η, -ο, επίθ. (λόγ.), αναπτυγμένος πνευματικά, εξελιγμένος: *λαοί -οι· τεχνολογία -η.*
προηγούμαι, -είσαι, ρ. 1α. (τοπ.) βαδίζω ή τρέχω μπροστά από άλλον ή άλλους που κινούνται στην ίδια κατεύθυνση: *στην κούρσα -είται ο Α με μεγάλη διαφορά από τους υπόλοιπους αθλητές* (συνών. *προπορεύομαι·* αντ. *ακολουθώ, έπομαι)·* **β.** (μεταφ.) για πρόσωπο ή πράγμα που βρίσκεται σε ευνοϊκότερη θέση από άλλα: *ηθοποιός/προϊόν που -είται στις προτιμήσεις του κοινού.* 2. (χρον., για γεγονός, ενέργεια, κ.τ.ό.) **α.** συμβαίνω πριν από κάτι άλλο: *η εκτόξευση πραγματοποιήθηκε τελικά, αφού είχαν -ηθεί επανειλημμένες αναβολές·* **β.** (με υποκ. πρόσωπο) κάνω κάτι νωρίτερα από άλλον ή άλλους: *στις επανδρωμένες διαστημικές πτήσεις η Σοβιετική Ένωση -ήθηκε από τις Η.Π.Α.*
προηγούμενος, -η, -ο, επίθ. 1. (τοπ.) που προηγείται, που βρίσκεται πιο μπροστά από κάποιον ή κάτι: *έπρεπε να στρίψω στο -ο στενό.* 2. (χρον., σε σχέση με κάτι ή κάποιον όμοιο που ακολουθεί) **α.** (για γεγονός, ενέργεια, κ.τ.ό.) που έγινε νωρίτερα: *δεν απάντησες στην -η ερώτηση·* **β.** για χρονικό διάστημα του απώτερου ή άμεσου παρελθόντος και για πρόσωπο ή πράγμα που σχετίζεται με αυτό: *τα έξοδα του -ου χρόνου* (συνών. *περασμένος)· ο ~ διοικητής ήταν πολύ αυστηρός· ήρθε με το -ο τρένο* (αντ. *επόμενος).* - Το θηλ. στο λόγ. τ. **-ένη** ως ουσ. = η προηγούμενη μέρα: *είχα περάσει την -ένη, αλλά δε σε βρήκα* (αντ. *επομένη).* - Το ουδ. ως ουσ. = **1.** πράξη ή γεγονός του παρελθόντος που συσχετίζεται με όμοιο τωρινό ή μπορεί να προκαλέσει κάτι τέτοιο δρώντας ως παράδειγμα: *μια υποχώρηση στο ζήτημα του ωραρίου θα ήταν κακό -ο·* εκφρ. *χωρίς -ο* (= για ό,τι προκαλεί πολύ ζωηρή εντύπωση, είναι *«ανεπανάληπτο»): συνωστισμός χωρίς -ο.* 2. (στον πληθ.) εκκρεμείς διαφορές, αφορμές για δυσαρέσκεια ή σύγκρουση που έχουν δημιουργηθεί στο παρελθόν, συνήθως στη φρ. *έχω -α με κάποιον.* - Επίρρ. **-ένως** (= νωρίτερα, πρωτύτερα).
προηγούμενος ο, θηλ. **-ένη,** ουσ. (εκκλ. παλαιότερα) προϊστάμενος μονής (συνών. *ηγούμενος)* ή μετοχίου μονής.
προηγουμένως, βλ. *προηγούμενος.*
προθάλαμος ο, ουσ. (λόγ.), χώρος διαμερίσματος αμέσως μετά την εξώπορτα και μπροστά από τις εισόδους δωματίων (συνήθως για ιατρείο, γραφείο, κ.τ.ό., όπου χρησιμεύει και ως αίθουσα αναμονής· για σπίτι κοιν. *χολ): συχνάζει στους -άμους πολιτικών παραγόντων.*
πρόθεμα το, ουσ. (γραμμ.) φωνήεν, συνήθως το *α,* που μπαίνει στην αρχή μιας λέξης και κάνει να προκύψει μια νέα μορφή της (λ.χ. *αγκινάρα<κινάρα, α-μάχη, αδράχνω<δράσσω)* (αλλιώς *προτακτικό φωνήεν).*
προθερμαίνω, ρ. 1. (λόγ.) θερμαίνω από πριν. 2. (μέσ. μεταφ. για αθλητή) ετοιμάζομαι για αγώνα κάνοντας ελαφρές ασκήσεις (συνών. λαϊκ. *ζεσταίνομαι).*
προθέρμανση η, ουσ. 1. (λόγ.) προκαταρκτική θέρμανση υλικού. 2. (αθλητ.) προετοιμασία με ελαφρές ασκήσεις αθλητή για αγώνα (συνών. λαϊκ. *ζέσταμα).*
πρόθεση η, ουσ. 1. (συνήθως στον πληθ.) ιδέα, από-

φαση ή σχέδιο κάποιου για το τι πρόκειται ή πρέπει να κάνει (ο ίδιος ή και κάποιος άλλος), διάθεση, σκοπός, στόχος: *οι υποδείξεις του έγιναν με κακή ~· άτομο με σοβαρές -εις·* εκφρ. *από ~* (= σκόπιμα, ηθελημένα)· φρ. *ανήκει/είναι στις -εις μου να... ή έχω την ~ να...* (= σκοπεύω). 2. (γραμμ.) άκλιτη γλωσσική μορφή που μπαίνει μπροστά από όνομα ή επίρρημα ή χρησιμεύει ως πρώτο συνθετικό μιας λέξης για να δηλώσει μαζί της τόπο, χρόνο, τρόπο, ποσό, κ.ά. (λ.χ. *από το σπίτι, έως εδώ, παρα-σέρνω).* 3. (εκκλ.) **α.** η προετοιμασία των τίμιων δώρων για τη θεία Ευχαριστία, καθώς και η σχετική ακολουθία (συνών. *προσκομιδή)·* **β.** χώρος του ιερού ενός ορθόδοξου ναού βόρεια από την αγία Τράπεζα (μικρό τραπέζι ή συνηθέστερα κόγχη) όπου τοποθετούνται και προετοιμάζονται τα τίμια δώρα, προτού μεταφερθούν στην αγία Τράπεζα για τον αγιασμό και τη μετουσίωση. 4. (ιατρ.) αντικατάσταση οργάνου ή μέλους του σώματος που λείπει με τεχνητό, όμοιο με το αληθινό στη μορφή και, όσο γίνεται, στη λειτουργία.
προθεσμία η, ουσ., χρονικό διάστημα μέσα στο οποίο πρέπει κάποιος να κάνει κάτι: *ο κατηγορούμενος ζήτησε ~ δέκα ημερών για να ετοιμάσει την απολογία του· ~ υποβολής δικαιολογητικών* (συνών. *διορία)·* (οικον.) *καταθέσεις -ας,* βλ. *κατάθεση.*
προθετικός, -ή, -ό, επίθ. (ιατρ.) που σχετίζεται με την πρόθεση (βλ. λ. σημασ. 4): *μέλη -α.*
προθεωρώ, ρ. (λόγ.), εξετάζω κάτι προκαταρκτικά.
προθήκη η, ουσ., βιτρίνα (βλ. λ. σημασ. 1 και 2): *καταστήματα με καταφώτες -ες· ~ μουσείου.*
πρόθημα το, ουσ. (γραμμ.) πρόσφυμα (βλ. λ.) μπροστά από τη ρίζα μιας λέξης (λ.χ. *μικρο-μάγαζο, χαμο-ζωή)* (αντ. *επίθημα).*
προθρομβίνη η, ουσ. (βιοχημ.) ουσία που βρίσκεται στο αίμα και συμβάλλει στην πήξη του, όταν αυτό χυθεί: *η ~ ελαττώνεται κατά τη θεραπεία της θρόμβωσης με αντιπηκτικά.*
πρόθυμα, βλ. *πρόθυμος.*
προθυμερός, -ή, -ό, επίθ. (ιδιωμ.), πρόθυμος. - Επίρρ. **-ά.**
προθυμία και (λαϊκ., συνίζ.) **-ιά** η, ουσ. 1. ευνοϊκή διάθεση ή επιθυμία να πραγματοποιηθεί κάτι ή να επιτύχει ένας σκοπός, που συνήθως εκδηλώνεται και με ανάλογη δραστηριότητα: *όλοι ανταποκρίθηκαν με ~, όταν ζήτησα να με βοηθήσουν· δουλεύει με ~* (= όρεξη) (αντ. *απροθυμία, δυστροπία).* 2. (λαϊκ., στον τ. *-ιά)* έντονη τάση φυτού να ανθίσει, να βλαστήσει.
προθυμοποίηση η, ουσ. (λόγ.), το να προθυμοποιείται κάποιος για κάτι.
προθυμοποιούμαι, ρ. (ασυνίζ.), δείχνω προθυμία, φαίνομαι πρόθυμος: *κανείς δεν -ήθηκε να προσφέρει τη θέση του στην κυρία.*
πρόθυμος, -η, -ο, επίθ., που δείχνει προθυμία, όρεξη για κάτι, για να κάνει κάτι: *πάντοτε ~ για το καλό/να μας εξυπηρετήσει* (αντ. *απρόθυμος, ανόρεχτος).* - Επίρρ. **-α.**
πρόθυρο το, ουσ. 1. (αρχιτ.) αυλόπορτα, προαύλιο (αρχαίας κατοικίας). 2. (συνήθως στον πληθ.) το αμέσως προηγούμενο στάδιο από κάτι που είναι πιθανό να γίνει: *είμαι στα -υ της τρέλας* (= κοντεύω να τρελαθώ).
προιάρι το, ουσ. (ασυνίζ. ιδιωμ.). **α.** μικρή βάρκα χωρίς καρίνα για ψάρεμα στα πολύ ρηχά νερά της

λιμνοθάλασσας του Μεσολογγίου· **β.** ψαρόβαρκα για πυροφάνι (πβ. *πλοιάριο*).

προϊδεάζω, ρ., ενημερώνω από πριν σε γενικές γραμμές κάποιον και τον κάνω να διαμορφώσει μια πρώτη γενική άποψη για κάτι που πρόκειται να γίνει ή να μάθει: *κάποιοι τον είχαν -σει αρνητικά, γι' αυτό δεν μπόρεσα να τον πείσω.*

προϊδέαση η, (λόγ.) και **προϊδεασμός** ο, ους., το να προϊδεάζει κανείς έναν άλλον.

προίκα η, ους., σύνολο περιουσιακών στοιχείων που παρέχει η γυναίκα ή κάποιος άλλος, συνήθως ο πατέρας της, για λογαριασμό της, στο μελλοντικό σύζυγο, για να τον ενισχύσει στην αντιμετώπιση των οικονομικών υποχρεώσεων του έγγαμου βίου, ή και για άλλους λόγους (σήμερα ως θεσμός χωρίς νομική κατοχύρωση και ως συνήθεια σε ύφεση): *πήρε μεγάλη ~· της έφαγε την ~·* (ειδικότερα για τα προικιά) *αγόρασε ένα σεντόνι για την ~ της κόρης της.*

προικίζω, ρ. 1. δίνω ως προίκα σε κάποιον: *ο θείος της την -ισε μ' ένα διαμέρισμα* (συνών. *προικοδοτώ*). 2. (μεταφ.) στολίζω (με φυσικά, πνευματικά, κ.ά. χαρίσματα): *κορίτσι -σμένο με εξαίσια ομορφιά·* (η μτχ. ως επίθ.): *συνθέτης -σμένος* (= ταλαντούχος).

προικιό το, ους. (συνιζ.). 1.(σπανίως) πράγμα προικώο. 2. (στον πληθ.) κινητά αντικείμενα (ρουχισμός, έπιπλα και σκεύη) που περιλαμβάνονται στην προίκα: *μεταφέρουν/δείχνουν τα -ιά· κοιμήσου και παράγγειλα στην Πόλη τα -ιά σου* (δημ. τραγ.).

προίκισμα το, ους., παροχή προίκας (συνών. *προικοδότηση*).

προικοδότης ο, ους., αυτός που προικοδοτεί.

προικοδότηση η, ους., το να προικοδοτεί κανείς μια κοπέλα: *~ άπορης νέας* (συνων. *προίκισμα*).

προικοδοτώ, -είς, ρ., δίνω προίκα σε κάποια.

προικοθήρας ο, ους., αυτός που επιδιώκει συστηματικά να πάρει με το γάμο του μεγάλη προίκα.

προικοθηρία η, ους. (λόγ.), το να είναι κάποιος προικοθήρας.

προικοθηρώ, -είς ρ. (λόγ.), είμαι προικοθήρας.

προικοσύμφωνο το, ους., είδος συμβολαίου ανάμεσα στο γαμπρό και τον πατέρα ή τους κηδεμόνες της νύφης ή και αυτή την ίδια, όπου ορίζονται όσα πράγματα αποτελούν την προίκα.

προικώος, -α, -ο, επίθ., για πράγμα, κινητό ή κυρίως ακίνητο, που περιλαμβάνεται στην προίκα: *σπίτι -ο.*

προϊόν το, ους. 1. ό,τι παράγεται και πουλιέται σε μεγάλες ποσότητες, συχνά ως αποτέλεσμα βιομηχανικής προόδου: *-όντα γεωργικά/βιομηχανικά/τυποποιημένα· ακαθάριστο εθνικό ~* = συνολική αξία σε χρηματικές μονάδες όλων των τελικών αγαθών και υπηρεσιών που παράγει μια κρατική οικονομία σε ορισμένη χρονική περίοδο (συνήθως έτος). 2. πνευματικό δημιούργημα: (μεταφ.) *η είδηση είναι ~ φαντασίας.* 3. κατάσταση ως αποτέλεσμα προσπαθειών κάποιου: *~ μακρόχρονης διαδικασίας.* 4. κέρδος, απολαβή από εργασία: *ανάξια λόγου τα -όντα του μόχθου του.*

προΐσταμαι, ρ., πληθ. -άμεθα, -ασθε, -ανται (λόγ.), μόνο στον ενεστ. (με γεν.), είμαι προϊστάμενος, είμαι επικεφαλής σε υπηρεσία ή έργο: *-ται ιδρύματος/οργανισμού/οργάνωσης.*

προϊστάμενος ο, θηλ. **-μένη**, ους., ο επικεφαλής υπηρεσίας ή έργου (κατώτερος βαθμός από του διευθυντή): *~ τεχνικών υπηρεσιών. -* Το θηλ. ως ους. = νοσοκόμα απόφοιτος ανώτερης σχολής νοσοκόμων που είναι επικεφαλής ομοτέχνων σε νοσηλευτικά ιδρύματα.

προϊστορία η, ους. 1. η περίοδος πριν από τα ιστορικά χρόνια. 2. επιστήμη που μελετά την εξέλιξη των ανθρώπινων κοινωνιών πριν από την εμφάνιση γραφής. 3. (μεταφ.) γεγονότα που προηγήθηκαν από μια κατάσταση.

προϊστορικός, -ή, -ό, επίθ., που σχετίζεται με την προϊστορία ή ανήκει σ' αυτήν: *τέχνη -ή· άνθρωπος ~. -* Το αρσ. ως ους. = επιστήμονας που ασχολείται με την προϊστορία.

πρόκα η, ους., κοντό ξύλινο ή μεταλλικό καρφί: *-ες παπουτσιών.* [βενετ. *broca*].

προκαθήμενος ο, ους., πρόεδρος εκκλησιαστικής συνόδου: *ο ~ της εκκλησίας της Ελλάδος.*

προκάλυμμα το, ους. 1. καθετί που χρησιμεύει για πρόκαλυψη (συνών. *παραπέτασμα*). 2. (μεταφ.) πρόσχημα, πρόφαση. 3. (στρατ.) προμαχώνας.

προκάλυψη η, ους. 1. κάλυψη από μπροστά. 2. (στρατ.) α. σύνολο μέσων και ενεργειών που λαμβάνονται για απόκρουση αιφνιδιαστικής επιδρομής αντιπάλου· **β.** φρούρηση σε καιρό ειρήνης των συνόρων του κράτους με φυλάκια, κ.ά.: *τον Οκτώβριο του 1940 υπηρετούσε στην ~.*

προκαλώ, -είς, ρ. 1. γίνομαι αφορμή ή αιτία να συμβεί κάτι: *ο σεισμός -κάλεσε πανικό· με τα λόγια του -εί συχνά επεισόδια.* 2. φέρομαι σε κάποιον με τρόπο που να του δημιουργήσω την ανάγκη να αντιδράσει (συνήθως επιθετικά): *τον -εί να παλέψουν.* 3. διεγείρω ερωτικά: *με τους τρόπους της -εί.*

προκάνω, ρ. (λαϊκ.), προλαβαίνω (βλ. λ.), προφταίνω (βλ. λ.): *δεν πρόκανα να τελειώσω τα μαθήματά μου σήμερα· τρέξε να τον -εις.*

προκαπιταλιστικός, -ή, -ό, επίθ., που ανήκει ή αναφέρεται στην περίοδο πριν από τον καπιταλισμό: *εποχή -ή.*

προκαταβάλλω, ρ., παρατ. *προκατέβαλλα*, πληθ. *προκαταβάλλαμε*, παθ. αόρ. *προκαταβλήθηκα*, προπληρώνω: *~ ενοίκια/φόρους.*

προκαταβολή η, ους. 1. πληρωμή χρηματικού ποσού εκ των προτέρων (συνών. *προπληρωμή*). 2α. μέρος του συμφωνημένου ποσού που προκαταβάλλεται (συνών. λαϊκ. *μπροστάντζα*)· **β.** το χρηματικό ποσό που προκαταβάλλεται ως εγγύηση συμφωνίας (συνών. λαϊκ. *καπάρο*).

προκαταβολικός, -ή, -ό, επίθ. α. που καταβάλλεται εκ των προτέρων: *εξόφληση -ή·* **β.** που γίνεται εκ των προτέρων: *-ή απόρριψη πρότασης* (ειδικά) *μέτρα -ά* (συνών. *προληπτικός*). - Επίρρ. **-ά** και **-ώς.**

προκατακλυσμιαίος, -α, -ο, επίθ. (ασυνίζ., λόγ.). 1. που σχετίζεται με τα χρόνια πριν από τον κατακλυσμό. 2. (κατ' επέκταση) παμπάλαιος, πανάρχαιος.

προκαταλαμβάνω, ρ., αόρ. *προκατέλαβα*, πληθ. *προκαταλάβαμε*, μτχ. παρκ. *προκατειλημμένος*. 1. καταλαμβάνω από πριν. 2. προδιαθέτω κάποιον στο σχηματισμό γνώμης: *τον προκατέλαβε η γυναίκα του. -* Η μτχ. *προκατειλημμένος* ως επίθ. = που είναι επηρεασμένος εκ των προτέρων (συνήθως δυσμενώς) απέναντι σε πρόσωπα ή καταστάσεις: *οι δικαστές ήταν -οι εναντίον του.*

προκατάληψη η, ους. 1. γνώμη που σχηματίζεται εκ των προτέρων (συνήθως για κακό) από επηρεασμό, χωρίς βαθιά εξέταση. 2. δυσμενής στάση, ψυχολογική τοποθέτηση απέναντι σε άτομο ή ομάδα: *-λήψεις φυλετικές/θρησκευτικές.* 3. (ρητορ. σχήμα) προκαταβολική ανασκευή ενδεχόμενης αντίρρησης.

προκαταρκτικός, -ή, -ό, επίθ. 1. που προηγείται ή που προετοιμάζει κάτι άλλο που θεωρείται σπουδαιότερο: *εξετάσεις -ές* (συνών. *προεισαγωγικός*). 2. (νομ.) εξέταση *-ή* = που γίνεται από εισαγγελέα για να κρίνει εάν συντρέχει περίπτωση ποινικής δίωξης. - Το ουδ. στον πληθ. ως ουσ. = σύνολο προπαρασκευαστικών ενεργειών: *άρχισαν τα -ά του συνεδρίου.* - Επίρρ. **-ά.**

προκατασκευασμένος, -η, -ο, επίθ., που γίνεται με προκατασκευή: *σπίτια -α* (μεταφ.) *ιδέες -ες.*

προκατασκευή η, ουσ. 1. σύστημα κατασκευής που επιτρέπει την πραγματοποίηση έργων με τη χρησιμοποίηση τυποποιημένων στοιχείων που κατασκευάζονται από πριν και συναρμολογούνται με βάση προκαθορισμένο σχέδιο. 2. Το αποτέλεσμα κάθε προκατασκευής.

προκατειλημμένος, βλ. *προκαταλαμβάνω.*

προκάτοχος -η, -ο, επίθ., προηγούμενος κάτοχος (συνήθως θέσης, αξιώματος, κλπ.).

προκείμενος, -μένη, -μενο, επίθ. (λόγ.), που βρίσκεται μπροστά, που γι' αυτό γίνεται λόγος: *περίπτωση -μένη· θέμα -μενο.* Φρ. *προκειμένου για* (= όταν γίνεται λόγος για..., όσον αφορά...): *προκειμένου για ζώα που ζουν στα δάση... προκειμένου να* (= εφόσον ή επειδή πρόκειται να συμβεί κάτι): *προκειμένου να τα χάσει όλα, προτίμησε να συμβιβαστεί.* - Το ουδ. ως ουσ. = θέμα, ζήτημα για το οποίο γίνεται λόγος: *ας επανέλθουμε στο -μενο.*

πρόκειται, ρ., ελλειπτ., παρατ. (λόγ.) *επρόκειτο*, τριτοπρόσ. 1. υπάρχει ζήτημα, γίνεται λόγος: ~ *για την υγεία σου*· ~ *για τη γνωστή υπόθεση.* 2. (με το *να*) σκοπεύει να ή είναι στο πρόγραμμα να γίνει κάτι: *πότε ~ να κυκλοφορήσει το βιβλίο σου; ~ να έλθει σύντομα στην Ελλάδα.*

προκήρυξη η, ουσ. 1. επίσημη προαναγγελία για κάποια μελλοντική ενέργεια για να τη γνωρίζουν οι ενδιαφερόμενοι: ~ *νέων εκλογών/νέου διαγωνισμού.* 2. έντυπη ανακοίνωση πολιτικής ή άλλης οργάνωσης ή προσώπου που απευθύνεται σε ορισμένους κύκλους: ~ *επαναστατική.*

προκηρύσσω, ρ. 1. γνωστοποιώ κάτι με κήρυκα. 2. αναγγέλλω επίσημα μελλοντική ενέργεια για να πληροφορηθούν οι ενδιαφερόμενοι: ~ *εκλογές/ διαγωνισμό.*

προκλασικός, -ή, -ό, επίθ., που ανήκει ή αναφέρεται στην περίοδο πριν από τα κλασικά χρόνια: *συγγραφείς -οί* (αντ. *μετακλασικός*).

πρόκληση η, ουσ. 1. στάση προκλητική, επιθετική. 2. καθετί καινούργιο και συναρπαστικό ή δύσκολο που έχει κανείς τη δυνατότητα να το κάνει, αλλά απαιτείται μεγάλη προσπάθεια και αποφασιστικότητα για να το πετύχει: *-ήσεις της σύγχρονης εποχής.*

προκλητικός, -ή, -ό, επίθ. 1. που προκαλεί ή περιέχει πρόκληση: *συμπεριφορά -ή.* 2. που διεγείρει, που σαγηνεύει: *ντύσιμο/βλέμμα -ό* (συνών. *ελκυστικός*). - Επίρρ. **-ά.**

προκλητικότητα η, ουσ. 1. επιθετικότητα: ~ *αντιπάλων παρατάξεων.* 2. σαγήνεμα: ~ *μιας γυναίκας.*

προκόβω και (λαϊκ.) **προκόφτω**, ρ., αόρ. *πρόκοψα,* μτχ. *προκομμένος.* 1. πηγαίνω μπροστά, προοδεύω, ευημερώ: *-οψε στο εμπόριο/στην ξενιτιά.* 2. είμαι ή γίνομαι εργατικός, δραστήριος: *-οψε η ακαμάτρα όταν είδε την κομμάτα* (παροιμ., και ο φύσει τεμπέλης υποκρίνεται τον εργατικό όταν πρόκειται να πληρωθεί). 3. (για ζώα ή φυτά) αναπτύσσομαι, μεγαλώνω: *δεν -οψαν φέτος τα κηπευτικά μας.* Φρ. (ειρων.) *μας -οψε* (= μας κατάστρεψε). - Η μτχ. *προκομμένος* ως επίθ.: εργατικός, δραστήριος: *χέρια -α·* (ειρων.) *γύρισε επιτέλους ο ~ μου.*

προκοίλης ο, ουσ. (λαϊκ.), κοιλαράς (βλ. λ.).

προκοίλι το, ουσ. (λαϊκ.), υπογάστριο (βλ. λ.) χοντρό, που προεξέχει: *ήταν χοντρός και κοντός με ~ που τον δυσκόλευε στο περπάτημα.*

προκοπή η, ουσ. 1. (για πρόσωπο) α. βελτίωση (ηθική, πνευματική, σωματική, κ.ά.): *συμβουλεύτηκα πολλούς γιατρούς, αλλά ~ δεν είδα·* β. (ειδικά) πετυχημένη σταδιοδρομία, επιτυχία στις επιχειρήσεις, στη δραστηριότητα κάποιου, ανάδειξη, ευδοκίμηση: *μάθαμε τις -ές του και χαρήκαμε·* φρ. *βλέπω/κάνω ~* (= προκόβω): *πήγε στην ξενιτιά τάχα να κάνει ~·* (σε κατάρα) *να μη δεις ~!* (συνών. *πρόοδος*). 2. (συνεκδοχικά) εργατικότητα, φιλοπονία. 3. (για τόπο) εξαιρετική ανάπτυξη, πρόοδος, (υλική) ευημερία: *εργάζονται ενωμένοι για την ~ της πατρίδας.* 4. (για φυτά) απόδοση, καρποφορία: *το στάρι δεν είχε ~ φέτος.* Έκφρ. *της ής* (για κάτι καλό, ωραίο, αξιόλογο): *πήρα ένα φουστανάκι της -ής· ολόκληρη πόλη δεν είχε ένα εστιατόριο της -ής.*

προκόφτω, βλ. *προκόβω.*

πρόκριμα το, ουσ. (λόγ.), απόφαση ή ενέργεια που καθορίζει ως ένα βαθμό από πριν ό,τι πρόκειται να συμβεί: *η συμφωνία αυτή αποτελεί ~ για τις μελλοντικές εξελίξεις.*

προκριματικός, -ή, -ό, επίθ. α. που αναφέρεται ή αποβλέπει σε προκαταρκτική κρίση για τον καθορισμό της μελλοντικής πορείας: *εκλογή -ή·* β. (αθλητ.) για αγώνα που γίνεται με σκοπό να ξεχωρίσουν ποιοι αθλητές ή ποιες ομάδες θα συμμετάσχουν στην τελευταία αναμέτρηση, στον τελικό αγώνα.

προκρίνω, ρ., ενεργ. παρατ. - αόρ. *προέκρινα* και σπανίως *πρόκρινα*, πληθ. *προκρίναμε*, μέσ. παρατ. *-όμουν*, αόρ. *-ίθηκα.* Ι. (ενεργ., λόγ.-λογοτ.) δείχνω την προτίμησή μου για κάτι, επιλέγω κάτι: *αντί για διάλογο -ει το μονόλογο και το φανατισμό -ανε καλύτερα να πεθάνουν της πείνας παρά να φάνε από δαύτα* (Κόντογλου). ΙΙ. (μέσ., για αθλητή ή ομάδα) αναδεικνύομαι νικητής σε προκριματικούς (βλ. λ.) αγώνες και προορίζομαι να διεκδικήσω στον τελικό το έπαθλο: *από τις τέσσερις ομάδες του ομίλου -ονται οι δύο* (αντ. *αποκλείομαι*).

πρόκριση η, ουσ. (αθλητ.) το να προκρίνεται αθλητής ή ομάδα σε τελικό αγώνα (ή τελικούς): *δεκάδες ομάδες απ' όλο τον κόσμο διεκδικούν την ~* (αντ. *αποκλεισμός.*).

πρόκριτος ο, ουσ., προεστός (βλ. λ.).

προκυμαία η, ουσ., κρηπίδωμα κατασκευασμένο στην ακτή λιμανιού για να προφυλάγει τα πλοία από τα κύματα και να τα διευκολύνει να πλευρίσουν και να αράξουν (πβ. *αποβάθρα*).

προκύπτει, ρ., τριτοπρόσ., παρατ. *-έκυπτε*, μέλλ. *θα -ύψει*, αόρ. *-έκυψε.* 1. προέρχεται, δημιουργείται ή παρουσιάζεται ως αποτέλεσμα ή επακόλου-

θο γεγονότος, ενέργειας, κατάστασης, κ.τ.ό. που προηγήθηκε ή προϋπάρχει: *η κυβέρνηση που -έκυψε από τις πρόσφατες εκλογές.* **2.** βγαίνει το συμπέρασμα, συνάγεται: *απ' όσα κατέθεσε ο μάρτυρας ~ ότι ... · από την έρευνα -ουν τα εξής.*
πρόκυψη η, ουσ. (γυμν.) κάμψη του κορμού προς τα εμπρός: *~ ελαφρά* (δηλ. έως 45°)/ *πλήρης* (δηλ. έως την οριζόντια θέση).
προλαβαίνω, ρ., αόρ. *πρόλαβα.* **1.** φτάνω κάπου ή κάνω κάτι εγκαίρως και πριν από άλλον, προτού συμβεί ή συμπληρωθεί κάτι: *ο Α πρόλαβε και κάθισε στην καλύτερη θέση* (μτβ.) *μας πρόλαβαν και δημοσίευσαν εκείνοι το έγγραφο· μόλις ~ το τέλος του αγώνα·* Φρ. *όποιος (ε)πρόλαβε τον Κύριον είδε.* **2.** (μτβ.) **α.** κατορθώνω να πλησιάσω κάποιον ή κάτι που φεύγει και απομακρύνεται: *αν τρέξεις, θα τον -λάβεις στο ασανσέρ· δεν πρόλαβα το πρωινό τρένο·* **β.** πλησιάζω κάποιον ή κάτι προτού μεταβληθεί η κατάσταση όπου βρίσκεται και στην οποία ενδιαφέρομαι να τον βρω: *την ώρα που σχολώ δεν ~ κανένα κατάστημα ανοιχτό· θέλω να τον -λάβω ζωντανό·* **γ.** (στον αόρ., ειδικά) για πρόσωπο που γνώρισα προτού πεθάνει ή για πράγμα προτού χαθεί: *τον έναν τον παππού μου δεν τον πρόλαβα· η δική σας γενιά δεν το πρόλαβε το ρολόι της πλατείας.* **3.** για κατάσταση, κ.τ.ό., που δημιουργείται, συνήθως, προτού να είμαι προετοιμασμένος να την αντιμετωπίσω: *αιωνίως μάς -ουν τα γεγονότα· με πρόλαβε η νύχτα.* **4.** ενεργώντας έγκαιρα αποτρέπω κάτι δυσάρεστο: *~ την καταστροφή· μόλις -λάβανε το κακό.* **5.** έχω το χρόνο που χρειάζεται για να κάνω κάτι: *έχω τόσο διάβασμα που δεν ~ ούτε να σου τηλεφωνήσω.* **6.** ανακοινώνω σε κάποιον κάτι κατά τρόπο εσπευσμένο: *του είπες το μυστικό κι εκείνος του το πρόλαβε* (συνών. στις σημασ. 1-6 *προφταίνω).*
προλεγόμενα τα, ουσ., πρόλογος βιβλίου, συνήθως εκτενής και με περιεχόμενο σχετικό με αυτό του βιβλίου: *~ του Πολυλά στην έκδοση των Ευρισκομένων του Διονυσίου Σολωμού (1859).*
προλέγω, ρ., παρατ. *προέλεγα,* πληθ. *προλέγαμε,* αόρ. *-είπα.* **1.** (λόγ., μόνο στον αόρ.) είπα προηγουμένως. **2.** προφητεύω: *είχε το χάρισμα να -ει το μέλλον* (συνών. *προμαντεύω).*
προλεταριακός, -ή, -ό, επίθ. (ασυνίζ.), που ανήκει ή αναφέρεται στον προλετάριο ή το προλεταριάτο: *κόμμα -ό· διεθνισμός ~.*
προλεταριάτο το, ουσ. (ασυνίζ.), η κοινωνική τάξη των προλεταρίων, ιδίως των νεότερων χρόνων (σε αντιδιαστολή προς την αριστοκρατία ή το «κεφάλαιο» και την αστική τάξη): *~ βιομηχανικό/αγροτικό·* εκφρ. *δικτατορία του -άτου* (= στο μαρξισμό-λενινισμό, η συγκέντρωση όλων των εξουσιών από το προλεταριάτο μετά την ανατροπή του καπιταλιστικού συστήματος, τη διάλυση του αστικού κράτους και την εγκαθίδρυση σοσιαλιστικού καθεστώτος)· *λούμπεν ~,* βλ. *λούμπεν.* [γαλλ. *prolétariat*].
προλεταριοποίηση η, ουσ. (ασυνίζ.), το να γίνεται κανείς προλετάριος.
προλεταριοποιούμαι, ρ. (ασυνίζ.), κατανιώ στην κατάσταση του προλετάριου: *κάποιοι αγρότες πουλούν τη γη τους και -ούνται.*
προλετάριος ο, ουσ. (ασυνίζ.). **1.** (αρχ.) πολίτης των κατώτερων λαϊκών στρωμάτων του ρωμαϊκού κράτους χωρίς εισόδημα για να φορολογηθεί και με μοναδική συνεισφορά στην πολιτεία τους απογόνους του *(proles)* για στρατιώτες. **2.** (κατά τη μαρξιστική φιλοσοφία) άτομο που έχει για μοναδικούς πόρους ζωής τα έσοδα από την εργασία του, ασκεί χειρωνακτικό ή μηχανικό επάγγελμα χωρίς να συμμετέχει στην ιδιοκτησία ή τον έλεγχο των μέσων παραγωγής και ζει κάτω από δυσμενείς συνθήκες σε σχέση με τα άλλα μέλη του κοινωνικού συνόλου: *«Π-οι όλων των χωρών, ενωθείτε»* (Κομμουνιστικό μανιφέστο, 1847). [λατ. *proletarius*].
προληπτικός, -ή, -ό, επίθ. **1.** (για ενέργεια, δραστηριότητα, κ.τ.ό.) που έχει σκοπό να εμποδίσει να εκδηλωθεί μελλοντικά κάτι δυσάρεστο, ανεπιθύμητο: *ιατρική/λογοκρισία -ή· μέτρα -ά.* **2.** (για πρόσωπο) που είναι προλήψεις (βλ. ά. *πρόληψη,* σημασ. 2): *είναι ~ και στενοχωριέται άμα δει μαύρη γάτα* (συνών. *δεισιδαίμονας).* - Επίρρ. **-ά** και **-ώς** στη σημασ. 1.
πρόληψη η, ουσ. **1.** έγκαιρη παρέμβαση με σκοπό να ματαιωθεί κάτι δυσάρεστο, ανεπιθύμητο: *~ του εγκλήματος· ~ και κατάσβεση πυρκαγιών.* **2.** καθεμία από παραδοσιακές γνώμες ή αντιλήψεις ότι κάποια γεγονότα ή πράξεις επιδρούν ευνοϊκά ή καταστρεπτικά ή ότι υπερφυσικοί παράγοντες επηρεάζουν την κοινωνική ζωή, τις οποίες κάποιος δέχεται αβασάνιστα και χωρίς να τις βασίζει στην εμπειρία της πραγματικότητας (πβ. *δεισιδαιμονία*).
προλιμένας ο, ουσ., το εξωτερικό τμήμα λιμανιού.
πρόλοβος ο, ουσ. (ζωολ.) διόγκωση του οισοφάγου των πτηνών όπου αποθηκεύεται και υγραίνεται η τροφή πριν από την πέψη (συνών. *γούσα).*
προλογίζω, ρ. **1.** γράφω τον πρόλογο βιβλίου. **2.** μιλώ προεισαγωγικά για κάτι (πριν αρχίσει μια διάλεξη, θεατρική παράσταση, κ.ά.): *την προβολή της ταινίας θα -ίσει ένας κριτικός.*
προλογικός, -ή, -ό, επίθ., που ανήκει ή αναφέρεται στον πρόλογο: *σημείωμα -ό.* - Επίρρ. **-ώς.**
πρόλογος ο, ουσ. **1.** σημείωμα συνοπτικό ή εκτενές που συχνά βρίσκεται σε ένα βιβλίο πριν από το κείμενο ή και από την εισαγωγή, το συντάσσει συνήθως ο συγγραφέας, αλλά και ο εκδότης, ο μεταφραστής ή άλλο πρόσωπο, και το περιεχόμενό του δεν έχει αναγκαστικά άμεση σχέση με το ίδιο το κείμενο. **2.** σύντομη εισαγωγή γραπτού ή ομιλίας: *~ μιας έκθεσης ιδεών.* **3.** εισαγωγικό μέρος θεατρικού έργου ή μυθιστορήματος που προηγείται από την κύρια δράση (αντ. στις σημασ. 1 - 3 *επίλογος*).
προμάμμη η, ουσ. (λόγ.), προγιαγιά, «μεγάλη γιαγιά».
προμάντεμα το, ουσ. (έρρ.), το να προλέγει κανείς το μέλλον, προφητεία: *να βγει κι αληθινή η μάγισσα που του 'χε τα καλά -έματα* (Μπαστιάς).
προμαντεύω, ρ. (έρρ.), προφητεύω, προλέγω.
πρόμαχος ο, ουσ. (λόγ.). **α.** αυτός που μάχεται ανάμεσα στους πρώτους· **β.** υπερασπιστής, υπέρμαχος.
προμαχώ, -είς, ρ. (λόγ.), είμαι πρόμαχος, αγωνίζομαι για κάτι, το υπερασπίζομαι.
προμαχώνας ο, ουσ., τμήμα φρουρίου με ισχυρότερη οχύρωση και σε θέση περισσότερο προωθημένη από το υπόλοιπο φρούριο (συνήθως στις γωνίες του): *οι -ες του κάστρου του Ηρακλείου* (συνών. *τάπια*).
προμελέτη η, ουσ. **1.** προκαταρκτική μελέτη, προ-

σχέδιο: *κατέθεσαν την ~ για την κατασκευή του φράγματος.* **2.** προσχεδιασμός αξιόποινης πράξης.
προμελετώ, -άς, ρ. (λόγ.). **1.** μελετώ προκαταρκτικά. **2.** προσχεδιάζω (αξιόποινη πράξη): *έγκλημα -ημένο.*
προμεσημβρινός, -ή, -ό, επίθ. (λόγ.), που αναφέρεται στο διάστημα της ημέρας πριν από το μεσημέρι.
προμετωπίδα η, ουσ. **α.** σελίδα βιβλίου όπου αναγράφεται ολόκληρος ο τίτλος του· **β.** χώρος σελίδας εφημερίδας ή περιοδικού όπου αναγράφεται ο τίτλος τους.
προμήθεια η, ουσ. (ασυνίζ.). **1.** το να προμηθεύει κανείς ή να προμηθεύεται κάτι: *ανέλαβε την ~ ανταλλακτικών στο στρατό· μας ενέκριναν πίστωση για την ~ μηχανολογικού εξοπλισμού·* φρ. *κάνω ~/-ες* (= προμηθεύομαι ό,τι χρειάζομαι): *δε φοβούνταν τον αποκλεισμό, γιατί είχαν κάνει -ες τουλάχιστον για ένα μήνα.* **2.** (στον πληθ., συνεκδοχικά) όσα έχει προμηθευτεί κανείς, εφόδια: *θα γυρίσουμε, όταν τελειώσουν οι -ές μας.* **3α.** αμοιβή μεσολαβητή σε εμπορική πράξη (παραγγελία, αγοραπωλησία, κ.ά.): *ζήτησε τεράστια ~* (συνών. *μίζα*)· **β.** (ειδικά) κέρδος που αποκομίζει μια τράπεζα, επειδή εξυπηρετεί με τη μεσολάβησή της: *εισπράττουν τη νόμιμη ~.*
προμηθευτής ο, θηλ. **-τρια,** ουσ. **α.** αυτός που προμηθεύει, που πουλά κάτι σε κάποιον: *~ όπλων· ~ βιβλίων* (= πωλητής που δεν έχει βιβλιοπωλείο)· **β.** (ειδικά) επαγγελματίας ή εταιρεία, κ.τ.ό. που έχει αναλάβει κατ' αποκλειστικότητα να εφοδιάζει με ορισμένο είδος ή είδη κρατική υπηρεσία, κοινωφελές ίδρυμα, κ.ά.: *~ επίσημος.*
προμηθευτικός, -ή, -ό, επίθ., που ανήκει ή αναφέρεται στον προμηθευτή, που προμηθεύει: *συνεταιρισμός ~.*
προμηθεύτρια, βλ. *προμηθευτής.*
προμηθεύω, ρ. **Ι.** (ενεργ.) φροντίζω να αποκτήσει, να έχει κάποιος κάτι που του χρειάζεται, του το παρέχω (συνήθως με πώληση): *κάθε χρόνο -ει τετράδια σ' όλους τους φίλους του· πλούτισε -οντας με πετρέλαιο και τους δύο εμπολέμους* (συνών. *εφοδιάζω).* **ΙΙ.** (μέσ.) αποκτώ, εξασφαλίζω κάτι που χρειάζομαι ή θα χρειαστώ μελλοντικά (συνήθως πληρώνοντας γι' αυτό): *προτού αρχίσω το διάβασμα -τηκα τα βασικά βοηθήματα· -τείτε ψωμί για τέσσερις ημέρες* (συνών. *εφοδιάζομαι, αγοράζω).*
προμήκης, επίθ., μόνο στην έκφρ. *~ μυελός =* (ανατομ.) μακρουλό και κωνοειδές τμήμα του εγκεφάλου στο πίσω και κάτω μέρος του κρανίου, ως συνέχεια προς τα επάνω του νωτιαίου μυελού, με στοιχεία (νευρικά κύτταρα και ίνες) απαραίτητα για τη διατήρηση της ζωής.
προμήνυμα το, ουσ., σημείο (γεγονός, είδηση, κατάσταση, κ.ά.) που φανερώνει πως κάτι συγκεκριμένο πρόκειται σύντομα να συμβεί: *καταμαυρίζουν τα σύννεφα -ύματα καταιγίδας· ~ ενθαρρυντικό* (συνών. *προάγγελμα).*
προμηνώ, -άς και (λόγ.) **-ύω,** ρ. **Ι.** (ενεργ.) φανερώνω από πριν ότι πρόκειται σύντομα να συμβεί κάτι (συγκεκριμένο): *οι τελευταίες αποφάσεις -ύουν σκλήρυνση της κυβερνητικής στάσης στο θέμα...* (συνών. *προαναγγέλλω).* **2.**(μέσ., τριτοπρόσ.) από τις ενδείξεις που υπάρχουν φαίνεται ότι θα συμβεί κάτι (συγκεκριμένο): *-ύεται θύελλα· -ύονται ανατιμήσεις.*
πρόναος ο, ουσ. **1.** (αρχαιολ.) ο περίστυλος χώρος στο μπροστινό μέρος αρχαίου ναού και πριν από το σηκό (βλ. λ.) (συνών. *πρόδομος·* αντ. *οπισθόδομος).* **2.** (για χριστιανικό ναό) νάρθηκας.
προνοητικός, -ή, -ό, επίθ., που προνοεί, που με σύνεση φροντίζει εγκαίρως για το μέλλον (συνών. *προβλεπτικός).* - Επίρρ. **-ώς.**
προνοητικότητα η, ουσ., το να είναι κάποιος προνοητικός (συνών. *προβλεπτικότητα·* αντ. *απρονοησία).*
προνοητικώς, βλ. *προνοητικός.*
πρόνοια η, ουσ. (ασυνίζ.). **1.** προκαταβολική και έγκαιρη σκέψη και φροντίδα για την αντιμετώπιση μελλοντικών αναγκών, κινδύνων, κ.τ.ό.: *λαμβάνεται ~ για τη στέγαση των συνέδρων· ~ κοινωνική* έκφρ. *θεία ~* (= κατά τη χριστιανική διδασκαλία, η θεϊκή δύναμη που διατηρεί τον κόσμο και ρυθμίζει τη ζωή του, έτσι ώστε να τον κατευθύνει προς τη σωτηρία)· *κράτος -ας* (που δίνει ιδιαίτερη βαρύτητα στην ενίσχυση των οικονομικά ασθενέστερων πολιτών του). **2.** (ιστ.) στο βυζαντινό κράτος, έκταση γης που απέφερε ανάλογο εισόδημα και την οποία παραχωρούσε ο αυτοκράτορας σε στρατιωτικούς για να τους ανταμείψει για τις υπηρεσίες τους.
προνομία η, ουσ. **1.** αποκλειστικό δικαίωμα, προνόμιο. **2.** σύμβαση με την οποία υπήκοοι κάποιας χώρας που διαμένουν σ' άλλη απολαμβάνουν ορισμένα προνόμια.
προνομιακός, -ή, -ό, επίθ. (ασυνίζ.), που απορρέει από κάποιο προνόμιο ή έχει το χαρακτήρα προνομίου: *εκμετάλλευση/θέση -ή· δικαίωμα -ό.* - Επίρρ. **-ά.**
προνόμιο το, ουσ. (ασυνίζ.). **1.** δικαίωμα που δίνεται σ' ένα μόνο άτομο ή σε μία ομάδα με αποτέλεσμα να βρίσκεται σε πλεονεκτικότερη θέση απέναντι στους άλλους σε συγκεκριμένη περίπτωση. **2.** φυσικό χάρισμα: *το ~ της λογικής του ανθρώπου απέναντι στα ζώα* (συνών. *πλεονέκτημα).*
προνομιούχος, -α, -ο, επίθ. (ασυνίζ.). **1.** που έχει δικαιώματα, πλεονεκτήματα ή ευκαιρίες που οι περισσότεροι άνθρωποι δεν έχουν: *τάξη -α· μετοχές -ες στο Χρηματιστήριο.* **2.** που έχει φυσικά χαρίσματα (συνών. *ταλαντούχος).*
προνουντσιαμέντο το, ουσ. (ασυνίζ.). **1.** στρατιωτικό διάγγελμα ή προκήρυξη με χαρακτήρα επαναστατικό. **2.** στάση αξιωματικών κατά του καθεστώτος. [ισπαν. *pronunciamiento*].
προνοώ, -είς, ρ., ενεργώ προληπτικά για ν' αντιμετωπίσω μια κατάσταση, προβλέπω, φροντίζω για κάτι.
προνύμφη η, ουσ. (ζωολ.) ονομασία των νεογνών ορισμένων εντόμων από τη στιγμή που εκκολάπτονται από το αβγό έως τη στιγμή που μεταμορφώνονται σε νύμφες.
προξενείο το, ουσ. **1.** το οίκημα στο οποίο στεγάζεται η προξενική υπηρεσία. **2.** (κατ' επέκταση) η προξενική αρχή.
προξενεύω, ρ. **1.** προτείνω τη σύναψη συνοικεσίου ανάμεσα σε τρίτα πρόσωπα, κάνω προξενιά. **2.** μεσολαβώ, ενεργώ ως μεσίτης για τη σύναψη συμφωνίας σχετικής με αγορά ακινήτου ή μίσθωση προσώπου (συνών. *μεσιτεύω).*
προξενητής ο, θηλ. **-ήτρα,** ουσ., το πρόσωπο που

μεσολαβεί και προτείνει τη σύναψη συνοικεσίου μεταξύ τρίτων· παροιμ. *ανύπαντρος ~ για λόγου του γυρεύει* (για πρόσωπο που παρουσιάζεται ότι τάχα φροντίζει για άλλους, ενώ εξυπηρετεί το δικό του συμφέρον).

προξενητικά τα, ουσ., η αμοιβή του προξενητή: *η υπόσχεση -ών γάμου είναι άκυρη* (αστ. κώδ.).

προξενήτρα, βλ. *προξενητής*.

προξενιά η και **-ιό** το, ουσ. (συνιζ.). **1.** η μεσολάβηση προσώπου για τη σύναψη γάμου μεταξύ τρίτων προσώπων: *γάμος με ~· κάνω ~* (= προξενεύω)· *στέλνω ~* (= προτείνω γάμο με μεσολάβηση του προξενητή). **2.** μεσολάβηση για τη σύναψη συμφωνίας σχετικής με αγορά ακινήτου ή μίσθωση προσώπου (συνών. *μεσιτεία*).

προξενικός, -ή, -ό, επίθ., που αναφέρεται στον πρόξενο ή στο αντικείμενο της εργασίας του.

προξενιό, βλ. *προξενιά*.

πρόξενος ο, ουσ., επίσημος εκπρόσωπος της κυβέρνησης μιας χώρας που ζει σε ξένη πόλη με σκοπό να φροντίζει τα εκεί εμπορικά συμφέροντα της πατρίδας του, καθώς και τις υποθέσεις των πολιτών της χώρας του που ζουν εκεί.

προξενώ, -είς, ρ., γίνομαι η αιτία για κάτι, δημιουργώ: *η πυρκαγιά -ησε μεγάλες ζημιές* (συνών. *προκαλώ*).

προοδευτικός, -ή, -ό, επίθ. **1.** που τον χαρακτηρίζει η τάση για την κοινωνική εξέλιξη, την πρόοδο: *αντιλήψεις -ές· πολιτική -ή* (αντ. *συντηρητικός*). **2.** (για πρόσωπο) που έχει νεοτεριστικές ιδέες και απόψεις και δέχεται πρόθυμα να αλλάξει τον καθιερωμένο τρόπο της εκτέλεσης ορισμένων πραγμάτων: *γονείς/δάσκαλοι -οί* (συνών. *καινοτόμος*· αντ. *συντηρητικός*). **3.** βαθμιαίος: *-ή βελτίωση του καιρού/αύξηση των συντάξεων* (συνών. *σταδιακός*) - Επίρρ. **-ά**.

προοδευτικότητα η, ουσ., το να είναι κάποιος προοδευτικός, να τον χαρακτηρίζει η νεοτεριστική διάθεση.

προοδεύω, ρ. **1.** προχωρώ σταδιακά προς την επίτευξη ενός σκοπού, εξελίσσομαι, πάω μπροστά. **2.** σημειώνω βελτίωση στην επίδοσή μου σε κάποιον τομέα.

πρόοδος η, ουσ. **1.** σταδιακή ανοδική πορεία προς την επίτευξη κάποιου σκοπού ή στόχου, εξέλιξη προς το καλύτερο: *~ της επιστήμης/της τεχνολογίας*. **2.** (για άτομο) βελτίωση της επίδοσης σε κάποιο τομέα: *δεν έχει καμιά -ο στη δουλειά του/στα μαθήματά του* (συνών. *προκοπή, προαγωγή*· αντ. *στασιμότητα*). **3.** (μαθημ.) *~ αριθμητική* = σειρά αριθμών, ο καθένας από τους οποίους προκύπτει από την πρόσθεση του προηγούμενου με ένα σταθερό αριθμό· *~ γεωμετρική* = σειρά αριθμών, ο καθένας από τους οποίους προκύπτει από τον πολλαπλασιασμό του προηγούμενου με ένα σταθερό αριθμό.

προοίμιο το, ουσ. (ασυνίζ.). **1.** πρόλογος, εισαγωγή λόγου ή γραπτού κειμένου: *το ~ της Οδύσσειας* (κατ' επέκταση) *χωρίς πολλά -α άρχισε να εξιστορεί το περιστατικό*. **2.** γεγονός που προηγείται κάποιου άλλου σημαντικότερου με σκοπό να προετοιμάσει κάποιους για το δεύτερο.

προοιωνίζομαι, ρ. (λόγ.), προβλέπω κάτι έχοντας ως βάση κάποια προγνωστικά (συνών. *προμαντεύω*).

προοπτική η, ουσ. **1.** καλλιτεχνική μέθοδος απεικόνισης αντικειμένων σε μια επιφάνεια με τρόπο που να δίνεται η εντύπωση του βάθους ή να φαίνονται κάποια αντικείμενα κοντά ή μακριά και μικρά ή μεγάλα σε σχέση με άλλα. **2.** η οπτική εντύπωση ότι τα αντικείμενα που είναι μακριά έχουν μικρότερες διαστάσεις και ότι οι παράλληλες ευθείες συγκλίνουν σε κάποιο σημείο. **3.** ο τρόπος με τον οποίο προβλέπει ή φαντάζεται κάποιος την εξέλιξη των πραγμάτων με βάση τα πιστεύω και τις εμπειρίες του: *η δουλειά του δε δίνει -ές εξέλιξης· μελέτη όπου διαγράφονται οι -ές της αγοράς εργασίας*.

προοπτικός, -ή, -ό, επίθ., που έχει σχέση με την προοπτική ή οφείλεται σ' αυτήν.

προοπτικότητα η, ουσ., το να έχει κάτι προοπτική (βλ. λ.).

προορατικός, -ή, -ό, επίθ., που έχει την ικανότητα να προβλέπει.

προορατικότητα η, ουσ., η ικανότητα να προβλέπει κάποιος τι θα γίνει στο μέλλον.

προορίζω, ρ. **1.** προκαθορίζω την κατεύθυνση, την κατάληξη ενός πράγματος: *το βιβλίο -εται για σένα*. **2.** αποφασίζω από πριν για την απασχόληση κάποιου άλλου: *-ει το γιο του για παπά*.

προορισμός ο, ουσ. **1.** τελική κατεύθυνση: *το πλοίο έφυγε με -ό την Αίγυπτο*. **2.** (μεταφ.) σκοπός ύπαρξης· αποστολή: *ποιος είναι ο ~ του ανθρώπου/της Εκκλησίας;*

προπαγάνδα η, ουσ. **1.** συστηματική προσπάθεια για τη διάδοση μιας ιδέας, θεωρίας ή θρησκευτικών δοξασιών με σκοπό να επηρεαστούν τα άτομα ή οι ομάδες στις οποίες απευθύνεται. **2.** οργανωμένη διαφήμιση προϊόντων. [ιταλ. *propaganda*].

προπαγανδίζω, ρ. **1.** προσπαθώ να διαδώσω μια ιδέα, θεωρία ή θρησκευτικές δοξασίες με κάθε τρόπο. **2.** διαφημίζω συστηματικά ορισμένα προϊόντα.

προπαγανδισμός ο, ουσ., το να κάνει κάποιος προπαγάνδα (βλ. λ.).

προπαγανδιστής ο, θηλ. **-τρια**, ουσ., αυτός που κάνει προπαγάνδα για τη διάδοση μιας θεωρίας ή θρησκευτικής δοξασίας.

προπαγανδιστικός, -ή, -ό, επίθ., που έχει σχέση με την προπαγάνδα ή τον προπαγανδιστή.

προπαγανδίστρια, βλ. *προπαγανδιστής*.

προπαίδεια η, ουσ. (ασυνίζ.), πίνακας που περιέχει τα γινόμενα των αριθμών από το 1 ως το 10 μεταξύ τους.

προπαιδεία η, ουσ., προκαταρκτική εκπαίδευση.

προπαίδευση η, ουσ., προκαταρκτική, προπαρασκευαστική εκπαίδευση.

προπαιδευτικός, -ή, -ό, επίθ., που αναφέρεται στην προπαίδευση ή σχετίζεται μ' αυτήν.

προπαιδεύω, ρ., εκπαιδεύω, διδάσκω σε κάποιον τα προκαταρκτικά (συνών. *προγυμνάζω*).

προπάνιο το, ουσ. (ασυνίζ.), (χημ.) φωτιστικό αέριο, άχρωμο και άοσμο που ανήκει στην ομάδα των κεκορεσμένων υδρογονανθράκων.

προπαντός και **-άντων**, επίρρ. (έρρ.), περισσότερο από καθετί άλλο, κυρίως.

προπάππος ο, ουσ., πατέρας του παππού ή της γιαγιάς κάποιου.

προπαραλήγουσα η, ουσ. (γραμμ.) η τρίτη από το τέλος συλλαβή μιας λέξης: *στην ελληνική, αρχαία και νέα, καμιά λέξη δεν τονίζεται πιο πάνω από την ~*.

προπαραμονή η, ουσ., η ημέρα πριν από την παραμονή: *~ της πρωτοχρονιάς*.

προπαρασκευάζω, ρ. 1. παρασκευάζω (βλ. λ.) εκ των προτέρων, κάνω για κάτι τη σχετική προεργασία, προετοιμάζω. 2. (ειδικά) παρέχω σε μαθητή ή (υποψήφιο) σπουδαστή προκαταρκτική εκπαίδευση, τον προετοιμάζω με την κατάλληλη διδασκαλία, προκαταρτίζω. 3. (αθλητ.) προγυμνάζω, προπονώ.
προπαρασκεύασμα το, ουσ., παρασκεύασμα που ετοιμάζεται από πριν.
προπαρασκευαστής ο, θηλ. **-τρια**, ουσ., αυτός που προπαρασκευάζει (βλ. λ. σημασ. 1 και 2).
προπαρασκευαστικός, -ή, -ό, επίθ., που ανήκει ή αναφέρεται στην προπαρασκευή ή που γίνεται για προπαρασκευή.
προπαρασκευάστρια, βλ. *προπαρασκευαστής*.
προπαρασκευή η, ουσ. 1. παρασκευή (βλ. λ.) που γίνεται εκ των προτέρων, προεργασία, προετοιμασία. 2. (ειδικά) προκαταρκτική εκπαίδευση, προπαιδεία, προκατάρτιση. 3. (αθλητ.) προγύμναση, προπόνηση.
προπαροξύνω, ρ. (γραμμ.) βάζω οξεία, τονίζω στην προπαραλήγουσα μιας λέξης.
προπαροξύτονος, -η, -ο, επίθ. (γραμμ., για λέξεις) που τονίζεται στην προπαραλήγουσα.
προπάτορας ο, ουσ. 1. ο πρώτος πατέρας ενός γένους, γενάρχης. 2. (στον πληθ.) α. οι πρόγονοι, οι προγενέστεροι· β. (εκκλ.) οι πρωτόπλαστοι Αδάμ και Εύα.
προπατορικός, -ή, -ό επίθ., που ανήκει ή αναφέρεται στους προπάτορες, στους προγόνους· (εκκλ.) *-ό αμάρτημα* (= το αμάρτημα των πρωτοπλάστων Αδάμ και Εύας να παραβούν τη θεία εντολή, που κατά την Εκκλησία το φέρει κάθε άνθρωπος από τη στιγμή της γέννησής του).
προπέλα η, ουσ. (λαϊκ.), έλικας (βλ. λ. σημασ. 1). [αγγλ. *propeller*].
προπέμπω, ρ., παρατ. *προέπεμπα*, πληθ. *προπέμπαμε*, αόρ. *προέπεμψα*, πληθ. *προπέμψαμε* (λόγ.). 1. στέλνω προκαταβολικά, προαποστέλλω. 2. συνοδεύω τιμητικά κάποιον που αναχωρεί, κατευοδώνω, ξεπροβοδίζω.
προπερασμένος, -η, -ο, επίθ., που έχει περάσει πριν από τον αμέσως προηγούμενο: *την -η χρονιά*.
προπερισπώμενος, -η, -ο, επίθ. (γραμμ., για λέξεις της αρχαίας ή γραμμένες με πολυτονικό σύστημα) που παίρνει περισπωμένη στην παραλήγουσα.
πρόπερσι, επίρρ., τον προπερασμένο χρόνο: *από ~ μου το λέει.*
προπέρσινος, -η, -ο, και **προπερσινός**, επίθ., που συνέβη ή υπήρξε τον προπερασμένο χρόνο: *καύσωνας ~· φόρεμα -ό.*
προπέτασμα το, ουσ. 1. οποιοδήποτε αντικείμενο μπορεί να καλύψει τη θέα προσώπων ή πραγμάτων που βρίσκονται πίσω του (συνών. *προκάλυμμα*). 2α. (στρατ.) κάθε φυσικό ή τεχνητό κάλυμμα που μπορεί να προφυλάξει από τα βλέμματα ή τα βλήματα του εχθρού. β. (ειδικά) έκφρ. ~ *καπνού*: οι τραυματίες μπόρεσαν να ξεφύγουν πίσω από ένα ~ *καπνού.*
προπέτεια η, ουσ. (ασυνίζ.), απερίσκεπτη βιασύνη που συνοδεύεται από αυθάδεια· αναιδής ή προσβλητικός τρόπος ομιλίας.
προπετής, -ής, -ές, γεν. *-ούς*, πληθ. αρσ. και θηλ. *-είς*, ουδ. *-ή*, επίθ., που είναι απερίσκεπτα βιαστικός και αυθάδης στον τρόπο ομιλίας του.

προπηλακίζω, ρ., εκτοξεύω εναντίον κάποιου βρισιές, εξυβρίζω.
προπηλακισμός ο, ουσ., το να προπηλακίζει (βλ. λ.) ή να προπηλακίζεται κανείς, εξύβριση.
προπηλακιστής ο, ουσ., αυτός που προπηλακίζει (βλ. λ.), που εξυβρίζει κάποιον.
προπίνω, ρ., κάνω πρόποση.
προπλάθω, ρ., κατασκευάζω πρόπλασμα (βλ. λ.).
πρόπλασμα το, ουσ. 1. ομοίωμα αγάλματος ή άλλου έργου πλαστικής ίδιου μεγέθους με αυτό από πηλό ή γύψο. 2. μακέτα (βλ. λ.).
προπλασμός ο, ουσ., κατασκευή προπλασμάτων.
προπλάστης ο, ουσ., αυτός που κατασκευάζει προπλάσματα.
προπληρωμή η, ουσ., προκαταβολική πληρωμή (βλ. λ. στη σημασ. 1).
προπληρώνω, ρ., πληρώνω (βλ. λ. στη σημασ. 1) προκαταβολικά.
προπληρωτέος, -α, -ο, επίθ., που πρέπει να προπληρωθεί (βλ. λ.).
πρόποδες οι, ουσ., τα κατώτερα μέρη οποιουδήποτε υψώματος που αποτελούν το μέρος στο οποίο συναντώνται οι πλαγιές με το γύρω έδαφος: ~ *βουνού.*
προπολεμικός, -ή, -ό, επίθ., που υπήρχε ή συνέβη πριν από το δεύτερο παγκόσμιο πόλεμο (αντ. *μεταπολεμικός*). - Επίρρ. **-ά**.
προπομπή η, ουσ. (έρρ., λόγ.), το να συνοδεύει κανείς από φιλοφροσύνη κάποιον που αναχωρεί (συνών. *κατευόδωση, ξεπροβόδισμα*).
προπομπός ο, ουσ. (έρρ., λόγ.), αυτός που προηγείται προετοιμάζοντας συγχρόνως το έδαφος για άλλο πρόσωπο ή γεγονός που θα ακολουθήσει: *τα γεγονότα αποτέλεσαν τον -ό της επανάστασης.*
προπόνηση η, ουσ., το να προπονείται (βλ. λ.) κάποιος: ~ *επίπονη/καθημερινή* (συνών. *προγύμναση*).
προπονητήριο το, ουσ. (ασυνίζ.), ο χώρος όπου προπονούνται αθλητές ή ζώα που παίρνουν μέρος σε αγώνες.
προπονητής ο, θηλ. **-τρια**, ουσ., αυτός που αναλαμβάνει την προπόνηση αθλητών ή ζώων για κάποιο αγώνισμα.
προπονώ, -είς, ρ., προγυμνάζω με τις κατάλληλες ασκήσεις και μεθόδους έναν αθλητή, μια ομάδα ή ένα ζώο για να επιτύχει την καλύτερη δυνατή επίδοση σε επικείμενη αθλητική συνάντηση: *οι παίκτες -ούνται σκληρά για να κερδίσουν τη νίκη.*
προπορεύομαι, ρ. 1. προχωρώ πρώτος μπροστά από άλλους. 2. (μεταφ.) προηγούμαι (βλ. λ. στη σημασ. 1β) (αντ. *ακολουθώ*).
πρόποση η, ουσ., ευχή που διατυπώνει κανείς «εις υγείαν» κάποιου ή προς τιμήν του υψώνοντας συγχρόνως το ποτήρι με ταυτόχρονη λίγο ποτό: *κάνω* ~· *έγιναν οι τυπικές προπόσεις·* ~ *λιγόλογη.*
προπροηγούμενος, -η, ο, επίθ., που βρίσκεται χρονικά ή τοπικά ακριβώς πριν από τον προηγούμενο.
προπρύτανης ο, ουσ. (παλαιότερα) αυτός που διατέλεσε πρύτανης κατά το προηγούμενο έτος.
πρόπτυξη, η, ουσ. (γυμν.) κάμψη και των δύο χεριών μπροστά στο στήθος με τους βραχίονες και τα αντιβράχια στο ίδιο επίπεδο και σε οριζόντια θέση.
πρόπτωση η, ουσ. (ιατρ.) πτώση ή μη φυσιολογική έξοδος κάποιου οργάνου ή μέρους οφειλόμενη σε χαλάρωση των στηριγμάτων του: ~ *μήτρας.*

προπύλαια τα, ουσ. (αρχιτ.) οικοδομική κατασκευή, συνήθως από κολόνες σε είδος μικρής στοάς, μπροστά από την κύρια είσοδο ναού ή άλλων κτηριακών συγκροτημάτων: ~ Ακρόπολης/ πανεπιστημίου.

πρόπυλο το, ουσ. (αρχαιολ.) στεγασμένος χώρος μπροστά από την κύρια είσοδο ναών ή μεγάρων που έχει μπροστά σειρά από κίονες.

προπύργιο το, ουσ. (ασυνίζ.). 1. μικρός πύργος που βρίσκεται μπροστά από άλλους μεγαλύτερους ως οχύρωμα (συνών. *προτείχισμα, προμαχώνας*). 2. (μεταφ.) αυτό που θεωρείται σπουδαίο και αποτελεσματικό ώστε να προστατεύει ορισμένο τρόπο ζωής ή κάποιας αρχής: ~ *της ελευθερίας*.

προπώληση η, ουσ., πώληση πράγματος ή προϊόντος προτού να είναι έτοιμο για παράδοση ή προτού συμβεί η ενέργεια για την οποία προορίζεται: ~ *διαμερισμάτων πολυκατοικίας που χτίζεται* ~ *εισιτηρίων*.

προπωλώ, -είς, ρ., πουλώ πράγμα ή προϊόν προτού να είναι έτοιμο για παράδοση ή προτού να συμβεί η ενέργεια για την οποία προορίζεται: *έχουν -ηθεί όλα τα εισιτήρια του αγώνα*.

πρόρρηση η, ουσ. 1. το να προλέγει (βλ. λ.) κανείς κάτι. 2. αυτό που προλέγει κανείς (συνών. *προφητεία, πρόβλεψη*).

προς, πρόθ.· δηλώνει. 1. κατεύθυνση: *πάμε* ~ *το βουνό· έτρεξε* ~ *τη μητέρα του· κοίταξε* — *εμένα*. 2. τοποθέτηση κατά προσέγγιση: *βρίσκεται* ~ *τα δυτικά/* ~ *τα κάτω*. 3. απέναντι, μπροστά σε: *μιλούσαν σαν ίσοι* ~ *ίσους· μίλησε με θάρρος* ~ *τους δικαστές*. 4. εναντιότητα: *είναι αντίθετος* ~ *κάθε είδους συντηρητισμό*. 5. χρονική προσέγγιση: ~ *το βράδυ* ~ *το τέλος του μηνός*. 6. σκοπό: *το πούλησαν* ~ *όφελός τους· έκφρ.* ~ *τιμήν κάποιου·* φρ. (λαϊκ.). *πάω* ~ *νερού μου* (= για να ουρήσω). 7. αναφορά, σχέση: *το κεφάλι του είναι δυσανάλογο* ~ *το σώμα του· σχέση επτά* ~ *δέκα· η σχέση* ~ *την πραγματικότητα· σου δίνω αυτά* ~ *το παρόν·* (συχνά με προηγούμενο το *ως*) *ως* ~ *αυτό έχεις άδικο*. 8. χωρισμό και διανομή: *του τα εξήγησα λέξη* ~ *λέξη* (= κάθε λέξη χωριστά χωρίς να παραλείψω καμία)· *τον ακολουθώ βήμα* ~ *βήμα· ερεύνησα το σπίτι σπιθαμή* ~ *σπιθαμή*. Έκφρ. *πάππου* ~ *πάππου*, βλ. *πάππος*· ~ *Θεού!* (= για τ' όνομα του Θεού, για το Θεό): ~ *Θεού!, μην κάνεις τέτοιο πράγμα!*

προσαγόρευση η, ουσ., το να αποτείνεται κανείς σε κάποιο πρόσωπο αναφέροντας επισημότερα τον τίτλο του.

προσάγω, ρ., συνήθως στον ενεστ. και στον ενεργ. αόρ. *προσήγαγα*, πληθ. *προσαγάγαμε*, παθ. παρκ. *έχω προσαχθεί*, ελλειπτ. στον παθ. αόρ. 1. φέρνω, οδηγώ κάποιον ενώπιον αρχής, δικαστηρίου, κλπ.: *τον προσήγαγαν στον ανακριτή*. 2. (σε υπηρεσιακή χρήση) παρουσιάζω (έγγραφα) στο δικαστήριο.

προσαγωγή η, ουσ. 1. (νομ.) η ενέργεια και το αποτέλεσμα του προσάγω (βλ. λ.): *η* ~ *του κατηγορουμένου στον εισαγγελέα*. 2. (γυμν.) ~ *των ποδιών* = πλησίασμα των εσωτερικών επιφανειών των ποδιών.

προσάναμμα το, ουσ., εύφλεκτη ύλη με την οποία ανάβουμε φωτιά: *έσπασε ένα σανίδι για* ~.

προσανατολίζω, ρ. I. ενεργ. 1. βοηθώ κάποιον να βρει την κατεύθυνση που πρέπει να ακολουθήσει. 2. (μεταφ.) κάνω κάποιον να κατευθύνει τις ενέργειές του προς κάτι: *οι γονείς μου με προσανατόλισαν από νωρίς προς τη μουσική· η εξέλιξη της υπόθεσης προσανατόλισε την κυβέρνηση προς την εύρεση νέων λύσεων*. 3. (μεταφ.) ενημερώνω: *προσανατόλισε το νέο υπάλληλο σχετικά με τον τρόπο εργασίας*. II. μέσ. 1α. έχω την κατεύθυνση, κατευθύνομαι. 2. βρίσκω την κατεύθυνση που πρέπει να ακολουθήσω: *οι πληροφορίες σου με βοήθησαν να -ιστώ·* (ειδικότερα) έχω την ικανότητα να βρίσκω την κατεύθυνση που πρέπει να ακολουθήσω: *δεν -ομαι εύκολα*. 3. κατευθύνω τις ενέργειές μου προς κάτι: *η κυβέρνηση -εται στο να πάρει ορισμένα μέτρα*.

προσανατολισμός ο, ουσ., ενέργεια και το αποτέλεσμα του προσανατολίζω (βλ. λ.): ~ *ενός κτηρίου* (= η τοποθέτησή του σε σχέση με τον ήλιο)· ~ *πολιτικός* (= σε σχέση με τα πολιτικά πράγματα)· ~ *επαγγελματικός* (= σε σχέση με τη μελλοντική επαγγελματική απασχόληση).

προσάπτω, ρ. (λόγ.), συνήθως στον ενεστ. και τον αόρ. *προσήψα*, αποδίδω σε κάποιον κάτι για το οποίο μπορεί να κατηγορηθεί: *του* ~ *αμέλεια/ανειλικρίνεια* (συνών. *καταλογίζω*).

προσάραξη η, ουσ., η ενέργεια και το αποτέλεσμα του προσαράσσω (βλ. λ.).

προσαράσσω, ρ., αόρ. -αξα, (για πλοίο) προσκρούω στον πυθμένα ή σε βραχώδη ακτή (συνών. λαϊκ. *καθίζω*).

πρόσαργα, επίρρ. (λαϊκ.), αργά το βράδι.

προσαρμογή η, ουσ. 1. η ενέργεια και το αποτέλεσμα του προσαρμόζω (βλ. λ.): *η* ~ *των ελληνικών στίχων πάνω στη γαλλική μουσική·* ~ *του νέου υπαλλήλου στην υπηρεσία του*. 2. (βιολ.) η συμπεριφορά του οργανισμού ζώων και φυτών ύστερα από τις επιδράσεις που δέχονται από εξωτερικούς παράγοντες. 3. (ειδικότερα για το μάτι) η ικανότητα του οπτικού οργάνου να προσαρμόζεται στις διάφορες αποστάσεις.

προσαρμόζω, ρ. I. (ενεργ.) ενεργώ ώστε κάτι να ταιριάζει, να έρχεται σε αρμονία με κάτι άλλο: *ο δάσκαλος -ει το μάθημα ανάλογα με την ικανότητα των μαθητών*. II. (μέσ.) 1. καθορίζω τη στάση μου ώστε να μην έρχομαι σε δυσαρμονία ή αντίθεση με κάποια κατάσταση, με ένα πρόσωπο ή με το περιβάλλον: *ο υπάλληλος προσαρμόστηκε γρήγορα στην καινούργια του δουλειά*. 2. (βιολ.) το να εναρμονίζεται ένας ζωικός ή φυτικός οργανισμός προς το φυσικό περιβάλλον ή τις φυσικές συνθήκες: *τα θηλαστικά -ονται εύκολα στις εκάστοτε κλιματολογικές συνθήκες*.

προσαρμόσιμος, -η, -ο, επίθ., που εύκολα προσαρμόζεται.

προσαρμοστικός, -ή, -ό, επίθ. 1. που έχει την ικανότητα να προσαρμόζεται (αντ. *απροσάρμοστος*). 2. (ανατομ.) ~ *φακός* = που βοηθεί ώστε να προσαρμόζεται το μάτι στην κάθε κατάσταση.

προσαρμοστικότητα η, ουσ., το να είναι κανείς προσαρμόσιμος: ~ *ζώων και φυτών σε εχθρικό περιβάλλον*.

προσάρτημα το, ουσ., κάτι που τοποθετήθηκε κοντά σε κάτι άλλο για να το συμπληρώσει.

προσάρτηση η, ουσ., η υπαγωγή περιοχής ή και χώρας σε άλλη χώρα: *η* ~ *της Θεσσαλίας στην Ελλάδα· η* ~ *της Αυστρίας στη χιτλερική Γερμανία* (αντ. *απόσπαση*).

προσαρτώ, -άς, ρ., αόρ. *προσάρτησα*. 1. συνδέω κάτι με κάτι άλλο. 2. κάνω προσάρτηση εδάφους

άλλης χώρας στη δική μου (αντ. *αποσπώ*).
προσαυξάνω, ρ. (λόγ.), αυξάνω με προσθήκη κάτι που ήδη υπάρχει ή δίνεται (αντ. *μειώνω, ελαττώνω, λιγοστεύω*).
προσαύξηση η, ουσ. 1. η ενέργεια του προσαυξάνω (βλ. λ.): ~ *αποδοχών/χρόνων υπηρεσίας*. 2. ό,τι προστίθεται για να γίνει η αύξηση: *η ~ που δόθηκε στους μισθούς ήταν μικρή*.
προσβάλλω και (λαϊκ.) **προσβέλνω**, ρ., αόρ. *προσέβαλα*, πληθ. *προσβάλαμε*. 1a. μιλώ με άσχημο τρόπο σε κάποιον ώστε αυτός να αισθάνεται ότι θίγεται: *τον προσέβαλες με αυτά που του είπες* β. φέρομαι με ανάρμοστο, υβριστικό τρόπο απέναντι σε κάτι (που θεωρείται ιερό): ~ *τη μνήμη νεκρού/την τιμή κάποιου*. 2. (για στρατεύματα) επιτίθεμαι: *ο εχθρός προσέβαλε τα οχυρά μας*. 3. (ιατρ.) ασκώ βλάβη σε όργανο του ανθρώπινου σώματος: *ο καρκίνος προσέβαλε τους πνεύμονές του*. 4. (νομ.) αρνούμαι τη νομιμότητα μιας ενέργειας ή μιας πράξης που εμφανίζεται ως νόμιμη: ~ *μια διαθήκη*.
πρόσβαρος, -η, -ο, επίθ. (λαϊκ.), που ξεπερνά το κανονικό του βάρος (αντ. *λειψός*).
πρόσβαση η, ουσ. 1. το να πλησιάζει κανείς έναν τόπο ή ένα πρόσωπο: *η ~ στο βουνό· σ' αυτόν η ~ είναι αδύνατη*. 2. το σημείο από το οποίο μπορεί κανείς να πλησιάσει έναν τόπο. 3. (μεταφ.) ικανότητα θεωρητικής προσέγγισης: ~ *σε ερευνητικό θέμα*.
προσβέλνω, βλ. *προσβάλλω*.
προσβλητικός, -ή, -ό, επίθ., που προσβάλλει, που θίγει ηθικά: *λόγια -ά· συμπεριφορά -ή*. - Επίρρ. **-ώς** και **-ά**.
προσβολή η, ουσ. 1. υβριστική συμπεριφορά: *δέχτηκε πολλές -ές·* 2. (ιατρ.) α. βλάβη ενός μέλους του ανθρώπινου σώματος από κάποια αρρώστια: ~ *του συκωτιού από κίρρωση* β. ξαφνική και έντονη εμφάνιση ή επανεμφάνιση μιας αρρώστιας που διαρκεί λίγο και κατά τη διάρκειά της ο ασθενής υποφέρει πολύ: ~ *καρδιακή/εγκεφαλική* (συνών. *κρίση*). 3. (νομ.) αμφισβήτηση της εγκυρότητας ενέργειας ή πράξης που εμφανίζεται ως νόμιμη: ~ *διαθήκης/συμβολαίου*. 4. (στρατ.) επίθεση, ιδίως αεροπορική: *ταυτόχρονη ~ πολλών στόχων· γωνία -ής*.
πρόσγαλο το, ουσ. (λαϊκ.), το γάλα που προστίθεται στο υγρό που δημιουργείται κατά την προετοιμασία του τυριού.
προσγειώνω, ρ. (ασυνίζ.). Ι. 1. οδηγώ το αεροπλάνο προς το έδαφος και το κάνω να κατεβεί εκεί έπειτα από μια πτήση (αντ. *απογειώνω*). 2. (μεταφ.) κάνω κάποιον που τρέφει μεγάλες φιλοδοξίες να καταλάβει την πραγματικότητα. ΙΙ. (μέσ.) 1. (για αεροσκάφος) κατεβαίνω (κανονικά) στο έδαφος: *το αεροπλάνο -θηκε στην ώρα του/με την κοιλιά*. 2. (μεταφ.) καταλαβαίνω την πραγματικότητα: *αυτά που του είπαν τον έκαναν να -ωθεί και να εγκαταλείψει τα μεγάλα όνειρα*.
προσγείωση η, ουσ. 1. η κανονική κάθοδος του αεροσκάφους στο έδαφος: ~ *αναγκαστική/κάθετη· διάδρυμος ής* (πινών. *προσεδάφιση*). αντ. *απογείωση*). 2. (μεταφ.) το να προσαρμόζεται κανείς στην πραγματικότητα εγκαταλείποντας μεγάλες φιλοδοξίες.
προσγράφω, ρ., παρατ. *προσέγραφα*, πληθ. *προσγράφαμε*, αόρ. *προσέγραψα*, πληθ. *προσγράψαμε*, αποδίδω κάτι σε κάτι άλλο ή σε κάποιον: *ένα κείμενο άγνωστου συγγραφέα -εται σε κάποιον*.
προσδένομαι, ρ., δένομαι πάνω σε κάτι: *προσδεθείτε (στις θέσεις σας)!* (= εντολή της αεροσυνοδού προς τους επιβάτες αεροσκάφους για να δεθούν με τη ζώνη ασφαλείας)· φρ. ~ *στο άρμα κάποιου* (= τον ακολουθώ δουλικά).
πρόσδεση η, ουσ., η ενέργεια και το αποτέλεσμα του προσδένομαι.
προσδίδω, ρ., παρατ. *προσέδιδα*, πληθ. *προσδίδαμε*, αόρ. *προσέδωσα*, πληθ. *προσδώσαμε*, δίνω, παρέχω κάτι πρόσθετο: *αυτό που πρόσθεσες του προσέδωσε μεγαλύτερη σημασία· αυτό που κάνεις μου -ει τιμή· η προσθήκη αυτή -ει ένα νέο χαρακτηριστικό· το γεγονός αυτό -ει βαρύτητα στην όλη υπόθεση*.
προσδιορίζω, ρ. 1. ορίζω κάτι με ακρίβεια: *ο ανακριτής προσδιόρισε την ημέρα της ανάκρισης* (συνών. *καθορίζω*)· ~ *το χρόνο συγγραφής παλαιοτέρου κειμένου*. 2. (γραμμ.) για δευτερεύοντα όρο πρότασης που συμπληρώνει την έννοια άλλου όρου της ίδιας πρότασης: *το επίρρημα -ει το ρήμα*.
προσδιορισμός ο, ουσ. (ασυνίζ.). 1. καθορισμός: ~ *ημερομηνίας · ~ της ταχύτητας του ήχου*. 2. (γραμμ.) δευτερεύων όρος μιας πρότασης που συνοδεύει έναν άλλο όρο συμπληρώνοντας την έννοιά του: *εμπρόθετος ~* (= που γίνεται με την παρουσία πρόθεσης).
προσδιοριστικός, -ή, -ό, επίθ., (ασυνίζ.) που προσδιορίζει (βλ. λ.) ή σχετίζεται με τον προσδιορισμό: *στοιχεία -ά*.
προσδοκία η, ουσ. α. το να ελπίζει, να περιμένει κανείς κάτι: *η ~ μιας καλύτερης ζωής·* β. αυτό που ελπίζει, που περιμένει κανείς: *οι -ες του επαληθεύτηκαν* (συνών. *ελπίδα*).
προσδοκώ, -άς, ελλειπτ. στον αόρ., εύχομαι και περιμένω να γίνει κάτι: *η εταιρεία -ά διεύρυνση των εσόδων για τον επόμενο χρόνο* (συνών. *ελπίζω*).
προσεγγίζω, ρ. (έρρ.). Α. μτβ. 1. πλησιάζω κάτι ή κάποιον ή το/τον φέρνω κοντά μου: *δεν κατάφερα να τον -ίσω* 2. (στον ιδεολογικό τομέα) πλησιάζω, τείνω να ταυτιστώ: *οι δύο κομματικοί συνασπισμοί προσέγγισαν ο ένας τον άλλο*. Β. (αμτβ.) έρχομαι κοντά (συνών. *πλησιάζω* αντ. *απομακρύνομαι, ξεμακραίνω*)· (για πλοίο) φτάνω σε λιμάνι: *το βαπόρι δεν -ει στην Ανάφη*.
προσέγγιση η, ουσ. (έρρ.). 1. πλησίασμα: *η ~ στον τόπο του δυστυχήματος δεν ήταν εύκολη*. 2. φτάσιμο πλοίου σε λιμάνι. 3. (στον ιδεολογικό τομέα) πλησίασμα, τάση για ταύτιση: ~ *ιδεών*. 4. (για ερευνητικό θέμα) μελέτη, κατανόηση: *κοινωνιολογική ~ της γλώσσας· ~ στη μελέτη του ύφους συγγραφέα*.
προσέγχυμα το, ουσ. (ιατρ.) ιστός από ίνες.
προσεδαφίζομαι, ρ. (για ιπτάμενη συσκευή) κατεβαίνω στο έδαφος: *ο θαλαμίσκος του διαστημοπλοίου -στηκε ομαλά* (πβ. *προσγειώνω* σημασ. ΙΙ. 1).
προσεδάφιση η, ουσ., το να προσεδαφίζεται κάτι (πβ. *προσγείωση*).
πρόσεδρος, επίθ. (με ουσ. *υπουργός*) βαθμός ανωτάτου διπλωματικού υπαλλήλου.
προσεισμικός, -ή, -ό, επίθ. 1. που γίνεται πριν από ένα μεγάλο σεισμό: *δονήσεις -ές*. 2. (σπανιότερα) που σχετίζεται με την περίοδο πριν από ένα σεισμό: *-ή Ζάκυνθος*.

προσεκτικός, -ή, -ό, επίθ. 1. που εντείνει την προσοχή του και αποφεύγει τα σφάλματα: *μαθητής/ελεγκτής* ~ (αντ. *απρόσεκτος*). 2. που γίνεται με επιστράτευση της προσοχής: *έλεγχος* ~· *μελέτη -ή* (συνών. *προσεγμένος* αντ. *απρόσεκτος*). - Επίρρ. **-ά.**

προσέλευση η, ουσ., το να έρχεται, να παρουσιάζεται κανείς κάπου: ~ *υποψηφίων για μια θέση* · ~ *στις εξετάσεις/στις κάλπες·* ~ *μαρτύρων στο δικαστήριο/κληρωτών στο στρατό* (αντ. *αποχώρηση*).

προσέλκυση η, ουσ., το να τραβά κανείς προς το μέρος του, προς τις απόψεις του, προς τα συμφέροντά του: ~ *μελών στο σωματείο·* ~ *οπαδών/πελατών* (αντ. *απώθηση, απομάκρυνση*).

προσελκύω, ρ. 1. τραβώ προς το μέρος μου, προς τις αντιλήψεις μου, προς τα συμφέροντά μου: ~ *οπαδούς/πελάτες·* -*ονται κεφάλαια* (αντ. *απωθώ, απομακρύνω*). 2. (μεταφ.) γοητεύω: *τον προσέλκυσε με την ομορφιά της.*

προσεπίκληση η, ουσ. (νομ.) επιδίωξη βοήθειας από ορισμένη διάταξη.

προσέρχομαι, ρ., αόρ. *προσήλθα,* έρχομαι, παρουσιάζομαι, εμφανίζομαι κάπου: *το δικαστήριο -εται στην αίθουσα των συνεδριάσεων·* ~ *στο διαγωνισμό·* (στρατ.) *προσήλθε για κατάταξη* (= κατατάχτηκε).

προσεταιρίζομαι, ρ., παίρνω κάποιον με το μέρος του, τον κάνω να είναι σύμφωνος μαζί μου: *η κυβέρνηση -ίστηκε ορισμένους βουλευτές της αντιπολίτευσης.*

προσεταιρισμός ο, ουσ., η ενέργεια και το αποτέλεσμα του προσεταιρίζομαι (βλ. λ.).

προσέτι επίρρ. (λόγ.), ακόμη, επιπλέον, επιπροσθέτως.

προσευχή η, ουσ. 1. το να προσεύχεται κανείς για να επιτύχει κάτι: *κάμε την* ~ *σου.* 2. το περιεχόμενο της προσευχής: *διάβασε την* ~. Έκφρ. *νηστεία και* ~ (για κάθε είδους εγκράτεια). Φρ. *το 'ριξε στις προσευχές* (για θρησκόληπτο άτομο).

προσευχητάρι και (ασυνίζ.) **-ιο** το, ουσ., βιβλίο που περιέχει προσευχές.

προσεύχομαι, ρ., απευθύνομαι στο Θεό (ή σε άλλο ιερό πρόσωπο), τον ευχαριστώ για κάτι ή τον παρακαλώ να με βοηθήσει να πετύχω κάτι ή να συντελέσει ώστε να γίνει κάτι: ~ *στο Θεό να σου δίνει υγεία.*

προσεχής, -ής, -ές, γεν. *-ούς,* πληθ. αρσ. και θηλ. *-είς,* ουδ. *-ή,* επίθ., που ακολουθεί, ο επόμενος: *την -ή εβδομάδα· τα -ή γεγονότα* (αντ. *απώτερος, μακρινός*). - Επίρρ. **-ώς** = σε σύντομο χρονικό διάστημα.

προσέχω, ρ., μτχ. παρκ. *προσεγμένος.* Α. μτβ. 1. εντείνω την προσοχή μου, στρέφω το νου μου σε κάτι ή κάποιον, παρακολουθώ κάτι ή κάποιον με προσοχή: ~ *το δάσκαλο όταν μιλάει·* ~ *την ερμηνεία των ηθοποιών.* 2. φροντίζω, περιποιούμαι κάποιον: *να -εις τη μητέρα σου τώρα που είναι άρρωστη.* 3. επιβλέπω, επιτηρώ: *ο συνοδός στην εκδρομή πρόσεχε τους μαθητές· πρόσεχέ τον, γιατί είναι επιπόλαιος.* 4α. συγκεντρώνομαι για να μην πάθω κάτι: *πρόσεχε να μην πέσεις·* **β.** προφυλάσσομαι από κάτι, είμαι δύσπιστος απέναντι σε κάτι ή κάποιον: *πρόσεχε την υπηρέτρια/τη φωτιά.* Β. αμτβ. 1. παρακολουθώ με προσοχή: *ο δάσκαλος με τιμώρησε γιατί δεν πρόσεχα.* 2. εντείνω την προσοχή μου για να μην πάθω κάτι, παίρ-

νω προφυλάξεις: *χτες που βγήκα έξω δεν πρόσεξα και κρύωσα.* - Η μτχ. παρκ. ως επίθ. = καμωμένος με προσοχή: *δουλειά/φραστική διατύπωση -η· ντύσιμο -ο.*

προσεχώς, βλ. *προσεχής.*

προσηγορία η, ουσ. (λόγ.). 1. ο τρόπος με τον οποίον ένα πρόσωπο αποτείνεται σε άλλο: ~ *τυπική.* 2. το περιεχόμενο της προσηγορίας: ~ *ευγενική.*

προσηγορικός, -ή, -ό, επίθ. (γραμμ.) για ουσιαστικά που δεν αποτελούν κύρια ονόματα (π.χ. *τραπέζι, κράτος, εργασία*).

προσηκώνομαι, ρ.(λαϊκ.), σηκώνομαι από τη θέση μου (συνήθως μπροστά σε ηλικιωμένο άτομο ή σημαντική προσωπικότητα) για να δείξω το σεβασμό μου: *τον αγά κανείς να μην τον προσκυνήσει, ούτε να του -ωθεί* (Καρκαβίτσας).

προσήλι το, ουσ. (λαϊκ.), μέρος που το βλέπει ο ήλιος.

προσηλιάζω, ρ., (συνιζ., λαϊκ.), εκθέτω κάτι στον ήλιο· (μέσ.) εκθέτομαι στον ήλιο.

προσηλιακός, -ή, -ό και **προσήλιος, -α, -ο,** επίθ. (συνιζ.), (για κτίριο ή τόπο) που δέχεται το φως του ήλιου, που τον βλέπει ο ήλιος: *το δωμάτιο είναι -ό.* (αντ. *ανήλιαγος*).

προσήλυτη, βλ. *προσήλυτος.*

προσηλυτίζω, ρ., κάνω κάποιον οπαδό του θρησκευτικού δόγματος στο οποίο πιστεύω ή γενικότερα οπαδό των ιδεών μου: *τον προσηλύτισαν στο μωαμεθανισμό/στο μαρξισμό.*

προσηλυτισμός ο, ουσ., η ενέργεια και το αποτέλεσμα του προσηλυτίζω (βλ. λ.).

προσηλυτιστικός, -ή, -ό, επίθ., που σχετίζεται με τον προσηλυτισμό ή συντελεί σ' αυτόν: *κείμενα -ά.*

προσήλυτος ο, θηλ. **-η,** ουσ., εκείνος που πείθεται από τρίτο να γίνει οπαδός των θρησκευτικών ή άλλων ιδεών του.

προσήλωμα το, ουσ., το να προσηλώνει κανείς τα μάτια του κάπου.

προσηλώνω, ρ. I. (ενεργ.) (με αντικ. το *βλέμμα, την προσοχή, κλπ..*) στρέφω με σταθερότητα προς μια ορισμένη κατεύθυνση. II. μέσ. 1. αφοσιώνομαι, αφιερώνομαι σε κάτι: *-ωμένος στην εκτέλεση του καθήκοντος.* 2. παρακολουθώ με προσοχή κάτι: *-ώθηκε στην τηλεόραση.* - Η μτχ. παρκ. ως επίθ. = αμετακίνητος, σταθερός, ακλόνητος: *βλέμμα -μένο.*

προσήλωση, η, ουσ. 1. αφοσίωση σε κάτι: *επιβάλλεται* ~ *στην παραδομένη γλώσσα και παραδοχή των ανανεωτικών στοιχείων.* 2. ιδιαίτερη προσοχή που δίνεται σε κάτι: *παρακολουθεί το έργο με* ~.

προσημειώνω, ρ. (ασυνίζ.), (νομ.) ενεργώ προσωρινή κατάσχεση σε περιουσιακά στοιχεία οφειλέτη μου: *του -ωσαν τα κτήματα του· -εται υποθήκη.*

προσημείωση η, ουσ. (νομ.) προσωρινή κατάσχεση κτήματος ή περιουσιακών γενικά στοιχείων για την εξασφάλιση εκείνου στον οποίο χρωστά κανείς: *εγγραφή/τροπή -ης.*

πρόσημο το, ουσ. (μαθημ.) σύμβολο που σημειώνεται πριν από ένα ρητό αριθμό για να δηλωθεί αν ο αριθμός είναι μεγαλύτερος ή μικρότερος από 0: *θετικό πρόσημο* (το σύμβολο +)· *αρνητικό πρόσημο* (το σύμβολο −).

προσήνεια η, ουσ. (ασυνίζ.), καταδεκτικότητα, ευγένεια (ιδίως προς κατώτερο): *μιλεί με* ~ *προς*

τους υφισταμένους του (συνών. φιλοφροσύνη· αντ. ακαταδεξία).
προσηνής, -ής, -ές, γεν. -ούς, πληθ. αρσ. και θηλ. -είς, ουδ. -ή, επίθ., το να είναι κανείς ευγενικός και καταδεχτικός κυρίως προς τους κατωτέρους του (αντ. ακατάδεχτος).
προσθαλασσώνω, ρ. Ι. (ενεργ.) οδηγώ υδροπλάνο στην επιφάνεια της θάλασσας, όπου και το ακινητοποιώ. II. (μέσ.) (για υδροπλάνο κ.ά.) ακουμπώ στην επιφάνεια της θάλασσας, όπου και ακινητοποιούμαι. - Πβ. *προσγειώνω.*
προσθαλάσσωση η, ουσ., η ενέργεια και το αποτέλεσμα του προσθαλασσώνω (βλ. λ.).
προσθαφαίρεση η, ουσ., το να προσθέτει κανείς κάτι σε ένα ποσόν και να αφαιρεί κάτι άλλο: ~ *από λογαριασμό.*
προσθαφαιρώ, -είς, ρ., προσθέτω και παράλληλα αφαιρώ κάτι από ένα ποσόν.
πρόσθεση η, ουσ. 1. η ενέργεια του προσθέτω (βλ. λ.): ~ *ενός κεφαλαίου σε ένα βιβλίο/σιροπιού σε ένα γλυκό.* 2. (μαθημ.) η πρώτη από τις τέσσερις θεμελιώδεις πράξεις της αριθμητικής, κατά την οποία δίνονται δύο ή περισσότεροι αριθμοί και βρίσκουμε έναν άλλο που έχει τόσες μονάδες, όσες έχουν όλοι μαζί οι αριθμοί που δόθηκαν.
προσθετέος ο, ουσ. (μαθημ.) καθένας από τους δύο ή περισσότερους αριθμούς που δίνονται σε μια πρόσθεση (βλ. λ. σημασ. 2.).
πρόσθετος, -η, -ο, επίθ., που προστίθεται σε κάτι άλλο: *πληροφορία/αμοιβή -η· σχόλια -α· βάρος -ο· -* Επίρρ. (λόγ.) **προσθέτως** = κοντά στα άλλα (συνών. *επιπροσθέτως).*
προσθέτω, ρ., παρατ. *πρόσθετα,* αόρ. *πρόσθεσα·* μέσ. *προσθέτομαι* και (λόγ.) *προστίθεμαι,* πληθ. *προστιθέμεθα,* κλπ., ελλειπτ. στον παρατ., αόρ. *προστέθηκα,* μτχ. παρκ. *προσθεμένος* και (λόγ.) *προστεθειμένος.* 1. τοποθετώ κάτι επιπλέον ή κοντά σε κάτι άλλο: ~ *ένα δωμάτιο στην κατοικία μου/μια παράγραφο στη μελέτη μου/αλάτι στο φαγητό.* 2. λέω κάτι επιπλέον: *επιτρέψτε μου να -έσω μια λέξη.* 3. δίνω, προσφέρω κάτι επιπλέον: *το ντύσιμο αυτό σου -ει γοητεία/ύψος.* 4. (μαθημ.) κάνω πρόσθεση (βλ. λ. σημασ. 2): ~ *το πέντε στο δύο.*
προσθέτως, βλ. *πρόσθετος.*
προσθήκη η, ουσ. 1. το να προσθέτει κανείς κάτι σε κάτι άλλο: *κάνω μια ~ σ' αυτά που σου είπα* (συνών. *συμπλήρωση).* 2. αυτό που προστίθεται (συνών. *συμπλήρωμα).*
πρόσθιος, -α, -ο, επίθ. (ασυνίζ., λόγ.), μπροστινός, που βρίσκεται στο εμπρός μέρος: *-α κίνηση αυτοκινήτου* (βλ. *κίνηση,* σημασ. 5). - Το ουδ. ως ουσ. = είναι ένα από τα τέσσερα είδη κολύμβησης.
προσιδιάζω, ρ. (ασυνίζ., λόγ.), ταιριάζει, αρμόζει: *ασχολίες που -ουν στη φύση του παιδιού.*
προσιτός, -ή, -ό, επίθ. 1. (για πρόσωπο) που μπορεί κανείς εύκολα να τον πλησιάσει· που είναι καταδεκτικός, προσηνής (αντ. *απρόσιτος, δυσκολοπλησίαστος).* 2. (για πράγμα) που μπορεί ο καθένας να το προσεγγίσει και να ωφεληθεί απ' αυτό: *βιβλίο -ό στο πλατύτερο κοινό· τιμές -ες· θεατρική παράσταση -ή στους πολλούς.*
πρόσκαιρος, -η, -ο, επίθ. 1. προσωρινός, που διαρκεί λίγο χρονικό διάστημα ή λίγα χρόνια: ~ *έκπτωση των τιμών· -η ζωή* (πάνω στη γη) (συνών. *εφήμερος).* 2. (νομ.) *-α δεσμά* (σε αντίθεση με τα *ισόβια)* = φυλάκιση δέκα έως είκοσι χρόνων. 3. (αστρον.) *-α άστρα* = που παρουσιάζονται ξαφνικά και αργότερα εξαφανίζονται. - Επίρρ. **-α** (= για μικρό χρονικό διάστημα, για λίγο καιρό).
προσκάλεσμα το, ουσ., η ενέργεια του προσκαλώ (βλ. λ.) (συνών. *πρόσκληση).*
προσκαλώ, -είς, ρ., μτχ. παθ. παρκ. *-καλεσμένος,* (λόγ.) *προσκεκλημένος.* 1. καλώ κάποιον να έρθει σε κάποιο μέρος ή να παρευρεθεί κάπου: *με -εσαν στο σπίτι τους/σε δείπνο.* 2. ζητώ από κάποιον να κάνει κάτι: *με -κάλεσε να χορέψουμε/να καθίσω δίπλα του.* 3. (παθ. σε διοικ. χρήση) καλούμαι να παρουσιαστώ κάπου: *-ούμαι ως μάρτυρας/στο στρατό.*
πρόσκειμαι, -σαι, -ται, -μεθα, -σθε, -νται, μτχ. *προσκείμενος* (λόγ., απαντά συνήθως μόνο στον ενεστ.), βρίσκομαι κοντά σε κάποιον (συνήθως ως προς την ιδεολογία): *ο τάδε πολιτευτής -ται στο συντηρητικό κόμμα·* οι *προσκείμενοι φιλικά.*
προς κέντρα λακτίζειν, αρχαϊστ. φρ.· σε περιπτώσεις που κάποιος εναντιώνεται σε κάποιον ισχυρότερό του (και αναπόφευκτα θα ζημιωθεί ο ίδιος).
προσκεφάλι, -κέφαλο, (λαϊκ.) **-κεφαλάδι** και **-κεφαλάρι** το, ουσ. 1. ορθογώνιος υφασμάτινος σάκος γεμισμένος με μαλλί, βαμβάκι ή πούπουλα που τοποθετείται κάτω από το κεφάλι για να το στηρίζει κατά τον ύπνο ή την ανάπαυση (συνών. *μαξιλάρι).* 2. κάθε αντικείμενο με ανάλογη χρήση: *για ~ του είχε ένα δεμάτι χόρτα.* Φρ. *έμεινε υιο του* (= έμεινε δίπλα του) κατά την αρρώστια του).
προσκήνιο το, ουσ. (ασυνίζ.). 1. (αρχαιολ.) το μπροστινό μέρος της σκηνής αρχαίου θεάτρου όπου έπαιζαν οι ηθοποιοί (συνών. *λογείο).* 2. το μπροστινό μέρος της σκηνής σύγχρονου θεάτρου (αυτό που βρίσκεται μεταξύ της αυλαίας και του χώρου της ορχήστρας) (συνών. *ράμπα).* Φρ. *είμαι/βρίσκομαι στο προσκήνιο (της επικαιρότητας/της δημοσιότητας)* (= βρίσκομαι στην επικαιρότητα).
πρόσκληση η, ουσ. 1. η ενέργεια του προσκαλώ (βλ. λ.): ~ *για δείπνο.* 2. το έντυπο (ή κάτι ανάλογο) με το οποίο προσκαλείται κανείς: *στάλθηκαν πολλές -ήσεις* (συνών. *προσκλητήριο).* 3. δωρεάν εισιτήριο σε θεατρική παράσταση ή μουσικό ακρόαμα: *διαθέτω δύο -ήσεις για το θέατρο.* 4. (στρατ.) ~ *ηλικιών* = πρόσκληση ορισμένης ηλικίας πολιτών για να καταταγούν στο στράτευμα σε περίπτωση ειδικής εκγύμνασης ή πολέμου, καθώς και η ειδική υπουργική εγκύκλιος: (ειδική) *επιστράτευση με ατομικές -ήσεις.*
προσκλητήριο το, ουσ. (ασυνίζ.). 1. πρόσκληση (ως τυπωμένο κείμενο): *-α γάμου.* 2. (στρατ.) α. πρόσκληση στρατιωτικής μονάδας για να συγκεντρωθεί και να γίνουν σχετικές υπηρεσιακές διαπιστώσεις και να δοθούν περαιτέρω εντολές: *πρωινό ~· β.* η ανάγνωση του καταλόγου των στρατιωτών της μονάδας για έλεγχο ενδεχόμενων απουσιών· γ. σάλπισμα με το οποίο καλούνται οι στρατιώτες να συνταχθούν. 3. ~ *νεκρών* = τιμητική μνεία ονομάτων σε επισημότερη συγκέντρωση.
προσκόλληση η, ουσ. 1. (στρατ.) το να προσκολλάται κανείς κάπου (βλ. *προσκολλώ* σημασ. 1). 2. το να βρίσκεται ένα άτομο πολύ κοντά σε άλλο στο οποίο κατά κάποιο τρόπο αφοσιώνεται για να εξυπηρετεί και να εξυπηρετείται: *η -ή του σ' εμένα μου είναι χρήσιμη.* 3. σταθερή αφοσίωση, εμ-

προσκολλώ

μονή σε κάποια ιδέα ή ιδεολογία: ~ *κάποιου στις συντηρητικές αντιλήψεις*.

προσκολλώ, -άς, ρ. **1.** (στρατ.) τοποθετώ πρόσκαιρα στρατιώτη ή αξιωματικό του στρατού σε ορισμένη στρατιωτική μονάδα για εκτέλεση κάποιας υπηρεσίας: *-ήθηκε στην επιμελητεία της μονάδας*. **2.** (μέσ.) παίρνω θέση κοντά σε κάποιον που με προστατεύει: *-ήθηκε στο θείο του τον υπουργό και είναι ικανοποιημένος*. **3.** (μέσ.) φροντίζω να αποτελέσω μέλος μιας συντροφιάς όπου μπορεί να είμαι ανεπιθύμητος: *-ήθηκε στην παρέα μας με το «έτσι θέλω»*. **4.** (μέσ.) είμαι σταθερά (και συχνά τυφλά) αφοσιωμένος σε κάποια ιδέα ή ιδεολογία: *είναι -ημένος στις ιδέες του παρελθόντος*.

προσκομιδή η, ουσ. (εκκλ.) πρόθεση (βλ. λ. σημασ. 3).

προσκομίζω, ρ. **1.** (σε διοικ. χρήση, συνήθως για έγγραφο) φέρνω, παραδίδω σε δημόσια υπηρεσία: ~ *πιστοποιητικό· -ονται νέα στοιχεία στην υπόθεση*. **2.** (εκκλ., για ιερέα) τελώ την προσκομιδή (βλ. λ.): *την ώρα που -ει ο παπάς*.

προσκόμιση η, ουσ. (σε διοικ. χρήση) παρουσίαση ή παράδοση εγγράφου (ή άλλου στοιχείου) σε δημόσια υπηρεσία.

πρόσκομμα το, ουσ. (λόγ.), εμπόδιο: *όλο -ατα βρίσκω μπροστά μου*.

προσκοπικός, -ή, -ό, επίθ., που ανήκει ή αναφέρεται στους προσκόπους ή τον προσκοπισμό.

προσκοπίνα, βλ. *πρόσκοπος*.

προσκοπισμός ο, ουσ., διεθνής οργάνωση που αποβλέπει στη σωματική και την ηθική διαπαιδαγώγηση παιδιών και εφήβων.

πρόσκοπος ο, θηλ. **-ίνα,** ουσ., παιδί ή έφηβος που ανήκει στον προσκοπισμό.

προσκόπτω, ρ. (λόγ.), συναντώ εμπόδια: *η υπόθεση -ει* (συνών. *εμποδίζομαι*).

πρόσκρουση η, ουσ. (λόγ.), σύγκρουση: ~ *μικρομετεωριτών* (συνών. *τρακάρισμα*).

προσκρούω, ρ., παρατ. *προσέκρουα*, πληθ. *προσκρούαμε*, αόρ. *προσέκρουσα*, πληθ. *προσκρούσαμε*, συναντώ εμπόδιο, εμποδίζομαι από κάτι ή έρχομαι σε αντίθεση με κάτι: *-έκρουσε το ζήτημα σε δυσχέρειες· η πρόθεσή σου -ει στο νόμο· μια διάταξη νόμου -ει σε άρθρο του Συντάγματος*.

πρόσκτηση η, ουσ., το να αποκτά κανείς κάτι επιπλέον.

προσκύνημα το, ουσ. **1.** (θρησκ.) εκδήλωση λατρείας σε εικόνα, λείψανο ή άλλο ιερό αντικείμενο· (ειδικότερα) παρέλαση πλήθους μπροστά από τη σορό επιφανούς νεκρού: *η σορός του εκτέθηκε σε λαϊκό ~*. **2.** (μεταφ.) τόπος όπου τιμάται ιστορικό ή θρησκευτικό γεγονός, ιστορική ή θρησκευτική προσωπικότητα. **3.** (ιστ.) υποταγή κοινότητας λαού σε κατακτητή. **4.** (στον πληθ., λαϊκ.) χαιρετίσματα: *τα -ατά μου στον πατέρα σας*.

προσκυνημένος, -η, -ο, επίθ. (ιστ.) υποταγμένος, που έχει συνθηκολογήσει με τον κατακτητή: *οι -οι του Αλή πασά*. Παροιμ. *-ο κεφάλι δεν κόβεται* (= όταν υποταγείς σε κάποιον δε διατρέχεις άμεσο κίνδυνο απ᾽ αυτόν).

προσκύνηση η, ουσ., η ενέργεια του προσκυνώ (βλ. λ.).

προσκυνητάρι(ο) το, ουσ. (ασυνίζ.), (εκκλ.) **1.** αναλόγιο όπου τοποθετούνται οι εικόνες για προσκύνηση από τους πιστούς. **2.** μικρό κτίσμα (συνήθως πρόχειρης κατασκευής που στεγάζει μια ή περισσότερες εικόνες (με τα καντήλια τους) και βρί-

σκεται σε εξοχικό μέρος (σε επικίνδυνη στροφή δρόμου, σε γκρεμό, σε ακρωτήρι, κλπ.). **3.** (στον τύπο *-άριο*) βιβλίο όπου περιγράφονται ιερά προσκυνήματα (βλ. λ. σημασ. 2): *εικονογραφημένα -α των Αγίων Τόπων*.

προσκυνητής ο, θηλ. **-ήτρ(ι)α,** ουσ., πιστός που έρχεται να τιμήσει ναό ή ιερό χώρο με την ευκαιρία θρησκευτικής γιορτής.

προσκυνοχάρτι το, ουσ. (ιστ.) έγγραφο που βεβαίωνε στα χρόνια της Τουρκοκρατίας, ότι κάποιοι δήλωναν υποταγή στον κυρίαρχο.

προσκυνώ, -άς, ρ. **1.** (εκκλ.) ασπάζομαι με σεβασμό θρησκευτική εικόνα ή ιερό λείψανο: *-ησα το λείψανο του αγίου Σπυρίδωνα / την Παναγιά*. **2.** (ιστ.) δηλώνω υποταγή στον κυρίαρχο (κυρίως στα χρόνια της Τουρκοκρατίας). **3.** χαιρετώ, στέλνω χαιρετισμούς. Παροιμ. *σαν ξαναγίνω νύφη, ξέρω να -ήσω,* βλ. *νύφη*.

προσκυρώνω, ρ. (νομ.) **1.** επιβεβαιώνω, επικυρώνω. **2.** αναγνωρίζω την κυριότητα κτήματος σε κάποιον αφαιρώντας την από άλλον.

προσκύρωση η, ουσ. (νομ.) η ενέργεια του προσκυρώνω (βλ. λ.).

προσλαλιά η, ουσ. (λόγ. ασυνίζ.), προσφώνηση.

προσλαμβάνω, ρ., αόρ. *προσέλαβα*, πληθ. *προσλάβαμε*. **1.** αποκτώ χαρακτηριστικό που δεν είχα ως τώρα: *η δικογραφία προσέλαβε ογκώδεις διαστάσεις*. **2.** αποκτώ βοηθό ή συνεργάτη στην υπηρεσία μου. **3.** (ψυχ.) δέχομαι με τα αντιληπτικά μου όργανα: ~ *παραστάσεις / εικόνες / μηνύματα· -ουσες παραστάσεις* = που βρίσκονται στη συνείδηση και βοηθούν στην πρόσληψη νέων παραστάσεων.

προσληπτικότητα η, ουσ., το να έχει κανείς την ικανότητα να αντιλαμβάνεται κάτι με ευκολία: ~ *του κοινού*.

πρόσληψη η, ουσ., η ενέργεια και το αποτέλεσμα του προσλαμβάνω (βλ. λ. σημασ. 2 και 3): ~ *υπαλλήλου· ~ μηνύματος από τον αναγνώστη / παραστάσεων*.

προσμένω, ρ. (μόνο στον ενεστ. και τον παρατ.), περιμένω (συνήθως με ζωηρή προσδοκία) κάποιον ή κάτι.

προσμέτρηση η, ουσ., η ενέργεια του προσμετρώ (βλ. λ.).

προσμετρώ, -άς, ρ., συνυπολογίζω: *τα χρόνια της στρατιωτικής θητείας -ώνται στα κανονικά χρόνια για τη συνταξιοδότηση υπαλλήλου· αυτό -άται στο ενεργητικό του συγγραφέα* (συνών. *υπολογίζω, λογαριάζω*).

προσμιλώ, άς και **είς,** ρ. (λαϊκ.) αποτείνομαι: *στο ταίρι του -μίλησε κι είπε*.

πρόσμιξη η, ουσ. **1.** ανάμιξη μιας ουσίας με μιαν άλλη, ιδίως σε μετάλλευμα. **2.** η ξένη ουσία σε μετάλλευμα: *μετάλλευμα απαλλαγμένο από προσμίξεις*.

προσμονή η, ουσ. **1.** αναμονή. **2.** προσδοκία, ελπίδα: *άναβε μέσα του μια ~* (Μπαστιάς).

προσνήωση η, ουσ. (αεροναυτ.) κάθοδος αεροσκάφους σε κατάστρωμα αεροπλανοφόρου (αντ. *απονήωση*). [*προς + ναυς*].

προσόδιον το, ουσ. (ασυνίζ.), (αρχ.) χορικό άσμα με συνοδεία αυλού.

πρόσοδος η, ουσ. (λόγ.), εισόδημα.

προσοδοφόρος, -α, -ο, επίθ., που φέρνει κέρδη: *επενδύσεις -ες* (συνών. *επικερδής, κερδοφόρος·* αντ. *επιζήμιος, βλαβερός*).

προσομοιάζω, ρ. (ασυνίζ.), έχω ομοιότητα με κάποιον ή κάτι (αντ. *παραλλάσσω*).

προσόμοιο το, ουσ. (ασυνίζ.), (εκκλ., συνήθως στον πληθ.) καθένα από τα τροπάρια που παρουσιάζουν μεταξύ τους ποικίλες ομοιότητες και ψάλλονται όλα σύμφωνα με ορισμένο κάθε φορά πρότυπο: *-α στιχηρά/σατιρικά του Παπαδιαμάντη*.

προσόν το, ουσ. 1. προτέρημα, πλεονέκτημα. 2. ξεχωριστή ικανότητα (αντ. *μειονέκτημα, ψεγάδι*). 3. (πληθ.) εφόδια απαραίτητα για να καταλάβει κανείς μια δημόσια ή ιδιωτική θέση ή για οποιαδήποτε επιτυχία.

προσοντούχος, -α, -ο, επίθ. (έρρ.), που έχει τα προσόντα που χρειάζονται για μια ορισμένη απασχόληση.

προσορμίζω, ρ. (λόγ.). I. (ενεργ.) οδηγώ πλοίο στο λιμάνι. II. (μέσ.) (για πλοίο) μπαίνω σε λιμάνι: *τα πλοία -ίστηκαν στο λιμάνι*.

προσοχή η, ουσ. 1. συγκέντρωση του πνεύματος σε κάτι με την οποία το άτομο προετοιμάζεται και προσανατολίζεται ώστε να είναι σε θέση να κατανοήσει ένα συγκεκριμένο αντικείμενο. 2. φροντίδα, έγνοια. 3. πρόνοια, προφύλαξη για αποφυγή δυσάρεστου γεγονότος· (επιφ.) *προσοχή!* = να είσαι προσεκτικός. 4. παράγγελμα στρατιωτικό ή κατά γυμναστική άσκηση: φρ. *σε στάση -ής* (= με ευθύ το κορμί, τα χέρια κολλημένα στο σώμα και τα πόδια κολλημένα μεταξύ τους): *στεκόταν σε στάση -ής*.

πρόσοψη η, ουσ., πρόσθια όψη κτηρίου, το μπροστινό μέρος κτηρίου, όπου και η κυρία είσοδος (συνών. *μέτωπο, φάτσα*).

προσόψι και (ασυνίζ.) **-ιο** το, ουσ., πετσέτα προσώπου.

προσπάθεια η, ουσ. (ασυνίζ.), δραστηριότητα ενός συνειδητού όντος που κινεί τις δυνάμεις του, σωματικές ή πνευματικές, για να πετύχει κάποιο σκοπό ή για να αντισταθεί ή να νικήσει μιαν αντίσταση: ~ *σωματική· ανάγνωσμα που απαιτεί* ~ *για να το κατανοήσεις·* ~ *για σωστή ενημέρωση*.

προσπαθώ, -είς, ρ., καταβάλλω δύναμη για να πετύχω κάτι: ~ *να πετύχω στις εξετάσεις*.

προσπάππος ο, ουσ., προπάππος (βλ. λ.). [*πάππου προς πάππου*].

προσπέκτους το, ουσ. άκλ., διαφημιστικό φυλλάδιο. [γαλλ. *prospectus*].

προσπελάζω, ρ. (λόγ.), πλησιάζω κάποιον (συνών. *προσεγγίζω* αντ. *απομακρύνομαι*).

προσπέλαση η, ουσ. (λόγ.), πλησίασμα, προσέγγιση: (μεταφ.) ~ *επιστημονικού προβλήματος*.

προσπελάσιμος, -η, -ο, επίθ. (για τόπο) που μπορεί κανείς να τον πλησιάσει: (μεταφ.) *παρουσία του εντύπου σε τόπους -ους από το ευρύτερο κοινό*.

προσπέραση η και **προσπέρασμα** το, ουσ., η ενέργεια του προσπερνώ (βλ. λ.): *απαγορεύεται η* ~· *κάνει επικίνδυνα -άσματα*.

προσπερνώ, -άς, ρ. (συνήθως για αυτοκίνητο) ξεπερνώ κάποιον που κινείται στον ίδιο δρόμο: *τον προσπέρασε για το αυτοκίνητο*.

προσπέφτω, ρ., αόρ. *πρόσπεσα*, θερμοπαρακαλώ κάποιον, «πέφτω στα γόνατα»: *πρόσπεσε στα πόδια μου· μου πρόσπεσε*.

προσποίηση η, ουσ. 1. το να παρουσιάζει κανείς τον εαυτό του διαφορετικό από ό,τι στην πραγματικότητα είναι (συνών. *υποκρισία*). 2. επιτήδευση (αντ. *φυσικότητα*).

προσποιητικός, -ή, -ό, επίθ., που σχετίζεται με την προσποίηση (βλ. λ.) ή αναφέρεται σ' αυτήν.

προσποιητός, -ή, -ό, επίθ., που γίνεται με προσποίηση: *συμπάθεια/θλίψη -ή· γέλια -ά* (αντ. *ειλικρινής, φυσικός, αληθινός*).

προσποιούμαι, ρ. (ασυνίζ.), παρουσιάζω τον εαυτό μου διαφορετικό από ό,τι είναι στην πραγματικότητα· υποκρίνομαι ότι κάνω κάτι: *-είται τον αφελή/την καλή· -είται ότι την αγαπά/ότι δεν ξέρει*.

προσπορίζομαι, ρ. (λόγ.), αποκτώ κάτι, εφοδιάζομαι με κάτι: ~ *κέρδη/ τα αναγκαία*.

προς στιγμήν· αρχαϊστ. έκφρ. για να δηλωθεί η προσωρινότητα κατάστασης ή φαινομένου.

προσταγή η, ουσ., διαταγή (βλ. λ.).

πρόσταγμα η, ουσ., το περιεχόμενο της προσταγής· (στρατ.) *έχω το γενικό* ~ = είμαι επικεφαλής στρατιωτικής τελετής.

προστάζω, ρ., αόρ. *πρόσταξα*, διατάζω (βλ. λ.).

προστακτικός, -ή, -ό, επίθ., που ενέχει χαρακτηριστικά προσταγής: *ήταν η φωνή του -ή· -ή λειτουργία της γλώσσας* (= επιτακτική). - Το θηλ. ως ουσ. = (γραμμ.) μια από τις τέσσερις εγκλίσεις με την οποία διατυπώνεται προσταγή, σύσταση ή και παράκληση. - Επίρρ. **-ά** = με διαταγή.

προστασία η, ουσ. 1. φροντίδα που παρέχεται ώστε ένα άτομο ή ένα αντικείμενο να διαφυλάσσεται αβλαβές και ακέραιο: *του παρέχω την* ~ *μου·* ~ *της μητρότητας·* ~ *των αναλωτών*. 2. το θερμό ενδιαφέρον για τα συμφέροντα του έθνους: ~ *της ακεραιότητας μιας χώρας·* ~ *του περιβάλλοντος*.

προστατεκτομή η, ουσ. (ιατρ.) αφαίρεση του προστάτη (βλ. λ. σημασ. 2) ή των αδενωμάτων του.

προστατευτικός, -ή, -ό, επίθ., που σχετίζεται με την προστασία ή αναφέρεται σ' αυτήν: *νόμος* ~· (για πρόσωπο) *ο μεγάλος μου αδελφός είναι* ~.

προστατευτισμός ο, ουσ. (οικον.) τελωνειακή πολιτική που προστατεύει την εθνική οικονομία απέναντι στον ξένο ανταγωνισμό.

προστατεύω, ρ. 1. ενδιαφέρομαι ώστε κάποιος να προφυλάγεται από δυσμενείς επήρειες. 2. ενισχύω κάποιον, του παρέχω όλα τα εφόδια (οικονομικά, κ.ά.): *-όμενα μέλη μιας οικογένειας* (συνήθως σε σχέση με την ιατροφαρμακευτική περίθαλψη, φορολογία, κλπ.).

προστάτης ο, θηλ. **-τρια** και **-τισσα**, ουσ. 1. αυτός που προστατεύει (βλ. λ.) (συνών. *κηδεμόνας*)· (ειρων.) *ξένοι -ες* (συνήθως για ξένα κράτη που επεμβαίνουν στα εσωτερικά άλλων κρατών με το πρόσχημα της προστασίας)· (ως επίθ.) *-τριες δυνάμεις* (= ισχυρά κράτη που αναλαμβάνουν την κηδεμονία μικρότερων κρατών). 2. (ιατρ.) αδένας που ανήκει στο ανδρικό γεννητικό σύστημα.

προστατικός, -ή, -ό, επίθ., που αναφέρεται στον προστάτη (βλ. λ. σημασ. 2): *υγρό -ό*.

προστατίτιδα η, ουσ., φλεγμονή του προστάτη (βλ. λ. σημασ. 2).

προστατοκήλη η, ουσ. (ιατρ.) κήλη που εμφανίζεται με παράλληλη φλεγμονή του προστάτη (βλ. λ. σημασ. 2).

προστατόρροια η, ουσ. (ασυνίζ.), (ιατρ.) ροή υγρού από τον προστάτη (βλ. λ. σημασ. 2).

προστάτρια και **-άτισσα**, βλ. *προστάτης*.

πρόστεγο το, ουσ. 1. κατασκεύασμα που προεξέχει από τη στέγη και προφυλάσσει το οικοδόμημα από την επήρεια δυσμενών καιρικών συνθηκών (συνών. *μαρκίζα*). 2. καμπούνι (βλ. λ.).

πρόστηση η, ουσ. (νομ.) ορισμός προσώπου που δικαιούται να διαχειρίζεται υποθέσεις εκείνου που τον ορίζει.

προστιμάρισμα το, ουσ. (λαϊκ.), επιβολή προστίμου.

προστιμάρω, ρ. (λαϊκ.), επιβάλλω πρόστιμο.

προς τιμήν· αρχαϊστ. έκφρ. = για να τιμηθεί κάποιος.

πρόστιμο το, ουσ. 1. χρηματική ποινή για παράβαση αστυνομικών διατάξεων ή για μη έγκαιρη καταβολή οικονομικών υποχρεώσεων προς το κράτος. 2. χρηματική ποινή σε δημόσιους υπαλλήλους για πειθαρχικό παράπτωμα.

προστόμαχος ο, ουσ. (ζωολ.) διεύρυνση του πεπτικού σωλήνα των πτηνών που βρίσκεται πριν από το στομάχι.

προστρέχω, ρ., πηγαίνω κάπου για να βρω βοήθεια ή υπεράσπιση: ~ στα δικαστήρια.

προστριβή η, ουσ. 1. τριβή ενός πράγματος πάνω σε άλλο. 2. (μεταφ.) αφορμή για σύγκρουση μεταξύ δύο προσώπων (συνών. *διένεξη·* αντ. *συμπόνοια*).

προστυχάδα η, ουσ. (λαϊκ.). 1. το να είναι κάτι πρόστυχο. 2. το να είναι ένα πρόσωπο χυδαίο.

προστυχαίνω, βλ. *προστυχεύω*.

προστυχάντζα η, ουσ. (λαϊκ.), πρόστυχο εμπόρευμα ή πρόστυχο πρόσωπο.

προστύχεμα το, ουσ. (λαϊκ.), η ενέργεια και το αποτέλεσμα του προστυχεύω (βλ. λ.) (συνών. *ψεύτισμα*).

προστυχεύω, ρ., αόρ. *προστύχεψα* και (σπανιότερα) **προστυχαίνω**, αόρ. *προστύχανα*. A. (μτβ.) κάνω κάτι ευτελέστερο, χαλώ την ποιότητα ενός αντικειμένου που κυκλοφορεί στο εμπόριο (συνών. *ψευτίζω*): *το κατάστημα αυτό -ει τα εμπορεύματά του*· -*εψε τη δουλειά του αυτός ο μάστορης*. B. (αμτβ.) γίνομαι πρόστυχος, χυδαίος.

προστυχιά η, ουσ. (συνιζ.). 1. χυδαία ανθρώπινη ενέργεια: *όλο -ές κάνει*. 2. το να είναι πρόστυχο ένα πρόσωπο: *η ~ του είναι αφάνταστη*.

προστυχοδουλειά η, ουσ. (συνιζ.). 1. δουλειά που έχει ασήμαντο ποιοτικό αποτέλεσμα. 2. πρόστυχη ανθρώπινη ενέργεια.

προστυχόκοσμος ο, ουσ. (συνολικά) χυδαίοι άνθρωποι.

προστυχόλογα τα, ουσ., χυδαία λόγια (συνών. *βωμολοχίες*).

προστυχόπραμα το, ουσ. (λαϊκ.). 1. αντικείμενο χωρίς καμία αξία. 2. άτομο χωρίς εντιμότητα.

πρόστυχος, -η, -ο, επίθ. 1. (για πρόσωπα και ανθρώπινες ενέργειες) χυδαίος, τιποτένιος: *άνθρωπος* ~· *φέρσιμο -ο*. 2. (για εμπόρευμα) που δεν είναι καλή η ποιότητά του. - Το θηλ. ως ουσ. = πόρνη.

προσύμβαση η, ουσ., προκαταρκτική συμφωνία (συνών. *προσύμφωνο*).

προσύμφωνο το, ουσ. (νομ.) γραπτή συμφωνία με την οποία τα συμβαλλόμενα μέρη αναλαμβάνουν την υποχρέωση να υπογράψουν συγκεκριμένη σύμβαση (συνών. *προσύμβαση*).

προσυνεννόηση η, ουσ., συνεννόηση που γίνεται από πριν.

προσυπογραφή η, ουσ., η ενέργεια και το αποτέλεσμα του προσυπογράφω (βλ. λ. σημασ. 1).

προσυπογράφω, ρ., παρατ. *-υπέγραφα*, πληθ. *-υπογράφαμε*, αόρ. *-υπέγραψα*, πληθ. *-υπογράψαμε*. 1. υπογράφω και εγώ με κάποιον άλλον κάτι που αυτός έπρεπε κατά κύριο λόγο να υπογράψει. 2. (μεταφ.) συμφωνώ, αποδέχομαι ένα γεγονός, μια άποψη (συνών. *εγκρίνω*).

προσυπολογίζω, ρ., κοντά σε άλλα υπολογίζω και κάτι πρόσθετο.

προσφά(γ)ι το, ουσ. (λαϊκ.), αυτό που τρώει κανείς ως συμπλήρωμα του φαγητού του.

προσφαγίζω, ρ. (λαϊκ.), τρώγω κάτι άλλο συνοδευτικό του βασικού φαγητού: *κόψαμε φύλλα για να -ίσουμε με δαύτα τα ψάρια σα να 'τανε ψωμί* (Κόντογλου).

προσφάι, βλ. *προσφάγι*.

πρόσφατος, -η, -ο, επίθ. 1. που τελευταία έγινε: *ίχνη -α·* *χρόνια -α*. 2. τοποθετημένος στο τελευταίο χρονικό διάστημα: *ημερομηνία -η*. - Επίρρ. **-άτως** και **-α**.

προσφέρω, ρ. I. ενεργ. 1. δίνω δώρο σε κάποιον: *μου -ερε μια ανθοδέσμη*. 2. (για προσφορές σε θεότητες) αφιερώνω: ~ *θυσία*. 3. (για ποτό ή φαγητό) παρέχω, κερνώ: *να σας ~ ένα γλυκό/ένα αναψυκτικό;* 4. θέτω στη διάθεση κάποιου: *τα ξενοδοχεία -ουν δωμάτια σε τιμές υπέρογκες·* (σε εμπορικές συναλλαγές) ~ *οικόπεδα σε τιμή ευκαιρίας*. 5. παρέχω: *αυτή η υπουργική απόφαση μας -ει πολλές ευκαιρίες*. II. μέσ. 1. παρέχω τον εαυτό μου στην εξυπηρέτηση συνανθρώπου: *-εται να μεσολαβήσει για να ρυθμιστεί το ζήτημα*. 2. εμφανίζομαι: *-εται μια ευκαιρία για ευχάριστο ταξίδι*. 3. είμαι κατάλληλος: *το κείμενο -εται για διδακτικό εγχειρίδιο*.

προσφεύγω, ρ., παρατ. *προσέφευγα*, πληθ. *προσφεύγαμε*, αόρ. *προσέφυγα*, πληθ. *προσφύγαμε*, καταφεύγω (για να βρω λύση ή προστασία): ~ *στα δικαστήρια/σε διαιτησία* (συνών. *προστρέχω*).

προσφιλής, -ής, -ές, γεν. *-ούς*, πληθ. αρσ. και θηλ. *-είς*, ουδ. *-ή*, επίθ. (λόγ.), αγαπητός: ~ *μέθοδος*.

προσφορά η, ουσ. 1. ό,τι προσφέρει κανείς αφιλοκερδώς για οποιαδήποτε χρήση: ~ *αίματος για άρρωστο·* ~ *μελών σώματος*. 2. (εμπόριο) παροχή αντικειμένου ή υπηρεσίας σε τιμή που συμφέρει ή παροχή χρηματικού ποσού για την απόκτηση αντικειμένου: ~ *σε δημοπρασία*. 3. παροχή υπηρεσιών ως αμοιβής: ~ *και ζήτηση εργασίας*. 4. ο μικρός «άρτος» για τη λειτουργία (συνών. *πρόσφορο, λειτουργιά*).

πρόσφορο το, ουσ., ο «άρτος» που προσφέρεται από τους πιστούς για την τέλεση του μυστηρίου της θείας Ευχαριστίας: *φέρε τη σφραγίδα να σφραγίσουμε τα -α* (συνών. *προσφορά, λειτουργιά*).

πρόσφορος, -η, -ο, επίθ., κατάλληλος (αντ. *απρόσφορος, ακατάλληλος*).

πρόσφυγας ο, θηλ. **-ίνα**, ουσ., αυτός που σε καιρό κοινωνικής ή εθνικής αναταραχής καταφεύγει σε άλλον τόπο για να βρει προστασία: ~ *πολεμικός/πολιτικός* (σε περίπτωση πολιτικών διωγμών).

προσφυγή η, ουσ. 1. το να καταφεύγει κανείς σε κάποιον ή σε συγκεκριμένο τόπο αναζητώντας προστασία. 2. (νομ.) το να καταφεύγει κανείς σε ανώτατη αρχή ζητώντας την ακύρωση μέτρου, υπουργικής απόφασης, κλπ.: ~ *στο Συμβούλιο Επικρατείας/στο δικαστήριο της Χάγης*.

προσφυγιά η, ουσ. (συνιζ.). 1. η κατάσταση του πρόσφυγα: *τον τσάκισε η ~*. 2. όλοι οι πρόσφυγες ως σύνολο.

προσφυγικός, -ή, -ό, επίθ., που σχετίζεται με τους πρόσφυγες ή με την προσφυγιά ή αναφέρεται σ' αυτούς/-ήν: *καταυλισμός ~· στρατόπεδο -ό.*
προσφυγίνα, βλ. *πρόσφυγας.*
προσφυγοκάπηλος και **προσφυγοπατέρας** ο, ουσ. (ειρων.) εκμεταλλευτής της θλιβερής κατάστασης των προσφύγων.
προσφυγοπούλα η, ουσ., κόρη που ανήκει σε προσφυγική οικογένεια.
προσφυγόπουλο το, ουσ., παιδί που ανήκει σε προσφυγική οικογένεια.
προσφυής, -ής, -ές, γεν. *-ούς,* πληθ. αρσ. και θηλ. *-είς,* ουδ. *-ή,* επίθ. (λόγ.), κατάλληλος (συνών. *πρόσφορος*). - Επίρρ. **-ώς:** *απάντησε -ώς.*
πρόσφυμα το, ουσ. (γραμμ.) γράμμα ή συλλαβή που προσκολλάται στη ρίζα μιας λέξης (αντ. *πρόθημα*).
προσφυώς, βλ. *προσφυής.*
πρόσφωλο και **προσφώλι** το, ουσ., αβγό που αφήνεται στη φωλιά για να παρακινεί τις κότες να γεννούν αβγά.
προσφώνηση η, ουσ., ενέργεια και το αποτέλεσμα του προσφωνώ: *κλητική ~* (συνών. *προσλαλιά*).
προσφωνώ, -είς, ρ., αποτείνομαι σε επίσημο συνήθως πρόσωπο, αναφέροντας τον επίσημο τίτλο του.
πρόσχαρος, -η, -ο, επίθ., χαρούμενος, ευχάριστος, γελαστός (αντ. *κατσούφης, κατηφής*). - Επίρρ. **-α:** *τον δέχτηκαν -α.*
προσχεδιάζω, ρ. (ασυνίζ.), καταρτίζω σχέδιο για μελλοντική ενέργεια: *-ίασαν το φόνο· -σμένος γραπτός λόγος* (συνών. *προμελετώ*).
προσχεδιασμός ο, ουσ. (ασυνίζ.), το να κάνει κανείς προκαταρκτικά σχέδια για κάποια ενέργειά του.
προσχέδιο το, ουσ. (ασυνίζ.), το αποτέλεσμα του προσχεδιασμού.
πρόσχημα το, ουσ., εκείνο που παρουσιάζει κανείς για να δικαιολογήσει τάχα μιαν ενέργεια ή μιαν άποψη: *με το ~ ότι ήταν άρρωστος* (συνών. *πρόφαση*)· *τηρώ/σώζω τα -ατα* (= ενεργώ κατά τρόπο που να μην μπορεί κανείς να με ελέγξει).
προσχολικός, -ή, -ό, επίθ., που χρονικά ανάγεται στην περίοδο πριν από την έναρξη των καθαυτό μαθητικών χρόνων: *-ή ηλικία.*
πρόσχωμα το, ουσ., χώμα που συσσωρεύτηκε ύστερα από προσχώσεις (βλ. λ.).
προσχωματικός, -ή, -ό, επίθ., που σχετίζεται με πρόσχωμα ή δημιουργήθηκε από προσχώσεις: *εδάφη -ά.*
προσχώρηση η, ουσ., η ενέργεια του προσχωρώ (βλ. λ. σημασ. 1 και 2).
προσχωρώ, -είς, ρ. 1. εγκαταλείπω ομάδα (πολιτική ή άλλη) στην οποία ανήκω και του λοιπού προσγράφομαι σε άλλη: *-ησε στο συντηρητικό κόμμα.* 2. ασπάζομαι τις ιδέες ή τις απόψεις άλλου.
πρόσχωση η, ουσ., κάλυψη από ιλύ, χώμα ή άλλη ύλη με αποτέλεσμα την επέκταση της ξηράς σε παραλιακούς τόπους ή τις εκβολές ποταμών.
προσχωσιγενής, -ής, -ές, γεν. *-ούς,* πληθ. αρσ. και θηλ. *-είς,* ουδ. *-ή,* επίθ. (λόγ.), που δημιουργήθηκε από προσχώσεις (βλ. λ.): *έδαφος -ές* (συνών. *προσχωματικός*).
πρόσω, επίρρ. (ναυτ.) διαταγή του καπετάνιου προς το μηχανικό του σκάφους να ενεργήσει ώστε το πλοίο να κινηθεί προς τα εμπρός: *~ ολοταχώς.*

προσωδία η, ουσ. 1. η μακρότητα ή βραχύτητα των συλλαβών ως βασικό μετρικό στοιχείο της αρχαίας ελληνικής και ρωμαϊκής ποίησης. 2. το να προφέρονται οι λέξεις σύμφωνα με τη μακρότητα ή τη βραχύτητα των συλλαβών τους. 3. (μουσ.) το να προσαρμόζει κανείς τους μουσικούς τόνους προς τις τονιζόμενες συλλαβές των λέξεων.
προσωδιακός, -ή, -ό, επίθ. (ασυνίζ.), που σχετίζεται με την προσωδία (βλ. λ.): *-ά μέτρα* (= που βασίζονται στη μακρότητα ή τη βραχύτητα των συλλαβών των λέξεων) (αντ. *τονικά μέτρα*). - Επίρρ. **-ά.**
προσωκρατικός, -ή, -ό, επίθ. (για φιλοσοφία ή φιλόσοφο) που έζησε ή υπήρξε πριν από την εποχή του Σωκράτη.
προσωνυμία η, ουσ., πρόσθετο όνομα (συνών. *επωνυμία*).
προσωπάρχης ο, ουσ., ο υπηρεσιακός προϊστάμενος του προσωπικού δημόσιας ή ιδιωτικής υπηρεσίας.
προσωπείο το, ουσ. 1. μάσκα (βλ. λ. σημασ. 1, 3) (συνών. *προσωπίδα*). 2. (μεταφ.) προσποίηση: *εμφανίστηκε με το ~ του συμφιλιωτή·* φρ. *έπεσε/αφαιρέθηκε το ~* (= αποκαλύφθηκε η απάτη).
προσωπίδα η, ουσ., προσωπείο (βλ. λ.).
προσωπικά, βλ. *προσωπικός.*
προσωπικό το, ουσ. 1. το σύνολο των ατόμων που χρησιμοποιούνται σε ένα γραφείο, σε μια επιχείρηση, σε ένα κατάστημα: *προϊστάμενος του -ού ~ διοικητικό/επιστημονικό/ερευνητικό.* 2. ορισμένος αριθμός μελών μιας υπηρεσίας με συγκεκριμένο σκοπό: *~ ασφάλειας* (σε περιπτώσεις απεργίας, κλπ.).
προσωπικός, -ή, -ό, επίθ. 1α. που ανήκει ή αναφέρεται σ' ένα άτομο: *συμφέρον/ενδιαφέρον -ό· επιστολή -ή·* β. που χαρακτηρίζει ένα άτομο: *ύφος -ό* (συνών. *ατομικός·* αντ. *συλλογικός, κοινός*)· γ. που σχετίζεται με βαθύτερα συναισθήματα και την ιδιαίτερη ζωή κάποιου ατόμου: *δε σου επιτρέπω να ανακατεύεσαι στην -ή μου ζωή· είναι ένα λεπτό, -ό ζήτημα.* 2. (νομ.) που αναφέρεται σε μεμονωμένο άτομο: *-ή κράτηση* (= προσωποκράτηση) (βλ. λ.). 3. που γίνεται άμεσα από ένα συγκεκριμένο πρόσωπο και όχι από αντιπρόσωπο ή άλλο φορέα: *έγινε με την -ή μου επίβλεψη.* 4. (γραμμ.) α. για ρηματικούς τύπους που μπορούν να κλιθούν και στα τρία πρόσωπα, λ.χ. *έρχομαι* (αντ. *απρόσωπο,* λ.χ. *βρέχει*) β. για αντωνυμίες που δηλώνουν πρόσωπα που μετέχουν στην επικοινωνία (*εγώ, εσύ, εμείς,* κλπ.) ή αντικαθιστούν ονόματα, επίθετα, προτάσεις που προηγήθηκαν (*αυτός,* κλπ.). - Επίρρ. **-ά** και **-ώς:** *-ά δε με θίγει η παρατήρησή σου· τον κάλεσα -ώς* (= εγώ ο ίδιος).
προσωπικότητα η, ουσ. 1. σύνολο στοιχείων που καθορίζει τη συμπεριφορά και τις αντιδράσεις ενός ατόμου: *αναπτύσσω την -ά μου· με τα ψυχολογικά τεστ μελετούμε την ~· ηθική ~* (= που έχει κατακτήσει τη γενική ετίμηση στο χώρο της ηθικής). 2. πρόσωπο που κατέχει υψηλό αξίωμα ή είναι διαπρεπές στο χώρο της δραστηριότητάς του: *ο κόσμος συγκεντρώθηκε να δει τις -ες.* 3. το πώς παρουσιάζεται ένα πρόσωπο κατά την κρίση των συνανθρώπων του: *η κοινωνική μας ~.* 4. (νομ.) η υπόσταση ιδρύματος, εταιρείας, κλπ., από νομική άποψη: *η νομική ~ μιας τράπεζας* (αλλιώς: *νομικό πρόσωπο*). 5. (ψυχ.) λειτουργία

με την οποία ένα ενσυνείδητο άτομο ξεχωρίζει τον εαυτό του ως κάτι το μοναδικό και το διαρκές: *αίσθηση της -ας· διχασμός της -ας* (στις περιπτώσεις που το άτομο εμφανίζεται σαν να είναι δύο διαφορετικά πρόσωπα). Έφρ. *άνθρωπος με/χωρίς ~ ή* φρ. *αυτός ο άνθρωπος (δεν) έχει ~* (= ενδιαφέροντα ή δική του βούληση).
προσωπικώς, βλ. *προσωπικός.*
πρόσωπο το, ουσ., πληθ. (λαϊκ.) *-ώπατα.* **1.** άτομο (ως ανθρώπινη ύπαρξη): *κάλεσα στο δείπνο πέντε -α· ~ σεβαστό/άγνωστο.* **2α.** το μπροστινό τμήμα του κεφαλιού από το σαγόνι ως και το μέτωπο όπου βρίσκονται τα μάτια, η μύτη και το στόμα (συνών. *μούτρο, φάτσα, μούτσουνο*)· **β.** για να δηλωθεί η έκφραση που έχει κάποιος, η ψυχική του διάθεση: *~ χαρούμενο/σκεπτικό.* **3.** άτομο με ξεχωριστή οντότητα: *δε θέλω να θίξω το ~ κρίνοντας το έργο του· ξέρει... να ξεχωρίζει τα -ώπατα απ' τα ρεμάλια* (Μπαστιάς). **4.** το μπροστινό μέρος ορισμένων πραγμάτων, το αντικείμενο όπως εμφανίζεται: *η οικοδομή έχει ~ προς την ανατολή.* **5.** (γραμμ.) *πρώτο ~* = εκείνο/-α που μιλούν· *δεύτερο ~* = εκείνο/-α στο οποίο/στα οποία απευθύνεται όποιος μιλεί· *τρίτο ~* = εκείνο/-α για το οποίο/οποία γίνεται λόγος: *ο συγγραφέας μιλεί για τον εαυτό του σε τρίτο ~· μου μίλησε χρησιμοποιώντας το δεύτερο ~ του πληθυντικού.* **6.** *νομικό ~* = ίδρυμα, εταιρεία, κ.τ.ό., που υφίσταται σύμφωνα με το νόμο και έχει δικαιώματα και υποχρεώσεις: *η υπηρεσία είναι νομικό ~ ιδιωτικού δικαίου.* **7.** *τα -α του δράματος/της κωμωδίας* = τα πρόσωπα που παρουσιάζει ο συγγραφέας στο έργο του. Έκφρ. *άτομο με δύο -α* (= υποκριτής)· *τα μεγάλα -α* (= οι ξεχωριστοί, σημαντικοί άντρες και γυναίκες). Φρ. *δεν έχει ~ να τον δει* (= από ντροπή δεν μπορεί να τον αντικρίσει)· *δε βλέπει Θεού ~* (= δεν μπορεί να ορθοποδήσει, να γνωρίσει καλές μέρες)· *έχει ~ να μιλεί ακόμα!* (= έχει θράσος να αποτείνεται σε τρίτους).
προσωπογραφία η, ουσ., περιγραφή της φυσιογνωμίας και αναπαράσταση του προσώπου κυρίως ατόμου με ζωγραφική, σχέδιο ή και φωτογραφία: *του έκαμα την ~ του* (συνών. *πορτρέτο*).
προσωπογραφικός, -ή, -ό, επίθ., που σχετίζεται με την προσωπογραφία.
προσωπογράφος ο, ουσ., ζωγράφος προσωπογραφιών (συνών. *πορτρετίστας*).
προσωποκράτηση η, ουσ., η νόμιμη κράτηση από αστυνομική αρχή ενός ατόμου συνήθως για λίγες ημέρες.
προσωποκρατώ, ρ., ενεργώ προσωποκράτηση (βλ. λ.).
προσωπολάτρης ο, ουσ., αυτός που είναι υπερβολικά αφοσιωμένος σε ένα πρόσωπο.
προσωπολατρία η, ουσ., υπερβολική αφοσίωση σε ένα πρόσωπο (συνήθως πολιτικό).
προσωπoληπτώ, ρ., επηρεάζομαι από το πρόσωπο για να κρίνω και να αποφασίσω (συνών. *μεροληπτώ*).
προσωποληψία η, ουσ., η ενέργεια του προσωπολήπτη (συνών. *μεροληψία*).
προσωποπαγής, -ής, -ές, γεν. *-ούς,* πληθ. αρσ. και θηλ. *-είς,* ουδ. *-ή,* επίθ. **1.** (διοικ.) (για θέση) που συνδέεται με συγκεκριμένο άτομο. **2.** (πολιτ.) (για κόμμα) που συνδέεται κατ' απόλυτο τρόπο με το πρόσωπο του αρχηγού του χωρίς να διέπεται από δημοκρατικούς θεσμούς (συνών. *αρχηγικός*). **3.** (νομ.) *-ή δικαιώματα* = που συνδέονται αποκλειστικά με ορισμένο πρόσωπο.
προσωποποίηση η, ουσ., το να αποδίδει κανείς σε ένα αντικείμενο ή σε μια ιδέα τη μορφή προσώπου: *~ της ιδέας του θανάτου στη λογοτεχνία με τη μορφή του Χάροντα.*
προσωποποιώ, ρ. (ασυνίζ.), αποδίδω σε ένα αντικείμενο ή σε μια ιδέα τη μορφή προσώπου: *ο ζωγράφος -ποίησε την έννοια της πατρίδας κάτω από τα χαρακτηριστικά μιας θεάς· αυτός ο άνθρωπος είναι η τόλμη -οιημένη.*
προσώρας, επίρρ., (λαϊκ.), προσωρινά, για την ώρα: *το ξεχνώ ~.*
προσωρινός, -ή, -ό, επίθ. **1.** που δε διαρκεί πολύ: *κατάσταση -ή·* (νομ.) *-ά μέτρα* = εφαρμογή ορισμένων μέτρων από τις αρχές για διασφάλιση περιουσίας (αντ. *μόνιμος, διαρκής*). **2.** (για πρόσωπο) που βρίσκεται σε μια κατάσταση ή έχει μια θέση για σύντομο χρονικό διάστημα: *πρόεδρος ~* (αντ. *μόνιμος*). - Επίρρ. **-ά, -ώς.**
προσωρινότητα η, ουσ., το να είναι κάτι προσωρινό: *η ~ των μέτρων* (αντ. *μονιμότητα*).
προσωρινώς, βλ. *προσωρινός.*
προτακτικός, -ή, -ό, επίθ. (γραμμ.) για φωνήεντα, συλλαβές ή και λέξεις που αλλοιωμένες ή μη αποτελούν τμήμα νέων λέξεων.
πρόταξη η, ουσ., η ενέργεια και το αποτέλεσμα του προτάσσω (συνών. *προβολή*).
πρόταση η, ουσ. **1.** (γυμν.) *~ των χεριών* = θέση και των δύο χεριών τελείως τεντωμένων κατευθείαν μπροστά. **2.** (γραμμ.) ενότητα συγκροτημένη από μια διατύπωση που γενικά αποτελείται από στοιχεία υποκειμένου και στοιχεία ρήματος, που αποτελούν ένα μέρος μιας φράσης ή και τη φράση ολόκληρη. **3.** (μαθημ.) κάθε πρόβλημα που προτείνεται για λύση, θεώρημα. **4.** το να προτείνει κανείς κάτι και εκείνο που προτείνει: *~ για διέξοδο από πολιτική κρίση· διατυπώνω/κάνω -άσεις.* **5.** (νομ.) έγγραφο που υποβάλλεται από διάδικο ή δικηγόρο στο δικαστήριο για τη λύση προβλήματος ή διαλεύκανση υπόθεσης, καθώς και το περιεχόμενο τέτοιου εγγράφου.
προτάσσω, ρ., παρατ. *προέτασσα,* πληθ. *προτάσσαμε,* αόρ. *προέταξα,* πληθ. *προτάξαμε,* τοποθετώ στην πρώτη θέση, μπροστά: *θα -άξουμε τη συζήτηση και θα ακολουθήσει η απόφαση.*
προτείνω, ρ. **1.** προβάλλω, θέτω μπροστά: *~ τα χέρια μου.* **2.** υποβάλλω γνώμη για τη λύση ζητήματος: *~ να διακόψουμε τη συνεδρία.* **3.** προβάλλω πρόσωπο για να αναλάβει ορισμένο έργο: *~ κάποιον ως πρόεδρο.*
προτείχισμα το, ουσ., το οχύρωμα μπροστά στο φρούριο.
προτεκτοράτο το, ουσ., νομικό καθεστώς σύμφωνα με το οποίο μια προστάτρια κρατική δύναμη ελέγχει τη δραστηριότητα «προστατευόμενου» κράτους, ιδίως ως προς την εξωτερική του πολιτική και την άμυνα.
προτελευταίος, -α, -ο, επίθ., εκείνος που βρίσκεται ή γίνεται πριν από τον τελευταίο.
προτεραία η, ουσ. (λόγ.), προηγούμενη ημέρα.
προτεραιότητα η, ουσ., το να έχει κάποιος ή κάτι το δικαίωμα να προηγείται τοπικώς, χρονικώς ή ηθικώς από κάποιον ή κάτι άλλο: *δίνω ~ σε ένα θέμα· το θέμα δεν είναι ανάμεσα στις -ες της κυβέρνησης.*
προτέρημα το, ουσ. **1.** (για πρόσωπα) ευνοϊκό

στοιχείο του χαρακτήρα ενός ατόμου (στο διανοητικό και το ηθικό επίπεδο): *το ~ της καλοσύνης* (συνών. *αρετή, υπεροχή, πλεονέκτημα, προσόν, χάρισμα·* αντ. *ελάττωμα, μειονέκτημα*). **2.** (για πράγματα) ευνοϊκό χαρακτηριστικό: *η διαύγεια είναι πραγματικό ~ του συγγραφικού ύφους.*

προτεστάντης ο, θηλ. **-ισσα,** ουσ. (έρρ.), διαμαρτυρόμενος (βλ. λ.). [γαλλ. *protestant*].

προτεσταντικός, -ή, -ό, επίθ. (έρρ.), που ανήκει στον προτεσταντισμό: *εκκλησία -ή.*

προτεσταντισμός ο, ουσ. (έρρ.). **1.** μεταρρυθμισμένη θρησκεία που αναγνωρίζει πρωταρχικό κύρος στα κείμενα της Αγίας Γραφής και οι πεποιθήσεις της διαφοροποιούνται από εκείνες των δογμάτων της καθολικής εκκλησίας. **2.** το σύνολο των προτεσταντών μιας χώρας ή μιας περιοχής. [γαλλ. *protestantisme*].

προτεστάντισσα, βλ. *προτεστάντης.*

προτήτερα, βλ. *πρωτύτερα.*

προτίθεμαι, ρ., *-εσαι, -εται, -έμεθα, -εσθε, -ενται* (συνήθως μόνο στον ενεστ.) (λόγ.), έχω την πρόθεση, σχεδιάζω να...: *δεν ~ να επιβάλω τις απόψεις μου.*

προτίμηση η, ουσ. **1.** το να θεωρεί κανείς ένα πρόσωπο ή ένα αντικείμενο σημαντικότερο από ένα άλλο: *η δική μου ~ στρέφεται προς το θέατρο και όχι τον κινηματογράφο.* **2.** επιλογή, εκλογή: *να ψωνίσεις κατά τις -εις σου.*

προτιμητέος, -α, -ο, επίθ., που αρέσει, που αξίζει να προτιμηθεί.

προτιμότερος, -η, -ο, επίθ., που είναι περισσότερο αποδεκτός, που θεωρείται καλύτερος σε σύγκριση με άλλον: *η λύση που προτείνεις είναι -η από τη δική μου·* (σε απρόσ. έκφρ.) *είναι -ο να αναλάβεις εσύ αυτό το έργο.*

προτιμώ, -άς, ρ., θεωρώ ανώτερο, πιο σημαντικό ένα πρόσωπο ή ένα πράγμα (μεταξύ περισσοτέρων), επιλέγω κάτι ή κάποιον μεταξύ άλλων: *~ το κρασί από τη μπίρα· ~ τον τάδε ως συνήγορο υπεράσπισής μου στο δικαστήριο.*

προτομή η, ουσ., γλυπτό έργο που παριστάνει την κεφαλή και εν μέρει τους ώμους, και το στήθος ενός προσώπου (συνών. *μπούστο*).

προτού, σύνδ., (χρον.) πριν να ...: *ήξερα τι θα μου έλεγε ~ μου μιλήσει· φρόντισε ~ να είναι αργά!*

προτρεπτικός, -ή, -ό, επίθ., που παρακινεί, ωθεί σε κάτι: *λόγος ~* (συνών. *παρακινητικός·* αντ. *αποτρεπτικός*).

προτρέπω, ρ., παρατ. *προέτρεπα,* πληθ. *προτρέπαμε,* αόρ. *προέτρεψα,* πληθ. *προτρέψαμε,* παροτρύνω κάποιον να κάνει κάτι: *με -έτρεψε να σπουδάσω νομικά* (συνών. *παρακινώ·* αντ. *αποτρέπω*).

προτρέχω, ρ., παρατ. *προέτρεχα,* πληθ. *προτρέχαμε,* αόρ. *προέτρεξα,* πληθ. *προτρέξαμε,* σπεύδω, βιάζομαι να κάμω κάτι: *-τρέξαμε και βγήκαμε γελασμένοι.*

προτροπάδην, επίρρ., (λόγ.), πάρα πολύ γρήγορα, χωρίς να βλέπει κανείς πίσω: *έφυγε ~.*

προτροπή η, ουσ. το να προτρέπει κανείς τρίτο να κάμει κάτι (συνών. *παρακίνηση·* αντ. *αποτροπή*).

προτσές το, ουσ. άκλ., (πολιτ.) εξελικτική διαδικασία στον κοινωνικό χώρο: *κοινωνικό ~.* [γερμ. *Prozess*].

πρότυπο το, ουσ. **1.** αντικείμενο που χρησιμεύει για την παραγωγή σε μεγάλα κλίμακα όμοιων αντικειμένων (συνών. *υπόδειγμα, μοντέλο*). **2.** (για πρόσωπο) που έχει σε μεγάλο βαθμό χαρακτηριστική ιδιότητα που το κάνει αντιπροσωπευτικό μιας ιδιαίτερης κατηγορίας: *αυτός είναι ~ αρετής·* (για αντικείμενο) *~ δημοκρατικής πολιτείας·* (συνεκδοχικά) ό,τι αντιπροσωπεύει μια κατηγορία φαινομένων ή πραγματικών αντικειμένων: *~ βιομηχανικής οργάνωσης.* **3.** (παλαιογρ.) το χειρόγραφο από το οποίο με την αντιγραφή δημιουργείται νέο χειρόγραφο παλαιότερου συγγραφέα.

πρότυπος, -η, -ο, επίθ., συνήθως στην έκφρ. *-η σχολή* (= σχολή υψηλής στάθμης): *-ο παρθεναγωγείο.*

προ των πυλών· αρχαϊστ. έκφρ.· για να δηλωθεί κίνδυνος που πλησιάζει.

προύντζινος, βλ. *μπρούντζινος.*

προϋπαρξη η, ουσ. (μόνο στον εν.), ύπαρξη ενός πράγματος πριν από την ύπαρξη ενός άλλου.

προϋπάρχω, ρ., παρατ. *-υπήρχα,* πληθ. *-υπάρχαμε,* αόρ. *-υπήρξα,* πληθ. *-υπάρξαμε,* υπάρχω πριν από τότε που υπήρξε κάποιος άλλος ή κάτι άλλο.

προϋπηρεσία η, ουσ., υπηρεσία (σε παράλληλη πιθανώς θέση) πριν από την υπηρεσία για την οποία τώρα πρόκειται: *για τη σύνταξή του λογαριάστηκαν και τα χρόνια -ας του.*

προϋπηρετώ, -είς, ρ., υπηρετώ (υπηρέτησα) πριν από τη σημερινή μου υπηρεσία: *έχω -ήσει σε συγγενική υπηρεσία πριν διοριστώ στη σημερινή θέση μου.*

προϋπόθεση η, ουσ., η ενέργεια του προϋποθέτω, καθώς και εκείνο που θεωρείται ως προκαταρκτικός όρος για να συμβεί κάτι μεταγενεστέρως: *~ δημιουργίας μυθιστορήματος σε μιαν εθνική λογοτεχνία είναι να υπάρχει οργανωμένη αστική κοινωνία.*

προϋποθέτω, ρ., παρατ. *-ϋπέθετα,* πληθ. *-ϋποθέταμε,* αόρ. *-ϋπέθεσα,* πληθ. *-ϋποθέσαμε,* μεσ. (συνήθως απρόσ. *-ϋποτίθεται·* μόνο στον ενεστ.). **1.** θεωρώ δεδομένο, πραγματικότητα, θεωρώ ότι προηγουμένως κάτι έχει συντελεστεί για να γίνει αυτό στο οποίο αναφερόμαστε: *λέγοντας αυτά -ουμε ότι ξέρετε ορισμένα άλλα πράγματα·* (προσωπ. αντί απρόσ.) *ασφαλείς και γρήγορες μεταφορές -ουν εκσυγχρονισμένους δρόμους.* **2.** (απρόσ.) είναι απαραίτητο να έχει συμβεί προηγουμένως κάτι: *για σωστή λειτουργία της εκπαίδευσης -ϋποτίθεται ότι υπάρχουν κατάλληλα σχολικά κτήρια.*

προϋπολογίζω, ρ., υπολογίζω από πριν: *~ τα έξοδα του μηνός.*

προϋπολογισμός ο, ουσ., το να υπολογίζει κανείς από πριν τα έξοδα και τα έσοδά του συνήθως για μια κάπως μακρότερη περίοδο: *~ των εξόδων του καλοκαιριού· ~ οικογένειας/εταιρείας· κρατικός ~* = πράξη με την οποία προκαθορίζονται οι δαπάνες και τα έσοδα του κράτους και ορισμένων ειδικότερων υπηρεσιών· *ο ~ είναι ισοσκελισμένος* (= τα έξοδα είναι ίσα με τα έσοδα)· *έλλειμμα -ού* (= το ποσόν που λείπει, ώστε ο προϋπολογισμός να μην ισοσκελίζεται).

προϋπολογιστικός, -ή, -ό, επίθ., που αναφέρεται στον προϋπολογισμό: *διακανονισμός ~.*

προύχοντας ο, ουσ., αυτός που διακρίνεται για ποικίλους λόγους σε μια μικρή ή μεγαλύτερη οικιστική μονάδα (συνών. *πρόκριτος,* παλαιότερα *προεστός*).

προφανής, -ής, -ές, γεν. *-ούς,* πληθ. αρσ. και θηλ. *-είς,* ουδ. *-ή,* επίθ. (λόγ.), που τον διακρίνει κανείς χωρίς ιδιαίτερη προσπάθεια: *η αλήθεια είναι ~*

προφαντός 1172

~ *συγκίνηση* (συνών. *ολοφάνερος*). -Επίρρ. **-ώς.**
προφαντός, -ή, -ό, επίθ. (έρρ., λαϊκ.), (για φρούτα) που ωριμάζει πολύ νωρίς, πριν από την (κανονική) εποχή του: *ζαρζαβατικό -ό.*
προφανώς, βλ. *προφανής.*
προφάσεις εν αμαρτίαις αρχαϊστ. εκφρ. για προσπάθειες να δικαιολογηθούν όσα δεν είναι δυνατόν να δικαιολογηθούν.
πρόφαση η, ουσ., δικαιολογία που προβάλλεται για να δικαιολογηθεί σφάλμα ή παράλειψη που διέπραξε κάποιος.
προφασίζομαι, ρ., προβάλλω ως δικαιολογία κάτι: *-εται ότι δεν το είχε πληροφορηθεί.*
προφέρω, ρ. **1.** αρθρώνω ένα φθόγγο, ένα γράμμα ή σύμπλεγμα γραμμάτων (του αλφαβήτου): *πώς -εται το σύμπλεγμα γκ;* **2.** εκστομίζω: *δεν πρόφερε λέξη* (= δεν είπε τίποτα).
προφέσορας ο, ουσ. (σκωπτ. αντί του *καθηγητής*): *δε μας τα είπε καλά ο ~.* [λατ. *professor*].
προφητεία η, ουσ., αναγγελία (προερχόμενη από θεϊκή έμπνευση ή όχι) των όσων πρόκειται να συμβούν στο μέλλον: *οι -ες του Νοστράδαμου· οι -ες οι σχετικές με πολιτικές εξελίξεις διαψεύστηκαν.*
προφητεύω, ρ., αόρ. *-εψα*, προλέγω (από θεϊκή έμπνευση ή όχι) όσα πρόκειται να συμβούν: *ο Ησαΐας είχε -έψει τον ερχομό του Χριστού· δεν μπορώ να -έψω (για) το τι θα κάνω μετά δέκα χρόνια.*
προφήτης ο, ουσ. **1α.** πρόσωπο που ανακοινώνει τα θεϊκά σχέδια και τον τρόπο με τον οποίο αυτά θα εκδηλωθούν: *οι -ες της Παλαιάς Διαθήκης·* **β.** (με κεφ. το αρχικό *π*) τίτλος που δόθηκε στο Μωάμεθ από τους μουσουλμάνους. **2.** πρόσωπο που (με εικασία ή από σύμπτωση) προλέγει το μέλλον, που προβλέπει αυτά που πρόκειται να συμβούν: *με όσα είχες πει αποδείχτηκες ~.*
προφητικός, -ή, -ό, επίθ., που ανήκει ή αναφέρεται στον προφήτη: *λόγια -ά.*
προφίλ το, ουσ. άκλ. **1.** άποψη του ανθρώπινου προσώπου καθώς το βλέπουμε από τα πλάγια: *συμπαθητικό ~.* **2.** *ψυχολογικό ~* = διάγραμμα καμπύλης που τα στοιχεία της προέρχονται από συγκεκριμένη εξέταση που δείχνει την πνευματική φυσιογνωμία ενός προσώπου. **3.** (επιρρημ.) βλέποντας από τα πλάγια: *γύρνα ~.*
προφορά η, ουσ., ο τρόπος με τον οποίο αρθρώνονται τα φωνήματα, με τα οποία προφέρεται μια λέξη: *σωστή/ξενική ~.*
προφορικός, -ή, -ό, επίθ., που συνδέεται με το λόγο, που δεν είναι γραπτός: *εντολή -ή* (αντ. *γραπτός*). - Επίρρ. **-ά** και **-ώς.**
προφταίνω και **-φτάνω,** ρ., αόρ. *πρόφτασα*, *προλαβαίνω* (βλ. λ. σε όλες τις σημασ.).
προφυλά(γ)ω και (λόγ.) **-άσσω,** ρ. **1.** προστατεύω *κάποιον/κάτι να μην πάθει κακό: τον ~ από τις κακοτοπίες/τα ολισθήματα.* **2.** (μέσ.) προνοώ για τον ίδιο τον εαυτό μου: *πήραμε μαζί μας όπλα για να -χτούμε από πλάγια -ά.*
προφυλακίζω, ρ. (νομ.) κλείνω κάποιον πιθανόν ένοχο στη φυλακή εωσότου έρθει η ώρα να δικαστεί.
προφυλάκιση η, ουσ., η ενέργεια και το αποτέλεσμα του προφυλακίζω (βλ. λ.).
προφυλακτήρας ο, ουσ., εξάρτημα από μέταλλο ή και άλλο υλικό τοποθετημένο στο μπροστινό και το πίσω μέρος του αυτοκινήτου για να μετριάζει τον αντίκτυπο των συγκρούσεων στο κυρίως όχημα.
προφύλαξη η, ουσ., το να φροντίζει κανείς να αποφεύγει κάτι κακό ή δυσάρεστο: *~ από τον ήλιο·* (στον πληθ.) *προχωρούσε με -άξεις.*
προφυλάσσω, βλ. *προφυλά(γ)ω.*
προφυλαχτικό το, ουσ. **1.** κάτι που προφυλάσσει από ασθένεια. **2.** (ειδικότερα) ελαστικό κάλυμμα του πέους που χρησιμοποιείται από τον άντρα κατά τη διάρκεια της σεξουαλικής πράξης ως αντισυλληπτικό μέσο και για προφύλαξη από αφροδίσια νοσήματα.
προφυματικός, -ή, -ό, επίθ. **1.** (για πρόσωπο και ως ουσ.) που έχει προδιάθεση να προσβληθεί από φυματίωση. **2.** που σχετίζεται με την περίοδο πριν από την προσβολή από φυματίωση: *στάδιο -ό.*
πρόχειρα, βλ. *πρόχειρος.*
προχειρίζω, ρ. (εκκλ.) με ειδική τελετή απονέμω σε κάποιον έναν από τους τρεις βαθμούς της ιεροσύνης: *-ίστηκε διάκονος/ιερέας,* κλπ.
προχείριση η, ουσ., η ενέργεια και το αποτέλεσμα του προχειρίζω (βλ. λ.).
προχειρογραφία η, ουσ., το να χρησιμοποιεί κανείς γραπτώς τη γλώσσα του χωρίς ιδιαίτερη φροντίδα: *η ~ μάς οδηγεί να χρησιμοποιούμε αλλεπάλληλες γενικές.*
προχειρογράφος ο, ουσ., συγγραφέας που σπεύδει να δημοσιεύει αδιαφορώντας αν τα δημοσιεύματά του πρόκειται να προσφέρουν ουσιαστική ωφέλεια στον αναγνώστη.
προχειρολόγος ο, ουσ., που διατυπώνει απόψεις χωρίς προηγούμενη βαθύτερη σκέψη.
προχειρολογώ, -είς, ρ., μιλώ με προχειρότητα, χωρίς ιδιαίτερη προπαρασκευή.
πρόχειρος, -η, -ο, επίθ., που μπορεί κανείς να τον χρησιμοποιήσει χωρίς καμιά ιδιαίτερη διαδικασία: *χειρουργείο -ο.* - Το ουδ. ως ουσ. = συνήθως τετράδιο ή τεύχος με πρόχειρα σημειώματα ή πρόχειρους λογαριασμούς. - Επίρρ. **-είρως** και **-α.**
προχειρότητα η, ουσ., το να είναι κάτι πρόχειρο ή να γίνεται χωρίς ιδιαίτερη προπαρασκευή: *~ στη διατύπωση ενός κειμένου· ~ μέσων διάσωσης.*
προχειροφτιαγμένος, -η, -ο, επίθ. (συνιζ.), φτιαγμένος πρόχειρα: *φόρεμα -ο· καλύβα -η.*
προχείρως, βλ. *πρόχειρος.*
προχθές, βλ. *προχτές.*
προχθεσινός, βλ. *προχτεσινός.*
προ Χριστού· αρχαϊστ. εκφρ. για να δηλωθεί περίοδος πριν από την εμφάνιση του Χριστού στη γη.
προχρονολόγηση η, ουσ., η ενέργεια του προχρονολογώ (βλ. λ.).
προχρονολογώ, -είς, ρ., θέτω χρονολογία σε έγγραφο ή σε απόφαση συλλογικού σώματος προγενέστερη από την πραγματική.
προχτές, -χθές και (λαϊκ.) **-ψές,** επίρρ., κατά την ημέρα που υπήρξε πριν από τη σημερινή· εκφρ. *έως ~* (= έως την τελευταία ημέρα, έως τελευταία): *έως ~ ακόμη μιλούσε για τις ιδέες του πριν τις απαρνηθεί.*
προχτεσινός, -ή, -ό, -χθεσινός και (λαϊκ.) **-ψεσινός,** επίθ., που έγινε ή υφίσταται από προχτές: *επεισόδιο -ό· συνάντηση -ή.*
πρόχωμα το, ουσ., πρόχειρο έργο από συσσωρευμένο χώμα που χρησιμεύει ως οχύρωμα ή γενικά προφυλάσσει από φυσικές δυνάμεις (π.χ. σε ποτάμι).

προχώρηση η και **-ώρεμα** το, ουσ., το να προχωρεί κάτι, πρόοδος (αντ. *οπισθοχώρηση*).
προχωρώ, ρ. 1. πηγαίνω πιο μπροστά: *οι άλλοι -χώρησαν, εμείς μείναμε πίσω.* 2. παίρνω τον καλό δρόμο, ευοδώνομαι: *οι ενέργειες για την καλυτέρευση των συνθηκών εργασίας δεν -ούν γρήγορα· η ανάρρωση -εί ικανοποιητικά* (αντ. *οπισθοδρομώ, υποχωρώ*). 3. (γενικότερα) σημειώνω πρόοδους (σε ενέργειές μου): *-εί η συγκέντρωση του υλικού για τη διατριβή μου.* 4. αναλαμβάνω πρωτοβουλία: *τώρα -χώρησε σ' αυτό που αποφάσισες.* - Η μτχ. παρκ. *-ημένος* ως επίθ. = που έχει σημειώσει πορεία μέσα σε ένα χρονικό διάστημα: *ηλικία -ημένη· η νύχτα είναι -ημένη.*
προψές, βλ. *προχτές*.
προψεσινός, βλ. *προχτεσινός*.
προώθηση η, ουσ., η ενέργεια και το αποτέλεσμα του προωθώ (βλ. λ.): *μηχανή -ης*.
προωθητής και **προωθητήρας** ο, ουσ. (αστροναυτ.) κινητήρας ή σύστημα για την προώθηση δορυφόρων στο διάστημα.
προωθητικός, -ή, -ό, επίθ., που σχετίζεται με την προώθηση ή χρησιμεύει σ' αυτήν: *έλικας ~· -ό υλικό πυραύλου*.
προωθώ, -είς. ρ. 1. οδηγώ πιο πέρα, ωθώ προς τα μπρος: *-ώθησε σε παρακαλώ αυτό το κείμενο, ώστε να το διαβάσουν κι όσοι κάθονται στις μπροστινές θέσεις·* (μέσ.) *παρακαλούνται οι επιβάτες να -ωθηθούν για να χωρέσουν και οι υπόλοιποι.* 2. αρχίζω και συνεχίζω τη διαδικασία για να προχωρήσει ένα έργο, ζήτημα, ένα έγγραφο, μια απόφαση, μια έρευνα, μια συζήτηση ή διαπραγμάτευση: *~ τα προϊόντα στις χώρες της κοινότητας· ~ ένα νομοσχέδιο στη Βουλή· αίτημα -ωθημένο* (= αίτημα καταρχήν υπερβολικό, που δεν το δικαιολογεί η συγκυρία που υπάρχει).
προώλης, βλ. *εξώλης*.
πρόωρος, -η, -ο, επίθ., που γίνεται πριν από την εποχή που θα έπρεπε να γίνει: *-η ανάπτυξη του παιδιού· βουλευτικές εκλογές -ες· ζέστη -η· τοκετός ~*. - Επίρρ. **-α**.
πρόωση η, ουσ. (λογ.), προώθηση (βλ. λ.).
πρύμα, βλ. *πρίμα*.
πρυμάτσα η, ουσ. (ναυτ.) το συρματόσκοινο που δένει το πλοίο από την πρύμη στην ακτή: *ρίξανε ~· έλυσαν τις -ες κι ανοίγονταν στα πέλαγα*.
πρύμη η, ουσ. (ναυτ.) το πίσω μέρος του πλοίου: *είχε σταθεί στο γιοφύρι της -ης.* [αρχ. *πρύμνη*].
πρυμίζω, ρ. 1. στρέφω την πρύμη του καραβιού προς τον άνεμο. 2. ταξιδεύω με πλοίο που προχωρεί με ούριο άνεμο.
πρυμιός, -ιά, -ιό και (λόγ.) **πρυμναίος**, επίθ. (συνιζ.), που βρίσκεται στην πρύμη του πλοίου: *στη μάσκα την -ιά μας χτυπάει ο αγέρας (Μπαστιάς)· το καράβι έχει τον αγέρα -ιό· κατάρτι -ιό.*
πρύμος, βλ. *πρίμος*.
πρυμναίος, βλ. *πρυμιός*.
πρυτανεία η, ουσ. 1. το αξίωμα του πρύτανη. 2. η χρονική περίοδος κατά την οποία ο πρύτανης ασκεί τα καθήκοντά του. 3. το γραφείο του πρύτανη.
πρυτανείο το, ουσ. (αρχ.) θόλυς στην αρχαία Αθήνα όπου σιτίζονταν οι «πρυτάνεις», καθώς και οι φιλοξενούμενοι απεσταλμένοι ξένων χωρών.
πρυτανεύω, ρ. 1. είμαι πρύτανης. 2. (μεταφ.) προεξάρχω σε κοινωνική ή άλλη εκδήλωση. 3. (μεταφ.) επικρατώ, κυριαρχώ: *στο τέλος -σε η λογική· στην απόφαση -σε η αντικειμενικότητα.*
πρύτανης ο, πληθ. *-άνεις*, θηλ. **-άνισσα** (στη σημας. 2), ουσ. 1. (ιστ.) στην αρχαία Αθήνα, καθένας από τους πενήντα βουλευτές καθεμιάς φυλής που προέδρευαν στη βουλή για ορισμένο χρονικό διάστημα. 2. προϊστάμενος πανεπιστημίου εκλεγμένος με καθορισμένη θητεία.
πρυτανικός, -ή, -ό, επίθ., που ανήκει ή αναφέρεται στον πρύτανη: *γραφείο -ό· λόγος ~*.
πρυτάνισσα, βλ. *πρύτανης*.
πρώην, επίρρ. (προηγείται από λέξη που δηλώνει αξίωμα ή ιδιότητα) άλλοτε: *~ πρύτανης· ~ πρωθυπουργός· ~ σύζυγος*.
πρωθιεράρχης ο, ουσ., ο πρώτος ανάμεσα σε ιεράρχες.
πρωθιερέας ο, ουσ. (αξίωμα) πρώτος ανάμεσα στους ιερείς (συνών. *πρωτόπαπας, πρωτοπρεσβύτερος*).
πρωθυπουργεύω, ρ., αντικαθιστώ τον πρωθυπουργό.
πρωθυπουργία η, ουσ. 1. το αξίωμα του πρωθυπουργού. 2. η χρονική διάρκεια κατά την οποία είναι κάποιος πρωθυπουργός.
πρωθυπουργικός, -ή, -ό, επίθ., που ανήκει ή αναφέρεται στον πρωθυπουργό: *θητεία -ή· περιβάλλον -ό.*
πρωθυπουργός ο, ουσ., ο πρόεδρος της κυβέρνησης του κράτους· *έκφρ. παρά τω -ώ* (βλ. λ. *παρά*).
πρωθύστερος, -η, -ο, επίθ. (συνήθως το ουδ.) *-ο σχήμα* = (γραμμ.) σχήμα λόγου που χαρακτηρίζεται από το γεγονός ότι ακολουθεί το μέρος του λόγου που έπρεπε να προηγείται.
πρωί το, ουσ. (απαντά μόνο στην ονομ. και αιτ. εν.). 1. το χρονικό διάστημα κατά το οποίο γίνεται η ανατολή του ήλιου: *ψαρέψαμε ως το ~.* 2. το διάστημα ανάμεσα στην ανατολή του ήλιου και το μεσημέρι: *Κυριακή ~ πηγαίνω στην εκκλησία· αύριο το ~.* - Επίρρ. *(το) ~, ~ ~: ~ φεύγει για τη δουλειά του· παίρνω το φάρμακο ~ βράδι· στις πέντε το ~· δε μ' αφήνεις ήσυχο ~ ~;* (συνών. *πρωινό*, βλ. *πρωινός*, το ουδ. ως ουσ. σημασ. 1).
πρωιμάδι το, ουσ., πρώιμος καρπός ή λαχανικό.
πρώιμος, -η, -ο, επίθ., εκείνος που εμφανίζεται πριν από τον κατάλληλο χρόνο: *-α έργα του ζωγράφου· φρούτα -α* (αντ. *όψιμος*).
πρωιμότητα η, ουσ., το να είναι κάτι πρώιμο.
πρωινή η, ουσ. (λαϊκ.), πρωινό (βλ. *πρωινός*).
πρωινός, -ή, -ό, επίθ. 1. που ανήκει ή αναφέρεται στο πρωί· που γίνεται ή συμβαίνει το πρωί: *-ή δροσιά· -ό ξύπνημα· -ό φόρεμα* (= που φοριέται το πρωί)· (λόγ.) *ενάτη -ή* (εννο. *ώρα*). 2α. (για πρόσωπο) που απασχολείται ή εργάζεται το πρωί: *είναι ~ στην υπηρεσία του·* β. (γενικά για πρόσωπο) που ξυπνά πολύ πρωί: *πού πας ~ ~;* γ. που λειτουργεί το πρωί: *-ά σχολεία/τμήματα.* - Το ουδ. ως ουσ. = 1. πρωί: *ήταν ένα ηλιόλουστο -ό.* 2. πρόγευμα: *δεν πήρα ακόμη το -ό μου.* - Βλ. και *πουρνό*.
πρωκτοκήλη η, ουσ. (ιατρ.) εμφάνιση του απευθυσμένου (βλ. λ.) έξω από τον πρωκτό (βλ. λ.).
πρωκτός ο, ουσ., ο δακτύλιος στο κατώτατο άκρο του πεπτικού σωλήνα ανθρώπων και ζώων.
πρωραίος, βλ. *πλωριός*.
Πρωσίδα, βλ. *Πρώσος*.
πρωσικός, -ή, -ό, επίθ., που ανήκει ή αναφέρεται στην Πρωσία ή τους Πρώσους: *νοοτροπία -ή· έδαφος -ό.*

Πρώσος ο, θηλ. **-ίδα**, ουσ., αυτός που κατοικεί στην Πρωσία ή κατάγεται από εκεί.
πρώτα, επίρρ. 1. προηγουμένως· παλιότερα, άλλοτε: *άλλα σκεφτόσουν ~ κι άλλα τώρα· ~ δεν έβλεπες τέτοια φαινόμενα· άλλο καθεστώς υπήρχε ~* (αντ. *τώρα*). 2. καταρχήν, πρώτα πρώτα· προπαντός, ιδίως: *~ ν' ακούσεις και ύστερα να πάρεις απόφαση· ~ πρέπει να πας στην τράπεζα· ~ αυτό επιβάλλεται να κάμεις* (αντ. *ύστερα*).
πρωταγροίκητος, -η, -ο, επίθ. (λαϊκ.), που για πρώτη φορά ακούστηκε (συνών. *πρωτάκουστος*).
πρωταγροικώ, -άς, ρ. (λαϊκ.), ακούω για πρώτη φορά.
πρωταγωνιστής ο, θηλ. **-ίστρια,** ουσ. 1α. (αρχ.) ο υποκριτής που υποδυόταν το κύριο πρόσωπο σε θεατρικό έργο (τραγωδία, κωμωδία ή σατυρικό δράμα)· **β.** ο ηθοποιός που αναλαμβάνει το σημαντικότερο ρόλο στην ερμηνεία θεατρικού ή κινηματογραφικού έργου. 2. πρόσωπο που επιτελεί ουσιαστική δραστηριότητα σε κάποιο χώρο ή έπαιξε τον κύριο ρόλο σε κάποια υπόθεση: *~ στην πολιτική ζωή· οι -ές του σκανδάλου.*
πρωταγωνιστικός, -ή, -ό, επίθ., που αναφέρεται στον πρωταγωνιστή (βλ. λ. σημασ. 1 και 2): *δραστηριότητα -ή.*
πρωταγωνίστρια, βλ. *πρωταγωνιστής.*
πρωταγωνιστώ, -είς, ρ. 1. είμαι πρωταγωνιστής σε θεατρικό ή κινηματογραφικό έργο. 2. είμαι πρωταγωνιστής (βλ. λ. σημασ. 2) σε κάποιο χώρο ή σε κάποια υπόθεση.
πρωτάθλημα το, ουσ., αγώνας ή σειρά αγώνων μεταξύ αθλητών ή αθλητικών ομάδων σε ορισμένο αγώνισμα σε ευρύτερα γεωγραφικά πλαίσια με σκοπό την κατάκτηση του τίτλου του πρωταθλητή ή της πρωταθλήτριας ομάδας: *παγκόσμιο ~ μπάσκετ/στίβου.*
πρωταθλητής ο, θηλ. **-τρια,** ουσ. 1. ο νικητής σε πρωτάθλημα (βλ. λ.): *~ της κολύμβησης·* σε επιθετ. χρήση στην έκφρ. *-ήτρια ομάδα: -ήτρια ομάδα ποδοσφαίρου.* 2. (μεταφ.) κορυφαίος σε ιδεολογικό αγώνα: *ο Ψυχάρης, ~ του δημοτικισμού.*
πρωταθλητισμός ο, ουσ., το να επιδιώκει κανείς να γίνει πρωταθλητής.
πρωταθλήτρια, βλ. *πρωταθλητής.*
πρωταίτιος, -α, -ο, επίθ. (ασυνίζ.), κατά κύριο λόγο αίτιος: *~ των θλιβερών σκηνών.*
πρωτάκι το, ουσ. (σχολ.) μαθητής της πρώτης τάξης του δημοτικού.
πρωτάκουστος, -η, -ο, επίθ. 1. που ακούγεται για πρώτη φορά: *-ες, βαριές με ζώνουν Αρμονίες* (Σικελιανός)· *λόγια της αγάπης -α.* 2α. παράξενος, ιδιότροπος, ασυνήθιστος: *ονόματα/πράγματα -α·* **β.** απίστευτος, εκπληκτικός, φοβερός: *~ σεισμός είχε ταράξει τα θεμέλια του είναι μου* (Κόντογλου)· *βαρβαρότητα -η.*
Πρωταπριλιά η, ουσ. (συνιζ.), η πρώτη μέρα του Απριλίου.
πρωταπριλιάτικος, -η, -ο, επίθ. (συνιζ.), που αναφέρεται στην πρώτη ημέρα του Απριλίου: *ψέμα -ο.*
πρώτα πρώτα, επίρρ., καταρχήν, για να ξεκινήσω απ' αυτό: *~ δεν ήμουνα εκεί· έπειτα και να ήμουνα, δε θα έπαιρνα μέρος στη συζήτηση.*
πρωτάρης ο, θηλ. **-α,** ουσ. 1. αυτός που δεν έχει πείρα (ιδίως επαγγελματική): *~ δικηγόρος/οδηγός· είναι -α στη μαγειρική* (συνών. *πρωτόβγαλτος, πρωτόπειρος*). 2. (στο θηλ.) γυναίκα (ή και

θηλυκό ζώο) που γέννησε για πρώτη φορά (συνών. *πρωτόγεννη*).
πρωτάρικος, -η, -ο, επίθ., που σχετίζεται με τον πρωτάρη: *φέρσιμο -ο.*
πρωταρχίζω και **πρωταρχινίζω,** ρ. 1. αρχίζω κάτι για πρώτη φορά: *-άρχισα το κάπνισμα όταν ήμουν είκοσι χρονών.* 2. αρχίζω πρώτος: *εγώ -άρχισα να πηγαίνω σ' αυτό το καφενείο.*
πρωταρχικός, -ή, -ό, επίθ., κύριος, βασικός, σημαντικός, που έχει ή επιβάλλεται να έχει την πρώτη θέση: *ζήτημα με -ή σημασία· η -ή σημασία μιας λέξης· -ό αίτημα των απεργών.*
πρωταρχινίζω, βλ. *πρωταρχίζω.*
πρωτάρχισμα και **πρωταρχίνισμα** το, ουσ., η ενέργεια του πρωταρχίζω (βλ. λ.).
πρωτάτο το, ουσ. 1. η έδρα της επιστασίας (βλ. λ.) του Αγίου Όρους. 2. (στον πληθ.) οι άρχοντες ενός τόπου.
πρωτεϊκός, -ή, -ό, επίθ., που έχει το χαρακτηριστικό να αλλάζει συχνά μορφές ή ιδέες (συνών. *ευμετάβολος*). [αρχ. κύρ. όν. *Πρωτεύς*].
πρωτεΐνη η, ουσ. (βιοχημ.) οργανική πολύπλοκη σύνθεση από την ένωση πολλών αμινοξέων, που αποτελεί ένα από τα συστατικά του πρωτοπλάσματος (βλ. λ.) των ζωικών και φυτικών κυττάρων. [γαλλ. *protéine*].
πρωτεϊνικός, -ή, -ό, επίθ., που σχετίζεται με την πρωτεΐνη (βλ. λ.).
πρωτεϊνοθεραπεία η, ουσ. (ιατρ.) θεραπευτική μέθοδος με την οποία παρέχονται στον ανθρώπινο οργανισμό πρωτεΐνες για την καταπολέμηση διάφορων λοιμώξεων ή την αύξηση της πηκτικότητας του αίματος.
πρωτείο το, ουσ. (συνήθως στον πληθ.) το πρώτο βραβείο για μια πράξη ή ενέργεια: *κατέχω τα -α* (= κατέχω την πρώτη θέση, ξεχωρίζω από όλους τους άλλους).
πρωτεργάτης ο, θηλ. **-ισσα** και **-τρια,** ουσ., εκείνος που κυρίως ενέργησε για να έρθει ένα σημαντικό αποτέλεσμα: *~ στην επιτυχία του έργου.*
πρωτερινός, -ή, -ό, επίθ., προηγούμενος: *το -ό βράδι.* [*πρωτυτερινός*].
πρωτεύουσα η, ουσ., πόλη που κατέχει την πρώτη θέση διοικητικά σε μια χώρα ή σε μια μικρότερη περιοχή: *~ κράτους/νομού.*
πρωτευουσιάνα, βλ. *πρωτευουσιάνος.*
πρωτευουσιάνικος, -η, -ο, επίθ. (συνιζ.), που ανήκει ή αναφέρεται στην πρωτεύουσα ή τους πρωτευουσιάνους (αντ. *επαρχιώτικος*).
πρωτευουσιάνος, ο, θηλ. **-α,** ουσ. (συνιζ.), κάτοικος μιας πρωτεύουσας (βλ. λ.) (αντ. *επαρχιώτης*).
πρωτεύω, ρ., αναδεικνύομαι πρώτος: *πρώτευσε στις εξετάσεις.*
πρωτιά η, ουσ. (συνιζ.). 1. το δικαίωμα να ενεργήσει κανείς πρώτος: *έχω ~ στα χαρτιά* (= δικαιούμαι να παίξω πρώτος). 2. το να αναδεικνύεται κανείς πρώτος: *πήρα την ~. Φρ. μου 'κανε ~* (= αγόρασε σήμερα πρώτος από το μαγαζί μου, μου 'κανε σεφτέ).
πρωτινός, -ή, -ό, επίθ., που ανήκει ή αναφέρεται σε παλιότερη εποχή: *τα φτερά τα -ά σου τα μεγάλα* (Παλαμάς)· *οι -οί* (= οι πρόγονοι, οι άνθρωποι της παλιάς εποχής) (συνών. *αλλοτινός*).
πρωτο-, α΄ συνθ. λέξεων αρχαϊστικών και δημοτικών που δηλώνουν α. ότι κάτι γίνεται για πρώτη φορά: *πρωτόβγαλτος, πρωτοεμφανίζομαι* β. ότι

κάποιος είναι πρώτος, κατέχει την πρώτη θέση: *πρωτομάστορας, πρωτοπαλλήκαρο,* κλπ.

πρωτοβάζω, ρ., αόρ. *πρωτόβαλα* και *πρωτοέβαλα,* μτχ. παρκ. *πρωτοβαλμένος, βάζω* (βλ. λ.) για πρώτη φορά: *-όβαλα το φόρεμα αυτό την περασμένη Κυριακή· -έβαλε υποψηφιότητα για δήμαρχος πριν από πέντε χρόνια· χθες -όβαλα μπουγάδα· πότε -έβαλες χρήματα στην τράπεζα; σήμερα -όβαλα κρασί στο στόμα μου· -οβάλαμε τηλεόραση πριν από πέντε χρόνια.* - Η μτχ. παρκ. ως επίθ. = (για ρούχο) πρωτοφόρετος, πρωτόβαλτος.

πρωτοβάθμιος, -α, -ο, επίθ. (ασυνίζ.). **1.** που κατέχει τον πρώτο, τον ανώτατο βαθμό: *-α συνδικαλιστικά όργανα.* **2.** (νομ., για δικαστήρια, επιτροπές, κλπ.) που κρίνει, που εξετάζει μια υπόθεση για πρώτη φορά: *-ο δικαστήριο* (αλλιώς *πρωτοδικείο).* **3.** *-α εκπαίδευση* = η δημοτική/κατώτερη εκπαίδευση. **4.** (μαθημ.) *-α εξίσωση* = εξίσωση (βλ. λ.) που έχει ένα μόνο άγνωστο αριθμό.

πρωτόβαλτος, -η, -ο, επίθ. (συνήθως για φόρεμα) που το φορεί κανείς για πρώτη φορά (συνών. *πρωτοφορεμένος).*

πρωτοβάφω, ρ., *βάφω* (βλ. λ.) κάτι για πρώτη φορά: *-βάψαμε το διαμέρισμα πριν από δύο χρόνια· ~ τα χέρια μου με αίμα* (= σκοτώνω για πρώτη φορά).

πρωτοβγάζω, ρ., αόρ. *πρωτόβγαλα* και *πρωτοέβγαλα.* **1.** *βγάζω* (βλ. λ.) κάτι πρώτος ή για πρώτη φορά: *-όβγαλα χρήματα σε πολύ μικρή ηλικία· τότε που τον -όβγυλαν βουλευτή· τότε -όβγαλα το συμπέρασμα ότι με κοροϊδεύουν· η γαρδένια μας -όβγαλε λουλούδια αυτό το μήνα· τώρα -όβγαλαν αυτό το προϊόν στην αγορά· -όβγαλε δόντια σε ηλικία έξι μηνών· αυτοί μου -όβγαλαν το παρατσούκλι· αυτός -όβγαλε εφημερίδα στην Ελλάδα.* **2.** αποβιβάζω κάποιον πρώτον από πλοίο: *στην αμμουδιά τον -όβγαλαν οι συντρόφοι* (Ψυχάρης).

πρωτοβγαίνω, ρ., αόρ. *πρωτοβγήκα, βγαίνω* (βλ. λ.) για πρώτη φορά: *~ στο επάγγελμα· είδε τον ήλιο καθώς -βγήκε* (Μπαστιάς)· *αυτό το βιβλίο -βγήκε στα 1950· -βγήκε δήμαρχος στις προηγούμενες εκλογές· τον Ιούνιο -ουν τα κεράσια· τότε που -βγήκε απ' τη φυλακή· τώρα του -ουν τα δόντια.*

πρωτόβγαλτος, -η, -ο, επίθ., που δεν έχει ακόμη αποκτήσει πείρα: *κουμαντάριζε στην κρίσιμη ώρα σαν να μην ήτανε ~* (Μπαστιάς).

πρωτοβγάνω, ρ. *πρωτοβγάζω* (βλ. λ.).

πρωτοβλέπω, ρ., αόρ. *πρωτοείδα* και *πρωτόδα,* μτχ. παρκ. *πρωτοειδωμένος.* **1.** *βλέπω* (βλ. λ.) κάτι ή κάποιον πρώτος ή για πρώτη φορά: *όταν -είδε τη φωτογραφία συγκινήθηκε· -είδα θέατρο πριν από πολλά χρόνια· τον -είδα σε ένα ταξίδι μου· όταν τον -είδε ο γιατρός, του έδωσε κουράγιο· τότε -είδε πόσο άδικο είχε· εκείνος -είδε το πλοίο που ερχόταν.* **2.** βλέπω κάτι ή κάποιον πρώτο: *τι/ποιον να πρωτοδείς;*

πρωτοβουλία η, ουσ. **1.** το να κάνει, να αποφασίζει ή να προτείνει κανείς κάτι πρώτος, το να κάνει την πρώτη κίνηση για μια ενέργεια: *είχε την ~ να διαμαρτυρηθεί· αναλαμβάνω την ~ γι' αυτό το έργο· πήρε την ~ να ρωτήσει το διευθυντή·* (οικον.) *ιδιωτική ~* (= πρωτοβουλία των ιδιωτών, σε αντίθεση με την κρατική *πρωτοβουλία* και παρέμβαση). **2.** η ιδιότητα του ανθρώπου που ξέρει να παίρνει τις απαραίτητες αποφάσεις: *γυναίκα με ~.* [*πρώτος* + αρχ. *βουλή*].

πρωτοβρόχι το, ουσ. (συνήθως στον πληθ.), οι πρώτες βροχές που πέφτουν κατά την εποχή του φθινοπώρου: *τα χωράφια διψούσαν κι έπιναν το ~· άρχισαν τα -ια.*

πρωτόγαλα το, ουσ., το γαλακτώδες υγρό που βγαίνει από τους μαστούς των θηλαστικών μετά τη γέννα.

πρωτογενής, -ής, -ές, γεν. *-ούς,* πληθ. αρσ. και θηλ. *-είς,* ουδ. *-ή,* επιθ. **1.** αρχικός, βασικός: *γνώρισμα -ές.* **2.** (για προϊόν) που βρίσκεται στο πρώτο στάδιο της επεξεργασίας του (αντ. *βιομηχανικός).* **3.** (γεωλ.) *-ή πετρώματα* = που σχηματίζονται με τη συσσώρευση υλικών χωρίς να αλλοιωθούν τα συστατικά τους.

πρωτογέννα τα, ουσ., η πρώτη γέννα.

πρωτογέννητος, -η, -ο, επίθ., που γεννήθηκε πρώτος (συνών. *πρωτότοκος).*

πρωτόγεννος, -η, -ο, επίθ., που γεννά για πρώτη φορά: *προβατίνα -η* (συνών. *πρωτάρα).*

πρωτογεννώ, -άς, ρ. μέσ. *-ιέμαι.* **1.** γεννώ για πρώτη φορά. **2.** (μέσ., συνήθως στον αόρ. *-ήθηκα*) **α.** γεννιέμαι πρώτος: *εγώ -ήθηκα απ' όλα μου τ' αδέλφια·* **β.** δημιουργούμαι για πρώτη φορά: *εδώ -ήθηκε ο πολιτισμός.*

πρωτόγερος ο, ουσ. (ιστ.) προύχοντας στα χρόνια της Τουρκοκρατίας.

πρωτογνωρίζω, ρ., γνωρίζω κάποιον ή κάτι για πρώτη φορά: *τον -ισα εδώ και χρόνια.*

πρωτογνώριστος, -η, -ο, επίθ., που τον γνωρίζει κανείς για πρώτη φορά, που πρώτη φορά εμφανίζεται ή ακούγεται: *τα λόγια της αγάπης... είναι πάντα πρωτάκουστα και -α.* (Ι. Μ. Παναγιωτόπουλος).

πρωτόγνωρος, -η, -ο, επίθ., πρωτογνώριστος: *συναίσθημα -ο.*

πρωτόγονος, -η, -ο, επίθ. **1.** για ανθρώπινες ομάδες που αγνοούν τη γραφή, τον τεχνικό και βιομηχανικό πολιτισμό, τις κοινωνικές δομές των λεγομένων «εξελιγμένων» κοινωνιών, και για ό,τι σχετίζεται με αυτές τις ομάδες: *-ες φυλές της Αφρικής· -ες κοινωνίες/θρησκείες.* **2.** που είναι πολύ απλός, στοιχειώδης, που δεν έχει εξελιχθεί: *-ες συνθήκες εργασίας· -ες ηλεκτρικές εγκαταστάσεις.* - Το αρσ. ως ουσ. = άνθρωπος που ανήκει σε πρωτόγονη κοινωνική ομάδα: *οι -οι της Αυστραλίας.*

πρωτόγραφο το, ουσ., το πρωτότυπο ενός εγγράφου από το οποίο παίρνονται αντίγραφα: *το ~ ενός αντιγράφου.*

πρωτοδιάκονος ο, ουσ., αρχιδιάκονος (βλ. λ.).

πρωτοδικείο το, ουσ., πρωτοβάθμιο (βλ. λ.) δικαστήριο, (ανώτερο από το ειρηνοδικείο, βλ. λ.) που δικάζει αστικές υποθέσεις και πλημμελήματα, καθώς και εφέσεις κατά των αποφάσεων του ειρηνοδικείου.

πρωτοδίκης ο, θηλ. **-ισσα,** ουσ., δικαστής πρωτοδικείου (βλ. λ.).

πρωτόδικος, -η, -ο, επίθ., που σχετίζεται με το πρωτοδικείο (βλ. λ.): *-η απόφαση.*

πρωτοδοκιμάζω, ρ., *δοκιμάζω* (βλ. λ.) κάτι πρώτος ή για πρώτη φορά: *αυτό το φαΐ το -δοκίμασα στο εξωτερικό· εγώ -δοκίμασα να του μιλήσω.*

πρωτοελλαδικός, -ή, -ό, επίθ., που σχετίζεται με τη λίθινη εποχή στην Ελλάδα.

πρωτοεμφανίζομαι, ρ., κάνω την εμφάνισή μου για πρώτη φορά: *-εμφανίστηκε ως ποιητής το 1900· το μοντέλο αυτό -εμφανίστηκε πριν από δέκα χρόνια.*

πρωτοετής, -ής, -ές, γεν. *-ούς,* πληθ. αρσ. και

θηλ. -είς, ουδ. -ή, επίθ., που διανύει το πρώτο έτος των σπουδών του: ~ φοιτητής.

πρωτόζωα τα, ουσ. (ζωολ.) μονοκύτταροι οργανισμοί που δεν έχουν ιστούς και όργανα.

πρωτοζωολογία η, ουσ., κλάδος της ζωολογίας που ασχολείται με τα πρωτόζωα.

πρωτόθρονος, επίθ., που κατέχει τον πρώτο επισκοπικό θρόνο μιας χώρας· ειδικότερα για τον πατριάρχη Κωνσταντινουπόλεως, που κατέχει τον πρώτο θρόνο της Ορθοδοξίας.

πρωτοθυγατέρα η, ουσ., η πρώτη κόρη σε μια οικογένεια.

πρωτοθυμάμαι και **-ούμαι**, ρ., θυμάμαι κατά προτίμηση κάτι ή κάποιον: τι/ποιον να -θυμηθώ από εκείνα τα αξέχαστα χρόνια!

πρωτοκαθεδρία η, ουσ. 1. το να κατέχει κανείς την πρώτη θέση σε μια ομάδα επίσημη ή και ιδιωτική: αγαπά την ~. 2. το δικαίωμα του να έχει κανείς την πρωτοκαθεδρία: του αφαίρεσαν την ~.

πρωτοκάθεδρος ο, ουσ., αυτός που κατέχει την πρωτοκαθεδρία.

πρωτοκαθίζω, ρ., μτχ. παρκ. -ισμένος, καθίζω πρώτος: σε μια επίσημη συγκέντρωση -ει ο ανώτερος ιεραρχικά.

πρωτοκαπετάνιος ο, ουσ. (συνιζ.). 1. ο πρώτος ανάμεσα στους αρχηγούς ενόπλου σώματος. 2. (ναυτ.) ο πρώτος πλοίαρχος.

πρωτόκλητος, επίθ. του Απόστολου Ανδρέα, επειδή ήταν ο πρώτος που κάλεσε ο Χριστός για μαθητή.

πρωτόκλιτος, -η, -ο, επίθ. (γραμμ.) που ανήκει στην πρώτη κλίση (βλ. λ.).

πρωτοκόλληση η, ουσ., η ενέργεια του πρωτοκολλώ (βλ. λ.).

πρωτοκολλητής ο, θηλ. **-ήτρια**, ουσ., υπάλληλος που έχει αποκλειστικό έργο να πρωτοκολλά εισερχόμενα και εξερχόμενα έγγραφα.

πρωτόκολλο το, ουσ. 1. βιβλίο δημόσιας υπηρεσίας όπου καταγράφονται τα στοιχεία και το περιεχόμενο εισερχομένων και εξερχόμενων εγγράφων. 2. διπλωματικό έγγραφο σχετικό με συμφωνία μεταξύ κρατών. 3. σύνολο κανόνων εθιμοτυπίας που διέπουν τις επίσημες σχέσεις μεταξύ επίσημων και μη προσώπων ενός κράτους ή μεταξύ κρατικών εκπροσώπων που μετέχουν σε επίσημα διαβήματα. [πρώτος + κολλώ].

πρωτοκολλώ, -άς, ρ., ενεργώ καταγραφή στο πρωτόκολλο (βλ. λ. σημασ. 1).

πρωτολάτης ο, ουσ. (λαϊκ.), αυτός που έχει αναλάβει την αρχηγία σε μια πρωτοβουλία μικρότερης ή μεγαλύτερης σημασίας.

πρωτολείο το, ουσ. (ασυνίζ.), το πρώτο, συχνά ανώριμο, δημιούργημα νέου λογοτέχνη.

πρωτολέω, ρ., αόρ. πρωτοείπα και πρωτό(ει)πα, λέω κάτι πρώτος ή για πρώτη φορά ή σε κάποιον κατά προτίμηση: όταν -είπα ότι θα φύγω στην Αμερική, μου έφεραν αντιρρήσεις· συναγωνίζονταν ποιος θα -πεί μάθημα· εσένα σου ~ το μυστικό/την πληροφορία.

πρωτόλουβος, -η, -ο, επίθ. (λαϊκ.), (για καρπούς) που ωρίμασε πρώτος.

πρωτομαγε(ι)ρεύω, ρ., μαγειρεύω για πρώτη φορά: αυτό το φαΐ σήμερα το -μαγείρεψα.

πρωτομάγειρος και (λαϊκότερα) **πρωτομάγε(ι)ρας** ο, ουσ., προϊστάμενος των μαγείρων (συνών. αρχιμάγειρος).

πρωτομαγερεύω, βλ. πρωτομαγειρεύω.

πρωτομαγέρισσα, και **πρωτομαγείρισσα**, βλ. πρωτομάγειρος.

Πρωτομαγιά η, ουσ. (συνιζ.), η πρώτη ημέρα του Μαΐου και η σχετική γιορτή (α. των λουλουδιών· β. των εργαζομένων: εργατική ~ αργία της -άς).

πρωτομαγιάτικος, -η, -ο, επίθ. (συνιζ.), που σχετίζεται με την Πρωτομαγιά ή γίνεται τότε: έθιμα -α· περίπατος ~.

πρωτομαθαίνω, ρ., αόρ. πρωτόμαθα, μαθαίνω (βλ. λ.) κάτι πρώτος ή για πρώτη φορά: στο χωριό μου -όμαθα γράμματα· εγώ -όμαθα το νέο.

πρωτομαθεύομαι, ρ. (απαντά μόνο στον αόρ. και σε γ΄ πρόσ.) μαθεύομαι (βλ. λ.) για πρώτη φορά: η είδηση -εύτηκε χτες.

πρωτομάθητος, -η, -ο, επίθ., που τελευταία έμαθε κάτι (τέχνη ή κάτι ανάλογο), που δεν έχει πείρα (συνών. αρχάριος, πρωτάρης, πρωτόπειρος).

πρωτομάρτυρας ο, ουσ. 1. (θρησκ.) ο πρώτος που μαρτύρησε για την πίστη του Χριστού (συνήθως ως επίθ. του αγίου Στεφάνου). 2. ο πρώτος που βρήκε το θάνατο για ένα ιδανικό: ο Ρήγας Βελεστινλής, ο ~ του αγώνα κατά των Τούρκων.

πρωτομάστορας και **-ης** ο, πληθ. **-όροι**, ουσ. 1. ο πρώτος ανάμεσα στους μαστόρους, ο επικεφαλής των μαστόρων (συνών. αρχιμάστορας, αρχιτεχνίτης). 2. εμπειρικός αρχιτέκτονας που αναλαμβάνει εργολαβικά την εκτέλεση οικοδομικού έργου: ο ~ του γεφυριού της ´Αρτας.

πρωτομέλτεμα τα, ουσ., τα πρώτα μελτέμια.

πρωτομηνιά η, ουσ. (συνιζ.), η πρώτη μέρα του μήνα.

πρωτομιλώ, -άς, ρ. 1. (για βρέφη) μιλώ για πρώτη φορά: το παιδί -μίλησε στους δώδεκα μήνες. 2α. μιλώ σε κάποιον ή για κάτι πρώτος ή για πρώτη φορά: εγώ του -μίλησα για το θέμα· εγώ του -μίλησα μετά τον καβγά· αυτός -μίλησε στο διευθυντή για το πρόβλημα που παρουσιάστηκε· β. (ειδικότερα) μιλώ πρώτος ανάμεσα σε δημόσιους ομιλητές: στο συνέδριο -μίλησε ο Α.

πρωτομινωικός, -ή, -ό, επίθ., που ανήκει ή αναφέρεται στην πρώτη περίοδο του μινωικού πολιτισμού.

πρώτον, επίρρ., σε απαρίθμηση, για να ακολουθήσει «δεύτερον» και ενδεχομένως «τρίτον», κλπ.: η προτίμηση αυτή οφείλεται στους ακόλουθους λόγους: ~ ..., δεύτερον ... .

πρωτονεοελληνικός, -ή, -ό, επίθ. (φιλολ.) που ανήκει ή αναφέρεται στην πρώτη περίοδο της δημώδους νεοελληνικής γραμματείας που αρχίζει με τη δεύτερη χιλιετηρίδα μ.Χ., λήγει στα χρόνια της ´Αλωσης και μπορεί να χαρακτηριστεί και «υστερομεσαιωνική».

πρωτόνιο το, ουσ. (συνίζ.), (χημ.) καθένα από τα σωματίδια που υπάρχουν στους πυρήνες όλων των ατόμων και φέρουν στοιχειώδες φορτίο. [πρώτον + ον· πβ. αγγλ. proton].

πρωτονοτάριος ο, ουσ. (ασυνίζ.), (εκκλ.) ο υπεύθυνος για την υπηρεσία της γραμματείας του πατριαρχείου.

πρωτοξάδερφος ο, θηλ. **-ξαδέρφη**, ουσ., πρώτος εξάδερφος (παιδί του αδελφού ή της αδελφής του πατέρα ή της μητέρας κάποιου).

πρωτοπαίρνω, ρ., αόρ. πρωτοπήρα, παίρνω (βλ. λ.) πρώτος ή για πρώτη φορά: εγώ -πήρα στα χέρια το μωρό· σήμερα -πήρα γράμμα του· αυτός με -πήρε τηλέφωνο.

πρωτοπαλλήκαρο το, ουσ. 1. (ιστ.) το καλύτερο

(μετά τον αρχηγό) παλληκάρι σώματος αρματολών, κλεφτών ή επαναστατών στα χρόνια της Τουρκοκρατίας και της Επανάστασης. 2. (μεταφ.) αυτός που ανήκει μέσα στους πρώτους που αγωνίζονται για ένα ιδανικό, μια ιδέα: ~ του δημοτικισμού.

πρωτόπαπας και **-παπάς** ο, ουσ. (εκκλ.) πρωθιερέας (βλ. λ.) (συνών. *πρωτοπρεσβύτερος*).

πρωτόπειρος, -η, -ο, επίθ., που πρώτη φορά επιχειρεί κάτι, που έχει μικρή πείρα: ~ *στη διδασκαλία* (συνών. *πρωτάρης, πρωτόβγαλτος, άπειρος*· αντ. *έμπειρος*).

πρωτοπηγαίνω, ρ., αόρ. *-πήγα,* πηγαίνω (βλ. λ.) πρώτος ή για πρώτη φορά: *όταν -πήγα στο σπίτι του, με δέχτηκε καλά· -πήγε μεγάλος στο σχολείο· αυτός -πήγε στην Ευρώπη για σπουδές· τον -πήγα στο δικαστήριο πριν από ένα χρόνο· όταν -πήγα να του μιλήσω, μου φέρθηκε άσχημα*.

πρωτοπιάνω, ρ., αόρ. πρωτόπιασα (συνίζ.), πιάνω (βλ. λ.) πρώτος ή για πρώτη φορά: *όταν -πιασα το μωρό απ' το χέρι, έκλαιγε· σήμερα -πιασα δουλειά στο γραφείο· -πιασα φιλίες μαζί τους πριν από πολλά χρόνια· χτες -πιασε ψύχρα· αυτός -πιασε το χορό/την κουβέντα*.

πρωτόπλασμα το, ουσ. (βιολ.) η ουσία από την οποία αποτελούνται οι ζωντανοί οργανισμοί (συνών. *κυτταρόπλασμα*).

πρωτοπλασματικός, -ή, -ό, επίθ., που ανήκει ή αναφέρεται στο πρωτόπλασμα.

πρωτόπλαστοι οι, ουσ., ο Αδάμ και η Εύα, οι πρώτοι άνθρωποι που πλάστηκαν από το Θεό.

πρωτοπόρα, βλ. *πρωτοπόρος*.

πρωτοπορία η, ουσ. 1. το να είναι κανείς πρωτοπόρος (βλ. λ.): *η ~ απαιτεί τόλμη*. 2. σύνολο πρωτοπόρων σε μια πνευματική, πολιτική, κοινωνική ή άλλη κίνηση: *ο καλλιτέχνης αυτός ανήκει στην ~ του θεάτρου μας*.

πρωτοποριακός, -ή, -ό, επίθ. (ασυνίζ.), που ανήκει στην πρωτοπορία (βλ. λ. σημασ. 2) ή σχετίζεται με αυτήν: *απόψεις -ές· έργο -ό*.

πρωτοπόρος ο, θηλ. **-α**, ουσ., που έχει (πιθανόν και με άλλους) πρωταρχικό ρόλο σε προοδευτική κοινωνική ή πνευματική κίνηση που ξεπερνά τη σύγχρονη εποχή.

πρωτοπρεσβύτερος ο, ουσ., πρωθιερέας (βλ. λ.) (συνών. *πρωτόπαπας*).

πρώτος, -η, -ο, επίθ.1. που προηγείται από τους άλλους σε κάποια σειρά: *ο ~ που θα ακούσει το όνομά του να προχωρήσει ένα βήμα· το -ο όνομα στον κατάλογο* (αντ. *τελευταίος*). 2. που ξεχωρίζει από τους άλλους για τη σπουδαιότητα, την αξία του, ο πιο αξιόλογος από τους άλλους: *μέγα αγαθό και -ο* (Σολωμός)· *ο ~ μαθητής της τάξης· είχε τον -ο ρόλο στο έργο· αυτός είναι το -ο βιολί* (αντ. *τελευταίος, έσχατος*). 3. ο παλαιότερος χρονολογικά: *ο ~ μου γάμος· τα -α μου νιάτα* (ή *χρόνια*)· *οι -ες εκτιμήσεις για τη νέα κατάσταση*. 4. που τον συναντούμε πριν από τους άλλους στο χώρο: *το ~ πάτωμα κατοικίας· ο ~ δρόμος αριστερά*. 5. προσεχής, μελλοντικός: *σε -η ευκαιρία*. 6. *που πρέπει να ικανοποιηθεί καταρχήν: -ες ανάγκες· ~ στόχος*. 7. (μαθημ.) *~ αριθμός* = που έχει διαιρέτη τον εαυτό του και τη μονάδα. 8. (γραμμ.) *-ο πρόσωπο* = το πρόσωπο που χρησιμοποιεί αυτός που μιλάει (δηλώνεται με τις αντων. *εγώ, εμείς*). 9. (μουσ.) *-η φωνή* = η βασική φωνή στην ερμηνεία κάποιου τραγουδιού. Έκφρ. *από ~ χέρι*

(= για κάτι που δεν το έχουν τροποποιήσει ή επεξεργαστεί): *πληροφορία από -ο χέρι· από την -η στιγμή* (= ευθύς)· *είδος -ης ανάγκης* (= που το χρειάζεται κανείς απαραιτήτως)· *με το -ο ή με την -η* (= αμέσως, με την πρώτη προσπάθεια): *με το -ο το κατάφερα· με την -η πέτυχα το στόχο· -ες αρχές* (= που δεν προσδιορίζονται με τη βοήθεια τρίτων): *-ες αρχές της φιλοσοφίας· -ες βοήθειες* (= α. οι πρώτες πρόχειρες ιατρικές φροντίδες που δίνονται σε τραυματία ή σε άρρωστο που έπαθε κρίση, εωσότου μεταφερθεί σε νοσοκομείο: *του έδωσα τις -ες βοήθειες*· β. (συνεκδοχικά) ειδική υπηρεσία των νοσοκομείων που έχει ως έργο της να παρέχει τις πρώτες βοήθειες: *κάλεσα τις -ες βοήθειες*)· *-ες ύλες* (= υλικά ή ουσίες που βρίσκονται στη φυσική τους κατάσταση προτού να υποβληθούν σε βιομηχανική επεξεργασία)· *-ο λεπτό* (= λεπτό, βλ. λ. σημασ. 1)· *-ο μπόι* (για πολύ ψηλό άτομο)· *~ εξάδελφος* ή *-η εξαδέλφη*, βλ. *πρωτοξάδελφος*· *~ και καλύτερος* (ειρωνικά για άνθρωπο ανεπιθύμητο που παρουσιάζεται οπουδήποτε ή άνθρωπο που προβάλλει παράλογες αξιώσεις): *ήρθε ~ και καλύτερος· μερικοί, και ~ και καλύτερος ο Α, ήθελαν να... τα -α βήματα* (= η αρχή σταδιοδρομίας): *κάνω τα -α βήματά μου ως δικηγόρος· στα -α βήματά μου με βοήθησε ο Χ.* - *Το αρσ. ως ουσ.* = 1. πρωτοπαλλήκαρο (βλ. λ.). 2. το πρώτο τμήμα του ύπνου: *πήρε τον -ο*. 3. ο πρώτος καπετάνιος ενός πλοίου. - *Το θηλ. ως ουσ.* = 1. η πρώτη ημέρα του μήνα: *ταξιδεύω την -η Ιουλίου*. 2. η πρώτη παράσταση ενός θεατρικού ή η πρώτη εκτέλεση μουσικού έργου (συνών. *πρεμιέρα*). 3. η ακριβότερη θέση σε μεταφορικό μέσο: *η -η στο τρένο είναι πράγματι πολύ άνετη*. 4. η πρώτη από τις ταχύτητες του αυτοκινήτου (η πιο αργή, αλλά και η πιο δυνατή, που χρησιμοποιείται για να ξεκινήσει το αυτοκίνητο): *έβαλε την -η*. 5. η γεν. του θηλ. μετά ουσ. δηλώνει ότι κάτι είναι εξαιρετικής ποιότητας: *κρασί -ης* (εννοείται *ποιότητας, κατηγορίας*). - *Το ουσ. ως ουσ.* = 1. πρωτόνιο (βλ. λ.). 2. το πρώτο πάτωμα κατοικίας: *κάθεται στο -ο*. 3. πρώτο λεπτό: *η ώρα είναι 3 και 20 -α*.

πρώτος διδάξας· αρχαϊστ. έκφρ. = εισηγητής σε μια άποψη που την ακολούθησαν αργότερα άλλοι.

πρωτοσέλιδος, -η, -ο, επίθ. (για τίτλο εφημερίδας) που έχει τυπωθεί στην πρώτη σελίδα.

πρωτόσκολος, βλ. *πρωτόσχολος*.

πρωτοστάτης ο, ουσ., ο επικεφαλής, ο πρωτεργάτης (βλ. λ.) κάποιας πράξης ή κίνησης: *~ του επαναστατικού κινήματος*.

πρωτοστατώ, -είς, ρ., βρίσκομαι επικεφαλής μιας πράξης ή κίνησης (κοινωνικής ή πνευματικής).

πρωτοσύγκελλος, ουσ., ο πρώτος αξιωματούχος κοντά σε επίσκοπο που τον αντικαθιστά σε ορισμένες περιπτώσεις.

πρωτοσύστατος, -η, -ο, επίθ., που ιδρύθηκε πρώτος ή που πρόσφατα ιδρύθηκε: *το -ο γυμνάσιο στην περιοχή*.

πρωτόσχολος και **-σκολος** ο, ουσ. (παλαιότερα) ο πρώτος μαθητής στην τάξη, που βοηθούσε το δάσκαλο.

πρωτοτάξιδος, -η, -ο, επίθ. (για καράβι) που κάνει το πρώτο ταξίδι του.

πρωτοτόκια τα, ουσ. (συνίζ.), τα δικαιώματα του πρωτότοκου παιδιού σε μια οικογένεια.

πρωτότοκος, -η, -ο, επίθ., που γεννήθηκε πρώτος σε μια οικογένεια: *παιδί -ο· κόρη -η·* (και ως ουσ.) πρέπει να συμφωνήσει κι ο ~· *η πρωτότοκή μας λέγεται Μαρία* (αντ. υστερότοκος).

πρωτοτρώγω, ρ., αόρ. *πρωτόφαγα*, τρώγω πρώτος ή για πρώτη φορά: *πρωτόφαγα μπανάνες στα είκοσι χρόνια μου· όποιο παιδί -φάει το φαγητό του θα έχει ένα δωράκι.*

πρωτότυπα, βλ. *πρωτότυπος*.

πρωτοτυπία η, ουσ. 1. το να είναι κανείς πρωτότυπος: *το έργο του χαρακτηρίζεται από* ~. 2. ενέργεια ή κουβέντα ιδιότυπη, ασυνήθιστη, πρωτότυπη (βλ. λ.): *του αρέσουν οι -ες· λέει -ες* (αντ. *κοινοτυπία*).

πρωτότυπος, -η, -ο, επίθ. 1. (για πρόσωπο) που στις ενέργειες ή στα λόγια του δε μιμείται άλλον: *θέλει να είναι* ~, *γι' αυτό φέρεται έτσι· συγγραφέας* ~ (= που δε γράφει κατά μίμηση ομοτέχνου του). 2α. που δεν αποτελεί απομίμηση, αντίγραφο άλλου: *επιστημονική μελέτη -η·* β. που είναι ιδιότυπος, ασυνήθιστος, που λέγεται ή γίνεται για πρώτη φορά: *ενέργεια -η· λύσεις -ες.* 3. (γραμμ.) *-η λέξη* = που δεν παράγεται από άλλην (αντ. *παράγωγος*). - Το ουδ. ως ουσ. = εκείνο που σύμφωνα μ' αυτό ή κατά μίμησή του δημιουργήθηκαν άλλα: *το -ο ενός πίνακα/ενός εγγράφου.* - Επίρρ. **-α**: *αντέδρασε -α· γράφει -α.*

πρωτοτυπώ, -είς, ρ., είμαι πρωτότυπος, ενεργώ κατά τρόπο με τον οποίο δεν ενεργεί άλλος: *δεν -είς καθόλου μ' αυτά που λες.*

πρωτοϋπνι το, ουσ., το πρώτο χρονικό διάστημα κατά τον ύπνο: *ήμασταν στο* ~ *και δεν ακούσαμε τίποτα.*

πρωτοφανής, -ής -ές, γεν. **-ούς**, πληθ. αρσ. και θηλ. **-είς**, ουδ. **-ή**, επίθ., που συμβαίνει για πρώτη φορά, παράδοξος: *αυτό που έγινε είναι -ές* (συνών. *πρωτόφαντος·* αντ. *συνηθισμένος*).

πρωτοφανήσιμος, -η, -ο, επίθ. (λαϊκ.). 1. πρωτοφανής. 2. (για καρπούς και λαχανικά) που εμφανίζεται, που παράγεται πρώτος: *κεράσια -α* (συνών. *πρώιμος*).

πρωτόφαντος, -η, -ο, επίθ. (ερρ.), πρωτοφανήσιμος.

πρωτοφειλέτης ο, θηλ. **-τρια**, ουσ., ο πρώτος, ο αρχικός οφειλέτης (σε σχέση με τον εγγυητή).

πρωτοφόρετος, -η, -ο, επίθ. (για ρούχο) που το φορά κανείς για πρώτη φορά.

πρωτοφορώ, -είς και **-άς**, ρ. α. φορώ κάτι πρώτος ή για πρώτη φορά: *χτες -φόρεσα αυτό το φουστάνι· αυτή -φόρεσε παντελόνι στο σχολείο·* β. φορώ κάτι κατά προτίμηση: *δεν ξέρω τι να -φορέσω.*

πρωτοφτάνω, ρ., αόρ. *πρωτόφτασα*, φτάνω κάπου πρώτος ή για πρώτη φορά: *αυτός ο δρομέας -όφτασε στο τέρμα· όταν -όφτασα στην Αμερική, κοιτούσα έκπληκτος τα ψηλά κτήρια.*

πρωτόφυλλο το, ουσ. (νεολογ.), το πρώτο φύλλο εφημερίδας.

πρωτόφυτα τα, ουσ., μονοκύτταροι φυτικοί οργανισμοί.

πρωτοχαιρετώ, -άς, ρ., χαιρετώ κάποιον πρώτος ή για πρώτη φορά ή κατά προτίμηση: *εγώ τον -χαιρέτησα· όταν τον -χαιρέτησα δε μου ανταπέδωσε το χαιρετισμό· ποιον να -χαιρετήσω;*

πρωτοχαίρομαι, ρ., αόρ. *-χάρηκα*, χαίρομαι πρώτος ή για πρώτη φορά ή κατά προτίμηση για κάτι: *εκείνος που -χάρηκε την επιτυχία μου ήταν ο πατέρας· μόνο όταν έφυγα από τα καράβια -χάρηκα τη ζεστασιά της οικογένειας· δεν ξέρω για ποιο από τα δυο γεγονότα να -χαρώ.*

Πρωτοχρονιά η, ουσ. (συνιζ.), η πρώτη μέρα του χρόνου και η σχετική γιορτή.

πρωτοχρονιάτικος, -η, -ο, επίθ. (συνιζ.), που σχετίζεται με την Πρωτοχρονιά: *δώρο -ο· εκδρομή -η.* - Επίρρ. **-α** (= την ημέρα της Πρωτοχρονιάς): *τι ήταν κι αυτό που μας συνέβη -α!*

πρωτοχτυπώ, -άς, ρ., χτυπώ πρώτος ή για πρώτη φορά: *όταν με -χτύπησε ο πατέρας μου έβαλα τα κλάματα· εσύ με -χτύπησες κι εγώ αναγκάστηκα να αμυνθώ.*

πρωτοψάλτης ο, ουσ., ο δεξιός ψάλτης στην εκκλησία.

πρωτύτερα, βλ. *πρωτύτερος*.

πρωτυτερινός, -ή, -ό, επίθ. (λαϊκ.), προγενέστερος (βλ. λ.) (αντ. *στερνός*).

πρωτύτερος, -η, -ο, επίθ., προγενέστερος (βλ. λ.) (συνών. *προηγούμενος·* αντ. *κατοπινός*). - Επίρρ. **-α**.

πταίσμα το, ουσ. (νομ.) αδίκημα μικρής σημασίας που τιμωρείται με κράτηση ή πρόστιμο.

πταισματοδικείο το, ουσ. (νομ.) μονομελές ποινικό δικαστήριο στην αρμοδιότητα του οποίου υπάγεται η εκδίκαση των πταισμάτων.

πταισματοδίκης ο, θηλ. **-ισσα**, ουσ. (νομ.) δικαστής πταισματοδικείου.

πτέραρχος ο, ουσ., άλλοτε βαθμός, σήμερα τιμητικός τίτλος του αρχηγού των αεροπορικών δυνάμεων της Ελλάδας.

πτερνιστήρας ο, ουσ., σπιρούνι (βλ. λ.).

πτεροφυΐα η, ουσ., το να βγάζει κανείς φτερά: *άρχισε η* ~ *των μικρών χελιδονιών.*

πτέρυγα η, ουσ. 1. καθεμία από τις επίπεδες επιφάνειες στα πλευρά αεροσκάφους, στις οποίες ασκούνται αεροδυναμικές δυνάμεις και έτσι εξασφαλίζουν τη διατήρησή του στον αέρα (συνών. *φτερά*). 2. (στρατ.) καθένα από τα δύο άκρα παράταξης στρατού, στόλου, κλπ., σε αντιδιαστολή προς το κέντρο: *η δεξιά* ~ *του στρατεύματος.* 3. πλάγιο τμήμα οικοδομήματος που υψώνεται σε ορθή γωνία προς το κεντρικό τμήμα: *η ανατολική* ~ *του μουσείου.* 4. θέση βουλευτών πολιτικού κόμματος μέσα στη βουλή.

πτερύγιο το, ουσ. (ασυνίζ.). 1. όργανο κολύμβησης στα ψάρια και τα θαλάσσια θηλαστικά 2. βατραχοπέδιλα: *κολυμπά μόνο με -α.* 3. πτυσσόμενο τμήμα στο πίσω μέρος πτέρυγας αεροπλάνου που μπορεί να υψώνεται και να κατεβαίνει για να ρυθμίζει την πορεία και τους ελιγμούς του. 4. (ανατομ.) *-α μύτης* = οι δύο πλάγιες και προς τα κάτω επιφάνειες της μύτης. 5. (ναυτ.) το ψαλό μέρος τιμονιού. 6. εξωτερική προεξοχή σε λεία κυλινδρική επιφάνεια επιμήκων βλημάτων (οβίδων). 7. (ιατρ.) νοσηρή πτυχή του επιπεφυκότος του ματιού που είναι δυνατόν να καλύψει την κόρη.

πτέρωμα το, ουσ., το σύνολο των φτερών πτηνού: *πουλί με πολύχρωμο* ~.

πτερωτός, βλ. *φτερωτός*.

πτηνό το, ουσ. (λόγ.), πουλί (βλ. λ.).

πτηνοπωλείο το, ουσ., κατάστημα όπου πουλιούνται πτηνά (συνήθως κότες).

πτηνοσκοπία η, ουσ., παρατήρηση της κίνησης των αποδημητικών πουλιών με επιστημονικές μεθόδους.

πτηνοτροφείο το, ουσ., τόπος με ειδικές εγκαταστάσεις όπου εκτρέφονται πτηνά για οικονομική εκμετάλλευση.

πτηνοτροφία η, ουσ., κλάδος της ζωοτεχνίας που ασχολείται με την επιστημονική εκτροφή πτηνών για οικονομική εκμετάλλευση.

πτηνοτροφικός, -ή, -ό, επίθ., που σχετίζεται με την πτηνοτροφία: *προϊόντα -ά.*

πτηνοτρόφος ο, ουσ., άτομο που ασχολείται επιστημονικά με την πτηνοτροφία.

πτήση η, ουσ. 1. (για αεροσκάφος) πέταγμα στον αέρα. 2. διαδρομή που πραγματοποιεί ένα αεροσκάφος από την απογείωση ως την προσγείωσή του: *έχει καθυστέρηση η απογευματινή ~.*

πτητικός, -ή, -ό, επίθ. 1. που ανήκει ή αναφέρεται στην πτήση. 2. που εξατμίζεται ή εξαερώνεται γρήγορα: *υγρά/έλαια-ά· -ά αέρια βγαίνουν από ενεργό ηφαίστειο.*

πτολεμαϊκός, -ή, -ό, επίθ., που συνδέεται με τους Πτολεμαίους της Αιγύπτου.

πτοώ, -είς, ρ. (λόγ.), προξενώ σε κάποιον τρόμο, φοβίζω: *δε με -ούν οι απειλές σου.*

πτύελο το, ουσ. (ιατρ.) ουσία από βλέννα πύου ή αίματος που παράγεται από τους βλεννογόνους των ανώτερων ή κατώτερων αναπνευστικών οδών και αποβάλλεται από το στόμα (συνών. *φλέμα*).

πτυελοδοχείο το, ουσ., δοχείο πτυέλων (σε νοσοκομεία ή πολυσύχναστους χώρους).

πτύσσω, ρ., μτχ. *-στόμενος* (λόγ.), περιορίζω την έκταση ή τον όγκο κάποιου πράγματος με αναδίπλωση (συνών. *μαζεύω*). - Η μτχ. ως επίθ. = που κλείνει με δίπλωση: *έπιπλα -α· πόρτες -ες.*

πτυχή η, ουσ. 1. καθεμιά από τις αναδιπλώσεις επιφάνειας (ιδίως ρούχου) (συνών. *δίπλα, πιέτα*). 2. (συνεκδοχικά) καθετί που μοιάζει στο σχήμα με πτυχή: *-ές εδάφους.* 3. (ανατομ.) κάθε αναδίπλωση υμένα, δέρματος ή εγκεφάλου: *~ βουβωνική.* 4. (μεταφ.) όψη, άποψη: *-ές μιας υπόθεσης/ενός θέματος.*

πτυχίο το, ουσ., πιστοποιητικό σπουδών ή επαγγελματικής ικανότητας: *~ ιατρικής/ραπτικής* (συνών. *δίπλωμα*).

πτυχιούχος ο και η, ουσ. (ασυνίζ.), κάτοχος πτυχίου ανώτατης σχολής ή άλλου ιδρύματος (συνών. *διπλωματούχος*).

πτυχώνω, ρ. Α. (ενεργ.) κάνω κάτι να σχηματίζει πτυχές. Β. (μέσ.) σχηματίζω πτυχές: *η φούστα -εται στο μπροστινό μέρος.*

πτύχωση η, ουσ. 1. σχηματισμός πτυχών: *-εις φούστας/εδάφους.* 2. ρυτίδωση: *-εις της επιδερμίδας.*

πτυχωτός, -ή, -ό, επίθ., που σχηματίζει πτυχές: *φόρεμα -ό.*

πτώμα το, ουσ. 1. νεκρό σώμα ανθρώπου ή ζώου (συνών. *σορός, λείψανο, κουφάρι*). 2. (συνεκδοχικά) άνθρωπος πολύ εξαντλημένος (σωματικά ή ψυχικά): *είμαι ~ από την κούραση* (συνών. *λειώμα, ερείπιο*)· φρ. *γίνομαι ~* (= κουράζομαι πολύ): *έγινε ~ δουλεύοντας όλη μέρα στο χωράφι.*

πτωμαΐνη η, ουσ., γενική ονομασία βασικών τοξικών ουσιών που σχηματίζονται στα πτώματα που βρίσκονται σε αποσύνθεση.

πτωματικός, -ή, -ό, επίθ, που σχετίζεται με πτώμα ή ταιριάζει σ' αυτό: *ακαμψία -ή· μοσχεύματα -ά.*

πτώση η, ουσ. 1. φορά προς τα κάτω, πέσιμο: *~ αεροπλάνου.* 2. απόσπαση, αποκόλληση: *~ βράχων/τριχών.* 3α. (μεταφ.) μείωση, ελάττωση: *~ πυρετού/τιμών/θερμοκρασίας/δημοτικότητας·* β. (οικον.) υποτίμηση: *~ δολαρίου/δραχμής.* 4. άλωση, κατάληψη: *~ Κων/πολης.* 5. κατάπτωση (ηθική): *~ του ηθικού.* 6. ανατροπή: *~ κυβέρνησης.* 7. (γραμμ.) μεταβολή κατάληξης σε κλιτά μέρη του λόγου. 8. (αεροναυτ.) *ελεύθερη ~* = η πρώτη φάση της πτώσης αλεξιπτωτιστή, που περιλαμβάνεται ανάμεσα στη στιγμή που αυτός εγκαταλείπει το αεροπλάνο και τη στιγμή που ανοίγει το αλεξίπτωτο. 9. μετατόπιση κάτω από σταθερή ταχύτητα στο μεσοαστρικό κενό ενός διαστημόπλοιου που οι προωθητήρες του έπαψαν να λειτουργούν. 10. (ηλεκτρολ.) *~ τάσης* = η διαφορά δυναμικού που παρατηρείται κατά τη ροή ρεύματος. 11. (ιατρ.) μετατόπιση οργάνου κάτω από τη φυσιολογική του θέση: *~ στομαχιού/μήτρας.* 12. (μουσ.) μελωδική διαδοχή φθόγγων σε μονοφωνία ή αρμονική διαδοχή συγχορδιών σε πολυφωνία που σημαίνει το τέλος μουσικής φράσης ή κομματιού ή και όλης της σύνθεσης. 13. (φυσ.) *~ ελεύθερη* = η κίνηση που κάνει ένα σώμα, όταν ενεργεί σ' αυτό μόνο το βάρος του.

πτωτικός, -ή, -ό, επίθ. 1. που σχετίζεται με την πτώση, που οδηγεί στην πτώση (βλ. λ. σημασ. 3): *-ή τάση του τιμάριθμου· -ή πίεση στο χρηματιστήριο* (για την πτώση της αξίας μετοχών). 2. που ανήκει ή αναφέρεται στις γραμματικές πτώσεις. - Το ουδ. στον πληθ. ως ουσ. = τα μέρη του λόγου που έχουν πτώσεις (δηλ. ουσιαστικό, επίθετο, άρθρο και μετοχή).

πτωχαλαζονεία η, ουσ. (λόγ.), ψωροπερηφάνια (βλ. λ.).

πτώχευση η, ουσ. (νομ.) νομική κατάσταση του εμπόρου που έπαυσε τις πληρωμές του, η οποία κηρύσσεται με δικαστική απόφαση: *κήρυξε ~ η επιχείρηση* (συνών. *χρεοκοπία, λαϊκ. φαλιμέντο*)· *~ κράτους* = αναστολή πληρωμών των τοκοχρεωλυσίων του δημόσιου χρέους του κράτους.

πτωχευτικός, -ή, -ό, επίθ., που σχετίζεται με πτώχευση: *δίκαιο -ό.*

πτωχεύω, ρ. (λόγ.), κηρύσσομαι σε κατάσταση πτώχευσης (συνών. *χρεοκοπώ, φαλίρω*).

πτωχοκομείο το, ουσ., άσυλο φτωχών (ιδίως ηλικιωμένων) ανίκανων για εργασία.

πτωχοπροδρομισμός ο, ουσ., το να επαιτεί κανείς υλική βοήθεια από ισχυρούς διεκτραγωδώντας την αθλιότητά του.

πτωχός τω πνεύματι αρχαϊστ. έκφρ.· για πρόσωπα με περιορισμένη αντίληψη.

πυαιμία η, ουσ. (ιατρ.) σύνολο νοσηρών διαταραχών που προκαλούνται από την είσοδο στο αίμα πυογόνων μικροοργανισμών (πβ. *σηψαιμία*).

πυγμαίος, -α, -ο, επίθ. 1. που έχει μικρό ανάστημα, κοντόσωμος. 2. (με κεφ. το αρχικό γράμμα) άτομο που ανήκει στις κοντόσωμες φυλές της κεντρικής Αφρικής.

πυγμαχία η, ουσ., άθλημα μεταξύ παλαιστών που γρονθοκοπούν ο ένας τον άλλον φορώντας ειδικά γάντια.

πυγμαχικός, -ή, -ό, επίθ., που ανήκει στην πυγμαχία ή αναφέρεται σ' αυτήν: *αγώνες -οί.*

πυγμάχος ο, ουσ., αθλητής της πυγμαχίας.

πυγμαχώ ρ. (λόγ.), παίρνω μέρος σε αγώνα πυγμαχίας.

πυγμή η, ουσ. 1. η παλάμη του χεριού με κλεισμένα, σφιγμένα τα δάκτυλα (συνών. *γροθιά*). 2. (μεταφ.) δύναμη, επιβολή: *πολιτική/επίδειξη -ής· άνθρωπος -ής / με ~.*

πυγολαμπίδα η, ουσ. (έρρ.), (ζωολ.) έντομο κολεόπτερο που εκπέμπει κατά τη νύχτα φωσφορική λάμψη (συνών. *κωλοφωτιά*).

πυελίτιδα η, ουσ. (ιατρ.) φλεγμονή της πυέλου του νεφρού.

πυελογραφία η, ουσ. (ιατρ.) ακτινογράφηση της πυέλου του νεφρού με τη βοήθεια ειδικής ουσίας που είτε χορηγείται με ενδοφλέβια ένεση είτε εισάγεται με καθετήρα από την ουρήθρα.

πυελονεφρίτιδα η, ουσ. (ιατρ.) φλεγμονή του νεφρού και της πυέλου.

πύελος η, ουσ. (ανατομ.) 1. η λεκάνη (βλ. λ. σημασ. 4) του ανθρώπινου σώματος. 2. ~ *του νεφρού* = μέρος του νεφρού που βρίσκεται πριν από τον ουρητήρα.

πυθαγόρειος, -α, -ο, επίθ. (ασυνίζ.), που ανήκει ή αναφέρεται στο φιλόσοφο Πυθαγόρα ή τη σχολή του: *σχολή -α·* (γεωμ.) *-ο θεώρημα*. - Το αρσ. (συνήθως στον πληθ.) ως ουσ. = οι φιλόσοφοι της σχολής του Πυθαγόρα.

πύθια τα, ουσ. (ασυνίζ.), (ιστ.) οι αγώνες που γίνονταν προς τιμήν του Απόλλωνα στους Δελφούς κάθε τέσσερα χρόνια.

Πυθία η, ουσ. (αρχ. ιστ.) η ιέρεια που έλεγε τους χρησμούς στο μαντείο των Δελφών.

πυθικός, -ή, -ό, επίθ., που ανήκει ή αναφέρεται στον Πύθιο Απόλλωνα ή την Πυθία ή τα πύθια: *αγώνες -οί· μαντείο -ό*.

πυθιονίκης ο, ουσ. (ασυνίζ.), (αρχ. ιστ.) νικητής των πυθικών αγώνων.

Πύθιος επίθ. (ασυνίζ.), (αρχ.) προσωνυμία του Απόλλωνα ως θεού του ιερού των Δελφών.

πυθμένας ο, ουσ. 1. η κατώτερη επιφάνεια σκεύους που περιέχει κάτι: ~ *δοχείου*. 2. το έδαφος κάτω από τη θάλασσα, από λίμνη ή ποτάμι (συνών. στις σημασ. 1 και 2 *πάτος* αντ. *επιφάνεια*).

πύθωνας ο, ουσ. (ζωολ.) γένος μεγάλων φιδιών που έχουν σώμα που καλύπτεται από φολίδες, τρέφονται με μικρά θηλαστικά, δεν έχουν δηλητήριο και ζουν στην Ασία.

πυκνά, βλ. *πυκνός*.

πυκνογραμμένος, -η, -ο, επίθ. 1. (για γραπτό κείμενο) που ανάμεσα στις λέξεις, τις συλλαβές ή τα γράμματά του δεν υπάρχουν μεγάλα διαστήματα: *δυο -ες κόλλες αναφοράς*. 2. (μεταφ. για λόγο) περιεκτικός (βλ. λ. σημασ. 2).

πυκνοδασωμένος, -η, -ο, επίθ. (για γεωγραφικές περιοχές) που έχει πολλά δάση σε σχέση με την έκτασή του: *βουνά -α* (συνών. *δασώδης*).

πυκνοήσκιωτος, -η, -ο, επίθ. (συνιζ.), (για δέντρα ή δάση) που παρουσιάζει βαθιά, πυκνή σκιά.

πυκνοκατοικημένος, -η, -ο, επίθ. (για πόλη, γεωγραφική περιοχή, κ.τ.ό.) που έχει πολύ πληθυσμό σε σχέση με την έκτασή του: *περιοχές -ες*.

πυκνόμαλλος, -η, -ο, επίθ., *δασύμαλλος* (βλ. λ.).

πυκνόμετρο το, ουσ. (φυσ.) όργανο για τη μέτρηση της πυκνότητας υγρών.

πυκνόρρευστος, -η, -ο, επίθ. (για υγρά) που έχει μεγάλη πυκνότητα (συνών. *παχύρρευστος*).

πυκνός, -ή, -ό, επίθ. 1. που περιέχει ή αποτελείται από πολλά πράγματα ή πολλά άτομα σε μικρό χώρο: *ακροατήριο -ό· δάσος/φύλλωμα -ό·* (για τρίχωμα) *μαλλιά/φρύδια -ά·* (στρατ.) *φάλαγγα -ή· σχηματισμός* ~ (αντ. *αραιός*). 2. για πράγματα που βρίσκονται πολύ κοντά το ένα στο άλλο: *δόντια/χωριά -ά·* (στον εν. περιληπτικά) *στάρι -ό* (αντ. *αραιός*). 3. που μέσα απ' αυτόν δύσκολα

μπορεί να δει κανείς: *ομίχλη -ή· νέφος -ό· σκοτάδια -ά* (συνών. *αδιαπέραστος*). 4. (για υγρό) παχύρρευστος (βλ. λ.): *σάλτσα -ή* (συνών. *πηχτός*). 5. (για βροχή, χιόνι) που πέφτει με πυκνές, άφθονες σταγόνες ή νιφάδες. 6. (για βέλη, βλήματα, κ.τ.ό.) πολυάριθμος, αλλεπάλληλος: *σφαίρες -ες*. 7. (για πράξη) που επαναλαμβάνεται με μεγάλη συχνότητα: *επισκέψεις -ες· -ή ρίψη βλημάτων εναντίον στόχου*. 8. (για λόγο, ύφος) σύντομος και περιεκτικός: *λόγος ~ και αυστηρά οργανωμένος*. - Επίρ. στις σημασ. 1, 2 και 7 **-ά·** έκφρ. *συχνά -ά* (= πολύ συχνά): *έρχεται εδώ συχνά -ά*.

πυκνότητα η, ουσ., το να είναι κάτι πυκνό (βλ. λ.): ~ *δόμησης στις πόλεις·* ~ *γραφής* (σε γραφομηχανή)· ~ *μίγματος·* ~ *νοημάτων στο γραπτό λόγο*.

πυκνοϋφασμένος, -η, -ο, επίθ. (για ύφασμα) που το χαρακτηρίζει πυκνή (βλ. λ. σημασ. 1) ύφανση: *πανί -ο* (συνών. *κρουστός*).

πυκνόφυλλος, -η, -ο, επίθ. (για δέντρο) που έχει πυκνά, πολλά φύλλα.

πυκνοφυτεμένος, -η, -ο, επίθ. (για γεωγραφική περιοχή) που έχει μεγάλη βλάστηση, πολλά δέντρα σε σχέση με την έκτασή του: *λόγγος* ~

πυκνώνω, ρ. Α. (μτβ.) κάνω κάτι πυκνό: *οι αγρότες στις πόλεις -ωσαν τα στρώματα των ακτημόνων·* ~ *τις επισκέψεις μου/το μίγμα*. Β. (αμτβ.) γίνομαι πυκνός: *-ωσαν οι συναγερμοί για το νέφος· τα νοήματα -ώνουν* (αντ. στις σημασ. Α και Β *αραιώνω*).

πύκνωση η, ουσ., το να πυκνώνει κάτι ή να πυκνώνει κάποιος κάτι και το αποτέλεσμα αυτής της ενέργειας (αντ. *αραίωση*).

πυκνωτής ο, ουσ. (ηλεκτρολ.) συσκευή που αποθηκεύει ηλεκτρικά φορτία και χρησιμοποιείται σε ραδιόφωνα, τηλεοράσεις, κ.ά.: *οπλισμός -ή*.

πύλη η, ουσ. 1α. είσοδος τείχους πόλης, ανακτόρου ή (σήμερα) στρατοπέδου, μεγάλη ή μεγαλοπρεπής που συνήθως φρουρείται: (στον πληθ.) *-ες του ανακτόρου/του κάστρου·* (στρατ.) *φρουρός στην* ~. β. (μεταφ.): *-ες του Άδη/του ουρανού/του παραδείσου*. 2. (εκκλ.) *ωραία* ~ = α. η μεσαία είσοδος του τέμπλου από την οποία περνούν μόνο οι ιερείς· β. (ιστ.) η μεσαία είσοδος του νάρθηκα από την οποία περνούσαν στον κυρίως ναό οι αυτοκράτορες. 3. *Υψηλή Πύλη* = (ιστ.) το κτήριο που στέγαζε στην Κων/πολη την κυβέρνηση της οθωμανικής αυτοκρατορίας (δηλαδή την έδρα του μεγάλου βεζίρη, του υπουργείο εξωτερικών και το συμβούλιο επικρατείας)· (κατ' επέκταση) η κυβέρνηση της οθωμανικής αυτοκρατορίας.

πυλώνας ο, ουσ., κατασκευή που μοιάζει με πύργο και χρησιμεύει στο να στηρίζει ηλεκτροφόρα σύρματα: ~ *ανεμογεννήτριας*.

πυλωρικός, -ή, -ο, επίθ., που ανήκει στον πυλωρό ή αναφέρεται σ' αυτόν: *αρτηρία -ή· στένωση -ή*.

πυλωρισμός ο, ουσ. (ιατρ.) κίνηση σπασμωδικής σύσπασης του πυλωρού που προκαλείται από έλκη του βλεννογόνου του στομάχου.

πυλωρός ο, ουσ. (ανατομ.) το κάτω στόμιο του στομάχου που το διαχωρίζει από το δωδεκαδάκτυλο.

πυξίδα η, ουσ., όργανο προσανατολισμού που αποτελείται από έναν πίνακα ενδείξεων πάνω στον οποίο είναι στερεωμένη μια μαγνητική βελόνη που δείχνει πάντα το βορρά.

πυξιδοθήκη η, ουσ. (ναυτ.) κυλινδρικό κιβώτιο στερεωμένο στο κατάστρωμα πλοίου που περιέχει τη ναυτική πυξίδα.

πυξ-λαξ· αρχαϊστ. έκφρ. = με γροθιές και κλοτσιές: *τον έδιωξε ~*.

πύξος η, ουσ. 1. (βοτ.) γένος φυτών που περιλαμβάνει θάμνους αειθαλείς. 2. (συνεκδοχικά) το ξύλο της πύξου που είναι σκληρό, αλλά εύκολα το κατεργάζεται κανείς (συνών. *αγιόξυλο*).

πύο, βλ. *πύον*.

πυογόνος, -ος, -ο, επίθ. (ιατρ., για μικρόβιο) που προκαλεί το σχηματισμό πύου.

πύο(ν) το, ουσ. (ιατρ. - κοιν.) παθολογικό κιτρινωπό πυκνόρρευστο υγρό που παράγεται εξαιτίας φλεγμονής.

πυόρροια η, ουσ. (ασυνίζ.), (ιατρ.) εκροή πύου.

πυορροϊκός, -ή, -ό, επίθ., που ανήκει στην πυόρροια ή αναφέρεται σ' αυτήν.

πυορροώ, ρ. (ιατρ., για πληγή) βγάζω πύον.

πυοσφαίριο το, ουσ. (ασυνίζ.), (ανατομ.) καθένα από τα εκφυλισμένα λευκοκύτταρα που αποτελούν το κύριο συστατικό του πύου.

πυουρία η, ουσ. (ιατρ.) παρουσία πύου στα ούρα.

πυρ το, γεν. *-ός*, πληθ. *-ά*, ουσ. (λόγ.). 1. φωτιά: *η αποθήκη έγινε παρανάλωμα του -ός* (βλ. και *παρανάλωμα*) (συνών. *πυρά*). 2. (στρατ.) α. βολή όπλου, (ν)τουφεκιά: *ανοίγω/αρχίζω ~* (βλ. *ανοίγω*)· *άσφαιρα -ά* (βλ. *άσφαιρος*)· *γραμμή -ός* (βλ. *γραμμή*)· *έναρξη -ός* (βλ. *έναρξη*) (συνών. *προβολισμός, σμπάρος*). β. (ως παράγγελμα) πυροβολήστε! 3. (στον πληθ. μεταφ.) σφοδρές επιθέσεις: *ο υπουργός δέχτηκε τα -ά της αντιπολίτευσης στη βουλή*. Έκφρ. *υγρόν ή ελληνικόν ~* = (ιστ.) εμπρηστικό παρασκεύασμα από εύφλεκτες ύλες που χρησιμοποιήθηκε από τους Βυζαντινούς για πρώτη φορά εναντίον του στόλου των Σαρακηνών το 627 μ.Χ. Φρ. *βρίσκομαι μεταξύ δύο -ών* (= α. ανάμεσα σε αντιπάλους που βάλλουν από αντίθετες θέσεις· β. (μεταφ.) ανάμεσα σε αντιμαχόμενες ιδεολογικές παρατάξεις)· *έγινε/είναι ~ και μανία* (= εξοργίστηκε πάρα πολύ).

πύρα και **πυράδα** η, ουσ. 1α. θερμότητα που εκπέμπεται από τη φωτιά, ακτινοβολία θερμότητας: *~ του φούρνου*· β. (ειδικά) υπερβολική θερμότητα της ατμόσφαιρας, καύσωνας: *η ~ του καλοκαιριού*. 2. (μεταφ.) φλόγωση μέλους του σώματος ή πληγής, ξάναμμα.

πυρά η, ουσ., σωρός καύσιμων υλών που καίγονται και, συνεκδοχικά, φωτιά.

πυράδα, βλ. *πύρα*.

πυράκανθα η, ουσ. (βοτ.) είδος διακοσμητικού φυτού με πυκνά αγκαθωτά φύλλα και άνθη άσπρα ή ροδόασπρα.

πυρακτώνω, ρ. (μτβ.) θερμαίνω κάτι εωσότου αποκτήσει ερυθρή λάμψη, εωσότου γίνει διάπυρο: *-ωμένο σίδερο*· *-ωμένο ανάβλυσμα ηφαιστείου* (συνών. *κορώνω*).

πυράκτωση η, ουσ., το να πυρακτώνεται κάτι, υπερθέρμανση αντικειμένου εωσότου γίνει διάπυρο: *~ μετάλλων*· (ηλεκτρολ.) *λαμπτήρες -ης* (συνών. *κόρωμα* αντ. *κατάψυξη, πάγωμα*).

πυραμίδα η, ουσ. 1. (μαθημ.) γεωμετρικό στερεό σχήμα που έχει βάση πολυγωνική και έδρες ισοσκελή τρίγωνα που καταλήγουν σε κοινή κορυφή. 2. (συνεκδοχικά) πέτρινο οικοδύμημα με την παραπάνω μορφή: *-ες της Αιγύπτου ή των Φαραώ* (= υπερμεγέθη κτίσματα με τετράγωνη βάση που χρησίμευαν ως βασιλικοί τάφοι των Φαραώ). 3. (γενικά) σωρός αντικειμένων που στηρίζεται σε πλατιά βάση και καταλήγει σε κορυφή: *οι ακρο-*

βάτες σχημάτισαν ~· (μεταφ.) *η ~ της κοινωνικής διαστρωμάτωσης στο Βυζάντιο*.

πυραμιδικός, -ή, -ό, επίθ., που ανήκει ή αναφέρεται στην πυραμίδα· που μοιάζει με πυραμίδα, πυραμιδοειδής.

πυραμιδοειδής, -ής, -ές, γεν. *-ούς*, πληθ. αρσ. και θηλ. *-είς*, ουδ. *-ή*, επίθ., που έχει το σχήμα πυραμίδας, που μοιάζει με πυραμίδα (συνών. *πυραμιδικός*).

πυραμιδωτός, -ή, -ό, επίθ., που έχει τη μορφή πυραμίδας, που σχηματίζει πυραμίδα.

πυρανίχνευση η, ουσ. (νεολογ.), έρευνα για τον εντοπισμό φωτιάς: (μηχ.) *σύστημα αυτόματης -ης* ή (συνεκδοχικά) *αυτόματη ~* = ειδικό σύστημα αναζήτησης και εντοπισμού φωτιάς (π.χ. σε ξενοδοχεία) που θέτει αυτομάτως σε λειτουργία καταβρεχτήρες για το σβήσιμό της.

πυράρχης ο, ουσ. (στρατ.) υπαξιωματικός του πυροβολικού σε πολεμικό πλοίο.

πυρασφάλεια η, ουσ. (ασυνίζ.). 1. εξασφάλιση από τον κίνδυνο σε περίπτωση πυρκαγιάς: *μέτρα/συστήματα/κανονισμός -ας*. 2α. ασφάλεια (βλ. λ. σημασ. 6) για ατυχήματα από φωτιά· β. (συνεκδοχικά) ασφαλιστική εταιρεία που παρέχει τέτοια ασφάλεια.

πυρασφαλιστικός, -ή, -ό, επίθ., που ανήκει ή αναφέρεται στην πυρασφάλεια: *μέτρα -ά*· *εταιρεία -ή*.

πυραυλάκατος η, ουσ., σχετικά μικρό και γρήγορο πολεμικό σκάφος εφοδιασμένο με πυραύλους.

πυραυλικός, -η, -ό, επίθ., που ανήκει ή αναφέρεται στον πύραυλο (βλ. λ. σημασ. 2)· που εκτοξεύει πυραύλους: *όπλα/συστήματα -ά*· *τεχνολογία/άτραχτος -ή*.

πυραυλοκίνητος, -η, -ο, επίθ., που κινείται με πυραύλους: *αεροπλάνο/αυτοκίνητο -ο*.

πύραυλος ο, ουσ. 1. πυροτέχνημα που εκσφενδονίζεται ψηλά, ρουκέτα. 2α. (μηχ.) κινητήρας που λειτουργεί με αντίδραση που προκαλείται από εκτόνωση ισχυρού ρεύματος αερίων προς την αντίθετη κατεύθυνση, αναπτύσσει πάρα πολύ μεγάλη ταχύτητα και χρησιμεύει για την εκτόξευση διαστημοπλοίων, δορυφόρων και πυρηνικών όπλων: *αποχώρηση του -αύλου από το διαστημόπλοιο*· β. (κατ' επέκταση, αστρονωτ.) συσκευή με επιστημονικά όργανα (διαστημόπλοιο ή δορυφόρος) που κινείται με κινητήρα αυτού του τύπου: *εκτόξευση/κινητήρας -αύλου*· *έφυγε/τρέχει σαν ~* (= πάρα πολύ γρήγορα)· γ. (πυρηνική) πυρηνικό βλήμα με προωθητικό και εκρηκτικό υλικό που εκτοξεύεται απευθείας από τη βάση του και προσβάλλει συγκεκριμένο στόχο: *-οι εδάφους-αέρος/εδάφους-εδάφους/θάλασσας-αέρος* (τύποι βλημάτων)· *απομάκρυνση -αύλων από την Ευρώπη*· *κατευθυνόμενος ~*. [*πυρ* + *αυλός*].

πυργί, βλ. *πύργος*.

πυργίσκος ο, ουσ. 1. μικρός πύργος (βλ. λ. σημασ. 2, 3, 6 και 7β). 2. (στρατ.) πύργος (βλ. λ. σημασ. 7α).

πυργογερανός ο, ουσ. (οικοδ.) γερανός τοποθετημένος πάνω σε σιδερένιο πύργο (βλ. λ. σημασ. 8) για ανύψωση ή μετακίνηση υλικών σε εργοτάξιο.

πυργοδεσπότης ο, θηλ. **-δέσποινα**, ουσ. (ιστ.) ιδιοκτήτης, κύριος φεουδαρχικού μεσαιωνικού πύργου· (μεταφ.) ιδιοκτήτης μεγαλοπρεπούς μεγάρου.

πυργοειδής, -ής, -ές, γεν. *-ούς*, πληθ. αρσ. και

θηλ. -είς, ουδ. -ή, επίθ., που μοιάζει με πύργο: -ές οικοδόμημα (συνών. πυργωτός).
πύργος ο, ουσ. **1.** (ιστ.) είδος ψηλής πολιορκητικής μηχανής που κινιόταν με τροχούς. **2α.** ψηλό και οχυρό οικοδόμημα προορισμένο για άμυνα πόλης ή φρουρίου (συνών. *κάστρο)* **β.** (ειδικά) κτίσμα επάνω στα τείχη για ενίσχυση της άμυνας: *κεντρικός ~ του τείχους.* **3.** (στο μεσαίωνα) οχυρωμένη κατοικία φεουδάρχη (συνών. *καστέλι).* **4.** οικοδόμημα που ξεπερνά στο ύψος τα άλλα κτίσματα τόσο ώστε η κορυφή του να είναι θεατή από μεγάλη απόσταση: *Πύργος της Πίζας/του Άιφελ Λευκός Πύργος ~ ελέγχου αεροδρομίου.* **5.** (κατ' επέκταση) πολυτελές εξοχικό μέγαρο, έπαυλη, βίλα. **6.** το ψηλότερο διαμέρισμα κτηρίου με αυτή τη μορφή: *~ με φεγγίτες του τρούλου ναού.* **7.** (στρατ.) **α.** θωρακισμένο, περιστροφικό και πυργοειδές στέγαστρο, όπου βρίσκονται τα όργανα διεύθυνσης της βολής σε πολεμικό πλοίο, αεροπλάνο, άρμα μάχης, κλπ. (συνών. *πυργίσκος)* **β.** πυργοειδές θωρακισμένο κατασκεύασμα που προστατεύει πολυβόλο και πολυβολητές σε οχυρό. **8.** (μεταφ.) βάση στήριξης κάποιου πράγματος: *~ γερανού/εκτόξευσης πυραύλου/των καλωδίων μεταφοράς ηλεκτρικού ρεύματος.* **9.** (μεταφ. για πρόσωπο) υπερασπιστής, προστάτης. **10.** (στο σκάκι) πιόνι που έχει σχήμα πύργου: *μου έκανε ματ μόνο με τους δύο -ους του.* Έκφρ. *Πύργος της Βαβελ* = **α.** (στην Παλαιά Διαθήκη) ημιτελής πύργος που άφησαν οι απόγονοι του Νώε και όπου αργότερα κτίστηκε η Βαβυλώνα **β.** (μεταφ.) σύγχυση γλωσσών, ασυνεννοησία. - Υποκορ. *-ί* το (στις σημασ. 2β, 6 και 7β).
πυρ, γυνή, και θάλασσα, κακά τρία· (σκωπτ.) για να δηλωθεί ο κίνδυνος από τη φωτιά, τη γυναίκα και τη θάλασσα.
πυργώνω, ρ. **1.** περιβάλλω με πύργο (βλ. λ. σημασ. 2). **2.** κάνω κάτι πολύ ψηλό σαν πύργο, ανυψώνω: *-ωμένοι αμμόλοφοι στο νταμάρι.*
πυργωτός, -ή, -ό, επίθ., που μοιάζει με πύργο, πυργοειδής.
πυρετικός, -ή, -ό, επίθ., που ανήκει ή αναφέρεται στον πυρετό (βλ. λ.).
πυρέτιο, βλ. *πυρετός.*
πυρετογόνος, -ος, -ο, επίθ., που προκαλεί πυρετό: *Τραύμα -ο.*
πυρετοθεραπεία η, ουσ. (ιατρ.) τεχνητή πρόκληση πυρετού με θεραπευτικό σκοπό.
πυρετολογία η, ουσ., κλάδος της ιατρικής που ασχολείται με τη μελέτη των διάφορων ειδών πυρετού, τα αίτια και τις μεθόδους αντιμετώπισής του.
πυρετολόγος ο, ουσ., ειδικός γιατρός που αχολείται με την πυρετολογία.
πυρετός ο, ουσ. **1.** (ιατρ.) παθολογική αύξηση της θερμοκρασίας του σώματος πάνω από τους 37° που οφείλεται στον ερεθισμό που προκαλούν διάφορες πυρετογόνες ουσίες στο θερμορρυθμιστικό κέντρο του οργανισμού: *ψήνεται στον -ό το παιδί/ του έπεσε ο ~* (συνών. *υπερθερμία).* **2.** (μεταφ.) εξαιρετική, πολύ ζωηρή δραστηριότητα: *ο ~ της δημιουργίας· προεκλογικός ~* (συνών. *οργασμός, βράση).* - Υποκορ. (ασυνίζ.) **-έτιο** το (στη σημασ. 1).
πυρετώδης, -ης, -ες, γεν. *-ους,* πληθ. αρσ. και θηλ. *-εις,* ουδ. *-η,* επίθ. **1.** που ανήκει ή αναφέρεται στον πυρετό (βλ. λ. σημασ. 1)· που προκαλεί

πυρετό. **2.** (μεταφ.) που γίνεται με πολύ ζήλο και ασυνήθιστη δραστηριότητα: *-εις προετοιμασίες· ~ πολεμική προπαρασκευή.* - Επίρρ. **-ώς** (στη σημασ. 2): *δουλεύω -ώς.*
πυρήνα η, ουσ., σπυρωτή καύσιμη ύλη από τη σύνθλιψη πυρήνων ελαιοκάρπου: *ρίχνω ~ στο μαγκάλι.* [*πυρήν = κουκούτσι*].
πυρήνας ο, ουσ. **1.** (βοτ.) το κουκούτσι των σαρκωδών καρπών, δηλαδή το σπέρμα ή τα σπέρματα του φυτού που περιβάλλονται από το περικάρπιο. **2.** (βιολ.) το πιο σημαντικό συστατικό του κυττάρου (ζωικού ή φυτικού), συνήθως σφαιρικός, τοποθετημένος περίπου στο κέντρο του κυττάρου. **3.** (γεωλ. - αστρον.) κέντρο σώματος (κυρίως ουράνιου): *~ κομήτη/του ήλιου· ο πυρακτωμένος ~ της Γης· ~ ηφαιστείου.* **4.** (Φυσ.) *~ ατόμου* = το κεντρικό και πολύ συμπαγές μέρος του ατόμου: *τα ηλεκτρόνια κινούνται γύρω από τον -α.* **5.** (μεταφ.) ομάδα προσώπων ή πραγμάτων που αποτελούν τα αρχικά και βασικά στοιχεία ενός γεγονότος, μιας οργάνωσης, κλπ.: *~ συνωμοτικής ομάδας· οικιστικοί -ες.*
πυρηνέλαιο το, ουσ., φυτικό λάδι από κουκούτσια ελιάς, με μεγάλη οξύτητα, που χρησιμοποιείται κυρίως στη σαπωνοποιία.
πυρηνελαιουργία η, ουσ., βιομηχανία παραγωγής πυρηνέλαιου.
πυρηνικός, -ή, -ό, επίθ., που ανήκει ή αναφέρεται στον πυρήνα του ατόμου ή του κυττάρου: *-ή μεμβράνη* (σε πυρήνα κυττάρου)· *-ή φυσική* = κλάδος της φυσικής που μελετά τη διάσπαση του πυρήνα του ατόμου της ύλης και την ατομική ενέργεια)· *-ή ενέργεια· ~ αντιδραστήρας* (= ειδική διάταξη που λειτουργεί με βάση την ελεγχόμενη πυρηνική αντίδραση, κατά την οποία παράγεται ενέργεια με μορφή θερμότητας και ακτινοβολιών και με διάφορες χρήσεις)· *-ά όπλα* (=που στηρίζονται στην ατομική ενέργεια).
πυρηνίσκος ο, ουσ. (βιολ.) σφαιρικό σωματίδιο μέσα στον πυρήνα του κυττάρου.
πυρηνοειδής, -ής, -ές, γεν. *-ούς,* πληθ. αρσ. και θηλ. *-είς,* ουδ. *-ή,* επίθ., που είναι όμοιος με πυρήνα (καρπού).
πυρηνόκαρπος, -η, -ο, επίθ. (για δέντρο) που παράγει καρπό με φαγώσιμο σαρκώδες περικάρπιο και σκληρό πυρήνα, όπως το ροδάκινο, το κεράσι, το δαμάσκηνο, το βερίκοκο, κ.ά.
πυρηνοκίνητος, -η, -ο, επίθ., που κινείται με πυρηνικό αντιδραστήρα: *υποβρύχιο -ο· πύραυλος ~.*
πυρηνώδης, -ης, -ες, γεν. *-ους,* πληθ. αρσ. και θηλ. *-εις,* ουδ. *-η,* επίθ. **1.** που μοιάζει με πυρήνα (καρπού) (συνών. *πυρηνοειδής).* **2.** (ειδικά για καρπό) που έχει κουκούτσια ή σπόρους (όπως λ.χ. το αχλάδι, το μήλο, κ.ά.) (αντ. *απύρηνος).*
πυριγενής, -ής, -ές, επίθ. (γεωλ.) από διάπυρη μάζα, εκρηξιγενής (βλ. λ.).
πυρίκαυστος, -η, -ο, επίθ. (λόγ.), που έχει καεί από τη φωτιά (συνών. *αποτεφρωμένος).*
πυρίμαχος, -η, -ο, επίθ., που αντέχει στην υψηλή θερμοκρασία: *-α υλικά· -α τούβλα.*
πύρινος, -η, -ο, επίθ., που είναι όλος φωτιά, πυρακτωμένος εντελώς (συνών. *διάπυρος)·* (μεταφ.) φλογερός: *-α δάκρυα.*
πυριόβολος, βλ. *πυρόβολος.*
πυρίτης, ο, ουσ. (ορυκτ.) πυρόλιθος (βλ. λ.), τσακμακόπετρα.

πυρίτιδα η, ουσ., ονομασία εκρηκτικών υλών που παρασκευάζονται από νιτρικό κάλιο, θείο και άνθρακα σε διάφορες αναλογίες ή από νιτροκυτταρίνη και χρησιμοποιούνται για την εκτόξευση βλήματος από πυροβόλο όπλο, για την προώθηση πολεμικού μηχανήματος, κ.ά. (συνών. *μπαρούτι*).

πυριτιδαποθήκη η, ουσ., αποθήκη πυρομαχικών· (μεταφ., ιστ.) ~ *της Ευρώπης* (παλαιότερα για τα Βαλκάνια).

πυριτιδοποιείο το, ουσ., εργοστάσιο παρασκευής πυρίτιδας και άλλων εκρηκτικών και πολεμικών υλών.

πυριτιδοποιία η, ουσ., βιομηχανία παρασκευής πυρίτιδας και άλλων εκρηκτικών υλών.

πυριτιδοποιός ο, ουσ. (ασυνίζ.), πρόσωπο που εργάζεται σε πυριτιδοποιείο ή είναι ιδιοκτήτης τέτοιου εργοστασίου.

πυριτικός, -ή, -ό, επίθ., που περιέχει πυρίτιο: -*ά πετρώματα* -*ό οξύ* (= χημική ένωση του πυριτίου με οξυγόνο και υδρογόνο).

πυρίτιο το, ουσ. (ασυνίζ.), χημικό αμέταλλο στοιχείο της ομάδας του άνθρακα που δε συναντάται ελεύθερο, αλλά ενωμένο κυρίως ως διοξείδιο του πυριτίου και ως πυριτικά άλατα και αποτελεί το κύριο συστατικό των πετρωμάτων.

πυριτοδόκη η, ουσ. (λόγ.), (ναυτ.) κιβώτιο όπου φυλάγεται η πυρίτιδα στις αποθήκες των πολεμικών πλοίων.

πυριτοδότης ο, ουσ., ναύτης πολεμικού πλοίου που μεταφέρει πυρομαχικά από τις αποθήκες στα πυροβόλα του πλοίου.

πυριτοδόχη η, ουσ., το μέρος της κάννης ή του σωλήνα των εμπροσθογεμών όπλων, όπου γίνεται η ανάφλεξη της πυρίτιδας.

πυρκαγιά η, ουσ. (συνιζ.), φωτιά σε μεγάλο χώρο ή έκταση που επεκτείνεται χωρίς έλεγχο προκαλώντας καταστροφές σε κτήρια, δάση, κ.ά.: *ξέσπασε ~ στο δεξαμενόπλοιο/στο δάσος· ασφάλεια κατά της -άς*.

πυροβασία η, ουσ. (λαογρ.) το να βαδίζει κανείς ξυπόλητος πάνω σε αναμμένα κάρβουνα χωρίς να καίγεται (βλ. *ακάΐα*) κατά τη διάρκεια λατρευτικής τελετής: ~ *αναστενάρηδων*.

πυροβάτης ο, ουσ. (λαογρ.) άτομο που εκτελεί πυροβασία.

πυροβολάρχης ο, ουσ. (στρατ.) διοικητής πυροβολαρχίας.

πυροβολαρχία η, ουσ. (στρατ.) μονάδα πυροβολικού, υποδιαίρεση της μοίρας (αντίστοιχη με λόχο πεζικού), που περιλαμβάνει τέσσερα ή περισσότερα πυροβόλα (στοιχεία) ή αριθμό πυραύλων.

πυροβολείο το, ουσ. (στρατ.) οχυρωματικό έργο απ' όπου βάλλουν πυροβόλα.

πυροβόληση η, ουσ. (λόγ.), βολή με πυροβόλο όπλο.

πυροβολητής ο, ουσ. (στρατ.) **α**. χειριστής πυροβόλου (στο στρατό ξηράς, το ναυτικό ή την αεροπορία)· **β**. (ειδικά) στρατιώτης ή αξιωματικός του πυροβολικού.

πυροβολικό το, ουσ. (στρατ.). **1**. σύνολο πυροβόλων, μαζί με το προσωπικό που τα χειρίζεται: ~ *αντιαεροπορικό/πεδινό· θα εκτελεσυεί βολή -ού* έκφρ. *βαρύ* ~ (για πρόσωπο που ανάμεσα σε άλλα έχει περισσότερες ικανότητες και ιδίως μεγαλύτερη αποτελεσματικότητα σε κάτι): *ο Α ήταν το βαρύ ~ του θιάσου*. **2**. ένα από τα πέντε όπλα του στρατού ξηράς με οπλισμό πυροβόλα και πυραύλους και με προσωπικό ειδικά εκπαιδευμένο για τη χρήση τους.

πυροβολικός, -ή, -ό, επίθ. (σπανίως), που αναφέρεται στο πυροβόλο. - Το θηλ. ως ουσ. = κλάδος της πολεμικής επιστήμης και τέχνης με αντικείμενο τη μελέτη των πυροβόλων όπλων και της βολής που εκτελείται με αυτά.

πυροβολισμός ο, ουσ. **1**. βολή φορητού πυροβόλου όπλου: *υποδέχτηκαν τον εχθρό με πυκνούς -ούς· -οί γιορταστικοί·* **2**. (συνεκδοχικά) ο ήχος που παράγεται κατά την εκπυρσοκρότηση φορητού πυροβόλου όπλου: *εξακολουθούν να ακούγονται σποραδικοί -οί*.

πυροβόλο, ουδ. επίθ.· ~ *όπλο* = κάθε όπλο με μακρύ μεταλλικό σωλήνα κι ένα χώρο όπου τοποθετείται σφαίρα ή οβίδα, οι οποίες εξακοντίζονται με μεγάλη ταχύτητα προς τα έξω από την πίεση των αερίων που δημιουργεί η καύση εκρηκτικής ύλης. - Ως ουσ. = **1**. μεγάλο πυροβόλο όπλο, σταθερό σε ορισμένη θέση στην ξηρά ή πάνω σε πολεμικό πλοίο ή που μεταφέρεται πάνω σε τροχούς ή με άλλο τρόπο, που χρησιμοποιείται στη μάχη ρίχνοντας βαριά βλήματα σε μακρινούς στόχους: ~ *ατομικό / άρματος μάχης· βελήνεκες / κιλλίβαντας -ου*. (συνών. *κανόνι*). **2**. βαρύ αυτόματο πυροβόλο όπλο που βάλλει από αεροσκάφος.

πυρόβολος και (συνιζ.) **πυριόβολος** ο, ουσ. (λαϊκ.), (παλαιότερα). **1**. μικρό ατσάλινο έλασμα με το οποίο χτυπούσαν την τσακμακόπετρα για να πεταχτεί σπίθα και να ανάψει το φιτίλι ή η ήσκα και να μεταδώσουν έπειτα τη φωτιά. **2**. (συνεκδοχικά) τσακμακόπετρα. [αρχ. επίθ. *πυροβόλος*].

πυροβολώ, -είς, ρ. (αμτβ.) χρησιμοποιώ φορητό πυροβόλο όπλο κάνοντας να εξακοντιστεί μια σφαίρα από αυτό: ~ *στον αέρα· ήταν έτοιμοι να -ήσουν*. **2**. (μτβ.) βάλλω με φορητό πυροβόλο όπλο εναντίον κάποιου: *ένας κακοποιός τον -βόλησε* (συνών. *στις σημασ. 1 και 2 ρίχνω*).

πυρογενής, -ής, -ές, γεν. -*ούς*, πληθ. αρσ. και θηλ. -*είς*, ουδ. -*ή*, επίθ. **α**. (λόγ.) που παράγεται από την υψηλή θερμοκρασία· **β**. (γεωλ.) για τα πετρώματα που σχηματίζονται ή παράγονται από διάπυρο μάγμα.

πυρογραφία η, ουσ., τεχνική διακόσμησης ενός υλικού (συνήθως του ξύλου) με πυρακτωμένο εργαλείο.

πυρογραφικός, -ή, -ό, επίθ., που γίνεται με πυρογραφία ή αναφέρεται σ' αυτήν: *διακόσμηση -ή*.

πυροδιάσπαση η, ουσ. (ασυνίζ.), (χημ.) πυρόλυση (βλ. λ.).

πυροδότης ο, ουσ. (απαρχ.), ραβδί με αναμμένο υλικό στη μια του άκρη για την πυροδότηση των παλιών πυροβόλων.

πυροδότηση η, ουσ. **1α**. μετάδοση της φωτιάς στο εμπύρευμα εκρηκτικού γεμίσματος: ~ *βόμβας·* **β**. (συνεκδοχικά) η ανάφλεξη του παραπάνω γεμίσματος. **2**. (μεταφ.) πρόκληση ατμόσφαιρας ή κατάστασης όπου επικρατεί ένταση ή απειλούνται συγκρούσεις: ~ *εξελίξεων*. **3**. (αστροναυτ.) η έναρξη της χημικής αντίδρασης για την εκτόξευση πυραύλου.

πυροδοτικός, -ή, -ό, επίθ., που αναφέρεται στην πυροδότηση. *μηχανισμός* ~.

πυροδοτώ, -είς, ρ. **1**. μεταδίδω τη φωτιά στο εμπύρευμα εκρηκτικού γεμίσματος και, συνεκδοχικά, προκαλώ την έκρηξη του γεμίσματος. **2**. (μεταφ.) γίνομαι αιτία να δημιουργηθεί μια νέα κατάσταση ή ατμόσφαιρα όπου επικρατεί ένταση ή απειλούνται συγκρούσεις: *η απόφαση αναμένεται να -ήσει νέες κινητοποιήσεις.* 3. (αστροναυτ.) προκαλώ πυροδότηση (βλ. λ. σημασ. 3).

πυροηλεκτρισμός ο, ουσ. (φυσ.) φαινόμενο κατά το οποίο ορισμένοι κρύσταλλοι με την επίδραση της θερμότητας αποκτούν στα δύο άκρα του άξονά τους αντίθετα ηλεκτρικά φορτία.

πυροκροτητής ο, ουσ., πολύ ισχυρή εκρηκτική ουσία που χρησιμοποιείται ως εμπύρευμα για να προκληθεί έκρηξη σε μεγαλύτερη ποσότητα εκρηκτικής ύλης (σε βόμβα ή βλήμα).

πυρολάτρης ο, ουσ., οπαδός της πυρολατρίας.

πυρολατρία η, ουσ. (θρησκ.) λατρεία της φωτιάς ως θεότητας και, συνεκδοχικά, θρησκεία που την ασκεί (ειδικά για το ζωροαστρισμό).

πυρολατρικός, -ή, -ο, επίθ., που αναφέρεται στην πυρολατρία: *δοξασίες/τελετές -ές.*

πυρόλιθος ο, ουσ. (ορυκτ.) είδος χαλαζία με την ιδιότητα να βγάζει σπίθες όταν χτυπήσει σε χάλυβα (συνών. στουρναρόπετρα).

πυρολουσίτης ο, ουσ. (ορυκτ.) ορυκτό διοξείδιο του μαγγανίου.

πυρόλυση η, ουσ. (χημ.) μέθοδος για τη διύλιση πετρελαίου με τη συνδυασμένη επίδραση υψηλής θερμοκρασίας και πίεσης, κάποτε με τη βοήθεια καταλύτη.

πυρομαγνητισμός ο, ουσ. (φυσ.) μαγνητισμός που παράγεται στα φαινόμενα του πυροηλεκτρισμού (βλ. λ.).

πυρομανής, -ής, -ές, γεν. *-ούς*, πληθ. αρσ. και θηλ. *-είς*, ουδ. *-ή*, επίθ., που καταλαμβάνεται από πυρομανία.

πυρομανία η, ουσ., ψυχοπαθητική ακατανίκητη παρόρμηση που κάνει κάποιον να ανάβει φωτιές, να προκαλεί εμπρησμούς.

πυρομάντης ο, θηλ. **-ισσα**, ουσ. (έρρ.), (λαογρ.) άτομο ικανό στην πυρομαντία.

πυρομαντία η, ουσ. (έρρ.), (λαογρ.) μαντεία με την παρατήρηση της φωτιάς (σπίθες, θόρυβος, κ.ά.).

πυρομάντισσα, βλ. *πυρομάντης.*

πυρομαχικά τα, ουσ. (στρατ.) σφαίρες, οβίδες ή βλήματα, καθώς και εκρηκτικές συσκευές ή ύλες που χρησιμοποιούνται στον πόλεμο: *παραδόθηκαν όταν τους τελείωσαν τα ~ αποθήκη -ών.*

πυρομετρία η, ουσ. (φυσ.) μέτρηση και μελέτη πολύ υψηλών θερμοκρασιών.

πυρομετρικός, -ή, -ό, επίθ., που αναφέρεται στην πυρομετρία.

πυρόμετρο το, ουσ., όργανο που χρησιμεύει στη μέτρηση πολύ υψηλών θερμοκρασιών.

πυροπαθής, -ής, -ές, γεν. *-ούς*, πληθ. αρσ. και θηλ. *-είς*, ουδ. *-ή*, επιθ. (για πρόσωπο) που έπαθε ζημιές ή καταστροφή από πυρκαγιά.

πυροπροστασία η, ουσ., προστασία (κτηρίου, δάσους, κ.ά.) από τον κίνδυνο πυρκαγιάς.

πυρόσβεση η, ουσ., το σβήσιμο της πυρκαγιάς: *το έργο της -ης ανέλαβαν δασοπυροσβέστες και μονάδες στρατού.*

πυροσβεστήρας ο, ουσ., συσκευή, συνήθως με μορφή μεταλλικού κυλίνδρου, που περιέχει νερό ή χημικές ουσίες και τη χρησιμοποιεί κανείς για να σβήσει μια φωτιά: *~ αφρού/αυτοκινήτου· ~ οροφής* (για αυτόματη πυρόσβεση στο εσωτερικό ενός κτηρίου).

πυροσβέστης ο, ουσ., ειδικά εκπαιδευμένο άτομο για την κατάσβεση πυρκαγιών, καθώς και τη διάσωση ατόμων και περιουσιών σε περιπτώσεις καταστροφών ή θεομηνιών: *κράνος -η.*

πυροσβεστικός, -ή, -ό, επίθ., που αναφέρεται στους πυροσβέστες ή την πυρόσβεση, που χρησιμοποιείται για την πυρόσβεση: *υπηρεσία -ή· αντλία -ή· αεροπλάνο -ό·* (μεταφ. για συνδιαλλαγή, εξάλειψη συγκρούσεων) *ο Α είχε -ά καθήκοντα μέσα στο κόμμα.* - Το θηλ. ως ουσ. = (προφ.) για την υπηρεσία ή την αντλία (βλ. παραπάνω): *κάλεσα την ~.*

πυροστιά η, ουσ. (συνιζ., λαϊκ.), τριγωνική (συνήθως) ή κυκλική μεταλλική κατασκευή με τρία πόδια για να στηρίζει χύτρα, καζάνι, κ.ά. πάνω από τη φωτιά. [μεσν. *πυρεστία*].

πυρόσφαιρα η, ουσ. (γεωλ.) στρώμα διάπυρης ύλης ανάμεσα στο στερεό πυρήνα της γης (βαρύσφαιρα) και τον εξωτερικό φλοιό της (λιθόσφαιρα).

πυροσωλήνας ο, ουσ., διάταξη προσαρμοσμένη σε εκρηκτικά βλήματα που προκαλεί την έκρηξή τους: *~ οβίδας πυροβολικού/ηλεκτρονικός.*

πυροτέχνημα το, ουσ. 1. εύφλεκτο κατασκεύασμα που, όταν το ανάψουν, παράγει για ελάχιστο χρονικό διάστημα δυνατό φως, κρότους και συνήθως πολύχρωμα σχήματα και που το χρησιμοποιούν ιδίως σε γιορταστικές εκδηλώσεις: *το βράδι των εγκαινίων της Έκθεσης έκαιγαν -ήματα·* (για παρόμοιο θέαμα) *με την έκρηξη το καράβι είχε γίνει ολόκληρο ένα ~* (πβ. *βεγγαλικό, φωτοβολίδα*). 2. (μεταφ.) λόγος χωρίς ουσία και βάθος νοήματος, αλλά εντυπωσιακός: *βιβλίο γεμάτο έξυπνα -ήματα.*

πυροτέχνης και **πυροτεχνίτης** ο, ουσ. (λόγ.). 1. κατασκευαστής πυροτεχνημάτων. 2. (στρατ.) πυροτεχνουργός.

πυροτεχνικός, -ή, -ο, επίθ., που αναφέρεται στον πυροτέχνη και το έργο του.

πυροτεχνίτης, βλ. *πυροτέχνης.*

πυροτεχνουργία η, ουσ., η τέχνη του πυροτεχνουργού.

πυροτεχνουργός ο, ουσ. (στρατ.) τεχνικός ειδικευμένος στην κατασκευή και τη χρήση εκρηκτικών υλών, στον έλεγχο πυρομαχικών, κ.ά.: *ο ~ εξουδετέρωσε τη νάρκη.*

πυρότουβλο το, ουσ., τούβλο από πυρίμαχο υλικό: *-α του τζακιού.*

πυροφάνι το, ουσ., σιδερένια σκάρα στην πλώρη αλιευτικού σκάφους πάνω στην οποία τοποθετούν ένα ή περισσότερα φανάρια ασετυλίνης για να προσελκύσουν και να έχουν τα ψάρια κατά το νυχτερινό ψάρεμα: φρ. *βγαίνω ~* (= πηγαίνω να ψαρέψω με πυροφάνι).

πυροφοβία η, ουσ. (ιατρ.) παθολογικός φόβος της φωτιάς.

πυρπόληση η, ουσ., το να πυρπολείται (βλ. λ.) κάτι, να καταστρέφεται με φωτιά: *~ τουρκικών καραβιών στην επανάσταση του '21.*

πυρπολητής ο, ουσ. (παλαιότερα) αυτός που πυρπολεί (βλ. λ.), μπουρλοτιέρης: *ο ~ Κανάρης.*

πυρπολικό το, ουσ. (παλαιότερο) μπουρλότο (βλ. λ. σημασ. 1).

πυρπολικός, -ή, -ό, επίθ., που ανήκει ή αναφέρεται στην πυρπόληση ή που προκαλεί πυρπόληση (συνών. *εμπρηστικός*).

πυρπολώ, -είς, ρ., βάζω φωτιά σε κάτι, το παραδίδω στις φλόγες.

πύρρειος νίκη αρχαϊστ. έκφρ.· για να δηλωθεί νίκη με μεγάλες απώλειες.

πυρρίχιος ο ή (ως επίθ.) με το ουσ. *χορός*, (αρχ.) είδος ένοπλου χορού κατά τον οποίο οι χορευτές εκτελούν όλες τις αμυντικές και επιθετικές κινήσεις πολεμιστών σε ώρα μάχης.

πυρρόξανθος, -η, -ο, επίθ., ξανθός και κόκκινος μαζί, ξανθοκόκκινος: *μαλλιά -α*.

πυρρώνειος, -α, -ο, επίθ., που ανήκει ή αναφέρεται στο φιλόσοφο Πύρρωνα.

πυρρωνισμός ο, ουσ. (φιλοσ.) σκεπτικισμός που δίνει αφορμή σε κριτική αναθεώρηση μύθων και παραδόσεων. [αρχ. όν. *Πύρρων*].

πυρσός ο, ουσ., δάδα αναμμένη (συνών. *δαυλός*).

πύρωμα το, ουσ., το να πυρώνει ή να πυρώνεται κάποιος ή κάτι, πύρωση (συνών. *πυράκτωση, θέρμανση*).

πυρώνω, ρ. Ι.Α. μτβ. **1.** πυρακτώνω. **2.** (γενικά) ζεσταίνω κάτι στη φωτιά. Β. αμτβ. **1.** πυρακτώνομαι: *ξέχασα το μάτι της κουζίνας ανοιχτό και -ωσε*. **2α.** θερμαίνομαι, αποκτώ υψηλή θερμοκρασία με φωτιά: *δεν -ωσε ακόμη το σίδερο·* β. (συνεκδοχικά) *-ωσε η άσφαλτος από τη ζέστη*. ΙΙ. μέσ. **1.** ζεσταίνομαι στη φωτιά: *είχανε ανάψει φωτιά και καθόντανε και -όντανε* (Κόντογλου). **2.** (μεταφ.) φλογίζομαι από το πάθος: *-ωμένα μάτια*.

πύρωση η, ουσ. **1.** πύρωμα. **2.** (ιατρ.) αίσθημα καύσης, φλόγωσης που ανεβαίνει από το στομάχι ως τον οισοφάγο και το στόμα και που οφείλεται σε αυξημένη έκκριση γαστρικού υγρού (συνών. *καΐλα, καούρα*).

πυρωτικό το, ουσ., ποτό θερμαντικό.

πυρωτικός, -ή, -ό, επίθ., που αναφέρεται στην πύρωση ή που την προκαλεί, που παράγει ή παρέχει θερμότητα (συνών. *θερμαντικός*).

πυτζάμα, βλ. πιτζάμα.

πυτιά η, ουσ. (συνιζ.), (βιοχημ.) ένζυμο που απαντά στο γαστρικό υγρό των θηλαστικών και χρησιμοποιείται κυρίως στην τυροκομία για την πήξη του γάλακτος. [αρχ. *πυτία*].

πυώδης, -ης, -ες, γεν. *-ους,* πληθ. αρσ. και θηλ. *-εις,* ουδ. *-η,* επίθ., που μοιάζει με πύον ή είναι γεμάτος με πύον: *(παθολογία)* ~ *εστία/μόλυνση* (= που οφείλεται σε πυογόνα μικρόβια)· *-εις αμυγδαλές*.

πύωση η, ουσ., ο σχηματισμός πύου (συνών. *εμπύηση, όμπυασμα*).

πφένιχ το, ουσ. άκλ, νομισματική μονάδα που ισοδυναμεί με το 1/100 του γερμανικού μάρκου. [γερμ. *Pfennig*].

πώληση και (λαϊκ.) **πούληση** η και **πούλημα** το, ουσ. **1.** το να πωλείται κάτι, να διατίθεται αντί χρημάτων: ~ *χονδρική/λιανική·* -ήσεις *αυτοκινήτων·* -ήσεις *κατευθυνόμενες* (δηλ. μόνο με πλανόδιους πωλητές, τους «dealers», με επιδείξεις σε σπίτια ή αλλού) (αντ. *αγορά*). **2.** (στον τ. *πούληση*) χρηματικό ποσό που εισπράττει κανείς από πωλήσεις. **3.** (στον τ. *πούλημα*) εξαπάτηση, διάψευση, προδοσία.

πωλητήριο και (λαϊκ.) **πουλητήριο** το (ασυνίζ.), έγγραφο, συμβόλαιο με το οποίο πιστοποιείται μια πώληση, συνήθως ακινήτου.

πωλητής και (λαϊκ.) **πουλητής** ο, θηλ. **-τρια,** ουσ. **1.** αυτός που πουλά κάτι: ~ *ακινήτου·* ~ *πλανόδιος* (αντ. *αγοραστής*). **2.** υπάλληλος εμπορικού καταστήματος που εξυπηρετεί τους πελάτες και τους βοηθά στην εκλογή ενός προϊόντος (συνών. *εμποροϋπάλληλος*).

πωλώ, ρ. (λόγ.), πουλώ (βλ. λ.): *-ούνται πολυτελή διαμερίσματα*.

πώμα το, ουσ., συνήθως κυλινδρικό αντικείμενο με το οποίο φράζεται οπή, άνοιγμα μπουκαλιού κ.τ.ό.: ~ *ερμητικό·* ~ *βιδωτό* (συνών. *βούλωμα, τάπα*).

πωματίζω, ρ., κλείνω κάποιο δοχείο με πώμα (συνών. *βουλώνω, ταπώνω*).

πωμάτισμα το, ουσ. **1.** το να τοποθετείται πώμα σε κάποιο δοχείο (συνών. *τάπωμα*). **2.** (ιατρ.) χειρουργική επέμβαση κατά την οποία τοποθετούν βύσμα, συνήθως από γάζα, σε κοιλότητα του σώματος που αιμορραγεί.

πωματισμός ο, ουσ., πωμάτισμα.

πωμωμένος, βλ. πουμωμένος.

πω πω, συνηθέστερη γραφή αντί *ποπό* (βλ. λ.).

πώρινος, -η, -ο, επίθ., που είναι κατασκευασμένος από πωρόλιθο: *προτομή -η*.

πωροειδής, -ής, -ές, γεν. *-ούς,* πληθ. αρσ. και θηλ. *-είς,* ουδ. *-ή,* επίθ., που μοιάζει με πωρόλιθο: *λίθος* ~· (ειδικά ιατρ.) προκειμένου για τις πέτρες που σχηματίζονται στα νεφρά (συνών. *πωρώδης*).

πωρόλιθος ο, ουσ., πέτρωμα ασβεστολιθικής σύστασης, στερεό και εύθραυστο, που χρησιμοποιείται στην οικοδομική (συνών. *πουρί*).

πώρος ο, ουσ. (λόγ.). **1.** πωρόλιθος. **2.** (ιατρ.) πωρώδης ύλη που προέρχεται από σπασμένα οστά και χρησιμεύει στη σύνθεσή τους.

πωρώδης, -ης, -ες, γεν. *-ους,* πληθ. αρσ. και θηλ. *-εις,* ουδ. *-η,* επίθ., πωροειδής (βλ. λ.).

πωρώνομαι, ρ., αόρ. *-ώθηκα,* μτχ. παρκ. *πωρωμένος* και (λόγ.) *πεπωρωμένος,* γίνομαι ηθικά αναίσθητος, ασυνείδητος.

πώρωση η, ουσ., το να γίνεται κάποιος ηθικά αναίσθητος, ασυνείδητος: ~ *ηθική/ψυχική*.

πως, σύνδ. **1.** (ειδικός) ότι (βλ. λ.): *έμαθα* ~ *έφυγε στο εξωτερικό·* (ειδικά μετά από ρήματα που δηλώνουν αίσθηση): *δε βλέπεις* ~ *είμαι βιαστικός;* (για να δηλωθεί αδιαφορία με προηγούμενο το σύνδ. *και*): *και* ~ *θα φύγεις, τι...;* **2.** (σπάνια αιτιολ.) επειδή, διότι: *του κακοφαινόταν* ~ *θα 'δινε τόσα λεφτά·* (συχνότερα με προηγούμενο το *όχι*): *τώρα ήταν σίγουρος· όχι* ~ *δεν υποψιαζόταν τι πήγαιναν να του σκαρώσουν, αλλά...*

πώς, ερωτ. επίρρ. **1α.** (σε ευθείες ερωτήσεις για να δηλωθεί ο τρόπος, η μέθοδος ή το μέσο με το οποίο υπάρχει, γίνεται ή συμβαίνει κάτι): ~ *μπορούμε να πετύχουμε κάτι τέτοιο;* ~ *αντέδρασε;* ~ *ήρθες; με τρένο ή αυτοκίνητο;* (ειδικά) ~ *ήταν ντυμένη;* (= τι ιδιαίτερα) ~ *γράφεται το όνομά σας;* (= με ποια στοιχεία) φρ. *ρωτώ/ψάχνω το* ~ *και το γιατί* (= αναζητώ την αιτία και το μηχανισμό με τον οποίο συνέβη ένα γεγονός)· **β.** (σε πλάγιο λόγο): *δε μάθαμε* ~ *έγινε το κακό· έλα να σου δείξω* ~ *λειτουργεί το μηχάνημα*. **2.** (για να δηλωθεί δυνατότητα ή ικανότητα): *ξέρει* ~ *να τα βολεύει κάθε φορά*. **3.** (για να δηλωθεί η ποιότητα πράγματος ή κατάστασης): ~ *είναι το φαγητό;* ~ *περάσατε;* **4.** (για να εκφραστεί μια άποψη, να περιγραφεί μια συμπεριφορά, κ.τ.ό.): ~ *σχολιάζετε τις δηλώσεις...;* ~ *σας φαίνεται η νέα τάση...;* **5.** (για να δηλωθεί σε ποια κατάσταση βρίσκεται κάποιος ή κάτι): ~ *είναι ο άρρωστος;* **6.** (αντί του ερωτ. *γιατί,* για ποιο λόγο): ~ *και δεν ήρθε;* ~ *δε μου το αναφέρατε αυτό αμέσως;* έκφρ. ~ *αυτό;* **7.**

(σε τυπικό χαιρετισμό ή όταν θέλομε να δείξομε το ενδιαφέρον μας σε κάποιον): ~ είσαι/είστε; φρ. ~ πάνε τα πράγματα; ~ τα πας; **8α.** (επιφωνηματικά αντί του πόσο πολύ): ~ βαριέμαι! να 'ξερες ~ σ' αγαπά! **β.** (για να δηλωθεί θαυμασμός): ~ ψήλωσε το παιδί! ~ της πάει το φόρεμα! **9α.** (επιφωνηματικά για να εκφραστεί έντονη απορία) είναι να απορεί κανείς που..., είναι περίεργο που...: ~ άλλαξε αυτό το παιδί! ~ βαστάει η καρδιά του και φέρεται έτσι! (σε φρ.) ~ γίνεται να... (= πώς είναι δυνατόν να...) ~ περνούν τα χρόνια! ~ το 'παθε και... **β.** (με επόμενο το αρνητ. δεν): ~ δε σκοτώθηκε ένας Θεός το ξέρει! ~ δεν το σκεφτήκαμε νωρίτερα! **10α.** (με επόμενη φρ. που αρχίζει με το να για να δηλωθεί ότι κάτι είναι πολύ δύσκολο ή αδύνατο): ~ να τα βγάλει πέρα με τόσο λίγα λεφτά; **β.** (με επόμενη άρνηση): ~ να μη γελάσει κανείς ακούγοντας...· (σε απόκρουση του ισχυρισμού ενός άλλου): ~ δε με ξέρει που δουλεύαμε μαζί κοντά ένα χρόνο! **11.** (σε διάλογο για να ζητηθούν περαιτέρω εξηγήσεις): *δηλαδή εσύ ~ εννοείς την ελευθερία;* **12.** (για να δηλωθεί σκοπός, αποτέλεσμα): *αγωνίζεται ~ να κερδίσει τα προς το ζην.* **13.** (επιτιμητικά): ~ *φέρεσαι έτσι στη μητέρα σου;* φρ. ~ *μπόρεσες να...*; **14.** (απόλυτα ως ερωτ. μόρ. ώστε να επαναληφθεί κάτι που κάποιος δεν άκουσε ή δεν κατάλαβε καλά): *- κάνει πολύ ζέστη σήμερα. -* ~ ; ~ *είπατε;* (πβ. τι). **15.** (μόνο του ως βεβ. μόρ. για να δοθεί απλή απάντηση σε ερώτηση αν έγινε ή αν συμβαίνει κάτι) *βεβαίως, βεβαιότατα: -έχετε αυτοκίνητο; -* ~ ! *- έφαγες; -* ~ ! (επιτ. με επόμενο το αρνητ. δε): *- θέλεις παγωτό; -* ~ *δε θέλω!* (= και βέβαια θέλω)· έκφρ. ~ *όχι;* (= βεβαίως). **16.** (επιτ. όταν αποδεχόμαστε κάτι): *- θα 'ρθεις μαζί μας; -* ~ ! *- θα μου κανείς αυτή τη χάρη; -* ~ ! *ούτε λόγος να γίνεται*. **17.** (ειρων. αντί για αρνητ. απάντηση): *- περάσατε καλά; -* ~ ! (= όχι, περάσαμε άσχημα)· έκφρ. *αμ* ~ : *- τους ενημέρωσες; - αμ* ~ ! Έκφρ. ~ *(κι) έτσι;* (για να δηλωθεί έκπληξη)· ~ *και* ~ , ~ *και τι* (= α. με κάθε τρόπο, επίμονα): *έκανε* ~ *και* ~ *για να τα καταφέρει· κοιτάζω* ~ *και* ~ *να τον ξεφορτωθώ·* (β. ανυπόμονα, με ανυπομονησία): *περιμένω κάποιον και* ~ */* ~ *και τι τις καλοκαιρινές διακοπές.* Φρ. *έχω κάποιον ή φυλάω κάτι* ~ *και* ~ (= το(ν) αγαπώ, φροντίζω ή προσέχω πάρα πολύ).

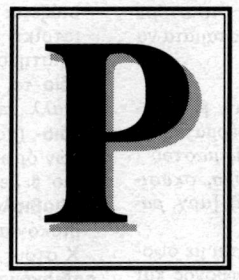

ρ, Ρ (ρω). 1. το δέκατο έβδομο γράμμα του ελληνικού αλφαβήτου· ένα από τα σύμφωνα της ελληνικής γλώσσας. - Βλ. και *ρω*. 2. αριθμητικό σημείο = α. (όταν έχει τόνο επάνω δεξιά ή τελεία κάτω δεξιά: *ρ΄, Ρ΄, ρ.*) εκατό, εκατοστός: *έτος ·αρ΄* (= 1100)· β. (όταν έχει τόνο κάτω αριστερά: *,ρ*) εκατό χιλιάδες.
ραβαΐσι το, ουσ. α. διασκέδαση, γλέντι, ξεφάντωμα· β. (συνεκδοχικά) θόρυβος, φασαρία. [πιθ. τουρκ. *revaç*].
ραβανί, βλ. *ρεβανί*.
ραβασάκι το, ουσ., ερωτική επιστολή. [παλαιότερο *ραβάσι*<ρουμ. *rǎvaş*].
ραββί, άκλ., προσφώνηση του Ιησού από τους μαθητές του (= Κύριε, Δάσκαλέ μου). - Βλ. και *ραβίνος*.
ραβδί το, ουσ., μικρή ράβδος, μπαστούνι.
ραβδιά η, ουσ., χτύπημα με ραβδί (συνών. *μπαστουνιά*).
ραβδίζω, ρ. α. χτυπώ, δέρνω με ραβδί· β. (ειδικότερα) χτυπώ με ραβδί τα κλαδιά δέντρου για να ρίξω κάτω τους καρπούς του: ~ *ελιές / μυγδαλιές*.
ράβδισμα το, ουσ. α. χτύπημα με ραβδί· β. (ειδικότερα) χτύπημα, τίναγμα με ραβδί των κλαδιών δέντρου για να πέσουν κάτω οι καρποί του: ~ *της ελιάς / καρυδιάς*.
ραβδισμός ο, ουσ., χτύπημα με ραβδί, ξυλοκόπημα.
ραβδιστήρα η και **ραβδιστήρι** το, ουσ., ειδικό μακρύ ραβδί για το ράβδισμα των δέντρων.
ραβδοειδής, -ής, -ές, γεν. *-ούς*, πληθ. αρσ. και θηλ. *-είς*, ουδ. *-ή*, επίθ., που μοιάζει με ραβδί (συνών. *γραμμοειδής*).
ραβδομάντης ο, ουσ. (έρρ.), ραβδοσκόπος (βλ. λ.).
ραβδομαντία η, ουσ. (έρρ.), ραβδοσκοπία (βλ. λ.).
ράβδος η, ουσ. 1α. επίμηκες, κυλινδρικό και μάλλον λεπτό τεμάχιο ξύλου που χρησιμεύει για στήριξη του σώματος κατά το βάδισμα είτε ως πρόχειρο όπλο άμυνας ή επίθεσης· παροιμ. φρ. *όπου δεν ισχύει ο λόγος ισχύει η ~* (= οι παρήκουοι πρέπει να τιμωρούνται)· *πέφτει αγία ~* (συνήθως για παιδιά που για να τα τιμωρήσουν τα ξυλοκοπούν) (συνών. *βακτηρία, ραβδί, μπαστούνι, μαγκούρα*)· β. (συνεκδοχικά) η ράβδος ως σύμβολο αρχής, αξιώματος, σκήπτρο: ~ *ποιμαντορική / στρατηγική / «μαγική»* (του ταχυδακτυλουργού)· γ. (συνεκδοχικά) κάθε αντικείμενο που έχει σχήμα ράβδου: ~ *χρυσού· σιδηροδρομικές -οι* (= σιδηροτροχιές).
ραβδοσκοπία η, ουσ., αναζήτηση υπόγειων στρωμάτων νερού ή μετάλλων με τη βοήθεια μικρής ράβδου (συνών. *ραβδομαντία*).
ραβδοσκοπικός, -ή, -ό, επίθ., που ανήκει ή αναφέρεται στη ραβδοσκοπία.
ραβδοσκόπος ο, ουσ., πρόσωπο που με τη βοήθεια μικρής ράβδου έχει την ικανότητα να ανακαλύπτει στρώματα υπόγειων νερών ή μετάλλων (συνών. *ραβδομάντης*).
ραβδοσκοπώ, ρ., ενεργώ ραβδοσκοπία (βλ. λ.), είμαι ραβδοσκόπος.
ραβδούχος ο, ουσ. (αρχ.) 1. αστυνομικός υπάλληλος στην αρχαία Αθήνα που κρατούσε *ράβδο* ως σύμβολο του αξιώματός του και είχε ως αποστολή την επιβολή της δημόσιας τάξης. 2. δημόσιος υπηρέτης ανώτερου ρωμαίου άρχοντα που προπορευόταν πριν απ' αυτόν κρατώντας δέσμη ράβδων με πέλεκυ που προεξείχε στο μέσο.
ράβδωση η, ουσ. α. μακρόστενη προεξοχή επάνω σε στέρεη ύλη: ~ *κίονα / κάννης όπλου*· β. (συνεκδοχικά) ραβδοειδής γραμμή επάνω σε επιφάνεια: ~ *υφάσματος / χαρτιού / τοίχου*.
ραβδωτός, -ή, -ό, επίθ., που σχηματίζει ραβδώσεις: *κίονας ~· πυροβόλο όπλο / ύφασμα / χαρτί -ό* (συνών. *γραμμωτός, ριγωτός*).
ραβίνος ο, ουσ., πνευματικός αρχηγός και θρησκευτικός λειτουργός εβραϊκής κοινότητας: *μέγας ~* (= *αρχιραβίνος*, ο προϊστάμενος των ραβίνων μιας περιοχής ή χώρας). [ιταλ. *rabbino*<μτγν. *ραββουνί*<εβρ. *rabbî* (= δάσκαλος)].
ράβω, ρ. 1α. ενώνω μεταξύ τους δύο κομμάτια υφάσματος ή άλλου υλικού περνώντας μέσα απ' αυτά κλωστή με τη βοήθεια βελόνας με το χέρι ή με ειδική μηχανή: *ξηλώθηκε ο ποδόγυρος και πρέπει να τον ράψω· -ουν τα δέρματα για να κάνουν γούνες*· β. προσθέτω κάτι σε κάτι άλλο, το συνδέω χρησιμοποιώντας κλωστή και βελόνι: ~ *ένα κουμπί στο πουκάμισο / πούλιες στη μπλούζα*. 2. κατασκευάζω ένα ρούχο (ή άλλο αντικείμενο) χρησιμοποιώντας κομμάτια υφάσματος που τα *ράβω* (σημασ. 1α) μεταξύ τους: ~ *ένα φόρεμα· το κουστούμι είναι ραμμένο στα μέτρα μου*. 3α. αναθέτω σε ράφτη ή μοδίστρα να μου ράψει ένα ρούχο: *το νυφικό μου στη μοδίστρα*· β. (μέσ.) αναθέτω σε ράφτη ή μοδίστρα να ράψει τα ρούχα μου: *-ομαι στον τάδε ράφτη*. 4. (σε χειρουργική επέμβαση) κλείνω με ειδικά εργαλεία την τομή που έχω κάνει σε τμήμα του ζωντανού σώματος για ιατρικούς σκοπούς. Φρ. *κόβει και -ει (η γλώσσα του)* (για άνθρωπο υπερβολικά φλύαρο)· -*ε - ξήλωνε δου-*

λειά να μη σου λείπει, βλ. ξηλώνω· ~ το στόμα μου (= δε μιλώ)· ραψ' το επιτέλους! (= σταμάτα να μιλάς!).

ράγα, βλ. ρώγα.

ραγάδα η, ουσ. **α.** μικρή σχισμή, ρωγμή· **β.** γραμμοειδής ρωγμή ή και εξέλκωση του δέρματος σε ευπαθή σημεία του σώματος: ~ θηλής μαστού / των χειλιών στόματος (συνών. ράγισμα, σκασιματιά, σκισμάδα, σκισμή, χαραγματιά). [αρχ. ραγάς].

ραγδαίος, -α, -ο, επίθ. **α.** που εκδηλώνεται με σφοδρότητα και σε μεγάλη ποσότητα, άφθονος και συνεχής: βροχή -α· **β.** (συνεκδοχικά) που γίνεται γρήγορα και απότομα, ακάθεκτος, βίαιος: -α πτώση των αξιών στο χρηματιστήριο / των χρεογράφων (συνών. ορμητικός, σφοδρός).

ράγες οι, ουσ., σιδηροτροχιές: ~ τραμ/τρένου. [γαλλ. rail].

ραγιάδικος, -η, -ο, επίθ. (συνιζ.), (μειωτ.) που αρμόζει σε ραγιά: νοοτροπία / συμπεριφορά -η (συνών. δουλοπρεπής). [ραγιάς].

ραγιαδισμός ο, ουσ. (συνιζ.), (μειωτ.) έλλειψη φιλελεύθερου φρονήματος (συνών. δουλοπρέπεια).

ραγιάς ο, ουσ. (συνιζ.). **1.** ο μη μουσουλμάνος Οθωμανός υπήκοος. **2.** (συνεκδοχικά, μειωτ.) υπόδουλος, σκλάβος. [τουρκ. raya].

ραγίζω και (λαϊκ.) **ραΐζω,** ρ. **Α.** (αμτβ.) παθαίνω ρωγμή: -ισε το κρυστάλλινο βάζο / το μάρμαρο· φρ. -ει ή -ισε η καρδιά μου (= λυπάμαι βαθύτατα): -ει η καρδιά μου να τον ακούω να κλαίει· -ισε το γυαλί (= κλονίστηκε ανεπανόρθωτα μια σχέση, μια κατάσταση, κλπ.). **Β.** (μτβ.) κάνω ώστε κάτι να πάθει ρωγμή: -ισα το τζάμι του παραθυριού· φρ. μου -εις την καρδιά (= με στενοχωρείς βαθύτατα)· η υγεία του -ισε (= κλονίστηκε). [αρχ. ρήγνυμαι].

ρά(γ)ισμα το, ουσ., το να ραγίζει κάτι και το αποτέλεσμα αυτής της ενέργειας.

ρα(γ)ισματιά η, ουσ. (συνιζ.), ρωγμή (βλ. λ.).

ραγκλάν, βλ. ρεγκλάν.

ράγκμπι το, ουσ. άκλ. (όχι ερρ.), ομαδικό παιχνίδι παρόμοιο με το ποδόσφαιρο, που παίζεται με μπάλα σε σχήμα αβγού. [αγγλ. rugby].

ραγκού, βλ. ραγού.

ραγολογώ, ρ., μαζεύω ρώγες σταφυλιών ή τα τελευταία μικρά τσαμπιά που απόμειναν στα κλήματα.

ραγού και **ραγκού,** ουσ. άκλ., είδος φαγητού που παρασκευάζεται από κομμάτια κρέας και λαχανικά μαγειρεμένα μαζί μέσα σε σάλτσα περισσότερο ή λιγότερο πικάντικη. [γαλλ. ragoût].

ραδιενέργεια η, ουσ. (ασυνίζ. δις), (φυσ.) διάσπαση του πυρήνα του ατόμου που συνοδεύεται από εκπομπή σωματιδίων ή ηλεκτρομαγνητικής ακτινοβολίας και γίνεται είτε αυθόρμητα (φυσική ~) είτε με τεχνητό τρόπο (τεχνητή ~).

ραδιενεργός, -ός, -ό, επίθ. (ασυνίζ.), (φυσ.) που εκπέμπει ραδιενέργεια ή γενικά συνδέεται μ' αυτήν: στοιχεία -ά· ό ισότοπο του κοβαλτίου· νέφος -ό (που σχηματίζεται από κατάλοιπα πυρηνικής έκρηξης).

ραδίκι το, ουσ., γενικό όνομα διαφόρων χορταρικών: -ια άγρια / ήμερα. [ιταλ. radicchio].

ραδικοβλάσταρο το, ουσ., βλαστάρι ραδικιού.

ραδικόζουμο και **ραδικοζούμι** το, ουσ., ζουμί από βρασμένα ραδίκια.

ράδιο το, I. ουσ. (ασυνίζ.), μόνο στον εν., (χημ.) χημικό στοιχείο έντονα ραδιενεργό που παρου-

σιάζεται στο ουράνιο, χρησιμοποιούμενο στην ιατρική εναντίον νεοπλασμάτων και σε άλλους επιστημονικούς τομείς. [λατ. radium].

ράδιο το, II. ουσ. (ασυνίζ.), ραδιόφωνο (βλ. λ.). [γαλλ. radio(phonie)].

ραδιο- (ασυνίζ.), α' συνθ. διαφόρων επιστημονικών όρων που σχετίζονται **α.** με το στοιχείο ράδιο· **β.** με τις ακτίνες Χ· **γ.** με τα ερτζιανά κύματα.

ραδιοβιολογία η, ουσ. (ασυνίζ. δις), κλάδος της βιολογίας που μελετά την επίδραση των ακτίνων Χ στους ζωντανούς ιστούς.

ραδιογόνο το, ουσ. (ασυνίζ.), παρασκεύασμα ραδίου που θεωρείται ότι έχει σταθερή ραδιενέργεια.

ραδιογράφημα το, ουσ. (ασυνίζ.). **1.** ραδιοτηλεγράφημα (βλ. λ.). **2.** εικόνα που βγαίνει με ακτινογραφία.

ραδιογραφία η, ουσ. (ασυνίζ.). **1.** ακτινογραφία. **2.** ασύρματη τηλεφωνία. **3.** μέθοδος με την οποία εξετάζονται στερεά αντικείμενα με τη χρησιμοποίηση των ακτίνων Χ και γ.

ραδιογραφικός, -ή, -ό, επίθ. (ασυνίζ.), που σχετίζεται με τη ραδιογραφία: εξέταση -ή.

ραδιογωνιομετρία η, ουσ. (ασυνίζ. δις). **1.** προσδιορισμός της διεύθυνσης και της θέσης ενός ραδιοηλεκτρικού πομπού. **2.** μέθοδος πλοήγησης που χρησιμοποιεί το ραδιογωνιόμετρο.

ραδιογωνιόμετρο το, ουσ. (ασυνίζ. δις). **1.** ραδιοηλεκτρικός δέκτης με περιστρεφόμενη κεραία και βοηθητικές διατάξεις κατάλληλες για τον προσδιορισμό της διεύθυνσης από την οποία προέρχονται τα ραδιοηλεκτρικά κύματα που εκπέμπονται. **2.** ονομασία διαφόρων συσκευών ραδιοναυτιλίας με τις οποίες επιδιώκεται να βρεθεί ο προσανατολισμός κυμάτων που εκπέμπονται από επίγειο σταθμό.

ραδιοενεργός, βλ. ραδιενεργός.

ραδιοηλεκτρικός, -ή, -ό, επίθ. (ασυνίζ.), που αναφέρεται ή ανήκει σε ασύρματη τηλεγραφική ή τηλεφωνική επικοινωνία: κύματα -ά.

ραδιοηλεκτρισμός ο, ουσ. (ασυνίζ.), κλάδος του ηλεκτρισμού που μελετά τα ηλεκτρομαγνητικά κύματα και τις εφαρμογές τους, ιδίως στην ασύρματη τηλεγραφική ή τηλεφωνική επικοινωνία.

ραδιοηλεκτρολογία η, ουσ. (ασυνίζ.), τεχνική που επιτρέπει τη διαβίβαση από απόσταση μηνυμάτων και ήχων ή εικόνων με τη βοήθεια ηλεκτρομαγνητικών κυμάτων.

ραδιοθάλαμος ο, ουσ. (ασυνίζ.), θάλαμος κατάλληλος για την ηχογράφηση ραδιοφωνικών ή τηλεοπτικών προγραμμάτων.

ραδιοθεραπεία η, ουσ. (ασυνίζ.), μέθοδος θεραπείας που στηρίζεται στη βιολογική επίδραση των αλάτων του ραδίου και των ραδιενεργών σωμάτων (συνών. ακτινοθεραπεία).

ραδιοθεραπευτικός, -ή, -ό, επίθ. (ασυνίζ.), που σχετίζεται με τη ραδιοθεραπεία.

ραδιοϊσότοπα τα, ουσ. (ασυνίζ.), ραδιενεργά ισότοπα.

ραδιολογία η, ουσ. (ασυνίζ.), κλάδος της φυσικής που ασχολείται με τις ακτίνες ρέντγκεν και το υλικό που επιτρέπει την παραγωγή και τη χρήση των ακτίνων, καθώς και τις διάφορες εφαρμογές τους.

ραδιολογικός, -ή, -ό, επίθ. (ασυνίζ.), που σχετίζεται με τη ραδιολογία.

ραδιολόγος ο και η, ουσ. (ασυνίζ.), επιστήμονας ειδικευμένος στη ραδιολογία.
ραδιομόλυβδος ο, ουσ. (ασυνίζ.), (χημ.) στοιχείο ισότοπο προς το μόλυβδο που αποτελεί το τελικό προϊόν της μεταστοιχείωσης του ραδίου.
ραδιοναυτιλία η, ουσ. (ασυνίζ.), κλάδος της ναυτιλίας που μελετά τις μεθόδους προσδιορισμού του στίγματος πλοίων και αεροσκαφών με ραδιοηλεκτρικές μεθόδους.
ραδιοπάθεια η, ουσ. (ασυνίζ. δις), πάθηση που είναι αποτέλεσμα επίδρασης ραδιενεργού ακτινοβολίας.
ραδιοπειρατεία η, ουσ. (ασυνίζ.), λειτουργία παράνομων ραδιοφωνικών πομπών.
ραδιοπειρατής ο, ουσ. (ασυνίζ.), κάτοχος παράνομου ραδιοφωνικού πομπού.
ραδιοπικάπ το, ουσ. άκλ. (ασυνίζ.), συσκευή με ραδιόφωνο και πικάπ.
ραδιοπομπός ο, ουσ. (ασυνίζ.), ραδιοηλεκτρικός πομπός.
ραδιοπυξίδα η, ουσ. (ασυνίζ.), αυτόματο ραδιογωνιόμετρο σε πλοίο ή αεροσκάφος που τους εξασφαλίζει τη σωστή πορεία με τη βοήθεια των ενδείξεων που παρέχονται από σταθμό εκπομπής εδάφους.
ραδιοσκηνοθεσία η, ουσ. (ασυνίζ.), σκηνοθεσία θεατρικού έργου που μεταδίδεται από ραδιόφωνο.
ραδιοσκόπηση η, ουσ. (ασυνίζ.), ακτινοσκόπηση (βλ. λ.).
ραδιοσκοπικός, -ή, -ό, επίθ., ακτινοσκοπικός (βλ. λ.).
ραδιοσταθμός ο, ουσ. (ασυνίζ.). 1. ραδιοφωνικός σταθμός. 2. σταθμός ασυρμάτου τηλεγράφου.
ραδιοτεχνία η, ουσ. (ασυνίζ.), ραδιοηλεκτροτεχνία (βλ. λ.).
ραδιοτηλεγράφημα το, ουσ. (ασυνίζ.), τηλεγράφημα που διαβιβάζεται με ασύρματο.
ραδιοτηλεγραφητής ο, ουσ. (ασυνίζ.), ασυρματιστής.
ραδιοτηλεγραφία η, ουσ. (ασυνίζ.), ασύρματη τηλεγραφία.
ραδιοτηλεγραφικός, -ή, -ό, επίθ. (ασυνίζ.), που σχετίζεται με τη ραδιοτηλεγραφία.
ραδιοτηλέγραφος ο, ουσ. (ασυνίζ.), ασύρματος τηλέγραφος.
ραδιοτηλεοπτικός, -ή, -ό, επίθ. (ασυνίζ.), που σχετίζεται με τη ραδιοφωνία και την τηλεόραση: *εκπομπή -ή· μέσα -ά.*
ραδιοτηλεσκόπιο το, ουσ.(ασυνίζ. δις), δέκτης ραδιοηλεκτρικών κυμάτων που εκπέμπουν τα ουράνια σώματα.
ραδιοτηλεφωνία η, ουσ. (ασυνίζ.), επικοινωνία με ασύρματο τηλέφωνο.
ραδιοτηλεφωνικός, -ή, -ό, επίθ. (ασυνίζ.), που σχετίζεται με τη ραδιοτηλεφωνία.
ραδιοτηλέφωνο το, ουσ. (ασυνίζ.), τηλέφωνο που πραγματοποιεί την τηλεφωνική επικοινωνία με το ενδιάμεσο μαγνητικών κυμάτων.
ραδιουργία η, ουσ. (ασυνίζ.), ύπουλη ενέργεια εις βάρος κάποιου (συνών. *πλεκτάνη, μηχανορραφία*).
ραδιούργος, -α, -ο, επίθ. (ασυνίζ.), που ενεργεί ύπουλα εναντίον τρίτων (συνών. *μηχανορράφος*).
ραδιουργώ, ρ. (ασυνίζ.), ενεργώ ύπουλα εις βάρος κάποιου (συνών. *μηχανορραφώ*).
ραδιοφάρος ο, ουσ. (ασυνίζ.), μόνιμος ραδιοηλεκτρικός σταθμός που οι εκπομπές σημάτων του εξυπηρετούν πλοία ή αεροσκάφη.
ραδιοφωνία η, ουσ. (ασυνίζ.). 1. μετάδοση διάφορων ακροαμάτων γενικού ενδιαφέροντος με ραδιοπομπό. 2. η τεχνική και η οργάνωση των εκπομπών αυτών για το ευρύτερο κοινό: ~ *ελληνική.*
ραδιοφωνικός, -ή, -ό, επίθ. (ασυνίζ.). 1. που ανήκει ή αναφέρεται στη ραδιοφωνία: *σταθμός ~· συχνότητα -ή.* 2. που μεταβιβάζεται με εκπομπή ραδιοφωνικού σταθμού: *ομιλία -ή.*
ραδιόφωνο το, ουσ. (ασυνίζ.), συσκευή που δέχεται ηλεκτρομαγνητικά κύματα και μεταδίδει ραδιοφωνικά προγράμματα (συνών. *ράδιο*).
ραδιοχειρουργική η, ουσ. (ασυνίζ.), (ιατρ.) κλάδος που συνδυάζει τη ραδιολογία με τη χειρουργική για διαγνωστικούς και θεραπευτικούς σκοπούς.
ραδόνιο το, ουσ. (ασυνίζ.), (χημ.) ραδιενεργό αέριο στοιχείο επακόλουθο από τη διάσπαση του ραδίου. [γαλλ. *radon*].
ραζάκι, βλ. *ροζάκι.*
ραθυμία και **-ιά** η, ουσ., η ιδιότητα του ράθυμου, του τεμπέλη.
ράθυμος, -η, -ο, επίθ. (λόγ.), νωθρός, τεμπέλης (αντ. *δραστήριος*).
ραθυμώ, ρ., είμαι ράθυμος.
ραιβοποδία η, ουσ. (ιατρ.) παραμόρφωση των άκρων των ποδιών ώστε το μπροστινό τους μέρος να στραβώνει προς τα μέσα.
ραιβός, -ή, -ό, επίθ. (ιατρ.) που πάσχει από ραιβοποδία (βλ. λ.).
ραιβοσκελής, -ής, -ές, γεν. *-ούς,* πληθ. αρσ. και θηλ. *-είς,* ουδ. *-ή,* επίθ. (ιατρ.) που πάσχει από ραιβοσκελία (κοιν. *στραβοκάνης*).
ραιβοσκελία η, ουσ. (ιατρ.) παραμόρφωση των κάτω άκρων που στο σημείο των γονάτων απέχουν πιο πολύ από το κανονικό, ενώ πλησιάζουν στα πέλματα.
ραιβότητα η, ουσ. (ιατρ.) η ιδιότητα του ραιβού (βλ. λ.).
ραΐζω, βλ. *ραγίζω.*
ραίνω, ρ., αόρ. *έρανα.* 1. (λόγ.) ραντίζω (βλ. λ.): *ο ιερέας -ει με μύρο τον επιτάφιο.* 2. (συνήθως για λουλούδια, κ.τ.ό.) σκορπίζω κάτι (σαν βροχή) πάνω σε κάποιον: *-ουν με άνθη τους νεόνυμφους.*
ράισμα, βλ. *ράγισμα.*
ραϊσματιά, βλ. *ραγισματιά.*
ρακένδυτος, -η, -ο, επίθ. (λόγ.), που φορά κουρέλια, πολύ φθαρμένα ρούχα (συνών. *κουρελιάρης*).
ρακέτα η, ουσ. (αθλητ.) α. ξύλινο όργανο που αποτελείται από μια λαβή κι ένα ελλειψοειδές πλαίσιο με πλέγμα, συνήθως από νάιλον, και το οποίο χρησιμοποιείται στο παιχνίδι του τένις: ~ *ακριβή·* (συνεκδοχικά) *παίζω -ες* (= *τένις*) β. όργανο όμοιο στο σχήμα με το παραπάνω, αλλά κάπως μικρότερο και με ξύλινη επιφάνεια καλυμμένη με ελαστικό ή φελλό, για το παιγνίδι του πινγκπονγκ. [ιταλ. *racchetta*].
ρακή η και **ρακί** το, ουσ., αλκοολούχο ποτό που παρασκευάζεται όταν αποστάξουμε οινοπνευματώδεις ουσίες με φυτικές αρωματικές ύλες: *-ί δυνατό·* (λαϊκ.) *βγάζω ~* (= *αποστάζω*). [τουρκ. *raki*].
ρακιτζής ο, ουσ. (λαϊκ.), αυτός που παράγει και πουλά ρακί. [τουρκ. *rakicı*].
ρακοκάζανο το, ουσ. (λαϊκ.), καζάνι, αποστακτήρας για ρακί.

ρακοπότηρο το, ουσ. (λαϊκ.), ποτηράκι του ρακιού.

ρακοπότης ο, ουσ. (σπανίως), αυτός που πίνει ρακί συχνά και σε μεγάλη ποσότητα.

ρακοπωλείο και (λαϊκ.) **-πουλειό** το, ουσ. (παλαιότερα) κατάστημα όπου πουλιέται ή σερβίρεται ρακί, ή και άλλα οινοπνευματώδη ποτά.

ρακοπώλης ο, ουσ. (παλαιότερα) ιδιοκτήτης ρακοπωλείου.

ράκος το, ουσ. (λόγ.). **1.** κουρέλι (βλ. λ.). **2.** (μεταφ.) για κάποιον που βρίσκεται σε σωματική και ψυχική κατάπτωση: *ανθρώπινο ~· μόλις το έμαθε, έγινε ~*.

ρακοσυλλέκτης ο, θηλ. **-τρια**, ουσ., αυτός που συστηματικά μαζεύει παλιά και φθαρμένα ρούχα, καθώς και πεταμένα πράγματα, για να τα πουλήσει (πβ. *παλιατζής*).

ραλαντί και **ρελαντί**, άκλ. (έρρ.), (με επιθετ. ή επιρημ. σημασ.) με αργό ρυθμό, αργά: *προβολή ταινίας σε ~· στην κατηφοριά η μηχανή του αυτοκινήτου ήταν σε ~.* [γαλλ. *ralentir*].

ράλι το, ουσ., αυτοκινητιστικός αγώνας ταχύτητας και αντοχής σε διαδρομή ή διαδρομές καθορισμένες από πριν: *οι νικητές του Ρ-ι «Ακρόπολις».* [αγγλ. *rally*].

ραμαζάνι το, ουσ., η αυστηρή νηστεία που τηρούν οι μουσουλμάνοι από τα χαράματα κάθε μέρας έως τη δύση του ήλιου σε όλη τη διάρκεια του μήνα Ραμαζάν, ένατου μήνα του αραβικού ημερολογίου. [αραβοτουρκ. *Ramazan*].

ραμί το, ουσ., είδος χαρτοπαιγνίου, που παίζεται συνήθως με 52 φύλλα κι ένα τζόκερ κι όπου οι παίκτες προσπαθούν να συγκεντρώσουν χαρτιά της ίδιας αξίας ή σειρές του ίδιου τύπου. [γαλλ. *rami*].

ράμμα το, ουσ., κλωστή ή νήμα με το οποίο ράβουμε κάτι: *~ των πανιών* (καραβιού)· (για χειρουργική χρήση) *έσκισε το φρύδι του και του έβαλαν τρία -ατα· ~ που το αφομοιώνει ο οργανισμός.* Φρ. *έχω -ατα για τη γούνα του,* βλ. *γούνα*.

ραμολί, επίθ. άκλ. (λαϊκ.), (για ηλικιωμένο πρόσωπο) **α.** που έχουν λιγοστέψει οι πνευματικές του δυνάμεις, που πάσχει από γεροντική άνοια (συνών. *ξεκούτης, ξεμωραμένος*)· **β.** συνήθως μειωτ. [γαλλ. *ramolli*].

ραμολιμέντο το, ουσ. (έρρ., λαϊκ.). **α.** γεροντική άνοια· **β.** (συνεκδοχικά) ηλικιωμένο πρόσωπο «ραμολί» (βλ. λ., συνήθως στη μειωτ. χρήση). [ιταλ. *rammollimento*].

ραμολίρισμα το, ουσ. (λαϊκ.), (για ηλικιωμένο πρόσωπο) το να ραμολίρει (βλ. λ.) κάποιος (συνών. *ξεκούτιασμα*).

ραμολίρω, ρ. (λαϊκ.), (για ηλικιωμένο πρόσωπο) χάνω τις πνευματικές μου δυνάμεις, παθαίνω γεροντική άνοια (συνών. *ξεμωραίνομαι*). [ιταλ. *rammollire*].

ράμπα η, ουσ. (έρρ.). **1.** κεκλιμένο επίπεδο που συνδέει δύο οριζόντιες επιφάνειες που βρίσκονται σε διαφορετικό ύψος (όπως αυτά λ.χ. που έχουν κατασκευαστεί στο δρόμο ή στο πεζοδρόμιο για να χρησιμοποιούνται από αυτοκίνητα ή αναπηρικά καροτσάκια): *ημιυπόγειο με ~.* **2.** (ειδικά για συνεργείο αυτοκινήτων) **α.** δύο μακρόστενες κάπως υπερυψωμένες τσιμεντένιες κατασκευές με ράμπες (βλ. σημασ. 1) και ενδιάμεση μικρή τάφρο όπου ανεβαίνει ένα αυτοκίνητο για έλεγχο και τυχόν επισκευές στο κάτω μέρος του·

β. (συνεκδοχικά) μηχάνημα με μεταλλικό σκελετό όπου τοποθετούν ένα αυτοκίνητο και το υψώνουν, για να μπορέσει ο τεχνίτης να ελέγξει ή να επισκευάσει το κάτω μέρος του. **3.** (θεατρ.) σειρά από φώτα τοποθετημένα στο εξωτερικό άκρο της σκηνής: *τα φώτα της -ας.* [γαλλ. *rampe*].

ραμποτάρισμα το, ουσ. (όχι έρρ.), (τεχν.) συναρμολόγηση σανίδων κατά το πάχος τους.

ραμποτέ το, ουσ. (όχι έρρ.), (τεχν.) τρόπος συναρμολόγησης δύο σανίδων σε δάπεδο με τη μια δίπλα στην άλλη κατά το πάχος τους και με τη χρήση αυλακιού στη μια και προεξοχής στην άλλη. [γαλλ. *raboté*].

ραμφίζω, ρ. (για πουλί) χτυπώ, τσιμπώ κάτι με το ράμφος.

ράμφισμα το, ουσ. (για πουλί) το να ραμφίζει κάτι, χτύπημα με το ράμφος.

ραμφοειδής, -ής, -ές, γεν. -ούς, πληθ. αρσ. και θηλ. -είς, ουδ. -ή, επίθ., που έχει σχήμα ράμφους.

ράμφος το, ουσ. (ζωολ.) όργανο των πτηνών, ανάλογο με το στόμα των θηλαστικών, που σχηματίζεται από τις προεκτάσεις των οστών των σιαγόνων τους, οι οποίες καλύπτονται από κεράτινη ουσία και καταλήγουν σε μυτερή, συνήθως γυριστή άκρη.

ρανίδα η, ουσ. (λόγ.), σταγόνα· μόνο στην εκφρ. *ως την τελευταία ~ του αίματός μου* (για ανυποχώρητο πολεμικό αγώνα, για αντίσταση «μέχρις εσχάτων»).

ράντα η, **I.** ουσ. (έρρ.), (ναυτ.) **α.** είδος πανιού: *στα σκοινιά της -ας* (Κόντογλου)· **β.** αντένα ιστιοφόρου. [βενετ. *randa*].

ράντα η, **II.** ουσ. (έρρ.), (παλαιότερα) σταθερό εισόδημα ιδίως από χρεόγραφα. [γαλλ. *rente*].

ραντάρ το, ουσ. άκλ. (όχι έρρ.), σύστημα ή συσκευή επισήμανσης που εκπέμπει για ελάχιστο χρονικό διάστημα στενή δέσμη ηλεκτρομαγνητικών κυμάτων και δέχεται την ανάκλασή τους και που μπορεί έτσι να καθορίσει τη θέση, την κατεύθυνση και την αντίσταση ενός αντικειμένου: *~ αεροσκάφους· οθόνη του ~.* [αγγλ. *radar*, βραχυγρ. του *RAdio Detecting And Ranging* (= ανίχνευση και μέτρηση απόστασης με ραδιοκύματα)].

ραντεβού το, ουσ. άκλ. (έρρ.). **1.** συνεννόηση για συνάντηση: *ο γιατρός δέχεται μόνο με ~·* φρ. *δίνω / κλείνω ~* (= συμφωνώ με κάποιον να συναντηθούμε σε ορισμένο χρόνο): *τα παιδιά της τάξης δώσαμε ~ για την ίδια μέρα ύστερα από δέκα χρόνια· ~ του υπουργού με εκπροσώπους των φοιτητών.* **2.** (ειδικά) αισθηματική συνάντηση. - Υποκορ. στη σημασ. 2 **-ουδάκι** το. [γαλλ. *rendez-vous*].

ράντζο, βλ. *ράντσο* Ι. και ΙΙ.

ραντίζω, ρ. (έρρ.). **1.** (μτβ.) ρίχνω νερό ή άλλο υγρό σαν βροχή πάνω σε κάτι ή κάποιον: *ο ιερέας ράντισε με αγιασμό όλο το σπίτι* (συνών. *ραίνω*). **2.** (μτβ. και αμτβ., ειδικά) ψεκάζω (φυτά) με γεωργικό φάρμακο: *~ τις ρωδακινιές.* [*ραντός* < *ραίνω*].

ράντισμα το, ουσ. (έρρ.), το να ραντίζει κανείς κάτι και το αποτέλεσμα της ενέργειας αυτής: *~ με μύρο· το αμπέλι χρειάζεται τουλάχιστον τρία -ίσματα.*

ραντισμός ο, ουσ. (έρρ., λόγ.), ράντισμα.

ραντιστήρας ο και **ραντιστήρα** η, ουσ. (έρρ.), ραντιστήρι.

ραντιστήρι το, ουσ. (έρρ.), δοχείο με στόμιο ή λε-

πτό σωλήνα εκροής που το βούλωμά του έχει μικρές τρύπες, χρήσιμο για να ραντίζει κανείς (βλ. λ. σημασ. 1) (συνών. *καταβρεχτήρι, ποτιστήρι*).
ράντσο και **ράντζο** το, I. ουσ., φορητό πτυσσόμενο κρεβάτι με ξύλινα ή μεταλλικά πόδια που υποβαστάζουν όμοιο πλαίσιο με καραβόπανο, σε χρήση συνήθως σε στρατόπεδα, κατασκηνώσεις ή νοσοκομεία. [βενετ. *rancio*].
ράντσο και **ράντζο** το, II. ουσ., λιβάδι με εγκαταστάσεις για τη λειτουργία μεγάλης κτηνοτροφικής μονάδας στις Η.Π.Α, το Μεξικό και τον Καναδά. [αγγλ. *ranch*].
ραπάνι και **ρεπάνι** το, ουσ. (βοτ.) φυτό που καλλιεργείται για τη σαρκώδη φαγώσιμη ρίζα του, που απαντά με διάφορες μορφές (συνήθως όμως είναι μικρή, σφαιρική και κόκκινη)· (συνεκδοχικά) η ρίζα του φυτού. - Υποκορ. **-άκι** το.
ραπίζω, ρ. (λόγ.), χαστουκίζω (συνών. *μπατσίζω*).
ράπισμα το, ουσ. α. (λόγ.) χαστούκι· β. (συνήθως μεταφ.) για πράξη που ξαφνιάζει και συγχύζει κάποιον, γιατί φανερώνει ότι δεν τον υποστηρίζουν, δεν τον λογαριάζουν, δε θέλουν σχέσεις μαζί του, κ.ά.: *η αθωωτική απόφαση του δικαστηρίου ήταν ένα ηχηρό ~ για τους συκοφάντες* (πβ. *κόλαφος*).
ραπόρτο και **ρεπόρτο** το, ουσ. (λαϊκ.), έκθεση (πληροφοριών), αναφορά· συνήθως στη φρ. *δίνω ~* (= δίνω αναφορά, πληροφορίες για κάτι): *πασχίσανε να βρούνε κανένα σπιούνο να τους δίνει ~* (Μπαστιάς). [ιταλ. *rapporto*].
ραπτεργάτης ο, θηλ. **-τρια**, ουσ. (λόγ.), εργάτης σε ραφείο.
ραπτική η, ουσ., η τέχνη και το επάγγελμα όσων ασχολούνται με τη ραφή, την κατασκευή ενδυμάτων, ιδίως γυναικείων: *μαθήματα κοπτικής - -ής· υψηλή ~* (για τους σπουδαιότερους σχεδιαστές και κατασκευαστές ενδυμάτων).
ραπτομηχανή η, ουσ., μηχανή που χρησιμοποιείται για ράψιμο, εφοδιασμένη με κατακόρυφη βελόνα που ανεβοκατεβαίνει με κίνηση του χεριού ή των ποδιών του χειριστή της: *~ επαγγελματική-/οικιακή*.
ρασιοναλισμός ο, ουσ. (συνιζ.), ορθολογισμός (βλ. λ. σημασ. 2). [λατ. *rationalismus*].
ρασιοναλιστής ο, θηλ. **-τρια**, ουσ. (συνιζ.), ορθολογιστής (βλ. λ.).
ρασιοναλιστικός, -ή, -ό, επίθ. (συνιζ.), ορθολογιστικός (βλ. λ.).
ρασιοναλίστρια, βλ. *ρασιοναλιστής*.
ράσο το, ουσ. (εκκλ., συχνά και στον πληθ.) μαύρο φαρδύ και μακρύ ως κάτω στα πόδια εξωτερικό ένδυμα ιερέων και μοναχών· έκφρ. *αλλού ο παπάς κι αλλού τα -α του* (βλ. *αλλού*)· φρ. *φορώ το ~* (= α. κυριολεκτικά· β. (μεταφ.) γίνομαι κληρικός ή μοναχός)· παροιμ. *το ~ δεν κάνει τον παπά* (= η αξία κάποιου κρίνεται από το ηθικό ποιόν και το έργο του και όχι από την εξωτερική του εμφάνιση. [λατ. *rasus -a -um*].
ρασοφόρος ο, ουσ., αυτός που φορά ράσο, κληρικός ή μοναχός.
ρασοφορώ, ρ., «φορώ το ράσο» γίνομαι κληρικός ή μοναχός: *Πριν -έσει ήταν άνθρωπος του σκοινιού και του παλουκιού* (Καρκαβίτσας).
ράσπα η, ουσ. (λαϊκ.), (τεχν.) οδοντωτή λίμα για τη λείανση ξύλου (συνών. *ξυλοφάγος*). [ιταλ. *raspa*].
ραστώνη η, ουσ. (λόγ.). α. ξεκούραση και καλοπέραση, τρυφηλότητα· β. νωχέλεια, αδράνεια, νωθρότητα: *~ των διακοπών*.

ράτσα η, ουσ. (λαϊκ.). 1. γένος, γενιά, φυλή: *η ~ μου*. 2. (για ζώο) α. ποικιλία ενός είδους ζώων με κοινά χαρακτηριστικά, που μεταδίδονται με την αναπαραγωγή· β. (συνεκδοχικά) για εκλεκτό είδος: *σκυλί -ας* (= καθαρόαιμο). 3. (προφ.) για άνθρωπο έξυπνο, πανούργο: *είν' αυτός μια ~!* [ιταλ. *razza*].
ρατσισμός ο, ουσ. 1. θεωρία που υποστηρίζει την υπεροχή μιας, υποτίθεται, ανώτερης φυλής (συνήθως της λευκής) σε σχέση με τις άλλες και της αναγνωρίζει το δικαίωμα να κυριαρχεί πάνω σ' αυτές. 2. το σύνολο των αντιδράσεων που, ενσυνείδητα ή όχι, συμφωνούν με την παραπάνω θεωρία.
ρατσιστής ο, θηλ. **-τρια**, ουσ., οπαδός του ρατσισμού (βλ. λ.), αυτός που πιστεύει ότι κάποιοι άνθρωποι είναι κατώτεροι, επειδή ανήκουν σε μια ορισμένη φυλή, και τους φέρεται ανάλογα.
ρατσιστικός, -ή, -ό, επίθ., που ανήκει ή αναφέρεται στο ρατσισμό ή τους ρατσιστές: *τάσεις -ές· πολιτική -ή*.
ρατσίστρια, βλ. *ρατσιστής*.
ραφαηλικός, -ή, -ό, επίθ. (καλ. τέχν.) για έργο ζωγραφικής του Ραφαήλ, μαθητών ή μιμητών του, καθώς και για στοιχείο σχετικό μ' αυτό.
ραφείο το, ουσ., το εργαστήριο του ράφτη (συνών. *ραφτάδικο*).
ραφή η, ουσ. 1. η σύνδεση δυο κομματιών υφάσματος ή άλλου υλικού μεταξύ τους και η γραμμή από βελονιές που γίνεται κατά μήκος της σύνδεσης· (κατ' επέκταση) συναρμολόγηση ρούχου, ράψιμο: *φόρεμα ελληνικής -ής*. 2. η ένωση με ράμματα τμήματος του δέρματος στο οποίο έγινε τομή κατά τη διάρκεια χειρουργικής επέμβασης ή εξαιτίας τραύματος. 3. (ανατομ.) η γραμμή κατά μήκος της συναρμογής των οστών του κρανίου μεταξύ τους.
ράφι το, ουσ. 1. οριζόντιο επίπεδο κομμάτι από σκληρό υλικό (ξύλο, μέταλλο, γυαλί) προσαρμοσμένο κάθετα στον τοίχο στο μάκρος του, παράλληλα προς το δάπεδο και κάπως ψηλά για την τοποθέτηση πραγμάτων: *-ια καταστημάτων*. 2. σανίδα στερεωμένη στις πλευρές επίπλου: *~ βιβλιοθήκης/ντουλαπιού*. Φρ. *βάζω στο ~* (= παραμερίζω, εγκαταλείπω, για κάτι που δεν έχει πια ενδιαφέρον ή αξία· *έμεινε στο ~* (για γυναίκα μεγάλης ηλικίας που δεν παντρεύτηκε). [τουρκ. *raf*].
ραφιδογραφία η, ουσ., σύστημα γραφής —με γράμματα που προεξέχουν— για τους τυφλούς.
ραφιδογράφος ο, ουσ., μηχάνημα με το οποίο τυπώνεται το αλφάβητο με τρόπο που να προεξέχουν τα γράμματα ώστε να αναγνωρίζονται από τους τυφλούς.
ραφινάρισμα το, ουσ. 1. καθάρισμα χημικής ουσίας από ακαθαρσίες ή προσμίξεις. 2. (μεταφ.) εκλέπτυνση, καλλιέργεια.
ραφινάρω, ρ., καθαρίζω με χημικό τρόπο ουσία από ακαθαρσίες ή προσμίξεις που περιέχει, διυλίζω. - Η μτχ. *-ισμένος* ως επίθ. (μεταφ. για πρόσωπο) = εκλεπτυσμένος, καλλιεργημένος, ευγενής. [ιταλ. *raffinare*].
ραφινάτος, -η, -ο, επίθ. 1. που έχει καθαριστεί από ακαθαρσίες ή προσμίξεις, διυλισμένος. 2. (μεταφ.) εκλεπτυσμένος, καλλιεργημένος. [ιταλ. *raffinato*].
ραφοδένω, ρ. 1. ενώνω με ραφή. 2. (τυπογραφία)

ραφτάδικο   1192

συρράπτω τυπογραφικά φύλλα για να αποτελέσουν βιβλίο.
ραφτάδικο το, ουσ., ραφείο (βλ. λ.).
ράφτης ο, θηλ. **-φτρα**, ουσ., τεχνίτης που κατασκευάζει αντρικά κυρίως ρούχα με βάση κάποιο σχέδιο σύμφωνα με την επιθυμία του πελάτη.
ραφτικά τα, ουσ., η αμοιβή του ράφτη.
ραφτόπουλο το, ουσ., νεαρός ή μαθητευόμενος ράφτης.
ράφτρα, βλ. *ράφτης*.
ραχάτεμα το, ουσ. (λαϊκ.), ανάπαυση (συνών. *χουζούρι*).
ραχατεύω, ρ. (λαϊκ.), αναπαύομαι (συνών. *χουζουρεύω*).
ραχάτι το, ουσ. (λαϊκ.), αργία από κάθε ασχολία και ανάπαυση, ξάπλα (συνών. *χουζούρι*). [τουρκ. *rahat*].
ραχατλής ο, θηλ. **-ού**, ουσ. (λαϊκ.), αυτός που του αρέσει το ραχάτι [τουρκ. *rahatlı*].
ραχατλίδικος, -η, -ο, επίθ. (λαϊκ.), άνετος, αναπαυτικός: *μαξιλάρια -α*.
ραχατλίκι το, ουσ. (λαϊκ.), ραχάτι (βλ. λ.). [τουρκ. *rahatlık*].
ραχατλού, βλ. *ραχατλής*.
ράχη η, ουσ. 1. το πίσω μέρος του σώματος από το λαιμό ως την έδρα (συνών. *πλάτη*). 2. (για ζώο) το πάνω μέρος του σώματος από το λαιμό ως την ουρά σ' αντίθεση με τα πόδια και την κοιλιά. 3. η σπονδυλική στήλη, η ραχοκοκαλιά. 4. (για βιβλίο) η στενή, κυρτή και στέρεη πλευρά βιβλίου, η πλευρά όπου οι σελίδες και τα εξώφυλλα ενώνονται μεταξύ τους και όπου συχνά γράφεται ο τίτλος και το όνομα του συγγραφέα. 5. (για κάθισμα) το μέρος που ακουμπά κάποιος όταν κάθεται. 6. το ανώτερο μέρος υψώματος, κορυφογραμμή. 7. η ανηφορική πλευρά βουνού, πλαγιά. Φρ. *γυρίζω τη ~ σε κάποιον* (σε ένδειξη περιφρόνησης)· *έχει εξήντα χρόνια στη ~ του* (= είναι εξήντα χρόνων)· *σηκώνει η ~ του* (= είναι ανεκτικός)· *τον τρώει η ~ του* (= θα φάει ξύλο). - Υποκορ. **-ούλα** η στη σημασ. 7.
ραχιά η, ουσ., ράχη (βλ. λ.).
ραχιαλγία η, ουσ. (ασυνίζ.), πόνος στη σπονδυλική στήλη.
ραχιοτομία η, ουσ. (ασυνίζ.), (ιατρ.) επέμβαση στη σπονδυλική στήλη.
ραχίτιδα η, ουσ. (ιατρ.) πάθηση της ράχης στην παιδική ηλικία που οφείλεται σε διαταραχές της διατροφής των οστών και χαρακτηρίζεται από παραμόρφωση του σκελετού.
ραχιτικός, -ή, -ό, επίθ. 1. που αναφέρεται ή οφείλεται στη ραχίτιδα. 2. (για άτομο· και ως ουσ.) που πάσχει από ραχίτιδα.
ραχιτισμός ο, ουσ., ραχίτιδα (βλ. λ.).
ραχοκοκαλιά η, ουσ. (συνιζ.), η σπονδυλική στήλη.
ραχοκόκαλο το, ουσ., ραχοκοκαλιά (βλ. λ.).
ραχούλα, βλ. *ράχη*.
ράψιμο το, ουσ. 1. η ένωση δυο κομματιών υφάσματος ή άλλου υλικού με βελόνα και κλωστή: *η τσέπη του θέλει ~*. 2. το να ράβει κάποιος κάτι: *ασχολείται με το ~*.
ραψωδία η, ουσ. 1. αυτοτελές τμήμα επικού ποιήματος· ειδικά το καθένα από τα εικοσιτέσσερα μέρη στα οποία χώρισαν οι Αλεξανδρινοί φιλόλογοι την Ιλιάδα και την Οδύσσεια. 2. (μουσ.)

μουσική σύνθεση ελεύθερης μορφής, απαλή και περιπαθής.
ραψωδικός, -ή, -ό, επίθ., που έχει σχέση με τη ραψωδία ή αναφέρεται σ' αυτήν.
ραψωδός ο, ουσ. (αρχ.) πρόσωπο που στις δημόσιες γιορτές ή συγκεντρώσεις απάγγελνε ποιήματα επικών ποιητών χωρίς μουσική συνοδεία, αλλά με τη βοήθεια ραβδιού που έδινε το ρυθμό.
ρε το, ουσ. άκλ., ονομασία του δεύτερου φθόγγου της ευρωπαϊκής μουσικής κλίμακας.
ρε, βλ. *βρε*.
ρεάλ το, ουσ. άκλ., παλιό νόμισμα της Ισπανίας. - Πβ. *ριάλ, ριάλι, ριγιάλ*. [ισπαν. *real*].
ρεαλισμός ο, ουσ. 1. (φιλοσ.) θεωρία κατά την οποία ο εξωτερικός κόσμος υπάρχει αντικειμενικά και γίνεται αντιληπτός από τον άνθρωπο με τις αισθήσεις του. 2. μέθοδος καλλιτεχνικής δημιουργίας κατά την οποία ο καλλιτέχνης έχει στόχο του την ακριβή απεικόνιση και αναπαράσταση της πραγματικότητας χωρίς εξωραϊσμούς. 3. (κατ' επέκταση) η τάση να παρουσιάζεται η πραγματικότητα στην πιο τραχιά και αποκρουστική της μορφή. 4. *σοσιαλιστικός ~* = θεωρία που παρουσιάστηκε στη Σοβιετική Ένωση το 1934 κατά την οποία η τέχνη και η λογοτεχνία είχαν καθήκον τους να απεικονίζουν το άτομο μέσα στους κοινωνικούς του χώρους. 5. η τάση να βλέπει κανείς την πραγματικότητα όπως ακριβώς είναι και να δρα αναλόγως. [γαλλ. *réalisme*].
ρεαλιστής ο, θηλ. **-ίστρια**, ουσ. 1. άτομο του καλλιτεχνικού ή του λογοτεχνικού χώρου που ακολουθεί το ρεαλισμό (βλ. λ. σημασ. 2). 2. άτομο που βλέπει την πραγματικότητα όπως ακριβώς είναι και ενεργεί αναλόγως (συνών. *πραγματιστής*).
ρεαλιστικός, -ή, -ό, επίθ. 1. που απορρέει από την ακριβή γνώση της πραγματικότητας και τη διάθεση για ανάλογη αντιμετώπισή της: *εκτίμηση/ πρόταση/πολιτική -ή*. 2. (για έργο τέχνης ή λογοτεχνικό) που απεικονίζει τη φύση και την κοινωνία όπως ακριβώς είναι χωρίς εξωραϊσμούς. - Επίρρ. **-ά**.
ρεαλίστρια, βλ. *ρεαλιστής*.
ρέβα η, ουσ., είδος φυτού (συνών. *γογγύλι*). [γαλλ. *rave*].
ρεβανί και **ραβανί** το, ουσ. άκλ., γλύκισμα που παρασκευάζεται από αλεύρι, βούτυρο, αβγά και ζάχαρη. [τουρκ. *revani*].
ρεβάνς η, ουσ. άκλ., ενέργεια από μέρους κάποιου εναντίον άλλου που γίνεται ως ανταπόδοση ή εκδίκηση για παρόμοια ενέργεια που έγινε σε βάρος του (συνών. *αντεκδίκηση*). [γαλλ. *revanche*].
ρεβανσισμός ο, ουσ. 1. πολιτική που αποβλέπει στην προετοιμασία πολέμου με πρόσχημα την αντεκδίκηση· (γενικά) πολιτική ενέργεια που τη χαρακτηρίζει πνεύμα εκδίκησης. 2. (κατ' επέκταση) το να ζητά κάποιος ανταπόδοση σε ήττα του, τάση αντεκδίκησης. [γαλλ. *revanchisme*].
ρεβανσιστικός, -ή, -ό, επίθ., που χαρακτηρίζεται από πνεύμα ρεβανσισμού (βλ. λ.): *ενέργεια -ή*.
ρεβεγιόν το, ουσ. άκλ., γεύμα και γιορτή το βράδι της παραμονής των Χριστουγέννων και της Πρωτοχρονιάς. [γαλλ. *réveillon*].
ρεβέρ το, ουσ. άκλ. 1. το γύρισμα προς τα έξω του κάτω μέρους μανικιού ή σκέλους παντελονιού. 2. (στο τένις) χτύπημα της μπάλας από τον αθλητή με τη ρακέτα από την πλευρά του άλλου χεριού. [γαλλ. *revers*].

ρεβεράντζα και **ρεβεράντσα** η, ουσ., υπόκλιση βαθιά σε ένδειξη σεβασμού. [ιταλ. *reverenza*].

ρεβιζιονισμός ο, ουσ. (ασυνίζ.), τάση στο διεθνές συνδικαλιστικό κίνημα που δημιουργήθηκε ως αντίδραση στον αδιάλλακτο μαρξισμό και στοχεύει στην αναθεώρησή του και στην άρνηση των βασικών του θέσεων· (κατ' επέκταση) κάθε αναθεωρητική τάση των βασικών αρχών μιας θεωρίας (συνών. *αναθεωρητισμός*). [γαλλ. *revesionnisme*].

ρεβιζιονιστής ο, θηλ. **-ίστρια**, ουσ. (ασυνίζ.), οπαδός του ρεβιζιονισμού (συνών. *αναθεωρητής*).

ρεβιζιονιστικός, -ή, -ό, επίθ. (ασυνίζ.), που αναφέρεται στο ρεβιζιονισμό (συνών. *αναθεωρητικός*).

ρεβιζιονίστρια, βλ. *ρεβιζιονιστής*.

ρεβίθι και **ρο-** το, ουσ., όσπριο, μικρό σκληρό και κιτρινωπό που τρώγεται μαγειρεμένο. [από το αρχ. *ερέβινθος*].

ρεβιθιά και **ρο-** η, ουσ. (συνιζ.), φυτό που καλλιεργείται για τον καρπό του, το ρεβίθι.

ρεβόλβερ το, ουσ. άκλ., περίστροφο (βλ. λ.). [αγγλ. *revolver*].

ρέβω, βλ. *ρεύω*.

ρεγάλο το, ουσ., χάρισμα, δώρο: *το* ~ *θα 'ναι μεγάλο στο πρώτο κούρσεμα* (Μπαστιάς). [ιταλ. *regalo*].

ρέγγα η, ουσ. (έρρ.), μακρύ ασημόχρωμο ψάρι που τρώγεται καπνιστό. [βενετ. *renga*].

ρεγκάτα η, ουσ. (όχι έρρ), λεμβοδρομία αθλητών. [ιταλ. *regata*].

ρεγκλάν και (σπανιότ.) **ραγκλάν** το, ουσ. άκλ. (όχι έρρ.), τρόπος ραφής μανικιού που δεν ενώνεται στον ώμο, αλλά ξεκινά από το λαιμό, καθώς και το μανίκι ή και το ρούχο με τέτοια ραφή. [όν. λόρδου *Raglan*].

ρέγομαι, ρ. (λαϊκ.) και (αρχαϊστ.) **ορέγομαι. 1.** επιθυμώ να γευτώ κάτι (συνών. *νοστιμεύομαι· λιγουρεύομαι*). **2.** (μεταφ.) επιθυμώ, λαχταρώ κάτι.

ρέγουλα η, ουσ., τάξη, ρυθμός· *βάζω σε* ~ = τακτοποιώ, ρυθμίζω κάτι ώστε να λειτουργεί σωστά: *βάζω τη μηχανή / το σπίτι σε* ~.

ρεγουλάρισμα το, ουσ., ρύθμιση μηχανής ώστε να λειτουργεί κανονικά.

ρεγουλάρω, ρ., ρυθμίζω μηχανή ώστε να λειτουργεί κανονικά. [ιταλ. *regolare*].

ρεδιγκότα, βλ. *ρεντιγκότα*.

ρεζεντά η, ουσ. (όχι έρρ.), (βοτ.) α. είδος καλλωπιστικού φυτού που καλλιεργείται στην Αφρική για τα αρωματικά άνθη του· **β.** (συνεκδοχικά) το άνθος αυτού του φυτού. [γαλλ. *réséda*].

ρεζέρβα η, ουσ. **α.** καθετί που φυλάγεται για να χρησιμοποιηθεί στη θέση άλλου (σε ώρα ανάγκης), ανταλλακτικό· **β.** (ειδικά) εφεδρικός τροχός αυτοκινήτου. [γαλλ. *réserve*].

ρεζερβουάρ το, ουσ. άκλ. (μηχανολ.) δοχείο βενζίνης του αυτοκινήτου, ντεπόζιτο. [γαλλ. *réservoir*].

ρεζές ο, ουσ., στρόφιγγα πόρτας ή παραθύρου, μεντεσές. [τουρκ. *reze*].

ρεζίλεμα το, ουσ. **α.** το να εξευτελίζεται κάποιος, γελοιοποίηση (συνών. *ρεζιλίκι*)· **β.** διαπόμπευση.

ρεζιλεύω, μ., αόρ. *-εψα*, παθ. αόρ *-εύτηκα*. **α.** καταντροπιάζει, εξευτελίζω κάποιον: *τον ρεζίλεψε μπροστά στους φίλους του· -εται με τα καμώματά του* (συνών. *προσβάλλω*)· **β.** διαπομπεύω.

ρεζίλης ο, ουσ., αυτός που έχει γίνει ρεζίλι (βλ. λ.), καταγέλαστος, εξευτελισμένος.

ρεζίλι το, ουσ., γελοιοποίηση, εξευτελισμός ή χλευασμός: *έγινε* ~ (= εξευτελίστηκε)· *τον έκανε* ~ (= *τον κατεξευτέλισε*) (συνών. *προσβολή*). [τουρκ. *rezil*].

ρεζιλίκι το, ουσ., πράξη ή πάθημα που προκαλεί ντροπή, ρεζίλεμα: *τα 'μαθες τα -ια μας;* [τουρκ. *rezillik*].

ρέζους ο, ουσ. άκλ. (ζωολ.) είδος πιθήκων της Ινδίας και των γειτονικών χωρών που ο ορός του αίματός τους χρησιμοποιείται ως αντιδραστήριο για τον προσδιορισμό ενός παράγοντα του ανθρώπινου αίματος· έκφρ. *παράγοντας* ~ = (ανθρωπολ.) ειδική ουσία που περιέχεται στο αίμα του πιθήκου ρέζους και στα ερυθρά αιμοσφαίρια σημαντικού τμήματος του ανθρώπινου πληθυσμού και παίζει σημαντικό ρόλο κατά τη μετάγγιση αίματος και ιδιαίτερα σε έγκυες γυναίκες: *έχει* ~ *θετικό* (για άνθρωπο στο αίμα του οποίου περιέχεται η παραπάνω ουσία)/ *αρνητικό* (για άνθρωπο στο αίμα του οποίου δεν περιέχεται η ουσία). [διεθνής όρος *Rhesus*].

Ρεθεμνιώτης ο, θηλ. **-ισσα**, ουσ. (συνιζ.), αυτός που κατοικεί στο Ρέθυμνο ή κατάγεται από εκεί.

ρεθεμνιώτικος, -η, -ο, επίθ. (συνιζ.), που ανήκει ή αναφέρεται στους Ρεθεμνιώτες ή το Ρέθυμνο.

Ρεθεμνιώτισσα, βλ. *Ρεθεμνιώτης*.

ρείθρο το, ουσ. **1.** ρυάκι: *είσαι το* ~ / *που κλαίει σιγαλά* (Χατζόπουλος). **2.** (συνεκδοχικά) αγωγός, αυλάκι νερού (συνών. *λούκι*). [*ρέω*].

ρείκι τυ, ουσ., το φυτό «ερείκη», θάμνος με άνθη λευκά, πρασινωπά ή κίτρινα, που χρησιμοποιείται ως φρύγανο. [αρχ. *ερείκη*].

ρεικιά η, ουσ. (συνιζ.), το φυτό ρείκι (βλ. λ.).

ρεκάζω, ρ., αόρ. *-αξα*, (για ζώο ή όρνιο) βγάζω δυνατή και άγρια φωνή (συνών. *σκούζω*).

ρέκασμα το, ουσ., σκούξιμο: ~ *θηρίου* (συνών. *ρεκασμός*).

ρεκασμός ο, ουσ., *ρέκασμα*.

ρέκβιεμ το, ουσ. άκλ., νεκρώσιμη και επιμνημόσυνη ακολουθία της δυτικής Εκκλησίας. [λατ. *requiem*].

ρεκλάμα η, ουσ. **1.** το να ασκεί κανείς ψυχολογική επίδραση στο κοινό με σκοπούς εμπορικούς, καθώς και η σχετική τεχνική: *άνθρωπος* ~ (= νεολογ., άτομο που κάνει διαφήμιση προϊόντος φορώντας δύο εκθέματα, ένα στο στήθος και ένα στη ράχη) (συνών. *διαφήμιση*). **2.** (συνεκδοχικά) αυτοπροβολή, επίδειξη (ανύπαρκτων) προσόντων. [γαλλ. *réclame*].

ρεκλαμαδόρος ο, θηλ. **-α** και **-ισσα**, ουσ. **1.** διαφημιστής. **2.** αυτός που επαινεί ο ίδιος και προβάλλει τον εαυτό του.

ρεκλαμάρισμα το, ουσ., το να ρεκλαμάρει ή να ρεκλαμάρει κάποιος, διαφήμιση.

ρεκλαμάρω, ρ. αόρ. *-αρα* και *-μάρισα*. **1.** διαφημίζω, κάνω ρεκλάμα (βλ. λ. σημας. 1). **2.** επαινώ και προβάλλω κάποιον, επιδεικνύω υπαρκτά και ανύπαρκτα προσόντα. - *Το μέσ. -ομαι* = γίνομαι αντικείμενο διαφήμισης.

ρεκόρ το, ουσ. άκλ. **1.** (αθλητ.) το ανώτατο όριο μιας αθλητικής επίδοσης, επιτυχία που ξεπερνά κάθε προηγούμενη: *παγκόσμιο* ~· *κάνω* ~ (= και μεταφ., με τη δική μου επιτυχία ξεπερνώ κάθε προηγούμενη επιτυχία των άλλων). **2.** (μεταφ.) επίτευγμα, επιτυχία που ξεπερνά κάθε προηγούμενο σε οποιοδήποτε χώρο (για την αξιολόγηση γεγονότος ή πράξης): ~ *ταχύτητας/προσέλευσης* ακροατών· σε χρόνο ~ (= πολύ γρήγορα)· (επιθετ.) *αριθμός* ~. [γαλλ. *record*].

ρέκορντμαν ο, θηλ. **ρεκορντγούμαν,** ουσ. άκλ., αυτός που επιτυγχάνει ρεκόρ (βλ. λ.) σε αγώνισμα ή σε κάποια προσπάθεια. [αγγλ. recordman-recordwoman].

ρέκτης ο, ουσ., αυτός που διαθέτει πρωτοβουλία, ο δραστήριος άνθρωπος.

ρελαντί, βλ. *ραλαντί.*

ρέλι το, ουσ. (λαϊκ.), στρίφωμα (βλ. λ.) (συνών. *μπιμπίλα*). [ιταλ. *reglio*].

ρελιάζω, ρ. (συνιζ.), στριφώνω (βλ. λ.).

ρέλιασμα το, ουσ. (συνιζ.), το να ρελιάζεται κάτι, στρίφωμα.

ρέμα το, ουσ. **1.** ρεύμα (βλ. λ.): *το ~ της θάλασσας.* **2α.** κοίτη χειμάρρου (συνών. *ρεματιά)·* **β.** (συνεκδοχικά) χείμαρρος. **3.** βαθιά αυλάκωση του εδάφους. **4.** (λαϊκότερα) λαγκάδι (συνών. *ρεματιά*) Φρ. *τον πήρε/παρέσυρε το ~* (= παρασύρθηκε σε αποτυχία οικονομική, κλπ.). Παροιμ. φρ. *μπρος γκρεμός και πίσω ~,* βλ. *γκρεμός.* - Βλ. και *ρεύμα.*

ρεμάλι το, ουσ. (λαϊκ., υβριστικώς), άνθρωπος αξιοκαταφρόνητος, τιποτένιος: *-α της κακής ώρας* (Μπαστιάς)· *-α του διαόλου* (Ι.Μ. Παναγιωτόπουλος) (συνών. *παλιοτόμαρο*). [τουρκ. *remmal*].

ρεματιά η, ουσ. (συνιζ.). **1.** κοίτη χειμάρρου. **2.** λαγκαδιά (συνών. *ρέμα*).

ρεματικά, βλ. *ρευματικός.*

ρεμβάζω, ρ., αφήνω τη σκέψη και τη φαντασία μου να πλανιούνται αόριστα: *κάθομαι και ~* (συνών. *ονειροπολώ*). [μτγν. *ρέμβω*].

ρεμβασμός ο, ουσ., ευχάριστη περιπλάνηση της φαντασίας και της σκέψης (συνών. *ρέμβη, ονειροπόληση*).

ρέμβη η, ουσ., το να ονειροπολεί κανείς (συνών. *ονειροπόληση, ρεμβασμός*).

ρεμβώδης, -ης, -ες, γεν. *-ους,* πληθ. αρσ. και θηλ. *-εις,* ουδ. *-η,* επίθ., που ρεμβάζει, που είναι επιρρεπής στο ρεμβασμό: *βλέμμα -ες* (συνών. *ονειροπόλος*).

ρεμέντιο το, ουσ. (όχι ερρ., ασυνίζ.), φάρμακο. [ιταλ. *remedio*].

ρεμετζάρισμα και **ρεμι-** το, ουσ. (ναυτ.) προσόρμιση, άραγμα πλοίου.

ρεμετζάρω και **ρεμι-,** ρ. (ναυτ.) προσδένω πλοίο με ρεμέτζο και το ρυμουλκώ, το προσορμίζω, το αράζω. [πιθ. βενετ. *armizar* ή ιταλ. *ormeggiare*].

ρεμέτζο το, ουσ. (ναυτ.) παχύ σκοινί που χρησιμεύει για την προσόρμιση πλοίου (συνών. *παλαμάρι*). [ιταλ. *remeggio*].

ρεμιτζάρισμα, βλ. *ρεμετζάρισμα.*

ρεμιτζάρω, βλ. *ρεμετζάρω.*

ρεμούλα η, ουσ., διαρπαγή, λεηλασία: *πλούτισε από την κλεψιά και τη ~* (συνών. *πλιάτσικο*).

ρεμουλκιάρω, ρ. (συνιζ.), (ναυτ.) ρυμουλκώ (βλ. λ.). [παλαιότερο ιταλ. *remurchiare*].

ρεμούλκιο το, ουσ. (συνιζ.), (ναυτ.) α. σκοινί κατάλληλο για ρυμούλκηση πλοίου· β. (συνεκδοχικά) ρυμούλκηση.

ρεμπάμπ το, ουσ. άκλ. (όχι ερρ. δις), είδος παλιότερης, ανατολίτικης λαϊκής λύρας συνήθως με τρεις χορδές από την οποία προήλθε η σημερινή. [αραβ. *rebab*].

ρεμπέλεμα το, ουσ. (όχι ερρ., λαϊκ.), το να ρεμπελεύει (βλ. λ.) κάποιος.

ρεμπελεύω, ρ. (όχι ερρ., λαϊκ.). **1α.** γίνομαι ή είμαι αργόσχολος, τεμπελιάζω: *-εψε και δε θέλει να πάει στο σχολείο·* **β.** περιφέρομαι άσκοπα εδώ κι εκεί, αλητεύω. **2.** γίνομαι αντάρτης, επαναστατώ. [*ρέμπελος*].

ρεμπελιό το, ουσ. (όχι ερρ., συνιζ., λαϊκ.). **1.** ανταρσία, επανάσταση: *το ~ των ποπολάρων»* (η λαϊκή εξέγερση κατά των ευγενών το 1628 στη Ζάκυνθο) (συνών. *εξέγερση, στάση*). **2.** τεμπελιά, τεμπέλικη ζωή. [βενετ. *rebelion*].

ρέμπελος, -η, -ο, επίθ. (όχι ερρ.). **1.** αντάρτης, επαναστάτης. **2.** τεμπέλης, αργόσχολος, απρόκοπος: *-ο σκυλολόι.* [βενετ. *rebelo*].

ρεμπεσκές ο, ουσ. (όχι ερρ., λαϊκ.), (υβριστικώς) άνθρωπος τεμπέλης, «χαμένο κορμί». [άγνωστη ετυμ.].

ρεμπέτας ο, ουσ. (όχι ερρ., λαϊκ.), άνθρωπος αχαΐρευτος, ρεμπέτης, ρεμπεσκές.

ρεμπέτης, ο, θηλ. **-ισσα,** ουσ. (όχι ερρ., λαϊκ.). **1α.** άνθρωπος νωθρός, φυγόπονος, αχαΐρευτος· **β.** άνθρωπος του υποκόσμου, αλήτης, μάγκας: *όλοι οι -ες του ντουνιά/εμένα μ' αγαπούνε* (λαϊκ. τραγ.). **2.** μουσικός που συμμετέχει σε ρεμπέτικο (βλ. λ.) συγκρότημα. [πιθ. σλαβ. *rebenok*].

ρεμπέτικος, -η, -ο, επίθ. (όχι ερρ.), που ανήκει ή αναφέρεται στους ρεμπέτες: *-ο τραγούδι* = είδος μικρού, απλού ερωτικού τραγουδιού με έντονο ανατολίτικο χαρακτήρα και μουσικά όργανα το βιολί, το ούτι, το σαντούρι και αργότερα το μπουζούκι και τον μπαγλαμά· *-ο συγκρότημα· -η κομπανία* = που παίζει ρεμπέτικα τραγούδια). - Το ουδ. ως ουσ. = ρεμπέτικο τραγούδι: *το -ο στην εποχή μας.*

ρεμπέτισσα, βλ. *ρεμπέτης.*

ρεμπούμπλικα και **ρεπούμπλικα** η, ουσ. (όχι ερρ.), είδος αντρικού καπέλου. [ιταλ. *repubblica*].

ρενάρ το, ουσ. άκλ., είδος γουναρικού. [γαλλ. *renard* = αλεπού].

ρεντίκολο το, ουσ. (όχι ερρ.), γελοίος άνθρωπος, ρεζίλης: *έγινε ~* (= γελοιοποιήθηκε). [ιταλ. *ridicolo*].

ρεντιγκότα η, ουσ. (όχι ερρ.), είδος επίσημου αντρικού ενδύματος του οποίου οι άκρες φτάνουν ως τα γόνατα. [γαλλ. *redingote*<αγγλ. *riding-coat*].

ρεοστάτης ο, ουσ. (ηλεκτρολ.) συσκευή με την οποία παρεμβάλλεται μεταβλητή αντίσταση σε ηλεκτρικό κύκλωμα.

ρεπάνι, βλ. *ραπάνι.*

ρεπερτόριο το, ουσ. (ασυνίζ.). **1α.** το σύνολο των δραματικών ή μουσικών έργων που παίζονται σε ορισμένη περίοδο από ορισμένο θίασο ή συγκρότημα· **β.** το σύνολο των δραματικών ή μουσικών έργων μιας χώρας ή μιας εποχής. **2.** το σύνολο των ρόλων που παίζει ένας καλλιτέχνης ή των τραγουδιών που τραγουδά ένας τραγουδιστής. [ιταλ. *repertorio*].

ρέπι και **ρέπιο** το, ουσ. (συνιζ., λαϊκ.), ερείπιο (βλ. λ.).

ρεπιάζω, ρ. (συνιζ., λογοτ., λαϊκ.), ερειπώνω (βλ. λ.): (μεταφ.) *-ιασμένο πουκαμισάκι* (Ι.Μ. Παναγιωτόπουλος). [*ρέπι*].

ρέπιο, βλ. *ρέπι.*

ρέπιος, -α, -ο, επίθ. (συνιζ., λαϊκ.), που έχει γίνει ερείπιο, κατερειπωμένος: *-ιο παλιοκλήσι* (Αθάνας). - Βλ. και *ρέπι.*

ρεπό το, ουσ. άκλ. α. προσωρινή διακοπή της εργασίας για ανάπαυση ή αναψυχή· β. (ειδικά) ανάπαυση ορισμένων κατηγοριών μισθωτών μια μέρα την εβδομάδα: *αύριο έχω ~*. [γαλλ. *repos*].

ρεπορτάζ το, ους. άκλ. (δημοσιογραφία) **α.** συγκέντρωση στοιχείων, έρευνα πάνω σε ένα θέμα που γίνεται από δημοσιογράφο: *κάνει ~ για τα ναρκωτικά*· **β.** (συνεκδοχικά) το αποτέλεσμα της έρευνας αυτής, που δημοσιεύεται σε εφημερίδα ή μεταδίδεται από τα ραδιοτηλεοπτικά μέσα: *αποκαλυπτικό ~*· **γ.** (συνεκδοχικά) η υπηρεσία, το έργο του ρεπόρτερ (βλ. λ.): *καλύπτει το πολιτικό ~ της εφημερίδας*. [γαλλ. *reportage*].

ρεπόρτερ ο και η, ους. άκλ., δημοσιογράφος που ασχολείται με την περισυλλογή ειδήσεων και τις ανακοινώνει στο κοινό από την εφημερίδα του ή από ραδιοτηλεοπτικά μέσα. [αγγλ. *reporter*].

ρεπόρτο, βλ. *ραπόρτο*.

ρεπούμπλικα, βλ. *ρεμπούμπλικα*.

ρεπουμπλικανικός, -ή, -ό, επίθ., που ανήκει ή αναφέρεται στους ρεπουμπλικάνους (βλ. λ.): *κόμμα -ό· νίκη -ή*.

ρεπουμπλικάνος ο, ους. (πολιτ.) δημοκρατικός· (ειδικά στον πληθ.) *-οι* = το ένα από τα δύο μεγαλύτερα κόμματα των Ηνωμένων Πολιτειών της Αμερικής, οι συντηρητικοί (αντ. *δημοκρατικοί*). [αγγλ. *republican*].

ρεπροντιξιόν η, ους. άκλ. (όχι έρρ., συνιζ.), (καλ. τέχν.) (για ζωγραφικό έργο) αναπαραγωγή, ανατύπωση. [γαλλ. *reproduction*].

ρέπω, ρ. (εύχρηστο μόνο στον ενεστ. και παρατ.). **1.** κλίνω προς μια κατεύθυνση, γέρνω. **2.** (μεταφ.) έχω κλίση, τάση σε κάτι (συνήθως κακό): *-ει προς τη χαρτοπαιξία*.

ρεσάλτο το, ους., επίθεση εναντίον πλοίου ενώ ταξιδεύει: *σιμώσανε τα καράβια για να γίνει ~· κάνω ~ στα καράβια που περνούν* (Καζαντζάκης). [ιταλ. *risalto*].

ρεσεψιόν η, ους. άκλ. (συνιζ.), γραφείο σε ξενοδοχείο ή επιχείρηση όπου γίνονται δεκτοί οι ταξιδιώτες ή και οι πελάτες. [γαλλ. *réception*].

ρεσεψιονίστ ο και η, ους. άκλ., υπάλληλος στο τμήμα υποδοχής πελατών και επισκεπτών σε ξενοδοχείο. [γαλλ. *réceptionist*].

ρεσιτάλ το, ους. άκλ., μουσική εκδήλωση με παρουσία ενός μόνο καλλιτέχνη: *~ πιάνου· έδωσε ~ σε πολλές πόλεις*. [γαλλ. *récital*<αγγλ. *recital*].

ρεσπέτο το, ους., ανταλλακτικό για αντικείμενο πλοίου που χάθηκε ή αχρηστεύτηκε: *μπρίκια που αριβάρουνε με τα -α·* (και ως επίθ.) *-ο κουπί*. [βενετ. *respeto*].

ρέστος, -η, -ο, επίθ. (συνήθως στον πληθ.) υπόλοιπος: *όσοι πρόλαβαν πήραν φαγητό· οι -οι έμειναν νηστικοί· άλλοι στ' αμπάρι, άλλοι στη μηχανή, οι -οι βάρδια στην κουβέρτα·* έκφρ. *και τα -α* (= και τα λοιπά)· φρ. *μένω ~* (= **α.** αφήνω κάποιο υπόλοιπο από ποσό που χρωστώ: *έμεινα ~ ένα χιλιάρικο*· **β.** δεν τα καταφέρνω σε κάτι και μένω εκτεθειμένος, σε δύσκολη γενικά θέση). -Το ουδ. στον πληθ. ως ους. = τα υπόλοιπα χρήματα που εισπράττει κανείς έχοντας καταβάλει με τραπεζογραμμάτιο ως αντίτιμο ποσό ανώτερο από την τιμή του αντικειμένου: *πήρα τα -α·* δώσε μου *-α από κατοστάρικο·* φρ. *γυρεύει / ζητάει και τα -α* (= δε φτάνει που έκαμε κάτι που δεν έπρεπε, θέλει και ανταμοιβή). [ιταλ. *resto*].

ρετάλι το, ους. **1.** κομμάτι μικρό που απομένει από τόπι υφάσματος. **2.** (μεταφ.) οτιδήποτε (μικρής αξίας) απομένει από κάποιο πράγμα: *για μας έμειναν τα -ια*. [ιταλ. *ritaglio*].

ρετιρέ το, ους. άκλ., διαμέρισμα σε τελευταίους ορόφους οικοδομής που η πρόσοψή τους βρίσκεται πιο πίσω από την πρόσοψη της όλης οικοδομής: *κατοικώ σε ένα μικρό ~*. [γαλλ. *retiré*].

ρέτουλα η, ους., είδος ψαριού που ζει στο βυθό με πλατύ σώμα και χρώμα γκριζοπράσινο (συνών. *χριστόψαρο*).

ρετουσάρισμα το, ους., η ενέργεια και το αποτέλεσμα του *ρετουσάρω* (βλ. λ.).

ρετουσάρω, ρ., επεξεργάζομαι ξανά μια εργασία ή ένα έργο τέχνης κάνοντας ορισμένες μικροαλλαγές για να πετύχω καλύτερο αποτέλεσμα: *~ μια φωτογραφία / ένα μελέτημα*. [γαλλ. *retoucher*].

ρετρό το, ους. άκλ. (καλ. τέχν.) **1.** (ως επίθ.) που μιμείται ξεπερασμένο στιλ = *μουσική/διακόσμηση ~*. **2.** (ως ους.) μίμηση ξεπερασμένου στιλ: *το ~ ήταν στη μόδα πέρυσι*. [γαλλ. *rétro*<*rétrograde*].

ρετσέλι το, ους., γλύκισμα που παρασκευάζεται με φρούτα και πετιμέζι. [τουρκ. *reçel*].

ρετσέτα η, ους., συνταγή γιατρού που καθορίζει τα φάρμακα που χρειάζεται ο άρρωστος. [ιταλ. *ricetta*].

ρετσίνα η, ους., είδος λευκού κρασιού που περιέχει ορισμένη ποσότητα ρετσινιού (βλ. λ.). [μεσν. λατ. *resina*].

ρετσινάτο, επίθ. ουδ. (για κρασί) που περιέχει ρετσίνι (βλ. λ.)· (και ως ους.): *βάλε μου μισό κιλό ~*.

ρετσίνι το, ους., παχύρρευστο κολλώδες υγρό που αφαιρείται από τον κορμό των κωνοφόρων δέντρων με το χάραγμα του φλοιού: *Τα δέντρα είχανε ένα ρετσίνι που έμοιαζε με λιβάνι* (Κόντογλου). [αρχ. *ρητίνη*].

ρετσινιά η, ους. (συνιζ.), λαϊκ.), δυσφήμιση, συκοφαντία που μπορεί κανείς εύκολα να την ανασκευάσει: *του βγήκε η ~ ότι λέει ψέμματα·* φρ. *κολλώ τη ~ σε κάποιον: του κόλλησαν τη ~ ότι είναι κλέφτης*.

ρετσινόκολλα η, ους., κόλλα που περιέχει ρετσίνι και χρησιμοποιείται για ανθεκτικά κολλήματα, κυρίως στην οικοδομική.

ρετσινόλαδο το, ους., είδος λαδιού από φυτό των τροπικών χωρών που χρησιμοποιείται ως καθαρτικό. [ιταλ. *ricino + λάδι*].

ρετσινόπισσα η, ους. (ναυτ.) είδος πίσσας που παράγεται από ρετσίνι και χρησιμεύει για άλειμμα των υφάλων των πλοίων.

ρετσιτατίβο το, ους. (μουσ.) είδος τραγουδιού που η ερμηνεία του (με το κόψιμο των φράσεων και τις διακυμάνσεις της φωνής) μοιάζει με απαγγελία και συνοδεύεται από ένα ή περισσότερα μουσικά όργανα. [ιταλ. *recitativo*].

ρεύμα το, ους. **1.** κίνηση νερού ή άλλων υγρών: *~ του ποταμού· θαλάσσια -ατα*. **2.** κίνηση, μετατόπιση του αέρα: *-ατα στην ατμόσφαιρα· αυτός πόβάται τα -ατα· εδώ έχει ~* (= *φυσάει αέρας*). **3.** (φυσ.) *ηλεκτρικό ρεύμα* = μετατόπιση ηλεκτρισμού μέσα σε αγωγό: *συνεχές / τριφασικό ~· βιομηχανικό ~* (= ρεύμα που χρησιμοποιεί μια βιομηχανία και για το οποίο προβλέπεται φτηνότερο τιμολόγιο). **4.** ροή στην κίνηση οχημάτων: *κυκλοφοριακό ~*. **5.** μετακίνηση συνόλου προσώπων προς ορισμένη κατεύθυνση: *~ μεταναστών· το ~ του πλήθους*. **6.** γενική τάση προς κάποια

ιδέα, ιδεολογία ή πολιτικό κόμμα: *επαναστατικό ~· υπάρχει μεγάλο ~ υπέρ του τάδε κόμματος στις φετινές εκλογές.* 7. (ειδικότερα) τάση μέσα στη λογοτεχνική ή καλλιτεχνική κίνηση: *το ~ του ρομαντισμού στη λογοτεχνία του περασμένου αιώνα· η σύγχρονη ζωγραφική χαρακτηρίζεται από πολλά -ατα.* - Βλ. και *ρέμα.*
ρευματικός, -ή, -ό, επίθ., που σχετίζεται με τους ρευματισμούς: *πόνος ~.* - Το αρσ. ως ουσ. = άτομο που υποφέρει από ρευματισμούς. - Το ουδ. στον πληθ. ως ουσ. = η αρρώστια των ρευματισμών.
ρευματισμός ο, ουσ. (συνήθως στον πληθ.) αρρώστια των αρθρώσεων του ανθρώπινου σώματος.
ρευματοδότης ο, ουσ., εξάρτημα ηλεκτρικής εγκατάστασης σε τοίχο από όπου γίνεται λήψη ηλεκτρικού ρεύματος για ηλεκτρικές συσκευές (συνών. *πρίζα*).
ρευματολήπτης ο, ουσ., ηλεκτρικό εξάρτημα όπου καταλήγει το σύρμα με τα αξονάκια που μπαίνουν στην πρίζα (συνών. *φίσα*).
ρευματόπονος ο, ουσ., πόνος που οφείλεται σε ρευματισμούς.
ρεύομαι, ρ., βγάζω αέρια από το στόμα μου κατά τη χώνεψη: *το κατάπινε και -όταν ευτυχισμένος* (Ι.Μ. Παναγιωτόπουλος). [αρχ. *ερεύγομαι*].
ρεύση η, ουσ., εκσπερμάτωση (συνήθως κατά τον ύπνο) (συνών. *ονείρωξη*).
ρευστοποίηση η, ουσ. 1. μεταβολή στερεού σώματος ή αερίου σε ρευστό. 2. (μεταφ.) μετατροπή περιουσιακών στοιχείων σε χρήμα: *~ της περιουσίας.*
ρευστοποιώ, ρ. 1. μετατρέπω στερεό σώμα ή αέριο σε υγρό. 2. (μεταφ.) μετατρέπω περιουσιακό στοιχείο σε χρήμα.
ρευστός, -ή, -ό, επίθ. 1. που βρίσκεται σε υγρή κατάσταση (αντ. *στερεός*). 2. (μεταφ.) α. ασταθής: *πολιτική κατάσταση -ή· κριτήρια -ά·* β. (για ανθρώπινο χαρακτήρα) που δεν είναι σταθερός, αλλά επιπόλαιος (αντ. *σταθερός*). - Το ουδ. στον εν. και τον πληθ. ως ουσ. = το χρήμα που έχει κανείς στη διάθεσή του και μπορεί να το χρησιμοποιήσει άμεσα.
ρευστότητα η, ουσ. 1. το να είναι κάτι ρευστό. 2. (φυσ.) η ευκολία με την οποία ρέει ένα υγρό. 3. (μεταφ.) αστάθεια: *~ πολιτική / ενός χαρακτήρα* (αντ. *σταθερότητα*).
ρεύω, ρ., συνήθως στον αόρ. *έρεψα.* **Α.** (μτβ.) προκαλώ σωματική εξάντληση σε κάποιον: *τον έρεψε η αρρώστια.* **Β.** αμτβ. 1. εξαντλούμαι σωματικά: *έρεψε στο κρεβάτι/από την κούραση.* 2. ερειπώνομαι: *ο τοίχος έρεψε.* [από τον αόρ. *έρρευσα* του *ρέω*].
ρεφάρω, ρ., παίζοντας χαρτιά ξανακερδίζω ό,τι έχασα. [γαλλ. *refaire*].
ρεφενές ο, ουσ., ίση συμμετοχή στα έξοδα κοινού γεύματος ή διασκέδασης: *βάλαμε -έ· κάνω -έ·* (και ως επίρρ.) *το γλέντι έγινε -έ.* [τουρκ. *refene*].
ρεφερενδάριος ο, ουσ. (ασυνίζ.), (εκκλ.) αξιωματούχος που έχει την αποστολή να μεταβιβάζει όπου πρέπει τη θέληση του πατριάρχη.
ρεφλέξ το, ουσ. άκλ. 1. αυτόματη και ακούσια αντίδραση (κινητική ή ορμονική) ζωντανού οργανισμού σε εξωτερικό ερέθισμα του αντίστοιχου κέντρου του νευρικού συστήματος. 2. *~ εξαρτημένο* = που προκαλείται σε περίπτωση απουσίας κανονικού ερεθίσματος από ένα ερέθισμα, με το οποίο είχε το πρώτο συνδεθεί (π.χ. σκύλος που τρέχουν τα σάλια του στην περίπτωση που θα χτυπούσε ένα καμπανάκι που το χτυπούσαν κάθε φορά που του έδιναν να φάει κρέας). 3. κάθε άμεση αντίδραση μπροστά σε ξαφνικό συμβάν: *οδηγός αυτοκινήτου που έχει καλά ~* (συνών. *αντανακλαστικό*). [γαλλ. *réflexe*].
ρεφλεξοθεραπεία η, ουσ., θεραπευτική μέθοδος που βασίζεται στον ερεθισμό των νευρικών κέντρων από απόσταση.
ρεφλεξολογία η, ουσ., επιστημονική μελέτη των ρεφλέξ (βλ. λ.).
ρεφλεξολόγος ο, ουσ., μελετητής των ρεφλέξ (βλ. λ.).
ρεφορμισμός ο, ουσ., πολιτική πράξη που επιδιώκει να μεταβάλει την καπιταλιστική κοινωνία με μεταρρυθμίσεις και όχι με επαναστατικές μεθόδους. [γαλλ. *réformisme*].
ρεφορμιστής ο, θηλ. **-ίστρια,** ουσ., που ακολουθεί την τάση του ρεφορμισμού. [γαλλ. *réformiste*].
ρεφορμιστικός, -ή, -ό, επίθ., που σχετίζεται με το ρεφορμισμό ή τους ρεφορμιστές: *-ές απόψεις/ ιδέες· -ή ιδεολογία.*
ρεφορμίστρια, βλ. *ρεφορμιστής.*
ρεφρέν το, ουσ. άκλ., λέξεις και στίχοι που επαναλαμβάνονται στο τέλος κάθε στροφής τραγουδιού ή ποιήματος. [γαλλ. *refrain*].
ρέψιμο το, Ι. ουσ., αποβολή αερίων από το στόμα κατά τη χώνεψη (συνών. λόγ. *ερυγή*). [*ρεύομαι*].
ρέψιμο το, ΙΙ. ουσ., αδυνάτισμα, σωματική εξάντληση. [αόρ. *έρεψα* του *ρεύω*].
ρέω, ρ., (συνήθως με υποκ. τα ουσ. *ποταμός, νερό, αίμα* και γενικά κάτι ρευστό). 1. κυλώ: *ο ποταμός -ει* (συνών. *τρέχω*). 2. αναβλύζω: *το αίμα -ει άφθονο* (= γίνεται αιματοχυσία).
ρήγα, βλ. *ρίγα.*
ρήγας ο, γεν. *-α* και *-ός,* πληθ. *-άδες,* ουσ. 1. (παλαιότερα) βασιλιάς. 2. ένα από τα χαρτιά της τράπουλας (συνών. *παπάς*). [παλαιότερο *ρηξ*<λατ. *rex*].
ρηγάτικος, -η, -ο, επίθ., που ανήκει στο ρήγα ή ρηγάτο ή σχετίζεται μ' αυτόν/-ό.
ρηγάτο το, ουσ. (παλαιότερα) 1. βασίλειο. 2. (σπανιότ.) η εξουσία του ρήγα.
ρήγμα το, ουσ. 1. ρωγμή (βλ. λ.) (συνών. *ράγισμα*). 2. (γεωλ.) διακοπή της συνέχειας στρωμάτων στην επιφάνεια του γήινου φλοιού σε μεγάλη έκταση. 3. (μεταφ.) διάσπαση (ιδίως σε πολιτικά κινήματα ή κόμματα). [αρχ. *ρήγνυμι*].
ρηγόπουλο το, θηλ. **-πούλα,** ουσ., ο γιος ή η κόρη του ρήγα (συνών. *βασιλόπουλο*).
ρήμα το, ουσ., γλωσσική μορφή με ενδείξεις προσώπου, αριθμού και χρόνου, ένα από τα δύο βασικά στοιχεία της φράσης (το άλλο είναι το ουσιαστικό), που εκφράζει ενέργεια, κατάσταση, το γίγνεσθαι και παρουσιάζει μεγάλη ποικιλία τύπων.
ρήμαγμα και **-ασμα** το, ουσ., καταστροφή, ερήμωση.
ρημάδι το, ουσ. (λαϊκ.). 1. κτήριο εγκαταλειμμένο που έχει μεταβληθεί σε ερείπιο. 2. (γενικά) ό,τι έχει πάθει μεγάλη φθορά. 3. (περιφρονητικά) για κάτι που είναι πια άχρηστο: (για ζώο) *δεν τρέχει το ~·* (για μηχάνημα) *δε δουλεύει το ~.*
ρημαδιακό το, ουσ. (συνιζ., λαϊκ.), ρημάδι (βλ. λ.).
ρημαδιό το, ουσ. (συνιζ., λαϊκ.), τόπος ερειπωμένος· ιδίως μεταφ. στις φρ. *έγιναν ~* (= καταστράφηκαν ολότελα) και *τα κάνω ~* (= καταστρέφω τα

πάντα σε κάποιο μέρος): *τα 'καναν ~ κείνο το βράδι* (Ι.Μ. Παναγιωτόπουλος).
ρημάζω, ρ., μτχ. παρκ. *-αγμένος.* Α. μτβ. 1. καταστρέφω, ερημώνω (κτήριο ή τόπο): *το -αξαν το χωριό οι εχθροί·* (και μεταφ.) *τη ζωή σου -αξες εδώ* (Καβάφης). 2. καταταλαιπωρώ, εξαντλώ κάποιον: *τον -αξε στο ξύλο/στη δουλειά/στην πείνα.* Β. (αμτβ.) ερημώνομαι, καταστρέφομαι: *έφυγαν όλοι και -αξε ο τόπος· -αγμένο υποστατικό.*
ρήμασμα, βλ. *ρήμαγμα.*
ρηματικός, -ή, -ό, επίθ. 1. (γραμμ.) που αναφέρεται στο ρήμα ή συνδέεται μ' αυτό: *τύπος ~· κατάληξη -ή.* 2. προφορικός: *(διπλωματική γλώσσα) -ή διακοίνωση = διπλωματικό σημείωμα χωρίς υπογραφή, ανεπίσημο.*
ρημοκκλήσι, βλ. *ερημοκκλήσι.*
ρήξη η, ουσ. 1. (ιατρ.) βίαιη διακοπή της συνέχειας των ιστών, σπάσιμο: *~ αιμοφόρων αγγείων.* 2α. σύγκρουση μεταξύ ατόμων ή κρατών: *βρισκόμαστε σε ~.* β. (μεταφ. σε θεωρητικά θέματα) βίαιο σταμάτημα σχέσης, απομάκρυνση: *~ με την παράδοση/με το κατεστημένο.*
ρηξικέλευθος, -η, -ο, επίθ. (λόγ.), (μεταφ.) τολμηρός, που ανοίγει νέους δρόμους, που οδηγεί σε νέες απόψεις (συνών. *καινοτόμος*).
ρήση η, ουσ. (λόγ.), απόφθεγμα (βλ. λ.): *η ~ του Πλάτωνα γι' αυτό το θέμα είναι σοφή* (συνών. *ρητό*).
ρητά, βλ. *ρητός.*
ρητινίτης, επίθ. (λόγ.), μόνο στην έκφρ. *~ οίνος = κρασί ρετσινάτο·* (ως ουσ.) *έρρευσε ο ~.*
ρητό το, ουσ., απόφθεγμα (βλ. λ.) (συνών. *γνωμικό, ρήση*).
ρήτορας ο, ουσ. 1. αυτός που μιλά δημόσια: *ο Ισοκράτης ήταν ~ στην αρχαία Αθήνα.* 2. αυτός που έχει το χάρισμα της ευφράδειας: *ο καθηγητής μας ήταν σπουδαίος ~· τον ακούγαμε με ενδιαφέρον.*
ρητορεία η, ουσ. 1. το να ασκεί κανείς το έργο του ρήτορα. 2. (μειωτ.) κατάχρηση εξαιτίας της ευκολίας λόγου, φλυαρία: *αγαπά/άρχισε τις -είες.*
ρητορικός, -ή, -ό, επίθ. 1. που σχετίζεται με το ρήτορα: *δεινότητα/τέχνη -ή.* 2. (για λόγο) υπερβολικά καλλωπισμένος, στομφώδης: *~ τρόπος ομιλίας· -ό ύφος γραφής. - Το θηλ. ως ουσ. =* το σύνολο των κανόνων που συνδέονται με την τέχνη του ρήτορα.
ρητορικότητα η, ουσ., χαρακτηριστικό του ρητορικού λόγου, το να μιλά ή να γράφει κανείς επιτηδευμένα, με στόμφο.
ρητορισμός ο, ουσ. 1. το να μιλά ή να γράφει κανείς με ύφος υπερβολικά επιτηδευμένο, καλλωπισμένο: *ο ~ του είναι πολύ ανιαρός.* 2. έκφραση υπερβολικά επιτηδευμένη, στομφώδης: *κείμενο γεμάτο -ούς.*
ρητοροδιδάσκαλος ο, ουσ., διδάσκαλος της ρητορικής (βλ. *ρητορικός*).
ρητός, -ή, -ό, επίθ. (λόγ.), (σπανίως) 1. σαφής, κατηγορηματικός: *λόγος ~. -* Επίρρ. *-ά: μου δήλωσε -ά.* 2. (μαθημ.) *-οί αριθμοί =* όλοι οι αριθμοί, δηλ. οι φυσικοί αριθμοί, τα κλάσματα και οι δεκαδικοί μαζί με τους αντίστοιχους αρνητικούς (αντ. *άρρητοι*, βλ. λ., *αριθμοί*).
ρήτρα η, ουσ. (νομ.) όρος που αναγράφεται σε μια σύμβαση και που η παράβασή του έχει δυσμενή επακόλουθα σ' εκείνον που έχει αναλάβει μιαν υποχρέωση: *~ ποινική.*
ρηχαίνω, ρ. (ελλειπτ. στον αόρ.), (για χώρους με νερό) γίνομαι ρηχός, αβαθής: *στην ακρογιαλιά ρήχαινε η θάλασσα.*
ρηχός, -ή, -ό, επίθ. 1. (για χώρους με νερό) που δεν είναι βαθύς: *ακρογιάλι/αυλάκι -ό·* έκφρ. *πνίγεται στα -ά νερά* (= επηρεάζεται από ασήμαντη αιτία). 2. (για ρίζες φυτών) που δεν προχωρούν βαθιά στο έδαφος. 3. (για πρόσωπο) που η σκέψη του δεν έχει βάθος, σοβαρότητα: *άνθρωπος ~· μυαλά -ά.* (συνών. *επιπόλαιος, ελαφρός·* αντ. *βαθύς, σοβαρός*).
ριάζομαι, βλ. *ρυάζομαι.*
ριάλ το, ουσ. άκλ. (ασυνίζ.), νομισματική μονάδα του Ιράν. - Πβ. *ριάλ* και *ριγιάλ* [αραβ. *rial*].
ριάλι το, ουσ. (συνιζ.), ευτελές νόμισμα· (στον πληθ., λαϊκ.) χρήματα, παράδες: *τον πήρε ο διάολος δίχως να 'χει μισό ριάλι στην τσέπη* (Κόντογλου). - Πβ. και *ριάλ* και *ριγιάλ*. [ισπαν. *real*].
ρίβα η, ουσ. (ναυτ.) αποβάθρα: *~ κρεμαστή* (= που δύσκολα την πλησιάζει μια βάρκα). [ιταλ. *riva*].
ρίγα η, ουσ. 1. χάρακας από μέταλλο ή ξύλο. 2. (κατ' επέκταση) ίσια γραμμή που τραβούμε με το χάρακα: *τράβηξε μια ~ στη λευκή σελίδα.* 3. ράβδωση (διαφορετικού χρώματος) πάνω σε ύφασμα: *μπλούζα με -ες.* [ιταλ. *riga*].
ριγανάτος, -η, -ο, επίθ. (για φαγητό) που περιέχει ρίγανη: *πατάτες -ες. -* Το ουδ. ως ουσ. = φαγητό με κρέας, άσπρη σάλτσα και πολλή ρίγανη.
ρίγανη η, ουσ., φυτό πολυετές, πολύ κοινό στην Ελλάδα, με πολλούς όρθιους βλαστούς, άνθη μικρά και στρογγυλά, κοκκινωπά ή άσπρα και φύλλα ωοειδή, που χρησιμοποιείται στη μαγειρική ως αρωματικό και στη φαρμακευτική. Φρ. *βάλ' του ~* (εννοείται *του ψαριού για να μη βρομίσει*) (= δεν πρόκειται να υπάρξει αποτέλεσμα· *κολοκύθια με τη ~* (= ανόητες κουβέντες). [αρχ. *ορίγανον*].
ριγανόλαδο το, ουσ., αιθέριο έλαιο που παίρνουμε με απόσταξη από τα φύλλα και τα άνθη της ρίγανης και χρησιμοποιείται στην αρωματοποιία, την ποτοποιία και την αλλαντοποιία.
ριγέ, επίθ. άκλ., (για ύφασμα) ριγωτός: *φούστα ~.*
ριγηλός, -ή, -ό, επίθ. (σπάνιο) που τρέμει, που ριγά.
ριγιάλ το, ουσ. άκλ. (ασυνίζ.), νομισματική μονάδα της Σαουδικής Αραβίας και της Υεμένης. - Πβ. και *ριάλ* και *ριάλι*. [αραβ. *riyal*].
ριγκ το, ουσ. άκλ. (έρρ.). 1. ζώνη όπου παίρνουν θέση όσοι στοιχηματίζουν στις ιπποδρομίες. 2. χώρος όπου αγωνίζονται οι πυγμάχοι. [αγγλ. *ring*].
ρίγος το, ουσ., τρεμούλα, ανατριχίλα (από κρύο, πυρετό ή δυνατή συγκίνηση).
ριγώ, -είς και (λαϊκότερα) **-άς**, ρ., έχω ρίγος (βλ. λ.), τρεμούλα: *~ από συγκίνηση.*
ρίγωμα το, ουσ., η ενέργεια και το αποτέλεσμα του ριγώνω (βλ. λ.).
ριγώνω, ρ., χαράζω σε μια επιφάνεια παράλληλες ευθείες γραμμές με χάρακα, ρίγα (συνών. *χαρακώνω*).
ριγωτός, -ή, -ό, επίθ. 1. (για ρούχα ή ύφασμα) που έχει ρίγες (βλ. λ. σημασ. 3): *πουκάμισο -ό.* (συνών. *ριγέ*). 2. (για τετράδιο) που τα φύλλα του έχουν ρίγες (βλ. λ. σημασ. 2). - Το ουδ. ως ουσ. = 1. κοστούμι με ρίγες που το φορούσαν οι κατάδικοι. 2. τζάμι με κανονικές ραβδώσεις.
ρίζα η, ουσ. 1α. το μέρος του φυτού που το συγκρατεί στο έδαφος, από το οποίο αντλεί ορισμένες ουσίες για να τραφεί: *οι -ες του δέντρου· έπιασε η ~·* β. (συνεκδοχικά) δέντρο: *δέκα -ες ελιές.* 2. το μέρος με το οποίο ένα όργανο του σώματος προ-

ριζά σαρμόζεται στους ιστούς: ~ *δοντιού*. 3. θεμέλιο, βάση, στενή σύνδεση με τη γη που δίνει σταθερότητα: *η ~ του βράχου*. 4. προέλευση: *η ~ της φιλίας*· πρέπει να βρεθεί *η ~ του κακού*. 5. ξεκίνημα, απαρχή, αφετηρία: *υποσκάπτεται η τοπική αυτοδιοίκηση στις -ες της με την ανάμιξη των κομμάτων*. 6. καταγωγή: *η ~ του είναι από Μικρά Ασία*. 7. (γραμμ.) το πρώτο τμήμα μιας λέξης που δε μεταβάλλεται κατά το σχηματισμό των ποικίλων τύπων της. Έκφρ. ~ *τετραγωνική ή κυβική αριθμού ή αλγεβρικής παράστασης* (= αριθμός ή παράσταση αλγεβρική που υψωμένος/-η στο τετράγωνο ή στον κύβο δίδει αποτέλεσμα ίσο με τον αριθμό ή την παράσταση αυτή). Φρ. *ρίχνω -ες κάπου* (= εγκαθίσταμαι κάπου). - Υποκορ. στη σημασ. 1 **-ούλα** η.

ριζά τα, ουσ. (λαϊκ.), πρόποδες υψώματος: *τα ~ του βουνού*.

ριζάγρα η, ουσ. (ιατρ.) οδοντιατρική λαβίδα για την εξαγωγή δοντιών.

Ριζαρίτης ο, ουσ., φοιτητής της Ριζαρείου Σχολής.

ριζάφτι το, ουσ. (λαϊκ.), η ρίζα του αφτιού, ο κρόταφος.

ριζίδιο το, ουσ. (ασυνίζ.), το μέρος του φυτικού εμβρύου που εξελισσόμενο διαμορφώνει τη ρίζα του φυτού.

ριζικά, βλ. *ριζικός*.

ριζικάρης ο, θηλ. **-α**, ουσ. (λαϊκ.), αυτός που έχει καλή τύχη (συνών. *τυχερός*· αντ. *άτυχος*).

ριζικάρι το, ουσ. (λαϊκ.), καθένα από τα μικροαντικείμενα που χρησιμοποιούνται για τις μαντείες του κλήδονα (βλ. λ.).

ριζικό το, ουσ., η μοίρα, η τύχη του ανθρώπου: *έχει ο καιρός γυρίσματα, το ~ έχει ρόδες* (Καζαντζάκης)· *αυτός είχε κακό ~*. Φρ. *το 'χει το ~ μου* (= αυτή είναι η μοίρα μου). [ιταλ. *risico*].

ριζικός, -ή, -ό, επίθ. 1. που ανήκει ή αναφέρεται στη ρίζα: ~ *σωλήνας* (στη ρίζα των φυτών). 2. ουσιαστικός, βασικός· πλήρης, ολοκληρωτικός: *-ή διαφωνία*· *-ή ανακαίνιση του εκπαιδευτικού συστήματος*. - Επίρρ. **-ά** και **-ώς**: *ο νέος νόμος μεταβάλλει -ά όσα ισχύουν σήμερα*.

ριζιμιός, -ιά, -ιό, επίθ. (συνιζ., λαϊκ.), που στηρίζεται βαθιά στις ρίζες του: *βουνό -ιό· λιθάρι / δέντρο -ιό*.

ριζίτιδα η, ουσ. (ιατρ.) φλεγμονή των ριζών των νωτιαίων νεύρων (συνών. *ριζονευρίτιδα*).

ριζοβελονιά η, ουσ. (συνιζ.), είδος βελονιάς που χρησιμοποιείται στο κέντημα.

ριζοβόλημα το, ουσ., το να ριζοβολεί (βλ. λ.) κανείς.

ριζοβολώ, -είς και **-άς**, ρ., μτχ. παρκ. **-ημένος**. 1. ρίχνω βαθιά τις ρίζες μου, σχηματίζω, βγάζω ρίζες: *το φυτό -ησε* (συνών. *ριζώνω*). 2. (μεταφ.) μένω για πολύ καιρό κάπου και προκόβω: *-ησε εκεί που πήγε*· (μεταφ.) *το αναγεωτικό πνεύμα άρχισε να -εί* (συνών. *ριζώνω, στεριώνω*).

ριζοβούνι το, ουσ., οι πρόποδες του βουνού (συνών. *ριζά* τα).

ριζόβραχο το, ουσ. 1. βράχος που προβάλλει πάνω από την επιφάνεια της θάλασσας (συνών. *σκόπελος*). 2. ρίζα (βλ. λ. σημασ. 3) βράχου.

ριζοδοντιάζω, ρ. (συνιζ., λαϊκ.), (για το βρέφος) βγάζω την πρώτη οδοντοφυΐα.

ριζόδοντο το, ουσ., η ρίζα του δοντιού.

ριζοκάρδι το, ουσ. (λαϊκ.), οι «ρίζες» της καρδιάς, το βάθος της καρδιάς, του συναισθηματικού κόσμου: *τον συγκλόνισε από τα -ια του* (Κόντογλου).

ριζολογώ, -άς, ρ., τραβώ ρίζες φυτών.

ριζονευρίτιδα η, ουσ. (ιατρ.) ριζίτιδα (βλ. λ.).

ριζοσπάστης ο, ουσ., πολιτικός με επαναστατική, εντελώς νεοτεριστική ιδεολογία.

ριζοσπαστικός, -ή, -ό, επίθ., ουσιαστικά αναμορφωτικός, νεοτεριστικός, που έρχεται σε αντίθεση με τα καθιερωμένα: *πολιτική ιδεολογία -ή* (συνών. *επαναστατικός, πρωτοποριακός*· αντ. *συντηρητικός, αντιδραστικός*).

ριζοσπαστικότητα η, ουσ., το να είναι κανείς ριζοσπαστικός (βλ. λ.).

ριζοσπαστισμός ο, ουσ., η πολιτική τάση να είναι κανείς ριζοσπαστικός (βλ. λ.) ως προς τους κοινωνικούς θεσμούς.

ριζότο το, ουσ. άκλ., είδος φαγητού με ρύζι που συνοδεύεται από παρμεζάνα. [ιταλ. *risotto*].

ριζούλα, βλ. *ρίζα*.

ριζοχώρι το, ουσ. (λαϊκ.), χωριό στους πρόποδες του βουνού.

-ρίζω, κατάλ. ηχομιμ. ρ.: *κακαρίζω, νιαουρίζω*.

ρίζωμα το, ουσ., η ενέργεια και το αποτέλεσμα του ριζώνω (βλ. λ.).

ριζώνω, μτχ. παρκ. **-μένος**. 1. (για φυτό) βγάζω ρίζες, ριζοβολώ: *ρίζωσαν οι ελιές που φυτέψαμε*. 2. (αμτβ.) εγκαθίσταμαι κάπου οριστικά: *ριζώσαμε σ' αυτή την πόλη* (συνών. *στεριώνω*). 3. ζω μακρό βίο: (ευχή) *να ζήσετε, να -ώσετε*.

ρίκινος ο, ουσ., είδος φυτού. - Πβ. ά. *καστορέλαιο*.

ρίμα η, ουσ. 1. (μετρ.) ομοιοκαταληξία. 2. λαϊκό ομοιοκατάληκτο δίστιχο με επίκαιρο χαρακτήρα. [ιταλ. *rima*].

ριμάδα η, ουσ., εκτενές ποίημα με ομοιοκατάληκτους στίχους.

ριμαδόρος ο, ουσ., λαϊκός αυτοσχέδιος ποιητής που συνθέτει ρίμες (βλ. λ. σημασ. 2) (συνών. *στιχοπλόκος*).

ριμάρω, ρ. 1. κατασκευάζω ρίμες (βλ. λ.) (συνών. *στιχουργώ*). 2. ομοιοκαταληκτώ.

ρίνα η, ουσ., είδος μεγαλόσωμου ψαριού με στενόμακρο σώμα, μεγάλο κεφάλι και μεγάλα πτερύγια (αλλιώς *αγγελόψαρο*). [αρχ. *ρίνη*].

ρίνημα, βλ. *ρίνισμα*.

ρινί το, ουσ., λίμα (βλ. λ.).

ρινίδι, βλ. *ρίνισμα*.

ρινικός, -ή, -ό, επίθ. 1. (ανατομ.) που ανήκει στη μύτη ή σχετίζεται μ' αυτήν: *κοιλότητα -ή*. 2. (γραμμ.) *-ά σύμφωνα* = τα σύμφωνα μ και ν (βλ. ά. *έρρινος*)· *-ά συμπλέγματα* = φθογγικά συμπλέγματα που περιέχουν τα σύμφωνα αυτά. [αρχ. *ρις* = μύτη].

ρίνισμα, ρίνημα και **ρινίδι** το, ουσ., λεπτή φλούδα από ξύλο ή μέταλλο που αφαιρείται όταν το ξύλο ή το μέταλλο λιμάρεται: ~ *χαλκού*.

ρινισμός ο, ουσ. (ιατρ.) είδος τραυλισμού.

ρινίτιδα η, ουσ. (ιατρ.) φλεγμονή του βλεννογόνου της μύτης.

ρινόκερος ο, ουσ., παχύδερμο θηλαστικό ζώο των τροπικών χωρών που φέρει δύο κέρατα (ένα μεγαλύτερο κι ένα μικρότερο) στην περιοχή της μύτης.

ρινολαρυγγικός, -ή, -ό, επίθ., που αναφέρεται στη μύτη και στο λάρυγγα.

ρινολόγος ο, ουσ., γιατρός ειδικευμένος στα νοσήματα της μύτης.

ρινοπλαστική η, ουσ. (ιατρ.) επέμβαση για το διόρθωμα ανωμαλιών στην εμφάνιση της μύτης.
ρινοσκόπηση η, ουσ. (ιατρ.) εξέταση του εσωτερικού της μύτης.
ρινοσκοπικός, -ή, -ό, επίθ., που σχετίζεται με τη ρινοσκόπηση (βλ. λ.) ή χρησιμεύει σ' αυτήν.
ρινοσκόπιο το, ουσ. (ασυνίζ.), (ιατρ.) όργανο με το οποίο γίνεται η ρινοσκόπηση (βλ. λ.).
ρινοφαρυγγίτιδα η, ουσ. (ιατρ.) φλεγμονή μύτης και φάρυγγα.
ρινόφωνος, -η, -ο, επίθ., που μιλά με τη μύτη ή που γίνεται με έρρινη φωνή: *ψαλμωδία -η*.
ρινοψία η, ουσ., αλληθωρισμός με στροφή των ματιών προς τη μύτη.
ριντό το, ουσ. άκλ. (όχι έρρ.). **1α**. παραπέτασμα (συνήθως κουρτίνα, μπερντές)· **β**. αυλαία θεάτρου. [γαλλ. *rideau*].
ριξιά η, ουσ. (συνιζ., λαϊκ.). **1**. ρίξιμο (συνών. *βολή*). **2α**. ό,τι ρίχνει κανείς με μια φορά: *μια ~ χώμα*· **β**. (ειδικότερα) η ποσότητα υλικού που δέχεται ένα πυροβόλο: *τρεις -ιές μπαρούτι*.
ρίξιμο το, ουσ. **1**. το να ρίχνει κανείς κάτι: *~ του δίσκου*. **2**. γκρέμισμα: *~ τοίχου* (συνών. *κατεδάφιση*). **3**. πυροβολισμός (συνών. *ριπή*). **4**. έκτρωση: *~ παιδιού*. **5**. (για πλοίο) καθέλκυση.
ριπή η, ουσ. **1**. ρίξιμο, βολή ομάδας όπλων. **2**. ελαφρό φύσημα ανέμου.
ριπίδι το, ουσ., βεντάλια (βλ. λ.). [αρχ. *ριπίς*].
ριπιδωτός, -ή, -ό, επίθ., που μοιάζει με ριπίδι (βλ. λ.).
ριπολίνη η, ουσ., γυαλιστερή λαδομπογιά που στεγνώνει εύκολα. [γαλλ. *ripolin*].
ρίπτω τον λίθον του αναθέματος αρχαϊστ. φρ. = επιρρίπτω σε κάποιο βαρύτατη ευθύνη.
ρισκάρω, ρ., αόρ. *-ισα*, (μτβ. αλλά και χωρίς αντικ.) αποτολμώ κάτι που δεν ξέρω αν θα έχει ευχάριστες συνέπειες.
ρίσκο το, ουσ. άκλ. **1**. ενέργεια που θα μπορούσε να έχει δυσάρεστα ή ανεπιθύμητα αποτελέσματα. **2**. ενδεχόμενος κίνδυνος από τολμηρή ενέργεια: *το ~ της αποτυχίας*. [ιταλ. *risco*].
ρίφι το, ουσ. (λαϊκ.), κατσίκι. [αρχ. *ερίφιον*].
ρίχνω, ρ., αόρ. έριξα, πληθ. *ρίξαμε*, μτχ. παρκ. *ριγμένος*. **I**. ενεργ. **1**. κάνω κάτι να πέσει με το βάρος του, αφήνοντας ή ωθώντας το μακριά: *πήρε μια πέτρα, σημάδεψε και την έριξε στο στόχο*· *ρίξαν το σταυρό στο ποτάμι*. **2α**. κάνω κάτι όρθιο να πέσει βίαια στο έδαφος: *έριξαν το παλιό τους σπίτι και σήκωσαν πολυκατοικία* (συνών. *γκρεμίζω*)· (μεταφ.) *τον έριξε στο πάλεμα*· **β**. (μεταφ.) ανατρέπω: *το σκάνδαλο έριξε την κυβέρνηση*. **3α**. διασκορπίζω, ραίνω: *έριξαν στη νύφη ρύζι και λουλούδια*· **β**. (για υγρά) χύνω: *ρίξε μου νερό να πλυθώ*. **4**. αφήνω να πέσει, βάζω: *μην ξεχάσεις να -ξεις αλάτι στο φαγητό*. **5**. εκσφενδονίζω κάτι με δύναμη: *πήρε φόρα και έριξε το ακόντιο μακριά* (συνών. *εξακοντίζω*). **6**. (για πυροβόλο όπλο) κάνω το όπλο να εκπυρσοκροτήσει, πυροβολώ: *του 'ριξε μια και τον άφησε στον τόπο*. **7**. αποδίδω, επιρρίπτω: *το βάρος/την ευθύνη πάντα στους άλλους*. **8**. κατεβάζω: *~ την αυλαία*. **9**. (μεταφ.) λιγοστεύω: *~ τον πληθωρισμό*. **10**. (για χρήματα) τοποθετώ, ξοδεύω: *έριξε όλα του τα χρήματα στην επιχείρηση*. **11**. (για χαρτοπαίγνιο) αφήνω κάτω ένα από τα χαρτιά που έχω στα χέρια μου: *έριξε το δέκα το καλό* (συνών. *πετώ*). **12**. (για ρούχο) αποβάλλω, βγάζω: *έριξε το ράσο*. **13**. (για οικοδομικές εργασίες) ετοιμάζω τα κατάλληλα υλικά και τα τοποθετώ σε καλούπια για να κατασκευάσω κάτι: *~ θεμέλια/πλάκα/μπετόν*. **14**. καταρρίπτω: *εχθρικά καταδρομικά έριξαν αεροπλάνο μας*. **15**. αποβιβάζω: *έριξαν στρατό στα νησιά*. **16**. (λαϊκ.) αδικώ: *τον έριξαν στη μοιρασιά*. **17**. (λαϊκ.) πείθω, μεταπείθω: *χρειάστηκε πολλά επιχειρήματα για να ρίξει τον πατέρα της*. **18**. γίνομαι αιτία ώστε να περιέλθει κάποιος σε άσχημη κατάσταση: *ο πόλεμος μας έριξε σε μεγάλη συμφορά*. **19**. (σε γ' πρόσ.) βρέχει: *-ει ασταμάτητα από το πρωί*. **II**. μέσ. **1**. αφήνω τον εαυτό μου να πέσει: *ρίχτηκε στη θάλασσα για να σώσει το παιδί*. **2**. επιτίθεμαι, ορμώ: *του ρίχτηκε ένα λυκόσκυλο και το 'βαλε στα πόδια*. **3**. (μεταφ.) πολιορκώ ερωτικά: *-εται σ' όλες τις γυναίκες*. **4**. επιδίδομαι με ζήλο: *ρίχτηκε στη δουλειά/στο διάβασμα*. Φρ. *-ει βροχή/χιόνι*, κλπ. (= *βρέχει, χιονίζει*): *ο Κίσσαβος -ει βροχή και ο Όλυμπος το χιόνι* (δημ. τραγ.)· *~ δουλειά*, βλ. *πατώ*, σημασ. 11· *~ έξω το καράβι* (= *κάνω να εξωκείλει*)· *~ κανόνι* (= *χρεοκοπώ*): *γνωστός έμπορος έριξε κανόνι*· *~ κάτι επάνω μου* (= *φορώ πρόχειρα κάποιο ρούχο απαραίτητο για να προστατευθώ από την ψύχρα*)· *~ λάδι στη φωτιά* (= *επιδεινώνω, παροξύνω μια κατάσταση*)· *~ ματιές/τα μάτια μου πάνω σε κάποιον ή κάτι* (= **α**. *κοιτάζω*): *του 'ριχναν ματιές ερωτηματικές*· (= **β**. *προσπαθώ να ελκύσω την ερωτική συμπάθεια κάποιου*)· *~ μαύρη πέτρα (πίσω μου)* (= *αποφασίζω να μην επιστρέψω σε μέρος που το θεωρώ ανεπιθύμητο*)· *-ομαι με τα μούτρα κάπου* (= *αφοσιώνομαι σε κάτι*): *ρίχτηκε με τα μούτρα στην καινούργια του δουλειά*· *~ μια ιδέα* (= *θέτω στην κρίση των άλλων μια ιδέα, προτείνω*)· *~ μια ματιά* (= *εξετάζω, μελετώ πρόχειρα*): *έριξε μια τελευταία ματιά στο βιβλίο και πήγε να γράψει*· (για άτομα) *~ μπόι* (= *ψηλώνω*): *έριξε απότομα μπόι το παιδί*· *~ νερό στο μύλο κάποιου*, βλ. *μύλος*· *~ πίσω/στο χρονοντούλαπο* (= *αναβάλλω*): *έριχνε συνεχώς πίσω το σχέδιο*· *~ πόντους/πετριές/καμπανιές* (= *εκφράζω δυσάρεστους υπαινιγμούς*)· *~ σκιά* (= *σκιάζω*)· *~ στα σίδερα/στη φυλακή* (= *φυλακίζω*)· *~ στάχτη στα μάτια κάποιου* (= *τον εξαπατώ*)· *~ στη θάλασσα* (= *καθελκύω καινουργιοφτιαγμένο πλεούμενο*)· *~ τ' άρματα* (= *παραδέχομαι την ήττα μου και συνθηκολογώ*)· *~ τα μούτρα μου* (= *ταπεινώνομαι*)· *~ τα χαρτιά* (= *μαντεύω με τραπουλόχαρτα*)· *~ το γάντι σε κάποιον* (= *τον προκαλώ*)· (για έγκυο γυναίκα) *~ το παιδί* (= **α**. *αποβάλλω*): *έριξε το παιδί στον έκτο μήνα*· (= **β**. *κάνω έκτρωση*): *αποφάσισε να -ξει το παιδί*· *~ φως σε μια υπόθεση* (= *διαλευκαίνω, διαφωτίζω*)· *~ το -έξω* (= **α**. *παύω να ενδιαφέρομαι, αδιαφορώ*· **β**. *παραδίνομαι σε διασκεδάσεις*): *πήγανε στην ταβέρνα και το ρίξανε έξω*· *το ~ στο ποτό/στο χαρτί*, κλπ. (= *παρασύρομαι και καταγίνομαι με κάτι*).
ριχτός, -ή, -ό, επίθ. (για ρούχο) που δεν είναι εφαρμοστός: *παλτό -ό* (αντ. *εφαρμοστός*).
ρίψη η, ουσ., ρίξιμο, βολή: *ο αθλητής είναι καλός στις -εις*.
ριψοκινδυνεύω, ρ. **Α** (μτβ.) εκθέτω κάτι σε κίνδυνο: *~ τη ζωή μου/την περιουσία μου* (συνών. *διακινδυνεύω*). **Β**. (αμτβ.) εκθέτω τον εαυτό μου σε κίνδυνο: *-εψε προσπαθώντας να τον σώσει από τον πνιγμό*.

ριψοκίνδυνος, -η, -ο, επίθ., που αγαπά να εκθέτει τον εαυτό του σε κίνδυνο: *οδηγός ~.*
ρο, βλ. *ρω.*
ρόβι το και **ρόβη** η, ουσ., είδος δημητριακού. [αρχ. *ορόβιον].*
ροβίθι, βλ. *ρεβίθι.*
ροβιθιά, βλ. *ρεβιθιά.*
ροβόλημα το, ουσ., γρήγορο κατέβασμα από ένα ύψωμα προς τα κάτω: *~ του νερού από την πηγή του.*
ροβολώ, -άς, ρ., κατεβαίνω γρήγορα από ένα ύψωμα προς τα κάτω: *το αεράκι -ά από το βουνό· το απόγευμα -ησαν και έφτασαν γρήγορα στο χωριό.* [αβέβαιη ετυμ.].
ρόγα η, ουσ. (λαϊκ.), αμοιβή για εργασία, μισθός: *να μας πληρώσεις τη ~ μας για να φύγουμε.* [λατ. *roga].*
ρογιάζω, ρ. (συνιζ., λαϊκ.), προσλαμβάνω με μεροκάματο: *-ασε το παιδί στη δούλεψή του· -γιάστηκε κάπου στην εξοχή σε παραλιακό ξενοδοχείο.*
ρόγχος ο, ουσ. 1. αναπνευστικός ήχος ανθρώπου που ροχαλίζει (συνών. *ροχαλητό).* 2. (ιατρ.) παθολογικός ήχος που παράγεται κατά την αναπνοή σε οξείες ή χρόνιες παθήσεις των πνευμόνων· *ρόγχος επιθανάτιος* = δύσκολη και θορυβώδης αναπνοή ανθρώπου που ψυχορραγεί. [αρχ. *ρέγχω].*
ρόδα η, ουσ. 1. κάθε είδους τροχός: *~ ποδηλάτου/αυτοκινήτου/μύλου.* 2. (συνεκδοχικά) αυτοκίνητο: *διαθέτει ~.* Φρ. *~ είναι και γυρίζει* (για τη ρευστότητα και αστάθεια των ανθρώπινων πραγμάτων). [βενετ. *roda].*
ροδάκας ο, ουσ. 1. κόσμημα (συνήθως γλυπτό) σε σχήμα μικρού τριαντάφυλλου. 2. (γοτθική αρχιτ.) κυκλικό άνοιγμα πάνω από τις πύλες ναού.
ροδακινιά, βλ. *ρωδακινιά.*
ροδάκινο, βλ. *ρωδάκινο.*
ροδαλός, -ή, -ό, επίθ., που έχει το χρώμα του ρόδου: *μάγουλα -ά* (συνών. *ροδοκόκκινος).*
ροδάμι το, ουσ. (λαϊκ.), τρυφερός βλαστός: *την άνοιξη τα ίδια τρώνε -ια.* [αρχ. *ορόδαμνος].*
ροδαμίζω, ρ., ανθίζω.
ροδάνι το, ουσ. (λαϊκ.). 1. εργαλείο για το τύλιγμα, τη μεταφορά του νήματος από την κούκλα στα μασούρια: *να μαζέψεις το νήμα με την ανέμη και με το ~·* φρ. *η γλώσσα κάποιου πάει ~* (= μιλάει πολύ και γρήγορα). 2. μαγγανοπήγαδο.
ροδανίζω, ρ., τυλίγω νήμα από την κούκλα στα μασούρια με το ροδάνι.
ροδάνισμα το, ουσ., τύλιγμα νήματος από την κούκλα στα μασούρια με το ροδάνι.
ροδαριά η, ουσ. (συνιζ., ιδιωμ.), αγριοτριανταφυλλιά (βλ. λ.).
ροδαυγή η, *ροδοχάραμα* (βλ. λ.).
ροδέλα η, ουσ. 1. μικρός κύκλος (συνήθως από μέταλλο) με τρύπα στο κέντρο, κατάλληλος για το σφίξιμο βίδας. 2. καθετί που μοιάζει με ροδέλα: *κρεμμύδι κομμένο σε -ες.* [βενετ. *rodela].*
ροδέλαιο το, ουσ., ονομασία του αιθέριου ελαίου, με έντονη οσμή που λαμβάνεται από την απόσταξη ρόδων και χρησιμοποιείται στη ζαχαροπλαστική, ποτοποιία, αρωματοποιία, κλπ.
ροδή η, ουσ. (λόγ.), (βοτ.) τριανταφυλλιά (βλ. λ.).
ροδής, -ιά, -ί, επίθ., που έχει το χρώμα του ροδιού: *φόρεμα -ί. -* Το ουδ. ως ουσ. = το χρώμα του ροδιού.
ρόδι και **ρόιδο** το, ουσ., ο καρπός της ροδιάς. Φρ. *τα 'κανες ρόιδο* (= έφερες τα πράγματα σε άθλια κατάσταση).
Ροδία, βλ. *Ρόδιος.*
ροδιά και **ροϊδιά** η, ουσ. (συνιζ.). α. οπωροφόρο δέντρο με πολύσπερμο χυμώδη καρπό που περιβάλλεται από χοντρό κιτρινοκόκκινο φλούδι· β. καλλωπιστικό φυτό.
ροδιακός, -ή, -ό, επίθ. (ασυνίζ.), που σχετίζεται με τη Ρόδο ή προέρχεται απ' αυτήν: *κεραμικά -ά* (συνών. *ρόδιος).*
ροδίζω, ρ. 1. κοκκινίζω ελαφρά: *-ισε το φαγητό· -ισαν τα μάγουλα του μωρού.* 2. (σε γ' πρόσ.) χαράζει, ξημερώνει: *μόλις -σει πρέπει να ξεκινήσουμε·* φρ. *-ει η ανατολή/η αυγή* (= ξημερώνει).
ρόδινος, -η, -ο, επίθ. 1. καμωμένος από τριαντάφυλλα. 2. ελαφρά κόκκινος: *ο χρώμα προσώπου.* 3. (μεταφ.) ευοίωνος, ευάρεστος· φρ. *τα βλέπει όλα -α* (= είναι αισιόδοξος).
Ρόδιος ο, θηλ. *-ία* και **Ροδίτης** ο, θηλ. *-ισσα,* ουσ., κάτοικος της Ρόδου ή αυτός που κατάγεται απ' αυτήν.
ρόδισμα το, ουσ., ελαφρό κοκκίνισμα: *~ φαγητού.*
ροδίτης ο, ουσ. 1. (βοτ.) ποικιλία σταφυλιού με μεγάλες βυσσινί ρώγες και πολλά κουκούτσια. 2. είδος κρασιού που αρωματίζεται με ροδοπέταλα.
Ροδίτης, -ισσα, βλ. *Ρόδιος.*
ροδίτικος, -η, -ο, επίθ., που σχετίζεται με τη Ρόδο ή προέρχεται απ' αυτήν: *φορεσιά -η* (συνών. *ρόδιος).*
ρόδο το, ουσ., τριαντάφυλλο (βλ. λ.).
ροδοδάφνη η, ουσ. (βοτ.) είδος καλλωπιστικού θάμνου που το ύψος του μπορεί να φτάσει τα πέντε μέτρα, με λογχοειδή φύλλα και άσπρα, ροζ ή κόκκινα λουλούδια (συνών. *πικροδάφνη).*
ροδόδεντρο το, ουσ., θάμνος αειθαλής, διακοσμητικός, με σκληρό ξύλο που χρησιμοποιείται στην ξυλογραφία.
ροδοζάχαρη η, ουσ., είδος γλυκού του κουταλιού που παρασκευάζεται από ροδοπέταλα, γλυκό τριαντάφυλλο.
ροδόκηπος ο, ουσ., κήπος με τριαντάφυλλα.
ροδοκοκκινίζω, ρ., παίρνω ελαφρό κόκκινο χρώμα: *-ιζε σαν έλεγε κανένα τραγούδι.*
ροδοκοκκίνισμα το, ουσ., ελαφρό κοκκίνισμα: *~ του ψωμιού.*
ροδοκόκκινος, -η, -ο, επίθ., που έχει ελαφρό κόκκινο χρώμα: *μάγουλα -α* (συνών. *ρόδινος).*
ροδομάγουλος, -η, -ο, επίθ., που έχει ρόδινα μάγουλα: *κόρη -η.*
ροδόμελι το, ουσ., διάλυμα από μέλι και άρωμα τριαντάφυλλων που χρησιμοποιείται στη φαρμακευτική.
ροδόνερο το, ουσ., ροδόσταγμα (βλ. λ.).
ροδόξυλο το, ουσ., ξύλο διαφόρων δέντρων με ρόδινο χρώμα.
ροδοπεριχυμένος, -η, -ο και **ροδοπερίχυτος,** επίθ. (ποιητ.), σκεπασμένος με ροδοπέταλα ή λουσμένος με άρωμα από τριαντάφυλλα.
ροδοπέταλο το, ουσ., πέταλο τριαντάφυλλου (συνών. *ροδόφυλλο).*
ροδόσταγμα (λόγ.), **ροδόσταμα** και **ροδόσταμο** το, ουσ. α. (χημ.) ευωδιαστό υγρό που λαμβάνεται όταν αποστάζονται τριαντάφυλλα και χρησιμοποιείται στην αρωματοποιία, την ποτοποιία, κ.ά.· β. (κοιν.) ευωδιαστό διάλυμα σταγόνων ροδελαίου σε νερό: *με φιλιά σα -άματα* (Παλαμάς) (συνών. *τριανταφυλλόνερο).*

ροδοστεφανωμένος, -η, -ο, και **ροδοστεφάνωτος,** επίθ. (ποιητ.), που φορά στεφάνι από τριαντάφυλλα: *απ' όλους πρώτος και ~... ο μονάρχης* (Παλαμάς).
ροδότοπος ο, ουσ. (σπανίως), ροδώνας (βλ. λ.).
ροδοφαίνομαι, ρ. (ποιητ., μόνο στον ενεστ.), για το ρόδινο χρώμα του ουρανού το ξημέρωμα, όταν αρχίζει να φέγγει: *του Μαγιού -εται η μέρα* (Σολωμός).
ροδοφέγγω, ρ. (ποιητ., μόνο στον ενεστ.), ροδοφαίνομαι (βλ. λ.): *εκεί... που -ει η μέρα* (Γρυπάρης).
ροδόφυλλο το, ουσ. (λαϊκ., ποιητ.), ροδοπέταλο (βλ. λ.).
ροδοχάραμα το, ουσ. (ποιητ.), ξημέρωμα με απαλό ρόδινο φως (συνών. *ροδαυγή*).
ροδόχρωμος, -η, -ο, επίθ. (λόγ.), που έχει ρόδινο χρώμα (συνών. *τριανταφυλλής*).
ροδώνας ο, ουσ., τόπος που φυτρώνουν ή καλλιεργούνται τριανταφυλλιές.
ροδωνιά η, ουσ. (συνιζ., λαϊκ.). 1. ροδώνας. 2. τριανταφυλλιά.
ροζ, επίθ. άκλ., που έχει ένα χρώμα απαλό κόκκινο, που προέρχεται από την ανάμιξη του κόκκινου με το άσπρο: *φούστα/κορδέλα ~.* - Το ουδ. ως ουσ. = το ροζ χρώμα: *το ~ πάει πολύ με το γαλάζιο.* [γαλλ. *rose*].
ροζακί και **ραζακί** το, ουσ. (βοτ.) ποικιλία σταφυλιού επιτραπέζιου και για κρασί, με μακρουλές ασπριδερές ρώγες. [παλαιότερο *ροζάκι*<(πιθ.) ιταλ. επίθ. *rosacco; ρα-* (αντιδ.)<τουρκ. *rozaki*].
ροζάριο το, ουσ. (ασυνίζ.), (εκκλ.) α. σειρά από προσευχές των καθολικών στην Παναγία· β. το κομποσκοίνι που χρησιμοποιεί κανείς όταν λέει τις παραπάνω προσευχές. [ιταλ. *rosario*].
ροζέτα η, ουσ. 1. έμβλημα ορισμένων παρασήμων φτιαγμένο από ύφασμα, σε σχήμα μικρού ρόδου. 2. γύψινη ή ξύλινη πλάκα σε σχήμα στρογγυλό, ελλειψοειδές ή ορθογώνιο που προστίθεται ως διακόσμηση στο μέσο οροφής δωματίου. [ιταλ. *rosetta*].
ροζιάζω, ρ., μτχ. παρκ. -ιασμένος (συνιζ.), σχηματίζω ρόζους: *παλάμη -ιασμένη από τα σκοινιά* (Σεφέρης)· *κυπαρίσσι -ιασμένο.*
ροζιάρικος, -η, -ο, επίθ. (συνιζ., λαϊκ.), που έχει ρόζους: *ξύλο/*(σπανιότ.) *χέρι -ο.*
ρόζιασμα το, ουσ. (συνιζ., λαϊκ.), το να ροζιάζει (ένα χέρι ή ένα ξύλο).
ροζμπίφ, βλ. *ροσμπίφ*.
ρόζος ο, ουσ. 1. εξόγκωμα που δημιουργήθηκε από άγονο οφθαλμό φυτού πάνω στον κορμό ή τα κλαδιά του, όπου προεκτείνεται σε ορισμένο βάθος και είναι σκληρότερο από το υπόλοιπο ξύλο, καθώς και τμήμα του εξογκώματος αυτού σε κομμάτι ξύλου για χρήση: *το κούτσουρο/το σανίδι είχε -ους και δυσκολεύτηκα να το κόψω.* 2. κάλος στις παλάμες των χεριών από την εκτέλεση βαριάς χειρωνακτικής εργασίας. [αρχ. *όζος* ο με παρετυμ. επίδραση του ουσ. *ρίζα*].
ροή η, ουσ. 1. κανονική και συνεχής κίνηση υγρού προς ορισμένη κατεύθυνση (σε κοίτη, σωλήνα, κ.ά.): *~ πετρελαίου/του νερού·~ του αίματος στα αγγεία* (μεταφ. για κίνηση αυτοκινήτων) *~ της κυκλοφορίας.* (μετυφ.) ο τρόπος που εξελίσσεται μια κατάσταση: *η ~ των γεγονότων ανέτρεψε τις προσδοκίες μας.* 3. (νεολογ.) για μετάδοση πληροφοριών, διακίνηση ιδεών, μεταφορά χρημάτων, μετακίνηση ανθρώπων, κ.ά. αδιάκοπα και ελεύθερα από ένα μέρος προς ένα άλλο: *τα πανεπιστήμια διεκδικούν συνεχή ~ πόρων.* 4. (έκφρ. βιομ.) τεμαχισμένη εργασία εκτελούμενη σε κυλιόμενη επίπεδη επιφάνεια όπου ο κάθε εργάτης από τη θέση του συμβάλλει στην εργασία του προηγούμενου ωσότου συμπληρωθεί το βιομηχανικό προϊόν.
ροΐ το, ουσ. (λαϊκ.), μεταλλικό δοχείο λαδιού (ιδίως μαγειρικού) συνήθως με λεπτό σωλήνα και στόμιο για τη χρήση του (συνών. *λαδερό, λαδικό*). [μτγν. *ρογίον*].
ροϊδιά, βλ. *ροδιά*.
ρόιδο, βλ. *ρόδι*.
ροκ η και το, ουσ. άκλ., σύγχρονο διεθνές μουσικό είδος που δημιουργήθηκε στις Η.Π.Α. από τη τζαζ, έχει απλό σκοπό και έντονο ρυθμό και παίζεται συνήθως δυνατά και από μικρό συγκρότημα, κυρίως με ηλεκτρικές κιθάρες και ντραμς: *τραγουδιστές του ~·* (ως επίθ.) *~ συγκρότημα* (πβ. *ροκεντρόλ*). [αγγλ. *rock*].
ρόκα η, I. ουσ. 1. λεπτό ξύλινο ραβδί, συνήθως εξογκωμένο ή διχαλωτό στην άκρη, γύρω από το οποίο τυλίγαν οι γυναίκες μαλλί ή βαμβάκι για να το γνέσουν: *~ σκαλιστή.* 2. (λαϊκ.) ο κώνος του καλαμποκιού (ειδικά χωρίς τα φύλλα). [ιταλ. *rocca*].
ρόκα η, II. ουσ. (λαϊκ.), είδος σαλατικού. [ιταλ. *ruca*].
ροκάνα η, ουσ. 1. ροκάνι. 2. ξύλινο, μεταλλικό ή πλαστικό κρόταλο που παράγει ένα διακεκομμένο ξερό ή δυνατό ήχο με την περιστροφή οδοντωτού τροχού γύρω από άξονα, που χρησιμεύει και για λαβή. [μτγν. *ρυκάνη*].
ροκάνι το, ουσ. (λαϊκ.), χειροκίνητο εργαλείο ή ηλεκτροκίνητη μηχανή για λείανση ξύλου (συνών. *πλάνη*). [μτγν. *ρυκάνη*].
ροκανίδι το, ουσ., φλούδι ή τρίμμα ξύλου από την κατεργασία του με ροκάνι: *πάτωμα γεμάτο -ια* (συνών. *πλανίδι*).
ροκανίζω, ρ. 1. λειαίνω ξύλο με ροκάνι: *~ ένα σανίδι* (συνών. *πλανίζω*). 2. τρώω κάτι ξερό ή σκληρό, συνήθως προκαλώντας κάποιο θόρυβο καθώς το τρίβω με τα δόντια μου: *~ ένα παξιμάδι.* 3. (προφ., μεταφ.) κατατρώγω, ξοδεύω άσκοπα: -ει *τη σύνταξη του πατέρα του.*
ροκάνισμα το, ουσ., το να ροκανίζει κανείς κάτι.
ροκάς ο, θηλ. **-ού,** ουσ. (προφ.) θαυμαστής της μουσικής και του χορού ροκ (βλ. λ.).
ροκεντρόλ (έρρ.) και **ροκενρόλ** το, ουσ. άκλ. α. είδος έντονα ρυθμικής μουσικής από τις Η.Π.Α., ιδιαίτερα δημοφιλής στη νεολαία τη δεκαετία του 1950, και συνεκδοχικά ο χορός που χορεύεται με τέτοια μουσική· β. ροκ (βλ. λ.). [αγγλ. *rock and* (ή *'n'*) *roll*].
ροκοκό το, ουσ. άκλ. (καλ. τέχν.) διακοσμητικός ρυθμός διαδομένος στην Ευρώπη το 18. αι., με γαλλική προέλευση και χαρακτηριστικά τη συσσώρευση σε αρχιτεκτονήματα, έπιπλα ή άλλα αντικείμενα περίτεχνων κοσμημάτων (όπως λ.χ. φύλλα, κοχύλια, κ.ά.), συνήθως σε ασύμμετρη διάταξη. [γαλλ. *rococo*].
ροκφόρ το, ουσ. άκλ., είδος γαλλικού τυριού από πρόβιο γάλα με χαρακτηριστική γεύση, που οφείλεται σε ορισμένο είδος μυκήτων που έχουν αναπτυχθεί στο εσωτερικό του. [γαλλ. *roquefort* από την ομώνυμη πόλη].
ρολάκος, βλ. *ρόλος*.

ρολό και (σπανιότ.) **ρουλό** το, ουσ. 1. καθετί τυλιγμένο σε σχήμα κυλίνδρου: *ένα ~ χαρτί περιτυλίγματος*. 2. (μαγειρ.) είδος φαγητού από κιμά ή κρέας που του δίνουν σχήμα στενόμακρο κι αφού ψηθεί το σερβίρουν σε φέτες. **3α.** εξωτερικό φύλλο παραθύρου από στενές πήχες, συνήθως πλαστικές, που τυλίγονται γύρω από άξονα· **β.** μεταλλικό φύλλο ή πλέγμα που μαζεύεται τυλιγμένο σε άξονα και προστατεύει τις εισόδους ή τις προθήκες των καταστημάτων: *ξεκλείδωσε και σήκωσε το ~*· φρ. *κατεβάζω τα -ά* (= α. (κυριολεκτικά)· β. για κατάστημα που διακόπτει τη λειτουργία του, «κλείνει»). 4. (τεχν.) μικρός κύλινδρος με λαβή και με μαλακή εξωτερική επιφάνεια από νήματα που περιστρέφεται γύρω από άξονα, χρήσιμος για το βάψιμο μεγάλων επιφανειών. 5. μικρός πλαστικός κύλινδρος που χρησιμεύει για το τύλιγμα μαλλιών σε τρόπους γυναικείου χτενίσματος (πβ. *μπιγκουτί*). [γαλλ. *rouleau*].

ρολογάκι, βλ. *ρολόι*.

ρολογάς και **ωρολογάς** ο, ουσ. (λαϊκ.), ωρολογοποιός (βλ. λ.).

ρολόι το, γεν. -γιού, πληθ. -για, ουσ. 1. (γενικά) όργανο για τη μέτρηση του χρόνου: *~ ηλιακό* (= ρολόι χαραγμένο σε πώρινη συνήθως πέτρα με ημικυκλικό σχήμα διαιρεμένο σε δώδεκα τομείς για τη δήλωση των ωρών ανάλογα με τη θέση του ήλιου)· *~ με άμμο* (πβ. *κλεψύδρα*). **2α.** μηχάνημα με τα περισσότερα μέρη του μεταλλικά, που μετρά το χρόνο και μας δείχνει τι ώρα είναι ανάλογα με τη θέση δύο δεικτών που περιστρέφονται πάνω σε κυκλική ή τετράγωνη επιφάνεια, όπου υπάρχουν αριθμοί από το 1 έως το 12 ή αντίστοιχα σημεία, ή με την εμφάνιση αριθμητικών ενδείξεων: *~ επιτραπέζιο/ηλεκτρονικό· το ~ της εκκλησίας έδειχνε/χτύπησε μεσάνυχτα· το ~ πάει μπροστά/τρέχει* (= δείχνει ώρα μετά την κανονική· αντ. *πάει πίσω*)· **β.** (ειδικά) μικρό φορητό ρολόι που το φορά κανείς στο χέρι με μικρό λουρί ή αλυσίδα ή το έχει σε μικρή τσέπη: *~ αδιάβροχο/χρυσό· ο διαιτητής κοιτάει το ~ του*· φρ. *η δουλειά πάει ~* – *ή όλα δουλεύουν ~* (για εργασία ή επιχείρηση που εκτελείται με πολύ κανονικό ρυθμό). 3. (συνεκδοχικά) ψηλό κτίσμα, πύργος όπου έχει τοποθετηθεί μηχανικό ρολόι: *το ~ της Βέροιας*. 4. μετρητής για να υπολογίζεται η κατανάλωση νερού, ηλεκτρικού ρεύματος, κ.ά. 5. (βοτ.) κοινή ονομασία αναρριχώμενου φυτού που τα λουλούδια του με τους δείκτες του θυμίζουν ρολόι. - Υποκορ. **ρολογάκι** το στη σημασ. 2β. [μτγν. *ωρολόγιον*].

ρόλος ο, ουσ. 1. (σπανίως) για χαρτί τυλιγμένο σε κύλινδρο. 2. μέρος θεατρικού ή κινηματογραφικού έργου που αντιστοιχεί στα λόγια του προσώπου, το οποίο υποδύεται ένας ηθοποιός και, γενικά, το πρόσωπο που παριστάνει ένας ηθοποιός: *ο ~ της Αντιγόνης· ~ γυναικείος· μαθαίνω/ερμηνεύω ένα -ο*. 3. (μεταφ.) α. τρόπος δραστηριότητας κάποιου: *ανέλαβε τον επικίνδυνο ~ του κριτή των πάντων*· **β.** η σημασία που έχει κάποιος ή κάτι στη μορφή που παίρνει μια κατάσταση, η λειτουργία που επιτελεί ή η επιρροή που ασκεί σ' αυτήν: *ο Α διαδραματίζει/παίζει αποφασιστικό -ο στις πολιτικές εξελίξεις· ο ~ του προέδρου της Δημοκρατίας*. - Υποκορ. **-άκος** ο στη σημασ. 2. [γαλλ. *rôle*].

ρομανικός, -ή, -ό, επίθ. 1. νεολατινικός (βλ. λ.): *γλώσσες -ές*. 2. (ειδικά) που αναφέρεται στη μεσαιωνική αρχιτεκτονική της δυτικής Ευρώπης (από το τέλος του κράτους του Καρλομάγνου έως τη διάδοση του γοτθικού ρυθμού): *ναός/ρυθμός ~*. [γαλλ. *roman*].

ρομανιστής ο, θηλ. **-ίστρια,** ουσ., φιλόλογος, γλωσσολόγος που μελετά τις ρομανικές γλώσσες. [γαλλ. *romaniste*].

ρομάντζα η, ουσ. **1α.** απλό και τρυφερό τραγούδι με αισθηματικό περιεχόμενο και η μουσική που το συνοδεύει· **β.** οργανικό μουσικό κομμάτι έντονα ρομαντικό και μελωδικό. 2. ονειροπόληση, ποιητική διάθεση. [ιταλ. *romanza*].

ρομαντζάρω, ρ. (λαϊκ.), ονειροπολώ, ρεμβάζω. [ιταλ. *romanzare*].

ρομάντζο το, ουσ., λαϊκό αισθηματικό μυθιστόρημα. [ιταλ. *romanzo*].

ρομαντικός, -ή, -ό, επίθ. (έρρ.). **1α.** που ανήκει ή αναφέρεται στο ρομαντισμό: *μυθιστόρημα -ό· σχολή -ή*· **β.** για καλλιτέχνη που ακολουθεί το ρομαντισμό: *ποιητές -οί* (το αρσ. ως ουσ.) *οι μεγάλοι -οί του 19*. **2α.** που προκαλεί ψυχικές καταστάσεις αγαπητές στους οπαδούς του ρομαντισμού (ευαισθησία, έξαψη, ονειροπόληση, κ.ά.) ή συνδέεται με αυτές: *-ή βαρκάδα στο φεγγαρόφωτο· περιγραφή -ή*· **β.** (ειδικά) που αναφέρεται σε μια αισθηματική σχέση, στην έκφραση ή την περιγραφή τρυφερών ερωτικών αισθημάτων: *συνάντηση/ταινία -ή* (αντ. *ρεαλιστικός*). 3. για πρόσωπο που κυριαρχείται από τρυφερά αισθήματα (αντ. *αναίσθητος, πεζός*). **4α.** για πρόσωπο που η ευαισθησία και το πάθος του το κάνουν να ξεπερνά τη φρονιμάδα και την κοινή λογική, που οι ιδέες του δεν έχουν μεγάλη σχέση με την πραγματικότητα της ζωής, σε ό,τι αφορά λ.χ. τον έρωτα ή τη βελτίωση της κοινωνίας: *διανοούμενος αθεράπευτα ~* (αντ. *πρακτικός, προσγειωμένος*)· (το αρσ. ως ουσ.) *καταφύγιο των τελευταίων -ών* (συνών. *ουτοπιστής*)· **β.** για ιδέες και σχέδια που δεν είναι δυνατόν να πραγματοποιηθούν: *αυταπάτες/επιδιώξεις -ές* (συνών. *ουτοπιστικός, χιμαιρικός·* αντ. *ρεαλιστικός*). - Επίρρ. **-ά**. [γαλλ. *romantique*].

ρομαντικότητα η, ουσ. (έρρ.), η ιδιότητα του ρομαντικού, το να είναι κάποιος ρομαντικός (συνών. *ρομαντισμός* στη σημασ. 2).

ρομαντισμός ο, ουσ. (έρρ.). 1. σύνολο πνευματικών κινημάτων που εμφανίστηκαν στις χώρες της δυτικής Ευρώπης με πρώτη την Αγγλία στα τέλη του 18. αι. και επικρατούν έως τα μέσα του 19. αι. στη λογοτεχνία, τη μουσική και τις καλές τέχνες, με χαρακτηριστικά την προτίμηση στο συναίσθημα και όχι στη λογική, την ελεύθερη έκφραση των ατομικών και ομαδικών συναισθημάτων, την προτεραιότητα στη φαντασία και όχι στην κριτική ανάλυση: *ο ~ του Μπάιρον*. 2. τάση, διάθεση ή ατμόσφαιρα ρομαντική (βλ. λ. σημασ. 2-4). [γαλλ. *romantisme*].

ρομβία η, ουσ., ογκώδες έγχορδο μουσικό όργανο πλανόδιων οργανοπαικτών με κύλινδρο που καθώς περιστρεφόταν απέδιδε ορισμένες συνθέσεις. [εσφαλμένη ανάγνωση της ιταλ. λ. *POMBIA* που ήταν γραμμένη επάνω στο όργανο και δήλωνε την κατασκευάστρια εταιρεία (αντί για το σωστό *Πόμπια*)].

ρομβοειδής, -ής, -ές, γεν. -ούς, πληθ. αρσ. και

θηλ. -είς, ουδ. -ή, επίθ., που μοιάζει με ρόμβο, που έχει σχήμα ρόμβου: έλασμα -ές.

ρόμβος ο, ουσ. (γεωμ.), παραλληλόγραμμο που όλες οι πλευρές του είναι ίσες (συνήθως όταν δεν έχει τις γωνίες του ορθές, γιατί τότε λέγεται τετράγωνο).

ρόμπα η, ουσ. (όχι έρρ.), μονοκόμματο μακρύ άνετο φόρεμα που φοριέται στο σπίτι, κυρίως από γυναίκες. [γαλλ. *robe*].

ρομπατσίνα η, ουσ. (έρρ.), έλεγχος, μάλωμα (συνών. *επίπληξη, κατσάδα*). [ιταλ. *romanzina*].

ρομπινές και **ρουμπινές** ο, ουσ. (όχι έρρ.), όργανο που τοποθετείται σε ένα σωλήνα και που μπορεί κανείς να το ανοίγει ή να το κλείνει για να ρυθμίζει το πέρασμα ενός υγρού (συνών. *στρόφιγγα, κάνουλα*). [γαλλ. *robinet*].

ρομπόλα η, ουσ. (όχι έρρ.). 1. είδος σταφυλιού στην Κεφαλονιά. 2. το κρασί που παράγεται απ' αυτό το σταφύλι. [άγνωστη ετυμ.].

ρομπότ το, ουσ. άκλ. (όχι έρρ.). 1. μηχανικό κατασκεύασμα που αναπαράγει τις κινήσεις και γενικά την εξωτερική εμφάνιση των ανθρώπων και των ζώων. 2. (κυβερνητική) αυτόματο προγραμματισμένο όργανο που υποκαθιστά αυτόνομα τον άνθρωπο σε ορισμένες δραστηριότητες του χεριού, ιδίως τις κουραστικές, τις επικίνδυνες και τις δαπανηρές, σε ορισμένους τομείς της βιομηχανίας και της επιστημονικής έρευνας. 3. (μεταφ.) άτομο που το κατευθύνει τρίτος στις ενέργειές του ή που ενεργεί μηχανικά, χωρίς να σκέφτεται. [γαλλ. - αγγλ. *robot*<τσέχικα *robota*].

ρομποτική η, ουσ. (όχι έρρ.), κλάδος της κυβερνητικής που ασχολείται με τη μελέτη, την κατασκευή και τις εφαρμογές των ρομπότ (βλ. λ.).

ρομφαία η, ουσ. (εκκλ.) το σπαθί των αρχαγγέλων.

ροντό το, ουσ. άκλ. (έρρ.). 1. είδος ποιήματος της παλαιάς (μεσαιωνικής και αναγεννησιακής) γαλλικής λυρικής ποίησης με δύο ομοιοκαταληξίες και στίχους που επαναλαμβάνονται. 2. (μουσ.) μουσική σύνθεση με επαναλαμβανόμενα μοτίβα. [γαλλ. *rondeau*].

ρόπαλο το, ουσ., ξύλινο ραβδί λεπτότερο στη λαβή και πιο παχύ στο αντίθετο άκρο.

ροπή η, ουσ. 1. η κλίση προς τα κάτω. 2. ψυχική τάση, διάθεση, κλίση προς κάτι: *~ προς το έγκλημα*. 3. (φυσ.) *~ δύναμης ως προς σημείο/ευθεία/επίπεδο* = το γινόμενο της έντασης της δύναμης επί την απόστασή της από το σημείο, την ευθεία ή το επίπεδο· *~ ζεύγους δυνάμεων* = το γινόμενο της έντασης της μιας από αυτές επί τη μεταξύ τους απόσταση· *~ μαγνήτη* = το γινόμενο του μαγνητικού φορτίου του ενός πόλου επί την απόσταση των δύο πόλων.

ρόπτρο το, ουσ. 1. μετάλλινο κατασκεύασμα στην εξώπορτα για τους επισκέπτες. 2. μικρό ραβδί με το οποίο χτυπά κάποιος το τύμπανο.

ροσμαρί το, ουσ., δεντρολίβανο. [βενετ. *rosmarin*].

ροσμπίφ το, ουσ. άκλ., φαγητό από βοδινό κρέας ψημένο σε δυνατή φωτιά ώστε εξωτερικώς να καλοψηθεί και να διατηρήσει εσωτερικώς το αίμα του. [αγγλ. *roast-beef*].

ροσόλι το, ουσ., λικέρ από αλκοόλ, ζάχαρη και νερό σε ίση αναλογία, αρωματισμένο με απόσταγμα από τριαντάφυλλα. [ιταλ. *rosolio*].

ρόστο το, ουσ., κρέας κοκκινιστό ψημένο στην κατσαρόλα. [ιταλ. *arrosto*].

ρότα η, ουσ., πορεία, κατεύθυνση πλοίου: *άλλαξε η ~ του στόλου*· *τα καράβια μπήκανε στη σωστή ~*· *το καράβι σαλπάρισε με ~ κατά το σιρόκο*. [ιταλ. *rotta*].

ροταριανός, -ή, -ό, επίθ. (ασυνίζ.), που σχετίζεται με το Rotary Club (διεθνή οργάνωση με κοινωνική και φιλανθρωπική δράση): *~ όμιλος*· (ως ουσ.) μέλος της οργάνωσης αυτής: *συνέδριο των -ών*.

ροτόντα η, ουσ. (έρρ.). 1. κυκλικό θολωτό οικοδόμημα με περιστύλιο. 2. στρογγυλό τραπέζι. [ιταλ. *rotonda*].

ρούβλι το, ουσ., ρωσική νομισματική μονάδα που διαιρείται σε εκατό καπίκια. [ρωσ. λ.].

ρούγα η, ουσ. (λαϊκ.), στενός δρόμος. [λατ. *ruga*].

ρουζ το, ουσ. άκλ., κοκκινάδι (βλ. λ. σημασ. 3): *έβαλε ~ στα μάγουλά της*. [γαλλ. *rouge*].

ρουθούνι το, ουσ., το καθένα από τα δύο ανοίγματα της μύτης. Φρ. *δεν έμεινε ~* (= κανείς δεν απόμεινε)· *μπαίνω στο ~ κάποιου* (= του γίνομαι ενοχλητικός).

ρουκέτα η, ουσ., βλήμα αυτοπροωθούμενο που χρησιμοποιείται στα αντιαρματικά πυροβόλα και τα καταδιωκτικά αεροπλάνα. [γαλλ. *roquette*].

ρουκετοβόλο το, ουσ., πολεμικό μηχάνημα που εξαπολύει ρουκέτες.

ρουλάρω, ρ. (για καράβι) κλυδωνίζομαι. [ιταλ. *rollare*].

ρουλεμάν το, ουσ. άκλ., τμήμα μηχανών και εργαλείων όπου στηρίζεται και περιστρέφεται ένας άξονας: *~ αυτοκινήτου*. [γαλλ. *roulement*].

ρουλέτα η, ουσ. 1. μικρός κύλινδρος που γυρίζει προς όλες τις κατευθύνσεις ή μπίλια που προσαρμόζεται στα πόδια επίπλων ή άλλων αντικειμένων για να διευκολύνει τη μετατόπισή τους. 2. τυχερό παιχνίδι κατά το οποίο μια μπίλια ρίχνεται μέσα σε ένα περιστρεφόμενο δίσκο χωρισμένο σε 37 διαμερίσματα (στα οποία ποντάρουν οι παίκτες) και καθίζει τελικά σε ένα από αυτά υποδεικνύοντας έτσι τον αριθμό που κερδίζει. [γαλλ. *roulette*].

ρουλό, βλ. *ρολό*.

Ρουμάνα, βλ. *Ρουμάνος*.

ρουμάνι το, ουσ., δασώδης περιοχή: *ήτανε ακόμα άγριο ~ πριν να χτιστούνε τα σπίτια* (συνών. *λόγγος*). [τουρκ. *orman*].

ρουμανιάζω, ρ., μτχ. παρκ. *ρουμανιασμένος* (συνιζ., λαϊκ.), (για τόπο) μεταβάλλομαι σε δάσος, σε ρουμάνι (βλ. λ.): *-ο και πυκνόδεντρο βουνό* (Κόντογλου).

ρουμανικός, -ή, -ό, επίθ., που ανήκει ή αναφέρεται στους Ρουμάνους ή τη Ρουμανία.

Ρουμάνος ο, θηλ. -α, ουσ., που κατοικεί στη Ρουμανία ή κατάγεται απ' αυτήν.

Ρουμελιώτης ο, θηλ. -ισσα, ουσ. (συνίζ.), ο κάτοικος της Ρούμελης (= Στερεάς Ελλάδας).

ρουμελιώτικος, -η, -ο, επίθ. (συνιζ.), που σχετίζεται με τη Ρούμελη και τους Ρουμελιώτες: *τραγούδια -α· χορός -*. Το ουδ. στον πληθ. ως ουσ. *= το γλωσσικό ιδίωμα των Ρουμελιωτών*.

Ρουμελιώτισσα, βλ. *Ρουμελιώτης*.

ρούμι το, ουσ., δυνατό οινοπνευματώδες ποτό που παρασκευάζεται από χυμό ζαχαροκάλαμου. [αγγλ. *rum*].

ρούμπα η, ουσ. (έρρ.), χορός κουβανικής προέλευσης και ο αντίστοιχος ρυθμός. [γαλλ. *rumba*<λ. ισπαν.].

ρουμπί, βλ. *ρουμπίνι*.

ρουμπινές, βλ. *ρομπινές*.

ρουμπινής, -ιά, -ί, επίθ., που έχει το χρώμα του ρουμπινιού.

ρουμπίνι και **ρουμπί** το, ουσ., πολύτιμος λίθος κόκκινου χρώματος: *φωσφορίζουν αμέτρητα ρουμπίνια* (Κόντογλου). [ιταλ. *rubino*].

ρούμπος ο, ουσ. 1. (ναυτ.) παλαιό χαρτογραφικό σχέδιο που δείχνει τη διεύθυνση των 32 βασικών κατευθύνσεων του ανέμου στο ναυτικό χάρτη ή στην πυξίδα. 2. αρίθμηση επιτυχίας σε παιδικά παιχνίδια. [ιταλ. *rombo*].

ρουμπρίκα η, ουσ., μόνιμη στήλη εφημερίδας ή περιοδικού γύρω από ύλη συγκεκριμένης θεματικής περιοχής: ~ *λογοτεχνική/αθλητική*. [γαλλ. *rubrique*].

ρουνικός, -ή, -ό, επίθ., που σχετίζεται με σημεία γραφής των παλαιών τευτονικών λαών: *γραφή -ή· αλφάβητο -ό*. [σκανδιναβική προέλευση].

ρουπάκι το, ουσ., είδος βαλανιδιάς από τα ωραιότερα: *αυλόπορτα που ήτανε καμωμένη από άγρια -ια* (Κόντογλου). [αρχ. *ρώπαξ*].

ρούπι το, ουσ., υποδιαίρεση (= 1/8) του πήχη· έκφρ. *δεν το κουνώ/δεν ξεμακραίνω (ούτε)* ~ *από κάπου* (= δε μετακινούμαι καθόλου από εκεί); *δεν ξεμάκραινα* ~ *από δίπλα της*. [τουρκ. *rup*].

ρουπία η, ουσ., νομισματική μονάδα της Ινδίας και του Πακιστάν.

ρους ο, ουσ., μόνο στην έκφρ. *ο* ~ (= η πορεία) *της ιστορίας ή των γεγονότων*.

Ρούσα, βλ. *Ρούσος*.

ρούσικος βλ. *ρώσικος*.

Ρούσος, -α, βλ. *Ρώσος*.

ρούσος ο, θηλ. **-α,** ουσ., ξανθοκόκκινος. [μτγν. *ρούσιος*<λατ. *russus*].

ρουστίκ, επίθ. άκλ., που κατασκευάστηκε σε αγροτικό στιλ: *κατοικία/καρέκλα* ~. [γαλλ. *rustique*].

ρουσφέτι το, ουσ. 1. παράνομη κυβερνητική παροχή σε οπαδούς του κόμματος που κυβερνά: *το* ~ *είναι μια κοινωνική μάστιγα· μου το ζήτησε* ~· *διορίστηκε με* ~. 2. (κατ' επέκταση) χάρη, εκδούλευση: *του ζήτησα ένα* ~. [τουρκ. *rüşvet*].

ρουσφετολογία η, ουσ., η συνήθεια του ρουσφετιού (βλ. λ.).

ρουσφετολογικός, -ή, -ό, επίθ., που σχετίζεται με τη ρουσφετολογία ή βοηθά σ' αυτήν: *νομοσχέδιο -ό*.

ρουσφετολόγος ο, ουσ., πολιτικός (ιδίως) που εξυπηρετεί τους ψηφοφόρους με ρουσφέτια (βλ. λ.).

ρουσφετολογώ, -είς, ρ., (ιδίως για πολιτικά πρόσωπα) έχω τη συνήθεια να κάνω ρουσφέτια.

ρουτίνα η, ουσ. 1α. οριστικά καθιερωμένη τακτική στην πορεία της εργασίας: ~ *της εβδομάδας/του γραφείου·* **β.** (συνεκδοχικά) η μηχανική επανάληψη της παραπάνω καθιερωμένης τακτικής: *η ζωή του κατάντησε σκέτη* ~· *είναι πολύ ανήσυχο πνεύμα για να ακολουθήσει οποιαδήποτε* ~. γ. το αίσθημα πλήξης που οφείλεται σ' αυτήν τη μηχανική επανάληψη: ~ *καθημερινή/της ζωής*. 2. η συνήθεια να σκέφτεται και να ενεργεί κανείς με τον ίδιο μηχανικό τρόπο: ~ *αποκτηνωτική*. 3. έλλειψη πρωτοτυπίας που φανερώνει μειωμένη κριτική ικανότητα και φτωχό πνευματικό ή ψυχικό κόσμο: *καλλιτέχνης -ας·* έκφρ. *υπάλληλος της -ας* (= που εκτελεί μηχανικά την εργασία του). 4. (συνήθως στη γενική, όταν κάτι αποτελεί μέρος μιας συνηθισμένης εργασίας ή διαδικασίας): *δουλειά -ας· έλεγχος -ας από την αστυνομία*. [γαλλ. *routine*].

ρουτινιέρης ο, ουσ. (συνιζ.), αυτός που ακολουθεί τη ρουτίνα.

ρουτινιέρικος, -η, -ο, επίθ. (συνιζ.), που αναφέρεται στη ρουτίνα (βλ. λ.) ή που τον χαρακτηρίζει ρουτίνα: *δουλειά -η·* ~ *τρόπος ζωής*.

ρούφηγμα το, ουσ., το να ρουφά (βλ. λ.) κανείς κάτι.

ρουφηξιά η, ουσ. (συνιζ.), η ποσότητα του υγρού ή του καπνού με την οποία γεμίζει το στόμα του κάποιος κάθε φορά που ρουφά (βλ. λ.): ~ *δυνατή/ηχηρή· βαθιές -ιές τσιγάρου*.

ρουφηχτός, -ή, -ό, επίθ. (συνήθως για αβγό ωμό) που τρώγεται καθώς το ρουφά κανείς. - Επίρρ. **-ά.**

ρουφήχτρα η, ουσ., δίνη (βλ. λ. σημασ. 1) νερού που μπορεί να τραβήξει κάτι στο βυθό: *επικίνδυνες -ες ποταμών*.

ρουφιάνα, βλ. *ρουφιάνος*.

ρουφιανεύω, ρ. (συνιζ. λαϊκ.), είμαι ρουφιάνος (βλ. λ. σημασ. 2), συκοφαντώ, κάνω το σπιούνο.

ρουφιανιά η, ουσ. (συνιζ. δις, λαϊκ.). 1. το να κάνει κανείς το ρουφιάνο (βλ. λ. σημασ. 1), μαστροπεία. 2. διαβολή: *κάνω -ιές*.

ρουφιάνος ο, θηλ. **-α,** ουσ. (συνιζ., λαϊκ.). 1. αυτός που βοηθά τις ερωτικές σχέσεις μεταξύ δύο προσώπων για ιδιοτελείς σκοπούς, μαστροπός: φρ. *κάνω το -ο*. 2. (υβριστικά) παλιάνθρωπος. [ιταλ. *ruffiano*].

ρουφώ, -άς, ρ., αόρ. **-ηξα,** παθ. αόρ. **-ήχτηκα,** μτχ. παρκ. *ρουφηγμένος*. 1α. πίνω κάποιο υγρό γουλιά γουλιά στρογγυλεύοντας τα χείλη και κινώντας μέσα έξω τα μάγουλα, κινήσεις που τις συνοδεύω συνήθως με βαθιά εισπνοή: *-ούσε τη σούπα/τον καφέ του δυνατά/ενοχλητικά·* (συνεκδοχικά) *οι μέλισσες -ούν το χυμό των λουλουδιών·* (παλαιότερο) ~ *ναργιλέ·* **β.** (συνεκδοχικά) ~ *τα μάγουλα* = *τα κινώ, τα τραβώ προς τα μέσα·* έκφρ. *μάγουλα -ηγμένα* (= αδυνατισμένα πολύ). 2. (για στερεές τροφές που τις καταπίνω χωρίς να τις μασήσω): ~ *ένα ωμό αβγό/στρείδια/το μεδούλι*. 3. απορροφώ (συνήθως για πορώδη αντικείμενα): *το ύφασμα -ηξε το λεκέ· το στυπόχαρτο -ά το μελάνι· το παντεσπάνι -ηξε όλο το σιρόπι*. 4. (για θάλασσα ή ποταμό που έχει ρουφήχτρες (βλ. λ.)) τραβώ στο βυθό: *ώσπου να προλάβουν, το ποτάμι είχε -ήξει τα σακιά*. 5. εισπνέω με τη μύτη βαθιά ή με θόρυβο για να αισθανθώ ευχαρίστηση: ~ *τον καθαρό αέρα/τον καπνό/το άρωμα·* (παλαιότερα) ~ *ταμπάκο·* φρ. ~ *(μέσα) την κοιλιά* (= κάνω βαθιά εισπνοή ώστε να μπει μέσα η κοιλιά)· ~ *τη μύτη* (αντ. *φυσώ*). 6. (μεταφ.) κάνω κάποιον να εξασθενήσει οργανικά ή υλικά, τον εξαντλώ: φρ. ~ *το αίμα κάποιου* (= του παίρνω ανηλεώς ό,τι έχει και δεν έχει). 7. (μεταφ. για ανάγνωση, μελέτη, κλπ.) διαβάζω με μεγάλο ενδιαφέρον: *είναι τόσο καλό το άρθρο που το -ηξα·* φρ. ~ *τα λόγια του* (= τον ακούω με μεγάλη προσοχή).

ρουχάλα, βλ. *ροχάλα*.

ρουχαλάκι το, ουσ. 1. (υποκορ.) μικρό ρούχο (συνήθως στον πληθ. για τα ρούχα μικρού παιδιού). 2. με συμπάθεια αντί για τη λ. *ρούχο*.

ρουχαλητό, βλ. *ροχαλητό*.

ρουχαλίζω, βλ. *ροχαλίζω*.

ρουχάλισμα, βλ. *ροχάλισμα*.

ρουχικό το, ουσ., ρούχο· (κυρίως στον πληθ.) το

σύνολο των ρούχων, των ενδυμάτων ενός ατόμου, ρουχισμός.

ρουχισμός ο, ουσ., το σύνολο των ενδυμάτων ατόμου ή συγκεκριμένου είδους ένδυσης: *είδη -ού· στα ταξίδια του παίρνει τον κατάλληλο -ό* (συνών. λόγ. *ιματισμός*, λαϊκ. *ρουχικά*).

ρούχο το, ουσ. 1. (γενικά) ύφασμα: ~ *φτηνό/γερό*. 2. κάθε είδος ενδύματος (βλ. λ. σημασ. 1): ~ *αφόρετο/μπαλωμένο·* (συχνότερα στον πληθ.) *πλένω/απλώνω/ράβω -α·* σε φρ. *να ρίξω ένα* ~ *επάνω μου κι έφτασα*. 3. (στον πληθ.) το σύνολο των ρούχων που φορεί κανείς (εξωτερική ενδυμασία και εσώρουχα): *-α της δουλειάς/καθημερινά· -α γιορτινά· αλλάζω -α· πάχυνα και δε με χωρούν τα -α μου*. Φρ. *βγαίνω/βγήκα απ'τα -α μου* (= είμαι πολύ θυμωμένος)· *δεν έχει* ~ *να φορέσει* (= είναι πάμφτωχος)· (λαϊκ., για γυναίκα) *έχει τα -α της* (= εμμηνορροεί, έχει περίοδο)· *σκίζει τα -α του* (= διαμαρτύρεται έντονα)· *τρώγεται με τα -α του* (= γκρινιάζει συνεχώς). Παροιμ. *άλλαξε ο Μανολιός κι έβαλε τα -α αλλιώς*, βλ. *αλλάζω·* όποιος φυλάει τα -α του έχει τα μισά (= όποιος προσέχει δεν έχει μεγάλες απώλειες). [σλαβ. *ruho·* πβ. μεσν. λατ. *rochus·* περσ. *rukū*].

ρουχομάνι το, ουσ. (λαϊκ.), πολλά ρούχα μαζί.

ρόφημα το, ουσ., παρασκεύασμα χωρίς αλκοόλ, όπως τσάι, καφές, κλπ., που πίνεται συνήθως ζεστό: ~ *πρωινό*.

ροφός και **ορφός** ο, ουσ. (ζωολ.) σκουρόχρωμο ψάρι με χοντρό αργοκίνητο σώμα που απαντά σε βραχώδεις βυθούς. [μτγν. *ορφός*<αρχ. *ορφώς*].

ροφώ, ρ. (λόγ.), ρουφώ (βλ. λ.).

ροχάλα και **ρουχάλα** η, ουσ. (λαϊκ.), ρόχαλο (βλ. λ.), φλέμα.

ροχαλητό και **ρουχαλητό** το, ουσ., θορυβώδης αναπνοή ατόμου που κοιμάται συνήθως με ανοιχτό στόμα: *άρχισε το* ~ (συνών. *ροχάλισμα*).

ροχαλίζω και **ρουχαλίζω**, ρ. α. αναπνέω με θόρυβο καθώς κοιμούμαι, συνήθως με το στόμα ανοιχτό· β. (συνεκδοχικά) κοιμούμαι βαθιά. [μτγν. *ρογχαλίζω*].

ροχάλισμα και **ρουχάλισμα** το, ουσ., ροχαλητό (βλ. λ.).

ρόχαλο το, ουσ., βλεννώδες πτύελο που αποβάλλεται με απόχρεμψη (συνών. *φλέμα, ροχάλα*). [μτγν. *ρογχαλίζω*].

ρόχθος ο, ουσ. (λόγ.), δυνατή βοή κυμάτων ή καταρράκτη: ~ *της θάλασσας*.

ρυάζομαι, ρ. (συνιζ., λαϊκ.), (για ζώα) ουρλιάζω, σκούζω, φωνάζω· *σαν τη λιονταρίνα που -εται και γυρεύει τα λιονταρόπουλά της* (Κόντογλου). [αρχ.*ωρύομαι*].

ρυάκι το, ουσ. (ασυνίζ.), μικρό ρεύμα νερού που προέρχεται από κάποιο ποτάμι, λίμνη ή πηγή: *κελάρυσμα/μουρμουρητό του -ιού*.

ρύγχος το, ουσ. 1. το μπροστινό μέρος του κεφαλιού ορισμένων ζώων όταν προεξέχει, όπως του σκύλου, του χοίρου, των ψαριών, κλπ., μαζί με τη μύτη και το στόμα (συνών. *μουσούδι, μουσούδα, μούρη*). 2. (μεταφ.) το μυτερό άκρο εργαλείου. 3. (ανατομ.) ονομασία του ακραίου μπροστινού σημείου διάφορων οργάνων: ~ *του μεσολοβίου* (στον εγκέφαλο).

ρυγχωτός, -ή, -ό, επίθ., που έχει ρύγχος. - Το ουδ. στον πληθ. ως ουσ. = (ζωολ.) α. τάξη ερπετών με ογκώδες κρανίο που μοιάζουν με σαύρες. β. κατηγορία εντόμων με κεφαλή που μοιάζει με ρύγχος.

ρυζάλευρο το, ουσ., αλεύρι παρασκευασμένο από αποφλοιωμένο ρύζι.

ρύζι το, ουσ. 1. φυτό μονοκοτυλήδονο, ποώδες μονοετές, που καλλιεργείται σε εκτάσεις σκεπασμένες με νερό. 2. το σπέρμα του παραπάνω φυτού με το φλοιό του ή αποφλοιωμένο, λευκού χρώματος, που αποτελεί βασικό είδος διατροφής. Φρ. *βράσε* ~, βλ. *βράζω*. [αρχ. *όρυζα*].

ρυζόγαλο το, ουσ., είδος γλυκίσματος που μοιάζει με κρέμα και παρασκευάζεται από ρύζι, γάλα και ζάχαρη.

ρυζοκαλλιέργεια η, ουσ. (ασυνίζ. δις), καλλιέργεια ρυζιού.

ρυζόνερο το, ουσ., ζουμί από βρασμένο ρύζι.

ρυζοφυτεία η, ουσ., φυτεία ρυζιού, ορυζώνας (βλ. λ.).

ρυθμίζω, ρ. 1. δίνω σε κάποια κίνηση ρυθμό (βλ. λ.): ~ *το βήμα* (πβ. *συντονίζω*). 2. (για ήχο) συντονίζω τα σχετικά μηχανήματα ή όργανα ώστε να παράγεται ο σωστός κάθε φορά ήχος. 3. (για μηχάνημα, συσκευή, κ.τ.ό.) κάνω να κινείται ρυθμικά ή να λειτουργεί σωστά: ~ *το σύστημα κλιματισμού/τη ροή του νερού/το θερμοστάτη του καλοριφέρ* (συνών. *ρεγουλάρω* αντ. *απορυθμίζω*). 4. (μεταφ. για ζήτημα ή κατάσταση) διευθετώ, δίνω λύση προτείνοντας ή ακολουθώντας συνήθως κάποιους κανόνες ή νόμους, τακτοποιώ: *το θέμα -ίστηκε με την επέμβαση του υπουργού·* (γενικότερα) *-ει τη ζωή του έτσι ώστε να εξοικονομεί χρόνο και για διασκέδαση*.

ρυθμικός, -ή, -ό, επίθ. 1. (για κίνηση ή ήχο) που γίνεται με ρυθμό (βλ. λ.): *-ή αιώρηση του εκκρεμούς· χειροκρότημα -ό* (αντ. *άρρυθμος*). 2. που αναφέρεται στο ρυθμό (βλ. λ.): *ο στίχος αποτελεί -ή ενότητα*. - Το θηλ. ως ουσ. = 1. η τονική στιχουργία σε αντιδιαστολή με την προσωδιακή. 2. (γυμν.) η μουσικοκινητική ή ηχοκινητική αγωγή που αποτείνεται στον άνθρωπο ως σύνολο σωματικό, ψυχικό και πνευματικό. - Επίρρ. *-ά*.

ρυθμικότητα η, ουσ., το να είναι κάτι ρυθμικό (βλ. λ.): ~ *ήχου/κινήσεων* (πβ. *ευρυθμία, κανονικότητα*).

ρύθμιση η, ουσ. 1. το να προσδίνεται σε κάποια κίνηση ρυθμός (βλ. λ.). 2. (για ήχο) ο έλεγχος και συντονισμός μηχανημάτων ή οργάνων ώστε να παράγεται σωστός κάθε φορά ήχος: ~ *του ήχου σε εκπομπή της τηλεόρασης*. 3. (για μηχάνημα, συσκευή, κ.τ.ό.) η ενέργεια ή εργασία που γίνεται για να αποκτήσει μια μηχανική κίνηση ή να λειτουργεί σωστά: *αυτόματη με την κατάλληλη* ~ *επιτυγχάνει υψηλότερη απόδοση* (συνών. *ρεγουλάρισμα*). 4. (μεταφ. για ζήτημα ή κατάσταση) διευθέτηση, τακτοποίηση που γίνεται συνήθως με κάποιους νόμους ή κανόνες: ~ *του προβλήματος της κανονικής υδροδότησης·* ~ *νομοθετική· νέες -ίσεις του φορολογικού*.

ρυθμιστήρας ο, ουσ., εργαλείο που χρησιμοποιείται για τη ρύθμιση της κανονικής λειτουργίας ενός μηχανήματος.

ρυθμιστής ο, ουσ. 1. (για ήχο) αυτός που ρυθμίζει (βλ. λ. σημασ. 2) τα σχετικά μηχανήματα ώστε να παράγεται ο σωστός κάθε φορά ήχος: ~ *ήχου στο ραδιόφωνο*. 2. (βιομ. - τεχνολ.) συσκευή που αυτόματα ελέγχει και διατηρεί σταθερή την τιμή ενός φυσικού ποσού: ~ *θερμοκρασίας/υγρασίας ενός χώρου·* ~ *ηλεκτρικός/μηχανικός*. 3. αυτός που ρυθμίζει (βλ. λ. σημασ. 4), που διευθετεί ένα ζήτημα ή μια κατάσταση: ~ των πολιτικών εξελίξεων.

ρυθμιστικός, -ή, -ό, επίθ., που ανήκει ή αναφέρεται στη ρύθμιση ή που συντελεί σ' αυτήν: (τεχν.) μηχανισμός ~· -ές αρμοδιότητες του Προέδρου της Δημοκρατίας· (ειδικά) λεξικό περιγραφικό, αλλά και -ό· γραμματική -ή (= εκείνη που και περιγράφει και ρυθμίζει τη γλωσσική χρήση)· πολεοδομικό -ό σχέδιο (= που περιλαμβάνει τις γενικές αρχές συγκρότησης μιας πόλης, τη χρήση του εδάφους, τις κυκλοφοριακές ρυθμίσεις, κλπ.). - Επίρρ. **-ά:** τα δάση επιδρούν -ά στο κλίμα.
ρυθμολογία η, ουσ., μελέτη ή πραγματεία για τους ρυθμούς στην ποίηση, μουσική, χορό, κλπ.
ρυθμολογικός, -ή, -ό, επίθ., που ανήκει ή αναφέρεται στη ρυθμολογία (βλ. λ.).
ρυθμολόγος ο, ουσ., μελετητής που ασχολείται με τη ρυθμολογία (βλ. λ.).
ρυθμός ο, ουσ. **1.** η εναλλαγή κινήσεων που γίνεται με ορισμένη τάξη ή αναλογία, έμμετρη, περιοδική κίνηση: ~ μονότονος· κρατώ/επιταχύνω το -ό (πβ. *κανονικότητα*). **2.** οι περιοδικές αλλαγές που εμφανίζουν το σώμα και οι λειτουργίες του, η φύση και τα φυσικά φαινόμενα, κλπ.: ~ *βιολογικός/ καρδιακός·* ομαλός ~ *αναπνοής·* σεληνιακοί *-οί·* ~ *των εποχών/κυμάτων.* **3.** (ποιητ. - μετρ.) το απαραίτητο αρμονικό στοιχείο που διακρίνει μορφολογικά την ποίηση από τον πεζό λόγο και στηρίζεται στην καθορισμένη επανάληψη, καθώς και στην κανονική κατανομή ισχυρών χρόνων, τόνων και παύσεων, το σταθερό αριθμό των συλλαβών, κλπ.· ποιητικό μέτρο: ~ *μετρικός· προσωδιακός/τονικός.* **4.** (λογοτ.) η γενική κίνηση φράσης, ποιήματος, στροφής που προκύπτει από την έκταση των μερών της φράσης, την εναλλαγή των τόνων, κλπ.: ~ *πεζού λόγου.* **5.** (μους.) η περιοδική εναλλαγή δυνατών και χαμηλών ήχων, η κανονική διάταξη μουσικών φθόγγων που δίνει σ' ένα κομμάτι τη χαρακτηριστική του ταχύτητα: ~ *αλέγκρο/μοντεράτο· χόρευαν σε γνωστούς/μοντέρνους -ούς.* **6.** (αρχιτ. - πλαστική) η ιδιαίτερη τεχνική μέθοδος, ατομική ή ομαδική, που χαρακτηρίζει τα έργα μιας ορισμένης εποχής ή σχολής και που αντικατοπτρίζει τις πνευματικές τάσεις και απόψεις των δημιουργών τους γύρω από τα θέματα που εκφράζουν: ~ *δωρικός/κορινθιακός·* κτήρια νεοκλασικού -ού (συνών. *τεχνοτροπία, στιλ*). **7.** (γενικά) τάξη, ευρυθμία: *δεν έχει -ό στη δουλειά του· έκφρ. με -ό* (= με τρόπο τακτικό, κανονικά). **8.** η ταχύτητα με την οποία γίνεται κάτι ή εξελίσσεται μια διαδικασία, μια σειρά γεγονότων: ~ *της δουλειάς/παραγωγής· τα πράγματα εξελίχθηκαν με γοργό -ό·* (ειδικά) ~ *δράσης σε ένα φιλμ.* **9α.** η ταχύτητα με την οποία συμβαίνουν τα πράγματα ή η σειρά που ακολουθούμε στις ενέργειες μας: *εξονωτικός ~ της ζωής·* φρ. *δεν μπορώ να βρω τό -ό μου·* **β.** (συνεκδοχικά): *ο ~ της πόλης/του χωριού/του γραφείου.*
ρύμη η, ουσ., στην έκφρ. *εν τη ρύμη του λόγου* = πάνω στην κουβέντα, καθώς μιλά κανείς γρήγορα.
ρυμοτομία η, ουσ., κλάδος της πολεοδομίας που ασχολείται με τη διαρρύθμιση του χώρου στον οποίο πρόκειται να κτιστεί μια πόλη ή οποιοδήποτε οικοδομικό συγκρότημα, περιλαμβάνει τη χάραξη δρόμων και πλατειών, τον καθορισμό του ύψους των κτισμάτων και του πλάτους των πεζοδρομίων, κλπ., και διέπεται από επιστημονικούς κανόνες, συνθήκες πρακτικών αναγκών, καθώς και τις ισχύουσες κάθε φορά αισθητικές αντιλήψεις.

ρυμοτομικός, -ή, -ό, επίθ., που ανήκει ή αναφέρεται στη ρυμοτομία: *σχέδιο/διάταγμα -ό· προβλήματα -ά.*
ρυμοτομώ, -είς, ρ., χαράζω τους δρόμους και τις πλατείες μιας πόλης ή άλλου συνοικισμού. [μτγν. *ρυμοτομώ*].
ρυμούλκα η, ουσ., όχημα που ρυμουλκείται (βλ. λ.) από άλλο.
ρυμουλκό το, ουσ., πλοίο ή όχημα που ρυμουλκεί άλλο πλοίο ή όχημα.
ρυμουλκώ, -είς, ρ. **1.** (για πλοίο ή όχημα) σέρνω πλοίο ή όχημα που βρίσκεται δεμένο πίσω μου. **2.** (μεταφ.) παρασύρω κάποιον, τον κάνω ό,τι θέλω.
ρυπαίνω ρ., αόρ. *ρύπανα,* λερώνω ή μολύνω κάτι: *τα καυσαέρια -ουν την ατμόσφαιρα.*
ρύπανση η, ουσ. **1.** το να ρυπαίνεται, να μολύνεται κάτι. **2.** (ειδικότερα) ~ *της ατμόσφαιρας* = παρουσία σ' αυτήν ουσιών από βιομηχανικές δραστηριότητες ή την κυκλοφορία αυτοκινήτων σε τέτοια συγκέντρωση που να είναι βλαβερές και στον άνθρωπο και σε υλικές κατασκευές· ~ *εδάφους* = μόλυνση του εδάφους από την παρουσία ποικίλων τοξικών, ραδιενεργών, κλπ., απορριμμάτων.
ρυπαντής ο, ουσ. (έρρ.), ουσία που ρυπαίνει: *αύξηση των -ών στον αέρα.*
ρυπαντικός, -ή, -ό, επίθ, (έρρ.), που προκαλεί ρύπανση: *ουσία -ή· φορτίο -ό.*
ρυπαρογράφημα το, ουσ., συγγραφικό κατασκεύασμα που ρυπαίνει ηθικώς τον αναγνώστη (συνών. *πορνογράφημα*).
ρυπαρογραφία η, ουσ., η κατασκευή ρυπαρογραφημάτων.
ρυπαρογράφος ο, ουσ., αυτός που κατασκευάζει ρυπαρογραφήματα.
ρυπαρός, -ή, -ό, επίθ. (λόγ.). **1.** βρόμικος (συνών. *βρομιάρης·* αντ. *καθαρός*). **2.** (μεταφ.) αισχρός (αντ. *έντιμος*).
ρυπαρότητα η, ουσ., το να είναι κάποιος ή κάτι ρυπαρός/-ό.
ρυπογόνος, -α, -ο, επίθ., που δημιουργεί ρύπους (βλ. λ.): *αυτοκίνητο -ο· ουσία -α.*
ρύπος ο, ουσ., στοιχείο που λερώνει, που μολύνει: *τιμή διάφορων -ων στην ατμόσφαιρα.*
ρυτίδα η, ουσ., ζάρα (βλ. λ. σημασ. β) στο πρόσωπο.
ρυτίδωμα το και **ρυτίδωση** η, ουσ. **1.** το να αποκτά κανείς ρυτίδες. **2.** ρυτίδα, ζαρωματιά.
ρυτιδώνω, ρ. **Α.** (μτβ.) κάνω κάτι να αποκτήσει ρυτίδες: *ο χρόνος τού -ωσε το πρόσωπο·* (μεταφ.) *ο αέρας -ει τα νερά.* **Β.** (αμτβ., για πρόσωπο ανθρώπινο ιδίως) αποκτώ ρυτίδες: *-ωσε το μέτωπό μου.*
ρυτίδωση, βλ. *ρυτίδωμα.*
ρυτόν το, ουσ. (αρχαιολ.) **α.** είδος ποτηριού στενού στο κάτω μέρος, όπου υπήρχε οπή για να τρέχει το κρασί στο στόμα του πότη· **β.** τελετουργικό αγγείο ή ποτήρι κατασκευασμένο έτσι ώστε να έχει τη μορφή ζώου ή προσώπου ή πράγματος.
ρω το, ουσ. άκλ., το δέκατο έβδομο γράμμα του ελληνικού αλφαβήτου (ρ, Ρ). Παροιμ. *όσοι μήνες έχουν* ~ (ενν. *στο όνομά τους*), *το κρασί χωρίς νερό* (ενν. *πίνε το*). - Βλ. και *Ρ, ρ.*

ρώγα και (λαϊκ.) ράγα η, ουσ. 1. ο μικρός στρογγυλός καρπός του σταφυλιού: *τα 'τριψες τα σταφύλια και τα 'καμες -ες· ένα τσαμπί σταφύλι με πολλές -ες.* 2. η θηλή του μαστού. 3. το μαλακό κάτω μέρος του αφτιού (συνών. *λοβός*). 4. το μέσα μέρος του άκρου των δακτύλων. [αρχ. *ρωξ*, γεν. *-γός*].

ρωγαλιά η, ουσ. (ασυνίζ.), είδος μεγάλης αράχνης.

ρωγμή η, ουσ. 1. σχισμή στερεού σώματος: ~ *τοίχου/εδάφους*. 2. (ιατρ.) σχισμή οστού (συνών. *κάταγμα, ραγισματιά*).

ρωγοβύζι το, ουσ. (λαϊκ.), τεχνητή θηλή από καουτσούκ στο στόμιο μπουκαλιού που χρησιμοποιείται για να πίνουν γάλα τα βρέφη (συνών. *μπιμπερό, πιπίλα*).

ρωδακινιά η, ουσ. (συνιζ.), (βοτ.) είδος φυλλοβόλου οπωροφόρου δέντρου με νόστιμους κιτρινοκόκκινους χυμώδεις καρπούς που περιβάλλονται από χνουδωτό φλούδι.

ρωδάκινο το, ουσ., καρπός της ρωδακινιάς. [μεσν. *δωράκινον*<λατ. *duracinum*].

ρωδιός, βλ. *ερωδιός*.

ρωμαίικος, -η, -ο, επίθ. (λαϊκ.), νεοελληνικός: *οι -ες συνήθειες*. - Το ουδ. ως ουσ. = 1. (στον εν.) η Ελλάδα (υποτιμητικά). 2. (στον πληθ.) η νεοελληνική λαϊκή γλώσσα.

ρωμαϊκός, -ή, -ό, επίθ., που σχετίζεται με την αρχαία Ρώμη ή ανήκει σ' αυτήν: *τέχνη -ή*.

ρωμαιοκαθολικός, -ή, -ό, επίθ., που σχετίζεται με τον καθολικισμό: *εκκλησία -ή.* - Το αρσ. και το θηλ. ως ουσ. = πρόσωπο που ανήκει στην καθολική, την παπική Εκκλησία.

ρωμαιοκρατία η, ουσ., η εποχή της κυριαρχίας των Ρωμαίων στον κόσμο.

Ρωμαίος ο, θηλ. *-α*, ουσ., κάτοικος της αρχαίας και της σημερινής Ρώμης.

ρωμαϊστής ο, θηλ. *-ίστρια*, επίθ. (νομ.) επιστήμονας ειδικός στο ρωμαϊκό δίκαιο.

ρωμαλέος, -α, -ο, επίθ., (για άτομα) ισχυρός, δυνατός (συνών. *εύρωστος·* αντ. *αδύναμος*). - Επίρρ. *-α*.

ρωμαλεότητα η, ουσ., η ιδιότητα του ρωμαλέου (βλ. λ.).

ρωμαντικός, βλ. *ρομαντικός*.

ρωμαντισμός, βλ. *ρομαντισμός*.

ρώμη η, ουσ. (λόγ.), σωματική δύναμη (αντ. *αδυναμία*).

ρωμιαδάκι το, ουσ. (συνίζ., λαϊκ.), ταλαίπωρος Ρωμιός.

ρωμιοράφτης ο, ουσ. (συνιζ., λαϊκ.), (παλαιότερα) που ράβει ενδυμασίες λαϊκές νεοελληνικές (αντ. *φραγκοράφτης*).

Ρωμιός ο, θηλ. *-ιά*, ουσ. (συνιζ., λαϊκ.), Νεοέλληνας (συνήθως υποτιμητικά).

Ρωμιοσύνη η, ουσ. (συνιζ.), το σύνολο των νέων Ελλήνων ως έθνος με τα ήθη, τα έθιμα και την παράδοσή τους.

Ρωσία, βλ. *Ρώσος*.

ρωσικός, -ή, -ό και ρούσικος, επίθ., που ανήκει ή αναφέρεται στους Ρώσους ή τη Ρωσία. - Το ουδ. στον πληθ. ως ουσ. = η ρωσική γλώσσα.

ρωσομάθεια η, ουσ. (ασυνίζ.), το να ξέρει κανείς ρωσικά.

ρωσομαθής, -ής, -ές, γεν. *-ούς*, πληθ. αρσ. και θηλ. *-είς*, ουδ. *-ή*, επίθ., που ξέρει τη ρωσική γλώσσα.

Ρώσος και Ρούσος ο, θηλ. Ρωσίδα και Ρούσα, ουσ., αυτός που κατοικεί στη Ρωσία ή κατάγεται από εκεί.

ρωσόφιλος, -η, -ο, επίθ., που διάκειται φιλικά απέναντι στους Ρώσους, που συμπαθεί ή ευνοεί τους Ρώσους: *κόμμα -ο· πολιτική -η*. - Και ως ουσ. = φίλος των Ρώσων.

ρωτακισμός ο, ουσ. 1. (γλωσσολ.) τροπή φθόγγου σε *ρ*. 2. (ιατρ.) τραυλισμός του συμφώνου *ρ* (που τότε προφέρεται ως *γ*).

ρώτημα το, ουσ. (λαϊκ.), ερώτηση· συνήθως στις φρ. *να 'χομε καλό* ~ (σε περίπτωση διατύπωσης ελέγχου ανάμικτου με συμπάθεια και προστατευτικότητα): *πότε θα διαβάσεις, να 'χομε καλό* ~; *θέλει και* ~; (σε περίπτωση που κάτι θεωρείται σίγουρο ή αναμφισβήτητο): — *Θα συνεχίσεις τα μαθήματα μουσικής;* — *Θέλει και* ~;

ρωτώ και (λόγ.) ερωτώ, -άς, ρ. 1. ενεργ. α. υποβάλλω σε κάποιον ερώτηση ζητώντας ορισμένες πληροφορίες· φρ. *μην τα -άς* (= για δυσάρεστα γεγονότα ή για κωμικά και περίπλοκα επεισόδια)· (παροιμ.) *ρωτώντας πας στην Πόλη* (= όποιος ρωτάει μαθαίνει) (αντ. *απαντά, αποκρίνομαι*)· β. εκφράζω το ενδιαφέρον μου υποβάλλοντας ερωτήσεις για την τύχη κάποιου: *κανείς δε ρώτησε για τον καημένο το Νικόλα*. 2. (μεσ., λαϊκ., λογοτ.) *ρωτιέμαι μέσα μου* = αναρωτιέμαι.

Σ, σ, ς (σίγμα). **1α.** το δέκατο όγδοο γράμμα του ελληνικού αλφαβήτου· ένα από τα σύμφωνα της ελληνικής γλώσσας· **β.** με τη γραφή ς στο τέλος λέξης (*σίγμα τελικό*). - Βλ. και ά. *σίγμα*. **2.** αριθμητικό σημείο = **α.** (όταν έχει τόνο επάνω δεξιά ή τελεία κάτω δεξιά: *Σ΄, σ΄, ς.*) διακόσια, διακοσιοστός: *έτος από κτίσεως κόσμου ,ςσπ΄* (= 6280)· **β.** (όταν έχει τόνο κάτω αριστερά ,σ) διακόσιες χιλιάδες.
σ-, προθετ. σε ουσ. ή ρ. (*σκόνη<κόνις, σπουργίτης <πυργίτης, σκύβω<κύπτω*).
σα, βλ. **σαν**.
σαβάνα η, ουσ. (γεωγρ.-βιολ.) οικοσύστημα των τροπικών περιοχών, μεγάλο λιβάδι με λιγοστά δέντρα και λουλούδια που βρίσκεται γύρω από τα δάση, ιδίως της Αφρικής, και όπου ζουν πολυάριθμα ζώα. [γαλλ. *savane*<ισπαν. *sabana*].
σάβανο το, ουσ., λευκό ύφασμα, συνήθως σεντόνι, με το οποίο τυλίγουν, κάποτε κατάσαρκα, το σώμα του νεκρού για να το θάψουν (συνών. *νεκροσέντονο*).
σαβάνωμα το, ουσ., το να σαβανώνει κάποιος ένα νεκρό.
σαβανώνω, ρ., τυλίγω με σάβανο (ένα νεκρό).
σαβανωτής ο, θηλ. **-τρια**, ουσ. (λαϊκ.), άτομο ειδικευμένο στο σαβάνωμα.
σαβαρέν το, ουσ. άκλ., γλύκισμα με σχήμα κορόνας που το φτιάχνουν από αραιή ζύμη που ψήνεται στο φούρνο μέσα σε ειδικές φόρμες και το σερβίρουν διαποτισμένο με σιρόπι από λικέρ. [γαλλ. *savarin*].
σαβάτι το, ουσ. (λαϊκ.), (παλαιότερα) τρόπος διακόσμησης ασημένιων αντικειμένων με κράμα από ασήμι, χαλκό, μολύβι και θειάφι, καθώς και το παραπάνω κράμα που έχει χρώμα μαύρο (αλλιώς *μαύρο σμάλτο*). [τουρκ. *savat*].
σαββατιανός, -ή, -ό, επίθ. (συνίζ., λαϊκ.), σαββατιάτικος (βλ. λ.). - Το ουδ. ως ουσ. = ποικιλία αμπελιού και το άσπρο σταφύλι που αυτό παράγει.
σαββατιάτικος, -η, -ο, επίθ. (συνίζ.), που αναφέρεται στο Σάββατο ή γίνεται την ημέρα αυτή: *επιθεώρηση -η*. - Επίρρ. **-α** (= την ημέρα του Σαββάτου, ενώ είναι Σάββατο): *γιατί με ξύπνησες πρωί πρωί -α;*
Σάββατο και (λαϊκ.) **-άτο** το, ουσ., η έβδομη ημέρα της εβδομάδας, πριν από την Κυριακή: *ιουδαϊκή αργία του -άτου· Μέγα/Μεγάλο ~* (= της Μεγάλης Εβδομάδας)· *~ του Λαζάρου* (= το Σάββατο πριν από την Κυριακή των Βαΐων). Έκφρ. *το μήνα που δεν έχει ~* (= ποτέ). Παροιμ. *θέλησε ή κίνησε ο Εβραίος να πάει στο παζάρι κι έτυχε μέρα ~* (= όταν κάποιος αποφασίζει ύστερα από πολλές αναβολές να κάνει κάτι και τον εμποδίζει απρόβλεπτο εμπόδιο, αποδεικνύεται ότι διάλεξε ακατάλληλο χρόνο).
σαββατόβραδο το, ουσ., το βράδι του Σαββάτου: *γλέντι του -ου.*
σαββατογεννημένος, -η, -ο, επίθ. (λαογρ.) που γεννήθηκε Σάββατο και κατά τη λαϊκή αντίληψη είναι γι' αυτό το λόγο τυχερός ή αλαφροΐσκιωτος.
σαββατοκύριακο το, ουσ. (συνίζ.), το Σάββατο μαζί με την Κυριακή που ακολουθεί· ιδίως το διάστημα από το μεσημέρι του Σαββάτου (ή της Παρασκευής, όπου ισχύει πενθήμερη εργασία) έως το πρωί της Δευτέρας ως χρόνος που διατίθεται για ανάπαυση ή αναψυχή: *τα -α συνηθίζει να κάνει εκδρομές.*
σαβόρε και **-ο** το, ουσ. άκλ. (λαϊκ.), είδος σάλτσας για ψάρια, η μαρινάτα (βλ. λ.), καθώς και τρόπος διατήρησης τηγανητών ψαριών σ' αυτή (βλ. ά. *μαρινάτος*). [παλαιότερο ιταλ. *savore*].
σαβούρα η, ουσ. **1.** (ναυτ.) έρμα (βλ. λ.): *σίδερα της -ας· πετώ ~ στη θάλασσα.* **2.** (μεταφ.) πράγματα άχρηστα και χωρίς αξία, υλικό κακής ποιότητας: *μαγαζί γεμάτο ~· το βιβλίο αυτό έχει πολλή ~.* (προφ., περιφρονητικά για ανθρώπους κοινωνικά κατώτερους) *~ της κοινωνίας* (συνών. *σκουπίδια*). [λ. μεσν.<λατ. *saburra*].
σαβουράδικο το, ουσ. (ναυτ.) μικρό πλοίο που μετέφερε σαβούρα σε άλλο πλοίο ή την παραλάμβανε από αυτό.
σαβούρωμα το, ουσ. (ναυτ.) ερμάτιση (βλ. λ.).
σαβουρώνω, ρ. **1.** (ναυτ.) ερματίζω (βλ. λ.). **2.** (λαϊκ., μεταφ., ειρων.) τρώω, γεμίζω την κοιλιά μου: *ήρθαν να -ώσουν* (συνεκδοχικά για γνώση): *Βλέποντας, ακούοντας και μιλώντας όλο και κάτι -εις* (Μπαστιάς).
σαγανάκι και **σαγανάκι** το, βλ. *σαχάνι*.
σαγή η, ουσ. (λόγ.), το σύνολο των εξαρτημάτων που βάζει κανείς σε ένα υποζύγιο για να το καβαλικέψει, να το ζέψει ή να το φορτώσει (κοιν. *χάμουρα* τα).
σαγήνευμα το και **σαγήνευση** η, ουσ. (λόγ.), το να σαγηνεύει κανείς και το αποτέλεσμα της ενέργειας αυτής.
σαγηνευτής ο, θηλ. **-τρια**, επίθ. (λόγ.), άτομο που σαγηνεύει (συνών. *γόης, πλάνος*).

σαγηνευτικός, -ή, -ό, επίθ., που έχει την ικανότητα, τη δύναμη να σαγηνεύει: *πλάσμα/βλέμμα -ό* (συνών. *γοητευτικός, ελκυστικός, θελκτικός·* αντ. *άχαρος, αποκρουστικός).*
σαγηνεύτρια, βλ. *σαγηνευτής.*
σαγηνεύω, ρ., ελκύω, συναρπάζω και ευχαριστώ κάποιον με τα φυσικά ή πνευματικά, κ.ά., προσόντα μου: *η ομορφιά της/η εικόνα της φουρτουνιασμένης θάλασσας με -ει* (συνών. *γοητεύω, θέλγω, μαγεύω).*
σαγήνη η, ουσ. (λόγ.), η δύναμη κάποιου (ανθρώπου ή πράγματος, κ.ά.) να συναρπάζει, να προσελκύει, να συγκινεί (συνών. *γοητεία, θέλγητρο, μαγεία·* αντ. *ανουσιότητα, αποκρουστικότητα).*
σαγιάκι το, ουσ. (συνιζ., λαϊκ.), είδος μάλλινου υφάσματος για ενδύματα, που το ύφαιναν στο σπίτι. [τουρκ. *şayak*].
σαγιάς ο, ουσ. (συνιζ., λαϊκ.), είδος χοντρού μάλλινου υφάσματος, με το οποίο έφτιαχναν κάπες, σκεπάσματα, κ.ά. [τουρκ. *saya (çuhasi)*].
σαγίζω και (λαϊκ.) **σαΐζω,** ρ., βάζω σε υποζύγιο τη σαγή του, σαμαρώνω.
σαγιονάρα η, ουσ. (συνιζ.), (συνήθως στον πληθ.) είδος παντόφλας από πλαστικό, με ελαφρύ πέλμα που το συγκρατεί στο πόδι μια λεπτή λωρίδα, η οποία περνά πάνω από τα δάχτυλα και στερεώνεται ανάμεσα στο μεγάλο και το διπλανό του. [λ. ιαπωνική].
σάγισμα και **σάισμα** το, ουσ. (λαϊκ.), χοντρό ύφασμα που το έστρωναν στη ράχη του υποζυγίου, κάτω από τη σαγή, ή το χρησιμοποιούσαν για σκέπασμα.
σαγίτα, βλ. *σαΐτα.*
σαγκουίνι το, ουσ. (έρρ., λαϊκ.), ποικιλία πορτοκαλιού με σάρκα κοκκινωπή, στο χρώμα του αίματος. [ιταλ. *sanguigno*].
σάγμα το, ουσ. (λόγ.), σαμάρι.
σαγματοποιείο το, ουσ. (λόγ.), το εργαστήριο του σαγματοποιού, σαμαράδικο.
σαγματοποιός ο, ουσ. (ασυνίζ., λόγ.), αυτός που κατασκευάζει σαμάρια, σαμαράς.
σαγονάκι και **σαγονάρα,** βλ. *σαγόνι.*
σαγονάς ο, θηλ. **-ού,** ουσ. (λαϊκ.), αυτός που το κάτω σαγόνι του είναι μεγάλο, προτεταμένο.
σαγόνι το, ουσ. 1. (συνήθως στον πληθ.) **α.** καθένα από τα δύο τμήματα του προσώπου, που το επάνω αποτελείται από δύο κόκαλα και το κάτω από ένα και σχηματίζουν τα δύο μαζί τη στοματική κοιλότητα και φέρουν την οδοντοστοιχία: *πάνω/κάτω ~* (συνών. *γνάθος, σιαγόνα)* **β.** για τα κόκαλα του στόματος και γενικά το στόμα και τα δόντια ενός ζώου: *τα -α του καρχαρία.* 2. (στον εν.) πιγούνι: *γροθιά στο ~* - Υποκορ. **-άκι** το και μεγεθ. **-άρα** η στη σημασ. 2. [αρχ. *σιαγόνιον*].
σαγονιά η, ουσ. (συνιζ., λαϊκ.). **1α.** χτύπημα με το σαγόνι ή στο σαγόνι· **β.** δαγκωματιά. 2. (προφ.) μεταφ. για πολύ ακριβό λογαριασμό σε κατάστημα.
σαγονού, βλ. *σαγονάς.*
σαγρές ο και (άκλ.) **σαγρέ** το, ουσ. (τεχν.). 1. σπυρωτή επιφάνεια (σε σοβά). 2. ελαιοχρωματισμός που δημιουργεί σπυρωτή επιφάνεια (το πετυχαίνει κανείς χτυπώντας με τις άκρες της βούρτσας, όσο ακόμη το χρώμα είναι φρέσκο). [τουρκ. *sahrc*].
Σαδδουκαίος ο, ουσ. (θρησκ.) συντηρητικός Ιουδαίος, μέλος αίρεσης που απέρριπτε την αθανα-

σία της ψυχής και την ανάσταση των νεκρών και ήταν εχθρική προς τους **Φαρισαίους** (3. αι. π.Χ. -1. αι. μ.Χ.).
σαδισμός ο, ουσ. 1. (ψυχιατρ.) γενετήσια διαστροφή κατά την οποία κάποιος διεγείρεται και νιώθει ηδονή με το να βασανίζει φυσικά ή ηθικά άλλο άτομο. 2. (προφ.) το να αισθάνεται κανείς ευχαρίστηση από το βασανισμό ή τον πόνο του άλλου (αντ. *μαζοχισμός).* [γαλλ. *sadisme,* από το όνομα του μαρκησίου *de Sade*].
σαδιστής ο, θηλ. **-τρια,** ουσ. 1. (ψυχιατρ.) που εκδηλώνει σαδισμό. 2. (προφ.) αυτός που του αρέσει να βασανίζει, που ευχαριστιέται όταν ο άλλος υποφέρει: *ωμός ~·* (σε θέση επιθ.) *~ δολοφόνος* (αντ. *μαζοχιστής).*
σαδιστικός, -ή, -ό, επίθ., που αναφέρεται στο σαδισμό ή το σαδιστή: *τάσεις -ές· βλέμμα -ό* (αντ. *μαζοχιστικός).*
σαδίστρια, βλ. *σαδιστής.*
σαδομαζοχισμός ο, ουσ. (ψυχιατρ.) σεξουαλική διαστροφή όπου συνδυάζονται ο σαδισμός και ο μαζοχισμός (βλ. λ.). [γαλλ. *sadomasochisme*].
σάζω, βλ. *σιάζω.*
σαθρός, -ή, -ό, επίθ., φθαρμένος, παλιωμένος (αντ. *ανθεκτικός, στερεός, γερός)·* (ιδίως μεταφ.) που δεν έχει στήριγμα: *επιχειρήματα -ά* (συνών. *ανυπόστατος, αβάσιμος).*
σαθρότητα η, ουσ., το να είναι κάτι σαθρό (βλ. λ.) (αντ. *ανθεκτικότητα, στερεότητα).*
σαΐζω, βλ. *σαγίζω.*
σαΐνης ο, ουσ. (λαϊκ.), άτομο εύστροφο, ζωηρό. [*σαΐνι*].
σαΐνι, ο, ουσ. 1. είδος γερακιού. 2. (μεταφ.) άτομο εύστροφο, ζωηρό. [τουρκ. *şahin*].
σάισμα, βλ. *σάγισμα.*
σαΐτα και **σαγίτα** η, ουσ. 1. το βέλος του τόξου: *οι μπάλες κι οι σαγίτες τρυπούσανε τα σκουτάρια τους* (Κόντογλου). 2. παιδικό χάρτινο κατασκεύασμα σε σχήμα βέλους (για παιχνίδι). **3α.** (υφαντική) μακρόστενο εξάρτημα του αργαλειού με το οποίο περνιέται το υφάδι από τις κλωστές του στημονιού· **β.** το αντίστοιχο εργαλείο της ραπτομηχανής. 4. είδος μικρού ευκίνητου φιδιού.
σαΐτεμα το, ουσ. 1. η ενέργεια του σαϊτεύω. 2. το τραύμα από σαΐτα.
σαϊτεύω, ρ., αόρ. **-εψα.** 1. πληγώνω με σαΐτα (συνών. *τοξεύω).* 2. (μεταφ. και με υποκ. το θεό Έρωτα, που πληγώνει με τα βέλη του) προκαλώ έρωτα σε κάποιον ή κάποια.
σαϊτιά η, ουσ. (συνιζ.). 1. ρίξιμο της σαΐτας. 2. πλήγμα από σαΐτα.
σαϊτοθήκη η, ουσ., θήκη για σαΐτες (συνών. *φαρέτρα).*
σάκα η, ουσ. 1. σακίδιο όπου ο μαθητής τοποθετεί τα βιβλία που του είναι χρήσιμα πηγαίνοντας στο σχολείο. 2. τσάντα, χαρτοφύλακας.
σακάκι το, γεν. **-κιού,** ουσ., ανδρικός επενδύτης που καλύπτει τον κορμό και τα μπράτσα.
σακαράκα η, ουσ. 1. παλιό, αχρηστευμένο σπαθί. 2. εκφρ. *παλιά ~ =* (ειρων.) άξεστος αξιωματικός του στρατού. 3. καθετί που έχει παλιώσει (ιδίως αυτοκίνητο).
σακαράκας ο, ουσ. (ειρων.) άξεστος αξιωματικός.
σακάς ο, ουσ. 1. αυτός που φτιάχνει σάκους. 2. (ζωολ.) το πουλί πελεκάνος.
σακάτεμα το, ουσ. 1. η ενέργεια και το αποτέλεσμα του *σακατεύω* (βλ. λ.). 2. μεγάλη ταλαιπωρία,

υπερβολική κούραση (συνών. *παιδεμός*).
σακατεύω, ρ., αόρ. -εψα, μτχ. παρκ. -εμένος. 1. κάνω κάποιον ανάπηρο, σακάτη (συνών. ιδιωμ. *μισερεύω*). 2. (μεταφ.) ταλαιπωρώ σε μεγάλο βαθμό: *με -εψε αυτή η δουλειά· τον -εψε στο ξύλο* (= τον έδειρε χωρίς οίκτο)· *ψυχή* (= άνθρωπος) *σακατεμένη*.
σακάτης ο, θηλ. -ισσα, ουσ. (λαϊκ.), που έχει πάθει σοβαρή σωματική βλάβη (συνών. *ανάπηρος, σημαδεμένος·* αντ. *γερός, αρτιμελής*). [τουρκ. *sakat*].
σακάτικος, -η, -ο, επίθ. (λαϊκ.). 1. (για μέλος του σώματος) που έχει πάθει σοβαρή βλάβη: *χέρι -ο*. 2. (για αντικείμενο) που δεν είναι στερεό.
σακατ(ι)λίκι το, ουσ. (λαϊκ.), η κατάσταση του σακάτη (βλ. λ.) (συνών. *αναπηρία·* αντ. (λόγ.) *αρτιμέλεια*). [τουρκ. *sakatlık*].
σακάτισσα, βλ. *σακάτης*.
σακατλίκι, βλ. *σακατιλίκι*.
σακελλάριος ο, ουσ. (ασυνίζ.), εκκλησιαστικός αξιωματούχος που έχει ως έργο να διοικεί και να επισκέπτεται τα μοναστήρια μιας επισκοπής. [λατ. *sacellarius*].
σακί το, ουσ. 1. τσουβάλι. 2. το περιεχόμενο ενός τσουβαλιού: *ένα ~ όσπρια*. Φρ. *αγοράζω γουρούνι στο ~* (= αγοράζω κάτι χωρίς να εξετάσω προηγουμένως την ποιότητά του)· *δε βάνω το κεφάλι μου στο ~* (= δε διακινδυνεύω)· *τον έβαλε στο ~* (= τον ξεγέλασε). Παροιμ. *άδειο ~ δε στέκει* (= για να υπάρξει ο άνθρωπος πρέπει να τρέφεται και, μεταφ., όποιος δεν έχει μυαλό δεν μπορεί να πετυχαίνει).
σακιά η, ουσ. (συνιζ., λαϊκ.), ό,τι μπορεί να χωρέσει σε ένα σακί.
σακιάζω, ρ. (συνιζ., λαϊκ.), βάζω στο σακί: *σακιάσαμε το στάρι*.
σάκιασμα το, ουσ. (συνιζ., λαϊκ.), η ενέργεια του σακιάζω (βλ. λ.).
σακίδιο το, ουσ. (ασυνίζ.). 1. μικρός σάκος. 2. ο στρατιωτικός σάκος (συνών. *γυλιός*).
σακκί, βλ. *σακί*.
σακοβελόνα η, ουσ., βελόνα κατάλληλη για ράψιμο σάκων και γενικά χοντρών υφασμάτων (συνών. *σακοράφα*).
σακοειδής, -ής, -ές, γεν. *-ούς*, πληθ. αρσ. και θηλ. *-είς*, ουδ. *-ή*, επίθ., που μοιάζει με σάκο.
σακολαίβα η, ουσ. 1. (ναυτ.) μικρό πανί πλοίου σε τραπεζοειδές σχήμα. 2. είδος μικρού ιστιοφόρου που έχει τέτοιο πανί. [μεσν. *σαγολαίβα<αρχ. σάγος + λαίφος*, με επίδρ. του ουσ. *σάκος*].
σακοράφα η, ουσ., σακοβελόνα (βλ. λ.).
σάκος ο, ουσ. 1. θήκη από χοντρό ύφασμα ή δέρμα για μεταφορά αντικειμένων: *ταχυδρομικός ~* (για μεταφορά επιστολών και δεμάτων)· (ιατρ.) *χειρουργικός ~* (που περιέχει εργαλεία του γιατρού για να εξυπηρετήσει άμεσες ανάγκες στο στρατό). 2α. (ναυτ.) κυλινδρική θήκη όπου οι ναύτες τοποθετούν όλα τα χρειώδη τους· β. (στρατ.) ο γυλιός (βλ. λ.). 3. αρχιερατικό άμφιο με φαρδιά μανίκια που φτάνει έως το γόνατο. 4. (ζωολ.) *λαρυγγικός ~* = μεμβρανώδης θήκη που έχει ο πελεκάνος κάτω από το ράμφος του για να αποθηκεύει εκεί τα ψάρια που πιάνει. Φρ. *θα του δείξω πόσα απίδια βάνει ο ~* (= θα τον τιμωρήσω σκληρά).
σακούλα η, ουσ. 1. μικρός σάκος από χαρτί ή πλαστικό για τοποθέτηση και μεταφορά προϊόντων που αγοράζονται. 2. σάκος από λεπτό πανί για το στράγγισμα του γιαουρτιού. 3. (μεταφ.) πρήξιμο

του δέρματος κάτω από τα μάτια: *από την αϋπνία έκαναν -ες τα μάτια μου*. - Υποκορ. **-ίτσα** η (στη σημασ. 1).
σακούλι το, ουσ., μικρός σάκος. Παροιμ. *φασούλι το φασούλι γεμίζει το ~* (= με την αποταμίευση μπορεί κανείς σιγά σιγά να κάνει περιουσία). - Υποκορ. **-άκι** το.
σακουλιάζω, ρ. (συνιζ.). Α. (μτβ.) τσουβαλιάζω, τοποθετώ κάτι μέσα σε σάκο ή σακί. Β. αμτβ. 1. (για ρούχο) δεν εφαρμόζω όπως πρέπει, σχηματίζω σούφρες: *το σακάκι -ει*. 2. (για τα μάτια) αποκτώ σακούλες (βλ. λ. σημασ. 3): *τα μάτια τους είχαν -ιάσει*.
σακούλιασμα το, ουσ. (συνιζ.), το να σακουλιάζει κανείς κάτι ή το να σακουλιάζει κάτι μόνο του.
σακουλίσιος, -α, -ο, επίθ. (συνιζ.), (ιδίως για το γιαούρτι) που στραγγίζεται σε σακούλα.
σακουλίτσα, βλ. *σακούλα*.
σακουλοπαπαδίτσα η, ουσ., είδος μικρόσωμου υδρόβιου πουλιού.
σάκχαρο και (λαϊκότερα) **ζάχαρο** το, ουσ. 1. είδος υδατάνθρακα που απαντά σε ζωικούς και φυτικούς οργανισμούς (συνών. *γλυκίδιο*). 2α. (ιατρ.) ποσότητα σακχάρου που περιέχεται στο αίμα: *φυσιολογικό/υψηλό· μετρό το ~*. β. (συνεκδοχικά) η αρρώστια «σακχαρώδης διαβήτης» που χαρακτηρίζεται από παρουσία σακχάρου στο αίμα σε μεγάλη δόση (βλ. και *διαβήτης* σημασ. ΙΙ): *πάσχω από ~* (συνών. *σακχαροδιαβήτης*).
σακχαροδιαβήτης και (λαϊκότερα) **ζαχαροδιαβήτης** ο, ουσ. (ασυνίζ.), (ιατρ.) θρεπτική διαταραχή που προκαλείται από την μερική αδυναμία του οργανισμού να αφομοιώσει τους υδατάνθρακες και που εκδηλώνεται με την παρουσία σακχάρου (βλ. λ.) στο αίμα.
σακχαρομετρία η, ουσ. (χημ.) προσδιορισμός του σακχάρου που περιέχει μια ουσία.
σακχαρόμετρο το, ουσ. (χημ.) όργανο για τον προσδιορισμό του σακχάρου που περιέχεται σε ένα διάλυμα.
σακχαρομύκητας και (λαϊκότερα) **ζαχαρομύκητας** ο, ουσ. (χημ.) μύκητας που ζει και πολλαπλασιάζεται σε ζαχαρούχα υγρά, στα οποία προκαλεί αλκοολική ζύμωση (συνών. *ζυμομύκητας*).
σακχαρομυκητίαση η, ουσ. (ιατρ.) παρασιτική ασθένεια, μόλυνση του δέρματος, που προκαλείται από σακχαρομύκητες (βλ. λ.).
σάλα η, ουσ. 1. αίθουσα υποδοχής (συνών. *σαλόνι*). 2. μεγάλη αίθουσα για δημόσιες συγκεντρώσεις (συνών. *αίθουσα*). [ιταλ. *sala*].
σαλαγητό το, ουσ. (λαϊκ.), θόρυβος, φασαρία (συνών. *σάλαγος, βοή*).
σάλαγος ο και **-ο** το, ουσ. (λαϊκ.), βοή, θόρυβος, φασαρία: *-ο του πελάγου*.
σαλαγώ, -άς, ρ. (λαϊκ.). 1. οδηγώ με κραυγές το κοπάδι στη βοσκή. 2. προκαλώ θόρυβο, βοή.
σαλάκι, βλ. *σάλι* Ι.
σαλαμάνδρα και **σαλαμάντρα** η, ουσ. (ζωολ.) αμφίβιο ερπετό (είδος σαύρας). [αρχ. *σαλαμάνδρα*].
σαλάμι το, ουσ., είδος αλλαντικού από ψιλοκομμένο καπνιστό κρέας (συνήθως χοιρινό), λίπος και καρυκεύματα. [ιταλ. *salame*].
Σαλαμίνιος ο, θηλ. **-α**, ουσ. (ασυνίζ.), κάτοικος της Σαλαμίνας (σήμερα λαϊκ. *Κούλουρης·* ο κάτοικος *Κουλουριώτης*).
σαλαμούρα η, ουσ. 1. αλατισμένο νερό για να διατηρούνται ορισμένα τρόφιμα. 2. (μεταφ.) φαγητό

υπερβολικά αλατισμένο: *δεν τρώγεται· είναι ~.* [βενετ. *salamora*].
σαλάτα η, ουσ. **1.** φαγητό (συνήθως συνοδευτικό του κύριου πιάτου) από λαχανικά, βρασμένα ή νωπά, ή και άλλα φαγώσιμα με λάδι, ξίδι, κλπ. **2.** (μεταφ.) ανακάτεμα ανόμοιων πραγμάτων: φρ. *τα 'καμα ~ = τα ανακάτεψα, προκάλεσα σύγχυση·* απέτυχα εντελώς. [ιταλ. *(in)salata*].
σαλατιέρα η, ουσ. (συνιζ.), σκεύος του τραπεζιού όπου βάζουμε τη σαλάτα.
σαλατικό το, ουσ., λαχανικό που χρησιμοποιείται για σαλάτα.
σαλατοποιώ, -είς, ρ., μπερδεύω μια υπόθεση, προκαλώ σύγχυση, «τα κάνω σαλάτα»: *τα -ποίησες τώρα μ' αυτό που έκανες.*
σαλάχι, βλ. *σελάχι* (Ι).
σάλβα η, ουσ., χαιρετισμός με πυροβολισμό: *ρίξαμε -ες με το κανόνι.* [ιταλ. *salva*].
σαλβάρι και **σαλιβάρι** το, ουσ., είδος μακριάς βράκας που φορούν οι ναυτικοί και οι χωρικοί σε ορισμένες περιοχές της Ελλάδας, καθώς και ορισμένοι ασιατικοί λαοί. [τουρκ. *şalvar*].
σάλεμα το, ουσ., η ενέργεια και το αποτέλεσμα του σαλεύω (βλ. λ.).
σαλέπι το, ουσ. **1.** είδος ποώδους φυτού με βολβώδεις ρίζες και πορφυρόχρωμα άνθη. **2.** το παχύρρευστο θερμαντικό ποτό που παρασκευάζεται από τις ρίζες του. [τουρκ. *salep*].
σαλεπιτζήδικο το, ουσ., κατάστημα όπου παρασκευάζεται και πουλιέται σαλέπι.
σαλεπιτζής ο, ουσ. (λαϊκ.), αυτός που ετοιμάζει ή πουλεί σαλέπι.
σαλεύω, ρ., μτχ. παρκ. *-μένος.* **Α.** (μτβ.) κάνω κάτι να κινηθεί πέρα-δώθε, να ταλαντευτεί, να σειστεί: *ο αέρας -ει τα νερά/τα φύλλα των δέντρων.* **Β.** αμτβ. **1.** κινούμαι, ταλαντεύομαι, σείομαι: *δε -ει φύλλο.* **2.** μετακινούμαι ελαφρά: *μη -έψεις ούτε βήμα!* Φρ. *σάλεψε το μυαλό/ο νους κάποιου* (= τρελάθηκε).
σάλι το, Ι. ουσ., κομμάτι υφάσματος, μάλλινου συνήθως, πλεκτού ή υφαντού που χρησιμοποιούν οι γυναίκες για να καλύπτουν την πλάτη. - Υποκορ. **-άκι** το. [γαλλ. *châle*, περσ. προέλευσης].
σάλι το, ΙΙ. ουσ. (ναυτ.) σχεδία (βλ. λ.): *μ' ένα ~ περάσανε στην αντικρινή στεριά.* [τουρκ. *sal*].
σάλιαγκας και **σάλιακας** ο, ουσ. (συνιζ., λαϊκ.), σαλιγκάρι (βλ. λ.).
σαλιάρα η, ουσ. (συνιζ.). **1.** μικρή πετσέτα που κρεμιέται στο λαιμό των βρεφών και προφυλάσσει τα ρούχα τους από τα σάλια. **2.** ψάρι με δέρμα λεπτό και σχεδόν χωρίς λέπια, αλειμμένο με γυαλιστερή βλέννα.
σαλιάρης, -α, -ικο, επίθ. (συνιζ.). **1.** που τρέχουν τα σάλια του: *μωρό -ικο.* **2.** (μεταφ.) φλύαρος (συνών. φαφλατάς). **3.** εκείνου που «τρέχουν τα σάλια του», επιθυμεί δηλ. κάτι σε μεγάλο βαθμό: *γέρος ~ με τα κορίτσια.*
σαλιαρίζω, ρ. (συνιζ.). **1.** μωρολογώ, φλυαρώ. **2.** (ιδίως για γέροντα) ερωτοτροπώ: *δεν ντρέπεται να -ει στην ηλικία του!*
σαλιάρισμα το, ουσ. (συνιζ.). **1.** (ιδίως στον πληθ.) φλυαρία, μωρολογία: *του αρέσουν τα -ματα.* **2.** ερωτοτροπία.
σαλιβάρι, βλ. *σαλβάρι*.
σαλιγκάρι το, ουσ. (έρρ.), μαλάκιο με ελικοειδές όστρακο που ζει στην ξηρά (συνών. *κοχλίας*).
σαλίγκαρος ο, ουσ., σαλιγκάρι (βλ. λ.).

σάλιο το, ουσ. (συνιζ.). **1.** υδαρές υγρό που παράγεται στο στόμα από τους σιελογόνους αδένες: *δεν του 'μεινε ~ στο στόμα* (= απέμεινε πάμπτωχος)· *τρέχουν τα -ια του* (= για περίπτωση που επιθυμεί κανείς κάτι σε υπερβολικό βαθμό). **2.** (στον πληθ., μεταφ.) φλυαρίες.
σαλιώνω, ρ. (συνιζ.), μουσκεύω κάτι με σάλιο: *σάλιωσες το στόμα το κοντύλι* ('Αγρας).
σαλμί το, ουσ. άκλ., φαγητό που ετοιμάζεται από θηράματα και διάφορα καρυκεύματα: *λαγός ~.* [γαλλ. *salmis*].
σαλόνι το, ουσ. **1.** δωμάτιο του σπιτιού όπου γίνονται δεκτοί οι επισκέπτες (συνών. *σάλα*). **2.** όλα τα έπιπλα αυτού του δωματίου: *αγοράσαμε ένα ακριβό ~.* **3.** χώρος υποδοχής σε ξενοδοχείο και γενικά κάθε χώρος υποδοχής επισκεπτών: *~ διεθνές μουσείων και εκθέσεων.* **4.** (στον πληθ.) η κοσμική ζωή: *άνθρωποι των -νιών.* Έκφρ. *~ ενός περιοδικού =* οι δύο μεσαίες αντικριστές σελίδες περιοδικού όπου υπάρχει καμιά φορά ένθετο με διαφημίσεις. [γαλλ. *salon*].
Σαλονικιός, βλ. *Θεσσαλονικιός*.
σαλονικιώτικος, βλ. *θεσσαλονικιώτικος*.
Σαλονίτης ο, ουσ. (λαϊκ.), Αμφισσαίος (βλ. λ.).
σαλονίτικος, -η, -ο, επίθ., που σχετίζεται με τα Σάλονα (= την Άμφισσα).
σάλος ο, ουσ., αναταραχή (συνών. *αναβρασμός, αναστάτωση*): *~ των κυμάτων·* (μεταφ.) *~ πολιτικός.*
σαλοτραπεζαρία η, ουσ., τραπεζαρία που χρησιμοποιείται και ως σαλόνι.
σαλούφα η, ουσ. (λαϊκ.), είδος μέδουσας (βλ. λ.).
σαλπάρισμα το, ουσ., ξεκίνημα πλοίου.
σαλπάρω, ρ., αόρ. *-ισα*, μτχ. παρκ. *-ισμένος*. **Α.** (μτβ.) (ναυτ.) τραβώ την άγκυρα και κάνω ένα πλοίο να ξεκινήσει: *-αμε την άγκυρα.* **Β.** (αμτβ.) (για πλοίο και, κατ' επέκταση, για επιβάτες πλοίου) ξεκινώ για ταξίδι: *ο καπετάνιος -ισε· το μπρίκι το τσιριγώτικο ετοιμαζότανε να -ει* (Μπαστιάς)· *το καράβι -ισε με ρότα κατά το σιρόκο.* [ιταλ. *salpare*].
σάλπιγγα η, ουσ. (έρρ.). **1.** μετάλλινο πνευστό μουσικό όργανο απλής κατασκευής που χρησιμοποιείται κυρίως στο στρατό για να μεταδίδονται παραγγέλματα (συνών. *τρομπέτα*). **2.** (ανατομ.) καθένα από τα δύο σωληνοειδή όργανα που βρίσκονται από τη μια και την άλλη μεριά της μήτρας (συνών. *ωαγωγός*).
σαλπιγγίτιδα η, ουσ. (έρρ.), (ιατρ.) φλεγμονή των σαλπίγγων της γυναίκας ύστερα από λοίμωξη των γεννητικών της οργάνων.
σαλπιγκτής ο, ουσ. (έρρ.). **1.** αυτός που παίζει σάλπιγγα. **2.** αυτός που με τη σάλπιγγα ανακοινώνει στους στρατιώτες τα στρατιωτικά παραγγέλματα.
σαλπίζω, ρ. **1.** παίζω τη σάλπιγγα. **2.** ανακοινώνω στρατιωτικό παράγγελμα με τη σάλπιγγα: *-ει συσσίτιο* (ενν. *ο σαλπιγκτής*).
σάλπισμα το, ουσ. **1.** το να σαλπίζει (βλ. λ.) κανείς και το αποτέλεσμα αυτής της ενέργειας. **2.** (ειδικότερα) στρατιωτικό παράγγελμα που ανακοινώνεται με τη σάλπιγγα. **3.** (μεταφ.) διακήρυξη: *το ~ του αγώνα του εικοσιένα.*
σαλταδόρος ο, ουσ. (λαϊκ.). **1.** αυτός που πηδά σε όχημα για να κλέψει προϊόντα που μεταφέρονται. **2.** αυτός που καταλαμβάνει ανώτερη υπηρεσιακή θέση με όχι ομαλό τρόπο. [βενετ. *saltadòr*].
σαλταπήδας ο, ουσ. (λαϊκ.), σαλταδόρος (βλ. λ.).

σαλτάρω, ρ., παρατ. -ιζα, αόρ. -ισα και -αρα (λαϊκ.). 1. πηδώ: *σαλτάρανε μέσα στις τρεις βάρκες.* 2. (ειδικότερα) πηδώ σε όχημα για να κλέψω. [ιταλ. *saltare*].

σαλτιμπάγκος ο, ουσ. (έρρ., λαϊκ.). 1. ακροβάτης και γενικά ηθοποιός τσίρκου. 2. (μεταφ.) άτομο με δημόσια επαγγελματική απασχόληση που δεν τηρεί βασικούς ηθικούς κανόνες. [ιταλ. *saltimbanco*].

σάλτο το, ουσ. (λαϊκ.), πήδημα: *έδωκε ένα ~ προς την κουπαστή κι έπεσε στο νερό* (συνών. *άλμα*). Έκφρ. *~ μορτάλε* (ιταλ. *salto mortale*) (= επικίνδυνο ακροβατικό πήδημα και μεταφ. τολμηρή ενέργεια). [ιταλ. *salto*].

σάλτσα η, ουσ., άρτυμα φαγητού σε ρευστή μορφή από βούτυρο ή λάδι, συνήθως ντομάτα και ποικίλα καρυκεύματα. [ιταλ. *salsa*].

σαλτσιέρα η, ουσ. (συνιζ.), σκεύος του τραπεζιού μέσα στο οποίο σερβίρεται η σάλτσα.

σαλτσισότο το, ουσ., είδος σαλαμιού. [ιταλ. *salticciotto*].

σαμαράδικο το, ουσ., κατάστημα όπου κατασκευάζονται και πουλιούνται σαμάρια.

σαμαράς ο, ουσ., κατασκευαστής σαμαριών (συνών. *σαμαρτζής*).

Σαμαρείτης ο, θηλ. **-ισσα**, ουσ. 1. κάτοικος της Σαμαρείας: *παραβολή του καλού -η* (που βοήθησε τον Ιουδαίο, μολονότι εχθρό των Σαμαρειτών). 2. (μεταφ., με μικρό το αρχικό γράμμα) φιλεύσπλαχνος άνθρωπος.

σαμάρι το, ουσ., εξάρτημα που τοποθετείται στο υποζύγιο και χρησιμοποιείται για να κάθεται ο αναβάτης ή για να στερεώνονται σ' αυτό αντικείμενα που φορτώνονται. Παροιμ. *αντί να δέρνει το γάιδαρο, δέρνει το ~* (για τις περιπτώσεις που τιμωρείται ο αθώος σε μια υπόθεση αντί για τον πραγματικό ένοχο). [*σαγμάριον<σάγμα*].

σαμαροσκούτι το, ουσ. (λαϊκ.), χοντρό ύφασμα που τοποθετείται κάτω από το σαμάρι για να προστατεύει τη ράχη των ζώων.

σαμαρτζής ο, ουσ. (λαϊκ.), σαμαράς (βλ. λ.).

σαμάρωμα το, ουσ., η ενέργεια του σαμαρώνω (βλ. λ.).

σαμαρώνω, ρ., τοποθετώ σαμάρι στη ράχη υποζυγίου.

σαματάς ο, ουσ. (λαϊκ.), θόρυβος, φασαρία: *μπήκε μέσα με πολύ -ά· θα γίνει μεγάλος ~* (συνών. *νταβαντούρι*.) [τουρκ. *şamata*].

σάματι(ς), επίρρ. (λαϊκ.). 1. (ερωτ.) μήπως, σάμπως: *~ μπορούσε να κάμει κι αλλιώς; ~ έχει και μυαλό!* 2. (διστακτικό) ίσως, μου φαίνεται ότι: *~ είναι έτσι όπως τα λες· ~ να προσπαθεί να μου κρύψει κάτι*. [*ως + άματι* (*<άμα + ότι*)].

σαμιακός, -ή, -ό, επίθ. (ασυνίζ.), σαμιώτικος (βλ. λ.).

σαμιαμίθι και **σαμιαμίδι** το, ουσ. (συνιζ.). 1. μικρή σκουρόχρωμη σαύρα που κάνει τη φωλιά της συνήθως σε ρωγμές τοίχων. 2. (ειρων.) άτομο μικρού αναστήματος. [μεσν. *σαμαμίθιον*].

Σαμιώτης ο, θηλ. **-ισσα** (συνιζ.) και **Σάμιος** ο (ασυνίζ.), θηλ. **-ία**, ουσ., αυτός που κατοικεί στη Σάμο ή κατάγεται απ' αυτήν.

σαμιώτικος, -η, -ο, επίθ. (συνιζ.), που ανήκει ή αναφέρεται στους Σαμιώτες ή τη Σάμο (συνών. *σαμιακός*).

Σαμιώτισσα, βλ. *Σαμιώτης*.

σαμντάνι, βλ. *σαμουντάνι*.

σαμοβάρι το, ουσ., δοχείο μεταλλικό με εσωτερική καπνοδόχο που χρησιμοποιούν οι Ρώσοι για να βράζουν νερό που χρειάζεται για το τσάι. [ρωσ. *samo-var*].

Σαμοθρακίτης και **-ιώτης**, θηλ. **-ισσα** και **-ιώτισσα**, ουσ., αυτός που κατάγεται από τη Σαμοθράκη ή κατοικεί εκεί.

σαμοθρακίτικος, -η, -ο και **σαμοθρακιώτικος**, επίθ., που ανήκει ή αναφέρεται στη Σαμοθράκη ή προέρχεται από εκεί.

Σαμοθρακιώτης, Σαμοθρακίτισσα και **Σαμοθρακιώτισσα**, βλ. *Σαμοθρακίτης*.

σαμόλαδο, βλ. *σουσαμόλαδο*.

σαμ(ου)ντάνι το, ουσ. (έρρ., λαϊκ.), ορειχάλκινο κηροπήγιο. [τουρκ. *şamdan*].

σαμουράι ο, ουσ. άκλ., (από το 10. έως το 19. αι.) Ιάπωνας πολεμιστής, αρχικά αυτοκρατορικός φρουρός και αργότερα ευγενής από την κάστα των πολεμιστών. [ιαπωνική λ.].

σαμούρι το, ουσ., το ζώο νυφίτσα (βλ. λ.). [τουρκ. *samur*].

σαμουρόγουνα η, ουσ., γούνα από σαμούρι (βλ. λ.).

σάμπα η, ουσ. (έρρ.), χορός νεγρο-βραζιλιανικής προέλευσης και ο αντίστοιχος ρυθμός. [πορτογαλικό *samba*].

σαμπάνι, βλ. *σαμπάνιο*.

σαμπάνια η, ουσ. (προφ. *μ-π*, συνιζ.), λευκό κρασί με πολύ αφρό που παράγεται στην Καμπανία της Γαλλίας (αλλιώς λόγ. *καμπανίτης οίνος*). [γαλλ. *champagne*].

σαμπανιέρα η, ουσ. (προφ. *μ-π*, συνιζ.), είδος κουβά με τριμμένο πάγο μέσα, όπου τοποθετούνται τα μπουκάλια της σαμπάνιας για να παραμείνουν κρύα.

σαμπάνι(ο) το, ουσ. (έρρ., συνιζ.), (ναυτ.) σκοινί που υψώνει αντικείμενα μεγάλου βάρους.

σαμπί το, ουσ. άκλ. (έρρ.), άχρηστο σήμερα γράμμα του αρχαιοελληνικού αλφαβήτου· ως αριθμ. δηλώνει τον αριθμό 900 (σύμβολο Ϡ).

σαμπό το, ουσ. άκλ. (όχι έρρ.), είδος κλειστού από εμπρός τσόκαρου. [γαλλ. *sabot*].

σαμποτάζ το, ουσ. άκλ. (όχι έρρ.), δολιοφθορά (βλ. λ.). [γαλλ. *sabotage*].

σαμποτάρισμα το, ουσ. (όχι έρρ.), η ενέργεια και το αποτέλεσμα του σαμποτάρω (βλ. λ.).

σαμποτάρω, ρ. (όχι έρρ.), κάνω σαμποτάζ (βλ. λ.).

σαμποτέρ ο και η, ουσ. άκλ., (όχι έρρ.), δολιοφθορέας (βλ. λ.). [γαλλ. *saboteur*].

σαμπουάν, το, ουσ. άκλ. (προφ. *μ-π*), προϊόν σε ρευστή μορφή, κατάλληλο για το λούσιμο μαλλιών. [γαλλ. *shampooing*].

σαμπούκος ο, ουσ. (έρρ.), μικρό φυλλοβόλο δέντρο με ελαφρύ και εύκολα κατεργαζόμενο ξύλο και με μεγάλα άσπρα λουλούδια σε σχήμα ομπρέλας, από τα οποία παρασκευάζονται υγιεινά ροφήματα. [ιταλ. *sambuco*].

σαμπρέλα η, ουσ. (έρρ.), αεροθάλαμος του τροχού αυτοκινήτου ή ποδηλάτου. [γαλλ. *chambre à air*].

σάμπως, επίρρ. (έρρ., λαϊκ.). 1. μήπως: *~ ξέρω κι εγώ πώς τα κατάφερα;* (συνών. *σάματι(ς)*). 2. (με επόμενο το *να*) ίσως, μου φαίνεται ότι: *~ να άκουσα ένα θόρυβο· ~ να έχει δίκιο* (συνών. *σάματι(ς)*). 3. (με επόμ. το *να*) καθώς αν, σαν να: *φώναζε ~ να τον έπνιγαν.* [*σαν + πως*].

σαν και **σα**, Α. επίρρ. 1. (πριν από ουσ., επίθ.,

αντων., επίρρ., για δήλωση παρομοίωσης ή σύγκρισης) όπως, όμοια με: *πεινάω ~ λύκος· είναι πλούσιος ~ τον αδελφό του· δεν είμαι μορφωμένος ~ εσένα· και τώρα ~ (και) πρώτα.* 2. νομίζω ότι, μου φαίνεται ότι α. πριν από ουσ., επίθ. ή επίρρ.: *~ καλά (να) μας τα λες· ~ πολύ μακριά κάθισες· ~ πολλά κομπλιμέντα (να) σου κάνει·* β. πριν από ρήματα εισάγοντας ανεξάρτητες προτάσεις και ακολουθούμενο πάντοτε από το *να: ~ να ακούστηκε κρότος· ~ να τον θυμάμαι τώρα· ~ να μη μου λες την αλήθεια.* 3. πριν από ερωτ. αντων. ή ερωτ. επίρρ. για να δοθεί έμφαση στην απορία μας ή για να δηλώσουμε την πεποίθησή μας ότι δύσκολα ο άλλος μπορεί να βρει την ακριβή απάντηση: *~ πόσοι να ήταν οι ακροατές στην ομιλία; ~ τι κακό μπορεί να σου κάνει; ~ τι δουλειά μπορώ να σου βρω;* Β. σύνδ. 1. χρον. α. (με ρ. ιστορικού χρόνου) όταν, μόλις: *~ φτάσαμε, καθίσαμε κάτω από ένα δέντρο· ~ είδε τη μητέρα της, ηρέμησε·* β. (με υποτ. αορ.) όταν θα, μόλις: *~ βγεις στον πηγαιμό για την Ιθάκη...* (Καβάφης)· *~ έρθεις, θα τα πούμε·* γ. κάθε φορά που: *~ θυμώνει, γίνεται κατακόκκινος.* 2. (υποθ.) αν: *~ θέλεις, πήγαινε μαζί τους.* 3. (αιτιολ.) α. αφού, μια και: *~ δε θέλεις να έρθεις μαζί μας, μείνε εδώ·* φρ. *~ το κατάλαβες!* (= αφού το κατάλαβες! δηλ. επιτέλους το κατάλαβες!)· β. πριν από άναρθρο ουσ. ή επίθ. ακολουθούμενο από το *που,* για να δηλωθεί μια πραγματική σχέση ή ιδιότητα που προβάλλεται ως αιτιολογία για κείνο που λέγεται στην κύρια πρόταση: *~ γιατρός που είναι, έπρεπε να το ξέρει· εσύ, ~ έξυπνη που είσαι, δε θα δυσκολευτείς να πετύχεις στη δουλειά σου·* (πολλές φορές το *που* και το ρήμα που το ακολουθεί μπορεί να παραλειφθούν): *εσύ, ~ μητέρα του, θα έπρεπε να το είχες καταλάβει.* [ως + αν].

σανατοριακός, -ή, -ό, επίθ. (ασυνίζ.), που ανήκει ή αναφέρεται σε σανατόριο.

σανατόριο το, ουσ. (ασυνίζ.), θεραπευτήριο ή αναρρωτήριο για φυματικούς. [λατ. *sanatorium*].

σανδάλι και **(λαϊκότερα) σαντάλι** το, ουσ. (έρρ.), ελαφρύ παπούτσι με απλή σόλα που συγκρατείται με κορδόνια προσδενόμενα στο πόδι (συνών. *πέδιλο* σημασ. 1).

σάνδαλο το, ουσ., σανδάλι (βλ. λ.).

σανδαλοποιείο το, ουσ., εργαστήρι όπου κατασκευάζονται σανδάλια.

σανδαλοποιός ο, ουσ. (ασυνίζ.), κατασκευαστής σανδαλιών.

σανίδα η, ουσ., ορθογώνιο κομμάτι ξύλου με αρκετό μήκος και πλάτος, περιορισμένο όμως πάχος (συνών. *τάβλα*). Έκφρ. *~ σωτηρίας,* βλ. ά. *σανίς σωτηρίας.* Φρ. *θα πιάσω μια βρεμένη ~* (για να δηλωθεί απειλή ξυλοδαρμού εναντίον κάποιου).

σανιδάδικο το, ουσ., το εργαστήρι του σανιδά.

σανιδάς ο, ουσ., αυτός που κατασκευάζει ή πουλά σανίδια.

σανιδένιος, -α, -ο, επίθ. (συνιζ.), φτιαγμένος από σανίδες: *πάτωμα -ο.*

σανίδι το, ουσ. 1. σανίδα (βλ. λ.). 2. σκηνή θεάτρου· φρ. *βγαίνω στο ~* (= αρχίζω την καριέρα μου ως ηθοποιός). Φρ. *πατώ σε γερό ή σάπιο ~* = έχω ή όχι τα μέσα να επιτύχω ή διαθέτω ή όχι σοβαρά επιχειρήματα σε συζήτηση.

σανιδόσκαλα η, ουσ. (ναυτ.) σκάλα από χοντρές σανίδες για να επιβιβάζονται και να αποβιβάζονται οι ταξιδιώτες σε/από πλοίο.

σανίδωμα το, ουσ. 1. η ενέργεια του σανιδώνω (βλ. λ.). 2. δάπεδο στρωμένο με σανίδι.

σανιδώνω, ρ., στρώνω δάπεδο με σανίδι.

σανιδωτός, -ή, -ό, επίθ., στρωμένος με σανίδες.

σανίς σωτηρίας· αρχαϊστ. έκφρ.· σε περίπτωση απελπιστικής κατάστασης, όταν ζητείται με κάθε τρόπο ένα σωστικό μέσο.

σανοπωλείο το, ουσ., μαγαζί όπου πουλιέται σανός.

σανό, βλ. σανός.

σανοπώλης ο, ουσ., αυτός που πουλά σανό.

σανός ο και **σανό** το, πληθ. *σανά* τα, ουσ., ξηραμένο χόρτο που χρησιμοποιείται ως τροφή ζώων. [σλαβ. *seno*].

σανσκριτικός, -ή, -ό, επίθ., που σχετίζεται με την αρχαία ινδική γλώσσα. - Το θηλ. και το ουδ. (στον πληθ.) ως ουσ. = η αρχαία ινδική γλώσσα.

σανσκριτολόγος ο, ουσ., επιστήμονας που ασχολείται με τη μελέτη της σανσκριτικής γλώσσας.

σα(ν)τακρούτα η, ουσ. (προφ. ν-τ), ύφασμα από μετάξι που δεν το έχουν κατεργαστεί. [ιταλ. *seta cruda*].

σαντάλι, βλ. σανδάλι.

σάνταλο το, ουσ. (έρρ.), δέντρο ινδικής προέλευσης με αρωματικά φύλλα και ξύλο. [μτγν. *σάνταλον*].

σαντέζα η, ουσ. (προφ. ν-τ, λαϊκ.), (παλαιότερα) τραγουδίστρια κέντρου διασκέδασης. [γαλλ. *chanteuse*].

σαντζάκι το, ουσ., διοικητική περιφέρεια της οθωμανικής αυτοκρατορίας. [τουρκ. *sancak*].

σαντιγί η, ουσ. άκλ. (έρρ.), είδος ελαφριάς χτυπημένης κρέμας που παρασκευάζεται με αβγά και κρέμα γάλακτος. [γαλλ. *chantilly*].

σαντίκι το, ουσ. (έρρ.), ορυκτό κόκκινο που το χρησιμοποιούσαν οι αρχαίοι για να βάφουν υφάσματα. [αρχ. *σάνδυξ* και *-διξ*].

Σαντορινιός, -ιά, βλ. Θηραίος.

σάντουιτς το, ουσ. άκλ. (έρρ.). α. δύο φέτες ψωμί με ενδιάμεσα διάφορα αρτύματα, όπως ζαμπόν, κρέας, σαλάμι, τυρί, σαλάτα, κλπ.· β. μικρό στενόμακρο αφράτο ψωμάκι για σάντουιτς. [αγγλ. *sandwich*].

σαντούγκ το, ουσ. άκλ. (έρρ.), είδος μεταξωτού υφάσματος. [όν. επαρχίας της Κίνας].

σαντούρι το, ουσ. (έρρ.), έγχορδο ανατολίτικο όργανο τραπεζοειδούς σχήματος που οι χορδές του, οι οποίες είναι τεντωμένες στην επιφάνεια του ηχείου, κρούονται με δύο πλήκτρα σαν σφυράκια. [τουρκ. *santur*].

σαν-φασόν, επίρρ., χωρίς να τηρούνται οι κανόνες της εθιμοτυπίας. [γαλλ. *sans façon*].

σανφασονισμός ο, ουσ., το να ακολουθεί κανείς συνήθειες που αγνοούν τους κανόνες της εθιμοτυπίας.

σαξ, επίθ. άκλ., χτυπητή απόχρωση του μπλε που τείνει προς το πράσινο. [γαλλ. *saxe*].

σάξιμο, βλ. σιάξιμο.

Σάξονας ο, ουσ., μέλος της αρχαίας γερμανικής φυλής των Σαξόνων. 2. κάτοικος της Σαξονίας (= κρατίδιο της Γερμανίας).

σαξονικός, -ή, -ό, επίθ., που ανήκει ή αναφέρεται στη Σαξονία ή τους Σάξονες.

σαξοφωνίστας ο, ουσ., μουσικός που παίζει σαξόφωνο.

σαξόφωνο το, ουσ., πνευστό μουσικό όργανο από χαλκό με μονή γλωσσίδα και κωνικό σωλήνα

εφοδιασμένο με στόμιο αυλού, που λειτουργεί με μηχανισμό κλειδιών (βλ. λ. σημασ. 5α). [*Sax* (= το όνομα του Βέλγου επινοητή του) + *-φωνο*].

Σαουδάραβας ο, ουσ., ο κάτοικος της Σαουδικής Αραβίας.

σαουδαραβικός, -ή, -ό, επίθ., που ανήκει ή αναφέρεται στη Σαουδική Αραβία ή τους Σαουδάραβες.

σάουνα η, ουσ., ατμόλουτρο κατά το φινλανδικό σύστημα. [λ. φινλανδική].

σαπίζω, ρ., μτχ. παρκ. *-ισμένος*. Α. (μτβ.) κάνω κάτι να γίνει σάπιο (βλ. λ.): *τα σάπισε η ζέστη τα φρούτα*. Β. (αμτβ.) γίνομαι σάπιος (βλ. λ.): *σάπισαν τα ρωδάκινα·* (μεταφ.) *-ει στη στεριά ο θαλασσινός*. Φρ. *μας σάπισε ο καιρός* (= μας έχει διαβρώσει η υγρασία)· *τον σάπισε στο ξύλο* (= τον έδειρε υπερβολικά). [αρχ. *εσάπησαν*, γ΄ πληθ. του αορ. του *σήπομαι*].

σαπίλα η, ουσ. **1.** το αποτέλεσμα του σαπίσματος (βλ. λ.). **2.** (μεταφ.) διαφθορά: ~ *κοινωνική* (συνών. *σήψη*).

σαπιοκάραβο το, ουσ. (συνιζ.), πλοίο παλιό με μεγάλες φθορές.

σαπιολέμονο το, ουσ. (συνιζ.), σάπιο λεμόνι.

σάπιος, -α, -ο, επίθ. (συνιζ.). **1.** που έχει πάθει αλλοίωση, αποσύνθεση: *ντομάτα -α·* έκφρ. *-ο μήλο* (βλ. ά. *μήλο* σημασ. 1α)· *κρέας -ο*. **2.** (για αντικείμενο) που έχει καταστραφεί από την πολυκαιρία ή έχει διαβρωθεί από την υγρασία: *σανίδια -α*. **3.** (για δόντι) που έχει τερηδόνα (βλ. λ.). **4.** (μεταφ.) διεφθαρμένος, ανήθικος: *κοινωνία -α*.

σάπισμα το, ουσ., το να έχει σαπίσει κάτι (συνών. *σήψη*).

σαπουνάδα η, ουσ. **1.** ο αφρός που παράγεται κατά το σαπούνισμα: *αυτό το σαπούνι κάνει πολλή* ~. **2.** *σαπουνόνερο: πέταξα τις -ες από τη λεκάνη*. **3.** πλύσιμο ρούχου με σαπούνι: *έκανα τρεις -ες τη φούστα μου, αλλά δεν καθάρισε*.

σαπουνάδικο το, ουσ. (λαϊκ.), εργοστάσιο όπου κατασκευάζεται σαπούνι (συνών. *σαπωνοποιείο*).

σαπουνάς ο, ουσ., κατασκευαστής σαπουνιών (συνών. *σαπωνοποιός*).

σαπούνι το, ουσ., συμπαγές παράγωγο λιπαρών ουσιών (κυρίως φυτικών ελαίων) και ποτάσας που διαλυόμενο σε νερό χρησιμοποιείται για καθαρισμό. [μτγν. *σάπων*].

σαπουνίζω, ρ. **Ι.** (ενεργ.) πλένω, καθαρίζω κάτι με σαπούνι: ~ *τα ρούχα/τα χέρια μου*. **ΙΙ.** (μέσ.) καθαρίζω το σώμα μου με σαπούνι: *-ίστηκα για να καθαριστώ από τις λάσπες*.

σαπούνισμα το, ουσ., καθάρισμα με σαπούνι.

σαπουνόνερο το, ουσ., νερό που περιέχει αφρό διαλυμένου σαπουνιού (συνών. *σαπουνάδα* σημασ. 2).

σαπουνόπερα η, ουσ. (συνήθως μειωτ.) λαϊκό τηλεοπτικό έργο σε πολλές συνέχειες γύρω από την καθημερινή ζωή και τα προβλήματα της ίδιας ομάδας ατόμων. [μετάφραση του αγγλ. *soap opera*].

σαπουνόπετρα η, ουσ., ορυκτό (πυριτικό μαγνήσιο ανάμικτο με άργιλο) που μοιάζει με σαπούνι.

σαπουνόφουσκα η, ουσ. **1.** φούσκα από σαπουνάδα. **2.** (μεταφ.) **α.** (στον πληθ.) ανόητα λόγια· **β.** για κάτι που ενώ φαινόταν σπουδαίο, τελικά αποδεικνύεται ασήμαντο: *η εκδήλωση ήταν τελικά μια μεγάλη* ~.

σαπρόζωα τα, ουσ. (ζωολ.) ομάδα ζώων που τρέφονται από αποσυντεθειμένες οργανικές ουσίες.

σαπρός, -ή, -ό, επίθ. (λόγ.), σάπιος (βλ. λ.).

σαπρόφυτα τα, ουσ., μύκητες που ζουν τρεφόμενοι από νεκρούς ζωικούς ή φυτικούς οργανισμούς.

σαπφείρινος, -η, -ο, επίθ. (λόγ.), ζαφειρένιος (βλ. λ.).

σάπφειρος ο, ουσ. (λόγ.), ζαφείρι (βλ. λ.).

σαπφικός, -ή, -ό, επίθ., που σχετίζεται με την αρχαία ποιήτρια Σαπφώ.

σαπωνόλιθος ο, ουσ., είδος ορυκτού (βλ. *γαλαζίας* σημασ. 3).

σαπωνοποιείο το, ουσ., εργοστάσιο όπου κατασκευάζεται σαπούνι (συνών. *σαπουνάδικο*).

σαπωνοποιία η, ουσ., η βιομηχανική παραγωγή σαπουνιού.

σαπωνοποιός ο, ουσ. (ασυνίζ.), κατασκευαστής σαπουνιού (συνών. *σαπουνάς*).

σάρα η, ουσ., μόνο στην έκφρ. *η* ~ *και η μάρα* (και *το κακό συναπάντημα*) = συρφετός: *μαζεύτηκε η* ~ *και η μάρα* (= μειωτ., κάθε λογής άνθρωποι).

σαραβαλάκι το, ουσ. (ιδίως για οχήματα) που δε βρίσκεται σε καλή κατάσταση. - Βλ. και *σαράβαλο*.

σαραβαλιάζω, ρ. (συνιζ.). Α. (μτβ.) καταστρέφω κάτι (μηχανή, κλπ.) ώστε να μην μπορεί να λειτουργήσει, το αχρηστεύω: *μου το σαραβάλιασες το κασετόφωνο· -σμένη καλύβα*. Β. (αμτβ.) γίνομαι σαράβαλο (βλ. λ. σημασ. 1 και 2): *γέρασα πια, -ασα*.

σαραβάλιασμα το, ουσ. (συνιζ.), η ενέργεια και το αποτέλεσμα του σαραβαλιάζω (βλ. λ.).

σαράβαλο το, ουσ. **1.** αντικείμενο που βρίσκεται σε πολύ άσχημη κατάσταση, που έχει φθαρεί τόσο ώστε να είναι σχεδόν άχρηστο: *φορτηγό/ψυγείο* ~. **2.** (μεταφ.) άνθρωπος με εξαντλημένες τις δυνάμεις του, ιδίως τις σωματικές: *σερνάμενο* ~ (συνών. *χούφταλο*). - Βλ. και *σαραβαλάκι*.

σαράι και **σεράι** το, ουσ., μουσουλμανικό ανάκτορο. [τουρκ. *saray*].

σάρακας ο, ουσ., σαράκι (βλ. λ.). [μτγν. *σάραξ*].

Σαρακηνός ο, θηλ. **-ή**, ουσ. **1.** όνομα των Μουσουλμάνων (συνήθως Αράβων) στα χρόνια του χριστιανικού μεσαίωνα. **2.** (ως επίθ., με μικρό το αρχικό γράμμα) που ανήκει στους Σαρακηνούς: *στρατός* ~.

σαράκι το, ουσ. **1.** σκουλήκι που καταστρέφει τα ξύλα: *την πόρτα την έφαγε το* ~ (συνών. *σάρακας*). **2.** (μεταφ.) μεγάλη, διαρκής και συνήθως κρυφή στενοχώρια: *τον τρώει το* ~ *της ζήλιας* (*της υποψίας*). [μτγν. *σαράξ*].

σαρακιάζω, ρ. (συνιζ.). **1.** (αμτβ.) φθείρομαι από σαράκι (βλ. λ.). **2.** (μτβ.) φθείρω, διαβρώνω: *η σαπίλα -ει τα σκαλιστά βάθρα των ντιβανιών* (Πετσάλης).

σαράκιασμα το, ουσ. (ασυνίζ.), διάβρωση από σαράκι (συνών. *σαρακοφάγωμα*).

σαρακοστεύω, ρ., νηστεύω (αντ. *αρταίνομαι*).

Σαρακοστή η, ουσ. (θρησκ.) **1.** νηστεία σαράντα ημερών πριν από τα Χριστούγεννα (συνών. *σαρανταήμερο*) και πριν από το Πάσχα (Μεγάλη Σαρακοστή)· παροιμ. *λείπει ο Μάρτης από τη* ~; (ιδίως για πρόσωπα που ανακατεύονται σε όλες τις υποθέσεις). **2.** κάθε περίοδος νηστείας. [παλαιότ. *Τεσσαρακοστή*].

σαρακοστιανός, -ή, -ό, επίθ. (συνιζ.), που ανήκει ή αναφέρεται στη Σαρακοστή (βλ. λ.): *μεζές* ~· *πίτα -ή* (συνών. *νηστήσιμος·* αντ. *αρτυμένος*).

σαρακοστιάτικα, επίρρ. (συνιζ.), μέσα στην περίοδο της Σαρακοστής.

σαρακοφάγωμα το, ουσ., καταστροφή ξύλου από σαράκι (συνών. *σαράκιασμα*).
σαρακοφαγωμένος, -η, -ο, μτχ. επίθ., κατεστρεμμένος από σαράκι (βλ. λ.).
σαράντα, αριθμ. άκλ. (έρρ.). **1.** ο αριθμός που συμβολίζει αυτό που προκύπτει αν προσθέσομε τέσσερις δεκάδες: ~ *χιλιάδες δραχμές·* φρ. *περνώ από* ~ *κύματα,* βλ. *κύμα.* - Με ουδ. άρθρο ως ουσ. = α. γραφική παράσταση του αριθμού σαράντα κι οτιδήποτε φέρει τον αριθμό σαράντα: *το δωμάτιο (ξενοδοχείου)* ~· **β.** το έτος 1940: *η εποποιία του* ~ (= του ιταλοελληνικού πολέμου 1940-41·) (στον πληθ.) α. το τεσσαρακοστό έτος της ηλικίας, η ηλικία των σαράντα χρόνων: *μπαίνω στα* ~ *κλείνω τα* ~· παροιμ. *στα* ~ *δύναμη και στα εξήντα γνώση·* **β.** το μνημόσυνο που γίνεται σαράντα ημέρες μετά το θάνατο κάποιου.
σαρανταήμερο και **σαραντάμερο** το, ουσ. (έρρ.), η νηστεία για σαράντα μέρες πριν από τα Χριστούγεννα.
σαρανταλείτουργο το, ουσ. (έρρ.), (εκκλ.) το να μνημονεύεται ένας νεκρός σε σαράντα λειτουργίες κατά συνέχεια.
σαραντάμερο, βλ. *σαρανταήμερο*.
σαρανταοχτάωρος, -η, -ο, επίθ. (έρρ.), που διαρκεί σαράντα οχτώ ώρες: *απεργία -η.* - Το ουδ. ως ουσ. = διάστημα σαράντα οχτώ ωρών, δύο εικοσιτετράωρα.
σαρανταπεντάρι το, ουσ. (έρρ. δις), (προφ.) τύπος πιστολιού με διαμέτρημα 45″.
σαρανταπληγιασμένος, -η, -ο, επίθ. (έρρ., συνιζ.), που έχει πολύ «πληγωθεί», που έχει δοκιμάσει πολλές στενοχώριες: *ψυχές -ες.*
σαρανταποδαρούσα η, ουσ. (έρρ.), μακρύ σκουλήκι με είκοσι ένα ζεύγη ποδιών (συνών. *σκολόπεντρα*).
σαραντάχρονος, -η, -ο, επίθ. (έρρ.). **1.** που έχει ηλικία σαράντα χρόνων. **2.** που διήρκεσε σαράντα χρόνια: *πόλεμος* ~.
σαραντίζω, ρ. (έρρ.), (για λεχώνες, βρέφη, νεκρό) συμπληρώνω σαράντα ημέρες μετά τον τοκετό ή το θάνατο αντίστοιχα.
σαράντισμα το, ουσ. (έρρ.), συμπλήρωση σαράντα ημερών μετά τον τοκετό.
σαράτσης, ο, ουσ. (λαϊκ.), εκείνος που κατασκευάζει σέλες. [τουρκ. *saraç*].
σαράφης ο, θηλ. **-ισσα,** ουσ. (λαϊκ.), εκείνος που εξαργυρώνει ξένα νομίσματα (συνών. *αργυραμοιβός*). [αραβοτουρκ. *sarraf*].
σαραφιάτικα τα, ουσ. (συνιζ., λαϊκ.), το κέρδος του σαράφη από το επάγγελμά του.
σαραφ(ι)λίκι το, ουσ. (λαϊκ.), το επάγγελμα του σαράφη.
σαράφισσα, βλ. *σαράφης*.
σαραφλίκι, βλ. *σαραφιλίκι*.
σαργολόγος ο, ουσ., παραγάδι για ψάρεμα σαργών.
σαργός ο, ουσ., είδος ψαριού με σώμα ωοειδές, συμπιεσμένο στα πλάγια και με χρώμα ασημί και χρυσαφί στη ράχη.
σαρδανάπαλος ο, ουσ. (για πρόσωπο) αλλοπρόσαλλος. [όνομα *Σαρδανάπαλος*].
σαρδέλα η, ουσ., είδος μικρού ψαριού με σώμα συμπιεσμένο και μάτια μεγάλα, ζει σε σμήνη και διαθέτει νόστιμο κρέας· φρ. *στοιβάχθηκαν σα -ες* (για μεγάλο συνωστισμό). [ιταλ. *sardella*].
σαρδελοβάρελο το, ουσ., βαρέλι όπου παστώνουν σαρδέλες.
σαρδελοκούτι το, ουσ., κουτί με διατηρημένες σαρδέλες.
σαρδελομάνα η, ουσ., φρίσσα (βλ. λ. σημασ. 1).
σαρδελοφάγος ο, ουσ. **1.** αυτός που αγαπά να τρώει σαρδέλες. **2.** (ως ουσ.) το πουλί αλκυόνα.
Σαρδηνός ο, θηλ. **-ή,** ουσ., αυτός που κατάγεται από τη Σαρδηνία ή κατοικεί σ' αυτήν.
σάρδιο το, ουσ. (ασυνίζ.), ημιπολύτιμος λίθος.
σαρδόνιος, -α, -ο, επίθ. (ασυνίζ.), στην έκφρ. ~ *γέλως (-ο γέλιο)* (= που δηλώνει σαρκασμό).
σαρδόνυξ ο, γεν. *-υχος,* ουσ. (λόγ.), είδος ημιπολύτιμου λίθου.
σαρίδι το, ουσ., σκουπίδι (συνών. *φρόκαλο*).
σαρίκι το, ουσ. **1.** ύφασμα που τυλίγεται γύρω από το τούρκικο φέσι. **2.** είδος καπέλου από ύφασμα που τυλίγεται πολλές φορές γύρω από το κεφάλι και το φορούν οι Ινδοί. [*καισαρίκιον*].
σάρισα η, ουσ. (αρχαιολ.) δόρυ των αρχαίων Μακεδόνων.
σάρκα η, ουσ. **1.** τα μαλακά μέρη του σώματος των ανθρώπων και των ζώων ανάμεσα στα κόκαλα και το δέρμα (συνών. *κρέας*). **2.** η υλική μόνο ανθρώπινη υπόσταση. **3.** το τμήμα των φρούτων που μπορεί να φαγωθεί (σε αντίθεση με τις φλούδες και τα κουκούτσια).
σαρκάζω, ρ., κοροϊδεύω με έντονο τρόπο (συνών. *ειρωνεύομαι, χλευάζω*).
σαρκασμός ο, ουσ., κοροϊδία, εμπαιγμός (συνών. *χλευασμός, ειρωνία*).
σαρκαστής ο, ουσ., αυτός που σαρκάζει (βλ. λ.).
σαρκαστικός, -ή, -ό, επίθ., κυρυϊδευτικός (συνών. *χλευαστικός*). - Επίρρ. **-ά** και **-ώς.**
σαρκικός, -ή, -ό, επίθ. **1.** που σχετίζεται με τη σάρκα. **2.** που σχετίζεται με την υλική ανθρώπινη ζωή: *απολαύσεις -ές.*
σαρκίο το, ουσ. (λόγ.), η υλική υπόσταση του ανθρώπου.
σαρκοβόρος, -ος, -ο, επίθ. (λόγ.), (για ζώα) που τρώει σάρκες (συνών. *σαρκοφάγος*).
σαρκολάβος ο, ουσ., λαβίδα χειρουργική που χρησιμοποιείται για να συγκρατούνται οι σάρκες κατά τις εγχειρήσεις.
σαρκοστέωση η, ουσ. (ιατρ.) μεταβολή μαλακών μορίων του ανθρώπινου σώματος σε κόκαλο.
σαρκοφάγος η, ουσ. (αρχαιολ.) λίθινη συνήθως λάρνακα (βλ. λ. σημασ. 1), συχνά με ανάγλυφη διακόσμηση, όπου τοποθετούσαν το νεκρό.
σαρκοφάγος, -ος, -ο, επίθ., που τρέφεται με σάρκες (συνών. *σαρκοβόρος*). - Το ουδ. στον πληθ. ως ουσ. = τα ζώα που τρέφονται μόνο με σάρκες.
σαρκώδης, -ης, -ες, γεν. *-ους,* πληθ. αρσ. και θηλ. *-εις,* ουδ. *-η,* επίθ., που έχει πολλές σάρκες: *χείλη -η* (συνών. *παχύσαρκος*)· (και για τα φρούτα) *περικάρπιο -ες.*
σάρκωμα το, ουσ. (ιατρ.) όγκος παρεμφερής με τον καρκίνο.
σαρκωμάτωση η, ουσ. (ιατρ.) παρουσία πολλών σαρκωμάτων στον οργανισμό.
σαρμάς ο, ουσ., είδος φαγητού με κιμά και ρύζι που έχουν τυλιχτεί σε αμπελόφυλλα ή λαχανόφυλλα (συνών. *ντολμάς*). - Υποκορ. **-αδάκι** το. [τουρκ. *sarma*].
σαρξ η, γεν. *σαρκός,* ουσ. (λόγ.), στις εκφρ. *το μεν πνεύμα πρόθυμον, αλλ' η* ~ *ασθενής* (- επιθυμώ, αλλά δεν μπορώ να πραγματοποιήσω ό,τι επιθυμώ)· ~ *εκ της σαρκός μου* (για παιδιά κυρίως, αλλά και για άλλα προσφιλή πρόσωπα).

σάρπα η, I. ουσ., γυναικείο πλεκτό ή κομμάτι υφάσματος για τους ώμους (συνών. *σάλι*). [γαλλ. *écharpe*].
σάρπα η, II. ουσ., είδος ψαριού που ζει στα ρηχά νερά και έχει χρώμα γκρίζο με κίτρινες λωρίδες, διχαλωτή ουρά και κρέας άνοστο. [*σάρπη<αρχ. σάλπη*].
σάρωμα το, ουσ. 1. το σκούπισμα του δαπέδου του σπιτιού. 2. (μεταφ.) ολική καταστροφή ιδίως πολιτευτή ή πολιτικού κόμματος σε εκλογική αναμέτρηση.
σαρώνω, ρ. 1. καθαρίζω το δάπεδο δωματίου ή άλλου χώρου από ακαθαρσίες, κλπ. (συνών. *σκουπίζω*). 2. (μεταφ.) καταλύω, καταργώ: *η εξέγερση του λαού -ωσε το πολιτικό καθεστώς*. 3. (αμτβ.) (μεταφ. κυρίως για πολιτικό κόμμα) έχω μεγάλη επιτυχία στις εκλογές.
σαρωτικός, -ή, -ό, επίθ. 1. που τα εξαφανίζει, τα παρασύρει όλα: *άνεμος ~*. 2. (μεταφ.) ολοκληρωτικός: *-ές αλλαγές στο εκπαιδευτικό σύστημα· -ή νίκη του τάδε κόμματος στις εκλογές*.
σας, βλ. *εσύ*.
σασί το, ουσ. άκλ., το τμήμα του σκελετού αυτοκινήτου που στηρίζεται στους άξονες. [γαλλ. *châssis*].
σαστίζω, ρ., μτχ. παρκ. *-ισμένος*. 1. (μτβ.) προκαλώ σύγχυση σε κάποιον: *τον -ισες με όσα του είπες*. 2. (αμτβ.) συγχύζομαι απότομα, τα χάνω: *μου ήρθε με -ισμένα μάτια· ρώτησε -ισμένη η μικρή*. [τουρκ. αόρ. *şaştim* του ρ. *şaşmak*].
σάστισμα το και **σαστι(σ)μάρα** η, ουσ., ταραχή, σύγχυση.
σατακρούτα, βλ. *σαντακρούτα*.
σατανάς ο, ουσ. 1. ο διάβολος: *φυσά πουνέντες του -ά*· φρ. *πίσω μου σ' έχω -ά!* βλ. *πίσω*. 2. άνθρωπος διαβολικός.
σατανικός, -ή, -ό, επίθ., διαβολικός, καταχθόνιος: *γέλιο -ό· σύμπτωση -ή· τεχνάσματα -ά*.
σατανικότητα η, ουσ., το να είναι κανείς σατανικός (βλ. λ.).
σατανόψυχος, -η, -ο, επίθ., που η ψυχή του είναι σαν του σατανά: *κακούργοι μέχρι κόκαλο, -οι* (Κόντογλου).
σατέν το, ουσ. άκλ., είδος λεπτού και γυαλιστερού υφάσματος. [γαλλ. *satin*].
σατινάρισμα το, ουσ., η ενέργεια του σατινάρω (βλ. λ.).
σατινάρω, ρ., κάνω ύφασμα ή χαρτί λείο και γυαλιστερό. [γαλλ. *satiner*].
σατινέ, επίθ. άκλ. (ιδίως για χαρτί) γυαλιστερός (αντ. *ματ*). [γαλλ. *satiné*].
σάτιρα η, ουσ. 1. (ιστ. λατ. λογοτ.) ελεγκτικό για τα τότε ήθη είδος λογοτεχνικό όπου συγχέονται και τα είδη και οι μορφές και τα μέτρα. 2. (λογοτ.) έργο που ελέγχει ειρωνικά τα σύγχρονα κοινωνικά και πολιτικά φαινόμενα. 3. γενικώς ειρωνική κριτική.
σατιρίζω, ρ., διακωμωδώ με σάτιρα μια κατάσταση ή ένα πρόσωπο.
σατιρικός, -ή, -ό, επίθ., που σατιρίζει, σκωπτικός: *ποίημα -ό*. - *Ως ουσ. = ποιητής ή πεζογράφος που καλλιεργεί τη σάτιρα*.
σατιρισμός ο, ουσ., διακωμώδηση.
σατιριστής ο, ουσ., αυτός που αγαπά να σατιρίζει.
σατιρογράφος ο, ουσ., εκείνος που συγγράφει σάτιρες.
σατομπριάν το, ουσ. άκλ. (όχι έρρ., ασυνίζ.), (μαγειρ.) φιλέτο βοδινό στη σκάρα με πατάτες. [γαλλ. *chateaubriand* (από το όνομα του συγγραφέα)].
σατουρνάλια τα, ουσ. (ασυνίζ.), (ιστ.) επίσημη θρησκευτική εορτή στην αρχαία Ρώμη που γινόταν για να τιμηθεί ο θεός *Saturnus* και συνοδευόταν από οργιαστικές τελετές.
σατραπεία η, ουσ. 1. η διοικητική περιοχή του σατράπη (βλ. λ.). 2. το αξίωμα του σατράπη.
σατράπης ο, θηλ. **-ισσα**, ουσ. 1. (ιστ.) διοικητής επαρχίας του αρχαίου περσικού κράτους. 2. αυταρχικός διοικητής και κατ' επέκταση αυταρχικός άνθρωπος, «τύραννος».
σατραπικός, -ή, -ό, επίθ., αυταρχικός, τυραννικός: *απόφαση -ή*. - *Επίρρ. -ώς*.
σατραπισμός ο, ουσ. 1. η τάση να κυβερνά κανείς ως σατράπης (συνών. *δεσποτισμός, αυταρχισμός*). 2. αυταρχική συμπεριφορά.
σατράπισσα, βλ. *σατράπης*.
σατυρίαση η, ουσ., υπερβολική διέγερση της γενετήσιας ορμής.
σατυρικός, -ή, -ό, επίθ. 1. που προσιδιάζει σε Σάτυρο (βλ. λ.). 2. *-ό δράμα = είδος του αρχαίου δράματος με χαρακτηριστικό το χορό που αποτελούνταν από Σατύρους και το σκωπτικό και χοντροκομμένο χαρακτήρα του*.
σάτυρος ο, ουσ. 1. (μυθολ., με κεφ. το αρχικό γράμμα) συνοδός του Διονύσου. 2. άνθρωπος κατεξοχήν φιλήδονος (συνών. *ασελγής*).
σαύρα η, ουσ., είδος ερπετού με τέσσερα κοντά πόδια, μακριά ουρά και φολιδωτή επιδερμίδα.
σαυρίδι και **σαφρίδι** το, ουσ., μικρό ψάρι με ράχη γκρίζα-λαδιά και κοιλιά ασημόλευκη. [αρχ. *σαύρος*].
σαυροειδή τα, ουσ., κατηγορία ερπετών που έχουν λεπτό και επίμηκες σώμα, τέσσερα κοντά πόδια και φολιδωτή επιδερμίδα.
σαφάρι το, ουσ. άκλ., εξόρμηση για κυνήγι μεγάλης ολκής στην αφρικανική ζούγκλα. [αραβ. *safora*].
σαφήνεια η, ουσ. (ασυνίζ.), το να διατυπώνει κανείς τις σκέψεις του έτσι ώστε να είναι απόλυτα κατανοητές (αντ. *ασάφεια*).
σαφηνίζω, ρ., κάνω κάτι σαφές (βλ. λ.) (συνών. *ξεκαθαρίζω, διευκρινίζω, αποσαφηνίζω*).
σαφήνιση η, ουσ., η ενέργεια του σαφηνίζω (βλ. λ.).
σαφηνιστικός, -ή, -ό, επίθ., διευκρινιστικός (συνών. *διαφωτιστικός*).
σαφής, -ής, -ές, γεν. *-ούς*, πληθ. αρσ. και θηλ. *-είς*, ουδ. *-ή*, επίθ. (για λόγο) που είναι απόλυτα κατανοητός (αντ. *ασαφής*)· φρ. *γίνομαι ~ (= λέω καθαρά τι εννοώ)*. - *Επίρρ. -ώς*.
σαφορά και **σαφράνι**, βλ. *ζαφορά*.
σαφρίδι, βλ. *σαυρίδι*.
σαφώς, βλ. *σαφής*.
σαχάνι και **σαγάνι** το, ουσ., ταψί ή τηγάνι συνήθως χάλκινο με δύο λαβές. - Υποκορ. **σαχανάκι** και **σαγανάκι**. [τουρκ. *sahan*].
σάχης ο, ουσ., ο βασιλιάς της Περσίας. [περσ. *šah*].
σάχλα και **σαχλαμάρα** η, ουσ. (λαϊκ.), λόγος σαχλός (βλ. λ.).
σαχλαμάρες ο, ουσ. (λαϊκ.), αυτός που λέει σαχλαμάρες, ανόητος.
σαχλαμαρίζω, ρ. 1. λέω σαχλαμάρες. 2. φλυαρώ.
σαχλαμπούχλα η, ουσ. (λαϊκ.), σαχλαμάρα.

σαχλαμπούχλας ο, ουσ. (λαϊκ.), σαχλαμάρας.
σάχλας ο, ουσ. (λαϊκ.), σαχλός.
σαχλός, -ή, -ό, επίθ. (για πρόσωπο) που λέει ή κάνει ανοησίες. [μτγν. *σαχνός*].
σαχνισί και **σαχνισίνι** το, ουσ., αρχιτεκτονική προεξοχή (βλ. λ.). [τουρκ. *şahnişin*].
σαχτούρι το, ουσ., παλιότερο υδραίικο πλοίο.
σαψαλιάζω, ρ. (συνιζ., λαϊκ.), μτχ. παρκ. *-ισμένος*· κάνω κάτι να γίνει σάψαλο· (αμτβ.) γίνομαι σάψαλο.
σάψαλο το, ουσ. (λαϊκ.). 1. ό,τι είναι έτοιμο να σωριαστεί. 2. άτομο εξαθλιωμένο σωματικά.
σβάρνα η, ουσ., γεωργικό εργαλείο που θρυμματίζει βώλους από χώμα ή που τρίβει στάχυα· φρ. *τον πήρε η ~* (= τον παρέσυρε)· *παίρνω ~ τα καφενεία* (= γυρίζω με τη σειρά στα καφενεία, δεν αφήνω κανένα).
σβαρνίζω, ρ., θρυμματίζω βώλους από χώμα με τη σβάρνα (βλ. λ.). 2. (για το βλέμμα) στρέφω εδώ κι εκεί: *~ τη ματιά μου*.
σβάρνισμα το, ουσ., η ενέργεια του σβαρνίζω (βλ. λ.).
σβάστικα η, ουσ., ιερό ινδικό σύμβολο σε σχήμα αγκυλωτού σταυρού: *η ~ ήταν το έμβλημα του ναζιστικού κόμματος*. [γαλλ. *svastika* ή *swastika*, λ. σανσκριτική].
σβελτάδα και **σβελτοσύνη** η, ουσ., το να είναι κανείς σβέλτος (βλ. λ.): *είχανε τέτοια σβελτοσύνη που ξεφεύγανε γρήγορα* (Κόντογλου) (συνών. *ευκινησία*).
σβέλτος, -η, -ο, επίθ., γρήγορος στις κινήσεις του (συνών. *ευκίνητος*). Επίρρ. **-α**. [ιταλ. *svelto*].
σβελτοσύνη, βλ. *σβελτάδα*.
σβερκιά η, ουσ. (συνιζ.), χτύπημα στο σβέρκο: *του 'δωσα μια ~*.
σβέρκος ο και **σβέρκο** το, ουσ., το πίσω μέρος του λαιμού (ανθρώπων και ζώων): *πιάστηκε ο ~ μου*· φρ. *από -ο ψώνισες* (= απέτυχες στην επιλογή σου)· *μου κάθισε στο -ο* (= θέλει να μου κάνει τον «αφέντη»). [αλβαν. *zverk*].
σβήνω, ρ., μτχ. παρκ. *-σμένος*. Α. μτβ. 1. φροντίζω ώστε να σταματήσει να καίγεται κάτι: *σβήσαμε τη φωτιά με το νερό*. 2. εξαλείφω κάτι γραμμένο: *-σε ό,τι έγραψες στον πίνακα*. 3. (μεταφ., για αίσθημα ή συναίσθημα) καταπραΰνω, κάνω λιγότερο έντονο: *~ τη δίψα μου/τον πόνο μου*. 4. (με αντικ. τον ασβέστη) τον λειώνω στο νερό, ενώ αυτός βράζει. Β. αμτβ. 1. εξαφανίζομαι: *έχει -σει ο θόρυβος· όλ' αυτά έχουν -σει από το μυαλό μου*· (για σπυριά ή δερματικό εξάνθημα): *έσβησαν τα σπυριά στο πρόσωπό του*. 2. λιποθυμώ: *έσβησε και έπεσε κάτω*. 3. πεθαίνω: *ρωτιόμαστε τι να 'χουμε... που -ουμε όλοι, φεύγουμ' έτσι νέοι, σχεδόν παιδιά* (Καρυωτάκης). Φρ. *~ ένα φαγητό με κρασί* (ή άλλο ποτό) (= λίγο πριν το βγάλω από τη φωτιά του προσθέτω το ποτό ή το κρασί και το αφήνω να πάρει μία ακόμα βράση).
σβήσιμο το, ουσ., το να σβήνει κανείς κάτι ή να σβήνει κάτι μόνο του.
σβηστήρα και **σβήστρα** η και **σβηστήρι** το, ουσ., κομμάτι από καουτσούκ κατάλληλο για σβήσιμο γραμμάτων με μολύβι ή και με μελάνι (συνών. *γομολάστιχα*).
σβηστός, -ή, -ό, επίθ. 1. σβησμένος: *κεριά -ά*. 2. (για φωνή, μιλιά) εξασθενημένος.
σβήστρα, βλ. *σβηστήρα*.
σβίγα η, ουσ. 1. (κλωστική) ροδάνι, μαγγανί· *κάνω*

~ σήμερα. 2. (ναυτ.) όργανο που χρησιμοποιείται για την περιστροφή σκοινιών.
σβίγκος ο, ουσ. (έρρ.), γλύκισμα που ετοιμάζεται στο τηγάνι με βώλους ζύμης, αβγά και βούτυρο. [μεσν. γερμ. *Swinge*].
σβουνιά η, ουσ. (συνιζ.), κοπριά από βόδι (συνών. *βουνιά*). [*βουνιά* με σ προθετ.].
σβούρα η, ουσ. 1. περιστρεφόμενο κωνικό όργανο (ξύλινο ή μεταλλικό) με το οποίο παίζουν τα παιδιά. 2. (μεταφ.) άνθρωπος ευκίνητος: *αυτός είναι ~*. - Υποκορ. **-άκι** το = 1. μικρή σβούρα. 2. δίσκος περιστρεφόμενος που λειαίνει μωσαϊκά. [λ. ηχομιμ.].
σβουρίζω, ρ., περιστρέφομαι: *σβούριζαν τα πάντα ολόγυρά του*.
σβούρισμα το, ουσ., η περιστροφή της σβούρας.
σβουριχτός, -ή, -ό, επίθ., περιστρεφόμενος. -Το θηλ. ως ουσ. = γερό χαστούκι.
σβραχνάδα, βλ. *βραχνάδα*.
σβραχνάς, βλ. *βραχνάς*.
σβραχνιάζω, βλ. *βραχνιάζω*.
σβραχνιάς, βλ. *βραχνιάς*.
σβράχνιασμα, βλ. *βράχνιασμα*.
σβραχνός, βλ. *βραχνός*.
σβύνω (εσφαλμένη ορθογράφηση), βλ. *σβήνω*.
σβωλαράκι το, ουσ., μικρός σβώλος από χώμα.
σβωλιάζω, ρ. (συνιζ.), μτχ. παρκ. *-ασμένος*. 1. (μτβ.) μεταβάλλω σε σβώλο. 2. (αμτβ.) γίνομαι σβώλος: *-ιασε η ζάχαρη· -ιασαν τα χώματα*.
σβώλος ο, ουσ., μικρή, συνήθως στρογγυλή, μάζα από χώμα ή και από άλλη ύλη. [*βώλος* με προθετ. σ].
σγάρα η, ουσ., ο πρόλοβος των πουλιών, η γούλα (συνών. *γούσα*).
σγόμπος ο, θηλ. **-α**, ουσ. (όχι έρρ.), καμπούρης. [ιταλ. *gobbo*].
σγουραίνω ρ., αόρ. *σγούρηνα*. Α. (μτβ.) κάνω κάτι σγουρό: *-ει τα μαλλιά της*. Β. (αμτβ.) γίνομαι σγουρός: *-ουν τα μαλλιά της* (συνών. *κατσαρώνω*).
σγουρογένης ο, ουσ., αυτός που έχει σγουρά γένια.
σγουροκέφαλος, -η, -ο, επίθ., που έχει σγουρά μαλλιά.
σγουρομάλλης, -α, -ικο, επίθ., που έχει σγουρό μαλλί (συνών. *κατσαρός, κατσαρομάλλης, σγουροκέφαλος*).
σγουρομηλιγγάτος, -η, -ο, επίθ. (έρρ., λαϊκ.), που τα μαλλιά στα μηλίγγια του είναι σγουρά και κατ' επέκταση σγουρομάλλης.
σγουρός, -ή, -ό, επίθ. 1. κατσαρός: *τρίχα -ή*. 2. (συνεκδοχικά) σγουρομάλλης. [αβέβαιη ετυμ.].
σε, I. βλ. *εσύ*.
σε, II. και (με αποκοπή ή έκθλιψη) **σ'**, προθ. Δηλώνει: 1α. κατεύθυνση: *πηγαίνω στο γραφείο· έρχομαι σ' εσάς· αποτείνομαι σ' εσένα* (συνών. *προς*)· β. το τέρμα μιας κίνησης, ενέργειας ή έκτασης: *το μέλι έφτασε στη μέση του βάζου· από τη Δύση στην Ανατολή/απ' άκρη σ' άκρη* (συνών. *έως, ως*). 2. στάση σε τόπο: *κατοικώ στον Πειραιά· τον δέχτηκα στο σπίτι· η λέξη απαντά στον Όμηρο· το διάβασα στην εφημερίδα*. 3. απέναντι, μπροστά: *στο φως του ήλιου φαίνονταν πιο όμορφο το πρόσωπό της· αδιάφορος στο κάλεσμά μου· εχθρικός σ' εμένα*. 4. εναντίον: *η χώρα αντιστάθηκε στους κατακτητές· κρατά κακία στον αδελφό του*. 5α. χρονικό σημείο ή διάστημα μέσα

στο οποίο συμβαίνει κάτι: *έφυγε στις έξι· μου έγραψε στις αρχές του μήνα· στα δεκαοχτώ του χρόνια άρχισε να δουλεύει·* **β.** χρονική διάρκεια: είδα πολλά στη ζωή μου· **γ.** χρονικό διάστημα αμέσως μετά το οποίο γίνεται κάτι: *θα έρθουν σε δυο ώρες.* **6.** αναφορά: *είναι πρώτος στην εξυπνάδα· είναι μεγαλύτερη στα χρόνια από μένα.* **7.** αποτέλεσμα (μεταβολής ή γενικά ενέργειας): *άλλαξα τις δραχμές σε λίρες· προβιβάστηκε σε συνταγματάρχη· μου βγήκε σε κακό·* εκφρ. (ελλειπτ.) *σε καλό μου/σου, κλπ.* (ενν. *να μου/σου βγει*). **8.** τρόπο: *πληρώνω το χρέος μου σε δόσεις· τον τσάκισαν στο ξύλο· τον πήραν στο ψιλό· κλαίει στα ψέματα· το είπε στα αστεία/στα σοβαρά.* **9.** σκοπό: *με κάλεσε σε γεύμα· πήγε σε κυνήγι* (συνών. *για*). **10.** ένωση ή χωρισμό: *συγκεντρώθηκαν σε μια ομάδα· χωρίστηκαν στα δύο.* **11.** κατάσταση: *βρίσκεται σε μεγάλη φτώχεια.* **12.** ανάθεση: *άφησε τη φροντίδα σ' εμένα· σ' εσένα έλαχε να...* **13.** έρεισμα: *στηρίζομαι στο ενδιαφέρον σου.* **14.** επίκληση ή όρκο: *στο όνομα του Πατρός, του Υιού...· στη ζωή των παιδιών μου.* **15.** συμφωνία: *τραγουδώ σε άλλη κλίμακα· γράφουν σε άλλο αλφάβητο.* **16.** ανάμεσα, μεταξύ (με ονόματα πληθ. αρ. προσώπων ή πραγμάτων): *ένας στους τρεις κερδίζει· ήταν πρώτος στους συμμαθητές του.* **17.** ποσοστό: *δέκα στα εκατό.* **18.** υπολογισμό κατά προσέγγιση: *αυτός που συγκεντρώθηκαν τους ανεβάζουν σε πεντακόσιους.* **19.** (με γεν. ονόματος προσώπου, ελλειπτικά εξαιτίας απουσίας της αιτ.) τόπο που ανήκει σε κάποιον (κατοικία, κατάστημα, κλπ.): *πάμε στου Κώστα; περίμενα στου γιατρού πολλή ώρα.*

σέβας το, ουσ., πληθ. **σέβη** (μόνο στην ονομ. και αιτ. εν. - πληθ.) σεβασμός (βλ. λ.). ΄Εκφρ. *τα σέβη μου* (= χαιρετισμός σε πρόσωπο για το οποίο αισθάνεται κανείς σέβας).

σεβάσματα τα, ουσ., μόνο στην εκφρ. *τα -ατά μου* (= χαιρετισμός σε πρόσωπο για το οποίο αισθάνεται κανείς σέβας, βλ. λ.): *τα -ατά μου στη μητέρα σας.*

σεβάσμιος, -α, -ο, επίθ. (ασυνίζ.), που είναι άξιος να τον σέβεται κανείς, που προκαλεί σεβασμό (βλ. λ.): *η -α μορφή του γέροντα* (συνών. *σεβαστός, αξιοσέβαστος*). - *Το αρσ. ως ουσ.* = προϊστάμενος τεκτονικής στοάς.

σεβασμιότατος ο, ουσ. (ασυνίζ.), τίτλος με τον οποίο προσφωνείται ο επίσκοπος.

σεβασμιότητα η, ουσ. (ασυνίζ.). **1.** η ιδιότητα του σεβάσμιου (βλ. λ.). **2.** (με γεν. προσωπ. αντων.) (εκκλ.) τίτλος επισκόπου: *η -ότητά σας.*

σεβασμός ο, ουσ. **1.** αίσθημα που εκφράζει ότι κάποιος υπολογίζει, εκτιμά την εμπειρία, την ανωτερότητα, την αξία ενός τρίτου προσώπου, συνήθως ηλικιωμένου: *~ προς τους ανωτέρους· ~ στον πατέρα/σ' ένα σπουδαίο επιστήμονα.* **2.** το να φροντίζει κανείς να μη βλάψει ή να υποτιμήσει κάτι: *~ στην αλήθεια/στη φύση.* **3.** φροντίδα που καταβάλλει κάποιος για την τήρηση κανόνων, τη διατήρηση θεσμών: *~ στους νόμους/ στην παράδοση.*

σεβαστός, -ή, -ό, επίθ. (για πρόσωπο) σεβάσμιος (βλ. λ.). **2.** υπολογίσιμος, αξιόλογος σε ποσότητα: *αμοιβή -ή· αριθμός ~.* **3.** παραδεκτός: *λόγοι -οί· επιχειρήματα -ά.*

σεβιότ το, ουσ. άκλ. (συνιζ.). **1.** μαλλί από πρόβατα της Σκοτίας. **2.** νήμα και ύφασμα απ' αυτό το μαλλί. [γαλλ. cheviotte<αγγλ. cheviot].

σεβνταλής ο, θηλ. **-ού,** ουσ. (όχι ερρ., λαϊκ.), ερωτόληπτος (βλ. λ.).

σεβντάς ο, ουσ. (όχι ερρ., λαϊκ.), ερωτικό πάθος: *βαρύ τον έχεις το -ά* (Ι.Μ. Παναγιωτόπουλος). [τουρκ. sevda].

σέβομαι, ρ. **1.** τιμώ ιδιαίτερα κάποιον, του δείχνω σεβασμό (βλ. λ.). **2.** (για λόγους, επιχειρήματα, ιδέες, κλπ.) θεωρώ παραδεκτό: *~ τις απόψεις σου.* **3.** (για νόμους, κανόνες, κλπ.) τηρώ: *~ τους κανόνες του παιγνιδιού/τους νόμους της χώρας μου.*

σεβρό το, ουσ. άκλ., λεπτό και μαλακό δέρμα από κατσίκι για την κατασκευή παπουτσιών, κλπ. [γαλλ. chevreau].

σεγκοντάρω, σιγκοντάρω και **σεγοντάρω** ρ. (όχι ερρ., έρρ.). **1.** συνοδεύω τραγούδι ως δεύτερη φωνή. **2.** (μεταφ.) υποστηρίζω κάποιον σε αυτά που λέει ή σε μια του προσπάθεια: *αφού αυτά που λέει δε στέκουν, γιατί τον -εις;* [ιταλ. secondare].

σεγκόντο, σεκόντο και **σιγόντο** το, ουσ. (όχι ερρ., έρρ.), (μουσ.) η δεύτερη φωνή σε τραγούδι· φρ. *κάνω ~* (= σιγοντάρω, βλ. λ. και στις δύο σημασ.). [ιταλ. secondo].

σεγκούνα η και **-νι** το, ουσ. (όχι ερρ.), μάλλινο επανωφόρι, επενδύτης που φορούν οι χωρικοί (ιδίως γυναίκες). [αλβαν. shegun].

σεγοντάρω, βλ. *σεγκοντάρω.*

σεγόντος και **σιγόντος** ο, ουσ. (ερρ.), δευτερεύων άνεμος. [ιταλ. secondo].

σεζ-λονγκ η, ουσ. άκλ., κάθισμα εξοπλισμένο με στηρίγματα για τα πόδια ή και κάθισμα από ύφασμα που διπλώνει. [γαλλ. chaise longue].

σεζόν η, ουσ. άκλ., χρονική περίοδος για ορισμένη απασχόληση: *~ τουριστική/διακοπών.* [γαλλ. saison].

σειέμαι, βλ. *σείω.*

σειρά η, ουσ. **1.** συνέχεια, αλληλουχία προσώπων ή πραγμάτων ομοειδών τοποθετημένων στην ίδια γραμμή: *περιδέραιο με τρεις -ές μαργαριτάρια· πρώτη ~ καθισμάτων· έπλεξα πέντε -ές* (ενν. *θηλειών*) *απ' το πουλόβερ· δέκα -ές παραταγμένων στρατιωτών.* **2.** καθορισμένη και περιορισμένη συνέχεια πραγμάτων ομοειδών που συγκροτούν ένα σύνολο: *έκδοση νέας -άς γραμματοσήμων· ομολόγων του δημοσίου· ~ τόμων λεξικού.* **3α.** συνέχεια, αλληλοδιαδοχή ομοειδών εκδηλώσεων: *~ ερωτήσεων· ~ άρθρων σε εφημερίδα·* **β.** τηλεοπτική *~* = συνέχεια επεισοδίων τηλεοπτικού έργου (συνών. *σίριαλ*). **4α.** κατάταξη: *ονόματα γραμμένα κατά αλφαβητική ~· οι μισθοί ποικίλλουν ανάλογα με τη ~ αρχαιότητας·* **β.** η θέση που κατέχει κάποιος σε μια κατάταξη, μια ακολουθία: *ανέβηκε στην πρώτη ~ της ιεραρχίας· κατέλαβε τη δεύτερη ~ στο διαγωνισμό· αυτός μου πήρε τη ~ και πέρασε πριν από μένα στο ιατρείο· η ~ μου να τραγουδήσω.* **5.** κοινωνική τάξη, θέση: *ο γαμπρός δεν είναι της -άς της νύφης.* **6α.** τάξη: *τώρα που ήρθα θα βάλω μια ~· εδώ μέσα· μπήκαν τα πράγματα σε μια ~·* **β.** ειρμός, συνοχή: *δεν έχουν μια ~ αυτά που λέει.* **7α.** γραμμή, στίχος σε κείμενο (έντυπο ή χειρόγραφο): *τη λέξη αυτή τη συναντούμε στη δεύτερη ~· του κειμένου· πόσες -ές έχει το ποίημα·* **β.** γραμμή σε σελίδα τετραδίου ή κόλλας γραψίματος: *γράψτε το όνομά σας στην πρώτη ~· σελίδα τετραδίου με τριάντα -ές* (συνών. *αράδα*). **8.** το σύνολο στρατιωτών που παρουσιά-

ζονται για εκπαίδευση στην ίδια χρονική περίοδο: *κάθε δυο μήνες καλούν νέα ~· ποιά ~ είναι ν' απολυθεί;* 9. (ναυτ., λόγ.) μούδα (βλ. λ.). 10. (μαθημ.) άθροισμα άπειρων αριθμών που ο ένας παράγεται από τον άλλον. 11. (χημ.) σύνολο οργανικών ενώσεων με όμοιο συντακτικό τύπο που η μία προέρχεται από την άλλη. 12. (γραμματολογία) εκλογές από συγγράμματα παλαιότερων εκκλησιαστικών συγγραφέων. ΄Εκφρ. *με τη ~* (= ο ένας μετά τον άλλο): *ελάτε με τη ~ εδώ να σας εξετάσω· ~ σου και ~ μου* (= ήρθε η στιγμή να ανταποδώσω τα όμοια). Φρ. *βγαίνω από τη ~ μου* (= από το συνηθισμένο ρυθμό της ζωής μου)· *μπαίνω στη ~* (για κάτι) (= πηγαίνω να σταθώ πίσω από κάποιους που, ο ένας πίσω από τον άλλον, περιμένουν να κάνουν κάτι): *μπαίνω στη ~ για να ψωνίσω* (συνών. *ουρά*)· *παίρνω ~ για κάτι* (= μπαίνω στην ομάδα αυτών που, ο ένας μετά τον άλλον, περιμένουν να κάνουν κάτι): *πρέπει να πάρετε ~ για να δείτε το διευθυντή.*
σείρακας και **σείρικας** ο, ουσ., ασθένεια των φρούτων κατά την οποία συρρικνώνονται και ξεραίνονται πριν ωριμάσουν.
σειρήνα η, ουσ. 1. (μυθολ.) πλάσμα μεταξύ γυναίκας και πουλιού με μαγευτική φωνή. 2. (μεταφ.) γυναίκα γοητευτική. 3. όργανο που ηχεί για να δηλώσει κάποιο έκτακτο γεγονός.
σείρι το, ουσ. (λαϊκ.), ψυχαγωγία που προκαλείται από κάποιο θέαμα. Φρ. *κάνω ~* (= διασκεδάζω (βλέποντας)). [τουρκ. *seyir*].
σειριά η, ουσ. (συνιζ., λαϊκ.), γενεά (συνών. *σόι, φύτρα*).
σείρικας, βλ. *σείρακας*.
σειρικιάζω, ρ., μτχ. παρκ. *-σμένος* (συνιζ.), προσβάλλομαι από σείρακα (βλ. λ.): *ροδάκινα -σμένα.*
σειρικό το, ουσ. (λαϊκ.), τα χαρακτηριστικά ενός ατόμου που οφείλονται στους προγόνους του: *έχει καλό ~.*
σείριος ο, ουσ. (ασυνίζ.), λαμπρός απλανής αστέρας.
σεις, βλ. *εσύ*.
σεισάχθεια η, ουσ. (ασυνίζ.), (ιστ.) κατάργηση των χρεών (δημόσιων και ιδιωτικών) σύμφωνα με νόμο του Σόλωνα.
σείσιμο το, ουσ., η ενέργεια του *σείω*.
σεισμικός, -ή, -ό, επίθ., που σχετίζεται με σεισμό: *φαινόμενα -ά· δονήσεις -ές.*
σεισμικότητα η, ουσ. 1. το να επηρεάζεται μια περιοχή από σεισμούς: *το έδαφος εδώ έχει ~.* 2. βαθμός συχνότητας και μεγέθους των σεισμικών φαινομένων μιας περιοχής: *η ~ της Βαλκανικής.*
σεισμογενής, -ής, -ές, γεν. *-ούς*, πληθ. αρσ. και θηλ. *-είς*, ουδ. *-ή*, επίθ., που προέρχεται από σεισμό ή υφίσταται συχνά σεισμούς: *έδαφος -ές· περιοχή ~.*
σεισμογόνος, -α, -ο, επίθ., που προκαλεί σεισμούς: *περιοχή -α.*
σεισμογράφημα το, ουσ., καταγραφή από σεισμογράφο των κυμάτων από σεισμικές δονήσεις.
σεισμογραφία η, ουσ., μελέτη των σεισμογραφημάτων (βλ. λ.).
σεισμογραφικός, -ή, -ό, επίθ., που σχετίζεται με τη σεισμογραφία (βλ. λ.): *έρευνα -ή.*
σεισμογράφος ο, ουσ., όργανο που καταγράφει τις σεισμικές δονήσεις και πληροφορεί για το επίκεντρο και την έντασή τους.

σεισμοθεραπεία η, ουσ. (ιατρ.) θεραπεία με γρήγορες επαναλαμβανόμενες κινήσεις.
σεισμολογία η, ουσ., η μελέτη των σεισμικών φαινομένων.
σεισμολογικός, -ή, -ό, επίθ., που σχετίζεται με τη σεισμολογία (βλ. λ.): *χάρτης ~.*
σεισμολόγος ο και η, ουσ., επιστήμονας που ασχολείται με τη σεισμολογία (βλ. λ.).
σεισμόπληκτος, -η, -ο, επίθ. (για περιοχή ή για κατοίκους περιοχής) που έχει πληγεί από σεισμό: *χώρα -η.* - Το αρσ. ως ουσ. = κάτοικος περιοχής που την έπληξε σεισμός.
σεισμός ο, ουσ. 1. σύνολο δονήσεων και απότομων μεταβολών του φλοιού της γης που γίνονται αισθητές από τον άνθρωπο. 2. αναταραχή, μεγάλη φασαρία: *εγίνηκε ~ με τον καβγά τους.*
σειστός, -ή, -ό, επίθ., που λικνίζεται περπατώντας· μόνο στην έκφρ. *~ και λυγιστός* (συνών. *κουνιστός*).
σείστρο το, ουσ., ντέφι (βλ. λ.).
σείχης ο, ουσ., φύλαρχος μουσουλμάνος. [τουρκ. *şeyh*].
σεϊχουλισλάμης ο, ουσ., ανώτατος θρησκευτικός άρχοντας του οθωμανικού κράτους. [αραβοτουρκ. *şeyhülislâm*].
σείω, ρ., μέσ. *σείομαι* και (συνιζ., λαϊκ.) *σειέμαι*, μτχ. ενεστ. (λαϊκ.) *σεινάμενος*. I. (ενεργ.) κάνω κάτι να κινηθεί πέρα-δώθε, δονώ, τραντάζω: *ο αέρας έσειε τα κλαδιά των δέντρων.* II. (μέσ.). 1. ταλαντεύομαι, δονούμαι, τραντάζομαι· *σείστηκε η γη από την έκρηξη· ούτε φύλλο δε σειόταν στα κλαδιά.* 2. (συνήθως στον τ. *σειέμαι*) περπατώ καμαρωτά· εκφρ. *σεινάμενος και κουνάμενος: πέρασε σεινάμενη και κουνάμενη·* φρ. *σείεται και λυγιέται.*
σεκάνς η, ουσ. άκλ. (στον κινηματογράφο) σειρά εικόνων ή σκηνών που αποτελούν, σαν σύνολο, ένα τμήμα της δράσης του έργου (ό,τι περίπου ένα κεφάλαιο στο μυθιστόρημα). [γαλλ. *séquence*].
σεκλέτι το, ουσ. (λαϊκ.), βαρυθυμία· ερωτική απογοήτευση: *θαρρείς πως ζω δίχως -ια;* (Μπαστιάς). [τουρκ. *sıklet*].
σεκλετίζομαι, ρ. (λαϊκ.), στενοχωριέμαι: *-ίστηκα με τα καμώματά του· μη -εσαι για τέτοια πράγματα.*
σεκόντο, βλ. *σεγκόντο*.
σέκος, επίθ. (λαϊκ.), μόνο στη φρ. *έμεινε ~* (= έμεινε ξερός, βλ. λ.). [ιταλ. *secco*].
σεκρετάριος ο, ουσ. (ασυνίζ.), (ιστ.) γραμματέας, διευθυντής υπηρεσίας στα βυζαντινά χρόνια. [μεσν. λατ. *secretarius*].
σεκταρισμός ο, ουσ., το να κυριαρχείται κανείς από στενόκαρδη ιδεολογία και να είναι δογματικά αδιάλλακτος απέναντι σε εκείνους που έχουν διαφορετικές απόψεις. [γαλλ. *sectarisme*].
σεκταριστής ο, θηλ. *-ίστρια*, ουσ., πρόσωπο που χαρακτηρίζεται από σεκταρισμό (βλ. λ.).
σεκταριστικός, -ή, -ό, επίθ., που ανήκει ή αναφέρεται στο σεκταρισμό ή τους σεκταριστές: *απόψεις -ές.*
σεκταρίστρια, βλ. *σεκταριστής*.
σέλα η, ουσ. 1. κάθισμα πάνω στο οποίο κάθεται ο αναβάτης αλόγου. 2. κάθισμα σε ποδήλατο ή δίτροχο όχημα: *~ μοτοσικλέτας.* - Υποκορ. **σελί** το. [λατ. *sella*].
σελαγίζω, ρ., ακτινοβολώ, εκπέμπω φως.
σελάγισμα το και **-ισμός** ο, ουσ., ακτινοβολία.

σελάδικο το, ουσ., σελοποιείο (βλ. λ.).
σέλας το, ουσ. (μόνο στον εν.), στην έκφρ. *βόρειο ~* = φωτεινό μετέωρο που εμφανίζεται στις πολικές περιοχές.
σελάς ο, ουσ., σελοποιός (βλ. λ.).
σελάχι, Ι. και **σαλάχι** το, ουσ., ψάρι σε σχήμα ρόμβου με σώμα πλακωτό, χρώμα λαδί, πτερύγια σαν μεγάλα φτερά και μακριά και λεπτή ουρά. [αρχ. *σελάχιον*].
σελάχι ΙΙ. το, ουσ., ζώνη όπου τοποθετούσαν τα όπλα τους οι φουστανελάδες. [τουρκ. *silâh*].
σελέμης ο, θηλ. **-ισσα**, ουσ. (λαϊκ.), που ζει σε βάρος άλλων, παράσιτος (συνών. *τζαμπατζής*). [τουρκ. *selem*]
σελεμίζω, ρ. (λαϊκ.). 1. (αμτβ.) ζω ως σελέμης (βλ. λ.). 2. (αμτβ.) αποκτώ κάτι χωρίς να πληρώσω: *πού το σελέμισες αυτό;*
σελέμισσα, βλ. *σελέμης*.
σελήνη η, ουσ., δορυφόρος της γης που παίρνει φως από τον ήλιο· η όψη του όπως φαίνεται από τη γη: *ο δίσκος της -ης· φάσεις της -ης* (= καθεμία από τις μεταβολές της όψης της που βλέπουμε στο φωτισμένο τμήμα)· *νέα ~* (= φάση της σελήνης κατά την οποία στρέφει προς εμάς τη σκοτεινή της όψη) (αντ. *πανσέληνος*). Έκφρ. *~ του μέλιτος* (ή *μήνας του μέλιτος*) (= η πρώτη περίοδος μετά το γάμο που ξεχωρίζει για την ευτυχία και την αμοιβαία κατανόηση μεταξύ των συζύγων). Φρ. *αυτός έπεσε από τη ~* (= είναι εντελώς ακατατόπιστος)· *βρίσκεται στη ~* (= είναι μακριά από την πραγματικότητα) (συνών. *φεγγάρι*).
σεληνιάζομαι, ρ. (ασυνίζ.), υποφέρω από επιληψία.
σεληνιακός, -ή, -ό, επίθ. (ασυνίζ.), που ανήκει ή αναφέρεται στη σελήνη: *~ μήνας* (= το χρονικό διάστημα (περίπου 29 ημερών) που χρειάζεται για μια πλήρη περιφορά της σελήνης γύρω από τη γη)· *τοπίο ~* (για περιοχές έρημες όπου δεν υπάρχουν ίχνη ζωής).
σεληνιασμός ο, ουσ. (ασυνίζ.), η ασθένεια επιληψία (που παλαιότερα πιστεύοταν ότι προκαλείται από επίδραση της σελήνης): *τον πιάνει ~*.
σελήνιο το, ουσ. (ασυνίζ.), (χημ.) χημικό στοιχείο μεταλλοειδές που παρουσιάζει αναλογίες προς το θείο.
σεληνογραφία η, ουσ., περιγραφή της σελήνης κατά τη γεωγραφική μέθοδο.
σεληνογραφικός, -ή, -ό, επίθ., που σχετίζεται με τη σεληνογραφία: *χάρτης ~*.
σεληνογράφος ο και η, ουσ., αυτός που ασχολείται με την περιγραφή της σελήνης.
σεληνοειδής, -ής, -ές, γεν. -ούς, πληθ. αρσ. και θηλ. -είς, ουδ. -ή, επίθ., που έχει το σχήμα της σελήνης, που μοιάζει με σελήνη.
σεληνολογία η, ουσ., μελέτη της σελήνης.
σεληνολόγος ο και η, ουσ., επιστήμονας ειδικευμένος στη μελέτη της σελήνης.
σεληνοσκόπιο το, ουσ. (ασυνίζ.), τηλεσκόπιο με το οποίο μελετώνται οι κινήσεις της σελήνης.
σεληνόφως το, ουσ., το φως της σελήνης (συνών. *φεγγαρόφωτο*).
σεληνοφώτιστος, -η, -ο και **σεληνόφωτος**, επίθ. (ποιητ.) που φωτίζεται από τη σελήνη: *βραδιά -η* (συνών. *φεγγαρόλουστος*).
σελί, βλ. *σέλα*.
σελίδα η, ουσ. 1. το καθένα από τα δύο μέρη ενός φύλλου χαρτιού, περγαμηνής, κλπ., που μπορεί να δεχτεί ένα κείμενο ή ένα σχεδίασμα: *γυρίζω τη ~· πόσες -ες έχει το βιβλίο;* 2. το ίδιο το κείμενο που καταγράφεται σε μια σελίδα: *η δεύτερη ~ του κειμένου*. 3. απόσπασμα από συγγραφέα: *-ες από τον Παλαμά*. 4. (μεταφ.) μέρος της ζωής ή της ιστορίας ενός ατόμου, ενός συνόλου ή (συνήθως) ενός έθνους: *ένδοξες -ες της ελληνικής ιστορίας*. Φρ. *ανοίγω ~* (σε κάποιο τομέα) (= καινοτομώ)· *γυρίζω ~* (= 1. γυρίζω το φύλλο. 2. περνώ σε κάτι άλλο).
σελιδαρίθμηση η, ουσ., αρίθμηση των σελίδων ενός εντύπου.
σελιδοδείκτης ο, ουσ., ταινία που τοποθετείται μέσα στο σώμα ενός βιβλίου για να οδηγεί σε συγκεκριμένη σελίδα του.
σελιδοθέτης ο, ουσ. (τυπογραφία) μεταλλική ορθογώνια πλάκα που συγκρατεί στοιχειοθετημένη σελίδα βιβλίου.
σελιδοποίηση η, ουσ., διευθέτηση της σελίδας στην οριστική μορφή με την οποία θα τυπωθεί μετά τη στοιχειοθεσία και την πρώτη διόρθωση (συνών. *σελίδωση*).
σελιδοποιώ, ρ., κάνω σελιδοποίηση (βλ. λ.) ενός κειμένου (συνών. *σελιδώνω*).
σελιδώνω, ρ., σελιδοποιώ (βλ. λ.).
σελίδωση η, ουσ., σελιδοποίηση (βλ. λ.).
σελίνι το, ουσ. 1. αγγλική νομισματική μονάδα, ίση με το 1/20 της αγγλικής λίρας ή με 12 σέντιους. 2. νομισματική μονάδα της Κένυας, της Σομαλίας και της Τανζανίας. 3. νομισματική μονάδα της Αυστρίας (βλ. *σίλινγκ*). [αγγλ. *shilling* (σημασ. 1, 2), γερμ. *Schilling* (σημασ. 3)].
σέλινο το, ουσ., είδος λαχανικού με μεγάλη, σαρκώδη, στρογγυλή ρίζα και χαρακτηριστική οσμή, που χρησιμοποιείται (και η ρίζα και ο βλαστός) ως μυρωδικό στη μαγειρική.
σελοποιείο το, ουσ., εργαστήριο όπου κατασκευάζονται σέλες (βλ. λ.).
σελοποιός ο, ουσ., κατασκευαστής σελών (βλ. λ.) (συνών. *σελάς*).
σελοφάν το, ουσ. άκλ., ύλη διαφανής που κατασκευάζεται από κυτταρίνη, πουλιέται σε λεπτά φύλλα και χρησιμοποιείται για συσκευασία ή προστασία τροφίμων, φαρμάκων, καλλυντικών, κλπ. [γαλλ. *cellophane*<αγγλ. εμπορική ονομασία].
σελοχαλίναρα τα, ουσ., η σέλα και το χαλινάρι αλόγου.
σελφ-σέρβις το, ουσ. άκλ. 1. αυτοεξυπηρέτηση (σε κατάστημα ή εστιατόριο): *το μαγαζί λειτουργεί με ~*. 2. (συνεκδοχικά) κατάστημα ή εστιατόριο όπου ο πελάτης αγοράζει ή τρώει αυτοεξυπηρετούμενος, χωρίς τη βοήθεια υπαλλήλου. [αγγλ. *self-service*].
σέλωμα το, ουσ., η ενέργεια και το αποτέλεσμα του σελώνω (βλ. λ.).
σελώνω, ρ., τοποθετώ σέλα στη ράχη αλόγου.
σεμέν-ντε-φέρ το, ουσ. άκλ., είδος τυχερού παιγνιδιού, ποικιλία του μπακαρά. [γαλλ. *chemin de fer*].
σεμινάριο το, ουσ. (ασυνίζ.). 1. κύκλος μαθημάτων γύρω από ένα γενικό θέμα που την ανάπτυξή του παρακολουθούν ενδιαφερόμενα άτομα: *~ επιμόρφωσης*. 2. πανεπιστημιακό σπουδαστήριο όπου γίνονται ειδικά μαθήματα, ειδικές διαλέξεις και επιστημονικές ανακοινώσεις. 3. ιερατική σχολή καθολικών. [λατ. *seminarium*].

σεμνός, -ή, -ό, επίθ. 1. ευπρεπής, σοβαρός: *ντύσιμο -ό· τελετή -ή* (συνών. *κόσμιος*). 2α. μετριόφρων (αντ. *αλαζόνας*)· β. ντροπαλός (αντ. *αναιδής, ασύστολος*). - Επίρρ. **-ά.**

σεμνότητα η, ουσ., η ιδιότητα του σεμνού (βλ. λ.) (συνών. *κοσμιότητα, μετριοφροσύνη, αιδημοσύνη·* αντ. *αναίδεια, αλαζονεία*).

σεμνοτυφία η, ουσ., η ιδιότητα του σεμνότυφου (βλ. λ.).

σεμνότυφος, -η, -ο, επίθ., που δείχνει υπερβολική και αδικαιολόγητη (συνήθως πλαστή) αιδημοσύνη· που θέλει να εμφανίζεται υπερβολικά σεμνός.

σεμνύνομαι, ρ., καμαρώνω: *-εται για την επιτυχία του.*

σέμνωμα το, ουσ., καύχημα: *ο Α είναι ~ της επαρχίας* (συνών. *καμάρι*).

σέμπρος ο, ουσ. (όχι ερρ.), (ιδιωμ.) κολίγας (βλ. λ.): *ήταν αφέντης και κατάντησε ~* (Ι.Μ. Παναγιωτόπουλος). [σλαβ. *sebrŭ*].

σεν το, ουσ. άκλ., το 1/100 του ιαπωνικού γεν (βλ. λ.).

σενάριο το, ουσ. (ασυνίζ.). 1. υπόθεση ενός θεατρικού ή κινηματογραφικού έργου. 2. περιγραφή της δράσης ενός έργου με παροχή τεχνικών λεπτομερειών. 3. υποθετική εξέλιξη στην πορεία ενός μελλοντικού πολιτικού γεγονότος: *για το σκοπό του ταξιδιού του πρωθυπουργού προβάλλονται διάφορα -α· τα -α τα σχετικά με πρόωρες εκλογές είναι αναληθή.* [ιταλ. *scenario*].

σεναριογράφος ο, ουσ. (ασυνίζ.), αυτός που ασχολείται με τη συγγραφή σεναρίων (βλ. λ. σημασ. 1 και 2).

σεναριολογία η, ουσ. (ασυνίζ.), (πολιτ.) υποθετικός λόγος για πολιτικά σχέδια, για μελλοντικές πολιτικές εξελίξεις.

σεναριολόγος ο και η, ουσ. (ασυνίζ.), (πολιτ.) κατασκευαστής πολιτικών σεναρίων (βλ. λ.).

σεναρίστας ο, ουσ., σεναριογράφος (βλ. λ.). [γαλλ. *scénariste*].

Σενεγαλέζα, βλ. *Σενεγαλέζος.*

σενεγαλέζικος, -η, -ο, επίθ., που σχετίζεται με τους Σενεγαλέζους ή τη Σενεγάλη.

Σενεγαλέζος ο, θηλ. **-α,** ουσ., αυτός που κατοικεί στη Σενεγάλη ή κατάγεται από αυτήν.

σενιαρίζομαι, ρ., μτχ. *σενιαρισμένος* (συνιζ.), φροντίζω ιδιαίτερα την εμφάνισή μου ως προς την ενδυμασία.

σενσουαλισμός ο, ουσ., αισθησιοκρατία (βλ. λ.). [γαλλ. *sensualisme*].

σεντεφένιος, -α, -ο και (σπανιότερα) **σιντ-,** επίθ. (όχι ερρ., συνιζ.), μαργαριταρένιος (βλ. λ.).

σεντέφι το, ουσ. (όχι ερρ.), μαργαριτάρι (βλ. λ.). [τουρκ. *sedef*].

σεντίνα η, ουσ. (προφ. *ν-τ*), περίφραγμα από γερά σανίδια καρφωμένα στο κύτος του πλοίου όπου μαζεύονται τα νερά που μπαίνουν από τη θάλασσα. [ιταλ. *sentina*].

σεντόνι το, ουσ. (όχι ερρ.), μεγάλο τετράπλευρο κομμάτι λευκού συνήθως υφάσματος που χρησιμοποιείται για το στρώσιμο του κρεβατιού κατά τον ύπνο. [αρχ. *σινδών*].

σεντούκι το, ουσ. (ερρ,), 1. μπαούλο. 2. φέρετρο. [τουρκ. *sandık*].

σέντρα η, ουσ. (ερρ.), (στο ποδόσφαιρο) 1. το να σουτάρει κανείς από πλάγιο σημείο του γηπέδου προς το κέντρο της αντίπαλης άμυνας: *κάνω ~.* 2. το μέσο της κεντρικής γραμμής ποδοσφαιρικού γηπέδου, όπου τοποθετείται η μπάλα στην αρχή του αγώνα και έπειτα από κάθε γκολ: *έκανε σουτ από τη ~.* [αγγλ. *centre*].

σεντράρισμα το, ουσ. (ερρ.), (αθλητ.) το να κάνει κανείς σέντρα (βλ. λ. σημασ. 1).

σεντράρω, ρ. (ερρ.), (αθλητ.) κάνω σέντρα (βλ. λ. σημασ. 1).

σέντσι το, ουσ., το ένα εκατοστό του δολαρίου. [αγγλ. *cents*].

σεξ το, ουσ. άκλ. 1. η γενετήσια πράξη, καθώς και τα συναισθήματα και οι ενέργειες που συνδέονται με αυτήν: *μιλάει συνεχώς για ~.* 2. τα εξωτερικά γεννητικά όργανα άντρα ή γυναίκας. [αγγλ. *sexe*].

σεξαπίλ το, ουσ. άκλ., το να έλκει, να προκαλεί κάποιος ερωτικά: *γυναίκα με ~.* [αγγλ. *sex appeal*].

σέξι, επίθ. άκλ., που προκαλεί ερωτικά: *γυναίκα ~· εμφάνιση/ρούχα ~.* [αγγλ. *sexy*].

σεξολογία η, ουσ., επιστήμη που ερευνά τα φαινόμενα και τα προβλήματα της σεξουαλικότητας.

σεξολόγος ο και η, ουσ., επιστήμονας που ασχολείται με τη σεξολογία (βλ. λ.).

σεξουαλικός, -ή, -ό, επίθ. 1. που σχετίζεται με τη γενετήσια ορμή: *πράξη -ή· υπονοούμενα/προβλήματα -ά· όργανα -ά· ένστικτο -ό· ψυχολογία -ή =* τμήμα της ψυχολογίας που μελετά τους τρόπους συμπεριφοράς του άντρα και της γυναίκας ως προς ό,τι σχετίζεται με τη σεξουαλικότητα. - Το αρσ. και το θηλ. ως ουσ. = (λαϊκ., για πρόσωπο) ερωτικός τύπος.

σεξουαλικότητα η και **-λισμός** ο, ουσ., το σύνολο των εκδηλώσεων του ανθρώπινου οργανισμού που σχετίζονται με την ερωτική πράξη.

σεξπιρικός, -ή, -ό, επίθ., που ανήκει στο Σέξπιρ ή σχετίζεται μ' αυτόν: *έργα -ά· ερμηνευτής ~.*

σεξπιριστής ο, θηλ. **-ίστρια,** ουσ., μελετητής της ζωής και του έργου του Σέξπιρ.

σέπαλο το, ουσ., το κάθε φύλλο που σχηματίζει τον κάλυκα του άνθους. [λατ. επιστ. όρος *sepalum·* πβ. γαλλ. *sépale*].

σέπομαι, ρ., σαπίζω (βλ. λ.).

σεπτεμβριανός, -ή, -ό, επίθ. (ασυνίζ.), και **σεπτεμβριάτικος** (συνιζ. και ασυνίζ.), που ανήκει ή αναφέρεται στο μήνα Σεπτέμβριο ή συμβαίνει κατά τη διάρκεια του.

Σεπτέμβριος ο, ουσ. (ασυνίζ.), ο ένατος μήνας του χρόνου. [λατ. *September*].

σεπτός, -ή, -ό, επίθ. (λόγ.), σεβαστός (ιδίως για ιεράρχη).

σερ ο, ουσ. άκλ., τιμητικός τίτλος στην Αγγλία. [αγγλ. *sir*].

σέρα η, ουσ., θερμοκήπιο (βλ. λ.). [ιταλ. *serra*].

σεράι, βλ. *σαράι.*

σερασκέρης ο, ουσ., στρατιωτικός διοικητής στην οθωμανική Τουρκία. [τουρκ. *serasker*].

σεραφείμ τα, ουσ. άκλ. (θρησκ.) τάγμα αγγέλων που φέρουν τρία ζεύγη φτερών.

Σέρβα, βλ. *Σέρβος.*

σερβάντα η, ουσ. (ερρ.), μικρό έπιπλο της τραπεζαρίας (για την εξυπηρέτηση των συνδαιτυμόνων) όπου τοποθετούνται σκεύη του τραπεζιού. [γαλλ. *servante*].

Σερβίδα, βλ. *Σέρβος.*

σερβιέτα η, ουσ. (ασυνιζ.), αυτοκόλλητη ταινία από βαμβάκι τυλιγμένη με απορροφητικό χαρτί που χρησιμοποιείται από τις γυναίκες κατά τη διάρκεια της έμμηνης ρύσης. [γαλλ. *serviette*].

σερβικός, -ή, -ό, επίθ., που ανήκει ή αναφέρεται στους Σέρβους ή τη Σερβία.

σερβίρισμα το, ουσ., το να σερβίρει (βλ. λ. σε όλες τις σημασ.) κανείς και το αποτέλεσμα αυτής της ενέργειας.

σερβίρω, ρ., παρατ. *σερβίριζα* και *σέρβιρα,* αόρ. *σέρβιρα*. **1α.** φέρνω φαγητά και ποτά στο τραπέζι· **β.** υπηρετώ αυτούς που γευματίζουν. **2.** (σε κατάστημα) εξυπηρετώ πελάτη. **3.** (αθλητ.) **α.** (ποδόσφαιρο) ~ *τη μπάλα* = κάνω καλή πάσα σε συμπαίκτη· **β.** (στο τένις και το βόλεϊ-μπολ) κάνω σερβίς (βλ. λ.). [γαλλ. *servir*].

σέρβις το, ουσ. άκλ., περιοδικός έλεγχος της ικανοποιητικής λειτουργίας μηχανήματος (αυτοκινήτου, κλπ.). [αγγλ. *service*].

σερβίς το, ουσ. άκλ. (στο τένις και το βόλεϊ-μπολ) το αρχικό χτύπημα της μπάλας με το οποίο ξεκινά το παιχνίδι. [γαλλ. *service*].

σερβιτόρος ο, θηλ. **-α** και **-ισσα,** ουσ., υπάλληλος εστιατορίου, ζαχαροπλαστείου, καφενείου υπεύθυνος για το σερβίρισμα των φαγητών και των ποτών (συνών. γκαρσόνι). [ιταλ. *servitore*].

σερβιτσάλι το, ουσ., κλύσμα (βλ. λ.). [ιταλ. *serviziale*].

σερβίτσιο το, ουσ. (συνιζ.). **1.** τα σκεύη του τραπεζιού τα προορισμένα για τον κάθε συνδαιτυμόνα. **2.** όλα τα απαραίτητα σκεύη για το τραπέζι: ~ *του φαγητού/του καφέ.* **3.** (ναυτ.) τα σκοινιά, τα πανιά, τα σίδερα ενός πλοίου· (ειδικότερα) τα σκοινιά για το χειρισμό των ιστίων. [ιταλ *servizio*].

σερβοβουλγαρικός, -ή, -ό, επίθ., που αναφέρεται στους Σέρβους και τους Βουλγάρους ή τη Σερβία και τη Βουλγαρία ταυτόχρονα: ~ *πόλεμος του 1913.*

σερβοκροατικός, -ή, -ό, επίθ., που αναφέρεται συνάμα στους Σέρβους και τους Κροάτες ή τη Σερβία και την Κροατία: *γλώσσα -ή.*

Σέρβος ο, θηλ. **-ίδα** και (λαϊκ.) **-α,** ουσ., αυτός που κατοικεί στη Σερβία ή κατάγεται από εκεί.

σεργιάνι, βλ. *σεριάνι.*

σερενάτα και **-άδα** η, ουσ., ερωτικό τραγούδι που τραγουδιόταν τη νύχτα κάτω από τα παράθυρα αγαπημένου θηλυκού προσώπου (συνών. καντάδα). [βενετ. *serenada*].

σερέτης ο, θηλ. **-ισσα,** ουσ., άνθρωπος ζόρικος, ευέξαπτος, «βαρύς» (συνών. δύστροπος). [τουρκ. *şirret*].

σερέτικος, -η, -ο, επίθ., που σχετίζεται με το σερέτη: *φερσίματα -α.*

σερέτισσα, βλ. *σερέτης.*

σεριάνι και **σι-** το, ουσ. (συνιζ.), περίπατος: *κάνω ~· θα σε πάω ~* (συνών. σουλάτσο, βόλτα). [τουρκ. *seyran*].

σεριανίζω, ρ. (συνιζ.). **Α.** (αμτβ.) κάνω περίπατο (συνών. σουλατσάρω). **Β.** μτβ. **1.** πάω κάποιον περίπατο: *θα τη -ίσει στο πέλαγο* (Μπαστιάς). **2.** (με αντικ. μια περιοχή) κάνω σεριάνι σε αυτήν: ~ *τον κόσμο.* **3.** διασκεδάζω με κάτι, «χαζεύω» κάποιο θέαμα: *οι Θεοί -ίζανε τον πόλεμο της Τρωάδας* (Κόντογλου). Φρ. *ας πάει να -ίσει* (ως έκφραση αδιαφορίας για τις αντιδράσεις κάποιου): *ας πάει να -ίσει αν δεν του αρέσει* (πβ. φρ. *κάνε τη βόλτα σου, ά. βόλτα*).

σερίφης ο, ουσ. **1.** (στην Αγγλία) αξιωματούχος υπεύθυνος σε μια κομητεία για την απονομή της δικαιοσύνης. **2.** (στις Η.Π.Α.) αιρετός διοικητικός αξιωματούχος υπεύθυνος για την τήρηση της τάξης και την εκτέλεση των δικαστικών αποφάσεων. **3.** τίτλος ευγενών μουσουλμάνων που κατάγονται από το Μωάμεθ. [αγγλ. *sheriff*<αραβ. λ.].

Σερίφιος ο, θηλ. **-α,** ουσ. (ασυνίζ.), αυτός που κατοικεί στη Σέριφο ή κατάγεται από εκεί (συνών. Σεριφιώτης).

Σεριφιώτης ο, θηλ. **-ισσα,** ουσ. (συνιζ.), Σερίφιος (βλ. λ.).

σερμαγιά η, ουσ. (συνιζ.). **1.** το βασικό κεφάλαιο μιας επιχείρησης. **2.** η είσπραξη από πωλήσεις μιας μέρας: *είχαμε καλή ~ σήμερα.* **3.** (γενικότερα) ιδιοκτησία, περιουσία: *είχα για ~ μοναχά το τομάρι μου* (Κόντογλου)· *απόμεινε πάλι χωρίς ~* (Κόντογλου). [τουρκ. *sermaye*].

σερμένος, βλ. *σέρνω.*

σερμπέτι το, ουσ. (λαϊκ.). **1.** αρωματικό ποτό που παρασκευάζεται με ζάχαρη. **2.** (μεταφ.) ό,τι είναι πολύ γλυκό: ~ *είναι αυτός ο καφές!* [τουρκ. *şerbet*].

σερνικοβότανο, βλ. *αρσενικοβότανο.*

σέρνω και (λαϊκότερα) **σύρνω** και **σούρνω,** ρ., αόρ. *έσυρα,* μτχ. μέσ. ενεστ. *σερνάμενος,* παθ. αόρ. *σύρθηκα,* μτχ. παρκ. *συρμένος* και *σερμένος.* **I. ενεργ. 1.** τραβώ πίσω μου: *το ζώο -ει το κάρο.* **2.** προχωρώντας μετακινώ κάτι πάνω στο έδαφος: *καθώς περπατούσε έσερνε το φόρεμά της· το σκυλί έσερνε ένα σκοινί που είχε στο στόμα του·* φρ. ~ *τα πόδια μου* (= **α.** περπατώ με δυσκολία· **β.** δε σηκώνω καθώς περπατώ τα πόδια μου από το έδαφος). **3α.** οδηγώ βίαια ή καταναγκαστικά κάποιον: *σύρτε τον στο φρέσκο!* (= στη φυλακή)· *έσερνε το παιδί του από το χέρι·* **β.** παίρνω κάποιον μαζί μου όπου πηγαίνω: *-ει πάντα και τη γυναίκα του στις δεξιώσεις.* **4.** υποφέρω, «τραβώ»: *τι έσυρα μαζί του δε λέγεται!* **5.** βρίζω, κακολογώ κάποιον: *το τι του -ει όλο το χωριό δε λέγεται!* φρ. *του έσυρα όσα σέρνει η σκούπα· του -ει τα εξ αμάξης,* βλ. *τα εξ αμάξης.* **6.** (αμτβ., στην προστ.) πηγαίνω: *σύρε στη θεία σου· σύρε στο καλό!* **II. μέσ. 1.** κρέμομαι ως το έδαφος και μετακινούμαι πάνω σ' αυτό: *πρόσεχε, τα κορδόνια σου -ονται στη γη· τα λουριά του αλόγου -ονται στο χώμα· τα σκοινιά ξελύθηκαν και -ονται.* **2.** κινούμαι δύσκολα, βαδίζω, προχωρώ με κόπο: *αυτό, σέρ-εται!* *σύρθηκε κουτσαίνοντας ως τη βρύση.* **3.** προχωρώ έρποντας (με την κοιλιά ή τα γόνατα): *σύρθηκε ως τους θάμνους για να προστατευτεί.* **4.** κυκλοφορώ άσκοπα: *πας και -εσαι σαν παλιόπαιδο στα περιγιάλια* (Τ. Σταύρου). **5.** (για αρρώστια) εμφανίζομαι με μορφή επιδημίας: *-εται τύφος/ γρίπη.* Έκφρ. *τα σερνόμενα* (= σκοινιά πλοίου που η μια τους άκρη είναι δεμένη κάπου και η άλλη είναι ελεύθερη)· *το σύρε κι έλα* (= οι αλλεπάλληλες μετακινήσεις): *βαρέθηκα αυτό το σύρε κι έλα στο γραφείο του· φωνή σερνάμενη* (= συρτή, παρατεταμένη σε κάποιους φθόγγους). Φρ. ~ *από τη μύτη κάποιον* (= τον έχω όργανό μου, τον κατευθύνω): *τον -ει από τη μύτη η μητέρα του·* ~ *την άγκυρα* (= προκ. για πλοίο, παρασύρομαι από τον άνεμο μαζί με την άγκυρα)· ~ *τη φωνή μου* (= προφέρω παρατεταμένα κάποιους φθόγγους)· ~ *το χορό* (= είμαι πρώτος στη σειρά ανάμεσα στους άλλους χορευτές και τους οδηγώ)· ~ *φωνή* (= βγάζω δυνατή φωνή, φωνάζω).

σερπαντίνα η, ουσ. (προφ. ν-τ), μικρή χάρτινη χρωματιστή ταινία που ξετυλίγεται καθώς την πετά κανείς κατά τις απόκριες. [γαλλ. *serpentin*].

σερπετάδα η, ουσ., η ιδιότητα του σερπετού (βλ. λ.).
σερπετός, -ή, -ό, επίθ. 1. ζωηρός, ευκίνητος: *περπατούσε -ή* (Ι.Μ. Παναγιωτόπουλος)· *ήταν τα πόδια της... -ά* (Ι.Μ. Παναγιωτόπουλος) (συνών. *σβέλτος*). 2. εύστροφος, ευφυής· (κατ' επέκταση) πανούργος. - Το ουδ. στον πληθ. ως ουσ. (λαϊκ.) = τα ερπετά. [ερπετό].
Σερραία, βλ. *Σερραίος*.
σερραϊκος, -η, -ο, επίθ., που ανήκει ή αναφέρεται στις Σέρρες ή τους Σερραίους.
Σερραίος ο, θηλ. **-α**, ουσ., που κατοικεί στις Σέρρες ή κατάγεται από εκεί.
σερσέμης ο, θηλ. **-ισσα**, ουσ. (λαϊκ.), χαζός (συνών. *βλάκας, μπούφος*). [τουρκ. *sersem*].
σερσέμικος, -η, -ο, επίθ. (λαϊκ.), που σχετίζεται με το σερσέμη (βλ. λ.): *λόγια -α*.
σερσέμισσα, βλ. *σερσέμης*.
σερτάρι, βλ. *συρτάρι*.
σέρτικος, -η, -ο, επίθ. (λαϊκ.). 1. (για καπνό) βαρύς. 2. (για πρόσωπο) οξύθυμος, ιδιότροπος: *κάνει το -ο*. [τουρκ. *sert* + καταλ. *-ικος*].
σεσημασμένος, -η, -ο, επίθ. (για εγκληματία) που είναι γνωστά στην αστυνομία τα στοιχεία του και τα σωματικά χαρακτηριστικά του: *λωποδύτης ~* (συνών. *σταμπαρισμένος*).
σέσκ(ου)λο το, ουσ., τεύτλο (βλ. λ.). [αρχ. ιων. *σεύτλον*].
σεσουάρ το, ουσ. άκλ., εργαλείο κομμωτηρίου για το στέγνωμα των μαλλιών. [γαλλ. *séchoir*].
σέσουλα η, ουσ. 1. μικρό φτυάρι που χρησιμοποιούν οι παντοπώλες για να βγάζουν από τα σακιά διάφορα τρόφιμα· έκφρ. *με τη ~* (= σε αφθονία): *βγάζει λεφτά με τη ~*. 2. (ναυτ.) δοχείο ξύλινο για να αδειάζονται τα νερά που μπαίνουν στη βάρκα. [ιταλ. *sessola*].
σετ το, ουσ. άκλ. 1. σύνολο ομοειδών αντικειμένων: *ένα ~ ποτηριών· ένα ~ για την περιποίηση των νυχιών*. 2. παιχνίδι (βλ. λ. σημασ. 5β) σε αγώνα τένις ή βόλεϊ-μπολ. [αγγλ. *set*].
σεφέρι το, ουσ. (λαϊκ., παλιότερα), στράτευμα που εκστρατεύει· (συνεκδοχικά) πόλεμος: *όσο που να 'ρθει ο Μόσκοβος να φέρει το ~* (δημ. τραγ.). [τουρκ. *sefer*].
σεφερικός, -ή, -ό, επίθ., που ανήκει ή αναφέρεται στον ποιητή Γιώργο Σεφέρη: *έργο -ό*.
σεφτές ο, πληθ. **-έδες**, ουσ. (λαϊκ.), το πρώτο πούλημα ημέρας σε κατάστημα ή η συναφής είσπραξη χρηματικού ποσού: *δεν έκαμα ακόμα -έ* (= δεν πούλησα ακόμα τίποτα)· *κάνω καλό -έ σε κάποιον* (= φέρνω γούρι στο μαγαζί του αγοράζοντας πρώτος). [τουρκ. *siftah*].
σηκός ο, ουσ. (αρχαιολ.) ο κυρίως ναός, όπου βρισκόταν το άγαλμα του θεού.
σήκωμα το, ουσ. 1. η ενέργεια και το αποτέλεσμα του σηκώνω. 2. αφύπνιση, ξύπνημα.
σηκωμός ο, ουσ. (λαϊκ.). 1. ξυπνημός: *δεν έχει ~ σήμερα αυτός*. 2. ξεσηκωμός, εξέγερση: *ο ~ του γένους*. 3. το να μπορείς να σηκώσεις κάτι: *το μπαούλο αυτό δεν έχει -ό· τα δίχτυα δεν έχουν -ό* (= πιάστηκαν πολλά ψάρια).
σηκώνω, ρ. I. ενεργ. 1α. φέρνω κάτι ψηλότερα από ό,τι ήταν πρωτύτερα, το μετακινώ από χαμηλότερη σε ψηλότερη θέση: *~ το ποτήρι εις υγείαν κάποιου· ~ ένα κιβώτιο από χάμω· ~ τη σημαία/την άγκυρα· (για μέλος ανθρώπινου σώματος) ~ το χέρι/το κεφάλι μου· ~ τα μάτια μου* (= κατευθύ-

σηκώνω

νω το βλέμμα μου) (συνών. *υψώνω·* αντ. *κατεβάζω*)· **β**. κάτι που έχει πέσει το επαναφέρω στην προηγούμενη θέση του: *μου έπεσε το ρούχο που κρατούσα και το σήκωσα·* **γ**. φέρνω κάποιον που είχε πέσει ή ξαπλώσει στην όρθια θέση: *τον σήκωσαν δυο χεροδύναμοι*. 2. παροτρύνω ή αναγκάζω κάποιον καθισμένο να παραχωρήσει το κάθισμα: *τον σήκωσαν από το κάθισμά του για να καθίσει ο ηλικιωμένος*. 3. ανασηκώνω κάτι για να αποκαλύψω αυτό που βρίσκεται από πίσω ή από κάτω του: *-ει τη μάσκα/το πέπλο που κρύβει το πρόσωπό της*. 4α. κρατώ ή μεταφέρω βάρος: *ήρθε από την αγορά -οντας δέκα κιλά φρούτα· σήκωνε το παιδί στην αγκαλιά της* (συνών. *κουβαλώ*)· **β**. έχω την ικανότητα να κρατήσω ή να μεταφέρω κάτι βαρύ: *~ οτιδήποτε, ακόμα κι αν έχει βάρος είκοσι κιλών·* **γ**. (προκ. για χωρητικότητα πλοίου): *το πλεούμενο μπορούσε να -ώσει καμιά σαρανταριά ανθρώπους* (Κόντογλου). 5. ξυπνώ κάποιον που κοιμόταν: *τον σήκωσα στις έξι το πρωί, όπως μου είχε πει*. 6. (για νεκρό) τον παίρνω για να τον κηδεύσω: *σήκωσαν το νεκρό στις 11 το πρωί*. 7. απομακρύνω κάτι, το μετακινώ σε άλλη θέση: *σήκωσα τα βιβλία που ήταν στο τραπέζι*. 8. (λαϊκ.) αρπάζω, κλέβω: *οι πειρατές του σηκώσανε τη γυναίκα· μου σήκωσαν το σπίτι οι κλέφτες*. 9. κάνω ανάληψη χρημάτων από τραπεζικές καταθέσεις μου: *σήκωσα εκατό χιλιάδες δραχμές από το λογαριασμό μου*. 10. χτίζω: *~ σπίτι/τοίχο*. 11. ανέχομαι: *εγώ δε ~ κάτι τέτοια*. 12α. επιδέχομαι: *δε -ει αναβολή το ζήτημα·* **β**. (για κρασί ή φαγώσιμο) μπορώ να δεχτώ άλλο υλικό: *το κρασί αυτό δε -ει νερό· θα ρίξεις στη ζύμη όσο αλεύρι -ώσει*. 13. (για κλίμα ή τόπο) ωφελώ κάποιον, ταιριάζω στην ιδιοσυγκρασία του: *δεν τον σήκωσε το υγρό κλίμα του νησιού· δε με -ει αυτός ο τόπος*. 14. (για δάσκαλο) εξετάζω μαθητή: *με σήκωσε σήμερα η καθηγήτρια στην ιστορία*. 15. (προκ. για θήραμα) το κάνω να βγει από τη φωλιά ή το καταφύγιό του: *σήκωσα ένα λαγό/μια πέρδικα*. II. μέσ. 1. (για κάποιο καθισμένο ή πεσμένο κάτω) ορθώνομαι, έρχομαι στην όρθια θέση: *-ώθηκε για να παραχωρήσω τη θέση μου σ' έναν ηλικιωμένο· γλίστρησε κι έπεσε, αλλά σηκώθηκε αμέσως· -ομαι από το τραπέζι* (= τελειώνω το φαγητό μου). 2. αφήνω το κρεβάτι, όπου είχα κοιμηθεί: *-ομαι κάθε πρωί στις έξι*. 3. (για άρρωστο) παύω να είμαι άρρωστος στο κρεβάτι: *ήταν άρρωστος και σηκώθηκε πριν από δύο μέρες*. 4. (για φυσικό φαινόμενο) εκδηλώνομαι, αρχίζω να γίνομαι αισθητός: *σηκώθηκε αέρας/φουρτούνα*. 5. ξεσηκώνομαι, εξεγείρομαι: *σηκώθηκε όλη η Πελοπόννησος εναντίον των Τούρκων*. Φρ. *δε ~ κεφάλι* (= είμαι αφοσιωμένος στη δουλειά μου, εργάζομαι συνεχώς)· *δε ~ τα μάτια μου*, βλ. *μάτι·* η *υπόθεση/το πράγμα -ει νερό*, βλ. *νερό· -ώθηκε ο ήλιος* (= ανέβηκε ψηλά στον ουρανό)· *-ει η τσέπη του* (= δεν του λείπουν χρήματα, είναι πλούσιος)· *-εται η τρίχα μου* (= μένω κατάπληκτος, εξανίσταμαι· νιώθω φρίκη)· *-ώθηκε η τρίχα μου όταν άκουσα για το έγκλημα που έκανε· ~ κεφάλι* (= **α**. απειθαρχώ σε κάποιον: *μου σήκωσε κεφάλι τώρα τελευταία και συνεχώς μου αντιμιλάει* (= **β**. ξεπερνώ τις δυσκολίες, παίρνω επάνω μου): *δεν μπορέσαμε να -ουμε κεφάλι από τις αρρώστιες/τα έξοδα* (= **γ**. εμφανίζομαι απειλητικός): *δε χρειάζεται μακρύ καιρό το κακό για να -ει κεφάλι* (Σεφέρης)· *~*

μύτη ή έχω σηκωμένη μύτη (= γίνομαι ή είμαι ψυλομύτης, ακατάδεκτος· πβ. ψηλώνω τη μύτη, ά. μύτη)· (για πλεούμενο) ~ πανί/-ά ή -ομαι στα πανιά (= αποπλέω): θα σηκωθούμε στα πανιά και θα βάλουμε πλώρη για... (Κόντογλου)· ~ παντιέρα/ μπαϊράκι (= αρχίζω να απειθαρχώ, να επαναστατώ)· ~ στο πόδι/στο ποδάρι (= αναστατώνω): σήκωσε τη γειτονιά στο πόδι με τις φωνές του· ~ τα βάρη ή το βάρος (= επιβαρύνομαι με κάτι, έχω την ευθύνη για κάτι): -ει όλα τα βάρη της οικογένειας· ~ τα μυαλά κάποιου, βλ. μυαλό· ~ τα χέρια (= αδυνατώ να ενεργήσω)· ~ το τραπέζι (= αφαιρώ από το τραπέζι τα σκεύη του φαγητού μετά το φαγητό): μετά το φαγητό σηκώσαμε το τραπέζι· ~ το χέρι (= ως μαθητής ζητώ από το δάσκαλο να ανακοινώσω κάτι ή να απαντήσω σε ερώτημα που διατυπώνεται μέσα στην τάξη)· ~ φωνή (= φωνάζω): ψιλή φωνήν εσήκωσε, τον πρώτο του φωνάζει (δημ. τραγ.)· (σε χαρτοπαίγνια) ~ χαρτί (= παίρνω χαρτί από την τράπουλα που βρίσκεται στο τραπέζι): σήκωσα μεγάλο χαρτί και κάηκα· χέρι σε κάποιον (= απειλώ να τον χτυπήσω)· σήκω σήκω - κάτσε κάτσε (= σε περίπτωση που κάποιος είναι υπερβολικά πειθήνιος): τον έχουν σήκω σήκω - κάτσε κάτσε· αυτός είναι σήκω σήκω - κάτσε κάτσε· (υβριστικά) τον πήρε (ο διάολος) και τον σήκωσε ή θα τον πάρει (ο διάολος) και θα τον σηκώσει.
σηκωτός, -ή, -ό, επίθ., που τον σηκώνουν με τα χέρια, υποβασταζόμενος· ιδίως στις φρ. τον έφεραν/τον πήγαν/τον πήραν -ό: τον πήραν -ό στο τμήμα· τον πήγαν -ό στο γιατρό.
σήμα το, ουσ. **1.** παράσταση που αποτελεί στοιχείο για την αναγνώριση προϊόντος ορισμένης βιομηχανίας: σήμα κατατεθέν (= αναγνωρισμένο μετά τη νόμιμη κατάθεσή του)· διεκδίκηση/παραποίηση εμπορικού -ατος. **2.** διακριτικό μελών σωματείου, συνεδρίου, κλπ.: ~ ποδοσφαιρικής ομάδας. **3.** διακριτικά σημάδια που φορούν οι αξιωματικοί στη στολή τους, ενδεικτικά του σώματος στο οποίο ανήκουν και του βαθμού τους. **4α.** συνθηματικό σημάδι (ηχητικό ή οπτικό) από το οποίο δίνεται μια πληροφορία ή διαταγή από απόσταση: ~ κινδύνου· φωτεινά σήματα· μου έκανε ~ ο τροχονόμος να προχωρήσω· **β.** -ατα οδικής κυκλοφορίας = φώτα ή πινακίδες τοποθετημένα στους δρόμους για τη ρύθμιση της κυκλοφορίας οχημάτων και πεζών· **γ.** (τηλεπικοινωνίες) κάθε μεταβολή ηλεκτρομαγνητικού πεδίου που μεταφέρει μια πληροφορία την οποία λαμβάνει κατάλληλο όργανο: τηλεφωνικό ~· -ατα Μορς· έστειλαν ~ σε όλα τα περιπολικά της Αστυνομίας να τον καταδιώξουν. **5.** οι μικρές σημαίες με την κατάλληλη κίνηση των οποίων συνεννοούνται τα σκάφη του πολεμικού ναυτικού μεταξύ τους (συνών. σινιάλο).
σημάδεμα το, ουσ., η ενέργεια και το αποτέλεσμα του σημαδεύω (σε όλες τις σημασ.).
σημαδευτής ο, ουσ., αυτός που σημαδεύει με κάποιο όπλο: καλός ~ στο τουφέκι (συνών. σκοπευτής).
σημαδεύω, ρ. **1.** βάζω κάπου σημάδι για ευκολότερη αναγνώριση: του το -εψα για να το βρει εύκολα. **2.** σκοπεύω με όπλο: -εψε καλά το στόχο. **3.** καθορίζω, χαρακτηρίζω: το γεγονός -εψε τη ζωή του τόπου· η ιστορία του δημοτικισμού -εύτηκε από το Φ. Φωτιάδη. **4.** δημιουργώ σε κάποιον σο-

βαρό σωματικό ελάττωμα (συνών. σακατεύω). - Η μτχ. παρκ. σημαδεμένος ως επίθ. = σακάτης, ανάπηρος.
σημάδι το, ουσ. **1.** σύμβολο για ευκολότερη αναγνώριση: έβαλα ~ στη σελίδα. **2.** οιωνός (βλ. λ. σημασ. 2), ένδειξη: ~ καλό/κακό. **3.** στόχος (σε περίπτωση που σκοπεύει κανείς με όπλο): τον βάζω στο ~. **4.** (στον πληθ.) ίχνη: αναγνώρισα τα -ια του καθώς προχωρούσε. **5.** χαρακτηριστικά του ανθρώπινου σώματος: έχει -ια, μελανιές στα πόδια· πες μου -ια του κορμιού/σημάδια της αγάπης (δημ. τραγ.).
σημαδιακός, -ή, -ό, επίθ. (ασυνίζ. και συνιζ.). **1.** καθοριστικός, χαρακτηριστικός: περιστατικό -ό της ζωής μου. **2.** που έχει σημασία, νόημα: φράση/κουβέντα -ή. - Ως ουσ. = άτομο με σωματικό ελάττωμα.
σημαδούρα και **τσαμαδούρα** η, ουσ., σημάδι αγκυροβολημένο που επιπλέει στην επιφάνεια της θάλασσας για να δείχνει το βάθος των νερών ή ενδεχόμενο κίνδυνο.
σημαδόφωνο το, ουσ., καθένα από τα σημάδια που συμβολίζουν τους φθόγγους της βυζαντινής μουσικής.
σημαία η, ουσ. **1.** κομμάτι από ύφασμα που προσαρμόζεται σε ένα κοντάρι και που έχει το σήμα ή τα χρώματα ενός έθνους, μιας ομάδας, ενός αρχηγού και χρησιμεύει ως ενωτικό σύμβολο: υψώνω/κρεμώ τη ~ στο μπαλκόνι· λευκή ~ (που την υψώνει σε καιρό πολέμου όποιος από τους εμπολέμους επιθυμεί διαπραγματεύσεις ή ανακωχή). **2.** σημαία που χρησιμεύει για σινιάλο: ~ των κριτών αγώνων αυτοκινήτου/του σταθμάρχη. **3.** (μεταφ.) σύμβολο της πατρίδας, του στρατού, κλπ.: πέθανε για τη ~. **4.** (μεταφ.) σύμβολο, έμβλημα: η πάλη των τάξεων ήταν η ~ του αγώνα μας· φρ. υψώνω τη ~ + γεν. = πρώτος διακηρύσσω, υποστηρίζω κάτι, αγωνίζομαι για κάτι: ύψωσε τη ~ της επανάστασης/του δημοτικισμού. - Υποκορ. **-άκι** το και **-ούλα** η.
σημαινόμενο το, ουσ. (γλωσσολ.-σημειολογία) η έννοια, η σημασία που εκφράζεται με το σημαίνον (βλ. λ.) (αντ. σημαίνον). [μτχ. παθ. ενεστ. του σημαίνω].
σημαίνον το, ουσ. (γλωσσολ.-σημειολογία) υλική έκφραση (σειρά γραμμάτων, φωνημάτων, σχήματα, κλπ.) μιας έννοιας, μιας σημασίας. [μτχ. ενεργ. ενεστ. του σημαίνω].
σημαίνω, ρ. Α. αμτβ. **1.** είμαι σημαντικός: αυτό δε -ει για κείνην (= αυτό δεν είναι σημαντικό). **2.** ηχώ: το ρολόι -ει· οι καμπάνες -ουν· (συνεκδοχικά) -ει κι η Αγία - Σοφία, το μέγα μοναστήρι (δημ. τραγ.)· φρ. εσήμανε η ώρα (= ήρθε η κατάλληλη στιγμή για να γίνει κάτι): εσήμανε η ώρα μιας καινούργιας αρχής. Β. μτβ. **1.** δηλώνω, εκφράζω κάτι, έχω κάτι ως νόημα ή περιεχόμενο: το τέλος των μαθημάτων -ει ότι το καλοκαίρι έφτασε· τι -ει αυτή η λέξη; τι -ει αυτό; (για δήλωση δυσαρέσκειας)· ελευθερία σε ~ και αναρχία. **2.** δίνω κάποιο ηχητικό σήμα: η σάλπιγγα -ει σιωπητήριο· το ρολόι -ει εφτά· οι καμπάνες -ουν τον όρθρο· (και τριτοπρόσ.) -ει δέκα· -ει διάλειμμα. **3.** κάνω κάτι να ηχήσει, να δώσει ηχητικό σήμα: ~ τη σάλπιγγα.
σημαιοστολίζω, ρ., στολίζω με σημαίες ένα χώρο: -στόλισαν την πλατεία.

σημαιοστολισμός ο, ουσ., στολισμός ενός χώρου με σημαίες.
σημαιοστόλιστος, -η, -ο, επίθ., στολισμένος με σημαίες: *δρόμος ~.*
σημαιούλα, βλ. *σημαία.*
σημαιοφόρος ο, ουσ. **1.** αυτός που κρατεί τη σημαία σε μια παρέλαση στρατιωτών, μαθητών, κλπ. **2.** βαθμός κατώτερου αξιωματικού του πολεμικού ναυτικού. **3.** (μεταφ.) κήρυκας μιας ιδεολογίας: *~ νέων ιδεών.*
σήμανση η, ουσ. **1α.** το να τοποθετεί κανείς διακριτικά σημεία, σήματα: *~ των δρόμων από την αστυνομία.* **β.** *~ εγγράφου* = η επικόλληση σ' αυτό του χαρτοσήμου. **2.** καταγραφή από την αστυνομία στοιχείων που αφορούν κακοποιούς ή ύποπτους για έγκλημα και (συνεκδοχικά) η αντίστοιχη αστυνομική υπηρεσία.
σημαντήρι το, ουσ., σήμαντρο (βλ. λ. σημασ. 2).
σημαντικός, -ή, -ό, επίθ. (έρρ.). **1.** που δηλώνει ορισμένη σημασία, ορισμένο νόημα (συνών. *δηλωτικός).* **2α.** που έχει μεγάλη σημασία, σπουδαιότητα: *ερώτηση -ή· ρόλος ~· θέση -ή* (συνών. *σπουδαίος)·* **β.** που είναι μεγάλος, υπολογίσιμος σε αριθμό ή ποσότητα: *κέρδη -ά· καθυστέρηση -ή.* **3.** (για πρόσωπο) που έχει αποκτήσει σημασία, σπουδαιότητα, επιρροή εξαιτίας της κοινωνικής του θέσης ή της επαγγελματικής του καταξίωσης: *οι -ές προσωπικότητες της ελληνικής κοινωνίας· καλλιτέχνης ~* (συνών. στις σημασ. 2 και 3 *αξιόλογος·* αντ. *ασήμαντος).* Το θηλ. ως ουσ. = η σημασιολογία (βλ. λ.).
σήμαντρο το, ουσ. (έρρ.). **1.** όργανο που χρησιμεύει για να σφραγίζει κανείς κάτι. **2.** έλασμα από σίδερο ή ξύλινη σανίδα που χρησιμοποιείται αντί για καμπάνα σε μοναστήρι.
σημασία η, ουσ. **1.** το νόημα μιας λέξης ή φράσης: *ποια είναι η ~ της λέξης «καθορίζω»·* φρ. *με όλη τη ~ της λέξης/του όρου* (= με το συγκεκριμένο και πλήρες νόημα που έχει η λέξη ή ο όρος): *ήταν λεβέντης με όλη τη ~ της λέξης.* **2.** η σπουδαιότητα ενός αντικειμένου, μιας πράξης, ενός προσώπου ή μιας κατάστασης: *η ~ των έργων της αρχαιοελληνικής γραμματείας· γεγονός μεγάλης -ας·* φρ. *δε δίνω ~* (= δε μ' ενδιαφέρει κάτι): *δε δίνω ~ στις φήμες/αν φύγει ή όχι.*
σημασιακός, -ή, -ό, επίθ. (ασυνίζ.), που αναφέρεται στη σημασία μιας λέξης, μιας έκφρασης, κλπ.: *αντίφαση -ή.*
σημασιολογία η, ουσ. (ασυνίζ.), κλάδος της γλωσσολογίας που ερευνά τις ποικίλες σημασίες των λέξεων.
σημασιολογικός, -ή, -ό, επίθ. (ασυνίζ.), που σχετίζεται με τη σημασιολογία (βλ. λ.): *-ή ανάλυση του λεξιλογίου μιας γλώσσας.* - Επίρρ. *-ά* και *-ώς.*
σηματόγραφο το, ουσ. (ναυτ.) κατάστιχο πολεμικού πλοίου όπου καταγράφονται τα σήματα (βλ. λ.) που λαμβάνονται και που εκπέμπονται.
σηματογράφος ο, ουσ., κατακόρυφος ιστός σε πλοίο ή σε λιμάνι όπου αναγράφονται σήματα προς διάφορες κατευθύνσεις.
σηματοδείκτης ο, ουσ., σηματοδότης (βλ. λ.).
σηματοδότης ο, ουσ., συσκευή που εκπέμπει σήματα για την ασφάλεια των μέσων συγκοινωνίας (τρένων, πλοίων, αεροπλάνων, αυτοκινήτων) και των πεζών: *οι φωτεινοί -ες δε λειτουργούν σ' αυτή τη διάβαση* (συνών. *φανάρι).*

σηματοδοτώ, -είς, ρ. **1.** εκπέμπω, μεταδίδω σήματα (βλ. λ.). **2.** τοποθετώ (σε επίκαιρα σημεία) σηματοδότες. **3.** (μεταφ.) σημαίνω, δηλώνω: *το πρόγραμμα -εί μια νέα εποχή· η άποψη αυτή -εί αλλαγή της εξωτερικής πολιτικής.*
σηματολόγηση η, ουσ., η ενέργεια και το αποτέλεσμα του σηματολογώ (βλ. λ.).
σηματολογία η, ουσ., η τέχνη να συνεννοείται κανείς με σήματα.
σηματολόγιο το, ουσ. (ασυνίζ.), βιβλίο στη διάθεση των ναυτιλλομένων, όπου ερμηνεύεται η σημασία του κάθε σήματος.
σηματολογώ, -είς, ρ., προσδιορίζω το σήμα πλοίου.
σηματωρός ο, ουσ., ναύτης ή υπαξιωματικός του πολεμικού ναυτικού που έχει ως έργο να συνεννοείται με σήματα.
σημείο το, ουσ. **1.** μέρος, τόπος περιορισμένης έκτασης που ορίζεται με ακρίβεια: *σε ποιο ~ της πλατείας θα σε περιμένω; έψαξα σε πολλά -α· στρατηγικό ~* (= θέση που, αν την καταλάβει ένας από τους αντιπάλους, μπορεί να επηρεάσει τη συνέχεια της αντιπαράθεσης). **2.** (γεωμ.) το ελάχιστο τμήμα του χώρου, που θεωρητικά δεν έχει έκταση ούτε σχήμα: *~ τομής δύο ευθειών· ~ που διαγράφει μια ευθεία.* **3α.** όριο, βαθμός κατάστασης ή ενέργειας: *η τσιγγουνιά του έχει φτάσει στο ανώτατο ~· έφτασε σε τέτοιο ~ θυμού ώστε άρχισε να τον χτυπάει.* **β.** όριο, καθορισμένη στιγμή κατά τη διάρκεια μιας ενέργειας ή κατάστασης: *ξεκινώ από το ~ όπου είχα σταματήσει· η κατάσταση εξακολουθεί να βρίσκεται στο ίδιο ~.* **4.** (φυσ., χημ.) τιμή/-ές μιας ή περισσότερων μεταβλητών που καθορίζουν τις συνθήκες μέσα στις οποίες προκαλείται ένα φαινόμενο: *~ βρασμού/πήξης.* **5.** στοιχείο, μέρος ενός συνόλου (ομιλίας, θέματος, κ.τ.ό.): *δε συμφωνώ με όλα τα -α της ομιλίας σας· ας σταθούμε σ' αυτό το ~· υπάρχει ένα σκοτεινό ~ σ' αυτή την υπόθεση.* **6.** σημάδι: *~ αναγνώρισης· η υγεία του παρουσιάζει -α βελτίωσης· το ~ το σταυρού.* **7.** (ναυτ.) σινιάλο που ειδοποιεί για κάτι. **8.** (γλωσσολ.) ενότητα αποτελούμενη από ένα μέρος αισθητό (λέξη, ήχο, κίνηση, σχήμα, κλπ.), το σημαίνον (βλ. λ.) και ένα μέρος αφηρημένο, το σημαινόμενο (βλ. λ.). **9.** (γραμμ.) *-α στίξης* = τα σημάδια που χωρίζουν τη φράση σε τμήματα (πβ. ά. *στίξη* σημασ. 3). **10.** (μαθημ.) σύμβολο αριθμητικής ή αλγεβρικής πράξης: *το ~ της πρόθεσης είναι το +.* **11.** (μουσ.) σύμβολο μουσικού φθόγγου (συνών. *νότα).* **12.** (μηχ.) *νεκρό ~* = κατάσταση κατά την οποία οι δυνάμεις σ' ένα μηχάνημα εξισορροπούν και καταργείται κάθε ενέργεια κινητήριας δύναμης. Έκφρ. *-α και τέρατα* (= γεγονότα πολύ παράξενα που μοιάζουν με θαύματα)· *-α των καιρών* (= χαρακτηριστικά της σύγχρονης εποχής, η σημερινή κοινωνική και γενική κατάσταση)· *~ αναφοράς* (= η άποψη ως προς την οποία εξετάζει κανείς ένα θέμα)· *τα τέσσερα -α του ορίζοντα* = το μέρος (στον ορίζοντα) όπου τοποθετείται ο Βορράς, ο Νότος, η Ανατολή, η Δύση.
σημειογραφία η, ουσ. (ασυνίζ.), το να παριστά κανείς τους μουσικούς φθόγγους με σημεία (συνών. *παρασημαντική).*
σημειογραφικός, -ή, -ό, επίθ. (ασυνίζ.), που σχετίζεται με τη σημειογραφία.
σημειολογία η, ουσ. (ασυνίζ.). **1.** (ιατρ.) κλάδος της ιατρικής που μελετά τα κλινικά σημάδια των

σημειολογικός

ασθενειών. 2. (γλωσσολ.) επιστήμη που μελετά τα συστήματα των σημείων (γλώσσες, κώδικες, κλπ.) (συνών. *σημειωτική*).

σημειολογικός, -ή, -ό, επίθ. (ασυνίζ.), που σχετίζεται με τη σημειολογία: *-ή ερμηνεία κειμένου*.

σημειολόγος ο, ους. (ασυνίζ.), επιστήμονας που ασχολείται με τη σημειολογία (βλ. λ. σημασ. 2).

σημείωμα το, ους. 1. σύντομη γραπτή παροχή πληροφορίας: *~ βιογραφικό*. 2. σύντομο πρόχειρο γράμμα. 3. γραπτή σύσταση: *έστειλα ~ στο νομάρχη για σένα*. 4. μικρό δημοσίευμα σε εφημερίδα ή περιοδικό. 5. *εισαγωγικό ~ =* γενικές παρατηρήσεις και διαπιστώσεις που εισάγουν στα θέματα με τα οποία ασχολείται ένα βιβλίο (συνών. *εισαγωγή*). 6. *γραμματολογικό ~ =* γραπτή παροχή πληροφοριών σχετικά με ένα συγγραφέα και τα έργα του. 7. (διπλωματική γλώσσα) *διπλωματικό ~ =* γραπτή ανακοίνωση ή μεταξύ διπλωματικών αντιπροσώπων ή μεταξύ πρεσβευτή και της κυβέρνησης που ακολουθεί ύστερα από *προφορικό «~»* (όταν δεν έχει υπογραφεί από τον αρμόδιο πρεσβευτή). - Υποκορ. **-ατάκι** το.

σημειωματάριο το, ους. (ασυνίζ. δις), μικρό βιβλίο ή τετράδιο με άγραφα φύλλα, όπου καταγράφονται διάφορες σημειώσεις.

σημειωμένος, -η, -ο, μτχ. ως επίθ. (ασυνίζ.), ανάπηρος (συνών. *σακάτης, σημαδεμένος, σημαδιακός*).

σημειώνω, ρ. (ασυνίζ.). 1. σημαδεύω (βλ. λ. σημασ. I) κάτι που μου φαίνεται ενδιαφέρον: *~ τα ενδιαφέροντα τμήματα ενός βιβλίου· σημείωσα με ένα σταυρό τα σημεία με τα οποία διαφωνώ*. 2. γράφω κάτι για να το θυμηθώ: *~ τη διεύθυνση/τον αριθμό τηλεφώνου· -ώστε, παρακαλώ, ότι θα ξαναπεράσω την ερχόμενη Τρίτη*. 3. τονίζω παρατήρηση που κάνω σε θεωρητικό δημοσίευμά μου: *εδώ πρέπει να -ώσω ότι...* 4. χρησιμοποιώ κάποιο σημάδι σε γραπτό κείμενο: *πρέπει να -ώσεις παύλα για να δείξεις ότι αλλάζει ο συνομιλητής· τελεία -εται όταν ολοκληρώνεται το νόημα μιας φράσης*. 5. λαμβάνω υπόψη μου: *σημείωσε ότι δεν είμαστε πολλοί· αυτό που μου λες το ~*. 6. παρουσιάζω: *ο πληθωρισμός σημείωσε άνοδο εφέτος·* φρ. *~ επιτυχία = επιτυγχάνω*.

σημείωση η, ους. 1. σύντομη ή εκτενέστερη φράση με την οποία παρέχονται πληροφορίες που συμπληρώνουν τα γραφόμενα σε βιβλίο ή πραγματεία (με παραπεμπτικούς αριθμούς κάτω από το κείμενο της πραγματείας ή σε ιδιαίτερες σελίδες του δημοσιεύματος). 2. (στον πληθ.) παρατηρήσεις πάνω σε ένα γενικότερο ή μερικότερο θέμα: *-ώσεις γραμματολογικές*. 3α. σύντομη, πρόχειρη γραπτή παρατήρηση που κάνουμε ακούγοντας, μελετώντας ή παρατηρώντας κάτι: *κρατώ -ώσεις κατά τη διάρκεια μαθήματος· θα σας διαβάσω κάποιες -σεις μου πάνω στο θέμα αυτό· τετράδιο -ώσεων* (= *σημειωματάριο)·* β. (συνεκδοχικά) το φύλλο, το χαρτί όπου είναι γραμμένες οι σημειώσεις: *ένας συμφοιτητής μού δάνεισε τις -ώσεις του· ομιλητής που δε χρησιμοποιεί -ώσεις*.

σημειωτέος, -α, -ο, επίθ. (ασυνίζ.), που πρέπει, που αξίζει να σημειωθεί (συνών. *αξιοσημείωτος*).

σημειωτική η, ους. (ασυνίζ.), σημειολογία (βλ. λ.).

σημειωτόν (ενν. *βήμα)* το, ους. (ασυνίζ.). 1. βηματισμός επί τόπου. 2. (μεταφ.) με πολύ αργό ρυθμό, καθυστερώντας υπερβολικά.

σήμερα, επίρρ. 1. την ημέρα που μιλώ, την επόμενη του χθες και προηγούμενη του αύριο: *~ βρέχει*. 2. στην εποχή που ζούμε: *αντίθετα από ό,τι γινόταν τον περασμένο αιώνα, ~ τα πράγματα έχουν αλλάξει.* ΄Εκφρ. *με το ~ και με το αύριο* (= με τις διαρκείς αναβολές): *με το ~ και με το αύριο δεν κατάφερες να τελειώσεις την εργασία σου· (σα) ~ οχτώ, δεκαπέντε, κλπ.* (= 1. μετά οχτώ, δεκαπέντε, κλπ. ημέρες: *σα ~ δεκαπέντε έχω ορίσει συνάντηση*. 2. πριν από οχτώ, δεκαπέντε, κλπ. ημέρες: *έφυγε για το Παρίσι σα ~ οχτώ·* *σήμερ᾽ αύριο* (= σε μια απ᾽ αυτές τις μέρες): *σήμερ᾽ αύριο σταματώ τη δουλειά μου*. - Ως ους. = το παρόν: *το παρελθόν αφήνει στοιχεία στο ~· ζω το ~ χωρίς να σκέφτομαι για το μέλλον*.

σημερ(ι)νός, -ή, -ό, επίθ. 1. που γίνεται ή έγινε την ημέρα που μιλούμε: *η -ή συνάντηση των δύο αρχηγών· η -ή συναυλία*. 2. που υπάρχει ή γίνεται στα χρόνια μας, στην εποχή μας: *η -ή πολιτική κατάσταση· οι -ές ανέσεις· οι -οί νέοι* (συνών. *σύγχρονος, τωρινός*).

σήμερον, στην έκφρ. *την ~ ημέραν* (= στη σημερινή εποχή): *την ~ ημέραν υπάρχουν τόσες ανέσεις· δεν μπορεί να ισχύουν αυτά την ~ ημέραν*.

Σημίτες οι, ους. 1. διάφοροι λαοί που ανήκουν σε εθνότητες που κατάγονται από τη δυτική Ασία και μιλούν συγγενικές γλώσσες: *οι ΄Αραβες είναι ~*. 2. (καταχρηστικά) οι Εβραίοι.

σημιτικός, -ή, -ό, επίθ., που ανήκει ή αναφέρεται στους Σημίτες.

σημιτισμός ο, ους. 1. το σύνολο των χαρακτηριστικών των Σημιτών, του πολιτισμού και των γλωσσών τους. 2. (καταχρ.) τα χαρακτηριστικά και η επιρροή των Εβραίων στην κοινωνική και πολιτική ζωή (αντ. *αντισημιτισμός*).

σημύδα η, ους., ψηλό δέντρο των δασών, με λευκό ή γκριζωπό φλοιό, κλαδιά και άνθη κρεμαστά, που ευδοκιμεί κυρίως σε ψυχρά κλίματα.

σήραγγα η, ους. (έρρ.), μακριά στοά κάτω από θαλάσσιο τμήμα ή κάτω από υψηλμα εδάφους για την εξυπηρέτηση της συγκοινωνίας (συνών. *τούνελ*).

σήριαλ, βλ. *σίριαλ*.

σηροτροφείο το, ους., μέρος όπου εκτρέφονται μεταξοσκώληκες.

σηροτροφία η, ους. 1. εκτροφή μεταξοσκωλήκων για παραγωγή μεταξιού. 2. (κατ᾽ επέκταση) παραγωγή μεταξιού.

σηροτροφικός, -ή, -ό, επίθ., που σχετίζεται με τη σηροτροφία ή τους σηροτρόφους.

σηροτρόφος ο, ους., αυτός που εκτρέφει μεταξοσκώληκες και παράγει μετάξι.

σησαμέλαιο το, ους., σουσαμόλαδο (βλ. λ.).

σησάμι, βλ. *σουσάμι*.

σηστέρτιος ο, ους. (ασυνίζ.), ρωμαϊκό νόμισμα ισοδύναμο με το ένα τέταρτο του δηναρίου (βλ. λ. σημασ. I).

σήτα η, ους. 1. λεπτό κόσκινο. 2. λεπτό δίχτυ που βάζουν στα παράθυρα για να μην μπαίνουν στο σπίτι έντομα. [αρχ. *σήθω*].

σηψαιμία η, ους. (ιατρ.) λοίμωξη από τη διείσδυση στο αίμα παθογόνων μικροβίων.

σηψαιμικός, -ή, -ό, επίθ., που σχετίζεται με τη σηψαιμία. - Ως ους. = αυτός που έπαθε σηψαιμία.

σήψη η, ους. 1. αποσύνθεση οργανικής, ζωικής ή φυτικής, ουσίας (συνών. *σάπισμα*). 2. (ιατρ.) νέκρωση και αποσύνθεση ιστών του σώματος με

την επενέργεια ειδικών μικροβίων. 3. (μεταφ.) ηθική διαφθορά.
σθεναρός, -ή, -ό, επίθ., γεμάτος ψυχική δύναμη, θαρραλέος: *αντιπολίτευση/στάση -ή* (αντ. *ασθενής*). - Επίρρ. **-ά** και **-ώς.**
σθεναρότητα η, ουσ., το να είναι κανείς σθεναρός.
σθεναρώς, βλ. *σθεναρός.*
σθένος το, ουσ. 1. ψυχική δύναμη: *έδειξε μεγάλο ~ κατά τη διάρκεια της αρρώστιας του.* 2. (χημ.) η ικανότητα των ατόμων χημικού στοιχείου να ενώνονται, σε ορισμένες αναλογίες, με άτομα ή ομάδες ατόμων άλλων στοιχείων για το σχηματισμό χημικών ενώσεων.
σι, ουσ. άκλ. (μους.) ο έβδομος φθόγγος της ευρωπαϊκής μουσικής κλίμακας.
σία, άκλ. (ναυτ.) παράγγελμα για να οδηγήσουν οι ναύτες με τα κουπιά τη βάρκα προς τα πίσω: *~ τα κουπιά.* Φρ. *~ κι αράξαμε* (= χρειάζεται μία ακόμη προσπάθεια και θα επιτύχουμε). [βενετ. *sia*].
-σία, κατάλ. λόγ. αφηρ. θηλ. ουσ. από αρσ. σε *-της: ηγεσία* (*ηγέτης*).
-σιά, (συνιζ.), κατάλ. αφηρ. θηλ. ουσ. από ρ.: *βρισιά* (*βρίζω*).
σιαγονάγρα η, ουσ. (ασυνίζ.), (ιατρ.) ρευματισμός αρθριτικός της κάτω γνάθου.
σιάδι το, ουσ. (συνιζ.), επίπεδο μέρος (συνών. *ίσιωμα*).
σ(ι)άζω και **σιάχνω,** ρ. (συνιζ.), αόρ. *έσ(ι)αξα,* μτχ. παρκ. *σιαγμένος.* Α. μτβ. 1. τακτοποιώ, συμμαζεύω: *~ το σπίτι/ το κρεβάτι.* 2. επισκευάζω, διορθώνω: *έδωσε να του -άξουν το ρολόι.* 3. οργανώνω: *-ει το νοικοκυριό της* (= οργανώνει τον έγγαμο βίο της). Β. (αμτβ.) (τριτοπρόσ.) *-ει ο καιρός* (= βελτιώνεται)· *-ουν τα πράγματα* (= η κατάσταση διευθετείται). Φρ. *τα σιάξανε* = 1. τακτοποίησαν, ρύθμισαν τη διαφορά τους. 2. δημιούργησαν ερωτικό δεσμό (συνών. σε όλες τις σημασ. *φτιάχνω*).
σιαλαδενίτιδα και **σιελαδενίτιδα** η, ουσ. (ασυνίζ.), (ιατρ.) υπερβολική έκκριση σάλιου από τους σιελογόνους αδένες.
σιαλογόνος, -ον και **σιελογόνος,** επίθ. (ασυνίζ.), (ιατρ.) που εκκρίνει σάλια: *αδένες -οι.*
σιαλόρροια και **σιελόρροια** η, ουσ. (ασυνίζ. δις), (ιατρ.) υπερβολική έκκριση σάλιου από τους σιαλογόνους αδένες.
Σιαμαίος ο, θηλ. **-α** (ασυνίζ.). 1. κάτοικος του Σιάμ· *Σιαμαίοι αδελφοί* = δίδυμα αδέρφια που γεννιούνται ενωμένα στο στήθος και (μεταφ.) εγκάρδιοι, στενοί φίλοι. 2. (ζωολ.) ράτσα γάτων που προέρχονται από το Σιάμ.
-σιάνος (συνιζ.), κατάλ. ουσ.: *μεγαλουσιάνος.*
σιάξιμο (συνιζ.) και **σάξιμο** το, ουσ. 1. διόρθωση, επισκευή: *~ του σπιτιού.* 2. τακτοποίηση (συνών. *φτιάξιμο* σημασ. 1 και 2).
σιάρω, ρ. (ασυνίζ.), (ναυτ.) «κάνω σία» (βλ. λ.). [βενετ. *siàr*].
σιάχνω, βλ. *σιάζω.*
Σιβηριανός ο, θηλ. **-ή,** ουσ. (ασυνίζ.), αυτός που κατοικεί στη Σιβηρία ή κατάγεται από εκεί.
σιβηρικός, -ή, -ό, επίθ., που ανήκει ή αναφέρεται στη Σιβηρία.
σιβρί το, ουσ., είδος ψαριού.
σίβυλλα η, ουσ. (μεταφ.) ιδιότροπος άνθρωπος, μυστηριώδης και προφητικός συνάμα. [αρχ. όν. *Σίβυλλα*].

σιβυλλικός, -ή, -ό, επίθ., μυστηριώδης, αινιγματικός και προφητικός συνάμα: *απάντηση -ή.*
σιγά, επίρρ. 1α. χαμηλόφωνα: *μιλά ~ και δεν τον ακούω* (συνών. *σιγαλά, σιγαλόφωνα* αντ. *δυνατά*)· β. ήσυχα, αθόρυβα: *κλείσε ~ την πόρτα.* 2. (λαϊκ.-προφ.) αργά: *περπάτα ~.* 3. *~ ~ = α.* με ήρεμο τρόπο· β. καταβάλλοντας περισσότερη προσπάθεια, υπομονετικά: *~ ~ όλα τα καταφέρνει κανείς!* Έκφρ. *~ τα λάχανα,* βλ. *λάχανο· ~ τον πολυέλαιο,* βλ. *πολυέλαιος.* Φρ. *~ μη + ρήμα* (= ασφαλώς δεν έκανα ή δε θα κάνω αυτό που δηλώνει το ρήμα): *~ μη σε βλάψω!*
σιγαλά, βλ. *σιγαλός.*
σιγαλιά η, ουσ. (συνιζ.), ησυχία, απουσία θορύβου: *η ~ της νύχτας* (συνών. *ηρεμία*).
σιγαλινά, επίρρ. (λογοτ.), ήσυχα, ήρεμα: *εκεί στους βράχους/ σχίζεται η θάλασσα ~* (Σολωμός).
σιγαλινεύω, ρ., κάνω κάτι να είναι ήσυχο, απαλό: *-έψαμε το βήμα μας.*
σιγαλοπερπατώ, ρ., περπατώ ήσυχα και αργά: *ξεκίνησε -ώντας.*
σιγαλός, -ή, -ό, επίθ., ήσυχος (συνών. *σιγανός*). - Επίρρ. **-ά.**
σιγαλόφωνος, -η, -ο, επίθ., που έχει σιγανή φωνή ή μιλεί χαμηλόφωνα. - Επίρρ. **-α.**
σιγανά, βλ. *σιγανός.*
σιγανάδα η, ουσ. (λαϊκ.), το να γίνεται κάτι ήσυχα.
σιγανοπαπαδιά η, ουσ. (συνιζ., λαϊκ.), (για πρόσωπα) που φροντίζει να εμφανίζεται φρόνιμος, ήσυχος, αθώος.
σιγανοπατώ, ρ., πατώ ήσυχα, ήρεμα.
σιγανός, -ή, -ό, επίθ. 1. που γίνεται σιγά, ήρεμος, αθόρυβος: *φωνή -ή/ βροχή -ή.* 2. (για πρόσωπο) αργός. Παροιμ. *από -ό ποτάμι ψηλά τα ρούχα σου/ να φοβάσαι* (= παθαίνει κανείς κακό και από κάτι ή κάποιον που δεν το φοβάται). - Επίρρ. **-ά.**
σιγάρο, βλ. *τσιγάρο.*
σιγαρόχαρτο, βλ. *τσιγαρόχαρτο.*
σιγαστήρας ο, ουσ., μηχάνημα που ελαττώνει το θόρυβο των μηχανών: *περίστροφο με -α.*
σιγή η, ουσ. 1. απουσία ομιλιών. 2. απουσία θορύβου: *νεκρική ~* (συνών. στις σημασ. 1 και 2 *σιωπή*).
σιγίλιο το, ουσ. (συνιζ.), έγγραφο εκκλησιαστικής αρχής και μάλιστα του οικουμενικού πατριαρχείου.
σιγιλλογραφία η, ουσ, επιστημονική έρευνα των σφραγίδων και μάλιστα των σφραγίδων των μεσαιωνικών εγγράφων.
σίγ(κ)λος και **σίκλος** ο, ουσ., στρογγυλό δοχείο με το οποίο αντλούν νερό από πηγάδια, κλπ. (συνών. *κουβάς*).
σίγμα το, ουσ. άκλ., το δέκατο όγδοο γράμμα του ελληνικού αλφαβήτου· ένα από τα σύμφωνα της ελληνικής γλώσσας (Σ, σ)· έκφρ. *με το νυ και με το ~,* βλ. *ά. νυ.*
σιγκοντάρω, βλ. *σεγκοντάρω.*
σιγο-, α΄ συνθ. ρημάτων που δηλώνει α. ότι κάτι γίνεται αθόρυβα: *σιγοκλαίω, σιγοτραγουδώ·* β. ότι κάτι γίνεται αργά: *σιγοπίνω, σιγοπερπατώ.*
σιγοβράζω, ρ. 1. (μτβ.) βράζω κάτι σε σιγανή φωτιά. 2. (αμτβ.) (για φαγητό) βράζω σε σιγανή φωτιά· φρ. (για πρόσωπο) *-ει στο ζουμί του·* (για γερόντς) *-ει το καζάνι* (= επηρεάζει δυσμενώς, χωρίς να γίνεται αντιληπτό το πράγμα.
σιγοβρέχει, ρ., τριτοπρόσ., βρέχει σιγά, λίγο (συνών. *ψιλοβρέχει*).

**σιγοδιαβάζω, ** ρ. (συνιζ.), διαβάζω από μέσα μου (= χωρίς να ακούομαι).

σιγοκλαίω, ρ., κλαίω χωρίς θρήνους, χαμηλόφωνα.

σιγοκουβεντιάζω, ρ. (συνιζ.). 1. μιλώ με κάποιον σιγανόφωνα. 2. (μέσ. για ζήτημα) συζητούμαι: *το πράγμα -αζόταν στο χωριό.*

σιγοκουνώ, ρ., κουνώ ελαφρά: *-ησε το κεφάλι.*

σιγομουρμουρίζω, ρ., μουρμουρίζω σιγά.

σιγόντο και **σιγόντος,** βλ. *σεγκόντο* και *σεγόντος.*

σιγοπίνω, ρ., πίνω με αργό ρυθμό.

σιγοτραγουδώ, ρ., τραγουδώ με σιγανή φωνή.

σίγουρα, βλ. *σίγουρος.*

σιγουράδα η, ουσ. (λαϊκ.), ασφάλεια, βεβαιότητα: *προχωρώ με ~ · ~ του χεριού* (= αποτελεσματικότητα σε ό,τι καταπιαστεί).

σιγουράντζα η, ουσ. (ναυτ.) εφεδρική άγκυρα. [παλαιό ιταλ. *sicuranza*].

σιγουράρισμα το, ουσ., εξασφάλιση.

σιγουράρω, ρ. (λαϊκ.), κάνω κάτι σίγουρο, εξασφαλίζω: *-ανε το καΐκι με δυο άγκουρες* (Κόντογλου).

σιγούρεμα το, ουσ., το να σιγουρεύεις κάποιον ή κάτι, εξασφάλιση.

σιγουρεύω, ρ. 1. (ενεργ.) δίνω σιγουριά. 2. (μέσ.) αποκτώ σιγουριά, αισθάνομαι σίγουρος, εξασφαλίζομαι: *-ευόταν η ζωή τους· -ευόταν πως τίποτε δεν είχε να φοβηθεί.*

σιγουριά η, ουσ. (συνιζ.). 1. ασφάλεια (αντ. *ανασφάλεια*). 2. βεβαιότητα (αντ. *αβεβαιότητα*).

σίγουρος, -η, -ο, επίθ. 1. βέβαιος, ασφαλής: *να 'σαι ~ γι' αυτά που σου λέω· επιτυχία -η* (αντ. *αβέβαιος*). 2. σταθερός: *δουλειά -η* (αντ. *προσωρινός*). Φρ. στα *-α* (= ασφαλώς): *αυτό θα γίνει στα -α.* - Επίρρ. **-α.** [βενετ. *seguro*].

σιγοψέλνω, ρ., ψέλνω χαμηλόφωνα: *-ψελναν με τη μύτη τους.*

σιδεράδικο το, ουσ. 1. εργαστήριο του σιδερά. 2. μαγαζί όπου πουλιούνται σιδερικά.

σιδεράκι, βλ. *σίδερο.*

σιδεράς ο, ουσ. 1. σιδηρουργός. 2. πωλητής σιδερικών.

σιδερένιος, -ια, -ιο, επίθ. (συνιζ.). 1. φτιαγμένος από σίδερο. 2. (μεταφ.) που είναι σκληρός, και έχει μεγάλη αντοχή: *θέληση/κράση/καρδιά -α· ~!* (ευχή σε άρρωστο που βρίσκεται στην ανάρρωση).

σιδεριά η, ουσ. (συνιζ.), κιγκλίδωμα από σίδερο: *~ περίτεχνη στο μπαλκόνι.*

σιδερικό το, ουσ. 1. κομμάτι σίδερο. 2. (στον πληθ.) εργαλεία ή σκεύη κατασκευασμένα από σίδερο. 3. (συνεκδοχικά) όπλο.

σιδερίτης ο, ουσ., είδος όψιμου σταφυλιού.

σίδερο το, ουσ. 1. σίδηρος (βλ. λ.). 2. (συνεκδοχικά) καθετί που είναι φτιαγμένο από σίδερο. 3. ηλεκτρική συσκευή με θερμαινόμενη επίπεδη μεταλλική βάση που χρησιμοποιείται για το σιδέρωμα των ρούχων. 4. (ναυτ.) άγκυρα: *για μεγαλύτερη ασφάλεια έριχνα και το ~* (Κόντογλου). 5. (στον πληθ.) α. χειροπέδες· β. (συνεκδοχικά) φυλακή: *τον ρίξανε στα -α.* Φρ. *είναι για τα -α* (= είναι τρελός)· *θα φάει η μύγα ~ και το κουνούπι ατσάλι,* βλ. *μύγα· λυγάει και τα -α* (= είναι πολύ γερός)· *στη βράση κολλάει το ~,* βλ. *βράση·* τρώει *τα -α* (τα καταφέρνει όλα). - Υποκορ. **-άκι** το. 1. μικρό σίδερο. 2. (στον πληθ.) ειδική κατασκευή (συνήθως μεταλλική) που προσαρμόζεται στα δόντια για να διορθώσει ατέλειες, όπως το στράβωμα ή τον προγναθισμό.

σιδερογωνία και **σιδερογωνιά** η, ουσ. (συνιζ.), ορθή δίεδρη γωνία από σιδερένιο έλασμα χρήσιμη σε ποικίλες κατασκευές (συνδέσεις, υποστηρίξεις).

σιδεροδένω, ρ. (μεταφ.) εξουσιάζω κάποιον: *τον -όδεσε η εξουσία και τον πήρε μαζί της* (Ι.Μ. Παναγιωτόπουλος).

σιδεροκέφαλος, -η, -ο, επίθ., υγιής, γερός, συνήθως ως ευχή (συνών. *σιδερένιος*).

σιδερόπανο το, ουσ., κομμάτι πρόχειρου υφάσματος που στρώνει κανείς στο τραπέζι όπου πρόκειται να σιδερώσει.

σιδερόπορτα η, ουσ., σιδερένια πόρτα.

σιδεροπρίονο το, ουσ., πριόνι που κόβει σιδερένια αντικείμενα.

σιδεροτρύπανο το, ουσ., τρυπάνι που τρυπά τα σίδερα.

σιδερόχυτος, -η, -ο, επίθ., σιδερένιος: *κάγκελα -α.*

σιδέρωμα το, ουσ., η ενέργεια και το αποτέλεσμα του σιδερώνω (βλ. λ.).

σιδερώνω, ρ., περιποιούμαι φορέματα, υφάσματα, κλπ. ισιώνοντάς τα με καυτό σίδερο (βλ. λ. σημασ. 3) ώστε να αποφεύγονται οι ζάρες.

σιδερώστρα η, ουσ., είδος τραπεζιού (συνήθως πτυσσόμενου) κατάλληλου για το σιδέρωμα ρούχων.

σιδερωτήριο το, ουσ. (ασυνίζ.), κατάστημα ή χώρος όπου σιδερώνονται ρούχα.

σιδερωτής ο, θηλ. **-τρ(ι)α,** ουσ., αυτός που έχει ως επάγγελμα να σιδερώνει (βλ. λ.) ρούχα.

σιδηροβιομηχανία η, ουσ. (ασυνίζ.), βιομηχανία που παράγει σιδερένια αντικείμενα.

σιδηροβιομήχανος ο, ουσ. (ασυνίζ.), ιδιοκτήτης σιδηροβιομηχανίας.

σιδηρογραφία η, ουσ., χαρακτική σε σίδερο.

σιδηροδέσμιος, -α, -ο, επίθ. (ασυνίζ.), δεμένος με αλυσίδες.

σιδηροδοκός η, ουσ., σιδερένιο δοκάρι.

σιδηροδρομικός, -ή, -ό, επίθ., που σχετίζεται με τους σιδηροδρόμους: *γραμμές -ές· δυστύχημα -ό.* - Το αρσ. ως ουσ. = υπάλληλος ή τεχνίτης των σιδηροδρόμων. - Επίρρ. **-ώς:** *ταξιδεύω -ώς.*

σιδηρόδρομος ο, ουσ. 1. αμαξοστοιχία που κινείται σε σιδερένιες τροχιές (συνών. *τρένο*). 2. (γενικά) για καθετί που μοιάζει με τροχιές σιδηρόδρομου ή παίρνει υπερβολική έκταση: *πρόταση ~.*

Σιδηροκαστρίτης ο, θηλ. **-ισσα,** ουσ., αυτός που κατοικεί στο Σιδηρόκαστρο ή κατάγεται από εκεί.

σιδηροκαστρίτικος, -η, -ο, επίθ., που ανήκει ή αναφέρεται στο Σιδηρόκαστρο ή προέρχεται από εκεί.

Σιδηροκαστρίτισσα, βλ. *Σιδηροκαστρίτης.*

σιδηρολοστός ο, ουσ., σιδερένιος λοστός.

σιδηρομεταλλουργία η, ουσ., βιομηχανία που επεξεργάζεται μεταλλεύματα σιδήρου.

σιδηροπαγής, -ής, -ές, γεν. -ούς, πληθ. αρσ. και θηλ. -είς, ουδ. -ή, επίθ. (λόγ.), μόνο στην έκφρ. *-ές σκυρόδεμα* = μπετόν αρμέ, υλικό για την οικοδομική γύρω από ένα μεταλλικό εξοπλισμό.

σιδηροπυρίτης ο, ουσ. (ορυκτ.) ορυκτός θειούχος σίδηρος.

σιδηροπωλείο το, ουσ., κατάστημα όπου πουλιούνται σιδερικά (συνών. *σιδεράδικο* σημασ. 2).

σιδηροπώλης ο, ουσ., πωλητής σιδερικών.
σίδηρος ο, ουσ. α. χημικό μεταλλικό στοιχείο με γκρι ασημί χρώμα που χρησιμοποιείται σε ποικίλους τομείς και κυρίως στη βιομηχανία: ~ ακατέργαστος/χυτός· β. το παραπάνω χημικό στοιχείο ως απαραίτητο συστατικό της ανθρώπινης τροφής για τη σωστή λειτουργία του οργανισμού: έχει έλλειψη -ου· το σπανάκι είναι τροφή πλούσια σε -ο. ΄Εκφρ. εποχή του -ήρου (= η περίοδος της ανθρωπότητας κατά την οποία ο άνθρωπος χρησιμοποιούσε ως κύριο μέταλλο για την κατασκευή όπλων και εργαλείων το σίδερο).
σιδηροσωλήνας ο, ουσ., σωλήνας σιδερένιος.
σιδηροτεχνία η, ουσ., τέχνη κατεργασίας του σιδήρου.
σιδηροτροχιά η, ουσ. (συνιζ.), (πληθ). σιδερένιες ράβδοι πάνω στις οποίες κινούνται τρένα ή τραμ.
σιδηρουργείο το, ουσ., εργαστήριο κατεργασίας του σιδήρου.
σιδηρουργία η, ουσ., βιομηχανία κατεργασίας του σιδήρου.
σιδηρουργικός, -ή, -ό, επίθ., που συνδέεται με τη σιδηρουργία. - Το θηλ. ως ουσ. = σιδηρουργία (βλ. λ.).
σιδηρουργός ο, ουσ., τεχνίτης που κατεργάζεται το σίδηρο.
σιδηρούχος, -α, -ο, επίθ., που περιέχει σίδηρο: -α ιαματικά νερά.
σιελαδενίτιδα, βλ. σιαλαδενίτιδα.
σιελογόνος, βλ. σιαλογόνος.
σιελόρροια, βλ. σιαλόρροια.
Σιίτης ο, ουσ.,μέλος μουσουλμανικής αίρεσης (πβ. Σουνίτης).
σικ, επίθ. άκλ., κομψός. [γαλλ. chic].
σίκαλη η, ουσ., δημητριακό φυτό παρόμοιο με το σιτάρι που από τους σπόρους του παράγεται αλεύρι χρήσιμο στην αρτοποιία: φρυγανιές από ~ (συνών. βρίζα). [μεσν. σίκαλις<λατ. sicale].
Σικελή, βλ. Σικελός.
σικελικός, -ή, -ό, επίθ., που ανήκει ή αναφέρεται στη Σικελία ή τους Σικελούς: ~ εσπερινός = αιματηρή στάση στο Παλέρμο εναντίον των Γάλλων το Πάσχα του 1282.
Σικελιώτης ο, θηλ. **-ισσα**, ουσ. (συνιζ.), (ιστ.) ΄Ελληνας της Σικελίας.
Σικελός ο, θηλ. **-ή**, ουσ., εκείνος που κατοικεί στη Σικελία ή κατάγεται από αυτήν.
Σικινίτης ο, θηλ. **-ισσα**, ουσ., εκείνος που κατοικεί στη Σίκινο ή κατάγεται από αυτήν.
σικινίτικος, -η, -ο, επίθ., που ανήκει ή αναφέρεται στη Σίκινο ή τους Σικινίτες.
Σικινίτισσα, βλ. Σικινίτης.
σίκλος ο, βλ. σίγκλος.
Σιλεσιανός ο, θηλ. **-ή**, ουσ. (ασυνίζ.), αυτός που κατοικεί στη Σιλεσία ή κατάγεται από εκεί.
σίλινγκ το, ουσ. άκλ., νομισματική μονάδα της Αυστρίας υποδιαιρούμενη σε εκατό γρόσια. [αγγλ. shilling - γερμ. Schilling].
σιλό το, ουσ. άκλ., αποθήκη σιτηρών με ειδικές εγκαταστάσεις. [γαλλ. silo].
σιλουέτα η, ουσ. 1. η γενική γραμμή του σώματος ενός ανθρώπου. 2. σκιαγράφημα αντικειμένου: ~ δέντρου/σπιτιού. 3. (επιθ. για πρόσωπο) που έχει κομψό σώμα. [γαλλ. silhouette].
σίλφη η, ουσ. (ζωολ.) σκουλήκι που κατατρώγει τα βιβλία.
σιμά, επίρρ. (λαϊκ.), κοντά (αντ. μακριά).

σιμιγδαλένιος, -α, -ο, επίθ. (συνιζ.), φτιαγμένος με σιμιγδάλι.
σιμιγδάλι το, ουσ., αλεύρι εκλεκτής ποιότητας βγαλμένο από σκληρό σιτάρι. [αρχ. σεμίδαλις].
σιμιτζής ο, ουσ., αυτός που πουλά σιμίτια (βλ. λ.).
σιμίτι το, ουσ., μακρόστενο ψωμάκι με σουσάμι που πρόσφεραν παλαιότερα στα μνημόσυνα. [τουρκ. simit<ελλην. σεμίδαλις].
-σιμο, κατάλ. ουδ. ουσ.: βράσιμο, ψήσιμο. - Πβ. και -ιμο.
σιμός, -ή, -ό, επίθ. (σπανίως). 1. (για μύτη) πλακουτσωτός και με ρουθούνια προς τα έξω. 2. (για πρόσωπο) που έχει μύτη πλακουτσωτή.
-σιμος, κατάλ. επιθ.: νηστήσιμος, συζητήσιμος, φαγώσιμος, υπολογίσιμος. [θέμα με σ + κατάλ. -ιμος].
σιμοτινός, -ή, -ό, επίθ. (λαϊκ.), κοντινός: τόπος ~ (αντ. μακρινός).
σιμούν ο, ουσ. άκλ., σφοδρός, θερμός και ξηρός άνεμος, που πνέει στις ερήμους αραβικών χωρών, της Περσίας και της Σαχάρας. [αραβ. samoûm].
σίμωμα το, ουσ. (λαϊκ.), πλησίασμα (συνών. ζύγωμα· αντ. απομάκρυνση).
σιμωνία η, ουσ. 1. εκμετάλλευση της θρησκευτικής πίστης. 2. δωροδοκία για τη χειροτονία κληρικού. [όν. Σίμων ο Μάγος].
σιμωνιακός, -ή, -ό, επίθ. (ασυνίζ.), που σχετίζεται με τη σιμωνία.
σιμώνω, ρ. (λαϊκ.), πλησιάζω: -ουν Χριστούγεννα (αντ. ξεμακραίνω, απομακρύνομαι).
Σιναΐτης ο, ουσ., μοναχός της μονής του όρους Σινά.
σιναϊτικός, -ή, -ό, επίθ., που σχετίζεται με το όρος Σινά ή το εκεί μοναστήρι: κώδικας ~.
σιναμική η, ουσ. (παλαιότερα) φάρμακο καθαρτικό από φύλλα κασίας. [αραβ. sinaï-meki].
σινάπι το, ουσ. (βοτ.) πόωδες φυτό με φύλλα οδοντωτά, κίτρινα άνθη και καρπό σε σχήμα κερατοειδές που τρώγεται ή χρησιμοποιείται για σιναπισμούς.
σιναπισμός ο, ουσ. 1. κατάπλασμα από σιναπόσπορο. 2. έμπλαστρο που περιέχει σινάπι.
σιναποβλάσταρο το, ουσ., βλαστάρι του σιναπιού.
σιναπόσπορος ο, ουσ., ο σπόρος του σιναπιού, που χρησιμοποιείται στη φαρμακευτική και από τον οποίο παρασκευάζεται η μουστάρδα.
σινάφι το, ουσ. (λαϊκ.), συντεχνία. [τουρκ. esnaf].
σινεμά το, ουσ. άκλ., κινηματογράφος (βλ. λ.). [γαλλ. cinéma].
σινεραμά το, ουσ. άκλ., κινηματογραφική τεχνική σε περισσότερες παρατιθέμενες μεγάλες οθόνες (τρεις προβολείς, τρεις εικόνες). [διεθνής λ. cinerama].
σινθεσάιζερ το, άκλ. ουσ., ηλεκτρονικό μηχάνημα που παράγει ομιλία, μουσική ή άλλους ήχους χρησιμοποιώντας τον ηλεκτρονικό υπολογιστή του για να συνδυάσει ξεχωριστές συλλαβές ή ήχους που έχουν ηχογραφηθεί προηγουμένως και είναι καταγραμμένα στη μνήμη του. [αγγλ. synthesizer].
σινί το, ουσ., χάλκινο μεγάλο ταψί. [τουρκ. sini].
σινιαλάρω, ρ. (συνιζ.), (ναυτ.) συνεννοούμαι με σινιάλα, στέλνω μήνυμα με σινιάλο: του σινιάλαρε το κυθει ι που γινόταν στο πέλαγο (Μπαστιας).
σινιάλο το, ουσ. (συνιζ.). 1. σήμα συνθηματικό που έχει σκοπό να δώσει ένα συγκεκριμένο μήνυμα σ᾽ αυτόν που το βλέπει: έδωσε το ~ του μισεμού· μας

κάνανε -α. 2. σημαία που το χρώμα και το σχήμα της ποικίλλει και που τη χρησιμοποιούν οι σηματωροί για συνεννοήσεις ανάμεσα σε πλοία. [ιταλ. *segnale*].

σινικός, -ή, -ό, επίθ. 1. κινέζικος. 2. *μελάνη -ή* = μαύρο μελάνι κατάλληλο για σχεδίαση.

σινιορίνα η, ουσ. (συνιζ.), δεσποινίδα. [ιταλ. *signorina*].

σινιόρ(ος) και άκλ. **σιορ** ο, θηλ. **-α**, ουσ. (συνιζ.), κύριος (συνήθως ειρων.). [ιταλ. *signore*].

σινολογία η, ουσ., επιστημονικός κλάδος που μελετά το σινικό πολιτισμό.

σινολογικός, -ή, -ό, επίθ., που σχετίζεται με τη σινολογία.

σινολόγος ο και η, ουσ., επιστήμονας που ασχολείται με τη σινολογία.

σιντεφένιος, βλ. *σεντ-*.

σιντριβάνι το, ουσ. (έρρ.). 1. διακοσμητική κατασκευή που συχνά έχει τη μορφή αγάλματος και περιλαμβάνει τεχνητό πίδακα νερού. 2. (επιθετ.) για υγρό που ξεπετάγεται από κάπου σε μεγάλη ποσότητα: *ένα ~ αίμα πηδούσε μέσ' από τ' ανοιγμένα μου τ' άρκανα* (Κόντογλου). [τουρκ. *şadirvan*].

σιόρ και **σιόρα**, βλ. *σινιόρος*.

σίριαλ το, ουσ. άκλ. (ασυνίζ.). 1. σειρά επεισοδίων που ανήκουν σε ένα τηλεοπτικό ή κινηματογραφικό έργο. 2. για κάτι που τραβάει σε μάκρος: *~ κατάντησε η υπόθεση*. [αγγλ. *serial*].

σιριάνι, βλ. *σεριάνι*.

σιρίτι το, ουσ., ταινία μεταξωτή ή πλεκτή σε καπέλα ή στολές. [τουρκ. *şirit* και *şerit*].

σιρμακέζης ο, ουσ., χρυσοκέντητος (βλ. λ.). [τουρκ. *sırmakeş*].

σιροκολεβάντες και **σοροκολεβάντες** ο, ουσ., άνεμος ανατολικός - νοτιοανατολικός.

σιρόκος και **σορόκος** ο, ουσ. 1. νοτιοανατολικός άνεμος υγρός και ζεστός. 2. το σημείο από το οποίο φυσά αυτό ο άνεμος, η νοτιοανατολική μεριά του ορίζοντα: *το καράβι σαλπάρισε κατά το -ο* (= νοτιοανατολικά).

σιρόπι και **σορόπι** το, ουσ. 1. διάλυμα ζάχαρης πυκνό. 2. φάρμακο σε μορφή διαλύματος με ζάχαρη: *~ για το βήχα*. 3. (επιθετ.) πολύ γλυκός: *με τόση ζάχαρη που έβαλες στο ποτό έγινε ~*. 4. φλύαρη ερωτοκουβέντα.

σιροπιάζω και **σορο-**, ρ. (συνιζ.) Α. (αμτβ.) γίνομαι γλυκός σα σιρόπι. Β. (μτβ.) ρίχνω σιρόπι σε γλυκό για να επιτύχω περισσότερη γλυκύτητα.

σιρόπιασμα το, ουσ. (συνιζ.), το να σιροπιάζει κανείς κάτι ή το να σιροπιάζει κάτι μόνο του.

σιταγωγός, -ός, -ό, επίθ. (ιδίως για πλοίο) που μεταφέρει σιτάρι.

σιτάλευρο το, ουσ., αλεύρι από σιτάρι.

σιταποθήκη η, ουσ., αποθήκη σιταριού.

σιταράτος, βλ. *σταράτος*.

σιτ(αρ)έμπορος και **σταρέμπορος** ο, ουσ. (έρρ.), έμπορος σιτηρών.

σιταρένιος, βλ. *σταρένιος*.

σιταρήθρα η, ουσ., το ωδικό πτηνό κορυδαλλός.

σιτάρι και **στάρι** το, ουσ. 1. δημητριακό που ο σπόρος του χρησιμοποιείται στη διατροφή του ανθρώπου. 2. ο σπόρος του παραπάνω φυτού: *αλέθω ~*. φρ. *ξεχωρίζει την ήρα από το ~* (= ξέρει να ξεχωρίζει όσα πρέπει να ξεχωριστούν).

σιταρόσπορος ο, ουσ., σπόρος σιταριού.

σιταρότοπος ο, ουσ., τόπος φυτεμένος με σιτάρι.

σιταρόψειρα η, ουσ., έντομο, είδος μικρού κανθάρου (βλ. λ.), βλαβερό για τα σιτάρια.

σίτεμα το, ουσ., η ενέργεια και το αποτέλεσμα του σιτεύω.

σιτέμπορος, βλ. *σιταρέμπορος*.

σιτευτός, -ή, -ό· στην έκφρ. *ο μόσχος ο ~* (= που τον έθρεψαν με ιδιαίτερη φροντίδα).

σιτεύω, ρ., αόρ. *-εψα*, μτχ. παρκ. *σιτεμένος*. 1. (για το κρέας) μαλακώνω με τον καιρό: *άσε το κρέας λίγο καιρό να -ει και το μαγευρεύεις μετά*. 2. (μεταφ., για άνθρωπο) μεγαλώνω, φτάνω σε ώριμη ηλικία: *είχε -έψει πια, δεν ήταν κοπελίτσα*.

σιτηρά τα, τα δημητριακά (σιτάρι, κριθάρι, σίκαλη, βρώμη) και οι καρποί τους.

σιτηρέσιο το, ουσ. (ασυνίζ.), (στρατ.) η καθημερινή τροφή.

σιτίζω, ρ., τρέφω, ταΐζω.

σιτία τα, ουσ., κάθε τροφή χρήσιμη για τη συντήρηση του ανθρώπου.

σίτινος, -η, -ο, επίθ., σταρένιος.

σίτιση η, ουσ., παροχή τροφής: *~ φοιτητών*.

σιτιστής ο, ουσ. (στρατ.) υπαξιωματικός υπεύθυνος για τη διαχείριση των ειδών διατροφής.

σιτοβολώνας ο, ουσ. 1. αποθήκη σιταριού. 2. (μεταφ.) τόπος που παράγει άφθονο σιτάρι.

σιτοδεία η, ουσ. 1. έλλειψη σιτηρών. 2. (γενικότερα) έλλειψη ειδών διατροφής.

σιτοκαλλιέργεια η, ουσ. (ασυνίζ.), καλλιέργεια σιταριού.

σιτοκρίθαρο το, ουσ., μείγμα από σιτάρι και κριθάρι (συνών. *σμιγάδι*).

σιτοπαραγωγή η, ουσ., παραγωγή σιταριού.

σιτοπαραγωγός, -ός, -ό, επίθ., που παράγει άφθονο σιτάρι: *χώρα ~*. - *Το αρσ. ως ουσ.* = ιδιοκτήτης χωραφιών που παράγουν σιτάρι.

Σιφναία, βλ. *Σιφναίος*.

σιφναϊκός, -η, -ο, επίθ., που ανήκει ή αναφέρεται στη Σίφνο ή τους Σιφναίους: *τσουκάλια -α*.

Σιφναίος ο, θηλ. **-α** και (λαϊκ., συνιζ.) **Σιφνιός** ο, θηλ. **-ά**, ουσ., αυτός που κατοικεί στη Σίφνο ή κατάγεται από εκεί.

σιφόνι και (άκλ.) **σιφόν** το, ουσ. 1. σωλήνας για μετάγγιση υγρού από ένα δοχείο σε άλλο. 2. οχετός λεκάνης αποχωρητηρίου. [αρχ. *σίφων*].

σιφονιέρα η, ουσ. (συνιζ.), έπιπλο με αρκετά συρτάρια όπου τοποθετούνται είδη ρουχισμού. [γαλλ. *chiffonnière*].

σίφουνας ο, ουσ. 1. ανεμοστρόβιλος: *μπήκε μέσα σα ~*. 2. (μεταφ.) καθετί το ορμητικό: *όταν τον έπιανε ο θυμός γινόταν σκέτος ~*. [αρχ. *σίφων*].

σιφώνιο το, ουσ. (ασυνίζ.), όργανο των χημικών εργαστηρίων για να αντλούνται μικρές ποσότητες υγρών.

σιχαίνομαι, ρ., αόρ. *-άθηκα*, μτχ. παρκ. *σιχαμένος*, αποστρέφομαι, αντιπαθώ κάποιον ή κάτι: *~ αυτό το φαγητό· ~ τα ψέματα/τους κόλακες*.

σίχαμα το, ουσ. 1. αυτό που προκαλεί αποστροφή. 2. (για πρόσωπα) αηδιαστικός, αντιπαθητικός.

σιχαμάρα η, ουσ. 1. αποστροφή, απέχθεια: *έδειχνε ~ γι' αυτόν*. 2. (συνεκδοχικά) σιχαμερό πράγμα: *σκέτη ~ είναι αυτό το φαγητό*.

σιχαμερός, -ή, -ό, επίθ., που τον σιχαίνεται κανείς, που προκαλεί απέχθεια: *αποφάγια -ά*.

σιχαμός ο, ουσ., το να σιχαίνεται κανείς, αποστροφή: *η εμφάνισή του είναι του -ού*.

σιχασιά η, ουσ. (συνιζ.), αποστροφή, σιχαμάρα: *τον έπιανεν απελπισία και ~* (Καρκαβίτσας).

σιχασιάρης ο, θηλ. **-α,** ουσ. (συνιζ.), αυτός που σιχαίνεται εύκολα.
σιωνισμός ο, ουσ. (ασυνίζ.), πολιτική και θρησκευτική κίνηση που απέβλεπε στη δημιουργία εβραϊκού κράτους στην Παλαιστίνη. [γαλλ. *sionisme*].
σιωνιστής ο, θηλ. **-τρια,** ουσ. (ασυνίζ.), οπαδός του σιωνισμού.
σιωπή η, ουσ. (ασυνίζ.). 1. το να μη μιλά κανείς: (προστακτικά) *σιωπή!* (= μη μιλάς). 2. ησυχία: *άκρα του τάφου ~ στον κάμπο βασιλεύει* (Σολωμός). 3. έλλειψη συζήτησης, σχολιασμού γύρω από ένα γεγονός: *κατά περιόδους τα έργα μεγάλων δημιουργών αντίκρυσαν απόλυτη ~.* 4. έλλειψη επικοινωνίας (ιδίως με αλληλογραφία). Έκφρ. *συνωμοσία -ής* (= προαποφασισμένη απουσία κριτικής γύρω από ένα πρόσφατο γεγονός ή δημοσίευμα).
σιωπηλός, -ή, -ό, επίθ. (ασυνίζ.). 1. που δεν αποφασίζει να μιλήσει: *παρέμεινε ~ σ' όλη τη διάρκεια της συζήτησης.* 2. λιγόλογος (αντ. *ομιλητικός*).
σιωπηρός, -ή, -ό, επίθ. (ασυνίζ.), που γίνεται ή δηλώνεται κάτω από συνθήκες σιωπής: *πλειοψηφία/συγκατάθεση/συμφωνία -ή* (αντ. *κραυγαλέος*). - Επίρρ. **-ώς** και **-ά:** *καταργώ -ά.*
σιωπητήριο το, ουσ. (ασυνίζ. *δις*), (στρατ.) σάλπισμα που δηλώνει ότι ήρθε η ώρα για ύπνο: (λαϊκ.) *βαράει ~* (αντ. *εγερτήριο*).
σιωπώ (ασυνίζ.) και **σωπώ, -άς,** ρ. 1. δεν επιθυμώ να μιλήσω, μένω σιωπηλός: *του μιλούσα, άκουγε και -ούσε.* 2. αποφεύγω να εκφράσω τις απόψεις μου: *πολλοί -ούσαν στα χρόνια της χούντας.* Φρ. *σωπάτε, καλέ!* (ειρων. για δήλωση, δήθεν έκπληξης): *σωπάτε καλέ! Κανείς δεν το υποπτευόταν!*
σκάβω, ρ., μτχ. παρκ. *σκαμμένος.* 1. ανασκαλεύω το χώμα με τα χέρια ή με γεωργικό εργαλείο για να ανοίξω λάκκο ή αυλάκι ή για να καλλιεργήσω: *~ το χωράφι· το σκυλί έσκαψε βαθιά και παράχωσε το μαλάκι.* Φρ. *~ το λάκκο κάποιου* (= σχεδιάζω ύπουλα την καταστροφή του)· *ο χρόνος/η στενοχώρια, κ.τ.ό., έσκαψε το πρόσωπό του* (= το ρυτίδωσε).
σκάγι το, πληθ. (συνιζ.) *-για,* ουσ., μικρή σφαίρα κυνηγετικού όπλου. Φρ. *με πήραν τα -για* (= μου απευθύνθηκαν, συνήθως άδικα, κατηγορίες). [βενετ. *scaia*].
σκαζίκι, βλ. *σκαντζίκι*.
σκάζω, σκάνω και **σκάω,** ρ., μτχ. παρκ. *-σμένος.* Α. αμτβ. 1. σπάνω συνήθως με θόρυβο και εξαιτίας πίεσης και διαλύομαι: *έσκασε η μπόμπα/ το μπαλόνι· το κύμα σκάει στο βραχάκι.* 2α. χαρακτωνέται η επιφάνειά μου: *έσκασε το πρόσωπό μου· με τον αέρα -ουν τα χείλια μου* (συνών. *ανοίγω,* βλ. λ. Ι Β 10)· *το ξύλο/το δέρμα έσκασε·* β. παθαίνω ρήγμα: *έσκασε ο τοίχος από το σεισμό/ το ρόδι.* 3. (για φυτά, κλαδιά, κλπ.) προβάλλω, αρχίζω να φαίνομαι: *έσκασε το μπουμπούκι·* φρ. *~ μύτη* (= εμφανίζομαι). 4. (μεταφ.) στενοχωριέμαι πολύ: *μη σκας γι' αυτό.* Β. μτβ. 1. (μεταφ.) στενοχωρώ: *μ' έσκασες με την επιμονή σου.* 2. ταλαιπωρώ, κουράζω πολύ: *αυτό το βιβλίο μ' έσκασε ώσπου να το διαβάσω.* Φρ. *έσκασα (από το φαΐ)* (= έχω φάει υπερβολικά)· *(μακάρι) να σκάσει ο διάβολος, θα...* (ό,τι κι αν συμβεί θα...)· *σκάει δόντι* (= για μικρό παιδί, εμφανίζεται δόντι)· *σκάνω από τη ζέστη* (= ζεσταίνομαι υπερβολικά)/ *σκάνω από τη ζήλεια* (= ζηλεύω υπερβολικά)/ *από το κακό μου/ από τη στενοχώρια* (= στενοχωριέμαι υπερβολικά, βλ. και σημασ. Α4)· *σκάνω (και πλαντάζω) από το κλάμα* (= κλαίω υπερβολικά)· *σκάσε!* (= αγενώς, σώπα)· *~ λεφτά* (= πληρώνω): *κάθε πρώτη του μηνός τα σκάνει· ~ στα γέλια* (= γελώ υπερβολικά)· *~ το μυστικό* (= αποκαλύπτω τα πάντα)· *~ το φιλί* (= φιλώ): *του 'σκασε ένα φιλάκι· το σκάνω* (= φεύγω κρυφά ή απουσιάζω αντικανονικά): *το 'σκασε από το μάθημα/σπίτι της. -* Η μτχ. ως επίθ. = (μεταφ.) αφιλότιμος, άτιμος: *με τρόμαξε το -σμένο!* [αρχ. *σχάζω*].
σκαθάρι το, ουσ. 1. είδος ψαριού με σκούρο μολυβί χρώμα που συγγενεύει με το σαργό και το σπάρο. 2. είδος κολεόπτερου εντόμου. [αρχ. *κάνθαρος*].
σκαιός, -ή, -ό, επίθ. (για πρόσωπο και ανθρώπινη συμπεριφορά) απότομος, τραχύς: *τρόπος ~* (συνών. *αγροίκος, βάναυσος, ωμός·* αντ. *μειλίχιος*). - Επίρρ. **-ώς.**
σκαιότητα η, ουσ., τραχύτητα: *του μίλησε με ~* (συνών. *ωμότητα·* αντ. *προσήνεια*).
σκαιώς, βλ. *σκαιός*.
σκάκι το, ουσ. 1. παιχνίδι κατά το οποίο δύο παίκτες μετακινούν τη μία εναντίον της άλλης δύο ομάδες διάφορων πιονιών πάνω σε μια σκακιέρα. 2. το σύνολο από τα πιόνια του παιχνιδιού, καθώς και η σκακιέρα. [πληθ. *scacchi* του ιταλ. *scacco*< αραβ.-περσ. *šah*].
σκακιέρα η, ουσ. (συνιζ.). 1. το μικρό τετράγωνο τραπεζάκι, συνήθως ξύλινο, με τα εξήντα τέσσερα μαύρα και άσπρα τετραγωνάκια, όπου παίζεται το σκάκι (βλ. λ.). 2. (μεταφ.) το παιχνίδι, ο αγώνας, η δραστηριότητα που αναπτύσσεται με συγκεκριμένη επιδίωξη: *η ~ των διαπραγματεύσεων.*
σκακιστής ο, θηλ. **-ίστρια,** ουσ., αυτός που παίζει σκάκι (βλ. λ.).
σκακιστικός, -ή, -ό, επίθ., που σχετίζεται με το σκάκι: *αγώνες -οί· σύλλογος ~.*
σκακίστρια, βλ. *σκακιστής*.
σκάλα η, ουσ. 1. κατασκεύασμα (χτιστό ή φορητό) με βαθμίδες και συχνά κουπαστή για να πιάνεται κανείς, που χρησιμεύει για να ανεβαίνει κανείς και να κατεβαίνει: *ανεβαίνω μια ~ για να πάω στο δωμάτιό μου· ξύλινη φορητή ~.* 2. σκαλοπάτι, ένα από τα πολλά πατήματα που έχει μια σκάλα (βλ. σημασ. 1). 3. λιμάνι όπου προσεγγίζει το πλοίο που ταξιδεύει: *για να 'ρθουμε εδώ πιάσαμε πολλές -ες· κατεβήκαμε στη ~.* 4. μουσική κλίμακα. 5. διαβάθμιση της έντασης συσκευής, κλπ., που γίνεται με διακόπτη: *ο ανεμιστήρας έχει τρεις -ες.* Φρ. *είναι στην απάνω ~* (= βρίσκεται σε πολύ καλή κατάσταση, έχει πετύχει απόλυτα)· *πήρε φωτιά από την πρώτη ~* (= θύμωσε με το πρώτο). - Υποκορ. **-ίτσα** η (στη σημασ. 1 και 2).
σκαλάθυρμα το, ουσ., μικρολογία· λογοτεχνικό κείμενο περιορισμένης φιλοδοξίας.
σκαλάκι, βλ. *σκαλί*.
σκαλέρι το, ουσ. (λαϊκ.), σκαλοπάτι.
σκαληνό, επίθ. ουδ., (γεωμ.) *τρίγωνο·* (ως ουσ.) *~* το = τρίγωνο με άνισες πλευρές.
σκαλί το, ουσ. 1. βαθμίδα μιας σκάλας: *σιγά σιγά ~ το ~ ανέβηκε όλη τη σκάλα* (συνών. *σκαλοπάτι*). 2. (μεταφ.) α. για διαβάθμιση στην «κλίμακα» της ιεραρχίας, κ.ά.: *με περνάει ένα ~.* β. θέση κάποιου ως προς την αξία, την εκτίμηση, την ποιότητα: *μη έχοντας, άλλο ~ να κατρακυλήσεις στου κακού την σκάλα...* (Παλαμάς). - Υποκορ. **-άκι** το (στη σημασ. 1).

σκαλιέρα η, ουσ. (ασυνίζ.), (ναυτ.) σκάλα από σκοινί που χρησιμοποιείται στα βαπόρια: *στα ξάρτια και απάνου στις -ες πλήθος θαλασσινοί* (Κόντογλου).

σκαλίζω, ρ. **1.** σκάβω επιφανειακά: ~ *το χώμα γύρω από το δέντρο.* **2.** (για κάρβουνα) ανασκαλεύω τη φωτιά (για να δώσει μεγαλύτερη φλόγα). **3.** λαξεύω (το μάρμαρο, το ξύλο, το μέταλλο): *έπιπλο -ισμένο.* **4.** ανακινώ, ξαναεξετάζω κάτι: *μην το -εις* (συνών. ξεσκαλίζω). **5.** αναζητώ, ψάχνω: ~ *στα παιδικά μου χρόνια*· ~ *μέσα στη τσέπη μου*· *έπαψε να -ει με το νου του νια κι αποκοιμήθηκε* (Μπαστιάς)· (παροιμ.) *-οντας η κότα βγάνει τα μάτια της* (= ανακινώντας ζητήματα καμιά φορά κανείς βλάπτεται). **6.** (μεταφ.) δουλεύω ως ποιητής έναν στίχο: ~ *τους δεκαπεντασύλλαβους* (Παλαμάς).

σκάλισμα το, ουσ. **1.** η ενέργεια του σκαλίζω (σε όλες τις σημασίες του). **2.** το αποτέλεσμα του σκαλίσματος σε μάρμαρο, ξύλο, μέταλλο: *μπαούλο με -ίσματα* (συνών. λάξευμα).

σκαλιστήρι το, ουσ., εργαλείο που χρησιμεύει για ν' αναδεύουν το χώμα οι γεωργοί.

σκαλιστής ο, ουσ., αυτός που σκαλίζει: ~ *κρυστάλλων.*

σκαλιστικός, -ή, -ό, επίθ., που χρησιμοποιείται για σκάλισμα: *εργαλείο -ό.* - Το ουδ. στον πληθ. ως ουσ. = αμοιβή για σκάλισμα.

σκαλιστός, -ή, -ό, επίθ., φτιαγμένος με σκαλίσματα, σκαλισμένος: *ένα βαρόμετρο με -ό ξύλο* (Κόντογλου)· *-ό τέμπλο εκκλησίας.*

σκαλίτσα, βλ. *σκάλα.*

σκαλοκέφαλο το, ουσ., κεφαλόσκαλο (βλ. λ.).

σκαλοπάτι το, ουσ., σκαλί (βλ. λ.).

σκαλοπόδαρο το, ουσ., το πόδι μιας ξύλινης φορητής σκάλας.

σκαλούνι το, ουσ., (σπάνια) σκαλί.

σκαλπέλο, βλ. *σκαρπέλο.*

σκαλτσούνι το, ουσ., είδος νηστήσιμου γλυκού από ζύμη, γεμισμένο με ξηρούς καρπούς και γλυκά και πασπαλισμένο με άχνη ζάχαρη και κανέλα. [ιταλ. *calzone*].

σκάλωμα το, ουσ. **1.** αναρρίχηση (συνών. σκαρφάλωμα). **2.** αναποδιά εξαιτίας εμποδίου. **3.** το να στερεώνεται άθελά του κάτι κάπου με αποτέλεσμα να εμποδίζονται οι κινήσεις του.

σκαλώνω, ρ. **1.** ανεβαίνω: *τα δέντρα είχανε σκαλώσει στο βράχο* (Κόντογλου) (συνών. σκαρφαλώνω). **2.** στερεώνομαι άθελά μου πάνω σε κάποιο αντικείμενο με αποτέλεσμα να εμποδίζονται οι κινήσεις μου ή να παθαίνω κάποια ζημιά: *-ωσε το κλειδί στην κλειδαριά*· *-ωσε η κάλτσα της στο καρφί.* **3.** (μεταφ.) εμποδίζομαι, βρίσκω αναποδιές: *-ωσε η δουλειά.*

σκαλωσιά η, ουσ. (συνιζ.), κατασκευή από σανίδες και δοκάρια που εξυπηρετεί τους εργάτες οικοδομής: *σκαρφαλωμένος στη ~.*

σκαλωτός, -ή, -ό, επίθ., που έχει σκαλοπάτια.

σκαμιά, βλ. *συκαμινιά.*

σκάμμα το, ουσ. **1.** σκαμμένος τόπος, λάκκος. **2.** χώρος σε γυμναστήριο σκαμμένος και στρωμένος με άμμο για τα αγωνίσματα.

σκαμνί το, ουσ. **1.** μικρό ξύλινο κάθισμα χωρίς ράχη (συνών. σκαμπό). **2.** το εδώλιο του κατηγορουμένου: *θα σε κάτσω στο ~* (= θα σε πάω στα δικαστήρια ως κατηγορούμενο). - Υποκορ. *-άκι* το (στη σημασ. 1)· (στον πληθ.) παιδικό παιχνίδι.

σκαμνιά, βλ. *συκαμινιά.*

σκαμπαβία η, ουσ., μεγάλη βάρκα πολεμικού. [ιταλ. *scappavia*].

σκαμπάζω, ρ. (έρρ.), γνωρίζω, καταλαβαίνω, είμαι ενήμερος σε κάτι: *-εις τίποτα από μηχανές;* (συνήθως με άρνηση) *δε -ει γρι από μαθηματικά.* [μεσν. *σκαμβάζω*].

σκαμπανεβάζω, ρ. (έρρ.). **1α.** (για καράβι) κλυδωνίζομαι (προς τα πάνω και προς τα κάτω): *κει που -έβαζε το πέραμα και μας ραντίζανε οι θάλασσες* (Κόντογλου)· **β.** (για πρόσωπο) πηγαίνω από 'δω κι από 'κει: *πηγαίναμε σαν γύφτικος γάμος ένας ορτσάριζε από δω, άλλος -έβαζε από κει* (Κόντογλου). [ιταλ. *scampare* + *ανεβάζω* από συμφυρμό].

σκαμπανέβασμα το, ουσ. (έρρ.). **1.** η ενέργεια του σκαμπανεβάζω (βλ. λ.): *κύλησε η βάρκα σ' ένα δυνατότερο ~* (Σούκας). **2.** (μεταφ.) α. διακύμανση τιμών: ~ *του τιμάριθμου*· **β.** (γενικότερα) εναλλαγή, διακύμανση: *η ζωή έχει πολλά -άσματα.*

σκαμπίλι το, ουσ. (έρρ.). **1.** είδος χαρτοπαίγνιου που παίζεται με είκοσι οχτώ ή τριάντα έξι χαρτιά. **2.** καθένα από τα παιγνιόχαρτα που χρησιμοποιούνται σε μια παρτίδα του παιχνιδιού. **3.** χαστούκι: *με τάραξε το αφεντικό στα -ια* (συνών. ράπισμα, μπάτσος).

σκαμπιλίζω, ρ. (έρρ.), δίνω σκαμπίλι (βλ. λ. σημασ. 3) (συνών. μπατσίζω).

σκαμπό, βλ. *εσκαμπό.*

σκαμπρόζικος, -η, -ο, επίθ. (όχι έρρ.), (για πράγματα) που ελευθεριάζει, που είναι προκλητικός για το γούστο και την αίσθηση των τρίτων: *θέαμα -ο.*

σκαμπρόζος, -α, -ο, επίθ. (όχι έρρ.). **1.** (για πρόσωπο) ιδιότροπος και άσχημος συνάμα. **2.** (για πρόσωπο) που ελευθεριάζει· προκλητικός για τα γούστα και την αίσθηση των τρίτων. [ιταλ. *scabroso*].

σκανδάλη η, ουσ., έλασμα σιδερένιο που πιεζόμενο θέτει σε λειτουργία τον πυροδοτικό μηχανισμό των φορητών όπλων.

σκανδαλίζω, ρ. **1.** δημιουργώ σκάνδαλο. **2.** κάνω κάποιον να σκεφτεί ή και να πράξει πονηρά.

σκανδαλισμός ο, ουσ., πειρασμός (βλ. λ. σημασ. 1).

σκανδαλιστικός, -ή, -ό, επίθ., που σκανδαλίζει: *-ά δημοσιεύματα*· *συμπεριφορά -ή.*

σκάνδαλο το, ουσ., παρουσία ανώμαλου γεγονότος που προκαλεί τη δυσφορία του κοινού, γιατί θεωρείται άπρεπο και ανήθικο· έκφρ. *πέτρα του -άλου,* βλ. *πέτρα.*

σκανδαλοθηρία η, ουσ., η επίμονη αναζήτηση σκανδάλων για τη δημιουργία θορύβου στην κοινή γνώμη.

σκανδαλοθηρώ, ρ., επιδιώκω να διαπιστώσω σκάνδαλα και να δημιουργήσω θόρυβο στην κοινή γνώμη.

σκανδαλολογία η, ουσ., η κατά κόρον συζήτηση για σκάνδαλα.

σκανδαλοποιός ο, ουσ. (ασυνίζ.), αυτός που δημιουργεί σκάνδαλα.

σκανδαλώδης, -ης, -ες, γεν. *-ους,* πληθ. αρσ. και θηλ. *-εις,* ουδ. *-η,* επίθ., που προκαλεί την κατακραυγή της κοινής γνώμης, επειδή είναι ή θεωρείται σκάνδαλο: ~ *ενέργεια*· *απολύσεις -εις.* - Επίρρ. *-ώς.*

Σκανδιναβή, βλ. *Σκανδιναβός.*

σκανδιναβικός, -ή, -ό, επίθ., που ανήκει ή αναφέρεται στις σκανδιναβικές χώρες ή τους Σκανδιναβούς.

Σκανδιναβός ο, θηλ. **-ή,** ουσ., κάτοικος των σκανδιναβικών χωρών.
σκαντάλι, βλ. *σκαντάλιο.*
σκανταλιά η, ουσ. (έρρ., συνιζ.), αταξία (παιδική).
σκανταλιάρης, -α, -ικο, επίθ. (έρρ., συνιζ.), (για παιδί) που κάνει πολλές αταξίες.
σκανταλιάρω, ρ. (έρρ., συνιζ.), εξετάζω το βυθό της θάλασσας με το σκαντάλιο ή μετρώ το βάθος των νερών (συνών. *σοντάρω, βυθομετρώ, βολίζω*).
σκαντάλιο και **-άλι** το, ουσ. (έρρ., συνιζ.), (ναυτ.) βολίδα με την οποία εξετάζεται ο βυθός της θάλασσας ή το βαθος των νερών: *γυρίζω όλη μέρα μέσα στο μπουγάζι μετρώντας με το σκαντάλι τα νερά* (Κόντογλου). [ιταλ. *scandaglio*].
σκάνταλο το, ουσ. (έρρ.), παιδί που κάνει πολλές αταξίες.
σκά(ν)τζα η, ουσ. άκλ. (ναυτ.) στην έκφρ. *~ βάρδια* (= αλλαγή βάρδιας): *έχομε ~ βάρδια*.
σκα(ν)τζάρω, ρ. (ναυτ.) αλλάζω βάρδια. [βενετ. *scangiar*].
σκα(ν)τζίκι και **σκαζίκι** το, ουσ. (λαϊκ.), είδος φυτού (συνών. *αγριοκαυκαλήθρα*).
σκα(ν)τζόχοιρος ο, ουσ. (έρρ.), μικρό ζώο με στρογγυλό σώμα και χρώμα καφετί που η πλάτη του σκεπάζεται από αιχμηρά αγκάθια (συνών. *ακανθόχοιρος*).
σκάνω, βλ. *σκάζω.*
σκαπανέας ο, ουσ. 1. στρατιώτης του μηχανικού σώματος. 2. πρωτεργάτης (ιδίως στον κοινωνικό χώρο και το χώρο των επιστημών και των ιδεών).
σκαπάνη η, ουσ. (λόγ.), τσάπα, αξίνα. Φρ. *η αρχαιολογική ~* (= οι ανασκαπτικές έρευνες): *η αρχαιολογική ~ έφερε πρόσφατα στο φως έναν αρχαίο τάφο.*
σκαπουλάρισμα το, ουσ., η ενέργεια και το αποτέλεσμα του σκαπουλάρω (βλ. λ.).
σκαπουλάρω, ρ., ξεφεύγω από κίνδυνο ή υποχρέωση· φρ. *τη σκαπούλαρε* (= γλύτωσε το θάνατο). [βενετ. *scapolàr*].
σκαπτικός, -ή, -ό, επίθ., που αναφέρεται στο σκάψιμο.
σκάρα και **σχάρα** η, ουσ. 1. μαγειρικό σκεύος που αποτελείται από παράλληλες σιδερένιες ράβδους, πάνω στο οποίο ψήνονται κρέατα, ψάρια, κλπ.: *ψάρια/μπριζόλες στη ~.* 2. κατασκεύασμα από σιδερένιες ράβδους επάνω στις οποίες ανάβεται φωτιά με διάκενα για να πέφτει η στάχτη μετά την καύση. 3. κάθε τεχνικό κατασκεύασμα που έχει σχήμα σχάρας: *~ αυτοκινήτου/αποχέτευσης.* - Βλ. και ά. *εσχάρα.* [αρχ. *εσχάρα*].
σκαραβαίος ο, ουσ. 1. έντομο κολεόπτερο με σχήμα ωοειδές. 2. πολύτιμος λίθος που εικονίζει τον αιγυπτιακό σκαραβαίο τον ιερό. [λατ. *scarabaeus* <αρχ. *(σ)κάραβος*].
σκαρί το, ουσ. 1. (ναυτ.) ξύλινος σκελετός πάνω στον οποίο ναυπηγείται ένα καράβι: *βάζω το καράβι στα -ιά* = *το κατασκευάζω*· φρ. (μεταφ.) *έχω κάτι στα -ιά* (= *ετοιμάζω, σχεδιάζω κάτι*): *έχω μια μελέτη στα -ιά.* 2. ο σκελετός του καραβιού και το ίδιο το καράβι: *~ με φαρδιά κοιλιά.* 3. (μεταφ.) σωματική διάπλαση και χαρακτήρας, η ιδιοσυγκρασία του καθενός: *ο καθένας έχει το ~ του· το 'χει στο ~ του να μην παχαίνει όσο κι αν τρώει.*
σκαρίζω, ρ. 1. αναπηδώ, σκιρτώ: (λογοτ.) *κι α λάχει και -σει ο ήλιος...* (Ι.Μ. Παναγιωτόπουλος). 2. (λαϊκ.) οδηγώ το κοπάδι στη βοσκή: *-ισε τα πρόβατα πριν χαράξει* (Κόντογλου)· (αμτβ.) *τα πρόβατα -ουν* (= βόσκουν).
σκαρίφημα το, ουσ., πρόχειρο σχεδίασμα (συνών. *σκίτσο*).
σκαρλατίνα η, ουσ., η αρρώστια οστρακιά. [ιταλ. *scarlattina*].
σκαρλάτος, -η, -ο, επίθ., κατακόκκινος. [βενετ. *scarlato*].
σκαρμός ο, ουσ., μετάλλινο συνήθως κυλινδρικό ραβδί όπου προσαρμόζεται το κουπί. [αρχ. *σκαλμός*].
σκαρμούτσο το, ουσ., μεταλλικά κέρματα τυλιγμένα σε χαρτί σε μορφή κυλίνδρου (συνών. *φισέκι*). [ιταλ. *scaramuccia*].
σκαρολάχανο το, ουσ., είδος ποώδους φυτού.
σκάρος ο, Ι. ουσ., είδος ψαριού (βλ. *παπαγάλος,* σημασ. 2).
σκάρος ο, II. ουσ. (λαϊκ.), νυχτερινή βοσκή κοπαδιού.
σκαρπέλο και **σκαλπέλο** το, ουσ., ξυλουργικό εργαλείο. [βενετ. *scarpelo*].
σκαρπίνι το, ουσ., είδος χαμηλού παπουτσιού (σε αντίθεση με το μποτάκι). [ιταλ. *scarpino*].
σκαρτάδος ο, θηλ. **-α,** ουσ., άνθρωπος ιδιότροπος, ανισόρροπος. [*σκαρτάρω*].
σκαρταδούρα η, ουσ. (λαϊκ.), όλα τα άχρηστα πράγματα μαζί: *πέταξε ό,τι ~ είχε στα ράφια.*
σκαρτάρω, ρ. 1. από ένα σύνολο πραγμάτων αφαιρώ τα άχρηστα (συνών. *ξεσκαρτάρω*). 2. από την ομάδα των παιγνιοχάρτων αφαιρώ τα άχρηστα σε συγκεκριμένο παιχνίδι. [ιταλ. *scartare*].
σκαρτέυω, ρ. Α. (αμτβ.) γίνομαι σκάρτος: *όλα -έψαν ε στην εποχή μας.* Β. (μτβ.) κάνω κάτι σκάρτο, το χειροτερεύω ποιοτικά: *το -εψε το κρασί του ο ταβερνιάρης.*
σκάρτος, -η, -ο, επίθ. (για πρόσωπα και πράγματα) ακατάλληλος, άχρηστος, τιποτένιος: *πουλούσε -ο πράγμα, γι' αυτό απέτυχε.* [ιταλ. *scarto*].
σκαρφάλωμα το, ουσ., αναρρίχηση.
σκαρφαλώνω, ρ., αναρριχώμαι, ανεβαίνω ψηλά: *-άλωσε στ' άρμπουρα· -άλωσα στην ανεμόσκαλα* (συνών. *σκαλώνω* σημασ. 1).
σκαρφαλωτός, -ή, -ό, επίθ., που ανεβαίνει αναρριχώμενος. - Επίρρ. **-ά.**
σκαρφίζομαι, ρ., βρίσκω με το μυαλό μου κάτι νέο, ένα νέο τρόπο, μια νέα μέθοδο: *δες τι -ίστηκε για να τον πειράξει!* [αρχ. *σκαριφώμαι*].
σκάρωμα το, ουσ., η ενέργεια και το αποτέλεσμα του σκαρώνω.
σκαρώνω, ρ. 1. βάζω στα σκαριά ένα καράβι: *έπρεπε να -ώσουμε κάποιο πλεούμενο.* 2. σχεδιάζω, ετοιμάζω κάτι: *τι -ώνεις αυτού; τι -ωσε η φαντασία του!* 3. δημιουργώ: *τέτοια πράματα -ει ο χρόνος* (Ι.Μ. Παναγιωτόπουλος). Φρ. *μου τη σκάρωσε* (= με έφερε σε δύσκολη θέση).
σκάση η, ουσ., στενοχώρια (συνών. *σκασίλα*).
σκασιαρχείο το, ουσ. (ασυνίζ.), αντικανονική αποχώρηση από το μάθημα (συνών. λαϊκ. *κοπάνα*).
σκασιάρχης ο, ουσ. (ασυνίζ.), μαθητής που το σκάει (βλ. λ.) από το μάθημα.
σκασίλα η, ουσ., μεγάλη στενοχώρια· φρ. (ειρων.) *~ μου! είχα μια ~!* (= έχω απόλυτη αδιαφορία).
σκασιματιά η, ουσ. (συνιζ., λαϊκ.), ράγισμα, σχισμάδα.
σκάσιμο το, ουσ. 1. σχισμή: *~ στον τοίχο/στα χείλη.* 2. αντικανονική απουσία μαθητών ή στρατιωτών.

σκασμός ο, ουσ. (λαϊκ.). **1.** μεγάλη στενοχώρια (συνών. *σκασίλα*). **2.** θάνατος από ασφυξία: *έφαγε του -ού* (= έως το σημείο να σκάσει). **3.** (επιφ.) *σκασμός!* (= πάψε να μιλάς!)· φρ. *βγάζω το -ό* (= παύω να μιλώ).

σκαστός, -ή, -ό, επίθ. **1.** ηχηρός: *φιλί -ό· γέλια -ά.* **2.** (για μαθητή, στρατιώτη ή εργαζόμενο) που το έχει σκάσει (βλ. λ.) από το μάθημα ή την υπηρεσία του. **3.** (για χρηματικό ποσόν) που καταβάλλεται τοις μετρητοίς: *πλήρωσα δέκα χιλιάδες δραχμές -ές.* **4.** που πιάνεται την ώρα του εγκλήματος.

σκατένιος, -α, -ο, επίθ. (συνιζ., λαϊκ.), (μεταφ. για άτομα και γεγονότα) ελεεινός: *υπόθεση -α.*

σκάτζα, βλ. *σκάντζα.*

σκατζάρω, βλ. *σκαντζάρω.*

σκατζίκι, βλ. *σκαντζίκι.*

σκατζόχοιρος, βλ. *σκαντζόχοιρος.*

σκατιά η, ουσ. (συνιζ., λαϊκ.), ταπεινή ενέργεια: *όλο -ιές είναι αυτός ο άνθρωπος.*

σκατίλα η, ουσ. (λαϊκ.), δυσοσμία από περιττώματα.

σκατό το, ουσ. (λαϊκ.). **1.** κόπρανα ανθρώπων ή ζώων. **2.** παιδί ανώριμο: *ένα ~ και κάνει το σπουδαίο!* **3.** (στον πληθ.) έκφραση αγανάκτησης, ριζικής διαφωνίας, απόλυτης δυσαρέσκειας. [αρχ. *σκωρ,* γεν. *σκατός*].

σκατο- (λαϊκ.), α΄ συνθετικό λέξεων που προσδίδει στο β΄ συνθετικό την έννοια του αηδιαστικού ή του ελεεινού: *σκατοδουλειά· σκατόμουτρο.*

σκατοδουλειά η, ουσ. (συνιζ., λαϊκ.). **1.** υπόθεση που ηθικώς κατακρίνεται. **2.** υπόθεση που δεν παρουσιάζει πλεονεκτήματα, όφελος.

σκατόμουτρο το, ουσ. (λαϊκ.), πρόσωπο εντελώς ανυπόληπτο.

σκατοϋπόθεση η, ουσ. (λαϊκ.), σκατοδουλειά (βλ. λ. σημασ. 1).

σκάτωμα το, ουσ. (λαϊκ.), λέρωμα από κόπρανα.

σκατώνω, ρ. (λαϊκ.). **1.** λερώνω κάτι με κόπρανα. **2.** φρ. *τα ~* (= αποτυχαίνω σε μια υπόθεση).

σκαφάκι, βλ. *σκάφη.*

σκάφανδρο το, ουσ. **α.** στολή αδιάβροχη που χρησιμοποιείται από τους δύτες· **β.** συσκευή κατάδυσης δύτη στο βυθό της θάλασσας. [γαλλ. *scaphandre*<αρχ. ελλην. *σκάφος + ανήρ*].

σκάφη η, ουσ., σκεύος του σπιτιού, συνήθως μεγάλο και μακρόστενο, όπου ζυμώνουν το ψωμί, πλένουν ρούχα ή το χρησιμοποιούν με άλλο τρόπο. Φρ. *λέω τα σύκα σύκα και τη ~ ~* (= λέω την καθαρή αλήθεια). - Υποκορ. **-άκι** το.

σκαφίδι το, ουσ. **1.** μικρή σκάφη. **2.** μικρό πλοίο (συνών. *πλοιάριο*).

σκαφοειδής, -ής, -ές, γεν. *-ούς,* πληθ. αρσ. και θηλ. *-είς,* ουδ. *-ή,* επίθ., που έχει το σχήμα σκάφους.

σκάφος το, ουσ. **1.** το κύριο σώμα του πλοίου. **2.** ολόκληρο το πλοίο: *ήρθαν στο λιμάνι πέντε -η του πολεμικού ναυτικού.* **3.** αεροπλάνο. Έκφρ. *το ~ της πολιτείας* (= η πολιτεία ή το κράτος).

σκαφτιάς ο, ουσ. (συνιζ., λαϊκ.), εργάτης που σκάβει.

σκαφτικά τα, ουσ., αμοιβή για σκάψιμο αγρού.

σκαφτός, -ή, -ό, επίθ., σκαμμένος.

σκάψιμο το, ουσ. **1.** η ενέργεια και το αποτέλεσμα του σκάβω (βλ. λ.): *~ του χωραφιού.* **2.** σκάλισμα: *~ της πέτρας.*

σκάω, βλ. *σκάζω.*

σκεβρός, -ή, -ό, επίθ., σκεβρωμένος.

σκέβρωμα το, ουσ., το αποτέλεσμα του σκεβρώνω.

σκεβρώνω, ρ. (αμτβ.). **1.** εξαιτίας της υγρασίας διαβρώνομαι και στραβώνω: *από τις βροχές -ωσε το ξύλο.* **2.** (για ανθρώπους και ζώα) καμπουριάζω: *-ωσε με τα χρόνια.*

σκελέα η, ουσ. (λόγ.), (στρατ.) μακρύ σώβρακο.

σκέλεθρο το, ουσ. (λαϊκ.). **1.** σκελετός πεθαμένου ανθρώπου: *μια γριά... την κρέμασε... και την άφησε ως που έμεινε το σκέλεθρό της* (Κόντογλου). **2.** (μεταφ.) άνθρωπος εξαιρετικά αδυνατισμένος: *δεν μπορέσαμε να δουλέψουμε παραπάνου, γιατί είμαστε... -α κι αυτή η δουλειά ήθελε χέρια δυνατά* (Κόντογλου) (συνών. *αποσκελετωμένος*). [αρχ. *σκελεφρός*].

σκελεθρωμένος, -η, -ο, επίθ. (λαϊκ.), που έχει απομείνει μόνο σκέλεθρο (βλ. λ.).

σκελετός ο, πληθ. λαϊκ. *σκελετά* τα, ουσ. **1α.** το σύνολο των οστών και των συνδετικών ιστών του ανθρώπου και των σπονδυλωτών ζώων· **β.** το σύνολο των οστών πεθαμένου ανθρώπου ή ζώου που έχει απογυμνωθεί πια εντελώς από τις σάρκες: *βαδίζοντας στην έρημο συναντούσαν εδώ κι εκεί -ούς από καμήλες.* **2.** (μεταφ.) άνθρωπος εξαιρετικά αδυνατισμένος: *έμεινε (σκέτος) ~* (συνών. *κάτισχνος*). **3α.** (και στον πληθ. *σκελετά*) το σύνολο των τμημάτων μιας τεχνικής κατασκευής που είναι απαραίτητα για την υποστήριξή της: *~ της πολυκατοικίας· ~ αυτοκινήτου·* **β.** (στον πληθ. *σκελετά*) ξύλινα κατασκευάσματα απαραίτητα σε ένα κατάστημα για την έκθεση ή αποθήκευση των προϊόντων (συνών. *ράφια*). **4.** το γενικό περιεχόμενο, το βασικό σχέδιο πάνω στο οποίο αναπτύσσεται και διανθίζεται με λεπτομέρειες κάτι που γράφει ή λέει κάποιος: *~ της ιστορίας/διάλεξης.* **5.** το μεταλλικό ή κοκάλινο πλαίσιο των γυαλιών (προσώπου) στο οποίο προσαρμόζονται οι φακοί: *γυαλιά με χρυσό -ό.*

σκελετώδης, -ης, -ες, γεν. *-ους,* πληθ. αρσ. και θηλ. *-εις,* ουδ. *-η,* επίθ., (για πρόσωπο) όμοιος με σκελετό (συνών. *πολύ αδυνατισμένος, κάτισχνος*).

σκελετωμένος, -η, -ο, επίθ., πολύ αδύνατος: *ο δέντρο* (συνών. *σκελετώδης*).

σκελίδα η και **-ίδι** το, ουσ., καθένα από τα τμήματα της κεφαλής σκόρδου ή φρούτων.

σκέλος το, πληθ. *-η* και (λαϊκ., συνιζ.) *-ια,* ουσ. **1.** καθένα από τα κάτω άκρα του ανθρώπου και τα πίσω πόδια των ζώων. **2.** το καθένα από τα δύο μέρη που συγκροτούν ένα σύνολο: *το ζήτημα έχει δύο -η.*

σκεπάζω, ρ. Ι. ενεργ. **1α.** καλύπτω μια επιφάνεια με κάτι: *σύννεφα -σαν τον ουρανό·* **β.** τοποθετώ ή ρίχνω κάτι πάνω σε μια επιφάνεια ή ένα αντικείμενο για να το προστατεύσω ή να το κρύψω: *-ασε το παιδί καλά, να μην κρυώσει· ~ το ντιβάνι με κάλυμμα· -ασε με τα χέρια της το πρόσωπο· ~ τα φρούτα για να μην τα πειράξει ο ήλιος.* **2.** καλύπτω με σκεπή ένα σπίτι, στέγαζω: *-ασαν το στάβλο με άχυρα.* **3.** (μεταφ.) αποκρύπτω, συγκαλύπτω παράνομη πράξη: *-άσανε το σκάνδαλο· ~ την ντροπή* (συνών. *αποσιωπώ, κουκουλώνω*)· φρ. *τα ~* (= φροντίζω να αποκρύψω κάτι). II. (μέσ.) ρίχνω επάνω μου σεντόνι, κουβέρτα, κ.τ.ό. κατά τον ύπνο: *-ομαι με ελαφρά σκεπάσματα, όταν κοιμάμαι.*

σκεπάρνι το, ουσ., ξυλουργικό και οικοδομικό εργαλείο με στέλεχος σιδερένιο προσαρμοσμένο σε ξύλινη χειρολαβή, πλατύ από τη μια για να κόβει ή να πελεκά ξύλα, τετραγωνισμένο από την πίσω πλευρά για να καρφώνει και με οπή στην πλατιά του πλευρά για να ξηλώνει καρφιά. Φρ. *καμαρώνει σαν γύφτικο* ~ (= καμαρώνει υπερβολικά για κάτι). [αρχ. *σκέπαρνον*].

σκεπαρνιά η, ουσ. (συνιζ., λαϊκ.), χτύπημα με σκεπάρνι.

σκέπασμα το, ουσ. 1. το να σκεπάζει, να καλύπτει ένα αντικείμενο κάποιο άλλο ή το να σκεπάζεται κάτι. 2. αντικείμενο που σκεπάζει κάτι άλλο: ~ *του κανατέ/της κανάτας*· έριξε πάνω του κι άλλο ~ (συνών. *κάλυμμα*). 3. (συνήθως στον πληθ.) ό,τι χρησιμοποιεί κανείς για να ρίχνει πάνω του στον ύπνο, ώστε να μην κρυώνει (κουβέρτες, σεντόνια, κ.τ.ό.): *τινάζω τα -άσματα*.

σκεπαστός, -ή, -ό, επίθ., σκεπασμένος: *εξώστης* ~· *πλατεία -ή* (αντ. *ξεσπέπαστος*). - Το θηλ. ως ουσ. = (λαϊκ.) υπόστεγο. - Επίρρ. **-ά**: *μιλά -ά* (= με τρόπο που συγκαλύπτει ένα γεγονός) (αντ. *ξεκάθαρα, σταράτα*).

σκέπαστρο το, ουσ. 1. κατασκεύασμα που καλύπτει ένα χώρο για να τον προφυλάσσει από δυσμενή επήρεια. 2. τζαμωτό που προφυλάσσει φυτώριο. 3. (στρατ.) φυλάκιο που προφυλάσσει από εχθρική βολή ή επίθεση.

σκέπη η, ουσ. 1. (μεταφ.) προστασία. 2. (ανατομ.) υμένας, μεμβράνη μέσα στην οποία προφυλάσσονται ορισμένα όργανα του σώματος των ζώων: *αγόρασε -ες και συκωτάκια για να μαγειρέψει τζιγιεροσαρμάδες*.

σκεπή η, ουσ. 1. στέγη μιας κατοικίας ή οποιουδήποτε άλλου οικοδομήματος. 2. το πάνω τμήμα αυτοκινήτου.

σκεπτικισμός ο, ουσ. 1. φιλοσοφική άποψη σύμφωνα με την οποία το ανθρώπινο πνεύμα δεν μπορεί να κατακτήσει τη γενική αλήθεια και αρνείται τη δυνατότητα να φτάνει κανείς στη βεβαιότητα (αντ. *δογματισμός*). **2α.** αμφισβήτηση των παραδομένων αξιών· **β.** η τάση να αμφιβάλλει κάποιος για την ορθότητα ή την επιτυχία μιας ιδέας ή μιας επιχείρησης: *άκουγε τις προεκλογικές εξαγγελίες με -ό*.

σκεπτικιστής ο, θηλ. **-τρια**, ουσ. 1. οπαδός του σκεπτικισμού (αντ. *δογματικός*). 2. αυτός που αμφισβητεί τις παραδομένες αξίες ή έχει γενικά την τάση να αμφιβάλλει για την ορθότητα κάποιων πραγμάτων.

σκεπτικό το, ουσ., το σύνολο των σκέψεων και ιδεών που δικαιολογεί ή ζητά να δικαιολογήσει μιαν ενέργεια που έγινε ή μιαν ενέργεια που θα ακολουθήσει: *με ποιο* ~ *τα έπραξες όλ' αυτά;/πήρες αυτή την απόφαση;*

σκεπτικός, -ή, -ό και **σκεφτ-**, επίθ. 1. που είναι βυθισμένος σε σκέψεις (συνών. *συλλογισμένος*). 2. που σχετίζεται με τον σκεπτικισμό (βλ. λ. σημασ. 1): ~ *φιλόσοφος*.

σκέπτομαι και **σκέφτομαι**, ρ. **1α.** συνδυάζω λογικά κρίσεις και εντυπώσεις για να καταλήξω σε συμπέρασμα: *-φτηκα πολύ για να καταλάβω τι σήμαινε· πρέπει να -εται κανείς πριν διατυπώσει τη γνώμη του* (συνών. *στοχάζομαι, συλλογίζομαι*)· **β.** *ασκώ το πνεύμα μου: η καλλιέργεια της μητρικής γλώσσας βοηθά τον άνθρωπο όχι μόνο να επικοινωνεί, αλλά και να -εται*. **2.** συλλογίζομαι, υπολογίζω τις συνέπειες από κάτι: *το έκαμα χωρίς να σκεφτώ· σκέψου καλά πριν αποφασίσεις*. **3.** *κατα*-

βάλλω πνευματικό κόπο χρησιμοποιώντας την ευφυΐα και τη φαντασία μου για να δημιουργήσω ή να καλλιεργήσω κάτι: *κανείς δε -φτηκε πρωτύτερα τη νέα μέθοδο*. **4.** έχω στο νου μου, ξέρω: *μπορώ να σκεφτώ μόνο δύο αιτίες για μια τέτοια συμπεριφορά*. **5.** έχω ή διαμορφώνω μια ιδέα για κάτι, μια συγκεκριμένη άποψη: *ξέρω τι -εσαι για το θέμα*. **6.** έχω σκοπό, σχεδιάζω να κάνω κάτι: *-εται να πάρει διαζύγιο/να κάνει ένα ταξίδι*. **7.** δείχνω ενδιαφέρον, νοιάζομαι για κάποιον ή κάτι: *σε* ~ *συνεχώς· δε -εται καθόλου τους γύρω του*. **8.** θυμάμαι κάτι, φέρνω στο μυαλό μου, ανάπολώ: *συχνά -όμουν την πατρίδα και δάκρυζα*. **9.** φέρνω στο νου μου, αναλογίζομαι: *σκέψου τι θα γινόταν, αν δεν ερχόσουν εγκαίρως*· φρ. *για σκέψου!* (= φαντάσου!): *για σκέψου! να μη σε αναγνωρίσω!*

σκέρτσο το, ουσ. 1. νάζι: *όλο -α είναι*. 2. κίνηση που έχει πολλή χάρη: *περπατούσε με -ο*. 3. (μουσ.) ελαφριά, παιγνιώδης σύνθεση. [ιταλ. *scherzo*].

σκερτσόζικος, -η, -ο, επίθ., που γίνεται με σκέρτσο: *φερσίματα -α*. - Επίρρ. **-ικα**.

σκερτσόζος, -α, -ο, επίθ. 1. που κάνει πολλά νάζια. 2. χαριτωμένος. [ιταλ. *scherzoso*].

σκέτος, -η, -ο, επίθ., που είναι ή χρησιμοποιείται μόνος του, χωρίς κάτι άλλο: *καφές* ~ (χωρίς καθόλου ζάχαρη)· *έφαγε -ο κοτόπουλο/ψωμί* (χωρίς τίποτε άλλο)· *ούζο -ο* (χωρίς νερό). - Επίρρ. **-α**· έκφρ. *νέτα -α* (= καθαρά και ξάστερα, χωρίς περιστροφές). [βενετ. *schietto*].

σκετς το, ουσ. άκλ., σύντομο κωμικό θεατρικό κομμάτι, καμιά φορά αυτοσχέδιο. - Υποκορ. **-άκι** το. [αγγλ. *sketch*].

σκευή η, ουσ. (στρατ.) το σύνολο των απαραίτητων αντικειμένων για κάποιο σκοπό.

σκεύος το, ουσ., αντικείμενο προορισμένο να εξυπηρετεί τον άνθρωπο σε διάφορες (οικιακές) εργασίες: *-η μαγειρικά/του τραπεζιού· ιερά -η* (απαραίτητα για τη θεία λειτουργία).

σκεύος εκλογής· αρχαϊστ. έκφρ.· για κάτι ή κάποιον εκλεκτό και αγαπητό.

σκευοφόρος η, ουσ., βαγόνι αμαξοστοιχίας όπου συγκεντρώνονται οι αποσκευές των ταξιδιωτών, όταν δεν είναι δυνατόν να συνοδεύουν τον ταξιδιώτη.

σκευοφύλακας και (λόγ.) **-φύλαξ** ο, ουσ. (εκκλ.) αξίωμα κληρικού με αρμοδιότητα τη φύλαξη των ιερών σκευών.

σκευοφυλάκιο το, ουσ. (ασυνίζ.), (εκκλ.) χώρος μέσα στο ναό, όπου φυλάγονται τα ιερά σκεύη (συνών. *ιεροφυλάκιο*).

σκευοφύλαξ, βλ. *σκευοφύλακας*.

σκευωρία η, ουσ., δολοπλοκία (συνών. *μηχανοραφία, πλεκτάνη, ραδιουργία*).

σκευωρός ο, ουσ., αυτός που οργανώνει σκευωρίες.

σκευωρώ, ρ., οργανώνω σκευωρίες, μηχανορραφίες (συνών. *δολοπλοκώ, ραδιουργώ*).

σκεπτικός, βλ. *σκεπτικός*.

σκέφτομαι, βλ. *σκέπτομαι*.

σκέψη η, ουσ. 1. το να σκέπτεται κανείς, το να περνά μια ιδέα από το μυαλό του: *δεν άντεχε στη* ~ *ότι θα την έχανε*. 2. διανοητική επεξεργασία, το να σκέπτεται κάποιος κάτι εμπεριστατωμένα: *αυτή η απόφαση χρειάζεται προηγουμένως μικρή* ~. 3. εκείνο που σκέπτεται κανείς: *μπορεί να διαβάσει τις -εις σου· δε μου πέρασε καν αυτή η* ~ (απ' το μυαλό). 4. το γεγονός ότι ο άνθρωπος σκέπτεται: *η αξία της ανθρώπινης -ης*. **5.** η διανοητική ιδιοτυπία που οδηγεί τον κάθε άνθρωπο να σκέπτεται διαφορετικά από τους άλλους, ο τρόπος που σκέπτεται κανείς: *άνθρωπος με καθαρή ~*. **6α.** ό,τι με ενδιαφέρον (ξανα)φέρνει κανείς στη συνείδησή του: *η ~ μου τρέχει σ' εσένα*· **β.** ό,τι έχει κάποιος στο νου του, ό,τι περνά από το μυαλό του ή εικόνες από το παρελθόν που με το νου του αναπλάθει: *με τη ~ του βρισκόταν τώρα στο Λονδίνο· ξαναζώ με τη ~ μου εκείνες τις στιγμές*. **7.** το σύνολο των ιδεών ή ο τρόπος που σκέπτεται μια συγκεκριμένη ομάδα, θρησκεία, φιλοσοφική θεωρία ή πολιτική παράταξη: *η μαρξιστική ~*. **8.** καταστάλαγμα απόψεων: *οι -εις του συγγραφέα*. Φρ. *κάτι ή κάποιος με βάζει σε -εις* (= με κάνει να σκεφτώ για κάτι συνήθως με το φόβο ότι αυτό θα έχει δυσάρεστες συνέπειες).

σκηνή η, ουσ. **1.** πρόχειρο φορητό κατάλυμα από αδιάβροχο ύφασμα που στήνεται για να στεγάσει όσους διαμένουν στο ύπαιθρο, όπως οι εκδρομείς, οι στρατιώτες ή όσοι δεινοπάθησαν από φυσικά φαινόμενα ή κοινωνικές αναταραχές: *~ στρατιωτική/οκτώ ατόμων* (συνών. *αντίσκηνο, τσαντίρι*). **2.** το τμήμα του θεάτρου όπου εμφανίζονται οι ηθοποιοί μπροστά στο κοινό και παίζουν το θεατρικό έργο. **3.** τα σκηνικά μιας παράστασης: *η ~ παρουσιάζει αγροτική κατοικία / μεσαιωνικό φρούριο*. **4.** καθένα από τα μικρότερα τμήματα θεατρικού έργου που αποτελούν μια πράξη: *πρώτη ~ της δεύτερης πράξης*. **5.** (συνεκδοχικά) το θέατρο συνολικά, η δραματική τέχνη: *τα αριστουργήματα της -ής*· έκφρ. *κρατική -ή* (= κρατικό θέατρο). **6.** (γενικότερα) κάθε ενιαίο τμήμα ενός έργου κινηματογραφικού, θεατρικού, κλπ.: *η ~ της αναγνώρισης στην αρχαία τραγωδία· -ές βίας*. **7.** κάθε ενιαίο γεγονός, κάθε θέαμα στο οποίο παρευρίσκεται κανείς: *ήμουνα μάρτυρας της -ής του φόνου*. Έκφρ. *πολιτική ~ (του τόπου)* (= η πολιτική κατάσταση ως προς τη διάταξη και τη δύναμη των κομμάτων) (συνών. *σκηνικό*). Φρ. *του κάνω -ές* (= επιτίθεμαι με τα λόγια, δημιουργώ ζητήματα για συζητήσεις, διαφωνίες και συμπλοκές).

σκηνικός, -ή, -ό, επίθ., που σχετίζεται με το θέατρο ή αναφέρεται σ' αυτό: *χώρος ~· τέχνη -ή* (= η θεατρική τέχνη)· *-ή αξία ενός θεατρικού έργου*. - Το ουδ. ως ουσ. **1.** το πλαίσιο, το περιβάλλον: *το πολιτικό -ό* (= η πολιτική κατάσταση σε μια δοσμένη στιγμή)· (στον πληθ.) *-ά θεατρικής παράστασης* (= ο τεχνικός διάκοσμος, καθώς και οι ενδυμασίες και τα σκεύη που χρησιμοποιούνται σε μια θεατρική παράσταση για να προσδιορίσουν το χώρο και το χρόνο που διαδραματίζεται η υπόθεση) (συνών. *σκηνογραφία*).

σκηνίτης ο, ουσ. **1.** αυτός που ζει σε σκηνή (βλ. λ. σημασ. 1). **2.** τσιγγάνος.

σκηνογραφία η, ουσ. **1.** η μελέτη της παρουσίασης θεατρικού έργου μέσα σε ορισμένα υλικά πλαίσια. **2.** ο τεχνικός διάκοσμος στη σκηνής που χρησιμοποιείται σε μια θεατρική παράσταση για να προσδιορίσει το χώρο και το χρόνο που διαδραματίζεται το έργο (συνών. *τα σκηνικά*).

σκηνογράφος ο και η, ουσ., αυτός που συλλαμβάνει τον τεχνικό διάκοσμο μέσα στον οποίο θα παρασταθεί το θεατρικό έργο.

σκηνοθεσία η, ουσ. **1.** το έργο του σκηνοθέτη και το συναφές αποτέλεσμα: *η τέχνη της -ας· ~ αριστουργηματική*· (μεταφ.) οργάνωση μιας πράξης με σκοπό την παραπλάνηση.

σκηνοθέτης ο, θηλ. **-τρια** και **-τισσα**, ουσ., ειδικός που αναλαμβάνει υπεύθυνα τη διδασκαλία των ηθοποιών για το ανέβασμα στη σκηνή θεατρικού έργου ή το γύρισμα κινηματογραφικής ταινίας ή τηλεοπτικού προγράμματος.

σκηνοθετικός, -ή, -ό, επίθ., που σχετίζεται με τη σκηνοθεσία ή το σκηνοθέτη: *ικανότητα -ή· ευρήματα -ά*.

σκηνοθέτισσα και **σκηνοθέτρια**, βλ. *σκηνοθέτης*.

σκηνοθετώ, ρ. **1.** αναλαμβάνω υπεύθυνα τη διδασκαλία των ηθοποιών για το ανέβασμα στη σκηνή θεατρικού έργου ή το γύρισμα ταινίας. **2.** παρουσιάζω ορισμένες ενέργειες, που σχετίζονται από πρόθεση μεταξύ τους, με καθορισμένο, συχνά υστερόβουλο σκοπό: *-ησε αυτήν την ιστορία για να πιστέψομε όσα λέει*.

σκηνοπηγία η, ουσ., εορτή των Εβραίων που τους θυμίζει την παραμονή τους σε σκηνές μετά την έξοδο από την Αίγυπτο.

σκήνος το, ουσ., σκήνωμα.

σκήνωμα το, ουσ., λείψανο αγίου: *σκύψανε και προσκύνησαν το ~* (συνών. *σκήνος*).

σκήπτρο το, ουσ., είδος ραβδιού, έμβλημα της βασιλικής εξουσίας· φρ. *κατέχω τα -α (ως προς κάτι)* (= είμαι κορυφαίος σε κάτι).

σκήτη η, ουσ. (εκκλ.) **1.** ερημητήριο μοναχού που βρίσκεται σε εξάρτηση από κάποια μονή. **2.** μικρή μονή που λειτουργεί ως παράρτημα μεγαλύτερης.

σκι το, ουσ. άκλ. **1.** καθένα από τα δύο ειδικά μακριά και στενά πέδιλα που φορούν όσοι κάνουν χιονοδρομίες. **2.** χιονοδρομία: *κάνω ~*. **3.** αντίστοιχο άθλημα στη θάλασσα: *θαλάσσιο ~*. [νορβηγικό *ski*].

σκιά η, ουσ. (ασυνίζ.). **1.** σκοτεινή ζώνη που δημιουργείται από ένα σώμα αδιαφανές που απορροφά τις ακτίνες από φωτεινή πηγή μπροστά από την οποία είναι τοποθετημένο, απουσία φωτός σε μια τέτοια ζώνη: *κάθεται στη ~* (συνών. *ίσκιος*). **2.** σκοτεινό σχήμα που προβάλλεται σε μια επιφάνεια και σχηματίζεται όταν ένα αδιαφανές σώμα στέκεται ανάμεσα στην επιφάνεια αυτή και σε μια φωτεινή πηγή: *κοίτα πόσο μεγάλη είναι η ~ μου!* **3.** πρόσωπο ή πράγμα που ξεχωρίζει μέσα στο σκοτάδι: *φάνηκαν στο δρόμο δύο -ές*. **4.** (κατά την λαϊκή αντίληψη) φάντασμα (συνών. *αερικό*). **5.** κάποιος που ακολουθεί πάντα κάποιον άλλο, γιατί δε θέλει να τον αποχωριστεί, π.χ. ένα παιδί τη μητέρα του: *έγινε ~ της* (την ακολουθεί πάντα). **6.** το ελάχιστο από κάτι: *ούτε ~ αμφιβολίας· μια ~ γάλα στον καφέ μου* (συνών. *ιδέα*). **7.** (σε σχέδια) σκούρος τόνος που χαρακτηρίζει τη ζώνη της σκιάς, παιχνίδι φωτός και σκιάς (συνών. *φωτοσκίαση*). **8.** είδος μακιγιάζ. **9.** άνθρωπος εξαιρετικά αδυνατισμένος και εξασθενημένος: *κατάντησε ~ από την αρρώστια*. Έκφρ. *θέατρο -ών* (= παραδοσιακός λαϊκός τύπος θεάματος με φιγούρες που κινούνται πίσω από φωτισμένη οθόνη ώστε να προβάλλονται προς το κοινό οι σκιές τους, καραγκιόζης). Φρ. *ζω στη ~ κάποιου* (= ζω κάτω από την επιρροή και την προστασία του)· *μένω στη ~* (= μένω αφανής)· *τρέμει/φοβάται και τη ~ του* (= είναι πολύ φοβιτσιάρης).

σκιαγράφημα και **σκιάγραμμα** το, ουσ. (ασυνίζ.), απεικόνιση προσώπου ή πράγματος με χαρακτηριστικές γραμμές (συνών. *σκιτσάρισμα*).

σκιαγράφηση η, ουσ. (ασυνίζ.). 1. απεικόνιση με σκιαγράφημα. 2. περιγραφή των χαρακτηριστικών: ~ προσωπικότητας.

σκιαγραφία η, ουσ. (ασυνίζ.), η τέχνη της απεικόνισης με σκιαγραφήματα.

σκιαγραφώ, ρ. (ασυνίζ.). 1. απεικονίζω με χαρακτηριστικές γραμμές αντικείμενο ή πρόσωπο. 2. περιγράφω κάτι με σύντομο τρόπο αναφέροντας τα βασικά χαρακτηριστικά του: ~ μια προσωπικότητα.

σκιάδι το, ουσ. (συνιζ., λαϊκ.), πλατύγυρο καπέλο.

σκιαδικά τα, ουσ. (ασυνίζ.), (ιστ.) οι αιματηρές σκηνές στην Αθήνα το 1859.

σκιαδοφόρα τα, ουσ. (βοτ.) οικογένεια δικοτυλήδονων φυτών.

σκιάζω, I. ρ. (ασυνίζ.). 1. (μτβ.) ρίχνω σκιά σε κάτι: η τέντα -ει τη βεράντα. 2. (μτβ.) με την παρεμβολή μου εμποδίζω κάτι να φωτιστεί: μη με -εις.

σκιάζω, II. ρ. (συνιζ., λαϊκ.). 1. τρομάζω κάποιον: ήταν όλα σιωπηλά/γιατί τα 'σκιαζε η φοβέρα/ και τα πλάκωνε η σκλαβιά (Σολωμός). 2. (μέσ.) φοβάμαι: σκιάχτηκε μ' αυτό που άκουσε.

Σκιαθίτης ο, θηλ. **-ισσα**, ουσ. (συνιζ.), κάτοικος της Σκιάθου.

σκιαθίτικος, -η, -ο, επίθ. (συνιζ.), που ανήκει στη Σκιάθο ή σχετίζεται μ' αυτήν: -α καΐκια/έθιμα.

Σκιαθίτισσα, βλ. Σκιαθίτης.

σκιαμαχία η, ουσ. (ασυνίζ.), το να μάχεται κανείς με αντίπαλο που δεν υπολογίζεται ή χωρίς αντίπαλο· άσκοπος αγώνας.

σκιαμαχώ, ρ. (ασυνίζ.), μάχομαι με αντίπαλο που δεν υπολογίζεται ή χωρίς αντίπαλο· αγωνίζομαι άσκοπα: -εί με τα φαντάσματα του παρελθόντος.

σκιάξιμο το, ουσ. (συνιζ., λαϊκ.). 1. εκφοβισμός. 2. φόβος που δημιουργείται απρόοπτα.

σκιαχτά, επίρρ. (συνιζ., λαϊκ.), με τρόμο.

σκιάχτρο το, ουσ. (ασυνίζ.). 1. φόβητρο. 2. το αντικείμενο, συνήθως ομοίωμα του ανθρώπου, που χρησιμοποιείται για να διώχνονται τα πουλιά από τα αμπέλια και τους κήπους. 3. αδυνατισμένος και άσχημος άνθρωπος: είχαμε καταντήσει σα -α.

σκιέρ ο και η, ουσ. άκλ. (ασυνίζ.), αθλητής του σκι ή αυτός που κάνει σκι. [γαλλ. skieur].

σκιερός, -ή, -ό, επίθ. (ασυνίζ.), που δημιουργεί σκιά: δάσος -ό· γωνιά -ή.

σκιερότητα η, ουσ. (ασυνίζ.), το να είναι κάτι σκιερό.

σκίζα και (λαϊκ.) **σχίζα** η, ουσ., λεπτό και αιχμηρό στην άκρη κομμάτι από το σκίσιμο ξύλου (συνών. πελεκούδι).

σκίζω και (λόγ.) **σχίζω**, ρ. 1. χωρίζω κάτι σε δύο ή περισσότερα τμήματα τραβώντας το με απότομο ή και βίαιο τρόπο: έσκισα το φύλλο του χαρτιού/ το ύφασμα. 2. ανοίγω ρωγμή: ο σεισμός έσκισε τον τοίχο στα δύο. 3. περνώ διαμέσου, διασχίζω: τα πουλιά -ουν τον αέρα· μια λάμψη έσκισε το σκοτάδι. 4. κατασπαράσσω: τον έσκισαν τα σκυλιά. 5. ανοίγω τομή σε μέλος του σώματος με χειρουργικό εργαλείο: ...φύγαμε χωρίς να μου το σχίσει (εννν. το απόστημα) (Σταύρου). 6. (μέσ.) δείχνω μεγάλη προθυμία, προσπαθώ πολύ για κάτι: -στηκε να μας εξυπηρετήσει. Φρ. ~ τη γάτα, βλ. γάτα φρ.

σκίλλα η, ουσ., είδος φυτού, κρομμυδόσκιλλα.

σκιλλοκρομμύδα, σκιλλοκρεμμύδα και **κρομμυδόσκιλλα** η, ουσ., είδος ποώδους βολβόριζου φυτού με φαρμακευτικές ιδιότητες που πιστεύεται

ότι προφυλάσσει από το μάτιασμα: την πρωτοχρονιά μας έκαμε το ποδαρικό με μια σκιλλοκρεμμύδα.

σκίνος ο και **σκίνο** το, ουσ. 1. μαστιχόδεντρο. 2. είδος αειθαλούς θάμνου.

σκινόχωμα το, ουσ., χώμα παρμένο από ρίζες σκίνων.

σκίουρος ο, ουσ., θηλαστικό τρωκτικό φυτοφάγο ζώο με μικρό σώμα, καφετί τρίχωμα και φουντωτή ουρά που ζει σε δάση (συνών. βερβερίτσα). -Υποκορ. **-άκι** το.

σκίοφως το, γεν. **-φωτος**, ουσ. (ασυνίζ.), το θαμπό φως μετά το σούρουπο.

σκιρόδεμα, βλ. σκυρόδεμα.

σκιρτώ, ρ. 1. τινάζομαι έξαφνα· (μεταφ. για θάλασσα) ταράζομαι: Ξάφνου -ούν οι ακρογιαλιές, τα πέλαγα κι οι βράχοι (Σολωμός). 2. (ειδικά για την καρδιά) χτυπώ δυνατά· (μεταφ.) χαίρομαι: -ά η καρδιά μου.

σκισιματιά η, ουσ. (συνιζ.), σκίσιμο, σχισμή (συνών. σχισμάδα).

σκίσιμο το, ουσ. 1. το να σκίζει κανείς κάτι: ~ τυχαίο. 2. ρωγμή, σχισμή, χαραμάδα: ~ βαθύ. 3. μακριά τομή σε σημείο του σώματος: γόνατα γεμάτα -ατα (συνών. κόψιμο, σκισιματιά). 4. (προφ.) έντονη προσπάθεια: με τέτοιο ~ στις εξετάσεις και μόλις έπιασα τη βάση.

σκισμάδα και **σκισματιά**, βλ. σχισμή.

σκιστός, -ή, -ό, επίθ. 1. που έχει σχισμή: φόρεμα -ό. 2. (για μάτια) που μοιάζουν με σχισμές, εξαιτίας του στενόμακρου σχήματός τους.

σκιτζήδικος, -η, -ο, επίθ. (λαϊκ.), που ταιριάζει σε σκιτζή (βλ. λ. σημασ. 2) ή προέρχεται απ' αυτόν: δουλειά -η.

σκιτζής ο, ουσ. (λαϊκ.) 1. μπαλωματής. 2. μέλος σιναφιού, επαγγελματικής ομάδας. 3. (μεταφ.) αδέξιος στην τέχνη του (συνών. αλμπάνης). [τουρκ. eskici].

σκιτσάρισμα το, ουσ., η ενέργεια του σκιτσάρω.

σκιτσάρω, ρ. α. δίνω το διάγραμμα ενός αντικειμένου ή προσώπου (συνών. σκιαγραφώ)· β. κάνω σκίτσο.

σκίτσο το, ουσ. 1. πρόχειρο σχεδίασμα αντικειμένου ή προσώπου: ζωγραφίζει -α (συνών. σχεδίασμα). 2. (μεταφ.) γενική περιγραφή (συνών. σκιαγραφία).

σκιτσογράφος ο και η, ουσ., καλλιτέχνης που ειδικεύεται στο σκιτσάρισμα.

σκιώδης, -ης, -ες, γεν. **-ους**, -πληθ. αρσ. και θηλ. **-εις**, ουδ. **-η**, επίθ. (ασυνίζ., λόγ.). 1. που δημιουργεί, που ρίχνει σκιά: δάση -η. 2. (μεταφ.) που βρίσκεται στην αφάνεια, σχεδόν ανύπαρκτος: (πολιτ.) ~ κυβέρνηση (= κυβέρνηση που σχηματίζεται ανεπίσημα από την αντιπολίτευση με μέλη και υπουργεία που αντιστοιχούν με τους υπουργούς και τις υπηρεσίες και παρακολουθεί και εισηγείται για το κάθε υπουργείο στο κόμμα της τη στάση που πρέπει να τηρήσει).

σκλάβα, βλ. σκλάβος.

σκλαβάκι το, βλ. σκλάβος.

σκλαβιά η, ουσ. (συνιζ.). 1. η κατάσταση του σκλάβου: η ~ των Ελλήνων στα χρόνια της τουρκοκρατίας. 2. (γενικότερα) υποδούλωση (αντ. ελευθερία).

σκλαβοπάζαρο το, ουσ. 1. τόπος όπου γίνεται εμπόριο σκλάβων. 2. (συνεκδοχικά) εμπόριο σκλάβων: την εποχή της αποικιοκρατίας άνθησε το ~.

σκλαβόπουλο το, θηλ. **-πούλα,** ουσ., μικρός στην ηλικία σκλάβος.

σκλάβος ο, θηλ. **-α,** ουσ., άνθρωπος που συνήθως ύστερα από αιχμαλωσία χάνει την ελευθερία του και στο εξής αποτελεί περιουσιακό στοιχείο κάποιου άλλου, για τον οποίο οφείλει να δουλεύει: *εμπόριο/εξέγερση -ων· δουλεύω σα ~* (= πολύ σκληρά) (συνών. *δούλος*). - Υποκορ. **-άκι** το· (στον πληθ.) παιχνίδι των παιδιών σε ελεύθερο χώρο (συνών. *αμπάριζα*). [μεσν. εθν. *Σκλαβηνός < Σλαβηνός*].

σκλάβωμα το, ουσ., υποδούλωση.

σκλαβώνω, ρ. 1. στερώ από κάποιον (ή από χώρα) την ελευθερία του, τον κάνω δούλο, υποδουλώνω: *η χώρα -ώθηκε στους βαρβάρους.* 2. αιχμαλωτίζω: *μετά την κατάληψη του φρουρίου -ωσαν όλα τα παλληκάρια που το υποστήριζαν.* 3. με την ευεργετική συμπεριφορά μου δεσμεύω κάποιον ηθικά, τον υποχρεώνω βαθιά: *μας -ωσε με την εξυπηρετικότητά της.* 4. γοητεύω: *τον -ωσαν τα μάτια της.* 5. (μέσ.) δεσμεύομαι από βαριές υποχρεώσεις: *-ώθηκε μικρός* (δηλ. παντρεύτηκε).

σκλήθρα η, ουσ. 1. είδος υδρόφιλου φυτού. 2. πελεκούδι, σκίζα.

σκληρά, βλ. *σκληρός.*

σκληραγωγία και **-γώγηση** η, ουσ., το να συνηθίζει κανείς το σώμα του στις ταλαιπωρίες.

σκληραγωγώ, ρ. Ι. (ενεργ.) κάνω κάποιον να συνηθίσει, να αποδέχεται τις ταλαιπωρίες. ΙΙ. (μέσ.) συνηθίζω στην ταλαιπωρία. - Η μτχ. ως επίθ.: *αντέχει, γιατί είναι -ημένος.*

σκληράδα η, ουσ., τραχύτητα στους τρόπους· ηθική αναλγησία, ασπλαχνία: *τους είχε φοβίσει η ~ του* (Μπαστιά) (αντ. *απαλότητα, τρυφερότητα*).

σκληραίνω, ρ. Α. (μτβ.) κάνω κάτι σκληρό: *-ει τη στάση της η αντιπολίτευση στη Βουλή.* Β. (αμτβ.) γίνομαι σκληρός: *με τις κακουχίες η ψυχή τους σκλήρυνε.*

σκληρία η, ουσ. (ιατρ.) σκλήρυνση του ιστού.

σκληριά η, ουσ. (συνιζ.), οξεία και απότομη κραυγή: *έβγαλε -ές άμα άκουσε για το φονικό.*

σκληρίζω, ρ., βγάζω οξείες και απότομες κραυγές: *το παιδί -ιζε όταν το έβαζαν στο μπάνιο* (συνών. *ξεφωνίζω*).

σκλήρισμα το, ουσ., σκληριά.

σκληροδερμία η, ουσ. (ιατρ.) τοπική σκλήρυνση του δέρματος του ανθρώπινου σώματος.

σκληρόκαρδος, -η, -ο, επίθ., που έχει σκληρή, ανάλγητη καρδιά (συνών. *άπονος*).

σκληροκέφαλος, -η, -ο, επίθ., πεισματάρης (συνών. *ξεροκέφαλος*).

σκληρόκαλος, -η, -ο, επίθ., σκληραγωγημένος.

σκληρόπετσος, -η, -ο, επίθ. 1. που έχει ψυχική αντοχή. 2. αναίσθητος, ανάλγητος (συνών. *χοντρόπετσος*).

σκληροπυρηνικός, -ή, -ό, επίθ. (πολιτ.) που κρατάει αδιάλλακτη στάση: *κομματική ηγεσία -ή.*

σκληρός, -ή, -ό, επίθ. 1. (για πράγμα) που δεν είναι μαλακός, που δεν μπορεί εύκολα να συμπιεστεί, να λυγίσει ή να τεμαχιστεί: *πέτρωμα -ό· κρέας -ό.* 2. που είναι τραχύς στην αφή: *δέρμα/ύφασμα -ό· μαλλιά -ά.* 3α. αυστηρός, δυσβάστακτος, οδυνηρός: *τιμωρία/κριτική -ή· -ά κυβερνητικά μέτρα για την ανόρθωση της οικονομίας* (αντ. *ήπιος, ανώδυνος*)· β. που απαιτεί πολύ κόπο: *δουλειά -ή.* 4. ανυποχώρητος, άτεγκτος, αδιάλλακτος: *στάση -ή· διαπραγματεύσεις -ές* (αντ. *διαλλακτικός, υπο-* *χωρητικός*). 5. (για πρόσωπο) άσπλαχνος, άπονος, ανάλγητος: *ήταν πολύ ~ μαζί μου.* 6. που δείχνει, που εκφράζει ασπλαχνιά, αναλγησία: *όψη -ή· βλέμμα -ό· λόγια -ά.* 7. (για πρόσωπο) που δε φοβάται τίποτα, που δεν κάνει πίσω ποτέ: *παριστάνει τον ~ άντρα.* Έκφρ. *-ά ναρκωτικά/ φάρμακα* (= πολύ ισχυρά)· *-ό νερό* (= που έχει μεγάλες ποσότητες αλάτων ασβεστίου και μαγνησίου και είναι ακατάλληλο για πλύσιμο των ρούχων, για βράσιμο των οσπρίων και για πόση)· *-ό νόμισμα,* βλ. *νόμισμα.* - Επίρρ. **-ά:** *δουλεύω -ά* = επίπονα.

σκληρότητα η, ουσ. 1. το να είναι κάτι σκληρό: *~ του ατσαλιού·* (ειδικότερα) *~ του νερού* = η μεγάλη περιεκτικότητα του νερού σε άλατα ασβεστίου και μαγνησίου. 2α. το να είναι κανείς σκληρός, άσπλαχνος, ανάλγητος: *έδειξε μεγάλη ~ στο παιδί του* (αντ. *μαλακότητα, ευσπλαχνία*)· β. το να δείχνει, να εκφράζει κάτι ασπλαχνία ή αυστηρότητα: *~ συμπεριφοράς/λόγων/βλέμματος/κριτικής.*

σκληροτράχηλος, -η, -ο, επίθ., που δεν καταβάλλεται εύκολα, ανθεκτικός: *αντίπαλος ~.*

σκληρόφλουδος, -η, -ο, επίθ., που έχει σκληρή φλούδα: *ρωδάκινα -α.*

σκληρόψυχος, -η, -ο, επίθ., που έχει σκληρή, άπονη ψυχή: *τέτοια καρδιά -η βαστάνε οι μαύροι κλέφτες* (δημ. τραγ.).

σκλήρυνση η, ουσ. 1. μετατροπή της σύστασης ενός σώματος προς το σκληρότερο: *~ μετάλλου.* 2. (ιατρ.) παθολογική μετατροπή της σύστασης ιστών ή οργάνων του σώματος προς το σκληρότερο: *~ κατά πλάκας* = σοβαρή ασθένεια του κεντρικού νευρικού συστήματος. 3. μεταβολή συμπεριφοράς προς το αυστηρότερο: *~ της στάσης της αντιπολίτευσης.*

σκλήρωμα το, ουσ., αποτέλεσμα σκλήρυνσης (στο δέρμα, σε κορμούς φυτών, κλπ.).

σκλήρωση η, ουσ. (ιατρ.) σκλήρυνση (βλ. λ. σημασ. 2).

σκληρωτικός, -ή, -ό, επίθ. (ιατρ.) που πάσχει από σκλήρυνση οργάνων ή ιστών του σώματος.

σκνίπα η, ουσ., είδος κουνουπιού· φρ. *είναι ~ στο μεθύσι* (= πολύ μεθυσμένος).

σκοινάκι, βλ. *σκοινί.*

σκοινάς ο, ουσ., αυτός που φτιάχνει σκοινιά.

σκοινένιος, -ια, -ιο, επίθ., καμωμένος από σκοινί: *παπούτσια -α· τάπητας ~.*

σκοινί το, ουσ., γενική ονομασία δεσμού (που φτιάχνεται με συστροφή ινών από το φυτό σκοίνος) χρήσιμου για τη λειτουργία μηχανών και εργαλείων, καθώς και για να δένονται και να κρεμιούνται ποικίλα αντικείμενα. Φρ. *είναι του -ιού και του παλουκιού* (= άνθρωπος της έσχατης κατάντιας, εξάλης και προώλης)· *θα του μαζέψω τα -ιά* (= θα του βάλω περιορισμούς στην ελευθερία του)· *μαζεύεται το ~ μου* (= τελειώνει η ζωή μου)· *παρατραβώ το ~,* βλ. *παρατραβώ· το παρατεντώνει το ~,* βλ. *παρατεντώνω· το παίρνω ~ γαϊτάνι* (ή *κορδόνι*) (= κατά κόρον ακολουθώ μια συνήθεια). - Υποκορ. **-άκι** το = 1. μικρό σκοινί. 2. είδος παιδικού παιχνιδιού: *πηδούσαμε -άκι στο προαύλιο του σχολείου.* [*σχοίνος*].

σκοινοβάτης, βλ. *σχοινοβάτης.*

σκοίνος ο, ουσ., είδος βούρλου από τις ίνες του οποίου κατασκευάζεται το σκοινί.

σκόλασμα το, ουσ. 1. διακοπή εργασίας ή σειράς

μαθημάτων στο σχολείο σε καθορισμένη ώρα. **2.** (λαϊκ.) απόλυση εργαζομένου.

σκολάω, βλ. *σχολώ.*

σκολειαρόπαιδο το, ουσ. (συνιζ.), μαθητής σχολείου.

σκολειαροπούλα η και **-όπουλο** το, ουσ. (συνιζ.), μαθήτρια ή μαθητής σχολείου: *η Ροζίνα, μια αξέβγαλτη ~* (Μπαστιάς).

σκολειαρούδι το, ουσ. (συνιζ.), μικρός μαθητής (συνών. *μαθητάκος, μαθητούδι*).

σκολειό, βλ. *σχολείο.*

σκόλη, βλ. *σχολή* II, σημασ. 2.

σκολιανός, -ή, -ό, επίθ. (συνιζ.), γιορταστικός: *ρούχα/παπούτσια -ά·* (και ως ουσ.) *έβαλα τα -ά μου* (= τα γιορτινά μου ρούχα). Φρ. *άκουσε τα -ά του* (= επικρίθηκε αυστηρά).

σκολιός, -ά, -ό, επίθ. (ασυνίζ., λόγ.), όχι ίσιος: *οδός -ά* (συνών. *στραβός·* αντ. *ευθύς*).

σκολίωση η, ουσ. (ιατρ.) δυσμορφία με κάμψη της σπονδυλικής στήλης προς τα πλάγια.

σκολνώ, βλ. *σχολώ.*

σκολόπεντρα και **σκουλόπετρα** η, ουσ., σαρανταποδαρούσα.

σκόλυμπρος ο, ουσ., είδος λαχανικού με φύλλα πλατιά και μακρουλά και με κίτρινο ανθό.

σκολώ, βλ. *σχολώ.*

σκονάκι το, ουσ. **1.** (παλαιότερα) φάρμακο σε σκόνη τοποθετημένη σε μικρό φακελάκι. **2.** δόση ναρκωτικού. **3.** (σχολ.) σημείωση αντιγραμμένη από βιβλίο που χρησιμοποιείται κρυφά από μαθητές ή φοιτητές κατά τη διάρκεια γραπτής εξέτασης: *τον έπιασαν με ~ και του μηδένισαν το γραπτό.*

σκόνη η, ουσ. **1.** ξεραμένη και μεταμορφωμένη σε πολύ λεπτά και ελαφρά μόρια γη: *το αμάξι προχωρώντας σήκωσε πολλή ~· ~ που αιωρείται στον αέρα· τα έπιπλα έχουν πολλή ~.* **2.** (σπάνια) δόση κονιορτοποιημένου φαρμάκου. Φρ. *ρίχνω ~ στα μάτια κάποιου* (= εξαπατώ κάποιον)· *(αυτό είναι) ~ στα μάτια* (= προσπάθεια να επηρεαστεί κάποιος ώστε να μην αντιληφθεί την πραγματικότητα).

σκονίζω, ρ., λερώνω κάποιον ή κάτι με σκόνη (αντ. *ξεσκονίζω*).

σκόνισμα το, ουσ., το να λερώνεται κάποιος ή κάτι με σκόνη (αντ. *ξεσκόνισμα*).

σκοντάβω, βλ. *σκοντάφτω.*

σκόνταμμα το, ουσ. (έρρ.), το να σκοντάφτει κανείς.

σκοντάφτω και **-άβω,** ρ. (έρρ.). **1.** βαδίζοντας προσκρούω σε κάποιο εμπόδιο. **2.** (μεταφ.) συναντώ εμπόδιο σε μια προσπάθειά μου και σταματώ: *το σχέδιό του σκόνταψε στην άρνηση των ανωτέρων του να τον βοηθήσουν.*

σκόντο το, ουσ. (προφ. *ν-τ*), έκπτωση στην τιμή εμπορεύματος: *θα μου κάμεις ~ στην τιμή;* (συνών. *έκπτωση*). Φρ. *κάνε ~* (= να μην είσαι υπερβολικός)· *κάνω ~* (= δεν τα πιστεύω όλα όσα ακούω).

Σκοπελίτης ο, θηλ. **-ισσα,** ουσ., αυτός που κατοικεί στη Σκόπελο ή κατάγεται από εκεί.

σκοπελίτικος, -η, -ο, επίθ., που ανήκει ή αναφέρεται στη Σκόπελο ή προέρχεται από εκεί: *ακτές -ες· αχλάδια -α.*

Σκοπελίτισσα, βλ. *Σκοπελίτης.*

σκόπελος ο, ουσ. (λόγ.). **1.** βράχος που εξέχει πάνω από την επιφάνεια της θάλασσας (αντ. *ύφαλος*). **2.** (μεταφ.) αντιξοότητα, εμπόδιο: *πρόσεχε τους -ους που προβάλλουν κάθε τόσο.*

σκόπευση η, ουσ., η ενέργεια του σκοπεύω (βλ. λ. σημασ. 1).

σκοπευτήριο το, ουσ. (ασυνίζ.), τόπος (συνήθως κλειστός) όπου γίνονται ασκήσεις σκοποβολής.

σκοπευτής ο, θηλ. **-εύτρια,** ουσ. **1.** (στρατ.) αυτός που σκοπεύει, που πυροβολεί με όπλο προς κάποιο στόχο: *καλός/κακός ~.* **2.** *ελεύθερος ~* = άτακτος στρατιώτης ή αντάρτης που δεν ανήκει σε συγκεκριμένη οργάνωση και (μεταφ.) πρόσωπο που δρα (ιδίως σε ένα επάγγελμα) χωρίς να έχει αναλάβει συγκεκριμένες υποχρεώσεις.

σκοπευτικός, -ή, -ό, επίθ., που σχετίζεται με τη σκόπευση ή αναφέρεται σ' αυτήν: *συγκρότημα/μηχάνημα -ό· αγώνες -οί.*

σκοπεύτρια, βλ. *σκοπευτής.*

σκοπεύω, ρ. **1.** κατευθύνω τη βολή πυροβόλου όπλου προς κάποιο στόχο: *δε σκόπευσες καθόλου καλά* (συνών. *σημαδεύω*). **2.** παρατηρώ κάτι με οπτικό όργανο. **3.** έχω σκοπό, έχω την πρόθεση να κάνω κάτι: *~ να τον συναντήσω αύριο.*

σκοπιά η, ουσ. (συνιζ.). **1.** τόπος (μάλλον ψηλός) από όπου μπορεί κανείς να επιτηρεί τα γύρω (συνών. *παρατηρητήριο,* λαϊκ. *βίγλα*). **2.** (στρατ.) ξύλινο κατασκεύασμα που προφυλάσσει το στρατιώτη που εκτελεί χρέη σκοπού. **3.** αφετηρία, οπτική γωνία από την οποία εξετάζει κανείς ένα ζήτημα: *εγώ βλέπω το πράγμα από διαφορετική ~* (συνών. *άποψη, πλευρά*). **4.** (μεταφ.) στέκι, το μέρος όπου αρέσει σε κάποιον να πηγαίνει: *έχω εκεί τη ~ μου.*

Σκοπιανός ο, θηλ. **-ή,** ουσ. (συνιζ.), αυτός που κατοικεί στα Σκόπια ή κατάγεται από εκεί.

σκόπιμος, -η, -ο, επίθ. **1α.** που αποβλέπει σε συγκεκριμένο σκοπό: *οι ενέργειές του αυτές είναι -ες· -η ήταν η παρουσία του εδώ·* **β.** προμελετημένος, που γίνεται από πρόθεση: *κατάλαβα ότι όσα έγιναν δεν ήταν αυθόρμητα, αλλά -α.* Φρ. *είναι -ο* (= δικαιολογείται ή και επιβάλλεται): *είναι -ο να προχωρήσουμε σ' αυτή την ενέργεια.* - Επίρρ. **-α** και **-ίμως** = επίτηδες: *το έκανε -α.*

σκοπιμότητα η, ουσ., το να εξυπηρετεί κάτι συγκεκριμένο σκοπό, το να γίνεται κάτι για να υπάρξει συγκεκριμένο αποτέλεσμα: *ποια είναι η ~ αυτής της πράξης σου; -ες κομματικές.*

σκοπίμως, βλ. *σκόπιμος.*

σκοποβολή η, ουσ., άσκηση σκόπευσης με φορητό πυροβόλο όπλο: *αγώνες -ής.*

σκοπός ο, I. ουσ., στρατιώτης που εκτελεί χρέη φρουρού.

σκοπός ο, II. ουσ., αυτό που θέτει κανείς ως επιδίωξη: *~ μου είναι να αποκτήσω χρήματα· ~ της ζωής του ήταν η αγαθοεργία.* έκφρ. *αντικειμενικός ~* (= κύριος, βασικός) φρ. (απρόσ.) *δεν έχει -ό να...* (= είναι χωρίς νόημα, είναι άσκοπο να...)· *δεν το 'χω -ό να...* (= δεν επιθυμώ να..., δεν έχω την πρόθεση να...): *δεν το 'χω -ό να μείνω εδώ πολύ καιρό· ο ~ αγιάζει τα μέσα* (= επιτρέπεται να χρησιμοποιηθούν και αθέμιτα μέσα για την επίτευξη θεμιτού σκοπού).

σκοπός ο, III. ουσ., ρυθμός, μελωδία ενός μουσικού κομματιού: *το τραγούδι αυτό είναι γραμμένο σε εύθυμο -ό.*

σκορ το, ουσ. άκλ. (αθλητ.) αποτέλεσμα (σε βαθμούς ή γκολ) αθλητικής συνάντησης. [αγγλ. *score*].

σκορβούτο το, ουσ. (ιατρ.) αβιταμίνωση που προέρχεται από έλλειψη βιταμίνης C και προκαλεί πυρετό, αναιμία, αιμορραγία, γαστρεντερίτιδα. [ιταλ. *scorbuto*<μεσν. λατ. *scorbut(t)us*].

σκορδαλιά η, ουσ. (συνιζ.), καρύκευμα σε μορφή πολτού που παρασκευάζεται με σκόρδο, ψωμί ή πατάτες και λάδι.

σκορδαλός, βλ. *κορυδαλλός*.

σκορδέλαιο το, ουσ., λάδι που παράγεται από σκόρδο.

σκορδίλα η, ουσ., μυρωδιά από σκόρδο.

σκόρδο το, ουσ., φυτό σε μορφή βολβού χωρισμένου σε σκελίδες, με γεύση καυτερή και δυνατή μυρωδιά. ´Εκφρ. *ντυμένος σαν ~* (= με βαριά ρούχα)· *-α!* (για να αποφευχθεί μάτιασμα). Φρ. *άνοιξαν τα -α του* (= απόκτησε αυτοπεποίθηση, ενεργεί με πρωτοβουλίες)· *-α στα μάτια της πεθεράς σου!* (= να πάθεις κακό πριν να με βασκάνεις).

σκορδόζουμο το, ουσ., ζουμί από σκόρδα.

σκορδοκαήλα η, ουσ. (λαϊκ.), δυσάρεστο αίσθημα καψίματος που προκαλείται από σκόρδο· φρ. (ειρων.) *κι εμένα μ' έπιασε ~!* (= δεν ενδιαφέρομαι γι' αυτό καθόλου).

σκορδόξιδο το, ουσ., άρτυμα από κοπανισμένο σκόρδο και ξίδι.

σκορδόπιστος ο, θηλ. **-η**, ουσ., αγαπώμενο πρόσωπο· (ειρων.) άπιστος εραστής.

σκορδοπλεξίδα η, ουσ., πλεξίδα από σκόρδα.

σκορδοσκελίδα η και **-ίδι** το, ουσ., σκελίδα σκόρδου.

σκορδοστούμπι το, ουσ. (έρρ.) 1. ψητό κρέας με σκόρδο. 2. σκορδόξιδο (βλ. λ.): *ο πατσάς τρώγεται συνήθως με ~*.

σκορδοφαγία η, ουσ., υπερβολική χρήση σκόρδου για διαιτητικούς λόγους.

σκορδοφάγος ο, ουσ., αυτός που χρησιμοποιεί κατά κόρον σκόρδο στη δίαιτά του.

σκόρερ ο, ουσ. άκλ. (αθλητ.) παίκτης που σημειώνει τέρμα ή πόντους σε αθλήματα. [αγγλ. *scorer*].

σκόρος ο, ουσ., μικρό έντομο που καταστρέφει τα μάλλινα υφάσματα. [αρχ. *κόρος* ή *κόρις*].

σκοροφάγωμα το, ουσ., καταστροφή που επιφέρει σε ύφασμα ο σκόρος.

σκοροφαγωμένος, **-η**, **-ο**, επίθ., που «φαγώθηκε» από σκόρο: *μπλούζα -η·* (κατ' επέκταση για καθετί παλιωμένο που έχει «φαγωθεί» από έντομο): *κιτάπια -α· κονσόλα -η*.

σκορπίδι το, ουσ. 1. (μικρός) σκορπιός (βλ. λ. σημασ. 2). 2. πώδες διακοσμητικό φυτό με λεπτά φύλλα, είδος πολυτριχιού.

σκορπίζω και **-ρπώ**, ρ., μτχ. παρκ. *-σμένος*. Α. μτβ. 1α. κάνω τα μέρη ενός συνόλου να διαχωριστούν και να πάνε εδώ κι εκεί: *ο αέρας -ισε τα χαρτιά μου·* β. ρίχνω ή κάνω να πέσουν τα μέρη ενός συνόλου εδώ κι εκεί: *-ισα το σπόρο στο χωράφι· -ισες τη ζάχαρη στο πάτωμα*. 2. κάνω τα μέλη μιας ομάδας ατόμων να φύγουν προς διαφορετικές κατευθύνσεις: *η αστυνομία -ισε τους διαδηλωτές* (συνών. *διαλύω*). 3. (μεταφ.) διαχέω, εκπέμπω: *τα λουλούδια -ιζαν μια υπέροχη μυρωδιά*. 4. απλώνω κάτι και το κάνω να εξαπλωθεί: *η παρουσία του -ισε χαρά/γέλιο στη συντροφιά· οι εχθροί -ιζαν τον τρόμο στο λαό*. 5. (για χρήματα) ξοδεύω κατά κόρον (συνών. *σπαταλώ*): *-ζει τα λεφτά του όπου τύχει*. Β. αμτβ. 1. (για μέρη συνόλου πραγμάτων) διαλύομαι, διαχωρίζομαι πηγαίνοντας προς διάφορες κατευθύνσεις: *-ισαν τα φύλλα· -ισε το αλάτι*. 2. (για μέλη ομάδας ατόμων) αφήνω την ομάδα και φεύγω προς διάφορες κατευθύνσεις: *με το σεισμό όλοι -ισαν στα γύρω χωριά· με το πέρασμα των χρόνων -ισε η παρέα*.

σκορπίνα η, ουσ., σκορπιός (βλ. λ. σημασ. 2).

σκόρπιος, **-ια**, **-ιο**, επίθ. (συνιζ.), (για ανθρώπους και πράγματα) διεσπαρμένος εδώ κι εκεί: *-ια χαρτιά· στρατιώτες/διαβάτες -ιοι* (αντ. *μαζεμένος*).

σκορπιός ο, ουσ. (ασυνίζ.). 1. μικρό ζώο του γένους των αρθρόποδων με μακριά πόδια και ουρά που καταλήγει σε κεντρί που δηλητηριάζει. 2. είδος ψαριού μεγάλο με κιτρινοκόκκινο ή σκούρο καφέ χρώμα, μεγάλο κεφάλι με αγκάθια και στρογγυλωμή ουρά, που το ένα από τα πτερύγια της ράχης του έχει δηλητήριο. 3. (με κεφ. το αρχικό γράμμα, αστρον.-αστρολ.) α. ο όγδοος αστερισμός στο ζωδιακό κύκλο· β. το όγδοο στη σειρά ζώδιο όπου βρίσκεται ο ήλιος από 24 Οκτωβρίου έως 23 Νοεμβρίου και το αντίστοιχο χρονικό διάστημα· γ. πρόσωπο που γεννήθηκε σ' αυτό το χρονικό διάστημα: *οι Σ-ιοί είναι εκδικητικά άτομα, λένε οι αστρολόγοι*.

σκόρπισμα το, ουσ. 1. διασκορπισμός, διασπορά. 2. (για χρήματα) κατασπατάληση.

σκορποχέρης ο, θηλ. **-α**, ουσ., εκείνος που σπαταλά αφειδώς χρήματα (συνών. *σπάταλος, ανοιχτοχέρης·* αντ. *σφιχτοχέρης*).

σκορποχώρι το, ουσ. (λαϊκ.), ομάδα κατοίκων ενός τόπου που διαλυόμενη κατευθύνεται προς διάφορα μέρη: *σκόρπισαν... στ' απάτητα μέρη του νησιού. Σκορποχώρι πέρα ως πέρα* (Μπαστιάς).

σκορπώ, βλ. *σκορπίζω*.

σκότα η, ουσ. (ναυτ.) σκοινί που κρατά τεντωμένο ένα πανί του πλοίου: *λασκάραμε τη ~*. [ιταλ. *scotta*].

σκοταδερός, **-ή**, **-ό**, επίθ., σκοτεινός (αντ. *φωτεινός*).

σκοτάδι το, ουσ. 1. απουσία φωτός που κάνει αθέατα πρόσωπα και πράγματα: *κόπηκε το ηλεκτρικό και μείναμε ώρες στο ~· πηχτό ~ γύρω του· βγήκαμε στο ~*. 2. (μεταφ.) βαθιά άγνοια, αμάθεια: *αυτοί βρίσκονται ακόμη στο ~*.

σκοταδιάζω, ρ. (συνιζ.), βυθίζομαι στο σκοτάδι: *σκοτάδιασε το σπίτι*.

σκοταδισμός ο, ουσ., ιδεολογική τάση αντιτιθέμενη στην κοινωνική πρόοδο και τη διαφώτιση στο χώρο της παιδείας και του πολιτισμού.

σκοταδιστής ο, θηλ. **-ίστρια**, ουσ., οπαδός καθυστερημένων ιδεολογικών τάσεων.

σκοταδιστικός, **-ή**, **-ό**, επίθ., που σχετίζεται με το σκοταδισμό ή τους σκοταδιστές: *-ή δραστηριότητα μιας κατηγορίας λογίων*.

σκοταδίστρια, βλ. *σκοταδιστής*.

σκοτεινάδα η, ουσ. 1. το να είναι κάτι σκοτεινό (βλ. λ.). 2. τόπος σκοτεινός.

σκοτεινιάζω, ρ. (συνιζ.). Α. (μτβ.) κάνω κάτι σκοτεινό: *τα σύννεφα -ισαν τον ουρανό*. Β. αμτβ. 1. γίνομαι σκοτεινός: *-ιασε το σπίτι/η περιοχή*. 2. (μεταφ. για μυαλό) αμαυρώνομαι, θολώνω, χάνω την επαφή με το περιβάλλον: *το μυαλό μου -ιασε όταν άκουσα το φοβερό μαντάτο*. 3. (μεταφ. για το πρόσωπο, την όψη ή τα μάτια) γίνομαι σκυθρωπός: *-ιασε το πρόσωπό του*. 4. (μεταφ.) χειροτερεύω: *τα πράγματα -ιάζουν* (συνών. *σκουραίνω*). 5. (απρόσ.) αρχίζει να βραδιάζει: *είχε -ιάσει πια όταν σηκωθήκαμε να φύγουμε* (Ι.Μ. Παναγιωτόπουλος) (αντ. *φέγγει, χαράζει*).

σκοτεινός, **-ή**, **-ό**, επίθ. 1. που δε φωτίζεται: *δωμά-*

τιο -ό. **2.** (για χρώμα) σκούρος, βαθύς: *η θάλασσα είχε ένα χρώμα μπλέ -ό.* **3.** (μεταφ.) μυστηριώδης: *-ή υπόθεση· -ά σημεία μιας υπόθεσης.* **4.** (μεταφ., για ύφος λόγου) που δεν έχει σαφήνεια, καθαρότητα (συνών. *ασαφής*). **5.** (για ψυχή, χαρακτήρα) καταχθόνιος. **6.** (μεταφ.) άθλιος: *έρμος κόσμος και ~* (Ι.Μ. Παναγιωτόπουλος). ´Εκφρ. *στα -ά* (= στο σκοτάδι): *στα -ά δε βρίσκεις τίποτα.* Φρ. *κι έτσι μαύρα κι αλλιώς -ά* (= οπωσδήποτε η κατάσταση είναι άσχημη)· *προχωρώ/τραβώ στα -ά* (= προχωρώ χωρίς να ξέρω πού κατευθύνομαι).

σκοτεινότητα η, ουσ., το να είναι κάτι σκοτεινό: *~ χώρου/ύφους.*

σκοτεινούτσικος, -η, -ο, επίθ., αρκετά σκοτεινός.

σκοτίδι το, ουσ. (λαϊκ.), σκοτάδι (βλ. λ.).

σκοτιδιάζω, ρ., μτχ. παρκ. *-σμένος* (συνιζ., λαϊκ.), γίνομαι σκοτεινός: *τα ριζοβούνια είναι -σμένα.*

σκοτίζω, ρ. **Α.** ενεργ. **1.** ενοχλώ, ζαλίζω κάποιον: *μη με -εις!* (= μη με ενοχλείς με όσα μου λες)· *έγνοια καμιά να μη -ει το νου σου* (Μπαστιάς). **2.** (για κάτι δυσάρεστο, στενάχωρο) ενδιαφέρω, ασχολώ κάποιον: *έδειξαν πως δεν τους -ιζε ολότελα πλέον η... υπόθεση* (Κόντογλου). **Β.** (μέσ.) απασχολώ το μυαλό μου με κάτι στενάχωρο: *δεν -εται για το τι θα γίνει αύριο* (συνών. *ζαλίζομαι, πονοκεφαλιάζω*)· φρ. (ειρων.) *κι εγώ -ίστηκα!* (= αδιαφορώ εντελώς).

σκότιση η, ουσ. (λαϊκ.), (μεταφ.) ζάλη, σύγχυση.

σκοτισμός ο, ουσ. (μεταφ.) σύγχυση, θόλωση του πνεύματος.

σκοτοδίνη η, ουσ., αίσθημα ζάλης στο κεφάλι.

σκότος το, ουσ. (σπάνιος ο πληθ. *-η*). **1.** σκοτάδι (αντ. *φως*). **2.** αμάθεια, άγνοια: *αυτός βρίσκεται ακόμη στο ~.* **3.** (στον πληθ.) *ο* ´Αδης.

σκοτούρα ο, ουσ. **1.** ζάλη, σκοτοδίνη: *αισθάνομαι ~.* **2.** φροντίδα, έγνοια: *με ζώσανε πολλές -ες.*

Σκοτσέζα, βλ. *Σκοτσέζος.*

σκοτσέζικος, -η, -ο, επίθ., που ανήκει ή αναφέρεται στη Σκοτία ή τους Σκοτσέζους: *-η φορεσιά.*

Σκοτσέζος ο, θηλ. *-α*, ουσ., αυτός που κατοικεί στη Σκοτία ή κατάγεται από εκεί.

σκότωμα το, ουσ. **1.** θανάτωση: *~ ήθελε ο φονιάς!* (εδώ σε υπερβολική διατύπωση για κάποιον που έκανε κάτι κακό): *μ' αυτό που μου έκαμες θέλεις ~!* **2.** πολύ μεγάλος κόπος, εξάντληση: *τι ~ κι αυτό σήμερα! αυτή η δουλειά ήταν ~.* **3.** εκποίηση αντικειμένων σε χαμηλή τιμή: *τα 'χει για ~.* Φρ. *είναι στα -ώματα* (= βρίσκονται σε μεγάλη διαμάχη).

σκοτωμός ο, ουσ. **1.** θανάτωση, φόνος: *εκδικήθηκε το -ό του φίλου του· δε μου αρέσει να βλέπω -ούς στον κινηματογράφο.* **2.** (μεταφ.) συνωστισμός για να εξασφαλιστεί η προτεραιότητα: *στο ταμείο του θεάτρου γινόταν ~ για ένα εισιτήριο.* **3.** (μεταφ.) κοπιαστική, εξαντλητική εργασία· μεγάλη ταλαιπωρία, δοκιμασία: *η δουλειά του σερβιτόρου είναι -·· ήτανε ~ ν' ανηφορίζουμε μες στο λιοπύρι.* **4.** αλληλοδιαμάχη: *άναψε ~ εκεί κάτω.*

σκοτώνω, ρ. **I.** ενεργ. **1.** αφαιρώ τη ζωή έμψυχου όντος, θανατώνω: *το αυτοκίνητο -ωσε το σκύλο/ένα διαβάτη.* **2.** προκαλώ σε κάποιον μεγάλη θλίψη, ψυχικό πόνο: *με -ωσε μ' αυτά που μου είπε.* **3.** προκαλώ σε κάποιον μεγάλο σωματικό πόνο: *με -ωσες με την αγκωνιά που μου έδωσες! τον -ωσε στο ξύλο.* **4.** (λαϊκ.) **α.** ξεπουλώ όσο-όσο: *-ωσε το σαραβαλάκι του εκατό χιλιάδες· -ωσα όλο το εμπόρευμα.* **β.** ξοδεύω: *το -ωσε αμέσως το πεντο-*

χίλιαρο. **5.** (προκειμένου για ξένη γλώσσα) τη χρησιμοποιώ κάνοντας πολλά λάθη: *αυτός τα -ει τα γαλλικά!* **II.** μέσ. **1α.** χάνω τη ζωή μου: *-ώθηκε σε αυτοκινητιστικό δυστύχημα/στον πόλεμο·* **β.** αυτοκτονώ: *-ώθηκε για το χατήρι του.* **2.** τραυματίζομαι: *έπεσα απ' τη σκάλα και -ώθηκα· πού -ώθηκες πάλι κι έχεις το πόδι σου στο γύψο;* **3.** ταλαιπωρούμαι σωματικά: *-ώθηκα τόσες ώρες όρθιος· -εται στη δουλειά/στο διάβασμα.* **4.** δείχνω πολύ μεγάλο ζήλο, ενδιαφέρον για κάτι, «τσακίζομαι» να κάνω κάτι: *-ώθηκε να μας εξυπηρετήσει.* Φρ. *~ την ώρα μου* (= κάνω πράγματα χωρίς σημασία απλώς για να περνάει η ώρα).

σκούδο το, ουσ. **1.** ιταλικό ασημένιο νόμισμα (ίσο με 5 λιρέτες) σε χρήση έως το τέλος του δεύτερου παγκόσμιου πολέμου. **2.** νόμισμα ασημένιο ή χρυσό που χρησιμοποιήθηκε στο παρελθόν σε ορισμένα παλαιότερα ιταλικά κρατίδια. **3.** παλαιό γαλλικό νόμισμα (*écu*). **4.** πορτογαλικό νόμισμα. [βενετ. *scudo*].

σκούζω, ρ., ουρλιάζω, βγάζω διαπεραστική κραυγή: *βόγγηξα, έσκουξα δυο μερόνυχτα* (Ι.Μ. Παναγιωτόπουλος)· *-ει το στριγγλοπούλι* (Καρθαίος) (συνών. *στριγγλίζω*).

σκούλα η, ουσ., δεσμίδα νήματος που βγαίνει από ύφασμα (συνών. *σκουλί* σημασ. 1α).

σκουλαμέντο το, ουσ. (έρρ.), βλεννόρροια (βλ. λ.). [ιταλ. *scolamento*].

σκουλαρίκι το, ουσ., κόσμημα που κρεμούν οι γυναίκες από τα αφτιά τους: *φόρεσε στ' αφτιά της τα χρυσά -α της.* Φρ. *κρεμώ/βάζω κάτι ~* (= το έχω διαρκώς στο νου μου). - Υποκορ. *-άκι* το. [μεσν. *σχολαρίκιον < σχολαρικόν ενώτιον*].

σκουληκάκι, βλ. *σκουλήκι.*

σκουληκαντέρα η, ουσ. (έρρ.), μεγάλο σκουλήκι που ζει μέσα στο χώμα.

σκούληκας ο, ουσ., μεγάλο σκουλήκι.

σκουλήκι το, ουσ. **1.** είδος μικρού ζώου, ασκέλετου και ασπόνδυλου, με επίμηκες ευλύγιστο σώμα, που προχωρεί έρποντας. **2.** κάμπια των εντόμων. **3.** ο μεταξοσκώληκας. **4.** (μεταφ.) άνθρωπος με ευτελή ηθική υπόσταση, γλοιώδης, τιποτένιος. **5.** σκέψη που ταλαιπωρεί: *κρυφό ~ δούλευε μέσα μου· δεν κοιμόταν· κάποιο ~ τον κρυφότρωε* (συνών. *σαράκι*). - Υποκορ. *-άκι* το = μικρό σκουλήκι: *το -άκι βρίσκεται σ' ώρα γλυκιά κι εκείνο* (Σολωμός).

σκουληκιάζω, ρ., μτχ. παρκ. *-σμένος* (συνιζ.), γεμίζω σκουλήκια, τρώγομαι από σκουλήκια: *το τυρί -ιασε· φαγητό -σμένο· το κεφάλι του βουβαλιού ήτανε -σμένο.*

σκουλήκιασμα το, ουσ. (συνιζ.), το να σκουληκιάζει κάτι.

σκουληκοβότανο το, ουσ., ελμινθοβότανο (βλ. λ.).

σκουληκοφάγος, -α, -ο, επίθ., που τρώει σκουλήκια: *πουλί -ο.* - Το αρσ. ως ουσ. = το πουλί σπίζα (βλ. λ.).

σκουληκοφάγωμα το, ουσ. **1.** διάβρωση, φάγωμα από σκουλήκια. **2.** (συνεκδοχικά) μέρος που έχει φαγωθεί από σκουλήκια.

σκουληκοφαγωμένος, -η, -ο, επίθ., σκουληκιασμένος, φαγωμένος από σκουλήκια.

σκουλί το, ουσ. **1α.** δέσμη από νήμα (συνών. *σκούλα*)· **β.** (κατ' επέκταση) μικρή δέσμη από οποιοδήποτε πράγμα, μάτσο. **2.** κρεμασμένο και συνήθως στριμμένο σύνολο ακατάστατων μαλλιών του κεφαλιού.

σκουλόπετρα, βλ. *σκολόπεντρα.*
σκουμπρί το, ουσ. (έρρ.), είδος ψαριού με στενόμακρο σώμα, χρώμα πρασινωπό με σκούρες οριζόντιες ταινίες στη ράχη και ασημόλευκο στην κοιλιά, και διχαλωτή ουρά. [αρχ. *σκόμβρος*].
σκούνα η, ουσ., ιστιοφόρο πλοίο που μοιάζει με γολέτα και με μπρίκι (συνών. *γολετόμπρικο*). [ιταλ. *scuna*].
σκούντημα το, ουσ. (έρρ.), η ενέργεια και το αποτέλεσμα του σκουντώ (βλ. λ.) (συνών. *σκουντιά*).
σκουντί το, ουσ. (όχι έρρ.), κυνηγετικό σκυλί.
σκουντιά η, ουσ. (έρρ., συνιζ.), σκούντημα (βλ. λ.).
σκουντούφλα η, ουσ. (έρρ.), σκουντούφλημα.
σκουντούφλα, βλ. *σκουντούφλης.*
σκουντούφλημα το, ουσ. (έρρ.), πρόσκρουση κατά το βάδισμα, σκόνταμμα (συνών. *σκουντούφλα*).
σκουντούφλης ο, θηλ. **-α**, ουσ. (έρρ., λαϊκ.), άνθρωπος με σκυθρωπό πρόσωπο.
σκουντουφλιάζω, ρ. (έρρ., συνιζ., λαϊκ.), κατσουφιάζω, γίνομαι σκυθρωπός.
σκουντούφλιασμα το, ουσ. (έρρ., συνιζ., λαϊκ.), κατσούφιασμα.
σκουντουφλώ, -άς, ρ. (έρρ.), προσκρούω σε κάτι, σκοντάφτω κατά το βάδισμα: *είδαν τη γριά... που -ούσε, που παραπατούσε, που τρέκλιζε* (Ι.Μ. Παναγιωτόπουλος)· *ο ένας τον άλλο σκουντά και -ά.*
σκουντώ και **σκουντρώ, -άς,** ρ. (έρρ.). **Α.** (μτβ.) σπρώχνω, ωθώ βίαια (ή και ελαφρότερα): *τους -ούσε όλους για να περάσει· σκούντησε και ξύπνησε το Μηνά* (Μπαστιάς). **Β.** (αμτβ.) συγκρούομαι: *είχανε πλευρίσει τα δυό καράβια και σκουντρούσανε* (Μπαστιάς).
σκούξιμο το, ουσ., δυνατή, διαπεραστική, γοερή κραυγή: *-ίματα και φερσίματα που δεν ταιριάζουνε σ' άντρα* (Μπαστιάς) (συνών. *ουρλιαχτό*).
σκούπα η, ουσ., όργανο αποτελούμενο από ένα ξύλινο κοντάρι, στο οποίο έχει προσαρμοστεί δέσμη από χόρτα ή μια μεγάλη βούρτσα, κατάλληλο για να ξεκαθαρίζομε ένα χώρο από σκόνες, απορρίμματα και οτιδήποτε άλλο. Φρ. *του έσυρα/ του έψαλα όσα σέρνει (ή σούρνει) η ~,* βλ. *σέρνω* (συνών. λαϊκ. *φροκαλιά*). - Υποκορ. **-άκι** το. [λατ. *scopa*].
σκουπιδαριό το, ουσ. (συνιζ., λαϊκ.), σκουπιδότοπος.
σκουπίδι το, ουσ. **1α.** καθετί που μας είναι πια άχρηστο και το πετούμε: *δοχείο -ιών· ρίξε στα -ια αυτές τις λεμονόκουπες* (συνών. *απόρριμμα*) **β.** καθετί που σαρώνουμε με τη σκούπα (σκόνες, κλπ.): *σκούπισα το δωμάτιο και γέμισα το φτυάρι με -ια.* **2.** (υβριστικά) άνθρωπος εντελώς τιποτένιος (συνών. *ρεμάλι*).
σκουπιδιάρης ο, θηλ. **-άρα,** ουσ. (συνιζ., λαϊκ.), δημοτικός εργάτης που έχει έργο τη συγκέντρωση των απορριμμάτων από τους δρόμους (συνών. *οδοκαθαριστής*).
σκουπιδιάρικο το, ουσ. (συνιζ.), δημοτικό ή κοινοτικό όχημα κατάλληλο για να μαζεύει τα απορρίμματα από τους δρόμους.
σκουπιδολόι το, ουσ. (λαϊκ.), σωρός, μεγάλη ποσότητα σκουπιδιών.
σκουπιδοντενεκές ο, ουσ., δοχείο απορριμμάτων (συνών. *απορριμματοδοχείο*).
σκουπιδότοπος ο, ουσ., τόπος όπου αποθέτουν τα σκουπίδια (συνών. λαϊκ. *σκουπιδαριό*).
σκουπίζω, ρ. **1.** καθαρίζω με τη σκούπα: *~ το δωμάτιο* (συνών. *σαρώνω*). **2α.** στεγνώνω κάτι με πετσέ-

τα ή με άλλο όργανο: *-ισε τα μάτια της που είχαν βουρκώσει· -ισα τα χέρια μου, αφού τα έπλυνα* (συνών. *σφουγγίζω*). **β.** αποβάλλω από μια επιφάνεια κάτι υγρό: *-ισα το νερό απ' το τραπέζι* (συνών. *σφουγγίζω*)· **γ.** αφαιρώ τη σκόνη από κάπου με πετσέτα ή άλλο όργανο: *-ισα τα έπιπλα με ένα πανί.* Φρ. *~ τα πόδια μου* (= μπαίνοντας σε μια κατοικία καθαρίζω τα παπούτσια μου από τις σκόνες ή τις λάσπες που έχουν).
σκούπισμα το, ουσ., η ενέργεια και το αποτέλεσμα του σκουπίζω.
σκουπόξυλο το, ουσ., το κοντάρι της σκούπας.
σκουπόχορτο το, ουσ., ειδικό φυτό από το οποίο κατασκευάζονται σκούπες.
σκούρα τα, ουσ., παντζούρια.
σκουραίνω, ρ., αόρ. **-υνα. Α.** (μτβ.) κάνω κάτι σκούρο: *θέλω να -ύνω το χρώμα των μαλλιών μου.* **Β.** (αμτβ.) γίνομαι σκούρος: *γεννιούνται άσπροι και... με τον καιρό -ουνε* (Κόντογλου)· φρ. *-ουν τα πράγματα* (= η κατάσταση χειροτερεύει).
σκουριά η, ουσ. **1.** οξείδιο που επικάθεται στα μέταλλα με την επίδραση της υγρασίας. **2.** άλατα στην επιφάνεια μετάλλων που απομένουν από βρασμένο νερό. [αρχ. *σκωρία*].
σκουριάζω, ρ., αόρ. **-ασα,** μτχ. παρκ. **-ασμένος** (συνιζ.). **Α.** (μτβ.) κάνω κάτι να σκουριάσει: *η υγρασία -ασε την κατσαρόλα.* **Β.** (αμτβ.) αποκτώ σκουριά: *κάγκελο -ασμένο. -* Η μτχ. ως επίθ. = (μεταφ.) παλιωμένος, ξεπερασμένος: *μυαλά -ασμένα· ιδέες -ασμένες.*
σκούρος, -α, -ο, επίθ. **1α.** (για χρώμα) βαθύς, σκοτεινός: *πράσινο -ο* (αντ. *ανοιχτός*)· **β.** που έχει βαθύ, σκοτεινό χρώμα: *-ο δέρμα/ρούχο* (αντ. *ανοιχτόχρωμο*). **2.** δύσκολος, δυσάρεστος, δυσοίωνος: *-α τα πράγματα* (= δύσκολη, δυσοίωνη η κατάσταση)· φρ. *κατάλαβε τα -α* (= αντιλήφθηκε τον κίνδυνο, τη δύσκολη κατάσταση, στην οποία βρέθηκε)· *τα βλέπω -α* (= βλέπω δυσάρεστη, δυσοίωνη την κατάσταση)· *τα βρίσκω -α* (= συναντώ δυσκολίες)· *τα 'χω ή τα 'φερα -α* (= ήρθα σε άσχημη κατάσταση). [ιταλ. *scuro*].
σκουρόχρωμος, -η, -ο, επίθ., που έχει σκούρο χρώμα (αντ. *ανοιχτόχρωμος, ανοιχτός*).
σκουτάρι το, ουσ. (παλαιότερα) ασπίδα: *σαγίτες τρυπούσανε τα -ια τους* (Κόντογλου). [λατ. *scutum*].
σκουτέλα η, ουσ., πιατέλα, γαβάθα. [λατ. *scutella*].
σκουτέλι το, ουσ., μικρή γαβάθα: *ένα ~ νερό.* [λατ. *scutella*].
σκούτερ το, ουσ. άκλ., ελαφρύ μοτοποδήλατο (συνών. *βέσπα*). [αγγλ. *scooter*].
σκουτί το, ουσ. **1.** μάλλινο χοντρό ύφασμα που οι χωρικοί χρησιμοποιούν για τα φορέματά τους. **2.** (στον πληθ. λαϊκ.) το σύνολο των ρούχων.
σκουφάκι, βλ. *σκούφος.*
σκουφάτος, -η, -ο, επίθ., που φορεί σκούφο.
σκουφί το, ουσ., μικρός σκούφος.
σκούφια η, ουσ. (συνιζ.), πάνινο κάλυμμα της κεφαλής, που συνήθως δένει στο λαιμό με κορδελάκια: *~ νεογέννητου.* Φρ. *από πού βαστάει η ~ του;* (το πιο είναι η καταγωγή του;)· *βγάλε τη ~ σου και χτύπα με* (= τα ίδια ελαττώματα έχεις κι εσύ)· (παιγνιωδώς) *σε παρακαλώ εγώ κι η ~ μου* (= σε θερμοπαρακαλώ)· *πετάω τη ~ μου* (= είμαι πρόθυμος για διασκέδαση και για ανάλογα): *πετάει τη ~ του για χορό·* *πώς του πάει του κασίδη η μαργαριταρένια ~!* (= για άνθρωπο που θέλει να

επιδεικνύεται με ωραία ρούχα, τα οποία όμως δεν του ταιριάζουν). Παροιμ. *σε μια ~ δυο κεφάλια δε χωράν* (= δε χωρούν δυο αρχηγοί στην ίδια ομάδα ανθρώπων). - Υποκορ. **-ίτσα** η. [ιταλ. (λαϊκ.) *scuffia* - κοιν. *cuffia*].

σκούφος ο, ουσ., κάλυμμα της κεφαλής από ύφασμα ή δέρμα: ~ *πλεκτός.* - Υποκορ. **-άκι** το: *-άκι καλογηρικό.*

σκούφωμα το, ουσ., σκούφια: *γριούλα με το μαύρο το ~ ολόγυρα στο κεφάλι* (Ψυχάρης).

σκράπας ο, ουσ. (λαϊκ.). 1. άνθρωπος εντελώς ανίδεος στο καθετί. 2. (ειδικότερα) κακός μαθητής (συνών. *τούβλο, μπούφος*).

σκρίνιο το, ουσ. (συνιζ.), είδος ντουλαπιού, συνήθως με βιτρίνα, όπου φυλάσσονται πολύτιμα αντικείμενα. [ιταλ. *scrigno*].

σκρόφα η, ουσ. 1. θηλυκό γουρούνι. 2. υβριστικός χαρακτηρισμός για γυναίκα: *μάνα είν' αυτή ή σκρόφα;* (Ι.Μ. Παναγιωτόπουλος). [λατ. *scrofa*].

σκύβαλο το, ουσ. 1. ό,τι μένει από το καθάρισμα των δημητριακών. 2. (μειωτ.) άνθρωπος ευτελής.

σκύβω, ρ., αόρ. *-υψα*, μτχ. παρκ. *-μμένος.* 1. χαμηλώνω, κάμπτω το σώμα μου για να κάμω κάτι: *-υψε και πήρε κάτι που του έπεσε· -υψε για να δει καλύτερα το λουλούδι.* 2. (μεταφ. και με εμπρ.) μελετώ με ενδιαφέρον ένα θέμα, ασχολούμαι με ενδιαφέρον με κάτι: *-ει με ενδιαφέρον στα αιτήματα των εργαζομένων· -ει με αγάπη πάνω στα προβλήματα του κόσμου.* Φρ. *~ το κεφάλι* (= αναγνωρίζω την υπεροχή τρίτου, υποτάσσομαι, δεν αντιλέγω).

Σκύθης ο, ουσ., (ιστ.) κάτοικος της Σκυθίας.

σκυθικός, -ή, -ό, επίθ., που σχετίζεται με τους Σκύθες και τη Σκυθία.

σκυθρωπάζω, ρ. (λόγ.), γίνομαι σκυθρωπός (συνών. *κατσουφιάζω*).

σκυθρωπός, -ή, -ό, επίθ., κατσούφης (συνών. *σκουντούφλης·* αντ. *ευδιάθετος*).

σκυθρωπότητα η, ουσ., η ιδιότητα του σκυθρωπού.

σκύλα η, ουσ. 1. θηλυκό σκυλί: *η ~ από τη βιασύνη της γεννά τυφλά τα κουτάβια* (παροιμ.). 2. υβριστικός χαρακτηρισμός γυναίκας: *τη ~ τη μάνα, που πέταξε το σπλάχνο της* (Δροσίνης). -Υποκορ. **-ίτσα** η (στη σημασ. 1).

σκυλάκι, βλ. *σκύλος.*

σκυλεύω, ρ. (λόγ.), αφαιρώ τα όπλα σκοτωμένου.

σκυλί το, ουσ. 1. σκύλος (βλ. λ.). 2. (μεταφ., μειωτ.) άγριος άνθρωπος: *οι Αγαρηνοί τα -ιά.* Φρ. *δουλεύει σα ~* (= είναι πολύ εργατικός)· *ζει σα (το) ~* (= περνά άσχημη ζωή, γεμάτη στερήσεις και ταλαιπωρίες)· *πηγαίναν πίσω του σαν το ~* (= του είναι πιστός σε όλα)· *πήγε σαν το ~ στ' αμπέλι* (= χάθηκε, πέθανε άδικα)· *τρώγονται σαν τα -ιά* (= συνεχώς μαλώνουν)· *ψόφησε σα ~* (= πέθανε χωρίς να τον φροντίσει κανείς). Παροιμ. *~ από μαντρί και άνθρωπο από σπίτι* (= πρέπει να είναι κανείς προσεκτικός στις επιλογές του)· *το κακό ~ ψόφο δεν έχει* (= μόνο οι καλοί άνθρωποι χάνονται)· *χωρίς -ιά μαντρί δε φυλάγεται* (= πρέπει να είναι κανείς προνοητικός).

σκυλιάζω, ρ. (συνιζ.). 1. θυμώνω υπερβολικά: *-ιασε από το κακό του.* 2. (μεταφ. για τον καιρό) αγριεύω, δυναμώνω: *-ιαζε ο διαβολόκαιρος* (Κόντογλου).

σκύλιασμα το, ουσ. (συνιζ.), υπερβολική οργή.

σκυλίσιος, -ια, -ιο, επίθ. (συνιζ.). 1. που σχετίζεται με το σκύλο ή ανήκει σ' αυτόν: *-ια μούρη/ουρά.* 2. που ταιριάζει σε σκύλο: *είχαμε... -ια πείνα* (Κόντογλου). 3. (μεταφ.) γεμάτος ταλαιπωρίες και δυσκολίες: *ζωή -ια.* - Επίρρ. **-ια** (στις σημασ. 2 και 3): *δούλευε -ια.*

σκυλίτσα, βλ. *σκύλα.*

σκυλοβρίζω, ρ., βρίζω υπερβολικά: *τον σκυλόβρισε γι' αυτά που του είχε κάμει.*

σκυλόβρισμα και **σκυλοβρίσιμο** το, ουσ., υπερβολικό και χυδαίο βρίσιμο.

σκυλόδοντο το, ουσ. (έρρ.). 1. δόντι του σκύλου. 2. (λαϊκ.) κυνόδοντας (βλ. λ.).

σκυλοδρομία η, ουσ., αγώνας δρόμου μεταξύ σκύλων.

σκυλοζωή η, ουσ., ζωή κάτω από πολύ άσχημες συνθήκες: *περνούσαμε τότε μια ~* (Ι.Μ. Παναγιωτόπουλος).

σκυλοκαβγάς ο, ουσ. 1. συμπλοκή σκυλιών. 2. έντονος καβγάς μεταξύ ανθρώπων.

σκυλολόι το, ουσ. (λαϊκ.). 1. ομάδα σκύλων. 2. (μεταφ.) ομάδα ευτελών ανθρώπων: *ρέμπελο ~.*

σκυλομούρης ο, θηλ. **-α**, ουσ. (λαϊκ.), άτομο που η μορφή του μοιάζει με τη μούρη του σκύλου, που η όψη του είναι άσχημη και αντιπαθητική.

σκυλόμουτρο το, ουσ. (λαϊκ.), αδιάντροπος, χυδαίος άνθρωπος.

σκυλοπνίγομαι, ρ., ταλαιπωρούμαι ταξιδεύοντας στη θάλασσα: *κάθε τόσο ~ με τα ταξίδια μου.*

σκυλοπνίχτης ο, ουσ. (μεταφ.), καράβι παλιωμένο που ταλαιπωρεί τους επιβάτες: *μπάρκαρε σ' ένα -η.*

σκύλος ο, ουσ. 1. σαρκοφάγο θηλαστικό ζώο διάφορων φυλών με ικανότητες χρήσιμες για το κυνήγι, τη φύλαξη ποιμνίων και κατοικιών. 2. (μεταφ.) πολύ άγριος, σκληρός άνθρωπος. 3. (μεταφ.) πολύ εργατικός άνθρωπος: *είναι ~ στη δουλειά.* Φρ. *δε γνωρίζει ο ~ τον αφέντη του* (= δεν αναγνωρίζει κανείς τον ανώτερό του)· *έγινε ~* (= θύμωσε πολύ)· *~ που γαβγίζει δε δαγκώνει* (= άλλο να απειλεί και άλλο να κάνει το κακό)· *τρώγονται σαν το -ο με τη γάτα* (= βρίσκονται σε συνεχείς διενέξεις αναμεταξύ τους). Παροιμ. *απομπρός φίλος κι αποπίσω ~* (για τους υποκριτές)· *εγώ το είπα του -ου μου κι ο ~ της ουράς του* (για εντολές που δεν εκτελούνται)· *εμπάτε, -οι, αλέστε κι αλεστικά μη δώσετε* (= εδώ υπάρχει ασυδοσία)· *θέλει και την πίτα σωστή και το -ο χορτάτο* (= όλα τα θέλει δικά του). - Υποκορ. **-άκι** το = 1. μικρό σκυλί. 2. είδος καλλωπιστικού φυτού με άνθη ροζ-μοβ, που το σχήμα τους θυμίζει μουσούδα μικρού σκυλιού.

σκυλοτρώγομαι, ρ., βρίσκομαι σε συνεχή διαμάχη με κάποιον.

σκυλόψαρο το, ουσ., καρχαρίας.

σκύμνος ο, ουσ., το νεογέννητο του λιονταριού.

Σκυριανός ο, θηλ. **-ή**, ουσ. (συνιζ.), αυτός που κατοικεί στη Σκύρο ή κατάγεται από εκεί.

σκυριανός, -ή, -ό, επίθ. (συνιζ.), που ανήκει ή αναφέρεται στη Σκύρο: *πιάτα -ά· αρχιτεκτονική -ή.*

σκύρο το, ουσ. (συνήθως στον πληθ.), χαλίκια κατάλληλα για στρώσιμο δρόμων.

σκυρόδεμα το, ουσ., σιδηροπαγές μίγμα από σκύρα και άλλο υλικό (άμμο, τσιμέντο, νερό) που χρησιμοποιείται για την κατασκευή οδοστρωμάτων (συνών. *μπετόν αρμέ*).

σκυροκονίαμα το, ουσ., σκυρόδεμα.

σκυρόστρωμα το, ουσ., οδόστρωμα που έχει κατασκευαστεί με σκυρόδεμα.
σκυροστρωμένος, -η, -ο, επίθ., που είναι στρωμένος με σκυρόδεμα.
σκυρόστρωση η, ουσ., επίστρωση δρόμου με σκύρα.
σκυτάλη η, ουσ., μικρή ξύλινη ράβδος· φρ. *παραδίδω τη* ~ (= δέχομαι να συνεχίσει το έργο μου κάποιος άλλος).
σκυταλοδρομία η, ουσ., αγώνισμα δρόμου μεταξύ ομάδων αθλητών, κατά το οποίο κάθε αθλητής αφού διανύσει ορισμένο τμήμα της διαδρομής παραδίδει τη σκυτάλη στον επόμενο αθλητή της ίδιας ομάδας.
σκυφίδιο το, ουσ. (ασυνίζ.), (αρχαιολ.) μικρός σκύφος.
σκύφος ο, ουσ. (αρχαιολ.) είδος αβαθούς ποτηριού με δυο οριζόντιες λαβές.
σκυφτός, -ή, -ό, επίθ., που έχει σκυμμένο το κεφάλι του. - Επίρρ. **-ά.**
σκύψιμο το, ουσ., το να σκύβει κανείς.
σκώληκες εντερικοί οι, ουσ. (ιατρ.) ονομασία όλων των ειδών των σκουληκιών που ζουν στον πεπτικό σωλήνα των ζώων (συνών. *έλμινθες*).
σκωληκόβρωτος, -η, -ο, επίθ. (λόγ.), φαγωμένος από σκουλήκια: *πτώμα -ο.*
σκωληκοειδής, -ής, -ές, γεν. *-ούς*, πληθ. αρσ. και θηλ. *-είς*, ουδ. *-ή*, επίθ. 1. που έχει τη μορφή σκουληκιού. 2. (ειδικά ιατρ.) ~ *απόφυση* = απόφυση του τυφλού εντέρου που μοιάζει με σκουλήκι.
σκωληκοειδίτιδα η και (λαϊκ.) **σκωληκοειδίτης** ο, ουσ., φλεγμονή της σκωληκοειδούς απόφυσης.
σκωληκόμορφος, -η, -ο, επίθ., που έχει μορφή σκουληκιού.
σκωληκοτροφία η, ουσ., η καλλιέργεια του μεταξοσκώληκα (συνών. *σηροτροφία*).
σκώμμα το, ουσ. (λόγ.), περιπαικτικός λόγος (συνών. *κοροϊδία*).
σκωπτικός, -ή, -ό, επίθ., κοροϊδευτικός (συνών. *χλευαστικός*).
σκωταριά, βλ. *συκωταριά*.
σκώτι, βλ. *συκώτι*.
Σλάβα, βλ. *Σλάβος*.
σλαβικός, -ή, -ό και **σλάβικος**, επίθ., που ανήκει ή αναφέρεται στους Σλάβους.
σλαβολογία η, ουσ., έρευνα των σλαβικών γλωσσών και της ιστορίας των σλαβικών λαών.
σλαβολόγος ο, ουσ., επιστήμονας που ασχολείται με τη μελέτη της γλώσσας και της ιστορίας των Σλάβων.
Σλάβος ο, θηλ. **-α**, ουσ., καθένα από τα μέλη των σλαβικών λαών της κεντρικής και ανατολικής Ευρώπης που οι γλώσσες τους συγγενεύουν.
σλαβόφιλος, -η, -ο, επίθ., που συμπαθεί και υποστηρίζει τους Σλάβους: *πολιτική -η.*
σλαβόφωνος, -η, -ο, επίθ., που μιλεί σλαβική γλώσσα.
σλάιτς τα, ουσ. άκλ., διαφάνειες (βλ. λ.). [αγγλ. *slides*].
σλάλομ το, ουσ. άκλ. (αθλητ.) κάθοδος χιονοδρόμου με υποχρεωτικά περάσματα από δύσκολα σημεία με πολλούς ελιγμούς. [λ. νορβηγική].
σλέπι το, ουσ., μικρό πλεούμενο: *ένα* ~ *πλεύρισε τη φρεγάδα.*
σλιπ το, ουσ. άκλ., εφαρμοστή κιλότα μικρού μεγέθους που φοριέται από άντρες και γυναίκες και ως εσώρουχο και ως μαγιό. - Υποκορ. **-άκι** το. [αγγλ. *slip*].
Σλοβάκα, βλ. *Σλοβάκος*.
σλοβακικός, -ή, -ό, επίθ., που ανήκει ή αναφέρεται στους Σλοβάκους: *γλώσσα -ή.*
Σλοβάκος ο, θηλ. **-α**, ουσ., αυτός που κατοικεί στη Σλοβακία ή κατάγεται από εκεί.
Σλοβένα, βλ. *Σλοβένος*.
σλοβενικός, -ή, -ό, επίθ., που σχετίζεται με τη Σλοβενία και τους Σλοβένους.
Σλοβένος ο, θηλ. **-α**, ουσ., αυτός που κατοικεί στη Σλοβενία ή κατάγεται από εκεί.
σλόγκαν το, ουσ. άκλ., σύντομο και εντυπωσιακό σύνθημα που χρησιμοποιείται στη διαφήμιση ή στην πολιτική προπαγάνδα. [αγγλ. (σκοτσέζικο) *slogan*].
σλότι το, ουσ., νομισματική μονάδα της Πολωνίας αποτελούμενη από 100 γρόσια. [πολωνικό *złoty*].
σμάλτο το, ουσ. 1. επίχρισμα γυάλινο ποικίλων χρωμάτων κατάλληλο για διακόσμηση κεραμικών και μετάλλινων αντικειμένων. 2. (συνεκδοχικά) αντικείμενο διακοσμημένο με το παραπάνω επίχρισμα: *συλλογή γιαπωνέζικων -ων.* 3. ιστός άσπρος και λαμπερός που σχηματίζει το εξωτερικό στρώμα του δοντιού (συνών. *αδαμαντίνη*).
σμαραγδένιος, -ια, -ιο (συνίζ.) και **σμαράγδινος, -η, -ο**, επίθ. 1. που έχει κατασκευαστεί ή στολιστεί με σμαράγδι. 2. που έχει το χρώμα του σμαραγδιού: *νερά -ια.*
σμαράγδι το, ουσ., πολύτιμη διάφανη πέτρα με χρώμα βαθύ πράσινο.
σμαράγδινος, βλ. *σμαραγδένιος*.
σμαραγδίτης ο, ουσ., είδος ορυκτού.
σμαραγδοειδής, -ής, -ές, γεν. *-ούς*, πληθ. αρσ. και θηλ. *-είς*, ουδ. *-ή*, επίθ., που μοιάζει με σμαράγδι.
σμάρι το, ουσ. 1. πλήθος, σμήνος εντόμων: ~ *μελισσών.* 2. (μεταφ.) πλήθος: *ένα* ~ *πουλιά/γειτόνισσες.*
σμαρίδα, βλ. *μαρίδα*.
σμέρνα η, ουσ., είδος ψαριού. [αρχ. *μύραινα*].
σμήγμα το, ουσ., έκκριμα δερματικών αδένων που εμποδίζει την ξήρανση του δέρματος.
σμηγματογόνος, -ος, -ο, επίθ., που εκκρίνει σμήγμα.
σμηναγός ο, ουσ., αξιωματικός της πολεμικής αεροπορίας, αντίστοιχος προς το λοχαγό του στρατού ξηράς.
σμηναρχία η, ουσ., μονάδα της πολεμικής αεροπορίας που αντιστοιχεί με το σύνταγμα του στρατού ξηράς.
σμήναρχος ο, ουσ., αξιωματικός της πολεμικής αεροπορίας που αντιστοιχεί στο συνταγματάρχη του στρατού ξηράς.
σμηνίας ο, ουσ., υπαξιωματικός της πολεμικής αεροπορίας που αντιστοιχεί στο λοχία του στρατού ξηράς.
σμηνίτης ο, ουσ., στρατιώτης της πολεμικής αεροπορίας.
σμήνος το, ουσ. 1. πλήθος από έντομα ή πουλιά. 2. ομάδα αεροπλάνων με ενιαία διοίκηση.
σμιγάδι το, ουσ., προϊόν ανάμιξης σιταριού και κριθαριού ή αλεύρι από σιτάρι και κριθάρι.
σμίγω, ρ. 1. συναντιέμαι: *ύστερα από χρόνια σμίξανε οι δυο φίλοι·* φρ. *βουνό με βουνό δε -ει*, βλ. *βουνό*. 2. συνουσιάζομαι.
σμίκρυνση η, ουσ., αναπαράσταση δεδομένου προτύπου σε μικρότερες διαστάσεις διατηρώντας τις

αναλογίες: ~ φωτογραφίας (αντ. μεγέθυνση).
σμικρύνω, ρ., αναπαριστώ κάτι με μικρότερες διαστάσεις διατηρώντας τις αναλογίες του: ~ μια φωτογραφία (αντ. μεγεθύνω).
σμιλάρι το, ουσ. (λαϊκ.), σμίλη.
σμίλευμα το, ουσ., η ενέργεια και το αποτέλεσμα του σμιλεύω.
σμιλεύω, ρ., κατεργάζομαι πέτρα ή μάρμαρο με τη σμίλη.
σμίλη η, ουσ., εργαλείο με μακριά μεταλλική και αιχμηρή στην άκρη του λάμα κατάλληλο για την κατεργασία μαρμάρου ή πέτρας.
σμίξη η, ουσ. (λαϊκ.), γάμος.
σμίξιμο το, ουσ. 1. ανακάτεμα (συνών. ανάμιξη). 2. ερωτική συνεύρεση. 3α. το να συμπέσουν κάποια στοιχεία σε ένα χώρο: ~ του κλασικού και του παραδοσιακού· β. συνάντηση ανθρώπων: ~ παλιών φίλων.
σμιριγλάς ο, ουσ., σμυριδεργάτης (βλ. λ.).
σμιρίγλι το, ουσ., σμύριδα (βλ. λ.).
σμιχτός, -ή, -ό, επίθ., ενωμένος (κυρίως για τα φρύδια).
σμόκιν το, ουσ. άκλ., ανδρικό μαύρο επίσημο ένδυμα με μεταξωτά ρεβέρ. [αγγλ. smoking(-jacket)].
-σμός, κατάλ. ουσ. που προέρχονται από ρήματα που τελειώνουν σε -άζω, -άω, π.χ. διχασμός, πειρασμός, χαλασμός. [αρχ. κατάλ. -σμός]
σμπαράλια τα, ουσ. (συνιζ.), συντρίμμια: τα 'κανε ~. [ιταλ. sbaraglio].
σμπαραλιάζω, ρ. (συνιζ.), κάνω κάτι κομμάτια, το καταστρέφω εντελώς.
σμπάρος ο, ουσ., πυροβολισμός· φρ. μ' ένα -ο δυο τριγόνια (= με μια ενέργεια πετυχαίνομε δυο στόχους). [βενετ. ιταλ. sbaro].
σμπίρος ο, ουσ. 1. όργανο με το οποίο σηκώνονται πολύ βαριά πράγματα. 2. αστυνομικός. [ιταλ. sbirro].
σμυριγλάς, βλ. σμιριγλάς.
σμυρίγλι, βλ. σμιρίγλι.
σμύριδα η, ουσ., ορυκτό υπερβολικά σκληρό, κατάλληλο για λείανση επιφανειών.
σμυριδεργάτης ο, ουσ., εργάτης σμυριδορυχείου.
σμυριδόσκονη η, ουσ., σκόνη της σμύριδας.
σμυριδόχαρτο το, ουσ., χαρτί με επίχριση από σμυριδόσκονη.
σμυριδωρυχείο το, ουσ., ορυχείο σμύριδας.
σμυριδωρύχος ο, ουσ., εργάτης σμυριδωρυχείου.
σμύρνα η, ουσ. 1. φυτό βαλσαμόδεντρο. 2. αρωματική ρυτίνη που παίρνουμε από το παραπάνω φυτό και που χρησιμοποιείται στη φαρμακευτική.
σμυρναίικος, -η, -ο, επίθ., που προέρχεται από τη Σμύρνη ή σχετίζεται μ' αυτήν ή τους Σμυρνιούς: σουτζουκάκια -α (συνών. σμυρναϊκός).
σμυρναϊκός, -ή, -ό, επίθ., σμυρναίικος.
Σμυρνιός ο, θηλ. -ά, (συνιζ.), αυτός που κατοικεί στη Σμύρνη ή κατάγεται από εκεί.
σμυρνιώτικος, -η, -ο, επίθ. (συνιζ.), σμυρναίικος: -α πολίτικα/μακρόσυρτα, τραγούδια ανατολίτικα (Παλαμάς).
σμυρτιά, βλ. μυρτιά.
σμύρτο, βλ. μύρτο.
σνίτσελ το, ουσ. άκλ., είδος φαγητού, τηγανισμένο φιλέτο κρέατος συνήθως παναρισμένο. [γερμ. Schnitzel].
σνομπ, επίθ. άκλ. (όχι έρρ.), (για άνθρωπο) που ανήκει σε ανώτερη κοινωνική τάξη ή από ματαιοδοξία μιμείται τις συνήθειές της, χωρίς αυτό να του ταιριάζει, περιφρονώντας παράλληλα τους ανθρώπους της κατώτερης κοινωνικής τάξης: ~ τύπος/παρέα. [αγγλ. snob με λατ. προέλευση = s(ine) nob(ilitate)].
σνομπαριά η, ουσ. (όχι έρρ.). 1. το σύνολο των σνομπ: ήταν μαζεμένη όλη η ~ στη δεξίωση. 2. συμπεριφορά, στάση ή πράξη που χαρακτηρίζει σνομπ ανθρώπους.
σνομπάρω, ρ. (όχι έρρ.). 1. φέρομαι περιφρονητικά σε κάποιον: -ει τους υπαλλήλους του. 2. θεωρώ κάτι ασήμαντο, το περιφρονώ: απ' όταν γύρισε απ' το εξωτερικό, -ει τις συγκεντρώσεις μας. [γαλλ. snober, ιταλ. snobbare].
σνομπισμός ο, ουσ. (όχι έρρ.), συμπεριφορά, στάση ή πράξη που χαρακτηρίζει σνομπ (βλ. λ.) ανθρώπους (πβ. σνομπαριά σημασ. 2): από -ό εγκατέλειψε την παρέα μας [γαλλ. snobisme].
σοβαντίζω, σουβαντίζω, (όχι έρρ.) και **σοβατίζω**, ρ., επιχρίω τοίχο με σοβά (βλ. λ.).
σοβάντισμα, σουβάντισμα (όχι έρρ.) και **σοβάτισμα** το, ουσ., επίχριση τοίχου με σοβά.
σοβαρά, βλ. σοβαρός.
σοβαρεύομαι, ρ. 1. συμπεριφέρομαι με σοβαρότητα (βλ. λ.): ήρθε η ώρα να -τούμε (= ν' αφήσουμε τα αστεία) (αντ. αστειεύομαι). 2. επιτηδεύομαι το σοβαρό· παίρνω σοβαρό ύφος. 3. μιλώ σοβαρά, σοβαρολογώ.
σοβαρολογώ, -είς, ρ., μιλώ με σοβαρότητα.
σοβαρός, -ή, -ό, επίθ. Α. (για άνθρωπο). 1. που ενεργεί και συμπεριφέρεται με σοβαρότητα, αξιοπρεπής: είναι -ή γυναίκα και μπορούμε να την εμπιστευόμαστε. 2. αξιόλογος, σημαντικός: επιστήμονας ~. 3. που δεν του αρέσουν τα αστεία και οι πολυλογίες· συγκρατημένος: μην του κάνεις αστεία· είναι ~. 4. (σπανιότ.) σκεπτικός: τον απασχολούν πολλά γι' αυτό είναι έτσι ~. Β. (για πράγματα ή καταστάσεις). 1. που προκαλεί ανησυχία· που μπορεί να έχει δυσάρεστες συνέπειες, επικίνδυνος: κατάσταση/αρρώστια -ή. 2. που χρειάζεται προσεκτική αντιμετώπιση: ζήτημα -ό. 3. που μπορεί κανείς να το πάρει υπόψη του χωρίς δισταγμό: πρόταση -ή. 4. αξιόλογος: μουσική -ή/ βιβλίο -ό. 5. προσεκτικός, εμπεριστατωμένος: -ή ερευνητική αντιμετώπιση του θέματος. 6. που υπάρχει ή συμβαίνει σε μεγάλο βαθμό ή σε μεγάλη ποσότητα: -ή αύξηση κερδών. Φρ. παίρνω στα -ά (= κάτι που ακούω ή που συμβαίνει μου κάνει εντύπωση και ανάλογα καθορίζω τη στάση μου): δεν παίρνω στα -ά του λόγια του. - Επίρρ. **-ά** και **-ώς**, φρ. -ά το λες; (= απορώ μ' αυτό που συναισθάνεσαι τι λες;)· (σε ερώτηση απορίας): -ά;
σοβαρότητα η, ουσ. 1. η ιδιότητα του σοβαρού: η ~ τον χαρακτήριζε απ' την παιδική του ηλικία. 2. για αρρώστια ή γενικότερα κατάσταση σοβαρή (βλ. λ. σημασ. Β1): η ~ της αρρώστιας του τον ανάγκασε να φύγει στο εξωτερικό.
σοβαροφάνεια η, ουσ. (ασυνίζ.), η τάση κάποιου να φαίνεται σοβαρός ακόμη και όταν δεν είναι (συνών. σπουδαιοφάνεια).
σοβαροφανής, -ής, -ές, γεν. -ούς, πληθ. αρσ. και θηλ. -είς, ουδ. -ή, επίθ., που τον χαρακτηρίζει σοβαροφάνεια: ξόανα επίσημα και -ή (Καβάφης).
σοβαρώς, βλ. σοβαρός.
σοβάς και **σουβάς** ο, ουσ., επίχρισμα (βλ. λ. σημασ. 1β). [τουρκ. sıva].

σοβατζής και **σουβατζής** ο, ουσ., εργάτης οικοδομών που έχει ως ειδικότητα το σοβάντισμα.
σοβατίζω, βλ. *σοβαντίζω*.
σοβάτισμα, βλ. *σοβάντισμα*.
σοβεί, ρ. τριτοπρόσ., μόνο στον ενεστ. (λόγ.), για κακό που υπάρχει σε λανθάνουσα κατάσταση και προβλέπεται, αναμένεται να εκδηλωθεί και φανερά: *-εί πολιτική κρίση* (συνών. *απειλείται, προμηνύεται*).
σοβεντάρω, ρ. (προφ. *ν-τ*), (ναυτ. για πλοία) καταφεύγω σε απάνεμο λιμάνι. [ιταλ. *sottoventare*, γαλλ. *souventer*].
σοβερτάρω, ρ. (ναυτ. για πλοία) ανατρέπομαι. [ιταλ. *sovvertire*].
σοβιέτ το, ουσ. άκλ. (ασυνίζ.). **1.** (ιστ.) συμβούλιο αντιπροσώπων εργατών, αγροτών και στρατιωτών στη Ρωσία κατά την επανάσταση του 1917. **2.** ονομασία της βουλής των αντιπροσώπων του έθνους και των ομόσπονδων δημοκρατιών που αποτελούσαν άλλοτε τη Βουλή της Σοβιετικής Ένωσης, δηλαδή το Ανώτατο Σοβιέτ.
σοβιετικός, -ή, -ό, επίθ. (ασυνίζ.), που ανήκει ή αναφέρεται στο σοβιέτ ή την Ένωση Σοβιετικών Δημοκρατιών: *οικονομία -ή· στρατός ~. - Το αρσ. και το θηλ. ως ουσ.* (με κεφ. το αρχικό γράμμα) = αυτός που κατοικούσε στην άλλοτε Σοβιετική Ένωση ή κατάγεται απ' αυτήν.
σοβινισμός ο, ουσ., εθνικισμός σε υπερβολικό βαθμό· υπερτίμηση των εθνικών στοιχείων σε σχέση με τα στοιχεία άλλων λαών. [κύρ. όν. Ν. *Chauvin*].
σοβινιστής ο, θηλ. **-ίστρια**, ουσ., αυτός που υποστηρίζει και εφαρμόζει τις σοβινιστικές ιδέες. [γαλλ. *chauviniste*].
σοβινιστικός, -ή, -ό, επίθ., που αναφέρεται στο σοβινισμό: *πολιτική/συμπεριφορά -ή*.
σοβινίστρια, βλ. *σοβινιστής*.
σοβρανός, -α, -ο και **σουπράνος**, επίθ. (ναυτ.) προς τη μεριά του ανέμου: *άρπαξα το δοιάκι και το κόλλησα σουπράνο* (Κόντογλου)· συνήθως στην έκφρ. *από -ο: το καράβι πήρε τον αέρα από -ο· πέσανε από -ο του νησιού* (Κόντογλου). - Επίρρ. **-ο**. [ιταλ. *sovrano*].
σοβχόζ το, ουσ. άκλ., κρατική αγροτική επιχείρηση στην άλλοτε Σοβιετική Ένωση.
σόγια η, ουσ. (συνιζ.), εξωτικό φυτό που ο καρπός του μοιάζει με φασόλι. [αγγλ. *soya*, ιαπωνικό *soy, shoy*].
σογιάλευρο το, ουσ. (συνιζ.), αλεύρι από σόγια.
σογιέλαιο το, ουσ. (συνιζ.), λάδι από σόγια.
σόδα η, ουσ. **1.** ανθρακικό νάτριο στη χρήση του εμπορίου. **2.** *καυστική ~* = καυστικό νάτριο στη χρήση του εμπορίου. **3.** αεριούχο νερό που πίνεται ως αναψυκτικό ή προστίθεται σε οινοπνευματώδη ποτά, χυμούς φρούτων, κλπ. [αγγλ. *soda-water*].
σοδειά, βλ. *εσοδεία*.
σοδιάζω, ρ. (συνιζ.). **1.** μαζεύω τη σοδειά. **2.** φυλάω αγαθά για μελλοντική χρήση.
Σόδομα τα, ουσ. στην έκφρ. *~ και Γόμορα* (για τόπο, σπίτι ή οικογένεια όπου επικρατεί διαφθορά και έκλυση ηθών).
σοδομία η και **σοδομισμός** ο, ουσ., παιδεραστία (βλ. λ.).
σοδομιστής ο, ουσ., παιδεραστής (βλ. λ.).
σοδομίτης ο, ουσ., που ρέπει προς τη σοδομία (βλ. λ.).

σόι το, γεν. *σογιού*, πληθ. *σόγια*, ουσ. **1α.** γένος, καταγωγή: *από ποιο ~ είσαι; από της μητέρας του το ~ είναι Πόντιος·* **β.** (ειδικότερα) αριστοκρατική καταγωγή: *άρχοντας από (μεγάλο) ~*. **2.** ο συγγενικός κύκλος ενός ατόμου, συγγενολόι: *το ~ του είναι πολύ φιλόξενοι άνθρωποι.* **3.** (για πράγματα) είδος, κατηγορία: *τι ~ βιβλίο είναι αυτό;* (= τι είδους...). **4.** (για άνθρωπο) ιδιοσυγκρασία: *αυτός τι ~ άνθρωπος είναι;* Φρ. *~ πάει το βασίλειο*, βλ. *βασίλειο*.
σοϊλής, ο, πληθ. **-ήδες**, θηλ. **-ίδισσα** και **-ίτισσα**, ουσ., άνθρωπος ευγενικής καταγωγής, από «τζάκι».
σοϊλίδικος, -η, -ο και **-ίτικος**, επίθ. **1.** (για ζώα και φυτά) που το είδος του είναι εκλεκτό: *άλογο -ο*. **2.** (για πρόσωπο) που η καταγωγή του είναι ευγενική: *άντρας σοϊλίτικος* (Μπαστιάς).
σοϊλίδισσα, βλ. *σοϊλής*.
σοϊλίτικος, βλ. *σοϊλίδικος*.
σοϊλίτισσα, βλ. *σοϊλής*.
σοκ το, ουσ. άκλ. **1.** νευρικός κλονισμός που οφείλεται σε κάποιο ξαφνικό και συνήθως δυσάρεστο γεγονός: *ο σεισμός/το απαίσιο θέαμα του προκάλεσε ~· έπαθε ~ όταν άκουσε για το ατύχημα.* **2.** (ιατρ.) *εγχειρητικό* = παθολογική κατάσταση του οργανισμού που προκαλείται με την εγχείρηση. [αγγλ. *shock*].
σοκάκι το, ουσ., στενός δρόμος: *βγήκε στο ~* (συνών. *στενό*). [τουρκ. *sokak*].
σοκάρισμα το, ουσ., η ενέργεια και το αποτέλεσμα του σοκάρω.
σοκάρω, ρ., αόρ. **-αρα** και **-ισα**, μέσ. αόρ. *σοκαρίστηκα*. **I.** (ενεργ.) προκαλώ, αναστατώνω την κοινή γνώμη (με τα λόγια μου ή τις ενέργειές μου): *-ει με το εκκεντρικό ντύσιμό του· ένα θεατρικό έργο που -ει* (= απωθεί, δημιουργεί δυσάρεστα συναισθήματα) (συνών. *απωθώ*). **II.** (μέσ.) παθαίνω σοκ, επηρεάζομαι ψυχικώς κατά δυσάρεστο τρόπο από ένα γεγονός: *-ίστηκε μ' αυτά που άκουσε.*
σόκιν, το, ουσ. άκλ., ελευθεροστομο, απρεπές αστείο: *ανέκδοτα ~*. [αγγλ. *shocking*].
σοκολάτα η, ουσ. **1.** στερεοποιημένη ύλη από ψημένα αμύγδαλα του φυτού κακάου με ζάχαρη, βανίλια, κλπ., που τρώγεται σαν γλυκό ή χρησιμοποιείται για την κατασκευή άλλων γλυκών: *μια πλάκα ~· κέικ ~*. **2.** ρόφημα από σκόνη σοκολάτας ή κακάου: *ένα φλιτζάνι ~*.
σοκολατένιος, -ια, -ιο, επίθ. (συνιζ.). **1.** που αποτελείται από σοκολάτα: *αβγό -ιο* (= γλύκισμα σε σχήμα αβγού από σοκολάτα). **2.** (συνεκδοχικά) που έχει το χρώμα της σοκολάτας: *κορμί/δέρμα -ιο* (συνών. *σοκολατής*). **3.** (μεταφ.) στρατιώτης *~* = στρατιώτης που σε καιρό πολέμου δεν είναι μάχιμος (συνών. *κουραμπιές*).
σοκολατής, -ιά, -ί, επίθ., που έχει το χρώμα της σοκολάτας: *επιδερμίδα -ιά*.
σοκολατί το, ουσ., το χρώμα της σοκολάτας.
σοκολατόπαιδο το, ουσ. (μειωτ.) μαμμόθρεφτος (βλ. λ.).
σοκολατοποιία η, ουσ., βιομηχανία σοκολάτας.
σολ το, ουσ. άκλ. (μουσ.) ο πέμπτος φθόγγος της ευρωπαϊκής μουσικής κλίμακας.
σόλα η, ουσ., το τμήμα του παπουτσιού που πατά στο έδαφος (συνών. *κάτυμα*). [βενετ. *sola* < λατ. *solea*].
σολδίο το, ουσ., μικρό νόμισμα του μεσαίωνα. [βενετ. *soldin*].

σολέα η και **-έας** ο, ουσ., ο χώρος ανάμεσα στο εικονοστάσιο και τον άμβωνα του βυζαντινού ναού. [λατ. *solea*].

σολιάζω, ρ. (συνιζ.), (μτβ.) βάζω σόλες στα παπούτσια.

σόλιασμα το, ουσ. (συνιζ.), πέρασμα σόλας σε παπούτσι.

σολίστ ο και η (άκλ.), και **σολίστας** ο, ουσ. (μουσ.) μουσικός ή τραγουδιστής που εκτελεί μόνος μουσικό κομμάτι (συνών. *μονωδός*). [γαλλ. *soliste*].

σόλο το, ουσ. άκλ., μουσικό κομμάτι που εκτελείται ή ερμηνεύεται από ένα άτομο· ~ *βιολί* = που παίζεται χωρίς συνοδεία (συνών. *μονωδία·* αντ. *χορωδία*). [ιταλ. *solo*].

σολόδερμα το, ουσ., δέρμα κατάλληλο για σόλιασμα παπουτσιών.

σολοικίζω, ρ., κάνω συντακτικά λάθη.

σολοικισμός ο, ουσ. 1. συντακτικό σφάλμα. 2. *αισθητικός* ~ (Παλαμάς) = που παραβαίνει τους κανόνες της αισθητικής.

σολοικιστής ο, ουσ., που κάνει σολοικισμούς.

σόλοικος, -η, -ο, επίθ. 1. (για λόγο) που έχει συντακτικά λάθη. 2. (μεταφ.) αταίριαστος: *πράγμα -ο*.

σολομωνική η, ουσ. 1. απόκρυφο μαγικό βιβλίο. 2. (μεταφ.) μαγεία.

σολομός ο, ουσ., χοντρό ψάρι με χρώμα ροζ που αφήνει τη θάλασσα την εποχή της γονιμοποίησης και κατευθύνεται προς του ποταμούς. [ιταλ. *salmone*].

σολφέζ το, ουσ. άκλ. (μουσ.) 1. μελωδική ανάγνωση με εκφώνηση των φθογγοσήμων. 2. βιβλίο που περιέχει μουσικές ασκήσεις. 3. σπουδή των βασικών αρχών της μουσικής και της παρασημαντικής. [γαλλ. *solfège*].

σολωμικός, -ή, -ό, επίθ., που ανήκει ή αναφέρεται στο Διονύσιο Σολωμό και το έργο του: *τεχνοτροπία/βιβλιογραφία -ή*.

σολωμιστής ο, ουσ., ερευνητής της ζωής του Διονύσιου Σολωμού και του έργου του.

Σομαλός και **-ιανός** ο, θηλ. **-ή** και **-ιανή**, ουσ. (ασυνίζ.), αυτός που κατοικεί στη Σομαλία ή κατάγεται από εκεί.

σομιέ το (άκλ.) και **σομιές** ο, ουσ. (σπανίως) (συνιζ.). 1. τμήμα κρεβατιού από πλαίσιο και μεταλλικό πλέγμα όπου στηρίζεται το κλινόστρωμα. 2. το ίδιο το κρεβάτι αυτού του είδους. [γαλλ. *sommier*].

σομόν, επίθ. άκλ., που έχει το χρώμα της σάρκας του σολομού (ένα απαλό ροζ που τείνει ελαφρά προς το πορτοκαλί): *πουκάμισο* ~. - *Το ουδ. ως ουσ.* = *το χρώμα της σάρκας του σολομού: το ~ σου πάει πολύ*. [γαλλ. *saumon*].

σόμπα η, ουσ. (όχι ερρ.), θερμάστρα (βλ. λ.). [τουρκ. *soba*].

σονάτα η, ουσ., μουσική σύνθεση που αποτελείται από τρία ή τέσσερα μέρη διαφορετικού ρυθμού και εκτελείται από ένα ή δύο πρόσωπα: ~ *για πιάνο και βιολί*. [ιταλ. *sonata*].

σονέτο το, ουσ. α. ενδεκασύλλαβο ποίημα που αποτελείται από δύο τετράστιχα και δύο τρίστιχα (συνών. *δεκατετράστιχο*)· β. το αντίστοιχο ποιητικό είδος. [ιταλ. *sonetto*].

σοντάρω, ρ. (ερρ.). 1. (ναυτ.) βυθομετρώ. 2. (μεταφ.) εξετάζω, ελέγχω, ζητώ να μάθω. [ιταλ. *sondare*].

σόου το, ουσ. άκλ., ψυχαγωγικό θέαμα στο θέατρο ή την τηλεόραση, με ποικίλο περιεχόμενο και με κύριο εκτελεστή μια βεντέτα. [αγγλ. *show*].

σοπράνο η, ουσ. άκλ., (μουσ.) υψίφωνος τραγουδίστρια. [ιταλ. *soprano*].

σοροκάδα η, ουσ., δυνατός σορόκος.

σοροκολεβάντες, βλ. *σιροκολεβάντες*.

σορόκος, βλ. *σιρόκος*.

σορολόπ το, ουσ. άκλ., αδιαφορία: *το 'ριξε στο* ~. [τουρκ. *sorolop*].

σορόπι, βλ. *σιρόπι*.

σοροπιάζω, βλ. *σιροπιάζω*.

σορός η, ουσ. 1. ο νεκρός, το λείψανο. 2. φέρετρο.

σορτ και **σορτς** το, ουσ. άκλ., κοντό σπορ παντελόνι. - Υποκορ. **-άκι** το. [αγγλ. *short*].

σοσιαλδημοκράτης ο, θηλ. **-ισσα**, ουσ. (ασυνίζ.), οπαδός σοσιαλδημοκρατικών ιδεών.

σοσιαλδημοκρατία η, ουσ. (ασυνίζ.), η ιδεολογία σοσιαλιστικών κομμάτων των δυτικών χωρών με ρεφορμιστικές τάσεις.

σοσιαλδημοκρατικός, -ή, -ό, επίθ. (ασυνίζ.), που σχετίζεται με τη σοσιαλδημοκρατία και τις ιδέες της: *κόμματα -ά*.

σοσιαλδημοκράτισσα, βλ. *σοσιαλδημοκράτης*.

σοσιαλίζω, ρ. (ασυνίζ.), έχω τάσεις σοσιαλιστικές.

σοσιαλισμός ο, ουσ. (ασυνίζ.), κοινωνική και πολιτική θεωρία που αποβλέπει σε μια κοινωνική οργάνωση που θα δίνει το προβάδισμα στο κοινό και όχι στο ιδιωτικό συμφέρον με μια ρυθμιστική τάση που αντιτίθεται στο φιλελευθερισμό.

σοσιαλιστής ο, θηλ. **-ίστρια**, ουσ. (ασυνίζ.), οπαδός των σοσιαλιστικών απόψεων (αντ. *καπιταλιστής*).

σοσιαλιστικός, -ή, -ό, επίθ. (ασυνίζ.), που σχετίζεται με το σοσιαλισμό ή αναφέρεται σ' αυτόν: *κίνημα -ό· απόψεις -ές*.

σοσιαλίστρια, βλ. *σοσιαλιστής*.

σοσόνι το, ουσ. 1. είδος μαλακού και ελαφρού παπουτσιού. 2. κοντό καλτσάκι, τερλίκι. - Υποκορ. **-άκι** το. [γαλλ. *chausson*].

σοτάρισμα το, ουσ., η ενέργεια του σοτάρω.

σοτάρω, ρ., μτχ. παρκ. *-ισμένος*, περνώ το φαγητό από ψήσιμο σε καυτό βούτυρο. [γαλλ. *sauter*].

σοτέ, επίθ. άκλ., για φαγητό από κρέας ή λαχανικά ψημένο σε καυτό βούτυρο: *μπιζέλια/μανιτάρια* ~. [γαλλ. *sauté*].

σουαρέ το, ουσ. άκλ., βεγγέρα. [γαλλ. *soirée*].

σουβαντίζω, βλ. *σοβαντίζω*.

σουβάντισμα, βλ. *σοβάντισμα*.

σουβάς, βλ. *σοβάς*.

σουβατζής, βλ. *σοβατζής*.

σουβενίρ το, ουσ. άκλ., αναμνηστικό αντικείμενο (συνών. *ενθύμιο*). [γαλλ. *souvenir*].

σούβλα η, ουσ. α. οβελός ψησταριάς· β. (συνεκδοχικά) ο τρόπος ψησίματος κρεατικών στη σούβλα: *κοτόπουλο στη* ~. [λατ. *sub(u)la*].

σουβλάκι το, ουσ., κρέας κομμένο σε μικρά κομμάτια που ψήνονται περασμένα σε σούβλα.

σουβλατζήδικο το, ουσ. (λαϊκ.), κατάστημα όπου πρόχειρα μπορεί να φάει κανείς σουβλάκια ή άλλα συναφή φαγητά ή σάντουιτς.

σουβλερός, -ή, -ό, επίθ. 1. μυτερός, που καταλήγει σε αιχμή: *μύτη -ή*. 2. (μεταφ.) διαπεραστικός: *κρύο -ό· πόνος* ~· *ματιά -ή*.

σουβλί το, ουσ. 1. εργαλείο των παπουτσήδων για να τρυπά το δέρμα. 2. καθετί που είναι μυτερό.

σουβλιά η, ουσ. (συνιζ.). 1. τρύπημα με σουβλί. 2. διαπεραστικός, αλλά σύντομος, υψηλιλκός πόνος: *αισθάνεται -ές στο στομάχι*.

σουβλίζω, ρ. 1. περνώ κρέας ή ολόκληρο σφαγμένο ζώο από τη σούβλα για να το ψήσω. 2. τρυπώ με

σούβλισμα

το σουβλί. 3. ανασκολοπίζω: *τον Αθανάσιο Διάκο τον σούβλισαν οι Τούρκοι*. 4. (τριτοπρόσ., μεταφ.) διαπερνώ: *η λαβωματιά του τον -ει· τον -ει η παγωνιά κι η υγρασία σ' όλο του το κορμί*.

σούβλισμα το, ουσ. 1. η ενέργεια και το αποτέλεσμα του σουβλίζω (βλ. λ.). 2. σουβλιά (βλ. λ. σημασ. 2).

σουβλιστός, -ή, -ό, επίθ., ψημένος στη σούβλα.

σουβλομύτης ο, θηλ. -α, ουσ. (λαϊκ.), αυτός που έχει σουβλερή μύτη.

σουγιάς ο, ουσ. (συνιζ.), διπλωτό μαχαιράκι της τσέπης. - Υποκορ. **-αδάκι** το. [άγνωστη ετυμ.].

σούδα η, ουσ. (ιδιωμ.), χαντάκι, αυλάκι όπου περνούν ακάθαρτα νερά. [λατ. *suda*].

Σουδανέζα, Σουδανή, βλ. *Σουδανέζος*.

σουδανέζικος, -η, -ο, επίθ., που σχετίζεται με το Σουδάν ή τους Σουδανέζους.

Σουδανέζος και **Σουδανός** ο, θηλ. **-έζα** και **-ή**, ουσ., αυτός που κατοικεί στο Σουδάν ή κατάγεται από εκεί.

σούζα, επίρρ. (λαϊκ.). 1. για ζώο όταν στέκεται μόνο στα πισινά του πόδια. 2. (νεότερο) για δίκυκλο όταν κινείται μόνο πάνω στην πισινή ρόδα· φρ. *κάθομαι/στέκομαι ~* (= υπακούω, τυφλά, αδιαμαρτύρητα). [ιταλ. *suso*].

Σουηδέζα, Σουηδή, βλ. *Σουηδός*.

σουηδικός, -ή, -ό, επίθ., που ανήκει ή αναφέρεται στη Σουηδία ή τους Σουηδούς.

Σουηδός ο, θηλ. **-ή** και **-έζα**, ουσ., αυτός που κατοικεί στη Σουηδία ή κατάγεται από εκεί.

σουιπστέικ το, ουσ. άκλ., λαχείο ιπποδρομιών. [αγγλ. *sweepstake*].

σουίτα η, ουσ. 1. ιδιαίτερο διαμέρισμα σε ξενοδοχείο για ενοικίαση. 2. μουσική σύνθεση από διάφορα κομμάτια με το ίδιο κλειδί. [γαλλ. *suite*].

σουκρούτ το, ουσ. άκλ., φαγητό με ψιλοκομμένο λάχανο που διατηρείται στην άρμη. [γαλλ. *choucroute*].

σουλατσαδόρος ο, ουσ. (λαϊκ.). 1. αμέριμνος περιπατητής. 2. αργόσχολος, τεμπέλης· έκφρ. *τοκιστής και ~* (= καθόλα αμέριμνος). [ιταλ. *sollazzatore*].

σουλατσάρισμα το, ουσ. (λαϊκ.), περίπατος χωρίς συγκεκριμένο προορισμό.

σουλατσάρω και **-τσέρνω**, ρ., αόρ. *-άτσαρα* και *-άρισα*, (λαϊκ.), περπατώ χωρίς ορισμένο σκοπό [ιταλ. *sollazzare*].

σουλάτσο το, ουσ., σουλατσάρισμα (βλ. λ.). [ιταλ. *sollazzo*].

σουλιμάς και **σουλουμάς** ο, ουσ. (λαϊκ.). 1. φτιασίδι: *γυναίκες πασαλειμμένες με παχύ στρώμα -ά και πούντρα* (Σούκας). 2. δηλητήριο. [παλαιότερο ιταλ. *solimato*· πβ. τουρκ. *sülümen*].

Σουλιώτης ο, θηλ. **-ισσα**, ουσ. (συνιζ.), αυτός που κατοικεί στην περιοχή του Σουλίου ή κατάγεται από εκεί.

σουλιώτικος, -η, -ο, επίθ. (συνιζ.), που ανήκει ή αναφέρεται στο Σούλι ή τους Σουλιώτες.

Σουλιώτισσα, βλ. *Σουλιώτης*.

σουλουμάς, βλ. *σουλιμάς*.

σουλούπι το, ουσ. (λαϊκ.), εξωτερική εμφάνιση: *του έμοιαζε στο ~* (συνών. *παρουσιαστικό*). [τουρκ. *üslûp*].

σουλούπωμα το, ουσ. (λαϊκ.), η ενέργεια και το αποτέλεσμα του σουλουπώνω (βλ. λ.)

σουλουπώνω, ρ. (λαϊκ.). 1.(ενεργ.) φροντίζω κάτι ή κάποιον ώστε να γίνει εμφανίσιμο(ς), να πάρει μια μορφή: *τον παντρεύτηκε και τον -ωσε· ήταν σε τέτοιο χάλι που έπρεπε να το -ώσω*. 2. (μέσ.) γίνομαι εμφανίσιμος.

σουλτάνα, βλ. *σουλτάνος*.

σουλτανάτο το, ουσ. 1. η εξουσία και το αξίωμα του σουλτάνου. 2. κράτος που το κυβερνά σουλτάνος.

σουλτανικός, -ή, -ό, επίθ., που ανήκει ή αναφέρεται στο σουλτάνο.

σουλτανίνα η, ουσ. 1. λευκό σταφύλι χωρίς κουκούτσι. 2. η σταφίδα απ' αυτό το σταφύλι.

σουλτάνος ο, θηλ. **-α**, ουσ. 1. ηγεμόνας μουσουλμανικού κράτους. 2. (το θηλ.) η κατά κύριο λόγο σύζυγος του σουλτάνου. 3. (ειρων.) πρόσωπο που ζει με μεγάλη πολυτέλεια. [τουρκ. *sultan*].

σούμα η, ουσ. (λαϊκ.). 1. το άθροισμα, το σύνολο: *κάνω ~* (= αθροίζω). 2. το αποτέλεσμα από μια σειρά γεγονότων. 3. (ιδιωμ.) οινόπνευμα από την πρώτη απόσταξη, τσίπουρο. [λατ. *summa*].

σουμάδα η, ουσ., αναψυκτικό από γαλάκτωμα αμυγδάλων. [ίσως ινδικό *soma* + *-άδα*].

σουμάρισμα, ρ. (λαϊκ.), η ενέργεια του σουμάρω (βλ. λ.).

σουμάρω, ρ. (λαϊκ.), κάνω σούμα, αθροίζω: *καιρός να -ουμε και να ιδούμε τι απομένει για τον καθένα* (Ι.Μ. Παναγιωτόπουλος).

σούμπασης ο, θηλ. **-ίνα**, ουσ. (όχι ερρ.). 1. (ιστ.) αξιωματούχος του οθωμανικού κράτους με αστυνομικά κυρίως και διοικητικά καθήκοντα. 2. (το θηλ.) η γυναίκα του σούμπαση. [τουρκ. *subaşı*].

σούμπιτος, -η, -ο, επίθ. (όχι ερρ., λαϊκ.). 1. που συμβαίνει ή ενεργεί αμέσως, ξαφνικός (ως επιρρημ. κατηγορούμενο): *πήγαν -οι μέσα*. 2. ολόκληρος: *ο αγέρας να 'τανε τρόπος να μας σηκώσει -ους* (Κόντογλου). [ιταλ. *subito*].

σουμπλιμές ο και (άκλ.) **-μέ** το, ουσ. (όχι ερρ.), αντισηπτικό διάλυμα χλωριούχου υδραργύρου. [γαλλ. *sublimé*].

σουμπρέτα η, ουσ. (όχι ερρ.). 1. ρόλος υπηρέτριας σε οπερέτα. 2. ηθοποιός που παίζει τέτοιους ρόλους. [γαλλ. *soubrette*].

σουνετεύω, ρ. (λαϊκ.), κάνω περιτομή σε κάποιον.

σουνέτι το, ουσ. (λαϊκ.), περιτομή (βλ. λ.). [τουρκ. *sünnet*].

Σουνίτης ο, ουσ., «ορθόδοξος» μουσουλμάνος (σε αντιδιαστολή με το Σιίτη).

σουξέ το, ουσ. άκλ., επιτυχία καλλιτεχνική ή στο πλαίσιο της κοσμικής ζωής: *αυτό το τραγούδι έχει πολύ/έγινε ~· η εμφάνισή της απόψε είχε ~*. [γαλλ. *succès*].

σούπα η, ουσ., ρευστό φαγητό που παρασκευάζεται βράζοντας κρέας, ζυμαρικά ή λαχανικά σε νερό. [γαλλ. *soupe*].

σουπέ το, ουσ. άκλ., δείπνο μετά τα μεσάνυχτα. [γαλλ. *souper*].

σούπερ, επίθ. άκλ., χαρακτηρισμός ορισμένης βενζίνης ανώτερης ποιότητας. [γαλλ. *super (carburant)*].

σούπερ-μάρκετ το, ουσ. άκλ., μεγάλο κατάστημα τροφίμων και πολλών άλλων ειδών που πουλιούνται λιανικώς με το σύστημα της αυτοεξυπηρέτησης (συνών. *υπεραγορά, πολυκατάστημα*). [αγγλ. *supermarket*].

σουπιά η, ουσ. (συνιζ.). 1. θαλάσσιο μαλάκιο με πλατύ σώμα και πολλά πλοκάμια, που εκτοξεύει μελάνι και αλιεύεται για το κρέας του. 2. (μεταφ.) δόλιος άνθρωπος που ξεγλιστρά: *πονηρή ~*. [αρχ. *σηπία*].

σουπιέρα η, ουσ. (συνιζ.), βαθιά πιατέλα από όπου σερβίρεται η σούπα στο τραπέζι. [γαλλ. *soupière*].

σουπίνο το, ουσ. (γραμμ.) ρηματικός τύπος της λατινικής γλώσσας με τον οποίο δηλώνεται σκοπός. [λατ. *supinum*].

σουπιοκόκαλο το, ουσ. (συνιζ.), το κόκαλο που αποτελεί το σκελετό της σουπιάς.

σουπράνος, βλ. *σοβράνος.*

σούρα η, ουσ. **1.** ζαρωματιά, πτύχωση υφάσματος: *η φούστα έχει ~ στη μέση.* **2.** (λαϊκ.) υπερβολική μέθη. - Υποκορ. **-ίτσα** η (στη σημασ. 1).

σουραύλι το, ουσ., φλογέρα (συνών. *σφυρίγλα*). [πιθ. αρχ. *σύριγξ + αυλός*].

σουρεαλισμός, βλ. *υπερρεαλισμός.*

σουρεαλιστής, βλ. *υπερρεαλιστής.*

σουρεαλιστικός, βλ. *υπερρεαλιστικός.*

σουρίζω, ρ. (λαϊκ.), σφυρίζω. [αρχ. *συρίζω*].

σουρίτσα, βλ. *σούρα.*

σουρλουλού η, πληθ. *-ούδες*, ουσ. (λαϊκ.), επιπόλαιη, ανοικοκόρευτη γυναίκα.

σουρντίνα η, ουσ. **1.** μικρό εξάρτημα που προσαρμόζεται σε πνευστά και έγχορδα μουσικά όργανα για να μειώνει την ένταση του ήχου. **2.** είδος μουσικής που ακούγεται σε χαμηλή ένταση. [γαλλ. *sourdine*].

σούρνω, βλ. *σέρνω.*

σουρομαδώ, -άς, ρ. (λαϊκ.). **1α.** τραβώ κάποιον από τα μαλλιά· **β.** τραβώ και ξεριζώνω τρίχες. **2.** (για δέντρα) τραβώ βίαια και κόβω κλαδιά δέντρου: *-μάδησαν τις πιπεριές.* **3.** (μέσ.) *-ιέμαι* = τραβώ τα μαλλιά μου απελπισμένος.

σουρομαλλιάζω, ρ. (συνιζ., λαϊκ.). **Ι.** (ενεργ.) αρπάζω κάποιον από τα μαλλιά. **ΙΙ.** (μέσ.) αρπάζομαι από τα μαλλιά με κάποιον. [*σύρω + μαλλιά*].

σουρουκλεμές ο, ουσ. (λαϊκ.), αχαΐρευτος, ανεπρόκοπος άνθρωπος.

σούρουπα, επίρρ. (λαϊκ.), το βραδάκι, την ώρα του σούρουπου.

σούρουπο το, ουσ., το αβέβαιο φως αμέσως μετά τη δύση του ήλιου· η ώρα που πέφτει η νύχτα (συνών. *μούχρωμα, λυκόφως*). [*σύρρυπον<συν + ρύπος*].

σουρούπωμα το, ουσ. **1.** το να σουρουπώνει (βλ. λ.). **2.** το σούρουπο.

σουρουπώνει, ρ., απρόσ., έρχεται το σούρουπο (βλ. λ.).

σούρσιμο, βλ. *σύρσιμο.*

σούρτα-φέρτα τα, ουσ. (λαϊκ.), πηγαινέλα, διαδρομές, τρεχάματα (συνήθως άσκοπα): *τι βγάζεις με τα πολλά ~;* [*σούρ' τα - φέρ' τα*].

σουρτή, βλ. *συρτή.*

σούρτης, βλ. *σύρτης.*

σουρτούκα, βλ. *σουρτούκης.*

σουρτούκεμα το, ουσ. (λαϊκ.), μάταιο τριγύρισμα στους δρόμους.

σουρτουκεύω, ρ. (λαϊκ.), λείπω από το σπίτι μου, γυρνώ έξω συχνά άσκοπα.

σουρτούκης ο, θηλ. *-α* και *-ω*, ουσ. (λαϊκ.), αυτός που τριγυρνά άσκοπα στους δρόμους λείποντας ώρες από το σπίτι. [τουρκ. *sürtük*].

σουρτούκο το, ουσ., κοντό σακάκι. [βενετ. *sortu*].

σουρτούκω, βλ. *σουρτούκης.*

σουρώνω, ρ. **Α.** μτβ. **1.** περνώ αφέψημα ή άλλο υγρό ή φαγώσιμα από σουρωτήρι για να ξεχωρίσουν οι περιττές ουσίες: *~ το χαμομήλι/το γάλα* (συνών. *στραγγίζω*). **2.** (μεταφ.) καταβάλλω κάποιον σωματικά, τον αδυνατίζω: *Τόση φουρτούνα και πόνος στη ψυχή του δεν άργησαν να τον -ώσουνε* (Μπαστιάς). **3.** (μτβ. και αμτβ.) (για ύφασμα ή φόρεμα) κάνω σούρες, δίπλες (συνών. *ζαρώνω*). **Β.** αμτβ. **1.** μεθώ: *-ώσε χθές το βράδι· γύρισαν -ωμένοι.* **2.** αδυνατίζω, καταβάλλομαι σωματικά: *-ωσε από το κακό του* (συνών. *μαραζώνω*). **3.** (σπανιότερα) ιδρώνω: *δουλεύαμε, -ώναμε και βαστάγαμε* (Ι.Μ. Παναγιωτόπουλος). **4.** (σπανιότερα, για υγρό) τρέχω, ρέω: *τα νερά -ωναν από το σώμα του, του μουσκεύανε τα παντελόνια.* - Η μτχ. ως επίθ. = μεθυσμένος. [μτγν. *σειρώ*].

σουρωτήρι το, ουσ., μαγειρικό σκεύος τρυπητό για το στράγγισμα φαγητών και αφεψημάτων (συνών. *στραγγιστήρι*).

σουρωτός, -ή, -ό, επίθ. **1.** στραγγισμένος, σουρωμένος. **2.** που έχει σούρα (βλ. λ.): *φούστα -ή.*

σους, βλ. *σουτ, ΙΙ.*

σουσαμάτο το, ουσ. (ιδιωμ.), γλύκισμα από σουσάμι και μέλι ή ζάχαρη (συνών. *παστέλι*).

σουσαμένιος, -ια, -ιο, επίθ. (συνιζ.), καμωμένος με σουσάμι: *κουλούρια -ια· ψωμί -ιο* (= πασπαλισμένο με σουσάμι).

σουσάμι το, ουσ., ο σπόρος της σουσαμιάς που χρησιμοποιείται στην αρτοποιία και τη ζαχαροπλαστική, καθώς και για την παρασκευή σουσαμόλαδου: *κουλουράκια με ~.* [αρχ. *σήσαμον*].

σουσαμιά η, ουσ. (συνιζ.), φυτό που καλλιεργείται στις χώρες της ανατολής, οι σπόροι του οποίου αποτελούν το σουσάμι.

σουσαμόλαδο και **σαμόλαδο** το, ουσ., λάδι κίτρινου χρώματος που προκύπτει με πίεση των σπόρων σουσαμιού και χρησιμοποιείται στην αρτοποιία και τη σαπωνοποιία.

σουσαμόπιτα η, ουσ., πίτα που σχηματίζεται από τα υπολείμματα του σουσαμιού μετά την πίεση και την αφαίρεση του λαδιού του.

σουσαμόπολτος ο, ουσ., ταχίνι (βλ. λ.).

σουσαμωτός, -ή, -ό, επίθ., που του έχουν ρίξει αποπάνω σουσάμι: *ψωμί -ό.*

σουσούμι το, ουσ. (λαϊκ.), χαρακτηριστικό σημάδι, χαρακτηριστικό του προσώπου: *ο αστυνόμος ξεσκάλιζε το κάθε ~ τους* (Ι.Μ. Παναγιωτόπουλος)· *είναι στο ~ ίδιοι* (Κόντογλου). [μτγν. *σύσσημον*].

σουσουμιάζω, ρ. (συνιζ., λαϊκ.). **1.** περιγράφω κάτι ή κάποιον χαρακτηρίζοντάς το(ν): *-ιαζε τ' ό,τι είδε και δεν είδε* (Ι.Μ. Παναγιωτόπουλος)· *ολοένα και το -ιαζαν το 'να και τ' άλλο* (Ι.Μ. Παναγιωτόπουλος). **2.** παρομοιάζω, αναγνωρίζω: *τον -ιασε πως ήτανε κείνος* (Κόντογλου).

σουσουράδα η, ουσ. **1.** είδος πουλιού με αδύνατο σώμα, ψηλά πόδια και μακριά ουρά την οποία κουνά πάνω-κάτω όταν βαδίζει. **2.** (θωπευτ.) α. μικρό κορίτσι· **β.** γυναίκα επιπόλαιη. - Υποκορ. **-αδίτσα** η (στις σημασ. 2α και β). [*σείω + ουρά*].

σουσουρίζω, ρ., κάνω ελαφρό θόρυβο: *άρχισαν να -ζουν τα ψηλά ξεροχόρταρα.*

σούσουρο το, ουσ. **1.** ελαφρός θόρυβος: *πέφτει ένα φύλλο... κι ακούγεται...* ~ (Κόντογλου). **2.** ψίθυρος, σχόλια: *οι γυναίκες αρχίσανε μεγάλο ~* (Μπαστιάς)· *έγινε ~ στη γειτονιά.* [ιταλ. *sussurro*].

σούστα η, ουσ. **1.** ελατήριο: *-ες του κρεβατιού.* **2.** ζευγάρι μεταλλικών κουμπιών από τα οποία το ένα έχει κοιλότητα με ελατήριο, ενώ το άλλο είναι έτσι κατασκευασμένο ώστε, όταν πατηθεί στο πρώτο, να εφαρμόσει εντελώς: *το πουκάμισο κουμπώνει με* ~. **3.** δίτροχο όχημα που το σέρνει

σουτ άλογο και που η καρότσα του στηρίζεται στον άξονα με ελατήρια. 4. κρητικός πηδηχτός χορός. - Υποκορ. **-ίτσα** η (στις σημασ. 1 και 2). [βενετ. *susta*].

σουτ το, Ι. ουσ. άκλ. (αθλητ.) κλότσημα της μπάλας προς το αντίπαλο τέρμα. [αγγλ. *shoot*].

σουτ, ΙΙ. και σους, επιφ., σιωπή! σώπα! [ηχομιμ. λ.].

σουτάρω, ρ. 1. (αθλητ.) κάνω σουτ (βλ. λ. Ι). 2. (λαϊκ.) διώχνω κάποιον (με άσχημο τρόπο).

σουτέρ ο, ουσ. άκλ. (αθλητ.) παίκτης ικανός στο σουτ (βλ. λ. Ι). [αγγλ. *shooter*].

σουτζουκάκι το, ουσ. (στον πληθ.) φαγητό από μικρά μακρόστενα κομμάτια πλασμένα από μίγμα από κιμά, καρυκεύματα και άλλα υλικά που τρώγονται τηγανητά ή ψητά: *-α στα κάρβουνα/σμυρναίικα* (πβ. *κεφτές*).

σουτζούκι το, ουσ. 1. λουκάνικο (συνήθως ανατολίτικου τύπου): *-ια καραμανλίδικα*. 2. είδος ανατολίτικου γλυκίσματος από μίγμα μουσταλευριάς και καρυδιών (ή από λουκούμι) σε σχήμα λουκάνικου. - Υποκορ. **-άκι** το (βλ. λ.). [τουρκ. *sucuk*].

σουτιέν το, ουσ. άκλ. (συνίζ.), στηθόδεσμος. [γαλλ. *soutien-(gorge)*].

σούφρα η, ουσ. (λαϊκ.). 1. ζάρα υφάσματος ή φορέματος. 2. ζάρα προσώπου, ρυτίδα. 3. αδυνάτισμα βρέφους από αντικανονική θρέψη. 4. (μεταφ.) κλέψιμο.

σουφραζέτα η, ουσ. (σε παλαιότερη εποχή) γυναίκα που διεκδικεί για το γυναικείο φύλο το δικαίωμα της ψήφου· (κατ' επέκταση) γυναίκα που διεκδικεί πολιτικά και κοινωνικά δικαιώματα περιφρονώντας τις κοινά παραδεκτές απόψεις (συνών. *φεμινίστρια*). [γαλλ. *suffragette*].

σουφρώνω, ρ. 1. (μτβ. και αμτβ.) ζαρώνω: *-ωσε τα χείλη της/το πρόσωπο της*. 2. κλέβω: *του -ωσε το πορτοφόλι*· στο καράβι το ψωμί τους έμισκε και *το -ωνεν ο καπετάνιος* (Μπαστιάς).

σοφά, βλ. *σοφός*.

σοφάρισμα το, ουσ., οδήγηση αυτοκινήτου.

σοφάρω, ρ., οδηγώ αυτοκίνητο. [γαλλ. *chauffer*].

σοφάς ο, ουσ., χαμηλός καναπές ή πρόχειρο κρεβάτι: *αποκοιμήθηκα στο -ά της τραπεζαρίας* (συνών. *μιντέρι*). [τουρκ. *sofa*].

σοφέρ ο, θηλ. **-ρίνα**, ουσ., οδηγός αυτοκινήτου. [γαλλ. *chauffeur*].

σοφεράντζα η, ουσ. (λαϊκ.), (συνήθως ειρων.) επαγγελματίας ικανός οδηγός αυτοκινήτου.

σοφερίνα, βλ. *σοφέρ*.

σοφία η, ουσ. 1. ικανότητα κάποιου να χρησιμοποιεί τις γνώσεις και την πείρα του για να κάνει λογικές κρίσεις και να παίρνει σωστές αποφάσεις, φρόνηση: *η ~ των γεροντότερων*. 2. το να κατέχει κάποιος και να μπορεί να εποπτεύει (σχεδόν) όλους του τομείς του επιστητού, πολυμάθεια: *η ~ του δασκάλου του τον οδήγησε στην επιτυχία*. 3. το σύνολο γνώσης και πείρας που έχει αποκτήσει κατά τη διάρκεια μεγάλης χρονικής περιόδου μια κοινωνία ή ένας πολιτισμός: *λαϊκή ~*. 4. (ειδικά) η σωστή κρίση και η γνώση των πάντων ως ιδιότητα του θείου: *η ~ του Θεού*.

σοφίζομαι, ρ., επινοώ κάτι (συχνά για να αποφύγω δυσάρεστες συνέπειες): *τι -ίστηκε πάλι για να γλυτώσει*· *-ίστηκα ένα σχέδιο* (συνών. *τεχνάζομαι, μηχανεύομαι*).

σόφισμα το, ουσ., ψευδής συλλογισμός, φαινομενικά όμως λογικός, που γίνεται με την πρόθεση να οδηγήσει σε αμηχανία ή σε σφάλμα: *αποκρούω ένα ~*.

σοφιστεία η, ουσ., σόφισμα (βλ. λ.): *πού τις βρήκε τόσες -ες! πολιτικές -ες*.

σοφιστεύομαι, ρ., συζητώντας καταφεύγω σε σοφιστείες (βλ. λ.).

σοφιστής ο, ουσ. 1. (αρχ.) διδάσκαλος, με χρηματική αμοιβή, της ρητορικής και της πολιτικής φιλοσοφίας. 2. άνθρωπος ικανός να σοφιστεύεται (βλ. λ.).

σοφιστικά, βλ. *σοφιστικός*.

σοφιστική η, ουσ. (αρχ.) η τέχνη των αρχαίων σοφιστών (βλ. λ. σημασ. 1).

σοφιστικός, -ή, -ό, επίθ. 1. (αρχ.) που σχετίζεται με τους αρχαίους σοφιστές: *~ συλλογισμός*. 2. που σχετίζεται με σοφιστή (βλ. λ. στη σημασ. 2): *τρόπος στη συζήτηση· -ά τεχνάσματα*. - Επίρρ. **-ά**.

σοφίτα η, ουσ., μικρό δωμάτιο που βρίσκεται αμέσως κάτω από τη στέγη του σπιτιού. [γαλλ. *soffite*].

σοφολογιότατος ο, ουσ. (ασυνίζ., λόγ.), (παλαιότερα) σοφός· (σήμερα ειρων.) λόγιος.

σοφός, -ή, -ό, επίθ. 1. που έχει πολλές γνώσεις και μεγάλη πείρα από τον κόσμο και είναι ικανός να τα χρησιμοποιεί για να σχηματίζει σωστή γνώμη και να παίρνει κατάλληλες αποφάσεις: *~ γέροντας*. 2. που κατέχει και μπορεί να εποπτεύει (σχεδόν) όλους τους τομείς του επιστητού, πολυμαθής: *οι επτά -οί της αρχαιότητας* (αντ. *αμαθής*). 3. (για πράγματα) που γίνεται με επιτυχία, έξυπνος: *απόφαση/πολιτική -ή· σχέδιο -ό* (συνών. *επιτυχημένος, εύστοχος*· αντ. *άστοχος, αποτυχημένος*). - Επίρρ. **-ά**.

σοφράς ο, ουσ. (λαϊκ.), χαμηλό τραπέζι φαγητού. [τουρκ. *sofra*].

σπάγγος, βλ. *σπάγκος*.

σπαγέτο το, ουσ., μικρό λεπτό κυλινδρικό μακαρόνι χωρίς οπή. [ιταλ. *spaghetto*].

σπαγκοραμμένος, -η, -ο, επίθ. (ερρ. και όχι ερρ.). 1. (σπάνια) ραμμένος με σπάγκο. 2. (μεταφ.) φιλάργυρος (συνών. *τσιγγούνης*· αντ. *ανοιχτοχέρης, χουβαρντάς*).

σπάγκος (ερρ. και όχι ερρ.) και **-γος** ο, ουσ. 1. λεπτό σκοινάκι που αποτελείται από δύο νήματα και χρησιμοποιείται για να δένονται δέματα: *δένω το πακέτο με -ο· αγοράζω ένα κουβάρι -ο*. 2. (μεταφ.) άνθρωπος εξαιρετικά τσιγκούνης, σπαγκοραμμένος. [ιταλ. *spago*].

σπαζοκεφαλιά η, ουσ. (συνίζ.), κάτι που δύσκολα κανείς βρίσκει τη λύση του.

σπαζοκεφαλιάζω, ρ. (συνίζ.), κουράζω το μυαλό μου για να βρει λύση σε δύσκολα θέματα (συνών. *πονοκεφαλιάζω*).

σπάζω, σπάνω, σπάω και σπω, -άς, ρ. Α. μτβ. 1. κάνω κάτι να χωριστεί σε πολλά κομμάτια ύστερα από χτύπημα ή ρίξιμο: *στο πλύσιμο έσπασε δυο πιάτα· έσπασε το χέρι του* (= *έπαθε κάταγμα*). 2. κάνω κάτι να χωριστεί σε δύο ή περισσότερα κομμάτια, επειδή το πιέζω πολύ ή το τραβώ με δύναμη: *έσπασα το σκοινί καθώς το τέντωνα· ~ τα δεσμά* (κυριολεκτικά και μεταφ.). 3. (μεταφ.) διακόπτω: *~ τη σιωπή/τη συνέχεια*. 4. (μεταφ.) παραβαίνω, αθετώ: *~ τη συμφωνία*. Β. αμτβ. 1. χωρίζομαι σε πολλά κομμάτια ύστερα από χτύπημα ή πτώση: *έσπασε το ποτήρι/ο καθρέφτης*·

έσπασε το χέρι μου (= έπαθε κάταγμα). 2. χωρίζομαι σε δύο ή περισσότερα κομμάτια εξαιτίας υπερβολικής πίεσης ή τεντώματος: *έσπασε το κλαδί, γιατί δεν άντεξε το βάρος.* 3. (για κύμα) σκάνω με θόρυβο και διαλύομαι αφρίζοντας: *δεν ακουγόταν παρά το κύμα που σπούσε* (συνών. *σκάζω*). 4. δεν αντέχω μια κατάσταση και γι' αυτό υποκύπτω, λυγίζω: *ο ένοχος έσπασε στην ανάκριση· η απεργία έσπασε.* 5. από τις κακουχίες ή τη στενοχώρια εξαντλούμαι και γεράζω απότομα: *μετά το θάνατο του άντρα της έσπασε πολύ.* 6. γίνομαι λιγότερο έντονος: *έβαλε ένα κόκκινο φουλάρι να σπάσει η μαυρίλα· ρίξε λίγη κανέλα στο γλυκό να σπάσει η γεύση από το γάλα.* 7. (λαϊκ.) φεύγω: *σπάσε!* (= πάρε δρόμο, χάσου). Φρ. *έσπασαν τα τηλέφωνα* (= χτυπούσαν συνεχώς)· *έσπασαν τ' αφτιά μου* (= ξεκουφάθηκα)· *έσπασα το κεφάλι μου* (= σκέφτηκα πολύ για να θυμηθώ ή να καταλάβω κάτι)· *(μια ταινία) -άει τα ταμεία* (= έχει μεγάλη εισπρακτική επιτυχία)· (λαϊκ.) *μου την έσπασε* (= με εκνεύρισε υπερβολικά)· *πληρώνω τα σπασμένα* (= υφίσταμαι τις συνέπειες από πράξεις δικές μου ή άλλων)· *σπάει η χολή μου* (= με καταλαμβάνει τρόμος)· *-ουν τα νερά* (για έγκυο, βλ. *νερό* φρ.)· *-ουν τα νεύρα μου* (= εκνευρίζομαι υπερβολικά)· ~ *καπνό* (= σπάζω τα φύλλα του φυτού κατά το μάζεμα, μαζεύω καπνό)· ~ *κέφι,* βλ. *κέφι·* ~ *πλάκα* (= διασκεδάζω· βλ. και *πλάκα)·* ~ *ρεκόρ* (= ξεπερνώ κάθε προηγούμενο όριο· (αθλητ.) ξεπερνώ όλες τις προηγούμενες επιδόσεις)· ~ *τα μούτρα μου* (= δοκιμάζω σοβαρή αποτυχία)· ~ *το κεφάλι μου* (= πονοκεφαλιάζω για να βρω λύση σε κάποιο πρόβλημα)· ~ *τον πάγο,* βλ. *πάγος· τα σπάσαμε* (= διασκεδάσαμε υπερβολικά)· *το φαΐ μού έσπασε τη μύτη* (για έντονη ευχάριστη οσμή από φαγητό). - Βλ. και *σπασμένος.*
σπαής, βλ. *σπαχής.*
σπάθα η, ουσ. 1. μεγάλο σπαθί. 2. εργαλείο υφαντικής.
σπαθάκι, βλ. *σπαθί.*
σπαθάριος ο, ουσ. (ασυνίζ.), τίτλος βυζαντινών αξιωματούχων (σωματοφυλάκων του αυτοκράτορα ή κάποιου μεγάλου άρχοντα).
σπαθασκία η, ουσ. (σπανιότερα) άσκηση στη χρήση του σπαθιού (συνών. *ξιφασκία*).
σπαθάτος, -η, -ο, επίθ. 1. (ειρων. για τους στρατιωτικούς) που κρατεί σπαθί. 2. (μεταφ.) ψηλός και λυγερός: *γυναίκα -η.*
σπάθη η, ουσ., υφαντικό εργαλείο.
σπαθί το, ουσ. 1. ξίφος· φρ. *κόβει το* ~ *του* (= είναι πανίσχυρος)· *με το* ~ *νου* (= με την αξία του)· *το πρόσωπο του ανθρώπου είναι* ~ (= η προσωπική παρουσία και επέμβαση είναι πάντοτε πιο αποτελεσματική). 2. παιγνιόχαρτο με μαύρα σήματα σε σχήμα τριφυλλιού ως διακριτικά σημεία. 3. (ως επίρρ., λαϊκ.) ντόμπρα, ίσια, φανερά, καταπρόσωπα, αντρίκια: *εξηγήθηκα* ~ (και ως επίθ. με ανάλογη σημασ.) *λόγια/εξήγηση* ~. - Υποκορ. *-άκι* το.
σπαθιά η, ουσ. (συνιζ.), χτύπημα με σπαθί.
σπαθίζω, ρ. 1. χτυπώ με σπαθί. 2. (μεταφ.) χτυπώ, κόβω, διαπερνώ σα να είμαι σπαθί: *τα κουπιά -ανε τα νερά· το μάτι της ιζε το πυκνό σκοτάδι* (Μπαστιάς).
σπαθοκομματιάζω, ρ. (συνιζ., λαϊκ.), κομματιάζω με το σπαθί.

σπαθόλουρα τα, ουσ., τα λουριά από τα οποία κρεμιέται το σπαθί: *φόραγε και τα* ~ (Ι.Μ. Παναγιωτόπουλος).
σπαθοφόρος ο, ουσ., στρατιωτικός οπλισμένος με σπαθί.
σπαθωτός, -ή, -ό, επίθ., που μοιάζει με σπαθί: *-ά φρύδια* (Καζαντζάκης).
σπάλα η, ουσ. 1. ωμοπλάτη ζώου. 2. το κρέας της ωμοπλάτης ζώου: *δώσε μου ένα κιλό* ~ (συνών. *κουτάλα*). [ιταλ. *spalla*].
σπάλαθρο και **-λαθο** το, ουσ., το φυτό ασπάλαθος (βλ. λ.).
σπαλέτα η, ουσ., επωμίδα στρατιωτικής στολής. [βενετ. *spaleta*].
σπανάκι το, ουσ., φαγώσιμο λαχανικό με φύλλα μεγάλα, έντονα πράσινα. [λατ. *spinaceum*<περσ. *äspänōh*].
σπανακόπιτα η, ουσ., πίτα φτιαγμένη με σπανάκι.
σπανακόρυζο το, ουσ., φαγητό που παρασκευάζεται με σπανάκι και ρύζι.
σπανίζω, ρ., είμαι σπάνιος, απαντώ σε μικρή ποσότητα: *αυτό το είδος -ει στην αγορά.*
Σπανιόλα, βλ. *Σπανιόλος.*
σπανιόλικος, -η, -ο, επίθ., ισπανικός (βλ. λ.): *μπρίκι -ο.*
Σπανιόλος ο, θηλ. **-α,** ουσ., Ισπανός, (βλ. λ.).
σπάνιος, -ια, -ιο, επίθ. 1. που δεν απαντά συχνά, που δεν υπάρχουν πολλά όμοιά του: *ευρήματα -ια.* 2. που δε συμβαίνει ή δεν παρουσιάζεται συχνά: *-ες περιπτώσεις/στιγμές· -ια χρήση λέξης* (αντ. στις σημασ. 1 και 2 *συχνός, συνηθισμένος*). 3. που έχει εκλεκτή ποιότητα, εξαιρετικός, που ξεφεύγει από το συνηθισμένο: *άνθρωπος* ~· *προτερήματα -ια· νοστιμιά -ια* (συνών. *εκλεκτός·* αντ. *συνηθισμένος, κοινός*).
σπανιότητα η, ουσ., το να είναι κάτι σπάνιο.
σπανομαρία η, ουσ. (ειρων.) σπανός άνδρας.
σπανός ο, ουσ. 1.σψ άντρας που δεν του φυτρώνουν γένια· παροιμ. *όλα γίνονται, μόνο του -ού τα γένια δε φυτρώνουν* (= τίποτα δεν είναι αδύνατο). 2. (για τόπο) που δεν έχει βλάστηση: *-ά βουνά* (Κόντογλου).
σπάνω, βλ. *σπάζω.*
σπαράγγι το, ουσ. (έρρ.). 1. διακοσμητικό φυτό. 2α. ποώδες φυτό που από τη ρίζα του βγαίνουν μακρόστενα σαρκώδη βλαστάρια που οι άκρες τους τρώγονται· β. οι φαγώσιμες άκρες των βλαστών του σπαραγγιού. [αρχ. *ασπάραγος*].
σπάραγμα το, ουσ. (φιλολ.) 1. κομμάτι από παλαιό χειρόγραφο ή περγαμηνή που διασώζει μικρό τμήμα παλαιότερου κειμένου: *-ατα περγαμηνών κωδίκων.* 2. (μεταφ.) ατελείωτο λογοτεχνικό κείμενο: *-ατα από το σολωμικό έργο.*
σπαραγμός ο, ουσ., μεγάλος ψυχικός πόνος.
σπαράζω, ρ. I. ενεργ. Α. (μτβ.) κατακεσκίζω (συνών. *κατασπαράζω*). Β. αμτβ. 1. κινούμαι σπασμωδικά, σπαρταρώ: *το ψάρι ακόμη -ει·* φρ. *-αξε στο κλάμα* (= έκλαψε γοερά). 2. (με υποκ. τα ουσ. *καρδιά, ψυχή*) υποφέρω: *-ει η ψυχή μου όταν τον βλέπω σ' αυτήν την κατάσταση.* II. (μέσ., λόγ.) βλέφερω πολύ από κάτι: *η χώρα -εται από τον εμφύλιο πόλεμο· ο άνθρωπος -εται από τη δραματική μοίρα του.*
σπαράκι, βλ. *σπάρος.*
σπαραξικάρδιος, -ια, -ιο, επίθ. (ασυνίζ.), σπαραχτικός, που προκαλεί σπαραγμό, ψυχικό πόνο: *θέαμα -ιο.*

σπάραχνο το, ουσ., το βράγχιο του ψαριού. [μτγν. *βάραγχος*<αρχ. *βράγχος*].

σπαραχτικός, -ή, -ό, επίθ., που προκαλεί βαθιά θλίψη: *κραυγές -ές.* - Επίρρ. **-ά.**

σπάργανο το, ουσ., υφασμάτινη ταινία μακριά και πλατιά με την οποία περιτυλίγουν τα βρέφη (συνών. *φασκιά*). Φρ. *είναι ή βρίσκεται στα -α κάτι* (= είναι στην αρχή ή σε πρωτόγονη κατάσταση).

σπαργάνωμα το, ουσ., φάσκιωμα (βρέφους).

σπαργανώνω, ρ., περιτυλίγω με σπάργανα (συνών. *φασκιώνω*).

σπαργάνωση η, ουσ., σπαργάνωμα (βλ. λ.).

σπαρί, βλ. *σπάρος.*

σπαρματσέτο και **σπε-** το, ουσ., είδος κεριού από λίπος (συνών. *κητόσπερμα*). [ιταλ. *spermaceti*].

σπαρολόγος ο, ουσ., αλιευτικό εργαλείο για το ψάρεμα σπάρων.

σπάρος ο, ουσ. 1. είδος μικρού ψαριού με πλατύ σώμα και πολλά κόκαλα. 2. (μεταφ.) άνθρωπος τεμπέλης. - Υποκορ. **σπαρί** και **-άκι** το.

σπάρσιμο το, ουσ., σπορά (βλ. λ.): ~ *του χωραφιού.*

σπαρταρίζω, βλ. *σπαρταρώ.*

σπαρτάρισμα το, ουσ., σπασμωδικό τίναγμα: ~ *ψαριού* (συνών. *σφαδασμός*).

σπαρταριστός, -ή, -ό, επίθ. 1. που σπαρταρά. 2. (μεταφ.) α. γεμάτος ζωντάνια, αληθινός: *ανέκδοτα -ά· ιστορίες -ές·* β. (για γέλια) ζωηρός. 3. (για ψάρια) που κινείται ακόμη σπασμωδικά, πολύ φρέσκος: *ψάρια -ά.*

σπαρταρώ, -άς και **σπαρταρίζω,** ρ., τινάζομαι σπασμωδικά: *το ψάρι ακόμη -ούσε·* οι δικοί μας *τρέμανε και -ούσαν.* Φρ. *-ά η καρδιά/η ψυχή μου* (= ανησυχώ και αγωνιώ για κάτι) ~ *από τα γέλια* (= ξεκαρδίζομαι).

Σπαρτιάτης ο, θηλ. **-ισσα,** ουσ. (ασυνίζ.), αυτός που κατάγεται από τη Σπάρτη ή κατοικεί σ' αυτήν.

σπαρτιατικός, -ή, -ό, επίθ. 1. που σχετίζεται με τους Σπαρτιάτες. 2. λιτός: ~ *βίος.* - Επίρρ. **-ά** = λιτά, φτωχικά.

σπαρτικός, -ή, -ό, επίθ., που σχετίζεται με τη σπορά: *μηχανήματα -ά.*

σπάρτινος, -η, -ο, επίθ., που είναι καμωμένος από σπάρτα: *στεφάνι -ο.*

σπάρτο το, ουσ. (βοτ.) είδος διακοσμητικού θάμνου με ευωδιαστά κίτρινα λουλούδια και κυλινδρικούς επιμήκεις βλαστούς που χρησιμοποιούνται ως υλικό πρόσδεσης και κατασκευής πλεκτών αντικειμένων.

σπαρτολούλουδο το, ουσ., το λουλούδι του σπάρτου.

σπαρτοπλεχτική η, ουσ., τέχνη κατασκευής πλεκτών αντικειμένων από βλαστούς σπάρτων.

σπαρτός, -ή, -ό, επίθ., σπαρμένος, καλλιεργημένος (αντ. *άσπαρτος*). - Το ουδ. ως ουσ. = χωράφι σπαρμένο με δημητριακά, γενικά έκταση καλλιεργημένη και (συνεκδοχικά) τα δημητριακά που είναι σπαρμένα: *από τη λειψυδρία κάηκαν όλα τα -ά.*

σπασίκλας ο, ουσ. (σχολ., σκωπτ.) πολύ μελετηρός μαθητής.

σπάσιμο το, ουσ. 1. το να σπάζει κανείς κάτι ή το να σπάζει κάτι: *απαγορεύεται το ~ των πιάτων.* 2. κάταγμα: ~ *του χεριού.* 3. κάμψη: ~ *του γονάτου του κούρου.* Έκφρ. ~ *νεύρων* (= μεγάλος εκνευρισμός, δοκιμασία των νεύρων)· (λαϊκ.) ~ *των τιμών* (= μείωση).

σπασμένος, -η, -ο, επίθ. 1. που έχει σπάσει, που έχει γίνει κομμάτια: *τζάμι -ο.* 2. που έχει υποστεί κάταγμα: *πόδι -ο.* 3. (για νεύρα) που έχει υποστεί δοκιμασία, αδύνατος. 4. (για ξένη γλώσσα) που μιλιέται από κάποιον με δυσκολία και άσχημα: *μιλάει -α γαλλικά.* Φρ. *πληρώνω τα -α* (= πληρώνω τις ζημιές που έχουν κάνει άλλοι). - Βλ. και *σπάζω.*

σπασμολυτικός, -ή, -ό, επίθ., που σταματά τους μυϊκούς σπασμούς: *φάρμακο -ό.*

σπασμός ο, ουσ. (ιατρ.) α. ακούσια σύσπαση του συνόλου ή μέρους μόνο των μυών του σώματος: *-οί του αναπνευστικού συστήματος·* β. παροξυσμός επιληψίας.

σπασμοφιλία η, ουσ. (ιατρ.) προδιάθεση για σπασμούς που εκδηλώνεται με την αύξηση της εγκεφαλικής πίεσης.

σπασμωδικός, -ή, -ό, επίθ. 1. που συνοδεύεται από σπασμούς: *βήχας ~.* 2. που γίνεται χωρίς σύστημα και τάξη: *ενέργειες -ές.* - Επίρρ. **-ά.**

σπασμωδικότητα η, ουσ., το να είναι κάτι σπασμωδικό.

σπαστικός, -ή, -ό, επίθ. 1. που προκαλεί σπασμούς: *φάρμακο -ό.* 2. που χαρακτηρίζεται από σπασμούς: *παράλυση -ή.* 3. που δεν ελέγχει τις κινήσεις των μελών του σώματος του: *παιδιά -ά.*

σπαστός, -ή, -ό, επίθ., που μπορεί να σπάσει, να λυγίσει: *καλαμάκι -ό.*

σπατάλη η, ουσ., αλόγιστη δαπάνη ή χρήση: ~ *πόρων/ηλεκτρικού ρεύματος/δυνάμεων* (αντ. *οικονομία, φειδώ*).

σπάταλος, -η, -ο, επίθ. 1. που ξοδεύει ασυλλόγιστα: *γυναίκα -η* (αντ. *οικονόμος, φειδωλός*). 2. που τον χαρακτηρίζει η σπατάλη, πολυέξοδος: *ζωή -η.*

σπαταλώ, -άς, ρ., ξοδεύω ασυλλόγιστα: ~ *χρήματα/χρόνο/δυνάμεις.*

σπάτουλα η, ουσ., μεταλλικό ή ξύλινο πλατύ έλασμα συνήθως με λαβή, που χρησιμοποιείται για την ανάμιξη και επάλειψη πολτών. [βενετ. *spatola*].

σπατουλάρισμα το, ουσ., δημιουργία λεπτού και λείου υποστρώματος από επίπλασμα στόκου με τη χρήση σπάτουλας πριν από το βάψιμο επιφάνειας.

σπατουλαριστός, -ή, -ό, επίθ., που έχει σπατουλαριστεί: *τοίχος δωματίου ~.*

σπατουλάρω, ρ., κάνω σπατουλάρισμα.

σπαχής και **σπαής** ο, ουσ. (παλαιότερο) ιππέας τιμαριούχος υποχρεωμένος σε περίπτωση πολέμου να παρουσιαστεί με αριθμό οπλισμένων ανδρών ανάλογα με τα έσοδα του τιμαρίου του. [τουρκ. *sipahi*].

σπάω, βλ. *σπάζω.*

σπείρα η, ουσ. 1. καθετί που συστρέφεται ελικοειδώς, καθώς και καθεμία από τις συστροφές του: ~ *ελατηρίου.* 2. ομάδα κακοποιών, συμμορία: ~ *τρομοκρατών.* 3. (αρχαιολ.) κόσμημα στη βάση ιωνικού κίονα.

σπειροειδής, -ής, -ές, γεν. *-ούς,* πληθ. αρσ. και θηλ. *-είς,* ουδ. *-ή,* επίθ., που έχει σπείρες, ελικοειδής: *ελατήριο -ές· γραμμή -ής* = ανοιχτή καμπύλη γραμμή που στρέφεται γύρω από ένα σημείο, από το οποίο διαρκώς απομακρύνεται.

σπειροχαίτη η, ουσ., γενική ονομασία μικροοργανισμών στους οποίους οφείλονται διάφορες ασθένειες, ιδίως η σύφιλη.

σπείρω, βλ. σπέρνω.
σπειρωτός, -ή, -ό, επίθ., που έχει σχήμα σπείρας, σπειροειδής.
σπέκουλα η, ουσ. (λαϊκ.), κερδοσκοπία.
σπεκουλαδόρος ο, ουσ. (λαϊκ.), κερδοσκόπος.
σπεκουλάρισμα το, ουσ. (λαϊκ.), κερδοσκοπία.
σπεκουλάρω, ρ. (λαϊκ.), συνήθως στον ενεστ. 1. κερδοσκοπώ. 2. υπολογίζω, περιμένω την κατάλληλη στιγμή. [ιταλ. speculare].
σπεντζοφάι, βλ. σπετσοφάι.
σπερδούκλι το, ουσ. (βοτ.) το φυτό ασφόδελος. [αρχ. ασφόδελος].
σπέρμα το, ουσ. 1. (βοτ.) σπερματικό βλάστημα που γονιμοποιήθηκε και αποτελείται από το φυτικό έμβρυο, από θρεπτικές ουσίες και το περισπέρμιο (συνών. σπόρος). 2. πυρήνας καρπού, κουκούτσι. 3. ουσία που παράγεται από τα γεννητικά όργανα του άνδρα και των αρσενικών ζώων και περιέχει ως κύρια στοιχεία τα σπερματοζωάρια. 4. (συνεκδοχικά) παιδί, απόγονος: ~ διαβόλου (= άνθρωπος καταχθόνιος). 5. (μεταφ.) πρώτη αρχή γεγονότος, αιτία: ~ του κακού.
σπερματαγωγός, -ός, -ό, επίθ. (λόγ.), που διοχετεύει το σπέρμα προς τα έξω: πόρος ~.
σπερματέγχυση η, ουσ., τεχνητή γονιμοποίηση.
σπερματικός, -ή, -ό, επίθ., που ανήκει ή αναφέρεται στο σπέρμα ή στα σπερματογόνα όργανα: υγρό -ό· πόρος ~.
σπερματίνη και σπερμίνη η, ουσ., ουσία που εκκρίνεται από τον προστάτη και προσδίδει στο σπέρμα χαρακτηριστική οσμή.
σπερματογένεση η, ουσ., το σύνολο των εξελικτικών διεργασιών που καταλήγουν στο σχηματισμό σπερματοζωαρίων.
σπερματογονία και σπερμογονία η, ουσ. (βιολ.) παραγωγή σπερματοζωαρίων μέσα σε ειδικά όργανα του αντρικού σώματος για τον άνθρωπο ή του αρσενικού φύλου για τα ζώα (συνών. σπερματογένεση).
σπερματογόνος, -ος, -ο και σπερμογόνος, επίθ. (βιολ.) που γεννά, παράγει σπέρμα: -οι αδένες.
σπερματοδόχος, -ος, -ο και σπερμοδόχος, επίθ. (βιολ.) που δέχεται ή περιέχει, περικλείει σπέρμα: ~ κύστη· ~ πόρος.
σπερματοζωάριο το, ουσ. (ασυνίζ.), (βιολ.) το αρσενικό γεννητικό κύτταρο των ζωικών οργανισμών που περιέχεται στο σπέρμα, ο αρσενικός γαμέτης (βλ. λ.).
σπερματοθήκη και σπερμοθήκη η, ουσ. α. (βοτ.) μέρος του άνθους ή του καρπού που περικλείει τα σπέρματα· β. (ζωολ.) ειδικός θάλαμος στο θηλυκό αναπαραγωγικό σύστημα πολλών ζωικών οργανισμών (κυρίως εντόμων), που χρησιμεύειως χώρος αποθήκευσης των σπερματοζωαρίων εωσότου γονιμοποιήσουν τα ωάρια.
σπερματοκύτταρο και σπερμοκύτταρο το, ουσ. (βιολ.) κύτταρο που παράγει το σπερματοζωάριο (βλ. λ.).
σπερματολογία η, ουσ., κλάδος της βιολογίας που ασχολείται με τα ζωικά ή φυτικά σπέρματα.
σπερματολογικός, -ή, -ό, επίθ., που ανήκει ή αναφέρεται στη σπερματολογία (βλ. λ.).
σπερματόρροια η, ουσ. (ασυνίζ.), (ιατρ.) ακούσια ρεύση σπέρματος, που συμβαίνει συνήθως κατά τον ύπνο (συνών. ονείρωξη, βλ. λ.).
σπερματούχος, -ος, -ο, επίθ., που περιέχει σπέρμα.

σπερματόφυτα τα, ουσ. (βοτ.) κατηγορία του φυτικού βασιλείου που περιλαμβάνει φυτά που πολλαπλασιάζονται με σπέρματα (συνών. φανερόγαμα).
σπερματσέτο, βλ. σπαρματσέτο.
σπερμίνη, βλ. σπερματίνη.
σπερμογονία, βλ. σπερματογονία.
σπερμογόνος, βλ. σπερματογόνος.
σπερμοδόχος, βλ. σπερματοδόχος.
σπερμοθήκη, βλ. σπερματοθήκη.
σπερμοκύτταρο, βλ. σπερματοκύτταρο.
σπερμολογία η, ουσ. 1. συλλογή σπόρων. 2. (μεταφ.) κακόβουλες διαδόσεις, κουτσομπολιό (συνών. κακολογία).
σπερμολόγος ο και η, ουσ. 1. αυτός που μαζεύει σπόρους. 2. (μεταφ.) αυτός που διαδίδει αδέσποτες και κακόβουλες φήμες (συνών. κουτσομπόλης).
σπερμολογώ, -είς, ρ. 1. μαζεύω σπόρους, σπορολογώ. 2. (μεταφ.) διαδίδω αδέσποτες και συνήθως κακόβουλες φήμες, είμαι σπερμολόγος (συνών. κουτσομπολεύω, κακολογώ).
σπερνός, -ή, -ό, επίθ. (λαϊκ.), εσπερινός (βλ. λ.).
σπέρνω, ρ., αόρ. έσπειρα, παθ. αόρ. σπάρθηκα, μτχ. παρκ. σπαρμένος. 1. σκορπίζω σπόρους στη γη για να βλαστήσουν, διενεργώ σπορά (βλ. λ.): δεν τον -ει φέτος τον κήπο· το χωράφι το έσπειρε σιτάρι. 2. (συνεκδοχικά) σκορπίζω, διασκορπίζω: τα στραγάλια τα έσπειρε στο δρόμο. 3. (μεταφ. για άντρα) τεκνοποιώ: έσπειρε τρία κορίτσια και δύο αγόρια. 4. (μεταφ. για πνευματικά αγαθά) διαδίδω, διδάσκω: οι Απόστολοι έσπειραν το λόγο του Θεού (συνών. σπείρω στις σημασ. 1, 2, 3 και 4). Φρ. ~ ζιζάνια (= δημιουργώ έριδες, προκαλώ διχόνοια). Παροιμ. φρ. γείασου (ή καλημέρα) Γιάννη! κουκιά ~ (για όσους απαντούν αλλ' αντ' άλλων, όπως συχνά συμβαίνει στους βαρήκοους)· όπου δε σε -ουν μη φυτρώνεις ή μην ανακατεύεσαι εκεί που δε σε -ουν (= να μην επεμβαίνεις σε ξένες υποθέσεις, όπου δεν έχεις καμιά αρμοδιότητα).
σπεσιαλιτέ η και το, ουσ. άκλ. 1. βιομηχανικό φάρμακο, ιδιοσκεύασμα (βλ. λ.). 2. (μεταφ.) φαγητό (ή φαγώσιμο) που παρασκευάζεται με ιδιαίτερο τρόπο: η ~ του καταστήματος· το ~ της Βέροιας είναι το ρεβανί. [γαλλ. specialité].
σπετσαρία η, ουσ. (λαϊκ.), φαρμακείο (βλ. λ.). [ιταλ. spezieria].
σπετσ(ι)έρης ο, ουσ. (συνιζ., λαϊκ.), φαρμακοποιός. [βενετ. specier].
Σπετσιώτης ο, θηλ. -ισσα, ουσ. (συνιζ.), αυτός που κατοικεί στις Σπέτσες ή κατάγεται από εκεί.
σπετσιώτικος, -η, -ο, επίθ. (συνιζ.), που ανήκει ή αναφέρεται στις Σπέτσες ή στους Σπετσιώτες.
Σπετσιώτισσα, βλ. Σπετσιώτης.
σπετσοφάι και σπεντζοφάι το, ουσ., είδος φαγητού που παρασκευάζεται από πιπεριές, λουκάνικα ή κεφτεδάκια, ντομάτα και λάδι. [πιθ. από βενετ. specie, ιταλ. spezie].
σπεύδω, ρ., αόρ. έσπευσα, μτχ. παθ. παρκ. (λόγ.) εσπευσμένος. 1. πηγαίνω κάπου βιαστικά, κάνω γρήγορα: έσπευσε αμέσως η πυροσβεστική (συνών. τρέχω, βιάζομαι). 2. (συνεκδοχικά) ενεργώ με σπουδή, βιάζομαι να κάνω ή να προλάβω κάτι: ο υπουργός έσπευσε να διαψεύσει τη φήμη. - Πβ. ά. ευπευσμένος.
σπήκερ, βλ. σπίκερ.
σπήλαιο και (συνιζ., λαϊκ.) σπήλιο το, ουσ. 1. φυσικό βαθύ κοίλωμα της γης κάτω από το έδαφος, σε

πλαγιά βουνού ή σε βράχια (συνών. σπηλιά). 2. (ιατρ., μόνο στον τ. *σπήλαιο*) κοιλότητα στους πνεύμονες εξαιτίας φυματίωσης ή από άλλη αιτία.

σπηλαιολογία η, ουσ., κλάδος της γεωλογίας και της φυσικής γεωγραφίας που ερευνά τη γένεση, τη μορφή και το περιεχόμενο των σπηλαίων.

σπηλαιολογικός, -ή, -ό, επίθ., που ανήκει ή αναφέρεται στη σπηλαιολογία (βλ. λ.) ή στους σπηλαιολόγους: *-ή ομάδα/έρευνα*.

σπηλαιολόγος ο και η, ουσ., επιστήμονας που ασχολείται με τη σπηλαιολογία (βλ. λ.).

σπηλιά η, ουσ. (συνιζ.), σπήλαιο (βλ. λ. σημασ. 1) (συνών. *σπήλιο*).

σπήλιο, βλ. *σπήλαιο*.

σπίζα η, ουσ. (ζωολ.) γένος ωδικών πτηνών στο οποίο ανήκουν ο σπίνος, η καρδερίνα, ο φλώρος και το καναρίνι. [ηχομιμ. από τη φωνή «σπισπι»].

σπίθα η, ουσ. 1. μόριο πυρακτωμένης ύλης που εκσφενδονίζεται από φωτιά ή από συγκρουόμενα σώματα: *η φωτιά πετάει -ες· μια ~ αρκεί να φέρει την καταστροφή του δάσους* (συνών. *σπινθήρας*). 2. (μεταφ.) καθετί που αποτελεί την αρχική αιτία ενέργειας, γεγονότος ή κατάστασης: *~ πολεμικής σύρραξης· ~ καβγά*. 3. (μεταφ.) στιγμιαία και αιφνίδια ζωηρή εκδήλωση πνευματικής ενέργειας, διανοητική αναλαμπή. 4. (μεταφ. για πρόσωπο) πολύ έξυπνος, ευφυέστατος: *είναι ~*. Φρ. *τα μάτια του βγάζουν -ες* (= γυαλίζουν, σπινθηροβολούν από θυμό, μίσος ή από εξυπνάδα). [*σπιθίζω* υποχωρ.].

σπιθαμή, βλ. *πιθαμή*.

σπιθαμιαίος, -α, -ο, επίθ. (ασυνίζ.). 1. που έχει μέγεθος (μήκος ή ύψος) μιας πιθαμής (βλ. λ.). 2. (μεταφ. για πρόσωπο) **α.** πολύ κοντός· **β.** ασήμαντος, μηδαμινός.

σπιθίζω, ρ. 1. βγάζω σπίθες: *τα μάτια του σπίθισαν* (συνών. *σπιθοβολώ, σπινθηροβολώ*). 2. (μεταφ.) φεγγοβολώ, λαμποκοπώ.

σπίθισμα το, ουσ., εκπομπή σπινθήρων (συνών. *σπιθοβόλημα, σπινθηροβόλημα*).

σπιθοβολή η, ουσ., το να εξακοντίζονται σπινθήρες, σπίθισμα (συνών. *σπιθοβόλημα*).

σπιθοβόλημα το, ουσ., το να εκπέμπονται σπίθες, σπίθισμα (συνών. *σπιθοβολή*).

σπιθοβολώ, -άς, ρ., σπιθίζω (βλ. λ.).

σπιθούρι το, ουσ., μικρό εξάνθημα (συνών. *σπυράκι, σπυρί*). - Υποκορ. **-άκι** το. [*σπίθα*].

σπικάτο το, ουσ. (λαϊκ.), (μουσ.) παραγωγή μουσικών φθόγγων με σκιρτήματα του τόξου στις χορδές του μουσικού οργάνου. [ιταλ. *spiccato*].

σπίκερ ο, ουσ. άκλ., άτομο που μεταδίδει από το ραδιόφωνο ή την τηλεόραση τις ειδήσεις ή αναγγέλλει τα προγράμματα και παρουσιάζει τις εκπομπές: *~ του ποδοσφαιρικού αγώνα* (συνών. *εκφωνητής, ομιλητής*). [αγγλ. *speaker*].

σπιλ(ι)άδα η, ουσ. (συνιζ., λαϊκ.), ξαφνικό και παροδικό δυνατό ρεύμα ανέμου που ξεκινώντας από τη στεριά σαρώνει την επιφάνεια της θάλασσας: *η ματιά μου περιπλανιότανε απάνου στις μελανές -λάδες του ανέμου* (Κόντογλου). - Υποκορ. **-λιαδίτσα** η = ελαφριά πνοή ανέμου. [αρχ. *σπιλάς*].

σπιλώνω, ρ., αμαυρώνω, στιγματίζω: *~ την τιμή/ την αξιοπρέπεια κάποιου*.

σπίλωση η, ουσ., αμαύρωση, κηλίδωση: *~ του ονόματος κάποιου*.

σπινθήρας ο, ουσ. 1. μόριο καιόμενης ύλης που τινάζεται από σώμα που καίγεται ή προέρχεται από τη σύγκρουση δύο σκληρών υλικών μεταξύ τους. 2. λάμψη φωτός που προκαλείται από μια ηλεκτρική ένωση και συνοδεύεται από ισχυρό κρότο.

σπινθηρίζω, ρ., σπινθηροβολώ (βλ. λ.).

σπινθήρισμα το, ουσ., σπινθηροβόλημα (βλ. λ.).

σπινθηροβόλημα το, ουσ., σπινθηροβολία (βλ. λ.).

σπινθηροβολία η, ουσ., εκπομπή σπινθήρων από σώμα που καίγεται· (κατ᾽ επέκταση) λάμψη, ακτινοβολία· *~ από αστέρι* = το φαινόμενο ταχύτατης μεταβολής της λαμπρότητας και του χρώματος των αστεριών.

σπινθηροβόλος, -α, -ο, επίθ. 1. που λάμπει, που ακτινοβολεί: *μάτια -α*. 2. (για άτομο ή για πνεύμα) που διακρίνεται για την ευφυΐα του.

σπινθηροβολώ, -είς, ρ. 1. εκπέμπω σπινθήρες· κατ᾽ επέκταση (επιφάνεια καθαρή που πάνω της αντανακλούν λάμψεις) λαμποκοπώ, φεγγοβολώ. 2. (μεταφ., για το μυαλό έξυπνου και ζωντανού ατόμου) ακτινοβολώ.

σπινθηρογράφημα το, ουσ. (ιατρ.) απεικόνιση σε φωτογραφική πλάκα των ραδιενεργών ακτίνων που εκπέμπονται από κάποιο όργανο του σώματος, αφού έχει προηγηθεί εισαγωγή στον οργανισμό της ανάλογης ραδιενεργού ουσίας.

σπινθηροσκόπιο το, ουσ. (ασυνίζ.), συσκευή για την παρατήρηση των αναλαμπών ακτινοβολίας.

σπινθηρωπία η, ουσ. (ιατρ.) διαταραχή της όρασης κατά την οποία ο ασθενής νομίζει ότι βλέπει σπινθήρες.

σπινοζικός, -ή, -ό, επίθ., που σχετίζεται με τον Σπινόζα: *-ή θεωρία*.

σπίνος ο, ουσ. (ζωολ.) μικρό πουλί με φτερά κασταvοπράσινα και συμπαθητικό κελάιδημα που ζει σε κήπους και δάση.

σπιούνα, βλ. *σπιούνος*.

σπιουνιά η, ουσ. (ασυνίζ., συνιζ.). 1. κρυφή παρακολούθηση. 2. ραδιουργία, δολοπλοκία.

σπιούνος ο, θηλ. **-α**, ουσ. (ασυνίζ.). 1. κατάσκοπος: *παραφυλάς σαν τους -ους* (Μπαστιάς). 2. καταδότης, χαφιές. 3. ραδιούργος, δολοπλόκος. [ιταλ. *spione*].

σπιράλ το, ουσ. άκλ., σύρμα ή άλλο υλικό συνεστραμμένο ελικοειδώς με τις καμπύλες του τη μια πάνω ή έξω από την άλλη· (και ως επίθ.) *τετράδιο ~*. [αγγλ. *spiral*].

σπιρούνι το, ουσ., μικρό καμπύλο μεταλλικό αντικείμενο που στην κορυφή της καμπύλης έχει κάτι αιχμηρό ή ένα μικρό αγκυλωτό τροχό και το οποίο προσαρμόζεται στην μπότα ιππέα για να κεντρίζεται το άλογο μ᾽ αυτό προκειμένου να τρέξει περισσότερο (συνών. *πτερνιστήρας*). [ιταλ. *sperone*].

σπιρουνιά η, ουσ. (συνιζ.), πίεση με σπιρούνι.

σπιρουνίζω, ρ., κεντώ άλογο με το σπιρούνι προκειμένου να το παρακινήσω να τρέξει περισσότερο.

σπιρούνισμα το, ουσ., πίεση του αλόγου με σπιρούνι για να τρέξει περισσότερο.

σπιρτάδα η, ουσ. 1. δριμύτητα μυρωδιάς ή γεύσης όμοια με του οινοπνεύματος. 2. (μεταφ.) οξύνοια, ευστροφία πνεύματος.

σπίρτο το, ουσ. (λαϊκ.). 1. οινόπνευμα, αλκοόλ. 2. μικρό, λεπτό κομμάτι ξύλου ή χαρτονιού που η μια του άκρη καλύπτεται από χημική ουσία που έχει την ιδιότητα να παράγει φωτιά όταν τρίβεται στην πλευρά του σπιρτόκουτου ή σε άλλη ανώμαλη επιφάνεια. 3. (μεταφ.) άνθρωπος έξυπνος. 4. ~ του άλατος: υδροχλωρικό οξύ που χρησιμοποιείται για καθαρισμό· ~ του βιτριολιού = θειικό οξύ. [ιταλ. spirito].

σπιρτοθήκη η, ουσ., θήκη σπίρτων (συνών. σπιρτοκούτι).

σπιρτοκούτι και **σπιρτόκουτο** το, ουσ., κουτί σπίρτων, που οι δυο στενές του πλευρές είναι συνήθως ανώμαλες και καλύπτονται από γυαλόχαρτο ή κάποια χημική ουσία ώστε με την τριβή των σπίρτων επάνω τους να παράγεται φωτιά.

σπιρτολόγος ο, ουσ., μικρή κινητή εστία που λειτουργεί με οινόπνευμα, καμινέτο.

σπιτάκι, βλ. σπίτι.

σπιταρόνα η, ουσ., μεγάλο σπίτι.

σπίτι το, ουσ. **1.** το οίκημα όπου κάποιος μένει ή που προορίζεται για κατοίκηση: χρειάζομαι μισή ώρα για να φτάσω στο ~ μου· χτίζω ~. **2.** (συνεκδοχικά) τα άτομα που ζουν κάτω από την ίδια στέγη, η οικογένεια· φρ. από ~ = από καλή οικογένεια· ανοίγω ~, βλ. ά. ανοίγω· κλείνω το ~ κάποιου, βλ. ά. κλείνω. - Υποκορ. **-άκι** το στη σημασ. 1. [λατ. hospitium].

σπιτικός, -ή, -ό, επίθ., που έχει σχέση με το σπίτι, με τη ζωή του σπιτιού: χειμώνας ~ και ζεστός (Ι.Μ. Παναγιωτόπουλος)· που παρασκευάζεται στο σπίτι (σε αντίθεση με το αγοραστό, το έτοιμο): φαγητό/ψωμί -ό. - Το ουδ. ως ουσ. = το σπίτι, η οικογένεια: βλογημένο όλο το -ό σας (Κόντογλου)· κάνω/ανοίγω -ό (= κάνω δική μου οικογένεια).

σπιτίσιος, -α, -ο, επίθ. (συνιζ.), σπιτικός (βλ. λ.).

σπιτόγατος ο, ουσ. (μεταφ.) άτομο που δεν του αρέσει η ζωή έξω από το σπίτι, που προτιμά να μένει στο σπίτι όλες τις ελεύθερες ώρες του.

σπιτονοικοκύρης ο, θηλ. **-ά,** ουσ., ιδιοκτήτης σπιτιού (σε αντίθεση με τον ενοικιαστή).

σπιτόπουλο το, ουσ., μικρό, φτωχικό σπίτι.

σπίτωμα το, ουσ., η ενέργεια του σπιτώνω (βλ. λ.).

σπιτώνω, ρ. **1.** στεγάζω. **2.** εξασφαλίζω σπίτι στην ερωμένη μου και κατοικούμε μαζί· φρ. την έχει -ένη.

σπλαγχνογραφία η, ουσ. (ιατρ.) περιγραφή των σπλάχνων.

σπλαγχνολογία η, ουσ., τομέας της ανατομικής που ασχολείται με τα όργανα του εντερικού, αναπνευστικού, ουροποιητικού και γεννητικού συστήματος.

σπλαγχνόπτωση και **-πτωσία** η, ουσ. (ιατρ.) χαλάρωση και πτώση των σπλάχνων της κοιλιακής χώρας.

σπλαγχνοτομία η, ουσ. (ιατρ.) τομή των σπλάχνων.

σπλαχνιά, βλ. ευσπλαχνία.

σπλαχνίζομαι, βλ. ευσπλαχνίζομαι.

σπλαχνικός, -ή, -ό, βλ. ευσπλαχνικός.

σπλάχνο το, ουσ. (στον πληθ.). **1.** ονομασία του συνόλου των οργάνων που περιέχονται στις κοιλότητες του σώματος (θωρακική, κοιλιακή). **2.** (μεταφ. για τη γη) τα έγκατα της γης. **3.** (στον εν. συνεκδοχικά) το παιδί (σε σχέση με τη μητέρα).

σπλήνα η, ουσ. **1.** αδένας του ανθρώπου και κάποιων ζώων που βρίσκεται πάνω από τον αριστερό νεφρό και κοντά στο στομάχι, ο οποίος ρυθμίζει την ποιότητα του αίματος. **2.** (λαϊκ.) αρρώστια της σπλήνας που προσβάλλει τα χοντρά ζώα.

σπληνάντερο το, ουσ. (έρρ.), είδος φαγητού που γίνεται από παχύ έντερο προβάτου γεμισμένο με σπλήνα και συκώτι.

σπληνεκτομία η, ουσ. (ιατρ.) χειρουργική επέμβαση κατά την οποία αφαιρείται η σπλήνα.

σπληνιάζω, ρ. (συνιζ.). **1.** υποφέρω από πάθηση της σπλήνας. **2.** (μεταφ.) είμαι κακόκεφος, δύσθυμος.

σπληνιάρης, -α, -ικο, επίθ. (συνιζ.). **1.** που υποφέρει από πάθηση της σπλήνας. **2.** (μεταφ.) δύσθυμος (συνών. κακόκεφος).

σπλήνιασμα το, ουσ. (συνιζ.), προσβολή από την αρρώστια της σπλήνας.

σπληνικός, -ή, -ό, επίθ. (ιατρ.) που ανήκει ή αναφέρεται στη σπλήνα: αρτηρία -ή. - Το αρσ. ως ουσ. = αυτός που υποφέρει από αρρώστια της σπλήνας.

σπληνίτιδα η, ουσ. (ιατρ.) φλεγμονή της σπλήνας.

σπληνογραφία η, ουσ. (ιατρ.) ακτινολογική εξέταση της σπλήνας.

σπληνολογία η, ουσ. (ιατρ.) επιστημονική εξέταση της σπλήνας.

σπληνομεγαλία η, ουσ. (ιατρ.) παθολογική αύξηση του όγκου της σπλήνας.

σπληνορραγία η, ουσ. (ιατρ.) αιμορραγία της σπλήνας.

σπλήνωση η, ουσ. (ιατρ.) παθολογική σκλήρυνση του πνεύμονα, ώστε να γίνεται όμοιος με σπληνικό ιστό.

σπογγαλιέας ο, ουσ. (έρρ., ασυνίζ., λόγ.), σφουγγαράς.

σπογγαλιεία η, ουσ. (έρρ.), η αλιεία σπόγγων, σύνολο δραστηριοτήτων για το μάζεμα σφουγγαριών από το βυθό όπου βρίσκονται και τη διάθεσή τους στο εμπόριο.

σπογγαλιευτικός, -ή, -ό, επίθ. (έρρ., ασυνίζ.), που ανήκει ή αναφέρεται στη σπογγαλιεία ή τους σπογγαλιείς (συνών. σφουγαράδικος). - Το ουδ. ως ουσ. = εξοπλισμένο κατάλληλα σκάφος που χρησιμοποιείται για τη σπογγαλιεία (συνών. σφουγγαράδικο).

σπογγοειδής, -ής, -ές, γεν. **-ούς,** πληθ. αρσ. και θηλ. **-είς,** ουδ. **-ή,** επίθ. (έρρ., ασυνίζ.), που μοιάζει με σπόγγο, καθώς είναι πορώδης και απορροφητικός (συνών. σπογγώδης).

σπόγγος ο, ουσ. **1α.** ελαφριά, στερεή, ελαστική και πορώδης μάζα που είναι ο σκελετός θαλάσσιου ζώου (βλ. σημασ. 2) ύστερα από ορισμένη επεξεργασία και βρίσκεται σε διάφορες χρήσεις, ιδίως για καθαρισμό, λόγω της ιδιότητας που έχει να απορροφά τα υγρά και με την πίεση να τα αποβάλλει: ~ φυσικός. **β.** απομίμηση του παραπάνω από ελαστική ή πλαστική ύλη και συνήθως με κανονικό σχήμα· **γ.** (σχολ.) σπόγγος ή (παλαιότερα, συνεκδοχικά) κομμάτι ύφασμα που χρησιμοποιείται για το σβήσιμο όσων γράφονται με κιμωλία στο μαυροπίνακα (συνών. σφουγγάρι). **2.** (ζωολ.) θαλάσσιος πολυκύτταρος οργανισμός που ανήκει στα μετάζωα (βλ. λ.), έχει σώμα πορώδες και ζει προσκολημένος μόνιμα σε σημείο του βυθού, όπου σχηματίζει αποικίες (βλ. λ.): συνομοταξία των -ων· καλλιέργεια -ων (συνών. σφουγγάρι).

σπογγώδης, -ης, -ες, γεν. **-ους,** πληθ. αρσ. και θηλ. **-εις,** ουδ. **η,** επίθ. (έρρ.), σπογγοειδής (βλ. λ.): υφή ~ (ανθρωπολ.) ουσία ~ (= ιστός μέσα στα κοντά οστά και τα άκρα των μακρινών οστών).

σπολλάτη, επιφ. (λαϊκ., απαρχ.), για δήλωση επι-

σπονδειακός

δοκιμασίας ή επαίνου, συχνά ειρων. (= εύγε! ωραία! καλά τα κατάφερες!). [εις πολλά έτη].
σπονδειακός, -ή, -ό, επίθ. (ασυνίζ.), (αρχ. μετρ.) στην ελληνική και λατινική ποίηση, για δακτυλικό (βλ. λ.) εξάμετρο που έχει στον πέμπτο πόδα σπονδείο (βλ. λ.).
σπονδείος ο, ουσ. (αρχ. μετρ.) στην ελληνική και λατινική ποίηση, πους με δύο μακρές συλλαβές (--).
σπονδή η, ουσ. 1. (αρχ.) α. το να χύνει κάποιος από ένα σκεύος κρασί ή άλλο υγρό (λ.χ. μέλι, λάδι) στη διάρκεια ιεροτελεστίας (θυσίας, κηδείας, συνομολόγησης συνθήκης, κ.ά.)· β. (στον πληθ., συνεκδοχικά) επίσημη συνθήκη ειρήνης ή ανακωχής. 2. σήμερα μόνο στη λόγ. έκφρ. ~ στο Βάκχο (για υπερβολική οινοποσία).
σπονδυλαρθρίτιδα και **σπονδυλοαρθρίτιδα** η, ουσ. (ιατρ.) αρθρίτιδα της σπονδυλικής στήλης: αγκυλωτή ~ (= χρόνια φλεγμονώδης πάθηση της σπονδυλικής στήλης με πόνους, δυσκαμψία και σταδιακή αγκύλωση).
σπονδυλαρθροπάθεια και **σπονδυλοπάθεια** η, ουσ. (ασυνίζ.), (ιατρ.) γενική ονομασία των παθήσεων της σπονδυλικής στήλης.
σπονδυλεξάρθρωση η, ουσ. (ιατρ.) εξάρθρωση σπονδύλου.
σπονδυλικός, -ή, -ό, επίθ., που ανήκει ή αναφέρεται στους σπονδύλους ή που αποτελείται από σπονδύλους: -ή στήλη = α. ο άξονας του σκελετού των σπονδυλοζώων, μια στήλη από κοντά οστά, τους σπονδύλους, που αρθρώνονται μεταξύ τους, καθώς και με άλλα οστά, και ο αριθμός τους στα διάφορα είδη ποικίλλει (κοιν. ραχοκοκαλιά)· β. (μεταφ.) το βασικό τμήμα ενός συνόλου, μιας ομάδας, κ.τ.ό.· τρήμα -ό (= καθεμιά από τις τρύπες των σπονδύλων της σπονδυλικής στήλης που σχηματίζουν σωλήνα, μέσα στον οποίο υπάρχει ο νωτιαίος μυελός).
σπονδυλίτιδα η, ουσ. (ιατρ.) φλεγμονή ενός ή περισσότερων σπονδύλων που προσβάλλει και τους αντίστοιχους μεσοσπονδύλιους δίσκους.
σπονδυλοαρθρίτιδα, βλ. σπονδυλαρθρίτιδα.
σπονδυλόζωα τα, ουσ. (ζωολ.) υποσυνομοταξία των χορδωτών (βλ. λ.) που περιλαμβάνει τα πιο εξελιγμένα ζώα, με κύριο γνώρισμα τη σπονδυλική στήλη.
σπονδυλοπάθεια, βλ. σπονδυλαρθροπάθεια.
σπόνδυλος ο, ουσ. 1. (ανατομ.) καθένα από τα κοντά οστά που αποτελούν τη σπονδυλική στήλη των σπονδυλοζώων: -οι αυχενικοί/θωρακικοί. 2. (αρχαιολ.) καθένας από τους κυλινδρικούς λαξευτούς ογκόλιθους που αποτελούν συχνά έναν κίονα: ραβδώσεις -ύλου.
σπονδύλωση η, ουσ. (ιατρ.) για πάθηση της σπονδυλικής στήλης.
σπονδυλωτός, -ή, -ό, επίθ. α. που έχει σπονδύλους· β. (μεταφ.) για γραπτό έργο, κ.ά. με τμήματα που συνδέονται οργανικά μεταξύ τους: θεατρική παράσταση -ή. - Το ουδ. στον πληθ. ως ουσ. = σπονδυλόζωα (βλ. λ.).
σπόντα η, ουσ. (έρρ., λαϊκ.), καθένα από τα τέσσερα καλυμμένα με ελαστικό εσωτερικά πλευρά του τραπεζιού του μπιλιάρδου: καραμπόλα (βλ. λ.) από ~ (όχι απευθείας, αλλά αφού προηγουμένως η μπίλια χτυπήσει σε κάποιο σημείο της σπόντας). Φρ. πετώ/ρίχνω -ες (= κάνω υπαινιγμούς για να προκαλέσω την αντίδραση κάποιου, να

πληροφορηθώ κάτι, κ.ά.). - Βλ. και αποσπόντα. [ιταλ. sponda].
σπορ το, ουσ. άκλ. α. αθλοπαιδιά, αθλητικό αγώνισμα: το αγαπημένο του ~ είναι το ποδόσφαιρο/η ανεμοπορία· β. γενικά για κάθε ευχάριστη δραστηριότητα που απαιτεί φυσικές και πνευματικές ιδιότητες: ~ θαλάσσια/χειμερινά· γ. (στον πληθ.) αθλητισμός: ασχολείται με τα ~. - Η λ. ως επίθ. = που σχετίζεται με δραστηριότητα αθλητική ή γενικά αναψυχής: ~ αυτοκίνητο (= χαμηλό, γρήγορο και συνήθως διθέσιο)· ~ ντύσιμο (= ρούχα που φορά κανείς όταν αθλείται ή βρίσκεται σε αναψυχή)· ~ σακάκι (= ανδρικό μη «επίσημο» σακάκι, που συνοδεύεται από παντελόνι σε διαφορετικό χρώμα). [αγγλ. sport].
σπορά η, ουσ. 1. το να σπέρνει κανείς, καθώς και το αποτέλεσμα της ενέργειας αυτής: ~ μηχανική/πρώιμη. 2. (μεταφ.) απόγονος, παιδί· έκφρ. του διαόλου ~ (λαϊκ., για κακούργο ή διεφθαρμένο άνθρωπο).
σποράδην, επίρρ. (λόγ.), σποραδικά.
σποραδικοί, -ές, -ά, επίθ. 1. (λόγ.) που βρίσκονται εδώ κι εκεί, διασπαρμένοι, σκόρπιοι: κατοικίες -ές (αντ. μαζεμένοι, πυκνοί). 2. που συμβαίνουν, που γίνονται αντιληπτοί σε αραιά χρονικά διαστήματα: βροχές -ές· πυρά -ά (συνών. αραιός, σπάνιος· αντ. συχνός, πυκνός). - Επίρρ. **-ά** = εδώ κι εκεί.
σποραδικότητα η, ουσ., το να είναι κάποια πράγματα, φαινόμενα, γεγονότα, κλπ., σποραδικά (συνών. σπανιότητα· αντ. πυκνότητα, συχνότητα).
σποράκι, βλ. σπόρι.
σπορέας και (συνιζ., λαϊκ.) **-ιάς** ο, ουσ. 1α. αυτός που σπέρνει· β. (θρησκ.) για το Χριστό. 2. (στον τ. -ιάς με κεφ. το αρχικό γράμμα) ονομασία του Νοεμβρίου (συνών. Σπορίτης).
σπορείο το, ουσ., τόπος με κατάλληλο έδαφος όπου σπέρνονται πολλά φυτά μαζί, με σκοπό αργότερα, αφού φυτρώσουν και αναπτυχθούν κάπως, να μεταφυτευτούν.
σπορέλαιο το, ουσ., λάδι, φαγώσιμο ή όχι, που εξάγεται από τους σπόρους διάφορων φυτών (λ.χ. ηλιέλαιο, σογιέλαιο, λινέλαιο).
σπόρι το, ουσ. (συνήθως στον πληθ.) α. κοινή ονομασία του σπέρματος ορισμένων καρπών, συνήθως εδώδιμων (λ.χ. καρπουζιού, κολοκυθιού· η λ. σε αντιδιαστολή με το κουκούτσι)· β. ειδικά για πασατέμπο: -α άσπρα (από κολοκύθι)/μαύρα (από ηλίανθο). - Υποκορ. **-άκι** το.
σποριά η, ουσ. (συνιζ., ιδιωμ.), λωρίδα χωραφιού που χωρίζεται από το υπόλοιπο και σπέρνεται κάθε φορά.
σποριάγγειο το, ουσ. (ασυνίζ. δις), (βοτ.) θήκη στο σποριόφυτο των πτεριδοφύτων μέσα στην οποία αναπτύσσονται τα σπόρια.
σποριάζω, ρ. (συνιζ.). α. για φυτό που αναπτύσσει σπόρους: -ασαν τα κρεμμύδια· β. για καρπό που ωριμάζει υπερβολικά, ώστε να μεγαλώνουν και να σκληραίνουν οι σπόροι του και να μην είναι συχνά κατάλληλο για κατανάλωση: -ιασαν οι μελιτζάνες· αγγούρι -ασμένο (πβ. ξεσποριάζω).
σποριάρης, -α, -ικο, επίθ. (συνιζ., λαϊκ.), για καρπό που σπόριασε (βλ. λ. στη σημασ. β) (πβ. σπορίτης).
σποριάς, βλ. σπορέας.
σπόριασμα το, ουσ. (συνιζ.), (για φυτό ή καρπό) το να σποριάζει.

σπορικό το, ουσ. (ιδιωμ.). **α.** σπόρος φυτών που καλλιεργούνται· **β.** εκλεκτός σπόρος σιταριού που προορίζεται για σπορά.

σποριόφυτο το, ουσ. (ασυνίζ.), (βοτ.) φυτικό μόριο που αναπτύσσει σπόρια.

σπόρκο, επίθ. (ναυτ.) *βάρος* -ο = μικτό βάρος· -α *χαρτιά* = πιστοποιητικό υγείας που δεν επιτρέπει την ελευθεροκοινωνία πλοίου· (ως επίρρ.) **-α** = δύσκολα, άσχημα: *τα φέρνω/τα βρίσκω* -α. [ιταλ. *sporco*].

σπορογονία η, ουσ. **1.** (βοτ.) ο πολλαπλασιασμός των φυτών με σπόρους. **2.** (ζωολ.) ο πολλαπλασιασμός των πρωτόζων με αυτόματη ανάπτυξη σπόρων και απόσπασή τους.

σπόρος ο, ουσ. **1α.** το σπέρμα (βλ. λ.) κάθε καρπού που σπέρνεται για βλάστηση: *άνοιξε το κολοκύθι και πήρε τους* -ους· **β.** (ειδικότερα) ποσότητα σπόρων συγκεκριμένου είδους (συνήθως των δημητριακών) που προορίζεται για σπορά: *κρατήσαμε λίγα για* -ο *και τα υπόλοιπα τα πουλήσαμε.* **2.** (λαϊκ.) το σπέρμα του άντρα, καθώς και των αρσενικών ζώων. **3.** (συνεκδοχικά, λαϊκ.) παιδί, απόγονος. **4.** (μεταφ.) η αρχή, η αφετηρία ενός αισθήματος, μιας ιδέας, μιας κατάστασης, κ.τ.ό.: *ο ~ της λευτεριάς/της επανάστασης/της αμφιβολίας* (συνών. *σπέρμα*). **5.** (παιγνιωδώς) μικρό παιδί ή μικρόσωμος άνθρωπος: *πετάχτηκε ένας ~ μπροστά στο αυτοκίνητο.*

σπόρτσμαν ο, θηλ. **σπορτσγούμαν**, ουσ. άκλ., αυτός που ασχολείται με τα σπορ, αθλητικός τύπος. [αγγλ. *sportsman, sportswoman*].

σποτ το, ουσ. άκλ., διαφημιστικό φιλμ μικρής διάρκειας. [αγγλ. *spot*].

σπουδάζω, ρ., μτχ. παρκ. -ασμένος και (λαϊκ.) -αγμένος. **1α.** ασχολούμαι με έναν επιστημονικό κλάδο, μελετώ ένα επιστημονικό αντικείμενο φοιτώντας σε πανεπιστημιακή ή άλλη ανώτερη σχολή: *~ νομικά/ιατρική* (με προληπτικό κατηγορούμενο): *-ει οικονομολόγος* (= για να γίνει οικονομολόγος)· (απολ.): *-ει στην Ιταλία* (= είναι σπουδαστής)· **β.** (μεταφ.) μελετώ κάτι, έχω μεγάλη πείρα από κάτι: *έχω* -άσει *τη ζωή.* **2.** παρέχω σε κάποιον τα απαραίτητα υλικά εφόδια για να σπουδάσει σε πανεπιστημιακή σχολή: *μεγάλωσε και* -ασε *τα παιδιά του· τον* -ασε *ο θείος του γιατρό*. - Η μτχ. παρκ. = που έχει σπουδάσει, μορφωμένος: *τα παιδιά του είναι* -α· *άνθρωπος* ~.

σπουδαία, βλ. *σπουδαίος*.

σπουδαιολόγημα το και **σπουδαιολογία** η, ουσ., ό,τι εμφανίζεται ως σπουδαίος λόγος.

σπουδαιολογώ, -είς, ρ., εμφανίζω τον εαυτό μου ότι συζητεί με σοβαρότητα για σημαντικά πράγματα.

σπουδαίος, -α, -ο, επίθ. **1.** (για πρόσωπο) **α.** που ξεχωρίζει σε έναν τομέα, που έχει πολλές ικανότητες ή επιδόσεις: *επιστήμονας ~* (συνών. *λαμπρός, διαπρεπής*)· **β.** που έχει κύρος ή επιρροή σε έναν τομέα: *δεν ήταν ~ μέσα στην επιχείρηση·* φρ. *κάνει το* -ο (= σημαίνει ότι είναι σπουδαίος και συμπεριφέρεται αναλόγως). **2.** (για πράγματα) άξιος προσοχής, που πρέπει να τον υπολογίζει κανείς όταν εξετάζει ένα συγκεκριμένο ζήτημα: -ες *επιστημονικές ανακαλύψεις· δεν είχε καμιά* -α *αρρώστια·* -α *δουλειά* (= επικερδής)· *το πιο* -ο *για μένα είναι η υγεία των παιδιών.* **3.** (ειρων. για πρόσωπο ή πράγμα) ασήμαντος: *-ο υποκείμενο!* φρ. *-α τα λάχανα*, βλ. *λάχανο* (συνών. στις σημασ. 1 και 2 *σημαντικός·* αντ. *ασήμαντος*). - Επίρρ. **-α**.

σπουδαιότητα η, ουσ., το να είναι κάποιος ή κάτι σπουδαίο(ς).

σπουδαιοφάνεια η, ουσ. (ασυνίζ.), το να είναι κανείς σπουδαιοφανής.

σπουδαιοφανής, -ής, -ές, γεν. *-ούς*, πληθ. αρσ. και θηλ. *-είς*, ουδ. *-ή*, επίθ., που φαίνεται σπουδαίος χωρίς να είναι.

σπουδαρχία η, ουσ. (σπάνιο) έντονη προσπάθεια για απόκτηση αξιωμάτων.

σπούδασμα το, ουσ., η ενέργεια και το αποτέλεσμα του σπουδάζω (βλ. λ.).

σπουδαστήριο το, ουσ. (ασυνίζ.), χώρος, συνήθως σε σχολείο, πανεπιστημιακή σχολή, κ.τ.ό., που προορίζεται για μελέτη: *~ κλασικής φιλολογίας*.

σπουδαστής ο, θηλ. **τρια**, ουσ., αυτός που σπουδάζει μιαν επιστήμη· (ειδικότερα) αυτός που παρακολουθεί μαθήματα ανώτερης (και όχι ανώτατης) σχολής: *-ές της Παιδαγωγικής Ακαδημίας* (πβ. *φοιτητής*).

σπουδαστικός, -ή, -ό, επίθ., που ανήκει στους σπουδαστές ή αναφέρεται σ' αυτούς: *προβλήματα -ά*.

σπουδάστρια, βλ. *σπουδαστής*.

σπουδαχτικός, -ή, -ό, επίθ. (λαϊκ.), βιαστικός, γρήγορος. - Επίρρ. **-ά**.

σπουδή η, ουσ. **1.** (στον πληθ.) καθορισμένη σειρά μελετών σε πανεπιστημιακή ή άλλη ανώτερη σχολή, που οδηγούν στην κατάκτηση οργανωμένων γνώσεων (και την απόκτηση συναφούς διπλώματος): *πρόγραμμα -ών· μεταπτυχιακές -ές*. **2α.** (γενικά) διεξοδική μελέτη, εξέταση: *~ ανθρωπίνων στάσεων και συμπεριφορών·* **β.** (μεταφ.) για μυθιστόρημα, ταινία, κ.τ.ό., που παρουσιάζει και εξετάζει διεξοδικά ένα θέμα: *η ταινία αποτελεί μια ~ στον έρωτα.* **3α.** σχέδιο ζωγραφικό που κάνει ένας ζωγράφος ως προετοιμασία για μεγαλύτερη σύνθεση· **β.** μουσικό κομμάτι που συνθέτει ένας συνθέτης ως άσκηση σε μια συγκεκριμένη τεχνική. **4.** βιασύνη: *έφτασε με ~*.

σπουργίτης ο και **σπουργίτι** το, ουσ. (ζωολ.) μικρόσωπο πουλί με χρώμα γκρίζο και καφέ, που τρέφεται με σπόρους και έντομα, ζει σε κατοικημένες περιοχές και πολλαπλασιάζεται γρήγορα: *-ι φοβισμένο*. - Υποκορ. **-άκι** το.

σπούτνικ ο, ουσ. άκλ., ονομασία που δόθηκε στους πρώτους τεχνητούς δορυφόρους που εκτόξευσε η Σοβιετική Ένωση (1957). [ρωσ. *sputnik*].

σπρέι το, ουσ. άκλ. **1.** υγρό μέσα σε δοχείο που βγαίνει με πίεση σε πάρα πολύ μικρές σταγόνες. **2.** το σχετικό εργαλείο. [αγγλ. *spray*].

σπρωξιά η, ουσ. (συνίζ.), η κίνηση που κάνει κάποιος όταν σπρώχνει κάποιον ή κάτι: *με μια ~ άνοιξε την πόρτα· με -ιές τον έβγαλε έξω*.

σπρώξιμο το, ουσ., η ενέργεια και το αποτέλεσμα του σπρώχνω (βλ. λ.).

σπρώχνω, ρ. **1.** ακουμπώ μέλος του σώματός μου σε κάτι ή κάποιον και ασκώ δύναμη σ' αυτό(ν) απότομα ή εξακολουθητικά ώστε να (μετα)κινηθεί από τη θέση του σε θέση που βρίσκεται πιο μακριά από μένα: *έσπρωξε την καρέκλα καθώς σηκώθηκε· χάλασε το αυτοκίνητο και -αμε ως εδώ·* (μέσ.) *τα παιδιά -ονται στη γραμμή* (συνών. *σκουντώ·* αντ. *τραβώ*). **2.** (μεταφ.) **α.** γίνομαι αιτία για να κάνει κάποιος κάτι, εξωθώ: *η απελπισία του τον έσπρωξε σ' αυτό·* **β.** (για πρόσωπο) παρακινώ, προτρέπω: *αυτός τον έσπρωξε να το κάνει.*

σπυρί

3. (μεταφ.) προωθώ: *κόλλησε η υπόθεση και πρέπει να την -ουμε.* [πιθ. αρχ. *προωθώ*].

σπυρί το, ουσ. **1.** κόκκινο σημάδι, εξάνθημα ή τοπική φλεγμονή του δέρματος: *γέμισε το σώμα του -ιά κακό* ~ (= είδος φλεγμονώδους δερματοπάθειας, ψευδάνθρακας)· (μεταφ.) για ενοχλητικό άτομο: *κακό ~ μου έγινε με την επιμονή του* (συνών. *τσιμπούρι*). **2.** σπόρος: *ένα ~ σιτάρι/ρύζι/πιπέρι.* **3.** για πολύ μικρή ποσότητα· *φρ. δεν βρίσκεται/δεν υπάρχει ~* (= τίποτε). - Υποκορ. **-άκι** το. [αρχ. *πυρός*].

σπυριάζω, ρ. (συνιζ.), βγάζω, γεμίζω σπυριά, εξανθήματα.

σπυριάρης, -α, -ικο, επίθ. (συνιζ.), που είναι γεμάτος σπυριά: *παιδί/δέρμα -ικο.*

σπύριασμα το, ουσ. (συνιζ.), το να βγάζει, να έχει κανείς σπυριά, εξανθήματα.

σπυρωτός, -ή, -ό, επίθ., που αποτελείται από κόκκους, σπυριά χωριστά· (ειδικότερα για ρύζι, πιλάφι) που δεν είναι παραβρασμένο, ώστε οι κόκκοι του να ξεχωρίζουν: *πιλάφι -ό* (αντ. *λαπαδιασμένο*).

σπω, βλ. *σπάζω.*

σταβάρι το, ουσ., το μεγάλο ξύλο του αρότρου που συνδέει το ζυγό με το υνί. [**ιστοβοάριον,* υποκορ. του αρχ. *ιστοβοεύς*].

σταβέντο, επίρρ. (έρρ.), (ναυτ.) υπήνεμα, απάνεμα: *μια τιμονιά και το παίρνει ~* (Καρκαβίτσας)· (ως επίθ.) ~ *πόρτο* (= λιμάνι απάνεμο). [ιταλ. *sottovento*].

σταβλάρχης ο, ουσ. (παλαιότερο) αξίωμα της βασιλικής αυλής.

σταβλίζω, ρ., βάζω ζώα σε στάβλο ή άλλο κατάλληλο χώρο (π.χ. *στάνη*).

στάβλισμα το, ουσ., το να σταβλίζει κανείς ζώα και το αποτέλεσμα αυτής της ενέργειας.

σταβλίτης ο, ουσ. (παλαιότερο) ιπποκόμος (βλ. λ.).

στάβλος ο, ουσ. **α.** στεγασμένος περίφρακτος χώρος, όπου μένουν ζώα, συνήθως άλογα, γαϊδούρια, βόδια, κ.τ.ό.· **β.** (μεταφ.) για πολύ βρόμικο και άθλιο κτήριο: *πώς μπορούν να ζουν σ' αυτόν το -ο;* [μτγν. *στάβλον*<λατ. *stab(u)lum*].

Σταγειρίτης ο, θηλ. **-ισσα,** ουσ., αυτός που κατοικεί στα Στάγειρα ή κατάγεται απ' αυτά.

σταγόνα η, ουσ. **1.** πολύ μικρή ποσότητα υγρού που έχει σχήμα μικρής σφαίρας: *-ες βροχής/αίματος· το νερό έσταζε ~ ~·* (για μικρή ποσότητα υγρού) *δώσ' μου να πιω μια ~* (συνών. *στάλα*)· (στον πληθ. για υγρό φάρμακο που παίρνει κανείς ρίχνοντάς το με ένα σταγονόμετρο στα μάτια, τα αφτιά ή το στόμα): *παίρνει -ες για τα μάτια·* εκφρ. *~ στο ωκεανό* (όταν έχει κανείς ελάχιστη ποσότητα από κάτι, ενώ χρειάζεται πολύ περισσότερο)· φρ. *δεν έμεινε ούτε ~* (= εξαντλήθηκε εντελώς). **2.** (αρχιτ., στον πληθ.) μικρά κοσμήματα, προεξοχές κάτω από το γείσο ναού που μοιάζουν με σταγόνες.

σταγονίδιο το, ουσ. (ασυνίζ., λόγ.), πολύ μικρή σταγόνα.

σταγονόμετρο το, ουσ., όργανο που αποτελείται από ένα γυάλινο σωλήνα με μια κοίλη λαστιχένια λαβή στη μια άκρη του, με το οποίο μπορούμε να τραβούμε από ένα υγρό (συνήθως φαρμακευτικό) μικρές ποσότητες και στη συνέχεια να το ρίχνουμε κατά σταγόνες· φρ. *δίνω/παίρνω κάτι με το ~* (= με υπερβολική φειδώ, σε ελάχιστες ποσότητες).

σταδιακός, -ή, -ό, επίθ. (ασυνίζ.), που γίνεται κατά στάδια, βαθμιαία: *-ή απομάκρυνση πυραύλων· -ή αντικατάσταση νομαρχών* (συνών. *βαθμιαίος*). - Επίρρ. **-ά** και **-ώς:** *εξαγγέλλεται/καταστρέφεται κάτι -ά.*

στάδιο το, ουσ. (ασυνίζ.). **1.** μονάδα μήκους των αρχαίων Ελλήνων και παράλληλα αγώνισμα δρόμου σε δύο τύπους, *το ολυμπιακό ~,* που ισοδυναμούσε με 197,27 μέτρα και *το δελφικό ~,* που ισοδυναμούσε με 177,55 μέτρα. **2.** (συνεκδοχικά) χώρος ειδικά κατασκευασμένος για την τέλεση αθλητικών αγωνισμάτων: *Παναθηναϊκό/Ολυμπιακό ~ της Αθήνας.* **3.** (μεταφ.) **α.** βαθμίδα, περίοδος στην ανάπτυξη ενός αντικειμένου ή ενός φαινομένου που έχει τις δικές της ποιοτικές ιδιομορφίες: *ανώτερα -α παραγωγής· το θέμα βρίσκεται στο ~ μελέτης· μεταβατικό ~* (συνών. *φάση*) **β.** (ειδικά για πρόσωπο) βιοτικό επίπεδο, δράση σε κάποιο πεδίο και συνεκδοχικά η χρονική διάρκεια της δράσης αυτής: *διπλωματικό/στρατιωτικό/πολιτικό ~.* Έκφρ. *κατά -α* = σταδιακά, βαθμιαία: *ανατιμήσεις ειδών/απολύσεις υπαλλήλων κατά -α.*

σταδιοδρομία η, ουσ. (ασυνίζ.), η πορεία, η εξέλιξη ενός ατόμου κατά την άσκηση του επαγγέλματός του: *άρχισε τη ~ του πολύ νέος· ~ λαμπρή* (συνών. *καριέρα*).

σταδιοδρομώ, -είς, ρ. (ασυνίζ.), ακολουθώ συγκεκριμένη πορεία, εξέλιξη κατά την άσκηση του επαγγέλματός μου.

σταδιομέτρηση και **-μετρία** η, ουσ. (ασυνίζ.), (τοπογρ.) μέτρηση αποστάσεων με ειδικά όργανα.

σταδιομετρικός, -ή, -ό, επίθ. (ασυνίζ.), που ανήκει ή αναφέρεται στη σταδιομέτρηση (βλ. λ.): *όργανα -ά.*

σταδιόμετρο το, ουσ. (ασυνίζ.), (τοπογρ.) ειδικό όργανο με το οποίο γίνονται οι σταδιομετρήσεις.

στάζω, ρ. **Α.** (μτβ.) χύνω στάλα στάλα, αφήνω κάτι να χυθεί σταγόνα σταγόνα: *τα μάτια της έσταζαν καυτά δάκρυα·* (μεταφ.) *έσταζαν δάκρυα τα σύνεφα* (Παλαμάς)· *τα μάτια της στάζαν γλύκα* (Ι.Μ. Παναγιωτόπουλος)· *η καρδιά μου -ει αίμα* (= είμαι βαθιά λυπημένος)· παροιμ. φρ. *η γλώσσα του στάζει μέλι,* βλ. *μέλι.* **Β.** (χωρίς αντικ.) αφήνω να χύνονται σταγόνες από κάποιο υγρό: *η βρύση/η στέγη/το βαρέλι/το καζανάκι -ει.* **Γ.** (αμτβ. για υγρό) χύνομαι κατά σταγόνες, πέφτω στάλα στάλα: *το κρασί/το νερό -ει· -ει ο ιδρώτας από το μέτωπό του/το αίμα από την πληγή* (συνών. *σταλάζω*). Φρ. *τον έχουν μη -ξει και μη βρέξει,* βλ. *βρέχω.*

σταθερά η, *σταθερός.*

σταθερά η, ουσ. **1.** (φυσ.) ποσότητα αμετάβλητη (φυσικό μέγεθος ή αριθμός): *~ χρόνου/της παγκόσμιας έλξης/ηλιακή· φυσικές -ές του νερού.* **2.** (μαθημ.) αριθμός εξίσωσης που είναι ανεξάρτητος από μεταβλητές. **3.** (γενικά) θεμελιώδης σταθερό χαρακτηριστικό που βοηθεί την αναγνώριση σώματος, γεγονότος, κατάστασης κλπ.: *μία από τις -ές του θέματος· οι -ές μιας ποιητικής φυσιογνωμίας.*

σταθεροποίηση η, ουσ. **α.** το να διατηρείται κάτι σταθερό, αμετάβλητο, επίτευξη σταθερότητας: *~ της δημοκρατίας* (συνών. *στερέωση, εδραίωση* αντ. *αποσταθεροποίηση*) **β.** (οικον.) διατήρηση ορισμένων οικονομικών μεγεθών σε ένα επίπεδο: *πρόγραμμα -ης της οικονομίας·* (ειδικά, συνεκδοχικά) τα μέτρα που λαμβάνονται από την κυβέρνηση για να διατηρηθεί σταθερή η αξία του χαρτονομίσματος απέναντι στο χρυσό.

σταθεροποιητικός, -ή, -ό, επίθ., που ανήκει ή αναφέρεται στη σταθεροποίηση (βλ. λ. στη σημασ. β): *-ό πρόγραμμα για την οικονομία· πολιτική -ή.*

σταθεροποιώ, -είς, ρ. (ασυνίζ.), κάνω κάτι σταθερό ή αναλλοίωτο, το μονιμοποιώ: *μέτρα για να -ποιηθεί η οικονομία/το νόμισμα· -ποιήθηκε στην ηγεσία του κόμματος* (συνών. στερεώνω).

σταθερός, -ή, -ό, επίθ. 1. που δε μεταβάλλεται, μόνιμος: *εισόδημα -ό· καιρός ~· νόμισμα -ό* (συνών. αμετακίνητος, πάγιος· αντ. ασταθής, άστατος). 2. (για πρόσωπα) που είναι πιστός σε κάτι, που εμμένει σε κάτι: *~ στις ιδέες του/στις συνήθειές του/ στις αποφάσεις του.* 3. (για αισθήματα) αναλλοίωτος: *φιλία -ή.* 4. που επαναλαμβάνεται συχνά: *-ά, τυπικά, παραδοσιακά ομηρικά επίθετα.* - Επίρρ. **-ά:** *λάθη που επαναλαμβάνονται -ά.*

σταθερότητα η, ουσ., το να είναι κάτι σταθερό, η ιδιότητα ή η κατάσταση του σταθερού: *~ τιμών/ κοινωνικοπολιτική ~ του χαρακτήρα* (συνών. ευστάθεια· αντ. αστάθεια).

σταθμά τα, ουσ., μετάλλινα βαρίδια ζυγαριάς με καθορισμένο βάρος το καθένα (συνών. ζύγια, βάρη). Φρ. *έχει δύο μέτρα και δύο ~* (για κάποιον που δεν κρίνει αντικειμενικά).

σταθμαρχείο το, ουσ., το γραφείο ή το οίκημα όπου εργάζεται ο σταθμάρχης (βλ. λ.).

σταθμάρχης ο, ουσ., προϊστάμενος σταθμού (σιδηροδρομικού, λεωφορείων, κλπ.).

στάθμευση η, ουσ. α. διακοπή πορείας για μικρό χρονικό διάστημα και παραμονή σε κάποιο μέρος για ανάπαυση ή διανυκτέρευση· **β.** (ειδικά) προσωρινή διακοπή πορείας αυτοκινήτου, παρκάρισμα (βλ. λ.): *παράνομη ~.*

σταθμεύω, ρ., αόρ. στάθμευσα, μτχ. παρκ. -ευμένος. *α.* διακόπτω την πορεία μου για μικρό χρονικό διάστημα και παραμένω κάπου για ανάπαυση, ανεφοδιασμό ή διανυκτέρευση· **β.** (ειδικά για οδηγό αυτοκινήτου) διακόπτω προσωρινά την πορεία αυτοκινήτου, παρκάρω (βλ. λ.): *-ευσε παράνομα·* (για αυτοκίνητο) κάνω στάση: *το λεωφορείο -ευσε στη διασταύρωση· -ευμένο λεωφορείο.*

στάθμη η, ουσ. **1.** νήμα με βαρίδι στο κάτω άκρο με το οποίο βρίσκεται η κατακόρυφος: *νήμα της -ης* (συνών. *αλφάδι*). **2.** (κατ' επέκταση) κάθε μέσο με το οποίο καθορίζεται ή ελέγχεται η κατακόρυφη ή η οριζόντια διεύθυνση γραμμής ή επιπέδου. **3.** ελεύθερη επιφάνεια υγρού που ισορροπεί με την επίδραση του πεδίου βαρύτητας: *~ της λίμνης/ του ποταμού· άνοδος της -ης των ωκεανών.* **4.** (μεταφ.) σημείο, επίπεδο στο οποίο βρίσκεται κάτι: *πολιτιστική/εισοδηματική ~.*

σταθμητός, -ή, -ό, επίθ., που μπορεί να υπολογιστεί: *~ παράγοντας* (αντ. αστάθμητος, ασταθμιστος).

σταθμίζω, ρ. **1.** ζυγίζω το βάρος σώματος. **2.** χρησιμοποιώ τη στάθμη (βλ. λ.) για να καθορίσω ή να ελέγξω την κατακόρυφη θέση ή την οριζοντιότητα ευθείας ή επιπέδου (συνών. *αλφαδιάζω*). **3.** (μεταφ.) μελετώ κάτι καλά, εκτιμώ σωστά τα πράγματα πριν αποφασίσω: *~ την κατάσταση/τις συνέπειες μιας ενέργειάς μου.*

στάθμιση η, ουσ. **1.** ζύγισμα του βάρους ενός σώματος. **2.** έλεγχος ή καθορισμός της κατακόρυφης θέσης ή της οριζοντιότητας ευθείας ή επιπέδου

(συνών. *αλφάδιασμα*). **3.** (μεταφ.) σωστός υπολογισμός, εκτίμηση των πραγμάτων πριν από την απόφαση: *~ συμφερόντων.*

σταθμογράφος ο, ουσ., όργανο που προσδιορίζει αυτομάτως και συνεχώς τη μεταβολή της στάθμης επιφάνειας υγρού.

σταθμοδείκτης ο, ουσ., όργανο που δείχνει τη στάθμη υγρού σε λέβητα ή σε δεξαμενή.

σταθμός ο, ουσ. **1α.** τόπος όπου σταθμεύει κανείς· **β.** (ειδικά) ορισμένο μέρος όπου σταματούν διερχόμενα οχήματα (αμαξοστοιχίες, λεωφορεία) για να αποβιβάσουν ή να παραλάβουν επιβάτες και αποσκευές ή άλλα αντικείμενα: *~ υπεραστικών λεωφορείων· σιδηροδρομικός ~· γ.* (συνεκδοχικά) στάθμευση, στάση. **2.** τόπος όπου συγκεντρώνονται προϊόντα για αποθήκευση ή διαμετακόμιση. **3.** κτήριο και εγκαταστάσεις με ειδικό εξοπλισμό (όργανα, μηχανές, προσωπικό) για την λειτουργία ή την εκτέλεση ειδικής υπηρεσίας: *μετεωρολογικός ~ αστυνομικός ~* (= αστυνομική υπηρεσία μιας περιφέρειας, καθώς και το οίκημα όπου εδρεύει)· *κινητός ~ αιμοδοσίας· ~ πρώτων βοηθειών· πυρηνικός ~ παραγωγής ηλεκτρικής ενέργειας· διαστημικός ~,* βλ. *ά. διαστημικός· ραδιοφωνικός ~,* βλ. *ραδιοφωνικός· τηλεοπτικός ~· δορυφορικός ~ εδάφους.* **4.** (μεταφ.) χρονικό σημείο κατά το οποίο αρχίζει νέα περίοδος εξέλιξης, αξιομνημόνευτη χρονολογία: *ιστορικός / σημαντικός ~ στο έργο του ποιητή· χρονολογίες -οί στην ιστορία του Βυζαντίου.*

στακάτο το, ουσ. άκλ., μουσικός όρος και σημείο που δηλώνει ότι οι φθόγγοι πρέπει να εκτελεστούν ξεχωριστά ο ένας από τον άλλο (αντ. *λεγκάτο*). [ιταλ. *staccato*].

στάλα η, ουσ. **1.** ελάχιστη ποσότητα υγρού σε σχήμα σφαιριδίου, σταγόνα: *πέφτουν της βροχής οι -ες· ~ τη ~ το νερό τρυπάει το λιθάρι* (δημ. τραγ.) (συνών. σταλιά, σταλαγματιά). **2.** (μεταφ.) ελάχιστη ποσότητα, κάτι το ελάχιστο: *δεν έχει ~ κρασί το βαρέλι* (επιρρημ.) *~ δεν μετάνιωσε· δεν έχει ~ μυαλό* (= καθόλου). Έκφρ. *μια ~* (= επιρρημ. α. για ποσότητα, λίγο): *δώσε μου μια ~ κρασί* (**β.** χρον., για λίγο): *δεν έχω καθίσει από το πρωί ούτε μια ~)· ~ ~* (= **α.** κατά σταγόνες· **β.** λίγο λίγο, σιγά σιγά): *~ ~ φεύγει η ζωή.* - Υποκορ. **-ίτσα** η (στις σημασ. 1 και 2).

στάλα(γ)μα το, ουσ. (λαϊκ.). **1.** πτώση σταγόνας, στάξιμο (συνών. σταλαγμός). **2.** (συνεκδοχικά) αποθηκευμένο νερό βροχής.

σταλα(γ)ματιά η, ουσ. (συνιζ., λαϊκ.), σταγόνα που πέφτει, στάλα: *~ ~ στάζουν τα δάκρυά μου· ~ ~ το μάρμαρο τρυπιέται* (δημ. τραγ.). [σταλάζω].

σταλαγμίτης ο, ουσ. (γεωλ.) πέτρωμα σε σχήμα κώνου ή μαστού που σχηματίζεται στο δάπεδο σπηλαίων από τη συνεχή πτώση σταγόνων με υδροανθρακικό ασβέστιο. [σταλαγμός].

σταλα(γ)μός ο, ουσ. **1.** πτώση σταγόνας, στάλαγμα. **2.** μικρή προεξοχή από σοβά (ή άλλο υλικό) σε τοίχο ή σε μαρκίζα για να μην τρέχουν τα νερά της βροχής επάνω στον τοίχο ή στην κάτω επιφάνεια της μαρκίζας, υδρορροή.

σταλάζω, ρ. **Α.** μτβ. **1.** ρίχνω κάτι κατά σταγόνες, το κάνω να στάζει: *στάλαξέ μου κολλύριο στα μάτια.* **2.** (μεταφ.) εμφυσώ ιδέα ή συναίσθημα λίγο λίγο σε κάποιον, ενσταλάζω. **Β.** αμτβ. **1.** πέφτω στάλα στάλα: *-ει ο ιδρώτας από το πρόσωπό του·* (μεταφ.): *-ει μέσα μου απ' τη θύμησή σου ένα άρωμα*

σταλακτίτης

ευτυχίας του παραδείσου (Κόντογλου). **2.** (συνεκδοχικά για υγρό) διυλίζομαι. Φρ. *δε -ει δάκρυ* (= δε δακρύζει).

σταλακτίτης και **-χτίτης** ο, ουσ. (γεωλ.) ασβεστολιθική κρεμαστή στήλη στην οροφή ή στα τοιχώματα των σπηλαίων που σχηματίζεται από τη συνεχή κάθοδο σταγόνων που περιέχουν υδροανθρακικό ασβέστιο. [σταλακτός<σταλάσσω].

στάλαμα, βλ. *στάλαγμα*.

σταλαματιά, βλ. *σταλαγματιά*.

σταλαμός, βλ. *σταλαγμός*.

στάλαξη η, ουσ. **1.** ροή υγρού κατά σταγόνες. **2.** διύλιση.

σταλαξιά η, ουσ. (συνιζ., λαϊκ.), σταλαγματιά (βλ. λ.).

σταλαχτίτης, βλ. *σταλακτίτης*.

σταλιά η, ουσ. (συνιζ., λαϊκ.), σταγόνα οποιουδήποτε υγρού: *μια ~ λάδι/κρασί/νερό*. Έκφρ. *μια ~* (= *α.* ελάχιστη ποσότητα): *μια ~ νερό στη ρίζα του να ρίξεις* (δημ. τραγ.)· *μια ~ κρέας*· (*β.* επιθετ. λίγος· μικρός): *δεν έβρισκε μια ~ ησυχία· μια ~ άνθρωπος* (= μικρόσωμος)· *μια ~ φιλότιμο δεν έχει*.

σταλιάζω, ρ. (συνιζ., λαϊκ.). **1.** σταλίζω (βλ. λ.): *-ιασαν κάτου από τα μεγάλα πλατάνια* (Ι.Μ. Παναγιωτόπουλος). **2.** παραμένω για πολλή ώρα σε κάποιο μέρος, ξεροσταλιάζω: *-ιασα στα πόδια μου* (= έμεινα όρθιος πολλή ώρα και εξαντλήθηκα από την ορθοστασία).

στάλιασμα, βλ. *στάλισμα*.

σταλίζω, ρ. (λαϊκ.). **Α.** (μτβ.) οδηγώ τα γιδοπρόβατα σε μέρος σκιερό για να αναπαυτούν, ιδίως το μεσημέρι (συνών. *σταλιάζω* στη σημασ. 1). **Β.** αμτβ. **1.** (για γιδοπρόβατα) αναπαύομαι σε τόπο σκιερό τις μεσημεριανές ώρες. **2.** (για πρόσωπο) παραμένω κάπου (ιδίως για προφύλαξη από καιρικές αλλαγές).

σταλίκι το, ουσ. **1.** ξύλινο κοντάρι που χρησιμοποιούν οι ψαράδες για να κατευθύνουν τη βάρκα στα ρηχά νερά. **2.** πάσσαλος ή πέτρα στο έδαφος που χρησιμοποιείται ως σημάδι. [αρχ. *στάλιξ*].

σταλινικός, -ή, -ό, επίθ., που ανήκει ή αναφέρεται στο Στάλιν ή στο σταλινισμό (βλ. λ.). - Το αρσ. ως ουσ. = οπαδός του Στάλιν (συνών. *σταλινιστής*).

σταλινισμός ο, ουσ. (πολιτ.) το σύνολο των θεωριών και των μεθόδων που εφάρμοσε ο Στάλιν στη Σοβιετική Ένωση μετά το θάνατο του Λένιν (1924) και που χαρακτηρίζονται από την αυστηρή ιεραρχία στη δομή του κόμματος, τη συγκέντρωση απόλυτων εξουσιών στα χέρια λίγων στελεχών, την αναγκαστική συμμόρφωση με τις κομματικές κατευθύνσεις και την αστυνόμευση της προσωπικής ζωής των πολιτών.

σταλινιστής ο, θηλ. **-ίστρια**, ουσ., οπαδός του σταλινισμού (βλ. λ.).

στάλισμα και **-λιασμα** το, ουσ. (λαϊκ.). **α.** ανάπαυση των γιδοπροβάτων σε τόπο σκιερό τις μεσημβρινές ώρες· **β.** (συνεκδοχικά) το μέρος ή η ώρα που αναπαύονται τα γιδοπρόβατα (συνών. *στάλος* στις σημασ. 1α και β).

σταλίστρα η, ουσ. (λαϊκ.), τόπος σκιερός όπου σταλίζουν (βλ. λ.) τα γιδοπρόβατα (συνών. *στάλος*).

σταλίτσα, βλ. *στάλα*.

στάλος και **-ός** ο, ουσ. (λαϊκ.). **1α.** ανάπαυση των γιδοπροβάτων σε τόπο σκιερό τις μεσημβρινές

ώρες (συνών. *στάλισμα*)· **β.** (συνεκδοχικά) το μέρος και η ώρα που αναπαύονται τα γιδοπρόβατα· **γ.** (συνεκδοχικά) μαντρί κοπαδιού. **2.** τόπος που προστατεύει από τις καιρικές μεταβολές.

στάλσιμο το, ουσ., το να στέλνει κάποιος κάτι κάπου.

σταμάτημα το, ουσ., η ενέργεια του σταματώ (βλ. λ.) και το αποτέλεσμά της.

σταματώ, -άς, ρ. **1α.** δεν κάνω πια αυτό που έκανα ως τώρα, δε συνεχίζω μια κίνηση, ενέργεια, δραστηριότητα, λειτουργία, κ.τ.ό., προσωρινά η οριστικά: (μτβ.) *-ησε να τρέχει· -ησε τη δουλειά* (αμτβ.) *-ησε και κοίταξε έξω από το παράθυρο·* (για μηχάνημα ή μηχανισμό) *το ρολόι -ησε·* (για σωματική ή πνευματική λειτουργία) *-ησε ο σφυγμός του· -ησε το μυαλό μου και δεν μπορούσα να απαντήσω*· φρ. *-ά ο νους του ανθρώπου* (για κάτι που προκαλεί κατάπληξη)· (τριτοπρόσ. για φυσικά φαινόμενα) *-ησε να βρέχει· -ησαν οι αστραπές*. **β.** (ειδικότερα) στέκομαι για λίγο κάπου πριν συνεχίσω την πορεία μου: *-ήσαμε για φαγητό στη Λάρισα·* **γ.** (για λόγο, ομιλία): *σταμάτα επιτέλους, μας ζάλισες!* (συνών. *παύω* αντ. *εξακολουθώ, συνεχίζω*). **2.** (μτβ.) **α.** με ενέργειές μου φροντίζω να μην κάνει κάποιος αυτό που έκανε ως τώρα, κάνω κάποιον να σταματήσει (σημασ. 1) προσωρινά ή οριστικά: *ο τροχονόμος -ησε τα αυτοκίνητα· ο εισαγγελέας -ησε τη λειτουργία της επιχείρησης·* **β.** εμποδίζω: *οι αυστηρές ποινές δε -ούν τα εγκλήματα· προσπάθησα να τον -ήσω, αλλά δεν μπόρεσα·* **γ.** ανακόπτω, αναχαιτίζω: *-ησαν την προέλαση του εχθρού*. **3α.** (για δρόμο) δεν οδηγώ πέρα από ένα σημείο: *το μονοπάτι -ά εδώ·* **β.** φτάνω ως ένα σημείο: *το κείμενο -ά εδώ και ακολουθούν λευκές σελίδες·* **γ.** δεν ισχύω πέρα από ένα όριο: *εδώ -ά η δικαιοδοσία του*.

στάμενα τα, ουσ. (παλαιότερο) τα νομίσματα· (συνεκδοχικά) η κινητή ή και όλη η περιουσία. [*ιστάμενα*, μτχ. πληθ. ουδ. του *ίσταμαι*].

στάμνα η, ουσ., πήλινο αγγείο μέτριου μεγέθους με λαιμό στενό και κοντό για υγρά και κυρίως νερό· παροιμ. φρ. *η ~ πολλές φορές πάει στη βρύση και μια φορά σπάει* (= πρέπει κανείς να προφυλάγεται ακόμη κι αν οι πιθανότητες κινδύνου δεν είναι πολλές) (συνών. *λαγήνι*). - Υποκορ. **-ίτσα** η. [αρχ. *στάμνος*].

σταμνάδικο το, ουσ., εργαστήριο όπου κατασκευάζονται ή κατάστημα όπου πουλιούνται στάμνες (συνών. *λαγηνάδικο*).

σταμνάκι, βλ. *σταμνί*.

σταμνάς ο, ουσ., αυτός που φτιάχνει ή πουλά στάμνες (συνών. *λαγηνάς*).

σταμνί το, ουσ., στάμνα (βλ. λ.). - Υποκορ. **-άκι** το.

σταμνίτσα, βλ. *στάμνα*.

στάμπα η, ουσ. (έρρ.). **1.** είδος σφραγίδας, ξύλινο αποτύπωμα που χρησιμοποιείται για να παραχθούν ομοιότυπα γράμματα, σχέδια, κ.τ.ό. **2.** το σχέδιο που παράγεται με αυτό τον τρόπο. [ιταλ. *stampa*].

σταμπάρισμα το, ουσ. (έρρ.), η ενέργεια του σταμπάρω (βλ. λ.) και το αποτέλεσμά της (συνών. *μαρκάρισμα*).

σταμπάρω, ρ. (έρρ.), αόρ. *-άρισα*, μτχ. παρκ. *-ισμένος*. **1.** βάζω στάμπα πάνω σε κάτι. **2.** (λαϊκ., μεταφ.) επισημαίνω κάποιον και αποτυπώνω στη μνήμη μου τα χαρακτηριστικά και τη συμπεριφορά του: *πορτοφολάς/κομουνιστής -ισμένος* (συ-

νών. στις σημασ. 1 και 2 *μαρκάρω*). [ιταλ. *stampare*].
σταμπάτος, -η, -ο και **σταμπωτός, -ή, -ό**, επίθ., (συνήθως για ύφασμα) που φέρει σχέδια, συνήθως έγχρωμα, αποτυπωμένα με στάμπα: *φόρεμα -ωτό*.
στάνη η, ουσ., περίφρακτος και στεγασμένος χώρος όπου σταβλίζονται πρόβατα και κατσίκες. [σλαβ. *stan*].
στανικός, -ή, -ό, επίθ., που γίνεται παρά τη θέλησή μου, με τη βία, αναγκαστικά. - Επίρρ. **-ά** και **-ώς**: (με γεν.) *-ώς μου*. [αβέβαιη ετυμ.].
στανιό το, ουσ. (συνιζ., λαϊκ.), καταναγκασμός, βία· στη φρ. *με το ~* (= αναγκαστικά, παρά τη θέλησή μου, με τη βία). [αβέβαιη ετυμ.].
στάνταρ(τ), επίθ. άκλ. α. (για βιομηχανικό προϊόν) που έχει κατασκευαστεί σύμφωνα μ' ένα καθορισμένο πρότυπο: *ανταλλακτικό ~*· β. καθορισμένος, σταθερός: *τιμή ~*. [αγγλ. *standard*].
σταξιά η, ουσ. (συνιζ., λαϊκ.), σταγόνα, σταλαγματιά: *μια ~ λάδι*.
στάξιμο το, ουσ., το να στάζει κάτι.
σταρ ο και η, ουσ. άκλ., αστέρας (βλ. λ. στη σημασ. 2) του κινηματογράφου. [αγγλ. *star*].
σταράτος, -η, -ο, επίθ. 1. που έχει το χρώμα του σιταριού. 2. (για ψωμί) κατασκευασμένο από αλεύρι σιταριού. 3. (συνήθως μεταφ.) ειλικρινής, ευθύς: *λόγια -α· κουβέντες -ες*. - Επίρρ. **-α**, στη σημασ. 3.
σταρέμπορος, βλ. *σιταρέμπορος*.
σταρένιος, -ια, -ιο, επίθ. (συνιζ.). 1. φτιαγμένος από σιτάλευρο: *αλεύρι/ψωμί -ο*. 2. που έχει το χρώμα του σιταριού: *δέρμα -ο*.
στάρι, Ι. βλ. *σιτάρι*.
στάρι, II. βλ. *αστάρι*.
στάρωμα, βλ. *αστάρωμα*.
σταρώνω, βλ. *αστορώνω*.
στάση η, ουσ. 1α. το να στέκεται κανείς, σταμάτημα: *θα κάνουμε μια ~ σε λίγο* (= θα σταματήσουμε) (αντ. *κίνηση*)· β. (συνεκδοχικά) ο τόπος όπου σταματάει κανείς κατά τη διάρκεια ταξιδιού: *δεν ήξερε πού θα ήταν η επόμενη ~*· γ. (ειδικότερα) ο τόπος, το σημείο όπου σταθμεύουν τα λεωφορεία, τα τρένα και άλλα μέσα μεταφοράς για να επιβιβαστούν ή να αποβιβαστούν οι επιβάτες: *περίμενε πολύς κόσμος στη ~· θα κατέβω στην επόμενη ~*· δ. (στη σιδηροδρομική ορολογία) σταθμός μικρής σημασίας όπου δεν κάνουν στάθμευση όλες οι αμαξοστοιχίες. 2. διακοπή μιας ενέργειας: *~ πληρωμών· ~ εργασίας* (= μορφή απεργίας κατά την οποία οι εργαζόμενοι σταματούν την εργασία τους για μικρό χρονικό διάστημα). 3. ο τρόπος με τον οποίο στέκεται κανείς, η θέση του σώματος ή μέλους του: *άλλαξε ~ γιατί πιάστηκε στο πόδι του· σε ποια ~ κοιμάσαι;* 4. (μεταφ.) ο τρόπος με τον οποίο συμπεριφέρεται κανείς σε κάποιον, ο τρόπος με τον οποίο αντιμετωπίζει ένα ζήτημα: *κρατά εχθρική ~ απέναντί μου· πολιτική ~ του ποιητή στα προβλήματα του καιρού του· η ~ της αντιπολίτευσης στο θέμα*. 5. επαναστατική κίνηση, ένοπλη εξέγερση ομάδας ατόμων κατά του καθεστώτος και της έννομης τάξης: *~ στρατιωτικών/κρατουμένων*· (ιστ.) *η ~ του «Νίκα»*. 6. τμήμα τετράγωνο ενός φωτογραφικού φιλμ που εκτίθεται στο φως με κάθε άνοιγμα του διαφράγματος: *πόσες -εις έχει ακόμη το φιλμ σου;*
στασιάζω, ρ. (ασυνίζ.), αρνούμαι να υπακούσω στους άρχοντες ή τους νόμους (συνών. *εξεγείρομαι, επαναστατώ*).
στασιάρχης ο, ουσ. (ασυνίζ.), σιδηροδρομικός υπάλληλος, προϊστάμενος σιδηροδρομικού σταθμού με περιορισμένες αρμοδιότητες.
στασιαστής ο, θηλ. **-στρια**, ουσ. (ασυνίζ.), αυτός που στασιάζει (βλ. λ.).
στασιαστικός, -ή, -ό, επίθ. (ασυνίζ.), που ανήκει στο στασιαστή ή τη στάση ή αναφέρεται σ' αυτόν/-ή: *ενέργεια -ή*.
στασιάστρια, βλ. *στασιαστής*.
στασίδι το, ουσ., καθένα από τα ξύλινα καθίσματα που είναι τοποθετημένα το ένα δίπλα στο άλλο κατά μήκος των τριών πλευρών του κυρίως ναού.
στάσιμο το, ουσ., το χορικό της αρχαίας τραγωδίας που έψαλλε ο χορός ανάμεσα σε δύο επεισόδια.
στάσιμος, -η, -ο, επίθ., που δε μεταβάλλεται η θέση, η μορφή, η κατάστασή του, κ.τ.ό.: *νερά -α* (= που λιμνάζουν)· *οι γλώσσες δε μένουν ποτέ -ες· κατάσταση -η· μαθητής ~* (= που δεν προβιβάζεται στην επόμενη τάξη).
στασιμότητα η, ουσ., το να είναι κάποιος ή κάτι στάσιμο(ς): *~ οικονομική/δημόσιου υπαλλήλου*.
στατήρας ο, ουσ., πρακτική μονάδα βάρους που χρησιμοποιήθηκε σε διάφορες χώρες με διαφορετική τιμή κατά τη χώρα (παλαιότερα στην Ελλάδα ίση με 44 οκάδες) (συνών. *καντάρι*).
στατική η, ουσ., κλάδος της μηχανικής που εξετάζει τις συνθήκες ισορροπίας των δυνάμεων: *~ του στερεού σώματος· εφαρμοσμένη ~*· (μετεωρ.) *~ ατμόσφαιρας*.
στατικός, -ή, -ό, επίθ. 1. που δεν αλλάζει, δεν εξελίσσεται (συχνά με αρνητ. σημασ.): *κοινωνία -ή*. 2. (οικον.-κοινων.) που αναφέρεται στη μελέτη των διάφορων φαινομένων χωρίς να υπολογίζει τον παράγοντα του χρόνου και των αλλαγών που επιφέρει: *ανάλυση -ή* (αντ. *δυναμικός*). 3. (οικον.) *οικονομία -ή* = κατάσταση μιας οικονομίας στην οποία τα βασικά μεγέθη (πληθυσμός, εθνικό εισόδημα) παραμένουν αμετάβλητα. 4. (ψυχολ.) *αίσθηση -ή* = η αίσθηση που παρέχει πληροφορίες για τη θέση του σώματος στο χώρο και των μελών του μεταξύ τους. 5. (μηχ.) που αναφέρεται στα συστήματα δυνάμεων που βρίσκονται σε ισορροπία, που σχετίζεται με τη στατική (βλ. λ.): *μελέτη -ή*. 6. (φυσ.) *ηλεκτρισμός ~* = ο ηλεκτρισμός που αναπτύσσεται σε βάθρα σώματα (π.χ. μαλλί) με την τριβή (αντ. *δυναμικός ηλεκτρισμός*).
στατιστικά, βλ. *στατιστικός*.
στατιστική η, ουσ. 1. μεθοδική συγκέντρωση, ταξινόμηση και επεξεργασία συνόλων αριθμητικών δεδομένων και αναζήτηση των σχέσεων που υπάρχουν μεταξύ τους (π.χ. συχνότητα εμφάνισης φαινομένου). 2. κλάδος των μαθηματικών που έχει αντικείμενο την παραπάνω συγκέντρωση και επεξεργασία δεδομένων.
στατιστικός, -ή, -ό, επίθ., που ανήκει στη στατιστική ή αναφέρεται σ' αυτήν: *στοιχεία -ά· -ή επεξεργασία στοιχείων*. - Επίρρ. **-ά** και **-ώς**. [γαλλ. *statistique*].
στάτορας ο, ουσ. (ηλεκτρολ.) το ακίνητο μέρος του ηλεκτρικού κινητήρα (μόνιμος μαγνήτης ή ηλεκτρομαγνήτης). [γαλλ. *stator*].
στάτους-κβο, ουσ., η πολιτική, οικονομική ή κοινωνική κατάσταση που επικρατεί σε συγκεκριμένο τόπο και χρόνο: *κοινωνικό ~* (συνών. *καθεστώς*). [λατ. έκφρ. *in statu quo*].

σταύλος, βλ. *στάβλος*.

σταυραδερφός ο και **σταυραδέρφι** το, ους. αδελφοποιτός (βλ. λ.).

σταυραετός και **σταυραϊτός** ο, ους. 1. (ζωολ.) είδος μικρόσωμου αετού που ζει κυρίως στα δάση και κυνηγά τρωκτικά, ερπετά, πτηνά και έντομα. 2. (μεταφ.) τιμητική ονομασία κλεφτών κατά την τουρκοκρατία.

σταυρεπικονίαση η, ους. (βοτ.) σταυρωτή επικονίαση (βλ. λ.).

σταυρεπίστεγος, -η, -ο, επίθ. (λόγ.), (για ναό) που έχει στέγη σταυροειδή (συνών. *σταυροθόλωτος*).

σταυρικός, -ή, -ό, επίθ., που ανήκει στο σταυρό ή αναφέρεται σ' αυτόν: (αρχαιολ.) *κοσμήματα -ά* (= που έχουν σχήμα σταυρού)· ~ *θάνατος* (= σταύρωση)· *η -η θυσία του Χριστού*.

σταυροβελονιά η, ους. (συνιζ.), είδος βελονιάς σε κεντήματα κατά την οποία δύο περάσματα του νήματος διασταυρώνονται χιαστί.

σταυροδρόμι το, ους. 1. σημείο όπου διασταυρώνονται δύο ή περισσότεροι δρόμοι. 2. (μεταφ.) χώρος όπου συναντιούνται διαφορετικοί πολιτισμοί, ιδέες, θρησκείες, κ.τ.ό.: *η Ελλάδα ήταν πάντα το ~ Δύσης και Ανατολής*. Φρ. *(κάτι βρίσκεται) σε κρίσιμο* ~ (= αποφασιστικό σημείο για την εξέλιξή του): *η κοινωνική ασφάλιση βρίσκεται σε κρίσιμο* ~.

σταυροειδής, -ής, -ές, γεν. *-ούς*, πληθ. αρσ. και θηλ. *-είς*, ουδ. *-ή*, επίθ., που έχει σχήμα σταυρού: (αρχαιολ.) *κοσμήματα -ή*.

σταυροθόλιο το, ους. (ασυνίζ.), είδος θολωτής οροφής που σχηματίζεται σε ναούς με τη διασταύρωση ημικυλινδρικών καμαρών.

σταυροθόλωτος, -η, -ο, επίθ. (για ναό) σταυρεπίστεγος (βλ. λ.).

σταυροκόπημα και **σταυροκόπι** το, ους., το να σταυροκοπιέται κανείς.

σταυροκοπιέμαι, ρ. (συνιζ., λαϊκ.), κάνω πολλές φορές το σταυρό μου (συχνά για να δηλώσω έκπληξη).

σταυρόλεξο το, ους., παιγνίδι με λέξεις από τις οποίες άλλες γράφονται οριζόντια και άλλες κάθετα έτσι ώστε να διασταυρώνονται μεταξύ τους σε ένα σχέδιο με μαύρα και άσπρα τετράγωνα και που τις ανακαλύπτει κανείς με βάση τα στοιχεία που δίνονται και τα κοινά μεταξύ τους γράμματα.

σταυροπηγιακός, -ή, -ό, επίθ. (ασυνίζ.), (εκκλ., για μονή) που υπάγεται στη δικαιοδοσία του πατριαρχείου και όχι του τοπικού επισκόπου.

σταυροπήγιο το, ους. (ασυνίζ.), (εκκλ.) τοποθέτηση, κατά τη διάρκεια τελετής, στα θεμέλια μονής που χτίζεται σταυρού που τον στέλνει ο πατριάρχης για να δηλωθεί ότι η μονή υπάγεται στη δικαιοδοσία του πατριαρχείου.

σταυροπόδι, επίρρ., τρόπος καθίσματος στο έδαφος ή σε κάθισμα με τα πόδια σταυρωμένα.

Σταυροπροσκύνηση η, ους. (εκκλ.) η προσκύνηση του Τιμίου Σταυρού: *Κυριακή της -εως* = η τρίτη Κυριακή των νηστειών της Μεγάλης Τεσσαρακοστής.

σταυρός ο, ους. 1. δύο δοκοί που σχηματίζουν μεταξύ τους ορθή γωνία (συνήθως σε σχήμα Τ), κατασκευή που χρησίμευε στην αρχαιότητα ως όργανο θανατικής εκτέλεσης όπου δενόταν ή καρφωνόταν ο κατάδικος με τα χέρια τεντωμένα. 2. (στη σημασ. αυτή με κεφ. Σ) ο σταυρός (βλ. σημασ. 1) από μια κάθετη δοκό και μια μικρότερη οριζόντια περίπου στην κορυφή της πρώτης πάνω στον οποίο πέθανε μαρτυρικά ο Ιησούς Χριστός: *Τίμιος Σ-ς· εύρεση του Σ-ού*. 3. οποιαδήποτε υλική αναπαράσταση του Σταυρού και της σταυρικής θυσίας του Χριστού ως το ιερότερο σύμβολο της χριστιανικής θρησκείας: *ξεχώριζε από μακριά η εκκλησία με το -ό· οι -οί του νεκροταφείου·* ~ *ελληνικός/λατινικός/του Αγίου Ανδρέα* (= σε σχήμα Χ). **4α**. (γενικά) καθετί που έχει σχήμα σταυρού (π.χ. παράσημο): *του απένειμαν τον αργυρό -ό*. **β**. (ειδικότερα) κόσμημα από διάφορα υλικά σε σχήμα σταυρού που το φορά κανείς στο λαιμό: *για τη βάφτιση η νονά του του αγόρασε ένα χρυσό -ό*. **5**. γραφική παράσταση σταυρού (+ ή σπανιότερα Χ): *υπογράφει με -ό*· ~ *προτίμησης σε ψηφοφορίες* (που τοποθετείται σε ψηφοδέλτιο δίπλα στο όνομα του υποψηφίου που προτιμά ο ψηφοφόρος). **6**. (παλαιογρ.) το σημάδι (+) με το οποίο δηλώνεται ότι υπάρχει ανίατα φθαρμένο χωρίο σε κείμενο παλαιότερου συγγραφέα που εκδίδεται. **7**. (λαϊκ.) σημείο του μετώπου ανάμεσα στα φρύδια και τη ρίζα της μύτης: *τον χτύπησε στο -ό*. **8**. (λαϊκ.) ~ *της θάλασσας* = αστερίας. **9**. (μηχανολ.) εξάρτημα παλινδρομικών μηχανών. **10**. (ναυτ.) είδος κόμπου που χρησιμοποιείται για να δεθούν τα άκρα δύο σκοινιών. **11**. (αστρον.) *Σ-ς (Βόρειος)* = ονομασία του αστερισμού του Κύκνου· *Σ-ς του Νότου* = αστερισμός του νότιου ημισφαιρίου. **12**. *Ερυθρός Σ-ς*, βλ. *ερυθρός*. Έκφρ. *αγκυλωτός* ~ (= η σβάστικα, το σύμβολο του ναζισμού)· *με το -ό στο χέρι* (για όποιον ζει με τρόπο άμεμπτο και κυρίως για όποιον δε διαπράττει αδικίες, κλοπές, κ.τ.ό.): *με το -ό στο χέρι δε γίνεται κανείς πλούσιος· του Σ-ού* = διάφορες χριστιανικές γιορτές, π.χ. της εύρεσης του Τιμίου Σταυρού, της ύψωσής του, κ.ά. Φρ. *αλλάζω το -ό κάποιου* (= τον δέρνω πολύ)· *βαράω στο -ό*, βλ. *βαρώ*· *κάνω το -ό μου* = τοποθετώ το δεξί ζερί — οι ορθόδοξοι χριστιανοί με ενωμένα τα τρία δάχτυλα, αντίχειρα, δείκτη και μέσο, ενώ οι καθολικοί με τον αντίχειρα απέναντι από τα υπόλοιπα δάχτυλα — διαδοχικά στο μέτωπο, στην κοιλιά, στο δεξιό ώμο και τέλος στον αριστερό ώμο για να επικαλεστώ το Θεό· (μεταφ.) **α**. αποφασίζω, ετοιμάζομαι, τολμώ και κάνω κάτι: *κάνε το -ό σου και προχώρα·* **β**. απορώ, εκπλήσσομαι όταν βλέπω πράγματα ανόητα, αλλόκοτα ή ανέλπιστα: *είναι να κάνει το -ό του κανείς μ' αυτά που γίνονται· φιλώ -ό* (= ορκίζομαι). - Υποκορ. στη σημασ. 4β **-ουδάκι** και **-ουλάκι** το.

σταυροφορία η, ους. 1. (ιστ.) καθεμιά από τις οκτώ εκστρατείες των σταυροφόρων κατά τον 11., το 12. και το 13. αι. με σκοπό ή πρόφαση την απελευθέρωση των Αγίων Τόπων από τους αλλοθρήσκους. 2. (μεταφ.) σύνολο δραστηριοτήτων που αναπτύσσει κανείς (συνήθως ομάδα ατόμων) σε μια χρονική περίοδο για να επιτύχει κάτι: ~ *για την προστασία των δασών/για την καταπολέμηση των ναρκωτικών*.

σταυροφόρος ο, ους. 1. (ιστ.) ιππότης του μεσαίωνα που πήρε μέρος στις εκστρατείες για την απελευθέρωση των Αγίων Τόπων από τους μουσουλμάνους (11.-13. αι.) και που έφερε στο στήθος, το βραχίονα ή τον ώμο ραμμένο ύφασμα με έναν κόκκινο σταυρό. 2. (μεταφ.) αυτός που συμμετέχει σε μια δραστηριότητα για να επιτευχθεί κάποιος κοινωνικός σκοπός.

σταύρωμα το, ουσ. 1. σταύρωση (βλ. λ.). 2. (μεταφ.) βάσανο, ταλαιπωρία: *αυτό δεν είναι παρακάλιο, είναι ~*. 3. το να τοποθετεί ή να συνδέει κανείς δύο αντικείμενα σε σχήμα σταυρού. 4. το να σταυρώνει (βλ. λ. σημασ. 4) κανείς κάποιον άλλον. 5. το να σχηματίζει κανείς το σημείο του σταυρού πάνω σε κάτι (π.χ. στη βασιλόπιτα).

σταυρώνω, ρ. 1. θανατώνω κάποιον καθηλώνοντάς τον επάνω στο σταυρό: *-ωσαν τον Ιησού.* 2. (μεταφ.) βασανίζω, ταλαιπωρώ: *αυτό το παιδί με -ει με τις ιδιοτροπίες του.* 3. τοποθετώ δύο αντικείμενα ή τα συνδέω μεταξύ τους σε σχήμα σταυρού ή παρεμφερές: *~ τα πόδια μου.* 4. (με αντικ. πρόσωπο) κάνω το σημείο του σταυρού πάνω στο σώμα ατόμου για να αποτραπεί κάτι κακό: *το -ωσαν το παιδί για να μην το ματιάσουν.* 5. τιμώ ή ευλογώ κάτι κάνοντας επάνω του το σημείο του σταυρού: *ο άι-Βασίλης πήρε το μαχαίρι και -ωσε τη βασιλόπιτα* (Κόντογλου). 6. θερμοπαρακαλώ: *τον -ωσα να 'ρθει μαζί μας, μα αρνήθηκε.* Φρ. *αυτός δε -ει αλήθεια* (= δε λέει ποτέ αλήθεια, είναι ψεύτης)· *δε -ει δεκάρα* (= δεν εισπράττει κανένα ποσόν)· *δε -ει πελάτη* (= δεν μπαίνει πελάτης στο μαγαζί του)· *~ τα χέρια* (= 1. ενώνω τα χέρια μου το ένα με το άλλο μπροστά στο στήθος με τους αντιβραχίονες να διασταυρώνονται). 2. (μεταφ.) αδρανώ, δεν κάνω τίποτε (καμιά φορά και από απελπισία ή διαμαρτυρία): *δουλεύει, αγωνίζεται, δε -ει τα χέρια*.

σταύρωση η, ουσ. 1. θανατική εκτέλεση με καθήλωση επάνω σε σταυρό· (με κεφαλαίο Σ) για το θάνατο του Χριστού στο Σταυρό. 2. (μεταφ.) για βαριές ανθρώπινες δοκιμασίες: *η ~ είναι ο μόνος δρόμος της ανάστασης* (Καζαντζάκης).

σταυρωτά, βλ. *σταυρωτός*.

σταυρωτής ο, πληθ. *-ές* και *-ήδες*, ουσ., αυτός που σταυρώνει, που θανατώνει κάποιον στο σταυρό· (μεταφ.) βασανιστής, τύραννος.

σταυρωτός, -ή, -ό, επίθ. 1. που έχει το σχήμα του σταυρού: *ζωγραφισμένα δύο -ά κόκαλα και στη μέση μια νεκροκεφαλή* (Κόντογλου)· *ομοιοκαταληξία -ή* = η ομοιοκαταληξία του πρώτου με τον τέταρτο στίχο και του δευτέρου με τον τρίτο. 2. (για ρούχο) που διπλώνει στο στήθος: *σακάκι -ό*. - Επίρρ. *-ά*.

σταφίδα η, ουσ. 1. ο αποξηραμένος καρπός της σταφιδαμπέλου (βλ. λ.) ή της σουλτανίνας (βλ. λ.) που τρώγεται ωμός ή χρησιμοποιείται στη ζαχαροπλαστική. 2. η σταφιδάμπελος (βλ. λ.). Φρ. *έγινε ~ (στο μεθύσι)* (= μέθυσε πάρα πολύ).

σταφιδάμπελος η, ουσ. (έρρ.), ποικιλία αμπελιού που ο καρπός του (μικρός, συνήθως μαύρος και χωρίς κουκούτσια) ξεραίνεται και δίνει τη μαύρη κορινθιακή σταφίδα.

σταφιδεμπόριο το, ουσ. (έρρ., ασυνίζ.), εμπόριο σταφίδας.

σταφιδέμπορος ο, ουσ. (έρρ.), έμπορος σταφίδας.

σταφιδιάζω, ρ. (συνιζ.). 1. (για σταφύλι) συρρικνώνομαι, ξεραίνομαι, μεταβάλλομαι σε σταφίδα. 2. (μεταφ., για το δέρμα) χάνω τη φρεσκάδα μου, ζαρώνω, σουφρώνω από αρρώστια ή γηρατειά: *στέρεψαν τα μάτια... το πρόσωπό του -ίδιασε* (Ι.Μ. Παναγιωτόπουλος).

σταφιδίασμα το, ουσ. 1. (για σταφύλι) συρρίκνωση, στέγνωμα, μεταβολή σε σταφίδα. 2. (μεταφ.) ζάρωμα, σούφρωμα του δέρματος από αρρώστια ή γηρατειά.

σταφιδικός, -ή, -ό, επίθ., που έχει σχέση με τη σταφίδα και την παραγωγή της: *~ οργανισμός*.

σταφιδίνη η, ουσ., συμπυκνωμένο εκχύλισμα σταφίδας.

σταφιδίτης ο, ουσ., κρασί που παρασκευάζεται από σταφίδα.

σταφιδοζάχαρο, βλ. *σταφιδοσάκχαρο*.

σταφιδοπαραγωγή η, ουσ., παραγωγή σταφίδας.

σταφιδοπαραγωγός, -ός, -ό, επίθ., που παράγει σταφίδα. - Το αρσ. ως ουσ. = παραγωγός σταφίδας.

σταφιδοσάκχαρο και **-ζάχαρο** το, ουσ., το ζάχαρο που περιέχεται στη σταφίδα.

σταφιδόψωμο το, ουσ., ψωμάκι που έχει μέσα στη ζύμη του σταφίδες.

στάφνη η, ουσ., αλφάδι, στάθμη. [αρχ. *στάθμη*].

σταφνίζω, ρ., μετρώ με τη στάφνη (συνών. *αλφαδιάζω*).

στάφνισμα το, ουσ., μέτρημα με τη στάφνη.

σταφυλή η, ουσ. (ανατομ.) σαρκώδης απόφυση της μαλακής υπερώας σε σχήμα κώνου και με μήκος 10-12 χιλιοστών, που κλείνει το φαρυγγικό στόμιο κατά την κατάποση.

σταφύλι το, ουσ., ο καρπός του αμπελιού, τα τσαμπιά με τις μικρές, στρογγυλές και γλυκιές ρώγες που έχουν χρώμα κιτρινωπό ή μαύρο και τρώγονται σαν φρούτο ή δίνουν με ανάλογη επεξεργασία το κρασί και τη σταφίδα.

σταφυλίτης ο, ουσ., η σταφυλή (βλ. λ.).

σταφυλίτιδα η, ουσ. (ιατρ.) φλεγμονή του σταφυλίτη.

σταφυλοζάχαρο, βλ. *σταφυλοσάκχαρο*.

σταφυλοκοκκίαση η, ουσ. (ιατρ.) γενική ονομασία των παθολογικών καταστάσεων που προκαλεί η μόλυνση από σταφυλόκοκκο.

σταφυλοκοκκικός, -ή, -ό, επίθ., που αναφέρεται στό σταφυλόκοκκο ή τη σταφυλοκοκκίαση.

σταφυλόκοκκος ο, ουσ. (ιατρ.) γένος μικροβίων που τα άτομά του έχουν το σχήμα τσαμπιού και αναπτύσσεται στο δέρμα ή τους βλεννογόνους του ανθρώπου.

σταφυλόρωγα η, ουσ., ρώγα σταφυλιού.

σταφυλοσάκχαρο και **-ζάχαρο** το, ουσ., η γλυκόζη (βλ. λ.).

στάχι και **αστάχι** το, ουσ., το καλάμι του σταριού και άλλων δημητριακών.

σταχιάζω, ρ. (συνιζ.), σχηματίζω στάχι: *-ουν τα σιτάρια*.

σταχτερός, -ή, -ό, επίθ. 1. που είναι γεμάτος στάχτη. 2. που έχει το χρώμα της στάχτης (συνών. *σταχτής*).

στάχτη η, ουσ. 1. η γκρίζα ύλη —σε μορφή σκόνης— που μένει μετά το σβήσιμο μιας φωτιάς. 2. είδος μύκητα που ζει παρασιτικά σε διάφορα φυτά και η αρρώστια που προκαλεί σ' αυτά. Φρ. *ρίχνω ~ στα μάτια κάποιου*, βλ. *μάτι*. [θηλ. του αρχ. επιθ. *στακτός*].

σταχτής, -ιά, -ί, επίθ., που έχει το χρώμα της στάχτης (συνών. *σταχτερός*).

σταχτιάζω, ρ. (συνιζ.). 1. (για αντικείμενο που καίγεται στη φωτιά) καίγομαι εντελώς, γίνομαι στάχτη (συνών. *αποτεφρώνομαι*). 2. (για φυτό) προσβάλλομαι ή πάσχω από στάχτη (βλ. λ. στη σημασ. 2).

στάχτιασμα το, ουσ. (συνιζ.). 1. μεταβολή αντικειμένου που καίγεται σε στάχτη (συνών. *αποτέφρωση*). 2. (για φυτό) η προσβολή από το μύκητα «στάχτη».

σταχτογερανός ο, ουσ., υδρόβιο πουλί με μακριά πόδια και μακρύ λαιμό, μεγαλύτερο από τον πελαργό.

σταχτοδοχείο το, ουσ., μικρό δοχείο όπου ρίχνονται οι στάχτες και τα υπολείμματα από το τσιγάρο (συνών. *τασάκι, τεφροδοχείο*).

σταχτοκουλούρα η, ουσ., κουλούρα που την ψήνουν στη στάχτη.

σταχτόμαυρος, -η, -ο, επίθ., σκούρος σταχτής.

σταχτόνερο το, ουσ., ζεστό νερό με στάχτη που χρησιμεύει στο πλύσιμο ρούχων ή πιατικών (συνών. *αλισίβα*).

σταχτόπανο το, ουσ., χοντρό ύφασμα που χρησιμεύει στο σούρωμα του σταχτόνερου πάνω στα ρούχα κατά το πλύσιμό τους.

σταχτοπούτα η, ουσ. 1. πρόσωπο λαϊκού παραμυθιού. 2. γυναίκα που της είναι ευχάριστο να μένει στο σπίτι· νοικοκυρά. [*στάχτη + πούτα*<βενετ. *puta* = κορίτσι].

σταχτοτσικνιάς ο, ουσ. (συνίζ.), (ζωολ.) υδρόβιο πουλί στο μέγεθος του πελαργού με μακριά πόδια και λαιμό και σταχτί το πάνω μέρος του σώματός του.

σταχτόχηνα η, ουσ. (ζωολ.) χήνα μεγαλόσωμη, με ανοιχτό καστανότεφρο πτέρωμα, από την οποία κατάγεται η κατοικίδια.

σταχτωπός, -ή, -ό και **σταχτωμένος**, επίθ., που έχει το χρώμα της στάχτης: *φύλλα -ά*.

στάχυ, βλ. *στάχι*.

σταχυολόγημα το, ουσ. (ασυνίζ.), το αποτέλεσμα της σταχυολόγησης.

σταχυολόγηση η, ουσ. (ασυνίζ.), η ενέργεια του σταχυολογώ (βλ. λ.).

σταχυολογώ, -είς, ρ. (ασυνίζ.), (μεταφ.) συλλέγω εκλεκτά κομμάτια από κάτι: ~ *ποιήματα* (συνών. *ερανίζομαι, ανθολογώ*).

στάχωμα το, ουσ. 1. βιβλιοδέτηση (βλ. λ.). 2. το κάλυμα από δέρμα, πανί, κλπ., με το οποίο βιβλιοδετείται ένα βιβλίο.

σταχώνω, ρ., βιβλιοδετώ (βλ. λ.).

στάχωση η, ουσ., βιβλιοδέτηση (βλ. λ.).

σταχωτής ο, ουσ., βιβλιοδέτης (βλ. λ.).

στεατίνη η, ουσ., ουσία από ζωικό λίπος που λειώνει εύκολα και χρησιμοποιείται στην κατασκευή κεριών. [αρχ. *στέαρ*].

στεατίτης ο, ουσ., είδος ορυκτού.

στεατοκήλη η, ουσ. (ιατρ.) σκληρό λίπωμα του σώματος.

στεάτωση η, ουσ. (ιατρ.) παθολογική συγκέντρωση λίπους σε όργανα και ιστούς του σώματος.

στεγάζω, ρ. 1. καλύπτω ένα χώρο με στέγη: *αυλή -ασμένη*. 2. παρέχω στέγη· εγκαθιστώ σε κατοικία: *στέγασε τότε πολλούς πρόσφυγες το κτήριο αυτό -ει τις διοικητικές υπηρεσίες του πανεπιστημίου*.

στεγανά, βλ. *στεγανός*.

στεγανόποδα τα, ουσ. (ζωολ.) κατηγορία πουλιών που τα δάχτυλά τους ενώνονται με μεμβράνη και είναι ικανά να επιπλέουν (συνών. *νηκτικά*).

στεγανοποίηση η, ουσ., ολοκληρωτική απομόνωση ενός χώρου από το περιβάλλον: ~ *μιας αίθουσας·* (μεταφ.) ~ *του στρατού*.

στεγανοποιώ, -είς, ρ. (ασυνίζ.), κάνω κάτι στεγανό (βλ. λ.): *-ποίησαν τοίχους/δεξαμενές· -ημένο σκάφος·* ~ *κάτι μέσα στο νερό*.

στεγανός, -ή, -ό, επίθ. 1. ερμητικά κλεισμένος ώστε να μην είναι δυνατή η διείσδυση σ' αυτόν υγρού ή αερίου: *πλοίο -ό· δεξαμενή -ή*. 2. (μεταφ., για πρόσωπο) που είναι απομονωμένος από τους συνανθρώπους του: ~ *ο άνθρωπος της ατομικής εποχής* (Ι.Μ. Παναγιωτόπουλος). - Το ουδ. στον πληθ. ως ουσ. = 1. φράγματα που διαχωρίζουν το κύτος πλοίου ώστε να αποφεύγεται η βύθισή του σε περίπτωση εισόδου νερού σε κάποιο σημείο του. 2. (μεταφ.) χώρος όπου δεν μπορεί κανείς να διεισδύσει: *τα -ά της κρατικής υπηρεσίας πληροφοριών*. - Επίρρ. **-ά** και **-ώς**.

στεγανότητα η, ουσ., το να είναι κάτι στεγανό (βλ. λ.).

στεγανώς, βλ. *στεγανός*.

στεγάνωση η, ουσ., το να γίνεται κάτι στεγανό (βλ. λ.).

στέγαση η, ουσ. 1. το να σκεπάζει κανείς κάτι με στέγη: *η* ~ *του κτίσματος*. 2. παροχή στέγης: ~ *φοιτητών σε φοιτητικές εστίες*.

στεγαστικός, -ή, -ό, επίθ., που σχετίζεται με τη στέγαση: *δάνεια -ά*.

στέγαστρο το, ουσ. 1. στέγη που σκεπάζει περιορισμένο χώρο, όπου συγκεντρώνονται άτομα για ορισμένο σκοπό ή προφυλάσσει ζώα από δυσμενείς καιρικές συνθήκες. 2. ο περιορισμένος χώρος που στεγάζεται.

στέγη η, ουσ. 1. η επάνω οριζόντια ή επικλινής επιφάνεια που σκεπάζει ένα κτήριο και είναι φτιαγμένη από ξύλα, κεραμίδια, πλάκες, κλπ.: ~ *τρουλλωτή/ξύλινη*. 2. κατοικία: *η ασυλία της -ης*. 3. επαγγελματική ~ = ενοικιαζόμενος χώρος για την εγκατάσταση επαγγελματία: *διαμέρισμα για επαγγελματική* ~.

στέγνα και (συνίζ.) **-ια** η, ουσ. (συνίζ.), το να είναι κάτι στεγνό (βλ. λ.) (αντ. *υγρασία*): *τα νερά ρηχαίνουν ως την απόλυτη -ια* (Σεφέρης).

στεγνά, βλ. *στεγνός*.

στεγνοκαθαριστήριο το, ουσ. (ασυνίζ.), καθαριστήριο για καθάρισμα ενδυμάτων στον ατμό.

στεγνός, -ή, -ό, επίθ. 1. που δεν έχει νερό ή άλλο υγρό επάνω του ή μέσα του: *δεν έβρεξε καθόλου και τα χωράφια έμειναν -ά· άναψαν τη φωτιά με -ά ξύλα· μάτια -ά* (= χωρίς δάκρυα)· *χείλη -ά* (από τη δίψα). 2. *-ό καθάρισμα* = καθάρισμα ενδυμάτων που γίνεται σε καθαριστήριο μόνο με ατμό. 3. (για πρόσωπο) που δεν έχει εκφραστικότητα ή πλούσια συναισθήματα: *άνθρωπος* ~. Φρ. *έμεινα* ~ (= έμεινα χωρίς λεφτά). - Το ουδ. στον πληθ. ως ουσ. = το τμήμα του καϊκιού που βρίσκεται πάνω από την επιφάνεια της θάλασσας (αντ. *τα βρεχάμενα (του πλοίου)*, βλ. *βρέχω*). - Επίρρ. **-ά**: *στο δρόμο είναι -ά* (= δεν έχει υγρασία ο δρόμος, δεν είναι βρεμένος).

στέγνωμα το, ουσ., η ενέργεια και το αποτέλεσμα του στεγνώνω.

στεγνώνω, ρ. Α. (μτβ.) αφαιρώ την υγρασία από κάτι, το κάνω στεγνό: *στέγνωσα στον ήλιο τα πλυμένα ρούχα· στέγνωσα τα χέρια μου στη φωτιά*. Β. (αμτβ.) 1. χάνω την υγρασία που έχω, γίνομαι στεγνός: *στέγνωσε η ομπρέλα μου·* φρ. *στέγνωσε η γλώσσα μου* (= μίλησα πολύ και αδυνατώ να συνεχίσω)· *στέγνωσε η ψυχή μου* (= δεν μου έμειναν καθόλου συναισθήματα)· *στέγνωσε το στόμα μου/τα χείλη μου* (από τη δίψα). 2. (για φυτό) χάνω όλους τους χυμούς μου, ξεραίνομαι: *τα λουλούδια στέγνωσαν από την ξηρασία*.

στεγνωτικός, -ή, -ό, επίθ. 1. που κάνει κάτι στεγνό, αποξηραντικός. 2. (ιατρ.) που αναστέλλει τις εκ-

κρίσεις του ανθρώπινου οργανισμού. - Το ουδ. ως ους. = ειδικό υγρό που προστίθεται στα φαιοχρώματα και επιταχύνει το στέγνωμα.
στείβω, βλ. *στύβω*.
στειλιάρι το, ους. (συνιζ., λαϊκ.). **1.** το ξύλο της αξίνας. **2.** (συνεκδοχικά) κάθε ξύλο που μοιάζει με στειλιάρι. **3.** (μεταφ.) δαρμός με στειλιάρι και γενικά ανηλεής ξυλοδαρμός· φρ. *δίνω ένα ~* (= ξυλοκοπώ άγρια)· *του χρειάζεται ένα ~* (= θέλει πολύ ξύλο). **4.** (μεταφ.) άνθρωπος που δεν παίρνει τα γράμματα (συνών. *στουρνάρι, σκεπάρνι*). [αρχ. *στειλεός*].
στειράδι το, ους. (ιδιωμ.) ο αρσενικός κέφαλος (βλ. λ.).
στειρεύω, βλ. *στερεύω*.
στειροβότανο το, ους., βοτάνι που προκαλεί στειρότητα στις γυναίκες, το φυτό άγχουσα.
στείρος, -α, -ο, επίθ. **1.** (για άνθρωπο ή ζώο) που δε γεννά: *γυναίκα -α· αγελάδα -α* (συνών. *στέρφος*). **2.** (μεταφ.) μη καρποφόρος, μη παραγωγικός: *γη -α· σκέψη -α* (συνών. *άκαρπος, άγονος* αντ. *γόνιμος, παραγωγικός*).
στειρότητα η, ους., το να είναι κάποιος στείρος (βλ. λ.) (αντ. *γονιμότητα*).
στειροχωρίζω, ρ. (ποιμενικός βίος) χωρίζω τα στείρα πρόβατα από εκείνα που παράγουν γάλα.
στειρώνω, ρ., κάνω κάποιον στείρο (βλ. λ.).
στείρωση η, ους., το να κάνεις κάποιον στείρο.
στειρωτικός, -ή, -ό, επίθ., που προκαλεί στείρωση (βλ. λ.).
στειφτός, βλ. *στυφτός*.
στείψιμο, βλ. *στύψιμο*.
στέκα η, ους. **1.** μακρύ ραβδί που χρησιμοποιείται στο μπιλιάρδο (βλ. λ.). **2.** (μεταφ.) για αδύνατη και ψηλή γυναίκα. **3.** εργαλείο των παπουτσήδων με το οποίο γυαλίζουν τα δέρματα που χρησιμοποιούνται για σόλες.
στέκι το, ους. (λαϊκ.). **1.** μέρος όπου συχνάζει κάποιος: *πήγε να τον βρει στο ~ του*. **2.** μικρό συνήθως μαγαζί με τακτική πελατεία: *~ για ποτό και φαγητό*.
στέκω και **στέκομαι**, ρ., μτχ. ενεστ. (λαϊκ.) *στεκάμενος* και *στεκούμενος*, αόρ. *στάθηκα*. **1.** μένω όρθιος: *~ τόση ώρα! κουράστηκα!* **2.** είμαι σταθερός, διατηρώ σταθερή θέση: *δε -εται στη θέση του· δε -ει η γραβάτα του* (= λύνεται εύκολα). **3.** διατηρούμαι, παραμένω: *θα σταθούν πιστοί στις αρχές τους*. **4.** (για απόψεις, κ.τ.ό.) έχω λογική βάση, ισχύω: *δε -ει ο ισχυρισμός σου/αυτό που μου λες*. **5.** σταματώ, παύω να κινούμαι ή να λειτουργώ: *ύστερα από πολύ περπάτημα σταθήκαμε να ξεκουραστούμε· είχε σταθεί το καράβι μπροστά στο νησάκι*. **6.** κατά την πραγμάτευση ενός θέματος ή αντιμετώπιση ζητήματος σταματώ και επιμένω ιδιαίτερα σε κάποιο του σημείο: *στάθηκε πολύ σ' αυτήν την παράγραφο*. **7.** (μεταφ., με μτβ. έννοια) αναλαμβάνω φροντίδες, βοηθώ, περιθάλπω κάποιον: *δεν έχω κανέναν να μου σταθεί*. **8.** αποδεικνύομαι, εμφανίζομαι: *στάθηκε άντρας*. **9.** (στο γ' εν. ή πληθ. πρόσ. παρελθοντικών χρόνων) συμβαίνω: *είχαvε σταθεί πράγματα που πολλούς τους φοβίζανε· στάθηκε ένα σημαντικό γεγονός*. Έκφρ. *στεκούμενα νερά* (= ακίνητα, στάσιμα). Φρ. *στάσου νυ όσο πω/να δεις* (= περιμενε ν' ακούσεις)· *~ καλά* (= **1.** ζω, υγιαίνω: *για την ηλικία του -ει καλά*· **2.** βρίσκομαι σε καλή οικονομική κατάσταση)· *~ κλαρίνο*, βλ. *κλαρίνο· ~ σαν*

κούτσουρο (= μένω άναυδος)· *~ στα νύχια*, βλ. *νύχι· ~ στα πόδια μου* (= ζω, υγιαίνω)· *~ σούζα*, βλ. *σούζα*.
στελεχιακός, -ή, -ό, επίθ. (ασυνίζ.), που αναφέρεται στα στελέχη (εταιρείας, επιτροπής, κλπ.): *δυναμικό -ό*.
στέλεχος το, ους. **1.** βλαστός φυτού. **2.** λαβή εργαλείου. **3.** το κύριο μέρος, το σώμα ενός αντικειμένου. **4.** το τμήμα συρραμμένων, συνδεδεμένων διπλότυπων φύλλων χαρτιού (αποδείξεων πληρωμής, εισιτηρίων, κλπ.) που μένει στο πρόσωπο που τα εκδίδει. **5.** (μεταφ.) σημαντικό μέλος σε οργάνωση, πολιτικό κόμμα, εταιρεία, κυβέρνηση, κλπ.: *ανερχόμενα -η μιας επιχείρησης*.
στελεχώνω, ρ. (με αντικ. επιτροπή, δικαστήριο, ραδιοφωνικό σταθμό, κλπ.) εξοπλίζω, εφοδιάζω με μέλη, με προσωπικό.
στελέχωση η, ους., διορισμός βασικών μελών σε μια εταιρεία, οργάνωση, υπηρεσία, κλπ.: *~ των σωμάτων ασφαλείας/των ακριτικών στρατιωτικών μονάδων/της επιχείρησης*.
στέλνω, ρ., αόρ. *έστειλα*, παθ. αόρ. *στάλθηκα*, μτχ. παρκ. *σταλμένος*. **1.** ενεργώ, φροντίζω ώστε κάποιος να φτάσει στον προορισμό του ή να πάει κάπου με συγκεκριμένη αποστολή: *~ τα παιδιά στη γιαγιά/στο σχολείο· -ουν το στρατό στο μέτωπο· τον έστειλε για ψώνια· η περιοχή μας έστειλε τρεις βουλευτές στη Βουλή· η οικογένειά του δεν έχει τη δυνατότητα να τον στείλει στο πανεπιστήμιο*. **2.** συστήνω σε κάποιον να συναντήσει κάποιον άλλο: *ο γενικός γιατρός με έστειλε σε καρδιολόγο· θα σε στείλω σ' ένα φίλο μου που μπορεί να σε βοηθήσει*. **3α.** ενεργώ ώστε κάτι να μεταφερθεί και να παραδοθεί σε κάποιο με ενδιάμεσο πρόσωπο ή το ταχυδρομείο: *~ γράμμα/τηλεγράφημα/συγχαρητήρια/χρήματα*. **β.** (για προφορικό μήνυμα): *μου έστειλε χαιρετισμούς με τον αδελφό του*. **4.** κάνω να φτάσει κάτι σε κάποιο πρόσωπο ή κάπου με μια κίνηση: *ο παίκτης -ει τη μπάλα στον τερματοφύλακα/στα δίχτυα*. **5.** απευθύνω κάτι σε κάποιον από απόσταση: *-ω φιλιά/χαμόγελα*. **6.** (με υποκ. πράγμα) ενεργώ ώστε κάτι να μεταφέρεται σε κάποιο μέρος: *η καρδιά -ει το αίμα στις αρτηρίες· ο ήλιος -ει τις ακτίνες του στη γη*. Φρ. (υβριστικά) *~ κάποιον στο διάβολο* (= τον διώχνω με βιαιότητα)· *~ κάποιον στον άλλο κόσμο* (= προκαλώ το θάνατό του): *οι πολλές καταχρήσεις τον έστειλαν στον άλλο κόσμο*.
στέμμα το, ους. **1.** κορόνα (βλ. λ. στη σημασ. 1) (συνών. *διάδημα*). **2.** (συνεκδοχικά) ο ίδιος ο βασιλιάς και η βασιλική εξουσία: *συμβούλιο του -ατος* (= που το συγκαλεί σε δύσκολες εθνικές περιστάσεις ο βασιλιάς)· *ο λόγος του -ατος στη Βουλή*. **3.** (αστρον.) το εξωτερικό τμήμα της ατμόσφαιρας του ήλιου και της σελήνης που είναι ορατό μόνο κατά τις ολικές εκλείψεις τους. **4.** (φιλολ.) διάγραμμα που παρουσιάζει τις αμοιβαίες σχέσεις και τη συγγένεια των χειρογράφων ενός παλαιότερου γραμματειακού κειμένου.
στεμφυλίτης ο, ους., κρασί από στέμφυλα.
στέμφυλο το, ους., μάζα, πολτός που απομένει μετά την πίεση των σταφυλιών.
στεμφυλόπνευμα το, ους., οινόπνευμα που παράγεται από την απόσταξη των στεμφύλων (συνών. *τσίπουρο*).
στενά, βλ. *στενός*.

στέναγμα το, ουσ. (συνήθως στον πληθ.) στεναγμός.

στεναγμός ο, ουσ., βαθιά εκπνοή συνοδευόμενη από ήχο ως εκδήλωση δυσάρεστων αισθημάτων (συνών. *αναστεναγμός*).

στενάζω, ρ., βγάζω αναπνοή από βαθιά και με ήχο ως εκδήλωση δυσάρεστων συναισθημάτων (συνών. *αναστενάζω, θρηνώ*).

στενάκι, βλ. *στενό*.

στενάχ- και **στεναχ-**, βλ. *στενόχ-* και *στενοχ-*.

στένεμα το, ουσ. 1. το να στενεύει κανείς κάτι, το να γίνεται κάτι στενό: *το σακάκι μου θέλει* ~ (αντ. *πλάτεμα, φάρδεμα*). 2. (ιδίως στον πληθ.) οικονομικές δυσκολίες: *τον τελευταίο καιρό είμαστε σε -ατα*.

στενεύω, ρ. Α. μτβ. 1. κάνω κάτι πιο στενό: *ο ράφτης μού στένεψε το πανταλόνι* (αντ. *φαρδαίνω, πλαταίνω*). 2. (για ένδυμα ή παπούτσια) πιέζω, ενοχλώ γιατί είμαι στενός: *τα παπούτσια μου με -ουν*. 3. πιέζω, φέρνω κάποιον σε δύσκολη θέση (ώστε να κάνει κάτι): *-ευτήκαμε από την πείνα να παραδοθούμε*. Β. αμτβ. 1. γίνομαι πιο στενός: *με το πλύσιμο -εψε το πουκάμισό μου*. 2. γίνομαι πιο δύσκολος, πιο πιεστικός, ενοχλητικός: *-εψε η κατάσταση· -έψανε τα πράγματα*.

στενό το, ουσ. 1. στενός δρόμος (συνών. *σοκάκι*). 2. (στον πληθ.) στενό πέρασμα θαλάσσιο ή χερσαίο: *τα -ά του Ελλησπόντου/του Σαρανταπόρου*. - Υποκορ. **-άκι** το = μικρός στενός δρόμος.

στενογράφημα το, ουσ., ό,τι γράφεται στενογραφικά.

στενογραφία η, ουσ. 1. συντομευμένη και απλουστευμένη μέθοδος γραφής που γίνεται με συμβατικά σύμβολα για να παρακολουθείται με ταχύτητα ο γρήγορος προφορικός λόγος. 2. το επάγγελμα του στενογράφου.

στενογραφικός, -ή, -ό, επίθ., που σχετίζεται με τη στενογραφία: *μέθοδος -ή*. - Επίρρ. **-ά** και **-ώς**.

στενογράφος ο και η, ουσ., αυτός που ασκεί τη στενογραφία.

στενογραφώ, -είς, ρ., γράφω με τη στενογραφική μέθοδο.

στενόκαρδος, -η, -ο, επίθ., που δεν έχει καλή διάθεση απέναντι σε πρόσωπα και γεγονότα (συνών. *μίζερος*· αντ. *ανοιχτόκαρδος, καλοπροαίρετος*).

στενοκεφαλιά η, ουσ. (συνιζ.), το να αντιμετωπίζει κανείς τα ζητήματα με στενότητα πνεύματος.

στενοκέφαλος, -η, -ο, επίθ., που οι αντιλήψεις του είναι «περιορισμένες»· που αντιμετωπίζει τα ζητήματα με στενότητα πνεύματος (συνών. *στενόμυαλος*).

στενόμακρος, -η, -ο, επίθ., στενός και μακρύς: *καμαράκια -α*.

στενόμυαλος, -η, -ο, επίθ., στενοκέφαλος (βλ. λ.).

στενορύμι το, ουσ. (λαϊκ.), στενός δρόμος: *τα -ια του χωριού· αφέθηκες.../να συρθείς.../στα τραχιά -ια των εξοριών σου* (Βαφόπουλος).

στενός, -ή, -ό, επίθ. 1. που έχει μικρό πλάτος, που δεν έχει αρκετό φάρδος: *δρόμος* ~· *παράθυρο -ό· φόρεμα -ό* (αντ. *πλατύς, φαρδύς*). 2. που καταλαμβάνει σχετικά μικρή έκταση: *φυλακή -ή· -ή εκλογική περιφέρεια*. 3. (μεταφ.) περιορισμένος: ~ *φιλικός κύκλος· -ά όρια αναζητήσεων· γάμος σε -ό περιβάλλον*. 4. (μεταφ.) που αναφέρεται σε περιορισμένα πράγματα, θέματα, κ.ά.: *έννοια -ή· λέξη με -ή σημασιολογική χρήση* (αντ. *πλατύς*). 5. (μεταφ., για θεωρητικές απόψεις) που έχει περιορισμούς ή προκαταλήψεις: *έχει -ές αντιλήψεις για το θέμα* (αντ. *πλατύς*). 6. (μεταφ.) που ενώνει από κοντά: *βρίσκομαι σε -ή επαφή με κάποιον*. Φρ. *βλέπω τα -ά* (= αντικρίζω τη δύσκολη πραγματικότητα): *είδε τα -ά και άλλαξε γνώμη· κάποιος μου γίνεται* ~ *κορσές*, βλ. *κορσές· μ' έβαλε στα -ά* (= με πίεσε πολύ)· *τον έφερα στα -ά* (= τον εξανάγκασα να αντιμετωπίσει κάτι). - Το ουδ. στον πληθ. ως ουσ. = (παλαιότερα) ενδυμασία ευρωπαϊκή (σε αντίθεση με τη λαϊκή τοπική): *-ά δεν έβαλε ίσαμε που πέθανε*. - Επίρρ. **-ά**.

στενοσόκακο το, ουσ. (λαϊκ.), στενό σοκάκι, στενό δρομάκι.

στενότητα η, ουσ. 1. μικρό πλάτος: ~ *χώρου*. 2. (μεταφ.) έλλειψη, ανεπάρκεια: ~ *ρευστού χρήματος* (αντ. *αφθονία*). 3. (μεταφ., για θεωρητικές απόψεις, κ.τ.ό.) με περιορισμούς και προκαταλήψεις: ~ *πνεύματος* (αντ. *ευρύτητα, πλάτος*).

στενούτσικος, -η, -ο, επίθ., αρκετά στενός: *λαγκάδι -ο*.

στενόχωρα, βλ. *στενόχωρος*.

στενοχωρία και (συνιζ.) **-χώρια** και **στεναχώρια** η, ουσ. 1. έλλειψη του απαιτούμενου χώρου: *έχει* ~ *αυτό το δωμάτιο* (αντ. *ευρυχωρία, απλοχωριά*). 2. κακή ψυχική διάθεση εξαιτίας δυσάρεστου γεγονότος ή προβλήματος· (συνών. *δυσφορία, βαρυθυμία·* αντ. *ευχαρίστηση, ευδιαθεσία*).

στενόχωρος, -η, -ο και **στενάχωρος**, επίθ. 1. που δε διαθέτει πολύ χώρο: *σπίτι -ο* (αντ. *ευρύχωρος, απλόχωρος*). 2. που χάνει εύκολα την καλή του διάθεση (αντ. *ανοιχτόκαρδος*). 3. που προκαλεί δυσκολίες, στενοχώρια: *κουβέντα/κατάσταση -η*. - Επίρρ. **-α** (ιδίως στη σημασ. 3): *-α τα περνούν*.

στενοχωρώ, -είς και **-άς** και (λαϊκ.) **στεναχωρώ**, ρ., αόρ. *-ησα* και *-εσα*, παθ. αόρ. *-ήθηκα* και *-έθηκα*. I. (ενεργ.) προκαλώ σε κάποιον δυσάρεστα συναισθήματα: *με -εσε σήμερα με τη στάση του*. II. (μέσ.) 1. βρίσκομαι σε δυσάρεστη ψυχική κατάσταση: *-έθηκα μ' αυτά που έμαθα· -ιέμαι με το παραμικρό*. 2. έχω οικονομικές δυσκολίες.

στεντόρειος, -α, -ο, επίθ. (έρρ., ασυνίζ., λόγ.), (για φωνή) πολύ δυνατός: *φωνή -α*.

στένωμα το, ουσ. 1. το σημείο όπου γίνεται κάτι στενό: ~ *του δρόμου*. 2. (ιατρ.) ελάττωση της διαμέτρου σε σημείο του ανθρώπινου οργανισμού: ~ *οισοφάγου*.

στενωπός, -ή, -ό, επίθ. (λόγ.), που είναι αρκετά στενός: *μονοπάτι -ό*. - Το λόγ. θηλ. *-ός* ως ουσ. = (γεωγρ.) στενή δίοδος, στενά (βλ. *στενό* σημασ. 2).

στένωση η, ουσ. 1. ελάττωση του πλάτους (συνών. *στένεμα·* αντ. *πλάτεμα*). 2. (ιατρ.) στένωμα (βλ. λ. σημασ. 2): ~ *της αορτικής βαλβίδας*.

στέπα η, ουσ., πεδιάδα ακαλλιέργητη μεγάλης έκτασης χωρίς δέντρα με φτωχή από χλόη βλάστηση και ξηρό κλίμα: ~ *ρωσική· -ες της κεντρικής Ασίας και της νότιας Αμερικής*. [γαλλ. *steppe* <ρωσ. *stepj*].

στέργω, ρ., παραδέχομαι κάτι, συμφωνώ με κάτι: *δεν έστερξε να μου το δώσει*. - Βλ. και *στρέγω*.

στερεά, βλ. *στερεός*.

στέρεμα το και **-μός** ο, ουσ. (λαϊκ.), το να στερέψει (βλ. λ.) κάτι ή να στερέψει κανείς κάτι.

στερεμένος, βλ. *στερημένος*.

στέρεο το, ουσ. άκλ., στερεοφωνικό (βλ. λ. *στερεοφωνικός*, το ουδ. ως ουσ.).

στερεό το, ουσ., κάθε σώμα με σταθερό όγκο και

σχήμα· (γεωμ.) κάθε σχήμα με τρεις διαστάσεις στο χώρο.

στερεογραφία η, ουσ., η τέχνη που παριστάνει τα στερεά σώματα με την προβολή τους σε επίπεδη επιφάνεια.

στερεογραφικός, -ή, -ό, επίθ., που ανήκει ή αναφέρεται στη στερεογραφία: *προβολή -ή.*

Στερεο(ε)λλαδίτης ο, θηλ. **-ισσα** και (λαϊκ., συνιζ.) **Ρουμελιώτης** ο, θηλ. **-ισσα,** ουσ., αυτός που κατάγεται από τη Στερεά Ελλάδα ή κατοικεί εκεί.

στερεο(ε)λλαδίτικος, -η, -ο και (λαϊκ., συνιζ.) **ρουμελιώτικος,** επίθ., που ανήκει ή αναφέρεται στη Στερεά Ελλάδα και τους Στερεοελλαδίτες.

Στερεολλαδίτισσα, βλ. *Στερεοελλαδίτης.*

στερεομετρία η, ουσ. 1. η καταμέτρηση των στερεών σωμάτων στις τρεις τους διαστάσεις. 2. κλάδος της γεωμετρίας που μελετά τα στερεά σώματα.

στερεομετρικός, -ή, -ό, επίθ., που ανήκει ή αναφέρεται στη στερεομετρία.

στερεομηχανική η, ουσ., κλάδος της μηχανικής που μελετά την κίνηση και ισορροπία των στερεών σωμάτων.

στερεοποίηση η, ουσ., η ενέργεια του στερεοποιώ.

στερεοποιώ, -είς, ρ. 1. κάνω κάτι στερεό, σταθερό ή σκληρό. 2. μεταβάλλω υγρό ή αέριο σε στερεό.

στερεός, -ή (-ά), -ό και (λαϊκ.) **στέρεος,** επίθ. 1. που έχει σταθερό σχήμα και όγκο, που έχει συνεκτικότητα: (γεωμ.) *-ά σώματα· έδαφος -ό* (βλ. και *στερεό). -ή τροφή* (για είδος τροφής με στερεά συστατικά σε αντιδιαστολή προς ρευστές όπως λ.χ. η σούπα ή το γάλα) (αντ. *υγρός).* 2. που έχει γερή κατασκευή· που ανέχεται στη φθορά ή την αλλοίωση: *παπούτσια -ά· τοίχος/χρωματισμός ~* (συνών. *γερός).* 3. (μεταφ.) α. (για αισθήματα) που δεν κλονίζονται, δεν άλλαξαν: *φιλία -ή·* β. (για χαρακτήρα) που δεν παρασύρεται εύκολα (συνών. *σταθερός).* - Επίρρ. **-ά.**

στερεοσκοπία η, ουσ. (φυσ.) το σύνολο των αρχών στις οποίες βασίζεται ο τρόπος που βλέπουμε και με τα δύο μάτια, ώστε να έχομε την αίσθηση της απόστασης και του αναγλύφου, δηλ. των τριών διαστάσεων.

στερεοσκοπικός, -ή, -ό, επίθ. (φυσ.) που αναφέρεται στη στερεοσκοπία και το στερεοσκόπιο: *παρατήρηση -ή* (= που δίνει την εντύπωση των τριών διαστάσεων)· *εικόνα -ή* (= ανάγλυφη).

στερεοσκόπιο το, ουσ. (ασυνίζ.), όργανο οπτικό που μας επιτρέπει παρατηρώντας ταυτόχρονα δύο φωτογραφίες του ίδιου αντικειμένου παρμένες με δύο παράλληλους φακούς μηχανής, οι οποίοι απέχουν όσο το ένα μάτι από το άλλο, να έχουμε την αίσθηση του βάθους και του αναγλύφου.

στερεοστατική η, ουσ., τμήμα της μηχανικής που ερευνά τη στατική ισορροπία των στερεών σωμάτων.

στερεόσφαιρα η, ουσ., ουράνιο σώμα σε στερεή κατάσταση.

στερεότητα η, ουσ. 1. το να είναι κάτι στερεό: *~ ενός σώματος.* 2. το να αντέχει κάτι, να προβάλλει αντίσταση: *~ κτηρίου/κατασκευής.*

στερεοτυπείο το, ουσ., εργαστήριο όπου εκτελείται η τυπογραφική στερεοτυπία.

στερεοτύπης ο, ουσ., τεχνίτης σε στερεοτυπείο.

στερεοτυπία η, ουσ. 1. (στην τυπογραφία) να λαμβάνεται από στοιχειοθετημένη τυπογραφική σελίδα ένα αρνητικό καλούπι, όπου χύνεται λειωμένο κράμα μολυβιού και δίνει έκτυπη μεταλλική πλάκα. 2α. το να είναι κάτι στερεότυπο (βλ. *στερεότυπος* σημασ. 3): *~ χαρακτήρων σε θεατρικό είδος·* β. (ψυχ., ιατρ.) τάση για διατήρηση της ίδιας συμπεριφοράς, επανάληψη των ίδιων κινήσεων ή λόγων: *~ σχιζοφρενικών.*

στερεοτυπικός, -ή, -ό, επίθ. που ανήκει ή αναφέρεται στη στερεοτυπία: *μηχάνημα -ό.*

στερεότυπος, -η, -ο, επίθ. 1. που έγινε με στερεοτυπία (βλ. λ.): *βιβλίο -ο.* 2. *-η έκδοση βιβλίου* = που επαναλαμβάνεται εντελώς όμοια σε κάθε ανατύπωση. 3. που παρουσιάζεται πάντα με την ίδια μορφή, που επαναλαμβάνεται σε ανάλογες περιστάσεις: *λόγια/αστεία -α.*

στερεοτυπώνω, ρ., κατασκευάζω στερεοτυπικές πλάκες ή τυπώνω με αυτές.

στερεοφωνία η, ουσ., σύνολο διαδικασιών για την εγγραφή, την αναπαραγωγή και την εκπομπή ήχου που επιτρέπει να έχει ο ακροατής το αίσθημα κατανομής του ήχου στο χώρο (σε αντιδιαστολή με τη *μονοφωνία).*

στερεοφωνικός, -ή, -ό, επίθ., που ανήκει ή αναφέρεται στη στερεοφωνία: *συγκρότημα -ό.* -Το ουδ. ως ουσ. = συσκευή που εκπέμπει στερεοφωνικούς ήχους (συνών. *στέρεο).*

στερεοφωτογραφία η, ουσ., στερεοσκοπική (βλ. λ.) φωτογραφία.

στερεοχημεία η, ουσ. (χημ.) επιστημονικός κλάδος που εξετάζει τη διάταξη των ατόμων ενός μορίου μέσα στο χώρο, σε σχέση με τις οπτικές και χημικές ιδιότητες του μορίου.

στερεοχημικός, -ή, -ό, επίθ., που ανήκει ή αναφέρεται στη στερεοχημεία.

στερεοχρωμία η, ουσ. (τεχν.) μέθοδος για τη χημική στερέωση των χρωμάτων σε τοιχογραφίες.

στερεοχρωμικός, -ή, -ό, επίθ., που αναφέρεται στη στερεοχρωμία.

στερεύω και (σπανίως) **στειρεύω,** ρ. α. (για πηγή ή ρεύμα, κ.τ.ό.) σταματώ να παρέχω ή να έχω νερό, παύω να κυλώ: *-εψε το πηγάδι/το ποτάμι/*(συνεκδοχικά) *το νερό* (συνών. *στεγνώνω, ξεραίνομαι)·* φρ. *-εψαν τα μάτια μου/τα δάκρυά μου* (= δεν μπορώ να κλάψω περισσότερο· για δήλωση υπερβολικής θλίψης από συμφορές του παρελθόντος)· β. (μεταφ., για έμπνευση) εξαντλούμαι.

στέρεψη η, ουσ. (ιδιωμ.) 1. στέρηση, έλλειψη (πράγματος, φροντίδας, κ.ά.): *ελιές.../~ δε γνωρίσατε* (Αθάνας). 2. στέρεμα (βλ. λ.).

στερέωμα το, ουσ. 1. το να στερεώνει κανείς κάτι και το αποτέλεσμα της ενέργειας αυτής: *ο τοίχος χρειάζεται ~* (συνών. *στερέωση).* 2. (εκκλ., λογοτ.) ο ουρανός, ο ουράνιος θόλος: *γαλανό ~·* (μεταφ.) *καλλιτεχνικό ~.*

στερεώνω και (συνιζ., λαϊκ.) **στεριώνω,** ρ. Α. μτβ. 1. καθιστώ κάτι στερεό, αναλλοίωτο, το σταθεροποιώ σε ορισμένη θέση: *οι τεχνίτες -ουν το ψηφιδωτό του τρούλου·* ο *καθηγητής -έωσε τα γυαλιά του·* (στη φωτογραφία) *~ μια φωτογραφία.* 2. ενισχύω: *με το κήρυγμα του -ει την πίστη των χριστιανών.* Β. (αμτβ., στον τ. στεριώνω). 1. γίνομαι στέρεος, σταθερός, ανεπηρέαστος από φθορά: *α δε στοιχειώσετ'· άθρωπο, γιοφύρι δε στεριώνει* (δημ. τραγ.)· έκφρ. *στεριωμένοι!* (ευχή προς νεόνυμφους για σταθερότητα και διάρκεια του γάμου τους). 2. μένω κάπου μόνιμα ή για μεγάλο χρονικό διάστημα: *δε στεριώνει πουθενά/σε καμιά δουλειά.*

στερέωση η, ουσ. 1. στερέωμα (βλ. λ.), σταθεροποίηση: *άρχισαν στο Επταπύργιο εργασίες -ης σε επικίνδυνα σημεία του τείχους.* 2. (φωτογρ.) εργασία με την οποία μια φωτογραφία γίνεται αναλλοίωτη στο φως.

στερεωτής ο, θηλ. **-τρια**, ουσ. 1. αυτός που στερεώνει κάτι. 2. (φωτογρ.) υλικό για τη στερέωση (βλ. λ. σημασ. 2) φωτογραφιών.

στερεωτικός, -ή, -ό, επίθ., που αναφέρεται ή συντελεί στη στερέωση, σταθεροποιητικός: *υλικό -ό·* (φωτογραφία) *υγρά -ά.*

στερεώτρια, βλ. στερεωτής.

στερεμένος, -η, -ο και (λαϊκ.) **στερεμένος**, επίθ. που στερείται ή έχει στερηθεί πολλά αγαθά: *άνθρωποι βουνίσιοι στερεμένοι· παιδί -ο.* - Επίρρ. **-α**: *ζούσε -α.*

στέρηση η, ουσ. 1. το να στερεί, το να αφαιρεί κανείς κάτι από κάποιον άλλον: *ρήματα που δηλώνουν ~·* (για ποινή) *~ πολιτικών δικαιωμάτων/ βαθμού* (αντ. παροχή). **2α**. το να στερείται, να μην έχει κανείς κάτι που χρειάζεται: *~ ειδών πρώτης ανάγκης* (συνών. ανυπαρξία, έλλειψη· αντ. εξασφάλιση)· **β**. (συνήθως στον πληθ.) για έλλειψη απολύτως αναγκαίων: *ζωή γεμάτη -ήσεις· σπούδασε με αβάσταχτες -ήσεις* (αντ. άνεση).

στερητικός, -ή, -ό, επίθ., που αναφέρεται στη στέρηση, που επιφέρει ή φανερώνει στέρηση: (νομ.) *ποινή -ή της ελευθερίας·* (ιατρ.) *φαινόμενα -ά ή σύνδρομο -ό* (= σύνολο ανωμάλων ψυχικών και οργανικών αντιδράσεων που παρατηρούνται όταν αλκοολικός ή τοξικομανής στερηθεί για κάποιο διάστημα αντιστοίχως το οινόπνευμα ή τα ναρκωτικά)· (γραμμ.) *μόρια -ά* (τα α- και αν- που όταν προστεθούν στην αρχή μιας λέξης δηλώνουν ανυπαρξία, έλλειψη αυτού που σημαίνει η λέξη· λ.χ. *άδεντρος, αϋπνία, ανέτοιμος*).

στεριά η, ουσ. (συνίζ.), η ξηρά (σε αντιδιαστολή προς τη θάλασσα): *επέρασε -ιές και θάλασσες· στη ~ δε ζει το ψάρι ούτ' ανθός στην αμμουδιά* (δημ. τραγ.)· (ναυτ.) *είχαμε μέρες να δούνε ~· πιάνω/πατώ ~* (= προσεγγίζω ή αποβιβάζομαι στην ξηρά)· (ιδιωμ. στη γεν. σε επιρρημ. χρήση) *-άς* (= στη στεριά) *και στα πελάγη να λάμψει ο σταυρός* (δημ. τραγ.). [αρχ. *στερεά (γη)*].

στεριανός, -ή, -ό, επίθ. (συνίζ.), που ανήκει στη στεριά ή προέρχεται από αυτήν: *άνθρωποι -οί· άνεμος ~* (αντ. *θαλασσινός*). - Το αρσ. ως ουσ. = αυτός που ζει στην ξηρά (σε αντιδιαστολή με άτομο που εργάζεται στη θάλασσα, με έναν θαλασσινό).

στεριώνω, βλ. στερεώνω.

στερλίνα η, ουσ., η αγγλική λίρα, η νομισματική μονάδα που κυκλοφορεί στο Ηνωμένο Βασίλειο και ορισμένες άλλες ευρωπαϊκές χώρες (η λ. και ως επίθ. στην έκφρ. *λίρα ~*). [ιταλ. *sterlina*<αγγλ. *sterling*].

στέρνα η, ουσ., αποθήκη υγρού, κυρίως νερού, στην επιφάνεια του εδάφους ή υπόγεια και με τοιχώματα χτιστά ή επίχριστα: *~ λαδιού/για πότισμα· είχε δυο -ες τάλαρα στο κελάρι.* [μεσν. *γιστέρνα/κιστέρνα*<λατ. *cisterna*].

στερνά και (σπανίως) **υστερνά** τα, ουσ. (λαϊκ.), για τα τελευταία, τα γεροντικά χρόνια της ζωής κάποιου: *στα ~ αποφάσισε να παντρευτεί·* έκφρ. *καλά ~!* (ευχετ. αντί *καλά γεράματα!*).

στερνά βλ. στερνός.

στέρνο το, ουσ. 1. (ανατομ.) πλατύ μακρουλό κόκαλο που βρίσκεται στο μέσο της μπροστινής επιφάνειας του θώρακα και αρθρώνεται με τα εφτά πρώτα ζεύγη των πλευρών και στο επάνω μέρος του με τις δύο κλείδες. 2. (κοιν.) για το μπροστινό μέρος του θώρακα, το στήθος: *~ φαρδύ.*

στερνογέννητο το, ουσ. (ιδιωμ.), στερνοπαίδι.

στερνοπαίδι το, ουσ. (λαϊκ.), το τελευταίο, το μικρότερο στην ηλικία παιδί κάποιου.

στερνοπούλι το, ουσ. (λαϊκ.), χαϊδευτικά για το στερνοπαίδι.

στερνός, -ή, -ό (λαϊκ., λογοτ.) και (σπανιότ.) **υστερνός**, επίθ. 1. που έρχεται ή γίνεται ύστερα από κάποιον ή κάτι άλλο, κατοπινός: (παροιμ.) *-ή μου γνώση να σ' είχα πρώτα*, βλ. γνώση. 2. τελευταίος: *-ή φορά· -ό φιλί.* Παροιμ. *τα -ά νικάν/τιμούν τα πρώτα* (για μεταμέλεια). - Επίρρ. **-ά** = τελευταία· πρόσφατα: *το παρατραβούσανε τώρα -ά το σκοινί* (Ι.Μ. Παναγιωτόπουλος).

στέρξιμο και **στρέξιμο** το, ουσ. (λαϊκ.). 1. συγκατάθεση, συναίνεση. 2. επιτυχία πρόβλεψης, επίτευξη, πραγματοποίηση.

στέρφος, -α, -ο, επίθ. (λαϊκ., ποιητ.). 1. (για θηλυκά ζώα, ιδίως βοσκήματα, και μειωτ. για γυναίκα) στείρος. 2. (μεταφ.) άγονος: *είκοσι μερόνυχτα πάνω στη -α γης και μόνο αγκάθια* (Σεφέρης)· *κάμπος ~.* [αρχ. *στέριφος*].

στερώ, -είς, ρ., μέσ. **-ούμαι**, μτχ. παρκ. **-ημένος**. I. (ενεργ.) ενεργώ ή γίνομαι αιτία ώστε να πάψει κάποιος να έχει κάτι που χρειάζεται ή επιθυμεί, ή να μην το αποκτήσει: *είχαν -ήσει από τον κρατούμενο ακόμη και το νερό· ~ από κάποιον ένα δικαίωμα/τη δυνατότητα να...· τα λάθη -ησαν από την ομάδα μας τη νίκη* (συνών. αφαιρώ· αντ. παρέχω, χαρίζω)· φρ. *~ τη ζωή από κάποιον* (ευφ. αντί *θανατώνω*). II. (μέσ.) δεν έχω, μου λείπει κάτι που χρειάζομαι, ιδίως από τα αναγκαία για τη ζωή: *-ήθηκα πολλά ώσπου να ξεχρεωθώ·* (συνεκδοχικά) *ζωή -ημένη* (αντ. έχω, εξασφαλίζω, απολαμβάνω).

στέφανα τα, ουσ., μόνο πληθ. (στον εν. *στεφάνι*), για τα δύο στεφάνια του γάμου (βλ. *στεφάνι* σημασ. 3): *μας άλλαξε τα ~* (= ήταν κουμπάρος)· *καλά ~!* (ευχή σε αρραβωνιασμένο, σε μελλόνυμφο).

στεφάνη η, ουσ. 1. (λόγ.) για κάτι που περιβάλλει κυκλικά ένα σώμα, ένα πράγμα (κοιν. *στεφάνι*): *~ φωτεινή· ~ του τροχού άμαξας.* 2. (βοτ.) το σύνολο των πετάλων του άνθους.

στεφάνι το, ουσ. **1α**. σύνολο από φυλλοφόρα κλαδιά ή λουλούδια ή κι από τα δύο, σταθερά ταχτοποιημένα σε σχήμα κύκλου, που συνήθως το φορά κανείς γύρω από την κορυφή του κεφαλιού για στολισμό ή ως δείγμα τιμής: *~ από κισσό/από τριαντάφυλλα· πλέκω ~·* (λαογρ.) *κρεμούν το πρωτομαγιάτικο ~ πάνω από την εξώπορτα·* **β**. (αρχ.) στεφάνι ή απομίμησή του ως κόσμημα, τιμητική προσφορά σε θεούς ή νεκρούς, έμβλημα εξουσίας, κ.ά.: *χρυσά -ια των βασιλικών τάφων της Βεργίνας·* (εκκλ.) έκφρ. *ακάνθινο ~* (= αυτό με το οποίο έστεψαν περιπαιχτικά το Χριστό ως «βασιλέα των Ιουδαίων»)· **γ**. (αρχ.) ως έπαθλο αγώνων: *στα Παναθήναια στεφάνωναν τους νικητές με ~ από ελιά·* (εκκλ., μεταφ.) *~ του μαρτυρίου.* 2. (ειδικά) σχετικά μεγάλο στεφάνι, συχνά με ξύλινο υποστήριγμα, που συνοδεύει κηδεία και τοποθετείται πάνω στον τάφο ή αφήνεται μπρο-

στά σε άγαλμα, ηρώο, κ.τ.ό., ως δείγμα ανάμνησης και σεβασμού του νεκρού: *στέλνω/καταθέτω ~*. 3. (με πληθ. -ια και στέφανα, βλ. λ.) α. καθένα από τα δύο τεχνητά άσπρα λεπτά στεφάνια με τα οποία στεφανώνουν το γαμπρό και τη νύφη κατά την τέλεση του γάμου (σύμφωνα με το τυπικό της ορθόδοξης Εκκλησίας)· β. (λαϊκ., συνεκδοχικά) γάμος: *να χαρώ το ~ μου!* φρ. *έχει κάποια χωρίς ~* (για παράνομη συμβίωση)· *πατώ το ~ μου* (= παραβαίνω τη συζυγική πίστη)· γ. (λαϊκ., συνεκδοχικά) ο, η σύζυγος: *του πρωτομάστορη το πρώτο του ~* (δημ. τραγ.). 4. στεφάνη (βλ. λ. σημασ. 1): *~ βαρελιού* (= γύρος, τσέρκι).
στεφανιαιογραφία η, ουσ. (ασυνίζ.), (ιατρ.) εξέταση των στεφανιαίων αγγείων της καρδιάς για να εντοπισθούν τυχόν στενώσεις.
στεφανιαίος, -α, -ο, επίθ. (ασυνίζ.). 1. (ανατομ.) χαρακτηρισμός οργάνων επειδή μοιάζουν με στεφάνι: *αρτηρίες -ες* (δύο αρτηρίες που ξεκινούν από την αρχή της αορτής)· *φλέβες -ες* (όνομα τριών φλεβών της καρδιάς). 2. (ιατρ.) *ανεπάρκεια -α, σύνδρομο -ο* = λειτουργική ή μόνιμη στένωση των στεφανιαίων αγγείων, που προκαλεί ισχαιμία του μυοκαρδίου και εκδηλώνεται με μορφή στηθάγχης ή εμφράγματος.
στεφανοθήκη η, ουσ., θήκη από ξύλο ή άλλο υλικό, όπου φυλάγει κανείς τα στέφανα του γάμου του.
στέφανος ο, ουσ. (λόγ.), στεφάνι (βλ. λ.): *~ της νίκης/(εκκλ.) ~ ακάνθινος/του μαρτυρίου·* εκφρ. *κατάθεση -άνου,* βλ. *κατάθεση.*
στεφανοχάρτι το, ουσ. (λαϊκ.), άδεια γάμου.
στεφανώμα το, ουσ. 1. το να στεφανώνεται κάποιος, στέψη. 2. (λαϊκ., συνήθως στον πληθ.) γάμος: *χτες είχαμε -ατα στη γειτονιά.*
στεφανώνω, ρ. Ι. ενεργ. 1α. βάζω στεφάνι πάνω στο κεφάλι κάποιου: *στους αγώνες της Ολυμπίας -ωναν τους νικητές με δάφνινο στεφάνι* (συνών. *στέφω*)· β. (μεταφ.) βάζω κάτι που μοιάζει με στεφάνι: *σγουρά μαλλιά -ουν το πρόσωπό της.* 2. (για ιερέα, κουμπάρο, γονείς, κ.ά.) παντρεύω (βλ. λ.): *το μωρό το βάφτισε εκείνος που μας είχε -ώσει.* 3. (λαϊκ.) παντρεύομαι: *πέντε χρόνια συ με τυραννάς,/δε με -εις, με γελάς* (λαϊκ. τραγ.). II. (μέσ., με αντικ. ή όχι) παντρεύομαι: *θα -ωθούμε τα Χριστούγεννα· ο Α -ώθηκε την ανεψιά μου.*
στεφάνωση η, ουσ., στεφάνωμα (βλ. λ. σημασ. 1).
στεφανωτός, -ή, -ό, επίθ. (ιδιωμ.), για τον άντρα ή τη γυναίκα που κάποια ή κάποιος στεφανώθηκε: *γυναίκα του -ή με το χρυσό στεφάνι* (δημ. τραγ.).
στέφω, ρ., παρατ. *έστεφα,* πληθ. *στέφαμε,* αόρ. *έστεψα,* πληθ. *στέψαμε.* 1. (λόγ.) στεφανώνω: *οι μαθητές θα -ψουν τα αγάλματα των ηρώων.* 2. (για νέο ηγεμόνα, βασιλιά, κ.τ.ό.) βάζω πάνω στο κεφάλι κάποιου στέμμα, σύμβολο του αξιώματός του, κατά τη διάρκεια επίσημης τελετής για την ανάρρησή του στο θρόνο (πβ. *εστεμμένος*).
στέψη η, ουσ. 1. στεφάνωμα. 2. η τελετή του γάμου: *η ~ θα γίνει στον Άγιο Δημήτριο.* 3. η τελετή κατά την οποία στέφεται ένας νέος βασιλιάς, κ.τ.ό. (βλ. *στέφω* στη σημασ. 2): *η ~ της βασίλισσας Ελισάβετ.*
στηθάγχη η, ουσ. (ιατρ.) σύνδρομο που χαρακτηρίζεται από πόνους («σφίξιμο») στην περιοχή της καρδιάς μαζί με άγχος και οφείλεται σε ανεπαρκή αιμάτωση του μυοκαρδίου από βλάβες στην καρδιά ή τις αρτηρίες.

στηθαίο το, ουσ., παραπέτο (βλ. λ.).
στηθικός, -ή, -ό, επίθ. 1. που ανήκει ή αναφέρεται στο στήθος: *νοσήματα -ά.* 2. (για πρόσωπο) φυματικός.
στηθογράφος ο, ουσ., όργανο που καταγράφει το πόσο ανοίγουν οι πνεύμονες κατά τη διάρκεια της αναπνοής του ατόμου.
στηθοδέρνομαι, ρ. (λαϊκ.), στηθοκοπιέμαι (βλ. λ.).
στηθόδεσμος ο, ουσ. 1. γυναικείο εσώρουχο που συγκρατεί τους μαστούς (συνών. *σουτιέν*). 2. ειδική ζώνη που ακινητοποιεί εν μέρει τη σπονδυλική στήλη για τη θεραπεία διάφορων παθήσεων.
στηθοκόπημα το, ουσ. (λαϊκ.), το να χτυπά κανείς το στήθος του από λύπη ή απόγνωση: *οι κάτοικοι εσυνάχθηκαν... με κλάματα και -ατα* (Καρκαβίτσας).
στηθοκοπιέμαι (συνιζ.) και **-ούμαι,** ρ. (λαϊκ.), χτυπώ το στήθος μου από λύπη ή απόγνωση (συνών. *στηθοδέρνομαι*).
στηθόμετρο το, ουσ., όργανο που μετρά την περίμετρο του θώρακα.
στηθόπονος ο, ουσ., πόνος στο στήθος.
στήθος το, πληθ. -η και (συνιζ., λαϊκ.) -ια, ουσ. 1. το μπροστινό μέρος του θώρακα ανθρώπων και ζώων: *το βόλι τον βρήκε κατευθείαν στο ~*. 2. (συνεκδοχικά) ολόκληρος ο θώρακας με τα όργανα που περιέχει: *παθήσεις του -ους.* 3. (για γυναίκα) οι μαστοί και το μέρος του θώρακα πάνω από αυτούς μέχρι το λαιμό. 4. (μετων.) η καρδιά ως έδρα των συναισθημάτων. 5. το μπροστινό μέρος ενδύματος που σκεπάζει το στήθος. 6. (για πουλιά) το κρέας γύρω στο στέρνο. Έκφρ. *από ή εκ -ους* (= απ' έξω): *ήξερε το ποίημα από -ους· ~ με ~* (= σώμα με σώμα): *πάλεψαν ~ με ~.*
στηθοσκόπηση η, ουσ. (ιατρ.) εξέταση με το στηθοσκόπιο.
στηθοσκόπιο το, ουσ. (ασυνίζ.), (ιατρ.) όργανο για την εξέταση της κοιλότητας του στήθους.
στηθοσκοπώ, -είς, ρ. (ιατρ.) εξετάζω με το στηθοσκόπιο.
στηθούρι το, ουσ., το στήθος ζώου που έχει σφαγεί.
στήλη η, ουσ. 1α. στενόμακρη πλάκα από πέτρα ή άλλο υλικό, συνήθως με επιγραφή, στημένη όρθια σε δημόσιο χώρο ως μνημείο, ορόσημο, κ.ά.: *δύο μεγάλες -ες εστηρίζουν την είσοδο του ναού·* β. (καταχρ.) στύλος, κολόνα. 2. (αρχαιολ.) *επιτύμβια ~* = πλάκα από πέτρα ή άλλο υλικό, που στήνεται όρθια πάνω σε τάφο, με ανάγλυφη παράσταση στην επιφάνειά της ή μόνο με επιγραφή που αναφέρει τα σχετικά με το νεκρό. 3. (μεταφ.) οτιδήποτε έχει ψηλό και στενό σχήμα: *η ~ του καπνού.* 4. κάθε το τμήμα τυπωμένης γραπτής σελίδας: *~ εφημερίδας/περιοδικού.* 5. κείμενο σε εφημερίδα ή περιοδικό που γράφει συνέχεια το ίδιο πρόσωπο για το ίδιο θέμα: *η ~ του ασχολείται με καλλιτεχνικά θέματα.* 6. *σπονδυλική ~* = ραχοκοκαλιά. 7. *ηλεκτρική ~* = ηλεκτρικά στοιχεία που έχουν συνδεθεί μεταξύ τους (συνών. *μπαταρία*). Φρ. *έμεινα ~ άλατος* (= έμεινα εντελώς ακίνητος από την έκπληξη ή τον τρόμο που δοκίμασα).
στηλίτευση η, ουσ., η ενέργεια και το αποτέλεσμα του στηλιτεύω (βλ. λ.) (συνών. *στιγματισμός*).
στηλιτευτής ο, θηλ. **-τρια,** ουσ., αυτός που στηλιτεύει (βλ. λ.).
στηλιτευτικός, -ή, -ό, επίθ., που ανήκει ή αναφέρεται στη στηλίτευση ή το στηλιτευτή: *λόγοι -οί.*

στηλιτεύτρια, βλ. στηλιτευτής.
στηλιτεύω, ρ., κατηγορώ, επιπλήττω κάποιον ή κάτι δημόσια: ~ τις φυλετικές διακρίσεις (συνών. στιγματίζω).
στήμονας ο, ουσ. 1. (σπανίως) στημόνι. 2. (στον πληθ., βοτ.) τα αρσενικά παραγωγικά όργανα του άνθους.
στημόνι το, ουσ. (συνιζ.), κάθετο νήμα του αργαλειού που διασταυρώνεται με το υφάδι (βλ. λ.).
στημονιάζω, ρ. (συνιζ.), βάζω στημόνι στον αργαλειό.
στημόνιασμα το, ουσ., τοποθέτηση του στημονιού στον αργαλειό.
στήνω, ρ. 1. κάνω κάποιον να σταθεί όρθιος σε ορισμένο σημείο (με κάποιο σκοπό): *τους έστησαν μπροστά στο εκτελεστικό απόσπασμα*. 2. τοποθετώ σε κενό χώρο προσωρινό κατασκεύασμα: ~ *σκηνή/οδόφραγμα* (συνών. *ορθώνω*). 3. (λαϊκ.) αφήνω κάποιον να με περιμένει: *με έστησε μισή ώρα· στήθηκα μπροστά στο σπίτι και τον περίμενα*. 4. (για πράγματα και δραστηριότητες ομάδων) συγκροτώ, οργανώνω: *στήσαμε εταιρεία/μαγαζί*. Έκφρ. *δουλειά -μένη* (= υπόθεση τεχνητά δημιουργημένη κατά τρόπο που να έχει συγκεκριμένο αποτέλεσμα προς το συμφέρον ορισμένου ατόμου ή ορισμένης ομάδας). Φρ. *μου την έχει στημένη στη γωνία* (ενν. την *ενέδρα*) (= καιροφυλακτεί για να μου κάνει κακό)· ~ *αφτί* (= κρυφακούω)· ~ *καβγά* (= αρχίζω να φιλονικώ με κάποιον)· ~ *καρτέρι* (= παραμονεύω να συλλάβω το θήραμα)· ~ *το μάτι* (= βλέπω προσεκτικά)· ~ *μηχανή* (= σχεδιάζω, οργανώνω πλεκτάνη)· ~ *ξόβεργα/παγίδα·* ~ *παράσταση* (θεατρική) (= ανεβάζω)· ~ *σπίτι* (= δημιουργώ οικογένεια)· ~ *χορό* (= χορεύω). [αόρ. έστησα του αρχ. *ίστημι - ιστά(ν)ω*].
-στήρα, βλ. *-τήρα*.
-στήρι, βλ. *-τήρι*.
στήριγμα το, ουσ. 1. ό,τι μπορεί να στηρίξει κάτι άλλο: *-ατα του μεγάλου ζωγραφικού πίνακα που κρέμεται στον τοίχο*. 2. (μεταφ.) το πρόσωπο ή το πράγμα όπου μπορεί κανείς να στηριχθεί, να βρει ασφάλεια και προστασία: ~ *των γηρατειών του τα παιδιά του* (συνών. *προστασία, βοήθεια*). 3. (για απόψεις, θεωρίες, αποφάσεις, κλπ.) επιχείρημα που μπορεί ενδεχομένως να πείσει: *οι απόψεις του μπορούν εύκολα να κλονιστούν γιατί δεν έχουν γερά -ατα* (συνών. *έρεισμα*).
στηρίζω, ρ. I. ενεργ. 1. κρατώ κάποιον ή κάτι όρθιο, υποβαστάζω: *πήγαινε να πέσει και εγώ τον στήριξα*. 2. ενισχύω κάποιον ηθικώς, τον βοηθώ στις δύσκολες ώρες: *η μητέρα του τον στήριζε πολύ κατά τη διάρκεια των εξετάσεων*. 3. υποστηρίζω: *η αντιπολίτευση -ει την κυβέρνηση σ' αυτό το θέμα*. 4. (για πρόσωπο) ενισχύω κάποιον με την παροχή τροφής, τον στυλώνω: *το γάλα που ήπια το πρωί με στήριξε ως το μεσημέρι*. 5. (για άποψη, επιχείρημα, κ.τ.ό.) βασίζω, θεμελιώνω: ~ *την άποψή μου στο γεγονός ότι*.... II. μέσ. 1. ακουμπώ σταθερά πάνω σε κάτι: *το φυτό -εται στον τοίχο· -ίξου στον ώμο μου*. 2. (για ιδέα, άποψη, πνευματική δημιουργία, κ.τ.ό.) βασίζομαι, έχω ως θεμέλιο κάτι, ενισχύομαι από κάτι: *τα επιστημονικά κείμενα -ονται στην κυριολεκτική ακριβολογία· η θεωρία/η άποψη αυτή -εται στα τελευταία δεδομένα της επιστήμης*. 3. βρίσκω ηθική και υλική ενίσχυση σε κάποιον: ~ *σ' αυτόν γιατί έχει πολιτική δύναμη*.

στηρικτικός, -ή, -ό, επίθ., που στηρίζει: (βιολ.) *ιστός* ~.
στήριξη η, ουσ., η ενέργεια και το αποτέλεσμα του στηρίζω.
στήσιμο το, ουσ., η ενέργεια και το αποτέλεσμα του στήνω (βλ. λ.).
στητός, -ή, -ό, επίθ., που έχει ωραίο παράστημα, που στέκεται και βαδίζει όρθιος και τεντωμένος: *ο Μηνάς τράβηξε αμίλητος, μα ~ κατά την πλώρη*.
στια η, ουσ. (συνιζ., λαϊκ.), εστία, τζάκι.
στιβάδα ή **στοιβ-** η, ουσ. 1. σύνολο ομοειδών πραγμάτων που τοποθετημένα το ένα πλάι ή πάνω στο άλλο αποτελούν ένα πυκνό στρώμα: ~ *χιονιού*. 2. (ανατομ.) ιστός που συνυφαίνεται από διάφορα οργανικά στοιχεία και αποτελεί υμένα: ~ *των κυττάρων της επιδερμίδας του ανθρώπου*.
στιβάζω, βλ. *στοιβάζω*.
στιβάλι και **-άνι** το, ουσ. (λαϊκ.), παπούτσι χωρικού που σκεπάζει και την κνήμη. [βενετ. *stival*].
στιβαρός, -ή, -ό, επίθ., χεροδύναμος, ρωμαλέος (αντ. *αδύναμος*).
στιβάρω, ρ. (ναυτ.) συγκεντρώνω εμπορεύματα ή και άλλα αντικείμενα στο αμπάρι. [ιταλ. *stivare*].
στίβος ο, ουσ. 1. περιορισμένος ισοπεδωμένος χώρος κατάλληλος για αγωνίσματα, ασκήσεις, ιπποδρομίες, κ.τ.ό.: *αγώνες κλειστού -ου*. 2. (μεταφ.) *πολιτικός ~* = πεδίο πραγματοποίησης πολιτικών δραστηριοτήτων.
στίβω, βλ. *στύβω*.
στιγκάρω, ρ., παρατ. *-ιζα*, αόρ. *-ισα* (ερρ.), (ναυτ.) συστέλλω, χαλώ το ιστίο. [βενετ. *stringar*· πβ. πορτογαλικό *estingar*].
στίγκος το, ουσ. (ερρ.), (ναυτ.) σκοινί του πλοίου που χρησιμεύει για τη συστολή των ιστίων.
στίγμα το, ουσ. 1. σημάδι του δέρματος που έμεινε από χτύπημα ή άλλη αιτία. 2. λεκές (συνών. *κηλίδα*). 3. (μεταφ.) ηθικό μειονέκτημα που αποκτήθηκε: ~ *κοινωνικό·* ~ *εκφυλισμού*. 4. (ιατρ.) μόνιμο κλινικό σύμπτωμα που επιτρέπει να διαγνωστεί μια νοσηρή κατάσταση: *-ατα εκφυλισμού·* ~ *μεσογειακής αναιμίας*. 5. (ναυτ.) σημείο σε ναυτικό χάρτη που δηλώνει τη θέση του πλοίου καθώς ταξιδεύει. 6. (βοτ.) η κορυφή του στύλου του υπέρου ενός άνθους, όπου συγκρατούνται οι κόκκοι της γύρης. 7. το έκτο γράμμα του αρχαίου ελληνικού αλφαβήτου (ς΄) καθώς εξελίχθηκε από το δίγαμμα (F).
στιγματίζω, ρ., ελέγχω με δριμύτητα πρόσωπο ή ενέργεια: *η κοινή γνώμη -ισε την πράξη του* (συνών. *στηλιτεύω*).
στιγματισμός ο, ουσ., έντονη ηθική καταδίκη προσώπου ή ενέργειας (συνών. *στηλίτευση*).
στιγμή η, ουσ. 1. περιορισμένο χρονικό διάστημα (άσχετα από τη διάρκειά του): *μια ~ περίμενε· έρχομαι στη ~* (= *αμέσως*). 2. ευκαιρία: *ήρθε η ~ να σου τα ψάλλω* (= *να σε ελέγξω*)· *έφτασε επιτέλους η μεγάλη ~ της ζωής του*. 3. (ψυχ.) κατάσταση (που κορυφώνεται σε ορισμένο χρονικό σημείο): *αυτοκτόνησε σε ~ απελπισίας· πέρασαν μαζί ευτυχισμένες -ές*. 4. (γραμμ.) ένα από τα σημαδια στίξης: *άνω ~* (= άνω τελεία)· *κάτω ~* (= τελεία). 5. (μουσ.) μουσικό σημείο. 6. (τυπογραφία) μονάδα για τη μέτρηση του πάχους των τυπογραφικών στοιχείων. Έκφρ. *από ~ σε ~* (= σε λίγο, όπου να 'ναι): *από ~ σε ~ θα έρθει το πλοίο· από*

την πρώτη ~ (= με την πρώτη ματιά): *τον ερωτεύθηκε από την πρώτη* ~· *από τη* ~ *που* (= αφού, επειδή): *από τη* ~ *που μου λες ένα τέτοιο πράγμα, αλλάζω απόφαση*· *για μια* ~ (= για ορισμένο χρονικό διάστημα): *για μια* ~ *θύμωσα και του 'πα βαριά λόγια*· ιστορική ~ (= ιστορικό χρονικό σημείο κατά το οποίο συντελείται σημαντικό ιστορικό γεγονός)· *μια* ~ *παρακαλώ!* (= περιμένετε, σας παρακαλώ)· *στη* ~ (= αμέσως): *στάθηκε στα πόδια του κι έπεσε στη* ~· (επίρρ.) ~ (= καθόλου): *δεν ξεκολλούσα από κει* ~· *της -ής* (= που γίνεται γρήγορα): *καφές της -ής· εμπνεύσεις της -ής* (= πρόχειρες). Φρ. *ζω τρομερές -ές* (= περνώ δύσκολη περίοδο). - Υποκορ. **-ούλα** η: *μια -ούλα, σε παρακαλώ*.

στιγμιαίος, -α, -ο, επίθ. (ασυνίζ.). 1. που διαρκεί μια στιγμή: *αδίκημα -ο*· *απόφαση -α*. 2. (για τροφή ή ποτό) που προετοιμάζεται γρήγορα: *καφές* ~. 3. (γραμμ.) για όσα σύμφωνα προφέρονται μονάχα μια στιγμή, καθώς ανοίγουμε το στόμα (άηχα *π, τ, τσ, κ* και ηχηρά *μπ, ντ, τζ, γκ*).

στιγμιότυπο το, ουσ. (ασυνίζ.). 1. αυτό που τυπώθηκε ή απεικονίστηκε στη στιγμή, πολύ γρήγορα. 2. (συνεκδοχικά) πρόχειρη περιγραφή. 3. (δημοσιογραφία) σύντομα σχόλια σε εφημερίδα.

στιγμούλα, βλ. *στιγμή*.

στίζω, ρ. (γραμμ.) σημειώνω σημείο στίξης.

στιλ το, ουσ. άκλ. **1α**. χαρακτηριστικός τρόπος με τον οποίο ένα άτομο ή μια ομάδα ατόμων μιλά, φέρεται, ντύνεται, κλπ.: *χορεύει με ένα ιδιαίτερο* ~· **β**. κομψή εμφάνιση, χάρη ενός ατόμου: *γυναίκα με* ~. **2**. τα χαρακτηριστικά ενός αντικειμένου που το διαφοροποιούν από άλλα όμοια, το κάνουν πρωτότυπο: *έπιπλο με το δικό του* ~. **3α**. (για γραπτό λόγο) ύφος (βλ. λ.)· **β**. (για καλλιτεχνικό έργο) τεχνοτροπία (βλ. λ.), ρυθμός (βλ. λ. σημασ. 6). - Υποκορ. (στη σημασ. 1β) **-άκι** το. [γαλλ. *style*].

στιλάτος, -η, -ο, επίθ. (λαϊκ.). α. (για πρόσωπο) κομψός· ελκυστικός· β. (για ρούχο) κομψός, που εφαρμόζει στο σώμα και το αναδεικνύει: *σακάκι -ο*.

στίλβω, ρ. (λόγ.), λάμπω, ακτινοβολώ.

στίλβωμα το, ουσ., γυάλισμα, λουστράρισμα: ~ *υποδημάτων/επίπλων*.

στιλβώνω, ρ., κάνω κάτι στιλπνό: ~ *έπιπλα/ παπούτσια* (συνών. *γυαλίζω, λουστράρω*).

στίλβωση η, ουσ., τελική φάση της επεξεργασίας ορισμένων μεταλλικών, ξύλινων ή άλλων επιφανειών, κατά την οποία με κατάλληλες μεθόδους και μέσα προσδίδεται σ' αυτές λεία και στιλπνή όψη.

στιλβωτήριο το, ουσ. (ασυνίζ.), κατάστημα όπου βάφονται και γυαλίζονται παπούτσια.

στιλβωτής ο, ουσ. **α**. τεχνίτης που βάφει και στιλβώνει έπιπλα (συνών. *λουστραδόρος*)· **β**. αυτός που βάφει και γυαλίζει παπούτσια (συνών. *λούστρος*).

στιλβωτικός, -ή, -ό, επίθ., που σχετίζεται με τη στίλβωση ή είναι κατάλληλος γι' αυτήν: *αλοιφή/μηχανή -ή*.

στιλέ, επίθ. άκλ. (προφ.), (για πρόσωπα) υποχρεωμένος να ακολουθεί ορισμένους τύπους, ορισμένη στάση στη συμπεριφορά του: ~ *διευθυντής εστιατορίου*. [γαλλ. *stylé*].

στιλετιά η, ουσ. (συνιζ., λαϊκ.), κάρφωμα με στιλέτο: *του χώσανε δυο -ιές στην καρδιά*.

στιλέτο το, ουσ., μικρό μαχαίρι με πολύ λεπτή και αιχμηρή λεπίδα: *κάρφωσε το* ~ *στην πλάτη του*. [ιταλ. *stiletto*].

στιλιζάρισμα το, ουσ., το να δίνει κανείς σε ένα λογοτεχνικό, καλλιτεχνικό ή απλώς τεχνικό έργο μια καθιερωμένη ή απλουστευτική μορφή.

στιλιζάρω, ρ., αόρ. *-ισα*, μτχ. παρκ. *-ισμένος*, δίνω σε ένα λογοτεχνικό, καλλιτεχνικό ή απλώς τεχνικό έργο μια καθιερωμένη ή απλουστευτική μορφή: *-ισμένοι χαρακτήρες της μεσαιωνικής κωμωδίας*. [γαλλ. *styliser*].

στιλίστας ο, ουσ. 1. λογοτέχνης που διακρίνεται για το καλλιεργημένο ύφος του, την κομψότητα και τη γλαφυρότητα του λόγου του. 2. σχεδιαστής (ρούχων, επίπλων) που προσδίδει στη δουλειά του το στιλ που βασίζεται στη βιομηχανική αισθητική. [γαλλ. *styliste*].

στιλιστική, βλ. *υφολογία*.

στιλιστικός, -ή, -ό, επίθ., που έχει σχέση με τις μεθόδους και την τεχνική του στιλιζαρίσματος: *-ές τάσεις*.

στιλό το, ουσ. άκλ., όργανο γραφής σε σχήμα μολυβιού από πλαστικό ή μέταλλο με ειδική θήκη για τη μελάνη. [γαλλ. *stylo*<*stylographe*]

στιλογράφος ο, ουσ., στιλό (βλ. λ.). [γαλλ. *stylographe*].

στιλπνός, -ή, -ό, επίθ., που λάμπει, που γυαλίζει: *επιφάνεια -ή* (αντ. *θαμπός, ματ*).

στιλπνότητα η, ουσ., λαμπρότητα, γυαλάδα.

στίμα η, ουσ. (λαϊκ.). 1. υπολογισμός. 2. (μεταφ.) εκτίμηση. [ιταλ. *stima*].

στιμάρισμα το, ουσ. (λαϊκ.), εκτίμηση.

στιμάρω, ρ., παρατ. *-ιζα*, αόρ. *-ισα* (λαϊκ.). 1. υπολογίζω, μετρώ: *δεν είχαν εξάντα να -ουν το δρόμο τους*. 2. (μεταφ.) εκτιμώ, σέβομαι κάποιον ή κάτι: *τη λογαριάζανε και τη -ανε τη ζωή του ανθρώπου στο νησί*. [ιταλ. *stimare*].

στίξη η, ουσ. 1. (γενικά) δημιουργία στιγμών ή στιγμάτων. 2. δερματοστιξία (βλ. λ.). 3. (γραμμ.) χωρισμός του γραπτού λόγου σε περιόδους, κώλα, προτάσεις, κλπ., με ειδικά σημάδια: *σημεία -ης*.

στιφάδο και **στοφάδο** το, ουσ. (μαγειρ.) είδος φαγητού με μικρά ολόκληρα κρεμμύδια και κρέας (βοδινό ή λαγού) μαγειρεμένα με διάφορα καρυκεύματα και λάδι. [βενετ. *stufado*].

στίφος το, ουσ. (λόγ.), πυκνό πλήθος ανθρώπων και, κατ' επέκταση, ασύντακτο πλήθος: *η βαρβάρων*/(μεταφ.) *ακρίδων*.

στιφός, βλ. *στυφός*.

στιχάκι, βλ. *στίχος*.

στιχαρίθμηση η, ουσ., αρίθμηση στίχων πεζού ή ποιητικού κειμένου.

στιχάριο το, ουσ. (ασυνίζ.), (εκκλ.) εσωτερικό μακρύ άμφιο κληρικού που λειτουργεί.

στιχηδόν, επίρρ. (λόγ.), σε στίχους, στη σειρά (συνών. *αραδιαστά*).

στιχηρός, -ή, -ό, επίθ. (λόγ.), που είναι γραμμένος σε στίχους: *-ά βιβλία της Παλαιάς Διαθήκης*. - Το ουδ. ως ουσ. = (εκκλ.) τροπάριο της βυζαντινής εκκλησιαστικής ακολουθίας: *-ά σταυρώσιμα/δεσποτικά*.

στιχογραφία η, ουσ., σύνθεση στίχων ανάξιων λόγου.

στιχογράφος ο και η, ουσ., στιχοπλόκος (βλ. λ.).

στιχομυθία η, ουσ. 1. (αρχ.) ζωηρός διάλογος που διεξάγεται με ημιστίχια, μονόστιχα ή και δίστι-

χα. 2. (κατ' επέκταση) ζωηρός διάλογος που διεξάγεται με σύντομες φράσεις.
στιχοπλοκή η, ουσ., στιχογραφία (βλ. λ.).
στιχοπλόκος ο και η, ουσ., στιχουργός ανάξιος λόγου.
στιχοποιός ο και η, ουσ. (ασυνίζ.), μέτριος ποιητής.
στίχος ο, ουσ. 1. (μετρ.) ρυθμική ενότητα που το ρυθμό της τον δίνει η εναλλαγή τονισμένων και άτονων συλλαβών: *στροφή με πέντε -ους· ~ πολιτικός* = ιαμβικός δεκαπεντασύλλαβος που αποτελείται από δύο ημιστίχια, το ένα οκτασύλλαβο και το άλλο επτασύλλαβο· *~ ελεύθερος* = λιγοσύλλαβοι και πολυσύλλαβοι στίχοι που με μια συγκεκριμένη σειρά (και όχι σε ορισμένες περιπτώσεις, ανάλογα με τις ανάγκες του στίχου) σχηματίζουν τις στροφές ποιήματος. 2. σειρά έντυπου κειμένου. - Υποκορ. **-άκι** το στη σημασ. 1.
στιχούργημα το, ουσ., ποίημα και, ειρων., έμμετρη σύνθεση ανάξια λόγου.
στιχουργία η, ουσ., σύνθεση στίχων.
στιχουργικός, -ή, -ό, επίθ., που σχετίζεται με τη στιχουργία ή το στιχουργό: *κανόνες -οί*. - Το θηλ. ως ουσ. = το σύνολο των κανόνων που διέπουν τη σύνθεση ποιητικών έργων: *-ή βυζαντινή/ νεοελληνική*.
στιχουργός ο και η, ουσ., αυτός που συνθέτει στίχους: *~ αδέξιος*.
στιχουργώ, -είς, ρ., συνθέτω στίχους.
στοά η, ουσ. 1. σκεπαστός διάδρομος, συχνά ανάμεσα σε δύο δρόμους, όπου υπάρχουν καταστήματα ή πάγκοι. 2. σκεπαστό πέρασμα δίπλα σε κτήριο με κολόνες και αψίδες από τη μία του πλευρά. 3. υπόγειος θολωτός διάδρομος σε ορυχείο ή σπηλιά (συνών. *γαλαρία*). 4. *~ τεκτονική* = ένα από τα τμήματα στα οποία υποδιαιρείται το τεκτονικό τάγμα καθώς και ο χώρος όπου συνεδριάζει. 5. (φιλοσ., αρχ.) φιλοσοφική σχολή των αρχαίων στοϊκών.
στοίβα η, ουσ. α. σωρός με τα αντικείμενα το ένα πάνω στο άλλο: *μια ~ ξύλο/πιάτα·* β. (γενικά) μεγάλη ποσότητα: *μια ~ χαρτιά μάζεψα*. [στοιβάζω (υποχωρ.)].
στοίβαγμα και **στοίβασμα** το, ουσ., τοποθέτηση αντικειμένων το ένα πάνω στο άλλο: *~ ρούχων*.
στοιβάδα η, ουσ. (λαϊκ.), στοίβα. Βλ. και *στιβάδα*.
στοιβάζω και (συνιζ.) **-ιάζω**, ρ. Ι. ενεργ. 1. τοποθετώ πράγματα, συνήθως ομοειδή, το ένα πάνω στο άλλο ώστε να σχηματιστεί στοίβα: *-άξαμε τα ξύλα*. 2. συμπιέζω πολλά πράγματα ώστε να χωρέσουν σε όσο το δυνατό μικρότερο χώρο: *-αξε όλα τα ρούχα μέσα στο μπαούλο* (συνών. *στρυμώχνω*). ΙΙ. μέσ. 1. μαζί με άλλα ομοειδή αντικείμενα σχηματίζω σωρό: *τα φύκια -ονται στην ακρογιαλιά*. 2. στρυμώχνομαι, συνωστίζομαι: *γυρίσαμε -γμένοι μέσα στο λεωφορείο*. [μτγν. *στοιβάζω*].
στοίβασμα, βλ. *στοίβαγμα*.
στοιβαχτός, -ή, -ό, επίθ. 1. στοιβαγμένος. 2. ο ένας πάνω στον άλλο, στρυμωγμένος.
στοιβιάζω, βλ. *στοιβάζω*.
στοιχειακός, -ή, -ό, επίθ. (ασυνίζ.), που ανήκει ή αναφέρεται στα στοιχεία: *ανάλυση -ή*.
στοιχείο το, ουσ. 1α. συστατικό μέρος αντικειμένου, συνόλου ή έννοιας: *ξένα -α της ελληνικής γλώσσας· -α περιουσιακά/καλολογικά·* β. ουσιώδης λεπτομέρεια ή πληροφορία για την αναγνώριση ή τη διαπίστωση προσώπου ή πράγματος:

σημείωσε τα -α του εγγράφου (αριθμό πρωτοκόλλου, κλπ.)· του ζήτησαν από το τμήμα τα -α του (στοιχεία αστυνομικής ταυτότητας). 2. κάθε φυσική δύναμη που ενεργεί αυτόματα: *μαίνονται τα -α της φύσης· υγρό -ο* (= θάλασσα). 3. καθένα από τα γράμματα του αλφαβήτου, καθώς και το όνομά του: *το ~ μ μικρό· -α κεφαλαία*. 4. τυπογραφικός χαρακτήρας: *-α ελζεβίρ*. 5. (στον πληθ.) πρώτες και βασικές γνώσεις κάθε επιστήμης, τέχνης ή μαθήματος: *-α άλγεβρας/φιλοσοφίας*. 6. (μεταφ.) καθετί που συμβάλλει ή συντελεί στην επίτευξη κάποιου σκοπού: *~ επιτυχίας/προόδου*. 7. (συνεκδοχικά) πρόσωπο ή παράγοντας καλής ή κακής κοινωνικής δράσης: *~ προοδευτικό/αναρχικό*. 8. περιβάλλον (φυσικό ή άλλο) που ευνοεί την ύπαρξη, την πρόοδο ή την ελεύθερη δράση κάποιου: *βρίσκεται στο ~ της όταν ασχολείται με τον κήπο*. 9. (φυσ.) *~ ηλεκτρικό* = απλή συσκευή παραγωγής ηλεκτρικής ενέργειας από χημική ενέργεια. 10. (χημ.) κάθε σώμα που τα άτομά του δεν αντιδρούν να διασπαστούν σε απλούστερα συστατικά με κανένα φυσικό ή χημικό μέσο: *~ αμέταλλο*. 11. (φιλοσ., αρχ.) καθένα από τα απλούστατα συστατικά του φυσικού κόσμου, καθεμία από τις απλές ύλες από τις οποίες αποτελείται ο φυσικός κόσμος.
στοιχειό το, ουσ. (συνιζ.). 1. (λαϊκ.) ψυχή σκοτωμένου ανθρώπου ή ζώου που θεωρείται φύλακας του τόπου όπου έγινε ο φόνος. 2. (γενικά) αόρατο υπερφυσικό ον, συνήθως κακοποιό (συνών. *φάντασμα, δαιμονικό*). 3. δύναμη της φύσης (αέρας, θάλασσα, φωτιά): *κακό ~ η θάλασσα* (πβ. *στοιχείο σημασ*. 2). 4. (μεταφ.) άνθρωπος μεγάλων διαστάσεων με υπερφυσικές ιδιότητες.
στοιχειοθεσία η, ουσ. (ασυνίζ.), η σύνθεση των τυπογραφικών στοιχείων σε λέξεις, φράσεις, παραγράφους, σελίδες που θα χρησιμοποιηθούν για την εκτύπωση ενός εντύπου: *~ με εξελιγμένα ηλεκτρομαγνητικά συστήματα* (συνών. *στοιχειοθέτηση*).
στοιχειοθετείο το, ουσ., γραμματοθήκη (βλ. λ.).
στοιχειοθέτης ο, ουσ. (ασυνίζ.), ο ειδικευμένος τεχνίτης της τυπογραφίας ο οποίος τοποθετεί κατάλληλα τα κινητά τυπογραφικά στοιχεία για να σχηματίσει λέξεις, φράσεις, παραγράφους, σελίδες που θα χρησιμοποιηθούν για την εκτύπωση ενός εντύπου.
στοιχειοθέτηση η, ουσ. (ασυνίζ.), στοιχειοθεσία.
στοιχειοθετικός, -ή, -ό, επίθ. (ασυνίζ.), που ανήκει ή αναφέρεται στη στοιχειοθεσία ή το στοιχειοθέτη.
στοιχειοθετώ, -είς, ρ. (ασυνίζ.). 1. συνθέτω τα τυπογραφικά στοιχεία σε λέξεις, φράσεις, στίχους, σελίδες που θα χρησιμοποιηθούν για την εκτύπωση ενός εντύπου. 2. (μεταφ.) βασίζω (μια πράξη ή ενέργεια) σε στοιχεία, αποδεικνύω, τεκμηριώνω: *~ επαρκώς ένα αδίκημα*. 3. (μεταφ.) συνιστώ, αποτελώ, συγκροτώ: (μέσ.) *η υποχρέωση -είται από...*
στοιχειολογία η, ουσ. (ασυνίζ.), το πρώτο μέρος της λογικής που πραγματεύεται γενικά τη γνώση και τις αρχές της ορθής νόησης.
στοιχειομετρία η, ουσ. (ασυνίζ.), (χημ.) τμήμα της χημείας που αναφέρεται στη μελέτη των αριθμητικών σχέσεων που υφίστανται κατά τις χημικές αντιδράσεις μεταξύ στοιχείων ή χημικών ενώσεων.

στοιχειοχυτήριο το, ουσ. (ασυνίζ. δις), χυτήριο κατασκευής τυπογραφικών στοιχείων.

στοιχειοχύτης ο, ουσ. (ασυνίζ.), τεχνίτης ειδικός στην κατασκευή τυπογραφικών στοιχείων με τη μέθοδο της τήξης.

στοιχειώδης, -ης, -ες, γεν. *-ους,* πληθ. αρσ. και θηλ. *-εις,* ουδ. *-η,* επίθ. (ασυνίζ.). **1α.** που αφορά, παρέχει ή περιέχει τα πρώτα, τα βασικά στοιχεία μιας επιστήμης, τέχνης, κλπ.: *-ης γεωμετρία·* **β.** θεμελιώδης: *-εις αρχές χημείας·* **γ.** *-ης εκπαίδευση* = το δημοτικό σχολείο, η δημοτική εκπαίδευση. **2.** που πρωτίστως απαιτείται ή επιβάλλεται, που αποτελεί τη βασική ιδέα ή ενέργεια ώστε κάτι να υπάρξει ή να συμβεί: *το -ες δικαίωμα της επιβίωσης·* δεν έχει καν τις *-εις γνώσεις για μια τέτοια θέση· -εις ανάγκες* (συνών. *ουσιώδης, πρωταρχικός, βασικός*)· παίρνω τις *-εις προφυλάξεις* (συνών. *απαραίτητος, βασικός*)· (γενικότερα) *-ης συγγένεια/λογική* (= η εντελώς απαραίτητη). - Επίρρ. **-ώς.**

στοίχειωμα το, ουσ. (λαϊκ.), το να στοιχειώνει (βλ. λ.) κάποιος ή κάτι.

στοιχειώνω, ρ., αόρ. *-ειωσα,* μτχ. παρκ. *-ειωμένος* (συνιζ., λαϊκ.). **Α.** (μτβ.) θυσιάζω ένα ζώο στα θεμέλια ενός κτίσματος για να αποκτήσει στοιχειό (βλ. λ.): *α δε -ώσετ' άνθρωπο, γιοφύρι δε στεριώνει... και μη -ώσετ' ορφανό, μη ξένο, μη διαβάτη* (δημ. τραγ.). **Β.** (αμτβ.) γίνομαι στοιχειό ή (για χώρο) αποκτώ στοιχειό, με συχνάζουν στοιχειά: *Ποιος έχει βιάση να διαβεί το μονοπάτι... ζωντανός -ει* (Αθάνας)· *-ωμένο σπίτι/δέντρο.*

στοίχημα το, ουσ. **α.** συμφωνία μεταξύ δύο ατόμων ή δύο ομάδων να πληρώσουν ένα ορισμένο χρηματικό ποσό σ' εκείνον τους οποίου η γνώμη ή η πρόγνωση θα επαληθευτεί: *κερδίζω το ~· -ατα στον ιππόδρομο·* φρ. *βάζω ~· πάμε ~;* **β.** (συνεκδοχικά) το χρηματικό ποσό που ορίζεται σε ένα στοίχημα.

στοιχηματίζω, ρ. **1.** βάζω στοίχημα. **2.** είμαι πολύ σίγουρος για κάτι.

στοιχίζω, ρ. **1.** τοποθετώ σε στοίχους, παρατάσσω, αραδιάζω. **2.** (μέσ.) *παρατάσσομαι* συνήθως στη φρ. *-ομαι με κάποιον* = συμπαρατάσσομαι με κάποιον, αγωνίζομαι μαζί του για τον ίδιο σκοπό. **3.** αντιπροσωπεύω ορισμένη χρηματική αξία, κοστίζω: *πόσο -ει;· -ει πολύ* (= είναι πολύ ακριβό). **4.** (μεταφ.) **α.** προκαλώ υλικές ζημιές, δαπάνες: *τους -ισε πολλά το ατύχημα/ταξίδι·* **β.** προξενώ μεγάλη λύπη: *του -ισε πολύ ο θάνατος του πατέρα του.* Φρ. *δεν του -ει τίποτα να...* (= δεν του είναι δύσκολο να..., δε διστάζει να...)· *του -ισε τη ζωή* (= του προκάλεσε το θάνατο) (πβ. *κοστίζω*).

στοίχος ο, ουσ. (λόγ.), ευθύγραμμη διάταξη προσώπων ή πραγμάτων, γραμμή, σειρά, κοιν. *αράδα.*

στοιχούμαι, -είσαι, ρ. (λόγ.), στέκομαι σε ευθύγραμμη διάταξη, αποτελώ με κάποιους άλλους στοίχο· συνήθως γυμναστικό παράγγελμα: *-ηθείτε!*

στοκ το, ουσ. άκλ., απόθεμα διαθέσιμων εμπορευμάτων σε αποθήκη (συνών. *παρακαταθήκη*). [αγγλ. *stock*].

στοκαδόρος ο, ουσ., μικρή σπάτουλα για στοκάρισμα με τριγωνική λοξή λεπίδα.

στοκάρισμα το, **I.** ουσ., το να γεμίζει κανείς μικροτρύπες και άλλες κοίλες ανωμαλίες με στόκο. [*στοκάρω I*].

στοκάρισμα το, **II.** ουσ., η συγκέντρωση διαθέσιμων προϊόντων ή εμπορευμάτων σε αποθήκη, αποθήκευση. [*στοκάρω II*].

στοκάρω, I. ρ., αόρ. *-αρα* και *-ισα,* γεμίζω μικροτρύπες και άλλες κοίλες ανωμαλίες με στόκο (βλ. λ.). [βενετ. *stocar*].

στοκάρω, II. ρ., αόρ. *-ισα,* συγκεντρώνω διαθέσιμα προϊόντα ή εμπορεύματα σε αποθήκη, αποθηκεύω. [*στοκ*].

στόκολο το, ουσ. (ναυτ.) το διαμέρισμα του πλοίου όπου είναι τα καζάνια και οι φούρνοι (συνών. *λεβητοστάσιο*): *ο θερμαστής στο ~ με τις φωτιές μαλώνει* (λαϊκ. τραγ.). [αγγλ. *stokehole*].

στόκος ο, ουσ., πολτώδης μάζα από ανθρακικό μόλυβδο, ανθρακικό ασβέστιο, οξείδια των μετάλλων και λινέλαιο που χρησιμοποιείται για να καλύπτονται μικρές τρύπες, κενά ή άλλες κοίλες ανωμαλίες. [βενετ. *stuco*].

στοκοφίσι το, ουσ. (λαϊκ.). **1.** παστό ψάρι από το είδος του μπακαλιάρου. **2.** (μεταφ., σκωπτ.) άνθρωπος πολύ αδύνατος (συνών. στη σημασ. 2 *τσίρος*). [αγγλ.-γαλλ. *stockfish*<παλαιότερο ολλανδικό *stocvisch*].

στόλαρχος ο, ουσ. (ναυτ.) αρχηγός στόλου που φέρει συνήθως το βαθμό του ναυάρχου.

στολή η, ουσ. **1.** ενδυμασία, φορεσιά: *~ επίσημη.* **2.** ειδική διακριτική ενδυμασία με σχέδιο, ύφασμα και χρώματα καθορισμένα με κανονισμό, που τη φορούν υποχρεωτικά όσοι ανήκουν σε κάποια τάξη, οργάνωση, σώμα ή επάγγελμα: *~ στρατιωτική/αρχιερατική· ~ αλεξίσφαιρη·* (ειδικά) *~ διαστημική· ~ εθνική* (= η τοπική ενδυμασία μιας χώρας)· *~ υπηρεσίας.* έκφρ. *αντιποίηση -ής* (= το να φορά κανείς δημόσια και χωρίς δικαίωμα τη στολή δημόσιου υπαλλήλου, κληρικού, κλπ.)· *μεγάλη ~* (= η στολή που φορούν οι αξιωματικοί του στρατού και του ναυτικού στις επίσημες τελετές).

-στόλι, κατάλ. ουδ. ουσ.: *νυφοστόλι.*

στολίδι το, ουσ. **1.** μικρό αντικείμενο που χρησιμοποιείται για τη διακόσμηση ενός χώρου: *~ χαρούμενο· -ια για το χριστουγεννιάτικο δέντρο·* (συνεκδοχικά): *το νέο κτήριο είναι το ~ της πόλης.* **2.** γυναικείο κόσμημα (βλ. λ.): *~ απέριττο/κομψό.* **3.** (μεταφ.) *η ευγένεια είναι το ωραιότερο ~ της ψυχής.*

στολίζω, ρ. **I.** ενεργ. **1.** διακοσμώ (ένα χώρο) με στολίδια, εξωραΐζω: *-ουν το σχολείο για τη γιορτή.* **2.** (συνεκδοχικά) αποτελώ στολίδι σε κάτι, το ομορφαίνω: *ούτε το ρούχο που -ιζε το κορμί της τον πείραζε* (Μπαστιάς). **3.** (μεταφ. για λόγο γραπτό ή προφορικό) διανθίζω: *συνηθίζει να -ει το λόγο του με πολλά επίθετα.* **4.** (μεταφ.) βρίζω, επιπλήττω δριμύτατα: *τον -ισε για τα καλά.* **II.** (μέσ., λαϊκ.) φορώ επίσημο ένδυμα, συχνά και κοσμήματα· έκφρ. *-ισμένος σα γαμπρός·* φρ. *-εται σα νύφη.*

στολίσκος ο, ουσ., μικρός ναυτικός στόλος, ιδίως στόλος που αποτελείται από ελαφρά σκάφη.

στόλισμα το, ουσ. **1.** στολισμός: *το ~ του Επιτάφιου* (συνών. *εξωραϊσμός, διακόσμηση*). **2.** στολίδι, κόσμημα.

στολισμός ο, ουσ., η ενέργεια του στολίζω (βλ. λ.), διακόσμηση (ενός χώρου), εξωραϊσμός: *~ σχολείου/εκκλησίας.*

στόλος ο, ουσ. **α.** ομάδα πολεμικών ή εμπορικών πλοίων που πλέουν μαζί με προορισμό κοινές επιχειρήσεις ή δραστηριότητες: *~ συμμαχικός·*

ναυαρχίδα του -ου (συνών. *αρμάδα*)· **β.** το σύνολο των ναυτικών δυνάμεων μιας χώρας: *~ ισχυρός·* **γ.** *εμπορικός ~* = το σύνολο των εμπορικών πλοίων μιας χώρας.

στόμα το, ουσ. **1α.** κοιλότητα που σχηματίζουν τα κυρίως κόκαλα στο κατώτερο μέρος του προσώπου και κλείνουν τα χείλη, όργανο της φωνής και της αναπνοής, από την οποία εισάγεται η τροφή: *~ ξεδοντιασμένο/μισάνοιχτο· δε μιλούμε με γεμάτο ~· βγάζει αφρούς από/μυρίζει το ~ του·* **β.** (συνεκδοχικά) τα χείλη και η έκφρασή τους: *~ σαρκώδες/χαμογελαστό· ~ βαμμένο· στράβωσε το ~ του από ψύξη·* (μεταφ.) *~ γλυκό.* **2.** άτομο, πρόσωπο που πρέπει να τραφεί, να συντηρηθεί χωρίς το ίδιο να μπορεί να προσφέρει τίποτε (συνήθως ανήλικο ή αδύναμο μέλος μιας οικογένειας): *έχει να ταΐσει/θρέψει πέντε -ατα.* **3α.** το στόμα ως όργανο της φωνής, της ομιλίας: *πεθαίνουμε με τ' όνομά του στο ~· δεν κουράζεται το ~ της!* (= να μιλάει!)· **β.** (συνεκδοχικά) η ομιλία ή ο τρόπος ομιλίας: *~ χαριτωμένο/εκφραστικό.* **4.** το στόμα ζώων, ψαριών, κλπ.: *το ~ αλόγου/καρχαρία.* **5α.** (μεταφ. για πράγματα) άνοιγμα και γενικά καθετί που μοιάζει με στόμα, στόμιο, έξοδος ή είσοδος: *~ του πηγαδιού/φούρνου/πιθαριού·* **β.** (ιατρ.) *~ έλκους/τραύματος.* Εκφρ. *από ~ σε ~* (= από τον έναν στον άλλο): *από ~ σε ~ τα νέα μαθεύτηκαν γρήγορα·* από *το ~ σου και στου Θεού τ' αφτί* (= μακάρι να πραγματοποιηθεί αυτό που είπες)· *από το/στο ~ του λύκου* (= από/σε μεγάλο κίνδυνο): *γλύτωσε από το ~ του λύκου· γεια στο ~ σου!* (όταν λέει κάποιος κάτι καλό)· *μ' ένα ~* (= με μια φωνή, όλοι μαζί): *καλώς ήρθες! είπαν μ' ένα ~· με την ψυχή στο ~* (= με πάρα πολλή αγωνία ή κούραση)· *με το ~ ανοιχτό* (= άναυδος): *έμεινε/κοίταζε με το ~ ανοιχτό· απύλωτο ~* (= άνθρωπος που βρίζει πολύ, χυδαιολόγος)· *το ~/τα -ατα του κόσμου* (για τους ανθρώπους όταν σχολιάζουν κάτι): *δε γυρίζει αργά γιατί φοβάται το ~ του κόσμου.* Φρ. *ανοίγω το ~ μου* (= μιλώ, αποφασίζω να μιλήσω): *άνοιξε επιτέλους το ~ σου να πεις τι θέλεις! από το ~ μου το πήρες!* (= με πρόλαβες και είπες κάτι που θα έλεγα εγώ)· *βάζω κάποιον στο ~ μου* (= μιλώ για κάποιον, ιδίως κακόβουλα, κατακρίνω κάποιον)· *βάζω κάτι στο ~ μου* (= τρώω): *από το πρωί δεν έβαλα τίποτε στο ~ μου· βάζω λόγια στο ~ κάποιου* (= δηλώνω ότι τάχα είπε κάτι, ιδίως κακό)· *βγαίνει κάτι από το ~ μου* (= το λέω): *δεν κατάλαβε κι ο ίδιος πώς βγήκε τέτοια κουβέντα από το ~ του· βουλώνω -ατα* (= αποστομώνω)· *γυρίζω κάτι στο ~ μου* (= θέλω, αλλά διστάζω να πω κάτι)· *δε βάζω κάτι στο ~ μου* (= δεν το τρώω, πίνω ή καπνίζω ποτέ)· *δεν παίρνεις κουβέντα από το ~ του* (= είναι αδύνατο να τον κάνεις να μιλήσει)· *έχει ένα άσχημο / βρόμικο / μεγάλο ~* (= μιλάει άσχημα ή άσεμνα)· *έχει ~ φαρμάκι* (= λέει λόγια που στενοχωρούν ιδιαίτερα τον άλλο)· *έχω όλο στο ~ μου* (= σχολιάζω κάποιον ή κάτι συνέχεια): *μ' έχει όλο στο ~ της· κανένα ~ δεν το 'χει πει ακόμα* (για ιδέα που δεν έχει ακόμη εκφραστεί)· *κλείνω το ~ κάποιου* (= **α.** τον αποστομώνω· **β.** τον κάνω να σιωπήσει με δωροδοκία ή απειλή)· *κλείνω το ~ μου* (= παύω να μιλώ): *δεν εννοεί να κλείσει το ~ του! κρατάει το ~ του κλειστό* (= δεν ανακοινώνει, δε φανερώνει κάτι ή δεν ομολογεί)· *κρέμομαι από το ~ κάποιου* (επειδή μιλάει πολύ ωραία ή επειδή τον αγαπώ πολύ)· *λέει ό,τι του έρχεται στο ~* (για κάποιον που μιλάει άκριτα)· *μαζεύω το ~ μου* (= προσέχω τι λέω)· *μάλλιασε το ~ μου να...* (= είπα κάτι πάρα πολλές φορές)· *μένω με τη γλύκα στο ~* (= απογοητεύομαι επειδή διαψεύδονται οι ελπίδες μου)· *μιλώ με το ~ κάποιου* (κάποιος άλλος μιλά εξ ονόματός μου)· *παίρνω τη μπουκιά/το ψωμί από το ~* (= ματαιώνω την επιτυχία κάποιου)· *πέφτω/μπαίνω στο ~ κάποιου* (= γίνομαι αντικείμενο κακόβουλων σχολίων και διαδόσεων εις βάρος μου· βλ. και *πέφτω*)· *πιάνω στο ~ μου* (= **α.** αναφέρω, λέω· **β.** σχολιάζω, κρίνω)· *ράβω το ~ μου* (= παύω να μιλώ)· *στάζει μέλι το ~ μου* (= είμαι γλυκομίλητος, πολύ ευγενικός)· *στέγνωσε το ~ μου* (= δίψασα)· *~ έχει και μιλιά δεν έχει* (για άνθρωπο λιγομίλητο ή ντροπαλό)· *ταΐζω κάποιον στο ~* (κυριολεκτικά και μεταφ. για να δηλωθεί υπερβολική φροντίδα)· *φοβούμαι το ~ κάποιου* (= φοβούμαι τον τρόπο με τον οποίο κάποιος μιλά και κρίνει). - Υποκορ. **-ατάκι** το. - Μεγεθ. **-ατάρα** η.

στοματικός, -ή, -ό, επίθ., που ανήκει ή αναφέρεται στο στόμα: *-ή κοιλότητα· -ές παθήσεις* (ανατομ.) *-ή σχισμή* (= η σχισμή που διαχωρίζει τα χείλη).

στοματίτιδα η, ουσ. (ιατρ.) ονομασία φλεγμονωδών παθήσεων του βλεννογόνου του στόματος και των ούλων: *~ αφθώδης/ερυθηματώδης.*

στοματολογία η, ουσ., κλάδος της ιατρικής που έχει σαν αντικείμενο την πρόγνωση, διάγνωση και θεραπεία των βλαβών και ασθενειών του στόματος και των δοντιών.

στοματολογικός, -ή, -ό, επίθ., που ανήκει ή αναφέρεται στη στοματολογία.

στοματολόγος ο, ουσ., γιατρός ειδικός στη στοματολογία.

στοματοπάθεια η, ουσ. (αουνίζ.), (ιατρ.) πάθηση του στόματος.

στοματορραγία η, ουσ. (ιατρ.) αιμορραγία της στοματικής κοιλότητας.

στομάχι το, ουσ. **1α.** (για τον άνθρωπο) μυώδης πλατύς θύλακας αγκιστροειδούς σχήματος στο άνω αριστερό μέρος της κοιλιακής κοιλότητας, που συνδέεται με τον οισοφάγο και το δωδεκαδάκτυλο και αποτελεί το όργανο της πέψης: *~ άδειο/ευαίσθητο· έχω καούρα/ξινίλες στο ~· θα χαλάσεις το ~ σου με τέτοια φαγητά!* Φρ. *βαραίνω το ~ μου* (= τρώω τόσο πολύ που μπορεί να πάθω δυσπεψία)· *έχω μεγάλο ~* (= είμαι υπομενετικός)· *έχω (το) ~ (μου)* (= υποφέρω από στομαχικές διαταραχές)· *κόλλησε το ~ μου (από την πείνα)· μου γυρίζει/γύρισε το ~* (για κάτι σιχαμερό ή πολύ δυσάρεστο που προκαλεί αηδία, τάση για έμετο)· *μου κάθεται (κάποιος ή κάτι) στο ~* (= μου είναι αντιπαθητικός)· (για φαγητό) *μου κάθισε στο ~* (= μου προκάλεσε δυσπεψία)· **β.** το στομάχι ως μέρος του σώματος που υποφέρει και αντιδρά σε άσχημες ψυχικές καταστάσεις: *νιώθω ένα σφίξιμο/μια ταραχή στο ~·* **γ.** το εξωτερικό μέρος του σώματος που αντιστοιχεί περίπου στο στομάχι: *του έδωσε μια γροθιά στο ~.* **2.** (για τα ζώα) ογκώδες τμήμα του πεπτικού σωλήνα όπου συσσωρεύονται οι τροφές, παρόμοιο με το στομάχι του ανθρώπου σε ορισμένα ζώα, ή με περισσότερους από ένα θυλάκους συσσώρευσης σε άλλα: *τα μηρυκαστικά έχουν ~ με τέσσερα τμήματα.*

στομαχιάζω, ρ. (συνιζ., λαϊκ.), έχω βάρος ή ενοχλήσεις στο στομάχι, παθαίνω δυσπεψία.

στομάχιασμα το, ουσ. (λαϊκ.), το να στομαχιάζει κανείς.

στομαχικός, -ή, -ό, επίθ. 1. που ανήκει ή αναφέρεται στο στομάχι: *-ές διαταραχές/παθήσεις*. 2. (για πρόσωπα) που υποφέρει από στομαχικές διαταραχές: *έγινε ~ από το πολύ άγχος*.

στομαχόπονος ο, ουσ., πόνος του στομαχιού.

στόμαχος ο, ουσ. (λόγ.), στομάχι (βλ. λ.): *έλκος/ πλύσεις -άχου· αδένες -άχου*.

στομαχόχορτο το, ουσ. (λαϊκ.), το φυτό δίκταμο ή δικτάμι.

στομίδα η, ουσ. (λόγ.), χαλύβδινο εξάρτημα του χαλινού που μπαίνει στο στόμα των αλόγων.

στόμιο το, ουσ. (ασυνίζ.). 1α. άνοιγμα, οπή που αποτελεί την είσοδο μιας κοιλότητας φυσικής ή τεχνητής: *~ πηγαδιού/σπηλιάς· ~ φούρνου·* (για αντικείμενα) *~ σωλήνα/φιάλης*· **β.** (ειδικά) *~ ποταμού* = οι εκβολές του ποταμού· **γ.** (τεχνολ.) *~ κινητήρα* το πίσω τμήμα του κινητήρα αντίδρασης από το οποίο εκτονώνονται τα αέρια που θερμαίνονται στο θάλαμο καύσης: *-α κινητήρων των πυραύλων*. 2. (ανατομ.) άνοιγμα (σχίσμα ή οπή) από το οποίο γίνεται η επικοινωνία ενός οργάνου ή μιας κοιλότητας του σώματος με μια άλλη ή προς τα έξω: *~ ουρήθρας· -α καρδιάς· ο πυλωρός αποτελεί το κάτω ~ του στομάχου*.

στόμφος ο, ουσ., λόγος που γίνεται με αλαζονεία ή και καύχηση· (συνεκδοχικά) το πομπώδες ύφος λόγου: *ομιλία γεμάτη -ο* (αντ. *απλότητα, φυσικότητα*).

στομφώδης, -ης, -ες, γεν. -ους, πληθ. αρσ. και θηλ. -εις, ουδ. -η, επίθ., που γίνεται με στόμφο: *τρόπος ~· ύφος -ες* (συνών. *πομπώδης*).

στόμωμα το, ουσ. (για μαχαίρι, κ.τ.ό.) το να στομώνει (βλ. λ. σημασ. Β) κάτι.

στομώνω, ρ. Α. μτβ. 1. (λόγ., για σιδερένιο εργαλείο) βάφω (βλ. λ. σημασ. Ι). 2. (για μαχαίρι, κ.τ.ό.) κάνω να γίνει κάτι λιγότερο κοφτερό (συνών. *αμβλύνω*· αντ. *ακονίζω*). Β. (αμτβ., για μαχαίρι, κ.τ.ό.) γίνομαι λιγότερο κοφτερός: *το ψαλίδι -ωσε·* (μεταφ.) *-ωσε η έμπνευσή του*.

στόμωση η, ουσ. (λόγ.), το να στομώνει (βλ. λ. σημασ. Α Ι) κάποιος κοφτερό εργαλείο (συνών. *βαφή*).

στοπ το, ουσ. άκλ. 1. (σε θέση προστ.) **α.** (προφ.) προσταγή να σταματήσει κάποιος ή για απαγόρευση (συνών. *στάσου! σταμάτα! αλτ!*)· **β.** (ναυτ.) πρόσταγμα του κυβερνήτη προς το μηχανικό να διακόψει την κίνηση της μηχανής του πλοίου (αλλιώς *κράτει!*). 2. λέξη που χρησιμοποιείται στα τηλεγραφήματα για να χωρίζει τις φράσεις (ισοδυναμεί με τελεία). 3. (συνήθως στον πληθ.) κόκκινο πίσω φως αυτοκινήτου, που ανάβει όταν αυτό φρενάρει. 4. οδικό σήμα σε διασταύρωση δρόμων, που υποχρεώνει τον οδηγό να σταματήσει για λίγο και να ελέγξει την κίνηση. [αγγλ. *stop*].

στοπάρισμα το, ουσ. (λαϊκ.), το να στοπάρει, να σταματά κανείς κάτι.

στοπάρω, ρ. (λαϊκ.), (μτβ. και αμτβ.) σταματώ: *ο παίκτης -ει την μπάλα· η μηχανή είχε -ει*.

στορ, άκλ. και **στόρι** το, πληθ. (συνιζ.) -ια, ουσ. 1. εύκαμπτο φύλλο από ξύλινες ή πλαστικές πήχες συναρμοσμένες μεταξύ τους, που τυλίγεται ή μαζεύεται στο επάνω μέρος του και χρησιμεύει ως εξώφυλλο μπροστά από παράθυρο ή μπαλκονόπορτα (η λ. συχνά σε αντιδιαστολή με το *παντζούρι*): *σηκώνω τα -ια· αφήνω το -ι χαμηλό*. 2. (σπανιότερα) παραπέτασμα μπροστά από παράθυρο ή πόρτα ή στην πρόσοψη καταστήματος: *-ι ψάθινο/πάνινο*. [γαλλ. *store*].

στοργή η, ουσ., αίσθημα αγνής, βαθιάς και τρυφερής αγάπης, ιδίως ανάμεσα στους γονείς και τα παιδιά: *~ μητρική· βλέμμα γεμάτο ~* (αντ. *αστοργία*).

στοργικός, -ή, -ό, επίθ. 1. που γίνεται με στοργή ή φανερώνει στοργή: *φροντίδα -ή· ενδιαφέρον -ό* (συνών. *φιλόστοργος*). 2. (για πρόσωπο) που έχει στοργή: *πατέρας ~* (συνών. *φιλόστοργος·* αντ. *άστοργος*). - Επίρρ. **-ά**.

στόρι, βλ. *στορ*.

-στός, κατάλ. επιθ. από ρ. σε -ω (λ.χ. *γελαστός <γελώ, φτυστός<φτύνω*).

στούκα και (λαϊκ.) **-ας** το, ουσ. άκλ. 1. (αεροναυτ.) ονομασία του γερμανικού βομβαρδιστικού κάθετης εφόρμησης στο Β΄ Παγκόσμιο Πόλεμο Junkers Ju 87. 2. (λαϊκ., μόνο στον τ. -ας) για τσιγάρο πολύ βαρύ και κακής ποιότητας. [γερμ.-διεθν. *stuka*, σύντμηση του γερμ. *Sturzkampfflugzeug* = αεροπλάνο κάθετης εφόρμησης].

στουμπίζω, ρ. (έρρ., λαϊκ.). 1α. χτυπώ, σπάζω, συνθλίβω με στούμπο (βλ. λ.): *~ σκόρδα·* **β.** γρονθοκοπώ, δέρνω κάποιον: *άμα σε πιάσω, θα σε -ίσω*. 2. (μεταφ.) για κάκωση από χτύπημα με αμβλύ όργανο: *έπεσε μια πέτρα και μου -ισε το πόδι·* (αμτβ.) *-ισα το δάχτυλό μου·* (μέσ.) *-ίστηκα στη σκάλα* (συνών. *κοπανίζω*).

στούμπισμα το, ουσ. (έρρ., λαϊκ.), το να στουμπίζει κανείς κάτι ή κάποιον (συνών. *κοπάνισμα*).

στούμπος ο, ουσ. (έρρ., λαϊκ.). 1. ξύλινο γουδί ή κόπανος. 2. (ιδιωμ.) πέτρα, κοτρώνα. 3. (σκωπτ.) για κοντό άνθρωπο. [σλαβ. *stonpa*].

στούμπωμα, βλ. *στούπωμα*.

στουμπώνω, βλ. *στουπώνω*.

στούντιο το, ουσ. άκλ. (όχι έρρ., ασυνίζ.) 1. εργαστήριο καλλιτέχνη: *~ ζωγράφου/φωτογραφικό* (συνών. *ατελιέ*). 2α. χώρος με κατάλληλη διαρρύθμιση για το γύρισμα κινηματογραφικών ταινιών· **β.** αίθουσα κατάλληλα εξοπλισμένη για ηχογραφήσεις ή για εκπομπές ραδιοφωνικών ή τηλεοπτικών προγραμμάτων. [αγγλ. *studio<*ιταλ. *studio*].

στουπέτσι το, ουσ. (λαϊκ.), ανθρακικός μόλυβδος (αλλιώς *λευκό του μολυβιού*), που χρησιμεύει για την παρασκευή άσπρου χρώματος, σε συγκολλήσεις, κ.ά. [τουρκ. *üstübeç*].

στουπί το, ουσ. 1. (λαϊκ.) **α.** υπολείμματα από την κατεργασία κανναβιού ή λιναριού· **β.** το κατώτερο νήμα ύστερα από την κατεργασία του λιναριού. 2. (κοιν.) μάζα από υφασματίνες ίνες για να καθαρίζει κανείς μια μηχανή, τα χέρια του, κ.ά., από λάδια κ.τ.ό. 3. (λαϊκ.) **α.** μικρή ποσότητα από στουπί ή υπολείμματα της κατεργασίας μαλλιού σε χρήση για το φράξιμο ανοίγματος: *καλαφάτιζε* (ενν. *τη φελούκα*) *με ~* (Κόντογλου)· **β.** (ειδικά) για βούλωμα κρασοβάρελου (παλαιότερα αντί για κανούλα)· σήμερα συνήθως στη φρ. *έγινε ~* (στο *μεθύσι*) (= μέθυσε πάρα πολύ). [στουπίον 303 μ.Χ.<αρχ. *στυπ(π)είον*].

στουπόχαρτο, βλ. *στυπόχαρτο*.

στούπωμα και (έρρ.) **στούμπωμα** το, ουσ. (λαϊκ.). 1. το να στουπώνει κανείς κάτι και το αποτέλεσμα της ενέργειας αυτής. 2. πώμα, βούλωμα.

στουπώνω και (έρρ.) **στουμπώνω**, ρ. (λαϊκ.). 1.

στουρνάρι

βουλώνω με στουπί (βλ. λ. σημασ. 3) ή παρόμοιο αντικείμενο (λ.χ. φελλό), που τυλίγεται συχνά με στουπί για να εφαρμόζει καλύτερα: ~ την μποτίλια. 2. φράζω, αποφράζω: *ο αγέρας είχε -ώσει με φύκια την πόρτα* (Κόντογλου)· (μεταφ.) *Η ερημιά -ει τη σκέψη* (Κόντογλου)· (αμτβ.) *ο σωλήνας στούμπωσε* (= βούλωσε). 3α. πιέζω, συμπιέζω: *στουμπώνω τα ρούχα στο σάκο*· β. γεμίζω πιέζοντας: *στούμπωνε τα ρουθούνια με ταμπάκο*. [στουπί].

στουρνάρι το, ουσ. (λαϊκ.). 1. πυρόλιθος (βλ. λ.). 2. σκληρή πέτρα, συνήθως μεγάλη και μυτερή: *άγριο βουνό, όλο -ια*. 3. (μεταφ.) άνθρωπος άξεστος και αμόρφωτος, που δύσκολα μαθαίνει. [*στορυνάριον<μτγν. στορύνη].

στουρναρόπετρα η, ουσ. (λαϊκ.). 1. πυρόλιθος (βλ. λ.): *τα βράχια... μυρίζουνε ~* (Κόντογλου) (συνών. *τσακμακόπετρα*). 2. στουρνάρι (βλ. λ. σημασ. 2).

στούρνος ο, ουσ. (λαϊκ.), στουρνάρι (βλ. λ. σημασ. 2 και 3).

στόφα η, ουσ. 1α. (λαϊκ.) ύφασμα· β. (ειδικά) ύφασμα καλής ποιότητας με σχέδιο από μεταξωτές, ασημένιες ή χρυσές κλωστές υφασμένες μέσα του. 2. (μεταφ.) ό,τι συνιστά ή προσδιορίζει έναν άνθρωπο (λ.χ. ποιότητα του χαρακτήρα, ικανότητες, προσόντα): *φτιαγμένος από τη ~ του ήρωα* (συνών. *πάστα, ποιόν*)· φρ. *έχω τη ~ να...* (= είμαι ικανός, άξιος να...): *οι ηθοποιοί έχουν την απαραίτητη ~ να αποδώσουν την ιδιοσυγκρασία κάθε προσώπου*. [ιταλ. *stoffa*].

στοφάδο, βλ. στιφάδο.

στοχάζομαι, ρ. 1. (απολ.) σκέπτομαι, συλλογίζομαι, διανοούμαι (η λ. συνήθως για έντονη, μακρά και βαθιά σκέψη πάνω σε σοβαρό θέμα): *~ ελεύθερα*. 2. (μτβ.) υπολογίζω, παίρνω υπόψη μου: *δεν είχα -αστεί πού θα κατέληγε η προσπάθειά μου*.

στόχαση η, ουσ. (λαϊκ.-ποιητ.). 1. το να στοχάζεται κανείς, η σκέψη, ο νους: *καρδιά και ~/πήζουν στ' αλάτι/που είναι πικρό* (Σεφέρης). 2. περίσκεψη, φρόνηση: *μιλά δίχως ~* (αντ. *αστοχασιά*).

στοχασμός ο, ουσ. 1. το να στοχάζεται κανείς κάτι: *~ άγρυπνος* (συνών. *σκέψη, συλλογισμός*). 2α. σκέψη που εμβαθύνει σε ένα θέμα: *~ ποιητικός/σκοτεινός* (συνών. *διανόημα, συλλογισμός*)· β. (ειδικά) βαθιά σκέψη πάνω σε ζήτημα θεωρητικό, αφηρημένο, κ.τ.ό.: *~ φιλοσοφικός*.

στοχαστής ο, θηλ. **-τρια**, ουσ., αυτός που στοχάζεται (ενν. πάνω σε θέματα θεωρητικά, φιλοσοφικά, κ.τ.ό.): *~ βαθύς* (συνών. *διανοούμενος*).

στοχαστικός, -ή, -ό, επίθ. 1. (για πρόσωπο) που στοχάζεται, που σκέφτεται ή ενεργεί με περίσκεψη: *δάσκαλος ~*. 2. για κάτι που φανερώνει βαθιά σκέψη, συλλογή: *κείμενο/βλέμμα -ό*. - Επίρρ. **-ά**.

στοχάστρια, βλ. στοχαστής.

στόχαστρο το, ουσ., μεταλλικό τμήμα προσαρμοσμένο σταθερά στην κάννη φορητού πυροβόλου όπλου, πάνω από το στόμιό του, με μικρή προεξοχή για να διευκολύνεται η σκόπευση. Φρ. *είμαι στο ~ κάποιου* (= κάποιος θέλει και προσπαθεί να με βλάψει).

στόχευση η, ουσ., σκοπός, επιδίωξη: *-εύσεις του νομοσχεδίου*.

στοχεύω, ρ. (με επόμενο *σε* + ουσ.) έχω για στόχο, επιδιώκω κάτι, αποβλέπω, αποσκοπώ σε κάτι: *τα νέα μέτρα -ουν στη μείωση της φοροδιαφυγής*.

στόχος ο, ουσ. 1. σημείο, πρόσωπο ή πράγμα προς το οποίο στοχεύει κανείς και προσπαθεί ρίχνοντας κάτι ή βάλλοντας να το πετύχει: *οι βόμβες έπεσαν μακριά απ' το -ο*· *~ κινητός* (πβ. *σημάδι*). 2. (συνεκδοχικά, λόγ.) πρόσωπο ή πράγμα προς το οποίο εκδηλώνει κανείς δυσμενή διάθεση με λόγια ή πράξεις: *ο υπουργός/το νομοσχέδιο έγινε ~ επικρίσεων*. 3. (μεταφ.) ό,τι επιθυμεί να πετύχει κάποιος με ορισμένο σχέδιο ή έργο: *~ της επιχείρησης είναι να διπλασιάσει σ' ένα χρόνο την παραγωγή της*· *~ ενός κοινωνικού θεσμού*· *δεν έχει κανένα -ο στη ζωή* (συνών. *επιδίωξη, σκοπός*). Φρ. *βάζω -ο* (= 1. σημαδεύω. 2. ορίζω ως αντικειμενικό σκοπό)· *δίνω -ο* (= 1. μένω ακάλυπτος ή εκθέτω κάτι σε εχθρική βολή: *προχωρούσαν έρποντας για να μη δίνουν -ο στα πολυβόλα*. 2. διακινδυνεύω να με συκοφαντήσουν, να με προσβάλουν, γενικά να με βλάψουν: *καλύτερα να μη συναντηθούμε στο γραφείο σου για να μη δώσουμε -ο*).

-στρα, βλ. *-τρα*.

στραβά, βλ. στραβός.

στραβάδα η, ουσ. (λαϊκ.), το να είναι κανείς στραβός (βλ. λ.).

στραβάδι το, ουσ. (στρατ. βίος) σκωπτ. για νεοσύλλεκτο (συνών. *ποντίκι, ψάρι*· αντ. *παλιοσειρά*).

στραβίζω, ρ. (λόγ.), πάσχω από στραβισμό, αλληθωρίζω.

στραβισμός ο, ουσ. (ιατρ.) πάθηση κατά την οποία οι οπτικοί άξονες των φακών των ματιών δεν είναι παράλληλοι, έτσι ώστε το ένα ή και τα δύο παρεκκλίνουν από τη συνήθη θέση, προς τα μέσα ή προς τα έξω, και το άτομο δεν μπορεί να κοιτάζει το ίδιο αντικείμενο και με τα δύο μάτια (κοιν. *αλληθώρισμα*): *~ παιδικός*.

στραβο-, α' συνθ. ουσ., επιθ. και ρ. που φανερώνει ότι το β' συνθ. είναι ή γίνεται α. στρεβλό, λοξό: *στραβόξυλο*· β. λαθεμένο: *στραβοχυμένος* και γ. τυφλό: *στραβόγαλο*.

στραβοκάνης, -α, -ικο, επίθ. (λαϊκ.), στραβοπόδης (βλ. λ.).

στραβοκαταπίνω, ρ. (λαϊκ.), καταπίνω στραβά (όταν δηλ. μπουκιά ή γουλιά, καθώς προχωρεί από το φάρυγγα προς τον οισοφάγο, φράξει στιγμιαία το στόμιο του λάρυγγα): *-κάτάπια και κόντεψα να πνιγώ*.

στραβοκεφαλιά η, ουσ. (συνιζ., λαϊκ.), το να είναι κανείς στραβοκέφαλος.

στραβοκέφαλος, -η, -ο, επίθ. (λαϊκ.), δύστροπος, πεισματάρης (πβ. *ανάποδος, στριμμένος*).

στραβοκοίταγμα το, ουσ. (λαϊκ.), λοξό βλέμμα (ως ένδειξη μη φιλικών αισθημάτων).

στραβοκοιτάζω και **-κοιτώ**, ρ. (λαϊκ.), κοιτάζω κάποιον λοξά, πλαγίως (ως ένδειξη έχθρας, περιφρόνησης, δυσπιστίας, απειλής, κ.τ.ό.): *τι με -κοιτάς, για να σε φοβηθώ;*

στραβολαίμης, -α, -ικο, επίθ. (λαϊκ.), που ο λαιμός του είναι στραβός, έχει δυσκαμψία και γέρνει προς τα πλάγια. - Το αρσ. ως ουσ. = (ζωολ.) άλλη ονομασία του πουλιού *μυρμηγκοφάγος* (βλ. λ. σημασ. 2).

στραβολαιμιάζω, ρ. (συνιζ., λαϊκ.). Α. (μτβ.) κάνω να στραβώσει ο λαιμός κάποιου. Β. (αμτβ. και μέσ.) γίνομαι χρονίως ή παροδικά στραβολαίμης: *-ιάστηκα να κοιτάζω τι γινόταν στην ταράτσα*.

στραβολαιμιασμα το, ουσ. (λαϊκ.), το να στραβολαιμιάζει κανείς.

στραβομάρα, βλ. *στραβωμάρα*.

στραβομουτσουνιάζω, ρ. (συνιζ., λαϊκ.), μορφάζω στραβώνοντας τη μύτη και το στόμα (για να δείξω δυσφορία, δυσαρέσκεια, κ.τ.ό.): *μόλις άκουσε το λογαριασμό, -ιασε*.

στραβομουτσούνιασμα το, ουσ. (λαϊκ.), το να στραβομουτσουνιάζει κανείς.

στραβομούτσουνος, -η, -ο, επίθ. (λαϊκ.), που στραβομουτσουνιάζει (από το φυσικό του ή, κυρίως, επειδή συχνά δείχνει έτσι δυσαρέσκεια).

στραβοξυλιά η, ουσ. (συνιζ., λαϊκ.), πράξη κακή ή άτακτη, που χαρακτηρίζει ένα «στραβόξυλο» (βλ. λ. σημασ. 1β).

στραβόξυλο το, ουσ. **1α.** (γενικά) στραβό ξύλο· **β.** (μεταφ.) άνθρωπος δύστροπος και πεισματάρης, που δε βάζει μυαλό παρά τις συμβουλές ή τις τιμωρίες. **2.** (ναυτ.) καθένα από τα καμπύλα ξύλα που ενώνονται με την καρίνα και σχηματίζουν τον εσωτερικό σκελετό του κύτους ενός σκάφους: *-α πεύκινα· στασίδια... από σιδερόξυλα παλαιά, ίδια με τα -α της βάρκας* (Κόντογλου).

στραβοπάτημα το, ουσ. (λαϊκ.). **1.** το να στραβοπατά κανείς: *μ' ένα ~ μπορούσες να βρεθείς στη θάλασσα* (συνών. *παραπάτημα*). **2.** (μεταφ.) σφάλμα, παράπτωμα (ιδίως σοβαρό): *περιμένουν το πρώτο ~ για να με διώξουν* (συνών. *ολίσθημα*).

στραβοπατώ, -άς, ρ. (λαϊκ.), πατώ στραβά, όχι σταθερά, με το πέλμα σε ακανόνιστη θέση: *-ησα κι έπεσα*.

στραβοπόδαρος, -η, -ο, επίθ. (λαϊκ.), που τα πόδια του είναι στραβά, καμπυλωμένα ή με τα πέλματα προς τα μέσα.

στραβοπόδης, -α, -ικο, επίθ. (λαϊκ.), στραβοπόδαρος.

στραβός, -ή, -ό, επίθ. **1.** που δεν είναι ίσιος: *ξύλο -ό· πόδια -ά* (συνών. *κυρτός*). **2.** που δε βρίσκεται στην κανονική του θέση, κεκλιμένος: *τοίχος ~· κολώνα -ή* (συνών. *λοξός*). **3.** (μεταφ.) που δεν είναι ορθός, κανονικός: *σκέψη/απόφαση -ή* (συνών. *λαθεμένος*). **4.** (προφ., μειωτ.) τυφλός, αόμματος: *έμεινε ~ σ' όλη του τη ζωή*. Έκφρ. *-ό κεφάλι* (= άνθρωπος δύστροπος, πεισματάρης)· *του -ού το δίκιο* (= το δίκιο του ανίσχυρου). Φρ. *κάνω τα -ά μάτια* (= προσποιούμαι ότι δε βλέπω)· *παίρνω το -ό δρόμο* (= α. κατρακυλώ στη διαφθορά: *τα παιδιά του πήραν το -ό δρόμο*· β. παίρνω δυσάρεστη τροπή: *η υπόθεση πήρε -ό δρόμο*. Παροιμ. *ή ~ είν' ο γιαλός ή -ά αρμενίζουμε* (= δεν προχωρούμε ικανοποιητικά, δεν έχουμε το επιθυμητό αποτέλεσμα)· *όλα τα -ά καρβέλια η νύφη (ή η -ή πινακωτή) τα κάνει*, βλ. *καρβέλι*· *πολλές μαμμές, -ό το παιδί*, βλ. *μαμμή*. - Το ουδ. στον πληθ. ως ουσ. = (προφ., μειωτ.) μάτια· φρ. *άνοιξε τα -ά σου* (= πρόσεξε καλά). - Επίρρ. **-ά** έκφρ. *κουτσά -ά* (= όπως όπως, κάπως): *κουτσά -ά τα φέρνουμε βόλτα*· *στα -ά* (= στραβόστρατα, κουτσουρού)· *κουτσά, -ά κι ανάποδα* (για αλλεπάλληλες κακοτυχίες ή δυσμενείς περιστάσεις)· φρ. *βάζω ή έχω το καπέλο μου -ά* (= αδιαφορώ για όλα)· *ξεκινάει κάτι -ά* (= με κακούς οιωνούς, με τρόπο που δεν προμηνά αίσιο τέλος)· *παίρνω κάτι -ά* (= το παρεξηγώ)

στραβοτιμονιά η, ουσ. (συνιζ.). **1.** κακός, αδέξιος χειρισμός του τιμονιού: *από μια ~ του βρέθηκε στο χαντάκι*. **2.** (μεταφ.) παράπτωμα, λάθος: *δεν συγχωρούσε καμιά ~ στον εαυτό του*.

στραβούλιακας ο, ουσ. (προφ., μειωτ.) στραβός (βλ. λ. στη σημασ. 4).

στράβωμα το, ουσ. **1.** το γίνει ή να είναι κάτι στραβό: *~ ξύλου/στόματος* (συνών. *στρέβλωση*). **2.** (προφ., μειωτ.) τύφλωση.

στραβωμάρα η, ουσ. (προφ.). **1.** (μειωτ.) τύφλωση: *~ έχεις και δε βλέπεις πού πατάς;* **2.** (μεταφ.) απροσεξία, απερισκεψία: *από δική μου ~ το έπαθα*. **3.** αναποδιά, κακοτυχία.

στραβώνω, ρ. **I.** ενεργ. **Α.** μτβ. **1.** κάνω κάτι στραβό: *~ το καρφί*. **2.** (μεταφ.) εκτρέπω κάτι από την κανονική του πορεία: *μπήκε στη μέση και μου -ωσε τη δουλειά*. **3α.** τυφλώνω, καταστρέφω την όραση· **β.** θαμπώνω: *μας -ωσε ο καπνός/ο ήλιος*. **4.** (μεταφ.) τυφλώνω (βλ. λ. σημασ. 3). **Β.** αμτβ. **1.** γίνομαι στραβός: *-ωσε το ξύλο/το κάδρο*. **2.** (μεταφ.) ξεφεύγω από τη σωστή πορεία ή εξέλιξη: *-ωσε η δουλειά· δε θα γίνει ο γάμος*. **II.** μέσ. **1.** χάνω την όραση μου: *στα τελευταία του -ώθηκε κιόλας*. **2.** κουράζω τα μάτια μου σε βαθμό ώστε να μην μπορώ να δω κανονικά: *-ώθηκα από το πολύ διάβασμα*. **3.** (μεταφ.) πέφτω σε αδικαιολόγητα λάθη: *-ώθηκες και το αγόρασες αυτό το αυτοκίνητο;* Φρ. *~ τα μούτρα μου* (= κάνω μορφασμό δυσαρέσκειας στραβώνοντας το στόμα μου).

στραγαλατζήδικο το, ουσ. (όχι ερρ., λαϊκ.), εργαστήριο όπου παρασκευάζονται στραγάλια ή πωλούνται ξεροί καρποί γενικά.

στραγαλατζής ο, ουσ. (όχι ερρ., λαϊκ.), αυτός που παρασκευάζει ή πουλά στραγάλια.

στραγάλι το, ουσ., είδος ξηρού καρπού που παρασκευάζεται από ρεβίθια καβουρντισμένα: *-α αλμυρά/κίτρινα/άσπρα*. [αρχ. *αστράγαλος ή τρωγάλιον*].

στραγγαλίζω, ρ. (ερρ.). **1.** θανατώνω κάποιον σφίγγοντας το λαιμό του με τα χέρια ή με σκοινί. **2.** (μεταφ.) διαστρέφω: *~ την αλήθεια*.

στραγγάλισμα το, ουσ. (ερρ.), στραγγαλισμός.

στραγγαλισμός ο, ουσ. (ερρ.). **1.** θανάτωση με περίσφιξη του λαιμού του θύματος με σκοινί ή με τα χέρια. **2.** (μεταφ.) διαστρέβλωση, παραμόρφωση: *~ της αλήθειας*.

στραγγαλιστής ο, θηλ. **-τρια,** ουσ. (ερρ.), άτομο που θανατώνει με στραγγαλισμό.

στραγγίζω, ρ. (ερρ.). **Α.** μτβ. **1.** αφαιρώ τελείως από κάτι το υγρό που περιέχει (συνήθως με πίεση): *~ τα ρούχα*. **2.** σουρώνω, φιλτράρω: *~ το τσάι*. **Β.** αμτβ. **1.** χάνω το υγρό που περιέχω: *-ισαν τα ρούχα στο σκοινί*. **2.** (μεταφ.) χάνω την ικμάδα μου: *-ισμένο γεροντάκι σαν τσίρος*. Φρ. *~ το ποτήρι μου* (= δεν αφήνω ούτε σταγόνα από πιοτό μέσα στο ποτήρι).

στράγγιση η, ουσ. (ερρ.), στράγγισμα.

στράγγισμα το, ουσ. (ερρ.). **1.** αφαίρεση ή χάσιμο των υγρών. **2.** σούρωμα.

στραγγιστήρι το, ουσ. (ερρ.). **1.** σκεύος της κουζίνας όπου τοποθετούνται τα πιάτα μετά το πλύσιμο για να στραγγίσουν. **2.** σουρωτήρι (βλ. λ.).

στραγγιστός, -ή, -ό και στραγγιχτός, επίθ. (ερρ.). **1.** που έχει στραγγίσει, που έχει χάσει τα υγρά του: *γιαούρτι -ό*. **2.** που έχει σουρωθεί, φιλτραριστεί (αντ. *αστράγγιστος*).

στράκα η, ουσ. **1.** οξύς και ξερός κρότος. **2.** είδος κροτίδας. Φρ. *κάνω -ες* (= προκαλώ εντύπωση). [λ. ηχομιμητ.].

στραμπούληγμα, βλ. *στραμπούλισμα*.

στραμπουλίζω και **στραμπουλώ, -άς,** ρ. (έρρ.), προκαλώ ή παθαίνω διάστρεμμα ύστερα από στραβοπάτημα, κλπ. [συμφ. ιταλ. *strampare* και *strangolare*].

στραμπούλισμα και **-ηγμα** το, ουσ. (έρρ.), διάστρεμμα (βλ. λ.).

στραμπουλώ, βλ. *στραμπουλίζω*.

στραπατσάδα η, ουσ. (μαγειρ.) είδος πρόχειρου φαγητού με αβγά, ομελέτα. [πιθ. βενετ. *strapazzada*].

στραπατσάρισμα το, ουσ. (λαϊκ.). 1α. μεγάλη ζημιά, καταστροφή: ~ *αυτοκινήτου/στόλου·* β. φθορά: ~ *της γλώσσας*. 2. (μεταφ.) ηθική μείωση, εξευτελισμός.

στραπατσάρω, ρ. (λαϊκ.), αόρ. *-ισα.* 1. προξενώ βλάβες ή φθορές: *μου -ισε τη μούρη του αυτοκινήτου.* 2. μειώνω ηθικά, εξευτελίζω: *ήθελε να εκδικηθεί τον άντρα που τη -ισε.* 3. (μεταφ.) κουράζω, εξαντλώ: *η κούραση και η αγρύπνια μάς είχανε -ει.* [ιταλ. *strapazzare*].

στραπάτσο το, ουσ. (λαϊκ.), στραπατσάρισμα. [ιταλ. *strapazzo*].

στρας το, ουσ. άκλ., κρύσταλλο πλούσιο σε χαλκό που με τη λάμψη του μοιάζει με διαμάντι ή με ανάλογους χρωματισμούς απομιμείται πολύτιμους λίθους. [γαλλ. *strass* < *Stras,* όν. εφευρέτη].

Στρασβουργέζος ο, θηλ. **-α,** ουσ., αυτός που κατοικεί στο Στρασβούργο ή κατάγεται από εκεί.

στράτα η, ουσ. (λαϊκ.). α. δρόμος· β. φρ. (για νήπια) *κάνω ~* (= ασκούμαι στα πρώτα μου βήματα). - Υποκορ. **-ί** το στη σημασ. α. και **-ούλα** η (βλ. λ.) στη σημασ. β. [λατ. *strata*].

στραταρίζω, ρ. (για νήπιο) κάνω τα πρώτα μου βήματα.

στρατάρισμα το, ουσ. (για νήπιο) άσκηση για να κάνει τα πρώτα του βήματα.

στραταρχείο το, ουσ. 1. η έδρα του στρατάρχη, το γενικό στρατηγείο. 2. (συνεκδοχικά) οι υπηρεσίες του στραταρχείου και το προσωπικό τους.

στρατάρχης ο, ουσ. 1. ανώτατος αρχηγός του στρατού, αρχιστράτηγος. 2. ανώτατος στρατιωτικός βαθμός σε ορισμένα κράτη.

στραταρχία η, ουσ. 1. το αξίωμα και η εξουσία του στρατάρχη. 2. η διάρκεια της άσκησης της εξουσίας του στρατάρχη.

στραταρχικός, -ή, -ό, επίθ., που σχετίζεται με το στρατάρχη: *αξίωμα -ό· ράβδος -ή.*

στράτευμα το, ουσ. 1. συνταγμένο πλήθος στρατιωτών: *-ατα εχθρικά.* 2. σύνολο ενόπλων δυνάμεων μιας χώρας. 3. πολύς κόσμος, μεγάλο πλήθος: *ένα ~ παιδιά πεινασμένα.*

στρατεύομαι, ρ. 1. καλούμαι ή υπηρετώ στο στρατό: *δε -τηκε για λόγους υγείας· -μένα παιδιά της πατρίδας* (συνών. *στρατολογούμαι*). 2. (μεταφ.) τάσσομαι στην υπηρεσία μιας ιδέας, σκοπού ή προσπάθειας: *-μένος στην υπόθεση της ειρήνης· λογοτεχνία -όμενη ή -μένη* (= που εξυπηρετεί συγκεκριμένους πολιτικούς σκοπούς).

στράτευση η, ουσ. 1. κατάταξη στο στρατό: *~ εθελοντική/υποχρεωτική* (συνών. *στρατολογία*). 2. προσήλωση σε μια ιδέα ή σε έναν σκοπό.

στρατεύσιμος, -η, -ο, επίθ., που είναι κατάλληλος ή ικανός για στράτευση ή υποχρεωμένος να στρατευτεί: *ηλικία -η.* - Το αρσ. ως ουσ.: *οι -οι της κλάσης του 1945.*

στρατηγείο το, ουσ. 1. έδρα στρατηγού, καθώς και οι σχετικές υπηρεσίες με το προσωπικό τους. 2. (μεταφ.) κύρια έδρα, πυρήνας δράσης κάποιας ομάδας: *~ συνωμοτών/λαθρεμπόρων.*

στρατήγημα το, ουσ. 1. έξυπνο πολεμικό τέχνασμα. 2. (κατ' επέκταση) πονηρός τρόπος ενέργειας (συνών. *πανουργία, κόλπο*).

στρατηγία η, ουσ. 1. το αξίωμα και η εξουσία του στρατηγού. 2. χρονική περίοδος κατά την οποία είναι κανείς στρατηγός.

στρατηγικός, -ή, -ό, επίθ., που σχετίζεται με το στρατηγό ή τη στρατηγική: *στόχος ~· ζώνες -ές· τέχνασμα -ό.* - Το θηλ. ως ουσ. = 1. κλάδος της στρατιωτικής επιστήμης που εξετάζει την προσφορότερη χρησιμοποίηση του στρατού για την επιτυχία πολεμικής επιχείρησης. 2. τακτική, πρόγραμμα: *-ή επενδυτική διάλεξαν τη -ή της έντασης στους πολιτικούς αγώνες.* - Επίρρ. **-ώς.**

στρατηγός ο, ουσ. 1. ο ανώτατος βαθμός της στρατιωτικής ιεραρχίας. 2. προσφώνηση των αξιωματικών του στρατού ξηράς που έχουν βαθμό ανώτερο του ταξιάρχου (συνηθέστ. για υποστράτηγο).

στρατηλάτης ο, ουσ., αυτός που διοικεί ή διοίκησε στρατεύματα νικηφόρα: *ο ~ άγιος Δημήτριος.*

στρατί, βλ. *στράτα.*

στρατιά η, ουσ. (συνιζ.). 1. σύνολο μεγάλων στρατιωτικών μονάδων: *διοικητής -ιάς.* 2. πολυάριθμος στρατός. 3. (κατ' επέκταση) πολύς κόσμος, μεγάλο πλήθος: *-ιές αγγέλων.*

στρατιώτης ο, θηλ. **-ίνα,** ουσ. (ασυνίζ.). 1. άτομο που υπηρετεί στο στρατό και δε φέρει κανένα βαθμό: *~ πυροβολικού.* 2. (κατ' επέκταση) κάθε άτομο που υπηρετεί στο στρατό (ανεξάρτητα από το βαθμό που φέρει). 3. (μεταφ.) άτομο που αγωνίζεται για κάτι, υπέρμαχος μιας ιδέας: *~ του καθήκοντος.*

στρατιωτικός, -ή, -ό, επίθ. (ασυνίζ.), που σχετίζεται με τις ένοπλες δυνάμεις: *αρχές -ές· νόμος ~* (= νόμος που καταλύει σε ένα κράτος το καθιερωμένο από το σύνταγμα πολίτευμα). - Το αρσ. ως ουσ. = καθένας που υπηρετεί στο στρατό μόνιμα. - Το ουδ. ως ουσ. = στρατιωτική θητεία: *κάνει το -ό του.*

στρατιωτίνα, βλ. *στρατιώτης.*

στρατοδικείο το, ουσ., ποινικό δικαστήριο που αποτελείται από αξιωματικούς, τους στρατοδίκες, που δικάζει αξιόποινες πράξεις στρατιωτικών και πολιτών, όταν οι παραβάσεις αναφέρονται στις στρατιωτικές υποχρεώσεις τους, καθώς και αιχμαλώτων πολέμου: *θα δικαστεί από ~ ως λιποτάκτης.*

στρατοδίκης ο, ουσ., αξιωματικός μέλος στρατοδικείου.

στρατοκαρτέρεμα το, ουσ. (λαϊκ.), ενέδρα κοντά στο δρόμο· (γεν.) ενέδρα.

στρατοκαρτερώ, -άς, ρ. (λαϊκ.), στήνω καρτέρι (συνών. *παραμονεύω, ενεδρεύω*). [*στράτα* + *καρτερώ*].

στρατοκόπος ο, ουσ. (λαϊκ.), οδοιπόρος, στρατολάτης· *λαχανιασμένος ~* (συνών. *δρομοκόπος*).

στρατοκράτης ο, ουσ. 1. κυβερνήτης κράτους που διοικεί στηριζόμενος στις στρατιωτικές δυνάμεις. 2. αυτός που υποστηρίζει την ανάμιξη των στρατιωτικών στην πολιτική ζωή μιας χώρας (συνών. *μιλιταριστής*).

στρατοκρατία η, ουσ. 1. πρωτοκαθεδρία του στρατού και του στρατιωτικού πνεύματος σε ένα πολίτευμα. 2. πολιτικό σύστημα που στηρίζεται στις ένοπλες δυνάμεις· στρατιωτική διακυβέρνηση (συνών. *μιλιταρισμός*).

στρατοκρατικός, -ή, -ό, επίθ., που ανήκει ή αναφέρεται στη στρατοκρατία ή στους στρατοκράτες: *-ή κυβέρνηση/νοοτροπία.* - Επίρρ. **-ά** και **-ώς.**

στρατοκρατούμαι, -είσαι, ρ. (για χώρα ή πόλη) κυβερνώμαι από στρατιωτικούς ή σύμφωνα με τη στρατιωτική νοοτροπία· βρίσκομαι κάτω από την εξουσία των στρατιωτικών.

στρατολάτης ο, θηλ. **-ισσα,** ουσ. (λαϊκ.), οδοιπόρος, στρατοκόπος.

στρατολόγηση η, ουσ. **1.** συγκέντρωση στρατευσίμων, κατάταξη νεοσυλλέκτων στο στρατό. **2.** (μεταφ.) συγκέντρωση οπαδών κόμματος, συνεργατών, κλπ. (συνών. *στρατολογία*).

στρατολογία η, ουσ. **1.** κατάταξη νεοσυλλέκτων στο στρατό (συνών. *στράτευση, επιστράτευση*). **2.** (συνεκδοχικά) στρατιωτική ή πολιτική υπηρεσία που ασχολείται με την κατάταξη των στρατευσίμων στο στρατό. **3.** (μεταφ.) συγκέντρωση βοηθών, συνεργατών, οπαδών, κλπ. (συνών. *στρατολόγηση*).

στρατολογικός, -ή, -ό, επίθ., που ανήκει ή αναφέρεται στη στρατολογία (βλ. λ. σημασ. 1 και 2): *-ό γραφείο· -οί κατάλογοι.*

στρατολόγος ο, ουσ. **1.** ειδικός αξιωματικός ή υπάλληλος που ασχολείται με την κατάταξη των στρατευσίμων στο στρατό. **2.** (μεταφ.) αυτός που συγκεντρώνει οπαδούς ή συνεργάτες για ορισμένη δράση.

στρατολογώ, -είς, ρ. **1.** συγκεντρώνω στρατευσίμους, κατατάσσω στο στρατό. **2.** (μεταφ.) συγκεντρώνω οπαδούς, συνεργάτες ή βοηθούς για ορισμένη δράση.

στρατονομία η, ουσ., στρατιωτική υπηρεσία με αστυνομικές αρμοδιότητες.

στρατονόμος ο, ουσ., αξιωματικός ή οπλίτης της στρατονομίας.

στρατοπεδάρχης ο, ουσ., (ανώτατος) αξιωματικός διοικητής στρατοπέδου.

στρατοπέδευση η, ουσ., (προσωρινή) εγκατάσταση σε στρατόπεδο.

στρατοπεδεύω, ρ. **α.** εγκαθίσταμαι (προσωρινά) σε στρατόπεδο· **β.** (γενικά) σταθμεύω, εγκαθίσταμαι προσωρινά κάπου.

στρατόπεδο το, ουσ. **1.** ειδικός χώρος με εγκαταστάσεις (στρατώνες, γραφεία, υπόστεγα, σκοπιές, κλπ.) για τη διαμονή στρατιωτικής μονάδας: *διοικητήριο -έδου.* **2.** ~ *συγκέντρωσης* = χώρος οργανωμένος με στρατιωτικό τρόπο και διαμορφωμένος κατάλληλα για τη διαμονή (και εργασία) αιχμαλώτων πολέμου ή πολιτικών κρατουμένων. **3.** (μεταφ.) ιδεολογικός χώρος: *βρίσκονται σε αντίπαλα -α.*

στρατός ο, ουσ. **1.** σύνολο πολλών ενόπλων προετοιμασμένων για πόλεμο: ~ *ξηράς* (= το σύνολο των χερσαίων δυνάμεων μιας χώρας σε έμψυχο και σε πολεμικό υλικό, σε αντιδιαστολή με το ναυτικό και την αεροπορία)· *άτακτος/μισθοφορικός* ~ (συνών. *στράτευμα*). **2.** (συνεκδοχικά) το στρατιωτικό επάγγελμα και (περιληπτικά) οι στρατιωτικοί: *ο* ~ *με πραξικόπημα κατέλαβε την εξουσία.* **3.** (γενικά) το σύνολο των πολεμικών δυνάμεων μιας χώρας σε έμψυχο υλικό: *η χώρα διαθέτει μισό εκατομμύριο -ό· ελληνικός* ~. **4.** (μεταφ.) πλήθος: ~ *από μυρμήγκια/μέλισσες* (συνών. *στρατιά*).

στρατόσφαιρα η, ουσ. (γεωλ.) περιοχή της γήινης ατμόσφαιρας ανάμεσα στην τροπόσφαιρα και στη μεσόσφαιρα στο ύψος των πενήντα χιλιομέτρων, που συμπίπτει στα κατώτερα κυρίως όριά της με τη ζώνη του όζοντος. [γαλλ. *stratosphère*].

στρατούλα η, ουσ. (λαϊκ.). **1.** οι πρώτοι βηματισμοί των νηπίων, στράτα (βλ. λ.). **2.** (συνεκδοχικά) τετράπλευρο τροχοφόρο κιγκλίδωμα με το οποίο τα νήπια υποβοηθούνται στα πρώτα τους βήματα.

στρατουλίζω, ρ. (λαϊκ.), (για νήπια) αρχίζω να κάνω στρατούλα (βλ. λ. σημασ. 1), αρχίζω τα πρώτα βήματα της νηπιακής μου ηλικίας.

στρατούλισμα το, ουσ. (λαϊκ.), στρατούλα (βλ. λ. σημασ. 1).

στράτσο το, ουσ. (λαϊκ.), είδος χοντρού χαρτιού για την περιτύλιξη κρέατος, κλπ. (συνών. *στρατσόχαρτο*). [βενετ. *strazzo*].

στρατσόχαρτο το, ουσ. (λαϊκ.), στράτσο.

στρατώνας ο και (λαϊκ.) **-α** η, ουσ., ειδικό κτήριο όπου διαμένουν στρατιώτες.

στρατωνίζω, ρ., εγκαθιστώ στρατιώτες σε στρατώνες ή σε άλλα οικήματα· (μέσ.) *-ομαι* (για στρατιώτες) εγκαθίσταμαι κάπου, διαμένω σε κάποιο κατάλυμα.

στρατωνισμός ο, ουσ. **1.** εγκατάσταση στρατιωτών σε στρατώνες ή καταλύματα. **2.** (συνεκδοχικά) το σύνολο των καταλυμάτων που χρησιμοποιούνται για τη διαμονή στρατιωτών.

στράφι, επίρρ., μόνο στη φρ. *πήγε* ~ = **1.** (για αγαθό, χρήμα ή συμβουλή) στα χαμένα, άσκοπα: *η αγάπη που σου είχα πήγε* ~· **2.** (για άνθρωπο) **α.** χαραμίζομαι· **β.** αδικοχάνομαι. [αραβοτουρκ. *israf* = σπατάλη, ματαιοπονία].

στραφταλίζω, ρ. (λαϊκ.), (αμτβ.) απαστράπτω, λαμποκοπώ: *τα βουνά -ουν καταχιόνιστα.* [συμφ. *αστράφτω + γυαλίζω*].

στραφτάλισμα το, ουσ. (λαϊκ.), το να απαστράπτει κάτι, λαμποκόπημα: ~ *των κυμάτων/της λίμνης.*

στραφταλιστός, -ή, -ό, επίθ. (λαϊκ.), που λαμποκοπά, που απαστράπτει: *άσπρο, ψιλό, -ό αλεύρι.*

στράφυλο το, ουσ. (λαϊκ.), στέμφυλο (βλ. λ.).

στρεβλός, -ή, -ό, επίθ. **1.** που είναι κυρτός, στραβός: *-ό ξύλο* (αντ. *ίσιος, ευθύς*). **2.** (μεταφ.) που είναι λανθασμένος, εσφαλμένος: *-ές απόψεις/ιδέες* (συνών. *πλανημένος, σφαλερός·* αντ. *σωστός*). **3.** (μεταφ. για πρόσωπο) που είναι δύστροπος, ιδιότροπος.

στρεβλότητα η, ουσ., το να είναι κάτι στρεβλό, στραβάδα (αντ. *ευθύτητα, ισιάδα*).

στρέβλωμα το, ουσ. **α.** το να στρεβλώνει κάτι· **β.** (ειδικά) διάστρεμμα (βλ. λ.), στρέβλωση.

στρεβλώνω, ρ. **1.** κάνω κάτι στρεβλό, χαλώ την ισιάδα (συνών. *στραβώνω·* αντ. *ισιώνω*). **2.** (μεταφ.) διαστρέφω, παραμορφώνω.

στρέβλωση η, ουσ. **1.** το να στραβώνει κάτι, κύρτωμα: ~ *σιδηροδρομικής γραμμής.* **2.** (ειδικά) διάστρεμμα (βλ. λ.), στρέβλωμα.

στρέγω και **στρέχω,** ρ. (λαϊκ.). **1.** συμφωνώ, συναινώ, στέργω: *έστρεξε να πάρουμε μαζί μας ένα παλληκάρι* (Κόντογλου) (αντ. *αρνούμαι*). **2.** ηρεμώ το επιδιωκόμενο αποτέλεσμα, επιτυγχάνω: *δεν έστρεξαν τα μάγια/οι προσευχές.* - Βλ. και *στέργω.* [*στέργω*].

στρείδι το, ουσ. (ζωολ.) είδος θαλασσινού μαλακίου με όστρακο δύο θυρίδων, που ζει προσκολλημένο σε βράχους και είναι φαγώσιμο. [μεσν. *οστρείδιον<αρχ. όστρεον*].

στρειδολόγος ο, ουσ., αλιευτικό όργανο κατάλληλο για ψάρεμα οστράκων.
στρειδοφάγος ο, ουσ. (ζωολ.) μεγάλο πουλί ασπρόμαυρο με μακρύ κόκκινο ράμφος, κόκκινα πόδια, κεφάλι, στήθος και πάνω μέρος μαύρα και κάτω μέρος λευκό, που ζει σε παραλίες.
στρέμμα το, ουσ. (μετρολογία) μονάδα επιφάνειας ίση με χίλια τετραγωνικά μέτρα: *αγρόκτημα δέκα -άτων.*
στρεμματικός, -ή, -ό, επίθ., που ανήκει ή αναφέρεται στο στρέμμα: ~ *φόρος· απόδοση -ή.*
στρέξιμο, βλ. στέρξιμο.
στρεπτοκοκκίαση η, ουσ. (ιατρ.) λοίμωξη που οφείλεται σε στρεπτόκοκκο.
στρεπτόκοκκος ο, ουσ. (μικροβιολογία) γένος βακτηριδίων που σχηματίζουν αποικίες σε μορφή αλυσίδας και προκαλούν πολλές νόσους. [γαλλ. *streptocoque*].
στρες το, ουσ. άκλ. 1. (ιατρ.) διαταραχή των λειτουργιών του ανθρώπινου οργανισμού και ψυχική ένταση προερχόμενες από μεγάλη στενοχώρια, έντονη χαρά, υπερκόπωση, κλπ. 2. (κοιν.) ψυχική ένταση, άγχος, αγωνία, κ.τ.ό. [αγγλ. *stress*].
στρέτο το, ουσ. (μουσ.) όρος που σημαίνει μέγιστη επιτάχυνση της ρυθμικής αγωγής. [ιταλ. *stretto*].
στρέφω, ρ., παθ. αόρ. στράφηκα, μτχ. παρκ. στραμμένος. I. ενεργ. 1. μετακινώ κάποιον ή κάτι γύρω από τον πραγματικό ή το νοητό άξονά του, περιστρέφω: ~ *τον τροχό* (συνών. *γυρίζω*). 2. γυρίζω κάτι προς κάποια κατεύθυνση: *ο δυνατός αέρας έστρεψε τη φωτιά προς το χωριό· έστρεψε το όπλο επάνω του.* II. μέσ. 1. μετακινούμαι συνεχώς γύρω από έναν άξονα, περιστρέφομαι: *η σελήνη -εται γύρω από τη γη.* 2. αλλάζω κατεύθυνση, μετακινούμαι μεταβάλλοντας μέτωπο: *η φωτιά στράφηκε προς τη ρεματιά* (μεταφ.) *στράφηκε αλλού η προσοχή τους.* 3. (νομ.) κατευθύνομαι: *η καταγγελία -εται κατά του γείτονά του/συζύγου της.* Φρ. ~ *τα νώτα*, βλ. *νώτα*.
στρέχω, βλ. στρέγω.
στρεψοδικία η, ουσ. (νομ.) 1. χρήση κακόπιστων ή σοφιστικών επιχειρημάτων σε δίκη. 2. (συνεκδοχικά) σκόπιμη διαστροφή της αλήθειας.
στρεψόδικος, -η, -ο, επίθ., που χρησιμοποιεί σοφιστικά επιχειρήματα, που σκόπιμα διαστρέφει την αλήθεια.
στρεψοδικώ, -είς, ρ., χρησιμοποιώ σοφιστικά επιχειρήματα, διαστρέφω την αλήθεια με αβάσιμα επιχειρήματα. [στρέφω + δίκη].
στρίβω, ρ., αόρ. έστριψα, παθ. αόρ. -ίφτηκα, μτχ. παρκ. -ιμμένος. Α. μτβ. 1. περιστρέφω, συστρέφω: ~ *νήμα*. 2. (μεταφ.) αλλάζω κάτι: *ο δίσκος έπαιρνε το θάρρος να το -ίψει το τροπάρι στο κλέφτικο* (Ι.Μ. Παναγιωτόπουλος). Β. αμτβ. 1. συστρέφομαι: *έστριψε το λάστιχο/η κλωστή.* 2. (για τόπο) «κάνω» στροφή: *η ακρογιαλιά -ει και κάνει έναν κόρφο* (Κόντογλου)· *νοτιοδυτικά του νησιού, στο μέρος που έστριβε ο κάβος* (Ψυχάρης). 3α. αλλάζω κατεύθυνση: *το αυτοκίνητο έστριψε αριστερά· έστριψε προς τα εκεί·* β. (λαϊκ., με αιτ.), αλλάζω κατεύθυνση σε συγκεκριμένο σημείο: *μόλις έστριψε τη γωνία.* 4. (μεταφ.) μεταβάλλομαι σε κάτι, αλλάζω: *ο αγέρας έστριψε στο σιρόκο* (Κόντογλου). 5. (συνεκδοχικά) φεύγω γρήγορα ή κρυφά: *μόλις είδε τους αστυνομικούς έστριψε·* (προστ.) *-ε!* (= φύγε, εξαφανίσου). Φρ. ~ *τα μούτρα* (= κάνω μορφασμό αποδοκιμασίας)· ~ *τη ράχη* (= γυρίζω την πλάτη, κάνω μεταβολή και φεύγω): *έστριψε τη ράχη και χάθηκε στο μάκρος* (Ι.Μ. Παναγιωτόπουλος)· ~ *το λαρύγγι* (= στραγγαλίζω)· ~ *τσιγάρο* (= κυρίως παλιότερα, φτιάχνω πρόχειρα τσιγάρο περιτυλίγοντας καπνό σε τσιγαρόχαρτο): *άνοιξε την καπνοσακούλα του να -ίψει ένα τσιγάρο·* τα ~ (ενν. τα λόγια μου) (= αναιρώ όσα είπα προηγουμένως)· *το* ~ (= φεύγω γρήγορα ή κρυφά): *έπρεπε να στήσω καβγά ή να το -ίψω* (Τραυλαντώνης)· *του 'στριψε (η βίδα)* (= έπαθε το μυαλό του, παραφρόνησε): *του 'στριψε του κακομοίρη, τρελάθηκε· θέλει και τα λέει ή του 'στριψε (η βίδα);* - Η μτχ. παρκ. ως επίθ. = (για πρόσ.) δύστροπος, ιδιότροπος· έκφρ. *-ιμμένο άντερο* (= μεταφ., άνθρωπος ιδιότροπος). [μεσν.<αόρ. έστρεψα< στρέφω].
στριγκίζω, βλ. στριγκλίζω.
στριγκιός, -ά, -ιό (συνιζ.) και **-γκός**, επίθ. (όχι ερρ., λαϊκ.), (για φωνή και ήχο) οξύς, διαπεραστικός: *-ιά φωνή*.
στρίγκλα (όχι ερρ.) και **-γλα** η, ουσ. 1. (λαογρ.) κακό δαιμόνιο με μορφή άσχημης γριάς που με μάγια προξενεί κακό σε λεχώνες και βρέφη. 2. (μεταφ.) κακή ή δύστροπη γυναίκα: *είναι μια* ~ *η πεθερά της!* (συνών. *μέγαιρα*). [πιθ. λατιν. *strigula<striga*].
στριγκλιά η, ουσ. (όχι ερρ., συνιζ., λαϊκ.). 1. δυνατή και διαπεραστική φωνή: *έβγαλε μια* ~ *που μας τρύπησε τ' αφτιά.* 2. κακία στρίγκλας (βλ. λ. σημασ. 2), μοχθηρία.
στριγκλίζω και **-γκίζω** (όχι ερρ.), **-γλίζω**, ρ. (λαϊκ.). 1. ξεφωνίζω με δυνατή και διαπεραστική κραυγή: *το γυναικωμάνι άρχισε να -ει στην πλατωσιά* (Ι.Μ. Παναγιωτόπουλος) (συνών. *τσιρίζω*). 2. φέρομαι σαν στρίγκλα (βλ. λ. σημασ. 2), είμαι μοχθηρός και δύστροπος.
στρίγκλισμα το, ουσ. (όχι ερρ., λαϊκ.). α. διαπεραστική κραυγή, τσιρίδα· β. μεταφ. για διαπεραστικό ήχο: ~ *των φρένων.*
στρίγκλος (όχι ερρ.) και **-γλος** ο, ουσ. (λαϊκ.), άνδρας κακόψυχος, μοχθηρός, δύστροπος. [αρσ. του *στρίγκλα*].
στριγκός, βλ. στριγκιός.
στρίγλα, βλ. στρίγκλα.
στριγλίζω, βλ. στριγκλίζω.
στρίγλος, βλ. στρίγκλος.
στριμμένος, βλ. στρίβω.
στρίμωγμα, βλ. στρύμωγμα.
στριμώχνω, βλ. στρυμώχνω.
στριμωχτός, βλ. στρυμωχτός.
στρίποδο το, ουσ. (λαϊκ.). 1. τρίποδη φορητή βάση με κινητό το πίσω ή και τα τρία πόδια πάνω στην οποία μπορεί να στηθεί ένας πίνακας ή μια κάμερα (συνών. *τρίποδας*). 2. (συνήθως στον πληθ.) καθεμιά από τις δύο ξύλινες ή μεταλλικές κατασκευές με δύο κάθετα μέρη που απολήγουν σε δυο πόδια, και ένα οριζόντιο που τα ενώνει, πάνω στις οποίες τοποθετούσαν παλιότερα σανίδες κι έφτιαχναν πρόχειρο κρεβάτι· συνεκδοχικά για κρεβάτι που έγινε με τον παραπάνω τρόπο. [*τρίποδο*].
στριπ-τιζ το, ουσ. άκλ., νούμερο σε καμπαρέ όπου μια ή πολλές γυναίκες γδύνονται με αργό ρυθμό και με συνοδεία μουσικής. [αγγλ. *strip-tease*].
στριφνός, βλ. στρυφνός.
στριφογυρίζω και **-ρνώ, -άς**, ρ. Α. μτβ. 1. περιστρέφω κάτι. 2. συστρέφω (βλ. λ.). 3. (μεταφ.) μι-

λώ με περιστροφές, προσπαθώ να αποφύγω να πω την αλήθεια: *κάτι μας κρύβει, πολύ τα -ει.* Β. (αμτβ.) κινούμαι ή στρέφομαι διαρκώς και ανήσυχα κυρίως σε χώρο περιορισμένο: ~ *στο κρεβάτι μου·* (μεταφ.) *άσχημες ιδέες -ίζανε στο μυαλό του.*

στριφογυριστός, -ή, -ό, επίθ., που γυρίζει γύρω γύρω, που ακολουθεί πορεία δίνης: *-ές σκάλες·* (κατ' επέκταση) *κοχύλι -ό.*

στριφογυρνώ, βλ. *στριφογυρίζω.*

στριφτάρι το, ουσ., στρόφιγγα στο πάνω και πίσω μέρος του λαιμού έγχορδου μουσικού οργάνου για το τέντωμα των χορδών.

στριφτός, -ή, -ό, επίθ., στριμμένος: *νήμα/τσιγάρο -ό.*

στρίφωμα το, ουσ. 1. το ράψιμο της άκρης υφάσματος αφού διπλωθεί λίγο ή μιας κορδέλας πάνω στην άκρη για να μην ξεφτίσει. 2. η κορδέλα που ράβεται στην άκρη υφάσματος για να μην ξεφτίσει.

στριφώνω, ρ., ράβω διπλωμένη την άκρη υφάσματος ή ράβω πάνω της μια κορδέλα για να μην ξεφτίσει.

στρίψιμο το, ουσ. 1. στροφή, αλλαγή κατεύθυνσης. 2. το κλώσιμο του μαλλιού.

στροβιλίζω, ρ. I. (ενεργ.) περιστρέφω κάτι γρήγορα. II. μέσ. 1. περιστρέφομαι με γρήγορο ρυθμό. 2. χορεύω γυρίζοντας γύρω γύρω: *-ίζονταν στο ρυθμό ενός βαλς.*

στροβίλισμα το, ουσ., γρήγορη περιστροφή.

στροβιλιστικός, -ή, -ό, επίθ., που στροβιλίζει ή γίνεται με στροβιλισμό.

στροβιλοκινητήρας ο, ουσ., κινητήρας που λειτουργεί με την ενέργεια που του εξασφαλίζει ένας στρόβιλος.

στρόβιλος ο, ουσ., κινητήρια μηχανή που αποτελείται από ένα περιστρεφόμενο άξονα με πτερύγια και με την οποία γίνεται η εκμετάλλευση της κινητικής ενέργειας ατμού, αερίου ή νερού (συνών. *τουρμπίνα*).

στρογγυλάδα η, ουσ. (έρρ.), το στρογγυλό ή σφαιρικό σχήμα που έχει κάτι.

στρογγυλαίνω, ρ. (έρρ.), *στρογγυλεύω.*

στρογγύλεμα το, ουσ. (έρρ.), πρόσδοση ή απόκτηση του στρογγυλού σχήματος: ~ *αριθμού* (= παράλειψη των μονάδων του για ευκολία).

στρογγυλεύω, ρ. (έρρ.). Α. (μτβ.) δίνω σε κάτι στρογγυλό σχήμα: ~ *ένα ποσό/έναν αριθμό* (= παραλείπω τις μονάδες ακέραιου αριθμού έτσι ώστε να τελειώνει σε μηδέν). Β. (αμτβ.) αποκτώ στρογγυλό σχήμα: *πάχυνε και -εψε το πρόσωπό του.*

στρογγυλοκάθομαι, ρ. (έρρ.), κάθομαι αναπαυτικά και για πολλή ώρα.

στρογγυλοπρόσωπος, -η, -ο, επίθ. (έρρ.), που το πρόσωπό του έχει σχήμα στρογγυλό.

στρογγυλός, -ή, -ό και **στρό-,** επίθ. (έρρ.). 1. που έχει σχήμα σφαιρικό: *γη/μπάλα -ή.* 2. που έχει σχήμα κυκλικό: *πρόσωπο -ό·* παροιμ. *-ά 'ναι και κυλάνε* (για τα νομίσματα και την ευκολία με την οποία ξοδεύονται). Έκφρ. ~ *αριθμός* (= αριθμός ακέραιος από τον οποίο για ευκολία παραλείπονται οι μονάδες και γι' αυτό τελειώνει πάντα σε μηδέν)· *συζήτηση -ού τραπεζιού* (= συζήτηση με ποικίλες εισηγήσεις ή απόψεις γύρω από ένα γενικότερο ή ειδικότερο θέμα).

στρογγυλότητα η, ουσ. (έρρ.), το να είναι κάτι σφαιρικό ή κυκλικό (συνών. *στρογγυλάδα*).

στρογγυλούτσικος, -η, -ο, επίθ. (έρρ.), που έχει σχήμα σχεδόν στρογγυλό.

στρογγυλοφέγγαρος, -η, -ο, επίθ. (έρρ. δις), που το πρόσωπό του είναι στρογγυλό σαν την πανσέληνο.

στρογγυλώνω, ρ. (έρρ.), δίνω σε κάτι σχήμα στρογγυλό, *στρογγυλεύω.*

στρογγυλωπός, -ή, -ό, επίθ., που είναι αρκετά στρογγυλός.

στρόντιο το, ουσ. (έρρ., ασυνίζ.), (χημ.) μεταλλικό στοιχείο, κιτρινωπό και μαλακό. [αγγλ. *strontium* <σκοτσέζικα].

στρούγκα η, ουσ. (έρρ.). 1. περιφραγμένο μέρος με στενή έξοδο όπου βάζουν τα πρόβατα για να τα αρμέξουν. 2. (συνεκδοχικά) κοπάδι προβάτων. 3. (μεταφ.) για ομάδα οπαδών που υπακούουν τυφλά στον αρχηγό τους. [βλάχικο *strunga*].

στρουθί το, ουσ. (ιδιωμ.) σπουργιτάκι.

στρουθοκαμηλικός, -ή, -ό, επίθ., που σχετίζεται με το στρουθοκαμηλισμό.

στρουθοκαμηλισμός ο, ουσ., η ηθελημένη αποφυγή της αντιμετώπισης ενός προβλήματος.

στρουθοκάμηλος η, ουσ., μεγάλο αφρικανικό πουλί που δεν πετά, με ύψος περίπου 2.50 μέτρα, μεγάλα και μαλακά φτερά, μικρό κεφάλι, μακρύ λαιμό και μακριά πόδια· φρ. (μεταφ.) *ακολουθώ/εφαρμόζω πολιτική -ήλου* (= εθελοτυφλώ, αποφεύγω να αντιμετωπίσω ένα πρόβλημα).

στρουκτουραλισμός ο, ουσ., μελέτη πολιτισμικών στοιχείων (γλώσσας, λογοτεχνίας, κοινωνίας, κλπ.) με την αφετηρία ότι το αντικείμενο θεωρείται σύστημα σημείων που διαμορφώνουν τη βασική του δομή. [γαλλ. *structuralisme*].

στρουκτουραλιστικός, -ή, -ό, επίθ., που έχει σχέση με τον στρουκτουραλισμό.

στρουμπουλός, -ή, -ό, επίθ. (έρρ.), κοντός και παχύς. [αρχ. *στρόμβος*].

στρόφαλο το, ουσ. 1. μοχλός σε σχήμα ορθής γωνίας που τοποθετείται σε άξονα, στον οποίο μεταδίδει περιστροφική κίνηση (συνών. *μανιβέλα*). 2. όργανο μηχανής που μετατρέπει την ευθύγραμμη εναλλασσόμενη κίνηση σε συνεχή περιστροφική.

στροφέας ο, ουσ. 1. κομμάτι από μέταλλο, ξύλο ή πλαστικό που χρησιμοποιείται για να συνδεθεί η πόρτα με την κάσα ή δύο αντικείμενα μεταξύ τους έτσι ώστε το ένα να μπορεί να στρέφεται ελεύθερα (συνών. *μεντεσές*). 2. κύλινδρος γύρω από τον οποίο στρέφεται ένα εξάρτημα (συνών. *στρόφιγγα*). 3. ο πρώτος σπόνδυλος του αυχένα (συνών. *άτλας*).

στροφή η, ουσ. 1. περιστροφή, ολοκληρωμένη κυκλική κίνηση: *η γη κάνει μια ~ γύρω από τον άξονά της σε 28 μέρες· κάνε μια ~ να δω το φόρεμά σου.* 2. καμπή, γύρισμα του δρόμου: *επικίνδυνες διαδοχικές -ές· παίρνω τη ~ ανοιχτά/κλειστά.* 3. αλλαγή κατεύθυνσης, πορείας: *~ προς τα δυτικά.* 4. (μεταφ.) αλλαγή σε μια τακτική που ως τώρα ακολουθούσε κάποιος: *~ στην εξωτερική πολιτική της κυβέρνησης· ~ της κοινής γνώμης* (συνών. *μεταστροφή*). 5. το τμήμα του ποιήματος (ή τραγουδιού) που αποτελείται από έναν αριθμό στίχων ή περιόδων και έχει μια ρυθμική και λογική ενότητα: ~ *τετράστιχη.* Φρ. *το μυαλό του δεν παίρνει -ές,* βλ. *παίρνω.*

στρόφιγγα η, ουσ. (έρρ.). 1. άξονας γύρω από τον οποίο στρέφεται κάτι (συνών. *στροφέας*). 2. συ-

στροφίλι σκευή που ρυθμίζει τη ροή υγρού ή αερίου από ένα σωλήνα ή δοχείο (συνών. *κάνουλα*).

στροφίλι το, ουσ. (ιδιωμ.) το στερεό υπόλειμμα μετά το πάτημα των σταφυλιών (συνών. *τσίπουρο*). [αρχ. *στέμφυλον*].

στροφιλιά η, ουσ. (συνιζ.), (ιδιωμ.) το οινοπνευματώδες απόσταγμα που παράγεται από τα τσίπουρα.

στροφόμετρο το, ουσ., όργανο με το οποίο μετρούνται οι στροφές της ατράκτου μηχανής (συνών. *μαρκαδόρος*).

στρύμωγμα το, ουσ. 1. τοποθέτηση πολλών πραγμάτων σε περιορισμένο χώρο. 2. βίαιη ώθηση, σπρώξιμο και ακινητοποίηση κάποιου σε μέρος από όπου δύσκολα μπορεί να ξεφύγει· (σε συγκέντρωση πλήθους) αμοιβαία ώθηση (συνών. *συνωστισμός*). 3. (μεταφ.) η δύσκολη θέση, το αδιέξοδο όπου βρίσκεται κάποιος για διάφορους λόγους.

στρυμώχνω, ρ. Ι. (ενεργ.). 1. συμπιέζω πολλά πράγματα σε χώρο περιορισμένο: ~ *τα ρούχα στη βαλίτσα*. 2. σπρώχνω κάποιον ή κάτι και τον ακινητοποιώ σε κάποιο σημείο από όπου δεν μπορεί εύκολα να ξεφύγει: *τον -ωξαν στη γωνία*. 3. (μεταφ.) φέρνω κάποιον σε δύσκολη θέση, σε αδιέξοδο: *τον -ωξε με τις ερωτήσεις του· είμαι οικονομικά -ωγμένος*. ΙΙ. (μέσ.) καταφέρνω να μπω σε στενό χώρο ή να περάσω από κάπου όπου δύσκολα χωρώ: *-χτήκαμε έξι άτομα μέσα στο αυτοκίνητο*. [πιθ. μτγν. ουσ. *στρύμωξ*].

στρυμωχτός, **-ή**, **-ό**, επίθ., στρυμωγμένος, συμπιεσμένος. - Επίρρ. **-ά**.

στρυφνά, βλ. *στρυφνός*.

στρυφνάδα η, ουσ., στρυφνότητα.

στρυφνός, **-ή**, **-ό**, επίθ. 1. δύστροπος, ανάποδος, στριμμένος. 2. (για ύφος) δυσνόητος, ασαφής. - Επίρρ. **-ά**.

στρυφνότητα η, ουσ. 1. δυστροπία, αναποδιά. 2. (για ύφος) το να κατανοείται δύσκολα.

στρυχνίνη η, ουσ., δηλητηριώδης ουσία που παράγεται από το φυτό στρύχνος.

στρυχνοειδή τα, ουσ. (βοτ.) οικογένεια φυτών που ανήκει στα δικοτυλήδονα και περιλαμβάνει πόες ετήσιες ή πολυετείς.

στρύχνος ο, ουσ., φυτό που τα σπέρματά του περιέχουν ουσίες χρήσιμες στη φαρμακευτική (στρυχνίνη).

στρώμα το, ουσ. 1. ό,τι στρώνεται πάνω σε μια επιφάνεια· καθετί που καλύπτει μεγαλύτερη επιφάνεια: ~ *χιονιού· οι ελιές είναι σαν ~ κάτω*. 2. μεγάλος επίπεδος σάκος από ύφασμα γεμισμένος με βαμβάκι ή μαλλί ή άλλο υλικό, που έχει ακριβώς τις διαστάσεις του κρεβατιού και πάνω του μπορεί κανείς να ξαπλώσει: ~ *ορθοπεδικό/πουπουλένιο*· φρ. *είναι στο ~ ή έπεσε στο ~* (= είναι κατάκοιτος από αρρώστια). 3α. ομάδα ή κατηγορία ανθρώπων που έχουν παρόμοια στοιχεία ως προς την κοινωνική τάξη, τη μόρφωση, την ισχύ, κλπ.: *λαϊκά/μικροαστικά -ατα*. β. επίπεδο: *τρία -ατα ανάλογα με την τάξη του σχολείου*. 4α. (γεωλ.) νοητή ζώνη της γήινης μάζας, της θάλασσας ή της ατμόσφαιρας: *γεωλογικά -ατα· -ατα ανθρακοφόρα*. β. (αρχαιολ.) *αδιατάρακτο ~ κλασικής κεραμεικής*.

στρωματάδικο το, ουσ. (λαϊκ.), εργαστήριο κατασκευής στρωμάτων.

στρωματάς ο, θηλ. **-ού**, ουσ. (λαϊκ.), αυτός που κατασκευάζει ή πουλά στρώματα.

στρωματιά η, ουσ. (συνιζ., λαϊκ.), πρόχειρο στρώμα από χόρτα ή άχυρα όπου κοιμούνται τα ζώα.

στρωματογραφία η, ουσ. 1. (γεωλ.) κλάδος της γεωλογίας που μελετά τα στρώματα των πετρωμάτων που αποθέτονται στην επιφάνεια της γης, τα χρονολογεί και κάνει την αναπαράσταση της φυσικής καταστάσης της γης σε κάθε περίοδο της ιστορίας της. 2. (ιατρ.) μέθοδος της τομογραφίας (βλ. λ.).

στρωματού, βλ. *στρωματάς*.

στρωματσάδα η, ουσ. (λαϊκ.), στρώμα τοποθετημένο στο δάπεδο και συνεκδοχικά το να κοιμάται κανείς σε τέτοιο στρώμα.

στρωμάτσο το, ουσ. 1. (λαϊκ.) στρώμα: *ξεσηκώθηκε αλαφιασμένη στο κουρελιασμένο ~ της* (Ι.Μ. Παναγιωτόπουλος). 2. (ναυτ.) κομμάτι από ξύλο ή σκοινί που το κρεμούν στις πλευρές πλοίου για να το προφυλάξουν από τις προσκρούσεις. [ιταλ. *stramazzo* με επίδρ. του ουσ. *στρώμα*].

στρωματσόπανο το, ουσ. (λαϊκ.), ύφασμα κατάλληλο για την κατασκευή στρωμάτων.

στρωμάτωση η, ουσ., η τοποθέτηση ή κατάταξη κατά στρώματα: *οι αλλαγές στη φωνολογία της γλώσσας έχουν στενή σχέση με την κοινωνική ~*.

στρώνω, ρ. Ι. ενεργ. Α. μτβ. 1. απλώνω κάτι σε μια επιφάνεια, ώστε να την καλύψω: *έστρωσε στο τραπέζι το καινούργιο τραπεζομάντηλο· ~ τα χαλιά στο σπίτι· ~ χαλίκι στο δρόμο· το 'στρωσε το χιόνι* (= χιόνισε τόσο πολύ που το χιόνι κάλυψε το έδαφος)· φρ. ~ *(το κρεβάτι)* (= ετοιμάζω το κρεβάτι για τον ύπνο): *στρώσε του παιδιού να κοιμηθεί· ~ τραπέζι* (= ετοιμάζω το τραπέζι για το γεύμα)· (παροιμ.) *όπως -ώσεις θα κοιμηθείς* (= ανάλογη με την προσπάθεια είναι η επιτυχία). 2. τακτοποιώ κάτι ώστε να το βελτιώσω: ~ *τη μπογιά στο έπιπλο*· φρ. *έστρωσα τη δουλειά* (= ρύθμισα ό,τι έπρεπε ώστε να πάρει η υπόθεση κανονική εξέλιξη)· ~ *κάποιον στο ξύλο* (= με το δαρμό τιμωρώ κάποιον)· ~ (= τακτοποιώ τη δουλειά μου, τη ζωή μου): *εδώ να το -ώσω! Εδώ να ζήσω τη ζωή μου όλη* (Ψυχάρης). 3. αναγκάζω κάποιον να κάμει κάτι: *τον -ώσανε στην αγγαρεία*. Β. (αμτβ.) παίρνω την κανονική μου πορεία, τακτοποιούμαι, διορθώνομαι: *έστρωσε η πόρτα* (= δεν παρουσιάζει ανωμαλίες)· *έστρωσε ο καιρός* (= βελτιώθηκε)· *ο μαθητής έστρωσε* (στα μαθήματα)· φρ. *-ει το ρούχο/το σακάκι* (= ταιριάζει, εφαρμόζει ικανοποιητικά)· *το χρώμα έστρωσε* (= απλώθηκε ομοιόμορφα στην επιφάνεια). ΙΙ. (μέσ.) αφοσιώνομαι (σε ορισμένη απασχόληση): *-ομαι στη δουλειά* (= αποφάσισα να δουλέψω με ζήλο)· *-ώθηκαν στα χαρτιά* (= στη χαρτοπαιξία)· φρ. (με δυσφορία) *μου -ώθηκε στο σπίτι* (= ήρθε και μένει περισσότερη ώρα από την κανονική)· *-ομαι καταγής* (= ξαπλώνομαι χάμω). [αόρ. *έστρωσα* του αρχ. *στόρνυμι* -*στρωννύω*].

στρώση η, ουσ. 1. η κάλυψη επιφάνειας με κάποιο υλικό, στρώσιμο. 2. στρώμα, σειρά: *πίτα από δύο -εις φύλλο και μια ~ τυρί*. 3. (λαϊκ.) στρώμα, στρωμάτσο.

στρώσια τα, ουσ. (συνιζ., λαϊκ.), στρωσίδια.

στρωσίδι το, ουσ. (λαϊκ. συνήθως στον πληθ.). 1. χαλί, τάπητας: *-ια υφαντά/χωριάτικα*. 2. κλινοσκεπάσματα: *-ια νυφιάτικα*. 3. κέντημα ή άλλο ύφασμα με το οποίο καλύπτουν τα έπιπλα.

στρώσιμο το, ουσ., η πράξη και το αποτέλεσμα του στρώνω (βλ. λ.).
στρωτά, βλ. *στρωτός*.
στρωτήρας ο, ουσ. (τεχνολ.) δοκάρι στο οποίο στερεώνονται οι σιδηροδρομικές γραμμές (κοιν. τραβέρσα).
στρωτός, -ή, -ό, επίθ. 1α. (σπάνια) στρωμένος· β. (μεταφ.) μετάνοια -ή (= βαθιά, που γίνεται με τα γόνατα και το κεφάλι ακουμπισμένα στο έδαφος). 2. (συνεκδοχικά) ομαλός, που δεν παρουσιάζει ανωμαλίες: *μονοπάτι -ό.* 3. (μεταφ.) ομαλός, κανονικός: *γράψιμο -ό· μαλλιά -ά* (= όχι κατσαρά, ίσια). 4. (για ένδυμα) που έχει καλή εφαρμογή, που εφαρμόζει στο σώμα καλά: *φόρεμα/σακάκι -ό.* - Επίρρ. **-ά**: *το βουνό κατέβαινε -ά έως τα νερά ενός μικρού κόρφου* (Κόντογλου).
στύβω, ρ. 1. πιέζω, σφίγγω κάτι για να βγει το υγρό ή ο χυμός που περιέχει: ~ *ένα βρεγμένο σφουγγάρι/τα πλυμένα ρούχα· ~ πορτοκάλια/ σταφύλια* (συνών. *στραγγίζω, ξεζουμίζω*). 2. (μεταφ.) αποσπώ από κάποιον με πιεστικό τρόπο όσα χρήματα ή αγαθά διαθέτει: *αφού τον έστυψε η φιλενάδα του, τον άφησε·* (υπερβολικά): *μας έστυψε η εφορία για τα καλά.* Φρ. *πετώ κάποιον ή κάτι σα -μένο λεμόνι* (= σαν κάτι εντελώς άχρηστο πια)· ~ *το μυαλό μου* (= καταβάλλω προσπάθεια να σκεφτώ ή να θυμηθώ κάτι, κουράζω, πιέζω τη σκέψη ή τη μνήμη μου).
στυγερός, -ή, -ό, επίθ., που προκαλεί τον αποτροπιασμό: *έγκλημα -ό·* (συνών. *αποτρόπαιος*).
στυγερότητα η, ουσ., το να είναι κάτι στυγερό.
στυγνός, -ή, -ό, επίθ. 1. στυγερός, μισητός: *εγκληματίας* ~. 2. αγροίκος, απότομος, σκαιός: *ύφος -ό*. 3. κατηφής, σκυθρωπός: *βλέμμα -ό*.
στυγνότητα η, ουσ., η ιδιότητα του στυγνού.
στυλ, βλ. *στιλ*.
στυλιάρι, βλ. *στειλιάρι*.
στυλιζάρισμα, βλ. *στιλιζάρισμα*.
στυλιζάρω, βλ. *στιλιζάρω*.
στυλίστας, βλ. *στιλίστας*.
στυλιστικός, βλ. *στιλιστικός*.
στυλίτης ο, ουσ. (εκκλ.) μοναχός που ασκήτευε πάνω σε στύλο: *άγιος Συμεών ο Στυλίτης*.
στυλό, βλ. *στιλό*.
στυλοβάτης ο, ουσ. **1α**. βάση στύλου, υπόβαθρο· **β**. (αρχαιολ.) η άνω επιφάνεια του κρηπιδώματος αρχαίου ναού, από πλατιές τετραγωνικές πλάκες κατεργασμένες και προσαρμοσμένες μεταξύ τους, στην οποία στηρίζονται οι στύλοι. 2. (μεταφ.) κύριος υποστηρικτής, υπερασπιστής, θεμελιωτής: ~ *της ορθοδοξίας*.
στυλογράφος, βλ. *στιλογράφος*.
στύλος ο, ουσ. 1. κολόνα (βλ. λ.): ~ *ξύλινος· ~ τηλεγραφικός*. 2. (γενικά) πάσσαλος. 3. (μεταφ.) στήριγμα: *στάθηκε ο ~ της πολιτείας*. 4. (βοτ.) το επάνω επίμηκες μέρος του υπέρου.
στύλωμα το, ουσ., η ενέργεια και το αποτέλεσμα του στυλώνω.
στυλώνω, ρ. Ι. ενεργ. 1. υποστυλώνω. 2. (μεταφ. για φαγητό ή ποτό) δυναμώνω κάποιον, του ξαναδίνω δυνάμεις, τονώνω: *η ζεστή σούπα/το κρασί τον -ωσε*. Φρ. ~ *τα πόδια* (= u. στέκομαι με τα πόδια ίσια και σταθερά σαν στύλους: *-ωσε τα πόδια του βαριά στη γη κι έδωσε μια σφυριά στην πέτρα* (Ι.Μ. Παναγιωτόπουλος)· **β**. επιμένω στην άποψή μου)· ~ *τ' αφτί/τα μάτια/το βλέμμα* (= τα προσηλώνω κάπου): *-ωνε τ' αφτί της να γροικήσει· -ωσε τα μάτια του στο πέλαγο*. II. μέσ. 1. στέκομαι όρθιος: *Για μια στιγμή -ώθηκε απάνου στα νύχια του* (Κόντογλου). 2. (μεταφ.) δυναμώνω τρώγοντας ή πίνοντας κάτι, ξαναβρίσκω τις δυνάμεις μου: *έφαγα και -ώθηκα*.
στυπόχαρτο και (λαϊκ.) **στουπόχαρτο** το, ουσ., είδος χοντρού απορροφητικού χαρτιού, σε ευρεία χρήση παλιότερα, για να απορροφά τη νωπή μελάνη χειρογράφων και να αποφεύγονται οι μουντζούρες.
στυπτικός, -ή, -ό και **στυφτικός**, επίθ. (φαρμ.) που προκαλεί στύψη, συστολή: *αλοιφή -ή· φάρμακα -ά* (= που χρησιμοποιούνται για περιστολή παθολογικών εκκρίσεων του οργανισμού) (αντ. *ενεργητικός, υπακτικός*).
στυπώνω, ρ. 1. στουπώνω (βλ. λ. σημασ. 1 και 2). 2. (παλαιότ.) στεγνώνω με απορροφητικό χαρτί ό,τι έχω γράψει με μελάνι.
στύση η, ουσ., η διόγκωση και σκλήρυνση του ανδρικού μορίου ή αντίστοιχα της κλειτορίδας.
στυφάδα η, ουσ., το να είναι κάτι στυφό, η στυφή γεύση.
στυφίζω, ρ., έχω στυφή γεύση: *το κρασί -ει λίγο*.
στύφνος ο και (λαϊκ.) **στύφνο** το, ουσ. (βοτ.) στρύχνος (βλ. λ.).
στυφός, -ή, -ό, επίθ., που έχει ξινή και ξηρή γεύση: *φρούτο/κρασί -ό*.
στυφτικός, βλ. *στυπτικός*.
στυφτός, -ή, -ό, επίθ., που τον έχουν στύψει: *πορτοκάλι -ό*.
στύψη η, ουσ. (χημ.) ένυδρο διπλό θειικό άλας του καλίου και του αργιλίου που χρησιμοποιείται στη βαφική, στην ιατρική ως στυπτικό, κ.λπ.
στύψιμο το, ουσ., το να στύβει (βλ. λ. στη σημασ. 1) κανείς κάτι: ~ *λεμονιών· τα ρούχα θέλουν* ~.
στωικά, βλ. *στωικός*.
στωικισμός ο, ουσ. 1. (φιλοσ.) η θεωρία των στωικών φιλοσόφων, του Ζήνωνα και των μαθητών του, που θεμελίωσε σε σχετικά με την ηθική και το αγαθό (η ευτυχία βρίσκεται στην αρετή) και που διδάσκει την απάθεια και την ψυχική αταραξία. 2. (συνεκδοχικά) η ψυχική αταραξία με την οποία υπομένει κανείς τη λύπη, το κακό ή τις στερήσεις.
στωικός, -ή, -ό, επίθ. 1. που ανήκει ή αναφέρεται στη φιλοσοφική θεωρία του Ζήνωνα: *απάθεια/ηθική -ή*. 2. που ακολουθεί την παραπάνω θεωρία: *φιλόσοφος* ~. 3. (συνεκδοχικά για πρόσωπο) απαθής, ατάραχος, ασυγκίνητος. - Το αρσ. ως ουσ. = οπαδός του στωικισμού. - Επίρρ. **-ά**: *δέχτηκε -ά την κακοτυχία του*.
στωικότητα η, ουσ., η ψυχική αταραξία, η απάθεια, η καρτερία με την οποία αντιμετωπίζει κανείς τις δοκιμασίες: *δέχομαι/υπομένω με* ~.
συ, βλ. *εσύ*.
συβάζω, ρ. (λαϊκ.), αόρ. *-ασα*, παθ. αόρ. *-άστηκα*, συμβιβάζω (βλ. λ.).
Συβαρίτης ο, θηλ. **-ισσα**, ουσ. **α**. (αρχ.) ο κάτοικος της Σύβαρης, ελληνικής αποικίας στην Κάτω Ιταλία, άνθρωπος μαλθακός, φιλήδονος, τρυφηλός· **β**. (σήμερα λόγ., μεταφ.) για άνθρωπο με χαρακτήρα ή συνήθειες σαν των αρχαίων Συβαριτών.
συβαριτικός, -ή, -ό, επίθ. (λόγ.), που αναφέρεται στην αρχαία Σύβαρη ή τους κατοίκους της, το χαρακτήρα και τις συνήθειές τους (συνών. *μαλθακός, φιλήδονος*).

συβαριτισμός ο, ουσ. (λόγ.), μαλθακότητα, φιληδονία, τρυφηλότητα.
Συβαρίτισσα, βλ. *Συβαρίτης.*
συβουλάτορας, βλ. *συμβουλάτορας.*
σύγαμπρος ο, ουσ. (έρρ., λαϊκ.), (συνήθως στον πληθ.) καθένας από δύο ή περισσότερους άντρες που οι γυναίκες τους είναι αδερφές (ως προς τον άλλον ή έναν από τους άλλους) (συνών. *μπατζανάκης*).
συγγενάδι το, ουσ. (έρρ., λαϊκ.), (συνήθως στον πληθ.) συγγενής: *του χάρου -ια* (Παλαμάς).
συγγένεια η, ουσ. (έρρ., ασυνίζ.). 1. (για πρόσωπα) η σχέση που έχει κάποιος με ένα ή περισσότερα άτομα που ανήκουν στην ίδια οικογένεια με αυτόν (~ *εξ αίματος*) ή στην οικογένεια του/της συζύγου ενός μέλους της δικής του οικογένειας (~ *εξ αγχιστείας*): *με τον Α έχουμε μακρινή ~ βαθμός -ας· ~ από υιοθεσία·* (κατ' επέκταση) ~ *πνευματική* (ανάμεσα στον ανάδοχο και στο πρόσωπο που αυτός έχει βαφτίσει). 2. (για διαφορετικά είδη ζώων ή φυτών, για πράγματα, καταστάσεις, έργα, κ.ά.) α. σχέση που προκύπτει από κοινή καταγωγή ή ομοιότητα χαρακτηριστικών: ~ *λογοτεχνικών ειδών·* πνευματικές *-ες ενός καλλιτέχνη·* (βιολ.) ~ *φυλογενετική* (= από κοινή εξελικτική προέλευση)· β. (χημ.) ~ *χημική* (= η τάση των στοιχείων να ενώνονται σε μια χημική ένωση και η δύναμη που τα κρατά ενωμένα).
συγγενεύω, ρ. (έρρ.), έχω ή αποκτώ συγγένεια με κάποιον ή κάτι: *παντρεύτηκε το θείο μου και -έψαμε.*
συγγενής ο, γεν. -*ή*, πληθ. -*είς*, (λαϊκ.) -*ήδες*, θηλ. **συγγένισσα**, ουσ. (έρρ.), πρόσωπο που έχει με κάποιο άλλο συγγένεια (βλ. λ. σημασ. 1): -*είς ανιόντες/κατιόντες· ~ στενός·* έκφρ. *πτωχοί -είς* (για κάποιους που υστερούν ή μειονεκτούν απέναντι σε άλλους ή αισθάνονται έτσι).
συγγενής, -ής, -ές, γεν. -*ούς*, πληθ. αρσ. και θηλ. -*είς*, ουδ. -*ή*, επίθ. (έρρ.). 1. που έχει με κάποιον άλλον όμοια προέλευση, κοινά χαρακτηριστικά, συναφείς ιδιότητες: *επιστήμες -είς· με τον Α είμαστε ιδεολογικά -είς* (συνών. *παραπλήσιος, παρεμφερής, παρόμοιος*)· 2. (ιατρ.) για ανωμαλία ή πάθηση που την έχει κάποιος από την γέννησή του: *εξάρθρημα -ές· καρδιοπάθειες -είς* (συνών. *σύμφυτος*).
συγγενικός, -ή, -ό, επίθ. (έρρ.). 1α. που ανήκει ή αναφέρεται σε συγγένεια (βλ. λ. σημασ. 1) ή συγγενή: *σχέσεις -ές· σπίτι -ό·* β. (νομ.) *συμβούλιο -ό* = συμβούλιο που αποτελείται από συγγενείς ή φίλους των γονέων ανηλίκου υπό επιτροπεία και γνωμοδοτεί ή αποφασίζει για θέματα που τον αφορούν. 2. που έχει συγγένεια (βλ. λ. σημασ. 2): *ιδέες -ές·* (γλωσσολ.) *λέξεις -ές* (= όσες ανήκουν στην ίδια οικογένεια, βλ. λ. σημασ. 5).
συγγένισσα, βλ. *συγγενής.*
συγγενολόι το, ουσ. (έρρ., ασυνίζ., λαϊκ.), το σύνολο των συγγενών κάποιου: *ήρθε να τη δει στην κλινική όλο το ~* (πβ. *σόι*).
συγγνώμη (έρρ.) και **συγνώμη** η, ουσ. α. συγχώρεση από κάποιον (για λόγο ή πράξη που τον έβλαψε ή τον στενοχώρησε): *πήγαινε να ζητήσεις ~ για τη ζημιά·* β. (νομ.) έκφραση της θέλησης κάποιου να παραβλέψει πράξη ή συμπεριφορά ενός άλλου, η οποία θα επέσυρε νομικές συνέπειες. - Η αιτ. εν. σε θέση επιφ. = 1. όταν κάποιος δηλώνει μεταμέλεια και ζητά συγχώρεση: *~, δε θα το ξα-*

νακάνω· (επιτ.) *χίλια ~!* (στον πληθ. ως κλιτό) *δεν ωφελούν οι -ες.* 2. τυπική έκφραση ευγένειας που τη χρησιμοποιεί κανείς, συνήθως στην αρχή του λόγου του, για να μετριάσει δυσάρεστη εντύπωση· α. όταν πρόκειται να ενοχλήσει κάποιον, να του ζητήσει εξυπηρέτηση, πληροφορία κ.τ.ό.: *~, να περάσω· ~, μπορώ να σας ρωτήσω κάτι;* β. (απολ., με ερωτηματικό) όταν δεν άκουσε καλά τι είπε ο άλλος και ζητά να το επαναλάβει· γ. όταν ο ίδιος ενόσω μιλά, διορθώνει κάτι που είπε: *ο Α γεννήθηκε το 1918, ~, το 1920·* δ. (συχνά με επόμενο το *αλλά*) όταν πρόκειται να πει κάτι δυσάρεστο, να εκδηλώσει διαφωνία: *~, αλλά έχουμε κλείσει/αλλά δεν έχεις δίκιο* (αλλιώς *με συγχωρείς/-είτε*).
συγγνωστός, -ή, -ό, επίθ. (έρρ., λόγ.), για λαθεμένη ή κακή πράξη που είναι δυνατόν να τη συγχωρήσει κάποιος: *αδίκημα -ό· πλάνη -ή.*
σύγγραμμα το, ουσ. (έρρ.), πνευματικό και ειδικά επιστημονικό έργο διατυπωμένο σε πεζό λόγο: ~ *ιατρικό/φιλοσοφικό* (συνών. *βιβλίο, πραγματεία, συγγραφή*).
συγγραφέας ο, (προτείνεται θηλ. **συγγράφισσα** ή **συγγραφεύς** η, γεν. -*έως*) ουσ. (έρρ.). α. πρόσωπο που έγραψε ή γράφει έργα επιστημονικά ή λογοτεχνικά, ειδικά σε πεζό λόγο (σε αντιδιαστολή προς τον *ποιητή*) που ασχολείται επαγγελματικά ή στο πλαίσιο του επαγγέλματός του με το γράψιμο βιβλίων, δοκιμίων, άρθρων, κ.τ.ό.: ~ *ιστορικός/θεατρικός·* β. (για συγκεκριμένο πεζό κείμενο, ιδίως άρθρο, ρεπορτάζ, γράμμα) εκείνος που το έγραψε.
συγγραφή η, ουσ. (έρρ.). 1α. η εργασία του συγγραφέα (κοιν. *γράψιμο*)· β. (συνεκδοχικά) σύγγραμμα (βλ. λ.). 2. (νομ.) ~ *υποχρεώσεων* = γραπτή συμφωνία για τους όρους που διέπουν την εκτέλεση ενός έργου, μια εμπορική συναλλαγή, κ.ά.
συγγραφικός, -ή, -ό, επίθ. (έρρ.), που ανήκει ή αναφέρεται στη συγγραφή ή το συγγραφέα: *ικανότητα -ή· μόχθος ~·* (νομ.) *δικαιώματα -ά* = τα οικονομικά κέρδη του συγγραφέα από την έκδοση του έργου του, κατοχυρωμένα με συμβόλαιο που υπογράφει με τον εκδότη.
συγγράφισσα, βλ. *συγγραφέας.*
συγγράφω, ρ. (έρρ.), παρατ. *συνέγραφα*, πληθ. *συγγράφαμε*, αόρ. *συνέγραψα*, πληθ. *συγγράψαμε*, γράφω σύγγραμμα (βλ. λ.): *ο Κ. Παπαρρηγόπουλος συνέγραψε την Ιστορία του Ελληνικού Έθνους.*
συγκαίομαι, ρ. (έρρ.), μτχ. *συγκαμένος*, (συνήθως για μωρό) παθαίνω ερεθισμό της επιδερμίδας σε σημείο όπου τρίβεται με όμοια επιφάνεια ή με ρούχα, κ.ά. (λ.χ. στη συμβολή των σκελών): *βάλε αλοιφή στο μωρό γιατί είναι -αμένο.*
σύγκαιρα, επίρρ. (έρρ., λαϊκ.), συγχρόνως.
συγκαιρινός, -ή, -ό και (συνιζ.) **-ριανός**, επίθ. (έρρ., λαϊκ.), (για πρόσωπο) σύγχρονος ή της ίδιας περίπου ηλικίας: *Εδώ και πολλά χρόνια οι άνθρωποι δε μοιάζανε με τους -ριανούς μας* (Μπαστιάς).
συγκαλά τα, ουσ. (έρρ.), καλή διανοητική ή φυσική κατάσταση· μόνο στην αιτ. και στις φρ. *είμαι στα ~ μου* (= είμαι σωματικά ή ψυχικά υγιής, δεν παραλογίζομαι): *είσαι στα ~ σου που θα πουλήσω το χωράφι; έρχομαι στα ~ μου* (= συνέρχομαι ψυχικά ή σωματικά, λογικεύομαι): *Να ξαπλωθώ,*

να ζεσταθώ, να 'ρθω στα ~ μου (Αθάνας)· φέρνω κάποιον στα ~ του (= τον συνεφέρνω).
συγκαλύπτω, ρ. (έρρ.), αόρ. συγκάλυψα, ενεργώ ώστε να μη φανερωθεί πράξη μεμπτή ή αξιόποινη: ~ σκάνδαλο (συνών. σκεπάζω, κουκουλώνω· αντ. αποκαλύπτω). - Η παθ. μτχ. ως επίθ. = (για λόγο) που διατυπώνεται ασαφώς ή με περιστροφές, που δε φανερώνει την αλήθεια: ομολογία/απειλή -υμμένη.
συγκάλυψη η, ους. (έρρ.), το να συγκαλύπτει κανείς (ενοχή, σκάνδαλο, κ.τ.ό.): ~ ευθυνών (συνών. κουκούλωμα· αντ. αποκάλυψη).
συγκαλώ, -είς, ρ., αόρ. συγκάλεσα, παθ. αόρ. συγκλήθηκα (έρρ.), προσκαλώ έναν αριθμό ατόμων στο ίδιο μέρος για να συνεδριάσουν, να ενημερωθούν, να αποφασίσουν σχετικά με κάποιο θέμα: η διοίκηση της εταιρείας -εί τους μετόχους σε συνέλευση· (συνεκδοχικά) ~ συμβούλιο.
σύγκαμα το, ους. (έρρ.), ο ερεθισμός που παθαίνει κανείς όταν συγκαίεται (βλ. λ.).
συγκατάβαση η, ους. (έρρ.). α. επιείκεια, ηπιότητα, καλή και φιλική διάθεση ή συμπεριφορά (ιδίως προς αδυνάτους ή κατωτέρους)· β. (θεολ.) για τη θεία μακροθυμία.
συγκαταβατικός, -ή, -ό, επίθ. (έρρ.). 1. (για πρόσωπο) που έχει ή δείχνει συγκατάβαση (βλ. λ. σημασ. α) (συνών. επιεικής, καταδεκτικός, καλόβολος). 2. για κάτι που γίνεται με συγκατάβαση: τιμές -ές (= λογικές, χαμηλές)· πρόταση -ή (= μετριοπαθής, συζητήσιμη). - Επίρρ. -ά.
συγκαταβατικότητα η, ους. (έρρ.), το να είναι κάποιος ή κάτι συγκαταβατικός/-ό.
συγκατάθεση, η ους. (έρρ.), το να δέχεται κάποιος να γίνει κάτι: παντρεύτηκαν χωρίς τη ~ των γονιών τους· ~ αυθόρμητη/ενυπόγραφη· φρ. δίνω ~ για κάτι (= συγκατατίθεμαι, βλ. λ.) (συνών. θέλημα, αποδοχή, συναίνεση· αντ. άρνηση).
συγκαταλέγω, ρ., παρατ. συγκατέλεγα, πληθ. συγκαταλέγαμε, αόρ. συγκατέλεξα, πληθ. συγκαταλέξαμε (έρρ.), κατατάσσω, περιλαμβάνω κάποιον ή κάτι σε ένα σύνολο ομοίων τους: τον -ουν ανάμεσα στους πολύ πλούσιους· (μέσ.) στους κατηγορουμένους -εται και ο αρχηγός της σπείρας.
συγκατάνευση η, ους. (έρρ., λόγ.), συγκατάθεση (βλ. λ.).
συγκατανεύω, ρ. (έρρ., λόγ.), δίνω τη συγκατάθεσή μου για κάτι, συμφωνώ με κάτι (συνών. συγκατατίθεμαι, συναινώ· αντ. αρνούμαι).
συγκατάταξη η, ους. (έρρ.), το να συγκαταλέγει κανείς κάποιον ή κάτι σε ένα σύνολο ομοίων τους (συνών. συμπερίληψη).
συγκατατάσσω, ρ. (έρρ., λόγ.), παρατ. συγκατέτασσα, πληθ. συγκατατάσσαμε, αόρ. συγκατέταξα, πληθ. συγκατατάξαμε, συγκαταλέγω (βλ. λ.), συμπεριλαμβάνω.
συγκατατίθεμαι, ρ. (έρρ., λόγ.), αόρ. -τέθηκα, δέχομαι να γίνει κάτι, εκφράζω τη θέληση ή τη συμφωνία μου για κάτι: οι συναρμόδιοι υπουργοί δε -ενται στην υποτίμηση (συνών. αποδέχομαι, συναινώ· αντ. αρνούμαι).
συγκατήγορος ο και η, ους. (έρρ.), (νομ.) κατήγορος μαζί με άλλον ή άλλους για την ίδια υπόθεση.
συγκατηγορούμενος ο, θηλ. **-η**, ους. (έρρ.), (νομ.) καθένας από όσους κατηγορούνται μαζί για το ίδιο ή σχετικό αδίκημα.
συγκατοίκηση η, ους. (έρρ.). 1. το να συγκατοικεί κανείς με άλλον: είναι δύσκολη υπόθεση η ~. 2. (νεολογ., πολιτ.· απόδοση του γαλλ. *cohabitation*) το να ανήκουν ο αρχηγός του κράτους (πρόεδρος) και ο επικεφαλής της εκτελεστικής εξουσίας (πρωθυπουργός) σε διαφορετικούς πολιτικούς χώρους (υποχρεωμένοι όμως από τους θεσμούς να «συμβιώσουν» στα ανώτατα αξιώματα του κράτους).
συγκατοικία η, ους. (έρρ., λόγ.), συγκατοίκηση.
συγκάτοικος ο και η, ους. (έρρ.), άτομο που συγκατοικεί (βλ. λ.) με άλλον ή άλλους.
συγκατοικώ, -είς, ρ. (έρρ.), (για πρόσωπα που δεν ανήκουν στην ίδια οικογένεια) κατοικώ στο ίδιο σπίτι μαζί με άλλον ή άλλους: στο πρώτο έτος -ούσε με δύο συμφοιτητές πατριώτες του.
συγκατοχή η, ους. (έρρ., λόγ.), το να κατέχει κανείς κάτι μαζί με άλλον ή άλλους.
συγκάτοχος ο και η, ους. (έρρ., λόγ.), αυτός που κατέχει κάτι μαζί με άλλον ή άλλους (πβ. συνιδιοκτήτης).
σύγκειμαι, ρ. (έρρ., λόγ.), (μόνο στον ενεστ.) αποτελούμαι, απαρτίζομαι (από πολλά μέρη ή μέλη, κ.τ.ό.).
συγκεκομμένος, -η, -ο, επίθ. (έρρ.), (γραμμ., συνήθως για λέξη) που έχει χάσει συλλαβή ή συλλαβές ή σειρά φθόγγων. - Πβ. και *συγκόπτομαι*.
συγκεκριμένος, -η, -ο, επίθ. (έρρ.), καθορισμένος, φανερός: *πρόταση -η· ζήτημα -ο· ημέρα -η* (αντ. αφηρημένος, ασαφής, αόριστος). - Επίρρ. **-α:** *του μίλησε -α* (= ακριβώς) γι' αυτό το θέμα· για να εκτεθούν τα πράγματα -α (= με ακρίβεια).
συγκεντρώνω, ρ. (έρρ. δις). Ι. ενεργ. 1. μαζεύω πολλά ομοειδή ή και διαφορετικά πράγματα ή πολλά πρόσωπα σε ένα ορισμένο σημείο: έωσαν ακόμα τα αποτελέσματα απ' όλες τις εκλογικές περιφέρειες· ο δάσκαλος -ωσε τους μαθητές στην αυλή. 2. (για σκέψη, ενέργειες, κ.ά.) περιορίζω σε ορισμένο σημείο, θέμα, σκοπό, κ.λπ.: έχει -ώσει όλο το ενδιαφέρον του/την προσοχή του στις πολιτικές εξελίξεις· -ωσα τις δυνάμεις μου στην επίτευξη αυτού του σκοπού. ΙΙ. μέσ. 1. συναθροίζομαι: οι διαδηλωτές -ώθηκαν έξω απ' το υπουργείο. 2. επιστρατεύω τις πνευματικές ή τις σωματικές μου δυνάμεις για ένα σκοπό: αυτό το παιδί δεν μπορεί να -ωθεί και να μελετήσει.
συγκέντρωση η, ους. (έρρ. δις). 1. το να συγκεντρώνει κάποιος πολλά πράγματα και το αποτέλεσμα αυτής της ενέργειας: ~ κεφαλαίων/πλούτου/αγροτικής παραγωγής/των εκλογικών αποτελεσμάτων. 2. συνάθροιση πολλών ατόμων στο ίδιο σημείο: ~ ατόμων που διαμαρτύρονται για ένα γεγονός· προεκλογική ~ (συνών. σύναξη)· έκφρ. στρατόπεδο -ης, βλ. στρατόπεδο σημασ. 2. 3. (για σκέψη, ενδιαφέρον, κ.τ.ό.) περιορισμός σε ορισμένο σημείο, θέμα, κλπ.: ~ της προσοχής/του ενδιαφέροντος στις πολιτικές εξελίξεις. 4. επιστράτευση πνευματικών και ψυχικών δυνάμεων για συγκεκριμένη απασχόληση· ολοκληρωτική αφοσίωση: απαιτείται ~ για την κατανόηση αυτού του κειμένου (συνών. αυτοσυγκέντρωση).
συγκεντρωτικός, -ή, -ό, επίθ. (έρρ. δις). 1. που σχετίζεται με τη συγκέντρωση, που συγκεντρώνει: ~ πίνακας από στοιχεία χρήσιμα. 2. (πολιτ.) -ή εξουσία ή -ό σύστημα = πολιτικό σύστημα κατά το οποίο αποφάσεις και διοικητικές δραστηριότητες πηγάζουν από την κεντρική πολιτική εξουσία (αντ. *αποκεντρωτικός*). - Επίρρ. **-ά**.
συγκεντρωτισμός ο, ους. (έρρ. δις), (πολιτ.) η τά-

συγκερασμός

ση να συγκεντρώνεται η εξουσία στο κέντρο της επικράτειας, στην πρωτεύουσα, ή γενικότερα να λαμβάνονται οι αποφάσεις από ολιγομελή όργανα ή ομάδες.

συγκερασμός ο και **συγκέρασμα** το, ουσ. (έρρ.), (για απόψεις, ιδέες, κλπ.) ανάμιξη και συνδυασμός: *~ μοτίβων, θεμάτων, κλπ., από τον καλλιτέχνη δημιουργό.*

συγκεφαλαιώνω, ρ. (έρρ.), συμπτύσσω με επιδέξιο τρόπο όσα είπα προηγουμένως εκτενέστερα: *-οντας θα σας πω το συμπέρασμά μου* (συνών. συνοψίζω, ανακεφαλαιώνω).

συγκεφαλαίωση η, ουσ. (έρρ.), η ενέργεια και το αποτέλεσμα του συγκεφαλαιώνω.

συγκεφαλαιωτικός, -ή, -ό, επίθ. (έρρ.), που σχετίζεται με τη συγκεφαλαίωση.

συγκεχυμένος, -η, -ο, επίθ. (έρρ.), που δεν είναι σαφής (συνών. ακαθόριστος). - Επίρρ. **-α:** *μου μιλούσε -α.* - Πβ. και συγχέω.

συγκίνηση η, ουσ. (έρρ.), ψυχική αναταραχή προκαλούμενη από φόβο, λύπη, έκπληξη, χαρά, κλπ.: *μεγάλη ~ δοκιμάσαμε από τον κίνδυνο που διατρέξαμε· αισθάνομαι ~· θυμούμαι κάτι με ~.*

συγκινησιακός, -ή, -ό, επίθ. (έρρ., ασυνίζ.), που σχετίζεται με τη συγκίνηση: *-ές δυνατότητες ενός έργου.*

συγκινητικός, -ή, -ό, επίθ. (έρρ.), που προκαλεί συγκίνηση: *έκκληση -ή· λόγια -ά· -ή συμπεριφορά του φίλου μου.* - Επίρρ. **-ά**.

συγκινώ, -είς, ρ. (έρρ.). Ι. ενεργ. 1. προκαλώ ψυχική αναταραχή, συγκίνηση: *με -ησε ο ρήτορας με όσα είπε· -ήθηκα με τη διήγησή σου.* 2. προκαλώ υψηλή αισθητική απόλαυση: *οι αρχαιοελληνικές τραγωδίες -ούν πάντοτε το θεατή.* ΙΙ. (μέσ.) αισθάνομαι συγκίνηση: *κάθε φορά που διαβάζω αυτό το ποίημα -ούμαι· αυτή -είται πολύ εύκολα.*

συγκληρονομία η, ουσ. (έρρ.), (νομ.) το να μετέχουν περισσότεροι στην κληρονομούμενη περιουσία· (μετων.) η περιουσία που τη διεκδικούν περισσότεροι κληρονόμοι.

συγκληρονόμος ο, ουσ. (έρρ.), εκείνος που κληρονομεί μαζί με άλλον ή άλλους.

σύγκληση η, ουσ. (έρρ.), το να προσκαλούνται πολλά πρόσωπα στον ίδιο χώρο με καθορισμένο σκοπό: *~ της Βουλής/συνέλευσης σωματείου.*

συγκλητικός, -ή, -ό, επίθ. (έρρ.), που ανήκει ή αναφέρεται στη σύγκλητο: *τάξη/απόφαση -ή.* - Το αρσ. ως ουσ. = **1.** (ιστ.) μέλος της ρωμαϊκής συγκλήτου. **2.** καθηγητής μέλος της πανεπιστημιακής συγκλήτου.

σύγκλητος η, ουσ. **1.** (ιστ.) ανώτατο νομοθετικό σώμα στην αρχαία Ρώμη. **2.** το ανώτατο διοικητικό όργανο ενός πανεπιστημίου.

συγκλίνω, ρ. (έρρ.), σπανιότ. στον παρατ. και τον αόρ. *συνέκλινα,* πληθ. *συγκλίναμε.* **1.** ρέπω προς το ίδιο μέρος, έχω την ίδια κατεύθυνση που έχει και άλλος ή άλλοι: *οι δυο δρόμοι -ουν προς την πλατεία.* **2.** (μεταφ.) τείνω να ταυτιστώ με κάτι άλλο: *οι ιδέες μας -ουν* (αντ. αποκλίνω).

σύγκλιση η, ουσ. (έρρ.), το αποτέλεσμα του συγκλίνω: *~ απόψεων· ~ των οικονομικών μιας χώρας με τα οικονομικά άλλων χωρών.*

συγκλονίζω, ρ. (έρρ.). **1.** σείω, τραντάζω: *ο σεισμός -ισε την πόλη.* **2.** προκαλώ βαθύτατη συγκίνηση, αναστατώνω: *η είδηση τον -ισε· το σκάνδαλο -ισε την κοινωνία.*

συγκλονισμός ο, ουσ. (έρρ.). **1.** μεγάλη αναταραχή:

1286

η κήρυξη πολέμου έφερε -ό. **2.** βαθύτατη συγκίνηση: *αισθάνθηκε -ό από το ξαφνικό γεγονός.*

συγκλονιστικός, -ή, -ό, επίθ. (έρρ.), που συγκλονίζει, συνταρακτικός: *νέα -ά· εξελίξεις -ές.*

συγκοινωνία η, ουσ. (έρρ.), η δυνατότητα να μεταβαίνει ο άνθρωπος σε σχετικά κοντινούς ή μακρινούς τόπους με κατάλληλα μεταφορικά μέσα· το σύστημα τρένων, λεωφορείων, αεροπλάνων, κλπ., που χρησιμοποιούν οι άνθρωποι για να ταξιδεύουν από το ένα μέρος στο άλλο: *έχομε καλή ~ με τα προάστια· με την απεργία η ~ επηρεάστηκε σοβαρά· ~ αστική/αεροπορική· μέσα -ας.*

συγκοινωνιακός, -ή, -ό, επίθ. (έρρ., ασυνίζ.), που σχετίζεται με τη συγκοινωνία: *μέσα/προβλήματα -ά· -ή αρτηρία,* βλ. αρτηρία· *~ κόμβος,* βλ. κόμβος.

συγκοινωνιολογία η, ουσ. (έρρ.), επιστημονικός κλάδος που ασχολείται με θέματα συγκοινωνιών.

συγκοινωνιολόγος ο, ουσ. (έρρ., ασυνίζ.), επιστήμονας που ασχολείται με θέματα συγκοινωνιών.

συγκοινωνώ, -είς, ρ. (έρρ.), (για κοντινούς χώρους) επικοινωνώ: *το υπνοδωμάτιο -εί με το λουτρό.*

συγκόλληση η και **συγκόλλημα** το, ουσ. (έρρ.), η ενέργεια του συγκολλώ (βλ. λ.).

συγκολλητής ο, ουσ. (έρρ.), τεχνίτης που συγκολλά ιδίως μέταλλα.

συγκολλητικός, -ή, -ό, επίθ., που σχετίζεται με τη συγκόλληση: *ουσία -ή.*

συγκολλώ, -άς, ρ. (έρρ.). **1.** συνδέω με κόλλα δυο αντικείμενα που πρέπει να συνδεθούν ή που ήταν αποκολλημένα: *~ σπασμένα κόκαλα.* **2.** (μεταφ.) ενώνω δύο ομοειδείς ομάδες ατόμων που είχαν αποσυνδεθεί: *~ δύο συγγενικές πολιτικές ομάδες.*

συγκομιδή η, ουσ. (έρρ.). **1.** η συλλογή της γεωργικής παραγωγής: *φέτος καθυστέρησε η ~ των εσπεριδοειδών.* **2.** το σύνολο της γεωργικής παραγωγής συγκεντρωμένο: *η ~ της χρονιάς* (συνών. σοδειά). **3.** (γενικότερα) η συγκέντρωση χρήσιμου υλικού για ποικίλες χρήσεις: *~ επιστημονικού υλικού.*

συγκοπή η, ουσ. (έρρ.). **1.** (ιατρ.) διακοπή ή απλώς εξασθένηση της καρδιακής λειτουργίας με απώλεια της συνείδησης: *λίγο έλειψε να μου 'ρθει ~.* **2.** (γραμμ.) αποβολή άτονου φωνήεντος ανάμεσα σε δύο σύμφωνα (λ.χ. *κορυφή - κορφή, φέρετε - φέρτε*).

συγκόπτομαι, ρ. (έρρ.), (γραμμ.) α. (για λέξη) χάνω συλλαβή ή συλλαβές ή σειρά φθόγγων: *ονόματα που -ονται·* β. (για φωνήεν) παθαίνω συγκοπή (βλ. λ. σημασ. 2).

σύγκορμος, -η, -ο, επίθ. (έρρ.), (ως επιρρημ. κατηγορούμενο) που υφίσταται αυτό που σημαίνει το ρήμα σε όλο του το σώμα· ιδίως στη φρ. *τρέμω ~* (= τρέμει ολόκληρο το σώμα μου).

συγκρατημός ο, ουσ. (έρρ.). **1.** το να εμποδίζεται ή να χαλιναγωγείται κάτι: *τα παιδιά δεν έχουν -ό.* **2.** έλλειψη εκδηλωτικότητας, επιφύλαξη: *ο ήρεμος ~ των βόρειων λαών.*

συγκράτηση η, ουσ. (έρρ.), η ενέργεια του συγκρατώ.

συγκρατώ, -είς, ρ., μέσ. *-ιέμαι,* μτχ. παρκ. *-ημένος* (έρρ.). Ι. ενεργ. **1.** κρατώ κάτι καλά, δεν το αφήνω να πέσει: *παραλίγο να μου πέσει το βιβλίο από τα χέρια μου, όμως το -ησα.* **2.** χρησιμεύω ως στήριγμα για κάτι: *έστησαν ακόμη ένα δοκάρι για να -εί τη στέγη.* **3.** εμποδίζω κάποιον ή κάτι να προχωρήσει: *το δάσος -εί το νερό της βροχής· ο*

στρατός -ησε την προέλαση των εχθρών. **4.** χαλιναγωγώ κάποιον, τον εμποδίζω με νουθεσίες ή άλλα μέσα να προχωρήσει σε μια ενέργεια: *ήθελε να τον χτυπήσει και τον -ησα· με τις συμβουλές μου τον -ησα·* ~ *τον εαυτό μου* (= επιβάλλομαι στον εαυτό μου). **5.** (μεταφ.) κρατώ σταθερό κάτι: ~ *τον τιμάριθμο* (ώστε να μην ανέβει)· *με τα νέα μέτρα ίσως -ηθούν οι τιμές στην αγορά.* **6.** θυμούμαι: *ό,τι μου λες το* ~. **II.** (μέσ.) εμποδίζω τον εαυτό μου να ενεργεί άτοπα ή υπερβολικά. - Η μτχ. παρκ. ως επίθ. = **1.** περιορισμένος ως ορισμένο σημείο: *αισιοδοξία/κίνηση -ημένη.* **2.** (για πρόσωπα) σοβαρός, επιφυλακτικός: *είναι κάπως -ημένος απέναντι στο νέο συνάδελφο.*

συγκρητισμός ο, ουσ. (έρρ.). **1.** προσπάθεια συμβιβασμού ή συνδυασμού διαφόρων φιλοσοφικών συστημάτων (πβ. *εκλεκτικισμός*). **2.** ανάμιξη και συγχώνευση διαφόρων θρησκειών και τύπων λατρείας και ειδικότερα το φαινόμενο της διείσδυσης στον ελληνορωμαϊκό κόσμο των ανατολικών θρησκειών.

συγκρίνω, ρ. (έρρ.) **Α.** (ενεργ.) βρίσκω τις ομοιότητες και διαφορές κάποιου προσώπου ή πράγματος με άλλο: ~ *δύο γωνίες/καλλιτέχνες* (συνών. *παραβάλλω*). **Β.** (μέσ.) επιδέχομαι σύγκριση: *δε -εται η ποιότητα του υφάσματος.*

σύγκριση η, ουσ. (έρρ.), αναζήτηση ομοιοτήτων, αναλογιών ή διαφορών ανάμεσα σε πρόσωπα ή πράγματα: ~ *πολιτισμών/μαθητών· πρώτος όρος -ης* (συνών. *παραβολή*).

συγκρίσιμος, -η, -ο, επίθ. (έρρ.), που επιδέχεται σύγκριση: *στοιχεία -α.*

συγκριτικός, -ή, -ό, επίθ. (έρρ.). **1.** που αναφέρεται στη σύγκριση: *γραμματολογία/γλωσσολογία -ή,* βλ. *γλωσσολογία.* **2.** (γραμμ.) ~ *βαθμός* = ο δεύτερος βαθμός επιθέτου που φανερώνει ότι το ουσιαστικό που προσδιορίζεται από αυτό έχει μια ποιότητα ή μια ιδιότητα σε μεγαλύτερο βαθμό από ένα άλλο. - Επίρρ. **-ώς** και **-ά.**

συγκριτολογία η, ουσ. (έρρ.), επιστημονικός κλάδος που μελετά τις διεθνείς λογοτεχνικές σχέσεις.

συγκριτολόγος ο και η, ουσ. (έρρ.), επιστήμονας που ασχολείται με τη συγκριτολογία (βλ. λ.).

συγκρότημα το, ουσ. (έρρ.). **1.** σύνολο πραγμάτων που βρίσκονται στον ίδιο τόπο και αποτελούν μια αδιαίρετη ενότητα: ~ *ξενοδοχειακό/κατοικιών.* **2.** ομάδα ατόμων με κοινά ενδιαφέροντα (συνήθως καλλιτεχνικά) που οργανώνονται για να εργαστούν ή να ενεργήσουν μαζί: *μουσικό* ~. **3.** (στρατ.) σύνολο μονάδων σε καιρό πολέμου με ενιαία διοίκηση και κοινή αποστολή.

συγκρότηση η, ουσ. (έρρ.). **1α.** σχηματισμός συνόλου με βάση ορισμένες αρχές και πρόγραμμα: ~ *εταιρείας/συλλόγου* (αντ. *διάλυση)·* **β.** (γενικά) δημιουργία, σχηματισμός: ~ *συλλαλητηρίου/ συνέλευσης.* **2.** κατάρτιση: ~ *επιστημονική/θεωρητική.*

συγκροτώ, -είς, ρ. (έρρ.). **1α.** σχηματίζω σύνολο με βάση ορισμένες αρχές και πρόγραμμα: ~ *χορευτική ομάδα/λεξικό· προτάσεις -ημένες·* **β.** (γενικά) δημιουργώ, σχηματίζω: *-ήθηκε νέο διοικητικό συμβούλιο.* - Η μτχ. παρκ. *συγκροτημένος* ως επίθ. = **α.** που έχει αρτιότητα ψυχική, πνευματική και ηθική: *χαρακτήρας* ~· **β.** ολοκληρωμένος: *σκέψη -η.*

συγκρούομαι, ρ. (έρρ.). **1.** πέφτω επάνω σε κάτι που έρχεται από την αντίθετη κατεύθυνση: *-όμενα αυτοκίνητα* (συνών. *τρακάρω*). **2.** συμπλέκομαι: *-στηκαν αστυνομικοί με απεργούς.* **3.** έρχομαι σε αντίθεση: *η κυβερνητική απόφαση -εται με τα δημοκρατικά αισθήματα των πολιτών.*

σύγκρουση η, ουσ. (έρρ.). **1.** χτύπημα ανάμεσα σε δύο σώματα που κινούνται αντίθετα: ~ *μετωπική οχημάτων* (συνών. *τρακάρισμα*). **2.** συμπλοκή: ~ *στρατευμάτων* (συνών. *ρήξη*). **3.** αντίθεση: ~ *ανάμεσα στην ανθρώπινη δράση και το θεϊκό νόμο·* ~ *καθηκόντων.*

συγκρουστήρας ο, ουσ. (έρρ.), μεταλλικός δίσκος που προεξέχει στο μπροστινό τμήμα σιδηροδρομικού οχήματος.

σύγκρυο το, ουσ. (έρρ., ασυνίζ., λαϊκ.), ρίγος, κρυάδα από φόβο, πυρετό, κλπ.: *ένιωσε* ~ *τρόμου.*

συγκυβέρνηση η, ουσ. (έρρ.), κυβέρνηση μαζί με άλλον ή άλλους: ~ *πολιτικών κομμάτων.*

συγκυβερνώ, -άς, ρ., κυβερνώ μαζί με άλλον ή άλλους.

συγκυρία η, ουσ. (έρρ.). **1.** σύμπτωση όλως τυχαία, περίσταση: ~ *ευοίωνη.* **2.** οι συνθήκες κάτω από τις οποίες συντελούνται ορισμένα γεγονότα (πολιτικά, κοινωνικά, κλπ.): *πολιτική/οικονομική* ~.

συγκυριακός, -ή, -ό, επίθ. (έρρ., ασυνίζ.), που σχετίζεται με τη συγκυρία: *αίτια -ά.*

συγκυριαρχία η, ουσ. (έρρ., ασυνίζ.). **1.** κοινή κυριαρχία μαζί με άλλον ή άλλους πάνω σε κάτι. **2.** δικαίωμα κυριαρχίας που ασκείται από κοινού από περισσότερες δυνάμεις στην ίδια χώρα.

συγκυρίαρχος, -η, -ο, επίθ. (έρρ.), που ασκεί συγκυριαρχία: *-ες δυνάμεις.* - Το αρσ. και ως ουσ.: *οι -οι μιας χώρας.*

συγκύριος ο, ουσ. (έρρ., ασυνίζ.), αυτός που μετέχει στην κυριότητα κάποιου πράγματος (συνών. *συγκάτοχος, συνιδιοκτήτης*).

συγκυριότητα η, ουσ. (έρρ., ασυνίζ.), το να είναι κανείς κύριος κάποιου πράγματος μαζί με άλλους.

σύγνεφο, βλ. *σύννεφο.*

συγνώμη, βλ. *συγγνώμη.*

συγυρίζω, ρ. **I.** ενεργ. **1.** τοποθετώ το κάθε πράγμα στη θέση του: ~ *το δωμάτιο μου* (συνών. *τακτοποιώ, συμμαζεύω·* αντ. *ανακατώνω*). **2.** (μεταφ.) τιμωρώ: *θα σε -ίσω όταν έρθεις στο σπίτι.* **II.** (μέσ.) ντύνομαι, καλλωπίζομαι: *πήγαινε να -ιστείς λιγάκι.*

συγύρισμα το, ουσ., τακτοποίηση: *το σπίτι θέλει* ~ (συνών. *συμμάζεμα*).

συγχαίρω, ρ., αόρ. *συγχάρηκα.* **α.** εκφράζω τα συγχαρητήριά μου σε κάποιον για επιτυχία του ή ευτυχές γεγονός: *τους -ήκαμε για το γάμο της κόρης τους* (αντ. *συλλυπούμαι)·* **β.** επαινώ κάποιον γιατί έκανε κάτι δύσκολο, αξιοθαύμαστο, κλπ.: *σε* ~ *για την υπομονή σου.*

συγχαρητήρια τα, ουσ. (ασυνίζ.), έκφραση χαράς ή έπαινος προς κάποιον για επιτυχία του ή για κάποιο ευτυχές γεγονός που του συνέβη: ~ *και στους δύο νικητές·* (και ειρων.) ~! *πάλι θάλασσα τα 'κανες* (αντ. *συλληπητήρια*).

συγχαρητήριος, -α, -ο, επίθ. (ασυνίζ.), που εκφράζει συγχαρητήρια: *τηλεγράφημα -ο.*

συγχέω, ρ., δεν ξεχωρίζω καλά τα πράγματα: *-εις τα πρόσωπα και τα γεγονότα* (συνών. *μπερδεύω*).

συγχορδία η, ουσ. (μουσ.) συνήχηση τριών ή περισσοτέρων φθόγγων που απέχουν μεταξύ τους κατά διαστήματα τρίτης.

συγχορευτής ο, θηλ. **-εύτρια,** ουσ., σύντροφος κάποιου στο χορό (συνών. *παρτενέρ*).

συγχρονία η, ουσ. (γλωσσολ.) χαρακτήρας των γλωσσικών φαινομένων όταν εξετάζονται σε δεδομένη στιγμή και όχι σε συσχετισμό με την εξέλιξή τους μέσα στο χρόνο.

συγχρονίζω, ρ. 1. κάνω ώστε να συμβαίνουν ταυτόχρονα δύο ή περισσότερα γεγονότα: *η αθλητική ομάδα -ει τις κινήσεις της.* 2. κάνω κάτι σύγχρονο (συνών. *εκσυγχρονίζω*).

συγχρονικός, -ή, -ό, επίθ., που θεωρεί την υφή και τη λειτουργία των φαινομένων, της ίδιας χρονικής περιόδου σε διαφορετικούς τόπους ή τομείς ή αφορά τις διάφορες μορφές ενός ορισμένου φαινομένου την ίδια χρονική στιγμή: *έρευνα -ή· γλωσσολογία -ή* (βλ. ά. *γλωσσολογία*)· *πίνακας ~ = πολύστηλος πίνακας που προβάλλει τα γεγονότα που έγιναν σε διάφορες χώρες την ίδια ιστορική στιγμή* (αντ. *διαχρονικός*).

συγχρονισμός ο, ουσ. 1. το να υφίσταται, να γίνεται ή να κινείται κάτι συγχρόνως με άλλο: *~ κινήσεων/μηχανών/δύο γεγονότων.* 2. το να συντελείται κάτι σύμφωνα με τις σύγχρονες αντιλήψεις και ιδέες (συνών. *προοδευτικότητα*).

συγχρονιστικός, -ή, -ό, επίθ., που ανήκει ή αναφέρεται στο συγχρονισμό: *κίνηση -ή.*

σύγχρονος, -η, -ο, επίθ. 1. που γίνεται την ίδια χρονική στιγμή με κάτι άλλο (συνών. *ταυτόχρονος*). 2α. που παράγεται ή υφίσταται στην παρούσα στιγμή: *κόσμος ~· ιστορία/λογοτεχνία -η·* β. συγχρονισμένος, μοντέρνος: *αντιλήψεις -ες· αεροπλάνα -α.* 3. που είναι της ίδιας εποχής ή ηλικίας: *ο Α συγγραφέας είναι ~ του Β.* - Επίρρ. **-όνως** στη σημασ. Ι.

συγχρωτίζομαι, ρ. (λόγ.), συναναστρέφομαι: *-εται καθημερινά με πολλούς ανθρώπους.*

συγχρωτισμός ο, ουσ. (λόγ.), συναναστροφή: *καθημερινός ~ με μαθητές.*

συγχύζω, ρ. Ι. ενεργ. 1. (σπανίως) συγχέω. 2. προκαλώ σε κάποιον σύγχυση, ταραχή: *με σύγχυσε μ' αυτά που είπε* (συνών. *στενοχωρώ, εξοργίζω*). ΙΙ. (μέσ.) παθαίνω σύγχυση, ταράζομαι, στενοχωριέμαι: *μην τον ειρωνεύεσαι, γιατί -εται εύκολα· -στηκα μόλις άκουσα τα δυσάρεστα νέα.*

σύγχυση η, ουσ. 1. ανακάτεμα, μπέρδεμα: *~ γλωσσική/πολιτιστική.* 2. (μεταφ.) διαταραχή της ψυχικής γαλήνης, στενοχώρια: *τι ~ κι αυτή σήμερα!* 3. (ψυχιατρ.) *~ διανοητική = ψυχιατρικό σύνδρομο που χαρακτηρίζεται από απώλεια της μνήμης ως προς τα πρόσφατα και παλαιά γεγονότα και από διαταραχή του πρασανατολισμού ως προς το χρόνο και το χώρο.*

συγχώνευση η, ουσ., συνένωση πολλών ομοειδών πραγμάτων σε ένα: *~ εταιρειών/τραπεζών/ποινών.*

συγχωνεύω, ρ., συνενώνω, ενοποιώ: *-εύτηκαν οι δύο τράπεζες/οι ποινές.*

συγχώρηση και (λαϊκ.) **συχώρεση** και **σχώρεση** η, ουσ., παροχή συγγνώμης.

συγχωριανός και **συχωριανός** ο, θηλ. **-ή,** ουσ. (συνιζ.), αυτός που κατάγεται από το ίδιο χωριό με κάποιον άλλο: *πέρασε μπροστά από τους -ούς του χωρίς να τους χαιρετήσει.*

συγχωρώ, -είς και **συχωρώ, -άς,** (λαϊκ.) **συχωρνώ** και **σχωρνώ,** μτχ. παρκ. *συγχωρημένος* και *συχωρεμένος.* Ι. ενεργ. 1. δίνω τη συγγνώμη μου σε κάποιον για αμάρτημα ή σφάλμα του: *τον -ώρησα, γιατί μετάνιωσε πραγματικά.* 2. επιτρέπω: *δε -είται τέτοιο σφάλμα. Φρ. Θεός σχωρές' τον· Θεός σχωρές' τα πεθαμένα σου* (φράση που χρησιμοποιείται συνήθως από επαίτες)· *με -είτε* (= συγγνώμη): *μας -είτε για την καθυστέρηση.* ΙΙ. (μέσ., στον τ. *συχωρούμαι*) πεθαίνω: *συχωρέθηκε η γυναίκα του.* - Η μτχ. παρκ. *συχωρεμένος* ως ουσ. = *μακαρίτης.*

συδαυλίζω, βλ. *συνδαυλίζω.*

σύδεντρο το, ουσ., τόπος με πολλά δέντρα: *-α σύσκια.*

σύζευξη η, ουσ. 1. ένωση με γάμο (συνών. *παντρειά·* αντ. *διάζευξη*). 2. στενή σύνδεση, συνένωση: *~ προσφοράς και ζήτησης εργασίας.* 3. (βιολ.) ένωση ενός αρσενικού και ενός θηλυκού ατόμου για ανταλλαγή των γεννητικών τους προϊόντων. 4. (ηλεκτρ.) τρόπος σύνδεσης δύο ή περισσότερων κυκλωμάτων ή συστημάτων με τρόπο ώστε να μεταφέρεται ηλεκτρική ενέργεια από το ένα στο άλλο.

συζήτηση η, ουσ., διερεύνηση και αναζήτηση της λύσης ενός ζητήματος από δύο ή περισσότερα άτομα, από κοινού έρευνα των διαφόρων απόψεων ενός θέματος, ανταλλαγή απόψεων: *επιστημονική/πολιτική ~· αρχίζω/κλείνω τη ~· θέμα που σηκώνει πολλή ~* (= είναι αμφιλεγόμενο)· *έντονη ~* (= ζωηρός διάλογος, διαφωνία, αντιλογία)· *~ στρογγυλού τραπεζιού* (συνών. *συνομιλία, κουβέντα*).

συζητήσιμος, -η, -ο, επίθ. 1. που επιδέχεται συζήτηση, που αξίζει να εξεταστεί: *-ες προτάσεις.* 2. (για πρόσωπο) που ευνοεί την επίλυση διαφορών με ήπιο τρόπο, που δείχνει διαλλακτικότητα στις συζητήσεις που κάνει (αντ. *αδιάλλακτος*). 3. που η αξία του είναι αμφίβολη: *η χρησιμότητα του έργου είναι -η* (συνών. *αμφισβητήσιμος*).

συζητητής ο, θηλ. **-ήτρια,** ουσ., αυτός που παίρνει μέρος σε συζήτηση (συνών. *συνομιλητής*).

συζητητικός, -ή, -ό, επίθ. 1. που ανήκει ή αναφέρεται στη συζήτηση: *~ τρόπος.* 2. (για πρόσωπο) που αρέσκεται να συζητεί.

συζητήτρια, βλ. *συζητητής.*

συζητώ, -άς και **-είς,** ρ., διερευνώ και αναζητώ τη λύση ζητήματος μαζί με άλλον ή άλλους, ανταλλάσσω απόψεις για ένα θέμα: *οι δύο πρωθυπουργοί -ησαν τις σχέσεις των χωρών τους· -τήθηκε η στρατηγική του κόμματος·* φρ. *μην το -άς καθόλου* (= είναι αναμφισβήτητο) (συνών. *συνομιλώ, κουβεντιάζω*).

συζυγία η, ουσ. 1α. παράλληλη, από κοινού σύνδεση, σύζευξη· β. το να υπάρχει ζεύγος. 2. (αστρον.) συνάντηση δύο ή περισσότερων ουράνιων σωμάτων στην ίδια ευθεία, στο ίδιο τμήμα του ουρανού (συνών. *σύνοδος*). 3. (γραμμ.) ομάδα ρημάτων με το ίδιο σύστημα κλίσης: *υπάρχουν δύο -ες ρημάτων στην ελληνική γλώσσα.*

συζυγικός, -ή, -ό, επίθ., που ανήκει ή αναφέρεται στους συζύγους: *~ βίος* (συνών. *έγγαμος*)· *~ δεσμός· -ή πίστη.*

σύζυγος ο και η, ουσ. (κυρίως στη γλώσσα της διοίκησης και της δικαιοσύνης) πρόσωπο που συνδέεται με πρόσωπο του άλλου φύλου με γάμο: *πιστή ~· ζηλιάρης ~.* - Στον πληθ. **-οι** = το αντρόγυνο: *περιουσιακές σχέσεις των -ύγων.*

συζώ, -είς, ρ., αόρ. *συνέζησα,* πληθ. *συζήσαμε,* ζω στο ίδιο σπίτι μαζί με πρόσωπο του άλλου φύλου: *-ούν τρία χρόνια.*

σύθαμπο το, ουσ. (έρρ., λαϊκ.). **α.** η ώρα μετά τη δύση του ήλιου όταν αρχίζει να πέφτει το σκοτάδι (συνών. *σούρουπο, λυκόφως*)· **β.** η ώρα πριν ακόμη φωτίσει καλά: *έφυγε με το* ~ (συνών. *λυκαυγές*). - Επίρρ. **-α** = κατά την ώρα του σύθαμπου.

συθέμελος, -η, -ο, επίθ. (ως επιρρημ. κατηγορούμενο) που υφίσταται αυτό που σημαίνει το ρήμα μαζί με τα θεμέλιά του ή από τα θεμέλιά του, ολόκληρος: *δεν έμεινε αρχοντικό που να μην γκρεμίσει -ο* (Μπαστιάς)· *το καράβι σείστηκε -ο* (Μπαστιάς). - Επίρρ. **-α** (= από τα θεμέλια): *το σπίτι σείστηκε -α.*

σύθρηνο το, ουσ. (λαϊκ.), θρήνος πολλών προσώπων μαζί.

συκάκι, συκαλάκι, βλ. *σύκο.*

συκαμινιά και **σ(υ)καμ(ν)ιά** η, ουσ. (συνιζ.), (φυτολ.) η μουριά (βλ. λ.). [αρχ. *συκαμινέα*].

συκάμινο το, ουσ. (φυτολ.) ο καρπός της συκαμινιάς, μούρο (βλ. λ.).

συκαμιά και **συκαμνιά,** βλ. *συκαμινιά.*

συκιά η, ουσ. (συνιζ.), (φυτολ.) είδος οπωροφόρου φυλλοβόλου δέντρου που καλλιεργείται για τους καρπούς του, τα σύκα, στις παραμεσόγειες και τις τροπικές χώρες.

σύκο το, ουσ., ο καρπός της συκιάς, νόστιμο καλοκαιρινό φρούτο, μαλακό και γλυκό, γεμάτο από πολύ μικρούς σπόρους, που τρώγεται νωπό ή ξερό και χρησιμοποιείται για την παραγωγή οινοπνεύματος. Φρ. *λέω τα -α -α και τη σκάφη σκάφη* (= μιλώ απερίφραστα, είμαι ειλικρινής). Παροιμ. *Άλλος τα 'φαγε τα -α κι άλλος τα πληρώνει* (όταν αντί για τον ένοχο τιμωρείται αθώος). -Υποκορ. **-άκι** και **-αλάκι** το: *γλυκό του κουταλιού -αλάκι.*

συκομουριά η, ουσ. (συνιζ.), (φυτολ.) δέντρο της βόρειας Αφρικής με φύλλα σαν της μουριάς και καρπό όμοιο με το σύκο, που καλλιεργείται και στην ανατολική Μεσόγειο.

συκόμουρο το, ουσ., ο καρπός της συκομουριάς (βλ. λ.). [μτγν. *συκόμορον*].

συκοπιταρίδα η, ουσ. (λαϊκ.). **1.** πίτα από σύκα. **2.** αρμαθιά από ξεραμένα σύκα. [*σύκο+πίτα*]

συκοφάγος και (λαϊκ.) **-αγάς** ο, ουσ. **1.** αυτός που του αρέσουν πολύ τα σύκα. **2.** είδος πουλιού κίτρινου χρώματος με σκουρόχρωμα φτερά. [μτγν. *συκοφάγος*].

συκοφάντης ο, θηλ. **-ισσα** και (λογιότερο) **-τρια** ουσ. (έρρ.), αυτός που διαβάλλει κάποιον.

συκοφάντηση η, ουσ. (έρρ.), το να συκοφαντεί ή να συκοφαντείται κάποιος, συκοφαντία (βλ. λ.).

συκοφαντία η, ουσ. (έρρ.), ψεύτικη καταγγελία, διαβολή (συνών. λαϊκ. *αβανιά*).

συκοφαντικός, -ή, -ό, επίθ. (έρρ.), που ανήκει ή αναφέρεται στη συκοφαντία ή στο συκοφάντη (βλ. λ.): *-ά δημοσιεύματα· -ή δυσφήμηση.*

συκοφάντρια και **συκοφάντισσα,** βλ. *συκοφάντης.*

συκοφαντώ, -είς, ρ. (έρρ.), εκτοξεύω συκοφαντίες εις βάρος κάποιου (συνών. *διαβάλλω·* αντ. *παινεύω*).

συκόφυλλο το, ουσ., φύλλο συκιάς. Παροιμ. *έμαθε η γριά στα σύκα, τρώει και τα -α* (για κάποιον που απαιτεί να του κάνουν επανειλημμένα χάρη).

συκωτάκι, βλ. *συκώτι.*

συκωταριά και **σκω-** η, ουσ. (συνιζ., λαϊκ.), το συκώτι μαζί με τα πνευμόνια και τα άλλα σπλάχνα των σφαγμένων ζώων.

συκώτι και (λαϊκ.) **σκώ-** το, ουσ. (για τον άνθρωπο και τα ζώα) μικτός αδένας που βρίσκεται στο δεξιό μέρος του υπογάστριου κάτω από το διάφραγμα και παράγει τη χολή, το γλυκογόνο και ερυθρά αιμοσφαίρια. Φρ. (μεταφ.) *έβγαλε τα -ια του* (για ακατάσχετο εμετό)· *θα του φάω το* ~ (= θα τον εκδικηθώ σκληρά)· *μου γύρισε το* ~ (όταν αηδιάζουμε για κάτι)· *μου 'πρηξε το* ~ (= με στενοχώρησε πολύ)· *μου τρώει τα σκώτια* (= με βασανίζει, με ταλαιπωρεί πολύ)· *φούσκωσε το* ~ *μου* (= στενοχωρήθηκα πολύ). - Υποκορ. **-άκι** το.

σύληση η, ουσ. (λόγ.). **1.** κλοπή ιερών αντικειμένων, ιεροσυλία. **2.** (γενικά) βίαιη διαρπαγή, λεηλασία (συνών. λαϊκ. *διαγούμισμα, πλιάτσικο*).

συλητής ο, ουσ. (λόγ.). **1.** κλέφτης ιερών αντικειμένων, ιερόσυλος. **2.** (γενικά) ληστής (συνών. λαϊκ. *διαγουμιστής*).

συλλαβή η, ουσ. (γραμμ.) τμήμα της λέξης που αποτελείται από ένα φωνήεν ή μια δίφθογγο μόνα τους ή συνδεόμενα από ένα ή περισσότερα σύμφωνα και που προφέρεται με μια πνοή: *τονισμένες -ές· λέξη με πέντε -ές.*

συλλαβίζω, ρ. **1.** χωρίζω μια λέξη σε συλλαβές (προφέροντας ή γράφοντάς την). **2.** (συνεκδοχικά) διαβάζω με δυσκολία, μόλις και μετά βίας μπορώ να διαβάσω: *-ισε τη γραφή στο φως της λάμπας* (Ι.Μ. Παναγιωτόπουλος).

συλλαβικός, -ή, -ό, επίθ., που ανήκει ή αναφέρεται στη συλλαβή: *-ή γραφή/αύξηση.*

συλλάβισμα το, ουσ., συλλαβισμός (βλ. λ.).

συλλαβισμός ο, ουσ. (γραμμ.) χωρισμός μιας λέξης σε συλλαβές: *κανόνες -ού.*

συλλαβιστός, -ή, -ό, επίθ., που εκφωνείται ή γράφεται κατά συλλαβές. - Επίρρ. **-ά:** *διαβάζει -ά.*

συλλαβογραφία η, ουσ., σύστημα γραφής κατά το οποίο κάθε σύμβολο παριστάνει ολόκληρη συλλαβή.

συλλαβογραφικός, -ή, -ό, επίθ., που ανήκει ή αναφέρεται στη συλλαβογραφία (βλ. λ.).

συλλαλητήριο το, ουσ. (ασυνίζ.), δημόσια πολυπληθής συγκέντρωση πολιτών για διακήρυξη ή διεκδίκηση δικαιωμάτων ή για να διαδηλώσουν τη γνώμη τους σε σοβαρό ή γενικού ενδιαφέροντος θέμα: ~ *διαμαρτυρίας.*

συλλαμβάνω, ρ., παρατ. *συνελάμβανα,* πληθ. *συλλαμβάναμε,* αόρ. *συνέλαβα,* πληθ. *συλλάβαμε,* ελλειπτ. στον παθ. αόρ. **1.** (για αστυνομικές αρχές) πιάνω κάποιον και τον οδηγώ στο αστυνομικό τμήμα, στο κρατητήριο ή στη φυλακή: *τον συνέλαβαν για αντίσταση κατά της αρχής· τον συνέλαβαν επ' αυτοφώρω να κλέβει.* **2.** (μεταφ.) σχηματίζω στο νου μου: ~ *μια ιδέα.* **3.** αντιλαμβάνομαι, «ανακαλύπτω»· καταλαβαίνω: ~ *έναν ήχο· συνέλαβε το μήνυμα/το νόημα.* **4.** (για γυναίκα ή θηλυκό ζώο) μένω έγκυος: *αν η μητέρα δε συνέλαβε από το σύζυγό της, μπορεί να προσβληθεί δικαστικώς η ιδιότητα του τέκνου* (αστ. κώδ.). **5.** (νεολογ. για φωτογραφικό φακό, μικρόφωνο ή κάμερα) απαθανατίζω: *ο φακός τον συνέλαβε να χασμουριέται.*

συλλέγω, ρ., παρατ. *συνέλεγα,* πληθ. *συλλέγαμε,* αόρ. *συνέλεξα,* πληθ. *συλλέξαμε,* παθ. αόρ. *συλλέχτηκα,* μτχ. παθ. παρκ. *συλλεγμένος,* συγκεντρώνω, μαζεύω κάτι· καταρτίζω συλλογή: ~ *γραμματόσημα/έργα τέχνης· συλλεγμένο λαογραφικό υλικό* (συνών. *συναθροίζω*).

συλλείτουργο το, ουσ., λειτουργία (κυρίως επιμνημόσυνη) ή άλλη ιερή ακολουθία που τελείται από δύο ή περισσότερους κληρικούς.

συλλειτουργός ο, ουσ., κληρικός που λειτουργεί μαζί με άλλον ή άλλους κληρικούς.

συλλειτουργώ, -είς, ρ. (για κληρικό) λειτουργώ μαζί με άλλον ή άλλους κληρικούς.

συλλέκτης ο, θηλ. **-τρια**, ουσ. 1. πρόσωπο που καταρτίζει συλλογές από διάφορα αντικείμενα: ~ έργων τέχνης. 2. (μηχαν.) συσκευή στην οποία συγκεντρώνεται νερό, ατμός, κλπ., κατά τη λειτουργία μιας μηχανής.

συλλεκτικός, -ή, -ό, επίθ., που ανήκει ή αναφέρεται στο συλλέκτη (βλ. λ.) ή τη συλλογή.

συλλέκτρια, βλ. συλλέκτης.

συλλήβδην, επίρρ. (λόγ.), συνολικά, όλα μαζί: δεν τα απορρίπτω όλα ~, αλλά θα εξετάσω το καθένα χωριστά.

συλληπτικός, -ή, -ό, επίθ., που είναι κατάλληλος να συλλαμβάνει, που βοηθεί στη σύλληψη: -ό μηχάνημα του Ο.Τ.Ε.

σύλληπτρα τα, ουσ., αμοιβή που δίνεται σε όποιον συλλαμβάνει επικηρυγμένο κακοποιό.

σύλληψη η, ουσ. 1α. βίαιη και αιφνίδια κατακράτηση ανθρώπου ή ζώου (συνών. *πιάσιμο*)· β. (ειδικά για αστυνομικές αρχές) το να πιαστεί ύποπτος ή ένοχος: *-λήψεις πολιτικών προσώπων· ένταλμα -ης*. 2. (μεταφ.) σχηματισμός στο νου, επινόηση: ~ σχεδίου/προγράμματος (συνών. *έμπνευση*). 3. (για γυναίκα ή θηλυκό ζώο) το να μείνει έγκυος (συνών. λαϊκ. *γκάστρωμα*).

συλλογέας ο, ουσ., αυτός που κάνει συλλογή από διάφορα πράγματα (συνών. *συλλέκτης*).

συλλογή η, ουσ. 1α. (γενικά) συγκέντρωση πραγμάτων (για χρήση, εκμετάλλευση, κ.τ.ό.): ~ *υλικού για επιστημονική εργασία· κομπίνα -ής καπνού* (κοιν. *μάζεμα*)· αντ. *διασκόρπιση*)· β. (τεχν., συνεκδοχικά) σύνολο πραγμάτων (για χρήση, κ.τ.ό.): ~ *εργαλείων*. 2. (ειδικά) συγκέντρωση πραγμάτων που παρουσιάζουν ενδιαφέρον από καλλιτεχνική, επιστημονική, ιστορική ή άλλη άποψη, έχουν ή αποκτούν αξία επειδή είναι σπάνια ή απλώς ευχαριστούν κάποιον· (συνεκδοχικά) σύνολο πραγμάτων σαν τα παραπάνω: *κάνω ~ από...* (= συλλέγω)· ~ *αρχαίων/γραμματοσήμων· -ές ενός μουσείου· βλέπω/δείχνω μια* ~. 3. σύνολο κειμένων ή λογοτεχνικών έργων, που αποτελούν μια ενότητα και γράφονται ή εκδίδονται μαζί, στο βιβλίο: ~ *παροιμιών/ποιητική*. 4. (νεολογ.) σύνολο μοντέλων ραπτικής που παρουσιάζεται στο κοινό ταυτόχρονα: *χειμερινή ~ του οίκου Χ*. 5. το να συλλογίζεται κανείς, επίμονη, βαθιά σκέψη: *Ακόμα με συνέπαιρνε γλυκιά μια ~* (Καρυωτάκης)· φρ. *μπαίνω/πέφτω σε ~* (= αρχίζω να συλλογίζομαι, να νοιάζομαι για κάτι) (συνών. *συλλογισμός*).

συλλογίζομαι και (συνιζ., λαϊκ.) **-γιέμαι** και (σπανίως) **-γούμαι**, ρ., αόρ. **-στηκα**. 1. σκέπτομαι, ιδίως επίμονα και σοβαρά, συνδυάζω λογικά κρίσεις και εντυπώσεις για να καταλήξω σε συμπέρασμα: *-εται με ποιο τρόπο θα καταφέρει να επανεκλεγεί*· (αμτβ.) *όποιος ελεύθερα συλλογάται συλλογάται καλά* (Ρήγας Βελεστινλής) (συνών. *στοχάζομαι, διανοούμαι*). 2. φέρνω στο νου μου, αναλογίζομαι: *για -ίσου πόσοι άνθρωποι στον κόσμο πεινούν!* 3. (λαϊκ.) παίρνω σοβαρά υπόψη κάτι, υπολογίζω τις συνέπειες από κάτι: *δε -στηκες τι πας να κάνεις*. - Η μτχ. παθ. παρκ. **-ισμένος** ως επίθ. = σκεπτικός, (συνεκδοχικά) κατσούφης: *βη-*

μάτιζε -ισμένος· (μεταφ., λογοτ.) *ο καιρός ήταν -ισμένος* (Κόντογλου).

συλλογικός, -ή, -ό, επίθ. α. που αναφέρεται σε σύνολο προσώπων, οργανωμένο ή όχι, που αφορά όλα τα μέλη του: *ηγεσία/ευθύνη -ή· αντιμετώπιση προβλημάτων με -ό πνεύμα*· (νομ.) *-ή σύμβαση εργασίας* (ανάμεσα σε εργοδότη ή εργοδοτική οργάνωση και σε οργάνωση εργαζομένων)· β. για ό,τι μοιράζονται όλα τα μέλη μιας ομάδας ή γίνεται από αυτά: *ιδιοκτησία των μέσων παραγωγής/μνήμη -ή*· γ. που περιλαμβάνει πολλούς: *έκδοση -ή* (συνών. *ομαδικός*· αντ. *ατομικός*). - Επίρρ. **-ά**.

συλλογικότητα η, ουσ., το να είναι κάτι συλλογικό: ~ *καθοδήγησης/προσπάθειας* (συνών. *ομαδικότητα*).

συλλογισμός ο, ουσ. 1. το να σχηματίζει κανείς μια κρίση, το να φτάνει σε κάποιο συμπέρασμα συνδυάζοντας λογικές κρίσεις και εντυπώσεις, καθώς και το αποτέλεσμα της ενέργειας αυτής: ~ *επαγωγικός/πολύπλοκος* (πβ. *σκέψη*). 2. επίμονη σκέψη, γεμάτη φροντίδα για κάτι (συνών. *συλλογή* στη σημασ. 5).

συλλογιστικός, -ή, -ό, επίθ., που αναφέρεται στο συλλογισμό: *τρόπος* ~. - Το θηλ. ως ουσ. = σειρά συλλογισμών που οδηγεί σε ορισμένο συμπέρασμα: *-ή βάσιμη· με ποια -ή υποστηρίζεις αυτή την άποψη;* (πβ. *σκεπτικό*).

σύλλογος ο, ουσ., οργανωμένο σύνολο ανθρώπων που ενδιαφέρεται και προσπαθούν για τον ίδιο σκοπό, ασχολούνται με την ίδια δραστηριότητα ή έχουν κοινά συμφέροντα: ~ *φοιτητικός/δικηγορικός· γραμματέας του -όγου*.

συλλογούμαι, βλ. συλλογίζομαι.

συλλοϊκά τα, ουσ. (λαϊκ.), ο νους, το μυαλό: *άρχισαν τα ~ της να σαλεύουν* (Ι.Μ. Παναγιωτόπουλος).

συλλυπητήρια τα, ουσ. (ασυνίζ.), γραπτή ή προφορική έκφραση λύπης σε κάποιον που πενθεί: *στέλνω/υποβάλλω τα -ά μου*· (επιτ.) *θερμά ~!* (αντ. *συγχαρητήρια*).

συλλυπητήριος, -α, -ο, επίθ. (ασυνίζ.), για μέσο με το οποίο κανείς επικοινωνεί με κάποιον άλλον για να τον συλλυπηθεί: *επιστολή -α· τηλεγράφημα -ο* (αντ. *συγχαρητήριος*).

συλλυπούμαι, ρ., εκφράζω σε κάποιον που πενθεί για το θάνατο οικείου ή αγαπημένου του προσώπου τη λύπη μου για ό,τι του συνέβη: *τους επισκέφθηκα για να τους -ηθώ* (αντ. *συγχαίρω*).

συλφίδα η, ουσ. 1. ξωτικό της γαλατικής και της γερμανικής μυθολογίας με μορφή χαριτωμένης νέας: *χόρεψε σαν* ~. 2. για κομψή και χαριτωμένη γυναίκα. [γαλλ. *sylphide*].

συλώ, ρ., διαρπάζω, λεηλατώ (ιερό χώρο): *οι βάρβαροι -ησαν το ναό του Απόλλωνα· ο τάφος βρέθηκε -ημένος*.

Συμαία, βλ. Συμαίος.

συμαϊκός, -ή, -ό, επίθ., που ανήκει ή αναφέρεται στη Σύμη ή τους Συμαίους.

Συμαίος ο, θηλ. **-α**, ουσ., αυτός που κατοικεί στη Σύμη ή κατάγεται από εκεί.

συμβαδίζω, ρ. 1. (λόγ.) βαδίζω μαζί με άλλον, δίπλα του. 2. (μεταφ.) είμαι σε κάτι ισοδύναμος με κάποιον, βρίσκομαι στο ίδιο σημείο ή ύψος: *η οικονομική ανάπτυξη δε -ει αναγκαστικά με την πνευματική* (συνών. *συμπορεύομαι*· αντ. *υστερώ*).

συμβαίνει, ρ., τριτοπρόσ., οριστ. αορ. εν. *συνέβη*,

πληθ. συνέβησαν και συνέβηκαν. 1α. για γεγονός που συντελείται, ιδίως συμπτωματικά και χωρίς προσχεδιασμό ή χωρίς να μπορεί να το ελέγξει ή να το αποφύγει κανείς: μεταδίδει τα γεγονότα ακριβώς όπως -ουν· στη διάρκεια της τελετής συνέβη ένα επεισόδιο· το ατύχημα συνέβη στο 69. χλμ. της εθνικής οδού (συνών. γίνεται)· (με υποκ. βουλητική πρότ.) την ώρα που τηλεφωνήσατε, συνέβη να απουσιάζω (= έτυχε)· φρ. σα να μη -ει τίποτε (για κάποιον που συνεχίζει τις δραστηριότητές του ανέμελα, αδιάφορα, χωρίς να τον επηρεάζει κάτι)· β. για το αποτέλεσμα ενέργειας ή σειράς ενεργειών: γύρισα το διακόπτη, αλλά δε συνέβη τίποτε· μετά τόσες συζητήσεις κάτι μπορεί να συμβεί. 2. για πράξη ή κατάσταση με συνέπειες ή αποτελέσματα δυσάρεστα για κάποιον ή κάτι: θα θεωρηθείς υπεύθυνος για ό,τι συμβεί· αν συμβεί κάτι, ειδοποιείστε με· (όταν ζητούμε από κάποιον εξηγήσεις για την αιτία της στάσης, της συμπεριφοράς του) τι -ει και διαμαρτύρεστε; -ει τίποτε; (με γεν. προσωπ.): για να αργεί αυτός, κάτι θα του συνέβη (= θα έπαθε)· τι σου -ει κι είσαι μελαγχολικός; 3. (στη φρ. -ει να...) όταν γνωστοποιείται κάτι με τρόπο επιτιμητικό, αποθαρρυντικό: καλές οι πρωτοβουλίες σας, αλλά -ει να μην έχω αποσυρθεί ακόμη από την προεδρία (συνών. τυχαίνει).
συμβάλλω, ρ., παρατ. συνέβαλλα, πληθ. συμβάλλαμε, αόρ. συνέβαλα, πληθ. συμβάλαμε, μέσ. αόρ. -βλήθηκα, μτχ. παρκ. -βεβλημένος. I. ενεργ. 1α. (για ποταμό, κ.τ.ό.) χύνομαι στο ίδιο μέρος, ενώνομαι με άλλον· β. (λόγ., συνεκδοχικά) για κάτι που καταλήγει σε άλλο ή στο ίδιο σημείο με άλλο: τα νεύρα -ουν στο νωτιαίο μυελό· δρόμοι που -ουν σε κεντρική αρτηρία. 2α. βοηθώ με πράξεις ή λόγους να πετύχει μια κοινή προσπάθεια: ο Α. συνέβαλε σημαντικά στην έγκαιρη περάτωση του έργου· β. για ό,τι αποτελεί παράγοντα ή κατάσταση που μαζί με άλλους οδηγεί σε ορισμένο αποτέλεσμα: τα δάση -ουν ουσιαστικά στην οικονομική ανάπτυξη του τόπου (συνών. συντελώ, συνεισφέρω). II. (μέσ.) (νομ.) συνάπτω συμφωνία με κάποιον: τα δύο μέρη -ονται για την εκτέλεση του έργου· τραπεζικό κατάστημα που έχει συμβληθεί με τη Δ.Ε.Η. (ενν. για την εξυπηρέτηση του κοινού)· γιατρός -βεβλημένος με το δημόσιο. - Η μτχ. μέσ. ενεστ. -όμενος ως ουσ. = (νομ.) αυτός που συμβάλλεται με κάποιον: οι δύο -όμενοι αναλαμβάνουν την υποχρέωση...
συμβάν το, γεν. -άντος, πληθ. -άντα, ουσ., κάτι που έχει συμβεί, γεγονός: κατέφθασε μόλις πληροφορήθηκε το ~· αναφορά -άντων.
σύμβαση η, ουσ. 1. γραπτή συμφωνία ανάμεσα σε άτομα, ομάδες ή χώρες που ρυθμίζει τις αμοιβαίες σχέσεις και επιβάλλει υποχρεώσεις και κανόνες συμπεριφοράς: ~ εργασίας (ανάμεσα σε εργοδότη και μισθωτό για προσφορά εργασίας επί ορισμένο ή αόριστο χρονικό διάστημα και με συμφωνημένη αμοιβή)· κύρωση διεθνών -άσεων (πβ. συνθήκη). 2. (για τη λογοτεχνία ή την τέχνη) γενικά παραδεκτός και συνηθισμένος τρόπος με τον οποίο εκφράζεται ή γίνεται κάτι: επικό ποίημα που υπακούει στις -άσεις του είδους· ~ θεατρική. 3. τρόπος σκέψης και συμπεριφοράς που τα περισσότερα μέλη μιας ορισμένης κοινωνίας τον θεωρούν κανονικό και σωστό: τον πνίγουν οι -άσεις της επαρχιακής ζωής (πβ. τύπος).

συμβασιλέας ο, ουσ., αυτός που ασκεί βασιλική εξουσία μαζί με κάποιον άλλον.
συμβασιλεία η, ουσ., βασιλεία κάποιου μαζί με άλλον.
συμβασιλεύω, ρ., είμαι συμβασιλέας (βλ. λ.).
συμβασιούχος ο, ουσ. (ασυνίζ.), εργαζόμενος με σύμβαση εργασίας (βλ. σύμβαση σημασ. 1): -οι των δημόσιων οργανισμών (σε αντιδιαστολή με τους μόνιμους υπαλλήλους) (συνών. έκτακτος).
συμβατικός, -ή, -ό, επίθ. 1. που απορρέει ή καθορίζεται από σύμβαση (βλ. λ. στη σημασ. 1): δικαιώματα -ά· κράτος που σέβεται τις -ές του υποχρεώσεις· τόκος ~ (σε αντιδιαστολή προς το νόμιμο). 2. που χρησιμοποιεί συμβάσεις (βλ. λ. στη σημασ. 2) ή καθορίζεται από αυτές, που ακολουθεί την παράδοση: τα -ά μυθιστορήματα της εποχής των Κομνηνών· το -ό θέατρο πετυχαίνει ευκολότερα στους σκοπούς του (πβ. παραδοσιακός· αντ. νεοτεριστικός, πρωτοποριακός). 3. που ρυθμίζεται από τις κοινωνικές συμβάσεις (βλ. λ. στη σημασ. 3): οι νέοι συχνά απορρίπτουν τη -ή έννοια της ηθικής (συνών. τυπικός). 4. (ψυχ.) αντανακλαστικό -ό (= εξαρτημένο· βλ. εξαρτώ σημασ. 3β). 5. (στρατ.) μη πυρηνικός: δυνάμεις -ές· επίθεση με -ά όπλα (αντ. πυρηνικός). - Επίρρ. -ά και -ώς.
συμβατικότητα η, ουσ., το να είναι κάτι συμβατικό (βλ. λ. στις σημασ. 1-3): ~ του διεθνούς δικαίου· ~ του ρεπερτορίου της ιταλικής κωμωδίας· -ες μικροαστικές.
συμβατικώς, βλ. συμβατικός.
συμβατός, -ή, -ό, επίθ. 1. (τεχν.) για σύστημα ηλεκτρονικών υπολογιστών που μπορούν να λειτουργήσουν μαζί, παρόλο που έχουν διαφορετική προέλευση. 2. (ιατρ.) για φάρμακα που μπορούν να δίδονται ταυτόχρονα σε ασθενή χωρίς να αλληλοεξουδετερώνονται ή να προκαλούν βλάβη (αντ. ασύμβατος).
συμβεβλημένος, βλ. συμβάλλω.
συμβία η, ουσ. (λόγ.), για τη σύζυγο.
συμβιβάζω, ρ. I. ενεργ. 1. βοηθώ κάποιους να λύσουν τις διαφορές τους και να αποκαταστήσουν αρμονικές σχέσεις: ο δικαστής προσπαθεί να -ει τους αντιδίκους (συνών. συμφιλιώνω, συνδιαλάσσω). 2. συνδυάζω, ταιριάζω πράγματα αντίθετα: απορώ πώς -ει τις πεποιθήσεις του με αυτή τη δραστηριότητα. II. μέσ. 1. έρχομαι σε συμφωνία με κάποιον ύστερα από αμοιβαίες υποχωρήσεις από τις αρχικές μας θέσεις: προτιμότερο να -αστείτε παρά να ξοδεύεστε στα δικαστήρια. 2. δέχομαι κατά την επιθυμία ενός άλλου κάτι αισθητά διαφορετικό απ' ό,τι πραγματικά θα ήθελα: αρχικά ζήτησε για την επισκευή πολλά, αλλά -στηκε με τα μισά. 3. (τριτοπρόσ., για άποψη, συμπεριφορά, κ.τ.ό.) ταιριάζω, αρμόζω: παραίνεση που -εται με τις αντιλήψεις της εποχής· τέτοια στάση δε -εται με το αξίωμά του. 4. (για πρόσωπο, συχνά μειωτ.) εγκαταλείπω μερικώς ή τελείως συμπεριφορά σύμφωνη με ορισμένες ηθικές αρχές, πολιτικές ιδέες, κ.τ.ό., υποχωρώντας στις απαιτήσεις της πραγματικότητας, του κοινωνικού περιβάλλοντος, κ.ά.: ξεκίνησε με υψηλές ιδέες τη θητεία του, αλλά γρήγορα -στηκε· (η μτχ. ως επιθ.) ήταν ένας -ασμένος αριστερός (αντ. ασυμβίβαστος, συνεπής).
συμβιβασμός ο, ουσ. 1. (κοιν.-νομ.) το να συμβιβάζονται κάποιοι (βλ. συμβιβάζω σημασ. II 1): έρ-

χομαι σε/προτείνω -ό· η υπόθεση έληξε με -ό των αντιδίκων (συνών. συνδιαλλαγή). 2. το να συμβιβάζεται κάποιος (βλ. συμβιβάζω σημασ. II 3), η ρεαλιστική εγκατάλειψη ακραίων θέσεων ή επιδιώξεων: ~ αναπόφευκτος· κάνω -ούς· (πολιτ.) ιστορικό ~ = συνεργασία καθολικών και κομουνιστών στην κυβέρνηση της Ιταλίας, που υποστηρίχθηκε θεωρητικά περί τα μέσα της δεκαετίας του '70· συνεκδοχικά για συνεργασία δυνάμεων ή παρατάξεων ιδεολογικά αντίθετων.

συμβιβαστικός, -ή, -ό, επίθ. **1.** που αποσκοπεί ή συντελεί σε συμβιβασμό (βλ. λ. στη σημασ. 1): λύση -ή (= μέση)· προτάσεις -ές (συνών. συνδιαλλακτικός, συμφιλιωτικός). **2.** (λαϊκ. για πρόσωπο) διαλλακτικός, υποχωρητικός. - Επίρρ. **-ά.**

συμβιβαστικότητα η, ουσ., το να είναι κάτι ή κάποιος συμβιβαστικός, διαλλακτική διάθεση (συνών. μετριοπάθεια, υποχωρητικότητα).

συμβιώνω, ρ. (ασυνίζ.), (λόγ.-βιολ.) ζω μαζί με άλλον ή άλλους (όχι για ζεύγος συζύγων, κ.τ.ό.· πβ. συζώ): στο στρατό αναγκάζονται να -ώσουν άτομα με διαφορετικούς χαρακτήρες.

συμβίωση η, ουσ. **1.** κοινή ζωή για το κοινό συμφέρον: κοινωνικές -ώσεις· (κοιν.-νομ., ειδικά για παντρεμένο ζευγάρι) ο γάμος παράγει για τους συζύγους αμοιβαία υποχρέωση για ~ (αστ. κώδ.). **2.** (βιολ.) κοινή διαβίωση δύο ετεροειδών οργανισμών έτσι ώστε να ωφελούνται και οι δύο.

συμβιωτικός, -ή, -ό, επίθ. (ασυνίζ.), (βιολ.) που αναφέρεται στη συμβίωση: ζωή μυκήτων -ή.

συμβόλαιο το, ουσ. (νομ. - κοιν.) τύπος γραπτής συμφωνίας ανάμεσα σε δύο ή περισσότερα άτομα, με την οποία γίνεται υπαρκτή και νόμιμη μια δικαιοπραξία· (συνεκδοχικά) το έγγραφο που συντάσσει ένας συμβολαιογράφος και με το οποίο αποδεικνύεται η παραπάνω συμφωνία: ~ αγοράς ακινήτου/ασφαλιστήριο· υπογράφω/(λαϊκ.) κάνω -ο· έκφρ. κοινωνικό ~ (= συμφωνία ανάμεσα στην κυβέρνηση και το λαό ή ανάμεσα στα μέλη μιας κοινωνίας για την αποδοχή θεσμών και νόμων)· ~ τιμής (για υπόσχεση απαράβατη)· φρ. ο λόγος του (είναι) ~ (για πρόσωπο απολύτως αξιόπιστο).

συμβολαιογραφείο το, ουσ., ο χώρος, το γραφείο όπου εργάζεται ένας συμβολαιογράφος.

συμβολαιογραφία η, ουσ., το επάγγελμα του συμβολαιογράφου.

συμβολαιογραφικός, -ή, -ό, επίθ. **α.** που αναφέρεται στο συμβολαιογράφο: αμοιβή -ή· έξοδα -ά (και ως ουσ. -άτα)· **β.** που γίνεται από ή με συμβολαιογράφο: για τη σύσταση δωρεάς απαιτείται -ό έγγραφο· πράξη -ή.

συμβολαιογράφος ο και η, ουσ., άμισθος δημόσιος υπάλληλος που αναλαμβάνει τη σύνταξη συμβολαίων, καθώς και την ενέργεια ορισμένων πράξεων (λ.χ. πλειστηριασμών): σύμβαση για μεταβίβαση περιουσίας γίνεται ενώπιον -ου.

συμβολή η, ουσ. **1.** (για δρόμους, ποτάμια, σωλήνες, σωματικά νεύρα, κ.ά.) συνάντηση, συνένωση σε ορισμένο σημείο και συνεκδοχικά το σημείο αυτό (πβ. συμβάλλω σημασ. I 1). **2.** το να συμβάλλει κάποιος ή κάτι σε μια προσπάθεια, στη δημιουργία ορισμένου αποτελέσματος (βλ. συμβάλλω σημασ. I 2): ~ στη μελέτη της νεότερης ιστορίας· ~ ουσιαστική (συνών. συνεισφορά).

συμβολίζω, ρ. **1.** παραστaίνω συμβολικά, εκφράζω με σύμβολα. **2.** είμαι το σύμβολο μιας ιδέας: ο σταυρός της σημαίας μας -ει τη θρησκεία.

συμβολικός, -ή, -ό, επίθ. **1.** που παριστάνεται με σύμβολα: παράσταση -ή. **2.** που έχει βαθύτερο νόημα από αυτό που εκφράζει: -ό περιεχόμενο ποιήματος. **3.** (για ποσό) πολύ μικρός, ασήμαντος: έκπτωση/δωρεά -ή. - Το θηλ. ως ουσ. = κλάδος της θεολογικής επιστήμης που εκθέτει συστηματικά τις δογματικές αντιθέσεις μεταξύ των διαφόρων εκκλησιών με βάση τα συμβολικά τους βιβλία. - Επίρρ. **-ώς.**

συμβολισμός ο, ουσ. **1.** σύστημα συμβόλων προορισμένων να ερμηνεύουν γεγονότα ή να εκφράζουν πεποιθήσεις: ~ θρησκευτικός. **2.** λογοτεχνικό και καλλιτεχνικό κίνημα του τέλους του 19. αι., του οποίου οι οπαδοί προσπαθούν με τη μουσική και συμβολική αξία των λέξεων να εκφράσουν λεπτές αποχρώσεις της εσωτερικής ζωής.

συμβολιστής ο, θηλ. **-ίστρια,** ουσ. **1.** που χρησιμοποιεί σύμβολα για να παραστήσει τις ιδέες του. **2.** οπαδός του συμβολισμού.

σύμβολο το, ουσ. **1.** κάθε σχήμα, εικόνα, αντικείμενο του υλικού κόσμου, κλπ., με τα οποία παριστάνονται ή υποδηλώνονται διανοήματα και έννοιες ή γεγονότα κατά συνθήκη: -α θρησκευτικά/λογοτεχνικά. **2.** (μουσ.) καθένα από τα σημεία με τα οποία παριστάνονται γραπτά οι μουσικοί φθόγγοι. **3.** ό,τι φαίνεται ότι αντιπροσωπεύει μια κοινωνία ή μια όψη ζωής: οι ουρανοξύστες είναι το ~ της Νέας Υόρκης. **4.** (εκκλ.) ~ της πίστεως = σύντομη θρησκευτική ομολογία, το "πιστεύω". **5.** (χημ.) γράμμα ή συνδυασμός γραμμάτων που υιοθετήθηκε για το σύντομο χαρακτηρισμό των χημικών στοιχείων. **6.** (μαθημ.) γράμμα ή σχήμα που συμβολίζει μια μαθηματική πράξη: το + είναι το ~ της πρόσθεσης (συνών. σημείο). **7.** (αστρον.) -α αστρονομικά = παραστάσεις, σημεία ή γράμματα που παριστάνουν διάφορα ουράνια σώματα ή φαινόμενα.

συμβουλάτορας και (λαϊκ.) **συβουλάτορας** ο, ουσ., άτομο που δίνει συμβουλές, που του αρέσει να συμβουλεύει.

συμβουλευτικός, -ή, -ό, επίθ. **1.** που γίνεται ή λέγεται για συμβουλή: λόγος ~ (συνών. παραινετικός). **2.** που παρέχει συμβουλές: αντιπροσωπεία -ή. **3.** (νομ.) ψήφος -ή = απλή γνώμη ατόμου που μετέχει σε συνεδρία, αλλά δε συνυπολογίζεται ως ψήφος.

συμβουλεύω, ρ., αόρ. ενεργ. συμβούλεψα και μέσ. συμβουλεύτηκα. **Ι.** (ενεργ.) δίνω συμβουλή, νουθετώ: με ~ -εψε να μη συνεργαστώ μαζί τους. **II.** μέσ. **1.** ζητώ συμβουλή από κάποιον, ζητώ να «φώτα» του: -τηκα το γιατρό μου. **2.** ζητώ να μάθω, προστρέχω κάπου για να πάρω πληροφορίες: -τηκα τις σημειώσεις μου/το βαρόμετρο.

συμβουλή η, ουσ., η γνώμη που δίδεται σε κάποιον για το πώς πρέπει να ενεργήσει: ~ χρήσιμη.

συμβούλιο το, ουσ. (ασυνίζ.), συνάθροιση ατόμων για ανταλλαγή γνωμών και λήψη αποφάσεων και συνεκδοχικά τα πρόσωπα που μετέχουν στη σύσκεψη: ~ υπουργικό/ιατρικό/πειθαρχικό· ~ επικρατείας = το ανώτατο διοικητικό δικαστήριο της χώρας και συγχρόνως συμβουλευτικό όργανο της διοίκησης.

σύμβουλος ο και η, ουσ. **1.** άτομο που παρέχει συμβουλές. **2.** μέλος συμβουλίου οργανισμού: ~ νομικός· ~ δημοσίων σχέσεων = άτομο που φρο-

ντίζει για την ανάπτυξη της καλής επικοινωνίας ανάμεσα στην υπηρεσία ή επιχείρηση στην οποία εργάζεται και στο κοινό.
συμιακός, -ή, -ό, επίθ. **1.** που σχετίζεται με τη Σύμη. **2.** (με κεφαλαίο το αρχικό γράμμα) αυτός που κατοικεί στη Σύμη ή κατάγεται από αυτήν.
συμμάζεμα και **συμμάζωμα** το, ουσ. **1.** τακτοποίηση: *το σπίτι θέλει ~* (συνών. *συγύρισμα*). **2.** (μεταφ.) χαλιναγώγηση, περιορισμός: *η κόρη σου θέλει ~.*
συμμαζεύω και **-ώνω,** ρ. Ι. ενεργ. **1.** περισυλλέγω, συγκεντρώνω: *η μάνα -εψε όλα τα παιδιά της γύρω της.* **2.** ταχτοποιώ: *~ το σπίτι.* **3.** (μεταφ.) χαλιναγωγώ, περιορίζω: *~ το άταχτο νέο.* **II.** (μέσ.) περιορίζομαι: *-εται νωρίς στο σπίτι. -* Η μτχ. *συμμαζεμένος* ως επίθ. = συνεσταλμένος, μετρημένος.
συμμάζωμα, βλ. *συμμάζεμα.*
συμμαζώνω, βλ. *συμμαζεύω.*
συμμαθητής ο, θηλ. **-ήτρια,** ουσ., άτομο που είναι στην ίδια σχολική τάξη με άλλον ή άλλους.
συμμαχητής ο, θηλ. **-ήτρια,** ουσ. **1.** συμπολεμιστής. **2.** συνεργάτης σε κάποια προσπάθεια.
συμμαχία η, ουσ. **1.** συμφωνία δύο ή περισσότερων κρατών για αντιμετώπιση κοινού εχθρού ή για ορισμένο πολεμικό σκοπό: *αμυντική ~.* **2.** σύμπραξη, συνεργασία: *εκλογική ~ κομμάτων.* **3.** το σύνολο των ατόμων ή των κρατών που έχουν συμμαχήσει: *η Βορειοατλαντική Σ-α περιλαμβάνει μεγάλο αριθμό κρατών.*
συμμαχικός, -ή, -ό, επίθ., που σχετίζεται με συμμαχία ή συμμάχους: *στρατός ~.*
σύμμαχος, -η, -ο, επίθ., που τους ενώνει πολιτική ή στρατιωτική συμφωνία: *χώρα ~.* - Το αρσ. ως ουσ. = **1.** μέλος συμμαχίας: *η απόφαση δυσαρέστησε ορισμένους -άχους.* **2.** άτομο που υποστηρίζει κάποιον όταν επιχειρεί να κάνει κάτι (συνών. *συμπαραστάτης*). **3.** (στον πληθ.) οι χώρες που πολέμησαν εναντίον των Γερμανών κατά τον πρώτο και το δεύτερο παγκόσμιο πόλεμο.
συμμαχώ, ρ. **1.** (για κράτη) ενώνομαι, συνεργάζομαι με κάποιο κράτος για να αντικρούσω άλλη χώρα. **2.** συνεργάζομαι με άλλο πρόσωπο εναντίον τρίτου.
σύμμεικτος, βλ. *σύμμικτος.*
συμμερίζομαι, ρ. **1.** συμμετέχω σε κάτι: *~ τον πόνο σου.* **2.** αποδέχομαι, συμφωνώ: *δε ~ τις απόψεις σας.*
συμμετέχω, ρ. **1.** παίρνω μέρος σε κάτι με άλλον ή άλλους: *~ σε συναγωνισμό/σε έξοδα.* **2.** συμμερίζομαι: *-ει στη χαρά μας.*
συμμετοχή η, ουσ., το να μετέχει κανείς κάπου μαζί με άλλον ή άλλους: *~ σε έγκλημα/διαγωνισμό/έξοδα.*
συμμετοχικός, -ή, -ό, επίθ., που σχετίζεται με τη συμμετοχή: *διαδικασία -ή.*
συμμέτοχος, -η, -ο, επίθ., που μετέχει μαζί με άλλον ή άλλους σε ενέργεια, δραστηριότητα, κλπ.: *~ σε έγκλημα/κέρδη* (αντ. *αμέτοχος*).
συμμετρία η, ουσ. **1.** αρμονία που προκύπτει από κάποιους συνδυασμούς και κανονικές αναλογίες: *~ οικοδομήματος* (αντ. *ασυμμετρία*). **2.** (βιολ.) διάταξη μορίων ή οργάνων των ζώων και φυτών από τις δύο μεριές άξονα ενός κέντρου ή ενός επιπέδου: *~ αμφίπλευρη/ακτινωτή.* **3.** (γεωμ.) αντιστοιχία στη θέση μεταξύ δύο σχημάτων κατά την οποία δύο αντίστοιχα σημεία τους, ανά ένα από κάθε σχήμα, βρίσκονται σε ίσες αποστάσεις από τρίτο σημείο, ευθεία ή επίπεδο.
συμμετρικός, -ή, -ό, επίθ., που σχετίζεται με συμμετρία ή που έχει συμμετρία: *επίπεδο/σχήμα -ό* (συνών. *σύμμετρος·* αντ. *ασύμμετρος*). - Επίρρ. **-ά.**
συμμετρικότητα η, ουσ., το να είναι κάτι συμμετρικό.
σύμμετρος, -η, -ο, επίθ. **1.** συμμετρικός (αντ. *ασύμμετρος*). **2.** (μαθημ.) που αναφέρεται σε δύο ή περισσότερα μεγέθη που αποτελούν ακέραια πολλαπλάσια ενός άλλου μεγέθους· *αριθμοί -οι* = οι αριθμοί που μπορούν να γραφούν ως κλάσματα με ακέραιους όρους (π.χ. ο αριθμός $1,4 = \frac{14}{10}$). - Επίρρ. **συμμέτρως.**
συμμιγής, -ής, -ές, γεν. *-ούς,* πληθ. αρσ. και θηλ. *-είς,* ουδ. *-ή,* επίθ., (μαθημ.) *αριθμοί -είς* = αριθμοί που αποτελούνται από ομοειδείς αριθμούς, των οποίων οι μονάδες είναι πολλαπλάσια ή υποπολλαπλάσια της ίδιας αρχικής μονάδας.
σύμμικτος, -η, -ο, επίθ., που προέρχεται από προσμίξεις δύο ή περισσότερων πραγμάτων ή ποικιλιών: *ψωμί -ο.* - Το ουσ. στον πληθ. ως ουσ. = μικρά δημοσιεύματα ενός ή περισσότερων συγγραφέων που αναφέρονται σε ποικίλα θέματα.
σύμμιξη η, ουσ., ανάμιξη δύο ή περισσότερων πραγμάτων ή ποικιλιών, πρόσμιξη.
συμμορία η, ουσ., οργανωμένη ομάδα κακοποιών (συνών. *σπείρα*).
συμμορίτης ο, θηλ. **-ισσα,** ουσ., μέλος συμμορίας.
συμμοριτισμός ο, ουσ., η ύπαρξη και η δραστηριότητα συμμοριών.
συμμορίτισσα, βλ. *συμμορίτης.*
συμμοριτοπόλεμος ο, ουσ., πόλεμος μεταξύ ή εναντίον συμμοριτών.
συμμορφώνω, ρ. Ι. ενεργ. **1.** σωφρονίζω: *μόνο αν τον πάρεις με το καλό, θα τον -ώσεις.* **2.** τακτοποιώ: *προσπάθησε να -ώσει κάπως το γραφείο του.* **II.** μέσ. **1.** κανονίζω τη συμπεριφορά μου σύμφωνα με κάποιο πρότυπο: *-ώθηκε με τις υποδείξεις των δασκάλων του.* **2.** σωφρονίζομαι, συνετίζομαι. **3.** τακτοποιούμαι, συγυρίζομαι.
συμμόρφωση η, ουσ., προσαρμογή: *~ των μαθητών στους κανόνες του σχολείου.*
συμπαγής, -ής, -ές, γεν. *-ούς,* πληθ. αρσ. και θηλ. *-είς,* ουδ. *-ή,* επίθ. (έρρ.). **1.** που αποτελείται από μέρη ενωμένα μεταξύ τους με σφιχτό, αδιάσπαστο τρόπο ή που τα συστατικά του στοιχεία εμφανίζουν απόλυτη πυκνότητα: *όγκος ~· σώμα -ές·* (ειδικά): *σκυρόδεμα -ές* (συνών. *πυκνός, στερεός·* αντ. *ασυμπαγής, αραιός*). **2.** (μεταφ.) που είναι ενωμένος με στερεούς δεσμούς, που οι σχέσεις μεταξύ των μερών ή μελών του είναι αδιάσπαστες, αδιατάρακτες: *παράταξη ~ λόγος -ές.*
συμπάθεια η, ουσ. (έρρ., ασυνίζ.). **1.** η συμμετοχή στην ξένη λύπη, το να δείχνει κανείς ευαισθησία και κατανόηση στον πόνο ή τη δυσκολία του άλλου: *δείχνω/εκφράζω τη ~ μου* (συνών. *συμπόνια*). **2.** αίσθημα θερμό και αυθόρμητο που εκδηλώνει κανείς για κάποιον άλλον, τρυφερό ενδιαφέρον: *~ βαθιά/μεγάλη· προκαλώ/εμπνέω τη ~* (αντ. *αντιπάθεια, απέχθεια*). **3.** ερωτικό ενδιαφέρον, τρυφερή αγάπη: *Δεν είχε πάρει τη θεία μας από προξενειό, μήτε από ~* (Σταύρου). **4.** (συνεκδοχικά) το πρόσωπο ή το πράγμα για το οποίο έχει κάποιος συμπάθεια: *ο Γιώργος είναι η -άθειά*

της. 5. (γενικά) η καλή διάθεση με την οποία αντιμετωπίζει κανείς μια πράξη ή ένα έργο: *το σχέδιό του έγινε δεκτό με ~.* 6. (ιατρ.) αμοιβαία σχέση, εξάρτηση δύο ή περισσότερων οργάνων του σώματος εξαιτίας της οποίας κάποια ανωμαλία ή πάθηση του ενός έχει παθολογική συνέπεια και για το άλλο ή τα άλλα.

συμπαθεκτομή η, ουσ. (έρρ.), (ιατρ.) η εκτομή ενός νεύρου, γαγγλίου ή ομάδας γαγγλίων του συμπαθητικού νευρικού συστήματος.

συμπαθής, -ής, -ές, γεν. *-ούς,* πληθ. αρσ. και θηλ. *-είς,* ουδ. *-ή,* επίθ. (έρρ.), που προκαλεί τη συμπάθεια (βλ. λ.): *~ νέος* (συνών. *συμπαθητικός·* αντ. *αντιπαθής).*

συμπαθητικός, -ή, -ό, επίθ. (έρρ.). 1. συμπαθής (βλ. λ.): *φυσιογναμία -ή· μια γωνία -ή* (αντ. *αντιπαθητικός, ασυμπάθιστος).* 2. *-ό νευρικό σύστημα* = το ένα από τα δύο μέρη που αποτελούν το αυτόνομο νευρικό σύστημα και το οποίο δρα ανταγωνιστικά προς το παρασυμπαθητικό. 3. (ιατρ.) *-ές αντιδράσεις* = παθολογικές εκδηλώσεις που εντοπίζονται σε διάφορα σημεία, όμως συνδέονται μεταξύ τους με τρόπο ώστε η εμφάνιση της μιας να προκαλεί και εμφάνιση της άλλης: *-ή οφθαλμία* (βλάβη του ενός ματιού προκαλεί ανάλογη βλάβη και στο άλλο). 4. (χημ.) *-ή μελάνη* = αόρατο μελάνι που γίνεται ορατό μονάχα με ειδική χημική ενέργεια. - Επίρρ. *-ά.*

συμπάθιο το, ουσ. (έρρ., συνιζ., λαϊκ.), συγγνώμη, συγχώρεση: *ζητώ ~·* συνήθως στην εκφρ. *με το ~* = με συγχωρείτε, ζητώ συγγνώμη. [*συμπαθώ*].

συμπαθώ, -είς, και (λαϊκότερο) **-άς,** (έρρ.). 1. συμμερίζομαι την ξένη λύπη, δείχνω ευαισθησία και κατανόηση στον πόνο ή τη δυσκολία του άλλου (συνών. *συμπονώ, συμπάσχω).* 2. αισθάνομαι συμπάθεια (βλ. λ. στη σημασ. 2), δείχνω τρυφερό ενδιαφέρον για κάποιον (αντ. *αντιπαθώ).* 3. έχω για κάποιον ερωτικό ενδιαφέρον, τρυφερή αγάπη: *τη -άθησε με την πρώτη ματιά.* 4. (γενικά) αντιμετωπίζω κάποιον ή κάτι με καλή διάθεση. 5. (λαϊκ.) συγχωρώ· στις φρ. *-άθα με/να με -άς: -αθάτε με για τις ανοησίες μου.*

συμπαιγνία η, ουσ. (έρρ.), μυστική ή παράνομη συνεννόηση δύο ή περισσότερων ατόμων ή ομάδων για να εξαπατήσουν έναν τρίτο.

συμπαίκτης ο, θηλ. **-τρια,** ουσ. (έρρ.), παίκτης που παίρνει μέρος στο ίδιο παιγνίδι με άλλους.

σύμπαν το, γεν. *-αντος,* πληθ. *-αντα,* ουσ. (έρρ.). 1. το διάστημα και το σύνολο των ουράνιων σωμάτων, καθώς επίσης και οποιαδήποτε άλλη μορφή ύλης και ενέργειας: *αρχή/υφή του -αντος.* 2. (στον πληθ.) ολόκληρος ο κόσμος: *χαίρονται τα -αντα τη γέννηση του Χριστού.*

συμπαραγράφω, ρ. (έρρ.), παραγράφω (βλ. λ.) μαζί, συγχρόνως: *όταν παραγραφεί η κύρια αξίωση, -ονται και οι παρεπόμενες από αυτήν αξιώσεις* (αστ. κώδ.).

συμπαραγωγή η, ουσ. (έρρ.), παραγωγή (βλ. λ.) που την αναλαμβάνουν δύο ή περισσότεροι παραγωγοί: *~ διεθνής/κινηματογραφική· εξασφάλισαν το δικαίωμα -ής των ασυρμάτων.*

συμπαράσταση η, ουσ. (έρρ.), παροχή υλικής βοήθειας ή ηθικής υποστήριξης, συνδρομή στη λύπη του άλλου: *~ φιλική· ~ σε προσωπικό πρόβλημα· ~ δικαστική* (= ατελής παροχή κάθε πρόσφορης βοήθειας από το δικαστήριο προς ένα γονέα για την αναγκαστική είσπραξη παροχών διατροφής που οφείλονται στο παιδί του).

συμπαραστάτης ο, θηλ. **-τρια,** ουσ. (έρρ.), αυτός που συμπαραστέκεται (βλ. λ.) κάποιον, που τον συντρέχει στην ανάγκη ή τη λύπη του.

συμπαραστέκομαι, ρ., αόρ. *συμπαραστάθηκα* (έρρ.), παρέχω σε κάποιον υλική βοήθεια ή ηθική υποστήριξη, τον συντρέχω στην ανάγκη ή τη λύπη του (συνών. *συμπαρίσταμαι).*

συμπαρασύρω, ρ., παρατ. και αόρ. *συμπαρέσυρα* (έρρ.), παρασύρω (βλ. λ.) κάποιον ή κάτι: *~ στο πέρασμά μου/στο κακό.*

συμπαράταξη η, ουσ. (έρρ.), το να ακολουθεί μια πολιτική ή άλλη οργανωμένη ομάδα τις ίδιες ιδέες και να έχει τους ίδιους σκοπούς με κάποια άλλη ύστερα από συμφωνία μεταξύ τους: *~ δύο κομμάτων/των δημοκρατικών δυνάμεων.*

συμπαρατάσσομαι, ρ., αόρ. *συμπαρατάχθηκα* (έρρ.), (κυρίως για πολιτικές ομάδες) ακολουθώ τις ίδιες ιδέες και αποβλέπω στους ίδιους στόχους ύστερα από συμφωνία.

συμπαρίσταμαι, ρ. (έρρ.), (λόγ., μόνο στον ενεστ.) συμπαραστέκομαι (βλ. λ.).

συμπαρομαρτώ, ρ. (έρρ., λόγ.), (για πράγματα) συνοδεύω, ακολουθώ ως συνέπεια ή αποτέλεσμα· συνήθως στον ουδ. πληθ. της μτχ. ενεστ. *συμπαρομαρτούντα* ως ουσ. = τα παρεπόμενα.

συμπάσχω, ρ. (έρρ.), (συνήθως στον ενεστ.). 1. πάσχω, υποφέρω μαζί με κάποιον ή κάποιους άλλους. 2. συμπαθώ (βλ. λ. στη σημασ. 1) συμπονώ.

συμπατριώτης ο, θηλ. **-ισσα,** ουσ. (έρρ., ασυνίζ.), πρόσωπο που κατάγεται από την ίδια χώρα (συνών. *ομοεθνής)* ή την ίδια περιοχή ή γειτονιά με ένα άλλο (συνών. *συντοπίτης, συγχωριανός).*

συμπεθέρα η, ουσ. (έρρ.). 1. η μητέρα του γαμπρού σε σχέση με τους γονείς της νύφης και το αντίθετο. 2. συγγένισσα εξ αγχιστείας.

συμπεθερεύω, ρ., αόρ. *συμπεθέρεψα* (έρρ., λαϊκ.), συμπεθεριάζω (βλ. λ.).

συμπεθεριά η, ουσ. (έρρ., συνιζ., λαϊκ.). 1. συγγένεια εξ αγχιστείας (συνών. *συμπεθεριό).* 2. μεσολάβηση για να συναφθεί γάμος, προξενιά.

συμπεθεριάζω, ρ. (έρρ., συνιζ., λαϊκ.), γίνομαι συμπέθερος ή συμπεθέρα (βλ. λ.), συγγενεύω εξ αγχιστείας: φρ. *αν δεν ταιριάζαμε, δε θα -αμε* (για ανθρώπους με ομοιους χαρακτήρες και συνήθειες, συνήθως και όμοιας κοινωνικής θέσης, που τους συνδέει φιλική ή άλλη σχέση) (συνών. *συμπεθερεύω).*

συμπεθεριάσματα τα, ουσ. (έρρ., συνιζ., λαϊκ.), το να συμπεθεριάζει (βλ. λ.) κανείς, το να γίνεται συγγενής εξ αγχιστείας: *~ ταιριαχτά/πρωτάκουστα.*

συμπεθεριό το, ουσ. (έρρ., συνιζ., λαϊκ.). 1. συγγένεια εξ αγχιστείας (συνών. *συμπεθεριά).* 2. (συνεκδοχικά) οι συμπέθεροι.

συμπέθερος ο, πληθ. *συμπέθεροι* οι και (λαϊκ.) *συμπεθέροι* οι και *συμπεθέρια* τα, ουσ. (έρρ.). 1. ο πατέρας του γαμπρού σε σχέση με τους γονείς της νύφης και το αντίθετο. 2. συγγενής εξ αγχιστείας. 3. (στον πληθ.) α. οι γονείς του γαμπρού και της νύφης ως προς την μεταξύ τους σχέση· β. συγγενείς εξ αγχιστείας.

συμπεραίνω, ρ., αόρ. *συμπέρανα* (έρρ.), σχηματίζω κρίση, καταλήγω σε γνώμη από δεδομένα στοιχεία ή πληροφορίες: *απ' όσα μου λες/από πείρα ~ ότι...* (συνών. *εικάζω).*

συμπέρασμα το, ουσ. (έρρ.). **1.** η κρίση, η γνώμη που σχηματίζει κανείς από δεδομένα στοιχεία ή πληροφορίες: ~ *λογικό· καταλήγω/φτάνω στο* ~· *βγάζω/(λόγ.) συνάγω το* ~. **2.** (λόγ.) πρόταση, κρίση της οποίας η αλήθεια προκύπτει από την αλήθεια άλλων προτάσεων: ~ *ενός συλλογισμού.* **3.** πόρισμα που είναι αποτέλεσμα έρευνας, μελέτης ή συζητήσεων: *οι επιστήμονες κατέληξαν σε αντιφατικά -ατα.* **4.** γεγονός ή κατάσταση που προκύπτει από την πραγματικότητα: *το* ~ *είναι ότι δεν υπάρχουν επαρκή αποθέματα νερού.*
συμπερασματικός, -ή, -ό, επίθ. **1.** που ανήκει ή αναφέρεται στο συμπέρασμα. **2.** που εκφράζει συμπέρασμα: *(γραμμ.) -οί σύνδεσμοι·* (συντακτ.) *-ές προτάσεις* = οι δευτερεύουσες προτάσεις που εισάγονται με τους συμπερασματικούς συνδέσμους, το *σύνδεσμο να* ή με εκφράσεις που χρησιμοποιούνται ως συμπερασματικοί σύνδεσμοι και φανερώνουν ποιο είναι το αποτέλεσμα του περιεχομένου της πρότασης που προσδιορίζεται. **3.** που διατυπώνεται με τη μορφή συμπεράσματος. - Επίρρ. **-ά.**
συμπερασμός ο, ουσ. (έρρ., λόγ.), κυρίως στη φρ. *κατά -ό(ν)* = σύμφωνα με υποκειμενική γνώμη.
συμπεριλαμβάνω, ρ., αόρ. *συμπεριέλαβα,* πληθ. *συμπεριλάβαμε* (έρρ.), περιλαμβάνω κάτι ή κάποιον σε ένα σύνολο ή μια κατηγορία: *στο ποσό -ονται και οι τάδε δαπάνες· έχει -ληθεί στον κατάλογο των υποψηφίων.*
συμπεριφέρομαι, ρ., αόρ. *συμπεριφέρθηκα* (έρρ.). **1.** ενεργώ με ορισμένο τρόπο, δείχνω ορισμένη διαγωγή: ~ *όπως πρέπει· μου -φέρθηκε άσχημα* (συνών. *φέρομαι).* **2.** (μεταφ. για πράγμα, ουσία, κλπ.) λειτουργώ ακολουθώντας συγκεκριμένους νόμους ή κανόνες της επιστήμης: *το πηνίο που διαρρέεται από ηλεκτρικό ρεύμα -εται ως μαγνήτης.*
συμπεριφορά η, ουσ. (χωρίς πληθ.), (έρρ.). **1.** ο τρόπος με τον οποίο συμπεριφέρεται (βλ. λ.), ενεργεί κάποιος: ~ *εγωιστική· οδηγός καλής -άς· κοινωνική* ~ = το σύνολο των δραστηριοτήτων και ενεργειών με τις οποίες το κάθε μέλος ενός κοινωνικού συνόλου αντιδρά σε ερεθίσματα που δέχεται από το περιβάλλον του· (ειδικά) *σεξουαλική* ~· *συνειδητοποίηση της γλωσσικής -άς που πρέπει να ακολουθήσομε.* **2.** (για ζώα και άλλους οργανισμούς) ο τρόπος με τον οποίο ενεργεί κάθε είδος: ~ *των δελφινιών.* **3.** (μεταφ.) ο τρόπος λειτουργίας πράγματος, ουσίας, κλπ., σύμφωνα με τους νόμους και κανόνες της επιστήμης: *δέρματα με καλή φυσικοχημική* ~ *ακόμα και σε αντίξοες συνθήκες.* **4.** οι διαδοχικές καταστάσεις ή μορφές με τις οποίες εμφανίζεται κάποιο πράγμα ή αξία: ~ *του δολαρίου.*
σύμπηξη η, ουσ. (έρρ.). **1.** στερεοποίηση (υγρού) με ψύξη ή άλλο τρόπο. **2.** (μεταφ.) συγκρότηση, σύσταση: ~ *εταιρείας/συλλόγου.*
συμπιάνω, ρ. (έρρ., συνίζ., λαϊκ.), συνδέω με ραφή, ράβω μαζί δύο ή περισσότερα πράγματα (συνών. *συρράπτω).*
συμπιέζω, ρ. (έρρ., ασυνίζ.), ασκώ πίεση πάνω σε κάτι ώστε να ελαττώσω τον όγκο του.
συμπίεση η, ουσ. (έρρ.). **1.** η άσκηση πίεσης σ' ένα σώμα ώστε να ελαττωθεί ο όγκος του. **2.** (ιατρ.) η πίεση ενός οργάνου από κάποιο άλλο όργανο, όγκο ή παθολογικό μόρφωμα: ~ *εγκεφαλική.* **3.** (μεταφ.) περιορισμός: ~ *δαπανών.*

συμπιεστής ο, ουσ. (έρρ., ασυνίζ.), όργανο που προκαλεί συμπίεση, που μετατρέπει την κινητήρια ενέργεια σε ενέργεια πίεσης αερίου.
συμπιεστικός, -ή, -ό, επίθ. (έρρ., ασυνίζ.), που ανήκει ή αναφέρεται στη συμπίεση ή προκαλεί συμπίεση.
συμπίλημα το, ουσ. (έρρ.). **1.** σύνολο πραγμάτων ασυμβίβαστων μεταξύ τους (συνών. *συνονθύλευμα).* **2.** (για λόγο, πραγματεία, κ.τ.ό.) έργο με ποικίλο και ασυνάρτητο περιεχόμενο, ιδίως έργο που έχει συγκροτηθεί με ακατάστατη παράθεση χωρίων, περικοπών από διάφορες πηγές.
συμπιλητής ο, ουσ. (έρρ.), (μειωτ.) αυτός που συγκροτεί συμπιλήματα (βλ. λ. στη σημας. 2), συγγραφέας που αντλεί το μεγαλύτερο μέρος της ύλης του έργου του από τις θεωρίες και μάλιστα τις περικοπές άλλων συγγραφέων.
συμπιλώ, -είς, ρ. (έρρ.). **1.** σχηματίζω ένα σύνολο από πράγματα ασυμβίβαστα μεταξύ τους (συνών. *συμφύρω, συνονθυλεύω).* **2.** (για λόγο, πραγματεία, κ.τ.ό.) συγκροτώ με την παράθεση χωρίων, περικοπών από διάφορες πηγές.
συμπίπτω, ρ., αόρ. *συνέπεσα,* πληθ. *συμπέσαμε* (έρρ.). **1.** (για απόψεις) συνταυτίζομαι, συμβιβάζομαι, συμφωνώ: *τα προγράμματα των δύο κομμάτων -ουν σε πολλά θέματα* (αντ. *αντιτίθεμαι, διαφωνώ).* **2.** (συνεκδοχικά) γίνομαι, συμβαίνω, εμφανίζομαι συγχρόνως με κάτι άλλο: *η γιορτή του Πάσχα συνέπεσε με τη γιορτή του αγίου Γεωργίου· οι δύο εκδηλώσεις -ουν.* **3.** (τριτοπρόσ.) τυχαίνει, συμβαίνει να...
σύμπλεγμα το, ουσ. (έρρ.). **1.** ομάδα προσώπων ή πραγμάτων που αποτελούν ένα σύνολο: ~ *νησιών·* (γραμμ.) *ρινικά -έγματα· συμφωνικό* ~. **2.** (καλλιτεχν.) ζωγραφική ή γλυπτή παράσταση που εικονίζει πρόσωπα, ζώα, κλπ., σε στενή επαφή μεταξύ τους: *το* ~ *του Λαοκόοντος.* **3.** ενιαία παράσταση δύο ή περισσοτέρων κεφαλαίων γραμμάτων που σχηματίζουν μονόγραμμα. **4.** σύστημα διακλάδωσης δρόμων, σιδηροδρομικών γραμμών, υπονόμων, ποταμών, κλπ. (συνών. *κόμβος).* **5.** (ψυχολ.) σοβαρή διαταραχή της προσωπικότητας του ανθρώπου οφειλόμενη στην απώθηση στο υποσυνείδητο του δυσάρεστων ιδεών, συναισθημάτων ή βιωμάτων που όμως εξακολουθούν να επηρεάζουν την κοινωνική συμπεριφορά του: ~ *κατωτερότητας· οιδιπόδειο* ~ (συνών. *κόμπλεξ).*
συμπλεγματικός, -ή, -ό, επίθ. (έρρ.), που έχει κάποιο ψυχικό σύμπλεγμα (βλ. λ. σημας. 5) (συνών. *κομπλεξικός).*
συμπλέκτης ο, ουσ. (έρρ.), (μηχανολ.) μηχανισμός με τη βοήθεια του οποίου είναι δυνατή η σύνδεση ενός περιστρεφόμενου άξονα με έναν άλλον· (ειδικά για αυτοκίνητο ή δίκυκλο) *αυτόματος* ~ = μηχανισμός με τη βοήθεια του οποίου συμπλέκεται ή αποσυμπλέκεται η μηχανή ανάλογα με τις ανάγκες μεταβολής της ταχύτητας.
συμπλεκτικός, -ή, -ό, επίθ. (έρρ.), που ανήκει ή αναφέρεται στη συμπλοκή, που συμπλέκει· (ειδικά, γραμμ.) *-οί σύνδεσμοι* = οι σύνδεσμοι *και, ούτε, μήτε,* που συνδέουν όμοιους όρους ή όμοιες προτάσεις. - Επίρρ. **-ώς** = με συμπλεκτικό σύνδεσμο: *οι τρεις προτάσεις συνδέονται -ώς.*
συμπλέκω, ρ., παρατ. *συνέπλεκα,* πληθ. *συμπλέκαμε,* αόρ. *συνέπλεξα,* πληθ. *συμπλέξαμε,* παθητ. αόρ. *-χτηκα,* μτχ. παθητ. παρκ. *-πλεγμένος* (έρρ.).
Ι. (ενεργ.) συνδέω κάτι με κάτι άλλο, σχηματίζω

σύμπλεγμα (βλ. λ. στη σημασ. 1). II. μέσ. 1. συνενώνομαι μαζί με άλλους σε σύμπλεγμα, συνδέομαι. 2. (συνεκδοχικά) έρχομαι στα χέρια με κάποιον, διαπληκτίζομαι (συνών. *φιλονικώ, τσακώνομαι*).

συμπλέω, ρ., παρατ. *συνέπλεα*, πληθ. *συμπλέαμε*, αόρ. *συνέπλευσα*, πληθ. *συμπλεύσαμε* (έρρ.). 1. (για πλοίο) πλέω μαζί με άλλο πλοίο προς την ίδια κατεύθυνση. 2. (μεταφ.) έχω την ίδια γνώμη ή τις ίδιες ιδέες με κάποιον άλλο, συμφωνώ.

συμπληγάδες (πέτρες) οι, ουσ. (έρρ.). 1. (μυθολ. με κεφ.) βράχοι σε θαλάσσιο πέρασμα που συγκρούονταν συνεχώς και εμπόδιζαν τη διάβαση πλοίων. 2. (μεταφ.) επικίνδυνη διάβαση και γενικά οτιδήποτε επικίνδυνο ή κρίσιμο (σημείο, φάση, ώρα, κατάσταση, κλπ.).

συμπλήρωμα το, ουσ. (έρρ.). 1. αυτό με το οποίο συμπληρώνουμε κάτι, ό,τι προστίθεται για συμπλήρωση (συνών. *προσθήκη*). 2. (ειδικά) μέρος στο τέλος συγγράμματος όπου συμπληρώνονται όσα παραλείφθηκαν στο κύριο σώμα από παραδρομή.

συμπληρωματικός, -ή, -ό, επίθ. (έρρ.), που χρησιμεύει για συμπλήρωση, που αποτελεί συμπλήρωμα (βλ. λ. στη σημασ. 1) σε κάτι: *-ές γωνίες* (= μαθημ. δύο οξείες γωνίες που το άθροισμά τους είναι ίσο με ενενήντα μοίρες, 90°) *-ή δήλωση*. -Επίρρ. **-ώς** και **-ά**.

συμπληρώνω, ρ. (έρρ.). α. γεμίζω εντελώς, προσθέτω ό,τι λείπει: *συμπλήρωσε τα κενά του κουτιού με χαρτιά* ~ *έντυπη αίτηση* · *ώθηκαν οι κενές θέσεις* · **β.** ολοκληρώνω, αποτελειώνω: *-ώθηκε η λίστα των υποψηφίων/ο απαιτούμενος αριθμός μελών* · ~ *την κατάθεσή μου* (συνών. *αποπερατώνω*) · γ. το μέσ. *-ομαι* (για χρονική διάρκεια) = περνώ: *-ώθηκαν εκατό χρόνια από το θάνατο του ποιητή* φρ. ~ *τα είκοσι ένα (χρόνια)* (= γίνομαι είκοσι ενός χρονών).

συμπλήρωση η, ουσ. (έρρ.). α. το να γεμίζει εντελώς κάτι, το να προστίθεται ό,τι λείπει σε κάτι: ~ *αίτησης/υπαλληλικών θέσεων* · **β.** ολοκλήρωση, αποπεράτωση: ~ *της ακροαματικής διαδικασίας*.

συμπληρωτικός, -ή, -ό, επίθ. (έρρ.), που συμπληρώνει, συμπληρωματικός (βλ. λ.).

συμπλοιοκτησία η, ουσ. (έρρ., ασυνίζ.), (ναυτ. δίκ.) συμμετοχή πολλών προσώπων στην κυριότητα και εκμετάλλευση πλοίου.

συμπλοιοκτήτης ο, θηλ. **-τρια**, ουσ. (έρρ., ασυνίζ.), (ναυτ. δίκ.) πρόσωπο που συμμετέχει μαζί με άλλους στην κυριότητα και εκμετάλλευση πλοίου.

συμπλοκή η, ουσ. (έρρ.). 1. σύνδεση με κάτι άλλο, σχηματισμός συμπλέγματος (βλ. λ. στη σημασ. 1): (αρχαιολ.) ~ *κύκλων* · *σημείο -ής μαιάνδρων* · (συντακτ.) ~ *προτάσεων*. **2α.** (συνεκδοχικά) το να έρχεται κάποιος στα χέρια με άλλον, διαπληκτισμός: ~ *ανάμεσα σε γυναίκες/ανδρόγυνο* (συνών. *τσακωμός, καβγάς*) · **β.** (επιτ.) ένοπλη σύγκρουση μικρής διάρκειας: ~ *αστυνομικών με τους ληστές*.

σύμπνοια η, ουσ. (έρρ., ασυνίζ.), το να συμφωνούν οι γνώμες, οι διαθέσεις ή τα φρονήματα δύο ή περισσότερων ανθρώπων (συνών. *ομοφροσύνη* · αντ. *ασυμφωνία, διχογνωμία*).

συμπολεμιστής ο, θηλ. **-ίστρια**, ουσ. (έρρ.), αυτός που πολεμά μαζί με άλλον (συνών. *συναγωνιστής* · αντ. *αντιμαχόμενος, αντίπαλος*).

συμπολεμώ, -είς, ρ. (έρρ.), πολεμώ μαζί με κάποιον άλλο, μετέχω σε πολεμικές επιχειρήσεις στο πλευρό άλλων (αντ. *αντιμάχομαι*).

συμπολιτεία η, ουσ. (έρρ.), (ιστ.) ένωση δύο ή περισσότερων αρχαίων ελληνικών πόλεων-κρατών σε ένα κοινό κράτος με στόχο την καλύτερη εξασφάλιση της κοινής ελευθερίας, πολιτική ομοσπονδία: *αχαϊκή/αιτωλική* ~.

συμπολιτειακός, -ή, -ό, επίθ. (έρρ., ασυνίζ.), που ανήκει ή αναφέρεται στη συμπολιτεία (βλ. λ.): *-ές σχέσεις* (συνών. *ομοσπονδιακός*).

συμπολιτεύομαι, ρ. (έρρ.), (πολιτ., με την πρόθ. *με*) συμπράττω με το κόμμα που κυβερνά, ανήκω στην κυβερνητική παράταξη (αντ. *αντιπολιτεύομαι*).

συμπολίτευση η, ουσ. (έρρ.), το σύνολο των βουλευτών που ανήκουν στην κυβερνητική παράταξη: *ολόκληρη η* ~ *ψήφισε το νομοσχέδιο* (αντ. *αντιπολίτευση*).

συμπολίτης ο, θηλ. **-ισσα**, ουσ. (έρρ.), πρόσωπο που κατάγεται από την ίδια χώρα, την ίδια περιοχή, την ίδια πόλη από όπου και ένας άλλος (συνών. *συμπατριώτης, συντοπίτης*).

συμπόνεση η, ουσ. (έρρ., λαϊκ.), συμπόνοια (βλ. λ.).

συμπονετικός, -ή, -ό, επίθ. (έρρ.), που συμπονεί τους άλλους, που συμμετέχει συναισθηματικά στις δυστυχίες των άλλων (συνών. *πονετικός, πονόψυχος* · αντ. *άσπλαχνος, άπονος, σκληρόκαρδος*).

συμπόνια η, ουσ. (έρρ., συνιζ.), το να συμμετέχει κανείς συναισθηματικά στις δυστυχίες των άλλων (συνών. *ευσπλαχνία, ψυχοπόνια* · αντ. *απονιά, ασπλαχνιά*).

συμπονώ, -άς, ρ. (έρρ.), συμμετέχω συναισθηματικά στις δυστυχίες των άλλων (συνών. *ευσπλαχνίζομαι, ψυχοπονώ*).

συμπορεύομαι, ρ. (έρρ.). 1. πορεύομαι μαζί με άλλον ή άλλους, συμβαδίζω. 2. (μεταφ.) συνεργάζομαι: *τα δύο κόμματα -ονται στις δημοτικές εκλογές* (συνών. *συμπράττω*).

συμπόρευση η, ουσ. (έρρ.). 1. το να πορεύονται μαζί δύο ή περισσότεροι άνθρωποι, συνοδοιπορία. 2. (μεταφ.) συνεργασία: ~ *όλων των κομμάτων στα εθνικά θέματα* (συνών. *σύμπραξη*).

συμπόσιο το, ουσ. (έρρ., ασυνίζ.). 1. (στην αρχαία Ελλάδα) συγκέντρωση καλλιεργημένων ανθρώπων σε ένα σπίτι για να συζητήσουν θεωρητικά θέματα τρώγοντας και πίνοντας. 2. (γενικά) πλούσια συνεστίαση: *αίθουσα -ίων* (συνών. λαϊκ. *τσιμπούσι*). 3. επιστημονικό συνέδριο.

συμποσούται, -ούνται, ρ. (έρρ., λόγ.), (μόνο στο γ' εν. και πληθ. ενεστ.) ανέρχεται στο ποσό...: *τα έξοδα -ούνται σε εκατό χιλιάδες δραχμές*.

σύμπραξη η, ουσ. (έρρ.), συμμετοχή σε κοινό έργο, κοινή δράση: *εκλογική* ~ *κομμάτων* (συνών. *συνεργασία*).

συμπράττω, ρ., παρατ. *συνέπραττα*, πληθ. *συμπράτταμε*, αόρ. *συνέπραξα*, πληθ. *συμπράξαμε* (έρρ., λόγ.), συμμετέχω σε κοινό έργο, ενεργώ μαζί με άλλον ή άλλους (συνών. *συνεργάζομαι*).

συμπρόεδρος ο, ουσ. (έρρ.), πρόσωπο που προεδρεύει μαζί με κάποιον άλλο: *διχογνωμία -έδρων*.

συμπροφέρω, ρ. (έρρ.), προφέρω μαζί φθόγγους: *στη συνίζηση -ονται σε μια συλλαβή δύο φωνήεντα* (συνών. *συνεκφωνώ, συνεκφέρω*).

συμπροφορά η, ουσ. (έρρ.), το να προφέρονται μαζί λέξεις, γράμματα ή φθόγγοι (συνών. *συνεκφώνηση, συνεκφορά*).

συμπρωταγωνιστής ο, θηλ. **-ίστρια**, ουσ. (έρρ.), ηθοποιός που πρωταγωνιστεί μαζί με άλλον σε θεατρικό ή κινηματογραφικό έργο.

συμπρωταγωνιστώ, -εις, ρ. (έρρ.), (για ηθοποιό) πρωταγωνιστώ μαζί με άλλον ηθοποιό σε θεατρικό ή κινηματογραφικό έργο.

συμπρωτεύουσα η, ουσ. (έρρ.), πόλη που έρχεται δεύτερη ως προς τον πληθυσμό και τη σημασία μετά την πρωτεύουσα μιας χώρας· (ειδικά) για τη Θεσσαλονίκη.

σύμπτυξη η, ουσ. (έρρ., λόγ.). 1. το να συμπτύσσεται κάτι, περιορισμός σε μικρότερο χώρο: ~ *του ελληνισμού* (συνών. *μάζεμα* αντ. *άπλωμα*). 2. (για χρονικό διάστημα) σμίκρυνση της διάρκειας: ~ *της προεκλογικής περιόδου* (συνών. *συντόμευση·* αντ. *παράταση*). 3. (μεταφ., στρατ.) υποχώρηση: ~ *στρατευμάτων/μετώπου* (αντ. *προώθηση, ανάπτυξη*).

συμπτύσσω, ρ., αόρ. *σύμπτυξα* και (λογιότερα στον εν. και στο γ' πληθ.) *συνέπτυξα*, πληθ. *συμπτύξαμε*, μτχ. παθ. παρκ. *συνεπτυγμένος* (έρρ., λόγ.). 1. μαζεύω, περιορίζω κάτι διπλώνοντάς το (αντ. *απλώνω*). 2. περιορίζω σε μικρότερο χώρο (αντ. *αναπτύσσω*). 3. (για χρονικό διάστημα) συντομεύω: ~ *τις προθεσμίες* (αντ. *παρατείνω*). 4. (μέσ., για στρατιωτικές δυνάμεις) ελαττώνω την έκταση της παράταξης πυκνώντας τις γραμμές (συνών. *υποχωρώ·* αντ. *προωθούμαι, αναπτύσσομαι*).

σύμπτωμα το, ουσ. (έρρ.). 1. (ιατρ.) χαρακτηριστικό αποδεικτικό στοιχείο που φανερώνει νόσο ή άλλη ανωμαλία: *κλινικά/κοινά -ώματα*. 2. (γενικά, μεταφ.) οτιδήποτε υποδηλώνει ανώμαλη κατάσταση: *-ώματα ηθικής/πολιτικής κρίσης*.

συμπτωματικός, -ή, -ό, επίθ. (έρρ.). 1. που οφείλεται σε σύμπτωση, τυχαίος: *-ή συνάντηση*. 2. (ιατρ.) που αποτελεί σύμπτωμα νόσου, που φανερώνει αρρώστια ή άλλη ανώμαλη κατάσταση: ~ *πυρετός·* έκφρ. *-ή θεραπεία* (= που αποβλέπει στην καταπολέμηση των συμπτωμάτων της νόσου και όχι των αιτίων της· αντ. *ριζική θεραπεία*). -Επίρρ. **-ά** = κατά σύμπτωση.

συμπτωματολογία η, ουσ. (έρρ.), (ιατρ.) 1. κλάδος της ιατρικής που ερευνά τα συμπτώματα των ασθενειών. 2. (συνεκδοχικά) το σύνολο των συμπτωμάτων μιας νόσου.

συμπτωματολογικός, -ή, -ό, επίθ. (έρρ.), που ανήκει ή αναφέρεται στη συμπτωματολογία (βλ. λ.).

σύμπτωση η, ουσ. (έρρ.). 1. το να συμπίπτει, το να συνταυτίζεται κάτι με κάτι άλλο: ~ *απόψεων* (συνών. *συμφωνία*). 2. το να γίνεται κάτι σύγχρονος με κάτι άλλο, ταυτόχρονη εμφάνιση ή εκδήλωση: ~ *δύο εκδηλώσεων* (συνών. *συγχρονισμός*). 3. το να συμβαίνει κάτι τυχαία και, συνεκδοχικά, το ίδιο το τυχαίο συμβάν, τυχαίο περιστατικό: *σατανική* ~· φρ. *κατά* ~ = κατά τύχη, συμπτωματικά.

συμπυκνώνω, ρ. (έρρ.). 1. αυξάνω την πυκνότητα ενός πράγματος ώστε να καταλαμβάνει μικρότερο όγκο ή λιγότερη έκταση: *γάλα -μένο* (που του έχει αφαιρεθεί με την εξάτμιση μια ποσότητα νερού). 2. (για συγκεκριμένο πλήθος) ενεργώ ώστε να πλησιάσουν μεταξύ τους περισσότερο και να καλυφθεί ο κενός χώρος που υπήρχε ανάμεσά τους.

συμπύκνωση η, ουσ. (έρρ.). 1. αύξηση της πυκνότητας ενός σώματος ώστε να καταλαμβάνει μικρότερο όγκο ή λιγότερη έκταση. 2. μετατροπή αερίου σώματος σε υγρό.

συμπυκνωτής ο, ουσ. (έρρ.), όργανο ή μέσο συμπύκνωσης· (φυσ.) ~ *ηλεκτρικός* = συσκευή για την αποθήκευση ηλεκτρικής ενέργειας.

συμφέρει, ρ., παρατ. και αόρ. *συνέφερε*. 1. (απρόσ. με υποκ. βουλητική πρότ. και με αιτ. προσωπ. ή την πρόθ. *σε* και αιτ.) είναι χρήσιμο, ωφέλιμο: *δεν τον* ~ (*ή δε* ~ *σ' αυτόν*) *να παραιτηθεί από την υπηρεσία του*. 2. (τριτοπρόσ. με υποκ. σε ονομ. και αιτ. προσωπ. ή την πρόθ. *σε* και αιτ.) ωφελώ: *η πρότασή σου δεν με* ~ (*ή δε* ~ *σε μένα*).

συμφέρον το, ουσ., ωφέλεια, κέρδος κυρίως οικονομικής φύσης: ~ *εθνικό/ατομικό·* έχω ~· *κοιτάω το* ~ *μου* (= ενεργώ συμφεροντολογικά).

συμφεροντολογία η, ουσ. (έρρ.), το να αποβλέπει κάποιος μόνο στο ατομικό του συμφέρον.

συμφεροντολογικός, -ή, -ό, επίθ. (έρρ.), που εξυπηρετεί το συμφέρον κάποιου. - Επίρρ. **-ά**.

συμφεροντολόγος, -α, επίθ. (έρρ.), που αποβλέπει μόνο στο προσωπικό του συμφέρον (συνών. *ιδιοτελής*).

συμφεροντολογώ, ρ. (έρρ.), ενεργώ για το προσωπικό μου συμφέρον.

συμφερότερος, -η, -ο, επίθ., που συμφέρει περισσότερο από κάτι άλλο.

συ(μ)φερτικός, -ή, -ό, επίθ. (λαϊκ.), που συμφέρει (συνών. *επωφελής·* αντ. *ασύμφορος*).

συμφιλιώνω, ρ. (ασυνίζ.). Ι. ενεργ. 1. αποκαθιστώ φιλία ή σχέση μεταξύ ατόμων ή ομάδων που είχαν ψυχραθεί (συνών. *μονοιάζω, φιλιώνω*). 2. συνενώνω στοιχεία από δύο εντελώς αντίθετα μεταξύ τους πράγματα ώστε να συνυπάρχουν αρμονικά. II. (μέσ.) αποκαθιστώ φιλία ή σχέση με άτομο με το οποίο είχα ψυχραθεί.

συμφιλίωση η, ουσ. 1. αναθέρμανση σχέσεων μεταξύ ατόμων ή ομάδων που είχαν συγκρουστεί. 2. συνένωση στοιχείων δύο εντελώς αντίθετων πραγμάτων ώστε να συνυπάρχουν αρμονικά: ~ *τάσεων/καλλιτεχνικών ρυθμών*.

συμφιλιωτής ο, ουσ. (ασυνίζ.), αυτός που συμφιλιώνει.

συμφιλιωτικός, -ή, -ό, επίθ. (ασυνίζ.), που ενεργεί, που αποβλέπει στη συμφιλίωση ατόμων ή ομάδων που είχαν ψυχρανθεί (συνών. *συμβιβαστικός*).

συμφοίτηση η, ουσ., η φοίτηση μαζί με άλλον ή άλλους στην ίδια σχολή.

συμφοιτητής ο, θηλ. **-τρια**, ουσ., φοιτητής στην ίδια σχολή με κάποιον άλλον ή άλλους.

συμφοιτώ, ρ., φοιτώ στην ίδια σχολή μαζί με κάποιον άλλον ή άλλους.

συμφορά και **συφ-**, ουσ. 1. δυσάρεστο γεγονός, δυστύχημα: *μεγάλη* ~ *μας βρήκε* (συνών. *κακό·* αντ. *ευτυχία, καλό*). 2. (ως επιφ. σχετλιαστικό με γεν. προσωπ.) αλίμονο: ~ *του αν τον πιάσουν!*

συμφόρηση η, ουσ. 1. (ιατρ.) η απότομη και υπερβολική συγκέντρωση αίματος σε αιμοφόρο αγγείο και κυρίως του εγκεφάλου: ~ *εγκεφαλική*. 2. (μεταφ.) ~ *κυκλοφοριακή* = η συγκέντρωση πολλών οχημάτων σε οδικές αρτηρίες ώστε να είναι αδύνατη η ομαλή μετακίνηση.

συμφραζόμενα τα, ουσ., το τμήμα κειμένου που προηγείται και ακολουθεί μια λέξη, έκφραση ή φράση και που με τη βοήθειά του γίνεται σαφές το νόημά της.

συμφυής, -ής, -ές, γεν. **-ούς**, πληθ. αρσ. και θηλ.

-είς, ουδ. **-ή**, επίθ., που υπάρχει σε κάποιον από τότε που γεννήθηκε (συνών. *σύμφυτος, έμφυτος*· αντ. *επίκτητος*).

συμφυρμός ο, ους. **1**. σύγχυση, σύμφυρση· (ειδικά γραμμ.) το γλωσσικό φαινόμενο κατά το οποίο από δύο ομοειδή γλωσσικά στοιχεία προκύπτει ένα ανάμικτο. **2**. (παλαιογρ.) ~ *χειρογράφων* = συρροή γραφών από περισσότερα από ένα χειρόγραφα.

σύμφυρση η, ουσ., ανάμιξη, ανακάτωμα.

συμφύρω, ρ., ανακατεύω χωρίς να τηρώ αναλογίες, συγχέω.

σύμφυση η, ουσ. **1**. φυσική συνένωση, συγκόλληση. **2**. (παθολογία) συγκόλληση των επιφανειών δύο παραπλήσιων οργάνων που οφείλεται στο σχηματισμό υμένων που έχουν μορφή ινώδους δέσμης. **3**. (ανατομ.) συνένωση δύο οστών ή τμημάτων τους με συνοστέωση.

σύμφυτος, -η, -ο, επίθ., που υπάρχει σε κάποιον από τη γέννησή του (συνών. *έμφυτος, συμφυής, φυσικός*· αντ. *επίκτητος*).

συμφωνητικό το, ους., γραπτή συμφωνία μεταξύ δύο πλευρών κατά την οποία παρέχονται από τη μία πλευρά υπηρεσίες κατά ορισμένο τρόπο και χρόνο έναντι ορισμένης αμοιβής που θα καταβάλλει η άλλη.

συμφωνία η, ους. **1**. ευχάριστο συνταίριασμα ήχων, αλλά και χρωμάτων ή σχημάτων, αρμονία. **2**. ταύτιση, ομοιότητα γνωμών, ενεργειών: ~ *των μελών του συμβουλίου* (αντ. *διαφωνία*). **3**. προσέγγιση απόψεων ύστερα από συζήτηση και με αμοιβαίες υποχωρήσεις, συμβιβασμός: *ήρθαν σε* ~ *να πληρώσει ο καθένας τη ζημιά του*. **4**. συνεννόηση μεταξύ ατόμων που έχει γι' αυτούς την ισχύ άγραφου νόμου και πρέπει να τηρείται: ~ *κυρίων*. **5**. συνομολόγηση σύμβασης μεταξύ δύο μερών που υπογράφεται και από τα δύο μέρη και περιγράφει λεπτομερώς αυτό που έχει αποφασιστεί. **6**. σύμβαση μεταξύ κρατών για δευτερεύοντα ζητήματα. **7**. μεγάλη μουσική σύνθεση γραμμένη για να παίζεται από ορχήστρα.

συμφωνικός, -ή, -ό, επίθ. **1**. που αναφέρεται σε μουσική συμφωνία: *ορχήστρα/σύνθεση -ή*. **2**. που αναφέρεται στα σύμφωνα του αλφαβήτου: *σύμπλεγμα -ό*.

σύμφωνο το, ους. **1**. συμβόλαιο, συμφωνητικό. **2**. σύμβαση μεταξύ δύο ή περισσότερων κρατών με την οποία ρυθμίζουν μόνα και με συναίνεση τις σχέσεις τους: ~ *της Βαρσοβίας* (συνών. *συνθήκη*). **3**. (γραμμ.) **α**. καθένας από τους φθόγγους ενός αλφαβήτου που τον προφέρουμε εμποδίζοντας τον αέρα να βγει ελεύθερα από το στόμα μας και που δεν μπορεί να σχηματίσει μόνος συλλαβή, αλλά συνοδεύεται πάντοτε από φωνήεν: ~ *ηχηρό/χειλικό/ρινικό*·**β**. γράμμα που παριστάνει σύμφωνο: *-α όμοια* (= δυο σύμφωνα που τα γράφουμε μαζί ενώ προφέρουμε, στην κοινή νεοελληνική, ένα φθόγγο, όπως λ.χ. στις λ. *άλλος, γεννώ*)· *-α τελικά* (για το *ς* και το *ν*).

συμφωνόληκτος, -η, -ο, επίθ., για κλιτό μέρος του λόγου που το θέμα του λήγει σε σύμφωνο (αντ. *φωνηεντόληκτος*).

σύμφωνος, -η, -ο, επίθ. **1**. που ταιριάζει με κάτι, που ακολουθεί κάτι: *οι επιλογές της είναι πάντα -ες με τις απαιτήσεις της μόδας*. **2**. που έχει την ίδια γνώμη, που συμφωνεί: *η πρότασή σου με βρίσκει -ο*. **3**. ως επιφ.: *-οι!* - Επίρρ. **-α**, σε ακολουθία, σε συμφωνία με κάτι, ανάλογα: *αμείβεται -α με την παραγωγή*.

συμφωνώ, ρ. **1**. έχω την ίδια γνώμη με κάποιον: ~ *μαζί σου* (αντ. *διαφωνώ*). **2**. εγκρίνω, επιδοκιμάζω: ~ *με την απόφαση/τις ενέργειές σου* (αντ. *αποδοκιμάζω*). **3**. αποδέχομαι πρόταση κάποιου: *-ώνησε να έρθει στην εκδρομή* (αντ. *αρνούμαι*). **4**. αποδέχομαι ως αληθινό: ~ *ότι έχει δίκιο/ότι είναι αθώος*. **5**. παρουσιάζω αντιστοιχία με κάτι άλλο: *οι φήμες όλες -ούν σ' αυτό το σημείο*. **6**. κάνω, κλείνω συμφωνία: *-ώνησαν να βρεθούν στις έξι*· (ειδικά σε αγοραπωλησία): *-ώνησαν το μαγαζί στην αρχική τιμή*· φρ. *τα -ήσαμε* (= καταλήξαμε κάπου ύστερα από συζήτηση και συνεννόηση).

συμψηφίζω, ρ. **1**. υπολογίζω, λογαριάζω κάτι μαζί με κάτι άλλο. **2**. (οικον.) αφαιρώ το χρέος κάποιου (αν είναι μικρότερο) από ποσό που δικαιούται να λάβει ή αντίστροφα αφαιρώ το ποσό που πρέπει να λάβει (αν είναι μικρότερο) από το χρέος του: *η εταιρεία -ει τη δόση του δανείου στο μισθό του*. **3**. (δικαν.) συγχωνεύω ποινή που επιβάλλεται σε κάποιον σε άλλη μεγαλύτερη.

συμψηφισμός ο, ους. **1**. υπολογισμός ενός πράγματος μαζί με κάτι άλλο, συναρίθμηση. **2**. (νομ.) η αυτοδίκαιη απόσβεση των αμοιβαίων (ομοειδών) απαιτήσεων δύο προσώπων με συνυπολογισμό. **3**. (οικον.) εκκαθάριση των συναλλαγματικών και επιταγών που δίνονται μεταξύ τραπεζών. **4**. (δικαν.) η συγχώνευση μικρότερης ποινής σε άλλη μεγαλύτερη.

συμψηφιστικός, -ή, -ό, επίθ., που έχει σχέση με το συμψηφισμό.

σύν, πρόθ. απαρχαιωμένη. **1**. μαζί, σε αρχαϊστ. εκφρ., π.χ. ~ *γυναιξί και τέκνοις*. **2**. (μαθημ.) σύμβολο της πρόσθεσης (+).

συναγελάζομαι, ρ. (λόγ.). **1**. ζω κατά αγέλες. **2**. (μεταφ.) συναναστρέφομαι με άτομα κατώτερου κοινωνικού επιπέδου.

συναγελασμός ο, ους. (λόγ.). **1**. συγκέντρωση σε αγέλη: *η χθεσινή συγκέντρωση δεν ήταν συγκέντρωση, αλλά* ~. **2**. (μεταφ.) συναναστροφή με άτομα κατώτερου κοινωνικού επιπέδου.

συναγερμός ο, ους. **1**. αιφνίδια και αθρόα συνάθροιση ανθρώπων. **2**. (στρατ.) πρόκληση στα όπλα για άμυνα σε απρόοπτη επίθεση. **3**. συγκέντρωση που γίνεται με σειρήνες ή άλλα μέσα σε περιπτώσεις αεροπορικής επιδρομής, πυρκαγιάς, κλπ. **4**. (συνεκδοχικά) ηλεκτρονική συσκευή υψηλής ευαισθησίας που τοποθετείται σε αυτοκίνητα, καταστήματα, σπίτια, κλπ. και λειτουργεί σε περίπτωση παραβίασης πόρτας, παραθύρου, κλπ. **5**. (συνεκδοχικά) το σήμα του συναγερμού: ~ *αυτοκινήτου*. **6**. ξεσήκωμα και επαγρύπνηση για την αντιμετώπιση κινδύνου: *βρίσκονται διαρκώς σε -ό*.

συναγρίδα η, ους., είδος ψαριού με εκλεκτό κρέας, ράχη ασημιά, κεφάλι καμπυλωτό και με αραιές κηλίδες στα πλευρά.

συνάγω και (λαϊκ.) **συνάζω**, ρ., αόρ. *σύναξα*. **1**. συναθροίζω, συγκεντρώνω: *-αξε τα παλληκάρια του για να τους μιλήσει*. **2**. (για πράγματα) μαζεύω, συγκεντρώνω: *-ξε όλα της τα πράγματα σ' ένα δωμάτιο*. **3**. (για συμπέρασμα) βγάζω, βρίσκω, εξάγω. **4**. (μέσ. σε γ' εν. πρόσ.) βγαίνει το συμπέρασμα, προκύπτει: *από τα παραπάνω -εται ότι είναι άκυρη η διαθήκη*.

συναγωγή η, ουσ. 1. συγκέντρωση ατόμων, καθώς και ο τόπος συγκέντρωσης. 2. συγκέντρωση πραγμάτων, συλλογή: ~ *λέξεων.* 3. τόπος συνάθροισης και κοινής προσευχής των Ιουδαίων (συνών. *χάβρα*). 4. εξαγωγή, διατύπωση συμπεράσματος.

συναγωνίζομαι, ρ. 1. αγωνίζομαι μαζί με κάποιον ως σύμμαχος ή συμπολεμιστής: *κράτη που -ίστηκαν στο δεύτερο παγκόσμιο πόλεμο.* 2. αγωνίζομαι μαζί με άλλους προσπαθώντας να τους ξεπεράσω: *-εται με πολλούς υποψήφιους.* 3. αγωνίζομαι εναντίον κάποιου: *πολλές εταιρείες -ονται τα προϊόντα μας* (συνών. *ανταγωνίζομαι*). 4. είμαι εφάμιλλος με κάποιον σε κάτι: *ο τάδε μπορεί να τον -ιστεί στην εξυπνάδα.*

συναγωνίσιμος, -η, -ο, επίθ., που μπορεί κανείς να τον συναγωνιστεί: *προσπάθεια -η* (αντ. *ασυναγώνιστος*).

συναγωνισμός ο, ουσ. 1. άμιλλα για επικράτηση: ~ *αθέμιτος* (συνών. *ανταγωνισμός*). 2. το να αγωνίζεται κανείς μαζί με άλλον ως σύμμαχος. 3. το να είναι κανείς εφάμιλλος με κάποιον στην πρόοδο ή στην επιτυχία· έκφρ. *εκτός -ού* (= χωρίς διεκδίκηση βραβείου): *η ταινία προβλήθηκε στο φεστιβάλ εκτός -ού*· φρ. *είναι (κάτι) εκτός -ού* (= είναι ασυναγώνιστο): *τα προϊόντα της εταιρείας είναι εκτός -ού.*

συναγωνιστής ο, θηλ. **-ίστρια**, ουσ. (ασυνίζ.). 1. συμπολεμιστής: *-ές παλιοί.* 2. αυτός που αγωνίζεται στο πλευρό άλλου ή άλλων για τον ίδιο σκοπό: *οι -ές του στο κόμμα.*

συναγωνιστικός, -ή, -ό, επίθ. 1. που σχετίζεται με συναγωνιστές. 2. ανταγωνιστικός.

συναγωνίστρια, βλ. *συναγωνιστής.*

συναδελφικός, -ή, -ό, επίθ., που σχετίζεται με συναδέλφους: *υποστήριξη -ή.* - Επίρρ. **-ά.**

συναδελφικότητα η, ουσ., συναδελφική αλληλεγγύη.

συνάδελφος ο και η, θηλ. και **-ισσα**, ουσ. 1. άτομο που ασκεί το ίδιο επάγγελμα με άλλον. 2. συνεργάτης, συνεταίρος. 3. για συμφοιτητή. 4. για συστρατιώτη.

συναδελφοσύνη η, ουσ. 1. συναδελφικότητα (βλ. λ.). 2. το να είναι κανείς συνάδελφος.

συναδελφότητα η, ουσ., συναδελφοσύνη (βλ. λ. στη σημασ. 2).

συνάζω, βλ. *συνάγω.*

συν Αθηνά και χείρα κίνει, αρχαϊστ. φρ. = για να πετύχει κανείς αυτό που θέλει δεν αρκεί να ζητήσει τη θεία βοήθεια, αλλά να προσπαθήσει και ο ίδιος.

συναθλητής ο, θηλ. **-ήτρια**, ουσ. 1. αθλητής της ίδιας ομάδας ή του ίδιου αγωνίσματος. 2. (γενικά) συναγωνιστής.

συναθροίζω, ρ. I. (ενεργ.) συγκεντρώνω, μαζεύω. II. (μέσ.) συγκεντρώνομαι: *πλήθος -σμένο στην πλατεία.*

συνάθροιση η, ουσ. 1. συγκέντρωση, μάζεμα: ~ *πλήθους.* 2. συγκεντρωμένο πλήθος: *απηύθυνε χαιρετισμό στην ~.*

συναίνεση η, ουσ., συγκατάθεση, συγκατάνευση: *πήραν διαζύγιο με κοινή ~·* ~ *της αντιπολίτευσης για την εφαρμογή των νέων μέτρων.*

συναινετικός, -ή, -ό, επίθ., που γίνεται με συναίνεση: *διαζύγιο -ό*· *διαδικασία -ή.*

συναινώ, -είς, ρ. (λόγ.), δίνω τη συγκατάθεσή μου.

συναίρεση η, ουσ. (γραμμ.) συγχώνευση δύο φωνηέντων ή φωνήεντος και διφθόγγου της ίδιας λέξης σε ένα μακρό φωνήεν ή δίφθογγο.

συναιρώ, ρ., μτχ. *συνηρημένος*, (γραμμ.) I. (ενεργ.) κάνω συναίρεση (βλ. λ.). II. (μέσ.) παθαίνω συναίρεση: *ρήματα συνηρημένα.*

συναισθάνομαι, ρ. 1. έχω συναίσθηση, επίγνωση κάποιου πράγματος: ~ *το μέγεθος της ευθύνης μου* (συνών. *κατανοώ*). 2. (ψυχ.) κατέχομαι από κάποιο συναίσθημα.

συναίσθημα το, ουσ., πολύπλοκο (πνευματικό, ηθικό ή συγκινησιακό) ψυχικό φαινόμενο που εκφράζει την προσωπική στάση του ατόμου απέναντι στα βιώματά του συνδυάζοντας συγκινησιακά και φανταστικά στοιχεία και που εκδηλώνεται αναλόγως ως χαρά, λύπη, θαυμασμός, αγάπη, μίσος, περιφρόνηση, συμπάθεια, οίκτος, κλπ.

συναισθηματικός, -ή, -ό, επίθ. 1. που σχετίζεται με το συναίσθημα: *ξέσπασμα -ό*· *ταύτιση -ή.* 2. που του δημιουργούνται εύκολα συναισθήματα: *άνθρωπος ~.* - Επίρρ. **-ά.**

συναισθηματικότητα, η, ουσ., συναισθηματική διάθεση: ~ *υπερβολική.*

συναισθηματισμός ο, ουσ., αντιμετώπιση προβλημάτων με το συναίσθημα και όχι με τη λογική, κυριαρχία του συναισθήματος σε έναν άνθρωπο.

συναίσθηση η, ουσ., πλήρης συνείδηση, επίγνωση πράγματος, κατάστασης, κλπ.: ~ *καθήκοντος/ κατάστασης.*

συναίτιος, -α, -ο, επίθ. (ασυνίζ.), συνυπεύθυνος, συνεργός.

συναιτιότητα η, ουσ. (ασυνίζ.), συνυπευθυνότητα.

συνακόλουθος, -η, -ο, επίθ., επακόλουθος, παρεπόμενος.

συνακολουθώ, ρ. 1. συνοδεύω, ακολουθώ. 2. επακολουθώ. 3. ακολουθώ τη γνώμη κάποιου, συμφωνώ.

συναλλαγή η, ουσ. 1. (γενικά) αμοιβαία αλλαγή πραγμάτων. 2. εμπορική σχέση, δοσοληψία: *-ές εξωτερικές/διεθνείς.* 3. (πολιτ.) παροχή ανταλλαγμάτων για κομματική υποστήριξη (συνών. *ρουσφετολογία*).

συνάλλαγμα το, ουσ., σύστημα κατά το οποίο το νόμισμα κάποιας χώρας ανταλλάσσεται με το νόμισμα άλλης χώρας, καθώς και το χρηματικό ποσό που προέρχεται από την ανταλλαγή: *αγορά και πώληση -άγματος*· *παράνομη εξαγωγή -άγματος*· *θα πάρω μαζί μου εκατό χιλιάδες ~.*

συναλλαγματικός, -ή, -ό, επίθ., που σχετίζεται με το συνάλλαγμα: *διακυμάνσεις -ές*· *διαφορά/ισοτιμία -ή.* - Το θηλ. ως ουσ. = πιστωτικός τίτλος συντεταγμένος σύμφωνα με ορισμένο τύπους, με τον οποίο δίνεται εντολή πληρωμής στον κομιστή του χρηματικού ποσού σε ορισμένο τόπο και χρόνο.

συναλλάσσω και (λαϊκ.) **συναλλάζω**, ρ., αόρ. *συνάλλαξα.* I. (ενεργ.) ανταλλάσω αμοιβαία· χρησιμοποιώ εκ περιτροπής δύο ή περισσότερα πράγματα: *-ουν τα ρούχα τους.* II. μέσ. 1. έρχομαι σε συναλλαγές, ενεργώ εμπορικές ανταλλαγές: *-εται με μεγάλες επιχειρήσεις.* 2. (κατ᾽ επέκταση) συναναστρέφομαι, σχετίζομαι.

συναλληλία η, ουσ. (λογική) αμοιβαία σχέση δύο ή περισσότερων εννοιών που υπάγονται σε μια πλατύτερη έννοια (π.χ. η σχέση των εννοιών *άνθρωπος, αετός, λύκος, φάλαινα*, που υπάγονται στην πλατύτερη έννοια *ζώο*).

συνάλληλος, -η, -ο, επίθ. (λογική) που έχει σχέση συναλληλίας: *έννοιες -ες.*

συναλοιφή η, ουσ. (γραμμ.) πάθη φωνηέντων (όπως συναίρεση, κράση, έκθλιψη, κλπ.) που γίνονται για να αποφεύγουμε τη χασμωδία.

συνάμα, επίρρ., συγχρόνως, μαζί.

συναμεταξύ και **συναμεταξύ,** επίρρ. (λαϊκ.), αναμεταξύ: *είπαν κάτι ~ τους·* έκφρ. *στο ~* = εν τω μεταξύ.

συναναστρέφομαι, ρ. (με αιτ. προσώπου) έρχομαι σε επαφή, επικοινωνία με κάποιον, κάνω συντροφιά μαζί του: *έπαψα πια να τον ~.*

συναναστροφή η, ουσ., κοινωνική σχέση των ατόμων μεταξύ τους, το να συναναστρέφεται κανείς κάποιον.

συνάνθρωπος ο, ουσ., ο άλλος άνθρωπος ως μέλος της ανθρώπινης κοινωνίας.

συνάντηση η, ουσ. (έρρ.). **1.** το να βρεθεί κανείς (τυχαία ή προγραμματισμένα) μπροστά ή μαζί με κάποιο άλλο άτομο: *είχα μια τυχαία ~ καθώς ερχόμουν· κανόνισα μια ~ μαζί του.* **2.** συγκέντρωση ατόμων που διαρκεί ορισμένο χρονικό διάστημα και όπου συζητούνται ορισμένα θέματα ή πραγματοποιούνται κάποιοι σκοποί: *~ ιστορικών· αθλητική ~· ~ κορυφής* (βλ. *κορυφή*). **3.** το να βρεθούν δύο οχήματα το ένα κοντά στο άλλο για κάποια χρονική στιγμή: *~ δύο αμαξοστοιχιών/ δύο αυτοκινήτων.* **4.** (μεταφ.) το να έχουν δύο ή περισσότερα πράγματα ορισμένα κοινά σημεία: *~ δύο πολιτισμών, του ελληνικού και του δυτικού.*

συναντώ, -άς, ρ., μέσ. -ιέμαι και (λόγ.) -ώμαι, -άσαι, -άται (έρρ.). **I.** ενεργ. **1.** βρίσκομαι (τυχαία ή προγραμματισμένα) μαζί με άλλο/-α πρόσωπο |-α: *-ησα στο δρόμο το φίλο μου· θα -ήσω τους φίλους μου στο καφενείο.* **2.** (μεταφ.) έρχομαι αντιμέτωπος με κάποια δυσάρεστη κατάσταση (πρόβλημα, αντιξοότητα, εναντίωση, κλπ.): *θέλησα να τον πείσω, αλλά -ησα ακατανοησία· στην καριέρα του -ησε πολλά εμπόδια.* **3.** βρίσκω τυχαία κάτι μπροστά μου: *καθώς διάβαζα, -ησα ένα ενδιαφέρον χωρίο.* **4.** διασταυρώνομαι, ενώνομαι (με): *ο χείμαρρος που κατεβαίνει από το βουνό -ά στους πρόποδες τον ποταμό.* **5.** (για όχημα) περνώ δίπλα από άλλο σε ορισμένο σημείο ή χρονική στιγμή: *το αμάξι μου -ησε το δικό του στη διασταύρωση.* **II.** μέσ. **1.** βρίσκομαι μαζί με κάποιο/-α πρόσωπο/-α στο ίδιο μέρος την ίδια ώρα (τυχαία ή προγραμματισμένα): *-ηθήκαμε στο δρόμο/στον κινηματογράφο.* **2.** παίρνω μέρος σε συνάντηση (βλ. λ. στη σημασ. 2): *οι πρωθυπουργοί των χωρών της Ε.Ε. θα -ηθούν μεθαύριο.* **3.** διασταυρώνομαι: *οι δύο δρόμοι -ιούνται έξω από την πόλη· -ήθηκαν τα βλέμματά τους.* **4.** για οχήματα που περνούν το ένα δίπλα από το άλλο σε ορισμένο σημείο ή χρονική στιγμή: *οι δύο άμαξες -ήθηκαν στη στροφή του δρόμου.* **5.** (για ιδέες, απόψεις) συμπίπτω, συμφωνώ: *οι γνώμες μας δε -ιούνται.*

συναξάριο το, ουσ. (ασυνίζ.). **1.** βιβλίο που περιλαμβάνει βίους αγίων και μαρτύρων. **2.** κείμενο που σχετίζεται με το βίο ή το μαρτύριο αγίου ή με ορισμένο γεγονός που διαβάζεται σε λειτουργικές συνάξεις για διδαχή των πιστών: *~ σε δημώδη γλώσσα του νεομάρτυρα Νικολάου.*

σύναξη η, ουσ. (λαϊκ.). **1.** συλλογή, μάζεμα: *~ φρούτων.* **2.** (για χρήματα) είσπραξη. **3.** (για πρόσωπα) συγκέντρωση ατόμων για ορισμένο σκοπό: *~ των απεργών.* **4.** (εκκλ.) συνάντηση των πιστών στο ναό για την τέλεση της θείας λειτουργίας.

συναπάντημα το, ουσ. (έρρ.). **1.** τυχαία συνάντηση, ιδίως στις εκφρ. *η σάρα και η μάρα και το κακό ~* (= όλα τα κακά μαζί)· *το κακό ~* (= συνάντηση που δεν προοιωνίζει κάτι καλό). **2.** (στον πληθ.) ατυχίες: *σε ποια -ήματα θα τον έριχνε η τύχη!* (Μπαστιάς).

συναπαντώ, ρ. (έρρ.). **I.** (ενεργ.) συναντώ κάποιον τυχαία. **II.** (μέσ.) συναντιέμαι με κάποιον τυχαία.

συναπαρτίζω, ρ. (λόγ.), συγκροτώ: *το βιβλίο -εται από δέκα κεφάλαια* (συνών. *συνθέτω*).

συναποβγάζω, ρ. (λαϊκ.). **1.** κατευοδώνω (με ευμένεια ή και με κακή διάθεση). **2.** αποβιβάζω από πλοίο (στη στεριά): *μονάχος μου θα τη -άλω στη στεριά* (Μπαστιάς).

συναποκομίζω, ρ. (λόγ.), παίρνω μαζί μου κάτι.

συναπτός, -ή, -ό, επίθ. (λόγ.). **1.** ενωμένος, συνδεδεμένος: *-ά φύλλα χαρτιού.* **2.** συνεχής: *δέκα -ά χρόνια* (συνών. *αδιάλειπτος, αδιάκοπος*).

συνάπτω, ρ. (λόγ.), συνήθως στον ενεστ. και στη μτχ. παρκ. *συνημμένος·* στις φρ. *~ γάμο* (= παντρεύομαι)· *~ μάχη* (= έρχομαι ως οργανωμένο στρατιωτικό σώμα σε ρήξη με το αντίπαλο σώμα)· *~ συνθήκη* (= συνθηκολογώ). - Η μτχ. παρκ. = (ιδίως για έγγραφα) τοποθετημένος μαζί, προσαρτημένος: *πτυχίο και πιστοποιητικό γέννησης συνημμένα.*

συναρθρώνω, ρ. (λόγ.), συνήθως στον ενεστ., συνδέω τα μέρη σ' ένα αρμονικό σύνολο, συγκροτώ: *~ τα κεφάλαια ενός συγγράμματός μου.*

συνάρθρωση η, ουσ. **1.** η σύνδεση των μερών για να αποτελεστεί ένα σύνολο. **2.** (ανθρωπολ.) άρθρωση στην οποία ο συνδετικός ιστός παρεμβάλλεται μεταξύ των συντασσόμενων οστών και δεν επιτρέπει ελεύθερη κίνηση.

συναρίθμηση η, ουσ., η ενέργεια και το αποτέλεσμα του συναριθμώ (βλ. λ.).

συναριθμώ, ρ., λογαριάζω, υπολογίζω κάτι μαζί με άλλα: *στα έξοδά μου ~ και τα πιο ασήμαντα.*

συναρμογή η, ουσ., η αρμονική σύνδεση δύο ή περισσότερων αντικειμένων ώστε να αποτελέσουν σύνολο ή μέρη ενός συνόλου (συνών. *ταίριασμα*).

συναρμόδιος ο, ουσ. (ασυνίζ.), αυτός που είναι αρμόδιος μαζί με κάποιον άλλον: *υπουργοί -οι.*

συναρμόζω, ρ., προσαρμόζω (βλ. λ.) (συνών. *συναρμολογώ*).

συναρμολογώ, ρ., ταιριάζω κάτι με κάτι άλλο ώστε να δημιουργηθεί ένα αρμονικό σύνολο (συνών. *συναρμόζω, προσαρμόζω*).

συναρπάζω, ρ., αόρ. *-ασα,* μέσ. αόρ. *-άστηκα,* συγκινώ ιδιαίτερα, προκαλώ την προσοχή σε μεγάλο βαθμό: *η κλασική μουσική με -ει· -άστηκα από την υπόθεση του έργου/από τα ευχάριστα νέα.*

συναρπαστικός, -ή, -ό, επίθ., που συναρπάζει (βλ. λ.): *πλοκή έργου -ή.* - Επίρρ. **-ά.**

συνάρτηση η, ουσ. **1.** η ενέργεια και το αποτέλεσμα του συναρτώ (βλ. λ.), συνάφεια, αλληλουχία: *υπάρχουν -ήσεις γεγονότων που επαναλαμβάνονται στην ιστορία· αν θα γίνει αυτό είναι ~ πολλών παραγόντων· το αξιόλογο λογοτέχνημα είναι ~ περιεχομένου και μορφής.* **2.** (μαθημ.) μεταβλητή της οποίας η τιμή εξαρτάται από την τιμή μιας ή περισσότερων μεταβλητών που ονομάζονται ανεξάρτητες μεταβλητές.

συναρτώ, -άς, ρ., παθ. αόρ. *-ήθηκα,* μτχ. παρκ.

-ημένος, συνδέω κάτι στενά με κάτι άλλο, κάνω κάποια πράγματα να αποκτούν συνάφεια μεταξύ τους, συνδυάζω, συσχετίζω: *αυτό που λες το ~ με τις άλλες πληροφορίες και καταλήγω στο εξής συμπέρασμα*.

συναρχία η, ουσ. (λόγ.), το να κυβερνούν μαζί πολλοί άρχοντες (συνών. *συγκυβέρνηση*).

συνάρχοντας ο, ουσ. (έρρ.), αυτός που διοικεί, κυβερνά μαζί με άλλον (συνών. *συγκυβερνήτης*).

συνάρχω, ρ. (λόγ.), συνήθως στον ενεστ., κυβερνώ μαζί με άλλον άρχοντα.

συνάσκηση η, ουσ. (λόγ.). **1.** ομαδική άσκηση: ~ αθλητών = άσκηση που γίνεται από ένα ή περισσότερα άτομα με αλληλοεξαρτώμενες κινήσεις. **2.** στρατιωτική άσκηση. **3.** (εκκλ.) ο ασκητικός βίος των μοναχών.

συνασκούμαι, ρ., ασκούμαι μαζί με άλλον.

συνασπίζω, ρ. **I.** (ενεργ.) ενώνω πολλά άτομα για κοινή επίθεση ή κοινή άμυνα. **II.** (μέσ.) ενώνομαι, συνεργάζομαι με άλλους επιδιώκοντας κοινούς σκοπούς: *-στηκαν κατά τις εκλογές τα κόμματα της αντιπολίτευσης*.

συνασπισμός ο, ουσ., στενή συνεργασία, συμμαχία με κοινό σκοπό και συνεκδοχικά η ομάδα των μελών της συμμαχίας: *~ περισσότερων κομμάτων με κοινές επιδιώξεις· ~ των κρατών της ευρωπαϊκής ηπείρου*.

σύναυγα, επίρρ. (λαϊκ.), την αυγή, πολύ νωρίς το πρωί (συνών. *χαράματα*).

συναυλία η, ουσ., εκτέλεση μουσικών έργων μπροστά σε ακροατήριο: *το συγκρότημα έδωσε πολλές -ές· παρακολούθησα τη ~* (συνών. *κοντσέρτο*).

συναυτουργία η, ουσ. (νομ.) αξιόποινη ενέργεια από δύο ή και περισσότερα πρόσωπα που είναι συνυπεύθυνα γι' αυτήν.

συναυτουργός ο και η, ουσ. (νομ.) αυτός που μαζί με άλλον ή άλλους θεωρείται, σύμφωνα με το νόμο, συνυπεύθυνος για μια αξιόποινη πράξη.

συνάφεια η, ουσ. (ασυνίζ.), άμεση σχέση μεταξύ δύο ή περισσότερων αντικειμένων, εννοιών, κλπ., αλληλουχία: *τα θέματα αυτά δεν έχουν καμιά ~ μεταξύ τους*.

συναφής, -ής, -ές, γεν. *-ούς*, πληθ. αρσ. και θηλ. *-είς*, ουδ. *-ή*, επίθ., που έχει σχέση με κάποιον ή κάτι: *ορισμένα θέματα στις εξετάσεις ήταν -ή αναμεταξύ τους· δικαιώματα -ή με την ιδιότητα του μέλους σε μια εταιρεία· αδικήματα -ή* (= νομ., αδικήματα που διαπράχθηκαν μετά κοινή συμφωνία)· *δίκες -είς* (= δίκες των συναφών αδικημάτων από ένα δικαστήριο) (συνών. *παρεμφερής, συγγενικός, σχετικός*· αντ. *άσχετος*).

συνάχι το, ουσ. (ιατρ.) φλεγμονή του βλεννογόνου της μύτης. [αρχ. *συνάγχη*].

συναχώνομαι, ρ., παθαίνω συνάχι: *είχε ψύχρα χθες και -ώθηκα*.

σύναψη η, ουσ. (λόγ.). **1.** η ενέργεια και το αποτέλεσμα του συνάπτω (βλ. λ. στις φρ.): *~ συμβολαίου/συνθήκης/πολέμου· ~ σχέσεων/γάμου*. **2.** συσχετισμός: *εσφαλμένη ~ δύο λέξεων προκειμένου να ετυμολογηθούν*.

συν γυναιξί και τέκνοις· αρχαϊστ. έκφρ.· για να δηλώσουμε ότι σε μια εκδήλωση μετέχουν όλοι ανεξαιρέτως.

συνδαιτυμόνας ο, ουσ. (λόγ.), αυτός που μετέχει σε ομαδικό γεύμα, αυτός που τρώει στο ίδιο τραπέζι με κάποιον άλλο (συνών. λόγ. *ομοτράπεζος*).

συνδαυλίζω και (λαϊκ.) **συδαυλίζω**, ρ. **1.** ανακινώ, σκαλίζω τη φωτιά για να γίνει πιο δυνατή: *Κάθε στιγμή με ρωτά: «Κρυώνεις;» Σηκώνεται... και συδαυλίζει τη φωτιά* (Κόντογλου). **2.** (μεταφ., ιδίως στο λόγ. τ.) ερεθίζω, ανακινώ: *με τα υπονοούμενά του -ει την παλιά τους έχθρα*.

σύνδεση η, ουσ. **1α.** συναρμογή, ένωση μηχανών ή εξαρτημάτων τους, κ.τ.ό.: *~ καλωδίων·* **β.** ένωση συσκευής ή μηχανής με δίκτυο παροχής ενέργειας, ώστε να λειτουργήσει: *~ ηλεκτρικής κουζίνας/τηλεόρασης*. **2.** (συνήθως για τηλεπικοινωνίες, κλπ.) το σύνολο των ενεργειών και των τεχνικών διαδικασιών που απαιτούνται για να υπάρξει επικοινωνία μεταξύ προσώπων που τους χωρίζει απόσταση: *τηλεφωνική ~· απευθείας (τηλεοπτική) ~ με τον αγωνιστικό χώρο*. **3.** η ύπαρξη επικοινωνίας μεταξύ τόπων ή χωρών που είναι απομακρυσμένοι μεταξύ τους: *αεροπορική ~ Θεσσαλονίκης - Μονάχου*. **4.** συσχετισμός: *~ των δύο γεγονότων*.

συνδεσμολογία η, ουσ. **1.** η τεχνική της σύνδεσης μηχανημάτων: *~ μαγνητοφώνου*. **2.** (ιατρ.) μελέτη των συνδέσμων στις αρθρώσεις του ανθρώπινου σώματος.

σύνδεσμος ο, ουσ. **1.** καθετί που συνδέει δύο ή περισσότερα πράγματα αναμεταξύ τους: *το γλυπτό στηρίζεται στον τοίχο με μεταλλικούς -έσμους*. **2.** η σχέση που αναπτύσσεται μεταξύ δύο ή περισσότερων ατόμων: *δεν έχω κανένα ~ μαζί του*. **3.** ένωση ατόμων με κοινούς επαγγελματικούς, επιστημονικούς, κλπ., σκοπούς: *~ φιλολόγων/βιομηχάνων*. **4.** (ανατομ.) δέσμη ιστού που συνδέει τα μέρη μιας άρθρωσης. **5.** (γραμμ.) μέρος του λόγου που συνδέει διάφορους όρους της πρότασης ή προτάσεις μεταξύ τους: *-οι συμπλεκτικοί (λ.χ. και, ή)/εναντιωματικοί*. **6α.** (στρατ.) μέσο, έμψυχο ή μηχανικό, με το οποίο επικοινωνούν αναμεταξύ τους στρατιωτικές μονάδες· **β.** (συνεκδοχικά) πρόσωπο που αποτελεί το μόνο μέσο επικοινωνίας ανθρώπων ή ομάδων (που κάποτε λειτουργούν παράνομα και γι' αυτό κρύβονται): *στα χρόνια της κατοχής ήταν ο ~ ανάμεσα σε δύο αντιστασιακές ομάδες*.

συνδετήρας ο, ουσ. **α.** (λόγ.) μέσο που συνδέει δύο αντικείμενα· **β.** (κοιν.) μικρό στενόμακρο κομμάτι λυγισμένο σύρμα που συνδέει φύλλα χαρτιού (σήμερα και από πλαστικό, καθώς και σε διάφορα σχήματα).

συνδετικός, -ή, -ό, επίθ., που συνδέει, που είναι κατάλληλος για σύνδεση: *υλικό -ό· ~ κρίκος* (βλ. *κρίκος* σημασ. 1)· (γραμμ.) *ρήμα -ό* (= το ρήμα που βρίσκεται ανάμεσα στο υποκείμενο και το κατηγορούμενο μιας πρότασης και τα συνδέει, κυρίως το *είμαι* και το *γίνομαι*)· *φωνήεν -ό* (= το φωνήεν, συνήθως *ο*, που ενώνει το πρώτο συνθετικό μιας λέξης, κλιτό ή και επίρρημα, με το δεύτερο· λ.χ. *πικρή - δάφνη: πικρ-ο-δάφνη, καλάπερνώ: καλ-ο-περνώ*). - Το ουδ. ως ουσ. = *συνδετικό ρήμα*.

συνδέω, ρ., παρατ. *συνέδεα*, πληθ. *συνδέαμε*, αόρ. *συνέδεσα* και (λαϊκ.) *σύνδεσα*, πληθ. *συνδέσαμε*, μτχ. παρκ. *συνδεδεμένος* και (λαϊκ.) *συνδεμένος*. **1.** δένω μαζί, συγκρατώ ή προσαρμόζω σταθερά μαζί δύο ή περισσότερα πράγματα, ώστε να δημιουργηθεί έτσι ένα σύνολο: *κατασκεύαζαν σχεδίες -οντας κορμούς δέντρων· τα εξαρτήματα μηχανής*. **2α.** (ειδικά για σωλήνα, καλώδια, κ.τ.ό.) ενώνω την άκρη του με την άκρη όμοιου ή άλλου

συνδήλωση

πράγματος· **β.** (συνεκδοχικά) ενώνω συσκευή, μηχάνημα, κ.τ.ό., με κύριο δίκτυο παροχής ενέργειας, ώστε να λειτουργήσει: ~ *την ηλεκτρική κουζίνα/το τηλέφωνο·* (προφ.) *δεν μας έχουν -έσει ακόμη το ρεύμα.* **3.** (μεταφ. για πρόσωπα ή ομάδες) **α.** (ενεργ.) δημιουργώ ισχυρή πνευματική, ψυχική ή άλλη σχέση: *μας -ει κοινή καταγωγή/η ταύτιση συμφερόντων·* **β.** (μέσ.) έχω ή αποκτώ συγγενικούς, κοινωνικούς ή άλλους δεσμούς με κάποιον: *-ονται με στενή φιλία/οικογενειακά·* (για ερωτική σχέση) *είχε -εθεί με τον Α πριν από χρόνια·* **4α.** για μέσο που ενώνει δύο πράγματα, τόπους ή χώρους και επιτρέπει να επικοινωνούν μεταξύ τους και να πηγαίνει κάποιος ή κάτι από το ένα στο άλλο: *αυτός ο δρόμος -ει την πόλη με τα προάστια·* (μέσ.) *η Αθήνα -θηκε αεροπορικώς με το Τόκιο·* ο *πλακούντας -εται με το έμβρυο με το ενδιάμεσο του ομφάλιου λώρου·* **β.** (ειδικά) για τηλεπικοινωνίες, ραδιοφωνική μετάδοση, κ.τ.ό.: *έχουμε -εθεί απευθείας με το στάδιο, για να παρακολουθήσουμε την τελετή·* **γ.** (για τηλεφωνητή) κάνω ό,τι χρειάζεται για να μπορέσει κάποιος να επικοινωνήσει με άλλον: *μπορείτε να με -σετε με το λογιστήριο, παρακαλώ;* **5α.** διαπιστώνω ότι κάποιος ή κάτι σχετίζεται με κάτι άλλο: *η αστυνομία -ει τον Α με την απαγωγή·* ~ *τα δύο γεγονότα* (= συσχετίζω)· **β.** συναρτώ με κάτι, εξαρτώ από κάτι: *-ουν την αμοιβή με την παραγωγικότητα·* **γ.** (μέσ.) έχω σχέση: *πρόταση που -εται στενά με τα προηγούμενα.*

συνδήλωση η, ουσ. (συνήθως στον πληθ.) **α.** (φιλολ.) σύνολο ιδιοτήτων του υποκειμένου, οι οποίες δηλώνονται ταυτόχρονα με το υποκείμενο από έναν όρο· **β.** (γλωσσολ.) ειδικότερο νόημα μιας λέξης, δίπλα στην κύρια και σταθερή σημασία της, που της το προσδίδουν διαδοχικοί συνειρμοί, ανάλογα με την κατάσταση και τα συμφραζόμενα: *-ώσεις πολλαπλές.*

συνδημότης ο, θηλ. **-ισσα**, ουσ., δημότης ως προς τους ομοίους του: *ζητώ την ψήφο των -ών μου.*

συνδιαλέγομαι, ρ., αόρ. **-χθηκα** (ασυνίζ., λόγ.), συνομιλώ με κάποιον (συνήθως τηλεφωνικώς).

συνδιάλεξη η, ουσ. (ασυνίζ.), συνομιλία από το τηλέφωνο (συνήθως βραχυλογικά αντί *τηλεφωνική ~*): *υπεραστικές -έξεις· διάρκεια/αντίτιμο -ης* (συνών. *τηλεφώνημα*).

συνδιαλλαγή η, ουσ. (ασυνίζ., λόγ.), συμβιβασμός (βλ. λ. στη σημασ. 1).

συνδιαλλακτικός, -ή, -ό, επίθ. (ασυνίζ., λόγ.), συμβιβαστικός (βλ. λ.).

συνδιαλλάσσω, ρ. (ασυνίζ., λόγ.). **I.** (ενεργ.) συμβιβάζω (βλ. λ. στη σημασ. I.1), συμφιλιώνω κάποιους. **II.** συμβιβάζομαι (βλ. λ. στη σημασ. II.1).

συνδιασκέπτομαι, ρ. (ασυνίζ., λόγ.), πραγματοποιώ συνδιάσκεψη (βλ. λ.).

συνδιάσκεψη η, ουσ. (ασυνίζ.), συνέλευση αντιπροσώπων από δύο ή περισσότερες χώρες, οργανώσεις, κ.τ.ό., για να συζητήσουν και να αποφασίσουν για θέματα γενικού ή διεθνούς ενδιαφέροντος: ~ *για την ασφάλεια στην Ευρώπη.*

συνδιδασκαλία η, ουσ., το να διδάσκονται οι μαθητές δύο τάξεων στη διάρκεια μιας σχολικής χρονιάς την ίδια ύλη κάποιου μαθήματος: *βιβλίο γεωγραφίας για ~ μαθητών της Γ΄ και της Δ΄ τάξης.*

συνδικαλίζομαι, ρ., ασχολούμαι με το συνδικαλισμό, είμαι συνδικαλιστής.

συνδικαλισμός ο, ουσ. **1.** η ύπαρξη και η κοινωνική και πολιτική δράση συνδικάτων εργαζομένων (κυρίως με σχέση εξαρτημένης εργασίας): ~ *επαναστατικός/κομματικός·* (συνεκδοχικά) ~ *φοιτητικός.* **2.** θεωρία για την κοινωνική, οικονομική και πολιτική σημασία των συνδικάτων. [γαλλ. *syndicalisme*].

συνδικαλιστής ο, θηλ. **-τρια**, ουσ., πρόσωπο που συμμετέχει σε συνδικάτο εργαζομένων, έχοντας εκεί ενεργό δράση: ~ *έμπειρος/μαχητικός.* [γαλλ. *syndicaliste*].

συνδικαλιστικός, -ή, -ό, επίθ., που αναφέρεται στο συνδικαλισμό ή τους συνδικαλιστές: *ελευθερίες -ές· δράση/ηγεσία -ή.*

συνδικαλίστρια, βλ. *συνδικαλιστής.*

συνδικάτο το, ουσ. **1.** ένωση εργαζομένων (κυρίως με σχέση εξαρτημένης εργασίας, δηλ. μισθωτών) με σκοπό την εξυπηρέτηση των επαγγελματικών συμφερόντων τους (βελτίωση των όρων παραγωγής και διάθεσης των προϊόντων, των συνθηκών εργασίας ή των αμοιβών, αντιπροσώπευση στις δημόσιες αρχές, κ.ά.): ~ *ανεξάρτητο/εργατικό* (συνών. *σωματείο*). **2.** ένωση ατόμων, εταιρειών ή οργανώσεων για την προώθηση των οικονομικών τους συμφερόντων ή ενός συγκεκριμένου έργου: ~ *εκδοτικό/του οργανωμένου εγκλήματος.* [γαλλ. *syndicat*].

σύνδικος ο, ουσ. **1.** (αρχ.) συνήγορος. **2.** (νομ.) ~ *πτώχευσης* = πρόσωπο που ορίζεται από το πτωχευτικό δικαστήριο εκπρόσωπος των πιστωτών ή σπανιότερα εκείνου που πτώχευσε.

συνδρομή η, ουσ. **1.** βοήθεια, συμπαράσταση, ενίσχυση (έμπρακτη και στην συχνά οικονομική): ~ *άμεση/του κράτους.* **2.** (ειδικά) χρηματικό ποσό που πληρώνει κατά διαστήματα κάποιος για να λαμβάνει κανονικά φύλλα μιας εφημερίδας, τα τεύχη ενός περιοδικού, άλλα έντυπα ή φιλοτελικό υλικό, να συμμετέχει σε σύλλογο, κ.ά.: *ετήσια ~ εσωτερικού 1700 δρχ.· ανανεώνω τη ~ μου.*

συνδρομητής ο, θηλ. **-τρια**, ουσ. **1.** (εκκλ.) πρόσωπο που ενισχύει οικονομικά το έργο της Εκκλησίας: ~ *ναού.* **2α.** αυτός που λαμβάνει κανονικά εφημερίδα, περιοδικό, κ.ά. έχοντας πληρώσει συνδρομή (βλ. λ. στη σημασ. 2): *γράφομαι ~.* **β.** αυτός που πληρώνει για να του παρέχεται τακτικά ορισμένη υπηρεσία: *τηλεοπτικός σταθμός με -ές.*

σύνδρομο το, ουσ. **1.** (ιατρ.) σύνολο από συμπτώματα, σημεία ή ανωμαλίες που χαρακτηρίζουν και συνιστούν ορισμένη παθολογική κατάσταση: ~ *Ντάουν* (κοιν. *μογγολισμός*, βλ. λ.) / *επίκτητης ανοσολογικής ανεπάρκειας* (κοιν. *έιτζ*, βλ. λ.). **2.** (προφ.) κατάσταση, συνήθως δυσάρεστη ή ανεπιθύμητη, που χαρακτηρίζεται από ορισμένο είδος δραστηριότητας, συμπεριφοράς ή αισθημάτων: ~ *καταναλωτικό/της αρχαιοπληξίας.*

συνδυάζω, ρ. (ασυνίζ.), παρατ. **-δύαζα**, αόρ. **-δύασα**, μεσ. αόρ. **-στηκα**. **I.** (ενεργ.) **1.** κάνω να συνυπάρχουν τοπικά ή χρονικά δύο ή περισσότερα στοιχεία (πράγματα, χαρακτηριστικά, δραστηριότητες, κ.ά.), έτσι ώστε να αποτελούν αρμονικό σύνολο, να δίνουν το επιθυμητό αποτέλεσμα: ~ *χρώματα* (συνών. *συνταιριάζω*) *-ει τις διακοπές του με επιστημονική εργασία.* **2.** (για πρόσωπο ή πράγμα) έχω ταυτόχρονα δύο ή περισσότερες ιδιότητες ή χαρακτηριστικά, που εναρμονίζονται και συμπληρώνονται μεταξύ τους: *ο Α -ει την τόλμη με τη σύνεση· έπιπλο που -ει την κομψότητα με* τη στερεότητα. **3.** συσχετίζω: *-οντας όσα στοιχεία έχουν βρεθεί έως τώρα, η αστυνομία συμπεραίνει ότι...* **II.** (μέσ.) συνυπάρχω αρμονικά με κάτι άλλο: *ρούχα που δε -ονται εύκολα·* (για ιδιότητες, κ.τ.ό.) *στο χαρακτήρα του -ονται η ηρεμία με την αποφασιστικότητα.* - Η μτχ. παρκ. ως επίθ. = για ενέργεια που γίνεται με την κοινή προσπάθεια και τη συνεργασία διαφόρων: *κίνηση -ασμένη·* (συνήθως στρατ.) *επιχειρήσεις -ασμένες* (όπου συμμετέχουν διάφορες πολεμικές δυνάμεις, λ.χ. στρατός και αεροπορία ή ναυτικό, ή δυνάμεις από διάφορες χώρες).

συνδυασμός ο, ουσ. (ασυνίζ.). **1.** το να συνδυάζει κανείς δύο ή περισσότερα στοιχεία, καθώς και το αποτέλεσμα της ενέργειας αυτής: *~ αρχιτεκτονικών μορφών από διάφορες εποχές* (συνών. *συνταίριασμα*). **2.** συσχέτιση γεγονότων ή καταστάσεων: *~ λογικός.* **3.** (συνήθως στον πληθ.) ενέργεια που πραγματοποιεί κάποιος ταυτόχρονα ή σε συνεργασία με άλλον ή άλλους για την επιτυχία κοινού σκοπού: *κάνω -ούς.* **4.** (πολιτ.) σύνολο υποψηφίων κόμματος ή παράταξης σε εκλογική αναμέτρηση: *καταρτίζω τους -ούς· υποψήφιος δημοτικός σύμβουλος στο -ό του Α.*

συνδυαστικός, -ή, -ό, επίθ. (ασυνίζ.), που έχει την ικανότητα να συνδυάζει, να κάνει συσχετισμούς: *φαντασία -ή.*

συνεγγυητής ο, θηλ. **-τρια,** ουσ. (έρρ.), (νομ.) καθένας από δύο ή περισσότερους εγγυητές (βλ. λ.).

συνεδρία η, ουσ. (λόγ.), συνεδρίαση: *πανηγυρική ~ της Ακαδημίας Αθηνών.*

συνεδριάζω, ρ. (ασυνίζ.), πραγματοποιώ συνεδρίαση, συμμετέχω σε συνεδρίαση: *-ίασε το υπουργικό συμβούλιο· οι συγκλητικοί -ουν από το πρωί* (συνών. *συσκέπτομαι*).

συνεδριακός, -ή, -ό, επίθ. (ασυνίζ.), που αναφέρεται σε συνέδριο, είναι σχετικός με συνέδριο: *επιτροπή -ή· κέντρο -ό.*

συνεδρίαση η, ουσ., συγκέντρωση προσώπων, που συνήθως αποτελούν οργανωμένο σύνολο, για να εκφράσουν τις απόψεις τους, να συζητήσουν, να κρίνουν ή να αποφασίσουν για κάποιο θέμα: *η Βουλή συνήλθε σε έκτακτη ~* (συνών. *σύσκεψη*).

συνέδριο το, ουσ. (ασυνίζ.). **1.** (ιστ.) συνδιάσκεψη ηγετών ή αντιπροσώπων από διάφορες χώρες για τη ρύθμιση θεμάτων διεθνούς ενδιαφέροντος: *~ της Βιέννης (1815).* **2.** συγκέντρωση προσώπων για να ανταλλάξουν απόψεις και ιδέες ή να ανακοινώσουν τα συμπεράσματα μελετών τους σχετικά με ορισμένο θέμα: *~ αναπτυξιακό· πρακτικά του 12ου διεθνούς βυζαντινολογικού -ίου.* **3.** (συνεκδοχικά) οι σύνεδροι: *το ~ πήγε σε εκδρομή.*

σύνεδρος ο και η, ουσ., πρόσωπο που συμμετέχει σε συνέδριο.

συνείδηση η, ουσ. **1.** (γενικά) η γνώση και η αίσθηση που έχει κάθε άνθρωπος για τον εαυτό του και τις πράξεις τους. **2.** (ψυχ.) **α.** η άμεση και λίγο - πολύ σαφής γνώση που έχει κανείς για την προσωπική του ψυχική δραστηριότητα (λ.χ. σκέψεις, αισθήματα): *~ κριτική· διατάραξη -ης·* **β.** το τμήμα της ζωής, της ψυχικής δραστηριότητας που το υποκείμενο το συλλαμβάνει απευθείας με το νου του (σε αντιδιαστολή προς το *ασυνείδητο*). **3.** (φιλοσ.) το εγώ ως κέντρο των ψυχικών φαινομένων, με το οποίο ο άνθρωπος διακρίνει τον εαυτό του από τον κόσμο και τους άλλους ανθρώπους. **4.** (κοιν.) άμεση, ακριβής και βαθιά γνώση, επίγνωση, συναίσθηση: *~ εθνική/ταξική·* (συχνά στη λόγ. φρ.) *έχω ~ κάποιου πράγματος* (= καταλαβαίνω καλά, συναισθάνομαι): *το πρόσωπο δεν είχε ~ των πράξεών του· έχω πλήρη ~ των ευθυνών του αξιώματός μου.* **5.** (ηθ.) η ιδιότητα του να κρίνει και να ελέγχει κανείς τις πράξεις του σύμφωνα με τις ηθικές αρχές, η συναίσθηση του ηθικά ορθού και μη ορθού: *άνθρωπος χωρίς ~* (= ασυνείδητος)· *τύψεις της -σης· έχω τη -ή μου ήσυχη/καθαρή* (= είμαι βέβαιος ότι δεν έπραξα τίποτε κακό ή δεν παρέλειψα το καθήκον μου)· *έχω βάρος στη -ή μου* (= αισθάνομαι ένοχος)· εκφρ. *αντιρρησίας -ης* (βλ. *αντιρρησίας* σημασ. **2**)· *κατά ~* (= με την πεποίθηση πως αυτό που κάνω είναι σωστό, παρόλο που μπορεί να θεωρηθεί επικίνδυνο ή απαράδεκτο): *αποφασίζω/κρίνω/ψηφίζω κατά ~.* **6.** (ειδικά) υπευθυνότητα, τιμιότητα, αίσθηση του καθήκοντος στην εκτέλεση μιας εργασίας: *~ επαγγελματική/επιστημονική.*

συνειδησιακός, -ή, -ό, επίθ. (ασυνίζ.), που ανήκει ή αναφέρεται στη συνείδηση: *πεδίο -ό·* εκφρ. *-ό πρόβλημα* (όταν το ηθικό χρέος συγκρούεται με τις απαιτήσεις ή τις ανάγκες της κοινωνίας· αλλιώς *σύγκρουση καθηκόντων*).

συνειδητά, βλ. *συνειδητός.*

συνειδητοποίηση η, ουσ., το να συνειδητοποιεί κανείς κάτι: *το πρώτο που χρειάζεται είναι η ~ της κρίσης· ~ του κινδύνου.*

συνειδητοποιώ, ρ. (ασυνίζ.), αποκτώ ή έχω σαφή αντίληψη, ακριβή γνώση, επίγνωση ενός πράγματος, συναισθάνομαι κάτι: *άργησε να -ήσει το μέγεθος του προβλήματος· ξαφνικά -ποίησα πως ό,τι έκανα ήτανε λάθος.* - Η μτχ. παρκ. ως επίθ. = συνειδητός: *πολίτης/αστός -ημένος.*

συνειδητός, -ή, -ό, επίθ. **1.** για πράξη, κ.ά., που γίνεται με επίγνωση του περιεχομένου ή του ηθικού ποιού της: *επιλογή/πειθαρχία/αλλοίωση κειμένου -ή* (συνών. *ευσυνείδητος·* αντ. *ασυναίσθητος, ασύνειδος, αυθόρμητος*). **2.** (για πρόσωπο) που κατανοεί καλά και σε βάθος κάτι, συνειδητοποιεί μια κατάσταση, έχει αυτογνωσία: *αριστερός ~.* - Επίρρ. **-ά.**

συνειρμικός, -ή, -ό, επίθ., που αναφέρεται στο συνειρμό, που γίνεται εξαιτίας συνειρμού: *αλληλουχία -ή· συλλογισμός ~· θεωρία -ή* (= *συνειρμισμός*). - Επίρρ. **-ά.**

συνειρμισμός ο, ουσ. (ψυχ.) θεωρία κατά την οποία η πνευματική ζωή στηρίζεται στη μηχανική σύνδεση των ψυχικών φαινομένων σύμφωνα με ορισμένους κανόνες (αλλιώς: *συνειρμική θεωρία*).

συνειρμός ο, ουσ. **α.** (ψυχ., φιλοσ.) ψυχολογικό γεγονός που συνίσταται στο ότι μια ιδέα ή μια παράσταση προκαλεί μια άλλη, με την οποία συνδέεται κατά ορισμένο τρόπο: *~ ιδεών·* **β.** (συνεκδοχικά) σύνολο ιδεών ή παραστάσεων που ανακαλούνται ταυτόχρονα στο νου: *αυτό που ακούω μου προκαλεί ποικίλους -ούς.*

συνεισφέρω, ρ., παρατ. - αόρ. *συνεισέφερα,* πληθ. *συνεισφέραμε,* προσφέρω χρήματα ή και έργο μαζί με άλλους για την επιτυχία μιας προσπάθειας, συνεισφορά: *πρέπει όλοι να -ουν για να επισκευαστεί το σχολείο· πολλά -εισέφερε στην εξύψωση του κοινωνικού συνόλου* (πβ. *συμβάλλω, συντελώ*).

συνεισφορά η, ουσ., το να συνεισφέρει κάποιος σε κάτι, καθώς και το αποτέλεσμα της ενέργειας αυτής: *~ πολύτιμη* (συνών. *συμβολή*).

συνεκδοχή η, ουσ. (γραμμ.) τρόπος λεκτικός (σχήμα) κατά τον οποίο χρησιμοποιείται το ένα με τη σημασία των πολλών ομοειδών (λ.χ. *ο Έλληνας αγαπά την ελευθερία* = οι Έλληνες), το μέρος ενός συνόλου αντί για το σύνολο, ή αντιστρόφως (λ.χ. *το κατά κεφαλήν εισόδημα* = κατ' άτομο), η ύλη αντί για το πράγμα που είναι κατασκευασμένο από αυτήν (λ.χ. *το πλαστικό κυριάρχησε στη ζωή μας* = τα πλαστικά αντικείμενα), το όργανο αντί για την ενέργεια που γίνεται με αυτό ή το πρόσωπο που το χρησιμοποιεί ή σχετίζεται με αυτό (λ.χ. *τον κατέστρεψε η τράπουλα* = το χαρτοπαίγνιο· *είναι γερό ποτήρι* = πότης).

συνεκδοχικός, -ή, -ό, επίθ. (γραμμ.) που αναφέρεται στη συνεκδοχή, που λέγεται με συνεκδοχή: *χρήση/σημασία -ή.* - Επίρρ. **-ά** και **-ώς**.

συνεκπαίδευση η, ουσ., κοινή εκπαίδευση μαθητών και των δύο φύλων.

συνεκπαιδεύω, ρ., εκπαιδεύω κάποιους μαζί (συνήθως για αγόρια και κορίτσια).

συνεκτελεστής ο, ουσ. (νομ.) εκτελεστής διαθήκης μαζί με ομοίους του: *ο διαθέτης μπορεί να αναθέσει στον εκτελεστή να ορίσει -ές* (αστ. κώδ.).

συνεκτικός, -ή, -ό, επίθ. 1. που έχει τη δύναμη ή την ικανότητα να συνέχει, να συγκρατεί μαζί: *επίδεσμος ~*. 2. που έχει συνοχή, στερεός: *ιστός ~· -ή μονάδα στις πρωτόγονες κοινωνίες ήταν το γένος*.

συνεκτικότητα η, ουσ., το να είναι κάτι συνεκτικό.

συνεκτίμηση η, ουσ., το να συνεκτιμά κανείς δύο ή περισσότερα στοιχεία.

συνεκτιμώ, ρ., λογαριάζω την αξία, τη σημασία δύο ή περισσότερων στοιχείων μαζί, λαμβάνω σοβαρά υπόψη διάφορα στοιχεία: *για να κρίνουμε σωστά, χρειάζεται να -ήσουμε πολλούς και ποικίλους παράγοντες*.

συνεκφέρω, ρ. (γραμμ.) προφέρω, εκφωνώ μαζί (δύο ή τρεις λέξεις): *οι λέξεις «εις πολλά έτη» που -ονταν δημιούργησαν το νεοελληνικό «σπολλάτη»*.

συνεκφορά η, ουσ. (γραμμ.) για δύο ή τρεις λέξεις, το να προφέρονται μαζί, σαν να πρόκειται για μια λέξη (γεγονός που οδηγεί συνήθως στη δημιουργία καινούργιας λέξης· λ.χ. *τον ώμον* > *ο νώμος, κατά πόδι* > *καταπόδι*).

συνεκφώνηση η, ουσ., ταυτόχρονη εκφώνηση· (γραμμ.) ταυτόχρονη εκφώνηση δύο φθόγγων (συνήθως φωνηέντων, πβ. ά. *συνίζηση*).

συνεκφωνώ, ρ., εκφωνώ μαζί, συγχρόνως: *οι δύο φθόγγοι πρέπει να -ηθούν για να διαβαστεί σωστά η λέξη*.

συνέλευση η, ουσ. 1. συγκέντρωση, ύστερα από ειδική πρόσκληση, ατόμων που ανήκουν σε μια ένωση, σύλλογο, κλπ., για να πάρουν αποφάσεις: *~ του σωματείου*. 2. (συνεκδοχικά) το σύνολο των ατόμων που συνέρχονται για τον παραπάνω σκοπό: *η ~ ενέκρινε τον απολογισμό του συμβουλίου*.

συνεμπόλεμος ο και η, ουσ. (έρρ.), αυτός που μετέχει μαζί με άλλους σ' έναν πόλεμο.

συνεννόηση η, ουσ. 1. συμφωνία ύστερα από συζήτηση: *μιλήσαμε και ήρθαμε σε ~· έγινε κακή ~ και μπερδευτήκαμε* (αντ. διαφωνία). 2. αμοιβαία κατανόηση: *δεν υπάρχει ~ σ' αυτό το σπίτι* (αντ. ασυνεννοησία).

συνεννοήσιμος, -η, -ο, επίθ., που μπορεί κανείς εύκολα να συνεννοείται μαζί του.

συνεννοούμαι, ρ. 1. συμφωνώ με κάποιον (σε μια απόφαση) ύστερα από συζήτηση: *-ηθήκαμε να φύγουμε μαζί· ήταν -ημένοι να του κάμουν έκπληξη*. 2. έχω αμοιβαία κατανόηση με κάποιον: *-ούνται στα αγγλικά· δεν μπορείς να -ηθείς με τέτοιον άνθρωπο*.

συνενοχή η, ουσ., το να έχει κανείς μερίδιο ενοχής μαζί με τους άλλους συνεργούς της ίδιας αξιόποινης πράξης: *ομολόγησε τη ~ του στο φόνο*.

συνένοχος, -η, -ο, επίθ., που μαζί με άλλον ή άλλους συμμετείχε στην ίδια αξιόποινη πράξη: *~ στο έγκλημα*.

συνέντευξη η, ουσ. (έρρ.). 1. συνάντηση κατά την οποία κάποιος κάνει ερωτήσεις σε κάποιον άλλο που σχετίζονται με τα ενδιαφέροντά του, τα προσόντα του, κλπ., συνήθως για να κρίνει την καταλληλότητά του για μια ορισμένη επαγγελματική θέση: *ο προϊστάμενος πριν τον προσλάβει στην υπηρεσία του πήρε ~*. 2. (δημοσιογραφία) συνομιλία κατά την οποία γνωστό συνήθως άτομο απαντά σε ερωτήσεις δημοσιογράφου σχετικά με τις ιδέες ή τις δραστηριότητές του: *μου ζήτησαν ~ από την εφημερίδα· έδωσα ~· μου πήραν ~· ~ τύπου* = συζήτηση κατά την οποία σημαντικό πρόσωπο απαντά σε ερωτήσεις δημοσιογράφων πάνω σε θέματα της ειδικότητάς του, αλλά και γενικότερου ενδιαφέροντος (πολιτικής, παιδείας, πολιτισμού, κλπ.).

συνενώνω, ρ., ενώνω μαζί δύο ή περισσότερα διαφορετικά πράγματα, άτομα, πολιτικές ή κοινωνικές ομάδες για να δράσουν συντονισμένα: *-ώθηκαν τα κόμματα της αριστεράς* (συνών. ενώνω· αντ. αποχωρίζω).

συνένωση η, ουσ., ένωση πολλών ομάδων, η ενέργεια του συνενώνω: *~ των κρατών της Βαλκανικής Χερσονήσου* (αντ. χωρισμός, διαχωρισμός).

συνεξετάζω, ρ. α. εξετάζω μαζί με άλλον ή άλλους· β. εξετάζω δύο ή και περισσότερα θέματα συγχρόνως.

συνεξέταση η, ουσ., η ενέργεια του συνεξετάζω: *~ φοιτητών/των αιτίων*.

συνεξόριστος, -η, -ο, επίθ., που βρίσκεται στην εξορία μαζί με άλλους εξόριστους.

συνεορτάζω, ρ. (λόγ.), εορτάζω μαζί με άλλον ή άλλους: *η εθνική επέτειος -άστηκε από όλα τα κόμματα*.

συνεορτασμός ο, ουσ. (λόγ.), εορτασμός μαζί με άλλον ή άλλους.

συνεπάγομαι, ρ. (λόγ.), συνήθως στον ενεστ. και παρατ. (τριτοπρόσ.). α. φέρνω ως αποτέλεσμα: *μια τέτοια ενέργεια -εται καταστροφή* (συνών. επιφέρω, συνεπιφέρω)· β. κάνω να βγει ένα συμπέρασμα, σημαίνω: *η συμπεριφορά του στη συγκεκριμένη περίσταση δε -εται ότι είναι κακός χαρακτήρας*· γ. (μαθημ. απρος.) προκύπτει από την προηγούμενη πράξη μιας εξίσωσης.

συνεπαίρνω, ρ., μτχ. παρκ. **συνεπαρμένος**. 1. συγκινώ ιδιαίτερα, προκαλώ θαυμασμό: *η καλή μουσική με -ει* (συνών. γοητεύω, συναρπάζω). 2. (μεταφ.) καταλαμβάνω, κυριεύω (βλ. λ. στη σημασ. 2): *με συνεπήρε ο φόβος· μυρωδιά λιβανιού τη -ει* (Σολωμός). 3. παρασύρω: *με συνεπήρε ο άνεμος/το κύμα/* (μεταφ.) *ο ενθουσιασμός*.

συνεπαρμός ο, ουσ. (λαϊκ.), η ενέργεια του συνεπαίρνω.

συνέπεια η, ουσ. (ασυνίζ.). 1. επακόλουθο, αποτέλεσμα: *μια τέτοια ενέργεια έχει δυσάρεστες -ες*. 2. (για πρόσωπο) το να είναι κανείς συνεπής: *τον διακρίνει μεγάλη* ~ (αντ. *ασυνέπεια*).

συνεπής, -ής, -ές, γεν. *-ούς,* πληθ. αρσ. και θηλ. *-είς,* ουδ. *-ή,* επίθ., που συμφωνεί με τον εαυτό του και τις εκδηλώσεις του, που τηρεί τις υποσχέσεις και το λόγο του: *δείχνεται πάντα* ~ *με τις ιδέες του·* ~ *στις υποσχέσεις του* (αντ. *ασυνεπής, ανακόλουθος*).

συνεπιβάτης ο, θηλ. **-ισσα,** ουσ., καθένας από όσους ταξιδεύουν με το ίδιο όχημα σε σχέση με τους υπόλοιπους.

συνεπικουρία η, ουσ. (λόγ.), η ενέργεια του συνεπικουρώ.

συνεπικουρώ, ρ. (λόγ.), προσφέρω και εγώ τη βοήθειά μου για την επίτευξη ενός κοινού στόχου.

συνεπίτροπος ο και η, ουσ. (λόγ.), αυτός που μοιράζεται τη θέση του επιτρόπου μαζί με άλλον ή άλλους.

συνεπιφέρω, ρ. (λόγ.), έχω ως αποτέλεσμα: *κάθε εγκληματική ενέργεια -ει την τιμωρία* (συνών. *συνεπάγομαι*).

συνεποπτεύω, ρ. (λόγ.), εποπτεύω μαζί με άλλον ή άλλους.

συνεπτυγμένος, βλ. *συμπτύσσω*.

σύνεργα τα, ουσ., το σύνολο των τεχνικών μέσων που χρειάζεται και χρησιμοποιεί κανείς για μια εργασία ή μια απασχόληση: *τα* ~ *της κουζίνας/ του εργάτη* (συνών. *εργαλεία*).

συνεργάζομαι, ρ. 1α. εργάζομαι μαζί με άλλον/ *-ους: -ονται στενά·* β. συμβάλλω στην πραγματοποίηση ενός κοινού σκοπού προσφέροντας (αλλά και δεχόμενος) βοήθεια: *τα μέλη του συνεταιρισμού -ονται για να αυξηθεί η παραγωγικότητά τους* (συνών. *συμπράττω*). 2. παρέχω μελέτημα για να δημοσιευτεί σε εφημερίδα, περιοδικό, κλπ., είμαι συνεργάτης (βλ. λ.) εφημερίδας ή περιοδικού, κλπ. 3. (ειδικά) εργάζομαι (συνήθως κρυφά) για να εξυπηρετήσω τα συμφέροντα άλλου, προσφέρω βοήθεια σε εχθρό: *-στηκε με τον κατακτητή*.

συνεργασία η, ουσ. 1. η ενέργεια του συνεργάζομαι (βλ. λ. στις σημασ. 1α και β). 2. η ενέργεια και το αποτέλεσμα του συνεργάζομαι (βλ. λ. στη σημασ. 3). Έκφρ. *σε* ~: *η έκθεση γίνεται σε* ~ *με το Υπουργείο Πολιτισμού*.

συνεργάτης ο, θηλ. **-τρια, -τισσα, -τιδα,** ουσ. 1α. αυτός που εργάζεται μαζί με άλλον ή άλλους: *είναι καλοί -ες στο γραφείο·* β. αυτός που συμβάλλει στην πραγματοποίηση ενός κοινού σκοπού προσφέροντας (και απολαμβάνοντας) βοήθεια: ~ *στη σύνταξη λεξικού· εξωτερικός/έκτακτος* ~ *υπηρεσίας*. 2. αυτός που παρέχει μελετήματά του για να δημοσιευτούν σε εφημερίδα, περιοδικό, κλπ. 3. (ειδικά) αυτός που εργάζεται (κρυφά) για να εξυπηρετήσει τα συμφέροντα κάποιου άλλου, που προσφέρει βοήθεια σε αντιπάλους: ~ *των Γερμανών*.

συνεργατικός, -ή, -ό, επίθ. 1. που αναφέρεται στη συνεργασία (βλ. λ.) ή τους συνεργάτες (βλ. λ.). 2. που μπορεί κανείς εύκολα να συνεργάζεται μαζί του (συνών. *συνεργάσιμος*). - Το θηλ. ως ουσ. = συνεταιρισμός ατόμων για επαγγελματικούς σκοπούς.

συνεργάτισσα και **συνεργάτρια,** βλ. *συνεργάτης*.

συνεργείο το, ουσ. 1. ομάδα ατόμων που απασχολούνται με συγκεκριμένο κοινό έργο: ~ *κινηματογραφικό*. 2. (συνεκδοχικά) ο τόπος όπου γίνεται συγκεκριμένη τεχνική εργασία, καθώς και το σύνολο των εργαλείων και μηχανημάτων που χρησιμοποιούνται: ~ *επισκευής αυτοκινήτων*.

συνεργία η, ουσ. 1. συνεργασία δύο ή περισσότερων ατόμων για την επίτευξη κοινού έργου: ~ *δημιουργική*. 2. (νομ.) συμμετοχή σε αξιόποινη πράξη, συνενοχή· έκφρ. *διαβολική* ~ (= περίεργη σύμπτωση). 3. (βιολ.) συνεργασία οργάνων του σώματος για να συντελεστεί ορισμένη λειτουργία.

συνεργός ο και η, ουσ. 1. αυτός που συμμετέχει στην επίτευξη ενός κοινού έργου, ο συνεργάτης. 2. (νομ.) αυτός που συμμετέχει σε μια καταδικαστέα ενέργεια που διαπράττει κάποιος άλλος: ~ *εγκλήματος*.

συνεργώ, ρ., αόρ. *συνήργησα,* πληθ. *συνεργήσαμε*. 1. συμμετέχω στην επίτευξη κοινού έργου, συνεργάζομαι με κάποιον: *οι μεγάλες δυνάμεις -ήργησαν στη διάλυση του οθωμανικού κράτους*. 2. συντελώ, συμβάλλω: *η ανάπτυξη κριτικού πνεύματος -εί στην πνευματική ελευθερία*. 3. (νομ.) συμμετέχω σε αξιόποινη πράξη που διαπράττει κάποιος άλλος: *-ήργησε στη βλάβη των συμφερόντων του δημοσίου*.

συνερίζομαι και **συνορίζομαι,** ρ. 1. θυμώνω με κάτι που μου είπε ή μου έκανε κάποιος και ενεργώ αντίστοιχα: *μην τον -εσαι· δεν ξέρει τι κάνει*. 2. συναγωνίζομαι, ανταγωνίζομαι: *οι δυο συμμαθητές -ονται ποιος θα βγει πρώτος*.

συνερισιά και **συνορισιά** η, (συνιζ.), **συνόριο** (συνιζ.) και **συνέρισμα** το, ουσ. (λαϊκ.). 1. δυσμενής αντίδραση απέναντι σε κάποιον για κάτι κακό που μου είπε ή μου έκανε: *η* ~ *δημιουργεί εχθρότητα ανάμεσα στους ανθρώπους*. 2. ανταγωνισμός.

συνερισιάρης ο, θηλ. **-α,** ουσ. (συνιζ., λαϊκ.), αυτός που συνερίζεται (βλ. λ.).

συνέρισμα, βλ. *συνερισιά*.

συνέρχομαι, ρ., αόρ. *συνήλθα*. 1. μετέχω μαζί με άλλους σε συνεδρία, συμβούλιο, συνέλευση, κλπ.: *τα μέλη του συμβουλίου συνήλθαν εκτάκτως*. 2. έρχομαι στον εαυτό μου, αποκτώ ξανά τις αισθήσεις μου ύστερα από λιποθυμία ή νάρκωση: *της δώσαμε λίγο νερό και συνήλθε αμέσως*. 3. αποκτώ ξανά την προηγούμενη ψυχική μου διάθεση: *δε συνήλθε ακόμη από το θάνατο του παιδιού της*.

σύνεση, ουσ, το να είναι κανείς συνετός (βλ. λ.), να ενεργεί με περίσκεψη (συνών. *φρονιμάδα·* αντ. *αφροσύνη, αστοχασιά*).

συνεσταλμένος, -η, -ο, μτχ. ως επίθ., που δεν εκδηλώνει εύκολα τα συναισθήματά του και στις ενέργειές του είναι διστακτικός (συνών. *συμμαζεμένος, ντροπαλός·* αντ. *θρασύς*) - Βλ. και *συστέλλω*.

συνεστίαση η, ουσ., γεύμα με πολλούς συνδαιτυμόνες.

συνετά, βλ. *συνετός*.

συνεταιρίζομαι, ρ., συνάπτω συμφωνία με άλλον/ *-ους* για επιχειρηματική δραστηριότητα: *-ίστηκαν και άνοιξαν μαγαζί*.

συνεταιρικός, -ή, -ό, επίθ., που ανήκει ή αναφέρεται στο συνεταιρισμό ή τους *συνέταιρους: μερίδια -ά· κεφάλαιο -ό*. - Επίρρ. **-ά:** *δουλεύουμε -ά*.

συνεταιρισμός ο, ουσ., συνεργασία ατόμων για κοινή οικονομική δραστηριότητα: *αγροτικός* ~ = συνεταιρισμός αγροτών που επιδιώκει τη βελτίωση των συνθηκών εργασίας και της οικονομικής κατάστασης των μελών του.

συνεταιριστής ο, θηλ. **-ίστρια,** ους., αυτός που συμμετέχει σε συνεταιρισμό ή γενικότερα ασχολείται με το συνεταιριστικό κίνημα.

συνεταιριστικός, -ή, -ό, επίθ., που ανήκει ή αναφέρεται στο συνεταιρισμό: *-ό κίνημα* = η επιδίωξη για τη δημιουργία συνεταιρισμών, ιδίως αγροτικών· *οργάνωση -ή.*

συνεταιρίστρια, βλ. *συνεταιριστής.*

συνέταιρος και **συνεταίρος** ο, ους., αυτός που συμμετέχει σε κοινή εμπορική ή βιομηχανική επιχείρηση (συνών. *εταίρος*).

συνετίζω, ρ. I. (ενεργ.) κάνω κάποιον συνετό (συνήθως με κάποια ποινή ή συμβουλή): *ο νόμος -ει τους πολίτες με τις κυρώσεις του* (συνών. *σωφρονίζω*). II. (μέσ.) γίνομαι συνετός, βάζω μυαλό: *ελπίζω να -ίστηκες με τα όσα έπαθες.*

συνετισμός ο, ους., η ενέργεια και το αποτέλεσμα του συνετίζω: *οι συμβουλές των δασκάλων αποβλέπουν στο -ό των μαθητών.*

συνετός, -ή, -ό, επίθ. 1. (για πρόσωπο) που σκέφτεται και ενεργεί με βάση τη λογική και το δίκαιο: *είναι αρκετά ~ για να πέσει σ' ένα τέτοιο σφάλμα* (συνών. *μυαλωμένος, γνωστικός·* αντ. *άμυαλος, απερίσκεπτος*). 2. (για κρίσεις, αποφάσεις, συμπεριφορά, κλπ.) σωστός, λογικός: *τα κυβερνητικά μέτρα πρέπει να είναι ιδιαίτερα -ά·* η στάση *του ήταν πολύ -ή.* - Επίρρ. **-ά.**

συνευθύνομαι, ρ. (λόγ.), είμαι υπεύθυνος μαζί με άλλον ή άλλους για κάτι.

συνεύρεση η, ους. (λόγ.), σαρκική μίξη.

συνευρίσκομαι, ρ. (λόγ.), έρχομαι σε σαρκική μίξη (συνών. *συνουσιάζομαι*).

συνεφαπτομένη η, ους. (μαθημ.) ο λόγος του συνημίτονου τόξυ ή γωνίας προς το ημίτονο.

συνεφέρνω, ρ., αόρ. *συνήφερα* και *συνέφερα,* πληθ. πάντοτε *συνεφέρναμε.* Α. (μτβ.) επαναφέρω κάποιον στις αισθήσεις του: *είδαν κι έπαθαν να τον -έρουν.* Β. (αμτβ.) ανακτώ τις δυνάμεις ή τις αισθήσεις μου: *μας έδωσε νερό και μείναμε όσο να -έρουμε* (συνών. *συνέρχομαι*).

συνέχεια η, ους. (ασυνίζ.). 1. η χωρίς διακοπή εξακολούθηση γεγονότος ή πράγματος: *ιστορική ~ του ελληνισμού.* 2. ό,τι ακολουθεί κατόπιν: *~ ιστορίας.* 3. (για γεγονός) εξακολούθηση: *μη δίνεις ~ στο γεγονός.* 4. (ως επίρρ.) συνεχώς: *βαρέθηκα ~ το ίδιο φαγητό.*

συνεχής, -ής, -ές, γεν. **-ούς,** πληθ. αρσ. και θηλ. **-είς,** ουδ. **-ή,** επίθ. 1. που εξακολουθεί χωρίς διακοπή: *εργασία ~· πυρετός ~· ωράριο -ές* (συνών. *αδιάκοπος, διαρκής·* αντ. *ασυνεχής*). 2. που συνδέεται με άλλον, συνεχόμενος: *δωμάτια -ή.* 3. αλλεπάλληλος, επαναληπτικός: *-είς στάσεις εργασίας.* - Επίρρ. **-ώς.**

συνεχίζω, ρ. Ια. κάνω κάτι χωρίς διακοπή: *-ει την ίδια τακτική·* β. εξακολουθώ: *-έχισε να τραγουδά* (αντ. *σταματώ*). 2. παρατείνω: *οι απεργοί αποφάσισαν να -σουν την απεργία* (αντ. *αναστέλλω, διακόπτω*). 3. λέω τη συνέχεια: *-έχισε εσύ παρακάτω.*

συνέχιση η, ους. 1. το να συνεχίζεται, να εξακολουθεί κάτι: *~ έργου.* 2. παράταση: *το σωματείο αποφάσισε τη ~ της απεργίας.*

συνεχιστής ο, θηλ. **-ίστρια,** ους., αυτός που συνεχίζει κάτι: *~ της παράδοσης.*

συνεχόμενος, -η, -ο, επίθ. 1. που αποτελεί συνέ-

χεια άλλου, που επικοινωνεί με άλλο: *δωμάτια -α.* 2. που επαναλαμβάνεται με τον ίδιο τρόπο: *ο θίασος θα δώσει τρεις -ες παραστάσεις.*

συνεχώς, βλ. *συνεχής.*

-σύνη, κατάλ. αφηρ. θηλ. ους.: *αγραμματοσύνη, ταπεινοσύνη.*

συνηγορία η, ους. 1. (νομ.) το έργο του συνηγόρου, υπεράσπιση. 2. (γενικά) υποστήριξη.

συνήγορος ο και η, ους. 1. (νομ.) δικηγόρος που υπερασπίζεται κάποιον σε δικαστήριο: *~ κατηγορουμένου.* 2. (γενικά) υποστηρικτής, υπερασπιστής. Έκφρ. *~ του διαβόλου* (= εκείνος που υποστηρίζει μιαν αντίθετη άποψη χωρίς να την πιστεύει με σκοπό να κατοχυρωθεί η βαρύτητα ενός επιχειρήματος).

συνηγορώ, ρ. 1. (νομ.) εκτελώ χρέη συνηγόρου. 2. υπερασπίζομαι κάποιον, παίρνω το μέρος του. 3. έρχομαι σε ενίσχυση, είμαι υπέρ: *όλα -ούν με την άποψή του.*

συνήθεια η, ους. (ασυνίζ.). 1. τρόπος συμπεριφοράς, ενέργειας ή ιδιότητα που αποκτάται με την επανάληψη μιας πράξης ή με την επίδραση του ίδιου παράγοντα: *του έγινε ~ να κοιμάται αργά* (συνών. *έξη*). 2. έθιμο: *δεν προσαρμόστηκε ακόμη στις -ες του τόπου μας* (συνών. *συνήθιο*).

συνηθίζω, ρ., μτχ. *συνηθισμένος.* I. (ενεργ.) A. (μτβ.) εθίζω κάποιον σε κάτι, τον κάνω να εξοικειωθεί σε μια ορισμένη κατάσταση: *το -ισαν από μικρό να κοιμάται νωρίς.* B. αμτβ. 1. (με το να) κάνω κάτι από συνήθεια, αποκτώ τη συνήθεια: *-ισε να σηκώνεται νωρίς το πρωί.* 2. προσαρμόζομαι σε μια κατάσταση, εξοικειώνομαι: *γρήγορα -ισε στην καινούργια του δουλειά.* II. (μέσ.) 1. (απρόσ.) υπάρχει συνήθεια ή έθιμο: *-εται να πηγαίνει ο κόσμος εκδρομή την Καθαρή Δευτέρα.* 2. (σε γ' πρόσ.) είναι της μόδας: *φέτος -ονται τα έντονα χρώματα.* - Πβ. και *συνηθισμένος.*

συνήθιο το, ους. (ασυνίζ., λαϊκ.). 1. συνήθεια. 2. έθιμο.

συνηθισμένος, -η, -ο, μτχ. ως επίθ. 1. (για γεγονότα ή καταστάσεις) που γίνεται από συνήθεια, πολύ συχνά και τακτικά: *έφαγε στη -η ώρα του.* 2. που έχει αποκτήσει μια ορισμένη έξη ή συνήθεια ή έχει εξοικειωθεί με μια κατάσταση: *είναι ~ στα πολλά/στα εύκολα* (συνών. *μαθημένος*). 3. που συμβαίνει κατά κανόνα· που δεν είναι καθόλου ειδικός ή διαφορετικός: *φαινόμενο -ο·* αντ. *αντίδραση/έκφραση -η* (συνών. *κοινός·* αντ. *σπάνιος*). - Το ουδ. στον εν. και πληθ. ως ους. = 1. αυτό που γίνεται κατά κανόνα, συνήθως: *έφαγε παραπάνω από το -ο.* 2. το σύνολο των έξεων ή συνηθειών κάποιου. - Πβ. και *συνηθίζω.*

συνημίτονο το, ους. (μαθημ.) προβολή μιας πλευράς εκτεταμένης γωνίας στην άλλη πλευρά της.

συνημμένος, βλ. *συνάπτω.*

συνηρημένος, βλ. *συναιρώ.*

συνήχηση η, ους. 1. ταυτόχρονη ήχηση δύο ή περισσότερων φθόγγων από ένα ή περισσότερα όργανα ή περισσότερες φωνές: *ευχάριστη ~ δύο ήχων.* 2. (μετρ.) το όχι τέλειο ομόηχο του τέλους των στίχων (π.χ. *και στα πέντε βιλαέτια/φάτε, πιείτε μωρ' αδέρφια*). 3. παρήχηση (βλ. λ.).

σύνθεμα το, ους., καθετί που προέρχεται από σύνθεση.

σύνθεση η, ους. 1. συγκρότηση συνόλου από τα μέρη του ή τα στοιχεία του: *~ στρατού/συμβουλίου/ομάδας.* 2. το σύνολο των μερών από τα οποία αποτελείται ένα όλο: *η ~ των φαρμάκων αναγράφεται υποχρεωτικά στο κουτί*. 3. δημιουργία μουσικού έργου με την επιλογή και σύνδεση σε ένα σύνολο μουσικών φθόγγων σύμφωνα με τους νόμους της αρμονίας, καθώς και το ίδιο το έργο: *-έσεις του Σούμπερτ* (συνών. *μελοποιία*). 4. έκθεση που συγκεντρώνει τα διάφορα στοιχεία ενός συνόλου: *~ ιστορική*. 5. (τυπογραφία) συναρμολόγηση τυπογραφικών στοιχείων για το σχηματισμό κειμένου που πρόκειται να τυπωθεί. 6. (γραμμ.) σχηματισμός νέας λέξης με ένωση δύο ή περισσότερων άλλων λέξεων. 7. (λογική) επιστημονική μέθοδος κατά την οποία από τις γενικές έννοιες φτάνουμε στα επιμέρους (αντ. *ανάλυση*). 8. (χημ.) τεχνητός σχηματισμός ενός σώματος με αφετηρία τα στοιχεία που μπορούν να το συγκροτήσουν: *η ~ του καουτσούκ*. 9. (στην τέχνη) συγκρότηση έργου από τα στοιχεία του, σύλληψη της ενότητας και των μερών κάποιου έργου, καθώς και το ίδιο το έργο: *~ του ποιήματος/ζωγραφικής/αρχιτεκτονική*. 10. (φυσ.) *~ δυνάμεων/κινήσεων/ταχυτήτων*, κλπ. = σειρά πράξεων ή υπολογισμός που αποβλέπει στον καθορισμό της συνισταμένης δυνάμεων, ταχυτήτων, κλπ. 11. (βιολ.) πολύπλοκη χημική διεργασία με την οποία τα ζώντα κύτταρα παρασκευάζουν τις διάφορες πλαστικές ενεργητικές ή λειτουργικές ουσίες που έχει ανάγκη ο οργανισμός, στον οποίο ανήκουν, για να συντηρηθεί, να αυξηθεί και να πολλαπλασιαστεί.

συνθετήριο το, ουσ. (ασυνίζ.), όργανο τυπογραφείου με το οποίο γίνεται τμηματικά η στοιχειοθεσία.

συνθέτης ο, θηλ. **-τρια**, ουσ., αυτός που συνθέτει μουσικά έργα, μουσουργός.

συνθετικός, -ή, -ό, επίθ. 1. που ανήκει ή αναφέρεται στη σύνθεση: *μέρη -ά· μέθοδος -ή* (αντ. *αναλυτικός*). 2. που προκύπτει από σύνθεση: *ίνες/τροφές -ες· γλώσσα -ή* (που οι κλίσεις της επαρκούν για έκφραση όλων των σχέσεων των λέξεων μεταξύ τους και δε χρειάζεται ιδιαίτερα μόρια, όπως προθέσεις, κλπ.). - Το ουδ. ως ουσ. = καθεμιά από τις λέξεις που απαρτίζουν μιαν άλλη σύνθετη: *πρώτο -ό λέξης*.

σύνθετος, -η, -ο, επίθ., που απαρτίζεται από πολλά μέρη ή συστατικά: *λέξη -η* (που αποτελείται από περισσότερες λέξεις)· *πρόβλημα -ο·* (αρχαιολ.) *ρυθμός ~* (που περιέχει στοιχεία ιωνικού και κορινθιακού ρυθμού) (συνών. *πολυμερής, πολύπλοκος·* αντ. *απλός*). - Το ουδ. ως ουσ. = 1. σύνθετη λέξη. 2. είδος επίπλου που αποτελείται από πολλά κομμάτια: *τοποθετήσαμε το -ο στο σαλόνι*.

συνθετότητα η, ουσ., το να είναι κάτι σύνθετο, πολύπλοκο: *~ κοινωνικού φαινομένου*.

συνθέτρια, βλ. *συνθέτης*.

συνθέτω, ρ., μέσ. λόγ. *συντίθεμαι*. 1. ενώνω τα μέρη για το σχηματισμό ενός όλου (αντ. *ανάλυση*). 2. γράφω μουσικό ή λογοτεχνικό έργο. 3. (τυπογραφία) στοιχειοθετώ.

συν Θεώ αρχαϊστ. έκφρ. = με το θέλημα ή τη βοήθεια του Θεού.

συνθήκη η, ουσ. 1. γραπτή συμφωνία ανάμεσα σε χώρες με την οποία συμφωνούν να προβούν σε ορισμένες ενέργειες ή να βοηθήσει η μία την άλλη: *η ~ της Λωζάνης* (συνών. *συμφωνία*). 2. (στον πληθ.) κατάσταση πραγμάτων, περιστάσεις: *-ες καιρικές/κλιματολογικές/εργασίας*.

συνθηκολόγηση η, ουσ. 1. σύναψη συνθήκης για ανακωχή ή ειρήνευση. 2. (στρατ.) παράδοση στον εχθρό με όρους.

συνθηκολογώ, ρ. 1. θέτω τέρμα σε διαμάχη, συνάπτω συνθήκη. 2. έρχομαι σε συμβιβασμό. 3. (στρατ.) παραδίδομαι με όρους στον εχθρό. Φρ. *~ με τη συνείδησή μου* (= καθησυχάζω τις τύψεις της συνείδησής μου βρίσκοντας δικαιολογία για μια κακή πράξη).

σύνθημα το, ουσ. 1. χειρονομία, λέξη, σήμα ή ενέργεια που σκοπεύει να δώσει ένα συγκεκριμένο μήνυμα σε πρόσωπο που βλέπει ή ακούει: *το ~ ήταν τρία χτυπήματα συνεχόμενα* (συνών. *σινιάλο*). 2. σύντομη φράση που εκφράζει τις βασικές επιδιώξεις ενός συνόλου, μιας παράταξης, κλπ.: *έγραψαν -ήματα στους τοίχους*.

συνθηματικός, -ή, -ό, επίθ., που περιέχει ή εκφράζει σύνθημα: *σφύριγμα -ό· γλώσσα/γραφή -ή*. - Επίρρ. **-ά**.

συνθηματολογία η, ουσ., το να χρησιμοποιεί κανείς συνθήματα ή το σύνολο των συνθημάτων: *~ πολιτική·* (συχνά μειωτ.) *για να λυθούν τα προβλήματα δε χρειάζεται ~ αλλά μελέτη και μόχθος*.

συνθηματολογώ, ρ., χρησιμοποιώ συνθήματα.

συνθιασώτης ο, θηλ. **-τρια**, ουσ. (ασυνίζ., λόγ.), που ανήκει στον ίδιο θίασο· σύντροφος.

συνθλίβω, ρ., παρατ. *συνέθλιβα*, πληθ. *συνθλίβαμε*, αόρ. *συνέθλιψα*, πληθ. *συνθλίψαμε*. 1. συμπιέζω. 2. (μεταφ.) καταπιέζω, συντρίβω: *ο ραγδαίος ρυθμός της ζωής συνεπαίρνει τον άνθρωπο, τον -ει, τον κονιορτοποιεί* (Ι.Μ. Παναγιωτόπουλος).

σύνθλιψη η, ουσ. 1. συμπίεση. 2. (μεταφ.) συντριβή.

σύνθρονο το, ουσ. (εκκλ.) σειρά καθισμάτων πίσω από την Αγία Τράπεζα που προορίζονται για τους κληρικούς.

συνιδιοκτησία η, ουσ. (ασυνίζ.), το να είναι κάποιος ιδιοκτήτης κάποιου πράγματος μαζί με άλλον (συνών. *συγκυριότητα*).

συνιδιοκτήτης ο, θηλ. **-τρια**, ουσ. (ασυνίζ.), αυτός που έχει μαζί με άλλον την κυριότητα ακινήτου ή άλλου πράγματος (συνών. *συγκύριος*).

συνιζημένος, -η, -ο, μτχ. επίθ. που προφέρεται με συνίζηση: *συλλαβή/λέξη -ημένη* (αντ. *ασυνίζητος*).

συνίζηση η, ουσ. α. (γραμμ.) συμπροφορά δύο φωνηέντων που δημιουργεί καταχρηστική δίφθογγο (λ.χ. στις λέξεις *αηδόνι, αϊτός*)· β. (μετρ.) το μετρικό φαινόμενο κατά το οποίο, όταν συμπίπτουν δύο φωνήεντα από τα οποία το ένα είναι το τελευταίο της μιας μετρικής συλλαβής και το άλλο είναι το αρχικό ή και το μόνο της επομένης, οι δύο συλλαβές λογαριάζονται ως μία.

συνίσταμαι, ρ. (λόγ.), απαρτίζομαι, αποτελούμαι: *η περιουσία του -ται από ακίνητα·* (σε γ΄ πρόσ.) έγκειται, ενυπάρχει, βρίσκεται: *σ' αυτό -ται η αλήθεια*.

συνισταμένη η, ουσ. 1. (φυσ.) *~ δυνάμεων* = η δύναμη που μπορεί να αντικαταστήσει άλλες δυνάμεις, τις συνιστώσες. 2. (μεταφ.) άθροισμα, σύνολο ορισμένων πραγμάτων: *ποια είναι η ~ των λόγων σου; η ~ των πνευματικών και πολιτικών δυνάμεων έβγαλε την πολιτεία από το αδιέξοδο*.

συνιστώ, -άς, ρ., αόρ. *συνέστησα*, πληθ. *συστήσαμε*. 1a. ιδρύω, σχηματίζω, συγκροτώ: *~ οργανισμό/επιτροπή· Η επικαρπία -άται με δικαιοπραξία ή με χρησικτησία* (αστ. κώδ.)· β. δημιουργώ:

Σε ξένο ακίνητο μπορεί να συσταθεί εμπράγματο δικαίωμα υποθήκης (αστ. κώδ.). 2. αποτελώ: *κάθε μελέτη -ά ένα διαφορετικό τρόπο προσέγγισης του θέματος*. 3. κάνω σε κάποιον συστάσεις (βλ. λ.), του εφιστώ την προσοχή για κάτι: *σου ~ να αποφεύγεις τα ρεύματα· του -έστησαν να παραιτηθεί* (συνών. συμβουλεύω). 4. υποδεικνύω ως καλό, προτείνω: *~ τον τάδε γιατρό/ένα βιβλίο* (συνών. συστήνω). 5. (τριτοπρόσ. με επόμενο το *να*) πρέπει να..., προτείνεται να...: *γενικώς -άται να αποφεύγεται η κατάχρηση του αλκοόλ*.
συνιστώσα η, ουσ. (φυσ.) καθεμιά από τις δύο ή περισσότερες δυνάμεις που ενωμένες δημιουργούν τη συνισταμένη (βλ. λ.). [θηλ. μτχ. ενεστ. του *συνιστώ*].
συννεφάκι, βλ. *σύννεφο*.
συννεφιά η, ουσ. (συνιζ.), το να είναι η ατμόσφαιρα γεμάτη σύννεφα: *~ βαριά/πυκνή·* (μεταφ.) *είναι η τρελή ροδιά που μάχεται τη ~ του κόσμου;* (Ελύτης) (αντ. *αιθρία*).
συννεφιάζω, ρ., αόρ. *συννέφιασα*, μτχ. παθ. παρκ. *-ιασμένος* (συνιζ.). 1α. (για τον ουρανό) σκεπάζομαι από σύννεφα· (συνήθως με τη μτχ.): *-ιασμένος ουρανός·* β. (συνεκδοχικά) ημέρα *-ιασμένη* (= κατά την οποία επικρατεί συννεφιά)· γ. (τριτοπρόσ.): *-έφιασε απότομα*. 2α. (μεταφ.) σκυθρωπιάζω, αποκτώ όψη σκυθρωπή, λυπημένη: *μια χαμογελούσε και μια -έφιαζε* (Ι.Μ. Παναγιωτόπουλος)· *Ο γιατρός καθώς ακούει τα καθέκαστα -ει* (Σταύρου)· β. (συνεκδοχικά): *όψη -ιασμένη· η καρδιά μου -ει* (λαϊκ. τραγ.)· γ. (για τα μάτια) αποκτώ σκοτεινό, λυπημένο ή θυμωμένο βλέμμα: *στο αντίκρισμά του τα μάτια της -ιάσανε*. 3. (μεταφ. μτβ.) προκαλώ δυσάρεστες καταστάσεις, διαταράσσω τη γαλήνη, την ηρεμία: *καμιά διαφορά/φιλονικία δεν ήρθε να -ιάσει ποτέ τη ζωή τους*.
σύννεφο και (λαϊκ.) **σύγνεφο** το, ουσ. 1α. σωρός σταγονιδίων νερού ή παγοκρυστάλλων που δημιουργείται από τη συμπύκνωση των υδρατμών της ατμόσφαιρας και που βρίσκεται σε συνεχή κίνηση και μετασχηματισμό: *ουρανός χωρίς -α· το ~ έφερε βροχή· τα -α τρέχουν/περνούν/μαζεύονται* (συνών. *νέφος*)· β. (ειδικότερα): *~ ομίχλης· βαρύ ~ από χαλάζι*. 2. για πράγματα που μοιάζουν με σύννεφο και αιωρούνται στην ατμόσφαιρα: *~ καπνού/σκόνης*. 3. μεγάλος αριθμός εντόμων ή πτηνών που πετούν όλα μαζί: *~ από κουνούπια/ ακρίδες*. 4. (μεταφ. για να δηλωθεί το πράγμα ή η κατάσταση που προκαλεί στενοχώρια ή σύγχυση, που ταράζει την ηρεμία): *ευτυχία χωρίς -α*. 5. (μεταφ. για να δηλωθεί κίνδυνος ή απειλή) συνήθως στην έκφρ.: *-α μαύρα/απειλητικά (φάνηκαν) στον ορίζοντα·* Φρ. *πετώ στα -α*, βλ. ά. *πετώ· πέφτω από τα -α*, βλ. ά. *πέφτω· χάνομαι στα -α* (= αεροβατώ, χάνω από τα μάτια μου την πραγματικότητα). - Υποκορ. **-άκι** το: φρ. *και ο πιο καθαρός ουρανός έχει τα -άκια του* (= κι η πιο αγαπημένη οικογένεια έχει τις μικροφιλονικίες της).
συννεφόκαμα το, ουσ., κουφόβραση (βλ. λ.), πολλή ζέστη και συννεφιά μαζί.
σύννομος, -η, -ο, επίθ. (λόγ.), που είναι σύμφωνος με το νόμο (αντ. *παράνομος*).
συννυφάδα, βλ. *συνυφάδα*.
συνοδεία η, ουσ., 1. το να συνοδεύει (βλ. λ. στη σημασ. 1) κανείς κάποιον, το να πηγαίνει μαζί του κάπου. 2. το να ακολουθεί κανείς κάποιον για τον καθοδηγήσει, να τον προστατεύσει ή να τον

φρουρήσει ή για να του απονείμει μ' αυτόν τον τρόπο τιμή: *~ επίσημη/μεγαλόπρεπη*. 3. (συνεκδοχικά) το άτομο ή κυρίως η ομάδα ατόμων, συχνά με οχήματα, που τους έχει ανατεθεί η παραπάνω συνοδεία ή παίρνουν μέρος σ' αυτήν: *οδηγήθηκε στις φυλακές με ~ αστυνομικών· ~ πολυπληθής* (συνών. *ακολουθία*). 4. (εκκλ.) το σύνολο των υποτακτικών (βλ. λ.) ενός κληρικού: *ο ιερομόναχος Δανιήλ και η ~ του*. 5. (ναυτ.) για πολεμικό σκάφος ή σκάφη που συνοδεύουν εμπορικά ή επιβατηγά πλοία για να τα προστατεύσουν: *σκάφη -ας*. 6. (μουσ.) το να συνοδεύω (βλ. λ. στη σημασ. 8) με τη φωνή κάποιον που τραγουδά ή το να παίζω με κάποιο όργανο ένα μουσικό κομμάτι ακολουθώντας τον τραγουδιστή ή το μουσικό που παίζει την κυρίως μελωδία με κάποιο άλλο όργανο: *με ~ βιολιών* (συνών. *ακομπανιαμέντο*).
συνοδευτικός, -ή, -ό, επίθ., που συνοδεύει κάτι (βλ. λ.): *στοιχεία -ά· επιστολή -ή· σχόλια -ά*.
συνοδεύω, ρ. 1. πηγαίνω κάπου μαζί με κάποιον συντροφεύοντάς τον: *-ευσε τη μητέρα της στη διάλεξη· του ζήτησε να τη -εύσει στο χορό*. 2. ακολουθώ κάποιον, τον συντροφεύω στο δρόμο για να τον καθοδηγήσω, να τον προστατεύσω ή να τον φρουρήσω ή για να του απονείμω μ' αυτόν τον τρόπο τιμή: *θα σε -εύσω ως το σταθμό· ισχυρές στρατιωτικές δυνάμεις -ευαν την αποστολή των χρημάτων*. 3. (με αντικ. πράγματα) αποστέλλω ή παραδίδω μαζί με κάτι άλλο: *~ την παραγγελία μου με επιταγή*. 4. (ειδικά για φαγητά, για εδέσματα) γαρνίρω, σερβίρω μαζί: *το ψητό -όταν από πατάτες και μανιτάρια*. 5α. (για πράγματα, γεγονότα ή καταστάσεις) υπάρχω ή συμβαίνω ταυτόχρονα: *οι εικόνες -ονται από επεξηγηματικά σχόλια·* β. συμβαίνω ως ταυτόχρονο αποτέλεσμα, επακολουθώ: *τα λόγια του -εύτηκαν από ζωηρά χειροκροτήματα· στομαχικές παθήσεις -ουν συχνά το άγχος*. 6. συνδέομαι με κάτι, προστίθεμαι σ' αυτό: *επιθετικοί προσδιορισμοί που -ουν τα ουσιαστικά*. 7. κάνω κάτι συγχρόνως, προσθέτω μια ενέργεια σε μια άλλη: *-ευε τα λόγια του με απειλητικές χειρονομίες*. 8. (μουσ.) ακολουθώ με τη φωνή κάποιον που τραγουδά ή παίζει με κάποιο όργανο ένα μουσικό κομμάτι ακολουθώντας τον τραγουδιστή ή το μουσικό που παίζει την κυρίως μελωδία με κάποιο άλλο όργανο: *η ορχήστρα -ει τον υψίφωνο·* (αμτβ.) *~ με την κιθάρα* (συνών. *ακομπανιάρω*).
συνοδηγός ο και η, ουσ. 1. επιβάτης αυτοκινήτου ή άλλου οχήματος που κάθεται στη θέση τη διπλανή στον οδηγό. 2. δεύτερος οδηγός για να ξεκουράζει τον πρώτο ιδίως σε μεγάλα ταξίδια: *~ υπεραστικού λεωφορείου/αυτοκινητάμαξας·* (ειδικά) *~ σε ράλι*.
συνοδικός, -ή, -ό, επίθ. 1. (εκκλ.) που ανήκει ή αναφέρεται στην Ιερά Σύνοδο: *-ές αποφάσεις· -οί κανόνες* (= που θεσπίστηκαν από Οικουμενική Σύνοδο)· *σύστημα -ό* (= η αντιμετώπιση των σπουδαίων εκκλησιαστικών ζητημάτων στην Ορθόδοξη Εκκλησία με το συλλογικό όργανο των συνόδων). 2. (αστρον.) *-ή περίοδος* (= το χρονικό διάστημα μεταξύ δύο διαδοχικών συνόδων ενός πλανήτη ή της σελήνης με τον ήλιο)· *-ή περιστροφή του ήλιου* (= ο χρόνος που κάνει κάθε κηλίδα του ήλιου για να επανέλθει στην ίδια θέση)· *~ μήνας* (= το χρονικό διάστημα μεταξύ δύο διαδοχικών συνόδων σελήνης και ήλιου). - Το αρσ. ως ουσ.

= ιεράρχης που μετέχει στην Ιερά Σύνοδο.
συνοδοιπορία η, ουσ. 1. το να οδοιπορεί κανείς μαζί με άλλους. 2. (μεταφ.) το να υπάρχει ταυτότητα ιδεών, πολιτικών ή άλλων.
συνοδοιπόρος ο και η, ουσ. 1α. αυτός που οδοιπορεί, που ταξιδεύει μαζί με άλλους (συνών. *συνταξιδιώτης*)· **β.** (μεταφ.) *σύντροφος:* ~ *στο ταξίδι της ζωής.* 2. (μεταφ.) αυτός που έχει τις ίδιες πολιτικές ή άλλες ιδέες.
συνοδοιπορώ, ρ. 1. οδοιπορώ, ταξιδεύω μαζί με άλλους (συνών. *συνταξιδεύω*). 2. (μεταφ.) έχω τις ίδιες ιδέες με άλλους, συμβαδίζω ιδεολογικά.
σύνοδος η, ουσ. 1α. συγκέντρωση για σύσκεψη αντιπροσώπων επίσημων φορέων ή οργανισμών: ~ *υπουργών εξωτερικών*· ~ *κορυφής* (βλ. ά. *κορυφή*)· **β.** (συνεκδοχικά) τα πρόσωπα που παίρνουν μέρος στην παραπάνω συνάντηση. 2. (εκκλ.) σύνολο μητροπολιτών και επισκόπων που συγκαλούνται για τις υποθέσεις μιας εκκλησιαστικής κοινότητας: *-οι επαρχιακές*· *Ιερά Σύνοδος* (= η ανώτατη εκκλησιαστική αρχή της αυτοκέφαλης Εκκλησίας της Ελλάδας)· *Οικουμενική Σύνοδος* (= που απαρτίζεται από αντιπροσώπους των πατριαρχείων και αυτοκεφάλων Ορθοδόξων Εκκλησιών και συγκαλείται για την επίλυση σοβαρών δογματικών προβλημάτων). 3α. (για τη Βουλή) η σειρά συνεδριάσεών της στη διάρκεια κάθε έτους· **β.** (συνεκδοχικά) ο χρόνος από την έναρξη ως τη λήξη των εργασιών της Βουλής. 4. (αστρον.) συζυγία (βλ. λ. σημασ. 2) πλανητών.
συνοδός ο και η, ουσ. 1. άτομο που συνοδεύει, που συντροφεύει ένα άλλο άτομο του αντίθετου φύλου σε κάποια κοινωνική εκδήλωση: *ο ~ της φορούσε μαύρο σμόκιν.* 2. πρόσωπο που συνοδεύει (βλ. λ. σημασ. 2) κάποιον: ~ *οπλισμένος* (συνών. *ακόλουθος, συνοδεία,* βλ. λ. σημασ. 3). 3. (ειδικά) *ιπτάμενος/η* ~ = μέλος του πληρώματος αεροσκάφους που φροντίζει τους επιβάτες κατά τη διάρκεια του ταξιδιού, *αεροσυνοδός* (βλ. και ά. *ιπτάμενος* στη σημασ. 2)· ~ *εδάφους* = υπάλληλος αεροπορικής εταιρείας που ασχολείται με την εξυπηρέτηση των ταξιδιωτών στο αεροδρόμιο.
συνοικέσιο το, ουσ. (ασυνίζ.), προξενιό (βλ. λ.), προξενιά (βλ. λ. σημασ. 1): ~ *πλούσιο/καλό.*
συνοίκηση η, ουσ. (λόγ.). α. συγκατοίκηση (βλ. λ.)· **β.** (νομ.) ~ *συζύγων* (= η συμβίωσή τους).
συνοικία η, ουσ., τμήμα πόλης, κυρίως περιφερειακά από το κέντρο της, σε αντιδιαστολή και με το κέντρο και με τα προάστια, που χαρακτηριζόταν —ιδίως ως το Β΄ Παγκόσμιο πόλεμο— από κάποια σχετική ομοιογένεια κοινωνική και πολεοδομική: ~ *λαϊκή/μακρινή* (συνών. *συνοικισμός*).
συνοικιακός, -ή, -ό, επίθ. (ασυνίζ.), που ανήκει ή αναφέρεται στη συνοικία: *προβλήματα/συμβούλια -ά*· (σε αντιδιαστολή με το *κεντρικός*) ~ *κινηματογράφος.*
συνοικίζω, ρ., ιδρύω συνοικισμό.
συνοικισμός ο, ουσ. 1. συνοικία (βλ. λ.). 2. χωριστό συγκρότημα κατοικιών κοντά σε πόλη ανεξάρτητα από αυτήν: ~ *μεγάλος/προσφυγικός.* 3. *μικρό χωριό.*
σύνοικος ο και η, ουσ. (λόγ.) (σπάνια) συγκάτοικος (βλ. λ.).
συνολικός, -ή, -ό, επίθ., που ανήκει ή αναφέρεται στο σύνολο (βλ. λ.): *άθροισμα -ό*· *-ή θεώρηση ενός έργου* (συνών. *ολικός*· αντ. *μερικός*). -Επίρρ. **-ά:** *αποτιμώ -ά το έργο λογοτέχνη.*

σύνολο το, ουσ. 1. μεγάλος αριθμός προσώπων ή πραγμάτων, με κάποιο ή κάποια κοινά στοιχεία, που τα θεωρούμε μια ομάδα, μια ολότητα: ~ *ενιαίο*· ~ *δαπανών*· *το κοινωνικό* ~· έκφρ. *στο* ~ (για να δηλωθεί ο ολικός αριθμός προσώπων ή ακέραιη η ποσότητα πράγματος): *το συμβούλιο στο ~ του αποτελείται από τεχνοκράτες*· *η λογοτεχνική παραγωγή στο ~ της.* 2. (γραμμ.) *-α λέξεων ή λεκτικά -α* = λέξεις που αποτελούν ομάδες μέσα στην πρόταση, π.χ. ~ *ονοματικό* (αποτελείται από όνομα με προηγούμενο άρθρο, επίθετο ή αντωνυμία)/*ρηματικό/επιρρηματικό.* 3. (ειδικά) ρούχα που συνδυάζονται μεταξύ τους και φοριούνται μαζί: ~ *βραδινό/κομψό.* 4. (μαθημ.) ομάδα στοιχείων με αριθμό πεπερασμένο ή άπειρο που διακρίνονται με κάποια χαρακτηριστική ιδιότητά τους: *μέλη -όλου*· *άθροισμα -όλων*· *παράσταση -όλου με διάγραμμα*· *θεωρία των -ων* (= μέρος των μαθηματικών που αναφέρεται στη μελέτη των συνόλων και των πράξεων που μπορούν να εκτελεστούν σ' αυτά).
συνομήλικος, -η, -ο, επίθ. και ουσ., (αυτός) που έχει την ίδια ηλικία με κάποιον άλλον: *είναι ~ μου*· *παιδιά -α.*
συνομιλητής ο, θηλ. **-τρια** η, ουσ., το πρόσωπο με το οποίο συνομιλεί (βλ. λ.) κανείς: ~ *ευχάριστος/ εκνευριστικός*· *-ές σε τηλεοπτική εκπομπή* (συνών. *συζητητής*).
συνομιλία η, ουσ., το να συνομιλεί (βλ. λ.) κανείς με κάποιον ή κάποιους άλλους: ~ *εγκάρδια*· *άρχισαν επίσημες -ες σε επίπεδο υπουργών*· *ειρηνευτικές -ες* (συνών. *συζήτηση,* κοιν. *κουβέντα*).
συνομιλώ, ρ., συζητώ (βλ. λ.) με κάποιον.
συνομολόγηση η, ουσ. (νομ.) η αμοιβαία ομολογία για κάτι, η σύναψη συμφωνίας: ~ *σύμβασης*· (γενικότερα) ~ *ειρήνης.*
συνομολογώ, ρ. (νομ.) συνάπτω συμφωνία με κάποιον: *Αν τα μέρη θεωρούν ότι η σύμβαση έχει -ηθεί..., ισχύει ό,τι συμφώνησαν* (αστ. κώδ.).
συνομοσπονδία η, ουσ., ένωση ομοσπονδιών (βλ. λ.): *Ελβετική* ~· *Γενική* ~ *εργατών Ελλάδας.*
συνομοσπονδιακός, -ή, -ό, επίθ. (ασυνίζ.), που ανήκει ή αναφέρεται σε συνομοσπονδία.
συνομοταξία η, ουσ. 1. (βιολ.) η πρώτη από τις μεγάλες υποδιαιρέσεις στις οποίες διακρίνονται τα ζώα και τα φυτά κατά τη συστηματική κατάταξή τους που περιέχει ομοταξίες (βλ. λ.): ~ *των σπονδυλωτών* (συνών. *φύλο*). 2. (σκωπτ. - μειωτ.) σύνολο ανθρώπων με κοινές ιδιότητες κατά κανόνα φαύλες ή γελοίες, ή με κοινούς κακούς σκοπούς.
συνονθύλευμα το, ουσ. (λόγ.), συμπίλημα (βλ. λ. σημασ. 1 και 2).
συνονθυλεύω, ρ. (λόγ.), συμπιλώ (βλ. λ. σημασ. 1 και 2), συμφύρω.
συνονόματος, -η, -ο, επίθ. (λαϊκ.), που έχει το ίδιο βαφτιστικό όνομα με κάποιον άλλο.
συνοπτικός, -ή, -ό, επίθ., που συνοψίζει (βλ. λ.), που δίνει με συντομία μια γενική άποψη ενός συνόλου: *έκθεση -ή*· ~ *χάρτης/πίνακας* (= που επιτρέπει με ένα βλέμμα να συλλάβει κανείς τα τμήματα ενός συνόλου): ~ *χάρτης καιρού/γεωγραφικός*· (εκκλ.) *Ευαγγέλια -ά* (= τα τρία πρώτα Ευαγγέλια της Καινής Διαθήκης, τα κατά Ματθαίον, Μάρκον και Λουκάν, που παρουσιάζουν στη σύγκριση μεταξύ τους ομοιότητες ως προς τη μορφή και το περιεχόμενο)· (νομ. και κοιν.) *-ές διαδικα-*

συνοπτικότητα 1310

σίες (για συντόμευση της διάρκειάς τους, για επίσπευσή τους χωρίς πολλές διατυπώσεις) (συνών. περιληπτικός, σύντομος· αντ. διεξοδικός, αναλυτικός, εκτενής). - Επίρρ. **-ά** και **-ώς**: διατυπώνω -ά τη σκέψη μου.

συνοπτικότητα η, ουσ., το να είναι κάτι συνοπτικό (βλ. λ.) (αντ. διεξοδικότητα).

συνοπτικώς, βλ. συνοπτικός.

συνορεύω, ρ. (για κράτη, κτήματα, κλπ.) έχω τα ίδια σύνορα με κάποιον άλλο: *η Ελλάδα -ει με τη Βουλγαρία· το κτήμα του -ει με το δικό μας*.

συνοριακός, -ή, -ό, επίθ. (ασυνίζ.), που αναφέρεται στα σύνορα, που βρίσκεται ή συμβαίνει στα σύνορα: *-ά φυλάκια· -οί έλεγχοι*.

συνορίζομαι, βλ. συνερίζομαι.

συνόριο και **συνορισιά**, βλ. συνερισιά.

συνορίτης ο, θηλ. **-ισσα**, ουσ., αυτός που συνορεύει με κάποιον άλλο, γείτονας.

σύνορο το, ουσ. 1α. το όριο (βλ. λ. σημασ. 1α), η γραμμή που ορίζει την έκταση ενός τόπου και τον χωρίζει από τις γειτονικές προς αυτόν περιοχές: *προσδιορίζω τα -α· -α κοινά· το ~ του χωραφιού·* β. (στον πληθ.) η περιοχή που έχει καθοριστεί να αποτελεί τη διαχωριστική γραμμή ανάμεσα σε δύο χώρες: *-α εθνικά· παραβιάσεις των -όρων· -α φυσικά* (= που συνίστανται από κάποιο γεωγραφικό εμπόδιο π.χ. θάλασσα, βουνά, ποταμό ή λίμνη)· *πόλη των -όρων* (συνών. μεθόριος η). 2. (μεταφ.) ~ *ζωής και θανάτου*.

συνοστέωση η, ουσ. (ανατομ.) το να αρθρώνεται ένα κόκαλο του οργανισμού με ένα άλλο (πβ. σύμφυση).

συνουσία η, ουσ., σαρκική επαφή, συνεύρεση.

συνουσιάζομαι, ρ. (ασυνίζ.), έρχομαι σε σαρκική επαφή, συνεύρεση.

συνοφειλέτης ο, θηλ. **-τρια**, ουσ., αυτός που έχει χρέος μαζί με κάποιον άλλον.

συνοφρυώνομαι, ρ. (ασυνίζ.), σουφρώνω τα φρύδια μου εξαιτίας δυσαρέσκειας, θυμού, κλπ. (συνών. κατσουφιάζω, σκυθρωπιάζω).

συνοφρύωση η, ουσ., η ενέργεια και το αποτέλεσμα του συνοφρυώνομαι (βλ. λ.) (συνών. κατσούφιασμα, κατήφεια).

συνοχή η, ουσ. 1. το να συνδέεται στενά κάτι με ένα άλλο: ~ *εξαρτημάτων μηχανής*. 2. (φυσ.) η ελκτική δύναμη που συγκρατεί τα μόρια ενός σώματος σταθερά ενωμένα μεταξύ τους. 3. (μεταφ.) λογικός ειρμός, λογική αλληλουχία: *δεν είχαν ~ τα όσα έλεγε*. 4. (μεταφ.) στενή σχέση, συνάφεια μιας ιδέας, ενός θέματος, κλπ. (σε μια αφήγηση, διαπραγμάτευση, κλπ.) με μιαν άλλη ιδέα, ένα άλλο θέμα, κλπ.: *φραστική ~ του λόγου σε ένα κείμενο· το σενάριο της ταινίας δεν είχε καθόλου ~*. 5. (μεταφ.) κατάσταση κατά την οποία όλα τα μέρη ή οι ιδέες συναρμόζονται και δημιουργούν ένα ενιαίο σύνολο: *η ~ του κόμματος απειλείται από φυγόκεντρες τάσεις·* (κοινων.) *κοινωνική ~* (= η κατάσταση κατά την οποία τα μέλη μιας κοινωνίας συγκλίνουν και συμβιώνουν αρμονικά, ενώ αμβλύνονται οι κοινωνικές αντιθέσεις): *οι ενέργειες των περιθωριακών ομάδων διαταράσσουν την κοινωνική ~*.

σύνοψη η, ουσ. 1. συγκέντρωση ποικίλων σχετικών στοιχείων σε ενιαία διατύπωση (συνών. συγκεφαλαίωση, περίληψη). 2. ιερά Σ-η = βιβλίο με συγκεντρωμένες εκκλησιαστικές προσευχές και ακολουθίες.

συνοψίζω, ρ., συγκεντρώνω και εκθέτω σε συνοπτική διατύπωση ποικίλα σχετικά αναμεταξύ τους στοιχεία: ~ *όσα ειπώθηκαν και διατυπώνω τα συμπεράσματα* (συνών. συγκεφαλαιώνω, ανακεφαλαιώνω).

συνταγή η, ουσ. (έρρ.), φύλλο χαρτιού όπου ο γιατρός καταγράφει φάρμακα για τον ασθενή· (φρ. για φαρμακοποιό) *εκτελώ συνταγή* (= παρέχω στον ασθενή τα φάρμακα που έχει ορίσει ο γιατρός) (παλαιότερα συνών. ρετσέτα). 2. οδηγία για το πώς και με ποια συστατικά θα παρασκευαστεί ένα φαγητό ή ένα γλύκισμα.

σύνταγμα το, ουσ. (έρρ.). 1. (νομ.) σύνολο βασικών νόμων και διατάξεων που καθορίζουν τη λειτουργία του πολιτεύματος: *αναθεώρηση του -ατος* (συνών. καταστατικός χάρτης). 2α. στρατιωτική μονάδα που τη συγκροτούν τάγματα: ~ *πεζικών δυνάμεων·* β. τόπος όπου γίνεται ο σχηματισμός του συντάγματος. 3. (γλωσσολ.) συγκροτημένο στοιχείο μιας φράσης που περιλαμβάνει έναν ή περισσότερους όρους και χαρακτηρίζεται από ένα ιδιαίτερο σύστημα μορφολογικών στοιχείων.

συνταγματάρχης ο, ουσ. (έρρ.), (στρατ.) ανώτερος αξιωματικός του στρατού ξηράς, αμέσως κατώτερος του ταξίαρχου, επικεφαλής συντάγματος· έκφρ. *κυβέρνηση των -ών* (= δικτατορική κυβέρνηση στην Ελλάδα στα χρόνια 1967-1974· αλλιώς: *χούντα των -ών*).

συνταγματικός, -ή, -ό, επίθ. (έρρ.), (νομ.) 1. που ανήκει ή αναφέρεται στο σύνταγμα μιας χώρας: *διάταξη -ή· -ό δίκαιο* (= κλάδος του δικαίου που ασχολείται με την οργάνωση της πολιτείας). 2. που είναι σύμφωνος με διάταξη του συντάγματος μιας χώρας: *επιταγή -ή· ελευθερίες -ές* (= ελευθερίες που απορρέουν από τις διατάξεις του συντάγματος) (αντ. αντισυνταγματικός). 3. που διέπεται από συγκροτημένο σύνταγμα: *βασιλεία -ή*.

συνταγματικότητα η, ουσ. (έρρ.), (νομ.) το να είναι κάτι σύμφωνο με το σύνταγμα της χώρας: *παραβιάζεται η ~ του νόμου*.

συνταγματολόγος ο, ουσ. (έρρ.), νομικός που ειδικώς ασχολείται με το συνταγματικό δίκαιο.

συνταγολόγιο το, ουσ. (έρρ., ασυνίζ.). α. στέλεχος όπου ο γιατρός καταγράφει συνταγές για τους ασθενείς του· β. βιβλίο όπου ο φαρμακοποιός καταγράφει τις συνταγές που εκτελεί κάθε μέρα· γ. βιβλίο του φαρμακοποιού όπου αναγράφονται όλα τα σκευάσματα που κυκλοφορούν με ενδείξεις για τη χρήση τους.

συνταιριάζω, ρ. (έρρ., συνιζ.), τοποθετώ δύο ή περισσότερα πράγματα με τρόπο που να προσαρμόζεται το ένα στο άλλο (συνών. συνδυάζω).

συνταίριασμα το, ουσ. (έρρ., συνιζ.), η ενέργεια και το αποτέλεσμα του συνταιριάζω (βλ. λ.): ~ *συλλαβών* (συνών. συνδυασμός).

συνταιριαστός, -ή, -ό και (λαϊκ.) **-ιαχτός**, επίθ. (έρρ., συνιζ.), που συνταιριάστηκε ή μπορεί να συνταιριαστεί.

συντάκτης ο, θηλ. **-τρια**, ουσ. (έρρ.). 1. αυτός που συγκροτεί οποιοδήποτε γραπτό κείμενο: ~ *ανακοίνωσης υπουργείου· ~ άρθρου εφημερίδας, περιοδικού, λεξικού*, κλπ. 2. (ειδικότερα) δημοσιογράφος που συντάσσει κείμενα σε εφημερίδα: *ένωση -ών ημερησίου τύπου*.

συντακτικό το, ουσ. (έρρ.). 1. (γραμμ.) α. τμήμα της γραμματικής που μελετά τις σχέσεις μεταξύ ομά-

δων από όρους που συγκροτούν τη φράση, μεταξύ μελών αυτών των ομάδων ή μεταξύ των φράσεων μέσα στο λόγο· **β.** το σύγγραμμα όπου αναπτύσσεται το τμήμα αυτό της γραμματικής. **2.** το σύνολο των συντακτικών φαινομένων και κανόνων που ιδιάζουν σε μια εποχή ή σε έναν συγγραφέα: *το ~ του Καζαντζάκη.*
συντακτικός, -ή, -ό, επίθ. (έρρ.). **1.** (γραμμ.) που σχετίζεται με τη σύνταξη μιας γλώσσας: *δομή/ανακολουθία -ή· λάθος -ό.* **2.** (πολιτειολογία) που σχετίζεται με θέματα συγκρότησης ενός πολιτεύματος: *-ή συνέλευση* (= που συγκροτεί νέο σύνταγμα μιας χώρας). **3.** που σχετίζεται με τους συντάκτες κειμένων: *-ή επιτροπή εφημερίδας, περιοδικού, λεξικού κλπ.* **4.** (χημ.) *~ τύπος* (= τύπος που δείχνει τη διάταξη των ατόμων στο μόριο χημικής ένωσης). - Επίρρ. **-ώς** (στη σημασ. 1): *είναι -ώς σωστό.*
συντάκτρια, βλ. *συντάκτης.*
σύνταξη η, ουσ. (έρρ.). **1.** συγκρότηση με λεπτομερειακή καταγραφή κανόνων σε συγκεκριμένο κείμενο: *~ κανονισμού πολυκατοικίας.* **2.** το σύνολο των συντακτών εφημερίδας ή περιοδικού και συνεκδοχικά ο κοινός χώρος όπου έχουν τα γραφεία τους. **3.** το σύνολο προσωπικού που εργάστηκε για τη συγκρότηση γενικότερου συγγράμματος: *~ εγκυκλοπαίδειας/λεξικού.* **4.** (γραμμ.) η κανονική διάταξη τμημάτων του προφορικού και του γραπτού λόγου. **5.** μηνιαία καταβολή χρηματικού ποσού σε ασφαλισμένο στο δημόσιο ή τον ιδιωτικό τομέα μετά την αποχώρησή του από την υπηρεσία —ή σε συγγενή του μετά το θάνατό του: *~ δημοσιοϋπαλληλική/αγροτική·* φρ. *παίρνω ~* (= εισπράττω μηνιαίως ένα καθορισμένο χρηματικό ποσό ως συνταξιούχος). **6.** (στρατ.) η σύμφωνα με ορισμένη τάξη συγκέντρωση ατόμων που ανήκουν σε στρατιωτική μονάδα.
συνταξιδεύω, ρ. (έρρ.), ταξιδεύω μαζί με άλλον ή άλλους.
συνταξιδιώτης ο, θηλ. **-ισσα,** ουσ. (έρρ., συνιζ.), κάθε άτομο που ταξιδεύει μαζί με άλλα άτομα.
συντάξιμος, -η, -ο, επίθ. (έρρ.), (για χρόνο υπηρεσίας) που μετά την παρέλευσή του μπορεί ο δικαιούχος να εισπράττει σύνταξη.
συνταξιοδότηση η, ουσ. (έρρ., ασυνίζ.), η ενέργεια και το αποτέλεσμα του συνταξιοδοτώ (βλ. λ.).
συνταξιοδοτικός, -ή, -ό, επίθ. (έρρ., ασυνίζ.), που σχετίζεται με τη συνταξιοδότηση: *-ές καταστάσεις* (= κατάλογος ατόμων που δικαιούνται να εισπράττουν σύνταξη).
συνταξιοδοτώ, -είς, ρ. (έρρ., ασυνίζ.). **Ι.** (ενεργ.) παρέχω σύνταξη (βλ. λ. σημασ. 5) σε ιδιωτικό ή δημόσιο υπάλληλο που αφού συμπλήρωσε το συντάξιμο (βλ. λ.) χρόνο υπηρεσίας αποχωρεί από την εργασία του: *ειδικό ταμείο -εί τους ασφαλισμένους.* **II.** (μέσ.) εισπράττω σύνταξη μετά τη συμπλήρωση ορισμένου χρόνου υπηρεσίας.
συνταξιούχος ο και η, ουσ. (έρρ., ασυνίζ.), εργαζόμενος στον ιδιωτικό ή το δημόσιο τομέα που μετά την αποχώρησή του από την υπηρεσία εισπράττει σύνταξη (βλ. λ. σημασ. 5).
συνταράζω, βλ. *συνταράσσω.*
συνταρακτικός, -ή, -ό, επίθ. (έρρ.), που συνταράσσει (βλ. λ.): *πληροφορία -ή· γεγονός -ό.*
συνταράσσω και **-άζω,** ρ. (έρρ.), παθ. αόρ. *-άχτηκα,* μτχ. παρκ. *-αγμένος,* συγκινώ βαθύτατα, προ-

καλώ ψυχική ταραχή: *με συντάραξε η είδηση* (συνών. *συγκλονίζω*).
συντάσσω, ρ. (έρρ.), αόρ. *σύνταξα,* παθ. αόρ. *-άχθηκα,* μτχ. παρκ. *-αγμένος.* **I.** ενεργ. **1.** συγκροτώ γραπτό κείμενο: *~ έκθεση για το αποτέλεσμα των ενεργειών μου· ο συμβολαιογράφος -ει συμβόλαια· ~ τη διαθήκη μου· ο λεξικογράφος -ει άρθρο λεξικού· ο δημοσιογράφος -ει κύριο άρθρο εφημερίδας* (συνών. *καταρτίζω*). **2.** (στρατ.) βάζω στη γραμμή στρατιώτες μιας μονάδας: *ο αξιωματικός -ει τους άνδρες του λόχου* (συνών. *παρατάσσω*). **3.** (γραμμ.) τοποθετώ τις λέξεις μιας περιόδου σύμφωνα με τους κανόνες του συντακτικού. **II.** μέσ. **1.** τάσσω τον εαυτό μου με το μέρος κάποιου ή με τις απόψεις του: *πολλοί -άχθηκαν με όσα υποστήριζα* (συνών. *συμπαρατάσσομαι*). **2.** (για ρ.) δέχομαι αντικείμενο σε καθορισμένη πτώση: *το ρήμα «μετέχω» στην αρχαία ελληνική γλώσσα -εται με γενική.*
συνταυτίζω, ρ. (έρρ.). **I.** ενεργ. **1.** νομίζω ότι δύο αντικείμενα ή πρόσωπα είναι όμοια το ένα με το άλλο. **2.** κάνω κάτι όμοιο με κάτι άλλο: *~ την τύχη μου με την τύχη του.* **II.** (μέσ.) έχω με κάποιον τις ίδιες ιδέες, απόψεις, συναισθήματα, κλπ.
συνταύτιση η και **συνταυτισμός** ο, ουσ. (έρρ.), η ενέργεια και το αποτέλεσμα του συνταυτίζω (βλ. λ.).
σύνταχα, επίρρ. (έρρ., ιδιωμ.), με την αυγή, πολύ πρωί (συνών. *χαράματα*).
συντείνω, ρ. (έρρ.), παρατ. και αόρ. *συνέτεινα,* πληθ. *συντείναμε,* επηρεάζω, επιδρώ, συντελώ σε κάτι: *αυτό πολύ -ει ώστε να νομίζει κανείς ότι... συνέτεινε πολύ στο να αλλάξω γνώμη* (συνών. *συμβάλλω*).
συντεκνιά η, ουσ. (έρρ., συνιζ., λαϊκ.), η δημιουργία σχέσης συντέκνου (βλ. λ.) μεταξύ δύο ατόμων (συνών. *κουμπαριά*).
σύντεκνος ο, θηλ. **-ισσα,** ουσ. (έρρ.), (ιδιωμ.) κουμπάρος, ανάδοχος· (σε λαϊκ. τραγ.) *το σκύλο κάμε -ο και το ραβδί σου βάστα* (= πάντοτε πρέπει να παίρνει κανείς προφυλάξεις).
συντέλεια η, ουσ. (έρρ., ασυνίζ.), συνήθως στην έκφρ. *~ του κόσμου* (= το τέλος του κόσμου και της ανθρώπινης ζωής πάνω στη γη)· έκφρ. εκκλ. *έως της -είας του αιώνος.*
συντέλεια τα, ουσ. (έρρ., συνιζ., λαϊκ.), οι τελευταίες στιγμές της ζωής ενός ατόμου: *μόλο που το στόμα μου είναι δίχως χαρές, δε θα στεναχωρηθείς, γιατί ο Θεός πιπέρωσε τα ~ του μακαρίτη* (Κόντογλου).
συντέλεση η, ουσ. (έρρ.), ολοκλήρωση: *~ του εγκλήματος.*
συντελεστής ο, ουσ. (έρρ.). **1α.** που συντελεί (βλ. λ.) στην πραγματοποίηση ενός έργου, σκοπού, κ.τ.ό.: *-ές μιας εκπομπής στην τηλεόραση·* **β.** (γενικά) παράγοντας που συντελεί σε κάτι: *σημαντικός ~ για την επιτυχία μου στάθηκε η βοήθειά σου.* **2α.** (μαθημ.) αριθμός που δηλώνει τη μέτρηση μιας ειδικής ποιότητας ενός αντικειμένου ή μιας ουσίας κάτω από ορισμένες συνθήκες: *~ ελαστικότητας·* **β.** (ειδικότερα) αριθμός που επηρεάζει τον υπολογισμό μιας αξίας: *~ φόρου/δόμησης.*
συντελικός, -ή, -ό, επίθ. (έρρ.), (γραμμ.) για τους χρόνους του ρήματος παρακείμενο, υπερσυντέλικο και συντελεσμένο μέλλοντα, που δηλώνουν

γεγονότα ή καταστάσεις που έχουν συντελεστεί, έχουν τελειώσει.

συντελώ, -είς, ρ. (έρρ.), αόρ. *συντέλεσα,* παθ. αόρ. *-έστηκα,* μτχ. παρκ. *-εσμένος.* I. (ενεργ.) βοηθώ στο να γίνει κάτι, συμβάλλω: *τα μέτρα συντέλεσαν στη μείωση της ανεργίας/του πληθωρισμού* (συνών. *συντείνω).* II. μέσ. 1. συμπληρώνομαι, πραγματοποιούμαι: *-έστηκε η καταστροφή· έχει -εστεί πρόοδος στις σχέσεις των δύο χωρών· -εσμένο γεγονός.* 2. (γραμμ.) *-εσμένος μέλλοντας* (= χρόνος του ρήματος που δηλώνει πράξη που θα έχει γίνει κάποια μελλοντική στιγμή).

συντέμνουσα η, ουσ. (έρρ.), (μαθημ.) τριγωνομετρικός αριθμός, το αντίστροφο του ημιτόνου.

συντέμνω, ρ. (έρρ., λόγ.), εύχρηστο μόνο στον ενεστώτα και στον παθ. αόρ. *συντμήθηκα,* περιορίζω, συμπτύσσω: *συντμήθηκαν οι αργίες/ διακοπές* (συνών. *συντομεύω·* αντ. *παρατείνω).*

συντεταγμένη η, ουσ. (έρρ., λόγ.). 1. (μαθημ.) σημείο με το οποίο καθορίζεται γεωμετρικώς η θέση ενός σημείου σε επίπεδη επιφάνεια ή στο διάστημα: *ηλιοκεντρικές -ες ενός πλανήτη.* 2. (γεωγρ.) *γεωγραφικές -ες* (ενός *τόπου)* = το γεωγραφικό πλάτος και μήκος του, το στίγμα. [το θηλ. μτχ. παθ. παρκ. του *συντάσσω* ως ουσ.].

συντεχνία η, ουσ. (έρρ.), οργανωμένο σύνολο ομοτέχνων που στόχο έχει την αμοιβαία βοήθεια και προστασία, καθώς και την επιδίωξη κοινού σκοπού· επαγγελματικό σωματείο (συνών. *σινάφι).*

συντεχνιακός, -ή, -ό, επίθ. (έρρ., ασυνίζ.), που ανήκει ή αναφέρεται σε συντεχνία: *~ καταμερισμός εργασίας· εργαστήρια -ά· διεκδικήσεις -ές.*

συντεχνίτης ο, θηλ. **-ισσα** η, ουσ. (έρρ.), πρόσωπο που ασκεί την ίδια τέχνη με άλλο (συνών. *ομότεχνος).*

σύντηξη η, ουσ. (έρρ.). 1. (χημ.) τήξη διάφορων υλών μαζί για να γίνουν κράμα (συνών. *συγχώνευση).* 2. (πυρηνική φυσ.) ένωση δύο ελαφρών πυρήνων ατόμων σε ένα βαρύτερο, η οποία αποδεσμεύει τεράστιες ποσότητες ενέργειας.

συντήρηση η, ουσ. (έρρ.). 1. διατήρηση, διαφύλαξη πράγματος στην κατάσταση που βρίσκεται: *έργα -ης των μνημείων· ~ τροφίμων.* 2α. ό,τι είναι απαραίτητο για τη διατήρηση της ζωής, διατροφή: *ο μισθός του ίσα ίσα που φτάνει για τη ~ της οικογενειάς του·* β. (συνεκδοχικά) διατήρηση στη ζωή: *εκατομμύρια μαύροι ζουν στο όριο -ης.* 3α. (μεταφ.) εμμονή στα καθιερωμένα οικονομικά, κοινωνικά, πολιτικά, κλπ., *συστήματα·* β. (περιληπτικά) οι συντηρητικοί, το κατεστημένο (βλ. λ.): *αντέδρασε η ντόπια ~.*

συντηρητής ο, θηλ. **-ήτρια,** ουσ. (έρρ.), πρόσωπο ειδικευμένο στη συντήρηση (βλ. λ. σημασ. 1) διαφόρων πραγμάτων: *~ αρχαιοτήτων και έργων τέχνης/βιβλίων/ανελκυστήρων.*

συντηρητικός, -ή, -ό, επίθ. (έρρ.). 1. που είναι κατάλληλος για διαφύλαξη πράγματος από τη φθορά: *-ές ουσίες· -ά μέτρα για περιουσία* (αστ. κώδ.)· (το ουδ. ως ουσ.) *χυμός φρούτων χωρίς -ά.* 2α. (μεταφ.) που τον χαρακτηρίζει η τάση για εμμονή στα καθιερωμένα πολιτικά, κοινωνικά, κλπ., *συστήματα: -ές αντιλήψεις· -ό ντύσιμο* (αντ. *μοντέρνο)· -ή πολιτική/παράταξη·* β. (για πρόσωπο) που είναι προσκολλημένος στα καθιερωμένα πολιτικά, κοινωνικά, κλπ., *συστήματα·* που έχει παλιές ξεπερασμένες ιδέες και απόψεις: *-ή οικογένεια* (αντ. *προοδευτικός, νεοτεριστής).* 3. (συνεκδοχικά για πρόσωπο) που είναι συγκρατημένος, προσεκτικός σε ό,τι κάνει: *~ στις συναλλαγές του* (συνών. *επιφυλακτικός·* αντ. *τολμηρός, παράτολμος).* - Επίρρ. **-ά.**

συντηρητικότητα η, ουσ. (έρρ.), το να είναι κάποιος συντηρητικός (βλ. λ. σημασ. 2 και 3) (αντ. *προοδευτικότητα, ριζοσπαστικότητα).*

συντηρητισμός ο, ουσ. (έρρ.), νοοτροπία και πρακτική προσώπου που εχθρευόμενο καθετί νεοτεριστικό και προοδευτικό υπερβάλλει στην εκτίμηση και στο σεβασμό των παραδόσεων και των καθιερωμένων (πολιτικών, οικονομικών, κοινωνικών, κλπ.) συστημάτων.

συντηρήτρια, βλ. *συντηρητής.*

συντηρώ, -είς, ρ. (έρρ.), αόρ. *-ήρησα,* παθ. αόρ. *-ήθηκα,* μτχ. παρκ. *-ημένος.* 1α. διατηρώ κάτι στην κατάσταση που βρίσκεται, το διαφυλάσσω άφθαρτο: *~ βιβλία / έργα τέχνης / αρχαιολογικά ευρήματα/τρόφιμα·* β. (ειδικά πολιτ.) διατηρώ τεχνητά στην επικαιρότητα κάτι για λόγους σκοπιμότητας: *κάποιες εφημερίδες -ούν τη σκανδαλολογία* (συνών. *προβάλλω).* 2. (συνεκδοχικά) παρέχω σε κάποιον τα αναγκαία για τη ζωή, τον διατηρώ στη ζωή: *τη -εί η κόρη της* (συνών. *διατρέφω)·* (μέσ.) *μόλις που -είται με το μισθό του* (συνών. *αποζώ).*

συντίθεμαι, βλ. *συνθέτω.*

σύντμηση η, ουσ. (έρρ.), το να συντέμνεται κάτι, περιορισμός: *~ αργιών/του λόγου* (συνών. *συντόμευση, βράχυνση).*

σύντομα, βλ. *σύντομος.*

συντόμευση η, ουσ. (έρρ.), το να συντομεύεται κάτι (σε έκταση ή σε διάρκεια), περιορισμός (συνών. *σύντμηση).*

συντομεύω, ρ. (έρρ.), αόρ. *συντόμευσα* και (λαϊκότερα) *συντόμεψα,* μτχ. παρκ. *-ευμένος,* περιορίζω την έκταση ή τη διάρκεια κάποιου: *~ το λόγο μου/τις διακοπές μου· -ευμένη κωδική γραφή λέξης* (= συντομογραφία) (αντ. *επεκτείνω, παρατείνω).*

συντομία η, ουσ. (έρρ.). 1. το να συντομεύεται κάτι, οικονομία χρόνου: *για ~ πήγε από το δρομάκι.* 2. (συνεκδοχικά) βραχυλογία, λακωνικότητα: *απάντησε με ~ και σαφήνεια.*

συντομογραφία η, ουσ. (έρρ.), καθεμιά από τις συντομευμένες κωδικές γραφές λέξεων ή φράσεων που χρησιμοποιούνται για λόγους οικονομίας χώρου και αποφυγής επανάληψής τους σε διάφορα κείμενα, κυρίως επιστημονικά και ορίζονται από το συγγραφέα σε ειδική σελίδα του βιβλίου (συνών. *βραχυγραφία).*

συντομογραφικός, -ή, -ό, επίθ. (έρρ.), που ανήκει ή αναφέρεται στη συντομογραφία (συνών. *βραχυγραφικός).* - Επίρρ. **-ά** και **-ώς.**

σύντομος, -η, -ο, επίθ. (έρρ.). 1. που είναι μικρής απόστασης ή διάρκειας: *ο πιο ~ δρόμος* (= κοντινός)· *εκλογές/ανατιμήσεις σε πολύ -ο διάστημα* (συνών. *βραχύχρονος, μικρός).* 2α. (συνεκδοχικά) που διατυπώνεται με λίγες λέξεις, συνοπτικός: *-ες ειδήσεις· -η ομιλία· -ο άρθρο* (συνών. *λακωνικός·* αντ. *εκτενής)·* β. (για πρόσωπο) που εκφράζεται με λίγα λόγια: *θα είμαι όσο πιο ~ μπορώ.* - Επίρρ. **-α** και **-ομως** (σημασ. 1 και 2): *θα γίνει -α ανασχηματισμός της κυβέρνησης· απάντησε -α.*

συντονίζω, ρ. (έρρ.). I. ενεργ. 1. κάνω κάτι να συμφωνήσει με κάτι άλλο ως προς τον τόνο και το ρυθμό: *-ίστηκαν στο τραγούδι· οι μουσικοί της* ορχήστρας -ισαν τα όργανα λίγο πριν από την έναρξη της συναυλίας (συνών. εναρμονίζω, συγχρονίζω). 2. κατευθύνω, διευθύνω: ~ τη συζήτηση· ο υπουργός -ει τις προσπάθειες κατάσβεσης της πυρκαγιάς. II. (μέσ. με εμπρόθ.) ενεργώ συγχρόνως και σε συνεργασία με κάποιον άλλο για να πετύχουμε καλύτερα αποτελέσματα: -ισμένα πυρά αεροπορίας και πυροβολικού· -ισμένες προσπάθειες των αρχών για τη δίωξη των εμπόρων ναρκωτικών.

συντονισμός ο, ουσ. (έρρ.). 1. (μους.) συμφωνία ρυθμού και τόνου. 2α. (φυσ.) ~ ήχου = το φαινόμενο που παρατηρείται, όταν τα ηχητικά κύματα (με συχνότητα ν) μιας ηχητικής πηγής προσπέσουν σε άλλη ηχητική πηγή που έχει «ιδιοσυχνότητα» ν₀ ίση με ν: εφαρμογή του -ού ήχου έχουμε στα αντηχεία των μουσικών οργάνων (συνών. συνήχηση)· β. (στα ηλεκτρικά κυκλώματα) ρύθμιση της συχνότητας του δέκτη ώστε να συμπέσει με τη συχνότητα του πομπού: ο ~ των ηλεκτρικών κυκλωμάτων έχει εφαρμογή στη ραδιοφωνία και στην τηλεόραση. 3. (μεταφ.) δράση για να μπουν σε συμφωνία ορισμένα γεγονότα, αντικείμενα, φαινόμενα, κλπ.: ~ προσπαθειών· ~ όλων των κομμάτων για τα εθνικά θέματα.

συντονιστής ο, θηλ. **-ίστρια,** ουσ. (έρρ.). 1. πρόσωπο που συντονίζει ενέργειες, ρυθμιστής: ~ της συζήτησης. 2. ηλεκτρικό μηχάνημα που χρησιμοποιείται για το συντονισμό (βλ. λ. σημασ. 2β).

συντονιστικός, -ή, -ό, επίθ. (έρρ.), που συντονίζει ενέργειες, εκτέλεση προγραμμάτων, κλπ.: -ά όργανα του κόμματος· -ή επιτροπή του συνεδρίου. - Επίρρ. **-ά.**

συντονίστρια, βλ. συντονιστής.

σύντονος, -η, -ο, επίθ. (έρρ.), που γίνεται με ένταση, με επιστράτευση των διαθέσιμων δυνάμεων: -η ενέργεια/προσπάθεια (συνών. επίμονος, εντατικός).

συντοπίτης ο, θηλ. **-ισσα,** ουσ. (έρρ.), αυτός που κατάγεται από τον ίδιο τόπο με κάποιον άλλο (συνών. συμπατριώτης).

συντρέχω, ρ. (έρρ.), αόρ. συνέτρεξα, πληθ. συντρέξαμε. 1. (μτβ.) παρέχω βοήθεια σε κάποιον: -αμε τη μάνα μας στις στενοχώριες της (συνών. βοηθώ, παραστέκομαι). 2. (τριτοπρόσ.) έκφρ. δε -ει λόγος = δεν υπάρχει λόγος, αιτία: δε -ει λόγος να ληφθούν έκτακτα μέτρα.

συντριβή, η, ουσ. (έρρ.). 1. το να γίνεται κάτι κομμάτια από χτύπημα ή πτώση: ~ του αεροπλάνου/ ελαιοπυρήνα (συνών. θρυμματισμός, καταστροφή). 2. (μεταφ.) ήττα, πανωλεθρία: (ιστ.) ~ του Δράμαλη στα Δερβενάκια. 3. (μεταφ.) έντονος ψυχικός πόνος, θλίψη.

συντρίβω, ρ. (έρρ.), παρατ. συνέτριβα, πληθ. συντρίβαμε, αόρ. συνέτριψα, πληθ. συντρίψαμε, παθ. αόρ. συντρίφθηκα, μτχ. παρκ. συντετριμμένος. 1. κάνω κάτι κομμάτια, θρυμματίζω. 2. καταστρέφω, τσακίζω κάτι: ο βράχος πέφτοντας συνέτριψε τον κορμό του δέντρου· το ελικόπτερο -ίφθηκε στη χαράδρα. 3. (μεταφ.) α. νικώ ολοσχερώς κάποιον, τον κατατροπώνω. συνέτριψε τον αντίπαλό του· β. (μέσ.) ηττώμαι, παθαίνω πανωλεθρία. 4. (μεταφ.) καταστενοχωρώ: τη συνέτριψε ο θάνατος της κόρης της (συνών. καταθλίβω). - Η μτχ. παρκ. ως επίθ. = που είναι βαθύτατα λυπημένος, πολύ θλιμμένος.

σύντριμμα το, ουσ. (έρρ.). 1α. κομμάτι από σπάσιμο (συνών. συντρίμμι, θραύσμα, θρύψαλο)· β. (ειδικά) γαρμπίλι (βλ. λ.). 2. (κυριολεκτικά και μεταφ.) ερείπιο (συνών. συντρίμμι).

συντρίμμι το, ουσ. (έρρ.). 1. κομμάτι από σπάσιμο, θραύσμα: το βάζο έγινε -ια· τα -ια του αεροπλάνου (συνών. θρύψαλο, σύντριμμα). 2. ερείπιο: τα -ια του τείχους/του μεσαιωνικού πύργου. 3. (μεταφ. για άνθρωπο) ψυχικό ράκος, κουρέλι.

συντριπτικός, -ή, -ό, επίθ. (έρρ.). 1. που προκαλεί συντριβή (βλ. λ. σημασ. 1 και 2), καταστρεπτικός: ~ τυφώνας· -ή νίκη (συνών. εξοντωτικός, εξολοθρευτικός). 2. που εκμηδενίζει τον αντίπαλο, (συνεκδοχικά) πολύ μεγάλος: -ή πλειοψηφία.

συντρόφε(υ)μα το, ουσ. (έρρ.), συντροφιά (βλ. λ.), παρέα.

συντροφεύω, ρ. (έρρ.), αόρ. συντρόφεψα. 1α. κάνω συντροφιά σε κάποιον: με -εψε στο δρόμο μου (συνών. συνοδεύω)· β. (ειδικά με αντικ. τη λ. ζωή) γίνομαι σύντροφος στη ζωή: βρήκε έναν άντρα που -εψε τη ζωή του. 2. συνεταιρίζομαι με κάποιον.

συντρόφι το, ουσ. (έρρ., λαϊκ.), αγαπημένος, αχώριστος σύντροφος (βλ. λ. σημασ. 1 και 5).

συντροφιά η, ουσ. (έρρ., συνίζ.). 1. το να είναι κάποιος μαζί με άλλον (ή άλλους), συναναστροφή. 2. (συνεκδοχικά) φιλική συγκέντρωση, παρέα: έλα στη ~ μας. 3. συνεταιρισμός, συνεργασία και συνεκδοχικά τα πρόσωπα που συμμετέχουν στο συνεταιρισμό, οι συνέταιροι. - Ως επίρρ. = μαζί, αντάμα: καλύτερα να φύγουμε ~, όπως ήρθαμε· φρ. κρατώ ~ σε κάποιον (= του κάνω παρέα).

συντροφιάζω, ρ. (έρρ., συνίζ.), συντροφεύω (βλ. λ.).

συντροφιαστός, -ή, -ό, επίθ. (έρρ., συνίζ.), που πηγαίνει κάπου με τη συνοδεία, τη συντροφιά άλλου. - Επίρρ. **-ά.**

συντροφικά, βλ. συντροφικός.

συντροφικάτα, επίρρ. (έρρ., λαϊκ.), συντροφικά (συνών. συντροφιαστά).

συντροφικός, -ή, -ό, επίθ. (έρρ.). 1. που ανήκει ή αναφέρεται στη συντροφιά: -ή αλληλεγγύη· -ό πνεύμα (= ομαδικό). 2. (λαϊκ.) που τον έχει κάποιος μαζί με άλλον, συνεταιρικός: ~ μύλος· παροιμ. φρ. το -ό αρνί το τρώει ο λύκος (= το συνεταιρικό παραμελείται συνήθως, ενώ αντίθετα αυτό που ανήκει σε έναν ιδιοκτήτη προστατεύεται και φροντίζεται καλύτερα). - Επίρρ. **-ά:** αρμενίζουμε -ά με το θάνατο (Μπαστιάς) (συνών. συντροφιά).

συντροφικότητα η, ουσ. (έρρ.), το να υπάρχει συντροφικό πνεύμα, συντροφική αλληλεγγύη: ~ μιας παρέας.

σύντροφος ο, θηλ. **-ισσα,** ουσ. (έρρ.). 1. φίλος: αχώριστοι -οι. 2. πρόσωπο που συνοδεύει κάποιο άλλο κάπου: ~ χορού· ~ ταξιδιού (συνών. συνοδός). 3. συνέταιρος. 4. (ειδικά) ~ (της ζωής) = σύζυγος. 5. (πολιτ.) προσφώνηση ανάμεσα σε ομοϊδεάτες συνήθως μέλη κομουνιστικών και σοσιαλιστικών κομμάτων.

συντρώγω, ρ. (έρρ.), παρατ. συνέτρωγα, πληθ. συντρώγαμε, αόρ. συνέφαγα, πληθ. συμφάγαμε, τρώγω μαζί με άλλον ή άλλους.

συντυχαίνω, ρ. (έρρ., λαϊκ.). 1. συναντώ κάποιον τυχαία, ανταμώνω στην τύχη. 2. συνομιλώ με κάποιον. 3. (τριτοπρόσ.) -ει = συμβαίνει.

συντυχία και (λαϊκ., συνίζ.) **συντυχιά** η, ουσ. (έρρ.). 1. τυχαία συνάντηση. 2. συνομιλία, κουβέ-

ντα: *μια ώρα βάσταξε η -χιά* (Καζαντζάκης). 3. συγκυρία, σύμπτωση.
συν τω χρόνω αρχαϊστ. έκφρ. = καθώς περνά ο καιρός, μέρα με τη μέρα, βαθμιαία: *θα αμβλυνθούν ~ οι ανισότητες*.
συνύπαρξη η, ουσ. 1. το να υπάρχει κάτι ταυτοχρόνως με κάτι άλλο: *~ αντιθέσεων· το πρόβλημα της -ης του ποιητή με τον πολιτικό*. 2. αρμονική συμβίωση: *ειρηνική ~ των γειτονικών λαών*.
συνυπάρχω, ρ., παρατ. *-υπήρχα*, πληθ. *-υπήρχαμε*, αόρ. *-υπήρξα*, πληθ. *-υπήρξαμε*, υπάρχω μαζί ή ταυτοχρόνως με άλλον ή άλλους: *τα χαρακτηριστικά αυτά συνήθως -ουν*.
συνυπεύθυνος, -η, -ο, επίθ., που είναι υπεύθυνος μαζί με άλλον ή άλλους για κάτι: *-οι υπουργοί*.
συνυπευθυνότητα η, ουσ., το να είναι κάποιος υπεύθυνος, υπαίτιος μαζί με άλλον ή άλλους για κάτι: *~ υπουργών· ~ παραγωγού και σκηνοθέτη*.
συνυπηρέτηση η, ουσ., το να υπηρετούν δύο άτομα (λ.χ. σύζυγοι) στο ίδιο μέρος.
συνυπηρετώ, -είς, ρ., υπηρετώ κάπου μαζί με άλλον: *με το Γιάννη -ήσαμε στο στρατό*.
συνυποβάλλω, ρ., παρατ. *συνυπέβαλλα*, πληθ. *συνυποβάλλαμε*, αόρ. *συνυπέβαλα*, πληθ. *συνυποβάλαμε*, παθ. αόρ. *συνυποβλήθηκα*, (για έγγραφα) υποβάλλω συγχρόνως σε υπηρεσία.
συνυπογράφω, ρ., παρατ. *συνυπέγραφα*, πληθ. *συνυπογράφαμε*, αόρ. *συνυπέγραψα*, πληθ. *συνυπογράψαμε*, υπογράφω μαζί με άλλον ή άλλους.
συνυπολογίζω, ρ., υπολογίζω επιπροσθέτως και κάτι άλλο.
συνυπολογισμός ο, ουσ., η ενέργεια του συνυπολογίζω (βλ. λ.).
συνυποσχετικό το, ουσ., έγγραφη συμφωνία δύο συμβαλλομένων για την πορεία που θα ακολουθήσουν για τη ρύθμιση ζητήματος.
συνυπόσχομαι, ρ., υπόσχομαι μαζί με άλλους.
συνυφάδα η, ουσ., καθεμιά από τις γυναίκες που οι σύζυγοί τους είναι αδέλφια, η σύζυγος του κουνιάδου, του αντράδελφου.
συνυφαίνομαι, ρ., αόρ. *συνυφάνθηκα*, μτχ. παρκ. *συνυφασμένος*, συνδέομαι στενά με κάτι άλλο.
συνωθούμαι, ρ., σπρώχνω και σπρώχνομαι σε μια συγκέντρωση ατόμων (συνών. *στρυμώχνομαι, συνωστίζομαι*).
συνωμοσία η, ουσ. 1. συμφωνία για κοινή μυστική ενέργεια εναντίον θεσμού ή των αρχών. 2. μυστική συμφωνία προσώπων εναντίον άλλου προσώπου ή άλλων προσώπων· έκφρ. *~ της σιωπής*, βλ. ά. *σιωπή*.
συνωμότης ο, θηλ. **-τρια**, ουσ., άτομο που μετέχει σε συνωμοσία.
συνωμοτικός, -ή, -ό, επίθ., που σχετίζεται με τη συνωμοσία ή το συνωμότη: *ενέργεια -ή. -Επίρρ. -ά*.
συνωμοτικότητα η, ουσ., ιδιότητα, τρόπος ενέργειας συνωμότη.
συνωμοτισμός ο, ουσ., συμπεριφορά, τακτική που χαρακτηρίζει το συνωμότη.
συνωμότρια, βλ. *συνωμότης*.
συνωμοτώ, ρ., μετέχω σε συνωμοσία (βλ. λ.).
συνωνυμία η, ουσ. 1. το γεγονός όταν δύο λέξεις έχουν διαφορετική μορφή η καθεμιά, όμως την ίδια ή σχεδόν την ίδια σημασία. 2. το να έχουν δύο ή και περισσότερα άτομα το ίδιο όνομα.
συνωνυμικός, -ή, -ό, επίθ., που σχετίζεται με τη συνωνυμία: *-ά ζεύγη λέξεων*.

συνώνυμος, -η, -ο, επίθ. (για λέξεις) που έχει την ίδια ή συγγενική σημασία, λ.χ. *άσμα - τραγούδι, παράξενος - ιδιότροπος*. - Το ουδ. στον πληθ. ως ουσ. = οι συνώνυμες λέξεις.
σύνωρα, επίρρ. (λαϊκ.), ταυτόχρονα.
συνωστίζομαι, ρ., συνωθούμαι (βλ. λ.): *-ονται τα πλήθη στη συγκέντρωση* (συνών. *στρυμώχνομαι*).
συνωστισμός ο, ουσ., κοσμοσυρροή (βλ. λ.).
σύξυλος, -η, -ο, επίθ. 1. (για καράβι) στη φρ. *χάθηκε -ο* = βούλιαξε εντελώς. 2. φρ. *αφήνω κάποιον ή κάτι -ο* (= τον/το εγκαταλείπω στην κατάσταση που βρίσκεται): *λογάριαζα τι να πρωτοβάλω μέσα σε μια βάρκα, αφού θα τ' αφήναμε όλα -α* (Κόντογλου)· *απομένω ~* (= μένω κατάπληκτος).
Συρακούσιος ο, θηλ. **-α**, ουσ. (ασυνίζ.), αυτός που κατοικεί στις Συρακούσες της Σικελίας ή κατάγεται από αυτές.
συριακός, -ή, -ό, επίθ. (ασυνίζ.), που σχετίζεται με τη Συρία ή τους Σύρους.
συριανός, -ή, -ό, επίθ. (συνίζ.). 1. που σχετίζεται με τη Σύρα: *λουκούμια -ά*. 2. (με κεφαλαίο το αρχικό γράμμα) αυτός που κατοικεί στη Σύρα ή κατάγεται από αυτήν.
σύριγγα η, ουσ. (έρρ.). 1. (αρχ.) κάθε είδος αυλού. 2. (ιατρ.) όργανο σε μορφή μικρού σωλήνα χρήσιμο για ενέσεις.
συρίγγιο το, ουσ. (έρρ., ασυνίζ.), (ιατρ.) πληγή σε μορφή σωλήνα εκ γενετής ή αποκτημένη αργότερα που δίνει διέξοδο σε κανονικές ή αντικανονικές εκκρίσεις του σώματος.
συριγγομυελία η, ουσ. (έρρ., ασυνίζ.), (ιατρ.) κοιλότητα σε μορφή συριγγίου (βλ. λ.) στο κέντρο του νωτιαίου μυελού.
συριστικός, -ή, -ό, επίθ. (για φθόγγο) που μοιάζει με σφύριγμα (λ.χ. στους φθόγγους τσ, τζ, σ, ζ).
σύρμα το, ουσ. 1. μετάλλινο νήμα με περιορισμένη διάμετρο: *~ ηλεκτροφόρο*. 2. κατεύθυνση: *το ~ παίρνω του νερού κι ούθε με βγάλει την άκρη* (Αθάνας). 3. (στον πληθ.) *τα σύρματα* = τα συρματοπλέγματα (= στρατόπεδο συγκέντρωσης ατόμων που έχουν συλληφθεί): *όσους συμμαζώνουν τους βάζουν στα -α* (Ι.Μ. Παναγιωτόπουλος). 4. (επιφ. λαϊκ.) προειδοποίηση σε άτομο που παρανομεί ότι γίνεται αντιληπτό.
συρμακέζης, βλ. *σιρμακέζης*.
συρμάτινος, -η, -ο και **συρματένιος, -α, -ο**, επίθ. (συνίζ.), κατασκευασμένος από σύρμα.
συρματόπλεγμα το, ουσ., πλέγμα από αγκαθωτό σύρμα κατάλληλο για φράξιμο χώρων ή απομόνωση ατόμων.
συρματόσκοινο το, ουσ., σκοινί διαμορφωμένο από στριμμένα σύρματα.
συρμένος, βλ. *σέρνω*.
συρμή η, ουσ. (λαϊκ.), αυλάκι στο έδαφος που σχηματίζεται από το σύρσιμο κάποιου αντικειμένου: *Μονοπάτι, εδώ σιμά, τη ~ του δεν αφήνει* ('Αγρας).
συρμός ο, ουσ. 1. σιδηροδρομική αμαξοστοιχία (συνών. *τρένο*). 2. μόδα, νεοτερισμός: *είναι του -ου* (= της μόδας). 3. (παλαιότερα) επιδημία.
σύρνω, βλ. *σέρνω*.
Σύρος ο, ουσ., αυτός που κατοικεί στη Συρία ή κατάγεται από αυτήν.
σύρραξη η, ουσ., σύγκρουση μικρής ή μεγάλης ολκής: *~ ατόμων που συζητούν και διαφωνούν* (συνών. *τρακάρισμα*)· *~ κρατών* (= πόλεμος).

συρραπτικός, -ή, -ό, επίθ., που συνδέει μεταξύ τους δύο ή περισσότερα πράγματα: *-ό μηχάνημα* (= μηχάνημα που συνδέει φύλλα χαρτιού).

συρράπτω, ρ. (μεταφ. κυρίως για συγγράμματα) συγκροτώ ένα σύνολο αντλώντας από ποικίλες πηγές: *~ μια πραγματεία.*

συρραφή η, ουσ., η ενέργεια και το αποτέλεσμα του συρράπτω (βλ. λ.).

συρρέω, ρ., παρατ. *συνέρεα,* πληθ. *συρρέαμε,* αόρ. *συνέρευσα,* πληθ. *συρρεύσαμε,* συναθροίζομαι: *συνέρευσε πλήθος στην πολιτική συγκέντρωση.*

σύρριζα, επίρρ. 1. μαζί με τη ρίζα του: *τράβηξα το φυτό ~.* 2. έως τη ρίζα: *έφαγα μια κατακεφαλιά μου φάνηκε πως μου είχε πάρει ~ τη μύτη* (Κόντογλου). 3. πολύ κοντά: *περνούσα ~ από το βράχο· στον τοίχο ~.*

συρρικνώνομαι, ρ. 1. (για άτομο) αδυνατίζω, ζαρώνω: *-ώθηκε το πρόσωπό του.* 2. περιορίζομαι σε έκταση, δυνατότητα, δραστηριότητα: *-εται ένα πολιτικό κόμμα· -ονται τα εισοδήματά του· -εται η ζώνη του όζοντος στην ατμόσφαιρα.*

συρρίκνωση η, ουσ., το αποτέλεσμα του συρρικνώνω (βλ. λ.).

συρροή η, ουσ. (για πλήθη) συγκέντρωση: *~ ατόμων που διαμαρτύρονται* (συνών. *συνάθροιση*).

σύρσιμο το και **σούρσιμο,** ουσ. 1. το να σέρνει κανείς κάτι (συνών. *τράβηγμα*). 2. το να σέρνεται κάποιος ή κάτι.

συρτά, βλ. *συρτός.*

συρτάκι το, ουσ., ελληνικός λαϊκός χορός που χορεύεται από δύο ή περισσότερους άνδρες και γυναίκες που κρατιούνται μεταξύ τους από τους ώμους.

συρτάρι και **σερτάρι** το, ουσ., θήκη μέσα σε τραπέζι, ντουλάπι ή άλλο έπιπλο που μπορεί κανείς να την τραβά προς τα έξω και να τοποθετεί μέσα πράγματα: *τραβώ/ανοίγω/κλείνω το ~.*

συρτή και **σουρτή** η, ουσ. 1. εργαλείο για ψάρεμα από μακρύ νήμα που σέρνεται από τη βάρκα και έχει στο άκρο ένα ή περισσότερα αγκίστρια. 2. το ψάρεμα με συρτή.

σύρτης και **σούρτης** ο, ουσ., μεταλλινο ή ξύλινο μάνταλο για να ασφαλίζονται πόρτες και παράθυρα.

συρτοθηλειά και **-θελειά** η, ουσ. (συνιζ., λαϊκ.), θηλειά με την οποία πιάνονται ζώα και πουλιά.

συρτός, -ή, -ό, επίθ. 1. που γίνεται με σύρσιμο: *βάδισμα/κάθισμα -ό.* 2. (μεταφ.) νωχελικός: *~ σκοπός του τραγουδιού.* - Το αρσ. ως ουσ. = κυκλικός ελληνικός χορός που χορεύεται από άντρες και γυναίκες που κρατιούνται απ' τα χέρια και κινούνται με πλάγια συρτά βήματα. - Επίρρ. **-ά:** *μετακίνησε την πολυθρόνα -ά.*

συρφετός ο, ουσ. (για πλήθη) όχλος: *μαζεύτηκε ένας ~* (συνών. λαϊκ. *πλεμπάγια*).

σύρω τον κώδωνα του κινδύνου· αρχαϊστ. έκφρ.· για να δηλωθεί ότι υπάρχει κίνδυνος.

συσκέπτομαι, ρ. (λόγ.), μετέχω σε συγκέντρωση ατόμων που συζητούν για να πάρουν αποφάσεις (συνών. λόγ. *διαβουλεύομαι*).

συσκευάζω, ρ., τακτοποιώ ένα ή περισσότερα αντικείμενα σε δέμα, κιβώτιο, κλπ., έτσι ώστε να είναι κατάλληλα για μεταφορά ή για να παραδοθούν στο εμπόριο, το ταχυδρομείο, κλπ. (συνών. *αμπαλάρω*).

συσκευασία η, ουσ., η ενέργεια και το αποτέλεσμα του συσκευάζω (βλ. λ.).

συσκευαστήριο το, ουσ. (ασυνίζ.), χώρος όπου γίνεται η συσκευασία (βλ. λ.).

συσκευαστής ο, θηλ. **-τρια,** ουσ., αυτός που συσκευάζει (βλ. λ.).

συσκευή η, ουσ., σύνολο συναρμολογημένων σκευών ή οργάνων για ορισμένη χρήση: *~ ηλεκτρονική· ~ αναγνωστική* (= που ευκολύνει την ανάγνωση).

σύσκεψη η, ουσ. 1. συγκέντρωση ατόμων για συζήτηση και σχετικές αποφάσεις: *τα μέλη της επιτροπής ήρθαν για ~.* 2. το σύνολο των ατόμων που συσκέπτονται: *η ~ αποφάσισε...*

σύσκιο το, ουσ. (ασυνίζ.), τόπος με αρκετή σκιά (συνών. *απόσκιο*).

συσκοτίζω, ρ. 1. κάνω ένα χώρο εντελώς σκοτεινό: *-ονται οι πόλεις σε περιόδους πολέμου.* 2. (μεταφ.) δημιουργώ σύγχυση (σε μια υπόθεση, ένα ζήτημα) (συνών. *μπερδεύω·* αντ. *διαφωτίζω*).

συσκότιση η, ουσ., η ενέργεια και το αποτέλεσμα του συσκοτίζω (βλ. λ. σημασ. 1 και 2).

συσκοτισμός ο, ουσ., η ενέργεια του συσκοτίζω (βλ. λ. σημασ. 1).

σύσπαση η, ουσ., συστολή μυών ή νεύρων.

συσπειρώνω, ρ. I. (ενεργ.) συγκεντρώνω πολλά πρόσωπα γύρω από μια επιδίωξη: *η πολιτική του αντίπαλου κόμματος τους -ωσε.* II. (μέσ., για πλήθος ατόμων) συγκεντρώνομαι γύρω από μια επιδίωξη: *μετά τα τελευταία γεγονότα -θηκαν τα μέλη του κόμματος.*

συσπείρωση η, ουσ. 1. η ενέργεια και το αποτέλεσμα του συσπειρώνω (βλ. λ.): *~ προοδευτικών πολιτικών δυνάμεων.* 2. (γυμν.) θέση κατά την οποία είμαστε σε βαθύ κάθισμα στηριζόμενοι με τα πόδια στις άκρες των δακτύλων και τα χέρια.

συσπουδαστής ο, θηλ. **-τρια,** ουσ., αυτός που σπουδάζει μαζί με άλλον ή άλλους (συνών. *συμμαθητής, συμφοιτητής*).

συσπώμαι, ρ. (λόγ.), αόρ. *-άστηκα,* (για νεύρα και μύες) παθαίνω σύσπαση (βλ. λ.).

συσσιτιάρχης ο, ουσ. (ασυνίζ.), (στρατ.) ο επικεφαλής του συσσιτίου των στρατιωτών.

συσσίτιο το, ουσ. (ασυνίζ.). 1. το να σιτίζονται μαζί όσοι ανήκουν σε ένα συγκροτημένο σώμα. 2. η ομοιόμορφη τροφή που παρέχεται στους στρατιώτες.

συσσωματώνω, ρ. 1. ενώνω περισσότερα πράγματα σε ένα σύνολο. 2. (μεταφ.) ενώνω άτομα για κοινή επιδίωξη: *οι δύο πολιτικοί αρχηγοί αποφάσισαν να -ώσουν τα κόμματά τους.*

συσσωμάτωση η, ουσ., η ενέργεια και το αποτέλεσμα του συσσωματώνω (βλ. λ.).

σύσσωμος, -η, -ο, επίθ. (για όλα τα άτομα που αποτελούν ένα «σώμα») ολόκληρος: *-η η Βουλή χειροκρότησε.*

συσσώρευση η, ουσ., συγκέντρωση ποικίλων πραγμάτων στο ίδιο μέρος: *~ αερίων στην ατμόσφαιρα· ~ θερμότητας στο θερμοσυσσωρευτή· ~ κεφαλαίων·* (μεταφ.) *~ προβλημάτων.*

συσσωρευτής ο, ουσ. 1. *~ ηλιακός* = που συγκεντρώνει ηλιακή ενέργεια. 2. *~ μολύβδου* (κοινώς *μπαταρία*) = συσκευή που κατά τη φόρτιση της μετατρέπει την ηλεκτρική ενέργεια σε χημική και την αποθηκεύει στο εσωτερικό της και κατά την εκφόρτιση μετατρέπει τη χημική ενέργεια σε ηλεκτρική.

συσσωρεύω, ρ., αόρ. *συσσώρευσα,* συγκεντρώνω ποικίλα πράγματα στο ίδιο μέρος: *-εύτηκαν τις*

συστάδα

τελευταίες μέρες πολλά απορρίμματα στους δρόμους· η προηγούμενη διοίκηση της επιχείρησης -ώρευσε πολλά οικονομικά προβλήματα.

συστάδα η, ουσ. (σπάνιο), πυκνή ομάδα: ~ δέντρων/νησιών.

συσταζούμενος, -η, -ο, επίθ. (λαϊκ.), που έχει κανονική «υπόσταση», που διαθέτει ό,τι περιμένει κανείς από την οντότητά του: ~ νοικοκύρης· -ο παιδί.

συσταίνω, βλ. συστήνω.

συσταλτικός, -ή, -ό, επίθ. 1. που προκαλεί συστολή (αντ. διασταλτικός). 2. (νομ.) που περιορίζει τους χώρους ισχύος (νομικής διάταξης): -ή ερμηνεία νόμου.

συσταλτικότητα η, ουσ., η ιδιότητα να μπορεί να συσταλεί κάτι (αντ. διασταλτικότητα).

συσταλτός, -ή, -ό, επίθ., που μπορεί να συσταλεί: μύες -οί.

σύσταση η, ουσ. 1α. ίδρυση, συγκρότηση, σχηματισμός: ~ εταιρείας/οργανισμού· β. (νομ.) ~ επικαρπίας· για τη ~ δωρεάς απαιτείται συμβολαιογραφικό έγγραφο (αστ. κώδ.). 2. σύνθεση, υπόσταση, υφή: ~ ενός παρασκευάσματος· ~ υδαρής/πυκνή. 3. το να συστήσει (βλ. λ. σημασ. 1), να παρουσιάσει κάποιος ένα πρόσωπο λέγοντας το όνομα και την ιδιότητά του: (συνήθως στον πληθ.) κάνω τις -άσεις· μετά τις απαραίτητες -άσεις άρχισαν... 4. (στον πληθ.) μαρτυρία, βεβαίωση γραπτή ή προφορική σχετικά με το ποιόν κάποιου απαραίτητη ή χρήσιμη στον τελευταίο όταν θέλει να εργασθεί κάπου, να διευθετήσει μια υπόθεσή του, κλπ.: έχει καλές/σοβαρές -άσεις· χωρίς -άσεις δεν προσλαμβάνεσαι ως οικονόμος. 5. συμβουλή, υπόδειξη ή πρόταση για κάτι καλό: παρά τις -άσεις του γιατρού αποφάσισε να τυξιδέψει. 6. η διεύθυνση κατοικίας του παραλήπτη που αναγράφεται πάνω σε επιστολή, δέμα, κ.τ.ό. 7. (νομ.) η συμφωνία μεταξύ δύο ή περισσότερων ατόμων που κινούνται από κοινό συμφέρον να εκτελέσουν αξιόποινη πράξη, καθώς και η μεταξύ τους υπόσχεση για αμοιβαία συνδρομή.

συστατικός, -ή, -ό, επίθ. 1. που διαβιβάζει σε άλλον συστάσεις (βλ. λ. σημασ. 4) υπέρ ενός προσώπου: -ά γράμματα. 2. (νομ.) που συγκροτεί δικαστική απόφαση: η -ή πράξη συντάσσεται εγγράφως (αστ. κώδ.). 3. που υπάρχει στη σύνθεση ενός σώματος ή παρασκευάσματος. - Το ουδ. ως ουσ. = 1. καθετί που χρησιμοποιείται για ένα ιατρικό παρασκεύασμα, έδεσμα, γεωπονική τεχνική ουσία, στοιχείο της φύσης: βιταμινούχα -ά φαρμάκων· θρεπτικά -ά μιας τροφής· δραστικά -ά λιπασμάτων· τα -ά του νερού. 2. καθένα από τα στοιχεία ή υλικά που συγκροτούν ένα υλικό σύνολο: -ά οικοδομήματος (αστ. κώδ.). (= όλα όσα χρησιμοποιήθηκαν για την ανέγερσή του). 3α. (στον πληθ.) γραπτές ευνοϊκές κρίσεις και παροτρύνσεις υπέρ ενός προσώπου: έχει πολύ καλά -ά· β. στοιχείο που αποτελεί επιχείρημα: -ό για ακύρωση ενέργειας.

συστεγάζω, ρ. I. (ενεργ.) στεγάζω κάποιον ή κάτι με άλλον/-ο ή άλλους/-α: αποφάσισαν να -άσουν τις επιχειρήσεις τους. II. (μέσ.) στεγάζομαι με άλλον ή άλλους στον ίδιο χώρο.

συστέγαση η, ουσ., το να στεγάζεται κανείς μαζί με άλλον ή άλλους στον ίδιο χώρο.

συστέλλω, ρ. (ελλειπτ., συνήθως στη μτχ. παρκ. συνεσταλμένος). I. (ενεργ.) περιορίζω τον όγκο ή

την έκταση ενός σώματος (συνών. περιστέλλω· αντ. διαστέλλω). II. (μέσ.) είμαι ντροπαλός. - Πβ. και συνεσταλμένος.

σύστημα το, ουσ. 1. σύνολο από μεθόδους που εφαρμοζόμενες οδηγούν σε ορισμένο αποτέλεσμα: ~ τραπεζικό/εκπαιδευτικό/εκλογικό. 2. σύνολο κανόνων που εφαρμόζονται κατά τη λειτουργία υπηρεσίας: ~ λειτουργίας βιβλιοθήκης (συνών. κανονισμός). 3. σύνολο αρχών που συνδυαζόμενες συγκροτούν μια επιστημονική κατεύθυνση ή μια θεωρία: φιλοσοφικό ~ του Καντ. 4. (αστρον.) σύνολο δύο ή περισσότερων ουρανίων σωμάτων που στρέφονται γύρω από το κοινό κέντρο βάρους τους: το ηλιακό ~. 5. (φυσ. ιστ.) μέθοδος ταξινόμησης των έμβιων όντων που συντελεί στην ευκολότερη μελέτη τους. 6. (ανατομ.) σύνολο ομοειδών οργάνων ή κυττάρων που επιτελούν συγγενείς λειτουργίες: ~ νευρικό/αναπνευστικό/κυκλοφορικό. 7. (κοινων.) α. τρόπος και αρχές σύμφωνα με τις οποίες οργανώνεται μια κοινωνία: ~ καπιταλιστικό/σοσιαλιστικό· β. η κυβέρνηση ή η άρχουσα τάξη μιας χώρας όταν θεωρείται σκληρή η πολιτική της ή πολύ αυστηροί οι νόμοι που επιβάλλει: υποστηρικτής του -ήματος· επαναστάτησαν ενάντια στο ~. 8α. γλωσσικό ~, (βλ. γλώσσα II σημασ. Ιβ)· β. μονοτονικό ~, βλ. μονοτονικός. 9. (μαθημ.) σύνολο κανόνων που χρησιμοποιούνται για τη μέτρηση ή τον υπολογισμό πραγμάτων: το αριθμητικό ~ των Ρωμαίων. 10α. (τεχν.) σύνολο στοιχείων που συναρμολογούνται κατά ένα ορισμένο τρόπο προκειμένου να προκύψει το επιθυμητό αποτέλεσμα: ~ ηλεκτρικό/φωτισμού· β. (τεχνολ.) μηχανισμός που λειτουργεί με βάση κάποιους κανόνες και αρχές: ~ τηλεπικοινωνιών. Έκφρ. κατά ~ (= επίμονα): κωλυσιεργεί κατά ~.

συστηματικός, -ή, -ό, επίθ. 1. που γίνεται σύμφωνα με τους κανόνες ενός συστήματος (βλ. λ. σημασ. 1), όχι αυτοσχέδιος: -ή ταξινόμηση επιστημονικού υλικού· -ή βιβλιογράφηση ενός συγγραφέα. 2. (μειωτ.) που ακολουθεί με αποκλειστικότητα τους κανόνες ενός συστήματος αδιαφορώντας για τις αντίθετες απόψεις: ο μελετητής αυτός παρεκίναι ~. Έκφρ. -ό πνεύμα (= που όλα τα ανάγει σε σύστημα ξεκινώντας από ιδέες προκαθορισμένες). - Το θηλ. ως ουσ. = κλάδος της βιολογίας που μελετά την ταξινόμηση των οργανισμών. - Επίρρ. **-ά** = α. με εφαρμογή μιας μεθόδου: εργάζεται -ά· β. επίμονα: κωλυσιεργεί -ά· με αποφεύγει -ά.

συστηματικότητα η, ουσ., το να ενεργεί κανείς με σύστημα, μεθοδικά.

συστηματοποίηση η, ουσ., οργάνωση με μεθοδικό, συστηματικό (βλ. λ.) τρόπο: ~ των επιδιώξεων και των δραστηριοτήτων μιας επιχείρησης/δημόσιας υπηρεσίας.

συστηματοποιώ, ρ. α. κατατάσσω συστηματικά (βλ. λ.)· β. (για δραστηριότητα) καθορίζω μέθοδο στις ενέργειές μου: ~ τη δουλειά μου.

συστημένος, βλ. συστήνω.

συστήνω και (λαϊκ.) **συσταίνω,** ρ., αόρ. σύστησα, μτχ. συστημένος. 1. παρουσιάζω, γνωρίζω ένα πρόσωπο σε κάποιον τρίτο, σε μια οικογένεια ή έναν κύκλο λέγοντας το όνομα και την ιδιότητά του: να σας -ήσω τον κύριο/το ζεύγος χ· (μέσ.) επιτρέψτε μου να -ηθώ. 2. συνιστώ (βλ. λ. σημασ. 1), ιδρύω, συγκροτώ: ~ επιτροπή. 3. (λαϊκ.) συνιστώ (βλ. λ. σημασ. 3 και 4), συμβουλεύω ή προτείνω ως καλό. - Η μτχ. παρκ. ως επίθ. = (για γράμμα, δέμα, κλπ.) που για την αποστολή του καταβάλλει κανείς επιπλέον ταχυδρομικά τέλη ώστε να έχει την εγγύηση της ασφαλούς παράδοσής του.

συστοιχία η, ουσ., το να είναι ορισμένα ομοειδή αντικείμενα τοποθετημένα σε παράλληλη σειρά: *-ες πυραύλων*.

σύστοιχος, -η, -ο, επίθ. (μόνο στο ουδ., γραμμ.) *-ο αντικείμενο* (ιδίως στην αρχαία ελληνική γλώσσα) = αυτό που έχει την ίδια ρίζα με ένα ρήμα ή και διαφορετική με συγγενική όμως σημασία: (π.χ. *γράφω γραφήν· λέω πολλά* (ενν. *λόγια*)· *την έντυσαν νυφιάτικη στολή*).

συστολή η, ουσ. 1. η ενέργεια και το αποτέλεσμα του συστέλλω (βλ. λ.). 2. (ιατρ.) σύσπαση κάποιου οργάνου του σώματος που επιφέρει σμίκρυνση της κοιλότητάς του: ~ *καρδιάς* (αντ. στις σημασ. 1 και 2 *διαστολή*). 3. αιδημοσύνη, ντροπαλοσύνη: *ο ένοχος παρουσιάστηκε χωρίς καμιά ~.*

συστολικός, -ή, -ό, επίθ. (ιατρ.) που αναφέρεται στη συστολή (βλ. λ. σημασ. 2): *-ή πίεση* (= πίεση του αίματος κατά τη συστολή της καρδιάς).

συστρατιώτης ο, ουσ. (ασυνίζ.), άτομο που υπηρέτησε τη στρατιωτική του θητεία την ίδια εποχή με άλλον ή άλλους.

συστρέφω, ρ., στρέφω κάτι γύρω γύρω (συνών. *στρυφογυρίζω*).

συστροφή η, ουσ., η ενέργεια και το αποτέλεσμα του συστρέφω.

συσφίγγω, ρ. (έρρ.). 1. σφίγγω δυνατά. 2. (μεταφ.) κάνω κάτι «στενότερο»: ~ *τις σχέσεις μου με κάποιον*.

σύσφιγξη η, ουσ. (μεταφ. ιδίως για σχέσεις μεταξύ ατόμων, λαών, κλπ.): ~ *των δεσμών μεταξύ δύο γειτονικών λαών*.

συσχετίζω, ρ., προσεγγίζω κάτι σε κάτι άλλο για να φανεί η τυχόν συγγένειά τους (συνών. *συνάπτω*).

συσχετικός, -ή, -ό, επίθ. (κυρίως για λέξεις) που καθορίζει τις λογικές σχέσεις: *-ές αντωνυμίες* = ερωτηματικές, αόριστες, δεικτικές και αναφορικές αντωνυμίες που έχουν αντιστοιχία μεταξύ τους ως προς την έννοια (*τόσος - όσος*).

συσχετισμός ο και **συσχέτιση** η, ουσ. 1. πλησίασμα ενός αντικειμένου ή γεγονότος με άλλο ώστε να φανούν οι συγγένειες ή οι αποκλίσεις: ~ *στη δύναμη των πολιτικών κομμάτων*. 2. η αντίστοιχη ύπαρξη δύο ή περισσοτέρων γεγονότων: *ο ~ των βουλευτών του κάθε κόμματος θα δώσει τη μορφή της κυβέρνησης που θα συγκροτήσουν*.

συφάμελος, -η, -ο, επίθ., που ενεργεί μαζί με όλη την οικογένειά του: *έφυγε από την πατρίδα του ~* (Καρκαβίτσας).

συφερτικός, βλ. *συμφερτικός*.

σύφιλη η, ουσ., μεταδοτικό αφροδίσιο νόσημα. [γαλλ. *syphilis* < *Syphilus*, όν. βοσκού στον Οβίδιο].

συφιλιδικός, -ή, -ό, επίθ., που σχετίζεται με τη σύφιλη: *-ά φάρμακα. -* Το αρσ. και το θηλ. ως ουσ. = άτομο που έχει προσβληθεί από σύφιλη

σύφλογο το, ουσ. (λαϊκ.), στρόβιλος που γίνεται καθώς σμίγουν οι φλόγες.

συφορά, βλ. *συμφορά*.

συφοριασμένος, -η, -ο, επίθ. (συνιζ., λαϊκ.), μτχ. επίθ. 1. που έχει πάθει συμφορά. 2. ταλαίπωρος: *ο* ~ *ο Φόβος ήτανε μια ψυχή σακατεμένη* (Κόντογλου).

συχαίνομαι, βλ. *σιχαίνομαι*.

συχαρίκια τα, ουσ. (συνιζ., λαϊκ.). 1. συγχαρητήρια. 2. η είδηση για ευχάριστο γεγονός που φέρνει κάποιος και τα δώρα που παίρνει γι' αυτό.

σύχλιος, -ια, -ιο, επίθ. (ασυνίζ., ιδιωμ.), χλιαρός (βλ. λ.).

συχνά, βλ. *συχνός*.

συχνάζω, ρ., βρίσκομαι συχνά σε κάποιο μέρος: *-ζει σε ύποπτα μέρη*.

συχνο-, α΄ συνθ. λέξεων που σημαίνει επανάληψη: *συχνοπερνώ, συχνορωτώ*.

συχνοβλέπω, ρ., συναντώ συχνά κάποιον: *τελευταία δεν τον ~.*

συχνοέρχομαι, ρ. (μόνο στον ενεστ. και παρατ.), έρχομαι συχνά.

συχνός, -ή, -ό, επίθ., που επαναλαμβάνεται πολλές φορές (περισσότερες από το κανονικό μέσα σε ορισμένο χρονικό διάστημα): *-ές διακοπές του ηλεκτρικού ρεύματος* (αντ. *αραιός*). - Επίρρ. *-ά: συχνά - πυκνά*.

συχνότητα η, ουσ. 1. το να είναι κάτι συχνό: *η ~ των τρομοκρατικών ενεργειών είναι ανησυχητική*. 2. το πόσο συχνά εμφανίζεται κάτι, ο ρυθμός των επαναλήψεων ενός φαινομένου ή πράγματος: *ποιά ήταν η ~ εμφάνισης σεισμικών δονήσεων την τελευταία δεκαετία; ποια είναι η ~ εμφάνισης αυτής της λέξης στο κείμενο*; 3α. (φυσ.) ο αριθμός των επαναλήψεων ενός περιοδικού φαινομένου ή μιας περιοδικής λειτουργίας σε ορισμένο χρόνο: ~ *κυκλικής κίνησης/ταλάντωσης*· β. (ειδικά στην ακουστική) ~ *ήχου* = ο αριθμός των ηχητικών δονήσεων στη μονάδα του χρόνου· γ. (ειδικά στον ηλεκτρισμό) ~ *εναλλασσόμενου ρεύματος* = ο αριθμός των πλήρων εναλλαγών εναλλασσόμενου ρεύματος σε ένα δευτερόλεπτο.

συχνουρία η, ουσ. (ιατρ.) παθολογική συχνότητα στην ούρηση.

συχνούτσικος, -η, -ο, επίθ., αρκετά συχνός. - Επίρρ. *-α*.

συχνοχτυπώ, -άς, ρ., χτυπώ συχνά: *-ά η καρδιά τους απ' τη συγκίνηση* (Κόντογλου).

συχώρεση, βλ. *συγχώρηση*.

συχωριανός, βλ. *συγχωριανός*.

συχώριο το, ουσ. (συνιζ., λαϊκ.), συγχώρηση αμαρτιών: *για ~ της μάνας του έχτισε ένα μικρό εκκλησάκι.* Έκφρ. *μπουκιά και ~* (για πολύ νόστιμα φαγητά· μεταφ. για να δηλωθεί θαυμασμός για την ομορφιά γυναίκας).

συχωρνώ, βλ. *συγχωρώ*.

συχωροχάρτι το, ουσ. 1α. γραπτή συγχώρηση αμαρτιών πιστών της καθολικής Εκκλησίας από τον πάπα· β. χαρτί που γράφονται τα ονόματα των νεκρών και μνημονεύονται από τον ιερέα το ψυχοσάββατο. 2. συγχώρηση· φρ. *δίνω ~* = συγχωρώ.

συχωρώ, βλ. *συγχωρώ*.

σύψυχος, -η, -ο, επίθ. (για καράβι που ναυαγεί με όλο του το πλήρωμα): *το καράβι χάθηκε -ο.* - Επίρρ. *-α* = με όλη την ψυχή: *ρίχτηκε ~ στις διασκεδάσεις*.

σφαγάδι το, ουσ., σφάγιο (βλ. λ.).

σφαγέας το, ουσ., αυτός που σφάζει ζώα.

σφαγείο το, ουσ. 1. τόπος που σφάζουν τα ζώα. 2. (μεταφ.) τόπος άγριας συμπλοκής μεταξύ ατόμων

σφαγή

ή ομάδων ατόμων και τραυματισμοί (συνών. *μακελειό*).
σφαγή η, ουσ. 1. σφάξιμο. 2. ομαδική σύγκρουση με αιματοχυσία.
σφαγιάζω, ρ. (ασυνίζ.), (μεταφ., ιδίως για δικαιώματα ατομικά ή ομαδικά) παραβιάζω.
σφαγιασμός ο, ουσ. (ασυνίζ.), η ενέργεια και το αποτέλεσμα του σφαγιάζω (βλ. λ.).
σφαγιαστής, ο, ουσ. (ασυνίζ.), αυτός που σφαγιάζει (βλ. λ.).
σφάγιο το, ουσ. (ασυνίζ.), το ζώο που πρόκειται να το σφάξουν ή και το σφαγμένο.
σφαδάζω, ρ., τινάζομαι με σπασμούς (συνών. *σπαρταρώ*).
σφαδασμός ο, ουσ., η ενέργεια και το αποτέλεσμα του σφαδάζω (βλ. λ.).
σφάζω, ρ. 1. κόβω το λαιμό ανθρώπου ή ζώου με φονικό όργανο: ~ *την κότα· έσφαξε τη γυναίκα του*. 2. (μεταφ.) στενοχωρώ πολύ κάποιον με αυτά που του λέω: *με -εις με τα λόγια σου*. Φρ. (ειρων.) *δεν -ουνε σήμερα* (= δε γίνεται, δεν μπορεί να πραγματοποιηθεί η επιθυμία σου)· *πού σε πονεί και πού σε -ει!* (= για υπερβολικούς σωματικούς πόνους ή μεγάλη στενοχώρια, πβ. *σφάχτης*)· ~ *με το μπαμπάκι* (= στενοχωρώ χωρίς να χρησιμοποιώ πολύ βαριές λέξεις).
σφαίρα η, ουσ. 1. (μαθημ.) στερεό σώμα που τα σημεία της επιφάνειάς του απέχουν το ίδιο από το κέντρο του. 2α. καθετί που μοιάζει με σφαίρα· β. (γεωγρ.) *υδρόγεια* ~ (= όργανο περιορισμένου όγκου που εξομοιώνεται με τη γη, χρήσιμο στη διδασκαλία της γεωγραφίας). 3α. (αθλητ.) σφαιρικό ελαστικό όργανο χρήσιμο για τη διεξαγωγή ορισμένων αθλημάτων: ~ *καλαθοσφαίρισης*· β. σφαιρικό μεταλλικό όργανο που ρίχνει ο αθλητής σε μήκος κατά το άθλημα της σφαιροβολίας. 4. βλήμα πυροβόλου σε μορφή σφαίρας (συνών. *βόλι, μπάλα*). 5. η οικουμένη: *ταξίδι στα μακρινά μέρη της* ~ (συνών. *γη*). Έκφρ. ~ *επιρροής* ο ευρύτερος χώρος ή γεωγραφική περιοχή όπου επεκτείνεται το κύρος και η επίδραση ατόμων, ομάδων, κρατους.
σφαιρίδιο το, ουσ. (ασυνίζ.). 1. μικρή σφαίρα. 2. μικρό μολυβένιο βλήμα για κυνηγετικό όπλο (συνών. *σκάγι*). 3. (παλαιότερα) σφαιρίδιο που ριχνόταν άλλοτε στην ψηφοδόχο κατά την εκλογή βουλευτών.
σφαιρικός, -ή, -ό, επίθ. 1. που έχει τη μορφή σφαίρας (συνών. *στρογγυλός*). 2. που γίνεται απ' όλες τις πλευρές: *-ή αντιμετώπιση ζητήματος*. - Επίρρ. *-ά* = που γίνεται από όλες τις πλευρές.
σφαιρικότητα η, ουσ., το να είναι κάτι σφαιρικό: *η ~ της γης*.
σφαιρίνη η, ουσ., συστατικό της αιμοσφαιρίνης.
σφαιριστήριο το, ουσ. (ασυνίζ.). 1. μεγάλο ορθογώνιο τραπέζι όπου παίζονται παιχνίδια με μικρές σφαίρες και ειδικές ράβδους (συνών. *μπιλιάρδο*). 2. χώρος όπου παίζουν μπιλιάρδο.
σφαιροβολία η, ουσ., αθλητικό αγώνισμα κατά το οποίο ρίχνεται σε μήκος σιδερένια σφαίρα.
σφαιροβόλος ο, ουσ., αθλητής που παίρνει μέρος στο αγώνισμα της σφαιροβολίας (βλ. λ.).
σφαιροειδής, -ής, -ές, γεν. *-ούς*, πληθ. αρσ. και θηλ. *-είς*, ουδ. *-ή*, επίθ., που έχει μορφή σφαίρας, που μοιάζει με σφαίρα (συνών. *σφαιρικός*).
σφάκα η, ουσ. (ιδιωμ.), φασκομηλιά (βλ. λ.). [αρχ. *σφάκος*].

σφάκελο, βλ. *φάσκελο*.
σφακελώνω, βλ. *φασκελώνω*.
σφακιανός, -ή, -ό, επίθ. (συνιζ.), που σχετίζεται με τα Σφακιά της Κρήτης ή με τους κατοίκους τους. - Το αρσ. και το θηλ. ως ουσ. (με κεφ. το αρχικό γράμμα) = ο κάτοικος των Σφακιών ή αυτός που κατάγεται από εκεί.
σφακομηλιά, βλ. *φασκομηλιά*.
σφαλάγγι το, ουσ. (έρρ.), αράχνη (βλ. λ.). [αρχ. *φάλαγξ > φαλάγγιον*].
σφαλερός, -ή, -ό, επίθ., λανθασμένος (αντ. *σωστός*). - Επίρρ. *-ά*.
σφαλερότητα η, ουσ., το να είναι κάτι σφαλερό.
σφαλιάρα η, ουσ. (συνιζ.), δυνατό χτύπημα με την παλάμη στο πρόσωπο: *θα σου αστράψω μια* ~ (συνών. *χαστούκι*). [ιταλ. *sfaglio + -άρα*].
σφαλίζω, ρ., παθ. αόρ. *-ίχτηκα*, μτχ. παρκ. *σφαλιγμένος* και *σφαλισμένος*. Ι. ενεργ. Α. (μτβ.) κλείνω: ~ *την πόρτα* (συνών. *κλειδώνω*). Β. (αμτβ.) (για κατάστημα) δεν εργάζομαι: *-σαν τα μαγαζιά* (= πέρασαν οι ώρες εργασίας και δε γίνονται αγοραπωλησίες). ΙΙ. (μέσ.) κλείνομαι: *-ίστηκε στο κελί*.
σφάλισμα το, ουσ. (λαϊκ.), κλείσιμο: ~ *πόρτας/ μαγαζιού*.
σφαλιστός, -ή, -ό και σφαλιχτός, -ή, -ό, επίθ., κλειστός: *πόρτα -ή*· φρ. (για κατάστημα) *έχομε -ά* (= δεν εργάζεται το μαγαζί).
σφάλλω, ρ. 1. κάνω λάθος (συνών. *λαθεύω*). 2. πέφτω σε ηθικό παράπτωμα. - Βλ. και ά. *εσφαλμένος*.
σφάλμα το, ουσ. 1. λάθος. 2. ηθικό παράπτωμα.
σφαλνώ, ρ., σφαλίζω (βλ. λ.).
σφανταζω, βλ. *φαντάζω*.
σφανταχτερός, βλ. *φανταχτερός*.
σφάντζικα η, ουσ., παλαιότερο αυστριακό νόμισμα που χρησιμοποιήθηκε στην Ελλάδα την εποχή του Καποδίστρια. [γερμ. *Zwanziger*].
σφάξιμο το, ουσ. 1. θάνατος με σφαγή. 2. (μεταφ.) βαριά τιμωρία: *θέλεις* ~.
σφαχτάρι το, ουσ., ζώο σφαγμένο ή που προορίζεται για σφαγή (συνών. *σφάγιο*).
σφάχτης ο, ουσ. 1. σφαγέας. 2. ξαφνικός και δυνατός πόνος.
σφαχτό το, ουσ., ζώο σφαγμένο ή που προορίζεται για σφαγή (συνών. *σφάγιο, σφαχτάρι*).
σφαχτός, -ή, -ό, επίθ., σφαγμένος.
σφενδόνη και (λαϊκ.) **σφεντόνα** η, ουσ. (έρρ.). 1. το κυρτό τμήμα των κερκίδων σταδίου. 2. (στον τ. *σφεντόνα*) κατασκευή που αποτελείται από ένα λουρί δερμάτινο ή ελαστικό, τα άκρα του οποίου είναι δεμένα στις δύο άκρες ενός διχαλωτού ξύλου ή σίδερου και με την οποία εκσφενδονίζονται πέτρες σε μακρινή απόσταση.
σφεντάμι το, ουσ. (έρρ.), δέντρο των εύκρατων κλιμάτων με κορμό συμπαγή που περιέχει χυμό ζαχαρώδη και που απαντά σε πολλά είδη. [αρχ. *σφένδαμνος*].
σφεντόνα, βλ. *σφενδόνη*.
σφεντονιά η, ουσ. (έρρ., συνιζ.), βολή με σφεντόνα.
σφερδούκλι το, ουσ. (λαϊκ.), το φυτό ασφόδελος (βλ. λ.).
σφετερίζομαι, ρ., οικειοποιούμαι ξένο πράγμα με τρόπο παράνομο (συνών. *ιδιοποιούμαι*).
σφετερισμός ο, ουσ., οικειοποίηση ξένου πράγματος με τρόπο παράνομο (συνών. *ιδιοποίηση*).

σφετεριστής ο, θηλ. **-τρια,** ουσ. (ασυνίζ.), αυτός που οικειοποιείται παράνομα ξένη περιουσία.
σφήγκα, βλ. *σφήκα.*
σφηγκοφωλιά, βλ. *σφηκοφωλιά.*
σφήκα και **-γκα** η, ουσ. (έρρ.), έντομο με κιτρινόμαυρες ρίγες στο σώμα και δηλητηριώδες κεντρί, που μοιάζει με τη μέλισσα.
σφηκοφωλιά και **-γκο-** η, ουσ. (έρρ., συνιζ.). 1. φωλιά σφηκών. 2. (μεταφ.) ομάδα ύποπτων ή κακόβουλων ανθρώπων και ο χώρος όπου συχνάζουν ή διαμένουν. 3. (στη ραπτική) είδος πτύχωσης που μοιάζει με φωλιά σφηκών.
σφήνα η, ουσ. 1. κομμάτι ξύλου, μετάλλου ή άλλου υλικού με μυτερό το ένα του άκρο, ώστε να μπορεί να εισχωρεί στο κενό που υπάρχει μεταξύ δύο αντικειμένων και με τη βοήθεια του χοντρότερου άκρου του να εμποδίζει την κίνησή τους: ~ *μεταξύ της πόρτας και του δαπέδου.* 2. κομμάτι από σίδερο που χρησιμοποιείται για το σπάσιμο πέτρας ή το σκίσιμο ξύλου με μυτερό το ένα του άκρο που εφαρμόζεται σε κάποιο κοίλωμα της πέτρας ή στο ξύλο με σφυροκοπήματα στο χοντρότερο άκρο του. 3. οτιδήποτε παρεμβάλλεται σε μια σειρά όμοιων πραγμάτων: ~ *πράσινου.*
σφηνοειδής, -ής, -ές, γεν. **-ούς,** πληθ. αρσ. θηλ. **-είς,** ουδ. **-ή,** επίθ., που έχει σχήμα σφήνας: *οστούν -ές (του κρανίου)· γραφή* ~ = γραφή των αρχαίων λαών της Μεσοποταμίας που τα γράμματά της αποτελούνταν από συμπλέγματα σφηνών.
σφηνοκέφαλος, -η, -ο, επίθ., που το κεφάλι του έχει σχήμα σφήνας.
σφήνωμα το, ουσ. 1. στερέωση ενός πράγματος στη θέση του με τοποθέτηση σφήνας που το εμποδίζει να κινηθεί. 2. τοποθέτηση ή εισχώρηση ενός πράγματος μέσα σ' άλλα σαν σφήνας.
σφηνώνω, ρ. 1. στερεώνω κάτι στη θέση του τοποθετώντας μια σφήνα που το εμποδίζει να κινηθεί. 2. τοποθετώ κάτι σφιχτά ανάμεσα σε άλλα. 3. (αμτβ.) μπήγομαι, εισχωρώ και μένω κάπου σταθερά: *το μαχαίρι... είχε -ώσει... γερά μέσα στο κόκαλο* (Κόντογλου)· *το χέρι μου σφήνωσε ανάμεσα στα κάγκελα.*
σφίγγα η, ουσ. (έρρ.). 1. μυθολογικό τέρας των αρχαίων Ελλήνων και Αιγυπτίων που απεικονίζεται με κεφάλι γυναίκας και σώμα φτερωτού λιονταριού. 2. (μεταφ.) άτομο αινιγματικό και μυστηριώδες. [αρχ. *Σφίγξ*].
σφίγγω, ρ. (έρρ.). I. ενεργ. Α. μτβ. 1. πιέζω κάτι σταθερά με τα χέρια μου από όλες τις πλευρές του: ~ *το λαιμό κάποιου·* ~ *το σφουγγαρόπανο να βγει το νερό.* 2. κρατώ σφιχτά με τις παλάμες ή τα μπράτσα μου: ~ *το μωρό στην αγκαλιά μου/το κέρμα στο χέρι μου.* 3. τραβώ δυνατά (σκοινί, κ.τ.ό.) για να στερεωθεί καλύτερα αυτό που δένεται: ~ *το σπάγγο για να μην ανοίξει το πακέτο.* 4. στερεώνω κάτι καλύτερα για να μην είναι χαλαρό: ~ *τη βρύση/μια βίδα.* 5. (για ρούχο) πιέζω ώστε να προκαλείται ενόχληση, είμαι στενός: *με -ει το δεξιό παπούτσι/η φούστα μου.* 6. φέρνω κάποιον σε δύσκολη κατάσταση, πιέζω, στενοχωρώ: *όταν με -ουν οι φτώχειες γυρίζω τους καφενέδες και παίζω σαντούρι* (Καζαντζάκης)· *μας έσφιξε η πείνα.* 7. περιορίζω, συμμαζεύω κάποιον: *πρέπει να τον -ξεις το γιο σου πριν παρασυρθεί.* 8. (για τα χείλια) πιέζω μαζί και σφιχτά από θυμό ή στενοχώρια. 9. (για χρήματα) είμαι τσιγκούνης. Β. αμτβ. 1. εντείνομαι, δυναμώνω: *-ει το κρύο.* 2. γίνομαι

στερεότερος: *-ει το ζυμάρι.* 3. παθαίνω δυσκοιλιότητα. II. μέσ. 1. στρυμώχνομαι για να χωρέσω, μπαίνω στρυμωχτά: *θα -ούμε, αλλά θα χωρέσουμε.* 2. καταβάλλω κάθε δυνατή προσπάθεια, βάζω τα δυνατά μου: *αν -χτείς, θα τα καταφέρεις.* 3. πιέζομαι, στενοχωριέμαι: *μη -εσαι όταν οδηγείς.* 4. περνώ οικονομικές δυσκολίες: *-ομαι, γιατί έχω πολλά γραμμάτια να εξοφλήσω.* 5. καταβάλλω δύναμη πριν από την αφόδευση. Φρ. *-εται η ψυχή (καρδιά) μου* (= λυπάμαι, πονώ, υποφέρω): *-εται η ψυχή μου, όταν σε βλέπω να κλαις·* -ουν *τα πράγματα* (= γίνεται δυσκολότερη, κρισιμότερη η κατάσταση)· ~ *τα λουριά* (= περιορίζω, συμμαζεύω κάποιον)· ~ *τη γροθιά μου* (= καταπνίγω την οργή μου)· ~ *την καρδιά μου* = καταπνίγω τα (δυσάρεστα κυρίως) συναισθήματά μου, κάνω υπομονή· ~ *το ζωνάρι μου* (= περιορίζω τις υλικές μου ανάγκες κάνοντας οικονομία)· ~ *το χέρι κάποιου* (= συγχαίρω ή συλλυπούμαι κάποιον).
σφιγκτήρας ο, ουσ. (έρρ.). 1. κυκλικός μυς που συστελλόμενος κλείνει φυσική κοιλότητα ή πόρο του σώματος. 2. μεταλλικός δακτύλιος για τη στερέωση ή σύνδεση αντικειμένων.
σφίξη η, ουσ., οικονομική ή άλλη επιτακτική ανάγκη: *όταν έχει* ~ *μας θυμάται.*
σφίξιμο το, ουσ. 1. πίεση, σύσφιξη ενός πράγματος από όλες τις πλευρές. 2. στερέωση ενός πράγματος για να μην είναι χαλαρό: *χάλασε η βρύση από το πολύ* ~. 3. (για υγρό) δέσιμο με βρασμό, συμπύκνωση. 4. ένταση προσπάθειας για την επίτευξη ενός πράγματος. 5. άγχος, στενοχώρια· δυσάρεστο συναίσθημα: *νιώθω ένα* ~ *στην καρδιά.* 6. πίεση πριν από την αφόδευση.
σφιχτά, βλ. *σφιχτός.*
σφιχταγκαλιάζω, ρ. (έρρ., συνιζ.), αγκαλιάζω σφιχτά κάποιον.
σφιχταγκάλιασμα το, ουσ. (έρρ., συνιζ.), σφιχτό αγκάλιασμα.
σφιχτοδεμένος, -η, -ο, επίθ. 1. που έχει δεθεί σφιχτά: *κόμπος* ~. 2. (για σώμα) γεροδεμένος, αθλητικός.
σφιχτοκλειδώνω, ρ., κλειδώνω έτσι, ώστε να ασφαλίσω κάτι.
σφιχτός, -ή, -ό, επίθ. 1. που περιβάλλει κάτι πιεστικά: *αγκάλιασμα -ό· ζώνη -ή·* (για ρούχο) στενός: *τα μανίκια του σακακιού μου είναι -ά.* 2. δεμένος, σφιγμένος γερά έτσι ώστε δύσκολα να μπορεί να λυθεί ή να ανοίξει: *κόμπος* ~· *βρύση/βίδα -ή.* 3. πηχτός: *ζυμάρι -ό.* 4. στερεός, συμπαγής: *αβγά -ά.* 5. (για πλέξιμο) πυκνός. 6. (για σώμα) γεροδεμένος, όχι πλαδαρός. 7. φιλάργυρος, τσιγγούνης. - Επίρρ. **-ά.**
σφιχτοχέρης ο, θηλ. **-α,** ουσ., άνθρωπος φιλάργυρος, τσιγγούνης (αντ. *ανοιχτοχέρης*).
σφιχτοχεριά η, ουσ. (ασυνίζ.), φιλαργυρία, τσιγγουνιά (αντ. *ανοιχτοχεριά*).
σφόδρα, επίρρ. (λόγ.), πάρα πολύ.
σφοδρός, -ή, -ό, επίθ. (λόγ.), απότομος, ορμητικός, δυνατός: *θαλασσοταραχή -ή· άνεμος* ~.
σφοδρότητα η, ουσ., βιαιότητα, ορμητικότητα.
σφοντύλι το, ουσ. (έρρ.), κωνικό βαρίδι που εφαρμόζεται στο κάτω μέρος του αδραχτιού για να διευκολύνεται με το πρόσθετο βάρος η περιστροφή του· φρ. *μου έρχεται ο ουρανός/βλέπω τον ουρανό* ~ (για την εντύπωση από ξαφνικό δυνατό χτύπημα στο κεφάλι ή μεγάλο ατύχημα).

σφοντυλιά η, ουσ. (έρρ., συνιζ.), χτύπημα με το χέρι πάνω στον αυχένα κάποιου.

σφόρτσο το, ουσ., βία, καταναγκασμός. [ιταλ. *sforzo*].

σφουγγαράδικος, -η, -ο, επίθ. (έρρ.), που έχει σχέση με το σφουγγαρά ή με το μάζεμα των σφουγγαριών. - Το ουδ. ως ουσ. = σπογγαλιευτικό πλοίο.

σφουγγαράς ο, ουσ., αυτός που αλιεύει ή πουλά σφουγγάρια.

σφουγγάρι το, ουσ. (έρρ.), σπόγγος (βλ. λ.)· φρ. *πίνει σα ~* (= πολύ).

σφουγγαρίζω, ρ. (έρρ.), πλένω το πάτωμα με σφουγγαρίστρα ή σφουγγαρόπανο.

σφουγγάρισμα το, ουσ. (έρρ.), πλύσιμο του πατώματος με σφουγγαρίστρα ή σφουγγαρόπανο.

σφουγγαρίστρα η, ουσ. (έρρ.), λεπτές λωρίδες από απορροφητικό υλικό (πανί ή σφουγγάρι) προσαρμοσμένες στο κάτω μέρος μιας πολύ μακριάς λαβής για το πλύσιμο πατωμάτων.

σφουγγαρόπανο το, ουσ. (έρρ.), χοντρό πανί για το πλύσιμο πατώματος.

σφουγγάτο το, ουσ. (έρρ.), είδος ομελέτας. Παροιμ. *ακριβά είναι τα -α του* (= ακριβά πληρώνεις τις υπηρεσίες του).

σφουγγίζω, ρ. (έρρ.), σκουπίζω, αφαιρώ το νερό ή άλλο υγρό με πανί ή άλλο απορροφητικό υλικό: *~ τον ιδρώτα μου*.

σφούγγισμα το, ουσ. (έρρ.), σκούπισμα, μάζεμα νερού ή άλλου υγρού με πανί ή άλλο απορροφητικό υλικό.

σφραγίδα η, ουσ. 1. μικρό ξύλινο ή μεταλλικό αντικείμενο με ανάγλυφο στην επίπεδή του πλευρά ένα σχήμα χαρακτηριστικό κάποιου, μια λέξη ή ομάδα λέξεων ώστε τα ίχνη τους να αποτυπώνονται σε χαρτί ή άλλο υλικό, αφού πρώτα πιεστούν πάνω σε ταμπόν με μελάνη: *η ~ του σχολείου/της εταιρίας/του διευθυντή*. 2. (εκκλ.) ξύλινο στρογγυλό αντικείμενο με χαραγμένη πάνω στην επίπεδή του πλευρά σταυροειδή παράσταση που αποτυπώνεται πάνω στα πρόσφορα της θείας Ευχαριστίας. 3. το αποτύπωμα της σφραγίδας. 4. (μεταφ.) για την ιδιότητα ή την ποιότητα της εργασίας κάποιου που χαρακτηρίζει αποκλειστικά αυτόν: *σχεδιαστής που άφησε τη ~ του στη βιομηχανία ρούχων*. 5. γνώρισμα, δείγμα· απόδειξη: *το έργο έχει τη ~ της ικανότητας/εξυπνάδας του*.

σφραγιδόλιθος ο, ουσ., μικρή ημιπολύτιμη πέτρα ή πέτρα δαχτυλιδιού με παραστάσεις ή γράμματα που χρησιμοποιείται για σφράγιση.

σφραγιδοφύλακας ο, ουσ., φύλακας της μεγάλης σφραγίδας του κράτους.

σφραγίζω, ρ. 1. χρησιμοποιώντας σφραγίδα αποτυπώνω πάνω σε χαρτί ή άλλο υλικό ένα χαρακτηριστικό σήμα, μια λέξη ή ομάδα λέξεων για να βεβαιώσω την εγκυρότητα, τη γνησιότητα, να το χαρακτηρίσω ή να διευκρινίσω τη χρήση του. 2. αποτυπώνω με τη σφραγίδα (βλ. λ. σημασ. 2) σταυροειδή παράσταση πάνω στα πρόσφορα της θείας Ευχαριστίας. 3. (μεταφ.) αφήνω ενδεικτικά στοιχεία της παρουσίας, της δράσης ή της εργασίας μου που οφείλονται στην ποιότητα της δουλειάς μου ή σε κάποια χαρακτηριστική μου ιδιότητα: *οι μεγάλοι δημιουργοί -ουν την εποχή τους*. 4. κλείνω κάτι ερμητικά ώστε να μη φαίνεται το περιεχόμενο: *~ το γράμμα* (μεταφ.) *~ το στόμα/ τα χείλη μου* (= δε μιλώ ή δεν τρώω καθόλου). 5. (για μπουκάλι) κλείνω αεροστεγώς. 6. (ιατρ.) φράζω οπή χαλασμένου δοντιού με ειδικό αμάλγαμα.

σφράγιση η, ουσ. 1. σφράγισμα (βλ. λ.). 2. το να βάζεις σφραγίδα σε κάτι κινητό για να διασφαλιστεί από ενδεχόμενη αφαίρεση ή αντικατάσταση: *ο κηδεμόνας... διαχειρίζεται την κληρονομιά έχοντας την υποχρέωση να ενεργήσει τη ~ και την απογραφή της* (αστ. κώδ.).

σφράγισμα το, ουσ. 1. αποτύπωση πάνω σε χαρτί ή άλλο υλικό χαρακτηριστικού σήματος ή ομάδας λέξεων με τη βοήθεια σφραγίδας. 2. ασφαλές κλείσιμο· (για μπουκάλι) βούλωμα, τάπωμα. 3. (στην οδοντιατρική) α. εισαγωγή υλικού σε κοιλότητα χαλασμένου δοντιού: *έχω να κάνω δύο -ίσματα* (συνών. *έμφραξη*)· β. (συνεκδοχικά) το υλικό με το οποίο φράζεται η κοιλότητα του χαλασμένου δοντιού: *μου βγήκε το ~* (συνών. *έμφραγμα*).

σφραγιστός, -ή, -ό, επίθ. 1. που έχει επάνω του σφραγίδα, σφραγισμένος (αντ. *ασφράγιστος*). 2. κλεισμένος ερμητικά.

σφριγηλός, -ή, -ό, επίθ., γεμάτος σφρίγος, ζωντάνια (συνών. *εύρωστος, ακμαίος*· αντ. *άτονος*).

σφρίγος το, ουσ., ζωντάνια, ευρωστία.

σφυγμογράφημα το, ουσ., γραμμική παράσταση των σφυγμών.

σφυγμογραφία, η, ουσ. (ιατρ.) καταγραφή σφυγμών με σφυγμογράφο (βλ. λ.).

σφυγμογράφος ο, ουσ. (ιατρ.) όργανο με το οποίο καταγράφονται γραμμικώς οι σφυγμοί.

σφυγμομανόμετρο το, ουσ. (ιατρ.) συσκευή για τη μέτρηση της αρτηριακής πίεσης του αίματος.

σφυγμομέτρηση η, ουσ. 1. (ιατρ.) μέτρηση της συχνότητας των σφυγμών της καρδιάς. 2. (μεταφ.) διερεύνηση των αισθημάτων, ιδεών, προθέσεων ή διαθέσεων ατόμων ή ομάδων: *~ της κοινής γνώμης*.

σφυγμόμετρο το, ουσ. (ιατρ.) όργανο για τη μέτρηση της συχνότητας των σφυγμών.

σφυγμομετρώ, ρ. 1. (ιατρ.) μετρώ τη συχνότητα των σφυγμών της καρδιάς. 2. (μεταφ.) διερευνώ τα αισθήματα, τις ιδέες, τις προθέσεις ή τις διαθέσεις ατόμων ή ομάδων: *~ την κοινή γνώμη*.

σφυγμός ο, ουσ. 1. (βιολ.) το κύμα πίεσης που μεταδίδεται κατά μήκος των αρτηριών καθώς το αίμα εξακοντίζεται από την καρδιά: *παίρνω το ~ του αρρώστου*. 2. (μεταφ.) τα αισθήματα, οι ιδέες, οι προθέσεις ή οι διαθέσεις ατόμων ή ομάδων: *βρίσκω το -ό κάποιου· ο ~ της νεολαίας*.

σφύζω, ρ. 1. (για το αίμα του ανθρώπινου οργανισμού) κινούμαι κανονικά μέσα στις αρτηρίες και κτυπώ σ' αυτές κατά τακτά χρονικά διαστήματα: *το αίμα -ει στις φλέβες μου*. 2. (μεταφ., με μέσ. σημασ.) κινούμαι έντονα, αναπτύσσω μεγάλη δραστηριότητα: *ο νέος/η πόλη -ει από ζωή*.

σφύνουρα η και **σφύρνα**, ουσ., είδος ψαριού με σώμα στρογγυλό και παχύ, κεφάλι και ρύγχος μακρύ και ουρά διχαλωτή (συνών. *λούστρος*). [αρχ. *σφύραινα*].

σφύξη η, ουσ., σφυγμός (βλ. λ.).

σφύρα η, ουσ. 1. μεταλλικό εργαλείο με λαβή που χρησιμοποιείται στην κατεργασία μετάλλων, λίθων, κλπ., ή γενικά για το σπάσιμο σκληρών αντικειμένων. 2. (αθλητ.) βαρίδιο δεμένο στο άκρο σχοινιού ή αλυσίδας με το οποίο εκτελείται το άθλημα της σφυροβολίας (βλ. λ.) και (συνεκδοχικά) το ίδιο το άθλημα. 3. τμήμα όπλου που

κινείται μπροστά όταν πιέσει κάποιος τη σκανδάλη και ωθεί τη σφαίρα προς τα έξω (συνών. *επικρουστήρας, λύκος, κόκκορας*). **4.** (μουσ.) μέρος πιάνου που χτυπάει ένα σκοινί όταν πιέσει κανείς ένα κλειδί. **5.** (ανατομ.) ένα από τα τρία μικρά κόκαλα που βρίσκονται στο μέσο αφτί των θηλαστικών.
σφυράκι, βλ. *σφυρί*.
σφυρά τα, ουσ. (ανατομ.) οι αστράγαλοι.
σφυρηλασία η, ουσ., η ενέργεια του σφυρηλατώ (βλ. λ.).
σφυρήλατος, -η, -ο, επίθ., κατεργασμένος με σφυρηλασία (βλ. λ.).
σφυρηλατώ, ρ. **1.** κατεργάζομαι μέταλλα με σφυρί (βλ. λ. σημασ. 1). **2.** (μεταφ.) διαμορφώνω με άσκηση ή διαπαιδαγώγηση: *η παιδεία οφείλει να -εί χαρακτήρες*.
σφυρί το, ουσ., μικρή σφύρα (βλ. λ. σημασ. 1)· φρ. *βάνω στο ~* (= διακυβεύω): *πρώτη τους δουλειά ήτανε να μας βάλουνε στο ~ τα κεφάλια μας* (Μπαστιάς)· *βγάζω στο ~*, βλ. *βγάζω*· *βγαίνω στο ~*, βλ. *βγαίνω*. - Υποκορ. **-άκι** το (με το χτύπημα του οποίου καρφώνονται καρφιά).
σφυριά η, **I.** ουσ. (συνιζ.), χτύπημα με σφυρί: *έδωσα μια ~ στην πέτρα· -ές δυνατές που ξεκάρφωναν την πόρτα* (Μπαστιάς). [*σφυρί*].
σφυριά η, **II.** ουσ. (συνιζ.), σφύριγμα (βλ. λ.): *άκουσε τη ~*. [*υφυρώ*].
σφυρίγλα η, ουσ. (ιδιωμ.), σουραύλι (συνών. *φλογέρα*).
σφύριγμα το, ουσ., η ενέργεια και το αποτέλεσμα του σφυρίζω (βλ. λ.): *ακούστηκε το ~ του βαποριού/του ανέμου* (συνών. *σφυριά*).
σφυρίδα η, ουσ. (ζωολ.) είδος ψαριού πολύ σκούρου καστανού με σώμα μακρουλό, ευκίνητο, πτερύγια αγκαθωτά, στόμα βαθύ και χείλια χοντρά. [αρχ. *σπυρίς* > μτγν. *σφυρίς*].
σφυρίζω και **σφυρώ, -άς,** ρ. **1.** (για πρόσωπο) **α.** παράγω ήχο οξύ ή μελωδικό, στιγμιαίο ή παρατεταμένο και με διακυμάνσεις, κάνοντας να περάσει ο αέρας της αναπνοής ανάμεσα στα χείλη ή και τα δόντια μου, που σχηματίζουν στενό άνοιγμα ή βάζοντας δύο δάχτυλα μέσα στο στόμα: (αμτβ.) *ερχόταν από τη δουλειά -οντας*· *-ει κλέφτικα* (μτβ.) *-ιξε έναν χαρούμενο σκοπό*· **β.** για σφυριγμα κάποιου που θέλει να καλέσει ή να ειδοποιήσει έναν άλλον, να καλέσει ένα ζώο, κ.ά.: (αμτβ.) *ο τσοπάνος -ιξε για να μαζέψει τα γίδια*· (μτβ.) *σου ~ για να βγεις*· *~ το σκύλο μου*· **γ.** (αμτβ.) παράγω ήχο που θυμίζει σφύριγμα: *-ει καθώς κοιμάται*· (για ιδιάζουσα φωνή πουλιού) *ένα πουλάκι -ιξε πάνω στο κλαδί*· **δ.** παράγω δυνατό ήχο χρησιμοποιώντας σφυρίχτρα για να προκαλέσω την προσοχή κάποιου, να επισημάνω ένα γεγονός, κ.ά.: (αμτβ.) *ο τροχονόμος -ει αδιάκοπα*· (μτβ.) *ο διαιτητής -ιξε τη λήξη του αγώνα*· *περπατά και τη -ουν* (εν. *θαυμαστικά*). **2.** (αμτβ., για ορισμένο πράγμα ή φαινόμενο) παράγω οξύ μακρόσυρτο ήχο (από πολύ γρήγορη κίνηση στον αέρα ή του αέρα): *οι σφαίρες -ιζαν πάνω από τα κεφάλια μας*· *ο αγέρας όλο δυνάμωνε και τα σκοινιά -ιζανε* (Σούκας)· *φυσά ο νοτιάς/-οντας σε θολωτές κυμάρες* (Ελύτης). **3.** (αμτβ., για πράγμα όπως ατμομηχανή, βαπόρι, χύτρα, κ.ά.) βγάζω δυνατό ήχο, οξύ ή όχι, καθώς ατμός υπό πίεση περνά από στενό άνοιγμα (σε είδος σφυρίχτρας): *το τρένο -ιξε τρεις φορές μπαίνοντας στο τούνελ*· *η τσαγιέρα -ει*. **4.** (για πρόσωπο) σφυρίζοντας αποδοκιμάζω πρόσωπο ή εκδήλωση που παρουσιάζονται δημόσια: (αμτβ.) *μετά την πρώτη πράξη το κοινό άρχισε αγανακτισμένο να -ει*· (μτβ.) *ήρθε ο βουλευτής να τους μιλήσει κι εκείνοι τον -ιξαν*. **5.** (μτβ., για πρόσωπο, λαϊκ., μεταφ.) μεταδίδω πληροφορία κρυφά, εμπιστευτικά: *κάποιος του το -ιξε (στ' αφτί) κι ήρθε να ζητήσει το λόγο*. Φρ. *-ουν τ' αφτιά μου* (= ακούω μακρόσυρτο και διαπεραστικό «εσωτερικό» ήχο· για ορισμένους ως ένδειξη ότι κάποιος μιλάει γι' αυτούς). [αρχ. *συρίζω*].
σφυριξιά η, ουσ. (ασυνίζ.), σφύριγμα (βλ. λ.).
σφυριχτάρι το, ουσ. (ζωολ.) το πουλί τσομπάνης (βλ. λ. σημασ. 2· αλλιώς και *τσοπανάκος*).
σφυριχτό το, ουσ., σφύριγμα (βλ. λ.): *γύρισε προς το μέρος που ακούστηκε το ~* (Ψυχάρης).
σφυριχτός, -ή, -ό, επίθ. **1.** που σφυρίζει (βλ. λ.): *άνεμοι -οί*. **2.** που έχει τα χαρακτηριστικά του σφυρίγματος: *η ανάσα του έβγαινε -ή*.
σφυρίχτρα η, ουσ., όργανο με το οποίο σφυρίζει κανείς.
σφύρνα, βλ. *σφύνουρα*.
σφυρό, βλ. *σφυρά*.
σφυροβολία η, ουσ. (αθλητ.) αγώνισμα κατά το οποίο ο αθλητής εκσφενδονίζει βαριά μεταλλική σφαίρα (βλ. λ. σημασ. 3) που συνδέεται με σύρμα, που φέρει στο άλλο άκρο λαβή.
σφυροδρέπανο το, ουσ., σύμπλεγμα σφύρας και δρεπανιού που αποτελεί σύμβολο των κομουνιστικών κομμάτων.
σφυροκόπημα το, ουσ., η ενέργεια και το αποτέλεσμα του σφυροκοπώ (βλ. λ.).
σφυροκοπώ, -άς, ρ. **1.** χτυπώ συνεχώς με σφυρί: *-ούσε τη μεταλλική πλάκα πάνω στο αμόνι*. **2.** (μεταφ.) **α.** (στρατ.) ενεργώ εναντίον του αντιπάλου διαδοχικές επιθέσεις: *τα στρατεύματά μας -ησαν τον εχθρό*· **β.** επιτίθεμαι, κρίνω κάποιον ή κάτι αυστηρά: *η αντιπολίτευση -ησε την κυβέρνηση στη Βουλή*.
σφυρώ, βλ. *σφυρίζω*.
σχάρα, βλ. *σκάρα*.
σχάση η, ουσ. **1.** (ιατρ.) εγχείρηση που συνίσταται στη μεγέθυνση πληγής για να διευκολυνθούν η διέξοδος του πύου ή άλλου ξένου σώματος, οι αντισηπτικές πλύσεις, ή για άλλους θεραπευτικούς σκοπούς. **2.** (πυρηνική φυσική) φαινόμενο κατά τη διάρκεια του οποίου ο πυρήνας ενός ατόμου χωρίζεται σε δύο μέρη που έχουν ίσες μάζες.
σχεδία η, ουσ., πρόχειρο επίπεδο κατασκεύασμα από μακριά κομμάτια ξύλου ή άλλου υλικού για πλεύση.
σχεδιάγραμμα το, ουσ. (ασυνίζ.), γραμμική παράσταση ενός αντικειμένου σε χαρτί ή σε άλλη επιφάνεια στα γενικά του σημεία: *~ οικοπέδου*.
σχεδιάζω, ρ. (ασυνίζ.). **1.** δημιουργώ με γραμμές μια εικόνα προσώπου ή αντικειμένου στα γενικά του σημεία, σε χαρτί, πίνακα ή σε άλλη διακοσμήσω ευρύτερη επιφάνεια: *ο ζωγράφος -ίασε το τοπίο*· *-ιάζε στις πέτρες ανθρώπινες μορφές*. **2.** κάνω λεπτομερή παράσταση αντικειμένου ή κατασκευής που πρόκειται να υλοποιηθεί: *ο αρχιτέκτονας -ίασε το μελλοντικό κτήριο*· *~ ρούχα*. **3.** κάνω διάγραμμα των κύριων θεμάτων που θα με απασχολήσουν σε έργο μου ή σε ενέργειά μου: *~ μια ομιλία/ένα βιβλίο*. **4.** αποφασίζω να κάνω κάτι και καθορίζω λεπτομερειακά τον τρόπο με τον

σχεδίαση

οποίο θα το πραγματοποιήσω: ~ ένα ταξίδι/μια δουλειά/το μέλλον μου. 5. δημιουργώ με τη φαντασία μου, αυτοσχεδιάζω: ~ ιστορία/παραμύθι.

σχεδίαση η, ουσ., η ενέργεια του σχεδιάζω (βλ. λ. σημασ. 1 και 2).

σχεδίασμα το, ουσ., το αποτέλεσμα του σχεδιάζω.

σχεδιασμός ο, ουσ. (ασυνίζ.). 1. καταρτισμός σχεδίου για γενικότερα τεχνικά έργα: πολεοδομικός ~. 2. συγκρότηση γενικών αρχών και κατευθύνσεων: ~ κυβερνητικής πολιτικής.

σχεδιαστήριο το, ουσ. (ασυνίζ. δις). 1. το εργαστήριο του σχεδιαστή. 2. ειδικό έπιπλο όπου εργάζεται ο σχεδιαστής.

σχεδιαστής ο, θηλ. **-τρια**, ουσ. (ασυνίζ.), εκείνος που ασχολείται επαγγελματικά με την εκτέλεση σχεδίου αρχιτεκτονικού, τοπογραφικού, βιομηχανικού, κλπ., ή με τη σχεδίαση ενδυμάτων, παπουτσιών, κλπ.: ~ αυτοκινήτων· ~ μόδας.

σχεδιαστικός, -ή, -ό, επίθ. (ασυνίζ.), που σχετίζεται με το σχέδιο: ικανότητα -ή.

σχεδιάστρια, βλ. σχεδιαστής.

σχέδιο το, ουσ. (ασυνίζ.). 1. παράσταση ενός ή περισσότερων προσώπων ή αντικειμένων με γενικές γραμμές πάνω σε χαρτί, πίνακα, κλπ.: ~ ελεύθερο/γραμμικό· οι μαθητές κρέμασαν τα σχέδιά τους στους τοίχους της αίθουσας. 2. λεπτομερής παράσταση αντικειμένου, κατασκευής ή συνόλου κατασκευών που δείχνει τη μορφή που πρέπει να έχουν αυτά όταν κατασκευαστούν: ~ πολυκατοικίας/πάρκου· ~ αρχιτεκτονικό/βιομηχανικό· ~ πόλης (= τεχνικό σχεδιάγραμμα που καθορίζει τους χώρους όπου νομίμως εκτείνεται ή μπορεί να εκταθεί μια πόλη· συνών. πολεοδομικό σχέδιο)· ~ πτήσης (= γραφική παράσταση της πορείας που ακολουθεί το αεροπλάνο κατά την πτήση του). 3. γραμμική ή ζωγραφική διακόσμηση πάνω σε χαρτί, ύφασμα, κλπ.: βιβλίο με πολύχρωμα -α. 4. διάγραμμα των γενικών σημείων που θα περιληφθούν σε γραπτό έργο, έγγραφο, κλπ.: ~ βιβλίου· ~ απόφασης (= δοκιμή διατύπωσης μιας απόφασης)· ~ νόμου (= δοκιμή διατύπωσης ενός νόμου· αλλιώς νομοσχέδιο). 5. λεπτομερής καθορισμός των ενεργειών που πρόκειται να κάνουμε στο μέλλον, για να οργανώσουμε μια εργασία, να πετύχουμε ένα στόχο: ελέγχω την εφαρμογή -ίου· καταστρώνω ~ για την επέκταση της επιχείρησης. 6. σκοπός, επιδίωξη: το ~ του είναι να αγοράσει τη γύρω περιοχή. Φρ. τον παίρνει το ~ (= περιλαμβάνεται και αυτός σε κάποιο σχεδιασμό, σε μια προοπτική, σε κάποια υπόθεση, που ενδεχομένως είναι δυσάρεστη).

σχεδιογράφημα το, ουσ. (ασυνίζ.), το αποτέλεσμα του σχεδιογραφώ (βλ. λ.).

σχεδιογράφηση η, ουσ. (ασυνίζ.), η ενέργεια του σχεδιογραφώ (βλ. λ.).

σχεδιογραφώ, -είς, ρ. (ασυνίζ.), χαράσσω σχέδιο σε χαρτί ή σε άλλη ανάλογη επιφάνεια (συνών. σχεδιάζω, σκιτσάρω).

σχεδόν, επίρρ. (προσδιορίζει συνήθως επίθ., επιρρ., ρ.) περίπου, κατά προσέγγιση: είμαι ~ σίγουρος· η αίθουσα είναι ~ γεμάτη· ~ καλά· βρίσκομαι ~ στο τέλος του βιβλίου· η ώρα είναι ~ οκτώ· στο κατάστημα αυτό μπορεί να βρεις ~ τα πάντα· τον είχα ~ ξεχάσει τελείως, ακρίβώς).

σχέση η, ουσ. 1. (προκ. για αντικείμενα, θέματα, ιδέες, κλπ.) συγγένεια στενότερη ή χαλαρότερη, αναλογία, ομοιότητα: τα δύο ζητήματα δεν έχουν καμιά ~ μεταξύ τους· ~ ενός λογοτεχνικού έργου με κάποια πραγματικότητα· φρ. αυτό δεν έχει καμιά ~ (= βρίσκεται μακριά από αυτά που συζητούμε, που μας απασχολούν). 2α. (για άτομα ή ομάδες) στενός ή χαλαρότερος ψυχικός ή άλλος σύνδεσμος: ~ πατέρα με το γιο του· ερωτικές -εις· έχουμε προσωπικές -εις· -εις επαγγελματικές· -εις διπλωματικές (= μεταξύ κρατών)· β. (ειδικά) ερωτικός δεσμός: έχει -εις με τη γειτόνισσά του. 3. (οικον.) συσχετισμός: -εις παραγωγής. Φρ. τι έχει ο φάντης με το ρετσινόλαδο; (= τα πράγματα δεν έχουν καμιά σχέση μεταξύ τους).

σχετίζω, ρ. Ι. (ενεργ.) συσχετίζω (βλ. λ.). II. (συνήθως στο μέσο) 1. έχω κάποια σχέση, κάποια αναλογία με κάτι άλλο: αυτά που μου λες δε -ονται καθόλου μ' αυτά που ζητώ να μάθω. 2. (για πρόσωπο) έχω, διατηρώ σχέσεις (βλ. λ. σημασ. 2): δε -όμαστε.

σχετικά, βλ. σχετικός.

σχετικισμός ο, ουσ. (φιλοσ.) θεωρία που υποστηρίζει τη σχετικότητα των γνώσεων, ότι δεν είναι δυνατή η απόλυτη γνώση της πραγματικότητας (συνών. σχετικοκρατία).

σχετικιστής ο, ουσ., εκείνος που δεν πιστεύει στην απόλυτη ισχύ ενός δόγματος.

σχετικοκρατία η, ουσ., σχετικισμός (βλ. λ.).

σχετικός, -ή, -ό, επίθ. 1. που έχει σχέση, που συνδέεται με κάτι, που αναφέρεται σε κάτι: παρατήρηση -ή με το κόστος του έργου· στο τέλος του κειμένου παραθέτω τη -ή βιβλιογραφία (συνών. συναφής· αντ. άσχετος). 2. που δεν μπορούμε μόνο του να το κρίνουμε, αλλά υπάρχει και κρίνεται σε σχέση με άλλα πράγματα ή ανάλογα με τα αποτελέσματά του: οι ανθρώπινες αξίες είναι -ές· πλειοψηφία -ή· η γνώση είναι πάντοτε -ή (αντ. απόλυτος). 3. που είναι πραγματικός, που ισχύει σε ορισμένο βαθμό ή έκταση, όχι πολύς ή μεγάλος: -ή ηρεμία επικρατούσε χθες στις παγκόσμιες χρηματαγορές· ζω με -ή άνεση (συνών. κάποιος). -Επίρρ. **-ά** και **-ώς**.

σχετικότητα η, ουσ. 1. το να είναι κάτι σχετικό (βλ. λ. σημασ. 2): ~ των αισθητικών αντιλήψεων/ των ηθικών αρχών. 2. (φυσ.) θεωρία της **-ας** = θεωρία διατυπωμένη από τον Α. Αϊνστάιν (1905) που αφορά το χώρο, το χρόνο και την κίνηση.

σχετικώς, βλ. σχετικός.

σχετλιασμός ο, ουσ. (ασυνίζ., λόγ.), μεμψιμοιρία (βλ. λ.).

σχετλιαστικός, -ή, -ό, επίθ. (ασυνίζ., λόγ.), που αναφέρεται στο σχετλιασμό ή εκφράζει μεμψιμοιρία: (γραμμ.) -ά επιφωνήματα (π.χ. αλίμονο, κ.τ.ό.).

σχήμα το, ουσ. 1. ο τρόπος που παρουσιάζονται οι εξωτερικές γραμμές ή επιφάνειες ενός πράγματος, η εξωτερική του εμφάνιση (συχνά σε σχέση με κάποια χαρακτηριστική μορφή): τα σύννεφα διαρκώς άλλαζαν ~· αρχαίο αγγείο με ~ πουλιού· η Πελοπόννησος έχει περίπου το ~ ενός πλατανόφυλλου (συνών. μορφή, φιγούρα). 2α. (γεωμ., και στην έκφρ. γεωμετρικό ~) σύνολο σημείων, που μας παρέχει την εικόνα γραμμής, επιφανείας ή στερεού: ~ ευθύγραμμο/τραπεζίου/κωνικό· εμβαδά επιπέδων -άτων· β. (μαθημ.) σχέδιο που χρησιμεύει στην παράσταση μαθηματικής έννοιας· γ. γραμμική παράσταση αντικειμένου, διάγραμμα. 3. (μεταφ.) σύνθεση ενός συνόλου προσώπων και σχέση των μελών του μεταξύ τους:

προτείνουμε νέο κυβερνητικό ~· *η ομάδα παρουσιάστηκε με πιο ευέλικτο* ~. **4.** (γραμμ.) σχήμα λόγου, λεκτικό σχήμα (βλ. *λεκτικός* σημασ. α): ~ *χιαστό/ακολουθίας·* ~ *ετυμολογικό,* (βλ. *παρήχηση* σημασ. β). **5.** (εκκλ.) για το εξωτερικό ένδυμα ή την ιδιότητα κληρικού ή μοναχού: ~ *ιερατικό· σέβομαι το* ~· φρ. *περιβάλλομαι το μοναχικό* ~ (= *γίνομαι μοναχός*). **6.** (στρατ., παλαιότερα) χαιρετισμός. **7α.** χαρακτηριστικές διαστάσεις εντύπου (βιβλίου, εφημερίδας, κ.τ.ό.) που προσδιορίζονται από το πόσες φορές διπλώθηκε ένα τυπογραφικό φύλλο και δηλώνονται με ορισμένα τακτικά αριθμητικά: ~ *τέταρτο (4ο)/όγδοο (8ο)* (πβ. και *ά. φύλλο*)· **β.** (ειδικά) μήκος και πλάτος βιβλίου: *βιβλίο μικρού -ατος/σε* ~ *τσέπης.* **8.** (νεολογ.) η γενική εικόνα, το περίγραμμα ενός σχεδίου ή μιας θεωρίας: ~ *ιδεολογικό.*
σχηματίζω, ρ. **1.** κάνω να παρουσιαστεί κάποιο σχήμα, δίνω μορφή σε κάτι ανάλογα με τον τρόπο που ενεργώ ή κινούμαι ή τη θέση που παίρνω: *με τα δάχτυλά του -ιζε το σχήμα της νίκης· οι διαδηλωτές -ισαν πορεία·* (ειδικά) ~ *έναν αριθμό στο τηλέφωνο* (= γυρίζω το δίσκο τηλεφωνικής συσκευής για ορισμένη συνδιάλεξη). **2.** (για λέξη) παρουσιάζω ένα λεκτικό τύπο στο γραπτό ή τον προφορικό λόγο (πτώση ουσιαστικού, γένος επιθέτου, λέξη ή παράγωγα λέξης, κ.ά.): (μέσ.) *ο αόριστος του «βλέπω» -εται ανώμαλα.* **3.** (συνήθως για κάτι φυσικό) **α.** κάνω να αρχίσει να υπάρχει και να αναπτύσσεται κάτι, δημιουργώ: *τα νερά της βροχής -ισαν ρυάκια·* ~ *περιουσία·* **β.** (μέσ.) δημιουργούμαι, εμφανίζομαι: *οι περισσότεροι σταλαγμίτες -ονται κάτω από σταλακτίτες· στο μέτωπό του -ίστηκαν ρυτίδες.* **4.** οργανώνω ένα σύνολο προσώπων για συγκεκριμένη δράση: *ήδη το 1914 -ίστηκαν οι πρώτες αντάρτικές ομάδες·* (ειδικά για πολιτικό πρόσωπο) ~ *κυβέρνηση.* **5.** συνθέτω στοιχεία για να δημιουργήσω κάτι συνολικό ή γενικό: ~ *μια φράση·* φρ. ~ *γνώμη/εικόνα/εντύπωση/ιδέα* (= καταλήγω σε ορισμένη κρίση ή συμπέρασμα, κ.τ.ό. για κάποιον ή κάτι) (συνών. *διαμορφώνω*).
σχηματικός, -ή, -ό, επίθ. **1.** (μαθημ.) για παράσταση που δείχνει κάτι (λ.χ. μια σχέση, την πορεία μιας εργασίας) με απλά σχήματα (βλ. λ. *σημασ.* 2β, γ): *διάγραμμα -ό.* **2.** (μεταφ.) για απλουστευτική και γενική αντίληψη που έχει κάποιος για κάτι: *διατυπώνω μια -ή άποψη για το ζήτημα.* - Επίρρ. **-ά.**
σχημάτισμα το, ουσ. (λαϊκ.), σχηματισμός.
σχηματισμός ο, ουσ. **1.** το να σχηματίζει κανείς κάτι ή το να σχηματίζεται κάτι: ~ *ρόμβου/πομπής·* (γραμμ.) ~ *ουσιαστικού/υπερθετικού.* **2.** δημιουργία: ~ *κυττάρων/ηφαιστιογενών πετρωμάτων·* (οικον.) ~ *κεφαλαίου.* **3.** δημιουργία οργανωμένης ομάδας ανθρώπων για συγκεκριμένο σκοπό: ~ *επιτροπής· ο πρόεδρος της Δημοκρατίας ανέθεσε το -ό κυβέρνησης στον αρχηγό του κόμματος...* **4.** διαμόρφωση: ~ *εντυπώσεων.* **5.** (στρατ.) α. διάταξη και οργάνωση τρόπου των ανδρών ενός ή περισσότερων τμημάτων, αεροσκαφών σε πτήση, πλοίων ή οχημάτων: *παρέλαση σε άψογους -ούς·* ~ *μάχης· αεροπλάνα που πετούν σε κλειστό -ό·* **β.** οργάνωση, συγκρότηση: ~ *αποσπάσματος εφόδου·* **γ.** οργανωμένο τμήμα: *πυκνοί -οί αρμάτων· διοικητές μεγάλων -ών* (λ.χ. μεραρχιών).

σχηματογραφία η, ουσ. **1.** παράσταση αντικειμένων με σχήματα. **2.** (μαθημ.) λύση εξίσωσης ή συστήματος εξισώσεων με γραφική παράσταση.
σχηματογραφικός, -ή, -ό, επίθ. **α.** που αναφέρεται στη σχηματογραφία· **β.** (μετρ.) *ποίημα -ό* = ποίημα που οι λέξεις και οι στίχοι του σχηματίζουν ένα σχέδιο, μια εικόνα, με την οποία σχετίζεται το περιεχόμενό του.
σχηματοποίηση η, ουσ., το να σχηματοποιείται κάτι.
σχηματοποιώ, ρ. (ασυνίζ.). **1.** παριστάνω κάτι με απλά σχήματα, που αποδίδουν γενικά τη μορφή του (κάποτε χρησιμοποιώντας την εικόνα ως διακοσμητικό θέμα): *στο λαιμό του αγγείου παρουσιάζονται -ημένες ανθρώπινες μορφές.* **2.** (μεταφ., για ένα θέμα, ένα πρόβλημα, κ.ά.) παρουσιάζω κάτι με τα βασικά στοιχεία και χαρακτηριστικά του και σε μορφή λίγο - πολύ απλουστευμένη: *ο σκηνοθέτης -οίησε υπερβολικά τους χαρακτήρες του έργου.*
σχίζα, βλ. *σκίζα.*
σχιζοφρένεια η, ουσ. (ασυνίζ.). **1.** (ψυχιατρ.) βαριά ψυχασθένεια που χαρακτηρίζεται από διάσπαση των ψυχικών λειτουργιών (αναστολή του συνειρμού των ιδεών, έντονη συναισθηματική αστάθεια, ιδιόρρυθμη συμπεριφορά), απώλεια επαφής με την πραγματικότητα, απομόνωση του αρρώστου στον εαυτό του (πβ. *ά. αυτισμός*). **2.** (προφ., επιτ.) τρέλα, παραλογισμός (βλ. και *σχιζοφρενικός* σημασ. 2).
σχιζοφρενής, -ής, -ές, γεν. -*ούς,* πληθ. αρσ. και θηλ. -*είς,* ουσ. -*ή,* επίθ. (ψυχιατρ.) που πάσχει από σχιζοφρένεια. - Το αρσ. και το θηλ. και ως ουσ.
σχιζοφρενικός, -ή, -ό, επίθ. **1.** (ψυχιατρ.) **α.** που ανήκει ή αναφέρεται στη σχιζοφρένεια: *ψυχώσεις -ές·* **β.** που πάσχει από σχιζοφρένεια. **2.** (προφ., επιτ.) τρελός, παράλογος, ανισόρροπος (συνήθως όταν κάποιος φαίνεται να έχει κατά διαστήματα ή και συγχρόνως, πολύ διαφορετικές επιδιώξεις ή απόψεις): *συμπεριφορά -ή· ρυθμός ζωής* ~ (πβ. *ά. παρανοϊκός*). - Επίρρ. **-ά.**
σχίζω, βλ. *σκίζω.*
σχίσμα το, ουσ. (εκκλ.) **α.** διάσπαση των πιστών μιας Εκκλησίας σε δύο ή περισσότερα μέρη εξαιτίας διαφορών για δογματικά ή διοικητικά ζητήματα· **β.** (ειδικά) η ρήξη και ο χωρισμός της ορθόδοξης ανατολικής και της ρωμαιοκαθολικής Εκκλησίας (9. αι. και 1054): *άρση του -ατος.*
σχισματικός, -ή, -ό, επίθ. **α.** που αναφέρεται στο σχίσμα· **β.** (μειωτ., στο αρσ. και ως ουσ.) χαρακτηρισμός που αποδίδει μερίδα πιστών, η οποία προέκυψε από σχίσμα, στους οπαδούς της άλλης.
σχισμή και (λαϊκ.) **σκισμάδα** και **σκισματιά** ουσ., **α.** στενόμακρο άνοιγμα σε μια επιφάνεια, ρωγμή: ~ *του εδάφους· κυκλάμινο στου βράχου τη σκισμάδα* (Ρίτσος)· **β.** μικρή στενόμακρη τρύπα: *ρίχνω το νόμισμα στη* ~ *της τηλεφωνικής συσκευής.*
σχιστολιθικός, -ή, -ό, επίθ., που ανήκει ή αναφέρεται στο σχιστόλιθο: *πετρώματα -ά.*
σχιστόλιθος ο, ουσ. (ορυκτ.) είδος πετρώματος που χωρίζεται σχετικά εύκολα σε λεπτά φύλλα ή πλάκες: ~ *κρυσταλλικός.*
σχιστός, βλ. *σκιστός.*
σχοινί, βλ. *σκοινί.*
σχοινοβασία η, ουσ., η τέχνη του σχοινοβάτη και η παράσταση που αυτός δίνει.

σχοινοβάτης και **σκοι-** ο, θηλ. **-ισσα**, ουσ., άτομο που ανήκει συνήθως στο προσωπικό τσίρκου και περπατά ή κάνει ακροβατικές ασκήσεις πάνω σε ένα τεντωμένο σκοινί, πολύ ψηλά από το έδαφος (πβ. *ακροβάτης*).

σχοινοβατώ, -είς, ρ., κάνω ακροβασίες πάνω σε τεντωμένο σκοινί, πολύ ψηλά από το έδαφος.

σχοινοτενής, -ής, -ές, γεν. -ούς, πληθ. αρσ. και θηλ. -είς, ουδ. -ή, επίθ. (λόγ.), (για λόγο) πολύ εκτενής, μακρόσυρτος: *αφήγηση ~.*

σχολάζω, ρ. (λόγ.), (νομ.) για κληρονομία που έχει κληρονόμο, δεν είναι όμως βέβαιο ποιος είναι: *εκκαθάριση διατάζεται και αν ακόμη η κληρονομία -ει* (αστ. κώδ.).

σχολαρχείο το, ουσ. (παλαιότερα) τύπος σχολείου της μέσης εκπαίδευσης.

σχολάρχης ο, ουσ. (παλαιότερα) διευθυντής σχολαρχείου.

σχολαστικά, βλ. *σχολαστικός.*

σχολαστικίζω, ρ. (λόγ.), είμαι σχολαστικός (βλ. λ. σημασ. 2) ή φέρομαι σαν τέτοιος: *στις περιγραφές του -ει ανυπόφορα.*

σχολαστικισμός ο, ουσ. **1.** το να σχολαστικίζει κάποιος: *ο ~ αλυσοδένει τη σκέψη* ('Ι. Δραγούμης). **2.** το φιλοσοφικό σύστημα και η ερευνητική μέθοδος των σχολαστικών (βλ. λ. σημασ. 1).

σχολαστικός, -ή, -ό, επίθ. **1.** που ανήκει ή αναφέρεται στο είδος της παιδείας που καλλιεργήθηκε κατά το μεσαίωνα στις σχολές της Εκκλησίας στη δυτική Ευρώπη και ειδικά στο περιεχόμενο και τον τρόπο της θεολογικής και φιλοσοφικής έρευνας που γινόταν εκεί, με χαρακτηριστικό κάποτε την υπερβολική ενασχόληση με επουσιώδη δογματικά ζητήματα: *φιλοσοφία και θεολογία -ή·* (το αρσ. και ως ουσ.) *συγγράμματα των -ών.* **2.** που χαρακτηρίζεται από υπερβολική προσοχή στις λεπτομέρειες ή προσήλωση στους τύπους: *η -ή πιστότητα στη μετάφραση βλάπτει το νόημα·* (για πρόσωπο) *δάσκαλος ~* (= λεπτολόγος ή στενοκέφαλος). **3.** που χαρακτηρίζεται από ιδιαίτερη φροντίδα και προσοχή στην παραμικρή λεπτομέρεια: *έλεγχος ~* (= εξονυχιστικός)· (για πρόσωπο): *ο θείος είναι ~ σε θέματα καθαριότητας.* - Επίρρ. **-ά.**

σχολαστικότητα η, ουσ., το να είναι κάποιος ή κάτι σχολαστικό (βλ. λ. σημασ. 2 και 3).

σχολείο, (συνίζ., λαϊκ.) **σχολείο** και **σκολειό** το, ουσ. **1α.** (γενικά) ο τόπος όπου γίνεται διδασκαλία, το ίδρυμα όπου παρέχεται κοινή εκπαίδευση, γενική ή ειδική, σε ανήλικα ή και ενήλικα άτομα: *~ δημόσιο/ιδιωτικό* (συνών. *εκπαιδευτήριο*)· *οι τάξεις/ο διευθυντής του -ου·* γράφομαι *στο ~·* = *είμαι μαθητής, παρακολουθώ μαθήματα*)· **β.** (ειδικά) ίδρυμα στοιχειώδους εκπαίδευσης, το δημοτικό: *ο γιος μου θα πάει ~ του χρόνου·* όταν *τελειώσεις το ~, θα μάθεις μια τέχνη.* **2.** (συνεκδοχικά) **α.** για το κτήριο που στεγάζει ένα σχολείο: *το υπόγειο του -ου· το ~ στάζει·* **β.** για σύνολο μαθητών και μελών του διδακτικού προσωπικού ενός σχολείου: *πολλά -α επισκέφτηκαν την έκθεση· όλο το ~ παρατάχθηκε στην αυλή.* **γ.** (συχνά στον πληθ.) για τη σχολική χρονιά: *φέτος τα -α άρχισαν στις 11 Σεπτεμβρίου·* **δ.** για μαθήματα μιας μέρας ή μιας χρονικής περιόδου: *την ημέρα του Ευαγγελισμού δεν έχουμε ~·* **ε.** για το διάστημα της ημέρας που κάποιος βρίσκεται στο σχολείο, κάνει μάθημα: *μετά το ~ πήγαμε στον κινηματογράφο.* **3.** (μεταφ.) για οτιδήποτε είναι κατάλληλο ή ικανό να διδάξει και να διαμορφώσει κάποιον: *ο στρατός είναι μεγάλο ~.*

σχολή η, **Ι.** ουσ. **1α.** ίδρυμα όπου παρέχεται εκπαίδευση, κυρίως ειδική και πέρα από τη στοιχειώδη και τη μέση: *~ τεχνική/ξένων γλωσσών* (= ινστιτούτο)/*χορού·* **β.** (ειδικά) ανώτατο εκπαιδευτικό ίδρυμα και υποδιαίρεσή του, όπου γίνεται διδασκαλία και έρευνα πάνω σε συναφή αντικείμενα: *-ές πανεπιστημιακές· τμήματα/κοσμήτορας -ής· Σ-ή Νομικών και Οικονομικών Επιστημών/Ναυτικών Δοκίμων·* (συνεκδοχικά για το κτήριο, το προσωπικό, κλπ. μιας σχολής): *είσοδος της -ής· ανα-στατώθηκε η ~.* **2.** μόνιμη επιστημονική αποστολή μιας χώρας σε μια άλλη: *η αμερικανική ~ κάνει ανασκαφές στην αρχαία αγορά.* **3α.** σύνολο προσώπων, ιδίως επιστημόνων ή καλλιτεχνών, που ακολουθούν τις αρχές που έθεσαν κάποιοι κορυφαίοι ή πρωτοπόροι του κλάδου τους και εφαρμόζουν τις μεθόδους τους: *ιστορικοί της γαλλικής -ής· ~ φροϋδική·* **β.** (ειδικά) για ομάδα ζωγράφων που έχουν κοινή καταγωγή και τεχνοτροπία: *αγιογράφοι/εικόνες της κρητικής -ής.* Φρ. *είμαι της παλιάς -ής* (= έχω απόψεις, συνήθειες ή ιδιότητες που δεν είναι κοινές στη σύγχρονη εποχή): *καθηγητής της παλιάς -ής.*

σχολή η, **II.** (λόγ.) και (λαϊκ.) **σκόλη** η, ουσ. **1.** το να μην υπάρχει βασική ή υποχρεωτική απασχόληση, ανάπαυση, αργία: *στις ώρες -ής συνήθως διαβάζω.* **2.** (στον τ. *σκόλη*) ημέρα γιορτής ή και αργίας: *αύριο έχουμε ~* (αντ. *καθημερ(ι)νή*).

σχολιάζω, ρ. (ασυνίζ.). **1α.** κάνω σχόλιο, κρίνω προφορικά ή γραπτά κάτι: *οι κριτικοί -ίασαν ευνοϊκά το βιβλίο του·* **β.** (προφ. για πρόσωπο) συζητώ για κάποιον, συνήθως επικριτικά: *δεν εμφανίζονται μαζί, για να μην τους -ουν* (συνών. *κουτσομπολεύω*). **2.** (φιλολ.) γράφω σχόλια για το έργο κάποιου συγγραφέα: *οι Αλεξανδρινοί φιλόλογοι -ίασαν τα ομηρικά έπη· έκδοση -ασμένη ενός κειμένου.* - Πβ. και *υπομνηματίζω.*

σχολιασμός ο, ουσ. (ασυνίζ.), το να σχολιάζει κανείς κάτι, καθώς και το αποτέλεσμα της ενέργειας αυτής: *~ της επικαιρότητας/αυστηρός* (πβ. και *κριτική*)· (φιλολ.). *~ γλωσσικός/ιστορικός.*

σχολιαστής ο, θηλ. **-άστρια,** ουσ. (ασυνίζ.). **1.** άτομο, συνήθως δημοσιογράφος, που έχει ως έργο να σχολιάζει γεγονότα της επικαιρότητας: *~ έμπειρος οικονομικών θεμάτων/επίσημος.* **2.** (φιλολ.) φιλόλογος των ελληνιστικών ή βυζαντινών χρόνων που έγραψε σχόλια στο έργο αρχαίου συγγραφέα: *-ές του Αριστοτέλη* (πβ. και *υπομνηματιστής*).

σχολικός, -ή, -ό, επίθ. **α.** που ανήκει ή αναφέρεται στο σχολείο: *ζωή -ή· αίθουσες/διακοπές -ές· βιβλία -ά* (= διδακτικά)· *έτος -ό* (βλ. *έτος* σημασ. 4)· *ηλικία -ή* (όταν ένα παιδί πρέπει να φοιτήσει στην πρώτη δημοτικού)· *λεωφορείο -ό* (και ως ουσ. *-ό το)·* **β.** μαθητικός: *ποδιά/τσάντα -ή.*

σχόλιο το, ουσ. (ασυνίζ.). **1.** κρίση, άποψη, ερμηνευτική παρατήρηση που διατυπώνει κάποιος προφορικά ή γραπτά για ένα γεγονός ή ένα έργο, μια πράξη ή τη συμπεριφορά κάποιου: *-α του τύπου για τις δηλώσεις του πρωθυπουργού.* **2.** (φιλολ.) ερμηνεία χωρίου ή λέξης από το έργο συγγραφέα, κυρίως της αρχαιότητας: *-α μεσαιωνικά/ στον Ησίοδο.*

σχολώ, -άς, (σπανιότερα, λαϊκ.) **σκολώ, -άς** και **-λνώ, -άς,** ρ., αόρ. -ασα. Α. αμτβ. 1. διακόπτω την εργασία της ημέρας: *αργά -άσαμε το βράδι απ' τη δουλειά.* 2. (σχολ.) τελειώνω το ημερήσιο μάθημα: *τι ώρα -άτε την Παρασκευή;* 3. παύω να εργάζομαι ή απολύομαι από την εργασία μου. Β. μτβ. 1. διακόπτω την ημερήσια εργασία ή τα μαθήματα κάποιων: *επειδή χιόνιζε, μας σχόλασαν νωρίτερα.* 2. παύω κάποιον από την εργασία του: *τον σκόλασαν από το εργοστάσιο.* 3. (σπάνια) σταματώ: *να τη -άσουμε την κουβέντα.*
σχώρεση, βλ. *συγχώρηση.*
σχωρνώ, βλ. *συγχωρώ.*
σωβινισμός, βλ. *σοβινισμός.*
σώβρακο το, ουσ., ανδρικό εσώρουχο που καλύπτει το κάτω μέρος του σώματος και στηρίζεται με λάστιχο στη μέση ή τους γοφούς, συνήθως όμοιο με κοντό παντελόνι (σε αντιδιαστολή προς το *σλιπ,* βλ. λ. ή το *μακρύ ~,* που φτάνει ως τους αστραγάλους). - Υποκορ. **-άκι** το = 1. μικρό σώβρακο. 2. *-άκι* (της γυμναστικής) = κοντό παντελόνι από ελαφρό ύφασμα, που το φορά κανείς στη γυμναστική ή το παιχνίδι (συνών. *σορτς*).
σώγαμπρος ο, ουσ. (έρρ., λαϊκ.), γαμπρός που μένει με τη γυναίκα του στο σπίτι των πεθερικών του: *— Γιατί 'σαι μαύρος, κόρακα; — Είμαι ~* (παροιμιόμυθος).
σώζω και (λαϊκ.) **σώνω,** ρ. I. ενεργ. 1. βοηθώ κάποιον ή κάτι να μην πάθει βλάβη, φθορά ή καταστροφή, να ξεφύγει από επικίνδυνη ή δυσάρεστη κατάσταση: *οι πυροσβέστες τον έσωσαν από βέβαιο θάνατο· ό,τι καταφέραμε να -σουμε απ' την πλημμύρα* (συνών. *γλυτώνω, διασώζω*). 2. (θεολ.) για το Θεό ή το Χριστό, που ελευθερώνει τους ανθρώπους από την αμαρτία: *ο Χριστός σταυρώθηκε για να -σει τον κόσμο.* 3. (για πράγμα) διατηρώ κάτι από τη φθορά του χρόνου: *το χειρόγραφο δε -ει όλους τους στίχους του δράματος·* (μέσ.) *-ονται τα ερείπια του κάστρου* (συνών. *διασώζω*). II. μέσ. 1. αποφεύγω κίνδυνο, ζημιά, καταστροφή ή θάνατο: *τρέξε να σωθείς!· το πλοίο βυθίστηκε, αλλά το πλήρωμα -θηκε* (συνών. *γλυτώνω, επιζώ*). 2. (λαϊκ., στον αόρ.) τελειώνω, εξαντλούμαι: *-θηκε το λάδι.* Φρ. *(να) μη -σει(ς)!* (δήλωση αγανάκτησης με μορφή κατάρας σε κάποιον που αρνείται να κάνει κάτι): *— Δεν πάω! —Μη -σεις να πας!· (να) μη -σω!* (για έντονη διαβεβαίωση με μορφή όρκου): *να μη -σω, αν σου λέω ψέματα· τα προσχήματα* (βλ. *πρόσχημα*)· *~ την κατάσταση* (ρυθμίζω επιδέξια ένα ζήτημα, ενεργώ έτσι ώστε να εξελιχθεί μια κατάσταση ομαλά, χωρίς δυσκολίες ή κινδύνους)· *σώθηκα!/-ες!* (ειρων., δήλωση απογοήτευσης, όταν κάτι το θεωρούμε ανεπαρκές και ανώφελο για το σκοπό που γίνεται)· *-νει και καλά,* βλ. *καλά.*
σωθικά τα, ουσ. 1. εντόσθια: *με πονούν τα ~ μου* (συνών. *σπλάχνα*). 2. (μεταφ.) τα βάθη της ψυχής: *έχει μεγάλο καημό στα ~ του.* [εσωθικός < έσωθεν].
σωκρατικός, -ή, -ό, επίθ., που σχετίζεται με το Σωκράτη: *ειρωνεία -ή· μέθοδος -ή.* - Το αρσ. στον πληθ. ως ουσ. = φιλόσοφοι επηρεασμένοι από τη διδασκαλία του Σωκράτη.
σωλέα, βλ. *σολέα.*
σωλήνα, βλ. *σωλήνας.*
σωληνάκι, βλ. *σωλήνας.*
σωληνάριο και **-άρι** το, ουσ. (ασυνίζ.), σωληνοειδές δοχείο από μαλακό μέταλλο ή πλαστικό με βιδωτό στόμιο, όπου τοποθετούνται διάφοροι πολτοί ή φάρμακα: *~ οδοντόκρεμας/αλοιφής/αντζούγιας.*
σωλήνας ο και (λαϊκ.) **σωλήνα** η, ουσ. 1. μακρύς κοίλος κυλινδρικός αγωγός από πλαστικό, μέταλλο, ψημένη γη, κλπ., με τον οποίο διοχετεύονται υγρά και αέρια: *~ ύδρευσης/υγραερίου.* 2. σωληνοειδές οστρακόδερμο μαλάκιο. 3. (ιατρ.) κάθε όργανο του σώματος που έχει σχήμα κυλινδρικού αγωγού: *~ αναπνευστικός.* Έκφρ. *παιδί του -α* (= παιδί που γεννήθηκε με τεχνητή γονιμοποίηση). - Υποκορ. **-άκι** το (μόνο σημασ. 1).
σωληνοειδής, -ής, -ές, γεν. *-ούς,* πληθ. αρσ. και θηλ. *-είς,* ουδ. *-ή,* επίθ., που έχει σχήμα σωλήνα: *μαλάκιο -ές.*
σωληνώνω, ρ., τοποθετώ σωλήνες.
σωλήνωση η, ουσ. 1. τοποθέτηση σωλήνων. 2. σύνολο σωλήνων συσκευής ή εγκατάστασης: *-ώσεις καλοριφέρ.*
σωληνωτός, -ή, -ό, επίθ., που έχει σωλήνες: *μηχάνημα -ό.*
σώμα το, ουσ. 1. σύνολο οργάνων που απαρτίζουν ζωντανό οργανισμό (σε αντιδιαστολή με το πνεύμα ή την *ψυχή*): *~ ανθρώπου/ζώου/γυμνασμένο* (συνών. *κορμί*). 2. κάθε υλικό αντικείμενο: *-ατα στερεά/υγρά/αέρια.* 3. ομοιογενής μάζα. 4. το κύριο μέρος κάθε πράγματος (άσχετα από τα προσαρτήματά του): *-ατα καλοριφέρ.* 5. (χημ.) *~ σύνθετο* = που αποτελείται από δύο ή περισσότερα συστατικά· *~ απλό* = που δεν υποδιαιρείται σε άλλα απλούστερα. 6. κάθε αντίτυπο βιβλίου: *που λήθηκαν χίλια -ατα της έκδοσης.* 7. σύνολο προσώπων που συγκροτούν οργάνωση, κατηγορία, τάξη ή επάγγελμα: *~ ορκωτών λογιστών· -ατα ασφάλειας* (= χωροφυλακή, αστυνομία πόλεων και πυροσβεστικό σώμα)· *~ εκλογικό.* 8. (στρατ.) α. οργανωμένη στρατιωτική δύναμη που τελεί υπό ενιαία διοίκηση· β. τμήμα στρατού που δεν εμπλέκεται άμεσα στον πολεμικό αγώνα, αλλά προσφέρει υποστήριξη διοικητικής ή λογιστικής φύσης: *~ τεχνικό/μεταφορών/υλικού πολέμου* (αντ. *όπλα*)· γ. *~ στρατού* = μια από τις ανώτερες μεγάλες μονάδες ξηράς: *τρίτο ~ στρατού.* 9. (εκκλ.) *~ Χριστού* = ο άρτος της Θείας Ευχαριστίας. 10. *~ εγκλήματος* = τα πειστήρια του εγκλήματος. Έκφρ. *~ με ~· μάχη ~ με ~.* - Υποκορ. **-ατάκι** το (στη σημασ. 1).
σωμασκία η, ουσ., σωματική άσκηση, γυμναστική.
σωματάκι, βλ. *σώμα.*
σωματάρχης ο, ουσ. (στρατ.) διοικητής στρατιωτικού σώματος.
σωματειακός, -ή, -ό, επίθ. (ασυνίζ.), που σχετίζεται με σωματείο: *ενώσεις -ές· κράτος -ό.*
σωματείο το, ουσ., ένωση ατόμων που επιδιώκουν συγκεκριμένους σκοπούς (πνευματικούς, κοινωνικούς, συντεχνιακούς, κ.ά.): *~ καλλιτεχνικό/επαγγελματικό· ~ λιμεναρχών.*
σωματέμπορας, βλ. *σωματέμπορος.*
σωματεμπορία η, ουσ. 1. εμπόριο ανθρώπων ως δούλων (συνών. *δουλεμπόριο*). 2. προμήθεια γυναικών σε οίκους ανοχής ή σε μεμονωμένα άτομα.
σωματεμπόριο το, ουσ. (ασυνίζ.), σωματεμπορία.
σωματέμπορος και (λαϊκ.) **-ρας** ο, ουσ., άτομο που ασχολείται με σωματεμπορία.

σωματίδιο και **σωμάτιο** το, ουσ. (ασυνίζ.), το μικρότερο συστατικό από το οποίο αποτελείται η ύλη.

σωματικός, -ή, -ό, επίθ. **1.** που σχετίζεται με το σώμα: *ακεραιότητα -ή· ελάττωμα -ό.* **2.** που ασκείται στο σώμα: *έρευνα -ή· -ή αγωγή* = συστηματική και μεθοδική μέριμνα για την άρτια εξέλιξη των σωματικών λειτουργιών· (νομ.) *-ή βλάβη* = κάθε κάκωση του ανθρώπινου σώματος που συνεπάγεται βλάβη υγείας. - Επίρρ. **-ά.**

σωμάτιο, βλ. *σωματίδιο.*

σωματολογία η, ουσ., κλάδος της ανθρωπολογίας που ασχολείται με τη μελέτη του ανθρώπινου σώματος.

σωματολογικός, -ή, -ό, επίθ., που σχετίζεται με τη σωματολογία.

σωματομετρία η, ουσ., κλάδος της ανθρωπολογίας που ασχολείται με τη μελέτη των διαστάσεων του ανθρώπινου σώματος.

σωματομετρικός, -ή, -ό, επίθ., που σχετίζεται με τη σωματομετρία.

σωματοφύλακας ο, ουσ., φύλακας της σωματικής ακεραιότητας κάποιου: *~ πρωθυπουργού.*

σωματοφυλακή η, ουσ., το σύνολο των σωματοφυλάκων κάποιου προσώπου.

σωματώδης, -ης, -ες, γεν. -ους, πληθ. αρσ. και θηλ. -εις, ουδ. -η, επίθ., που είναι παχύς και ψηλός (συνών. *μεγαλόσωμος·* αντ. *μικρόσωμος*).

σωμόν, βλ. *σομόν.*

σωμός και **σωσμός** ο, ουσ. (λαϊκ.). **1.** γλυτωμός, διάσωση (αντ. *χαμός*). **2.** τελειωμός: *δεν έχουνε -ό τα βάσανά του· είδα γιαλούς χωρίς -ό.*

σώνω, βλ. *σώζω.*

σώος, -α, -ο, επίθ., που δεν έπαθε καμιά βλάβη, ασφαλής: *επέστρεψαν όλοι -οι από την επιχείρηση·* έκφρ. *~ και αβλαβής* (= κατάγερος).

σωπαίνω, ρ. **1.** δε μιλώ, δεν ακούγομαι: *όλοι γύρω σώπαιναν* (συνών. *σιωπώ*). **2.** παύω να μιλώ. **3.** (σπάνια μτβ.) δεν αφήνω κάποιον να μιλήσει: *είδαν κι έπαβαν να το -άσουν.*

σωπώ, βλ. *σιωπώ.*

σωρεία η, ουσ., πληθώρα: *~ παραβάσεων/επιχειρημάτων.*

σωρείτης ο, ουσ. **1.** (λόγ.) είδος σύνθετου συλλογισμού που μπορούμε να αναλύσουμε σε τόσους απλούς συλλογισμούς, όσες είναι και οι προτάσεις, εκτός από την πρώτη και την τελευταία· (μεταφ.) *~ φραστικός.* **2.** (μετεωρ.) σύννεφο πυκνό με κατακόρυφη ανάπτυξη, που η κορυφή του σχηματίζει θόλους πλαισιωμένους από στρογγυλές προεξοχές όμοιες με πύργους, λόφους, κεφάλια ζώων, κλπ.

σώρευση η, ουσ. **1.** συσσώρευση. **2.** (νομ.) *~ αγωγών* = ένωση στην ίδια δικογραφία περισσότερων αγωγών για να εκδικαστούν μαζί.

σωρευτικός, -ή, -ό, επίθ., που αναφέρεται στη διαδοχική συγκέντρωση όμοιων πραγμάτων στο ίδιο μέρος, για τον ίδιο σκοπό (συνήθως μεταφ.): *παράθεση επιχειρημάτων/επίδραση φαινομένων -ή.* - Επίρρ. **-ά.**

σωρεύω, ρ. (λόγ.), σχηματίζω σωρό (συνών. *συσσωρεύω*).

σωρηδόν, επίρρ. **1.** κατά σωρούς. **2.** σε μεγάλο αριθμό.

σωριάζω, ρ. (συνιζ.). **1.** μαζεύω σε σωρό: *όσα οι οχτροί μας κόκαλα -ασανε αποπάνω* (Σικελιανός). **2.** (μέσ.) πέφτω κάτω σα σωρός ή άψυχο πράγμα: *-στηκε στη μέση του δρόμου.*

σώριασμα το, ουσ. (συνιζ.). **1.** σχηματισμός σωρού: *~ ξύλων* (συνών. *στοίβαγμα*). **2.** πτώση.

σωριαστός, -ή, -ό, επίθ. (συνιζ.), που έχει μορφή σωρού. - Επίρρ. **-ά.**

σωροβολιάζομαι, ρ. (συνιζ., λαϊκ.), σωριάζομαι.

σωρός ο, ουσ. **1.** σύνολο πολλών πραγμάτων τοποθετημένων το ένα πάνω στο άλλο: *~ από πέτρες/ξύλα* (συνών. *στοίβα*). **2.** (με το ένα) πληθώρα: *ξοδέψαμε ένα -ό χρήματα· έχει ένα -ό φίλους.*

σωσίας ο, ουσ., άτομο όμοιο στη μορφή με κάποιο άλλο, ώστε να μην ξεχωρίζουν εύκολα. [κύρ. όν. *Σωσίας*].

σωσίβιο το, ουσ. (ασυνίζ.), συσκευή, συνήθως σε σχήμα κουλούρας, από ελαφρύ υλικό (πλαστικό ή λάστιχο) που φουσκώνεται με αέρα και χρησιμεύει για τη διάσωση ναυαγών ή για να επιπλέουν τα μικρά παιδιά ωσότου μάθουν να κολυμπούν.

σωσίβιος, -α, -ο, επίθ. (ασυνίζ.), που χρησιμοποιείται για τη διάσωση ατόμου που βρίσκεται στη θάλασσα: *λέμβος -α.*

σώσιμο το, ουσ. (λαϊκ.). **1.** διάσωση, σωτηρία: *~ ναυαγών.* **2.** τελείωμα: *~ τροφίμων.*

σώσμα το, ουσ., τελευταία ποσότητα κρασιού που αντλείται από βαρέλι.

σωσμός, βλ. *σωμός.*

σώσον, Κύριε! αρχαϊστ. φρ.· για να δηλώσουμε κατάπληξη.

σωστά, βλ. *σωστός.*

σωστικός, -ή, -ό, επίθ., που είναι ικανός να σώζει: *ανασκαφή/συμβουλή -ή* (συνών. *σωτήριος*).

σωστός, -ή, -ό, επίθ. **1.** που διατηρήθηκε ακέραιος, ολόκληρος: *θέλει και την πίτα -ή και το σκύλο χορτάτο* (παροιμ., γι' αυτούς που επιδιώκουν να ωφεληθούν χωρίς να κοπιάζουν). **2.** που δεν του λείπει τίποτε, συμπληρωμένος, ολόκληρος: *μου πήρε -ές τρεις ώρες η δακτυλογράφηση· είναι μεσάνυχτα -ά.* **3.** μετρημένος με ακρίβεια: *είναι -ά τα ρέστα.* **4α.** που δεν έχει λάθη: *λύση/απάντηση -ή* (αντ. *λανθασμένος*). **β.** ορθός: *άποψη -ή.* **5.** πραγματικός, αληθινός: *μου στάθηκε ~ αδελφός· -ή τρέλα η ενέργειά σου· μεγάλωσε και έγινε -ή γυναίκα.* **6.** ενδεδειγμένος, ταιριαστός: *προδιαγραφές -ές· διατροφή -ή.* **7.** (για ρολόι) που δεν πηγαίνει ούτε μπροστά ούτε πίσω: *είναι το ρολόι σου -ό;* **8.** δίκαιος: *δικαστής -ό* (αντ. *μεροληπτικός*). **9.** τέλειος: *καύση -ή* (= που δεν αφήνει κατάλοιπα). -Το ουδ. ως ουσ. = πράξη δίκαιη ή ενδεδειγμένη: *Το -ό είναι να παραμείνει στη θέση του·* έκφρ. *το -ό -ό* (= η αλήθεια πρέπει να λέγεται)· φρ. *δεν είναι στα ή με τα -ά του* (= παραλογίζεται)· φρ. *με τα -ά σου μιλάς;* (= σοβαρά μιλάς ή αστειεύεσαι;). - Επίρρ. **-ά.**

σώστρα τα, ουσ., αμοιβή που δικαιούται άτομο που διασώζει πλοίο εγκαταλειμμένο από το πλήρωμά του ή που περισυλλέγει λείψανα πλοίου ή του φορτίου του.

σωτήρας ο, ουσ. **1.** άτομο που σώζει κάποιον από κακό (συνών. *λυτρωτής*). **2.** (θρησκ.) *ο Σ-ς* = ο Χριστός.

σωτηρία η, ουσ., απαλλαγή από κακό, λύτρωση: *~ της ψυχής/πατρίδας· ο άρρωστος δεν έχει ~* (= δε γλυτώνει)· έκφρ. *σανίδα -ας* (= βοήθεια που σώζει).

σωτήριος, -α, -ο, επίθ. (ασυνίζ.), που συντελεί στη σωτηρία· που απαλλάσσει από κίνδυνο, δεινά ή αρρώστια: *επέμβαση -α* (αντ. *ολέθριος*)· *φάρμακο*

-ο. Έκφρ. *έτος -ο* (= έτος που αριθμείται από τη γέννηση του Χριστού).
σωτρόπι το, ουσ. (ναυτ.) ξύλο που συγκρατεί εσωτερικά το κύτος του πλοίου. [**εσωτρόπιον*<*έσω* + *τρόπις*].
σωφέρ, βλ. *σοφέρ*.
σωφρονίζω, ρ. 1. κάνω κάποιον συνετό (συνών. *συνετίζω*). 2. παιδεύω, τιμωρώ.
σωφρονισμός ο, ουσ. 1. το να συνετίζει κανείς κάποιον. 2. τιμωρία που αποβλέπει στο να συνετίσει κάποιον.

σωφρονιστήριο το, ουσ. (ασυνίζ.). 1. δημόσιο ίδρυμα όπου κλείνονται άτομα για σωφρονισμό. 2. τόπος περιορισμού, πειθαρχείο.
σωφρονιστής ο, ουσ., αυτός που σωφρονίζει.
σωφρονιστικός, -ή, -ό, επίθ., που είναι κατάλληλος να σωφρονίζει: *φυλακές -ές· σύστημα -ό*. - Το θηλ. ως ουσ. = κλάδος της Εγκληματολογίας που ερευνά διάφορα σωφρονιστικά συστήματα.
σωφροσύνη η, ουσ. 1. το να είναι κανείς συνετός (συνών. *σύνεση, φρόνηση*). 2. κοσμιότητα, σεμνότητα.

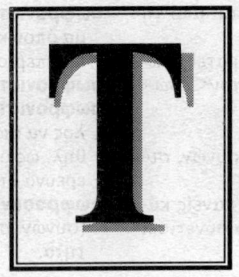

τ, Τ (ταυ). 1. το δέκατο ένατο γράμμα του ελληνικού αλφαβήτου· ένα από τα σύμφωνα της ελληνικής γλώσσας. - Βλ. και *ταυ*. 2. αριθμητικό σημείο = α. (όταν έχει τόνο επάνω δεξιά ή τελεία κάτω δεξιά: Τ΄, τ΄, τ.) τριακόσια, τριακοσιοστός· β. (όταν έχει τόνο κάτω αριστερά: ,τ) τριακόσιες χιλιάδες.
τα άδηλα και τα κρύφια· αρχαϊστ. εκφρ.· για να χαρακτηρίσει κανείς πράγματα, γεγονότα που δεν είναι φανερά.
ταβάνα και **ταβανόμυγα** η, ουσ., μεγάλη μύγα που ενοχλεί τα ζώα. [ιταλ. *tabano*].
ταβάνι και (ιδιωμ.) **νταβάνι** το, ουσ., οροφή (βλ. λ.). [τουρκ. *tavan*].
ταβανοκολόνα η, ουσ., κολόνα που στηρίζει το ταβάνι.
ταβανόμυγα, *ταβάνα*.
ταβονοσάνιδο το, ουσ., σανίδα που χρησιμοποιείται στην κατασκευή ή την επένδυση της οροφής δωματίου: *μάντρωσε τη λίγη γης με πήχες από -α* (Ι.Μ. Παναγιωτόπουλος).
ταβανόσκουπα και (λαϊκ.) **νταβανόσκουπα** η, ουσ., σκούπα με μακρύ κοντάρι για να ξεσκονίζονται ή να ασπρίζονται η οροφή και οι τοίχοι δωματίου: *ψηλός σαν ~*.
ταβάνωμα το, ουσ. (λαϊκ.), η ενέργεια και το αποτέλεσμα του ταβανώνω (βλ. λ.).
ταβανώνω, ρ. (λαϊκ.), σανιδώνω την οροφή δωματίου.
ταβάς και **νταβάς** ο, ουσ. (λαϊκ.), μεγάλο ρηχό χάλκινο ταψί: *φασόλια ~* (= φασόλια στο φούρνο). [τουρκ. *tava*].
ταβατούρι, βλ. *νταβαντούρι*.
ταβέρνα η, ουσ. 1. (παλαιότερα) καπηλειό: *μες στην υπόγεια την ~*, /*μες σε καπνούς και σε βρισιές* (Βάρναλης). 2. λαϊκό εστιατόριο (συνών. *ταβερνείο*) - Υποκορ. **-άκι** το και **-ούλα** η. [μτγν. *ταβέρνα*<λατ. *taberna*].
ταβερναριά η, ουσ. (συνιζ., λαϊκ.), το σύνολο των πελατών μιας ταβέρνας· παροιμ. *και το βαγένι γεμάτο και την ~ χορτασμένη* (= για όσους θέλουν να πετύχουν κάτι χωρίς καμιά θυσία).
ταβερνείο το, ουσ. (παιγνιωδώς ή μειωτ.) ταβέρνα (βλ. λ.).
ταβερνιάρης ο, θηλ. **-ισσα**, ουσ. (συνιζ.), ιδιοκτήτης της παλαιού τύπου ταβέρνας.
ταβερνόβιος, -α, -ο, επίθ. (ασυνίζ.), που περνά τον καιρό του στις ταβέρνες.
ταβερνούλα, βλ. *ταβέρνα*.

τάβλα η, ουσ. (λαϊκ.). 1. σανίδα (συνών. *μαδέρι*). 2. ξύλινο τραπέζι για φαγητό· εκφρ. *τραγούδια της -ας* (= που τραγουδιούνται στο τραπέζι την ώρα του φαγητού και δε χορεύονται, επιτραπέζια). Φρ. *έγινε ~* (= μέθυσε). [λατ. *tabula*].
ταβλαδόρος και **ταβλιστής** ο, ουσ. (λαϊκ.), ικανός παίχτης στο τάβλι.
ταβλαμπάς και **ταβραμπάς** ο, ουσ. (όχι ερρ.), (ιδιωμ., σκωπτ.) παχύσαρκος ιερωμένος. [τουρκ. *tavlabaş* ή *ταύρος + αβάς*].
τάβλι το, ουσ. 1. μικρό ξύλινο δίπτυχο στενό κιβώτιο που ανοίγεται και πάνω στις δύο εσωτερικές επιφάνειές του παίζεται το ομώνυμο παιγνίδι. 2. το παιχνίδι που παίζεται από δύο άτομα με τη μετακίνηση πάνω στις δύο επιφάνειες του παραπάνω αντικειμένου δύο ομάδων από πούλια σύμφωνα με το ρίξιμο των ζαριών. [μτγν. *τάβλα*].
ταβλιστής, βλ. *ταβλαδόρος*.
ταβραμπάς, βλ. *ταβλαμπάς*.
ταγάρι το, ουσ. 1. σακούλι από χοντρό μάλλινο ύφασμα που κρεμιέται από τον ώμο και χρησιμοποιείται για μεταφορά τροφίμων από ξωμάχους στο χώρο της δουλειάς ή από οδοιπόρους (συνών. *ντορβάς*)· φρ. *μου 'γινες ~* (= μου 'γινες φορτικός). 2. (μεταφ.) για άνθρωπο άξεστο.
ταγγάδα η, ουσ. (ερρ.), η ιδιότητα, η δυσάρεστη γεύση του ταγγού (βλ. λ.).
ταγγιάζω, ρ., μτχ. παρκ. **-σμένος** (ερρ., συνιζ.), ταγγίζω (βλ. λ.): *-ιασε το βούτυρο*.
τάγγισμα το, ουσ., ταγγάδα (βλ. λ.).
ταγγίζω, ρ., μτχ. παρκ. **-ισμένος** (ερρ.), (για λιπαρά) αλλοιώνομαι και συνακόλουθα αποκτώ δυσάρεστη γεύση και οσμή: *λάδι -ισμένο*.
ταγγίλα η, ουσ. (ερρ.), ταγγάδα (βλ. λ.).
ταγγός, -ή, -ό, επίθ. (ερρ.), (για λιπαρά) που έχει αλλοιωθεί με αποτέλεσμα να έχει δυσάρεστη γεύση και οσμή.
ταγέ, επίθ. άκλ., στην εκφρ. *τζάμια ~* (= με έντονες διακοσμητικές χαρακιές). [γαλλ. *taillé*].
ταγέρ το, ουσ. άκλ., είδος γυναικείου ενδύματος που αποτελείται από σακάκι και φούστα του ίδιου υφάσματος και χρώματος. [γαλλ. *tailleur*].
τα(γ)ή η, ουσ., τροφή που δίνεται στα ζώα, ζωοτροφή.
ταγιαδόρος ο, ουσ. (συνιζ.), αυτός που κατασκευάζει ξυλόγλυπτα.
ταγίζω, βλ. *ταΐζω*.
τα(γ)ίνι το, ουσ. (ιδιωμ.), τροφή για ζώα. [τουρκ. *ta'yin*<*ταγήν*, αιτ. του *ταγή*].

τάγιο το, ουσ. (συνιζ.). **1.** (για χαρτοπαίγνιο) η όλη διάρκεια του παιγνιδιού μέχρι να εξαντληθεί η τράπουλα. **2.** ξυλοφόρτωμα, ξυλοδαρμός. [βενετ. *tagio*].

τάγιστρο το, ουσ. (ιδιωμ.), σακίδιο που κρέμεται από το λαιμό των υποζυγίων και περιέχει την τροφή τους (συνών. *ταγάρι, ταΐστρα*).

ταγκό, βλ. *τανγκό.*

ταγκός, βλ. *ταγγός.*

τάγμα το, ουσ. **1.** στρατιωτική μονάδα πεζικού που συνήθως αποτελείται από τρεις ή τέσσερις λόχους. **2.** οργάνωση μοναχών (ιδίως καθολικών) που ζουν κάτω από ενιαία διοίκηση και σύμφωνα με ορισμένους κανόνες: ~ *φραγκισκανών*. **3.** ομάδα ατόμων με κοινές επιδιώξεις: ~ *ελεύθερων τεκτόνων*. **4α.** σύνολο ατόμων που έχουν τιμηθεί με το ίδιο παράσημο: ~ *του Σωτήρος* **β.** (συνεκδοχικά) το ίδιο το παράσημο: ~ *του Γεωργίου του Α΄*.

ταγματάρχης ο, ουσ. (στρατ.). **1.** διοικητής τάγματος. **2.** βαθμός αξιωματικού του στρατού ξηράς αμέσως ανώτερος του λοχαγού.

ταγματασφαλίτης ο, ουσ., αυτός που υπηρέτησε στα «τάγματα ασφαλείας» κατά τη γερμανική κατοχή (1941-1944).

ταγός ο, ουσ. (λόγ.), πνευματικός ή πολιτικός ηγέτης.

τάδε (ο, η, το), αόρ. αντων. άκλ., (συνήθως στον εν., όταν δε θέλομε να ονομάσομε κάποιον ή κάτι) ο καθένας, ο οποιοσδήποτε: *δε μ' ενδιαφέρει τι λένε ο δείνα και ο* ~· *μου είπε πως θα με περιμένει στο* ~ *μέρος*. - Πβ. και *δείνα*.

τάδ' έφη· αρχαϊστ. φρ.· για να δώσομε ιδιαίτερη σημασία και έμφαση στα λόγια ή τα γραφόμενα συγκεκριμένου προσώπου ή να διαχωρίσομε τη θέση μας απ' αυτά.

τα εν οίκω μη εν δήμω· αρχαϊστ. έκφρ.· για να δηλωθεί ότι δεν πρέπει να κοινολογούνται τα οικογενειακά θέματα.

τα εξ αμάξης· αρχαϊστ. έκφρ.· για περιπτώσεις που γίνεται δριμύς έλεγχος, διατυπώνεται δριμύ κατηγορητήριο: *του έσυρε* ~.

τα ευκόλως εννοούμενα παραλείπονται· αρχαϊστ. φρ.· για περιπτώσεις που παραλείπει κανείς να πει κάτι που το θεωρεί αυτονόητο.

ταζέδικος, -η, -ο, επίθ. (σπάνιο, κυρίως για ψωμί) φρέσκος. [τουρκ. *taze*].

τάζω, ρ., αόρ. *έταζα*, παθ. αόρ. *τάχτηκα*, μτχ. παρκ. *τα(γ)μένος*. **1.** υπόσχομαι να προσφέρω ή να κάνω κάτι: *μου έταξε πως θα με βοηθήσει·* φρ. ~ *λαγούς με πετραχήλια* (= υπόσχομαι πράγματα που δεν μπορώ να τα πραγματοποιήσω). **2.** (θρησκ.) υπόσχομαι στο Θεό ή σε άγιο να προσφέρω ή να εκτελέσω κάτι: *έταξε στην Παναγία ένα χρυσό καντήλι*. **3.** (με υποκ. συν. *μοίρα, ριζικό*, κ.τ.ό.) προκαθορίζω κάτι: *άλλα αυτός περίμενε να γίνουν κι άλλα του είχε τάξει η μοίρα του*. - Η μτχ. παρκ. ως επίθ. = που έχει υποσχεθεί στο Θεό ή σε άγιο να προσφέρει ή να εκτελέσει κάτι: *είμαι ταμένος να πάω στην Παναγία της Τήνου το δεκαπενταύγουστο*.

ταή, βλ. *ταγή*.

ταΐζω, ρ. **1.** δίνω τροφή, τρέφω: *δεν τάισα ακόμη το μωρό· θα -σω σε λίγο τις κότες*. **2.** (λαϊκ.), δωροδοκώ: *αν δεν -σεις, δεν κάνεις τη δουλειά σου*. **3.** (με αντικ. τη λ. *φωτιά*) ενισχύω. *-σαμε τη φωτιά για να κρατήσει*.

Ταϊλανδέζα, βλ. *Ταϊλανδέζος*.

ταϊλανδέζικος, -η, -ο, επίθ., που ανήκει ή αναφέρεται στην Ταϊλάνδη ή τους Ταϊλανδέζους.

Ταϊλανδέζος ο, θηλ. **-α,** ουσ., αυτός που κατοικεί στην Ταϊλάνδη ή κατάγεται από εκεί.

ταινί, βλ. *τα(γ)ίνι*.

ταινία η, ουσ. **1.** μακρόστενο κομμάτι από ύφασμα, δέρμα, κλπ. (συνών. *λωρίδα*). **2.** (αρχιτ.) κόσμημα που αποτελείται από συνεχείς γραμμές. **3α.** λεπτή λωρίδα από πλαστική ύλη όπου εγγράφονται εικόνα και ήχος, που χρησιμοποιείται στις κινηματογραφικές μηχανές λήψης και προβολής, καθώς και σε μαγνητόφωνα (συνών. *μαγνητοταινία, φιλμ*)· **β.** κινηματογραφικό ή τηλεοπτικό έργο: *-ες μεγάλων σκηνοθετών· παρακολούθησα χθες βράδι μια παλιά* ~ *στην τηλεόραση*. **4α.** (κτηνιατρ.-ιατρ.) παράσιτο (σκουλήκι) που μολύνει τους χοίρους και τα βοοειδή, αλλά μπορεί να περάσει και στο ανθρώπινο πεπτικό σύστημα από μολυσμένο κρέας, αν δεν έχει ψηθεί καλά, τρέφεται μέσα στο έντερο, όπου μπορεί να αποκτήσει μήκος έως δέκα μέτρα και αποβάλλεται με θεραπεία (συνών. *χάλαζα*)· **β.** η ασθένεια που προκαλείται από αυτό το παράσιτο.

ταινίαση η, ουσ. (ιατρ.) εντερική ανωμαλία εξαιτίας της παρουσίας ενός είδους σκουληκιού στα έντερα (συνών. *ταινία* στη σημασ. 4β).

ταινιοειδής, -ής, -ές, γεν. *-ούς*, πληθ. αρσ. και θηλ. *-είς*, ουδ. *-ή*, επίθ. (ασυνίζ.), που έχει το σχήμα ταινίας.

ταινιοθήκη η, ουσ. (ασυνίζ.), θήκη όπου τοποθετούνται ταινίες (βλ. λ. σημασ. 3α).

ταινιωτός, -ή, -ό, επίθ. (ασυνίζ.), που αποτελείται από ταινίες ή έχει μορφή ταινιών: *-ή διακόσμηση αγγείου*.

ταίρι το, ουσ. **1.** το ένα από τα δύο όμοια πράγματα που αποτελούν ζευγάρι: *το* ~ *του παπουτσιού/του γαντιού*. **2.** αυτός που είναι όμοιος με κάποιον άλλο όπως τα μέλη ενός ζευγαριού· συνήθως στη φρ. *δεν έχει* ~ (= δε μοιάζει με κανένα): *στην ομορφιά η θυγατέρα σου δεν έχει* ~. **3α.** σύντροφος στη ζωή, σύζυγος: *εγώ βρήκα το* ~ *μου*· **β.** στενός φίλος. [υποκορ. του *εταίρος*].

ταιριάζω, ρ. (συνιζ.), μτχ. *-σμένος*. **Α.** μτβ. **1.** συνδυάζω δυο πράγματα που ανήκουν σε ζευγάρι: ~ *τα γάντια·* φρ. ~ *την ομοιοκαταληξία* (= βρίσκω δύο λέξεις που να μπορούν στο τέλος δύο συναφών στίχων να σχηματίσουν ομοιοκαταληξία). **2.** (γενικότερα) συνδυάζω, συναρμόζω δυο ή περισσότερα πράγματα: ~ *τη φούστα με τη μπλούζα*. **3.** συμβιβάζω, κάνω δύο ανθρώπους να συμφωνήσουν μεταξύ τους: *δεν μπόρεσα να τους τα -σω·* φρ. *τα -σανε* (= συμφωνήσανε). **4.** συνδυάζω τα λεγόμενα κάποιου ή κάποιων για να βγάλω συμπέρασμα: *-ιαξε όσα του είπαν και κατάλαβε τι έγινε·* φρ. *ο κουφός τα -ει* (= όποιος δεν ακούει καλά βγάζει από όσα λέγονται τα συμπεράσματα που αυτός θέλει). **5.** προσπαθώ να διορθώσω μια άσχημη κατάσταση: *φάνηκε το ψέμα του, αλλά τελικά τα -ιαξε μια χαρά*. **Β.** αμτβ. **1.** συναρμόζομαι, είμαι σε συμφωνία, συμφωνώ: *το κεντημα δεν -ει με το ύφασμα· τα χρώματα δεν -ουν μεταξύ τους· δεν -ουν οι απόψεις μας*. **2.** προσαρμόζομαι, εφαρμόζω σε κάτι: *το κλειδί δεν -ει στην κλειδαριά*. **3.** (συνεκδοχικά, για πρόσωπο) έχω αρμονική σχέση με κάποιον, συμφωνώ σε πολλά πράγματα μαζί του: *η γυναίκα μου κι εγώ -ουμε πολύ·* φρ. *-ουν τα χνώτα μας* (= έχομε τις ίδιες ιδέες)· παροιμ. φρ. *αν*

ταίριασμα

δεν -αμε, δε θα συμπεθεριάζαμε (= η δημιουργία φιλικού δεσμού έχει βασική προϋπόθεση τη συμφωνία των χαρακτήρων). 4. είμαι κατάλληλος για κάτι ή κάποιον: *τα ρούχα σου δεν -ουν για την περίσταση·* αυτή η δουλειά δε μου *-ει*. 5. (απρόσ., συνήθως με άρνηση) αρμόζει, πρέπει, είναι σωστό: *δεν -ει να του μιλήσεις μ' αυτό τον τρόπο*. -Η μτχ. ως επίθ. = αρμονικός, ταιριαστός: *ανδρόγυνο -σμένο*.

ταίριασμα το, ουσ. (συνιζ.), η ενέργεια και το αποτέλεσμα του ταιριάζω.

ταιριαστός, -ή, -ό και **-αχτός**, επίθ. (συνιζ.), που ταιριάζει (βλ. λ.), που είναι ταιριασμένος: *ζευγάρι -ό*.

τάισμα το, ουσ. 1. η ενέργεια και το αποτέλεσμα του ταΐζω (βλ. λ.). 2. (μεταφ., λαϊκ.) δωροδοκία.

ταΐστρα η, ουσ., τάγιστρο (βλ. λ.).

ταϊφάς και **νταϊφάς** ο, ουσ. (παλαιότ.). 1. ομάδα ατάκτων· συμμορία (συνών. *μπουλούκι*). 2. συντροφιά, παρέα. [τουρκ. *tayfa*].

τακάκι, βλ. *τάκος*.

τα καλά και συμφέροντα· αρχαϊστ. έκφρ.· για να δηλωθεί ότι επιδιώκεται το ατομικό αποκλειστικά συμφέρον.

τάκα τάκα· λαϊκ. έκφρ. = αμέσως, γρήγορα.

τακίμι το, πληθ. *-ια*, ουσ. 1. σύνολο πραγμάτων που χρησιμοποιούνται για τον ίδιο σκοπό. 2. (λαϊκ., στον πληθ.) παρέα. [τουρκ. *takιm*].

τάκος και **ντάκος** ο, ουσ. 1. κομμάτι ξύλου που χρησιμοποιείται για να στηρίξει κάτι. 2. (μεταφ.) κομμάτι ψωμιού, ιδίως από την άκρη. - Υποκορ. **-άκι** το. [βενετ. *taco*].

τακούνι το, ουσ. α. κομμάτι από σκληρό υλικό που τοποθετείται στο τμήμα των παπουτσιών κάτω από τις φτέρνες και το ανυψώνει: *-ια ψηλά/μυτερά/χοντρά*. β. πρόσθετο τμήμα (από δέρμα, καουτσούκ, κλπ.) που τοποθετείται στο κάτω μέρος αυτού του κομματιού: *είπα στον τσαγγάρη να μου αλλάξει -ια*. - Υποκορ. **-άκι** το = χαμηλό τακούνι. [ιταλ. *taccone*].

τακτ το, ουσ. άκλ., το να μην κάνει ή να μη λέει κανείς πράγματα που ενοχλούν ή φέρνουν σε δύσκολη θέση τους άλλους, λεπτή και διακριτική συμπεριφορά: *άνθρωπος με ~*. [γαλλ. *tact*].

τακτική η, ουσ. 1. ο τρόπος, η μέθοδος που ακολουθεί κανείς στις ενέργειές του: *ο αδελφός μου ακολουθεί άλλη ~ από τη δική μου*. 2. συγκεκριμένος τρόπος για να επιτύχει κανείς ορισμένο σκοπό: *ποια ~ πρέπει να ακολουθήσω για να πετύχω στις εξετάσεις; αυτή η ~ δεν είναι κατάλληλη γι' αυτό που επιδιώκεις*. 3. (στρατ.) συγκεκριμένος τρόπος με τον οποίο εκτελείται μια ορισμένη στρατιωτική επιχείρηση. 4. τάξη: *αυτός δεν έχει ~ στη ζωή του*.

τακτικός, -ή, -ό, επίθ. 1. που συμβαίνει κατά καθορισμένα χρονικά διαστήματα: *έλεγχος ~· διάλειμμα -ό*. 2. που ακολουθεί σταθερά μια συνήθεια: *είναι ~ κάθε μέρα τέτοια ώρα εδώ· υπάλληλος ~ στην ώρα του· έχομε την -ή συνεδρία του συμβουλίου σήμερα*. 3. που τηρεί την τάξη, που δεν παραβαίνει τα καθήκοντά του: *μαθητής ~ στα μαθήματά του· εργοδότης ~ στις πληρωμές*. 4. μόνιμος: *κρατικός υπάλληλος ~· πανεπιστημιακός καθηγητής ~· ανακριτής ~* (αντ. *έκτακτος*). 5. που υφίσταται σύμφωνα με καθορισμένη τάξη, οργανωμένος: *στρατός ~* (αντ. *άτακτος*). 6. *-ά αριθμητικά* = τα αριθμητικά επίθετα που σημαίνουν την

αριθμητική σειρά του ουσιαστικού στο οποίο αναφέρονται (π.χ. *πρώτος, δεύτερος, κλπ*.). - Το ουδ. ως ουσ. = όσα χρειάζεται κάποιος ή μια οικογένεια για να συντηρηθεί: *αυτά τα σπίτια είχανε το -ό τους* (Κόντογλου).

τακτικότητα η, ουσ., το να είναι κανείς τακτικός.

τακτοποίηση και **ταχτοποίηση** η, ουσ., η ενέργεια και το αποτέλεσμα του τακτοποιώ.

τακτοποιώ και **ταχτοποιώ, -είς**, ρ. (ασυνίζ.). Ι. ενεργ. 1. τοποθετώ τα πράγματα στην κατάλληλη θέση και σε μια ορισμένη διάταξη: *~ τα πράγματά μου στη βαλίτσα/τα βιβλία στη βιβλιοθήκη*. 2. κάνω τις ανάλογες ρυθμίσεις ώστε κάτι να λειτουργεί σωστά, διευθετώ, κανονίζω: *~ μια υπόθεση/τις λεπτομέρειες του θέματος*. 3. εγκαθιστώ κάποιον κάπου: *μας -ησαν σε καλό ξενοδοχείο*. 4. αποκαθιστώ την τάξη σε κάποιο χώρο: *-ησε, σε παρακαλώ, το δωμάτιο*. 5. (για λογαριασμό) εξοφλώ: *-ησα την οφειλή μου*. II. μέσ. 1. εγκαθίσταμαι κάπου: *-ηθήκαμε στο καινούργιο σπίτι*. 2. αποκαθίσταμαι επαγγελματικά και κοινωνικά, αποκτώ τις αναγκαίες προϋποθέσεις για να ζήσω άνετα: *διορίστηκε και -ήθηκε μια χαρά· καθηγητής/τραπεζικός -ημένος*.

τακτός, -ή, -ό, επίθ., που πρέπει να γίνεται σύμφωνα με ορισμένο τρόπο, ο προδιαγραμμένος: *πρέπει να υποβάλει την αίτηση σε -ή προθεσμία*.

ταλαιπωρία η, ουσ., το αποτέλεσμα του ταλαιπωρώ (βλ. λ.): *πέρασα μεγάλη ~ στην ουρά που στάθηκα να ψωνίσω*.

ταλαίπωρος, -η, -ο, επίθ., που έχει υποβληθεί σε ταλαιπωρία (συνών. *δυστυχής*).

ταλαιπωρώ, -είς, ρ. Ι. ενεργ. 1. προκαλώ σε κάποιον σωματικό ή ψυχικό πόνο: *τα βάσανα της ζωής την -ησαν πολύ· ο πόλεμος όλους μάς -ησε*. 2. κουράζω, προκαλώ δυσφορία σε κάποιον: *το ταξίδι μάς -ησε αφάνταστα*. 3. ενοχλώ πρόσωπο ή ζώο προσπαθώντας να διασκεδάσω: *μη -είς αυτό το σκυλάκι· μην -είς τη μητέρα σου με τα παιχνίδια σου* (συνών. στις σημασ. 1 και 3 *βασανίζω, παιδεύω*). II. μέσ. 1. υποφέρω, υφίσταμαι σωματικό ή ψυχικό πόνο: *αρρώστησε και -ήθηκε για καιρό*. 2. κουράζομαι, καταπονούμαι, εξαντλούμαι: *-είται κάθε μέρα με το πήγαινε -έλα· οι αγρότες -ούνται να δουλεύουν τόσο σκληρά!* - Η μτχ. παρκ. ως επίθ. 1. βασανισμένος, καταπονημένος. 2. (για πράγμα) φθαρμένος από την πολλή χρήση: *ρούχα -ημένα*.

ταλανίζω, ρ., βασανίζω, ταλαιπωρώ: *η οικονομική κρίση -ει το σημερινό άνθρωπο*.

ταλανισμός ο, ουσ., η ενέργεια και το αποτέλεσμα του ταλανίζω.

ταλάντευση η, ουσ. (έρρ.). 1. διαδοχική κίνηση προς δύο αντίθετες κατευθύνσεις. 2. (στον πληθ., ηλεκτρολ.) εναλλασσόμενα ηλεκτρικά ρεύματα υψηλής συχνότητας. 3. (μεταφ.) δισταγμός.

ταλαντεύω, ρ. (έρρ.). Ι. (ενεργ.) κάνω κάτι να κινείται προς δύο αντίθετες κατευθύνσεις εναλλάξ, λικνίζω, κουνώ. II. μέσ. 1. κινούμαι πότε εκεί και πότε εδώ: *προσπαθώντας να ισορροπήσει πάνω στη δοκό, -εται*. 2. (μεταφ.) διστάζω ανάμεσα σε δύο ή και περισσότερες δυνατότητες, δεν είμαι σταθερός στη γνώμη ή στις αποφάσεις μου: *-εται αν θα πρέπει να το δεχτεί ή όχι* (συνών. *αμφιρρέπω*).

τάλαντο το, ουσ. (έρρ.). 1. (αρχ.) μονάδα βάρους. 2. (αρχ.) αρχαιοελληνικό νόμισμα που αντιπροσώπεύει την αξία ποσότητας χρυσού ή ασημιού που ζυγίζει ένα τάλαντο. 3α. (εκκλ.) ξύλινο σήμαντρο μοναστηριού· β. (στο Άγιο Όρος) ορισμένος ρυθμός χτυπήματος του χειροσήμαντρου (υ / υ υ). 4. (μεταφ.) φυσικό ή επίκτητο πλεονέκτημα: *το ~ του λόγου· μουσικό ~* (συνών. *ταλέντο*).

ταλαντούχος ο, θηλ. **-α**, ουσ. (έρρ.). 1. ιδιοφυής (συνών. *προικισμένος*). 2. που έχει ταλέντο, ιδίως σε μια από τις καλές τέχνες.

ταλάντωση η, ουσ. (έρρ.). 1. (φυσ.) ρυθμική κίνηση σώματος που κατά ίσα χρονικά διαστήματα ξαναγυρίζει στην προηγούμενη θέση του. 2. (ηλεκτρολ.) ταλάντευση (βλ. λ. σημασ. 2).

τάλαρο και **τάλιρο** το, ουσ. 1. παλαιό νόμισμα: *έδωσε ένα σακούλι -α.* 2. (στον τ. *τάλιρο*) πεντάδραχμο. 3. (στον πληθ.) χρήματα. [βενετ. *talaro*].

τάλε - κουάλε, επίθ. άκλ., απαράλλαχτος, απόλυτα όμοιος. [ιταλ. *tale quale*].

ταλέντο το, ουσ. (έρρ.). α. φυσική ικανότητα που έχει κάποιος να επιτυχαίνει σε κάτι, φυσικό χάρισμα: *~ της ευγλωττίας· έχει ~ να πείθει τους άλλους·* β. ειδική δεξιότητα στο χώρο της καλλιτεχνικής δραστηριότητας και του γραπτού λόγου: *ζωγράφος με μεγάλο ~* (συνών. *τάλαντο στη σημασ.* 4).

ταλιαδόρος ο, ουσ. (συνιζ.), αυτός που κατασκευάζει ξύλινα κοσμήματα (συνών. *ξυλογλύπτης*). [ιταλ. *tagliatore*].

τάλιρο, βλ. *τάλαρο.*

ταλκ το, ουσ. άκλ., είδος αντισηπτικής πούδρας. [γαλλ. *talc*].

ταλμουδιστής ο, ουσ., Εβραίος μελετητής του Ταλμούδ (θρησκευτικού βιβλίου που ερμηνεύει το νόμο του Μωϋσή).

τάμα το, ουσ. 1. υπόσχεση να αφιερώσει κανείς κάτι στο Θεό ή σε άγιο σε ανταπόδοση πραγματοποίησης μιας επιθυμίας του· φρ. *το 'χω ~ να...* (= είμαι αποφασισμένος να κάνω κάτι) (συνών. *τάξιμο, αφιέρωμα*). 2. (συνεκδοχικά) το αντικείμενο που αφιερώνει κανείς, το ανάθημα: *τόσα -ατα έταξα, το κακό έγινε.*

ταμάχι το, ουσ., πλεονεξία. [τουρκ. *tamah*].

ταμαχιάρης ο, θηλ. **-α**, ουσ. (συνιζ.), πλεονέκτης.

τα μεγάλα πνεύματα συναντώνται· φρ. σε περίπτωση που συμπίπτουν οι σκέψεις και οι κρίσεις προσώπων για κάποιο πράγμα χωρίς προηγούμενη συνεννόηση.

ταμειακός, -ή, -ό, επίθ. (ασυνίζ.), που ανήκει ή αναφέρεται στο ταμείο: *μηχανές -ές* = που καταγράφουν κατά σειρά τις τιμές των εμπορευμάτων. - Επίρρ. **-ώς** = από άποψη οφειλών: *είναι -ώς τακτοποιημένος.*

ταμείο το, ουσ. 1. κιβώτιο ή άλλη παρόμοια κατασκευή που περιέχει χρήματα: *~ πλούσιο/άδειο.* 2. γραφείο όπου γίνονται εισπράξεις και πληρωμές: *~ τράπεζας/εταιρείας.* 3. απολογισμός εισπράξεων και πληρωμών: *κάνω ~.* 4. υπηρεσία που έχει έργο να ενεργεί εισπράξεις και πληρωμές: *~ παρακαταθηκών και δανείων.* 5. ασφαλιστικό ίδρυμα δημοσίου δικαίου: *~ υγείας δημοτικών και κοινοτικών υπαλλήλων.*

ταμετζάνα, βλ. *νταμετζάνα.*

ταμίας ο, ουσ. 1. αυτός που έχει έργο να κάνει εισπράξεις και καιυβυλές που αφορούν καταστήματα, επιχείρηση, κλπ.: *~ τραπεζικός· ~ καταστήματος.* 2. οικονομικός διαχειριστής εταιρείας, ιδρύματος, συλλόγου, κλπ.: *~ του συλλόγου/της τάξης.*

ταμιευτήρας ο, ουσ. (ασυνίζ.), μόνο στον όρο *~ νερού* = μεγάλος χώρος όπου συγκεντρώνονται ποσότητες νερού για παροχή στην κατανάλωση.

ταμιευτήριο το, ουσ. (ασυνίζ.), τραπεζική ή ταχυδρομική υπηρεσία που δέχεται καταθέσεις με συγκεκριμένο επιτόκιο: *κατάθεση -ίου* = κατάθεση σε πιστωτικό ίδρυμα που μπορεί να ρευστοποιηθεί αμέσως (λ.χ. *τράπεζα*).

ταμιτζάνα, βλ. *νταμετζάνα.*

ταμπά, επίθ. άκλ. (όχι έρρ.), χρώμα καφετί που μοιάζει με το χρώμα φύλλων καπνού: *αδιάβροχο σε χρώμα ~.* [γαλλ. *tabac*].

ταμπακαρειό το, ουσ. (όχι έρρ., συνιζ.), βυρσοδεψείο (βλ. λ.).

ταμπάκης ο, ουσ. (όχι έρρ.), βυρσοδέψης (βλ. λ.). [τουρκ. *tabak*].

ταμπακιέρα η, ουσ. (όχι έρρ., συνιζ.), θήκη τσιγάρων: *~ χρυσή.* [ιταλ. *tabacchiera*].

ταμπακικο το, ουσ. (όχι έρρ.), ταμπακαρειό, βυρσοδεψείο.

ταμπακοθήκη η, ουσ. (όχι έρρ.), θήκη για ταμπάκο.

ταμπάκος ο, ουσ. (όχι έρρ.). α. σκόνη από φύλλα καπνού, που τον ρουφούν από τη μύτη ή τον καπνίζουν σε τσιγάρα, πίπα, πούρα, κ.τ.ό.: *στούμπωνε τα ρουθούνια του με -ο· ~ για πίπα/κουβανέζικος* (συνών. *καπνός*). [ισπαν. *tabaco*].

ταμπέλα η, ουσ. (όχι έρρ.). 1. πινακίδα όπου γράφεται η επωνυμία ή το είδος μιας επιχείρησης ή μιας οργάνωσης: *~ της εισόδου.* 2. (μεταφ.) φαινομενική ή υποθετική ταυτότητα μιας πολιτικής ή κοινωνικής οργάνωσης. - Υποκορ. **-ίτσα** η. [ιταλ. *tabella*].

ταμπεραμέντο το, ουσ. (προφ. *μ-π, ν-τ*). 1. το σύνολο των ιδιοτήτων, των τρόπων συμπεριφοράς και των ψυχικών διαθέσεων ενός ατόμου (συνών. *ιδιοσυγκρασία*). 2. ισχυρή, σωματικώς κυρίως, ιδιοσυγκρασία: *αυτός που έχει ~· είναι άνθρωπος με ~.* [ιταλ. *temperamento*].

τά(μ)πια και **ντάπια** η, ουσ. (συνιζ., λαϊκ.), προμαχώνας: *οι -ιες του κάστρου.* [τουρκ. *tabya*].

ταμπλάς, βλ. *νταμπλάς.*

ταμπλέτα η, ουσ. (όχι έρρ.). α. φάρμακο σε σχήμα πεπλατυσμένων δισκίων: *-ες αντιβηχικές·* β. δισκίο με οσμή ειδική για να απωθεί τα έντομα και κυρίως τα κουνούπια. [γαλλ. *tablette*].

ταμπλό το, ουσ. άκλ. (όχι έρρ.), πίνακας. [γαλλ. *tableau*].

ταμπλόιντ το, ουσ. άκλ. (όχι έρρ. δις), σχήμα εφημερίδας μικρού μεγέθους: *από τη Δευτέρα η εφημερίδα θα βγαίνει σε ~.* [αγγλ. *tabloid*].

ταμπόν, άκλ. και **ταμπόν** το, ουσ. (προφ. *μ-π*). 1. βαμβάκι με γάζα που χρησιμεύει για να σταματήσει μια αιμορραγία, για να καθαριστεί το δέρμα μας, κλπ. 2. *~ σφραγίδας* = μικρό κουτί με ύφασμα διαποτισμένο από μελάνι στο οποίο πιέζεται η σφραγίδα προτού χρησιμοποιηθεί. [γαλλ. *tampon*].

ταμπονάρισμα το, ουσ. (προφ. *μ-π*), η ενέργεια και το αποτέλεσμα του ταμπονάρω.

ταμπονάρω, ρ. (προφ. *μ-π*), χρησιμοποιώ ταμπόν.

ταμπόνι, βλ. *ταμπόν.*

ταμπού το, ουσ. άκλ. (όχι έρρ.). 1. αντικείμενο, πρόσωπο ή θέμα που θεωρείται ιερό και απαραβίαστο και απαγορεύεται να το θίξει κανείς. 2. *~ (κοινω-*

ταμπούκα   1332

νικό) = απαγόρευση που συμφωνεί με ορισμένα κοινωνικά ήθη. **3.** *λέξη* ~ = που δεν πρέπει καν να την προφέρει κανείς. [γαλλ. *tabou* πολυνησιακής προέλευσης].

ταμπούκα, βλ. *ταραμπούκα.*

ταμπουράς ο, ουσ. (όχι έρρ.), είδος έγχορδου λαϊκού μουσικού οργάνου με μικρό και συνήθως αχλαδόσχημο ηχείο και μακρύ χέρι (ή ουρά) που συνεχίζει το ηχείο χωρίς να ξεχωρίζει καθαρά από αυτό· φρ. *η κοιλιά του παίζει* -*ά* (= πεινά). [περσ. *danbarah*].

ταμπουρέ το, ουσ. άκλ. (όχι έρρ.), μικρό κάθισμα χωρίς πλάτη και μπράτσα: ~ *κουζίνας/μπαρ/πιάνου.* [γαλλ. *tabouret*].

ταμπούρι το, ουσ. (όχι έρρ.), (παλαιότερα) **1.** τάγμα στρατού. **2.** οχύρωμα, προμαχώνας: *στα* -*ια πολεμούσανε τους Τούρκους.* [τουρκ. *tabur*].

ταμπούρλο το, ουσ. (έρρ.). **1.** κρουστό μουσικό όργανο που αποτελείται από έναν ξύλινο κύλινδρο σκεπασμένο στις δυο παράλληλες βάσεις του με δέρμα τεντωμένο με σκοινί και παίζεται με δυο ειδικά φτιαγμένα ξύλα (συνών. *νταούλι*). **2.** μικρό τύμπανο. [ιταλ. *tamburlo*].

ταμπουρώνω, ρ. (όχι έρρ.). **I.** (ενεργ.) οχυρώνω με ταμπούρι ένα μέρος. **II.** (μέσ.) οχυρώνομαι, εξασφαλίζω την άμυνά μου πίσω από ταμπούρι ή γενικά από προστατευτικό προκάλυμμα: -*ώθηκε πίσω από μια ελιά· είναι καλά* -*ωμένος· χτίσε κάστρο απάνου του και* -*ώσου μέσα* (Παλαμάς).

ταναγραίος, -**α,** -**ο,** επίθ., μόνο στην έκφρ. -*α ειδώλια* (= που βρέθηκαν στην αρχαία Τανάγρα).

τανάλια η, ουσ. (συνιζ.), εργαλείο αποτελούμενο από δύο διασταυρωνόμενα κομμάτια, που κινούνται γύρω από έναν άξονα και τελειώνουν σε δαγκάνες για να πιάνουν ορισμένα αντικείμενα ή να βγάζουν καρφιά· φρ. (μεταφ.) *τον έπιασε η* ~ *της εφορίας* (= το φοροφυγάδα που υποχρέωσε η εφορία να φορολογηθεί). [ιταλ. *tanaglia*].

τανγκό το, ουσ. άκλ., χορός με προέλευση από τη λατινική Αμερική που χορεύεται κατά ζεύγη. [ισπαν. *tango*].

τανζανιακός, -**ή,** -**ό,** επίθ. (ασυνίζ.), που ανήκει ή αναφέρεται στην Τανζανία ή τους Τανζανούς.

Τανζανός ο, θηλ. -**η,** αυτός που κατοικεί στην Τανζανία ή κατάγεται από εκεί.

τανκ το, ουσ. άκλ. στον εν., πληθ. *τανξ,* άρμα μάχης. [αγγλ. *tank*].

τάνκερ το, ουσ. άκλ., πληθ. -*ερς,* πετρελαιοφόρο πλοίο (βλ. *πετρελαιοφόρος*). [αγγλ. *tanker*].

τανκς και **τανξ,** βλ. *τανκ.*

ταντάλιο το, ουσ. (έρρ., ασυνιζ.), χημικό στοιχείο που ανήκει στην κατηγορία των μετάλλων και έχει αργυρόλευκο χρώμα.

ταντέλα, βλ. *δαντέλα.*

τανύζω, ρ., μέσ. -*ύεμαι,* αόρ. -*ύστηκα.* **I.** (ενεργ.) τεντώνω: ~ *τα χέρια μου/τα σεντόνια του κρεβατιού.* **II.** (μέσ.) τεντώνω το σώμα μου, τεντώνομαι: *η γάτα* -*ύστηκε.*

τάνυσμα το, ουσ., τέντωμα (βλ. λ.).

ταξείδι, βλ. *ταξίδι.*

τάξη η, ουσ. **1.** οργανωμένη διάταξη των πολιτικών πραγμάτων σε μία χώρα ή σε ένα σύνολο χωρών: *βασιλεύει* ~ *στον τόπο· νέα τάξη πραγμάτων μετά τον πόλεμο.* **2.** ευταξία· αρμονική ευπρεπής οργάνωση των πραγμάτων: *δεν έχει* ~ *στη δουλειά του· καθόταν με* ~ *στη θέση του· βάζω σε* ~ *κάτι· ανακαλώ στην* ~ (για πρόεδρο βουλής που απευθύνεται σε βουλευτή που παρεκτρέπεται). **3.** τήρηση των νόμων και των διατάξεων από τους πολίτες: *υπουργείο δημόσιας* -*ης.* **4.** (κοινων.) ομοειδής ομάδα μέσα στην κοινωνική οργάνωση: *κοινωνικές* -*εις· εργατική* ~· *πάλη των* -*εων* (= η αντίθεση και οι αγώνες μεταξύ κοινωνικών τάξεων που καθεμιά τους έχει διαφορετικά συμφέροντα). **5.** (σχολ.) καθένας από τους κύκλους μαθημάτων στους οποίους διαιρούνται τα μαθήματα στη δημοτική και τη μέση εκπαίδευση: *πηγαίνω στην πρώτη* ~. **6.** (σχολ.) το σύνολο των μαθητών που ανήκουν σε μια τάξη (βλ. προηγούμενη σημασ.): *η* ~ *πάει σήμερα εκδρομή.* **7.** (σχολ.) αίθουσα διδασκαλίας στη δημοτική και τη μέση εκπαίδευση: *ο καθηγητής τού είπε να βγει έξω από την* ~. **8.** κατηγορία: *δαπάνη της* -*ης των δύο εκατομμυρίων δραχμών.* **9.** (βιολ.) ομάδα διαίρεσης των ζωντανών όντων. Έκφρ. *οι* -*εις του στρατού* (= το σύνολο των στρατιωτικών υπηρεσιών και μονάδων μιας χώρας)· *πρώτης* -*ης* (= σπουδαίος): *ευκαιρία πρώτης* -*ης.*

ταξί το, ουσ. άκλ., όχημα μεταφοράς προσώπων που έχει ταξίμετρο. [γαλλ. *taxi(mètre)*].

ταξανθία η, ουσ. (ασυνίζ.), (βοτ.) ο τρόπος με τον οποίο είναι τοποθετημένα τα άνθη πάνω στο βλαστό του φυτού.

ταξιάρχης ο, ουσ. (ασυνίζ.). **1.** προσωνυμία των αρχαγγέλων Μιχαήλ και Γαβριήλ. **2.** ανώτερο παράσημο, καθώς κι εκείνος που τιμήθηκε μ' αυτό.

ταξιαρχία η, ουσ. (ασυνίζ.), στρατιωτική μονάδα μικρότερη της μεραρχίας.

ταξίαρχος ο, ουσ., ο διοικητής ταξιαρχίας.

ταξιδευτής ο, θηλ. -**τρα** και -**τρια,** ουσ., αυτός που ταξιδεύει συχνά (συνών. *ταξιδιάρης*).

ταξιδεύω, ρ., αόρ. -*εψα,* μτχ. παρκ. -*εμένος.* **Α.** (αμτβ.) μετακινούμαι από έναν τόπο σε άλλον μακρινό: *θα* -*έψω στη Θεσσαλονίκη/στο Παρίσι.* **Β.** (μτβ., λαϊκ.) (προκειμένου για καράβι) το κυβερνώ κατά τη διάρκεια του ταξιδιού: *ήξερε πώς φτιάχνεται ένα καράβι, δεν ήξερε πώς* -*εται* (Μπαστιάς).

ταξίδι το, ουσ., μετακίνηση από έναν τόπο σε άλλο μακρινό: ~ *στη Γαλλία· διαστημικό* ~ (= στο διάστημα).

ταξιδιάρης ο, θηλ. -**α,** ουσ. (συνιζ.). **1.** αυτός που αγαπά τα ταξίδια. **2.** (σπάνια) αυτός που έρχεται από ταξίδι: *πάω να δω τον* -*η μας.*

ταξιδιάρικος, -**η,** -**ο,** επίθ. (συνιζ.), (για πουλιά) που φεύγει το φθινόπωρο (συνών. *αποδημητικός*). - Το ουδ. στον πληθ. ως ουσ. = δώρα που φέρνει κανείς επιστρέφοντας από ταξίδι.

ταξιδιάρισσα, βλ. *ταξιδιάρης.*

ταξιδιώτης ο, θηλ. -**ισσα,** ουσ. (συνιζ.), αυτός που ταξιδεύει.

ταξιδιωτικός, -**ή,** -**ό,** επίθ. (συνιζ.), που σχετίζεται με ταξίδια: *οργανισμός* ~· *σάκος* ~.

ταξιδιώτισσα, βλ. *ταξιδιώτης.*

ταξιθέτης ο, θηλ. -**τρια,** ουσ. **1.** αυτός που ταξινομεί. **2.** υπάλληλος θεάτρου που οδηγεί τους θεατές στις θέσεις τους.

ταξιθέτηση η, ουσ., η ενέργεια του ταξιθέτη.

ταξιθέτρια, βλ. *ταξιθέτης.*

ταξιθετώ, -**είς,** ρ. (λόγ.). **1.** τακτοποιώ κάτι, διευθετώ (συνών. *ταξινομώ*). **2.** είμαι ταξιθέτης.

ταξικός, -**ή,** -**ό,** επίθ. (κοινωνιολ.). **1.** που είναι χωρισμένος σε τάξεις: -*ή κοινωνία* (αντ. *αταξικός*).

2. που ανήκει ή αναφέρεται στις κοινωνικές τάξεις και ιδιαίτερα στην εργατική: *-ή συνείδηση* (= κατά το μαρξισμό, η αναγνώριση από τα μέλη μιας τάξης του ρόλου που παίζουν στην παραγωγική διαδικασία και των σχέσεων που έχουν με τις άλλες τάξεις)· *-ή αλληλεγγύη* (= η αλληλοϋποστήριξη των μελών μιας κοινωνικής τάξης, λ.χ. των εργατών, για να δράσουν από κοινού και να πετύχουν πολιτικούς και οικονομικούς στόχους)· *-ή πάλη* (= η συνεχής πάλη που διεξάγεται ανάμεσα σε κοινωνικές τάξεις που τα συμφέροντά τους είναι αντίθετα ή δε συμπίπτουν)· *-οί αγώνες*.

ταξίμετρο το, ουσ., μετρητής προσαρμοσμένος σε ταξί, στον οποίο αναγράφεται το ποσό που πρέπει να πληρωθεί σε κάθε διαδρομή ανάλογα με την απόσταση που διανύθηκε. [γαλλ. *taximètre*].

τάξιμο το, ουσ. **α.** το να τάζει κάποιος κάτι και συνεκδοχικά αυτό που τάζει, υπόσχεση αφιερώματος σε άγιο ή σε ναό: *την είχε ~ της λαμπάδα· ~ είχε κάνει να τον σώσει* (Μπαστιάς)· *εικόνα φορτωμένη με ασημένια -ατα* (συνών. *τάμα*) **β.** (γενικότερα) υπόσχεση: *το ~ που μου 'ταξες πότε θα μου το κάμεις* (δημ. τραγ.).

ταξινόμηση η, ουσ., τοποθέτηση αντικειμένων κατά τάξεις ή ομάδες με βάση τα κοινά χαρακτηριστικά γνωρίσματά τους, κατάταξη: *~ βιβλίων* (= η κατάταξή τους σε κατηγορίες σύμφωνα με ένα κωδικοποιημένο σύστημα)· *αλφαβητική ~ των λέξεων σ' ένα λεξικό· ~ αρχειακού υλικού· ~ ζωικού/φυτικού βασιλείου*.

ταξινομικός, -ή, -ό, επίθ., που ανήκει ή αναφέρεται στην ταξινόμηση: *~ αριθμός* (= βιβλιάριθμος, βλ. λ.). - Το θηλ. ως ουσ. = κλάδος της βιολογίας που ασχολείται με την κατάταξη των οργανισμών (συνών. *συστηματική*).

ταξινόμος ο, ουσ. **α.** αυτός που ταξινομεί, που τοποθετεί κατά τάξη· **β.** (ειδικότερα) υπάλληλος που ασχολείται με την ταξινόμηση εγγράφων ή άλλων στοιχείων της υπηρεσίας.

ταξινομώ, -είς, ρ., τοποθετώ πράγματα κατατάσσοντάς τα με βάση ένα ορισμένο σύστημα: *-εί την πλούσια αλληλογραφία του· -εί τα βιβλία κατά θέμα*.

ταξιτζής ο, θηλ. **-ού**, ουσ., οδηγός ή ιδιοκτήτης ταξί: *σωματείο -ήδων*.

ταοϊσμός ο, ουσ., κινεζικό φιλοσοφικό και θρησκευτικό σύστημα που δίνει έμφαση στο μυστικισμό, στην αντιμετώπιση της δυστυχίας με την εσωτερική γαλήνη, στην αισιοδοξία, στις μαγικές τελετές και στις λαϊκές δεισιδαιμονίες. [κινεζικό *tao* = λογική].

ταοϊστής ο, θηλ. **-ίστρια**, ουσ., οπαδός του ταοϊσμού.

τάπα η, ουσ. 1. βούλωμα στόμιου μπουκαλιού, σωλήνα, αποχέτευσης, κλπ.: *ξεβίδωσε την ~ του ντεπόζιτου* (συνών. *πώμα*). 2. (μεταφ., σκωπτ.) άνθρωπος κοντός. Φρ. *έγινε ~ στο μεθύσι* (= παραμέθυσε). [γαλλ. *tape*].

τα παιδιά παίζει αρχαϊστ. φρ.· για μεγάλους που ατακτούν ή παίζουν σαν να είναι μικρά παιδιά.

τα πάντα ρει αρχαϊστ. φρ.· για να δηλωθεί ότι όλα αλλάζουν, μεταβάλλονται.

ταπεινός, -ή, -ό, επίθ. 1. που έχει μικρό ύψος, χαμηλός (αντ. *ψηλός*). 2. που δεν καμαρώνει, που δεν είναι αλαζόνας: *~ καλλιτέχνης/επιστήμονας*. 3. που είναι πρόστυχος: *-ά αισθήματα· -ή συμπε-* ριφορά (συνών. *ελεεινός, τιποτένιος·* αντ. *αξιοπρεπής*). - Επίρρ. **-ά** και **-ώς**.

ταπεινοσύνη η, ουσ., έλλειψη υπερηφάνειας και αλαζονείας, σεμνότητα (συνών. *ταπεινότητα·* αντ. *έπαρση*).

ταπεινότητα η, ουσ. 1. το να είναι κάποιος ταπεινός (βλ. λ. σημ. 2), σεμνότητα (συνών. *μετριοφροσύνη, ταπεινοφροσύνη·* αντ. *έπαρση, αλαζονεία*). 2. μικροπρέπεια, προστυχιά (αντ. *αξιοπρέπεια*).

ταπεινόφρονας, επίθ., σεμνός.

ταπεινοφροσύνη η, ουσ., έλλειψη υπερηφάνειας και αλαζονείας, μετριοφροσύνη (συνών. *σεμνότητα, ταπεινότητα·* αντ. *αλαζονεία, έπαρση*).

ταπείνωμα το, ουσ., το να ταπεινώνεται κάποιος, ηθική μείωση (συνών. *ταπείνωση, εξευτελισμός*).

ταπεινώνω, ρ., μειώνω ηθικώς κάποιον, του θίγω την αξιοπρέπεια: *τον -ωσε μπροστά στους φίλους του/συμμαθητές του* (συνών. *ντροπιάζω, εξευτελίζω·* αντ. *εξαίρω, υψώνω*).

ταπεινώς, βλ. *ταπεινός*.

ταπείνωση η, ουσ. 1. ταπεινοφροσύνη (βλ. λ.), το να μην καμαρώνει κανείς. 2. ηθική μείωση, εξευτελισμός (συνών. *προσβολή*).

ταπεινωτικός, -ή, -ό, επίθ., που προκαλεί ταπείνωση (βλ. λ. σημασ. 2) (συνών. *μειωτικός, εξευτελιστικός, προσβλητικός*). - Επίρρ. **-ά**.

ταπέτο το, ουσ., μικρός τάπητας, χαλάκι. [ιταλ. *tappeto*].

ταπετσαρία η, ουσ. 1. τοιχόστρωση με ειδικό διακοσμητικό χαρτί ή πλαστικά φύλλα. 2. διακοσμητική επένδυση σε έπιπλα: *~ αυτοκινήτων*. 3. (συνεκδοχικά) η τεχνική αυτών των επιστρώσεων (τοίχων ή επίπλων). [ιταλ. *tappezzeria*].

ταπετσάρισμα το, ουσ., τοποθέτηση ταπετσαρίας (βλ. λ. σημασ. 1 και 2).

ταπετσ(ι)έρης ο, ουσ. (συνιζ.). 1. τεχνίτης που τοποθετεί ταπετσαρίες σε εσωτερικούς τοίχους. 2. *~ επίπλων* = τεχνίτης που καλύπτει ορισμένα έπιπλα με ύφασμα, πλαστικό ή άλλα κατάλληλα για διακόσμηση υλικά. [ιταλ. *tappezziere*].

τάπης ο, ουσ. (λόγ.), μόνο στη φρ. *θέτω (ένα ζήτημα) επί τάπητος* (= για συζήτηση). - Πβ. *τάπητας*.

τάπητας ο, ουσ. 1. παχύ μάλλινο ύφασμα που χρησιμεύει για επίστρωση δαπέδων: *περσικός/ χειροποίητος ~* (συνών. *χαλί*). 2. (κατ' επέκταση) καθετί που μοιάζει με τάπητα και χρησιμεύει για επίστρωση: *(τεχνητός) ~ γηπέδων/κήπων* (συνών. *γκαζόν*, βλ. λ.).

ταπητέμπορος ο, ουσ. (έρρ.), έμπορος ταπήτων.

ταπητουργείο το, ουσ., εργαστήριο ή εργοστάσιο κατασκευής ταπήτων.

ταπητουργία η, ουσ. 1. η τέχνη της χειροποίητης ή βιομηχανικής κατασκευής ταπήτων. 2. βιομηχανία κατασκευής ταπήτων.

ταπητουργικός, -ή, -ό, επίθ., που ανήκει ή αναφέρεται στην ταπητουργία ή στον ταπητουργό: *~ οργανισμός*.

ταπητουργός ο και η, ουσ., κατασκευαστής ταπήτων ή ιδιοκτήτης ταπητουργείου (βλ. λ.).

ταπί το, ουσ., στις φρ. *έμεινα ή είμαι ~* (= είμαι χωρίς χρήματα).

τάπια, βλ. *τάμπια*.

ταπιόκα η, ουσ. (συνιζ.), είδος θρεπτικού και εύπεπτου αμύλου που λαμβάνεται από το φυτό «μανιόκα» και χρησιμοποιείται στη μαγειρική.

ταπισερί το, ουσ. άκλ. 1. ειδικό κέντημα από μάλλινη ή μεταξένια κλωστή σε μουσαμά. 2. ειδικό χαρτί, ύφασμα, δέρμα ή οποιοδήποτε υλικό κατάλληλο για επένδυση τοίχου. [γαλλ. *tapisserie*].

ταπίστομα, επίρρ. (λαϊκ.), με το στόμα προς τα κάτω, μπρούμυτα (συνών. *επίστομα, πίστομα*· αντ. *ανάσκελα*). [συνεκφ. τα *πίστομα<επί + στόμα*].

τα προς το ζην αρχαϊστ. έκφρ. = τα χρήματα που χρειάζονται σε κάποιον για να ζήσει.

τάπωμα το, ουσ. α. το να ταπώνεται, να καπακώνεται κάτι (συνών. *πωμάτισμα, καπάκωμα*)· β. (συνεκδοχικά) αυτό με το οποίο ταπώνεται κάτι: *ταπώσαμε τα βαρέλια με -ατα* (Κόντογλου) (συνών. *βούλωμα, τάπα, πώμα*).

ταπώνω, ρ., κλείνω στόμιο μπουκαλιού, σωλήνα, κλπ., με τάπα (συνών. *βουλώνω, καπακώνω*).

τάρα, βλ. *ντάρα*.

τάρα(γ)μα το, ουσ., το να αναταράζεται κάτι (συνών. *ανακίνηση, ανακάτωμα*).

ταραγμός ο, ουσ., *τάραγμα*.

ταράζω, ρ. (μτβ.) **1.** αναταράζω, κουνώ: *-γμένη θάλασσα*. **2.** (λαϊκ.) ~ *κάποιον σε κάτι* (= για να δηλωθεί υπερβολή) «τρελαίνω»: *τον -αξε στις ερωτήσεις/στο ξύλο*. **3α.** (μεταφ.) προκαλώ ταραχή και σύγχυση σε κάποιον, καταστρέφω την ψυχική του γαλήνη· (γενικά) αναστατώνω κάποιον: *-γμένη εποχή*· *-χτηκε πολύ από τα δυσάρεστα νέα·* κι *ετάραξε τα σπλάχνα μου ελευθεριάς ελπίδα* (Σολωμός)· **β.** (επιτ.) τρομάζω, φοβίζω κάποιον: *το -αξες το παιδί με τις αγριοφωνάρες σου*. Φρ. ~ *τα νερά* = (μεταφ.) ανακινώ ζήτημα, προκαλώ συζήτηση για μια παλιά υπόθεση επαναφέροντάς την στην επιφάνεια: *ο συγγραφέας με το βιβλίο του -αξε τα νερά γύρω από την καταπάτηση των ανθρώπινων δικαιωμάτων*.

ταρακούνημα το, ουσ. (λαϊκ.). **1.** δυνατό και συνεχές κούνημα: ~ *πλοίου από τα κύματα* (συνών. *συγκλονισμός, τράνταγμα*). **2.** (μεταφ.) ταραχή, αναστάτωση: *ο λόγος του προκάλεσε ~ μέσα στο κόμμα*.

ταρακουνώ, -άς, ρ. (μτβ.) **1.** κουνώ δυνατά και συνεχώς κάτι: ~ *το κλαδί/το δεντράκι· τα κύματα -ούσαν τη βάρκα* (συνών. *τραντάζω, συγκλονίζω*). **2.** (μεταφ.) προκαλώ ταραχή, αναστατώνω· πλήττω: *το νομοσχέδιο έχει στόχο να -ήσει τη γραφειοκρατία*. [συμφ. *ταράζω + κουνώ*].

τάραμα, βλ. *τάραγμα*.

ταραμάς ο, ουσ., κόκκινο χαβιάρι, αβγοτάραχο. [τουρκ. *tarama*].

ταραμοβάρελο το, ουσ. (λαϊκ.), ειδικό βαρέλι για ταραμά.

ταραμοκεφτές ο, ουσ., κεφτές νηστήσιμος που η ζύμη του περιέχει ταραμά αντί για κιμά.

ταραμοσαλάτα η, ουσ., είδος ορεκτικού με βασικό συστατικό τον ταραμά.

ταραμπούκα και **ταμπούκα** η, ουσ. (όχι έρρ.), (μουσ.) τουμπελέκι (βλ. λ.). [τουρκ. *darbuka·* πβ. παλαιότερο ιταλ. *darabucche*].

τάρανδος ο, ουσ. (ζωολ.) μεγαλόσωμο θηλαστικό που μοιάζει με ελάφι, έχει κέρατα πολύκλαδα, είναι φυτοφάγο μηρυκαστικό, ζει στις ψυχρές χώρες και εξημερώνεται εύκολα για να σέρνει έλκηθρα αλλά και για το γάλα, το κρέας και το δέρμα του.

ταραντέλα η, ουσ. (έρρ.), είδος εύθυμου λαϊκού χορού της Ιταλίας. [ιταλ. *tarantella*].

Ταραντίνος ο, ουσ. (ερρ.), αυτός που κατοικεί στον Τάραντα της Ιταλίας ή κατάγεται από εκεί.

ταραξίας ο, ουσ. α. αυτός που προκαλεί φασαρίες, ταραχοποιός: *είναι ο ~ της τάξης*· β. (κατ' επέκταση) άνθρωπος εριστικός, καβγατζής.

ταράτσα η, ουσ. **1.** επίπεδη στέγη στρωμένη με μπετόν ή άλλο υλικό αδιαπέραστο από τη βροχή: *ανέβηκε στην ~ για να απλώσει τα ρούχα*. **2.** λιακωτό (βλ. λ.). Φρ. (λαϊκ.) *την έκανα ~* (= μεταφ., *έφαγα πάρα πολύ*) - Υποκορ. **-άκι** το. [ιταλ. *terrazza*].

ταράτσωμα το, ουσ. **1.** κατασκευή ταράτσας σε οικοδομή. **2.** (σε επιχώσεις) συμπίεση του χώματος και διαμόρφωση του εδάφους έτσι ώστε να γίνει σκληρό και επίπεδο.

ταρατσώνω, ρ. **1.** κατασκευάζω ταράτσα σε οικοδομή. **2.** (σε επιχώσεις) συμπιέζω το χώμα και διαμορφώνω το έδαφος ώστε να είναι επίπεδο. Φρ. (λαϊκ.) *την -ωσα* (ενν. την κοιλιά) (= έφαγα πάρα πολύ) (συνών. φρ. *την έκανα ταράτσα*).

ταραχή η, ουσ. **1.** ανατροπή της ηρεμίας, έλλειψη τάξης. **2.** (μεταφ.) σωματική ή ψυχική ανησυχία: *δεν μπορούσε να κρύψει την ~ του* (συνών. *σύγχυση, συγκλονισμός*). **3.** (στον πληθ.) *-ές* = διασάλευση, διατάραξη της έννομης τάξης, κοινωνική αναστάτωση: *-ές αντιμαχόμενων ομάδων/ εθνικιστών*.

ταραχοποιός, ουδ. **-ό,** επίθ. και ουσ. (ασυνίζ.), (αυτός) που προκαλεί αταξία ή ταραχές: *-ό στοιχείο*· *ζήτησε να τιμωρηθούν οι -οί* (συνών. *ταραξίας*).

τάραχος ο, ουσ., ψυχική ταραχή (βλ. λ. σημασ. 2)· φρ. *έπαθε/τράβηξε των παθών του τον -ο* (= υπέφερε τα πάνδεινα).

ταραχώδης, -ης, -ες, γεν. *-ους,* πληθ. αρσ. και θηλ. *-εις,* ουδ. *-η,* πληθ. *-ών,* επιθ., που είναι γεμάτος ταραχή και ανησυχία, θορυβώδης (αντ. *ήσυχος, ατάραχος*).

ταρίφα η, ουσ. **1.** καθορισμός τιμής, διατίμηση (βλ. λ.): *μπήκε ~ στα πρόστιμα των οδηγών*. **2.** (ειδικότερα) κατώτατο κόμιστρο σε ταξί· εκφρ. *διπλή ~* = (σε ταξί) πρόσθετη χρηματική επιβάρυνση για κάθε χιλιόμετρο σε ειδικές περιπτώσεις (μετά τα μεσάνυχτα ή για μεταφορά σε μέρος έξω από την πόλη ή την έδρα του ταξί). [ιταλ. *tariffa*].

ταρίχευση η, ουσ. **1.** διατήρηση κρεάτων και ψαριών με αλάτισμα ή κάπνισμα (συνών. *πάστωμα*). **2.** συντήρηση νεκρού σώματος από τη σήψη με τη χρησιμοποίηση φαρμάκων: *οι αιγυπτιακές μούμιες είναι αποτέλεσμα -ης* (συνών. *βαλσάμωμα*).

ταριχευτής ο, ουσ., αυτός που είναι ειδικός στην ταρίχευση (βλ. λ. σημασ. 1 και 2).

ταριχευτικός, -ή, -ό, επιθ., που ανήκει ή αναφέρεται στην ταρίχευση: *μέθοδος -ή· υλικά -ά*.

ταριχευτός, -ή, -ό, επιθ., που είναι παρασκευασμένος με ταρίχευση (βλ. λ. σημασ. 1): *ψάρια -ά* (συνών. *παστός, αλίπαστος, παστωμένος*).

ταριχεύω, ρ. **1.** διατηρώ κρέατα ή ψάρια με αλάτισμα, κάπνισμα, κλπ. (συνών. *παστώνω*). **2.** συντηρώ νεκρό σώμα από τη σήψη με τη χρησιμοποίηση ειδικών φαρμάκων (συνών. *βαλσαμώνω*).

ταρσανάς και **αρσανάς** ο, ουσ. (λαϊκ.), (παλαιότερα και σήμερα) παραθαλάσσιο κτίσμα όπου σύρονται σκάφη για φύλαξη ή επισκευή: *ο ~ της μονής Φιλοθέου* (Αγίου Όρους) (συνών. *νεότερο ναυπηγείο*). [γενουατ. *tersanà*].

ταρσανατζής ο, ουσ. (λαϊκ.), τεχνίτης που εργάζεται στον ταρσανά.

ταρσικός, -ή, -ό, επίθ., που ανήκει ή αναφέρεται στον ταρσό.
ταρσός ο, ουσ., το κατώτατο τμήμα του ποδιού μεταξύ σφυρών (βλ. λ.) και μεταταρσίου (βλ. λ.).
τάρτα η, ουσ., είδος τούρτας ή πάστας που παρασκευάζεται με ειδική σκληρή ζύμη και κρέμα ζαχαροπλαστείου ή και σαντιγί και γαρνίρεται με διάφορα φρούτα - Υποκορ. **-άκι** το. [γαλλ. *tarte*].
ταρτάν το, ουσ. άκλ., τάπητας σε αθλητικές εγκαταστάσεις στίβου. [αγγλ. *tartan*].
τάρταρος ο, πληθ. *-α* τα, ουσ., άβυσσος, ο τόπος των νεκρών (συνών. *Άδης, κόλαση*).
ταρταρούγα η, ουσ., υλικό ημιδιαφανές και ωραίου χρώματος που το παίρνουμε από όστρακο χελώνας και κατασκευάζουμε με αυτό διάφορα αντικείμενα (σκελετούς γυαλιών, χτένες, κλπ.). [ιταλ. *tartaruga*].
ταρτουφισμός ο, ουσ., υποκρισία (συνών. *φαρισαϊσμός*).
ταρτούφος ο, ουσ., υποκριτής (συνών. *ιησουίτης, φαρισαίος*). [όν. *Tartuf(f)e* από κωμωδία Μολιέρου].
τασάκι το, ουσ. (λαϊκ.). 1. σταχτοδοχείο. 2. μικρό κύπελο όπου ρίχνονται νομίσματα για υπαίθριο παίκτη μουσικού οργάνου: *του πέταξαν ένα σωρό... δραχμές στο ~* (Ι.Μ. Παναγιωτόπουλος).
τάση η, ουσ. 1. διάθεση ατόμου προς κάτι που το επιθυμεί ή το ευχαριστεί: *αυτό το παιδί έχει μια ~ προς τη φιλομάθεια· έχει την ~ να κοροϊδεύει* (συνών. *ροπή*). 2. κατεύθυνση που προοιωνίζει μια απόφαση: *η ~ είναι να γίνει δεκτή ή άποψη*. 3. (στον πληθ.) διαφοροποιημένες ιδεολογικές κατευθύνσεις σε ένα πολιτικό κόμμα, στη διεθνή οικονομία, στη διεθνή πολιτική, κλπ. 4. (ηλεκτρολ.) διαφορά δυναμικού στα άκρα ενός αγωγού που είναι το αίτιο του ηλεκτρικού ρεύματος στον αγωγό: *ρεύμα (ηλεκτρικό) με υψηλή ~*.
τάσι το, ουσ. (λαϊκ.). 1α. κύπελλο με πλατύ στόμιο από το οποίο πίνει κανείς νερό (συνών. *ποτήρι*)· β. δοχείο χωρίς ιδιαίτερο βάρος που χρησιμοποιείται σε τουρκικά λουτρά. 2. το δοχείο της ζυγαριάς. 3. (στον πληθ.) οι δίσκοι του κυμβάλου μιας σύγχρονης ορχήστρας. [τουρκ. *tas*].
τασκεμπάπ το, ουσ. άκλ. (όχι έρρ.), φαγητό που παρασκευάζεται από μικρά κομμάτια κρέας, ψιλοκομμένο κρεμμύδι, ντομάτα και διάφορα καρυκεύματα. [τουρκ. *tas-kebabi*].
τάσσω, ρ., αόρ. έταξα, μτχ. παρκ. *-γμένος*. Ι. ενεργ. 1. τοποθετώ κάποιον κάπου: *τον έταξαν να υπηρετήσει στο στρατό*. 2. (νομ.) ορίζω, καθορίζω: *εκείνος που δικαιούται να την κληροδοσία δικαιούται να -ξει στο μεριδούχο εύλογη προθεσμία για να την αποποιηθεί* (αστ. κώδ.)· *περιουσία που -χθηκε για κοινωφελή σκοπό* (αστ. κώδ.). ΙΙ. (μέσ.) τοποθετώ τον εαυτό μου: *-ομαι με το μέρος/στο πλευρό κάποιου* (= συμφωνώ μαζί του και τον υποστηρίζω). - Η μτχ. παρκ. ως επίθ. = **α.** αφιερωμένος, αφοσιωμένος: *είναι -γμένος στην επιστήμη*· **β.** θερμός αγωνιστής, υποστηρικτής (ιδεολογίας, κλπ.): *είναι -γμένος στην αριστερά*. -Βλ. και *τάζω*.
τατουάζ το, ουσ. άκλ., σχέδιο που χαράσσεται με αιχμηρό αντικείμενο στο ανθρώπινο δέρμα· *~ ναυτικών* (συνών. λόγ. *διάστιξη, κατάστιξη*). [γαλλ. *tatouage*].
τα του Καίσαρος τω Καίσαρι και τα του Θεού τω Θεώ· αρχαϊστ. έκφρ. = πρέπει να αποδίδουμε στον καθένα αυτό που του αξίζει.
τα τριάκοντα αργύρια· αρχαϊστ. έκφρ.· για να δηλωθεί αμοιβή για παράνομη πράξη.
ταυ το, ουσ. άκλ. 1. το δέκατο ένατο γράμμα του ελληνικού αλφαβήτου· ένα από τα σύμφωνα της ελληνικής γλώσσας (*Τ, τ*). 2. εργαλείο σε σχήμα Τ που χρησιμοποιείται για τεχνικούς σχεδιασμούς.
ταυρί το, ουσ., ταύρος (βλ. λ. σημασ. 1).
ταυρίσιος, -ια, -ιο, επίθ. (συνιζ.), που αναφέρεται στον ταύρο ή θυμίζει ταύρο: *σβέρκος ~*.
ταυρομαχία η, ουσ., είδος ισπανικού αγωνίσματος κατά το οποίο ειδικευμένο άτομο αντιμετωπίζει εξαγριωμένο ταύρο.
ταυρομάχος ο, ουσ., άτομο ειδικευμένο στην ταυρομαχία.
ταύρος ο, ουσ. 1. αρσενικό βόδι κατάλληλο για αναπαραγωγή. 2. (αστρολ., με κεφ. Τ) **α.** αστερισμός του βόρειου ημισφαιρίου, ο δεύτερος του ζωδιακού κύκλου· **β.** (συνεκδοχικά) άνθρωπος που έχει γεννηθεί στον αστερισμό του Ταύρου: *οι Τ- οι έχουν ισχυρή θέληση, λένε οι αστρολόγοι*.
ταυτίζω, ρ. Ι. ενεργ. 1. θεωρώ κάτι όμοιο με κάτι άλλο: *-ει την ελευθερία με την αναρχία*. 2. βεβαιώνω, αποδεικνύω την αυθεντικότητα ενός πράγματος. ΙΙ. (μέσ.) σχεδόν αφομοιώνομαι με κάτι: *ο θεατής καμιά φορά -εται με τον ήρωα του έργου που παρακολουθεί στο θέατρο*.
ταύτιση η, ουσ. 1. ομοιότητα ενός πράγματος με ένα άλλο. 2. (στη γραμματολογία) αναγνώριση της αυθεντικότητας ενός λογοτεχνικού ιδίως έργου· αναγνώριση της προέλευσής του από ορισμένο πρόσωπο: *το θέμα της -ης του ποιητή του Ερωτόκριτου*. 2. πλήρης συμμετοχή σε κάτι· σχεδόν πλήρης αφομοίωση με κάτι: *~ του θεατή με τα δρώμενα στη σκηνή/με τον ήρωα του έργου* (συνών. *ταυτισμός*).
ταυτισμός ο, ουσ., η ενέργεια και το αποτέλεσμα του *ταυτίζω* (συνών. *ταύτιση*).
ταυτο-, α΄ συνθ. σε λέξεις που δηλώνουν ταυτότητα, ομοιότητα, κλπ.
ταυτολογία η, ουσ., επανάληψη μιας έννοιας με διαφορετική διατύπωση (συνών. *πλεονασμός*).
ταυτολογώ, -είς, ρ., επαναλαμβάνω τα ίδια πράγματα με διαφορετική διατύπωση.
ταυτοπροσωπία η, ουσ. (αρχ. γραμμ.) τρόπος σύνταξης κατά τον οποίο η ίδια λέξη είναι υποκείμενο του ρήματος και του απαρεμφάτου που εξαρτάται από αυτό.
ταυτόσημος, -η, -ο, επίθ. **α.** που συμπίπτει, που είναι όμοιος με κάποιον άλλο: *-η ανακοίνωση δύο πολιτικών κομμάτων*· **β.** (γραμμ.) *-α* = λέξεις που η σημασία τους είναι εντελώς η ίδια, π.χ. *αραποσίτι* και *καλαμπόκι*.
ταυτότητα η, ουσ. 1. (για ιδέες, αντιλήψεις, κλπ.) σύμπτωση, συμφωνία: *~ απόψεων*. 2. τα χαρακτηριστικά που ξεχωρίζουν μια εθνότητα από μια άλλη, ένα άτομο ή έναν πολιτισμό από έναν άλλο: *~ του Νεοέλληνα·* *~ εθνική/πολιτιστική*. 3. δελτίο με φωτογραφία και άλλα προσωπικά στοιχεία ατόμου που αποδεικνύει ότι το εικονιζόμενο ταυτίζεται μ' εκείνον που το κρατεί: *έχασα την -ά μου· δελτίο ασφαλιστικής -ας και ευφορών ασφαλισμένου μισθωτού* (όπου επικολλούνται τα ένσημα.
ταυτοφωνία η, ουσ. (μουσ.) επανάληψη του ίδιου ήχου από δύο ή περισσότερες φωνές.

ταυτόχρονα, βλ. *ταυτόχρονος*.

ταυτοχρονισμός ο, ουσ., το να συμβαίνει κάτι συγχρόνως με κάτι άλλο (αντ. *ετεροχρονισμός*).

ταυτόχρονος, -η, -ο, επίθ., που συμβαίνει μέσα στο ίδιο χρονικό διάστημα με κάτι άλλο: *παρουσία κάποιου σε ένα δημόσιο γραφείο και -η δήλωσή του* (συνών. *σύγχρονος* στη σημασ. 1). - Επίρρ. **-α**.

ταυτωνυμία η, ουσ., το να είναι όμοια τα ονόματα δύο ή περισσότερων προσώπων ή πραγμάτων (συνών. *συνωνυμία*).

ταφή η, ουσ., το να θάβει κανείς νεκρό και το αποτέλεσμα αυτής της ενέργειας.

ταφόπετρα η, ουσ., ταφόπλακα (βλ. λ.).

ταφόπλακα η, ουσ., η πλάκα που βρίσκεται πάνω σε τάφο.

τάφος ο, ουσ. **1α**. μέρος όπου θάβεται το σώμα του νεκρού με το σταυρό που αναγράφει το όνομά του (συνών. *μνήμα*)· **β**. μνημείο (βλ. λ. σημασ. 1β). **2**. (μεταφ.) το μέρος όπου εγκλωβίζεται κάποιος και πεθαίνει: *εγκλωβίστηκε στα χιόνια και το βουνό έγινε ο ~ του*. Φρ. *είναι ~* (= κρατάει τα μυστικά που του εμπιστεύονται).

τάφρος η, ουσ., χαντάκι (βλ. λ.).

ταφταδένιος, -ια, -ιο, επίθ. (συνιζ.), κατασκευασμένος από ταφτά.

ταφτά ο, ουσ., ύφασμα από πυκνοϋφασμένο μετάξι. [τουρκ. *tafta*].

τάχα και (λαϊκότερα) **τάχατε(ς)**, μόρ. **1**. δήθεν: *κάνει ~ πως δεν τον ενδιαφέρει· δεν αποφασίζει, ~ να μην πάθει κάτι· μας είπε πως θα 'ρθει ~, μα δεν ήρθε*. **2**. (με ερώτηση) άραγε, μήπως: *~, πουλιά, θα γιατρευτεί, ~, πουλιά, θα γιάνω;* (δημ. τραγ.) *μπορώ τάχατες να σε βοηθήσω;*

ταχεία, βλ. *ταχύς*.

ταχινή η, ουσ. (λαϊκ.), πρωί.

ταχίνι το, ουσ., πολτός από σουσάμι που το έχουν αλέσει (συνών. *σουσαμόπολτος*). [τουρκ. *tahin*].

ταχινόσουπα η, ουσ., σούπα που παρασκευάζεται με ταχίνι.

τάχιστα, επίρρ. (λόγ.), πολύ γρήγορα.

ταχογράφος ο, ουσ., μηχάνημα που καταγράφει την ταχύτητα κινούμενου οχήματος, αεροπλάνου, πλοίου, κλπ.

ταχταρίζω, ρ., κουνώ πάνω-κάτω ένα βρέφος που το βαστώ, για να ησυχάσει.

ταχτάρισμα το, ουσ. **1**. η ενέργεια του ταχταρίζω (βλ. λ.). **2**. τραγούδι που συνοδεύει καμιά φορά το ταχτάρισμα.

ταχτοποίηση, βλ. *τακτοποίηση*.

ταχτοποιώ, βλ. *τακτοποιώ*.

ταχύ το, ουσ. **1**. πρωί. **2**. (με το άρθρο) αύριο το πρωί.

ταχυ-, α' συνθ. λέξεων που δηλώνει ότι η ενέργεια που φανερώνει η λέξη πραγματοποιείται γρήγορα, π.χ. *ταχύπλοος, ταχυδρόμος*.

ταχυγραφία η, ουσ., το να γράφει κανείς γρήγορα.

ταχυγραφικός, -ή, -ό, επίθ., που σχετίζεται με την ταχυγραφία (βλ. λ.): *σύμβολα -ά*.

ταχυγράφος ο, ουσ., αυτός που γράφει γρήγορα.

ταχυδακτυλουργία η, ουσ. **1**. η τέχνη του ταχυδακτυλουργού (βλ. λ.). **2**. (συνεκδοχικά στον πληθ.) τα τεχνάσματα που πραγματοποιεί ο ταχυδακτυλουργός.

ταχυδακτυλουργικός, -ή, -ό, επίθ., που σχετίζεται με την ταχυδακτυλουργία ή τον ταχυδακτυλουργό.

ταχυδακτυλουργός ο, ουσ., άτομο που διασκεδάζει τον κόσμο χρησιμοποιώντας τεχνάσματα που δίνουν την εντύπωση ότι γίνονται πράγματα αφύσικα.

ταχυδρομείο το, ουσ. **1**. κρατική υπηρεσία για τη μεταφορά και παράδοση στον παραλήπτη επιστολών, δελταρίων, τηλεγραφημάτων, χρημάτων, δεμάτων: *λαβαίνω γράμματα με το ~*. **2**. οι επιστολές και τα αντικείμενα που μετακινούνται μέσω της υπηρεσίας αυτής: *δεν ήρθε ακόμη το ~* (συνών. *αλληλογραφία*). **3**. κατάστημα όπου εδρεύει τμήμα της ταχυδρομικής υπηρεσίας: *σε ποια οδό βρίσκεται το ~;*

ταχυδρόμηση η, ουσ., αποστολή με το ταχυδρομείο.

ταχυδρομικός, -ή, -ό, επίθ., που σχετίζεται με το ταχυδρομείο: *υπηρεσία -ή· γραφείο -ό· επιταγή -ή*. - Το αρσ. ως ουσ. = υπάλληλος του ταχυδρομείου. - Το ουδ. στον πληθ. ως ουσ. = ταχυδρομικά τέλη. - Επίρρ. **-ώς**.

ταχυδρόμος ο, ουσ., ταχυδρομικός υπάλληλος που διανέμει στα σπίτια των παραληπτών επιστολές, επιταγές, μικρά δέματα, κλπ.

ταχυδρομώ, -είς, ρ., στέλνω κάτι (γράμμα, επιστολή, δέμα, κλπ.) με το ταχυδρομείο.

ταχυθερμοσίφωνας ο, ουσ., θερμοσίφωνας με ισχυρή ηλεκτρική αντίσταση που ζεσταίνει γρήγορα το νερό.

ταχυκαρδία η, ουσ. (ιατρ.) αύξηση του αριθμού των παλμών της καρδιάς πάνω από το κανονικό (συνών. *ταχυπαλμία*).

ταχυκίνητος, -η, -ο, επίθ. (λόγ.), που κινείται γρήγορα.

ταχυμετρία η, ουσ., τοπογραφική μέθοδος μέτρησης που χρησιμοποιεί το ταχύμετρο.

ταχυμετρικός, -ή, -ό, επίθ., που σχετίζεται με την ταχυμετρία (βλ. λ.) ή το ταχύμετρο (βλ. λ. σημασ. 1).

ταχύμετρο το, ουσ. **1**. (φυσ.) όργανο που μετρά την ταχύτητα περιστροφής μηχανισμού. **2**. (τοπογρ.) όργανο των τοπογράφων για γρήγορη σχεδιαγράφηση του εδάφους.

ταχυπαλμία η, ουσ., ταχυκαρδία (βλ. λ.).

ταχυπιεστήριο το, ουσ. (ασυνίζ. δις), τυπογραφικό κυλινδρικό πιεστήριο που λειτουργεί με μεγάλη ταχύτητα.

ταχύρρυθμος, -η, -ο, επίθ., που έχει ή γίνεται με ταχύ ρυθμό: *πρόγραμμα -ο* (= που οδηγεί σε περιορισμένο χρόνο στον επιδιωκόμενο στόχο)· *εκπαίδευση -η· -η εκμάθηση μιας γλώσσας* (= που ολοκληρώνεται μέσα σε μικρό χρονικό διάστημα).

ταχύς, -εία, -ύ, επίθ. (λόγ.), γρήγορος: *-εία εξυπηρέτηση* (αντ. *αργός, βραδύς*). - Το θηλ. ως ουσ. = αμαξοστοιχία που εκτελεί στο συντομότερο δυνατό χρονικό διάστημα τη διαδρομή της.

ταχύτητα η, ουσ. **1α**. το να διατρέχει κανείς μια μεγάλη απόσταση σε λίγο χρόνο, γρήγορη κίνηση: *τρέχω με ~· δρόμος -ας· συναγωνίζονται με κάποιον στην ~*· **β**. το να κάνει κανείς κάτι ή το να γίνεται κάτι σε λίγο χρόνο: *εργάζεται με ~· τα νέα διαδόθηκαν με ~*. **2**. η απόσταση που διανύεται ή η παραγωγή εργασίας σε ορισμένη μονάδα χρόνου: *η ~ του είναι 150 χιλιόμετρα την ώρα· ~ μικρή/μεγάλη· ~ αεροπλάνου/του ήχου/του αέρα· αύξηση της -ας της δουλειάς*. **3**. (σε οχήματα) σύστημα που ελέγχει το ρυθμό με τον οποίο η χρησιμοποιούμενη ενέργεια μετατρέπεται σε κίνηση: *κιβώτιο -ήτων*, βλ. *κιβώτιο· αλλαγή -ας· πρώτη/πέμπτη ~ αυτοκινήτου* 4. ο ρυθμός κοινωνικής και οικονομικής εξέλιξης κρατών και λαών: *η Ευρώπη των δύο -ήτων* (= στην περίπτωση που οι χώρες της δεν εξελίσσονται κοινωνικά και οικονομικά με τον ίδιο ρυθμό).

ταψί το, ουσ., μεταλλικό μαγειρικό σκεύος συνήθως στρογγυλό και χωρίς μεγάλο βάθος: *γλυκό -ιού* (που ψήνεται σε ταψί)· φρ. *χορεύω κάποιον στο* ~ (= τον κάνω ό,τι θέλω, τον βασανίζω). [τουρκ. *tepsi*].

Τεγεάτης ο, θηλ. **-ισσα**, ουσ., αυτός που κατοικεί στην Τεγέα ή κατάγεται από εκεί.

τέζα, επίρρ. (και σε χρήση επίθ.), τεντωμένος: *το σκοινί ήταν* ~· φρ. (λαϊκ.) *έμεινε* ~ (= πέθανε). [ιταλ. *tesa*].

τεζάκι, βλ. *τεζιάκι*.

τεζάρισμα το, ουσ., η ενέργεια και το αποτέλεσμα του τεζάρω.

τεζαριστός, -ή, -ό, επίθ., τεντωμένος: *ύφασμα/ σκοινί -ό*.

τεζάρω, ρ., αόρ. *-αρα* και *-ισα*, μτχ. παρκ. *-ισμένος*. 1. (μτβ. και αμτβ.) τεντώνω: *τραβούσαν να -ουν τα σκοινιά*· ~ *τα πόδια μου· λιγοστός ο αέρας και το πανί δεν ήθελε να -ει* (Σούκας). 2. ξαπλώνω νεκρός· στην έκφρ. *τα -ισε* (= πέθανε).

τεζ(ι)άκι και **τεζάχι** το, ουσ., βασικός πάγκος μαγαζιού.

τεθλασμένος, -η, -ο, μτχ. ως επίθ. (για γραμμή) που σχηματίζεται με τμήματα ευθείας γραμμής που συνδέονται μεταξύ τους. [αρχ. *θλω*].

τέθριππο το, ουσ. (αρχ.) αμάξι που το σέρνουν τέσσερα άλογα.

τεθωρακισμένο το, ουσ. (στρατ.) 1. άρμα μάχης που προστατεύεται από κατάλληλη επένδυση ώστε να γίνεται απρόσβλητο. 2. (στον πληθ.) στρατιωτική μονάδα που αποτελείται από τέτοια άρματα: *υπηρετεί στα -α*. - Βλ. και *θωρακίζω*.

τεϊλορισμός ο, ουσ., οργάνωση της εργασίας κατά το σύστημα του Αμερικανού μηχανικού Τέιλορ. [κύρ. όν. *Taylor*].

τείνω, ρ. (μόνο στον ενεστ. και παρατ.), έχω την τάση να...: ~ *να πιστέψω πως...* (συνών. *ρέπω, κλίνω*). - Βλ. και *τεταμένος*.

τειχίζω, ρ., οχυρώνω με τείχος: ~ *την πόλη/τα ανάκτορα*.

τείχιση η, ουσ., ύψωση τείχους.

τείχισμα το, ουσ., οχυρωματικό τείχος.

τείχος το, ουσ. 1. ογκώδης κατασκευή από πέτρες ή και πλίνθους που περιέβαλλε μια πόλη ή άλλο χώρο (ανάκτορα, κ.τ.ό.) για να τα προστατεύει από επιδρομές, οχύρωμα, προμαχώνας: (αρχ.) *μακρά -η* (= τείχη που συνέδεαν την Αθήνα με τον Πειραιά και του Φάληρο)· *σινικό* ~ (= τείχος μήκους περίπου 3.000 χλμ. που κατασκευάστηκε στην Κίνα για να την προστατεύει από τις επιδρομές των βαρβάρων της στέππας)· έκφρ. (μεταφ.) *εντός των -ών* (= στο εσωτερικό μιας οργάνωσης, ενός κόμματος, κλπ.)· *οι εκτός των -ών* (= όσοι δεν ανήκουν σε μια πολιτική ή άλλη οργάνωση). 2. (μεταφ.) εμπόδιο που προστατεύει, απομακρύνει ή διαχωρίζει: *οι οπαδοί του σχημάτισαν ένα προστατευτικό* ~ *γύρω του·* ~ *σιωπής* (= οργανωμένη αποφυγή συζήτησης για ένα θέμα).

τεκές ο, ουσ. 1. ισλαμικό μοναστήρι. 2. καταγώγιο όπου γίνεται χρήση ναρκωτικών.

τεκμαίρομαι, ρ. (λόγ.), (νομ.) αποδεικνύομαι: *Η πατρότητα -εται αν αποδειχθεί ότι...* (αστ. κώδ.)· (απρόσ.) ... *-εται ότι όλοι πέθαναν ταυτόχρονα* (αστ. κώδ.).

τεκμαρτός, -ή, -ό, επίθ. (στην υπηρεσιακή γλώσσα) που μπορεί κανείς να τον συμπεράνει, να τον αποδείξει: *-ό εισόδημα* (αντ. *βεβαιωμένος, αποδειγμένος*).

τεκμήριο το, ουσ. (ασυνίζ.), αποδεικτικό στοιχείο: *-α του εγκλήματος*· (νομ.) ~ *κυριότητας* (= στοιχείο που αποδεικνύει ότι κάποιος είναι ιδιοκτήτης).

τεκμηριώνω, ρ. (ασυνίζ.), αποδεικνύω με τεκμήρια, προβάλλοντας δηλαδή αδιαφιλονίκητα γεγονότα ή στοιχεία: ~ *την ορθότητα της άποψής μου·* έκφρ. (επιστ.) *-ωμένη εργασία* (= που στηρίζεται σε ασφαλή δεδομένα και ασφαλείς κρίσεις).

τεκμηρίωση η, ουσ., η ενέργεια του τεκμηριώνω.

τέκνο το, ουσ. (λόγ.). 1. απόγονος: *τα -α των αγωνιστών του 1821*. 2. πνευματικό τέκνο α. αναδόχου (συνών. *βαφτιστήρι, βαφτισιμιός*)· β. ιερωμένου. 3. προκειμένου για πρόσωπο αρσ. ή θηλ. γένους σε σχέση με τη χώρα όπου γεννήθηκε: ~ *της Ελλάδας*. 4. (μεταφ.) δημιούργημα: *εγώ είμαι* ~ *της ανάγκης κι ώριμο* ~ *της οργής* (Βάρναλης).

τεκνοποιία και **τεκνοποίηση** η, ουσ. (λόγ.), η ενέργεια του τεκνοποιώ.

τεκνοποιώ, -είς, ρ. (συνιζ., λόγ.), γεννώ τέκνο, αποκτώ απόγονο, κάνω παιδί.

τεκταίνομαι, ρ. (λόγ.), ιδίως το ουδ. της μτχ. ενεστ. στον πληθ. ως ουσ.: *-όμενα τα* = όσα ύπουλα σχεδιάζονται εναντίον τρίτου, ομάδας, καθεστώτος, κλπ. (συνών. *βυσσοδομώ*).

τέκτονας ο, θηλ. **-ισσα**, ουσ., μασόνος (βλ. λ. σημασ. 1).

τεκτονικός, -ή, -ό, επίθ. 1. μασονικός (βλ. λ.). 2. (γεωλ.) που σχετίζεται με τη δομή και τη συμπεριφορά των πετρωμάτων του γήινου φλοιού: ~ *σεισμός*. - Το θηλ. ως ουσ. = (γεωλ.) επιστημονικός κλάδος που ερευνά τις αλλοιώσεις των γήινων πετρωμάτων.

τεκτονισμός ο, ουσ., μασονία (βλ. λ.).

τεκτόνισσα, βλ. *τέκτονας*.

τελάλης, βλ. *ντελάλης*.

τελάρο το, ουσ. 1. ξύλινο πλαίσιο στο οποίο στηρίζονται τα φύλλα της πόρτας ή του παραθύρου (συνών. *κάσα*). 2. πλαίσιο όπου τεντώνεται το ύφασμα που πρόκειται να κεντηθεί. 3. κάθε ξύλινο πλαίσιο: ~ *ψηφιδωτού*. 4. κασόνι όπου τοποθετούνται οπωρικά για να διατεθούν στο εμπόριο.

τελατίνι το, ουσ., κατεργασμένο δέρμα από μοσχάρι· φρ. *έγινε* ~ (= αδυνάτισε πολύ). [τουρκ. *telâtin*].

τελβές, βλ. *ντελβές*.

τέλεια, βλ. *τέλειος*.

τελεία η, ουσ. (γραμμ.) το σημάδι που σημειώνουμε όταν τελειώνει μια φράση με ολοκληρωμένο νόημα· έκφρ. *άνω* ~ (που σημειώνεται εκεί όπου τελειώνει ένα ξεχωριστό τμήμα νοήματος που συμπληρώνεται πιο κάτω)· ~ *διπλή* (= η άνω και η κάτω τελεία μαζί που σημειώνονται μπροστά από λόγια τρίτου που γράφονται κατά λέξη και κλείνονται σε εισαγωγικά ή μπροστά από απαρίθμηση, ερμηνεία, κλπ.)· (μεταφ.) ~ *και παύλα* (= δεν υπάρχει άλλο περιθώριο για συζήτηση).

τελειοποίηση η, ουσ. (ασυνίζ.), η ενέργεια και το αποτέλεσμα του τελειοποιώ.

τελειοποιώ, -είς, ρ. (ασυνίζ. δις), κάνω κάτι τέλειο, του δίνω την καλύτερη δυνατή μορφή: ~ *την εργασία μου/τα γαλλικά μου.*

τέλειος, -α, -ο, επίθ. (ασυνίζ.). **1.** που έχει φτάσει τον ανώτερο βαθμό ποιότητας, χωρίς ελλείψεις ή ελαττώματα: *-ο γραπτό εξετάσεων* (= χωρίς λάθη)· *αυτός τα θέλει όλα -α· εργασία -α* (συνών. εξαιρετικός, άμεμπτος). **2.** ολοκληρωμένος: *διπλωμάτης ~· (φυσ.) -α καύση· νοικοκυρά -α·* (μειωτ.) *κατάντησε ~ λωποδύτης· -ο έγκλημα* (= έγκλημα που είναι δύσκολο ή αδύνατο να διαλευκανθεί). - Επίρρ. **-α** = με τελειότητα, με επιτυχία: *το προσάρμοσα -α* και **-είως** = εντελώς: *αυτό το πρόσωπο μού είναι -είως άγνωστο* (συνών. απολύτως).

τελειότητα η, ουσ. (ασυνίζ.), η ιδιότητα του τέλειου.

τελειόφοιτος, -η, -ο, επίθ. (ασυνίζ.), που έχει συμπληρώσει τις σπουδές του ή βρίσκεται προς το τέλος τους.

τελείωμα και (συνιζ.) **τέλειωμα** το, ουσ., η ενέργεια και το αποτέλεσμα του τελειώνω (βλ. λ. σημασ. Α1, 2, Β1, 2) (αντ. *αρχίνισμα*).

τελειωμός ο, ουσ. (ασυνίζ.), τελείωμα (βλ. λ.)· φρ. *δεν έχει -ό (κάτι)* (= δεν εξαντλείται ποτέ): *η φλυαρία του δεν έχει -ό.*

τελειώνω, ρ. (συνιζ. και ασυνίζ.). Α. μτβ. **1.** οδηγώ στο τέλος, φέρνω σε πέρας: ~ *την εργασία μου* (συνών. *ολοκληρώνω, περατώνω*). **2.** εξαντλώ, εξαφανίζω: *με την αγορά αυτή ~ τα λεφτά μου* (= ξοδεύω εντελώς). Β. αμτβ. **1.** φτάνω στο τέλος: *αν το πετύχω αυτό, -ουν τα βάσανά μου.* **2.** (για πράγματα) εξαντλούμαι: *-ουν τα λεφτά μου.* **3.** (για άρρωστο ετοιμοθάνατο) πεθαίνω: *πάει, πια, -ειωσε* (μεταφ.) *βοηθήστε με, ~.* Φρ. *όλα -ειωσαν μεταξύ μας* (= δεν μπορεί πια να υπάρξει σχέση μεταξύ μας)· *-ειωσαν τα ψέματα* (= δεν πρέπει να έχουμε αυταπάτες, πρέπει να προσγειωθούμε στην πραγματικότητα).

τελείωση η, ουσ., ολοκλήρωση: ~ *ηθική· η ~ της επιστημονικής μου συγκρότησης.*

τελειωτικός, -ή, -ό, επίθ. (ασυνίζ.), (για ενέργεια) που ολοκληρώνει κάτι: *-ή μάχη.*

τελεμές ο, ουσ., είδος μαλακού λευκού τυριού. [τουρκ. *teleme*].

τέλεξ το, ουσ. άκλ. α. διεθνές σύστημα αποστολής γραπτών μηνυμάτων μέσω μιας μηχανής στην οποία δακτυλογραφείται το μήνυμα και η οποία το στέλνει με τη βοήθεια τηλεγράφου σε μια άλλη μηχανή που το τυπώνει· **β.** η μηχανή που εκπέμπει μηνύματα με τον παραπάνω τρόπο· γ. (συνεκδοχικά) το ίδιο το μήνυμα που στέλνεται με αυτό το σύστημα (συνών. *τηλέτυπος*). [διεθνής λ. *telex*].

τελεολογία η, ουσ., ορθότερα *τελολογία* (βλ. λ.).

τελεολογικός, -ή, -ό, επίθ., που σχετίζεται με την τελεολογία.

τέλεση η, ουσ., η ενέργεια και το αποτέλεσμα του τελώ (βλ. λ.): ~ *γάμου/βάπτισης* (συνών. *διενέργεια, εκτέλεση*).

τελεσιγραφικός, -ή, -ό, επίθ., που σχετίζεται με τελεσίγραφο ή που γίνεται με τελεσίγραφο: *-ή αξίωση.*

τελεσίγραφο το, ουσ. α. διατύπωση όρων οριστικών και αμετάκλητων: *του έστειλα ~ πως δε θα με ξαναδεί, αν δεν δεχτεί τους όρους μου·* **β.** (στη διπλωματία) διπλωματικό έγγραφο με το οποίο ένα κράτος ανακοινώνει σε ένα άλλο όρους για τη διευθέτηση των μεταξύ τους διαφορών απαιτώντας σαφή απάντηση σε καθορισμένο χρονικό όριο: ~ *της Ιταλίας προς την Ελλάδα* (συνών. *ουλτιμάτο*).

τελεσίδικα, βλ. *τελεσίδικος.*

τελεσιδικία η, ουσ. (νομ.) το να είναι μια δικαστική απόφαση οριστική και αμετάκλητη: *η απόφαση μετά την ~ μεταγράφεται.*

τελεσίδικος, -η, -ο, επίθ. (για δικαστικές αποφάσεις) που δεν επιδέχονται περαιτέρω δικαστική έρευνα. - Επίρρ. **-α:** *καταδικάστηκαν -α.*

τελεσφορώ, -είς, ρ. (λόγ.), οδηγούμαι σε αίσιο τέλος: *δεν -ησαν οι ενέργειές του.*

τελετάρχης ο, θηλ. **-ισσα,** ουσ., ο επικεφαλής και οργανωτής μιας τελετής.

τελετή η, ουσ. **1.** σύνολο τυπικών και παραδοσιακών ενεργειών και λόγων που παρουσιάζονται σε ξεχωριστές περιστάσεις, επίσημος εορτασμός με πανηγυρικό συνήθως χαρακτήρα: ~ *απονομής βραβείων/έναρξης των αγώνων/αποκάλυψης μνημείου· ~ τιμητική/σεμνή· οργάνωση -ής για την εθνική επέτειο.* **2.** (θρησκ.) α. θρησκευτική γιορτή ή ιεροτελεστία: ~ *«αγιασμού των υδάτων»/της Ανάστασης·* πρωτόγονες *-ές* για τον εορτασμό της άνοιξης· **β.** διεξαγωγή, τέλεση θρησκευτικού μυστηρίου: ~ *γάμου/βάφτισης.*

τελετουργία η, ουσ. **1.** διενέργεια τελετής, ιεροτελεστία. **2.** (μεταφ.) ενέργεια που γίνεται με πολύ τυπικό τρόπο σαν να ήταν τελετή: *το χριστουγεννιάτικο τραπέζι ήταν γι' αυτούς σωστή ~.*

τελετουργικός, -ή, -ό, επίθ., που ανήκει ή αναφέρεται στην τελετουργία: *σκεύη -ά· οι κινήσεις του ήταν -ές.*

τελευταίος, -α, -ο, επίθ. **1α.** που βρίσκεται στο τέλος μιας σειράς, ενός καταλόγου, κλπ.: *η -α λέξη του κειμένου· το -ο σπίτι του δρόμου· η -α μέρα του χρόνου· την -α στιγμή το κατάλαβε·* **β.** που βρίσκεται στο τέλος μιας αξιολογικής κλίμακας, κατώτατος σε ποιότητα: *ήρθε ~ στο διαγωνισμό· ο ~ μαθητής της τάξης· μου φέρθηκε σαν τον -ο παλιάνθρωπο.* **2.** που μνημονεύτηκε αμέσως προηγουμένως: *μίλησα και για το Γιάννη και για τον Κώστα· ο ~* (= ο Κώστας) ... **3.** πρόσφατος: *διάβασες το -ο του μυθιστόρημα; η -α λέξη της μόδας.* **4.** ο πιο ασήμαντος: *και ο ~ εργάτης πρέπει να μετέχει στα θέματα της παραγωγικής διαδικασίας.* Έκφρ. *η -α τρύπα του ζουρνά/ο ~ τροχός της αμάξης* (για κάποιον ή κάτι εντελώς ασήμαντο)· *σε -α ανάλυση,* βλ. *ανάλυση.* Φρ. *δεν είπε ακόμη τον -ο του λόγο/την -α του λέξη/κουβέντα* (= έχει ακόμη περιθώριο να αποφασίσει και να ενεργήσει)· (εκκλ.) *δότε τον -ον ασπασμόν* (για δύσκολη ή επικίνδυνη κατάσταση)· *είμαι ο ~ που θα...* (= ποτέ δεν θα...): *είμαι ο ~ που θα το δεχτεί· αυτός είσαι ο ~ που θα πρέπει να μιλά για ψυχραιμία* (σε περιπτώσεις που κάποιος δεν είναι καθόλου ψύχραιμος)· *(θέλει να) έχει πάντα την -α λέξη/τον -ο λόγο* (= θέλει να έχει το πλεονέκτημα να κλείσει μια συζήτηση). - Το ουδ. στον πληθ. *ως ουσ.* = οι τελευταίες στιγμές της ζωής ενός ανθρώπου: *ήμουν σε τέτοια κατάσταση που έλεγα πως ήρθαν τα -α μου.* - Επίρρ. **-α** (χρονικώς) = πρόσφατα: *-α δεν πηγαίνω καθόλου στο θέατρο.*

τελευτή η, ουσ. (λόγ.), θάνατος.

τελευτώ, ρ. (λόγ.), πεθαίνω.

τελεύω, ρ. (λαϊκ.). Α. (μτβ.) τελειώνω: *όπου να 'ναι ~ τη δουλειά μου.* Β. (αμτβ.) εξαντλούμαι: *-έψανε τα λεφτά.*

τέλεφαξ το, ουσ. άκλ., συσκευή με την οποία στέλνονται και λαμβάνονται αντίγραφα κειμένου ή εικόνας με τη μεσολάβηση τηλεφωνικής γραμμής. - Πβ. και *τηλεομοιοτυπία.* [διεθνής λ. *telefax*].

τελεφερίκ το, ουσ. άκλ., εναέριο μεταφορικό μέσο προσώπων και εμπορευμάτων που αποτελείται από θαλάμους που μετακινούνται πάνω σε καλώδια με τη βοήθεια του ηλεκτρικού ρεύματος. [γαλλ. *téléphérique*].

τέλι το, ουσ. (λαϊκ.). 1. λεπτό μεταλλικό σύρμα. 2. μεταλλική χορδή: *τα -ια του μπουζουκιού.*

τελικός, -ή, -ό, επίθ. 1. τελευταίος: *-ό γράμμα σε μια λέξη·* η *-ή φράση του κειμένου.* 2. οριστικός: *απόφαση -ή· -ές προτάσεις για ένα ζήτημα* (αντ. στις σημασ. 1 και 2 *αρχικός*). 3. (ανατομ.) *~ εγκέφαλος =* τμήμα του εγκεφαλικού στελέχους. 4. (συντακτ.) *-ές προτάσεις =* δευτερεύουσες προτάσεις που δηλώνουν σκοπό. Έκφρ. *-ή ευθεία* (= το τελευταίο και οριστικό στάδιο της πραγματοποίησης κάποιου γεγονότος): *μπήκαν τα πράγματα στην -ή ευθεία.* - Επίρρ. **-ά** και **-ώς =** 1. στο τέλος: *-ά δέχτηκε την πρότασή μου.* 2. στην πραγματικότητα, στην ουσία: *-ά δεν κατάφερε τίποτα.*

τέλμα το, ουσ. 1. νερά που λιμνάζουν (συνών. *βάλτος, έλος*). 2. (μεταφ., για ένα θέμα, μια υπόθεση) μη περαιτέρω εξέλιξη, αδιέξοδο: *η υπόθεση κατάντησε σε ~.*

τελματώδης, -ης, -ες, γεν. *-ους,* πληθ. αρσ. και θηλ. *-εις,* ουδ. *-η,* επίθ. (λόγ.), που ανήκει ή αναφέρεται σε τέλμα (βλ. λ.): *χώρος ~· υπόθεση ~* (συνών. *ελώδης, βαλτώδης*).

τελματώνομαι, ρ. 1. μεταβάλλομαι σε τέλμα (βλ. λ. σημασ. 1): *-ώθηκαν εδώ τα νερά.* 2. (μεταφ.) μένω στάσιμος, καταλήγω σε αδιέξοδο: *η υπόθεση -ώθηκε.*

τελολογία η, ουσ., φιλοσοφική άποψη που υποστηρίζει την ύπαρξη τελικών αιτίων που καθορίζουν τα πράγματα του κόσμου.

τέλος το, ουσ. 1. το σημείο όπου καταλήγει, ολοκληρώνεται κάτι: *το ~ του ταξιδιού/της διασκέδασης· το ~ της συνόδου της Βουλής.* 2. έκβαση: *το ~ της δίκης· έδωσε οριστικό ~ στην υπόθεση* (αντ. στις σημασ. 1 και 2 *αρχή, ξεκίνημα*). 3. θάνατος: *ήρθε το ~ του.* 4. (στον πληθ.) οι φόροι, η δαπάνη που καταβάλλει ο πολίτης στο κράτος για την παροχή υπηρεσιών: *-η δημοτικά· -η κατανάλωσης ρεύματος.* Έκφρ. *μέχρι -ους* (= ολοκληρωτικά): *μου συμπαραστάθηκε μέχρι -ους·* στο ~ *=* (= εκτός από όλα τα άλλα και τούτο που ακολουεί): *στο ~ ~ είναι κι ένας άλλος λόγος που τον συμπαθώ·* (ύστερα από συζήτηση ή ανάπτυξη θέματος) ~ *πάντων* (= για να τελειώνει το ζήτημα). Φρ. *δίνω ~ σε κάτι* (= τελειώνω, τερματίζω κάτι): *αποφάσισε να δώσει ~ στη σχέση τους.*

τέλος και τω Θεώ δόξα· αρχαϊστ. έκφρ.· για να δηλωθεί ότι κάτι τελείωσε αίσια.

τελώ, -είς, ρ. (λόγ.). Α. (μτβ.) εκτελώ, πραγματοποιώ: ~ *γάμο/μνημόσυνο.* Β. (αμτβ.) στη φρ. *~ υπό επιτροπεία* (= βρίσκομαι υπό...). - Βλ. και *τετελεσμένος.*

τελωνειακός, -ή, -ό, επίθ. (ασυνίζ.), που σχετίζεται με τη διαδικασία του τελωνείου ή τον εκτελωνισμό αποσκευών: *~ έλεγχος/υπάλληλος.*

τελωνείο το, ουσ. 1. κρατική υπηρεσία αρμόδια να εισπράττει δασμούς για τα εμπορεύματα που εισάγονται σε μια χώρα ή εξάγονται απ' αυτήν. 2. (μετων.) τα τελωνειακά τέλη, οι τελωνειακοί δασμοί.

τελώνης ο, ουσ., ο προϊστάμενος του τελωνείου.

τελώνιο το, ουσ. (ασυνίζ.), (μυθολ.) πονηρό πνεύμα που επηρεάζει δυσμενώς (συνών. *δαιμόνιο, στοιχειό*).

τελωνίζω, ρ. 1. καθορίζω το δασμό για εμπορεύματα που εισάγονται ή εξάγονται. 2. εκτελωνίζω (βλ. λ.).

τελωνισμός ο, ουσ., καθορισμός από τις τελωνειακές αρχές της δασμολογικής κλίμακας για εισαγόμενα εμπορεύματα, καθώς και η είσπραξη των αντίστοιχων τελών.

τελωνοφύλακας ο, ουσ., κατώτερος τελωνειακός υπάλληλος που ανήκει στο σώμα της τελωνοφυλακής.

τελωνοφυλακή η, ουσ., δημόσια υπηρεσία που έργο έχει την είσπραξη των τελωνειακών δασμών και τη δίωξη του λαθρεμπορίου.

τεμαχίζω, ρ. (λόγ.), κόβω σε κομμάτια: *~ το κρέας* (συνών. *κομματιάζω*).

τεμάχιο το, ουσ. (ασυνίζ., λόγ.), κομμάτι (βλ. λ. σημασ. 1 και 2).

τεμαχισμός ο, ουσ., κομμάτιασμα, διαμελισμός.

τεμενάς ο, ουσ., ανατολίτικος χαιρετισμός με βαθιά υπόκλιση και εκδήλη κίνηση του δεξιού χεριού· φρ. *κάνω -ά* (= εκδηλώνω με δουλοπρέπεια τις ευχαριστίες και την ευγνωμοσύνη μου). [τουρκ. *temennah*].

τέμενος το, ουσ. 1. χώρος ιερός, αφιερωμένος σε αρχαίο θεό ή ήρωα. 2. (μεταφ.) πνευματικό ίδρυμα όπου καλλιεργούνται τα γράμματα και οι καλές τέχνες. 3. κάθε μη χριστιανικός ναός και ιδίως το μουσουλμανικό τζαμί.

τέμνουσα η, ουσ. 1. (γεωμ.) ευθεία που συναντιέται με άλλη ευθεία ή με επίπεδο σε ένα μόνο σημείο. 2. (μαθημ.) τριγωνομετρικός αριθμός, αντίστροφος του συνημιτόνου.

τέμνω, ρ. (λόγ.). 1. κόβω σε κομμάτια. 2. διανοίγω, σκίζω. 3. (γεωμ.) συναντώ σε ένα μόνο σημείο. - Βλ. και *τέμνουσα.*

τεμπέλης ο, θηλ. **-α,** ουσ. (έρρ.), άνθρωπος οκνηρός, ακαμάτης (συνών. *κηφήνας*). - Μεγεθ. **-αρος** ο. [τουρκ. *tembel*].

τεμπελιά η, ουσ. (έρρ., συνίζ.), ανορεξία για δουλειά, νωθρότητα: *δεν έχω κέφι για δουλειά, πάλι με δέρνει ~* (Σουρής)· (συνών. *οκνηρία·* αντ. *εργατικότητα*).

τεμπελιάζω, ρ. (έρρ., συνίζ.). 1. κατέχομαι από νωθρότητα, με πιάνει τεμπελιά. 2. δεν κάνω τίποτα, είμαι αργόσχολος: *όλη μέρα -ει.*

τεμπέλιασμα το, ουσ. (έρρ., συνίζ.), το να κατέχεται κανείς από τεμπελιά.

τεμπελίκι το, ουσ. (έρρ.), τεμπελιά, ραχάτι: *όλο τον έπιανε ~.*

τεμπέλικος, -η, -ο, επίθ. (έρρ.), που σχετίζεται με τον τεμπέλη.

τεμπελόσκυλο το, ουσ. (έρρ.), (μειωτ.) άνθρωπος πολύ οκνηρός (συνών. *τεμπελχανάς*).

τεμπελχανάς ο, θηλ. **-ού,** ουσ. (έρρ.), μεγάλος τεμπέλης (συνών. *τεμπελόσκυλο*). [τουρκ. *tembelhane*].

τεμπελχανείο και **τεμπελχανειό,** το, ουσ. (έρρ.,

συνιζ.), καταφύγιο τεμπέληδων (συνεκδοχικά) η τεμπελιά.
τεμπελχανού, βλ. *τεμπελχανάς.*
τέμπερα η, ουσ. (έρρ.). 1. μέθοδος ζωγραφικής κατά την οποία χρησιμοποιούνται χρώματα που περιέχουν διαλυμένες κολλώδεις ουσίες. 2. τα χρώματα που χρησιμοποιούνται στο είδος αυτό της ζωγραφικής. [ιταλ. *tempera*].
τέμπλο το, ουσ. (έρρ.), (εκκλ.) ξυλόγλυπτο ή μαρμάρινο εικονοστάσιο που διαχωρίζει το άγιο βήμα από το άλλο τμήμα του ναού. [λατ. *templum*].
τέμπο το, ουσ. άκλ. (έρρ.), χρονικός ρυθμός· έκφρ. *με το ~ σου* (= χωρίς να βιάζεσαι) (συνών. έκφρ. *με το πάσο σου*). [ιταλ. *tempo*].
τενεκεδάκι, βλ. *τενεκές.*
τενεκεδένιος, -ια, -ιο και **ντενεκεδένιος,** επίθ. (συνιζ.), κατασκευασμένος από τενεκέ: *κουτί -ιο.*
τενεκές και **ντενεκές** ο, ουσ. 1. λευκοσίδηρος (βλ. λ.). 2. δοχείο από λευκοσίδηρο: *~ λαδιού.* 3. το περιεχόμενο του παραπάνω δοχείου: *αγόρασα έναν -έ λάδι/τυρί.* 4. (μεταφ., υβριστικά) άνθρωπος τιποτένιος: *είναι ~ αγάνωτος.* - Υποκορ. **-δάκι** το στη σημασ. 2. [τουρκ. *teneke*].
τενεκετζήδικο το, ουσ., το εργαστήριο του τενεκετζή.
τενεκετζής ο, ουσ., κατασκευαστής και επιδιορθωτής σκευών από τενεκέ. [τουρκ. *tenekeci*].
τένις το, ουσ. άκλ., (αθλ.) αντισφαίριση (βλ. λ. σημασ. 1). [αγγλ. *tennis*].
τενίστας ο, θηλ. **-ίστρια,** ουσ. (αθλ.) παίκτης του τένις.
τένοντας ο, ουσ. (έρρ.), (ανατομ.) ινώδης σχοινοειδής ή ταινιοειδής δεσμίδα, λευκή και στιλπνή, που συνδέει τους μυώνες με τα κόκαλα.
τενοντίτιδα η, ουσ. (έρρ.), (ιατρ.) φλεγμονή των τενόντων.
τενοντοδεσία η, ουσ. (έρρ.), (ιατρ.) χειρουργική επέμβαση κατά την οποία βραχύνονται οι τένοντες και συρράπτονται με τα οστά της κνήμης.
τενοντοπλασία η, ουσ. (έρρ.), (ιατρ.) εγχείρηση που γίνεται για να αντικατασταθεί τμήμα τένοντα που έχει αποκοπεί.
τενόρος ο, ουσ., τραγουδιστής με την πιο υψηλή φωνή (συνών. *οξύφωνος*). [ιταλ. *tenore*].
τέντα η, ουσ. (έρρ.). 1. προπέτασμα από χοντρό πανί ή πλαστικό που τοποθετείται πάνω από παράθυρα ή πόρτες (συνήθως σε μπαλκόνι) για να προφυλάσσει το χώρο από τον ήλιο και τη βροχή. 2. σκηνή: *έδωσε εντολή να στήσουν δύο -ες για τους αρρώστους.* Φρ. *αφήνω/έχω το παράθυρο/την πόρτα ~* (= τελείως ανοιχτά). [μεσν. λατ. *tenda*].
τέντζερης και **τεντζερές** ο, πληθ. **-έδες,** ουσ. 1. χάλκινη χύτρα: *~ γανωμένος* (συνών. *κατσαρόλα*). 2. (στον πληθ.) το σύνολο των μαγειρικών σκευών. Παροιμ. *κύλησε ο ~ και βρήκε το καπάκι,* βλ. *καπάκι* σημασ. 1. [τουρκ. *tencere*].
τεντιμπόης ο, θηλ. **-ίσσα,** ουσ. (όχι έρρ.), νεαρός των δεκαετιών του '50 και του '60 με εξεζητημένο ντύσιμο και κούρεμα, φίλος της μουσικής ροκεντρόλ, θεωρούμενος συχνά και βίαιος. [αγγλ. *teddy boy*].
τεντιμποϊσμός ο, ουσ. (όχι έρρ.), αντικοινωνική συμπεριφορά από νεαρά άτομα που εκδηλώνεται με επίμονη προκλητικότητα, θρασύτητα και βιαιότητα.
τεντιμπόισσα, βλ. *τεντιμπόης.*

τέντωμα το, ουσ. (έρρ.). 1. τσίτωμα, τεζάρισμα: *~ τόξου/επιδερμίδας.* 2. έκταση, άπλωμα: *~ ποδιού.*
τεντώνω, ρ. (έρρ.). I. ενεργ. 1. τσιτώνω, τεζάρω: *~ το σκοινί* (αντ. *χαλαρώνω, ξετεντώνω*). 2. εκτείνω κατά μήκος, απλώνω: *~ τα πόδια* (αντ. *διπλώνω*). 3. (για παράθυρο ή πόρτα) ανοίγω διάπλατα. II. μέσ. 1α. εκτείνω τα χέρια και τα πόδια μακριά από το σώμα μου, τανιέμαι (συνήθως το πρωί ξυπνώντας ή όταν είμαι κουρασμένος)· β. εκτείνω τα χέρια μου σε ύψος και συνήθως σηκώνομαι στις μύτες των ποδιών μου προκειμένου να φτάσω κάτι: *-θηκε για να φτάσει το βιβλίο/για να πιάσει τη μπάλα.* 2. (μεταφ.) καμαρώνω, φουσκώνω. - Η μτχ. **-ωμένος** ως επίθ. = τεζαριστός. Φρ. *τα -ωσε* (λαϊκ.) = πέθανε· *-ονται τα νεύρα μου* (= εκνευρίζομαι)· *~ τ' αφτιά μου* (= ακούω με τεταμένη προσοχή).
τεντωτός, -ή, -ό, επίθ. (έρρ.), τεντωμένος: *σκοινί -ό.*
Τεξανή, βλ. *Τεξανός.*
τεξανικός, -ή, -ό, επίθ., που ανήκει ή αναφέρεται στο Τέξας ή τους Τεξανούς.
Τεξανός ο, θηλ. **-ή,** ουσ., αυτός που κατοικεί στο Τέξας ή κατάγεται από εκεί.
-τέος, -α, -ο, λόγ. κατάλ. ρημ. επιθ. που δηλώνει ότι κάποιος πρέπει να υποστεί κάτι: *μετεξεταστέος, διαιρετέος.*
τεπές ο, ουσ. 1. κορυφή. 2. θόλος (βλ. λ. σημασ. 2). [τουρκ. *tepe*].
τεπόζιτο, βλ. *ντεπ-.*
τερακότα η, ουσ. 1. ψημένη άργιλος. 2. κάθε καλλιτέχνημα από ψημένη άργιλο. [ιταλ. *terracotta*].
τέρας το, ουσ. 1. κάθε εν τη ζωή η διάπλασή του δεν είναι φυσιολογική: *γέννησε ~ με δυο κεφάλια* (συνών. *έκτρωμα*). 2. φανταστικό δημιούργημα μεγάλων διαστάσεων και υπερβολικά τρομακτικό: *ο Δράκουλας, ο Φραγκεστάιν και κάθε φρικιαστικό ~ που μπορείς να σκεφτείς.* 3. καθετί υπερβολικά μεγάλο, όπως κτήριο ή μηχάνημα. 4. καθετί εξαιρετικό και ασυνήθιστο: *είναι ~ μάθησης / εξυπνάδας·* έκφρ. *ιερό ~: ιερά -ατα του κινηματογράφου.* 5. (μεταφ.) άνθρωπος με ανάρμοστη συμπεριφορά και κακές συνήθειες. 6. (συνεκδοχικά) άνθρωπος άσχημος, τερατόμορφος: *παντρεύτηκε ένα ~.* Έκφρ. *-ατα και σημεία* (για συμβάντα ή έργα που προκαλούν κατάπληξη). - Υποκορ. **-άκι** το.
τεράστιος, -α, -ο, επίθ. (ασυνίζ.), που έχει υπερβολικά μεγάλες διαστάσεις: *κτήριο -ο·* (μεταφ.) *ευθύνη / διαφορά -α.*
τερατάκι, βλ. *τέρας.*
τερατογόνος, -ος, -ο, επίθ. (για φάρμακο) που με τη δράση του στο εμβρυο είναι δυνατό να προκαλέσει γενετικές ανωμαλίες. [γαλλ. *tératogène*].
τερατοειδής, -ής, -ές, γεν. **-ούς,** πληθ. αρσ. και θηλ. **-είς,** ουδ. **-ή,** επίθ., τερατώδης (βλ. λ.).
τερατολόγημα το, ουσ., τερατολογία.
τερατολογία η, ουσ., αφήγηση πραγμάτων που είναι απίθανα και υπερφυσικά· χοντρά ψέματα.
τερατολόγος ο και η, ουσ., που λέει τερατολογίες (συνών. *παραμυθάς*).
τερατολογώ, -είς, ρ., λέω τερατολογίες.
τερατόμορφος, -η, -ο, επίθ. 1. που έχει μορφή τέρατος. 2. που είναι τρομερά άσχημος.
τερατούργημα το, ουσ., πολύ κακότεχνο έργο, κακοτέχνημα.
τερατώδης, -ης, -ες, γεν. **-ους,** πληθ. αρσ. και θηλ. **-εις,** ουδ. **-η,** επίθ. 1. όμοιος με τέρας· εκτρω-

ματικός: *μορφή* ~. **2.** που αρμόζει σε τέρας· απαίσιος: *πράξη* ~.
τερατωδία η, ουσ. **1.** το να είναι κάτι τερατώδες. **2.** λόγος ή πράξη τερατώδης.
τερεβινθέλαιο το, ουσ. (χημ.) αιθέριο έλαιο που λαμβάνεται από την απόσταξη της τερεβινθίνης και χρησιμοποιείται ως διαλυτικό για την παρασκευή χρωμάτων, κ.ά. (κοιν. *νέφτι*).
τερεβινθίνη η, ουσ. (χημ.) γενική ονομασία για το ρετσίνι που βγάζουν ορισμένα φυτά, κωνοφόρα, κ.ά., αυτομάτως ή όταν χαράξει κανείς τον κορμό τους.
τερέβινθος η, ουσ. (φυτολ.) φυλλοβόλο δέντρο μέτριου μεγέθους, απ' όπου λαμβάνεται τερεβινθίνη (κοιν. *τριμιθιά* στην Κύπρο, *κοκκορεβιθιά*, κ.ά.).
τερερέμ και **-ριρέμ** το, ουσ. άκλ. (εκκλ.) μελωδία χωρίς λόγια αλλά με επανάληψη των συλλαβών της λ. *τερερέμ* που ψάλλεται αυτοτελώς ή σε συνέχεια προηγούμενης ψαλμωδίας, συνήθως για επίδειξη δεξιοτεχνίας (συνών. *κράτημα*).
τερερίζω, ρ. (εκκλ., για ψάλτη) ψάλλω τερερέμ.
τερετίζω, ρ. (λόγ.). **α.** για κελάηδημα πουλιού ή τον ήχο που παράγει ο τζίτζικας· **β.** (μεταφ.) ηχώ αρμονικά, σιγοτραγουδώ.
τερέτισμα το, ουσ. (λόγ.). **α.** το να τερετίζει πουλί ή τζίτζικας, καθώς και ο ήχος που παράγεται· **β.** (μεταφ). για αρμονικό ήχο: ~ *των πολυβόλων*.
τερζής ο, ουσ. (παλαιότερα) ράφτης (ντόπιων παραδοσιακών ενδυμασιών σε αντιδιαστολή προς το *φραγκοράφτη*, βλ. λ.). [τουρκ. *terzi*].
τερηδόνα η, ουσ. **1.** (ιατρ.) πάθηση κατά την οποία καταστρέφεται η οδοντίνη και η αδαμαντίνη του δοντιού (κοιν. *το δόντι σαπίζει*) και δημιουργείται στο εσωτερικό του κοιλότητα που επεκτείνεται σταδιακά και προκαλεί την καταστροφή του. **2.** (γεωπ.) αρρώστια του σιταριού που καταστρέφει τον καρπό του.
τερηδονίζομαι, ρ. (ιατρ., για δόντι) παθαίνω τερηδόνα: (συνήθως στη μτχ. παρκ.) *τραπεζίτης -ισμένος*.
τεριρέμ, βλ. *τερερέμ*.
τερλίκι το, ουσ. (λαϊκ.), (συνήθως στον πληθ.) ίσιο μαλακό υπόδημα υφασμάτινο ή μάλλινο, πάντοτε μονόραφο και συχνά κεντημένο, που μοιάζει με κάλτσα και φοριέται κατά κανόνα μέσα στο σπίτι: *έπλεξα για το μωρό -ια* (πβ. *σοσόνι*). - Υποκορ. **-άκι** το. [τουρκ. *terlik*].
τέρμα το, ουσ. **1.** (τοπ.) τελικό σημείο ή όριο όπου φτάνει κάτι: *το ~ του διαδρόμου* (συνών. *τέλος*· αντ. *αρχή*). **2.** (ειδικά) χώρος όπου τελειώνει ορισμένη διαδρομή μεταφορικού μέσου: *τα λεωφορεία με τον αριθμό 3 κάνουν ~ στο σταθμό* (αντ. *αφετηρία*). **3.** (χρον.) σημείο στο οποίο κάτι τελειώνει: *~ μιας προσπάθειας/μιας σταδιοδρομίας* (συνών. *τέλος*· αντ. *αρχή*). **4.** (προφ., με ουσ. ή απολ.) δηλώνει ότι κάτι τελείωσε ή πρέπει να τελειώσει, να μην επαναληφθεί (συνήθως όταν κάποιος δεν μπορεί να ανεχτεί, να υπομείνει πλέον κάτι): ~ *τ' αστεία·* έκφρ. ~ *τα δίφραγκα·* (ως επιφ.) *~! δε θα ξαναφύγεις χωρίς άδεια!* **5.** (αθλητ.) σημείο όπου πρέπει να φτάσουν οι δρομείς σε αγώνα (η λ. αναλογικά για άλογα ή αυτοκίνητα στους αντίστοιχους αγώνες): *ο δεύτερος έφτασε στο ~ πολύ αργότερα από το νικητή* (= τερμάτισε) (αντ. *αφετηρία*). **6.** (αθλητ.) **α.** (για γήπεδο ποδοσφαίρου ή χάντμπολ ή πισίνα υδατοσφαίρισης) εστία (βλ. λ. σημασ. 6): *η μπάλα πέρασε τη γραμμή του -ατος* (= σημειώθηκε γκολ)· **β.** γκολ (βλ. λ.): *πετυχαίνω/σημειώνω ~* (= *βάζω* γκολ).
τερματίζω, ρ. **Α.** μτβ. (λόγ.), φτάνω στο τέλος μιας κατάστασης, μιας χρονικής περιόδου, κ.τ.ό. , ή κάνω να τελειώσει κάτι: ~ *τη σταδιοδρομία μου·* φρ. ~ *τη ζωή μου* (= αυτοκτονώ)· (μέσ.) *οι συνομιλίες -ίστηκαν νωρίτερα από ό,τι είχε ανακοινωθεί* (συνών. *διακόπτω, τελειώνω, σταματώ·* αντ. *αρχίζω*). **Β.** αμτβ. (αθλητ.) φτάνω στο τέρμα (βλ. λ. σημασ. 5): *ο νικητής -ισε με χρόνο 2 ώρες και 12΄.*
τερματικός, -ή, -ό, επίθ., για χώρο εφοδιασμένο με εγκαταστάσεις για την άφιξη και την αναχώρηση επιβατών από διάφορα μέρη και την παραλαβή, αποστολή ή αποθήκευση εμπορευμάτων: *σταθμός ~.* - Το ουσ. ως ουσ. = **1.** μέρος ηλεκτρικής συσκευής ή άλλου συστήματος όπου κατηγούν και από όπου ξεκινούν γραμμές μεταφοράς ρεύματος, κ.ά.: *-ό τηλεφωνικής εγκατάστασης σε μία οικοδομή*. **2.** (ειδικά) όργανο που αποτελείται από οθόνη με πληκτρολόγιο, συνδέεται με ηλεκτρονικό υπολογιστή και το χρησιμοποιεί κανείς για να παίρνει από αυτόν πληροφορίες ή να καταγράφει σ' αυτόν στοιχεία: *δεδομένα που συλλέγονται στο -ό ενός υπολογιστή*.
τερματισμός ο, ουσ. **1.** το να τερματίζει, το να τελειώνει κάποιος κάτι: *ζήτησαν τον άμεσο -ο των εχθροπραξιών* (συνών. *διακοπή, σταμάτημα·* αντ. *έναρξη*). **2.** (αθλητ.) το να τερματίζει ένας αθλητής: *ο ~ του μαραθωνίου θα γίνει στην είσοδο του σταδίου·* ~ *καθυστερημένος/πανηγυρικός* (αντ. *εκκίνηση*).
τερματοφύλακας ο, ουσ. (αθλητ.) παίκτης ομάδας ποδοσφαίρου ή υδατοσφαίρισης με αποστολή να υπερασπίζεται το τέρμα της (βλ. λ. σημασ. 6α) και να μην επιτρέπει στην αντίπαλη ομάδα να βάλει τη μπάλα σ' αυτό.
τέρμινο και **τέρμενο** το, ουσ. (λαϊκ.), χρονική μονάδα αόριστα (συνήθως ειρωνικά): *Σε τρία, σε τέσσερα -ενα θα 'ν' εδώ, μόνο να υπομονέψεις λιγάκι* (Ι.Μ. Παναγιωτόπουλος).
τερμίτης ο, ουσ. (ζωολ.) μικρό άσπρο έντομο των θερμών χωρών, που ονομάζεται και *λευκό μυρμήγκι*, ζει σε κοινωνίες μέσα στη γη ή σε χωμάτινες υπέργειες φωλιές και τρέφεται με οργανικές ουσίες, κυρίως με ξύλο: *αποικίες -ών*. [γαλλ. *termite*].
τερμός, βλ. *θερμός*.
τερπνός, -ή, -ό, επίθ. (λόγ.), πολύ ευχάριστος: *η προφήτισσα Μαρία/μ' ένα τύμπανο -όν* (Δ. Σολωμός) (συνών. *ευφρόσυνος*).
τερπνότητα η, ουσ. (λόγ.), το να είναι κάτι τερπνό.
τέρπω, ρ. (λόγ.). **1.** προκαλώ μεγάλη ευχαρίστηση (συνών. *ευφραίνω*). **2.** παρέχω αναψυχή, ψυχαγωγώ.
τερτίπι το, ουσ. (λαϊκ.). **α.** (συνήθως στον πληθ.) έξυπνο ή πονηρό μέσο που επινοεί κάποιος για να πετύχει το σκοπό του: *-ια ύπουλα·* φρ. *κάνω -ια* (= μεταχειρίζομαι πονηριές) (συνών. *κόλπο, μηχανή, τέχνασμα*)· **β.** (πληθ.) νάζια, καμώματα. [τουρκ. *tertip*].
τερτσέτο το, ουσ. (μουσ.) μουσική σύνθεση για τρία όργανα ή τρεις φωνές, καθώς και τα πρόσωπα που την εκτελούν. [ιταλ. *terzetto*].
τερτσίνα η, ουσ. (μετρ., συνήθως στον πληθ.) κα-

τέρψη

θεμιά από τρίστιχες στροφές, που ο πρώτος και ο τρίτος στίχος τους ομοιοκαταληκτούν μεταξύ τους, ενώ ο μεσαίος δίνει την ομοιοκαταληξία για τους δύο ακρινούς της επόμενης (α, β, α-β, γ, β-γ, δ, γ-...). [ιταλ. *terzina*].

τέρψη η, ουσ. (λόγ.). **1.** μεγάλη ευχαρίστηση: ~ *των αισθήσεων.* **2.** διασκέδαση, ψυχαγωγία.

τερψιλαρύγγιος, -α, -ο, επίθ. (έρρ., ασυνίζ., λόγ.), «που τέρπει το λάρυγγα», δηλ. πάρα πολύ νόστιμος (η λ. συνήθως στον πληθ. ουδ. ως ουσ.).

τεσσάρα η, ουσ. (λαϊκ.). **α.** για τέσσερα όμοια πράγματα μαζί: *η ομάδα έφαγε μια* ~ (= δέχτηκε τέσσερα γκολ)· **β.** (πληθ.) όταν καθένα από τα δύο ζάρια δείχνει τέσσερα: *φέρνω -ες* (αλλιώς *ντόρτια*).

τεσσαρακονθήμερος, -η, -ο, επίθ. (λόγ.), που έχει διάρκεια σαράντα ημερών ή γίνεται όταν συμπληρώνονται σαράντα ημέρες από ένα γεγονός: *άδεια -η· μνημόσυνο -ο.*

τεσσαρακονταετηρίδα η, ουσ. (έρρ.). **1.** χρονικό διάστημα σαράντα χρόνων (συνών. *τεσσαρακονταετία*). **2.** επέτειος σαράντα χρόνων από κάποιο γεγονός.

τεσσαρακονταετής, -ής, -ές, γεν. -ούς, πληθ. αρσ. και θηλ. -είς, ουδ. -ή, επίθ. (έρρ., λόγ.), που διαρκεί ή διήρκεσε σαράντα χρόνια.

τεσσαρακονταετία η, ουσ. (έρρ.), χρονικό διάστημα σαράντα χρόνων.

τεσσαρακοστός, -ή, -ό, αριθμ., που έχει σε κάποια σειρά τη θέση που αντιστοιχεί στον αριθμό σαράντα (40). - Το θηλ. ως ουσ. = (εκκλ., λόγ.) σαρακοστή (βλ. λ.). - Το ουδ. ως ουσ. = καθένα από τα σαράντα ίσα μέρη στα οποία διαιρέθηκε κάτι.

τεσσάρι το, ουσ. **1.** ποσότητα τεσσάρων όμοιων πραγμάτων: *πλήρωσα ένα* ~ *χιλιάδες.* **2.** διαμέρισμα με τέσσερα δωμάτια. **3.** ο αριθμός τέσσερα (4): (για τραπουλόχαρτο) ~ *σπαθί·* (για βαθμολογία) *στη βιολογία πήρα ένα* ~.

τεσσαροκάντουνος, -η, -ο, επίθ. (έρρ., λαϊκ.), τετράγωνος: ~ *σταυρός κρέμεται στο λαιμό σου* (δημ. τραγ.).

τεσσεράμισι, βλ. *τεσσερισήμισι.*

τέσσερις, -ις, -α, αριθμ., γεν. -άρων, (λαϊκ.) αιτ. αρσ. -ους. **1.** για πλήθος που αποτελείται από το άθροισμα μιας τριάδας και μιας μονάδας: ~ *μήνες/εποχές·* φρ. *τα μάτια σου -α* (= πρόσεχε πάρα πολύ)· *τον πάνε -ις* (= πέθανε και κηδεύεται). **2.** για χρονολογία, ώρα, ηλικία, κ.ά., στη θέση του αντίστοιχου τακτικού αριθμ.: *στις* ~ *Ιουλίου* (= τέταρτη μέρα)· *το παιδί έκλεισε τα -α* (= τον τέταρτο χρόνο της ηλικίας του). **3.** (με ουδ. άρθρο, στον εν.) ο αριθμός (4): *το κάθισμα είχε επάνω το -α·* (για τραπουλόχαρτο) *το -α μπαστούνι·* (για βαθμολογία) *κόπηκα με -α·* (για ψηφίο που αντιπροσωπεύει τον αριθμό) -α *αραβικό (4)/ελληνικό (δ΄)/λατινικό (IV).* **4.** (με ουδ. άρθρο στον πληθ., σε θέση ουσ.) *τα τέσσερα άκρα: περπατά με τα -α* (για μικρό που μπουσουλίζει)· φρ. *δεν νιώθει/δεν ξέρει πού παν τα -α,* βλ. *νιώθω.*

τεσσερισήμισι, ουδ. **τεσσεράμισι,** αριθμ. άκλ., ό,τι προκύπτει όταν προσθέσουμε μισή μονάδα σε τέσσερις.

τεστ το, ουσ. άκλ., σειρά δοκιμασιών σταθμισμένων και αυστηρά καθορισμένων ως προς τον τρόπο εφαρμογής και βαθμολογίας, που τα αποτελέσματά τους πληροφορούν για ορισμένα χαρακτηριστικά του ατόμου (πνευματικά, συναισθηματικά, κλπ., καθώς και γνώσεις ή κατάσταση της υγείας): ~ *ευφυΐας/*(ιατρ.) *κόπωσης·* (σχολ.) *γράψαμε* ~ *στη Φυσική* (= είδος πρόχειρου διαγωνίσματος). [αγγλ. *test*].

τεταμένος, -η, -ο, επίθ. (λόγ.), (για σχέσεις ή κατάσταση) που χαρακτηρίζεται από ένταση, που μπορεί να καταλήξει σε σύγκρουση: *στη συνέλευση η ατμόσφαιρα ήταν -η* (συνών. *επικίνδυνος, εχθρικός, φορτισμένος*). - Βλ. και *τείνω.*

τετανικός, -ή, -ό, επίθ. (ιατρ.) που ανήκει ή αναφέρεται στον τέτανο: *βάκιλλος* ~· *σπασμοί -οί.*

τέτανος ο, ουσ. (ιατρ.) βαριά μολυσματική ασθένεια που προκαλείται όταν από ένα τραύμα εισαχθεί στον οργανισμό ο τετανικός βάκιλλος, ο οποίος παράγει τοξίνη που προσβάλλει το νευρικό σύστημα και προκαλεί έντονες και επώδυνες μυϊκές συσπάσεις.

τεταρταίος, -α, -ο, επίθ. (ιατρ.) για πυρετό που εμφανίζεται κάθε τέταρτη μέρα σε περιπτώσεις ελονοσίας.

Τετάρτη και (λαϊκ.) **Τετράδη** η, ουσ., η τέταρτη ημέρα της εβδομάδας, η ημέρα μετά την Τρίτη και πριν από την Πέμπτη: *μεγάλη* ~ (της μεγάλης Εβδομάδας).

τεταρτημόριο το, ουσ. (ασυνίζ., λόγ.), καθένα από τα τέσσερα ίσα μέρη ενός όλου: ~ *κύκλου.*

τεταρτιάζω, ρ. (συνιζ., λαϊκ.), κόβω σε τέσσερα μέρη, κομματιάζω.

τεταρτογενής, -ής, -ές, γεν. -ούς, πληθ. αρσ. και θηλ. -είς, ουδ. -ή, επίθ. (γεωλ.) ~ *περίοδος* = η νεότερη από τις δύο μεγάλες περιόδους από τις οποίες αποτελείται ο καινοζωικός (βλ. λ.) αιώνας της γης.

τεταρτοετής, -ής, -ές, γεν. -ούς, πληθ. αρσ. και θηλ. -είς, ουδ. -ή, επίθ. (για φοιτητή, μαθητή, κ.τ.ό) που διανύει το τέταρτο έτος σπουδών του.

τέταρτον, επίρρ., πβ. *πρώτον, δεύτερον, τρίτον.*

τέταρτος, -η, -ο, αριθμ., που έρχεται ή γίνεται αμέσως μετά τον τρίτο, που ακολουθεί σε μια σειρά τον τρίτο (χρονικά ή τοπικά): *ήρθε* ~ *στις εξετάσεις· ο στενό δεξιά·* (για ηγεμόνες ή αρχιερείς με το ίδιο όνομα· συνήθως Δ΄) *Λουδοβίκος ο Δ΄* (διάβ. *τέταρτος*)· εκφρ. *η τέταρτη του μηνός* (μετρώντας από την πρώτη μέρα)· *η τέταρτη πρωινή* (προκειμένου για ώρα του ημερονυκτίου)· *η -η εξουσία* ο τύπος (εφημερίδες)· *-η ηλικία,* βλ. *ηλικία.* - Το θηλ. *τέταρτη* ως ουσ. = **1.** η τέταρτη χρονιά σχολικών σπουδών: *οι μαθητές της -ης.* **2α.** η τέταρτη μέρα (του μηνός)· **β.** η τέταρτη μέρα της εβδομάδας (βλ. *Τετάρτη*). **3.** (μαθημ.) η τέταρτη δύναμη (σύμβολο $α^4$). **4.** (μουσ.) διάστημα τεσσάρων βαθμίδων στη διατονική κλίμακα. - Το ουδ. ως ουσ. = το ένα από τα τέσσερα ίσα μέρη στα οποία μπορεί να διαιρεθεί ένα σύνολο: *το -ο των αποδοχών μου· το -ο* (της ώρας) = διάρκεια δεκαπέντε πρώτων λεπτών της ώρας.

τετελεσμένος, -η, -ο, επίθ. **1.** στην έκφρ. *-ο γεγονός* = που δεν μπορεί να αλλάξει και αναγκαστικά γίνεται αποδεκτό. **2.** (γραμμ.) ~ *μέλλοντας* = τύπος του ρήματος για να διατυπωθεί ότι αυτό που δηλώνει το ρήμα θα έχει συντελεστεί στο μέλλον.

τετέλεσται· αρχαϊστ. φρ.· για να δηλωθεί ότι όλα τελείωσαν, ότι επήλθε ο θάνατος: *τότε είπαμε πια πως* ~ (Κόντογλου).

τέτοιος, -α, -ο, δεικτ. αντων. (συνιζ.), αυτού του είδους, αυτής της κατηγορίας: ~ *άνθρωπος ήταν· -α πράγματα έγιναν* (αντ. *αλλιώτικος, διαφορε-*

τικός)· έκφρ. *-α ώρα -α λόγια* (για λόγια που λέγονται ή πράξεις που γίνονται σε ακατάλληλη στιγμή)· *ο ~/η -α* (α. περιφρονητικά για πρόσωπα ανυπόληπτα· β. για να αποφευχθεί η επανάληψη ενός ονόματος ή όταν δε θυμόμαστε το όνομα).

τετοιώνω, ρ. (συνιζ.), (προφ.) χρησιμοποιείται όταν δεν επιθυμεί κανείς να χρησιμοποιήσει τη λέξη που ταιριάζει ή αδυνατεί να τη βρει τη στιγμή που μιλεί.

τετρα-, τετρά-, α´ συνθ. λέξεων που α. σημαίνει ότι αυτό που δηλώνει το β´ συνθ. υπάρχει ή γίνεται τέσσερις φορές: *τετράγωνο, τετράωρος·* β. δηλώνει μια επίταση: *τετράψυχος, τετραπέρατος.*

τετραβάγγελο το, ουσ. (έρρ.), βιβλίο που περιλαμβάνει τα τέσσερα Ευαγγέλια.

τετράβαθος, -η, -ο, επίθ., πολύ βαθύς: *σιωπή -η· πηγάδι -ο.*

τετράγλωσσος, -η, -ο, επίθ. 1. που είναι κάτοχος τεσσάρων γλωσσών. 2. που είναι γραμμένος σε τέσσερις γλώσσες: *λεξικό -ο.*

τετραγωνάκι και **τετραγωνίδιο,** βλ. *τετράγωνο.*

τετραγωνίζω, ρ. 1. δίνω σε κάτι σχήμα τετραγώνου: *δωμάτιο -ισμένο.* 2. (μαθημ.) υψώνω αριθμό στο τετράγωνο (βλ. *τετράγωνος*). ΄Εκφρ. *~ τον κύκλο* (για επιδιώξεις που δεν επιτυγχάνονται).

τετραγωνικός, -ή, -ό, επίθ. 1. που έχει σχήμα τετραγώνου: *-ό μέτρο* = (γεωμ.) μονάδα μέτρησης επιφάνειας ίση με ένα τετράγωνο πλευράς ενός μέτρου· *-ή ρίζα,* βλ. *ρίζα.* 2. (μεταφ.) απόλυτα λογικός: *μυαλό -ό. -* Το ουδ. ως ουσ. = το τετραγωνικό μέτρο.

τετραγωνισμός ο, ουσ. 1. η ενέργεια του τετραγωνίζω: *~ της πέτρας.* 2. (μαθημ.) ύψωση αριθμού στο τετράγωνο (βλ. *τετράγωνος*). ΄Εκφρ. *~ του κύκλου* (= μάταιη απασχόληση που δεν έχει διέξοδο).

τετράγωνος, -η, -ο, επίθ. 1. που έχει σχήμα με τέσσερις ορθές γωνίες και τέσσερις ίσες πλευρές: *χώρος ~.* 2. (μεταφ.) που βρίσκεται υπό το κράτος της λογικής, που είναι απόλυτα λογικός: *μυαλό -ο· σκέψη -η· λογική -η* (= ακαταμάχητη). - Το ουδ. ως ουσ. = 1. παραλληλόγραμμο με ίσες πλευρές και ορθές γωνίες· έκφρ. *πολεοδομικό -ο* (= συγκρότημα οικοδομών που έχει όρια τέσσερις δρόμους). 2. (μαθημ.) *-ο ενός αριθμού* = το γινόμενο αριθμού επί του εαυτό του (π.χ. το τετράγωνο του 3 είναι το 9)· έκφρ. *στο -ο* (= σε μεγάλο βαθμό): *χαζός στο -ο. -* Υποκορ. **-άκι** και **-ίδιο** το = μικρό τετράγωνο.

τετράδα η, ουσ., ομάδα από τέσσερα όμοια πράγματα.

Τετράδη, βλ. *Τετάρτη.*

τετράδιο το, ουσ. (ασυνίζ.), σύνολο φύλλων χαρτιού συρραμένων χρήσιμων για γράψιμο. - Υποκορ. **-άκι** το.

τετράδιπλος, -η, -ο, επίθ. 1. διπλωμένος στα τέσσερα. 2. τετραπλάσιος.

τετράδραχμος, -η, -ο, επίθ., που έχει αξία τεσσάρων δραχμών.

τετράδυμος, -η, -ο, επίθ., που γεννήθηκε μαζί με τρία άλλα αδέρφια με τον ίδιο τοκετό. - Το ουδ. στον πληθ. ως ουσ. = τα τέσσερα αδέρφια που γεννήθηκαν μαζί: *γέννησε -α.*

τετραετής, -ής, -ές, γεν. *-ούς,* πληθ. αρσ. και θηλ. *-είς,* ουδ. *-ή,* επίθ. 1. που διαρκεί τέσσερα χρόνια: *πόλεμος ~.* 2. που έχει ηλικία τεσσάρων χρόνων.

τετραετία η, ουσ., διάρκεια τεσσάρων συνεχών ετών.

τετραήμερος, -η, -ο, επίθ., που διαρκεί τέσσερις μέρες: *εκδρομή -η.*

τετρακάταρτος, -η, -ο, επίθ., που έχει τέσσερα κατάρτια: *καράβι -ο.*

τετρακέφαλος ο, ουσ. (ανατομ.) ο μηριαίος μυς καθώς έχει τέσσερις προσφύσεις.

τετράκις, επίρρ. (λόγ.), τέσσερις φορές.

τετρακοσαριά η, ουσ. (συνιζ.), μόνο στην έκφρ. *καμιά ~* (= περίπου τετρακόσιοι, -ιες, -ια): *στοιχίζει καμιά ~ δραχμές.*

τετρακόσιοι, -ιες, -ια (συνιζ.) και **-κόσοι,** αριθμ., που αποτελούν σύνολο τεσσάρων εκατοντάδων ή σαράντα δεκάδων: *~ μαθητές.* -Το ουδ. ως ουσ. = α. ο αριθμός 400· β. σε χρονολογία αντί του τακτικού: *το -ια προ Χριστού.* Φρ. *(δεν) τα ΄χει -ια =* (δεν) έχει πολύ μυαλό.

τετρακοσιοστός, -ή, -ό, αριθμ. (ασυνίζ.), που έχει σε μια σειρά ομοειδών πραγμάτων τη θέση που αντιστοιχεί στον αριθμό τετρακόσια: *~ υποψήφιος. -* Το ουδ. ως ουσ. = το ένα από τα τετρακόσια ίσα μέρη στα οποία διαιρείται ένα σύνολο.

τετρακόσοι, βλ. *τετρακόσιοι.*

τεραλογία η, ουσ. (αρχ.) σύνολο τριών τραγωδιών και ενός σατυρικού δράματος που παίζονταν την ίδια μέρα στα Μεγάλα Διονύσια.

τετραμελής, -ής, -ές, γεν. *-ούς,* πληθ. αρσ. και θηλ. *-είς,* ουδ. *-ή,* επίθ., που απαρτίζεται από τέσσερα μέλη: *ομάδα ~.*

τετραμερής, -ής, -ές, γεν. *-ούς,* πληθ. αρσ. και θηλ. *-είς,* ουδ. *-ή,* επίθ. 1. που αποτελείται από τέσσερα μέρη. 2. που γίνεται με τη συνεργασία τεσσάρων μερών: *σύσκεψη/σύμβαση ~.*

τετράμετρος, -η, -ο, επίθ. (μετρ.) για στίχο που αποτελείται από τέσσερις μετρικούς πόδες: *στίχος ~·* (στο ουδ. ως ουσ.) *ιαμβικό -ο.*

τετραμηνία η, ουσ., σύνολο τεσσάρων μηνών.

τετραμηνιαίος, -α, -ο, επίθ. (ασυνίζ.), που γίνεται κάθε τετράμηνο: *εισφορά -α.*

τετράμηνος, -η, -ο, επίθ., που διαρκεί τέσσερις μήνες: *διακοπή -η. -* Το ουδ. ως ουσ. = τετραμηνία, σύνολο τεσσάρων μηνών.

τετράπαχος, -η, -ο, επίθ., πάρα πολύ παχύς.

τετραπέρατος, -η, -ο, επίθ., πολύ έξυπνος.

τετραπλάσια, βλ. *τετραπλάσιος.*

τετραπλασιάζω, ρ. (ασυνίζ.). 1. κάνω κάτι τετραπλάσιο σε όγκο ή ποσότητα. 2. (μαθημ.) πολλαπλασιάζω επί τέσσερα.

τετραπλασιασμός ο, ουσ. (ασυνίζ.). 1. αύξηση κατά τέσσερις φορές. 2. (μαθημ.) πολλαπλασιασμός επί τέσσερα.

τετραπλάσιος, -α, -ο, επίθ. (ασυνίζ.), (για πράγματα και αριθμούς) που είναι τέσσερις φορές μεγαλύτερος ή περισσότερος. - Επίρρ. **-α.**

τετράπλατος, -η, -ο, επίθ., που είναι πολύ πλατύς.

τετράπλευρος, -η, -ο, επίθ., που έχει τέσσερις πλευρές. - Το ουδ. ως ουσ. = πολύγωνο με τέσσερις πλευρές.

τετραπλός, -ή, -ό, επίθ. 1. που επαναλαμβάνεται τέσσερις φορές, που αποτελείται από τέσσερα όμοια μέρη. 2. τετραπλάσιος.

τετραποδία η, ουσ. (μετρ.) σύνολο τεσσάρων μετρικών ποδών.

τετράποδο το, ουσ. 1. ζώο με τέσσερα πόδια. 2. (μεταφ., υβριστικά) άνθρωπος ηλίθιος, ασήμαντος.

τετράπρακτος, -η, -ο, επίθ. (για θεατρικό έργο) που είναι διαιρεμένο σε τέσσερις πράξεις. - Το ουδ. ως ουσ. = έργο θεατρικό με τέσσερις πράξεις.
τετράριχτος, -η, -ο, επίθ. (για στέγη) με τέσσερα κεκλιμένα επίπεδα.
τετράρχης ο, ουσ. (αρχ.) διοικητής τετραρχίας.
τετραρχία η, ουσ. (αρχ.) διοικητικό σύστημα που διαιρεί την επικράτεια σε τέσσερις περιφέρειες καθώς και η ίδια η διοικητική περιφέρεια.
τετρασέλιδος, -η, -ο, επίθ. (για φυλλάδιο ή κείμενο) που έχει τέσσερις σελίδες.
τετράσοφος, -η, -ο, επίθ., πολύ σοφός: *σοφέ μου, το -ο που σε φωτάει λυχνάρι* (Ζ. Παπαντωνίου).
τετράστηλος, -η, -ο, επίθ., που αποτελείται από τέσσερις στήλες: *άρθρο -ο·* (και ως ουσ.) *η εφημερίδα δημοσίευσε ένα -ο με τίτλο...*
τετράστιχος, -η, -ο, επίθ. (για ποίημα ή στροφή ποιήματος) που αποτελείται από τέσσερις στίχους. - Το ουδ. ως ουσ. = ποίημα που αποτελείται από τέσσερις στίχους.
τετρασύλλαβος, -η, -ο, επίθ., που αποτελείται από τέσσερις συλλαβές: *λέξη -η.*
τετράτομος, -η, -ο, επίθ. (για βιβλίο, λεξικό, κλπ.) που αποτελείται από τέσσερις τόμους: *ποιητική ανθολογία -η.*
τετράφυλλος, -η, -ο, επίθ., που έχει τέσσερα φύλλα: *πόρτα/ντουλάπα -η· παράθυρο -ο· τριφύλλι -ο.*
τετραφωνία η, ουσ. (μους.) εκτέλεση μουσικής σύνθεσης από τέσσερις φωνές.
τετράχορδος, -η, -ο, επίθ. (για έγχορδο μουσικό όργανο) που έχει τέσσερις χορδές.
τετράχρονος, -η, -ο, επίθ. α. που έχει ηλικία τεσσάρων ετών: *αγόρι -ο·* β. που διαρκεί ή διήρκεσε τέσσερα χρόνια: *-η απουσία στο εξωτερικό* (συνών. *τετραετής*).
τετραχρωμία η, ουσ., τυπογραφική τεχνική για την εκτύπωση φύλλων με τέσσερα χρώματα.
τετράψηλος, -η, -ο, επίθ., πολύ ψηλός: *παλάτια -α.*
τετράωρος, -η, -ο, επίθ., που διαρκεί τέσσερις ώρες: *-η στάση εργασίας.* - Το ουδ. ως ουσ. = α. χρονικό διάστημα τεσσάρων ωρών: *η σύσκεψη διήρκεσε ένα -ο·* β. σύνολο τεσσάρων ωρών σχολικού μαθήματος: *αύριο έχουμε -ο.*
τετραώροφος, -η, -ο, επίθ. (για κατοικία) που έχει τέσσερις ορόφους: *πολυκατοικία -η.*
τετριμμένος, -η, -ο, επίθ., που δεν παρουσιάζει πρωτοτυπία, συνηθισμένος: *φράσεις -ες.* - Το ουδ. στον πληθ. ως ουσ. = εκείνα που καθημερινά συμβαίνουν: *απόψεις πέρα από τα -α.* - Βλ. και *τρίβω.* [τρίβω].
τεύτλο το, ουσ. (φυτολ.) ποώδες διετές φυτό με ρίζα σαρκώδη και γλυκιά και με διάφορες χρήσεις: *-α κτηνοτροφικά/βιομηχανικά· -ο κηπευτικό* (αλλιώς *παντζάρι, κοκκινογούλι,* βλ. λ.).
Τεύτονες οι, ουσ., παλαιός λαός της Γερμανίας.
τευτονικός, -ή, -ό, επίθ., που ανήκει ή αναφέρεται στους τεύτονες: *γλώσσα -ή.*
τεύχος το, ουσ., κομμάτι ενός περιοδικού, μιας επιθεώρησης που κυκλοφορεί σε καθορισμένη ημερομηνία: *το ~ έχει εξαντληθεί.*
τεφαρίκι το, ουσ., πολύτιμο αντικείμενο. [τουρκ. *tefarik*].
τέφι, βλ. *ντέφι.*
τέφρα η, ουσ. (λόγ.), στάχτη: *η ~ του ξύλου.*
τεφροδοχείο το, ουσ. (λόγ.), σταχτοδοχείο (βλ. λ.).

τεφροδόχος και **τεφροδόχη** η, ουσ. (αρχαιολ.) δοχείο όπου διατηρούσαν την τέφρα νεκρού.
τεφρός, -ή, -ό, επίθ., που έχει το χρώμα της τέφρας, σταχτής: *~ ορίζοντας* (Καρυωτάκης).
τεφτέρι, βλ. *δεφτέρι.*
τεχνάζομαι, ρ., βρίσκω τρόπο για να επιτύχω κάτι (συνών. *μηχανεύομαι, σοφίζομαι*).
τέχνασμα το, ουσ., έξυπνο επινόημα για την επιτυχία κάποιου σκοπού: *σοφίστηκε πολλά -ατα και τελικά τον έπεισε.*
τέχνη η, ουσ. 1. έκφραση μέσω των έργων του ανθρώπου ενός αισθητικού ιδεώδους και το σύνολο των σχετικών ανθρώπινων δημιουργικών ενεργειών: *σκοπός της -ης δεν είναι να αντιγράψει τη φύση.* 2. έκφραση καλλιτεχνικού ιδεώδους που συνδέεται με ορισμένο πολιτιστικό τύπο: *~ κινέζικη/αιγυπτιακή/κλασική/λαϊκή.* 3. καλλιτεχνική ικανότητα: *ζωγραφίζει με ~.* 4. ικανότητα στην εκτέλεση χειρωνακτικού έργου: *φαΐ μαγειρεμένο με ~.* 5. (γενικά, συνήθως σκωπτ.) ικανότητα: *αυτή η δουλειά θέλει ~· έχει την ~ να μιλά χωρίς να λέει τίποτα/να δημιουργεί καλή εντύπωση.* 6. σύνολο θεωρητικών γνώσεων και κανόνων που σχετίζονται με ένα επάγγελμα, μια ανθρώπινη δραστηριότητα: *~ στρατιωτική/του μαγείρου.* Έκφρ. *διακοσμητικές -ες* (= κλάδοι βιομηχανικοί ή βιοτεχνικοί που τα δημιουργήματά τους μαρτυρούν καλλιτεχνική φροντίδα, π.χ. κεραμική, επεξεργασία μετάλλου, επιπλοποιία)· *δραματική ~* (= το θέατρο)· *έβδομη ~* (= ο κινηματογράφος)· *η ~ για την ~* (= λογοτεχνική άποψη που θεωρεί αποκλειστικό σκοπό της τέχνης την αποτύπωση ωραίας μορφής)· *καλές -ες,* βλ. *καλός,* σημασ. 2· *πλαστικές ή εικαστικές -ες,* βλ. *εικαστικός· ποιητική ~* (= η καλλιέργεια της ποίησης).
τεχνηέντως, επίρρ. (ασυνίζ., έρρ., λόγ.), με ιδιαίτερη επιτηδειότητα (συνών. *έντεχνα*).
τεχνητός, -ή, -ό, επίθ., που είναι κατασκεύασμα της ανθρώπινης δραστηριότητας: *λίμνη/γονιμοποίηση -ή· φωτισμός ~· γλώσσα -ή* (= κατασκευασμένη ειδικά για να εξυπηρετήσει τη συνεννόηση μεταξύ αλλογλώσσων)· (ειδικά για όργανα του σώματος που αποτελούν τεχνητή απομίμηση φυσικών): *~ πνεύμονας· μονάδα -ού νεφρού* (= νοσοκομειακό εργαστήριο όπου με τη χρησιμοποίηση τεχνητού νεφρού γίνεται καθαρισμός του αίματος του αρρώστου) (αντ. *φυσικός*).
τεχνικός, -ή, -ό, επίθ. 1. που ανήκει ή αναφέρεται σε ένα επάγγελμα, σε μια επιστήμη ή τις εφαρμογές της: *όρος ~· προβλήματα -ά· -ές εφαρμογές του ηλεκτρισμού.* 2. που σχετίζεται με επαγγέλματα κυριολεκτικά σε κάποια τέχνη, τη βιομηχανία ή την τεχνολογία: *εκπαίδευση -ή· λύκειο -ό.* 3. που έγινε με τέχνη ή την ενδεδειγμένη τεχνική. -Το αρσ. ως ουσ. = πρόσωπο που γνωρίζει συγκεκριμένη τεχνική, που κατέχει μια θετική επιστήμη στην πράξη: *~ της ραδιοφωνίας/των σιδηροδρόμων.* - Το θηλ. ως ουσ. = Ια. σύνολο των μεθόδων μιας τέχνης, ενός επαγγέλματος για την παραγωγή ενός έργου ή για την επίτευξη συγκεκριμένου αποτελέσματος: *η -ή του κινηματογράφου·* β. πρακτική εφαρμογή επιστημονικών γνώσεων στο χώρο της παραγωγής: *πρωτοποριακή γεωργική -ή.* 2. ό,τι ξεχωρίζει ως μέθοδος έναν λογοτέχνη ή καλλιτέχνη: *η -ή του Παλαμά.*

τεχνικότητα η, ουσ., το χαρακτηριστικό του τεχνικού.

τεχνίτης ο, θηλ. (λαϊκ.) **-τρα**, ουσ. 1. αυτός που ασχολείται με μια τέχνη (βλ. λ. σημασ. 2): *φώναξα τον -η να μου διορθώσει τα υδραυλικά* (ειδικότερα) ~ *του λόγου* (= λογοτέχνης)· ~ *στα χρώματα* (= ζωγράφος) (συνών. *μάστορας*). 2α. που ασχολείται με επιδεξιότητα με κάτι: ~ *στη μαγειρική* β. (μεταφ., μειωτ.) ικανός, επιτήδειος να φέρει σε πέρας μια δύσκολη υπόθεση: *είναι* ~ *στο να λέει ψέματα*.

τεχνογνωσία η, ουσ., η εξοικείωση με τα μυστικά της τεχνικής.

τεχνοκράτης ο, θηλ. **-ισσα**, ουσ. α. πολιτικός ή ανώτερος δημόσιος ή ιδιωτικός υπάλληλος που ασκεί το έργο του στο χώρο της οικονομίας, της βιομηχανίας, του εμπορίου, κλπ., με βάση την τεχνική ή επιστημονική του συγκρότηση: *προτάσεις -ών για την ανάπτυξη της βιομηχανίας*· β. (συχνά μειωτ.) αυτός που πιστεύει ότι η ανθρώπινη ευημερία στηρίζεται αποκλειστικά στην τεχνολογική πρόοδο, άνθρωπος ψυχρός, ορθολογιστής.

τεχνοκρατία η, ουσ. 1. η επικράτηση της τεχνικής και των τεχνοκρατών στην κοινωνική και πολιτική ζωή. 2. η άποψη ότι η κοινωνία μπορεί να διοικείται με βάσεις επιστημονικές και ορθολογικές.

τεχνοκρατικός, -ή, -ό, επίθ., που ανήκει ή αναφέρεται στους τεχνοκράτες και την τεχνοκρατία.

τεχνοκράτισσα, βλ. *τεχνοκράτης*.

τεχνοκρίτης και **-κριτικός** ο και η, ουσ., ο κριτικός των εικαστικών τεχνών.

τεχνοκριτική η, ουσ., η κριτική των εικαστικών τεχνών.

τεχνοκριτικός, βλ. *τεχνοκρίτης*.

τεχνολογία η, ουσ. 1. η χρήση ή η μελέτη τεχνικών και επιστημονικών γνώσεων ή μεθόδων για πρακτικούς σκοπούς στη βιομηχανία, την ιατρική, τις επιχειρήσεις, κ.ά.: *η ανάπτυξη της -ας άλλαξε τις συνθήκες ζωής του ανθρώπου*. 2. το σύνολο των επιτευγμάτων στον τομέα της εφαρμογής των επιστημών: *πρωτοποριακή ιατρική* ~· *η* ~ *των κομπιούτερ*. 3. (παλαιότερα) μέθοδος που εφαρμοζόταν για τη γραμματική ανάλυση λέξεων και τύπων.

τεχνολογικός, -ή, -ό, επίθ., που ανήκει ή αναφέρεται στην τεχνολογία.

τεχνολόγος ο και η, ουσ., αυτός που ασχολείται με την τεχνολογία (βλ. λ.) στους ποικίλους κλάδους όπου εφαρμόζεται.

τεχνοτροπία η, ουσ., η ιδιαίτερη θεωρητική άποψη ως προς την καλλιέργεια λογοτεχνικών ή καλλιτεχνικών έργων: ~ *εξπρεσιονιστική/νατουραλιστική/υπερρεαλιστική*.

τεχνοτροπικός, -ή, -ό, επίθ., που σχετίζεται με τη λογοτεχνική και την καλλιτεχνική τεχνοτροπία: *τάση -ή*.

τεχνουργός ο και η, ουσ., κατασκευαστής έργων με καλλιτεχνικό αποτέλεσμα.

τεχνουργώ, -είς, ρ., κατασκευάζω κάτι επιτυγχάνοντας καλλιτεχνικό αποτέλεσμα.

τέως, επίρρ. (λόγ.), έως πριν από λίγο χρονικό διάστημα (ιδίως στην έκφρ. *ο* ~ *με δήλωση αξιώματος*). υ ~ *πρωθυπουργός/μονάρχης*.

τζαζ η, ουσ. άκλ. 1. μουσική (συχνά χορευτική) με προέλευση από τους Νέγρους της Αμερικής. 2. η ορχήστρα που εκτελεί τέτοια μουσική (συνών. *τζαζ-μπαντ*). [αγγλ. *jazz*].

τζαζίστας ο, θηλ. **-ίστρια**, ουσ., οργανοπαίχτης που παίζει μουσική τζαζ. [ιταλ. *jazzista*].

τζαζ-μπαντ η, ουσ. άκλ. (έρρ.), ορχήστρα που παίζει μουσική τζαζ. [αγγλ. *jazz band*].

τζάκετ το, ουσ. άκλ., είδος κοντού πανωφοριού για το χειμώνα που φοριέται από άντρες και γυναίκες: *στρατιωτικό* ~ (= χιτώνιο). [αγγλ. *jacket*].

τζάκι το, ουσ. 1. τμήμα εσωτερικού χώρου όπου ανάβεται η φωτιά (συνών. λαϊκ. *παραστιά, παραγώνι*). 2. (στον πληθ.) οι περίβλεπτες οικογένειες και τα μέλη τους· φρ. *είναι από* ~ (= κατάγεται από ιστορική οικογένεια). [τουρκ. *ocak*].

τζάκος ο, ουσ., είδος μπούστου με μανίκια. [ιταλ. *giacca*].

τζαμάρα η, ουσ., είδος φλογέρας. [πιθ. ιταλ. *zammara*].

τζαμαρία η, ουσ. 1. εκτεταμένη τζαμένια κατασκευή σε βεράντα, οικοδομή ή κατάστημα. 2. (συνεκδοχικά) ο χώρος που ορίζεται από τέτοια κατασκευή.

τζαμάς ο, ουσ., τεχνίτης που τοποθετεί τζάμια.

τζαμένιος, -ια, -ιο, επίθ. (συνιζ.), που είναι κατασκευασμένος από τζάμι: *-ιο χώρισμα*.

τζάμι το, ουσ., γυαλί που χρησιμοποιείται για την κατασκευή πόρτας, παράθυρου, βιτρίνας, προθήκης, κ.τ.ό. [τουρκ. *cam*].

τζαμί το, ουσ., μουσουλμανικός ναός. [τουρκ. *cami*].

τζαμιλίκι το, ουσ., τζαμαρία. [τουρκ. *camlık*].

τζαμοκαθρέφτης και **-πτης** ο, ουσ., τζάμι που από τη μια όψη λειτουργεί ως καθρέφτης και από την άλλη ως διαφανές τζάμι.

τζαμόπορτα η, ουσ., πόρτα με τζάμια.

τζάμπα, επίρρ. (όχι έρρ.). 1. χωρίς πληρωμή (συνών. *δωρεάν*)· παροιμ. ~ *ξίδι γλυκό σα μέλι* (= ό,τι παρέχεται δωρεάν είναι ευπρόσδεκτο). 2. χωρίς αποτέλεσμα, μάταια: ~ *πήγαν οι κόποι μου*· έκφρ. ~ *και βερεσέ* (= μάταια). [τουρκ. *caba*].

τζαμπατζήδικος, -η, -ο, επίθ., που προσφέρεται χωρίς πληρωμή.

τζαμπατζής ο, θηλ. **-ού**, ουσ., άτομο που επιδιώκει να καρπώνεται κάτι δωρεάν.

τζαμώνω, ρ., βάζω τζάμια σε πλαίσια πόρτας, παράθυρου, εικόνας, κτλ.

τζαμωτός, -ή, -ό, επίθ., που έχει τζάμια. - Το ουδ. ως ουσ. = χώρος φραγμένος με τζαμόπορτα.

τζαναμπέτης ο, θηλ. **-ισσα**, ουσ. (όχι έρρ.), άνθρωπος κακότροπος, στριφνός (συνών. *δύστροπος*). [τουρκ. *cenabet*].

τζαναμπετιά η, ουσ. (όχι έρρ., συνιζ.), ιδιοτροπία στο χαρακτήρα κάποιου.

τζαναμπέτισσα, βλ. *τζαναμπέτης*.

τζάνεμ(ου), επιφ., αγαπητέ μου, καλέ μου. [τουρκ. *canım*].

τζανεριά η, ουσ. (συνιζ.), οπωροφόρο δέντρο (συνών. *κορομηλιά*).

τζάνερο και **-ρίκι** το, ουσ., ο καρπός της τζανεριάς.

τζάντζαλο το, ουσ. (λαϊκ.), κουρέλι.

τζατζίκι το, ουσ., ορεκτικό που παρασκευάζεται από γιαούρτι ανάμικτο με αγγούρι, σκόρδο, κλπ.

τζελάτης ο, ουσ. (παλαιότερα) δήμιος. [τουρκ. *cellât*].

τζελατίνα, βλ. *ζελατίνα*.

τζενεράλε, επίθ. άκλ., στην έκφρ. *πρόβα* ~, βλ. *πρόβα*.

τζέντλεμαν ο, ουσ. άκλ. (έρρ.), αυτός που έχει ευγενικούς τρόπους: *είναι πολύ ευγενικός άνθρωπος, πραγματικός ~.* [αγγλ. *gentleman*].

τζερεμές ο, ουσ. 1. αυτό που πληρώνει κανείς άδικα, χωρίς ιδιαίτερο λόγο· φρ. *σκότωνε τρελούς, πλήρωνε -έδες* (για κάτι που πληρώνει κανείς άδικα). 2. άνθρωπος τεμπέλης, φυγόπονος και κατ᾽ επέκταση άτομο ασήμαντο. [τουρκ. *cereme*].

τζετ το, ουσ. άκλ. 1. αεριωθούμενο (βλ. λ.). 2. (ως επίθ.) κυρίως στην έκφρ. *κινητήρας ~* (= κινητήρας αεριώθησης).

-τζήδικο, κατάλ. ουδ. ουσ. που δηλώνουν κατάστημα: *ψιλικατζήδικο, παλιατζήδικο*.

-τζής, κατάλ. αρσ. ουσ. που δηλώνουν επάγγελμα: *βιολιτζής, λυριτζής*. [τουρκ. κατάλ. *-ci*].

τζίβα και **τσίβα** η, ουσ. 1. (παλαιότερα) ινώδες χόρτο με το οποίο παραγέμιζαν στρώματα. 2. φυτικές ίνες που ανακατεύονται με πλαστικό γύψο και από το μίγμα αυτό φτιάχνονται οι γυψοσανίδες και άλλα γύψινα υλικά.

τζιβαέρι, βλ. *τζοβαέρι*.

τζιγέρι, βλ. *τζιέρι*.

τζιγεροσαρμάς ο, ουσ. (λαϊκ.), είδος φαγητού σε σχήμα σαρμά που παρασκευάζεται από συκωτάκια, κρεμμύδι, άνηθο και ρύζι τυλιγμένα σε σκέπη (βλ. λ. σημασ. 2).

τζιέρι (συνιζ.) και **τζιγέρι** το, ουσ. (λαϊκ.). α. συκώτι· β. (στον πληθ.) εντόσθια ιδίως σφαγίου. Έκφρ. *~ μου!* (επιφωνηματικά για δήλωση τρυφερότητας). Φρ. *μου έφαγε(ς) το ~/τα -ια μου* (= με βασάνισες πολύ). [τουρκ. *ciğer*].

-τζίκος, κατάλ. αρσ. υποκορ. ουσ.: *λαουτζίκος, μασκαρατζίκος*.

τζιμάνι το, ουσ. (λαϊκ.), λεβεντόπαιδο· συνήθως στην έκφρ. *παιδί ~*. [αγγλ. *g(overnment) man*].

τζιν το, I. ουσ. άκλ., άχρωμο δυνατό αλκοολούχο ποτό που παρασκευάζεται από απόσταξη σιτηρών, πίνεται με σόδα ή φρουτοχυμούς και είναι η κατεξοχήν βάση για κοκτέιλ [αγγλ. *gin*].

τζιν το, II. ουσ. άκλ. 1.είδος βαμβακερού υφάσματος σκληρού και ανθεκτικού: *φούστα από ~· πουκάμισο από μαύρο ~·* (και ως επίθ.) *~ μπουφάν*. 2. παντελόνι από αυτό το ύφασμα: *φόρεσα το ~ μου με ένα άσπρο πουκάμισο*. - Πβ. και *μπλουτζίν*. [αγγλ. *jeans*].

τζίνι το, ουσ. 1. πονηρό πνεύμα στα παραμύθια: *στο λυχνάρι ήταν κλεισμένο ένα ~*. 2. (μεταφ.) άνθρωπος πανέξυπνος, τετραπέρατος. [τουρκ. *cin*].

τζιουκ-μποξ το, ουσ. άκλ., μεγάλο μηχάνημα μουσικής με ενσωματωμένο πικάπ και μεγάλο αριθμό δίσκων από το οποίο μπορούν οι θαμώνες κέντρου να ακούσουν το δίσκο που θέλουν αφού ρίξουν κέρμα. [αγγλ. *juke-box*].

τζιπ το, ουσ. άκλ. 1. μικρό τετράτροχο στρατιωτικό αυτοκίνητο που μπορεί να ταξιδεύει σε ανώμαλα εδάφη. 2. τετράτροχο αυτοκίνητο με ισχυρό κινητήρα, κατασκευασμένο ειδικά για ανώμαλα εδάφη: *αγροτικό ~*. - Υποκορ. **-άκι** το. [αγγλ. *jeep*].

τζιράρω, ρ. (λαϊκ.), κάνω τζίρο (βλ. λ.): *-ει πολλά εκατομμύρια το χρόνο*.

τζιριτζάντζουλα η, ουσ. (λαϊκ.), (ιδίως στον πληθ.) νάζια, καμώματα· φρ. *κάνω -ες*.

τζιρίτι το, ουσ., εικονική μάχη έφιππων οπλισμένων με ραβδιά που αποτελούσε δημοφιλές παιγνίδι κατά την Τουρκοκρατία. [τουρκ. *cirit*].

τζίρος ο, ουσ. (λαϊκ.). α. το σύνολο των εμπορικών συναλλαγών σε ορισμένο χρονικό διάστημα: *το μαγαζί έκανε/είχε μεγάλο -ο αυτό το μήνα·* β. (συνεκδοχικά) εισπράξεις: *σήμερα είχαμε μεγάλο -ο*. [ιταλ. *giro*].

τζίτζικας ο, ουσ. (ζωολ.) μεγαλόσωμο έντομο που τρέφεται με χυμούς και ζει το καλοκαίρι σε δέντρα και θάμνους, όπου τις θερμότερες ώρες της ημέρας το αρσενικό προκαλεί με το ηχητικό όργανο που έχει στην κοιλιά μονότονο ήχο που μοιάζει με τρίξιμο: *ο μύθος του -α και του μέρμηγκα·* έκφρ. *αμέριμνος σαν ~·* παροιμ. *~ ελάλησε, μαύρη ρώγα γυάλισε/πάρτε τα δρεπάνια σας* (= ήρθε το καλοκαίρι). [αρχ. *τέττιξ* με επίδραση της φωνής του *τζι-τζί*].

τζιτζίκι το, ουσ., τζίτζικας.

τζιτζιμπίρα η, ουσ. (όχι έρρ.), αεριούχο αναψυκτικό ποτό που παρασκευάζεται από τη ρίζα φαρμακευτικού φυτού.

τζίτζιρος και **τζίτζιρας** ο, ουσ. (λαϊκ.), τζίτζικας: *οι -οι χαλούσαν τον κόσμο*.

τζιτζιφιόγκος ο, ουσ. (συνιζ., έρρ., λαϊκ.), (μειωτ.) άνδρας που φροντίζει, που καλλωπίζει τον εαυτό του υπερβολικά (συνών. *λιμοκοντόρος, δανδής*).

τζιτζυφιά η, ουσ. (συνιζ.), (βοτ.) ονομασία αυτοφυών διακοσμητικών ή οπωροφόρων δέντρων ύψους δύο έως οκτώ μέτρων με άνθη κίτρινα. [παλαιότερο *ζιζυφέα<ζίζυφον*].

τζίτζυφο το, ουσ., ο καρπός της τζιτζυφιάς που έχει περίπου το μέγεθος μικρής ελιάς, χρώμα βαθύ κίτρινο, πυρήνα ξυλώδη και γεύση γλυκιά και κάπως στυφή. [παλαιότερο *τζίτζυφον<ζίζυφον*].

τζίφος ο, ουσ. (λαϊκ.), μάταιη προσπάθεια, ασήμαντο αποτέλεσμα, αποτυχία. [ίσως αρχ. *ψήφος* = μηδέν ή αραβ. *zife*].

τζίφρα η, ουσ. (λαϊκ.), υπογραφή με τα αρχικά γράμματα του ονοματεπωνύμου, μονογραφή· φρ. *βάζω την ~ μου* (= υπογράφω). [μεσν. λατ. *cifra<* αραβ. *çifr*].

Τζιώτης ο, θηλ. **-ισσα**, ουσ. (συνιζ.), κάτοικος της Κέας (Τζιάς) ή αυτός που κατάγεται από εκεί.

τζιώτικος, -η, -ο, επίθ. (συνιζ.), που ανήκει ή αναφέρεται στο νησί Κέα ή προέρχεται από εκεί.

Τζιώτισσα, βλ. *Τζιώτης*.

τζοβαέρι, τζοβαερικό και **τζιβαέρι** το, ουσ. (λαϊκ.), κάθε κόσμημα. [αραβοτουρκ. *cevahir*, πληθ. του *cevher*].

τζόβενο το και **τζόβενος** ο, ουσ. (λαϊκ.), (μειωτ.) νεαρός· φρ. *παριστάνει/κάνει το ~.* [ιταλ. *giovane*].

τζογαδόρος ο, ουσ. (λαϊκ.). α. επαγγελματίας χαρτοπαίκτης· β. (γενικά) μανιώδης παίκτης τυχερών παιγνιδιών: *είναι μεγάλος ~*.

τζόγια η, ουσ. (συνιζ., ιδιωμ.), πράγμα ή πρόσωπο πάρα πολύ ωραία, χάρμα οφθαλμών· συνήθως στην έκφρ. *~ μου!* [ιταλ. *gioia*].

τζόγος ο, ουσ. (λαϊκ.). 1. χαρτοπαιξία. 2. (γενικά) κάθε τυχερό παιχνίδι. 3. (μεταφ.) *ο πολιτικός ~*. [βενετ. *zogo*].

τζόκεϊ ο, ουσ. άκλ., αναβάτης που ως επάγγελμα έχει να παίρνει μέρος σε ιπποδρομίες: *~ μικρόσωμος*. [αγγλ. *jockey*].

τζόκινγκ το, ουσ. άκλ., τρέξιμο με τα πόδια με μέτρια ταχύτητα σε διάφορα γήπεδα ή στην πόλη, για εκγύμναση, χωρίς ανταγωνιστικό πνεύμα· φρ. *κάνω ~* [αγγλ. *jogging*].

τζορμπατζής ο, ουσ. (παλαιότερα) χριστιανός (Έλληνας) πρόκριτος ή γαιοκτήμονας σε τουρκικές πόλεις. [τουρκ. *çorbaci*].

τζόρτζίνα η, ουσ. (λαϊκ.), (μειωτ.) πρόσωπο φαιδρό, γελοίο.
τζουμπές ο, ουσ. (όχι ερρ., λαϊκ.). 1. ράσο ιερωμένου. 2. (ιδιωμ.) κόκκινο επίσημο τσόχινο γυναικείο πανωφόρι. 3. (γενικά) μακρύ πανωφόρι. [τουρκ. *cüppe*].
τζούντο το, ουσ. άκλ. (όχι ερρ.), είδος ιαπωνικής πάλης που ασκείται στην Ευρώπη ως άθλημα: *μαύρη ζώνη του ~*. [λ. ιαπωνική].
τζούρα η, ουσ. (λαϊκ.). 1. μικρή ποσότητα ιδίως υγρού: *δύο -ες καφέ* (= δυο γουλιές)· *μια ~ αλάτι* (= πρέζα). 2α. (ειδικά) μικρό κομμάτι χασισιού και συνεκδοχικά δόση ναρκωτικού· β. ρουφηξιά τσιγάρου: *πήρε μια ~ κι έπειτα έσβησε το τσιγάρο*.
τζουτζές ο, ουσ. 1. άνθρωπος εξαιρετικά μικρόσωμος. 2. πρόσωπο κωμικό, ανόητο. [τουρκ. *cüce*].
τήβεννος η, ουσ. 1. (αρχ.) ρωμαϊκός μακρύς μάλλινος μανδύας ή χλαμύδα. 2. σκουρόχρωμο μακρύ ένδυμα σε σχήμα μανδύα που φορούν δικαστές, πανεπιστημιακοί καθηγητές, κλπ., σε επίσημες εκδηλώσεις.
τηβεννοφόρος ο, ουσ., αυτός που φορεί τήβεννο.
τηγανάκι, βλ. *τηγάνι*.
τηγανητός, -ή, -ό και (σπανιότ.) **-ιστός**, επίθ., που έχει τηγανιστεί: *αβγά -ά· πατάτες -ές*. -Το ουδ. στον πληθ. ως ουσ. = φαγητά παρασκευασμένα σε τηγάνι.
τηγάνι το, ουσ., μεταλλικό μαγειρικό σκεύος ρηχό και πλατύ, συνήθως στρογγυλό, με μακριά λαβή στο οποίο ψήνονται φαγητά σε καυτό λάδι. - Υποκορ. **-άκι** το.
τηγανιά η, ουσ. (συνιζ.). 1. ποσότητα που χωρά ένα τηγάνι: *δυο -ές πατάτες*. 2. (ιδιωμ.) είδος φαγητού από μικρά κομμάτια τηγανισμένου χοιρινού.
τηγανίζω, ρ., παρασκευάζω (φαγητό) στο τηγάνι, ψήνω σε καυτό λάδι ή βούτυρο: *~ πατάτες/μπριζόλες*.
τηγάνισμα το, ουσ., η πράξη του τηγανίζω.
τηγανιστός, βλ. *τηγανητός*.
τηγανίτα η, ουσ., λαλαγγίτα (βλ. λ.): *-ες με μέλι*.
τηγανόλαδο το, ουσ., λάδι που έχει χρησιμοποιηθεί για τηγάνισμα.
τήγμα το, ουσ., προϊόν τήξης (βλ. λ.).
τήδε κακείσε αρχαϊστ. εκφρ. = εδώ κι εκεί, σποραδικά ή άτακτα.
τήκομαι, ρ., μετατρέπομαι με τη θερμότητα σε υγρό, λειώνω.
τηκτικός, -ή, -ό, επίθ. (λόγ.), που συντελεί στην τήξη, που μπορεί να διαλύσει, να ρευστοποιεί.
τηλαισθησία η, ουσ. (ψυχ.) φαινόμενο κατά το οποίο ορισμένα άτομα μπορούν να αντιληφθούν γεγονός που συμβαίνει ή αντικείμενο που βρίσκεται σε απόσταση χωρίς επενέργεια των αισθητηρίων οργάνων. - Πβ. και *τηλεπάθεια*.
τηλε-, α΄ συνθ. ουσ. για να δηλωθεί η έννοια του «μακριά», «σε ή από μεγάλη απόσταση»: *τηλεόραση, τηλεπάθεια, τηλεσκόπιο, τηλέφωνο*.
τηλεακτινογραφία η, ουσ. (ιατρ.) ο προσδιορισμός του ακριβούς μεγέθους της καρδιάς με ακτινογραφική μέθοδο κατά την οποία η φωτογραφική πλάκα τοποθετείται σε απόσταση 1.80 μ. από την εστία των ακτίνων.
τηλεαντίγραφο το, ουσ. (ερρ.), αντίγραφο που μεταβιβάζεται με ηλεκτρονικά μέσα σε μεγάλες αποστάσεις (συνών. *τηλεφωτοτυπία*).
τηλεβόας ο, ουσ., φορητός μεταλλικός σωλήνας σε σχήμα μεγάλου χωνιού που χρησιμοποιείται για ενίσχυση της φωνής (συνών. *χωνί*). - Πβ. και *μεγάφωνο*.
τηλεβόλο το, ουσ., κανόνι (βλ. λ. Ι): *-α αντιαεροπορικά/αντιαρματικά*.
τηλεγγραφή η, ουσ. (ερρ.), (αστρον.) εγγραφή, καταχώρηση που γίνεται με ηλεκτρονικά μέσα σε μεγάλες αποστάσεις.
τηλεγραφείο το, ουσ., δημόσιο κατάστημα όπου στεγάζεται η υπηρεσία που στέλνει και δέχεται τηλεγραφήματα.
τηλεγράφημα το, ουσ. α. επικοινωνία που γίνεται με τη βοήθεια του τηλεγράφου ή της ραδιοτηλεγραφίας· β. ανακοίνωση, γραπτή είδηση που μεταβιβάζεται με τον τηλέγραφο· γ. (συνεκδοχικά) το φύλλο χαρτιού όπου καταγράφεται η είδηση.
τηλεγραφητής ο, θηλ. **-τρια**, ουσ., υπάλληλος τηλεγραφείου που με τις ειδικές τηλεγραφικές συσκευές διαβιβάζει και δέχεται τηλεγραφήματα.
τηλεγραφία η, ουσ., μεταβίβαση ειδήσεων με ακουστικά, ηλεκτρικά και οπτικά μηχανήματα με σήματα μορς: *~ ασύρματη*.
τηλεγραφικός, -ή, -ό, επίθ. 1. που ανήκει ή αναφέρεται στην τηλεγραφία ή τον τηλέγραφο: *-ή υπηρεσία· ~ κώδικας*. 2. που διαβιβάζεται με τον τηλέγραφο ή με τον τύπο τηλεγραφήματος· (συνεκδοχικά) σύντομος: *απάντηση -ή*. - Επίρρ. **-ώς**.
τηλεγραφόξυλο το, ουσ. 1. τηλεγραφικός στύλος όπου στηρίζονται οι εναέριες τηλεγραφικές γραμμές. 2. (σκωπτ.) πολύ ψηλό και αδύνατο άτομο.
τηλέγραφος ο, ουσ. 1. μηχάνημα που επιτρέπει την επικοινωνία σε μεγάλες αποστάσεις, με το οποίο διαβιβάζονται τα τηλεγραφήματα (βλ. λ.). 2. τηλεγραφία (βλ. λ.).
τηλεγραφώ, -είς, ρ. 1. διαβιβάζω μηνύματα με τον τηλέγραφο, χειρίζομαι τον τηλέγραφο. 2. στέλνω τηλεγράφημα: *του -ησα να έρθει νωρίτερα*.
τηλεειδοποίηση η, ουσ., ασύρματη ειδοποίηση για τηλεφωνική επικοινωνία με τη βοήθεια ειδικού δέκτη.
τηλεθέαση η, ουσ., θεαματικότητα: *η εκπομπή του έχει πολύ υψηλά ποσοστά -ης*.
τηλεθεατής ο, ουσ., πρόσωπο που παρακολουθεί τηλεοπτικό θέαμα.
τηλεθέρμανση η, ουσ., σύστημα με το οποίο παρέχεται θέρμανση σε συνοικίες ή και σε κατοικίες απομακρυσμένης περιοχής από κεντρικό λεβητοστάσιο.
τηλεκαθοδήγηση η, ουσ. (αστρον.) διαβίβαση σε μεγάλη απόσταση σήματος που θέτει σε εφαρμογή την εκτέλεση εντολής από συσκευή ή μηχάνημα.
τηλεκάρτα η, ουσ., ειδική κάρτα με την οποία κανείς τηλεφωνεί.
τηλεκαταγραφικός, -ή, -ό, επίθ., που χρησιμοποιείται σε καταγραφές από μεγάλη απόσταση: *όργανο -ό*.
τηλεκατεύθυνση η, ουσ., το να τηλεκατευθύνει κανείς μια συσκευή, ο χειρισμός της από απόσταση με ηλεκτρονικά μέσα.
τηλεκατευθύνω, ρ., χειρίζομαι από απόσταση με ηλεκτρονικά μέσα συσκευή που διαθέτει κινητική αυτονομία· συνήθως στη μτχ. παθ. ενεστ. ως επίθ.: *-όμενα μοντέλα αεροπλάνων/αυτοκινήτων·* (στρατ.) *βλήματα -όμενα· πύραυλοι -όμενοι·* (μεταφ.) *ενέργειες -όμενες* (= που τις υποκινεί κάποιος).

τηλεκινησία η, ουσ., το φαινόμενο της μετακίνησης αντικειμένων από απόσταση με την επενέργεια ψυχικών δυνάμεων που διαθέτουν ορισμένα άτομα (μέντιουμ).

τηλεκινητικός, -ή, -ό, επίθ., που ανήκει ή αναφέρεται στην τηλεκινησία.

τηλεκοντρόλ το, ουσ. άκλ., τηλεχειριστήριο, τηλεπληκτρολόγιο (βλ. λ.).

τηλεκριτική η, ουσ., κριτική για τηλεοπτικό πρόγραμμα.

τηλεκριτικός ο, ουσ., κριτικός (βλ. λ.) τηλεοπτικών προγραμμάτων.

τηλεματική η, ουσ., το σύνολο των τεχνικών και των υπηρεσιών που συνδέονται με τις τηλεπικοινωνίες και την πληροφορική. [γαλλ. *télématique*].

τηλεμετάδοση η, ουσ., μετάδοση σημάτων, ήχου και εικόνας από μεγάλη απόσταση με τη χρησιμοποίηση ηλεκτρονικών μηχανημάτων: *δίκτυο -ης*.

τηλεμετρία η, ουσ., η μέθοδος να μετράται η απόσταση με το τηλέμετρο (βλ. λ.).

τηλεμετρικός, -ή, -ό, επίθ., που αναφέρεται στη τηλεμετρία.

τηλέμετρο το, ουσ., όργανο οπτικό με το οποίο μετριέται η απόσταση μεταξύ παρατηρητή και ορισμένου σημείου.

τηλεμηχανική η, ουσ., μεταβίβαση μηχανικής ενέργειας με τη βοήθεια ηλεκτρομαγνητικών κυμάτων σε απομακρυσμένο μέρος.

τηλενέργεια η, ουσ. (ασυνίζ.), η ψυχική επίδραση ατόμων στην ύλη χωρίς να υπάρξει επαφή.

τηλεομοιοτυπία η, ουσ. (ασυνίζ.), (νεολογ.) μέθοδος με την οποία μεταβιβάζονται και λαμβάνονται σε ή από μεγάλη απόσταση κείμενα και εικόνες με ειδικά μηχανήματα. - Πβ. και *τέλεφαξ*.

τηλεομοιοτυπικός, -ή, -ό, επίθ. (ασυνίζ.), που ανήκει ή αναφέρεται στην τηλεομοιοτυπία: *μηχανήματα -ά*.

τηλεοπτικός, -ή, -ό, επίθ., που σχετίζεται με την τηλεόραση: *-ή εμφάνιση· -ό πρόγραμμα· -ό κανάλι*.

τηλεόραση η, ουσ. 1. σύστημα εκπομπής σε μεγάλη απόσταση εικόνας και ήχου με τη βοήθεια ηλεκτρικών κυμάτων που λαμβάνονται από τους δέκτες των τηλεθεατών. 2. επιχείρηση ή υπηρεσία που ασχολείται με την παραγωγή και εκπομπή τηλεοπτικών προγραμμάτων: *το επίπεδο των εκπομπών της ελληνικής -ης· ιδιωτική ~*. 3. ηλεκτρική συσκευή (δέκτης) που αποτελείται από ένα κιβώτιο με ειδικό ηλεκτρονικό μηχανισμό και οθόνη στο μπροστινό της μέρος από την οποία μπορούν οι τηλεθεατές να παρακολουθούν προγράμματα και ήχους και εικόνες (βλ. και σημασ. 1): *~ έγχρωμη*. 4. (συνεκδοχικά) α. πρόγραμμα που εκπέμπεται από την τηλεόραση· β. το σύνολο των προγραμμάτων, των εκπομπών, κ.τ.ό. που μπορεί να παρακολουθήσει κανείς στην τηλεόραση: *έδωσε συνέντευξη στην ~· βλέπω ~*.

τηλεπάθεια η, ουσ. (ασυνίζ.), το να επηρεάζεται ψυχολογικώς ένα άτομο από άλλο που βρίσκεται μακριά του χωρίς να μεσολαβούν οι αισθήσεις· πβ. και *τηλαισθησία*.

τηλεπαθητικός, -ή, -ό, επίθ., που σχετίζεται με την τηλεπάθεια: *-ές σχέσεις*.

τηλεπαιχνίδι το, ουσ., παιχνίδι ανάμεσα σε παιδιά ή ενηλίκους στην τηλεόραση με έπαθλα.

τηλεπαρουσιαστής ο, θηλ. **-στρια,** ουσ. (ασυνίζ.), παρουσιαστής τηλεοπτικών εκπομπών.

τηλεπικοινωνία η, ουσ. 1. επικοινωνία μεταξύ ατόμων από μακρινή απόσταση με τη βοήθεια διάφορων μέσων (βλ. σημασ. 2). 2. (συνήθως στον πληθ., συνεκδοχικά) το σύνολο των μέσων επικοινωνίας για μακρινές αποστάσεις (τηλέφωνο, τηλέγραφος, τέλεξ, ραδιόφωνο, τηλεόραση, κλπ.). 3. (συνεκδοχικά) η υπηρεσία στην οποία υπάγονται όλες οι εκπομπές και όλα τα συστήματα ηλεκτρονικών εκπομπών.

τηλεπικοινωνιακός, -ή, -ό, επίθ. (ασυνίζ.), που σχετίζεται με τις τηλεπικοινωνίες: *~ δορυφόρος* = που μεταδίδει το σήμα από σημείο σε σημείο· *~ εξοπλισμός*.

τηλεπληκτρολόγιο το, ουσ. (ασυνίζ.), όργανο με πλήκτρα με το οποίο χειρίζεται κανείς μια μηχανή ή αλλάζει το πρόγραμμα της τηλεόρασης από ορισμένη απόσταση χωρίς τη μεσολάβηση καλωδίων (συνών. *τηλεκοντρόλ, τηλεχειριστήριο*).

τηλεσκηνοθεσία η, ουσ., σκηνοθεσία τηλεοπτικών εκπομπών.

τηλεσκηνοθέτης ο, θηλ. **-τρια,** ουσ., σκηνοθέτης τηλεοπτικής παρουσίασης.

τηλεσκοπικός, -ή, -ό, επίθ., που αναφέρεται στο τηλεσκόπιο.

τηλεσκόπιο το, ουσ. (ασυνίζ.). 1. οπτικό όργανο που αποτελείται από έναν επιμήκη σωλήνα με φακούς στα δύο άκρα του και χρησιμοποιείται για να βλέπει κανείς μακριά. 2. (αστρον.) ειδικό όργανο για αστρονομικές παρατηρήσεις.

τηλεταινία η, ουσ., ταινία που έχει σκηνοθετηθεί για να προβληθεί ειδικά στην τηλεόραση, σε αντιδιαστολή με τις κινηματογραφικές ταινίες.

τηλετύπημα το, ουσ., το δακτυλογραφημένο κείμενο που μεταβιβάζεται με τηλέτυπο (βλ. λ.).

τηλετυπία η, ουσ., μέθοδος αποτύπωσης τηλεγραφήματος σε ταινία (βλ. και *τηλέτυπο*).

τηλετυπικός, -ή, -ό, επίθ., που αναφέρεται στην τηλετυπία και το τηλέτυπο.

τηλέτυπο το, ουσ., συσκευή με πλήκτρα για τη μεταβίβαση γραπτών μηνυμάτων σε μεγάλες αποστάσεις με την ταχύτητα του φωτός (συνών. *τέλεξ*).

τηλεφακός ο, ουσ., σύστημα φακών που μεγεθύνουν και φωτογραφίζουν αντικείμενα από απόσταση.

τηλεφωνείο το, ουσ., χώρος όπου υπάρχει τηλεφωνική εγκατάσταση για το κοινό.

τηλεφώνημα το, ουσ. 1. επικοινωνία με το ενδιάμεσο τηλεφώνου: *κάνω/παίρνω ~*. 2. το περιεχόμενο της παραπάνω επικοινωνίας: *~ δυσάρεστο* (συνών. και στις δύο σημασ. *συνδιάλεξη*).

τηλεφωνητής ο, θηλ. **-τρια,** ουσ., χειριστής συσκευών τηλεφωνικών γραμμών και τηλεφωνικών πινάκων διανομής σε δημόσιες υπηρεσίες και ιδιωτικές επιχειρήσεις.

τηλεφωνία η, ουσ. 1. το σύνολο των εγκαταστάσεων για τηλεφωνική επικοινωνία. 2. η επικοινωνία με τηλέφωνο.

τηλεφωνικός, -ή, -ό, επίθ., που σχετίζεται με το τηλέφωνο: *-ή επικοινωνία· -ό κέντρο· ~ κατάλογος*. - Επίρρ. **-ώς:** *θα επικοινωνήσουμε -ώς*.

τηλέφωνο το, ουσ. 1. ηλεκτρικό σύστημα που επιτρέπει με το σχηματισμό αριθμού σε ειδική συσκευή (βλ. σημασ. 2) την άμεση προφορική επικοινωνία ανθρώπων που βρίσκονται σε απόσταση: *η εφεύρεση του -ώνου*. 2. συσκευή που διαθέτει ακουστικό και πίνακα με αριθμούς (καντράν) στην επιφάνειά του με την οποία μπορεί κανείς να επικοινωνήσει με το παραπάνω σύστημα: ~ *ψηφιακό/ασύρματο/με κερματοδέκτη/με κάρτα.* 3. (συνεκδοχικά, λαϊκ.) τηλεφώνημα: *μπορώ να κάνω ένα* ~;

τηλεφωνοδότηση η, ουσ., παροχή τηλεφωνικών συνδέσεων σε μια περιοχή: ~ *της ελληνικής υπαίθρου.*

τηλεφωνόμετρο το, ουσ., μετρητής που μετρά τις τηλεφωνικές μονάδες ή και το χρόνο που διαρκεί η τηλεφωνική συνδιάλεξη.

τηλεφωνώ, -είς, ρ., επικοινωνώ με τηλέφωνο: *-ησα στη φίλη μου·* (μέσ. αλληλ.) *θα -ηθούμε στις οχτώ· -ιόμαστε κάθε μέρα.*

τηλεφωτογράφημα το, ουσ., το αποτέλεσμα της τηλεφωτογραφίας.

τηλεφωτογραφία η, ουσ. 1. μεταβίβαση εικόνων σε μακρινή απόσταση με τη βοήθεια του ηλεκτρισμού, καθώς και η εικόνα που προκύπτει. 2. τεχνική φωτογράφησης απομακρυσμένων αντικειμένων με ειδικούς φακούς.

τηλεφωτογραφικός, -ή, -ό, επίθ., που αναφέρεται στην τηλεφωτογραφία.

τηλεφωτοτυπία η, ουσ., μεταβίβαση κειμένων και εικόνων με τηλεομοιοτυπία (βλ. λ.).

τηλεχειρισμός ο, ουσ., χρησιμοποίηση του τηλεχειριστηρίου.

τηλεχειριστήριο το, ουσ. (ασυνίζ.), τηλεπληκτρολόγιο (βλ. λ.).

τηλεχειριστής ο, θηλ. **-ίστρια**, ουσ., αυτός που χειρίζεται τηλεχειριστήριο.

τηνιακός, -ή και (λαϊκ.) **-ιά, -ό** και (λαϊκότερα) **ντηνιακός**, επίθ. (συνιζ.), που σχετίζεται με την Τήνο: *-ιά γαλέτα.* Το αρσ. και θηλ. (με κεφαλαιόγραμμα) ως ουσ. = αυτός που κατοικεί στην Τήνο ή κατάγεται από εκεί.

την κεφαλήν επί πίνακι· αρχαϊστ. έκφρ.· χρησιμοποιείται όταν απαιτούμε την τιμωρία κάποιου ως εξιλαστηρίου θύματος.

την σήμερον ημέραν· αρχαϊστ. περίφρ. αντί «σήμερα».

τήξη η, ουσ., μετάβαση σώματος από τη στερεά στην υγρή κατάσταση: ~ *των πάγων* (συνών. *λειώσιμο·* αντ. *πήξιμο).*

-τήρα, κατάλ. λαϊκ. θηλ. ουσ.: *κλαδευτήρα, φορτωτήρα,* κ.τ.ό.

τήραγμα το, ουσ. (λαϊκ.), κοίταγμα, στροφή του βλέμματος: ~ *πονηρό.*

τήρηση η, ουσ., διαφύλαξη, διατήρηση: ~ *της τάξης κατά τη διαδήλωση·* ~ *των εντολών.*

τηρητής ο, ουσ., αυτός που τηρεί πιστά, που διαφυλάσσει κάτι ή διασφαλίζει μία κατάσταση: ~ *του νόμου/της τάξης.*

-τήρι, κατάλ. ουδ. ουσ.: *κλαδευτήρι, ξυπνητήρι,* κ.τ.ό.

-τήριο (ασυνίζ.), κατάλ. ουδ. ουσ.: *απολυτήριο, κρατητήριο,* κ.τ.ό.

τηρώ, -άς, I. ρ. 1. στρέφω το βλέμμα μου, βλέπω: *καταπού -άς;* (συνών. *παρατηρώ).* 2. (λαϊκ.) προσέχω: *τήρα μη σε γελάσει* (συνών. *προσέχω).*

τηρώ, -είς, II. ρ. 1. ακολουθώ, συμμορφώνομαι με κανόνα, παράγγελμα: *-εί τα προσχήματα,* βλ. *πρόσχημα· -εί τους κανόνες του παιχνιδιού,* βλ. *παιγνίδι.* 2. διατηρώ, έχω στη διάθεσή μου: *το γραφείο -ει βιβλίο εισερχομένων και εξερχομένων εγγραφών.*

τηρώ σιγήν ιχθύος· αρχαϊστ. φρ.· δηλώνει απόλυτη αποφυγή κάποιου να απαντήσει σε ερώτημα.

τι, άκλ. ερωτ. αντων. I. ως αντων. Α. ουσιαστικώς. 1. (μονολεκτικώς). **α.** (για να δηλωθεί ερώτηση ή έκπληξη) ~; (ενν. «θέλεις» ή «είπες»): — *Δημήτρη!* — *Τι;* — *Ο Χρίστος παντρεύτηκε την Κατερίνα.* — *Τί;* **β.** για να προεξαγγείλει με έμφαση ερώτηση που ακολουθεί ευθύς αμέσως και που εκφράζει έκπληξη, θαυμασμό, αποδοκιμασία, κ.τ.ό., για κάτι: — *Τι; Θα φύγεις κιόλας;* — *Τι; Πέθανε ο...;* 2. (απόλ. σε ευθείες ή πλάγιες ερωτ. προτ.) ποιο πράγμα, ποιο γεγονός, ζήτημα, θέμα, κλπ., ποια πράξη: ~ *συμβαίνει;* ~ *θέλεις;* ~ *άκουσες; από* ~ *αποτελείται...;* (= από ποια συστατικά)· *δεν ξέρω* ~ *να κάνω· δεν ξέρω* ~ *θα έκανα χωρίς εσένα.* 3. (έναρθρ.) *το* ~: *το* ~ *λέει για σένα δεν μπορείς να φανταστείς· το* ~ *ρουσφέτι γίνεται δε λέγεται.* 4. (σε ρητορ. ερώτηση συχνά με *το* και μπροστά του) **α.** (σε καταφ. ερωτ. προτ.) απολύτως τίποτε *δεν...: (και)* ~ *ξέρουν τα παιδιά;* ~ *είχαμε,* ~ *χάσαμε;* ~ *το 'θελα το στοίχημα;* **β.** (πριν από το *σαν* ή το *κι αν)* δεν πειράζει που, δε σημαίνει τίποτε: ~ *σαν πήγα κι εγώ στο θέατρο;* ~ *κι αν βρέχει; εμείς θα πάμε·* έκφρ. *και* ~ (ενν. «έγινε», «σημαίνει») (για να δηλωθεί αμφισβήτηση ή αδιαφορία): *Μπα! και* ~; *τα ράσα κάνουν τον παπά; σαν ήρθε ο Γιάννης και* ~; (= δε με νοιάζει, δε με ενδιαφέρει)· **γ.** (σε αποφατικές προτ.) όλα γενικά ή πολλά και διάφορα: *(και) τι δε θα 'δινα για να γίνεις καλά!* (σε υπερβολή) *και* ~ *δε θα 'δινα για ένα ποτήρι νερό! και* ~ *δε μου ψάλανε! και* ~ *δεν κάνει ο άνθρωπος για να ζήσει!* 5. (σε ρητορ. ερώτηση μπροστά από ουσ.) απολύτως κανείς (καμιά, κανένα) δεν: ~ *ανάγκη έχει αυτός;* ~ *το όφελος;* **6α.** (σε απάντηση —και με επανάληψη της βαρύνουσας λέξης της ερώτησης— για να δηλωθεί αποδοκιμασία ή αντίρρηση) διόλου *δεν...:* — *Είχε κόσμο;* — *Τι κόσμο! Δέκα άτομα ήταν·* — *Περάσατε ωραία;* —*Τι ωραία, που δε βρήκαμε τίποτα να φάμε·* **β.** στη φρ. ~ *θα πει* για να δηλωθεί έντονη αντίρρηση: ~ *θα πει ήσουν άρρωστος;* ~ *θα πει δε θέλεις;* Παροιμ. έκφρ. ~ *Γιάννης,* ~ *Γιαννάκης* (= το ίδιο είναι, δεν υπάρχει καμιά διαφορά). Β. επιθετ. 1. ποιας λογής, ποιος, τι είδους: ~ *άνθρωπος είσαι συ;* ~ *τρόπος είναι αυτός;* ~ *τραγούδι λένε;* ~ *με πέρασες;* 2. πόσο, πόσο μεγάλος, πόσο πολύς: ~ *μισθό παίρνεις;* ~ *ώρα είναι;* 3. (μετά το μόριο *σαν* για να δηλωθεί απορία) τι άραγε, ποιος άραγε: *σαν* ~ *κακό του έκανε; σαν* ~ *νόημα έχει τώρα πια; σαν* ~ *δουλειά κάνεις;* Γ. (επιθετ. και επιρρημ. σε ζωηρή εκδήλωση συναισθήματος ως θαυμαστικό ή και ως μειωτικό) πάρα πολύς, πάρα πολύ ωραίος, έντονος, μεγάλος, κλπ.· πάρα πολύ: ~ *αρμονία!* ~ *ευτυχία!* ~ *χαρά!* ~ *μαρτύριο!* ~ *χρόνια κι εκείνα!* ~ *ωραία!* ~ *καλά!* ~ *ατυχία!* ~ *να πεις!* ~ *κρίμα!* ~ *φρίκη!* Δ. επιρρημ. για να δηλωθεί: **α.** αιτία = γιατί, για ποιο λόγο: ~ *κλαις;* ~ *κάνεις έτσι;* **β.** σκοπός = για ποιο σκοπό: ~ *τη χρειάζεσαι την Ελένη;* **γ.** αναφορά = σε τι, ως προς τι: ~ *φταίω εγώ και μου φωνάζεις;* II. ως σύνδ. 1. (λαϊκ. -λογοτ., αιτιολ.) επειδή: ~ *μας είχε ανέβει η ψείρα ως το λαιμό* (Ελύτης). 2. (υναφ. με πλάγια ερωτ. προτ.) ό,τι: *είπε* ~ *άκουσε.* Έκφρ. *ένα* ~ (= κάτι ελάχιστο)· *(και)* ~ *μ' αυτό;* (= **α.** ποια σχέση μπορεί να έχει αυτό; **β.** για εκδήλωση αδιαφορίας). Φρ. *ξέρεις* ~; (= άκου να σου πω).

-τιά, (συνιζ.), κατάλ. θηλ. ουσ. που παράγονται από ουσ. σε *-μα: σταλα(γ)ματιά, ρεματιά, δαγκωματιά.*

τιάρα η, ουσ. (ασυνίζ.). **1.** αρχαίο περσικό επίσημο κάλυμμα της κεφαλής. **2.** μίτρα των παπών της Ρώμης.

τίγκα, επίρρ. (έρρ., λαϊκ.), (για περιεχόμενο δοχείου ή για χώρο) με απόλυτη πληρότητα, τελείως γεμάτο: *το δοχείο με το λάδι ήταν ~· ο κινηματογράφος ήταν ~* (συνών. *φίσκα, κάργα*).

τίγρη η, πληθ. *-εις,* ουσ. (και για το αρσ. και για το θηλ.) (ζωολ.) μεγαλόσωμο σαρκοφάγο θηλαστικό ζώο, εξαιρετικά δυνατό και ευέλικτο, με χαρακτηριστικές μαύρες ραβδώσεις, που βαθμιαία απολήγουν στο άσπρο, κάθετες προς τον άξονα του σώματος.

τίγρης ο, πληθ. *-ηδες,* ουσ. **1.** αρσενική τίγρη. **2.** (μεταφ.) άνθρωπος άγριος και αιμοβόρος όπως η τίγρη.

τίγρισσα, βλ. *τίγρη.*

τιγροειδής, -ής, -ές, γεν. *-ούς,* πληθ. αρσ. και θηλ. *-είς,* ουδ. *-ή,* επίθ., που μοιάζει με τίγρη, που έχει δέρμα ραβδωτό όπως η τίγρη: *-ή γατάκια.*

τιθάσευση η, ουσ., το να τιθασεύεται κάποιος ή κάτι, δαμασμός (συνών. *εξημέρωση*).

τιθασευτής ο, θηλ. **-τρια,** ουσ., αυτός που τιθασεύει (συνών. *δαμαστής*).

τιθασεύω, ρ. **1.** δαμάζω, εξημερώνω κάτι: *~ ένα άλογο.* **2.** (μεταφ.) θέτω κάτι υπό τον έλεγχό μου: *η κυβέρνηση κατόρθωσε να -σει τον πληθωρισμό.*

τίθεμαι, ρ., *-εσαι, -εται,* (σπανιότ.) *-θέμεθα, -εσθε, -ενται,* εύχρηστοι και στον αόρ. *τέθηκα,* πληθ. *τεθήκαμε,* ελλειπτ. στους άλλους χρόνους (λόγ.), (αμτβ., κυριολεκτικά και μεταφ.) παίρνω θέση, τοποθετούμαι: *τέθηκε το εξής ερώτημα...* Φρ. *~ επικεφαλής* (= **α.** μπαίνω πρώτος στη σειρά, προπορεύομαι, προηγούμαι· **β.** μεταφ., αναλαμβάνω τη διεύθυνση)· *~ «επί ποδός»* (= επιστρατεύομαι, κινητοποιούμαι)· *~ σε κίνηση:* τέθηκε σε κίνηση τηλεπικοινωνιακός δορυφόρος γύρω από τη Γη.

τικ το, ουσ. άκλ., ακούσια σπασμωδική κίνηση μέλους του ανθρώπινου σώματος (ιδίως του προσώπου) που επαναλαμβάνεται (κλείσιμο ματιών, τίναγμα χεριού, σύσπαση μετώπου, κλπ.). [γαλλ. *tic*].

τικ(ι) - τακ το, ουσ. άκλ., ξηρός και μονότονος επαναλαμβανόμενος θόρυβος ενός μηχανήματος, ιδίως ρολογιού: *δεν μπορούσε να κοιμηθεί από το ~ του ρολογιού.* Φρ. *η καρδιά του κάνει ~* (= είναι ερωτευμένος). [ονοματόπ. γαλλ. *tic-tac*].

-τικός, -ή, -ό, Ι. κατάλ. επιθ. από ανισοσύλλαβα τριτόκλιτα ον. σε *-μα: αξιωματικός, σωματικός, πραγματικός.*

-τικός, -ή, -ό, ΙΙ. κατάλ. ρημ. επίθ.: *βοηθητικός, δροσιστικός, ποτιστικός.*

τικ-τακ, βλ. *τικ(ι)-τακ.*

τιλιά η, ουσ. (συνιζ.), (σπάνιο) φλαμουριά (βλ. λ.), *φιλύρα.*

τίλιο το, ουσ. (συνιζ.), (φυτολ.) **1.** φύλλο και άνθος τιλιάς. **2.** (συνεκδοχικά) αφέψημα από ξεραμένα φύλλα τιλιάς με ηρεμιστικές ιδιότητες (συνών. *φλαμούρι*). [ιταλ. *tiglio*].

τιμαλφής, -ής, -ές, γεν. *-ούς,* πληθ. αρσ. και θηλ. *-είς,* ουδ. *-ή,* επίθ. (λόγ.), που έχει μεγάλη αξία (συνών. *πολύτιμος, βαρύτιμος*). - Το ουδ. στον πληθ. ως ουσ. = τα κοσμήματα (συνών. *χρυσαφικά, διαμαντικά*).

τιμαριθμικός, -ή, -ό, επίθ. (οικον.) που ανήκει ή αναφέρεται στον τιμάριθμο: *-ή αναπροσαρμογή (των μισθών και των συντάξεων)* = μέτρο κατοχύρωσης του πραγματικού εισοδήματος των εργαζομένων από τον πληθωρισμό, που αποβλέπει στην προστασία της αγοραστικής δύναμης των μισθών και των ημερομισθίων και συνίσταται στην αύξησή τους όσο έχει αυξηθεί ο τιμάριθμος.

τιμαριθμοποίηση η, ουσ. (οικον.) προσαρμογή προς τον τιμάριθμο ορισμένων ποσών (φορολογίας, κλπ.): *~ της φορολογικής κλίμακας.*

τιμάριθμος ο, ουσ. (οικον.) αριθμός που δείχνει τη μέση διακύμανση των τιμών ορισμένων αγαθών και υπηρεσιών σε συγκεκριμένο χρονικό διάστημα και χρησιμεύει για την εξακρίβωση της αγοραστικής δύναμης του νομίσματος: *στο πρώτο εξάμηνο ο ~ αυξήθηκε κατά δέκα τοις εκατό· αναπροσαρμογή των μισθών στο ύψος του -ου.*

τιμάριο το, ουσ. (ασυνίζ.). **1.** έκταση γης που παραχωρούσε ο σουλτάνος σε υπήκοό του, ανάλογα με τη θέση του, για να τη νέμεται (συνών. *τσιφλίκι*). **2.** (μεταφ.) ό,τι κανείς εκμεταλλεύεται αυθαίρετα (αξίωμα, θέση, εξουσία) - Πβ. και *φέουδο.* [περσική προέλευση].

τιμαριούχος ο και η, ουσ. (ασυνίζ.), κάτοχος τιμαρίου (βλ. λ. σημασ. 1).

τιμαριωτικός, -ή, -ό, επίθ. (ασυνίζ.), που ανήκει ή αναφέρεται στο τιμάριο ή στον τιμαριούχο: *-ή ιδιοκτησία· -ό σύστημα* (= σύστημα αγροτικής ιδιοκτησίας).

τιμαριωτισμός ο, ουσ. (ασυνίζ.), διοικητικό σύστημα που βασίζεται στην ύπαρξη τιμαρίων.

τιμή η, Ι. ουσ. **1.** κοινωνική αξία και υπόληψη ενός προσώπου, κοινωνική εκτίμηση: *ζήτημα -ής·* (νομ.) *εγκλήματα κατά της -ής* (= στον ποιν. κώδ., η εξύβριση, δυσφήμηση, συκοφαντική δυσφήμηση, προσβολή της μνήμης νεκρού, κ.ά.) (αντ. *ατιμία*). **2α.** ό,τι απονέμεται σε ένδειξη εκτίμησης, σεβασμού, αναγνώρισης της αξίας κάποιου: *εκδήλωση -ής για τον ποιητή· ~ σε όσους έπεσαν στον Αγώνα· απότιση φόρου -ής·* **β.** (στον πληθ.) τυπικές καθιερωμένες εκδηλώσεις σεβασμού, εκτίμησης, κλπ.: *απένειμαν -ές στον ξένο επίσημο· κηδεύτηκε με -ές πρωθυπουργού «εν ενεργεία»·* (ειδικότερα) *στρατιωτικές -ές* (= που αποδίδονται από ένοπλο στρατιωτικό σώμα ή με κανονιοβολισμούς σε επίσημο πολιτικό ή στρατιωτικό πρόσωπο ή στη σημαία). **3.** κάτι που ενισχύει την ηθική υπόσταση ενός προσώπου, που τον εξυψώνει στα μάτια των άλλων: *είναι ~ του ή* (λόγ.) *είναι προς -ήν του που παραιτήθηκε* (για πράξη αξιέπαινη)· *η παρουσία σας είναι ~ για μας.* **4.** (συνεκδοχικά για πρόσωπο) το αντικείμενο καύχησης, καύχημα: *είναι η ~ της οικογένειας* (συνών. *καμάρι·* αντ. *ντροπή, όνειδος*). **5.** (για γυναίκα) αγνότητα, παρθενία. Έκφρ. *για την ~ των όπλων* (= για να τηρηθούν τα προσχήματα, για τα μάτια του κόσμου)· *κυρία της -ής* ή *επί των τιμών* (= που αποδίδει τις τιμές σε υψηλό πρόσωπο)· *λόγος -ής* (= υπόσχεση ή βεβαίωση, της οποίας η αθέτηση ή διάψευση συνεπάγεται την απώλεια της αξιοπιστίας ή της αξιοπρέπειας εκείνου που την έδωσε)· *λόγω -ής* ή *στην ~ μου* (σε όρκο, ως έντιμος άνθρωπος βεβαιώνω αυτό που λέω)· *με ~* (= τυπική έκφραση με την οποία τελειώνει έγγραφο ή γραπτή αναφορά σε προϊστάμενη αρχή).

Παροιμ. *η ~ τιμή δεν έχει και χαρά στον που την*

έχει (= η υπόληψη ενός ατόμου είναι ανεκτίμητο πράγμα που δεν αποτιμάται σε χρήμα).

τιμή η, II. ουσ. 1. χρηματικό ποσό που πρέπει να καταβληθεί για την αγορά αντικειμένου, αξία ενός αγαθού ή μιας υπηρεσίας εκφρασμένη σε χρήμα: ~ *παραγωγής/πώλησης· χαμηλές -ές· χονδρική/μονοπωλιακή* ~ ~ *τσουχτερή/αλμυρή* (= υπερβολική)· *σταθερότητα / αύξηση / διακύμανση -ών· -ές ξένων χαρτονομισμάτων* (σε σχέση με τη δραχμή)· έκφρ. *-ές ορισμένες* (= που δεν επιδέχονται διαπραγμάτευση)· ~ *ευκαιρίας/συγκαταβατική* (= χαμηλή)· παροιμ. *η τιμή* ~ *δεν έχει και χαρά στον που την έχει,* βλ. τιμή Ι. 2. (μαθημ., φυσ.) καθένας από τους δυνατούς προσδιορισμούς ενός μεταβλητού μεγέθους ή μιας μεταβλητής ποσότητας: ~ *συνάρτησης/αλγεβρικής παράστασης· -ές ατμοσφαιρικών ρύπων/θερμοκρασίας.*

τίμημα το, ουσ., οικονομικό αντάλλαγμα που δίνεται για την αγορά ενός αγαθού, αξία σε χρήμα· (μεταφ.) αντίτιμο: *το* ~ *της δόξας του ήταν να χάσει την οικογενειακή του γαλήνη.*

τιμητής ο, ουσ. 1. (ιστ.) αξιωματούχος στην αρχαία ρωμαϊκή πολιτεία που ενεργούσε έλεγχο των περιουσιακών στοιχείων των πολιτών και κατάρτιζε τους καταλόγους των κοινωνικών τάξεων (συγκλητικοί, ιππείς, κλπ.) (συνών. *κήνσορας).* 2. (μεταφ.) αυτός που ελέγχει κάποιον, επικριτής (συνών. *επιτιμητής).*

τιμητικός, -ή, -ό, επίθ. 1. που προσδίδει τιμή: ~ *τίτλος/λόγος* (αντ. *μειωτικός).* 2. που γίνεται για να τιμηθεί κάποιος: *-ή εκδήλωση/προσφορά.* - Επίρρ. **-ά.**

τίμιος, -α, -ο, επίθ. (ασυνίζ.). 1. (για πρόσωπο) που είναι έντιμος, ευσυνείδητος: ~ *άνθρωπος· -α συμπεριφορά* (συνών. *ηθικός, ακέραιος·* αντ. *άτιμος, ανέντιμος, ανήθικος).* 2. (εκκλ.) ιερός: *-ο ξύλο* (= κομμάτι από το Σταυρό του Χριστού)· ~ *Σταυρός* (= ο σταυρός επάνω στον οποίο σταυρώθηκε ο Χριστός)· *-α δώρα* (= ο άρτος και ο οίνος της προσκομιδής που μεταβάλλονται κατά τη διάρκεια της θείας λειτουργίας σε σώμα και αίμα Χριστού). - Επίρρ. **-α.**

τιμιότητα η, ουσ. (ασυνίζ.), το να είναι κάποιος τίμιος, αρετή που χαρακτηρίζει άτομο ειλικρινές και ευυπόληπτο στις υλικές και ηθικές συναλλαγές του με το περιβάλλον (συνών. *εντιμότητα·* αντ. *ανεντιμότητα, ατιμία).*

τιμοκατάλογος ο, ουσ., κατάλογος που δείχνει τις τιμές εμπορευμάτων: ~ *φαγητών σε εστιατόριο.*

τιμολόγηση η, ουσ., καθορισμός τιμής εμπορευμάτων, καταχώριση τιμών στο τιμολόγιο.

τιμολογιακός, -ή, -ό, επίθ. (ασυνίζ.), που ανήκει ή αναφέρεται στα τιμολόγια: *-ή πολιτική.*

τιμολόγιο το, ουσ. (ασυνίζ.). 1. εμπορικό έγγραφο στο οποίο καταγράφονται το εμπόρευμα, η τιμή του, το είδος του, η ποσότητά του, το βάρος του, η συνολική του αξία, κλπ., συντάσσεται από την πωλητή και δίνεται στον αγοραστή ή συνοδεύει τη φορτωτική εμπορευμάτων αναφέροντας την ποσότητα, την αξία, το μεταφορικό κόστος, κλπ. 2. (ειδικά) έγγραφο όπου αναφέρεται εμπόρευμα που πουλήθηκε ή παρεχόμενη υπηρεσία με την τιμή για εξόφληση (συνών. *λογαριασμός).*

τιμολογώ, -είς, ρ., καθορίζω την τιμή εμπορεύματος προορισμένου για πώληση ή παρεχόμενης υπηρεσίας: *η κατανάλωση του ηλεκτρικού ρεύματος -ήθηκε με τις νέες τιμές.*

τιμονεύω, ρ., κρατώ το τιμόνι, κυβερνώ σκάφος· (συνήθως μεταφ.) κατευθύνω, διοικώ.

τιμόνι το, γεν. *-ιού,* ουσ. 1. όργανο με τη βοήθεια του οποίου ένα σκάφος, ένα αυτοκίνητο, κλπ., κατευθύνεται στον προορισμό του: *έσπασε το* ~ *του καϊκιού.* 2. (μεταφ.) διεύθυνση, διοίκηση (κράτους, περιοχής, επιχείρησης, κλπ.): *να πιάσεις εσύ το* ~ *της εταιρείας* (συνών. *πηδάλιο στις σημασ.* 1 και 2). [βενετ. *timon].*

τιμονιά η, ουσ., χειρισμός του τιμονιού μεταφορικού μέσου.

τιμονιέρης ο, θηλ. **-ισσα,** ουσ. (συνιζ.). 1. αυτός που κατευθύνει ένα σκάφος χρησιμοποιώντας το τιμόνι, πηδαλιούχος. 2. (μεταφ., γενικά) κυβερνήτης, διαχειριστής. [ιταλ. *timoniere].*

τιμονίζω, ρ. (λαϊκ.), κατευθύνω με το τιμόνι πλοίο, κλπ.: *-ιζα κοντά στη στεριά* (Κόντογλου)· *-ίσαμε ολόπριμα και τραβήξαμε γιαλό* (Κόντογλου).

τιμώ, -άς, ρ. (μτβ.). I. ενεργ. 1. απονέμω τιμή σε κάποιον, εκφράζω έμπρακτα την εκτίμησή μου σε κάποιον: *με την ενέργειά του -ησε το δάσκαλό του· τον -ησαν με παράσημο.* 2. (για συμπεριφορά) εξυψώνω ηθικά κάποιον, του προσθέτω τιμή: *αυτό που έκανες δε σε -ά καθόλου· η στάση που κράτησε τον -ά ιδιαίτερα.* II. μέσ. 1. απολαμβάνω τιμές, βραβεύομαι: *-ήθηκε για την προσφορά του στα γράμματα· -ήθηκε με το βραβείο σκηνοθεσίας.* 2. έχω καθορισμένη αγοραστική αξία, αξίζω: *η βενζίνη -άται προς... δραχμές το λίτρο* (συνών. *στοιχίζω, κοσιίζω).* Φρ. ~ *με την παρουσία μου* (μια συγκέντρωση, εκδήλωση, κλπ.) (= παρευρίσκομαι ως επίσημο πρόσωπο)· ~ *την υπόσχεσή μου* (= την εκτελώ αξιοπρεπώς).

τιμωρία η, ουσ., επιβολή σωματικών κακώσεων, περιορισμού, αποζημίωσης, κλπ., κατά ενόχου για σωφρονισμό ή εκδίκηση: *παραδειγματική* ~· *άξιος -ας· για* ~ *έγραψε δέκα φορές ολόκληρο το ποίημα* (συνών. *ποινή).*

τιμωρός ο και η, ουσ. α. αυτός που επιβάλλει τιμωρία· β. αυτός που παίρνει εκδίκηση για κάτι, εκδικητής: *η φύση συχνά γίνεται* ~ *του ανθρώπου για την καταστροφή που της προκαλεί.*

τιμωρώ, -είς, ρ. 1. επιβάλλω τιμωρία σε κάποιον: *ο διευθυντής -ησε το μαθητή με αποβολή·* (παθ.) *-ήθηκαν παραδειγματικά.* 2. (ειδικά στα δικαστήριο) καταδικάζω: *-ήθηκε με τριετή κάθειρξη.* 3. (συνεκδοχικά) βασανίζω, παιδεύω, ταλαιπωρώ. - Η μτχ. παρκ. ως επίθ.: *-ημένος μαθητής.*

τίναγμα το, ουσ. 1. τράνταγμα, δόνηση: *με το* ~ *έπεσαν τα φύλλα στο έδαφος* (συνών. *κλονισμός).* 2. (συνεκδοχικά) αποτίναξη: *τα χαλιά/ρούχα θέλουν* ~ (συνών. *ξεσκόνισμα).* 3. (συνεκδοχικά) πήδημα προς τα επάνω: ~ *του σώματος προς τα πάνω· μιας πεταλούδας* ~ (Σεφέρης).

τιναγμός ο, ουσ., τίναγμα.

τινάζω, ρ., αόρ. *-αξα,* πληθ. *-ξαμε,* παθ. αόρ. *-χτηκα,* μτχ. παρκ. *-γμένος.* I. ενεργ. 1. κινώ κάτι βίαια, του τραντάζω: ~ *την αμυγδαλιά/τη συκιά* (συνών. *κλονίζω).* 2α. κάνω να κινηθεί κάτι με ταχύτητα προς ορισμένη κατεύθυνση: ~ *το χέρι/το πόδι·* β. ρίχνω με ορμή, εκσφενδονίζω: *του -αξε την καρέκλα·* (μεταφ.) *του -αξε κατ ήμουτρα μια βρισιά* (Ι Μ. Παναγιωτόπουλος). 3. κάνω να ανατιναχτεί με έκρηξη κάτι, προκαλώ με έκρηξη την καταστροφή του: *τα καράβια τα -ζανε οι μπουρλοτιέρηδες* (Μπαστιάς). 4. χτυπώ ή κουνώ κάτι με δύναμη για να το απαλλάξω από κάτι: ~ τα σεντόνια/το τραπεζομάντηλο/τα χαλιά (συνών. ξεσκονίζω, καθαρίζω). II. (μέσ.) αναπηδώ από τη θέση μου εξαιτίας έντονου συναισθήματος (έκπληξης, χαράς, φόβου), πετάγομαι πάνω. Φρ. τα -αξε ή -αξε τα πέταλα (ή τα κώλα) (= πέθανε)· ~ κάτι στον αέρα (= α. ανατινάζω): οι αντάρτες τίναξαν στον αέρα τη γέφυρα· (β. μεταφ., με αρνητ. σημασ., καταστρέφω κάτι με πρωτοβουλία μου, με δυναμική ενέργειά μου): με την ενέργειά του ο υπουργός τίναξε στον αέρα το ήπιο πολιτικό κλίμα· με αυτό που τους είπες τα τίναξες όλα στον αέρα· ~ τα μυαλά μου (στον αέρα) (= αυτοκτονώ χρησιμοποιώντας πυροβόλο όπλο)· ~ το γιακά μου (σε ένδειξη απέχθειας ή αποτροπιασμού).

τίνος, ερωτ. αντων. (γεν. του μη χρησιμοποιούμενου τις), (σε ερώτηση για να δοθούν στοιχεία για κάποιον ή να αποσαφηνιστεί κάτι) ποιου, ποιανού: ~ είναι τα γράμματα; ~ Παπαδόπουλου είναι το καπέλο, του Κώστα ή του Πέτρου;

τίποτα και **-τε,** αόρ. αντων. άκλ. 1. (σε προτάσεις καταφ. ή ερωτ.) κάτι: έμαθες ~ να μας πεις; πιες ~ να ξεδιψάσεις. 2. σε πρόταση αρνητ. α. δηλώνει ότι δεν υπάρχει ούτε το ελάχιστο: το κουτί δεν είχε ~· δεν είπα ~· δεν έχω ~ να κάνω το απόγευμα· (και ως μονολεκτική απάντηση): — Τι είπες; — Τ-α· — Τι να σου προσφέρω; — Τ-α· β. δηλώνει ότι κάτι είναι τόσο ασήμαντο που δεν αξίζει να αναφερθεί: δε στοιχίζει ~· δεν ήταν ~ αυτό μπροστά σ' εκείνο που έπαθα εγώ· — Πονάς; —Δεν είναι ~, θα περάσει· φρ. δεν είναι ~ ή απλώς ~ ως απάντηση στο «ευχαριστώ» ή τη «συγγνώμη» κάποιου. 3. σε θέση επιθ. πριν από ουσ. κάθε γένους, αριθμού, πτώσης: έχουμε ~ νέα; αν μου παρουσιαστούν ~ αναποδιές, θα ζητήσω βοήθεια· αν βρεις ~ φρούτα, αγόρασε μερικά. 4. για να δηλωθεί κάτι σημαντικό στο είδος του: έπιασε λεφτά και νομίζει πως έγινε ~! είναι ~ ο φίλος σου; 5. πριν από ουσ. πληθ. αρ. που δηλώνει πρόσωπο, για να δηλώσει αόριστα κατηγορία ατόμων: ~ παλιόπαιδα θα έσπασαν το τζάμι· φυλάγουνε το στρατόπεδό μας, μήπως μας χτυπήσουνε ~ αραπάδες (Κόντογλου)· αν έρθουν ~ φίλοι, ειδοποίησέ με. 6. (με το οριστ. άρθρο) κάτι ελάχιστο, μηδαμινό: μάλωσαν για το ~· πούλησαν την περιουσία τους για το ~· μη θυμώνεις με το ~· (και με το αόρ. άρθρο): μια μικρή κίνηση του χεριού, ένα ~ στη στάση του κεφαλιού και το άγαλμα άλλαξε ολόκληρο(Δ. Χατζής)· ένιωθε κάπως τη δυστυχία του λιγότερη. Δεν ήτανε πια ένα ~ (Μπαστιάς). Έκφρ. άλλο ~ (για να δηλωθεί η ύπαρξη ενός πράγματος σε μεγάλο βαθμό): τον τελευταίο καιρό από προβλήματα άλλο ~· για ~ (στον κόσμο) (= σε καμιά περίπτωση): δεν αφήνω αυτή μου τη συνήθεια για ~ (στον κόσμο)· με ~ (= με κανένα αντάλλαγμα): δεν αλλάζω τη σούπα μου με ~· δε με πείθεις με ~. [τι + ποτέ].

τιποτένιος, -ια, -ιο, επίθ. (συνιζ.). 1. ασήμαντος, ανάξιος λόγου (αντ. σημαντικός, αξιόλογος). 2. (για πρόσωπο) πρόστυχος, ελεεινός.

τιράζ το, ουσ. άκλ., ο συνολικός αριθμός αντιτύπων στον οποίο τυπώνεται ένα βιβλίο: ~ σε 3.000 αντίτυπα· πρώτο/δεύτερο ~ ενός βιβλίου. [γαλλ. tirage].

τιράντα η, ουσ. (έρρ.). 1. καθεμιά από τις δύο λεπτές λουρίδες που περνούν πάνω από τους ώμους και συγκρατούν εσώρουχο ή ρούχο χωρίς μανίκια: μαγιό χωρίς -ες (συνών. μπρετέλα). 2. καθεμιά από τις δύο λουρίδες από ύφασμα ή λάστιχο που στερεώνονται μπροστά και πίσω στο παντελόνι και περνώντας πάνω από τους ώμους το συγκρατούν. [ιταλ. tirante].

τιρμπουσόν και **-όνι** το, ουσ., εργαλείο για την αφαίρεση του πώματος μπουκαλιών, που αποτελείται από μια περιελιγμένη μεταλλική ράβδο με μυτερό άκρο που εισχωρεί με πίεση στο πώμα και μια λαβή από την οποία τραβιέται ύστερα για να βγει. [γαλλ. tire-bouchon].

τιτάνας ο, ουσ. 1. άνθρωπος υπερβολικά μεγαλόσωμος και δυνατός ή υπερβολικά σπουδαίος σε κάποιο τομέα. 2. (μυθ., στον πληθ., με κεφ. το πρώτο γράμμα) θεότητες, παιδιά του Ουρανού και της Γης, που νικήθηκαν από το Δία και έχασαν την αρχηγία του κόσμου. 3. (αστρον.) ο μεγαλύτερος από τους εννιά δορυφόρους του Κρόνου. - Πβ. και κύρια ονόματα, λ. *Τιτάνες.*

τιτανικός, -ή, -ό, επίθ. 1. που αναφέρεται στους μυθικούς Τιτάνες. 2. υπερφυσικός, που ξεπερνά τις ανθρώπινες δυνατότητες.

τιτάνιο το, ουσ. (ασυνίζ.), (χημ.) χημικό στοιχείο της ομάδας των μετάλλων που μοιάζει με το χάλυβα.

τιτάνιος, -α, -ο, επίθ. (ασυνίζ.), τιτανικός.

τιτανίτης ο, ουσ. (ορυκτ.) ορυκτό που αποτελείται από πυριτικό τιτάνιο και ασβέστιο.

τιτανομαχία η, ουσ. 1. (μυθ.) η μάχη ανάμεσα στους Τιτάνες και στους Ολύμπιους θεούς. 2. (μεταφ.) μάχη όπου επιδεικνύεται μεγάλη γενναιότητα από δύο ισχυρούς αντιπάλους.

τίτανος ο, ουσ. ο ασβέστης.

τιτάνωση η, ουσ. 1. επάλειψη με ασβέστη, ασβέστωμα. 2. η φυσιολογική απόθεση αλάτων ασβεστίου μέσα στους ιστούς δοντιών και οστών.

τιτιβίζω, ρ., παράγω τον ήχο της φωνής του πουλιού, κελαηδώ.

τιτίβισμα το, ουσ. (για τον ήχο της φωνής του πουλιού) κελάηδημα.

τίτλος ο, ουσ. 1. σύντομη επιγραφή που δηλώνει το περιεχόμενο βιβλίου (ή και κάθε είδους δημοσιεύματος και γενικώς πνευματικού έργου) ή ενός μικρότερου τμήματός του (κεφαλαίου, παραγράφου, κλπ.): -οι της πρώτης σελίδας εφημερίδας· ~ θεατρικού/κινηματογραφικού έργου. 2. διακριτικό όνομα επιχείρησης, εταιρείας, ιδρύματος, οργάνωσης, κλπ.: ~ κόμματος/συλλόγου/καταστήματος (συνών. επωνυμία). 3. βαθμός ευγενείας ή επωνυμία κοινωνικής διάκρισης: φέρει τον -ο του λόρδου/του επίτιμου προέδρου/διδάκτορα. 4α. (νομ.) έγγραφο αποδεικτικό αξιώματος ή δικαιώματος (συμβόλαιο, διαθήκη, κλπ.): πανεπιστημιακοί -οι· ~ σπουδών· ~ ιδιοκτησίας· β. (οικον.) έγγραφο που εκφράζει μια οικονομική αξία· (ειδικότερα) έγγραφο που περιέχει υπόσχεση ή εντολή πληρωμής από ένα πρόσωπο (τον «εκδότη») σε άλλο (τον «κομιστή» του τίτλου): χρηματιστηριακός/πιστωτικός ~. Έκφρ. ~ τιμής (= καμάρι, καύχημα, στολίδι): θεωρεί -ο τιμής τις διώξεις για τις ιδέες του. [λατ. tit(u)lus].

τιτλούχος ο και η, ουσ., αυτός που έχει, που φέρει τον (τιμητικό) τίτλο, που είναι τιμημένος με τίτλους ή αξιώματα.

τιτλοφορώ, -είς, ρ. 1. απονέμω τίτλο, τιμητική διάκριση σε κάποιον. 2. χαρακτηρίζω κάποιον ή κάτι (με προσωνυμία): *Ο βυζαντινός αυτοκράτορας*

Κωνσταντίνος Δ΄ -είται Πωγωνάτος. 3. καθορίζω τον τίτλο, την επικεφαλίδα συγγράμματος, θεατρικού έργου, κλπ.: *το νέο βιβλίο του -είται...*

τιτοϊσμός ο, ουσ. (ιστ.-πολιτ.) σύστημα ιδεών, αρχών και θεωριών του στρατάρχη Τίτο, ηγέτη της Γιουγκοσλαβίας, που στην πράξη δηλώνει την τάση ορισμένων κομουνιστικών κρατών να απαγκιστρωθούν από τις σοβιετικές κατευθύνσεις.

τιτουλάριος ο, ουσ. (ασυνίζ.). 1. αυτός που έχει μόνο τον τίτλο. 2. (εκκλ.) βοηθός επίσκοπος. [λατ. *titularius*].

τμήμα το, ουσ. 1. μέρος αποκομμένο, κομμάτι: ~ *δέντρου/κορμού* (συνών. *τεμάχιο, μερίδα, απόκομμα*). 2. υποδιαίρεση συνόλου: ~ *βιβλίου/επιφάνειας·* (μαθημ.) ~ *κύκλου* (= το μέρος του κύκλου που περιλαμβάνεται ανάμεσα σε ένα τόξο του και στην αντίστοιχη χορδή του)· στο ανατολικό ~ *της πόλης·* η τρίτη τάξη του γυμνασίου έχει οχτώ -ατα. 3α. κλάδος δημόσιας ή ιδιωτικής υπηρεσίας που έχει διοικητική ενότητα και συνεκδοχικά τα γραφεία όπου είναι εγκατεστημένη: ~ *πληρωμών/καταθέσεων/δανείων (σε τράπεζα)·* ~ *φυσικής αγωγής της διεύθυνσης μέσης εκπαίδευσης του υπουργείου* β. (ειδικά) αστυνομικό ~ ή απλώς ~ = αστυνομική υπηρεσία που έχει δικαιοδοσία σε ορισμένη περιοχή μιας πόλης και συνεκδοχικά το οίκημα όπου στεγάζεται: *πήγαν στο ~ για να λύσουν τη διαφορά τους·* γ. εκλογικό ~ = περιοχή που αντιστοιχεί σε ορισμένο αριθμό εκλογέων και συνεκδοχικά ο χώρος όπου διεξάγεται η ψηφοφορία κατά τις εκλογές.

τμηματάρχης ο, θηλ. **-ισσα**, ουσ. 1. πρόσωπο που διευθύνει τμήμα δημόσιας ή ιδιωτικής υπηρεσίας, προϊστάμενος τμήματος (βλ. λ. σημασ. 3α). 2. βαθμός στη διοικητική υπαλληλική ιεραρχία: *αναμένεται προαγωγή του σε -η.*

τμηματικός, -ή, -ό, επίθ. 1. που ανήκει ή αναφέρεται σε τμήμα. 2. που γίνεται ή εκτελείται κατά τμήματα: *-ή καταβολή φόρου* (αντ. *συνολικός*). - Επίρρ. **-ώς** και **-ά**.

τμήση η, ουσ. (λόγ.). 1. το να τέμνεται κάτι, κόψιμο: ~ *δασικής έκτασης για τη δημιουργία δρόμου* (συνών. *αποκοπή*). 2. (γραμμ.) αποχωρισμός της πρόθεσης από σύνθετη λέξη και παρεμβολή άλλων λέξεων.

το, I. βλ. *ο, η, το.*

το, II. βλ. *αυτός.*

το αμαρτάνειν ανθρώπινον· αρχαϊστ. έκφρ. = είναι μέσα στη φύση του ανθρώπου να κάνει σφάλματα.

το απολωλός πρόβατον· αρχαϊστ. έκφρ. = άνθρωπος διεφθαρμένος, άσωτος, αμαρτωλός.

το γοργόν και χάριν έχει· αρχαϊστ. έκφρ. = κάτι που είναι να γίνει είναι πιο ωφέλιμο να γίνει σύντομα.

το δις εξαμαρτείν ουκ ανδρός σοφού· αρχαϊστ. έκφρ. = εκείνος που κάνει για δεύτερη φορά το ίδιο σφάλμα είναι ασυγχώρητος.

το ευ ζην· αρχαϊστ. έκφρ. = η ποιότητα στη ζωή ενός ανθρώπου, η ικανοποίηση ιδίως των πνευματικών και ψυχικών αναγκών του.

τοιμάζω, βλ. *ετοιμάζω.*

τοις εκατό(ν), βλ. *επί τοις εκατόν.*

τοις μετρητοίς· αρχαϊστ. έκφρ. = α. με άμεση καταβολή του αντιτίμου: *το αγόρασα ~* (αντ. *επί πιστώσει*)· β. (μεταφ.) στα σοβαρά: *πήρε ~ αυτά που του είπες και στενοχωρήθηκε.*

τοιχάκι, βλ. *τοίχος.*

τοιχαρχία η, ουσ. (ναυτ.) καθένα από τα δύο τμήματα στα οποία διαιρείται το πλήρωμα (πολεμικού) πλοίου για την εκ περιτροπής εκτέλεση υπηρεσίας.

τοιχίζω, ρ., χτίζω τοίχο: *τοίχισε τον κήπο.*

τοιχίο το, ουσ. 1. μικρός τοίχος, τοιχάκι. 2. το μέρος του τοίχου δεξιά κι αριστερά πόρτας ή παράθυρου.

τοιχογράφημα το, ουσ., ζωγραφιά σε τοίχο, τοιχογραφία.

τοιχογράφηση η, ουσ., διακόσμηση με τοιχογραφίες: *ανέλαβε την ~ του ναού.*

τοιχογραφία η, ουσ. 1. το να ζωγραφίζει κανείς σε τοίχο και, συνεκδοχικά, η τέχνη της ζωγραφικής σε τοίχο. 2. (συνεκδοχικά) ό,τι είναι ζωγραφισμένο σε τοίχο, ζωγραφιά σε τοίχο (συνών. *τοιχογράφημα*)· (μεταφ.) *το μυθιστόρημα αυτό αποτελεί ~ μιας εποχής* (= συνολική περιγραφή, απεικόνιση).

τοιχογράφος ο, ουσ., ζωγράφος ειδικευμένος στις τοιχογραφίες.

τοιχογραφώ, -είς, ρ., ζωγραφίζω σε τοίχο.

τοιχογύρι το, ουσ. (λαϊκ.), τοιχογύρισμα, περιτοίχισμα: *τρία παιδιά στο ~ ολόρθα πετροβολούσανε ένα σκυλί.*

τοιχογυρισιά η, ουσ. (συνιζ., λαϊκ.), τοιχογύρισμα: *κρέμασαν ανεμόσκαλες στην ~* (Ι.Μ. Παναγιωτόπουλος).

τοιχογύρισμα το, ουσ. (λαϊκ.). α. το να περιτοιχίζεται κάτι, περίφραξη με τοίχο· β. τοίχος που περιβάλλει κάποιο χώρο, περιτοίχισμα (βλ. λ.).

τοιχοδομή η, ουσ., κατασκευή, χτίσιμο τοίχου.

τοιχοδόμηση η, ουσ., το να χτίζεται τοίχος.

τοιχοδομώ, -είς, ρ., χτίζω τοίχο.

τοιχοκόλλημα το, ουσ. α. τοιχοκόλληση· β. ό,τι τοιχοκολλάται (συνών. *αφίσα*).

τοιχοκόλληση η, ουσ., το να επικολλάται στον τοίχο διαφήμιση, γραπτή ή έντυπη γνωστοποίηση, κλπ.: ~ *προκηρύξης/κομματικών αφισών* (συνών. *αφισοκόλληση*).

τοιχοκολλητής ο, θηλ. **-τρια**, ουσ., αυτός που τοιχοκολλά αγγελίες, διαφημίσεις, κλπ. (συνών. *αφισοκολλητής*).

τοιχοκολλώ, -άς, ρ., επικολλώ στον τοίχο γνωστοποίηση, διαφήμιση, αγγελία, κλπ.

τοιχοποιία η, ουσ., κατασκευή τοίχου.

τοίχος ο, ουσ., οικοδομικό κατασκεύασμα που υψώνεται κατακόρυφα και αποτελεί την κάθε πλευρά κτηρίου υποβαστάζοντας τους ορόφους ή διαχωρίζει χώρους ή υποστηρίζει κάτι: *οι -οι του δωματίου·* ο ~ *της αυλής.* Έκφρ. *μέσα σε τέσσερις -ους* (για κάποιον που είναι κλεισμένος μέσα στο σπίτι): *όλη τη ζωή περνά μέσα σε τέσσερις -ους· με τη ράχη στον -ο* (= χωρίς να μπορεί να διαφύγει). Φρ. *βάζω ή στήνω κάποιον στον -ο* (= α. εκτελώ κάποιον· β. (μεταφ.) φέρνω κάποιον σε δύσκολη θέση): *με τις ερωτήσεις τους τον έστησαν στον -ο· και οι -οι έχουν αφτιά,* βλ. *αφτί· κολλώ στον -ο* (= αποστομώνω): *με όσα του είπαν τον κόλλησαν στον -ο· πάει τον -ο -ο ή -ου -ου* (για μεθυσμένο)· *χτυπώ το κεφάλι μου στον -ο* (= μετανιώνω). - Υποκορ. **-άκι** το.

τοιχόχαρτο το, ουσ., χαρτί ταπετσαρίας (βλ. λ.) τοίχου.

τοίχωμα το, ουσ. 1. τοίχος. 2α. πλευρά κοιλώματος: ~ *πλοίου· ~ αγγείου·* β. (ανατομ.) επιφάνεια που περιορίζει κοιλότητα του σώματος: ~ *κοιλιακό/ θωρακικό.*

τόκα η, I. ουσ. 1. κομμάτι ξύλου ή πέτρα που το στοχεύουν οι μικροί παίχτες ρίχνοντας αμάδες. 2. (συνεκδοχικά) το ίδιο το παιχνίδι.

τόκα η, II. ουσ. 1. (ως επιφ.) παρόρμηση για σφίξιμο των χεριών ή για τσούγκρισμα των ποτηριών πριν από την πόση. 2. (ως ουσ.) κυρίως στη φρ. *κάνω ~* (= δίνω το χέρι μου σε κάποιον ή τσουγκρώ το ποτήρι μου με το δικό του πριν από την πόση). [ιταλ. προστ. *tocca* του ρ. *toccare*].

τοκάριθμος ο, ουσ. (οικον.) το γινόμενο του κεφαλαίου επί τον αριθμό των ημερών κατά τις οποίες το κεφάλαιο παρέχει τόκο.

τοκάς ο, ουσ., είδος πόρπης (συνών. θηλυκωτήρι).

το κατά δύναμιν αρχαϊστ. έκφρ. για να δηλώσει ό,τι είναι κατορθωτό για κάποιον: *θα δουλέψουμε ~*.

τοκετός ο, ουσ. (λόγ.), γέννα.

τοκίζω, ρ. (για πρόσωπο) δανείζω χρηματικό ποσό και εισπράττω τόκους· (μέσ., για χρηματικό ποσό) προστίθεται στο κεφάλαιό μου τόκος: *στην τράπεζα τα χρήματα -ονται κάθε έξι μήνες.*

τοκισμός ο, ουσ., παροχή δανείου με τόκο.

τοκιστής ο, θηλ. **-ίστρια**, ουσ., αυτός που δανείζει με τόκο· έκφρ. μειωτ. *~ και σουλατσαδόρος* (= που δεν έχει ειδική απασχόληση από τεμπελιά).

τοκογλυφία η, ουσ., δανεισμός με υπερβολικό τόκο.

τοκογλυφικός, -ή, -ό, επίθ., που ανήκει ή αναφέρεται στην τοκογλυφία ή τον τοκογλύφο.

τοκογλύφος ο, ουσ., αυτός που δανείζει χρήματα με υπερβολικό επιτόκιο.

τοκολόγιο το, ουσ. (ασυνίζ.), βιβλίο όπου αναγράφονται τα κεφάλαια στα οποία αντιστοιχούν οι τόκοι ανάλογα με το επιτόκιο και τη διάρκεια του τοκισμού.

τοκομερίδιο το, ουσ. (ασυνίζ.), απόκομμα χαρτιού από ομολογία που ο κομιστής του εισπράττει τον τόκο της ονομαστικής αξίας που αναγράφεται.

τόκος ο, ουσ. 1. το κέρδος που προέρχεται από χρήματα που δανείζονται για ορισμένο χρονικό διάστημα και με ορισμένο επιτόκιο: *~ νόμιμος*. 2. (συνεκδοχικά) το επιτόκιο: *δανείστηκα με -ο είκοσι τοις εκατό*.

τοκόσημο το, ουσ., ένσημο που αντιπροσωπεύει το ποσόν που πληρώθηκε ως φόρος για ποσό τόκων.

τοκοφόρος, -α, -ο, επίθ., που παρέχει τόκο: *δάνειο -ο· ομολογία -α· οι τόκοι γίνονται... -οι ύστερα από εξάμηνη καθυστέρηση (αστ. κώδ.).*

τοκοχρεολύσιο το, ουσ. (ασυνίζ.), ποσό που καταβάλλεται για την απόσβεση τόκων και μέρους οφειλόμενου κεφαλαίου.

τοκοχρεολυτικός, -ή, -ό, επίθ., που ανήκει ή αναφέρεται στο τοκοχρεολύσιο: *δάνειο -ό.*

τοκ-τακ (ηχομιμ. λ.), κρότος μπαστουνιού σε λιθόστρωτο.

τόλμη η, ουσ., το να προβαίνει κανείς με αποφασιστικότητα σε ενέργειες που περικλείουν κίνδυνο (αντ. *ατολμία, δισταγμός*).

τόλμημα το, ουσ., το να επιχειρήσει κανείς κάτι που εγκλείει κίνδυνο· τολμηρή ενέργεια: *ήταν μεγάλο ~ να διασχίσει το δάσος μέσα στη νύχτα.*

τολμηρός, -ή, -ό, επίθ. 1. που προβαίνει με αποφασιστικότητα σε ενέργειες που περικλείουν κίνδυνο: *οι νέοι σήμερα είναι -οί κι ενθουσιώδεις* (συνών. *θαρραλέος*· αντ. *άτολμος, διστακτικός*). 2. που ενεργεί αλαζονικά, με θράσος (αντ. *συνεσταλμένος*). 3. (για πράξη) που χαρακτηρίζεται από αποφασιστικότητα και θάρρος: *η αποκάλυψη του σκανδάλου ήταν μια -ή ενέργεια*. 4. που ξεπερνά τα όρια του ηθικώς επιτρεπόμενου: *κινηματογραφικό έργο -ό.* - Επίρρ. **-ά**.

τολμηρότητα η, ουσ., το να είναι κανείς τολμηρός.

το λοιπόν, βλ. *λοιπόν.*

τολμώ, -άς, ρ. 1. προβαίνω με αποφασιστικότητα σε ενέργειες που περικλείουν κίνδυνο: *-ησε και αρνήθηκε να κάνει τα όσα του επέβαλαν* (συνών. *αποτολμώ*). 2. έχω το θράσος να κάνω κάτι: *απορώ πώς -άς να μου μιλάς κατ' αυτόν τον τρόπο.*

τολύπη η, ουσ. (λόγ.). 1. τούφα από κατεργασμένο μαλλί ή μπαμπάκι. 2. (μεταφ.) καθετί που μοιάζει μ' αυτό: *~ καπνού.*

τομαρένιος, -ια, -ιο και **τομαρίσιος**, επίθ. (συνιζ.), καμωμένος από τομάρι, δερμάτινος.

τομάρι το, ουσ. 1. δέρμα ζώου ή ανθρώπου: *κρεμάσανε το ~ του ζώου.* 2. (συνεκδοχικά και υβριστικά) το σώμα, ο εαυτός: *στο τέλος είχα για σερμαγιά μονάχα το ~ μου* (Κόντογλου)· φρ. *φυλάω/γλυτώνω το ~ μου.* 3. (υβριστικά) παλιάνθρωπος: *αυτός είναι ένα ~!* (συνών. *παλιοτόμαρο*).

τομαρίσιος, βλ. *τομαρένιος.*

τομάτα, βλ. *ντομάτα.*

τοματιά, βλ. *ντοματιά.*

τομεακός, -ή, -ό, επίθ. 1. που ανήκει ή αναφέρεται στον τομέα: *εργασία -ή*. 2. που γίνεται κατά τομείς: *-ή αντιμετώπιση του θέματος.*

τομεάρχης ο, θηλ. **-ισσα**, ουσ. (υπηρεσιακή γλώσσα) ο επικεφαλής του τομέα: *~ ανατολικής Θεσσαλονίκης.*

τομέας ο, ουσ. 1. περιοχή δημόσιας και κοινωνικής δραστηριότητας: *εκσυγχρονισμός όλων των -έων της δημόσιας ζωής· αναζήτηση εργασίας στο δημόσιο -έα· ανέπτυξα δραστηριότητα σε πολλούς -είς· κοινοβουλευτικός ~ πολιτικού κόμματος*. 2. υπηρεσιακή υποδιαίρεση πανεπιστημιακής σχολής: *πρόεδρος του -έα κλασικών σπουδών.* 3. καθένα από τα μέρη που υποδιαιρείται ένα σύνολο για τη διευκόλυνση εκτέλεσης έργου ή υπηρεσίας: *δυτικός ~ της πόλης.* 4. (στρατ.) εδαφική περιοχή με οργανωμένη άμυνα: *~ στρατιωτικός.* 5. (μαθημ.) κυκλικός ~ = μέρος κύκλου ανάμεσα σε δύο ακτίνες κι ένα τόξο. 6. (ανατομ.) το καθένα από τα τέσσερα μπροστινά δόντια, κοπτήρας.

το μεν πνεύμα πρόθυμον, η δε σαρξ ασθενής· αρχαϊστ. έκφρ. στις περιπτώσεις που η σωματική αντοχή υστερεί μπροστά στην πνευματική ζωτικότητα.

τομή η, ουσ. 1. η ενέργεια της αποκοπής ενός μέρους από το σύνολο του, καθώς και το ίδιο το μέρος που αποκόβεται: *έκανε μια μεγάλη ~ στην τούρτα/στον κορμό του δέντρου*. 2. (ιατρ.) διάνοιξη σάρκας με χειρουργικό όργανο. 3. σχεδιάγραμμα που παριστάνει τη μια από τις δύο επιφάνειες, στις οποίες υποθετικά διαιρείται μια κατασκευή καθώς τέμνεται από ένα επίπεδο: *~ κατά μήκος· η ~ ενός αντικειμένου.* 4. (γεωμ.) σημείο όπου συναντώνται δύο γραμμές ή επίπεδα που τέμνονται μεταξύ τους: *η ~ δύο επιπέδων είναι μια ευθεία γραμμή.* 5. (μετρ.) η διαίρεση του στίχου, συνήθως κατά την απαγγελία, σε δύο μέρη και το σημείο όπου γίνεται αυτή η διαίρεση: *~ πενθημιμερής.* 6. (αρχαιολ.) τμήμα εδάφους με ορισμένες διαστάσεις όπου διεξάγεται ανασκαφή: *για τη διερεύνηση του οικισμού έγιναν πολλές -ές.* 7. με-

ταρρυθμιστική πρωτοβουλία: *επιφέρω καίρια* ~ *στο σύστημα*. **8.** εξέταση ενός θέματος σε βάθος: *θα επιχειρήσουμε μια βαθιά* ~ *του ζητήματος*.
τομίδιο το, ουσ. (ασυνίζ.), μικρός τόμος.
τομογραφία η, ουσ. (ιατρ.) **1.** σύγχρονη διαγνωστική μέθοδος με ηλεκτρονικό υπολογιστή και με τη βοήθεια ραδιενέργειας ή συστήματος μαγνητών που επιτρέπει την εικόνα οργάνων του ανθρώπινου σώματος κατά τομές σε διάφορα επίπεδα: ~ *αξονική/μαγνητική*. **2.** η ακτινογραφία που παίρνουμε με αυτή τη μέθοδο.
τομογράφος ο, ουσ., το μηχάνημα με το οποίο γίνεται η τομογραφία: *αξονικός* ~.
τόμος ο, ουσ., βιβλίο που αποτελεί τμήμα μεγαλύτερου συγγράμματος: *ο τρίτος* ~ *του λεξικού*.
τόμου, (ιδιωμ.). **1.** (χρον. σύνδ.) μόλις, αφού. **2.** (αιτιολ. σύνδ.) αφού.
τόμπολα η, ουσ. (έρρ.), είδος τυχερού παιχνιδιού. [ιταλ. *tombola*].
τόμπρος, βλ. *ντόμπρος*.
τον, βλ. *αυτός*.
τον άρτον ημών τον επιούσιον· αρχαϊστ. εκφρ.· για να δηλώσει τον περιορισμό του ατόμου στις άμεσες ανάγκες.
τονελάδα η, ουσ. (ναυτ.) **1.** κόρος (βλ. λ.). **2.** βυτίο με μεγάλη χωρητικότητα. [βενετ. *tonelada*].
τονίζω, ρ. **1.** (γραμμ.) θέτω τόνο σε ορισμένη συλλαβή μιας λέξης: ~ *σωστά/εσφαλμένα*. **2.** προφέρω με ισχυρότερη φωνή: *μιλώντας* ~ *τις λέξεις*. **3.** υποστηρίζω κάτι με έμφαση: *του -ισα τις ευθύνες του· σου* ~ *ότι δεν έχω καμιά σχέση με την υπόθεση*. **4.** (μουσ.) μελοποιώ.
τονικός, -ή, -ό, επίθ. **1.** (γραμμ.) που ανήκει ή αναφέρεται στο δυναμικό τόνο: *σημάδι -ό· ορθογραφικό σύστημα -ό*. **2.** (ειδικότερα) που αναφέρεται στη χρησιμοποίηση τονικών σημαδιών κατά την ορθογράφηση λέξεων της νέας ελληνικής: *-ή μεταρρύθμιση* (= τροποποίηση των ορθογραφικών συμβάσεων που διέπουν τον τονισμό λέξεων μιας γλώσσας). **3.** (μετρ.) που βασίζεται στη συλλαβή που έχει πραγματικό τόνο (κατά την προφορά) και όχι στην προσοδία των φωνηέντων. **4.** *-ή ενότητα* = οι λέξεις και φράσεις που κατά την προφορά ή την ανάλυσή τους αποτελούν μονάδα. **5.** (ιατρ.) *-οί σπασμοί* = που επιφέρουν διαρκή σύσπαση των μυών. **6.** (μουσ.) που έχει το χαρακτήρα της τονικότητας: *μουσική -ή*.
τονικότητα η, ουσ. **1.** (μουσ.) α. η σχέση των συγχορδιών ως προς τη βασική συγχορδία· β. το σύνολο των φθόγγων της μουσικής κλίμακας ανεξάρτητα απ' τη θέση τους. **2.** (φυσιολ.) η ικανότητα της διαρκούς συστολής των μυών.
τονισμός ο, ουσ. **1.** η ενέργεια και το αποτέλεσμα του τονίζω. **2.** (γραμμ.) το δυνάμωμα του ύψους της φωνής κατά την προφορά μιας συλλαβής: *δυναμικός* ~ (= που λαμβάνει υπόψη του την ύπαρξη ή μη πραγματικού τόνου στη λέξη)· *μουσικός/προσωδιακός* ~ (= που λαμβάνει υπόψη του το μακρό ή το βραχύ φωνήεν μιας συλλαβής).
τονογράφος ο, ουσ. (ιατρ.) μηχάνημα που καταγράφει τους παλμούς της καρδιάς.
τόννος, βλ. *τόνος*, ΙΙ, ΙΙΙ.
τόνος ο, Ι. ουσ. **1.** (γλωσσολ.) αύξηση του ύψους της φωνής που εξαίρει ορισμένη συλλαβή ή ορισμένη άρθρωση μιας λέξης ή μιας ομάδας λέξεων: ~ *δυναμικός/ρυθμικός/μουσικός*· ~ *ιδιωματικός* (= που συνδέεται με την προφορά κάποιου γλωσσικού ιδιώματος). **2.** (γραμμ.) το καθένα από τα σημάδια δυναμικού ή μουσικού τονισμού μιας λέξης: *το νεοελληνικό τονικό σύστημα περιόρισε τους -ους στην οξεία*. **3.** (για φωνή) ένταση: *χαμηλός* ~ *της φωνής*. **4.** χαρακτηριστικό της ομιλίας που δηλώνει την ψυχική διάθεση του ομιλητή: ~ *απειλητικός/μελαγχολικός*. **5.** (για προφορικό ή γραπτό λόγο) ιδεολογική απόχρωση: *ο λόγος του χαρακτηριζόταν από αντισημιτικούς -ους*. **6.** σωματική ή πνευματική δύναμη: *έχει πέσει ο* ~ *του τον τελευταίο καιρό* (συνών. *δυναμισμός*· αντ. *ατονία*). **7.** (ανθρωπολ.) ~ *μυϊκός*, βλ. *μυϊκός*. **8.** (φυσιολ.) ο βαθμός τάσης των ιστών του ανθρώπινου οργανισμού. **9.** (φυσιολ.) η πίεση που ασκείται στα τοιχώματα του οφθαλμικού βολβού από τα υγρά που περιέχει. **10α.** (μουσ.) το διάστημα μεταξύ δύο φθόγγων της μουσικής κλίμακας (αντ. *ημιτόνιο*)· β. (συνεκδοχικά) τα σταθερά διαστήματα στο βραχίονα ορισμένων μουσικών οργάνων, που αντιπροσοπεύουν τους αντίστοιχους φθόγγους: ~ *κιθάρας*. **11.** συνθηματικός ήχος μικρής διάρκειας: *στον επόμενο -ο η ώρα θα είναι δύο*. **12.** (για χρώμα) βαθμός έντασης, απόχρωση: *-οι του μπλε*. Φρ. *δίνω τον -ο* (= προσδιορίζω το ρυθμό): *ο πρωθυπουργός δίνει τον -ο της κυβερνητικής δραστηριότητας*.
τόνος ο, ΙΙ. ουσ. **1.** μέτρο βάρους που αντιστοιχεί σε χίλια περίπου κιλά. **2.** μέτρο χωρητικότητας πλοίων. [γαλλ. *tonne*].
τόνος ο, ΙΙΙ. ουσ., είδος μεγάλου ψαριού, με στρογγυλό σώμα, γαλάζιο χρώμα στη ράχη και λευκό στην κοιλιά, συγγενικό με τις παλαμίδες και τα σκουμπριά: ~ *καπνιστός*. [ιταλ. *tonno*].
τόντι, βλ. *τωόντι*.
τονώνω, ρ., ενισχύω σωματικά ή ψυχικά: *με -ωσε το φάρμακο που πήρα· με -ωσε με την αισιοδοξία του* (συνών. *δυναμώνω*· αντ. *αποθαρρύνω, απελπίζω*).
τόνωση η, ουσ., η ενέργεια και το αποτέλεσμα του τονώνω.
τονωτικός, -ή, -ό, επίθ., που μπορεί να τονώσει, δυναμωτικός: *φάρμακα -ά*. - Το ουδ. ως ουσ. = φάρμακο που ενισχύει τον ανθρώπινο οργανισμό.
τόξευση η, ουσ., η ενέργεια και το αποτέλεσμα του τοξεύω.
τοξευτής ο, θηλ. **-τρια**, ουσ., αυτός που τοξεύει.
τοξεύω, ρ. **1.** επιδιώκω να χτυπήσω ορισμένο στόχο με βέλος που ρίχνω με τόξο. **2.** (μεταφ.) επιδιώκω να επιτύχω κάτι: *κατά πού -εις*;
τοξικοεξαρτημένος, -η, -ο, επίθ., εξαρτημένος από ναρκωτικά.
τοξικοεξάρτηση η, ουσ., εξάρτηση ατόμου από τη χρήση ναρκωτικών.
τοξικολογία η, ουσ., επιστημονικός κλάδος που ασχολείται με τις τοξικές ουσίες.
τοξικολογικός, -ή, -ό, επίθ., που ανήκει ή αναφέρεται στην τοξικολογία.
τοξικολόγος ο και η, ουσ., επιστήμονας που ασχολείται με την τοξικολογία.
τοξικομανής ο και η, ουσ., γεν. *-ούς*, πληθ. *-είς*, άτομο που έχει εθιστεί στη χρήση ναρκωτικών (συνών. *ναρκομανής*).
τοξικομανία η, ουσ., η ροπή προς τη χρήση ναρκωτικών.
τοξικός, -ή, -ό, επίθ., δηλητηριώδης, που προκαλεί συνάμα εθισμό: *ουσία -ή* (= κάθε ουσία που έχει δηλητηριώδη επίδραση στον ανθρώπινο οργανι-

τοξικότητα

σμό, π.χ. τα διάφορα ναρκωτικά)· *απόβλητα/ φαινόμενα -ά.* [αρχ. *τοξικόν (φάρμακον)*].
τοξικότητα η, ουσ., το να είναι κάτι τοξικό: ~ *φαρμάκου.*
τοξιναιμία η, ουσ., μόλυνση του αίματος από τοξίνες.
τοξίνη η, ουσ., δηλητηριώδης ουσία που δημιουργείται στον ανθρώπινο οργανισμό.
τοξινοθεραπεία η, ουσ., μέθοδος θεραπείας με τη χρησιμοποίηση τοξινών.
τοξίνωση η, ουσ., δηλητηρίαση από τοξίνες.
τόξο το, ουσ. 1. παλαιότερο είδος όπλου που αποτελούνταν από ένα λεπτό ξύλο σε σχήμα καμπύλης γραμμής, που στα άκρα του δενόταν μια χορδή και με το οποίο εκτοξεύονταν βέλη: (μυθολ.) *το ~ του Θεού Έρωτα.* 2. (γεωμ.) τμήμα καμπύλης γραμμής, όπως περιφέρειας κύκλου, κλπ.: *~ εξήντα μοιρών.* 3. (αρχιτ.) κατασκευή σε καμπύλο σχήμα που στηρίζεται με τα άκρα της σε δύο σταθερά σημεία: ~ *πόρτας/παραθύρου* (συνών. *καμάρα*). 4. (ανατομ.) για μέλος του σώματος που έχει σχήμα τόξου: ~ *βραχιόνιο/ζυγωματικό/ αορτικό.* 5. δοξάρι (βλ. λ. σημασ. 2). Έκφρ. *ουράνιο ~,* βλ. *ουράνιος.*
τοξοβολία η, ουσ., ρίξιμο βελών με τόξο.
τοξοειδής, -ής, -ές, γεν. *-ούς,* πληθ. αρσ. και θηλ. *-είς,* ουδ. *-ή,* επίθ. (λόγ.), που έχει σχήμα τόξου: *παράθυρο -ές* (συνών. *τοξωτός*).
τοξότης ο, ουσ. 1. (αρχ.) οπλίτης με τόξο. 2. (αστρον.) το ένατο στη σειρά ζώδιο όπου ο ήλιος βρίσκεται από 23 Νοεμβρίου ως 22 Δεκεμβρίου και το αντίστοιχο διάστημα. 3. (αστρολ., με κεφαλαίο Τ) **α.** ο ένατος αστερισμός του ζωδιακού κύκλου· **β.** (συνεκδοχικά) ο άνθρωπος που έχει γεννηθεί στον αστερισμό του Τοξότη.
τοξωτός, -ή, -ό, επίθ., που έχει το σχήμα του τόξου: *-ή λαβή* (συνών. *τοξοειδής*).
τοπάζι το, ουσ. (ορυκτ.) σκληρός λίθος με κίτρινο χρώμα. [μτγν. *τοπάζιον*].
το παράπαν· αρχαϊστ. έκφρ.· για να δηλωθεί το «καθόλου».
τοπάρχης ο, ουσ. (παλαιότερα) τοπικός διοικητής.
το πεπρωμένον φυγείν αδύνατον· αρχαϊστ. φρ.· για να δηλωθεί ότι δεν μπορεί να αποφύγει κανείς τη «μοίρα» του.
τόπι το, ουσ. 1. σφαίρα συνήθως λαστιχένια που χρησιμοποιείται ως παιδικό παιχνίδι: *παίζω με το ~.* 2. (παλαιότερα) **α.** μπάλα κανονιού· **β.** (συνεκδοχικά) κανόνι. 3. ύφασμα μεγάλου μήκους τυλιγμένο γύρω από σανίδα και προοριζόμενο για πώληση: *για το φόρεμα χρειάστηκε μισό ~ ύφασμα.* [τουρκ. *top*].
-τόπι, β΄ συνθ. ουσ. με τη σημασία «χωράφι», π.χ. *βοσκοτόπι, καπνοτόπι.*
τοπικά και **-ώς,** βλ. *τοπικός.*
τοπικισμός ο, ουσ., η τάση να ενδιαφέρονται οι κάτοικοι μιας περιορισμένης περιοχής αποκλειστικά για τα δικά τους συμφέροντα διαχωρίζοντάς τα από τα συμφέροντα άλλης ή άλλων περιοχών.
τοπικιστής ο, θηλ. **-ίστρια,** ουσ., αυτός που ρέπει στον τοπικισμό.
τοπικιστικός, -ή, -ό, επίθ., που ανήκει ή αναφέρεται στον τοπικισμό: *-ή νοοτροπία των κατοίκων μιας περιοχής.* - Επίρρ. **-ά.**
τοπικίστρια, βλ. *τοπικιστής.*
τοπικός, -ή, -ό, επίθ. **1a.** που ανήκει ή αναφέρεται

σε συγκεκριμένο τόπο: *σύρραξη -ή· συνθήκες -ές·* έκφρ. *-ή αυτοδιοίκηση* (= το να διοικείται μια γεωγραφική περιοχή αυτοτελώς, χωρίς την πιεστική επέμβαση του πολιτικού κέντρου)· **β.** που προέρχεται από ορισμένο τόπο: *φυλή -ή· προϊόντα -ά* (συνών. *ντόπιος*). 2. που συμβαίνει κατά τόπους: *βροχές -ές.* 3. (ιατρ.) που αναφέρεται ή εντοπίζεται σε ένα συγκεκριμένο σημείο του σώματος: *ερεθισμός ~· αναισθησία -ή* (= αναισθητοποίηση τμήματος του ανθρώπινου οργανισμού για μια χειρουργική επέμβαση). 4. (γραμμ.) που δηλώνει τόπο: *επιρρήματα -ά.* - Επίρρ. **-ώς** και **-ά.**
τοπίο το, ουσ. 1. τοποθεσία συνήθως υπαίθρια στη γενική της άποψη που συγκινεί αισθητικά: ~ *μαγευτικό/αγροτικό/μεσογειακό.* 2. ζωγραφικός πίνακας που απεικονίζει σκηνές από τη φύση με ενδεχόμενη εμφάνιση και ανθρώπινων μορφών ή ζώων (συνών. *τοπιογραφία* στη σημασ. 2).
τοπιογραφία η, ουσ. (ασυνίζ.). 1. κλάδος της ζωγραφικής που απεικονίζει τοπία. 2. τοπίο ζωγραφισμένο πάνω σε μουσαμά, σε χαρτί, σε τοίχο.
τοπιογράφος ο και η, ουσ. (ασυνίζ.), ζωγράφος τοπίων.
το πλήρωμα του χρόνου· αρχαϊστ. έκφρ. που δηλώνει την κατάλληλη στιγμή για να γίνει κάτι.
τοπογεωγραφία η, ουσ., γεωγραφία συγκεκριμένου τόπου.
τοπογραφία η, ουσ., επιστήμη που ασχολείται με την απεικόνιση σε χάρτη του εδάφους και των φυσικών και τεχνητών αντικειμένων που υπάρχουν πάνω σ' αυτό.
τοπογραφικός, -ή, -ό, επίθ., που ανήκει ή αναφέρεται στην τοπογραφία: *χάρτες -οί· μελέτη -ή.*
τοπογράφος ο και η, ουσ., επιστήμονας που ασχολείται με την τοπογραφία.
τοπογραφώ, ρ., καταρτίζω τοπογραφικό χάρτη μιας περιοχής.
τοποθεσία η, ουσ., συγκεκριμένος τόπος όπου βρίσκεται ένα κτήριο, ένα οικόπεδο, μια πόλη, ένα χωριό, κλπ.: *η κωμόπολη βρίσκεται σε ωραία ~· κατασκηνώσαμε σε μια μαγευτική ~ μέσα στο δάσος.*
τοποθέτηση η, ουσ. 1. (για αντικείμενα) η ενέργεια και το αποτέλεσμα του τοποθετώ: ~ *βιβλίων στη βιβλιοθήκη.* 2. διορισμός υπαλλήλου σε δημόσια ή ιδιωτική θέση: *δεν έγιναν ακόμη οι -ήσεις υπαλλήλων στο υπουργείο.* 3. το σύνολο των απόψεων που εκφράζει ή διατυπώνει ένα άτομο σε σχέση με ορισμένο ζήτημα ή ορισμένη ιδεολογία· έκφρ. *ιδεολογική/πολιτική ~* (= το να ανήκει κανείς σε ένα ιδεολογικό ή πολιτικό χώρο). 4. (ειδικά για χρήματα) επένδυση.
τοποθετώ, -είς, ρ. **Ι.** ενεργ. 1. βάζω κάτι στην κατάλληλη θέση: ~ *τα ρούχα στη ντουλάπα.* 2. (ειδικά για χρήματα) τα διαθέτω έτσι ώστε να μου αποφέρουν κέρδος, επενδύω: ~ *τις οικονομίες μου στην τράπεζα·* ~ *κεφάλαια σε μια επιχείρηση.* 3. (για οικοδομικό σχεδιασμό) καθορίζω τον προορισμό χώρου για ορισμένη χρήση. 4. (κατά τη συγγραφή, για λέξεις του κειμένου) καθορίζω τη θέση τους: *-ησα τον τίτλο του συγγράμματος σε εισαγωγικά.* 5. (μεταφ.) εντάσσω κάτι στα ανάλογα συμφραζόμενα, συσχετίζω: *-εί τα γεγονότα στο ιστορικό τους πλαίσιο.* **II.** (μέσ.) διατυπώνω συγκεκριμένη άποψη σε σχέση με ορισμένο ζήτημα ή ιδεολογία: *-ούμαι ιδεολογικά/πολιτικά.*
τοπομαχία η, ουσ. (στρατ.) μάχη από οχύρωμα.

τοπομαχικός, -ή, -ό, επίθ. (στρατ.) που ανήκει ή αναφέρεται στην τοπομαχία. - Το ουδ. ως ουσ. = το βαρύ πυροβολικό.
τοπομαχώ, ρ. (στρατ.) μάχομαι από οχύρωμα ή για κατάληψη οχυρώματος.
τοπομετρία η, ουσ., απασχόληση με τη σύνταξη τοπογραφικών χαρτών με μεγάλη ακρίβεια.
τόπος ο, ουσ. **1α.** έκταση γης λιγότερο ή περισσότερο περιορισμένη· **β.** έδαφος: *ο ~ είναι φτωχός, δε δίνει καρπό.* **2.** χώρα ως κρατική υπόσταση: *ο ~ μας μαστίζεται από ανεργία.* **3.** πατρίδα: *αγαπά τον -ο του.* **4.** (γενικά) χώρος, μέρος: *γέμισες τον -ο με τα βιβλία σου.* **5.** (γεωμ.) γεωμετρικός ~ ή απλώς ~ = το σύνολο των σημείων γραμμής ή επιφάνειας που έχουν κοινές ιδιότητες. Έκφρ. *άγιοι -οι* (= η περιοχή της Ιουδαίας όπου έζησε ο Χριστός)· *επί -ου* (= ακριβώς στον ίδιο τόπο): *πήγα επί -ου·* βηματισμός *επί -ου·* κατά *-ους* (= τοπικά): *αύριο θα βρέξει κατά -ους·* κοινός ~, βλ. *κοινός·* -ο και -*ους* -*ους* (= σε ορισμένα σημεία). Φρ. *αφήνω στον -ο* (= σκοτώνω)· *(δεν) έπιασε -ο* (= (δεν) αποδείχτηκε χρήσιμο)· *δίνω -ο στην οργή,* βλ. *οργή·* είμαι *εκτός -ου και χρόνου* (= δεν παίρνω υπόψη μου ούτε το χώρο ούτε το χρόνο που γίνεται κάτι· δεν αντιλαμβάνομαι σωστά)· *κάνω -ο σε κάποιον* (= παραμερίζω για το χατίρι του)· *πάει η ψυχή μου στον -ο της* (= δεν ανησυχώ πια)· *πιάνει πολύ -ο* (= χρειάζεται αρκετό χώρο). Παροιμ. *παπούτσι από τον -ο σου κι ας είναι μπαλωμένο,* βλ. *παπούτσι.*
τοποτηρητεία η, ουσ., η εξουσία του τοποτηρητή.
τοποτηρητής ο, ουσ., αντικαταστάτης βασιλιά, επισκόπου, αξιωματούχου, κλπ.: *~ του θρόνου/ του μητροπολίτη.*
τοποχρονολογία η, ουσ., βιβλιογραφικός όρος για να δηλωθεί ο τόπος, ο εκδοτικός οίκος και η χρονολογία ενός δημοσιεύματος.
τοπωνυμία η, ουσ., ονομασία χώρας, περιοχής, πόλης, ποταμού, κλπ.
τοπωνυμικός, -ή, -ό, επίθ., που σχετίζεται με τοπωνυμία. - Το ουδ. ως ουσ. = το σύνολο των τοπωνυμίων μιας χώρας ή περιοχής: *-ό Μακεδονίας/ Κύπρου.*
τοπωνύμιο το, ουσ. (ασυνίζ.), τοπωνυμία.
τορβάς, βλ. *ντορβάς.*
τορναδόρος ο, ουσ., τεχνίτης ειδικευμένος στο χειρισμό τόρνου. [βενετ. *tornidor*].
τορνάρισμα το, ουσ., επεξεργασία ξύλων, μετάλλων, κλπ., με τόρνο.
τορνάρω, ρ., αόρ. *-ισα,* τορνεύω.
τόρνεμα το, ουσ. **1.** τορνάρισμα. **2.** τορνευτικό έργο.
τορνευτήριο το, ουσ. (ασυνίζ.), εργαστήριο τορναδόρου.
τορνευτής ο, ουσ., τορναδόρος.
τορνευτικός, -ή, -ό, επίθ., που σχετίζεται με τον τορνευτή: *τέχνη -ή.* - Το θηλ. ως ουσ. = η τέχνη του τορναδόρου.
τορνευτός, -ή, -ό, επίθ. **1.** που είναι επεξεργασμένος σε τόρνο. **2.** (μεταφ.) **α.** καλλίγραμμος, λαξευτός· **β.** (για λόγο) περίτεχνος.
τορνεύω, ρ. **1.** επεξεργάζομαι με τόρνο ξύλα, μέταλλα, κλπ. **2.** (μεταφ., για λόγο) επεξεργάζομαι περίτεχνα: *ύφος -εμένο.*
τόρνος ο, ουσ., μηχάνημα, συνήθως ξυλουργικό, για τη διαμόρφωση κυλινδρικών ή καμπύλων επιφανειών.

τορπίλα, βλ. *τορπίλη.*
τορπιλάκατος η, ουσ., ελαφρό μηχανοκίνητο πολεμικό πλοίο μικρού εκτοπίσματος και μεγάλης ταχύτητας, εφοδιασμένο με τορπίλες.
τορπίλη και **τορπίλα** η, ουσ., αυτοκίνητος υποβρύχιος μηχανισμός με εκρηκτικές ύλες που εκτοξεύεται με τορπιλοσωλήνες από πλοία, υποβρύχια ή αεροπλάνα εναντίον θαλάσσιων στόχων: *~ ηλεκτρονική.* [γαλλ. *torpille*].
τορπιλητής ο, ουσ. **1.** άτομο που εκσφενδονίζει τορπίλες. **2.** (ναυτ.) υπαξιωματικός ή ναύτης ειδικευμένος στο χειρισμό τορπιλών.
τορπιλίζω, ρ. **1.** εκσφενδονίζω τορπίλη· ανατινάζω με τορπίλη: *~ πλοίο.* **2.** (μεταφ.) με ύπουλα μέσα εμποδίζω την πραγματοποίηση γεγονότος ή την επιτυχία επιδιώξης: *~ τις διαπραγματεύσεις· -ίστηκε ο διάλογος για την επίλυση του προβλήματος* (συνών. *υπονομεύω*).
τορπιλικό το, ουσ., γρήγορο πολεμικό σκάφος μικρού εκτοπίσματος, εφοδιασμένο κυρίως με τορπίλες.
τορπιλισμός ο, ουσ. **1.** επίθεση με τορπίλες. **2.** ανατίναξη με τορπίλη: *~ πλοίου.* **3.** (μεταφ.) ματαίωση ή ανατροπή ενέργειας με ύπουλο τρόπο: *~ διαπραγματεύσεων* (συνών. *υπονόμευση*).
τορπιλοβόλο το, ουσ., τορπιλικό (βλ. λ.).
τορπιλοπλάνο το, ουσ., πολεμικό αεροπλάνο που ρίχνει τορπίλες σε θαλάσσιους στόχους.
τορπιλοσωλήνας ο, ουσ., χαλύβδινος κυλινδρικός σωλήνας κατάλληλος για την εκσφενδόνιση τορπίλης: *~ υποβρύχιος.*
τορπιλοφόρο το, ουσ., βοηθητικό πολεμικό πλοίο που εφοδιάζει τα τορπιλοβόλα με τορπίλες.
τος, τη, το, βλ. *αυτός* και *να.*
-τός, -τή, -τό, κατάληξη ρηματικών επιθ. που δηλώνει ότι κάποιος έπαθε ή μπορεί να πάθει κάτι, π.χ. *βαλτός, ψητός.*
Τοσκάνα, βλ. *Τοσκάνος.*
τοσκανικός, -ή, -ό, επίθ., που σχετίζεται με την Τοσκάνη ή τους Τοσκάνους ή προέρχεται απ' αυτήν: *ρυθμός ~.*
Τοσκάνος ο, θηλ. *-α,* αυτός που κατάγεται από τήν Τοσκάνη της Ιταλίας ή κατοικεί σ' αυτήν.
Τόσκηδες οι, αλβανική φυλή που κατοικούσε στην κεντρική και ανατολική Αλβανία.
τόσο, επίρρ. **1.** ως ένα ορισμένο σημείο: *~ μεγάλος/ωραίος ~ φτάνει το μυαλό του.* **2.** (σε σύγκριση) ακριβώς όσο και κάτι άλλο: *δεν είναι ~ καλός όσο ο αδελφός του.* **3.** πάρα πολύ: (συνήθως επιφωνηματικά) *είναι ~ κλειστός τύπος!* **4.** (με συγκριτικό) ακόμη περισσότερο: *~ το χειρότερο/το καλύτερο.* **5.** (με αρνητ. προτ. και προηγούμενο το *και* με μετριαστική σημασ.): *μη στενοχωριέσαι και ~* (= τόσο πολύ). **6.** (με αριθμ. και προηγούμενο το *και*) και κάτι περισσότερο: *έφτασα στις δέκα και ~.* Έκφρ. *άλλο ~* (= στον ίδιο βαθμό)· *όχι και ~* (= μέτρια).
τοσοδούλης, -α, -ικο, επίθ. (θωπευτ.) τόσο μικρός (συνών. *τοσούλης*). [*τόσος δα*].
τόσος, -η, -ο, επίθ. αριθμ. **1.** τέτοιος σε μέγεθος, ποσό, διάρκεια, όγκο, ένταση, κλπ.: *να πάρεις -α ψωμιά, όχι λιγότερα· μέρες -ες· χρήματα -α.* **2.** που έχει ίσο περίπου μέγεθος με ό,τι δείχνω (μεγάλο ή μικρό): *η βιβλιοθήκη του ήταν -η.* **3.** (ως απόδοση του *όσος*) ακριβώς ίσος κατά το μέγεθος, τη διάρκεια, την ένταση, κλπ., με κάτι άλλο: *όσο είναι το πλάτος -ο είναι και το μήκος.* **4.** (με αριθμ.) τόσος

και κάτι περισσότερο: *πήρε πενήντα -ες χιλιάδες.* 5. (σε αρνητ. προτ. και προηγούμενο το *και* με μετριαστική σημασ.): *δεν ήταν και -οι* (= τόσο πολλοί). 6. πολύ μεγάλος, πάρα πολύς: (συνήθως επιφωνηματικά) *έχει να θρέψει -α στόματα! ~ ξεπεσμός! έχω -η λαχτάρα να τον ξαναδώ!* (με άρθρο και με το *και*): *και με τα -α βάσανα πάλι η ζωή γλυκιά είναι* (δημ. τραγ.). ´Εκφρ. *άλλος ~* (= διπλάσιος): *πάχυνε ο Πέτρος και έγινε άλλος ~· ~ και ~* (= πάρα πολύς, αμέτρητος): *έχει γιατρέψει -ους και -ους· -οι και -οι πέρασαν από τα χέρια του· τέσσερις φορές ~, πέντε φορές ~, κλπ.* (= τετραπλάσιος, πενταπλάσιος, κλπ.)· *~ δα* (= πολύ μικρός, λίγος ή κοντός): *έδωσα -α χρήματα για ένα -ο δα πραγματάκι· ~ μόνο* (= τόσο μικρός ή λίγος): *-η μόνο προίκα πήρε.* - Το ουδ. ως ουσ.: *όσα παίρνεις -α δίνεις· -α έπαθε και μυαλό δεν έβαλε.* Φρ. *-α ξέρεις -α λες* (= έχεις πλήρη άγνοια της κατάστασης, η κρίση σου δε σε βοηθάει να κατανοήσεις περισσότερα·) *το -ο το κάνει -ο* (= μεγαλοποιεί τα πράγματα). - Βλ. και *τόσο.*

τοσούλης, -α, -ι και **-ικο,** (λαϊκ.), (θωπευτ.) τόσος δα, τόσο μικρός (συνών. *μικρούλης, μικροκαμωμένος*). - Υποκορ. ουδ. **-άκι:** *δώσε μου -άκι ψωμί·* (και ως επίρρ.) *ξεκουράστηκα -άκι.*

τοσούτσικος, -η, -ο, (λαϊκ.), (θωπευτ.) τόσο μικρός (συνών. *τοσούλης, τοσοδούλης*).

τοστ το, ουσ. άκλ., σάντουιτς ψημένο σε ειδική ηλεκτρική συσκευή. [αγγλ. *toast*].

τοστιέρα η, ουσ. (συνιζ.), ηλεκτρική συσκευή ειδική για το ψήσιμο των τοστ. [αγγλ. *toaster*].

τότε και (λαϊκότερα) **τότες,** επίρρ. **1.** (χρον.) **α.** εκείνο το χρονικό διάστημα: *ήταν άλλες εποχές ~·* **β.** (με επόμενο πολλές φορές το *που*) την εποχή που, όταν: *~ δουλεύαμε μαζί·* που *σε ζήτησα εγώ, δε σ' έβρισκα* (αντ. *τώρα*)· **γ.** (σε αποχαιρετισμό με προηγούμενο το *ως*): *θα λείψω μια εβδομάδα· ως ~ γειά σας.* **2.** (συμπερ.) **α.** αφού έτσι είναι τα πράγματα, λοιπόν: *αφού δεν το καταλαβαίνει, ~ τι επιμένεις;* **β.** (σε διάλογο) σ' αυτή την περίπτωση: *μπορεί και να μην επιτύχεις· τι θα κάνεις ~;* **3.** (με άρθρο ως επίθ.) όταν αναφερόμαστε σε κάτι περασμένο που δεν ισχύει πια: *ο ~ υπουργός.*

τοτέμ το, ουσ. άκλ., αντικείμενο που θεωρείται από πρωτογονους λαούς ως σύμβολο και το μεταχειρίζονται με σεβασμό. [γαλλ. *totem*].

τοτεμικός, -ή, -ό, επίθ., που σχετίζεται με τα τοτέμ: *σύστημα/ζώο -ό.*

τοτεμισμός ο, ουσ., η πίστη στα τοτέμ, καθώς και το σύνολο των δοξασιών και τελετουργιών που σχετίζονται μ' αυτά. [γαλλ. *totémisme*].

το τερπνόν μετά του ωφελίμου αρχαϊστ. εκφρ.· δηλώνει ότι κάποιος συνδυάζει την ψυχαγωγία του με κάποιο όφελος, πνευματικό ή υλικό.

τότες, βλ. *τότε.*

του, βλ. *ο.*

τουαλέτα η, ουσ. **1.** μικρό έπιπλο, συνήθως με καθρέφτη, όπου τοποθετούνται είδη καλλωπισμού. **2.** (συνεκδοχικά) σωματική περιποίηση και καλλωπισμός: *κάνει την ~ της.* **3.** επίσημο γυναικείο φόρεμα. **4.** αποχωρητήριο, μπάνιο. - Υποκορ. **-ίτσα** η στις σημας. 1, 3, 4. [γαλλ. *toilette*].

τουαλεταρίζομαι, ρ., κάνω την τουαλέτα μου, καλλωπίζομαι.

τουαλετάρισμα το, ουσ., καλλωπισμός.

τουαλετίτσα, βλ. *τουαλέτα.*

τούβλο το, ουσ. **1.** οικοδομικό υλικό σε σχήμα ορθογώνιου παραλληλεπιπέδου με ορισμένες διαστάσεις, ψημένο σε φούρνο: *~ πυρίμαχο.* **2.** (μεταφ.) άνθρωπος τελείως αμαθής ή βλάκας (συνών. *κούτσουρο*). [λατ. *tub(u)lus*].

τουβλοδομή η, ουσ. **1.** χτίσιμο με τούβλα. **2.** χτίσμα με τούβλα (πβ. *πλινθοδομή*).

τούγια η, ουσ. (συνιζ.), (βοτ.) δέντρο κωνοφόρο, διακοσμητικό και δασικό που συγγενεύει με το κυπαρίσσι. [γαλλ. *thuya*].

τουζλούκι, βλ. *τουσλούκι.*

τουίντ το, ουσ. άκλ. (όχι έρρ.), είδος μάλλινου σκοτσέζικου υφάσματος συχνά υφασμένο με νήματα διαφορετικών χρωμάτων, που χρησιμοποιείται για την κατασκευή σπορ ενδυμάτων. [αγγλ. *tweed*].

τουίστ το, ουσ. άκλ., ρυθμικός χορός με αμερικάνικη προέλευση, δημοφιλής τη δεκαετία του 1960, στον οποίο κανείς στριφογυρίζει γρήγορα προς τη μία και την άλλη μεριά τους γοφούς, τους βραχίονες και τους ώμους. [αγγλ. *twist*].

τουλάχιστο(ν), επίρρ. **α.** δηλώνει το κατώτερο όριο, το λιγότερο (στον υπολογισμό μιας ποσότητας): *θα μείνουμε ~ είκοσι μέρες· χρειάζομαι ~ εκατό χιλιάδες δραχμές·* **β.** ως ένδειξη συγκαταβατικότητας (σε διαπιστώσεις, χαρακτηρισμό, κ.ά.): *δεν ξέρουμε πότε θα γυρίσει, ας έλεγε ~ πού βρίσκεται· η στάση του είναι ~ ακατανόητη.*

τούλι το, ουσ., είδος λεπτού και ελαφρού υφάσματος από βαμβακερές, μεταξωτές ή πλαστικές κλωστές που σχηματίζουν διχτυωτό πλέγμα: *~ της μπομπονιέρας.* [γαλλ. *tulle*, από το όν. της πόλης *Tulle*].

τούλινος, -η, -ο, επίθ., κατασκευασμένος από τούλι: *-οι μπερντέδες.*

τουλίπα η, ουσ. (βοτ.) γένος βολβόριζων καλλωπιστικών φυτών με μακρύ κοτσάνι, μακρόστενα φύλλα και λουλούδι εξογκωμένο στη βάση. [γαλλ. *tulipe* < τουρκ. *tülbent*].

τουλόγου μου, σου..., βλ. *λόγος* και *ελόγου.*

του λόγου το αληθές ή **το ασφαλές·** αρχαϊστ. εκφρ.· για αλήθεια που δεν επιδέχεται αμφισβήτηση, για έντονη επιβεβαίωση (βλ. και *λόγος*).

του λοιπού, βλ. *λοιπός.*

τουλούμι το, ουσ. (λαϊκ.), ασκός (βλ. λ. σημασ. 1): *δύο -ια νερό· βάζω τυρί στο ~.* - Φρ. *βρέχει με ~* (για ραγδαία βροχή)· *τον έκανα ~ στο ξύλο* (για άγριο ξυλοδαρμό). - Υποκορ. **-άκι** το. [τουρκ. *tulum*].

τουλουμιάζω, ρ. (συνιζ., λαϊκ.). **1.** βάζω σε τουλούμι. **2.** (μεταφ.) δέρνω άγρια.

τουλούμιασμα το, ουσ. (λαϊκ.). **1.** τοποθέτηση (ρευστού) σε τουλούμι. **2.** (μεταφ.) άγριος ξυλοδαρμός.

τουλουμίσιος, -ια, -ιο, επίθ. (συνιζ., λαϊκ.), (για τυρί) που παρασκευάζεται και διατηρείται σε τουλούμι.

τουλουμοτύρι το, ουσ., είδος τυριού που παρασκευάζεται και διατηρείται μέσα σε τουλούμι.

τουλούμπα η, ουσ. (έρρ., λαϊκ.). **1.** μεταλλική χειροκίνητη αντλία νερού, σταθερά τοποθετημένη στο έδαφος. **2.** γλυκό με ελλειψοειδές σχήμα που γίνεται από ελαφριά ζύμη, τηγανίζεται σε καυτό λάδι και σερβίρεται διαποτισμένο με σιρόπι. - Υποκορ. στη σημας. 2 **-άκι** το. [τουρκ. *tulumba*].

τουλούπα η και **τουλούπι** το, ουσ. (λαϊκ.). **α.** μικρή μάζα κατεργασμένου μαλλιού ή βαμβακιού, έτοι-

μου για κλώση· **β.** (μεταφ.) για χιόνι ή σύννεφο. [αρχ. *τολύπη*].
τουλουπάνι και **τουλπάνι** το, ουσ. (λαϊκ.), λεπτό και αραιά υφασμένο πανί. Πβ. *τουρμπάνι*. [τουρκ. *tülbent*, με παρετυμ. προς τη λ. *πανί*].
τουλούπι, βλ. *τουλούπα*.
τουλπάνι, βλ. *τουλουπάνι*.
τούμπα η, I. ουσ. (έρρ.). **1α.** σωρός χώματος που σχηματίζει λόφο, μικρό ύψωμα· **β.** (αρχαιολ.) ύψωμα δημιουργημένο από χώμα που συσσωρεύτηκε τεχνητά πάνω από αρχαίο τάφο (συνών. *τύμβος*) ή με την πάροδο του χρόνου σκέπασε αρχαίο οικισμό (συνών. *μαγούλα*): *κάτω από τη μεγάλη ~ της Βεργίνας βρισκόταν ο τάφος του Φιλίππου*. **2.** ακροβατική περιστροφή του σώματος, στον αέρα ή πάνω στο έδαφος, με το κεφάλι προς τα κάτω: *τα παιδιά κάνουν -ες στο χορτάρι* (πβ. *κωλοτούμπα*). **3.** (συνεκδοχικά) πέσιμο με ανατροπή ή περιστροφή του σώματος ή κάποιου πράγματος: *το αυτοκίνητο άρχισε να παίρνει -ες στην πλαγιά* (συνών. *κατρακύλα, κουτρουβάλα*). Φρ. *κάνω -ες* (= υποκλίνομαι δουλοπρεπώς, φέρομαι δουλοπρεπώς για να κολακέψω κάποιον ανώτερο ή να τον ευχαριστήσω): *κάνει -ες στον προϊστάμενο· τα 'φερε ~* (= ανέτρεψε μια κατάσταση). [εκκλ. λατ. *tumba*<αρχ. *τύμβος*].
τούμπα η, II. ουσ. (όχι έρρ.), (μουσ.) χάλκινο πνευστό όργανο με τρία έμβολα και επιστόμιο. [λατ. *tuba*].
τουμπανιάζω, ρ. (έρρ., συνιζ., λαϊκ.). I. ενεργ. Α. (αμιβ.) διογκώνομαι υπερβολικά, πρήζομαι: *από το χτύπημα το δάχτυλό μου -ιασε*. Β. (μτβ.) κάνω κάποιον ή κάτι να πρηστεί (συνήθως για ξυλοδαρμό). II. (μέσ.) πρήζομαι, γίνομαι «τούμπανο»: *ψοφίμι -ιασμένο* (πβ. *τυμπανιαίος*).
τούμπανο το, ουσ. (έρρ., λαϊκ.). **1.** (μουσ.) τύμπανο (βλ. λ.): *βαρούν τα -α* (συνών. *νταούλι, ταμπούρλο*)· φρ. *ο κόσμος το 'χει ~ κι αυτός κρυφό καμάρι* (βλ. *κόσμος* σημασ. **4**)· *το κάνω ~* (= κοινολογώ, διαδίδω ένα μυστικό). **2.** (μεταφ.) για κάτι υπερβολικά διογκωμένο, φουσκωμένο: *η κοιλιά του έγινε ~* (= πρήστηκε από παθολογική αιτία ή πολυφαγία)· φρ. *τον βρήκαν ~* (για νεκρό τυμπανιαίο). - Βλ. και *τύμπανο*. [*τύμπανο*].
τουμπάρισμα το, ουσ. (έρρ., λαϊκ.). **1.** ανατροπή. **2.** (μεταφ.) εξαπάτηση με παραπειστικό τρόπο, ξεγέλασμα.
τουμπάρω και **-έρνω**, ρ., αόρ. *τούμπαρα* και *-ισα* (έρρ., λαϊκ.). Α. μτβ. **1.** ανατρέπω κάτι, το κάνω να αναποδογυριστεί: *-αμε το κασόνι*. **2.** (μεταφ.) παραπείθω, ξεγελώ, «καταφέρνω» κάποιον: *να με -εις δεν μπορείς και άδικα κοπιάζεις* (λαϊκ. τραγ.). Β. (αμτβ.) (συνήθως για αυτοκίνητο) ανατρέπομαι: *το φορτηγό -ισε*.
τουμπεκί το, ουσ. (έρρ., λαϊκ.), (παλαιότερα) είδος περσικού καπνού με πολύ πλατιά φύλλα που τον έκοβαν σε στενόμακρες λουρίδες και τον χρησιμοποιούσαν στο ναργιλέ: *~ ψιλοκομμένο·* φρ. (λαϊκ.) *κάνε ~!* (= σώπα). [τουρκ. *tömbeki*].
τουμπελέκι το, ουσ. (έρρ.), (μουσ.) μεμβρανόφωνο ρυθμικό όργανο με πήλινο ηχείο, συνήθως σε σχήμα στάμνας, ανοιχτό στο ένα άκρο και σκεπασμένο στο άλλο με τεντωμένο δέρμα, που κυρίως παίζεται με τα δύο χέρια. [τουρκ. *tumbelek*].
τουμπέρνω, βλ. *τουμπάρω*.
τουνεζλήδικος, -η, -ο, επίθ. (παλαιότερα), που αναφέρεται στο Τούνεζι (= Τύνιδα) ή προέρχεται από εκεί: *-ο φέσι*.
τούνελ το, ουσ. άκλ., σήραγγα, συνήθως για να περνά συγκοινωνιακό μέσο: *~ σιδηροδρομικής γραμμής*. Φρ. *βγαίνω απ' το ~* (= ξεπερνώ μια δύσκολη κατάσταση). [αγγλ. *tunnel*].
τούντρα η, ουσ. (έρρ.), (γεωγρ.) περιοχή της αρκτικής ζώνης με έδαφος παγωμένο σε βάθος και βλάστηση από βρύα, λειχήνες και μικρούς θάμνους. [διεθν. λ.<ρωσ. *tundra*].
τουπέ το, ουσ. άκλ. και (σπανιότερα) **-ές** ο (λαϊκ.). **α.** αλαζονική στάση ή εμφάνιση: *περπατάει μ' ένα ~!* **β.** (συνεκδοχικά) θράσος, αναίδεια: *έχει μεγάλο ~*. [γαλλ. *toupet*].
τουρβάς, βλ. *ντορβάς*.
-τούρια (συνιζ.), καταλ. ουδ. ουσ. (μόνο στον πληθ.): *γεννητούρια, ξυπνητούρια*.
τουρισμός ο, ουσ. **α.** η προσωρινή μετακίνηση ανθρώπων από τον τόπο που μένουν μόνιμα σε άλλους τόπους στη χώρα τους ή το εξωτερικό με σκοπό να επισκεφτούν μέρη που παρουσιάζουν ενδιαφέρον για τις φυσικές τους καλλονές, τα ιστορικά μνημεία τους, κ.ά. και να ψυχαγωγηθούν ή και να μορφωθούν: *~ εσωτερικός/χειμερινός· κάνω -ό·* **β.** η οργανωμένη δραστηριότητα κράτους και ιδιωτών για την προσέλκυση και την εξυπηρέτηση ντόπιων και ξένων επισκεπτών: *γραφείο -ού*. [γαλλ. *tourisme*<αγγλ. *tourism*].
τουρίστας ο, θηλ. **-τρια**, ουσ., άνθρωπος που μετακινείται από τον τόπο του και ταξιδεύει σε άλλα μέρη, ιδίως του εξωτερικού, για να ψυχαγωγηθεί ή και να μορφωθεί: *η Κέρκυρα ήταν φέτος γεμάτη -ες* (πβ. *περιηγητής*). [γαλλ. *touriste*].
τουριστικός, -ή, -ό, επίθ. **α.** που αναφέρεται στον τουρισμό: *ανάπτυξη/κίνηση -ή μιας περιοχής·* **β.** που σχετίζεται με τους τουρίστες, τις μετακινήσεις τους, την παροχή υπηρεσιών σ' αυτούς, κ.ά.: *συνάλλαγμα/λεωφορείο -ό· μέρη -ά* (= που προσελκύουν τουρίστες)· *οδηγός ~· επαγγέλματα -ά*. - Επίρρ. **-ά**.
τουρίστρια, βλ. *τουρίστας*.
Τούρκα, Τουρκάκι, Τουρκάλα, βλ. *Τούρκος*.
Τουρκαλάς ο, ουσ. (λαϊκ.), μειωτ. για *Τούρκο*.
Τουρκαλβανός και **Τουρκαρβανίτης** ο, ουσ. (ιστ.) μουσουλμάνος Αλβανός στα χρόνια της οθωμανικής αυτοκρατορίας: *επιθέσεις -ών στην Πελοπόννησο·* (ως επίθ.) *μισθοφόροι/μπέηδες -οι*.
τουρκέτο το, ουσ. (ναυτ.) κατάρτι της πλώρης. [ιταλ. *trinchetto*].
τουρκεύω, ρ. (λαϊκ., παλαιότερο). **1α.** εξισλαμίζομαι· **β.** (μτβ.) εξισλαμίζω: *Στη Λάρ'σα πάω, Λιάκο μου, πάω να με -ψουν* (δημ. τραγ.). **2.** (για τόπο) υποδουλώνομαι στους Τούρκους, καταλαμβάνομαι από τους Τούρκους: *τα ντερβένια -εψαν, τα πήραν Αρβανίτες* (δημ. τραγ.).
Τουρκιά η, (συνιζ., λαϊκ., παλαιότερο). **1.** η Τουρκία, το οθωμανικό κράτος. **2.** το σύνολο των Τούρκων ή μεγάλο πλήθος από αυτούς.
τουρκικός, -ή, -ό και (λαϊκ.) **τούρκικος**, επίθ. **α.** που ανήκει ή αναφέρεται στους Τούρκους ή την Τουρκία (συχνά σε ό,τι αφορά τη σύγχρονη εποχή, σε αντιδιαστολή προς τα χρόνια της οθωμανικής αυτοκρατορίας): *φύλα/μνημεία -ά· λαός ~· καφές τουρκικός* (βλ. *καφές* σημασ. **3α**)· *αποχωρητήριο τούρκικο* (με λεκάνη χωρίς κάθισμα)· *γράμματα τούρκικα* (= αραβική γραφή)· **β.** μουσουλμανικός. - Το θηλ. στον εν. και το ουδ. στον

πληθ. ως ους. = η τουρκική γλώσσα: *διάλεκτοι της -ής.*
τουρκισμός ο, ους., λέξη ή συντακτικός τρόπος που πέρασε από την τουρκική γλώσσα στα ελληνικά.
Τούρκισσα, βλ. *Τούρκος.*
Τουρκόγυφτος ο, θηλ. **-ισσα,** ους., μουσουλμάνος Ατσίγγανος: *τσαντίρια των -ων.*
τουρκοκρατία η, ους. (ιστ.) α. (γενικά) η κυριαρχία των Τούρκων σε εδάφη και πληθυσμούς άλλων λαών· β. η περίοδος στην οποία οι Έλληνες ήταν υπόδουλοι στο οθωμανικό κράτος και ιδίως το διάστημα από την Άλωση (1453) ως την έναρξη της Επανάστασης του 1821: *για τη Μακεδονία η ~ τελείωσε το 1912· λόγιοι της -ας.*
τουρκοκρατούμαι, ρ. (λόγ.), για τόπο ή λαό που βρίσκεται υπό τουρκική κυριαρχία ή κατοχή: (συνήθως στη μτχ. ενεστ.) *-ενο τμήμα της Κύπρου.*
τουρκολογία η, ους., επιστήμη που μελετά τη γλώσσα, την ιστορία, τον πολιτισμό και τη θρησκεία των τουρκικών λαών.
τουρκολογιά η, ους. (συνιζ., παλαιότερο), πολλοί Τούρκοι μαζί.
τουρκολογικός, -ή, -ό, επίθ., που σχετίζεται με την τουρκολογία: *-ές σπουδές στην Ελλάδα.*
τουρκολόγος ο και η, ους., επιστήμονας ειδικός στην τουρκολογία.
τουρκομαθής, -ής, -ές, γεν. *-ούς,* πληθ. αρσ. και θηλ. *-είς,* ουδ. *-ή,* επίθ., που γνωρίζει τουρκικά.
τουρκομάνι το, ους. (λαϊκ., παλαιότερο), πλήθος Τούρκων.
τουρκομανικός, -ή, -ό, επίθ., σχετικός με τους Τουρκομάνους: *γλώσσα -ή.*
Τουρκομάνος ο, ους., άτομο που ανήκει σε τουρκικό λαό που σήμερα ζει κυρίως σε νότιες περιοχές της Σοβιετικής Ένωσης (Τουρκμενιστάν, Ουζμπεκιστάν). [λ. μεσν.<τουρκ. *Türkmen*].
τουρκομερίτης ο, θηλ. **-ισσα,** ους. (παλαιότερο), για Έλληνα που ερχόταν στο ελεύθερο ελληνικό κράτος από τουρκοκρατούμενη περιοχή, ιδίως της Ανατολής, ή γενικά από περιοχές της οθωμανικής αυτοκρατορίας.
τουρκομερίτικος, -η, -ο, επίθ., που αναφέρεται στους τουρκομερίτες.
τουρκομερίτισσα, βλ. *τουρκομερίτης.*
τουρκοπατημένος, -η, -ο, επίθ., για τόπο που τον κατέχουν οι Τούρκοι.
τουρκοπούλα η, ους. 1. κορίτσι που έχει Τούρκους γονείς. 2. (λαϊκ.) ονομασία της καρδερίνας. 3. είδος σταφυλιού.
τουρκόπουλο το, ους., νεαρός Τούρκος, αγόρι που έχει γονείς Τούρκους.
Τούρκος ο, θηλ. **-άλα,** (λαϊκ.) **-α** και **-ισσα,** ους. 1. αυτός που κατοικεί στην Τουρκία ή κατάγεται από εκεί: *παραδόσεις/φιλοξενία των -ων· φρ. γίνομαι ~* (= θυμώνω πολύ). 2. μουσουλμάνος: *εγώ -α δε γίνομαι, τζαμί δεν προσκυνάω* (δημ. τραγ.). 3. (εθνολ., ιστ.) άτομο που ανήκει σε λαό της κεντρικής Ασίας με κλάδους που μιλούν διάφορες γλώσσες της ουραλο-αλταϊκής ομάδας: *επιδρομές/κατακτήσεις των -ων* (πβ. *Σελτζούκος, Οθωμανός*). - Υποκορ. **-άκι** το. [τουρκ. *Türk*].
τουρκόσπορος ο, ους. (παλαιότερα), μειωτ. για άτομο με πατέρα Τούρκο ή κυρίως για Έλληνα τουρκομερίτη.
τουρκουάζ το, ους. άκλ. 1. (ορυκτ.) πολύτιμος λίθος με χρώμα ουρανί έως γαλαζοπράσινο, κάποτε και πρασινωπό. 2. (κοιν.) έντονη μπλε ανοιχτή απόχρωση: *φέτος είναι της μόδας το ~·* (ως επίθ.) *μαντήλι ~.* [γαλλ. *turquoise*].
τουρκοφάγος ο, ους. (παλαιότερο), για πολεμιστή της Επανάστασης του 1821 ή και των βαλκανικών πολέμων που προκάλεσε πανωλεθρία στους Τούρκους: *Νικηταράς ο ~.*
τουρκοφιλία η, ους., το να είναι κάποιος τουρκόφιλος.
τουρκόφιλος, -η, -ο, επίθ., που υποστηρίζει ή ευνοεί τους Τούρκους: *πολιτική -η μιας κυβέρνησης* (συνών. *φιλότουρκος*).
τουρκόφωνος, -η, -ο, επίθ. α. που μιλά τουρκικά: *ασιατικοί λαοί -οι·* (το αρσ. ως ους.) *-οι του Αζερμπαϊτζάν·* β. (κυρίως) για Έλληνα που είχε μητρική γλώσσα την τουρκική: *-οι ορθόδοξοι πληθυσμοί της Μικράς Ασίας* (= Καραμανλήδες)· (συνεκδοχικά) *τραγούδια -α.*
τουρκοχριστιανός ο, θηλ. **-ή,** ους. (συνιζ., παλαιότερο), κρυπτοχριστιανός (βλ. λ.).
τούρλα η, ους. (λαϊκ.), μικρό στρογγυλό ύψωμα ή σωρός. [μεσν. *τρούλλα*].
τουρλόπαπας ο, ους. (ιδιωμ.), παπάς με χοντρή κοιλιά.
τουρλού το, ους. άκλ., φαγητό (του φούρνου) από διάφορα είδη λαχανικών της εποχής, συχνά και με κρέας. - Η λ. ως επίρρ. = (λαϊκ., συνήθως με επανάληψη) για ανάμιξη πολλών διαφορετικών πραγμάτων ή προσώπων. [τουρκ. *türlü*].
τούρλωμα το, ους. (λαϊκ.), το να τουρλώνει κάποιος κάτι, καθώς και το αποτέλεσμα αυτής της ενέργειας.
τουρλώνω και **τρουλ-,** ρ. (λαϊκ.), εξογκώνω ή μετακινώ κάτι έτσι που να προεξέχει σφαιροειδώς: *-ει την κοιλιά του.*
τουρλωτός, -ή, -ό, επίθ. (λαϊκ.), που τον έχουν τουρλώσει, εξογκωμένος (συνών. *φουσκωτός*). - Βλ. και *τρουλλωτός.*
τουρμπάνι το, ους. 1. ανδρικό κάλυμμα του κεφαλιού, συνηθισμένο παλιότερα στην Ανατολή (σήμερα κυρίως στις Ινδίες), που σχηματίζεται από μια πλατιά λωρίδα ύφασμα τυλιγμένη στο κεφάλι (συνών. *σαρίκι*). 2. γυναικείο καπέλο που μοιάζει με ανατολίτικο τουρμπάνι. - Πβ. *τουλουπάνι.* [γαλλ. *turban*<τουρκ. *tülbent*].
τουρμπίνα η, ους. (μηχ.) στρόβιλος (βλ. λ.). [γαλλ. *turbine*].
τουρνέ η, ους. άκλ. (για θίασο ή σπανιότερο για μουσικό συγκρότημα) περιοδεία. [γαλλ. *tournée*].
τουρνουά το, ους. άκλ. (αθλητ.) σειρά αγώνων με συμμετοχή πολλών αθλητών ή ομάδων που διαγωνίζονται ανά δύο: *~ σκακιού/τένις.* [γαλλ. *tournoi*].
τουρσί το, ους., λαχανικό που έχει διατηρηθεί μέσα σε άλμη ή ξίδι για μεγάλο χρονικό διάστημα ώστε να αποκτήσει έντονα ξινή γεύση. [τουρκ. *turşu*].
τούρτα η, ους., είδος μεγάλου, συνήθως στρογγυλού γλυκίσματος από παντεσπάνι που καλύπτεται από κρέμα: *~ σοκολάτα/γαρνιρισμένη με φρούτα.* [γαλλ. *tourte*].
τουρτούρα η, **τούρτουρο** και **τουρτούρισμα** το, ους. (λαϊκ.), το να τουρτουρίζει κανείς.
τουρτουριάρης, -α, -ικο, επίθ. (συνιζ., λαϊκ.), που καταλαμβάνεται εύκολα από ρίγος, που τουρτουρίζει (συνών. *τρεμουλιάρης*).

τουρτουρίζω, ρ. (λαϊκ.), καταλαμβάνομαι από ρίγος, τρέμω από το κρύο. [πβ. μτγν. *ταρταρίζω*].
τουρτούρισμα και **τούρτουρο**, βλ. *τουρτούρα*.
τουσλούκι το, ουσ. (λαϊκ.). α. είδος περισκελίδας· β. είδος περικνημίδας (συνών. *γκέτα*). [τουρκ. *tozluk*].
τουτέστι, σύνδ. (λόγ.), δηλαδή (βλ. λ.).
τούτος, -η, -ο και **ετούτος**, γεν. *τούτου, τουτουνού*, θηλ. *τούτης, τουτηνής*, αιτ. *τούτον*, θηλ. *τούτην*, πληθ. *τούτοι*, γεν. *τούτων, τουτουνώ*, δεικτ. αντων. **1α.** (για να δείξει αυτός που μιλά κάποιο πρόσωπο ή πράγμα που είναι πολύ κοντά του ή που του ανήκει και που οπωσδήποτε βρίσκεται σε πιο στενή σχέση μ' αυτόν παρά μ' εκείνον που ακούει): *-ο είναι το βιβλίο μου· -ο το μυαλό είναι που τα νοιάζεται όλα!* **β.** (τοπ.) *-ο το μέρος μού είναι άγνωστο· -ο το κτήμα μού άφησε ο πατέρας·* **γ.** (επιτ. με επόμενο το μόρ. *δα* ή το επίρρ. *εδώ -δω*): *σε -ο δα το σημείο· -η δω η γυναίκα·* **δ.** (παράλληλα με την αντων. *αυτός, -ή, -ό* στην ίδια φρ.): *Τι 'ναι -α τα κλάματα κι αυτά τα μοιρολόγια;* (δημ. τραγ.). **2.** (χρον. για να δηλωθεί το διάστημα, η εποχή, κλπ. που διανύεται τότε που γίνεται λόγος): *πάει και -η η μέρα· -η την ώρα/τη στιγμή· δύσκολος ~ ο χειμώνας.* **3.** (για αφηρημένες έννοιες): *-ες οι χαρές· μη βλέπεις -α τα καμώματα!* **4.** (σπανιότερα σε νοητό δείξιμο για να δηλωθεί πρόσωπο, πράγμα ή νόημα για το οποίο έχει γίνει πια ή πρόκειται να γίνει λόγος): *δεν άφησε κανένα μήνυμα· και -ο δεν ήταν καθόλου παράξενο· -η είναι η εντολή του προέδρου: να συγκεντρωθούν όλα τα στοιχεία...* 'Εκφρ. *ε-ο και -ο* (σε διηγήσεις για να αναφερθεί κανείς με συντομία σε καθέκαστα κάποιου γεγονότος που προηγουμένως τα έχει εκθέσει λεπτομερώς): *γύρισε τότε βιαστική στο σπίτι. Ε-ο και -ο, λέει στους γονείς της περιγράφοντάς τους το περιστατικό· με -α και μ' εκείνα* (= συνηθέστατα σε διηγήσεις, με το ένα και με τ' άλλο, με διάφορα πράγματα): *με -α και μ' εκείνα πέρασε ο καιρός/η ώρα* (= με διάφορες κουβέντες).
τούφα η, ουσ. **1.** μικρή φυσική μάζα νήματος, τριχών, χόρτων, κλπ.: *~ μπερδεμένη/πυκνή· μια ~ μαύρα φύκια· ένα τραγάκι πρόβαλε από μια πράσινη ~·* (στον πληθ. σε επανάληψη): *να ξεφεύγουν από το μαντήλι -ες -ες τ' άσπρα μαλλιά* (Ι.Μ. Παναγιωτόπουλος)· *η αμμουδιά είναι γεμάτη από -ες -ες γκρίζα αγκάθια* (Κόντογλου). **2.** (μεταφ. για ό,τι μοιάζει με τούφα): *τα σύννεφα μαζωνόντουσαν -ες -ες.* - Υποκορ. **-ίτσα** η. [λατ. *tufa* γερμ. προέλευσης].
τουφέκι και **ντουφέκι** το, ουσ., φορητό πυροβόλο όπλο με μακριά κάννη και μεγάλο βεληνεκές, που αποτελεί το όπλο των οπλιτών πεζικού: *~ αυτόματο· ~ κυνηγετικό·* φρ. *χωρίς ~ πάει στον πόλεμο* (για κάποιον που επιχειρεί ένα έργο τεχνικό χωρίς να διαθέτει τα απαραίτητα εργαλεία και μέσα). [τουρκ. *tüfek*].
τουφεκιά και **ντουφεκιά** η, ουσ. (συνιζ.). **1.** πυροβολισμός με τουφέκι: *έριξε δυο ντουφεκιές στον αέρα.* **2.** (συνεκδοχικά) η απόσταση βολής του τουφεκιού: *σε μια ~* (Κόντογλου).
τουφεκίδι και **ντουφεκίδι** το, ουσ. (λαϊκ.), συνεχείς βολές τουφεκιών: *άρχισε το ~· το ~ έδινε κι έπαιρνε.*
τουφεκίζω και (λαϊκότερα) **ντουφεκίζω**, ρ. Α. (αμτβ.) πυροβολώ με τουφέκι. Β. μτβ. **1.** εκτελώ κά-

ποιον με τουφεκισμό. **2.** (λαϊκ.) χτυπώ κάτι πυροβολώντας το με τουφέκι: *-ισε δυο αγριόπαπιες.*
τουφέκισμα και **ντουφέκισμα** το, ουσ., τουφεκισμός.
τουφεκισμός ο, ουσ. **1.** βολή ή εκπυρσοκρότηση τουφεκιού (συνών. *τουφεκιά, τουφέκισμα*). **2.** εκτέλεση καταδίκου ή καταδίκων με ομαδικές βολές τουφεκιών.
τουφεκόβεργα η, ουσ. (λαϊκ., παλαιότερο), μεταλλική βέργα που χρησιμοποιούσαν για να πιέζουν το μπαρούτι με το οποίο γέμιζαν τα παλιά εμπροσθογεμή όπλα και τα έφραζαν με στουπί.
τουφεξής και **ντουφεξής** ο, ουσ., ο κατασκευαστής, διορθωτής ή πωλητής τουφεκιών. [τουρκ. *tüfekçi*].
τουφίτσα, βλ. *τούφα.*
τουφωτός, -ή, -ό, επίθ., που έχει τούφες ή μοιάζει με τούφα (βλ. λ.).
τρα, βλ. *οτρά.*
-τρα, I. κατάλ. θηλ. ουσ. που δηλώνει το πρόσωπο που δρα, π.χ. *δουλεύτρα, πλύστρα, προξενήτρα, ράφτρα, ψεύτρα.*
-τρα, II. κατάλ. θηλ. ουσ. που δηλώνει τόπο ή όργανο, π.χ. *ορχήστρα, κυλίστρα, κρεμάστρα, ξύστρα.*
-τρα, III. κατάλ. πληθ. λόγ. ουδ. ουσ. που δηλώνει την αμοιβή που καταβάλλεται για κάποιο έργο ή υπηρεσία, π.χ. *δίδακτρα, εξέταστρα, ασφάλιστρα.*
τράβα η, ουσ. (ιδιωμ.), δοκός (βλ. λ.), δοκάρι (βλ. λ.). [ιταλ. *trave*].
τράβαλα, βλ. *ντράβαλα.*
τραβάω, βλ. *τραβώ.*
τραβέρσα η, ουσ. (λαϊκ.). **1.** στρωτήρας (βλ. λ.). **2.** (ναυτ.) επίμηκες ξύλο που χρησιμοποιείται για τη στήριξη του θωρακίου (βλ. λ.), της κόφας (βλ. λ.). **3.** (γενικά) οριζόντιο δοκάρι που χρησιμοποιείται για τη σύνδεση και στήριξη μιας κατασκευής. **4.** (ειδικά) ξύλινο κομμάτι στην άκρη σανιδώματος που συγκρατεί τις σανίδες στην εσοχή που έχει σε όλο το μήκος του. [ιταλ. *traversa*].
τραβερσάδα η, ουσ. (ναυτ.) το ταξίδι από ένα λιμάνι σε άλλο. [βενετ. *traversada*].
τραβερσάρω, ρ., αόρ. *-ισα* (ναυτ.) **1.** κάνω τραβερσάδα. **2.** κρεμώ, στερεώνω την άγκυρα στο μασχαλιστήρα. **3.** (για πλοίο, μτβ. και αμτβ.) ελαττώνω την ταχύτητα και λοξοδρομώ, ιδίως σε τρικυμία πηγαίνω σιγά, ενώ δέχομαι τον άνεμο και το κύμα από τα πλάγια, πάω τραβέρσο: *τ' άλλο καράβι μάς σίμωσε... μάς -ισε και μάς τρακάρισε* (Κόντογλου)· *μαζεύαμε όλα τα πανιά και -άραμε το καράβι, ώσπου έπεφτε ο αγέρας* (Κόντογλου) (συνών. *τραβερσώνω*). [ιταλ. *traversare*].
τραβέρσο το, ουσ. (ναυτ.) το να τραβερσάρει το πλοίο: (σε θέση επίρρ.) *πάω/μένω ~.* [ιταλ. *traverso*].
τραβερσώνω, ρ. (ναυτ.) τραβερσάρω (βλ. λ. σημασ. 3).
τραβεστί ο και η, ουσ. άκλ., ομοφυλόφιλος που ντύνεται σαν γυναίκα και μερικές φορές έχει δευτερεύοντα χαρακτηριστικά του γυναικείου φύλου. [γαλλ. *travesti*].
τράβηγμα το, ουσ. **1.** το να τραβά (βλ. λ. σημασ. 1-6) κανείς κάτι ή κάποιον: *~ σκοινιού/άμαξας· ~ από τα μαλλιά· ~ της σκανδάλης·* (ειδικά) *~ κουπιού* (= κωπηλασία) (συνών. *έλκυση, έλξη, σύρσιμο*). **2.** άντληση νερού ή υγρού: *~ κρασιού από βαρέλι.* **3.** εξαγωγή (ενός προϊόντος) από μια

πρώτη ύλη: ~ λαδιού από τις ελιές. **4.** (μεταφ. στον πληθ.) ταλαιπωρίες με συχνά πηγαινέλα για την επίλυση κάποιου θέματος, στενοχώριες: έχει -ατα με την αστυνομία. **5.** (τυπογραφία) εκτύπωση. **6.** πόντος, θηλειά γυναικείας κάλτσας που κοντεύει να φύγει: η κάλτσα σου έχει -ατα.
τραβηξιά η, ουσ. (λαϊκ.). **1.** τράβηγμα. **2.** ρούφηγμα προς τα πάνω, αναρρόφηση.
τραβηχτική η, ουσ. (λαϊκ.). **1.** συναλλαγματική (βλ. λ.). **2.** χρηματικό ποσό που αποσπάται από κάποιον με επιτήδειο τρόπο.
τραβηχτός, -ή, -ό, επίθ., που έχει τραβηχτεί, που έγινε ή γίνεται με τράβηγμα: σωλήνας ~.
τραβολόγημα το, ουσ. (λαϊκ., συνήθως στον πληθ.), το να τραβολογιέται (βλ. λ. σημασ. 2) κανείς, το να ταλαιπωρείται (για την επίλυση μιας υπόθεσης) με συνεχείς μετακινήσεις: θα έχω -ατα μ' αυτήν την υπόθεση (συνών. *μπλεξίματα*).
τραβολογώ, -άς, ρ. (λαϊκ.). **1.** (επιτ.) τραβώ, σέρνω κάποιον: *τον αρπάξανε οι ζαπτιέδες και τον -λογούσανε δέρνοντάς τον*. **2.** (μεταφ.) ταλαιπωρώ κάποιον (για την επίλυση μιας υπόθεσης) με συνεχείς και συνήθως χωρίς αποτέλεσμα μετακινήσεις: (μέσ.) *χρόνια -ιούνται γι' αυτό το κτήμα στα δικαστήρια*.
τραβώ και **-άω, -άς**, ρ., αόρ. *-ηξα*, μέσ. *τραβιέμαι*, αόρ. *-χτηκα*. **I.** ενεργ. **Α.** μτβ. **1α.** ασκώ δύναμη σε κάτι που κρατώ γερά για να το κάνω να μετακινηθεί προς το μέρος μου, να μετακινηθεί ή να τεντωθεί: ~ *το σκοινί/το ζώο από το σκοινί· -ηξε προς το μέρος του το καλάθι· -ήξανε τις βάρκες στην αμμουδιά* (συνών. *έλκω, σέρνω*)· **β.** (για πρόσωπα): ~ *κάποιον από τα πόδια/το μανίκι· μη με -άς!* γ. (ειδικά): *ο δάσκαλος τής -ηξε το αφτί·* ~ *τα μαλλιά κάποιου*. **2.** (για εξάρτημα μηχανής, συσκευής, εργαλείου, κλπ., το οποίο μετακινώ για να αρχίσει η λειτουργία): *ο ανελκυστήρας θα κινηθεί αν -ήξεις αυτό το μοχλό*. **3.** κάνω κάτι να προχωρήσει, να κινηθεί προς μια κατεύθυνση: *τέσσερα άλογα -ούσαν τη φορτωμένη άμαξα*. **4.** κάνω κάτι να μετακινηθεί για να ανοίξει ή να κλείσει: ~ *το συρτάρι· -ηξε τις κουρτίνες να μπει λίγο φως!* **5.** ασκώ ελκτική δύναμη: *ο μαγνήτης -άει το σίδερο*. **6α.** βγάζω από τη θήκη του: ~ *σπαθί/μαχαίρι·* **β.** (συνεκδοχικά για κάθε φορητό όπλο): *-ηξε το περίστροφο*. **7.** (μεταφ.) **α.** φέρνω κοντά μου: *δεν τον -άει το σπίτι του· η θάλασσα είχε -ήξει τον καπετάν Θανάση απ' τα μικράτα του* (Κουμανταρέας)· **β.** (ερωτικά): *-άει τους άντρες/τις γυναίκες·* γ. επισύρω: ~ *την προσοχή· -ούσε τα βλέμματα των περαστικών*. **8.** κάνω κάποιον να παραμερίσει ή να απομακρυνθεί: *τον -ηξε λίγο πιο κει/απότομα*. **9.** απομακρύνω κάτι από μια θέση: ~ *το φαΐ/τα κάστανα από τη φωτιά*. **10.** βγάζω: *-ηξε ένα μαντίλι από την τσέπη του· -ούσε με δύναμη τα αγριόχορτα* (= *τα ξερίζωνε*). **11.** ακολουθώ: *το φεγγάρι -ούσε ήσυχα το δρόμο του*. **12α.** (λαϊκ., οικον.) αποσύρω: ~ *λεφτά από την τράπεζα·* **β.** (μειωτ.) αποσπώ συνήθως με πιεστικό ή ανήθικο τρόπο: *του -άει συνέχεια λεφτά*. **13.** κάνω κάποιον να πάψει να ασχολείται με κάτι ή να συναναστρέφεται με κάποιους: *δεν μπορεί να τον -ήξει απ' τη χαρτοπαιξία*. **14α.** αντλώ: ~ *νερό από το πηγάδι·* **β.** (γενικά για υγρό): ~ *κρασί από το βαρέλι*. **15.** κάνω να εξαχθεί (ένα προϊόν) από μια πρώτη ύλη: ~ *το λάδι από τις ελιές*. **16.** απορροφώ: *το ύφασμα -ηξε όλο το νερό· ο τοίχος -ηξε*

υγρασία. **17.** πίνω, ρουφώ: *ξεκοκαλίζανε τις ρέγγες και -ούσανε το κρασί* (Μπαστιάς). **18α.** καπνίζω: *κει που -ούσα το τσιμπούκι μου συλλογίστηκα...* (Κόντογλου)· **β.** (ειδικότερα): *-άβα μια ρουφηξιά απ' το τσιγάρο μου!* **19α.** επιθυμώ, λαχταρώ: *το μαγαζί έχει ό,τι -ά η καρδιά/ψυχή/όρεξή σου· το κρασί -ιέται με το κρύο·* **β.** επιθυμώ, ζητώ ή επιδέχομαι κάτι ως συμπλήρωμα: *ο καφές -άει τσιγάρο*. **20.** πυροβολώ: *στον ενθουσιασμό του -ηξε δυο πιστολιές στον αέρα*. **21.** (επιτ.) χτυπώ, δίνω χτύπημα: *ανέμιζε το βούρδουλα -ώντας βιτσιές στον αέρα· -ούσε -ηξε κάτι χαστούκια/ένα ξύλο!* **22.** (γενικά) κάνω κάτι α. (για να δηλωθεί επιτατικά η ενέργεια): *-ηξα ένα λούσιμο/ύπνο/βρίσιμο·* **β.** (για να δηλωθεί ότι κάτι έγινε σε μεγάλο βαθμό ή ήταν πολύ κουραστικό): *-ηξα χορό/ποδαρόδρομο*. **23.** (στο χαρτοπαίγνιο) ~ *χαρτί* = παίρνω άλλο χαρτί για να συνεχίσω το παιγνίδι. **24.** διαλέγω, παίρνω ένα μέσα από πολλά (ιδίως σε τυχερά παιγνίδια): ~ *λαχνό/κλήρο· -ηξε τον τυχερό αριθμό*. **25α.** υποφέρω, υπομένω: *-ηξε πολλά βάσανα στη ζωή του· τι -ηξα ώσπου να μεγαλώσω αυτά τα παιδιά!* **β.** αντιμετωπίζω, υφίσταμαι: *-ήξανε μεγάλη φτώχεια· αυτή -άει τις ιδιοτροπίες του/όλο το ζόρι·* γ. αισθάνομαι, δοκιμάζω: *-ηξα ένα φόβο/μια τρομάρα!* — πείνα. **26α.** τραβολογώ (βλ. λ.): *χρόνια τώρα τον -άει στα δικαστήρια γι' αυτή την υπόθεση·* **β.** κάνω κάποιον να με ακολουθεί παρά τη θέλησή του: *όλη μέρα την -ούσε στην αγορά*. **27.** έχω ταχύτητα ή βεληνεκές: *το πλοίο -άει τόσα μίλια την ώρα*. **28.** (για προϊόν) αγοράζω, καταναλώνω: *η ξένη αγορά -άει τα περισσότερα εσπεριδοειδή μας*. **29.** (τυπογραφία) εκτυπώνω: *-ηξε τα τρία πρώτα τυπογραφικά φύλλα του βιβλίου*. **30α.** ~ *φωτογραφίες* = φωτογραφίζω· **β.** ~ *ταινία* = γυρίζω κινηματογραφική ή τηλεοπτική ταινία, κινηματογραφώ. **31.** σχηματίζω, γράφω ή ζωγραφίζω: ~ *γραμμές/παύλα*. **Β.** αμτβ. **1.** προχωρώ, ακολουθώ μια κατεύθυνση (συνήθως με επόμενες τις προθ. *για, κατά, προς*): *-ήξανε κατά το χωριό/προς το σπίτι του· -ηξε το καράβι για τη Μήλο· για πού -άς;* (με επόμενα επιρρ.): *-άβα ίσια/δεξιά· -άβα αποδώ* (= *φύγε, πάρε δρόμο*)· (ειδικά σε οδηγό): *-άβα!* (= *ξεκίνα*). **2.** μετακινούμαι, παραμερίζω (συνήθως σε φρ.): ~ *στην άκρη/στη μπάντα/παραπέρα*. **3.** επεκτείνομαι, απλώνομαι: *η θάλασσα -ά κάμποσο βαθιά κατά τη νοτιά* (Κόντογλου). **4.** (χρον.) διαρκώ πολύ, παρατείνομαι: *δυο μήνες -ηξε αυτή η υπόθεση/η αρρώστια του· -άει πολύ αυτό το έργο/η ομιλία·* φρ. ~ *μάκρος* (βλ. και *μάκρος*)· ως πού θα -ήξει η δουλειά; (= *θα παρατείνεται επ' αόριστον;*)· (ειδικά): *ο μήνας -άει 31* (= *διαρκεί 31 ημέρες*). **5.** (για συσκευή ή κατασκευή) έχω καλή κυκλοφορία του αέρα: *δεν -άει καλά ο απορροφητήρας/το τζάκι*. **6.** στεγνώνω: *δεν -ηξε ακόμη το χρώμα*. **7.** (για μηχάνημα, μηχανή, κ.τ.ό.) έχω αντοχή, λειτουργώ ικανοποιητικά: *δεν -άει πια η μηχανή του αυτοκινήτου*. **8.** (ειδικά) υφίσταμαι πίεση, τέντωμα: *έχω το ανάλογο αίσθημα: με την ξηρασία το δέρμα του προσώπου -άει*. **9.** (τριτοπρόσ.) *-άει* = *κάνει ρεύμα*: *πρόσεξε γιατί -άει εκεί που κάθισες!* **II.** μέσ. **1.** σέρνομαι, μετακινούμαι από κάποιο σημείο ασκώντας δύναμη: *το ζώο -ιόταν προς τα πίσω σέρνοντας και τον πάσσαλο όπου το είχαν δέσει*. **2.** μετακινούμαι, παραμερίζω «*κάνω στην άκρη*»: *-ηχτήτε να περάσω!* φοβήθηκε και -ήχτηκε προς την πόρτα· φρ. -ιέμαι πέρα/στη μπάντα/ στο πλάι. 3. απομακρύνομαι από κάποιο χώρο, αποσύρομαι: -ήχτηκε στη διπλανή κάμαρη με τη γυναίκα του (Μπαστιάς)· (ειδικά): -ήχτηκε ο αυγερινός (= έδυσε). 4. επιστρέφω στην προηγούμενη θέση μου: Ίσαμε να -ηχτούνε τα νερά κabίσαμε... και φουμάραμε (Κόντογλου). 5. (μεταφ.) αποσύρομαι, παραιτούμαι από μια δραστηριότητα ή ασχολία, αποτραβιέμαι: γερνώντας -ήχτηκε από τη θάλασσα. 6. παύω να συναναστρέφομαι κάποιον ή κάποιους: -ήχτηκε εδώ και καιρό από την παρέα μας. 7. (για προϊόν) έχω ζήτηση, αγοράζομαι, καταναλώνομαι: φέτος το σογιέλαιο -ιέται πολύ στην αγορά. 8. ταλαιπωρούμαι με συχνές μετακινήσεις για την επίλυση κάποιου θέματος, τραβολογιέμαι (βλ. λ.): -έμαι στα δικαστήρια. 9. δουλεύω· βασανίζομαι: τι κάνει ο Γιώργος; -ιέται ακόμη σ' εκείνο το μαγαζί; 10. έχω ερωτικό δεσμό: -έται με μια από το χωριό του· -ιέται με τον ένα και με τον άλλο. Φρ. το -άει (για οινοποσία)· το -άω (= το παρακάνω, ξεπερνώ τα όρια)· -άβα κορδέλα/κορδόνι (= συνέχισε όσο θέλεις)· -άβα/-άτε με κι ας κλαίω, βλ. κλαίω· -άβα στη δουλειά σου! (σε κάποιον που επεμβαίνει ή μεσολαβεί χωρίς να του το ζητήσουν)· -άω στα σκοτεινά, βλ. σκοτεινός· -άω την ουρά μου, βλ. ουρά· ~ κάποιο κι αποκεί (= περιφέρομαι άσκοπα)· ~ κάποιον από τη μύτη, βλ. μύτη· ~ κουπί, βλ. κουπί· ~ μπροστά (= α. προχωρώ· β. μεταφ., δεν δειλιάζω)· ~ τα μαλλιά μου και -ηγμένο απ' τα μαλλιά, βλ. μαλλί· ~ τα πάθη του Χριστού/των παθών μου τον τάραχο (= υποφέρω πολύ, υφίσταμαι τα πάνδεινα)· ~ το διάβολό μου (= στενοχωρούμαι, ταλαιπωρούμαι πολύ)· ~ το δρόμο μου (= ασχολούμαι με την πρόοδο των δικών μου υποθέσεων)· ~ το σκοινί (= το παρακάνω, ξεπερνώ τα όρια· πβ. σκοινί)· ~ το σπαθί μου, βλ. σπαθί· ~ του λιναριού τα πάθη, βλ. πάθος. [ταυρώ<εταύρισα αόρ. του ταυρίζω< ταύρος].

τραγανίζω, ρ., μασώ με θόρυβο κάτι τραγανό, κάτι σκληρό: ~ φρυγανιές/αμύγδαλα.

τραγάνισμα το, ουσ., το να τραγανίζει κανείς κάτι σκληρό.

τραγανιστός, -ή, -ό, επίθ., τραγανός.

τραγανός, -ή, -ό, επίθ., (κυρίως για καρπούς) που είναι κάπως σκληρός και προκαλεί θόρυβο κατά τη μάσηση: αγγουράκι -ό· (ειδικά) σταφύλια/κεράσια -ά· (συνεκδοχικά): χωράφι μου ποτιστικό και -ό μου αμπέλι (Αθάνας). - Το ουδ. στον πληθ. ως ουσ. = οι χόνδροι (βλ. λ.) του σώματος ανθρώπου ή ζώου. [μτγν. τραγανός<θέμα του αορ. έτραγον του τρώγω].

τραγελαφικός, -ή, -ό, επίθ., που μοιάζει με τραγέλαφο, αφύσικος, αλλόκοτος, τερατώδης: φαινόμενο -ό.

τραγέλαφος ο, ουσ. 1. μυθικό και φανταστικό ζώο με σώμα ελαφιού και τράγου. 2. (μεταφ.) πράγμα αλλόκοτο. 3. (ζωολ.) γένος θηλαστικών της Αφρικής που μοιάζει με την αντιλόπη.

τραγί το, ουσ., τράγος (βλ. λ.).

τραγιάσκα η, ουσ. (συνιζ.), είδος κασκέτου. [από παρανόηση των κραυγών *trăiască Grecia!* (= ζήτω η Ελλάδα) Ρουμάνων εκδρομέων στην Αθήνα, που τις συνόδευαν με πέταγμα του σκούφου τους στον αέρα].

τραγικά, βλ. τραγικός.

τραγικοκωμικός, -ή, -ό, επίθ., κωμικοτραγικός (βλ. λ.).

τραγικός, -ή, -ό, επίθ. 1. που ανήκει ή αναφέρεται στην τραγωδία: ποίηση -ή· -ή ειρωνεία (βλ. ειρωνεία). 2. που προξενεί πολύ βαθιά λύπη: συμβάν -ό· είχε -ό τέλος. - Το αρσ. ως ουσ. = τραγικός ποιητής: οι αρχαίοι Έλληνες -οί. - Επίρρ. **-ώς** και **-ά**.

τραγικότητα η, ουσ., το να είναι κάτι τραγικό.

τραγικώς, βλ. τραγικός.

τραγίλα η, ουσ., μυρωδιά τράγου ή κριαριού (συνών. βαρβατίλα).

τραγίσιος, -ια, -ιο, επίθ. (συνιζ.), που ανήκει ή αναφέρεται στον τράγο: κρέας -ιο.

τραγογένης, αρσ. επίθ. 1. (μειωτ.) που έχει γένια σαν του τράγου. 2. χλευαστικά για κληρικό.

τραγοειδής, -ής, -ές, γεν. -ούς, πληθ. αρσ. και θηλ. -είς, ουδ. -ή, επίθ., που μοιάζει με τράγο, τραγόμορφος.

τραγόμορφος, -η, -ο, επίθ., τραγοειδής.

τραγόπαπας ο, ουσ., χλευαστικά για ιερέα.

τραγοπόδαρος, -η, -ο, επίθ. (λαϊκ.), που έχει πόδια τράγου: τέρας -ο· ο ~ θεός (= ο Πάνας).

τράγος ο, ουσ., αρσενικό κατσίκι με γενειάδα, κέρατα και χοντρή ουρά· εκφρ. ~ αποδιοπομπαίος, βλ. αποδιοπομπαίος.

τραγουδάκι, βλ. τραγούδι.

τραγούδημα το, ουσ., το να τραγουδά κανείς (συνών. τραγούδισμα).

τραγούδι το, ουσ. 1. μουσικό κομμάτι με λόγια που τραγουδιέται: ~ δημοτικό/ερωτικό. 2. το να τραγουδά κανείς: το ρίξαμε στο ~ για να ξεχάσουμε τα βάσανά μας. 3. ένας αριθμός τραγουδιών που θεωρείται ως σύνολο: το δημοτικό ~. 4. (συνεκδοχικά) κελάδημα πουλιού. 5. (συνεκδοχικά) το επάγγελμα του τραγουδιστή. Φρ. θα το κάνεις και θα πεις κι ένα ~ (= θα το κάνεις οπωσδήποτε, υποχρεωτικά) - Υποκορ. **-άκι** το.

τραγούδισμα το, ουσ., τραγούδημα.

τραγουδιστά, βλ. τραγουδιστός.

τραγουδιστής ο, θηλ. **-ίστρια**, ουσ., άτομο που τραγουδά ωραία και ειδικά αυτός που έχει ως επάγγελμα το τραγούδι: -ίστρια όπερας· ~ λαϊκός.

τραγουδιστός, -ή, -ό, επίθ. 1. που ταγουδιέται. 2. (για φωνή) μελωδική, συρτή. - Επίρρ. **-ά**.

τραγουδίστρια, βλ. τραγουδιστής.

τραγουδώ και **-άω, -άς**, ρ., μέσ. *τραγουδιέμαι*, μτχ. *-ισμένος*. 1α. σχηματίζω με τη φωνή μου μελωδικούς ήχους, συχνά χρησιμοποιώντας λέξεις που ταιριάζουν: ~ ωραία/φάλτσα· β. λέω τραγούδια, ασκώ το επάγγελμα του τραγουδιστή: -άει σε νυχτερινό κέντρο. 2. εξυμνώ σε στίχους: -άει τις ομορφιές της φύσης. 3. (για πουλιά) κελαδώ. [αρχ. τραγωδώ].

τραγωδία η, ουσ. 1. δραματικό έργο που η υπόθεσή του αντλείται συνήθως από το μύθο ή την ιστορία και φέρνει στη σκηνή επιφανή πρόσωπα και που με την παρουσίαση των ανθρώπινων παθών και των επακολούθων τους προκαλεί τον οίκτο και τη συγκίνηση του θεατή: οι -ες του Ευριπίδη. 2. το λογοτεχνικό είδος στο οποίο κατατάσσονται τα έργα αυτού του τύπου. 3. τραγικό γεγονός: αυτά που γίνονται υπάρχει κίνδυνος να καταλήξουν σε ~· η κυπριακή ~ (= η τουρκική εισβολή και η κατοχή μέρους του νησιού).

τραγωδιογράφος ο, ουσ. (ασυνίζ.), τραγικός ποιητής.

τραγωδός ο και η, ουσ. 1. (αρχ., μόνο στο αρσ.) ποιητής τραγωδιών. 2. ηθοποιός που ερμηνεύει τραγικούς ρόλους.

τραινάρισμα, βλ. *τρενάρισμα*.

τραινάρω, βλ. *τρενάρω*.

τραίνο, βλ. *τρένο*.

τρακ το, ουσ. άκλ., ψυχική ταραχή που καταλαμβάνει κάποιον όταν εμφανίζεται μπροστά σε πολύ κόσμο, σε εξετάσεις κ.τ.ό.: *έχω/παθαίνω ~*. [γαλλ. *trac*].

τράκα η, ουσ. (λαϊκ.). 1. σύγκρουση οχήματος, πλοίου, κλπ., με άλλο. 2. προκλητική απόσπαση χρημάτων ή άλλων αντικειμένων από κάποιον: *μου έκανε πάλι ~ στα τσιγάρα*. Φρ. *κάνω -ες* (= δημιουργώ ξεχωριστή εντύπωση).

τρακαδόρος ο, θηλ. **-ισσα**, ουσ. (λαϊκ.), άτομο που κάνει συστηματικά τράκα (βλ. λ. σημασ. 2).

τρακάρισμα το, ουσ. (λαϊκ.). 1. σύγκρουση (συνών. *τράκα* στη σημασ. 1). 2. απροσδόκητη συνάντηση: *~ με παλιό συμμαθητή*.

τρακάρω και **-έρνω**, ρ. (λαϊκ.), αόρ. *-αρα* και *-άρισα*, μέσ. *-ίστηκα*, μτχ. *-ισμένος*. I. ενεργ. Α. (αμτβ.) (για αυτοκίνητο, πλοίο, κλπ.) προσκρούω σε κάτι, συγκρούομαι με κάτι: *το φορτηγό -αρε σ' ένα στύλο/μ' ένα γιωταχί* (συνεκδοχικά για τον οδηγό) *δεν έπιαναν τα φρένα μου και -ισα σ' ένα δέντρο*. Β. μτβ. α. κάνω κάτι να συγκρουστεί με κάτι άλλο: *το -αρε πάλι το αυτοκίνητό του με ένα γιωταχί* β. (μεταφ. για πρόσωπο) συναντώ απροσδόκητα (συνήθως κάποιον ανεπιθύμητο): *είχα να τον δω τρία χρόνια και τον -αρα προχτές σε μια ταβέρνα*. II. (μέσ.) τσακώνομαι, μαλώνω: *-ίστηκαν για ψύλλου πήδημα*. [γενουατ. *atraccá*].

τρακατρούκα η, ουσ., είδος κροτίδας που παράγει αλλεπάλληλους κρότους. [λ. ηχομιμ.].

τρακέρνω, βλ. *τρακάρω*.

τράκο το και **τράκος** ο, ουσ. (λαϊκ.). 1. πρόσκρουση, σύγκρουση. 2. ζημία, καταστροφή: *έπαθε μεγάλο ~ στη δουλειά του*.

τρακοσαριά η, ουσ. (συνιζ.), (με το *καμιά*) περίπου τριακόσιοι.

τρακτέρ το, ουσ. άκλ., μηχανοκίνητο όχημα για αγροτικές, κ.ά., εργασίες (συνών. *ελκυστήρας*). - Υποκορ. **-άκι** το. [γαλλ. *tracteur*].

τραλαλά, επιφώνημα χαράς. [γαλλ. *tralala*].

τραμ το, ουσ. άκλ., ηλεκτρικό όχημα που κινείται σε σιδηροτροχιές για τη μεταφορά ατόμων. [γαλλ. *tram*].

τραμβαγιέρης ο, ουσ. (συνιζ.), οδηγός ή εισπράκτορας τραμ. [παλαιότ. *τραμβάι<*αγγλ. *tramway*].

τραμουντάνα η, ουσ. (έρρ.). α. βόρειος άνεμος, ψυχρός και δυνατός· β. το σημείο του ορίζοντα απ' όπου φυσά αυτός ο άνεμος: *είδαμε κατά την ~ ένα μικρό νησί· άστρο της -ας* (= το πολικό αστέρι). [ιταλ. *tramontana*].

τράμπα η, ουσ. (έρρ., λαϊκ.), ανταλλαγή και συνεκδοχικά ανταλλαγμα: *φυλάγανε... πραμάτειες για να κάνουνε ~* (Κόντογλου). [τουρκ. *trampa*].

τραμπάκουλο το, ουσ. (όχι έρρ.), τύπος μικρού ιστιοφόρου. [βενετ. *trabacolo*].

τραμπάλα η, ουσ. (όχι έρρ.), είδος κούνιας που αποτελείται από μακρύ δοκάρι που στηρίζεται στο μέσο του σε ψηλό υποστήριγμα για να αιωρείται σε κάποιο ύψος από το έδαφος. [βενετ. *trambalàr*].

τραμπαλίζομαι, ρ. (όχι έρρ.). α. κάνω τραμπάλα: *τα παιδιά -ονται στην παιδική χαρά·* β. κουνιέμαι πότε από τη μια πότε από την άλλη πλευρά: *η βάρκα -εται*.

τραμπάλισμα το, ουσ. (όχι έρρ.), το να τραμπαλίζεται κάποιος ή κάτι.

τραμπουκέτο το, ουσ. (όχι έρρ.), κινητό τμήμα σκηνής που χρησιμεύει για την εμφάνιση ή εξαφάνιση προσώπων ή σκηνικού διάκοσμου. [ιταλ. *trabocchetto*].

τραμπουκισμός ο, ουσ. (όχι έρρ.), συμπεριφορά που ταιριάζει σε τραμπούκο.

τραμπούκος ο, ουσ. (όχι έρρ.), άτομο που προκαλεί ταραχές κατά τη διάρκεια συγκεντρώσεων, ιδίως πολιτικών. [ισπαν. *trabuco* = μάρκα πούρων].

τράνεμα το, ουσ., αύξηση, μεγάλωμα.

τρανεύω, ρ., αυξάνομαι, μεγαλώνω: *-εψαν τα αγριόχορτα με τις βροχές*.

τρανζίστορ το, ουσ. άκλ. 1. (τεχνολ.) διάταξη που αποτελείται από τρεις διαδοχικούς ημιαγωγούς κολλημένους μεταξύ τους που παίζουν το ρόλο ενισχυτή μικρών μεταβολών του ρεύματος ή της τάσης. 2. ραδιοφωνικός δέκτης που διαθέτει τρανζίστορ. - Υποκορ. **-άκι** το (στη σημασ. 2). [αγγλ. *transistor*].

τράνζιτ και **τράνζιτο** το, ουσ. άκλ. (στο εμπόριο και τις μεταφορές) 1. διαμετακόμιση εμπορευμάτων. 2. η προσωρινή παραμονή επιβατών σε (ενδιάμεσο) σταθμό μεταφοράς (αεροδρόμιο, λιμάνι) όπου δεν υφίστανται τελωνειακό ή αστυνομικό έλεγχο: *αίθουσα ~* (ως επίρρ.): *ταξιδεύω ~*. [ιταλ. *transito*].

τρανός, -ή, -ό, επίθ. 1. μεγάλος, ισχυρός: *το έστειλε δώρο σε -ό πρόσωπο της περιοχής*· έκφρ. *μεγάλος και ~* (= σπουδαίος, πανίσχυρος): *έγινε μεγάλος και ~ και δε μας καταδέχεται*. 2. σαφής, ολοφάνερος: *έδωσε -ά δείγματα ευφυίας/πατριωτισμού*.

Τρανσυλβανή, βλ. *Τρανσυλβανός*.

Τρανσυλβανικός, -ή, -ό, επίθ., που σχετίζεται με την Τρανσυλβανία ή ανήκει σ' αυτήν.

Τρανσυλβανός ο, θηλ. **-ή**, ουσ., ο κάτοικος της Τρανσυλβανίας ή ο καταγόμενος από αυτήν.

τράνταγμα το, ουσ. (έρρ.), ξαφνικό και αρκετά βίαιο κούνημα: *~ λεωφορείου*.

τραντάζω, ρ. (έρρ.), αόρ. *-αξα*, κουνώ ξαφνικά και αρκετά βίαια: *μας -αξε το λεωφορείο με το απότομο φρενάρισμα*. [αβέβαιη ετυμ.].

τρανταχτός, -ή, -ό, επίθ. (έρρ.), (για γέλιο) που κάνει αυτόν που γελά να τραντάζεται πολύ δυνατά. - Επίρρ. **-ά**.

τραπαρία, βλ. *ντρα-*.

τράπεζα η, I. ουσ. 1. οικονομική επιχείρηση που δέχεται καταθέσεις, δανείζει κεφάλαια, διενεργεί εμπορικές προκαταβολές, μεσολαβεί σε αγορές και πωλήσεις, θέτει σε κυκλοφορία κρατικά ή ιδιωτικά δάνεια και ελέγχει και κατευθύνει βιομηχανικές επιχειρήσεις: *άνοιξα λογαριασμό στην ~· Εθνική Τ-α*. 2. το κτήριο όπου στεγάζεται η παραπάνω επιχείρηση: *θα πάω στην ~*. 3. *~ αίματος/σπέρματος/μοσχευμάτων* (= ίδρυμα από το οποίο προμηθεύεται κανείς ποσότητα αποθηκευμένου αίματος ή μοσχεύματα, κλπ. για εγχειρήσεις ή μεταμοσχεύσεις).

τράπεζα η, II. ουσ., το μεγάλο τραπέζι ή και γενικότερα ο χώρος ενός μοναστηριού όπου γευματίζουν ομαδικά οι μοναχοί. Έκφρ. *Αγία Τ-α* (= το τραπέζι του ιερού μιας εκκλησίας όπου τελείται το μυστήριο της θείας Ευχαριστίας).

τραπεζάκι, βλ. *τραπέζι*.

τραπεζαρία η, ουσ. **1.** αίθουσα ξενοδοχείου, εστιατορίου, ιδρύματος, κλπ., κατάλληλα εξοπλισμένη για την παράθεση φαγητών. **2.** δωμάτιο κατοικίας όπου είναι τοποθετημένο το τραπέζι για τα (κοινά) γεύματα. **3.** το τραπέζι και οι καρέκλες που αγοράζονται για να συμβάλουν στον εξοπλισμό του δωματίου όπου γίνεται η συνεστίαση της οικογένειας.

τραπέζι το, ουσ. **1.** έπιπλο που αποτελείται από μία επίπεδη οριζόντια επιφάνεια στηριγμένη (συνήθως) σε τέσσερα πόδια και που χρησιμεύει για την τοποθέτηση όσων είναι απαραίτητα για το γεύμα ή γενικότερα για την εκτέλεση κάποιας εργασίας. **2.** (συνεκδοχικά) τα σκεύη του φαγητού που τοποθετούνται στο τραπέζι: *στρώσε/σήκωσε το ~* (= τοποθέτησε/αφαίρεσε τα σκεύη του φαγητού). **3.** γεύμα ή δείπνο: *είμαι καλεσμένος σε ~· τους πέτυχα πάνω στο ~·* φρ. *έχω ή κάνω ~* (= παραθέτω γεύμα). Φρ. *καθίζω στο ίδιο ~ με κάποιους* (συζητώ με άλλους για ορισμένο θέμα). - Υποκορ. **-άκι** το.

τραπεζιέρης ο, θηλ. **-α**, ουσ. (συνιζ.), τραπεζοκόμος (βλ. λ.).

τραπαζικός, -ή, -ό, επίθ., που ανήκει ή αναφέρεται σε τράπεζα: *λογαριασμός ~· σύστημα -ό* (συνών. *τραπεζιτικός*)· εκφρ. *γραμμάτιο -ό* (= τραπεζογραμμάτιο, βλ. λ.). - Το αρσ. ως ουσ. = τραπεζοϋπάλληλος.

τραπέζιο το, ουσ. (ασυνίζ.). **1.** (γεωμ.) τετράπλευρο που δύο από τις πλευρές του είναι παράλληλες και άνισες: *μεγάλη και μικρή βάση -ίου* (= οι παράλληλες πλευρές του). **2.** (γυμν.) όργανο ασκήσεων και ακροβατικών επιδείξεων από δύο κρεμασμένα σκοινιά που ενώνονται στις άκρες τους με μία οριζόντια ράβδο.

τραπεζιοειδής, -ής, -ές, γεν. *-ούς*, πληθ. αρσ. και θηλ. *-είς*, ουδ. *-ή*, επίθ. (ασυνίζ.), που μοιάζει με τραπέζιο.

τραπεζίτης ο, ουσ. **1.** αυτός που διευθύνει τράπεζα, πιστωτικό ίδρυμα. **2.** (ανατομ.) καθένα από τα δύο ή τρία τελευταία δόντια στην κάθε πλευρά των δύο οδοντοστοιχιών: *ο τελευταίος ~ ονομάζεται φρονιμίτης* (συνών. *γομφίος*).

τραπεζιτικός, -ή, -ό, επίθ., που ανήκει ή αναφέρεται σε τράπεζα ή σε τραπεζίτη: *οίκος ~· υπάλληλος ~* (συνών. *τραπεζικός*).

τραπεζογραμμάτιο το, ουσ. (ασυνίζ.), γραμμάτιο που έχει εκδοθεί από μια τράπεζα και κυκλοφορεί σαν νόμισμα.

τραπεζοειδής, -ής, -ές, γεν. *-ούς*, πληθ. αρσ. και θηλ. *-είς*, ουδ. *-ή*, επίθ. (γεωμ.) που έχει σχήμα τραπεζίου: *πρίσμα με -είς βάσεις*.

τραπεζοκόμος ο και η, ουσ. (λόγ.), άτομο που έχει ως έργο την εξυπηρέτηση όσων γευματίζουν (συνήθως σε ίδρυμα, λέσχη, κ.τ.ό.): *~ του γηροκομείου* (συνών. *σεριβτόρος, τραπεζιέρης*).

τραπεζομάντηλο το, ουσ. (έρρ.), κάλυμμα τραπεζιού, ιδίως για την ώρα του φαγητού, από ύφασμα ή πλαστικό: *στρώνω/τινάζω το ~*.

τραπεζομάχαιρο το, ουσ. (λαϊκ.), μαχαίρι που χρησιμοποιεί καθένας όταν τρώει (σε αντιδιαστολή προς τα μαχαίρια της κουζίνας και το ψωμομάχαιρο).

τραπεζομεσίτης ο, ουσ., μεσίτης σε τραπεζικές συναλλαγές.

τραπεζοϋπαλληλικός, -ή, -ό, επίθ., που ανήκει ή αναφέρεται στον τραπεζοϋπάλληλο.

τραπεζοϋπάλληλος ο και η, ουσ., υπάλληλος σε τράπεζα: *σύλλογος -ήλων*.

τραπέζωμα το, ουσ. (λαϊκ.), παράθεση γεύματος (σε ξένο, κλπ.): *τέτοια ώρα που ήρθε σαν να γυρεύει ~· τελειώσαμε με τα -ώματα των συγγενών*.

τραπεζώνω, ρ. (λαϊκ.), παραθέτω γεύμα σε κάποιον, του κάνω τραπέζι: *ξέχασε που κάθε τόσο τον -έζωνα!*

τραπιστής ο, ουσ., μέλος ενός τάγματος καθολικών μοναχών της Γαλλίας: *σιωπή των -ών*. [γαλλ. *trappiste*].

τράπουλα η, ουσ., σύνολο από 52 τραπουλόχαρτα σε δεσμίδα, που τα χρησιμοποιεί κανείς για να παίζει διάφορα παιγνίδια: *~ αμεταχείριστη*· *ανακατεύω/κόβω την ~*. [ιταλ. *trappola*].

τραπουλόχαρτο το, ουσ., μικρό παραλληλόγραμμο κομμάτι από λεπτό χαρτόνι που φέρει τυπωμένους αριθμούς (1-10), σχέδια ή παραστάσεις (φιγούρες) και περιλαμβάνεται σε μια τράπουλα: *~ σημαδεμένο*· (συνεκδοχικά για χαρτοπαίκτη) *ήταν γερό ~·* φρ. *είναι ~ στα χέρια μου* (= είναι υποχείριός μου) (συνών. *παιγνιόχαρτο, χαρτί*).

τραστ το, ουσ. άκλ. (οικον.) οικονομικός οργανισμός που τον αποτελούν διάφορες εταιρείες συνενωμένες κάτω από κοινή διεύθυνση, για να ελέγχουν την αγορά σε ό,τι έχει σχέση με το προϊόν που παράγουν: *~ του χάλυβα/διεθνή*. [αγγλ. *trust*].

τράτα η, ουσ. (ναυτ.) **α.** συσκευή ψαρέματος με δίχτυα που περικλείουν μεγάλη θαλάσσια έκταση και τα σέρνουν τραβώντας τις δύο άκρες τους από τη στεριά ή μέσα από πλοίο: *οι ψαράδες τραβούν την ~*. **β.** (συνεκδοχικά) στενόμακρο ελαφρό ψαροκάικο από όπου ρίχνουν τα και μαζεύουν την τράτα: *~ με κουπιά· βγήκαν οι -ες* (συνών. *γρίπος*). [βενετ. *trata*].

τραταμέντο το, ουσ. (προφ. ν-τ, λαϊκ.), κέρασμα: *να σου σερβίρω ένα ~* (συνών. *τρατάρισμα*). [βενετ. *tratamento*].

τρατάρης ο, ουσ. (ναυτ.) ψαράς που ψαρεύει με τράτα: *όπως τραβούνε το γρίπο οι -ηδες* (Κόντογλου).

τρατάρικο το, ουσ. (ναυτ.) ψαράδικο με τράτα (βλ. λ. σημασ. α).

τρατάρισμα το, ουσ. (λαϊκ.), κέρασμα: *μπαινόβγαιναν τα -ίσματα* (Καζαντζάκης) (συνών. *τραταμέντο*).

τρατάρω και **-έρνω**, ρ. (λαϊκ.), προσφέρω σε κάποιον κέρασμα, κερνώ. [βενετ. *tratár*].

τράτο το, ουσ. (λαϊκ.). **1.** χρονικό ή τοπικό περιθώριο. **2.** φόρα: *παίρνω ~*. [ιταλ. *tratto*].

τραυλά, βλ. *τραυλός*.

τραυλίζω, ρ. **1.** είμαι τραυλός, μιλώ βραδύγλωσσα: *από το φόβο του άρχισε να -ει*. **2.** (μεταφ.) μιλώ κομπιάζοντας, με μισόλογα: (μτβ.) *-ει ανόητες δικαιολογίες* (συνών. *ψελλίζω*).

τραύλισμα το, ουσ. **1.** το να τραυλίζει κανείς. **2.** (μεταφ.) κόμπιασμα, μισόλογα (συνών. *ψέλλισμα*).

τραυλισμός ο, ουσ. **α.** (ιατρ.) δυσκολία στην προφορά ορισμένων φθόγγων ή συλλαβών που τις

τραυλός

επαναλαμβάνει κανείς διακόπτοντας την κανονική ροή του λόγου του· β. (κοιν.) βραδυγλωσσία.
τραυλός, -ή, -ό, επίθ. α. που πάσχει από τραυλισμό· β. (γενικά) βραδύγλωσσος. - Επίρρ. **-ά**.
τραυλότητα η, ουσ., το να είναι κάποιος τραυλός.
τραύμα το, ουσ. **1.** (ιατρ.-κοιν.) κάθε βλάβη, τυχαία ή σκόπιμη, σε σημείο του σώματος από εξωτερική μηχανική αιτία (λ.χ. πίεση, όργανο κοφτερό ή που προκαλεί θλάση, πυροβόλο όπλο), ιδίως με διακοπή στη συνέχεια των ιστών και αιμορραγία: ~ *βαθύ/διαμπερές· δέχομαι -ατα· το* ~ *επουλώνεται* (συνών. *πληγή, λαβωματιά*). **2.** μεταφ. α. τραυματική εμπειρία (βλ. *τραυματικός σημασ.* **2**): *-ατα από τη διάλυση μιας οικογένειας·* β. (ψυχ.) έντονος ψυχικός κλονισμός που δημιουργεί μακροχρόνιες ψυχολογικές βλάβες: ~ *της παιδικής ηλικίας· τα βιώματα αυτά της δημιούργησαν ψυχικά -ατα.*
τραυματίας ο, ουσ., αυτός που έχει τραύμα, που είναι τραυματισμένος: ~ *από αυτοκινητιστικό δυστύχημα.*
τραυματίζω, ρ. **1.** προκαλώ τραύμα σε κάποιον: *ένας ελεύθερος σκοπευτής -ισε το διοικητή* (συνών. *πληγώνω, λαβώνω*). **2.** (μεταφ.) προκαλώ ηθική βλάβη, μειώνω, υποβιβάζω: ~ *την αξιοπρέπεια κάποιου/το κύρος ενός θεσμού.* **3.** (μεταφ.) προκαλώ ψυχικό τραύμα (βλ. λ. σημασ. **2**): *η σκληρή διάψευση τον είχε -ίσει ανεπανόρθωτα* (συνών. *πληγώνω*).
τραυματικός, -ή, -ό, επίθ. **1.** που αναφέρεται σε τραύμα ή προκαλείται από αυτό: *βλάβη -ή· πυρετός* ~. **2.** μεταφ. α. για εμπειρία που φέρνει μεγάλη δυστυχία ή αναστάτωση σε κάποιον· β. (ψυχ.) που αναφέρεται σε ψυχικό τραύμα ή προέρχεται από αυτό: *νεύρωση -ή.*
τραυματιοφορέας ο, ουσ. (ασυνίζ.), άτομο, ιδίως στρατιώτης, που έργο του είναι να μεταφέρει με φορείο τραυματίες ή αρρώστους σε νοσοκομειακό όχημα, ιατρείο, κ.τ.ό.
τραυματισμός ο, ουσ. **1.** το να τραυματίζεται κάποιος: ~ *περαστικού από πτώση αντικειμένου/ θανάσιμος.* **2.** (μεταφ.) ηθική ζημία, ταπείνωση, βλάβη: ~ *του εθνικού γοήτρου.*
τραυματολογία η, ουσ. (ιατρ.) κλάδος της ιατρικής που ασχολείται με τους τραυματισμούς (από εργατικά ατυχήματα, αυτοκινητιστικά δυστυχήματα, κ.ά.) και την παροχή περίθαλψης στους τραυματίες.
τραυματολογικός, -ή, -ό, επίθ. (ιατρ.) που ανήκει ή αναφέρεται στην τραυματολογία.
τραυματολόγος ο, ουσ., γιατρός ειδικευμένος στην τραυματολογία.
τράφος, ο, ουσ. (λαϊκ.). **1.** σωρός από χώμα κατά μήκος σκαμμένου χαντακιού. **2.** φράχτης από ξερολιθιά (ως διαχωριστική γραμμή αγροκτημάτων, κ.ά.): *περπατούσε -ο -ο.* [*τάφρος*].
τραχανάς ο, ουσ., είδος ζυμαρικού από χοντροαλεσμένο σιτάρι ή σιμιγδάλι που το βράζει κανείς σε γάλα, το ξεραίνει, το τρίβει και το κοσκινίζει: ~ *ξινός* (δηλ. με γάλα ή και γιαούρτι που έχουν λίγο ξινίσει)*/γλυκός·* φρ. *έχω -ά απλωμένο* (κυριολεκτικά, για να στεγνώσει· μεταφ., ενδιαφέρομαι για ένα πράγμα και αδιαφορώ για όλα τα άλλα)· (συνεκδοχικά) για φαγητό: *δυο πιάτα -ά*. [μτγν. *τραγανός* ο].
τραχεία η, ουσ. (ανατομ.) σωλήνας από χόνδρινους δακτυλίους που συνεχίζει το λάρυγγα, προχωρεί προς τη θωρακική κοιλότητα και διακλαδίζεται στους βρόγχους, από τον οποίο περνά ο αέρας όταν αναπνέομε.
τραχειακός, -ή, -ό, επίθ. (ασυνίζ.), (ανατομ.) που ανήκει ή αναφέρεται στην τραχεία: *μυς* ~.
τραχεϊίτιδα η, ουσ. (ιατρ.) φλεγμονή της τραχείας, που παρουσιάζεται συνήθως μαζί με βρογχίτιδα.
τραχειοβρογχικός, -ή, -ό, επίθ. (ασυνίζ.), (ανατομ., ιατρ.) που ανήκει ή αναφέρεται μαζί στην τραχεία και τους βρόγχους: *γάγγλια -ά· αδενοπάθεια -ή.*
τραχειοβρογχίτιδα η, ουσ. (ασυνίζ.), (ιατρ.) ταυτόχρονη φλεγμονή της τραχείας και των βρόγχων.
τραχειοσκόπηση η, ουσ. (ασυνίζ.), (ιατρ.) άμεση εξέταση της τραχείας με όργανο που εισάγεται από το στόμα ή από το στόμιο τραχειοτομής.
τραχειοτομή και **-ία** η, ουσ. (ασυνίζ.), (ιατρ.) χειρουργική διάνοιξη της τραχείας για την εισαγωγή σωληναρίου που διευκολύνει την αναπνοή, όταν αυτή κάπου εμποδίζεται (λ.χ. είναι φραγμένος ο λάρυγγας).
τραχειοτομικός, -ή, -ό, επίθ. (ασυνίζ.), (ιατρ.) που αναφέρεται στην τραχειοτομή.
τραχηλιά η, ουσ. (συνιζ., λαϊκ.). **1α.** μέρος ενδύματος γύρω από το λαιμό: ~ *κεντητή·* β. το άνοιγμα του πουκάμισου ψηλά στο στήθος. **2.** κομμάτι ύφασμα που δένεται γύρω από το λαιμό και μπροστά στο στήθος ενός μωρού, ιδίως για να μη λερώσει τα ρούχα του όταν τρώει (συνών. *ποδιά*). [μεσν. *-έα<τράχηλος*].
τραχηλικός, -ή, -ό, επίθ., που ανήκει ή αναφέρεται στον τράχηλο: *νεύρο -ό.*
τραχηλισμός ο, ουσ. (ιατρ.) σπασμωδική συστολή των μυών του τραχήλου στη διάρκεια επιληπτικής κρίσης.
τραχηλίτιδα η, ουσ. (ιατρ.) φλεγμονή του τραχήλου της μήτρας.
τράχηλος, ο, ουσ. **1.** (ανατομ.) το μακρύ και κυλινδρικό τμήμα του σώματος που συνδέει το κεφάλι με τον κορμό και αποτελείται από το λαιμό και το σβέρκο (συνών. *αυχένας*). **2.** το κρέας που λαμβάνεται από τον αυχένα ζώου. **3.** καθετί που μοιάζει με τράχηλο: ~ *του κοχυλιού/καραβιού.* **4.** (ανατομ.) το στενό μέρος διάφορων σπλάχνων ή οστών: ~ *της καρδιάς· καρκίνος του -ήλου της μήτρας.* **5.** (ναυτ.) το κατώτερο τμήμα στήλης ιστού ή επιστηλίου. **6.** λαιμός αρχαίου αγγείου.
τραχηλοτομία η, ουσ. (ιατρ.) χειρουργική διάνοιξη του τραχήλου της μήτρας.
τραχύς, -ιά, -ύ, επίθ. **1α.** για επιφάνεια που παρουσιάζει εσοχές και προεξοχές: *δρόμος* ~ *και δύσβατος· πέτρες -ιές* (συνών. *ανώμαλος, αδρός·* αντ. *ομαλός, επίπεδος, λείος*)· β. που δεν έχει απαλότητα, δύσκαμπτος, σκληρός: *δέρμα/ύφασμα -ύ* (αντ. *απαλός, μαλακός*). **2.** (λόγ., μεταφ.) α. πολύ κουραστικός, επίπονος: *έργο -ύ·* β. για κλίμα που χαρακτηρίζεται από έντονη κακοκαιρία (αντ. *εύκρατος, ήπιος, μαλακός*). **3.** για πρόσωπο ή τη συμπεριφορά του που χαρακτηρίζεται από οξύ και εχθρική διάθεση, έλλειψη αγωγής και καλλιέργειας, αγένεια, κ.τ.ό.: *τρόποι -είς· λόγια -ιά· ύφος -ύ* (συνών. *απότομος, βάναυσος, βίαιος, ωμός·* αντ. *αβρός, ήπιος, κόσμιος, λεπτός*). - Επίρρ. **-ιά**.
τραχύτητα η, ουσ., το να είναι τραχύς κάποιος ή κάτι.

τραχώματα τα, ουσ., μολυσματική ασθένεια κατά την οποία αναπτύσσονται κοκκία στον επιπεφυκότα των βλεφάρων.

τραχωματικός, -ή, -ό, επίθ. 1. που πάσχει από τραχώματα (βλ. λ.). 2. που σχετίζεται με τα τραχώματα: *επιπεφυκίτιδα -ή.*

τρεις, ουδ. **τρία,** γεν. (για όλα τα γένη) *τριών,* αριθμ. 1. αυτό που προκύπτει όταν στο δύο προσθέσουμε άλλο ένα: *διαλέξτε μια απ' τις ~ τσάντες· τρία είδη καφέ· τα τρία τέταρτα ενός ποσού·* έκφρ. *κάθε ~ και λίγο,* βλ. *κάθε· ~ κι ο κούκος,* βλ. *κούκος.* 2. (στη θέση τακτικού αριθμ. για χρόνο): *στις ~ του μηνός·* (για όμοια πράγματα, συνήθως αριθμημένα): *θα πάτε στο γραφείο τρία* (συνών. *τρίτος*). 3. (το ουδ. με το άρθρο) ο αριθμός τρία (3) καθώς και ό,τι μ' αυτό συμβολίζεται: *η πόρτα με το τρία·* (για τραπουλόχαρτο) *το τρία σπαθί·* (για βαθμολογία) *μ' έκοψε στα μαθηματικά με τρία·* (για το ψηφίο που αντιπροσωπεύει τον αριθμό): *τρία ελληνικό (γ')/λατινικό (III).*

τρεισήμισι, ουδ. **τριάμισι,** αριθμ. άκλ., ό,τι προκύπτει όταν προσθέσουμε μισή μονάδα σε τρεις: *~ ώρες.*

τρεκλίζω, βλ. *τρικλίζω.*

τρέλα η, ουσ. 1. φρενοβλάβεια (συνών. *παραφροσύνη*). 2. ανόητη ενέργεια, απερισκεψία: *είναι ~ να βγεις έξω με τέτοιον καιρό.* 3. παρεκτροπή: *αυτό το παιδί όλο -ες κάνει.* 4. (για κάτι εξαιρετικό που προκαλεί θαυμασμό· ως επίθ. ή επίρρ.) *αυτό το φαγητό είναι ~· αυτό το φόρεμα της ήρθε ~* (συνών. *μούρλια, θαύμα*).

τρελά, βλ. *τρελός.*

τρελάδικο το, ουσ. (λαϊκ.), τρελοκομείο (βλ. λ.).

τρελαίνω, ρ., αόρ. *-ανα,* παθ. αόρ. *-άθηκα.* I. ενεργ. 1. κάνω κάποιον τρελό, τον κάνω να χάσει τα λογικά του: *τον -αναν οι ατυχίες που τον βρήκαν.* 2. κάνω κάποιον να δυσανασχετεί, να διαμαρτύρεται, τον ταλαιπωρώ, τον αναστατώνω ψυχικώς: *με -εις με την επιμονή σου· με -ει ο θόρυβος.* 3. ξετρελαίνω: *τον -ανε με τα καμώματά της.* II. μέσ. 1. χάνω τη διανοητική μου ισορροπία, χάνω τα λογικά μου: *ο Βιζυηνός στα τελευταία του -άθηκε* (συνών. *παραφρονώ*). 2. επηρεάζομαι ιδιαίτερα ψυχικώς, καταλαμβάνονται από ενθουσιασμό: *-άθηκε με την ομορφιά της· -άθηκε απ' τη χαρά της μόλις μας είδε.*

τρελάκιας ο, ουσ. (συνιζ., λαϊκ.), ιδιόρρυθμος άνθρωπος.

τρελαμάρα η, ουσ. (λαϊκ.), παλαβομάρα.

τρελάρας ο, ουσ. (λαϊκ.), αυτός που κάνει ανόητες πράξεις (συνών. *παλαβός, παλαβιάρης*).

τρελλός, βλ. *τρελός.*

τρελοβοριάς ο, ουσ. (ασυνίζ.), σφοδρός βόρειος άνεμος.

τρελοκομείο το, ουσ., ίδρυμα όπου νοσηλεύονται οι παράφρονες (συνών. *φρενοκομείο*).

τρελός, -ή, -ό, επίθ. 1. φρενοβλαβής, που έχει πάθει βλάβη το μυαλό του: *-ή γυναίκα* (αντ. *λογικός, γνωστικός*). 2. ανόητος, απερίσκεπτος: *έκανε μια -ή σκέψη* (συνών. *αστόχαστος·* αντ. *φρόνιμος, στοχαστικός*). 3. που κυριαρχείται από παράφορα συναισθήματα· *είναι ~ από έρωτα· είναι -ή μαζί του.* Φρ. *~ παπάς τον βάφτισε,* βλ. *βαφτίζω.* - Το αρσ. και το θηλ. ως ουσ. = άνθρωπος φρενοβλαβής: *ο ~ του χωριού·* φρ. *έγινε της -ής* (= έγιναν φοβερά πράγματα)· *σαν της -ής τα μαλλιά* (= ακατάστατα). - Το αρσ. ως ουσ.: ονομασία πιονιού στο σκάκι, ο αξιωματικός. - Επίρρ. **-ά:** *-ά ερωτευμένος.*

τρελούτσικος, -η, -ο, επίθ., κάπως τρελός (βλ. λ. σημασ. 2). - Επίρρ. **-α.**

τρεμεντίνα η, ουσ. (ερρ.), είδος ρητίνης από έκκριμα κωνοφόρων δέντρων που χρησιμοποιείται για το άλειμμα των καταρτιών των πλοίων. [αρχ. *τερεβινθίνη*].

τρεμιθιά, βλ. *τριμιθιά.*

τρεμολάμπω, ρ., λάμπω με ένα φως που φαίνεται σαν να σβήσει, που είναι έτοιμο να σβήσει (συνών. *τρεμοσβήνω*).

τρέμολο το, ουσ., εκτέλεση μουσικού φθόγγου με γρήγορη επανάληψη στην ίδια χορδή.

τρεμολούλουδο το, ουσ., λουλούδι που τρέμει στον άνεμο: *τρέμανε σαν το ~* (Κόντογλου).

τρεμοπαίζω, ρ. (για φωτεινό σημείο) αναβοσβήνω.

τρεμοσβήνω, ρ., φαίνομαι σαν να σβήνω, ετοιμάζομαι να σβήσω: *η λάμπα -ει· τ' αστέρια -ουνε* (Γρυπάρης) (συνών. *τρεμολάμπω*).

τρεμούλα η, ουσ., επαναλαμβανόμενη γρήγορη κίνηση αντικειμένου ή συνηθέστερα μέλους του ανθρώπινου σώματος συνήθως από συγκίνηση, ψύχρα ή από πυρετό: *όταν το είδα, μ' έπιασε ~* (συνών. *ρίγος, ανατριχίλα*).

τρεμουλιάζω, ρ. (συνιζ.), τρέμω από φόβο, συγκίνηση, κρύο, κλπ.: *η φωνή του -ιαζε.*

τρεμουλιάρης ο, θηλ. **-α,** ουσ. (συνιζ.), αυτός που εύκολα τρεμουλιάζει από φόβο, κρύο, κλπ.

τρεμουλιάρικος, -η, -ο, επίθ. (συνιζ.), που (εύκολα) τρέμει: *χέρι -ο.*

τρεμούλιασμα και **τρέμουλο** το, ουσ., το να τρεμουλιάζει κάτι.

τρεμουλιαστός, -ή, -ό, επίθ. (συνιζ.), που τρεμουλιάζει: *φωνή -ή.*

τρέμουλο, βλ. *τρεμούλιασμα.*

τρεμοφέγγισμα το, ουσ. (ερρ.), η ενέργεια του τρεμοφέγγω.

τρεμοφέγγω, ρ. (ερρ.), φωτίζω με πολύ συχνές και μικρές διακοπές.

τρεμοχέρης ο, ουσ., αυτός που τα χέρια του τρέμουν.

τρεμοχουχούλης ο, ουσ. (λαϊκ.), αυτός που τρέμει από το κρύο.

τρέμω, ρ., μτχ. ενεστ. (λαϊκ.) *τρεμάμενος,* ελλειπτ. στον αόρ. 1. ταράζομαι από μικρές αλλεπάλληλες κινήσεις: *~ από το κρύο· πώς δε θωρείς που δέρνομαι και ~ σαν καλάμι· -ουν τα γόνατά μου· -άμενο χέρι.* 2. τρεμουλιάζω: *ένα άστρο -ει στο νερό.* 3. φοβούμαι: *εγώ έτρεμα, μα έκανα τον αδιάφορο· τη μοναξιά δεν την ~· ~ το θάνατο.* Έκφρ. *-άμενη καρδιά* (= έκδηλη συγκίνηση)· φρ. *-ει σαν το ψάρι· -ουν τα φυλλοκάρδια μου* (= φοβούμαι υπερβολικά).

τρενάρισμα το, ουσ., το να παρατείνει κανείς κάτι, το να καθυστερεί κάτι (συνών. *αναβολή, καθυστέρηση·* αντ. *επίσπευση*).

τρενάρω, ρ., παρατ. *τρέναρα,* αόρ. *τρέναρα· και -άρισα,* παρατείνω, καθυστερώ κάτι: *-ει την υπόθεση ο δικηγόρος* (συνών. *αναβάλλω, καθυστερώ·* αντ. *επισπεύδω*). [γαλλ. *traîner*].

τρένο το, ουσ., σιδηροδρομική αμαξοστοιχία: *θα πάρω το ~ των 11· κατεβαίνω από το ~.* Φρ. *κατεβαίνω από το ~* (= με διώχνουν από την υπηρεσία μου)· *το σπίτι αυτό έχει ~* (= τηρεί κανονική λειτουργία (αλλιώς *το σπίτι αυτό έχει τη σειρά του*)·

τρέξιμο

χάνω το ~ (= χάνω κάποια ευκαιρία). [γαλλ. *train*].
τρέξιμο το, ουσ. **1α.** πολύ γρήγορο βάδισμα (συνών. *τρεχάλα)·* **β.** (γυμν.) διαδοχική αλλαγή του σημείου στήριξης του σώματος από το ένα μέλος στο άλλο έτσι που το δεύτερο μέλος να μη συγκρατεί ακόμη το σώμα, όταν το πρώτο παύει να το στηρίζει: *είναι καλός στο ~.* **2.** (για νερό) ροή. **3.** στον πληθ. τρεξίματα = φροντίδες για τη διευθέτηση υποθέσεων (συνών. *τρεχάματα).*
τρέπω, ρ., αόρ. *έτρεψα,* μέσ. αόρ. *τράπηκα.* **1.** δίνω σε κάτι διαφορετική κατεύθυνση ή στάση. **2.** μετατρέπω, μεταβάλλω: (μαθημ.) *έτρεψα τα ετερώνυμα κλάσματα σε ομώνυμα·* (γραμμ., μέσ.) *το ν πριν από χειλικό σύμφωνο -εται σε μ.* **3.** (μέσ., με την πρόθ. *προς* και αιτ.) παίρνω κατεύθυνση προς...· φρ. *-ομαι σε φυγή* (= υποχωρώ άτακτα από το πεδίο της μάχης).
τρέσα η, ουσ., κορδέλα διακοσμητική σε ύφασμα. [γαλλ. *tresse*].
τρέφω (λαϊκ. **θρέφω**), ρ., αόρ. *έθρεψα,* παθ. αόρ. *τράφηκα,* μτχ. παρκ. *θρεμμένος.* **Α.** μτβ. **1.** παρέχω τροφή: *η σκύλα -ει τα κουτάβια της* (συνών. *ταΐζω*). **2.** συντηρώ οικονομικώς, διατρέφω: *με το μικρό του μισθό κατάφερε να θρέψει το σπιτικό του* (συνών. *ταΐζω*). Φρ. *~ τα καλύτερα αισθήματα για τον...* (= έχω τις καλύτερες διαθέσεις απέναντι στον...)· *~ την ελπίδα ότι...* (= ελπίζω ότι...). **Β.** αμτβ. **1.** (λαϊκ. για καρπούς) *δεν έθρεψε ακόμη το σιτάρι.* **2.** (για πληγή) επουλώνομαι (ιδίως στον αόρ.): *έθρεψε η πληγή/το κόκαλο.*
τρεχάλα η, ουσ. (λαϊκ.), τρέξιμο: *πιάσαμε την ~* (= αρχίσαμε να τρέχουμε).
τρεχαλητό το, ουσ. (λαϊκ.), τρέξιμο.
τρεχάματα τα, ουσ., μετακινήσεις και απασχολήσεις σε πολλούς χώρους, φροντίδες για τη διευθέτηση υποθέσεων: *είχα πολλά ~ σήμερα* (συνών. *τρεξίματα*).
τρεχαντήρι το, ουσ. (έρρ.), γρήγορο ιστιοφόρο. - Υποκορ. **-άκι** το.
τρεχάτος, -η, -ο, επίθ., που μετακινείται τρέχοντας: *ήρθε ~.* - Επίρρ. **-α.**
τρέχω, ρ., μτχ. ενεστ. (λαϊκ.) *-ούμενος* και *-άμενος* και (αρχαϊστ.) *τρέχων* (γεν. *-οντος*), *-ουσα* (γεν. *-ουσας*), *-ον* (γεν. *-οντος*). **Α.** αμτβ. **1.** προχωρώ με ταχύτερο ρυθμό από τον κανονικό, κάνοντας μεγάλα και γρήγορα βήματα: *-ει σαν λαγός· ~ να τον προφτάσω·* (παροιμ.) *τρέχα γύρευε* (για μάταιη αναζήτηση). **2.** (αθλητ.) **α.** ασχολούμαι με το τρέξιμο ως άθλημα, είμαι δρομέας αγώνων: *-ει εδώ και δέκα χρόνια·* **β.** μετέχω σε αγώνα δρόμου: *οι δρομείς της ομάδας έτρεξαν με επιτυχία· έτρεξε στα εκατό μέτρα.* **3α.** (για οχήματα με επόμενη την πρόθ. *με*) κινούμαι με ορισμένη ταχύτητα: *το αμάξι μου -ει με εκατόν πενήντα χιλιόμετρα την ώρα·* **β.** (για οδηγό οχήματος) οδηγώ με μεγάλη ταχύτητα: *-ει πολύ με τη μηχανή του.* **4.** ενεργώ γρήγορα, βιάζομαι: *γράφε αργά και προσεκτικά· μην -εις.* **5.** ενεργώ, καταβάλλω προσπάθειες μετακινούμενος για κάτι που με ενδιαφέρει: *αυτός -ει στις δουλειές του· -ει για όσα τον ενδιαφέρουν· έτρεχα όλη τη μέρα εδώ κι εκεί για να βρω τεχνίτη/για τις κληρονομικές υποθέσεις της γυναίκας μου.* **6.** (για υγρά) **α.** ρέω: *-ει το αίμα ποτάμι· -ούμενο νερό·* **β.** (μτβ.) αφήνω να τρέξει: *-ουν τα μάτια μου δάκρυα· η μύτη μου -ει αίμα·* φρ. *η βρύση -ει* (= δεν κλείνει καλά και αφήνει να διαφεύγει

νερό ή να διαφεύγουν σταγόνες νερού)· *-ουν τα σάλια μου* (για αναμενόμενη ή επιθυμητή απόλαυση). **7.** (για τον καιρό, χρονικά διαστήματα, κλπ.) περνώ: *-ει ο καιρός χωρίς να το καταλαβαίνεις.* **8α.** κατευθύνομαι (με τη σκέψη μου κάπου): *Πώς μας θωρείς ακίνητος; πού -ει ο λογισμός σου;* (Βαλαωρίτης)· **β.** σπεύδω σε σκέψεις, υποθέσεις που πιθανώς δεν είναι δικαιολογημένες: *μην -εις! πρόσεχε τι σου λέω.* **9.** (μεταφ.) **α.** (για μισθό) εξακολουθώ να χορηγούμαι· **β.** (για τόκο, τον τιμάριθμο) αυξάνομαι. **10.** ισχύω, υπάρχω αυτή τη στιγμή: *έσοδα/έξοδα -οντα/-ούμενα· (τραπεζικός) λογαριασμός -ούμενος· (κρατικές) -ουσες συναλλαγές· -ον έτος* (= η φετινή χρονιά). **11.** (νομ.) εξακολουθώ ακόμη να υφίσταμαι: *η παραγραφή του δικαιώματος -ει.* **12.** (απρόσ.) συμβαίνει: *τι -ει; του είπαν: παιδί μου, αυτό κι αυτό -ει.* Φρ. *κάτι -ει στα γύφτικα,* βλ. *γύφτικος.* **Β.** (μτβ.) οδηγώ ή μεταφέρω κάποιον εσπευσμένα κάπου: *νυχτιάτικα τον έτρεχαν στο νοσοκομείο· πού με -εις τέτοιαν ώρα;* (= πού με πας;). - Η μτχ. *-άμενα* τα ως ουσ. = *τα συμβαίνοντα: μαζεύτηκαν να μάθουν τα -άμενα.*
τρήμα το, ουσ., οπή· (ανατομ.) *~ σπονδυλικό* (βλ. α. *σπονδυλικός*).
τρι-, I. α΄ συνθ. λ. που σημαίνουν ότι κάτι γίνεται, υπάρχει ή συμβαίνει τρεις φορές: *τρίμορφος, τρίτομος.* [*τρία*].
τρι-, II. α΄ συνθ. λ. ως επιτ.: *τρισκόταδο.* [*τρία*].
τρία, βλ. *τρεις.*
-τρια, κατάλ. θηλ. ουσ. που συνήθως δηλώνουν απασχόληση ή επάγγελμα: *καθηγήτρια, σπουδάστρια,* κλπ. - Πβ. και *-τρα, I.*
τριάδα η, ουσ. (ασυνίζ.), σύνολο που αποτελείται από τρία πρόσωπα ή πράγματα: *η ~ των κορυφαίων ενός πολιτικού κόμματος· η Αγία Τριάδα* = το θείον με τις τρεις υποστάσεις (Πατήρ, Υιός και Άγιο Πνεύμα).
τριαδικός, -ή, ό, επίθ. (ασυνίζ.), που αναφέρεται σε κάποια τριάδα ή την Αγία Τριάδα: *-ό σχήμα.*
τριαδικότητα η, ουσ. (ασυνίζ.), το να είναι κάτι τριαδικό: *η ~ του Αγίου Πνεύματος.*
τρίαινα η, ουσ. (αρχ.) καμάκι με τρεις αιχμές, μυθολογικό σύμβολο του Ποσειδώνα.
τριακονθήμερος, -η, -ο, επίθ. (ασυνίζ., λόγ.), που διαρκεί τριάντα ημέρες. - Το ουδ. ως ουσ. = χρονικό διάστημα τριάντα ημερών.
τριάκοντα αριθμ. (έρρ., λόγ.), τριάντα· μόνο στις εκφρ. *τα ~ αργύρια* (του Ιούδα) και *οι ~ τύρρανοι των αρχαίων Αθηνών.*
τριακονταετηρίδα η, ουσ. (ασυνίζ., έρρ.). **1.** η τριακοστή επέτειος γεγονότος και η γιορτή που γίνεται με αυτή την ευκαιρία. **2.** τριακονταετία.
τριακονταετής, -ής, -ές, γεν. *-ούς,* πληθ. αρσ. και θηλ. *-είς,* ουδ. *-ή,* επίθ. (ασυνίζ., έρρ.). **1.** που διαρκεί ή διήρκεσε τριάντα χρόνια: *~ πόλεμος* (συνών. *τριαντάχρονος*). **2.** (λόγ.) που έχει ηλικία τριάντα χρόνων (συνών. *τριαντάρης, τριαντάχρονος*).
τριακονταετία η, ουσ. (ασυνίζ., έρρ.), χρονικό διάστημα τριάντα συνεχών ετών.
τριακονταπλάσιος, -α, -ο, επίθ. (ασυνίζ., έρρ.), που είναι τριάντα φορές μεγαλύτερος ή περισσότερος.
τριακόσιοι, -ες, -ια (συνιζ.) και **-κόσοι,** αριθμ., τρεις εκατοντάδες. - Το ουδ. ως ουσ. = ο αριθμός και το σύμβολο 300.

τριακοσιοστός, -ή, -ό, αριθμ. (ασυνίζ. δις), που έχει σε μια σειρά ομοειδών πραγμάτων τη θέση που αντιστοιχεί στον αριθμό τριακόσια (300). - Το ουδ. ως ουσ. = το ένα από τα τριακόσια ίσα μέρη στα οποία διαιρείται ένα σύνολο.
τριακόσοι βλ. *τριακόσιοι.*
τριακοστός, -ή, -ό, (ασυνίζ.) αριθμ., που έχει σε μια σειρά ομοειδών πραγμάτων τη θέση που αντιστοιχεί στον αριθμό τριάντα (30). - Το ουδ. ως ουσ. = το ένα από τα τριάντα ίσα μέρη στα οποία διαιρείται ένα σύνολο.
τριάμισι, βλ. *τρεισήμισι.*
τριανδρία η, ουσ. (ασυνίζ.). 1. (παλαιότερα) συγκυβέρνηση τριών ανδρών: ~ *ρωμαϊκή.* 2. ομάδα τριών ανδρών που συνδέονται με κοινές επιδιώξεις, κοινά ιδανικά: (ιστ.) *η ~ του κινήματος της Θεσσαλονίκης* (Ε. Βενιζέλος, Π. Κουντουριώτης, Π. Δαγκλής)· *η ~ του εκπαιδευτικού δημοτικισμού* (Μ. Τριανταφυλλίδης, Α. Δελμούζος, Δ. Γληνός).
τριάντα (έρρ.), αριθμ. άκλ. **1α.** ο αριθμός που δηλώνει τρεις δεκάδες· **β.** η ονομασία του συμβόλου 30. **2.** με το ουδ. άρθρο για να δηλωθεί χρονολογία ή ηλικία: *η δεκαετία του ~ ('30)· πάτησε τα ~* (= είναι τριάντα χρονών).
τριανταμία η και **τριανταένα** το, ουσ. (ασυνίζ., έρρ.), τυχερό παιχνίδι με τράπουλα στο οποίο κερδίζει όποιος συγκεντρώνει κάρτες που αθροιζόμενες δίνουν τον αριθμό 31.
τριαντάρης ο, θηλ. **-α,** ουσ. (ασυνίζ., έρρ.). 1. που έχει ηλικία τριάντα χρόνων (συνών. *τριαντάχρονος*). 2. που αποτελείται από τριάντα μονάδες.
τριαντάρι το, ουσ. (ασυνίζ., έρρ.), ποσότητα από τριάντα όμοια αντικείμενα: *πλήρωσα ένα ~* (= 30.000 δραχμές).
τριανταριά η, ουσ. (ασυνίζ., έρρ., συνιζ.), (με το *καμιά*) περίπου τριάντα.
τριανταφυλλένιος, -ια, -ιο, επίθ. (ασυνίζ., έρρ., συνιζ.), που έχει το χρώμα του τριαντάφυλλου: *μάγουλα -ια* (συνών. *ρόδινος, τριανταφυλλής*).
τριανταφυλλής, -ιά, -ί, επίθ. (ασυνίζ., έρρ.), ρόδινος (βλ. λ.).
τριανταφυλλιά η, ουσ. (ασυνίζ., έρρ., συνιζ.), καλλωπιστικό φυτό θαμνώδες, όρθιο ή αναρριχώμενο, με βλαστό αγκαθωτό και μεγάλα και εύοσμα άνθη με χρώμα κόκκινο, ρόδινο, κίτρινο ή λευκό (συνών. *ροδή*).
τριαντάφυλλο το, ουσ. (ασυνίζ., έρρ.), το άνθος της τριανταφυλλιάς (συνών. *ρόδο*).
τριανταφυλλόλαδο το, ουσ. (ασυνίζ., έρρ.), λάδι που εξάγεται από τριαντάφυλλα.
τριανταφυλλόνερο το, ουσ. (ασυνίζ., έρρ.), ροδόνερο (συνών. *ροδόσταγμα*).
τριαντάχρονος, -η, -ο, επίθ. (ασυνίζ., έρρ.). 1. που έχει ηλικία τριάντα χρόνων (συνών. *τριαντάρης*). 2. που διαρκεί ή διήρκεσε τριάντα χρόνια (συνών. *τριακονταετής*).
τριαξονικός, -ή, -ό, επίθ. (ασυνίζ.), (μηχανολ.) που έχει τρεις άξονες που συνδέουν από ένα ζεύγος τροχών ο καθένας (κυρίως για φορτηγά αυτοκίνητα) (πβ. *και εξάτροχος*). - Το ουδ. ως ουσ. = φορτηγό.
τριάρα η, ουσ. (ασυνίζ.). 1. σύνολο από τρεις μονάδες (συνών. *τριάδα*). 2. (στρατ., λαϊκ.) τριήμερη φυλάκιση: *«έφαγε» μια ~!* 3. (στον πληθ.) η περίπτωση που και τα δύο ζάρια δείχνουν τον αριθμό τρία: *έφερε -ες.* 4. είδος παιχνιδιού (συνών. *τρίλιζα*).

τριάρι το, ουσ. (ασυνίζ.). 1. σύνολο τριών μονάδων. 2. διαμέρισμα πολυκατοικίας με τρία δωμάτια. 3. παιγνιόχαρτο με τον αριθμό τρία.
τριβέλι το, ουσ. 1. εργαλείο ελικωτό και μυτερό που με την περιστροφή του ανοίγονται τρύπες (συνών. *τρυπάνι*). 2. (μεταφ.) βασανιστική σκέψη: *αυτό το 'χεις ~ στο κεφάλι σου.* [μεσν. *τρεβέλλιον* <λατ. *terebellus*].
τριβελίζω, ρ. 1. ανοίγω τρύπες με τριβέλι (βλ. λ.). 2. (μεταφ., ιδίως για σκέψεις, ιδέες ή κουβέντες) ενοχλώ, βασανίζω: *μου -ίζει το μυαλό αυτή η ιδέα.*
τριβέλισμα το, ουσ. 1. άνοιγμα τρύπας με τριβέλι (βλ. λ.). 2. (μεταφ.) ενόχληση με κουβέντες που δεν είναι ενδιαφέρουσες: *~ του μυαλού.*
τριβή η, ουσ. 1. τρίψιμο. 2. αντίσταση από επαφή με άλλο σώμα. 3. φθορά, βλάβη. 4. (μεταφ.) μη σοβαρή αντίθεση απόψεων (συνών. *μικροδιαφορά, προστριβή*): *αφορμές για νέες -ές σε ένα κόμμα· σημεία -ής.* 5. απόκτηση πείρας από κάποια συστηματική απασχόληση: *με την ~ στη δουλειά σου πολλά θα αποκτήσεις.*
τριβίλι, βλ. *τρίβολος.*
τριβολίζω, ρ. (λαϊκ.), οργώνω το χωράφι για τρίτη φορά.
τριβόλισμα το, ουσ., όργωμα του χωραφιού για τρίτη φορά.
τρίβολος ο και **τριβόλι** το, ουσ. 1. αγκαθωτό ζιζάνιο των αγρών. 2. (μεταφ.) άτακτο παιδί.
τρίβω, ρ., αόρ. *έτριψα,* παθ. αόρ. *τρίφτηκα,* μτχ. παρκ. *τριμμένος.* I. ενεργ. 1. πιέζω ένα αντικείμενο καθώς το μετακινώ πάνω σε άλλο: *~ το σαπούνι στο πουκάμισο για να το πλύνω.* 2. βγάζω κάτι με την τριβή: *όλη μέρα έτριβαν ελιές για να βγάλουν ένα δοχείο λάδι!* 3. μεταβάλλω κάτι σε σκόνη: *~ το πιπέρι/αλάτι.* 4. κάνω θεραπευτική εντριβή σε ορισμένο μέρος του σώματος: *τρίψε με γιατί είμαι κρυωμένος.* 5. καθαρίζω με τρίψιμο: *~ το πάτωμα/τα σκεύη/τα χάλκινα σκεύη.* 6. μαλάσσω τη ζύμη ζυμώνοντας. Φρ. *του έτριψα τη μούρη* (= του έκανα δριμύ έλεγχο)· *τα μάτια μου* (= απορώ, θαυμάζω): *~ τα μάτια μου μ' αυτά που βλέπω· ~ τα χέρια μου* (= χαίρομαι). II. μέσ. 1. σέρνω το σώμα μου πάνω σε κάτι: -ομαι *στον τοίχο.* 2. (για παρασκευάσματα ζαχαροπλαστικής) θρυμματίζομαι εύκολα: *τα κουλουράκια -ονται.* 3. καταστρέφομαι από την πολλή χρήση: *τριμμένο πουκάμισο/ρούχο.* 4. απασχολούμαι συνεχώς με κάτι και αυξάνω τη σχετική εμπειρία μου: *τρίφτηκε πολύ στη δουλειά.* 5. χαϊδεύομαι: *η γάτα -εται στα πόδια του.* - Πβ. και *τετριμμένος.*
τριγαμία, η, ουσ., το να συνάπτει κανείς τρίτο γάμο μετά τη διάλυση των δύο προηγουμένων.
τριγενής, -ής, -ές, γεν. *-ούς,* πληθ. αρσ. και θηλ. *-είς,* ουδ. *-ή,* επίθ. (γραμμ.) που έχει τρία γένη (αρσενικό, θηλυκό και ουδέτερο): *επίθετο -ές.*
τρίγκος ο, ουσ. (έρρ.), (ναυτ.) το κατώτερο σταυρωτό ιστίο του ακατίου ιστού. [ιταλ. *trinca*].
τριγλί το και **τρίγλη** η, ουσ., είδος ψαριού με σώμα λεπτό και μακρύ, ρόδινο χρώμα και νόστιμο κρέας (συνών. *μπαρμπούνι*).
τρίγλυφο το, ουσ. (αρχιτ.) τμήμα που αποτελείται από τρεις κάθετες γλυφές (βλ. λ.) σε διάζωμα αρχιτεκτονήματος.
τρίγλυφος, -η, -ο, επίθ. (αρχιτ.) που αποτελείται από τρεις γλυφές (βλ. λ.): *-η διακόσμηση.*
τρίγλωσσος, -η, -ο, επίθ. 1. που έχει τρεις προεξο-

χές σε μορφή γλώσσας. 2. ο γραμμένος σε τρεις γλώσσες: *-η επιγραφή*. 3. που γνωρίζει τρεις γλώσσες.
τριγμός ο, ουσ. 1. τρίξιμο (βλ. λ.). 2. σημάδι κινδύνου κατάρρευσης οικοδομήματος: *άξαφνα άκουσα -ούς μέσα στο σπίτι*. 3. (μεταφ.) κίνδυνος που απειλεί κοινωνικό θεσμό: *η δομή του κράτους υφίσταται -ούς*.
τρίγυρα, βλ. *τριγύρω*.
τριγυρίζω, ρ., μτχ. παρκ. -*ισμένος*. Α. αμτβ. 1. πηγαίνω γύρω γύρω: *-ει τις κάμαρες χωρίς να κάνει τίποτα*. 2. γυρίζω εδώ κι εκεί ως αργόσχολος: *-ει στους δρόμους* (συνών. *περιφέρομαι, περιπλανιέμαι*). Β. μτβ. 1. επιδιώκω την επαφή με ένα πρόσωπο αποβλέποντας σε όφελος: *με -ει, αλλά δεν καταλαβαίνω τους σκοπούς του* (συνών. *γυροφέρνω*). 2. (παλαιότερα) περικυκλώνω: *οι εχθροί -ισαν το κάστρο για να το κυριέψουν*. 3. επιδιώκω ερωτικές σχέσεις με πρόσωπο: *αυτή την -ουν πολλοί*. 4. (για ασθένεια) απειλώ: *με -ει γρίπη* (συνών. σε όλες τις σημασ. *τριγυρνώ*).
τριγυρινός, -ή, -ό, επίθ. (λαϊκ.), που βρίσκεται τριγύρω, γειτονικός: *-ά σπίτια* (συνών. *κοντινός*).
τριγύρισμα το, ουσ., η ενέργεια και το αποτέλεσμα του τριγυρίζω (βλ. λ.).
τριγυρίστρα η, ουσ. (λαϊκ.). 1. γυναίκα που κυκλοφορεί χωρίς συγκεριμένο σκοπό εδώ και εκεί (συνών. *γυρουλού*). 2. φλεγμονή στα νύχια των χεριών (συνών. *καλαγκάθι, παρωνυχίδα, περίδρομος*).
τριγυρνώ, -άς, ρ., τριγυρίζω (βλ. λ.).
τρίγυρω και (λαϊκ.) **τρίγυρα**, επίρρ., γύρω γύρω (συνών. *ολόγυρα*).
τριγωνικός, -ή, -ό, επίθ., που έχει σχήμα τριγώνου.
τριγωνισμός ο, ουσ. 1. διαίρεση σε τρίγωνα. 2. (χαρτογραφικώς) διαίρεση της γήινης επιφάνειας σε δίκτυα νοητών τριγώνων.
τρίγωνο το, ουσ. 1. γεωμετρικό σχήμα με τρεις πλευρές και τρεις γωνίες: ~ *ισόπλευρο/ισοσκελές/σκαληνό*. 2. όργανο των σχεδιαστών σε σχήμα ορθογώνιου τριγώνου (συνών. *γνώμονας*). 3. ξυλουργικό εργαλείο του ίδιου σχήματος για χάραξη ευθειών ή εξακρίβωση διέδρων γωνιών. 4. είδος μεταλλικού μουσικού οργάνου σε σχήμα τριγώνου. 5. (στερεομετρία - διακοσμητική) ~ σφαιρικό = τρίγωνο που οι πλευρές του είναι τόξα μεγίστων κύκλων μιας σφαίρας: *τα σφαιρικά -α των βυζαντινών ναών*. 6. ~ *βόρειο/νότιο* = μικροί αστερισμοί. 7. είδος γλυκίσματος σε σχήμα τριγώνου με φύλλα κρούστας και κρέμα ως γέμιση. Έκφρ. *ερωτικό* ~ = τρία άτομα (δύο γυναίκες και ένας άντρας ή δύο άντρες και μία γυναίκα) που τους συνδέουν σχέσεις ερωτικής αντιζηλίας· αλλιώς *ιψενικό* ~.
τριγωνομέτρηση η, ουσ., μέτρηση με το τρίγωνο (βλ. λ. σημασ. 2).
τριγωνομετρία η, ουσ. (μαθημ.) η μελέτη με υπολογισμούς των σχέσεων μεταξύ των στοιχείων ενός τριγώνου και ιδιαίτερα μεταξύ των γωνιών του και των πλευρών του· κλάδος των μαθηματικών που εφαρμόζει τις παραπάνω σχέσεις για να υπολογίσει τα άγνωστα στοιχεία ενός τριγώνου.
τριγωνομετρικός, -ή, -ό, επίθ., που ανήκει ή αναφέρεται στην τριγωνομετρία: *αριθμοί -οί* (= το ημίτονο, το συνημίτονο, η εφαπτομένη, η συνεφαπτομένη, η τέμνουσα και η συντέμνουσα)· *πίνακας* ~ (= πίνακας που παρέχει τις τιμές των τριγωνομετρικών αριθμών των γωνιών).
τριγωνομετρώ, -είς, ρ., μετρώ με τριγωνισμό (βλ. λ.).
τρίγωνος, -η, -ο, επίθ., που έχει τρεις γωνίες: *σχήμα -ο*.
τρίδιπλος, -η, -ο, επίθ. 1. τριπλός: *την κλωστή βάλ' την -η για να κρατήσει*· έκφρ. *διπλός και* ~ (= διπλός κι ακόμη περισσότερο).
τρίδυμος, -η, -ο, επίθ. 1. που γεννήθηκε με άλλα δύο παιδιά στον ίδιο τοκετό: *αδέρφια -α*. 2. (ανατομ.) *-ο νεύρο* = νευρο του εγκεφάλου κινητικό και αισθητικό: *νευραλγία -ύμου*.
τρίεδρος, -η, -ο, επίθ. (μαθημ.) που έχει τρεις έδρες: *γωνία -η*.
Τριεστίνος ο, θηλ. -**ή**, ουσ., ο κάτοικος της Τεργέστης.
τριετής, -ής, -ές, γεν. -*ούς*, πληθ. αρσ. και θηλ. -*είς*, ουδ. ή, επίθ. 1. που έχει ηλικία τριών χρόνων (συνών. *τρίχρονος*). 2. που διαρκεί τρία χρόνια: *διαμονή* ~. 3. που επαναλαβάνεται κάθε τρία χρόνια: *φυτό -ές* = που η καλλιέργειά του επαναλαμβάνεται κάθε τρία χρόνια.
τριετία η, ουσ. 1. χρονικό διάστημα τριών χρόνων: *πέρασε από τότε μια* ~. 2. επέτειος με τη συμπλήρωση τριών χρόνων. 3. τρία χρόνια δημοσιοϋπαλληλικής υπηρεσίας για την υπολογισμό σύνταξης ή επιδόματος: *επίδομα -ας*.
τριζοβόλημα το, ουσ., το αποτέλεσμα του τριζοβολώ (βλ. λ.).
τριζοβολώ, -άς, ρ., τρίζω: *το γέρικο καΐκι -ούσε* (Κόντογλου) (συνών. *τριζοκοπώ*).
τριζοκοπώ, -άς, ρ., τριζοβολώ (βλ. λ.): *το παλιοκάραβο -ά*· *οι σκουριασμένες καδένες -ούσαν* (Κόντογλου).
τριζόνι το, ουσ., έντομο μικρό, χρώματος καφέ - μαύρου που παράγει χαρακτηριστικό ήχο που μοιάζει με τρίξιμο: *ξύπνησαν τα -α* (συνών. *γρύλος*). [*τρίζω*].
τρίζω, ρ., αόρ. έτριξα, αφήνω ήχο ξηρό και διακοπτόμενο: *-ει ο καναπές*· *-ει το πάτωμα*· *-ουν τα παράθυρα από τον αέρα*· *-ει το ξύλο καθώς το τρώει το σαράκι*· φρ. *δεν τον αφήνει να -ξει* (= δεν τον αφήνει να μετακινηθεί από τη θέση του, για άνθρωπο που είναι εντελώς εξαρτημένος από κάποιον)· *του 'τριξα τα δόντια* (= τον απείλησα)· *-ει το σπίτι από τα θεμέλια του* (όταν κάποιο πρόβλημα έχει βαθύτερα αίτια, για δημιούργημα που δε στηρίζεται σε σωστές βάσεις)· *-ουν τα κόκαλα του πεθαμένου* (= διαμαρτύρεται ο πεθαμένος)· *-ξανε τα φυλλοκάρδια του* (= συγκινήθηκε).
τριήμερος, -η, -ο, επίθ., που διαρκεί τρεις ημέρες: *εκδρομή -η*· ~ *πυρετός* (= επιδημική λοιμώδης ασθένεια που βασικό της σύμπτωμα είναι ο πυρετός που κρατά τρεις ημέρες). - Το ουδ. ως ουσ. = χρονική διάρκεια τριών ημερών: *-ο εορταστικό/αργιών*.
τριήρης η, γεν. -*ους*, αιτ. -*η*, πληθ. -*εις*, γεν. -*εων*, ουσ., αρχαίο ελληνικό πολεμικό πλοίο με κουπιά σε τρεις σειρές.
τρικ το, ουσ. άκλ., τέχνασμα, έξυπνη, επιδέξια ενέργεια με την οποία παραπλανά κανείς κάποιον (ή και ολόκληρο κοινό) δημιουργώντας μια ψευδαίσθηση συχνά με σκοπό να τον ψυχαγωγήσει, να τον διασκεδάσει: ~ *σκηνοθετικό/ταχυδακτυλουργικό* (συνών. *κόλπο*). [γαλλ. *truc*].
τρικαλινός, -ή, -ό, επίθ., που ανήκει ή αναφέρεται

στα Τρίκαλα ή τους κατοίκους τους: *τυρί -ό.* - Το αρσ. και το θηλ. ως ουσ. (με κεφ. το αρχικό γράμμα) = αυτός που κατοικεί στα Τρίκαλα ή κατάγεται από εκεί.

τρικαντό το, ουσ. (έρρ.). 1. είδος καπέλου από μαύρο ύφασμα με τρεις κόχες: *ο ναύαρχος με το ~ στο κεφάλι* (συνών. *τρίκοχο*). 2. (ειρων.) γυναικείο καπέλο παλαιάς μόδας. [ιταλ. διαλ. *tricantòn*].

τρικάταρτος, -η, -ο, επίθ. (για πλοίο) που έχει τρία κατάρτια.

τρικέρης ο, ουσ. (λαϊκ.), ο διάβολος. [μεσν. *τρίκερως*].

τρικέρι το, ουσ., κηροπήγιο που δέχεται τρία κεριά.

τρικέφαλος, -η, -ο, επίθ., που έχει τρία κεφάλια: *τέρας -ο.* - Το αρσ. ως ουσ. = (ανατομ.) μυς με τρεις μυϊκές κεφαλές που βρίσκεται στο βραχίονα και στο μηρό.

τρικινητήριος, -α, -ο, επίθ. (ασυνίζ.), που έχει τρεις κινητήρες.

τρικλίζω και **τρεκλίζω,** ρ., περπατώ με ασταθές βήμα, κλυδωνίζομαι κατά το βάδισμα, παραπατώ: *τον είδα που -ιζε και παραλίγο θα 'πεφτε.*

τρίκλινος, -η, -ο, επίθ., που διαθέτει τρία κρεβάτια: *δωμάτιο (ξενοδοχείου) -ο· καμπίνα -η.*

τρικλοποδιά η, ουσ. (συνιζ.). 1. το να μπερδεύει κανείς με το πόδι το βήμα κάποιου για να τον κάνει να σκοντάψει, πεδίκλωμα: *βάζω ~.* 2. (μεταφ.) μηχανορραφία: *του 'βαλαν ~* (= ματαίωσαν ενέργειά του ή επιτυχία του με ύπουλα μέσα).

τρίκλωνος, -η, -ο, επίθ. 1. (για κλωστή, νήμα) που έχει τρεις κλωστές, τρεις κλωνιές (βλ. λ.). 2. που έχει τρία κλωνιά: *βασιλικός ~.*

τρικό το, ουσ. άκλ., πλεχτό ύφασμα με πολλές θηλειές. [γαλλ. *tricot*].

τρίκορφος, -η, -ο, επίθ., που έχει τρεις κορφές: *βουνό -ο.*

τρικούβερτος, -η, -ο, επίθ. 1. (για πλοίο) που έχει τρεις κουβέρτες, τρία καταστρώματα. 2. (μεταφ.) που είναι μεγάλης ολκής, που παίρνει μεγάλες διαστάσεις: *γάμος ~· γλέντι -ο· πείνα -η· καβγάς ~.*

Τρικουπικός, -ή, -ό, επίθ., που σχετίζεται με τον πολιτικό Χαρίλαο Τρικούπη: *πολιτική -ή· νόμος ~.* - Το αρσ. και το θηλ. ως ουσ. = οπαδός του Τρικούπη.

τρίκοχος, -η, -ο, επίθ., που έχει τρεις κόχες: *καπέλο -ο.* - Το ουδ. ως ουσ. = τρίκοχο καπέλο (συνών. *τρικαντό*).

τρίκροτο το, ουσ. (παλαιότερα) πολεμικό πλοίο με τρία πυροβολεία.

τρίκυκλο το, ουσ., όχημα με τρεις τροχούς που χρησιμοποιείται συνήθως για μεταφορές.

τρικυμία και (συνιζ., λαϊκ.) **-μιά** η, ουσ., μεγάλη θαλασσοταραχή (συνών. *φουρτούνα*). 2. (μεταφ.) ψυχική ταραχή· εκφρ. *-ες της ζωής* (= αναποδιές της ζωής).

τρικυμίζω, ρ., συνήθως στη μτχ. *-ισμένος.* 1. (για τη θάλασσα) που τη δέρνει η τρικυμία. 2. (για την ψυχή) βασανισμένη.

τρικύμισμα το, ουσ., φουρτούνιασμα (της θάλασσας) (βλ. *φουρτούνιασμα*).

τρικυμιώδης, -ης, -ες, γεν. *-ους,* πληθ. αρσ. και θηλ. *-εις,* ουδ. *-η,* επίθ. (ασυνίζ., λόγ.). 1. που επηρεάζεται από τρικυμία: *θάλασσα ~* (συνών. *φουρτουνιασμένος*). 2. (μεταφ.) περιπετειώδης: *ζωή ~.*

τρίλια η, ουσ. (συνιζ.). 1. κελάιδημα: *-ες των πουλιών.* 2. (μουσ.) γρήγορη αλληλοδιαδοχή φθόγγων. [γαλλ. *trille*].

τρίλιζα η, ουσ., είδος παιχνιδιού στο οποίο πρέπει οι παίχτες να σχηματίζουν τριάδες σημείων μεταθέτοντας τα πούλια τους (συνών. *τριάρα, τρίτσα*).

τριλογία η, ουσ., σύνολο από τρία έργα, θεατρικά, ποιητικά, μουσικά, κ.τ.ό. του ίδιου δημιουργού που παρουσιάζουν κάποια ενότητα ή σύνδεση στο θέμα ή και στη μορφή: *η ~ του Αισχύλου* (= οι τραγωδίες του Αισχύλου «Αγαμέμνων», «Χοηφόροι», «Ευμενίδες»).

τριμελής, -ής, -ές, γεν. *-ούς,* πληθ. αρσ. και θηλ. *-είς,* ουδ. *-ή,* επίθ., που αποτελείται από τρία μέλη: *αντιπροσωπεία/οικογένεια ~.*

τρίμερα τα, ουσ., η τρίτη ημέρα από το θάνατο κάποιου, καθώς και το μνημόσυνο που γίνεται τότε.

τριμερής, -ής, -ές, γεν. *-ούς,* πληθ. αρσ. και θηλ. *-είς,* ουδ. *-ή,* επίθ. 1. που αποτελείται από τρία μέρη: *διάσκεψη ~.* 2. που συμφωνείται μεταξύ τριών συμβαλλόμενων μερών: *συμφωνία ~.*

τρίμετρος, -η, -ο, επίθ. (μετρ.) για στίχο που αποτελείται από έξι πόδες ή τρεις διποδίες. - Το ουδ. ως ουσ.: *-ο αναπαιστικό/ιαμβικό.*

τριμηνία η, ουσ. 1. χρονικό διάστημα τριών μηνών (συνών. *τρίμηνο*). 2. αμοιβή για προσφορά εργασίας που διαρκεί ένα τρίμηνο. 3. ενοίκιο που καταβάλλεται για μια τριμηνία: *εισέπραξα από τον ενοικιαστή μου μια ~.*

τριμηνιαίος, -α, -ο, επίθ. 1. που διαρκεί τρεις μήνες. 2. (για περιοδικό) που κυκλοφορεί κάθε τρεις μήνες (συνών. *τρίμηνος*).

τρίμηνος, -η, -ο, επίθ., τριμηνιαίος (βλ. λ.). - Το ουδ. ως ουσ. = τριμηνία (βλ. λ.).

τριμιθιά και **τρεμιθιά** η, ουσ., είδος φυστικιάς. [μεσν. *τρέμιθος<*αρχ. *τέρμινθος*].

τρίμμα το, ουσ., πολύ μικρό κομμάτι που προήλθε από τριβή: *-ατα βράχου σώριασε το νερό της βροχής· -ατα τυριού.*

τρίμορφος, -η, -ο, επίθ., που έχει τρεις μορφές ή που εμφανίζεται με τρεις μορφές.

τρίξιμο το, ουσ., τριγμός: *~ δοντιών/πόρτας.*

τρίο το, ουσ. άκλ. 1. μουσική σύνθεση για τρία όργανα ή τρεις φωνές: *~ για πιάνο.* 2. συγκρότημα τριών μουσικών, τραγουδιστών ή χορευτών. 3. (γενικά) ομάδα τριών ατόμων: *οι τρεις τους αποτελούν ένα χαρούμενο ~.* [ιταλ. *trio*].

τριόδι το, ουσ. (ασυνίζ.), τρίλιζα (βλ. λ.).

τριολέτο το, ουσ. (ασυνίζ.). 1. (μουσ.) ομάδα από τρεις νότες ίσης αξίας που παίζονται στο χρόνο των δύο. 2. ποίημα με καθορισμένη μορφή οχτώ στίχων πάνω σε δύο ρίμες, από τους οποίους ο πρώτος, ο τέταρτος και ο έβδομος είναι όμοιοι. [γαλλ. *triolet*].

τριοξείδιο το, ουσ. (ασυνίζ. δις), (χημ.) χημική ένωση που περιέχει στο μόριό της τρία άτομα οξυγόνου.

τρίπατος, -η, -ο, επίθ., τριώροφος: *σπίτι -ο.*

τριπίθαμος, βλ. *τρισπίθαμος.*

τριπλά, βλ. *τριπλός.*

τριπλάνο το, ουσ., αεροπλάνο με τρία συστήματα πτερύγων, το ένα επάνω από το άλλο. [γαλλ. *triplan*].

τριπλάσια, βλ. *τριπλάσιος.*

τριπλασιάζω, ρ. (ασυνίζ.), κάνω κάτι τριπλάσιο σε μέγεθος ή ποσότητα.

τριπλασιασμός ο, ουσ. (ασυνίζ.), πολλαπλασιασμός επί τρία, αύξηση στο τριπλάσιο: ~ εξόδων.

τριπλάσιος, -α, -ο, επίθ. (ασυνίζ.), που είναι τρεις φορές περισσότερος ή μεγαλύτερος: *ποσότητα -α.* - Το ουδ. ως ουσ. = τριπλάσια ποσότητα. - Επίρρ. -α.

τρίπλευρος, -η, -ο, επίθ., που έχει τρεις πλευρές: *σχήμα -ο.* - Το ουδ. ως ουσ. = σχήμα που έχει τρεις πλευρές (συνών. *τρίγωνο*).

τριπλός, -ή, -ό, επίθ. 1. που αποτελείται από τρία τμήματα: *πρόσοψη -ή*. 2. για κάτι που είναι περισσότερο κατά τρεις φορές από κάτι άλλο. 3. για κάτι στο οποίο μετέχουν τρία μέλη: *συμμαχία -ή.* 4. τριπλάσιος: *ποσότητα -ή.* - Επίρρ. -ά.

τριπλότυπος, -η, -ο, επίθ., που εκτυπώνεται σε τρία πανομοιότυπα αντίτυπα: *απόδειξη -η.* - Το ουδ. ως ουσ. = βιβλίο αποδείξεων με τρία δελτία, καθώς και το δελτίο που κόβεται από αυτό ως απόδειξη.

τριπλωπία η, ουσ. (ιατρ.) πάθηση των οφθαλμών κατά την οποία βλέπει κανείς ταυτόχρονα τρεις εικόνες ενός αντικειμένου.

τρίποδας ο και **τρίποδο** το, ουσ., αντικείμενο με τρία πόδια και βάση που χρησιμεύει ως στήριγμα: *στήριξε σε -α τη φωτογραφική μηχανή/τον πίνακα.*

τριπόδι το, ουσ., ξύλινο ή σιδερένιο σκαμνί με τρία πόδια.

τριποδισμός ο, ουσ., καλπασμός (βλ. ά.).

τρίποδο, βλ. *τρίποδας*.

Τριπολιτσ(ι)ώτης και (σπανιότερα) **Τριπολίτης,** ο, θηλ. **-ισσα,** ουσ., άτομο που κατάγεται από την Τρίπολη ή κατοικεί σ' αυτήν.

τριπολιτσ(ι)ώτικος, -η, -ο, επίθ. (συνιζ.), που ανήκει ή αναφέρεται στην Τρίπολη: *κρασί -ο.*

Τριπολιτσ(ι)ώτισσα, βλ. *Τριπολιτσ(ι)ώτης.*

τρίπρακτος, -η, -ο, επίθ. (για θεατρ. έργο) που αποτελείται από τρεις πράξεις.

τρίπτυχο το, ουσ. 1. σύνθεση από τρεις εικόνες, ζωγραφικές ή ξυλόγλυπτες, που συνδέονται μεταξύ τους με τρόπο ώστε οι δύο πλευρικές να διπλώνονται στην κεντρική. 2. διεθνές δίπλωμα για οδήγηση αυτοκινήτου. 3. (γενικά) σύνολο από τρία μέρη.

τρις, επίρρ. (λόγ.), τρεις φορές.

τρι(σ)-, α΄ συνθ. ονομάτων α. που δηλώνει τριπλή ύπαρξη ή επανάληψη: *τρισέλιδος, τρίμηνος, τριώροφος·* β. που επιτείνει την έννοια του β΄ συνθ.: *τρισάθλιος, τρισευτυχισμένος, τρισκατάρατος.*

τρισάγιο το, ουσ. (ασυνίζ.). 1. σύντομος εκκλησιαστικός ύμνος στην Αγία Τριάδα. 2. μνημόσυνο που τελείται είτε στην εκκλησία είτε σε τάφο πεθαμένου από ιερέα χωρίς να προσφέρονται κόλλυβα.

τρισάθλιος, -α, -ο, επίθ. (ασυνίζ.), πολύ άθλιος, ελεεινός.

τρισαλί και **τρισαλίμονο,** επιφ., πολλές φορές αλίμονο.

τρισάξιος, -α, -ο, επίθ. (ασυνίζ.), πολύ άξιος.

τρίσβαθος, -η, -ο, επίθ., πολύ βαθύς: *ουρανός/ωκεανός ~.* - Το ουδ. στον πληθ. ως ουσ. = τα πιο βαθιά, τα πιο κρυφά μέρη: *~ της καρδιάς.* - Επίρρ. -α.

τρισδιάστατος, -η, -ο, επίθ. (ασυνίζ.). 1. που έχει τρεις διαστάσεις (ύψος, μήκος και πλάτος): *χώρος ~.* 2. (για εικόνα ή πίνακα) που φαίνεται σαν να έχει βάθος (τρεις διαστάσεις) και δεν είναι

επίπεδος. 3. (για κινηματογράφο) που προβάλλει έργα τριών διαστάσεων.

τρισέγγονος ο, θηλ. **-ή,** ουδ. **τρισέγγονο** και **τρισεγγόνι** το, ουσ., το παιδί του δισέγγονου.

τρισεκατομμύριο το, ουσ. (ασυνίζ.), χίλια δισεκατομμύρια.

τρισέλιδος, -η, -ο, επίθ., που αποτελείται από τρεις σελίδες: *δημοσίευμα -ο.*

τρισένδοξος, -η, -ο, επίθ., πάρα πολύ ένδοξος: *πατρίδα -η.*

τρισευγενής, -η, -ο, επίθ., που είναι πολύ ευγενικός: *χάρη -η* (Καζαντζάκης).

τρισευτυχισμένος, -η, -ο, επίθ., ευτυχισμένος σε μεγάλο βαθμό.

τρισκαταραμένος, -η, -ο, επίθ., τρισκατάρατος (βλ. λ.).

τρισκατάρατος, -η, -ο, επίθ., τρεις φορές καταραμένος, άξιος για πολλές κατάρες: *αρρώστια -η.* -Το αρσ. ως ουσ. = ο διάβολος.

τρισκόταδο το, ουσ., βαθύ σκοτάδι (συνών. *θεοσκόταδο*).

τρισκότεινος, -η, -ο, επίθ., πολύ σκοτεινός: *νύχτα -η.*

τρισμακάριστος, -η, -ο, επίθ., τρισευτυχισμένος.

τρισπίθαμος, -η, -ο και **τριπίθαμος,** επίθ., που έχει ύψος τρεις πιθαμές (ειδικά για άτομο μικρού αναστήματος).

τρισταυρία η, ουσ., σύστημα με το οποίο επιτρέπεται ή επιβάλλεται η ψήφιση με σταυρό τριών υποψηφίων βουλευτών εκλογικού ψηφοδελτίου.

τρίστηλος, -η, -ο, επίθ. 1. που έχει ή καταλαμβάνει τρεις στήλες: ~ *τίτλος εφημερίδας·* λεξικό -ο· -ο *σώμα καλοριφέρ* (= σώμα κεντρικής θέρμανσης που έχει στο εσωτερικό του τρεις κατακόρυφες στήλες νερού). 2. (για πλοίο) που έχει τρία κατάρτια (συνών. *τρικάταρτος*). - Το ουδ. ως ουσ. = δημοσίευμα σε τρεις στήλες εντύπου.

τρίστιχος, -η, -ο, επίθ., που αποτελείται από τρεις στίχους: *ποίημα -ο.* - Το ουδ. ως ουσ. = ποίημα από τρεις στίχους.

τρίστρατο το, ουσ. (λαϊκ.), σημείο όπου συναντώνται τρεις δρόμοι: *Πού να τον πω τον πόνο μου...; Να τον ειπώ στα -α, τον παίρνουν οι διαβάτες* (Κρυστάλλης).

τρισύλλαβος, -η, -ο, επίθ., που αποτελείται από τρεις συλλαβές: *όνομα -ο.*

τρισυπόστατος, -η, -ο, επίθ. (θεολ., για το Θεό) που έχει τρεις υποστάσεις (βλ. λ.): *θεότητα -η* (= η Αγία Τριάδα).

τρισχειρότερος, -η, -ο, επίθ., πάρα πολύ χειρότερος - Επίρρ. -α.

τρισχιλιετής, -ής, -ές, γεν. -ούς, πληθ. αρσ. και θηλ. -είς, ουδ. -ή, επίθ. (ασυνίζ., λόγ.), που διαρκεί τρεις χιλιάδες χρόνια: *ιστορία ~.*

τριτανακοπή η, ουσ. (νομ.) ένδικο μέσο με το οποίο κάποιος τρίτος που δεν έλαβε μέρος σε δίκη προσβάλλει την απόφασή της και ζητά να ακυρωθεί σε ό,τι τον αφορά, επειδή τον βλάπτει ή θέτει σε κίνδυνο τα έννομα συμφέροντά του.

τριτάξιος, -α, -ο, επίθ. (ασυνίζ.), για σχολείο που έχει τρεις τάξεις (όπου γίνεται συνδιδασκαλία).

τριτάρης ο, ουσ. (λαϊκ.), καλλιεργητής που παίρνει το ένα τρίτο του εισοδήματος, ενώ το υπόλοιπο περιέρχεται στον ιδιοκτήτη του κτήματος.

τριτάρικος, -η, -ο, επίθ. (λαϊκ.), για κτήμα που καλλιεργεί ένας τριτάρης (βλ. λ.): *αμπέλι -ο.*

τριτεγγύηση η, ουσ. (έρρ.), (νομ.) εγγύηση που

παρέχει τρίτος για να πληρωθεί σε κάποιον μια συναλλαγματική ή να γίνει αποδεκτή.

τριτεγγυητής ο, θηλ. **-ήτρια**, ουσ. (έρρ.), αυτός που παρέχει τριτεγγύηση (βλ. λ.).

τριτεγγυώμαι, ρ. (έρρ.), παρέχω τριτεγγύηση (βλ. λ.).

τριτεξάδελφος ο, θηλ. **-έλφη**, ουσ. (λόγ.), τρίτος (βλ. λ. στη σημασ. 1) εξάδελφος.

τριτεύω, ρ., είμαι τρίτος στη σειρά (σε κατάταξη, σημασία, κ.ά.).

Τρίτη η, ουσ. **α.** η ημέρα της εβδομάδας μετά τη Δευτέρα: *ελάτε την* ~· *η* ~ *του Πάσχα* (= η μεθεπομένη μέρα της γιορτής)· *Μεγάλη* ~ (= της Μεγάλης Εβδομάδας)· **β.** (λαογρ.) ως αποφράδα ημέρα (επειδή τέτοια μέρα στις 29 Μαΐου 1453 οι Τούρκοι κατέλαβαν την Πόλη): *μην αρχίζεις μια δουλειά την* ~· (επιτ.) ~ *και δεκατρείς*. - Βλ. και *τρίτος*.

τριτημόριο το, ουσ. (ασυνίζ., λόγ.), το ένα τρίτο.

τρίτιο το, ουσ. (ασυνίζ.), (χημ.) το βαρύτερο από τα ισότοπα του υδρογόνου, ραδιενεργό, που διασπάται και παρέχει ως υπόλειμμα το ήλιο. [νεολατ. επιστ. όρος *tritium*].

τριτοβάθμιος, **-α**, **-ο**, επίθ. (ασυνίζ.), που ανήκει ή αναφέρεται στον τρίτο βαθμό μιας ιεραρχίας ή στην τρίτη σειρά ενός οργανωμένου συνόλου, σώματος, δραστηριότητας, κ.τ.ό.: *επιτροπή* -*α*· *εκπαίδευση* -*α* (= ανώτατη, πανεπιστημιακή)· (μαθημ.) *εξίσωση* -*α*.

τριτοετής, **-ής**, **-ές**, γεν. -*ούς*, πληθ. αρσ. και θηλ. -*είς*, ουδ. -*ή*, επίθ. (για φοιτητή, κ.τ.ό.) που βρίσκεται στο τρίτο έτος των σπουδών του.

τριτόκλιτος, **-η**, **-ο**, επίθ. (γραμμ.) για όνομα της αρχαίας ελληνικής που ανήκει στην τρίτη κλίση: *επίθετα* -*α*.

τριτοκοσμικός, **-ή**, **-ό**, επίθ., που ανήκει ή αναφέρεται στον τρίτο κόσμο (σε σχέση με το δυτικό και τον ανατολικό): *χώρες* -*ές*· *σοσιαλισμός* ~. - Πβ. και *τρίτος* (στη σημασ. 2).

τρίτομος, **-η**, **-ο**, επίθ. (για βιβλίο, σύγγραμμα, κ.τ.ό.) που αποτελείται από τρεις τόμους.

τρίτον, επίρρ., έπειτα από το «δεύτερον» (σε απαρίθμηση), κατά τρίτο λόγο.

τριτοπρόσωπος, **-η**, **-ο**, επίθ. (γραμμ.) για τύπο ρήματος ή αντωνυμίας που βρίσκεται στο τρίτο πρόσωπο: -*η προσωπική αντωνυμία* (*αυτός, -ή, -ό*)· (ειδικά) *ρήματα* -*α* (= απρόσωπα· βλ. *απρόσωπος* στη σημασ. 3).

τρίτος, **-η**, **-ο**, αριθμ. **1.** που έρχεται ή γίνεται αμέσως μετά το δεύτερο, που ακολουθεί σε μια σειρά το δεύτερο (χρονικά ή τοπικά): -*ο σώμα στρατού*· -*ο στεφάνι*· -*η πόρτα δεξιά* (για ηγεμόνες ή αρχιερείς με το ίδιο όνομα· συνήθως *Γ΄*): *Ιωακείμ ο Γ΄* (διάβαζε *τρίτος*)· ~ *εξάδελφος* (για βαθμό συγγένειας που υπάρχει ανάμεσα στα παιδιά δύο δεύτερων εξαδέλφων)· εκφρ. -*η και ζαβολιά/φαρμακερή* (ενν. *φορά*· θεωρείται πως τότε επιτυγχάνεται κάτι, επέρχεται δυσάρεστη συνέπεια, κ.ά.). **2.** που έρχεται ως προς τη σημασία, την αξία, την τιμή, τη σοβαρότητα, την επιτυχία, κ.τ.ό. μετά το δεύτερο: *υφάσματα* -*ης διαλογής*· ~ *πλοίαρχος*. Εκφρ. -*η ηλικία*, βλ. *ηλικία*· ~ *κόσμος* (= σύνολο χωρών οικονομικά καθυστερημένων ή στο στάδιο της ανάπτυξης). - Το αρσ. ως ουσ. = **1α.** (νομ.) πρόσωπο που δεν συμμετέχει σε συμφωνία, αντιδικία, κ.ά.: *δικαιώματα* -*ων*· **β.** (κατ' επέκταση) πρόσωπο άσχετο με υπόθεση, συζήτηση ή ομάδα ατόμων: *ένας* ~ *θα μπορούσε να σας δώσει πιο ψύχραιμη γνώμη*. **2.** αξιωματικός του εμπορικού ναυτικού που βρίσκεται μετά τον υποπλοίαρχο (*δεύτερο*) στη διοίκηση ενός καραβιού: *μπάρκαρα* ~ *σ' ένα φορτηγό* (συνών. *ανθυποπλοίαρχος*). **3.** τρίτος όροφος: *μένω στον* -*ο*. - Το θηλ. ως ουσ. = **1.** η τρίτη χρονιά σχολικών σπουδών: *τα τμήματα της* -*ης*. **2α.** η τρίτη μέρα (του μηνός): *οδός Τ-ης Σεπτεμβρίου*· **β.** η τρίτη ημέρα της εβδομάδας (βλ. και *Τρίτη*). **3.** (μαθημ.) η τρίτη δύναμη (για πολλαπλασιασμό ενός αριθμού με το τετράγωνο του εαυτού του· σύμβολο $α^3$) (συνών. *κύβος*). -Το ουδ. ως ουσ. = καθένα από τα τρία ίσα μέρη διαιρεμένου όλου: *τα δύο* -*α του πληθυσμού*.

τριτότοκος, **-η**, **-ο**, επίθ., που γεννήθηκε τρίτος, μετά το δευτερότοκο: *παιδί* -*ο*.

τρίτροχος, **-η**, **-ο**, επίθ. (για όχημα) που έχει τρεις τροχούς: *αυτοκίνητο/ποδήλατο* -*ο*. - Πβ. και ά. *τρίκυκλος*.

τρίτσα η, ουσ., τριόδι (βλ. λ.).

τριτώνω, ρ. **Α.** (αμτβ.) συμβαίνω, επαναλαμβάνομαι για τρίτη φορά: *τρίτωσε το κακό*. **Β.** (μτβ., σπανιότερα) επαναλαμβάνω κάτι για τρίτη φορά.

τριφασικός, **-ή**, **-ό**, επίθ. (ηλεκτρολ.) σύστημα από τρία εναλλασσόμενα ρεύματα που παράγονται συγχρόνως σε τρία ίδια πηνία του στάτορα (βλ. λ.) τα οποία σχηματίζουν μεταξύ τους γωνία 120°: *τα ηλεκτρικά εργοστάσια παράγουν ρεύμα* -*ό*· (συνεκδοχικά) *γεννήτρια* -*ή*.

τρίφτης ο, ουσ. **1.** μικρό μεταλλικό οικιακό σκεύος με εγκοπές σε διάφορα μεγέθη που το χρησιμοποιούμε για να τρίβουμε φαγώσιμα (κυρίως τυριά και λαχανικά). **2.** σκληρό τεχνητό σφουγγάρι για τρίψιμο του σώματος στο μπάνιο. **3.** μηχανή για λείανση μαρμάρου.

τριφτός, **-ή**, **-ό**, επίθ. (λαϊκ.), τριμμένος ή που τρίβεται εύκολα: *κεφαλοτύρι* -*ό*· *ζύμη* -*ή*.

τριφύλλι το, ουσ. (βοτ.) ποώδες φυτό, διετές ή πολυετές, με φύλλα σύνθετα από τρία φυλαράκια το καθένα και λουλούδια άσπρα, κόκκινα, μοβ, κ.ά., που χρησιμοποιείται χλωρό ή ξερό ως νομή: *καλλιεργώ* ~· ~ *άγριο/*(λαογρ.) *τετράφυλλο* (πολύ σπάνιο, για το οποίο πιστεύεται πως φέρνει μεγάλη τύχη σε όποιον το κατέχει)· φρ. *ζήσε, μαύρε μου, να φας (το Μάη)* ~, βλ. *μαύρος*.

τρίφυλλος, **-η**, **-ο**, επίθ. (για πόρτα ή παράθυρο) που έχει τρία φύλλα (που ανοίγουν)· (συνεκδοχικά) *ντουλάπα* -*η* (με πόρτα που έχει τρία φύλλα).

τριφωνία η, ουσ. (μους.) συναυλία από τρία όργανα· χορωδία από τρεις φωνές.

τρίχα η, ουσ. **1α.** καθένας από τους ευλύγιστους κεράτινους σχηματισμούς με μορφή κλωστής και διάφορα μήκη που φυτρώνουν και αναπτύσσονται στο πάνω μέρος του κεφαλιού (*μαλλιά*) και σε άλλα μέρη του ανθρώπινου σώματος: *ρίζα* -*ας*· *δεν έχει* ~ *στο κεφάλι του* (= είναι εντελώς φαλακρός)· (λαϊκ.) *θα σου μαδήσω το τσουλούφι* ~ ~· **β.** (προφ., στον πληθ.) περιφρονητικά για ασήμαντα ή ανόητα λόγια (συνών. *σαχλαμάρες*). **2.** (ζωολ.) ό,τι αποτελεί το τρίχωμα των θηλαστικών: *ύφασμα από* -*ες καμήλας*· (περιληπτικά) *γάτα με γυαλιστερή* ~. **3.** (βοτ.) τριχοειδές εξάρτημα στην επιφάνεια φυτικού οργάνου. Εκφρ. *παρά*/(λαϊκ.) *από* ~ (= λίγο έλειψε να..., πυραλίγο): *παρά* ~ *να με χτυπήσει αυτοκίνητο*· *από* ~ *γλίτωσα το πέσιμο*· *στην* ~ (= για ντύσιμο άψογο, πολύ κομψό): *κουστούμι στην* ~. Φρ. *δεν άγγιξα/δε λείπει/δεν* πείραξα (ούτε) ~ (= δεν προκάλεσα την παραμικρή βλάβη ή απώλεια)· *κάνω την ~ τριχιά* (= μεγαλοποιώ κάτι ασήμαντο)· *κρέμεται από μια ~* (για πολύ επικίνδυνη θέση· πβ. *από μια κλωστή*)· *μου σηκώνεται η ~,* βλ. *σηκώνω. -* Υποκορ. **-ίτσα** και **-ούλα** η. [αρχ. *θριξ*].

τρίχας ο, ουσ. (προφ., μειωτ.) για άνθρωπο ασήμαντο, που λέει ανοησίες.

τριχιά η, ουσ. (συνιζ., λαϊκ.) α. (παλαιότερα) σκοινί από τρίχες ζώου· **β.** (γενικά) χοντρό σκοινί: *έδεσα τα ξύλα με μια ~·* φρ. *κάνω την τρίχα ~,* βλ. *τρίχα.*

τριχίδιο το, ουσ. (ασυνίζ.), (βοτ.) καθεμιά από τις μικρές σαρκώδεις τριχούλες που φυτρώνουν από την επιδερμίδα της ρίζας και βοηθούν στην απορρόφηση του νερού και των θρεπτικών ουσιών: *-ια ριζικά.*

τρίχινος, -η, -ο, επίθ. (λόγ.), κατασκευασμένος από τρίχες: *χιτώνας ~.*

τριχίτσα, βλ. *τρίχα.*

τριχοειδής, -ής, -ές, γεν. *-ούς,* πληθ. αρσ. και θηλ. *-είς,* ουδ. *-ή,* επίθ., όμοιος με τρίχα, πάρα πολύ λεπτός: (ανατομ.) *αγγεία -ή* (που ενώνουν τις τελευταίες διακλαδώσεις των αρτηριών με τις αρχικές των φλεβών).

τριχομονάδα η, ουσ. (ζωολ. - ιατρ., συνήθως στον πληθ.) γένος πρωτοζώων που ζουν ως παράσιτα σε διάφορα ζώα και στον άνθρωπο, κάποτε με παθογόνο δράση.

τριχόπτωση η, ουσ., το να πέφτουν οι τρίχες των μαλλιών.

τρίχορδος, -η, -ο, επίθ. (μουσ.) για όργανο με τρεις χορδές.

τριχοτόμηση η, ουσ. (μαθημ.) διαίρεση σε τρία ίσα μέρη: *~ γωνίας.*

τριχοτομώ, -είς, ρ. (μαθημ.) χωρίζω σε τρία ίσα μέρη.

τριχούλα, βλ. *τρίχα.*

τριχοφάγος ο, ουσ. (κοιν.) πάθηση που χαρακτηρίζεται από τριχόπτωση κατά περιοχές στο τριχωτό μέρος του κεφαλιού (λόγ. *αλωπεκίαση*) ή στα γένια.

τριχοφυΐα η, ουσ., το να φυτρώνουν τρίχες (ιδίως στο πρόσωπο ή στο σώμα).

τριχοφυτία η, ουσ. (ιατρ.) δερματοπάθεια που προκαλείται από τριχόφυτο.

τριχόφυτο το, ουσ. (βοτ.) μύκητας που ζει παρασιτικά στα μαλλιά, το δέρμα ή τα νύχια που προκαλεί τριχοφυτία (βλ. λ.).

τρίχρονος, -η, -ο, επίθ., που έχει ηλικία ή διάρκεια τριών χρόνων: *παιδί -ο* (συνών. *τριετής*).

τριχρωμία η, ουσ. (τεχν.) μέθοδος για την εκτύπωση πολύχρωμων εικόνων με τη χρησιμοποίηση τριών βασικών χρωμάτων (κίτρινου, κόκκινου και μπλε) που εφαρμόζεται στην τυπογραφία, κ.ά.

τρίχρωμος, -η, -ο, επίθ., που έχει τρία χρώματα: *σημαία -η.*

τρίχωμα το, ουσ. α. το σύνολο των τριχών του ανθρώπινου σώματος, ειδικά του κορμού και των μελών, ή μέρους από αυτό: *~ πυκνό/της μασχάλης·* **β.** οι τρίχες που καλύπτουν ολόκληρο σχεδόν το σώμα των περισσοτέρων θηλαστικών: *ζώα που αλλάζουν ~·* **γ.** σύνολο τριχών στην επιδερμίδα διάφορων φυτικών οργάνων.

τρίχωση η, ουσ. (βοτ.) *τρίχωμα* φυτών.

τριχωτός, -ή, -ό, επίθ., που φέρει τρίχες, ιδίως σε υπερβολικό αριθμό: *πόδια -ά.*

τριψήφιος, -α, -ο, επίθ. (ασυνίζ.), (για αρ.) που αποτελείται από τρία ψηφία.

τρίψιμο το, ουσ., το να τρίβει κανείς κάποιον ή κάτι: *το τηγάνι θέλει ~· ~ με οινόπνευμα* (= εντριβή).

τριώδιο το, ουσ. (ασυνίζ.), (εκκλ.) α. κανόνας από τρεις ωδές· **β.** λειτουργικό βιβλίο που περιέχει τις ακολουθίες από την Κυριακή του Τελώνου και Φαρισαίου έως και το Μεγάλο Σάββατο· γ. (κοιν.) η περίοδος των τριών εβδομάδων της Αποκριάς: *άνοιξε/άρχισε το ~.*

τριώνυμο το, ουσ. (ασυνίζ.), (μαθημ.) αλγεβρική παράσταση που αποτελείται από το άθροισμα τριών μονωνύμων (βλ. λ.).

τρίωρος, -η, -ο, επίθ., που διαρκεί τρεις ώρες: *-η στάση εργασίας. -* Το ουδ. ως ουσ. = χρονικό διάστημα τριών ωρών: *η γιορτή κράτησε ένα -ο.*

τριώροφος, -η, -ο, επίθ. (ασυνίζ.), (για κτήριο) που έχει τρεις ορόφους: *-η κλινική* (συνών. *τρίπατος*).

τροβαδούρος ο, ουσ. (ιστ.) πλανόδιος ποιητής ή τραγουδιστής στο μεσαίωνα (ιδίως ερωτικών ποιημάτων ή τραγουδιών). [γαλλ. *troubadour*].

τρόικα η, ουσ. **1.** ρωσικό όχημα σαν το έλκηθρο που το σέρνουν τρία άλογα. **2.** πολιτική τριανδρία, επιτροπή ή σύμπραξη τριών πολιτικών. [ρωσ. λ.].

τροκάνι το και **τροκάνα** η, ουσ., βαρύ κουδούνι που κρεμούν στο λαιμό των αιγοπροβάτων (συνών. *ροκάνα*).

τρόλεϊ το, ουσ. άκλ., ηλεκτροκίνητο όχημα για τη μεταφορά επιβατών που χρησιμοποιείται σε αστικές περιοχές, κινείται επάνω σε ελαστικά όμοια με του αυτοκινήτου και έχει διαφορετικό σύστημα οδήγησης. [αγγλ. *trolley*].

τρόμαγμα το, ουσ., το να τρομάζει κάποιος ή να προκαλεί τρόμο σε άλλον, ξαφνικός ζωηρός φόβος (συνών. *ξάφνιασμα, αλάφιασμα*).

τρομάζω, ρ., αόρ. *τρόμαξα,* μτχ. παθητ. παρκ. *-γμένος.* **Α.** (μτβ.) εκφοβίζω ξαφνικά ή ζωηρά κάποιον, του προκαλώ έντονο ή αιφνίδιο φόβο: *μας -αξε με τις αγριοφωνάρες του· με -αξε η δυσκολία του έργου που θα αναλάμβανα.* **Β.** (αμτβ.) κυριεύομαι ξαφνικά ή έντονα από φόβο, τρομοκρατούμαι: *-ει με το τίποτα/με τη σκέψη ότι...* Φρ. *να...* (ή *ώσπου να*) (= καταβάλλω μεγάλη προσπάθεια για να πετύχω κάτι, κατορθώνω κάτι με μεγάλη δυσκολία): *-αξα να σε βρω· -αξα ώσπου να φτάσω.*

τρομακτικός, βλ. *τρομαχτικός.*

τρομάρα η, ουσ., ξαφνικός έντονος φόβος: *πήρα μια ~, μόλις τον είδα ξαφνικά μπροστά μου στο μισοσκόταδο!* (συνών. *τρόμος*). Έκφρ. *μια χαρά και δυο -ες* (α. για πρόσωπο ή κατάσταση που προκαλεί απέχθεια· β. για να δηλωθεί μεμψιμοιρία: *πώς να τα πάμε!... μια χαρά και δυο -ες*) επιφ. *~ μας!* (= δυστυχία μας, συμφορά μας!)· *~ σου!* (για να δηλωθεί περιφρόνηση ή επίπληξη): *τι την ήθελες τη γυμναστική ύστερα από τόσα χρόνια, ~ σου! ~ στα μπατζάκια σου* (για να δηλωθεί σκωπτική διάθεση).

τρομαχτικός, -ή, -ό και (λογιότερο) **τρομακτικός,** επίθ. 1. που προκαλεί τρόμο: *όνειρο -ό.* 2. (μεταφ. και συνεκδοχικά) εκπληκτικός: *έχει μια βίλα -ή· ποσά -ά* (συνών. στις σημασ. 1 και 2 *τρομερός, φοβερός*). - Επίρρ. *-ά.*

τρομερός, -ή, -ό, επίθ. 1. που προκαλεί τρόμο, φρικιαστικός: *τέρας -ό· όνειρο -ό* (= εφιάλτης)·

έγκλημα -ό (συνών. αποτρόπαιος, απαίσιος, τρομαχτικός). **2.** (μεταφ. και συνεκδοχικά) πάρα πολύ έντονος, πολύ ισχυρός, πολύ μεγάλος, κλπ.: *θόρυβος ~· ζέστη/ευθύνη -ή· πλήγμα/λάθος -ό*. **3.** (για πρόσωπο) δεινός, αξιοθαύμαστος, ικανότατος: *οδηγός/αθλητής ~· χαρακτήρας/τύπος ~*. - Επίρρ. **-ά** (στις σημασ. 1 και 2): *-ά εκφραστικά μάτια*.

τρομοκράτης ο, θηλ. **-ισσα**, ουσ. **1.** πρόσωπο που προσπαθεί να επιβληθεί σκορπίζοντας τον τρόμο. **2.** μέλος τρομοκρατικής οργάνωσης: *μασκοφόροι -ες*.

τρομοκράτηση η, ουσ. **1.** άσκηση τρομοκρατίας (βλ. λ.) σε κάποιον: *~ απεργών*. **2.** το να είναι κάποιος τρομοκρατημένος.

τρομοκρατία η, ουσ. **1.** επικράτηση με τη χρησιμοποίηση τρόμου, επιβολή με τη βία: *κλίμα -ας*. **2α.** διακυβέρνηση λαού με χρησιμοποίηση βίαιων και σκληρών διοικητικών μέτρων· **β.** (ειδικότερα, ιστ.) το σύνολο των έκτακτων βίαιων μέτρων που πάρθηκαν από την επαναστατική κυβέρνηση κατά τη γαλλική επανάσταση από τα μέσα του 1793 (πτώση των Γιρονδίνων) έως τα μέσα του 1794 (πτώση του Ροβεσπιέρου) και η αντίστοιχη χρονική περίοδος. **3.** σύνολο βίαιων ενεργειών εξτρεμιστικών οργανώσεων με σκοπό τη δημιουργία κλίματος ανασφάλειας και την ανατροπή του πολιτικού και κοινωνικού καθεστώτος: *καταπολέμηση της -ας· διεθνής ~*.

τρομοκρατικός, -ή, -ό, επίθ., που ανήκει ή αναφέρεται στην τρομοκρατία ή στους τρομοκράτες: *ενέργεια/δράση -ή· -ή οργάνωση* (= μυστική οργάνωση που επιδιώκει την ανατροπή της υπάρχουσας πολιτικής και κοινωνικής τάξης πραγμάτων με τη βία).

τρομοκράτισσα, βλ. *τρομοκράτης*.

τρομοκρατώ, -είς, ρ., μέσ. **-ούμαι, -είσαι**. **I.** ενεργ. **1.** ασκώ τρομοκρατία, επιβάλλομαι χρησιμοποιώντας μέτρα βίας. **2.** φοβίζω υπερβολικά κάποιον, τον κάνω να χάσει το θάρρος του: *η είδηση -ησε τους επενδυτές κεφαλαίων· μην -είς το παιδί*. **II.** (μέσ.) καταλαμβάνομαι ή κατέχομαι από τρόμο, πανικοβάλλομαι: *-ήθηκε με τη σκέψη ότι...*

τρόμος ο, ουσ. **1.** τρεμουλιαστή κίνηση από φόβο. **2.** (συνεκδοχικά) ξαφνικός ή υπερβολικός φόβος, τρομάρα: *αίσθημα -ου· ταινίες -ου* (= που προκαλούν φόβο και φρίκη)· έκφρ. *φόβος και ~* = **α.** για υπερβολικό φόβο: *τους έπιασε/κατέλαβε φόβος και ~* **β.** (για πρόσωπα) φόβητρο: *είναι ο φόβος και (ο) ~ της γειτονιάς*.

τρόμπα η, ουσ. (έρρ.). **1α.** αντλία (βλ. λ.)· **β.** ψεκαστήρας: *~ με εντομοκτόνο·* **γ.** (ειδικά) αντλία που μεταφέρει με σωλήνες υγρό σκυρόδεμα. **2.** (μουσ.) αρχαιότατο πνευστό όργανο από μέταλλο (συνών. *σάλπιγγα* στη σημασ. 1). [ιταλ. *tromba*].

τρόμπα μαρίνα η, (έρρ.), τηλεβόας: *ακουγόταν*ε *η φωνή με την ~* (Μπαστιάς). [ιταλ. *tromba marina*].

τρομπάρισμα το, ουσ. (έρρ.), άντληση (υγρού ή αερίου) με τρόμπα.

τρομπάρω, ρ., παρατ. *τρόμπαρα* και *-άριζα*, αόρ. *-άρισα* (έρρ.), αντλώ με τρόμπα (βλ. λ.): *ο καφετζής -άριζε την ασετυλίνη του* (Ι.Μ. Παναγιωτόπουλος). [βενετ. *trombàr*].

τρομπέτα και **τρουμπέτα** η, ουσ. (έρρ.), (μουσ.) πνευστό μουσικό όργανο, σάλπιγγα (βλ. λ.). [βενετ. *trombeta*].

τρομπετίστας ο, θηλ. **-στρια**, ουσ. (έρρ.), (μουσ.) μουσικός που παίζει τρομπέτα, σαλπιστής.

τρομπόνι το, ουσ. (έρρ.), (μουσ.) χάλκινο πνευστό μουσικό όργανο που αποτελείται από κυλινδρικούς σωλήνες που καταλήγουν σ' ένα μεγάλο άνοιγμα σαν χοάνη. [βενετ. *trombòn*].

τρομπονιστής ο, θηλ. **-στρια**, ουσ. (έρρ.), μουσικός που παίζει τρομπόνι (βλ. λ.).

τρομώδης, -ης, -ες, γεν. *-ους*, πληθ. αρσ. και θηλ. *-εις*, ουδ. *-η*, γεν. *-ών*, επίθ. (ιατρ.) που συνοδεύεται από τρεμούλα, τρεμουλιαστός: *παράλυση ~*.

τρόπαιο το, ουσ. **1.** (αρχ.) πρόχειρο μνημείο που έστηναν στο πεδίο της μάχης οι νικητές από τα λάφυρα των ηττημένων. **2.** (κατ' επέκταση) σύμβολο, σημείο νίκης: *το πήρε ως ~*. **3.** (συνεκδοχικά) νίκη, επιτυχία, θρίαμβος.

τροπαιούχος, -ος, -ο, επίθ., τροπαιοφόρος (βλ. λ.).

τροπαιοφόρος, -ος, -ο, επίθ., που φέρνει τρόπαια, νικητής: (εκκλ.) *άγιος Γεώργιος ο ~* (= που πέτυχε τρόπαια κατά των εχθρών της πίστης) (συνών. *θριαμβευτής, τροπαιούχος*).

τροπάρι(ο) το, ουσ. (ασυνίζ.). **1.** (εκκλ. υμνολογία) σύντομος εκκλησιαστικός ύμνος που ψάλλεται στις θρησκευτικές ακολουθίες της ορθόδοξης Εκκλησίας σε διάφορες μορφές: *-α αναστάσιμα/νεκρώσιμα· το -ο της Κασσιανής* (ψάλλεται το βράδι της Μεγάλης Τρίτης). **2.** (γενικά) οτιδήποτε επαναλαμβάνεται στερεότυπα, ρεφρέν. Έκφρ. *(όλο) το ίδιο -ι (μας ψέλνει)* (= επαναλαμβάνει διαρκώς τα ίδια), Φρ. *αλλάζω -ι* (= αλλάζω τρόπο συμπεριφοράς)· *δε σταματάς αυτό το -ι;* (= μην επαναλαμβάνεις συνεχώς τα ίδια· άλλαξε τρόπο συμπεριφοράς).

τροπή η, ουσ. **1.** αλλαγή κατεύθυνσης, μετώπου, πορείας, κλπ.: *η συζήτηση πήρε άλλη/απρόβλεπτη ~· δυσάρεστη/άσχημη ~ των πραγμάτων*. **2.** (συνεκδοχικά) **α.** τροποποίηση, μεταβολή: (νομ.) *~ προσημείωσης σε υποθήκη* (αστ. κώδ.)· **β.** (μαθημ.) μετατροπή αριθμού σε διαφορετικές μονάδες: *~ δεκαδικού σε κλάσμα/κλάσματος σε ακέραιο· ~ κλασμάτων στον ίδιο παρονομαστή*. **3.** (γραμμ.) μεταβολή φθόγγου σε άλλον: *~ του λάμβδα σε ρω*. **4.** (αστρον.) καθένα από τα σημεία της εκλειπτικής όπου ο ήλιος φαίνεται ότι πετάει από το ένα ημισφαίριο στο άλλο: *~ θερινή/χειμερινή*. Έκφρ. *~ (του εχθρού) σε φυγή* (= άτακτη υποχώρηση από το πεδίο της μάχης, ήττα).

τρόπιδα η, ουσ. **1.** το κατώτερο μέρος του σκελετού πλοίου που εκτείνεται από την πλώρη έως την πρύμνη (συνών. *καρίνα*). **2.** (ζωολ.) οστέινη πλάκα στο στέρνο των πτηνών. [αρχ. *τρόπις*].

τροπικός, -ή, -ό, Ι. επίθ. **1.** (αστρον.) που ανήκει ή αναφέρεται στις τροπές του ήλιου, τα ηλιοστάσια: *κύκλοι -οί* (ως ουσ.) *~ του Καρκίνου/του Αιγόκερου* (= οι δύο νοητοί κύκλοι της ουράνιας και γήινης σφαίρας που είναι παράλληλοι προς τον ουράνιο Ισημερινό· βλ. λ. *καρκίνος* και *αιγόκερος*). **2.** (γεωγρ.) **α.** (για χώρα) που βρίσκεται κοντά στον Ισημερινό: *οι -ές χώρες της Αφρικής·* **β.** που ανήκει ή αναφέρεται στις παραπάνω χώρες: *κλίμα -ό· βλάστηση -ή· δάση/φυτά -ά*.

τροπικός, -ή, -ό, II. επίθ. (γραμ.) που δηλώνει, εκφράζει τρόπο: *επιρρήματα -ά· μετοχή -ή· προτάσεις -ές*.

τροπισμός ο, ουσ. (βιολ.) επιτόπια κίνηση ενός οργανισμού ή ενός οργάνου του με την οποία

τροπολογία

αντιδρά σε κάποιο εξωτερικό ερεθισμό - κίνηση που εκδηλώνεται με στροφή προσανατολισμού ή αύξηση σε σχέση με το ερέθισμα (που μπορεί να είναι φως, θερμότητα, χημική ουσία, κλπ.): *θετικός* ~ (όταν η κίνηση γίνεται προς την κατεύθυνση του ερεθίσματος)· *αρνητικός* ~ (όταν η κίνηση γίνεται αντίθετα από την κατεύθυνση του ερεθίσματος).

τροπολογία η, ουσ., τροποποίηση της λεκτικής διατύπωσης ή των λεπτομερειών κειμένου: *κατάθεση -ας σε νομοσχέδιο στη Βουλή*.

τροπολογώ, -είς, ρ., επιφέρω αλλαγές, συνήθως λεπτομερειακές, στη διατύπωση κειμένου.

τροποποίηση η, ουσ., μερική μεταβολή, μεταρρύθμιση: ~ *νόμου/κανονισμού/νομοσχεδίου/καταστατικού*.

τροποποιητικός, -ή, -ό, επίθ. (ασυνίζ.), που ανήκει ή αναφέρεται στην τροποποίηση (βλ. λ.)· που επιφέρει τροποποίηση: *διάταξη -ή· νομοθέτημα -ό*.

τροποποιώ, -είς, ρ. (ασυνίζ.), επιφέρω μεταβολές σε κάτι, του αλλάζω τη μορφή ή το περιεχόμενο: ~ *ένα νόμο· το σχέδιο -ήθηκε αισθητά* (συνών. *μεταρρυθμίζω*).

τρόπος ο, ουσ. 1. το πώς γίνεται κάτι, σύστημα ενέργειας με το οποίο γίνεται κάτι: ~ *διακυβέρνησης μιας χώρας·* ~ *σκέψης/ζωής· -οι εκφραστικοί· φεουδαρχικός* ~ *παραγωγής·* ~ *αποτελεσματικός/έξυπνος* (συνών. *μέθοδος, μέσο*). 2. (μεταφ.) συμπεριφορά, διαγωγή: *-οι λεπτοί/καλοί· δεν έχει καθόλου -ους·* ~ *απότομος/άψογος* (συνών. *φέρσιμο, στάση*). 3. επιτηδειότητα, επιδεξιότητα: *του μίλησε με -ο και τον έπεισε·* φρ. *βρίσκω -o* (= επινοώ, εξευρίσκω μέσο): *βρήκε -ο να ξεφύγει*. 4. καλή οικονομική κατάσταση, περιουσία: *έχουν τον* ~ *τους* (= έχουν οικονομική άνεση). 5. (γραμμ.) σχήμα λόγου, περίτεχνη έκφραση, μεταφορική μάλλον παρά κυριολεκτική: *έκφρ.* (λόγ.) ~ *του λέγειν* (για κάτι που δε λέγεται με την κυριολεκτική του σημασία). 6. (μους.) διάταξη των τόνων μιας κλίμακας σύμφωνα με ορισμένο σύστημα: *μουσικοί -οι των αρχαίων·* έκφρ. «*ελάσσων*» ~ (= *μινόρε*)· «*μείζων*» ~ (= *ματζόρε*). 7. (νομ.) υποχρέωση που επιβάλλεται με τον όρο διαθήκης ή δωρεάς στον κληρονόμο για να την κάνει πράξη ή να την παραλείψει: *εκτέλεση -ου που αφορά δημόσιο ή κοινωφελή σκοπό* (αστ. κώδ.)· *δωρεά υπό -ο* (αστ. κώδ.). Έκφρ. *κατά κάποιον -o* (για κάτι που δεν ισχύει πλήρως, δεν επαληθεύεται πάντοτε, αλλά στις περισσότερες περιπτώσεις ή σε γενικές γραμμές) *με κάθε -o* (= με κάθε μέσο, οπωσδήποτε, εξάπαντος)· *με κανένα -o* (= σε καμιά περίπτωση, ποτέ): *με κανένα -o δε θα το ανεχτώ αυτό*.

τροπόσφαιρα η, ουσ. (γεωλ.) το πλησιέστερο προς τη γη και πυκνότερο στρώμα της ατμόσφαιρας, πάχους δεκαεπτά χιλιομέτρων περίπου.

τροπώνω, ρ. 1. (ναυτ.) συνδέω με τροπωτήρα (βλ. λ.) το κουπί με το σκαρμό. 2. τοποθετώ σκοινένιο σκουλαρίκι σε μακαρά. [αρχ. *τροπός* (= τροπωτήρας, βλ. λ.)].

τροπωτήρας ο και **-α**, η, ουσ. 1. (ναυτ.) σκοινένιο ή δερμάτινο δαχτυλίδι που συνδέει το κουπί με το σκαρμό. 2. σκοινένιο σκουλαρίκι σε μακαρά.

τροτέζα η, ουσ., γυναίκα του πεζοδρομίου, πόρνη. [γαλλ. *trotteuse*].

τροτσκισμός ο, ουσ. (πολιτ.) το σύνολο των θεωριών και της πολιτικής τακτικής του Ρώσου επαναστάτη Τρότσκι.

τροτσκιστής ο, θηλ. **-ίστρια**, ουσ. (πολιτ.) οπαδός του τροτσκισμού (βλ. λ.).

τροτσκιστικός, -ή, -ό, επίθ., που ανήκει ή αναφέρεται στον τροτσκισμό ή στους τροτσκιστές (βλ. λ.): *θεωρία -ή*.

τροτσκίστρια, βλ. *τροτσκιστής*.

τρουβαδούρος, βλ. *τροβαδούρος*.

τρούλλα η, ουσ. (λαϊκ.). 1. τρούλλος (βλ. λ.). 2. (μεταφ.) στρογγυλό ύψωμα· κορυφή: ~ *του κεφαλιού* (συνών. *τούρλα*). [λατ. *trulla*].

τρούλλος ο, ουσ., θολωτή στέγη, ιδίως θόλος ναού (συνών. *τρούλλα, κουμπές*). [*τρούλλα*].

τρουλλώνω, βλ. *τουρλώνω*.

τρουλλωτός, -ή, -ό, επίθ. α. που έχει σχήμα τρούλλου (βλ. λ.) (συνών. *θολωτός*)· β. που είναι σκεπασμένος με τρούλλο: *ναός* ~. - Βλ. και *τουρλωτός*.

τρούλος, βλ. *τρούλλος*.

τρουλώνω, βλ. *τουρλώνω*.

τρουμπέτα, βλ. *τρομπέτα*.

τρουσί, βλ. *τουρσί*.

τρούφα η, ουσ. 1. μακρόστενα μικροσκοπικά κομματάκια σοκολάτας που χρησιμοποιούνται στο γαρνίρισμα γλυκισμάτων. 2. στρογγυλό σοκολατένιο γλύκισμα πασπαλισμένο με τρούφα σοκολάτας. - Υποκορ. *-άκι* το στη σημασ. 2. [γαλλ. *truffe*].

τροφαντός, -ή, -ό, επίθ. 1. (για καρπούς) πρώιμος: *αγγουράκι -ό*. 2. (για πρόσωπο) ευτραφής, καλοθρεμμένος. [**πρωτοφαντός* με ανομοίωση].

τροφεία τα, ουσ., έξοδα διατροφής.

τροφή η, ουσ., κάθε ύλη στερεή, ρευστή ή αέρια που εισάγεται στον οργανισμό και είναι ικανή να επανορθώσει τις απώλειες που υφίστανται τα όργανα και οι ιστοί και να εξασφαλίσει τη λειτουργία τους (συνών. *φαγητό*)· (μεταφ.) ~ *πνευματική* = ό,τι συντελεί στην ανάπτυξη του πνεύματος· (στρατ.) ~ *ξηρά*, βλ. *ξηρός*. Έκφρ. *αλυσίδα -ής* (= νοητή αλυσίδα που ενώνει σε κάθε της κρίκο ένα θήραμα κι ένα θηρευτή του).

τροφικός, -ή, -ό, επίθ. 1. που σχετίζεται με την τροφή: *αλυσίδα -ή*, βλ. *αλυσίδα· εξάρτηση -ή*, βλ. *εξάρτηση· δηλητηρίαση -ή*. 2. που σχετίζεται με τη θρέψη η συντελεί σ' αυτήν: *νεύρα -ά* (= νευρικά στοιχεία διάσπαρτα μέσα στο νευρικό σύστημα που ρυθμίζουν τη θρέψη των οργάνων).

τρόφιμα τα, ουσ., κάθε στερεό ή υγρό σώμα που περιέχει θρεπτικές ύλες και μπορεί να χρησιμεύσει στη διατροφή του ανθρώπου: *συντήρηση -ίμων στο ψυγείο· τεχνολόγος -ων* = άτομο υπεύθυνο για ό,τι συμβαίνει στα τρόφιμα από το χρόνο συγκομιδής τους ως το χρόνο κατανάλωσής τους.

τρόφιμος ο και η, ουσ. 1. οικότροφος: ~ *ορφανοτροφείου*. 2. (μεταφ., ειρων. για άτομο που ζει σε περιβάλλον συνήθως κακό): ~ *των ψυχιατρείων/ φυλακών*.

τροφοδοσία η, ουσ., χορήγηση, προμήθεια ή διανομή τροφών: ~ *πλοίου/στρατεύματος*.

τροφοδότης ο, ουσ. 1. άτομο που παρέχει τρόφιμα· ο επαγγελματίας χορηγητής τροφίμων: ~ *συντάγματος·* (μεταφ.) *οι απωθημένες ορμές μας είναι ο σπουδαιότερος* ~ *των ονείρων μας*. 2. όργανο με το οποίο παρέχεται τροφή με μέλισσες.

τροφοδότηση η, ουσ. 1. τροφοδοσία: = *αγορών μεγάλων πόλεων·* (μεταφ.) ~ *ιατρικών κέντρων με μοσχεύματα*. 2. παροχή του αναγκαίου υλικού για συντήρηση, κίνηση, θέρμανση, κλπ., οργανισμού ή μηχανισμού: ~ ατμολέβητα με νερό· ~ πυραύλου με καύσιμα. 3. (ηλεκτρολ.) παροχή ηλεκτρικού ρεύματος σε κύκλωμα.

τροφοδοτικός, -ή, -ό, επίθ., που σχετίζεται με τον τροφοδότη ή την τροφοδοσία: σύστημα -ό· διαγωνισμός ~.

τροφοδοτώ, -είς, ρ. 1. παρέχω τρόφιμα. 2. (μεταφ.) παρέχω σε κάτι τα αναγκαία υλικά για συντήρηση ή λειτουργία του: ~ τη φωτιά με ξύλα. 3. (μεταφ.) ενισχύω: η πολιτικολογία -είται από τα πολιτικά κέντρα· -είται ο πληθωρισμός με αυτά τα μέτρα.

τροφός η, ουσ., γυναίκα που τρέφει με το γάλα της ξένο βρέφος (συνών. παραμάνα).

τροχάδην, επίρρ. 1. πολύ γρήγορα, τρέχοντας: έφυγε ~. 2. (γυμν.) παράγγελμα για τρέξιμο μέτριας ταχύτητας.

τροχαϊκός, -ή, -ό, επίθ. (μετρ.) που σχετίζεται με τον τροχαίο: μέτρο -ό· στίχος ~.

τροχαίος ο, ουσ. (νεοελλ. μετρ.) δισύλλαβο μέτρο που η πρώτη του συλλαβή είναι τονισμένη και η δεύτερη άτονη.

τροχαίος, -α, -ο, επίθ. 1. που ανήκει ή αναφέρεται στα τροχοφόρα: δυστύχημα/υλικό -ο. - Το αρσ. ως ουσ. = αστυνομικός της τροχαίας (συνών. τροχονόμος). - Το θηλ. ως ουσ. = τμήμα της αστυνομίας που εποπτεύει την κίνηση των τροχοφόρων.

τροχαλία η, ουσ., τροχός με λεία ή αυλακωτή επιφάνεια προσαρμοσμένος σε άξονα, του οποίου την περιστροφική κίνηση μεταδίδει με ιμάντα σε άλλο τροχό: ~ ελεύθερη/πολλαπλή.

τρόχαλο το, ουσ., μικρή ακανόνιστη πέτρα.

τρόχαλος ο, ουσ. 1. σωρός από τρόχαλα. 2. τοίχος από πέτρες, πρόχειρα τοποθετημένος. [αρχ. τροχαλός].

τροχαντήρας ο, ουσ. (έρρ.), (ανατομ.) ονομασία δύο εξογκωμάτων του μηριαίου οστού, στο σημείο όπου αυτό ενώνεται με το σώμα.

τροχιά η, ουσ. (ασυνίζ.). 1. ίχνη που αφήνουν στο έδαφος οι τροχοί οχήματος. 2. (αστρον.) η καμπύλη που διαγράφει ουράνιο σώμα, όταν κινείται γύρω από άλλο: η ~ της Γης. 3. (φυσ.) το σύνολο των διαδοχικών θέσεων που παίρνει ένα κινητό κατά τη διάρκεια της κίνησής του. 4. η καμπύλη που διαγράφει το βλήμα μετά την έξοδό του από το στόμιο όπλου. 5. (μεταφ.) πορεία: διέγραψε την ~ του/της/το κόμμα/μια κυβέρνηση.

τροχίζω, ρ. 1. ακονίζω κοφτερό αντικείμενο σε ακονιστικό τροχό: ~ ψαλίδι/μαχαίρι (συνών. ακονίζω). 2. (οδοντιατρική) λειαίνω την επιφάνεια δοντιού με ειδικό εργαλείο. 3. (μεταφ.) εξασκώ: ~ τη μνήμη μου.

τροχιοδρομικός, -ή, -ό, επίθ. (ασυνίζ.), που σχετίζεται με τον τροχιόδρομο (βλ. λ.): υπάλληλος ~· υπηρεσία -ή. - Το αρσ. ως ουσ. = υπάλληλος ή τεχνίτης τροχιοδρόμου.

τροχιόδρομος ο, ουσ. (ασυνίζ.), τραμ (βλ. λ.).

τρόχισμα το, ουσ. 1. ακόνισμα. 2. (οδοντιατρική) εξάλειψη προεξοχών σε δόντι με ειδικό εργαλείο. 3. (μεταφ.) εξάσκηση για απόκτηση ικανότητας ή ευστροφίας.

τροχιστήριο το, ουσ. (ασυνίζ.), εργαστήριο τροχιστή.

τροχιστής ο, ουσ., άτομο που έχει ως επάγγελμα το τρόχισμα κοφτερών αντικειμένων.

τροχιστικά τα, ουσ., έξοδα για ακόνισμα.

τροχοδρόμηση η, ουσ., κίνηση αεροσκάφους στο έδαφος με τους τροχούς: ~ δοκιμαστική.

τροχοδρομώ, -είς, ρ. (για αεροσκάφος) κινούμαι με τους τροχούς στο έδαφος.

τροχονόμος ο και η, ουσ., αστυνομικός της τροχαίας που ρυθμίζει την κίνηση των τροχοφόρων και των πεζών (συνών. τροχαίος).

τροχοπέδη η, ουσ. (λόγ.). 1. φρένο (βλ. λ.). 2. (μεταφ.) φραγμός, εμπόδιο: η γραφειοκρατία είναι ~ στην εθνική μας οικονομία.

τροχοπέδηση η, ουσ. (λόγ.), φρενάρισμα (βλ. λ.).

τροχοπεδητής ο, ουσ., σιδηροδρομικός υπάλληλος που χειρίζεται τα φρένα.

τροχοπέδιλο το, ουσ., πατίνι (βλ. λ.).

τροχός ο, ουσ. 1. όργανο με κυκλικό σχήμα που περιστρέφεται γύρω από τον άξονά του και προσαρμόζεται κάτω από οχήματα για να τα κινεί: ~ αυτοκινήτου/ποδηλάτου (συνών. ρόδα). 2. τορνευτικό εργαλείο αγγειοπλάστη. 3. εργαλείο που χρησιμεύει στο τρόχισμα αντικειμένων ή στη λείανση σιδερένιων κομματιών. 4. (οδοντιατρική) εξάρτημα εργαλείου με το οποίο οι οδοντίατροι τροχίζουν τα δόντια. 5. (γενικά) καθετί που έχει σχήμα τροχού. 6. βασανιστικό όργανο του μεσαίωνα. Έκφρ. ο πέμπτος ~ (της αμάξης) (= για να δηλωθεί κάτι ασήμαντο ή περιττό)· ο ~ της τύχης (σύμβολο αβεβαιότητας της ανθρώπινης μοίρας). Φρ. γυρίζει ή θα γυρίσει ο ~ (= θα αλλάξουν τα πράγματα, καμιά κατάσταση δεν είναι αμετάβλητη).

τροχόσπιτο το, ουσ., όχημα κατάλληλα διαμορφωμένο εσωτερικά ώστε να μοιάζει με κατοικία, που μπορεί να σύρεται από αυτοκίνητο και χρησιμεύει για κατοικία σε διακοπές ή ταξίδια.

τροχοφόρο το, ουσ., κάθε όχημα που κινείται με τροχούς.

τρύγημα το, ουσ. 1. το μάζεμα των σταφυλιών (συνών. τρύγος). 2. (μεταφ.) εκμετάλλευση.

τρυγητής ο, ουσ. 1. αυτός που μαζεύει τα σταφύλια. 2. (με κεφ. το αρχικό γράμμα) ο μήνας Σεπτέμβριος.

τρυγητός ο, ουσ. 1. τρύγος (βλ. λ.). 2. η εποχή του τρύγου.

τρυγιά η, ουσ. (συνιζ.). 1. το κατακάθι από το κρασί. 2. πέτρα που σχηματίζεται στα δόντια.

τρυγόνα η, ουσ., το θηλυκό τρυγόνι.

τρυγόνι το, ουσ., αποδημητικό πουλί με ασπρόμαυρη μακριά και πλατιά ουρά, μακρύ ράμφος και μακριά πόδια. Φρ. μ' ένα σμπάρο δυο τρυγόνια (βλ. δύο). - Υποκορ. **-άκι** το: πηγαίνουν μαζί σαν -άκια.

τρύγος ο, ουσ. 1. το μάζεμα των σταφυλιών (συνών. τρύγημα, τρυγητός). 2. η εποχή που μαζεύονται τα σταφύλια.

τρυγώ, ρ. 1. μαζεύω τους ώριμους καρπούς και ιδιαίτερα τα σταφύλια. 2. μαζεύω μέλι από τις κυψέλες. 3. (μεταφ.) καρπώνομαι κάτι εκμεταλλευόμενος κάποιον ή μια κατάσταση (συνών. απομυζώ).

τρυκ, βλ. τρικ.

τρύπα η, ουσ. 1. άνοιγμα φυσικό ή τεχνητό (συνήθως κυκλικού σχήματος) σε επιφάνεια: άνοιξα μια ~ στον τοίχο· η κάλτσα σου έχει μια ~. 2. φωλιά μικρού ζώου: ~ ποντικού/λαγού. 3. (μεταφ.) κατοικία ή μαγαζί με πολύ περιορισμένο χώρο, που δημιουργεί κατάθλιψη: το σπίτι τους

είναι μια ~! Φρ. *βουλώνω -ες* (= ικανοποιώ ορισμένες οικονομικές μου ανάγκες)· *κάνω μια ~ στο νερό* (= δεν κατορθώνω τίποτα, ματαιοπονώ) -Υποκορ. **-ούλα** και **-ίτσα** η. [μτγν. *τρύπα*].
τρυπάνι το, ουσ., εργαλείο με μεταλλικό μυτερό ελικωτό στέλεχος που περιστρέφεται, κατάλληλο να ανοίγει τρύπες σε ξύλα, λίθους, μέταλλα, κλπ.
τρυπανίζω, ρ., ανοίγω τρύπες με τρυπάνι.
τρυπάνισμα το, ουσ., άνοιγμα τρύπας με τρυπάνι.
τρύπημα το, ουσ. α. άνοιγμα τρύπας: ~ *των αφτιών για να περαστούν σκουλαρίκια*· β. τσίμπημα με μυτερό όργανο: ~ *από αγκάθι/βελόνα*.
τρυπητήρι το, ουσ., εργαλείο που ανοίγει μικρές τρύπες.
τρυπητός, -ή, -ό, επίθ., τρυπημένος· που έχει τρύπες (συνών. *τρύπιος*). - Το ουδ. ως ουσ. = 1. σκεύος της κουζίνας με το οποίο στραγγίζονται ορισμένα φαγητά που βράζουν με πολύ νερό (συνών. *σουρωτήρι, στραγγιστήρι*). 2. στόμιο με πολλές τρύπες σε αποχέτευση.
τρύπιος, -ια, -ιο, επίθ., που έχει τρύπες· που είναι τρυπημένος· έκφρ. *-α τσέπη* (για άνθρωπο σπάταλο).
τρυπ(ι)οχέρης ο, θηλ. **-α**, ουσ., σπάταλος (βλ. λ.).
τρυπίτσα, βλ. *τρύπα*.
τρυπογάζι το, ουσ., αζούρ (βλ. λ.).
τρυποκάρυδο το και **τρυποκάρυδος** ο, ουσ., μικρό πουλί με καστανό χρώμα και μακρύ ράμφος (συνών. *τρυποφράχτης, παπαδίτσα*).
τρυπούλα, βλ. *τρύπα*.
τρυποφράχτης ο, ουσ., τρυποκάρυδο (βλ. λ.).
τρυποχέρης, βλ. *τρυπ(ι)οχέρης*.
τρυπώ, -άς, ρ., μέσ. *-ιέμαι*. Ι. ενεργ. Α. μτβ. 1. ανοίγω τρύπα σε κάτι: (παροιμ.) *το ήσυχο νερό -άει την πέτρα*. 2. πληγώνω (με κάτι αιχμηρό): *η βελόνα μού -ησε το δάχτυλο*. 3. (μεταφ.) διαπερνώ: *με τη φωνάρα σου μου -ησες τ' αφτιά*· *η ματιά του -ησε την πυκνή αντάρα* (Καζαντζάκης). Β. (αμτβ.) αποκτώ τρύπα, φθείρομαι: *-ησε η κατσαρόλα*· *-ησε η κάλτσα μου*. Φρ. *να μου -ήσεις τη μύτη αν...* (= με κανέναν τρόπο δε θα...). ΙΙ. μέσ. 1. πληγώνομαι (με κάτι αιχμηρό): *δεν πρόσεχες ράβοντας και -ήθηκες*. 2. (για ναρκομανείς) κάνω ένεση ναρκωτικού.
τρύπωμα το, ουσ. 1. η ενέργεια και το αποτέλεσμα του τρυπώνω (βλ. λ.). 2. ράψιμο με αραιές βελονιές.
τρυπώνω, ρ. Α. μτβ. 1. κρύβω (συνών. *καταχωνιάζω*). 2. ράβω με αραιές βελονιές. Β. (αμτβ.) κρύβομαι: *πήγε και -σε σε μια γωνιά*.
τρυπωτήρα η, ουσ., το σκοινί με το οποίο είναι δεμένο το κουπί στο σκαρμό.
τρυφερά, βλ. *τρυφερός*.
τρυφεράδα η, ουσ., τρυφερότητα (βλ. λ.) (αντ. *σκληράδα*).
τρυφερίτσα η, ουσ. (ιδιωμ.) μόνο στη φρ. *βγήκε στην ~* (= μεγάλωσε και απέκτησε τα ενδιαφέροντα των μεγάλων).
τρυφερός, -ή, -ό, επίθ. 1α. απαλός, μαλακός, αβρός στα λόγια και τη συμπεριφορά (αντ. *σκληρός*)· β. στοργικός, ευαίσθητος, συναισθηματικός (αντ. *αναίσθητος, ασυγκίνητος*). 2. (για πρόσωπα και φυτά) λεπτοκαμωμένος: *-ό παιδί/βλαστάρι/χόρτο*. 3. ερωτικός: *-ές σχέσεις*. Έκφρ. *-ή ηλικία* = η παιδική ηλικία. - Επίρ. **-ά**.
τρυφερότητα η, ουσ. 1α. αβρότητα, απαλότητα στα λόγια και τη συμπεριφορά (αντ. *τραχύτητα*)·

β. ευαισθησία, συναισθηματικότητα. 2. (στον πληθ.) ερωτοτροπίες.
τρυφερούλης, -α, -ι και **-ικο**, επίθ. (θωπευτ.) τρυφερός: *-ι ελάφι* (Ρίτσος).
τρυφερούτσικος, -η, -ο, επίθ. (θωπευτ.) τρυφερός: *-η φλούδα*.
τρυφή η, ουσ. (λόγ.). 1. πλούσια και απολαυστική διαβίωση (συνών. *καλοπέραση, χλιδή*). 2. ηδυπάθεια, ακολασία (συνών. *φιληδονία*).
τρυφηλός, -ή, -ό, επίθ., που επιδώκει την τρυφή (βλ. λ.).
τρυφηλότητα η, ουσ. 1. η ιδιότητα του τρυφηλού (βλ. λ.). 2. η διαβίωση του τρυφηλού (συνών. *τρυφή*).
Τρωαδίτης ο, θηλ. **-ισσα**, ουδ., κάτοικος της αρχαίας Τρωάδας.
τρωαδίτικος, -η, -ο, επίθ., που ανήκει ή αναφέρεται στην Τρωάδα ή τους Τρωαδίτες.
Τρωαδίτισσα, βλ. *Τρωαδίτης*.
τρώγλη η, ουσ., ταπεινή κατοικία σκοτεινή και στενόχωρη.
τρωγλοδύτης ο, θηλ. **-ισσα**, ουσ. 1. άνθρωπος που κατοικεί σε σπήλαια, που φτιάχνει την κατοικία του σε κοιλότητες της γης ή των βράχων. 2. (μεταφ.) αυτός που κατοικεί σε τρώγλη (βλ. λ.).
τρωγοπίνω, ρ., τρώγω και συγχρόνως πίνω, διασκεδάζω με φαγοπότι.
τρώγω και **τρώω**, ρ., -ώς, -ώει, -ώμε, -ώτε, -ων(ε), αόρ. *έφαγα*, προστ. αορ. *φάε* (με αντων.: *φα το*), παθ. αόρ. *φαγώθηκα*, μτχ. παρκ. *φαγωμένος*. Ι. ενεργ. 1α. μασώ και καταπίνω στερεή ή αμυλώδη τροφή για να συντηρηθώ στη ζωή: *-ώμε κρέας δυο φορές την εβδομάδα*· *αυτός δεν -ει τίποτα* (= είναι λιγόφαγος)· *είμαστε φαγωμένοι* (= έχουμε φάει)· *υπάρχει τίποτα να φάμε*· *να -ει η μάνα και του παιδιού να μη δίνει* (για εξαίρετο έδεσμα)· β. παίρνω το γεύμα μου: *σ' αυτό το κέντρο -ει κανείς καλά*· γ. καταβροχθίζω: *η γάτα έφαγε το ποντίκι*· *το μεγάλο ψάρι -ει το μικρό* (= στην κοινωνία υπερισχύει και νικά ο ισχυρότερος αδικώντας τον πιο αδύναμο). 2. μου αρέσει κάποιο φαγητό (συνήθως με άρνηση): *δεν τα ~ τα μύδια*. 3α. (με άρνηση) αποφεύγω κάποιο φαγητό λόγω νηστείας: *δεν ~ κρέας τη σαρακοστή*· β. τρώω αρτύσιμα σε καιρό νηστείας: *Μεγάλη Εβδομάδα και -ει*. 4. καταστρέφω, φθείρω (υλικώς): *την πόρτα την έφαγε το σαράκι*· *βράχος φαγωμένος από τα κύματα*· *φαγώθηκαν τα μανίκια του από την πολλή χρήση*· *φαγώθηκε το λάστιχο*· *η σκουριά -ει το σίδερο*. 5. (με αιτ. προσ., μεταφ.) καταβάλλω, φθείρω (σωματικά ή ψυχικά): *με φάγανε οι πόνοι*· *η αρρώστια μού -ει τα σωθικά*· *τον -ει η ζήλεια*· *θα με φάει η στενάχωρια*· *ο καημός τον έτρωγε*· *τον -ει το σαράκι* (= η στενάχωρια)· *η τεμπελιά του έφαγε τη μητέρα του*· *οι γυναίκες τον φάγανε*. 6. (γενικότερα) καταστρέφω, εξουδετερώνω, εξαφανίζω: *η φωτιά έφαγε τα σπίτια*· *ο Χάρος όλα τα τρώει λίγο λίγο*· *το ποτάμι έφαγε το χωράφι*· *ο τύπος -ει την ουσία* (= η τήρηση των τύπων πολλές φορές είναι ουσιαστικά βαρετή και ανώφελη)· φρ. *έφαγε τα μούτρα του* (= χτύπησε άσχημα ή (μεταφ.) γνώρισε αποτυχία)· *το κεφάλι σου να φας!* (κατάρα)· *τρώγεται από το κακό του* (= φθείρεται ψυχικά)· παροιμ. *η πολλή δουλειά -ει τον αφέντη* (= τον καταστρέφει). 7. προκαλώ κνησμό, τσούζω: *με -ει το χέρι μου* (= έχω φαγούρα)· *με -ει η μύτη μου*· *με -ει το δεξί μου χέρι* (σημάδι ότι θα πάρω χρή-

ματα)· με -ει το αριστερό μου χέρι (σημάδι ότι θα δώσω χρήματα)· φρ. τον -ει η γλώσσα του (= θέλει οπωσδήποτε να πει κάτι)· τον -ει η ράχη/η πλάτη του (= επιδιώκει κάτι κακό για τον ίδιο τον εαυτό του χωρίς να το καταλαβαίνει· προκαλεί την τιμωρία του). **8.** βλέπω με ιδιαίτερη προσοχή, με πάθος, με έντονα συναισθήματα: *την έφαγε με τα μάτια του*. **9.** υφίσταμαι κάτι δυσάρεστο: *έφαγα μια κλοτσιά* (= με κλότσησαν)· *έφαγα γλίστρημα* (= γλίστρησα)· *φάγαμε ξύλο* (= μας έδειραν)· *φάγαμε της χρονιάς μας* (= μας έδειραν πολύ)· *τις έφαγε στα γερά* (= τον έδειραν πολύ). **10.** δαγκώνω: *μαύρο φίδι που σ' έφαγε* (= απειλή)· *τον έφαγε ένας σκύλος*. **11.** ξοδεύω: *η σόμπα -ει πολύ κάρβουνο· έφαγε τα λεφτά του στα χαρτιά* (= χαρτοπαίζοντας)· φρ. *τρώω τα έτοιμα* (= ξοδεύω τα χρήματα που ήδη υπάρχουν, χωρίς να έχω εισοδήματα). **12.** υπεξαιρώ (χρήματα) με απάτη, οικειοποιούμαι ξένη περιουσία: *μου φάγαμε τα λεφτά οι συνεταίροι μου*. **13.** ξεγελώ, απατώ: *τον -ει στο καντάρι/στο ζύγι*. **14.** εκμεταλλεύομαι: *έχουνε να φάνε πολλοί σ' αυτή την υπόθεση* (= υπάρχει μεγάλη δυνατότητα για υλική εκμετάλλευση)· παροιμ. *ελάτε, γνωστικοί, να φάτε του τρελού το βιος*. **15.** χρησιμοποιώ (το χρόνο μου) άσκοπα ή ενοχλητικά για τρίτον: *φάγαμε την ώρα μας περιμένοντας· -ει την ώρα του παίζοντας· μου -ως την ώρα* (= με απασχολείς ενοχλητικά)· *αυτή η δουλειά μου 'φαγε πολλή ώρα*. **16.** υπερνικώ, εξοντώνω κάποιον: *πού θα πάει; θα τους φάμε· ψηλά τα χέρια! σ' έφαγα!* **17.** (με αιτ. προσ.) πιέζω κάποιον επίμονα: *μ' έφαγε να του αγοράσω το παιχνίδι*· φρ. *μου έφαγε τ' αυτιά* (= επίμονα μου το ζήτησε). **18.** δαγκώνω και πιπιλίζω ή μασουλώ κάτι: *~ τα νύχια μου*. **19.** γνωρίζω μια περιοχή, εξοικειώνομαι μαζί της: *έφαγα τα βουνά πέτρα την πέτρα*· φρ. *έφαγα τον κόσμο* (= αναζήτησα κάποιον παντού και δεν τον βρήκα). **II. μέσ. 1α.** είμαι κατάλληλος για φάγωμα: *αυτό το φαγητό δεν -εται* (= είναι άσχημα μαγειρεμένο)· **β.** (μεταφ.) είμαι ανεκτός, υποφερτός: *έτσι, το πράγμα -εται· δεν -εσαι καθόλου* (= δεν υποφέρεσαι). **2.** κάνω τα αδύνατα δυνατά, επιδιώκω με κάθε τρόπο: *φαγώθηκε να την παντρευτεί και τώρα μετάνιωσε· φαγώθηκε να ταξιδέψει και δεν της βγήκε σε καλό*. **3.** επιμένω: *μην -εσαι· δε θα σου δώσω τίποτα απ' ό,τι ζητάς*· φρ. *-ομαι με τα νύχια μου/με τα ρούχα μου*, βλ. *νύχι, ρούχο*. **4.** συμπλέκομαι, βρίσκομαι σε διαμάχη με κάποιον: *-ονται μεταξύ τους· ας τους να φαγωθούνε· -ονται σ' αυτή την οικογένεια* (= δεν υπάρχει συνεννόηση, ομόνοια)· *τρωγόμουν μ' αυτόν επί χρόνια*· φρ. *-ονται σαν το σκύλο με τη γάτα*· παροιμ. *όταν τα σκυλιά -ονται, -ει ο λύκος τα πρόβατα* (= όταν δεν ομονοούν κάποιοι, εύκολα τους καταβάλλει ο αντίπαλος). Φρ. *δε θα σε φάει* (= δε θα σου κάμει κακό)· *δεν ~ άχερα/πίτουρα* (= είμαι έξυπνος)· *έφαγα όλο το κρύο* (= κρύωσα υπερβολικά)· *έφαγα το ψωμί του* (= ωφελήθηκα υπηρετώντας τον)· *έφαγε η μούρη του χώμα* (= πέθανε)· *έφαγε τα σίδερα/τα λυσσ(ι)ακά του* (■ κατέβαλε απεγνωσμένες προσπάθειες)· *έφαγε τα ψωμιά του* (= ό,τι είχε να χαρεί από τη ζωή του, το χάρηκε· βρίσκεται προς το τέλος της ζωής του)· *έφαγε τη θάλασσα με το κουτάλι* (= είμαι μεγάλος θαλασσόλυκος)· *έφαγε τη χυλόπιτα* (= απέτυχε σε κάποια επιδιωξή του, κυρίως ερωτική)· *έφαγε φυλακή* (= καταδικάστηκε σε φυλάκιση)· *έφαγε φύσημα* (= τον απομάκρυναν, τον μετέθεσαν από την υπηρεσία του σε άλλες)· *με -ει το φίδι* (βλ. ά. *φίδι*)· *μου -ει το ψωμί μου* (= με εκμεταλλεύεται οικονομικώς, με στερεί από τις απολαβές μου)· *να φας τη γλώσσα σου!* (= εύχομαι να μην πραγματοποιηθεί αυτό που λες)· *όποιος έχει μαχαίρι -ει πεπόνι* (= χρειάζονται προϋποθέσεις για να επιτύχεις κάτι)· *τον φάγαμε, να πώς θα τον χωνέψουμε;* βλ. *χωνεύω*· *τον φάγανε λάχανο* (= τον νίκησαν, τον σκότωσαν)· *-οντας έρχεται η όρεξη* (= επιτυγχάνοντας το ελάχιστο επιθυμώ και το περισσότερο)· *-ει κουτόχορτο* (= είναι κουτός)· *-ει σα λύκος* (= πεινάει πολύ)· *-ει στο πόδι* (= τρώει πρόχειρα)· *-ει τα λόγια του* (= δε μιλά καθαρά)· *-ει τα νύχια του για καβγά* (= επιδιώκει σύγκρουση)· *-ει τον (ή έναν) περίδρομο/το καταπέτασμα/του σκασμού* (= είναι αδηφάγος)· *-ει χαράμι το ψωμί* (= είναι άχρηστος άνθρωπος)· *~ κάτι με το κουτάλι* (= το απολαμβάνω, το δοκιμάζω ή το γνωρίζω ολοκληρωτικά): *έφαγε τη θάλασσα/τη ντροπή/ κάποιο μέρος με το κουτάλι· ~ με χρυσά κουτάλια*, βλ. *κουτάλι*· *φάγαμε θάλασσες* (= περάσαμε τρικυμίες). Παροιμ. *φάγαμε το βόδι/το γάιδαρο κι απόμεινε η ουρά* (= το έργο πλησιάζει προς την περάτωσή του). - Η μτχ. παρκ. ως επίθ. = **α.** που έχει φάει: *είναι φαγωμένο το παιδί* (αντ. *νηστικός*)· **β.** που έχει φθαρεί: *φαγωμένα γόνατα παντελονιού· η μύτη του ήτανε φαγωμένη* (Μπαστιάς).

τρωικός, -ή, -ό, επίθ., που σχετίζεται με τους Τρώες ή την Τρωάδα.

τρωκτικά τα, ουσ. (ζωολ.) τάξη θηλαστικών που χαρακτηρίζονται από την ιδιόμορφη κατασκευή των δοντιών τους.

τρωξαλλίδα η, ουσ., είδος ακρίδας που τρώει τα λάχανα. [αρχ. *τρωξαλλίς*].

τρωτός, -ή, -ό, επίθ. (λόγ.), που μπορεί να προσβληθεί εύκολα: *~ στα μικρόβια· σημείο/μέρος -ό* (συνών. *ευπρόβλητος*· αντ. *άτρωτος*). - Το ουδ. ως ουσ. = ελάττωμα: *σημειώνω τα -ά σου*.

τρώω, βλ. *τρώγω*.

τσαγαλί και **τσιγαλί** το, ουσ., πρασινωπός χρωματισμός.

τσάγαλο το, ουσ., χλωρό αμύγδαλο. [τουρκ. *çağla*].

τσαγανό το, ουσ. (λαϊκ.), ζωτικότητα, ενεργητικότητα: *αυτό το παιδί δεν έχει ~ μέσα του*.

τσαγανός ο, ουσ. (λαϊκ.), κάβουρας. [τουρκ. *çağanoz*].

τσαγγάδα η, ουσ. (έρρ., λαϊκ.), ταγγάδα (βλ. λ.).

τσαγγός, -ή, -ό, επίθ. (έρρ., λαϊκ.). **1.** ταγγός (βλ. λ.). **2.** ιδιότροπος, δύσκολος: *μου κάνει τον -ό* (συνών. *ζόρικος, στριμμένος*). [*ταγγός*].

τσαγιέρα η, (συνιζ.) και **τσαγερό** το, ουσ., σκεύος με μακρύ στόμιο από όπου σερβίρεται ή πολλές φορές και ετοιμάζεται, το τσάι.

τσαγκαράδικο το, ουσ. (έρρ.), κατάστημα ή εργαστήριο του τσαγκάρη.

τσαγκάρης ο, ουσ. (έρρ.), αυτός που κατασκευάζει ή επισκευάζει παπούτσια (συνών. *παπουτσής*). [μεσν. *τσάγγα*].

τσαγκαρική η, ουσ. (έρρ., λαϊκ.), η τέχνη του τσαγκάρη.

τσαγκαροδευτέρα η, ουσ. (έρρ.). **1.** (παλαιότερα) αργία κατά την ημέρα της Δευτέρας που τηρούσαν οι τσαγκάρηδες. **2.** (σκωπτ.) εργάσιμη ημέρα κατά την οποία δεν εργάζεται κάποιος από τεμπελιά.

τσαγκαρόπουλο το, ουσ. (έρρ.), μικρός μαθητευόμενος σε τσαγκαράδικο.
τσαγκουρνίζω, βλ. *τσαγκρουνίζω*.
τσαγκρουνιά η, (συνιζ.) και **τσαγκρούνισμα** το, ουσ. (όχι έρρ.), αμυχή (συνών. *γρατζουνιά, γρατζούνισμα*).
τσαγκρουνίζω και **τσαγκουρνίζω**, ρ. (όχι έρρ.), δημιουργώ αμυχές (συνών. *γρατζουνίζω*).
τσαγκρούνισμα, βλ. *τσαγκρουνιά*.
τσάι το, γεν. -γιού, πληθ. -για, ουσ. 1. φυτό του οποίου τα φύλλα, επεξεργασμένα ή μη, αφού βράσουν παράγουν αφέψημα που χρησιμεύει ως ρόφημα ή για θεραπευτικούς σκοπούς. 2. (συνεκδοχικά) αφέψημα που παράγεται από τα αποξηραμένα φύλλα του παραπάνω φυτού με βρασμό: ~ *μαύρο/πράσινο*. 3. (συνεκδοχικά) συγκέντρωση κατά την οποία προσφέρεται τσάι με άλλα αρτύματα: *σας προσκαλώ για ένα* ~.
τσακ το, ουσ. άκλ., μόνο στην έκφρ. *στο τσακ* (= στην κατάλληλη στιγμή): *ήρθε στο τσακ* (= μόλις που πρόλαβε).
τσάκα η, Ι. ουσ., δόκανο (συνών. *παγίδα*).
τσάκα η, ΙΙ. ουσ., τσάκιση (βλ. λ.).
τσακάλι το, ουσ. 1. (ζωολ.) σαρκοφάγο ζώο με γκριζοκίτρινο χρώμα, μυτερό ρύγχος, μακριά και μυτερά αφτιά και φουντωτή ουρά, που ανήκει στην οικογένεια «κυνίδες» (αλλιώς *θως*). 2. (μεταφ., για πρόσωπο) **α.** άνθρωπος έξυπνος: *είναι* ~ *και μαθαίνει αμέσως*· **β.** (υβριστικά) άνθρωπος αχρείος, ποταπός. [τουρκ. *çakal*].
τσακαλόλυκος ο, ουσ., είδος τσακαλιού που προήλθε από την επιμειξία τσακαλιού και λύκου.
τσάκαλος ο, ουσ. 1. (ζωολ.) μεγάλο τσακάλι. 2. (μεταφ., για πρόσωπο) που έχει την επιθετικότητα του τσακαλιού.
τσακίδια τα, ουσ. (συνιζ.), στην έκφρ. *στα* ~! (= στο διάβολο!).
τσακίζω, ρ. Ι. ενεργ. Α. μτβ. 1. σπάω, συντρίβω: *-ισα το γυαλί/τα καρύδια*· ~ *τη βέργα στα δύο*. 2. διπλώνω: *-ισε τη σελίδα του βιβλίου*· *-ισα το χαρτί στα τέσσερα*. 3. (μεταφ.) καταβάλλω σωματικά και ψυχικά, εξασθενώ κάποιον: *τον -ισε ο θάνατος της κόρης του*· *τον -ισαν τα γεράματα*. 4. (μεταφ.) κάνω κάποιον ή κάτι να υποχωρήσει, εξουδετερώνω, συντρίβω: *η θέρμη και η λαβωματιά δεν -ίσανε το κουράγιο του* (Μπαστιάς). 5. επιφέρω σωματική ή ψυχική κούραση, εξαντλώ: *οι δύσκολες καιρικές συνθήκες τούς -ισαν*. 6. (για στράτευμα) τρέπω σε φυγή, νικώ: *η επίθεση -ισε τα στρατεύματα του αντιπάλου*. Φρ. *τον -ισα λίγο* (ενν. *τον ύπνο*) (= κοιμήθηκα λίγο)· ~ *κάποιον στο ξύλο* (= δέρνω αλύπητα)· ~ *την καρδιά κάποιου* (= απογοητεύω): *με όσα μου είπες μου -ισες την καρδιά*· ~ *το νερό* (= λιγοστεύω την ψυχρότητά του). Παροιμ. φρ. *η γλώσσα κόκαλα δεν έχει και κόκαλα -ει* (βλ. *γλώσσα* Ι). Β. αμτβ. 1. καταβάλλομαι σωματικά ή ψυχικά, εξουθενώνομαι: *-ισε με τα χρόνια*· *-ισαν με την προσφυγιά*. 2. υποχωρώ, λυγίζω, γονατίζω: *ως τώρα αντιστεκόμουν, όμως τώρα -ισα*. 3. (για το κρύο ή τον άνεμο) κοπάζω, λιγοστεύω: *κατά τα χαράματα ο αγέρας -ισε*. Φρ. *-ισαν τα νεύρα μου* (= εξουθενώθηκα)· *-ισε η καρδιά μου* (= απογοητεύτηκα). ΙΙ. μέσ. 1. (για όχημα) καταστρέφομαι, συντρίβομαι: *-ίστηκε το καράβι στο βράχο*· *-ίστηκε το αεροπλάνο*. 2. καταβάλλω κάθε προσπάθεια, δίνω όλο μου τον εαυτό: *-ίστηκα για να τελειώσω τη δουλειά που μου*

ανάθεσες· *-εται να μας ευχαριστήσει* (συνών. *σκοτώνομαι*). 3. (στην προστ.) **α.** κάνε γρήγορα: *-ίσου να μου φέρεις ένα ποτήρι νερό!* **β.** φύγε, πάρε δρόμο: *-ίσου αποδώ γρήγορα!*
τσακίρης ο, θηλ. *-α*, ουσ. (λαϊκ.), αυτός που έχει γκριζογάλανα μάτια. [τουρκ. *çakir*].
τσακίρικος, -η, -ο, επίθ. (για μάτια) γκριζογάλανος.
τσάκιση η, ουσ. 1. πτυχή υφάσματος: ~ *φούστας*. 2. (ειδικότερα) πτυχή που σχηματίζεται στο ρούχο με το σιδέρωμα: ~ *παντελονιού* (συνών. *τσάκα*).
τσάκισμα το, ουσ. 1. σπάσιμο υλικών αντικειμένων: ~ *ποτηριών*. 2. πτυχή υφάσματος: ~ *παντελονιού*. 3. (μεταφ.) εξουθένωση, κατάπτωση: ~ *των νεύρων*. 4. (ποιητ. και μουσ., για λαϊκούς στίχους) η χρησιμοποίηση συλλαβών ή λέξεων που παίρνονται αυτούσιοι από στίχους μιας στροφής και επαναλαμβάνονται σε άλλους στίχους διακόπτοντας την κανονική σειρά. 5. (ποιητ.) το να κόβεται στη μέση η τελευταία λέξη στίχου για να ολοκληρωθεί στον επόμενο (λ.χ. *θερι-σμένα στάχια, ζωγραφι-σμένες εικόνες*, Σολωμός). 6. (συνήθως στον πληθ.) **α.** λύγισμα του σώματος κατά το χορό· **β.** νάζι.
τσακιστός, -ή, -ό, επίθ. 1. που έχει συντριβεί, κοπανισμένος: *ελιές -ές* (συνών. *κοπανιστός*). 2. που διπλώνει σχηματίζοντας πτυχή: *γιακάς* ~. Φρ. *δεν αξίζει (ούτε) πεντάρα/δεκάρα -ή* (μειωτ., για πράγμα ή πρόσωπο μικρής αξίας· *δεν έχω ούτε πεντάρα/δεκάρα -ή* (= είμαι εντελώς απένταρος).
τσακίστρα η, ουσ. (λαϊκ.), γυναίκα που κάνει νάζια. [*τσάκισμα*].
τσακμάκι το, ουσ. 1. κομμάτι χάλυβα που όταν τρίβεται σε πυρόλιθο δημιουργεί σπινθήρες που μεταδίδονται σε ίσκα ή θρυαλλίδα. 2. (συνεκδοχικά) το όλο σύστημα όπου παράγεται η φλόγα, αναπτήρας. [τουρκ. *çakmak*].
τσακμακόπετρα η, ουσ. 1. πυρόλιθος (συνών. *στουρναρόπετρα*). 2. η πέτρα του τσακμακιού (βλ. λ.).
τσάκνο το, ουσ. (λαϊκ.), μικρό ξερό κλαδί: *το βουνό φαγώθηκε, ερήμωσε, δεν βρίσκεται μήτε φούντα μήτε* ~ *μήτε κλαράκι* (Τ. Σταύρου).
τσάκωμα το, ουσ. 1. (σπανίως) σύλληψη: *το* ~ *του κλέφτη ήταν δύσκολο*. 2. συμπλοκή μεταξύ ατόμων (συνών. *τσακωμός, μάλωμα*).
τσακωμός ο, ουσ., τσάκωμα (βλ. λ. σημασ. 2).
Τσάκωνας ο, θηλ. *-ισσα*, πληθ. *-ωνες* και (λαϊκότερα) *-ώνοι*, ουσ., ο κάτοικος της Αρκαδίας.
τσακώνι το, ουσ., καρπός μιας ποικιλίας της αχλαδιάς.
τσακωνικός, -ή, -ό και **τσακώνικος, -η, -ο**, επίθ., που σχετίζεται με τους Τσάκωνες ή την Τσακωνιά: *χορός -ικος*· *αχλάδια -ικα*. - Το ουδ. ως ουσ. στον πληθ. = η διάλεκτος των Τσακώνων (λείψανο της αρχαίας δωρικής διαλέκτου).
Τσακώνισσα, βλ. *Τσάκωνας*.
τσακώνω, ρ. Ι. ενεργ. **1α.** συλλαμβάνω: *τον -ωσαν τον κλέφτη*· *τον -ωσε τον ποντικό η γάτα*· **β.** πιάνω επ' αυτοφώρω: *τον -ωσαν την ώρα που έβαζε το αντικλείδι*· φρ. *τον -ωσαν στα πράσα* (= τον συνέλαβαν επ' αυτοφώρω). 3. βρίσκω κάποιον ή κάτι που αναζητώ: *το -ωσα το λάθος στο γραπτό σου*· *σε ζητούσα ώρες*· *τώρα σε -ωσα*. ΙΙ. μέσ. 1. έρχομαι σε ρήξη με κάποιον, μαλώνω: *-ώθηκαν στα καλά καθούμενα*· φρ. *είμαστε -ωμένοι* (= δεν

έχουμε φιλικές σχέσεις). 2. συζητώντας διαφωνώ: -ώθηκαν για τα πολιτικά.
τσαλαβούτας ο, ουσ. (λαϊκ.). 1. αυτός που περπατά απρόσεκτα πατώντας στις λάσπες. 2. (μεταφ.) αυτός που είναι απερίσκεπτος στις ενέργειές του (συνών. *τσαπατσούλης*).
τσαλαβούτημα το, ουσ. (λαϊκ.), η ενέργεια του τσαλαβουτώ.
τσαλαβουτώ, -άς, ρ. (λαϊκ.). 1. περπατώ βουτώντας τα πόδια μου μέσα στη λάσπη. 2. μπαίνω στη θάλασσα και μένω στα ρηχά παίζοντας με το νερό: *το παιδί μπήκε στη θάλασσα και -ησε λίγο· το καράβι -ησε σαν πάπια* (Κόντογλου). 3. ενεργώ απερίσκεπτα, είμαι τσαπατσούλης στη δουλειά μου. [πιθ. *άτσαλα + βουτώ*].
τσαλάκωμα το, ουσ., η ενέργεια και το αποτέλεσμα του τσαλακώνω.
τσαλακώνω, ρ. (λαϊκ.). 1. κάνω κάτι να αποκτήσει ζάρες: *-ωσες το φόρεμά σου* (συνών. *σουφρώνω*). 2. (μεταφ.) φέρομαι σε κάποιον κατά τρόπο που τον θίγει ηθικώς: *-ωσαν τον εγωισμό του* (συνών. *εξευτελίζω,* λαϊκ. *στραπατσάρω*).
τσαλαπάτημα το, ουσ., η ενέργεια του τσαλαπατώ.
τσαλαπατώ, -άς, ρ., ποδοπατώ κάτι και το καταστρέφω: *-ημένες σερπαντίνες· βελούδο πράμα κι εγώ να το -άω!* (Ψυχάρης). 2. (μεταφ.) τηρώ στάση περιφρονητική απέναντι σε θεσμούς, έθιμα, κλπ.: *-ησε τα ιερά και τα όσια.* [πιθ. *άτσαλα + πατώ*].
τσαλαπετεινός ο, ουσ. (ζωολ.) είδος πτηνού με χαρακτηριστικό λοφίο που φέρει στο κεφάλι και μπορεί να το κινεί (συνών. *αγριοκόκορας*).
τσαλί το, ουσ. (λαϊκ.). α. ξερός θάμνος· β. φρύγανο. [τουρκ. *çalı*].
τσαλίμι το, ουσ. (λαϊκ.). 1. επιδέξια κίνηση στο χορό ή σε άλλη περίσταση (συνών. *τσάκισμα*). 2. (γενικά) κούνημα, νάζι: *μη μου κάνεις τέτοια -α.* [*çalım*].
τσαμαδό το, ουσ. (λαϊκ.). 1. άγριο επιθετικό σκυλί. 2. (μεταφ.) άγριος άνθρωπος.
τσαμαδούρα, βλ. *σημαδούρα*.
Τσάμης ο, θηλ. **-ισσα,** ουσ., αυτός που ανήκει στην αλβανική φυλή των Τσάμηδων.
τσάμι το, ουσ. (λαϊκ.). 1. πεύκο. 2. ξύλο πεύκου. [τουρκ. *çam*].
τσάμικος, -η, -ο, επίθ., που ανήκει ή αναφέρεται στους Τσάμηδες (βλ. λ.). - Το αρσ. και το ουδ. ως ουσ. = είδος κυκλικού ανδρικού χορού με δώδεκα ή δεκαέξι βήματα και κύριο χαρακτηριστικό τα υψηλά πηδήματα και γενικά τις φιγούρες του πρώτου χορευτή.
Τσάμισσα, βλ. *Τσάμης*.
τσαμπί το, ουσ. (έρρ.), κλώνος με σταφύλια. - Υποκορ. **-άκι** το. [βενετ. *zambi*]
τσαμπούνα η, ουσ. (έρρ.), πνευστό μουσικό όργανο της νησιωτικής Ελλάδας που αποτελείται από ασκό, επιστόμιο και συσκευή για την παραγωγή του ήχου με δύο αυλούς (πβ. *άσκαυλος, γκάιντα*). [ιταλ. *zampogna*].
τσαμπούνημα το, ουσ. (έρρ.). 1. παίξιμο τσαμπούνας. 2. (μεταφ.) φλυαρία, ανοησία.
τσαμπουνώ, -άς, ρ. (έρρ., λαϊκ.). 1. παίζω τσαμπούνα. 2. (μεταφ.) φλυαρώ, λέω ανοησίες: *τι -άς πάλι εσύ;*
τσάμπουρο το, ουσ. (έρρ.), ό,τι απομένει στο τσαμπί μετά το φάγωμα του καρπού. [*τσαμπί*]
τσανάκι το, ουσ. 1. πήλινο πιάτο. 2. (μεταφ.) άτομο με άσχημη συμπεριφορά, αχρείο υποκείμενο: *-ια και ρεμάλια της κακής ώρας.* 3. (μεταφ.) άτομο φαύλο, υποχείριο άλλου: *είναι ~ του τάδε.* Φρ. *χωρίζουμε τα -ια μας* = παύομε να είμαστε φίλοι. - Μεγεθ. **-α** η (συνών. *γαβάθα*). [τουρκ. *çanak*].
τσανακογλείφτης ο, ουσ., άνθρωπος κόλακας, τιποτένιος.
τσάντα η, ουσ. (έρρ.). 1. σάκα ή σάκος από ύφασμα, δέρμα ή πλαστικό με χερούλια, όπου βάζει κανείς τα προσωπικά του αντικείμενα που χρειάζεται κατά τις μετακινήσεις του (ψώνια, βιβλία, κλπ.): *~ σχολική/αθλητική.* 2. εξάρτημα της γυναικείας αμφίεσης προορισμένο να περιέχει χρήματα, χαρτιά, καλλυντικά, κλπ. 3. σακούλα από χαρτί ή πλαστικό με χερούλια για ψώνια και συνεκδοχικά το περιεχόμενό της. - Υποκορ. **-άκι** το, **-ούλα** η. [τουρκ. *çanta*].
τσαντάκιας ο, ουσ. (έρρ., συνιζ., λαϊκ.), άτομο που αρπάζει τσάντες περαστικών.
τσαντιά η, ουσ. (συνιζ., λαϊκ.), χτύπημα με τσάντα: *του έδωσε μια ~ γιατί την ενοχλούσε.*
τσαντίζομαι, βλ. *τσατίζομαι*.
τσαντίλα η, ουσ. (έρρ.). 1. αραιοϋφασμένο πανί. 2. λινάτσα για το σούρωμα του γάλατος ή το στράγγισμα του τυριού αμέσως μετά το πήξιμο. [σλαβ. *cedilo*].
τσαντίρι το, ουσ. (όχι έρρ.), σκηνή, αντίσκηνο: *-α γύφτων.* [τουρκ. *çadır*].
τσαντόρ το, ουσ. άκλ. (όχι έρρ.), φαρδύ ρούχο που καλύπτει το κεφάλι και φτάνει ως τους αστραγάλους και φοριέται από πολλές Περσίδες. [γαλλ. *tchador*<λ. περσ.].
τσαντούλα, βλ. *τσάντα*.
τσαουλί το, ουσ. (ιδιωμ.). 1. είδος βερίκοκου. 2. είδος φασολιού.
τσαουλιά η, ουσ. (συνιζ., ιδιωμ.), ποικιλία βερικοκιάς.
τσαούσης ο, ουσ. 1. (ιστ.) αξιωματούχος του σουλτανικού παλατιού ή κατώτερος αξιωματικός του στρατού. 2. (και θηλ. **-α**) άτομο αυταρχικό. [τουρκ. *çavus*].
τσάπα η και **-ί** το, ουσ., εργαλείο κυρίως αγροτικό με μακρύ στειλιάρι και πλατιά λάμα για σκάψιμο μαλακού εδάφους. [ιταλ. *zappa*].
τσαπαρί το, ουσ. (ναυτ.). 1. μέσο ψαρέματος (πετονιά με πολλά αγκίστρια) για ψάρεμα επιφάνειας. 2. (συνεκδοχικά) το ψάρεμα με αυτό το είδος πετονιάς. [τουρκ. *çaparı*].
τσαπατσούλης ο, θηλ. **-α,** ουσ., άτομο ακατάστατο. [τουρκ. *çapaçul*].
τσαπατσουλιά η, ουσ. (συνιζ.). 1. ακαταστασία (αντ. *τάξη*). 2. εργασία που γίνεται ακατάστατα.
τσαπατσουλικος, -η, -ο, επίθ., που σχετίζεται με τον τσαπατσούλη ή γίνεται με τρόπο τσαπατσουλιά: *δωμάτιο -ο* (συνών. *ακατάστατος·* αντ. *τακτικός*). - Επίρρ. **-α.**
τσαπέλα η, ουσ. (λαϊκ.), αρμαθιά από ξερά σύκα περασμένα σε βούρλο ή νήμα. [γαλλ. *chapelet*].
τσαπερδόνα η, ουσ. (λαϊκ.), γυναίκα ευκίνητη, ζωηρή.
τσαπί, βλ. *τσάπα*.
τσαπίζω, ρ., σκάβω με την τσάπα: *~ το αμπέλι.*
τσάπισμα, το, ουσ., σκάψιμο με τσάπα.
τσαπράζι το, ουσ. (παλαιότερο, συνήθως στον πληθ.) ασημένια στολίδια σταυρωτού γιλέκου: *Αρβανίτης ντυμένος στ' άρματα και τα -ια.* [τουρκ. *çapraz*].

τσαργκουνιά, βλ. *γρατσουνιά.*
τσαρδάκι και **τσαρδί** το, ουσ. (λαϊκ.), καλύβα από κλαδιά και γενικά πρόχειρη κατοικία. [τουρκ. *çardak*].
τσαρίνα, βλ. *τσάρος.*
τσαρισμός ο, ουσ., απολυταρχική εξουσία των τσάρων στην αυτοκρατορική Ρωσία.
τσάρκα η, ουσ. (λαϊκ.), περίπατος: *πήγαμε ~ στην παραλία* (συνών. *βόλτα*). [τουρκ. *çarka*].
τσαρλατάνα, βλ. *τσαρλατάνος.*
τσαρλατανιά η, ουσ. (συνιζ., λαϊκ.). 1. απατεωνιά (συνών. *αγυρτεία*). 2. κομπογιανιτισμός.
τσαρλατανισμός ο, ουσ., η τακτική του τσαρλατάνου. [ιταλ. *ciarlatanismo*].
τσαρλατάνος ο, θηλ. **-άνα,** ουσ. 1. αγύρτης, απατεώνας. 2. άτομο που εκμεταλλεύεται την ευπιστία του κοινού προβάλλοντας ανύπαρκτες ικανότητές του ή και πουλώντας δήθεν θεραπευτικά φάρμακα. [ιταλ. *ciarlatano*].
τσάρλεστον το, ουσ. άκλ., είδος χορού των μαύρων της Β. Αμερικής, διαδομένος και στην Ευρώπη μετά τον α΄ παγκόσμιο πόλεμο, με κύριο χαρακτηριστικό την κάμψη του σώματος μπροστά και συχνά χτυπήματα των φτερνών μεταξύ τους. [αγγλ. *charleston*].
τσάρος ο, θηλ. **-ίνα,** ουσ. 1. τίτλος των Βουλγάρων ηγεμόνων κατά το μεσαίωνα. 2. τίτλος των αυτοκρατόρων της Ρωσίας. - Το θηλ. = η αυτοκράτειρα της Ρωσίας ή η σύζυγος του τσάρου. [σλαβ. *tsar*].
τσαρουχάδικο το, ουσ., εργαστήριο κατασκευής ή πώλησης τσαρουχιών.
τσαρουχάς ο, ουσ., κατασκευαστής τσαρουχιών.
τσαρούχι το, ουσ., υπόδημα από μισοκατεργασμένο δέρμα με φούντα στη μύτη. 2. (γενικά) άκομψο παπούτσι. Έκφρ. *με τα -ια (μου)* (= πέρα για πέρα, εντελώς, με άνεση): *πέρασε τις εξετάσεις με τα -ια.* [τουρκ. *çarık*].
τσαροί το, ουσ. άκλ. (λαϊκ.), περιοχή με πολλά μαγαζιά, αγορά. [τουρκ. *çarşı*].
τσάρτερ το, ουσ. άκλ., πτήση αεροσκάφους ναυλωμένη από ομάδα ανθρώπων με κοινό προορισμό. [αγγλ. *charter*].
τσάσκα η, ουσ. (λαϊκ.), μεγάλο φλιτζάνι και, συνεκδοχικά, το περιεχόμενό του: *ήπιε μια ~ τσάι* (συνών. *κούπα*). [σλαβ. *čaška*].
τσατίζομαι και **τσαντίζομαι,** ρ. (λαϊκ.), νευριάζω, θυμώνω: *-ίστηκε που του είπαν ψέματα.* [τουρκ. *çatışmak*].
τσατίλα η, ουσ. (λαϊκ.), νευρική υπερδιέγερση, κακή ψυχική διάθεση (συνών. *ζοχάδα* στη σημασ. 2).
τσατίλας ο, ουσ. (λαϊκ.), άνθρωπος οξύθυμος, που τσατίζεται εύκολα (συνών. *ζοχαδιακός* στη σημασ. 2).
τσάτρα-πάτρα, επίρρ., όχι τέλεια (συνών. *κουτσά-στραβά*): *μιλάει τα γαλλικά ~.* [μεσν. *σάταλα-πάταλα*].
τσατσά το, ουσ. άκλ., σύγχρονος χορός μεξικανικής προέλευσης με μικρά γρήγορα βήματα και με ρυθμούς της ρούμπας και του μάμπο, καθώς και η αντίστοιχη μουσική. [αγγλ. *cha-cha*].
τσατσά και **τσάτσα** η, ουσ. (λαϊκ.), θεία (γενικώς) ηλικιωμένη γυναίκα. [πιθ. με αναδίπλωση του *τσα<θεια*].
τσατσάρα η, ουσ., χτένα. [βενετ. *zazzara*].
τσάτσος ο, ουσ. (λαϊκ.), χαφιές (βλ. λ.).

τσαχπίνης ο, θηλ. **-α,** ουσ., νέος ναζιάρης. [τουρκ. *çapkın*].
τσαχπινιά η, ουσ. (συνιζ.), νάζι.
τσαχπίνικος, -η, -ο, επίθ., που σχετίζεται με τον τσαχπίνη: *μάτια -α.*
τσεβδίζω, βλ. *τσευδίζω.*
τσέβδισμα, βλ. *τσεύδισμα.*
τσεβδός, βλ. *τσευδός.*
τσεβρές ο, ουσ. (λαϊκ.), είδος λεπτού (συνήθως υφαντού) υφάσματος κατάλληλου για ορισμένο κέντημα με χρυσοκλωστές και χτυπητά χρώματα, καθώς και το ίδιο το κέντημα. [τουρκ. *çevre*].
τσεκ το, ουσ. άκλ., τραπεζική επιταγή. [αγγλ. *check*].
τσεκ-απ το, ουσ. άκλ., γενική εξέταση υγείας. [αγγλ. *check-up*].
τσεκάρισμα το, ουσ., έλεγχος που γίνεται με προσθήκη γραπτού σημαδιού δίπλα σε κύριο όνομα ή σε ονομασία αντικειμένου, γραμμένων σε κατάσταση: *~ ονομάτων.*
τσεκάρω, ρ., ελέγχω σημειώνοντας και γραπτό σημάδι σε κατάλογο ονομάτων ή πραγμάτων που πρέπει να ελεγχθεί.
τσεκουράκι, βλ. *τσεκούρι.*
τσεκουράτος, -η, -ο, επίθ. 1. που είναι κοφτερός όπως το τσεκούρι. 2. (μεταφ.) δριμύς, δηκτικός: *λόγια -α.*
τσεκούρι το, ουσ., εργαλείο για κόψιμο ξύλων, που αποτελείται από βαριά, κοφτερή λεπίδα σε διάφορα σχήματα προσαρμοσμένη σε στειλιάρι (πβ. *μπαλτάς, πελέκι*). - Υποκορ. **-άκι** το. [μεσν. *σεκούριον<*λατ. *securis*].
τσεκουριά η, ουσ. (συνιζ.), χτύπημα με τσεκούρι: *με μερικές -ιές έπεσε κάτω το δέντρο.*
τσεκούρωμα το, ουσ. (λαϊκ.). 1. χτύπημα με τσεκούρι. 2. (μεταφ.) αυστηρή τιμωρία: *~ από δικαστή.* 3. (μεταφ.) απόρριψη μαθητών σε εξετάσεις: *μεγάλο ~ σ' αυτές τις εξετάσεις!* (συνών. *κόψιμο*). 4. (μεταφ.) χρέωση με υπερβολικές τιμές.
τσεκουρώνω, ρ. 1. χτυπώ με τσεκούρι. 2. (μεταφ.) τιμωρώ πολύ αυστηρά: *τον -ωσαν στο δικαστήριο.* 3. (μεταφ., για μαθητές) απορρίπτω στις εξετάσεις (συνών. *κόβω*). 4. χρεώνω με υπερβολική τιμή: *μας -ωσαν στα ψώνια.*
τσελεμεντές ο, ουσ. (έρρ.), βιβλίο - οδηγός μαγειρικής και ζαχαροπλαστικής. [κύρ. όν. *Τσελεμεντές*].
τσελεπής και **τσελεμπής** ο, ουσ. 1. (ιστ.) τίτλος που δινόταν αρχικά στα παιδιά του σουλτάνου και αργότερα στον αρχηγό δερβισικού τάγματος. 2. (συνεκδοχικά) άρχοντας, προύχοντας. [τουρκ. *çelebi*].
τσέλιγκας ο, ουσ. (έρρ.), ιδιοκτήτης μεγάλου κοπαδιού και αρχηγός πατριάς νομάδων κτηνοτρόφων (πβ. *τσομπάνος*). [αρομουνικό *čelnik*<λ. σλαβ.].
τσελιγκάτο το, ουσ. (έρρ.), συνεργασία τσομπάνηδων που μετακινούσαν τα κοπάδια τους σε κατάλληλες βοσκές και συνδέονταν μεταξύ τους με συντροφική ή εταιρική μορφή οικονομικής και κοινωνικής οργάνωσης.
τσελιγκόπουλο το και **τσελιγκοπούλα** η, ουσ. (έρρ.), γιος και κόρη τσέλιγκα.
τσελίκι και **τσιλίκι** το, ουσ. 1. ατσάλι. 2. είδος παιχνιδιού που παίζεται από δύο ή και περισσότερα άτομα με ένα μικρό ξύλο και ένα μεγαλύτερο, με το οποίο χτυπά κανείς το μικρότερο μακριά, ενώ

ο αντίπαλος προσπαθεί να το πιάσει στον αέρα. [τουρκ. *çelik*].
τσελίστας ο, ουσ., βιολοντσελίστας (βλ. λ.). [πβ. αγγλ. *cellist*].
τσέλο το, ουσ., βιολοντσέλο (βλ. λ.). [ιταλ. *cello*].
τσεμπαλίστας και **τσιμπαλίστας** ο, ουσ. (έρρ.), μουσικός που παίζει τσέμπαλο. [ιταλ. *cembalista*].
τσέμπαλο και **τσίμπαλο** το, ουσ. (έρρ.), είδος μουσικού οργάνου με πεντάλ και πλήκτρα (πβ. *σαντούρι*). [ιταλ. *cembalo*<αρχ. *κύμβαλον*].
τσεμπέρι το, ουσ. (έρρ., λαϊκ.), γυναικείο μαντήλι του κεφαλιού από λεπτό ύφασμα: ~ *κλαρωτό/ νυφιάτικο*. [τουρκ. *çember*].
τσεντέζιμο το, ουσ. (έρρ.), (παλαιότερα) το ένα εκατοστό ιταλικής λίρας (συνών. *λεπτό*)· φρ. *δεν αξίζει ούτε ένα ~*. [ιταλ. *centesimo*].
τσέπη η, ουσ. α. μέρος ενδύματος με τη μορφή θήκης ραμμένης στη μη ορατή ή στην εξωτερική πλευρά του υφάσματος για να τοποθετεί κανείς εκεί πράγματα με μικρό όγκο (λ.χ. *πορτοφόλι, μαντήλι*): *~ βαθιά/τρύπια·* *περπατώ με τα χέρια στις -ες* β. (στη γεν.) ως προσδ. για πράγμα με μικρές διαστάσεις, που χωρά σε μια τσέπη: *σημειωματάριο -ης·* (συνήθως στην έκφρ.) *βιβλίο -ης·* (κατ' επέκταση, για κάτι πολύ μικρότερο από τα συνηθισμένα ομοειδή του) *θωρηκτό/υποβρύχιο -ης*. Έκφρ. *με άδεια ~* (= χωρίς χρήματα στη διάθεσή μου). Φρ. *βάζω το χέρι στην ~* (= πληρώνω)· *βροντά η ~ του*, βλ. *βροντώ*· *έχει καβούρια στις -ες του*, βλ. *κάβουρας·* *έχω κάποιον στην ~ μου* (= εξουσιάζω κάποιον)· *έχω κάτι στην ~ μου* (για κάτι εξασφαλισμένο ή που μπορεί να βρεθεί αμέσως και χωρίς κόπο): *νομίζει πως έχει τη μετάθεση/τις λύσεις στην ~ του*. - Υποκορ. **-άκι** το και **-ούλα** η. [τουρκ. *cep*].
τσέπωμα το, ουσ. (λαϊκ.). το να τσεπώνει (βλ. λ.) κανείς κάτι.
τσεπώνω, ρ. (λαϊκ.). α. βάζω κάτι στην τσέπη μου, (κυρίως για χρήματα) εισπράττω: *~ το παραδάκι·* β. έχω οικονομικό όφελος, ιδίως αθέμιτο: *πολλά -ωσε από αυτή τη δουλειά·* γ. κλέβω: *άφησα για λίγο το δέμα στην είσοδο και κάποιος το -ωσε*.
τσερβέλο το, ουσ. (λαϊκ.), μυαλό, νους (συνήθως σε παιγνιώδη χρήση): *έσπαζε για ώρα το ~ του χωρίς να καταφέρνει τίποτα* (Μπαστιάς)· *θα μου φύγει το ~*. [ιταλ. *cervello*].
τσέρι και (παλαιότερα) **τσέρι μπράντι** το, ουσ. άκλ. (έρρ.), ηδύποτο από κεράσια. [αγγλ. *cherry* και *cherry-brandy*].
τσέρκι το, ουσ. (λαϊκ.). 1. στεφάνι βαρελιού. 2. (παλαιότερα) μεταλλικό στεφάνι ως παιδικό παιγνίδι. [ιταλ. *cerchio*].
τσερνίκι το, ουσ. (ναυτ.) είδος ελαφρού ιστιοφόρου με ένα κατάρτι. [τουρκ. *çırnık*].
τσέρουλα η, ουσ., είδος μικρού ψαριού που συγγενεύει με τη μαρίδα. [πιθ. ιταλ. *cerulo*].
τσέτης ο, ουσ. (ιστ., συνήθως στον πληθ.) Τούρκος άτακτος στρατιώτης, μέλος ανταρτικών μονάδων που πολεμούσαν εναντίον του ελληνικού στρατού κατά τη μικρασιατική εκστρατεία (1919-1922). [τουρκ. *çete*<βουλγ. *četa*].
τσέτουλα η, ουσ. (παλαιότερα) κομμάτι ίσιο ξύλο με σχετικά μικρό πάχος και μήκος όπου σημείωναν χαράζοντάς το αγορές που γίνονταν με πίστωση ή άλλες δοσοληψίες σε είδος (κυρίως για τρόφιμα, όπως γάλα, αλεύρι, κ.ά.). [βενετ. *cetola* ή *zetola*].

τσε-τσε η, ουσ. άκλ., (ζωολ.) αφρικανική μύγα που τρέφεται κυρίως με αίμα και μεταδίδει με το τρυπανόσωμα (βλ. λ.), του οποίου είναι φορέας, την ασθένεια του ύπνου στον άνθρωπο και ανάλογη ασθένεια σε θηλαστικά: (συνήθως σε θέση επιθ.) *μύγα ~*. [λ. διεθνής<λ. μιας διαλέκτου μπαντού].
τσευδά, βλ. *τσευδός*.
τσευδίζω και (λόγ.) **ψευδίζω**, ρ., είμαι τσευδός, μιλώ τσευδά (συνών. *τραυλίζω*).
τσεύδισμα και (λόγ.) **ψεύδισμα** το, ουσ., το να τσευδίζει κανείς (συνών. *τραυλισμός, τραύλισμα*).
τσευδός, -ή, -ό και (λόγ.) **ψευδός**, επίθ., που δεν μπορεί να προφέρει σωστά ορισμένους φθόγγους ή συλλαβές, ιδίως με κ, τ, ή σ (πβ. *τραυλός*). - Επίρρ. **-ά**. [αρχ. *ψευδής*].
Τσέχα, βλ. *Τσέχος*.
τσεχικός, -ή, -ό και **τσέχικος, -η, -ο**, επίθ., που ανήκει ή αναφέρεται στους Τσέχους: *λογοτεχνία -ή*. - Το θηλ. ως ουσ. = σλαβική γλώσσα που μιλιέται στην Τσεχία.
Τσέχος ο, θηλ. **-α**, ουσ., αυτός που κατοικεί στην Τσεχία ή κατάγεται από εκεί: *η γλώσσα των -ων·* (ως επίθ.) *συγγραφέας ~*. [γαλλ. *Tchèque*<τσεχικό *cezky*].
Τσεχοσλοβάκα, βλ. *Τσεχοσλοβάκος*.
τσεχοσλοβακικός, -ή, -ό, επίθ., που ανήκει ή αναφέρεται στην πρώην Τσεχοσλοβακία ή τους Τσεχοσλοβάκους.
Τσεχοσλοβάκος ο, θηλ. **-α**, ουσ., αυτός που κατάγεται από την πρώην Τσεχοσλοβακία.
τσίβα, βλ. *τζίβα*.
τσιγαλί, βλ. *τσαγαλί*.
τσιγαράκι, βλ. *τσιγάρο*.
τσιγαρίδα η, ουσ. (λαϊκ.), τραγανό φαγώσιμο που απομένει αφού λειώσουν το χοιρινό λίπος και βγάλουν τη λίγδα.
τσιγαρίζω, ρ. 1. (μαγειρ.) ψήνω για λίγη ώρα σε καυτό λάδι ή βούτυρο το υλικό ενός φαγητού πριν από το κυρίως μαγείρεμα: *~ κρέας/μανιτάρια*. 2. (μέσ., λαϊκ., μεταφ.) βασανίζομαι, ταλαιπωρούμαι πολύ. [βενετ. *cigar*].
τσιγαριλίκι και **-ρλίκι** το, ουσ. (λαϊκ.), τσιγάρο με ναρκωτικό.
τσιγάρισμα το, ουσ., το να τσιγαρίζει κανείς υλικό φαγητού.
τσιγαριστός, -ή, -ό, επίθ., για υλικό φαγητού που το έχουν τσιγαρίσει: *κρεμμύδι -ό* (αντ. *ατσιγάριστος*).
τσιγαρλίκι, βλ. *τσιγαριλίκι*.
τσιγάρο το, ουσ. α. μικρός κύλινδρος από ψιλοκομμένο καπνό τυλιγμένο μέσα σε ψιλό χαρτί: *~ με φίλτρο·* *στρίβω/ανάβω ~·* έκφρ. (λαϊκ.) *ένα δρόμος* (= απόσταση που τη διανύει ένας πεζός σε όσο χρόνο καπνίζει κανείς ένα τσιγάρο)· β. (συνεκδοχικά) κάπνισμα: *έκοψα το ~*. - Υποκορ. **-άκι** το. [βενετ. *cigàro*, με ισπαν. προέλευση].
τσιγαροθήκη η, ουσ., μικρή θήκη, μεταλλική ή ξύλινη, όπου βάζει κανείς τσιγάρα (συνών. *ταμπακιέρα*).
τσιγαρόχαρτο το, ουσ., μικρό κομμάτι λεπτού χαρτιού όπου τοποθετεί κανείς καπνό και τον τυλίγει σε σχήμα κυλίνδρου για να φτιάξει ένα «στριφτό» τσιγάρο: *σαλιώνω το ~*.
τσιγγαναρειό, βλ. *ατσιγγαναρειό*.
τσιγγανιά, βλ. *ατσιγγανιά*.

τσιγγάνικος, βλ. *ατσιγγάνικος*.
τσιγγανόπουλο, βλ. *ατσιγγανόπουλο*.
Τσιγγάνος, βλ. *Ατσίγγανος*.
τσιγγέλι, βλ. *τσιγκέλι*.
τσίγγος, βλ. *τσίγκος*..
τσιγγούνα, βλ. *τσιγγούνης*.
τσιγγουνεύομαι, ρ. (έρρ.), είμαι φειδωλός σε κάτι: ~ *το λάδι*/(μεταφ.) *τους επαίνους*.
τσιγγούνης ο, θηλ. **-α**, ουσ. (έρρ.), άνθρωπος φιλάργυρος, φειδωλός (συνών. *καρμίρης, μίζερος, σφιχτοχέρης*· αντ. *γενναιόδωρος, χουβαρδάς*). [ιδιωμ. τουρκ. *çingen*].
τσιγγουνιά η, ουσ. (έρρ., συνιζ.), φιλαργυρία: ~ *νοσηρή* (συνών. *μιζέρια*· αντ. *γενναιοδωρία, απλοχεριά*).
τσιγγούνικος, -η, -ο, επίθ. (έρρ.), που αναφέρεται στον τσιγγούνη, που γίνεται με τσιγγουνιά: *ζωή -η*. - Επίρρ. **-α**.
τσιγκελάκι το, ουσ. (έρρ., λαϊκ.), μικρή βελόνα με γυριστό άκρο για το πλέξιμο δαντέλας (συνών. *βελονάκι*).
τσιγκέλι το, ουσ. (έρρ.). **α**. μεγάλο σιδερένιο άγκιστρο, ιδίως για να κρεμούν σφαχτά ή κρέατα: *-ια του χασάπη*· **β**. (στον πληθ.) ως όργανο θανάτωσης στην Τουρκοκρατία. Φρ. *με το ~ του παίρνεις κουβέντα/του τα βγάζεις* (για άνθρωπο λιγομίλητο από χαρακτήρα). [τουρκ. *cengel*].
τσιγκελωτός, -ή, -ό, επίθ. (έρρ., λαϊκ.), για μουστάκι μακρύ, στριμμένο και με τις άκρες γυριστές προς τα επάνω.
τσίγκινος, -η, -ο, επίθ. (έρρ.), κατασκευασμένος από τσίγκο: *πιάτο -ο*.
τσιγκλάω και **τσιγκλίζω**, βλ. *τσιγκλώ*.
τσιγκλιτάρα βλ. *τσικλιτάρα*.
τσιγκλώ, -άς, -άω και **-ίζω**, ρ. (έρρ., λαϊκ.). **1**. κεντώ (υποζύγιο). **2**. (συνήθως μεταφ.) πειράζω με λόγια, εξερεθίζω κάποιον. [πιθ. ιδιωμ. *τσίγκλα* (= σιδερένια βέργα του αργαλειού)<*ξύγγλα*<*οξύς* + λατ. *ungula*].
τσιγκογραφείο το, ουσ. (έρρ.), το εργαστήριο του τσιγκογράφου.
τσιγκογραφία η, ουσ. (έρρ.), (τεχνολ.) ονομασία που δίνεται σε διάφορες τεχνικές για να κατασκευάζονται κλισέ (βλ. λ.), να αποτυπώνονται δηλ. κείμενα ή εικόνες πάνω σε ειδικές πλάκες από τσίγκο (ή σήμερα και από άλλο παρόμοιο υλικό), οι οποίες χρησιμοποιούνται κατόπιν για την εκτύπωσή τους.
τσιγκογράφος ο, ουσ. (έρρ.), τεχνίτης ειδικευμένος στην τσιγκογραφία (βλ. λ.).
τσίγκος ο, ουσ. (έρρ.). **1**. (κοιν.) ψευδάργυρος (βλ. λ.). **2**. (λαϊκ.) λεπτό φύλλο από σίδερο επενδυμένο με λεπτό στρώμα ψευδαργύρου: *σκεπή από -ους*. **3**. (τεχνολ.) πλάκα από τσίγκο (σήμερα και από άλλο υλικό) που χρησιμοποιείται στην τσιγκογραφία: *πιεστήρια που τυπώνουν με μεγάλους -ους*. [ιταλ. *zinco*<γερμ. *Zink*].
τσίκλα και **τσίχλα** η, ουσ., μικρό σε μέγεθος παρασκεύασμα από μαστίχα ή άλλες φυσικές ή τεχνητές ουσίες, συνηθέστατα με γλυκιά γεύση, που το μασά κανείς για κάμποση ώρα χωρίς να το καταπίνει: ~ *αμερικάνικη* (συνών. *μαστίχα*, βλ. λ. σημασ. 3). [αγγλ. *chicle(-gum)* ή *chiclets*].
τσικλιτάρα και **τσιγκλ-** η, ουσ. (όχι έρρ., λαϊκ.), δρυοκολάπτης (βλ. λ.). [άγνωστη ετυμ.].
τσίκνα η, ουσ. **α**. μυρωδιά από φαγητό που ψήνεται: *απλώθηκε στην αυλή η ~ απ' το κοκορέτσι*· **β**. δυσάρεστη μυρωδιά από φαγητό που κάηκε, που κόλλησε στον πάτο του σκεύους. [πιθ. αρχ. *κνίσα*].
τσικνιάς, βλ. *τσυκνιάς*.
τσικνίζω και **τσικνώνω**, ρ. (συνήθως στον αόρ.). **Α**. (αμτβ.) για φαγητό που βγάζει τσίκνα (βλ. λ. σημασ. β) (συνών. *καίγομαι, κολλώ, πιάνω*). **Β**. (μτβ.) κάνω να τσικνίσει ένα φαγητό.
τσίκνισμα το, ουσ. (για φαγητό) το να τσικνίζει κάτι.
Τσικνοδευτέρα η, ουσ., η Δευτέρα του Θωμά.
Τσικνοπέμπτη η, ουσ. (έρρ., λαϊκ.), ονομασία της Πέμπτης της δεύτερης εβδομάδας της Αποκριάς.
τσικνώνω, βλ. *τσικνίζω*.
τσικουδιά η, ουσ. (συνιζ.), δυνατό οινοπνευματώδες ποτό που παράγεται από την απόσταξη στεμφύλων (ιδίως στην Κρήτη και τις Κυκλάδες) (συνών. *ρακή, τσίπουρο*).
τσίκουδο το, ουσ. (ιδιωμ.), σκληρός πυρήνας ή και σπόρος καρπού (κοιν. *κουκούτσι*). [άγνωστη ετυμ.].
τσιλημπουρδώ, -ηπουρδώ και **-η(μ)πουρδίζω**, ρ. (όχι έρρ.), συμπεριφέρομαι άτακτα, ιδίως στον ερωτικό τομέα. [αρχ. *σιληπορδώ*].
τσίλια η, ουσ. (συνιζ., λαϊκ.), (συνήθως στον πληθ.) η θέση εκείνου που συμμετέχει σε παράνομη πράξη επιτηρώντας τη γύρω περιοχή με σκοπό να ειδοποιήσει τους συνεργάτες του, μόλις διαπιστώσει ύποπτη κίνηση: (κυρίως στη φρ.) *κρατάω -ες*. [πιθ. ιταλ. *ciglio*].
τσιλιαδόρος ο, ουσ. (συνιζ., λαϊκ.), αυτός που «κρατάει τσίλιες».
τσιλιβήθρα η και **-ας** ο, ουσ. (λαϊκ.), για λεπτοκαμωμένο, μικρόσωμο άτομο. **2**. (μόνο το θηλ., σπανιότ.) το πουλί σουσουράδα. [ιδιωμ. *τσιλιμήθρα* η, πιθ.<αλβαν. *çilimí* (= παιδάκι, νήπιο) + κατάλ. *-ήθρα*].
τσιλίκι, βλ. *τσελίκι*.
τσίλικος, -η, -ο, επίθ. (λαϊκ.). **α**. (για μεταλλικό νόμισμα) νεόκοπο, γυαλιστερός· **β**. (γενικά για νόμισμα ή πράγμα) αμεταχείριστος, ολοκαίνουργος: *κατοστάρικο/ποδήλατο -ο*. [τουρκ. *çil*].
τσιμάρισμα το, ουσ. (ναυτ.) το να τσιμάρει (βλ. λ.) κανείς.
τσιμάρω, ρ. (ναυτ.) απομακρύνω την πλώρη πλοίου από την ευθεία του ανέμου.
τσίμα τσίμα, επιρρημ. εκφρ. **α**. εντελώς στο άκρο ενός χώρου ή ενός πράγματος: *πέρασα ~ στο μόλο*· *έραψαν το πανί ~* (συνών. *άκρη άκρη*)· **β**. (μεταφ.) για μεγάλη δυσκολία, μόλις και μετά βίας, με το ζόρι: *δύο μισθοί και μας φτάνουν ~*. [ιταλ. *cima*].
τσιμεντάρισμα το, ουσ. (έρρ.), το να τσιμεντάρει κανείς κάτι.
τσιμεντάρω και **τσιμεντώνω**, ρ. (έρρ.). **1**. στρώνω τσιμεντοκονίαμα: ~ *την αυλή*. **2**. φράζω αρμούς ή ρωγμές μιας επιφάνειας (για να στεγανοποιήσω κάτι): ~ *τη στέρνα*.
τσιμεντένιος, -ια, -ιο, επίθ. (έρρ., συνιζ.), κατασκευασμένος από τσιμεντοκονίαμα (βλ. λ.): *κολόνα -ια*.
τσιμέντο το, ουσ. (έρρ.). **α**. οικοδομικό υλικό με τη μορφή λεπτότατης σκόνης, συνήθως γκριζοπράσινης, κατασκευασμένο κυρίως από ασβεστόλιθο και άργιλο, που όταν το ανακατεύψουμε με νερό δημιουργεί συνεκτικό μίγμα, που στερεοποιείται και δίνει σκληρότατη μάζα αδιαπέραστη από το

νερό: *δυο σακιά* ~· *εργοστάσιο -ου·* ~ *άσπρο* (=από πρώτες ύλες που τους αφαίρεσαν το οξείδιο του σιδήρου)/ *που πήζει γρήγορα·* **β.** (συνεκδοχικά) τσιμεντοκονίαμα, σκυροκονίαμα (υγρό ή στερεοποιημένο): *η μπετονιέρα ανακατεύει το* ~· *ρίχνω* ~ *στην πλάκα·* (προφ.) *μην περπατάς ξυπόλυτος στο* ~ (= τσιμεντένιο δάπεδο)· φρ. ~ *να γίνει!* (για δήλωση περιφρόνησης ή απόλυτης αδιαφορίας). [ιταλ. *cemento*].

τσιμεντοκονία η και **-κονίαμα** το, ουσ. (έρρ.), κονίαμα από τσιμέντο και άμμο.

τσιμεντόλασπη η, ουσ. (έρρ.), (τεχν.) ασβεστοκονία που περιέχει ποσότητα τσιμέντου.

τσιμεντόλιθος ο, ουσ. (έρρ.), είδος μεγάλου τούβλου από σκυροκονίαμα με τσιμέντο: *τοίχος από -ους.*

τσιμεντόπλακα η, ουσ. (έρρ.), πλάκα από τσιμέντο και αδρανή υλικά για στρώσιμο σε ταράτσες ή δάπεδα.

τσιμεντοσωλήνας ο, ουσ. (έρρ.), σωλήνας αποχέτευσης από τσιμεντοκονίαμα.

τσιμεντούπολη η, ουσ. (έρρ.), (νεολογ.) για σύγχρονη πόλη γεμάτη πολυκατοικίες και χωρίς σχεδόν καθόλου πράσινο.

τσιμεντόχρωμα το, ουσ. (έρρ.), ειδικό χρώμα για βάψιμο επάνω σε επιφάνειες από τσιμέντο.

τσιμεντώνω, βλ. *τσιμεντάρω.*

τσιμινιέρα η, ουσ. (συνιζ., λαϊκ.), μεγάλη καπνοδόχος (ιδίως πλοίου ή εργοστασίου). [ιταλ. *ciminiera*].

τσιμουδιά η, ουσ. (συνιζ.), ο παραμικρός λόγος, ψίθυρος ή θόρυβος: (συνήθως με άρν. στις φρ.) *δε βγάζω* ~ (= σωπαίνω εντελώς)· *δεν ακούγεται* ~ (=επικρατεί απόλυτη ησυχία)· (συχνά σε έντονη προτροπή για σιωπή) *μη βγάλεις* ~! *ή* ~! [πιθ. μτγν. *σιμωδία*].

τσιμουρι και **τσιμπούρι** το, ουσ. (όχι έρρ.), (ζωολ.) παράσιτο ζωύφιο (άκαρι) με σώμα περίπου ωοειδές και τέσσερα ζεύγη ποδιών, που προσκολλάται στο δέρμα θηλαστικών ζώων ή του ανθρώπου και τρέφεται με αίμα που του αμουζά: *συχνά τα -ια μεταφέρουν ασθένειες·* φρ. *μου έγινε/κάθισε/κόλλησε* ~ (για άνθρωπο φορτικό).

τσιμούχα η, ουσ. (λαϊκ.). **1α.** παρυφή υφάσματος (συνών. *ούγια*), ιδίως μάλλινου· **β.** μακριά λωρίδα από τέτοιο ύφασμα. **2.** λωρίδα από χαρτόνι, φελλό, κλπ., που τοποθετείται ανάμεσα σε μεταλλικές επιφάνειες μηχανής για να μην τρίβονται, να απορροφά τυχόν διαρροές, κ.ά. **3.** (ναυτ.) είδος σκληρού πλατιού σπόγγου με ανώμαλες προεξοχές· (συνεκδοχικά) σπόγγος κακής ποιότητας. **4.** (μειωτ.) για γυναίκα άσχημη. [ιταλ. *cimosa*].

τσιμπαλίστας, βλ. *τσεμπαλίστας.*

τσίμπαλο, βλ. *τσέμπαλο.*

τσίμπημα το, ουσ. (έρρ.). **α.** το να τσιμπά κανείς κάποιον ή κάτι, καθώς και το αποτέλεσμα της ενέργειας αυτής: *σημάδι από* ~ *στο μπράτσο* (συνών. *τσιμπηματιά, τσιμπιά·* ~ *σφήκας/από βελόνα* (συνών. *νυγμός, κέντρισμα*)· *-ήματα σπουργιτιών* (συνών. *ραμφισμός*)· (για ψάρι *ελαφρό* ~ **β.** (ειδικά) σύντομος οξύς πόνος: *ένιωσα ένα* ~ *στην καρδιά* (συνών. *σουβλιά*).

τσιμπηματιά η, ουσ. (έρρ., συνιζ., λαϊκ.), τσίμπημα (βλ. λ.).

τσιμπιά η, ουσ. (έρρ., συνιζ.), τσίμπημα (κάποιου με το χέρι): *του κοκκίνησα το μάγουλο απ' τις -ές.*

τσιμπίδα η, ουσ. (έρρ.). **1.** σιδερένια λαβίδα για να πιάνει κανείς μ' αυτήν πυρωμένα αντικείμενα: ~ *του σιδερά* (συνών. *μασιά*). **2.** ειδική λαβίδα για βίδες, κ.ά. (υδραυλικού, ηλεκτρολόγου, κ.τ.ό.). Φρ. *τον έπιασε η* ~ (*του νόμου/της εφορίας, κ.ά.*) (όταν συλλαμβάνεται κάποιος που παρανομεί). [αβέβαιη ετυμ.].

τσιμπιδάκι το, ουσ. (έρρ.). **α.** μικρή μεταλλική λαβίδα για λεπτές εργασίες: ~ *τυπογράφου/χειρουργικό/για γραμματόσημα/για βγάλσιμο φρυδιών·* **β.** μικρό μεταλλικό ή πλαστικό διχαλωτό αντικείμενο για να στερεώνει μια γυναίκα τα μαλλιά της.

τσιμπίδι το, ουσ. (έρρ., λαϊκ.), τσιμπίδα ή τσιμπιδάκι (βλ. λ.).

τσίμπλα η, ουσ. (έρρ.), γλοιώδες έκκριμα που παρουσιάζεται σε πολύ μικρή ποσότητα στην άκρη των ματιών και στις βλεφαρίδες μετά τον ύπνο ή ως σύμπτωμα οφθαλμικών μολύνσεων: *μάτια γεμάτα -ες·* έκφρ. *με της* ~ *στο μάτι* (= αμέσως μετά το ξύπνημα, πολύ νωρίς).

τσίμπλης, βλ. *τσιμπλιάρης.*

τσιμπλιάζω, ρ. (έρρ., συνιζ.), έχω ή (κυρίως) αποκτώ τσίμπλες στα μάτια.

τσιμπλιάρης ο, θηλ. **-άρα** (έρρ., συνιζ.) και **τσίμπλης** ο, θηλ. **τσιμπλού**, ουσ. (έρρ., συνιζ.), αυτός που τα μάτια του συνήθως είναι γεμάτα τσίμπλες (συνών. *τσιμπλομάτης*).

τσιμπλιάρικος, -η, -ο, επίθ. (έρρ., συνιζ.), που τα μάτια του είναι γεμάτα τσίμπλες: *παιδί -ο.*

τσίμπλιασμα το, ουσ. (έρρ., συνιζ.), το να αποκτά κανείς τσίμπλες.

τσιμπλομάτης ο, θηλ. **-α**, ουσ. (έρρ., λαϊκ.), αυτός που τα μάτια του είναι γεμάτα τσίμπλες (συνών. *τσιμπλιάρης*).

τσιμπλού, βλ. *τσιμπλιάρης.*

τσιμπολόγημα το, ουσ. (έρρ.), η ενέργεια του τσιμπολογώ.

τσιμπολογώ, -άς, ρ. (έρρ.). **1.** τσιμπώ επανειλημμένα: *ήταν τόσο χαριτωμένο παιδάκι, που όποιος περνούσε από εκεί του -ούσε τα μάγουλα.* **2.** τρώω πρόχειρα από κάποιο φαγητό παίρνοντας μικρές ποσότητες, αλλά επανειλημμένα: *ο δάσκαλος ανακατευόταν με τα παιδιά που κολάτσιζαν και -αγε από δω κι από κει* (Ι.Μ. Παναγιωτόπουλος).

τσιμπούκι το, ουσ. (όχι έρρ.). **1.** πίπα (βλ. λ. σημασ. 1) για κάπνισμα: *οι γέροι στην πλατεία ρουφούσαν το* ~. **2.** (ναυτ.) το επάνω μέρος του καταρτιού: *το* ~ *της πλώρης· το* ~ *της γάμπιας χρειάζεται να 'χει δυο φορές το βάρος του καραβιού* (Μπαστιάς). [τουρκ. *çubuk*].

τσιμπούρι, βλ. *τσιμούρι.*

τσιμπούσι το, ουσ. (έρρ.), φαγοπότι (βλ. λ.): *ύστερα από τούτο το* ~ *πέρασε καιρός δίχως να βρούμε τίποτα* (Κόντογλου). [τουρκ. *cümbüş*].

τσιμπώ, -άς, ρ. (έρρ.). **1.** ζουλώ το δέρμα (από τμήμα συνήθως του ανθρώπινου σώματος) με τον αντίχειρα και το δείκτη προκαλώντας πόνο: *της -ησε τα μάγουλα· -ά τους συμμαθητές του στην πλάτη και τους κάνει να κλαίνε.* **2α.** κεντώ, διατρυπώ με αιχμηρό εργαλείο ή όργανο: *-ήθηκα με τη βελόνα·* **β.** (για έντομα) με το πιο αιχμηρό όργανό μου (κεντρί, κ.τ.ό.) τρυπώ το δέρμα ανθρώπου ή ζώου και προκαλώ ερεθισμό και πόνο: *με -ησε μέλισσα/ένα κουνούπι· το μούτρο του τίναξε νευρικά, όπως ο σβέρκος του αλόγου που το -ά η μύγα* (Κόντογλου). **3.** (για ψάρι) προσπαθώντας να

αρπάξω το δόλωμα από το αγκίστρι συλλαμβάνομαι: *το ψάρι -ησε!* φρ. *-ησε το ψάρι/το κορόιδο* (μεταφ., για άνθρωπο που παγιδεύεται με ύπουλα μέσα). **4.** (για πουλί) κάνοντας μια απότομη κίνηση προς τα εμπρός δαγκώνω και αρπάζω τροφή με το ράμφος: *το σπουργιτάκι -ησε βιαστικά τα ψίχουλα*. **5.** (για ρούχα συνήθως μάλλινα) ενοχλώ, ερεθίζω προκαλώντας αίσθημα πολλών τσιμπημάτων: *με -ά η μπλούζα*. **6.** τρώω πρόχειρα παίρνοντας μικρές ποσότητες φαγητού: *δεν έχω όρεξη να φάω, μόνο θα -ήσω κάτι αργότερα*. **7.** (λαϊκ., μεταφ.) συλλαμβάνω: *τον -ησε η αστυνομία την ώρα που προσπαθούσε να κλέψει* (συνών. *τσακώνω*). **8.** (λαϊκ., μεταφ.) αποσπώ (κρυφά) χρηματικά ποσά (συνήθως μικρά): *με τα κόλπα του κατάφερε να -ήσει πάλι το χαρτζιλίκι του· του -ησε το πορτοφόλι* (= το έκλεψε). **9.** (μέσ., λαϊκ., μεταφ.) ερωτεύομαι: *-ήθηκε/είναι -ημένος με την κόρη του αφεντικού του*. Φρ. *οι τιμές -ούν* (= είναι ακριβές)· *το φαγητό -άει* (= είναι αλμυρό). [αβέβαιη ετυμ.].
τσινιάρης, -α, -ικο, επίθ. (συνιζ., λαϊκ.). **1.** (για ζώα) που τσινά (βλ. λ.): *γάιδαρος ~*. **2.** (για άνθρωπο) δύστροπος.
τσινίζω, βλ. *τσινώ*.
τσίνισμα το, ουσ., η ενέργεια και το αποτέλεσμα του τσινώ (βλ. λ.).
τσίνο(υ)ρο το, ουσ., (συνήθως στον πληθ.) βλεφαρίδα (συνών. *ματόκλαδο, ματοτσίνο(υ)ρο*).
τσινώ, -άς, και **τσινίζω,** αόρ. *-ισα,* ρ. **1.** (για ζώο) τινάζοντας τα πόδια προς τα πίσω αρχίζω να κλοτσώ, επειδή δε θέλω ή δεν μπορώ να κάνω μια δουλειά: *το μουλάρι κουράστηκε πολύ και -άει*. **2.** (μεταφ., για άνθρωπο) δυστροπώ, δυσανασχετώ όταν μου αναθέτουν να κάνω κάτι: *όποτε τον έστελνε σε δουλειά -ούσε*. [μεσν. τσινώ<τινώ<τινάζω<τινάσσω].
τσίπα η, ουσ. **α.** λεπτή μεμβράνη που καλύπτει ορισμένα όργανα του σώματος των ζώων για να τα προστατεύει (συνών. *σκέπη*)· **β.** υμένας. Φρ. *κάποιος δεν έχει ~ (πάνω του)* (= δεν έχει ντροπή, είναι ξεδιάντροπος, ξετσίπωτος): *δεν έχει ~, δε σέβεται τίποτα*.
τσίπος ο, ουσ. (ναυτ.) το στέλεχος της άγκυρας. [ιταλ. *ceppo*].
τσιπούρα η, ουσ., είδος πολύ εύγευστου ψαριού με σώμα συμπιεσμένο, καμπυλωτή ράχη και με ιδιαίτερο χαρακτηριστικό το «φρύδι» της, μια πλατιά κοντυλιά στο κεφάλι (συνών. *χρυσόφα*). [αρχ. *ίππουρος*].
τσίπουρο το, ουσ. **1.** (κυρίως στον πληθ.) στέμφυλο (βλ. λ.). **2α.** δυνατό οινοπνευματώδες ποτό που μοιάζει με το ούζο και παρασκευάζεται από την απόσταξη στεμφύλων, στεμφυλόπνευμα (βλ. λ.) (συνών. *ρακή, τσικουδιά*)· **β.** συνεκδοχικά για ένα ποτηράκι με τσίπουρο: *ήπια δυο -α*. - Υποκορ. **-άκι** το στη σημασ. 2β.
τσιράκι το, ουσ. **1.** μαθητευόμενος τεχνίτης: *~ του μπογιατζή* (συνών. *παραγιός*). **2.** (μειωτ.) αυτός που είναι «όργανο» (βλ. λ. στη σημα. 5), «ενεργούμενο» (βλ. λ.) κάποιου: *είναι ~ του κομματάρχη· είχε ο καπετάνιος τα δικά του -ια, τους ανθρώπους του (Μπαστιάς)*. [τουρκ. *çırak*].
Τσιριγώτης ο, θηλ. **-ισσα,** ουσ., αυτός που κατάγεται από τα Κύθηρα (Τσιρίγο) ή κατοικεί εκεί.
τσιριγώτικος, -η, -ο, επίθ., που ανήκει ή αναφέρεται στα Κύθηρα (Τσιρίγο) ή προέρχεται από εκεί: *ελιές -ες*. [*Τσιρίγο*<ιταλ. *Cerigo* = Κύθηρα].

Τσιριγώτισσα, βλ. *Τσιριγώτης*.
τσιρίδα, βλ. *τσυρίδα*.
τσιρίζω, βλ. *τσυρίζω*.
τσιριμόνια η, ουσ. (συνιζ.), ιδιαίτερα επιδεικτική περιποίηση ή φιλοφρόνηση που γίνεται συχνά με ιδιοτελείς σκοπούς (συχνά μειωτ.): *άσε τις -ιες και πες μου τι ζητάς*. [ιταλ. *cerimonia*].
τσιριξιά, βλ. *τσυριξιά*.
τσιρίσι το, ουσ. (λαϊκ.), κόλλα χρήσιμη στους παπουτσήδες που παρασκευάζεται από ρίζα ασφοδέλου. [τουρκ. *çiriş*].
τσίρισμα και **τσίριγμα,** βλ. *τσύρισμα*.
τσιριχτός, βλ. *τσυριχτός*.
τσίρκο το, ουσ. **1.** πλούσιο θέαμα από ομάδα ακροβατών, γελωτοποιών και θηριοδαμαστών με ειδικά εκπαιδευμένα ζώα, που μετακινούνται από τόπο σε τόπο, για να δίνουν παραστάσεις σε κατάλληλα διαμορφωμένους υπαίθριους χώρους: *τα παιδιά πήγαν να δουν το ~·* (μεταφ.) *γίναμε ~* (=γελοιοποιηθήκαμε). **2.** (συνεκδοχικά) **α.** ο χώρος όπου δίνονται οι παραπάνω παραστάσεις, που διαθέτει κυκλική πίστα και πολυγωνικό ή κυκλικό κάλυμμα για να προστατεύεται από τις καιρικές συνθήκες, καθώς και ο ανάλογος εξοπλισμός· **β.** ο πλανόδιος θίασος όσων συμμετέχουν σε ένα τσίρκο. [ιταλ. *circo*].
τσίρλα το, ουσ. (λαϊκ.). **α.** διάρροια: *τον έπιασε ~·* **β.** ακαθαρσίες από διάρροια.
τσιρλητό και (συνιζ.) **τσιρλιό** το, ουσ. (λαϊκ.), διάρροια, τσίρλα.
τσιρλιάρης, -α, -ικο, επίθ. (συνιζ., λαϊκ.). **1.** που έχει συχνά διάρροια. **2.** (μεταφ., χλευαστικά) φοβιτσιάρης, δειλός (συνών. *χέστης*).
τσιρλίζω και **τσιρλώ,** ρ. (λαϊκ.). **α.** έχω διάρροια· **β.** λερώνω, βρομίζω με τσίρλες (βλ. λ.) χώρο ή τα ρούχα μου. [μεσν. τσιλώ<αρχ. τιλάω].
τσιρλιό, βλ. *τσιρλητό*.
τσίρλισμα το, ουσ. (λαϊκ.), διαρροϊκή κένωση.
τσιρλώ, βλ. *τσιρλίζω*.
τσίρος ο, ουσ. **1.** σκουμπρί ή κολιός αδύνατος που ψαρεύεται την άνοιξη και ξεραίνεται στον ήλιο. **2.** (μεταφ. για άνθρωπο) πάρα πολύ αδύνατος. [αρχ. *κηρίς*].
τσιροσαλάτα η, ουσ., είδος ορεκτικού που παρασκευάζεται από ψιλές φέτες τσίρου, λάδι, ξίδι και άνηθο.
τσιρότο το, ουσ., έμπλαστρο από ειδικό υλικό, παλαιότερα με επίστρωμα κεριού, που τοποθετείται πάνω σε πληγές, κοψίματα, κ.τ.ό., για να τα προστατεύει: *κόπηκε στο ξύρισμα και έβαλε ~.* [ιταλ. *cerotto*<αρχ. ελλην. *κηρωτόν*].
τσίσα και (συνιζ.) **τσίσια** τα, ουσ. (στην γλώσσα των παιδιών) τα ούρα και η ούρηση. [λ. ηχομιμ.· πβ. τουρκ. *çiş*].
τσίτα, επίρρ., τεντωμένα, τεντωτά (αντ. *χαλαρά*). [αρχ. *σήτα*<*σήθω*].
τσιτάκι, βλ. *τσίτι*.
τσιτακισμός ο, ουσ. (γλωσσολ.) φωνητικό φαινόμενο που παρατηρείται στο ιδίωμα της Κρήτης και άλλων νησιών, κατά το οποίο οι συμφωνικοί φθόγγοι κ και γκ προφέρονται σχεδόν ως τσ όταν ακολουθούν οι φθόγγοι / e / και / i /, π.χ. *παιδάκι-παιδάτσι*.
τσίτι το, ουσ., σταμπωτό βαμβακερό ύφασμα ευτελούς ποιότητας. - Υποκορ. **-άκι** το. [τουρκοπερσ. *çit*].

τσίτινος, -η, -ο, επίθ. (για ρούχο) που είναι φτιαγμένος από τσίτι: *φορούσε ένα -ο φουστάνι.*
τσιτσί το, ουσ. (στη γλώσσα των μικρών παιδιών) κρέας.
τσιτσίδι, επίρρ. (λαϊκ.), χωρίς κανένα ρούχο: *χωρίς να ντραπεί βγήκε έξω ~. [τσιτσί].*
τσίτσιδος, -η, -ο, επίθ. (λαϊκ.), ολόγυμνος.
τσιτσιδώνω, ρ. (λαϊκ.), ξεγυμνώνω: *σε τίποτα δεν το 'χε να τον -ώσει* (Μπαστιάς).
τσιτσιρίζω, ρ., παράγω ήχο σφυριχτό, συριστικό (συνήθως για κρέας, λάδι, κ.ά., όταν καίγονται): *μόλις αρχίσει να -ει το λάδι, ρίξε τις πατάτες στο τηγάνι· το φιτίλι -ει.* [ηχομιμ. λ.].
τσιτσίρισμα το, ουσ. (λαϊκ.), η ενέργεια και το αποτέλεσμα του τσιτσιρίζω.
τσιτσιριστός, -ή, -ό, επίθ. (λαϊκ.), που τσιτσιρίζει (βλ. λ.).
τσίτωμα το, ουσ., η ενέργεια και το αποτέλεσμα του τσιτώνω, τέντωμα.
τσιτώνω, ρ., τεντώνω: *-ωσε τα μαλλιά της πολύ σφιχτά· ~ τ' αφτιά μου·* (μεταφ.) *τα νεύρα του είχανε -ωθεί* (Μπαστιάς)· *-ωσε την κοιλιά του (= έφαγε πάρα πολύ).* [*τσίτα*].
τσιτωτός, -ή, -ό, επίθ., που έχει τσιτωθεί, τεντωμένος: *φουστάνι -ό.*
τσιφ, ουσ. άκλ., διεθνής εμπορικός όρος που χρησιμοποιείται όταν στην τιμή ενός θαλάσσιου εμπορεύματος περιλαμβάνονται εκτός από την αξία του, τα έξοδα μεταφοράς και τα ασφάλιστρά του. [*C.I.F.*, βλ. ξένα αρκτικόλεξα].
τσιφλικάς και **τσιφλικούχος** ο, ουσ., ιδιοκτήτης μεγάλων εκτάσεων καλλιεργήσιμης γης, μεγαλοκτηματίας.
τσιφλίκι το, ουσ. α. (ιστ., στην εποχή της Τουρκοκρατίας) έκταση καλλιεργήσιμης γης (60 - 100 στρεμμάτων) που θα μπορούσε να οργωθεί από ένα ζευγάρι βόδια· β. μεγάλη έκταση καλλιεργήσιμης γης: *απαλλοτρίωση των θεσσαλικών -ών.* [τουρκ. *çiftlik*].
τσιφλικούχος, βλ. *τσιφλικάς.*
τσιφούτης ο, θηλ. **-α** και **-ισσα**, ουσ. 1. (μειωτ.) Εβραίος. 2. (μεταφ.) τσιγκούνης, φιλάργυρος. [τουρκ. *çifit*].
τσιφουτιά η, ουσ. (συνιζ., λαϊκ.), τσιγκουνιά, φιλαργυρία.
τσιφούτικος, -η, -ο, επίθ. (λαϊκ.), που αναφέρεται ή ταιριάζει σε τσιφούτη (βλ. λ.).
τσιφούτισσα, βλ. *τσιφούτης.*
τσίφρα, βλ. *τζίφρα.*
τσιφτετέλι το, ουσ. α. είδος ανατολίτικου λαϊκού χορού που χορεύεται κυρίως από γυναίκες, που με ανοιχτά τα χέρια λικνίζουν (προκλητικά) το σώμα και κυρίως τη λεκάνη· β. το σχετικό είδος της μουσικής, καθώς και τραγούδι γραμμένο σ' αυτή τη μουσική. [τουρκ. *çifte telli*].
τσίφτης ο, I. θηλ. **-ισσα**, ουσ. (λαϊκ.), άνθρωπος άψογος σε οιονδήποτε τομέα: *είναι ~ στις συναλλαγές του / στο ντύσιμό του.* [τουρκ. *çift*].
τσίφτης ο, II. ουσ., είδος αρπαχτικού πουλιού που ζει στα δάση ή κοντά σε νερά και έχει φτέρωμα σκούρο και κάπως διχαλωτή ουρά.
τσίφτισσα, βλ. *τσίφτης* I.
τσίχλα η, I. ουσ. 1. (ζωολ.) είδος μικρόσωμου ωδικού πουλιού με φτέρωμα καστανού χρώματος στη ράχη και ανοιχτού χρώματος με σκούρες κηλίδες στην κοιλία. 2. (μεταφ.) πολύ αδύνατος άνθρωπος: *σαν ~ είναι το παιδί της!* [αρχ. *κίχλη*].

τσίχλα, II. βλ. *τσίκλα.*
τσιχλογέρακας ο, ουσ., είδος γερακιού (συνών. *πετρίτης*).
τσογλάνι το, ουσ. (υβριστικά) αλήτης, αχρείος άνθρωπος. [τουρκ. *içoğlanı*].
τσόκαρο το, ουσ. 1. είδος ξύλινου πέδιλου που συγκρατείται στο πόδι με δερμάτινη λουρίδα. 2. (μεταφ., υβριστικά) γυναίκα χαμηλού επιπέδου. [γενουατ. *zocaro*].
τσόλι, βλ. *τσούλι.*
τσολιάδικος, -η, -ο, επίθ. (συνιζ.), που ανήκει ή αναφέρεται στον τσολιά: *-α ρούχα.*
τσολιαδίστικος, -η, -ο, επίθ. (συνιζ.), τσολιάδικος (βλ. λ.). - Το ουδ. στον πληθ. ως ουσ. = στολή τσολιά.
τσολιάς ο, ουσ. (συνιζ.), εύζωνας (βλ. λ.). [*τσόλι*].
τσομπάνης, τσοπάνης, τσομπάνος και **τσοπάνος** ο, θηλ. **-ισσα**, πληθ. -ηδες και -αραίοι ουσ. (όχι έρρ.), βοσκός (βλ. λ.). - Υποκορ. **-άκος** ο = 1. μικρός τσομπάνης. 2. (στον τ. *τσοπανάκος*) είδος πουλιού στο μέγεθος σπουργίτη με σταχτογάλαζο χρώμα στη ράχη και πορτοκαλί στην κοιλία (αλλιώς *σφυρυχτάρι*). [τουρκ. *çoban*].
τσομπανοκάλυβο το, ουσ. (όχι έρρ., λαϊκ.), καλύβι του τσομπάνη.
τσομπανόπουλο και **τσοπανόπουλο** το, θηλ. **τσομπανοπούλα** και **τσοπανοπούλα** η, ουσ. (όχι έρρ.). α. μικρός τσομπάνης· β. παιδί τσομπάνη (συνών. *βοσκόπουλο*).
τσομπάνος, βλ. *τσομπάνης.*
τσομπανόσκυλο το, ουσ. (όχι έρρ.), σκυλί που φυλάει κοπάδια (συνών. *μαντρόσκυλο*).
τσόντα η, ουσ. (έρρ.). 1. κομμάτι υφάσματος που το προσθέτουμε σε φόρεμα για να το μακρύνομε ή να το φαρδύνομε. 2. (οικοδομ.) προσθήκη κτίσματος σε κατασκευασμένο οικοδόμημα. 3. (γενικά) συμπλήρωμα, προσθήκη σε οτιδήποτε: *ο μισθός του ήταν μια ~ στο οικογενειακό εισόδημα.* 4. κινηματογραφική πορνογραφική παρεμβολή σε προβαλλόμενο έργο, κατ' επέκταση, πορνογραφικό κινηματογραφικό έργο. [βενετ. *zonta*].
τσοντάρισμα το, ουσ. (έρρ.), το να τσοντάρει (βλ. λ.) κανείς.
τσοντάρω, ρ., παρατ. *τσόνταρα*, αόρ. *τσόνταρα* και *-άρισα* (έρρ.). 1. προσθέτω τσόντα (βλ. λ.) σε φόρεμα. 2. (οικοδόμ.) προσθέτω μικρό κτίσμα σε κατασκευασμένο οικοδόμημα. 3. βοηθώ για να συμπληρωθεί ποσό ώστε να εκπληρωθεί κάποιος σκοπός: *-αρε κι αυτός στην αγορά του σπιτιού.*
τσοπανάκος, βλ. *τσομπάνης*, υποκορ. στη σημασ. 2.
τσοπάνης, βλ. *τσομπάνης.*
τσοπάνισσα, βλ. *τσομπάνης.*
τσοπανόπουλο, θηλ. **τσοπανοπούλα**, βλ. *τσομπανόπουλο.*
τσοπάνος, βλ. *τσομπάνης.*
τσότρα η, ουσ. (λαϊκ.), πλατύ ξύλινο δοχείο για κρασί ή νερό. [τουρκ. *çotra*].
τσουβάλι το, ουσ. (λαϊκ.). 1. μεγάλος σάκος από ύφασμα (συνήθως από κανναβι ή και από άλλο είδος υφάσματος) όπου τοποθετούνται εμπορεύματα (συνών. *σακί*). 2. (συνεκδοχικά) ό,τι μπορεί να χωρέσει σε ένα τσουβάλι: *ένα ~ πατάτες.* 3. (μεταφ.) για ρούχο που δεν εφαρμόζει στο σώμα με επιτυχία: *σκέτο ~ έγινε αυτό το φουστάνι μου!* Έκφρ. *με το ~* (= σε μεγάλη ποσότητα): *έχει λεφτά με το ~· έβαλες λάδι με το ~.* [τουρκ. *çuval*].

τσουβαλιά η, ουσ. (συνιζ., λαϊκ.), η ποσότητα που μπορεί να χωρέσει σε ένα τσουβάλι (συνών. *τσουβάλι* σημασ. 2).

τσουβαλιάζω, ρ. (συνιζ., λαϊκ.). 1. βάζω κάτι σε τσουβάλι, συσκευάζω κάτι σε σακί: *-ιάσαμε το τσιμέντο*. 2. (μεταφ.) συλλαμβάνω κάποιον: *τους -ιασε η αστυνομία για εμπόριο ναρκωτικών*. 3. (μεταφ.) εξαπατώ, παρασύρω κάποιον: *τους -ιασε με τα παραμύθια του* (= με τα ψέματα που τους είπε). Φρ. *τον -ιασα στο ξύλο* (= τον έδειρα αλύπητα).

τσουβάλιασμα το, ουσ. (λαϊκ.). 1. το να τοποθετεί, το να συσκευάζει κανείς κάτι σε σακί. 2. (μεταφ.) σύλληψη κάποιου από την αστυνομία. 3. (μεταφ.) εξαπάτηση, παραπλάνηση.

τσουγκράνα (όχι έρρ.) και **τσουκράνα** η, ουσ., είδος γεωργικού εργαλείου που αποτελείται από ένα οριζόντιο σιδερένιο κομμάτι με μεγάλα διαχωρισμένα δόντια προσαρμοσμένο σε ένα μακρύ ξύλινο κοντάρι και που χρησιμοποιείται για την εξομάλυνση του εδάφους, το μάζεμα πεσμένων φύλλων, κλπ. [πιθ. *γρατσούνα*].

τσουγκρανιά, βλ. *γρατσουνιά*.

τσουγκρανίζω, βλ. *γρατσουνώ*.

τσουγκράνισμα, βλ. *γρατσούνισμα*.

τσουγκρίζω, ρ. (έρρ.), κάνω ώστε να συγκρουστούν ελαφρά δύο αντικείμενα: *-ισαν τα πασχαλινά αβγά τους / τα ποτήρια τους*. Φρ. *τα ~ με κάποιον* ή *-ομαι με κάποιον* (= συγκρούομαι, τσακώνομαι μαζί του). [*συγκρούω*].

τσούγκρισμα το, ουσ. (έρρ.). 1. η ενέργεια και το αποτέλεσμα του τσουγκρίζω. 2. μάλωμα (συνών. *τσακωμός, φιλονικία*).

τσουδίζω ρ. (ιδιωμ.), καψαλίζω: *ετσούδισα την κότα πριν να τη βράσω*.

τσούζω, ρ. Α. μτβ. 1α. προκαλώ δριμύ, καυστικό πόνο σε κάποιον: *με έτσουξε το οινόπνευμα·* β. (εδώ συνεκδοχικά με υποκ. το μέρος του σώματος που αισθάνεται τέτοιο πόνο): *με -ει η πλάτη μου*. 2. (μεταφ.) πληγώνω, θίγω, ενοχλώ έντονα κάποιον: *τον έτσουξες με αυτά που του είπες·* τ*ον -ει η αλήθεια*. Β. αμτβ. 1. προκαλώ δριμύ, καυστικό πόνο, είμαι τσουχτερός: *αυτό το φάρμακο -ει πολύ*. 2. (για μέρος του σώματος) νιώθω καυστικό πόνο, τσούξιμο: *-ει το χέρι μου·* *-ουν τα μάτια μου*. 3α. (συνήθως για λόγια) είμαι καυστικός, δριμύς, δηκτικός: *-ουν αυτά που γράφει·* β. (μεταφ.) είμαι δυσβάστακτος, οδυνηρός: *-ουν οι τιμές*. Φρ. *τα ~* (= πίνω παραπάνω από το κανονικό, μεθώ)· *το κρύο -ει* (= κάνει πολύ κρύο). [αρχ. *σίζω*].

τσουκάλα, βλ. *τσουκάλι*.

τσουκαλάδικο το, ουσ. (λαϊκ.), εργαστήριο όπου κατασκευάζονται ή κατάστημα όπου πουλιούνται τσουκάλια ή γενικώς πήλινα αντικείμενα.

τσουκαλάκος ο, ουσ., μικρό σκουρόχρωμο πουλί (συνών. *καρβουνιάρης*).

τσουκαλάς ο, ουσ. (λαϊκ.), αυτός που κατασκευάζει ή πουλά τσουκάλια ή γενικώς πήλινα αντικείμενα.

τσουκάλι το, ουσ. (λαϊκ.). 1. χύτρα πήλινη: *βάζω / στήνω ~ (στη φωτιά)* (= μαγειρεύω). 2. ουροδοχείο. - Μεγεθ. **-άλα** η. [ιταλ. *zucca*].

τσουκαλιά η, ουσ. (συνιζ., λαϊκ.), η ποσότητα που μπορεί να χωρέσει σ' ένα τσουκάλι.

τσουκαλολάγηνα τα, ουσ. (λαϊκ.), τα τσουκάλια και τα λαγήνια μαζί.

τσουκάνι το, ουσ. (λαϊκ.). 1. σφυρί του λιθοξόου. 2. πρωτόγονη αλωνιστική μηχανή. [πιθ. αρχ. *τυκάνη*].

τσουκνίδα η, ουσ. (βοτ.) ποώδες φυτό των αγρών με οδοντωτά φύλλα που καλύπτονται από τρίχες, οι οποίες περιέχουν καυστικό υγρό ερεθιστικό για το δέρμα. [αβέβαιη ετυμ.].

τσουκράνα, βλ. *τσουγκράνα*.

τσούλα η, ουσ. (λαϊκ.), γυναίκα του δρόμου, πόρνη. - Υποκορ. **-ίτσα** η, **-ί** και **-άκι** το (=νεαρή πόρνη, πορνίδιο). [ιταλ. *ciulla*].

τσουλήθρα η, ουσ., κατηφορική, απότομη, λεία επιφάνεια όπου γλιστρούν τα παιδιά παίζοντας, καθώς και το αντικείμενο με αυτά τα χαρακτηριστικά που χρησιμοποιείται στις παιδικές χαρές ως παιχνίδι.

τσούλι και **τσόλι** το, ουσ. 1. πρόχειρο στρωσίδι πατώματος. 2. (υποτιμητικά, στον τ. *τσόλι*) ρούχο ευτελές ή φθαρμένο. 3. (μεταφ., υβριστ. στον τ. *τσόλι*) γυναίκα χαμηλού επιπέδου και συνήθως με ανήθικη συμπεριφορά. [τουρκ. *çul*].

τσουλί και **τσουλίτσα**, βλ. *τσούλα*.

τσουλούφι το, ουσ., τούφα μαλλιών. [τουρκ. *zülüf*].

τσουλώ, -άς, ρ. Α. (μτβ.) σπρώχνω κάτι για να γλιστρήσει, να κυλήσει σε λεία επιφάνεια. Β. (αμτβ.) γλιστρώ, κυλώ σε λεία επιφάνεια. [πιθ. *κυλώ*].

τσουμπές, βλ. *τζουμπές*.

τσουνί το, ουσ. (λαϊκ.). 1. κοτσάνι, μίσχος. 2. παιγνιωδώς για το πέος μικρού αγοριού. [πιθ. *κύνιον<κύων*].

τσούξιμο το, ουσ. 1. δριμύς, καυστικός πόνος. 2. υπερβολική οινοποσία, μέθη.

τσουπί το, ουσ. (λαϊκ.), στρωσίδι: *έβγαλε ένα ~, το έστρωσε κάτω από έναν πρίνο* (Κόντογλου).

τσούπα και **τσούπρα** η, ουσ. (λαϊκ.), κορίτσι, κοπέλα. [αλβ. *çupë*· ο τ. πιθ. από επίδραση του αλβ. περιληπτικού *çupëri* (= το σύνολο των κοριτσιών)].

τσουράπι το, ουσ., μάλλινη κάλτσα που φορούν χωρικοί: *φορούσε -ια κάτασπρα* (Κόντογλου). [τουρκ. *çorap*].

τσουρέκι το, ουσ., είδος γλυκού αρωματικού ψωμιού με αφράτη ζύμη, που παρασκευάζεται με αλεύρι, αβγά, βούτυρο, γάλα, ζάχαρη και διάφορα μυρωδικά και τρώγεται συνήθως το Πάσχα. - Υποκορ. **-άκι** το. [τουρκ. *çörek*].

τσούρμα, βλ. *τσούρμο*.

τσουρμάρω, ρ., αόρ. *τσούρμαρα*, (ναυτ.) αναλαμβάνω υπηρεσία ως ναύτης σε καράβι.

τσούρμο το και **τσούρμα** η, ουσ. (λαϊκ.). 1. πλήρωμα καραβιού: *διάταξε όλο το ~ να μαζωχτεί στην κουβέρτα* (Μπαστιάς)· *σε μιαν άγρια φουρτούνα πνίγηκε όλο το ~* (Κόντογλου). 2. (γενικά) πλήθος ανθρώπων (ή και πραγμάτων): *μαζεύτηκε γύρω της ένα ~ γυναίκες· ένα ~ σφουγγαράδικα* (Κόντογλου). [ιταλ. *ciurma*].

τσουρουφλίζω, ρ., καίω κάτι ελαφρά, επιφανειακά, καψαλίζω (βλ. λ.).

τσουρούφλισμα το, ουσ., η ενέργεια και το αποτέλεσμα του τσουρουφλίζω.

τσουτσέκι το, ουσ. (λαϊκ.), άνθρωπος (συνήθως μικρός σε ηλικία) που χαρακτηρίζεται από θρασύτητα ή πονηριά. [τουρκ. *çiçek*].

τσουχτερός, -ή, -ό, επίθ. 1. δριμύς, διαπεραστικός: *πόνος ~· κρύο -ό· φυσούσε -ό βοριαδάκι*. 2. (για λόγια) δηκτικός. 3. (συνήθως για τιμές) δυσβά-

στακτος, υπερβολικός: *έκανε και μικροδάνεια με -ό τόκο* (Μπαστιάς). - Επίρρ. **-ά**.
τσούχτρα η, ουσ. **1.** είδος μέδουσας (βλ. λ.) που το τσίμπημά της προκαλεί τσούξιμο και φαγούρα. **2.** (μεταφ.) άνθρωπος δηκτικός, σαρκαστικός, που πειράζει τους άλλους: *είναι μια ~ αυτός!*
τσόφλι το, ουσ. **1.** κέλυφος: *~ αβγού / στρειδιού.* **2.** σκληρή φλούδα καρπού: *~ από σπόρια.* **3.** (μεταφ.) για πλεούμενο πολύ ελαφρύ: *μια παλιόβαρκα εκεί, ένα ~ στη μέση του ωκεανού* (Σούκας).
τσόχα η, ουσ. **1.** είδος χοντρού μάλλινου υφάσματος: *παλτό από ~.* **2.** το κάλυμμα των τραπεζιών όπου παίζονται τυχερά παιχνίδια και που είναι φτιαγμένο από αυτό το ύφασμα, χρώματος συνήθως πράσινου: *στρώσε την ~ να παίξομε.* **3.** (συνεκδοχικά) η χαρτοπαιξία: *έχει πάθος με την ~.* [τουρκ. *çuha*].
τσόχινος, -η, -ο, επίθ., φτιαγμένος από τσόχα: *σακάκι -ο.*
τσουκνιάς ο, ουσ. (συνιζ.), ερωδιός (βλ. λ.). [μτγν. *κυκνίας*].
τσουρίδα η, ουσ., δυνατή και διαπεραστική κραυγή: *έβγαλε μια ~ που ήτανε να τρελαθεί άνθρωπος!* (Κόντογλου)· ακούστηκαν *φοβερές -ες* (συνών. στριγκλιά).
τσουρίζω, ρ., βγάζω δυνατές και διαπεραστικές κραυγές (συνών. στριγκλίζω). [αρχ. *συρίζω*].
τσουριξιά η, ουσ. (συνιζ.). **α.** το να τσουρίζει κανείς· **β.** τσουρίδα (συνών. τσύριγμα).
τσούρισμα και **-γμα** το, ουσ. **α.** το να τσουρίζει κανείς· **β.** τσουρίδα.
τσουριχτός, -ή, -ό, επίθ., που γίνεται ή λέγεται με δυνατή και διαπεραστική φωνή: *τραγούδι -ό.* - Επίρρ. **-ά**.
τυλιγάδι το, ουσ. **1.** (λαϊκ.) ξύλινο ραβδί, διχαλωτό στο ένα άκρο του, όπου οι υφάντρες τυλίγουν το νήμα και το κάνουν κουβάρια. **2.** (λογοτ.) πάπυρος τυλιγμένος σε ρολό.
τυλιγαδιάζω, ρ. (συνιζ., λαϊκ.), τυλίγω νήμα στο τυλιγάδι.
τυλιγάδιασμα το, ουσ. (λαϊκ.), το να τυλιγαδιάζει κανείς νήμα.
τύλιγμα το, ουσ., η ενέργεια και το αποτέλεσμα του τυλίγω.
τυλίγω, ρ. **Ι.** ενεργ. **1.** μαζεύω κάτι μακρύ σε σφαίρα ή κύλινδρο περιστρέφοντάς το πολλές φορές γύρω από τον εαυτό του: *~ το μαλλί για να το κάνω κουβάρι· -ιξα το χαρτί σε ρολό.* **2.** περιστρέφω κάτι μακρύ πολλές φορές γύρω από κάτι άλλο: *~ το σύρμα γύρω από τον πάσσαλο.* **3.** καλύπτω ολόγυρα κάτι με κάτι άλλο, ιδίως για να το προστατέψω, να το προσφέρω ως δώρο, να κρύψω το περιεχόμενο του, κλπ.): *-ιξε το τραυματισμένο του χέρι με ένα ύφασμα· -ιξε το βιβλίο με ένα κόκκινο χαρτί· ~ το ρύζι με αμπελόφυλλα.* **4.** (για άνθρωπο ή ζώο) τοποθετώ μέλος του σώματός μου (ή και ολόκληρο το σώμα μου) γύρω από κάποιον ή κάτι αρκετά σφιχτά: *το φίδι -ιξε το σώμα του γύρω από το χέρι της.* **5.** (μεταφ.) περιβάλλω, καλύπτω: *μια γλυκιά ζεστασιά τον -ιξε· με -ιξε η νύχτα / η μοναξιά.* **6.** (μεταφ. λαϊκ.) εξαπατώ, παραπλανώ κάποιον: *τον -ιξαν με τις ψευτιές τους.* **7.** (μεταφ.) παγιδεύω, «μπλέκω» κάποιον: *τον -ιξε στα δίχτυα της.* **II.** μέσ. **1α.** βάζω κάποιο ρούχο ή σκέπασμα γύρω από το σώμα μου: *κοιμηθήκαμε στους πάγκους -γμένοι στα παλτά μας· -ίχτηκα με τις κουβέρτες·* **β.** ντύνομαι πολύ ζεστά: *κοίτα να -ιχτείς καλά,*

γιατί *κάνει πολύ κρύο* (συνών. κουκουλώνομαι). **2.** (για ζώο με ευλύγιστο σώμα) τοποθετώ το σώμα μου γύρω από κάτι ή κάποιον: *το φίδι -ίχτηκε γύρω από τον κορμό του δέντρου· το σκουλήκι -ίχτηκε γύρω από το μίσχο του λουλουδιού.* **3.** παγιδεύομαι, μπλέκομαι: *-ίχτηκε το πόδι μου στο σκοινί κι έπεσε· το ψάρι -ίχτηκε στα δίχτυα και το πιάσαμε.* Φρ. *τον -ιξαν σε μια κόλλα χαρτί* (για κάποιον που υφίσταται πειθαρχική τιμωρία ύστερα από έγγραφη καταγγελία). [μτγν. *τυλίσσω*].
τυλιχτάρι το, ουσ., τυλιχάδι (βλ. λ.).
τυλιχτός, -ή, -ό, επίθ., που έχει τυλιχτεί, τυλιγμένος.
τύλωμα το, ουσ. **1.** σκληρό εξόγκωμα του δέρματος (συνών. *κάλος, ρόζος*). **2α.** η ενέργεια και το αποτέλεσμα του τυλώνω (βλ. λ.)· **β.** παραγέμισμα της κοιλιάς.
τυλώνω, ρ. (λαϊκ.). **α.** γεμίζω κάτι τελείως· **β.** (ιδίως για την κοιλιά) την παραγεμίζω, πολυτρώγω: *καλά την τύλωσε σήμερα.* [αρχ. *τυλώ*].
τύμβος ο, ουσ. (αρχ.) **α.** αρχαίος τάφος ή τόπος όπου έκαψαν έναν νεκρό και ο λοφοειδής σωρός από χώμα πάνω σ' αυτόν: *ο ~ του Μαραθώνα* (συνών. *τούμπα* σημασ. 1β)· **β.** μεγαλοπρεπής τάφος, μνημείο.
τυμβωρυχία η, ουσ., η ενέργεια του τυμβωρύχου.
τυμβωρύχος ο, ουσ. **1.** συλητής (αρχαίου) τάφου. **2.** (σπάνια, μεταφ.) όποιος εκμεταλλεύεται ανόσια το παρελθόν.
τυμπανιαίος, -α, -ο, επίθ. (έρρ., ασυνίζ., λόγ.), (ιδίως για πτώματα) που είναι εξογκωμένος σαν τύμπανο.
τυμπανισμός ο, ουσ. (έρρ.), εξόγκωση της κοιλιάς από αέρια.
τυμπανιστής ο, θηλ. **-ίστρια**, ουσ. (έρρ.), αυτός που χτυπά το τύμπανο.
τύμπανο το, ουσ. (έρρ.). **1.** είδος κρουστού μουσικού οργάνου που αποτελείται από έναν ξύλινο ή μεταλλικό κύλινδρο σκεπασμένο στις δύο παράλληλες βάσεις του με δέρμα και παίζεται με δύο ειδικά φτιαγμένα ξύλα (συνών. *ταμπούρλο, νταούλι*). **2.** (ανατομ.) λεπτή μεμβράνη που διαχωρίζει τον έξω ακουστικό πόρο από το εσωτερικό του αυτιού. **3.** (αρχιτ.) τριγωνικό τμήμα του αετώματος. **4.** (αρχιτ.) κάθετος κυλινδρικός ή πολυγωνικός τοίχος όπου στηρίζεται ο τρούλος. **5.** τροχός άμαξας από κυλινδρικό τμήμα κορμού δέντρου. **6.** ό,τι έχει σχήμα τυμπάνου. Φρ. *κάτι έγινε τούμπανο* (= φούσκωσε): *η κοιλιά μου έγινε τούμπανο.* Παροιμ. *αλλού χτυπούν τα τύμπανα κι αλλού ήτανε ο γάμος* (για πράγματα άσχετα μεταξύ τους)· *ο κόσμος το 'χει τούμπανο κι εμείς κρυφό καμάρι*, βλ. ά. *καμάρι.* - Βλ. και *τούμπανο*.
τυμπανοκρουσία η, ουσ. (λόγ.). **1.** χτύπημα του τυμπάνου. **2.** (μεταφ.) θορυβώδης και επιδεικτική διαφήμιση: *φιλανθρωπικό έργο χωρίς -ες.*
Τυνησία, βλ. *Τυνήσιος.*
τυνησιακός, -ή, -ό, επίθ. (ασυνίζ.), που ανήκει ή αναφέρεται στην Τυνησία ή τους Τυνησίους.
Τυνήσιος ο, θηλ. **-α**, ουσ. (ασυνίζ.), ο κάτοικος της Τυνησίας ή ο καταγόμενος απ' αυτήν.
τυπικά, βλ. *τυπικός.*
τυπικάρης ο, ουσ. (εκκλ.) μοναχός που φροντίζει για την τήρηση του εκκλησιαστικού τυπικού (βλ. λ. στις σημασ. 2 και 3).
τυπικό το, ουσ. **1.** (γραμμ.) το τμήμα της γραμματικής που ασχολείται με τη διαμόρφωση των τύπων

των λέξεων. 2. (εκκλ.) εσωτερικός κανονισμός λειτουργίας μονής. 3. (εκκλ.) βιβλίο που καθορίζει τη διάταξη των εκκλησιαστικών ακολουθιών.

τυπικός, -ή, -ό, επίθ. 1. που ανήκει ή αναφέρεται στον τύπο ή τους τύπους. 2. που αποτελεί κύριο στοιχείο μιας ομάδας πραγμάτων: *τα -ά γνωρίσματα των καπιταλιστικών χωρών.* 3. χαρακτηριστικός: *-ό δείγμα ύφους και γλώσσας.* 4. που δε σχετίζεται με την ουσιαστική υπόσταση ενός πράγματος ή ενός γεγονότος αλλά μόνο με την εμφάνισή του: *προσόντα -ά· σχέσεις -ές* (συνών. *συμβατικός, επιφανειακός*). 5. που επιβάλλεται από τα καθιερωμένα: *λατρεία -ή.* 6. (κοινώς για άτομο) α. που τηρεί τους τύπους (βλ. λ. στη σημασ. 4) χωρίς να αποβλέπει πάντα στην ουσία: *είναι ~ στις σχέσεις του·* β. (μεταφ.) ψυχρός: *είναι πολύ ~.* - Επίρρ. **-ά.**

τυπικότητα η, ουσ., το να είναι κάποιος ή κάτι τυπικό(ς) (βλ. λ. στις σημασ. 4, 5 και 6).

τυποβαφική η, ουσ., η μέθοδος να αποτυπώνει κανείς μια μάρκα με πίεση πάνω σε ύφασμα.

τυπογραφείο το, ουσ., εργαστήριο όπου τυπώνονται βιβλία και ποικίλα άλλα έντυπα (εφημερίδες, προκηρύξεις, διαφημίσεις, κλπ.).

τυπογραφία η, ουσ. 1. η τέχνη της εκτύπωσης βιβλίων, εφημερίδων, κ.ά. εντύπων. 2. το επάγγελμα του τυπογράφου. 3. η βιομηχανία της εκτύπωσης εντύπων: *η εξέλιξη της -ας.*

τυπογραφικός, -ή, -ό, επίθ. 1. που ανήκει ή αναφέρεται στην τυπογραφία ή τον τυπογράφο: *λάθος -ό* (= λάθος που εμφανίζεται κατά τη διαδικασία της ετοιμασίας για τύπωμα ενός βιβλίου, άρθρου, κλπ.)· *φύλλο -ό* (= τμήμα δημοσιευμένου μεγάλης έκτασης κειμένου αποτελούμενο συνήθως από δεκαέξι σελίδες)· *δοκίμιο -ό* (= σχέδιο τυπωμένο κειμένου σε σειρά φύλλων για να ελεγχθούν τυχόν τυπογραφικά λάθη ή άλλες παραδρομές). 2. που χρησιμεύει στην εκτύπωση: *στοιχεία -ά* (= τα μικρά μεταλλικά παραλληλεπίπεδα όπου είναι σκαλισμένα ανάγλυφα και ανάποδα τα γράμματα του αλφαβήτου και που μ' αυτά γίνεται η σύνθεση των λέξεων στο τυπογραφείο)· *έξοδα -ά.*

τυπογράφος ο και η, ουσ. 1. αυτός που γνωρίζει την τυπογραφική τέχνη. 2. τεχνίτης ή ιδιοκτήτης τυπογραφείου.

τυπολάτρης ο, θηλ. **-ισσα,** ουσ., αυτός που δίνει ιδιαίτερη σημασία στους τύπους και όχι στην ουσία.

τυπολατρία η, ουσ., υπερβολική προσήλωση στην τήρηση των τύπων (συνών. *συμβατικότητα*).

τυπολάτρισσα, βλ. *τυπολάτρης.*

τυπολογία η, ουσ. 1. η έρευνα των τύπων και των συμβόλων. 2. (ψυχ.) κλάδος που κατατάσσει τα άτομα σε ομάδες (τύπους) ανάλογα με τα φυσικά, τα πνευματικά και τα ψυχικά τους χαρακτηριστικά. 3. το τμήμα της γραμματικής που ασχολείται με τους τύπους (βλ. λ.) των λέξεων (συνών. *τυπικό*).

τυπολογικός, -ή, -ό, επίθ., που ανήκει ή αναφέρεται στην τυπολογία: (γραμμ.) *-ή απόκλιση μιας λέξης·* *-ό τμήμα άρθρου ενός λεξικού·* *-ή κατάταξη* (= σύμφωνα με τους διαφορους τύπους αντικειμένων που μελετώνται): *-ή κατάταξη νομισμάτων.*

τυπολόγιο το, ουσ. (ασυνίζ.), (γραμμ.) κατάλογος γραμματικών τύπων που απαντούν σε ένα κείμενο.

τυποποίηση η, ουσ. 1. η ενέργεια και το αποτέλεσμα του τυποποιώ (βλ. λ.). 2. η οργάνωση της βιομηχανίας κατά τρόπο ώστε να παράγονται ορισμένοι τύποι προϊόντων σε μεγάλες ποσότητες.

τυποποιητικός, -ή, -ό, επίθ., που σχετίζεται με την τυποποίηση (βλ. λ.): *ρόλος ~* (= *ισοπεδωτικός*).

τυποποιώ, -είς, ρ. (ασυνίζ.), διαμορφώνω και καθορίζω έναν τύπο προϊόντος που εξομοιώνει όλα τα ομοειδή: (βιομ.) *-ημένα προϊόντα* (= βιομηχανικά προϊόντα που παράγονται μαζικά σε καθορισμένο τύπο).

τύπος ο, ουσ. 1. αποτύπωμα από χτύπημα ή πίεση (συνών. *στάμπα*). 2. ομοίωμα: *ο ~ του Σταυρού.* 3. υπόδειγμα: *δώσε μου τον -ο για να ετοιμάσω ανάλογα το έγγραφο* (συνών. *σχέδιο*). 4. εξωτερική μορφή, επουσιώδη στοιχεία: *κοιτάζει τον -ο και όχι την ουσία.* 5. μορφή ενέργειας ή τρόπος συμπεριφοράς που επιβάλλεται από τα καθιερωμένα: *-οι λατρείας.* 6. (στον πληθ.) συμβατικότητα: *το παρακάνει με την τήρηση των τύπων·* *οι -οι τρώνε την ουσία·* έκφρ. *για τον τύπο* (= συμβατικά, τυπικά). 7. είδος: *πανάρχαιος ~ αργαλειού.* 8. (γραμμ.) μορφή λέξης σε αντιδιαστολή προς άλλη μορφή της ίδιας λέξης: *~ συνηρημένος.* 9. (για άτομο) α. σύνολο γνωρισμάτων που χαρακτηρίζουν ένα άτομο: *ο ~ του φαγά·* β. χαρακτήρας: *τι ~ είναι;* γ. άτομο ανυπόληπτο: *είναι ένας ~!* 10. (μαθημ.) αλγεβρική παράσταση με ορισμένη μορφή. 11. (χημ.) *χημικός ~* = διεθνής συμβολισμός που έχει καθιερωθεί για την παράσταση των μορίων των στοιχείων και των χημικών ενώσεων: *~ μοριακός.* 12. η αναπαραγωγή κειμένων με τη μέθοδο της τυπογραφίας. 13. το σύνολο των έντυπων μέσων μαζικής ενημέρωσης, καθώς και οι δημοσιογράφοι που τα υπηρετούν: *διαβάζω τον -ο κάθε μέρα·* έκφρ. *κίτρινος ~* βλ. *κίτρινος·* *συνέντευξη -ου* (= συνέντευξη που παρέχεται από πρόσωπο πνευματικής, καλλιτεχνικής ή πολιτικής ακτινοβολίας σε εκπροσώπους του τύπου).

τύπος και υπογραμμός· αρχαϊστ. έκφρ. = άνθρωπος υποδειγματικής συμπεριφοράς, άνθρωπος που μπορεί να χαρακτηριστεί πρότυπο για μίμηση εξαιτίας των προσόντων και των αρετών του (συνών. *υπόδειγμα*).

τύπτω ρ. (σπάνια), ιδίως στη φρ. *με τύπτει η συνείδηση* (= με ελέγχει).

τύπωμα το και (σπανιότερα) **τύπωση** η, ουσ., η ενέργεια και το αποτέλεσμα του τυπώνω.

τυπώνω, ρ. 1. αναπαράγω με τυπογραφικά μέσα: *αυτός ο τυπογράφος -ει συνήθως επιστημονικά συγγράμματα* (συνών. *εκτυπώνω*). 2. αποτυπώνω: *σε κάθε βιβλίο της βιβλιοθήκης ~ το όνομά μου με σφραγίδα.* 3. (συνεκδοχικά) εκδίδω: *τύπωσα την τελευταία μελέτη μου.* Φρ. *~ στο μυαλό μου* (= βάζω μέσα στο μυαλό μου, χαράζω στη μνήμη μου): *αυτό που μου 'πες το τύπωσα στο μυαλό μου.*

τύπωση, βλ. *τύπωμα.*

τυπωτής ο, ουσ. 1. αυτός που τυπώνει (βλ. λ. στη σημασ. 1). 2. αυτός που κατασκευάζει καλούπια.

τυπωτικός, -ή, -ό, επίθ., που ανήκει ή αναφέρεται στο τύπωμα: *-ά έξοδα ή απλώς τα -ά* = τα έξοδα του τυπώματος.

τυράγνια, βλ. *τυραννία.*

τυράγνισμα, βλ. *τυράννισμα.*

τυραγνώ, βλ. *τυραννώ.*

τυράδικο το, ουσ. (λαϊκ.), κατάστημα όπου πουλιούνται τυριά (συνών. *τυροπωλείο*).

τυραννία, (συνιζ., λαϊκ.) **τυράγνια** και **τυράννια** η, ουσ. 1. αυθαίρετη και πιεστική διακυβέρνηση ή διοίκηση: *ζούσαμε χρόνια κάτω από την ~ τους.* 2. βασανιστική κηδεμονία: *αυτός ο πατέρας ασκεί ~ στα παιδιά του* (συνών. *δεσποτεία*). 3. μεγάλη ταλαιπωρία: *τι ~ ήταν αυτή ώσπου να βρω ταξί!*
τυραννικός, -ή, -ό, επίθ. 1. που ασκείται με αυθαίρετα μέσα: *-ή διακυβέρνηση μιας χώρας· -ό πολίτευμα* (συνών. *αυταρχικός, δεσποτικός, δικτατορικός*· αντ. *δημοκρατικός, φιλελεύθερος*). 2. βασανιστικός: *-ή συμπεριφορά.* - Επίρρ. **-ά.**
τυραννίσκος ο, ουσ. (λόγ.). 1. ασήμαντος τύραννος. 2. βασανιστής.
τυράννισμα και **τυράγνισμα** το, ουσ., το να βασανίζει κανείς.
τυραννοκτόνος ο, ουσ., φονιάς τυράννου.
τύραννος ο, ουσ. 1. απολυταρχικός κυβερνήτης (συνών. *δικτάτορας*). 2. (μεταφ.) βασανιστής (συνών. *καταπιεστής*).
τυραννώ, -είς ρ. και (λαϊκότερα) **-άς,** λαϊκ. **-αγνώ, -άς,** μέσ. *τυραννιέμαι* και λαϊκότερα *-γνιέμαι,* παθ. αόρ. *-ίστηκα,* μτχ. παθ. παρκ. *-ισμένος.* 1. καταπιέζω ως κυβέρνηση. 2. βασανίζω, ταλαιπωρώ: *αυτό το παιδί μάς -ά στο σπίτι με τις ιδιοτροπίες του.* - Η μτχ. παρκ. και ως επίθ. = *πολύπαθος.*
τυράς ο, θηλ. **τυρού,** ουσ. (λαϊκ). 1. τυρέμπορος. 2. αυτός που αγαπά ως έδεσμα το τυρί.
τύρβη η, ουσ., φασαρία από την παρουσία πολλών ατόμων σε ένα μέρος: *~ των μεγαλουπόλεων.*
τυρεμπόριο το, ουσ. (έρρ. ασυνίζ.), εμπόριο τυριών.
τυρέμπορος ο, ουσ. (έρρ.), έμπορος τυριών.
τυρί το, ουσ. α. τροφικό παρασκεύασμα από το πήξιμο γάλακτος που μπορεί να το ακολουθήσει ζύμωση: *~ φέτα / κίτρινο· ψωμί και ~.* β. ειδικά για τη φέτα (σε αντιδιαστολή με το κασέρι και άλλα κίτρινα ή εισαγόμενα τυριά).
τυριέρα η, ουσ. (συνιζ.), επιτραπέζιο σκεύος όπου τοποθετείται το τυρί.
τυρίνη η, ουσ., λευκωματώδης ουσία του γάλακτος των μαστοφόρων.
Τυρινή η, η εβδομάδα μετά την Κυριακή της αποκριάς (σε αντιδιαστολή με την Κρεατινή, βλ. λ.).
Τυρναβίτης ο, θηλ. **-ίτισσα,** ουσ., κάτοικος του Τυρνάβου ή καταγόμενος από εκεί.
τυρναβίτικος, -η, -ο, επίθ., που σχετίζεται με τον Τύρναβο.
Τυρναβίτισσα, βλ. *Τυρναβίτης.*
τυροβόλι το, ουσ. (λαϊκ.), το καλούπι μέσα στο οποίο το κεφαλοτύρι παίρνει το σχήμα του.
τυρόγαλο το, ουσ., ό,τι μένει στο λεβέτι μετά την παρασκευή του τυριού (συνών. *γάρος*).
τυροκομείο και (λαϊκ.) **-ειό** το, ουσ., εργαστήριο όπου παρασκευάζεται το τυρί.
τυροκομία η, ουσ., η τέχνη της παρασκευής τυριού.
τυροκόμος ο, ουσ., αυτός που παρασκευάζει τυρί.
τυροκομώ, -είς και **-άς,** ρ. παρασκευάζω τυρί.
Τυρολέζα, βλ. *Τυρολέζος.*
τυρολέζικος, -η, -ο, επίθ., που σχετίζεται με το Τυρόλο ή τους Τυρολέζους: *φτερωτό -ο καπελάκι.*
Τυρολέζος ο, θηλ. **-α,** ουσ., ο κάτοικος του Τυρόλου ή ο καταγόμενος από εκεί.
τυρόπιτα η, ουσ., πίτα που η γέμισή της έχει βασικό υλικό το τυρί.
τυροπιτάδικο το, ουσ. (λαϊκ.), κατάστημα όπου πουλιούνται τυρόπιτες.

τυροπιτάς ο, ουσ. (λαϊκ.), παρασκευαστής και πωλητής τυρόπιτας.
τυρού, βλ. *τυράς.*
τυροφάγος, επίθ., που συνηθίζει να τρώει τυρί στα γεύματά του.
Τυροφάγος η, Τυρινή (βλ. λ.).
Τυρρηνή, βλ. *Τυρρηνός.*
τυρρηνικός, -ή, -ό, επίθ., ετρουσκικός (βλ. λ.).
Τυρρηνός ο, θηλ. **-ή,** ουσ., Ετρούσκος (βλ. λ.).
τύρφη η, ουσ., είδος ορυκτού άνθρακα.
τύφλα η, ουσ. (λαϊκ). 1. απουσία της ικανότητας της όρασης (συνών. λαϊκ. *στραβομάρα*). 2. πνευματική καθυστέρηση: *η ~ της αγραμματοσύνης.* 3. μούντζα, φάσκελο: *σαν τ' άκουσε, του 'ριξε δυο -ες.* 4. (ως επιφ., υβριστ.): *την ~ σου!* Έκφρ. *~ στο μεθύσι* (= εντελώς μεθυσμένος). Παροιμ. *~ να 'χουν όλα μπροστά σε τούτο* (= τούτο δε συγκρίνεται με τίποτε άλλο· όποιος σκοντάφτει του λένε *~* (= δε φτάνει που αποτυχαίνει κανείς, αλλά έχει και τον κατατρεγμό των άλλων).
τυφλά, βλ. *τυφλός.*
τυφλάγρα η, ουσ. (λαϊκ.), τύφλα (βλ. λ.).
τυφλαμάρα η, ουσ. (λαϊκ.) τύφλα (βλ. λ.).
τυφλοβδομάδα η, ουσ., συνήθως στη φρ. *ήρθε η ~,* η χρονική περίοδος κατά την οποία δεν είναι κανείς σε θέση να αξιολογήσει σωστά τα προσόντα και τα ελαττώματα του άλλου (συνήθως σε περιπτώσεις ζευγαριών για το πρώτο διάστημα του γάμου τους).
τυφλογράφος ο, ουσ., όργανο με το οποίο γράφουν συνθηματικά οι τυφλοί.
τυφλόμυγα η, ουσ., παιχνίδι κατά το οποίο σκεπάζουν τα μάτια κάποιου με ύφασμα κι εκείνος προσπαθεί να πιάσει κάποιον συμπαίκτη του.
τυφλοπάνι το, ουσ. (λαϊκ.), επίδεσμος που τοποθετείται σε μάτι ή μάτια που ασθενούν.
τυφλοπόντικας ο και **-κο** το, ουσ. (έρρ.), μικρό θηλαστικό τρωκτικό ζώο με τρίχωμα μαύρου χρώματος, μακρύ ρύγχος και ασθενική όραση που ζει μέσα στο έδαφος σε στοές που κατασκευάζει το ίδιο (συνών. *ασπάλακας*).
τυφλός, -ή, -ό, επίθ. 1. που δεν έχει την ικανότητα της όρασης (συνών. *αόμματος,* λαϊκ. *γκαβός, στραβός*)· έκφρ. *στα -ά* (= χωρίς να βλέπει κανείς, χωρίς να υπάρχει φωτισμός· μεταφ., χωρίς να προϋπάρχει κατατοπισμός)· *-ό σύστημα* (= που επιτρέπει να δακτυλογραφεί κανείς χωρίς να βλέπει τα πλήκτρα). 2. (μεταφ.) που δεν έχει την ικανότητα να κρίνει τα γεγονότα: *~ από το φανατισμό.* 3. (για δρόμο) που δεν έχει διέξοδο: *σοκάκι -ό.* έκφρ. (ανατομ.) *-ό έντερο* (= το αρχικό τμήμα του παχέος εντέρου). 4. (μεταφ.) που γίνεται χωρίς κρίση, χωρίς επιφύλαξη: *-ή εμπιστοσύνη / υπακοή.* - Επίρρ. **-ά.**
τυφλοσόκακο το, ουσ. (λαϊκ.), μικρός και στενός δρόμος χωρίς διέξοδο.
τυφλοσύρτης και **-σούρτης** ο, ουσ. (λαϊκ.), βοήθημα που μπορεί να κατατοπίσει με μηχανικό τρόπο σε ένα θέμα (ιδίως μαθητές και δασκάλους).
τυφλότητα η, ουσ., η ιδιότητα του τυφλού.
τυφλώνω, ρ. 1. κάνω κάποιον τυφλό (βλ. λ. στη σημασ. 1): *το ζάχαρο τον -ωσε* 2. (μεταφ.) συσκοτίζω τη διάνοια και την κρίση κάποιου: *έχει -ωθεί από το πάθος του.*
τύφλωση η, ουσ. 1. απώλεια της όρασης (συνών. λαϊκ. *στραβομάρα*). 2. (μεταφ.) απώλεια της κριτικής ικανότητας.

τυφοειδής, -ής, -ές, γεν. -ούς, πληθ. αρσ. και θηλ. -είς, ουδ. -ή, επίθ. (ιατρ.) που μοιάζει με τον τύφο ή τα συμπτώματά του: *πυρετός ~* (= λοιμώδης αρρώστεια, κολλητική και συχνά επιδημική, που προκαλείται από βακτηρίδιο και χαρακτηρίζεται από πυρετό, νευρικές και εντερικές διαταραχές).

τύφος ο, ουσ. (ιατρ.) σοβαρή λοιμώδης επιδημική ασθένεια που οφείλεται σε βακτηρίδιο: *~ εξανθηματικός· ~ κοιλιακός* (= τυφοειδής πυρετός).

τυφώνας ο, ουσ., στροβιλώδης άνεμος μεγάλης έντασης, συχνά με καταστρεπτικές συνέπειες: *~ στις τροπικές χώρες.*

τυχαία, βλ. *τυχαίος.*

τυχαίνω, ρ. 1. βρίσκομαι ή συμβαίνω κατά τύχη: *έτυχα στον καβγά και προσπάθησα να τους καθησυχάσω· τον τελευταίο καιρό μου έτυχαν πολλές δυσκολίες· του έτυχε ο πρώτος αριθμός του λαχείου.* 2. (απρόσ.) συμβαίνει να...: *-ει να είμαι κατατοπισμένος στο θέμα· γι' αυτό σου μιλώ.*

τυχαίος, -α, -ο, επίθ. 1. που συμβαίνει κατά τύχη: *γεγονός -ο* (συνών. *απρόσμενος, συμπτωματικός*· αντ. *σκόπιμος· ηθελημένος*). 2. ασήμαντος: *-α υποκείμενα* (= άτομα ανυπόστατα) (αντ. *σπουδαίος*). - Επίρρ. **-α:** *τον συνάντησα -α στο δρόμο.*

τυχάρπαστος, -η, -ο, επίθ. (για πρόσωπο) που αναδείχτηκε από τύχη, ασήμαντος, ανάξιος.

τυχεράκιας ο, ουσ. (συνιζ., λαϊκ.), (με θαυμασμό) αυτός που ευνοείται συχνά από την τύχη: *-α, κέρδισες πάλι!*

τυχερός, -ή, -ό, επίθ. 1. (για πρόσωπα) που ευνοείται από την τύχη: *~ ήμουνα που δε βρέθηκα εκεί την ώρα του καβγά* (αντ. *άτυχος, γρουσούζης*). 2. (για πρόσωπα ή πράγματα) που φέρνει καλή τύχη: *~ αριθμός* (συνών. *γούρικος, γουρλήδικος*). 3. που εξαρτάται από την τύχη: *-ά παιχνίδια.* - Το ουδ. ως ουσ. = εκείνο που μπορεί να φέρει η τύχη· έκφρ. *ήταν το -ό του ή ήταν -ό να...* (η τύχη, καλή ή κακή, *τό 'φερε να....*) · *μ' ένα καλό -ό!* (= ευχή σε κάποιον / *-α να καλοπαντρευτεί*)· (στον πληθ.) *-ά (του επαγγέλματος)* = πρόσθετα κέρδη, οικονομικά ή άλλα, εκτός από εκείνα που είναι βασικώς καθορισμένα από την απασχόληση κάποιου: *θα έχει το μισθό του, θα έχει και -ά.*

τύχη η, ουσ. 1. ο τρόπος (ευχάριστος ή δυσάρεστος) με τον οποίο εξελίσσονται τα γεγονότα· η δύναμη που επηρεάζει την (καλή ή κακή) έκβαση των γεγονότων: *έγινε παιχνίδι της -ης· ήταν η ~ του να πάει να πνιγεί* (συνών. *τυχερό*)· έκφρ. (ευχετ.) *καλή ~!* (= να πάει καλά η υπόθεση, καλή επιτυχία, ειδικότερα σε νέα για να καλοπαντρευτεί)· *κατά τύχη* (= συμπτωματικά, τυχαία)· *στην ~* (= όπως έτυχε, όπως τύχει)· *της -ης τα γραμμένα* (= το πεπρωμένο)· φρ. *αφήνω κάτι στην ~ του* (= δεν ενδιαφέρομαι ιδιαίτερα για κάτι). 2. ευνοϊκή πορεία των γεγονότων: *είχε ~ και σώθηκε στο ναυάγιο· κλότσησε την ~ του* (= δεν εκμεταλλεύτηκε την περίσταση)· έκφρ. *~ βουνό* (= μεγάλη τύχη)· φρ. *κάνω την ~ μου* (= έχω μεγάλα κέρδη, επιτυγχάνω, κυρίως οικονομικώς)· παροιμ. *εσύ κοιμάσαι και η ~ σου δουλεύει* (για τους αληθινά τυχερούς). 3. δυσμενής πορεία των γεγονότων: *κλαίω την ~ μου* (= ελεεινολογώ την κατάστασή μου).

τυχοδιώκτης και **-χτης** ο, θηλ. **-τρια** και **-ισσα** ουσ. (ασυνίζ.), που επιδιώκει την επιτυχία και κυρίως τον γρήγορο πλουτισμό χρησιμοποιώντας συχνά μη ηθικά μέσα (συνών. *αριβίστας*).

τυχοδιωκτικός, -ή, -ό, επίθ. (ασυνίζ.), που ανήκει ή αναφέρεται στον τυχοδιωκτισμό ή τον τυχοδιώκτη: *περιπλάνηση -ή.* - Επίρρ. **-ά:** *συμπεριφέρεται -ά.*

τυχοδιωκτισμός ο, ουσ. (ασυνίζ.), η τακτική που ακολουθεί ο τυχοδιώκτης (βλ. λ.) (συνών. *αριβισμός*).

τυχοδιώκτρια, -ώκτισσα και **τυχοδιώχτης,** βλ. *τυχοδιώκτης.*

τυχοκυνηγός ο, ουσ. (λογοτ.), αυτός που τα περιμένει όλα από την τύχη: *φτωχοί -οί* (Κόντογλου).

τυχόν, επίρρ., (μερικές φορές με το *μήπως*) ενδεχομένως, ίσως: *φοβούμαι μήπως ~ αυτό που άκουσα είναι αληθινό.*

τύψη η, ουσ., έλεγχος της συνείδησης για πράξη μη ηθική: *τον βασανίζουν -εις για το κακό που έκανε.*

των αδυνάτων αρχαϊστ. έκφρ.· για να δηλωθεί το «είναι αδύνατον»: *ήτανε ~ να μην την κοιτώ.*

τωόντι, επίρρ., πραγματικά (συνών. *αληθινά, όντως*).

τώρα, επίρρ. 1. αυτή τη στιγμή, αυτή την ώρα που μιλούμε: *~ είναι δώδεκα ακριβώς·* έκφρ. *~ δα* (= αυτή τη στιγμή). 2. αμέσως, χωρίς αναβολή: *~ θα δεις τι θα πάθεις!* 3. μόλις πριν από λίγο ή ύστερα από λίγο: *Το ξέχασες; Μα ~ δε σου το είπα; ~ θα φύγω.* 4. στη σύγχρονη εποχή: *~ ο κόσμος έχει αλλάξει* (αντ. *άλλοτε*). Έκφρ. *από ~* (= από δω και στο εξής): *από ~ θα αλλάξουμε τακτική· από ~;* (= τόσο νωρίς;)· *Ε! και ~;!* (σε περίπτωση απορίας ή απόγνωσης)· *(τόσον) καιρό ~* (= εδώ και πολύν καιρό): *η δυστυχία μας έδερνε τόσον καιρό ~* (Κόντογλου)· *Τ-α! ή Τ-α πάλι! ή Τ-α κι άλλη μια φορά!* (ως απάντηση σε ερώτηση δηλωτική απορίας αν συνέβη κάτι): *- Πήγες εκεί που σου είπα; - Τ-α!* (= πήγα κιόλας, πήγα από κοντά). Φρ. *Έλα ~!* (= τι είναι αυτά που λες;). [συνεκφ. *τη ώρα*].

τωρινός, -ή, -ό, επίθ., που συμβαίνει, υπάρχει, υφίσταται τώρα: *ή -ή οικονομική κατάσταση· οι -οί άνθρωποι· ο -ός πρωθυπουργός* (συνών. *σύγχρονος·* αντ. *αλλοτινός*).

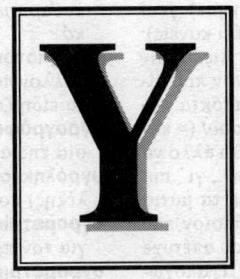

υ, Υ (ύψιλον). 1. το εικοστό γράμμα του ελληνικού αλφαβήτου· ένα από τα φωνήεντα της ελληνικής γλώσσας. - Βλ. και *ύψιλον*. 2. ως αριθμητικό σημείο = **α**. (όταν έχει τόνο επάνω δεξιά ή τελεία κάτω δεξιά: Υ΄, υ΄, υ.) τετρακόσια, τετρακοσιοστός· **β**. (όταν έχει τόνο κάτω αριστερά: ,υ) τετρακόσιες χιλιάδες. 3. ως τμήμα των διψήφιων αυ και ευ προφέρεται άλλοτε «β» (π.χ. *αυγή, καταυγάζω*) και άλλοτε «φ» (π.χ. *αυτός, ευτυχώς*).
ύαινα και (λαϊκ.) **ούγαινα** η, ουσ. 1. άγριο σαρκοβόρο θηλαστικό που μοιάζει στην εμφάνιση με το σκύλο, με ογκώδες κεφάλι, παχύ ρύγχος, τα μπροστινά άκρα μεγαλύτερα από τα πίσω και με άσχημη μυρωδιά. 2. (μεταφ.) άνθρωπος πολύ κακός και ύπουλος.
υάκινθος ο, ουσ., ζουμπούλι (βλ. λ.).
υαλοβάμβακας ο, ουσ., μάζα από πολύ λεπτές ίνες γυαλιού που με μικρή πίεση γίνονται πλάκες ή ταινίες (συχνά κολλημένες επάνω σε πολύ λεπτό φύλλο αλουμινίου)· χρησιμοποιείται για μονώσεις, διηθήσεις, κλπ.
υαλογράφημα το, ουσ. 1. εικόνα από χρωματιστά κομμάτια γυαλιού που συνδέονται μεταξύ τους με μολύβδινες ταινίες. 2. διακοσμητική παράσταση σε γυαλί αποτυπωμένη με χάραξη.
υαλογράφηση η, ουσ., διακόσμηση γυαλιού ή κεραμεικού αντικειμένου με χάραξη: ~ *εκκλησίας*.
υαλογραφία η, ουσ., η τέχνη της κατασκευής υαλογραφημάτων (βλ. λ.).
υαλογραφικός, -ή, -ό, επίθ., που ανήκει ή αναφέρεται στην υαλογραφία (βλ. λ.): *διακόσμηση -ή*.
υαλογράφος ο και η, ουσ. 1. κατασκευαστής υαλογραφημάτων (βλ. λ.). 2. (στο αρσ.) όργανο υαλογραφίας.
υαλογραφώ, -είς, ρ., κατασκευάζω υαλογραφήματα, διακοσμώ με υαλογραφία (βλ. λ.).
υαλόπλασμα το, ουσ. (βιολ.) βασική ουσία του πρωτοπλάσματος του κυττάρου.
υαλοπωλείο το, ουσ., κατάστημα όπου πουλιούνται γυάλινα αντικείμενα.
υαλοπώλης ο, θηλ. **-ισσα**, ουσ., ιδιοκτήτης υαλοπωλείου.
υαλουργείο το, ουσ., εργαστήριο του υαλουργού (βλ. λ.).
υαλουργία η, ουσ. **α**. η τέχνη της κατασκευής γυάλινων αντικειμένων· **β**. η βιομηχανία κατασκευής γυαλιού ή αντικειμένων από αυτό.
υαλουργικός, -ή, -ό, επίθ., που ανήκει ή αναφέρεται στην υαλουργία (βλ. λ.).

υαλουργός ο, ουσ., τεχνίτης που κατασκευάζει γυαλί ή αντικείμενα από αυτό.
υάλωμα το, ουσ. (κτηνιατρ.) πάθηση των ματιών του αλόγου (είδος γλαυκώματος).
ύβος ο, ουσ. 1. η καμπούρα της καμήλας. 2. καμπούρα, κύρτωμα.
ύβρεις οι, ουσ. (ο εν. *ύβρη* απαντά σπανίως μόνο στην ονομ. και την αιτ.), βρισιά.
υβρεολόγιο το, ουσ. (ασυνίζ.), σειρά από βρισιές (συνών. *βρισίδι*).
ύβρη, βλ. *ύβρεις*.
υβριδικός, -ή, -ό, επίθ. 1. (βιολ.) που προέρχεται από διασταύρωση: *κύτταρα -ά*. 2α. (για λ.) που είναι αποτέλεσμα σύνθεσης λέξεων που απαντούν σε δύο διαφορετικές γλώσσες· **β**. (για λογοτ. είδος) που είναι αποτέλεσμα συμφυρμού χαρακτηριστικών από διαφορετικά λογοτεχνικά είδη.
υβρίδιο το, ουσ. (ασυνίζ.). 1. το αποτέλεσμα της διασταύρωσης σε ζώα και φυτά (λ.χ. το μουλάρι που προκύπτει από διασταύρωση φοράδας και γαϊδάρου). 2α. (γλωσσολ.) λέξη υβριδική (βλ. λ., σημασ. 2α)· **β**. λογοτεχνικό είδος υβριδικό (βλ. λ., σημασ. β). [γαλλ. *hybride*].
υβριδισμός ο, ουσ. (βιολ.) η διασταύρωση δύο ατόμων που ανήκουν σε διαφορετικές ομάδες (φαινότυπους, ποικιλίες, φυλές, κλπ.).
υβρίζω, ρ. (νομ.) θίγω την αξιοπρέπεια κάποιου με λόγια ή έργα. - Βλ. και *βρίζω*.
ύβρις η, γεν. *-εως*, πληθ. *-εις*, ουσ. (λόγ.). 1. αλαζονική συμπεριφορά, ενέργεια που ξεπερνά τα επιτρεπτά όρια, αυθάδεια. 2. (συνήθως στον πληθ.) προσβλητικά λόγια, βρισιές: *μου απάντησε με -εις*.
υβριστής ο, θηλ. **-ίστρια**, ουσ. (λόγ.). 1. άνθρωπος που οι ενέργειές του ξεπερνούν το μέτρο, αυθάδης, θρασύς, αλαζόνας. 2. πρόσωπο που βρίζει ή συνηθίζει να βρίζει: ~ *των θείων*.
υβριστικός, -ή, -ό, επίθ. 1. που χαρακτηρίζεται από αλαζονεία: *συμπεριφορά -ή*. 2. που αποτελεί βρισιά: *λόγια -ά*.
υβρίστρια, βλ. *υβριστής*.
υγεία, υγειά και **γεια** η, ουσ. 1. η φυσιολογική κατάσταση των λειτουργιών του οργανισμού (αντ. *αρρώστια, ασθένεια*): ~ *σιδερένια* (= *σταθερή, ασφαλής*)· ~ *ψυχική* (= *ισορροπία των ψυχικών λειτουργιών*). 2. (μεταφ., για θεσμό, πολίτευμα, κ.τ.ό.) αρτιότητα, σωστή λειτουργία: ~ *του δημοκρατικού πολιτεύματος / του κοινωνικού συστήματος*. Εκφρ. *γεια στα χέρια σου!* (έπαινος

γι' αυτά που κάποιος έπλασε, δημιούργησε)· *γεια στο στόμα σου* (έπαινος γι' αυτά που λέει κανείς)· *γεια και γεια χαρά (σου)* (χαιρετισμός)· *εις υγείαν (σας)* ή *στην υγειά σας* (ευχή από κείνον που πίνει)· *με γειά!* (ευχή σε κάποιον που αποκτά κάτι καινούργιο)· *με γεια σου, με χαρά σου!* (= κάνε ή πίστευε ό,τι νομίζεις, δεν προσπαθώ άλλο να σε μεταπείσω)· *με γεια τα μάτια!* (ειρων., γι' αυτούς που δεν αντιλαμβάνονται κάτι με τα μάτια τους)· *με τις -ες σου* = 1. ευχή προς κάποιον που φταρνίζεται. 2. ειρων., προς κάποιον που απέτυχε σε μια προσπάθεια. Φρ. *αφήνω γεια* (= 1. αποχωρώ, φεύγω. 2. πεθαίνω)· *έχετε γεια* (χαιρετισμός από κάποιον που φεύγει). - Βλ. και *γειάσου, γειάσας*.

υγειονομείο το, ουσ. (ασυνίζ.), υπηρεσία λιμεναρχείου που φροντίζει για την προφύλαξη της χώρας από λοιμώδεις αρρώστιες.

υγειονομία η, ουσ. (ασυνίζ.), δημόσια υπηρεσία που ασχολείται με το θέμα της υγείας του κοινού.

υγειονομικός, -ή, -ό, επίθ. (ασυνίζ.), που έχει σχέση με την παρακολούθηση της υγείας ομάδας ατόμων: *-ή υπηρεσία στρατού· -ός σταθμός·* έκφρ. *-ή ταφή απορριμμάτων* (= ενταφιασμός τους σε αλλεπάλληλα στρώματα απορριμμάτων και χώματος). - Το ουδ. ως ουσ. = η υγειονομική υπηρεσία, η υγειονομία.

υγειονόμος ο, ουσ. (ασυνίζ.), προϊστάμενος υγειονομικής υπηρεσίας.

υγιαίνω, ρ. (ασυνίζ.), είμαι καλά στην υγεία μου.

υγιεινά, βλ. *υγιεινός*.

υγιεινή η, ουσ. (ασυνίζ.). 1. κλάδος της ιατρικής που ασχολείται με θέματα σχετικά με τη διατήρηση της υγείας του ατόμου. 2. (ειδικότερα) η φροντίδα για τη διατήρηση της υγείας συγκεκριμένων μερών του σώματος: *~ του στόματος*.

υγιεινολογία η, ουσ. (ασυνίζ.), η μελέτη των κανόνων και των μεθόδων της υγιεινής.

υγιεινολόγος ο και η, ουσ. (ασυνίζ.), γιατρός ειδικευμένος στην υγιεινολογία.

υγιεινός, -ή, -ό, επίθ. (ασυνίζ.), ωφέλιμος στην υγεία: *κλίμα -ό· διατροφή -ή* (αντ. *ανθυγιεινός*). - Για το θηλ. βλ. *υγιεινή*. - Επίρρ. *-ά*.

υγιής, -ής, -ές, γεν. *-ούς*, πληθ. αρσ. και θηλ. *-είς*, ουδ. *-ή*, επίθ. (ασυνίζ.). 1. που βρίσκεται σε φυσιολογική σωματική και πνευματική κατάσταση (συνών. *γερός* αντ. *άρρωστος, ασθενής*). 2. (μεταφ., για απόψεις, αντιλήψεις, ιδέες) σωστός. 3. (μεταφ. για θεσμούς, συστήματα, κ.τ.ό.) που λειτουργεί σωστά: *-είς πολιτικοί θεσμοί*.

υγραέριο το, ουσ. (ασυνίζ.), αέριο καύσιμο που παράγεται με επεξεργασία παραγώγων του πετρελαίου και χρησιμοποιείται σε οικιακές συσκευές, στη βιομηχανία, για την κίνηση οχημάτων, κ.ά.: *σόμπα -ίου*.

υγραίνω, ρ., αόρ. *ύγρανα*, παθ. αόρ. *υγράνθηκα*. 1. κάνω κάτι υγρό (συνών. *νοτίζω*). 2. (μέσ.) γίνομαι υγρός, με διαπερνά υγρασία: *-ονται τα μάτια μου* (= δακρύζω).

ύγρανση η, ουσ., η ενέργεια και το αποτέλεσμα του *υγραίνω* (βλ. λ.).

υγρασία η, ουσ. 1. παρουσία υδρατμών στην ατμόσφαιρα (αντ. *ξηρασία*). 2. το να είναι κάτι υγρό: *ο τοίχος του δωματίου έχει ~*.

υγρό το, ουσ. 1. κάθε σώμα που δεν είναι στερεό ή αέριο, είναι ρευστό και έχει ορισμένο όγκο, ενώ μπορεί να μεταβάλλεται ως προς το σχήμα: *-ά καθαρισμού*. 2. έκκριμα του οργανισμού: *γαστρικό ~*.

υγροβιότοπος ο, ουσ. (ασυνίζ.), βιολογικό περιβάλλον ποταμού, λίμνης, κλπ., όπου ζουν ορισμένα είδη ζωικών ή φυτικών οργανισμών.

υγρογράφος ο, ουσ., όργανο που μετρά την υγρασία της ατμόσφαιρας.

υγρόληκτος, -η, -ο, επίθ. (γραμμ., για λέξη ή θέμα λέξης) που λήγει σε υγρό σύμφωνο.

υγρομετρία η, ουσ., μέθοδος που χρησιμοποιείται για τον προσδιορισμό της υγρασίας ενός χώρου.

υγρομετρικός, -ή, -ό, επίθ., που σχετίζεται με την υγρομετρία (βλ. λ.).

υγρόμετρο το, ουσ., όργανο για τη μέτρηση της υγρασίας της ατμόσφαιρας.

υγροποίηση η, ουσ., η ενέργεια και το αποτέλεσμα του *υγροποιώ* (βλ. λ.).

υγροποιήσιμος, -η, -ο, επίθ. (για αέριο) που μπορεί να υγροποιηθεί, να μετατραπεί σε υγρό.

υγροποιητικός, -ή, -ό, επίθ., που συντελεί στην υγροποίηση: *συστατικό -ό*.

υγροποιώ, -είς, ρ., μετατρέπω αέριο σε υγρό.

υγρός, -ή, -ό και (λαϊκ.) **ογρός**, επίθ., που εμπεριέχει υγρασία ή καλύπτεται ή περιβάλλεται από υγρασία: *ρούχα -ά· κατώι -ό· κλίμα -ό·* έκφρ. *-ά καύσιμα* (= υλικά ρευστά που προορίζονται για καύση)· *-ό στοιχείο* (= η θάλασσα)· (γραμμ.) *-ά σύμφωνα* = τα σύμφωνα *λ* και *ρ*. - Για το ουδ. ως ουσ. βλ. *υγρό*.

υγροσκοπικός, -ή, -ό, επίθ., που απορροφά και αποβάλλει υγρασία: *υλικά -ά· το χαρτί είναι -ό υλικό* (συνών. *υγρόφιλος* και *υδρόφιλος*).

υγροσκόπιο το, ουσ. (ασυνίζ.), (μετεωρ.) όργανο που χρησιμοποιείται για τον προσδιορισμό της υγρασίας της ατμόσφαιρας.

υγροστάτης ο, ουσ., σύστημα αυτόματου ελέγχου της υγρασίας του αέρα που χρησιμοποιείται σε εγκαταστάσεις κλιματισμού.

υγρότητα η, ουσ., η ιδιότητα του υγρού (βλ. λ.).

υγρότοπος ο, ουσ., γεωγραφική περιοχή ποταμού, λίμνης, κλπ.

υγρόφιλος, -η, -ο, επίθ. α. που απορροφά τα υγρά: *βαμβάκι -ο* (= ειδικό απορροφητικό είδος βαμβακιού προορισμένο για ιατρική χρήση) (συνών. *υδρόφιλος, υγροσκοπικός*)· β. (για οργανισμούς) που προτιμά υγρό περιβάλλον: *φυτά -α* (συνών. *υδροχαρής, υδρόφιλος*).

υδαρής, -ής, -ές, γεν. *-ούς*, πληθ. αρσ. και θηλ. *-είς*, ουδ. *-ή*, επίθ. (λόγ.), νερουλός (βλ. λ.).

υδαταγωγός ο, ουσ., υδροσωλήνας (βλ. λ.).

υδατάνθρακας ο, ουσ. (χημ.), (συνήθως στον πληθ.) κατηγορία οργανικών χημικών ενώσεων που αποτελούνται από άνθρακα, υδρογόνο και οξυγόνο και στις οποίες η αναλογία των ατόμων υδρογόνου και οξυγόνου είναι σχεδόν πάντα η ίδια που υπάρχει και στο νερό (2:1).

υδατικός, -ή, -ό, επίθ., που ανήκει ή αναφέρεται στο νερό: *οί πόροι μιας χώρας*.

υδάτινος, -η, -ο, επίθ. 1. που αποτελείται από νερό: *-α στρώματα*. 2. που παρασκευάζεται με νερό: *-ο διάλυμα*.

υδατογραφία η, ουσ., ακουαρέλα (βλ. λ.).

υδατογράφος ο και η, ουσ., ζωγράφος που φιλοτεχνεί υδατογραφίες (βλ. λ.) (συνών. *ακουαρελίστας*).

υδατοκαλλιέργεια η, ουσ. (ασυνίζ. δις). 1. καλλιέργεια θαλάσσιων ειδών προορισμένων για το

εμπόριο (συνών. *ιχθυοκαλλιέργεια*). 2. καλλιέργεια φυτών σε άγονο έδαφος που ποτίζεται με νερό που έχει τα συστατικά του εδάφους.
υδατομέτρηση και **υδατομετρία** η, ουσ. 1. μέτρηση του νερού που περνά από αγωγό σε ορισμένο χρονικό διάστημα. 2. μέτρηση της σκληρότητας του νερού.
υδατόμετρο το, ουσ., όργανο που χρησιμοποιείται για υδατομετρήσεις (βλ. λ.).
υδατόπτωση η, ουσ. α. πτώση νερού κατά τις βροχές (συνών. *βροχόπτωση*)· β. πτώση μεγάλης ποσότητας νερού (κυρίως ποταμών) από μεγάλο ύψος για τη λειτουργία υδροηλεκτρικών έργων.
υδατόσημο το, ουσ., υδάτινο σημάδι σε παλαιά χειρόγραφα που αποτελεί οδηγό για τον προσδιορισμό της περιόδου που κατασκευάστηκε το χαρτί τους (συνών. *φιλιγκράν*).
υδατόσφαιρα η, ουσ., άθλημα που παίζεται σε ειδικά διαμορφωμένη πισίνα, όπου δύο ομάδες παικτών κολυμβητών προσπαθούν να πετύχουν γκολ με μια σφαίρα (συνών. *γουότερ πόλο*).
υδατοσφαιριστής ο, θηλ. **-τρια**, ουσ., αθλητής της υδατόσφαιρας (βλ. λ.) (συνών. *γουοτερπολίστας*).
υδατοφράχτης ο, ουσ., φράγμα για τη συγκράτηση ή τη συγκέντρωση νερού που σχηματίζει χειμάρρους (συνών. λαϊκ. *νεροδεσιά*).
ύδρα η, ουσ., νεροφίδα (βλ. λ.)· (αρχ.) Λερναία Ύδρα (βλ. *Λερναία Ύδρα*).
υδραγωγείο το, ουσ. α. τεχνικό έργο με τη βοήθεια του οποίου διοχετεύεται πόσιμο νερό από τον τόπο της προέλευσής του στον τόπο (συνήθως δεξαμενή) όπου συγκεντρώνεται και από εκεί στο δίκτυο διανομής· β. η ίδια η δεξαμενή όπου συγκεντρώνεται το νερό πριν διοχετευτεί στους αγωγούς του δικτύου διανομής.
Υδραία, βλ. *Υδραίος*.
υδραϊκός, -ή, -ό και **υδραιικος, -η, -ο**, επίθ., που ανήκει ή αναφέρεται στην Ύδρα ή τους Υδραίους: *καράβια -ά· αρχιτεκτονική -ή*.
Υδραίος ο, θηλ. **-α** και **-ισσα**, ουσ., αυτός που κατοικεί στην Ύδρα ή κατάγεται από εκεί.
υδραργυρίαση η, ουσ., μόλυνση από υδράργυρο ή προϊόντα υδραργύρου.
υδραργυρικός, -ή, -ό, επίθ. 1. που ανήκει ή αναφέρεται στον υδράργυρο. 2. που γίνεται με τη βοήθεια υδραργύρου: *θεραπεία -ή*. 3. που περιέχει υδράργυρο: *προϊόντα -ά*.
υδράργυρος ο, ουσ. 1. άργυρος τεχνητά κατασκευασμένος. 2. (χημ.) χημικό στοιχείο της ομάδας των μετάλλων, που απαντά συνήθως σε υγρή κατάσταση και έχει αργυρό χρώμα· φρ. *ανεβαίνει/κατεβαίνει ο ~* (= ανεβαίνει/κατεβαίνει η θερμοκρασία). 3. (συνεκδοχικά) το θερμόμετρο.
υδραργυρούχος, -ος, -ο, επίθ., που περιέχει υδράργυρο. - Το ουδ. στον πληθ. ως ουσ. = φάρμακα ή σκευάσματα από υδράργυρο ή άλατα υδραργύρου.
υδραργυρώνω, ρ., επιχρίω με υδράργυρο.
υδραργύρωση η, ουσ., η ενέργεια και το αποτέλεσμα του υδραργυρώνω (βλ. λ.).
ύδραρθρο το, ουσ. (ιατρ.) συγκέντρωση ορώδους υγρού σε άρθρωση εξαιτίας τραύματος ή φλεγμονής.
υδρατμός ο, ουσ., ατμός που προέρχεται από την εξάτμιση του νερού: *οί της ατμόσφαιρας/της θάλασσας* (συνών. *αχνός*).
υδραυλικός, -ή, -ό, επίθ., που ανήκει ή αναφέρεται στη διοχέτευση του νερού και τη χρησιμοποίησή του σε μηχανικά έργα: *έργα -ά· εγκατάσταση -ή*. - Το αρσ. ως ουσ. = τεχνίτης ειδικευμένος σε έργα σχετικά με τη διοχέτευση και τη χρήση του νερού. - Το θηλ. ως ουσ. = επιστήμη που εξετάζει τους νόμους που διέπουν την ισορροπία και την κίνηση των υγρών, καθώς και την πρακτική εφαρμογή τους σε μηχανικά έργα.
υδρεύομαι, ρ., προμηθεύομαι νερό για τις ανάγκες μου.
ύδρευση η, ουσ. α. παροχή νερού για τις ανάγκες ενός οικισμού ή μιας πόλης· β. το σύνολο των τεχνικών έργων με τη βοήθεια των οποίων γίνεται η παροχή νερού: *οργανισμός -ης μιας πόλης*.
υδρευτικός, -ή, -ό, επίθ., που ανήκει ή αναφέρεται στην ύδρευση: *σύστημα -ό*.
υδρία η, ουσ. (λόγ.), (αρχαιολ.) πήλινο συνήθως αγγείο για την τοποθέτηση και μεταφορά νερού (συνών. λαϊκ. *στάμνα*).
-ύδριο (ασυνίζ., λόγ.), κατάλ. υποκορ. ουδ. ουσ.: *λογύδριο, ναύδριο*.
υδρο-, πρώτο συνθετικό λόγιων λέξεων που έχουν σχέση με το νερό: *υδροδότηση, υδραυλικός, υδροηλεκτρικός*. [αρχ. *ύδωρ*].
υδροβιολογία η, ουσ. (ασυνίζ.), κλάδος της βιολογίας που εξετάζει τους υδρόβιους οργανισμούς.
υδροβιολογικός, -ή, -ό, επίθ. (ασυνίζ.), που ανήκει ή αναφέρεται στην υδροβιολογία (βλ. λ.): *σταθμός ~*.
υδροβιολόγος ο και η, ουσ. (ασυνίζ.), βιολόγος ειδικευμένος στη μελέτη των υδρόβιων οργανισμών.
υδρόβιος, -α, -ο, επίθ. (ασυνίζ.), που ζει και αναπτύσσεται μέσα στο νερό: *οργανισμοί -οι· ζώα/φυτά -α*.
υδροβιότοπος ο, ουσ. (ασυνίζ.), βιολογικό περιβάλλον όπου μπορεί να γίνει εκμετάλλευση των δυνατοτήτων που παρέχουν τα νερά της περιοχής σε σχέση με ζωντανούς οργανισμούς που ζουν εκεί.
υδρόγειος η, ουσ. (ασυνίζ.), η Γη. [νεολογ. από τα *ύδωρ + γη*].
υδρογονάνθρακας ο, ουσ. (χημ.) οργανική ένωση άνθρακα και υδρογόνου.
υδρογόνο το, ουσ. (χημ.) αέριο χημικό στοιχείο, ένα από τα δύο συστατικά του νερού.
υδρογονοβόμβα η, ουσ., ατομική βόμβα από υδρογόνο που προξενεί τεράστιες καταστροφές.
υδρογονούχος, -α, -ο, επίθ. (χημ.) που περιέχει υδρογόνο: *ενώσεις -ες*.
υδρογονωμένος, -η, -ο, επίθ. (χημ.) που έχει υποστεί υδρογόνωση (βλ. λ.).
υδρογόνωση η, ουσ. (χημ.) α. προσθήκη υδρογόνου σε μια ουσία· β. η σκλήρυνση των ακόρεστων ελαίων σε στερεά λίπη με την προσθήκη υδρογόνου· γ. η σύνθεση υγρών καυσίμων από άνθρακα.
υδρογραφία η, ουσ. 1. (γεωγρ.) κλάδος της φυσικής γεωγραφίας που μελετά τις θάλασσες, τους ποταμούς και τις λίμνες (μορφολογία ακτών, διαμόρφωση βυθού, κλπ.). 2. (ναυτ.) θαλάσσια τοπογραφία που εξετάζεται ως προς τις ανάγκες της ναυτιλίας (αφορά δηλ. επιπλέον την πρόβλεψη παλιρροιών, τον προσδιορισμό ρευμάτων, κ.ά.). 3. (γεωγρ.) το σύνολο των στάσιμων και κινούμενων νερών μιας χώρας.
υδρογραφικός, -ή, -ό, επίθ., που ανήκει ή αναφέρεται στην υδρογραφία (βλ. λ.): *δίκτυα -ά· χάρτης ~*.

υδροδότηση η, ουσ., παροχή νερού: *αποκαταστάθηκε η ~ των ανατολικών συνοικιών.*
υδροδοτώ, ρ., παρέχω νερό: *το υδραγωγείο μάς -εί με επάρκεια.*
υδροδυναμική η, ουσ., κλάδος της φυσικής που ασχολείται με τους νόμους που διέπουν την κίνηση των υγρών (ταχύτητα ροής, παροχή, πίεση, διεύθυνση υγρών φλεβών), καθώς και με τις αντιστάσεις που εμφανίζονται κατά την κίνηση σωμάτων μέσα στα υγρά.
υδροδυναμικός, -ή, -ό, επίθ., που ανήκει ή αναφέρεται στα φαινόμενα της κίνησης των υγρών.
υδροηλεκτρικός, -ή, -ό, επίθ. (ασυνίζ.), που ανήκει ή αναφέρεται στον υδροηλεκτρισμό: *σταθμός ~· εργοστάσιο -ό.*
υδροηλεκτρισμός ο, ουσ. (ασυνίζ.), ηλεκτρική ενέργεια που παράγεται με μηχανήματα που κινούνται με την πτώση των νερών.
υδρόθειο το, ουσ. (ασυνίζ.), (χημ.) εύφλεκτο, δύσοσμο και δηλητηριώδες αέριο που υπάρχει στις θειούχες πηγές και αποτελεί υδρογονούχα ένωση του θείου, τύπου H_2S· παράγεται επίσης κατά τη σήψη ζωικών και φυτικών ουσιών.
υδροθειούχος, -α, -ο, επίθ. (ασυνίζ.), που περιέχει υδρόθειο.
υδροθεραπεία η, ουσ., η χρησιμοποίηση νερού κοινού ή μεταλλικού για θεραπευτικούς σκοπούς.
υδροθεραπευτήριο το, ουσ. (ασυνίζ.), σύνολο εγκαταστάσεων για υδροθεραπεία.
υδροθεραπευτικός, -ή, -ό, επίθ., που ανήκει ή αναφέρεται στην υδροθεραπεία: *μέσα -ά.*
υδροθερμικός, -ή, -ό, επίθ., που ανήκει ή αναφέρεται στις ιαματικές πηγές.
υδροκεφαλία η, ουσ. (ιατρ.) συγκέντρωση ορώδους υγρού στο κεφάλι με αποτέλεσμα την παραμόρφωση του κρανίου και αναστολή της διανοητικής ανάπτυξης.
υδροκεφαλικός, -ή, -ό, επίθ. 1. που ανήκει ή αναφέρεται στην υδροκεφαλία: *συμπτώματα -ά.* 2. που είναι άρρωστος από υδροκεφαλία (συνών. *υδροκέφαλος*).
υδροκεφαλισμός ο, ουσ. (μεταφ.) α. ο συγκεντρωτισμός στη διοίκηση του κράτους· β. υπερβολική συγκέντρωση των διοικητικών υπηρεσιών στην πρωτεύουσα του κράτους.
υδροκέφαλος, -η, -ο, επίθ. 1. που είναι άρρωστος από υδροκεφαλία (συνών. *υδροκεφαλικός*). 2. (μεταφ.) που έχει το κύριο μέρος του δυσανάλογα μεγάλο σε σχέση με τα υπόλοιπα μέλη: *διοικητική υπηρεσία -η.*
υδροκινητήρας ο, ουσ., κινητήρας που μπαίνει σε λειτουργία με την πτώση του νερού.
υδροκίνητος, -η, -ο, επίθ., που κινείται με νερό: *μηχανή -η.*
υδροκυάνιο το, ουσ. (ασυνίζ.), (χημ.) υγρό δηλητήριο που προέρχεται από την ένωση υδρογόνου και κυανίου (αλλιώς *πρωσικό οξύ*).
υδρολήπτης ο, ουσ., αυτός που υδρεύεται (βλ. λ.).
υδροληψία η, ουσ., λήψη νερού από υδραγωγείο ή πηγή: *το πυροσβεστικό αεροπλάνο έκανε ~.*
υδρολογία η, ουσ. 1. επιστήμη που μελετά τα μηχανικά, φυσικά και χημικά χαρακτηριστικά των νερών της Γης. 2. (ιατρ.) η μελέτη των μεταλλικών νερών και των θεραπευτικών ιδιοτήτων τους.
υδρολογικός, -ή, -ό, επίθ., που ανήκει ή αναφέρεται στην υδρολογία: *ινστιτούτο -ό.*

υδρολόγος ο και η, ουσ., επιστήμονας που ασχολείται με την υδρολογία.
υδρόλυση η, ουσ. (χημ.) η αντίδραση της διάσπασης άλατος, οξέος ή βάσης με την επίδραση του νερού κατά την οποία το μόριο του νερού διασπάται σε ένα άτομο υδρογόνου και μία ρίζα υδροξυλίου.
υδρομετρητής ο, ουσ., μετρητής που μετρά σε κυβικά μέτρα την ποσότητα νερού που καταναλώνεται (συνών. *υδρόμετρο*).
υδρόμετρο το, ουσ., υδρομετρητής (βλ. λ.).
υδρομηχανική η, ουσ., επιστήμη που μελετά τα φαινόμενα τα σχετικά με την ισορροπία και την κίνηση των υγρών και ιδίως του νερού.
υδρονομέας και **-νόμος** ο, ουσ. (παλαιότερα) υπάλληλος με αρμοδιότητα να ρυθμίζει τη διανομή, την παροχή του νερού (κοιν. *νεροκράτης*).
υδρονομείο το, ουσ. 1. υπηρεσία που ασχολείται με την υδρονομή (βλ. λ.). 2. (συνεκδοχικά) γραφείο της υδρονομικής υπηρεσίας ή σταθμός υδρονομέων.
υδρονομή η, ουσ., η διοχέτευση νερού με υδροσωλήνες σε κατοικίες.
υδρονόμος, βλ. *υδρονομέας.*
υδροξείδιο το, ουσ. (ασυνίζ.), (χημ.) ένωση ενός μετάλλου με τη ρίζα του υδροξυλίου (-OH).
υδροξύλιο το, ουσ. (ασυνίζ.), (χημ.) ονομασία της μονοσθενούς ρίζας -OH που εμφανίζεται στο νερό, τα υδροξείδια, τα οξυγονούχα αέρια, τις αλκοόλες, κ.ά.: *ιόντα -ίου.*
υδροπλάνο το, ουσ., τύπος αεροπλάνου με πλωτήρες στη θέση των τροχών ώστε να μπορεί να προσθαλασσώνεται και να αποθαλασσώνεται.
υδροπλανοφόρο το, ουσ., μεγάλο πολεμικό πλοίο με το οποίο μπορούν να μεταφέρονται, να προσγειώνονται και να απογειώνονται υδροπλάνα: *στη σύρραξη πήραν μέρος τρία -α.*
υδροποσία η, ουσ. (λόγ.), το να πίνει κανείς νερό.
υδρορρόη η, ουσ., αγωγός από λαμαρίνα ή πλαστικό υλικό που προσαρμοσμένος οριζόντια ή κάθετα στη στέγη σπιτιού συγκεντρώνει τα νερά της βροχής.
υδροσκοπία η, ουσ. (λόγ.), η αναζήτηση και ο καθορισμός της θέσης υπόγειων υδροθεμάτων νερού.
υδροσκόπος ο, ουσ. (λόγ.), άτομο που έχει την ικανότητα να αναζητεί και να ανακαλύπτει υπόγεια αποθέματα νερού.
υδροστάθμη η, ουσ. 1. η στάθμη του νερού που περιέχεται σε κάποιο χώρο (π.χ. δεξαμενή). 2. τοπογραφικό όργανο που λειτουργεί με νερό που ισορροπεί σε συγκοινωνούντα δοχεία και χρησιμοποιείται για χωροσταθμικές μετρήσεις.
υδροστάτης ο, ουσ., υδροστάθμη (βλ. λ.).
υδροστατικός, -ή, -ό, επίθ. (φυσ.) που αναφέρεται στην ισορροπία των υγρών και την πίεση που ασκούν στα τοιχώματα των δοχείων που τα περιέχουν. - Το θηλ. ως ουσ. = κλάδος της φυσικής που ασχολείται με τη μελέτη των νόμων που διέπουν υγρά που ισορροπούν.
υδροστρόβιλος ο, ουσ., στρόβιλος που κινείται με την ενέργεια νερού που πέφτει κι έχει μεγάλη κινητήρια δύναμη (συνών. *υδραυλικός στρόβιλος*).
υδρόσφαιρα η, ουσ. (γεωλ.) το υδάτινο στρώμα που περιβάλλει τη Γη κατά τα 2/3 της επιφάνειάς της.
υδροσωλήνας ο, ουσ., σωλήνας που διοχετεύει νερό.

υδροτροπικός, -ή, -ό, επίθ., που ανήκει ή αναφέρεται στον υδροτροπισμό (βλ. λ.): *φυτά -ά· κάμψη -ή.*

υδροτροπισμός ο, ουσ. (βιολ.) το φαινόμενο κατά το οποίο ορισμένα τμήματα ενός υδρόβιου φυτού (π.χ. βλαστός) στρέφονται, καθώς αυξάνονται, προς τα σημεία όπου υπάρχει νερό.

υδρόφιλος, -η, -ο, επίθ., υγρόφιλος (βλ. λ.).

υδρόφυτα τα, ουσ. (βοτ.) τα φυτά που ζουν και αναπτύσσονται μέσα στο νερό (συνών. *ένυδρα ή υδρόβια φυτά*).

υδροχαρής, -ής, -ές, γεν. *-ούς,* πληθ. αρσ. και θηλ. *-είς,* ουδ. *-ή,* επίθ., που αγαπά πολύ το νερό: *πτηνά -ή·* (για φυτά) που ζει και αναπτύσσεται μέσα ή κοντά στο νερό, υδρόβιος (συνών. *υδατοχαρής, υγροσκοπικός*).

υδροχλωρικός, -ή, -ό, επίθ. (για χημικές ενώσεις) που προκύπτει από την ένωση υδρογόνου και χλωρίου: *-ό οξύ* (= διάλυμα υδροχλωρίου στο νερό).

υδροχλώριο το, ουσ. (ασυνίζ.), (χημ.) ένωση υδρογόνου και χλωρίου, που έχει τη μορφή άχρωμου αερίου με δυσάρεστη οσμή και καυστικές ιδιότητες.

υδροχόη η, ουσ. (αρχ.). **1.** αυλάκι. **2.** κανάτα, στάμνα.

υδρόχρωμα το, ουσ. **1.** χρωστική ουσία διαλυμένη σε νερό (συνών. *νερομπογιά*). **2.** χρωματισμένο γαλάκτωμα ασβέστη που χρησιμοποιείται για υδροχρωματισμό.

υδροχρωματίζω, ρ. **1.** χρωματίζω με υδρόχρωμα (βλ. λ. στη σημασ. 1). **2.** επιχρίω με υδρόχρωμα (βλ. λ. στη σημασ. 2).

υδροχρωματισμός ο και **υδροχρωμάτισμα** το, ουσ., η ενέργεια και το αποτέλεσμα του υδροχρωματίζω (βλ. λ.).

υδροχρωματιστής ο, ουσ., τεχνίτης ειδικός στον υδροχρωματισμό (βλ. λ.).

υδρόψυκτος, -η, -ο, επίθ. (για κινητήρα αυτοκινήτου) που ψύχεται με τη βοήθεια νερού. - Πβ. και *αερόψυκτος.*

ύδρωμα το, ουσ. (ιατρ.) όγκος σε μορφή κύστης γεμάτος με υγρό.

υδρωπικία η, ουσ. (ιατρ.) συγκέντρωση ορώδους υγρού στην κοιλότητα των ορογόνων υμένων του σώματος ή του υποδόριου συνδετικού ιστού (συνών. λαϊκ. *νερόπιασμα*).

υδρωπικός, -ή, -ό, επίθ., που ανήκει ή αναφέρεται στην υδρωπικία (βλ. λ.): *συμπτώματα -ά.* - Το αρσ. ως ουσ. = αυτός που πάσχει από υδρωπικία.

υδρωπισμός ο, ουσ. (ιατρ.) α. η πάθηση της υδρωπικίας (βλ. λ.)· β. τάση για υδρωπικία.

ύδωρ το, ουσ. (λόγ.), γεν. *ύδατος,* πληθ. *ύδατα* στις εκφρ. (εκκλ.) *αγιασμός των υδάτων* για την κατάδυση του Σταυρού κατά την εορτή των Θεοφανίων (βλ. λ.)· *το ~ της ζωής* (= ο Χριστός)· *χωρικά ύδατα* (= τα παράλια μιας χώρας, που η έκτασή τους καθορίζεται από διεθνείς συμβάσεις).

Υεμενίτης ο, θηλ. **-ισσα,** ουσ., αυτός που κατοικεί στην Υεμένη ή κατάγεται από εκεί.

υιοθεσία η, ουσ., υιοθέτηση (βλ. λ. σημασ. 1).

υιοθέτηση η, ουσ. **1.** το να υιοθετεί (βλ. λ.) κανείς ένα παιδί. **2.** (μεταφ.) αποδοχή γνώμης, άποψης, τεχνικού συστήματος, κλπ.: *~ της νέας τεχνολογίας.*

υιοθετώ, -είς, ρ. **1.** αποκτώ με νομική πράξη γιο ή θυγατέρα, των οποίων δεν είμαι ο φυσικός γονιός. **2.** (μεταφ.) αποδέχομαι άποψη, γνώμη, κλπ., τρίτου σαν να ήταν δική μου και αναλαμβάνω και τη σχετική ευθύνη: *-ησε τις προτάσεις του διευθυντή του.*

υιός ο, ουσ. (λόγ.), στις αρχαϊστ. εκφρ. *άσωτος ~ ή ~ της απωλείας* (= που έχει εγκαταλείψει το πατρικό του σπίτι και ξοδεύει σε διασκεδάσεις την πατρική περιουσία)· *πνευματικός ~* (= άτομο που έχει επηρεαστεί πνευματικά από ένα σημαντικό διανοούμενο).

ύλη η, ουσ. **1.** καθετί που μπορεί κανείς να το ακουμπήσει και να το νιώσει σε αντίθεση με κάτι που μπορεί να το δει, να το ακούσει ή να το φανταστεί. **2.** (συνεκδοχικά) η ουσία από την οποία είναι κατασκευασμένο κάτι ή το περιεχόμενό του: εκφρ. *πρώτες -ες (ή πρώτη ~),* βλ. *πρώτος·* (μεταφ.) *οι εμπειρίες του συγγραφέα αποτελούν την πρώτη ~ της συγγραφής του.* **3.** (συνεκδοχικά) το πνευματικό περιεχόμενο συγγράμματος, γενικά εντύπου, ή επιστήμης: *έργο θεολογικής -ης· περιοδικό ποικίλης -ης· ~ μαθήματος/εξετάσεων.* **4.** τα επιμέρους στοιχεία κάποιας σύνθεσης πριν από την επεξεργασία της: *~ γραφική/τυπογραφική.* **5.** ο υλικός κόσμος και οι σαρκικές απολαύσεις (σε αντίθεση με το πνεύμα και την ψυχή).

υλικός, -ή, -ό, επίθ. **1.** που ανήκει ή αναφέρεται στην ύλη: *παραγωγή -ή· -ά και ηθικά κίνητρα εργασίας* (αντ. *πνευματικός, άυλος*). **2.** (συνεκδοχικά) σαρκικός, αισθησιακός: *απολαύσεις -ές.* - Το ουδ. ως ουσ. = **1.** η ουσία από την οποία συνίσταται ή κατασκευάζεται κάτι: *-ά οικοδομών/μαγειρικής/θρεπτικά/απορροφητικά.* **2.** (συνεκδοχικά) πνευματικό περιεχόμενο: *ο συγγραφέας αντλεί το -ό του από την καθημερινή ζωή·* εκφρ. *έμψυχο -ό* = το σύνολο των ανδρών στρατιωτικής μονάδας ή γενικότερα του στρατού.

υλικοτεχνικός, -ή, -ό, επίθ. (κυρίως για εξοπλισμό, υποδομή, κ.τ.ό.) που σχετίζεται με τα υλικά (μηχανήματα, κλπ.) που χρειάζονται για κάποιο έργο, για τη λειτουργία μιας επιχείρησης, κλπ., καθώς και με την τεχνική χρησιμοποίησή τους.

υλικότητα η, ουσ., το να είναι κάτι από ύλη, η υλική υπόσταση.

υλισμός ο, ουσ. **1.** (φιλοσ.) θεωρία κατά την οποία δεν υφίσταται καμιά άλλη ύπαρξη εκτός από την ύλη: *ο ~ γενικά συνδέεται με τον αθεϊσμό· ~ ιστορικός ή διαλεκτικός* = η ερμηνεία της ιστορίας από τον Κάρολο Μαρξ και το Φρ. Έγκελς κατά την οποία η κοινωνική, ηθικο-πολιτική και πολιτιστική πρόοδος προσδιορίζεται από τους οικονομικούς παράγοντες. **2.** κατάσταση του πνεύματος χαρακτηριζόμενη από την αναζήτηση των απολαύσεων και των υλικών αγαθών (αντ. *ιδεαλισμός*).

υλιστής ο, θηλ. **-ίστρια,** ουσ. **1.** (φιλοσ.) οπαδός του υλισμού. **2.** ο έκδοτος στις υλικές απολαύσεις. **3.** (συνεκδοχικά) άτομο που ενδιαφέρεται μόνο για τα υλικά του συμφέροντα.

υλιστικός, -ή, -ό, επίθ., που σχετίζεται με τον υλισμό ή τον υλιστή: *-ή αντίληψη.* - Επίρρ. *-ά.*

υλίστρια, βλ. *υλιστής.*

-ύλλιο (ασυνίζ., λόγ.), κατάλ. υποκορ. ουδ. ουσ.: *αλσύλλιο.*

υλοποίηση η, ουσ., πραγματοποίηση, εφαρμογή: *~ απόφασης/πολιτικών σχεδίων* (συνών. *εκτέλεση*).

υλοποιώ, -είς, ρ., πραγματοποιώ, εφαρμόζω: *η κυ-*

βέρνηση -ησε τις εξαγγελίες της -ούνται οι στόχοι μας (συνών. εκτελώ).
υλοτόμηση η, ουσ., υλοτομία (βλ. λ.): *η ~ πρέπει να γίνεται με υπόδειξη των δασονομικών αρχών.*
υλοτομία η, ουσ. 1. κοπή δέντρων από δάσος. 2. συστηματική εκμετάλλευση από την κοπή δέντρων δάσους.
υλοτομικός, -ή, -ό, επίθ., που σχετίζεται με τον υλοτόμο ή την υλοτομία (βλ. λ.).
υλοτόμος ο, ουσ., ξυλοκόπος (βλ. λ.).
υλοτομώ, -είς, ρ., κόβω δέντρα από δάσος για να τα μετατρέψω σε ξυλεία.
υμέναιος ο, ουσ. (αρχ.) νυφικό τραγούδι και, συνεκδοχικά, γάμος.
υμένας ο, ουσ. 1. λεπτότατο δέρμα, μεμβράνη: *~ της καρδιάς.* 2. λεπτός και ελαστικός ιστός σε μορφή λεπτού φύλλου: *βλεννογόνος / παρθενικός ~.*
υμενόπτερα τα, ουσ. (ζωολ.) τάξη εντόμων που περιλαμβάνει αντιπροσώπους με τέσσερα υμενώδη φτερά (όπως μέλισσες, κλπ.).
υμενώδης, -ης, -ες, γεν. *-ους*, πληθ. αρσ. και θηλ. *-εις*, ουδ. *-η*, επίθ., που μοιάζει με υμένα στη μορφή και τη φύση: *φτερά -η.*
υμνητής ο, θηλ. **-ήτρια** η, ουσ., αυτός που ψάλλει ύμνους· εγκωμιαστής.
υμνητικός, -ή, -ό, επίθ., που γίνεται για εξύμνηση, επαινετικός: *λόγια -ά.*
υμνήτρια, βλ. *υμνητής.*
υμνογραφία η, ουσ., σύνθεση θρησκευτικών ύμνων που χρησιμοποιούνται στη λατρεία: *βυζαντινή ~.*
υμνογραφικός, -ή, -ό, επίθ., που σχετίζεται με τον υμνογράφο ή την υμνογραφία.
υμνογράφος ο και η, ουσ., αυτός που συνθέτει ύμνους.
υμνογραφώ, -είς, ρ., συνθέτω ύμνους.
υμνολόγημα το, ουσ., η ενέργεια και το αποτέλεσμα του υμνολογώ (βλ. λ.).
υμνολογία η, ουσ. 1. εξύμνηση, έπαινος. 2. η μελέτη των θρησκευτικών ύμνων από λειτουργική, ιστορικοθεολογική ή λογοτεχνική άποψη.
υμνολόγιο το, ουσ. (ασυνίζ.). 1. βιβλίο που περιέχει εκκλησιαστικούς ύμνους. 2. έπαινος, εγκώμιο: *~ στον αρχηγό του κόμματος.*
υμνολόγος ο και η, ουσ. 1. αυτός που ψάλλει ύμνους. 2. αυτός που εξυμνεί κάποιον.
υμνολογώ, -είς, ρ., ψάλλω ύμνους, εξυμνώ.
ύμνος ο, ουσ. 1. (εκκλ.) λειτουργικό και ρυθμικό άσμα που εξυμνεί το Θεό ή αγίους: *Ακάθιστος Ύ-ς.* 2. (αρχ.) εγκωμιαστικό άσμα με πανηγυρικό χαρακτήρα που εξυμνεί θεό, ήρωα ή νικητή: *ομηρικοί -οι.* 3. εγκωμιαστικό άσμα: *Ύ-ς εις την Ελευθερίαν.* 4. (γενικά) έπαινος, εγκώμιο: *ο λόγος του ήταν ένας ~ για την ελληνική φύση.* Έκφρ. *εθνικός ~* = ποίημα μελοποιημένο, καθιερωμένο επίσημα από μια χώρα ως σύμβολο της εθνικής της ενότητας.
υμνώ, -είς, ρ. 1. ψάλλω εκκλησιαστικό ύμνο, δοξολογώ το Θεό. 2. (μεταφ.) εκθειάζω κάποιον, πλέκω το εγκώμιό του.
υμνωδία η, ουσ. 1. ψαλμωδία. 2. θρησκευτικό άσμα, εκκλησιαστικός ύμνος. 3. συλλογή εκκλησιαστικών ύμνων.
υμνωδός ο, ουσ., ψαλμωδός, συνθέτης εκκλησιαστικών ύμνων.
υνί το, ουσ., εξάρτημα του αλετριού που ανοίγει αυλάκι στο χωράφι. [αρχ. *ύνις* η].

υπ-, αχώρ. μόριο (δηλώνει: αποκάτω): *υπαρχηγός.*
ύπαγε εν ειρήνη· αρχαϊστ. φρ. = πήγαινε στο καλό, στην ευχή του Θεού.
ύπαγε οπίσω μου, σατανά!· αρχαϊστ. φρ. αποστροφής για πολύ ενοχλητικό άτομο ή για κάποιον πειρασμό.
υπαγόρευση η, ουσ. 1. το να υπαγορεύει κανείς κάτι: *~ των θεμάτων της ιστορίας στους μαθητές.* 2. (μεταφ.) υπόδειξη, παρακίνηση.
υπαγορεύω, ρ. 1. διαβάζω ή λέω κάτι δυνατά για να το γράψει αυτός που το ακούει: *~ τα θέματα των εξετάσεων.* 2. (μεταφ.) λέω σε κάποιον τι πρέπει να κάμει: *το -ει η απλή λογική* (συνών. *υποδεικνύω, παρακινώ*).
υπάγω, ρ., παρατ. *υπήγα*, πληθ. *υπήγαμε*, αόρ. *υπήγαγα*, πληθ. *υπαγάγαμε*, κατατάσσω κάποιον ή κάτι στη δικαιοδοσία κάποιου ή σε ορισμένη κατηγορία: *η υπηρεσία αρχαιοτήτων -εται στο υπουργείο παιδείας.*
υπαγωγή η, ουσ., κατάταξη στη δικαιοδοσία κάποιου ή σε ορισμένη κατηγορία: *~ ενός επαγγέλματος στα ανθυγιεινά.*
υπαίθριος, -α, -ο, επίθ. (ασυνίζ.), που βρίσκεται ή γίνεται στο ύπαιθρο, σε ανοιχτό και ασκέπαστο χώρο: *-α ζωή / κατοικία.*
ύπαιθρο το, ουσ., ανοιχτός και ασκέπαστος χώρος: *κοιμήθηκαν όλη νύχτα στο ~.*
ύπαιθρος η, ουσ., τα μέρη που βρίσκονται έξω από τις πόλεις (χωράφια, εξοχές, αγροικίες, χωριά): *οι κάτοικοι της υπαίθρου.*
υπαινιγμός ο, ουσ., συγκαλυμμένη έκφραση: *πολιτικοί και κοινωνικοί -οί σε λογοτεχνικό έργο* (συνών. *νύξη, υπονοούμενο*).
υπαινικτικός, -ή, -ό, επίθ., που κρύβει υπαινιγμό: *λόγος ~· απάντηση -ή.*
υπαινίσσομαι, ρ., αόρ. *υπαινίχθηκα*, εκφράζω κάτι συγκαλυμμένα, αλλά με τρόπο που να υπονοείται: *-εται ότι τα ξέρει όλα / ότι εγώ ήμουν ο φταίχτης.*
υπαίτιος, -α, -ο, επίθ. (ασυνίζ.), που είναι υπεύθυνος για κάτι (συνήθως κακό): *βρέθηκε ο ~ της πυρκαγιάς* (συνών. *ένοχος·* αντ. *αναίτιος*).
υπαιτιότητα η, ουσ. (ασυνίζ.), το να είναι κάποιος υπαίτιος για κάτι: *αποδείχτηκε η -ά του στο ατύχημα.*
υπακοή η, ουσ., το να εκτελεί κανείς, ό,τι του παραγγέλλουν ή τον συμβουλεύουν: *~ στους γονείς / στους νόμους* (συνών. *πειθαρχία·* αντ. *ανυπακοή*).
υπάκουος, -η, -ο, επίθ., που υπακούει, που πειθαρχεί σε κάποιον ή σε κάτι (συνών. *πειθαρχικός·* αντ. *ανυπάκουος*).
υπακούω, ρ., εκτελώ αυτό που έχουν παραγγείλει ή συμβουλεύσει: *~ σε διαταγή / οδηγία / στους γονείς μου* (συνών. *πειθαρχώ*).
υπακτικός, -ή, -ό, επίθ. (για φαρμακευτικές ουσίες) που διευκολύνει τις κενώσεις του εντέρου (δρώντας λιγότερο γρήγορα και αποτελεσματικά από ένα καθαρτικό) (συνών. *ενεργητικός·* αντ. *στυφτικός*). - (Συνήθως) το ουδ. ως ουσ. = ουσία φαρμακευτική με την παραπάνω δράση.
υπαλλαγή η, ουσ. (λόγ.). 1. αμοιβαία αλλαγή, εναλλαγή. 2. (συντακτ.) λεκτικό σχήμα κατά το οποίο χρησιμοποιείται η λέξη που δηλώνει το όνομα του προσώπου που συνέγραψε, εφεύρε, κλπ., κάτι αντί για το ίδιο το δημιούργημα (*ο Παλαμάς = τα ποιήματα του Παλαμά*), η λέξη που δηλώνει εκείνο που περιέχει κάτι αντί για το ίδιο

υπαλληλάκος ο, ουσ. 1. νεαρός υπάλληλος. 2. ασήμαντος υπάλληλος (συνών. *υπαλληλίσκος*).

υπαλληλία η, ουσ. 1. (λόγ.) υπαγωγή. 2. το να είναι κανείς υπάλληλος, η υπαλληλική ιδιότητα (συνών. λαϊκ. *υπαλληλίκι*). 3. η τάξη, το σύνολο των υπαλλήλων.

υπαλληλίκι το, ουσ. (λαϊκ.), το να είναι κανείς υπάλληλος, η υπαλληλική ιδιότητα (συνών. *υπαλληλία*).

υπαλληλικός, -ή, -ό, επίθ., που ανήκει ή αναφέρεται στους υπαλλήλους: *κόσμος ~· νοοτροπία -ή· δικαιώματα -ά*.

υπαλληλίσκος ο, ουσ., ασήμαντος υπάλληλος (συνών. *υπαλληλάκος*).

υπάλληλος, -η, -ο, επίθ. (λόγ.), που υπόκειται, υπάγεται σε κάτι άλλο: *έννοιες -ες* (στη λογική, έννοιες που υπάγονται σε άλλες ευρύτερες).

υπάλληλος ο και η, ουσ., εργαζόμενος μισθωτός (που πληρώνεται συνήθως κατά μήνα) που εκτελεί εργασία κατά κανόνα μη χειρωνακτική: *~ δημόσιος/ιδιωτικός· ~ τράπεζας/υπουργείου· ~ εμπορικού καταστήματος* (= εμποροϋπάλληλος, πωλητής).

υπανάπτυκτος, -η, -ο και **υποανάπτυκτος**, επίθ. 1. (για χώρα ή οικονομία) που βρίσκεται σε υπανάπτυξη: *-ες χώρες της Αφρικής* (αντ. *αναπτυγμένος*). 2. (για πρόσωπο) που δεν είναι μορφωμένος, καλλιεργημένος, που δεν έχει αναπτύξει το πνεύμα του.

υπανάπτυξη και **υποανάπτυξη** η, ουσ., η κατάσταση της οικονομίας μιας χώρας με περιορισμένη βιομηχανία, με ανεπαρκή αξιοποίηση των πλουτοπαραγωγικών πηγών της, με ανεπαρκή διαθέσιμα κεφάλαια και με χαμηλό βιοτικό επίπεδο.

υπαναχώρηση η, ουσ. 1. μεταβολή στάσης, μεταστροφή. 2. αθέτηση, αναίρεση συμφωνίας ή υπόσχεσης. 3. (νομ.) μονομερής διάλυση σύμβασης ή συμφωνίας. 4. βαθμιαία και με έμμεσο τρόπο αποκήρυξη από κάποιον των ιδεών που υποστήριζε προηγουμένως.

υπαναχωρώ, -είς, ρ. 1. μεταβάλλω στάση, μεταστρέφομαι. 2. αθετώ, αναιρώ συμφωνία ή υπόσχεση: *η κυβέρνηση -ησε στο θέμα της συνταξιοδότησης των υπαλλήλων*. 3. (νομ.) διαλύω μονομερώς σύμβαση ή συμφωνία: *ο αντισυμβαλλόμενος έχει δικαίωμα να -ήσει από τη σύμβαση, εφόσον ... δε γνώριζε την έλλειψη της πληρεξουσιότητας* (αστ. κώδ.). 4. αποκηρύσσω βαθμηδόν και με έμμεσο τρόπο ιδέες και γνώμες που υποστήριζα προηγουμένως: *~ από τις αρχικές μου απόψεις*.

υπάνθρωπος ο, ουσ. (μειωτ.) άνθρωπος κατώτερος, που η συμπεριφορά του δε χαρακτηρίζεται από αξιοπρέπεια.

υπαξιωματικός ο, ουσ. (ασυνίζ.), (στρατ.) βαθμοφόρος μεταξύ στρατιώτη και ανθυπασπιστή.

Υπαπαντή η, ουσ. (θρησκ.) η υποδοχή στο ναό του Χριστού από το Συμεών την τεσσαρακοστή ημέρα από τη γέννησή του και η εκκλησιαστική εορτή που γιορτάζεται στις 2 Φεβρουαρίου σε ανάμνηση του γεγονότος αυτού.

υπ' αριθμόν λόγ. έκφρ. (για να προσδιοριστεί σε βαθμίδα κάτι που αναφέρεται) που έχει αριθμό, με αριθμό...: *ο ~ 1 κίνδυνος· η ~ 70 εγκύκλιος του υπουργείου παιδείας· η ~ 3 συνεδρίαση της επιτροπής*.

υπαρκτικός, -ή, -ό, επίθ., που ανήκει ή αναφέρεται στην ύπαρξη: (συντακτ.) *ρήματα -ά* (π.χ. *είμαι, υπάρχω, ζω*, κλπ.).

υπαρκτός, -ή, -ό, επίθ. 1. που έχει ύπαρξη, που υπάρχει: *ασθένεια -ή· σοσιαλισμός ~*. 2. που μπορεί να υπάρξει: *πρόβλημα -ό*.

ύπαρξη η, ουσ. 1. το να υπάρχει (βλ. λ.) κανείς ή κάτι, το να έχει ζωή, υπόσταση, το να αποτελεί οντότητα: *αποδείξεις για την ~ του Θεού· συνέχιση της -ης οργανισμών σε διαφορετικές κλιματολογικές συνθήκες·* (με το ουσ. *ζωή*) *αμφισβητείται η ~ ζωής σε άλλους πλανήτες·* (βιολ.) *αυτοτελής ~· αγώνας -ης* (= θεωρία του Δαρβίνου σύμφωνα με την οποία οι οργανισμοί αγωνίζονται μεταξύ τους για την κατάκτηση της φύσης ή την απόκτηση καλύτερων όρων διαβίωσης και επιβιώνουν οι ικανότεροι) (αντ. *ανυπαρξία*). 2. το να υπάρχει κάποιος ή κάτι (σε σχέση με έναν τρίτο), το να αποτελεί η παρουσία ή η υπόστασή του πραγματικότητα (για κάποιον τρίτο): *περίμενε πολλή ώρα... Σίγουρα είχαν ξεχάσει την -ή του! αγνοούσα την ~ αυτών των εγγράφων*. 3. η ζωή από τη σκοπιά της διάρκειας ή του περιεχομένου της: *~ σύντομη/δυστυχισμένη*. 4. (συνεκδοχικά) άνθρωπος, άτομο: *~ ωραία/ευγενική· «σήμερα δύο -εις ενώνονται με τα δεσμά του γάμου»·* (ειδικά) *~ εκρηκτική* (για άτομο, ιδίως γυναίκα, με ισχυρό ταμπεραμέντο) *· τρυφερή* (= παιδί ή νεαρή γυναίκα).

υπαρξιακός, -ή, -ό, επίθ. (ασυνίζ.), που ανήκει ή αναφέρεται στην ύπαρξη: *αδιέξοδο/άγχος -ό· αναζητήσεις -ές*.

υπαρξισμός ο, ουσ. (φιλοσ.) σύγχρονη φιλοσοφική διδασκαλία σύμφωνα με την οποία η ύπαρξη του ανθρώπου προηγείται και προσδιορίζει την ουσία, δηλαδή ο άνθρωπος δεν είναι προκαθορισμένος πριν γεννηθεί, αλλά ο ίδιος δημιουργεί το πεπρωμένο του με την ελεύθερη βούλησή του: *αθεϊστικός ~ του Σαρτρ και του Καμί*.

υπαρξιστής ο, θηλ. **-ίστρια**, ουσ., οπαδός του υπαρξισμού (βλ. λ.).

υπαρξιστικός, -ή, -ό, επίθ., που ανήκει ή αναφέρεται στον υπαρξισμό ή τους υπαρξιστές: *φιλοσοφία -ή*.

υπαρξίστρια, βλ. *υπαρξιστής*.

υπαρχηγία η, ουσ., το να είναι κανείς υπαρχηγός (βλ. λ.).

υπαρχηγός ο και η, ουσ., αυτός που σε ορισμένες ιεραρχίες κατέχει θέση αμέσως μετά τον αρχηγό: *~ επιτελείου*.

υπάρχοντα τα, ουσ. (έρρ.), η κινητή και ακίνητη περιουσία ενός ατόμου: *σπατάλησε τα -ά του* (συνών. *βιος*).

ύπαρχος ο, ουσ. (ναυτ.) αξιωματικός πολεμικού πλοίου αμέσως μετά τον κυβερνήτη.

υπάρχω, ρ., παρατ. *υπήρχα*, πληθ. *υπήρχαμε*, αόρ. *υπήρξα*, πληθ. *υπήρξαμε*. 1. έχω ζωή, υπόσταση, αποτελώ οντότητα (σε αντίθεση με το *φαίνομαι*): *-ει Θεός· δεν -ουν φαντάσματα·* (με το ουσ. *ζωή*) *άραγε -ει ζωή σε άλλους πλανήτες;* 2. έχω ύπαρξη, ζω, είμαι: *όσο θα -ουν άνθρωποι· δεν -ουν πια δεινόσαυροι στη Γη*. 3. αποτελώ (με την παρουσία ή υπόστασή μου) πραγματικότητα (για κάποιον τρίτο), υφίσταμαι: *δεν -ει κανείς/ψυχή στο δρό-*

υπασπιστήριο

μο· δεν μπορεί να -ξει κράτος χωρίς νόμους. **4.** (συνεκδοχικά συνήθως για αφηρ. έννοιες): *οι θεσμοί/τα έθιμα που -ουν· δεν -ει σήμερα αίσθημα ευθύνης*. **5.** βρίσκομαι (κάπου): *-ουν άνθρωποι που θα σε βοηθήσουν· δεν -ει τίποτε στο συρτάρι*. **6.** (για να δηλωθεί η έννοια του έχω, κατέχω): *μη ζητήσεις τίποτε άλλο, γιατί δεν -ουν χρήματα! θα φάμε ό,τι -ει στο σπίτι*. **7.** (συνήθως στον αόρ.) διατελώ, είμαι: *-ήρξε υπουργός επί τρία χρόνια· -ήρξε πάντοτε στοργική μητέρα*. **8.** (μεταφ.) έχω σημασία, σπουδαιότητα ή αξία: *δεν -ει πια το παρελθόν για μένα*. **9α.** (τριτοπρόσ. για να δηλωθεί κάτι ότι υφίσταται ή είναι δυνατόν): *πρέπει να -ει κάποια αιτία για όλα αυτά· δεν -ει δυνατότητα για κάτι τέτοιο·* φρ. *-ει τρόπος* (= μπορεί να γίνει, γίνεται)· *-ουν λόγοι* (= συντρέχουν λόγοι, είναι ανάγκη)· **β.** (με επανάληψη του ουσ. που ακολουθεί για να δηλωθούν διαφορές ποιότητας, κ.τ.ό.): *-ει κόσμος και κόσμος* (= άνθρωποι κάθε είδους)· *-ει κρασί και κρασί* (= καλό και κακό).

υπασπιστήριο το, ουσ. (ασυνίζ.), το γραφείο του υπασπιστή (βλ. λ.).

υπασπιστής ο, ουσ., αξιωματικός του στρατού τοποθετημένος ως ακόλουθος ανώτερου ή ανώτατου αξιωματικού, αρχηγού κράτους ή προέδρου κυβέρνησης, στρατιωτικής μονάδας, κλπ.: *ο ~ του στρατηγού/του προέδρου της Δημοκρατίας· ο ~ τάγματος*.

υπαστυνόμος ο, ουσ., βαθμός αξιωματικού της αστυνομίας πόλεων μετά τον αστυνόμο.

υπατεία η, ουσ. **1.** (αρχ.) το αξίωμα του υπάτου (βλ. λ.). **2.** ο χρόνος κατά τον οποίο κάποιος υπήρξε ύπατος.

υπατικός, -ή, -ό, επίθ., που ανήκει ή αναφέρεται στον ύπατο: *αξίωμα -ό*.

υπ' ατμόν αρχαϊστ. έκφρ.· δηλώνει ετοιμότητα για την αντιμετώπιση μιας κατάστασης: *η πυροσβεστική υπηρεσία είναι ~ για την αντιμετώπιση πιθανών εμπρησμών*.

ύπατος ο, ουσ. (αρχ., ιστ.) οι δύο ανώτατοι αξιωματούχοι στην αρχαία δημοκρατική Ρώμη που εκτελούσαν τα καθήκοντά τους για ένα χρόνο με αμοιβαία συνεννόηση και διατηρήθηκαν και στα αυτοκρατορικά χρόνια, έχοντας όμως χάσει τα δικαιώματά τους· *πρώτος ~* (= ο Ναπολέων από το 1799 μετά την κατάλυση του Διευθυντηρίου).

ύπατος, -η, -ο, επίθ. (λόγ.), ανώτατος· ιδίως στην έκφρ. *ύπατα αξιώματα·* (ιστ.) *~ αρμοστής*.

υπέγγυος, -α, -ο, επίθ. (ερρ., ασυνίζ.). **1.** (νομ.) που παρέχεται ή χρησιμεύει ως εγγύηση: *η κοινή περιουσία ... είναι -α ... για κάθε υποχρέωση που αναλαμβάνει ο ένας σύζυγος* (αστ. κώδ.). **2.** (για πρόσωπο) υπόλογος.

υπεγγυότητα η, ουσ. (ερρ., ασυνίζ.), (νομ.) το να είναι κάτι υπέγγυο (βλ. λ.): *έκταση -ας της κοινής περιουσίας* (αστ. κώδ.).

υπέδαφος το, ουσ., το στρώμα της γης που βρίσκεται κάτω από το καλλιεργήσιμο έδαφος: *~ πλούσιο σε μεταλλεύματα*.

υπεζωκώς ο, γεν. *-ότος*, ουσ. (ανατομ.) ορογόνος υμένας της θωρακικής κοιλότητας που τη διαιρεί σε τρία διαμερίσματα, από τα οποία τα δύο πλάγια περιλαμβάνουν τους πνεύμονες και το τρίτο την καρδιά.

υπεισέρχομαι, ρ., αόρ. *υπεισήλθα*. **1.** (λόγ.) εισχωρώ κάπου χωρίς να γίνω αντιληπτός· (συνήθως μεταφ.) επηρεάζω έμμεσα: *~ σε ένα ζήτημα που δεν είναι της αρμοδιότητάς μου· στη διαμόρφωση της απόφασης -ονται ποικίλοι παράγοντες*. **2.** (νομ.) υποκαθιστώ κάποιον στα δικαιώματά του, ιδιοποιούμαι τα δικαιώματά του: *ο νέος κτήτορας -εται στα δικαιώματα και στις υποχρεώσεις της μίσθωσης* (αστ. κώδ.).

υπεκμισθώνω, ρ., υπενοικιάζω (βλ. λ.): *ο μισθωτής δεν μπορεί χωρίς τη συναίνεση του εκμισθωτή να -ώσει το μίσθιο* (αστ. κώδ.).

υπεκμίσθωση η, ουσ., υπενοικίαση (βλ. λ.).

υπεκφεύγω, ρ., παρατ. *υπεξέφευγα*, πληθ. *υπεκφεύγαμε*, αόρ. *υπεξέφυγα*, πληθ. *υπεκφύγαμε*, (λόγ.). **1.** διαφεύγω (βλ. λ.), ξεφεύγω, γλυτώνω. **2.** αποφεύγω με επιτήδειο τρόπο να κάνω ή να πω κάτι.

υπεκφυγή η, ουσ., το να αποφεύγει κανείς με επιτήδειο τρόπο να κάνει ή να πει κάτι: *απαντώ με -ές· -ές διπλωματικές*.

υπενθυμίζω, ρ., θυμίζω σε κάποιον κάτι, ιδίως δουλειά ή άλλη υποχρέωση που έχει να φέρει σε πέρας: *~ σε κάποιον τις υποχρεώσεις/τα καθήκοντά του*.

υπενθύμιση η, ουσ., το να υπενθυμίζει κανείς κάτι σε κάποιον: *δεν πήρα ακόμη απάντηση στην ερώτησή μου, γι' αυτό θα κάμω μια ~* (συνών. *υπόμνηση*).

υπενοικιάζω, ρ. (ασυνίζ.), νοικιάζω σε άλλον κάτι που ο ίδιος έχω νοικιάσει από κάποιον (συνών. *υπεκμισθώνω*).

υπενοικίαση η, ουσ., το να υπενοικιάζει κανείς κάτι (συνών. *υπεκμίσθωση*).

υπενοικιαστής ο, θηλ. *-τρια*, ουσ. (ασυνίζ.), αυτός που υπενοικιάζει κάτι.

υπενωμοτάρχης, (λαϊκότερα) **υπενωματάρχης** και **υπονωματάρχης** ο, ουσ. (στρατ. παλαιότερα) βαθμός υπαξιωματικού της χωροφυλακής, αντίστοιχος με το λοχία του στρατού ξηράς.

υπεξαγωγή η, ουσ. (νομ., για έγγραφα) το ποινικό αδίκημα της απόκρυψης, βλάβης ή καταστροφής εγγράφου με σκοπό να προκληθεί ζημία σε κάποιον.

υπεξαίρεση η, ουσ. (νομ.) το ποινικό αδίκημα της ιδιοποίησης ξένου κινητού πράγματος ή χρήματος, που περιήλθε στην κατοχή του δράστη: *~ δημόσιου χρήματος*.

υπεξαιρώ, ρ. (νομ.) διαπράττω υπεξαίρεση.

υπέρ, πρόθ. (λόγ.). **α.** (με γεν.) δηλώνει ότι γίνεται μια πράξη ή εκφράζεται μια γνώμη για χάρη, για ωφέλεια ή για την υπεράσπιση προσώπου ή πράγματος (= για): *έρανος ~ των τυφλών· κατέθεσε ~ του κατηγορουμένου·* φρ. *είμαι/ψήφισα ~* (= εγκρίνω, υποστηρίζω)· *πολλές κυβερνήσεις είναι ~ του περιορισμού των εξοπλισμών* **β.** (απολ.) *η πρόταση εγκρίθηκε με τρεις ψήφους ~ και δύο κατά·* **γ.** (με ουδ. άρθρο στον πληθ. ως ουσ.) τα επιχειρήματα ή οι λόγοι που οδηγούν σε θετική απόφαση ή κρίση σχετικά με κάτι: *τα ~ στην επιλογή αυτή είναι ...·* έκφρ. *τα ~ και τα κατά* (= τα πλεονεκτήματα και τα μειονεκτήματα).

υπερ-, υπέρ-, α΄ συνθ. ον. ή ρ. που δηλώνει: **1.** (τοπ.) στάση ή κίνηση πάνω από κάτι (λ.χ. *υπέργειος*, *υπερηπδώ*). **2.** υπεράσπιση, βοήθεια (λ.χ. *υπέρμαχος*). **3.** υπερβολή ή ανωτερότητα σε σχέση με το κανονικό (λ.χ. *υπεραγαπώ*, *υπερφυσικός*). **4.** (χημ.) ότι ορισμένη χημική ένωση περιέχει ποσότητα ενός στοιχείου μεγαλύτερη από την κανονική (λ.χ. *υπεροξείδιο*).

υπεραγαπώ, ρ., αγαπώ πάρα πολύ, υπερβολικά.

υπεραγορά η, ουσ. (νεολογ.) μεγάλο κατάστημα που διαθέτει στους καταναλωτές πολλά και ποικίλα αγαθά (αλλιώς *σουπερμάρκετ*, βλ. λ.). [ελλην. απόδ. του αγγλ. *super-market*].

υπεραγωγιμότητα η, ουσ. (φυσ.) φαινόμενο κατά το οποίο η αντίσταση ορισμένων μετάλλων γίνεται απότομα σχεδόν μηδενική, σε θερμοκρασία λίγο ανώτερη από το απόλυτο μηδέν.

υπεραιμία η, ουσ. (ιατρ.) η παθολογική συγκέντρωση μεγάλου ποσού αίματος σε κάποιο όργανο ή μέρος του: *~ στον εγκέφαλο / από καρδιακή ανεπάρκεια.*

υπεραιμικός, -ή, -ό, επίθ. (ιατρ.) α. που αναφέρεται στην υπεραιμία· β. που παρουσιάζει υπεραιμία: *πνεύμονας ~. - Το αρσ. και θηλ. ως ουσ.* = (για πρόσωπο) αυτός που πάσχει από υπεραιμία.

υπεραιμοσφαιρία η, ουσ. (ιατρ.) υπερβολική αύξηση των ερυθρών αιμοσφαιρίων (βλ. λ.).

υπεραισθησία η, ουσ. (ιατρ.) παθολογική κατάσταση αυξημένης αισθητικότητας (ειδικά στο δέρμα και τους βλεννογόνους).

υπεραισθητός, -ή, -ό, επίθ., που βρίσκεται πέρα από τον αισθητό κόσμο, που δεν είναι ανοιχτός στις αισθήσεις, αλλά συλλαμβάνεται με το νου.

υπεραισιοδοξία η, ουσ. (ασυνίζ.) υπερβολική αισιοδοξία.

υπεραισιόδοξος, -η, -ο, επίθ. (ασυνίζ.), υπερβολικά αισιόδοξος.

υπεραιωνόβιος, -α, -ο, επίθ. (ασυνίζ.), (για πρόσωπο ή για δέντρο) που η διάρκεια της ζωής του ξεπέρασε τα εκατό χρόνια.

υπερακοντίζω, ρ. (έρρ., λόγ.), είμαι πολύ ανώτερος, ξεπερνώ κατά πολύ: *επιτυχία που -ακόντισε κάθε πρόβλεψη.*

υπεραμύνομαι, ρ. (λόγ.), (με γεν.) αγωνίζομαι, καταβάλλω έντονη προσπάθεια για να υπερασπιστώ κάτι (λ.χ. άποψη, πρόταση): *ο υπουργός -νθηκε του νομοσχεδίου στη Βουλή.*

υπεράνθρωπος ο, ουσ. 1. (φιλοσ.) κατά τη θεωρία του Νίτσε, τύπος ανώτερου ανθρώπου στον οποίο πρέπει να φτάσει η ανθρωπότητα γιγαντώνοντας τη δύναμη της σκέψης και της θέλησης έχοντας απορρίψει την «ηθική των δούλων». 2. (κοιν.) άνθρωπος (ανύπαρκτος) με δυνάμεις και ικανότητες ανώτερες από του πραγματικού ανθρώπου: *πόσο ν' αντέξει κι αυτός στις πιέσεις, δεν είναι ~!*

υπεράνθρωπος, -η, -ο, επίθ., για αγώνα που φαίνεται να γίνεται με δυνάμεις ανώτερες από εκείνες του κανονικού ανθρώπου: *οι πυροσβέστες έκαναν -ες προσπάθειες να σώσουν τους εγκλωβισμένους* (πβ. γιγαντιαίος, τιτάνιος, υπερφυσικός). - Επίρρ. **-α.**

υπεράνω, επίρρ. (λόγ.), πάνω, ψηλότερα από: (με γεν. συνήθως στις εκφρ.) *~ κριτικής* (για κάποιον ή κάτι με τόση αξία ώστε να εξαιρείται από την κριτική)/ *υποψίας* (για πρόσωπο με τέτοιο κύρος, ηθικό ποιόν, κ.τ.ό., ώστε να μην μπορεί να τον υποψιάζεται κανείς για κάτι κακό)/ *χρημάτων* (για κάποιον που θεωρείται ότι δεν τον ενδιαφέρει το χρήμα ή ότι δεν εξαγοράζεται).

υπεράξια, βλ. *υπεράξιος.*

υπεραξία η, ουσ. (οικον.) 1. αύξηση της αξίας ενός πράγματος, χωρίς το ίδιο να έχει αλλάξει στην υλική του μορφή (λ.χ. για χωράφι που έγινε οικόπεδο). 2. (στο μαρξισμό) η διαφορά ανάμεσα στην αξία των προϊόντων που παράγονται και στην αξία που καταβάλλεται ως αμοιβή σ' εκείνους που τα παράγουν, διαφορά την οποία καρπώνεται το κεφάλαιο, ενώ ανήκει στους εργαζόμενους.

υπεράξιος, -α, -ο, επίθ. (ασυνίζ.), πάρα πολύ άξιος. - Επίρρ. **-α.**

υπεραπασχόληση η, ουσ. (οικον.) κατάσταση κατά την οποία στην αγορά εργασίας υπάρχουν ή μπαίνουν λιγότερα άτομα από όσα χρειάζονται (αντ. *υποαπασχόληση*).

υπεραπλούστευση η, ουσ., το να υπεραπλουστεύει κάποιος ένα θέμα (πβ. *σχηματοποίηση*).

υπεραπλουστεύω, ρ., απλουστεύω (ένα θέμα) υπερβολικά, το θεωρώ και το παρουσιάζω περισσότερο απλό απ' ό,τι πράγματι είναι: *με τον τρόπο που συζητάς -εις το ζήτημα.*

υπεράριθμος, -η, -ο, επίθ., που ανήκει στο μέρος μιας ποσότητας παραπάνω από ορισμένο ή από τον κανονικό αριθμό: *μετακίνηση των -άριθμων υπαλλήλων μιας υπηρεσίας σε άλλη·* (ανατομ.) *δάχτυλο / πλευρό -ο* (συνών. *παραπανίσιος, περισσευούμενος*).

υπεραρκετός, -ή, -ό, επίθ., αρκετός (επιτ.), που «φτάνει και περισσεύει».

υπερασπίζω, ρ. (ενεργ. και μέσ.). 1. μάχομαι για να διατηρήσω και να προστατέψω κάτι, για να μην καταλάβει μια θέση ο εχθρός: *η φρουρά υπεράσπιζε με γενναιότητα την πόλη·* (μέσ.) *ο λόχος που -όταν τη γέφυρα υποχώρησε* (πβ. *αμύνομαι*). 2α. (γενικά) προστατεύω, υποστηρίζω (κάτι ή κάποιον που απειλείται, κατηγορείται, κ.τ.ό.): *-ει με πάθος τις ιδέες του·* (μέσ.) *-εται τα συμφέροντά του / τους συγγενείς του, κι ας έχουν άδικο·* β. (νομ. για δικηγόρο) συνηγορώ στο δικαστήριο προς όφελος των συμφερόντων κάποιου κατηγορουμένου.

υπεράσπιση η, ουσ. α. το να υπερασπίζεται κανείς κάτι ή κάποιον: *~ των συνόρων* (= άμυνα) / *μιας χαμένης υπόθεσης·* β. (νομ.) *μάρτυρας -ης* (αντ. *μάρτυρας κατηγορίας*)· (συνεκδοχικά, για το συνήγορο ή το σύνολο των συνηγόρων κάποιου) *η ~ ανέτρεψε όλες τις κατηγορίες.*

υπερασπιστής ο, θηλ. **-τρια,** ουσ., αυτός που υπερασπίζεται κάτι ή κάποιον: *-ές του οχυρού / των αδυνάτων* (συνών. *υπέρμαχος*).

υπεραστικός, -ή, -ό, επίθ., για επικοινωνία με περιοχή έξω και μακριά από τα όρια μιας πόλης: *συγκοινωνία -ή· λεωφορείο / τηλεφώνημα -ό* (σε αντιδιαστολή προς το *αστικός*).

υπερατλαντικός, -ή, -ό, επίθ. (έρρ.). 1. που αναφέρεται στο πέρασμα του Ατλαντικού ωκεανού, στη διαδρομή που τον διασχίζει: *ταξίδι -ό· πτήσεις -ές.* 2. που βρίσκεται στην άλλη άκρη του Ατλαντικού (σε σχέση με την Ευρώπη): *χώρες -ές* (= της Αμερικής).

υπερατομικός, -ή, -ό, επίθ., που βρίσκεται έξω από τις ιδιότητες, τις επιθυμίες, κλπ., του ατόμου, που δεν εξαρτάται από τη βούλησή του: *ύπαρξη κοινών -ών προϋποθέσεων· ιδανικά -ά* (= κοινωνικές αξίες).

υπεραυξάνω, ρ. (λόγ.), αυξάνω (κάτι) υπερβολικά.

υπεραφθονία η, ουσ., αφθονία (επιτ.) (συνών. *υπερεπάρκεια, περίσσεια*).

υπερβαίνω, ρ., παρατ. **-έβαινα,** μέλλ. **θα -βώ,** παρκ. *έχω -βεί* (λόγ.). 1α. ξεπερνώ κάτι, είμαι περισσότερος: *η θερμοκρασία δε θα -βεί τους 7° C.* β. για κάτι που δεν εξαρτάται από περιορισμούς ή όρια, που κανονικά θα το επηρέαζαν: *η θεατρική εμπειρία -ει τις εποχές.* 2. κάνω κάτι που βρίσκεται

υπερβάλλω πέρα από τα καθορισμένα ή τα επιτρεπτά όρια: *ο Α με αυτή την απόφαση -ει τις αρμοδιότητές του.* Φρ. ~ *τα όρια/* (αρχαϊστ.) *τα εσκαμμένα* (= γίνομαι υπερβολικός στη συμπεριφορά μου, παύω να είμαι ανεκτός, «το παρακάνω»).

υπερβάλλω, ρ., παρατ. *υπερέβαλλα*, πληθ. *υπερβάλλαμε*, αόρ. *-έβαλα*, πληθ. *υπερβάλαμε*, (αμτβ.) παρουσιάζω κάτι μεγαλύτερο, σοβαρότερο, σπουδαιότερο, κ.τ.ό., απ' ό,τι πραγματικά είναι: *δεν ~ αν σας πω ότι είναι ο καλύτερος τεχνίτης· στις εκτιμήσεις τους για τα έσοδα πάντοτε -ουν* (πβ. *εξογκώνω, μεγαλοποιώ*).

υπέρβαρος, -η, -ο, επίθ. (για πράγμα) βαρύς περισσότερο από το κανονικό, απ' όσο επιτρέπεται: *δέμα -ο· βαλίτσα -η*.

υπέρβαση η, ουσ., το να ξεπερνά κανείς (με μια πράξη, μια ενέργειά του) επιτρεπτά ή καθορισμένα όρια: *~ ορίου ταχύτητας / της εισοδηματικής πολιτικής /* (νομ.) *καθηκόντων·* (μεταφ.) *η αγάπη ως ~ του εγώ.*

υπερβατικός, -ή, -ό, επίθ. 1. (φιλοσ.) για εμπειρία, ιδέα, κ.τ.ό., που βασίζεται σε στοιχεία πέρα από την εμπειρία και τη γνώση της πραγματικότητας που έχει ο μέσος άνθρωπος και δεν είναι δυνατόν να νοηθεί και να κριθεί με την κοινή λογική: *θεώρηση / ανάλυση -ή· αρχές του πνεύματος -ές.* 2. (μαθημ.) μη αλγεβρικός: *εξίσωση / καμπύλη -ή· αριθμός ~* (= αριθμός που δεν είναι ρίζα καμιάς αλγεβρικής εξίσωσης με ακέραιους συντελεστές· λ.χ. ο αριθμός π (= 3,14...) του κύκλου).

υπερβατικότητα η, ουσ. (φιλοσ.) η ιδιότητα του υπερβατικού: *~ του Θεού* (ως προς τον κόσμο και τις αισθήσεις).

υπερβατός, -ή, -ό, επίθ. 1. που μπορεί κάποιος να τον υπερβεί, να τον ξεπεράσει: *όρια -ά.* 2. (συντακτ.) *(σχήμα) -ό* = σχήμα λόγου κατά το οποίο λέξεις ή φράσεις με εσωτερική στη μεταξύ τους κανονική τους θέση, π.χ. αντί *οι πολιτικοί της χώρας, οι της χώρας πολιτικοί* (συχνό στην αρχαία ελληνική). 3. (στη νεοελλ. μετρ.) διασκελισμός (βλ. λ. στη σημασ. 4), διασκέλισμα.

υπερβέβαιος, -η, -ο, επίθ., πάρα πολύ βέβαιος, εντελώς σίγουρος.

υπερβιταμίνωση η, ουσ., νοσηρά φαινόμενα που παρουσιάζονται στον οργανισμό, όταν δέχεται υπερβολικές ποσότητες βιταμινών.

υπερβολή η, ουσ. 1α. το να υπερβάλλει κάποιος ή κάτι· β. το να φέρεται κάποιος ή να γίνεται κάτι με ξεπέρασμα του μέτρου ή των φυσιολογικών ορίων: *η κυβέρνηση δεν απέφυγε τις -ές με το νέο νόμο· μην κάνεις -ές* (συνών. *ακρότητα*). 2α. υπερβολική ενέργεια ή λόγος: *οι -ές των δημοσιογράφων οδήγησαν στην παρεξήγηση·* β. ενέργεια ακραία, ανεύθυνη ή ανήθικη: *οι -ές της γαλλικής επανάστασης.* 3. το να παρουσιάζονται μια ενέργεια, ένας λόγος ή ένα φαινόμενο μεγαλύτερα απ' ό,τι είναι στην πραγματικότητα, μεγαλοποιημένα: *δεν πιστεύω τίποτα απ' όλα αυτά· είναι -ές των κακεντρεχών· -ές των εφημερίδων* (συνών. *μεγαλοποίηση*). 4. το να χρησιμοποιείται κάτι σε πολύ μεγάλο βαθμό, περισσότερο από όσο πρέπει: *~ (του ζωγράφου) στη χρήση του κόκκινου χρώματος* (συνών. *κατάχρηση*). 5. (γραμμ.) σχήμα λόγου κατά το οποίο, για να δώσει κανείς έμφαση και ζωντάνια σ' αυτό που θέλει να πει, χρησιμοποιεί μια λέξη ή μια φράση που η έννοιά της ξεπερνά κατά πολύ αυτό που έπρεπε να ειπωθεί (π.χ. *σου το είπα χίλιες φορές*). 6. (μαθημ.) καμπύλη γραμμή που τα άκρα της τείνουν προς το άπειρο, η οποία έχει την ιδιότητα να είναι γεωμετρικός τόπος των σημείων ενός επιπέδου, των οποίων η διαφορά των αποστάσεων από δύο σταθερά σημεία είναι σταθερή: *εστίες της -ής* (= τα δύο σταθερά σημεία). Έκφρ. *χωρίς ~* (= χωρίς να υπερβάλλω, πραγματικά): *είχαν συγκεντρωθεί, χωρίς ~, δεκάδες χιλιάδες διαδηλωτές.*

υπερβολικός, -ή, -ό, επίθ. 1α. που ξεπερνά το μέτρο ή τα φυσιολογικά όρια: *-ή αύξηση του τιμάριθμου·* β. που γίνεται με υπερβολή: *μην κάνεις -ά έξοδα.* 2. (μεταφ.) που υπάρχει ή γίνεται σε πολύ μεγάλο βαθμό: *ένιωσε -ή χαρά* (συνών. *τεράστιος*). 3α. που υπερβάλλει, που μεγαλοποιεί: *κουβέντα -ή·* β. (για πρόσωπο) που λέει ή κάνει υπερβολές: *άνθρωπος ~.* 4. (μαθημ.) που ανήκει ή αναφέρεται στην υπερβολή (βλ. λ. στη σημασ. 6): *-ό κάτοπτρο.* - Επίρρ. *-ά.*

υπερβόρειος, -α, -ο, επίθ. (ασυνίζ.), που βρίσκεται ή κατοικεί στις βορειότατες περιοχές της υδρογείου, κοντά στο βόρειο πόλο: *λαοί -οι.*

υπέρ βωμών και εστιών, αρχαϊστ. έκφρ.· λέγεται για την υπεράσπιση του πιο πολύτιμου και ιερού που έχει κανείς.

υπέργειος, -α, -ο, επίθ. (ασυνίζ., λόγ.), που βρίσκεται πάνω από την επιφάνεια της Γης: *~ σιδηρόδρομος* (αντ. *υπόγειος*).

υπεργεννητικότητα η, ουσ. (δημογραφία) το να ξεπερνά το ετήσιο ποσοστό γεννήσεων σε μία χώρα το αντίστοιχο ποσοστό θανάτων με αποτέλεσμα να αυξάνεται συνεχώς ο πληθυσμός της (αντ. *υπογεννητικότητα*).

υπέργηρος, επίθ. και ως ουσ. (λόγ.), που βρίσκεται σε βαθιά γεράματα, υπερήλικας (συνών. *εσχατόγηρος*).

υπεργλυκαιμία και **-γλυχαιμία** η, ουσ. (ιατρ.) αύξηση του σακχάρου του αίματος πάνω από τα φυσιολογικά όρια (αντ. *υπογλυκαιμία*).

υπεργολαβία η, ουσ., ανάθεση της εκτέλεσης έργου ή τμήματός του από τον εργολάβο που το ανέλαβε σε άλλον εργολάβο: *αναλαμβάνω -ες.*

υπεργολάβος ο, ουσ., τεχνικός που αναλαμβάνει υπεργολαβίες: *~ υδραυλικός.*

υπερδιέγερση η, ουσ. (ασυνίζ.), υπερβολική διέγερση: *ψυχική / νευρική ~.*

υπερδισύλλαβος, -η, -ο, επίθ. (για λέξεις) που έχει περισσότερες από δύο συλλαβές.

υπερδύναμη η, ουσ. 1. πολύ μεγάλη δύναμη. 2. (ειδικά) χώρα με μεγάλη οικονομική και στρατιωτική ισχύ, που παίζει ρυθμιστικό ρόλο στις σχέσεις των κρατών μεταξύ τους και στη διατήρηση ή όχι των παγκόσμιων πολιτικών ισορροπιών: *η πολεμική πολιτική των -εων.*

υπερεγώ το, ουσ. άκλ., (στην ψυχανάλυση) τμήμα της προσωπικότητας του ανθρώπου που επιδρά ασύνειδα πάνω στο εγώ (βλ. λ.) ως μέσο άμυνας κατά των τάσεων που προκαλούν ενοχές, το οποίο αναπτύσσεται από την παιδική ηλικία με την ταύτιση προς το πρότυπο του πατέρα (ως κριτή και τιμωρού) και που τελικά συμπίπτει με τις παραδεκτές κοινωνικές αξίες, που κοινώς ονομάζεται συνείδηση.

υπερεθνικός, -ή, -ό, επίθ., που ξεπερνά τα εθνικά όρια.

υπερεκκρίνω, ρ. (για αδένα) εκκρίνω περισσότερο από το φυσιολογικό.

υπερέκκριση η, ουσ., έκκριση σε μεγαλύτερο βαθμό από το φυσιολογικό: ~ *ιδρώτα/κολπικών υγρών.*

υπερεκτίμηση η, ουσ., το να υπερεκτιμάται κάτι.

υπερεκτιμώ, -άς, ρ., εκτιμώ κάτι περισσότερο απ' όσο πραγματικά αξίζει: *μην -άς τις δυνάμεις σου.*

υπερεκχείλιση η, ουσ., ξεχείλισμα.

υπερένδοξος, -η, -ο, επίθ., πάρα πολύ ένδοξος, ενδοξότατος: *πρόγονοι/πολεμιστές -οι.*

υπερένταση η, ουσ. (ερρ.), πολύ μεγάλη ένταση, πέρα από το φυσιολογικό ή το αναμενόμενο: *όλη την ημέρα βρισκόταν σε (μεγάλη) ~· από την ~ δεν μπόρεσε να κοιμηθεί.*

υπερεντατικός, -ή, -ό, επίθ. (ερρ.), πολύ εντατικός: *προσπάθεια -ή· -ό τμήμα εκμάθησης ξένης γλώσσας.*

υπερεντείνω, ρ., παρατ. και αόρ. *υπερενέτεινα,* πληθ. *υπερεντείναμε* (ερρ.), εντείνω πάρα πολύ, πέρα από το φυσιολογικό ή αναμενόμενο: *-αμε τις προσπάθειές μας, αλλά πάθαμε υπερκόπωση.*

υπερεπάρκεια η, ουσ. (ασυνίζ.), μεγάλη αφθονία σε κάτι ώστε όχι μόνο να επαρκεί, αλλά σχεδόν και να περισσεύει: ~ *προσωπικού/τροφίμων.*

υπερεπαρκώ, -είς, ρ., είμαι άφθονος ώστε όχι μόνο να επαρκώ, αλλά και να περισσεύω.

υπερευαισθησία η, ουσ., πολύ μεγάλη, υπερβολική ευαισθησία: *έχει ~ στα αλμυρά· η ~ της δεν την αφήνει να ακούσει τίποτε με ψυχραιμία.*

υπερευαίσθητος, -η, -ο, επίθ., υπερβολικά ευαίσθητος: *παιδί -ο· σεισμογράφος ~.*

υπερευχαριστώ, -είς, ρ., ευχαριστώ θερμότατα: *σε ~ για τη βοήθειά σου.* - Η μτχ. παρκ. *-ημένος* = απόλυτα ικανοποιημένος: *είμαι -ημένος με τη συμπεριφορά σου.*

υπερέχω, ρ., παρατ. *υπερείχα,* είμαι ανώτερος από κάποιον γενικά ή σε κάτι, ξεπερνώ κάποιον: *ανάμεσα στους μαθητές του -ει ο Κώστας· ~ σε δύναμη/μόρφωση* (συνών. *υπερτερώ·* αντ. *υστερώ).*

υπερήλικος, -η, -ο, επίθ., πάρα πολύ γέρος (συνών. *υπέργηρος).*

υπερημερία η, ουσ. (νομ.) υπέρβαση προθεσμίας που έχει οριστεί για την εκπλήρωση υποχρέωσης: ~ *οφειλέτη· τόκος -ας.*

υπερήμερος, -η, -ο, επίθ. (νομ.) που δεν εκπληρώνει υποχρέωσή του στην καθορισμένη προθεσμία: *οφειλέτης ~.*

υπερηφάνεια, βλ. *περηφάνια.*

υπερηφανεύομαι, βλ. *περηφανεύομαι.*

υπερήφανος, βλ. *περήφανος.*

υπερηχητικός, -ή, -ό, επίθ. α. που η ταχύτητά του είναι μεγαλύτερη από εκείνη του ήχου: *αεροπλάνα -ά· ταχύτητες -ές·* β. που σχετίζεται με τους υπερήχους (βλ. λ.).

υπερηχογράφημα το, ουσ., ιατρική εξέταση με τη χρήση υπερήχων, οι οποίοι μετασχηματίζονται σε εικόνα πάνω σε οθόνη.

υπερηχογραφία η, ουσ. (ιατρ.) διαγνωστική μέθοδος με τη χρήση υπερήχων.

υπερηχογράφος ο, ουσ., μηχάνημα με οθόνη που χρησιμοποιείται στην υπερηχογραφία.

υπερηχοθεραπεία η, ουσ. (ιατρ.) θεραπευτική μέθοδος με τη χρήση υπερήχων.

υπερηχοκαρδιογράφημα το, ουσ. (ασυνίζ.), (ιατρ.) υπερηχογράφημα στην καρδιά.

υπερηχοκαρδιογράφος ο, ουσ. (ασυνίζ.), υπερηχογράφος για υπερηχογραφήματα της καρδιάς.

υπέρηχος ο, ουσ. (φυσ.) (κυρίως στον πληθ.) ηχητικές ταλαντώσεις με συχνότητα μεγαλύτερη από 20.000 Hz, τις οποίες δεν μπορεί να αντιληφθεί το ανθρώπινο αφτί: *διαγνωστικές μέθοδοι με τη χρήση -ήχων* (αντ. *υπόηχος).*

υπερθαυμάζω, ρ. 1. θαυμάζω πολύ κάποιον ή κάτι που το αξίζει. 2. θαυμάζω περισσότερο από το βαθμό που πρέπει.

υπερθέαμα το, ουσ., εντυπωσιακό θέαμα, πολυθέαμα: *ο θίασος παρουσιάζει ένα ~ που δεν πρέπει να το χάσετε.*

υπερθεματίζω, ρ. (αμτβ., μεταφ.) πλειοδοτώ (βλ. λ. στη σημασ. 2), υπερβάλλω τονίζοντας κάτι (συνήθως για επαίνους, κ.τ.ό.) ή υποστηρίζοντας κάποιον ή κάτι: *-ει στην πολιτική τακτική.*

υπερθεμάτιση η και **υπερθεματισμός** ο, ουσ., η ενέργεια και το αποτέλεσμα του υπερθεματίζω (βλ. λ.).

υπερθεματιστής ο, θηλ. **-τρια,** ουσ., αυτός που υπερθεματίζει (συνών. *πλειοδότης).*

υπερθερμαίνω, ρ., θερμαίνω πολύ, περισσότερο από το κανονικό.

υπερθέρμανση η, ουσ., το να θερμαίνεται κάτι πάρα πολύ, περισσότερο από το κανονικό: ~ *μηχανής/καυστήρα.*

υπερθερμία η, ουσ. (ιατρ.) άνοδος της θερμοκρασίας του σώματος πάνω από το φυσιολογικό (αντ. *υποθερμία).*

υπέρθεση η, ουσ. 1. (λόγ.) το να τοποθετείται κάτι πάνω σε κάτι άλλο. 2. (φυσ.) (για ταλαντώσεις ήχου) μετάθεση σε χώρο που βρίσκεται πέρα από ένα σημείο: ~ *μη αρμονικών ταλαντώσεων* (βλ. λ.). 3. (συνεκδοχικά, γραμμ.) ο υπερθετικός (βλ. λ.) βαθμός.

υπερθετικός, -ή, -ό, επίθ. (γραμμ.) ο τρίτος και ανώτερος βαθμός στην παράθεση των επιθέτων που φανερώνει ότι το ουσιαστικό που προσδιορίζεται από το επίθετο έχει μια ποιότητα ή ιδιότητα σε βαθμό ανώτερο από όλα τα όμοιά του ή στον ανώτατο βαθμό: ~ *σχετικός/απόλυτος.* Έκφρ. *στον -ό βαθμό* (= όσο γίνεται περισσότερο, υπερβολικά): *είναι φιλόδοξος στον -ό βαθμό.*

υπερθνησιμότητα η, ουσ., το να σημειώνονται θάνατοι σε μεγάλη κλίμακα: ~ *των παιδιών του σωλήνα.*

υπερθυρεοειδισμός ο, ουσ. (ασυνίζ.), (ιατρ.) παθολογική ορμονική υπερλειτουργία του θυρεοειδούς αδένα με ταυτόχρονη υπερτροφία του (αντ. *υποθυρεοειδισμός).*

υπέρθυρο το, ουσ. (αρχιτ.) ανώφλι πόρτας, παραθύρου ή τάφου: *ο τάφος είχε απλή πρόσοψη και ένα γιγαντιαίο ~· μαρμάρινα -α των κυκλαδίτικων σπιτιών.*

υπερίσχυση η, ουσ., επικράτηση (συνών. *επιβολή):* ~ *της πλειοψηφίας/του εθιμικού δικαίου/της γνώμης του πατέρα.*

υπερισχύω, ρ., αποδεικνύομαι ισχυρότερος, επικρατώ: *σε περίπτωση ισοψηφίας -ει η ψήφος του προέδρου· θέλει να -ει πάντα η γνώμη του.*

υπερίτης, βλ. *ιπερίτης.*

υπεριώδης, -ης, -ες, γεν. *-ους,* πληθ. αρσ. και θηλ. *-εις,* ουδ. *-η,* επίθ. (ασυνίζ.), που τοποθετείται πιο πέρα από το ιώδες χρώμα του φωτεινού φάσματος: *ακτίνες -εις.*

υπερκαλύπτω, ρ. 1. καλύπτω, κατά τη σύγκριση ξεπερνώ με το παραπάνω: *τα έξοδά μου -ονται από τα έσοδα· δύσκολο να -φθούν τα ελλείμματα του*

υπερκατανάλωση 1404

προϋπολογισμού. 2. προστατεύω με το παραπάνω: *η εγγύηση που μου παρέχεις με -ει.*
υπερκατανάλωση η, ουσ., υπερβολική κατανάλωση (αγαθών).
υπερκομματικός, -ή, -ό, επίθ., που τοποθετείται πάνω από τα πολιτικά κόμματα και τις αντιθέσεις τους: ~ *υποψήφιος στις δημοτικές εκλογές* (συνών. *ανεξάρτητος).*
υπερκόπωση η, ουσ., κόπωση πέρα από το κανονικό όριο της ανθρώπινης αντοχής: *δούλευε υπερεντατικά για μήνες ώσπου έπαθε ~.*
υπερκορεσμός ο, ουσ., υπερεπάρκεια: ~ *από τρόφιμα κατά τις γιορτές* (συνών. *υπεραφθονία·* αντ. *ανεπάρκεια).*
υπερκόσμιος, -ια, -ιο, επίθ. (ασυνίζ.). 1. που βρίσκεται πέρα από το γνωστό κόσμο, ουράνιος. 2. που υπερβαίνει τα όρια της εμπειρικής γνώσης (συνών. *παραμυθένιος).*
υπερκριτικός, -ή, -ό, επίθ., που ως κριτής έχει πολύ αυστηρά κριτήρια: *-ή αντιμετώπιση μιας άποψης·* ορισμένοι μελετητές του Ομήρου είναι *-οί.*
υπέρλαμπρος, -η, -ο, επίθ. (έρρ.), λαμπρός σε μέγιστο βαθμό: *άστρο -ο·* (μεταφ.) *επιτυχία -η* (συνών. *περίλαμπρος).*
υπερλειτουργία η, ουσ. (φυσιολ.) (για όργανα ανθρώπινου οργανισμού) λειτουργία σε μεγάλη ένταση, ώστε να ξεπερνά τα φυσιολογικά όρια: ~ *αδένων.*
υπερμαγγανικός, -ή, -ό, επίθ. (έρρ.), (χημ.) που παράγεται από ένωση με μαγγάνιο: *-ό κάλιο.*
υπέρμαχος, -η, -ο, επίθ., προασπιστής, υπερασπιστής: ~ *του σοσιαλισμού* (συνών. *αγωνιστής·* αντ. *πολέμιος, αντίμαχος).*
υπερμαχώ, -είς, ρ., μάχομαι, αγωνίζομαι υπέρ μιας ιδέας, θρησκείας, κλπ. (συνών. *υπερασπίζομαι).*
υπέρμετρος, -η, -ο, επίθ. 1. που ξεπερνά το μέτρο, τα όρια: *-η αυστηρότητα/χρήση/ποινή· -ος ζήλος* (συνών. *υπερβολικός).* 2. (μετρ.) που παραβαίνει τους κανόνες της μετρικής: *στίχος ~.* - Επίρρ. **-α.**
υπερμετρωπία η, ουσ. (ιατρ.) διαθλαστική ανωμαλία των ματιών, κατά την οποία οι παράλληλες φωτεινές ακτίνες αντί να συγκλίνουν στον αμφιβληστροειδή χιτώνα σχηματίζουν την εστία τους πίσω από αυτόν, με αποτέλεσμα ο ασθενής να βλέπει καλύτερα αντικείμενα που βρίσκονται μακριά του παρά κοντά του.
υπερμέτρωπας ο, ουσ., αυτός που πάσχει από υπερμετρωπία (βλ. λ.). [*υπέρ + μέτρον + ορώ*].
υπερνίκηση η, ουσ., η ενέργεια και το αποτέλεσμα του υπερνικώ (βλ. λ.): ~ *ελαττώματος.*
υπερνικώ, -άς, ρ. 1. υπερισχύω, επικρατώ. 2. (μεταφ.) ξεπερνώ, εξουδετερώνω κάτι: *κατάφερε να -ήσει τη νευρικότητά της.*
υπέρογκος, -η, -ο, επίθ. (έρρ.). 1. που έχει υπερβολικό όγκο (συνών. *τεράστιος).* 2. (συνεκδοχικά) υπερβολικός: *έξοδα -α· τιμές -ες* (συνών. *υπέρμετρος).*
ύπερον, βλ. *ύπερος.*
υπεροξείδιο το, ουσ. (ασυνίζ.), (χημ.) οξείδιο μετάλλου που περιέχει στο κάθε μόριο δύο άτομα μετάλλου και δύο οξυγόνου.
υπεροπλία η, ουσ., υπεροχή ως προς τον εξοπλισμό που διαθέτει μια χώρα σε σχέση με τους εχθρούς ή με άλλη χώρα.
υπερόπτης ο, θηλ. **-ισσα,** ουσ., αλαζόνας (αντ. *σεμνός, μετριόφρονας).*

υπεροπτικός, -ή, -ό, επίθ., που ταιριάζει σε υπερόπτη (βλ. λ.): *στάση -ή* (συνών. *αλαζονικός·* αντ. *σεμνός).*
υπερόπτισσα, βλ. *υπερόπτης.*
υπερορία η, ουσ., αναγκαστική απομάκρυνση ατόμου πέρα από τα σύνορα του κράτους στο οποίο ανήκει (συνών. *εξορία).*
ύπερος ο και **-ον** το, ουσ., το θηλυκό όργανο του άνθους, αποτελούμενο από την ωοθήκη, το στύλο και το στίγμα (αντ. *στήμονας).*
υπερούσιος, -ια, -ιο, επίθ. (ασυνίζ.), (ως επίθ. του Θεού) άυλος, απρόσιτος στη γνώση.
υπεροχή η, ουσ., το να υπερέχει κανείς ή κάτι σε σχέση με κάποιον ή κάτι άλλο: ~ *του ενός αντιπάλου απέναντι στον άλλο.*
υπέροχος, -η, -ο, επίθ., που υπερέχει (σε σύγκριση με πολλούς άλλους): *άνθρωπος ~· σταφύλια -α* (συνών. *έξοχος, εξαιρετικός).*
υπεροψία η, ουσ., η ιδιότητα του υπερόπτη: *είναι ανυπόφορη η ~ του* (συνών. *έπαρση, αλαζονεία·* αντ. *σεμνότητα).*
υπερπαραγωγή η, ουσ., παραγωγή βιομηχανικών ή γεωργικών προϊόντων μεγαλύτερη από την αναγκαία ή την προβλεπόμενη: ~ *αναψυκτικών/ σταφυλιών·* (μεταφ.) *κινηματογραφική/τηλεοπτική ~* (= εκπομπή ή ταινία με πλούσια μέσα και μεγάλη διάδοση).
υπερπέραν το, ουσ. άκλ., ό,τι υπάρχει πέρα από τον κόσμο που γνωρίζουμε, τα μετά το θάνατο.
υπερπηδώ, ρ. (μεταφ.) ξεπερνώ, υπερνικώ: ~ *εμπόδιο/πλεκτάνη.*
υπερπλασία η, ουσ. (ιατρ.) υπερτροφία οργανικού ιστού εξαιτίας πολλαπλασιασμού των κυτταρικών στοιχείων του.
υπερπλεονάζω, ρ., πλεονάζω (βλ. λ.) σε υπερβολικό βαθμό.
υπερπληθυσμός ο, ουσ., πληθυσμός αυξημένος πέρα από τις δυνατότητες συντήρησής του σε μια χώρα ή στον κόσμο γενικά.
υπερπληθωρισμός ο, ουσ., πληθωρισμός (βλ. λ.) πολύ μεγαλύτερος από τον κανονικό ή τον αναμενόμενο.
υπερπλήρης, -ης, -ες, γεν. *-ους,* πληθ. αρσ. και θηλ. *-εις,* ουδ. *-η,* επίθ., υπερβολικά γεμάτος: *αίθουσα ~· ξενοδοχείο -ες.*
υπερπόντιος, -α, -ο, επίθ. (έρρ., ασυνίζ., λόγ.), που βρίσκεται ή γίνεται πέρα από τον ωκεανό: *χώρα -α· ταξίδι -ο.*
υπερπροϊόν το, ουσ. (οικον., περιληπτικά) αγαθά που παράγονται σε μέγιστο βαθμό και χαρακτηρίζονται ως πλεοναστικά: *σκοπός της παραγωγής ήταν η δημιουργία -όντος για άμεση κατανάλωση των φεουδαρχών* (Σαρηγιάννης).
υπερπροστασία η, ουσ., υπερβολική προστασία.
υπερπροστατευτικός, -ή, -ό, επίθ., που εκδηλώνει ή χαρακτηρίζεται από υπερπροστασία (βλ. λ.): *γονείς -οί· συμπεριφορά -ή.*
υπερπροστατευτισμός ο, ουσ., υπερβολικός προστατευτισμός (βλ. λ.).
υπέρπτηση η, ουσ., πτήση πάνω από αεροδρόμιο χωρίς στάθμευση σ' αυτό.
υπέρπυρο (λαϊκ.) **πέρπυρο** και **πέρπερο** το, ουσ., βυζαντινό νόμισμα.
υπερρεαλισμός ο, ουσ., σύγχρονη λογοτεχνική και καλλιτεχνική κίνηση που ξεκίνησε από τη Γαλλία —από όπου και εξαπλώθηκε— με τον *Αντρέ Μπρετόν* (1924) με βασικό χαρακτηριστι-

κό την αναπαράσταση με το λόγο ή την τέχνη εικόνων του υποσυνειδήτου (άρα και των ονείρων) («αυτόματη γραφή»), ξεπερνώντας έτσι τη λογική και την πραγματικότητα, πρεσβεύοντας την ανανέωση των ηθικών και πνευματικών αξιών: ελληνικός/επαναστατικός ~ (συνών. σουρεαλισμός· αντ. ρεαλισμός). [απόδοση του γαλλ. surréalisme].

υπερρεαλιστής ο, θηλ. **-ίστρια**, ους., οπαδός του υπερρεαλισμού (βλ. λ.): ~ ποιητής/ζωγράφος.

υπερρεαλιστικός, -ή, -ό, επίθ. 1. που αναφέρεται ή ανήκει στον υπερρεαλισμό (βλ. λ.): ~ κινηματογράφος· -ή ζωγραφική/αρχιτεκτονική (συνών. σουρεαλιστικός· αντ. ρεαλιστικός). 2. που σχετίζεται με μια εξωλογική και εξωπραγματική θεώρηση της ζωής και των πραγμάτων που μοιάζουν περισσότερο με το όνειρο (αντ. ρεαλιστικός). - Επίρρ. **-ά**.

υπερρεαλίστρια, βλ. υπερρεαλιστής.

υπερσιβηρικός, -ή, -ό, επίθ., που διασχίζει τη Σιβηρία, κυρίως για το σιδηρόδρομο· (και ως ους.): ταξίδεψα με τον -ό.

υπερσιτίζω, ρ. 1. παρέχω σε κάποιον υπερβολική τροφή (αντ. υποσιτίζω). 2. (μέσ.) τρώγω περισσότερο από το κανονικό.

υπερσιτισμός ο, ους., παροχή ή λήψη τροφής σε υπερβολική ποσότητα (αντ. υποσιτισμός).

υπερσύγχρονος, -η, -ο, επίθ., πάρα πολύ σύγχρονος: τα -α όπλα (= όπλα προηγμένης τεχνολογίας).

υπερσυντέλικος ο, ους. (έρρ.), (γραμμ.) χρόνος του ρήματος που δηλώνει κάτι που είχε συντελεστεί στο παρελθόν πριν γίνει κάτι άλλο.

υπερσυσσώρευση η, ους., συσσώρευση σε μέγιστο βαθμό: ~ πλούτου.

υπέρταση η, ους. (ιατρ.) αύξηση της πίεσης του αίματος στις αρτηρίες πάνω από το φυσιολογικό όριο (αντ. υπόταση).

υπερτασικός, -ή, -ό, επίθ., που πάσχει από υπέρταση: ασθενής ~· (και ως ους.): είναι ~, γι' αυτό αποφεύγει τα αλμυρά.

υπέρτατος, -η, -ο, επίθ., ανώτατος, που βρίσκεται επάνω από όλους τους άλλους: ~ νόμος· -η ευτυχία (συνών. κορυφαίος· αντ. κατώτατος).

υπερτέλειος, -α, -ο, επίθ. (ασυνίζ.), πραγματικά, απόλυτα τέλειος.

υπέρτερος, -η, -ο, επίθ., που είναι ανώτερος, που ξεπερνά τους άλλους (αντ. κατώτερος).

υπερτερώ, -είς, ρ. (μόνο στον ενεστ. και τον παρατ.), υπερέχω (βλ. λ.) (αντ. υστερώ).

υπερτίμημα το, ους. 1. το ποσόν που προκύπτει από την υπερτίμηση (βλ. λ.). 2. αύξηση της προσόδου από περιουσιακό στοιχείο.

υπερτίμηση η, ους., αύξηση της τιμής ενός εμπορεύματος: οι -εις των αγαθών στην αγορά (αντ. υποτίμηση).

υπερτιμολόγηση η, ους., τιμολόγηση αγαθού ή υπηρεσίας με ποσό μεγαλύτερο από αυτό που αντιστοιχεί στην πραγματική του αξία.

υπέρτιμος ο, ους., εκκλησιαστικός τίτλος που φέρουν ορισμένοι αρχιερείς.

υπερτιμώ, -άς, ρ. 1. καθορίζω τιμή εμπορεύματος μεγαλύτερη από την κανονική. 2. (για πρόσωπο) τιμώ κάποιον σε μεγάλο βαθμό.

υπέρ το δέον αρχαϊστ. έκφρ. = παραπάνω απ' ό,τι χρειάζεται.

υπερτονίζω, ρ. (μτβ.) υπογραμμίζω κάτι, εφιστώ την προσοχή σε κάτι.

υπερτροφία η, ους. 1. το αποτέλεσμα του υπερσιτισμού (βλ. λ.). 2. (ιατρ.) υπερβολική ανάπτυξη οργάνου του σώματος χωρίς πολλαπλασιασμό των κυτταρικών του στοιχείων: ~ της καρδιάς (πβ. υπερπλασία).

υπερτροφικός, -ή, -ό, επίθ. 1. που ανήκει ή αναφέρεται στην υπερτροφία (βλ. λ.). 2. υπερβολικά αναπτυγμένος: καρδιά -ή.

υπερτυχερός, -ή, -ό, επίθ., τυχερός σε πολύ μεγάλο βαθμό: ο ~ του λαχείου.

υπέρυθρος, -η, -ο, επίθ. 1. ελαφρά κόκκινος (συνών. κοκκινωπός). 2. (φυσ.) -η ακτινοβολία (=ηλεκτρομαγνητική ακτινοβολία που έχει συχνότητα μικρότερη από αυτή της ερυθράς ακτινοβολίας)· -ες ακτίνες.

υπερφαλαγγίζω, ρ. (έρρ.). 1. (στρατ.) απλώνω σε μήκος τη φάλαγγα για να περικυκλώσω εχθρική στρατιωτική δύναμη. 2. (μεταφ.) ξεπερνώ ενέργεια (τρίτου προσώπου), υπερπηδώ: -ισα τις επιδιώξεις του· ~ τα εμπόδια που προκύπτουν.

υπερφαλάγγιση η, ους. (έρρ.), η ενέργεια και το αποτέλεσμα του υπερφαλαγγίζω (βλ. λ.).

υπερφίαλος, -η, -ο, επίθ. (λόγ.). 1. (για πρόσωπο) αλαζόνας (συνών. υπερόπτης). 2. (για λόγια, ιδέες, αντιλήψεις, κ.τ.ό.) που δείχνει αλαζονεία.

υπερφορτίζω, ρ., φορτίζω (βλ. λ.) υπερβολικά.

υπερφόρτιση η, ους., η ενέργεια και το αποτέλεσμα του υπερφορτίζω (βλ. λ.).

υπερφυσικός, -ή, -ό, επίθ. 1. που τοποθετείται πέρα από τους φυσικούς νόμους: δυνάμεις -ές. 2. πολύ μεγάλος: διαστάσεις -ές (συνών. κολοσσιαίος).

υπερχειλίζω, ρ. (λόγ.), ξεχειλίζω (βλ. λ.).

υπερχείλιση η, ους., ξεχείλισμα (βλ. λ.).

υπερχλωριούχος, -α, -ο, επίθ. (ασυνίζ.), (χημ., για μεταλλικές χλωριούχες ενώσεις) που περιέχει τη μεγαλύτερη δυνατή ποσότητα χλωρίου.

υπερχλωρυδρία η, ους. (ιατρ.) πάθηση του στομάχου που οφείλεται σε έκκριση μεγάλης ποσότητας γαστρικού υγρού.

υπερχρεώνομαι, ρ., χρεώνομαι υπερβολικά (πιο συνηθισμένο στη μτχ. παρκ.): επιχείρηση -ωμένη.

υπερψηφίζω, ρ., ψηφίζω υπέρ ενός θέματος ή ενός προσώπου: η πρόταση του βουλευτή -ίστηκε (αντ. καταψηφίζω).

υπερψήφιση η, ους., έγκριση με ψήφο: ~ ενός νομοσχεδίου στη Βουλή (αντ. καταψήφιση).

υπερώα η, ους. (λόγ.) ουρανίσκος (βλ. λ.).

υπερωκεάνιο το, ους. (ασυνίζ.), μεγάλο πλοίο που εκτελεί υπερωκεάνια ταξίδια.

υπερωκεάνιος, -α, -ο, επίθ. (ασυνίζ.). 1. (σπανιότερα) που βρίσκεται πέρα από τον ωκεανό: χώρες -ες. 2. (συνηθέστερα) που γίνεται διασχίζοντας τον ωκεανό: ταξίδι -ο.

υπερώο το, ους., εξώστης θεάτρου.

υπερωρία η, ους., χρονικό διάστημα κατά το οποίο εργάζεται κανείς επιπλέον, πέρα από το καθορισμένο ωράριο: προαιρετικές -ες για την αύξηση της παραγωγής· δουλεύει -ες για να αυξάνει τις αποδοχές του.

υπερωριακός, -ή, -ό, επίθ. (ασυνίζ.), που ανήκει ή αναφέρεται στην υπερωρία: αποζημίωση/απασχόληση -ή. - Επίρρ. **-ά**.

υπερωριμάζω, ρ. 1. ωριμάζω πάρα πολύ. 2. (για φρούτο) παραγίνομαι.

υπερωρίμανση η, ουσ., υπερβολική ωρίμανση (βλ. λ.).

υπερώριμος, επίθ. **1.** (για φρούτα) υπερβολικά ώριμος (συνών. *παραγινωμένος·* αντ. *άγουρος*). **2.** (για πρόσωπο) που έχει ξεπεράσει την ηλικία της ωριμότητας (αντ. *ανώριμος*).

υπεύθυνος, -η, -ο, επίθ. **1.** που έχει αναλάβει την ευθύνη μιας ενέργειας ή ενός έργου, που φροντίζει για την πλήρη διευθέτησή του: *ο προϊστάμενος είναι ~ για την τήρηση του ωραρίου· οι γονείς είναι -οι για την ανατροφή των παιδιών.* **2.** που είναι ο αίτιος μιας κατάστασης ή ενός γεγονότος και μπορεί να κατηγορηθεί γι' αυτό: *οι καταχραστές του δημόσιου χρήματος είναι -οι για την οικονομική δυσπραγία* (συνών. *υπόλογος*). **3.** που φέρει ευθύνη απέναντι σε άλλον για την προστασία ή την ωφέλειά του: *είμαι ~ για σένα και δεν σου επιτρέπω αυτή την έξοδο.* **4.** που χαρακτηρίζεται από σοβαρότητα και σταθερότητα στις ενέργειές του: *είναι -ο άτομο και θα πάρει τη σωστή απόφαση.* **5.** (για δραστηριότητες, κλπ.) που απαιτεί συναίσθηση του καθήκοντος: *δουλειά/θέση -η.* **6.** (νομ.) που γίνεται με την ευθύνη αρμόδιου προσώπου: *βεβαίωση/δήλωση -η.*

υπευθυνότητα η, ουσ., το αίσθημα της ευθύνης (αντ. *ανευθυνότητα*).

υπήκοος ο και η, ουσ., πολίτης που βρίσκεται στην εξουσία ενός ηγεμόνα ή ενός κράτους: *Άγγλος/ Έλληνας ~.*

υπηκοότητα η, ουσ., το να είναι κανείς υπήκοος κράτους: *~ ελληνική.*

υπήνεμος, -η, -ο, επίθ. (λόγ.), προφυλαγμένος από τον άνεμο: *μέρος -ο.*

υπηρεσία η, ουσ. **1.** οργανωμένος κλάδος της κρατικής μηχανής, εταιρείας, οργάνωσης, συλλόγου, κλπ., και το σύνολο των λειτουργιών του: *~ δημόσια/στρατιωτική/διοικητική.* **2.** η κατάσταση δημόσιου ή ιδιωτικού υπαλλήλου κατά το χρονικό διάστημα που προσφέρει εργασία: *δεν είμαι πια στην ~· ~ συντάξιμη.* **3.** εργασία που ανατίθεται σε δημόσιο ή ιδιωτικό υπάλληλο ή άλλο εργαζόμενο και η εκτέλεσή της: *αναλαμβάνω ~ στο δημόσιο ταμείο·* έκφρ. *αξιωματικός -ας* (= που έχει την εποπτεία στρατιωτικής μονάδας ή αστυνομικού τμήματος για ορισμένο χρονικό διάστημα)· φρ. *αναλαμβάνω ~* (= ξεκινώ με δική μου ευθύνη την εκτέλεση ενός έργου)· *αρνούμαι ~* (=αρνούμαι να εκτελέσω τα υπηρεσιακά μου καθήκοντα)· *είμαι της -ας* (= έχω σειρά εκτέλεσης υπηρεσίας που γίνεται με διαδοχική εναλλαγή προσώπων σε ορισμένα χρονικά διαστήματα). **4.** εξυπηρετική εργασία, εκδούλευση: *δεν μπορώ δυστυχώς να σου προσφέρω καμιά ~.* **5α.** το υπηρετικό προσωπικό· **β.** (με ευφημισμό) υπηρέτης ή υπηρέτρια. **6.** *δελτίο παροχής -ών* = έγγραφο, επικυρωμένο από την εφορία, όπου αναγράφεται το ποσό αμοιβής αυτού που εκτέλεσε την εργασία και αποτελεί απόδειξη πληρωμής της αμοιβής.

υπηρεσιακός, -ή, -ό, επίθ. (ασυνίζ.). **1.** που ανήκει ή αναφέρεται στην υπηρεσία (βλ. λ.): *καθήκοντα -ά· γλώσσα -ή· συμβούλια -ά* (= συλλογικά όργανα που ρυθμίζουν απολύσεις, μεταθέσεις, κλπ., των δημόσιων υπαλλήλων)· *εκθέσεις -ές* (= που αφορούν την απόδοση και το ήθος των δημόσιων υπαλλήλων). **2α.** *κυβέρνηση -ή* = προσωρινή κυβέρνηση από εξωκοινοβουλευτικούς κυρίως παράγοντες με σκοπό τη διεξαγωγή εκλογών· **β.** *πρω-*

θυπουργός ~ = πρόεδρος της υπηρεσιακής κυβέρνησης. - Επίρρ. **-ά.**

υπηρέτης ο, θηλ. **-τρια,** ουσ. **1α.** εργαζόμενος στην υπηρεσία κάποιου οικοδεσπότη, που προσφέρει κυρίως χειρωνακτική εργασία: *η -τρια άνοιξε την πόρτα/μαγειρεύει καλά* (συνών. *υπηρεσία στη σημασ.* 5, παλαιότερα *δούλος, δουλικό*)· **β.** (κατ' επέκταση) αντικείμενο χρήσιμο, που προσφέρει σημαντικές υπηρεσίες: *η καινούργια ηλεκτρική συσκευή είναι ο καλύτερος ~ της νοικοκυράς.* **2.** (μεταφ.) πρόσωπο που εργάζεται με αφοσίωση για την επίτευξη ενός σκοπού: *~ του πνεύματος/του δημόσιου συμφέροντος.*

υπηρετικός, -ή, -ό, επίθ. **1.** που ανήκει ή αναφέρεται στον υπηρέτη: *έργο -ό.* **2.** που αποτελείται από υπηρέτες: *προσωπικό -ό.*

υπηρέτρια, βλ. *υπηρέτης.*

υπηρετριούλα η, ουσ. (ασυνίζ.), υπηρέτρια μικρής ηλικίας.

υπηρετώ, -είς, ρ. **1.** εργάζομαι ως υπηρέτης. **2.** προσφέρω εκδούλευση, εξυπηρέτηση σε κάποιον. **3.** εκτελώ δημόσια ή στρατιωτική υπηρεσία: *-ησε είκοσι χρόνια στο δημόσιο· -εί στο πρώτο αστυνομικό τμήμα.* **4.** (στρατ.) εκτελώ τις στρατιωτικές μου υποχρεώσεις: *-εί στο ναυτικό.* **5.** εργάζομαι με αφοσίωση για την επίτευξη ενός σκοπού: *~ την επιστήμη/την τέχνη.*

υπίατρος ο, ουσ. (στρατ.) βαθμός αξιωματικού του υγειονομικού σώματος που αντιστοιχεί με τον υπολοχαγό.

υπίλαρχος ο, ουσ. (στρατ.) βαθμός αξιωματικού του ιππικού ή τεθωρακισμένων μονάδων που αντιστοιχεί με τον υπολοχαγό.

υπνάκος ο, ουσ., ύπνος μικρής διάρκειας: *μπόρεσα και πήρα έναν -ο.*

υπναράς ο, θηλ. **-ού,** ουσ. (λαϊκ.). **1.** που αγαπά ιδιαίτερα τον ύπνο. **2.** που κοιμάται υπερβολικά.

υπηλία η, ουσ. **1.** ακατανίκητη τάση για ύπνο (συνών. *νύστα*). **2.** κατάσταση μεταξύ ύπνου και εγρήγορσης.

υπνιάρης ο, ουσ. (συνιζ., λαϊκ.), υπναράς (βλ. λ.), κυρίως στην έκφρ. *αλί στο νιο τον άυπνο, το γέρο τον -η* (= αλίμονο στο νέο που δεν μπορεί να κοιμηθεί και στο γέρο που κοιμάται πολύ, σημάδι έλλειψης υγείας).

υπνοβασία η, ουσ., παθολογική κατάσταση κατά την οποία κάποιος σηκώνεται από το κρεβάτι και εκτελεί διάφορες κινήσεις, ενώ ακόμη τον κατέχει ο ύπνος.

υπνοβάτης ο, θηλ. **-ισσα,** ουσ., αυτός που βρίσκεται σε κατάσταση υπνοβασίας.

υπνοβατώ, -είς, ρ., βρίσκομαι σε κατάσταση υπνοβασίας.

υπνοδωμάτιο το, ουσ. (ασυνίζ.), δωμάτιο του σπιτιού προορισμένο για τον ύπνο (συνών. *κρεβατοκάμαρα*).

υπνοθεραπεία η, ουσ. (ιατρ.) μέθοδος θεραπείας κατά την οποία ο άρρωστος παραμένει στην κατάσταση παρατεταμένου ύπνου.

ύπνος ο, ουσ. **1.** φυσιολογική περιοδική κατάσταση, που αναστέλλει τη λειτουργία της συνείδησης, τις εκούσιες κινήσεις, χαλαρώνει το μυϊκό τόνο και συντελεί στην αναζωογόνηση του οργανισμού με την υπολειτουργία των διάφορων συστημάτων: *~ γλυκός/βαθύς· ~ χειμέριος* = λανθάνουσα κατάσταση, μικρότερης διάρκειας από τη νάρκη, στην οποία πέφτουν ορισμένα ζώα

κατά τη διάρκεια του χειμώνα, επειδή δε βρίσκουν τροφή (πβ. *χειμέρια νάρκη*). Εκφρ. *στον -ο ή στον ξύπνο σου;* (= πότε; όταν βρίσκεσαι σε ποια κατάσταση;)· ~ *και των γονέων* (= ύπνος με μακρά διάρκεια)· *αιώνιος ~* (= θάνατος). Φρ. *δεν έχω -ο* (= παρά την προσπάθειά μου δυσκολεύομαι να κοιμηθώ)· *έβρασα -ο* (= κοιμήθηκα βαθιά, ικανοποιητικά)· *είδα στον -ο μου* (= ονειρεύτηκα)· *κοιμάται τον -ο του δικαίου* (= κοιμάται ήσυχος)· *μου 'φυγε ο ~* (= δεν μπορώ να κοιμηθώ)· *ούτε στον -ο του δεν το είδε* (= δεν έλπιζε ποτέ τέτοιο καλό)· *πήρα / τράβηξα έναν -ο!* (= κοιμήθηκα καλά)· *στον -ο σου το είδες;* (= πού το ανακάλυψες αυτό;)· *στον -ο του το είδε!* (= σε περίπτωση που δεν πιστεύει κανείς αυτά που του διηγείται κάποιος άλλος)· *τον έπιασαν στον -ο* (= τον βρήκαν απροετοίμαστο). Παροιμ. φρ. *γλυκός ο ~ το πρωί, παλιά ρούχα τη Λαμπρή* (= όποιος κοιμάται πολύ δε θα προκόψει)· *κάλλιο -ο παρά δείπνο* (για οκνηρούς που κοιμούνται και δε δουλεύουν)· *ο ~ τρέφει το παιδί κι ο ήλιος το μοσχάρι* (για την ευεργετική επίδραση του ύπνου στη συντήρηση και την ανάπτυξη του οργανισμού, ιδίως των παιδιών).
υπνοφαντασία και (λαϊκ., συνίζ.) **-σιά,** ουσ. (έρρ.), όνειρο: *σαν σε ~ περπάτησε* (Μπαστιάς).
ύπνωση η, ουσ. **1.** το να προκαλεί κανείς ύπνο με τεχνητά μέσα: *η θεραπεία έγινε με ~*. **2.** μερικός ύπνος που προκαλείται τεχνητά: *βρίσκεται σε κατάσταση -ης*.
υπνωτήριο το, ουσ. (ασυνίζ.), κοιτώνας προορισμένος για πολλά άτομα σε ίδρυμα, στρατώνα, κλπ.
υπνωτίζω, ρ. **1.** προκαλώ σε κάποιον ύπνο με τεχνητά μέσα. **2.** (μεταφ.) **α.** φέρνω κάποιον σε κατάσταση που να μην μπορεί να χρησιμοποιεί ελεύθερα τις διανοητικές του ικανότητες· **β.** βαυκαλίζω κάποιον με υποσχέσεις και τον αποπροσανατολίζω: *πολλοί πολιτικοί -ισαν το λαό με τις υποσχέσεις τους*.
υπνωτικό το, ουσ., φάρμακο που προκαλεί ύπνο.
υπνωτικός, -ή, -ό, επίθ., που ανήκει ή αναφέρεται στην ύπνωση: *χάπια -ά*.
υπνωτισμός ο, ουσ. **1.** το σύνολο των φαινομένων που συνοδεύουν τον τεχνητό ύπνο. **2.** το σύνολο των φυσικών και ψυχικών μεθόδων που χρησιμοποιούνται για την ύπνωση.
υπνωτιστής ο, θηλ. **-ίστρια,** ουσ., αυτός που προκαλεί την κατάσταση της ύπνωσης σε τρίτο.
υπνωτιστικός, -ή, -ό, επίθ., που αναφέρεται στην ύπνωση: *τακτική -ή*.
υπνωτίστρια, βλ. *υπνωτιστής*.
υπό, Ι. πρόθ. (λόγ.), (με αιτ. για να δηλωθεί) **α.** θέση πράγματος σε κατώτερη βαθμίδα: *η θερμοκρασία είναι δύο βαθμοί ~ το μηδέν* (= κάτω από...)· **β.** υποταγή στην εξουσία, αρχηγία, επίβλεψη κλπ., κάποιου: *σύσκεψη ~ την προεδρία του πρωθυπουργού* (= με πρόεδρο)· *~ την αρχηγία / εξουσία / προστασία*· **γ.** περιορισμός: *~ τον όρο* (= με τη συμφωνία, με την προϋπόθεση...). **II.** (προφ., σε θέση επιρρ.) υποταγμένος στη θέληση κάποιου: *θέλει να με έχει ~*.
υπο-, υφ-, ως α' συνθ. λ. σημαίνει: **α.** στάση ή κίνηση προς τα κάτω ή κάτω από...: *υποχωρώ, υπόγειος, υποβρύχιος, υπόκειμαι*· **β.** υποταγή, επιβολή ή εξαναγκασμό: *υποδουλώνω, υποκύπτω, υποτάσσω*· **γ.** κατώτερη θέση ή τάξη: *υποσμηναγός, υποπλοίαρχος, υποστράτηγος, υπάλληλος,*

υφυπουργός·**δ.** ιδιότητα σε μικρό βαθμό: *υπόγλυκος, υπόξινος*· **ε.** αυτό που γίνεται λαθραία ή σε μικρό βαθμό: *υποκινώ, υποθάλπω*.
υποανάπτυκτος, βλ. *υπανάπτυκτος*.
υποανάπτυξη, βλ. *υπανάπτυξη*.
υπό ανάπτυξιν· λόγ. έκφρ. (οικον.) για χώρα ή οικονομία που βρίσκεται στη διαδικασία της ανάπτυξης του βιομηχανικού τομέα και της υποχώρησης του γεωργικού: *χώρες του τρίτου κόσμου ~*.
υποαπασχόληση η, ουσ. **1.** το να προσφέρεται εργασία για περιορισμένο χρονικό διάστημα, μη πλήρης απασχόληση. **2.** απασχόληση κατώτερη από τις δυνατότητες εκείνου που απασχολείται.
υποαπασχολούμαι, -είσαι, ρ., εργάζομαι για περιορισμένο χρονικό διάστημα με μειωμένο ωράριο, αποδοχές, κλπ.
υποατομικός, -ή, -ό, επίθ. (φυσ.) που είναι μικρότερος από τον πυρήνα ατόμου: *-ά σωματίδια* (=όσα βρίσκονται στο εσωτερικό του ατόμου και ειδικότερα στον πυρήνα του, δηλαδή τα ηλεκτρόνια, τα πρωτόνια, νετρόνια, κ.ά.).
υποβαθμίζω, ρ. (μτβ.) μειώνω την αξία κάποιου πράγματος, με τις ενέργειές μου χειροτερεύω την κατάστασή του: *το εργοστάσιο -ισε περιβαλλοντικώς την περιοχή*· *από τις πυρκαγιές των δασών -εται το περιβάλλον*· *-ισμένη παρουσία επισήμων* (= μικρή, ολιγάριθμη)· *περιοχή -ισμένη πολιτιστικώς* (= με ελάχιστη ή ανύπαρκτη πολιτιστική ζωή).
υποβάθμιση η, ουσ., το να μειώνεται η αξία κάποιου πράγματος, το να χειροτερεύει η κατάστασή του: *~ του κοινοβουλίου / του πολιτικού λόγου / της δημόσιας εκπαίδευσης*.
υπόβαθρο το, ουσ., οτιδήποτε τίθεται κάτω από κάτι για να το στηρίξει, υποστήριγμα (συνήθως μεταφ.): *αντικειμενικό ~ για την ανάπτυξη μιας θεωρίας*· *το κοσμοθεωρητικό ~ του έργου του Μπρεχτ* (συνών. *θεμέλιο, στυλοβάτης*).
υποβάλλω, ρ., παρατ. *υπέβαλλα,* πληθ. *υποβάλλαμε,* αόρ. *υπέβαλα,* πληθ. *υποβάλαμε,* παθ. αόρ. *υποβλήθηκα,* μτχ. παρκ. *-βλημένος*. **1α.** θέτω κάτι στην κρίση ή την έγκριση κάποιου: *~ σε κριτική μια άποψη*· *~ τη διατριβή μου στη σχολή*· **β.** προτείνω ή παρουσιάζω κάτι ως υφιστάμενος ή ως ιδιώτης σε αρμόδια αρχή: *~ παραίτηση / αίτηση / αναφορά*· φρ. *~ τα σέβη μου* (ως χαιρετισμός σε αξιοσέβαστο πρόσωπο). **2.** εξαναγκάζω κάποιον να υποστεί κάτι: *~ σε ταλαιπωρία / ανάκριση / δοκιμασία*· *αναγκάστηκε να -βληθεί σε κόπους / έξοδα*. **3.** (μεταφ.) υποδεικνύω έντεχνα σε κάποιον τις σκέψεις ή τη θέλησή μου: *του υπέβαλε την ιδέα να θέσει υποψηφιότητα*. **4.** (θεατρ.) υπαγορεύω χαμηλόφωνα το κείμενο του θεατρικού έργου στους ηθοποιούς, κάνω τον υποβολέα (βλ. λ.). **5.** (νομ.) αντικαθιστώ κάτι πραγματικό με πλασματικό. **6.** (μέσ.) **α.** παθαίνω υποβολή (βλ. λ.)· **β.** είμαι δεκτικός υποβολής.
υποβαστάζω, ρ., στηρίζω κάτι κρατώντας το από κάτω· (μεταφ.) συγκρατώ, βοηθώ κάποιον.
υποβιβάζω, ρ., αόρ. *-βίβασα,* παθ. αόρ. *-βιβάστηκα,* μτχ. παρκ. *-βιβασμένος*. **1.** (λόγ.) χαμηλώνω κάποιον ή κάτι, κατεβάζω. **2.** (μεταφ.) **α.** ταπεινώνω κάποιον, εξευτελίζω· **β.** κατατάσσω σε κατώτερη βαθμίδα: (αθλητ.) *-ονται τέσσερις ποδοσφαιρικές ομάδες στη Β' εθνική κατηγορία*.

υποβιβασμός ο, ουσ. (λόγ.), το να υποβιβάζεται (βλ. λ.) κάποιος ή κάτι: ~ *ποδοσφαιρικής ομάδας.*

υποβλέπω, ρ. (λόγ.). 1. βλέπω με δυσπιστία ή καχυποψία κάποιον ή κάτι: *τον -ουν κάποιοι συνάδελφοί του.* 2. εποφθαλμιώ (βλ. λ.).

υποβλητικός, -ή, -ό, επίθ. 1. που ανήκει ή αναφέρεται στην υποβολή (βλ. λ. στη σημασ. 2). 2α. που ασκεί υποβολή: *σ' ολόκληρο το έργο κυριαρχεί το -ό στοιχείο·* β. που εμπνέει, που προκαλεί υψηλά συναισθήματα: *-ή φωνή/απαγγελία.*

υποβλητικότητα η, ουσ., το να είναι κάτι υποβλητικό (βλ. λ.).

υποβολέας ο, ουσ. 1. (θεατρ.) πρόσωπο κρυμμένο στο υποβολείο (βλ. λ.) που υπαγορεύει χαμηλόφωνα το κείμενο θεατρικού έργου στους ηθοποιούς. 2. (μεταφ.) πρόσωπο που ενθαρρύνει ή πιέζει κάποιο άλλο πρόσωπο να κάνει κάτι (συνών. *υποκινητής).*

υποβολείο το, ουσ. (θεατρ.) κρύπτη στο μέσο της σκηνής απ' όπου ο υποβολέας (βλ. λ.) υπαγορεύει χαμηλόφωνα το κείμενο των ρόλων των ηθοποιών.

υποβολή η, ουσ. 1. το να θέτει κανείς κάτι στην κρίση ή την έγκριση άλλου ή άλλων: ~ *παραίτησης/πρότασης/υποψηφιότητας.* 2. (ψυχιατρ.) επηρεασμός ενός ατόμου από άλλο, όπου συναισθηματικά χρωματισμένες παραστάσεις «περνούν» στον άλλο χωρίς λογική επεξεργασία, επιβολή ιδέας ή πράξης σε άλλον. 3. (νομ.) υποκατάσταση πραγματικού πράγματος με πλασματικό: ~ *τέκνου* (= νόθο στη θέση γνήσιου).

υποβολιμαίος, -α, -ο, επίθ. 1. που δεν είναι γνήσιος: *σύγγραμμα -ο* (= που αποδίδεται σε κάποιο συγγραφέα χωρίς πραγματικά να είναι δικό του) (συνών. *νόθος, πλαστός).* 2. που έγινε, επιβλήθηκε με εισήγηση ή υπόδειξη άλλου: *κείμενο -ο· κριτική/πρόταση/μαρτυρία -α.*

υποβόσκω, ρ., μόνο στον ενεστ. και παρατ. *υπέβοσκα,* πληθ. *υποβόσκαμε,* (αμτβ., για κάτι κακό, νοσηρό ή επικίνδυνο) υπάρχω σε λανθάνουσα κατάσταση, ενεργώ ή αυξάνομαι ύπουλα: *-ει η φωτιά· -ει πολιτική/πετρελαϊκή/κομματική κρίση· η ασθένεια που υπέβοσκε για μια βδομάδα εκδηλώθηκε.*

υποβρυχιακός, -ή, -ό, επίθ. (ασυνίζ.), που ανήκει ή αναφέρεται στο υποβρύχιο: *πόλεμος* ~ (= πολεμικές επιχειρήσεις υποβρυχίων) (συνών. *υποβρύχιος* στη σημασ. 2).

υποβρύχιο το, ουσ. (ασυνίζ.), ειδικό πολεμικό πλοίο που έχει τη δυνατότητα να κινείται και κάτω από την επιφάνεια της θάλασσας: *πόλεμος -ίων·* ~ *ατομικό/πυρηνικό.*

υποβρύχιος, -α, -ο, επίθ. (ασυνίζ.). 1. που βρίσκεται ή γίνεται κάτω από την επιφάνεια της θάλασσας: *καλώδιο/ψάρεμα -ο· -ες λήψεις κάμερας· ομάδα -ιων καταστροφών* (= ειδική στρατιωτική μονάδα) (συνών. *υποθαλάσσιος).* 2. υποβρυχιακός (βλ. λ.): *-α άμυνα.*

υπογάστριο το, ουσ. (ασυνίζ.), (ανατομ.) περιοχή του ανθρώπινου σώματος που βρίσκεται στο μέσο του κατώτερου τμήματος της κοιλιάς και διαιρείται σε τρία μέρη: το μεσαίο που ονομάζεται «ηβική χώρα» ή «κυρίως υπογάστριο» και δύο πλάγια που ονομάζονται «δεξιά και αριστερή βουβωνική χώρα» (συνών. *προκοίλι).*

υπογεγραμμένη η, ουσ. (γραμμ.) σημείο σαν μικρό γιώτα που γραφόταν παλαιότερα κάτω από μακρόχρονο φωνήεν (α, η, ω).

υπόγειο το, ουσ. (ασυνίζ.), διαμέρισμα σπιτιού, πολυκατοικίας και γενικώς κτηρίου που το δάπεδό του βρίσκεται κάτω από την επιφάνεια του γύρω εδάφους: *στο ~ είναι το εργαστήριό του* (αντ. *ανώγειο, σοφίτα).*

υπόγειος, -α, -ο, επίθ. (ασυνίζ.), που βρίσκεται ή γίνεται κάτω από την επιφάνεια της Γης: *ύδατα -α· στοά/διαδρομή -α· -α πυρηνική δοκιμή* (αντ. *υπέργειος).*

υπογένειο το, ουσ. (ασυνίζ., λόγ.), μικρό γένι κάτω από το σαγόνι, μούσι.

υπογεννητικότητα η, ουσ. (δημογραφία) το να υπάρχει σε μια χώρα ή σε μια περιοχή ετήσιο ποσοστό γεννήσεων μικρότερο από το αντίστοιχο ποσοστό θανάτων, με αποτέλεσμα να μειώνεται συνεχώς ο πληθυσμός της: *μέτρα για την αντιμετώπιση της -ας* (αντ. *υπεργεννητικότητα).*

υπογλυκαιμία και **-χαιμία** η, ουσ. (ιατρ.) παθολογική ελάττωση του σακχάρου στο αίμα κάτω από τα φυσιολογικά όρια (αντ. *υπεργλυκαιμία).*

υπογλυκαιμικός, -ή, -ό, επίθ. α. που ανήκει ή αναφέρεται στην υπογλυκαιμία (βλ. λ.): *κώμα -ό·* β. που συντελεί στη μείωση της γλυκόζης στο αίμα: *η ινσουλίνη διαθέτει -ή δράση· ορμόνη -ή.*

υπόγλυκος, -η, -ο, επίθ. (λόγ.), που είναι λίγο γλυκός (συνών. *γλυκούτσικος·* αντ. *πικρούτσικος).*

υπογλυχαιμία, βλ. *υπογλυκαιμία.*

υπογραμμίζω, ρ. 1. χαράζω γραμμή κάτω από λέξεις ή φράσεις για να τονίσω τη σημασία τους. 2. (μεταφ.) τονίζω ιδιαιτέρως, εξαίρω κάτι: *ο υπουργός -ισε τη σημασία που δίνει η κυβέρνηση στις εξαγωγές ελληνικών προϊόντων.*

υπογράμμιση η, ουσ. 1. το να χαράζεται γραμμή κάτω από λέξη ή φράση για να τονιστεί η σημασία της. 2. (μεταφ.) το να εξαίρεται, να τονίζεται κάτι.

υπογραφή η, ουσ. 1. το να γράφει κανείς το όνομά του κάτω από κάπου για να βεβαιώσει κάτι ή να δείξει πως το αποδέχεται: *το έργο έχει την ~ του καλλιτέχνη· ~ γνήσια/πλαστή.* 2. επικύρωση συμφωνίας: *~ συνθήκης· ~ συμφωνίας για τη μείωση των πυρηνικών όπλων·* φρ. *δίνω ή βάζω την ~ μου* (= εγγυώμαι)· μαζεύει *-ές* (για ετοιμοθάνατο, επειδή σύμφωνα με τη λαϊκή φαντασία θα μεταφέρει υπογραμμένες επιστολές με μηνύματα των ζωντανών στους νεκρούς συγγενείς τους στον Άδη. - Υποκορ. **-ούλα** η (στη σημασ. 1).

υπογραφόμενος ο, θηλ. **-μένη,** αυτός που συντάσσει κείμενο (βεβαίωση, αναφορά, κλπ.) και στο τέλος βεβαιώνει την αλήθεια των όσων αναφέρει βάζοντας την υπογραφή του.

υπογραφούλα, βλ. *υπογραφή.*

υπογράφω, ρ., παρατ. *υπέγραφα,* πληθ. *υπογράφαμε,* αόρ. *υπέγραψα,* πληθ. *υπογράψαμε.* 1. γράφω κάτω από κάπου το όνομά μου για να βεβαιώσω κάτι ή να δείξω πως το αποδέχομαι: *οι μάρτυρες πρέπει να -ψουν τη μαρτυρία τους· η βεβαίωση για να είναι έγκυρη πρέπει να είναι -γραμμένη.* 2. επικυρώνω κάτι βάζοντας την υπογραφή μου: *οι δύο χώρες υπέγραψαν εμπορική συμφωνία* (συνών. *συνομολογώ).* Φρ. *~ «εν λευκώ»* (= δίνω τη συγκατάθεσή μου χωρίς επιφυλάξεις)· ~ *και με τα δυο (μου) χέρια* (= πολύ πρόθυμα, χωρίς καμία επιφύλαξη)· ~ *τη (θανατική) καταδίκη μου* (=μεταφ., προξενώ ζημία ή καταστροφή στον εαυτό

μου ενεργώντας απερίσκεπτα). - Βλ. και *υπογεγραμμένη, υπογραφόμενος*.
υποδαυλίζω, ρ., ενισχύω, βοηθώ, συντελώ σε κάτι κακό: ~ *την έκρηξη των πολιτικών παθών· -ιζε τη ρήξη της φιλίας τους· -ει το μίσος μεταξύ τους*.
υποδαύλιση η, ουσ., η ενέργεια και το αποτέλεσμα του υποδαυλίζω (βλ. λ.): ~ *της γενικής δυσαρέσκειας*.
υποδεέστερος, -η, -ο, επίθ. (λόγ.), κατώτερος στην αξία, τη σημασία, την τάξη, την ποιότητα: *ο Α είναι* ~ *στην ιεραρχία από το Β· η γνώμη του τάδε είναι -η*.
υπόδειγμα το, ουσ. 1. πρόσωπο ή αντικείμενο με χαρακτηριστικά σχετικής τελειότητας: *αυτός είναι* ~ *επιμελούς μαθητή/ευσυνείδητου υπαλλήλου· η στάση του αποτελεί* ~ *καλής συμπεριφοράς· το κείμενο αυτό αποτελεί* ~ *ύφους* (συνών. *πρότυπο, παράδειγμα*). 2. έντυπο που καθοδηγεί για τη σύνταξη εγγράφου ορισμένης κατηγορίας.
υποδειγματικός, -ή, -ό, επίθ., που μπορεί να αποτελέσει υπόδειγμα (βλ. λ.): *συμπεριφορά/διδασκαλία -ή· -ό λογοτεχνικό ύφος· -ή θεατρική παράσταση* (συνών. *παραδειγματικός*).
υποδεικνύω, ρ., αόρ. *υπέδειξα,* πληθ. *υποδείξαμε* (λόγ.). 1. δείχνω κάτι ή πληροφορώ για κάτι με έμμεσο τρόπο: *του υπέδειξε το σοβαρότατο ολίσθημά του· του υπέδειξα τους κινδύνους αυτής της τακτικής/συμπεριφοράς*. 2. συνιστώ, προτείνω (σε κάποιον κάτι) με πλάγιο τρόπο: *του υπέδειξα να αποταθεί στον υπουργό· μου υπέδειξε μια συμφέρουσα λύση για το πρόβλημά μου* (συνών. *συμβουλεύω*).
υπόδειξη η, ουσ., η ενέργεια και το αποτέλεσμα του υποδεικνύω (βλ. λ.): *δεν ανέχεται -εις· ακολουθεί ορισμένη θεραπευτική αγωγή κατά τις -εις του γιατρού· του αρέσει να κάνει -εις* (συνών. *συμβουλή*).
υποδείχνω, βλ. *υποδεικνύω*.
υποδεκάμετρο το, ουσ. 1. το δέκατο του μέτρου. 2. χάρακας μήκους δέκα εκατοστών ή μεγαλύτερου με υποδιαιρέσεις σε εκατοστόμετρα και χιλιοστόμετρα, που χρησιμοποιείται για σχεδιάσεις.
υποδεκανέας ο, ουσ., στρατιωτικός βαθμός μεταξύ του απλού στρατιώτη και του δεκανέα.
υποδερμικός, -ή, -ό, επίθ. (ανατομ.) που βρίσκεται ή γίνεται κάτω από το δέρμα: *ιστός* ~ · *ένεση -ή* (συνών. *υποδόριος*).
υποδέχομαι, ρ. 1. δέχομαι κάποιον στο σπίτι μου: *στις γιορτές -ονται τους φίλους*. 2. προϋπαντώ κάποιον που έρχεται προς το μέρος μου: *οι υπουργοί -χτηκαν τον πρωθυπουργό στο αεροδρόμιο*. 3. (κατ' επέκταση) δέχομαι κάτι που πέφτει ή ρέει από πάνω: *η στέρνα -εται τα νερά της βροχής*.
υποδηλώνω, ρ., δηλώνω κάτι με έμμεσο τρόπο: *ο τρόπος που μιλά -ει τη στάση του σ' αυτό το ζήτημα* (συνών. *υπονοώ*).
υποδήλωση η, ουσ., η ενέργεια και το αποτέλεσμα του υποδηλώνω (βλ. λ.).
υπόδημα το, ουσ. (λόγ.), παπούτσι (βλ. λ.).
υποδηματεργάτης ο, θηλ. **-τρια,** ουσ., εργάτης σε υποδηματοποιία (βλ. λ. στη σημασ. 2) ή υποδηματοβιομηχανία (βλ. λ.).
υποδηματοβιομηχανία η, ουσ. (ασυνίζ.), βιομηχανία κατασκευής παπουτσιών με μηχανικά κυρίως μέσα.
υποδηματοβιομήχανος ο, ουσ. (ασυνίζ.), ιδιοκτήτης υποδηματοβιομηχανίας (βλ. λ.).

υποδηματοποιείο το, ουσ. (ασυνίζ.), εργαστήριο κατασκευής παπουτσιών (συνών. λαϊκ. *παπουτσήδικο, τσαγκαράδικο*).
υποδηματοποιία η, ουσ. (ασυνίζ.). 1. η τέχνη της κατασκευής παπουτσιών. 2. βιοτεχνία ή εργοστάσιο κατασκευής χειροποίητων κυρίως παπουτσιών.
υποδηματοποιός ο, ουσ. (ασυνίζ.), κατασκευαστής παπουτσιών (συνών. λαϊκ. *παπουτσής, τσαγκάρης*).
υποδηματοπωλείο το, ουσ., κατάστημα όπου πουλιούνται παπούτσια.
υποδηματοπώλης ο, ουσ., πωλητής παπουτσιών.
υπόδηση η, ουσ. (λόγ.), τα παπούτσια και ό,τι σχετίζεται μ' αυτά.
υποδιαίρεση η, ουσ. (ασυνίζ.). 1. διαίρεση ενός ήδη διαιρεμένου όλου σε μικρότερα μέρη. 2. (συνεκδοχικά) το αποτέλεσμα του υποδιαιρώ: *ο πανεπιστημιακός τομέας είναι* ~ *του πανεπιστημιακού τμήματος*.
υποδιαιρώ, ρ. (ασυνίζ.), αόρ. *-διαίρεσα,* μτχ. παρκ. *-διαιρεμένος.* I. (ενεργ.) διαιρώ ένα ήδη διαιρεμένο όλο σε μικρότερα μέρη. II. (μέσ.) αποτελούμαι από μικρότερα μέρη: *το δολάρι -είται σε εκατό σεντς· κάθε τάξη του σχολείου -είται σε μικρότερες ομάδες, τα τμήματα*.
υποδιάκονος ο, ουσ. (ασυνίζ.), εκκλησιαστικός βαθμός αμέσως κατώτερος του διακόνου.
υποδιαστολή η, ουσ. (ασυνίζ.). 1. (γραμμ.) σημάδι (κόμμα) που χρησιμοποιείται για να διαχωρίζει τις συλλαβές μιας λέξης έτσι ώστε να μη γίνεται σύγχυση με άλλη ομόηχή της που έχει άλλη χρήση και σημασία (π.χ. *ό,τι* και *ότι*). 2. (μαθημ.) το κόμμα που χρησιμοποιείται στους δεκαδικούς αριθμούς (π.χ. *3,5*).
υποδιδάσκαλος ο, ουσ. 1. δευτερεύων σε σημασία δάσκαλος, ιδίως του χορού. 2. (παλαιότερα) δημοδιδάσκαλος κατώτερου βαθμού που δίδασκε σε σχολεία με μικρό αριθμό μαθητών.
υποδιεύθυνση η, ουσ. (ασυνίζ.). 1. το αξίωμα και το έργο του υποδιευθυντή υπηρεσίας. 2. υπηρεσία υπαγόμενη στη διεύθυνση, αλλά και με κάποιο βαθμό αυτοτέλειας.
υποδιευθυντής ο, θηλ. **-τρια,** ουσ. (ασυνίζ., έρρ.). 1. ο ιεραρχικώς αμέσως κατώτερος του διευθυντή μιας υπηρεσίας. 2. προϊστάμενος υποδιεύθυνσης (βλ. λ. στη σημασ. 2).
υποδικία η, ουσ., το να είναι κανείς υπόδικος (βλ. λ.).
υπόδικος, -η, -ο, επίθ. 1. (νομ.) κατηγορούμενος για αδίκημα που δεν έχει ακόμη εκδικαστεί τελεσίδικα. 2. (μεταφ.) που φέρει την ευθύνη ή τον βαρύνουν κατηγορίες για κάτι: *η κυβέρνηση είναι -η απέναντι στην κοινή γνώμη για τις ενέργειές της*.
υποδιοίκηση η, ουσ. (ασυνίζ.). 1. το αξίωμα και το έργο του υποδιοικητή μιας υπηρεσίας. 2. υποδιαίρεση διοίκησης που έχει κάποιο βαθμό αυτοτέλειας.
υποδιοικητής ο, θηλ. **-ήτρια,** ουσ. (ασυνίζ.). 1. ο ιεραρχικώς αμέσως κατώτερος του διοικητή μιας υπηρεσίας. 2. προϊστάμενος υποδιοίκησης (βλ. λ. στη σημασ. 2).
υπόδομή η, ουσ. 1. τμήμα δομικού έργου που βρίσκεται κάτω από την επιφάνεια του εδάφους. 2. δομική κατασκευή που χρησιμεύει ως βάση άλλου τεχνικού έργου: *έργα -ής·* (μεταφ.) ~ *βιομη-*

χανική/ερευνητική/υλικοτεχνική. 3. κεφάλαιο της σιδηροδρομικής που εξετάζει τα έργα που αφορούν τη χάραξη, την επιχωμάτωση, κλπ., των σιδηροδρομικών οδών.

υποδόριος, -α, -ο, επίθ. (ασυνίζ.), (ανατομ.) υποδερμικός (βλ. λ.): ~ *συνδετικός ιστός.*

υπόδουλος, -η, -ο, επίθ., που δεν είναι αυτεξούσιος, αλλά υπόκειται σε ξένο δυνάστη: *-ες περιοχές της χώρας· ελληνισμός* ~ *έθνος -ο* (συνών. *σκλάβος·* αντ. *ανεξάρτητος, ελεύθερος).*

υποδουλώνω, ρ., θέτω υπό την εξουσία μου άτομα ή ολόκληρο λαό, τους στερώ την ελευθερία τους: *οι Έλληνες -ώθηκαν από τους Τούρκους·* (μεταφ.) *το ποτό τον έχει -ώσει* (συνών. *σκλαβώνω·* αντ. *απελευθερώνω).*

υποδούλωση η, ουσ., η ενέργεια και το αποτέλεσμα του υποδουλώνω (βλ. λ.) (αντ. *απελευθέρωση).*

υποδουλωτής ο, ουσ., αυτός που υποδουλώνει (αντ. *απελευθερωτής).*

υποδοχέας ο, ουσ. 1. χώρος ή δοχείο όπου καταρρέουν αποστάζοντα υγρά: ~ *αποστακτικής συσκευής.* 2. μέρος μηχανήματος ή εργαλείου όπου προσαρμόζεται άλλο όργανο (συνών. *υποδοχή, δέκτης).*

υποδοχή η, ουσ. 1. η ενέργεια και το αποτέλεσμα του υποδέχομαι (βλ. λ. στις σημασ. 1, 2): *του επιφύλαξαν εγκάρδια* ~. 2. υποδοχέας (βλ. λ. στη σημασ. 2): ~ *στρόφιγγας.*

υποδύομαι, ρ. (θεατρ.) παριστάνω στη σκηνή του θεάτρου ορισμένο ήρωα ή πρόσωπο θεατρικού έργου: *-ύθηκε την Ηλέκτρα με επιτυχία* (συνών. *υποκρίνομαι).*

υποεπιτροπή η, ουσ., μικρή επιτροπή, τμήμα μιας μεγαλύτερης που μελετά λεπτομερειακότερα ένα ειδικότερο θέμα και υποβάλλει πρόταση στη βασική επιτροπή.

υποζύγιο το, ουσ. (ασυνίζ.), ζώο που χρησιμοποιείται για να μεταφέρει φορτία ή να σύρει οχήματα.

υπόηχος ο, ουσ. (φυσ.) (κυρίως στον πληθ.) ηχητικές ταλαντώσεις με συχνότητα μικρότερη από 20 Hz, τις οποίες δεν μπορεί να αντιληφθεί το ανθρώπινο αφτί (αντ. *υπέρηχος).*

υποθάλαμος ο, ουσ. (ανατομ.) τμήμα του εγκεφάλου που βρίσκεται κάτω από το θάλαμο (βλ. λ.) και όπου έχουν την έδρα τους τα ανώτερα κέντρα του νευροφυτικού συστήματος.

υποθαλάσσιος, -α, -ο, επίθ. (ασυνίζ.), που βρίσκεται ή γίνεται κάτω από την επιφάνεια της θάλασσας: *χώρος* ~· *-α πυρηνική δοκιμή* (συνών. *υποβρύχιος).*

υποθάλπω, ρ., παρατ. *υπέθαλπα,* πληθ. *υποθάλπαμε,* αόρ. *υπέθαλψα,* πληθ. *υποθάλψαμε,* βοηθώ, φροντίζω ή συντηρώ κάποιον κρυφά: *κατηγορήθηκε ότι υπέθαλπε τους εγκληματίες·* (μεταφ.) *η κυβέρνηση -ει την πόλωση στην πολιτική ζωή του τόπου.*

υπόθαλψη η, ουσ., η ενέργεια και το αποτέλεσμα του υποθάλπω (βλ. λ.).

υποθερμία η, ουσ. (ιατρ.) πτώση της θερμοκρασίας του σώματος κάτω από το φυσιολογικό (αντ. *υπερθερμία, πυρετός).*

υποθερμικός, -ή, -ό, επίθ. 1. που αναφέρεται στην υποθερμία. 2. (για πρόσωπο) που παρουσιάζει υποθερμία.

υπόθεση η, ουσ. 1α. αυτό που υποθέτει (βλ. λ.) κανείς: *η* ~ *που έκανες μοιάζει πολύ πιθανή·* β. (συντακτ.) υποθετική πρόταση: *ο υποθετικός λόγος αποτελείται από μια* ~ *και την απόδοσή της.* 2. (φιλοσ. - επιστ.) αρχή, συλλογισμός που λαμβάνεται ως προϋπόθεση για την ερμηνεία διάφορων φαινομένων και που μετατρέπεται σε θεωρία από τη στιγμή που αποδεικνύεται ότι δεν έχει χάσματα ή ότι είναι σωστός στην πράξη. 3. θέμα που απασχολεί, που αφορά κάποιον: *αυτό είναι δική μου* ~· *δεν αναμιγνύεται στις -έσεις των άλλων.* 4. σοβαρό θέμα που απασχολεί την κοινή γνώμη, σύνολο γεγονότων που δημιουργούν μια σύνθετη κατάσταση όπου διάφορα πρόσωπα και διάφορα συμφέροντα εμπλέκονται: *η* ~ *του σκανδάλου μάς αφορά όλους.* 5. (νομ. - δικαν.) αντικείμενο δικαστικού αγώνα, θέμα για το οποίο γίνεται δίκη: *σήμερα εκδικάστηκαν τρεις -έσεις κλοπής.* 6. γεγονός, έγκλημα που απασχολεί την αστυνομία, νομικό αίνιγμα: *η* ~ *της οδού Α / του κλεμμένου αυτοκινήτου.* 7. το περιεχόμενο, το θέμα λογοτεχνικού, θεατρικού ή κινηματογραφικού έργου: *μας διηγήθηκε την* ~ *του βιβλίου/της ταινίας* (συνών. *μύθος).* 8. με γεν. ουσ. για να δηλωθεί αυτό από το οποίο εξαρτάται το θέμα, το ζήτημα που συζητείται ή πόσο σημαντικό, καθοριστικό είναι για το θέμα που συζητείται αυτό που δηλώνει το ουσ.: *είναι* ~ *δύο λεπτών· είναι* ~ *χρημάτων/τιμής.* 9. (στον πληθ.) το σύνολο των ασχολιών και των ενεργειών που αφορούν τη δημόσια ζωή: *-έσεις του κράτους/δημόσιες/εξωτερικές* (συνών. στις σημασ. 3, 4, 8, 9 *ζήτημα, θέμα).*

υποθετικός, -ή, -ό, επίθ. 1. που δεν έχει επιβεβαιωθεί, που δεν υπάρχει στην πραγματικότητα, αλλά διατυπώνεται ως υπόθεση (βλ. λ. στη σημασ. 1α), πιθανός: *μια -ή σύρραξη στην περιοχή θα είχε σοβαρές συνέπειες.* 2. (γραμμ. - συντακτ.) που τον χρησιμοποιούμε για να διατυπώσουμε μια υπόθεση (βλ. λ. στη σημασ. 1β): *σύνδεσμος* ~· *πρόταση -ή.* - Επίρρ. **-ά** και **-ώς.**

υπόθετο το, ουσ., φαρμακευτικό παρασκεύασμα με στερεή σύσταση και σχήμα περίπου κυλινδρικό, που εισάγεται στον πρωκτό (ή, σε ορισμένες περιπτώσεις, στον κόλπο των γυναικών): *-α αντιπυρετικά.*

υποθέτω, ρ., παρατ. *υπέθετα,* πληθ. *υποθέταμε,* αόρ. *υπέθεσα,* πληθ. *υποθέσαμε.* 1α. παίρνω μια σκέψη ως αφετηρία για να βγάλω κάποιο συμπέρασμα: ~ *ότι δε μας χαιρέτησε, γιατί δε μας είδε· ας υποθέσουμε ότι είναι αλήθεια αυτά που λες·* β. θεωρώ κάτι ως πιθανό: ~ *ότι θα έχουν φτάσει τώρα.* 2. (το μέσ. *υποτίθεται* απροσ.) θεωρείται ως προϋπόθεση, ως δεδομένο: *υποτίθεται ότι είμαστε φίλοι.*

υποθήκευση η, ουσ., το να υποθηκεύει (βλ. λ.) κανείς κάτι: ~ *χωραφιού.*

υποθηκεύσιμος, -η, -ο, επίθ., που μπορεί να υποθηκευτεί, που η αξία του επιτρέπει σε κάποιον να δανειστεί βάζοντάς τον υποθήκη: *ακίνητο -ο.*

υποθηκεύω, ρ., επιβαρύνω ένα ακίνητο κτήμα μου με υποθήκη, βάζω κάτι υποθήκη: *-θήκευσα το σπίτι μου.*

υποθήκη η, ουσ. 1. παραίνεση: *οι -ες του στρατηγού Μακρυγιάννη/των Πατέρων της Εκκλησίας.* 2. (νομ.) το να παραχωρεί ο οφειλέτης στο δικαιούχο δικαίωμα πάνω σε ακίνητο κτήμα του ως εγγύηση για την εξόφληση του χρέους: *έβαλε* ~ *το σπίτι του για να ξεπληρώσει τα γραμμάτια·* βι-

βλίο -ών (= βιβλίο όπου εγγράφονται όλες οι υποθήκες και που φυλάγεται στο υποθηκοφυλακείο (βλ. λ.).

υποθηκοφύλακας ο, ους., δημόσιος υπάλληλος που διευθύνει το υποθηκοφυλακείο (βλ. λ.).

υποθηκοφυλακείο το, ουσ., δημόσιο γραφείο όπου φυλάγονται τα βιβλία υποθηκών και μεταγραφών (βλ. λ. στη σημασ. 2).

υποθυρεοειδισμός ο, ουσ. (ασυνίζ.), (ιατρ.) παθολογική υπολειτουργία του θυρεοειδούς αδένα (αντ. *υπερθυρεοειδισμός*).

υποκαθίσταμαι, ρ. (νομ.) παίρνω τη θέση κάποιου άλλου, τον αντικαθιστώ: *εφόσον ο δανειστής ικανοποιείται, αυτός που τον ικανοποίησε -αται στα δικαιώματά του* (αστ. κώδ.).

υποκατανάλωση η, ουσ., κατανάλωση μειωμένη σε σχέση με την ποσότητα των προϊόντων που παράγονται.

υποκατάσταση η, ουσ., αναπλήρωση, αντικατάσταση προσώπου ή πράγματος: ~ *εργοδότη*.

υποκατάστατος, -η, -ο, επίθ., που μπορεί να αντικαταστήσει άλλον, να πάρει τη θέση άλλου. - Το αρσ. ως ουσ. = (νομ.) αυτός που σε κάποια νομική διαδικασία (κληρονομιά, κλπ.) ορίζεται να αντικαταστήσει κάποιον άλλον: *ο εντολέας μπορεί να ασκήσει απευθείας κατά του -άτου τις αγωγές που έχει εναντίον του ο εντολοδόχος* (αστ. κώδ.). -Το ουδ. ως ουσ. = (συνήθως για πρωϊόν) αυτό που μπορεί να υποκαταστήσει κάτι, να παίξει τον ίδιο ρόλο με κάτι: *η μαργαρίνη είναι -ο του βουτύρου·* (μεταφ.) *στο πρόσωπο της βρήκε ένα -ο της μητέρας του· -α ψυχαγωγίας.*

υποκατάστημα το, ουσ., κατάστημα επιχείρησης που υπάγεται σε κάποιο άλλο (το κεντρικό), εδρεύει σε άλλη ή και στην ίδια πόλη και έχει κάποια αυτονομία, χωρίς όμως να αποτελεί ιδιαίτερο νομικό πρόσωπο (στο σημείο αυτό διαφέρει από τη θυγατρική - βλ. λ. - *εταιρεία*): ~ *τράπεζας/πολυκαταστήματος*.

υπόκειμαι, ρ., μόνο στον ενεστ. *-κεισαι, -κειται,* πληθ. *-κείμεθα, -κεισθε, -κεινται,* υφίσταμαι κάτι, υποβάλλομαι σε κάτι: *-κειται σε αλλαγές/φθορά· οι αποφάσεις του προέδρου εφετών... δεν -κεινται σε κανένα τακτικό ή έκτακτο ένδικο μέσο* (αστ. κώδ.).

υποκειμενικός, -ή, -ό, επίθ. 1α. που είναι σύμφωνος με τις προσωπικές ιδέες, την προσωπική αντίληψη κάποιου και όχι με την αντικειμενική αλήθεια ή την πραγματικότητα: *άποψη -ή*· β. (συνεκδοχικά για πρόσωπο) που κρίνει έχοντας ως βάση τις προσωπικές του ιδέες και αντιλήψεις και όχι την αντικειμενική αλήθεια: *στο θέμα αυτό είναι πολύ* ~ (αντ. *αντικειμενικός*). 2. (συντακτ.) *γενική -ή* = η γενική που προσδιορίζει ουσιαστικά ή επίθετα και, όταν αυτά μετατραπούν σε ρήματα, παίρνει τη θέση υποκειμένου (αντ. *αντικειμενική*). - Επίρρ. *-ά*.

υποκειμενικότητα η, ουσ., το να είναι κάτι υποκειμενικό (βλ. λ.): ~ *κρίσης* (αντ. *αντικειμενικότητα*).

υποκειμενισμός ο, ουσ. 1. (φιλοσ.) θεωρία σύμφωνα με την οποία δεν υπάρχει αντικειμενική αλήθεια, πραγματικότητα, γνώση, αλλά αυτές εξαρτώνται από την οπτική γωνία του κάθε ατόμου, ισχύουν δηλαδή για ένα μόνο υποκείμενο. 2. το να ενεργεί ή να κρίνει κανείς σύμφωνα με τις προσωπικές του ιδέες και αντιλήψεις: *οι αποφάσεις/απόψεις του δείχνουν -ό.*

υποκείμενο το, ουσ. 1. (φιλοσ. - κοινων.) άτομο ή κοινωνική ομάδα που είναι φορέας της υλικής πρακτικής δράσης και της γνώσης, πηγή της δραστηριότητας που κατευθύνεται προς το αντικείμενο. 2. (συντακτ.) ο ένας από τους δύο κύριους όρους της πρότασης (ο άλλος είναι το ρήμα) που δηλώνει αυτό (πρόσωπο, ζώο ή πράγμα) για το οποίο γίνεται λόγος στην πρόταση, αυτό δηλ. που ενεργεί, παθαίνει ή βρίσκεται σε μια κατάσταση. 3. (περιφρονητικά ή ειρων.) άτομο, πρόσωπο: *αυτός είναι ένα θλιβερό* ~.

υποκελευστής ο, ουσ. (στρατ.) βαθμός υπαξιωματικού του πολεμικού ναυτικού αντίστοιχος με αυτόν του λοχία.

υποκίνηση η, ουσ., το να υποκινεί (βλ. λ.) κανείς κάποιον ή κάτι.

υποκινητής ο, θηλ. **-ήτρια,** ουσ., αυτός που υποκινεί (βλ. λ.).

υποκινώ, -είς, ρ. α. παρακινώ, προτρέπω κάποιον (συνήθως όχι φανερά) να προβεί σε κάποια ενέργεια: *οι στασιαστές -κινήθηκαν από μια ομάδα αξιωματικών·* β. παρακινώντας (συνήθως όχι φανερά) κάνω να προκληθεί κάτι: *εξτρεμιστικά στοιχεία -ούν ταραχές.*

υποκλέπτω, ρ., παρατ. *υπέκλεπτα,* πληθ. *υποκλέπταμε,* αόρ. *υπέκλεψα,* πληθ. *υποκλέψαμε* (λόγ.). 1. κλέβω κρυφά, επιδέξια κάτι: *ο διαχειριστής υπέκλεψε χρήματα της επιχείρησης.* 2. παρακολουθώ τηλεφωνική συνδιάλεξη παράνομα τοποθετώντας κατάλληλο μηχανισμό. 3. (για ηλεκτρικό ρεύμα, νερό, κ.τ.ό.) προμηθεύομαι με απάτη χρησιμοποιώντας το δίκτυο άλλου.

υποκλίνομαι, ρ. 1. κάνω υπόκλιση (βλ. λ.). 2. (μεταφ.) αναγνωρίζω την αξία ή την υπεροχή κάποιου: ~ *μπροστά στο ταλέντο του.*

υπόκλιση η, ουσ., είδος χαιρετισμού (συνηθισμένου παλαιότερα, σήμερα χρησιμοποιούμενου σε ειδικές περιπτώσεις) που εκφράζει σεβασμό και γίνεται με κλίση του κεφαλιού και του κορμιού προς τα εμπρός ή και κάμψη των γονάτων: *ο πρωταγωνιστής έκαμε μια* ~ *προς το κοινό.*

υποκλοπή η, ουσ., το να υποκλέπτει (βλ. λ.) κανείς κάτι: ~ *νερού·* ~ *τηλεφωνικής συνδιάλεξης.*

υποκλυσμός ο, ουσ., κλύσμα (βλ. λ. στη σημασ. β).

υποκόμης ο, ουσ., τίτλος ευγένειας αμέσως κατώτερος από αυτόν του κόμη.

υποκόπανος ο, ουσ., το πίσω πλατύ μέρος από το κοντάκι (βλ. λ.) όπλου.

υποκορίζομαι, ρ. (γραμμ. για ουσ.) επιδέχομαι σχηματισμό υποκοριστικού (λ.χ. η λ. *τραπέζι* μπορεί να σχηματίσει υποκοριστικό *τραπεζάκι*).

υποκορισμός ο, ουσ. (γραμμ.) η παραγωγή υποκοριστικών (βλ. λ.) λέξεων από τις πρωτότυπες (αντ. *μεγέθυνση*).

υποκοριστικό το, ουσ. (γραμμ.) παράγωγη λέξη που παρασταίνει μικρό εκείνο που σημαίνει η πρωτότυπη λέξη· π.χ. *αρνί* → *αρνάκι, όμορφος* → *ομορφούλης* (αντ. *μεγεθυντικό*).

υποκοριστικός, -ή, -ό, επίθ., που αναφέρεται στον υποκορισμό ή τα υποκοριστικά (βλ. λ.): *λέξεις -ές* (αντ. *μεγεθυντικός*).

υπόκοσμος ο, ουσ., ομάδα ανθρώπων του περιθωρίου ή των χαμηλότερων κοινωνικών στρωμάτων που ζει έξω από κοινωνικούς και ηθικούς κανονισμούς και συχνά υποκινεί ή εκτελεί το οργανωμέ-

υποκρίνομαι

νο έγκλημα: *είχε λογαριασμούς με τον -ο και τον έβγαλαν απ' τη μέση· γυναίκα του -όσμου* (= πόρνη)· *λογοτεχνία του -όσμου· στο λιμάνι συχνάζει όλος ο ~.*

υποκρίνομαι, ρ. 1. ενεργώ με τέτοιο τρόπο ώστε να δίνω την εντύπωση στους άλλους ότι είμαι ή πιστεύω κάτι διαφορετικό από την πραγματικότητα: *-εται την καλή, στην πραγματικότητα όμως είναι παμπόνηρη· μην πιστεύεις στην καλοσύνη του, -εται* (συνών. *προσποιούμαι*). 2. (στο αρχ. θέατρο και σήμερα ως όρος) υποδύομαι ρόλο.

υπόκριση η, ουσ. (στο αρχ. θέατρο και σήμερα ως όρος) α. το να υποδύεται ο ηθοποιός ένα ρόλο· β. η τέχνη του ηθοποιού (συνών. *υποκριτική*).

υποκρισία η, ουσ., το να συμπεριφέρεται κάποιος αποκρύπτοντας τον πραγματικό εαυτό του και δίνοντας στους άλλους την εντύπωση πως έχει διαφορετικές σκέψεις και διαφορετικά συναισθήματα από τα πραγματικά, καθώς και αρετές που δεν έχει (συνών. *προσποίηση, φαρισαϊσμός*).

υποκριτής ο, θηλ. **-τρια**, ουσ. 1. αυτός που συστηματικά υποκρίνεται, προσποιείται χαρακτήρα που δεν έχει. 2. (στο αρχ. θέατρο και σήμερα ως όρος) ηθοποιός.

υποκριτικός, -ή, -ό, επίθ. 1. που υποκρίνεται ή γίνεται από υποκρισία, πλαστός, ψεύτικος: *-ό βλέμμα συμπαράστασης· φιλία -ή* (συνών. *προσποιητός·* αντ. *ανυπόκριτος*). 2. που αναφέρεται στην υπόκριση (βλ. λ.): *τέχνη -ή· ικανότητες -ές.* - Το θηλ. ως ουσ. = η τέχνη του ηθοποιού. -Επίρρ. **-ά** και **-ώς**.

υποκρίτρια, βλ. *υποκριτής*.

υπόκρουση η, ουσ., το να συνοδεύεται τραγούδι, απαγγελία, λόγια ή δράση κινηματογραφικού ή θεατρικού έργου με μουσικό όργανο: *μουσική ~ στην ταινία* (συνών. *ακομπανιάρισμα, ακομπανιαμέντο*).

υποκρούω, ρ., συνοδεύω με μουσικό όργανο τραγούδι, απαγγελία, λόγια ή δράση κινηματογραφικού ή θεατρικού έργου (συνών. *ακομπανιάρω*).

υποκρύπτω, ρ. (λόγ.), αποκρύπτω, κρύβω: *το εγχείρημά του -ει κινδύνους.*

υποκύανος, -η, -ο, επίθ. (λόγ.), που έχει χρώμα σχεδόν γαλάζιο.

υποκύπτω, ρ., παρατ. *υπέκυπτα*, πληθ. *υποκύπταμε*, αόρ. *υπέκυψα*, πληθ. *υποκύψαμε.* 1. υποχωρώ σε κάτι ή υποτάσσομαι σε κάποιον θεληματικά ή αναγκαστικά: *-ουν στις διαταγές του βασιλιά· δεν -υψε στις ορέξεις του.* 2. πεθαίνω ύστερα από αρρώστια ή τραυματισμό: *-υψε στα τραύματά του· ο τραυματίας -υψε ενώ τον μετέφεραν στο νοσοκομείο·* φρ. *~ στο μοιραίο* (= πεθαίνω).

υπόκωφος, -η, -ο, επίθ. (για ήχο) που έρχεται από βαθιά, που δεν ακούγεται πολύ καθαρά, αλλά πνιγμένα: *γδούπος ~· χτύπημα της πόρτας -ο·* (μεταφ.) *διεργασία -η.*

υπόλειμμα το, ουσ., ό,τι μένει από κάτι ως υπόλοιπο (συνήθως ασήμαντο ή μικρό), απομεινάρι: *~ φαγητού* (= αποφάγι)· *~ όγκου μετά την εγχείρηση· -ατα της προηγούμενης πολιτικής τακτικής· -ατα αρχαίων πολιτισμών* (= κατάλοιπα).

υπολειμματικός, -ή, -ό, επίθ., που ανήκει ή αναφέρεται στο υπόλειμμα· (βιολ.) *όργανα -ά* = υπολείμματα οργάνων που εκφυλίστηκαν, γιατί έπαψαν να χρησιμοποιούνται (π.χ. η σκωληκοειδής απόφυση).

υπολείπομαι, ρ. 1. (σπανιότ.) υστερώ. 2. απομένω από κάτι ως υπόλοιπο: *-ονται μόνο χίλιες δραχμές για να συμπληρωθεί το ποσό.*

υπολειτουργία η, ουσ., η ενέργεια και το αποτέλεσμα του υπολειτουργώ (βλ. λ.): *~ των τραπεζικών καταστημάτων κατά τη διάρκεια της απεργίας· ~ των δημόσιων υπηρεσιών·* (ανατομ.) *~ αδένων* (= παραγωγή ορμόνης μικρότερη από το φυσιολογικό).

υπολειτουργώ, ρ., δε λειτουργώ σωστά, αλλά με ατέλειες εξαιτίας αντικειμενικών παραγόντων: *η υπηρεσία -εί από έλλειψη επαρκούς προσωπικού.*

υπόλευκος, -η, -ο, επίθ. (λόγ.), που το χρώμα του είναι σχεδόν άσπρο (συνών. *ασπρουλός*).

υπολήπτομαι, ρ. (λόγ.) έχω κάποιον σε υπόληψη, τον εκτιμώ για το χαρακτήρα και την προσωπικότητά του: *όλη η κοινωνία τον -εται.*

υπόληψη η, ουσ. α. εκτίμηση και σεβασμός που αισθάνεται κανείς για κάποιον άλλο, για την προσωπικότητά του, τις ικανότητες ή την κοινωνική του θέση: *έχω κάποιον σε μεγάλη ~· δεν είχε σε ~ τους γείτονές του.* β. φήμη που κερδίζει κάποιος ή κάτι για τα ιδιαίτερα προσόντα του: *το πανεπιστήμιο όπου φοίτησε είχε μεγάλη ~· θίχτηκε η ~ της υπηρεσίας μας* (αντ. στις σημασ. α και β *ανυπολη*γία).

υπολογίζω, ρ. 1. κάνω λογαριασμούς, μετρώ: *~ τα έξοδα του μήνα· ~ τα κέρδη και τις ζημίες* (συνών. *λογαριάζω*). 2. προσδιορίζω (κατά προσέγγιση) με υπολογισμούς: *~ τα άτομα της συγκέντρωσης· η ζημία -εται σε μισό εκατομμύριο δραχμές· δεν -ισα καλά την ώρα και καθυστέρησα.* 3. σκέφτομαι, λαμβάνω υπόψη: *-ει κάθε του λόγο· -ιζε πως δε θα ενοχλούσε κανέναν η παρουσία του* (συνών. *λογαριάζω*). 4. έχω πρόθεση να κάνω κάτι, σχεδιάζω, σκοπεύω: *-ιζα να φύγω πιο αργά· -ουμε να κάνουμε ένα ταξίδι το καλοκαίρι* (συνών. *λογαριάζω*). 5. θεωρώ κάποιον ή κάτι σπουδαίο, εκτιμώ, σέβομαι: *δεν τον -ουν ούτε τα παιδιά του· τον -ουν όλοι στην αγορά* (= α. τον εκτιμούν· β. έχει δύναμη) (συνών. *υπολήπτομαι*). 6. βασίζομαι σε κάποιον ή κάτι: *~ στη βοήθεια του πατέρα μου/στους φίλους μου.* 7. εικάζω, προσδοκώ: *~ ότι θα βρίσκονται εδώ ως το τέλος του μήνα.* Φρ. *δεν -ει κανέναν/τίποτε προκειμένου να ...* (= δε φοβάται ή δε λαμβάνει υπόψη του κανένα ή τίποτε): *δεν -ει τίποτε προκειμένου να πετύχει το σκοπό του.* - Η μτχ. παρκ. **-σμένος** = 1. που έχει υπολογιστεί. 2. που γίνεται με υπολογισμό (βλ. λ. στη σημασ. 2): *-ισμένες ενέργειες· -ισμένη προσφορά βοήθειας.* - Επίρρ. **-ισμένα** = με υπολογισμό.

υπολογίσιμος, -η, -ο, επίθ. 1. που μπορεί να υπολογιστεί. 2. (συνήθως μεταφ.) αρκετά μεγάλος ή σημαντικός: *απόσταση -η· έσοδα -α.*

υπολογισμένα, βλ. *υπολογίζω*.

υπολογισμός ο, ουσ. 1α. εκτέλεση μαθηματικής πράξης, αρίθμηση: *έκανα λάθος στον -ό* (συνών. *λογαριασμός*)· β. εκτίμηση ποσότητας, κ.τ.ό., λογαριασμός: *σύμφωνα με τους -ούς μου η απόσταση είναι μεγαλύτερη από 20 χιλιόμετρα.* 2. (μεταφ.) ιδιοτελής σκέψη: *ενεργεί πάντα με -ό και υστεροβουλία.*

υπολογιστής ο, Ι. θηλ. **-ίστρια**, ουσ. 1. άνθρωπος που σκέφτεται και ενεργεί πάντα με υπολογισμό (βλ. λ. στη σημασ. 2), με βάση μόνο το συμφέρον του: *ήταν ιδιοτελής και ~, μόνο για το κέρδος του ενδιαφερόταν.* 2. άνθρωπος που κάνει υπολογι-

σμούς στο πλαίσιο του επαγγέλματός του.
υπολογιστής ο, II. ουσ., *ηλεκτρονικός* ~ = ηλεκτρονική μηχανή σε διάφορα μεγέθη που μπορεί να κάνει υπολογισμούς, κάθε λογής συνδυασμούς, να αποθηκεύει στη μνήμη της στοιχεία και να ελέγχει την ορθότητα πληροφοριών σύμφωνα με ειδικά προγράμματα που εισάγει σ' αυτή με δισκέτες ειδικός χειριστής: *ηλεκτρονικός ~ με εκτυπωτή· προγραμματιστής -ή· η εγχείρηση έγινε με την καθοδήγηση -ή· τηλεόραση με -ή* (προτιμούμε την έκφρ. αντί του συνών. *κομπιούτερ*).
υπολογιστικός, -ή, -ό, επίθ., που ανήκει ή αναφέρεται στον υπολογισμό (βλ. λ.) ή τον υπολογιστή (βλ. λ. I και II): *ηλεκτρονικά -ά συστήματα.* - Επίρρ. **-ά**: *σκέφτεται πάντα -ά* (= υστερόβουλα).
υπολογιστολόγος ο, ουσ. (νεολογ.) ειδικός ερευνητής για τη λειτουργία των ηλεκτρονικών υπολογιστών.
υπολογίστρια, βλ. *υπολογιστής I*.
υπόλογος, -η, -ό, επίθ., που ως υπεύθυνος μιας ενέργειας πρέπει να λογοδοτήσει: *οι συνένοχοι στα σκάνδαλα είναι -οι μπρος στον ελληνικό λαό· ~ απέναντι στη δικαιοσύνη*.
υπόλοιπο το, ουσ., μόνο στον εν. **1.** ό,τι απομένει, περισσεύει από ένα σύνολο: *το ~ των χρημάτων θα το μοιραστούμε* (= τα υπόλοιπα χρήματα). **2.** (μαθημ.) το αποτέλεσμα της πράξης της αφαίρεσης (συνών. *διαφορά*). **3.** (λογιστ.) ποσό που απομένει ύστερα από κλείσιμο λογαριασμού: *κατά τον ισολογισμό της εταιρείας παρουσιάστηκε ~.*
υπόλοιπος, -η, -ο, επίθ., που υπολείπεται, που απομένει ως υπόλοιπο, που περισσεύει: *τα -α χρήματα θα διατεθούν για φιλανθρωπικούς σκοπούς· για τα -α θέματα θα βρεθεί λύση· οι -ες δημοσιογραφικές πηγές δεν ανέφεραν τίποτε για το θέμα·* (ως ουσ.) *που πήγαν οι -οι της παρέας;*
υπολοχαγός ο, ουσ. (στρατ.) αξιωματικός του στρατού ξηράς κατά ένα βαθμό κατώτερος από το λοχαγό.
υπομάλης, επίρρ., κάτω από τη μασχάλη, παραμάσχαλα: *πήρε τα βιβλία ~ κι έφυγε.* [αρχ. έκφρ. *υπό μάλης*].
υπομένω, ρ., παρατ. υπέμενα, πληθ. υπομέναμε, αόρ. υπέμεινα, πληθ. υπομείναμε, ανέχομαι, δέχομαι κάτι (κακό) με υπομονή, είμαι καρτερικός: *μπορεί να -μείνει κάθε ταλαιπωρία· υπέμενε όλα τα δεινά, το θάνατο της κόρης της όμως δεν μπόρεσε να τον αντέξει* (συνών. *υποφέρω, αντέχω*).
υπομηχανικός ο, ουσ. **α.** βοηθός μηχανικού· **β.** επιστήμονας και τεχνικός συνάμα που οι σπουδές του είναι κατώτερες του μηχανικού: *~ του «μικρού πολυτεχνείου»· τη μελέτη και την επίβλεψη του έργου ανέλαβαν δύο -οί*.
υπομίσθωμα το, ουσ. (νομ.) το χρηματικό ποσό που καταβάλλεται σε τακτά χρονικά διαστήματα ως αντίτιμο υπομίσθωσης.
υπομισθώνω, ρ. (νομ.) προσφέρω για ενοικίαση κτήμα, διαμέρισμα ή άλλο ακίνητο που έχω νοικιάσει εγώ από αρχικό εκμισθωτή: *~ σε τρίτους δωμάτια του διαμερίσματος που έχω μισθώσει* (συνών. *υπεκμισθώνω, υπενοικιάζω*).
υπομίσθωση η, ουσ. (νομ.) το να υπομισθώνει (βλ. λ.) κανείς ακίνητο: *δικαίωμα/απαγόρευση -ης* (συνών. *υπεκμίσθωση, υπενοικίαση*).
υπομισθωτής ο, θηλ. **-ώτρια**, ουσ. (νομ.) αυτός που εκμισθώνει (βλ. λ.) ακίνητο που έχει μισθώσει από άλλον (συνών. *υπεκμισθωτής, υπενοικιαστής*).
υπόμνημα το, ουσ. **1α.** (υπηρεσιακή γλώσσα) κείμενο όπου εκθέτει κανείς στοιχεία ή απόψεις για συγκεκριμένο θέμα και που υποβάλλεται συνήθως σε κάποια αρχή: *υποβάλλω/καταθέτω ~· ~ προς τη Φιλοσοφική Σχολή* / (νομ.) *~ απολογητικό·* **β.** (διεθνές δίκ.) διπλωματικό έγγραφο που περιέχει τα επιχειρήματα στα οποία βασίζουν οι αντιπρόσωποι ενός κράτους τις διεκδικήσεις τους σε διαπραγματεύσεις. **2.** (φιλολ.) **α.** σύνολο εξηγήσεων και σχολίων στο κείμενο ενός συγγραφέα: *~ ιστορικό στον Ηρόδοτο· -ήματα μεσαιωνικά στον Αριστοτέλη·* **β.** (ειδικά) κριτικό ~ = τμήμα κριτικής έκδοσης παλαιότερου κειμένου που έχει σκοπό να πληροφορήσει τον αναγνώστη κυρίως ποια τμήματα του κειμένου στηρίζονται σε διόρθωση και ποια θεωρούνται αμφίβολα, για ποια υπάρχουν διαφορές σε χειρόγραφα ή άλλες εκδόσεις και τι προτείνουν γι' αυτά άλλοι μελετητές. **3.** (γενικά) σύνολο επεξηγηματικών σημειώσεων: *~ ενός χάρτη.*
υπομνηματίζω, ρ. (φιλολ.) καταρτίζω υπόμνημα για το έργο ενός συγγραφέα (πβ. *σχολιάζω*). - Η μτχ. παρκ. ως επίθ. = που συνοδεύεται από υπόμνημα: *έκδοση του έργου του Παυσανία -ισμένη.*
υπομνηματισμός ο, ουσ., το να υπομνηματίζει κανείς το έργο ενός συγγραφέα: *~ διεξοδικός* (πβ. *σχολιασμός*).
υπομνηματιστής ο, θηλ. **-ίστρια**, ουσ., μελετητής του έργου παλαιότερου συγγραφέα που το έχει υπομνηματίσει: *-ές του Αριστοτέλη* (πβ. *σχολιαστής*).
υπόμνηση η, ουσ. (λόγ.), υπενθύμιση (βλ. λ.).
υπομνηστικός, -ή, -ό, επίθ. (λόγ.), που χρησιμεύει για να υπενθυμίσει κάτι: *σημείωμα -ό.*
υπομοίραρχος ο, ουσ. (παλαιότερα) αξιωματικός της χωροφυλακής με βαθμό αμέσως κατώτερο από του μοιράρχου.
υπομονετικός, -ή, -ό, επίθ. **α.** που τον χαρακτηρίζει υπομονή (συνών. *καρτερικός*)· **β.** ανεκτικός· **γ.** που περιμένει κάτι χωρίς να δυσφορεί ή να απελπίζεται για την καθυστέρηση. - Επίρρ. **-ά**.
υπομονεύω, ρ. (ιδιωμ.), (κυρ. σε αρνηση.) κάνω υπομονή: *φτωχός ήταν, μα -νταν* (Καζαντζάκης).
υπομονή η, ουσ. (χωρίς πληθ.). **1α.** το να υπομένει κάποιος κάτι δυσάρεστο, θλιβερό, οδυνηρό που του συμβαίνει χωρίς να στενοχωρείται ή να διαμαρτύρεται: *~ άπειρη/γαϊδουρινή· δοκιμάζω την ~ κάποιου· ~ ιώβεια* (συνών. *αντοχή, καρτερία*)· **β.** ανεκτικότητα: *η ~ μου έχει όρια.* **2.** το να μπορεί κανείς να παραμένει ήρεμος περιμένοντας κάποιον ή κάτι που αργεί να έρθει ή κάνοντας κάτι δύσκολο ή ανιαρό: *κάνε λιγάκι ~ όσο να ετοιμαστεί το φαγητό· ο δάσκαλος με ~ εξήγησε για δέκατη φορά τον κανόνα· είναι εξαιρετική ταινία, αρκεί να έχεις την ~ να τη δεις ως το τέλος* (αντ. *ανυπομονησία*).
υπομόχλιο το, ουσ. (ασυνίζ.), (φυσ.) το σημείο στήριξης ενός μοχλού.
υποναύαρχος ο, ουσ. (στρατ.) βαθμός ανώτατου αξιωματικού του ναυτικού, αντίστοιχος με του υποστρατήγου του στρατού ξηράς.
υπόνοια η, ουσ. (ασυνίζ.), γνώμη που σχηματίζει κανείς για κάτι κακό από ορισμένα αντικειμενικά δεδομένα, από ενδείξεις, χωρίς όμως να υπάρχουν οι αποδείξεις που να το βεβαιώνουν: *τον συνέλα-*

βαν, επειδή είχαν εις βάρος του -ες για τρομοκρατική δράση· ~ αδικαιολόγητη (συνών. υποψία)· φρ. έχω την ~ ότι... (= υποπτεύομαι, υποψιάζομαι).
υπονόμευση η, ουσ., το να υπονομεύει (βλ. λ. 1α.) κανείς κάτι ή κάποιον: ~ της σιδηροδρομικής σήραγγας / (μεταφ.) της εισοδηματικής πολιτικής.
υπονομευτής ο, θηλ. **-τρια**, ουσ., αυτός που ενεργεί με δόλο για να βλάψει κάποιον: -ές των εθνικών συμφερόντων.
υπονομευτικός, -ή, -ό, επίθ., που αναφέρεται στην υπονόμευση (κυρίως μεταφ.) ή που την έχει για σκοπό: ενέργειες -ές· σχόλια -ά. - Επίρρ. **-ά**: έδρασε -ά.
υπονομεύτρια, βλ. υπονομευτής.
υπονομεύω, ρ. **1α.** (στρατ. - τεχν.) σκάβω στοά ή τρύπα κάτω από την επιφάνεια του εδάφους, όπου τοποθετώ εκρηκτικές ύλες, για να προκαλέσω με αυτές την ανατίναξη οχυρού ή μάζας πετρωμάτων: οι Τούρκοι -όμευαν τους προμαχώνες του Χάντακα· **β.** (στρατ., γενικά) τοποθετώ εκρηκτικές ύλες σε κάτι για να το καταστρέψω ή για να βλάψω τον εχθρό: η γέφυρα ήταν -ευμένη· ~ το έδαφος (πβ. ναρκοθετώ). **2.** (μεταφ.) ενεργώ με τρόπο κρυφό, δόλιο ή έμμεσο για να προκαλέσω βλάβη, ανατροπή, αλλαγή: ενέργεια της αντιπολίτευσης που -ει την ενότητα απόψεων στην κυβέρνηση.
υπόνομος ο, ουσ. **1.** υπόγειος σωλήνας ή στοά για αποχέτευση: δίκτυο -όμων. **2.** (λόγ. - στρατ.) στοά ή τρύπα σε μάζα πετρώματος για την τοποθέτηση εκρηκτικής ύλης (συνών. λαγούμι, φουρνέλο).
υπονοούμενο το, ουσ., λόγος με διφορούμενο, συγκαλυμμένο και έμμεσο αντιληπτό νόημα, συχνά εις βάρος κάποιου: ~ δηκτικό / χυδαίο· άσε τα -α και πες μου ποιοι με κατηγορούν (συνών. υπαινιγμός).
υπονοώ, ρ. **1α.** σημαίνω με έμμεσο ή συγκαλυμμένο τρόπο: η διατύπωση του σχολίου -εί την εγκατάλειψη ορισμένων ακραίων θέσεων (συνών. υποδηλώνω)· **β.** (μέσ., τριτοπρός. συνήθως στον ενεστ.) γίνεται νοητό χωρίς να αναφέρεται ρητά (συνών. εξυπακούεται). **2.** εκφράζω κάτι συγκαλυμμένα θέλοντας να γίνει αντιληπτό ή νοητό κάτι άλλο (συνών. υπαινίσσομαι).
υπονωματάρχης, βλ. υπενωμοτάρχης.
υπόξινος, -η, -ο, επίθ. (λόγ.), κάπως ξινός (κοιν. ξινούτσικος).
υποπερίοδος η, ουσ. (γεωλ.) χρονικό διάστημα της προϊστορίας της Γης, τμήμα μιας γεωλογικής περιόδου.
υπόπικρος, -η, -ο, επίθ. (λόγ.), κάπως πικρός, πικρούτσικος (αντ. υπόγλυκος).
υποπίπτω, ρ., παρατ. υπέπιπτα, πληθ. υποπίπταμε, αόρ. υπέπεσα, πληθ. υποπέσαμε, πέφτω σε... συνήθως στον αόρ., στις φρ. ~ σε παράπτωμα / σφάλμα (= διαπράττω μάλλον ακούσια)· ~ στην αντίληψη κάποιου (= γίνομαι αντιληπτός).
υποπλοίαρχος ο, ουσ. **1.** (ναυτ.) αξιωματικός εμπορικού πλοίου αμέσως μετά τον πλοίαρχο, βοηθός και αναπληρωτής του πλοιάρχου. **2.** (στρατ.) βαθμός αξιωματικού του πολεμικού ναυτικού, αντίστοιχος με του λοχαγού του στρατού ξηράς.
υποπόδιο το, ουσ. (ασυνίζ.), χαμηλό κατασκεύασμα, συνήθως ξύλινο, που πατά κανείς τα πόδια του όταν κάθεται, για να μην κουράζεται: ~ μπροστά στο θρόνο.
υποπολλαπλάσιο το, ουσ. (ασυνίζ.), (μαθημ.) το πηλίκο από τη διαίρεση ενός αριθμού με κάποιον από τους διαιρέτες του: το 6 είναι ~ του 30 (αντ. πολλαπλάσιο).
υποπρακτορείο το, ουσ., παράρτημα κεντρικού πρακτορείου: ~ περιοδικού τύπου.
υποπροϊόν το, ουσ. (ασυνίζ.). **α.** προϊόν που παράγεται κατά την κατασκευή άλλου προϊόντος με μικρότερη σημασία από αυτό: η πίσσα είναι ~ της παρασκευής του φωταερίου· -ντα του ξύλου (συνών. παραπροϊόν)· **β.** (μεταφ.) κακή απομίμηση: -ντα του ρομαντισμού.
υποπροξενείο το, ουσ., προξενείο με μικρότερη σημασία.
υποπρόξενος ο, ουσ., προξενικός υπάλληλος κατώτερος από τον πρόξενο.
υποπτέραρχος ο, ουσ. (στρατ.) βαθμός ανώτατου αξιωματικού της αεροπορίας αντίστοιχος με του υποστρατήγου του στρατού ξηράς.
υποπτεύομαι, ρ., αόρ. -εύθηκα, έχω υπόνοια, υποψία, θεωρώ κάποιον ύποπτο: ~ ότι ο Α συνεργάζεται με τους ανταγωνιστές μας· ο Β ήταν ο πρώτος που -θηκα για το φόνο (συνών. υποψιάζομαι).
ύποπτος, -η, -ο, επίθ. **1.** (για πρόσωπο) που δεν μπορεί κάποιος να του έχει εμπιστοσύνη, που είναι πιθανό να έκανε ή να σκοπεύει να κάνει κάτι κακό: συνεργάζεται με -α άτομα· παρέες -ες· (συνεκδοχικά) παρατήρησα -ες κινήσεις· μέρη -α (= όπου μπορεί να συμβούν αξιοκατάκριτες πράξεις). **2.** για κάτι που δεν μπορεί να θεωρηθεί γνήσιο, ειλικρινές ή αληθινό, που προκαλεί υποψίες: ενδιαφέρον -ο· κρέατα -ης ποιότητας (= αμφίβολης). - Το αρσ. ως ουσ. = άτομο το οποίο υπάρχουν υποψίες ότι διέπραξε αξιόποινη πράξη: η αστυνομία τον συνέλαβε ως -ο για τη ληστεία· έρευνες στα σπίτια -όπτων.
υπόρριζο το, ουσ., αριθμός ή αλγεβρική παράσταση που βρίσκεται κάτω από το σύμβολο της ρίζας.
υπόσαγμα το, ουσ. (λόγ.), χοντρό μάλλινο ύφασμα που τοποθετείται κάτω από το σαμάρι ή τη σέλα, πάνω στη ράχη του ζώου (συνών. κετσές).
υποσελίδιος, -α, -ο, επίθ. (ασυνίζ., λόγ.), (για σημείωση, σχόλιο, κ.τ.ό.) που βρίσκεται στο κάτω μέρος της σελίδας και ξεχωρίζει από το κύριο γραμμένο ή τυπωμένο κείμενο: παρατηρήσεις -ες.
υποσημειώνω, ρ. (ασυνίζ.), γράφω υποσημείωση.
υποσημείωση η, ουσ., υποσελίδια (βλ. λ.) σημείωση με πρόσθετες πληροφορίες που χρησιμεύουν για την καλύτερη κατανόηση ενός κειμένου: ~ εκτενής· παραπομπή σε ~ (πβ. σημείωση).
υποσιτίζω, ρ. **I.** (ενεργ.) χορηγώ σε κάποιον τροφή λιγότερη από όση χρειάζεται ο οργανισμός του. **II.** (μέσ.) τρέφομαι ανεπαρκώς: -ισμένα παιδιά της Αφρικής.
υποσιτισμός ο, ουσ., κατάσταση του ανθρώπινου οργανισμού στην οποία στερείται ενμέρει ή ολικά τις θρεπτικές ουσίες που χρειάζεται για να συντηρηθεί και να αναπτυχθεί: οξεία μορφή -ού (= λιμός)· ~ ποσοτικός / ποιοτικός.
υποσκάπτω, ρ., παρατ. υπέσκαπτα, πληθ. υποσκάπταμε, αόρ. υπέσκαψα, πληθ. υποσκάψαμε (κυριολεκτικά «σκάβω αποκάτω», σήμερα μόνο μεταφ.) φθείρω κάποιον ή κάτι με συνεχή ενέργεια ή προσπάθεια που δε γίνεται γρήγορα ή άμεσα αντιληπτή: οι έριδες -ουν τα θεμέλια της δημοκρατίας· οι κακουχίες υπέσκαψαν την υγεία του· -εται η τοπική αυτοδιοίκηση με την ανάμιξη των

κομμάτων (συνών. *υπονομεύω* στη σημασ. 2).
υποσκελίζω, ρ., υπερισχύω έναντι κάποιου με πλάγια μέσα, παραγκωνίζω κάποιον: *έγινε διευθυντής -οντας αρχαιότερους υπαλλήλους.*
υποσκελισμός ο, ουσ., το να υποσκελίζει κανείς κάποιον άλλον, παραγκωνισμός.
υπό σκιάν· λόγ. έκφρ. = κάτω από σκιά, σε σκιερό μέρος: *η θερμοκρασία είναι 40 βαθμοί ~.*
υποσμηναγός ο, ουσ. (στρατ.) βαθμός αξιωματικού της αεροπορίας αντίστοιχος με του υπολοχαγού του στρατού ξηράς.
υποσμηνίας ο, ουσ. (στρατ.) υπαξιωματικός της αεροπορίας αμέσως κατώτερος από το σμηνία.
υποστάθμη η, ουσ., αδιάλυτα συστατικά υγρού που κατακαθίζουν στον πυθμένα του δοχείου (συνών. *κατακάθι, ίζημα*). Έκφρ. *άνθρωπος κατώτατης -ης* = φαύλος, ανέντιμος.
υποσταθμός ο, ουσ., σταθμός κατώτερης σημασίας, που υπάγεται σε κάποιο κεντρικό: *~ παροχής ηλεκτρικού ρεύματος.*
υπόσταση η, ουσ. α. (για το άτομο) το να έχει πραγματική οντότητα: *αυτός ο άνθρωπος δεν έχει ~· είναι χωρίς ~* (= είναι ασήμαντος) (συνών. *οντότητα*)· β. βάση, αλήθεια: *αυτές οι κατηγορίες δεν έχουν ~.*
υποστασιακός, -ή, -ό, επίθ. (ασυνίζ.), που σχετίζεται με την υπόσταση.
υποστατικό και (λαϊκ.) **ποστατικό** το, ουσ., αγροτικό κτήμα: *ο επιστάτης του -ού.*
υπόστεγο το, ουσ., μικρός χώρος στο ύπαιθρο που έχει στέγη, αλλά είναι ανοικτός στα πλάγια: *στάθηκαν κάτω από το ~ για να προφυλαχθούν από τη βροχή· ~ της βεράντας.*
υποστέλλω, ρ., παρατ. *υπέστελλα,* πληθ. *υποστέλλαμε,* αόρ. *υπέστειλα,* πληθ. *υποστείλαμε* (λόγ.), (συνήθως για τη σημαία) κατεβάζω (αντ. *αναρτώ, υψώνω*).
υποστήριγμα το, ουσ., κάτι που στηρίζει κάτι άλλο από κάτω (συνών. *υπόβαθρο*).
υποστηρίζω, ρ. 1. τοποθετώ στήριγμα κάτω από κάτι: *~ ένα πρόστεγο.* 2. (μεταφ. με αντικ. πρόσ.) ενισχύω, βοηθώ (με οποιονδήποτε τρόπο): *με -ιζε όταν είχα ανάγκη* (συνών. *συντρέχω*). 3. είμαι οπαδός ορισμένης θεωρίας, παράταξης (πολιτικής ή άλλης): *~ τους δημοκρατικούς θεσμούς· το συντηρητικό κόμμα.* 4. ισχυρίζομαι: *-ει ότι θα πετύχει το στόχο του / ότι λέει την αλήθεια.*
υποστηρικτής ο, θηλ. **-τρια,** ουσ., αυτός που υποστηρίζει (βλ. λ. στις σημασ. 2, 3): *-ές του κόμματος* (= οπαδοί).
υποστήριξη η, ουσ. 1. στήριξη από κάτω: *~ ενός προστέγου.* 2. (μεταφ.) παροχή βοήθειας κάθε είδους: *οικονομική ~* (συνών. *ενίσχυση, συνδρομή*).
υποστολή η, ουσ. (ιδίως για πανιά πλοίων ή σημαίες) κατέβασμα (αντ. *ανάρτηση*).
υποστράτηγος ο, ουσ. (στρατ.) ανώτατος αξιωματικός του στρατού αμέσως κατώτερος από τον αντιστράτηγο.
υπόστροφος, -η, -ο, επίθ. (σε ιατρ. χρήση) για αρρώστια που ξαναγυρίζει: *~ πυρετός.*
υπόστρωμα το, ουσ. 1. ό,τι στρώνεται αποκάτω (συνών. *στρωσίδι*). 2. στρώμα γης που βρίσκεται κάτω από την καλλιεργήσιμη (συνών. *υπέδαφος*). 3. δάπεδο στρωμένο με διακοσμητικά στοιχεία: *οι ψηφίδες του ψηφιδωτού αποκολλήθηκαν από το ~.* 4. (μεταφ.) βάση, υπόβαθρο: *κοινωνικό ~*

(βιολ.) *θρεπτικό ~* (= θρεπτικό υλικό για την ανάπτυξη οργανισμού).
υπόστυλο το, ουσ., στοά συγκροτούμενη από κίονες.
υποστύλωμα το, ουσ., υποστήριγμα με στύλους.
υποστυλώνω, ρ., στηρίζω κάτι τοποθετώντας στύλους αποκάτω.
υποστύλωση η, ουσ., στήριξη με στύλους: *~ παλαιού κτηρίου κατά την αναπαλαίωσή του με σκαλωσιά.*
υποσυνείδητα, βλ. *υποσυνείδητος.*
υποσυνείδητο το, ουσ. (ψυχ.) ασαφής και σκοτεινός χώρος της συνείδησης με απωθημένες αναμνήσεις και επιθυμίες που επανερχόμενες στη συνείδηση επηρεάζουν την ανθρώπινη συμπεριφορά.
υποσυνείδητος, -η, -ο, επίθ. 1. που γίνεται χωρίς να το αντιλαμβάνεται σαφώς εκείνος που το λέει ή το πράττει. 2. που ανήκει στο υποσυνείδητο ή σχετίζεται μ' αυτό. - Επίρρ. **-α.**
υποσυνομοταξία η, ουσ., υποδιαίρεση συνομοταξίας.
υπόσχεση η, ουσ. 1. διαβεβαίωση κάποιου ότι θα εκτελέσει κάτι (συνών. *τάξιμο*). 2. καθετί που υπόσχεται κάποιος: *δεν κράτησες την -ή σου· αθέτηση -ης.*
υποσχετικό το, ουσ., έγγραφο με το οποίο κάποιος αναλαμβάνει την υποχρέωση να εκτελέσει κάτι: *~ οφειλέτη.*
υπόσχομαι, ρ. 1. διαβεβαιώνω ότι θα πράξω κάτι: *~ να σου βρω δουλειά* (συνών. *τάζω*). 2. δίνω ελπίδες σε κάποιον: *ο κάθε πολιτικός -εται πολλά.*
υποταγή η, ουσ. 1. (υποδούλωση: *~ της αρχαίας Ελλάδας στους Ρωμαίους.* 2. υπακοή, εκούσια συγκατάθεση: *~ στο Σύνταγμα.*
υποτάζω, ρ. (λαϊκ.), αποκτώ ικανότητα στην επαγγελματική κατεργασία αντικειμένου: *εκεί ... που αρχίζεις να νογάς από δουλειά και -εις το ξύλο, εκεί σε ξεσηκώνουνε και σε στέλνουν στην κουβέρτα* (Μπαστιάς). - Βλ. και *υποτάσσω.*
υποτακτική η, ουσ. (γραμμ.) ρηματική έγκλιση που παριστάνει αυτό που σημαίνει το ρήμα σαν κάτι που θέλουμε ή περιμένουμε να γίνει π.χ. *ας παίξουμε· να φύγεις!*
υποτακτικός, -ή, -ό, επίθ. (γραμμ.) που ανήκει ή αναφέρεται στην υπόταξη (βλ. λ.): *-ή σύνδεση προτάσεων.* - Το αρσ. ως ουσ. 1. αυτός που εκτελεί τις επιθυμίες τρίτου. 2. άνθρωπος υπάκουος. 3. (παλαιότερα) χαρακτηρισμός των ατόμων των εξαρτημένων οικονομικά από μεγαλοκτηματία.
υπόταξη η, ουσ. 1. το να είναι κανείς υποταγμένος σε άλλον (συνών. *υποταγή*). 2. (γραμμ.) σύνταξη με δευτερεύουσες προτάσεις που εξαρτώνται από κύριες (αντ. *παράταξη*).
υπόταση η, ουσ. (ιατρ.) πτώση της αρτηριακής πίεσης του αίματος κάτω από την κανονική (αντ. *υπέρταση*).
υποτασικός, -ή, -ό, επίθ., που σχετίζεται με την υπόταση. - Το αρσ. και το θηλ. ως ουσ. = αυτός που πάσχει από υπόταση (βλ. λ.).
υποτάσσω, ρ., παρατ. *υπέτασσα,* πληθ. *υποτάσσαμε,* αόρ. *υπέταξα,* πληθ. *υποτάξαμε,* μτχ. παρκ. *-ταγμένος.* 1. ενεργ. 1. επιβάλλω σε κάποιον την εξουσία ή τις διαταγές μου (κυρίως για στρατιωτικές δυνάμεις και για χώρες): *ο Μ. Αλέξανδρος υπέταξε την Ανατολή· η Γερμανία υπέταξε σχεδόν όλη την Ευρώπη κατά το Β΄ παγκόσμιο πό-*

υποτείνουσα 1416

λεμο· (παθ.) *λαός -ταγμένος* (= υποδουλωμένος)· (μεταφ.) *ορισμένα ελληνικά ιπποτικά μυθιστορήματα είναι -ταγμένα στη φραγκική επίδραση* (συνών. *υποδουλώνω*). **2.** (παθ.) υπακούω, πείθομαι σε κάτι, επειδή δεν μπορώ να αντισταθώ: *-ομαι στο Θεό / στη μοίρα.* **II.** (μέσ.) (γραμμ., για δευτερεύουσα πρόταση) εξαρτώμαι από την κύρια, συνδέομαι με υπόταξη (βλ. λ.). - Βλ. και *υποτάζω.*
υποτείνουσα η, ουσ. (γεωμ.) η πλευρά ορθογωνίου τριγώνου που βρίσκεται απέναντι στην ορθή γωνία.
υποτέλεια η, ουσ. (ασυνίζ.), το να είναι κάποιος (ή κάτι) υποτελής (βλ. λ.) (αντ. *ανεξαρτησία*).
υποτελής, -ής, -ές, γεν. *-ούς,* πληθ. αρσ. και θηλ. *-είς,* ουδ. *-ή,* ουσ. **1.** αυτός που υπόκειται σε φορολογία: *φόρου* ~. **2.** αυτός που βρίσκεται κάτω από την κυριαρχία άλλου (συνών. *υπόδουλος·* αντ. *ανεξάρτητος*).
υπό την αιγίδα· λόγ. έκφρ. = κάτω από την προστασία, με την προστασία: *εκδήλωση* ~ *του υπουργείου πολιτισμού.*
υποτίμηση η, ουσ. **1.** η μείωση της τιμής, της αξίας ενός πράγματος: ~ *του πετρελαίου* (αντ. *ανατίμηση, υπερτίμηση*). **2.** (οικον.) ~ *εθνικού νομίσματος* = ο καθορισμός από το κράτος της τιμής του εθνικού νομίσματος πιο κάτω από το επίπεδο στο οποίο βρισκόταν σε σχέση με τα νομίσματα άλλων κρατών: *φέτος έγινε δύο φορές* ~ *της δραχμής.* **3.** η εκτίμηση κάποιου ατόμου ή πράγματος κάτω από την πραγματική του αξία: ~ *του κινδύνου.*
υποτιμώ, -άς, ρ. **1.** μειώνω την τιμή, την αξία ενός πράγματος, το πουλώ φτηνότερα: *-ήθηκαν τα φρούτα στην αγορά* (αντ. *ανατιμώ, υπερτιμώ*). **2.** εκτιμώ κάποιον ή κάτι πιο κάτω από την πραγματική του αξία: *-ησε τον αντίπαλό του και έχασε· -ά τις δυσκολίες που θα συναντήσει* (αντ. *υπερτιμώ*).
υπότιτλος ο, ουσ. **1.** ο δευτερεύων τίτλος που αναγράφεται κάτω από το βασικό τίτλο ενός δημοσιεύματος. **2.** (στον πληθ.) η απόδοση των διαλόγων ξενόγλωσσων τηλεοπτικών ή κινηματογραφικών ταινιών που αναγράφονται στο κάτω μέρος της οθόνης.
υποτίτλωση η, ουσ. **1.** τοποθέτηση συμπληρωματικού τίτλου, υποτίτλου, κάτω από τον τίτλο βιβλίου, άρθρου ή γενικά δημοσιεύματος. **2.** (συνεκδοχικά) ο ίδιος ο παραπάνω δευτερεύων τίτλος.
υποτονθορύζω, ρ. (λόγ.), μιλώ πολύ σιγά, μουρμουρίζω (συνών. *ψιθυρίζω*).
υποτονία η, ουσ. (ιατρ.) **1.** ελάττωση της δύναμης των μυών. **2.** μαλάκυνση του οφθαλμικού βολβού.
υποτονικός, -ή, -ό, επίθ. **1.** (ιατρ.) που πάσχει από υποτονία (βλ. λ.). **2.** (γενικά) ασθενικός, αδύναμος. **3.** (μεταφ.) που είναι ασθενικός, αδύναμος στις εκδηλώσεις του: *εορτασμός* ~· *άτομο -ό· διαμαρτυρίες -ές.*
υποτονικότητα η, ουσ., η ιδιότητα του υποτονικού (βλ. λ. στις σημασ. 2 και 3).
υποτροπή η, ουσ., επανάληψη, επανεμφάνιση ενός γεγονότος: ~ *μιας αρρώστιας / μιας παράβασης.*
υποτροπιάζω, ρ. (ασυνίζ.), (κυρίως για αρρώστια) εμφανίζομαι ξανά.
υποτροπικός, -ή, -ό, επίθ. **1.** (ιατρ.) που υποτροπιάζει. **2.** (γεωγρ.) κυρίως στην έκφρ. *-ή ζώνη* = ζώνη στα όρια της εύκρατης και τροπικής ζώνης με κλίμα θερμό και ξηρό.
υποτροφία η, ουσ., ποσό που καταβάλλεται σε σπουδαστή από ιδιώτη, ίδρυμα ή το κράτος για να ανταποκριθεί στα έξοδα των σπουδών του: *χορηγήθηκαν εφέτος πολλές -ες· έχω* ~ *στη Γαλλία.*
υπότροφος ο και η, ουσ., σπουδαστής του οποίου τα έξοδα σπουδών καταβάλλονται από τρίτον, από ίδρυμα ή από το κράτος.
υποτυπώδης, -ης, -ες, γεν. *-ους,* πληθ. αρσ. και θηλ. *-εις,* ουδ. *-η,* επίθ., που δεν είναι κανονικά αναπτυγμένος: ~ *ερευνητική εργασία.* - Επίρρ. *-ώς.*
ύπουλος, -η, -ο, επίθ. **1.** (για πρόσωπο) που δεν είναι ευθύς, έντιμος στις σχέσεις του με τους συνανθρώπους του (συνών. *δόλιος, πονηρός, καταχθόνιος*). **2.** (για πράξεις, λόγια, κλπ.) απατηλός, υποκριτικός, δόλιος: *συμπεριφορά -η· μέσα -α.* **3.** (για αρρώστια) που βλάπτει κρυφά, χωρίς να εκδηλώνεται: *ο καρκίνος είναι -η ασθένεια.*
υπουλότητα η, ουσ., η ιδιότητα του ύπουλου ατόμου.
υπουργείο το, ουσ. **1.** εκτελεστικό κρατικό όργανο που αποτελείται από το σύνολο των υπουργών: ~ *Βενιζέλου.* **2.** εκτελεστικό όργανο της κυβέρνησης που ασχολείται με έναν ορισμένο τομέα της δημόσιας διοίκησης: ~ *εθνικής οικονομίας.* **3.** τα καθήκοντα που αναλαμβάνει ένας υπουργός όταν ορκίζεται: *ανέλαβε το* ~ *εξωτερικών.* **4.** το σύνολο των υπηρεσιών που υπάγονται σε έναν υπουργό. **5.** το κτήριο που στεγάζει τις υπηρεσίες που υπάγονται σε έναν υπουργό.
υπούργημα το, ουσ., αξίωμα ατόμου που αναλαμβάνει μια δράση κάποιας περιωπής και η ίδια η σχετική απασχόλησή του.
υπουργήσιμος, -η, -ο, επίθ., που είναι δυνατόν ή πιθανόν να αναλάβει την ευθύνη υπουργείου.
υπουργία η, ουσ., η διάρκεια της υπηρεσίας ενός υπουργού: *στην* ~ *του έγιναν πολλές επιτυχημένες μεταρρυθμίσεις.*
υπουργικός, -ή, -ό, επίθ., που ανήκει ή αναφέρεται στον υπουργό ή το σύνολο των υπουργών: *αξίωμα / συμβούλιο -ό.*
υπουργίνα, βλ. *υπουργός.*
υπουργοποίηση η, ουσ., ο διορισμός ενός ατόμου ως υπουργού.
υπουργός ο, θηλ. **-ός** και **-ίνα,** ουσ. **1.** κορυφαίος φορέας τμήματος της εκτελεστικής εξουσίας, μέλος της κυβέρνησης μιας χώρας: ~ *εξωτερικών·* ~ *χωρίς χαρτοφυλάκιο* = που δεν έχει αναλάβει συγκεκριμένο διοικητικό τομέα στην κυβέρνηση· *πληρεξούσιος* ~ = αξιωματούχος αμέσως κατώτερος από τον πρεσβευτή επιφορτισμένος να αντιπροσωπεύει τη χώρα του στο εξωτερικό. **2.** το θηλ. *-ίνα* = ιρωνική ή σύζυγος υπουργού (παροιμ.) *ας με λένε -ίνα κι ας ψοφώ από την πείνα* (για να δηλωθεί το ιδιαίτερο ενδιαφέρον για κοινωνική διάκριση).
υποφαινόμενος ο, θηλ. **-μένη,** ουσ., αυτός που υπογράφει παρακάτω (γραφειοκρατικός όρος που χρησιμοποιείται σε βεβαιώσεις, αποδείξεις, δηλώσεις που μπορούν να χρησιμοποιηθούν στο χώρο της διοίκησης ή της δικαιοσύνης) (συνών. *υπογραφόμενος*).
υποφέρνω, βλ. *υποφέρω.*
υποφερτός, -ή, -ό, επίθ., που μπορεί κανείς να τον υποφέρει (συνών. *ανεκτός·* αντ. *ανυπόφορος*).

υποφέρω, ρ., παρατ. και αόρ. *υπέφερα*, πληθ. *υποφέραμε* και (λαϊκ. σπανίως) **υποφέρνω**. Α. αμτβ. 1. ταλαιπωρούμαι, πάσχω ψυχικά ή σωματικά: *έσπασε το πόδι του και -ει· με τη δουλειά που του ανέθεσαν -ει· υπέφερε πολύ από το θάνατο του παιδιού του*. 2. πάσχω από κάποια συγκεκριμένη αρρώστια: *αυτή η γυναίκα -ει χρόνια από την καρδιά της*. 3. βρίσκομαι σε ανέχεια οικονομική: *ενισχύω οικονομικά μια οικογένεια που -ει*. Β. (μτβ.) υπομένω, ανέχομαι κάποιον ή κάτι: *αυτόν τον άνθρωπο δεν τον ~· τα πάνδεινα απ' αυτόν·* φρ. *αυτό δεν -εται* (= δεν είναι ανεκτό).

υποφορά η, ουσ., ρητορικό σχήμα που προβάλλει ερώτηση στην οποία απαντά ο ίδιος που την προβάλλει.

υπόφυση η, ουσ., ενδοκρινής αδένας που βρίσκεται στη βάση του εγκεφάλου και έχει μεγάλη σημασία για τις φυσιολογικές λειτουργίες του οργανισμού.

υποφώσκω, ρ. (λόγ.), αρχίζω να φέγγω (συνών. *θαμποφέγγω*).

υποχείριος, -α, -ο, επίθ. (ασυνίζ.), που βρίσκεται στην εξουσία κάποιου: *τον έχει -χείριό του* (συνών. *υποταγμένος·* αντ. *αυτεξούσιος*).

υποχλωρυδρία η, ουσ. (ιατρ.) μείωση της ποσότητας του χλωρυδρικού οξέος κατά τις εκκρίσεις του στομάχου.

υποχονδρία και **υποχοντρία** η, ουσ., παθολογική μεγαλοποίηση συνηθισμένων σωματικών ενοχλήσεων και η συναφής ανησυχία.

υποχονδριακός, -ή, -ό και **υποχοντριακός**, επίθ. (ερρ., ασυνίζ.), που πάσχει από υποχονδρία (βλ. λ.) (συνών. *υποχόνδριος* στη σημασ. 2).

υποχόνδριος, -α, -ο, επίθ. (ασυνίζ.). 1. (ανατομ.) που βρίσκεται κάτω από τους χόνδρους. 2. υποχονδριακός (βλ. λ.).

υποχοντρία, βλ. *υποχονδρία*.

υποχοντριακός, βλ. *υποχονδριακός*.

υπόχρεος, -η, -ο, επίθ. 1. που οφείλει κάτι, που έχει υποχρέωση για κάτι: *είμαι ~ να πληρώσω για την εγγύηση που μου ανέλαβε*. 2. που χρωστά ευγνωμοσύνη σε κάποιον: *σου είμαι ~*.

υποχρεούμαι, ρ., από τα πράγματα ή το νόμο έχω την υποχρέωση να κάνω κάτι: *~ στο τέλος του μηνός να πληρώσω την οφειλή μου*.

υποχρεώνω, ρ. 1. αναγκάζω κάποιον να κάνει κάτι: *ο αστυνομικός με -χρέωσε να τον ακολουθήσω*. 2. επιβάλλω, υπαγορεύω: *ο νόμος με -ει να πληρώσω πρόστιμο*. 3. προκαλώ την ευγνωμοσύνη κάποιου προς εμένα: *με την καλοσύνη και την προθυμία του με -ει·* έκφρ. (ειρων.) *μας υποχρέωσες!* (για κάποιον που δεν προσφέρει ουσιαστική βοήθεια).

υποχρέωση η, ουσ. 1. το αίσθημα ότι είναι κανείς ηθικά αναγκασμένος να κάνει κάτι: *έχω την ~ να σπουδάσω τα παιδιά μου*. 2. ευγνωμοσύνη: *δεν έχω καμιά ~ απέναντί του. Έκφρ. άτομο χωρίς -εις* (= χωρίς να έχει χρέος για τη συντήρηση της οικογένειάς του, κλπ.). Φρ. *έχω υποχρεώσεις* (= είμαι υπεύθυνος για τη συντήρηση της οικογένειάς μου, για την ανάδειξή μου στον επαγγελματικό χώρο, κ.λπ.).

υποχρεωτικός, -ή, -ό, επίθ. 1. που πρέπει να γίνει οπωσδήποτε, που επιβάλλεται: *η καταβολή των φόρων είναι -ή για τον καθένα· στρατιωτική θητεία -ή* (αντ. *προαιρετικός*). 2. (για πρόσωπο) που η συμπεριφορά του είναι τέτοια απέναντι στον άλλον που προκαλεί το αίσθημα ευγνωμοσύνης (συνών. *εξυπηρετικός*). - Επίρρ. **-ά** και **-ώς** = αναγκαστικά.

υποχρωμία η, ουσ. (ιατρ.) 1. ελάττωση της χρωστικής του δέρματος. 2. ελάττωση της αιμοσφαιρίνης στο αίμα.

υποχώρηση η, ουσ., η ενέργεια και το αποτέλεσμα του υποχωρώ (βλ. λ.). Φρ. *δεν κάνω -εις* (= δεν είμαι διαλλακτικός).

υποχωρητικός, -ή, -ό, επίθ. 1. αυτός που υποχωρεί εύκολα: *στις συζητήσεις μας για την αγορά του ακινήτου στάθηκε ~ στην τιμή που ζητούσε* (συνών. *διαλλακτικός, συμβιβαστικός·* αντ. *ανυποχώρητος, αδιάλλακτος, ασυμβίβαστος*). 2. (στρατ.) που αναφέρεται στην υποχώρηση στρατευμάτων σε εμπόλεμη περίοδο: *τακτική -ή*.

υποχωρώ, -είς, ρ. 1. (στρατ.) πηγαίνω προς τα πίσω, οπισθοχωρώ σε άλλες θέσεις: *τα στρατεύματα -ησαν μετά την επίθεση του αντιπάλου*. 2. μετατοπίζομαι προς τα κάτω, καθιζάνω: *το έδαφος -ούσε κάτω από τα πόδια μας*. 3. δεν επιμένω σ' αυτό που υποστηρίζω και αποδέχομαι τη γνώμη του άλλου: *αφού επιμένεις να έρθω μαζί σου, ~ και θα έρθω· ~ στις αξιώσεις σου*. 4. πηγαίνω σε χειρότερη κατάσταση: *η υγεία μου -εί*. 5. (για θερμοκρασία ή πυρετό) παύω να είμαι υψηλός: *το κρύο / ο πυρετός -εί*.

υπόψη, επίρρ., στις φρ. *θέτω ~ κάποιου* (ένα πρόσωπο, αντικείμενο ή γεγονός) και *λαμβάνω ή έχω ~ μου* (= έχω στο νου μου κάποιο πρόσωπο, αντικείμενο ή γεγονός που θα το χρησιμοποιήσω αν υπάρξει ανάγκη ή μου δοθεί η ευκαιρία ή θα ενεργήσω ανάλογα): *θα σε έχω ~ μου στις προσλήψεις που θα γίνουν· να λάβεις ~ σου και την ηλικία του*.

υποψήφιος, -α, -ο, επίθ. (ασυνίζ.). 1. που επιδιώκει να καταλάβει κάποια θέση ή αξίωμα με ψηφοφορία: *~ βουλευτής / διδάκτορας*. 2. που περιμένει να καταλάβει οποιαδήποτε θέση ή να πετύχει κάποια αποκατάσταση: *~ γαμπρός*. - Το αρσ. και θηλ. ως ουσ. = άτομο που περιμένει να καταλάβει κάποια θέση ύστερα από εξετάσεις: *~ για τη Νομική Σχολή*.

υποψηφιότητα η, ουσ. (ασυνίζ.), το να είναι κανείς υποψήφιος· φρ. *υποβάλλω ~* = περιμένω από την ψήφο αρμόδιων προσώπων να καταλάβω κάποια θέση ή αξίωμα.

υποψία η, ουσ. α. υπόνοια (βλ. λ.)· **β.** το να μη δέχεται κάποιος ότι τα πράγματα είναι έτσι όπως φαίνονται, υποθέτοντας ότι συμβαίνει κάτι δυσάρεστο, χωρίς να έχει αποδείξεις παρά μόνο ενδείξεις: *μην έχεις την παραμικρή ~· όλοι τους είναι καλά*.

υποψιάζομαι, ρ. (ασυνίζ.). α. σχηματίζω υποψίες, υποπτεύομαι: *~ ότι θέλει να με γελάσει·* β. θεωρώ κάποιον ή κάτι ύποπτο: *όλοι τον -ονται* (συνών. *υποπτεύομαι*).

ύπτιος, -α, -ο, επίθ. (ασυνίζ., λόγ.), που είναι ξαπλωμένος ανάσκελα (αντ. *πρηνής*). - Επίρρ.: **-α** και **υπτίως**.

υπώρεια η, ουσ. (ασυνίζ., λόγ.), (συνήθως στον πληθ.) πρόποδες βουνού (συνών. *ριζοβούνι·* αντ. *βουνοκορφή*).

-ύς, κατάλ. επιθ. (αντί *-ός*)· *ελαφρύς, μακρύς*.

ύσκα, βλ. *ήσκα*.

ύστατος, -η, -ο, επίθ. (τοπ. και χρον.) εντελώς τελευταίος: *στιγμή / παράκληση -η* (συνών. *έσχατος*).

ύστερα, συγκρ. *-ότερα.* I. επίρρ. χρον. 1. δηλώνει ότι ένα πρόσωπο, μια πράξη, κ.τ.ό., ακολουθούν (άλλο πρόσωπο, πράξη, κ.τ.ό.): *ξεκινήσαμε για το γήπεδο και ~ θυμηθήκαμε τα εισιτήρια·* (με επόμενη την πρόθ. *από*): *~ από λίγους μήνες παντρεύτηκαν* (συνών. *έπειτα·* αντ. *πρώτα, προηγουμένως*)*.* 2. δηλώνει αίτιο: *~ από τόσες διαφωνίες ήταν φυσικό να χωρίσουν*(συνών. *έπειτα*)*.* 3. (δηλώνει προσθήκη) εκτός απ' αυτό, επίσης: *~, σκέψου και τις συνέπειες· τον προσλάβαμε γιατί έγραψε καλά· ~ είχε και άριστες συστάσεις* (συνών. *άλλωστε, εξάλλου*)*.* II. σύνδ. 1. συμπερασματικός: *δεν επέστρεψε και σήμερα το βιβλίο· ~ πώς να μη θυμώνεις μαζί του!* (με προηγούμενο το *και*): *και ~ μου λες γιατί δεν τον προσκαλώ· μια φορά μας ήρθε και μας αναστάτωσε* (συνών. *έπειτα*)*.* 2. (αντιθετικός με προηγούμενο το *και*) και όμως, εντούτοις: *βρέχει, χιονίζει, μας πάγωσε ο καιρός· κι ~ λένε πως ήρθε η άνοιξη* (συνών. *έπειτα*)*.* Εκφρ. *κι ~·* (για να εκφράσουμε απορία ή αδιαφορία = *και τι μ' αυτό;*)· *πιο ~* (= σε λίγο, αργότερα): *πηγαίνετε εσείς· εγώ θα έρθω πιο ~.*
υστερεκτομή η, ουσ. (ιατρ.) χειρουργική αφαίρεση της μήτρας.
υστέρημα το, ουσ., ποσότητα που λείπει, που δεν επαρκεί: *του έδωσα από το -ά μου* (= από εκείνα που μόλις επαρκούν για να ζήσω) (αντ. *περίσσευμα, πλεόνασμα*).
υστέρηση η, ουσ. 1. καθυστέρηση. 2. (φυσ.) φαινόμενο κατά το οποίο σε μερικές περιπτώσεις το αποτέλεσμα δε συμβαδίζει με το αίτιο χρονικά, αλλά επακολουθεί μετά την πάροδο σημαντικού χρονικού διαστήματος.
υστερία η, ουσ. (ψυχιατρ.) νεύρωση που εκδηλώνεται με παροδικές ή μονιμότερες διαταραχές της διάνοιας, της ευαισθησίας και της κίνησης: *~ ομαδική / αδικαιολόγητη* (συνών. *υστερισμός*).
υστερικός, -ή και (συνιζ., λαϊκ.) **-ιά, -ό,** επίθ., που ανήκει ή αναφέρεται στην υστερία: *διαταραχές -ές.* - Το αρσ. και θηλ. ως ουσ. = άτομο που πάσχει από υστερία.
υστερισμός ο, ουσ., υστερία (βλ. λ.).
υστερνά, βλ. *στερνά.*
υστερνός, βλ. *στερνός.*
υστερ(ο)-, α΄ συνθ. λ. που δηλώνει ότι κάτι γίνεται ύστερα από κάτι άλλο: *υστερόγραφο, υστεροβυζαντινός.*
ύστερο το, ουσ., ότι περιβάλλει το έμβρυο κατά την κύηση: *έπεσε το ~ της γυναίκας.*
υστερόβουλα, βλ. *υστερόβουλος.*
υστεροβουλία η, ουσ., σκέψη ή ενέργεια που κρύβει ιδιοτέλεια, που αποσκοπεί σε προσωπικά οφέλη (αντ. *ανιδιοτέλεια*).
υστερόβουλος, -η, -ο, επίθ., που σκέφτεται ή ενεργεί με υστεροβουλία (συνών. *ιδιοτελής·* αντ. *ανιδιοτελής*)*.* - Επίρρ. **-α.**
υστεροβυζαντινός, -ή, -ό, επίθ. (ερρ.), (φιλολ., ιστ.) που ανήκει ή αναφέρεται στην τρίτη και τελευταία φάση της βυζαντινής περιόδου: *λογοτεχνία -ή* (συνών. *υστερομεσαιωνικός*).
υστερογενής, -ής, -ές, γεν. *-ούς,* πληθ. αρσ. και θηλ. *-είς,* ουδ. *-ή,* επίθ. (λόγ.). 1. μεταγενέστερος. 2. (για παιδιά) που γεννήθηκε τελευταίος ή μετά το θάνατο του πατέρα του (συνών. *υστερότοκος, στερνοπαίδι*).
υστερόγραφο το, ουσ., ό,τι προσθέτει κανείς σε ένα γράμμα μετά την υπογραφή (βραχυγρ. *ΥΓ.*).

υστερομεσαιωνικός, -ή, -ό, επίθ. (φιλολ., ιστ.) που ανήκει ή αναφέρεται στην τελευταία περίοδο της μεσαιωνικής γραμματείας και ιστορίας (που αρχίζει με τη δεύτερη χιλιετηρίδα μ.Χ. και για την Ελλάδα λήγει στα χρόνια της Άλωσης και μπορεί να χαρακτηριστεί και πρωτονεοελληνική) (συνών. *υστεροβυζαντινός*).
υστερόπονος ο, ουσ. (λαϊκ.), (συνήθως στον πληθ.) πόνοι της μήτρας που εμφανίζονται μετά τον τοκετό.
υστεροπτωσία η, ουσ. (ιατρ.) πρόπτωση (βλ. λ.) της μήτρας.
ύστερος, -η, -ο, επίθ. (λόγ.), τελευταίος: *της αυγής το δροσάτο -ο αστέρι* (Σολωμός).
υστερότοκος, -η, -ο, επίθ. (λόγ.), που γεννήθηκε τελευταίος ή μετά το θάνατο του πατέρα του (συνών. *υστερογενής,* λαϊκ. *στερνοπαίδι*).
υστεροφημία η, ουσ., η καλή φήμη για κάποιον μετά το θάνατό του, η μεταθανάτια δόξα: *~ πολιτικού ηγέτη.*
υστερόχρονος, -η, -ο, επίθ., που γίνεται ύστερα από άλλη ενέργεια ή γεγονός, μεταγενέστερος· (συνήθως στη γραμμ. για να χαρακτηριστούν μετοχές ή προτάσεις που δηλώνουν ότι η ενέργειά τους γίνεται ύστερα από άλλη πράξη). - Επίρρ. **-α.**
υστερώ, ρ. α. είμαι κατώτερος από κάποιον άλλο, μειονεκτώ: *-εί στα μαθηματικά σε σχέση με τους άλλους συμμαθητές του·* **β.** έχω ελλείψεις: *-εί στα μαθήματα/σε γνώσεις/σε καλλιέργεια* (αντ. στις σημασ. α και β *υπερέχω*)*.*
-ύτερος, -η, -ο, κατάλ. συγκρ. επιθ.: *καλύτερος, μεγαλύτερος.*
-ύτητα, κατάλ. αφηρ. θηλ. ουσ.: *ταχύτητα, οξύτητα.* [αρχ. κατάλ. *-ύτης*].
υφ-, βλ. *υπο-.*
υφάδι και (λαϊκ.) **φάδι** το, ουσ., νήμα που περνούμε στον αργαλειό και διασταυρώνεται με τα κάθετα νήματα, που λέγονται στημόνια.
υφαίνω και (λαϊκ.) **φαίνω,** ρ., αόρ. *ύφανα,* μτχ. *-ασμένος.* 1. πλέκω νήματα κατά μήκος και πλάτος στον υφαντικό ιστό του αργαλειού για να κατασκευάσω ύφασμα. 2. (μεταφ.) ετοιμάζω κάτι κρυφά και δόλια.
υφαίρεση η, ουσ. 1. (νομ.) κλοπή από πρόσωπα που έχουν ειδικές σχέσεις με τα πρόσωπα εις βάρος των οποίων διαπράττεται η κλοπή (όπως η κλοπή από κληρονόμους σε βάρος των συγκληρονόμων). 2. (οικον.) έκπτωση που γίνεται σε οφειλόμενο ποσό, όταν εξοφλείται πριν από τη λήξη της προθεσμίας του: *~ εσωτερική / εξωτερική.* 3. (γραμμ.) συγκοπή (βλ. λ.).
ύφαλα τα, ουσ., τα μέρη του πλοίου που βρίσκονται κάτω από την ίσαλο γραμμή (αντ. *έξαλα*).
υφάλμυρος, -η, -ο, επίθ. (λόγ.), κάπως αλμυρός: *νερό -ο.*
υφαλοκρηπίδα η, ουσ. 1. ο βυθός της θάλασσας και το υπέδαφος των θαλάσσιων περιοχών που βρίσκονται αμέσως μετά την αιγιαλίτιδα ζώνη μέχρι βάθους 200 μ. ή περισσότερο, έως το σημείο που είναι δυνατή η εκμετάλλευση των φυσικών πόρων του βυθού και του υπεδάφους του. 2. (γεωλ.) η προέκταση της ακτής με μικρή κλίση κάτω από την επιφάνεια της θάλασσας: *~ των νησιών του Αιγαίου.*
ύφαλος ο, ουσ., βραχώδες ύψωμα σημαντικών διαστάσεων στο πυθμένα της θάλασσας που το ψηλό-

τερο σημείο ή επίπεδό του βρίσκεται σε μικρό βάθος από την επιφάνεια της θάλασσας, ώστε να αποτελεί κίνδυνο για τα πλοία που ταξιδεύουν από πάνω του.

ύφανση και (λαϊκ.) **φάση** η, ουσ. 1. η μετατροπή του νήματος σε ύφασμα. 2. ο τρόπος με τον οποίο είναι υφασμένο κάτι: ~ *πυκνή / αραιή.*

υφαντήριο το, ουσ. (έρρ., ασυνίζ.), εργαστήριο όπου υφαίνονται υφάσματα (συνών. *υφαντουργείο).*

υφαντής ο, θηλ. **-τρια** και **-τρα** και (λαϊκ.) **φάντης**, θηλ. **φάντρα**, ουσ. (έρρ.), τεχνίτης ειδικευμένος στην υφαντική.

υφαντικός, -ή, -ό, επίθ. (έρρ.), που έχει σχέση με τον υφαντή ή την υφαντική: *ύλες -ές.* - Το θηλ. ως ουσ. = η τέχνη της ύφανσης.

υφαντός, -ή, -ό και (λαϊκ.) **φαντός**, επίθ. (έρρ.), που κατασκευάζεται στον αργαλειό, που υφαίνεται: *κουβέρτα -ή.* - Το ουδ. στον πληθ. ως ουσ. = υφάσματα ποικιλμένα και σχήματα υφασμένα.

υφαντουργείο το, ουσ. (έρρ.), εργοστάσιο κατασκευής υφασμάτων.

υφαντουργία η, ουσ. (έρρ.), βιομηχανία κατασκευής υφασμάτων.

υφαντουργικός, -ή, -ό, επίθ. (έρρ.), που ανήκει ή αναφέρεται στην υφαντουργία.

υφαντουργός ο και η, ουσ. (έρρ.), ειδικευμένος τεχνίτης που ασχολείται με το σχεδιασμό και την εκτέλεση της ύφανσης και φροντίζει για τη λειτουργία και τη συντήρηση του αργαλειού.

υφάντρα και **υφάντρια**, βλ. *υφαντής.*

υφαρπαγή η, ουσ. (λόγ.), ξαφνική και κρυφή κλοπή· έκφρ. *εξ -ής* = λαθραίως.

ύφασμα το, ουσ., καθετί που κατασκευάζεται από κατεργασμένες ίνες φυτικής ή ζωικής προέλευσης που πλέκονται μεταξύ τους στον αργαλειό και χρησιμοποιείται για την κατασκευή ενδυμάτων ή για επένδυση επίπλων: ~ *μάλλινο / βαμβακερό / πυκνό / ανθεκτικό / μονόχρωμο / εμπριμέ·* βιοτεχνία *-άτων· -ατα επιπλώσεων.*

υφασματέμπορος ο και η, ουσ. (έρρ.), έμπορος υφασμάτων.

υφέν το, ουσ., το σημάδι (‿) που παλαιότερα σημειωνόταν κάτω από δυο γειτονικά φωνήεντα για να δηλώσει ότι πρέπει να γίνει συνίζηση (μετρική ή όχι).

ύφεση η, ουσ. 1. πτώση της έντασης, χαλάρωση, υποχώρηση σε μια δραστηριότητα ατομική ή ομαδική: ~ *στην οικονομική ζωή μιας χώρας / σε μια διένεξη* (αντ. *ένταση, επίταση, έξαρση).* 2. (μεταφ., συνήθως για ασθενή) βελτίωση της κατάστασης. 3. (μουσ.) ο υποβιβασμός της αξίας ενός φθόγγου κατά ένα ημιτόνιο, καθώς και το σημάδι που τοποθετείται μπροστά από το φθόγγο για να δηλώσει αυτή την αλλοίωση: *διπλή* ~ (= ο υποβιβασμός της αξίας ενός φθόγγου κατά δύο ημιτόνια) (αντ. *δίεση).*

υφή η, ουσ. 1. το είδος της ύφανσης: *πυκνή* ~ *ενός υφάσματος.* 2. η εσωτερική διάταξη των μορίων ενός σώματος, η σύστασή του, η φυσική του σύνθεση: *η* ~ *του μετάλλου.* 3. η αίσθηση που προκαλεί ένα υλικό σε κάποιον όταν το αγγίζει: *απαλή / τραχιά* ~ *με ανατριχιάζει η* ~ *αυτού του υφάσματος.* 4. η δομή και ο χαρακτήρας έργου λογοτεχνικού ή επιστημονικού. 5. (γραμμ.) η σύνδεση των μερών μιας πρότασης.

υφηγεσία η, ουσ. 1. το λειτούργημα του υφηγητή

(βλ. λ.). 2. ερευνητική διατριβή που έχει εγκριθεί από πανεπιστημιακή σχολή και παρέχει στο συγγραφέα της το δικαίωμα να γίνει υφηγητής.

υφηγητής ο, θηλ. **-ήτρια**, ουσ., πανεπιστημιακός διδάσκαλος που έχει εγκριθεί η ειδική για την εκλογή του ερευνητική διατριβή, τοποθετούμενος (παλαιότερα) μεταξύ του βοηθού ή επιμελητή και του έκτακτου καθηγητή.

υφήλιος η, ουσ. (ασυνίζ.), η οικουμένη (συνών. *γη).*

υφίσταμαι, ρ., πληθ. **-άμεθα, -ασθε, -ανται**, συνήθως στον ενεστ., υποτ. αορ. *να υποστώ*, μέλλ. *θα υποστώ*, παρκ. *έχω υποστεί*, υπερσ. *είχα υποστεί* (λόγ.). 1. (μόνο στον ενεστ.) υπάρχω: *τέτοιο πρόβλημα / ζήτημα δεν -ται πια* (= λύθηκε). 2. υποβάλλομαι σε δοκιμαστική εξέταση, έλεγχο: *όσοι θέλουν να προσληφθούν στην υπηρεσία -νται εξετάσεις.* 3. ανέχομαι κάποιον ή κάτι δυσάρεστο: *δεν μπορώ να τον αποφύγω· τον* ~ *αναγκαστικά· ο ένοχος θα υποστεί τις κυρώσεις που προβλέπει ο νόμος.*

υφιστάμενος ο, θηλ. **-μένη**, πληθ. θηλ. **-μένες**, ουσ., κρατικός ή ιδιωτικός υπάλληλος που υπάγεται σε κάποιον ανώτερο ιεραρχικά.

υφολογία η, ουσ., η μελέτη του ύφους λογοτεχνικού κειμένου μέσα από την περιγραφή και ανάλυση των μεθόδων και των τεχνικών με τις οποίες αυτό επιτυγχάνεται: *γλωσσολογική* ~ (= μελέτη του ύφους κειμένου με γλωσσολογικά κριτήρια).

υφολογικός, -ή, -ό, επίθ., που ανήκει ή αναφέρεται στο ύφος (βλ. λ.): *-ή παρατήρηση / συγγένεια μεταξύ δύο συγγραφέων.* - Επίρρ. **-ώς**.

ύφος το, ουσ. (μόνο στον εν.). 1. το σύνολο των ατομικών καλλιτεχνικών χαρακτηριστικών λογοτέχνη ή καλλιτέχνη: *αυτός ο συγγραφέας δεν έχει* ~. 2. εκφραστική ιδιοτυπία στο λόγο ανάλογα με τους ειδικούς χώρους όπου ασκείται, καθώς και την αιτιολογία και τις προθέσεις του: ~ *επιστημονικό / λογοτεχνικό / δημοσιογραφικό / προφορικό / διαφημιστικό.* 3. λογοτεχνική ή καλλιτεχνική τεχνοτροπία σύμφωνα με την οποία ένας λογοτέχνης ή καλλιτέχνης κατατάσσεται σε μια κατηγορία ομοτέχνων ή σε μια εποχή: *νεοκλασικό αρχιτεκτονικό* ~· ~ *ρομαντικό / ρεαλιστικό.* 4. (γενικά) η ιδιαιτερότητα της έκφρασης ενός ατόμου στο γραπτό ή προφορικό λόγο, δηλ. ο ιδιαίτερος τρόπος με τον οποίο ένα άτομο συνδέει λέξεις και προτάσεις, χρησιμοποιεί τη στίξη, κλπ.: *μιλάει με* ~ *στομφώδες.* 5. τρόπος συμπεριφοράς στον προφορικό λόγο: *δε μου άρεσε το* ~ *του καθώς μου ζητούσε να τον ακούσω.* 6. έκφραση του προσώπου που αντικατοπτρίζει ορισμένη ψυχική διάθεση: *με κοίταξε με απορημένο* ~. 7. επιτήδευση στην εμφάνιση ατόμου που ηθελημένα παρουσιάζεται με σπουδαιοφάνεια: *μας κάνει ... τον περήφανο· πήρε ύφος* (Βλαστός) (συνών. *στιλ* στις σημασ. 1, 2, 3, 4).

υφυπουργείο το, ουσ. **1α**. δημόσια υπηρεσία που διευθύνεται από τον υφυπουργό (βλ. λ.)· **β**. (συνεκδοχικά) το κτήριο όπου στεγάζεται η παραπάνω υπηρεσία. 2. το αξίωμα και τα καθήκοντα του υφυπουργού.

υφυπουργός ο και η, ουσ., ανώτερος κρατικός λειτουργός στον οποίο έχουν ανατεθεί ευθύνες και καθήκοντα περιορισμένα σε σχέση με εκείνα του υπουργού (βλ. λ.).

υψηλά, βλ. *υψηλός.*

υψηλόκορμος, -η, -ο, επίθ. (για δέντρο) που έχει υψηλό κορμό.

υψηλόμισθος, -η, -ο, επίθ., που εισπράττει από το κράτος ή από επιχείρηση υψηλό μισθό (αντ. *χαμηλόμισθος*).

υψηλός, -ή, -ό, επίθ. **1.** (για ήχους) οξύς, δυνατός. **2.** ηθικά ανώτερος: *-ό αίσθημα ευθύνης· ιδέες -ές.* **3.** (οικον.) λογιστικά ανώτερος: *τιμές -ές· επιτόκια -ά.* **4.** (για απόδοση εργασίας) σημαντικός από ποιοτική κυρίως άποψη: *υπάλληλος με -ή απόδοση εργασίας.* **5.** τεχνικά ανώτερος ως προς το ποιόν: *ραπτική / τεχνολογία -ή.* **6.** περίοπτος, εντυπωσιακός: *κατέλαβε με τα προσόντα του -ή θέση.* **7.** (για φυσικό μέγεθος) υπερβολικός, που η τιμή του ξεπερνά το κανονικό, τα συνηθισμένα όρια: *θερμοκρασία / πίεση / ένταση -ή.* Έκφρ. *Υ-ή Πύλη,* βλ. *πύλη.* - Επίρρ. **(υ)ψηλά.** - Βλ. και *ψηλός.*

υψηλότατος ο, θηλ. **-άτη,** πληθ. θηλ. *-άτες,* προσφώνηση πριγκίπων.

υψηλότητα η, ουσ., τιμητικός τίτλος πρίγκιπα ή πριγκίπισσας: *η -ά του / της.*

υψηλόφωνος, -η, -ό, επίθ., που έχει υψηλή, δυνατή φωνή.

υψικάμινος η, ουσ., καμίνι με μεγάλο ύψος όπου με την ανάπτυξη μεγάλης θερμοκρασίας τήκεται ο σίδηρος και μετατρέπεται σε χυτοσίδηρο.

ύψιλον το, ουσ. άκλ., το εικοστό γράμμα του ελληνικού αλφαβήτου· ένα από τα φωνήεντα της ελληνικής γλώσσας (*Υ, υ*).

υψίπεδο το, ουσ., πεδιάδα που βρίσκεται σε αρκετά μεγάλο υψόμετρο.

ύψιστος, -η, -ο, και λόγ. θηλ. **-ίστη,** επίθ. **1.** πολύ υψηλός. **2.** (με κεφαλαίο το πρώτο γράμμα) ο Θεός: *οι εντολές του Υψίστου.* **3.** ανώτερος ποιοτικά: *αγαθό / προτέρημα -ο.* **4.** ανώτερος ιεραρχικά: *αξίωμα -ο.*

υψίφωνος ο και η, ουσ., ερμηνευτής της όπερας με ιδιαίτερα υψηλή φωνή (συνών. *τενόρος* ο, *σοπράνο* η).

υψογράφος ο, ουσ., όργανο με το οποίο μετράται το υψόμετρο ενός τόπου (συνών. *υψομετρητής*).

υψομετρητής ο, ουσ., υψογράφος (βλ. λ.).

υψομετρία η, ουσ. **1.** μέθοδος μέτρησης του υψομέτρου (βλ. λ.) ενός τόπου. **2.** (τοπογρ.) μέθοδος με την οποία μετράται και αναπαριστάνεται κατά ανάγλυφο τρόπο η επιφάνεια της Γης.

υψομετρικός, -ή, -ό, επίθ., που ανήκει ή αναφέρεται στο υψόμετρο ή την υψομετρία: *διαφορά -ή* (= η διαφορά των υψομέτρων δύο σημείων)· *όργανα -ά* (= που χρησιμοποιούνται στην υψομετρία).

υψόμετρο το, ουσ., το ύψος (δηλ. η κατακόρυφη απόσταση) ενός σημείου του εδάφους από την επιφάνεια της θάλασσας: *είναι ορεινό μέρος· έχει ~ 1200 μέτρα.*

ύψος το, Ι. ουσ. **1.** η κατακόρυφη απόσταση από τη βάση ενός σώματος ως την κορυφή του: ~ *οικοδομής.* **2.** απόσταση σημείου πάνω από το έδαφος ή την επιφάνεια της θάλασσας: *βομβαρδισμός πόλης από χαμηλό ~· το βουνό έχει ~ 2.000 μέτρα.* **3.** η νοητή ευθεία γραμμή από ένα σημείο προς άλλο σημείο ενός τόπου που λαμβάνεται ως σημείο αναφοράς: *το δυστύχημα έγινε στην εθνική οδό, στο ~ της Λαμίας.* **4.** (στον πληθ.) τα ανώτερα στρώματα της ατμόσφαιρας, ο ουρανός. **5.** (μουσ.) βαθμός οξύτητας ήχου, φωνής (συνών. *ανέβασμα*). **6.** το σημείο όπου φτάνει μια οικονομική δραστηριότητα ή ένα οικονομικό μέγεθος καθώς αυξάνεται: *~ δαπανών / μισθού / δανείου / γεωργικής παραγωγής / εμπορικών συναλλαγών.* **7.** υψηλό επίπεδο επίδοσης: *μπόρεσε να φτάσει στο ~ ενός κορυφαίου γιατρού.* **8.** ανώτερη διανοητική ζώνη που τη φτάνει κανείς δύσκολα: *το ~ της φιλοσοφίας / των εννοιών.* Έκφρ. *ή του -ους ή του βάθους,* βλ. *βάθος.* Φρ. (για αεροπλάνα) *παίρνω ή χάνω ~* (= υψώνομαι ή κατεβαίνω)· *πετώ στα -η* (= είμαι ευτυχής)· *στέκομαι στο ~ μου* (= συμπεριφέρομαι με αξιοπρέπεια, σύμφωνα με τις αρχές μου ή τη θέση μου)· *στέκομαι στο ~ των περιστάσεων* (= συμπεριφέρομαι όπως το απαιτούν οι περιστάσεις, ανάλογα με τη σπουδαιότητά τους).

ύψος, ΙΙ. βλ. *γύψος.*

ύψωμα το, ουσ. **1.** υψωμένο τμήμα εδάφους, χαμηλός λόφος. **2.** αντίδωρο (βλ. λ.).

υψωμός ο, ουσ. **1.** (για καταναλωτικά αγαθά) το να ανεβαίνει η εμπορική τιμή τους (συνών. *άνοδος*). **2.** εξύψωση.

υψώνω, ρ. Ι. ενεργ. **1α.** ανεβάζω κάτι σε κάποιο ύψος: *~ την κεραία της τηλεόρασης·* ~ *το χέρι* (= επιδοκιμάζω κάτι, στην περίπτωση που μου ζητηθεί να εκφέρω γνώμη μ' αυτό τον τρόπο): *όσοι συμφωνούν να -ώσουν τα χέρια τους·* ~ *τη σημαία* (= τοποθετώ τη σημαία στο υψηλό σημείο όπου πρέπει να βρίσκεται απλωμένη)· (μεταφ.) *~ τη σημαία της επανάστασης* (= επαναστατώ)· **β.** (μεταφ.) *~ το βλέμμα* (= κοιτάζω προς τα επάνω) (συνών. *σηκώνω*). **2.** (για οικοδομική εργασία) χτίζω: *~ τοίχο / οικοδομή.* **3.** (για καταναλωτικό αγαθό) ανεβάζω την τιμή του: *τελευταία -ώθηκαν οι τιμές.* **4.** ανεβάζω τιμητικώς (σε αξίωμα) συχνά με διορισμό ή εκλογή: *η Βουλή τον ύψωσε στο ανώτατο αξίωμα του προέδρου της δημοκρατίας.* **5.** (μεταφ.) εξυψώνω ποιοτικώς: *πολλές λαϊκές γλώσσες -ώθηκαν σε όργανα πολιτισμού.* ΙΙ. μέσ. **1.** (για οικοδόμημα) είμαι χτισμένος: *εκεί -εται το κτήριο της νομαρχίας.* **2.** (για αεροπλάνο, αερόστατο, κ.τ.ό.) **α.** απογειώνομαι· **β.** πετώ σε ορισμένο ύψος: *το αεροπλάνο είχε -ωθεί στα 1000 μέτρα.* Φρ. (μαθημ.) *~ έναν αριθμό σε μια δύναμη* (= τον πολλαπλασιάζω με τον εαυτό του όσες φορές δηλώνει η δύναμη)· *~ τη φωνή (μου)* ή *τον τόνο της φωνής μου* (= μιλώ πιο δυνατά, συχνά με αυθάδεια)· *~ φωνή* (= διαμαρτύρομαι).

ύψωση η, ουσ. **1.** (για τιμή καταναλωτικού αγαθού) άνοδος. **2.** (εκκλ.) *Ύ-η του Τίμιου Σταυρού·* = γιορτή στις 14 Σεπτεμβρίου σε ανάμνηση της εύρεσης του Τίμιου Σταυρού από την αγία Ελένη.

φ, Φ (φι). 1. το εικοστό πρώτο γράμμα του ελληνικού αλφαβήτου· ένα από τα σύμφωνα της ελληνικής γλώσσας. - Βλ. και *φι*. 2. αριθμητικό σημείο = a. (όταν έχει τόνο πάνω δεξιά ή τελεία κάτω δεξιά: φ΄, Φ΄, φ.) πεντακόσια, πεντακοσιοστός· **β.** (όταν έχει τόνο κάτω αριστερά: ͵φ) πεντακόσιες χιλιάδες.
φα το, ουσ. άκλ. (μουσ.) ο τέταρτος φθόγγος, η τέταρτη νότα της ευρωπαϊκής μουσικής κλίμακας. [διεθνές *fa*, από την πρώτη συλλαβή της λ. *famuli* από ύμνο στον Ιωάννη Βαπτιστή].
φάβα η, ουσ. 1. το φυτό λαθούρι (βλ. λ.). 2. ο καρπός του παραπάνω φυτού, μικρός και στρογγυλός (όμοιος με μεγάλη φακή), πράσινος ή κιτρινωπός. 3. (συνεκδοχικά) χυλώδες φαγητό που παρασκευάζεται από τον παραπάνω καρπό: *νηστήσιμη.* Παροιμ. *κάποιο λάκκο έχει η* ~, βλ. *λάκκος*. [μτγν. *φάβα* < λατ. *faba*].
φαβιανισμός ο, ουσ. (ασυνίζ.), συντηρητικός μεταρρυθμιστικός σοσιαλισμός. [Βρεταννική *Φαβιανή Εταιρεία* (*Fabian Society*) από το όνομα του Ρωμαίου στρατηγού Κόιντου Φάβιου Μάξιμου].
φαβιανός, -ή, -ό, επίθ. (ασυνίζ.), που ακολουθεί τις ιδέες του φαβιανισμού (βλ. λ.) - Το αρσ. ως ουσ. = συντηρητικός σοσιαλιστής. [αγγλ. *fabian*].
φαβορί το, ουσ. άκλ. 1. αυτός που σε κάποιο αγώνισμα ή διαγωνισμό θεωρείται ο πιθανότερος νικητής. 2. (στις ιπποδρομίες) το άλογο που πιστεύεται ότι θα κερδίσει την κούρσα: *έπαιξε στο* ~. [γαλλ. *favori*]
φαβορίτα η, ουσ. (συνήθως στον πληθ.) οι τρίχες που αφήνει ένας άντρας να μεγαλώσουν από τους κροτάφους του ως χαμηλά στα μάγουλα. [ιταλ. *favoriti*].
φαβοριτισμός ο, ουσ., ευνοιοκρατία (βλ. λ.). [γαλλ. *favoritisme*].
φαγάνα η, ουσ. (λαϊκ.). 1. βυθοκόρος (βλ. λ.): *βαθύνανε με τις -ες το... μπάσιμο του μπουγαζιού... για να περνούνε τα μεγάλα καράβια* (Κόντογλου)· ~ *πλωτή*. 2. εκσκαφέας (βλ. λ.). 3. (μεταφ.) για άτομο που τρώει πολύ ή μηχανή που καταναλώνει πολλά καύσιμα.
φαγανιέρης ο, ουσ. (συνίζ., λαϊκ.), χειριστής φαγάνας (βλ. λ.).
φαγανός, -ή, -ό, επίθ. (λαϊκ.), φαγάς.
φαγάς, -ού, -ούδικο, επίθ. (λαϊκ.), που έχει τάση πολυφαγίας· που τρώει πολύ: *παιδί -ούδικο* (συνών. *φαγανός*, *φαγούδικος*· αντ. *λιγόφαγος*, *λιτοδίαιτος*).

φαγγρί το, ουσ. (έρρ.), (ζωολ.) είδος ψαριού (συγγενεύει με το λυθρίνι και τη συναγρίδα) μήκους 30-70 εκατοστών με ράχη και πλευρά χρυσοκόκκινα, κοιλιά ασημόλευκη και σώμα θρεμμένο. [αρχ. *φάγρος*].
φαγγρίζω, βλ. *φεγγρίζω*.
φάγγρισμα, βλ. *φέγγρισμα*.
φαγγριστός, βλ. *φεγγριστός*.
φαγέδαινα η, ουσ. (ιατρ.) έλκος που διαβρώνει τις σάρκες (κοιν. *φάγουσα*).
φαγεδαινικός, -ή, -ό, επίθ. (ιατρ. για έλκος) που παρουσιάζει τάση για επέκταση.
φαγεδαινισμός ο, ουσ. (ιατρ.) η τάση έλκους για άμεση επέκταση.
φαγεντιανός, -ή, -ό, επίθ. (έρρ., ασυνίζ.), που προέρχεται από την ιταλική πόλη Φαγεντία: *σκεύη -ά*. - Το ουδ. στον πληθ. ως ουσ. = κεραμικά προϊόντα από αδιαφανή μάζα με βερνικωμένη ζωγραφισμένη επιφάνεια ή ανάγλυφη σμαλτωμένη διακόσμηση (συνών. *φαγιάντσα*).
φαγητό το, ουσ. 1a. η τροφή που παρασκευάζει, που μαγειρεύει κανείς για την (καθημερινή) συντήρησή του: *-ά νόστιμα/βαριά/νηστήσιμα· μερίδα -ού·* (προφ.) *τι ~ έχουμε σήμερα*; (ειδικά) *δοκιμάζω το* ~ (= το γεύομαι για να δω αν είναι έτοιμο ή αν είναι σωστές οι αναλογίες των υλικών του)· ~ *ξαναζεσταμένο/πρόχειρο* (= ευκολομαγείρευτο)/*σπιτικό* (σε αντίθεση με εκείνο των εστιατορίων)· *κατάλογος -ών* (= λίστα, μενού)· **β.** (περιληπτικά): *αυτό το εστιατόριο έχει εκλεκτό* ~. 2. (συνεκδοχικά) το να τρώει κανείς, το να κάθεται να γευματίσει ή να δειπνήσει· γεύμα ή δείπνο: ~ *μεσημεριανό· τους βρήκα στο* ~· *θα συζητήσουμε μετά το* ~· έκφρ.: *γεννάιο* ~ (=γεύμα πλούσιο και χορταστικό)· (σε φρ.): *δε μιλούν την ώρα του -ού! η ώρα του -ού είναι ιερή· καλώ για* ~. 3. (συνεκδοχικά) τρόφιμα και η αγορά τροφίμων· (συνήθως περιληπτικά): *ξοδεύει πολλά για το* ~· *σήμερα κοστίζει πολύ το* ~.
φαγί, βλ. *φαΐ*.
φαγιάντσα και **φαγιάνς** η, ουσ. (συνίζ.), αγγείο ή κομμένο τμήμα φαγεντιανό (βλ. λ.). [γαλλ. *faïence* < ιταλ. *Faenza* = Φαγεντία].
φαγκότο το, ουσ. άκλ. (όχι έρρ.), (μουσ.) βαθύφωνο πνευστό μουσικό όργανο της οικογένειας των ξύλινων με διπλή καλαμένια γλωσσίδα. [ιταλ. *fagotto*].
φαγκρί, βλ. *φαγγρί*.
φαγοκύτταρο το, ουσ. (φυσιολ.) κύτταρο που έχει

φαγοκυττάρωση τη δυνατότητα να περιβάλλει και να αφανίζει χωνεύοντας τα ξένα σωματίδια και ιδίως παθογόνους μικροοργανισμούς.

φαγοκυττάρωση η, ουσ. (βιολ. και φυσιολ.) μηχανισμός άμυνας του οργανισμού με τον οποίο ορισμένα ζωντανά κύτταρα (κυρίως τα λευκοκύτταρα) ή ορισμένοι μονοκύτταροι οργανισμοί (αμοιβάδες) περιβάλλουν και χωνεύουν ξένα σωματίδια (υπολείμματα νεκρωμένων κυττάρων, μικρόβια, κλπ.).

φαγοκύττωση η, ουσ. (βιολ. και φυσιολ.), φαγοκυττάρωση (βλ. λ.).

φαγομάρα, βλ. φαγωμάρα.

φαγοπότι το, ουσ. (λαϊκ.), γλέντι με φαγητό και ποτό: ~ μεγάλο/γερό (συνών. συμπόσιο, κοιν. τσιμπούσι)

-φάγος, β΄ συνθ. ουσιαστικών που δηλώνει την έννοια του «τρώγω»: κρεοφάγος, ξυλοφάγος, οικοπεδοφάγος, κλπ.

φαγούδικος, -η, -ο, επίθ. (ιδίως στο ουδ.), φαγανός, φαγάς (βλ. λ.): ζώο -ο.

φαγούρα η, ουσ. (λαϊκ.), κνησμός (βλ. λ.): ~ τοπική· ~ ανυπόφορη/εκνευριστική.

φάγουσα η, ουσ. (λαϊκ.), φαγέδαινα (βλ. λ.): ~ βρομερή· (σε κατάρα) που να βγάλεις τη ~!

φάγωμα το, ουσ. 1. η πράξη του τρώω (βλ. λ.): ~ λαίμαργο. 2. το να φαγώνεται (βλ. λ.) κάτι· η φθορά που υφίσταται κάτι από τριβή ή διάβρωση: φυσικό/βαθύ ~ των βράχων από τα κύματα· βαθμιαίο/επικίνδυνο ~ των ελαστικών ενός αυτοκινήτου. 3. (μεταφ.) φαγωμάρα (βλ. λ.): ~ καθημερινό· μεγάλο ~ έχουν τ' αδέλφια μεταξύ τους!

φαγωμάρα η, ουσ. (λαϊκ.), συνεχείς προστριβές ή λογομαχίες μεταξύ ατόμων που έχουν διχόνοια: δε σταματάει η ~ σ' αυτό το σπίτι (συνών. φάγωμα, φαγωμός).

φαγωμένος, βλ. τρώγω και φαγώνομαι.

φαγωμός ο, ουσ. (λαϊκ.), φαγωμάρα (βλ. λ.), φάγωμα: ύστερ' από τις βρισιές θα πιάνανε οι βουρδουλιές και οι μαχαιριές, αλλά προφτάξανε... κι έτσι τελείωσε αυτός ο ~ (Κόντογλου).

φαγώνομαι, ρ., αόρ. -ώθηκα (λαϊκ.). 1. υφίσταμαι φθορά από τριβή ή άλλη διαβρωτική ενέργεια: -ώθηκε το πανελόνι στις τσέπες· έχουν -ωθεί τα λάστιχα του αυτοκινήτου/τα εξαρτήματα μιας συσκευής (συνών. λειώνω, φθείρομαι, χαλώ). 2. (μεταφ.) έρχομαι σε συνεχείς προστριβές ή λογομαχίες με κάποιον ή κάποιους: αυτά τα παιδιά -ονται όλη την ημέρα.

φαγώσιμος,-η, -ο, επίθ., που μπορεί να φαγωθεί, που τρώγεται· (συνήθως στο ουδ. ως ουσ.): δεν έχουμε τίποτε -ο (συνών. εδώδιμος).

φάδι, βλ. υφάδι.

φαεινός, -ή, -ό, επίθ. 1. (λόγ.) που είναι γεμάτος φως, φωτεινός, λαμπερός. 2. (μεταφ. για το ουσ. ιδέα) που δίνει λύση σε ένα αδιέξοδο, μια δυσκολία ή απορία.

φαΐ και **φαγί** το, ουσ. (λαϊκ.), φαγητό (βλ. λ.): νόστιμο/ανάλατο· (σε φρ.) όλο ~ και ύπνο είσαι! αυτό θυμίζει ξαναζεσταμένο ~ (αποδοκιμαστικά για επανάληψη). [μεσν. φαγίον<απαρ. αορ. φαγείν του αρχ. εσθίω].

φαιδρά, βλ. φαιδρός.

φαιδρολόγημα το, ουσ. (λόγ.). α. χαριτολόγημα, αστειολογία· β. γελοίος λόγος, ανοησία: -ήματα ανάξια και να διαψευστούν.

φαιδρολογία η, ουσ. (λόγ.) φαιδρολόγημα (βλ. λ.).

φαιδρολογώ, -είς, ρ., λέω φαιδρότητες, χαριτολογήματα και, κατ' επέκταση, ανοησίες.

φαιδρός, -ή, -ό, επίθ. (λόγ.). 1. που λάμπει, που ακτινοβολεί: ήλιος ~ απ' τ' ανοιχτό παράθυρο είχε μπει (Καρυωτάκης). 2. (μεταφ.) που ακτινοβολεί από χαρά, πρόσχαρος: πρόσωπο -ό (συνών. χαρωπός, γελαστός). 3. (συνεκδοχικά) α. αστείος: ιστορία -ή (αντ. σοβαρός). β. (κατ' επέκταση) γελοίος: ο Α είναι -ό υποκείμενο. - Επίρρ. -ά.

φαιδρότητα η, ουσ. 1. το να είναι κανείς φαιδρός· ευθυμία. 2. γελοία πράξη, γελοίος λόγος.

φαιδρύνω, ρ. (λόγ.), κάνω κάποιον φαιδρό, χαροποιώ· προκαλώ φαιδρότητα, ευθυμία.

φαιλόνιο (ασυνίζ.) και (λαϊκ.) **φαιλόνι** το, ουσ. (εκκλ.) άμφιο, είδος μανδύα χωρίς μανίκια που το φορούν οι πρεσβύτεροι και οι επίσκοποι όταν λειτουργούν. [μτγν. φαιλόνιον<λατ. paenula].

φαινικός, -ή, -ό, επίθ., μόνο στον όρο -ό οξύ = φαινόλη (βλ. λ.).

φαινόλη η, ουσ. (χημ.) σώμα στερεό που λαμβάνεται από τη λιθανθρακόπισσα και χρησιμοποιείται ως απολυμαντικό καθώς και στην παρασκευή διάφορων χρωστικών υλών και φαρμάκων (αλλιώς φαινικό οξύ). [γαλλ. phénol].

φαίνομαι, ρ., αόρ. φάνηκα. 1. είμαι ή γίνομαι ορατός, διακρίνομαι: στο βάθος του δρόμου φάνηκαν τα πρώτα σπίτια· από το σπίτι μου -εται η θάλασσα. 2. εμφανίζομαι, παρουσιάζομαι: μόλις φανεί, ειδοποιήστε με· έχεις καιρό να φανείς! (αντ. εξαφανίζομαι). 3. θεωρούμαι, δείχνω, νομίζομαι: δε θέλω να ~ μόνο σωστός, αλλά και να είμαι. 4. (απρόσ.) α. συμπεραίνεται (κατά πάσα πιθανότητα): -εται ότι θα βρέξει· -εται ότι θ' αργήσει· β. (με προηγούμενη τη γεν. της προσωπ. αντων. μου, σου, κλπ.) νομίζω: μου -εται, είναι ώρα να πηγαίνουμε. Φρ. απ' ό,τι/καθώς/όπως -εται (= κατά πάσα πιθανότητα). Παροιμ. η καλή μέρα από το πρωί -εται (για κάτι που πήρε άσχημο δρόμο από την αρχή).

φαινομενικός, -ή, -ό, επίθ., που δεν έχει πραγματική υπόσταση, απατηλός, εικονικός: ευτυχία/απάθεια -ή (αντ. πραγματικός). - Επίρρ. **-ώς** και **-ά**.

φαινομενικότητα η, ουσ., το να είναι κάτι φαινομενικό.

φαινομενικώς, βλ. φαινομενικός.

φαινόμενο το, ουσ. 1. καθετί που εκδηλώνεται στη συνείδηση είτε με το ενδιάμεσο των αισθήσεων είτε όχι: -α ψυχολογικά/φυσικά/οικονομικά/κοινωνικά. 2. (φυσ. - χημ.) κάθε μεταβολή που σχετίζεται με την ύλη και τις μορφές της: το ~ του βρασμού/της οξείδωσης· ηλεκτροδυναμικό. 3. (φιλοσ.) καθετί που είναι αντικείμενο δυνατής εμπειρίας, εμφανίζεται στο χώρο και χρόνο και αντιτίθεται στο νοούμενο. 4. καθετί που ξεφεύγει από το κανονικό και επιδέχεται μελέτη και εξέταση: ~ μετρικό/γλωσσικό/γραμματικό. 5α. για πρόσωπα ιδιότυπα και άξια να μελετηθούν ως προς τα προσόντα τους: αυτό το παιδί έχει μεγάλη εξυπνάδα· είναι ~ β. καθετί το ασυνήθιστο και υπερφυσικό: ~ η επιδεξιότητά του. Έκφρ. κατά τα -α (= όπως φαίνεται).

φαινομενοκρατία η, ουσ. (φιλοσ.) θεωρία κατά την οποία υπάρχουν μόνο φαινόμενα, δηλ. γεγονότα, που έχουν συντελεσθεί στο χρόνο ή στο χώρο και μπορούν να γίνουν αντικείμενα εμπειρίας.

φαινομενολογία η, ουσ. (φιλοσ.) 1. συστηματική επιστημονική έρευνα των φαινομένων. 2. (φιλοσ.) μέθο-

φαλάκρα

δος με την οποία φτάνομε στις απόλυτες έννοιες αναλύοντας τις εμπειρίες μας από τη ζωή και παραβλέποντας την επιστημονική γνώση.

φαινομενολογικός, -ή, -ό, επίθ., που ανήκει ή αναφέρεται στη φαινομενολογία: *θεωρία -ή*.

φαινότυπος ο, ουσ. (βιολ.) το σύνολο των εμφανών εξωτερικών ιδιοτήτων ενός ατόμου, οι οποίες δεν είναι υποχρεωτικά κληρονομικές.

φαίνω, βλ. *υφαίνω*.

φαιός, -ή, και **-ά, -ό,** επίθ. (λόγ.). 1α. που έχει χρώμα μεταξύ άσπρου και μαύρου (συνών. *σκούρος, μουντός)*· β. σταχτής, γκρίζος. 2. (ανατομ.) *-ά ουσία* = η μία από τις δύο ουσίες από τις οποίες αποτελούνται τα ημισφαίρια του εγκεφάλου και ο νωτιαίος μυελός.

φάκα η, ουσ., ποντικοπαγίδα (βλ. λ.)· φρ. *πέφτω ή πιάνομαι στη* ~ (= παγιδεύομαι). [τουρκ. *fak*].

φακελάκι, βλ. *φάκελος*.

φακελοποιία η, ουσ. (ασυνίζ.), η τέχνη και η βιομηχανία κατασκευής φακέλων.

φάκελος ο και **-ο** το, ουσ. 1. χάρτινο περίβλημα επιστολών ή εγγράφων. 2. σύνολο εγγράφων που αναφέρονται σε συγκεκριμένη υπόθεση ή άτομο: ~ *της Κύπρου*· φρ. *έχει -ο* (= είναι σεσημασμένος). 3. χαρτοφύλακας από χαρτόνι για φύλαξη εγγράφων. - Υποκορ. **-άκι** το (στη σημας. 1) = 1. μικρός φάκελος. 2. παράνομη αμοιβή γιατρού.

φακέλωμα το, ουσ. 1. τοποθέτηση και κλείσιμο επιστολής ή εγγράφου σε φάκελο. 2. σχηματισμός από την αστυνομία φακέλου με στοιχεία και έγγραφα που αναφέρονται σε ορισμένο πρόσωπο ή οργάνωση, κ.ά.

φακελώνω, ρ. 1. κλείνω επιστολή ή έγγραφο σε φάκελο. 2. (για την αστυνομία) σχηματίζω φάκελο συγκεντρώνοντας όλα τα στοιχεία ή έγγραφα που αναφέρονται σε συγκεκριμένο άτομο ή οργάνωση, κ.ά. (πβ. *αφακέλωτος)*.

φακή η, ουσ. 1. είδος ετήσιου φυτού της οικογένειας των ψυχανθών, καθώς και ο καρπός του που έχει μορφή μικροσκοπικού αμφίκυρτου δίσκου και ανήκει στην κατηγορία των οσπρίων. 2. (συνεκδοχικά) φαγητό που παρασκευάζεται από αυτό το όσπριο. Έκφρ. *παλληκάρι της -ής,* βλ. *παλληκάρι*.

φακίδα η, ουσ., μικρό στίγμα στο δέρμα του ανθρώπου σε σχήμα φακής: *πρόσωπο γεμάτο -ες* (συνών. *πανάδα)*.

φακιδιάρης ο, θηλ. **-ιάρα,** ουσ. (συνίζ. λαϊκ.), άτομο με φακίδες.

φακιόλι το, ουσ. (συνίζ. λαϊκ.), γυναικείος κεφαλόδεσμος από λεπτό διάφανο ύφασμα (συνών. *τσεμπέρι)*. [μτγν. *φακιάλιον*<λατ. *faciale*].

φακίρης ο, θηλ. **-ισσα,** ουσ. 1. Ινδός ασκητής που εκτελεί διάφορα υπερφυσικά πειράματα στο σώμα του. 2. (γενικά) θαυματοποιός. [γαλλ. *fakir*<αραβ. *faqîr*].

φακιρικός, -ή, -ό, επίθ., που σχετίζεται με το φακίρη: *θαύματα -ά*. - Το ουδ. στον πληθ. ως ουσ. = κόλπα, ταχυδακτυλουργίες.

φακιρισμός ο, ουσ., η ικανότητα των φακίρηδων να εκτελούν υπερφυσικά πειράματα καθώς και το σύνολο των πειραμάτων αυτών.

φακίρισσα, βλ. *φακίρης*.

φακόμετρο το, ουσ. (φυσ.) όργανο με το οποίο μετρούμε τη διαθλαστική ικανότητα των φακών.

φακός ο, ουσ. 1. σώμα από διαθλαστικό διαφανές υλικό που περιορίζεται τουλάχιστον από μία καμπύλη επιφάνεια και χρησιμεύει στο σχηματισμό οπτικών ειδώλων: *-οί συγκλίνοντες / αποκλίνοντες*. 2. κάθε σύστημα που κάνει να συγκλίνει ή να αποκλίνει η δέσμη φωτός που το διαπερνά: ~ *τηλεοπτικός / φωτογραφικός / κινηματογραφικός*. 3. (ανατομ.) ~ *κρυσταλλοειδής* = διαθλαστικό όργανο του οφθαλμού, διαφανές σαν γυαλί σε σχήμα αμφίκυρτου φακού που βρίσκεται πίσω από την ίριδα. 4. (συνεκδοχικά, στον πληθ.) γυαλιά διορθωτικά της όρασης: *φοράει -ούς μυωπίας*· *-οί επαφής,* βλ. *επαφή* σημας. 1β. 5. φορητή συσκευή με φακό, λαμπάκι και μπαταρίες που εκπέμπει φως.

φακοσκλήρωση η, ουσ. (ιατρ.) σκλήρυνση του κρυσταλλοειδούς φακού του οφθαλμού.

φακοσκόπιο το, ουσ. (ασυνίζ.), όργανο με το οποίο εξετάζονται οι αλλοιώσεις του σχήματος του κρυσταλλοειδούς φακού.

φάλαγγα η, ουσ. (έρρ.). 1. παράταξη τμήματος στρατού σε μεγάλο βάθος για μάχη. 2. στρατιωτικό σώμα με δική του οργάνωση: ~ *ιερολοχιτών*. 3α. σχηματισμός μονάδας στρατιωτών ή συνόλου προσώπων που γυμνάζονται, ιδίως όταν αυτοί είναι σε κίνηση: ~ *κατ' άνδρα*· *παρατάχθειτε σε* ~ *κατά τετράδες*· β. (γενικά) για ομάδα προσώπων που κινούνται ή οδηγούνται προς ορισμένη κατεύθυνση: *-ες προσφύγων/αιχμαλώτων*. 4. μακριά σειρά οχημάτων που κινούνται μαζί προς την ίδια κατεύθυνση: ~ *βυτιοφόρων*· *-ες Ι.Χ. στην εθνική οδό*. 5. η οριζόντια ράβδος ζυγαριάς παλαιού τύπου που από τις δύο άκρες της κρέμονται οι πλάστιγγες. 6. φάλαγγας (βλ. λ.): *έκαναν* ~ *στον κρατούμενο*. 7. (ανατομ.) καθένα από τα τρία επιμήκη οστά που αποτελούν το σκελετό των δακτύλων χεριού και ποδιού ανθρώπων και ζώων. Έκφρ. *πέμπτη* ~, βλ. *πέμπτος* σημας. 2.

φάλαγγας ο, ουσ. (έρρ.), παλιότερο όργανο τιμωρίας εγκληματιών, κ.ά. ή μαθητών, καθώς και η σωματική ποινή που τους επιβαλλόταν.

φαλάγγι το, ουσ. (έρρ.), (ζωολ.) είδος αράχνης που το δάγκωμά της θεωρείται δηλητηριώδες. 2. (ναυτ.) δοκάρι που πάνω του σέρνουν τις βάρκες, για να τις βγάλουν από τη θάλασσα στη στεριά: *είχαμε* ~ *στη θάλασσα για τη βάρκα*. 3. (ναυπηγική) καθένα από τα δοκάρια που τοποθετούνται εγκάρσια στη σκάρα της ναυπηγικής κλίνης. Φρ. *παίρνω* ~, βλ. *παίρνω*.

φαλαγγίτης ο, θηλ. **-ισσα,** ουσ. (έρρ.). 1. (σπανίως) στρατιώτης φάλαγγας. 2. (ιστ.) μέλος φασιστικής στρατιωτικής οργάνωσης: *οι -ες του Φράνκο στην Ισπανία*.

φάλαινα η, ουσ. 1. (ζωολ.) θαλάσσιο θηλαστικό με τεράστιο μέγεθος (μήκος ορισμένων ειδών έως 30 μ. και βάρος έως 125 τ.), το μεγαλύτερο ζώο στη γη: ~ *γαλάζια/λευκή*· *ουρά/λίπος -ας* (πβ. *κήτος)*. 2. (σκωπτ.) για χοντρή γυναίκα.

φαλαινοειδής, -ής, -ές, γεν. *-ούς,* πληθ. αρσ. και θηλ. *-είς,* ουδ. *-ή,* επίθ. (λόγ.), όμοιος με φάλαινα.

φαλαινοθήρας ο, ουσ., αυτός που κυνηγά φάλαινες.

φαλαινοθηρία η, ουσ., κυνήγι φαλαινών: *η* ~ *επιτρέπεται σε ορισμένη περίοδο του έτους*.

φαλαινοθηρικό το, ουσ., μεγάλο αλιευτικό σκάφος με κατάλληλο εξοπλισμό για το κυνήγι φαλαινών: *-ά ιαπωνικά*.

φαλάκρα, καράφλα και (σπανιότ.) **φαράκλα** η, ουσ. α. το να λείπουν εντελώς οι τρίχες από ολόκληρο το κεφάλι ή από ένα μέρος του: *αρχές -ας·* β. (συνεκδοχικά) το μέρος του κρανίου απ' όπου έχουν πέσει τα μαλλιά: ~ *γυαλιστερή.*

φαλάκρας, καράφλας και (σπανιότ.) **φαράκλας** ο, ουσ., αυτός που έχει φαλάκρα.

φαλακροκόρακας ο, ουσ. (ζωολ.) μεγαλόσωμο κατάμαυρο θαλασσοπούλι με μακρύ λαιμό και σώμα.

φαλακρός, -ή, -ό, καραφλός και (σπανιότ.) **φαρακλός,** επίθ. 1. (για πρόσωπο) που έχει φαλάκρα. 2. (μεταφ. για ύψωμα, ορεινή έκταση) που δεν έχει δέντρα, βλάστηση: *κορφές -ές· κάβοι -οί.*

φάλαρα τα, ουσ., στολίδια της ιπποσκευής, ειδικά στο μέτωπο του αλόγου και στα γκέμια: ~ *μπρούντζινα.*

φαλαρίδα η, ουσ. (ζωολ.) μαύρο πουλί των λιμνών στο μέγεθος μικρής κότας (συνών. *μαυρόκοτα*).

φαληρικός, -ή, -ό, επίθ., που αναφέρεται στο Φάληρο ή βρίσκεται εκεί: *ιππόδρομος ~.*

Φαληριώτης ο, θηλ. **-ισσα,** ουσ. (συνιζ.), αυτός που κατοικεί στο Φάληρο ή κατάγεται από εκεί.

φαληριώτικος -η -ο, επίθ. (συνιζ.), που ανήκει ή αναφέρεται στο Φάληρο ή προέρχεται από εκεί.

Φαληριώτισσα, βλ. *Φαληριώτης.*

φαλιμέντο το, ουσ. (έρρ., λαϊκ.), πτώχευση, χρεοκοπία (βλ. λ.). [ιταλ. *fallimento*].

φαλιρίζω και **φαλίρω,** ρ. (λαϊκ.), πτωχεύω, χρεοκοπώ (βλ. λ.). [ιταλ. *fallire*]

φαλίρισμα το, ουσ. (λαϊκ.), πτώχευση, χρεοκοπία.

φαλίρω, βλ. *φαλιρίζω.*

φαλκίδευση η, ουσ., το να φαλκιδεύεται κάτι: ~ *της ελευθερίας του τύπου/του συντάγματος.*

φαλκιδεύω, ρ., ασκώ ή επιφέρω περιορισμούς σε νόμιμο δικαίωμα χωρίς να το θίγω άμεσα ή να το καταργώ: *διάταγμα που -ει τις δημοκρατικές ελευθερίες.* [λατ. *Falcidius* = όν. δημάρχου αρχ. Ρώμης].

φαλλικός, -ή, -ό, επίθ., που αναφέρεται στο φαλλό (βλ. λ.): *πομπή -ή· τραγούδια -ά·* (ψυχ.) *σύμβολα -ά.*

φαλλοκράτης ο, ουσ., άντρας που σκέπτεται και συμπεριφέρεται με φαλλοκρατικό τρόπο.

φαλλοκρατία η, ουσ., τύπος και πρακτική μιας κοινωνίας που είναι οργανωμένη με βάση την αντίληψη ότι οι άντρες είναι ανώτεροι από τις γυναίκες και όπου αυτοί κυριαρχούν και επιβάλλονται καταχρηστικά στις γυναίκες.

φαλλοκρατικός, -ή, -ό, επίθ., που αναφέρεται στη φαλλοκρατία (βλ. λ.), που εμπνέεται από αυτήν: *αντιλήψεις -ές· κοινωνία -ή.*

φαλλός ο, ουσ. 1. (στην αρχαία ελληνική και ρωμαϊκή θρησκεία, καθώς και σε άλλες αρχαίες και πρωτόγονες θρησκείες) ομοίωμα ανδρικού μορίου σε στύση ως λατρευτικό σύμβολο που αναπαριστούσε τη γονιμότητα και την αναγεννητική δύναμη της φύσης, κάποτε και τον ίδιο το θεό (όπως στη λατρεία του Διονύσου). 2. το ανδρικό μόριο.

φαλμπαλάς, βλ. *φραμπαλάς.*

φάλτσα, βλ. *φάλτσος.*

φαλτσάρισμα το, ουσ. (λαϊκ.). 1. παραφωνία, φάλτσο. 2. το να κινείται κάτι φαλτσαριστά.

φαλτσαριστός, -ή, -ό, επίθ. (για χτύπημα της μπίλιας στο μπιλιάρδο ή της μπάλας στο ποδόσφαιρο ή το βόλεϊ) που δίνεται στην περιφέρεια και όχι στο κέντρο της και την κάνει να αλλάξει κα-

τεύθυνση κατά την κίνησή της: *μ' ένα -ό σουτ ξεγέλασε τον τερματοφύλακα.*

φαλτσάρω, ρ. (λαϊκ.). 1. κάνω παραφωνία, φάλτσο. 2. (μεταφ.) κάνω λάθος, σφάλλω, δε φέρομαι σωστά. [ιταλ. *falsare*].

φαλτσέτα η, ουσ. 1. μικρό εργαλείο με κάπως κυρτή λεπίδα που χρησιμοποιούν οι τσαγγάρηδες. 2. (σπανιότ.) κοφτερό γεωργικό εργαλείο, σα μικρό δρεπάνι. [ιταλ. *falcetto*].

φάλτσο το, ουσ. 1. παραφωνία: *κάνω ~· τραγούδησε με πολλά -α.* 2. (μεταφ.) λάθος, σφάλμα. 3. χτύπημα μπίλιας ή μπάλας φαλτσαριστό (βλ. λ.): *έστειλε τη μπάλα με ~ στα δίχτυα.* [ιταλ. *falso*].

φάλτσος, -α, -ο, επίθ. (λαϊκ.), παράφωνος. - Επίρρ. **-α.** [ιταλ. *falso*].

φαμελιά και **φαμίλια** η, ουσ. (συνιζ., λαϊκ.), οικογένεια: ~ *τρανή· μπαινόβγαινε λες και ήτανε της -ίλιας.* [παλαιότερο *φαμίλια*<lat. *familia* - ιταλ. *famiglia*].

φαμελίτης ο, θηλ. **-ισσα,** ουσ. (λαϊκ.), οικογενειάρχης, ιδίως πολύτεκνος: ~ *με πέντε παιδιά· ό,τι περίσσευε από τα φαγητά το έπαιρναν οι φτωχοί -ες.*

φαμίλια, βλ. *φαμελιά.*

φάμπρικα η, ουσ. (όχι έρρ., λαϊκ.). 1. εργοστάσιο: *στις -ες της Γερμανίας.* 2. (μεταφ.) έξυπνο μέσο ή πλάγιος τρόπος, συνήθως μεμπτός, για να κερδίσει κάποιος ή να πετύχει κάτι (συνών. *μηχανή*). [ιταλ. *fabbrica*].

φαμπρικάρω, ρ. (όχι έρρ., λαϊκ.), κατασκευάζω (βιομηχανικά προϊόντα). [ιταλ. *fabbricare*].

φαμφάρα η, ουσ. 1. πομπώδες μουσικό κομμάτι που παίζεται με σάλπιγγες σε ορισμένες εκδηλώσεις ή τελετές που έχουν γιορταστικό ή πανηγυρικό χαρακτήρα. 2. ορχήστρα που αποτελείται από χάλκινα μουσικά όργανα, μπάντα. 3. (στον πληθ.) φλυαρία στομφώδης: *όλο -ες είναι αυτός ο άνθρωπος.* [ιταλ. *fanfara*].

φαμφαρονισμός ο, ουσ., κομπασμός χωρίς νόημα, καυχησιολογία.

φαμφαρονίστικος, -η, -ο, επίθ., που ανήκει ή αναφέρεται στο φαμφαρονισμό ή το φαμφαρόνο: *λόγια -α.*

φαμφαρόνος ο, ουσ., που καμαρώνει ανόητα για τα υποθετικά (ή και πραγματικά) προσόντα ή κατορθώματά του (συνών. *κομπαστής, καυχησιάρης*). [ιταλ. *fanfarone*<ισπαν. *fanfarron*].

φανάρι το, ουσ. **1α.** συσκευή φωτισμού με μεταλλικό πλαίσιο, πλευρές από γυαλί ή ημιδιαφανές υλικό και ένα φωτιστικό σώμα (λ.χ. κερί, λυχνάρι, λαμπτήρα) προσαρμοσμένο στο εσωτερικό του: ~ *του Διογένη/ηλεκτρικό/κινέζικο (κυλινδρικό ή σφαιρικό από μεταξωτό ύφασμα ή χαρτί)·* παροιμ. *άναψε το ~ σου, προτού να σ' εύρει η νύχτα* (= να είσαι προνοητικός) πβ. *κλεφτοφάναρο, φανός)·* β. (ειδικά) ως μέσο φωτισμού στο μπροστινό μέρος αυτοκινήτου ή άλλου οχήματος. **2.** (ναυτ.) φάρος: *είναι παράξενα της Ίντιας τα -ια* (Καββαδίας) (συνών. *φανός*). **3.** φωτεινός σηματοδότης για τη ρύθμιση της οδικής κυκλοφορίας: *στο επόμενο ~ στρίψτε δεξιά· μ' έπιασε το ~* (= «άναψε κόκκινο» και σταμάτησα). **4.** (λαϊκ. παλαιότερα) σκεύος της κουζίνας από λεπτό συρμάτινο πλέγμα, όπου φύλαγαν τρόφιμα: ~ *κρεμασμένο στον τοίχο.* Έκφρ. *φως ~* (= ολοφάνερα, αναμφίβολα). Φρ. *έγινε ~* (= αδυνάτισε πολύ)· *είναι φως ~* (= είναι ολοφάνερο)· *κρατάει ~* (= είναι

παρών με ευνοϊκή διάθεση σε ερωτικές υποθέσεις άλλου). - Υποκορ. **-άκι** το στη σημασ. 1α.
φαναρ(ι)τζήδικο το, ουσ. (λαϊκ.), το εργαστήριο του φαναρτζή (συνών. *φανοποιείο*).
φαναρ(ι)τζής ο, ουσ. (λαϊκ.). α. αυτός που κατασκευάζει φανάρια (βλ. λ. σημασ. 1α) (συνών. *φανοποιός*)· β. (γενικά) τενεκετζής.
Φαναριώτης ο, θηλ. **-ισσα**, ουσ. (συνιζ.), (ιστ., συνήθως στον πληθ.) κάτοικος του Φαναρίου, συνοικίας της Κωνσταντινούπολης· (ειδικά) μέλος αρχοντικής και πλούσιας ελληνικής οικογένειας απ' όσες είχαν εγκατασταθεί και ζούσαν εκεί ιδίως το 18. - 19. αι., οπότε ανέδειξαν πολλούς αξιωματούχους του Πατριαρχείου και της οθωμανικής αυτοκρατορίας.
φαναριώτικος, -η, -ο, επίθ. (συνιζ.), που ανήκει ή αναφέρεται στους Φαναριώτες: *οικογένειες -ες· ερωτικά τραγούδια -α*.
Φαναριώτισσα, βλ. *Φαναριώτης*.
φαναρτζήδικο, βλ. *φαναριτζήδικο*.
φαναρτζής, βλ. *φαναριτζής*.
φανατίζω, ρ., καθιστώ κάποιον φανατικό: *συνθήματα που -ουν τα πλήθη*.
φανατικός, -ή, -ό, επίθ., που έχει φανατισμό: *πατριώτης/φίλαθλος ~*. - Επίρρ. **-ά**.
φανατισμός ο, ουσ. α. προσήλωση στις προσωπικές αντιλήψεις με εγωισμό και εμπάθεια, που εκδηλώνεται συχνά με ακραία συμπεριφορά σε βάρος των αντιπάλων: *~ θρησκευτικός/τυφλός·* β. (σπανιότ.) έντονος ενθουσιασμός, σφοδρός ζήλος για κάτι: *υποστηρίζουν με -ό την ομάδα τους*.
φανέλα και (σπανιότ., λαϊκ.) **φλανέλα** η, ουσ. **1**. μάλλινο ή βαμβακερό χνουδωτό ύφασμα: *παντελόνι από ~*. 2. μαλακό εσώρουχο, συνήθως λεπτό και βαμβακερό, που φοριέται κατάσαρκα στο πάνω μέρος του σώματος: *~ αθλητική/μάλλινη/στρατιωτική* (πβ. *κασκορσέ*). - Υποκορ. **-άκι** το και **-ίτσα** η (στη σημασ. 2). [βενετ. *fanela* - ιταλ. *flanella*].
φανελάδικο το, ουσ. (λαϊκ.), φανελοποιία.
φανελάκι, βλ. *φανέλα*.
φανελένιος, -ια, -ιο, επίθ. (συνιζ.), κατασκευασμένος από φανέλα (βλ. λ. σημασ. 1): *σακάκι -ιο*.
φανελίτσα, βλ. *φανέλα*.
φανελοποιία η, ουσ., εργοστάσιο όπου κατασκευάζονται φανέλες (βλ. λ. σημασ. 2).
φανελοποιός ο, ουσ. (ασυνίζ.), αυτός που κατασκευάζει φανέλες (βλ. λ. σημασ. 2).
φανερά, βλ. *φανερός*.
φανερόγαμα τα, ουσ. (βοτ.) κατηγορία φυτών που έχουν φανερά τα όργανα πολλαπλασιασμού τους, έχουν δηλ. άνθη και σχηματίζουν σπόρους (αντ. *κρυπτόγαμα ή σποριόφυτα*).
φανερός, -ή, -ό, επίθ. **1α.** που φαίνεται από όλους, που εμφανίζεται σε όλους (με ορισμένη ιδιότητα): *πηγές χρηματοδότησης -ές· υποστηρικτής ~* (αντ. *αφανής, κρυφός, μυστικός*)· β. (για πράξη, εκδήλωση, κ.τ.ό.) που μπορούν όλοι να τη δουν, να την παρακολουθήσουν: *ψηφοφορία -ή· δημοπρασία -ή* (= *δημόσια*) (αντ. *μυστικός*). 2. που γίνεται αμέσως αντιληπτό, που εύκολα τον καταλαβαίνει κανείς: *αμηχανία/αιτία -ή* (συνών. *εμφανής, ξεκάθαρος, σαφής·* αντ. *κρυφός, άγνωστος*). Έκφρ. **στα -ά** (= *δημόσια, απροκάλυπτα*): *άρχισαν να τον επικρίνουν και στα -ά*. Φρ. *γίνεται/είναι -ό* (για σαφές και αναμφίβολο γεγονός): *έγινε -ό ότι οι στρατιώτες θα φύγουν· από τη συ-*

ζήτηση είναι *-ό ότι κανείς τους δε θα υποχωρήσει*. - Επίρρ. **-ά**.
φανέρωμα το, ουσ., το να φανερώνεται κάτι: *~ αναγκαστικό/τυχαίο* (συνών. *δείξιμο, εμφάνιση, αποκάλυψη, γνωστοποίηση·* αντ. *απόκρυψη, αποσιώπηση, συγκάλυψη*).
Φανερωμένη η, ουσ. (θρησκ.) α. όνομα εκκλησιών ή μονών ιδρυμένων σε τόπους όπου κατά την κοινή πίστη βρέθηκε εικόνα της Παναγίας με δική της εμφάνιση και υπόδειξη· β. (συνεκδοχικά) όνομα της Παναγίας.
φανερώνω, ρ. I. ενεργ. **1α.** κάνω φανερό κάτι, εμφανίζω, δείχνω: *μου έκρυψε το βιβλίο και δεν το -ει·* β. γνωστοποιώ, αποκαλύπτω: *δε θα -ώσω το μυστικό σου σε κανέναν* (αντ. *κρύβω, αποσιωπώ*). 2. καθιστώ αντιληπτό κάτι, σημαίνω: *η απάντησή του -ει ότι αγνοεί το ζήτημα· πράξη που -ει ψυχική ανωτερότητα*. II. μέσ. **1**. εμφανίζομαι, παρουσιάζομαι: *άλλος γενναίος σαν αυτόν δε -ώθηκε στον κόσμο*. 2. γίνομαι γνωστός, αποκαλύπτομαι: *η απάτη αργά ή γρήγορα θα -ωθεί* (αντ. *αποσιωπούμαι, συγκαλύπτομαι*).
φανέρωση η, ουσ., φανέρωμα (βλ. λ.).
φανέστρα η, ουσ. **1**. (ναυτ.) είδος φεγγίτη σε πλοίο. 2. (ιδιωμ.) παράθυρο. [ιταλ. *finestra*].
φανοκόρος ο, ουσ. (παλαιότερο). α. αυτός που φρόντιζε για την καλή κατάσταση των φανών φωτισμού μιας πόλης· β. ο εντεταλμένος να ανάβει τους φανούς σε έναν οικισμό: *άναψε κι ο ~ τα φανάρια του γκαζιού* (Ι. Μ. Παναγιωτόπουλος).
φανοποιείο το, ουσ., εργαστήριο κατασκευής ή επισκευής φαναριών (συνών. *φαναρ(ι)τζήδικο*).
φανοποιός ο, ουσ. (ασυνίζ.), κατασκευαστής φανών (συνών. *φαναρ(ι)τζής*).
φανός ο, ουσ. (λόγ.). **1**. φορητό σκεύος που περιβάλλεται από γυαλί και έχει στο εσωτερικό του λυχνία, κερί ή άλλο φωτιστικό μέσο (συνών. *φανάρι*). 2. φάρος.
φανοστάτης ο, ουσ., στύλος ξύλινος ή σιδερένιος στον οποίο προσαρμόζεται φανός για το φωτισμό δρόμων, πλατειών, κλπ.
φανουρόπιτα η, ουσ. (λαϊκ.), πίτα που φέρνουν στην εκκλησία την ημέρα της γιορτής του αγίου Φανουρίου και τη μοιράζουν μετά την απόλυση, κατά τη λαϊκή παράδοση για να φανερώσει ο άγιος κάτι χαμένο.
φανταγμένος, βλ. *φαντασμένος*.
φαντάζομαι, ρ. (έρρ.), αόρ. **-άστηκα**, μτχ. παρκ. **-ασμένος**. **1**. πλάθω με το μυαλό μου μία ή διάφορες εικόνες: *-εται τον εαυτό του να βρίσκεται στο πέλαγος από ναυάγιο· ~ πώς θα του φανεί όταν το μάθει*. 2. υποθέτω, νομίζω: *ποτέ δε -άστηκα ότι θα γίνει κάτι τέτοιο· -εσαι πως είναι αθώος ο κατηγορούμενος· ~ πως θα τον πείσω*. Φρ. *δεν μπορώ να το -αστώ ή δε -όμουν ποτέ ότι...* (= *το θεωρώ ή θεωρούσα εντελώς απίθανο*) *-άσου ή για -άσου να...* (= *θα είναι εκπληκτικό, πολύ περίεργο αν...*). - Βλ. και *φαντασμένος*.
φαντάζω, ρ., αόρ. **-αξα**, (έρρ.). **1α.** προκαλώ ζωηρή εντύπωση: *το φόρεμά της -αξε περισσότερο απ' όλα·* β. (κατ' επέκταση) έχω επιβλητική παρουσία: *δεν είναι πιο ωραίο, μα -ει περισσότερο*. 2. μοιάζω με κάτι ή κάποιον: *-αζε λιοντάρι*. 3. (σπανιότ.) όχω φαντάσματα: *-ει ο τόπος*.
φάνταξη η, ουσ. (έρρ., λαϊκ.), επιδεικτική εξωτερική εμφάνιση: *τραβούσε τα βλέμματα όλου του κόσμου με τη -ή της*.

φανταξιά η, ουσ. (έρρ., συνιζ., λαϊκ.), φαντασίωση (βλ. λ.).
φανταράκι, βλ. *φαντάρος.*
φανταρία η, ουσ. (έρρ.). α. ομάδα φαντάρων (βλ. λ.)· β. (γενικά) το σύνολο του πεζικού στρατού. [ιταλ. *fanteria*].
φανταρίστικος, -η, -ο, επίθ. (έρρ.), που ανήκει ή αναφέρεται στους φαντάρους (βλ. λ.): *ρούχα -α* ή (ως ουσ.) *τα -α* (= η στρατιωτική στολή).
φαντάρος ο, ουσ. (έρρ.), στρατιώτης, ιδίως του πεζικού: φρ. *πάω ~* (= προσέρχομαι να καταταχτώ στο στρατό για να υπηρετήσω τη στρατιωτική μου θητεία)· φρ. *τον πήρανε -ο.* - Υποκορ. **-άκι** το.
φαντασία η, ουσ. (έρρ.). 1. η ικανότητα του ανθρώπου να πλάθει με το μυαλό του και με αφετηρία την εμπειρία του εικόνες πραγμάτων ή γεγονότων που αναφέρονται στο παρελθόν, το παρόν ή το μέλλον και που μπορεί να πραγματοποιηθούν ή όχι: *παιχνίδια της -ας*. 2. (στον πληθ.) απλά δημιουργήματα της φανταστικής ικανότητας κάποιου: *όλα αυτά είναι -ες* (= δεν έχουν καμιά σχέση με την πραγματικότητα). 3. ικανότητα κάποιου να δημιουργεί κάτι πρωτότυπο: *λογοτεχνικό έργο γραμμένο με ~· ζωγράφος/τεχνίτης με ~· η εργασία του δείχνει ότι δεν έχει μόνο γνώσεις, αλλά και ~* (συνών. *δημιουργικότητα, εφευρετικότητα*). 4. (λαϊκ.) περηφάνια, κομπορρημοσύνη: *είναι άνθρωπος όλο λόγια και ~!* (συνών. *έπαρση*). 5. *επιστημονική ~* = αφηγηματική δημιουργία γεγονότων με βάση την εφαρμογή επιστημονικών δεδομένων. 6. (μουσ.) μουσική σύνθεση με ελεύθερη μορφή.
φαντασιοκόπημα το, ουσ. (έρρ., ασυνίζ.), πλάσμα της φαντασίας, κάτι που δεν μπορεί να πραγματοποιηθεί.
φαντασιοκοπία η, ουσ. (έρρ., ασυνίζ.), σκέψη ή ιδέα που δεν ανταποκρίνεται στην πραγματικότητα (συνών. *φαντασιοπληξία, ουτοπία*).
φαντασιοκόπος, επίθ. (έρρ. ασυνίζ., λόγ.), αυτός που φαντασιοκοπεί (βλ. λ.) (συνών. *φαντασιόπληκτος*).
φαντασιοκοπώ, -είς, ρ. (έρρ., ασυνίζ., λόγ.), φαντάζομαι πράγματα ανύπαρκτα ή αδύνατα (συνών. *αεροβατώ*).
φαντασιόπληκτος, -η, -ο, επίθ. (έρρ., ασυνίζ.). 1. που φαντάζεται πράγματα ανύπαρκτα ή αδύνατα: *γυναίκα -η* (συνών. *φαντασιοκόπος* αντ. *ρεαλιστής*). 2. που ρυθμίζει τη ζωή του έξω από την πραγματικότητα: *σ' όλη του τη ζωή υπήρξε ~ κι ονειροπόλος.*
φαντασιοπληξία η, ουσ. (έρρ., ασυνίζ.), το να είναι κανείς φαντασιόπληκτος.
φαντασιώδης, -ης, -ες, γεν. *-ους,* πληθ. αρσ. και θηλ. *-εις,* ουδ. *-η,* επίθ. (έρρ., ασυνίζ.). 1. που υπάρχει μόνο στη φαντασία (κάποιου): *φόβοι - εις· καταδίωξη ~.* 2. που έχει την τάση να φαντασιοκοπεί (βλ. λ.).
φαντασίωση η, ουσ. (έρρ., ασυνίζ.). 1. το να πλάθει κανείς φανταστικές εικόνες. 2. το πλάσμα της παραπάνω ενέργειας· ψευδαίσθηση: *καταλαμβάνεται από -ώσεις.*
φάντασμα το, ουσ. (έρρ.). 1. υπερφυσική εμφάνιση νεκρού με αισθητή και ορατή μορφή: *είδε το ~ του πατέρα της.* 2. (λαογρ.) άυλο και υπερφυσικό ον που πιστεύεται ότι εμφανίζεται σε ερήμους, ερειπωμένους, κ.ά. χώρους, ιδίως τη νύχτα: *εδώ έχει -ατα·* χώνει το κεφάλι στο σκέπασμά του για να γλυτώσει από τα *-ατα* (Κόντογλου) (συνών. *στοιχειό*). 3. πρόσωπο ή πράγμα από το παρελθόν που ξανάρχεται στη μνήμη και την ενοχλεί: *τον κυνηγούν τα -ατα του παρελθόντος.* 4. (σε θέση επιθ.) που εμφανίζεται και εξαφανίζεται σαν φάντασμα: *πλοίο/ληστής ~.* 5. (μεταφ.) άνθρωπος πάρα πολύ αδύνατος: *έγινε ~ από την ασιτία.*
φαντασμαγορία η, ουσ. (έρρ.). 1. δημιουργία φανταστικών παραστάσεων με οπτικά τεχνάσματα. 2. το αποτέλεσμα της παραπάνω δημιουργίας. 3. θεατρικό ή καλλιτεχνικό έργο όπου κυριαρχεί το φανταστικό ή θεαματικό στοιχείο. 4. (γενικότερα) καθετί θεαματικό. [γαλλ. *fantasmagorie*].
φαντασμαγορικός, -ή, -ό επιθ. (έρρ.), που αναφέρεται στη φαντασμαγορία (βλ. λ.): *θέαμα -ό.* - Επίρρ. **-ά.**
φαντασμένος, -η, -ο και (λαϊκ.) **φανταγμένος,** μτχ. ως επίθ.(έρρ.). που έχει μεγάλη ιδέα για τον εαυτό του (συνών. *αλαζόνας, οιηματίας*). - Βλ. και *φαντάζομαι.*
φανταστικός, -ή, -ό, επίθ. (έρρ.). 1. που ανήκει ή αναφέρεται στη φαντασία: *ή εικόνα ενός άγνωστου προσώπου· κινηματογράφος ~.* 2. ανύπαρκτος, πλασματικός: *αυτά που μου λες είναι -ά πράγματα· ετυμολογία -ή* (= λανθασμένη) (αντ. *αληθινός, πραγματικός*). 3. (προφ.) που μοιάζει υπερφυσικός· εξαιρετικός, εντυπωσιακός: *ομορφιά -ή· η διαδρομή ήταν -ή!* - Επίρρ. **-ά.**
φανταστικότητα η, ουσ. (έρρ.), η ιδιότητα του φανταστικού (βλ. λ.): *οι λογοτεχνικές μορφές αυτού του συγγραφέα μας επιβάλλονται με τη -ά τους.*
φανταχτερός, -ή, -ό, επίθ. (έρρ.), που φαντάζει, που δημιουργεί βαθιά εντύπωση: *στολή -ή· χρώματα -ά* (συνών. *εντυπωσιακός, «χτυπητός»*). - Επίρρ. **-ά.**
φανταχτός, -ή, -ό, επίθ. (έρρ.), (σπάνια) φανταχτερός (βλ. λ.).
φαντεζί, επίθ. άκλ. (έρρ.), που είναι ιδιόμορφος και προκαλεί εντύπωση: *σακάκι ~· χρώματα ~* (= έντονα). [γαλλ. *fantaisie*].
φάντης, I. και **φάντες** ο, πληθ. *-ηδες,* ουσ. (έρρ.), ο βαλές (βλ. λ.) της τράπουλας. Φρ. *ήρθε/εμφανίστηκε/παρουσιάστηκε σαν ~ μπαστούνι* (= παρουσιάστηκε αναπάντεχα). [ιταλ. *fante*<ισπαν. *infante*].
φάντης, II. βλ. *υφαντής.*
φαντομάς ο, πληθ. *-άδες,* ουσ. (έρρ.), (προφ.), «αόρατος», ασύλληπτος κακοποιός. [όν. ήρωα μυθιστορήματος].
φαντός, βλ. *υφαντός.*
φάντρα, βλ. *υφαντής.*
φανφάρα, βλ. *φαμφάρα.*
φανφαρονισμός, βλ. *φαμφαρονισμός.*
φανφαρονίστικος, βλ. *φαμφαρονίστικος.*
φανφαρόνος, βλ. *φαμφαρόνος.*
φαξ το, ουσ. άκλ., τέλεφαξ (βλ. λ.).
φάουλ το, ουσ. άκλ. (αθλητ.) όρος στο ποδόσφαιρο, το μπάσκετ, το τένις, κ.ά., που δηλώνει ότι ένας παίκτης έχει παραβεί κάποιον από τους κανόνες του παιγνιδιού: *στο 65΄ ο διαιτητής σφύριξε ~.* [αγγλ. *foul*].
φάπα η, ουσ. (λαϊκ.), χτύπημα στο κεφάλι ή στο σβέρκο: *αυτός είναι για -ες* (συνών. *καρπαζιά*). [λ. ηχομιμ.]
φάρα η, ουσ. (λαϊκ.), φυλή, γένος· έκφρ. *κακιά ~* (= για άνθρωπο με ασήμαντη προέλευση ή κατώ-

τερου ηθικού επιπέδου) (συνών. *σόι*). [αλβαν. *farë*].
φαράγγι το, ουσ. (έρρ.), βαθιά και στενή χαράδρα (βλ. λ.) με απόκρημνες πλευρές: *το ~ της Σαμαριάς.*
φαράκλα, βλ. *φαλάκρα.*
φαράκλας, βλ. *φαλάκρας.*
φαρακλός, βλ. *φαλακρός.*
φαράσι το, ουσ. (λαϊκ.), είδος μικρού φτυαριού για το μάζεμα των σκουπιδιών. [τουρκ. *faraş*].
φαραώ ο, ουσ. άκλ., τίτλος των αρχαίων βασιλιάδων της Αιγύπτου. [μτγν. *φαραώ* αιγυπτιακής προέλευσης].
φαραωνικός, -ή, -ό, επίθ., που ανήκει ή αναφέρεται στους φαραώ (βλ. λ.): *βασίλειο -ό.*
φαρδαίνω, ρ. Α. (μτβ.) κάνω κάτι φαρδύ: *πάχυνα και πρέπει να -ύνω όλα τα ρούχα μου* (συνών. *πλαταίνω·* αντ. *στενεύω*). Β. αμτβ. **1.** γίνομαι φαρδύς: *από το σημείο αυτό και μετά ο δρόμος -ει* (συνών. *πλαταίνω·* αντ. *στενεύω*). **2.** παχαίνω: *μετά τον τοκετό φάρδυνε πολύ.*
φάρδεμα το, ουσ., η ενέργεια και το αποτέλεσμα του φαρδαίνω (βλ. λ.) (συνών. *πλάτεμα·* αντ. *στένεμα*).
φαρδίνι το, ουσ. (παλαιότ.) αγγλικό κέρμα ισοδύναμο με το ένα τέταρτο της πένας. [αγγλ. *farthing*].
φαρδομάνικο το, ουσ. **1.** φαρδύ μανίκι. **2.** φόρεμα με φαρδύ μανίκι· παροιμ. *καλά 'ν' τα -α, μα τα φορούν οι δεσποτάδες* (για όσους επιδιώκουν αγαθά ή αξιώματα που είναι αδύνατο να τα αποκτήσουν).
φάρδος το, ουσ., πλάτος (βλ. λ.).
φαρδουλός, -ή, -ό, επίθ., κάπως φαρδύς.
φαρδύς, -ιά, -ύ, επίθ., πλατύς (βλ. λ.)· έκφρ. *~ πλατύς,* βλ. *πλατύς.* [αρχ. *ευφραδής*].
φαρέτρα η, ουσ., θήκη για βέλη.
φαρί το, ουσ. (ιδιωμ., λογοτ.), άλογο (βλ. λ.). [αραβ. *faras*].
φαρίνα η, ουσ. α. πολύ ψιλό αλεύρι από σιτάρι (συνών. *πάσπαλη* στη σημασ. 2)· β. ψωμί φτιαγμένο από τέτοιο αλεύρι. [ιταλ. *farina*].
φαρισαία, βλ. *φαρισαίος.*
φαρισαϊκός, -ή, -ό, επιθ. **1.** που ανήκει ή αναφέρεται στους φαρισαίους (βλ. λ.): *υποκρισία -ή.* **2.** (μεταφ.) υποκριτικός: *συμπεριφορά -ή.* - Επίρρ. *-ά* και *ώς.*
φαρισαϊσμός ο, ουσ., η χαρακτηριστική συμπεριφορά των Φαρισαίων, υποκρισία, δολιότητα.
φαρισαίος ο, θηλ. **-α,** ουσ. **1.** μέλος αίρεσης Εβραίων που διακρίνεται για την προσήλωση στο γράμμα των νόμων του Μωυσή. **2.** (μεταφ.) άνθρωπος υποκριτής. [μτγν. *Φαρισαίος,* αραμ. προέλευσης].
φάρμα η, ουσ. (ιδίως στην Αμερική) μεγάλη έκταση γης, καθώς και οι κτηριακές εγκαταστάσεις που υπάρχουν σ' αυτή (σπίτι, αποθήκες, στάβλοι, κ.τ.ό.), στην οποία καλλιεργεί κανείς φυτά ή εκτρέφει ζώα συνήθως για εμπορική εκμετάλλευση. [αγγλ. *farm*].
φαρμακαποθήκη η, ουσ., κατάστημα χονδρικής εμπορίας φαρμάκων και φαρμακευτικών ειδών.
φαρμακείο το, ουσ. **1.** κατάστημα όπου πουλιούνται φάρμακα και φαρμακευτικά είδη. **2α.** μικρό έπιπλο, συχνά αναρτημένο σε τοίχο, όπου τοποθετούνται βασικά φάρμακα για άμεση χρήση: *~ σχολικό·* β. *~ αυτοκινήτου* = ειδική τσάντα με τα φάρμακα ή τα φαρμακευτικά είδη πρώτης βοή-

θειας που τοποθετείται στο αυτοκίνητο. Φρ. (λαϊκ.) *αυτό το κατάστημα ή οι τιμές αυτού του καταστήματος είναι ~* (για κατάστημα πολύ ακριβό).
φαρμάκεμα, βλ. *φαρμάκωμα.*
φαρμακεμπόριο το και **-ία** η, ουσ. (έρρ.), εμπόριο φαρμάκων.
φαρμακέμπορος ο και η, ουσ. (έρρ.), έμπορος φαρμάκων.
φαρμακερός, -ή, -ό, επίθ. **1.** δηλητηριώδης: *φίδια -ά.* **2.** (μεταφ., για λόγια) δηκτικός. **3.** (για ψύχος) υπερβολικό, τσουχτερό. **4.** που προκαλεί στενοχώρια, βάσανα, πόνους: *θάλασσα -ή, συ που κάνεις το νησί μας πάντα μαύρα να φορεί* (δημ. τραγ.). Έκφρ. *Τρίτη και -ή,* βλ. *τρίτος.*
φαρμακευτική η, ουσ. **1.** επιστήμη που ασχολείται με τις ιδιότητες των φαρμάκων καθώς και με την παρασκευή τους. **2.** (με κεφ. το πρώτο γράμμα) τμήμα της σχολής Επιστημών Υγείας του Πανεπιστημίου: *το κτήριο της Φ-ής.*
φαρμακευτικός, -ή, -ό, επίθ., που ανήκει ή αναφέρεται στα φάρμακα ή τη φαρμακευτική (βλ. λ.): *ιδιότητες -ές· σκεύασμα -ό.* - Για το θηλ. ως ουσ. βλ. *φαρμακευτική.*
φαρμακεύω, ρ., αόρ. *-εψα,* (λαϊκ.), δηλητηριάζω (συνών. *φαρμακώνω*).
φαρμάκι το, ουσ. **1.** δηλητήριο: *έδωσαν ~ στο σκυλί και ψόφησε·* πικρό σαν *~.* **2.** (μεταφ.) μεγάλη στενοχώρια: *έχω -ι στην καρδιά.* **3.** (μεταφ.) για κρύον αέρα, τσουχτερό κρύο: *από τις χαραμάδες μπάζει ένα - που σ' αρπάζει από τα πόδια* (Τ. Σταύρου). **4.** (συνήθως σε θέση επιθ.) πολύ πικρός: *αυτός ο καφές είναι ~.* **5.** (σε θέση επιθ.) ισχυρός, επώδυνος: *γροθιά ~.* **6.** (σε θέση επιθ., για λόγια, κ.τ.ό.) που προκαλεί στενοχώρια στον άλλο, δηκτικός: *στόμα/λόγια ~.* Φρ. *η γλώσσα του στάζει ~* (= είναι πολύ δριμύς στα λόγια του)· *πίνω -ια* (= περνώ μεγάλες ψυχικές δοκιμασίες): *είχε πιει πολλά -ια στη ζωή του· ποτίζω κάποιον ~* (= τον στενοχωρώ): *τον πότισε ~ τον πατέρα του με τα καμώματά του.*
φαρμακιάρης, -α, -ικο, επίθ. (συνιζ., λαϊκ.), κακεντρεχής (συνών. *φαρμακερός,* βλ. λ.).
φαρμακίλα η, ουσ. **1.** η πικρή γεύση, πικράδα. **2.** (μεταφ.) ψυχικός πόνος.
φάρμακο το, ουσ., ουσία που παρασκευάζεται και χορηγείται για τη θεραπεία ή την πρόληψη νοσήματος: *~ δραστικό/αποτελεσματικό.* **2.** (μεταφ.) καθετί που μπορεί να προλάβει ή να κατανικήσει οποιαδήποτε δυσάρεστη κατάσταση: *η εργασία είναι ~ κατά της ανίας.*
φαρμακοβιομηχανία η, ουσ. (ασυνίζ.), βιομηχανία φαρμάκων.
φαρμακοβιομηχανικός, -ή, -ό, επίθ. (ασυνίζ.), που ανήκει ή αναφέρεται στη φαρμακοβιομηχανία.
φαρμακοβιομήχανος ο και η, ουσ. (ασυνίζ.), ιδιοκτήτης εργοστασίου παρασκευής φαρμάκων.
φαρμακόγλωσσα η, ουσ. (λαϊκ.), άνθρωπος που μιλάει με κακία για κάποιον ή με πρόθεση να τον πληγώσει ψυχικά.
φαρμακογνωσία η, ουσ., επιστήμη που μελετά τις ιδιότητες διάφορων φαρμακευτικών ουσιών με προέλευση ζωική και φυτική.
φαρμακογνώστης ο, θηλ. **-τρια,** ουσ., ερευνητής που ασχολείται με τη φαρμακογνωσία (βλ. λ.).
φαρμακολογία η, ουσ., επιστημονικός κλάδος που ασχολείται με τη μελέτη της ενέργειας των φαρμά-

φαρμακολογικός, -ή, -ό, επίθ., που ανήκει ή αναφέρεται στη φαρμακολογία.

φαρμακομανής, -ής, επίθ., που χρησιμοποιεί περισσότερα φάρμακα απ' ό,τι χρειάζεται, συχνά χωρίς να συμβουλευτεί γιατρό.

φαρμακομανία η, ουσ. (ψυχιατρ.) η υπερβολική χρήση φαρμάκων.

φαρμακομύτης ο, θηλ. **-α,** ουσ. (λαϊκ.), που εκφράζεται με δριμύτητα για τους άλλους, κακεντρεχής (συνών. *φαρμακιάρης, φαρμακόγλωσσα*).

φαρμακοπαθολογία η, ουσ., τμήμα της φαρμακολογίας που μελετά τα νοσήματα που προκαλούνται από φυτικούς και ζωικούς οργανισμούς, καθώς και τα μέσα θεραπείας τους.

φαρμακοποιός ο και η, ουσ. (ασυνίζ.), επιστήμονας ειδικός στη φαρμακευτική που ασκεί τη φαρμακεμπορία εκτελώντας ιατρικές συνταγές.

φαρμακοτέχνης ο, ουσ., αυτός που ασχολείται με τη φαρμακοτεχνία (βλ. λ.).

φαρμακοτεχνία η, ουσ., κλάδος της φαρμακευτικής που ασχολείται με το σύνολο των τεχνικών μεθόδων παρασκευής φαρμάκων.

φαρμακοτρίφτης ο, ουσ. **1.** (παλαιότερα) βοηθός υπάλληλος φαρμακείου. **2.** (μειωτ.) για φαρμακοποιό.

φαρμακούσα, θηλ. επίθ. (λαϊκ.)· προκ. για τη θάλασσα: *που προκαλεί συχνά ανθρώπινα θύματα.*

φαρμακοχημεία η, ουσ., η χημεία των φαρμάκων.

φαρμάκωμα το, ουσ., η ενέργεια και το αποτέλεσμα του φαρμακώνω (βλ. λ. σημασ. 1).

φαρμακώνω, ρ. Ι. ενεργ. **1.** δηλητηριάζω: *με τη φόλα που του έδωσαν το -ωσαν το σκυλί.* **2.** κάνω κάποιον να αισθανθεί πικρή γεύση: *με -ωσε αυτός ο καφές.* **3.** (μεταφ.) προκαλώ μεγάλη στενοχώρια: *αυτός με τα λόγια του -ει.* **4.** (μεταφ.) κάνω κάποιο δυστυχή: *τα βάσανα -ωσαν τη ζωή του.* Φρ. *~ τις ώρες μου* (= με ορισμένες σκέψεις ή ασχολίες μου δημιουργώ δύσκολες συνθήκες στη ζωή μου). **II.** (μέσ.) αισθάνομαι μεγάλη και διαρκή στενοχώρια: *οι δυο αδερφάδες -ωθήκανε από τη ζήλεια τους*· *-ωμένος άνθρωπος* (= που έχει αισθανθεί μεγάλη απογοήτευση).

φαρμασονία, βλ. *φραμασονία.*

φαρμασόνος, βλ. *φραμασόνος.*

φαροδείκτης ο, ουσ., επίσημος κατάλογος των φάρων των ακτών μιας μεγάλης περιοχής.

φαρόπλοιο το, ουσ. (ασυνίζ.), πλοίο πάνω στο οποίο είναι εγκατεστημένος φάρος, αγκυροβολημένο σε ορισμένες περιοχές όπου δεν είναι δυνατή η εγκατάσταση μόνιμου φάρου.

φάρος ο, ουσ. **1.** ψηλή πέτρινη ή μεταλλική κατασκευή σε μορφή πύργου με ισχυρή φωτιστική εστία, που τοποθετείται σε ακτές για να προσανατολίζει τα πλοία τη νύχτα. **2.** (μεταφ.) διαφωτιστής, οδηγός: *~ πολιτιστικός.*

φαροφύλακας ο, ουσ., φύλακας φάρου.

φάρσα η, ουσ. **1.** λαϊκό θεατρικό είδος με χοντροκομμένα κωμικά κατασκευάσματα. **2.** (συνεκδοχικά) κωμικό παιχνίδι, πείραγμα σε βάρος κάποιου που έχει σκοπό να τον παραπλανήσει ή να τον φέρει σε δύσκολη θέση και να προκαλέσει το γέλιο των άλλων: *~ τηλεφωνική/κακόγουστη* (συνών. *πλάκα* στη σημασ. 14). [γαλλ. *farce*].

φαρσέρ ο και η, ουσ. άκλ., άτομο που συνηθίζει να κάνει φάρσες (βλ. λ. σημασ. 2). [γαλλ. *farceur*].

φαρσί, επίρρ. (λαϊκ.), πολύ σωστά, χωρίς λάθη: *μιλά γαλλικά ~* (συνών. *άπταιστα*). [τουρκ. *farsî*].

φαρσοκωμωδία η, ουσ., κωμωδία με χαρακτήρα φάρσας (βλ. λ.).

φάρυγγας ο, ουσ. (ερρ.), (ανατομ.) μυώδης σωλήνας σε σχήμα χωνιού που ξεκινά από τη βάση της στοματικής κοιλότητας και συνεχίζεται με τον οισοφάγο και όπου συναντώνται η πεπτική με την αναπνευστική οδό.

φαρυγγικός, -ή, -ό, επίθ. (ερρ.), που ανήκει ή αναφέρεται στο φάρυγγα: *πάθηση -ή.*

φαρυγγισμός ο, ουσ. (ερρ.), (ιατρ.) σύσπαση φαρυγγικών μυών.

φαρυγγίτιδα η, ουσ. (ερρ.), (ιατρ.) φλεγμονή του φάρυγγα.

φαρυγγολαρυγγίτιδα η, ουσ. (ερρ. δις), (ιατρ.) φλεγμονή του φάρυγγα και του λάρυγγα.

φαρυγγοσκόπιο το, ουσ. (ερρ. ασυνίζ.), (ιατρ.) εργαλείο για την εξέταση του φάρυγγα.

φαρυγγοτομία η, ουσ. (ερρ.), (ιατρ.) χειρουργική επέμβαση στο φάρυγγα.

φαρφουρένιος, -ια, -ιο, επίθ. (συνιζ.). **1.** κατασκευασμένος από φαρφουρί (βλ. λ.). **2.** (συνεκδοχικά) που έχει την απόχρωση του φαρφουριού.

φαρφουρί το, ουσ. **1.** λεπτή κατεργασμένη πορσελάνη. **2.** (συνεκδοχικά) σκεύος, δοχείο από λεπτή πορσελάνη. [τουρκ. *faǧfurî*, περσ. προέλ.].

φάσα η, I. ουσ., λουρίδα υφάσματος που προστίθεται για μάκρεμα ή φάρδεμα φορέματος. [ιταλ. *fascia*].

φάσα, II. βλ. *φάσσα.*

φασαρία η, ουσ. **1.** ενοχλητικός και διαρκής θόρυβος: *μην κάνετε ~, μας ενοχλείτε.* **2.** αναστάτωση, αναταραχή: *έγινε μεγάλη ~ με το νέο που ακούστηκε* (συνών. *ανακατωσούρα*). **3.** έντονη επίπληξη: *θα του κάμω ~ όταν έρθει.* Φρ. *έχω -ες* (= έχω ενοχλητικές σκοτούρες).

φασαρίας και (συνιζ.) **φασαριόζος** ο, ουσ. (λαϊκ.), άτομο που δημιουργεί φασαρία (βλ. λ. σημασ. 1 και 2).

φασάτος, -η, -ο, επίθ. (για φόρεμα) που έχει πολλές φάσες (βλ. λ. I) με ποικίλα χρώματα.

φάση η, I. ουσ. **1.** καθεμιά από τις διαδοχικές μορφές που παίρνει κατά την πορεία του ένα φαινόμενο, ένας θεσμός, μια εργασία, κλπ. και εξελίσσεται ή τροποποιείται: *το κυβερνητικό σχήμα μπήκε σε κρίσιμη ~*· *η δίκη πέρασε από πολλές -εις ώσπου να τελειώσει*· *νέα ~ στη διεξαγωγή του πολέμου*· *~ μιας ασθένειας/ενός ποδοσφαιρικού αγώνα.* **2.** (για πρόσωπο) τα διαδοχικά σημεία από όπου περνάει κανείς κατά τη διάρκεια της επαγγελματικής, κοινωνικής, πνευματικής, κλπ., δραστηριότητάς του: *η μελέτη καλύπτει όλες τις -εις της καλλιτεχνικής δημιουργίας του Ραφαήλ.* **3.** το σύνολο των επιμέρους εργασιών που απαιτούνται για την επίτευξη ενός έργου: *η συγκέντρωση του απαραίτητου επιστημονικού υλικού είναι μια ~ της επιστημονικής απασχόλησης.* **4.** σύνολο επιμέρους εργασιών που γίνονται σε εργασιακή θέση για την κατασκευή μιας

παραγωγικής μονάδας. **5.** (αστρολ.) καθεμιά από τις διαφορετικές όψεις που παίρνει διαδοχικά ένα ουράνιο σώμα και που οφείλονται στη θέση του σε σχέση με τον ήλιο και τη γη: *οι -εις της σελήνης.* **6.** (χημ.) σ' ένα χημικό σύστημα, καθένα από τα διάφορα ομογενή τμήματα, όμως από φυσική άποψη διαφορετικά, που κατέχουν μια ξεχωριστή θέση στο χώρο και διαχωρίζονται αναμεταξύ τους: *ο πάγος, το νερό και ο ατμός είναι τρεις διαφορετικές -εις του νερού.* **7.** (φυσ. - ηλεκτρολ.) η γωνία που κάθε στιγμή καθορίζει την τιμή ενός εναλλασσόμενου ημιτονοειδούς μεγέθους: *-εις ηλεκτρικού ρεύματος.*
φάση, ΙΙ. βλ. *ύφανση.*
φασιανός ο, ουσ. (συνιζ.), (ζωολ.) πουλί που μοιάζει με κότα, έχει πλουμιστά φτερά, μακριά ουρά, λοφίο στο κεφάλι και θεωρείται εκλεκτό θήραμα. [όν. ποταμού *Φάσις* στον Εύξεινο].
φάσιμο το, ουσ. (λαϊκ.), ύφανση: ~ *σφιχτό.* [*υφαίνω - φαίνω*].
φασίνα η, ουσ. **1.** (ναυτ.) χοντρό πανί που χρησιμοποιείται για τον καθαρισμό του καταστρώματος και των άλλων τμημάτων του πλοίου: *ο καμαρότος με τη ~ σφουγγάριζε το δωμάτιο.* **2.** (συνεκδοχικά) καθαρισμός πλοίου από τους ναύτες: *οι ναύτες κάνουν ~ στο καράβι.* **3.** (κατ' επέκταση) γενική καθαριότητα οποιουδήποτε χώρου. **4.** (ναυτ.) κομμάτι υφάσματος ή μουσαμά που τοποθετείται γύρω από σκοινί για να το προστατέψει από την υγρασία ή την τριβή. [υποκορ. του ιταλ. *fascia*].
φασινάρω, ρ. **1.** κάνω φασίνα (βλ. λ. σημασ. 2 και 3). **2.** (ναυτ.) τοποθετώ κομμάτι υφάσματος ή μουσαμά γύρω από σκοινί για να το προστατέψω από την υγρασία ή την τριβή.
φασισμός ο, ουσ. **1.** (ιστ.) δικτατορικό καθεστώς που εγκαθίδρυσε στην Ιταλία ο Μουσολίνι από το 1922 ως το 1943. **2.** (πολιτ.) κάθε πολιτική ιδεολογία που επιδιώκει την εγκαθίδρυση δεξιού δικτατορικού καθεστώτος με την κατάργηση του κοινοβουλευτισμού (αντ. *δημοκρατία*). [ιταλ. *fascismo*].
φασίστας ο, θηλ. **-τρια,** ουσ. **1.** οπαδός του φασισμού (βλ. λ. σημασ. 2). **2.** (κοιν., μειωτ.) άτομο που καταπιέζει τους άλλους, δεν τους αναγνωρίζει δικαιώματα, κ.ά., είναι δεσποτικό και αυταρχικό. [ιταλ. *fascista*].
φασιστικός, -ή, -ό, επίθ., που σχετίζεται με το φασισμό: *μέτρα -ά· θεωρία -ή* (αντ. *δημοκρατικός*). - Επίρρ. **-ά.**
φασιστόμουτρο το, ουσ. (υβριστικώς) άτομο με φασιστική νοοτροπία.
φασίστρια, βλ. *φασίστας.*
φάσκελο, (σπανιότ.) **σφάκελο** το και (συνιζ.) **φασκελιά** η, ουσ., υβριστική χειρονομία με ανοιχτά τα δάχτυλα των χεριών (συνών. *μούντζα*). [αρχ. *σφάκελος*].
φασκελοκουκουλώνω, ρ. (προφ.), (επιτ.) φασκελώνω κάποιον ή κάτι και στο εξής αδιαφορώ γι' αυτόν/-ό.
φασκέλωμα το, ουσ., η ενέργεια του φασκελώνω (βλ. λ.) (συνων. *μούντζωμα*).
φασκελώνω και (σπανιότ.) **σφακελώνω,** ρ. **1.** χειρονομώ υβριστικά ανοίγοντας τα δάχτυλα των χεριών μου (συνών. *μουντζώνω*). **2.** (μεταφ.) εγκαταλείπω κάποιον ή κάτι με περιφρόνηση: *φασκέλωσ' τον λοιπόν τέτοιον άντρα* (Μπαστιάς).

φασκιά η, ουσ. (συνιζ.), πλατιά λουρίδα υφάσματος με την οποία τυλίγουν τα βρέφη (συνών. *σπάργανο*). [μτγν. *φασκία<*λατ. *fascia*].
φάσκιωμα το, ουσ., η ενέργεια και το αποτέλεσμα του φασκιώνω.
φασκιώνω, ρ. (συνιζ.). **1.** περιτυλίγω με φασκιά ένα βρέφος (συνών. *σπαργανώνω*). **2.** (μεταφ.) τυλίγω: *-ωμένος μ' ένα πλατύ ζουνάρι* (Κόντογλου).
φασκομηλιά και (σπανιότ.) **σφακομηλιά** η, ουσ. (συνιζ.), (φυτολ.) είδος θάμνου του οποίου τα φύλλα και τα άνθη χρησιμοποιούνται στη μαγειρική, τη θεραπευτική, την αρωματοποιία, κ.ά. (αλλιώς *αλιφασκιά*). [αρχ. *σφάκος + μηλέα*].
φασκόμηλο το, ουσ. **1.** ξερά φύλλα φασκομηλιάς των οποίων το αφέψημα έχει θεραπευτικές, τονωτικές και άλλες ιδιότητες. **2.** (συνεκδοχικά) το αφέψημα αυτό.
φάσκω και αντιφάσκω, βλ. *αντιφάσκω.*
φάσμα το, ουσ. **1.** (γενικά) αυτό που φαίνεται, όραμα· (κυρίως μεταφ. για δυσάρεστα πράγματα) φόβητρο, απειλή: *το ~ του πολέμου.* **2.** (μεταφ.) αλλοιωμένη ανθρώπινη μορφή: *είχε καταντήσει ένα ~ που σκουντουφλούσε* (Ι.Μ. Παναγιωτόπουλος). **3.** (φυσ.) το σύνολο των έγχρωμων ακτίνων που προέρχονται από την ανάλυση του σύνθετου φωτός: *ηλιακό ~* = εικόνα από την ανάλυση του ηλιακού φωτός, μέσα από κρυσταλλικό πρίσμα, η οποία περιλαμβάνει τα χρώματα του ουράνιου τόξου. **4.** (μεταφ.) το σύνολο των διαδοχικών μορφών που παρουσιάζει ένα φαινόμενο, μια ατομική ή συλλογική δραστηριότητα, κλπ., που εξελίσσεται ή τροποποιείται: *η δραστηριότητα των αγροτικών συνεταιρισμών καλύπτει όλο το ~ της παραγωγής, της μεταποίησης και της εμπορίας των αγροτικών προϊόντων· το ~ των σχέσεων συγγραφέα – εκδότη – τυπογράφου – βιβλιεμπόρου – κοινού· όλο το ~ των αντιρρήσεων που διατυπώθηκαν· το ~ των σχέσεων δύο κρατών· το ~ της πολιτικής ζωής.*
φασματικός, -ή, -ό, επίθ., που ανήκει ή αναφέρεται στο φάσμα: *ανάλυση -ή· μορφή -ή.*
φασματογράφημα το, ουσ., φωτογραφική εγγραφή ενός φάσματος (βλ. λ. σημασ. 4) με τη βοήθεια φασματογράφου.
φασματογράφος ο, ουσ. (φυσ.), συσκευή που αποτυπώνει ένα φάσμα σε φωτογραφική πλάκα.
φασματοηλιογράφος ο, ουσ. (ασυνίζ.), (αστρον.) όργανο που φωτογραφεί τις λεπτομέρειες της ηλιακής επιφάνειας χρησιμοποιώντας το φως μιας ακτινοβολίας του φάσματος.
φασματοηλιοσκόπιο το, ουσ. (ασυνίζ. δις), (αστρον.) συσκευή για τη διαρκή παρακολούθηση των ακτινοβολιών της ηλιακής επιφάνειας.
φασματόμετρο το, ουσ. (αστρον.) οπτικό γωνιόμετρο για να μετράται το μήκος κύματος των διάφορων ακτινοβολιών του φάσματος.
φασματοσκόπηση και **-πία,** ουσ. **1.** (φυσ.) μελέτη του φωτεινού τμήματος του φάσματος και γενικότερα των ηλεκτρομαγνητικών ακτινοβολιών. **2.** κλάδος της φυσικής που εξετάζει τα φάσματα των σωμάτων.
φασματοσκόπιο το, ουσ. (ασυνίζ.), (φυσ.) συσκευή για τη μελέτη των φασμάτων του φωτός και γενικότερα της ηλεκτρομαγνητικής ακτινοβολίας.
φασολάδα και **φασουλάδα** η, ουσ., λαδερό φαγητό από φασόλια με μορφή πηκτής σούπας: *ένα καζάνι αχνιστή ~.*

φασολάκια και **φασουλάκια** τα, ουσ. (συνιζ.). **1.** το φυτό φασολιά (βλ. λ.): *έσπειρα το χωράφι ~.* **2.** χλωροί καρποί ενός είδους φασολιάς, που καθένας τους είναι στενόμακρο λουβί (βλ. λ. σημασ. 1) με μικρούς σπόρους: *καθαρίζει ~ στην αυλόπορτα.* **3.** φαγητό που γίνεται με τους χλωρούς καρπούς φασολιάς, νωπό ή σε κονσέρβα: *~ με πατάτες/κρέας.*

φασόλι και **φασούλι** το, ουσ. **1.** φαγώσιμος σπόρος της φασολιάς: *-ια ξερά/μαυρομάτικα.* **2.** (στον πληθ.) φασολάδα (βλ. λ.): *δε βαρέθηκες κάθε μέρα -ια;* Φρ. (λαϊκ.) *μου έβγαλε/βγήκε καινούργιο -ούλι* (= απροσδόκητο πρόβλημα). Παροιμ. *-ούλι το -ούλι γεμίζει το σακούλι,* βλ. *σακούλι.*

φασολιά και **φασουλιά** η, ουσ. (συνιζ.), (φυτολ.) φυτό ποώδες, μονοετές, όρθιο ή αναρριχώμενο που παράγει τα φασόλια.

φασόν το, ουσ. άκλ., (ραπτικής) κατασκευή, ράψιμο υφάσματος, ενδύματος· (ειδικότερα) τρόπος κατασκευής ενδυμάτων σύμφωνα με τον οποίο ειδικευμένο άτομο ή ομάδα ατόμων αναλαμβάνει να ράψει τα ενδύματα ή μέρος της διαδικασίας κατασκευής τους για λογαριασμό εταιρείας ραπτικής: *η βιοτεχνία έδωσε σε συνεργείο ~ το πλέξιμο των πουλόβερ/την τοποθέτηση μανικιών.* [γαλλ. *façon*]

φασοπερίστερο, βλ. *φασσοπερίστερο.*
φασουλάδα, βλ. *φασολάδα.*
φασουλάκια, βλ. *φασολάκια.*

φασουλής ο, ουσ. **1.** κωμικό πρόσωπο στο θέατρο μαριονετών, άσχημο, μονόφθαλμο, με μεγάλη μύτη, πανούργο, που αντιμετωπίζει με υπομονή τις κακοτυχίες και έχει οξύτατη αντίληψη. **2.** (συνεκδοχικά) το θέατρο μαριονετών, κουκλοθέατρο. **3.** (μεταφ.) άνθρωπος γελοίος, φαιδρός.

φασούλι, βλ. *φασόλι.*
φασουλιά, βλ. *φασολιά.*

φάσ(σ)α η, ουσ. (ζωολ.) είδος πουλιού που μοιάζει με το αγριοπερίστερο, αλλά είναι μεγαλύτερο από αυτό, με λευκό δακτύλιο στο λαιμό και λευκές ταινίες στις φτερούγες.

φασ(σ)οπερίστερο το, ουσ. (ζωολ.) είδος αγριοπερίστερου που ζει στις άκρες των δασών στην Ευρώπη και στη βόρεια Αφρική.

φαταλισμός ο, ουσ., θρησκευτική φιλοσοφική θεωρία σύμφωνα με την οποία τα πάντα ρυθμίζονται από τη μοίρα, δηλαδή το κάθε γεγονός είναι αναπόφευκτο, αφού ο άνθρωπος δεν έχει τη δύναμη να το αποτρέψει (συνών. *μοιρολατρία*). [γαλλ. *fatalisme*]

φαταλιστής ο, θηλ. **-ίστρια,** ουσ., οπαδός του φαταλισμού (βλ. λ.) (συνών. *μοιρολάτρης*). [γαλλ. *fataliste*]

φαταούλας ο, ουσ. (προφ.), (σκωπτ.), άνθρωπος παμφάγος, αδηφάγος, άπληστος. [φρ. *φά(γ)ε τα ούλα* (= όλα)].

φάτνη η, ουσ. (λόγ.), παχνί· η λ. μόνο για το παχνί στο σπήλαιο της Βηθλεέμ όπου ξάπλωσε η Παναγία το νεογέννητο Χριστό, καθώς και για αναπαράσταση της φάτνης ή ολόκληρου του σπηλαίου: *~ χάρτινη.*

φατνιακός, -ή, -ό, επίθ. (ασυνίζ.), (ιατρ.) που ανήκει ή αναφέρεται στα φατνία (βλ. λ.): *-ή απόφυση· -ό απόστημα/πέταλο.*

φατνιεκτομή η, ουσ. (ασυνίζ.), (ιατρ.) χειρουργική επέμβαση με σκοπό την εξαγωγή δοντιών που έχουν «φυτρώσει» στραβά στην οδοντοστοιχία.

φατνίο το, ουσ. (ανατομ.) καθένα από τα κοιλώματα των γνάθων μέσα στα οποία είναι σφηνωμένα τα δόντια: *εμφύτευση φυσικού δοντιού σε ~ άλλου δοντιού.*

φατνιορραγία η, ουσ. (ασυνίζ.), (ιατρ.) αιμορραγία του φατνίου (βλ. λ.) από την εξαγωγή δοντιού.

φάτνωμα το, ουσ. (λόγ.). **1.** (για παλιότερο κτήριο) καθένα από τα κοίλα τετράγωνα που σχηματίζονται στην οροφή από τα διασταυρωμένα δοκάρια της. **2.** (συνεκδοχικά) ξύλινη πλάκα διακοσμημένη με γλυπτές παραστάσεις, που καλύπτει τα τετράγωνα αυτά. **3.** (στρατ.) άνοιγμα που αφήνεται σε προπέτασμα (βλ. λ.) για να περνά ο σωλήνας κανονιού ή άλλου προβόλου όπλου.

φάτνωση η, ουσ., κάλυψη και διακόσμηση οροφής με φατνώματα (βλ. λ. σημασ. 2).

φατούρα η, ουσ. (λαϊκ.), λογαριασμός που αναγράφει την αξία εμπορευμάτων και τις τιμές τους κατά μονάδα ή την αξία αμοιβής για παρεχόμενη υπηρεσία (συνών. *τιμολόγιο*). [ιταλ. *fattura*].

φατρία η, ουσ. (μειωτ.) μικρή ομάδα ανθρώπων (ιδίως στους κόλπους πολιτικού κόμματος) που επιδιώκει την προώθηση των συμφερόντων της χωρίς ηθικές αρχές, αποχωριζόμενη ή διαφοροποιούμενη από τον ευρύτερο σχηματισμό στον οποίο ανήκει (συνών. *κλίκα*). [αρχ. *φατρία<φρατρία*].

φατριάζω, ρ. (ασυνίζ.), (μειωτ.) ενεργώ μεροληπτικά για να προωθήσω τα συμφέροντα της φατρίας (βλ. λ.) στην οποία ανήκω.

φατριασμός ο, ουσ. (ασυνίζ.), (μειωτ.) μεροληπτική δράση για την προώθηση των συμφερόντων της φατρίας (βλ. λ.).

φατριαστής ο, θηλ. **-τρια,** ουσ. (ασυνίζ.), (μειωτ.) αυτός που φατριάζει (βλ. λ.).

φατριαστικός, -ή, -ό, επίθ. (ασυνίζ.), (μειωτ.) που ανήκει ή αναφέρεται σε φατριαστή (βλ. λ.), που ταιριάζει σε φατριαστή: *-ή δράση/νοοτροπία.*

φατριάστρια, βλ. *φατριαστής.*

φάτσα η, ουσ. (λαϊκ.). **1.** (για άνθρωπο) πρόσωπο: *έβλεπε για πρώτη φορά τη ~ του* (ειρων.) *είδες τη ~ σου στον καθρέφτη;* **2α.** (συνεκδοχικά) εξωτερική εμφάνιση ανθρώπου, παρουσιαστικό: *δεν έχει ~ κακοποιού;* (συνών. *όψη, μορφή, σουλούπι*)· **β.** άτομο ύποπτης ηθικής υπόστασης (συνών. *μούτρο*)· **γ.** (χαϊδευτικά για παιδί) άτακτο, σκανταλιάρικο: *ο γιος του είναι μια ~!* **3.** (για κτίσμα) πρόσοψη (βλ. λ.): *η ~ του σπιτιού είναι προς το δάσος·* οικόπεδο με τρεις -ες. **4.** (μεταφ., σπάνια για τη θάλασσα) επιφάνεια: *το παράξενο ζωύφι ανεβαίνει στην ~ του νερού* (Κόντογλου). **5.** (ως επίρρ.) ακριβώς απέναντι: *η θάλασσα είναι ~ στο μπαλκόνι μας· το παράθυρο είναι ~ στο βοριά.* Φρ. *κόψε ~ και βγάλε συμπέρασμα,* βλ. *κόβω* σημασ. ΙΑ19. - Υποκορ. **-ούλα** η (στις σημασ. 1, 2α και 2γ). [βενετ. *fazza*].

φαυλεπίφαυλος, -η, -ο, επίθ. (λόγ.), που είναι εντελώς φαύλος (συνών. *αχρείος, πανάθλιος*).

φαυλόβιος, -α, -ο, επίθ. (ασυνίζ., λόγ.), που κάνει ανήθικη ζωή, που είναι *«εξώλης και προώλης».*

φαυλοκράτης ο, ουσ., πολιτικός που χρησιμοποιεί φαύλες μεθόδους στη διοίκηση των κοινών.

φαυλοκρατία η, ουσ., επικράτηση των φαυλοκρατών (βλ. λ.) στην πολιτική ζωή, πολιτική εξαχρείωση.

φαυλοκρατικός, -ή, -ό, επίθ., που ανήκει ή αναφέρεται στη φαυλοκρατία· που είναι χαρακτηριστικός της φαυλοκρατίας: *-ές μέθοδοι.* - Επίρρ. **-ά** και **-ώς.**

φαύλος, -η, -ο, επίθ., που είναι κακός ως προς το ήθος, αχρείος: *-η διακυβέρνηση· -οι πολιτικοί· ~ βίος* (συνών. *ανήθικος, αισχρός·* αντ. *ηθικός, χρηστός, εξαίρετος).* Εκφρ. *~ κύκλος = διαλληλία* (βλ. λ.).

φαυλότητα η, ουσ., το να είναι κανείς φαύλος (βλ. λ.) (συνών. *αχρειότητα, κακοήθεια, αθλιότητα·* αντ. *χρηστότητα, ηθικότητα).*

φαφλατάδικος, -η, -ο, επίθ., που ταιριάζει σε φαφλατά (βλ. λ.): *-ες κουβέντες αραδιάζεις* (συνών. *φλύαρος).*

φαφλατάρισμα το, ουσ. (λαϊκ.), το να φαφλατίζει κάποιος (συνών. *φλυαρία).*

φαφλατάρω, ρ. (λαϊκ.), φλυαρώ.

φαφλατάς ο, θηλ. **-ού,** ουσ. (λαϊκ.). α. άνθρωπος φλύαρος: *~ και φωνακλάς* (συνών. *κενολόγος, πολυλογάς)·* β. άνθρωπος που του αρέσει να καυχιέται (συνών. *παινεσιάρης, καυχησιάρης).* [ηχομιμ. λ.].

φαφλατιά η, ουσ. (συνιζ., λαϊκ.), φλυαρία (συνών. *πολυλογία).*

φαφλατίζω, ρ. (λαϊκ), είμαι φαφλατάς (βλ. λ. σημασ. α) (συνών. *φλυαρώ, πολυλογώ).*

φαφλατού, βλ. *φαφλατάς.*

φαφούτης ο, θηλ. **-α** και **-ισσα,** ουσ. (λαϊκ.), αυτός που δεν έχει δόντια ή έχει χαλασμένα: *-α γριά* (συνών. *ξεδοντιασμένος, ξεδοντιάρης, νωδός).* [ηχομιμ. λ.].

φαφουτιάζω και **-τιαίνω,** ρ., αόρ. *-ιασα* και *-ιανα* (συνιζ., λαϊκ.), (αμτβ.) χάνω τα δόντια μου, γίνομαι φαφούτης (βλ. λ.) (συνών. *ξεδοντιάζομαι).*

φαφούτικος, -η, -ο, επίθ. (λαϊκ.), που δεν έχει δόντια, που είναι φαφούτης.

φαφούτισσα, βλ. *φαφούτης.*

Φεβρουάριος (ασυνίζ.) και (λαϊκ.) **Φλεβάρης** ο, ουσ., ο δεύτερος μήνας του γρηγοριανού ημερολογίου που έχει 28 ημέρες, εκτός από τους δίσεκτους χρόνους, οπότε έχει 29 ημέρες: παροιμ. *ο Φλεβάρης κι αν φλεβίσει* (= αν ανοίξουν οι φλέβες του για βροχή), *καλοκαίρι θα μυρίσει.* [λατ. *Februarius*].

φεβρωνιανισμός ο, ουσ. (ασυνίζ.), (εκκλ.) θρησκευτική κίνηση του 18. αι. που καταπολεμούσε το «αλάθητο» του πάπα της Ρώμης και υποστήριζε τη συλλογικότητα των επισκόπων, που αντλούσαν την εξουσία από το Χριστό και όχι από τον πάπα. [Φεβρώνιος, ψευδώνυμο του ιδρυτή της κίνησης Νικ. Χόνδαϊμ, βοηθού του επισκόπου Τρεβήρων Ιωάννη].

φεγγαράδα η, ουσ. (έρρ., λαϊκ.), φως του φεγγαριού, κυρίως όταν έχει πανσέληνο: *βόλτα στη ~.*

φεγγάρι το, ουσ. (έρρ.). 1. σελήνη: *γεμάτο/ολόγιομο ~* (= πανσέληνος)· *~ στη χάση/φέξη· μονάχο ανακατώθηκε το στρογγυλό ~* (Σολωμός). 2. (συνεκδοχικά) το φως της σελήνης, σεληνόφως: *υπέροχο ~ απόψε.* 3. (συνεκδοχικά) σεληνιακός μήνας. Εκφρ. (λαϊκ.) *ένα ~* (= επιρρημ., ένα διάστημα): *είχε ταξιδέψει στην Αμερική ένα ~· είχε μείνει κι εδώ ένα ~* (= για λίγο χρόνο)· *-ια -ια* (= επιρρημ., κατά καιρούς): *-ια -ια ιον πιάνει η νοσταλγία.* Φρ. *είναι στο ~/στα -ια του ή έχει τα -ια του* (= έχει τις παραξενιές του, είναι ιδιότροπος)· *μην του ζητήσεις τίποτα σήμερα, γιατί έχει τα -ια του· έχω -ια να σε ιδώ* (= πολύ καιρό)· *θέλει να του κατεβάσουν το ~* (= γυρεύει αδύνατα πράγματα, έχει υπερβολικές απαιτήσεις). Παροιμ. - γνωμ. (γεωργ.) *Γενάρη μήνα κλάδευε, ~ μην ξετάζεις* (= δεν πρέπει να επηρεάζεται κανείς από τις αλλαγές, τις φάσεις της σελήνης)· (ναυτ.) *δίπλα ~, ορθός ο καραβοκύρης/γεμιτζής· ορθό ~, δίπλα ο καραβοκύρης/γεμιτζής* (όταν η σελήνη φαίνεται πλάγια, προμηνύεται τρικυμία και ο ναυτικός θα πρέπει να αγρυπνεί, ενώ όταν η σελήνη είναι όρθια στον ουρανό, επικρατεί γαλήνη και ο ναυτικός μπορεί να κοιμάται ήσυχος). Υποκορ. **-άκι** το = (χαϊδευτικά) (μικρό) φεγγάρι: *~ μου λαμπρό, φέγγε μου να περπατώ, να πηγαίνω στο σχολειό* (παιδικό τραγ.).

φεγγαριάζομαι ρ. (έρρ., συνιζ., λαϊκ.). α. δέχομαι την (κακή) επίδραση του φεγγαριού· β. (συνεκδοχικά) σεληνιάζομαι (βλ. λ.), πάσχω από επιληψία.

φεγγάριασμα το, ουσ. (έρρ., λαϊκ.), η (νοσηρή) επίδραση του φεγγαριού και ιδίως η νόσος «ίκτερος» (= χρυσή).

φεγγαριάτικος -η, -ο, επίθ. (έρρ., συνιζ., λαϊκ.). 1α. που ανήκει ή αναφέρεται στο φεγγάρι: *-ο φως* (Παλαμάς) (συνών. *φεγγαρίσιος)·* β. (συνεκδοχικά για πρόσωπο) που πάσχει από σεληνιασμό (συνών. *επιληπτικός).* 2. (μεταφ.) που έχει ιδιοτροπίες, ανισόρροπος. - Το ουδ. στον πληθ. ως ουσ. = ιδιοτροπίες, παραξενιές, λόξες.

φεγγαρίσιος, -ια, -ιο, επίθ. (έρρ., συνιζ.), που ανήκει ή αναφέρεται στο φεγγάρι: *σκιές σαν από -ιο φως της αυγής* (Κόντογλου) (συνών. *φεγγαριάτικος, σεληνιακός).*

φεγγαροβραδιά η, ουσ. (έρρ., συνιζ., λαϊκ.), βραδιά φεγγαρόλουστη: *~ του Αυγούστου.*

φεγγαρόλουστος, -η, -ο και **-λουσμένος,** επίθ. (έρρ., ποιητ.), που μοιάζει να λούζεται στο φως του φεγγαριού, που φωτίζεται από το φεγγάρι: *-η νύχτα/βραδιά* (συνών. *φεγγαροφώτιστος).*

φεγγαροντυμένος, -η, -ο, επίθ. (έρρ., όχι έρρ., ποιητ.), που είναι ντυμένος με το φως του φεγγαριού, που φωτίζεται από το φεγγάρι: *κι ομπρός μου ...βρέθηκε μια -η* (Σολωμός) (συνών. *φεγγαρόλουστος).*

φεγγαροπρόσωπος, -η, -ο, επίθ. (έρρ., ποιητ.), που έχει πρόσωπο στρογγυλό και λαμπρό όπως η πανσέληνος: *έβγα, -η, στο παραθύρι σου* (Εφταλιώτης)· *κι είναι ~ κι ο καλοστυλωμένος* (Παλαμάς).

φεγγαροστολισμένος, -η, -ο, επίθ. (έρρ., ποιητ.), που είναι στολισμένος με το φως του φεγγαριού, φεγγαροντυμένος: *κρίνος ~* (Σολωμός).

φεγγαροφώτιστος, -η, -ο και **φεγγαρόφωτος,** επίθ. (έρρ., ποιητ.), που φωτίζεται από το φεγγάρι: *-η νύχτα/βραδιά* (συνών. *φεγγαρόλουστος).*

φεγγαρόφωτο το, ουσ. (έρρ.), το φως του φεγγαριού: *πολιτεία τσιμεντένια κι αέρινη, ασβεστωμένη με ~* (Ρίτσος)· *οι τάφοι λάμπουν στο ~* (συνών. *σεληνόφως).*

φεγγαρόφωτος, βλ. *φεγγαροφώτιστος.*

φεγγαρόψαρο το, ουσ. (έρρ.), (ζωολ.) μεγάλο ψάρι με κυκλικό σώμα, σταχτί χρώμα στη ράχη και άσπρο στην κοιλιά, που τη νύχτα φωσφορίζει, ζει στις εύκρατες θάλασσες και το κρέας του δεν τρώγεται.

φεγγερός, -ή, -ό, επίθ. (έρρ., λαϊκ.), που φωτίζεται, φωτεινός: *τα νερά γίνουνται άξαφνα πιο -ά και πιο ήσυχα* (Κόντογλου) (συνών. *φωτερός).*

φεγγίζω, ρ. (έρρ.). **α.** αφήνω να διαφαίνεται αμυδρά κάτι: *-ισαν τα δόντια της γριάς.* **β.** είμαι ή γίνομαι κάπως διαφανής: *-ει το μπλουζάκι της* (συνών. *φεγγρίζω* στη σημασ. 2· πβ. και *φέγγω* στη σημασ. 3).

φεγγίτης ο, ους. (έρρ.). **1.** κυκλικό ή ορθογώνιο ή ελλειψοειδές άνοιγμα, συνήθως τζαμωτό, σε στέγη ή στο επάνω μέρος τοίχου για να φωτίζονται και να αερίζονται βοηθητικοί χώροι οικοδομής: ~ *εκκλησίας/υπογείου* (συνών. *φωταγωγός, φωτερό*). **2.** (συνεκδοχικά) τζαμωτό πλαίσιο πάνω από παραθυρόφυλλα ή πόρτες που ανοίγει χωριστά από πάνω προς τα κάτω: ~ *πόρτας.* **3.** (ορυκτ.) είδος ορυκτού, πλούσιο σε διοξείδιο του πυριτίου.

φεγγοβολή, (συνιζ.) **φεγγοβολιά** η και **φεγγοβόλημα** το, ουσ. (έρρ., ποιητ.), εκπομπή ζωηρού φωτός, έντονης λάμψης: *και το φως που σε στολίζει/σαν ηλίου* ~ (Σολωμός) (συνών. *ακτινοβολία, σελάγισμα, φωτοβόλημα*).

φεγγοβόλος, -α, -ο και **φεγγόβολος, -η, -ο,** επίθ. (έρρ., ποιητ.), που φεγγοβολά: *της αυγής το -ο αστέρι* (Πολέμης) (συνών. *φωτοβόλος, ακτινοβόλος, λαμπερός*).

φεγγοβολώ, -άς, ρ. (έρρ.), εκπέμπω ζωηρό φως, έντονη λάμψη: *-ώντας/η αναλαμπή του φεγγαριού κοντά της* (Σολωμός)· *τα μάτια της -ούσαν· -βόλησε το καλύβι με μιαν αλλιώτικη λάμψη* (Κόντογλου) (συνών. *ακτινοβολώ, λάμπω, σελαγίζω, φωτοβολώ*).

φέγγος το, ουσ. (έρρ., ποιητ.), φως, λάμψη: ~ *της ματιάς* (Ρίτσος).

φεγγρίζω και **φαγγρίζω,** ρ. (έρρ., λαϊκ.). **1.** φωτίζω αμυδρά: *μια λάμπα που μόλις φάγγριζε* (Κόντογλου). **2.** αδυνατίζω υπερβολικά: *-σε από την αρρώστια* (συνών. *φέγγω* στη σημασ. 3). **3.** φεγγίζω (βλ. λ. σημασ. α και β.). [*φεγγαρίζω*].

φέγγρισμα και **φάγγρισμα** το, ουσ. (έρρ., λαϊκ.), το να φεγγρίζει κάτι.

φεγγριστός, -ή, -ό και **φαγγριστός,** επίθ. (έρρ., λαϊκ.), που φεγγρίζει, κάπως διαφανής.

φέγγω ρ., αόρ. *έφεξα* (έρρ.). **Α.** (μτβ.) ρίχνω φως σε κάποιον, φωτίζω: *στο σπίτι είχαμε μόνο δυο κεριά να μας -ουν· θα σας -ξω να προχωρήσετε, γιατί νύχτωσε.* **Β.** αμτβ. **1.** εκπέμπω φως: *ο φακός μου -ει δυνατά* (συνών. *φωτίζω, ανάβω*). **2.** φωτίζομαι, γίνομαι λαμπερός: *εχάραξε η Ανατολή και έφεξε η Δύση* (δημ. τραγ.)· *έφεξε από την ομορφιά της το σπίτι* (Ι. Μ. Παναγιωτόπουλος). **3.** είμαι ή γίνομαι κάποτε διαφανής (μεταφ. για δήλωση μεγάλης ισχνότητας): *-ουν τ' αυτιά του· το πρόσωπό του έφεξε·* (συνήθως) *ο Χ απ' την αρρώστια έφεξε* (= αδυνάτισε πάρα πολύ). Φρ. *μου 'φεξε* (= απροσδόκητα μου παρουσιάστηκε κάτι καλό, μια πολύ ευνοϊκή περίσταση)· (απροσ., συνήθως στον αόρ.) *-ει ο Θεός τη μέρα ή -ει η μέρα ή -ει* (= ξημερώνει)· *-ξε μου και γλίστρησα,* βλ. ~ *γλιστρώ.*

φεϊγβολάν το, ουσ. άκλ., κομμάτι χαρτί μικρών διαστάσεων με τυπωμένο διαφημιστικό ή άλλο μήνυμα που μοιράζεται ή σκορπίζεται στους δρόμους. [γαλλ. *feuille volante*].

φείδι, βλ. *φίδι.*

φειδιακός, -ή, -ο, επίθ. (ασυνίζ.), που ανήκει ή αναφέρεται στο Φειδία: *τέχνη -ή.*

φειδώ η, ουσ. (λόγ.), χρήση ή κατανάλωση ενός πράγματος με μέτρο και περίσκεψη: *διαχειρίζεται με* ~ *την κρατική επιχορήγηση* (συνών. *οικονομία*). [αρχ. *φείδομαι*].

φειδωλεύομαι, ρ., είμαι φειδωλός σε κάτι: *δε* ~ *κόπους και θυσίες* (συνών. *λογαριάζω, τσιγγουνεύομαι*).

φειδωλός, -ή, -ό, επίθ. **1.** (λόγ.). **α.** που χρησιμοποιεί, καταναλώνει ή παρέχει κάτι με μέτρο και σύνεση (συνών. *οικονόμος, τσιγγούνης*). **β.** για χρήση, κλπ., που γίνεται με φειδώ: *διαχείριση -ή.* **2.** (μεταφ.) για άνθρωπο λιγομίλητο, που δε λέει εύκολα κάτι: ~ *σε δηλώσεις/σε επαίνους.*

φελάχος ο, θηλ. **-α,** ουσ., χωρικός, γεωργός με μικρή ιδιοκτησία στην Αίγυπτο (κυρίως) ή στη βόρειο Αφρική. [γαλλ. ή αγγλ. *fellah*<αραβ. *fallâh;* πβ. και τουρκ. *fellâh*].

φελί το, ουσ. (λαϊκ.), (για ψωμί, γλύκισμα, ορισμένα φρούτα, κ.τ.ό.) κομμάτι, φέτα: *ένα* ~ *πίτα/μανταρίνι.* [μεσν. *οφέλλιον*<λατ. *ofella.*].

φελιάζω, ρ. (συνιζ., λαϊκ.). **1.** ράβω πρόσθετο κομμάτι υφάσματος σε ρούχο (συνών. *ρελιάζω*). **2.** (για φυτό) μπολιάζω.

φέλιασμα το, ουσ. (λαϊκ.). **α.** το να φελιάζει κανείς κάτι· **β.** (συνεκδοχικά) το ύφασμα που προσθέτει κανείς· μπόλι.

φελιζόλ το, ουσ. άκλ., πολύ ελαφριά πλαστική ουσία που χρησιμοποιείται για μονώσεις ή σε κιβώτια μεταφοράς πραγμάτων. [επωνυμία κατασκευάστριας εταιρείας].

φελλένιος, -ια, -ιο, (συνιζ.) και **φέλλινος, -η, -ο,** επίθ., κατασκευασμένος από φελλό.

φελλός ο, πληθ. **-οί** και (λαϊκ.) **-ά** τα, ουσ. **1.** ελαφρό, αδιάβροχο και ελαστικό υλικό που αποτελεί το εξωτερικό στρώμα του φλοιού ορισμένων δέντρων, κυρίως ενός είδους βελανιδιάς (φελλόδρυς): ~ *σκληρός/τεχνητός· σωσίβιο από -ό.* **2.** (συνεκδοχικά, για αντικείμενο από φελλό) **α.** πώμα μπουκαλιού· **β.** κομμάτι φελλού μ' όσα είναι συνδεμένα με το δίχτυ του ψαρά και δεν το αφήνουν να βουλιάξει στο βυθό· **γ.** (ναυτ. στον πληθ.) σωσίβια: *μας μοιράσανε τα -ά και τα βάλαμε στο προσκέφαλό μας* (Κόντογλου). **3.** (μεταφ.) για άνθρωπο ελαφρόμυαλο, επιπόλαιο και γενικά χωρίς αξία.

φελλωτός, -ή, -ό, επίθ. (λόγ.), κατασκευασμένος από φελλό ή επενδυμένος με αυτόν.

φελόνι, βλ. *φαιλόνιο.*

φελούκα η, ουσ. (ναυτ.) μικρό σκάφος, βάρκα που τη σέρνει πίσω του ή τη μεταφέρει ένα καράβι: *σιγουράρανε το καΐκι με δυο άγκουρες και ήβγανε όξω με τη* ~ (Κόντογλου). [ιταλ. *feluca*].

φέλπα η, ουσ. (λαϊκ.), είδος βαμβακερού ή μάλλινου υφάσματος που με βελούδο: *ένας νέος άρχοντας ντυμένος βυσσινιά* ~ (Μπαστιάς). [ιταλ. *felpa*].

φελώ, -άς, ρ. (λαϊκ.), (μτβ. και αμτβ.) ωφελώ κάποιον, χρησιμεύω σε κάτι: *δε θα σε -έσουν τα πλούτη· της ρίμας το παιγνίδι δε -ά* (Παλαμάς) - Βλ. και *ωφελώ.*

φεμινισμός ο, ουσ. **α.** κοινωνική και πολιτική θεωρία που πρεσβεύει ότι οι γυναίκες πρέπει να έχουν τα ίδια δικαιώματα και τις ίδιες δυνατότητες και ευκαιρίες με τους άνδρες, καθώς και ότι η σημερινή κατάσταση πρέπει να αλλάξει προς την κατεύθυνση της εξίσωσης με τους άνδρες· **β.** το κοινωνικό κίνημα που βασίζεται στην παραπάνω θεωρία. [γαλλ. *féminisme*].

φεμινιστής ο, θηλ. **-τρια,** ουσ. (συνήθως στο θηλ.) οπαδός του φεμινισμού. [γαλλ. *féministe*].

φεμινιστικός, -ή, -ό, επίθ., που σχετίζεται με το φεμινισμό: *κίνημα/έντυπο -ό.*

φεμινίστρια, βλ. *φεμινιστής.*

φενάκη η, ουσ. (λόγ.), ψέμα, απάτη, εξαπάτηση: *δικαιολογίες που αποτελούν ~.*

φεντεραλισμός ο, ουσ. (όχι έρρ.), πολιτική θεωρία που υποστηρίζει το ομοσπονδιακό σύστημα διακυβέρνησης μιας χώρας, και, συνεκδοχικά, το παραπάνω σύστημα (βλ. και *ομοσπονδία*). [γαλλ. *fédéralisme*).

φεντεραλιστής ο, θηλ. **-τρια,** ουσ. (όχι έρρ.), οπαδός του φεντεραλισμού. [γαλλ. *fédéraliste*].

φέξη η, ουσ. (λαϊκ.), η γέμιση του φεγγαριού, η νέα σελήνη· συνήθως στην έκφρ. *στη χάση και στη ~* (= σπανιότατα): *περνάει να μας δει στη χάση και στη ~.*

φέξιμο το, ουσ. (λαϊκ.), το να φέγγει κάτι ή κάποιος.

φεουδαλικός, -ή, -ο, ουσ., φεουδαρχικός: *σύστημα -ό.* [γαλλ. *féodal*].

φεουδαλισμός ο, ουσ., φεουδαρχία. [γαλλ. *féodalisme*].

φεουδάρχης ο, ουσ., αυτός που κατείχε και νεμόταν ένα φέουδο: *-ες Βενετοί στην Κρήτη* (συνών. *τιμαριούχος*).

φεουδαρχία η, ουσ., μορφή πολιτικής και κοινωνικής οργάνωσης που επικράτησε κατά το μεσαίωνα, ιδίως στη δυτική Ευρώπη, και βασιζόταν στην ύπαρξη φέουδων: *δομή/θεσμοί της -ας· ~ ιαπωνική* (συνών. *τιμαριωτισμός, φεουδαλισμός, φεουδαρχισμός*).

φεουδαρχικός, -ή, -ό, επίθ., που ανήκει ή αναφέρεται στους φεουδάρχες ή τη φεουδαρχία: *καθεστώς -ό· εποχή -ή* (κυρίως από τον 9. έως τον 13. αι. στη δυτική Ευρώπη)· (κατ᾽ επέκταση) *κοινωνίες -ές της Ανατολής* (συνών. *τιμαριωτικός, φεουδαλικός*).

φεουδαρχισμός ο, ουσ., φεουδαρχία.

φέουδο το, ουσ. **1.** μεγάλη έκταση γης (που συνήθως περιλάμβανε μία ή περισσότερες αγροτικές κοινότητες και αριθμό δουλοπαροίκων καλλιεργητών) ή άλλη πηγή εισοδήματος που παραχωρούσε σ᾽ έναν υποτελή του με αντάλλαγμα ορισμένες υπηρεσίες (κυρίως στρατιωτικές) ο κυρίαρχος ηγεμόνας ή η ανώτατη αρχή, που παρέμενε πάντοτε ο άμεσος ιδιοκτήτης: *~ εκκλησιαστικό/ιδιωτικό.* **2.** (μεταφ.) περιοχή όπου κάποιος έχει μεγάλη επιρροή, ασκεί έλεγχο ή εξουσία, κ.τ.ό.: *η επαρχία Α είναι ~ του βουλευτή Β· θεωρεί τη δημαρχία προσωπικό του ~* (συνών. *τσιφλίκι*). [ιταλ. *feudo*<μεσν. λατ. *feudum*].

φεργάδα, βλ. *φρεγάδα.*

φερέγγυος, -α, -ο, επίθ. (έρρ., ασυνίζ., λόγ.). **1.** που μπορεί να δώσει εγγύηση, να εκπληρώσει τις οικονομικές του υποχρεώσεις: *οφειλέτης ~· κράτος -ο* (συνών. *εχέγγυος·* αντ. *αφερέγγυος*). **2.** που παρέχει εμπιστοσύνη, αξιόπιστος: *πολιτικός λόγος ~· δύναμη -α.* (αντ. *αφερέγγυος*). - Επίρρ. **-α.**

φερεγγυότητα η, ουσ. (έρρ., ασυνίζ., λόγ.), το να είναι κανείς ή κάτι φερέγγυο: *~ ενός πιστωτικού ιδρύματος· αμφισβητείται η ~ της κυβερνητικής πολιτικής* (συνών. *αξιοπιστία* αντ. *αφερεγγυότητα*).

φερ᾽ ειπείν· αρχαϊστ. έκφρ.· σε περίπτωση που θέλομε να δώσομε κάποιο παράδειγμα (συνών. *παραδείγματος χάριν*).

φερέοικος, -η, -ο, επίθ. (λόγ.), για πρόσωπο που δεν έχει μόνιμη κατοικία, που διαρκώς περιπλανιέται: *πολιτικός ~* (= που συχνά αλλάζει κόμμα).

φερέσυχνο το, ουσ. (φυσ.) στις τηλεπικοινωνίες, μηχάνημα για την αύξηση κυκλωμάτων ενσύρματης και ασύρματης επικοινωνίας: *~ τεσσάρων διαύλων.*

φερετζές ο, ουσ. **α.** (παλαιότερα) το μακρύ εξωτερικό ένδυμα που φορούσαν οι μουσουλμάνες όταν έβγαιναν από το σπίτι τους και το οποίο συνοδευόταν στο επάνω μέρος από ένα πέπλο που σκέπαζε το πρόσωπο (γιασμάκι): (παροιμ.) *όλα τα ᾽ χε (ή τα ᾽χει) η Μαριορή, ο ~ της έλειπε (ή της λείπει),* βλ. *λείπω·* **β.** (συνεκδοχικά) το παραπάνω πέπλο. [τουρκ. *ferace* ή *fereci*].

φέρετρο το, ουσ., στενόμακρο κιβώτιο, κατά κανόνα από ξύλο, όπου τοποθετούν το σώμα ενός νεκρού για να το μεταφέρουν στο μνήμα και να το θάψουν (συνών. *κάσα, κιβούρι, νεκροκρέβατο*).

φερετροποιείο το, ουσ., το εργαστήριο του φερετροποιού.

φερετροποιός ο, ουσ. (ασυνίζ.), αυτός που κατασκευάζει φέρετρα.

φερέφωνο το, ουσ. (μεταφ.) πρόσωπο που μιλά για λογαριασμό τρίτου, που εκφράζει κατά παραγγελία τις απόψεις κάποιου άλλου ή μιας ομάδας: *είναι το ~ του υπουργού.*

φέρι - μποτ το, ουσ. άκλ. (έρρ.), πλοίο ειδικά κατασκευασμένο για τη μεταφορά επιβατών και οχημάτων σε κοντινά συνήθως δρομολόγια (συνών. *πορθμείο*, βλ. λ. σημασ. 2). [αγγλ. *ferry-boat*].

φερμάνι, βλ. *φιρμάνι.*

φερμάρω, ρ. αόρ. **-ισα,** μτχ. παρκ. **-ισμένος,** Α. μτβ. **1.** (ναυτ.) κρατώ, συγκρατώ, ασφαλίζω. **2.** ανακόπτω την πορεία, σταματώ. **3.** (σπάνια) προσηλώνω κάπου το βλέμμα, παρατηρώ κάποιον ή κάτι με προσοχή. Β. αμτβ. **1.** παύω να κινούμαι ή να λειτουργώ, σταματώ. **2.** (για κυνηγετικά σκυλιά) μυρίζω τον αέρα για να αντιληφθώ πού έπεσε το θήραμα. [ιταλ. *fermare*].

φέρμελη η, ουσ. (λαϊκ.), (παλαιότερα) επίσημο ανδρικό γιλέκο κεντημένο με μετάξι και χρυσά στολίσματα, που το φορούσαν μαζί με τη φουστανέλα: *φουστανελάδες με -ες.* [αλβαν. *fermelé*].

φερμουάρ το, ουσ. άκλ., κατασκεύασμα που αποτελείται από δύο σειρές μεταλλικά ή πλαστικά «δόντια» προσαρμοσμένα αντικριστά σε δύο στενές ταινίες υφάσματος έτσι ώστε να ανοιγοκλείνουν με το τράβηγμα ενός κοινού κουμπώματος και που ράβεται σε ρούχα, τσάντες και άλλα είδη για να τα κρατά κλειστά: *~ παντελονιού/βαλίτσας.* [γαλλ. *fermoir*].

φέρνω, ρ., αόρ. **έφερα,** πληθ. **φέραμε,** παθ. αόρ. **φέρθηκα,** μτχ. παρκ. **φερμένος.** Ι. ενεργ. **1.** παίρνω κάτι από εκεί που βρίσκεται και το πηγαίνω αλλού: *πάρ᾽ το από κει και φέρ᾽ το εδώ* (συνών. *μεταφέρω*). **2.** κουβαλώ: *τι -εις σήμερα στο σπίτι;* (= τι ψώνισες για την οικογένεια;). **3.** οδηγώ κάποιον κάπου, συνοδεύω: *κάθε μέρα -ει τα παιδιά της στον κήπο.* **4.** οδηγώ κάποιον κάπου αναγκαστικά: *η αστυνομία έφερε τον υπόδικο στο δικαστήριο.* **5.** εισάγω (εμπορεύματα από το εξωτερικό): *αυτά τα φέραμε από την Αγγλία.* **6.** ανακοινώνω, γνωστοποιώ: *μας έφεραν καλά νέα· στη συζήτηση έφερε τις αντιρρήσεις του.* **7.** καλώ, ειδοποιώ: *φέρε το γιατρό.* **8.** προκαλώ κάτι, προξενώ: *το ένα σφάλμα -ει το άλλο·* η είδηση μου *'φερε στεναχώρια·* παροιμ. *όσα -ει η ώρα δεν τα -ει ο χρόνος.* **9.** παράγω, αποφέρω: *η δουλειά μου αυτή μου -ει κέρδη·* η προσπάθειά του έφερε το ποθούμενο αποτέλεσμα. **10.** προτείνω, προβάλλω: *μου έφερε πειστικά επιχειρήματα·* φέρε μου αποδείξεις για να πεισθώ. **11.** μοιάζω: *-ει του πατέρα του· το χρώμα -ει προς το καφέ.* **12.** (με αντικ. και κατηγορούμενο) αναφέρω, χαρακτηρίζω, παρουσιάζω κάποιον ως... : *ο λοχίας μ' έφερε απόντα από το προσκλητήριο του λόχου.* **13.** παρασύρω (πλοίο ή ναυαγό): *τα κύματα τον έφεραν στα βράχια.* **II.** (μέσ.) συμπεριφέρομαι: *δε φέρθηκε καλά.* Έκφρ. *τα σούρτα - φέρτα,* βλ. *σέρνω.* Φρ. *από πού σε φέρανε;* (= είσαι εντελώς ακατατόπιστος)· *έτσι τα 'φερε η τύχη* (= έτσι εξελίχθηκαν τα πράγματα από επίδραση της τύχης)· *έτσι τα 'φερε ο διάβολος/η κατάρα* (= τα πράγματα εξελίχθηκαν άσχημα): *μια και τα 'φερε όμως ο διάβολος άλλο δεν μπορούσα να κάνω* (Μπαστιάς)· *μια που το 'φερε ο λόγος ή ο λόγος το -ει* (= με την ευκαιρία που μιλούμε γι' αυτό το θέμα· η κουβέντα με παρακινεί να το πω)· *τα 'φερε έξι κι ένα* (= σπατάλησε την περιουσία του)· *τα ~ βόλτα,* βλ. *βόλτα· του την έφερε* (= τον γέλασε, τον εξαπάτησε)· *το φέραμε από δω, το φέραμε από κει* (= με διάφορους τρόπους προσπαθήσαμε να πετύχουμε το στόχο μας)· *-ει τον κατακλυσμό ή την καταστροφή* (= διογκώνει τις δυσκολίες)· *~ βόλτα κάποιον,* βλ. *βόλτα·* ~ *νερό στο μύλο κάποιου,* βλ. *μύλος·* (για πολιτικές εκλογές) ~ *κάποιον νικητή/στην εξουσία* (= οδηγώ σε επικράτηση): *οι εκλογές τον φέρανε στην εξουσία·* ~ *σε απελπισία* (= απελπίζω)· ~ *στα νερά μου κάποιον,* βλ. *νερό·* (για διένεξη) ~ *στο δικαστήριο υπόθεση·* ~ *στον κόσμο* (= γεννώ). - Βλ. και *φέρω.*

-φέρνω, β´ συνθ. ρημάτων με τη σημασ. «μοιάζω»: *γαλλοφέρνω, χωριατοφέρνω, χαζοφέρνω,* κλπ.

φέρσιμο το, ουσ., ο τρόπος με τον οποίο φέρεται κανείς: *ζήλεψα την απλότη τους και το ανυπόκριτο ~ τους* (Μπαστιάς)· *δεν είναι φυσικό του τέτοιο ~·* (συχνά στον πληθ.) *παινεύω τους ναύτες μου για τα -ατά τους σ' εμένα* (Κόντογλου).

φερτός, -ή, -ό, επίθ., που τον έχουν φέρει από αλλού: *υλικά -ά* (= χώματα, πέτρες, κλπ.).

φέρω, ρ. (λόγ.), (στον ενεστ. και παρατ.). **I.** (ενεργ.) *έχω κάτι πάνω μου ή ως εξάρτημα ή γραμμένο: το αγγείο -ει παραστάσεις ηρώων·* φρ. (για βιβλίο, μελέτη, δημοσίευμα, κλπ.) ~ *τίτλο* (= τιτλοφορούμαι, έχω επιγραφή). **II.** μέσ. **1.** συμπεριφέρομαι: *-εται άσχημα.* **2.** λογαριάζομαι, θεωρούμαι, αναφέρομαι: *-ονται (ως) αγνοούμενοι/ένοχοι·* μέλη του συμβουλίου *-ονται να διαφωνούν ως προς την πρόταση.* Φρ. ~ *βαρέως* (= στεναχωριέμαι πολύ)· ~ *την ευθύνη* (= είμαι υπεύθυνος)· ~ *το όνομα (κάποιου)* (= ονομάζομαι όπως αυτός) - Βλ. και *φέρνω.*

φέσι το, ουσ. **1.** κωνικός κόκκινος σκούφος από μάλλινο ύφασμα με επίπεδη κορυφή και, (συνήθως) φούντα που το φορούν οι Ανατολίτες: ~ *τούρκικο/τυνησιακό.* **2.** σκούφος που φορούν οι Έλληνες εύζωνοι. **3.** (μεταφ., λαϊκ.) χρέος που δεν έχει εξοφληθεί: *με τόσα -ια από τους πελάτες πώς τα πάει καλά το μαγαζί;* φρ. *βάζω σε κάποιον ~* (= δανείζομαι από κάποιον χρήματα και δεν τα επιστρέφω ή δεν έχω σκοπό να τα επιστρέψω).

Φρ. *γίνομαι ~* (= μεθώ). - Υποκορ. **-άκι** το. [τουρκ. *fes* από την πόλη *Fez* του Μαρόκου].

φέστα η, ουσ. (ιδιωμ.). **1.** γιορτή, πανηγύρι. **2.** πάθημα από το οποίο γελοιοποιείται κανείς, δημόσιος εξευτελισμός. - Βλ. και *φιέστα.* [ιταλ. *festa*].

φεστιβάλ το, ουσ. άκλ. **1.** πανηγυρική συναυλία προς τιμήν κάποιου συνθέτη κατά την οποία εκτελούνται μόνο έργα του. **2.** καλλιτεχνική εκδήλωση ή σειρά εκδηλώσεων στην οποία δίνεται επίσημος, πανηγυρικός χαρακτήρας: ~ *τραγουδιού/κινηματογράφου/Επιδαύρου.* [γαλλ. *festival*].

φεστόνι και **φιστόνι** το, ουσ. **1.** είδος ανεβατού κεντήματος. **2.** (αρχιτ.) γλυπτός διάκοσμος σε σχήμα πλαισίου, γιρλάντας από άνθη ή καρπούς. [γαλλ. *feston*].

φεσώνω, ρ. (λαϊκ.), βάζω φέσι (βλ. λ. σημασ. 3): *κάποιος -ωσε την εταιρεία με έξι εκατομμύρια.*

φέτα η, ουσ. **1.** λεπτό και πλατύ κομμάτι από κάποιο φαγώσιμο είδος: *σαλάμι κομμένο σε -ες· αλείφω με βούτυρο μια ~ ψωμί.* **2.** είδος άσπρο τυριού: ~ *μαλακή/του βαρελιού.* - Υποκορ. **-ίτσα, -ούλα** η. [βενετ. *feta*].

φετβάς και **φετφάς** ο, ουσ. **1.** (ιστ.) στην οθωμανική αυτοκρατορία, γνωμοδότηση που έδινε ο θρησκευτικός άρχοντας για την ερμηνεία εισαγόμενων καινοτομιών και για κάθε αμφισβητούμενη θρησκευτική περίπτωση: *ο μουφτής εξέδωσε τον παρακάτω -ά* (Κόντογλου). **2.** (γενικά, λαϊκ.) αυθαίρετη διαταγή ή γνωμοδότηση. [τουρκ. *fetva*].

φετινός, -ή, -ό και **εφετινός,** επίθ., που ανήκει ή αναφέρεται στη χρονιά που διανύουμε και, συνεκδοχικά, τωρινός, σύγχρονος: *ο ~ χειμώνας· τα ρούχα μου είναι -ά* (= τα αγόρασα φέτος) (αντ. *περυσινός*).

φετίτσα, βλ. *φέτα.*

φετίχ το, ουσ. άκλ. **1.** άψυχο αντικείμενο στο οποίο αποδίδεται από πρωτόγονους λαούς μαγική δύναμη. **2.** αντικείμενο που θεωρεί κάποιος ότι του φέρνει τύχη. [γαλλ. *fétiche*].

φετιχισμός ο, ουσ. **1.** η λατρεία των φετίχ από πρωτόγονους λαούς. **2.** ο υπερβολικός και ανεπιφύλακτος θαυμασμός σε πρόσωπο ή πράγμα. **3.** (ιατρ.) γενετήσια διαστροφή που παρακινεί το άτομο να αναζητήσει σεξουαλική ικανοποίηση στην επαφή ή θέα ορισμένων αντικειμένων που δεν έχουν ερωτικής σημασία. [γαλλ. *fétichisme*].

φετιχιστής ο, θηλ. **-τρια,** ουσ. **1.** αυτός που λατρεύει τα φετίχ. **2.** (ιατρ.) αυτός που πάσχει από φετιχισμό (βλ. λ. σημασ. 3).

φέτος, βλ. *εφέτος.*

φετούλα, βλ. *φέτα.*

φευ, επιφ. (λόγ.), αλίμονο.

φευγάλα η, ουσ. (λαϊκ.), βιαστική, άτακτη φυγή (συνών. *φευγιό*).

φευγαλέος, -α, -ο, επίθ. **1α.** που διαρκεί πολύ λίγο, που περνά γρήγορα: *συναντήσεις -ες.* **β.** στιγμιαίος: *βλέμμα -ο· έριχνε -ες ματιές.* **2.** (συνεκδοχικά) εφήμερος, παροδικός.

φευγατίζω, ρ. (λαϊκ.), φυγαδεύω (βλ. λ.), διευκολύνω τη φυγή ή την απόδραση κάποιου: *θέλω να μου πεις πού είναι ο άντρας μου, πού μου τον -ίσατε;* (Σταύρου).

φευγάτισμα το, ουσ. (λαϊκ.), το να φευγατίζει κανείς κάποιον, φυγάδευση.

φευγάτος, -η, -ο, επίθ. **1.** που έχει ήδη φύγει ή αναχωρήσει (συνήθως στη φρ. *είναι ~* (= έχει φύγει): είναι ~ από ώρα· ώσπου να γυρίσω να δω ήταν κιόλας -η. **2.** (μεταφ.) που έχει περάσει, χαθεί: *χαρές -ες.*

φευγιό το, ουσ. (συνιζ., λαϊκ.), φευγάλα (βλ. λ.): *του ιστόρησε το ~ του γιου του κι ο Γιακουμής έδραμε... μπας και προλάβει το παιδί* (Μπαστιάς).

φεύγω, ρ. αόρ. έφυγα, πληθ. φύγαμε. **1.** απομακρύνομαι από κάπου γρήγορα ή βιαστικά από φόβο ή ανάγκη: *~ μπρος στον κίνδυνο·* (επιφωνηματικά): *-α! φύγε!* (οργισμένα): *φύγε από μπροστά μου/να μη σε βλέπω!* φρ. *όπου φύγει φύγει* (για άτακτη εσπευσμένη φυγή): *το λιοντάρι έβγαλε μια φωνή και τότε όλοι όπου φύγει φύγει· ~ στα τέσσερα* (= φεύγω αμέσως, το βάζω στα πόδια). **2.** αποχωρώ, απομακρύνομαι από κάποιο χώρο: *έφυγε από το γραφείο νωρίς·* φρ. *μου -ει το καφάσι/το μυαλό,* βλ. *καφάσι*. II. **3α.** αναχωρώ: *έφυγαν χτες για τη Θεσσαλονίκη· έφυγε χωρίς ένα αντίο· πότε -ετε;* **β.** (για μέσα συγκοινωνίας): *το τρένο -ει στις οχτώ.* **4.** εγκαταλείπω κάποιο μέρος ή χώρο οριστικά: *ο γιος τους έφυγε από το σπίτι·* φρ. *παίρνω τα μάτια μου και ~,* βλ. *μάτι*. **5.** (συνεκδοχικά) παύω τη δραστηριότητα, την ενεργό συμμετοχή μου σε κάποιον επαγγελματικό ή άλλο χώρο: *έφυγε από την υπηρεσία/το σώμα* (= συνταξιοδοτήθηκε ή παραιτήθηκε)· *έφυγε από τη χορωδία*. **6.** πεθαίνω (για να μετριαστεί η θλιβερή είδηση): *μας έφυγε ο κυρ-Θανάσης· από την πανούκλα ... σαράντα ψυχές φύγανε μονομιάς* (Μπαστιάς). **7α.** διαφεύγω: *~ κρυφά/απαρατήρητος· έφυγε από την πίσω πόρτα/για να μη συλληφθεί·* **β.** (για αφηρημένες έννοιες): *του 'φυγε η ευκαιρία μέσ' απ' τα χέρια.* **8.** ξεφεύγω: *μερικές φορές του -ουν λόγια απερίσκεπτα· μη σου φύγει κουβέντα!* **9.** εξαφανίζομαι, χάνομαι: *έφυγε μακριά· μας έφυγε η γάτα που είχαμε·* (ειδικά): *τα σύννεφα έφυγαν* (= σκόρπισαν, διαλύθηκαν). **10.** (για χρόνο) περνώ· κυλώ γρήγορα: *έφυγε κιόλας το καλοκαίρι· έφυγαν οι διακοπές·* φρ. *ο καιρός -ει*. **11.** (συνεκδοχικά για πράγματα) απομακρύνομαι με μια απότομη ή βιαστική κίνηση: *του 'φυγε το φλιτζάνι από τα χέρια* (= έπεσε, γλίστρησε)· *έφυγε το σμάλτο το χερούλι· έφυγε μια σελίδα από το βιβλίο* (= κόπηκε, αποσπάστηκε)· *έφυγαν θηλειές* (= ξηλώθηκαν). **12.** (μεταφ. για απαλλαγή από κάτι ενοχλητικό ή δυσάρεστο): *μου έφυγε το βάρος που ένιωθα στο στομάχι· μου έφυγε η στενοχώρια* (αντ. κυρίως στη σημασ. 1-6 *έρχομαι*).

φετφάς, βλ. *φετβάς.*
φηκάρι, βλ. *θηκάρι.*
φηλί - κλειδί· λαϊκ. έκφρ. = είναι αχώριστοι φίλοι. [θηλί, υποκορ. του θηλέα = κλειδαρότρυπα].

φήμη η, ουσ. **1.** είδηση ή γνώμη άγνωστης πηγής που διαδίδεται από στόμα σε στόμα και που άλλοτε ανταποκρίνεται στην πραγματικότητα άλλοτε όχι: *ανυπόστατες -ες· κυκλοφορεί ~· διαδίδω -ες* (μεταφ., λογοτ.): *-ες αδέσποτες·* (ειδικά για πληροφορίες ανεξακρίβωτες): *δεν υπάρχει τίποτε εναντίον του, μόνο -ες* (συνών. *διάδοση*). **2.** η γνώμη που σχηματίζεται και διαδίδεται ανάμεσά τους οι άνθρωποι για κάποιο φυσικό ή νομικό πρόσωπο, τόπο, κλπ.: *έχω/αποκτώ καλή ~· έχει τη ~ λαμπρού χειρούργου· αυτή η γειτονιά έχει κακή ~·* φρ. *βγήκε η ~ ότι...* **3.** η κατάσταση ή το γεγονός του να είναι κανείς ονομαστός, το να έχει κάποιος ή κάτι καλό όνομα: *αυτοί οι ακροβάτες έχουν παγκόσμια ~* (σε φρ.): *εδραιώνω τη ~ μου·*

η ~ *τους απλώθηκε πολύ γρήγορα/έφτασε ως τα πέρατα του κόσμου.*

φημίζομαι, ρ., έχω φήμη (βλ. λ. σημασ. 3), είμαι ονομαστός: *η περιοχή -εται για τα κρασιά της· μπαλέτο -σμένο.*

φημιστός, -ή, -ό, επίθ. (λαϊκ.), φημισμένος, ονομαστός.

φημολογία η, ουσ. (νεολογ.) το να κυκλοφορούν φήμες για κάτι: *δημιουργείται έντονη ~ για πρόωρες εκλογές.*

φημολογούμαι, ρ. (νεολογ.) στο γ' εν. πρόσ. *-είται* = κυκλοφορεί φήμη (βλ. λ. σημασ. 1): *-είται ότι θα γίνουν σύντομα εκλογές.*

φθάνω, βλ. *φτάνω.*

φθαρτός, -ή, -ό, επίθ., που υπόκειται σε φθορά: *το -ό σώμα του ανθρώπου* (αντ. *άφθαρτος*).

φθάσιμο, βλ. *φτάσιμο.*

φθασμένος, βλ. *φτασμένος.*

φθέγγομαι, ρ. (έρρ., λόγ.), (μόνο στον ενεστ.) μιλώ με στόμφο.

φθειρίαση η, ουσ. (ιατρ.) το σύνολο των παθολογικών εκδηλώσεων του δέρματος που προκαλούνται από ψείρες.

φθείρω, ρ., μτχ. (ε)φθαρμένος. **1.** προξενώ βλάβη, φθορά: *το κάπνισμα -ει την υγεία.* **2.** κάνω κάτι να χαλάσει με τη συνεχή ή κακή χρήση: *ρούχα/παπούτσια φθαρμένα* (συνών. *λειώνω, χαλώ*). **3.** (μέσ.), (μεταφ.) χάνω το κύρος μου, μειώνομαι ηθικά: *η κυβέρνηση -εται καθημερινά.*

φθηναίνω, βλ. *φτηναίνω.*
φθήνια, βλ. *φτήνια.*
φθηνοδουλειά, βλ. *φτηνοδουλειά.*
φθηνοπράματα, βλ. *φτηνοπράματα.*
φθηνός, βλ. *φτηνός.*

φθινοπωριάτικος, -η, -ο, επίθ. (συνιζ.), φθινοπωρινός. - Επίρρ. *-α.*

φθινοπωρινός, -ή, -ό, επίθ. **1.** που σχετίζεται με το φθινόπωρο: *τοπίο -ό· χρώματα/ρούχα -ά.* **2.** που υπάρχει ή συμβαίνει το φθινόπωρο: *βροχή/ισημερία -ή.*

φθινόπωρο το, ουσ., εποχή του χρόνου που έρχεται μετά το καλοκαίρι και προηγείται του χειμώνα και χαρακτηρίζεται από τη σμίκρυνση της διάρκειας της ημέρας και το πέσιμο των φύλλων των δέντρων: *το κυνήγι ανοίγει το ~.*

φθίνω, ρ. (λόγ.), (μόνο στον ενεστ. και παρατ.). **1.** βαδίζω προς το τέλος μου, ελαττώνομαι, λιγοστεύω: *επαγγέλματα που -ουν.* **2.** (μεταφ.) μαραίνομαι, λειώνω: *-ει η υγεία του.* **3.** (μαθημ.) *πρόοδος -ουσα* = η πρόοδος της οποίας οι όροι διαρκώς ελαττώνονται και ο λόγος της είναι αριθμός αρνητικός.

φθίση η, ουσ. (ιατρ.) φυματίωση (βλ. λ.) (συνών. λαϊκ. *χτικιό*).

φθισιατρείο το, ουσ. (ασυνίζ.), σανατόριο (βλ. λ.).

φθισικός, -ή και **-ιά, -ό,** επίθ., φυματικός (βλ. λ.) (συνών. λαϊκ. *χτικιάρης*).

φθογγικός, -ή, -ό, επίθ. (έρρ.), που σχετίζεται με τους φθόγγους: *μεταβολές -ές.*

φθογγόγραμμα το, ουσ. (έρρ.), γράμμα πρωτότυπης γραφής που παριστάνει περισσότερους από ένα φθόγγους.

φθογγογραφία η, ουσ. (έρρ.), γραφή με φθογγογράμματα.

φθογγογραφικός, -ή, -ό, επίθ. (έρρ.), που σχετίζεται με τη φθογγογραφία: *επιγραφή -ή.*

φθογγολογία η, ουσ. (έρρ.), επιστήμη που μελετά

φθογγολογικός τη φύση των φθόγγων και τους νόμους σύμφωνα με τους οποίους γίνονται οι φωνητικές μεταβολές.

φθογγολογικός, -ή, -ό, επίθ. (έρρ.), που ανήκει ή αναφέρεται στη φθογγολογία. - Το ουδ. ως ουσ. = το τμήμα της γραμματικής που μελετά τους φθόγγους μιας γλώσσας.

φθόγγος ο, ουσ. (έρρ.). 1. (γλωσσολ., στον πληθ.) τα γλωσσικά ηχητικά σημεία που συνθέτουν την υπόσταση μιας λέξης. 2. (μουσ.) ήχος που έχει ορισμένη οξύτητα και παράγεται από την ανθρώπινη φωνή ή από μουσικό όργανο. 3. φθογγόσημο (βλ. λ.).

φθογγόσημο το, ουσ. (έρρ.), (μουσ.) το σημείο ή σύμβολο με το οποίο παριστάνεται ο μουσικός φθόγγος (συνών. *νότα*).

φθονερός, -ή, -ό, επίθ. 1. που φθονεί τους άλλους: *άνθρωπος ~* (συνών. *μοχθηρός, ζηλόφθονος*). 2. που ενέχει φθόνο: *λόγια -ά*.

φθόνος ο, ουσ., το να αισθάνεται κανείς λύπη και ζήλεια για ξένα αγαθά ή για την ευημερία άλλων (συνών. *ζηλοφθονία, κακεντρέχεια*).

φθονώ, -είς, ρ., βλέπω με λύπη και ζήλεια την ευτυχία των άλλων, αισθάνομαι φθόνο (συνών. *ζηλεύω*).

φθορά η, ουσ. 1. βλάβη, βαθμιαία καταστροφή: *-ές αρχείων και βιβλίων· η φωτιά κρύβει την ακατάλυτη δύναμη της -άς*. 2. τριβή από μεγάλη χρήση, λειώσιμο: *~ ρούχων/παπουτσιών* (συνών. *πάλιωμα*). 3. (μεταφ.) μείωση του ηθικού κύρους: *~ της κυβέρνησης από τα σκληρά μέτρα που εφαρμόζει· ~ του οικονομικού συστήματος*.

φθορίαση, ουσ. (παθολ., ιατρ.) καχεκτική κατάσταση που προσβάλλει άτομα με χρόνια δηλητηρίαση από φθόριο και χαρακτηρίζεται από βλάβες των δοντιών και των οστών.

φθορίζω, ρ., εμφανίζω φθορισμό, εκπέμπω ακτινοβολία: *ουσίες που -ουν*.

φθόριο το, ουσ. (ασυνίζ.), (χημ.) αέριο χημικό στοιχείο με κιτρινοπράσινο χρώμα που προκαλεί βίαιες αντιδράσεις: *λάμπες -ίου*.

φθοριόμετρο το, ουσ. (ασυνίζ.), όργανο που μετρά τους βαθμούς φθορισμού στα υγρά.

φθοριούχος, -α, -ο, επίθ. (ασυνίζ.), που περιέχει φθόριο: *ενώσεις -ες*.

φθορισμός ο, ουσ. (φυσ.) ιδιότητα ορισμένων σωμάτων να μπορούν να μετατρέπουν το φως που δέχονται σε φωτεινές ακτινοβολίες μεγαλύτερου μήκους κύματος: *λαμπτήρας -ού*.

φθορίωση η, ουσ. 1. (χημ.) εισαγωγή φθορίου στα μόρια οργανικής ένωσης. 2. προσθήκη ενώσεων του φθορίου σε ελάχιστες δόσεις στο πόσιμο νερό για προφύλαξη των καταναλωτών από την τερηδόνα των δοντιών.

φι το, ουσ. άκλ., το εικοστό πρώτο γράμμα του ελληνικού αλφαβήτου (φ, Φ) έκφρ. *στο πι και ~*, βλ. *πι*. - Βλ. και *φ, Φ*.

φιάλη η, ουσ. (ασυνίζ., λόγ.). 1. γυάλινο δοχείο με στρογγυλό σχήμα και στενό λαιμό για υγρά (συνών. *μπουκάλι*). 2. μποτίλια (βλ. λ.): *~ πεπιεσμένου αέρα*. 3. (εκκλ.) βρύση με λεκάνη και θολωτή οροφή έξω από τις παλαιοχριστιανικές βασιλικές που χρησίμευε για τη νίψη των χεριών των πιστών που θα έμπαιναν στην εκκλησία. 4. (αρχαιολ.) πήλινο αγγείο ρηχό και πλατύ, τάσι. - Υποκορ. **-ίδιο** το.

φιαλοθήκη η, ουσ. (ασυνίζ.), σκεύος με κατάλληλες υποδοχές για την τοποθέτηση μπουκαλιών.

φιαλωτός, -ή, -ό, επίθ. (ασυνίζ.), που έχει σχήμα φιάλης.

φιάσκο το, ουσ. άκλ. (συνιζ.), παταγώδης αποτυχία στην επιδίωξη ενός σκοπού, η οποία προκαλεί το χλευασμό: *η υπόθεση/η συγκέντρωση κατέληξε σε ~*. [ιταλ. *fiasco*].

φιγούρα η, ουσ. 1α. μορφή, σχήμα: *μέσα στη νύχτα μπόρεσα να διακρίνω μια γυναικεία ~·* β. εικόνα: *βιβλίο με -ες*. 2. εικονογραφημένο τραπουλόχαρτο: *οι -ες μετράνε για δέκα*. 3. (στο θέατρο σκιών) ομοίωμα προσώπου από χαρτόνι. 4. (μουσ.) σύνολο από μελωδικά ή ρυθμικά στοιχεία από τα οποία αποτελείται μια μελωδία: *~ ορχηστρική*. 5. κίνηση που ακολουθεί κάποιο συγκεκριμένο πρότυπο ή σχήμα: *~ χορευτική / ακροβατική*. 6. (ναυτ.) ακρόπρωρο· (στον πληθ.) τα γλυπτά στολίσματα της πρύμης των πλοίων. 7. (μεταφ.) εντύπωση από το παρουσιαστικό, επιβολή: *της αρέσει να κάνει ~· ο δικηγόρος πάσχιζε να κάνει τη ~ του σε μια τέτοια δίκη*. [ιταλ. *figura*].

φιγουράρω, ρ. 1. κάνω φιγούρα, προξενώ την εκτίμηση ή το θαυμασμό. 2. επιδεικνύομαι, προβάλλομαι, φαντάζω: *-ει για σπουδαίος· το όνομά του -ει στα πρωτοσέλιδα των εφημερίδων*.

φιγουρατζής ο, θηλ. **-ού**, ουσ. (λαϊκ.), αυτός που επιδεικνύεται, ματαιόδοξος: *είναι πολύ -ού· μας κάνει την αριστοκράτισσα*.

φιγουράτος, -η, -ο, επίθ., που κάνει εντύπωση με την εμφάνισή του, φανταχτερός: *γραβάτα -η*.

φιγουρίνι το, ουσ. 1. εικονογραφημένο περιοδικό μόδας που περιέχει υποδείγματα μοντέρνων ρούχων. 2. (συνεκδοχικά) γυναίκα ωραία και κομψή, ντυμένη σύμφωνα με τη μόδα: *με το καινούργιο σου ταγέρ είσαι σκέτο ~*. [βενετ. *figurin*].

φιδάγκαθο το, ουσ. (έρρ., λαϊκ.). 1. είδος ποώδους φυτού με πολλά αγκάθια. 2. κέδρος (βλ. λ.).

φιδάκι, βλ. *φίδι*.

φιδένιος, -ια, -ιο, επίθ. (συνιζ.), που έχει το σχήμα του φιδιού (συνών. *στριφτός*).

φιδές ο, ουσ., είδος πολύ λεπτού ζυμαρικού που χρησιμοποιείται για την παρασκευή σούπας, καθώς και η σούπα που παρασκευάζεται με αυτό το ζυμαρικό. [γενεουατ. *fidê*].

φίδι το, ουσ. 1. είδος ερπετού με μακρύ, κυλινδρικό, φολιδωτό σώμα που διακρίνεται σε κεφάλι, κορμό και ουρά. 2. (μεταφ.) άνθρωπος ύπουλος, κακεντρεχής· έκφρ. *~ κολοβό* (= άνθρωπος ύπουλος, κακός). Φρ. *μαύρο ~ που σ' έφαγε* (= κακό που σε βρήκε)· *με ζώνουν τα -ια ή με τρων τα -ια* (= αρχίζω να ανησυχώ, να υποψιάζομαι κινδύνους)· *~ που θα τον φάει!* (= αναπάντεχο κακό που θα τον βρει). Παροιμ. *βάζουν τον τρελό να βγάλει το ~ από την τρύπα* (= για άνθρωπο αφελή που απερίσκεπτα αναλαμβάνει την εκτέλεση πολύ επικίνδυνης πράξης). - Υποκορ. **-άκι** το = 1. μικρό φίδι. 2. είδος παιδικού επιτραπέζιου παιχνιδιού που παίζεται με ζάρια και πιόνια. [υποκορ. αρχ. *όφις*].

φιδίσιος, -ια, -ιο, επίθ. (συνιζ.). 1. που ανήκει ή αναφέρεται στο φίδι: *πουκάμισο -ιο*. 2. (συνεκδοχικά) λεπτός και εύκαμπτος όπως του φιδιού: *χορεύτρια με -ιο κορμί*.

φιδοβότανο το, ουσ. (λαϊκ.), φιδόχορτο (βλ. λ.).

φιδόγλωσσα η, ουσ. (λαϊκ.). 1. η γλώσσα του φιδιού. 2. (μεταφ.) άνθρωπος που η γλώσσα του λες και κάποιο φαρμάκι, κακόγλωσσος: *τι ~ είναι η γυναίκα του! δε λέει καλό λόγο για κανέναν!*

φιδοπουκάμισο το, ουσ. (λαϊκ.), το δέρμα του φι-

διού που αποβάλλεται ολόκληρο από το σώμα του, σε τακτά χρονικά διαστήματα, και αντικαθίσταται από καινούργιο.

φιδοσέρνομαι, ρ. (λαϊκ.), σέρνομαι σαν φίδι.

φιδότρυπα η, ουσ., η φωλιά του φιδιού.

φιδοτρώγομαι, ρ. (λαϊκ.) (ιδίως στον αόρ. *φιδοφαγώθηκα*), με πιάνει μεγάλη στενοχώρια, ταράζομαι: *πήγε να το πει, μα φιδοφαγώθηκε και δεν τ' απόσωσε* (= δεν τελείωσε τη λέξη της). - Πβ. τη φρ. *με τρων τα φίδια*, βλ. *φίδι*.

φιδόχορτο το, ουσ. (βοτ.) είδος ποώδους, πολυετούς φυτού που η σκόνη της ρίζας του πιστεύεται ότι θεραπεύει τα τσιμπήματα των φιδιών (συνών. *δρακοντιά*).

φιδωτός, -ή, -ό, επίθ. (για γραμμές, δρόμους, ποτάμια, κ.τ.ό.) που έχει σχήμα, μορφή φιδιού, κυματοειδής, ελικοειδής: *δρομάκι -ό*.

φιέστα η, ουσ. (συνιζ.). 1. γιορτή, πανηγύρι. 2. (σκωπτ.) γιορτή, εκδήλωση επιδεικτική: *προεκλογική ~*. [ισπαν. fiesta].

φίκος ο, ουσ. (βοτ.) καλλωπιστικό φυτό με πλατιά, σαρκώδη φύλλα. [λατ. ficus].

φιλ-, βλ. *φιλ(ο)-*.

φίλαθλος, -η, -ο, επίθ., που αγαπά τον αθλητισμό: *-ο πνεύμα/κοινό*. - Το αρσ. ως ουσ. = οπαδός μιας αθλητικής ομάδας: *οι -οι της μιας ομάδας συγκρούστηκαν με τους -άθλους της άλλης*.

φιλαινάδα η, ουσ. (λαϊκ.). 1. φίλη (γυναίκας). 2. ερωμένη: *την έχει ~*. - Υποκορ. (στη σημασ. 2): **-ίτσα** και **-ούλα** η. [*Φιλαινίς* (κύρ. όν.) ή **φίλαινα*, θηλ. του *φίλος*].

φιλακόλουθος, -η, -ο, επίθ., που συνηθίζεται να εκκλησιάζεται.

φιλαλήθεια η, ουσ. (ασυνίζ.), η αγάπη για την αλήθεια (συνών. *ειλικρίνεια*).

φιλαλήθης, -ης, γεν. *-ους*, πληθ. *-εις*, επίθ. (λόγ.), που αγαπά την αλήθεια (συνών. *ειλικρινής*).

φιλαλληλία η, ουσ. (λόγ.), η αγάπη προς τους άλλους (συνών. *αλτρουισμός*).

φιλαναγνώστης ο, θηλ. **-τρια**, ουσ., που αγαπά το διάβασμα, που συνηθίζει να διαβάζει βιβλία ή μελέτες.

φιλανθής, -ής, -ές, γεν. *-ούς*, πληθ. αρσ. και θηλ. *-είς*, ουδ. *-ή*, επίθ. (σπάνιο) που αγαπά τα άνθη.

φιλανθρωπία η, ουσ. 1. η αγάπη για τους συνανθρώπους: *η βοήθεια προς τους ανάπηρους είναι δείγμα -ίας* (συνών. *φιλευσπλαχνία, ανθρωπιά*· αντ. *μισανθρωπία*). 2. πράξη που δείχνει αγάπη για το συνάνθρωπο: *έχει βοηθήσει πολύ κόσμο· όλο -ίες κάνει* (αντ. *απανθρωπία*).

φιλανθρωπικός, -ή, -ό, επίθ., που χαρακτηρίζεται από φιλανθρωπία ή αποσκοπεί σ' αυτή: *αισθήματα -ά· σύλλογος ~*.

φιλάνθρωπος, -η, -ο, επίθ. 1. (για πρόσωπα) που αισθάνεται ή εκφράζει αγαθά αισθήματα για τους ανθρώπους. 2. που χαρακτηρίζεται από φιλανθρωπία, φιλανθρωπικός: *αισθήματα -α· πράξη -η*. - Το αρσ. και ως ουσ. (αντ. *μισάνθρωπος*).

φιλάντρα η, ουσ. (ναυτ.) μακρουλή ταινία επάνω στο κατάρτι πολεμικών πλοίων που δήλωνε την ιδιότητά τους. [ιταλ. filandra].

φιλαράκος ο, ουσ. 1. (θωπευτ.) φίλος. 2. (ειρων. σε προσφών.) πονηρός, κατεργάρης.

φιλαργυρία η, ουσ., υπερβολική προσκόλληση στο χρήμα, πάθος για συγκέντρωση χρημάτων, για πλουτισμό, τσιγγουνιά (αντ. *γενναιοδωρία*).

φιλάργυρος, -η, -ο, επίθ., που χαρακτηρίζεται από φιλαργυρία, τσιγγούνης (συνών. *σφιχτοχέρης, σπαγκοραμμένος*· αντ. *γενναιόδωρος*, (λαϊκ.) *χουβαρντάς*).

φιλαρέσκεια η, ουσ. (ασυνίζ.), η επιθυμία κάποιου να αρέσει στους άλλους (κυρίως σε άτομα του αντίθετου φύλου), που εκδηλώνεται με ιδιαίτερη φροντίδα για την εξωτερική εμφάνιση (ντύσιμο, κόμμωση, κ.τ.ό.): *ο τρόπος που ντύνεται δείχνει ~* (συνών. *κοκεταρία*).

φιλάρεσκος, -η, -ο, επίθ., που χαρακτηρίζεται από φιλαρέσκεια (βλ. λ.): *γυναίκα -η· συμπεριφορά -η* (συνών. *κοκέτης, -α*).

φιλαρέτο το, ουσ. (ναυτ.) μέρος του πλοίου όπου οι ναύτες τοποθετούν τις μπράντες (βλ. λ.) τους. [βενετ. filareto].

φιλαρμονική η, ουσ., ορχήστρα συνήθως από πνευστά και κρουστά όργανα: *~ του δήμου/της Βιέννης* (πβ. *μπάντα*).

φιλάρχαιος, -η (-α), -ο, επίθ., που αγαπά την αρχαιότητα και ιδιαίτερα τα μνημεία της ή γενικά τα αρχαία αντικείμενα: *συλλέκτης ~*.

φιλαρχία η, ουσ., η υπερβολική ροπή για την εξουσία, η έντονη επιθυμία κάποιου να εξουσιάζει (συνών. *αρχομανία*).

φίλαρχος, -η, -ο, επίθ., που αγαπά ιδιαίτερα να βρίσκεται στην εξουσία (συνών. *αρχομανής*).

φιλάσθενος, -η, -ο, επίθ., που προσβάλλεται συχνά από ασθένειες (συνών. *αρρωστιάρης, ασθενικός*).

φιλαυτία η, ουσ., η υπερβολική αγάπη κάποιου για τον εαυτό ιου, το αποκλειστικό ενδιαφέρον για τα δικά του συμφέροντα (συνών. *εγωπάθεια*· αντ. *φιλαλληλία*).

φίλδισι, βλ. *φίλντισι*.

φιλέ το και **φιλές** ο, ουσ. 1. διχτυωτό από λεπτές κλωστές που χρησιμοποιείται για να συγκρατεί τα γυναικεία μαλλιά. 2. πλέγμα για την κατασκευή παραπετασμάτων. 3. διχτυωτό πλέγμα που τοποθετείται στα γήπεδα βόλεϊ και τένις ή στο τραπέζι του πιγκ-πογκ για να διαχωρίζει το χώρο των δύο αντίπαλων ομάδων ή παικτών. 4. (τυπογραφία) μικρή γραμμή που χωρίζει αυτοτελή κείμενα σε εφημερίδες και περιοδικά. - Υποκορ. (στη σημασ. 1) **φιλεδάκι** το. [γαλλ. filet].

φιλειρηνικός, -ή, -ό, επίθ. 1. που χαρακτηρίζεται από αγάπη για την ειρήνη: *άτομο -ό· αισθήματα -ά* (συνών. *ειρηνόφιλος*· αντ. *φιλοπόλεμος*). 2. που εργάζεται για την επικράτηση της ειρήνης στον κόσμο: *ένωση -ή* (συνών. *ειρηνιστικός*).

φιλειρηνισμός ο, ουσ., η επιδίωξη επικράτησης της ειρήνης στις σχέσεις των λαών, θεωρία σύμφωνα με την οποία η επίλυση των διαφορών μεταξύ των κρατών πρέπει να επιχειρείται με ειρηνικά μέσα.

φιλειρηνιστής ο, θηλ. **-ίστρια**, ουσ., ο οπαδός του φιλειρηνισμού (βλ. λ.), αυτός που αγωνίζεται για την επικράτηση της ειρήνης στις σχέσεις των λαών (συνών. *ειρηνιστής*).

φιλειρηνιστικός, -ή, -ό, επίθ., που ανήκει ή αναφέρεται στο φιλειρηνισμό ή τους φιλειρηνιστές: *διαδήλωση -ή* (συνών. συνηθέστ. *ειρηνιστικός*).

φιλειρηνίστρια, βλ. *φιλειρηνιστής*.

φιλεκπαιδευτικός, -ή, -ό, επίθ., που ενδιαφέρεται για την προαγωγή των εκπαιδευτικών θεμάτων: *πολιτική -ή*.

φιλελευθερισμός ο, ουσ. 1. το σύνολο των ιδεών και αρχών με τις οποίες επιδιώκεται η διασφάλι-

φιλελευθεροποίηση

ση της πολιτικής, οικονομικής και θρησκευτικής ελευθερίας σε μια κοινωνία (αντ. *απολυταρχία, δεσποτισμός*). **2.** (οικον.) θεωρία σύμφωνα με την οποία δεν πρέπει να υπάρχει έντονη κρατική παρέμβαση στη δραστηριότητα των εμπορικών επιχειρήσεων (αντ. *κρατισμός, σοσιαλισμός*). **3.** ο σεβασμός της προσωπικότητας και των απόψεων των άλλων, η τήρηση ανεκτικής στάσης απέναντι στις πράξεις τους, η έλλειψη αυστηρών αρχών (αντ. *αυταρχισμός*). **4.** (γενικά) η αγάπη για την ελευθερία.

φιλελευθεροποίηση η, ουσ. (κυρίως για πολιτ. και οικον. καθεστώτα) προσαρμογή στις αρχές του φιλελευθερισμού (βλ. λ.): ~ *της πολιτικής ζωής*· ~ *των εμπορικών συναλλαγών.*

φιλελεύθερος, -η, -ο, επίθ. **1.** που αγαπά την ελευθερία. **2.** που επιδιώκει ή ευνοεί την επικράτηση των πολιτικών, κοινωνικών, οικονομικών και θρησκευτικών ελευθεριών σε μια κοινωνία: *ιδέες -ες· πολίτευμα -ο· οικονομία -η* (αντ. *απολυταρχικός, ολοκληρωτικός*). **3.** οπαδός του φιλελευθερισμού (βλ. λ. κυρίως σημασ. 1 και 2)· (το αρσ. και ως ουσ.): *κόμμα -έρων*. **4.** που συμπεριφέρεται με βάση τις αρχές του φιλελευθερισμού (βλ. λ. σημασ. 3): *δεν τον ενοχλεί που η κόρη του ντύνεται εκκεντρικά· είναι -ο άτομο* (αντ. *αυταρχικός*).

φιλέλληνας ο, ουσ. **1.** ξένος που συμπαθεί ιδιαίτερα την Ελλάδα και τους Έλληνες. **2.** ξένος που αγωνίστηκε για την απελευθέρωση της Ελλάδας κατά την επανάσταση του 1821: *τάγμα -ήνων.*

φιλελληνικός, -ή, -ό, επίθ. **1.** που ανήκει ή αναφέρεται στους φιλέλληνες ή το φιλελληνισμό. **2.** που δείχνει ενδιαφέρον για την πρόοδο, για τα συμφέροντα της Ελλάδας: *κράτησε -ή στάση κατά τη συζήτηση* (αντ. *ανθελληνικός*).

φιλελληνισμός ο, ουσ., η κίνηση μη Ελλήνων υπέρ της ανεξαρτησίας της Ελλάδας κατά την επανάσταση του 1821, αλλά και παλαιότερα απ' αυτήν.

φίλεμα το, ουσ. (λαϊκ.). **1.** προσφορά γεύματος, ποτού ή γλυκού, κλπ. (συνών. *κέρασμα, τρατάρισμα*). **2.** μικρό φιλοδώρημα. **3.** δώρα των πεθερικών στους αρραβωνιασμένους.

φιλενάδα, φιλεναδίτσα και **φιλεναδούλα**, βλ. *φιλαινάδα.*

φιλεργατικός, -ή, -ό, επίθ., που χαρακτηρίζεται από συμπάθεια προς την εργατική τάξη και ενδιαφέρον για τη βελτίωση των συνθηκών της ζωής των εργατών: *-ά κυβερνητικά μέτρα* (αντ. *αντεργατικός*).

φιλεργατισμός ο, ουσ., η τάση να υποστηρίζονται οι πολιτικές και κοινωνικές διεκδικήσεις των εργατών.

φιλεργία η, ουσ., η αγάπη προς την εργασία (συνών. *φιλοπονία, εργατικότητα*· αντ. *οκνηρία, τεμπελιά*).

φίλεργος, -η, -ο, επίθ., που αγαπά την εργασία (συνών. *φιλόπονος, εργατικός*· αντ. *οκνηρός, τεμπέλης*).

φιλέρημος, -η, -ο, επίθ. (λόγ.), που αγαπά τη μοναξιά, την απομόνωση.

φιλέρι το, ουσ., ποικιλία αμπελιού καθώς και το σταφύλι της με πυκνές και σφαιρικές ρώγες που έχουν ρόδινο - μενεξεδί χρώμα.

φιλές, βλ. *φιλέ.*

φιλέτο το, ουσ. **1.** κομμάτι κρέατος από τα νεφρά του σφαγίου (συνών. *ψαρονέφρι*). **2.** πρόσθετο λεπτό γαρνίρισμα φορέματος. **3.** στενή διακοσμητι-

κή λουρίδα (σε δάπεδο) από μωσαϊκό, μάρμαρο, ξύλο, κλπ. - Υποκορ. **-άκι** το = 1. μικρό φιλέτο. 2. κομμάτι δέρματος που καλύπτει τη ραφή στο πίσω μέρος του παπουτσιού. [ιταλ. *filetto*].

φιλευσπλαχνία η, ουσ., το να είναι κανείς φιλεύσπλαχνος (βλ. λ.) (συνών. *φιλανθρωπία*· αντ. *ασπλαχνιά*).

φιλεύσπλαχνος, -η, -ο, επίθ., που έχει φιλάνθρωπα αισθήματα, που συμπονεί τους άλλους (συνών. *φιλάνθρωπος, πονετικός*· αντ. *άσπλαχνος, άπονος*).

φιλεύω, ρ., προσφέρω κάτι (συνήθως φαγώσιμο) σε κάποιον: *το -ευε το παιδί ένα σωρό καλούδια* (Ι. Μ. Παναγιωτόπουλος)· (μεταφ., ειρων. για κάτι βλαβερό) *μας -ανε με βόλια* (Μπαστιάς).

φίλη, βλ. *φίλος.*

φιληδονία η, ουσ., η ροπή προς τις σαρκικές ηδονές (συνών. *ηδονισμός, ηδυπάθεια*· αντ. *εγκράτεια*).

φιλήδονος, -η, -ο, επίθ. **1.** (για πρόσωπο) που ρέπει προς τις σαρκικές ηδονές (συνών. *ηδονιστής, ηδυπαθής*· αντ. *εγκρατής*). **2.** που φανερώνει φιληδονία: *χείλη/μάτια -α.*

φίλημα και **φιλί** το, ουσ., η επαφή των χειλιών προς τα χείλη ή κάποιο άλλο σημείο του σώματος άλλου ανθρώπου ή και προς ζώο ή πράγμα ως εκδήλωση διάφορων κατά τη στιγμή αισθημάτων (αγάπης, σεβασμού, στοργής, κλπ.): *τον καλωσόρισε και τον έπνιξε στα φιλιά· το φιλί του Ιούδα* (= σύμβολο προδοσίας). Έκφρ. *το φιλί της ζωής* (= τεχνητή αναπνοή)· φρ. *είναι για* ~ (= είναι πολύ ωραίο).

φιλήσυχος -η, -ο, επίθ., που αγαπά την ησυχία, που αποφεύγει τις φιλονικίες και διενέξεις (με άλλους): *νέος* ~· *πόλη -η* (συνών. *ειρηνικός*· αντ. *εριστικός, καβγατζής*). Έκφρ. ~ *πολίτης* (= νομοταγής).

φιλί, βλ. *φίλημα.*

φιλία η, ουσ. **1.** αμοιβαία συμπάθεια, εκτίμηση, αγάπη ανάμεσα σε δύο (ή περισσότερα) άτομα που δε στηρίζεται ούτε σε δεσμό αίματος ούτε σε ερωτική έλξη: ~ *στενή/μεγάλη· διέλυσαν τη* ~ *τους για ασήμαντους λόγους* (αντ. *έχθρα, μίσος*). **2.** ευνοϊκή διάθεση προς κάποιον: *επιδιώκει τη* ~ *των ανωτέρων του.* **3.** συμπάθεια και αγάπη, ζώο ή πράγμα: *ποτέ δεν έκρυβε τη* ~ *του προς τα ζώα.* **4.** (μεταξύ χωρών) ειρηνικές σχέσεις: *η μακραίωνη* ~ *των δύο χωρών μας.* Φρ. *πιάνω* ~ (= γίνομαι φίλος).

φιλιάζω, ρ. (συνιζ., λαϊκ.), γίνομαι ξανά φίλος, αποκαθιστώ τη φιλία μου με κάποιον: *δε μιλούσαμε, τώρα -σαμε* (συνών. *μονοιάζω*).

φίλιασμα το, ουσ. (λαϊκ.). **1.** η ενέργεια και το αποτέλεσμα του φιλιάζω (βλ. λ.). **2.** συνταίριασμα.

φιλιατρό το, ουσ. (συνιζ., λαϊκ.), στόμιο πηγαδιού: *επαίξανε τα μάτια του στα χέρια μου οπού ήταν απιθωμένα στο* ~ (Σολωμός). [μεσν. *φλετρόν*< *φρέαρ*].

φιλιγκράν το, ουσ. άκλ. (όχι έρρ.). **1.** διάτρητο δικτυωτό κόσμημα ή έργο τέχνης από λεπτά φύλλα ή σύρματα χρυσού, αργύρου, μολύβδου ή γυαλιού. **2.** σχέδιο αποτυπωμένο στη μάζα του χαρτιού χαρτονομισμάτων, γραμματοσήμων, χαρτιού αλληλογραφίας, κλπ. που εξασφαλίζει τη γνησιότητά του και γίνεται ορατό με διαφάνεια (συνών. *υδατόσημο*). [γαλλ. *filigrane*<ιταλ. *filigrana*].

φιλί - κλειδί, βλ. *φηλί - κλειδί.*

φιλικός, -ή, -ό, επίθ. 1. που σφραγίζεται από φιλία, που φανερώνει φιλία, συμπάθεια, ευνοϊκή διάθεση προς κάποιον: *σχέση/συζήτηση -ή· βλέμμα -ό* (αντ. *εχθρικός*). 2. (για πρόσωπο) που δείχνει ευνοϊκή διάθεση, συμπάθεια προς κάποιον: *ήταν πολύ ~ απέναντί μου κατά τη συζήτηση· είναι πολύ ~ προς τους υπαλλήλους του* (αντ. *εχθρικός, επιθετικός*). 3. (για χώρα, κυβέρνηση, κλπ.) που είναι με το μέρος κάποιου, που έχει ειρηνικές σχέσεις με κάποιον: *χώρα -ή προς την πατρίδα μας* (αντ. *εχθρικός*). 4. που σου δίνει την εντύπωση της οικειότητας, της ασφάλειας: *βουνό/ποτάμι -ό· το -ό φως της μικρής λάμπας* (αντ. *άγριος, εχθρικός, ψυχρός*). Εκφρ. *τιμή -ή* (= ιδιαίτερα χαμηλή)· *αγώνας ~* (= αθλητική συνάντηση που γίνεται για προπόνηση ή για διασκέδαση και όχι για διάκριση). - Το αρσ. ως ουσ. με κεφαλαίο Φ = μέλος της Φιλικής Εταιρείας.

φιλικότητα η, ουσ., φιλική διάθεση: *τον δέχτηκε με ~.*

φιλιότσος ο, θηλ. **-α**, ουσ. (συνιζ., ιδιωμ.), ο αναδεκτός (βλ. λ.) (συνών. *βαφτιστικός, βαφτιστήρι*). [ιταλ. *figlioccio*].

φιλιππικός ο, ουσ., επιθετικός λόγος, δριμύ κατηγορητήριο. [*Φιλιππικοί λόγοι του Δημοσθένη*].

Φιλιππινέζα, βλ. *Φιλιππινέζος*.

φιλιππινέζικος, -η, -ο, επίθ., που ανήκει ή αναφέρεται στα νησιά Φιλιππίνες ή τους Φιλιππινέζους: *χοροί -οι*. - Το ουδ. στον πληθ. ως ουσ. = η γλώσσα των Φιλιππινέζων.

Φιλιππινέζος ο, θηλ. **-α**, ουσ., αυτός που κατάγεται από τις Φιλιππίνες ή κατοικεί εκεί.

φιλιστρίνι, φινεστρίνι και **φινιστρίνι** το, ουσ., μικρό στρογγυλό παράθυρο σε καμπίνα πλοίου. [ιταλ. *finestrino*].

φίλιωμα το, ουσ. (λαϊκ.), συμφιλίωση.

φιλιώνω, ρ. (συνιζ., λαϊκ.). I. ενεργ. Α. (μτβ.) συμφιλιώνω κάποιον με έναν άλλο: *προσπάθησε να τους -ώσει, μα δεν τα κατάφερε*. Β. (αμτβ.) συμφιλιώνομαι με κάποιον: *-ώσανε μονομιάς*. II. (μέσ.) συμφιλιώνομαι με κάποιον: *αντί να -ιωθούνε, αρπαχτήκανε στα χέρια* (Κόντογλου).

φιλλανδέζικος, βλ. *φινλ-*.
Φιλλανδέζος, βλ. *Φινλ-*.
φιλλανδικός, βλ. *φινλ-*.
Φιλλανδός, βλ. *Φινλ-*.

φιλμ το, ουσ. άκλ. 1. λεπτή ταινία από πλαστική ύλη (ακετυλοκυτταρίνη, κλπ.) καλυμμένη με φωτοπαθή ουσία που χρησιμοποιείται στη φωτογραφία και την κινηματογραφία: *~ δώδεκα στάσεων*. 2. (συνεκδοχικά) κινηματογραφικό έργο: *ο σκηνοθέτης Α ετοιμάζεται να γυρίσει ένα καινούργιο ~· ~ έγχρωμο· ~ νουάρ*, βλ. *νουάρ*. [αγγλ. *film*].

φιλμάρισμα το, ουσ., η ενέργεια και το αποτέλεσμα του φιλμάρω (βλ. λ.).

φιλμάρω, ρ., αποτυπώνω, εγγράφω κάτι (μια σκηνή, ένα θέαμα, μια άποψη, κλπ.) σε φιλμ: *-ει τα πρώτα βήματα του παιδιού του/απόψεις του κάμπου*.

φιλντισένιος, -ια, -ιο, επίθ. (συνιζ.). 1. που είναι κατασκευασμένος από φίλντισι (βλ. λ.). 2. που είναι κατασκευασμένος από σεντέφι (συνών. *σεντεφένιος*). 3. (συνεκδοχικά) που έχει ένθετη διακόσμηση με κομμάτια από φίλντισι ή σεντέφι. 4. (μεταφ.) που λάμπει σαν φίλντισι, που είναι λευκός σαν φίλντισι: *λαιμός ~*.

φίλντισι και **φίλδισι** το, ουσ. 1. ελεφαντοκόκαλο (βλ. λ.), ελεφαντόδοντο: *Ήταν όλος ασήμι και ~, ένα κέρινο πρόσωπο* (Ι. Μ. Παναγιωτόπουλος). 2. σεντέφι (βλ. λ.). 3. λευκές ψηφίδες μαρμάρου που χρησιμοποιούνται στην κατασκευή μωσαϊκού δαπέδου. 4. μάρμαρο για ενθέσεις σε έπιπλα. [τουρκ. *fildişi*].

φιλ(ο)-, α΄ συνθ. λ. που δηλώνει συμπάθεια προς το νόημα του β΄ συνθ., π.χ. *φιλόδοξος, φιλόζωος*, κλπ.

φιλοβασιλικός, -ή, -ό, επίθ. α. φιλικός προς το πολίτευμα της βασιλείας: *παράταξη -ή* (αντ. *αντιβασιλικός*)· β. που εκφράζει αγάπη προς το βασιλιά: *εκδήλωση -ή*. - Το αρσ. ως ουσ. = οπαδός του βασιλικού πολιτεύματος (συνών. *βασιλικός*).

φιλοβασιλισμός ο, ουσ., το να είναι κανείς φιλοβασιλικός (βλ. λ.).

φιλοδασικός, -ή, -ό, επίθ. α. φιλικός προς τα δάση· β. που αποβλέπει στην προστασία των δασών: *μέτρα -ά*.

φιλοδίκαιος, -η, -ο, επίθ. (λόγ.). α. που αγαπά το δίκαιο και κρίνει σύμφωνα μ' αυτό: *λαός ~· επιτροπή -η*· β. τίμιος, δίκαιος, σωστός.

φιλόδικος, -η, -ο, επίθ., που του αρέσει να καταφεύγει στα δικαστήρια για διενέξεις του με τρίτους.

φιλόδοξα, βλ. *φιλόδοξος*.

φιλοδοξία η, ουσ. 1. η αγάπη προς τη δόξα, η έντονη επιθυμία για τιμές, δύναμη, πλούτη, κλπ.: *η υπέρμετρη ~ του τον κατέστρεψε*. 2α. έντονη επιθυμία για συγκεκριμένη επιτυχία ανώτερου επιπέδου: *-ες πολιτικές/λογοτεχνικές· έχει μεγάλες -ες για τα παιδιά του*· β. (γενικά) επιθυμία, ευχή κάποιου που αφορά τον εαυτό του: *η μόνη μου ~ είναι να ζήσω ήσυχα/να μην προδώσω ποτέ τις αρχές μου*.

φιλόδοξος, -η, -ο, επίθ. 1. (για πρόσωπο) που έχει έντονη επιθυμία να πετύχει ή να αποκτήσει κάτι ανώτερο, που τον χαρακτηρίζει φιλοδοξία: *επιστήμονας ~*. 2. που φανερώνει φιλοδοξία: *πολιτική -η· πρόγραμμα/σχέδιο -ο* (= που χρειάζεται μεγάλη προσπάθεια για να πραγματοποιηθεί). - Επίρρ. **-α**.

φιλοδοξώ, -είς, ρ. Α. (μτβ., με βουλητική πρότ. ως αντικ.) έχω την επιθυμία να επιτύχω κάτι σημαντικό: *-εί να μπει στο πανεπιστήμιο· -εί να γίνει διευθυντής*. Β. (αμτβ.) έχω φιλοδοξίες (βλ. λ.).

φιλοδώρημα το, ουσ., μικρό χρηματικό ποσό που δίνεται ως δώρο σε άτομο που πρόσφερε κάποια υπηρεσία ή εξυπηρέτηση: *δίνω ~ στο σερβιτόρο* (συνών. *πουρμπουάρ*).

φιλοδωρώ, -είς, ρ., ανταμείβω με φιλοδώρημα: *-ησα το θυρωρό·* προφ. (ειρων.) *τον -ησαν με μερικές κλοτσιές*.

φιλοζωία η, ουσ., το να είναι κανείς φιλόζωος (βλ. λ.).

φιλοζωικός, -ή, -ό, επίθ., που σχετίζεται με τους φιλόζωους (βλ. λ. II): *οργάνωση -ή*.

φιλόζωος, -η, -ο, I. επίθ. (λόγ.), που αγαπά σε υπερβολικό βαθμό τη ζωή· (κατ' επέκταση) δειλός, άνανδρος.

φιλόζωος, -η, -ο, II. επίθ. (σπανιότερα) ζωόφιλος (βλ. λ.). - Το αρσ. και ως ουσ.

φιλοκαλία η, ουσ. (λόγ., σπάνιο), η αγάπη προς το ωραίο (συνών. *καλαισθησία* αντ. *ακαλαισθησία*).

φιλόκαλος, -η, -ο, επίθ. (λόγ., σπάνιο), που αγαπά το ωραίο (συνών. *καλαίσθητος* αντ. *ακαλαίσθητος, κακόγουστος*).

φιλοκατήγορος, -η, -ο, επίθ. (σπάνιο), που συνηθίζει να κατηγορεί τους άλλους.

φιλοκέρδεια η, ουσ. (ασυνίζ.), η υπερβολική αγάπη στο κέρδος και η επιδίωξή του (συνών. *απληστία* αντ. *αφιλοκέρδεια*).

φιλοκερδής, -ής, -ές, γεν. *-ούς*, πληθ. αρσ. και θηλ. *-είς*, ουδ. *-ή*, επίθ., που αγαπά και επιδιώκει το κέρδος (συνών. *άπληστος* αντ. *αφιλοκερδής*).

φιλοκυβερνητικός, -ή, -ό, επίθ., που συμφωνεί με την κυβέρνηση ενός τόπου ή κρίνει επιεικώς τις ενέργειες της: *τήρησε -ή στάση σ' αυτό το θέμα* (αντ. *αντικυβερνητικός*).

φιλολαϊκός, -ή, -ό, επίθ., που χαρακτηρίζεται από αγάπη προς το λαό: *πολιτική -ή· νομοσχέδιο -ό* (αντ. *αντιλαϊκός*).

φιλολογία η, ουσ. 1α. η επιστήμη που μελετά τα γραπτά μνημεία και ιδίως τα λογοτεχνικά κείμενα, από την άποψη της κριτικής τους αποκατάστασης, της γνησιότητάς τους, καθώς και της σχέσης τους με τον πολιτισμό και το συγγραφέα τους, καθώς επίσης και την προέλευση των λέξεων και την αμοιβαία σχέση τους: *η ~ και η γλωσσολογία είναι συγγενικές επιστήμες* β. η μελέτη μιας γλώσσας μέσα από την ανάλυση των κειμένων: *γερμανική ~*. 2. (μειωτ.) ανούσια λόγια, φλυαρία, αερολογία: *μην αρχίζεις πάλι τις -ίες* φρ. *είναι ~* (= πρόκειται για άσκοπη, ανούσια συζήτηση)· *κάνει ~* (= συζητεί άσκοπα).

φιλολογικός, -ή, -ό, επίθ., που ανήκει ή αναφέρεται στη φιλολογία (βλ. λ.): *μελέτη -ή· -ή έκδοση κειμένου/κριτικής*. - Επίρρ. **-ώς**.

φιλόλογος ο και η, ουσ. 1. επιστήμονας που ασχολείται με τη φιλολογία (βλ. λ.). 2α. κάτοχος πτυχίου φιλολογίας· β. (ειδικότερα) πτυχιούχος φιλολογίας που διδάσκει φιλολογικά μαθήματα στη μέση εκπαίδευση.

φιλολογώ, -είς, ρ. 1. ασχολούμαι με τη φιλολογία (βλ. λ.). 2. (κακή χρήση) ενδιαφέρομαι για τη λογοτεχνία. 3. (ειρων.) συζητώ για άσκοπα θέματα, φλυαρώ.

φιλομάθεια η, ουσ. (ασυνίζ.), η αγάπη για μάθηση.

φιλομαθής, -ής, -ές, γεν. *-ούς*, πληθ. αρσ. και θηλ. *-είς*, ουδ. *-ή*, επίθ., που αγαπά τη μάθηση, που του αρέσει να πλουτίζει τις γνώσεις του (συνών. *φιλαναγνώστης*).

φιλομειδής, -ής, -ές, γεν. *-ούς*, πληθ. αρσ. και θηλ. *-είς*, ουδ. *-ή*, επίθ., που χαμογελά συχνά, γελαστός (αντ. *σκυθρωπός, αγέλαστος*).

φιλομουσία η, ουσ. (σπανίως), η αγάπη προς τα γράμματα και τις καλές τέχνες.

φιλόμουσος, -η, -ο, επίθ., που αγαπά τα γράμματα και τις καλές τέχνες, κυρίως τη μουσική (αντ. *άμουσος*).

φιλονικία η, ουσ., διαπληκτισμός (βλ. λ.) (συνών. *καβγάς, μάλωμα, τσακωμός*).

φιλόνικος, -η, -ο, επίθ. (λόγ.), που αγαπά τις φιλονικίες, που του αρέσει να διαπληκτίζεται (συνών. *εριστικός, καβγατζής*).

φιλονικώ, -είς, ρ., έρχομαι σε ρήξη, διαπληκτίζομαι με κάποιον (συνών. *μαλώνω, τσακώνομαι*).

φιλονομία η, ουσ., ο σεβασμός και η υπακοή προς τους νόμους (συνών. *νομιμοφροσύνη*).

φιλόνομος, -η, -ο, επίθ., που τηρεί πιστά τους νόμους (συνών. *νομιμόφρων, νομοταγής*).

φιλοξενία η, ουσ. 1α. υποδοχή στο σπίτι και περιποίηση ατόμων που δεν ανήκουν στην οικογένεια (καλεσμένων ή γενικά ξένων)· β. (γενικότερα) υποδοχή και περιποίηση ξένων (ταξιδιωτών, κλπ.): *ευχαριστούμε τη μονή σας για τη ~ που μας προσέφερε*. 2. υποδοχή αλλοδαπών επισήμων σε μια χώρα και παροχή τιμών προς αυτούς.

φιλόξενος, -η, -ο, επίθ. 1. (για πρόσωπα) που υποδέχεται με εγκαρδιότητα και περιποιείται ξένους επισκέπτες στο σπίτι του: *οι Έλληνες είναι πολύ -οι·* (συνεκδοχικά) *χώρα -η· ίδρυμα/σπίτι -ο*. 2. που χαρακτηρίζεται από διάθεση για φιλοξενία: *συμπεριφορά -η* (αντ. *αφιλόξενος*).

φιλοξενώ, -είς, ρ. 1α. υποδέχομαι και περιποιούμαι καλεσμένους (ή γενικά ξένους) στο σπίτι μου· β. (γενικότερα) υποδέχομαι και περιποιούμαι ξένους (ταξιδιώτες, κλπ.): *στείλαμε ευχαριστήρια επιστολή στο ίδρυμα που μας -ησε*. 2. (προκ. για χώρα) υποδέχομαι αλλοδαπούς επισήμους και τους παρέχω τιμές. 3. (ειρων.) κρατώ έγκλειστο: *οι τρεις ύποπτοι οδηγήθηκαν στο κρατητήριο και -ήθηκαν εκεί όλο το βράδι*. 4. (με υποκ. επωνυμία εφημερίδας, περιοδικού, κλπ.) δημοσιεύω κείμενο, άρθρο, κλπ., μη μόνιμου συνεργάτη: *το περιοδικό -εί αυτό το μήνα στις στήλες του ένα άρθρο του καθηγητή Α*.

φιλοπαιγμοσύνη η, ουσ. (λόγ.), η αγάπη προς τα παιγνίδια, τους αστεϊσμούς, τα πειράγματα.

φιλοπατρία η, ουσ., η αγάπη προς την πατρίδα (συνών. *πατριωτισμός*).

φιλοπερίεργος, -η, -ο, επίθ., περίεργος σε υπερβολικό βαθμό (αντ. *αδιάφορος*).

φιλοπολεμικός, -ή, -ό, επίθ., φιλοπόλεμος (βλ. λ. σημασ. 2) (αντ. *φιλειρηνικός*).

φιλοπόλεμος, -η, -ο, επίθ. 1. που αγαπά ή επιδιώκει τον πόλεμο (συνών. *πολεμοχαρής* αντ. *ειρηνόφιλος*). 2. που ρέπει προς τον πόλεμο: *εκδηλώσεις -ες· πνεύμα -ο*.

φιλοπονία η, ουσ., η αγάπη προς την εργασία, εργατικότητα (συνών. *φιλεργία* αντ. *τεμπελιά, φυγοπονία, οκνηρία*).

φιλόπονος, -η, -ο, επίθ., που αγαπά την εργασία, εργατικός (συνών. *φίλεργος* αντ. *τεμπέλης, φυγόπονος, οκνηρός*).

φιλοπονώ, -είς, ρ. (μτβ.) συνθέτω γραπτό κείμενο κυρίως με ιδιαίτερη φροντίδα: *~ μια μετάφραση*.

φιλοπραγμοσύνη η, ουσ., το να ενδιαφέρεται και να ασχολείται κανείς με πολλά και ποικίλα πράγματα (συνών. *πολυπραγμοσύνη* αντ. *απραγμοσύνη*).

φιλοπρόοδος, -η, -ο, επίθ. 1. που αγαπά την πρόοδο. 2. που συντελεί στην πρόοδο: *μέτρα -α* (συνών. *προοδευτικός*).

φιλοπρωτία η, ουσ., η ιδιότητα του φιλόπρωτου (βλ. λ.).

φιλόπρωτος, -η, -ο, επίθ., που του αρέσει να κατέχει παντού την πρώτη θέση, που επιδιώκει να αναγνωρίζεται πρώτος σε διάφορους χώρους δραστηριότητας.

φίλος ο, θηλ. **φίλη**, ουσ. 1. πρόσωπο για το οποίο αισθάνεται κανείς φιλία (βλ. λ. σημασ. 1): *είμαστε -οι· ο καλύτερός μου ~· -ες στενές*. 2. πρόσωπο με το οποίο συνδέεται κάποιος συναισθηματικά, ερωτικά (συνών. *εραστής, ερωμένη*). 3. άτομο που αγαπά ή ευνοεί κάτι: *~ του θεάτρου/της τάξης* (αντ. *πολέμιος, εχθρός*). 4. (προφ.) αυτός που του αρέσει πολύ ορισμένο φαγητό, ποτό, κ.τ.ό.: *- Να σου βάλω ένα λικέρ; - Ευχαριστώ, δεν είμαι ~*. 5. για χώρες που έχουν μεταξύ τους ειρηνικές, αρμονικές σχέσεις ή συμμαχούν σε καιρό πολέμου: *οι -οι της Ελλάδας· στο Β' παγκόσμιο πόλεμο η Σοβιετική 'Ενωση ήταν -η της Αγγλίας, της Γαλλίας και των ΗΠΑ·* (και ως επίθ.) *-η χώρα*. **6.** άτομο που είναι ευνοϊκά διατεθειμένο προς ένα άλλο: *έρχομαι σαν ~*. **7.** (σε κλητ. προσφών.) *-ε, τι ώρα έχεις;* **8.** (ειρων.): *τον έπιασαν το -ο!* Παροιμ. *δείξε μου το -ο σου, να σου πω ποιος είσαι* (= η επιλογή των φίλων δείχνει το χαρακτήρα του ανθρώπου).

φιλοσοβιετικός, -ή, -ό, επίθ. (ασυνίζ.), που έχει αισθήματα συμπάθειας προς τη Σοβιετική 'Ενωση και το πολιτικό της καθεστώς: *κράτη -ά* (αντ. *αντισοβιετικός*).

φίλος ο Πλάτων, φιλτέρα η αλήθεια· αρχαϊστ. έκφρ.· για να δηλωθεί η απόλυτη αφοσίωση στην αλήθεια.

φιλοσόφημα το, ουσ. **1.** το αποτέλεσμα επισταμένης φιλοσοφικής έρευνας· φιλοσοφική θεωρία, δόγμα. **2.** (ειρων.) επίνοια, εφεύρεση.

φιλοσοφία η, ουσ. **1.** μελέτη, έρευνα που προσπαθεί να συλλάβει τις πρώτες αιτίες, την απόλυτη αλήθεια σε σχέση με τον κόσμο του επιστητού και τις ανθρώπινες αξίες ή με τα μεταφυσικά προβλήματα: *σχέση -ας και επιστήμης· ιστορία της -ας*. **2.** σύνολο συγκεκριμένων φιλοσοφικών θεωριών (ενός φιλοσόφου, μιας εποχής, μιας χώρας): *η ~ του Σπινόζα/της αρχαίας Ελλάδας/του μεσαίωνα*. **3.** το φιλοσοφικό υπόβαθρο, οι γενικές αρχές μιας επιστήμης: *~ του δικαίου / της ιστορίας*. **4.** η άποψη που διαμορφώνει κάθε άνθρωπος για τη ζωή και τα προβλήματά της: *εγώ έχω την ~ μου*. **5.** επίμονη και βαθύτερη σκέψη πάνω σ' ένα θέμα. Φρ. *το πράγμα δε θέλει ~* (= είναι απλό, δε χρειάζεται να σε απασχολήσει περισσότερο).

φιλοσοφικός, -ή, -ό, επίθ. **1.** που ανήκει ή αναφέρεται στη φιλοσοφία: *σύγγραμμα / σύστημα -ό*. **2.** που ιδιάζει σε άτομο που ασχολείται με τη φιλοσοφία: *συμπεριφορά -ή*. - Επίρρ. **-ά** = **1.** από φιλοσοφική άποψη. **2.** με ψυχραιμία: *αντιμετώπισα το θέμα -ά*.

φιλόσοφος ο και η, ουσ. **1.** λόγιος που ασχολείται με τη φιλοσοφία ή δημιουργός φιλοσοφικού συστήματος: *οι φυσικοί -οι· ο ~ Αριστοτέλης*. **2.** (κοιν.) αυτός που αντιμετωπίζει με ψυχραιμία τα προβλήματα του ανθρώπινου βίου.

φιλοσοφώ, -είς, ρ., μτχ. παρκ. *-ημένος*. **1.** ασχολούμαι θεωρητικά με τη φιλοσοφία. **2.** (κοιν.) αντιμετωπίζω με ψυχραιμία τα προβλήματα της ζωής. - Η μτχ. παρκ. ως επίθ. = που ξεχωρίζει για την εμβρίθειά του: *άτομο -ημένο· σκέψη -ημένη*.

φιλόστοργα, βλ. *φιλόστοργος*.

φιλοστοργία η, ουσ. (λόγ.), τρυφερή αγάπη και βαθύ ενδιαφέρον για τα προβλήματα οικείου προσώπου: *η ~ των γονέων προς τα παιδιά τους*.

φιλόστοργος, -η, -ο, επίθ., που χαρακτηρίζεται από φιλοστοργία (συνών. *στοργικός, τρυφερός·* αντ. *αφιλόστοργος*). - Επίρρ. **-α**.

φιλοτάραχος, -η, -ο, επίθ. (λόγ.), που προκαλεί ή του αρέσουν ταραχές, διαμάχες, συγκρούσεις, κ.τ.ό.

φιλότεκνυς, -η, ο, επίθ (λόγ.), **1.** για γονιό που αγαπά πολύ τα παιδιά του. **2.** (σπανιότ.) που επιθυμεί να αποκτήσει, να έχει παιδιά.

φιλοτέλεια η, ουσ. (ασυνίζ.), φιλοτελισμός (βλ. λ.).

φιλοτελικός, -ή, -ό, επίθ., που σχετίζεται με το φιλοτελισμό και τους φιλοτελιστές: *περιοδικό/σωματείο -ό*.

φιλοτελισμός ο, ουσ., ερασιτεχνική, κυρίως συλλεκτική, ή και επαγγελματική ενασχόληση με τα γραμματόσημα και τα αντικείμενα που σχετίζονται με τη χρήση τους ή γενικά έχουν ταχυδρομική χρήση (λ.χ. σφραγίδες, δελτάρια): *Υπηρεσία -ού των ΕΛ.ΤΑ*.

φιλοτελιστής ο, θηλ. **-ίστρια**, ουσ., αυτός που ασχολείται με το φιλοτελισμό, ιδίως ο συλλέκτης γραμματοσήμων: *~ μανιώδης*.

φιλότεχνος, -η, -ο, επίθ., που αγαπά τις καλές τέχνες (πβ. *φιλόμουσος*). - Το αρσ. και ως ουσ.

φιλοτεχνώ, -είς, ρ., κατασκευάζω κάτι με ιδιαίτερη αγάπη, φροντίδα και τέχνη: *τις εικόνες του βιβλίου -νσε ο χαράκτης Α·* (μεταφ.) μετάφραση *της Καινής Διαθήκης -ημένη από το Μάξιμο Καλλιουπολίτη*.

φιλότιμα, βλ. *φιλότιμος*.

φιλοτιμία η, ουσ. (λόγ.), φιλότιμο (βλ. λ.): *παρακινούμαι από ~· εργάζεται με ~*.

φιλότιμο το, ουσ. **1.** έντονη και διαρκής συναίσθηση της τιμής, της προσωπικής αξιοπρέπειας, του αυτοσεβασμού: *~ εθνικό· πειράχτηκε / θίχτηκε το ~ του·* φρ. *βάζω / φέρνω κάποιον στο ~* (= τον φιλοτιμώ, βλ. λ.). **2.** αίσθημα ή τρόπος δράσης, κ.τ.ό., που χαρακτηρίζει τον φιλότιμο άνθρωπο, προσπάθεια για αξιοπρεπή συμπεριφορά, ζήλος για διάκριση: *μελετά με ~*.

φιλότιμος, -η, -ο, επίθ, (για πρόσωπο ή ενέργεια, κ.τ.ό.) που χαρακτηρίζεται από φιλότιμο: *παιδί -ο* (αντ. *αφιλότιμος*)· *κατέβαλε -ες προσπάθειες*. - Επίρρ. **-α**.

φιλοτιμώ, -είς και (λαϊκ.) **-άς**, ρ. **Ι.** (ενεργ.) παρακινώ κάποιον σε μια ενέργεια, τον κάνω να δείξει ζήλο διεγείροντας τη φιλοτιμία του: *αν τους -ήσεις, μπορεί να τελειώσουν ως το μεσημέρι το ξεφόρτωμα*. **II.** (μέσ.) δείχνω φιλότιμο: *δε -ήθηκε κανείς να δώσει στη γιαγιά τη θέση του*.

φιλοτομαρισμός ο, ουσ. (μειωτ.). το να αγαπά κανείς υπερβολικά τη ζωή του (αδιαφορώντας για τους άλλους ή για άλλα σημαντικά πράγματα)· β. το να ενδιαφέρεται κανείς έντονα και αποκλειστικά για τον εαυτό του και τα συμφέροντά του.

φιλοτομαριστής ο, θηλ. **-ίστρια**, αυτός που χαρακτηρίζεται από φιλοτομαρισμό (βλ. λ.).

φιλοτουρκικός, -ή, -ό, επίθ., που φανερώνει ιδιαίτερη φιλία προς την Τουρκία ή τους Τούρκους, που εξυπηρετεί τα συμφέροντά τους: *στάση / πολιτική -ή μιας ξένης κυβέρνησης*. - Επίρρ. **-ά**.

φιλουριά, βλ. *φιλύρα*.

φιλόφρονας, αρσ. επίθ., που φέρεται με τρόπους ευγενικούς, περιποιητικούς.

φιλοφρόνημα το, ουσ., εκδήλωση φιλοφροσύνης, φιλοφρόνηση (συνών. *κομπλιμέντο, τσιριμόνια*).

φιλοφρόνηση η, ουσ. α. συμπεριφορά, πράξη ή λόγος που φανερώνει ευνοϊκή, φιλική διάθεση, ευγενικά αισθήματα απέναντι σε κάποιον: *κάνω / απευθύνω ~*. β. (ιδίως στον πληθ.) ευγενικά ή και κολακευτικά λόγια ή εκδηλώσεις: *-ήσεις εγκάρδιες / ανούσιες· ανταλλάσσουν -ήσεις* (συνών. *κομπλιμέντο, τσιριμόνια*).

φιλοφρονητικός, -ή, -ό, επίθ. α. (για συμπεριφορά, πράξη ή λόγο) που δείχνει φιλοφροσύνη· β. (για πρόσωπο) που φέρεται με φιλοφροσύνη (συνών. *περιποιητικός, ευπροσήγορος, ευγενικός*). - Επίρρ. **-ά**.

φιλοφροσύνη η, ουσ., φιλική, ευνοϊκή διάθεση ή ευγενική, περιποιητική συμπεριφορά προς κάποιον: ~ έμφυτη / προσποιητή (συνών. αβροφροσύνη, ευγένεια).

φιλοχρηματία η, ουσ., το να είναι κανείς φιλοχρήματος (συνών. φιλαργυρία).

φιλοχρήματος, -η, -ο, επίθ., που αγαπά υπερβολικά το χρήμα, που προσπαθεί να γίνει πλούσιος (συνών. φιλάργυρος, παραδόπιστος, άπληστος· αντ. αφιλοχρήματος).

φίλτατος, -άτη, -ο, επίθ. (λόγ.), (συνήθως σε προσφών. με επόμενο ουσ. ή στο αρσ. και το θηλ. ως ουσ.) εξαιρετικά αγαπητός.

φιλτράρισμα το, ουσ. 1α. το να φιλτράρεται (βλ. λ.) κάτι (συνών. διήθηση, διύλιση)· β. πέρασμα διαμέσου ενός φίλτρου: ~ των υπεριωδών ακτίνων του φάσματος. 2. (μεταφ.) έλεγχος: ~ των ειδήσεων.

φιλτράρω, ρ. 1α. (για υγρό) κάνω να περάσει κάτι διαμέσου φίλτρου (βλ. λ. II): ~ λάδι για να αφαιρέσω ακαθαρσίες· το δάσος -ει και αποταμιεύει το νερό (συνών. διηθώ, διυλίζω)· β. (συνεκδοχικά): τζάμια που -ουν το ηλιακό φως. 2. (μεταφ. για πρόσωπα, ειδήσεις, κλπ.) ασκώ αυστηρό έλεγχο (κατά το πέρασμα, κατά τη διάδοση): η λογοκρισία -ει όλα τα νέα από το Χ.

φίλτρο το, Ι. ουσ. 1α. (αρχ.) μαγικό μέσο, ιδίως ποτό, που προκαλεί ή επαναφέρει τον έρωτα· β. (γενικά) μαγικό ποτό. 2. αγάπη, στοργή (γονιού προς το παιδί του): ~ μητρικό / πατρικό. [αρχ. φίλτρον].

φίλτρο το, II. ουσ. 1. όργανο από υλικό με πορώδη σύσταση (λ.χ. χαρτί, ύφασμα, άνθρακας) από το οποίο περνά κανείς ένα υγρό ή ένα αέριο, για να απομακρύνει στερεές ουσίες βλαβερές ή άχρηστες που βρίσκονται σ' αυτό: ~ απορροφητήρα / βιομηχανικό / πυκνό· ~ χάρτινο για την παρασκευή καφέ. 2. (ειδικά) μικρός κύλινδρος από χαρτί ή και άλλο πορώδες υλικό στο ένα άκρο του τσιγάρου ή πρόσθετος σε μια πίπα για να συγκρατεί ένα μέρος της νικοτίνης του καπνού. 3α. (τεχνολ.) εξάρτημα που σταματά εντελώς ή κατά ένα μέρος ορισμένες ταλαντώσεις (οπτικές, ηχητικές, ηλεκτρικές ή μηχανικές): ~ ενισχυτή / ραδιοφώνου· ~ για το διαχωρισμό τηλεφωνικών συνδιαλέξεων που μεταφέρονται με ένα καλώδιο· β. (φωτογρ.) μικρή γυάλινη πλάκα ή φύλλο ζελατίνας που τοποθετείται μπροστά από το φακό και απορροφά μέρος του φωτεινού φάσματος για να βελτιώσει τη λήψη: ~ μονοχρωματικό / έγχρωμο. [γαλλ. filtre].

φιλύποπτος, -η, -ο, επίθ., καχύποπτος, υπερβολικά δύσπιστος (αντ. απονήρευτος, εύπιστος). - Επίρρ. -α.

φιλυποψία η, ουσ. (λόγ.), καχυποψία, έντονη δυσπιστία (αντ. απλοϊκότητα, αφέλεια).

φιλύρα (λόγ.) και (συνιζ., λαϊκ.) **φιλουριά** η, ουσ. (βοτ.) είδος δέντρου, η φλαμουριά.

φιλώ, -άς και **-είς**, ρ.I. (ενεργ.) α. αγγίζω με τα χείλη συχνά ρουφώντας κάπως ελαφρά μέρος του σώματος ενός προσώπου ή σημείο ενός πράγματος για να δείξω αγάπη, στοργή ή για χαιρετισμό: ~ κάποιον στο μάγουλο· να μου -ήσεις τα παιδιά σου· ~ την εικόνα ενός αγίου (= προσκυνώ)· γονάτισε και φίλησε το χώμα της πατρίδας (συνών. ασπάζομαι). β. για ερωτικό φίλημα (συνήθως στο στόμα): προσπάθησε να τη -ήσει, αλλά εκείνη τον εμπόδισε· κόκκιν' αχείλι φίλησα κι έβαψε το δι-

κό μου (δημ. τραγ.)· γ. για φίλημα σε ένδειξη σεβασμού ή δουλικότητας: ~ το χέρι κάποιου· -ούσαν τα πόδια του σουλτάνου. II. (μέσ.) ανταλλάσσω φιλήματα: -ηθείτε γλυκά χείλη με χείλη, πέστε «Χριστός Ανέστη»... (Σολωμός)· νύχτα 'ταν που -ιόμαστε, νύχτα και ποιος μας είδε; (δημ. τραγ.). Φρ. ~ κατουρημένες ποδιές (βλ. κατουρώ)· ~ σταυρό (κυριολεκτικά και μεταφ. για όρκο).

φιμέ, επίθ. άκλ., για υαλοπίνακα θαμπό σαν καπνισμένο γυαλί: λεωφορείο με ~ τζάμια. [γαλλ. fumé].

φίμπερ το, ουσ. άκλ. (όχι έρρ.), (τεχν.) φύλλο σαν χαρτόνι από διάφορα συνθετικά υλικά (κυρίως ίνες ξύλου) που έχει υποβληθεί σε μεγάλη πίεση, είναι πολύ ανθεκτικό και χρησιμοποιείται για στεγανοποιήσεις, μονώσεις, κ.ά. [γαλλ. fibre].

φίμωμα το, ουσ. 1. το να φιμώνεται κάποιος. 2. (μεταφ.) το να επιβάλλεται σε κάποιον η σιωπή (συνών. φίμωση).

φιμώνω, ρ. 1. (λόγ.) βάζω φίμωτρο (σε ένα ζώο). 2. φράζω το στόμα κάποιου με το χέρι μου ή με ένα κομμάτι ύφασμα, κ.ά. για να τον εμποδίσω να μιλήσει, να φωνάξει: οι διαρρήκτες -ωσαν το φύλακα. 3. (μεταφ.) α. αποστομώνω· β. εμποδίζω κάποιον να εκφράζει ελεύθερα τη γνώμη του, του στερώ την ελευθερία του λόγου: η δικτατορία είχε -ώσει τον τύπο.

φίμωση η, ουσ. 1. το να φιμώνει κανείς ένα ζώο ή κάποιον άνθρωπο. 2. (μεταφ.) παρεμπόδιση της ελεύθερης έκφρασης. 3. (ιατρ.) στένωση της πόσθης.

φίμωτρο το, ουσ., πλέγμα ή δεσμός που τοποθετεί κανείς στο ρύγχος του ζώου, ώστε να μην μπορεί αυτό να δαγκώνει ή να τρώει: ~ δερμάτινο/μεταλλικό.

φίνα, βλ. φίνος.

φινάλε το, ουσ. άκλ. 1. (μουσ., θεατρ.) το τελευταίο μέρος ενός έργου μουσικού (σε αντιδιαστολή προς την ουβερτούρα, την εισαγωγή) ή θεατρικού: ~ όπερας / κωμωδίας· ~ εντυπωσιακό / θριαμβευτικό. 2α. η τελευταία φάση, η κατακλείδα μιας εκδήλωσης: ~ συναυλίας / τελετής· β. (λαϊκ., γενικά) τέλος: κάναμε τόσες προσπάθειες και στο ~ τι καταλάβαμε; [ιταλ. finale].

φινεστρίνι, βλ. φιλιστρίνι.

φινέτσα η, ουσ. α. η λεπτότητα στους τρόπους, τη συμπεριφορά, κ.τ.ό. (αντ. χοντράδα, χοντροκοπιά, αγένεια)· β. κομψότητα, καλό γούστο: διακόσμησε το σπίτι του με ~· ντύνεται πάντα με ~. [ιταλ. finezza].

φινετσάτος, -η, -ο, επίθ., που χαρακτηρίζεται από φινέτσα (βλ. λ.): τρόποι -οι· γυναίκα -η· ντύσιμο/περπάτημα -ο (συνών. κομψός).

φινίρισμα το, ουσ., η τελευταία φάση τεχνικής επεξεργασίας ενός προϊόντος που αποσκοπεί στην τελειοποίησή του πριν διατεθεί στο εμπόριο: ~ αυτοκινήτου / υφάσματος.

φινιριστήριο το, ουσ. (ασυνίζ.), χώρος, οι εγκαταστάσεις όπου γίνεται το φινίρισμα.

φινιριστής ο, ουσ., τεχνίτης που ασχολείται με το φινίρισμα (βλ. λ.).

φινίρω, ρ., αόρ. -ίρισα και -ιρα (ιδιωμ.), (μτβ. και αμτβ.) τελειώνω. [ιταλ. finire].

φινιστρίνι, βλ. φιλιστρίνι.

Φινλανδέζα, βλ. Φινλανδός.

φινλανδέζικος, -η, -ο, επίθ., φινλανδικός (βλ. λ.).

Φινλανδέζος, βλ. *Φινλανδός*.
Φινλανδή, βλ. *Φινλανδός*.
φινλανδικός, -ή, -ό, επίθ., που ανήκει ή αναφέρεται στη Φινλανδία ή τους Φινλανδούς.
Φινλανδός και **-έζος** ο, θηλ. **-ή** και **-έζα**, ουσ., αυτός που κατοικεί στη Φινλανδία ή κατάγεται από εκεί.
φιννικός, -ή, -ό, επίθ. (σπάνιο) φινλανδικός (βλ. λ.).
φίνος, -α, -ο, επίθ. (λαϊκ.). 1. (για πρόσωπο) λεπτός, ευγενικός στους τρόπους. 2α. (για πράγματα) κατασκευασμένος με μεγάλη επιμέλεια και δεξιοτεχνία: *ύφασμα / ρούχο / έπιπλο -ο·* β. που γίνεται με μεγάλη φροντίδα και κομψότητα: *ράψιμο / βάψιμο / σιδέρωμα -ο· διακόσμηση -α·* γ. που έχει εξαιρετικά καλή ποιότητα: *λάδι / κρέας -ο.* - Επίρρ. **-α** = πολύ καλά· ωραία, πολύ ευχάριστα: *τα κατάφερα -α* (= πέτυχα το σκοπό μου)· *την έβγαλα / την πέρασα -α* (= διασκέδασα πολύ). [μεσν. *φίνος*<ιταλ. *fino*].
φιντάνι το, ουσ. (όχι ερρ., λαϊκ.). 1α. φυτό που μόλις πρόβαλε· β. βλαστάρι. 2. φυτώριο. 3. (μεταφ.) νέος άνθρωπος: *τα νέα -ια στη λογοτεχνία.* - Υποκορ. **-άκι** το (ιδίως στη σημασ. 3). [τουρκ. *fidan*< μεσν. ελλην. *φυτάνη*].
φιξ, επίθ. άκλ., μόνο στην έκφρ. *ζουρ φιξ* (= καθορισμένη ημέρα δεξιώσεων). [γαλλ. *fixe*].
φιξάρισμα το, ουσ., η ενέργεια και το αποτέλεσμα του φιξάρω.
φιξάρω, ρ. 1. (κυρίως για χρώματα) σταθεροποιώ ώστε να μην υποστεί αλλοίωση ή μεταβολή. 2. καθορίζω ημερομηνία για μελλοντική συνάντηση: *-αρα ραντεβού με το γιατρό μου.* [γαλλ. *fixer*].
φιόγκος ο, ουσ. (συνιζ., όχι ερρ.). 1. δέσιμο κορδέλας, ταινίας, κ.τ.ό., που γίνεται με τέτοιο τρόπο ώστε οι δύο άκρες να μένουν ελεύθερες και να κρέμονται από τις δύο πλευρές του κόμπου που σχηματίζεται στη μέση: *έβαλε -ο στα μαλλιά της.* 2. σιδερένιο δαχτυλίδι για σύνδεση δύο σιδερένιων ελασμάτων. - Υποκορ. **-άκι** το. [ιταλ. *fiocco*].
φιόρε, βλ. *φιόρο*.
φιορίνι (συνιζ.) και **φλορίνι** το, ουσ. 1. παλαιό ευρωπαϊκό νόμισμα. 2. νομισματική μονάδα της Ολλανδίας. [βενετ. *fiorin*].
φιοριτούρα η, ουσ. (συνιζ.). 1. (συνήθως προφ.) υπερβολική (και συχνά ακαλαίσθητη) διακόσμηση. 2. (μους.) μελωδικό σχήμα που διανθίζει ένα μουσικό κομμάτι. [ιταλ. *fioritura*].
φιορντ το, ουσ. άκλ. (συνιζ., όχι ερρ.), στενόμακρος και στριφτός κόλπος της θάλασσας που εισχωρεί σε μεγάλο βάθος σε ορεινή ακτή, ιδίως στις σκανδιναβικές χώρες. [σκανδιναβική λ. *fjord*].
φιόρο και (άκλ.) **φιόρε** το, ουσ. (συνιζ., ιδιωμ.), λουλούδι· έκφρ. *το ~ του Λεβάντε* (= η Ζάκυνθος). [ιταλ. *fiore*].
φιούμπα η, ουσ. (συνιζ., όχι ερρ., λαϊκ.), πόρπη υποδήματος: *παντούφλες με -ες* (συνών. *αγκράφα*). [βενετ. *fiuba*].
φιρίκι το, ουσ., ο καρπός της φιρικιάς. [τουρκ. *ferik*].
φιρικιά η, ουσ. (συνιζ.), ποικιλία μηλιάς που οι καρποί της είναι μικρότεροι στο μέγεθος σε σχέση με τα μήλα, γλυκείς και όψιμοι.
φιρί φιρί, επίρρ., σώνει και καλά, αναγκαστικά, επίμονα: *πάει ~ για καβγά.* [τουρκ. *firil firil*].
φίρμα η, ουσ. 1. επωνυμία εμπορικής, βιομηχανικής, κλπ., επιχείρησης. 2. (μεταφ.) χαρακτηριστικό γνώρισμα που δηλώνει την προέλευση ενός προϊόντος: *τι ~ είναι το παντελόνι που αγόρασες;* (συνών. *μάρκα, σήμα κατατεθέν*). 3. (μεταφ.) διάσημη προσωπικότητα της επιστήμης, της τέχνης ή του αθλητισμού: *~ της τηλεόρασης / του ποδοσφαίρου·* είναι *~ στο χώρο της αρχιτεκτονικής.* [ιταλ. *firma*].

φιρμάνι και **φερμάνι** το, ουσ., σουλτανικό διάταγμα: *έφταξε ~ να τον βγάλουνε από το μπουντρούμι* (Κόντογλου). [τουρκ. *ferman*].
φίσα η και (άκλ.) **φις** το, ουσ. 1. (ηλεκτρολ.) ρευματολήπτης (βλ. λ.). 2. (μόνο στον τ. *φίσα*) α. δελτίο (βλ. λ. στη σημασ. 1)· β. μάρκα χαρτοπαιγνίου. [γαλλ. *fiche*].
φισαρμόνικα, βλ. *φυσαρμόνικα*.
φισέκι και **φουσέκι** το, ουσ. (λαϊκ.). 1. φυσίγγι πυροβόλου όπλου: *σφυρίζει στο χέρι μας το ~.* 2. δυναμίτης σε σχήμα φυσιγγιού. 3. (συνεκδοχικά) κύλινδρος σαν φυσίγγιο από όμοια μεταλλικά κέρματα τυλιγμένα σε χαρτί: *ένα ~ με λίρες.* [τουρκ. *fişek*].
φισεκλίκι το, ουσ. (παλαιότερο) θήκη για φυσίγγια που φοριέται στη μέση του σώματος: *-ια σταυρωτά· ξεζώστηκε τα -ια* (συνών. *φυσιγγιοθήκη*). [τουρκ. *fişeklik*].
φίσκα, άκλ. 1. (σε θέση επίθ.) εντελώς γεμάτος, πλήρης: *η πλατεία / το θέατρο ήτανε ~.* 2. (σε θέση επιρρ.) εντελώς: *μου γέμισε ~ το ποτήρι* (= έως απάνω, ξέχειλα). [πιθ. αρχ. ελλην. *φύσκα*].
φιστικάς ο, ουσ., αυτός που πουλά φιστίκια.
φιστικής, -ιά, -ί, επίθ., που έχει το χρώμα του φιστικιού.
φιστίκι το, ουσ., ο καρπός της φιστικιάς που τρώγεται ως ξηρός καρπός: *-ι αράπικο / Αιγίνης.* [τουρκ. *fıstık*<μτγν. ελλην. *πιστάκιον*].
φιστικιά η, ουσ. (συνιζ.), είδος φυλλοβόλου δέντρου με μέτριο μέγεθος και ακανόνιστο σχήμα που οι καρποί του έχουν πράσινο ή κίτρινο χρώμα, περιβάλλονται από κοκκινωπή ή κίτρινη φλούδα και περιέχονται συνήθως σε κιτρινωπό κέλυφος.
φιστόνι, βλ. *φεστόνι*.
φίστουλας ο, ουσ., συρίγγιο (βλ. λ.). [μεσν. *φίστουλα*<λατ. *fistula*].
φιτίλι και (λαϊκ.) **φτίλι** το, ουσ. 1. χοντρό νήμα διαποτισμένο με κερί που χρησιμοποιείται σε λάμπα, καντήλι ή λυχνάρι για να φέγγει όταν το ανάβει κανείς: *να περάσουμε το ~ στο λυχνάρι·* φρ. *σώθηκε το ~ του* (= τέλειωσε η ζωή του). 2. θρυαλλίδα που αναφλέγεται· φρ. *βάζω / ανάβω -ια* (= ραδιουργώ, προκαλώ συγκρούσεις μεταξύ δύο ή περισσοτέρων ανθρώπων). 3. σιρίτι, κορδόνι. 4. ξύλινη προεξοχή που χρησιμοποιείται για την επικάλυψη του αρμού μεταξύ του φύλλου και της κάσας της πόρτας. [πιθ. αρχ. ελλην. *πτίλον·* πβ. τουρκ. *fitil*<αραβοτουρκ. *fetil*].
φιτιλιά η, ουσ. (συνιζ., λαϊκ.), διάδοση πληροφορίας που γίνεται με πρόθεση να προκαλέσει φιλονικίες, συγκρούσεις ή και επικίνδυνες καταστάσεις: *με τις -ιές που του έβαζαν οι τρίτοι ήταν επόμενο να χωρίσουν* (συνών. *ραδιουργία, δολοπλοκία, σπιουνιά*).
φκιάνω, βλ. *φτιάνω*.
φκιασίδι, βλ. *φτιασίδι*.
φκιασίδωμα, βλ. *φτιασίδωμα*.
φκιασιδώνομαι, βλ. *φτιασιδώνομαι*.

Φλαμανδέζα, βλ. *Φλαμανδός*.
φλαμανδέζικος, -η, -ο, επίθ., φλαμανδικός (βλ. λ.).
Φλαμανδέζος, βλ. *Φλαμανδός*.
Φλαμανδή, βλ. *Φλαμανδός*.
φλαμανδικός, -ή, -ό, επίθ., που ανήκει ή αναφέρεται στη Φλάνδρα ή τους Φλαμανδούς.
Φλαμανδός και **-έζος** ο, θηλ. **-ή** και **έζα**, ουσ., αυτός που κατοικεί στη Φλάνδρα ή κατάγεται από εκεί.
φλαμένκο το, ουσ. άκλ., είδος λαϊκού χορού της Ανδαλουσίας, η σχετική μουσική και τα τραγούδια. [ισπαν. *flamenco*].
φλαμούρι το, ουσ. **1α**. το δέντρο φιλύρα, η φλαμουριά· **β**. το ξύλο του δέντρου αυτού (συνών. *τιλιά*). **2α**. ρόφημα που παρασκευάζεται με βράσιμο των φύλλων και των ανθών της φλαμουριάς· **β**. τα φύλλα και τα άνθη της φλαμουριάς (συνών. *τίλιο*). [μεσν. *φλάμμουρον*].
φλαμουριά η, ουσ. (συνιζ.), είδος φυλλοβόλου δέντρου με ύψος 30-40 μέτρα, άνθη λευκά ή κιτρινωπά και αρωματικά με θεραπευτικές ιδιότητες και καρπό σφαιρικό και καρυόμορφο, η φιλύρα (συνών. *τιλιά*).
φλαμπουριάρης ο, ουσ. (έρρ., συνιζ.), αυτός που κρατά το φλάμπουρο (βλ. λ.): *τη λευτεριά έχω φλάμπουρο / το δίκιο -η* (Αθάνας).
φλάμπουρο το, ουσ. (έρρ.). **1**. πολεμική σημαία που καταλήγει σε σχήμα μυτερής γλώσσας: *το ~ τσακίστηκε και το φανάρι εσβήστη* (δημ. τραγ.). **2α**. (ιστ.) λάβαρο· **β**. (λαογρ.) λάβαρο σε γαμήλιες τελετές που αποτελούνταν από μαντήλι ή άλλο κομμάτι υφάσματος κρεμασμένο σε κοντάρι που κατέληγε σε σταυρό, όπου υπήρχαν καρποί ροδιάς (σύμβολο της γονιμότητας). [λατ. *flammula*].
φλανέλα, βλ. *φανέλα*.
φλάντζα η, ουσ. (τεχν.) λεπτό φύλλο από μέταλλο, δέρμα, ελαστικό ή άλλη ύλη που παρεμβάλλεται σε τμήματα μηχανής ή σωλήνα για να γίνονται στεγανά: *βάλαμε ~ στη βρύση*. [ιταλ. *flangia*<αγγλ. *flange*].
φλαουτίστας ο, θηλ. **-τρια**, ουσ., μουσικός που παίζει φλάουτο. [ιταλ. *flautista*].
φλάουτο το (μουσ.) πνευστό μουσικό όργανο από ξύλο σε σχήμα αυλού, που αποτελείται από ανοιχτό σωλήνα με τρύπες κατά μήκος του και επιστόμιο στα πλάγια του πάνω άκρου του, πλαγίαυλος. [ιταλ. *flauto*].
φλάρος ο, ουσ. **α**. καλόγερος της καθολικής εκκλησίας· **β**. κοιν. στην έκφρ. (υβριστικώς) *τον κακό σου το -ο* (= να βρεις τις μεγαλύτερες δυσκολίες). [βενετ. *frar*].
φλας το, ουσ. άκλ. **1α**. εξάρτημα φωτογραφικής μηχανής που με την έντονη και ελάχιστη σε διάρκεια λάμψη που παράγει βοηθά στη λήψη φωτογραφιών σε κλειστό χώρο ή στο σκοτάδι· **β**. η λάμψη που παράγεται με το παραπάνω εξάρτημα. **2α**. ειδικό φανάρι αυτοκινήτου ή μοτοσικλέτας που ειδοποιεί σε περίπτωση αλλαγής πορείας, στροφής, κλπ.· **β**. η λάμψη που παράγεται από το παραπάνω φανάρι· έκφρ. *βγάζω ~* (= ανάβω το φλας του αυτοκινήτου ή της μοτοσικλέτας μου για να ειδοποιήσω ότι πρόκειται να στρίψω). [αγγλ. *flash*].
φλάσκα η και **φλασκί** το, ουσ., αποξεραμένος καρπός της νεροκολοκυθιάς που χρησιμοποιείται ως δοχείο νερού ή κρασιού. [μεσν. *φλάσκη*<μεσν. λατ. *flasca*].
φλασκιά η, ουσ. (συνιζ., λαϊκ.), νεροκολοκυθιά (βλ. λ.).
φλας-μπακ το, ουσ. άκλ., εμβόλιμη σκηνή σε κινηματογραφικό κυρίως ή θεατρικό έργο, καθώς και σε πεζογράφημα, που αναφέρεται σε γεγονότα του παρελθόντος της ζωής των ηρώων. [αγγλ. *flash-back*].
φλέβα η, ουσ. **1**. αιμοφόρο αγγείο για τη μεταφορά του αίματος από τα όργανα του σώματος στην καρδιά (πβ. *αρτηρία*)· φρ. *βρίσκω τη ~ κάποιου* (= **α**. «πιάνω» το σφυγμό του· **β**. βρίσκω τη φλέβα του για να του κάνω ένεση· **γ**. (μεταφ.) βρίσκω την αδυναμία, το ευαίσθητο σημείο του. **2**. χρωματισμένη γραμμή σε μάζα ορυκτού. **3**. κοίτασμα μετάλλου κάτω από την επιφάνεια της γης: *~ χρυσού*. **4**. υπόγεια ροή νερού: *μια ~ ανάβρυζε καμιά πεντακοσαριά μέτρα... μακριά από το καλύβι μας* (Κόντογλου). **5**. ταλέντο (ως κληρονομικό ιδίως χαρακτηριστικό): *πήρε ~ από το σόι / τον πατέρα του· έχει ~ αριστοκράτη / καλλιτέχνη / ποιητή*.
Φλεβάρης, βλ. *Φεβρουάριος*.
φλεβαριάτικος, -η, -ο, επίθ. (συνιζ., λαϊκ.), που ανήκει ή αναφέρεται στο Φλεβάρη: *κρύο / χιόνι -ο*.
φλεβίζω, ρ. (για το Φλεβάρη) κάνω άσχημο καιρό, (πιθ.) ανοίγουν οι φλέβες μου για βροχή· μόνο στην παροιμ. *ο Φλεβάρης κι αν -ίσει, καλοκαίρι θα μυρίσει*.
φλεβικός, -ή, -ό, επίθ., που ανήκει ή αναφέρεται στη φλέβα: *πάθηση -ή· σύστημα -ό*.
φλεβίτιδα η, ουσ. (ιατρ.) φλεγμονή στα τοιχώματα των φλεβών που προσβάλλει συνήθως τα κάτω άκρα και σε πολλές περιπτώσεις οδηγεί στο σχηματισμό θρόμβου.
φλεβορραγία η, ουσ. (ιατρ.) ρήξη φλέβας και αιμορραγία που προέρχεται από αυτήν.
φλεβοτομία η, ουσ. (ιατρ.) τομή φλέβας που γίνεται για αφαίμαξη.
φλεβοτόμος ο, ουσ. **1**. (ιατρ.) χειρουργικό μαχαίρι ή νυστέρι με το οποίο γίνεται η φλεβοτομία. **2**. είδος κουνουπιού των τροπικών χωρών που μεταδίδει διάφορες λοιμώξεις.
φλεβοτομώ, -είς, ρ. (ιατρ.) κάνω φλεβοτομία.
φλέγμα, Ι. και (λαϊκ.) **φλέμα** το, ουσ., ύλη σε μορφή βλέννας που εκκρίνεται από τη μύτη ή από τους βρόγχους (συνών. *ροχάλα*).
φλέγμα το, **ΙΙ**. ουσ., απάθεια: *το αγγλικό ~* (συνών. *ψυχραιμία*).
φλεγματικός, -ή, -ό, επίθ., απαθής (συνών. *ψύχραιμος*). - Επίρρ. **-ά**.
φλεγμονή η, ουσ., ερεθισμός μέρους του ανθρώπινου σώματος από ποικίλα αίτια (τραύμα, μικρόβια, κλπ.) που προξενεί πόνους ή άλλες παθολογικές καταστάσεις: *~ του εντέρου*.
φλεγμονώδης, -ης, -ες, γεν. *-ους*, πληθ. αρσ. και θηλ. *-εις*, ουδ. *-η*, επίθ. **1**. που μοιάζει με φλεγμονή. **2**. που παρουσιάζει φλεγμονή: *-εις παθήσεις της στοματικής κοιλότητας*.
φλέγομαι, ρ. (λόγ.), καίγομαι· ιδίως στην έκφρ. *-όμαστε από την ζέστη* (= υποφέρουμε πολύ από τη ζέστη)· (μεταφ.) *-εται από έρωτα/μίσος*.
φλέμα, βλ. *φλέγμα*.
φλεμόνι, βλ. *πλεμόνι*.

φλερτ το, ουσ. άκλ. 1. ερωτική διάθεση (συνών. *ερωτοτροπία*). 2. ερωτική σχέση συνήθως σύντομη και επιπόλαιη. 3. (συνεκδοχικά) το πρόσωπο για το οποίο ενδιαφέρεται κανείς ερωτικά. [αγγλ. *flirt*].

φλερτάρω, ρ. Α. μτβ. 1. προσπαθώ να ελκύσω την ερωτική συμπάθεια κάποιου: *-ει τη συμμαθήτριά του* (συνών.*κορτάρω*). 2. (γενικότερα) επιθυμώ να αποκτήσω κάτι και το θαυμάζω προκλητικά: *-ει το φόρεμα της βιτρίνας*. Β. (αλληλ.) εκδηλώνω ερωτική διάθεση: *ο Γιώργος και η Ελένη -ουν εδώ και καιρό* (συνών. *ερωτοτροπώ*).

φλετουρώ, -άς, ρ. (ιδιωμ.). α. (για πτηνά) φτερουγίζω· β. (για την καρδιά) πάλλομαι: *η καρδιά του λιονταριού και του λαγού -άνε* (Μπαστιάς). [αρομουνικό *flituráre*].

φληνάφημα το, ουσ. (λόγ.), μικρολογία.

φληναφώ, -είς, ρ., μικρολογώ.

φληακούνι το, ουσ. 1. αρωματικό βοτάνι με φαρμακευτικές ιδιότητες. 2. (συνεκδοχικά) αφέψημα από αυτό το βοτάνι. [αρχ. *βλήχων*].

φλιτ το, ουσ. άκλ. 1. ονομασία εντομοκτόνου φαρμάκου οικιακής χρήσης. 2. συσκευή που εκτοξεύει εντομοκτόνο υγρό με μορφή πυκνών σταγονιδίων. [αγγλ. *flit*, εμπορική ονομασία].

φλιτάρισμα το, ουσ. ο ψεκασμός με φλιτ (βλ. λ.), με εντομοκτόνο υγρό.

φλιτάρω, ρ., ψεκάζω εντομοκτόνο υγρό με ειδική συσκευή.

φλιτζάνι το, ουσ., κύπελλο (βλ. λ. στη σημασ. 1α) - Υποκορ. **-άκι** το: *-άκι του καφέ*. [τουρκ. *filcan*].

φλόγα η, ουσ. 1. γλώσσα φωτιάς που εκπέμπει φως και θερμότητα· φρ. *παραδίδω στις -ες* (= καταστρέφω με φωτιά). 2. (μεταφ.) ζέση για κάτι, ορμή, έντονη διάθεση: *η ~ της εκδίκησης*. 3. (βοτ.) είδος φυτού με κόκκινα λουλούδια.

φλογάτος, -η, -ο, επίθ., που έχει έντονο κόκκινο χρώμα: *κρασί -ο*.

φλογέρα η, ουσ., λαϊκό πνευστό μουσικό όργανο (συνών. *αυλός, σουραύλι*). [πιθ. αλβαν. *flojerë*].

φλογερός, -ή, -ό, επίθ. (κυρίως μεταφ. για συναισθήματα) θερμός, ζωηρός: *έρωτας ~· επιθυμία -ή*. - Επίρρ. **-ά**.

φλογίζω, ρ., θερμαίνω, ανάβω· (κυρίως μεταφ.): *ο έρωτας τού -ιζε τα στήθη*. - Η μτχ. παρκ. ως επιθ. = 1. (για μέλος του σώματος) που έχει υποστεί φλόγωση. 2. βαθιά συγκινημένος: *ο ελληνικός λαός βρέθηκε ~ από τη νοσταλγία του αρχαίου πολιτισμού*.

φλόγισμα το και **φλογισμός** ο, ουσ., φλόγωση (βλ. λ.).

φλογιστικός, -ή, -ό, επίθ., που προκαλεί φλόγωση.

φλογοβόλος, -η, -ο, επίθ., που εκπέμπει φλόγες: *όπλα -α*. - Το ουδ. ως ουσ. 1. (παλαιότερα) πολεμική μηχανή που εκτόξευε υλικό που πυρπολούσε. 2. πολεμικό όπλο, φορητό ή πάνω σε όχημα, που εξαπολύει φλεγόμενο υγρό.

φλογοβολώ, -είς, ρ. (για τον ήλιο) καίω υπερβολικά: *-εί ο ήλιος της Βραζιλίας* (Κόντογλου).

φλογοκαμένος, -η, -ο, επίθ., καμένος από τις φλόγες: *δάση -α* (συνών. *καψαλισμένος*).

φλόγωση η και **φλόγωμα** το, ουσ., ερεθισμός του δέρματος που παρουσιάζει ερυθρότητα και θερμότητα και προκαλεί πόνο (συνών. *φλόγισμα, φλογισμός, φλεγμονή*).

φλοιδί, βλ. *φλούδι*.

φλοιός ο, ουσ. (ασυνίζ.). 1. το εξωτερικό περίβλημα του κορμού των δέντρων, των κλωναριών και ακόμη πολλών καρπών, όταν είναι μαλακό (συνών. *φλούδα*). 2. *~ της γης* = το στερεό περίβλημα της γης. 3. *~ του εγκεφάλου* = η φαιά ουσία που περιβάλλει τα ημισφαίρια του εγκεφάλου.

φλοισβίζω, ρ. (για νερά) παράγω φλοίσβο.

φλοίσβος ο και **φλοίσβισμα** το, ουσ., ο θόρυβος που προκαλούν τα κύματα καθώς χτυπούν στην ακτή.

φλόκα, βλ. *φλόκι*.

φλοκάτη και (σπανιότ.) **-α** η, ουσ. 1. παχύ, φλοκωτό πανωφόρι των χωρικών. 2. μάλλινη φλοκωτή κουβέρτα ή στρωσίδι (συνών. *βελέντζα*). [λ. αρομουνική].

φλοκάτος, -η, -ο, επίθ. (λαϊκ.), που έχει φλόκια, φούντες (συνών. *φλοκωτός*). [λατ. *floccatus*].

φλόκι το και (σπανίως) **φλόκα** η, ουσ., κρόσσι από στριμμένο μαλλί περασμένο στο υφασμένο τμήμα κουβέρτας, πανωφοριού, κ.ά. [αρομουνικό *floc* <λατ. *floccus*].

φλόκος ο, ουσ. (ναυτ.) τριγωνικό πανί καραβιού που τοποθετείται στο μπαστούνι της πλώρης. [ιταλ. *flocco*].

φλοκωτός, -ή, -ό, επίθ., που έχει φλόκια (βλ. λ.): *πετσέτα / κάπα -ή*. - Το θηλ. ως ουσ. = η φλοκάτη (βλ. λ.).

φλόμος η, ουσ. 1. είδος ποώδους ή θαμνώδους φυτού με μικρά και πυκνά άνθη. 2. ναρκωτική ουσία που παράγει το παραπάνω φυτό.

φλόμωμα το, ουσ., η ενέργεια και το αποτέλεσμα του φλομώνω (βλ. λ.).

φλομώνω, ρ. Α. μτβ. 1. ναρκώνω ψάρια ρίχνοντας φλόμο (βλ. λ.) στη θάλασσα. 2. δημιουργώ αποπνικτική ατμόσφαιρα με καπνό: *-εις το δωμάτιο με τα τσιγάρα σου*. Β. αμτβ. 1. γεμίζω με δύοσμο καπνό: *-ωσε η κάμαρα*. 2. γίνομαι κίτρινος όπως ο φλόμος (συνών. *χλομιάζω*). Φρ. *~ κάποιον με ψέματα* (= του λέω πάρα πολλά ψέματα, τον ζαλίζω με ψέματα).

φλορίνι, βλ. *φιορίνι* (στη σημασ. 2).

φλότα η, ουσ. (ναυτ., σπάνιο) το επικεφαλής πλοίο του στόλου: *η ~... έδωσε το σινιάλο του μισεμού με τα κανόνια* (Κόντογλου). [ιταλ. *flotta*].

φλοτέρ το, ουσ. άκλ. 1. ελαφρό σώμα που επιπλέοντας στο νερό συγκρατεί στην επιφάνεια σώματα βυθιζόμενα. 2. συσκευή που διακόπτει την παροχή νερού σε ντεπόζιτο και εμποδίζει το ξεχείλισμα. [γαλλ. *flotteur*].

φλούδα η, ουσ., φλοιός (βλ. λ.).

φλουδερός, -ή, -ό, επίθ. (λαϊκ.), χοντρόφλουδος (βλ. λ.).

φλούδι και **φλοϊδί** το, ουσ., φλούδα (βλ. λ.).

φλουδωτός, -ή, -ό, επίθ., που έχει χοντρή φλούδα (συνών. *φλουδερός, χοντρόφλουδος*).

φλουρί και **φλωρί** το, ουσ. 1. (ιστ.) χρυσό βυζαντινό νόμισμα. 2. (συνεκδοχικά) οποιοδήποτε παλιό χρυσό νόμισμα: *βρήκε βιος -ιά* (Μπαστιάς). 3. νόμισμα που τοποθετείται στη βασιλόπιτα: *ποιος βρήκε φέτος το ~;* Φρ. *έγινε κίτρινος σαν το ~* (= χλόμιασε πολύ). [μεσν. *φλωρίον*<μεσν. λατ. *florinus*].

φλουροκαπνισμένος, -η, -ο και **φλωροκαπνισμένος**, επίθ. (λαϊκ., παλαιότερο), που έχει επιχρυσωθεί: *φωτοστέφανα -α* (συνών. *μαλαμοκαπνιομένος*).

φλυαρία η, ουσ., πολυλογία χωρίς ουσιαστικό περιεχόμενο.

φλύαρος, -η, -ο, επίθ., που συνηθίζει να φλυαρεί, πολυλογάς.
φλυαρώ, -είς, ρ., πολυλογώ για ασήμαντα θέματα.
φλύκταινα η, ουσ. **1α.** φουσκάλα από εξάνθημα ή έγκαυμα που περιέχει υγρό (συνών. *φυσαλίδα)·* **β.** (ιατρ.) μόλυνση του δέρματος από πυογόνους μικροοργανισμούς. **2.** (μεταλλοτεχνία) εξόγκωμα στην επιφάνεια μετάλλου.
φλωρεντινός, -ή, -ό, επίθ. (ερρ.), που ανήκει ή αναφέρεται στη Φλωρεντία ή τους κατοίκους της: *μνημείο -ό· τέχνη -ή.* - Το αρσ. και το θηλ. ως ουσ. (με κεφ. το αρχικό γράμμα) = αυτός που κατοικεί στη Φλωρεντία ή κατάγεται από εκεί.
φλωρί, βλ. *φλουρί.*
Φλωρινιώτης ο, θηλ. **-ισσα**, ουσ. (συνιζ.), ο κάτοικος της Φλώρινας ή ο καταγόμενος από εκεί.
φλωρινιώτικος, -η, -ο, επίθ. (συνιζ.), που ανήκει ή αναφέρεται στη Φλώρινα ή τους Φλωρινιώτες.
Φλωρινιώτισσα, βλ. *Φλωρινιώτης.*
φλωροκαπνισμένος, βλ. *φλουροκαπνισμένος.*
φλώρος ο, ουσ., πουλί κάπως μεγαλύτερο από την καρδερίνα με πρασινοκίτρινο χρώμα.
φοβάμαι, βλ. *φοβούμαι.*
φοβέρα η και **φοβέρισμα** το, ουσ., απειλή: *είδε κι απόειδε πως δεν έκανε τίποτα με τις -ες·* παροιμ. *κι ο άγιος θέλει φοβέρα* (= η απειλή είναι απαραίτητη ακόμη και για τους πιο καλούς ανθρώπους) (συνών. *εκφοβισμός).*
φοβερά, βλ. *φοβερός.*
φοβερίζω, ρ., κάνω κάποιον να φοβηθεί, απειλώ: *με -ισε ότι θα με χτυπήσει αν δεν κρατήσω το μυστικό του* (συνών. *εκφοβίζω).*
φοβέρισμα, βλ. *φοβέρα.*
φοβερός, -ή, -ό, επίθ. **1.** που προκαλεί φόβο: *κρότος -·* *ταινία -ή* (συνών. *τρομαχτικός).* **2.** που προξενεί συναισθήματα αποτροπιασμού και φρίκης: *αμάθημα -ό· σκέψη -ή.* **3.** έντονος, υπερβολικός: *παγωνιά -· τρικυμία -ή.* **4.** (λαϊκ.) αξιοθαύμαστος, καταπληκτικός: *εξυπνάδα / ικανότητα -ή* (συνών. *τρομερός* στις σημασ. 2, 3, 4). - Επίρρ. **-ά** = έντονα, σε μεγάλο βαθμό: *είναι -ά άμυαλος.*
φόβητρο το, ουσ. **1.** καθετί που προκαλεί φόβο: *οι αυστηρές ποινές αποτελούν ~ για τους πολίτες.* **2.** σκιάχτρο (βλ. λ.).
φοβητσιάρης ο, θηλ. **-α**, ουσ. (συνιζ.), (και ως επιθ.) που εύκολα καταλαμβάνεται από φόβο: *γυναίκα -α* (συνών. *δειλός·* αντ. *άφοβος, θαρραλέος).*
φοβητσιάρικος, -η, -ο, επίθ. (συνιζ.), που ανήκει ή αναφέρεται στο φοβητσιάρη: *συμπεριφορά -η· βλέμμα -ο.*
φοβία η, ουσ. **α.** (ψυχιατρ.) νοσηρός, αγχώδης, αδικαιολόγητος φόβος για ορισμένα αντικείμενα, καταστάσεις, κλπ.: *έχει ~ με τα μεγάλα ύψη/για τη θάλασσα·* **β.** (κοιν.) ενστικτώδης, έντονη απέχθεια για κάτι: *οτιδήποτε καινούργιο του προκαλεί ~.*
φοβίζω, ρ. **1.** προκαλώ φόβο, ανησυχία: *με -ει η εκτεταμένη χρήση της πυρηνικής ενέργειας.* **2.** απειλώ, φοβερίζω: *τον -ισε με σκληρά λόγια για να μην το μαρτυρήσει* (συνών. *εκφοβίζω).*
φοβισμός ο, ουσ. (καλ. τέχν.) κίνηση ζωγράφων που ξεκίνησε από τη Γαλλία στις αρχές του 20. αι. και χαρακτηρίζεται από την τάση να αποδίδονται τα αντικείμενα με καθαρά χρώματα, με ιδιαίτερη προτίμηση στο κίτρινο και το κόκκινο. [γαλλ. fauvisme].

φόβος ο, ουσ. **α.** (ψυχ.) εξαιρετικά δυσάρεστο συναίσθημα που προκαλείται από τη συνειδητοποίηση πραγματικού ή πλασματικού κινδύνου: *κιτρίνισε το πρόσωπό του από το -ο·* *τον κυρίευσε ο ~· υπάρχει ~ ότι θα ...* Φρ. *ο ~ φυλάει τα έρημα*, βλ. *έρημος· δεν έχω -ο να...* (= δεν υπάρχει ενδεχόμενο ή κίνδυνος να ...): *να φραγκέψω -ο δεν είχα* (Καζαντζάκης)· **β.** εντύπωση ή ιδέα ότι κάτι δυσάρεστο ή κακό θα συμβεί, ανησυχία (συνών. *φοβία).*
φοβούμαι και **-άμαι, -άσαι,** ρ., μτχ. παρκ. **φοβισμένος. Α.** (αμτβ.) κατέχομαι από το αίσθημα του φόβου (συνών. *τρομάζω).* **Β.** μτβ. **1.** (ως ρ. εξάρτησης ενδοιαστικών προτ.) **α.** ανησυχώ μήπως γίνει κάτι δυσάρεστο: *~ μήπως δημιουργηθεί μεγάλο ζήτημα·* **β.** ανησυχώ μήπως δε γίνει κάτι επιθυμητό: *~ μήπως δεν επιτύχω στις εξετάσεις.* **2.** (με αντ. πρόσ. ή πράγμα ή αφηρ. ουσ.) *αυτόν τον άνθρωπο τον ~· το σκοτάδι / τη μοναξιά·* παροιμ. φρ. *ποιος είδε το Θεό και δεν τον φοβήθηκε!* (για άνθρωπο εξαγριωμένο ή για τη μανία των στοιχείων της φύσης). **3.** υποψιάζομαι: *πολύ ~ ότι δε θα μπορέσει να ανταποκριθεί στις απαιτήσεις της καινούργιας του δουλειάς.*
φόγος ο, ουσ. (ναυτ.) το κατώτερο σταυρωτό κατάρτι του ιστού ιστιοφόρου πλοίου. [βενετ. fogo].
φόδρα η, ουσ. **1.** ελαφρό και λεπτό ύφασμα που ράβεται στο εσωτερικό των ρούχων: *~ της φούστας / του σακακιού.* **2.** εσωτερική επένδυση αντικειμένου: *~ καπέλου / καναπέ.* [βενετ. fodra].
φοδράρισμα το, ουσ., ράψιμο φόδρας (βλ. λ.).
φοδράρω, ρ., παρατ. **-ιζα**, αόρ. **-ισα** και **-αρα**, μτχ. παρκ. **-ισμένος. 1.** ράβω φόδρα (βλ. λ.) σε ρούχο. **2.** επενδύω το εσωτερικό μέρος αντικειμένου. [βενετ. fodrar].
φόδρο το, ουσ. (ναυτ.) εσωτερική επένδυση του πλοίου από στενές και παχιές σανίδες.
φοίνικας ο, ουσ. **1.** (βοτ.) δέντρο που ευδοκιμεί σε θερμά και ξηρά κλίματα με ψηλό κυλινδρικό κορμό και κυκλικά λογχοειδή φύλλα χωρίς κλαδιά, που περιλαμβάνει διάφορα είδη (συνών. *φοινικόδεντρο, φοινικιά).* **2.** το κλαδί του παραπάνω δέντρου, που στην αρχαιότητα χρησιμοποιόταν ως σύμβολο νίκης. **3.** ο καρπός του παραπάνω δέντρου, ο χουρμάς. **4.** μυθικό πουλί των αρχαίων Αιγυπτίων που ξαναγεννιόταν από την τέφρα του. **5.** αργυρό νόμισμα που κυκλοφόρησε στα χρόνια του Καποδίστρια. - Πβ. και *χουρμαδιά.*
Φοίνικας ο, θηλ. **Φοίνισσα**, κάτοικος της αρχαίας πόλης Φοινίκης.
φοινικέλαιο το, ουσ., λάδι που παρασκευάζεται από τους καρπούς του ελαιοφοίνικα (συνών. *φοινικόλιπος).*
φοινίκι το, ουσ. **1.** χουρμάς (βλ. λ.). **2.** μελομακάρονο (βλ. λ.).
φοινικιά η, ουσ. (συνιζ.), φοίνικας (βλ. λ.) (συνών. *φοινικόδεντρο).*
φοινικικός, -ή, -ό, επίθ., που ανήκει ή αναφέρεται στη Φοινίκη ή τους Φοίνικες.
φοινικόδασος το, ουσ., δάσος με φοίνικες (συνών. *φοινικώνας).*
φοινικόδεντρο το, ουσ. (ερρ.), φοίνικας (βλ. λ.) (συνών. *φοινικιά).*
φοινικόλιπος το, ουσ., φοινικέλαιο (βλ. λ.).
φοινικόψιχα η, ουσ., ινδοκάρυδο (βλ. λ. στη σημασ. 2).

φοινικώνας ο, ουσ., τόπος με πολλά φοινικόδεντρα (συνών. *φοινικόδασος*).
Φοίνισσα, βλ. *Φοίνικας*.
φοίτηση η, ουσ., μαθητεία σε εκπαιδευτικό ίδρυμα: ~ *διετής / δωρεάν*.
φοιτηταριό το και **-ριά** η, ουσ. (συνιζ., λαϊκ.), (μειωτ.) το σύνολο των φοιτητών (πβ. *φοιτητόκοσμος*).
φοιτητής ο, θηλ. **-τρια,** ουσ., αυτός που σπουδάζει σε πανεπιστημιακή σχολή: ~ *ιατρικής· -τρια φιλολογίας*.
φοιτητικός, -ή, -ό, επίθ., που ανήκει ή αναφέρεται στο φοιτητή ή τους φοιτητές: *κόσμος ~· συγκέντρωση / λέσχη -ή*.
φοιτητόκοσμος ο, ουσ., το σύνολο των φοιτητών (συνών. *φοιτηταριό* το και *φοιτηταριά* η).
φοιτητούδι το, ουσ. (λαϊκ.), (συχνά μειωτ.) μικρός ως προς την ηλικία και το έτος φοίτησης φοιτητής.
φοιτήτρια, βλ. *φοιτητής*.
φοιτώ, ρ., παρακολουθώ μαθήματα σε πανεπιστήμιο, είμαι φοιτητής: ~ *στη σχολή Καλών Τεχνών* (συνών. *σπουδάζω*).
φόκο το, ουσ. (λαϊκ.), φωτιά· συνήθως στις φρ. *βάλε ή έβαλε ~* (= άναψε φωτιά, πυρπόλησε, προστ. ή οριστ. αορ.)· *πήρε ~* (= 1. άναψε. 2. (μεταφ.) θύμωσε). [ιταλ. *foco*].
φοκύλ το, ουσ. *ήκλ*., (παλαιότερα) κολάρο που προσαρμόζεται, αλλά είναι ανεξάρτητο από το πουκάμισο. [γαλλ. *faux col*].
φόλα η, ουσ. 1. μικρό κομμάτι δέρματος ραμμένο σε φθαρμένο μέρος παπουτσιού (συνών. *μπάλωμα*). 2. τροφή εμποτισμένη με δηλητήριο για τη θανάτωση ζώου: *έβαλε ~ για τα σκυλιά*. [μεσν. *φόλα*<λατ. *follis*].
Φολεγάνδριος ο, θηλ. **-ια,** ουσ. (ασυνίζ.), αυτός που κατοικεί στη Φολέγανδρο ή κατάγεται από εκεί (συνών. λαϊκ. *Πολυκαντριώτης*).
φολίδα η, ουσ. 1. λέπι (ψαριού, ερπετού, χελώνας). 2. κηλίδα στο δέρμα λεοπάρδαλης ή πάνθηρα. 3. μεταλλικό έλασμα σε αντικείμενο.
φολιδωτός, -η, -ό, επίθ. 1. (για ζώο) που έχει στο δέρμα του φολίδες (βλ. λ.) (συνών. *λεπιδωτός*). 2. (αρχαιολ., για αντικείμενο) που είναι σκεπασμένος με μεταλλικά πετάλια: *ασπίδα/περικεφαλαία -ή*.
φολκλόρ το, ουσ. *άκλ*. 1. το σύνολο των λαϊκών παραδόσεων, αντιλήψεων, εθίμων και καλλιτεχνικών εκδηλώσεων ενός λαού. 2. ό,τι χαρακτηρίζεται παραδοσιακό και ιδίως κινούμενα του λαϊκού καθημερινού βίου. [αγγλ. *folklore*].
φολκλορικός, -ή, -ό, επίθ., παραδοσιακός: *χοροί -οί· ενδυμασίες -ές· μπαλέτα/αντικείμενα -ά*.
φολκλορισμός ο, ουσ., η προσπάθεια διατήρησης του παραδοσιακού στοιχείου μιας χώρας και η συνακόλουθη επίταση του στοιχείου αυτού σε ποικίλες εκδηλώσεις.
φονεύω, ρ. (λόγ.) σκοτώνω (βλ. λ.).
φονιάς ο (συνιζ.), θηλ. **-ισσα,** ουσ., δολοφόνος (βλ. λ.).
φονικό το, ουσ., φόνος, (βλ. λ.).
φονικός, -ή, -ό, επίθ. 1. που ανήκει ή αναφέρεται στο φόνο: *έγκλημα -ό*. 2. που προκαλεί το θάνατο: *μάχη -ή* (= με πολλούς νεκρούς)· *τυφώνες -οί· χτύπημα -ό* (συνών. *θανατηφόρος*).
φόνισσα, βλ. *φονιάς*.

φόνος ο, ουσ., βίαιη αφαίρεση της ζωής κάποιου, ανθρωποκτονία: *~ εκ προμελέτης / εξ αμελείας· ένοχος -ου* (συνών. *φονικό, δολοφονία*).
φονταν το, ουσ. άκλ. (ερρ.), γλύκισμα ζαχαρωτό ή σοκολατένιο που προσφέρεται ως πρώτο κέρασμα. [γαλλ. *fondant*].
φόντο το, ουσ. (ερρ.). 1α. βάθος ζωγραφικού πίνακα ή φωτογραφίας πάνω στο οποίο προβάλλεται η κύρια παράσταση: *συνηθίζει να ζωγραφίζει πρόσωπα με ~ τη θάλασσα·* β. ο βασικός χρωματισμός πάνω στον οποίον τυπώνονται τα σχέδια εμπριμέ υφάσματος: *το φόρεμά της έχει πολύχρωμα λουλούδια σε μαύρο φόντο*. 2. (στον πληθ.) χρηματικό ή πνευματικό κεφάλαιο, τα προσόντα ενός ατόμου: *δεν έχει τα -α για να διευθύνει μια τέτοια επιχείρηση*. [ιταλ. *fondo*].
φοξ -τροτ το, ουσ. άκλ., χορός αμερικανικής προέλευσης σε τέσσερις χρόνους, που συνίσταται σε πορεία προς τα εμπρός, προς τα πίσω ή προς τα πλάγια με ενδιάμεσες παύσεις. [αγγλ. *fox-trot*].
φόρα η, I. ουσ. 1. ορμή στην κίνηση: *έπεσε πάνω μου με ~*. 2. (μεταφ.) ροπή προς κάτι, προς κάποια ενέργεια: *δεν κόψανε τη ~ του προς τη θάλασσα* (Μπαστιάς). Φρ. *παίρνω ~* (για κίνηση προετοιμασίας για άλμα ή ρίψη): *πάρε ~ για να πηδήξεις το χαντάκι / για να ρίξεις το ακόντιο· πήρε ~* (= δεν τον σταματάει κανείς· κυρίως για φλύαρο άτομο). [αρχ. *φορά*].
φόρα η, II. ουσ., στις φρ. *βγάζω στη ~* (= αποκαλύπτω), *βγαίνω στη ~* (= αποκαλύπτομαι): *βγήκαν τ' άπλυτά τους* (= τα κρυφά παραπτώματά τους) *στη ~· βγήκαμε στη ~* (= προβάλαμε, παρουσιαστήκαμε) *να τους χτυπήσουμε* (Κόντογλου)· σε ναυτ. παράγγελμα: *~ την άγκυρα!* (= σηκώστε την άγκυρα). [βενετ. *fora*].
φορά η, I. ουσ., η κατεύθυνση της κίνησης: *η ~ του ανέμου / του ρεύματος·* αντίστροφη ~· φρ. *η ~ των πραγμάτων* (= ο τρόπος που εξελίσσεται η κατάσταση).
φορά η, II. ουσ. 1. (συνήθως με αριθμητικό ή ποσοτικό επίθ.). α. δηλώνει το βαθμό συχνότητας, την επανάληψη μιας ενέργειας ή γεγονότος: *τον έχω επισκεφτεί δυο -ές· κάμποσες / πολλές -ές* (= συχνά)· εκφρ. *ακόμη μια ~ ή (για) άλλη μια φορά* (δηλώνει την ανάγκη της επανάληψης): *δες το πράγμα άλλη μια ~* (= σκέψου καλά πριν ενεργήσεις)· *για μια ~* (για κάτι που γίνεται κατ' εξαίρεση)· *εκατό / χίλιες -ές* (= πολλές φορές): *εκατό -ές σου το 'πα και δεν το κατάλαβες·* φρ. *να μην το λέω δυο -ές* (= πρέπει κάτι να γίνει αμέσως)· β. (ακολουθούμενο από συγκεκριμένη χρονική ενότητα) δηλώνει τη συχνότητα κατά τη διάρκεια της χρονικής ενότητας: *παρακολουθώ μαθήματα αγγλικών δυο -ές την εβδομάδα·* γ. (ειδικά με τακτικό αριθμητικό επίθ.) δηλώνει πόσο συχνά έχει συμβεί το ίδιο γεγονός ή πράξη στο παρελθόν: *είναι η πρώτη ~ που κολυμπώ σε λίμνη* (= δεν το έχω ξανακάνει)· εκφρ. *πρώτη και τελευταία ~* (= ως έκφρ. αγανάκτησης, έκανα κάτι για πρώτη φορά και δεν πρόκειται να το ξανακάνω). 2. χρονική στιγμή, περίπτωση, περίσταση: *αυτή τη ~ θα σε ακούσω· άλλη ~ τα λέμε· αυτή τη ~ τα κατάφερες, εκείνη τη ~* (= τότε, σ' εκείνη την περίσταση / περίπτωση)· *κάθε ~ που ...* (= στις περιπτώσεις που...): *κάθε ~ που έρχεσαι να με δείς μου δίνεις χαρά· μερικές -ές* (= σε ορισμένες περιπτώσεις): *μερικές -ές είναι πολύ εκνευριστικός· όλες τις -ές*

φοράδα

που ... (= κάθε που...): *όλες τις -ές που τον βλέπω συγχύζομαι· την επόμενη ~ (που...): ξέχασα να πάρω το βιβλίο μαζί μου, θα σου το φέρω την επόμενη ~ (που θα έρθω).* 3. (μετά από απόλυτο αριθμητικό και ακολουθούμενο από συγκρ. επιθ.) δηλώνει το βαθμό σπουδαιότητας, το μέγεθος, την ποιότητα, κλπ. μιας ενέργειας ή ενός αντικειμένου σε σύγκριση με άλλες ή άλλα: *είναι δυο -ές μεγαλύτερός σου στα χρόνια.* 4. (μαθημ.) ως δείκτης πολλαπλασιασμού μιας ποσότητας: *τρεις -ές το δέκα κάνει τριάντα.* 5. υπονοείται σε εκφρ. όπως *μια για πάντα* ή *μια και καλή* (= οριστικά)· *μια που...* ή *μια και...* (αφού, επειδή): *μια και ήρθες θα συζητήσουμε το θέμα τώρα.* Εκφρ. *για τελευταία ~* (για να δηλώσει αγανάκτηση): *σου το συγχωρώ για τελευταία ~· καμιά ~* (= πότε πότε): *περνώ και τον βλέπω καμιά ~· μια ~* (= 1. μετά από ουσ., για να δηλωθεί θαυμασμός: *φαί μια ~!· δουλειά μια ~!* 2. πάντως: *μπορεί να το πήραν άλλοι, μια ~ εγώ δεν το πήρα*)· *μια ~ κι έναν καιρό* (= κάποτε στο παρελθόν, σε παραμύθια ή κατά μίμηση και σε άλλες διηγήσεις στον προφορικό λόγο)· *-ές -ές* (= καμιά φορά, πότε πότε).

φοράδα η, ουσ. 1. θηλυκό άλογο. 2. (μειωτ.) εύσωμη γυναίκα.

φορατζής ο, ουσ. (λαϊκ.), φοροεισπράκτορας (βλ. λ.).

φορέας ο, ουσ., αυτός που μεταφέρει, μεταδίδει σε άλλους κάτι που έχει: *~ ασθένειας / μικροβίων· ο σύλλογος αυτός είναι ο μοναδικός ~ πνευματικής ζωής στην πόλη μας.* 2. συλλογικό όργανο με συγκεκριμένο στόχο: *~ ασφαλιστικός / συνδικαλιστικός / επαγγελματικός.*

φορείο το, ουσ., είδος μικρού φορητού κρεβατιού που είτε έχει ρόδες ώστε να κυλά, είτε είναι κατασκευασμένο από δυο μακριά ξύλα ή σίδερα, που συνδέονται μεταξύ τους με πανί για να μεταφέρεται στα χέρια, και που χρησιμοποιείται για τη μεταφορά αρρώστων και τραυματιών: *~ στρατιωτικό / νοσοκομείου.*

φόρεμα το, ουσ., γυναικείο εξωτερικό ένδυμα που αποτελείται από ένα ενιαίο κομμάτι με ή χωρίς μανίκια και καλύπτει το σώμα (συνών. *φουστάνι*). - Υποκορ. **-τάκι** το.

φορεμένος, -η, -ο, επίθ. 1. (λαϊκ.) που έχει φορέσει την επίσημη στολή του: *βγήκε ~ ο δεσπότης.* 2. (για ενδύματα ή υποδήματα) που έχει φορεθεί, χρησιμοποιημένος (αντ. *αφόρετος*). - Βλ. και *φορώ*.

φορεσιά η, ουσ. (συνιζ.), ενδυμασία με ιδιαίτερο χαρακτήρα, συνήθως παλαιικής μορφής: *~ παραδοσιακή / μακεδονίτικη / αποκριάτικη.*

φορητός, -ή, -ό, επίθ., που μπορεί να μεταφέρεται κατά τις εκάστοτε ανάγκες: *τηλεόραση / εικόνα -ή· όπλα -ά.*

φορίντ το, ουσ. άκλ. (έρρ., πρόφ. *ν-τ*), ουγγρική νομισματική μονάδα που περιλαμβάνει εκατό φιλέρ. [ουγγρ. *forint*]

φόρμα η, ουσ. 1. σχήμα: *μου αρέσει πολύ η ~ αυτών των παπουτσιών·* φρ. *παίρνω τη ~ κάποιου αντικειμένου* (= προσαρμόζομαι στο σχήμα, στη μορφή του): *με τον καιρό το παπούτσι θα πάρει τη ~ του ποδιού σου.* 2. (σε λογοτεχνικά ή καλλιτεχνικά έργα) μορφή (βλ. λ. στη σημασ. 16). 3α. καλούπι για μεταλλικά χυτά είδη, μήτρα· β. μαγειρικό σκεύος μέσα στο οποίο τοποθετούνται φαγητά ή γλυκά σε ρευστή κατάσταση για να πά-

ρουν όταν πήξουν ή ψηθούν ένα συγκεκριμένο σχήμα: *~ για κέικ.* 4α. ειδική άνετη ενδυμασία εργάτη ή τεχνίτη που τη φορά στην εργασία του· β. ειδική ενδυμασία ατόμου που αθλείται: *~ γυμναστικής / αδυνατίσματος·* γ. είδος μονοκόμματου ρούχου που φοριέται στα μωρά. 5. καλή φυσική κατάσταση, ικανότητα υψηλής απόδοσης κυρίως στα σπορ, αλλά και γενικά κατά την εκτέλεση οποιασδήποτε σωματικής ή πνευματικής εργασίας: *αυτός ο ποδοσφαιριστής τον τελευταίο καιρό έχει χάσει τη ~ του* (= δεν παίζει τόσο καλά όσο συνήθως)· φρ. *είμαι ή δεν είμαι σε ~* (= είμαι ή δεν είμαι σε καλή σωματική ή πνευματική κατάσταση, η εργασία μου είναι ή δεν είναι αποδοτική). - Υποκορ. (στις σημασ. 3β και 4γ) **-άκι** το. [ιταλ. *forma*].

φορμάικα η, ουσ. (βιομ. χημ.) είδος πλαστικής ύλης που χρησιμοποιείται για επένδυση επίπλων και ποικίλων επιφανειών. [αγγλ. *formica*].

φορμάκι, βλ. *φόρμα*.

φορμαλισμός ο, ουσ. 1. τάση που επιδιώκει αποκλειστικά την ωραιότητα της μορφής στο χώρο της τέχνης ή της λογοτεχνίας (αντ. *ρεαλισμός*). 2. αντίληψη σύμφωνα με την οποία τα επιστημονικά δεδομένα στηρίζονται σε συγκεκριμένους κανόνες και πρέπει να παρουσιάζονται με κάποια τυποποίηση. 3. τυπικότητα, σύστημα κατά το οποίο η εγκυρότητα των ενεργειών υπόκειται στην τήρηση ορισμένων τύπων: *~ διπλωματικός / νομικός.* [γαλλ. *formalisme*].

φορμαλιστής ο, θηλ. **ίστρια,** ουσ. 1. που τηρεί αυστηρά τις τυπικότητες, τους κανόνες (στο χώρο της δικαιοσύνης, της θρησκείας, της κοινωνικής ζωής). 2. που είναι οπαδός του φορμαλισμού στην τέχνη, τη λογοτεχνία ή την επιστήμη.

φορμαλιστικός, -ή, -ό, επίθ., που ανήκει ή αναφέρεται στο φορμαλισμό (βλ. λ.): *-ή ανάλυση λογοτεχνικού έργου.*

φορμαλίστρια, βλ. *φορμαλιστής*.

φορμάρισμα το, ουσ. 1. το να φορμάρει (βλ. λ.) κανείς κάτι. 2. (ειδικά) η τεχνική με την οποία δίνεται στα μαλλιά συγκεκριμένο σχήμα.

φορμάρω, ρ., αόρ. *φόρμαρα* και *φορμάρισα,* παθ. αόρ. *-ίστηκα,* μτχ. παρκ. *-ισμένος.* 1. δίνω φόρμα (βλ. λ. στη σημασ. 1) σε κάτι, διαμορφώνω. 2. (ειδικά) κάνω φορμάρισμα (βλ. λ.) στα μαλλιά. 3. (μέσ.), (για πρόσωπα, συνήθως στη φρ. *είμαι -ισμένος*) βρίσκομαι σε καλή κατάσταση, είμαι σε θέση να αποδίδω στην εργασία μου: *αυτός ο αθλητής τον τελευταίο καιρό είναι πολύ -ισμένος.*

φόρμιγγα η, ουσ. (έρρ.), αρχαίο ελληνικό έγχορδο μουσικό όργανο πιθανόν με τέσσερις χορδές, ανάλογο με τη σημερινή άρπα.

φορμόλη η, ουσ. (χημ.) είδος αντισηπτικού διαλύματος με έντονη οσμή. [γαλλ. *formol*].

φόρμουλα, η, ουσ. 1. (διοικ.) πρότυπο που παρέχει τα τυπικά στοιχεία που απαιτούνται για τη νόμιμη διατύπωση ενός κειμένου. 2. το συγκεκριμένο πρότυπο σε μια δεδομένη περίσταση, η νόμιμη φραστική διατύπωση: *η ~ του όρκου* (συνών. *τύπος*). 3. (νομ.) πρότυπο που περιλαμβάνει τους τυπικούς όρους μέσα στους οποίους νοείται ένα γεγονός. 4. τρόπος διευθέτησης ενός ζητήματος: *πρέπει τελικά να βρεθεί μια ~ που θα ρυθμίσει το θέμα· ψάχνω / βρίσκω / υιοθετώ μια ~.* 5. (ακολουθούμενο από τον αριθμό 1, κλπ.) κατηγορία σε αγώνες αυτοκινήτου: *αγώνες ~ 1· τρέχει σε ~ 1.* [ιταλ. *formula*].

φοροαπαλλαγή η, ουσ., η σύμφωνα με διάταξη του νόμου απαλλαγή του φορολογουμένου από ορισμένες φορολογικές υποχρεώσεις.

φοροδιαφεύγω, ρ. (ασυνίζ.), δεν καταβάλλω τους φόρους που οφείλω στο δημόσιο με την απόκρυψη ορισμένων ή και όλων των στοιχείων μου που φορολογούνται.

φοροδιαφυγή η, ουσ., η ενέργεια του φοροδιαφεύγω (βλ. λ.): *πάταξη της -ής.*

φοροεισπρακτικός, -ή, -ό, επίθ., που σχετίζεται με την είσπραξη οφειλόμενων φόρων.

φοροεισπράκτορας ο, ουσ., εισπράκτορας φόρων (συνών. λαϊκ. *φορατζής*).

φοροκλοπή η, ουσ., φοροδιαφυγή (βλ. λ.).

φορολόγηση η, ουσ., η ενέργεια του φορολογώ (βλ. λ.): *~ ακινήτου.*

φορολογήσιμος, -η, -ο, και **φορολογητέος, -α, -ο**, επίθ. (για έσοδο) που επιβάλλεται να φορολογηθεί: *φορολογητέο εισόδημα.*

φορολογητέος, βλ. *φορολογήσιμος.*

φορολογία η, ουσ. 1. επιβολή φόρου: *η ~ κάθε πολίτη γίνεται με βάση το εισόδημά του* (συνών. *φορολόγηση*). 2. (συνεκδοχικά) ο φόρος: *το κράτος έχει επιβάλει υψηλή ~.*

φορολογικός, -ή, -ό, επίθ., που σχετίζεται με τη φορολόγηση: *δήλωση / απαλλαγή -ή· έλεγχος ~ ελαφρύνσεις -ές· σύστημα ~. -* Επίρρ. **-ώς.**

φορολογώ, -είς, ρ. 1. (για το κράτος ή τα αρμόδια κρατικά όργανα) επιβάλλω ή καθορίζω το φόρο που αντιστοιχεί σε κάποιο εισόδημα ή περιουσιακό στοιχείο και κατ' επέκταση στο άτομο στο οποίο ανήκει: *το κράτος -εί την ακίνητη περιουσία / τους πολίτες.* 2. (μέσ.) πληρώνω τους φόρους που είμαι υποχρεωμένος να καταβάλω. - Το αρσ. της μτχ. παθ. ενεστ. ως ουσ. = ο πολίτης ενός κράτους που καταβάλλει φόρους σ' αυτό: *το κράτος έχει αρκετά έσοδα από τους -ούμενους.*

φορομπήχτης ο, ουσ. (όχι έρρ., λαϊκ.), αυτός που επιβάλλει υπερβολικούς φόρους.

φορομπηχτικός, -ή, -ό, επίθ. (όχι έρρ., λαϊκ.), που συνδέεται με την επιβολή υπερβολικών φόρων: *-ή κυβερνητική τακτική.*

φόρος ο, ουσ., νόμιμη εισφορά που καταβάλλει ο πολίτης στο κράτος, το δήμο, κλπ., ανάλογα με το εισόδημά του, κατά καθορισμένα χρονικά διαστήματα: *~ εισοδήματος.* Έκφρ. *~ αίματος* (= προσφορά θυμάτων, λ.χ. το παιδομάζωμα στα χρόνια της Τουρκοκρατίας).

-φόρος, β' συνθ. ουσ. και επιθ., που δηλώνει το πρόσωπο ή το πράγμα που έχει, φοράει ή φέρει κάτι: *κοντυλοφόρος, ρασοφόρος, προσοδοφόρος.*

φορόσημο το, ουσ., ένσημο που επικολλάται κατά την είσπραξη ορισμένων φόρων.

φοροτεχνικός, -ή, -ό, επίθ., που είναι ειδικευμένος σε θέματα σχετικά με τη φορολογία: *γραφείο -ό.* - Το αρσ. ως ουσ. = 1. αρμόδιος επαγγελματίας που υπολογίζει το φόρο που ο κάθε πολίτης οφείλει να καταβάλει στο δημόσιο, συντάσσει φορολογικές δηλώσεις, υπομνήματα, κλπ., προς τις φορολογικές υπηρεσίες. 2. αρμόδιο κρατικό όργανο που βεβαιώνει τους φόρους και ελέγχει τις φορολογικές δηλώσεις των πολιτών.

φόρουμ το, ουσ. άκλ., μεγάλη συγκέντρωση κατά την οποία ανταλλάσσονται απόψεις για την αντιμετώπιση σημαντικών πολιτικών και κοινωνικών θεμάτων: *~ των προοδευτικών κομμάτων.* [λατ. *forum*].

φοροφυγάς ο, γεν. *-άδος*, πληθ. *-άδες*, ουσ., αυτός που αποφεύγει να πληρώσει τους φόρους που χρωστά στο δημόσιο.

φόρτε το, ουσ. άκλ. 1. δύναμη, ένταση: *έβαλα όλο μου το ~* (= όλες μου τις δυνάμεις). 2. ιδιαίτερη δύναμη, ιδιαίτερη ικανότητα σε κάτι: *ήταν σήμερα στο ~ του* (= στη μεγαλύτερή του απόδοση)· *το σκάκι είναι το ~ του.* 3. (μουσ.) υψηλές νότες (αντ. *πιάνο*). 4. (επιρρημ.) ηχητικώς δυνατά (αντ. *πιάνο* στη σημασ. 2). [ιταλ. *forte*].

φορτέτσα η, ουσ. 1. είδος χοντρού υφάσματος που το βάζουν κάτω από τη φόδρα σε ανδρικά κυρίως ενδύματα. 2. κομμάτι από χοντρό δέρμα που το βάζουν κάτω από τον πάτο του παπουτσιού. [ιταλ. *fortezza*].

φορτηγάκι, βλ. *φορτηγό.*

φορτηγατζής ο, ουσ., οδηγός ή ιδιοκτήτης φορτηγού αυτοκινήτου.

φορτηγό το, ουσ. 1. πλοίο που μεταφέρει μεγάλα φορτία. 2. μεγάλο όχημα με ενσωματωμένη καρότσα ανοικτή ή σκεπαστή για μεταφορά φορτίων. - Υποκορ. **-άκι** το.

φόρτι το, ουσ., κομμάτι δέρματος που τοποθετείται στο πίσω μέρος του παπουτσιού κάτω από τη φόδρα. [ιταλ. *forte*].

φορτίζω, ρ. 1. (ηλεκτρολ.) ενισχύω με ηλεκτρικό ρεύμα: *~ μηχάνημα / μπαταρία.* 2. (μεταφ.) ηλεκτρίζω (βλ. λ. στη σημασ. 3): *-ισμένη πολιτική ατμόσφαιρα* (= τεταμένη, που απειλεί με επικίνδυνα ενδεχόμενα). 3. (μεταφ. για λέξη) δίνω ιδιαίτερο βάρος στη σημασία μιας λέξης: *οι λέξεις -ονται από τον αναστατωμένο ψυχισμό* (Πρεβελάκης).

φορτικός, -ή, -ό, επίθ. (για άτομα) ενοχλητικός, δυσάρεστος, βαρετός: *επισκέπτης ~.* - Επίρρ. **-ά** και **-ώς.**

φορτικότητα η, ουσ., το να είναι κανείς φορτικός (βλ. λ.).

φορτικώς, βλ. *φορτικός.*

φορτίο το, ουσ. 1. καθετί που κουβαλά κανείς ή που φορτώνεται σε υποζύγιο ή σε όχημα για να μεταφερθεί κάπου: *είχα στα χέρια μου δέκα κιλά ~· είναι βαρύ το ~ αυτό για το αμάξι.* 2. σύνολο αντικειμένων που μεταφέρονται με κάποιο μέσο: *~ πλοίου.* 3. (φυσ.) *ηλεκτρικό ~* = η ποσότητα ηλεκτρισμού που περιέχει ένα ηλεκτρισμένο σώμα. 4. (μεταφ.) καθετί που ενοχλεί, που δύσκολα μπορεί να το αντέξει κανείς, που του είναι βάρος: *βαρύ ~ η ευθύνη που ανέλαβα.*

φόρτιση η, ουσ. 1. ενίσχυση με ηλεκτρισμό: *~ μπαταρίας.* 2. (μεταφ.) επίταση σε μια δυσάρεστη κοινωνική ή ψυχική κατάσταση: *~ του ηλεκτρισμένου πολιτικού κλίματος· συναισθηματική ~.*

φορτίσιμο, επίρρ. (μουσ.) με γρήγορο ρυθμό, πολύ δυνατά, έντονα· ως ουσ. *~ το*: για τα πιο ηχηρά μέρη μουσικών κομματιών (αντ. *πιανίσιμο*). [ιταλ. *fortissimo*].

φορτοεκφόρτωση η, ουσ., φόρτωμα και ξεφόρτωμα εμπορευμάτων ή γενικώς αντικειμένων.

φορτοεκφορτωτής ο, ουσ., εργάτης που έργο του είναι να φορτώνει και να ξεφορτώνει εμπορεύματα ή γενικώς αντικείμενα.

φόρτος ο, ουσ. 1. καθετί που είναι ενοχλητικό, που το αισθάνεται κανείς ως βάρος, που δύσκολα μπορεί να το αντέξει: *~ δουλειάς· ~ φροντίδων.* 2.

φόρτσα 1450

(ιατρ.) στομαχικός ~ = βάρος στο στομάχι από δυσπεψία.

φόρτσα η, ουσ. (λαϊκ.), δύναμη, ένταση: *ο βοριάς φυσούσε με* ~· (επιρρημ.) δυνατά, έντονα. [ιταλ. *forza*].

φορτσάδος, -α, -ο, επίθ. (λαϊκ.), (για άνεμο) ισχυρός, σφοδρός.

φορτσάρισμα το, ουσ., η ενέργεια του φορτσάρω (βλ. λ.).

φορτσάρω, ρ., αόρ. *-αρα* και *-άρισα* (λαϊκ.). 1. αυξάνω την ένταση όσο μπορώ: *χρειάστηκε να -ουμε τη δουλειά.* 2. (αμτβ., για άνεμο) δυναμώνω (αντ. *καλμάρω*).

φορτσέρι το, ουσ. (ιδιωμ.), μπαούλο: *Στο* ~ *θα βρεις βιος φλουριά πεντακάθαρα* (Μπαστιάς) (συνών. *κασέλα*). [ιταλ. *forziere*].

φόρτωμα το, ουσ. 1. η ενέργεια του φορτώνω (βλ. λ.) (αντ. *ξεφόρτωμα*). 2α. το φορτίο: *βαρύ το* ~ **β.** η ποσότητα αντικειμένων που μπορεί να μεταφέρει ένα υποζύγιο. 3. (μεταφ.) δυσβάσταχτο, ενοχλητικό βάρος: *μου έγινες* ~.

φορτώνω, ρ. Ι. ενεργ. Α. μτβ. 1. τοποθετώ φορτίο σε υποζύγιο, όχημα ή άλλο μέσο για να το μεταφέρω: *-ώσαμε τα πράγματα και φύγαμε* (αντ. *ξεφορτώνω*). 2. (με αντικ. *το στομάχι*) παίρνω υπερβολική ποσότητα φαγητού: *-ωσε το στομάχι του και τώρα υποφέρει.* 3. (μεταφ.) αναθέτω σε άλλον δύσκολο ή δυσάρεστο έργο, τον επιβαρύνω: *τον φόρτωνε με θελήματα / με αγγαρείες· ο δάσκαλος μας -ωσε πολλή δουλειά για το σπίτι.* 4. προσφέρω κάτι σε κάποιον σε αφθονία: *μας -ωσε δώρα·* (μεταφ.) *μας -ωσε με ευχές.* Β. (αμτβ.) παίρνω φορτίο: *το πλοίο -ωσε στον Πειραιά.* II. μέσ. 1. παίρνω το βάρος επάνω μου, υφίσταμαι τα δυσάρεστα από μια υπόθεση: *τα -ώθηκα όλα στη ράχη μου·* *-ώθηκα όλη τη δυσμένεια.* 2. αναθέτω πιεστικά μια δύσκολη ή δυσάρεστη δουλειά σε τρίτον: *του -ώσαμε κάθε τόσο και διστάζω· μου -ώθηκε να του τελειώσω τη δουλειά.* Φρ. *τα -ωσα στον κόκορα,* βλ. *κόκορας.*

φορτωτήρα η, ουσ. 1. συσκευή σε πλοίο με την οποία γίνεται το φόρτωμα και το ξεφόρτωμα των εμπορευμάτων που μεταφέρονται. 2. ξύλο διχαλωτό και μακρύ για το φόρτωμα σε ζώα και σε οχήματα.

φορτωτής ο, Ι. ουσ. 1. εργάτης που φορτώνει εμπορεύματα. 2. (στο εμπόριο) αυτός που στέλνει το φορτίο εμπορευμάτων.

φορτωτής ο, II. ουσ., μηχανοκίνητο όχημα με φαρδύ κάδο για να φορτώνουν χώματα ή υλικά.

φορτωτικά τα, ουσ., τα έξοδα του φορτώματος εμπορευμάτων.

φορτωτική η, ουσ., απόδειξη που βεβαιώνει ότι φορτώθηκε το φορτίο των εμπορευμάτων.

φορώ, -άς και **-είς,** ρ., αόρ. *-εσα,* μτχ. *-εμένος.* 1. βάζω ρούχο ή οτιδήποτε θεωρείται συναφές με την ενδυμασία (κοσμήματα ή άλλα εξαρτήματα): ~ *μαύρο κοστούμι·* ~ *σκουλαρίκια/κράνος/γυαλιά/φακούς επαφής· -ά κολόνια· βγήκε ο πατριάρχης -εμένος.* 2. βοηθώ κάποιον να βάλει τα ρούχα του· ντύνω κάποιον με κάτι, του βάζω, του περνώ ένα ρούχο ή κάτι άλλο (κόσμημα ή άλλο εξάρτημα): *-εστε τα ρούχα στο παιδί· του δεσπότη του -εσαν τα άμφια· μου -εσε καθαρή ποδιά· της -εσε το δαχτυλίδι· του -εσαν τις χειροπέδες.* 3. (μέσ., τριτοπρόσ.) είναι αυτής της μόδας: *αυτό το χρώμα -ιέται πολύ εφέτος· αυτό το ρούχο δε -ιέται πια =*

είναι παλαιάς μόδας ή είναι φθαρμένο· βλ. και *φορεμένος.*

φόσα η, ουσ. διώρυγα: *μια* ~ *γεμάτη νερό.*

φουαγιέ το, ουσ. άκλ. (συνιζ.), μεγάλη αίθουσα θεάτρου όπου συγκεντρώνονται οι θεατές κατά τα διαλείμματα των παραστάσεων. [γαλλ. *foyer*].

φουα-γκρα το, ουσ. άκλ., ορεκτικό έδεσμα, πατέ (βλ. λ.), από συκώτι χήνας ή και χοίρου που παρασκευάζεται με διάφορα καρυκεύματα. [γαλλ. *foie gras*].

φουβού, βλ. *φουφού.*

φουγάρο το, ουσ. 1. καπνοδόχος πλοίου ή εργοστασίου. 2. (μεταφ.) αυτός που κάνει κατάχρηση στο κάπνισμα, μανιώδης καπνιστής.

φούγκα η, ουσ. (όχι έρρ.), πολυφωνική σύνθεση κατά την οποία οι διάφορες φωνές και τα όργανα επαναλαμβάνουν σε γρήγορο ρυθμό την αρχική μελωδία με παραλλαγές (συνών. *φυγή* στη σημασ. 5). [ιταλ. *fuga*].

φουκαράς ο, θηλ. **-ρού,** ουσ., ταλαίπωρος, δύστυχος: *δεν τα καταφέρνει να ζήσει την οικογένεια του ο* ~ *(συνών. κακομοίρης).* - Υποκορ. **-άκος** και (λαϊκότερα) **-ατζίκος** ο. [τουρκ. *fikara, fukara*].

φουκαριάρης, -α και **-ισσα, -ικο,** επίθ. (συνιζ.), ταλαίπωρος: *δεν τα κατάφερε ο* ~ *!*

φουκαρού, βλ. *φουκαράς.*

φουλ το, ουσ. άκλ. 1. στην έκφρ. *στο* ~ = με τη μεγαλύτερη προσπάθεια. 2. (χαρτοπαιξία) τρία όμοια τραπουλόχαρτα συνδυασμένα με άλλα δύο όμοια: ~ *του ρήγα.* 3. (ως επίθ.) πλήρης, γεμάτος: *το λεωφορείο ήταν* ~. 4. (σε θέση επιρρ.) στον ύψιστο βαθμό, εντελώς: *το καλοριφέρ καίει* ~. [αγγλ. *full*].

φουλάρι το, ουσ. 1. είδος ελαφρού μεταξωτού υφάσματος. 2. μαντήλι για το λαιμό από μεταξωτό ιδίως ύφασμα. [γαλλ. *foulard*].

φουλαριστός, -ή, -ό, επίθ. (λαϊκ.). 1. πλήρης, γεμάτος: *το γήπεδο ήταν -ό με κόσμο.* 2. που τρέχει με τη μεγαλύτερη ταχύτητα. [φουλ].

φουλάρω, ρ., αόρ. *-ισα* (λαϊκ.). 1. γεμίζω κάτι τελείως: *-ισα το βαρέλι με πετρέλαιο.* 2. τρέχω με μεγάλη ταχύτητα.

φούλι το, ουσ. 1. είδος γιασεμιού. 2. όσπριο των αραβικών χωρών.

φουλ τάιμ· λέγε *με πλήρες ωράριο.* [αγγλ. *full-time*].

φουμαδόρος ο, ουσ. (λαϊκ.), αυτός που καπνίζει πολύ, μανιώδης καπνιστής. (συνών. *φουγάρο* στη σημασ. 2).

φούμαρα τα, ουσ. 1. φαντασιώσεις (συνών. *φαντασιοκοπήματα*). 2. καυχησιολογίες.

φουμάρισμα το, ουσ. (λαϊκ.), κάπνισμα τσιγάρου ή ναργιλέ.

φουμάρω και **φουμέρνω,** ρ., παρατ. *-άριζα,* αόρ. *φούμαρα* και *-άρισα* (λαϊκ.), καπνίζω τσιγάρο ή ναργιλέ. Φρ. *τι καπνό -ει;* (= τι λογής άνθρωπος είναι;)· *τον* ~ *(λαϊκ.)* = τον κοροϊδεύω. [ιταλ. *fumare*].

φούμος ο και **φούμο** το, ουσ. 1. καπνιά. 2. μαύρη μπογιά. 3. είδος μελανιού από ασβόλη.

φούντα η, ουσ. (έρρ.). 1. δέσιμο από κλωστές ελεύθερες στο ένα άκρο: *κομπολόι με* ~· *φεσιού* (συνών. *θύσανος*)· έκφρ. *δουλειές με -ες* (= εργασίες με περίπλοκα αποτελέσματα ή φόρτος εργασίας). 2. θύσανος σε άνθη ορισμένων φυτών.

φουντάρισμα το, ουσ. (έρρ.). 1. το ρίξιμο της άγκυρας (συνών. *αγκυροβόληση*). 2. το ρίξιμο των διχτυών: *τα δίχτυα ήταν έτοιμα για ~*. 3α. (για πλοίο) βούλιαγμα (συνών. λόγ. *καταποντισμός*)· β. (μεταφ., για επιχείρηση) χρεωκοπία.

φουντάρω, ρ., παρατ. *-άριζα*, αόρ. *φούνταρα* και *-άρισα*, μτχ. παρκ. *-ισμένος* (έρρ., λαϊκ.). **Α.** μτβ. **1.** (και αμτβ.) ρίχνω την άγκυρα, αγκυροβολώ: - *άραμε την άγκυρα· τα καράβια ήταν εκεί -ρισμένα· -άριζαν μα οι άγκουρές τους κρεπάρανε* (Κόντογλου). **2α.** βυθίζω, βουλιάζω: *τη -άραμε τη γαλέτα*· **β.** ρίχνω στη θάλασσα: *θα σε ~ στη θάλασσα, αν συνεχίσεις να μ' ενοχλείς*. **Β.** (αμτβ.) (για πλοίο) προσορμίζομαι: *την άλλη μέρα το πρωί -άραμε στη Χίο*. [λατ. *fundare*, βενετ. *fondar*].

φούντο το και **φούντος** ο, ουσ. (έρρ.). **1.** ο βυθός της θάλασσας (συνών. *πυθμένας*)· φρ. *πήγε στο -ο* (= **1.** (για καράβι) βούλιαξε. **2.** (μεταφ., για υπόθεση) οδηγήθηκε σε αποτυχία, ναυάγησε). [λατ. *fundus*].

φουντούκι το, ουσ. (έρρ.), ο καρπός της φουντουκιάς που τρώγεται ως ξηρός καρπός.

φουντουκιά η, ουσ. (έρρ., συνιζ.), μικρό φυλλοβόλο δέντρο ή και μεγάλος θάμνος, με φύλλα ωοειδή πριονωτά και καρπό ωοειδή που περιβάλλεται από πράσινο περίβλημα.

φούντωμα το, ουσ. (έρρ.), η ενέργεια και το αποτέλεσμα του φουντώνω.

φουντώνω, ρ., αόρ. *φούντωσα*, μτχ. παρκ. *-ωμένος* (έρρ.). **1α.** (για φυτά) αποκτώ πυκνό φύλλωμα, αναπτύσσομαι: *-ωσε η τριανταφυλλιά· -ωμένος βασιλικός*· **β.** (γιυ δάσος) αποκτώ πυκνή βλάστηση: *-ωμένο δάσος*. **2.** (για φωτιά) δυναμώνω: *-ωσε η φωτιά με το ξύλο που ρίξαμε*. **3.** (μεταφ., για πρόσωπο) θυμώνω, εξοργίζομαι: *-ωσα μόλις το άκουσα* (συνών. *ανάβω*). **4.** (για αρρώστια ή πυρετό) εντείνομαι, αυξάνομαι: *-ωνε ο πυρετός· -ωσε το εξάνθημα*. **5.** (για συναισθηματικές καταστάσεις) επιτείνομαι, δυναμώνω: *-ωσε μέσα του η λαχτάρα· -ωσε ο έρωτάς τους· στην καρδιά του ακόμη -ώνανε ντροπές* (Βάρναλης). **6.** (για κοινωνικά φαινόμενα) ενισχύομαι: *-ωσε ο λογιοτατισμός / η λαϊκή δυσαρέσκεια*. **7.** (ποιητ.) (για φυσικά φαινόμενα) φτάνω στην ακμή μου, προχωρώ δυναμώνοντας: *-ει η νύχτα* (Γρυπάρης).

φούντωση η, ουσ. (έρρ.), ψυχική κατάσταση που διακρίνεται για την ένταση των συναισθημάτων.

φουντωτός, -ή, -ό, επίθ. (έρρ.). **1.** που καλύπτεται με φούντα (βλ. λ.). **2.** (για φυτά) που έχει πυκνό φύλλωμα: *αμυγδαλιά -ή· βασιλικός ~· κλαρί -ό·* (μετων.) *βουναλάκι -ό* (Κόντογλου).

φούξια η, ουσ. (συνιζ.), καλλωπιστικό φυτό, καθώς και το άνθος του που έχει χρώμα έντονο ροζ. [νεολατ. *fuchsia*<κύρ. όν. *Fuchs*].

φουρία η, ουσ. (συνιζ., λαϊκ.). **1.** βιασύνη: *μην κάνεις τη δουλειά με ~· πέρασε η πρώτη ~*. **2.** ορμητική και γρήγορη κίνηση: *έφυγε με ~· κούνησε με ~ το κεφάλι του* (Κόντογλου). [ιταλ. *furia*].

φουριόζικος, -η, -ο, επίθ. (συνιζ.), που γίνεται με φούρια, βιαστικά: *δουλειά -η*. - Επίρρ. **-α.**

φουριόζος, -α, -ο, επίθ. (συνιζ.). **1.** που ενεργεί με φούρια, βιαστικά: *ήρθε ~ και την πήρε μαζί του* (συνών. *βιαστικός*). **2.** ευέξαπτος. [ιταλ. *furioso*].

φούρκα η, ουσ. **1.** διχαλωτός πάσσαλος (συνών. *παλούκι*). **2.** αγχόνη: *δε ψυβάμαι μήτε ~, μήτε μαχαίρι* (συνών. *κρεμάλα*). **3.** θυμός: *άναψε από τη ~ του·* φρ. *είμαι / έχω ~* (= *είμαι θυμωμένος*)· *τον έχω μια ~!* (= έχω θυμώσει πολύ μαζί του). [λατ. *furca*].

φουρκάδα η, ουσ. **1.** δίκρανο. **2.** ποσότητα άχυρου ή χόρτου που πιάνει το δίκρανο.

φουρκέτα η, ουσ., διχαλωτή καρφίτσα για τη συγκράτηση των γυναικείων μαλλιών. [βενετ. *forcheta*].

φουρκίζω, ρ. **1.** στηρίζω με φούρκα (βλ. λ. στη σημασ. 1): *~ τα κλαδιά του δέντρου*. **2.** κρεμώ, απαγχονίζω: *τον -ισαν στην πλατεία*. **3.** εξοργίζω: *με -ισε μ' αυτά που μου είπε*.

φούρκισμα το, ουσ., η ενέργεια και το αποτέλεσμα του φουρκίζω (βλ. λ.).

φούρναρης και **φουρνάρης** ο, θηλ. **-ισσα,** ουσ., αυτός που παρασκευάζει και πουλάει ψωμί (συνών. *αρτοποιός*). [λατ. *furnarius*].

φουρνάρικο το, ουσ., χώρος όπου παρασκευάζονται και πωλούνται ψωμιά (συνών. *φούρνος*, *αρτοποιείο*).

φουρνάρισσα, βλ. *φούρναρης*.

φουρνέλο το, ουσ. **1.** (παλαιότερα) μικρό σκαφίδιο με σκάρα όπου καίγονταν τα κάρβουνα της κουζίνας. **2α.** τρύπα σε βράχο με εκρηκτική ύλη για ανατίναξη· **β.** (συνεκδοχικά) εκρηκτική ύλη· φρ. *βάρδα, ~!* (= προσοχή, έκρηξη!). [ιταλ. *fornello*].

φουρνιά η, ουσ. (συνιζ.). **1.** ό,τι περιέχει ο φούρνος όταν βρίσκεται σε ενέργεια: *μια ~ ψωμιά*. **2.** (μεταφ.) σύνολο ανθρώπων ή αντικειμένων μιας ορισμένης κατηγορίας: *η πρώτη ~ φοιτητών από το νέο πανεπιστήμιο*· φρ. *-ές -ές* (= κατά ομάδες, η μια μετά την άλλη).

φουρνίζω, ρ., βάζω κάτι μέσα στο φούρνο για να ψηθεί: *-ισα το κέικ* (αντ. *ξεφουρνίζω*).

φουρνίρω, ρ., παρατ. *-ιζα*, αόρ. *-ισα*, (ειρων.) προμηθεύω, παρέχω, παρουσιάζω: *τι νέο είναι πάλι αυτό που μας -εις!* (συνών. *ξεφουρνίζω στη σημασ.* 2). [ιταλ. *fornire*].

φούρνισμα το, ουσ., η ενέργεια του φουρνίζω (βλ. λ.).

φουρνιστός, -ή, -ό, επίθ., που ψήνεται στο φούρνο: *κουλουράκια -ά.*

φουρνόξυλο το, ουσ. (λαϊκ.). **1.** ξύλο για το συδαύλισμα του φούρνου. **2.** μακρύ ξύλο με το φουρνόπανο (βλ. λ.) δεμένο στη μια άκρη του για το καθάρισμα του εσωτερικού του φούρνου από κάρβουνα και στάχτες. **3.** φουρνόφτυαρο (βλ. λ.). **4.** (στον πληθ.) τα ξύλα που καίμε στο φούρνο για το ψήσιμο του ψωμιού ή φαγητών σε ταψί.

φουρνόπανο το, ουσ. (λαϊκ.), κομμάτι από χοντρό ύφασμα δεμένο στην άκρη του φουρνόξυλου (βλ. λ. στη σημασ. 2) για το καθάρισμα του φούρνου από κάρβουνα και στάχτες (συνών. *πάνα*).

φούρνος ο, ουσ. **1.** κτίσμα σε μορφή θόλου όπου ψήνεται το ψωμί, κ.τ.ό.: *κάθε νοικοκυριό παλιότερα είχε το δικό του -*· φρ. *κάποιος ~ θα γκρεμίστηκε!* (= συνέβη κάτι απροσδόκητο)· *~ μην καπνίσει!* (= ας χαλάσει ο κόσμος!) (συνών. *κλίβανος*). **2.** (συνεκδοχικά) οικοδόμημα όπου υπάρχει τέτοιο κτίσμα, αρτοποιείο (συνών. *φουρνάρικο*). **3.** κλίβανος για το ψήσιμο τούβλων ή για αποξήρανση ξύλων. **4.** ηλεκτρική συσκευή ενσωματωμένη σε ηλεκτρική κουζίνα για το ψήσιμο φαγητών: *φασόλια -ου· ~ μικροκυμάτων*. **5.** (μεταφ.) υπερβολική ζέστη; *~ είναι εδώ μέσα! ανοίξτε κανένα παράθυρο*.

φουρνόφτυαρο το, ουσ. (λαϊκ.), μακρύ κοντάρι που πλαταίνει στην άκρη και το χρησιμοποιούν οι φουρνάρηδες (ή οι γυναίκες που ζύμωναν παλαιότερα) για να βάζουν τα ψωμιά στο φούρνο (συνών. *φουρνόξυλο* στη σημασ. 3).

φουρό το, ουσ. άκλ., γυναικείο μεσοφόρι (βλ. λ.) εφαρμοστό που φοριέται για να κάνει τη φούστα ή το φόρεμα να φουσκώνει. [γαλλ. *fourreau*].

φουρτούνα η, ουσ. 1. τρικυμία: *η ~ έδειξε πως λασκάρισε* (Κόντογλου)· *σηκώθηκε ~·* παροιμ. *ο καλός ο καπετάνιος στη ~ φαίνεται* (= στις δύσκολες περιστάσεις φαίνονται οι ικανότητες κάποιου) (συνών. *θαλασσοταραχή* αντ. *γαλήνη, κάλμα*). 2. (μεταφ.) δυσκολία, συμφορά στη ζωή: *πολλές -ες μας βρήκαν·* (επιφών.) *~ μου!* (για να δηλωθεί θλίψη). [λατ. *fortuna*].

φουρτουνιάζω, ρ., μτχ. παρκ. *-σμένος* (συνιζ.). 1. (τριτοπρόσ., για καιρό και για θάλασσα) γίνομαι θυελλώδης, προκαλώ τρικυμία: *-ασε η θάλασσα· -σμένος καιρός*. 2. (μεταφ.) ταράζομαι υπερβολικά: *-σαν τα σπλάχνα μου* (συνών. *αναστατώνομαι*). - Η μτχ. παρκ. ως επίθ. = 1. ταραγμένος, συγχυσμένος: *-σμένος ήρθε και μου επιτέθηκε*. 2. (μεταφ.) βασανισμένος: *πέρασε μια -σμένη ζωή*.

φουρφούρισμα το, ουσ., ο θόρυβος από τη μετακίνηση του γυναικείου φορέματος: *άκουα το ~ των ποδογύρων της* (Σταύρου). [ονοματοπ. λ.].

φουσάτο το, ουσ. 1. (παλαιότερα) πολυπληθές στράτευμα. 2. (συνεκδοχικά) πλήθος ατόμων που αποτελούν επιθετική ομάδα. 3. (μεταφ. και στον πληθ.) επίδειξη: *ήρθε με όλα τα -α της*. [μεσν. *φουσσάτον*<λατ. *fossatum*].

φουσέκι, βλ. *φισέκι*.

φούσκα η, ουσ. 1. εξόγκωμα στο δέρμα γεμάτο πύον ή αίμα (συνών. *φλύκταινα*). 2. φυσαλίδα που περιέχει αέρα και σχηματίζεται σε υγρά σώματα, μπουρμπουλήθρα. 3. σφαίρα από ελαστικό υμένα που περιέχει αέρα ή αέριο ελαφρότερο του αέρα για να ανυψώνεται, μπαλόνι. 4. (λαϊκ.) η ουροδόχος κύστη (βλ. λ. σημασ. 1β). - Υποκορ. **-ίτσα** η. [αρχ. *φύσκη*].

φουσκάλα η, ουσ., φούσκα (βλ. λ. στις σημασ. 1 και 2). - Υποκορ. **-ίδα** η: *-ίδες του νερού / του καφέ*.

φουσκαλιάζω, ρ., μτχ. παρκ. *-σμένος* (συνιζ.), (για μέλος του σώματος) αποκτώ φουσκάλες, φλύκταινες: *-ασαν τα πόδια του* (= πρήστηκαν).

φουσκάλιασμα το, ουσ. (συνιζ.), η παρουσία φουσκάλας στο δέρμα.

φουσκαλίδα, βλ. *φουσκάλα*.

φουσκίτσα, βλ. *φούσκα*.

φουσκο-, α΄ συνθ. (από το ρ. *φουσκώνω*) λέξεων όπως *φουσκοδεντριά, φουσκοθαλασσιά*.

φουσκοδεντριά η, ουσ. (ασυνίζ.). 1. η πρώτη εμφάνιση οφθαλμών στα δέντρα κατά την εποχή πριν από την άνοιξη, καθώς και η ίδια η εποχή που εκδηλώνεται το φαινόμενο. 2. (μεταφ., στον πληθ.) πρώιμο σεξουαλικό ξύπνημα.

φουσκοθαλασσιά η, ουσ. (συνιζ.), ταραγμένη θάλασσα σε ώρες νηνεμίας ή άνεμος από διαφορετική κατεύθυνση από εκείνη που ακολουθεί το κύμα.

φουσκονεριά η, ουσ. (συνιζ.), η ανύψωση της στάθμης της θάλασσας κατά την παλίρροια (συνών. *πλημμυρίδα·* αντ. *άμπωτη, φυρονεριά*).

φούσκος ο, ουσ. 1. δυνατό χτύπημα με την παλάμη, μπάτσος (συνών. *σφαλιάρα, ράπισμα*). 2. (ναυτ.) σκοινένιο μπαλόνι που προστατεύει το καράβι στις προσκρούσεις.

φούσκωμα το, ουσ., η ενέργεια και το αποτέλεσμα του *φουσκώνω* (βλ. λ.): *το ασκί θέλει ~· το ~ των δέντρων / των πανιών του πλοίου / από φαγητό / του λογαριασμού*.

φουσκώνω, ρ., μτχ. παρκ. *-μένος*. Α. μτβ. 1. γεμίζω κάτι με αέρα ώστε να αποκτήσει μεγαλύτερο όγκο: *~ τα λάστιχα του αυτοκινήτου / το μπαλόνι / το ασκί*. 2. (για αέρα) ενεργώ ώστε να πιαστεί του πλοίου να κολπωθούν: *ο βοριάς -ωσε τα πανιά*. 3. διευρύνω, πρήζω: *το φαγητό μού -ωσε το στομάχι*. 4. (μεταφ.) ενεργώ ώστε κάτι να γίνεται μεγαλύτερο απ' ό,τι θα έπρεπε να είναι: *~ το λογαριασμό / τις τιμές* (συνών. *εξογκώνω*). 5. (μεταφ.) υπερβάλλω, μεγαλοποιώ: *-ει πολύ τα όσα λέει*. 6. (μεταφ.) ερεθίζω, εξοργίζω κάποιον: *με -ωσε με τα λόγια του*. 7. (για γυναίκα) καθιστώ έγκυο: *τη -ωσε*. Β. αμτβ. 1. (για πανιά πλοίου) κολπώνομαι: *-ουν τα πανιά απ' τον αέρα*. 2α. έχω αίσθημα φουσκώματος από φαγητό, πρήζομαι: *έφαγα πολύ και -ωσα·* β. παχαίνω: *-ωσε από το πάχος·* *-ωσε η κοιλιά της*. 3. λαχανιάζω, έχω δύσπνοια: *-ωσε με τον ανήφορο*. 4. (μεταφ.) επαίρομαι, κορδώνομαι: *μερικοί πολύ εύκολα -ουν με κάποια επιτυχία τους*. 5. (για υγρό) αποκτώ πρόσθετο όγκο, καθώς βράζω: *-ωσε το γάλα*. 6. (για τα «μάτια» των δέντρων) διευρύνομαι κατά την άνοιξη: *-ωσαν τα δέντρα*. 7. (οικοδ.) ξεκολλώ και δημιουργώ φούσκα σε σοβά ή σε χρωματισμό τοίχου: *οι σοβάδες -ώσανε* (συνών. *σκάνω*). 8. αυξάνομαι σε ένταση, επιτείνομαι: *-ωνε η βοή*. 9. (για θάλασσα) γίνομαι τρικυμιώδης. Εκφρ. *-ωμένη λέξη* (= χτυπητή, εντυπωσιακή, που ενέχει υπερβολή)· *-ωμένο άντερο* (= άνθρωπος ματαιόδοξος)· *-ωμένο πουγγί* (= με πλούσιο περιεχόμενο)· *-ωμένο ύφος* (= που ενέχει τεχνητή υπερβολή, παραφορτωμένο). Φρ. *του -ωσαν τα μυαλά* (= τον παρακίνησαν ώστε να αποκτήσει μεγάλη ιδέα για τον εαυτό του)· *-ει σαν το γάλο* (= καμαρώνει πολύ).

φούσκωση η, ουσ. 1. εξόγκωση, οίδημα, πρήξιμο. 2. δυσφορία που οφείλεται στη διαταραχή του στομαχιού ή σε δύσπνοια. 3. στενοχώρια (συνών. σε όλες τις σημασ. *φούσκωμα*).

φουσκωτός, -ή, -ό, επίθ., που έχει το σχήμα της φούσκας: *κοιλιά -ή* (συνών. *εξογκωμένος*).

φούστα η, Ι. ουσ., γρήγορο πολεμικό πλοίο (συχνά πειρατικό) με κουπιά και με ένα πανί, μικρότερο από γαλέρα, που χρησιμοποιούντα το 15. και 16. αιώνα: *περάσαμε τους σκλάβους σε μια από τις -ες* (Κόντογλου). [ιταλ. *fusta*].

φούστα η, ΙΙ. ουσ., τμήμα της γυναικείας ενδυμασίας που ξεκινά από τη μέση και φτάνει ως κάποιο σημείο των ποδιών: *~ στενή / φαρδιά / κοντή*.

φουστανάκι, βλ. *φουστάνι*.

φουστανέλα η, ουσ. 1. κοντή, λευκή, φαρδιά και πλισαρισμένη φούστα που τη φορούσαν οι τσολιάδες. 2. (ναυτ.) το πανί της σκούνας (πβ. *τρίγκος*). [*φουστάνι*].

φουστανελάς και **φουστανελοφόρος** ο, ουσ., αυτός που φορά φουστανέλα, τσολιάς.

φουστάνι το, ουσ., εξωτερικό γυναικείο ένδυμα που καλύπτει όλο το σώμα ή μέρος του σώματος από το λαιμό ως ορισμένο σημείο των ποδιών (συνών. *φόρεμα*). - Υποκορ. **-άκι** το. [ιταλ. *fustagno*].

φουτ-μπολ το, ουσ. άκλ. (όχι ερρ.), ποδόσφαιρο (βλ. λ.). [αγγλ. *football*].

φουτουρισμός ο, ουσ., κίνηση φιλολογική και καλλιτεχνική στην Ιταλία των αρχών του 20. αι. που διακήρυττε αισθητική αντίληψη βασισμένη σε ό,τι προμηνούσε το μέλλον (στην κίνηση, την ταχύτητα, τη μηχανή, το ριψοκίνδυνο, την επανάσταση). [ιταλ. *futurismo*].

φουτουριστής ο, θηλ. **-ίστρια**, ουσ., οπαδός του φουτουρισμού (βλ. λ.).

φουτουριστικός, -ή, -ό, επίθ., που ανήκει ή αναφέρεται στο φουτουρισμό (βλ. λ.): *αρχιτεκτονική / γραφή -ή*.

φουτουρίστρια, βλ. *φουτουριστής*.

φουφού και **φουβού** η, ουσ., βαθύ φορητό μαγκάλι με περιορισμένη επιφάνεια που στηρίζεται σε τρία ή τέσσερα πόδια και χρησιμοποιείται κυρίως για ψήσιμο φαγητών: *η ~ του καστανά*. [αβέβαιη ετυμ.].

φουφούλα η, ουσ. 1. το πίσω μέρος της νησιώτικης βράκας που κρέμεται. 2. η νησιώτικη βράκα. 3. είδος παντελονιού ή γυναικείου εσώρουχου φουσκωτού που σουρώνει με λάστιχο. [άγνωστη ετυμ.].

φουφουλιάζω, ρ. (ασυνίζ., λαϊκ.), (για στρώμα, μαξιλάρι, κ.τ.ό.) το κάνω αφράτο, μαλακό.

φουφουλιαστός, -ή, -ό, επίθ. (συνιζ., λαϊκ.), (για στρώμα, μαξιλάρι, κ.τ.ό.) αφράτος, μαλακός: *άχερο- ό*.

φουφουλωτός, -ή, -ό, επίθ., που έχει τη μορφή φουφούλας: *παντελόνι -ό*.

φούχτα, βλ. *χούφτα*.

φουχτιάζω, βλ. *χουφτιάζω*.

φούχτιασμα, βλ. *χούφτιασμα*.

φούχτωμα, βλ. *χούφτωμα*.

φουχτώνω, βλ. *χουφτώνω*.

φραγγέλιο το, ουσ. (έρρ., ασυνίζ.), μαστίγιο (συνών. *καμουτσίκι*). [μτγν. *φραγγέλιον* < λατ. *flagellum*].

φραγγελώνω, ρ. (έρρ.), χτυπώ με φραγγέλιο, μαστιγώνω: *για χάρη τους -ωσες και τους εμπόρους* (Βαφόπουλος).

φραγή η, ουσ., *φράχτης* (βλ. λ.).

φραγκεύω, ρ. (έρρ.). Α. (μτβ.) προσηλυτίζω κάποιον στο καθολικό θρησκευτικό δόγμα. Β. (αμτβ.) ασπάζομαι το καθολικό θρησκευτικό δόγμα.

φραγκικός, -ή, -ό και (λαϊκ.) **φράγκικος, -η, -ο**, επίθ. (έρρ.). 1. (στον τ. *φραγκικός*) που ανήκει ή αναφέρεται στους Φράγκους των σταυροφοριών: *-ή στρατιά / κατάκτηση*. 2. (στον τ. *φράγκικος*) δυτικοευρωπαϊκός: *φορά -α ρούχα*. 3. καθολικός ως προς το θρησκευτικό δόγμα: *-η εκκλησία*. - Το ουδ. (του τ. *φράγκικος*) στον πληθ. ως ουσ. = 1. η ευρωπαϊκή ενδυμασία: *το 'χε σε ντροπή να βάλει -α* (Κόντογλου). 2. ευρωπαϊκή γλώσσα.

φράγκο το, ουσ. (έρρ.). 1. νομισματική μονάδα στη Γαλλία, το Βέλγιο, την Ελβετία και το Λουξεμβούργο. 2. (λαϊκ.) η δραχμή· φρ. *δε δίνω ~* (= αδιαφορώ εντελώς)· *δεν έχω ~* (= είμαι απένταρος).

φραγκο- (έρρ.), α' συνθ. ουσ., π.χ. *φραγκοκκλησιά, φραγκοκοτα, φραγκόπαπας*. [εθν. *Φράγκος*].

Φράγκοι οι, ουσ. (έρρ.), γενική ονομασία των δυτικοευρωπαίων κατά τους βυζαντινούς και νεοελληνικούς χρόνους. [μεσν. *Φράγκος* < λατ. *Francus*].

φραγκοκκλησιά η, ουσ. (έρρ., συνιζ., λαϊκ.), καθολικός ναός.

φραγκοκότα η, ουσ. (ζωολ.) είδος πουλιού που μοιάζει με κότα και έχει σκούρο φτέρωμα με άσπρες βούλες και κοντή ουρά.

φραγκοκρατία η, ουσ. (έρρ.), η χρονική περίοδος της κυριαρχίας των δυτικών Ευρωπαίων, των Φράγκων, στις ελληνικές περιοχές από το 13. μέχρι τα μέσα του 16. αι.

φραγκολεβαντίνος ο, ουσ. (έρρ.). 1. καθολικός που κατοικεί στην Ανατολή και κατάγεται από δυτικοευρωπαϊκή χώρα. 2. (μειωτ.) άτομο με αμβλυμένη εθνική συνείδηση.

φραγκομονάστηρο το, ουσ. (έρρ.), καθολικό μοναστήρι.

φραγκοπαναγιά η, ουσ. (έρρ., συνιζ.), (μειωτ.) άτομο που προσποιείται το σεμνό: *τις έχω ξεσκολίσει αυτές τις -ές!* (Ι. Μ. Παναγιωτόπουλος) (συνών. *σιγανοπαπαδιά*).

φραγκόπαπας ο, ουσ. (έρρ.), ιερέας καθολικού δόγματος συνήθως που ζει στην Ανατολή.

φραγκοραφτάδικο, το, ουσ. (έρρ.), (παλαιότερα) ραφείο ευρωπαϊκών ενδυμασιών.

φραγκοράφτης ο, ουσ. (έρρ.), (παλαιότερα) ράφτης ευρωπαϊκών ανδρικών ενδυμασιών.

φραγκοσταφυλιά η, ουσ. (έρρ., συνιζ.), (φυτολ.) είδος οπωροφόρου φυτού που ευδοκιμεί κυρίως στην κεντρική και δυτική Ευρώπη και ο καρπός του έχει χρώμα κόκκινο και σχήμα σταφυλιού και χρησιμοποιείται για την παρασκευή ποτού και γλυκισμάτων.

φραγκοστάφυλο το, ουσ. (έρρ.), ο καρπός της φραγκοσταφυλιάς (βλ. λ.).

φραγκοσυκιά η, ουσ. (έρρ., συνιζ.), είδος κακτοειδούς φυτού με μεγάλα κίτρινα άνθη και καρπό σαρκώδη, κίτρινο ή κοκκινωπό, που ευδοκιμεί σε βραχώδεις, ξηρές περιοχές ή καλλιεργείται συνήθως για τη δημιουργία φρακτών: *περιβόλια με φράχτες από -ές* (Ι. Μ. Παναγιωτόπουλος).

φραγκόσυκο το, ουσ. (έρρ.), ο καρπός της φραγκοσυκιάς (βλ. λ.).

Φραγκοσυριανός ο, θηλ. **-ή**, ουσ. (έρρ., συνιζ.), καθολικός κάτοικος της Σύρου.

φραγκοφορεμένος, -η, -ο, επίθ. (έρρ.), (παλαιότερα) που φορεί ρούχα φράγκικα, δηλ. δυτικοευρωπαϊκού τύπου.

φράγμα το, ουσ. 1. τεχνικό έργο που δεν αφήνει νερά που ρέουν να συνεχίσουν τη ροή τους: *το ~ του Αχελώου* (συνών. *υδατοφράχτης*). 2. (μεταφ.) φραγμός (βλ. λ.): *το ~ της ιδιωτικής ζωής του ατόμου*. Έκφρ. *το ~ του ήχου* = το σύνολο των εμποδίων που παρουσιάζονται για να ματαιώσουν το ξεπέρασμα της ταχύτητας του ήχου από αεροπλάνο, κλπ.: *το αεροπλάνο ξεπέρασε το ~ του ήχου*.

φραγμός ο, ουσ. 1. (μεταφ.) ό,τι μπορεί να αναχαιτίσει κάτι: *η διεύθυνση της επιχείρησης έθεσε -ό στις ατασθαλίες του· οι εμπορικοί* (= που εμποδίζουν την ελεύθερη διακίνηση των εμπορευμάτων) *~ ορίου επιβίωσης / ανασταλτικός*. 2. απαγορευτική ζώνη, εμπόδιο.

φράζω, ρ., αόρ. *έφραξα*, μτχ. παρκ. *φραγμένος*. Α. μτβ. 1. περιφράσσω ή περικλείω κάτι με φράχτη: *έφραξα το αμπέλι μου*. 2. εμποδίζω το πέρασμα: *~ το δρόμο* (συνών. *αποκλείω*). 3. βουλώνω: *~ τον αγωγό του νερού*. Β (ημτβ.) βουλώνω· δεν επιτρέπω διέξοδο: *έφραξε ο νεροχύτης· έφραξε ο δρόμος από το μαζεμένο πλήθος* (Σταύρου). Φρ. *~ το στόμα* (= αποστομώνω).

φραίνομαι, βλ. *ευφραίνομαι*.

φρακάρισμα το, ουσ. 1. παρεμπόδιση στις περαιτέρω κινήσεις. 2. σφήνωμα.

φρακαρόνα η, ουσ., είδος κορδέλας που περνιέται κάπου για να συγκρατήσει κάτι που μπορεί να ξεφτίσει.

φρακάρω, ρ., παρατ. -ιζα, αόρ. φράκαρα και -ισα, μτχ. παρκ. -ισμένος, (αμτβ.). 1. εμποδίζομαι στην περαιτέρω κίνησή μου: *χάλασε το φανάρι και -αραν τα αυτοκίνητα.* 2. σφηνώνω: *-αρε η πόρτα.*

φράκο το, ουσ., μαύρο επίσημο ανδρικό σακάκι με το πίσω μέρος πιο μακρύ από το μπροστινό.

φραμασονία και **φαρμασονία** η, ουσ., μασονία (βλ. λ.).

φραμασόνος και **φαρμασόνος** ο, ουσ., μασόνος (βλ. λ.). [ιταλ. *framassone* < αγγλ. *freemason*].

φραμπαλάς, βλ. *φαρμπαλάς*.

φραμπουάζ το, ουσ. άκλ. (έρρ.), ο καρπός της σμεουρδιάς, φυτού της Ευρώπης που απαντά και σε ορισμένες ορεινές περιοχές της Ελλάδας, είδος βατόμουρου, που χρησιμοποιείται για την παρασκευή γλυκισμάτων και ποτού (συνών. *σμέουρο*). [γαλλ. *framboise*].

φράντζα η, ουσ. 1. ταινία, συνήθως με κρόσια, από μετάξι, βαμβάκι ή μαλλί που προσαρμόζεται γύρω γύρω στην άκρη από τέντες, κουβέρτες, εσάρπες, κλπ. 2. τούφα μαλλιών που πέφτει στο μέτωπο. [ιταλ. *frangia*].

φραντζόλα η, ουσ., άσπρο ψωμί κυλινδρικού σχήματος. - Υποκορ. **-άκι** το, **-ίτσα** η.

Φραντσέζα, βλ. *Φραντσέζος*.

φραντσέζικος, -η, -ο, επίθ. (λαϊκ.), γαλλικός. - Το ουδ. στον πληθ. ως ουσ. = η γαλλική γλώσσα.

Φραντσέζος ο, θηλ. **-α**, ουσ. (λαϊκ.), Γάλλος (βλ. λ.).

φράξια η, ουσ. (ασυνίζ.), ομάδα από μέλη πολιτικού κόμματος ή κινήματος που έχουν διασπαστεί από αυτό με την πρόθεση να προωθήσουν τη δραστηριότητα του κόμματος κατά τις βλέψεις τους. [ρωσ. *frakcija*].

φράξιμο το, ουσ., η ενέργεια και το αποτέλεσμα του *φράζω* (βλ. λ.): ~ *κήπου / οικοπέδου*.

φράξινος, -η, -ο, επίθ., κατασκευασμένος από ξύλο φράξου (βλ. λ.).

φραξιονισμός ο, ουσ. (ασυνίζ.), η τάση να δημιουργούνται φράξιες (βλ. λ.).

φραξιονιστής ο, θηλ. **ίστρια**, ουσ. (ασυνίζ.), μέλος φράξιας (βλ. λ.).

φράξο το και **φράξος** ο, ουσ. (φυτολ.) είδος μεγάλου φυλλοβόλου δέντρου που απαντά συνήθως σε δάση ορεινών περιοχών, με ξύλο συμπαγές και ελαστικό χρησιμοποιούμενο κυρίως στην επιπλοποιία και φλοιό με βαφικές και φαρμακευτικές ιδιότητες.

φράουλα η, ουσ., ο καρπός της φραουλιάς (βλ. λ.) (συνών. *χαμοκέρασο*). [ιταλ. *fragola*].

φραουλιά η, ουσ. (συνιζ.), (φυτολ.) είδος ποώδους, πολυετούς φυτού με λεπτούς βλαστούς, οδοντωτά φύλλα, άσπρα ή ρόδινα άνθη και καρπό σαρκώδη, κόκκινου χρώματος, εύγευστο και αρωματικό.

φράπα η, ουσ. (φυτολ.). 1. εσπεριδοειδές δέντρο που μοιάζει με λεμονιά. 2. ο καρπός αυτού του δέντρου, που έχει παχιά φλούδα κίτρινου χρώματος και χρησιμοποιείται για την παρασκευή γλυκού και αρωμάτων. [ιταλ. *frappa*].

φρασεολογία η, ουσ., εκφραστικό σύστημα, σύνολο λέξεων και φράσεων που επιλέγει κανείς (πβ. *ορολογία*) και ο ιδιαίτερος τρόπος με τον οποίο τις συνθέτει, ώστε να ταιριάζουν σε ορισμένη χρήση ή εποχή, σε ορισμένο περιβάλλον, κ.ά.: ~ *κοινοβουλευτική / νομική / ποιητική* ~ *λιτή / σεμνή* (πβ. *ύφος*).

φρασεολογικός, -ή, -ό, επίθ., που αναφέρεται στη φρασεολογία: *ποικιλίες -ές*.

φράση η, ουσ. 1. πρόταση που οι όροι της δηλώνονται ή εννοούνται: ~ *αρχαϊστική / ιδιωματική / παροιμιακή*. 2. (γενικότερα) α. περίοδος· β. ημιπερίοδος· γ. σύνολο λέξεων. 3. (λόγ.) ο τρόπος που μιλά, που εκφράζεται κανείς: *κείμενο σε απλή* ~.

φρασίδιο το, ουσ. (ασυνίζ., λόγ.), φράση πολύ μικρή, απλή ή ελλειπτική πρόταση.

φραστικός, -ή, -ό, επίθ., που ανήκει ή αναφέρεται στη φράση: *διατύπωση -ή· λάθος -ό· ομοιότητες -ές* (σε αντιδιαστολή προς το *λεξιλογικός*)· *έγιναν -ές αλλαγές στο κείμενο χωρίς να θιγεί το νόημά του*. - Επίρρ. **-ά**.

φραχτή η, ουσ. (ναυτ.) καθένα από τα σανιδένια ή σιδερένια χωρίσματα του εσωτερικού του πλοίου που το καθιστούν στεγανό και το προστατεύουν από το νερό.

φράχτης ο, ουσ. α. πρόχειρο ή μόνιμο κατασκεύασμα από θάμνους, ξύλα ή σύρματα, στηριγμένα ενδιάμεσα συνήθως με πασσάλους, που περιβάλλει ορισμένη περιοχή για να την ξεχωρίζει από τις γειτονικές, να την προστατεύει, κ.ά.: ~ *αγκαθωτός*· *πηδώ το -η*· β. (γενικά) ό,τι περιφράσσει μια έκταση, περιτοίχισμα (συνών. *αυλόγυρος, μαντρότοιχος*).

φρεάτιο το, ουσ. (ασυνίζ.). 1. κατασκεύασμα σαν μικρό πηγάδι για τη συγκέντρωση νερού σε υπόνομο, υδραγωγείο, κ.τ.ό., για την κάθοδο σε αυτά ή για τον καθαρισμό τους: *-α υδροσυλλογής*. 2. (συνεκδοχικά) ο χώρος πολυόροφου κτηρίου, μέσα στον οποίο κινείται ο ανελκυστήρας του.

φρεγάδα, φεργάδα και **φρεγάτα** η, ουσ. 1. (ναυτ.) παλαιότερος τύπος τρικάταρτου πολεμικού πλοίου: *Βασιλοπούλα αρμάτωσε ολόχρυση φεργάδα* (δημ. τραγ.). 2. (λαϊκ., μεταφ.) γυναίκα όμορφη, εύσαρκη και καμαρωτή. 3. (ναυτ., στον τ. *φρεγάτα*) γρήγορο και ευέλικτο πολεμικό πλοίο με μικρό εκτόπισμα, εξοπλισμένο με αντιαεροπορικά, ανθυποβρυχιακά, κ.ά., όπλα για αποστολές επιθετικές ή συνοδείας: *σύστημα πρόωσης / κόστος αγοράς μιας -ας*. [βενετ. *fregada*].

φρέζα η, ουσ. (τεχνολ.) μηχανή για επεξεργασία ξύλου ή μετάλλου που ανοίγει τρύπες με λοξά τοιχώματα. [ιταλ. *fresa*].

φρεζαδόρος ο, ουσ., χειριστής φρέζας.

φρεζάρω, ρ., παρατ. -ιζα, αόρ. -ισα και *φρέζαρα*, επεξεργάζομαι ένα αντικείμενο στη φρέζα. [ιταλ. *fresare*].

φρένα τα, ουσ. (λαϊκ.), νους, λογικό: *του σάλεψαν τα* ~· *μια τρέλα φυσούσε ανάλαφρα ... σ' όλα τα* ~ (Ι. Μ. Παναγιωτόπουλος). [*φρένες*].

φρεναδόρος ο, ουσ. (λαϊκ.), τροχοπεδητής (βλ. λ.).

φρεναπάτη η, ουσ. (λόγ.), πλάνη του νου, των αισθήσεων (συνών. *παραίσθηση, ψευδαίσθηση*).

φρενάρισμα το, ουσ., το να φρενάρει κάποιος ένα όχημα ή το να φρενάρει ένα όχημα: ~ *απότομο*· *σημάδι από* ~· (συνεκδοχικά) *ακούγονται διαρκώς -ατα*.

φρενάρω, ρ., παρατ. -ιζα, αόρ. -ισα και *φρέναρα*. 1. (μτβ. - αμτβ.) επιβραδύνω ή σταματώ την πορεία

ενός μηχανικού συστήματος με την επενέργεια φρένου: *ο Α έστριψε χωρίς να -άρει το αυτοκίνητο* (αμτβ.) *αν δε -ιζα έγκαιρα, θα τον χτυπούσα* (συνών. *πατώ φρένο*)· *το τρένο -ισε λίγο προτού μπει στη γαλαρία* (συνών. *τροχοπεδώ*). **2.** (μτβ., μεταφ.) εμποδίζω, συγκρατώ κάποιον που οδηγείται σε υπερβολές, σε άστοχες ενέργειες: είναι πολυέξοδος, αλλά ευτυχώς τον -ει η γυναίκα του. [*φρένο*].
φρένες οι, ουσ., νους, λογικό· μόνο στις εκφρ. (νομ.) *διφορούμενες* ~ (βλ. *διφορούμενος*)· *έξω φρενών* (βλ. ά.). [πληθ. του αρχ. *φρην* η, *φρενός*].
φρενιάζω, ρ. (συνιζ., λαϊκ.). **Α.** (μτβ.) κάνω κάποιον να νευριάσει μέχρι μανίας, να θυμώσει στο έπακρο: *η ειρωνεία του με -ει* (συνών. *δαιμονίζω, εξαγριώνω, τρελαίνω·* αντ. *ημερεύω, καλμάρω*). **Β.** αμτβ. **1.** γίνομαι έξαλλος από θυμό, δαιμονίζομαι, μανιάζω. **2.** εξάπτομαι έντονα, είμαι σε αλλοφροσύνη: *ξάφνου τους καβαλάει ο δαίμονας και ξεσπούν -ιασμένοι* (Καζαντζάκης).
φρένιασμα το, ουσ. (συνιζ., λαϊκ.), το να φρενιάζει κανείς, μανιασμένος θυμός (συνών. *έξαψη, αλλοφροσύνη*).
φρενίτιδα η, ουσ. (λόγ.). α. (ιατρ.) διατάραξη των φρενών, μανία· β. (συνήθως μεταφ.) έξαλλος ενθουσιασμός.
φρένο το, ουσ., όργανο ή εξάρτημα που χρησιμεύει για να επιβραδύνει ή να σταματά κανείς την κίνηση ενός μηχανικού συστήματος: *μπροστινό* ~ *ποδηλάτου· πεντάλι/υγρά των -ων αυτοκινήτου·* ~ *τρένου* (συνών. *τροχοπέδη*)· *-α σκληρά / υδραυλικά· στρίγγλισμα -ων·* φρ. (μεταφ.) *βάζω* ~ *σε κάτι* (= εμποδίζω, περιορίζω, σταματώ κάτι): *να βάλετε* ~ *στις σπατάλες·* πατώ ~ (= φρενάρω). [ιταλ. *freno*].
φρενοβλάβεια η, ουσ. (ασυνίζ.), (ιατρ.) κάθε πάθηση που χαρακτηρίζεται από διατάραξη των διανοητικών λειτουργιών: ~ *κληρονομική / προσποιητή* (συνών. *τρέλα, φρενοπάθεια*).
φρενοβλαβής, -ής, -ές, γεν. *-ούς,* πληθ. αρσ. και θηλ. *-είς,* ουδ. *-ή,* επίθ., που πάσχει από φρενοβλάβεια: *δικαιοπραξίες προσώπου που πέθανε -ές* (συνών. *τρελός, φρενοπαθής*). - Το αρσ. και το θηλ. ως ουσ.
φρενοκομείο το, ουσ. **1.** νοσηλευτικό ίδρυμα για φρενοβλαβείς (συνών. *τρελοκομείο, ψυχιατρείο*). **2.** μεταφ. για χώρο όπου επικρατεί γενική αταξία, παραλογισμός, κ.τ.ό.: *χώρα που έχει μεταβληθεί σε απέραντο* ~.
φρενολογία η, ουσ. (ιατρ., παλαιότερα) μελέτη του χαρακτήρα και των διανοητικών λειτουργιών του ανθρώπου με βάση το σχήμα του κρανίου του.
φρενολογικός, -ή, -ό, επίθ., που αναφέρεται στη φρενολογία.
φρενολόγος ο, ουσ. (σπανίως) ψυχίατρος.
φρενοπάθεια η, ουσ. (ασυνίζ.), (ιατρ.) φρενοβλάβεια (βλ. λ.).
φρενοπαθής, -ής, -ές, γεν. *-ούς,* πληθ. αρσ. και θηλ. *-είς,* ουδ. *-ή,* επίθ., φρενοβλαβής (βλ. λ.).
φρεσκάδα η, ουσ. **1.** (για προϊόν, λουλούδι, κ.ά.) το να είναι κάτι φρέσκο, νωπό: *φρούτα γεμάτα* ~. **2.** (μεταφ.) το να είναι κάποιος «δροσερός» (βλ. λ. σημασ. 2): *κοπέλα / χαμόγελο όλο* ~ (συνών. *δροσιά*). **3.** (μεταφ.) πνευματική ευφορία, διαύγεια: ~ *της σκέψης· Χάνει ο διαβασμένος τη* ~ *της ψυχής του* (Σταύρου).

φρεσκάρισμα το, ουσ., το να φρεσκάρει κανείς κάτι ή τον εαυτό του.
φρεσκάρω, ρ., παρατ. *-ιζα,* αόρ. *-ισα* και *φρέσκαρα,* μτχ. παρκ. *-ισμένος.* **1.** επαναφέρω κάτι σε καλή κατάσταση, έτσι που να μοιάζει καινούργιο: *έδωσα το κοστούμι στο καθαριστήριο να μου το -ουν.* **2.** ξαναβάφω επιφάνεια βαμμένη παλαιότερα (συνήθως στο ίδιο χρώμα): *έπιασα να* ~ *λίγο το δωμάτιο.* **3.** ανανεώνω: ~ *τις γνώσεις μου.* **4.** (μέσ.) φροντίζω πρόχειρα την εμφάνισή μου, ώστε να παρουσιαστώ καθαρός και περιποιημένος (λ.χ. πλένοντας χέρια και πρόσωπο ή, για γυναίκα, διορθώνοντας το μακιγιάζ): *η Α πήγε για λίγο στο δωμάτιό της να -ιστεί.* **5.** (αμτβ., τριτοπρόσ.) α. (για τον καιρό) γίνομαι δροσερός: *περιμένουμε να -ει λιγάκι το απόγεμα·* β. (ναυτ., για τον αέρα) δυναμώνω: *κόντεψε να τσακιστεί το καΐκι, τόσο είχε -ει ο βοριάς* (Κόντογλου)· *Ο καιρός -ιζε και φούσκωνε λίγο τα πανιά μας* (Μπαστιάς). [ιταλ. *frescare*].
φρέσκο το, ουσ. **1.** (λαϊκ.) δροσερός άνεμος, δροσιά: *είχε* ~ *χτες βράδυ.* **2.** (προφ., ειρων.) φυλακή: *θα σαπίσει στο* ~· *βάζω / κλείνω κάποιον στο* ~. **3.** (ζωγρ.) νωπογραφία (βλ. λ.): ~ *βυζαντινό / αναγεννησιακό.* [ιταλ. *fresco*].
φρεσκο-, α΄ συνθ. επιθ. που ενώνεται με μτχ. παρκ. και δηλώνει ότι κάποιος ή κάτι απέκτησε ορισμένη ιδιότητα ή ποιότητα πρόσφατα, πριν από λίγο: *φρεσκοδιορισμένος, φρεσκοσιδερωμένος·* χρησιμοποιείται κατά κανόνα θετικά.
φρεσκοβαμμένος, -η, -ο, επίθ., για επιφάνεια που την έβαψαν πρόσφατα, (συχνά) που δεν έχει ακόμη στεγνώσει: *πλεούμενο -ο· ακούμπησε στα -α κάγκελα και λερώθηκε.*
φρεσκογυαλισμένος, -η, -ο, επίθ. (συνιζ.), για επιφάνεια που τη γυάλισαν πρόσφατα: *κομοδίνα / παπούτσια -α.*
φρεσκοκομμένος, -η, -ο, επίθ., για πράγμα, ιδίως φρούτο, που πρόσφατα έκοψαν ή μάζεψαν κόβοντάς το: *μήλο / χορτάρι -ο.*
φρεσκομαγειρεμένος, -η, -ο, επίθ., για φαγητό που το μαγείρεψαν πριν από λίγο.
φρεσκοξυρισμένος, -η, -ο, και **-ξουρισμένος,** επίθ., για άντρα που ξυρίστηκε πριν από λίγο.
φρεσκοπλυμένος, -η, -ο, επίθ., που μόλις πριν από λίγο: *πουκάμισο -ο·* β. (συνεκδοχικά) για τη γη, όταν μόλις έχει ποτιστεί από τη βροχή.
φρεσκοποτισμένος, -η, -ο, επίθ., που ποτίστηκε μόλις πριν από λίγο: *χωράφι -ο.*
φρέσκος, -η και (συνιζ.) **-ια, -ο,** επίθ. **1.** (για προϊόν, ιδίως τρόφιμο) α. που έγινε, το παρασκεύασαν ή το μάζεψαν, κλπ., πρόσφατα και διατηρεί αναλλοίωτα τα χαρακτηριστικά του: *αβγό / ψωμί / ψάρι -ο* (αντ. *μπαγιάτικος*)· *σταφύλια / λαχανικά -α* (αντ. *μαραγκιασμένος*)· β. που καταναλώνεται, ωμό ή όχι, σύντομα μετά την παραγωγή ή την προετοιμασία του χωρίς φροντίδα για διατήρηση: *γάλα / βούτυρο -ο· κρέας -ο* (σε αντιδιαστολή με το κατεψυγμένο, το παστό, κ.ά.)· *φρούτα / λαχανικά -α* (σε αντιδιαστολή με τα κονσερβαρισμένα, τα ξερά, κ.ά.) (συνών. *νωπός*). **2.** πρόσφατος και αμετάβλητος, άθικτος: *είδα -α ίχνη στο χιόνι.* **3.** (μεταφ.) δροσερός (βλ. λ. σημασ. 2): *κορίτσι -ο σαν ανοιξιάτικο τριαντάφυλλο· ξύπνησα* ~ (= ξεκούραστος, ευδιάθετος)· *επιδερμίδα / ανάσα -ια.* **4.** για υγρό (όχι νερό) που δεν έχει ακόμη ξεραθεί: *μπογιά -ια* (συνών. *νω-*

πός· αντ. στεγνωμένος). 5. (μεταφ.) α. για κατάσταση πνευματικής ευφορίας, γονιμότητας: *μυαλό -ο* (συνών. *θαλερός*)· β. εντελώς καινούργιος, πρόσφατος: *ιδέες -ες· νέα -α·* γ. για πρόσωπο χωρίς πείρα, αρχάριο σε κάτι: *είναι ~ στη δουλειά.* ´Εκφρ. *αέρας ~,* βλ. *αέρας.* - Υποκορ. -**ούτσικος**. [ιταλ. *fresco*].
φρίζα η, ουσ., λουρίδα σε τοίχο, από ξύλο, γύψο ή άλλο υλικό, με γραπτές ή ανάγλυφες διακοσμήσεις. [γαλλ. *frise*].
φριζάρισμα το, ουσ. (λαϊκ.), κατσάρωμα.
φριζάρω, ρ., παρατ. *-ιζα*, αόρ. *-ισα* και *φρίζαρα*, μτχ. παρκ. *-ισμένος*, (λαϊκ.), (για μαλλιά) διαμορφώνω σε βοστρύχους, κατσαρώνω. [γαλλ. *friser*].
φρικαλέος, -α, -ο, επίθ. (για πράξη ή θέαμα) που προκαλεί φρίκη: *σφαγή / όψη -α* (συνών. *απαίσιος, τρομακτικός, φρικτός*).
φρικαλεότητα η, ουσ. (συνήθως στον πληθ.) φρικτή εγκληματική πράξη: *οι -ες των στρατευμάτων κατοχής*.
φρικασέ το, ουσ. άκλ. (μαγειρ.) φαγητό από κρέας, συνήθως αρνίσιο, που βράζεται με κρεμμυδάκια και μαρούλια ή άλλα χορταρικά και σερβίρεται με αβγολέμονο: *φτιάχνει περίφημο ~· (σε θέση επιθ.) αρνάκι ~*. [γαλλ. *fricassée*].
φρίκη η, ουσ. 1. αίσθημα έντονης ταραχής, φόβου και απέχθειας από κάτι που βλέπει, ακούει ή σκέφτεται κανείς: *σκηνές -ης στα ερείπια του σπιτιού· ~ του πολέμου.* 2. (συνεκδοχικά) α. για ό,τι προκαλεί το παραπάνω αίσθημα: *αυτό που είδαν οι πυροσβέστες ήταν ~·* β. χαρακτηρισμός προσώπου ή κατάστασης που απωθεί, προκαλεί έντονη δυσαρέσκεια: *ο καινούργιος διευθυντής είναι ~· τι ~ να τον ακούς να τραγουδάει!*
φρικίαση η, ουσ. (λόγ.), ρίγος, ανατριχίλα, ιδίως από ψυχικά αίτια (χαρά, φόβο, συγκίνηση): *~ εθνική / ιερή*.
φρικιαστικός, -ή, -ό, επίθ. (συνιζ.), (για πράξη ή θέαμα) που κάνει κάποιον να ανατριχιάζει από φόβο, που προξενεί φρίκη, οδυνηρή έκπληξη, έντονη απέχθεια, κ.τ.ό.: *έγκλημα -ό· ταινία με -ές σκηνές* (συνών. *ανατριχιαστικός, αποτρόπαιος, τρομακτικός, φρικτός*).
φρικιό το, ουσ. (συνιζ.), (προφ.) νεαρό άτομο που εκδηλώνει αντίθεση προς την κοινωνία με συμπεριφορά και εμφάνιση ασυνήθιστη και προκλητική, με ενδυμασία συγχρόνως φτωχική και εκκεντρική. [αγγλ. *freak*].
φρικιώ, ρ. (ασυνίζ., λόγ.), αισθάνομαι φρικίαση (βλ. λ.) (συνών. *ανατριχιάζω, ριγώ*).
φρικτός, -ή, -ό, και (λαϊκ.) **φριχτός**, επίθ. 1. που προκαλεί σε κάποιον φρίκη (βλ. λ. σημασ. 1): *έγκλημα -ό· τον υπέβαλαν σε -ά βασανιστήρια* (συνών. *ανατριχιαστικός, απαίσιος, τρομερός, φρικιαστικός*). 2. για έντονα δυσάρεστη εμπειρία ή κατάσταση: *υποψία -ή*. 3. (προφ.) εντελώς κακός ή άσχημος, απαράδεκτος: *όλα τα δωμάτια στο ξενοδοχείο ήταν -ά* (συνών. *ανυπόφορος, απαίσιος*). - Επίρρ. **-ά**.
φρικώδης, -ης, -ες, γεν. *-ους*, πληθ. αρσ. και θηλ. *-εις*, ουδ. *-η*, επίθ. (λόγ.), φρικαλέος (βλ. λ.).
φρίξον ηλιε! εκκλ. φρ. που χρησιμοποιείται επιφωνηματικά για να δηλωθεί κάτι που προκαλεί φρίκη.
φρίσσα η, ουσ. (ζωολ.) 1. είδος ψαριού συγγενικού με τη σαρδέλα, με σώμα πιο μεγάλο, χρώμα λαδί ασημί και κάπως γαλάζιο και με 5-6 βούλες στα πλευρά, κοιν. σαρδελομάνα. 2. (ιδιωμ.) ρέγγα. [αρχ. *θρίσσα*].
φριτούρα η, ουσ. (λαϊκ.), τηγάνισμα σε καυτό λάδι. [ιταλ. *frittura*].
φρίττω, ρ., αόρ. *έφριξα*. 1. αισθάνομαι ρίγος, τρεμουλιάζω από φόβο, ζωηρή συγκίνηση, κλπ. 2. καταλαμβάνομαι από φρίκη (βλ. λ.), αισθάνομαι αποτροπιασμό ή τρόμο: *~ ακόμη και να το σκεφτώ· έφριξα όταν έμαθα τι έκανε·* φρ. *είναι να -ει κανείς...* (συνών. *τρέμω, φρικιώ*).
φριχτός, βλ. *φρικτός*.
φροϊδικός, ή, -ό, επίθ., που ανήκει ή αναφέρεται στο Φρόιντ ή το φροϊδισμό: *έννοια -ή· απόψεις -ές*.
φροϊδισμός ο, ουσ., το σύνολο των θεωριών και των ψυχαναλυτικών μεθόδων του Φρόιντ και των μαθητών του.
φροϊδιστής ο, θηλ. **-ίστρια**, ουσ., οπαδός του φροϊδισμού.
φροκαλίδι το, ουσ. (λαϊκ.), φρόκαλο (βλ. λ.), σκουπίδι.
φρόκαλο το, ουσ. (λαϊκ.). 1. σκουπίδι: *σαρώνω τα -α· ανελέητα να μας σκορπίσει σαν τα -α στα τέσσερα σημάδια του ανέμου* (Μπαστιάς). 2. (συνεκδοχικά) σκούπα. 3. (υβριστικά) για άτομο τιποτένιο: *ήταν μαζί μ' εκείνο το ~!* [από παλαιότερο *φροκαλώ<φιλοκαλώ*].
φρόνημα το, ουσ. 1. (λόγ.) διανόημα, σκέψη (συνήθως περιληπτικά): *~ ανώτερο / ελεύθερο*. 2. αυτό που φρονεί (βλ. λ.) κανείς, το σύνολο των πεποιθήσεών του, η ιδεολογία του: *εκφράζω το -ά μου· -ατα πολιτικά*. 3. επίγνωση, συναίσθηση της προσωπικής αξίας ή υπεροχής, αυτοπεποίθηση: *~ εθνικό / υψηλό·* (σε σχέση με κάποιες δραστηριότητες): *~ αγωνιστικό / γενναίο· ~ ακμαίο*.
φρονηματίζω, ρ., εμπνέω σε κάποιον φρόνημα (βλ. λ. σημασ. 3), αυτοπεποίθηση.
φρονηματισμός ο, ουσ., το να φρονηματίζει κανείς κάποιον.
φρόνηση η, ουσ., σύνεση (βλ. λ.), γνώση: *~ μεγάλη / παραδειγματική* (αντ. *αφροσύνη, αμυαλιά*).
φρόνιμα, βλ. *φρόνιμος*.
φρονιμάδα η, ουσ. (λαϊκ.). 1. σωφροσύνη (βλ. λ.): *φέρεται με ξεχωριστή ~* (αντ. *αφροσύνη*). 2. το να έχει κανείς χρηστά ήθη, το να είναι ηθικός (συνών. *ηθικότητα, χρηστοήθεια*).
φρονιμεύω, ρ. 1. (συνήθως για παιδιά) γίνομαι φρόνιμος, βάζω μυαλό: *αυτή η κόρη σου δε λέει να -έψει!* 2. επανέρχομαι στον ίσιο δρόμο, δεν προχωρώ πια σε ανήθικες ή άπρεπες ενέργειες.
φρονιμιά η, ουσ. (συνιζ., λαϊκ.), φρονιμάδα, φρόνηση: *δούλευε κι έδειχνε ~ και προκοπή μεγάλη* (Μπαστιάς).
φρονιμίτης ο, ουσ. (οδοντιατρική) καθένας από τους τέσσερις τελευταίους τραπεζίτες που φυτρώνουν γύρω στο εικοστό έτος της ηλικίας του ανθρώπου.
φρόνιμος, -η, -ο, επίθ. 1. (για πρόσωπο) που έχει ορθή κρίση· που συνηθίζει να ενεργεί με πρόνοια και περίσκεψη: *~ άνθρωπος ο πατέρας του* (εκκλ.): *η παραβολή των μωρών και -ίμων παρθένων·* παροιμ. *των -ίμων τα παιδιά πριν πεινάσουν μαγειρεύουν* (συνών. *συνετός, γνωστικός, μυαλωμένος·* αντ. *άμυαλος, ασύνετος*). 2α. (συνεκδοχικά για ενέργειες ή αφηρημένες έννοιες) που δείχνει περίσκεψη, σύνεση: *συμπεριφορά/γνώμη -η· κουβέντες -ες·* (προφ.) *δεν είναι -α πράματα αυτά!* β.

(σε απρόσ. φρ.): *δεν είναι -ο να ταξιδέψουμε με τέτοιον καιρό!* 3. που δεν παρεκτρέπεται ηθικά, που δεν προχωρεί σε ανήθικες ή άπρεπες ενέργειες: *έχει -η γυναίκα* (συνών. *ηθικός*). 4. (ειδικά για παιδιά) ήσυχος και υπάκουος, που δεν κάνει αταξίες: *τα παιδιά τους δεν είναι καθόλου -α· παιδί -ο σαν Παναγία* (αντ. *άτακτος, ζωηρός*). - Επίρρ. **-α:** *ενεργώ -α· καθίστε -α!*
φροντίδα η, ουσ. (έρρ.). **1α.** το να δείχνει κανείς συνεχές και ενεργό ενδιαφέρον για κάτι ώστε αυτό να πραγματοποιηθεί ή να ολοκληρωθεί με τον καλύτερο τρόπο: *δείχνει μεγάλη ~ για την ανατροφή των παιδιών του· παράλειψη -ας· -ες δεύτερες* (συνών. *μέριμνα*) **β.** (συνεκδοχικά) το πρόσωπο ή το πράγμα για το οποίο φροντίζει κανείς: *η γερόντισσα μητέρα του είναι η βασική του ~· έχω πολλές -ες* (συνών. *έγνοια*). **2.** το να κανονίζει κανείς, να ενεργεί ώστε κάτι να γίνει, να αποκτηθεί, να ετοιμαστεί, κλπ.: *η εκδήλωση οργανώθηκε με δική του ~.* **3.** (ειδικά) το να απασχολεί κανείς συνεχώς τη σκέψη του με ένα πρόσωπο ή πράγμα και το αίσθημα ενδιαφέροντος, ανησυχίας ή και αγωνίας που πηγάζει από αυτήν την απασχόληση: *τον έφαγε η ~ της δουλειάς* (συνών. *έγνοια, σκοτούρα*). **4α.** το να αναλαμβάνει κανείς υπεύθυνα να κάνει κάτι: *του ανέθεσαν τη ~ του τεχνικού εξοπλισμού* **β.** (συνεκδοχικά): **1.** *θέση / γραφείο γεμάτο -ες.* **5.** (για πρόβλημα, ζήτημα, κλπ.) το να ενεργεί κανείς ό,τι χρειάζεται για να τακτοποιηθεί: *η υπόθεση διευθετήθηκε με προσωπική ~ του προέδρου.* **6α.** το να φροντίζει (βλ. λ. σημασ. 4α) κανείς κάποιον, το να του παρέχει ό,τι είναι απαραίτητο για να είναι σε καλή φυσική και ψυχική κατάσταση: *~ στοργική· της εμπιστεύθηκαν τη ~ του παιδιού· ~ συνεχής* (= επαγρύπνηση)· *αντικείμενο -ας/-ων* **β.** περιποίηση: *ο άρρωστος χρειάζεται ειδική ~.* **7.** (για πράγματα) το να συντηρεί κανείς κάτι σε καλή κατάσταση: *έχει τη ~ του νοικοκυριού· τα ρούχα του δείχνουν έλλειψη -ας.* **8.** επιμελής, τακτικός τρόπος με τον οποίο γίνεται μια εργασία: *τραπέζι στολισμένο με ιδιαίτερη ~.* **9.** περιποίηση της εξωτερικής εμφάνισης για να είναι καθαρή και όμορφη, καλλωπισμός: *~ του σώματος / προσώπου· προϊόντα για τη ~ της επιδερμίδας.*
φροντίζω, ρ. (έρρ.). **1.** (συνήθως με την πρόθ. *για*) **α.** δείχνω συνεχές και έμπρακτο ενδιαφέρον για κάτι ώστε να πραγματοποιηθεί ή να ολοκληρωθεί με τον καλύτερο δυνατό τρόπο: *-ει για την άρτια μόρφωση των παιδιών του· η επιτροπή θα -ίσει για την υλοποίηση του προγράμματος* (συνών. *μεριμνώ, νοιάζομαι·* αντ. *αμελώ, αδιαφορώ*)· **β.** ενεργώ, κανονίζω ώστε κάτι να γίνει, ή να κατασκευαστεί, να αποκτηθεί, κλπ.: *πήγε να -ίσει για τα εισιτήρια.* **2.** (με επόμενη πρότ. που εισάγεται με το *να*) **α.** αναλαμβάνω υπεύθυνα να κάνω κάτι: *θα -ίσω να μην επαναληφθεί ποτέ κάτι τέτοιο· -ίστε να μη λείψει τίποτε από το τραπέζι!* **β.** επιδιώκω, προσπαθώ πολύ: *-ισε να τον δεις οπωσδήποτε/να βρεθούμε αύριο.* **3.** (για πρόβλημα, ζήτημα, κλπ.) ενεργώ ό,τι χρειάζεται για να τακτοποιηθεί: *αδυνατεί να ίσει τις υποθέσεις του· θέλω να -ίσεις το θέμα προσωπικά.* **4α.** ενεργώ και παρέχω ό,τι είναι απαραίτητο σε κάποιον για να είναι σε καλή φυσική και ψυχική κατάσταση: *-ει τα παιδιά· δεν είναι σε θέση να -ίσει τον εαυτό του·* **β.** (συνεκδοχικά): *δε -ει καθόλου την υγεία του* (=

δεν την προσέχει)· **γ.** (ειδικά) περιποιούμαι: *~ έναν άρρωστο· οι νοσοκόμες -ιζαν τους τραυματίες.* **5.** (για πράγματα) συντηρώ, διατηρώ σε καλή κατάσταση: *~ το σπίτι / το νοικοκυριό· ~ τον κήπο / τα λουλούδια* (= καλλιεργώ). **6.** (ιδίως για γυναίκα) περιποιούμαι την εξωτερική μου εμφάνιση για να είναι καθαρή και ωραία, καλλωπίζομαι: *η σύγχρονη γυναίκα -ει τον εαυτό της / την ομορφιά της· επιδερμίδα -ισμένη.* - Η μτχ. παρκ. ως επίθ. = πολύ περιποιημένος: *ντύσιμο -ισμένο· χέρια -ισμένα·* (για γραπτό λόγο) *ύφος -ισμένο.*
φροντιστηριακός, -ή, -ό, επίθ. (έρρ., ασυνίζ.), που ανήκει ή αναφέρεται σε φροντιστήριο ή που διεξάγεται σ' αυτό: *μάθημα -ό.* - Επίρρ. **-ώς.**
φροντιστήριο το, ουσ. (έρρ., ασυνίζ.). **1.** πανεπιστημιακό μάθημα στο οποίο οι φοιτητές συμμετέχουν ενεργά: *~ αρχαιολογίας· παρουσίαση εργασίας στο ~.* **2.** ιδιωτική σχολή στην οποία μπορούν μαθητές ή σπουδαστές πληρώνοντας δίδακτρα να παρακολουθήσουν μαθήματα (παράλληλα με τα σχολικά) για να ενισχυθούν οι αδύνατοι ή να προπαρασκευαστούν οι υποψήφιοι για τις εξετάσεις τους στα ανώτατα εκπαιδευτικά ιδρύματα: φρ. *κάνω / πηγαίνω ~.* **3.** ινστιτούτο (βλ. λ. σημασ. 1β). **4.** (ειδικά) αποθήκη φροντιστή (βλ. λ. σημασ. 3) θεάτρου.
φροντιστής, ο, ουσ. (έρρ.). **1.** διευθυντής φροντιστηρίου (βλ. λ. σημασ. 2). **2.** (στρατ.) ειδικότητα αξιωματικού αρμόδιου για την προμήθεια και διάθεση εφοδίων: *~ πεζικού.* **3.** υπάλληλος θεάτρου υπεύθυνος για την προμήθεια και φύλαξη του απαραίτητου για τις παραστάσεις υλικού ή εξοπλισμού.
φρονώ, ρ. (λόγ.), έχω τη γνώμη, νομίζω (βλ. λ.), πιστεύω (βλ. λ.).
φρούδος, -α, -ο, επίθ. (λόγ.), (για πράγματα ή ενέργειες) που δεν έχει αποτελεσματικότητα, που δεν εξυπηρετεί κανένα σκοπό (συνών. *μάταιος, ανώφελος, χαμένος*)· σήμερα κυρίως στην έκφρ. *-ες ελπίδες.*
φρουί-γλασέ το, ουσ. άκλ., είδος γλυκίσματος από φρούτο καλυμμένο με γλάσο (βλ. και *γλασέ*). [γαλλ. fruit glacé].
φρουκτόζη η, ουσ. (χημ.) σάκχαρο φυτικής προέλευσης (απαντά σε πολλά φρούτα) ισομερές με τη γλυκόζη (συνών. *οπωροσάκχαρο*). [γαλλ. fructose].
φρουμάζω, ρ. (λαϊκ.), (για άλογα) φυσώ δυνατά με τα ρουθούνια από ανυπομονησία, τρόμο ή οργασμό: *χιλιάδες άλογα που -αζαν, που άφριζαν...* (Ι. Μ. Παναγιωτόπουλος). [αρχ. *φριμάσσομαι*].
φρούμασμα το, ουσ. (λαϊκ.), το να φρουμάζει (βλ. λ.) ένα άλογο.
φρουρά η, ουσ. **1.** ειδικά οργανωμένη ομάδα, κυρίως στρατιωτών ή αστυνομικών, που έχει έργο την προστασία ή παρακολούθηση προσώπου, χώρου ή πράγματος: *τοποθετώ / αλλάζω ~· προσωπική ~ του προέδρου·* (ιστ., παλαιότερα): *~ πραιτωριανών·* (ειδικά): *~ ένοπλη / τιμητική.* **2.** το σύνολο των στρατιωτικών δυνάμεων που είναι εγκατεστημένες σε κάποιο χώρο για να τον φυλάξουν ή να τον υπερασπίσουν: *~ στρατοπέδου / γέφυρας.*
φρουραρχείο το, ουσ., κτήριο όπου στεγάζονται τα γραφεία του φρουράρχου και της στρατιωτικής του υπηρεσίας.
φρούραρχος ο, ουσ. **1.** (στρατ.) αρχηγός φρουράς

(βλ. λ. σημασ. 2). 2. (παλαιότερα) διοικητής φρουρίου. 3. αξιωματικός που έχει έργο την επίβλεψη των στρατιωτικών μιας πόλης ή περιοχής κατά το χρόνο που δεν έχουν υπηρεσία.

φρούρηση η, ουσ., το να φρουρείται κάποιος ή κάτι, το να έχει ανατεθεί η φύλαξή του σε φρουρά (βλ. λ.).

φρουριακός, -ή, -ό, επίθ. (ασυνίζ.). 1. που ανήκει ή αναφέρεται σε φρούριο: *πυροβολικό -ό· κτήριο με -ή μορφή.* 2. που αποτελείται από φρούρια: *συγκρότημα -ό.*

φρούριο το, ουσ. (ασυνίζ.), κάστρο (βλ. λ.), οχυρό: *~ ισχυρό / απόρθητο· -α μεθοριακά.*

φρουρός ο, ουσ. 1. στρατιώτης ή αστυνομικός που του έχει ανατεθεί η προστασία ή παρακολούθηση προσώπου, χώρου ή πράγματος: *βάζω -ούς· -οί της τάξης* (= οι αστυνομικοί). 2. στρατιώτης που ανήκει σε μονάδα εγκατεστημένη σε κάποιο χώρο με σκοπό την προάσπισή του: *οι -οί των συνόρων.* 3. σκοπός (βλ. λ. Ι). 4. (μεταφ.) φύλακας.

φρουρώ, -είς, ρ. 1. παρακολουθώ, στέκομαι κοντά σε κάποιο πρόσωπο, χώρο ή πράγμα φροντίζοντας για την ασφάλειά του: *μετά τα τελευταία επεισόδια το υπουργείο -είται μέρα-νύχτα.* 2. (ειδικά) φυλάγω (κρατούμενο) για να μην αποδράσει: *κατά τη μεταφορά του στις φυλακές θα -είται αυστηρά.*

φρουτιέρα η, ουσ. (συνιζ.), επιτραπέζιο σκεύος σε σχήμα μεγάλου πιάτου ή βαθιάς πιατέλας, συχνά στηριγμένο σε ένα φαρδύ «πόδι» για τοποθέτηση φρούτων. [ιταλ. *fruttiera*].

φρούτο το, ουσ. 1. νωπός καρπός (βλ. λ.) δέντρου ή άλλου φυτού με σάρκα μαλακή και συχνά χυμώδη που τρώγεται κυρίως ως επιδόρπιο: *-α ώριμα / φρέσκα· -α εξωτικά· καθαρίζω -α* (= αφαιρώ τη φλούδα τους)· *χυμός -ων.* 2. (μεταφ. και ειρων. για κάτι νέο και παράδοξο ή για πρόσωπο εκκεντρικό): *τι / καινούργιο ~ είναι πάλι αυτό;* [ιταλ. *frutto*].

φρουτόδεντρο το, ουσ. (έρρ.), οπωροφόρο δέντρο.

φρουτοθεραπεία η, ουσ., δίαιτα που περιλαμβάνει μόνο φρούτα και γίνεται για θεραπευτικούς κυρίως σκοπούς.

φρουτοσαλάτα η, ουσ., είδος επιδόρπιου από διάφορα φρούτα κομμένα σε μικρά κομματάκια στα οποία έχει προστεθεί ζάχαρη και κάποιο ηδύποτο.

φρουτοχυμός ο, ουσ., χυμός (βλ. λ.) από φρούτο ή φρούτα που πίνεται ως δροσιστικό ποτό.

φρου φρου το, ουσ. άκλ., ελαφρός θόρυβος που παράγεται από ύφασμα μεταξωτό, φτερά, κλπ., κατά το άγγιγμα, το τσαλάκωμα ή την οποιαδήποτε μετακίνησή τους: *το ~ ενός γυναικείου φουστανιού.* [γαλλ. *frou-frou*].

φριάζω, ρ., συνήθως στον αόρ. *(εφρύαξα* (λόγ.), με πιάνει λύσσα, αφρίζω από το κακό μου: *φρύαξε όταν έμαθε τις συκοφαντίες.*

φρυγανιά η, ουσ. (συνιζ.), φρυγανισμένη (βλ. λ.) φέτα ψωμιού: *-ιές τραγανές.*

φρυγανιέρα η, ουσ. (συνιζ.), οικιακή ηλεκτρική μικροσυσκευή όπου ψήνονται φρυγανιές.

φρυγανίζω, ρ. (για ψωμί) ψήνω λεπτές φέτες ψωμιού στη φρυγανιέρα (βλ. λ.) ή στο γκριλ, κ.ά., ώσπου να γίνουν καφετιές και τραγανές.

φρυγάνισμα το, ουσ., το να φρυγανίζει κανείς φέτες ψωμιού.

φρύγανο το, ουσ. 1. (φυτολ., στον πληθ.) πολυετή ξυλώδη, χαμηλά φυτά ή φυτά αποξυλωμένα στη βάση με τμήματα βλαστών στην άκρη που ξεραίνονται κατά τη δυσμενή περίοδο του έτους: *το θυμάρι ανήκει στα -α.* 2. (συνήθως στον πληθ.) λεπτά ξερά κλαδάκια για κάψιμο: *μαζεύω / δεματιάζω -α.* [αρχ. *φρύγω*].

Φρύγες οι, ουσ. (ιστ.) ινδοευρωπαϊκός λαός συγγενής με τους Θράκες, που μετανάστευσαν από τη θρακική χερσόνησο και εγκαταστάθηκαν στην κοιλάδα του Σαγγάριου.

φρυγικός, -ή, -ό, επίθ., που σχετίζεται με τη Φρυγία ή τους Φρύγες.

φρυδάκι και **φρυδάρα,** βλ. *φρύδι.*

φρυδάς ο, θηλ. **-ού,** ουσ. (λαϊκ.), αυτός που έχει μεγάλα και πυκνά φρύδια.

φρυδάτος ο, ουσ. (λαϊκ.) φρυδάς (βλ. λ.).

φρύδι το, ουσ. 1. το μέρος του μετώπου που εξέχει σαν τόξο πάνω από κάθε μάτι, καθώς και το σύνολο των τριχών που φυτρώνουν σ' αυτή την περιοχή: *έχει -ια γαϊτάνι· του πέφτουν τα -ια.* 2. (μεταφ.) χείλος: *του γκρεμού το ~.* 3. (οικοδ.) μακρουλή προεξοχή σε γείσο ή μαρκίζα για την απομάκρυνση των νερών της βροχής. - Μεγεθ. **-άρα** η. - Υποκορ. **-άκι** το. [αρχ. *οφρύς*].

φρυδού, βλ. *φρυδάς.*

φρυκτωρία η, ουσ. (λόγ.), (ιστ.) εκτέλεση σημάτων με φωτιές κατά τη διάρκεια της νύχτας.

φταίξιμο το, ουσ. 1. σφάλμα, παράπτωμα: *αυτό ήταν το μεγάλο σου ~.* 2. υπαιτιότητα: *όλο το ~ το ρίχνουν επάνω του.*

φταίχτης ο, θηλ. **-τρα,** ουσ., υπαίτιος, ένοχος για κάτι.

φταίω, ρ., παρατ. *έφταιγα,* αόρ. *έφταιξα.* 1. πέφτω σε σφάλμα, αμαρτάνω: *όποιος έφταιξε θα τιμωρηθεί.* 2. είμαι υπαίτιος, ευθύνομαι για κάτι: *εσύ φταις για ό,τι έγινε·* φρ. *μου -νε τα ρούχα μου* (= όλα με ενοχλούν). [αρχ. *πταίω*].

φτάνω, ρ., αόρ. *έφτασα,* μτχ. παρκ. *φτασμένος.* Α. αμτβ. 1. έρχομαι στον προορισμό μου, καταφθάνω: *το τρένο έφτασε στην ώρα του· αργήσαμε να -σουμε στο σπίτι.* 2. έρχομαι· είμαι κοντά, πλησιάζω: *-ει σε λίγο η άνοιξη.* 3. εκτείνομαι ως ένα ορισμένο σημείο, έρχομαι ως κάπου: *ο δρόμος -ει ως τη θάλασσα.* 4. απλώνομαι, εξαπλώνομαι: *ως εκεί έφτασε η φήμη του!* 5. επιτυγχάνω κάτι που επιδίωκα, κατορθώνω να γίνω κάτι: *έφτασε στο βαθμό του διευθυντή.* 6. περιέρχομαι σε κάποια κατάσταση, καταντώ: *έφτασε να ζει με δανεικά· το πράγμα έφτασε στο απροχώρητο.* 7. καταλήγω: *που θες να -σεις με τα λόγια σου;* 8. (σε γ' πρόσ.) αρκώ, επαρκώ: *τα χρήματά μας δε -ουν να αγοράσουμε σπίτι· θα -σει το ύφασμα για δυο φορέματα;* 9. (απρόσ.) a. αρκεί: *-ει· μη βάζεις άλλο κρασί·* β. υπό τον όρο: *θα έρθω οπωσδήποτε -ει να μη βρέξει·* φρ. *-ει πια* (= αρκετά a. για να δηλώσουμε ότι απαυδήσαμε: *-ει πια τόση φαγωμάρα·* β. για να δηλώσουμε απαγόρευση). Β. μτβ. 1. προφταίνω, προλαβαίνω κάποιον: *δεν μπορεί να μας -σει όσο κι αν τρέχει.* 2. γίνομαι ισάξιος με κάποιον (στην προσπάθειά μου να τον συναγωνιστώ): *ήταν πολύ πίσω στα μαθήματα, αλλά με το πολύ διάβασμα κατόρθωσε να τους -σει· καμιά δη -ει στο νοικοκυριό* (συνών. *παραβαίνω*) φρ. *δεν τον -ει ούτε στο μικρό του νύχι,* βλ. *νύχι.* 3. τεντώνω τα χέρια ή όλο το σώμα να πιάσω κάτι: *φτάσε μου, σε παρακαλώ, το βάζο από το ντουλάπι.* 4. γίνομαι ίσος με κάποιον άλλο (σε ύψος, βάρος, κλπ.): *ο*

γιος μου μ' έφτασε στο ύψος. Φρ. (λαϊκ.) *έφτασα* (= έρχομαι αμέσως): *-Θα 'ρθεις να σε πληρώσω; - Έφτασα!* (λαϊκ.) *έφτασε* (= θα τον φέρω αμέσως): *- Έναν καφέ, παρακαλώ. - Έφτασε! έφτασε ο κόμπος στο χτένι ή έφτασε το μαχαίρι στο κόκαλο* (= το κακό προχώρησε πολύ και δεν μπορεί κανείς να το υπομείνει, δεν υπάρχουν άλλα περιθώρια)· *τρέχω και δε* ~ (= είμαι πολυάσχολος)· *-ει και περισσεύει* (= είναι υπεραρκετό): *Θα μας -σει το ύφασμα; -ει και περισσεύει· ως εκεί -ει το μυαλό του* (= τόσα καταλαβαίνει). Παροιμ. *όσα δε -ει η αλεπού τα κάνει κρεμαστάρια* (= για ανθρώπους που προσποιούνται ότι δεν ενδιαφέρονται για κάτι όταν δεν μπορούν να το πετύχουν). - Η μτχ. παρκ. *φτασμένος* ως επίθ. = πετυχημένος (στο επάγγελμα): *γιατρός φτασμένος.*
φταρνίζομαι και **φτερνίζομαι**, ρ., βγάζω με θόρυβο αέρα από τη μύτη και το στόμα συνήθως όταν είμαι συναχωμένος. [αρχ. *πτάρνυμαι*].
φτάρνισμα και **φτέρνισμα** το, ουσ., αντανακλαστικός σπασμός των αναπνευστικών μυών από ερέθισμα του βλεννογόνου της μύτης που προκαλεί ηχηρή εκπνοή αέρα.
φτάσιμο το, ουσ., το να φτάνει κανείς σε κάποιο μέρος ή σε κάποια κατάσταση (συνών. *άφιξη, ερχομός*).
φτελιά η, ουσ. (συνιζ.), (φυτολ.) είδος δέντρου φυλλοβόλου και μακρόβιου με σκληρό ξύλο που χρησιμοποιείται στην επιπλοποιία. [αρχ. *πτελέα*].
φτενός, -ή, -ό, επίθ. (λαϊκ.). **1.** λεπτός. **2.** (για τόπο) άγονος: *ο κάμπος ήταν στενός και* ~ (Ι. Μ. Παναγιωτόπουλος). [*πτενός<πτενόν*].
φτενόφλουδος, -η, -ο, επίθ. (για καρπούς) που έχει λεπτό φλούδι: *αμύγδαλα -α* (συνών. *ψιλόφλουδος*).
φτέρη και **-α** η, ουσ. (βοτ.) διακοσμητικό φυτό ποώδες και πολυετές. [αρχ. *πτέρις*].
φτέρνα η, ουσ. **1.** (ανατομ.) το πίσω μέρος της πατούσας του ανθρώπινου ποδιού. **2.** (ανατομ.) το ακραίο μεγάλο κόκαλο του ταρσού. **3.** (συνεκδοχικά) το πίσω μέρος παπουτσιού ή κάλτσας. [αρχ. *πτέρνα*].
φτερνιά η, ουσ. (συνιζ., λαϊκ.). **1.** χτύπημα με τη φτέρνα. **2.** χτύπημα με σπιρούνι: ~ *δίνει του μαύρου της και πάει σαράντα μίλια* (δημ. τραγ.).
φτερνίζομαι, βλ. *φταρνίζομαι.*
φτέρνισμα, βλ. *φτάρνισμα.*
φτερνιστήρι το, ουσ. (λαϊκ.), σπιρούνι (βλ. λ.). [αρχ. *πτερνιστήρ*].
φτερό το, ουσ. **1.** καθένα από τα σωληνωτά κεράτινα στελέχη με τρίχες ή τριχοειδείς αποφύσεις που καλύπτουν το σώμα των πτηνών: *-ά πολύχρωμα / μαδημένα.* **2.** (συνεκδοχικά) φτερούγα (βλ. λ.): *-ά αετού / εντόμων.* **3.** πτέρυγα (βλ. λ. σημασ. 1): ~ *αεροπλάνου.* **4.** ξεσκονιστήρι από φτερά. **5.** καθένα από τα ημικυλινδρικά ελάσματα αυτοκινήτου ή ποδηλάτου που βρίσκεται πάνω από τον τροχό. **6.** (γενικά) καθετί που μοιάζει με φτερό: ~ *κουπιού.* Εκφρ. *στο* ~ (= αμέσως): *ντύνομαι / έρχομαι στο* ~ · *στον άνεμο* (για άνθρωπο με άστατο χαρακτήρα). Φρ. *γίνομαι φύλλο και* ~ (= διαλύομαι): *από την κακή χρήση το βιβλίο έγινε φύλλο και* ~· *κάνω -ά* (= εξαφανίζομαι, εξανεμίζομαι): *τα χρήματά της έκαναν -ά· κόβω τα -ά κάποιου ή κόβονται τα -ά κάποιου* (= αποθαρρύνω, αποδυναμώνω κάποιον ή αποθαρρύνομαι). [αρχ. *πτερόν*].

φτεροζυγιάζομαι, ρ. (συνιζ.), (για πουλί) που ανοίγει τις φτερούγες του ψηλά στον αέρα για να ισορροπήσει: *ο αετός -εται.*
φτεροκόπημα το, ουσ., χτύπημα του αέρα με τα φτερά, καθώς και ο θόρυβος που παράγεται: ~ *νυχτερίδας.*
φτεροκοπώ, -άς, ρ., φτερουγίζω ζωηρά.
φτεροπόδαρος, -η, -ο, επίθ., γρήγορος σαν να έχει φτερά στα πόδια του (συνών. *γοργοπόδαρος*).
φτερούγα η και **φτερούγι** το, ουσ., καθένα από τα ευκίνητα μέλη του σώματος των πουλιών και των εντόμων που τους χρησιμεύουν για να πετούν: *-ες περιστεριού* (συνών. *φτερό* σημασ. 2).
φτερουγητό το, ουσ., φτερούγισμα (βλ. λ.).
φτερούγι, βλ. *φτερούγα.*
φτερούγιασμα το, ουσ., το κούνημα των φτερών των νεοσσών που γίνεται στην προσπάθειά τους να πετάξουν, καθώς και το πέταγμά τους.
φτερουγίζω, ρ. **1.** (για έντομα και πουλιά) χτυπώ τα φτερά για να πετάξω. **2.** πετώ σε μικρά διαστήματα. **3.** (μεταφ.) σκιρτώ: *η καρδιά της -ιζε ολοένα* (Ι. Μ. Παναγιωτόπουλος). [αρχ. *πτερυγίζω*].
φτερούγισμα το, ουσ., το να φτερουγίζει κάποιος ή κάτι: *πρώτο* ~· (μεταφ.) ~ *καρδιάς* (συνών. *φτερουγητό*).
φτερουγώ, -άς, ρ., φτερουγίζω (βλ. λ.): *τα κοράκια -άνε.*
φτερώνω, ρ. Α. (αμτβ. για πουλιά και έντομα) βγάζω, σχηματίζω, αποκτώ φτερά. Β. (μτβ.) (μεταφ.) ενθαρρύνω, εμψυχώνω κάποιον.
φτερωτός, -ή, -ό, επίθ. **1.** που έχει φτερά: *δαχτυλίδι με παράσταση -ού Έρωτα.* **2.** γρήγορος σαν να έχει φτερά. **3.** ο στολισμένος με φτερά. - Το θηλ. ως ουσ. = ο τροχός του νερόμυλου που διαθέτει πτερύγια, καθώς και κάθε είδους τέτοιος τροχός: *η περιοχή ήταν γεμάτη μύλους με φαρδιές -ές.*
φτηνά, βλ. *φτηνός.*
φτηναίνω, ρ., αόρ. *φτήνυνα.* Α. (μτβ.) κατεβάζω την τιμή κάποιου πράγματος: *ο σύλλογος αποφάσισε να -ύνει τα εισιτήρια του αγώνα* (συνών. *υποτιμώ*). Β. αμτβ. **1.** κατεβαίνει η τιμή μου, γίνομαι φτηνότερος: *το καλοκαίρι -ουν οι ντομάτες* (αντ. *ακριβαίνω*). **2.** χάνω την πραγματική μου αξία: *-ει πολύ το ρούχο μ' όλα αυτά τα ψεύτικα στολίδια.* **3.** (μεταφ.) μειώνομαι ηθικά, ξεπέφτω.
φτήνια η, ουσ. (συνιζ., λαϊκ.), χαμηλή τιμή: ~ *στην αγορά·* παροιμ. *η* ~ *τρώει τον παρά κι ο κόσμος αγοράζει* (για παραπανίσια έξοδα που κάνομε επηρεασμένοι από τις χαμηλές τιμές των προϊόντων). [αρχ. *ευθηνία*].
φτηνοδουλειά η, ουσ. (συνιζ., λαϊκ.). **1.** εργασία κακότεχνη που στοιχίζει πάντως λίγα χρήματα. **2.** (συνεκδοχικά) κακότεχνο κατασκεύασμα που έγινε με λίγα έξοδα.
φτηνοπράγματα τα, ουσ. (λαϊκ.), πράγματα χωρίς ουσιαστική αξία.
φτηνός, -ή, -ό, επίθ. **1.** που κοστίζει λίγα χρήματα, που έχει χαμηλή τιμή: *ρούχα -ά* (αντ. *ακριβός*). **2.** που κοστίζει λιγότερα χρήματα από άλλα γιατί είναι κατώτερης ποιότητας: *το κατάστημα έχει μόνο -ά παπούτσια.* **3.** που έχει μικρό κόστος, που δε χρειάζεται πολλά χρήματα για να γίνει: *φαγητό / ταξίδι -ό* (συνών. *οικονομικό*). **4.** (για πρόσωπο) που πληρώνεις λίγα για τις υπηρεσίες που σου προσφέρει: *ηλεκτρολόγος* ~. **5.** (μεταφ.) που λέγεται ή γίνεται χωρίς προβληματισμό: *δικαιο-*

λογία -ή (συνών. *ευτελής*). Φρ. *το ακριβό είναι και -ό* (γιατί τα ακριβά πράγματα είναι καλύτερης ποιότητας και διαρκούν περισσότερο). Παροιμ. *~ στ' αλεύρι κι ακριβός στα πίτουρα* (για ανθρώπους που τσιγγουνεύονται για τα φτηνά και ξοδεύουν αφειδώς για τα ακριβά). -Επίρρ. **-ά**· φρ. *-ά τη γλύτωσα* (= δε μου στοίχισε πολύ, δεν είχα πολλές απώλειες). [αρχ. *ευθηνός*].

φτηνούτσικος, -η, -ο, επίθ., που είναι κάπως φτηνός: *παπούτσια -α*.

φτιάνω, φτιάχνω και **φκιάνω,** ρ. αόρ. *έφτιασα* και *έφτιαξα* (συνιζ.). I. ενεργ. Α. μτβ. 1. τακτοποιώ, διευθετώ, σιάζω: *~ το κρεβάτι / το δωμάτιο* (συνών. *διορθώνω, σιγυρίζω*). 2. κατασκευάζω, δημιουργώ: *~ σπίτι και έχω πολλά έξοδα·* μοναχή σου *έφτιαξες αυτό το κέντημα*; 3. ασχολούμαι με κάτι, καταγίνομαι με κάτι: *τι -εις όλη μέρα;* 4. ετοιμάζω, παρασκευάζω: *~ φαγητό / γλυκό.* 5. επισκευάζω, διορθώνω: *~ ραδιόφωνο / ηλεκτρική συσκευή.* 6. οργανώνω, συγκροτώ: *τα παιδιά της γειτονιάς έφτιαξαν ποδοσφαιρική ομάδα.* 7. τιμωρώ: *θα σε -ξω όταν γυρίσεις, παλιόπαιδο!* Β. (αμτβ.) αποκαθίσταμαι σε καλή κατάσταση, διορθώνομαι, καλυτερεύω: *έφτιαξε το χρώμα μου / ο καιρός / η διάθεσή μου* (συνών. *στρώνω, βελτιώνομαι*). II. μέσ. 1. καλλωπίζομαι: *-εται μια ώρα στον καθρέφτη* (συνών. *φτιασιδώνομαι*). 2. μεθώ: *φτιάχτηκαν με ρετσίνα.* 3. από τη χρήση ναρκωτικών βρίσκομαι σε κατάσταση νάρκωσης ή αποχαύνωσης: *φτιάχτηκε με χασίς.* Φρ. *μου την έφτιαξε* (= με εξαπάτησε): *κατάλαβε ο υπάλληλος ότι του την έφτιαξε· το αφεντικό· τα -χνω* (= 1. συνάπτω ερωτικές σχέσεις: *τα -ξανε οι δυο τους.* 2. συμφιλιώνομαι: *τα 'φτιαξε με τον πεθερό του*). - Η μτχ. παρκ. 1. (ως επίθ.) = πιωμένος, μεθυσμένος: *γύρισε αργά στο σπίτι -γμένος.* 2. (ως ουσ.) τοξικομανής που βρίσκεται σε κατάσταση νάρκωσης ή αποχαύνωσης από την επήρεια ναρκωτικών. [μεσν. *ευθειάζω*].

φτιάξιμο το, ουσ. (συνιζ.). 1. τακτοποίηση, σιάξιμο: *~ κρεβατιού.* 2. κατασκευή, δημιουργία. 3. επισκευή, επιδιόρθωση: *~ του ρολογιού.* 4. βελτίωση, καλυτέρεψη: *~ του καιρού.* 5. (ειδικά) η κατάσταση νάρκωσης ή αποχαύνωσης στην οποία βρίσκεται ο ναρκομανής.

φτιασίδι και **φκιασίδι** το, ουσ. (συνιζ., λαϊκ.), καλλυντικό: *παστώνει το πρόσωπό της μ' ένα σωρό -ια·* (μεταφ.) *φορτώνουν την εκπαίδευση με -ια και μαλάματα περιττά.*

φτιασίδωμα και **φκιασίδωμα** το, ουσ. (συνιζ., λαϊκ.), χρησιμοποίηση καλλυντικών (συνών. *μακιγιάρισμα*).

φτιασιδώνομαι και **φκιασιδώνομαι,** ρ. (συνιζ., λαϊκ.), καλλωπίζομαι με φτιασίδια.

φτιάχνω, βλ. *φτιάνω*.

φτιαχτικά τα, ουσ. (συνιζ., λαϊκ.), αμοιβή για την επισκευή ή κατασκευή κάποιου πράγματος (πβ. *εργατικά*).

φτιαχτός, -ή, -ό, επίθ. (συνιζ.). 1α. μη φυσικός, τεχνητός· β. (μεταφ.) πλαστός: *ευγένεια -ή.* 2. προσχεδιασμένος, συμφωνημένος: *~ ποδοσφαιρικός αγώνας.*

φτίλι, βλ. *φιτίλι*.

φτου, επιφ. 1. για να δηλωθεί αποστροφή και περιφρόνηση: *~ σου, παλιόπαιδο!* 2. για να αποτραπεί ενδεχόμενο ματιάσματος: *~ να μη βασκαθεί!* (= να μην επηρεάσει ο θαυμασμός μου)· έκφρ. *~ σκουληκομυρμηγκότρυπα!* (= για να αποτραπεί κάτι ανεπιθύμητο).

φτουρώ, -άς, ρ. (λαϊκ.). 1. διαρκώ πολύ ή επαρκώ για πολύ ή πολλούς: *δε -ησε το φαΐ.* 2. αντέχω (στη ζωή), αναγνωρίζομαι, υπολογίζομαι: *σε πήραν τα χρόνια, δε -άς πια!* 3. γίνομαι, προχωρώ με γρήγορο ρυθμό: *δε -άει καθόλου η δουλειά.* [λατ. *obdurare*].

φτυάρι το, ουσ. (συνιζ.), εργαλείο με πλατιά και λεπτή μεταλλική πλάκα στερεωμένη σε στειλιάρι που χρησιμοποιείται για τη μεταφορά ή το ανακάτωμα διάφορων στερεών πραγμάτων, π.χ. άμμου, χαλικιών, πετρών, χωμάτων, κλπ. [αρχ. *πτύον*].

φτυαριά η, ουσ. (συνιζ. δις). 1. ό,τι μπορεί να περιλάβει το φτυάρι. 2. χτύπημα με φτυάρι.

φτυαρίζω, ρ. (συνιζ.), μεταφέρω ή ανακατεύω διάφορα στερεά πράγματα (π.χ. χώματα, πέτρες, άμμο, κλπ.) χρησιμοποιώντας φτυάρι.

φτυάρισμα το, ουσ. (συνιζ.), η ενέργεια και το αποτέλεσμα του φτυαρίζω (βλ. λ.).

φτύμα το, ουσ. (λαϊκ.), το σάλιο που βγάζει κανείς από το στόμα του φτύνοντας (συνών. *φτυσιά*).

φτύνω και (λαϊκ.) **φτω,** ρ., αόρ. *έφτυσα,* πληθ. *φτύσαμε,* μτχ. παρκ. *φτυσμένος.* 1. βγάζω σάλιο από το στόμα μου. 2α. ρίχνω σάλιο στο πρόσωπο κάποιου ως εκδήλωση αποστροφής: *περνούσε όλος ο κόσμος από μπροστά του και τον έφτυνε·* β. (μεταφ.) περιφρονώ κάποιον: *κανείς δεν του δίνει σημασία, όλοι τον -ουν.* Φρ. *γέννησέ με κι αν δε σου μοιάσω φτύσε με* (για παιδιά που μοιάζουν πολύ με τους γονείς τους)· *να το -σω να μη βασκαθεί* (βλ. *βασκαίνω*)· *~ αίμα για να ...* (= κάνω μεγάλη προσπάθεια για να...)· *~ (σ)τον κόρφο μου* (= για την αποφυγή κακού): *έφτυσε τον κόρφο της και ψιθύρισε: Πίσω μου σ' έχω Σατανά* (Μπαστιάς).

φτυσιά και **φτυσιματιά** η, ουσ. (συνιζ.), φτύμα (βλ. λ.).

φτύσιμο το, ουσ., η ενέργεια του φτύνω: (φρ.) *είναι για ~* (για να δηλωθεί αποστροφή ή περιφρόνηση προς κάποιον ή κάτι).

φτυστός, -ή, -ό, επίθ., εντελώς όμοιος: *είναι ~ ο μπαμπάς του* (συνών. *απαράλλαχτος*).

φτω, βλ. *φτύνω*.

φτωχαδάκι το, ουσ. (λαϊκ.), ταλαίπωρος φτωχός.

φτωχαίνω, ρ., αόρ. *φτώχυνα.* Α. (αμτβ.) γίνομαι, καταντώ φτωχός (αντ. *πλουταίνω, πλουτίζω*)· παροιμ. *ο Εβραίος σα -ύνει, τα παλιά τεφτέρια πιάνει* (= όταν κανείς ατυχήσει, καταφεύγει σε οτιδήποτε). Β. (μτβ.) κάνω κάποιον φτωχό: *τα υπερβολικά έξοδα τους φτώχυναν.*

φτώχεια η, ουσ. (συνιζ.), η κατάσταση του φτωχού (βλ. λ.), το να στερείται κανείς τα απαραίτητα στη ζωή (συνών. *ανέχεια, ένδεια* αντ. *ευμάρεια, πλούτος*). Έκφρ. *έξω ~* (= δεν πρέπει ο φτωχός να απελπίζεται, αλλά να αντιμετωπίζει τη φτώχεια του με αισιοδοξία). Φρ. *η ~ θέλει καλοπέραση* (= όταν είναι κανείς φτωχός, πρέπει να παρηγορείται με τη διασκέδαση). Παροιμ. *τα πολλά λόγια είναι ~* (για να εκφράσει την ανικανότητα να διατυπώσει κανείς με λίγα λόγια τη σκέψη του).

φτώχεμα το, ουσ. (λαϊκ.), το αποτέλεσμα του φτωχαίνω (βλ. λ.).

φτωχικά, βλ. *φτωχικός*.

φτωχικό το, ουσ. (λαϊκ.), το σπίτι (με προσποιητή υποτίμηση): *κόπιασε στο ~ μας.*

φτωχικός, -ή, -ό, επίθ., που ανήκει ή αρμόζει στο

φτωχό: *σπίτι -ό· ρούχα -ά* (συνών. *μίζερος, λιτός*· αντ. *πλούσιος, πολυτελής*). - Επίρρ. **-ά**.
φτωχογειτονιά η, ουσ. (συνιζ., λαϊκ.), γειτονιά όπου κατοικούν κυρίως φτωχοί (συνών. *φτωχομαχαλάς*).
φτωχογυναίκα η, ουσ., γυναίκα φτωχιά.
φτωχοζώ, ρ., ζω φτωχικά: *η φαμίλια συμμαζώχτηκε να -ήσει* (Ι. Μ. Παναγιωτόπουλος).
φτωχοκάλυβο το, ουσ., φτωχικό καλύβι, σπίτι.
φτωχοκόριτσο το, ουσ., φτωχό κορίτσι (αντ. *πλουσιοκόριτσο*).
φτωχολαός ο, ουσ. (περιληπτικώς) ο φτωχός κόσμος, οι φτωχοί άνθρωποι.
φτωχολογιά η, (συνιζ., λαϊκ.) και **φτωχολόι** το (λαϊκ.), ουσ., το σύνολο των φτωχών: *βοηθούσε κάθε τόσο τη ~.*
φτωχομάγαζο το, ουσ., φτωχό μαγαζί.
φτωχομάνα η, ουσ. (λαϊκ. μεταφ.). 1. χώρα ή τόπος που μπορεί να συντηρήσει φτωχούς: *Θεσσαλονίκη ~.* 2. χώρος δραστηριότητας που μπορεί να απασχολήσει φτωχούς: *η εφημερίδα ήταν άλλοτε η ~ των ανθρώπων των γραμμάτων* (Γ. Φτέρης).
φτωχομαχαλάς ο, ουσ. (λαϊκ.), φτωχοσυνοικία (συνών. *φτωχογειτονιά*).
φτωχονοικοκύρης ο, θηλ. **-ά**, ουσ. α. νοικοκύρης φτωχός: *~ μ' ένα τσούρμο παιδιά·* β. αυτός που, αν και φτωχός, είναι νοικοκύρης.
ψτωχοοικογένεια η, ουσ. (ασυνίζ.), οικογένεια φτωχή (συνών. *φτωχοφαμελιά*).
φτωχοπάζαρο το, ουσ. (λαϊκ.), μικρή αγορά με περιορισμένα και ευτελή προϊόντα για πούλημα.
φτωχόπαιδο το, ουσ., παιδί φτωχό, που προέρχεται από φτωχή οικογένεια.
φτωχοπερνώ, ρ., φτωχοζώ (βλ. λ.).
φτωχοπλεούμενο το, ουσ., μικρό καράβι που ανήκει κυρίως σε φτωχό: *ο πειρατής ποτέ δε χτύπαγε -α* (Μπαστιάς).
φτωχός, -ή και (λαϊκ.) **-ιά, -ό**, επίθ. 1. που στερείται τα απαραίτητα για τη ζωή· που δεν έχει αρκετά χρήματα για να καλύψει τις ανάγκες του (αντ. *πλούσιος, εύπορος, ευκατάστατος*). 2. που υστερεί σε κάτι, ελλιπής: *φαγητό -ό σε θρεπτικές ουσίες· βιβλιογραφία -ή· λεξιλόγιο -ό.* 3. ταλαίπωρος, δυστυχής: *τον έκλαψε πολύ η -ιά μάνα του* (συνών. *κακόμοιρος*). 4. που έχει την εικόνα φτωχού: *εμφάνιση -ή· δώρο -ό.*
φτωχόσπιτο το, ουσ. 1α. κτίσμα πενιχρό: *κάθονται σ' ένα ~.* β. κατοικία φτωχού. 2. (συνεκδοχικά) φτωχή οικογένεια (αντ. *πλουσιόσπιτο*).
φτωχοσυνοικία η, ουσ., συνοικία όπου κατοικούν κυρίως φτωχοί (συνών. *φτωχομαχαλάς*).
φτωχούλης ο, θηλ. **-α**, ουσ. (θωπευτικά) συμπαθής φτωχός.
φτωχούτσικος, -η, -ο, επίθ., αρκετά φτωχός.
φτωχοφαμελιά η, ουσ. (συνιζ., λαϊκ.), φτωχοοικογένεια.
φτωχοφαμελίτης ο, θηλ. **-ισσα**, ουσ. (λαϊκ.), φτωχός οικογενειάρχης.
φτωχοψαράς ο, ουσ., φτωχός ψαράς.
φτωχόψαρο το, ουσ., μικρό και φτηνό ψάρι.
φυγάς ο, γεν. *φυγάδος*, πληθ. *φυγάδες*, ουσ. 1. αυτός που σε ώρα κινδύνου εγκαταλείπει τη θέση του (συνών. *λιποτάκτης*). 2. αυτός που διώκεται δικαστικά στην πατρίδα του και γι' αυτό απομακρύνεται απ' αυτήν πηγαίνοντας σε άλλη χώρα.
φυγάδευση η, ουσ., το να φυγαδεύεται κάποιος.
φυγαδεύω, ρ. 1. βοηθώ κάποιον να δραπετεύσει. 2. (γενικότερα) απομακρύνω: *Καινούργιοι λογισμοί φωλιάζανε στο νου του και -ανε τον ύπνο* (Μπαστιάς).
φυγή η, ουσ. 1. το να απομακρύνεται κανείς από τη θέση του σε ώρα κινδύνου (συνών. λαϊκ. *φευγιό*)· φρ. *τρέπομαι σε ~,* βλ. *τρέπω.* 2. το να φεύγει κανείς κρυφά ή βιαστικά από κάπου. 3. το να καταφεύγει κανείς σε ξένη χώρα: *η ~ του στο εξωτερικό δημιούργησε πολλά ερωτηματικά για το ρόλο της αστυνομίας σ' αυτήν την υπόθεση.* 4. (μεταφ.) απομάκρυνση από την πραγματικότητα. 5. (μουσ.) φούγκα (βλ. λ.).
φυγοδικία η, ουσ., το να είναι κανείς φυγόδικος.
φυγόδικος, -η, -ο, επίθ., που αποφεύγει να παρουσιαστεί στο δικαστήριο για να δικαστεί.
φυγοδικώ, -είς, ρ., είμαι φυγόδικος.
φυγόκεντρος και **-η**, επίθ. θηλ. (έρρ.). 1. (φυσ.) *δύναμη ~* = η υποθετική δύναμη που δρα πάνω υ' ένα σώμα κινούμενο κυκλικά και έχει το ίδιο μέγεθος και την ίδια διεύθυνση με τη δύναμη η οποία συγκρατεί το κινητό στην κυκλική τροχιά, μόνο που η φορά της είναι αντίθετη (αντ. *κεντρομόλος*). 2. (μεταφ.) που οδηγεί μακριά από το κέντρο, που αποδεσμεύει από τον έλεγχο μιας κεντρικής εξουσίας: *τάσεις -ες στην ανάπτυξη των πόλεων / στη λήψη πολιτικών αποφάσεων.* [γαλλ. *centrifuge*].
φυγομαχία η, ουσ. 1. το να αποφεύγει κανείς από δειλία να αντιμετωπίσει τον αντίπαλο. 2. (μεταφ.) το να παραιτείται κανείς από την αντιμετώπιση των προβλημάτων της ζωής.
φυγόμαχος, -η, -ο, επίθ. (σπάνια). 1. που αποφεύγει από δειλία να αντιμετωπίσει τον αντίπαλο. 2. (μεταφ.) που αποφεύγει να αντιμετωπίσει τα προβλήματα της ζωής.
φυγομαχώ, -είς, ρ., είμαι φυγόμαχος.
φυγοπονία η, ουσ., η ιδιότητα του φυγόπονου (συνών. *τεμπελιά, οκνηρία·* αντ. *φιλοπονία, εργατικότητα*).
φυγόπονος, -η, -ο, επίθ., που αποφεύγει την εργασία (συνών. *τεμπέλης, οκνηρός, ακαμάτης·* αντ. *φιλόπονος, εργατικός*).
φυγόστρατος, -η, -ο, επίθ., που αποφεύγει να εκτελέσει τις στρατιωτικές του υποχρεώσεις.
φύκι το, πληθ. *-ια* (συνιζ.), ουσ., γενική ονομασία υδρόβιων συνήθως φυτικών οργανισμών με σκούρο πράσινο ή κόκκινο χρώμα. [αρχ. *φύκος*].
φύλαγμα το, ουσ. 1. φύλαξη, προφύλαξη: *το ~ των πολύτιμων αντικειμένων από τον ήλιο.* 2. φρούρηση. 3. (για ποίμνιο) επιτήρηση: *το ~ των προβάτων.* 4. παραφύλαξη: *το ~ του λαγού* (συνών. *καρτέρι*).
φυλάγω και **φυλάω**, ρ., παρατ. *-αγα,* αόρ. *-αξα,* μέσ. *-άγομαι,* αόρ. *-άχτηκα,* μτχ. παρκ. *-αγμένος.* I. ενεργ. 1. φρουρώ, προσέχω, επιτηρώ κάποιον ή κάτι: *ο χωροφύλακας -αγε τους κρατουμένους· ~ τα πρόβατα.* 2. προστατεύω, υπερασπίζω· φρ. *Θεός -άξοι!* 3. διαφυλάσσω, διατηρώ σε ασφαλές μέρος: *φυλάει τα πολύτιμά του στο σεντούκι.* 4. διασώζω, διαφυλάγω: *οι πρόγονοί μας -αξαν την εθνική μας κληρονομιά.* 5α. περιμένω: *από τον περιβολάρη... ίσαμε τον πατριάρχη, όλοι -άγανε τον ερχομό του* (Τ. Σταύρου)· β. παραφυλάω, ενεδρεύω, στήνω καρτέρι: *~ να βγει ο λαγός.* Φρ. *~ πισινή* (= είμαι επιφυλακτικός, δεν αποφασίζω εύκολα)· (στη χαρτοπαιξία) *~ το δείνα χαρτί* (= κρατώ κάποιο χαρτί για να το χρησιμοποιήσω την

φύλακας κατάλληλη στιγμή). Παροιμ. *όποιος -άει τα ρούχα του έχει τα μισά* (= είναι ανάγκη να προνοείς για τα υπάρχοντά σου)· *ο φόβος -άει τα έρημα,* βλ. *έρημος* και *φόβος.* II. (μέσ.) προφυλάγομαι: *-άχτηκε και δεν τον χτύπησε το ζώο· να -χτείς για να μην κρυώσεις!*

φύλακας και (λαϊκ.) **φυλακάτορας** ο, πληθ. *-τόροι,* ουσ., φρουρός: *οι -ες των συνόρων· ο -άτορας τη ρώτησε ποιον ζητούσε* (Ι. Μ. Παναγιωτόπουλος)· εκφρ. *~ άγγελος* (= προστάτης, υπερασπιστής).

φυλακή η, ουσ. 1. δημόσιο κτήριο όπου κρατούνται πρόσωπα που στερήθηκαν την ελευθερία κινήσεων με δικαστική απόφαση: *έκανε ~ τρία χρόνια*. 2. (συνεκδοχικά) κάθε χώρος σκοτεινός και θλιβερός: *εδώ είναι σωστή ~*.

φυλακίζω, ρ., κλείνω κάποιον στη φυλακή με δικαστική απόφαση. - Η μτχ. παρκ. *-ισμένος* ως ουσ. = 1. κρατούμενος στη φυλακή ως κατάδικος ή υπόδικος. 2. που του έχει απαγορευτεί η ελεύθερη έξοδος.

φυλάκιο το, ουσ. (ασυνίζ.). 1. μικρό οίκημα όπου παραμένουν στρατιώτες που έχουν την εντολή να φρουρούν. 2. στρατιωτικό απόσπασμα που επιτηρεί τις προφυλακές ενός στρατεύματος.

φυλάκιση η, ουσ., κλείσιμο σε φυλακή.

φύλακτρα τα, ουσ., ό,τι πληρώνει κανείς για διαφύλαξη αντικειμένων (συνών. *φυλαχτικά*).

φυλακώνω, ρ. (λαϊκ.), φυλακίζω (βλ. λ.). - Η μτχ. παρκ. ως ουσ.: 1. φυλακισμένος. 2. (λαϊκ.) βίαια κρατούμενος: *είμαστε πάντα στα χέρια του ναυάρχου -ωμένοι δικοί του* (Μπαστιάς).

φύλαξη η, ουσ. 1. φρούρηση: *οι άντρες είχανε μείνει για -ή του* (Μπαστιάς). 2. φροντίδα, επίβλεψη: *~ των παιδιών*. 3. διατήρηση, διαφύλαξη: *~ χρημάτων*.

φύλαρχος ο, ουσ., αρχηγός φυλής (βλ. λ.).

φυλαχτάρι το, ουσ. (λαϊκ.), φυλαχτό (βλ. λ.).

φυλαχτικά τα, ουσ. (λαϊκ.), αμοιβή που δίνεται σε κάποιον που φύλαξε πράγματα τρίτου (συνών. *φύλακτρα*).

φυλαχτό το, ουσ. (λαϊκ.), μικρό αντικείμενο που συνήθως φοράει κανείς επάνω του και κατά την κοινή αντίληψη προστατεύει από κίνδυνο: *έχωσε στον κόρφο του ένα ~· απ' αρρώστια, ~ από Χάρο* (Δροσίνης)· (μεταφ.) *της μανούλας σου η ευχή να 'ναι για ~ σου* (δημ. τραγ.) (συνών. *χαϊμαλί*).

φυλάω, βλ. *φυλάγω*.

φυλετικός, -ή, -ό, επίθ. 1. που σχετίζεται με τη φυλή ή το φύλο: *γνωρίσματα -ά· -ά χρωματοσώματα* (= ζευγάρι, συνήθως, χρωματοσωμάτων που καθορίζουν το φύλο του κάθε οργανισμού). 2. που αναφέρεται στις σχέσεις των φυλών: *-ές διακρίσεις*.

φυλετικότητα η, ουσ., το σύνολο των χαρακτηριστικών που συντελούν στη διάκριση των φύλων.

φυλετισμός ο, ουσ., η πολιτική των φυλετικών διακρίσεων (συνών. *απαρτχάιντ, ρατσισμός*).

φυλή η, ουσ. 1. ομάδα ατόμων που ξεχωρίζουν από άλλες ομάδες με το σύνολο των βιολογικών, ψυχολογικών και κοινωνικών χαρακτηριστικών τους που μεταδίδονται με την κληρονομικότητα: *λευκή ~*. 2. έθνος (βλ. λ.). 3. (ως χαρτοπαικτικός όρος) *οι τέσσερις -ες της τράπουλας* (= καρό, μπαστούνι, σπαθί, κούπα).

φυλλάδα η, ουσ. 1. μικρό βιβλίο με λαϊκό περιεχόμενο. 2. (μεταφ.) κάθε ασήμαντο βιβλίο. 3. (μειωτ.) εφημερίδα χωρίς σοβαρότητα.

φυλλάδιο το, ουσ. (ασυνίζ.). 1. έντυπο με μικρό όγκο. 2. τεύχος εκτενέστερου συγγράμματος που τυπώνεται και κυκλοφορεί κατά τακτά χρονικά διαστήματα: *οι πανεπιστημιακές σημειώσεις διανέμονται σε -α*. 3. ατομικό επαγγελματικό βιβλιάριο: *~ ναυτικό*.

φύλλο το, ουσ. 1. όργανο του φυτού που δημιουργείται πλευρικά και κατά μήκος του βλαστού, συνήθως πράσινο και πλατύ, χρήσιμο για τη φωτοσύνθεση, τη διαπνοή και αναπνοή: *τα -α των δέντρων πέφτουν το φθινόπωρο*. 2. πέταλο του άνθους. 3. (συνεκδοχικά) κομμάτι χαρτιού συνήθως ορθογώνιου που χρησιμεύει για γράψιμο, ζωγράφισμα ή τύπωμα: *-α τετραδίου*. 4. (συνεκδοχικά) εφημερίδα: *~ της αντιπολίτευσης· τοπικό ~* (= μιας ορισμένης γεωγραφικής περιοχής). 5. δημόσιο ως επί το πλείστον έγγραφο που παρέχει πληροφορίες για ένα άτομο: *~ ποιότητας υπαλλήλου· ~ πορείας* (= έγγραφο συνοδευτικό στρατιωτικού που μετακινείται με ειδική εντολή). 6. καθένα από τα τραπουλόχαρτα. 7. πλάκα πολύ λεπτή από μέταλλο ή άλλη στερεή ύλη: *-α χρυσού/ κοντραπλακέ*. 8. τμήμα πόρτας, παραθύρου ή άλλου φράγματος που ανοιγοκλείνει: *τα -α της ντουλάπας*. 9. καθένα από τα κομμάτια υφάσματος: *κόψε απ' το τόπι δυο -α με το ψαλίδι*. 10. ζύμη που έχει γίνει πολύ λεπτή με το πλαστήρι (βλ. λ.) και χρησιμοποιείται για πίτες και γλυκά: *ανοίγω ~· ~ αγοραστό/σπιτικό*. Εκφρ. *~ συκής* (= ζωγραφισμένο ή σκαλισμένο φύλλο που κρύβει το γεννητικό όργανο γυμνών που ζωγραφίζονται ή σκαλίζονται). Φρ. *θα γυρίσει το ~* (= θα αλλάξει η κατάσταση)· *έγινε ~ και φτερό,* βλ. *φτερό*. - Υποκορ. (στη σημασ. 1) **-αράκι** και (λαϊκ.) **-αρούδι** το.

φυλλοβόλημα το, **φυλλοβολή** και **-λία** η, ουσ., το πέσιμο των φύλλων δέντρων.

φυλλοβόλος, -α, -ο, επίθ. (για δέντρο) που ρίχνει τα φύλλα του το φθινόπωρο (αντ. *αειθαλής*). - Το ουδ. στον πληθ. ως ουσ.

φυλλοβολώ, -είς, ρ. (για δέντρο) ρίχνω τα φύλλα μου το φθινόπωρο.

φυλλοθρόισμα το, ουσ., το θρόισμα (βλ. λ.) των φύλλων του δέντρου.

φυλλοκάρδια τα, ουσ. (συνιζ.), τα «φύλλα» της καρδιάς, η καρδιά: *παρηγοριά στάλαζε στα ~ σου* (Κόντογλου)· φρ. *μου 'καψε τα ~* (= με στενοχώρησε πολύ)· *τρέμουν τα ~*, βλ. *τρέμω*.

φυλλομέτρημα το, ουσ., η ενέργεια του φυλλομετρώ (βλ. λ.).

φυλλομετρώ, -άς, ρ. 1. μετρώ τα φύλλα ενός βιβλίου. 2. κατατοπίζομαι στο περιεχόμενο βιβλίου (συνών. *ξεφυλλίζω*).

φυλλοξήρα η, ουσ. 1. έντομο που ζει παρασιτικά σε δέντρα και φυτά, κυρίως στα κλήματα του αμπελιού, και καταστρέφει τα φύλλα του. 2. η αρρώστια που προκαλείται απ' αυτό το έντομο.

φυλλορρόημα το, ουσ., το πέσιμο των φύλλων φυτού.

φυλλόρροια η, ουσ. (λόγ.), φυλλορρόημα (βλ. λ.).

φυλλορροώ, -είς, ρ. 1. (για φυτό) ρίχνω τα φύλλα μου. 2. (μεταφ.) καταρρέω βαθμηδόν: *οι ελπίδες του -ούν*.

φυλλουριά η, ουσ. (συνιζ., λαϊκ.), φύλλωμα (βλ. λ.).

φυλλουριάζω, ρ. (συνιζ., λαϊκ.), αποκτώ φύλλα: *-ιασαν τα πλατάνια* (Ι. Μ. Παναγιωτόπουλος).

φυλλοφόρος, -ο, επίθ., που βγάζει φύλλα.

φύλλωμα το, ουσ., το σύνολο των φύλλων φυτού (συνών. *φυλλωσιά*).

φυλλώνω, ρ., (για δέντρο) αποκτώ φύλλα.

φυλλωσιά η, ουσ., φύλλωμα (βλ. λ.).

φύλο το, ουσ. **1.** το σύνολο των ιδιαίτερων χαρακτηριστικών που ξεχωρίζουν το αρσενικό από το θηλυκό στους ανθρώπους και τα ζώα. **2.** (στον πληθ., λόγ.) σύνολο ανθρώπων με κοινά εθνολογικά ή ανθρωπολογικά χαρακτηριστικά: (αρχ.) *δωρικά -α*.

φυλογονία η, ουσ. **1.** ο σχηματισμός φυλών. **2.** η επιστημονική μελέτη όσων αναφέρονται στη γένεση και την εξέλιξη των ζωικών και των φυτικών μορφών, καθώς και των γενών τους παράλληλα με τους σταθμούς εξέλιξης της γης.

φυλογονικός, -ή, -ό, επίθ. **1.** που σχετίζεται με τη φυλογονία (βλ. λ.). **2.** που αναφέρεται στις γενετήσιες σχέσεις των φύλων.

φυματικός, -ή, -ό, επίθ., που ανήκει ή αναφέρεται στη φυματίωση (βλ. λ.). - Το αρσ. και το θηλ. ως ουσ. = άτομο που πάσχει από φυματίωση (συνών. *φθισικός*, (λαϊκ.) *χτικιάρης*).

φυματίνη η, ουσ. (ιατρ.) εκχύλισμα από καλλιέργεια βακτηριδίων της φυματίωσης.

φυματιολογία η, ουσ. (ασυνίζ.), (ιατρ.) η επιστημονική έρευνα σε σχέση με τη φυματίωση.

φυματιολογικός, -ή, -ό, επίθ. (ασυνίζ.), (ιατρ.) που ανήκει ή αναφέρεται στη φυματιολογία (βλ. λ.).

φυματιολόγος ο και η, ουσ. (ασυνίζ.), γιατρός ειδικός για τη φυματίωση.

φυματιώδης, -ης, -ες, γεν. *-ους,* πληθ. αρσ. και θηλ. *-εις,* ουδ. *-η,* επίθ. (ασυνίζ.), που έχει σχέση με τη φυματίωση: *πυρετός* ~.

φυματίωση η, ουσ., λοιμώδης νόσος, οφειλόμενη σε βακτηρίδιο (συνών. λαϊκ. *χτικιό*).

φυντάνι, βλ. *φιντάνι.*

φύομαι, ρ. (λόγ.), (για φυτά) φυτρώνω, βλασταίνω.

φύρα η, ουσ. **1.** ελάττωση όγκου ή βάρους εξαιτίας τριβής, εξάτμισης, κλπ.: *το βελανίδι έχει* ~ *όταν ξεραθεί.* **2.** μείωση της ποσότητας οποιουδήποτε πράγματος ύστερα από κατεργασία, κ.τ.ό.: *το σιτάρι έχει πολλή* ~.

φυραίνω, ρ., αόρ. *-ανα.* **1α.** μειώνομαι σε όγκο ή σε βάρος: *-ει το βελανίδι όταν ξεραθεί* **β.** αδυνατίζω: *-ανε το κορμί του.* **2.** λιγοστεύω: *-ουν τα σταφύλια.* Φρ. *-ει το μυαλό μου* (= ξεκουτιαίνω).

φύραμα το, ουσ. **1.** μίγμα ζυμωμένο με νερό, ζυμάρι. **2.** (μειωτ. για άνθρωπο) ποιόν, χαρακτήρας: *τι περιμένεις από άνθρωπο αυτού του -άματος;*

φύρδην μίγδην· αρχαϊστ. εκφρ.· για να δηλωθεί μεγάλο ανακάτωμα, ανακατωσούρα (βλ. λ.).

φυρομυαλίζω, ρ., μτχ. παρκ. *-ισμένος* (συνιζ., λαϊκ.), γίνομαι ανόητος.

φυρόμυαλος, -η, -ο, επίθ. (συνιζ., λαϊκ.), που έχει χάσει το μυαλό του, ανόητος.

φυρόνερα τα, ουσ., τα νερά της θάλασσας, του ποταμού, κλπ., όταν έχει κατεβεί η στάθμη τους.

φυρονεριά η, ουσ. (συνιζ., λαϊκ.). **1.** η ελάττωση της στάθμης του θαλασσινού νερού (αντ. *φουσκονεριά*). **2.** η άμπωτη (βλ. λ.).

φυσαλίδα η, ουσ. **1.** μικρή φούσκα από αέρα ή αέριο που ανεβαίνει στην επιφάνεια υγρού (συνών. *μπουρμπουλήθρα*). **2.** (ιατρ.) κύστη με υγρό πάνω στο δέρμα από έγκαυμα, τραύμα, ασθένεια (συνών. *φουσκάλα, φλύκταινα*).

φυσαρμόνικα η, ουσ. **1.** (μους.) **α.** (παλαιότερα) φορητό αερόφωνο όργανο με φυσητήρα και δύο πληκτρολόγια στα πλευρά του: *μαζεύεται σα* ~ (Καζαντζάκης)· **β.** (κοιν.) πνευστό σε σχήμα μικρού κουτιού που περιέχει ελεύθερα γλωσσίδια στη σειρά και που το μετακινεί όταν παίζει κανείς πάνω στα χείλη του φυσώντας ή ρουφώντας αέρα: ~ *παιδική (συνών. αρμόνικα)*. **2.** (μεταφ.) για πτυσσόμενη πόρτα ή παραπέτασμα από χοντρό πανί ή πλαστικό.

φύσει, επίρρ. (λόγ.), από φυσικού του, εκ γενετής· φρ. *κάτι είναι* ~ *αδύνατον* (= είναι εντελώς αδύνατο να γίνει).

φυσέκι, βλ. *φισέκι.*

φυσεκλίκι, βλ. *φισεκλίκι.*

φυσερό το, ουσ. **1.** εργαλείο με το οποίο φυσούν τη φωτιά για ν' ανάψει. **2.** βεντάλια (βλ. λ.).

φύση η, Ι. ουσ. **1.** όλα μαζί τα βασικά και θεμελιώδη χαρακτηριστικά και οι ιδιότητες που προσδιορίζουν ένα ον ή ένα πράγμα: *η ανθρώπινη* ~· *οι δυο -εις του Χριστού· είναι στη* ~ *της φωτιάς να καίει.* **2.** τα έμφυτα στοιχεία ενός όντος, ο χαρακτήρας, η ιδιοσυγκρασία του: *δεν ταιριάζει στη* ~ *μου μια τέτοια συμπεριφορά·* εκφρ. *από* ~ (= από φυσικού, φύσει): *είμαι από* ~ *αισιόδοξος·* φρ. *κάτι μου έγινε δεύτερη* ~ (= το κάνω αυτόματα, χωρίς σκέψη): *το κάπνισμα μου έγινε δεύτερη* ~· *κάτι είναι στη* ~ *κάποιου* (= αυτό το χαρακτηριστικό ή η ιδιότητα είναι τμήμα του χαρακτήρα του): *είναι στη* ~ *του να ειρωνεύεται τους άλλους.* **3.** ο βασικός χαρακτήρας, η βασική ιδιότητα ενός πράγματος, μιας δραστηριότητας, μιας οργάνωσης, κλπ.: *η* ~ *των ιδιωτικών επιχειρήσεων είναι να αποβλέπουν στα πολλά κέρδη· πρόβλημα οικονομικής -ης·* φρ. *κάτι έχει ένα χαρακτηριστικό από (την ίδια του) τη* ~ (= έχει αυτό το χαρακτηριστικό από φυσικού του): *από την ίδια τους τη* ~ *οι επιχειρήσεις θέλουν ρίσκο.* **4.** εκείνο που είναι αναγνωρισμένο ως φυσικό: *βιάζω τη* ~. **5.** το ανδρικό γεννητικό όργανο, πέος.

φύση η, ΙΙ. ουσ. **1.** το σύνολο των όντων που υπάρχουν στο σύμπαν, ο ίδιος ο φυσικός κόσμος (ως δημιουργία): *η θέση του ανθρώπου στη* ~· *τα στοιχεία της -ης.* **2.** η πραγματικότητα του φυσικού κόσμου ανεξάρτητα από τον άνθρωπο, θεωρούμενη από αισθητική ή συναισθηματική άποψη, το φυσικό περιβάλλον: *η* ~ *το χειμώνα.* **3.** ο φυσικός κόσμος θεωρούμενος μέσα στη δραστηριότητά του: *τις αρρώστιες τις δημιουργεί η* ~. **4.** η πρωταρχική μορφή ενός όντος σε αντίθεση με ό,τι του προσδίδει ο πολιτισμός: *επιστροφή στη* ~ (= επιθυμία για επιστροφή σε απλούστερο τρόπο ζωής). **5.** *νεκρή* ~, βλ. *νεκρός* σημασ. 9.

φύσημα το, ουσ. **1.** η ενέργεια και το αποτέλεσμα του φυσώ (βλ. λ.). **2.** (ιατρ.) ήχος παθολογικός ή φυσιολογικός που ακούγεται από διάφορα τμήματα του σώματος: ~ *αναπνευστικό / αρτηριακό / καρδιακό.* Φρ. *έφαγε ή πήρε* ~ (ιδίως για δημόσιους υπαλλήλους που μετατίθενται, απομακρύνθηκε παρά τη θέλησή του).

φυσηξιά και **φυσιματιά,** η, ουσ. (συνιζ.). **1.** φύσημα του αέρα. **2.** το να φυσά κανείς αέρα.

φυσητήρας ο, ουσ. **1.** συσκευή που φυσά αέρα (συνών. *φυσερό*). **2.** αγωγός για παροχή ρεύματος αέρα σε καμίνι. **3.** (ζωολ.) όργανο αναπνοής της φάλαινας και άλλων κητών, η τρύπα από την οποία αναπνέουν και φυσούν νερό. **4.** (ζωολ.) είδος μεγάλου σαρκοφάγου κήτους, είδος φάλαινας (φάλαινα φυσητήρας).

φυσητός, -ή, -ό, επίθ., κατεργασμένος με φύσημα: *γυαλί -ό.*

φυσιατρική η, ουσ. (ασυνίζ.), ιατρική μέθοδος που χρησιμοποιεί τις φυσικές δυνάμεις για θεραπευτικούς σκοπούς.

φύσιγγα η, ουσ. (έρρ.), γυάλινος σωλήνας με διάλυμα που χρησιμοποιείται για ενέσεις.

φυσίγγιο το, ουσ. (έρρ., ασυνίζ.), σωλήνας κυλινδρικός που περιέχει τη γόμωση και τη βολίδα ή τα σκάγια πυροβόλου όπλου. [μτγν. *φύσιγξ*].

φυσιγγιοθήκη η, ουσ. (έρρ., ασυνίζ.), θήκη για φυσίγγια.

φυσικά, βλ. *φυσικός.*

φυσικοθεραπεία και (ασυνίζ.) **φυσιοθεραπεία** η, ουσ., τεχνική θεραπείας που χρησιμοποιεί τους φυσικούς παράγοντες (π.χ. ήλιο, αέρα, θερμότητα, νερό, κλπ.) για την αποκατάσταση ομαλότερης λειτουργίας ορισμένων οργάνων του σώματος.

φυσικοθεραπευτής και **φυσιο-** ο, ουσ. (ασυνίζ.), ειδικός που ασκεί φυσικοθεραπεία.

φυσικοθεραπευτικός, -ή, -ό και (ασυνίζ.) **φυσιο-,** επίθ., που αναφέρεται στη φυσικοθεραπεία: *αγωγή -ή· εργαστήριο -ό.*

φυσικομαθηματικός, -ή, -ό, επίθ., που αναφέρεται στις επιστήμες της φυσικής και των μαθηματικών ταυτόχρονα: *σχολή -ή· έρευνες -ές.* - Το αρσ. ως ουσ. = επιστήμονας που ασχολείται με τη φυσικομαθηματική επιστήμη.

φυσικοπυρηνικός, -ή, -ό, επίθ., που αναφέρεται στις επιστήμες της φυσικής και της πυρηνικής ταυτόχρονα: *-ές εφαρμογές.* - Το αρσ. ως ουσ. = επιστήμονας που ασχολείται με την παραπάνω επιστήμη.

φυσικός, -ή, -ό, επίθ. **1.** που ανήκει ή αναφέρεται στη φύση, που γίνεται κατά τους νόμους της φύσης: *κόσμος / νόμος ~ φαινόμενο -ό· -ή ιστορία,* (βλ. *ιστορία)· σταθερές -ές* (= χημ., το σημείο ζέσεως, το σημείο τήξεως, η πυκνότητα, κ.ά.)· *θάνατος ~* (= που οφείλεται σε ασθένεια κι όχι σε δολοφονία ή ατύχημα). **2.** που δεν κατασκευάζεται ή προκαλείται από τον άνθρωπο, αλλά βρίσκεται στη φύση ή δίνεται απ' αυτήν: *πόροι -οί* (= όσα αντλεί ο άνθρωπος από τη φύση και τα εκμεταλλεύεται κατά την παραγωγική διαδικασία)· *-ές ενεργειακές πηγές* (= ποτάμια, ζώα, κλπ.)· *δόντια/ μαλλιά -ά· χάρισμα -ό* (= έμφυτο) (αντ. *τεχνητός, ψεύτικος).* **3.** που δε χρησιμοποιεί ή περιλαμβάνει χημικά υλικά ή χημικές διαδικασίες: *κατάστημα -ών τροφών· η κατάψυξη είναι ο απλούστερος ~ τρόπος συντήρησης τροφίμων.* **4.** που γίνεται ως αναγκαίο ή αναμενόμενο επακόλουθο: *η επιτυχία σου ήταν -ή συνέπεια των προσπαθειών σου·* φρ. *κάτι είναι -ό* (για κάτι που το περιμένομε στις συγκεκριμένες περιστάσεις): *ήταν -ό να αντιδράσει έτσι.* **5.** ειλικρινής, αληθινός, απροσποίητος: *φέρσιμο / γέλιο -ό.* Έκφρ. *-ό παιδί* (= που δεν προέρχεται από νόμιμο γάμο)· *-ό πρόσωπο* (= νομ., άτομο σε σχέση με τη νομοθεσία μιας χώρας· αντ. *νομικό πρόσωπο).* - Το αρσ. και θηλ. ως ουσ. = **1.** ερευνητής που ασχολείται με τη μελέτη των ιδιοτήτων της ύλης και της ενέργειας, καθώς και με τη διατύπωση των νόμων που διέπουν το φυσικό κόσμο. **2.** καθηγητής του μαθήματος της φυσικής. - Το θηλ. ως ουσ. = επιστήμη που μελετά τα γενικά χαρακτηριστικά των σωμάτων και τους νόμους που επιδρούν στην κατάσταση και τις κινήσεις τους, καθώς και το αντίστοιχο μάθημα που διδάσκεται στα σχολεία. Έκφρ. *ατομική -ή* (= η μελέτη του ατομικού πυρήνα και των στοιχείων του ατόμου (ηλεκτρονίου, πρωτονίου, νετρονίου κλπ.). - Το ουδ. ως ουσ. = **1.** ανθρώπινη ιδιότητα του καθενός, αυτό που τον χαρακτηρίζει: *είναι το -ό του, θυμώνει με το παραμικρό· τους συγχωράς όλα τα κακά -ά τους* (Κόντογλου)· *δε μ' αρέσουν τα -ά του.* **2.** (μόνο στον πληθ.) = το μάθημα της φυσικής. - Επίρρ. **-ά.**

φυσικότητα η, ουσ., το να είναι κάποιος ή κάτι φυσικό(ς), η ιδιότητα του φυσικού: *μιλούσε με τέτοια ~ που πίστευες ό,τι έλεγε.*

φυσικοχημικός, -ή, -ό, επίθ., που αναφέρεται στις επιστήμες της φυσικής και της χημείας ταυτόχρονα: *επιστήμη -ή.* - Το αρσ. ως ουσ. = επιστήμονας που ασχολείται με την παραπάνω επιστήμη.

φυσιογνωμία η, ουσ. (ασυνίζ.). **1.** το σύνολο των χαρακτηριστικών, η εμφάνιση του προσώπου ενός ανθρώπου: *αυτή η κοπέλα έχει πολύ γλυκιά / αντιπαθητική ~.* **2.** (μεταφ.) η ιδιαίτερη όψη, εμφάνιση ενός πράγματος: *η ~ της χώρας έχει αλλάξει.* **3.** άτομο που ξεχωρίζει ανάμεσα σε άλλα μια ομάδας, σημαντική προσωπικότητα: *ριζοσπαστική ~ μιας πολιτικής παράταξης· αυτός ο επιστήμονας είναι ~.*

φυσιογνωμικός, -ή, -ό, επίθ. (ασυνίζ.), που σχετίζεται με τη φυσιογνωμία: *-ή ομοιότητα.* - Επίρρ. **-ώς:** *τον γνωρίζω μόνον -ώς.*

φυσιογνωσία η, ουσ. (ασυνίζ.), μελέτη των φυσικών σωμάτων και φαινομένων και η γνώση των νόμων που τα διέπουν.

φυσιογνώστης, ο, θηλ. **-στρια,** ουσ. (ασυνίζ.), επιστήμονας που ασχολείται με τη φυσιογνωσία, ο γνώστης των φυσικών επιστημών.

φυσιογνωστικός, -ή, -ό, επίθ. (ασυνίζ.), που ανήκει ή αναφέρεται στη φυσιογνωσία (βλ. λ.): *μαθήματα -ά.*

φυσιογνώστρια, βλ. *φυσιογνώστης.*

φυσιογραφία η, ουσ. (ασυνίζ.), η περιγραφή της φύσης και των φυσικών φαινομένων.

φυσιογραφικός, -ή, -ό, επίθ. (ασυνίζ.), που σχετίζεται με τη φυσιογραφία.

φυσιοδίφης ο, ουσ. (ασυνίζ.), επιστήμονας που μελετά τη φύση, συγκεκριμένα τα φυτά, τα ζώα και τα ορυκτά.

φυσιοδιφικός, -ή, -ό, επίθ. (ασυνίζ.), που σχετίζεται με το έργο του φυσιοδίφη (βλ. λ.): *έρευνα -ή.*

φυσιοθεραπεία, βλ. *φυσικοθεραπεία.*

φυσιοθεραπευτής, βλ. *φυσικο-.*

φυσιοθεραπευτικός, βλ. *φυσικο-.*

φυσιοκράτης ο, θηλ. **-ισσα,** ουσ. (ασυνίζ.). **α.** (φιλοσ.) οπαδός της φυσιοκρατίας· **β.** (στον πληθ., παλαιότερα) σχολή οικονομολόγων που πρέσβευαν ότι η κύρια πηγή εθνικού πλούτου και ευημερίας είναι η γεωργία.

φυσιοκρατία η, ουσ. (ασυνίζ.), (φιλοσ.) θεωρία που αποκλείοντας εντελώς την ύπαρξη υπερφυσικών δυνάμεων υποστηρίζει ότι μόνη αρχή των πάντων είναι η φύση.

φυσιοκρατικός, -ή, -ό, επίθ. (ασυνίζ.), που αναφέρεται στη φυσιοκρατία: *θεωρία -ή· φιλόσοφος ~.*

φυσιοκράτισσα, βλ. *φυσιοκράτης.*
φυσιολάτρης ο, θηλ. **-ισσα,** ουσ. (ασυνίζ.), αυτός που αγαπά τη φύση και τη ζωή κοντά σ' αυτήν.
φυσιολατρία η, ουσ. (ασυνίζ.), η μεγάλη αγάπη προς τη φύση και τη ζωή κοντά σ' αυτήν.
φυσιολατρικός, -ή, -ό, επίθ. (ασυνίζ.), που αναφέρεται στη φυσιολατρία: *σύλλογος ~· εκδηλώσεις -ές.*
φυσιολάτρισσα, βλ. *φυσιολάτρης.*
φυσιολογία η, ουσ. (ασυνίζ.), κλάδος της βιολογίας που μελετά τις λειτουργίες των ζωντανών οργανισμών.
φυσιολογικός, -ή, -ό, επίθ. (ασυνίζ.). 1. που αναφέρεται στη φυσιολογία: *εργαστήριο -ό.* 2. που εξελίσσεται σύμφωνα με τους φυσικούς νόμους: *~ ανθρώπινος οργανισμός* (αντ. *παθολογικός).* 3. (μεταφ.) αναμενόμενος: *η αντίδρασή του στα όσα του είπα ήταν -ή.* - Επίρρ. **-ά** = 1. σύμφωνα με τους φυσικούς νόμους: *η καρδιά του λειτουργεί -ά· η υγεία σου εξελίσσεται -ά.* 2. κανονικά, χωρίς εκπλήξεις: *~, έπρεπε ήδη να έχει έρθει.*
φυσιολόγος ο και η, ουσ. (ασυνίζ.), επιστήμονας που ασχολείται με τη φυσιολογία (βλ. λ.).
φυσιοπαθολογία η, ουσ. (ασυνίζ.), η μελέτη των λειτουργικών φυσικών και χημικών συνθηκών των ασθενειών με τη χρήση των μεθόδων της φυσιολογίας.
φυσοκάλαμο το, ουσ., καλάμι που χρησιμοποιούν τα παιδιά για παιχνίδι.
φυσομανητό το, ουσ. (λαϊκ.), λαχάνιασμα: *το ~ του αλόγου.*
φυσομανώ, -άς, ρ. 1. φυσώ δυνατά και για μεγάλο χρονικό διάστημα: *ο αέρας -ούσε όλο το βράδυ.* 2. (μεταφ., για πολύ οργισμένο άνθρωπο): *έπρεπε να τον δεις πώς -ούσε από το θυμό του.*
φυσούνι το και **φυσούνα** η, ουσ. 1. φυσερό (βλ. λ.). 2. (μεταφ.) πτυσσόμενη πόρτα ή παραπέτασμα από χοντρό πανί ή πλαστικό (πβ. *φυσαρμόνικα* σημασ. 2).
φυσώ, -άς, ρ. Α. μτβ. 1. βγάζω αέρα από το στόμα μου για να επιτύχω κάτι: *~ το ζεστό γάλα για να κρυώσει· φύσηξα τη σκόνη για να καθαρίσει το γραφείο μου· φύσηξα το χαρτί κι έφυγε· -ά τη γκάιντα / το μπαλόνι για να φουσκώσει· -ά τη φλογέρα· -ώ το κερί για να σβήσει· φυσά τη φωτιά για να αναζωπυρωθεί.* 2. φρ. *~ τη μύτη μου* (= βγάζω από τη μύτη μου έτσι ώστε να διώξω κάτι (συνήθως τη μύξα που υπάρχει μέσα σ' αυτήν). Β. αμτβ. 1. αναπνέω έντονα και ορμητικά· φρ. *-ά από το κακό του* (= είναι εξοργισμένος)· *-ά και ξεφυσά,* βλ. *ξεφυσώ.* 2. (για άνεμο) α. πνέω: *-ά δροσερό αεράκι·* β. (απρόσ.): *δε -άει καθόλου σήμερα.* Φρ. *πάει όπου -ά ο άνεμος* (για άνθρωπο καιροσκόπο)· *το -άει και παγώνει,* βλ. *ά. κρυώνω· (το) -άει (το παραδάκι)* (= έχει πολλά χρήματα)· *-ά το πουγγί του* (= είναι πλούσιος).
φυτασθένεια η, ουσ. (ασυνίζ.), ασθένεια φυτού.
φυτεία η, ουσ. 1. έκταση όπου έχουν φυτευτεί και καλλιεργούνται φυτά ενός ορισμένου είδους σε σημαντικό αριθμό: *-είες ζαχαροκάλαμου / αμπελιών / καφέ.* 2. το σύνολο ιων φυτών που καλλιεργούνται σε ορισμένο τόπο.
φύτεμα το, ουσ., η ενέργεια και το αποτέλεσμα του φυτεύω (βλ. λ.).
φυτευτήρι το, ουσ., εργαλείο κατάλληλο για το φύτεμα.
φυτευτής ο, θηλ. **-τρια,** ουσ. 1. αυτός που φυτεύει.

2. (μεταφ.) αυτός που «φυτεύει» ιδέες: *γίνε ορθοτόμος, ~, διαφεντευτής* (Παλαμάς).
φυτευτός, -ή, -ό, επίθ., που γίνεται με φύτεμα (αντ. *αυτοφυής).*
φυτεύτρια, βλ. *φυτευτής.*
φυτεύω, ρ. 1. τοποθετώ μέσα στη γη ρίζα ή σπόρο φυτού για να ριζοβολήσει και να αναπτυχθεί: *-εψα μια τριανταφυλλιά στον κήπο μου.* 2. βάζω βαθιά κάτι κάπου, μπήγω· φρ. *~ άνθρωπο στο χώμα* (= σκοτώνω)· *~ σφαίρα (σε κάποιον)* (= τουφεκίζω, σκοτώνω).
φυτικός, -ή, -ό, επίθ. 1. που ανήκει ή αναφέρεται στα φυτά: *λίπη -ά· μοτίβο -ό· διάκοσμος ~· -ό βασίλειο* (= το σύνολο των φυτών που υπάρχουν ή υπήρξαν κατά τους παλαιότερους αιώνες). 2. (φυσιολ.) για λειτουργίες του ανθρώπινου οργανισμού που γίνονται χωρίς τη θέληση του ανθρώπου: *λειτουργίες -ές· -ό νευρικό σύστημα.*
φυτίλι, βλ. *φιτίλι.*
φυτίνη η, ουσ. 1. (χημ.) άλας ασβεστίου και μαγνησίου που αφαιρείται από τα σπέρματα ορισμένων φυτών. 2. είδος μαγειρικού λίπους που παράγεται από φυτίνη και άλλα συστατικά.
φυτό το, ουσ. 1. ό,τι φυτρώνει στο έδαφος και αναπτύσσεται. 2. (βοτ.) οργανισμός που προσλαμβάνει την ανόργανη τροφή του από το έδαφος, το νερό και την ατμόσφαιρα, τη μεταβάλλει σε διάφορες οργανικές ενώσεις και τέλος την αφομοιώνει. 3. (μεταφ.) για άτομο που έχει χάσει ένα μέρος ή το σύνολο των διανοητικών του ικανοτήτων.
φυτοβιολογία η, ουσ. (ασυνίζ.), (βοτ.) κλάδος της βοτανικής που εξετάζει τη βιολογία των φυτών.
φυτογεωγραφία η, ουσ. (βοτ.) κλάδος της βοτανικής που μελετά τη γεωγραφική κατανομή των φυτικών ειδών και την επίδραση που ασκεί το περιβάλλον σ' αυτά.
φυτογεωγραφικός, -ή, -ο, επίθ., που αναφέρεται στη φυτογεωγραφία: *περιοχές -ές* (= οι υποδιαιρέσεις της επιφάνειας της γης που εμφανίζουν διαφορές στη σύσταση της χλωρίδας τους).
φυτογραφία η, ουσ. (βοτ.) κλάδος της βοτανικής που περιγράφει τα φυτά.
φυτογραφικός, -ή, -ό, επίθ., που αναφέρεται στη φυτογραφία: *έρευνες -ές.*
φυτοζωώ, ρ. (μεταφ.) 1. ζω σαν φυτό, περνώ τη ζωή μου με στερήσεις, ψευτοζώ. 2. (μεταφ.) α. υπάρχω υποτυπωδώς, αδρανώ: *οι συνεταιριστικές ενώσεις -ούν·* β. βρίσκομαι σε κατάσταση μαρασμού, παρακμής.
φυτοθεραπεία η, ουσ., θεραπεία που γίνεται με τη χρήση φυτικών παρασκευασμάτων.
φυτοκομείο το, ουσ., χώρος στον οποίο γίνεται επιστημονική καλλιέργεια των φυτών.
φυτοκομία η, ουσ., επιστημονική καλλιέργεια και περιποίηση φυτών (συνών. *φυτοτεχνία).*
φυτοκόμος ο και η, ουσ., επιστήμονας που ασχολείται με τη φυτοκομία (βλ. λ.).
φυτολογία η, ουσ., κλάδος της βιολογίας που μελετά τα φυτά (συνών. *βοτανική).*
φυτολογικός, -ή, -ό, επίθ., που ανήκει ή αναφέρεται στη φυτολογία: *επιστήμη -ή· έρευνες -ές.*
φυτολόγιο το, ουσ. (ασυνίζ.), (βοτ.) 1. συλλογή φυτών ή τμημάτων τους (π.χ. βλαστός, φύλλα, άνθη, κλπ.), που έχουν αποξηρανθεί κάτω από πίεση, φέρουν ετικέτα με την επιστημονική ονομασία τους και χρησιμοποιούνται για βοτανικές μελέτες. 2. συλλογή σχεδίων που παριστάνουν φυτά. 3.

φυτολόγος σύγγραμμα που ασχολείται με την περιγραφή των φυτών.
φυτολόγος ο και η, ουσ., επιστήμονας που ασχολείται με τη φυτολογία (συνών. *βοτανολόγος*).
φυτοπαθολογία η, ουσ., η επιστήμη που μελετά τις παθήσεις των φυτών και τον τρόπο θεραπείας τους.
φυτοπαθολογικός, -ή, -ό, επίθ., που ανήκει ή αναφέρεται στη φυτοπαθολογία: *μελέτες -ές.*
φυτοπαθολόγος ο και η, ουσ., επιστήμονας που ασχολείται με τη φυτοπαθολογία.
φυτοπαράσιτο το, ουσ., παράσιτο (βλ. λ.) που ζει και αναπτύσσεται πάνω στα φυτά.
φυτοπλαγκτόν το, ουσ., το μέρος του πλαγκτού (βλ. λ.) που αποτελείται από φυτικούς οργανισμούς.
φυτοτεχνία η, ουσ., η τέχνη της καλλιέργειας των φυτών, η βιομηχανική χρησιμοποίηση των φυτών (συνών. *φυτοκομία).*
φυτοφαγία η, ουσ., χορτοφαγία (βλ. λ.).
φυτοφάγος, -ος, -ο, επίθ. (κυρίως για ζώα) που τρέφεται αποκλειστικά με φυτά ή φυτικές ουσίες (συνών. *χορτοφάγος* αντ. *σαρκοφάγος).*
φυτοφάρμακο το, ουσ., φάρμακο που χρησιμοποιείται για την καταπολέμηση των ασθενειών των φυτών (π.χ. ζιζανιοκτόνο, εντομοκτόνο, κ.ά.).
φυτοχημεία η, ουσ., κλάδος της γεωργικής χημείας που μελετά τα χημικά συστατικά των φυτών.
φυτόχωμα το, ουσ., χώμα που προέρχεται από την αποσύνθεση και τη ζύμωση φυτικών κυρίως υλών.
φύτρα η, ουσ. 1. το φυτικό έμβρυο (συνών. *φύτρο).* 2. (μεταφ.) α. καταγωγή, γενιά: *από τη ~ του κυρού* (= του πατέρα) (Καζαντζάκης)· β. γένος, φυλή (ως σύνολο ατόμων που ανήκουν στο ίδιο έθνος): *η ελληνική ~·* γ. οι απόγονοι: *άφησε μεγάλη ~ πίσω του, παιδιά, εγγόνια και δισέγγονα·* εκφρ. (υβριστικά) *άτιμη ~ ή διαβόλου ~* (για άνθρωπο δόλιο).
φύτρο το, ουσ. 1. φύτρα (βλ. λ. σημασ. 1). 2. (μεταφ.) γέννημα, δημιούργημα, γόνος.
φύτρωμα το, ουσ., η ανάπτυξη του φυτικού εμβρύου, η πρώτη βλάστηση του σπέρματος.
φυτρώνω, ρ. 1. (για φυτά) εμφανίζομαι στο έδαφος, βλασταίνω: *δε -ωσαν ακόμη τα σιτάρια.* 2. (μεταφ.) εμφανίζομαι, παρουσιάζομαι: *-ωσε το μουστάκι του· ύστερα από μια θεραπεία που έκανε, -ωσαν λίγα μαλλιά στο κεφάλι του·* φρ. *μη -εις εκεί που δε σε σπέρνουν.* - Βλ. *σπέρνω.*
φυτώριο το, ουσ. (ασυνίζ.). 1. έκταση γης όπου φυτεύονται και αναπτύσσονται νεαρά φυτά με σκοπό να μεταφυτευτούν αργότερα κάπου αλλού. 2. (μεταφ.) χώρος όπου διαμορφώνονται άτομα με κοινές ικανότητες ή κοινή ιδεολογία και προορίζονται συνήθως για το ίδιο επάγγελμα: *η Δραματική Σχολή είναι ~ νέων και ταλαντούχων ηθοποιών· το πανεπιστήμιο είναι ερευνητικό και επιστημονικό ~.*
φχ-, βλ. *ευχ-*.
φωβισμός, βλ. *φοβισμός.*
φώκια η, ουσ. (συνιζ.). 1. αμφίβιο θηλαστικό των αρκτικών ακτών και της Μεσογείου με ατρακτοειδές σώμα που καλύπτεται από κοντό και απαλό τρίχωμα, με μικρό, στρογγυλό κεφάλι και πόδια που ενώνονται και σχηματίζουν ουρά. 2. (μεταφ.) χοντροφτιαγμένη γυναίκα.

φωλεύω, ρ., αόρ. *φώλεψα*, μτχ. παρκ. *φωλεμένος*, (λόγ.). 1. κάνω τη φωλιά μου: *το πουλάκι εκεί -ψε* (συνών. *φωλιάζω).* 2. (μεταφ.) βρίσκομαι κρυμμένος: *στη συνείδησή του φώλευε πάντα ο φόβος.*
φώλι και (συνιζ.) **φώλιο** το, ουσ., αβγό αληθινό ή τεχνητό ομοίωμά του που τοποθετείται στη φωλιά της κότας για να την προσελκύσει να γεννήσει εκεί.
φωλιά η, ουσ. (συνιζ.). 1. κατοικία πουλιών και ζώων. 2. (μεταφ.) καταφύγιο: *~ ληστών.* 3. *πυροσβεστική ~* = εντοιχισμένη συσκευή που περιέχει πυροσβεστική αντλία και τοποθετείται σε κτήρια για άμεση επέμβαση σε περίπτωση πυρκαγιάς. 4. (βιολ.) *οικολογική ~* = η συγκεκριμένη θέση που κατέχει στο οικοσύστημα ο κάθε πληθυσμός κυρίως ανάλογα με τη λειτουργία του. - Υποκορ. *-ίτσα* η.
φωλιάζω, ρ. (συνιζ.). 1. (κυρίως για πουλιά) χτίζω φωλιά ή συχνάζω σε φωλιά: *πολλά πουλιά -ουν στις κουφάλες των δέντρων· στην κουφάλα σου εφώλιασε μελίσσι, γέρικη ελιά* (Μαβίλης). 2. (μεταφ.) εγκαθίσταμαι κάπου: *πάθη -ουν στην ψυχή του· καμιά αγάπη δεν μπορούσε να -σει μέσα του* (Μπαστιάς)· *του φώλιασε στα μάτια / γλυκιά της μάνας του η ευχή* (Βαλαωρίτης). 3. (μεταφ.) βρίσκομαι κάπου απομονωμένος, κρύβομαι: *η πολιτεία είναι -σμένη, κρυμμένη από καθετί* (Κόντογλου).
φώλιασμα το, ουσ. (συνιζ.), το να φωλιάζει (βλ. λ.) κανείς.
φώλιο, βλ. *φώλι.*
φωλίτσα, βλ. *φωλιά.*
φωνάζω, ρ. Α. αφήνω φωνή ή υψώνω τη φωνή μου για να με προσέξουν ή για να επιπλήξω κάποιον: *σταμάτα να -εις, σε ακούσαμε.* Β. μτβ. 1. λέω κάτι με δυνατή φωνή: *-ουν το όνομά μου· -αξαν «ζήτω»* φρ. *αυτό -ει από μόνο του ότι...* (= είναι ολοφάνερο ότι...)· *το λέω και το ~* (= διακηρύσσω κάτι με παρρησία). 2α. αποτείνομαι σε κάποιον (και σε ζώο ακόμη), καλώ με δυνατή φωνή: *τον -αξαν απ' το παράθυρο·* β. καλώ, προσκαλώ κάποιον: *θα -άξουμε το γιατρό να σε εξετάσει· τους -αξε στο γραφείο του να τους ρωτήσει.*
φωνακλάς ο, θηλ. *-ού*, ουσ., αυτός που έχει τη συνήθεια να μιλά δυνατά.
φωνάρα, βλ. *φωνή.*
φωνασκία η, ουσ. (λόγ.), δυνατή φωνή, δυνατή ομιλία.
φωνασκός ο, ουσ. (λόγ.), αυτός που φωνάζει, μιλά δυνατά.
φωνασκώ, ρ. (λόγ.), συζητώ με δυνατή φωνή.
φωναχτός, -ή, -ό, επίθ., που γίνεται με δυνατή φωνή: *του απάντησε με -ά λόγια* (αντ. *χαμηλόφωνος).* - Επίρρ. *-ά: διαβάζει -ά.*
φωνή η, ουσ. 1. το σύνολο των ήχων που παράγονται κατά τις παλμικές κινήσεις των φωνητικών χορδών και βγαίνουν από το στόμα του ανθρώπου και των ζώων: *έχει δυνατή / βραχνή / λεπτή / χοντρή / καθαρή ~· οι -ές των πουλιών.* 2. κραυγή: *έβγαλε μια τρομαγμένη ~.* 3. (συνήθως στον πληθ.) οχλοβοή: *με τρέλαναν όλες αυτές οι -ές.* 4. ο ήχος που βγαίνει με το τραγούδι: *έχει ωραία / φάλτσα ~· κομμάτι για πιάνο και ~.* 5. (συνεκδοχικά, λογοτ.) άνθρωπος που μιλάει: *«τρέξε», άκουσε να του λέει πίσω του μια ~.* 6. (ποιητ., κυρίως για στοιχεία της φύσης): *η ~ του δάσους / του ανέμου.* 7. (μουσ.) νότα. 8. (μεταφ.) παρότρυν-

ση από το βαθύτερο είναι μας: ~ *της συνείδησης / της λογικής· η ~ του αίματος* (= εσωτερική παρόρμηση για εκδίκηση σε περίπτωση φόνου στενού συγγενή). 9. (γραμμ.) η μορφή του ρήματος ανάλογα με το αν το υποκείμενο ενεργεί ή πάσχει: ~ *ενεργητική / παθητική*. Φρ. *βάζω* ~ *ή τις -ές* (= υψώνω τη φωνή μου διαμαρτυρόμενος ή ελέγχοντας): *του 'βαλα τις -ές και ησύχασε· βγάζω -ές* (= κραυγάζω)· *έβαλα / έβγαλα / έμπηξα μια* ~ */ κάτι -ές που...* (= τόσο έντονα φώναξα, διαμαρτυρήθηκα που...). Έκφρ. *με μια* ~ (= ομόφωνα)· *κατά* ~ *κι ο γάιδαρος* (για άτομο που εμφανίζεται απροσδόκητα τη στιγμή που γίνεται λόγος γι' αυτό)· *ούτε* ~ *ούτε ακρόαση* (= δεν υπάρχει κανένα νεότερο ή καμιά αντιαπόκριση)· ~ *καμπάνα* (= πολύ δυνατή και καθαρή). - Υποκορ. *-ίτσα* και *-ούλα* η. - Μεγεθ. *-άρα* η.

φωνή βοώντος εν τη ερήμω αρχαϊστ. έκφρ.· για να δηλωθεί ότι η προτροπή, η συμβουλή, κλπ., δεν έχει αποτέλεσμα σ' αυτόν που απευθύνεται.

φωνήεν το, ουσ., φθόγγος που παράγουν τα φωνητικά όργανα δίνοντας μια ελεύθερη διέξοδο στη φωνή, μπορεί να σχηματίσει μόνος του συλλαβή και μεταγράφεται με ένα ή περισσότερα γράμματα: ~ *ανοιχτό / κλειστό·* ~ *δίψηφο* (= που γράφεται με δύο γράμματα, λ.χ. *ει)·* ~ *συνδετικό*, βλ. ά. *συνδετικός.*

φωνηεντικός, -ή, -ό, επίθ. (έρρ.), (γραμμ.) που σχετίζεται με τα φωνήεντα μιας γλώσσας: *σύμπλεγμα -ό.*

φωνηεντισμός ο, ουσ. (έρρ.), (γραμμ.) το σύστημα των φωνηέντων μιας γλώσσας και των παθών τους.

φωνηεντόληκτος, -η, -ο, επίθ. (έρρ.), (γραμμ. για λέξη) που το θέμα της λήγει σε φωνήεν (αντ. *συμφωνόληκτος).*

φωνή λαού οργή θεού! αρχαϊστ. έκφρ.· για να δηλωθεί υποταγή στη θέληση των πολλών.

φώνημα το, ουσ. (γλωσσολ.) η ελάχιστη ηχητική μονάδα του λόγου, μεμονωμένος φθόγγος ή σειρά φθόγγων που λειτουργούν σε ένα συγκεκριμένο γλωσσικό σύστημα και έχουν διαφοροποιητική αξία, όπως το π, το τ και το κ στις λέξεις *πόνος, τόνος, κώνος.*

φωνητική η, ουσ. (γλωσσολ.) επιστημονικός κλάδος που μελετά τη φύση των φθόγγων, τις μεταβολές τους, καθώς και τους νόμους που διέπουν τη λειτουργία τους στον ανθρώπινο λόγο.

φωνητικός, -ή, -ό, επίθ. 1. που σχετίζεται με τη φωνή: *-ά όργανα του ανθρώπου· χορδές -ές*, βλ. *χορδή.* 2. (γραμμ.) που σχετίζεται με τους φθόγγους και τη φωνητική: *μεταβολές -ές· -οί κανόνες μιας γλώσσας· ορθογραφία -ή*, βλ. *ορθογραφία.* - Για το θηλ. ως ουσ. βλ. *φωνητική.*

φωνίτσα, βλ. *φωνή.*

φωνο-, α' συνθετ. λόγ. λ.: *φωνοληψία, φωνολογία.* [φωνή].

φωνογραφία η, ουσ. 1. η παράσταση των φθόγγων με σημεία γραφής. 2. η εγγραφή φωνής σε δίσκο (βλ. λ. *σημασ.* 7) καθώς και σε ταινία μαγνητοφώνου.

φωνογραφικός, -ή, -ό, επίθ., που ανήκει ή αναφέρεται στο φωνογράφο ή τη φωνογραφία: *εταιρεία -ή.*

φωνογράφος και **φωνόγραφος** ο, ουσ., συσκευή για την εγγραφή και την αναπαραγωγή ήχων (ομιλίας, μουσικής, κλπ.). - Πβ. *γραμμόφωνο.*

φωνογραφώ, ρ., καταγράφω σε ειδικό κύλινδρο ή σε δίσκο ήχους.

φωνοληπτικός, -ή, -ό, επίθ., που σχετίζεται με τη φωνοληψία.

φωνοληψία η, ουσ., λήψη και αποτύπωση ήχων με ηλεκτροακουστικά μέσα (συνών. *ηχοληψία).*

φωνολογία η, ουσ. (γλωσσολ.) επιστημονικός κλάδος που μελετά τα φωνήματα μιας γλώσσας.

φωνολογικός, -ή, -ό, επίθ., που ανήκει ή αναφέρεται στη φωνολογία.

φωνομετρία η, ουσ., η μέτρηση της έντασης των ήχων.

φωνομετρικός, -ή, -ό, επίθ., που ανήκει ή αναφέρεται στη φωνομετρία (βλ. λ.).

φωνόμετρο το, ουσ., όργανο με το οποίο μετριέται η οξύτητα της φωνής.

φωνομιμητική η, ουσ., μέθοδος διδασκαλίας της ανάγνωσης, κατά την οποία οι μαθητές μαθαίνουν το κάθε γράμμα προφέροντας το φθόγγο που παριστάνει και όχι ολόκληρη την ονομασία του, λ.χ. «α» και όχι «άλφα».

-φωνος, β' συνθ. επιθ.: *μεγαλόφωνος, μεσόφωνος· γαλλόφωνος, τουρκόφωνος.*

φωνούλα, βλ. *φωνή.*

φως το, γεν. *φωτός*, πληθ. *φώτα*, λαϊκ. σπάνια **φώσι**, πληθ. *φώσια*, ουσ. 1. ο φυσικός παράγοντας που διεγείρει τα αισθητήρια όργανα της όρασης και κάνει τα πράγματα ορατά: *το* ~ *του ήλιου/της σελήνης· ταχύτητα του φωτός· άνοιξε το παράθυρο να μπει τυ...* 2. (συνεκδοχικά) τεχνητή πηγή φωτός, λάμπα: *ένα δυο φώσια φαινόντυνε να τρεμοσβήνουνε στην παραλία* (Μπαστιάς)· *ανάβω / σβήνω το* ~ *το* ~ *φώτιζε λαμπρά την είσοδο* (ειδικά για αυτοκίνητο) *φώτα πορείας* (= οι λαμπτήρες που είναι τοποθετημένοι στο μπροστινό μέρος του οχήματος για να φωτίζουν το δρόμο όταν αυτό κινείται τη νύχτα ή όταν η ορατότητα είναι περιορισμένη)· *φώτα ομίχλης* (= ειδικές λάμπες που διευκολύνουν την κίνηση του οχήματος όταν υπάρχει ομίχλη). 3. (στον πληθ.) ο τεχνητός φωτισμός του χωριού, μιας πόλης με τα τεχνικά εξαρτήματά του. 4. η όραση (βλ. λ.): *το* ~ *του δεν κόντυνε* (= δε μειώθηκε)· *έχασε το* ~ *του* (= τυφλώθηκε). 5. λάμψη: *ξαφνικά ένα λευκό* ~ *άστραψε στον ουρανό.* 6. φωτεινό σημείο: *ένα* ~ *φαινόταν στον ορίζοντα.* 7. (σε προσφών.) αγαπημένο πρόσωπο: *πες μου,* ~ *μου* (συνών. *μάτια μου).* 8. (στον πληθ., με κεφ. το αρχικό γράμμα) η 6η Ιανουαρίου κάθε χρόνου, μέρα που τιμάται η βάφτιση του Χριστού, τα Θεοφάνεια. 9. (μεταφ.) ό,τι φωτίζει το ανθρώπινο πνεύμα: *συσκοτίστηκε το* ~ *του νου του.* 10. (μεταφ. στον πληθ.) η ικανότητα να διαφωτίζει, να ερμηνεύει κανείς κάτι, οι γνώσεις, η πείρα: *περιμένω τα φώτα σου γι' αυτό το θέμα.* Εκφρ. *άγιο* ~ (= το φως που δίνει ο ιερέας στους πιστούς την Ανάσταση)· *η Ευρώπη των φώτων* (= η Ευρώπη του 18. αι.)· *η πόλη του φωτός* (= το Παρίσι)· *το* ~ *της δημοσιότητας* (= δημοσιότητα): *το έργο του είδε γρήγορα το* ~ *της δημοσιότητας* (= έγινε γρήγορα γνωστό)· *υπό το* ~ *του / της...* (= ύστερα από κατατοπισμό, ύστερα από τα στοιχεία που προέρχονται από κάτι): *υπό το* ~ *της σύγχρονης πραγματικότητας πρέπει να εξεταστεί το θέμα·* ~ *φανάρι*, βλ. *φανάρι.* Φρ. *βλέπω το* ~ *(της ημέρας)* (= γεννιέμαι, εμφανίζομαι)· *δε βλέπω ή δε φαίνεται* ~ (= 1. δε διαλευκαίνεται τίποτα. 2. (για δύσκολη οικονομική ή άλλη κατά-

σταση) δεν υπάρχει ελπίδα, λύση, διέξοδος)· *δίνω πράσινο ~* (= συγκατανεύω, επιτρέπω να γίνει κάτι)· *έρχεται στο ~* (= γίνεται γνωστός, αποκαλύπτεται): *ήρθαν στο ~ αρχαιότητες· ποιος τυφλός δε θέλει το ~ του;* (= την επιτυχία την επιθυμούν όλοι, όλοι θέλουν ν' αποκτήσουν αυτό που δεν έχουν)· *ρίχνω ~* (= διαφωτίζω, παρέχω στοιχεία για τον καταταπισμό πάνω σε κάτι): *έριξε ~ στην υπόθεση με την κατάθεσή του στο δικαστήριο· χάνω το ~ μου* (= **1**. τυφλώνομαι. **2**. (μεταφ.) χάνω τον προστάτη μου, το αγαπημένο μου πρόσωπο). - Υποκορ. **φωτάκι** και **φωσάκι** το = μικρή πηγή φωτός: *ήρθε η νύχτα στον κάμπο με τα λιγοστά νυσταγμένα φωσάκια* (Ι. Μ. Παναγιωτόπουλος).

φωστήρας ο, ουσ., αυτός που έχει πολλές γνώσεις, ο πολύ μελετημένος: *αυτός ο μαθητής είναι ~ στις ξένες γλώσσες.*

φωσφατίνη η, ουσ., αμυλώδης τροφή κατάλληλη για τα βρέφη.

φωσφορίζω, ρ., εκπέμπω φωσφορική λάμψη, λαμπυρίζω μέσα στο σκοτάδι: *τα μάτια της απόμειναν να -ουν.* (Ι. Μ. Παναγιωτόπουλος).

φωσφορικός, -ή, -ό, επίθ. **1**. που ανήκει ή αναφέρεται στο φωσφόρο (βλ. λ.): *λάμψη -ή.* **2**. που περιέχει φωσφόρο: *άλατα -ά.*

φωσφορισμός ο και **φωσφόρισμα** το, ουσ. (φυσ. - χημ. - βιολ.) η ιδιότητα ορισμένων σωμάτων ή ζωντανών οργανισμών να εκπέμπουν φως στο σκοτάδι χωρίς να αυξάνεται η θερμοκρασία τους: *ο ~ της πυγολαμπίδας.*

φωσφόρος ο, ουσ. (χημ.) αμέταλλο στοιχείο με κίτρινο χρώμα που φωτίζει κατά την εξάτμισή του.

φωσφορούχος, -α, -ο, επίθ. (χημ.) που περιέχει φωσφόρο: *ενώσεις -ες.*

φωταγώγηση η, ουσ., φωτισμός χώρου ή αντικειμένου με πολλά και δυνατά φώτα: *~ της πόλης / του δημαρχείου / της πλατείας.*

φωταγωγός ο, ουσ., κενός χώρος στο εσωτερικό οικοδομής που επιτρέπει να περνά το φως του ήλιου για να φωτίζει ορισμένους εσωτερικούς χώρους.

φωταγωγώ, ρ., φωτίζω με πολλά φώτα: *τα βράδια -είται η ακρόπολη.*

φωταέριο το, ουσ. (ασυνίζ.), εύφλεκτο μίγμα αερίων που παράγεται με ξηρή απόσταξη λιθανθράκων και χρησιμοποιείται για φωτισμό, θέρμανση ή τροφοδότηση κινητήρων (συνών. *γκάζι*).

φωτάκι, βλ. *φως.*

φωταψία η, ουσ., πλούσιος, άπλετος φωτισμός.

φωτεινός, -ή, -ό, επίθ. **1**. που εκπέμπει φως: *ήλιος ~· σηματοδότες -οί.* **2**. που φωτίζεται καλά: *δωμάτιο -ό* (αντ. *σκοτεινός*). **3**. (για χρώμα) ανοιχτό: *κόκκινο -ό* (αντ. *σκούρος*). **4**. (μεταφ.) α. που εκπέμπει πνευματική ακτινοβολία: *μυαλό -ό· δάσκαλος ~· -ή μορφή πολιτικού·* β. που εκφράζει εσωτερική ευφορία και χαρά: *πρόσωπο -ό· μάτια -ά* (συνών. *λαμπερός*). - Επίρρ. **-ά.**

φωτεινότητα η, ουσ., η ιδιότητα του φωτεινού.

φωτερός, -ή, -ό, επίθ., που φωτίζεται καλά: *διαμέρισμα -ό· -ά σκοτάδια* (Δροσίνης) (συνών. *φωτεινός·* αντ. *σκοτεινός*). - Το ουδ. ως ουσ. = **1**. (στον εν.) φεγγίτης. **2**. (ιδιωμ. στον πληθ.) μάτια.

φωτιά η, ουσ. (συνιζ.). **1**. καυτές φλόγες που παράγονται από την καύση διάφορων υλικών, αποδεσμεύουν θερμαντική ενέργεια, δημιουργούν φως και μπορούν να κάψουν οτιδήποτε: *η ~ είναι ένα από τα φυσικά στοιχεία.* **2**. συγκεκριμένα υλικά που με την καύση τους αποδεσμεύουν θερμότητα και δημιουργούν φως: *ανάβω ~ για να μαγειρέψω· καθίσαμε κοντά στη ~ και ζεσταθήκαμε.* **3**. φυσική ή τεχνητή πηγή θερμότητας πάνω στην οποία μαγειρεύονται τα φαγητά. **4**. (συνεκδοχικά) ό,τι χρειάζεται για να ανάψει κανείς τσιγάρο ή πίπα: *μου δίνετε ~ σας παρακαλώ;* **5**. πυρκαγιά ή εμπρησμός: *η ~ επεκτάθηκε στο δάσος· η ~ ήταν βαλτή.* **6**. (μεταφ.) μάχη: *τον έστειλαν μες στη ~* (= στην πρώτη γραμμή). **7**. (στον πληθ.) φωτεινό ειδοποιητήριο: *ανάψαμε -ιές για να μας ειδοποιήσουν.* Εκφρ. *κόκκινο ~* ή *κόκκινο της -άς* (= πολύ έντονο κόκκινο)· *μάγουλα ~* (= κατακόκκινα)· *ποτό ~* (= πολύ δυνατό)· *τιμές ~* (= πολύ υψηλές)· *~ και λαύρα* (= **1**. μεγάλη ζέστη. **2**. για κάτι πανάκριβο. **3**. για κάτι επικίνδυνο). Φρ. *βάζω το χέρι μου στη ~* (= είμαι απολύτως βέβαιος για κάτι)· *βγάζω τα κάστανα από τη ~* (= αναλαμβάνω να φέρω σε πέρας μια δύσκολη υπόθεση)· *είναι ~* (= πολύ έξυπνος)· *μου άναψε ~* (= **1**. μου προκάλεσε έρωτα. **2**. μου δημιούργησε υποψίες)· *παίζω με τη ~* (βλ. *παίζω*)· *παίρνω ~* (βλ. *παίρνω*)· (για όπλα) *πήρε ~* (= εκπυρσοκρότησε)· *~ να σε κάψει!* (ως κατάρα)· *~ πήραν τα τηλέφωνα* (= υπήρξε έντονη ή μεγάλη διάρκειας τηλεφωνική επικοινωνία)· *πήραν ~ τα πιρούνια* (= φάγαμε πολύ και με μεγάλη ταχύτητα)· *~ στη ~* (για ανταπόδοση με τον ίδιο τρόπο).

φωτίζω, ρ. I. ενεργ. Α. μτβ. **1**. παρέχω φως, φυσικό ή τεχνητό, ώστε τα πράγματα να γίνουν ορατά: *η λάμπα -ει με επάρκεια το χώρο· το φεγγάρι -ιζε το δωμάτιο.* **2**. (μεταφ.) κάνω κάτι να εκπέμπει ακτινοβολία, να γίνει φωτεινό: *η χαρά -ισε το πρόσωπό του.* **3**. (μεταφ.) παρέχω κατατοπιστικές πληροφορίες, καταρτίζω κάποιον πάνω σ' ένα θέμα: *ο πρωθυπουργός -ισε το λαό για τις τελευταίες εξελίξεις· ακροατής -ισμένος* (= ενήμερος)· *γνώμη -ισμένη* (= κατατοπιστική)· φρ. (ειρων.) *μας -ισες!* (σε περίπτωση που η πληροφορία ή η εξήγηση κάποιου αποδεικνύεται άχρηστη) (συνών. *κατατοπίζω, ενημερώνω*). **4**. (μεταφ.) καθοδηγώ, δείχνω το δρόμο: *ας τον -ίσει ο Θεός!* **5**. (μεταφ.) κάνω κάτι κατανοητό, ερμηνεύω: *αυτό το σχόλιο -ει τη σημασία του χωρίου του κειμένου· αυτή η πραγματεία μας -ει μια σημαντική ιστορική περίοδο* (συνών. *διαφωτίζω*). **6**. (για ιερέα) ευλογώ τα σπίτια κατά την ημέρα των Θεοφανείων: *πέρασε ο παπάς του χωριού και -ισε όλα τα σπίτια.* Β. αμτβ. **1**. παρέχω φως ώστε τα πράγματα να γίνουν ορατά: *-ει ο ήλιος / ο λαμπτήρας.* **2**. (τριτοπρόσ. ή με υποκ. τις λ. *μέρα* ή *Θεός*) ξημερώνει: *η μέρα -ισε.* II. μέσ. (λαϊκ.) βαφτίζομαι.

φωτίκια τα, ουσ. (συνιζ., λαϊκ.), τα ρούχα που φορούν στο νεοβαπτισμένο παιδί.

φώτιση η, ουσ. α. ηθική καθοδήγηση, κυρίως στη φρ. *ο Θεός να σου δώσει ~* (= ο Θεός να σε οδηγήσει στο σωστό δρόμο)· β. έμπνευση, ιδέα: *του 'ρθε ~ ν' αφήσει τα άσχημα σχέδιά του.*

φώτισμα το, ουσ., φωτισμός (βλ. λ.).

φωτισμός ο, ουσ. **1**. η ενέργεια και το αποτέλεσμα του φωτίζω (βλ. λ.): *ο ~ της γης από τον ήλιο.* **2**. (εκκλ.) η δωρεά του αγίου Πνεύματος κατά την ημέρα των Θεοφανείων και κατ' επέκταση με το βάπτισμα: *σήμερα τα Φώτα και ο ~.* **3**. το γεγονός ότι κάτι φωτίζεται, δέχεται φως: *το δωμάτιο έχει καλό -ό.* **4**. το μέσο με το οποίο φωτίζεται κανείς ή κάτι· εκφρ. *κρυφός ~* (= σύστημα φωτισμού εσωτερικού χώρου τοποθετημένου σε τέτοια θέση ώστε να μη φαίνεται).

φωτιστικός, -ή, -ό, επίθ., που ανήκει ή αναφέρεται στο φωτισμό: *σώμα -ό* (= σκεύος που χρησιμοποιείται για το φωτισμό του χώρου).

φωτο-, α΄ συνθ. σε λέξεις για να δηλωθεί η έννοια του φωτός στις ποικίλες σημασίες της.

φωτοαντιγραφικός, -ή, -ό, επίθ., που σχετίζεται με το φωτοαντίγραφο: *μηχάνημα -ό*.

φωτοαντίγραφο το, ουσ. (έρρ.), αντίγραφο σελίδας βιβλίου, εγγράφου, κλπ., που παράγεται με τη χρησιμοποίηση φωτοτυπικών μέσων (συνών. *φωτοαντίτυπο*).

φωτοαντίτυπο το, ουσ. (έρρ.), φωτοαντίγραφο (βλ. λ.).

φωτοβολή η, ουσ., ακτινοβολία (συνών. *φεγγοβολή*).

φωτοβολίδα η, ουσ., είδος πυροτεχνήματος που εκτοξεύεται για πανηγυρικούς σκοπούς εκπέμποντας λάμψη: *το αεροσκάφος έριξε -ες*.

φωτοβολώ, ρ., εκπέμπω φως, λάμπω: *ο ήλιος -ούσε* (συνών. *φεγγοβολώ*).

φωτογένεια η, ουσ. (ασυνίζ.), η ιδιότητα ορισμένων ανθρώπων να βγαίνουν καθαρά και ζωηρά τα χαρακτηριστικά τους στη φωτογραφική αναπαράσταση.

φωτογόνος, -α, -ο, επίθ., που παράγει φως, που είναι κατάλληλος για φωτιστική ύλη.

φωτογραφείο το, ουσ., εργαστήριο του φωτογράφου.

φωτογράφηση και **-ιση**, η, ουσ., η ενέργεια και το αποτέλεσμα του φωτογραφώ (βλ. λ.).

φωτογραφία η, ουσ. 1. η τεχνική μέθοδος με την οποία, επιδρώντας το φως σε μια ευαισθητοποιημένη επιφάνεια, παράγεται μόνιμη εικόνα των αντικειμένων. 2. η εικόνα που δημιουργείται με αυτή τη μέθοδο. 3. (μεταφ.) για να δηλώσει αναπαράσταση αντικειμένων με απόλυτη πιστότητα: *ο πίνακας αυτός μοιάζει με ~*.

φωτογραφίζω, βλ. *φωτογραφώ*.

φωτογραφικός, -ή, -ό, επίθ., που ανήκει ή αναφέρεται στη φωτογραφία: *εργαστήριο / φιλμ / χαρτί -ό*. - *Το θηλ.* ως ουσ. = η τέχνη του φωτογράφου. - Επίρρ. **-ά** = με απόλυτη πιστότητα.

φωτογράφηση, βλ. *φωτογράφηση*.

φωτογράφος ο, ουσ. 1. επαγγελματίας που ασχολείται με τη φωτογράφηση. 2. αυτός που βγάζει φωτογραφίες: *ερασιτέχνης ~*.

φωτογραφώ και **-ίζω**, ρ., αόρ. *-ησα* και *-ισα*, μτχ. παρκ. *-ισμένος*, παίρνω, τραβώ φωτογραφίες.

φωτοδότης ο, θηλ. **-ότρια**, ουσ. 1. (σπανιότ.) αυτός που παρέχει φως. 2. (μεταφ.) αυτός που διαφωτίζει πνευματικά: *φιλόσοφος / επιστήμονας ~*.

φωτοεκτύπωση η, ουσ., η εκτύπωση με τη μέθοδο της φωτοτυπίας (βλ. λ.).

φωτοευαίσθητος, -η, -ο, επίθ., που είναι ευαίσθητος στην επίδραση του φωτός: *το φως πέφτει στη χημικά -η επιφάνεια του φιλμ*.

φωτοηλεκτρικός, -ή, -ό, επίθ., που ανήκει ή αναφέρεται στο ηλεκτρικό φως: *φαινόμενο -ό* = (φυσ.) η απόσπαση ηλεκτρονίων από μεταλλική επιφάνεια, στο κενό, με την επίδραση φωτός κατάλληλης συχνότητας.

φωτοηλεκτρισμός ο, ουσ. (φυσ.) εκπομπή ηλεκτρικού φορτίου σε σώματα που προσβάλλονται από φωτεινή ακτινοβολία.

φωτοθεραπεία η, ουσ. (ιατρ.) θεραπεία διαφόρων παθήσεων με τη χρήση του ηλεκτρικού ή ηλιακού φωτός.

φωτοκόπια η, ουσ. (συνιζ.), φωτοαντίγραφο (βλ. λ.). [γαλλ. *photocopie*].

φωτοκύτταρο το, ουσ., φωτοηλεκτρικό κύτταρο (βλ. λ. σημασ. 3): *το μηχάνημα λειτουργεί με -α*.

φωτολιθογράφος ο, ουσ., ειδικευμένος τεχνίτης της λιθογραφίας που χειρίζεται τα ειδικά φιλμ των σχεδίων και εικόνων που πρόκειται να εκτυπωθούν με τη μέθοδο της εκτύπωσης «offset».

φωτόλουστος, -η, -ο, και φωτολουσμένος, επίθ., που φωτίζεται σε μεγάλο βαθμό: *δωμάτιο -ο*.

φωτόλουτρο το, ουσ. (ιατρ.) θεραπευτική μέθοδος κατά την οποία το ανθρώπινο σώμα ή ένα μέλος του δέχεται θερμικές και φωτεινές ακτινοβολίες.

φωτόλυση η, ουσ., χημική αποσύνθεση με την επίδραση του φωτός και ιδιαίτερα της υπεριώδους ακτινοβολίας.

φωτομετέωρο το, ουσ., οπτικό φαινόμενο της ατμόσφαιρας, όπως το ουράνιο τόξο, το σέλας, κλπ.

φωτομετρία η, ουσ. 1. μέτρηση της έντασης των ορατών ή μη ακτινοβολιών. 2. κλάδος της φυσικής που μελετά τα μεγέθη που σχετίζονται με το φως.

φωτομετρικός, -ή, -ό, επίθ., που ανήκει ή αναφέρεται στη φωτομετρία: *συσκευή -ή*.

φωτόμετρο το, ουσ. 1. συσκευή που χρησιμοποιείται για τη μέτρηση της έντασης εκπεμπόμενου φωτός. 2. (φωτογρ.) όργανο με το οποίο προσδιορίζεται ο χρόνος έκθεσης του φωτογραφικού φιλμ στο φως κατά τη λήψη μιας φωτογραφίας.

φωτομηχανικός, -ή, -ό, επίθ., που χρησιμοποιεί τη φωτογραφία για την παραγωγή τύπων από τα οποία δημιουργούνται πολλαπλά αντίτυπα με τη χρήση τυπογραφικού πιεστηρίου: *έκδοση / ανατύπωση -ή*.

φωτομικρογραφία η, ουσ., μικρογραφία που παράγεται με φωτογραφικά μέσα.

φωτομοντάζ το, ουσ. άκλ. (προφ. ν-τ), η τέχνη της σύνθεσης εικόνων από πολλές φωτογραφίες και το αποτέλεσμα της τέχνης αυτής. [γαλλ. *photomontage*].

φωτομοντέλο το, ουσ. (όχι έρρ.), άτομο που έχει ως επάγγελμα την αυτοπροβολή του άμεσα ή μέσω φωτογραφιών ή φιλμ για διαφημιστικούς κυρίως σκοπούς.

φωτόνιο το, ουσ. (ασυνίζ.), (φυσ.) σωματίδιο ηλεκτρομαγνητικής ακτινοβολίας.

φωτορεπορτάζ το, ουσ. άκλ., το επάγγελμα του φωτορεπόρτερ (βλ. λ.) και το αποτέλεσμα της δραστηριότητάς του.

φωτορεπόρτερ ο και η, ουσ. άκλ., φωτογράφος που εργάζεται σε εφημερίδες ή περιοδικά και παρέχει φωτογραφίες προσώπων και επίκαιρων γεγονότων.

φωτοσβέστης ο, ουσ. (μεταφ.) εχθρός της πνευματικής διαφώτισης, αντίπαλος των προοδευτικών ιδεών.

φωτοσκιάζω, ρ. (ασυνίζ.), συμπληρώνω μια ζωγραφική εικόνα ή έναν πίνακα με σκιές συνδυάζοντας κατάλληλα τα ανοιχτά και σκοτεινά χρώματα.

φωτοσκίαση η, ουσ., η ενέργεια του φωτοσκιάζω.

φωτοστέφανος ο, ουσ. 1. ο φωτεινός κύκλος γύρω από τα κεφάλια αγίων σε εικόνες. 2. (μεταφ.) αίγλη: *πέθανε με το -ο της νίκης* (συνών. *δόξα*).

φωτοστοιχείο το, ουσ., συσκευή που αποτελείται

φωτοστοιχειοθεσία

βασικά από δύο ηλεκτρόδια διαχωριζόμενα από ένα λεπτό ημιαγωγό στρώμα και που μετατρέπει τη φωτεινή ενέργεια σε ηλεκτρική.

φωτοστοιχειοθεσία η, ουσ. (ασυνίζ.), φωτοσύνθεση (βλ. λ.).

φωτοστοιχειοθέτης ο, ουσ. (ασυνίζ.), τεχνίτης της λιθογραφίας που με ηλεκτρονικά μηχανήματα μεταφέρει ένα κείμενο σε φιλμ.

φωτοσύνθεση η, I. ουσ., λειτουργία του φυτού που με την επενέργεια του ηλιακού φωτός καταλήγει στη σύνθεση υδατάνθρακα από ανόργανες ενώσεις (νερό και διοξείδιο του άνθρακα).

φωτοσύνθεση η, II. ουσ. (τυπογραφία) ηλεκτρονική μέθοδος με την οποία ανατυπώνονται σε φιλμ στοιχειοθετημένα κείμενα.

φωτόσφαιρα η, ουσ., φωτεινή περιοχή του Ήλιου που εκπέμπει την ακτινοβολία.

φωτοτηλεγραφία η, ουσ., μετάδοση ή λήψη από απόσταση εικόνων, φωτογραφιών, κειμένων, σχεδίων, κλπ., με φωτοηλεκτρικά μέσα.

φωτοτροπισμός ο, ουσ. (φυσ.) η επίδραση των φωτεινών ακτίνων στην κατεύθυνση της ανάπτυξης των φυτών ώστε αυτά να στρέφονται και να εκτείνουν τα κλαδιά τους προς το ηλιακό φως.

φωτοτσιγκογραφία η, ουσ. (έρρ.), κατασκευή τυπογραφικών κλισέ σε πλάκες υδραργύρου με φωτομηχανικές μεθόδους.

φωτοτσιγκογράφος ο, ουσ. (έρρ.), τεχνίτης ειδικός στη φωτοτσιγκογραφία.

φωτοτυπία η, ουσ. I. μέθοδος δημιουργίας αντιγράφων εικόνων, κειμένων, σχεδίων, κλπ., με φωτομηχανικές μεθόδους. 2. (συνεκδοχικά) το αντίγραφο που παράγεται μ' αυτήν τη μέθοδο (συνών. *φωτοαντίγραφο, φωτοκόπια*).

φωτοτυπικός, -ή, -ό, επίθ., που σχετίζεται με τη φωτοτυπία (βλ. λ.): *μηχάνημα -ό*.

φωτοτυπώ, -είς, ρ., παράγω φωτοαντίγραφα.

φωτοφοβία η, ουσ. 1. υπερβολικός φόβος προς το φως και η αποφυγή του. 2. μεγάλη ευαισθησία των ματιών στο φως.

φωτοχαράζει, ρ. (τριτοπρόσ. με ενν. υποκ. τη λ. *μέρα*) ξημερώνει.

φωτοχαρακτική η, ουσ., χάραξη με διαβρωτικά μέσα φωτογραφικού αντιτύπου που έχει αποτυπωθεί σε μεταλλική πλάκα.

φωτοχημεία η, ουσ., η μελέτη των χημικών αντιδράσεων που δημιουργούνται με την επίδραση του φωτός.

φωτοχημικός, -ή, -ό, επίθ., που ανήκει ή αναφέρεται στη φωτοχημεία (βλ. λ.): *μέθοδος / αντίδραση -ή*.

φωτοχρωμία η, ουσ., φωτογραφία χρωμάτων.

φωτοχυσία η, ουσ., πλούσιος φωτισμός (συνών. *φωταψία*).

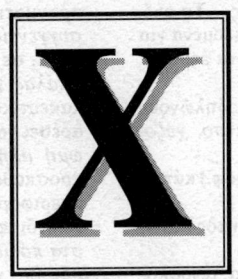

χ, Χ (χι και χει) 1. το εικοστό δεύτερο γράμμα του ελληνικού αλφαβήτου· ένα από τα σύμφωνα της ελληνικής γλώσσας. - Βλ. και *χι*. 2. αριθμητικό σημείο = α. (όταν έχει τόνο επάνω δεξιά ή τελεία κάτω δεξιά: χ΄, Χ΄, χ.) εξακόσια, εξακοσιοστός: *έτος ,αχμβ΄* (= 1642)· β. (όταν έχει τόνο κάτω αριστερά: ,χ) εξακόσιες χιλιάδες. 3. για πράγματα που διασταυρώνονται όπως οι κεραίες ενός κεφαλαίου Χ: *σανίδες καρφωμένες σε σχήμα Χ*. 4. (μαθημ.) α. σύμβολο αλγεβρικού αγνώστου· β. (στη γεωμετρία) η πρώτη από τις καρτεσιανές συντεταγμένες (η τετμημένη): *άξονας των χ΄, γ΄*. (κοιν.) άγνωστο πρόσωπο, πράγμα, ποσό: *ο μυστηριώδης κύριος Χ· σε χ ημέρες*. 5. (φυσ.) *ακτίνες Χ* (ή *Ρέντγκεν*) = είδος ηλεκτρομαγνητικής ακτινοβολίας με πολλές εφαρμογές στην ιατρική, κ.α.
χα, επιφ., (με επανάληψη) δηλώνει το γέλιο.
χαβάγια η, ουσ. (συνιζ.), (μουσ.) είδος χαβανέζικης κιθάρας με ιδιόμορφο παθητικό ήχο. [αγγλ. *Hawaiian*].
χαβαλές ο, ουσ. (λαϊκ.). 1α. για πράγμα που καλύπτει, βαραίνει κάτι· β. (ναυτ.) φορτίο τοποθετημένο στο κατάστρωμα πλοίου. 2α. (μεταφ.) «φόρτωμα», μπελάς, αναταραχή· β. για πρόσωπο ενοχλητικό, φορτικό. 3. διασκέδαση, «πλάκα»: *έρχονται στο γήπεδο για το -έ.* [τουρκ. *havale*].
Χαβανέζα, βλ. *Χαβανέζος*.
χαβανέζικος, -η, -ο, επίθ., που ανήκει ή αναφέρεται στη Χαβάη ή τους Χαβανέζους.
Χαβανέζος ο, θηλ. **-α,** ουσ., ο κάτοικος των νησιών της Χαβάης.
χαβάνι το, ουσ. (λαϊκ.), γουδί (βλ. λ.). [τουρκ. *havan*].
χαβανόχερο το, ουσ. (λαϊκ.), γουδοχέρι.
χαβάς ο, ουσ. (λαϊκ.). 1. σκοπός, μελωδία τραγουδιού (ειδικά ανατολίτικου ή λαϊκού): *~ αργόσυρτος / παραπονιάρικος*. 2. για γνώμη ή συμπεριφορά στην οποία κάποιος επιμένει ενοχλητικά: *ό,τι κι αν του πεις, εκείνος το -ά του· δεν αλλάζει το -ά του*. [τουρκ. *hava*].
χαβιάρι το, ουσ. (συνιζ.), διατηρημένα αβγά ψαριού: *~ μαύρο* (ή απλώς *~* = καλύτερης ποιότητας από αβγά οξυρρύγχου) / *κόκκινο* (= κατώτερης ποιότητας· αλλιώς *αβγοτάραχο* ή *μπρικ*) φρ. *τον έστειλε / τον πούλησε για πράσινο ~* (= τον εξαπάτησε, τον γέλασε). [μεσν. *χαβιάριον<ταριχαβγιάριν<τάριχος + αβγόν* ή ενδεχομένως γεωργιανής προέλευσης].
χαβιαροσαλάτα η, ουσ. (συνιζ., λαϊκ.), σαλάτα από χαβιάρι.

χαβούζα η, ουσ. (λαϊκ.). α. δεξαμενή νερού σε εργοτάξιο· β. (κοιν.) μεγάλη δεξαμενή αστικών λυμάτων· γ. (μεταφ.) για χώρο όπου επικρατεί ηθική σήψη. [τουρκ. *havuz*].
χάβρα η, ουσ. (λαϊκ.). 1. συναγωγή Εβραίων. 2. (μειωτ.) για χώρο όπου συγκεντρωμένοι άνθρωποι θορυβούν. [εβρ. *havra*].
χάβω, βλ. *χάφτω*.
χαγάνος ο, ουσ. (ιστ.) τίτλος του ηγεμόνα των Αβάρων (6.-10. αι.) ή των Χαζάρων (7.-10. αι.). [τουρκ. *kağan*].
χαγιάτι το, ουσ. (συνιζ., λαϊκ.), (αρχιτ.) εσωτερικός στεγασμένος διάδρομος παραδοσιακού σπιτιού (συνήθως με τζάμια προς τα έξω): *~ ευρύχωρο / προσηλιακό*. [τουρκ. *hayat*].
χάδι να (συνιζ., λαϊκ.) **χάιδι** το, ουσ., χάιδεμα (βλ. λ.): *~ μητρικό· φιλιά και -ια* (μεταφ., ποιητ.) *το σιωπηλό ~ της ομίχλης στα κρόσσια του ονείρου* (Σεφέρης). - Υποκορ. **-άκι** το. [μεσν. *ηχάδιν<ήχος*].
χαδιάρης, -α, -ικο, επίθ. (συνιζ.). 1. που του αρέσει να τον χαϊδεύουν, που είναι συνηθισμένος στα χάδια· *γάτα -α*. 2. που φανερώνει αγάπη, τρυφερότητα, κ.τ.ό.: *φωνή -α* (συνών. *θωπευτικός, χαϊδευτικός*).
χαδιάρικος, -η, -ο, επίθ. (συνιζ.), χαδιάρης: *μωρό -ο*. - Επίρρ. **-α**.
χαζά, βλ. *χαζός*.
χαζαμάρα, βλ. *χαζομάρα*.
χάζεμα το, το να χαζεύει κανείς: *άσε το ~ και κάθισε να τελειώσεις την αντιγραφή σου*.
χαζεύω, ρ. 1. ξοδεύω άσκοπα τον καιρό μου βλέποντας ή κάνοντας κάτι ευχάριστο, αλλά χωρίς άμεσο, πρακτικό ή ουσιώδες ενδιαφέρον: *είχε σταματήσει να γράφει και -ευε από το παράθυρο την κίνηση* (αμτβ.) *όλη την ημέρα -ει στην καφετέρια*. 2. (συνήθως στον αόρ). α. γίνομαι χαζός: *-εψα να πάρω δάνειο απ' αυτόν τον αγιογδύτη* (συνών. *ξεκουτιαίνομαι, παλαβώνω*)· β. κάνω κάποιον χαζό: *με τόσο αντιφατικές διαταγές κοντεύει να μας -έψει όλους* (συνών. *παλαβώνω, τρελαίνω*).
χάζι το, ουσ. (λαϊκ.), ευχαρίστηση, διασκέδαση, τέρψη (από θέαμα ή πράξη χωρίς πρακτικό ή ουσιαστικό νόημα): *έτσι για ~ περνούσαν από μπροστά και τον καλημέριζαν·* φρ. *κάνω ~* (= ευχαριστιέμαι, διασκεδάζω βλέποντας ή κάνοντας κάτι χωρίς άμεσο ενδιαφέρον): *τον κάνω ~ να σκαρφαλώνει στο δέντρο· οι περαστικοί σταματούν στην ανασκαφή και κάνουν ~*. [τουρκ. *haz*].

χαζίρικος, -η, -ο, επίθ. (ιδιωμ.), έτοιμος. - Το ουδ. στον πληθ. ως ουσ. = χρήματα αποταμιευμένα για ώρα ανάγκης: *τρώει απ' τα -α* (= απ' τα έτοιμα). [τουρκ. *hazır*].

χαζο-, α' συνθ. ουσ., επίθ. ή ρ. που δηλώνουν ανόητο πρόσωπο ή πράξη: *χαζοκόριτσο, χαζοχαρούμενος, χαζογελώ.*

χαζοβιόλης ο, θηλ. **-α,** ουσ. (συνιζ.), (προφ.) κάπως χαζός, αφελής.

χαζοκουβέντα η, ουσ. (έρρ., λαϊκ.), ανόητος λόγος ή συζήτηση.

χαζολόγα τα, ουσ. (λαϊκ.), ανόητα λόγια, μωρολογίες.

χαζολόγημα το, ουσ. (λαϊκ.), το να χαζολογά κανείς.

χαζολογώ, -άς, ρ. (λαϊκ.). **1.** μιλώ σαν χαζός, λέω ανοησίες (συνών. *σαχλαμαρίζω*). **2.** (επιτ.) χαζεύω (βλ. λ. σημασ. 1): *από το πρωί -άει και δεν ετοίμασε φαγητό.*

χαζομάρα και (λαϊκ.) **χαζαμάρα** η, ουσ. **1.** το να είναι κανείς χαζός: *η ~ του είναι απερίγραπτη* (συνών. *ανοησία, βλακεία, μωρία*· αντ. *εξυπνάδα*). **2.** ανόητη πράξη, σκέψη ή λόγος: *έκανα μεγάλη ~· λέει όλο -ες* (συνών. *ανοησία, βλακεία*).

χαζός, -ή, -ό, επίθ. **1.** ανόητος, κουτός, βλάκας: *τι ~ που ήμουν να πιστέψω στις υποσχέσεις σου!* φρ. *κάνω το -ό* (= προσποιούμαι ότι δεν καταβαίνω τις υποχρεώσεις, την ευθύνη μου, κ.ά.) (αντ. *έξυπνος*). **2.** (για λόγο, πράξη, κ.ά.) που ταιριάζει σε χαζό: *ερώτηση -ή· βλέμμα -ό* (συνών. *ανόητος, βλακώδης, κουτός·* αντ. *έξυπνος*). - Επίρρ. **-ά.** - Υποκορ. **-ούλης, -α, -ικο, -ούτσικος, -η, -ο.** [*χάζι* ή σχετικό με το *χάσκω*].

χαζοφέρνω, ρ. (λαϊκ.), είμαι κάπως χαζός, φέρομαι λίγο χαζά.

χαζοχαρούμενος, -η, -ο, επίθ. (προφ.) για εύθυμο ή αφελές άτομο που συχνά λέει ή κάνει ανοησίες. - Επίρρ. **-α.**

χαϊβάνι το, ουσ. **1.** (ιδιωμ.) ζώο τετράποδο. **2.** (λαϊκ.) άνθρωπος ανόητος, βλάκας. - Υποκορ. **-άκι** το. [τουρκ. *hayvan*].

χάιδεμα το, ουσ. **1.** το να χαϊδεύει κανείς κάποιον και το αποτέλεσμα της ενέργειας αυτής: *~ τρυφερό* (συνών. *χάδι*). **2α.** υπερβολικά τρυφερή περιποίηση: *με τα πολλά -ατα θα τον κακομάθεις* (συνών. *κανάκεμα, χάδι*)· **β.** κολακεία, καλόπιασμα: *γέροντες θέλουν ~ κι αγάδια θέλουν άσπρα* (δημ. τραγ.)

χαϊδευτικός, -ή, -ό, επίθ., που δείχνει αγάπη, τρυφερότητα, κολακευτική διάθεση, οικειότητα: *λόγια -ά· βλέμμα -ό· τύπος ~ (μιας λέξης)*. -Το ουδ. ως ουσ. = **1.** υποκοριστικό (βλ. λ.). **2.** συντομευμένος τύπος του υποκοριστικού ενός κύριου ονόματος ή όνομα συνηθισμένο για μικρό παιδί που χρησιμοποιούνται σε ένδειξη οικειότητας προς κάποιον (λ.χ. *Ρούλης* αντί *Σταύρος, Μπέμπα*).

χαϊδεύω, ρ. συνιζ. **1α.** αγγίζω κάποιον απαλά με το χέρι πιέζοντας ελαφρά ή μετακινώντας το αργά, για να εκδηλώσω αγάπη, τρυφερότητα, ερωτική διάθεση: *χάιδεψα το μωρό στην πλάτη και σταμάτησε να κλαίει· κάθεται στο μπαλκόνι και -ει το σκύλο·* **β.** (γενικά) αγγίζω απαλά, τρυφερά: *τα δάχτυλά του -ουν τα πλήκτρα του πιάνου·* (μεταφ.) *το αεράκι τής -ει τα μαλλιά.* **2.** (συνεκδοχικά) **α.** περιποιούμαι κάποιον τρυφερά, τον φροντίζω στοργικά (συνήθως περισσότερο απ' όσο πραγματικά τον ωφελεί): *τον έχουν -έψει όλοι οι συγγενείς και έγινε απαιτητικός·* (η μτχ. παθ. παρκ. σε θέση ουσ.) *ο Α είναι ο -εμένος της δασκάλας·* **β.** απευθύνομαι σε κάποιον με λόγια κολακευτικά και επαινετικά, ή γενικά με όσα του αρέσει να ακούει: *πάψε να τον -εις και πες του την ωμή αλήθεια.* **3.** (μέσ.) πλησιάζω κάποιον και προσπαθώ με την επαφή ή τις κινήσεις και τη συμπεριφορά μου να προκαλέσω τα χάδια ή γενικά το ενδιαφέρον και τη φροντίδα του: *η γάτα -εται στα πόδια μου· το παιδί -εται (στη μαμά του).*

χάιδι, βλ. *χάδι.*

χαϊδολόγημα το, ουσ., το να χαϊδολογά κανείς κάποιον και το αποτέλεσμα της ενέργειας αυτής.

χαϊδολογώ, -άς, ρ., χαϊδεύω υπερβολικά, επίμονα.

χάικου και **χάι-κάι** το, ουσ. άκλ. (λογοτ.) κλασική γιαπωνέζικη στιχουργική μορφή με τρεις ανομοιοκατάληκτους στίχους, από τους οποίους ο πρώτος και ο τρίτος είναι πεντασύλλαβοι, ενώ ο δεύτερος επτασύλλαβος. [γαλλ. *haïku* και *haïkaï*, ιαπωνικής προέλευσης].

χαϊμαλί και **χαμαλί** το, ουσ. (λαϊκ.). **α.** φυλαχτό κρεμασμένο από το λαιμό· **β.** (συνεκδοχικά) για κρεμαστό ευτελές κόσμημα. [τουρκ. *hamaylı*].

χαιράμενος, -η, -ο, μτχ. επίθ. (λαϊκ.), χαρούμενος.

χαίρε βάθος αμέτρητον· αρχαϊστ. φρ. (από τον Ακάθιστο Ύμνο) η χρήση της και ειρωνικά για πράγματα ανόητα, ασαφή ή απροσδιόριστα.

χαιρέκακα, βλ. *χαιρέκακος.*

χαιρεκακία η, ουσ., το να είναι κάποιος χαιρέκακος (αντ. *λύπηση, πονοψυχία, συμπάθεια*).

χαιρέκακος, -η, -ο, επίθ., που χαίρεται για τις συμφορές, τις δυστυχίες του άλλου (συνών. *φθονερός*). - Επίρρ. **-α.**

χαιρεκακώ, -είς, ρ. (λόγ.), χαίρομαι για τις δυστυχίες των άλλων.

χαίρετε και αγαλλιάσθε· αρχαϊστ. φρ.· για δήλωση εξαιρετικής χαράς.

χαιρετίζω, ρ. (μτβ.). **1.** (λόγ.) απευθύνω χαιρετισμό (βλ. λ.) σε κάποιον, ανταλλάσω μαζί του χαιρετισμό (συνών. *χαιρετώ*). **2.** (συνεκδοχικά) επικροτώ ευχαρίστως κάτι, το επιδοκιμάζω και εύχομαι να επιτύχει: *η νέα ειρηνευτική προσπάθεια -ίστηκε με ενθουσιασμό· την εκδήλωση -ισαν εκπρόσωποι από όλα τα κόμματα* (συνών. *αποδέχομαι, εγκρίνω·* αντ. *αποδοκιμάζω, επικρίνω*).

χαιρετίσματα τα, ουσ. **1.** χαιρετισμοί που διαβιβάζονται με τη μεσολάβηση τρίτων: *πες τα -ά μου σε όλους τους συγγενείς.* **2.** ως επιφωνηματική έκφρ. για να δηλωθεί κάτι δυσοίωνο: *αν δεν πάμε καλά στις εξετάσεις, -ατα!*

χαιρετισμός ο, ουσ. **1α.** λόγος ή ενέργεια, συνήθως χειρονομία, για να εκφράσει κανείς αισθήματα αγάπης, φιλίας, σεβασμού, κ.τ.ό., σε κάποιον που τον συναντά, ευχαρίστηση για τον ερχομό του ή ευχές, κ.ά., όταν αποχωρίζονται: *~ εγκάρδιος/συναδελφικός·* ανταπόδοση *-ού·* **β.** προσφώνηση κάποιου με τις φράσεις «χαίρετε», «γειά σου», κ.ά.: *πρωινός ~* (= *καλημέρισμα*)· *νυχτερινός ~* (= *καληνύχτισμα*)· *ανταλλαγή -ών· ανταπόδοση -ού· ψυχρός / εγκάρδιος / τυπικός ~·* **γ.** στρατιωτικός *~* = απόδοση καθιερωμένων τιμών τη σημαία, σε επισήμους ή σε ανωτέρους· **δ.** χαιρετίσματα (βλ. λ.): *-ούς στο σπίτι* (= στην οικογένειά σου). **2.** (συνεκδοχικά) το να επιδοκιμάζει κάποιος κάτι, το να το χαιρετίζει (βλ. λ. σημασ. 2): *ο υπουργός απηύθυνε -ό στο συνέδριο.* **3.** (στον πληθ.) σειρά

εκκλησιαστικών ύμνων προς τη Θεοτόκο που αρχίζουν με τη λέξη «Χαίρε».
χαιρετιστήριος, -α, -ο, επίθ. (ασυνίζ.). α. που ανήκει ή αναφέρεται στο χαιρετισμό: *ο υπουργός απηύθυνε -ο μήνυμα της κυβέρνησης στο επιστημονικό συνέδριο·* β. που γίνεται σε εκδήλωση (στρατιωτικού) χαιρετισμού (βλ. λ. σημασ. 1γ): ~ *κανονιοβολισμός.*
χαιρετούρα η, ουσ. (λαϊκ.), ζωηρός χαιρετισμός.
χαιρετώ, -άς, ρ. 1. με λόγια ή ενέργειες εκδηλώνω φιλικά αισθήματα σε κάποιον που τον συναντώ, δείχνω ευχαρίστηση για τον ερχομό του ή εκφράζω ευχές, κ.τ.ό., καθώς αποχωριζόμαστε: *από μακριά τούς -ά κι από κοντά τους λέει* (δημ. τραγ.)· *τον τελευταίο καιρό δε μας -ά- -ηθήκαμε στο δρόμο·* *ο κόσμος -ούσε από την προκυμαία τους ναύτες·* (συνεκδοχικά) *τα παιδιά -ούσαν το τρένο·* (κατ' επέκτ.) *ο σκύλος με -ησε κουνώντας την ουρά του* (συνών. χαιρετίζω στη σημασ. 1). 2. στέλνω χαιρετίσματα (βλ. λ. σημασ. 1): *χαιρέτα μου την οικογένειά σου.* 3. αποχαιρετώ: *έφυγε από την πόλη χωρίς να -ήσει ούτε τους συγγενείς του.* 4. επισκέπτομαι κάποιον για να του ευχηθώ για την ονομαστική του εορτή, τα γενέθλιά του ή σε άλλη ευκαιρία: *πήγαν να -ήσουν το Χρίστο που έχει τα γενέθλιά του.* Φρ. *χαιρέτα μου* (ή *μας*) *τον πλάτανο* (όταν αυτά που λέγονται ή γίνονται είναι ασυνάρτητα ή δυσοίωνα): *έτσι όπως τα κατάφερες, χαιρέτα μου τον πλάτανο.*
χαίρι το, ουσ. (λαϊκ.), προκοπή, ευδοκίμηση: *τόσα χρόνια θαλασσοπνίγεται και* ~ *δεν έκανε* (για ναυτικό)· *δεν είδε* ~ *από τα παιδιά του* (= καλό)· (σε κατάρα) ~ *και προκοπή να μην κάνεις* (ή *να μη δεις*)· φρ. *κάνε παιδί να δεις* ~ (ή *καλό ή προκοπή*) (ειρων., όταν διαπιστώνεται αστοργία και αδιαφορία από τα παιδιά). [τουρκ. *hayır*].
χαίρομαι, -εσαι, ρ., παρατ. *-όμουν(α),* αόρ. *χάρηκα,* μτχ. ενεστ. *-άμενος* και *χαρούμενος.* 1. (αμτβ.) αισθάνομαι χαρά, είμαι γεμάτος χαρά: *χάρηκε πολύ μόλις έμαθε την επιτυχία σου·* *-εται σαν μικρό παιδί* (αντ. *λυπούμαι*). 2. (μτβ.) α. απολαύω κάποιο αγαθό: *δε -εται τα πλούτη του· να το -εστε το αγοράκι σας· να χαρείς τα μάτια σου / ό,τι αγαπάς* (ευχή)· *να μη χαρώ τη μανούλα μου* (σε όρκο)· *να -εσαι τη γιορτή σου / το όνομά σου* (ευχή για την ονομαστική γιορτή κάποιου)· β. (ειδικά) καμαρώνω: *την* ~ *όπως περπατά.* Φρ. *να σε χαρώ* (= στη φιλία μας, κάνε μου τη χάρη, σε παρακαλώ πολύ). Παροιμ. *ο ψεύτης και ο κλέφτης τον πρώτο χρόνο* (ή *την πρώτη μέρα*) *-ονται* (για να δηλωθεί πίστη στην αποκατάσταση της τάξης ή στη θεία δίκη). - Οι μτχ. *χαιράμενος* και *χαρούμενος* ως επίθ. = περίχαρος, χαρωπός: *ήρθε -άμενος κουνώντας* (= με χαρά και νάζια)· *ήταν όλοι χαρούμενοι και ικανοποιημένοι.*
χαίρω ρ. (λόγ., σπάνια), είμαι πλήρης χαράς, αισθάνομαι χαρά (συνών. *χαίρομαι*). Έκφρ. κοιν. *χαίρετε* (χαιρετισμός ή αποχαιρετισμός). Φρ. ~ *πολύ* (τυπική φράση συνοδευόμενη από χειραψία όταν κάνομε τη γνωριμία κάποιου).
χαίρω άκρας υγείας· αρχαϊστ. φρ.· για να δηλωθεί ότι αυτός που μιλεί είναι απόλυτα υγιής.
χαίτη η, ουσ. α. σύνολο από μακριές τρίχες που κρέμονται στο λαιμό ορισμένων ζώων (αλόγου, λιονταριού, κ.ά.)· β. (κατ' επέκτ. για άνθρωπο) σύνολο από μακριά ξέπλεκα μαλλιά.
χακί, επίθ. άκλ., που έχει χρώμα κιτρινωπό προς το ανοιχτό καφέ· καταχρηστικά για αποχρώσεις προς το σκούρο καφέ της γης ή για το γκριζοπράσινο (κατά κανόνα ως χρωματισμός υφασμάτων που χρησιμεύουν για στρατιωτικές στολές, σκηνές, κ.τ.ό.): *παντελόνι / χιτώνιο* ~. - Το ουδ. ως ουσ. = 1. το παραπάνω χρώμα: *το* ~ *δε μου πηγαίνει καθόλου.* 2. (ειδικότερα) ύφασμα τέτοιου χρώματος που χρησιμοποιείται για την κατασκευή στρατιωτικών ειδών: φρ. *φόρεσε* (ή *έβαλε*) *το* ~ (= ντύθηκε στρατιώτης, κατατάχτηκε στις τάξεις του στρατού). [αγγλ.-γαλλ. *khaki,* ινδικής προέλευσης].
χαλάβρα η, ουσ. (λαϊκ.), (συνήθως στον πληθ.) βράχοι ή κτίσματα που έχουν πέσει, χαλάσματα (συνών. *ερείπια*).
χάλαβρο το, ουσ. (λαϊκ.), (συνήθως στον πληθ.) σωρός από κυλισμένες πέτρες σε βουνό. [πιθ. *χαλαβρός* (= ερειπωμένος)<*χαλαρός*].
χαλαβρώνω, ρ. (λαϊκ.). α. (μτβ.) μεταβάλλω κάτι σε χαλάβρα (βλ. λ.): *ο σεισμός -ωσε τα πιο πολλά σπίτια·* β. (αμτβ. για κτίσμα) γίνομαι χαλάβρα.
χάλαζα η, ουσ. (λόγ.). 1. (ιατρ.) μικρός όγκος του βλεφάρου (συνών. *χαλάζιο*). 2. (κτηνιατρ.) ασθένεια των κατοικίδιων ζώων (ιδίως των χοίρων), αλλά και του ανθρώπου (συνών. *ταινία*).
χαλάζι το, ουσ. 1. (μετεωρ.) μικροί κόκκοι πάγου σε σχήμα αχλαδιού ή σφαιρικού που σχηματίζονται σε πυκνά σύννεφα σε ύψος μεγαλύτερο από πέντε χιλιάδες μέτρα και όταν οι σταγόνες της βροχής περνούν από ψυχρά στρώματα: *το* ~ *κατέστρεψε τις καλλίεργειες· χοντρό* ~· *έπεσε πολύ* ~. 2. (για πράγματα που πέφτουν ή ρίχνονται άφθονα και χωρίς διακοπή): (επιρρημ.) *οι σφαίρες έπεφταν* ~ (συνών. *βροχή* στη σημασ. 2). Παροιμ. *στην αναβροχιά καλό* (*είν'*) *και το* ~ (= όταν υπάρχει έλλειψη, ακόμη και το μέτριο σε ποιότητα είναι χρήσιμο). [αρχ. *χάλαζα* η].
χαλαζίας ο, ουσ. (ορυκτ.) το ορυκτό «διοξείδιο του πυριτίου» που βρίσκεται σε φλέβες ως συστατικό πετρωμάτων και σε διαβρωμένη κατάσταση με τη μορφή άμμου.
χαλάζιο το, ουσ. (ασυνίζ.), (ιατρ.) ανώδυνο εξόγκωμα στην άκρη του βλεφάρου, που οφείλεται σε απόφραξη αδένα που διατηρεί υγρή την παρυφή του βλεφάρου (συνών. *χάλαζα*).
χαλαζίτης ο, ουσ. (ορυκτ.) συμπαγές πέτρωμα που το αποτελούν μικροί κόκκοι χαλαζία συγκολλημένοι με πυριτική ύλη.
χαλαζοβρόχι το, ουσ. (λαϊκ.), χαλαζόπτωση ή βροχή μαζί με χαλάζι.
χαλαζόκοκκος ο, ουσ. (λόγ.), καθένας από τους κόκκους πάγου από τους οποίους αποτελείται το χαλάζι.
χαλαζόπληκτος, -η, -ο, επίθ., που έχει υποστεί ζημιές από την πτώση χαλαζιού: *περιοχές / καλλιέργειες -ες.*
χαλαζόπτωση η, ουσ., πτώση χαλαζιού: *αποζημίωση για καλλιέργειες που καταστράφηκαν από* ~.
χαλάκι, βλ. *χαλί.*
χαλάλι, επίρρ. (λαϊκ.), για κάτι που ευχαρίστως, χωρίς καμιά αξίωση ούτε φθόνο, δίνει κανείς σε άλλον ή του αναγνωρίζει ότι άξια το έχει: *οι κόποι μου πήγαν* ~ (= έπιασαν τόπο, δεν πήγαν χυμένοι)· (για πρόσωπο) ~ *σου το κορίτσι* (Ι. Μ. Παναγιωτόπουλος) (αντ. *χαράμι* στη σημασ. α). [ιδιωμ. τουρκ. *halal*].

χαλαλίζω, ρ. (λαϊκ.), θεωρώ ότι κάτι έχει γίνει σωστά, το συγχωρώ, το χαρίζω με ευχαρίστηση: *-ισε όλη την περιουσία του στα χαρτιά* (= ξόδεψε)· *δεν τη -ει την κόρη της για σένα* (= δε συμφωνεί να την παντρευτείς).

χαλαμπαλίκι, βλ. *καλαμπαλίκι*.

χαλαρά, βλ. *χαλαρός*.

χάλαρο το, ουσ. (λαϊκ.). 1α. μικρός βράχος (συνήθως κοντά στη θάλασσα)· β. χάλασμα, ερείπιο. 2. (συνεκδοχικά στον πληθ.) τόπος πετρώδης. 3. (στον πληθ.) το λειρί που έχουν ορισμένα πτηνά, όπως ο πετεινός. [*χαλαρός*].

χαλαρός, -ή, -ό, επίθ. 1. που δεν είναι τεντωμένος (συνών. *μπόσικος*· αντ. *σφιχτός, τεζαριστός*). 2. (μεταφ.) που έχει μειωμένη ένταση, που δεν είναι σθεναρός· (για γραπτό ή προφορικό λόγο) που δεν είναι έντονος, ζωηρός στην έκφραση: *αγόρευση -ή*· *διπλωματικό διάβημα -ό* (συνών. *χλιαρός, άτονος*). - Επίρρ. **-ά** (στις σημασ. 1 και 2): *η μάχη διεξάγεται -ά*.

χαλαρότητα η, ουσ., το να είναι κάτι χαλαρό: ~ *διέκρινε τη χθεσινή συζήτηση στη Βουλή* (συνών. *ατονία*· αντ. *ένταση*).

χαλάρωμα το, ουσ., το να χαλαρώνει (βλ. λ.) κάποιος ή κάτι (συνών. *χαλάρωση*).

χαλαρώνω, ρ. (μτβ. και αμτβ.). 1. κάνω κάτι χαλαρό, το ξεσφίγγω: ~ *το σκοινί*· *τα λουριά χαλάρωσαν* (συνών. *λασκάρω, ξετεντώνω* αντ. *σφίγγω, τεντώνω, τεζάρω*). 2. (μεταφ.) μετριάζω την ένταση, επιφέρω ύφεση. 3. (αμτβ.) απαλλάσσομαι από την υπερένταση και το άγχος, αποκτώ ηρεμία: *διώξε αυτές τις σκέψεις και -ωσε*. Φρ. ~ *τα λουριά* (= μεταφ. γίνομαι περισσότερο ελαστικός, ανεκτικός απέναντι σε κάποιον που βρίσκεται κάτω από την επίβλεψή μου).

χαλάρωση η, ουσ. 1. το να χαλαρώνει κάποιος ή κάτι (συνών. *χαλάρωμα, λασκάρισμα*). 2. (μεταφ.) εξασθένηση, κατάπτωση (συνών. *ατονία*· αντ. *ένταση*)· εκφρ. ~ *της έντασης* (= μερική αποκατάσταση καλών, αρμονικών σχέσεων, ύφεση). 3. το να απαλλάσσεται κανείς από την υπερένταση, την ψυχική αγωνία, το να ηρεμεί ψυχικά.

χαλαρωτικός, -ή, -ό, επίθ., που επιφέρει χαλάρωση (βλ. λ.), που χαλαρώνει: *η μουσική είναι -ή για τον άνθρωπο*.

χαλασιά η, ουσ. (συνιζ., λαϊκ.). 1. χαλασμένο μέρος κτίσματος. 2. κοσμοχαλασιά, χαλασμός.

χάλασμα το, ουσ. (λαϊκ.). 1α. το να καταστρέφεται, να χαλά κάτι: ~ *μηχανής* (συνών. *φθορά*)· β. κατεδάφιση, γκρέμισμα: ~ *τοίχου / παλιού κτηρίου*· γ. (για τρόφιμα) αποσύνθεση, αλλοίωση, σήψη· δ. (μεταφ.) επιδείνωση, χειροτέρευση. 2. (συνεκδοχικά συνήθως στον πληθ.) γκρεμισμένα κτίσματα, ερείπια: *το σχολείο βρίσκεται δίπλα σε κάτι -ατα*· *λίγα -ατα απέμειναν από το μεσαιωνικό τείχος* (συνών. *χαλάβρα*).

χαλασμός ο, ουσ., μεγάλη καταστροφή: ~ *της Σμύρνης*. Έκφρ. ~ *κόσμου / Κυρίου* = α. καταστροφή από καιρικές συνθήκες, θεομηνία· β. συγκέντρωση μεγάλου πλήθους, κοσμοπλημμύρα· γ. πολύ μεγάλος θόρυβος, πανδαιμόνιο: ~ *Κυρίου από τις ρουκέτες / από το βομβαρδισμό*· δ. (κοινωνική) αναστάτωση με ενδεχόμενες καταστροφικές συνέπειες από θορυβώδεις ή βίαιες εκδηλώσεις: *δημιουργήθηκε ~ Κυρίου στους δρόμους γύρω από το γήπεδο μετά τον ποδοσφαιρικό αγώνα*.

χαλαστής ο, ουσ. (λαϊκ., λογοτ.), αυτός που καταστρέφει κάτι, εξολοθρευτής: *Χάρος ~* (Βαλαωρίτης).

χαλάστρα η, ουσ., αποτυχία, ματαίωση· μόνο στη φρ. *κάνω ~* (= γίνομαι αιτία να ανατραπούν τα σχέδια κάποιου): *ξέρει να κάνει και καλό, να κάνει και ~* (Αθάνας)· *προσπαθούσα να τον πείσω, αλλά ήρθες εσύ και μου έκανες ~*.

χαλβαδόπιτα η, ουσ., είδος γλυκίσματος που μοιάζει με το μαντολάτο.

χαλβαδοποιείο το, ουσ. (ασυνίζ.), εργοστάσιο που παρασκευάζει χαλβά (συνών. *χαλβατζήδικο*).

χαλβαδοποιία η, ουσ., η τέχνη ή η βιομηχανία παρασκευής χαλβά.

χαλβαδοποιός ο, ουσ. (ασυνίζ.), αυτός που παρασκευάζει χαλβά, χαλβατζής· ιδιοκτήτης χαλβαδοποιείου.

χαλβαδόριζα η, ουσ. (βοτ.) είδος φυτού που χρησιμεύει στην κατασκευή χαλβά από ταχίνι.

χαλβάς ο, ουσ. 1. είδος ανατολίτικου γλυκίσματος που παρασκευάζεται από ζάχαρη, ταχίνι και εκχύλισμα χαλβαδόριζας: ~ *μελένιος*. 2. είδος οικιακού γλυκίσματος από σιμιγδάλι, βούτυρο και ζάχαρη: ~ *καρυδάτος / σπυρωτός*. 3. (μεταφ. για άνθρωπο) βλάκας, νωθρός. [ιδιωμ. τουρκ. *halva*].

χαλβατζήδικο το, ουσ., χαλβαδοποιείο (βλ. λ.).

χαλβατζής ο, ουσ., χαλβαδοποιός (βλ. λ.). [τουρκ. *helvaci*].

Χαλδαία, βλ. *Χαλδαίος*.

χαλδαϊκός, -ή, -ό, επίθ. (ιστ.) που ανήκει ή αναφέρεται στους Χαλδαίους ή στη Χαλδαία: *πολιτισμός ~*.

Χαλδαίος ο, θηλ. **-α**, (ουσ. ιστ.) αυτός που κατοικούσε στη Χαλδαία (= αρχαία ασιατική χώρα ανάμεσα στον Τίγρη και τον Ευφράτη) ή καταγόταν από εκεί.

χαλές ο, ουσ. (λαϊκ.). 1. αποχωρητήριο. 2. (μεταφ. για άνθρωπο) ανήθικος, αναξιοπρεπής. [αλβαν. *hale*<τουρκ. *halâ*].

χαλεύω, ρ. (ιδιωμ.). α. ζητώ κάτι, ψάχνω να βρω κάτι: *τι -ει αυτός εδώ*; παρομ. φρ. *κάρβουνα, μπογιά ή λάδι μη -εις στο σκοτάδι* (συνών. *αναζητώ, γυρεύω*)· β. (μεταφ.) ζητιανεύω: *-ει δανεικά· κανέναν ψήφο μοναχά στις εκλογές -εις!* (Αθάνας). [πιθ. αρχ. *χαλή = χηλή* (= παλάμη)].

χάλι το, ουσ. (λαϊκ.), άθλια κατάσταση: *αυτός είναι στο μαύρο του το ~· έχει τα -ια του*· (ο πληθ. ως επίρρ.) *τα νεύρα του / η κατάσταση / η υγεία του είναι -ια*. [τουρκ. *hal*].

χαλί το, ουσ., τάπητας (βλ. λ.): *περσικά -ιά*. - Υποκορ. **-άκι** το. [τουρκ. *hali*].

χαλίκι το, ουσ. α. μικρή πέτρα, φυσικής κυρίως προέλευσης (σε αντίθεση με το σκύρο που προέρχεται από τεχνητό κομμάτιασμα λίθινου πετρώματος): *-ια της ακτής* (συνών. *βότσαλο*)· β. μικρό σύντριμμα πέτρας: *φορτηγό φορτωμένο ~· τεχνητός λόφος από -ια* (συνών. *τρόχαλο*). - Υποκορ. **-άκι** το. [αρχ. *χάλιξ*].

χαλικιάς ο, ουσ. (συνιζ., λαϊκ.), τόπος με πολλά χαλίκια.

χαλικολόγος ο, ουσ. (λαϊκ.), ειδικό εργαλείο με το οποίο καθαρίζεται κάποιος χώρος από τα χαλίκια.

χαλικόστρωμα το, ουσ., επιφάνεια στρωμένη με χαλίκια.

χαλικοστρώνω, ρ., στρώνω επιφάνεια με χαλίκια (συνών. *χαλικώνω*).

χαλικόστρωση η, ουσ., επίστρωση δαπέδου ή επιφάνειας με χαλίκια: ~ *δρόμου* (συνών. *χαλίκωση*).

χαλικόστρωτος, -η, -ο, επίθ., που είναι στρωμένος με χαλίκια: *παραλία / ρεματιά / αυλή -η*.

χαλικόχωμα το, ουσ., μίγμα από χώμα και χαλίκια.

χαλίκωμα το, ουσ., επίστρωση επιφάνειας με χαλίκια (συνών. *χαλικόστρωση*).

χαλικώνω, ρ., επιστρώνω επιφάνεια με χαλίκια (συνών. *χαλικοστρώνω*).

χαλίκωση η, ουσ. 1. επίστρωση επιφάνειας με χαλίκια: ~ *δρόμου* (συνών. *χαλικόστρωση*). 2. (ιατρ.) πάθηση των πνευμόνων που οφείλεται στην εισπνοή μεγάλης ποσότητας από σκόνες ορυκτών που περιέχουν πυρίτιο ή ασβέστιο και συναντιέται κυρίως στους υαλουργούς.

χαλικωτός, -ή, -ό, επίθ., στρωμένος με χαλίκι: *αυλή -ή*.

χαλιναγώγηση η, ουσ., η ενέργεια και το αποτέλεσμα του χαλιναγωγώ (βλ. λ.).

χαλιναγωγώ, -είς, ρ. (μεταφ.) συγκρατώ, περιορίζω: ~ *την τόλμη μου / τα πάθη μου* (συνών. *αναχαιτίζω*).

χαλινάρι το, ουσ. 1. σκεύή που τοποθετείται στο κεφάλι αλόγου και κυρίως το σιδερένιο εξάρτημα που περνά στο στόμα του και συνδέεται με τα ηνία, έτσι ώστε να μπορεί μ' αυτό ο αναβάτης να κατευθύνει και να συγκρατεί το άλογο. 2. (μεταφ.) καθετί που μπορεί να συγκρατήσει: ~ *στην ασυδοσία του· βάλε ~ στο στόμα σου* (= πρόσεχε τι λες).

χαλινός ο, ουσ. 1. χαλινάρι (βλ. λ. σημασ. 2). 2. πτυχή του δέρματος ή του βλεννογόνου που συγκρατεί ή ενώνει ορισμένα όργανα του σώματος: ~ *της γλώσσας*.

χαλινώνω, ρ. 1. περνώ χαλινάρι σε ζώο. 2. (σπάνια) συγκρατώ.

χαλινωτήρας ο, ουσ., το επιστόμιο του χαλιναριού.

χαλιφάτο το, ουσ., το αξίωμα και η επικράτεια του χαλίφη (βλ. λ.).

χαλίφης ο, ουσ., τίτλος των διαδόχων του Μωάμεθ, πολιτικών και θρησκευτικών αρχηγών του Ισλάμ: ~ *της Μεδίνας / της Βαγδάτης*. [αραβ. *halifa*].

χαλκάς ο, ουσ. 1. μεταλλικός κρίκος αλυσίδας. 2. (μεταφ.) αλυσίδα· δεσμά· φρ. *περνάω -ά σε κάποιον* = 1. του περιορίζω την ελευθερία. 2. (για γυναίκα) τον αναγκάζω να με παντρευτεί. - Υποκορ. **-αδάκι** το (στη σημασ. 1). [τουρκ. *halka*].

χαλκείο το, ουσ. (μεταφ.) τόπος όπου «χαλκεύονται» σκευωρίες, ψεύτικες ειδήσεις, κ.τ.ό.

χαλκέντερος, -η, -ο, επίθ. (έρρ.), (για συγγραφέα) ιδιαίτερα εργατικός, πολυγράφος (συνών. *ακούραστος, ακαταπόνητος*).

χάλκευση η, ουσ. (μεταφ.) σκευωρία, μηχανορραφία, ραδιουργία: ~ *εγγράφων / ψευδών ειδήσεων* (συνών. *παραχάραξη*).

χαλκευτήριο το, ουσ. (ασυνίζ., λόγ.), εργαστήριο του χαλκουργού.

χαλκευτής ο, θηλ. **-τρια**, ουσ. (συνήθως μεταφ.), αυτός που χαλκεύει κάτι (βλ. λ. σημασ. 1), σκευωρός (συνών. *μηχανορράφος*).

χαλκεύω, ρ. 1. δημιουργώ κάτι από τη φαντασία μου συχνά με κακή πρόθεση: ~ *φήμες / έγγραφο (μη γνήσιο) / σκευωρίες*. 2. (για λογοτ. δημιουργία) δημιουργώ, συνθέτω: ~ *δεκαπεντασύλλαβους* (Παλαμάς).

Χαλκηδόνιος ο, θηλ. **-α**, ουσ. (ασυνίζ.), αυτός που κατοικούσε στη Χαλκηδόνα ή καταγόταν από εκεί.

χαλκιάς ο, ουσ. (συνίζ., λαϊκ.), τεχνίτης που κατεργάζεται το χαλκό (συνών. *χαλκουργός*).

Χαλκιδαία, βλ. *Χαλκιδαίος*.

χαλκιδαίικος, -η, -ο και (συνίζ.) **χαλκιδιώτικος**, επίθ., που ανήκει ή αναφέρεται στη Χαλκίδα ή τους Χαλκιδαίους.

Χαλκιδαίος ο, θηλ. **-α** και (συνίζ.) **-ιώτης** ο, θηλ. **-ισσα**, ουσ., αυτός που κατοικεί στη Χαλκίδα ή κατάγεται από εκεί.

Χαλκιδικιώτης ο, θηλ. **-ισσα**, ουσ. (συνίζ.), αυτός που κατοικεί στη Χαλκιδική ή κατάγεται από εκεί.

χαλκιδικιώτικος, -η, -ο, επίθ. (συνίζ.), που ανήκει ή αναφέρεται στη Χαλκιδική ή τους Χαλκιδιώτες.

Χαλκιδικιώτισσα, βλ. *Χαλκιδικιώτης*.

Χαλκιδιώτης, βλ. *Χαλκιδαίος*.

χαλκιδιώτικος, βλ. *χαλκιδαίικος*.

Χαλκιδιώτισσα, βλ. *Χαλκιδιώτης*.

χάλκινος, -η, -ο, επίθ., κατασκευασμένος από χαλκό: *βάζο / άγαλμα -ο· νομίσματα / πνευστά (ορχήστρας) -α*.

χαλκογράφημα το, ουσ., παράσταση που έχει χαραχτεί σε πλάκα από χαλκό ή άλλο μέταλλο και αποτυπώνεται στο κατάλληλο υλικό (πβ. *γκραβούρα*).

χαλκογραφία η, ουσ. 1. η τέχνη της χάραξης σε χαλκό ή και σε άλλα μέταλλα παραστάσεων που αναπαράγονται έπειτα με αποτύπωση πάνω σε κατάλληλο υλικό, κυρίως χαρτί. 2. εικόνα που δημιουργήθηκε με τον παραπάνω τρόπο (πβ. *γκραβούρα*).

χαλκογραφικός, -ή, -ό, επίθ., που ανήκει ή αναφέρεται στη χαλκογραφία ή το χαλκογράφο: *τεχνική -ή*.

χαλκογράφος ο και η, ουσ., τεχνίτης που ασχολείται με τη χαλκογραφία (βλ. λ.).

χαλκόκοτα η, ουσ. (ζωολ.) πουλί των βάλτων με μακρύ ράμφος και χαλκόχρωμη και πράσινη μεταλλική λάμψη.

χαλκοκουρούνα η, ουσ. (ζωολ.) μεγάλο πουλί που ζει σε εδάφη με ερείπια ή βράχους καθώς και σε προσχώσεις ποταμών, μοιάζει με κάργα και έχει πυρόξανθη ράχη και δυνατό μαύρο ράμφος.

χαλκομανία η, ουσ., εικόνα σε λεπτή μεμβράνη που είναι κολλημένη σε κομμάτι χαρτιού, απ' όπου μπορεί να μεταφερθεί σε άλλη επιφάνεια για διακόσμηση. [ιταλ. *calcomania*].

χαλκόξανθος, -η, -ο, επίθ. (λόγ.), ξανθός με απόκλιση προς το χρώμα του χαλκού.

χαλκοπλάστης ο, θηλ. **-τρια**, ουσ., αυτός που κατασκευάζει γλυπτά από χαλκό.

χαλκοπλαστικός, -ή, -ό, επίθ., που ανήκει ή αναφέρεται στην κατεργασία του χαλκού. - Το θηλ. ως ουσ. = η τέχνη της κατεργασίας του χαλκού· (ειδικά) η γλυπτική σε χαλκό.

χαλκοπλάστρια, βλ. *χαλκοπλάστης*.

χαλκοπράσινος, -η, -ο, επίθ., που έχει το χρώμα του σκουριασμένου χαλκού· (για δέρμα προσώπου) που έχει σκούρα ωχράδα.

χαλκοπωλείο το, ουσ., κατάστημα που πουλά χάλκινα αντικείμενα.

χαλκοπώλης ο, θηλ. **-ισσα**, ουσ., ιδιοκτήτης χαλκοπωλείου (βλ. λ.), αυτός που πουλά χάλκινα είδη.

χαλκός ο, ουσ. (χημ.), απλό στοιχείο, μέταλλο κοκκινωπό, εύτηκτο και ελαστικό που χρησιμοποιείται για την κατασκευή βιομηχανικών ειδών, κοσμημάτων και οικιακών σκευών (συνών. λαϊκ. *μπακίρι*).

χαλκοσκουριά η, ουσ. (συνιζ.), η σκουριά του χαλκού.

χαλκουργείο το, ουσ., το εργαστήριο του χαλκουργού (συνών. *χαλκωματάδικο*).

χαλκουργία η, ουσ., η κατεργασία του χαλκού.

χαλκουργικός, -ή, -ό, επίθ., που ανήκει ή αναφέρεται στη χαλκουργία ή το χαλκουργό: *εργαλεία -ά*. - Το θηλ. ως ουσ. = η τέχνη της κατεργασίας του χαλκού και της κατασκευής αντικειμένων από αυτόν.

χαλκουργός ο, ουσ., τεχνίτης που κατεργάζεται το χαλκό (συνών. *χαλκιάς*).

χαλκοχυτική η, ουσ., η τέχνη της κατασκευής αντικειμένων με χύσιμο χαλκού σε καλούπια.

χάλκωμα το, ουσ. 1. χάλκινο σκεύος. 2. ο χαλκός: *το ~ της καμπάνας· ο ουρανός ήτανε σαν ~* (Κόντογλου).

χαλκωματάδικο το, ουσ. (λαϊκ.), το εργαστήρι του χαλκωματά (βλ. λ.) (συνών. *χαλκουργείο*).

χαλκωματάς και **-ής** ο, πληθ. *-άδες* και *-ήδες*, ουσ. (λαϊκ.), αυτός που κατασκευάζει χαλκώματα (συνών. *χαλκουργός, χαλκιάς*).

χαλκωρυχείο το, ουσ., μεταλλείο χαλκού.

χαλνώ, βλ. *χαλώ*.

χάλυβας ο, ουσ., κράμα σιδήρου και άνθρακα ευκατέργαστο και ανθεκτικό που χρησιμοποιείται στη βιομηχανία (συνών. *ατσάλι*).

χαλύβδινος, -η, -ο, επίθ. 1. που είναι κατασκευασμένος από χάλυβα (συνών. *ατσαλένιος*). 2. (μεταφ.) ακατάβλητος, πολύ ισχυρός: *θέληση -η*.

χαλυβδώνω και **χαλυβώνω**, ρ. 1. μετατρέπω σίδερο σε χάλυβα. 2. προσθέτω χάλυβα σε μετάλλινο αντικείμενο (συνών. *ατσαλώνω*). 3. (μεταφ.) δυναμώνω σε μεγάλο βαθμό, σκληραίνω: (μτβ.) *τα βάσανα -ωσαν την ψυχή της και τίποτε πια δεν τρόμαζε την άτυχη γυναίκα·* (αμτβ.) *μπρος στον κίνδυνο -ωσε κι ήταν έτοιμος να αντιμετωπίσει τα πάντα*.

χαλύβδωση η, ουσ., η ενέργεια και το αποτέλεσμα του χαλυβδώνω (βλ. λ.).

χαλυβοβιομηχανία η, ουσ. (ασυνίζ.), βιομηχανία επεξεργασίας χάλυβα (συνών. *χαλυβουργία*).

χαλυβουργείο το, ουσ., εργοστάσιο κατεργασίας χάλυβα.

χαλυβουργία η, ουσ. 1. επεξεργασία χάλυβα. 2. χαλυβοβιομηχανία (βλ. λ.).

χαλυβώνω, βλ. *χαλυβδώνω*.

χαλώ, -άς, -ά και **-άει** και (λαϊκ.) **χαλνώ, -άς**, ρ., αόρ. *χάλασα*, μτχ. παθ. παρκ. *χαλασμένος*. Α. μτβ. 1. προξενώ βλάβη σε κάτι, φθείρω, καταστρέφω: *χάλασες το ρολόι / το παιχνίδι· χάλασε τα παπούτσια του· μόλις αγόρασε καινούργια τσάντα και τη χάλασε*. 2. γκρεμίζω: *χάλασαν τον τοίχο· το χάλασαν το σπίτι που στεκόταν εδώ* (συνών. *κατεδαφίζω*). 3. φθείρω την ποιότητα ενός πράγματος ή προϊόντος: *το ζαχαροπλαστείο αυτό έχει -άσει τα γλυκά του*. 4. φέρνω κάτι σε άσχημη κατάσταση: *μ' αυτά που έφαγα χάλασα το στομάχι μου· με τις καταχρήσεις που κάνει θα -άσει την υγεία του*. 5. ακυρώνω, διαλύω: *-άσαμε τη συμφωνία μας*. 6. ξοδεύω, δαπανώ: *χάλασα πολλά λεφτά γι' αυτή τη διασκέδαση· χάλασα μια περιουσία!* 7. ανταλλάσσω νόμισμα μιας συγκεκριμένης αξίας με άλλα μικρότερα ίσης συνολικής αξίας, «κάνω ψιλά»: *χάλασέ μου το πεντοχίλιαρο σε χιλιάρικα*. 8. (ηθ.) α. φθείρω το χαρακτήρα κάποιου: *η γιαγιά χάλασε το παιδί με τα πολλά χάδια της* (συνών. *κακομαθαίνω*)· β. διαφθείρω: *οι κακές παρέες τον χαλάσανε·* γ. (για κόρη) διακορεύω (συνών. *ξεπαρθενεύω*). 9α. (παλαιότερα) αφανίζω, εξολοθρεύω: *χαλάσανε την κλεφτουριά, σκοτώσαν τους λεβέντες* (δημ. τραγ.)· β. (λαϊκ.) σκοτώνω: *τον χάλασαν οι Τούρκοι*. 10. παρεμποδίζω την αίσια έκβαση μιας υπόθεσης, ματαιώνω: *μου -άσει τη δουλειά με την ανάμιξή του·* (για τη ζωή ενός ανθρώπου) *Έτσι που τη ζωή σου ρήμαξες εδώ, / στην κόχη τούτη τη μικρή, / σ' όλη τη γη την χάλασες* (Καβάφης)· φρ. *μας τα χάλασε ο καιρός* (= η κακοκαιρία ανέβαλε τα σχέδια μας). 11. (προκ. για συναισθηματικές καταστάσεις) μεταβάλλω προς το χειρότερο: *το μόνο που κατάφερε με τον καβγά του ήταν να μας -άσει τη διάθεση·* φρ. *μου χάλασες το κέφι / την καρδιά* (= με στενοχώρησες). 12. κάνω κάτι λιγότερο απολαυστικό: *η παρουσία της στη γιορτή μας χάλασε τη βραδιά*. Β. αμτβ. 1. φθείρομαι, καταστρέφομαι, δεν μπορώ να λειτουργήσω κανονικά: *ο δρόμος χάλασε· τα παπούτσια μου χάλασαν· το ρολόι μου χάλασε*. 2. αλλοιώνομαι: *χάλασε το φαΐ / το κρασί· χάλασαν τα φρούτα*. 3. έρχομαι σε δυσάρεστη κατάσταση: *χάλασε το στομάχι / το δόντι μου*. 4. αναβάλλομαι, ματαιώνομαι: *χάλασε η δουλειά· τα σχέδια χάλασαν*. 5. μεταβάλλομαι προς το χειρότερο: *ο καιρός χάλασε*. 6. γίνομαι άσχημος: *μια φορά ήταν όμορφη, τώρα χάλασε· τελευταία έχει χαλάσει*. 7. (για συναισθηματικές καταστάσεις) αλλάζω προς το άσχημο: *χάλασε το κέφι μου / η διάθεσή μου*. 8. (ηθ.) διαφθείρομαι: *χάλασε αυτός ο φίλος μου· ψυχή χαλασμένη* (Κόντογλου)· *ένιωθα περηφάνια, γιατί δε χάλασα ακόμα* (Κόντογλου). 9. διαλύομαι, αποσυντίθεμαι, αποδιοργανώνομαι: *χαλασμένο σπίτι· χαλασμένη κοινωνία*. Φρ. *δε θα -άσει ο κόσμος* (= δεν πειράζει, δεν είναι το πράγμα σημαντικό)· *δε -άει χατίρι* (= ικανοποιεί πρόθυμα τις επιθυμίες που του διατυπώνονται)· *ο κόσμος να -άσει!* (= ακόμη κι αν χαλάσει ο κόσμος· σε οποιαδήποτε περίπτωση): *αυτό θα γίνει ο κόσμος να -άσει! τα ~ (με κάποιον)* (= διακόπτω τις σχέσεις μου μαζί του): *τα -άσαμε με τη Μαρία· -άει ο κόσμος* (= γίνεται μεγάλη αναστάτωση): *στη διαδήλωση -άει ο κόσμος· χάλασε ο κόσμος* (= χειροτέρεψαν τα κοινωνικά πράγματα)· *χαλνώ γη και ουρανό* (= δημιουργώ αναστάτωση, κάνω μεγάλες προσπάθειες)· *~ τον κόσμο* (για να...) (= διαμαρτύρομαι έντονα, δημιουργώ ζήτημα για να πετύχω κάτι): *χάλασε τον κόσμο για να βγει έξω*.

χαμάδα η, ουσ. (λαϊκ.), ώριμος καρπός και ιδίως ελιά που έχει πέσει από το δέντρο (συνών. *θρούμπα*).

χαμαιλέοντας και (λαϊκ., συνιζ.) **χαμολιός** ο, ουσ. 1. ερπετό που μοιάζει με τη σαύρα και το δέρμα του αλλάζει χρώμα ανάλογα με το περιβάλλον που βρίσκεται. 2. (μεταφ. στον τ. του λήμματος) άτομο που αλλάζει φρονήματα ανάλογα με τα εκάστοτε συμφέροντά του.

χαμαιτυπείο το, ουσ. (λόγ.), πορνείο (συνών. *μπορντέλο*).

χαμάλης ο, ουσ. 1. αχθοφόρος, βαστάζος. 2. (μεταφ.) ανέντιμος άνθρωπος - Υποκορ. **-άκι** το. [τουρκ. *hamal*].

χαμαλί, βλ. *χαϊμαλί*.

χαμαλιάτικα τα, ουσ. (συνιζ., λαϊκ.), αμοιβή που δίνεται στο χαμάλη (συνών. *αχθοφορικά* τα).

χαμαλίκα η, ουσ. (λαϊκ.), ό,τι στρώνεται στη ράχη του αχθοφόρου για να τον διευκολύνει στη μεταφορά του φορτίου.

χαμαλίκι το, ουσ. (λαϊκ.). 1. η εργασία του χαμάλη. 2. η δουλειά που αναγκαστικά φορτώνουν σε κάποιον (συνών. *αγγαρεία*). [τουρκ. *hamallık*].

χαμάλικος, -η, -ο και **χαμαλίτικος**, επίθ. (λαϊκ.), που ανήκει ή αναφέρεται στο χαμάλη.

χαμαλοδουλειά η, ουσ. (συνιζ., λαϊκ.), δουλειά που την κάνει κανείς με μεγάλη δυσφορία (συνών. *χαμαλίκι*).

χαμάμ (άκλ.) και **χαμάμι** το, ουσ. 1. θερμό λουτρό σε ξερό και ζεστό αέρα, για έντονη εφίδρωση, που το ακολουθούν μαλάξεις και πλύσεις με νερό, κατά κανόνα σε δημόσιο οικοδόμημα ειδικά κατασκευασμένο για το σκοπό αυτό και απαραίτητο σε μουσουλμανική πόλη. 2. ο χώρος και το οικοδόμημα όπου γίνονται τέτοια λουτρά (συνών. *λουτρό* σημασ. 2). 3. (μεταφ.) για χώρο κλειστό και ζεστό: *και μόνο με την κεντρική θέρμανση το σπίτι γίνεται ~*. [τουρκ. *hamam*].

χαμένος, -η, -ο, επίθ. 1. (για πράγμα ή πρόσωπο) που έχει χαθεί: *θησαυρός ~· πορτοφόλι -ο·* έκφρ. *παιχνίδι -ο* (= όταν προδικάζεται η αποτυχία μιας υπόθεσης). 2a. (για πρόσωπο) που έχασε σε παιχνίδι, αγώνα, πόλεμο, κλπ.· (ιδίως σε χαρτοπαίγνιο) που έχει χάσει χρήματα: *απόψε ήμουν ο ~ του παιχνιδιού· η Γερμανία ήταν ο μεγάλος ~ του Β΄ Παγκοσμίου πολέμου, σήμερα όμως, διεκδικεί μια από τις πρώτες θέσεις στην ανάπτυξη της τεχνολογίας·* β. που έχασε σε εμπορική επιχείρηση (αντ. *κερδισμένος*)· φρ. *βγαίνω ~* (= τελικά έχασα). 3. αγνοούμενος: *είναι ~ εδώ και δώδεκα χρόνια*. 4. (μεταφ.) αφηρημένος: *στεκόμαστε -ες, αποσβολωμένες, φαντάσματα ζωντανά...* (Σταύρου)· φρ. *τα 'χω -α* (= είμαι σαστισμένος, δεν ξέρω τι μου γίνεται). 5. (μεταφ.) ασήμαντος, ταπεινός· έκφρ. *-ο κορμί* (= ασήμαντος, ανάξιος άνθρωπος). 6. (υβριστικά ως προσφώνηση): *τι λες βρε -ε!* - Βλ. και *χάνω*.

χαμέρπεια η, ουσ. (ασυνίζ., λόγ.), ευτέλεια, ποταπότητα.

χαμερπής, -ής, -ές, γεν. *-ούς*, πληθ. αρσ. και θηλ. *-είς*, ουσ. *-ή*, επίθ. (μεταφ.) που ταπεινώνεται για να επιτύχει κάτι (συνών. *ποταπός, τιποτένιος*· αντ. *αξιοπρεπής*).

χαμηλά, βλ. *χαμηλός*.

χαμηλοβλεπούσα η, ουσ., γυναίκα ντροπαλή, σεμνή (συνών. *χαμηλοθώρα*).

χαμηλοθώρης ο, θηλ. **-α** και **-ούσα**, επίθ. (λαϊκ.). 1. που στρέφει το βλέμμα του προς τα κάτω, ντροπαλός. 2. ύπουλος, δόλιος.

χαμηλόμισθος, -η, -ο, επίθ., που εισπράττει χαμηλό μισθό: *υπάλληλος ~* (αντ. *υψηλόμισθος*).

χαμηλός, -ή, -ό, επίθ. 1. που έχει μικρό ύψος: *σπίτι / τραπέζι / τακούνι -ό· οροφή -ή* (αντ. *ψηλός*). 2. που ταξινομείται κάτω από το κανονικό: *θερμοκρασία -ή· -ό επίπεδο ανάπτυξης παραγωγικών δυνάμεων· εισοδηματικό επίπεδο -ό*. 3. που δεν έχει ένταση: *φωνή / μουσική -ή· τόνοι -οί*. 4. μικρός: *τιμή -ή· κέρδη -ά*. - Το ουδ. ως ουσ. = (μετεωρ.) χαμηλό βαρομετρικό πεδίο. - Επίρρ. **-ά**.

χαμηλοτάβανος, -η, -ο, επίθ., που η οροφή του είναι χαμηλή: *οντάς ~· κουζίνα -η* (αντ. *ψηλοτάβανος*).

χαμηλότοκος, -η, -ο, επίθ., που συνδέεται με χαμηλό τόκο: *δάνειο -ο· καταθέσεις -ες*.

χαμηλούτσικος, -η, -ο, επίθ., που είναι αρκετά χαμηλός (αντ. *ψηλούτσικος*).

χαμηλοφρύδης, κυρίως το θηλ. **-α**, ουσ., αυτός που έχει χαμηλά φρύδια.

χαμηλόφωνος, -η, -ο, επίθ., που έχει χαμηλή, σιγανή φωνή (αντ. *υψηλόφωνος*). - Επίρρ. **-α**: *μιλάτε -α*.

χαμήλωμα το, ουσ. 1. ελάττωση του ύψους, της έντασης, κλπ.: *~ της φωνής*. 2. χαμηλή τοποθεσία (αντ. *ύψωμα*).

χαμηλώνω, ρ. Α. μτβ. 1. κάνω κάτι χαμηλό, ελαττώνω το ύψος του: *~ τον τοίχο / την πόρτα· έδωσα τα παπούτσια μου στον τσαγκάρη να μου -ώσει τα τακούνια* (συνών. *ψηλώνω*). 2. μεταθέτω κάτι προς τα κάτω: *~ τον ποδόγυρο φορέματος* (συνών. *κατεβάζω*)· φρ. *~ τα μάτια* (= στρέφω το βλέμμα προς τα κάτω· (μεταφ.) αισθάνομαι ντροπή)· *~ τη μύτη* (= μετριάζω την αλαζονεία μου). 3. ελαττώνω την ένταση: *~ το ραδιόφωνο / την τηλεόραση· ~ τη φωτιά* (= κάνω να καίει λιγότερο)· *~ τον τόνο της φωνής μου* (αντ. *υψώνω*)· *~ τη φωνή* (= μετριάζω τις αξιώσεις μου). Β. αμτβ. 1. έρχομαι σε μικρότερη απόσταση από το έδαφος: *-ωσε για να μπορέσει να μπει στο σπήλαιο· -ωσε να σε φιλήσω*. 2. ελαττώνομαι, λιγοστεύω: *-ωνε το φως πάνω από τη συννεφιασμένη μέρα* (Σεφέρης). 3. αποσύρομαι, υποχωρώ: *τα νερά δε -ουν* (Κόντογλου). 4. (για τον ήλιο) πηγαίνω προς τη δύση: *ο ήλιος είχε -ώσει*.

χαμίνι το, ουσ., μικρός αλήτης, αλητόπαιδο, αλητάκος. [γαλλ. *gamin*].

χαμιτικός, -ή, -ό, επίθ., που ανήκει ή αναφέρεται στους Χαμίτες: *γραφή / φυλή -ή· γλώσσες -ές* (η αρχαία αιγυπτιακή, η λιβυκή, κ.ά.).

χαμο-, α΄ συνθ. ουσ. και ρ.: *χαμόσπιτο, χαμογελώ*.

χαμοβαστιέμαι, ρ. (συνιζ., λαϊκ.). 1. διατηρώ ακόμη κάποιες σωματικές δυνάμεις. 2. έχω ακόμη κάποια περιουσία.

χαμοβλέπω, ρ. (λαϊκ.), βλέπω χαμηλώνοντας το βλέμμα μου: *τι έχεις και γελάς; τι έχεις και -εις;*

χαμοβούνι το, ουσ. (λαϊκ.), χαμηλό βουνό.

χαμογελαστός, -ή, -ό, επίθ., που χαμογελά, που εκδηλώνει χαρά με το πρόσωπό του: *πρόσωπο -ό* (συνών. *πρόσχαρος·* αντ. *σκυθρωπός, κατσούφης*). - Επίρρ. **-ά**.

χαμόγελο και (συνιζ.) **-γέλιο** το, ουσ., έκφραση του προσώπου κατά την οποία τα χείλη ανοίγουν προς τα πλάγια χωρίς να αφήνουν, συνήθως, να φαίνονται τα δόντια, που εκφράζει ευχαρίστηση, ευγένεια, ικανοποίηση και αρνητικά καμιά φορά συναισθήματα (π.χ. πικρία): *τον καλημέρισε με ένα πλατύ / ζεστό ~· πικρό ~* (συνών. *μειδίαμα*).

χαμογελώ, -άς, ρ., εκδηλώνω ικανοποίηση με ελαφρή χαλάρωση του προσώπου, με χαμόγελο (συνών. *μειδιώ*).

χαμόδεντρο το, ουσ. (έρρ.), δέντρο χαμηλό, θάμνος: *δεν είναι χόρτο ταπεινό, ~ δεν είναι* (Σολωμός).

χαμόδρακας ο, ουσ. (λαογρ.) μεγάλος δράκοντας.

χαμοδράκι το, ουσ. (λαογρ.) εξωτικό, δράκος.

χαμοζωή η, ουσ. (λαϊκ.), άθλιος τρόπος διαβίωσης, φτωχική ζωή: *άνθρωπος της -ής*.

χαμοθεός ο, ουσ.· μόνο σε φρ. όπως: *έχει -ό, μην τον κλαις* = με τις ποικίλες ικανότητές του ή τους προστάτες του κατορθώνει να εξυπηρετεί τα ποικίλα συμφέροντά του.

χαμοκέλα η, ουσ. (λαϊκ.), χαμόσπιτο (βλ. λ.).

χαμοκερασιά η, ουσ. (συνιζ.), φραουλιά (βλ. λ.).

χαμοκέρασο το, ουσ., φράουλα (βλ. λ.).

χαμόκλαδο το, ουσ., θάμνος (βλ. λ.).

χαμοκυλιέμαι, ρ. (συνιζ., λαϊκ.), κυλιέμαι κάτω.

χαμολαός ο, ουσ. (λαϊκ.), ο ταπεινός λαός: *ο ~ σώπαινε ολόγυρα ακούγοντας*.

χαμολιός, βλ. *χαμαιλέοντας*.

χαμολόι το, ουσ. (λαϊκ.), το να μαζεύει κανείς τις ελιές τις πεσμένες από τα δέντρα.

χαμολούλουδο το, ουσ. (λαϊκ.), μικρό χαμηλό λουλούδι.

χαμομήλι και **χαμόμηλο** το, ουσ. 1. (φυτολ.) ετήσια πόα με πτεροειδή διπλά ή τριπλά φύλλα, λείο διακλαδισμένο βλαστό και μικρά, κυρίως λευκά, άνθη. 2. το αφέψημα που παράγεται από τα ξερασμένα άνθη αυτού του φυτού και έχει φαρμακευτικές και καταπραϋντικές ιδιότητες. - Υποκορ. **-άκι** το. [μτγν. *χαμαίμηλον*].

χαμομηλιά η, ουσ. (συνιζ.), το φυτό χαμομήλι (βλ. λ.).

χαμόμηλο, βλ. *χαμομήλι*.

χαμομηλόλαδο το, ουσ., αιθέριο έλαιο που παράγεται με την απόσταξη ξηρών ανθισμένων κεφαλιών χαμομηλιών.

χαμοπέρδικα η, ουσ., το ορτύκι (βλ. λ.).

χαμός ο, ουσ. 1. απώλεια: *~ της νιότης / των ελπίδων* (συνών. *χάσιμο*). 2. θάνατος: *τον συλλυπήθηκα για το -ό του αδελφού του*. 3. αποδιοργάνωση, αναστάτωση, αναταραχή: *γίνεται ~ στο αεροδρόμιο*.

χαμοσέρνω, ρ. (λαϊκ.), σέρνω καταγής: *το μακρύ της φόρεμα -εται*.

χαμόσπιτο το, ουσ., χαμηλό και φτωχικό σπίτι (συνών. *χαμοκέλα*).

χάμου, βλ. *χάμω*.

χάμουρα τα, ουσ., τα εξαρτήματα των υποζυγίων, σαγή (βλ. λ.): *έπιασε το άλογο από τα ~*. [ρουμ. *hamuri*, πληθ. του ουσ. *ham*].

χαμούρα η, ουσ. (υβριστικά) ανυπόληπτη γυναίκα: *θα του τα φάει* (ενν. *τα λεφτά*) *καμιά ~* (Μπαστιάς).

χαμπάρι και (σπανιότ.) **χαμπέρι** το, ουσ. (όχι ερρ., λαϊκ.), είδηση, νέο: *τι -ια; στέλνω ~. Φρ. δεν έχω ~* (= δεν ξέρω τίποτα)· *το παίρνω ~* (= αντιλαμβάνομαι τι συμβαίνει)· *~ δε δίνει* (= αδιαφορεί). [τουρκ. *haber*].

χαμπαρίζω, ρ. (όχι ερρ., λαϊκ.), (συνήθως με το αρνητ. δε). 1. καταλαβαίνω, είμαι ενήμερος σε κάτι: *δε -ει από γεωμετρία· δε ~ από τέτοια*. 2. αισθάνομαι, αντιλαμβάνομαι (με τις αισθήσεις): *δε -ει από κρύο*. 3. υπολογίζω, λογαριάζω κάποιον ή κάτι: *δε -ει κανένα και κάνει του κεφαλιού του· η θάλασσα δε -ει από νόμους* (Μπαστιάς).

χαμπαρολόγος ο, ουσ. (όχι ερρ., λαϊκ.), ονομασία του εντόμου «πεταλούδα της νύχτας».

χαμπέρι, βλ. *χαμπάρι*.

χαμσίνι, βλ. *χαμψίνι*.

χαμψί, βλ. *χαψί*.

χαμψίνι το, ουσ., πολύ ζεστός άνεμος της Αιγύπτου που φυσά την άνοιξη. [αραβ. *khamsin*].

χάμω και **χάμου**, επίρρ., στο έδαφος (συνών. *καταγής*). [αρχ. *χαμαί*].

χαμώγι και **χαμώι** το, ουσ. (λαϊκ.), ισόγειο κατοικίες με πρωτόγονο συνήθως δάπεδο.

Χαναναίος ο, θηλ. **-α**, ουσ. (στην Παλαιά Διαθήκη) αυτός που κατοικούσε στη Χαναάν ή καταγόταν από εκεί.

χάνι το, ουσ. (παλαιότερα) πανδοχείο όπου στάθμευαν ταξιδιώτες. [τουρκ. *han*].

χανιτζής, βλ. *χαντζής*.

Χανιώτης ο, θηλ. **-ισσα**, ουσ. (συνιζ.), αυτός που κατοικεί στα Χανιά ή κατάγεται από εκεί.

χανιώτικος, -η, -ο, επίθ. (συνιζ.), που ανήκει ή αναφέρεται στα Χανιά ή τους Χανιώτες.

Χανιώτισσα, βλ. *Χανιώτης*.

χάννος ο, ουσ. 1. (ζωολ.) είδος ψαριού που μοιάζει με την πέρκα, με καστανόασπρο χρώμα, ουρά στρογγυλεμένη προς τα μέσα και μικρά λέπια. 2. (μεταφ.) άνθρωπος αφελής, ανόητος: *χάσκει / κοιτάει σαν ~*. [αρχ. *χάννη*].

χάνος ο, ουσ. (ιστ.) τίτλος που έπαιρναν οι Μογγόλοι ηγεμόνες (πβ. Τσέγκις - Χαν), οι αρχηγοί των Τατάρων και οι άρχοντες στην Ινδία και τη Μέση Ανατολή. [τουρκ. *han*].

χανουμάκι το, ουσ. (λαϊκ.), χανούμισσα (βλ. λ.) νεαρής ηλικίας.

χανούμη (σπάνιο) και **-ισσα** η, ουσ., γυναίκα μουσουλμάνα. [τουρκ. *hanım*].

χανσενικός, -ή, -ό, επίθ., λεπρός. - Το αρσ. ως ουσ. [κύρ. όν. *Hansen*].

χαντάκι το, ουσ. (ερρ.), μικρή τάφρος. [αραβ. *khandaq*].

χαντάκωμα το, ουσ. (ερρ.), η ενέργεια και το αποτέλεσμα του χαντακώνω (βλ. λ.).

χαντακώνω, ρ. (ερρ.). α. ρίχνω κάποιον ή κάτι σε χαντάκι· β. (μεταφ.) οδηγώ στην καταστροφή (συνών. *αφανίζω, καταστρέφω*). - Η μτχ. ως επίθ. (υβριστικά): *τι λες βρε -ωμένε!*

χα(ν)τζάρα, βλ. *χαντζάρι*.

χα(ν)τζάρας ο, ουσ (χλευαστικά) σπαθοφόρος.

χα(ν)τζάρι το και **χα(ν)τζάρα** η, ουσ., μακρύ καμπυλωτό μαχαίρι με πλατιά λεπίδα που χρησιμοποιούσαν οι Τούρκοι και οι Αλβανοί. [τουρκ. *hançer*].

χα(ν)τζαριά η, ουσ. (συνιζ.), χτύπημα με χαντζάρι.

χαντζής και **χανιτζής** ο, ουσ. (παλαιότερα) αυτός που διατηρούσε χάνι. [τουρκ. *hancı*].

χάντρα η, ουσ. (ερρ.), μικρό στρογγυλό ή πολύπλευρο αντικείμενο από γυαλί ή άλλο υλικό με μικρή τρύπα στη μέση: *οι -ες του κομπολογιού / του κολιέ· γαλάζια ~ για το μάτιασμα*. [πιθ. αραβ. προέλευσης].

χάνω, ρ., αόρ. *έχασα*, μτχ. παρκ. *χαμένος*. Ι. ενεργ. Α. μτβ. 1. δεν έχω πια στην κατοχή μου κάτι (λόγω δικής μου απροσεξίας) ή δεν μου είναι προσιτό ή πρόχειρο γιατί δεν ξέρω πού βρίσκεται: *έχασα τα γυαλιά μου / το μολύβι μου* (αντ. *βρίσκω*). 2. παύει να μου ανήκει κάτι λόγω ατυχήματος ή παρόμοιου γεγονότος: *οι άνθρωποι -ουν ολόκληρες περιουσίες στον πόλεμο*. 3. παύω να έχω ένα μέλος του σώματός μου: *~ τα μαλλιά μου / τα δόντια μου*. 4. παύω να έχω το σύνολο ενός στοιχείου του σώματός μου (αίματος, βάρους, κ.ά.) καθώς ένα μέρος του αποβάλλεται ή ελαττώνεται: *έχασα πολύ αίμα / πέντε κιλά* (αντ. *βάζω*). 5. παύω να έχω, στερούμαι μια ιδιότητα, ικανότητα, πίστη, ιδέα ή συναίσθημα που είχα πριν: *έχασα τη* *σβελτάδα μου· αρχίζω να ~ την εμπιστοσύνη μου σε σένα· ~ το κουράγιο μου / την αξία μου· ~ την υπομονή μου / τη μνήμη μου / το ενδιαφέρον μου για το θέμα.* **6.** δεν μπορώ να δω κάτι πια: *τον έχασα απ' τα μάτια μου.* **7.** ξοδεύω ή αφήνω να περάσει κάτι χωρίς να το χρησιμοποιήσω σωστά: *έχασα πολλές ευκαιρίες· μη -εις τον καιρό σου άσκοπα.* **8.** αποτυχαίνω: *έχασα το παιγνίδι / τις εκλογές / τις εξετάσεις* (αντ. *κερδίζω*). **9.** δεν είμαι πια σε θέση να ελέγξω κάτι: *~ την ισορροπία μου / τον έλεγχο του εαυτού μου.* **10.** (με άρνηση) μου ξεφεύγει κάτι, δεν το προσέχω: *μας άκουγε χωρίς να χάσει κουβέντα.* **11.** δεν προλαβαίνω κάτι, γιατί δεν ήρθα έγκαιρα: *έχασα το τρένο· ~ το μάθημα / την παράσταση.* **12.** (για μαθητή) δεν προβιβάζομαι στην επόμενη τάξη: *~ χρονιά / τάξη.* **13.** μπερδεύω, συγχέω: *~ τα λόγια μου / τον ειρμό των σκέψεών μου.* **14.** εξαιτίας θανάτου δεν έχω πια προσφιλές πρόσωπο: *έχασε τον αδερφό του στον πόλεμο.* **15.** (λαϊκ.) εγκαταλείπω, αφήνω να χαθεί: *κανέναν δεν -ει ο Θεός.* **16.** (για επιχείρηση) ζημιώνω: *η επιχείρηση έχασε δέκα εκατομμύρια μέσα σ' ένα μήνα.* **17.** (για μηχάνημα ή άλλο αντικείμενο) στερούμαι σιγά σιγά από κάτι που μου είναι απαραίτητο, έχω απώλεια: *το αυτοκίνητό μου -ει λάδια/ η μπάλα -ει αέρα.* **18.** (για ρολόι) δείχνω χρόνο πιο νωρίς απ' τον πραγματικό, πάω πίσω. *το ρολόι μου -ει δέκα λεπτά.* **19.** (γραμμ.) παύω να συνοδεύομαι από κάτι: *οι εγκλιτικές λέξεις -ουν τον τόνο· τα αρσενικά ουσιαστικά στην αιτιατική -ουν το τελικό ν πριν από τα φωνήεντα.* **Β. αμτβ. 1.** αποτυχαίνω: *~ στα χαρτιά / στις εξετάσεις.* **2.** υστερώ σε σχέση με κάποιον ή κάτι άλλο: *το γραπτό αυτού του μαθητή -ει σε σχέση με τα άλλα.* **3.** στερούμαι από κάποιο όφελος ή ευχαρίστηση: *έχασες που δεν ήρθες!* **II. μέσ. 1.** παύω να υπάρχω, να υφίσταμαι, εξαφανίζομαι: *τα έθιμα -ονται σιγά σιγά· -εται η ανθρωπιά· -ονται οι δυνάμεις μου με τα χρόνια.* **2.** (για πρόσωπο) δε βλέπομαι πια με κάποιον, εξαφανίζομαι σε σχέση μ' αυτόν: (συνήθως αλληλ.) *χαθήκαμε τελευταία!* φρ. (υβριστικά) *άντε χάσου!* (= φύγε να μη σε βλέπω)· *χάθηκε από το πρόσωπο της γης και χάθηκαν τα ίχνη του* (= εξαφανίστηκε). **3.** παύω να είμαι ορατός ή αντιληπτός: *το πλοίο χάθηκε στον ορίζοντα·* (μεταφ.) *οι ρίζες του λαού μας -ονται στα βάθη των αιώνων.* **4.** απελπίζομαι: *μη -εσαι!* **5.** πεθαίνω: *χάθηκε ένας καλός φίλος.* **6.** λιποθυμώ: *ένιωσα ένα γλυκό βύθισμα κι έπειτα χάθηκα.* **7.** καταστρέφομαι, αποτυχαίνω: *χάθηκε ο συνεταιρισμός τους.* **8.** δεν εξελίσσομαι ομαλά, δεν αξιοποιούμαι: *χάθηκε το παιδί -εται, γιατί κανείς δεν το προσέχει.* **9.** (για κάποιο είδος αναμέτρησης) αποτυχαίνω, ναυαγώ: *χάθηκε η υπόθεση στο δικαστήριο· χάθηκε το παιχνίδι / ο πόλεμος.* **10.** χρησιμοποιούμαι άσχημα ή καθόλου: *-εται ο καιρός / οι ευκαιρίες.* **11α.** παρεκτρέπομαι από την πορεία μου: *χάθηκα στο δάσος.* **β.** δεν είμαι σε θέση να ξεδιαλύνω τις σκέψεις μου: *-ομαι στο λαβύρινθο των σκέψεών μου.* **12.** βυθίζομαι σε κάποια απασχόληση με πλήρη αφοσίωση χωρίς να αντιλαμβάνομαι τι συμβαίνει γύρω μου, απορροφώμαι από κάποια ασχολία μου: *-ομαι στη μουσική / στο διάβασμα / στους ρεμβασμούς μου.* **13.** είμαι δυστυχισμένος: *-ομαι χωρίς εσένα.* Φρ. *δεν έχασα καιρό και...* (= ευθύς αμέσως)· *δεν έχω τίποτα να χάσω* (για περίπτωση που επιχειρώ κάτι χωρίς να

είμαι βέβαιος για την επιτυχία του, αλλά και χωρίς να ανησυχώ για την έκβαση του)· *εδώ -ει το σκυλί τον αφέντη του* (= υπάρχει μεγάλη ανακατωσούρα)· *τα -ει* (= σαστίζει)· *τα 'χει χαμένα* (= δεν ξέρει τι του γίνεται)· *τι είχα, τι έχασα!* (= δε μου συνέβη τίποτε δυσάρεστο)· *τι θα χάσω αν...;* (= δεν χάνω τίποτα αν...)· *-ει η μάνα το παιδί και το παιδί τη μάνα*, βλ. *μάνα· -ει το Θεό του* (= αναστατώνεται, βρίσκεται σε αμηχανία)· *-ομαι σε μια κουταλιά νερό*, βλ. *κουταλιά· ~ έδαφος* (= μειώνονται οι δυνατότητες επιτυχίας μου ή νίκης μου)· *~ τα αβγά και τα πασχάλια* (= είμαι πολύ αναστατωμένος)· *~ τα λογικά μου* (= τρελαίνομαι)· *~ τα νερά μου*, βλ. *νερό· ~ τη δίκη* (= η απόφαση του δικαστηρίου δεν είναι ικανοποιητική για μένα)· *~ την εκλογή* (= αποτυχαίνω ως υποψήφιος)· *~ τη ζωή μου* (= πεθαίνω)· *~ τις αισθήσεις μου* (= λιποθυμώ)· *~ το δρόμο* (= πηγαίνοντας κάπου συγχέω ποια κατεύθυνση να ακολουθήσω)· *~ το μπούσουλα* (= βρίσκομαι σε σύγχυση)· *τα ~ ή ~* (= μειώνονται οι διανοητικές μου ικανότητες)· *~ το μυαλό*, βλ. *μυαλό· ~ τη δουλειά μου* (= απολύομαι). Παροιμ. φρ. *εδώ καράβια -ονται / βαρκούλες αρμενίζουν* (για δύσκολη κατάσταση για την οποία δεν εκδηλώνεται κανένα ενδιαφέρον)· *έχασε η Πόλη μάλαμα κι η Βενετιά βελόνι* (= δεν έγινε καμιά σοβαρή ζημιά). - Βλ. και *χαμένος*. [μεσν. *χαώ*].

χάος το, ουσ. **1.** η υποθετική κατάσταση που υπήρχε πριν από τη δημιουργία του κόσμου. **2.** το άπειρο διάστημα. **3.** η άβυσσος. **4.** αχανές χάσμα, βάραθρο: *στεκόμασταν στο χείλος του γκρεμού και κάτω από τα πόδια μας απλωνόταν το ~.* **5.** (μεταφ.) μεγάλη σύγχυση πραγμάτων, απόλυτη ακαταστασία: *προσπαθώ να βάλω τάξη στο ~ που επικρατεί στο δωμάτιό μου· ~ επικρατεί στο μυαλό μου· ~ οικονομικό.*

χαοτικός, -ή, -ό, επίθ., που προσιδιάζει στο χάος, που βρίσκεται σε κατάσταση απόλυτης ακαταστασίας και σύγχυσης (συνών. *χαώδης*).

χαπάκι, βλ. *χάπι*.

χάπενινγκ το, ουσ. άκλ. **1.** αυθόρμητη θεαματική εκδήλωση με συμμετοχή του κοινού: *μουσικό ~.* **2.** απρόσμενο γεγονός. [αγγλ. *happening*].

χάπι το, ουσ. **1.** φαρμακευτικό σκεύασμα με σχεδόν σφαιρικό σχήμα που καταπίνεται ολόκληρο: *υπνωτικό* (συνών. *καταπότιο·* πβ. *δισκίο*). **2.** (κοιν.) αντισυλληπτικό χάπι (βλ. *αντισυλληπτικός*). Φρ. *δεν το τρώω τέτοιο ~* (= δεν τα πιστεύω αυτά, δεν ξεγελιέμαι)· *χρυσώνω το ~* (= διατυπώνω κάτι προσβλητικό ή δυσάρεστο με τρόπο περιφραστικό και λέξεις που οποιος το ακούσει να μην καταλάβει το μέγεθος της προσβολής ή της βλάβης). - Υποκορ. **-άκι** το. [τουρκ. *hap*].

χαρά η, ουσ. **1.** ευχάριστη διάθεση της ψυχής: *αισθάνθηκα μεγάλη ~ που τον ξαναείδα·* φρ. *δίνω ~ σε κάποιον* (= τον κάνω χαρούμενο): *με την επίσκεψή σας μας δώσατε μεγάλη ~* (αντ. *λύπη*, *θλίψη*). **2.** (ιδίως στον πληθ.) γάμος· φρ. *στις -ές σου!* (= γρήγορα να παντρευτείς). **3α.** καθετί που μπορεί να δώσει ικανοποίηση, ευχαρίστηση σε κάποιον: *το γράψιμο είναι η μοναδική του ~.* **β.** (συνεκδοχικά) πολυαγαπημένο πρόσωπο: *είσαι η ~ μου!* Εκφρ. *γεια ~!* βλ. *γεια· με γεια σου με ~ σου* (= χαλάλι σου)· *μια ~!* (= ωραία, με απόλυτη επιτυχία): *τα κατάφερε μια ~· μια ~ και δυο τρομάρες* (= σε καθόλου καλή κατάσταση, χάλια): *-Τι κά-*

νεις; -Μια ~ και δυο τρομάρες· ~ Θεού (= θαυμάσιος καιρός): έξω είναι ~ Θεού κι εσύ κλεισμένος μέσα!· ~ σε / στο, ειρων. σε εκφρ. όπως: ~ στην αδιαφορία σου!· ~ στην ομορφιά!· ~ στο πράμα!· ~ στον που... ή σ' εκείνον που... (= αξιοζήλευτος αυτός που...): η τιμή τιμή δεν έχει και ~ στον που την έχει. Φρ. (είμαι) μια ~ (= βρίσκομαι σε πολύ καλή κατάσταση): Τι κάνει ο γιος σου; - (Είναι) μια ~· είναι μια ~ να... (= είναι πολύ ευχάριστο να...): είναι μια ~ να τον βλέπεις. - Υποκορ. **-ούλα** η και (με συμπάθεια) **-ούδι** το, συνήθως στον πληθ. -ια τα = γάμος (βλ. και στη σημασ. 2)· -ούλες που θα κάνει άμα σε δει! - Βλ. και «μετά χαράς».
χαραγή και **χαρά** η, ουσ. (λαϊκ.). 1. (σπάνια) α. χάραγμα (συνών. σχισμή, χαραμάδα)· β. (ειδικότερα) το τρόχισμα της μυλόπετρας για να αλέθει ευκολότερα. 2. (ιδίως στον τ.) χαραυγή (βλ. λ.). [χαράσσω].
χάραγμα το, ουσ., η ενέργεια και το αποτέλεσμα του χαράζω (βλ. λ.).
χαρα(γ)ματιά η, ουσ. (συνιζ.). 1. χάραγμα (βλ. λ.). 2. το ίχνος που αφήνει το χάραγμα πάνω σε μια επιφάνεια (συνών. χαρακιά). 3. σχισμή, χαραμάδα.
χαράδρα η, ουσ., βαθύ άνοιγμα γης μεταξύ δύο βουνών που συνήθως προκαλείται από ορμητικό ρεύμα νερού.
χαραδριός ο, ουσ. (ασυνίζ.), (ζωολ.) αποδημητικό πουλί μέτριου μεγέθους που ζει κυρίως κοντά σε έλη, όχθες ποταμού, κλπ.
χαράζω, ρ. 1. κάνω εγκοπές πάνω σε επιφάνεια με μυτερό αντικείμενο: -αξε τα αρχικά του στην πόρτα· ~ επιγραφή. 2. τραβώ γραμμές πάνω σε χαρτί με χάρακα (βλ. λ.). 3. προσδιορίζω τα όρια μελλοντικής οικοδομής, δρόμου, κλπ. 4. (μεταφ.) σχεδιάζω, καθορίζω: ~ στρατηγική / πορεία (= καθορίζω τρόπο ενέργειας). **5α.** (με υποκ. τις λ. αυγή, χαραυγή, ανατολή, μέρα, κ.τ.ό.) ξημερώνει: -αξε η αυγή· εχάραξε η ανατολή και έφεξεν τη δύση (δημ. τραγ.)· β. (τριτοπρόσ.) είναι χαραυγή, αρχίζει να ξημερώνει: -ει και είναι ώρα να σηκωθούμε. Φρ. -ει τ' αχείλι μας (Κόντογλου) (= μειδιά)· ~ στη μνήμη μου (= αποτυπώνω κάτι στο μυαλό μου για να το θυμάμαι). - Βλ. και χαράσσω.
χαραή, βλ. χαραγή.
χάρακας ο, ουσ., όργανο για να χαράσσονται ευθείες γραμμές (συνών. κανόνας στη σημασ. 5).
χαράκι το, ουσ. (λαϊκ.). 1. χαραγματιά (βλ. λ.), γραμμή. 2. χάρακας (βλ. λ.): τραβούσε οριζόντιες γραμμές με το ~.
χαρακιά η, ουσ. (συνιζ.). 1. χαραγματιά (βλ. λ.). 2. ευθεία γραμμή καμωμένη με χάρακα (βλ. λ.). 3. ρυτίδα: στο κούτελό του -ιές οι έγνοιες (Μπαστιάς).
χαρακίδα η, ουσ. (ζωολ.) ψάρι με μυτερό ρύγχος, που κατά τα άλλα μοιάζει πολύ με σαργό (συνών. σύγαινα).
χαρακίρι το, ουσ. α. τρόπος αυτοκτονίας που πραγματοποιείται στην Ιαπωνία συνήθως από σαμουράι με άνοιγμα της κοιλιάς τους με το σπαθί: δύο Ιάπωνες έκαναν ~ για το θάνατο του αυτοκράτορα· β. (μεταφ.) για πράξη ή κατάσταση που ισοδυναμεί με αυτοκτονία: η πράξη του ήταν ~· θα μπορούσε να κάνει ~ γι' αυτή την υπόθεση (= να αυτοκτονήσει, να θυσιαστεί). [ιαπωνική λ. harakiri].

χαρακτήρας ο, ουσ. 1. (ψυχ.) α. το σύνολο των συναισθηματικών και των βουλητικών αντιδράσεων του ατόμου όπως καθορίζονται από τις κληρονομικές του καταβολές και τις συνθήκες του περιβάλλοντος στο οποίο αναπτύσσεται· (γενικά) ιδιοσυγκρασία ατόμου στο που υπαγορεύει πώς να συμπεριφέρεται, πώς να αντιδρά και πώς να σκέπτεται: με το -α που έχει δε γίνεται συμπαθητικός· έχει το -α του πατέρα του· β. (συνεκδοχικά) το ίδιο το άτομο που διαθέτει κάποια ιδιαίτερη ιδιοσυγκρασία: είναι καλός / ψυχρός / παράξενος ~. 2. το σύνολο των γνωρισμάτων ενός πράγματος, ενός χώρου ή μιας ενέργειας που συνιστούν την ιδιαίτερη εικόνα ή ατμόσφαιρα που παρουσιάζει: έφτιαξε ένα σπίτι με καθαρά ελληνικό -α· η εκδήλωση είχε τελετουργικό -α. 3. σταθερός τρόπος συμπεριφοράς: ο λόγος του δείχνει -α· δεν παρασύρεται εύκολα· έχει -α· φρ. κρατώ -α (= είμαι σταθερός στις απόψεις μου). 4. τα ιδιότυπα εκείνα χαρακτηριστικά που διαμορφώνουν το ύφος και τη νοοτροπία ενός λογοτέχνη ή καλλιτέχνη: ο ~ του Παλαμά / του Καβάφη. 5. (κυρίως στον πληθ.) τα πρόσωπα όπως παρουσιάζονται σε ένα λογοτεχνικό, θεατρικό ή κινηματογραφικό έργο: οι -ες αυτού του μυθιστορήματος είναι ολοκληρωμένοι. 6. τυπογραφικό στοιχείο ή στοιχείο γραφομηχανής καθώς και το αποτύπωμά του στο χαρτί: το βιβλίο μου θα τυπωθεί με μοντέρνους -ες· (συνεκδοχικά) γράμμα: λατινικοί/ιερογλυφικοί -ες. 7. (γραμμ.) το τελευταίο γράμμα του θέματος μιας λέξης. Έκφρ. γραφικός ~, βλ. γραφικός.
χαρακτηρίζω, ρ. 1. καθορίζω τα ιδιαίτερα γνωρίσματα ενός προσώπου, αντικειμένου, μιας ενέργειας, κλπ.: ο δάσκαλος με τη βαθμολογία του -ει το μαθητή· πώς θα μπορούσατε να -ίσετε τον ήρωα του έργου;· θα -ιζα την πράξη του προσβλητική. 2. συνιστώ το χαρακτήρα ή ένα βασικό χαρακτηριστικό γνώρισμα κάποιου προσώπου, πράγματος, κατάστασης, κλπ.: τον -ει αναίδεια.
χαρακτηρισμός ο, ουσ. 1. προσδιορισμός των γνωρισμάτων που ξεχωρίζουν ένα πρόσωπο ή ένα πράγμα από τα άλλα. 2. κατάταξη σε ομάδα, κατηγορία.
χαρακτηριστικός, -ή, -ό, επίθ. 1. που χαρακτηρίζει κάποιον ή κάτι: η φιλοδοξία είναι -ό γνώρισμα των πολιτικών. 2. που συγκεντρώνει τα ιδιαίτερα γνωρίσματα που τον εντάσσουν σε μια κατηγορία: είναι -ός τύπος διανοουμένου. - Το ουδ. ως ουσ. = 1. βασικό διακριτικό γνώρισμα: το -ό του είναι η μετριοφροσύνη. 2. (στον πληθ., για άνθρωπο) τα διακριτικά γνωρίσματα του προσώπου: έχει ωραία / κανονικά -ά. - Επίρρ. **-ά**.
χαρακτηρολογία η, ουσ. (ψυχ.) κλάδος που ασχολείται με τα χαρακτηριστικά γνωρίσματα της συμπεριφοράς του ατόμου, καθώς και με τους καθοριστικούς παράγοντες της συμπεριφοράς του (ιδιοσυγκρασία, περιβάλλον).
χαράκτης ο, θηλ. **-τρια**, ουσ. α. αυτός που έχει για επάγγελμα να χαράζει επιγραφές, σχέδια, κ.ά. πάνω σε σκληρό υλικό (πέτρα, μέταλλο, ξύλο): ~ σφραγιδολίθων· β. (ειδικά) καλλιτέχνης που χρησιμοποιώντας μία από τις τεχνικές της χαρακτικής ετοιμάζει πλάκες για την παραγωγή αντιτύπων (πβ. λιθογράφος, χαλκογράφος, κ.ά.).
χαρακτική η, ουσ., η τέχνη του χαράκτη· (ειδικά) η τέχνη της χάραξης σχεδίων ή εικόνων σε μήτρα

από σκληρό υλικό για πολλαπλή αναπαραγωγή (πβ. *ξυλογραφία, λιθογραφία, χαλκογραφία*).

χαρακτικός, -ή, -ό, επίθ., που ανήκει ή αναφέρεται στο χαράκτη ή την τέχνη του: *εργαλεία -ά*. - Το ουδ. ως ουσ. = γκραβούρα (βλ. λ.).

χαράκτρια, βλ. *χαράκτης*.

χαράκωμα το, ουσ. **1.** (στρατ.) χαντάκι κατάλληλα διαμορφωμένο για να προστατεύονται μέσα σ' αυτό στρατιώτες και να μπορούν να βάλλουν με τα όπλα τους: ~ *βαθύ / πρόχειρο· σάκοι άμμου μπρος στα -ατα* (πβ. *όρυγμα*). **2.** το να χαρακώνει κανείς κάτι (συνών. *ρίγωμα, χαράκωση*).

χαρακώνω, ρ. **1.** ριγώνω (βλ. λ.): ~ *με μολύβι μια σελίδα τετραδίου.* **2.** χαράζω, κάνω χαρακιά: *πρόσεξε μη -σεις με το ψαλίδι τα σανίδια·* (μεταφ.) *είχε στο μέτωπο -ωμένη μια βαθιά συλλογή* (Ι. Μ. Παναγιωτόπουλος).

χαράκωση η, ουσ., γραφή ή χάραξη γραμμών με χάρακα πάνω σε μια επιφάνεια και το αποτέλεσμα της ενέργειας αυτής: ~ *φύλλων βυζαντινού χειρογράφου* (συνών. *ρίγωμα, χαράκωμα*).

χαρακωτός, -ή, -ό, επίθ. (λαϊκ.), που φέρει γραμμές τραβηγμένες με χάρακα (ή όμοιες με αυτές): *χαρτί -ό* (συνών. *ριγωτός·* αντ. *αχαράκωτος*).

χάραμα το, ουσ., αυγή (βλ. λ. σημασ. 1): *ξεκίνησα πριν από το* ~ έκφρ. *άγρια / βαθιά -ατα* (= προτού φέξει): *το μωρό μάς ξύπνησε απ' τ' άγρια -ατα* (συνών. *ξημέρωμα, χαραυγή·* αντ. *βράδιασμα, σούρουπο*). - Ως επίρρ. (συνήθως στον πληθ.) = πολύ νωρίς το πρωί: *-ατα σχεδόν έφτασε το πλοίο.* [αρχ. *χάραγμα*].

χαραμάδα η, ουσ., σχισμή (σε τοίχο, σανίδα, κ.ά.), (ιδίως) στενόμακρο κενό διάστημα εκεί όπου τα μέρη ενός συνόλου συναρμόζονται ή πλησιάζουν μεταξύ τους: *κοίταζε από μια* ~ *της πόρτας·* (μεταφ.) *μια* ~ *ελπίδας.* [πιθ. αρχ. *χηραμίς*].

χαραματιά, βλ. *χαραγματιά*.

χαραμέρι το, ουσ. (λαϊκ., λογοτ.), χάραμα (βλ. λ.): *ξυπνούν οι πέρδικες στο* ~ (Βαλαωρίτης). [συμφ. *χάραμα και μέρα*].

χαράμι, επίρρ. (λαϊκ.). **α.** για ενέργεια ή προσπάθεια που δεν έχει όφελος, αποτέλεσμα, ανταπόκριση: ~ *τα λεφτά που ξόδεψα· τόσες συμβουλές πήγαν* ~ (συνών. *άδικα, μάταια, τζάμπα·* αντ. *χαλάλι*) φρ. ~ *να σου γίνει κάτι* (σε κατάρα: = να μην ωφεληθείς από κάτι, να μην το χαρείς)· **β.** για παροχή, ωφέλεια σε κάποιον που δεν το αξίζει, δεν έχει κοπιάσει γι' αυτήν : *τρώει* ~ *το ψωμί.* [τουρκ. *haram*].

χαραμίζω, ρ. **Ι.** (ενεργ.) καταναλώνω ή χρησιμοποιώ κάτι άσκοπα, χωρίς όφελος ή αποτέλεσμα: *μη -εις το νερό· -ει τα νιάτα του.* **ΙΙ.** (μέσ.) κοπιάζω, προσπαθώ μάταια, φθείρω τον εαυτό μου χωρίς ουσιαστικό αποτέλεσμα: *έχει σπάνιο ζωγραφικό ταλέντο, αλλά -εται στη βιοπάλη.*

χαραμοφάης και (σπανίως) **-φά(γ)ος** ο, ουσ. (λαϊκ.), αυτός που τον συντηρούν άλλοι χωρίς να ανταποδίδει τίποτε ή να αξίζει, που αμείβεται χωρίς να προσφέρει έργο: *έκαναν γαμπρό έναν -η.*

χάραξη η, ουσ. **1.** το να χαράζει κανείς κάτι (πάνω σε μια επιφάνεια), καθώς και το αποτέλεσμα της ενέργειας αυτής: ~ *επιγραφής σε μάρμαρο* (συνών. *χάραγμα*). **2α.** καθορισμός και επισήμανση πάνω στο έδαφος του σχεδίου ενός οικοδομήματος ή, κυρίως, του άξονα ενός δρόμου ή μιας σιδηροδρομικής γραμμής· **β.** (μεταφ.) προσδιορισμός μελλοντικής δραστηριότητας, κ.ά.: ~ *νέας εξωτερικής πολιτικής / πορείας.*

χαράς ευαγγέλια· αρχαϊστ. έκφρ.· για ευχάριστα μηνύματα.

χαράσσω, ρ. (λόγ.). **1.** χαράζω (βλ. λ. σημασ. 1-2). **2.** σχεδιάζω, γράφω: *αυτός που -ει τις γραμμές αυτές*... **3α.** πραγματοποιώ χαράξη (βλ. λ. σημασ. 2α)· **β.** (μεταφ.) καθορίζω τον τρόπο που σκοπεύω να ενεργήσω: ~ *τη στρατηγική για την επιτυχία στόχου.* - Βλ. και *χαράζω*.

χαράτσι το, ουσ. **1.** (ιστ.) ο κεφαλικός φόρος των μη μουσουλμάνων υπηκόων της οθωμανικής αυτοκρατορίας. **2.** (μεταφ.) βαριά αναγκαστική εισφορά, φορολογία, πρόστιμο. [αραβοτουρκ. *haraç*, πιθ. αντιδ.<ελλην. *χαραγή ή χορηγία*].

χαράτσωμα το, ουσ. (λαϊκ.), το να χαρατσώνει κανείς κάποιον ή κάποιους.

χαρατσώνω, ρ. (λαϊκ.). **1.** (ιστ.) επιβάλλω κεφαλικό φόρο. **2.** (μεταφ.) φορολογώ βαριά, αναγκάζω κάποιον να πληρώσει πολλά.

χαραυγή η, ουσ., αυγή (βλ. λ. σημασ. 1): *Με γέλασε μια* ~ *τ' αστρί και το φεγγάρι* (δημ. τραγ.). [συμφ. *χαραγή και αυγή*].

χάρβαλο το, ουσ. (λαϊκ.), πράγμα φθαρμένο (ιδίως από την πολυκαιρία ή την κακή χρήση): *σπίτι* ~ (= ερείπιο)· *η καρέκλα έγινε* ~. [πιθ.<*χαλαβρός<χαλαρός*].

χαρέμι το, ουσ. **1.** το τμήμα μουσουλμανικού ανακτόρου ή σπιτιού όπου μένουν οι γυναίκες της οικογένειας: *οι γιοι του σουλτάνου μεγάλωσαν στο* ~· *κλαίνε στα -ια οι σκλάβες* (λαϊκ. τραγ.). **2.** το σύνολο των γυναικών ή και των παλλακίδων πολύγαμου μουσουλμάνου. [τουρκ. *harem*].

χαρεμλίκι το, ουσ. (λαϊκ.), χαρέμι (βλ. λ. σημασ. 1). [τουρκ. *haremlik*].

χάρη η, ουσ. **1.** ιδιότητα προσώπου ή πράγματος να ελκύει, να ευχαριστεί, να γοητεύει με την εξωτερική του εμφάνιση· (ειδικά για πρόσωπο) λεπτότητα, ευγένεια, αρμονία και γοητεία στους τρόπους, στη συμπεριφορά: ~ *νεανική / φυσική· περπατά / μιλά με* ~· *είναι όμορφη, αλλά δεν έχει* ~ (συνών. *αέρας, θελκτικότητα, νοστιμάδα·* αντ. *ανοστιά*). **2.** (γενικά, συνήθως στον πληθ.) ό,τι προκαλεί το θαυμασμό, την ευχαρίστηση ή την επιδοκιμασία των άλλων (σε πρόσωπο ή πράγμα): *έχει κρυφές -ες· σπίτι με πολλές -ες· κάθε εποχή έχει τη* ~ *της* (συνών. *αρετή, προσόν, προτέρημα, χάρισμα·* αντ. *ελάττωμα, μειονέκτημα*). **3α.** εξυπηρέτηση, υπηρεσία, ευεργεσία από εύνοια, φιλία, κ.τ.ό., χωρίς υποχρέωση: *ζητώ / ανταποδίδω μια* ~· *δε μου κάνει* ~ *που ξεπληρώνει το χρέος του·* γνωμ. *η* ~ *θέλει αντίχαρη* (συνών. *χατίρι*)· **β.** (ειδικά) μεροληπτική προτίμηση, υποστήριξη: *δεν κάνω -ες σε κανέναν* (συνών. *χατίρι*)· **γ.** (συνεκδοχικά) υποχρέωση ανταπόδοσης μιας εξυπηρέτησης, κ.τ.ό., ευγνωμοσύνη: *έχω / χρωστώ* ~ *σε κάποιον.* **4α.** (θρησκ.) η καλοσύνη που δείχνει και η βοήθεια που παρέχει από αγάπη ο Θεός προς τον άνθρωπο και που είναι αναγκαία προϋπόθεση για τη σωτηρία: *θεία* ~· *η* ~ *του Πνεύματος·* **β.** (εκκλ., μετων.) για την Παναγία η αγία, εορτή ή εκκλησία αφιερωμένη σ' αυτούς: *γιόρταζε χτες η* ~ *του· γύριζα στο σπίτι από τη* ~ *της.* **5.** (νομ.) διοικητική πράξη με την οποία ο πρόεδρος της δημοκρατίας ακυρώνει, καταργεί εντελώς ή μετριάζει ποινή που επιβλήθηκε αμετάκλητα σε κάποιον: *ζητώ / δίνω* ~· (υπηρεσιακή γλώσσα) *Συμβούλιο Χαρίτων* (= υπηρεσιακό συμβούλιο που εισηγείται να απονεμηθεί χάρη σε κάποιον). ΄Εκφρ. *για ~ μου...* (για κάτι που δείχνει ιδιαίτερη εύνοια, αγάπη, φιλία, κ.ά.): *για ~ της μάλωσε με τους δικούς του·* παροιμ. *για ~ του βασιλικού ποτίζεται κι η γλάστρα*, βλ. *βασιλικός· μεγάλη η ~ του!* (ειρων. για κάποιον που έχει υπερβολικές απαιτήσεις, τις οποίες δε σκοπεύομε να ικανοποιήσομε)· *περίοδος χάριτος* (= το χρονικό διάστημα που έχει κάποιος στη διάθεσή του ή του παρέχεται πρόσθετα ώσπου να συμβεί κάτι ή να κάνει αυτός κάτι προκαθορισμένο, να εκπληρώσει λ.χ. μια υποχρέωσή του)· *ποιος τη ~ σου!* (ενν. *έχει* για πρόσωπο που βρίσκεται σε αξιοζήλευτη θέση). Φρ. *άλλος έχει τ' όνομα κι άλλος (έχει) τη ~*, βλ. *όνομα* σημασ. 5· *έχε ~ που..., αλλιώς...* (= να θεωρείς ευτύχημα ότι...): *έχε ~ που γιορτάζεις σήμερα, αλλιώς δε θα γλύτωνες την τιμωρία· κάνε μου τη ~ να... ή κάνε μου τη ~!* (απαίτηση διατυπωμένη έντονα, αυστηρά). [αρχ. *χάρις*].

χαριεντίζομαι, ρ. (συνιζ., έρρ.), λέω ευφυολογήματα, αστεία και πειράγματα (συνήθως ερωτοτροπώντας).

χαριεντισμός ο, ουσ. (συνιζ., έρρ.), το να χαριεντίζεται κανείς.

χαρίζω, ρ. Ι. ενεργ. 1. προσφέρω κάτι ως δώρο σε κάποιον, παρέχω κάτι που θέλει, που χρειάζεται: *ο παππούς -ισε στα εγγόνια του από ένα βιβλίο* (συνών. *δωρίζω*)· *η άσκηση -ει υγεία* (= δίνει)· φρ. *δε -ει κάστανα*, βλ. *κάστανο·* παροιμ. *κάποιου του -ιζαν γάιδαρο και τον κοίταζε στα δόντια*, βλ. *γάιδαρο.* 2. (προφ.) αφιερώνω ραδιοφωνικές (τραγούδι, κ.ά.). 3α. απαλλάσσω κάποιον (από ποινή ή χρέος): *του -ισαν το υπόλοιπο της ποινής· ελπίζει να -ιστούν τα χρέη του συνεταιρισμού·* **β.** (με άρνηση) αφήνω χωρίς ανταπόδοση, εκδίκηση: *αυτό που μου έκανες δε θα σ' το -ίσω.* ΙΙ. (μέσ.) υποστηρίζω, εξυπηρετώ, ευνοώ, προτιμώ κάποιον μεροληπτικά, κάνω κάτι που τον ευχαριστεί: *δε -εται σε κανέναν.*

χάριν, σε επιρρημ. χρήση (= εξαιτίας, με σκοπό), με γεν. εν. σε αρχαϊστ. έκφρ. για δήλωση σκοπού: *~ παιδιάς* (= για διασκέδαση) / *συντομίας* (= για συντομία, για να μην πολυλογώ).

χάρις, σε επιρρημ. χρήση, εξαιτίας, με τη βοήθεια ή τη συμβολή κάποιου προσώπου, ιδιότητας, ενέργειας: *~ στον πατέρα του απέκτησε μεγάλη πελατεία· η κυκλοφορία αποκαταστάθηκε ~ στην επέμβαση της τροχαίας* (= με την επέμβαση...).

χαρισάμενη, επίθ. θηλ., μόνο στη λαϊκ. έκφρ. *ζωή ~* = για χαρούμενη, ευτυχισμένη, αμέριμνη ζωή· παραφθορά του *ζωή -ος της αναστάσιμης υμνολογίας.*

χάρισμα το, ουσ. 1α. δώρο, δωρεά: *τα -ατα του Αγίου Πνεύματος·* **β.** (συνήθως σε θέση επιρρ.) δωρεάν: *τα πήρε ~·* (σε επιφωνηματική χρήση) *αν το βρεις, χάρισμά σου!* (= σου το χαρίζω· συνών. *χαλάλι*). 2. προσόν (ιδίως έμφυτο), προτέρημα, αρετή: *προικισμένος με σπουδαία ψυχικά -ατα· είχε το σπάνιο ~ να ακούει προσεκτικά.*

χαρισματικός, -ή, -ό, επίθ. (για πρόσωπο) που μπορεί να προσελκύει, να εντυπωσιάζει, να επηρεάζει ή ακόμη να εμπνέει και να καθοδηγεί τους ανθρώπους με τα ιδιαίτερα προσωπικά του χαρίσματα: *προσωπικότητα -ή· ηγέτης ~.*

χαριστής ο, ουσ. (λαϊκ.), αυτός που απλόχερα χαρίζει (πβ. *δωρητής*).

χαριστικός, -ή, -ό, επίθ., που γίνεται ή δίνεται από εύνοια, φιλία, συμπάθεια προς κάποιον, με διάθεση μεροληπτική απέναντί του ή με τρόπο που τον εξυπηρετεί: *παροχή -ή* (= ρουσφέτι)· *δάνειο -ό* (= άτοκο) (συνών. *χατιρικός*)· έκφρ. *βολή -ή* (βλ. *βολή* σημασ. 2). - Επίρρ. **-ά** και **-ώς.**

χαριτολόγημα το, ουσ., λεπτό και χαριτωμένο αστείο, κομψός και πνευματώδης λόγος (πβ. *ευφυολόγημα*).

χαριτολογία η, ουσ. (λόγ.), χαριτολόγημα (πβ. *ευφυολογία*).

χαριτολόγος ο, ουσ. (λόγ.), αυτός που συχνά χαριτολογεί (πβ. *ευφυολόγος*).

χαριτολογώ, -είς, ρ., λέω κάτι έξυπνο και χαριτωμένο, ένα πνευματώδες αστείο (πβ. *ευφυολογώ*).

χαριτωμένος, -η, -ο, επίθ. (για πρόσωπο ή πράγμα, κ.ά.) που έχει χάρη (βλ. λ. σημασ. 2): *έχουν δύο πολύ -α παιδάκια· φόρεμα -ο· διήγηση -η* (συνών. *θελκτικός, νόστιμος*· αντ. *άχαρος*). - Επίρρ. **-α.**

χαρμάνι το, ουσ. (λαϊκ.). **1.** μίγμα (υλικών). **2.** (ειδικά) μίγμα από διάφορα είδη και ποιότητες καπνών για τσιγάρο ή πούρο με ιδιαίτερη γεύση, άρωμα, κ.ά.: *~ εκλεκτό / ελαφρύ.* **3.** (οικοδ.) κονίαμα ή σκυροκονίαμα που έχει ετοιμαστεί· (συνεκδοχικά) ποσότητες υλικών για ανάμιξη σε κονίαμα. [τουρκ. *harman*].

χάρμα οφθαλμών· αρχαϊστ. έκφρ.· για κάτι εξαιρετικά όμορφο, ένα υπέροχο θέαμα: *από τον εξώστη του μοναστηριού η θάλασσα ήταν ~.*

χαρμονή η, ουσ. (λόγ., ποιητ.), τέρψη, χαρά, ευφροσύνη.

χαρμόσυνος, -η, -ο, επίθ., που προκαλεί ή εκδηλώνει χαρά: *είδηση -η· κωδωνοκρουσίες -ες* (αντ. *θλιβερός, λυπητερός*). - Επίρρ. **-α.**

χαροκαμένος, -η, -ο, επίθ., που έχει δοκιμάσει μεγάλη, βαριά θλίψη από θάνατο ενός ή από αλλεπάλληλους θανάτους αγαπημένων προσώπων: *μάνα -η.*

χαροκόπι το, ουσ. (λαϊκ.), γλέντι συχνό ή έντονο και μεγάλο σε διάρκεια: *μήνα σε γάμο ρίχνονται* (ενν. *τα ντουφέκια*), *μήνα σε ~* (δημ. τραγ.) (συνών. *γλεντοκόπι, ξεφάντωμα*).

χαροκόπος ο, ουσ. (λαϊκ.), που αγαπά πολύ τις διασκεδάσεις, που συχνά γλεντά: *των ακριβών* (= τσιγγούνηδων) *τα πράματα τα τρων οι -οι* (παροιμ.) (συνών. *γλεντζές, γλεντοκόπος*).

χαροκοπώ, -άς, ρ. (λαϊκ.), γλεντώ συχνά, έντονα, παρατεταμένα: *να τρώμε και να πίνομε και να -ούμε* (δημ. τραγ.) (συνών. *γλεντοκοπώ, ξεφαντώνω*).

χάροντας και **χαρόντισσα,** βλ. *χάρος.*

χαροπάλεμα το, ουσ., το να χαροπαλεύει κανείς.

χαροπαλεύω, ρ., παλεύω με το θάνατο, βρίσκομαι στα πρόθυρα του θανάτου: *ώρες -ευε πριν ξεψυχήσει* (συνών. *ψυχομαχώ*).

χαροποίηση η, ουσ., το αποτέλεσμα του *χαροποιώ.*

χαροποιώ, -είς, ρ. (ασυνίζ.), προκαλώ σε κάποιον με τα λόγια ή τις πράξεις μου χαρά: *η είδηση του γάμου τους -ησε όλη την οικογένεια* (συνών. *καλοκαρδίζω* αντ. *λυπώ, θλίβω*).

χάρος και (έρρ., λαϊκ.) **χάροντας** ο, θηλ. **-όντισσα** ουσ. α. (μυθολ., λαογρ.) προσωποποίηση του θανάτου, που ο λαός τον φαντάζεται σαν μαύρο καβαλάρη που παίρνει τις ψυχές των νεκρών και τις μεταφέρει στον ΄Αδη: *δειπνάει ο χάροντας με τη -όντισσά του* (Παλαμάς)· *τον πήρε ο ~* (= πέθανε)·

β. θάνατος. Φρ. *βλέπω (είδα) το -ο με τα μάτια μου* (= κινδυνεύω υπερβολικά)· *γλυτώνω απ' του -ου τα δόντια / το στόμα / τα νύχια* (= σώζομαι μόλις και μετά βίας από σοβαρό κίνδυνο)· *(κι) όποιον πάρει ο ~* (για δήλωση αδιαφορίας αυτού που ενεργεί σχετικά με τις συνέπειες της πράξης του). [αρχ. *Χάρων*].

χαρούδι, βλ. *χαρά*.
χαρούλα, βλ. *χαρά*.
χαρούμενος, -η, -ο, μτχ. ως επίθ. **1.** που βρίσκεται σε κατάσταση ευθυμίας, που έχει αισθήματα χαράς και ικανοποίησης για κάποια επιτυχία ή τη ζωή του γενικά: *ήταν πολύ -η, όταν έμαθε τα νέα· αισθάνομαι ~* (συνών. *ευτυχισμένος, ευχαριστημένος·* αντ. *στενοχωρημένος, λυπημένος*). **2.** (κατ' επέκταση, λαϊκ.) χαρωπός, εύθυμος, πρόσχαρος: *κορίτσι -ο· ταινία -η* (αντ. *θλιβερός*). - Επίρρ. -**α**.
χαρούπι το, ουσ., ο καρπός της χαρουπιάς, λοβός με ωοειδή σπέρματα, μακρύς στο μέγεθος, σκληρός και σκουρόχρωμος, που χρησιμοποιείται ως ζωοτροφή, για την παραγωγή οινοπνευματώδους ποτού και στη φαρμακευτική (συνών. *ξυλοκέρατο*). [αραβοτουρκ. *harup*].
χαρουπιά η, ουσ. (συνίζ.), (φυτολ.) είδος δικοτυλήδονου φυτού, ψηλό αειθαλές δέντρο που φυτρώνει στις θερμές περιοχές της Μεσογείου, σε όχθες ποταμών ή της θάλασσας (συνών. *ξυλοκερατιά*).
χάρτα η, ουσ. **1.** (λαϊκ.) γεωγραφικός χάρτης: *Τον βρήκε σκυμμένο πάνω σε μια μεγάλη ~ της Μεσόγειος* (Μπαστιάς). **2.** (ιστ.) **α.** (με κεφ. Χ) ο χάρτης του Ελληνισμού στην Ευρώπη και τη Μ. Ασία που σύνταξε ο Ρήγας Βελεστινλής. **2.** *Μεγάλη Χ-α* = συνθήκη που υπογράφηκε το 1215 από τον Ιωάννη τον Ακτήμονα, βασιλιά της Αγγλίας, με την οποία αναλάμβανε την υποχρέωση να μην επιβάλλει φόρους χωρίς τη συναίνεση των μεγάλων γαιοκτημόνων και του ανώτερου κλήρου. [ιταλ. *carta* - λατ. *charta*].
χαρταετός ο, ουσ., παιδικό παιχνίδι που αποτελείται συνήθως από ψιλό χαρτί κολλημένο σε σκελετό από λεπτές ξύλινες βέργες, στη βάση του οποίου δένεται σπάγκος ώστε να μπορεί να υψώνεται στον ουρανό ανάλογα με τη φορά του ανέμου και χρησιμοποιείται κυρίως την Καθαρή Δευτέρα (συνών. *αετός*).
χαρτάκι, βλ. *χαρτί*.
χαρταποθήκη η, ουσ., χώρος αποθήκευσης μεγάλης ποσότητας χαρτιού.
χαρτεμπορικός, -ή, -ό, επίθ. (έρρ.), που ανήκει ή αναφέρεται στο χαρτέμπορο ή το χαρτεμπόριο.
χαρτεμπόριο το, ουσ. (έρρ., ασυνίζ.), εμπόριο χαρτιού ή γενικά χαρτικών.
χαρτέμπορος ο, ουσ. (έρρ.), έμπορος χαρτιού ή γενικά χαρτικών.
χαρτένιος, -ια, -ιο, επίθ. (συνίζ., λαϊκ.), χάρτινος.
χαρτζιλίκι το, ουσ., μικρό χρηματικό ποσό που δίνεται σε κάποιον νεαρότερο από μεγαλύτερό του, συνήθως σε τακτά χρονικά διαστήματα, για να καλύπτει τα μικροέξοδά του: *η μαμά του του δίνει ~ κάθε μέρα· ~ εβδομαδιαίο*. [τουρκ. *harçlık*].
χαρτζιλίκωμα το, ουσ., η ενέργεια και το αποτέλεσμα του χατζιλικώνω (βλ. λ.).
χαρτζιλικώνω, ρ., εφοδιάζω κάποιον με χαρτζιλίκι (συχνά με αρνητική σημασία): *τον έτρεφε και τον -ωνε*.
χάρτης ο, ουσ. **1.** γραφική παράσταση (πάνω σε χαρτί) τμήματος ή ολόκληρης της επιφάνειας της γης σε σμίκρυνση με βάση ορισμένη κλίμακα, με διάφορα σύμβολα για τη διευκόλυνση του χρήστη: *~ γεωγραφικός / ναυτικός / πολεοδομικός / τοπογραφικός· ~ κρεμασμένος στον τοίχο· ~ της Ευρώπης· βιβλίο που περιέχει -ες·* έκφρ. *άσκηση «επί -ου»* (= στρατ., άσκηση μονάδων πάνω στο χάρτη, εικονική και όχι με στρατιώτες)· φρ. *σβήσε με από το -η* (= μη με υπολογίζεις, ξέγραψέ με)· *η χώρα μετά τον πόλεμο σβήστηκε από το -η* (= καταστράφηκε, δεν υπάρχει πια). **2α.** *συνταγματικός ή καταστατικός ~ (μιας χώρας)* = το Σύνταγμά της· *~ των Ηνωμένων Εθνών* = το καταστατικό, ο κανονισμός του Οργανισμού Ηνωμένων Εθνών (Ο.Η.Ε.)· **β.** *χημικός ~* = καρμπόν (βλ. λ.).
χαρτί το, ουσ. **1.** λεπτό συνήθως φύλλο από φυτικές ίνες, κατάλληλα επεξεργασμένες, κυρίως από ξύλο ή, σήμερα, και από παλαιότερα χαρτιά, που χρησιμοποιείται για να γράφει ή να τυπώνει κανείς επάνω, να περιτυλίγει μ' αυτό, καθώς και για ποικίλες άλλες χρήσεις: *~ χειροποίητο / πολυτελείας /* (νεολογ.) *ανακυκλωμένο / αλληλογραφίας / υγείας* (= για την τουαλέτα) */ φωτογραφικό* (= για την αποτύπωση φωτογραφιών) */ πεπιεσμένο,* βλ. *πεπιεσμένος·* έκφρ. *~ και καλαμάρι* (= με κάθε λεπτομέρεια, καταλεπτώς): *του τα είπε όλα ~ και καλαμάρι*. **2.** (λαϊκ.) ταπετσαρία τοίχου. **3.** (λαϊκ.) δίπλωμα, πτυχίο, κ.τ.ό.: *είχε ~ απ' το πολυτεχνείο· προσπάθησε πολύ για να πάρει το ~ του απ' το λύκειο*. **4.** (στον πληθ.) επίσημα έγγραφα, όπως ταυτότητα, διαβατήριο, άδεια οδήγησης, κλπ.: *έχασε τα -ιά του και πρέπει να το δηλώσει στην αστυνομία· σε κάθε έλεγχο πρέπει να δείχνεις τα -ιά σου*. **5.** (γενικά) έγγραφο (σχετικό με μια υπόθεση): *κατέθεσε τα -ιά του για το διαγωνισμό* (συνών. *δικαιολογητικά*)· έκφρ. *στα -ιά* (= στη θεωρία, χωρίς να πραγματοποιείται): *η συμφωνία έμεινε στα -ιά*. **6.** τραπουλόχαρτο: *μοιράζω / ανακατεύω τα -ιά*. **7.** (στον εν. και πληθ.) χαρτοπαίγνιο, χαρτοπαιξία: *το 'ριξε στο ~·* (σκωπτ.) *όποιος χάνει στα -ιά κερδίζει στην αγάπη*. Φρ. *(που ανήκουν στην ορολογία του χαρτοπαιγνίου, απέκτησαν όμως ευρύτερη μεταφορική σημασία) ανοίγω τα -ιά μου* (= αποκαλύπτω τις προθέσεις μου)· *διαθέτω ακόμη κι άλλα -ιά* (= εναλλακτικές λύσεις ή σχέδια)· *μιλώ με ανοικτά -ιά* (= χωρίς υπεκφυγές, απροκάλυπτα)· *παίζω με ανοιχτά -ιά,* βλ. *παίζω· παίζω το τελευταίο μου ~,* βλ. *παίζω· ρίχνω τα -ιά* (= παίζω πασιέντζα (βλ. λ.) ή είμαι χαρτορίχτρα). - Υποκορ. **-άκι** το στις σημασ. 1 και 7.
χαρτικά τα, ουσ. το χαρτί, καθώς και άλλα υλικά γραφής, όπως τετράδια, κ.τ.ό.: *κατάστημα -ών* (= χαρτοβιβλιοπωλείο).
χάρτινος, -η, -ο, επίθ. **1.** που είναι κατασκευασμένος από χαρτί: *συσκευασία -η· κουτί -ο* (συνών. *χαρτένιος*). **2.** (μεταφ.) ψεύτικος, απατηλός: *-οι πύργοι· -α όνειρα*.
χαρτοβασίλειο το, ουσ. (ασυνίζ.). **1.** πλήθος μαζεμένων χαρτιών. **2.** (μεταφ., ειρων.) γραφειοκρατία.
χαρτοβιβλιοπωλείο το, ουσ. (ασυνίζ., σπάνιο), βιβλιοχαρτοπωλείο (βλ. λ.).
χαρτοβιβλιοπώλης ο, ουσ. (ασυνίζ, σπάνιο), βιβλιοχαρτοπώλης (βλ. λ.).
χαρτοβιομηχανία η, ουσ. (ασυνίζ.), βιομηχανία κατασκευής χαρτιού ή χαρτικών γενικά.
χαρτοβιομήχανος ο, ουσ. (ασυνίζ.), βιομηχανος

χαρτογράφηση

που ασχολείται με την κατασκευή χαρτιού ή χαρτικών.
χαρτογράφηση η, ουσ., η ενέργεια του χαρτογραφώ (βλ. λ.): ~ γλωσσικών ιδιωμάτων (= γραφική απεικόνιση των γλωσσικών ιδιωμάτων κατά γεωγραφική περιοχή).
χαρτογραφία η, ουσ., η τέχνη και η τεχνική της σύνταξης χαρτών, ιδίως γεωγραφικών.
χαρτογραφικός, -ή, -ό, επίθ., που ανήκει ή αναφέρεται στη χαρτογραφία: *-ή υπηρεσία του Στρατού*.
χαρτογράφος ο, ουσ., ειδικός στη σύνταξη χαρτών.
χαρτογραφώ, -είς, ρ. 1. συντάσσω χάρτη, ιδίως γεωγραφικό. 2. τοποθετώ σε γεωγραφική παράσταση δεδομένα από διάφορες επιστήμες για να δείξω σε ποιες γεωγραφικές περιοχές απαντούν ορισμένα φαινόμενα: ~ *κοινωνικά στρώματα / γλωσσικά ιδιώματα*.
χαρτόδεμα το, ουσ., δέμα περιτυλιγμένο με χαρτί.
χαρτοδένω, ρ. (μόνο για βιβλία) δένω (βλ. λ. σημασ. β) με χαρτί μόνο.
χαρτοδέσιμο το, ουσ., το να είναι ένα βιβλίο δεμένο με χαρτί.
χαρτόδετος, -η, -ο, επίθ. (για βιβλίο) που είναι δεμένο με χαρτί, που τα εξώφυλλά του είναι από χαρτί: *τόμος* ~ (πβ. *δερματόδετος, πανόδετος*).
χαρτοθήκη η, ουσ., κουτί που αποτελεί θήκη για χάρτες.
χαρτοκιβώτιο το, ουσ. (ασυνίζ.), μεγάλο κιβώτιο από χαρτόνι ή άλλου είδους χοντρό χαρτί όπου αποθηκεύονται ή συνηθέστερα μεταφέρονται αντικείμενα: *συσκεύασαν όλα τους τα βιβλία σε -α για να τα μεταφέρουν στο καινούργιο σπίτι* (συνών. *χαρτόκουτα*).
χαρτοκλέφτης ο, θηλ. **-τρα,** ουσ., αυτός που συστηματικά «κλέβει» στα χαρτιά, που εξαπατά όταν χαρτοπαίζει.
χαρτοκόπτης ο, ουσ., είδος μαχαιριού, σχετικά αμβλύ, με το οποίο μπορεί κανείς να ανοίγει φακέλους και να κόβει χαρτιά.
χαρτοκοπτική η, ουσ., παιδική χειροτεχνία που συνίσταται στην κατασκευή σχεδίων και αντικειμένων από κομμένα χαρτιά και χαρτόνια.
χαρτόκουτα η, ουσ. (λαϊκ.), χαρτοκιβώτιο.
χαρτόκουτο το, ουσ. (λαϊκ.), χάρτινο κουτί: *χυμός/ γάλα σε* ~.
χαρτομάζα και **χαρτόμαζα** η, ουσ., χαρτοπολτός (βλ. λ.).
χαρτομανής, -ής, -ές, γεν. -ούς, πληθ. αρσ. και θηλ. -είς, ουδ. -ή, επίθ. (λογ.), που χαρτοπαίζει μανιωδώς.
χαρτομανία η, ουσ., μανία, πάθος για χαρτοπαιξία.
χαρτομαντεία η, ουσ. (έρρ.), είδος μαντείας με τη χρήση τραπουλόχαρτων (βλ. και *χαρτομάντης*).
χαρτομάντηλο το, ουσ. (έρρ.), τετράγωνο κομμάτι από μαλακό χαρτί διπλωμένο που χρησιμοποιείται ως μαντήλι (που στις μέρες μας το έχει υποκαταστήσει πλήρως) για μια χρήση: *ξόδεψε δύο πακέτα -α*.
χαρτομάντης ο, θηλ. **-ισσα,** ουσ. (έρρ.), πρόσωπο που θεωρείται ειδικευμένο στο να μαντεύει το μέλλον ή να αποκαλύπτει το παρελθόν «διαβάζοντάς» τα, υποτίθεται, στα χαρτιά της τράπουλας που τα ρίχνει με συγκεκριμένο τρόπο (συνών. θηλ. *χαρτορίχτρα*).
χαρτομαντία, βλ. *χαρτομαντεία*.

χαρτομάντισσα, βλ. *χαρτομάντης*.
χαρτόμουτρο το, ουσ. (λαϊκ.), (μειωτ.) για μανιώδη χαρτοπαίχτη.
χαρτονάκι, βλ. *χαρτόνι*.
χαρτονένιος, -ια, -ιο, επίθ. (συνιζ.), που είναι φτιαγμένος από χαρτόνι: *κιβώτιο -ιο* (= χαρτοκιβώτιο).
χαρτόνι το, ουσ., χοντρό και σκληρό (πεπιεσμένο) χαρτί που χρησιμοποιείται για την κατασκευή κυρίως κουτιών: *εξώφυλλα βιβλίου από* ~. - Υποκορ. **-άκι.** το. [βενετ. *carton*, με επίδραση του ελλην. *χαρτί*].
χαρτονόμισμα το, ουσ., νόμισμα που εκδίδεται σε χαρτί αντί σε μέταλλο (πβ. *κέρμα*): *έκδοση πεντοχίλιαρου σε* ~.
χαρτοπαίγνιο το, ουσ. (ασυνίζ.). α. το να παίζει κανείς χαρτιά (βλ. λ. σημασ. 6, 7): *απαγορεύεται το* ~ (συνών. *χαρτοπαιξία*)· β. παιγνίδι που παίζεται με τράπουλα: *η πόκα είναι είδος -ιου*.
χαρτοπαίζω, ρ., παίζω χαρτιά (συστηματικά): *του έγινε πάθος να -ει*.
χαρτοπαίκτης και (λαϊκ.) **-χτης** ο, θηλ. **-χτρα,** ουσ., αυτός που συστηματικά χαρτοπαίζει.
χαρτοπαικτικός, -ή, -ό, επίθ., που ανήκει ή αναφέρεται στη χαρτοπαιξία ή τους χαρτοπαίκτες: *λέσχη -ή*.
χαρτοπαιξία η, ουσ., το να παίζει κανείς χαρτιά, χαρτοπαίγνιο (βλ. λ.).
χαρτοπαίχτης και **χαρτοπαίχτρα,** βλ. *χαρτοπαίκτης*.
χαρτοπετσέτα η, ουσ., τετράγωνο κομμάτι από μαλακό χαρτί που χρησιμοποιείται ως πετσέτα μιας χρήσης για να σκουπίζεται κανείς όταν τρώει.
χαρτοποιία η, ουσ., βιομηχανία κατασκευής χαρτιού κάθε είδους (π.χ. υγείας, χαρτομάντηλων, κ.τ.ό.).
χαρτοποιός ο, ουσ. (ασυνίζ., σπάνιο), αυτός που εργάζεται, ως εργάτης, σε χαρτοποιία.
χαρτοπόλεμος ο, ουσ. 1. κομφετί (βλ. λ.). 2. (σπανιότ.) γραπτή διαμάχη μεταξύ συγγραφέων, κ.ά.
χαρτοπολτός ο, ουσ., πολτώδης μάζα από φυτικά υλικά ανακατεμένα με νερό ή κατεργασμένα με διάφορες χημικές ουσίες, από την οποία με κατάλληλη επεξεργασία κατασκευάζεται το χαρτί (συνών. *χαρτομάζα*).
χαρτοπωλείο το, ουσ., κατάστημα όπου πουλιούνται χαρτικά.
χαρτοπώλης ο, θηλ. **-ισσα,** ουσ., ιδιοκτήτης χαρτοπωλείου.
χαρτορίχτρα η, ουσ., χαρτομάντισσα (βλ. λ.).
χαρτοσακούλα η, ουσ., σακούλα από χαρτί.
χαρτοσημαίνω, ρ., κολλώ χαρτόσημο σε έγγραφο.
χαρτοσήμανση η, ουσ., το να χαρτοσημαίνει (βλ. λ.) κανείς έγγραφο.
χαρτόσημο το, ουσ., ένσημο που αγοράζεται και επικολλάται σε έγγραφα επίσημου χαρακτήρα και στο οποίο αναγράφεται το τέλος που με τον τρόπο αυτό καταβάλλεται στο δημόσιο σε διάφορες περιπτώσεις.
χαρτουλάριος ο, ουσ. (ασυνίζ.), (εκκλ.) εκκλησιαστικός αξιωματούχος που έχει ως έργο να συντάσσει έγγραφα στο πατριαρχικό γραφείο. [λ. μεσν.<μεσν. λατ. *chartularius*].
χαρτοφάκελο το, ουσ., φάκελος αλληλογραφίας μαζί με το επιστολόχαρτο ή και χωρίς αυτό.
χαρτοφύλακας ο, ουσ., είδος δερμάτινης συνήθως

τσάντας σε ορθογώνιο σχήμα αρκετά μεγάλου μεγέθους, όπου φυλάγονται και μεταφέρονται βιβλία, έγγραφα, κ.τ.ό.

χαρτοφυλάκιο το, ουσ. (ασυνίζ.). **1.** συγκεκριμένο υπουργικό αξίωμα: *υπουργός χωρίς* ~ (= που δεν του έχει δοθεί ορισμένο υπουργείο). **2.** (οικον.) το σύνολο των αξιογράφων (χρεόγραφα, γραμμάτια, κ.ά.) που κατέχει μια τράπεζα.

χαρτοφύλαξ ο, γεν. *-ακος*, ουσ. (εκκλ.) εκκλησιαστικός αξιωματούχος που εργάζεται στο γραφείο του πατριάρχη ή επισκόπου.

χαρτωσιά η, ουσ. (συνιζ., λαϊκ.), (στη χαρτοπαιξία) το σύνολο των χαρτιών που κατορθώνει να συγκεντρώσει κάθε φορά ο παίχτης. Φρ. *κάποιος ή κάτι δεν πιάνει* ~ *μπροστά σε* (ή, σπανιότ., *κοντά σε ή μαζί με) κάποιον άλλον ή κάτι άλλο* (= δε συγκρίνεται, είναι κατά πολύ κατώτερος/-ο): *στη μαγειρική δεν πιάνεις* ~ *μπροστά της* (συνών. *μπάζα*).

χαρχάλι το, ουσ. (λαϊκ.). **1.** το λειρί του κόκορα. **2.** περιδέραιο. [πιθ. μεσν. *καρακάλλιον*<λατ. *caracalla*].

χαρωπός, -ή, -ό, επίθ. **1.** που έχει χαρούμενη όψη (αντ. *σκυθρωπός*). **2.** (κατ' επέκταση, για άψυχα) χαρούμενος, εύθυμος: *τραγούδι -ό.* - Επίρρ. **-ά.**

χασαπάκι, βλ. *χασάπης.*

χασαπειό το, ουσ. (συνιζ., λαϊκ.), κρεοπωλείο (συνών. *χασάπικο*).

χασάπης ο, ουσ. **1.** κρεοπώλης (βλ. λ.). **2.** (μεταφ.) σφαγέας, στυγερός δολοφόνος. **3.** (μεταφ.) αδέξιος χειρούργος. Υποκορ. (λαϊκ.) **-άκι** ιυ = χυσαπόπαιδο (βλ. λ.). [τουρκ. *kasap*].

χασαπική η, ουσ. (λαϊκ.), το επάγγελμα του χασάπη.

χασάπικος, -η, -ο, επίθ., που ανήκει ή αναφέρεται στο χασάπη: *μαχαίρι -ο.* - Το αρσ. ως ουσ. = είδος λαϊκού χορού κατά τον οποίο δύο ή περισσότεροι χορευτές πιάνονται από τον ώμο και χορεύουν με καθορισμένα και απόλυτα συντονισμένα βήματα. - Το ουδ. ως ουσ. = **1.** ο παραπάνω χορός και ο αντίστοιχος ρυθμός. **2.** κρεοπωλείο (βλ. λ.).

χασαπιό, βλ. *χασαπειό.*

χασαπομάχαιρο το, ουσ., πολύ μεγάλο μαχαίρι που χρησιμοποιούν οι κρεοπώλες για να κόβουν τα κρέατα.

χασαπόπαιδο το, ουσ. (λαϊκ.), νεαρός βοηθός σε κρεοπωλείο.

χασαπόσκυλο το, ουσ. **1.** σκυλί αδέσποτο που τριγυρνά στα κρεοπωλεία. **2.** (μεταφ., μειωτ.) άνθρωπος τεμπέλης, χαραμοφάης.

χασαποταβέρνα η, ουσ., ταβέρνα που είναι συγχρόνως και κρεοπωλείο.

χασαπόχαρτο το, ουσ., είδος χοντρού χαρτιού με το οποίο περιτυλίγουν το κρέας που πουλιέται στα κρεοπωλεία.

χασεδένιος, -ια, -ιο, επίθ. (συνιζ.), που είναι φτιαγμένος από χασέ: *φόρεμα -ο.*

χασές ο, ουσ., λεπτό βαμβακερό ύφασμα άσπρου χρώματος: *εύκολα σαν* ~ *που σκίρτησεν ο αγέρας!* (Ελύτης)· *άσπρο σαν* ~ *το πρόσωπό του.* [τουρκ. *hase*].

χάση η, ουσ., η περίοδος κατά την οποία ο φωτεινός δίσκος της σελήνης βαθμιαία μικραίνει: *το φεγγάρι ήταν στη* ~ *ιου* (συνών. *λίγωση*· αντ. *γεμιση*)· εκφρ. *στη* ~ *και στη φέξη,* βλ. *φέξη:* στη ~ *και στη φέξη σε βλέπουμε!* [*χάνω*].

χασικλα και **χασίκλας,** βλ. *χασικλής.*

χασικλήδικος, -η, -ο, επίθ., που σχετίζεται με το χασικλή, που χαρακτηρίζει το χασικλή. - Το ουδ. ως ουσ. = καταγώγιο όπου καπνίζουν χασίς.

χασικλής και **χασίκλας** ο, θηλ. **-ίκλα** και **-ού,** ουσ. (λαϊκ.), χασισοπότης (βλ. λ.).

χάσικος, -η, -ο, επίθ. (λαϊκ.), (για ψωμί) άσπρος, απαλλαγμένος από πίτουρο. [τουρκ. *has*].

χάσιμο το, ουσ. **1.** απώλεια: *το* ~ *του δαχτυλιδιού.* **2.** ζημιά: ~ *δέκα χιλιάδων στα χαρτιά·* αυτή η επιχείρηση *δεν έχει ποτέ* ~ (συνών. *χασούρα·* αντ. *κέρδος*). **3.** ήττα: ~ *σε αγώνα.*

χασίς (άκλ.) και (λαϊκ.) **χασίσι** το, ουσ. **α.** το φυτό ινδική κάνναβης που τις ανθισμένες κορυφές ή τα φύλλα του, αφού τα αποξηράνουν και τα κόψουν, τα μασούν ή κυρίως τα καπνίζουν χρησιμοποιώντας τα ως ναρκωτικό: *φυτεία* ~· **β.** το ναρκωτικό που παράγεται από το φυτό αυτό: *τσιγάρο με* ~. [αραβοτουρκ. *haşiş*].

χασισοπότης ο, ουσ., αυτός που καπνίζει χασίς (συνών. *χασικλής*).

χασισοφυτεία η, ουσ., φυτεία όπου καλλιεργείται χασίς.

χασισώνω, ρ. (λαϊκ.), μεθώ κάποιον με χασίς.

χάσκα, Ι. επίρρ. (ιδιωμ.), με ανοιχτό το στόμα. [*χάσκω*].

χάσκα η, **ΙΙ.** ουσ. (λαϊκ.), παιχνίδι κατά το οποίο οι παίκτες προσπαθούν να πιάσουν μόνο με το στόμα αβγό, γλύκισμα, κλπ., δεμένο στην άκρη σπάγγου που κρέμεται από ψηλά.

χασκαρίζω, ρ. (ιδιώμ.), γελώ ηχηρά (συνών. *χαχανίζω*). [συμφ. *χάσκω* και *κακαρίζω*].

χασκαρίσματα τα, ουσ. (ιδιωμ.), ηχηρά γέλια (συνών. *χαχανητά*).

χάσκας ο, ουσ. (λαϊκ.), αυτός του χάσκει (βλ. λ.) και, κατ' επέκταση, βλάκας, ανόητος, αφηρημένος.

χασκογελώ, -άς, ρ., γελώ ηχηρά (συνών. *χαχανίζω*).

χάσκω, ρ. (αμτβ.). **1.** μένω με ανοιχτό το στόμα βλέποντας, ακούγοντας ή σκεπτόμενος κάτι (συνών. *χαζεύω*). **2.** σχηματίζω άνοιγμα, χάσμα: *το έδαφος/ο τοίχος -ει.*

χάσμα το, ουσ. **1.** μεγάλο άνοιγμα, ρήγμα στο έδαφος. **2.** (μεταφ.) κενό, διακοπή συνέχειας: *ο συλλογισμός / η αφήγησή του παρουσιάζει -ατα· -ατα στη μνήμη κάποιου.* **3.** (ειδικότερα, φιλολ.) διακοπή της συνέχειας κειμένου από παράλειψη λέξης, φράσης, ή περιόδου: *χειρόγραφο με πολλά -ατα.* **4.** (μεταφ.) μεγάλη διάσταση, διαφορά μεταξύ προσώπων, ιδεών ή πραγμάτων: *οι κοινωνικές προκαταλήψεις δημιούργησαν ένα* ~ *ανάμεσά τους·* ~ *των γενεών* (= η διαφορά στις αντιλήψεις και η ασυνεννοησία μεταξύ νεότερων και μεγαλύτερων σε ηλικία ατόμων)· *η εκβιομηχάνιση μεγάλωσε το* ~ *μεταξύ των φτωχών και των πλούσιων περιοχών της χώρας.*

χασμούρημα το, ουσ., χασμουρητό (βλ. λ.).

χασμουρητό το, ουσ., το να χασμουριέται (βλ. λ.) κανείς.

χασμουριέμαι, ρ. (συνιζ.), ανοίγω ακούσια το στόμα μου παίρνοντας βαθιά και παρατεινόμενη αναπνοή (με παράλληλη σύσπαση μυών του προσώπου) εξαιτίας νύστας, ανίας ή και υποβολής. [αργ. *χάσμη*].

χασμωδία η, ουσ. **1.** κακόηχη συνάντηση φωνηέντων είτε στην ίδια λέξη είτε σε συνεκφορά δύο γειτονικών λέξεων. **2.** (μεταφ.) **α.** έλλειψη συνέ-

χειας, δυσαρμονία: *στις συζητήσεις τους κάθε τόσο παρουσιαζόταν* ~ · **β.** (μουσ.) διακοπή της συνέχειας κατά την εκτέλεση μουσικού έργου.

χασο-, α´ συνθ. ονομάτων που σημαίνουν κάποιον που έχασε ή χάνει κάτι: *χασομέρης, χασονούσης.*

χασομέρης ο, θηλ. **-ισσα,** ουσ. **1.** αυτός που χάνει τον καιρό του χωρίς να εργάζεται, αργόσχολος: *απ' τους καφενέδες πεταγόντανε οι -ηδες* (Κόντογλου). **2.** αυτός που χρονοτριβεί στη δουλειά του: *πολύ* ~ *είναι αυτός ο μάστορας!*

χασομέρι το, ουσ. **α.** σπατάλη, χάσιμο (εργάσιμου) χρόνου: *είχα ένα μεγάλο* ~ *στο δρόμο·* **β.** χρονοτριβή, καθυστέρηση: *το πράγμα δεν έπαιρνε* ~ (Κόντογλου)· *πήγε δίχως* ~ *στον αγά* (Κόντογλου). [*χάνω + μέρα*].

χασομέρισσα, βλ. *χασομέρης.*

χασομερώ, -άς, ρ. Α. αμτβ. **α.** χάνω τον καιρό μου, σπαταλώ εργάσιμο χρόνο: *-ησα με την επίσκεψη αυτή και δεν πρόλαβα να τελειώσω τη δουλειά μου·* **β.** χρονοτριβώ, καθυστερώ: *πολύ -άει ο εργολάβος και φοβάμαι ότι δε θα μας παραδώσει έγκαιρα το σπίτι.* **Β.** (μτβ.) απασχολώ, καθυστερώ κάποιον από τη δουλειά του: *δούλευα, μα ήρθαν επισκέψεις και με -ησαν.*

χασονούσης ο, ουσ. (ιδιωμ.), αυτός που έχει χάσει τα μυαλά του, ο άμυαλος.

χασούρα η, ουσ. (λαϊκ.), απώλεια, χάσιμο, ζημία (κυρίως σε χρήμα): *είχε* ~ *πάλι σήμερα στα χαρτιά· είχα* ~ *από αυτή τη δουλειά.*

χασοφεγγαριά η, ουσ. (εκκλ., συνιζ., λαϊκ.), χάση (βλ. λ.).

χαστούκι το, ουσ. **1.** δυνατό χτύπημα με την παλάμη στο μάγουλο (συνών. σκαμπίλι). **2.** (μεταφ.) αντιξοότητα, ταλαιπωρία που περνά κανείς (εξαιτίας της συμπεριφοράς άλλων ή των κοινωνικών συνθηκών): *έφαγε πολλά -ια στη ζωή του.* - Υποκορ. **-άκι** το. [άγνωστη ετυμ.].

χαστουκιά η, ουσ. (συνιζ., λαϊκ.), χαστούκι (βλ. λ.).

χαστουκίζω, ρ. (μτβ.) δίνω σε κάποιον χαστούκι (συνών. σκαμπιλίζω).

χαστούκισμα το, ουσ., το να χαστουκίζει (βλ. λ.) κανείς κάποιον.

χατζάρα βλ. *χαντζάρα.*

χατζάρας, βλ. *χαντζάρας.*

χατζάρι βλ. *χαντζάρι.*

χατζαριά, βλ. *χαντζαριά.*

χατζής ο, θηλ. **-ίνα,** ουσ., τιμητικός τίτλος προσκυνητή αγίων Τόπων και ειδικά για ορθόδοξο χριστιανό της Ιερουσαλήμ και για μουσουλμάνο της Μέκκας και της Μεδίνας: *πήγε στα Ιεροσόλυμα κι έγινε* ~. [τουρκ. *haci*].

χατζιλίκι το, ουσ., το να έχει γίνει κανείς χατζής. [τουρκ. *hacilik*].

χατζίνα, βλ. *χατζής.*

χατίρι το, ουσ., εξυπηρέτηση που γίνεται, από εύνοια, σε κάποιον που τη ζήτησε: *θα σου κάνω το* ~ *και θα 'ρθω· του κάνεις όλα τα -ια του παιδιού και θα το κακομάθεις* (συνών. *χάρη*)· εκφρ. για (το) ~ *κάποιου* (= για χάρη του): *για το* ~ *σου θα πάω κι εγώ να του μιλήσω·* φρ. *χαλώ το* ~ *κάποιου* (= δεν του κάνω τη χάρη που μου ζήτησε): *μη μου χαλάς το* ~*!* - Υποκορ. **-άκι** το. [τουρκ. *hatir*].

χατιρικός, -ή, -ό, επίθ., που γίνεται για χατίρι κάποιου. - Επίρρ. **-ώς.**

χαυλιόδοντας ο, ουσ. (ασυνίζ., εκκλ.), μεγάλο καμπύλο δόντι ορισμένων θηλαστικών, κυρίως του ελέφαντα και του αγριόχοιρου.

χαύνος, -η, -ο, επίθ. (λόγ.), (για άτομα) χαλαρός στη σκέψη, άτονος.

χαυνότητα η, ουσ. (λόγ.), η ιδιότητα του χαύνου.

χαύνωση η, ουσ., η κατάσταση στην οποία βρίσκεται ο χαύνος, χαλάρωση του πνεύματος.

χαφιεδισμός ο, ουσ. (συνιζ.), η τακτική του χαφιέ (βλ. λ.).

χαφιές ο, ουσ. (συνιζ.). **1.** (υποτιμητικά) αστυνομικός που του έχει ανατεθεί να παρακολουθεί τις κινήσεις ατόμων: *είναι* ~ *της Ασφάλειας.* **2.** καταδότης (βλ. λ.): *ένας* ~ *τον κατέδωσε στους ναζί και τον εκτέλεσαν.* [τουρκ. *hafiye*].

χάφτας, βλ. *χάφτης.*

χάφτης ο, **Ι.** ουσ., το ψάρι σκορπίνα (βλ. λ.).

χάφτης ΙΙ. και **-ας** ο, πληθ. **-ηδες** και **-ες,** θηλ. **-ισσα,** ουσ. **1.** αυτός που τρώει λαίμαργα. **2.** αυτός που πιστεύει ό,τι του λένε, ο μωρόπιστος (πβ. *χάφτω*).

χάφτω και **χάβω,** ρ. (λαϊκ.). **1.** καταπίνω: *το φίδι δε δυσκολεύτηκε να -ψει ολόκληρο το ποντίκι·* (μεταφ.) *ο διάολος κατάφερε στο τέλος να -ψει την ψυχή του* (Κόντογλου). **2.** (μεταφ.) πιστεύω κάτι χωρίς να προβληματιστώ ή να εξετάσω αν αληθεύει: *ό,τι και να του πεις θα το -ψει.* Φρ. *δεν τα* ~ *αυτά* (= δεν τα πιστεύω)· *δε* ~ *το παραμύθι* (= δεν αποδέχομαι την ψευτιά)· *-ει μύγες* (= είναι οκνηρός). [μεσν. *χάπτω*<αρχ. *κάπτω*].

χα, χα, επιφ., για να δηλωθεί επίμονο γέλιο ή σαρκασμός.

χαχάμης ο, ουσ., θρησκευτικός αξιωματούχος των Εβραίων. [τουρκ. *haham*, εβραϊκής προέλευσης].

χαχανητό και **κακανητό** το, ουσ., χάχανο (βλ. λ.).

χαχανίζω και **κακανίζω,** ρ., γελώ επίμονα και ηχηρά: *άλλος χούγιαζε, άλλος -ιζε* (Κόντογλου). [*χα! χα!*].

χαχάνισμα το, ουσ., η ενέργεια του χαχανίζω, επίμονο ηχηρό γέλιο.

χάχανο και **κάκανο** το, ουσ., θορυβώδες και επίμονο γέλιο: *κάνανε κάτι -α!*

χάχας ο, ουσ. (λαϊκ.). **1.** αυτός που χαχανίζει (βλ. λ.). **2.** ανόητος, γελοίος (συνών. *χάσκας, χαζός*). [*χα! χα!*].

χαχόλικος, -η, -ο, επίθ. (λαϊκ.), που ταιριάζει σε χαχόλο (συνών. *άχαρος, μπατάλικος*).

χαχόλος, -α, ουσ. (λαϊκ.), (για πρόσωπα) παχύς και άχαρος.

χάψη η και **χάψι** το, ουσ. (παλαιότερο) φυλακή. [τουρκ. *haps*].

χαψί και **χαμψί** το, ουσ. (λαϊκ.), είδος μικρού ψαριού, σαρδέλας ή γάβρου (συνών. *αντσούγια*). [τουρκ. *hamsi*, πιθ. αντιδ.<ελλην. **καμψίον*].

χαψιά η, ουσ. (συνιζ.). **α.** ό,τι μπορεί κανείς να χάψει (βλ. *χάφτω* σημασ. 1) με μια ενέργεια: *το έφαγε με μια* ~· **β.** (συνεκδοχικά) πολύ μικρή ποσότητα: *πάρε μια* ~ *ψωμί* (συνών. *μπουκιά*).

χάψιμο το, ουσ., η ενέργεια και το αποτέλεσμα του *χάφτω* (βλ. λ.).

χαώδης, -ης, -ες, γεν. *-ους,* πληθ. αρσ. και θηλ. *-εις,* ουδ. *-η,* επίθ., που σχετίζεται με το χάος (βλ. λ.), που χαρακτηρίζεται από μεγάλη ακαταστασία, σύγχυση και ανωμαλία: *η πολιτική κατάσταση είναι* ~ (συνών. *χαοτικός*).

χεγγελιανισμός, βλ. *εγελιανισμός.*

χεζάς ο, θηλ. **-ού,** ουσ. (λαϊκ.). **1.** χέστης (βλ. λ.). **2.** φοβητσιάρης (συνών. *δειλός*). - Πβ. *χέστης.*

χέζω, ρ., μτχ. παρκ. *χεσμένος* (λαϊκ.). Α. ενεργ. 1. αποβάλλω τα περιττώματα του οργανισμού. 2. (μτβ.) λερώνω κάτι κατά την αποπάτηση. 3. (μεταφ.) υβρίζω υπερβολικά κάποιον, τον περιφρονώ: (χυδ.) *τον έχεσα για τη συμπεριφορά του· τον έχω -σμένο* (= τον περιφρονώ, αδιαφορώ γι' αυτόν). Β. μέσ. 1. λερώνομαι κατά την αποπάτηση. 2. (μέσ., μεταφ.) καταλαμβάνομαι από υπερβολικό φόβο: *-στηκε (από το φόβο του)* (συνών. *πανικοβάλλομαι*). Φρ. (λαϊκ., προφ.) *-στηκα!* (= σκοτίστηκα)· *-στηκε η φοράδα στ' αλώνι* (για κάτι ασήμαντο).
χει, βλ. *χι*.
χειλαράς ο, θηλ. **-ού,** ουσ. (λαϊκ.), *χειλάς* (βλ. λ.).
χειλάς ο, θηλ. **-ού,** ουσ. (λαϊκ.), που έχει μεγάλα χείλια.
χείλι, βλ. *χείλος*.
χειλικός, -ή, -ό, επίθ. (γραμμ., για φθόγγους ή σύμφωνα) που προφέρονται με ενωμένα τα χείλια: *-οί φθόγγοι* (π, β, φ).
χείλος και (λαϊκ.) **χείλι** το, πληθ. *-η* και *-ια,* ουσ. 1α. καθένα από τα δύο μυώδη, σαρκώδη τμήματα του προσώπου που βρίσκονται πάνω και κάτω από τη σχισμή του στόματος και σκεπάζουν τα δόντια: *πάνω / κάτω ~· -η λεπτά / σαρκώδη·* τότε *μου ήρθαν στα -η αυτές οι λέξεις·* βάζω *κραγιόν στα -η·* φρ. *κρέμομαι από τα -η κάποιου* (= περιμένω με αγωνία και ενδιαφέρον αυτό που θα πει)· *του ψήνει το ψάρι στα -η* (= τον βασανίζει πολύ)· β. για ζώο: *κρεμαστά -ια ενός λυκόσκυλου.* 2. το άκρο κάθε ανοίγματος: *τα -η πληγής / τραύματος* (= τα μαλακά μόρια που ορίζουν το στόμιο της πληγής)· *-η του γυναικείου αιδοίου* (= πτυχές του δέρματος που ορίζουν τη σχισμή του γυναικείου αιδοίου)· φρ. *στο ~ του γκρεμού* (= σε πολύ επικίνδυνη, κρίσιμη θέση). 3. το ανώτερο σημείο ενός δοχείου, στόμιο: *τα -η του μπουκαλιού / του ποτηριού.*
χειλού, βλ. *χειλάς*.
χειλούσα και **χειλού** η, ουσ. (ζωολ.) είδος ψαριού με ποικιλία ως προς το χρώμα, παχύ σώμα σε σχήμα ωοειδές και μεγάλα χείλη.
χειλόφωνο το, ουσ. (γραμμ.) *χειλικός* (βλ. λ.) φθόγγος.
χειμαδιό το, ουσ. (συνιζ., λαϊκ.). 1. μέρος συνήθως πεδινό, κατάλληλο για το ξεχειμώνιασμα των κοπαδιών. 2. το να διαχειμάζει κανείς κάπου: *κατέβηκαν στον κάμπο με τα πρόβατα για ~.* [αρχ. *χειμάδιον*].
χειμάζομαι, ρ. (λόγ.), περνώ ταλαιπωρίες σε μια υπόθεση ή δραστηριότητά μου, βασανίζομαι, δοκιμάζομαι.
χείμαρρος ο, ουσ. 1. ορμητικό ρεύμα νερού, που σχηματίζεται συνήθως από βροχές. 2. ξεροπόταμος. 3. (μεταφ.) καθετί που προχωρεί ακάθεκτα, με ορμή: *αυτός ο ομιλητής είναι ~· ~ οργής.*
χειμαρρώδης, -ης, -ες, γεν. *-ους,* πληθ. αρσ. και θηλ. *-εις,* ουδ. *-η,* επίθ., ορμητικός: *λόγος ~.*
χειμερινός, -ή, -ό, επίθ., *χειμωνιάτικος: μήνες -οί· ρούχα -ά· σπορ -ά* (= που γίνονται το χειμώνα, κυρίως στα χιόνια, π.χ. το σκι).
χειμέριος, -ία, -ιον, επίθ. (ασυνίζ., λόγ.), *χειμωνιάτικος·* κυρίως στις εκφρ. (για ορισμένα ζώα) *~ ύπνος* ή *-ία νάρκη: τα φίδια πέφτουν σε -ία νάρκη· -ιον κύμα* (= το κύμα του χειμώνα που προχωρεί κατά περιοχές σε ορισμένο σημείο της ακτής).
χειμωνανθός ο, ουσ. (φυτολ.) θάμνος ή μικρό δέντρο φυλλοβόλο, διακοσμητικό, που το χειμώνα βγάζει λουλούδια αρωματικά σε ροζ χρώμα.
χειμώνας ο, ουσ. 1. η πιο ψυχρή εποχή του χρόνου, που διαδέχεται το φθινόπωρο (από Δεκέμβριο έως και Φεβρουάριο). 2. (γενικότερα) κρύα χρονική περίοδος: *ο ~ δεν κράτησε πολύ φέτος.* 3. για ψυχρό καιρό: *σήμερα έχουμε -α.*
χειμωνιά η, ουσ. (συνιζ.). 1. χειμώνας: *τα ρόδα μες στο πάγωμα της -ιάς* (Παλαμάς). 2. καιρός χειμωνιάτικος, κακοκαιρία.
χειμωνιάζει, ρ. (συνιζ.), φτάνει, κοντεύει, έρχεται ο χειμώνας: *καλύτερα να φύγουμε από τη θάλασσα πριν -ιάσει.*
χειμώνιασμα το, ουσ. (συνιζ.), (σπάνια) ερχομός του χειμώνα.
χειμωνιάτικος, -η, -ο, επίθ. (συνιζ.). 1. που ανήκει ή αναφέρεται στο χειμώνα: *καιρός ~· φρούτα -α.* 2. κατάλληλος για το χειμώνα: *ρούχα -α* (συνών. *χειμερινός*). 3. (για πρόσωπο) που είναι ντυμένος σαν να βρίσκεται στο χειμώνα: *-ο σε βλέπω σήμερα!* - Το ουδ. στον πληθ. ως ουσ. = τα ρούχα που φοριούνται ή τα στρωσίδια που στρώνονται στο σπίτι το χειμώνα. - Επίρρ. **-α** = κατά την περίοδο του χειμώνα: *-α έβαλες αυτά τα ρούχα;*
χειράγρα η, ουσ. (ιατρ.) πιάσιμο, αρθρίτιδα των χεριών.
χειραγώγηση η, ουσ., η ενέργεια και το αποτέλεσμα του χειραγωγώ.
χειραγωγώ, -είς, ρ. 1. οδηγώ κάποιον από το χέρι. 2. (μεταφ.) καθοδηγώ, κατευθύνω, συμβουλεύω: *οι γονείς πρέπει να -ούν τα παιδιά.* 3. ασκώ κυριαρχία, εξουσία (κυρίως πολιτική): *οι λαοί -ούνται πιο εύκολα όταν το μορφωτικό τους επίπεδο είναι χαμηλό.*
χειράμαξα η (λόγ.) και **χειράμαξο** το, ουσ., καρότσι (βλ. λ. σημασ. 1), καροτσάκι: *-ο μονότροχο / για τη μεταφορά αποσκευών.*
χειραποσκευή η, ουσ., αποσκευή ταξιδιώτη που κατά το (αεροπορικό) ταξίδι ο κάτοχός της δεν παραδίδει στην ταξιδιωτική υπηρεσία, αλλά την κρατά κοντά του.
χειραφετημένος, -η, -ο, βλ. *χειραφετώ.*
χειραφέτηση η, ουσ., η ενέργεια και το αποτέλεσμα του χειραφετώ (βλ. λ.): *η ~ της γυναίκας.*
χειραφετώ, -είς, ρ. 1. απαλλάσσω ανήλικο παιδί κάποιου από την εξουσία του πατέρα ή γυναίκα από την εξουσία του συζύγου. 2. (μεταφ.) απαλλάσσω κάποιον από την επιρροή που δέχεται ή την εξάρτηση που έχει από τρίτον. - Η μτχ. παρκ. *-ημένος* = απαλλαγμένος από κάθε επιρροή ή εξάρτηση από τρίτον: *-ημένες γυναίκες.*
χειραψία η, ουσ., το να κρατήσει κανείς το δεξί χέρι ενός άλλου και το δικό του για λίγες στιγμές, σφίγγοντάς το συνήθως ή κάποτε κουνώντας το ελαφρά επάνω-κάτω, για να τον χαιρετήσει, να επιβεβαιώσει μια συμφωνία τους ή να τον συγχαρεί: *~ θερμή / χαλαρή.*
χειρίζομαι, ρ. 1. χρησιμοποιώ κάτι με το χέρι για κάποιο αντικειμενικό σκοπό και έχοντας κάποια σχετική ικανότητα: *~ επιδέξια ένα εργαλείο.* 2. (μεταφ. για χρησιμοποίηση γλώσσας, διαπραγμάτευση θέματος, κ.τ.ό.): *-εται καλά τη γαλλική γλώσσα· στη διάλεξή του -στηκε σωστά το θέμα του.* 3. (για μια υπόθεση δικαστική ή πολιτική, κλπ.): *ο δικηγόρος -στηκε σωστά την υπόθεση· η κυβέρνηση δε -στηκε με επιτυχία το ζήτημα της απεργίας.*

χειρισμός ο, ουσ., η ενέργεια και το αποτέλεσμα του χειρίζομαι: ~ επιδέξιος / επικίνδυνος· ~ εργαλείου / δικαστικής υπόθεσης από δικηγόρο.

χείριστα, βλ. κακός.

χειριστήριο το, ουσ. (ασυνίζ.). α. όργανο με το οποίο χειρίζεται κανείς κάτι· β. όργανο με το οποίο μεταδίδονται τηλεγραφικά σήματα.

χειριστής ο, θηλ. **-ίστρια**, ουσ. 1. αυτός που χειρίζεται (βλ. λ.) κάτι: ~ της υπόθεσης / του λόγου. 2. (ειδικότερα) αυτός που χρησιμοποιεί αποτελεσματικά κάποιο μηχάνημα ή συσκευή: ~ φορτωτή. 3. αυτός που εργάζεται στο χειριστήριο (βλ. λ.), τηλεγραφητής. 4. παρασκευαστής σε χημικό εργαστήριο.

χείριστος, βλ. κακός.

χειρίστρια, βλ. χειριστής.

χειροβομβίδα η, ουσ., είδος μικρής βόμβας που εκσφενδονίζεται με το χέρι.

χειρόγραφο το, ουσ. 1. κείμενο γραμμένο με το χέρι. 2. κείμενο παλαιού συγγραφέα (αντι)γραμμένο στο χέρι: τα -α των έργων του Πλάτωνα· -α χάρτινα / από περγαμηνή. 3. πρωτότυπο κείμενο που παραδίδεται από το συγγραφέα στον εκδότη με την προοπτική να τυπωθεί: χάθηκαν τα -α της μελέτης του.

χειρόγραφος, -η, -ο, επίθ. (σε χρήση ιδίως στο θηλ.). 1. που έχει γραφεί με το χέρι: επιστολή / σημείωση -η. 2. που αναφέρεται στα παλαιά χειρόγραφα: παράδοση -η = τα χειρόγραφα ενός συγγραφέα ή ενός λογοτεχνικού είδους που σώθηκαν έως σήμερα.

χειροδικία η, ουσ., η ενέργεια και το αποτέλεσμα του χειροδικώ (βλ. λ.).

χειροδικώ, -είς, ρ., τιμωρώ με τα ίδια μου τα χέρια αυτόν που μου έκαμε κακό.

χειροδύναμος, βλ. χεροδύναμος.

χειροθεσία η, ουσ. (εκκλ.). 1. επίθεση των χεριών κληρικών στο κεφάλι πιστών για ευλογία. 2. προχείριση σε εκκλησιαστικό αξίωμα με επίθεση των χεριών επισκόπου στο κεφάλι του προχειριζόμενου, χειροτονία.

χειροθετώ, -είς, ρ., ενεργώ χειροθεσία (βλ. λ.).

χειροθήκη, βλ. επιμάνικο.

χειροκίνητος, -η, -ο, επίθ., που κινείται μόνο με τη δύναμη των χεριών: μηχάνημα -ο.

χειροκρόταλο το, ουσ., κρόταλο που χτυπιέται με τα δάχτυλα (συνών. καστανιέτα).

χειροκρότημα το, ουσ., η ενέργεια και το αποτέλεσμα του χειροκροτώ (βλ. λ. σημασ. 1 και 2).

χειροκροτώ, -είς, ρ. 1. χτυπώ τις παλάμες μου με δύναμη ώστε να προκληθεί κρότος για να εκδηλώσω επιδοκιμασία ή ενθουσιασμό: μετά το τέλος της παράστασης όλοι -ησαν θερμά. 2. (μεταφ.) επιδοκιμάζω κάτι: αυτά που μου λες τα ~ με την καρδιά μου· η ενέργειά του -ήθηκε από όλους.

χειρολαβή η, ουσ. 1. στενόμακρο ξύλο στο άκρο μιας σκάλας για να στηρίζονται όσοι ανεβαίνουν και κατεβαίνουν (συνών. κουπαστή). 2. λαβή ορισμένων εργαλείων π.χ. αρότρου. 3. μικρό κρεμαστό στήριγμα στην οροφή λεωφορείου, απ' όπου πιάνονται οι όρθιοι επιβάτες για να συγκρατούνται.

χειρομαλάκτης ο και θηλ. **-κτρια**, ουσ., αυτός που ασχολείται με τη χειρομάλαξη (βλ. λ.) (συνών. μασέρ).

χειρομάλαξη η, ουσ., μάλαξη με τα χέρια συγκεκριμένου τμήματος του ανθρώπινου σώματος για θεραπευτικούς σκοπούς (συνών. μασάζ).

χειρομαντεία, βλ. χειρομαντία.

χειρομάντης ο και θηλ. **-ισσα**, ουσ. (έρρ.), άτομο που ασκεί τη χειρομαντία.

χειρομαντία η, ουσ. (έρρ.), μάντευση του χαρακτήρα και της τύχης ατόμου με την παρατήρηση των γραμμών της παλάμης του.

χειρομάντισσα, βλ. χειρομάντης.

χειρόμυλος και **χερό-** ο, ουσ., μύλος που κινείται με την ενέργεια των χεριών.

χειρονομία η, ουσ. 1. κίνηση των χεριών που αποβλέπει στην εκδήλωση συναισθήματος ή τη μετάδοση πληροφορίας αντικαθιστώντας ή συνοδεύοντας το λόγο: δε γελούσε, δεν έκαμε -ες· ~ φόβου / έκπληξης· με κάλεσε να πάω κοντά του με μια ~. 2. πείραγμα με την κίνηση των χεριών: μην κάνεις ανήθικες -ες· έκαναν -ες πίσω από την πλάτη του δασκάλου. 3. (μεταφ.) ενέργεια που εκφράζει μια διάθεση και αποβλέπει σε ορισμένο σκοπό: εκδηλώθηκε φιλειρηνική ~ ανάμεσα στα αντίπαλα κράτη· ~ καλής θέλησης.

χειρονομώ, -είς, ρ., προβαίνω σε χειρονομίες (βλ. λ.).

χειροπέδες οι, ουσ., δύο κλοιοί συνδεμένοι με αλυσίδες που δεσμεύουν τα χέρια καταδίκων ή κρατουμένων όταν βρίσκονται έξω από τη φυλακή.

χειροπιαστός, -ή, -ό και **χερο-**, επίθ. (συνιζ.). 1. που μπορεί κανείς να τον πιάσει με τα χέρια. 2. (μεταφ.) ολοφάνερος: κλεψιά / ομοιότητα -ή (συνών. προφανής). - Επίρρ. **-ά** = ολοφάνερα.

χειροπόδαρα, βλ. χεροπόδαρα.

χειροποίητος, -η, -ο, επίθ., που είναι φτιαγμένος ή γίνεται με το χέρι: κεντήματα -α· -η κατασκευή χαρτιών στο χαρτομύλο· (νομ.) ρους νερού προς ένα ακίνητο χωρίς -ο έργο (αντ. μηχανοποίητος).

χειροπρακτική η, ουσ., αποκατάσταση μετατοπισμένων σπονδύλων του ανθρώπινου σώματος για θεραπευτικούς σκοπούς.

χειροπρίονο και **χερο-** το, ουσ., πριόνι που δουλεύει μόνο με την κίνηση των χεριών.

χειρόπτερα τα, ουσ. (ζωολ.) θηλαστικά ζώα με φτερά (π.χ. νυχτερίδα).

χειρότερα, βλ. χειρότερος.

χειροτέρεμα το και **χειροτέρεψη** η, ουσ., τροπή προς το χειρότερο (συνών. επιδείνωση· αντ. καλυτέρεμα, καλυτέρεψη, βελτίωση).

χειροτερεύω, ρ., αόρ. -εψα. Α. (μτβ.) κάνω κάτι χειρότερο απ' ό,τι ήταν πριν: -εψαν την ποιότητα της παραγωγής. Β. αμτβ. 1. γίνομαι χειρότερος απ' ό,τι ήμουν: ο καιρός -ει· οι συνθήκες ζωής -ουν· ο χαρακτήρας του -ει. 2. (για άρρωστο) η κατάσταση της υγείας μου επιδεινώνεται: όσο πάει και -ει (αντ. καλυτερεύω, βελτιώνομαι).

χειροτέρεψη, βλ. χειροτέρεμα.

χειρότερος, -η, -ο, επίθ. (συγκρ. του κακός). 1. περισσότερο κακός, δύσκολος, δυσάρεστος από ό,τι ήταν πριν ή από ό,τι είναι κάποιος άλλος: περνά τη -η περίοδο της ζωής του· είναι ο ~ μαθητής στην τάξη· τα πολιτικά πράγματα σήμερα είναι -α από ό,τι ήταν προηγουμένως. 2. που είναι ταπεινότερης ποιότητας ή αξίας από κάτι άλλο: στο κατάστημα δεν έμειναν παρά τα -α υφάσματα για πούλημα. - Το ουδ. ως ουσ. = δυσάρεστη κατάσταση: πρέπει να αποφύγουμε το -ο· έκφρ. τόσο το -ο (= ακόμη χειρότερα)· φρ. πηγαίνω από το *κακό στο -ο*, βλ. *κακό*. - Επίρρ. **-α** = σε χειρότερη κατάσταση: *ο άρρωστος πηγαίνει -α·* έκφρ. *(και) μη -α* (α. όταν συμβιβαζόμαστε με μια δυσάρεστη κατάσταση κι ευχόμαστε να μη χειροτερέψει· β. όταν δυσανασχετούμε για κάτι που πληροφορούμαστε).

χειροτεχνείο το, ους., το εργαστήριο του χειροτέχνη.

χειροτέχνημα το, ους. 1. έργο που κατασκευάστηκε με το χέρι. 2. χειροποίητο κέντημα ή πλεκτό, εργόχειρο.

χειροτέχνης ο, ους., αυτός που κατασκευάζει χειροτεχνήματα (βλ. λ.).

χειροτεχνία η, ους. 1. η ενέργεια και το αποτέλεσμα του χειροτεχνώ (βλ. λ.). 2. σχολικό μάθημα κατά το οποίο οι μαθητές κατασκευάζουν ή διακοσμούν κάποιο τεχνικό έργο.

χειροτεχνικός, -ή, -ό, επίθ., που ανήκει ή αναφέρεται στη χειροτεχνία: *εργαλεία -ά· εργαστήριο -ό*.

χειροτονία η, ους., η ενέργεια και το αποτέλεσμα του χειροτονώ (βλ. λ.).

χειροτονώ, -είς, ρ. 1. προΐσταμαι εκκλησιαστικής τελετής κατά την οποία ένας λαϊκός γίνεται διάκονος ή ένας κληρικός γίνεται πρεσβύτερος ή επίσκοπος. 2. (σκωπτ.) ξυλοκοπώ: *θυμωμένος σήκωσε το χέρι του να με -ήσει*.

χειρουργείο το, ους., ειδικά εξοπλισμένη αίθουσα νοσοκομείου ή κλινικής στην οποία γίνονται οι χειρουργικές επεμβάσεις: *εισαγωγή στο ~·* (ειδικά). *- κινητό / ορεινό*.

χειρούργηση η, ους., χειρουργική επέμβαση, εγχείρηση (βλ. λ.).

χειρουργική η, ους., κλάδος της ιατρικής που συνεπάγεται την επέμβαση του γιατρού σε ένα μέλος του σώματος, σε ένα όργανο, κλπ., με τη βοήθεια εργαλείων: *~ πλαστική / κλασική*.

χειρουργικός, -ή, -ό, επίθ., που ανήκει ή αναφέρεται στο χειρούργο ή τη χειρουργική: *μονάδα -ή· τραπέζι -ό· εργαλεία -ά· επέμβαση -ή* (συνών. *εγχειρητικός*).

χειρούργος και **χειρουργός** ο, ους., γιατρός ειδικευμένος να εκτελεί χειρουργικές επεμβάσεις: *~ οδοντίατρος*.

χειρουργώ, -είς, ρ. (για γιατρό) εκτελώ χειρουργική επέμβαση: *~ ασθενή*.

χειροφίλημα το, ους., το να φιλά κανείς το χέρι κάποιου για να δείξει σεβασμό ή ευγένεια: *μόλις έφτασαν οι κυρίες, άρχισε τα -ατα*.

χειρόφρενο το, ους., φρένο (βλ. λ.) αυτοκινήτου που λειτουργεί με μοχλό τον οποίο μετακινεί ο οδηγός με το χέρι και που η χρήση του γίνεται κυρίως για πρόσθετη ασφάλεια όταν το αυτοκίνητο είναι σταθμευμένο: *τραβώ / κατεβάζω ~*.

χειρόχτι το, ους. (λαϊκ.), γάντι (βλ. λ.): *μακριά -ια που έφταναν ίσα με τους άγκωνες* (Ι. Μ. Παναγιωτόπουλος).

χειρώνακτας ο, ους., άτομο που ασκεί εργασία χειρωνακτική (βλ. λ.).

χειρωνακτικός, -ή, -ό, επίθ. (για δραστηριότητα) που ασκείται με χρησιμοποίηση κατά κύριο λόγο των χεριών: *επάγγελμα -ό· εργασία -ή* (αντ. *πνευματικός*).

χέλι το, ους. (ζωολ.) ψάρι του γλυκού νερού που μοιάζει με φίδι, με δέρμα σκληρό, γλοιώδες και γλιστερό: *~ καπνιστό· παχύς σα ~·* παροιμ. φρ. *γλιστράει σα ~* (= ξεφεύγει εύκολα από δυσάρεστες ή ανεπιθύμητες καταστάσεις). [αρχ. *έγχελυς*].

χελιδόνα η, ους. (ζωολ.) 1. το χελιδόνι -μητέρα: *τα μικρά της -ας*. 2. είδος μεγάλου σελαχιού.

χελιδόνι το, ους. (ζωολ.) αποδημητικό πουλί με διχαλωτή ουρά, φτερά μακριά και λεπτά, με χρώμα μαύρο στο επάνω μέρος και λευκό στην κοιλιά: *ήρθαν / έφυγαν τα -ια· τα -ια χτίζουν τις φωλιές τους· χαρούμενα τιτιβίσματα -ιών*. - Υποκορ. **-άκι** το.

χελιδόνιο το, ους. (ασυνίζ.), (φυτολ.) φυτό ποώδες, πολυετές, δηλητηριώδες και φαρμακευτικό, που απαντά στην Ήπειρο και την Αιτωλία.

χελιδόνισμα το, ους. (λαϊκ.), (λαογρ.) τραγούδι που τραγουδούν τα παιδιά στην αρχή της άνοιξης.

χελιδονοφωλιά η, ους. (συνιζ.), φωλιά χελιδονιών: *-ιές κάτω από τις στέγες των σπιτιών*.

χελιδονόψαρο το, ους. (ζωολ.) θαλάσσιο ψάρι με σώμα μακρόστενο, θωρακικά πτερύγια μεγάλα που μοιάζουν με φτερά, που κολυμπά στην επιφάνεια του νερού και έχει την ικανότητα να «πετά» για μικρό χρονικό διάστημα έξω από αυτό.

χελοβίβαρο το, ους. (λαϊκ.), ιχθυοτροφείο όπου εκτρέφονται χέλια. [*χέλι + βιβάρι*].

χέλυο το, ους. (ασυνίζ.), το όστρακο της χελώνας (συνών. *χελώνιο*).

χελώνα η, ους. 1. αργοκίνητο φυτοφάγο ερπετό με σκληρό στρογγυλωπό όστρακο στη ράχη, το χέλυο, στο οποίο τραβά και κρύβει το κεφάλι και τα πόδια της για προφύλαξη: *~ θαλάσσια· το καβούκι της -ας· κινείται / πηγαίνει αργά σαν ~*. 2. (ηλεκτρολ.) *~ καλωδίου·* βλ. *κιβώτιο* σημασ. 5.

χελωνάκι το, ους. 1. μικρή χελώνα. 2. (λαϊκ., ιατρ.) χελώνια (βλ. λ.), χοιράδες.

χελώνη η, ους. (αρχ.) είδος πολιορκητικής μηχανής.

χελώνι το, ους. (ιατρ., λαϊκ., συνήθως στον πληθ.), εξόγκωση και σκλήρυνση των αδένων του λαιμού (συνών. *χοιράδες*).

χελωνιάρης, -α, -ικο, επίθ. (συνιζ., λαϊκ.), που πάσχει από χοιράδωση, από χελώνια.

χελώνιο το, ους. (ασυνίζ.), το όστρακο της χελώνας (συνών. *χέλυο*).

χελωνίσιος, -ια, -ιο, επίθ. (συνιζ.), που ανήκει ή αναφέρεται στη χελώνα: *κρέας / όστρακο -ιο*.

χελωνοκαύκαλο το, ους. (λαϊκ.), το όστρακο της χελώνας (συνών. *χελωνόστρακο, χέλυο, χελώνιο*).

χελωνόστρακο το, ους. (λαϊκ.), το όστρακο της χελώνας (συνών. *χελωνοκαύκαλο, χέλυο, χελώνιο*).

χεράκι το, ους. 1. (υποκοριστικά) χέρι (βλ. λ.): *τα -ια του μωρού·* φρ. *βάζω ένα ~* (= βοηθώ): *βάλε ένα ~ να ξεφορτώσουμε! του τα 'πα / 'ψαλα ένα ~* (= του μίλησα χωρίς ενδοιασμούς ή επιφυλάξεις, επιτιμητικά ή ελεγκτικά). 2. (παλαιότερα) είδος ρόπτρου. - Βλ. και *χέρι*.

χερακώνω, ρ. (λαϊκ.), χουφτιάζω, χουφτώνω.

χέρι το, ους. 1. καθένα από τα δύο άνω άκρα του ανθρώπου (και των ανθρωποειδών πιθήκων) που ξεκινά από τον ώμο και καταλήγει στα δάχτυλα: *-ια γυμνασμένα/στιβαρά· σταυρώνω/δένω τα -ια·* (ειδικά): *υψώνω τα -ια στο Θεό/στον ουρανό* (για προσευχή)· *σηκώνω (το) ~ στην τάξη/στο μάθημα* (για να απαντήσω σε ερώτηση του δασκάλου)· *σε ψηφοφορία·* (για να δηλωθεί και η αγκαλιά):

χέρι 1490

κρατούσε το μωρό στα -ια. **2.** (ειδικότερα) το τμήμα του χεριού από τον καρπό ως τις άκρες των δαχτύλων που αποτελεί για τον άνθρωπο το όργανο με το οποίο πιάνει και (μετα)χειρίζεται τα πράγματα: ~ *αριστερό/δεξί· με την ανάποδη του -ιού κράτησέ το με τα δυο -ια! πλύνε τα -ια σου!* (συνών. *παλάμη*)· (για να δηλωθεί ικανότητα, κατάσταση ή η ηλικία του ατόμου): *-ια επιδέξια/ροζιασμένα/τρεμάμενα·* (ειδικά): *οδηγώ κάποιον από το* ~*· γράφει με το αριστερό* ~ (= είναι αριστερόχειρας)· *φιλώ το* ~ (σε ένδειξη σεβασμού ή ευγένειας)· (μεταφ.) *-ια χρυσά/άγια·* (συνεκδοχικά για το δέρμα των χεριών): *-ια σκασμένα από το κρύο·* (για το δάχτυλα): *-ια φορτωμένα δαχτυλίδια.* **3α.** (συνεκδοχικά για να δηλωθεί το άτομο): *στα -ια της μεγάλωσε· βρίσκεται σε ξένα -ια· το έγγραφο πέρασε από πολλά -ια·* (σε φρ.): *να το δώσετε στα -ια του* (= στον ίδιο). **β.** (για να δηλωθεί το άτομο που εργάζεται κυρίως χειρωνακτικά, ο εργάτης): *οι βιομηχανίες έχουν ανάγκη από -ια· -ια εργατικά* (= οι εργάτες). **4.** (ως όργανο εργασίας ή ενέργειας και συνεκδοχικά η ίδια η ενέργεια ή το άτομο που ενεργεί): *δεν έχει άλλο από τα δυο του -ια· όλη αυτή η δουλειά πέρασε από τα -ια μου·* (για συγγραφική εργασία): *να γράψω την ιστορία του για ν' απομείνει απ' το* ~ *μου* (Κόντογλου)· έκφρ. *φτιαγμένο στο* ~ (χωρίς τη χρήση μηχανημάτων, χειροποίητο)· *γραμμένο με το* ~ (= χειρόγραφο)· (σε φρ.): *το έφτιαξα με τα -ια μου* (= εγώ ο ίδιος)· *μη μιλάς πάνω στο* ~ (την ώρα ακριβώς που κάνω κάτι)· *η νοσοκόμα/ο γιατρός έχει ελαφρύ* ~ (= δε σε κάνει να πονάς)· *έχει καλό* ~ (= κάνει κάτι με επιδεξιότητα). **5.** (ως μέσο επίδρασης ή επέμβασης): *το* ~ *του νόμου / Θεού / της Μοίρας·* (ευχετ.): *ο Θεός να βάλει το* ~ *Του!* **6.** (για να δηλωθεί κατοχή, κυριότητα): *με την πτώχευσή του το μαγαζί πέρασε σε άλλα -ια·* φρ. *αλλάζω -ια* (= περνώ σε άλλον κάτοχο)· *έχω στα -ια μου* (= κατέχω): *το γράμμα που έχεις στα -ια σου·* (συνεκδοχικά): *είμαστε πάντα στα -ια του ναυάρχου, φυλακωμένοι δικοί του* (Μπαστιάς). **7.** (για να δηλωθεί ευθύνη, διευθέτηση ή έλεγχος από κάποιον): *οι εκλογές βρίσκονται στα -ια του πρωθυπουργού· ξέφυγε η κατάσταση από τα -ια σας· να πάρει το καπτανιλίκι στα -ια του* (Μπαστιάς)· έκφρ. *από το Θεό και στα -ια σου!* (σε φρ.): *αφήνω το πράγμα στα -ια σου* (= σου το αναθέτω)· *παίρνω τη δουλειά / το ζήτημα στα -ια μου* (= το αναλαμβάνω). **8.** (για να δηλωθεί θέση ή κατεύθυνση): *προχωρώντας στο δεξί / αριστερό σου* ~ *θα δεις...* (= δεξιά / αριστερά). **9.** (μεταφ.) **α.** λαβή εργαλείου ή σκεύους· **β.** (γενικά) χερούλι (βλ. λ.). **10.** (για ενέργεια που επαναλαμβάνεται) δόση, φορά: *τα ρούχα χρειάζονται δυο -ια πλύσιμο για να καθαρίσουν· πέρασα ένα* ~ *μπογιά τον τοίχο·* (ειδικά): *του 'δωσε ένα* ~ *ξύλο· τον έβγαλε / πήγε πολλά -ια* (για ευκοιλιότητα). Έκφρ. *από πρώτο* ~ (= απευθείας): *πήρα τις πληροφορίες από πρώτο* ~*· από δεύτερο / τρίτο κ.ο.κ.* ~ (για έμμεση προέλευση, αγορά — δηλ. μεταχειρισμένο — ή δανεισμού, αντιγραφή ή αποτίμηση, κλπ.)· *από* ~ (= **α.** μεταχειρισμένος· **β.** είναι γεγονός ότι...): *είναι χαμένος από* ~*· από* ~ *σε* ~ (για μεταβίβαση πράγματος από άτομο σε άτομο): *η κασέτα κυκλοφόρησε από* ~ *σε* ~· (επιφωνηματικά): *γεια στα -ια σου!* (= έπαινος για την ετοιμασία εκλεκτών φαγώσιμων παρασκευασμάτων)· *κάτω τα -ια!* (με επιθετικό τόνο σε κάποιον για να μην αγγίξει κάτι ή να μην επέμβει σε κάτι)· *με το σταυρό στο* ~ */ στα -ια* (= με τίμιο τρόπο): *με το σταυρό στα -ια δε γίνεται κανείς πλούσιος· αυτός πάει με το σταυρό στο* ~*· με το* ~ *στην καρδιά* (= με ειλικρίνεια, με ευσυνειδησία)· ~ *(με)* ~ (= **α.** κρατώντας ο ένας το χέρι του άλλου: *προχωρούσαν πιασμένοι* ~ ~. **β.** για κάτι που γίνεται γρήγορα ή βιαστικά, για άμεση ανταλλαγή: *να το πάρεις* ~ ~ *το έγγραφο·* ~ ~ *έδιναν τους κουβάδες για να σβήσουν τη φωτιά·* *ψηλά τα -ια!* (απειλητική προσταγή οπλοφόρου ώστε οι παρευρισκόμενοι να σηκώσουν τα χέρια ψηλά). Φρ. *απλώνω (το)* ~ (= **α.** χειροδικώ· **β.** ζητώ χρήματα (δανεικά) από κάποιον)· *βάζω / δίνω ένα* ~ (= βοηθώ): Όποτε θέλανε να ρίξουνε στο γιαλό καμιά μεγάλη βάρκα, φωνάζανε το Ρόγκο να βάλει ένα ~ (Κόντογλου)· *βάζω κάποιον στο* ~ (= με απάτη κατορθώνω να αποσπάσω από κάποιον χρήματα που δε σκοπεύω να του τα επιστρέψω)· *βάζω το* ~ *μου κάπου* (= επεμβαίνω, ανακατεύομαι): *έχει βάλει το* ~ *του σ' αυτήν την υπόθεση· βάζω το* ~ *στην τσέπη* (= αποφασίζω να δώσω χρήματα για κάποιο σκοπό)· *βάζω* ~ (= **α.** χειροδικώ· **β.** παίρνω κρυφά: *έβαλε* ~ *στα λεφτά της μητέρας του·* **γ.** προβαίνω σε άσεμνες χειρονομίες)· *βρίσκω κάποιον του -ιού μου* (= τον κάνω ό,τι θέλω, τον καθιστώ υποχείριό μου)· *γλυτώνω από τα -ια κάποιου* (από άσκηση βίας ή εκμετάλλευσης)· *δένω τα -ια κάποιου* (= τον εμποδίζω να ενεργήσει): *μου 'δεσε τα -ια αυτή η βλάβη της μηχανής· δίνω το* ~ */ δίνομε τα -ια* (= **α.** επικυρώνουμε μια συμφωνία με χειραψία· **β.** δηλώνουμε συμφιλίωση)· *είναι / βρίσκεται σε καλά -ια* (= τον φροντίζουν)· *είναι στο* ~ *μου (να...)* (= από μένα εξαρτάται): *ήτανε στο* ~ *τους να με σκοτώσουν· είναι του -ιού μου* (= εύκολα τον κάνω ό,τι θέλω)· *έρχομαι / πηγαίνω (κάπου) με άδεια -ια* (= χωρίς να προσφέρω κάτι)· *έρχομαι / πιάνομαι στα -ια με κάποιον* (= συμπλέκομαι μαζί του)· *ήρθαν στα -ια και τους χώρισαν οι γείτονες· έχω βαρύ* ~ (= προκαλώ μεγάλο πόνο χτυπώντας κάποιον)· *έχω μακρύ* ~ (= συνηθίζω να κλέβω)· *έχω σφιχτό* ~ (= είμαι τσιγγούνης)· *έχω την καρδιά στο* ~ (= είμαι μεγαλόκαρδος, καλόκαρδος)· *έχω / παίρνω το πάνω* ~ (= έχω τον έλεγχο): *έχει το πάνω* ~ *στη διοίκηση του κόμματος·* (για άνδρα) *ζητώ το* ~ *μιας γυναίκας* (= ζητώ να την παντρευτώ)· *ζήτησε το* ~ *της από τους γονείς της· κάθομαι / μένω με σταυρωμένα -ια* (= μένω αδρανής)· *κόπηκαν τα -ια μου* (= κουράστηκαν πολύ, παρέλυσαν από κόπο)· *μου κόπηκαν τα -ια* (= δεν μπορούσα πια να κάνω τίποτε)· *μου κόβεις τα -ια* (= δε μου επιτρέπεις να κάνω τη δουλειά μου)· (απειλητικά): *θα σου κόψω τα -ια αν το πειράξεις!* (σε κατάρα): *να σου κοπούν τα -ια αν το κάνεις αυτό!* (για δήλωση αθωότητας): *να μου κοπεί το* ~ *αν το πήρα εγώ! λύνω τα -ια κάποιου* (= του δίνω ελευθερία ενεργειών)· *πέφτω στα -ια κάποιου* (= περιέρχομαι σε κατάσταση ώστε να υποστώ από κάποιον ανεπιθύμητη μεταχείριση): *αλίμονό του αν πέσει στα -ια αυτού του δικηγόρου!* (για πράγμα) *μου έπεσε στα -ια* (= το απέκτησα τυχαία)· *πιάνει το* ~ *μου / πιάνουν τα -ια μου* (= είμαι επιδέξιος, τα καταφέρνω σε χειρωνακτικές εργασίες)· (απειλητικά): *αν σε πιάσω στα -ια μου, θα σε μαυρίσω στο ξύλο! σηκώνω* ~ *σε κάποιον* (= του επιτίθεμαι, τον χτυπώ)· *σηκώνω*

/ σήκωσα τα -ια (= δηλώνω ότι αδυνατώ να εκτελέσω κάτι ή να βοηθήσω σε κάτι): *οι γιατροί σήκωσαν πια τα -ια· σηκώνω ψηλά τα -ια* (= βρίσκομαι σε αδιέξοδο)· *σταυρώνω τα -ια* (= α. μένω άπραγος· **β.** απογοητεύομαι)· *τον έχω δεξί μου* ~ *ή είναι το δεξί μου* ~ (= μου είναι απαραίτητος βοηθός)· *τον έχω / κρατώ στο* ~ (= έχω στοιχεία εναντίον του και επομένως τον εξουσιάζω)· *τον ψηφίζω και με τα δυο μου -ια* (= πολύ πρόθυμα)· *του 'φυγε μέσα από τα -ια* (= έχασε σίγουρη ευκαιρία)· *τραβώ* ~ (= αποσύρομαι)· *τρίβω τα -ια* (για να δηλωθεί υπερβολική χαρά ή ικανοποίηση). Παροιμ. *κάλλιο πέντε και στο ~ παρά δέκα και καρτέρει* (= καλύτερο το μικρότερο, αλλά σίγουρο κέρδος)· *το 'να ~ νίβει τ' άλλο και τα δυο το πρόσωπο* (= η αμοιβαία βοήθεια οδηγεί σε καλά αποτελέσματα)· *φιλώ το ~ που δεν μπορώ να δαγκώσω* (για αναγκαστική συμμαχία με τον αντίπαλο). - Υποκορ. **-άκι** το (βλ. ά.). - Μεγεθ. **-ούκλα** η.

χεριά η, ουσ. (συνιζ., λαϊκ.), η ποσότητα που χωρά η χούφτα: *μια ~ αλεύρι.*

χερικό το, ουσ. (λαϊκ.). 1. σεφτές (βλ. λ.): φρ. *κάνω ~.* 2. (γενικά) το να αρχίζει κανείς μια εργασία ή δραστηριότητα. 3. η τύχη που πιστεύεται ότι φέρνει κανείς όταν πρώτος αγοράζει ή επισκέπτεται, κλπ., κάτι: *~ καλό / κακό· έχεις γουρλίδικο ~.*

χεροβολιά η, ουσ. (συνιζ., λαϊκ.). 1. πιάσιμο με το χέρι. 2. χερόβολο (βλ. λ.).

χεροβολιάζω, ρ. (συνιζ., λαϊκ.). 1. πιάνω με το χέρι, αδράχνω. 2. φτιάχνω χερύβυλα (βλ. λ.), δεμάτια από στάχυα.

χερόβολο το, ουσ. (λαϊκ.). 1. η ποσότητα που χωράει στο χέρι: *πέταξε ένα ~ καλαμπόκι.* 2. (παλαιότερα) η ποσότητα από στάχυα ή άλλα σπαρτά που μπορεί να πιάσει με το χέρι του ο θεριστής.

χεροδύναμος, -η, -ο και (λογιότερο) **χειροδύναμος**, επίθ., που έχει πολύ μεγάλη δύναμη στα χέρια: *κωπηλάτης ~· ήτανε σαν θεριά -οι, πλαταράδες* (Κόντογλου).

χεροκάμωτος, -η, -ο, επίθ. (λαϊκ.), φτιαγμένος στο χέρι (συνών. *χειροποίητος*).

χεροκρατιούμαι, ρ. (συνιζ., λαϊκ.), πιάνομαι με κάποιον άλλο χέρι με χέρι.

χερομάχος ο, θυσ. (λαϊκ., λογοτ.) χειρώνακτας (βλ. λ.): *μάζευε ... κρυφά τους μεροκαματιάρηδες και τους -ους* (Λειβαδίτης).

χερόμυλος, βλ. *χειρόμυλος.*

χεροπιασμένος, -η, -ο, επίθ. (συνιζ.), πιασμένος από το χέρι τρίτου: *στη σκιά -ες* (Σολωμός).

χεροπιαστός, βλ. *χειροπιαστός.*

χεροπόδαρα, επίρρ. (λαϊκ.), στη φρ. *τον δέσανε ~* (= 1. από τα χέρια και τα πόδια μαζί. 2. (μεταφ.) πολύ δεσμευτικά): *με τη συμφωνία που μας ανάγκασαν να υπογράψουμε μας έδεσαν ~.*

χεροπρίονο, βλ. *χειροπρίονο.*

χεροσφίξιμο το, ουσ. (λαϊκ.), σφίξιμο των χεριών, χειραψία: *~ εγκάρδιο.*

χερουβείμ τα, ουσ. άκλ. (θρησκ.) τάγμα αγγέλων που μετά την πτώση των πρωτοπλάστων φρουρούν τον παράδεισο και που συχνά στην Παλαιά Διαθήκη αναφέρεται ότι βρίσκονται κοντά στο θρόνο του Θεού. [εβρ. *kerūbīm*].

χερουβικό το, ουσ. (εκκλ.) ο ύμνος που ψάλλεται κατά τη μεγάλη Είσοδο της θείας λειτουργίας και αρχίζει με την φράση «Οι τα χερουβείμ μυστικώς εικονίζοντες...»: *ψέλνουνε αργά και με το μέλος το ~* (Κόντογλου)· φρ. *πήρε ψηλά το ~* (= αλαζονεύεται).

χερουβικός, -ή, -ό, επίθ., που ανήκει ή αναφέρεται στα χερουβείμ: *ξανθά / -ά κεφάλια* (Παλαμάς)· *~ ύμνος* (= χερουβικό, βλ. λ.).

χερούκλα, βλ. *χέρι.*

χερούλι το, ουσ., η λαβή από την οποία πιάνομε ένα εργαλείο, σκεύος ή άλλο αντικείμενο: *~ πόρτας · ~ μετάλλινο / στριφτό.*

χερσάδα η, ουσ. (λαϊκ.), μικρή χέρσα έκταση σε καλλιεργημένο χωράφι.

χερσαίος, -α, -ο, επίθ., που ζει, βρίσκεται, δρα ή συμβαίνει στην ξηρά: *ζώα -α· -α τμήματα στρατού· μεταφορές / στρατιωτικές επιχειρήσεις -ες* (αντ. *θαλάσσιος*).

χερσόνησος η, ουσ., μακρόστενο τμήμα της ξηράς που εισχωρεί στη θάλασσα.

χέρσος, -α, -ο, επίθ., άγονος (βλ. λ.): *χωράφι -ο· περιοχή -α* (αντ. *γόνιμος*).

χερσότοπος ο, ουσ., τόπος χέρσος, ακαλλιέργητος.

χέρσωμα το, ουσ., το να καθίσταται ένα μέρος χέρσο (συνών. *χέρσωση*).

χερσώνω, ρ., καθιστώ ένα μέρος χέρσο, άγονο: *ξεσπέρμεψέ το, -ωσε το περιβόλι, κόφ' το* (Παλαμάς).

χέρσωση η, ουσ., χέρσωμα (βλ. λ.).

χέσιμο το, ουσ. (λαϊκ.). 1. η ενέργεια του χέζω (συνών. *κένωση, αποπάτηση*). 2. (μεταφ.) χυδαίο βρίσιμο: *του τράβηξε ένα ~.*

χέστης υ, θηλ. **χέστρα** και **χεσού** η, ουσ. 1. αυτός που αποπατεί συχνά ή «τα κάνει» επάνω του. 2. (μεταφ.) άνθρωπος δειλός, φοβιτσιάρης: *δεν τολμά να ξεμυτίσει ο ~!· κυνηγούσε τους ανυπότακτους και τους -ηδες* (Μπαστιάς).

χηβάδα, βλ. *αχηβάδα.*

χηλή, η, ουσ. 1. η οπλή του αλόγου. 2. το σχισμένο στα δύο νύχι ορισμένων ζώων, όπως των προβάτων, βοοειδών, κλπ. 3. δαγκάνα (βλ. λ. σημασ. 1). 4. (γεωλ.) χαμηλή προεξοχή γης του εισχωρεί στη θάλασσα: *~ τεχνητή / φυσική / στενή.*

χημεία η, ουσ., επιστήμη που μελετά τη φύση και τις ιδιότητες των σωμάτων, τις μεταξύ τους επιδράσεις και τις συνθέσεις τους, καθώς και το αντίστοιχο μάθημα που διδάσκεται στα σχολεία: *~ τροφίμων* = κλάδος της χημείας που ασχολείται με τη μελέτη της σύστασης, της παρασκευής και των ιδιοτήτων των τροφίμων.

χημείο το, ουσ. 1. εργαστήριο χημείας· *γενικό ~ του κράτους* = τεχνική δημόσια υπηρεσία που απασχολεί επιστήμονες χημικούς και ασχολείται με χημικά, τεχνικά, φορολογικά, βιομηχανικά και ερευνητικά προβλήματα που αφορούν χημικές ουσίες. 2. πανεπιστημιακό ίδρυμα όπου διδάσκεται η χημεία.

χημειοθεραπεία η, ουσ. (ασυνίζ.), θεραπευτική μέθοδος νόσων και λοιμώξεων κατά την οποία χρησιμοποιούνται τα δεδομένα της βιοχημείας και της φυσιολογίας με σκοπό να επιτευχθούν θεραπευτικά αποτελέσματα με ταυτόχρονη αποφυγή παρενέργειας.

χημειοθεραπευτικός, -ή, -ό, επίθ., που σχετίζεται με τη θεραπευτική με χημικές ουσίες. - Το θηλ. ως ουσ. = *χημειοθεραπεια* (βλ. λ.).

χημικοθεραπεία η, ουσ., χημειοθεραπεία (βλ. λ.).

χημικός, -ή, -ό, επίθ., που ανήκει ή αναφέρεται στη χημεία: *ανάλυση / αντίδραση -ή· τύποι -οί* (= διε-

χημικοφυσικός

θνείς συμβολισμοί που έχουν καθιερωθεί για την παράσταση των μορίων των στοιχείων και των χημικών ενώσεων)· *χάρτης* ~ (= καρμπόν)· *πόλεμος* ~ (= πόλεμος κατά τον οποίο χρησιμοποιούνται χημικά όπλα)· *όπλα -ά* (= όπλα που χρησιμοποιούν δηλητηριώδη αέρια για την εξόντωση των αντιπάλων). - Το αρσ. ως ουσ. (ο και η) = επιστήμονας που μελετά τη δομή, τη σύνθεση, τις ιδιότητες και τους μετασχηματισμούς της ζώσας και ανόργανης ύλης: ~ *μηχανικός* = επιστήμονας που ελέγχει και παρακολουθεί τη διαδικασία παραγωγής ενός προϊόντος και είναι υπεύθυνος για το σχεδιασμό, την τοποθέτηση και τη λειτουργία εγκαταστάσεων στη χημική βιομηχανία.

χημικοφυσικός, -ή, -ό, επίθ., που αναφέρεται συγχρόνως στη χημεία και τη φυσική (συνών. *φυσικοχημικός*).

χήνα η, ουσ., μεγαλόσωμο πτηνό που πλέει στο νερό και έχει πλατύ ράμφος, λαιμό μακρύ και πόδια με μεμβράνες ανάμεσα στα δάχτυλα. - Υποκορ. **-άρι** το, **-άκι** και **χηνόπουλο**.

χηνοβοσκός ο, ουσ., άτομο που βόσκει χήνες.

χηνόπουλο, βλ. *χήνα*.

χηνοτροφείο το, ουσ., τόπος όπου εκτρέφονται χήνες.

χηνοτρόφος ο, ουσ., άτομο που εκτρέφει χήνες.

χήρα η, ουσ., γυναίκα που παραμένει άγαμη μετά το θάνατο του συζύγου της· παροιμ. *κλαίνε οι -ες, κλαίνε και οι παντρεμένες* (για άτομα που παράλογα παραπονούνται).

χηρεία και (συνιζ.) **χηρειά** η, ουσ. 1. το να είναι κανείς χήρος ή χήρα. 2. (για αξίωμα, θέση, κλπ.) όταν ο κάτοχός τους πεθαίνει, παραιτείται ή απολύεται και η θέση του παραμένει κενή ωσότου έρθει ο διάδοχός του.

χηρεμός ο, ουσ. (λαϊκ.), χηρεία (βλ. λ. σημασ. 1).

χηρευάμενος, -η, επίθ., που είναι χήρος (βλ. λ.).

χηρεύω, ρ. 1. χάνω τον άντρα μου ή τη γυναίκα μου: *-εψε μικρή*. 2. (μεταφ.) (για αξίωμα, θέση, κλπ.) παραμένω κενός: *-εψε μια θέση συμβολαιογράφου*.

χήρος ο, ουσ., άντρας που παραμένει άγαμος μετά το θάνατο της συζύγου του.

χήτη η, ουσ. (λαϊκ., λογοτ.), χαίτη (βλ. λ.).

χθες, χτες και **εχθές,** επίρρ. 1. την προηγούμενη ακριβώς μέρα από τη σημερινή: *γυρίσαμε ~ το βράδι* (αντ. *αύριο*). 2. (συνεκδοχικά) πριν από λίγες μέρες, πρόσφατα· έκφρ. *~ προχθές* (= αόριστα, πριν από λίγες μέρες). - Με το άρθρο του ουδ. ως ουσ. = η χτεσινή μέρα.

χθεσινοβραδινός, -ή, -ό και **χτε-,** επίθ., που αναφέρεται στο βράδι της χτεσινής μέρας: *νέα -ά*.

χθεσινομεσημεριανός, -ή, -ό, (συνίζ.) και **χτε-,** επίθ., που σχετίζεται με το χτεσινό μεσημέρι.

χθεσινός, -ή, -ό και **χτεσινός,** επίθ., που σχετίζεται με το χθες: *παράσταση -ή· ψωμί -ό·* (μεταφ.) *παιδί -ό* (= άτομο μικρής ηλικίας).

χθόνιος, -α, -ο, επίθ. (λόγ., ασυνίζ.), που βρίσκεται κάτω από τη γη: *θεότητα -α* (= του κάτω κόσμου).

χι και **χει,** άκλ., το εικοστό δεύτερο γράμμα του ελληνικού αλφαβήτου, ένα από τα σύμφωνα της ελληνικής γλώσσας. - Βλ. και *χ, Χ*.

χιαστί, επίρρ. (ασυνίζ.), σε σχήμα Χ, σταυρωτά: *τοποθέτηση σανίδων* ~.

χιαστός, -ή, -ό, επίθ. (ασυνίζ.), που έχει σχήμα Χ, σταυρωτός· (συντακτ.) *σχήμα -ό* = σχήμα λόγου κατά το οποίο δύο λέξεις ή φράσεις που αναφέρο-

νται σε προηγούμενες έχουν αντίστροφη σειρά με αυτές (π.χ. *από το πρωί ως το βράδι και από το βράδι ως το πρωί*).

χιλιάδα η, ουσ. (συνιζ.). 1. ποσότητα από χίλιες ομοειδείς μονάδες που αποτελούν ένα σύνολο, ο αριθμός χίλια: *τρεις -ες αυτοκίνητα*. 2. (γενικά στον πληθ.) μεγάλος αριθμός, αμέτρητοι: *πετούσαν στον ουρανό -ες πουλιά*.

χιλιάζω, ρ. (συνιζ.), αυξάνω ή αποκτώ κάτι ώσπου να φτάσω τον αριθμό χίλια: ~ *τα γραμματόσημα της συλλογής μου·* (συνήθως για ηλικία στην ευχή) *να τα -εις* (= να ζήσεις πολλά χρόνια).

χιλιάκριβος, -η, -ο, επίθ. (συνιζ.), που είναι πάρα πολύ αγαπητός.

Χιλιανός ο, θηλ. **-ή,** ουσ. (ασυνίζ.), άτομο που κατοικεί στη Χιλή ή κατάγεται από εκεί.

χιλιαπλάσιος, -α, -ο, επίθ. (ασυνίζ. δις), που είναι χίλιες φορές μεγαλύτερος ή περισσότερος.

χιλιάρα η, ουσ. (συνιζ.) 1. (παλαιότερα) μπουκάλι που χωρεί χίλια δράμια. 2. (λαϊκ., για μηχανή) που έχει ιπποδύναμη χιλίων κυβικών.

χιλιάρικο το, ουσ. (συνιζ.), χαρτονόμισμα χιλίων δραχμών.

χιλιαρχία η, ουσ. (ασυνίζ.). 1. (ιστ.) το αξίωμα του χιλιάρχου. 2. (ιστ.) σώμα στρατιωτικό αποτελούμενο από χίλια άτομα.

χιλίαρχος ο, ουσ. (ιστ.) διοικητής χιλιαρχίας: *Ρωμαίος* ~.

χιλιασμός ο, ουσ. (ασυνίζ.), χριστιανική αίρεση κατά την οποία ο Χριστός θα βασιλεύσει στη γη χίλια χρόνια και μετά θ' ακολουθήσει η δευτέρα παρουσία.

χιλιαστής ο, ουσ. (ασυνίζ.), οπαδός του χιλιασμού.

χιλιετηρίδα η, ουσ. (ασυνίζ., αρχαϊστ.). 1. χιλιετία (βλ. λ.). 2. χιλιοστή επέτειος σημαντικού γεγονότος και οι σχετικές γιορταστικές εκδηλώσεις.

χιλιετής, -ής, -ές, γεν. **-ούς,** πληθ. αρσ. και θηλ. **-είς,** ουδ. **-ή,** επίθ. (λόγ., ασυνίζ.), που διαρκεί χίλια χρόνια.

χιλιετία η, ουσ. (ασυνίζ.), χρονική περίοδος χιλίων χρόνων (συνών. *χιλιετηρίδα* στη σημασ. 1).

χιλιο-, α΄ συνθ. που επιτείνει τη σημασ. του β΄ (= σε μεγάλο βαθμό ή πολλές φορές), π.χ. *χιλιοειπωμένος, χιλιομπαλωμένος,* ή δηλώνει την έννοια του «χίλια», π.χ. *χιλιόμετρο*.

χιλιόγραμμο το, ουσ. (ασυνίζ., λόγ.), μονάδα μέτρησης μάζας ίση με χίλια γραμμάρια (συνών. *κιλό*). [γάλλ. *kilogramme*].

χιλιογραμμόμετρο το, ουσ. (ασυνίζ.), μονάδα μέτρησης έργου ή ενέργειας ίση με το έργο που παράγεται από δύναμη ενός χιλιόγραμμου, της οποίας το υλικό σημείο εφαρμογής μετατοπίζεται κατά ένα μέτρο κατά τη διεύθυνση της δύναμης.

χιλιόδραχμο το, ουσ. (ασυνίζ.), χιλιάρικο (βλ. λ.).

χιλιοειπωμένος, -η, -ο, επίθ. (συνιζ.), που έχει ειπωθεί πάρα πολλές φορές: *φράση -η*.

χιλιοευχαριστώ, ρ., ευχαριστώ ιδιαίτερα θερμά.

χίλιοι, -ες, -α, αριθμ. (συνιζ.). 1α. ο αριθμός που αποτελείται από δέκα εκατοντάδες (1000): *-α κιλά / άτομα.* β. (για να δηλωθεί μεγάλος αριθμός ή επανάληψη της ίδιας ενέργειας πολλές φορές, κατά υπερβολή): *-α ευχαριστώ! -ες φορές σου το είπα!* 2. (για χρονολογία, το ουδ. με το άρθρο) το χιλιοστό έτος: *το 1000 π.Χ.* Έκφρ. *-α δυο* (= ένα σωρό, πάρα πολλά): *θα 'χεις να μας λες -α δυο για τα όσα είδες·* (επί) *τοις -ίοις ή στα -α* (για να δηλωθεί το ποσοστό σε χίλιες μονάδες που προστίθεται ή αφαιρείται ανάλογα με την περίπτωση): *πιθανότητες επιτυχίας ένα τοις -ίοις.*

χιλιομέτρηση η, ουσ. (ασυνίζ.), μέτρηση μήκους δρόμου σε χιλιόμετρα.

χιλιομετρικός, -ή, -ό, επίθ. (ασυνίζ.), που υπολογίζεται σε χιλιόμετρα: *απόσταση -ή.*

χιλιόμετρο το, ουσ. (ασυνίζ.), μονάδα μήκους που ισοδυναμεί με χίλια μέτρα· έκφρ. *όρθιο ~* (σκωπτ. για πολύ ψηλό άνθρωπο).

χιλιομετροδείκτης ο, ουσ. (ασυνίζ.), σήμα στο πλάι μεγάλης οδικής αρτηρίας που δείχνει το τέλος κάθε χιλιομέτρου.

χιλιοπαρακαλώ, ρ. (συνιζ.), θερμοπαρακαλώ, ικετεύω.

χιλιοστημόριο το, ουσ. (ασυνίζ., λόγ.). α. χιλιοστό· β. (συνεκδοχικά) μηδαμινή ποσότητα.

χιλιοστό το, ουσ. (ασυνίζ.). 1. καθένα από τα χίλια ίσα μέρη στα οποία διαιρείται ένα ποσό ή ένα μέγεθος. 2. χιλιοστόμετρο (βλ. λ.): *πυροβόλο 180 -ών.*

χιλιοστόγραμμο το, ουσ. (ασυνίζ.), μονάδα μέτρησης βάρους και μάζας ίση με το ένα χιλιοστό του γραμμαρίου.

χιλιοστόλιτρο το, ουσ. (ασυνίζ.), μονάδα μέτρησης όγκου υγρών και αερίων ίση με το ένα χιλιοστό του λίτρου.

χιλιοστόμετρο το, ουσ. (ασυνίζ.), μονάδα μήκους ίση με το ένα χιλιοστό του μέτρου (συνών. *χιλιοστό*).

χιλιοστός, -ή, -ό, επίθ. (ασυνίζ.), που κατέχει σε σειρά ή τάξη τον αριθμό χίλια· *τον διόρθωσα για -ή φορά* (= πολλοστή).

χιλιοτραγουδημένος, -η, -ο και **-ισμένος**, επίθ. (συνιζ.), για κάποιον ή κάτι που το(ν) έχουν τραγουδήσει, το(ν) έχουν υμνήσει πάρα πολλοί: *κατορθώματα -α.*

χιλιοφορεμένος, -η, -ο, επίθ. (συνιζ., λαϊκ.), για ρούχο που κάποιος το έχει φορέσει πάρα πολλές φορές, είναι παλιό και φθαρμένο.

χιλιοχρονίτικος, -η, -ο, επίθ. (συνιζ., λαϊκ.), που έχει ηλικία χιλίων, δηλ. πάρα πολλών χρόνων.

χιλιόχρονος, -η, -ο, επίθ. (συνιζ.), που έχει διάρκεια ή ηλικία χιλίων ετών: *-η ιστορία του Βυζαντίου· έλατο -ο* (= γέρικο, αιωνόβιο).

χίμαιρα η, ουσ., ελπίδα ή πόθος που είναι πολύ απίθανο να εκπληρωθεί, σχέδιο που δεν είναι πραγματοποιήσιμο, ιδέα για κάτι ή αίσθηση που δεν είναι βασισμένη στην πραγματικότητα: *~ νεανική· κυνηγώ -ες* (συνών. *ουτοπία, φαντασιοπληξία*).

χιμαιρικός, -ή, -ό, επίθ., που ανήκει ή αναφέρεται σε χίμαιρα: *επιδιώξεις -ές* (συνών. *ανέφικτος, ουτοπιστικός, ρομαντικός*). - Επίρρ. **-ά**.

χιμαιροκυνηγός ο, ουσ. (λογοτ.), αυτός που επιδιώκει κάτι απραγματοποίητο, που τρέφει μάταιες ελπίδες: *είμαι ... ~ ... που άραξε στην Αθήνα ..., για να κάμει την τύχη του με τέσσερα μάρκα* (Ι. Μ. Παναγιωτόπουλος).

χιμπαντζής και **χιμπατζής** (έρρ.) ο, ουσ. α. (ζωολ.) μεγαλόσωμος ανθρωποειδής πίθηκος της τροπικής Αφρικής με μαύρο ή καφέ τρίχωμα, μεγάλα αφτιά και αναπτυγμένη νοημοσύνη: *κάνει γκριμάτσες σα ~·* β. (σκωπτ.) για άσχημο άνθρωπο. [από γλώσσα της δυτικής Αφρικής· πβ. αγγλ. *chimbanzee*].

χιμώ, βλ. *χυμώ.*

χινοπωριάτικος, -η, -ο, επίθ. (συνιζ., λαϊκ.), φθινοπωρινός: *απομεσήμερο -ο.*

χινόπωρο το, ουσ. (λαϊκ.), φθινόπωρο. [φθινόπωρο, με παρετυμ. επίδραση του ρ. *χύνω* ή του ουσ. *χειμώνας*].

χίντερλαντ η, ουσ. άκλ. (προφ. *ν-τ*), (διεθνές δίκ.) ενδοχώρα (βλ. λ.)· (ειδικά) όρος που δήλωνε το 19. αι. όσα εδάφη βρίσκονταν στο εσωτερικό μιας παραλιακής περιοχής, κυρίως αφρικανικής, που την κατείχε ευρωπαϊκή αποικιακή χώρα, πάνω στα οποία μπορούσε αυτή να έχει το αποκλειστικό δικαίωμα κυριαρχίας. [γερμ. *Hinterland*].

χιονάκι, βλ. *χιόνι.*

χιονάνθρωπος και **-άθρωπος** ο, ουσ. (συνιζ.), ψηλός σωρός από χιόνι που θυμίζει στο σχήμα και τη μορφή έναν άνθρωπο και τον φτιάχνουν συνήθως τα παιδιά: *έβαλαν στο -ο ένα καρότο για μύτη· από το κρύο κόντεψα να γίνω ~!*

χιονάτος, -η, -ο, επίθ. (συνιζ.), λευκός σαν χιόνι, κάτασπρος: *σεντόνια -α.*

χιονένιος, -ια, -ιο, επίθ. (συνιζ. δις), κατασκευασμένος από χιόνι: *μπάλα -ια.*

χιόνι το, ουσ. (συνιζ.), (μετεωρ.) φαινόμενο κατά το οποίο οι υδρατμοί της ατμόσφαιρας παγώνουν αργά και μεταβάλλονται σε λεπτότατους κρυστάλλους, που συνενώνονται και αποτελούν τις άσπρες ελαφρές νιφάδες που πέφτουν στη γη· (κοιν.) το σύνολο των νιφάδων που πέφτουν ή το στρώμα που έχουν δημιουργήσει στη γη: *τον περασμένο χειμώνα είχαμε πολλά -ια· πέφτει πυκνό ~· ~ παγωμένο / λειωμένο· άσπρος σα ~·* (μεταφ.) *η τηλεόραση έχει ~* (= η εικόνα δεν είναι καθαρή από άπειρες λευκές κουκκίδες που διαρκώς τρεμοπαίζουν)· έκφρ. *σαν τα -ια* (προς κάποιον που έρχεται απρόσκλητος ύστερα από πολύν καιρό, είναι όμως καλοδεχούμενος)· παροιμ. φρ. *μαθημένα τα βουνά από τα -ια*, βλ. *βουνό.* - Υποκορ. **-άκι** το. [αρχ. *χιών*].

χιονιά η, ουσ. (συνιζ.). 1. κακοκαιρία με χιόνι: *αντίς με το έμπα του Νοέμβρη ν' αρχίσουνε οι -ιές, ο καιρός στάθηκε γλυκός* (Μπαστιάς) (συνών. *χιονιάς*). 2. χιονόμπαλα και βολή μ' αυτήν: *τα παιδιά παίζουν τις -ιές.*

χιονιάς ο, ουσ. (συνιζ.), κακοκαιρία με χιόνι (συνών. *χιονιά*)· *χιονοθύελλα: Ο ~ βογγούσε απόξω σα να 'θελε να ρίξει κάτω τα βράχια* (Κόντογλου).

χιονίζει, ρ. (συνιζ.), (απρόσ.) πέφτει χιόνι: *είχε -σει αποβραδίς και το 'στρωσε·* (ιδιωμ., τριτοπρόσ.) *Βρέχουν, -ουν να βουνά, -ουν βαρύ χειμώνα* (δημ. τραγ.). - Η μτχ. παρκ. *-ισμένος* ως επίθ. = σκεπασμένος με χιόνι: *βουνό / τοπίο -ισμένο.*

χιόνινος, -η, -ο, επίθ. (συνιζ.). 1. κάτασπρος. 2. χιονένιος (βλ. λ.).

χιόνισμα το, ουσ. (συνιζ.), (σπανίως) το να χιονίζει, χιόνι.

χιονιστής ο, ουσ. (συνιζ., λαϊκ.). α. χιονιάς (βλ. λ.)· β. ψυχρός άνεμος από χιονισμένα ψηλά μέρη.

χιονίστρα η, ουσ. (συνιζ.), (συνήθως στον πληθ.) βλάβη του δέρματος στα δάχτυλα, τα αφτιά ή τη μύτη από παρατεινόμενη επίδραση παγωμένου υγρού, που εκδηλώνεται αρχικά σαν πρήξιμο και κοκκινίλα με φαγούρα και πόνο, ενώ μπορεί να εξελιχτεί σε φουσκάλες και πληγές (συνών. *κρυοπαγήματα*).

χιονόβροχο το, ουσ. (συνιζ., λαϊκ.), χιονόνερο (βλ. λ.).

χιονοδρομία η, ουσ. (ασυνίζ.), το να κινείται κανείς πάνω σε πυκνό χιόνι φορώντας χιονοπέδιλα (βλ. λ.) και χρησιμοποιώντας δύο μακριά ραβδιά για να ωθεί τον εαυτό του προς τα εμπρός (ως άθλημα ή δραστηριότητα αναψυχής): *-ες θεαματικές* (συνών. *σκι*).

χιονοδρομικός, -ή, -ό, επίθ. (ασυνίζ.), που ανήκει ή αναφέρεται στη χιονοδρομία: *εξοπλισμός ~· αγώνες -οί· κέντρο -ό.*

χιονοδρόμιο το, ουσ. (ασυνίζ. δις), τόπος κατάλληλος για χιονοδρομίες, χιονοδρομικό κέντρο.

χιονοδρόμος ο, ουσ. (ασυνίζ.), αυτός που ασχολείται με τη χιονοδρομία, είναι έμπειρος σ' αυτήν: *μονάδες -ων του στρατού* (συνών. *σκιέρ*).

χιονοθύελλα η, ουσ. (ασυνίζ.), σφοδρός άνεμος με χιόνι.

χιονόλευκος, -η, -ο, επίθ. (συνιζ.), άσπρος σαν χιόνι, κάτασπρος: *μαντήλι -ο* (συνών. *χιονάτος*).

χιονόμετρο το, ουσ. (ασυνίζ.), (μετεωρ.) όργανο για τη μέτρηση του χιονιού που πέφτει σε μια περιοχή.

χιονόμπαλα η, ουσ. (συνιζ., όχι έρρ.), μικρή μπάλα από χιόνι που τη φτιάχνει κανείς όταν παίζει χιονοπόλεμο (βλ. λ.): *~ σφιχτή.*

χιονόνερο το, ουσ. (συνιζ.), χιόνι που πέφτει μισολειωμένο σαν βροχή με αραιές και χοντρές σταγόνες: *το ~ να βελονιάζει τα νύχια* (Σούκας) (συνών. *νερόχιονο, χιονόβροχο*).

χιονοπέδιλο το, ουσ. (συνιζ.), σκι (βλ. λ. στη σημασ. 1).

χιονοπόλεμος ο, ουσ. (συνιζ.), παιγνίδι με χιονόμπαλες που τις πετά ο ένας στον άλλο προσπαθώντας να τον χτυπήσει: *τα παιδιά άρχισαν το -ο.*

χιονόπτωση η, πληθ. *-ώσεις,* ουσ. (ασυνίζ. και συνιζ.), (μετεωρ.) το να χιονίζει: *προβλέπονται -ώσεις στα ορεινά.*

χιονοστιβάδα η, ουσ. (ασυνίζ.). α. ογκώδες και πυκνό στρώμα χιονιού που γλιστρά και κατεβαίνει με ταχύτητα σε μια βουνοπλαγιά παρασύροντας ό,τι βρεθεί στην πορεία του: *~ καταστρεπτική / ξαφνική·* β. (μεταφ.) για εξελίξεις, αλλαγές σε μια κατάσταση, για κλιμάκωση γεγονότων με πολύ γρήγορο ή ανεξέλεγκτο ρυθμό: *το θέμα έγινε ~· ανακατατάξεις με ταχύτητα -ας.*

χιονοστρόβιλος ο, ουσ. (ασυνίζ., λόγ.), χιονοθύελλα που κάνει το χιόνι να στροβιλίζεται.

Χίος, βλ. **Χιώτης.**

χιούμορ το, ουσ. άκλ. (συνιζ.), διάθεση του πνεύματος να παρουσιάζει με εξυπνάδα, ευγένεια και χάρη καταστάσεις ή πρόσωπα κατά τρόπο που να προβάλλονται οι αστείες, κωμικές ή και γελοίες απόψεις της ζωής: *~ δηκτικό· έχει ~· καταλαβαίνει από ~·* έκφρ. *μαύρο ~* (= το χιούμορ που με σκληρότητα υπογραμμίζει το παράλογο των πραγμάτων του κόσμου). [αγγλ. *humour*].

χιουμορίστας ο, ουσ. (συνιζ.), πρόσωπο, ιδίως συγγραφέας ή από το χώρο του θεάματος, που συνηθίζει πνευματώδεις αστεϊσμούς, που έχει χιούμορ στα κείμενα ή τα λόγια του (πβ. *ευθυμογράφος*). [γαλλ. *humoriste*].

χιουμοριστικός, -ή, -ό, επίθ. (συνιζ.), που αναφέρεται στο χιούμορ ή χαρακτηρίζεται από αυτό: *διάθεση / επιθεώρηση -ή.*

χίπης ο, πληθ. *-ηδες* ή (άκλ.) *-πις,* θηλ. **-ισσα,** ουσ. (ιστ.) άτομο συνήθως νεαρό που, ιδιαιτέρως στις Η.Π.Α. και κατά τις δεκαετίες του '60 και του '70, απέρριπτε εμπράκτως τις κοινωνικές και πολιτιστικές αξίες της καταναλωτικής κοινωνίας (ενδυματολογικές συνήθειες και τρόπο ζωής, επι-

δίωξη κοινωνικής προβολής και πλούτου, τεχνολογική και βιομηχανική ανάπτυξη): *κοινόβιο -πις στην Καλιφόρνια.* [αγγλ. *hippie*].

χίπικος, -η, -ο, επίθ., που ανήκει ή αναφέρεται στους χίπηδες: *ντύσιμο -ο· ζωή -η.*

χίπισσα, βλ. *χίπης.*

χιπισμός ο, ουσ., το κίνημα των χίπηδων.

χιτλερικός, -ή, -ό, επίθ., που ανήκει ή αναφέρεται στο Χίτλερ ή το χιτλερισμό: *νεολαία -ή· καθεστώς -ό* (συνών. *εθνικοσοσιαλιστικός, ναζιστικός*). - Το αρσ. και το θηλ. ως ουσ. = οπαδός του Χίτλερ ή της χιτλερικής ιδεολογίας (συνών. *εθνικοσοσιαλιστής, ναζιστής*).

χιτλερισμός ο, ουσ., το σύνολο των πολιτικών αρχών του Χίτλερ και των οπαδών του και το δικτατορικό καθεστώς που είχαν αυτοί επιβάλει: *σύμβολο του -ού ήταν ο αγκυλωτός σταυρός* (συνών. *εθνικοσοσιαλισμός, ναζισμός*).

χιτώνας ο, ουσ. 1. (στην αρχαιότητα) ανδρικό ένδυμα στενό και μακρύ ως τους αστραγάλους ή ως τα γόνατα, χωρίς ζώνη και με μανίκια ή χωρίς, που το φορούσαν κατάσαρκα: *~ ιωνικός / δωρικός / ρωμαϊκός.* 2. (μεταφ.) περίβλημα οργάνων του σώματος: *αμφιβληστροειδής / ινώδης ~.*

χιτώνιο το, ουσ. (ασυνίζ.), σακάκι στρατιωτικής στολής (συνών. *αμπέχονο*).

Χιώτης και **Χίος** ο, θηλ. **Χιώτισσα,** ουσ. (συνιζ.), αυτός που κατάγεται από τη Χίο ή κατοικεί σ' αυτήν: *πάνε δυο δυο σαν τους -ες.*

χιώτικος, -η, -ο, επίθ. (συνιζ.), που ανήκει ή αναφέρεται στη Χίο ή τους Χιώτες: *γιασεμί / γλυκό -ο.* - Επίρρ. **-α:** *την έπαθε -α* (για μεγάλο πάθημα, μεγάλη γκάφα).

Χιώτισσα, βλ. *Χιώτης.*

χλαίνη και **χλαίνα** η, ουσ., παλτό στρατιωτικής στολής.

χλαλοή η, ουσ. (λαϊκ.), οχλαγωγία (βλ. λ.): *βρέθηκε ξαφνικά σε μια φοβερή ~.* [*οχλαγωγή*]

χλαμύδα η, ουσ. (ιστ.), κοντό τριγωνικό ένδυμα των αρχαίων που οι δύο άκρες του ενώνονται με πόρπη πάνω από το δεξιό ώμο.

χλαπακιάζω (συνιζ.) και **χλαπακίζω,** ρ., τρώγω λαίμαργα (συνών. *καταβροχθίζω*).

χλαπαταγή η, ουσ., οχλοβοή (βλ. λ.): *κατελάγιασε η ~* (συνών. *χλαλοή*). [*όχλος + πάταγος*]

χλαπάτσα, βλ. *κλαπάτσα.*

χλεμπάγια, βλ. *πλέμπα.*

χλεμπόνα η, ουσ. (έρρ., λαϊκ.). 1. πολύ ώριμο και κιτρινωπό αγγούρι. 2. (μεταφ.) γυναίκα κιτρινιάρα. [ετυμ. αβέβαιη].

χλεμπονιάρης, -α, -ικο, επίθ. (έρρ., συνιζ., λαϊκ.), ασθενικός, καχεκτικός: *παιδί -ικο.*

χλευάζω, ρ., κοροϊδεύω, περιγελώ: *-ει τους ευαίσθητους ανθρώπους.*

χλευασμός ο, ουσ., εμπαιγμός (συνών. *κοροϊδία*).

χλευαστής ο, θηλ. **-άστρια,** ουσ., άτομο που χλευάζει.

χλευαστικός, -ή, -ό, επίθ., που ενέχει χλευασμό: *λόγια -ά* (συνών. *περιπαιχτικός*). - Επίρρ. **-ά.**

χλευάστρια, βλ. *χλευαστής.*

χλεύη η, ουσ., χλευασμός (βλ. λ.).

χλιαίνω, ρ. (συνιζ.), χλιαραίνω (βλ. λ.): *άφησε το νερό να -άνει λιγάκι· χλίανε λίγο νερό να πλυθώ.*

χλιαραίνω, ρ., αόρ. *-υνα* (ασυνίζ.), γίνομαι χλιαρός ή κάνω κάτι χλιαρό: *περίμενε να -ύνει το τσάι πριν το πιεις· θα -ύνω λίγο τη σούπα·* (μεταφ.) *χλιάρυνε ο ενθουσιασμός του.*

χλιαρός, -ή, -ό, επίθ. (ασυνίζ.). 1. κάπως ζεστός: *γάλα / φαγητό -ό* (αντ. *δροσερός*). 2. (μεταφ.) άτονος, υποτονικός: *συζήτηση / στάση -ή.*
χλιαρότητα η, ουσ. (ασυνίζ.). 1. το να είναι κάτι χλιαρό, μετριασμός της ψυχρότητας (αντ. *δροσερότητα*). 2. (μεταφ.) έλλειψη δραστηριότητας ή έντασης, ατονία: ~ *σχέσεων.*
χλιδή η, ουσ. (λόγ.), πολυτέλεια.
χλιμιντρίζω και **χλιμιντρώ, -άς,** ρ. (έρρ.), (για μουλάρι ή άλογο) βγάζω κραυγή (συνών. *χρεμετίζω*). [αρχ. *χρεμετίζω*].
χλιμίντρισμα το, ουσ. (έρρ.), κραυγή μουλαριού ή αλόγου (συνών. *χρεμέτισμα*).
χλιμιντρώ, βλ. *χλιμιντρίζω.*
χλοερός, -ή, -ό, επίθ., καλυμμένος από χλόη, καταπράσινος: *λιβάδι -ό.*
χλόη η, ουσ., το φύλλωμα των ποωδών φυτών όταν αρχίσει να βλασταίνει (συνών. *γρασίδι, γκαζόν, πρασινάδα*).
χλομάδα η, ουσ., ωχρότητα: ~ *προσώπου.*
χλομιάζω και **χλομιαίνω,** ρ., αόρ. *-ιανα* (συνιζ.), χάνω το κανονικό μου χρώμα και γίνομαι ωχρός: *-ιασε απ᾽ το κακό του.*
χλόμιασμα το, ουσ. (συνιζ.), το να είναι ή να γίνεται κάποιος χλομός (συνών. *ωχρότητα*).
χλομός, -ή, -ό, επίθ. 1. ωχρός (από αρρώστια ή φόβο ή άλλες έντονες συγκινήσεις): *πρόσωπο -ό* (συνών. *κίτρινος*). 2. θαμπός, όχι έντονος: *φως -ό* (συνών. *αχνός*). - Υποκορ. **-ούλης.** [*φλόμος*].
χλοοτάπητας ο, ουσ., γκαζόν (βλ. λ.).
χλωμός, βλ. *χλομός.*
χλωράδα η, ουσ., το να είναι κάτι χλωρό.
χλωρασιά η, ουσ. (συνιζ., λαϊκ.). 1. χλωρή τροφή των ζώων. 2. χλόη (βλ. λ.): *γέμισε ~ ο τόπος.*
χλωρίαση η, ουσ. (ιατρ.) χλώρωση (βλ. λ.).
χλωρίδα η, ουσ., το φυτικό βασίλειο μιας περιοχής.
χλωρίνη η, ουσ. (χημ.) εμπορική ονομασία προϊόντος που αποτελείται από διάλυμα υποχλωριώδους νατρίου και χρησιμοποιείται ως λευκαντικό και απολυμαντικό.
χλώριο το, ουσ. (ασυνίζ.), (χημ.) κιτρινοπράσινο αέριο, εξαιρετικά δραστικό, με έντονη και πνιγηρή οσμή, που δεν απαντά στη φύση σε ελεύθερη κατάσταση, αλλά ενωμένο με άλλα στοιχεία. [νεολατ. *chlorium*].
χλωριούχος, -α, -ο, επίθ. (ασυνίζ.), που περιέχει χλώριο: *νερό -ο.*
χλωριώνω, ρ. (ασυνίζ.), προσθέτω χλώριο στο νερό ή σε άλλες χημικές ενώσεις.
χλωρίωση η, ουσ., προσθήκη χλωρίου σε χημικές ενώσεις ή στο νερό.
χλωροκούκι το, ουσ., χλωρό κουκί.
χλωροπλάστης ο, ουσ. (βοτ.) καθένα από τα οργανίδια του κυττάρου που περιέχουν τη χλωροφύλλη.
χλωρός, -ή, -ό, επίθ. 1. που δεν είναι ξερός· τρυφερός, πράσινος: *ξύλο / χόρτο -ό.* 2. (για τυρί) φρέσκος, νωπός. Φρ. *δε μ᾽ αφήνει σε -ό κλαρί* (= με καταδιώκει επίμονα). Παροιμ. *μαζί με τα ξερά καίγονται και τα -ά* (= μαζί με τους ενόχους υποφέρουν πολλές φορές και οι αθώοι).
χλωροτύρι το, ουσ., νωπό άσπρο τυρί.
χλωροφορμίζω, ρ., προκαλώ αναισθησία με χλωροφόρμιο σε κάποιον που θα εγχειριστεί.
χλωροφορμικός, -ή, -ό, επίθ., που σχετίζεται με το χλωροφόρμιο.

χλωροφόρμιο το, ουσ. (ασυνίζ.), (χημ.) άχρωμο υγρό με αρωματική οσμή και γλυκίζουσα γεύση που χρησιμοποιείται για γενική νάρκωση. [γαλλ. *chloroforme*].
χλωροφόρμιση η, ουσ., αναισθησία που προκαλείται με χλωροφόρμιο.
χλωροφύλλη η, ουσ., πράσινη χρωστική ουσία που βρίσκεται στα φυτά και έχει την ικανότητα να δεσμεύει την ηλιακή ενέργεια για να μπορεί να γίνεται η φωτοσύνθεση.
χλωρόφυτα τα, ουσ. (βοτ.) συνομοταξία του βασιλείου των φυτών που περιλαμβάνει πολυκύτταρα φυτά χωρίς φύλλα, ρίζες και άνθη.
χλώρωση η, ουσ. (ιατρ.) παθολογική αναιμία (ιδίως των παιδιών) που εκδηλώνεται με ωχρότητα του δέρματος και των βλεννογόνων, έντονη αδυναμία, ανορεξία και επιβράδυνση των γενετήσιων λειτουργιών (συνών. *χλωρίαση*).
χλωρωτικός, -ή, -ό, επίθ., που σχετίζεται με τη χλώρωση (βλ. λ.). - Ως ουσ. = άτομο που πάσχει από χλώρωση.
χνάρι, βλ. *αχνάρι.*
χνότο το, ουσ. (συνήθως στον πληθ.) απόπνοια του στόματος: *μυρίζουν τα -α του* (πβ. *αναπνοή*)· φρ. *δεν ταιριάζουν τα -α μας* (= έχουμε αντιλήψεις ή συνήθειες διαφορετικές). [πιθ. *αχνός*].
χνουδάτος, -η, -ο, επίθ., που η επιφάνειά του καλύπτεται από χνούδι: *επανωφόρι -ο.*
χνούδι το, ουσ. 1. λεπτότατο τρίχωμα που καλύπτει τα φύλλα και τους καρπούς ορισμένων φυτών. 2. οι πρώτες τρίχες που εμφανίζονται στο πρόσωπο των νεαρών αγοριών. 3. τα πρώτα πούπουλα των νεοσσών. 4. μικρές τρίχες από μαλλί ή βαμβάκι στην επιφάνεια υφάσματος: ~ *βελούδου.* 5. μικρά κομμάτια από μαλακό, ελαφρύ, συνήθως μάλλινο υλικό που μαζεύονται σε επιφάνειες υφάσματος ή γωνίες δωματίου. [αρχ. *χνους*].
χνουδιάζω, ρ. (συνιζ.), (για υφάσματα) αποκτώ χνούδι: *-ιασε γρήγορα το καινούργιο μου παλτό.*
χνούδιασμα το, ουσ., το να αποκτά κάτι χνούδι.
χνουδίζω, ρ. (για νεαρούς) έχω ή αποκτώ χνούδι, αρχίζω να βγάζω γένια: *πριν -σει τ᾽ αχείλι του.*
χνουδωτός, -ή, -ό, επίθ., που καλύπτεται από χνούδι: *παλτό -ό* (συνών. *χνουδάτος*).
-χνω, κατάλ. ρήματ.: *δείχνω, ψάχνω.*
χνώτο, βλ. *χνότο.*
χοάνη η, ουσ. (λόγ.). 1. χωνί (βλ. λ.). 2. σκεύος από πυρίμαχο υλικό που χρησιμεύει στη μεταλλουργία. 3. (ανατομ.) κοίλωμα σε μορφή χωνιού στη διάπλαση του κρανίου: ~ *ρινική.*
χόβολη η, ουσ., ζεστή στάχτη: *ψήναμε πατάτες στη -η.* [ετυμ. αβέβαιη].
χοή η, ουσ. (συνήθως στον πληθ.), (αρχ.) απόδοση τιμής σε νεκρό με την έκχυση μίγματος από μέλι, κρασί και νερό πάνω στον τάφο του.
χοιράδες οι, ουσ. (ιατρ.) χελώνια (βλ. λ.).
χοιραδικός, -ή, -ό, επίθ. 1. (ιατρ.) που ανήκει ή αναφέρεται στις χοιράδες (βλ. λ.). 2. (για πρόσωπο) που πάσχει από χοιράδες.
χοιραδισμός ο, ουσ., χοιράδωση (βλ. λ.).
χοιράδωση η, ουσ. (ιατρ.) πάθηση από χελώνια (βλ. λ.).
χοιρίδιο το, ουσ. (ασυνίζ.), μικρός χοίρος (συνών. *γουρουνάκι*)· *ινδικό ~* = είδος μικρόσωμου τρωκτικού με λευκό ή καφετί χρώμα που χρησιμοποιείται συχνά ως πειραματόζωο ή εκτρέφεται ως κατοικίδιο.

χοιρινός, -ή, -ό, επίθ., που προέρχεται από το χοίρο: *κρέας / λίπος -ό.* - Το ουδ. ως ουσ. = το κρέας του χοίρου.

χοιροβοσκός ο, ουσ., αυτός που βόσκει χοίρους.

χοιρόδερμα το, ουσ., δέρμα από χοίρο.

χοιρομάντρι το, ουσ. (ερρ., λαϊκ.), στάβλος όπου εκτρέφονται χοίροι (συνών. *χοιροστάσιο*).

χοιρομέρι το, ουσ., μηρός χοίρου αλατισμένος και καπνιστός.

χοίρος ο, ουσ., γουρούνι.

χοιροστάσιο το, ουσ. (ασυνίζ.), χοιρομάντρι (βλ. λ.).

χοιροτροφείο το, ουσ., χώρος όπου εκτρέφονται χοίροι.

χοιροτροφία η, ουσ. 1. εκτροφή χοίρων. 2. κλάδος της ζωοτεχνίας που ασχολείται με θέματα εκτροφής χοίρων.

χοιροτρόφος ο, ουσ., αυτός που εκτρέφει χοίρους.

χόκεϊ το, ουσ. άκλ., παιχνίδι που παίζεται από δύο ομάδες των έντεκα παικτών που χτυπούν με ειδικό καμπύλο ραβδί μικρή σφαίρα για να πετύχουν γκολ. [αγγλ. *hockey*].

χοκλακώ, βλ. *κοχλακίζω*.

χολ το, ουσ. άκλ., προθάλαμος σπιτιού. [αγγλ. *hall*].

χολαγωγός, -ός, -ό, επίθ. (ιατρ.) που συντελεί στην κανονική ροή της χολής στα χοληφόρα αγγεία: *φάρμακο -ό.*

χολαιμία η, ουσ. (ιατρ.) εμφάνιση χολής στο αίμα.

χολαιμικός, -ή, -ό, επίθ. 1. που ανήκει ή αναφέρεται στη χολαιμία (βλ. λ.). 2. (και ως ουσ.) πρόσωπο που πάσχει από χολαιμία.

χολεμβόλιο το, ουσ. (ασυνίζ.), (ιατρ.) εμβόλιο που παρασκευάζεται από χολή για την αντιμετώπιση του τυφοειδούς πυρετού.

χολέρα η, ουσ. 1. σοβαρή μολυσματική αρρώστια που χαρακτηρίζεται από πολλές κενώσεις και πολλούς εμετούς. 2. (ιατρ.) αρρώστια που προσβάλλει τα κατοικίδια πτηνά. 3. (υβριστ. για πρόσωπο) εντελώς ανήθικος: *είναι μια ~ αυτός!*

χολεριάζω, ρ., αόρ. *χολέριασα*, μτχ. παρκ. *-ιασμένος* (συνιζ.), προσβάλλομαι από χολέρα.

χολερικός, -ή, -ό, I. επίθ. 1. (ιατρ.) που ανήκει ή αναφέρεται στη χολέρα: *συμπτώματα -ά.* 2. (και ως ουσ.) πρόσωπο που πάσχει από χολέρα (συνών. *χολεριασμένος*).

χολερικός, -ή, -ό, II. επίθ. (ψυχ.) που είναι απαισιόδοξος, εριστικός, βίαιος: *ιδιοσυγκρασία -ή.*

χολή η, ουσ. 1. (βιολ.) υγρό που εκκρίνεται από το συκώτι στα έντερα και διευκολύνει τη λειτουργία της πέψης. 2. (συνεκδοχικά) η κύστη που περιέχει αυτό το υγρό. 3. (μεταφ.) πίκρα, στενοχώρια ή κακία, οργή: *κάθε τόσο με ποτίζει - · τα λόγια του είναι γεμάτα ~·* φρ. *δεν κρατάω ~ μέσα μου* (= δε μνησικακώ)· *έχυσε τη ~ του* (= εκδήλωσε την πικρία του με λόγια δηκτικά)· *σπάει η ~ μου* (= καταλαμβάνομαι από υπερβολικό φόβο)· *τον πότισε ~* (= τον πίκρανε πολύ).

χοληδόχος, -ος, -ο, επίθ. (λόγ.), (ανατομ.) που περιέχει τη χολή (βλ. λ. στη σημασ. 1): *~ κύστη =* η κύστη που βρίσκεται κάτω από το συκώτι, μαζεύει τη χολή, τη συμπυκνώνει και την εκχέει στο δωδεκαδάκτυλο.

χοληστερίνη η, ουσ. (βιολ.) λιπώδης ουσία που βρίσκεται στη χολή (συνών. *χοληστερόλη*).

χοληστερόλη η, ουσ., χοληστερίνη (βλ. λ.).

χοληφόρος, -ος, -ο, επίθ. (λόγ.), (ανατομ.) που διοχετεύει τη χολή: *αγγεία -α· πόροι -οι.*

χολιάζω, ρ., αόρ. *χόλιασα*, μτχ. παρκ. *-ιασμένος* (συνιζ., λαϊκ.), δυσαρεστούμαι και θυμώνω εναντίον κάποιου: *το παιδί -ιασε και δεν έρχεται στο τραπέζι* (συνών. *κακιώνω*).

χόλιασμα το, ουσ., δυσαρέσκεια και θυμός (συνών. *κάκιωμα*).

χολιγουντιανός, -ή, -ό, επίθ. (όχι ερρ., συνιζ.), που ανήκει ή αναφέρεται στο Χόλιγουντ και στις κινηματογραφικές ταινίες που γυρίζονται εκεί: *~ παραγωγός ταινιών.*

χολικός, -ή, -ό, επίθ., που σχετίζεται με τη χολή: *οξύ -ό.*

χολοκυστεκτομή η, ουσ. (ιατρ.) αφαίρεση της χοληδόχου κύστης με εγχείρηση.

χολοκυστίτιδα η, ουσ. (ιατρ.) φλεγμονή της χοληδόχου κύστης.

χολοκυστογραφία η, ουσ. (ιατρ.) ακτινογραφία της χοληδόχου κύστης.

χολολιθίαση η, ουσ. (ιατρ.) σχηματισμός πέτρας ή άμμου στη χοληδόχο κύστη.

χολολιθικός, -ή, -ό, επίθ. 1. που ανήκει ή αναφέρεται στους χολόλιθους (βλ. λ.). 2. (και ως ουσ.) (πρόσωπο) που πάσχει από χολολιθίαση (βλ. λ.).

χολόλιθος ο, ουσ. (ιατρ.) μικρή πέτρα που σχηματίζεται στη χοληδόχο κύστη ή στις χοληφόρους οδούς από καθίζηση συστατικών της χολής.

χολοσκώ, -άς, χολοσκάζω και **-σκάνω**, ρ. Α. (μτβ.) δυσαρεστώ και εξοργίζω κάποιον: *μη -άς τη μητέρα σου· με χολόσκασες!* Β. (αμτβ.) στενοχωριέμαι και συγχύζομαι: *μη -άς άδικα.*

χολωμένος, -η, -ο, μτχ. του σπάνιου ρ. *χολώνω*, στενοχωρημένος και εξοργισμένος (συνών. *κακιωμένος*).

χόμπι το, ουσ. άκλ. (όχι ερρ.), ευχάριστη ερασιτεχνική απασχόληση: *η κηπουρική είναι το αγαπημένο μου ~.* [αγγλ. *hobby*].

χόνδρινος, -η, -ο, επίθ., που αποτελείται από χόνδρο (βλ. λ.).

χονδροειδής, -ής, -ές, γεν. *-ούς*, πληθ. αρσ. και θηλ. *-είς*, ουδ. *-ή*, επίθ. 1. (για αντικείμενο) φτιαγμένος χωρίς κομψότητα, χωρίς γούστο: *έπιπλο -ές* (συνών. *χοντροφτιαγμένος, άκομψος*). 2. (μεταφ., για πρόσωπο και συμπεριφορά) άξεστος, αγροίκος: *τρόποι -είς.* 3. (για ανθρώπινη ενέργεια) υπερβολικά απρεπής ή άτοπος: *απάτη -ής· αστείο / λάθος -ές.* - Επίρρ. *-ώς.*

χονδροεκτομία η, ουσ. (ιατρ.) εγχείρηση για την αφαίρεση χόνδρου (βλ. λ.).

χόνδρος ο, ουσ. (ανατομ.) ζωικός συνδετικός ιστός από εύκαμπτη ουσία στα άκρα των οστών, στα πτερύγια των αφτιών και στο ρινικό διάφραγμα.

χοντρά, βλ. *χοντρός*.

χοντράδα η, ουσ. (ερρ., λαϊκ.), απρεπής λόγος ή συμπεριφορά (συνών. *χωριατιά*).

χοντράδι το, ουσ. (ερρ.), μικρός σκληρός όγκος μέσα σε μαλακή ύλη ή στην επιφάνειά της (συνών. *κόμπος*).

χοντραίνω, ρ., αόρ. *χόντρυνα*, μτχ. παρκ. *χοντρεμένος* (ερρ.). Α. μτβ. 1. κάνω κάτι χοντρό ή χοντρότερο απ' ό,τι ήταν. 2. (για ρούχο ή χρώμα) κάνω κάποιον να φαίνεται πιο χοντρός απ' ό,τι είναι: *το άσπρο χρώμα με -ει· οι φαρδιές φούστες σε -ουν.* Β. αμτβ. 1. γίνομαι χοντρός ή χοντρότερος από πριν: *από τότε που άρχισε να πίνει -υνε πολύ* (αντ. *λεπταίνω, αδυνατίζω*). 2. (για φωνή) γίνομαι βαρύτερος, τραχύς: *μεγάλωσε και -υνε η φωνή του. Φρ. -ει το παιχνίδι ή -ουνε τα πράγματα* (= μια υπόθεση παίρνει άσχημη πορεία): *τα πράγματα -ύνανε κι ετοιμαζόταν να ριχτεί απάνου στον άλλον* (Κόντογλου).

χοντραλεσμένος, -η, -ο, επίθ. (έρρ.), που μετά το άλεσμα αποτελείται από χοντρούς κόκκους: *αλεύρι -ο.*

χοντρανθρωπιά η, ουσ. (έρρ., συνιζ.), η ιδιότητα του χοντρανθρώπου (βλ. λ.).

χοντράνθρωπος ο, ουσ. (έρρ.), άξεστος, αγροίκος ή χυδαίος άνθρωπος.

χοντρέλα η, ουσ. (έρρ., λαϊκ.), (υβριστικά) χοντρή γυναίκα.

χόντρεμα το, ουσ. (έρρ.), το να γίνεται κάποιος ή κάτι χοντρός/-ό ή χοντρότερος/-ο από πριν (αντ. *αδυνάτισμα*).

χοντρεμπόριο το, ουσ. (έρρ., ασυνίζ.), πώληση και αγορά προϊόντων σε μεγάλες ποσότητες (αντ. *μικρεμπόριο*).

χοντρέμπορος ο, ουσ. (έρρ.), έμπορος που κάνει χοντρεμπόριο (βλ. λ.) (συνών. *μεγαλέμπορος·* αντ. *μικρέμπορος*).

χοντρικός, -ή, -ό, επίθ. (όχι έρρ.). 1. που γίνεται σε γενικές γραμμές: *-ή ανάπτυξη ενός θέματος.* 2α. (για εμπόριο) που γίνεται σε μεγάλες ποσότητες· β. *τιμή -ή* = τιμή συγκαταβατική εξαιτίας σημαντικής αγοράς (αντ. *λιανικός*). - Επίρρ. **-ά**.

χοντρ(ο)- (έρρ.), α΄ συνθ. λ., συνήθως επιθέτων, που δηλώνει ότι κάτι είναι χοντρό ή (μεταφ.) ακαλαίσθητο ή άξεστο: *χοντροκαμωμένος, χοντρόπετσος, χοντροκόκαλος.*

χοντρογυναίκα η, ουσ. (έρρ.), γυναίκα ακαλαίσθητη και άξεστη.

χοντροδουλειά η, ουσ. (έρρ., συνιζ.), (για δουλειά που γίνεται με τα χέρια) που γίνεται χωρίς ιδιαίτερη προσοχή και προσπάθεια και χωρίς καλαισθησία (αντ. *ψιλοδουλειά, λεπτοδουλειά*).

χοντροδουλεμένος, -η, -ο, επίθ. (έρρ.), που είναι κατεργασμένος με ακαλαισθησία: *εργόχειρο -ο* (συνών. *χοντροκαμωμένος·* αντ. *λεπτοδουλεμένος, ψιλοδουλεμένος*).

χοντροκαμωμένος, -η, -ο, επίθ. (έρρ.), που είναι φτιαγμένος, κατεργασμένος άγαρμπα, με ακαλαισθησία: *κέντημα -ο* (συνών. *χοντροδουλεμένος*).

χοντροκεφαλιά η, ουσ. (έρρ., συνιζ.), το να είναι κανείς χοντροκέφαλος, η ιδιότητα του χοντροκέφαλου.

χοντροκέφαλος, -η, -ο, επίθ. (έρρ.), (μεταφ.) α. που δεν καταλαβαίνει εύκολα, βλάκας (συνών. *μπουνταλάς*)· β. που δε συνετίζεται από όσα του λένε, ξεροκέφαλος.

χοντροκάκαλος, -η, -ο, επίθ. (έρρ.), (για άνθρωπο ή ζώο) που έχει χοντρά κόκαλα.

χοντροκομμένος, -η, -ο, επίθ. (έρρ.). 1. που έχει κοπεί σε χοντρά κομμάτια: *λάχανο -ο* (αντ. *ψιλοκομμένος*). 2. (μεταφ. για άνθρωπο ή πράγμα) άγαρμπος, ακαλαίσθητος, χονδροειδής: *ψέμα / αστείο -ο· κωμωδία -η.*

χοντροκοπιά η, ουσ. (έρρ., συνιζ., λαϊκ.). 1. χοντροκομμένο, ακαλαίσθητο αντικείμενο ή γεγονός: *το φόρεμά της / η θεατρική παράσταση ήταν σκέτη ~.* 2. ενέργεια ή συμπεριφορά αδέξια, άγαρμπη: *από την αμηχανία του έκανε / έλεγε κάτι -ιές!* (συνών. *χοντράδα*).

χοντρόκορμος, -η, -ο, επίθ. (έρρ.), (για δέντρα) που έχει χοντρό κορμό: *γέρικο δέντρο, -ο.*

χοντρόκωλος και **-κώλης, -α, -ικο,** επίθ. (έρρ., λαϊκ.), που έχει παχιά, ευτραφή πισινά.

χοντρολαίμης, -α, -ικο, επίθ. (έρρ.), που έχει χοντρό λαιμό: *ήτανε σαν θεριά, πλαταράδες, -ηδες* (Κόντογλου).

χοντρόλογο το, ουσ. (έρρ.), (συνήθως στον πληθ.) κουβέντα άξεστη, χυδαία: *την πρόσβαλε με τα -ά του.*

χοντρομουτσούνα η, ουσ., χοντροκομμένο, άσχημο πρόσωπο.

χοντρομπαλάς ο, θηλ. **-ού,** ουσ. (έρρ., όχι έρρ.), (σκωπτ.) πολύ χοντρός.

χοντρόμυαλος, -η, -ο, επίθ. (έρρ., συνιζ.), χοντροκέφαλος (βλ. λ.).

χοντροπάπουτσο το, ουσ. (έρρ.), παπούτσι χοντρό και εντελώς άκομψο (συνήθως στον πληθ.): *τον χτύπησε με τα -ά του.*

χοντροπατάτα η, ουσ. (έρρ.), (σκωπτ.) για χοντρή γυναίκα: *η μάνα της η ~.*

χοντρόπετσος, -η, -ο, επίθ. (έρρ.). 1. (για ζώα) που έχει χοντρό δέρμα, πετσί (συνών. *παχύδερμος*). 2. (μεταφ. για άνθρωπο) που δε συγκινείται με τίποτε, αναίσθητος (συνών. *παχύδερμο*).

χόντρος το, ουσ. (έρρ., λαϊκ.), πάχος.

χοντρός, -ή, -ό, επίθ. (έρρ.). 1. (για πράγματα) που έχει μεγάλο πάχος: *σκοινί / παπούτσι -ό· ρούχα -ά* (φτιαγμένα από βαρύ ύφασμα ώστε να ζεσταίνουν όποιον τα φορεί) (αντ. *λεπτός*). 2. (για άνθρωπο ή ζώο) παχύς, παχύσαρκος: *γυναίκα / αγελάδα -ή· παιδί -ό* (αντ. *λιγνός, λεπτός*). 3α. που στην ύφανσή του είναι τραχύς: *ύφασμα -ό* (αντ. *λεπτός*)· β. που συνίσταται από μεγάλα κομμάτια ή κόκκους: *αλεύρι / σιμιγδάλι -ό* (αντ. *ψιλός*). 4. (για ήχο) βαρύς, βραχνός: *φωνή -ή.* 5. (μεταφ.). α. (για άνθρωπο) που συμπεριφέρεται χωρίς λεπτότητα, χυδαίος (συνών. *χοντράνθρωπος·* αντ. *λεπτός*)· β. (για ενέργειες) χυδαίος, άξεστος: *ψέμα / αστείο -ό· ήταν πολύ -ό αυτό που μου έκανε·* εκφρ. *παιχνίδι -ό* (βλ. *παιχνίδι* σημασ. 4)· γ. για κάτι που δημιουργεί σοβαρή κατάσταση: *λάθος -ό.* - Το ουδ. στον πληθ. ως ουσ. = χαρτονομίσματα μεγάλης αξίας (αντ. *ψιλά*). - Επίρρ. **-ά**: *του φέρθηκε -ά* (= αγενώς).

χοντρόσωμος, -η, -ο, επίθ. (έρρ.), που έχει χοντρό σώμα.

χοντρούλης, -α, -ικο, χοντρουλός, -ή, -ό, και **χοντρούτσικος, -η, -ο,** επίθ. (έρρ.), κάπως, αρκετά χοντρός: *κοπέλα / ζακέτα -ούτσικη* (συνών. *παχουλός*).

χοντρόφλουδος, -η, -ο, επίθ. (έρρ.), (για φρούτο) που έχει χοντρή φλούδα: *πορτοκάλια -α* (συνών. *φλουδερός·* αντ. *ψιλόφλουδος*).

χορδή η, ουσ. 1. μακριά και λεπτή κλωστή από έντερο ζώου, μέταλλο ή και νάιλον που τοποθετείται τεντωμένη μπροστά από το ηχείο έγχορδου μουσικού οργάνου και όταν πάλλεται ηχεί: *-ές κιθάρας / βιολιού / άρπας.* 2. (μαθημ.) ευθεία γραμμή που ενώνει δύο σημεία μιας καμπύλης. 3. νευρά τόξου. 4. (ανατομ.) κάθε σημείο του σώματος που μοιάζει με χορδή: ~ *του τυμπάνου (του αφτιού) -ές φωνητικές* (= δύο σαρκώδεις πτυχές των τοιχωμάτων της τραχείας που σχηματίζουν τη γλωσσίδα και όταν πάλλονται με την πίεση του αέρα της εκπνοής παράγεται η φωνή). 5. (μεταφ.) ευαίσθητο από συναισθηματική άποψη σημείο ανθρώπου: *μ' αυτό που είπε άγγιξε την ευαίσθητη ~ μου.*

χορδιστής ο, θηλ. **-τρια,** ουσ., ειδικός τεχνίτης που τοποθετεί και κουρντίζει τις χορδές στα μουσικά όργανα.

χορδωτά τα, ουσ. (ζωολ.) συνομοταξία του ζωικού βασιλείου που περιλαμβάνει κυρίως τα σπονδυλόζωα.

χορεία η, ουσ. 1. (μεταφ.) ομάδα ανθρώπων με κοινά χαρακτηριστικά: *συγκαταλέγεται στη ~ των ποιητών· ~ αγγέλων.* 2. (ιατρ.) είδος νευρικής πάθησης.

χορευταράς ο, θηλ. **-ού,** ουσ., αυτός που ξέρει καλά ή του αρέσει πολύ να χορεύει.

χορευτής ο, θηλ. **-τρια,** ουσ. 1. αυτός που χορεύει: *αδέξιος ~.* 2. καλλιτέχνης που ως μέλος μπαλέτου ή χορευτικού συγκροτήματος ή μεμονωμένα, με συνοδό ή ως σολίστ, εκφράζει ιδέες και συναισθήματα σύμφωνα με το ρυθμό της μουσικής: *~ του φολκλορικού μπαλέτου· -τριες νυχτερινού κέντρου.* 3. μέλος του χορού αρχαίου δράματος.

χορευτικός, -ή, -ό, επίθ., που ανήκει ή αναφέρεται στο χορό ή τους χορευτές: *~ ρυθμός των αρχαίων δραμάτων· συγκρότημα / κέντρο -ό· εκδήλωση -ή· ταλέντο -ό.*

χορεύτρια, βλ. *χορευτής.*

χορεύω, ρ. 1. κινώ, λικνίζω το σώμα μου ρυθμικά σύμφωνα με τη μελωδία ορισμένης μουσικής ή τραγουδιού: *~ παραδοσιακούς χορούς· -ει σε συγκρότημα* (= είναι χορευτής)· (παροιμ.) φρ. *μοναχός σου -ευε κι όσο θέλεις πήδα* (= όταν είναι κάποιος ανεξάρτητος, μπορεί να κάνει ό,τι θέλει χωρίς να δεσμεύεται ή να ελέγχεται από άλλους)· *νηστικό αρκούδι δε -ει,* βλ. *νηστικός· όταν λείπει η γάτα -ουν τα ποντίκια,* βλ. *γάτα· ~ κάποιον στο ταψί* (= **α.** τον κάνω ό,τι θέλω· **β.** τον ταλαιπωρώ για να τον τιμωρήσω για κάτι)· *~ το χορό του Ησαΐα* (= παντρεύομαι). 2. (μτβ.) κάνω κάτι να λικνίζεται, κουνώ: *το κύμα -ευε το καράβι* (Μπαστιάς). 3. (μτβ.) (συνήθως για άντρες) παίρνω κάποιον (ως συνοδό) για να χορέψω μαζί του: *εκείνη τη βραδιά τη -εψαν όλοι οι καβαλιέροι.*

χορήγηση η, ουσ., το να χορηγείται (βλ. λ. στη σημασ. 2), να δίνεται κάτι: *~ αμνηστίας / δανείου.*

χορηγία η, ουσ. 1. (αρχ.) μία από τις λειτουργίες της αρχαίας Αθήνας που συνίστατο στην ανάληψη από έναν πλούσιο πολίτη των δαπανών για τη συγκρότηση χορού και το ανέβασμα δραμάτων στη γιορτή των Διονυσίων. 2. (κατ' επέκταση και στη σημερινή εποχή) καταβολή δαπάνης για κοινωφελές ή άλλο έργο. 3. (συνεκδοχικά) το ποσό που χορηγείται.

χορηγός ο, ουσ. 1. (αρχ.) πλούσιος πολίτης της αρχαίας Αθήνας που αναλάμβανε την κάλυψη των εξόδων για τη συγκρότηση χορού και το ανέβασμα δράματος στα μεγάλα Διονύσια. 2. (σήμερα) αυτός που αναλαμβάνει τις δαπάνες για την εκτέλεση κοινωφελούς ή άλλου έργου.

χορηγώ, -είς, ρ. 1. αναλαμβάνω χορηγία (βλ. λ.). 2. προμηθεύω κάτι σε κάποιον, παρέχω, δίνω: *η τράπεζα -εί στεγαστικά δάνεια.*

χορικό το, ουσ. (συνήθως στον πληθ.), (αρχ.) τα λυρικά μέρη των αρχαίων δραμάτων με ποικίλα μέτρα που ψάλλονταν και χορεύονταν από το χορό στα ενδιάμεσα των επεισοδίων (συνών. *στάσιμο).*

χορικός, -ή, -ό, επίθ., που σχετίζεται με το χορό αρχαίου δράματος: *μέλη / άσματα -ά.*

χόριο το, ουσ. (ασυνίζ.), (ανατομ.) 1. εξωτερικός υμένας που καλύπτει το έμβρυο, ο πλακούντας (συνών. *ύστερο)* (πβ. και *άμνιο).* 2. στιβάδα του δέρματος που βρίσκεται κάτω από την επιδερμίδα και πάνω από τον υποδόριο ιστό.

χορογραφία η, ουσ. 1. η τέχνη της σύνθεσης χοροδραμάτων, η επινόηση και καταγραφή των βημάτων και των κινήσεων ενός μπαλέτου. 2. (συνεκδοχικά) τα ίδια τα βήματα και οι χορευτικές φιγούρες ενός μπαλέτου: *το μπαλέτο ανεβάστηκε σε ~ του Νουρέγεφ.*

χορογραφικός, -ή, -ό, επίθ., που ανήκει ή αναφέρεται στη χορογραφία ή το χορογράφο: *μελέτες -ές· σύνθεση -ή.*

χορογράφος ο, ουσ., καλλιτέχνης που συνθέτει χοροδράματα (βλ. λ.).

χοροδιδασκαλείο το, ουσ., σχολή όπου διδάσκονται κλασικοί και μοντέρνοι χοροί.

χοροδιδάσκαλος ο, ουσ., δάσκαλος του χορού.

χορόδραμα το, ουσ., μπαλέτο (βλ. λ. σημασ. 1).

χοροεσπερίδα η, ουσ., κοινωνική βραδινή εκδήλωση όπου οι προσκαλεσμένοι χορεύουν μεταξύ τους (συνών. *χορός* σημασ. 4).

χοροπήδημα το, ουσ., η ενέργεια και το αποτέλεσμα του χοροπηδώ: *μ' ένα ~ βρέθηκε δίπλα της·* (λογοτ.) *τα σκοινιά φωτίστηκαν στο ~ του φαναριού* (Σούκας).

χοροπηδώ, -άς, ρ. 1. πηδώ ζωηρά και παιχνιδιάρικα: *~ από τη χαρά μου* (= χαίρομαι πολύ και το εκδηλώνω με κινήσεις και χειρονομίες). 2. (συνεκδοχικά) **α.** χαίρομαι πολύ: *μόλις άκουσαν τα νέα -ησαν·* **β.** εκπλήσσομαι: *σαν άκουσε τα λόγια του -ησε.*

χορός ο, ουσ. 1. (αρχ.) *~ αρχαίου δράματος* = ομάδα των χορευτών που τραγουδώντας και χορεύοντας απέδιδε τα χορικά μέλη του δράματος: *~ Αθηναίων γερόντων / Τρωαδιτισσών.* 2. (σήμερα) σειρά ρυθμικών κινήσεων του σώματος σύμφωνα με ορισμένη μουσική ή τραγούδι που γίνονται για διασκέδαση: *-οί μοντέρνοι· σπουδάζει κλασικό -ό· πίστα / αίθουσα -ού· πρόσκληση για / σε -ό· πιάνω / στήνω το -ό· σέρνω το -ό* (= είμαι ο μπροστάρης του χορού, τον ξεκινώ· κυρίως για παραδοσιακούς χορούς)· φρ. *άμα μπεις στο -ό, χορεύεις* (= εφόσον ασχοληθείς με κάτι, πρέπει να το φέρεις εις πέρας)· *μπαίνω στο -ό* (= ανακατεύομαι σε μια υπόθεση)· *όποιος είναι έξω απ' το -ό πολλά τραγούδια ξέρει* (= όποιος δε γνωρίζει μια κατάσταση από κοντά είναι εύκολο να κάνει κριτική και υποδείξεις)· *ο ~ καλά κρατεί* (για καλή ευόδωση μιας υπόθεσης)· *χορεύω το -ό του Ησαΐα,* βλ. *χορεύω.* 3. (σπανιότ.) είδος μουσικής με την οποία οι άνθρωποι μπορούν να χορέψουν με συγκεκριμένο τρόπο (π.χ. βαλς, τανγκό, κ.ά.): *η ορχήστρα έπαιζε παλιομοδίτικου -ούς.* **4α.** κοινωνική εκδήλωση που διοργανώνεται από κάποιους με σκοπό να χορέψουν οι προσκαλεσμένοι μεταξύ τους: *πήγαν στο -ό του κολεγίου·* **β.** οργανωμένη νυχτερινή διασκέδαση σε κέντρο, κ.τ.ό., με μουσική, τραγούδι, χορό και παράθεση δείπνου: *όλοι οι σύλλογοι διοργανώνουν αποκριάτικους -ούς* (συνών. στις σημασ. α, β *χοροεσπερίδα).* 5. εκκλησιαστική χορωδία (βλ. λ.)· έκφρ. (λόγ.) *εν -ώ* (= όλοι μαζί, ομόφωνα): *συμφώνησαν / απάντησαν εν -ώ.* 6. (μεταφ.) για πράγματα που υπάρχουν, συμβαίνουν ή διακινούνται σε μεγάλο αριθμό ή πλεοναστικά: *~ εκατομμυρίων / ανατιμήσεων στα είδη διατροφής.*

χοροστάσι και (ασυνίζ.) **χοροστάσιο** το, ουσ. 1. τόπος όπου γίνονται χοροί. 2. (στον τ. χοροστάσιο, εκκλ.) ο χώρος της εκκλησίας όπου στέκονται οι ψάλτες.
χοροστασία η, ουσ. (εκκλ.) η παρουσία επισκόπου στην τέλεση της θείας λειτουργίας.
χοροστάσιο, βλ. χοροστάσι.
χοροστατώ, -είς, ρ. (για επίσκοπο) προΐσταμαι στην τέλεση της θείας λειτουργίας χωρίς να τελώ το μυστήριο της θείας Ευχαριστίας.
χορταίνω, ρ., αόρ. χόρτασα, μτχ. παρκ. -ασμένος. Α. αμτβ. 1. τρώγω έως το σημείο να μην επιθυμώ άλλη τροφή: δε θέλω δεύτερη μερίδα· -ασα (αντ. πεινώ). 2. (με αιτ. που δηλώνει το αίτιο) α. απολαμβάνω κάτι σε αφθονία: -ασα εκδρομές αυτό το μήνα· -ασε το μάτι μου όμορφα μέρη· β. δεν ανέχομαι πια κάτι: -άσαμε τις υποσχέσεις του (συνών. μπουχτίζω). 3. (με αιτ. που δηλώνει πρόσωπο ως αίτιο): μείνε ακόμη λίγο κοντά μας να σε -ουμε. Β. μτβ. 1. κάνω κάποιον να αισθάνεται χορτασμένος: ό,τι κι αν του δώσω να φάει δεν μπορώ να τον -άσω. 2. ικανοποιώ πλήρως (επιθυμίες, πάθη, κλπ.): βασάνιζε τα θύματά του για να -άσει τα άγρια ένστικτά του. 3. κάνω κάποιον να απολαμβάνει κάτι σε αφθονία: μας -ασε καλές ταινίες η τηλεόραση αυτές τις μέρες. 4. κάνω κάποιον να δυσανασχετεί με κάτι: μας -ασε με τα ψέματά του (συνών. μπουχτίζω). Παροιμ. ο λόγος σου με -ασε και το ψωμί σου φα το (= η προσφορά προς κάποιον δεν έχει αξία, αν δε γίνεται με ευγένεια).
χορταποθήκη η, ουσ., αποθήκη χορταριού.
χορταράκι, βλ. χορτάρι.
χορταρένιος, -ια, -ιο, επίθ. (συνιζ.), φτιαγμένος από χορτάρι: στρώμα -ιο.
χορτάρι το, ουσ., χόρτο (βλ. λ.). - Υποκορ. **-άκι** το.
χορταριάζω, ρ. (συνιζ.). 1. καλύπτομαι, γεμίζω από χόρτα: η αυλή -ιασε. 2. (κατ' επέκτ.) εγκαταλείπομαι, ερημώνομαι, ρημάζω: βρίσκω λημέρια κλέφτικα κι άλλα -ιασμένα (δημ. τραγ.).
χορταρικό το, ουσ. (συνήθως στον πληθ.) λαχανικό (βλ. λ.), ζαρζαβατικό (βλ. λ.).
χορταρότοπος ο, ουσ., τόπος όπου φυτρώνουν πολλά χόρτα.
χορταρού η, ουσ. (λαϊκ.), γυναίκα που μαζεύει και πουλά χόρτα.
χόρταση και (συνιζ.) **χορτασιά** η, ουσ., χορτασμός (βλ. λ.).
χορτασίλα η, ουσ. (ελεγκτικά) χορτασμός: αυτός δεν ξέρει ~.
χορτασμός ο και **χόρτασμα** το, ουσ. 1. ικανοποίηση της πείνας. 2. (μεταφ.) κορεσμός από κάτι: ~ των απολαύσεων. Φρ. δεν έχει -ό (= δεν μπορεί να -άσει με τίποτα).
χορταστικός, -ή, -ό, επίθ., που μπορεί να χορτάσει, να ικανοποιήσει την πείνα του κανείς μ' αυτόν: μερίδα -ή.
χορτάτος, -η, -ο, επίθ. 1. που έχει χορτάσει, που έχει ικανοποιήσει την πείνα του. 2. (μεταφ.) που έχει απολαύσει ή γνωρίζει κάτι κατά κόρον, σε αφθονία: από τέτοιες διασκεδάσεις είμαι ~. Παροιμ. θέλει και την πίτα σωστή και το σκύλο -ο, βλ. σωστός σημασ. 1· ο ~ το νηστικό δεν τον πιστεύει (= ο πλούσιος δεν μπορεί να καταλάβει τα προβλήματα των φτωχών).
χόρτο το, ουσ. 1α. (μόνο στον εν.) χλόη (βλ. λ.), πρασινάδα: στα χωράφια φύτρωσε ~· μετά τη βροχή μύριζε το ~· β. (συνεκδοχικά, συνήθως στον πληθ.) το μέρος που είναι καλυμμένο με χλόη: καθίσαμε στα -α. 2. φυτό ποώδες που φυτρώνει μόνο του παντού όπου υπάρχουν ευνοϊκές συνθήκες: το εγκαταλειμμένο σπίτι είχε γεμίσει -α. 3. ποώδες φυτό (αυτοφυές ή όχι) που τα φύλλα του τρώγονται, λαχανικό: -α άγρια / του βουνού· -α στη διατροφή ωφελούν. 4. (λαϊκ.) χασίς (βλ. λ.) ή μαριχουάνα (βλ. λ.). 5. για κάτι άνοστο στη γεύση. σκέτο ~ είναι αυτό το τυρί! [αρχ. χόρτος ο].
χορτοκοπή η, ουσ., κόψιμο χόρτου για να χρησιμοποιηθεί ως τροφή για τα ζώα.
χορτοκοπτικός, -ή, -ό, επίθ., που χρησιμεύει για το κόψιμο χόρτου: μηχάνημα -ό.
χορτολογώ, -άς, ρ., μαζεύω χόρτα.
χορτόπιτα η, ουσ., πίτα που ως βασικό υλικό στη γέμισή της έχει τα χόρτα.
χορτόσουπα η, ουσ., σούπα φτιαγμένη από χορταρικά.
χορτοφαγία η, ουσ., το να είναι κανείς χορτοφάγος (βλ. λ.).
χορτοφάγος ο και η, ουσ., αυτός που τρέφεται με λαχανικά (και ορισμένα προϊόντα του ζωικού βασιλείου, όπως γάλα, αβγά, κλπ.) έχοντας αποκλείσει από τη διατροφή του το κρέας.
χορωδία η, ουσ., ομάδα πολλών τραγουδιστών που εκτελούν μαζί ένα μουσικό κομμάτι: η παιδική ~ του δήμου.
χορωδιακός, -ή, -ό, επίθ. (ασυνίζ.), που ανήκει ή αναφέρεται στη χορωδία: σύνθεση / ερμηνεία -ή· φεστιβάλ -ό· σύλλογοι -οί.
χορωδός ο και η, ουσ., αυτός που συμμετέχει σε χορωδία.
χότζας ο, ουσ., μουσουλμάνος ιερωμένος, γνώστης του ισλαμικού νόμου. [τουρκ. hoca].
χοτζέτι το, ουσ. (ιστ.) κτηματικός τίτλος (ιδίως από αγορά κτήματος). [τουρκ. hüccet].
χουβαρδαλίκι, βλ. χουβαρνταλίκι.
χουβαρδάς, βλ. χουβαρντάς.
χουβαρντάδικος, -η, -ο, επίθ., που ταιριάζει σε χουβαρντά (βλ. λ.): χέρι -ο.
χουβαρνταλίκι, χουβαρδαλίκι, και **κουβαρνταλίκι** το, ουσ. (λαϊκ.), το να είναι κανείς χουβαρντάς (βλ. λ.), γενναιόδωρος (συνών. γαλαντομία· αντ. τσιγγουνιά). [τουρκ. hovardalık].
χουβαρντάνθρωπος ο, ουσ., άνθρωπος χουβαρντάς (βλ. λ.).
χουβαρντάς, χουβαρδάς και **κουβαρντάς** ο, ουσ., άνθρωπος γενναιόδωρος, που ξοδεύει απλόχερα τα χρήματά του (συνών. γαλαντόμος, ανοιχτοχέρης· αντ. τσιγγούνης). [τουρκ. hovarda].
χουβαρντόπαιδο το, ουσ., νεαρός χουβαρντάς (βλ. λ.).
χουβαρντοσύνη η, ουσ., χουβαρνταλίκι (βλ. λ.).
χουγιάζω, ρ. (συνιζ., λαϊκ.). 1. φωνάζω με δυνατή φωνή από απόσταση· φρ. ~ κοπάδι (= με φωνές προσπαθώ να το διώξω από κάπου). 2. (μεταφ.) επιπλήττω μεγαλόφωνα: μη τη -εις την κόρη σου. [σλαβ. hujati].
χούγιασμα και **χουγιαχτό** το, ουσ. (συνιζ., λαϊκ.), το να χουγιάζει (βλ. λ.) κανείς και το αποτέλεσμα αυτής της ενέργειας: ραγίζουνε τα πετρόβραχα από τα -χιά ιου (Κόντογλου).
χουζούρεμα το, ουσ., χουζούρι (βλ. λ.).
χουζουρεύω, ρ., αναπαύομαι, τεμπελιάζω (συνήθως ξαπλωμένος): ξύπνησα νωρίς, αλλά άργησα να σηκωθώ γιατί -ευα.

χουζούρι το, ουσ., το να αναπαύεται, να τεμπελιάζει κανείς (ιδίως στο κρεβάτι) (συνών. *ραχάτι*). [τουρκ. *huzur*].

χούι το, ουσ., πληθ. (συνιζ.) *χούγια*, (λαϊκ.). 1. συνήθεια (ιδίως κακή ή περίεργη)· ιδιοτροπία: *έχει το ~ να μη θέλει να του μιλά κανείς όταν διαβάζει εφημερίδα·* (μεταφ.) *θυμήθηκε ο Φλεβάρης τα χούγια του* (Ι. Μ. Παναγιωτόπουλος). 2. (μεταφ.) ιδιομορφία, ιδιαίτερος τρόπος στο χειρισμό πράγματος ή υπόθεσης: *πρόσεξε πώς θα χρησιμοποιήσεις το μηχάνημα, γιατί έχει τα χούγια του· αυτή η δουλειά έχει τα χούγια της.* [τουρκ. *huy*].

χουλιάρα η, ουσ. (συνιζ., λαϊκ.), μεγάλο κουτάλι, κουτάλα.

χουλιάρι το, ουσ. (συνιζ., λαϊκ.), κουτάλι (βλ. λ.). [μτγν. *κοχλιάριον* < *κοχλίας*].

χουλιαριά η, ουσ. (συνιζ. δις, λαϊκ.), κουταλιά (βλ. λ.).

χούλιγκαν ο, ουσ. άκλ. (όχι έρρ.), νεαρό άτομο που συμπεριφέρεται με τρόπο αντικοινωνικό, βίαιο και θορυβώδη σε δημόσια μέρη (ιδίως σε γήπεδα), συνήθως μαζί με άλλα όμοια άτομα. [αγγλ. *hooligan*].

χουλιγκανικός, -ή, -ό, επίθ. (όχι έρρ.), που ανήκει ή αναφέρεται στο χούλιγκαν ή στο χουλιγκανισμό: *εκδηλώσεις -ές*.

χουλιγκανισμός ο, ουσ. (όχι έρρ.), η συμπεριφορά και οι πράξεις του χούλιγκαν: *ο ~ στο ποδόσφαιρο*.

χούμος ο, ουσ., *χώμα προερχόμενο από αποσύνθεση φυτικών ουσιών που χρησιμοποιείται ως λίπασμα.* [λατ. *humus*].

χουνέρι το, ουσ. (λαϊκ.), απρόοπτο πάθημα: *έπαθα μεγάλο ~ σήμερα* (συνών. *κάζο*). [τουρκ. *hüner*].

χουνί, βλ. *χωνί*.

χούντα η, ουσ. (έρρ.). **α.** κυβέρνηση στρατιωτικών που κατέλαβε βίαια την εξουσία και την ασκεί τυραννικά· **β.** (ειδικότερα, ιστ.) η στρατιωτική δικτατορία που επιβλήθηκε στην Ελλάδα κατά την περίοδο 1967-1974. [ισπαν. *junta*].

χουντικός, -ή, -ό, επίθ. (έρρ.), που ανήκει ή αναφέρεται στη χούντα: *νόμοι -οί*. - Το αρσ. και το θηλ. ως ουσ. = **α.** μέλος της χούντας: *η δίκη των -ών·* **β.** οπαδός της χούντας: *οργάνωση -ών*.

χουρμαδιά, η, ουσ. (συνιζ.), είδος φοίνικα (βλ. λ.) με καρπό μικρού μεγέθους, χρώματος καφέ, μαλακό και γλυκό, με μεγάλο κουκούτσι.

χουρμάς ο, ουσ., ο καρπός της χουρμαδιάς (βλ. λ.). [τουρκ. *hurma*].

χούφτα και **φούχτα** η, ουσ. (λαϊκ.). 1. η παλάμη του χεριού: *Έκρυψε το πρόσωπο μέσα στις φούχτες του* (Σταύρου). 2. ό,τι χωρεί στην παλάμη: *μια ~ καρύδια / φλουριά* (συνών. *χουφτιά*). Έκφρ. *με τη ~* (= με αφθονία): *ξοδεύει χρήματα με τη ~·* *με τις -ες ανοιχτές* (= γενναιόδωρα, σπάταλα): *ξόδευε τον εαυτό του αλογάριαστα με τις φούχτες ανοιχτές* (Σταύρου)· *μια ~* (για πολύ μικρό αριθμό ατόμων). Φρ. *έφαγα κάτι με τη ~* (= ασχολήθηκα υπερβολικά και για πολύ καιρό με αυτό, απόκτησα πλήρη εμπειρία του): *τριάντα χρόνια το 'χε φάει με τη φούχτα το πέλαο* (Μπαστιάς)· *έφαγε με τη φούχτα το μπαρούτι*. [αβέβαιη ετυμ.].

χούφταλο το, ουσ. (λαϊκ.), (μειωτ.) άνθρωπος πολύ προχωρημένης ηλικίας: *γέροντας ... αδύναμος στα χέρια, ~ σωστό* (Μπαστιάς).

χουφτιά και **φουχτιά** η, ουσ. (συνιζ., λαϊκ.), ό,τι χωράει στη χούφτα: *μια ~ ρύζι / χώμα* (συνών. *χούφτα* στη σημασ. 2).

χουφτιάζω και **φουχτιάζω**, ρ. (συνιζ.), παίρνω, αρπάζω κάτι με τη χούφτα: *άπλωνε τα χέρια του να φουχτιάσει νερό* (Μπαστιάς).

χουφτιασμα και **φούχτιασμα** το, ουσ. (συνιζ.), το να χουφτιάζει (βλ. λ.) κανείς κάτι.

χούφτωμα και **φούχτωμα** το, ουσ., το να αρπάζει κανείς κάτι με τη χούφτα (βλ. λ.).

χουφτώνω και **φουχτώνω**, ρ. 1. χουφτιάζω (βλ. λ.). 2. κερδίζω χρήματα (με επιτηδειότητα ή αθέμιτα μέσα): *χούφτωσε πολλά από την επιχείρηση αυτή.* 3. (χυδ.) αγγίζω με άσεμνο τρόπο γυναίκα.

χουφτωσιά η, ουσ. (συνιζ., λαϊκ.), ό,τι μπορεί να περιλάβει η χούφτα (βλ. λ.).

χουχουλιάζω, (συνιζ.) και **χουχουλίζω**, ρ. (λαϊκ.), ζεσταίνω με την αναπνοή μου κάτι: *-ιαζε το κλωσσοπουλάκι στη χούφτα της· -ίζαμε τα δάχτυλά μας.* [λ. ηχομιμ.].

χουχούλιασμα (συνιζ.) και **χουχούλισμα** το, ουσ. (λαϊκ.), το να χουχουλιάζει (βλ. λ.) κανείς κάτι.

χουχουλίζω, βλ. *χουχουλιάζω*.

χουχούλισμα, βλ. *χουχούλιασμα*.

χοχλάδι, βλ. *κοχλάδι*.

χοχλάζω, βλ. *κοχλάζω*.

χοχλακιάζω, ρ. (συνιζ., λαϊκ.), κοχλάζω (βλ. λ.).

χοχλακό και **-ίζω**, βλ. *κοχλακίζω*.

χοχλατό το, ουσ., κόχλασμα (βλ. λ.): *ακουγότανε το ~ της θάλασσας* (Κόντογλου).

χοχλάκιασμα (συνιζ.) και **χοχλάκισμα** το, ουσ. (λαϊκ.), κόχλασμα (βλ. λ.): *το -ισμα του νερού* (Ι. Μ. Παναγιωτόπουλος).

χοχλίδι, βλ. *κοχλάδι*.

χοχλιός ο, ουσ. (συνιζ., λαϊκ.), σαλιγκάρι (βλ. λ.). [*κοχλίας*].

χόχλος ο, ουσ. (λαϊκ.), βράσιμο, κοχλασμός (βλ. λ.).

χράμι το, ουσ., χοντρό μάλλινο υφαντό που χρησιμοποιείται κυρίως ως κλινοσκέπασμα. [τουρκ. *ihram*].

χρεία η, ουσ. 1. ό,τι επιβάλλουν τα γεγονότα: *αυτός είναι πλούσιος, δεν έχει ~· αν η ~ το καλέσει, θα σε βοηθήσουμε* (συνών. *ανάγκη*). 2. (συνεκδοχικά) το αποτέλεσμα της ανάγκης, η στέρηση: *δεν είν' εύκολες οι θύρες, / εάν η ~ τες κουρταλεί* (Σολωμός). 3. (ειδικότερα) ανάγκη για αφόδευση. 4. (συνεκδοχικά) αποχωρητήριο, αφοδευτήριο.

χρειάζομαι, ρ. (ασυνίζ.). **Α.** (μτβ.) έχω ανάγκη από κάτι, μου λείπει κάτι: *-εται χρήματα / αίμα· όταν θα με -στείς, θα είμαι μακριά.* **Β.** (αμτβ.) είμαι χρήσιμος: *αυτό πέταξέ το, δε -εται* (συνών. *χρησιμεύω*). **Γ.** (απρόσ.) *-εται* = είναι ανάγκη: *-στηκε να πάω στον γιατρό· δώσε κάτι παραπάνω, αν -στεί.* Φρ. *τα -στηκε* (= φοβήθηκα, τρόμαξα): *τα -στήκαμε βλέπονταs πως ήταν πολλά τα καράβια* (Κόντογλου)· *τα -στηκε μόλις είδε το φίδι.* - Βλ. και *χρειαζούμενος*.

χρειαζούμενος, -η, -ο, μτχ. ως επίθ. (ασυνίζ.), που είναι χρήσιμος, αναγκαίος: *λιγοστά -α ρούχα του παιδιού* (Μπαστιάς) (συνών. *χρειώδης*). - Το ουδ. στον πληθ. ως ουσ. = τα αναγκαία, τα χρειώδη: *πήρε μαζί του μόνο τα -α.* - Βλ. και *χρειάζομαι*.

χρειασίδι το, ουσ. (ασυνίζ., λαϊκ.), οτιδήποτε μας είναι χρήσιμο (λ.χ. τα μαγειρικά σκεύη): *τα έχει όλα τα -ια.*

χρειώδης, -ης, -ες, γεν. *-ους*, πληθ. αρσ. και θηλ. *-εις*, ουδ. *-η*, γεν. πληθ. *-ών*, επίθ. (ασυνίζ., λόγ.), που είναι χρήσιμος, αναγκαίος (συνών. *χρειαζούμενος*). - Το ουδ. στον πληθ. ως ουσ. = τα αναγκαία, τα απαραίτητα.

χρεμετίζω, ρ. (για άλογο) βγάζω κραυγή (συνών. *χλιμιντρίζω*).

χρεμέτισμα το, ουσ., κραυγή αλόγου (συνών. *χλιμίντρισμα, χρεμετισμός*).

χρεμετισμός ο, ουσ., κραυγή αλόγου (συνών. *χρεμέτισμα, χλιμίντρισμα*).

χρεόγραφο το, ουσ. (νομ.) έγγραφο που αντιπροσωπεύει χρηματική αξία και βεβαιώνει τη σύναψη χρέους: *εκποίησε δημόσια -α· πληρωμή -άφου· μεταροπή ανώνυμου -άφου σε ονομαστικό*.

χρεοκοπία η, ουσ. **1.** (νομ.) κατάσταση επιχείρησης (κηρυσσόμενη με δικαστική απόφαση) που έπαυσε τις πληρωμές: ~ *δόλια* (συνών. *πτώχευση*). **2α.** (μεταφ.) ηθική έκπτωση· **β.** (γενικά) αποτυχία: ~ *της εξωτερικής πολιτικής· ~ της μεταρρυθμιστικής προσπάθειας* (συνών. *φιάσκο*).

χρεοκόπος ο, ουσ., αυτός που κήρυξε πτώχευση, αυτός που χρεοκόπησε.

χρεοκοπώ, -είς, ρ. **1.** (νομ. για επιχείρηση) κηρύσσομαι σε κατάσταση χρεοκοπίας (βλ. λ.), επειδή αδυνατώ να πληρώσω τα χρέη μου (συνών. *πτωχεύω*). **2α.** (μεταφ.) ξεπέφτω ηθικώς· **β.** (γενικά) αποτυγχάνω: *-όπησε η οικονομική πολιτική της κυβέρνησης· -ημένο πολιτικό μοντέλο*.

χρεολυσία η, ουσ. (νομ.) εξόφληση χρέους κατά ίσα χρονικά διαστήματα.

χρεολύσιο το, ουσ. (ασυνίζ.), (νομ.) ποσό που καταβάλλεται σε ίσα χρονικά διαστήματα για την απόσβεση χρέους (συνών. *χρεόλυτρο*).

χρεολυτικός, -ή, -ό, επίθ., που ανήκει ή αναφέρεται στη χρεολυσία (βλ. λ.) ή στο χρεολύσιο (βλ. λ.): *-ή απόσβεση χρέους· -ό δάνειο*. - Επίρρ. **-ώς**.

χρεόλυτρο το, ουσ. (νομ.) χρεολύσιο (βλ. λ.): *σε πέντε χρόνια παραγράφονται οι αξιώσεις των τόκων, των -ύτρων και των μερισμάτων* (αστ. κώδ.).

χρέος το, γεν. *-ους*, πληθ. *-η* και λαϊκ. *-ητα*, ουσ. **1.** ό,τι οφείλει κανείς σε άλλον, το δανεισμένο από κάποιον, ιδίως χρήματα: *σύναψη / απόσβεση -ους· βραχυπρόθεσμο / δημόσιο / εξωτερικό ~· πνίγεται στα -η·* (ειδικότερα) ~ *τιμής* (= οφειλή χαρτοπαίχτη που πρέπει να εξοφληθεί μέσα σε ένα εικοσιτετράωρο) (συνών. *οφειλή*). **2.** (μεταφ.) ηθική υποχρέωση: *έχεις ~ απέναντι στους γονείς σου· εγώ το έκανα το ~ μου· ~ μνήμης προς τους αφανείς ήρωες·* (ειδικά) *κοινό ~* (= ο θάνατος) (συνών. *καθήκον*). Φρ. *εκτελώ -η* (+ γεν.) (= ασκώ υπηρεσιακά καθήκοντα στη θέση κάποιου άλλου): *εκτελεί -η διευθυντή / προέδρου*.

χρεοστάσιο το, ουσ. (ασυνίζ.), (νομ.) αναστολή της πληρωμής χρεών ή της δίωξης για τη μη καταβολή χρεών που επιβάλλεται με νόμο και εφαρμόζεται σε περιπτώσεις σοβαρής διαταραχής της γενικής οικονομικής κατάστασης μιας χώρας, εξαιτίας πολέμων, υποτίμησης του νομίσματος, οικονομικού κραχ, κλπ.

χρεοφειλέτης ο, ουσ., αυτός που έχει χρέη (συνών. *χρεώστης*).

χρεωκοπώ, βλ. *γρεοκοπώ*.

χρέωμα το, ουσ., χρέωση (βλ. λ.).

χρεώνω, ρ. **Ι.** ενεργ. **1α.** (λογιστ.) εγγράφω κάποιον ως χρεοφειλέτη: *τα ~ στο λογαριασμό σου·* **β.** επιβαρύνω κάποιον με χρέος: *μου χρέωσε και τα έξοδα μεταφοράς*. **2.** (ειδικά) υποθηκεύω: *έχει -ώσει το σπίτι του*. **3.** (μεταφ.) θεωρώ κάποιον υπεύθυνο για κάτι: *η ήττα -εται στον αρχηγό του κόμματος· του -ωσαν την αποτυχία της ομάδας στο πρωτάθλημα*. **II.** (μέσ.) έχω χρέος· δανείζομαι: *-ώθηκε για να παντρέψει την κόρη του· είναι -μένος ως το λαιμό*.

χρέωση η, ουσ. **α.** (λογιστ.) το να εγγράφεται (χρηματικό) ποσό ως χρέος σε λογαριασμό (αντ. *πίστωση*)· **β.** (γενικά) επιβάρυνση με χρέος, το να βάζει χρέος κανείς: ~ *της περιουσίας του* (= υποθήκευση).

χρεώστης ο, ουσ., αυτός που έχει κάποιο χρέος, αυτός που χρωστά κάτι (συνών. *χρεοφειλέτης* αντ. *πιστωτής, δανειστής*).

χρεωστικός, -ή, -ό, επίθ., που ανήκει ή αναφέρεται σε χρεώστη ή σε χρέος: *εγγραφή / απόδειξη -ή* (αντ. *πιστωτικός*). - Το ουδ. ως ουσ. = έγγραφο που αναγράφει χρέωση ποσού σε λογαριασμό.

χρεωστώ, βλ. *χρωστώ*.

χρήμα το, ουσ. **α.** (πολιτ. οικον.) ειδικό «εμπόρευμα» που λειτουργεί ως μέτρο αξίας, μέσο κυκλοφορίας, θησαυρισμού, πληρωμής, κλπ., και η κοινωνία το αποδέχεται ως γενικό ισοδύναμο στις ανταλλαγές: *κυκλοφορία -ατος· το ~ που κυκλοφορεί* (= *νόμισμα*)*· αποζημίωση σε ~·* **β.** (συνήθως στον πληθ.) *λεφτά, παράδες·* περιουσία σε νόμισμα, ρευστό κεφάλαιο, μετρητά (βλ. λ.): *αμέτρητα -ατα· αμοιβή σε ~· έχει πολλά -ατα·* (περιεκτικό) *το ~ είναι γλυκό* (= έχει ελκυστική δύναμη)· *έπεσε πολύ ~* (= δαπανήθηκαν, πληρώθηκαν αρκετά)· *έχει ~ με ουρά* (= είναι βαθύπλουτος)· *ανώτερος -άτων* (~ = που δεν τον ενδιαφέρουν τα χρήματα ή δε δωροδοκείται).

χρηματαγορά η, ουσ. (πολιτ. οικον.) **1.** αγορά (προσφορά και ζήτηση) βραχυπρόθεσμων κεφαλαίων από τράπεζες, επιχειρήσεις, κλπ. (πβ. *κεφαλαι(ο)αγορά*). **2.** (συνεκδοχικά) χώρος όπου γίνεται η αγορά ρευστών κεφαλαίων, χρηματιστήριο: *πτώση του δολαρίου στις διεθνείς -ές*.

χρηματαποστολή η, ουσ., μεταφορά μεγάλου χρηματικού ποσού και, συνεκδοχικά, το ίδιο το χρηματικό ποσό, καθώς και τα πρόσωπα ή τα πράγματα που σχετίζονται με αυτήν: *ληστεία -ής· η ~ έγινε την τάδε ημέρα*.

χρηματίζομαι, ρ., κερδίζω χρήματα χρησιμοποιώντας αθέμιτα μέσα (κυρίως για υπάλληλο που εκμεταλλεύεται τη θέση του αποσπώντας οφέλη) (συνών. *δωροδοκούμαι, λαδώνομαι*).

χρηματίζω, ρ., κυρίως στον αόρ. *χρημάτισα* = άσκησα δημόσια ή ιδιωτική υπηρεσία, διατέλεσα, υπήρξα: *χρημάτισε υπουργός / πρόεδρος*.

χρηματικός, -ή, -ό, επίθ., που ανήκει ή αναφέρεται σε χρήματα: *υπολογισμός μιας καταστροφής σε -ές αξίες· τεράστια -ά ποσά·* (νομ.) *ποινή -ή· απόθεμα -ό· απαίτηση -ή* (= το οφειλόμενο δάνειο ή οι τόκοι του από την πλευρά του δανειστή). - Επίρρ. **-ώς**.

χρηματισμός ο, ουσ., το να χρηματίζεται (βλ. λ.) κάποιος, το να εκμεταλλεύεται το αξίωμά του ή τη θέση του για να αποκτήσει χρήματα με αθέμιτα μέσα.

χρηματιστηριακός, -ή, -ό, επίθ. (ασυνίζ.), που ανήκει ή αναφέρεται στο χρηματιστήριο: *συναλλαγές -ές· κρίση -ή· μετοχή -ή· κερδοσκοπία -ή*.

χρηματιστήριο το, ουσ. (ασυνίζ.), (οικον.) **α.** χώρος όπου τα εμπορευόμενα συγκεντρώνονται (συνήθως καθημερινά) για να πουλήσουν και να αγορά-

χρηματιστής

σουν κινητές αξίες ή εμπορεύματα: *-ια αξιών* (= οργανωμένες αγορές όπου διενεργούνται αγοραπωλησίες κινητών αξιών, δηλ. μετοχών, ομολογιών, χρυσού, χρυσών νομισμάτων και συναλλάγματος)· *-ια εμπορευμάτων* (= οργανωμένες αγορές όπου διενεργούνται συναλλαγές τυποποιημένων εμπορευμάτων, ναυλώσεων και θαλασσασφαλειών)· **β.** νομικό πρόσωπο δημοσίου δικαίου που οργανώνει τις σχετικές συναλλαγές: ~ *Λονδίνου / Νέας Υόρκης*· έκφρ. ~ *τέχνης* (= αποτίμηση έργων τέχνης).

χρηματιστής ο, θηλ. **-ίστρια**, ουσ. **1.** πρόσωπο που μεσολαβεί στις αγοραπωλησίες των μετοχών διαμέσου του χρηματιστηρίου ύστερα από εντολές των πελατών του, μεσίτης χρηματιστηρίου (συνών. *χρηματομεσίτης*). **2.** αυτός που συμμετέχει στις διαπραγματεύσεις του χρηματιστηρίου. **3.** δημόσιος υπάλληλος διαμέσου του οποίου συνάπτονται χρηματιστηριακές πράξεις.

χρηματιστικός, -ή, -ό, επίθ., που ανήκει ή αναφέρεται στο χρηματιστή (βλ. λ.): *πράξεις -ές· κεφάλαιο -ό* (= το βιομηχανικό και το τραπεζικό).

χρηματίστρια, βλ. *χρηματιστής*.

χρηματόγραφο το, ουσ., χρεόγραφο (βλ. λ.).

χρηματοδότης ο, θηλ. **-τρια**, ουσ., πρόσωπο ή (γενικά) οικονομική μονάδα που χρηματοδοτεί (βλ. λ.): *τράπεζα -τρια του έργου*.

χρηματοδότηση η, ουσ. (οικον.) **α.** (ενεργ.) το να διαθέτει μια οικονομική μονάδα (πρόσωπο ή επιχείρηση) χρηματικά μέσα για έργο, επιχείρηση, κλπ.: *εγκρίνω / διακόπτω τη ~*· **β.** (παθ.) εξασφάλιση χρηματικών μέσων: ~ *του έργου από όμιλο ξένων τραπεζών· εξωτερική / εσωτερική ~*.

χρηματοδοτικός, -ή, -ό, επίθ., που ανήκει ή αναφέρεται στη χρηματοδότηση (βλ. λ.) ή στο χρηματοδότη (βλ. λ.): *νέες -ές εργασίες των τραπεζών· ίδρυμα -ό*.

χρηματοδότρια, βλ. *χρηματοδότης*.

χρηματοδοτώ, -είς, ρ. (για οικονομική μονάδα) (ενεργ.) διαθέτω χρηματικά μέσα για την εκτέλεση έργου: *το υπουργείο πολιτισμού θα -ήσει αυτά τα προγράμματα*· (παθ.) εξασφαλίζω χρηματικά μέσα: *το έργο / πρόγραμμα -είται από ιδιώτες*.

χρηματοκιβώτιο το, ουσ. (ασυνίζ.), μετάλλινο κιβώτιο ειδικής κατασκευής κατάλληλο για τη φύλαξη χρημάτων: *διάρρηξη -ίου* (συνών. *κάσα*).

χρηματομεσίτης ο, θηλ. **-τρια**, ουσ. **1.** μεσίτης που προμηθεύει δάνεια. **2.** μεσίτης χρηματιστηρίου, χρηματιστής (βλ. λ.).

χρησάμενος ο, ουσ. (νομ.) πρόσωπο στο οποίο παραχωρείται δωρεάν για ορισμένο διάστημα η χρήση κάποιου πράγματος με σύμβαση χρησιδανείου (βλ. λ.): *ο ~ δεν έχει δικαίωμα να κάνει χρήση διαφορετική από την συμφωνημένη* (αστ. κώδ.)· *υποχρέωση -μένου*.

χρήση η, ουσ. **1.** χρησιμοποίηση, μεταχείριση: ~ *μισθωτών εργατών· αντικείμενα για καθημερινή ~· κοινωνιολογικών εννοιών στη μελέτη της λογοτεχνίας· ~ ναρκωτικών· ~ των σημείων στίξης / ενός λεξικού / ποιητικών συμβόλων*. **2.** (οικον.) εφαρμογή για ένα χρόνο του προϋπολογισμού ή ταμειακών και φορολογικών υπηρεσιών: *ισολογισμός για τη ~ του 1990*.

χρησιδάνειο το, ουσ. (ασυνίζ.), (νομ.) σύμβαση στην οποία ο ένας από τους συμβαλλομένους (χρήστης) παραχωρεί στον άλλον τη χρήση ενός πράγματος χωρίς να πάρει αντάλλαγμα, γι' αυτό και ο άλλος (χρησάμενος) είναι υποχρεωμένος να επιστρέψει το πράγμα αβλαβές μετά τη λήξη της σύμβασης αυτής: *σύμβαση / λήξη -είου· το ~ λήγει με το θάνατο του χρησαμένου* (αστ. κώδ.).

χρησιδεσπόζω, ρ. (νομ.) αποκτώ κυριότητα πράγματος με χρησικτησία (βλ. λ.): *η χρησικτησία διακόπτεται με την έγερση διεκδικητικής αγωγής εναντίον αυτού που -ει ή αυτού που κατέχει στο όνομα εκείνου* (αστ. κώδ.).

χρησιδεσποτεία η, ουσ. (νομ.) χρησικτησία (βλ. λ.).

χρησιδεσπότης ο, ουσ. (νομ.) αυτός που αποκτά κυριότητα πράγματος με χρησικτησία (βλ. λ.).

χρησικαρπία η, ουσ. (νομ.) το να εκμεταλλεύεται κάποιος ξένο (καρποφόρο) κτήμα με τη συγκατάθεση του ιδιοκτήτη του για ορισμένο χρονικό διάστημα ή ισοβίως.

χρησικτησία η, ουσ. (νομ.) απόκτηση της κυριότητας ξένου κινητού ή ακίνητου πράγματος με μακροχρόνια νομή, εφόσον συντρέχουν και άλλες προϋποθέσεις (νόμιμος τίτλος, καλή πίστη): *τακτική / έκτακτη ~* (αστ. κώδ.)· *αναστολή/διακοπή -ας*.

χρησιμεύω, ρ., αόρ. *χρησίμευσα* και (λαϊκ.) *-μεψα*, είμαι χρήσιμος, ωφέλιμος σε κάποιον ή για κάτι: *η πορσελάνη -ει στην κατασκευή κομψοτεχνημάτων* (συνών. *χρειάζομαι, χρησιμοποιούμαι*).

χρησιμοθήρας ο, ουσ. **α.** αυτός που συστηματικά επιδιώκει το χρήσιμο. **β.** (συνεκδοχικά, ειδικά) οπαδός της χρησιμοθηρίας (βλ. λ.), αυτός που ταυτίζει την ηθική με το ωφέλιμο και το χρήσιμο (συνών. *ωφελιμιστής*).

χρησιμοθηρία η, ουσ., συστηματική επιδίωξη του χρήσιμου, του ωφέλιμου, η οποία ταυτίζεται με το ηθικό (συνών. *ωφελιμισμός*).

χρησιμοθηρικός, -ή, -ό, επίθ., που σχετίζεται με τη χρησιμοθηρία: *επιδίωξη -ή*.

χρησιμοποίηση η, ουσ., η ενέργεια του χρησιμοποιώ: *η ~ των ηλεκτρονικών υπολογιστών είναι απαραίτητη σε ορισμένες επιστήμες* (συνών. *χρήση*).

χρησιμοποιήσιμος, -η, -ο, επίθ., κατάλληλος να χρησιμοποιηθεί.

χρησιμοποιώ, -είς, ρ. (ασυνίζ.). **1.** θέτω στη διάθεσή μου κάτι για να πραγματοποιήσω μια επιδίωξη, ένα όφελος: ~ *ένα εργαλείο / μια μέθοδο· -ησε όλα τα μέσα για να προβληθεί· ~ το κύρος μου σε μια ορισμένη περίσταση*. **2.** (για προϊόν) μεταχειρίζομαι, το αγοράζω συχνά: *ποιο απορρυπαντικό -είς;* **3.** (για λ., φρ., κ.τ.ό.) λέω ή γράφω συχνά: *στο λόγο του -εί πολλά επίθετα*. **4.** εκμεταλλεύομαι (κάποιον ή κάτι), επωφελούμαι από κάτι: *τον -ησε για να προβληθεί· ~ τις περιστάσεις / την ευκαιρία*.

χρήσιμος, -η, -ο, επίθ. **1.** που μπορεί να δώσει κάποιο όφελος, που μπορεί να χρησιμοποιηθεί επωφελώς: *βιβλίο / εργαλείο -ο· συμβουλή -η*. **2.** (για πρόσωπο) που με τη δραστηριότητά του προσφέρει σημαντικές υπηρεσίες στους συνανθρώπους του: *κάθε άνθρωπος πρέπει να προσπαθεί να είναι ~ στους άλλους* (συνών. *ωφέλιμος·* αντ. *ανώφελος, άχρηστος*)· φρ. *είναι -ο να...* (= χρειάζεται) *ή θα ήταν -ο αν...: είναι -ο να ξέρει κανείς πολλές γλώσσες· θα ήταν -ο αν γινόταν μια τροποποίηση του σχετικού νόμου*.

χρησιμότητα η, ουσ., το να είναι κάτι χρήσιμο: *η*

~ *αυτού του βιβλίου / εργαλείου είναι πολύ μεγάλη* (συνών. *ωφελιμότητα*).

χρησμοδοσία η, ουσ., παροχή χρησμού: ~ *του μαντείου των Δελφών* (συνών. *προφητεία, μαντεία*).

χρησμοδοτώ, -είς, ρ., δίνω χρησμό (συνών. *μαντεύω, προφητεύω*).

χρησμολόγιο το, ουσ. (ασυνίζ.), βιβλίο που περιέχει χρησμούς.

χρησμολόγος ο και η, ουσ. 1. αυτός που δίνει χρησμούς. 2. αυτός που ασχολείται με την ερμηνεία ή τη συλλογή χρησμών. 3. (μεταφ.) αυτός που εκφράζει ανερμάτιστες ή δυσνόητες απόψεις.

χρησμός ο, ουσ. **1α.** (αρχ.) η απάντηση, η προφητεία μαντείου: *οι -οί του μαντείου των Δελφών ήταν διφορούμενοι·* **β.** (γενικά) μαντεία, προφητεία. 2. (μεταφ.) λόγος διφορούμενος: *αυτός μιλά με -ούς*.

χρήστης ο, θηλ. **-τρια**, ουσ. 1. αυτός που χρησιμοποιεί κάτι: ~ *συγγραμμάτων / μηχανήματος / μιας γλώσσας / ναρκωτικών*. 2. αυτός που έχει νομικό δικαίωμα να χρησιμοποιεί κάτι.

χρηστικός, -ή, -ό, επίθ., που μπορεί να χρησιμοποιηθεί εύκολα, ο κατάλληλος, ο προορισμένος για χρήση: *γραμματική -ή* (= περιορισμένη στα απαραίτητα)· *λεξικό -ό* (= για την καθημερινή χρήση περισσότερο παρά για την έρευνα)· *κείμενο με -ό χαρακτήρα· παράδειγμα -ό* (συνών. *εύχρηστος*).

χρηστικότητα η, ουσ., το να είναι κάτι χρηστικό.

χρηστοήθεια η, ουσ. (ασυνίζ.), το να έχει κάποιος τα χαρακτηριστικά του χρηστού (βλ. λ.) (συνών. *χρηστότητα·* αντ. *κακοήθεια*).

χρηστομάθεια η, ουσ. (ασυνίζ.), βιβλίο με διδακτικά αποσπάσματα από έργα συγγραφέων.

χρηστός, -ή, -ό, επίθ., έντιμος, ενάρετος, ηθικός: *αυτή η ενέργεια προσβάλλει τα -ά ήθη*.

χρηστότητα η, ουσ., το να είναι κανείς χρηστός (συνών. *ηθικότητα, τιμιότητα·* αντ. *ανεντιμότητα, φαυλότητα*).

χρήστρια, βλ. *χρήστης*.

χρίζω, ρ., αόρ. *έχρισα*, μτχ. παρκ. *χρισμένος*, ασβεστώνω, ασπρίζω: *χρίσαμε όλο το σπίτι*. - Βλ. και *χρίω*.

χρίση η, ουσ. 1. επάλειψη. 2. (εκκλ.) επάλειψη με το άγιο μύρο, μύρωση.

χρίσμα το, ουσ. 1. λάδι αναμιγμένο με άρωμα που χρησιμοποιείται σε εκκλησιαστικές τελετουργίες ορθοδόξων και καθολικών, το άγιο μύρο. 2. το θρησκευτικό μυστήριο της χρίσης του βαπτιζόμενου με άγιο μύρο. 3. επίσημος ορισμός υποψήφιου βουλευτή, δημάρχου, κλπ., από ένα κόμμα. [αρχ. *χρίσμα*].

χριστεπώνυμος, -η, -ο, επίθ. (λόγ.), ιδίως στην εκκλ. έκφρ. *-ο πλήρωμα* = το σύνολο των χριστιανών.

Χριστιανή, βλ. *χριστιανός*.

χριστιανικός, -ή, -ό, επίθ. (ασυνίζ.). 1. που ανήκει ή αναφέρεται στο χριστιανισμό: *διδασκαλία -ή*. 2. που ακολουθεί τα ηθικά διδάγματα του χριστιανισμού: *τακτική/συμπεριφορά -ή· ήθη -ά*. - Επίρρ. **-ά** και **-ως**.

χριστιανισμός ο, ουσ. (ασυνίζ.). 1. η θρησκεία που δίδαξε ο Ιησούς Χριστός. 2. (κατ' επέκταση) το σύνολο των διδασκαλιών, των θεσμών και πολιτιστικών μορφών που έχουν προέλευση από τη χριστιανική θρησκεία.

χριστιανοδημοκράτης ο, θηλ. **-ισσα**, ουσ. (ασυνίζ.), οπαδός της πολιτικής θεωρίας που συνδυάζει τα χριστιανικά δόγματα με δημοκρατικές ιδέες: *κόμμα -ών*.

χριστιανοδημοκρατικός, -ή, -ό, επίθ. (ασυνίζ.), που ανήκει ή αναφέρεται στους χριστιανοδημοκράτες.

χριστιανοδημοκράτισσα, βλ. *χριστιανοδημοκράτης*.

χριστιανομάχος ο, ουσ. (ασυνίζ.), εχθρός του χριστιανισμού: *οι -οι αυτοκράτορες της Ρώμης*.

χριστιανόπουλο το, ουσ. (ασυνίζ.), νεαρός χριστιανός.

χριστιανός ο, θηλ. **-ή**, ουσ. (ασυνίζ.). 1. που πιστεύει στη χριστιανική θρησκεία: ~ *ορθόδοξος* (= που ασπάζεται το ορθόδοξο χριστιανικό δόγμα). 2. (ευφημιστικά) άνθρωπος: *τι θέλεις, -έ μου, από μένα;* Φρ. *αν είσαι -ός, φρόντισε να...* (επίκληση με αδημονία ή και απόγνωση και συνάμα παρακλητικά).

χριστιανοσοσιαλισμός ο, ουσ. (ασυνίζ. δις), συνδυασμός σε πολιτικό επίπεδο των χριστιανικών δογμάτων με συγκεκριμένες αρχές του σοσιαλισμού.

χριστιανοσοσιαλιστής ο, θηλ. **-τρια**, ουσ. (ασυνίζ. δις), οπαδός του χριστιανοσοσιαλισμού (βλ. λ.): ~ *βουλευτής*.

χριστιανοσοσιαλιστικός, -ή, -ό, επίθ. (ασυνίζ. δις), που ανήκει ή αναφέρεται στο χριστιανοσοσιαλισμό ή τους χριστιανοσοσιαλιστές: *αρχές -ές· κόμμα -ό· οργάνωση -ή*.

χριστιανοσοσιαλίστρια, βλ. *χριστιανοσοσιαλιστής*.

χριστιανοσύνη η, ουσ. (ασυνίζ.). 1. η ιδιότητα του χριστιανού. 2. οι χριστιανοί ως σύνολο: *το Πάσχα είναι μια από τις μεγαλύτερες γιορτές της -ης*.

χριστολογία η, ουσ. 1. (θεολ.) το σύνολο των διδασκαλιών και απόψεων που διατυπώθηκαν από πατέρες της Εκκλησίας σε σχέση με το Χριστό. 2. η ιστορική έρευνα των τεκμηρίων σχετικά με το Χριστό.

χριστολογικός, -ή, -ό, επίθ., που ανήκει ή αναφέρεται στη χριστολογία: *έρευνα -ή*.

χριστολούλουδα τα, ουσ., λουλούδια από τον Επιτάφιο: *μέσα στα χαϊμαλιά των προβάτων έβαζε ~* (Κόντογλου).

χριστόπιτα η, ουσ., χριστόψωμο (βλ. λ.).

Χριστός ο, στις φρ. *τον έκαμα -ό* (= τον θερμοπαρακάλεσα)· ~ *και Παναγία!* (για να δηλωθεί έκπληξη ή αποδοκιμασία).

Χριστούγεννα τα, ουσ., χριστιανική γιορτή για τη γέννηση του Χριστού (25 Δεκεμβρίου): *γιορτές των -ων* (= οι γιορτές από τη μέρα της γέννησης του Χριστού μέχρι τα Θεοφάνεια)· *διακοπές των -ων* (= οι διακοπές των σχολείων κατά το παραπάνω διάστημα).

χριστουγεννιάτικος, -η, -ο, επίθ. (συνιζ.), που ανήκει ή αναφέρεται στα Χριστούγεννα, που γίνεται στις γιορτές των Χριστουγέννων: *ύμνοι -οι· κάλαντα -α· δώρα -α*. - Επίρρ. **-α** = την ημέρα των Χριστουγέννων: *αρρώστησε -α*.

Χριστούλης ο, ουσ. (ως επίκληση) *-η μου!* σε αναφορές στο Χριστό σε διηγήσεις ή συζητήσεις με μικρά παιδιά.

χριστόψαρο το, ουσ., ρέτουλα (βλ. λ.).

χριστόψωμο το, ουσ., ψωμί ειδικά παρασκευασμέ-

χρίω

νο για την εορτή των Χριστουγέννων (συνών. *χριστόπιτα*).
χρίω, ρ., αόρ. *έχρισα,* μτχ. παρκ. *χρισμένος,* ανακηρύττω επίσημα ιδίως υποψήφιους σε πολιτικές εκλογές: *-ομαι υποψήφιος δήμαρχος από πολιτικό κόμμα.* - Βλ. και *χρίζω.*
χροιά η, ουσ. (ασυνίζ.). 1. απόχρωση: *η επιδερμίδα του προσώπου του έχει ρόδινη ~.* 2. ιδιαίτερη ποιότητα ήχου: *η φωνή της έχει διαπεραστική ~.* 3. (μεταφ.) χαρακτήρας: *στα κείμενά του μπορεί κανείς να διακρίνει πολιτική ~.*
χρονάκια τα, ουσ. (συνίζ.), (με κάποια φιλοπαιγμοσύνη) χρόνια: *Τι γινόταν πριν από μερικά ~; φρ. έχει τα ~ του* (= είναι αρκετά ηλικιωμένος).
χρονιά η, ουσ. (συνιζ.). 1. χρονικό διάστημα ενός έτους: *τρεις -ιές δεν είχαμε καλή σοδειά· κακή ~ για τη γεωργία·* έκφρ. *άλλες -ιές* (= σε παλιότερα χρόνια)· (ευχή) *καλή ~!* 2. (ειδικότερα) σχολικό έτος: *πολλοί μαθητές έχασαν εφέτος τη ~ τους.* Φρ. *άκουσε της -ιάς του* (= τον έβρισαν πολύ έντονα)· *έφαγε της -ιάς του* (= ξυλοκοπήθηκε άγρια).
χρονιάζω, ρ. (συνιζ. λαϊκ.). 1. γίνομαι ενός έτους, φτάνω στην ηλικία του ενός έτους: *το μωρό θα -ιάσει τον Αύγουστο.* 2. (για νεκρό, αλλά και για γεγονότα του κοινωνικού βίου) συμπληρώνω ένα χρόνο: *-ιασε ο μακαρίτης* (= συμπληρώθηκε χρόνος από το θάνατό του) (συνών. στις σημασ. 1 και 2 *χρονίζω*).
χρονιάρικος, -η και **-ιάρα, -ικο,** επίθ. (συνιζ.), που συμπληρώνει ηλικία ενός χρόνου: *αγόρι / ζώο -ικο·* προβατίνα *-ιάρα·* έκφρ. *-ιάρα μέρα* (= ημέρα μεγάλης θρησκευτικής γιορτής): *δουλεύεις -ιάρα μέρα;*
χρονιάτικος, -η, -ο, επίθ. (συνιζ., λαϊκ.), ετήσιος: *μίσθωμα -ο.*
χρονίζω, ρ. 1. χρονιάζω (βλ. λ.). 2. καθυστερώ: *έχει -ίσει η υπόθεση σ' αυτήν την υπηρεσία.* 3. (για αρρώστιες) διαρκώ πάρα πολύ, γίνομαι χρόνιος: *-ει ο πυρετός.*
χρονικό το, ουσ. 1. έκθεση ιστορικών γεγονότων με βάση τη χρονολογική τους σειρά (και όχι τις μεταξύ τους σχέσεις): *το ~ του Β΄ παγκόσμιου πολέμου.* 2. τμήμα εφημερίδας αφιερωμένο σε ένα συγκεκριμένο επίκαιρο θέμα ή γεγονός: *~ καλλιτεχνικό / λογοτεχνικό.*
χρονικογράφος ο και η, ουσ., δημοσιογράφος που συντάσσει χρονικά σε εφημερίδα.
χρονικός, -ή, -ό, επίθ. 1. που ανήκει ή αναφέρεται στο χρόνο: *σ' αυτή τη -ή περίοδο· διάστημα -ό.* 2. (γραμμ.) που δηλώνει το χρόνο: *επίρρημα -ό· προτάσεις -ές.* - Το ουδ. στον πληθ. ως ουσ. = ιστορική διάρκεια: *το μεγαλύτερο σκάνδαλο στα -ά της χώρας.* - Βλ. και *χρονικό.*
χρόνιος, -α, -ο, επίθ. (ασυνίζ., λόγ.). α. που διαρκεί μεγάλο χρονικό διάστημα: *κατάσταση -α·* β. (για αρρώστιες) που εξελίσσεται αργά και διαρκεί πολύ χρόνο: *βρογχίτιδα -α·* ρευματισμοί *-ιοι* (αντ. *οξύς*).
χρονο-, α΄ συνθ. ρημάτων, ουσιαστικών και επιθέτων που δηλώνει «χρόνο»: *χρονοτριβώ, χρονοδιάγραμμα, χρονοβόρος.*
χρονοβόρος, -α, -ο, επίθ., που απαιτεί μεγάλο χρονικό διάστημα για τη διεκπεραίωσή του: *διαδικασία -α· διατυπώσεις -ες.*
χρονογράφημα το, ουσ., σύντομο, συνήθως εύθυμο και πνευματώδες δημοσιογραφικό κείμενο που ο

1504

συντάκτης του το συγκροτεί αντλώντας θέματα από την επικαιρότητα (πολιτική, κοινωνική, επιστημονική, κ.ά.).
χρονογραφία η, ουσ. 1. μεσαιωνικό γραμματειακό είδος που ιστορεί μια σειρά συνήθως ιστορικών γεγονότων (συχνά με ξεκίνημα από τα πολύ παλαιά χρόνια έως τις μέρες του συγγραφέα) με απλό τρόπο και χωρίς ιδιαίτερες λογοτεχνικές αξιώσεις. 2. η σύνταξη χρονογραφημάτων.
χρονογραφικός, -ή, -ό, επίθ., που ανήκει ή αναφέρεται στη χρονογραφία ή το χρονογράφο. - Επίρρ. **-ά:** με απλή περιγραφή, χωρίς τη διατύπωση θεωρητικότερων απόψεων.
χρονογράφος ο, ουσ. 1. (μεσν.) συγγραφέας χρονογραφίας (βλ. λ.) σε αντίθεση προς τον ιστορικό της εποχής. 2. δημοσιογράφος που καλλιεργεί το είδος του χρονογραφήματος. 3. (αστρον.) όργανο για την καταγραφή του χρόνου σε παρατηρήσεις ακριβείας.
χρονοδιάγραμμα το, ουσ. (ασυνίζ., νεολογ.). 1. καθορισμένα χρονικά όρια μέσα στα οποία σχεδιάζεται να γίνουν ορισμένα γεγονότα. 2. (στατ.) γραφική παράσταση που δείχνει τη σειρά διαδοχής ορισμένων μεταβολών.
χρονοδιακόπτης ο, ουσ. (ασυνίζ.), (τεχνολ.) ηλεκτρομαγνητική διάταξη που αυτόματα ρυθμίζει τη λειτουργία ή τη διακοπή ηλεκτρικών κυκλωμάτων σε καθορισμένα χρονικά διαστήματα.
χρονολόγηση η, ουσ., τοποθέτηση ιστορικού γεγονότος, προσώπου ή αντικειμένου σε συγκεκριμένο λίγο-πολύ χρονικό σημείο: *~ κειμένου παλαιότερου άγνωστου συγγραφέα/αρχαιολογικών ευρημάτων.*
χρονολογία η, ουσ. 1. η μνεία συγκεκριμένου χρονικού σημείου (έτους, ή και ημέρας και μήνα) κατά το οποίο συντελέστηκε ένα γεγονός που μπορεί να συνδέεται και με ορισμένο ιστορικό πρόσωπο: *~ έκδοσης ενός συγγράμματος / γέννησης ή θανάτου ενός προσώπου· η ~ της άλωσης της Πόλης από τους Τούρκους είναι 29 Μαΐου 1453* (συνών. *ημερομηνία*). 2. η επιστήμη που ασχολείται με τη χρονολόγηση των ιστορικών γεγονότων.
χρονολογικός, -ή, -ό, επίθ., που σχετίζεται με τη χρονολογία: *πίνακας ~· σύστημα -ό· ένδειξη -ή· με / σε -ή σειρά.* - Επίρρ. **-ώς** και **-ά.**
χρονολόγιο το, ουσ. (ασυνίζ.). 1. καταγραφή σειράς χρονολογιών που η καθεμιά τους αντιστοιχεί σε συγκεκριμένο ιστορικό γεγονός: *~ δημοσιευμάτων ενός συγγραφέα.* 2. (αστρον.) συλλογή πινάκων στους οποίους αναγράφονται για ορισμένο έτος οι ακριβείς θέσεις των ουρανίων σωμάτων, οι ώρες των φάσεων των σχετικών φαινομένων καθώς και στοιχεία χρήσιμα για αστρονομικούς υπολογισμούς.
χρονολογώ, -είς, ρ. 1. διατυπώνω την άποψή μου σχετικά με τη χρονολόγηση ενός παλαιότερου κειμένου, ευρήματος ή γεγονότος: *~ αυτό το κείμενο / το αγγείο στον πέμπτο αιώνα π.Χ.* 2. (μέσ.) τοποθετούμαι σε ορισμένο χρονικό διάστημα ή ορισμένη χρονική στιγμή: *το έργο -είται στον έκτο αιώνα μ.Χ.*
χρονομέτρης ο, ουσ., αυτός που μετρά τη χρονική διάρκεια ιδίως αθλητικού αγωνίσματος με χρονόμετρο (βλ. λ.).
χρονομέτρηση η, ουσ., μέτρηση του χρόνου με χρονόμετρο (βλ. λ.).

χρονομετρικός, -ή, -ό, επίθ., που σχετίζεται με το χρονόμετρο ή τη χρονομέτρηση: *όργανο -ό.* - Επίρρ. **-ά.**

χρονόμετρο το, ουσ., ειδικό όργανο για να μετράται με ακρίβεια ο χρόνος: ~ *ναυτικό.*

χρονομετρώ, -είς, ρ., μετρώ το χρόνο, προσδιορίζω την ακριβή χρονική διάρκεια γεγονότος ή ενέργειας με χρονόμετρο (βλ. λ.): ~ *αγώνα ταχύτητας 100 μέτρων.*

χρονοντούλαπο το, ουσ. (όχι έρρ.), στη φρ. *βάζω στο ~ (της ιστορίας)* (για υποθέσεις για τις οποίες δεν υπάρχει πια ενδιαφέρον).

χρόνος ο, πληθ. *-οι* οι και *-ια* τα, γεν. πληθ. *-ων* και *-ώ(ν),* αιτ. πληθ. *-ους* και *-ια,* ουσ. **1.** (μόνο στον εν.) η διάρκεια που γίνεται αντιληπτή με τη διαδοχή στο χώρο των γεγονότων, τα οποία συνιστούν την πραγματικότητα που αντανακλάται στη συνείδηση του ανθρώπου· διάρκεια που προσδιορίζεται αντικειμενικά με αστρονομικούς υπολογισμούς ή βιώνεται υποκειμενικά ανάλογα με την ψυχοσύνθεση του ατόμου: *ο ~ περνά γρήγορα· κανείς δεν μπορεί να σταματήσει το -ο· ο βιωμένος ~* (= που γίνεται αντιληπτός υποκειμενικά σε αντιδιαστολή προς τον αντικειμενικό, *μετρημένο χρόνο*). **2.** μέτρο για τη διάρκεια των φαινομένων: *ο ~ που χρειάζεται το φως του ήλιου να φτάσει στη γη.* **3.** διάρκεια σε σχέση με τη χρήση που της γίνεται· το όλο χρονικό διάστημα που έχει ο κυθένας στη διάθεσή του κατά την περίπτωση: *ο καλός μαθητής χρησιμοποιεί με όφελος το -ου· μείωση του -ου εργασίας των εργατών· αφιερώνει όλο του το -ο στο διάβασμα· δεν έχω καθόλου -ο για διάβασμα.* **4.** καθεμία από τις φάσεις που το σύνολό τους αποτελεί τον κύκλο λειτουργίας ενός κινητήρα. **5.** (νομ.) *συναπτός ~* (στις περιπτώσεις που δεν υπολογίζεται διακοπή από την έναρξη της προθεσμίας)· *ωφέλιμος ~* (στις περιπτώσεις που υπολογίζεται διακοπή κατά το ημερολόγιο). **6.** (μους.) η μέτρηση του χρονικού διαστήματος που δαπανάται για την απαγγελία ή την εκτέλεση των μουσικών φθόγγων. **7.** (μετρ.) η ρυθμική μονάδα του ποδός: ~ *εμβατηρίου.* **8.** (στη γυμναστική) καθεμιά από τις απλές κινήσεις ορισμένης διάρκειας που γίνονται κατά την εκτέλεση μιας σύνθετης κίνησης ή άσκησης: *τρεις κινήσεις σε δυο -ους.* **9.** (αθλητ.) α. χρονομετρημένη διάρκεια μιας κούρσας: *πέτυχε τον καλύτερο -ο· αυτός ο αθλητής πρέπει να βελτιώσει το -ο του·* β. καθορισμένη διάρκεια ενός ομαδικού αγωνίσματος: *τελείωσε ο ~ του παιχνιδιού.* **10.** (γραμμ.) συγκεκριμένος σχηματισμός του ρήματος που δηλώνει πότε και πώς γίνεται κάτι: *οι -οι του ρήματος της νέας ελληνικής είναι οκτώ.* **11.** διάρκεια δώδεκα μηνών, έτος: *τέσσερα -ια σπούδαζε· είναι δώδεκα χρονώ/ν.* **12.** (στον πληθ.) φάση της ζωής ή της ηλικίας ενός ατόμου: *παιδικά / εφηβικά / φοιτητικά -ια.* **13.** (στον πληθ.) χρονική περίοδος, εποχή: *προϊστορικοί / αρχαίοι -οι· νεότεροι -οι* (= τα χρόνια μετά την Αναγέννηση)· *στα -ια της Επανάστασης.* Εκφρ. *απάνω στο -ο* (= με την συμπλήρωση έτους) *από -ο σε -ο* (= από το ένα έτος σε άλλο)· *εδώ και -ια* (= πριν από κάμποσα χρόνια έως σήμερα)· *ελεύθερος ~* (= χρόνος χωρίς υποχρεωτική εργασία, που μπορεί κανείς να τον χρησιμοποιήσει όπως επιθυμεί)· *και του -ου (καλύτερα)* (ευχή προς κάποιον που γιορτάζει)· *με τα -ια* (= με το πέρασμα του καιρού): *με τα -ια θα συνηθίσεις· νεκρός ~* (ώρα αδράνειας, χωρίς ιδιαίτερη απασχόληση)· *στα μικρά μου -ια* (= όταν ήμουνα μικρός)· *στα -ια μου* (= στην εποχή της νεότητάς μου)· *το πλήρωμα του -ου,* βλ. *πλήρωμα* σημασ. *2· του -ου* (= το επόμενο έτος): *ποιος ξέρει αν θα ζω του -ου· το -ο* (= κάθε χρόνο): *πηγαίνει στο εξωτερικό δυο φορές το -ο· -ια και ζαμάνια,* βλ. *ζαμάνι: -ια και ζαμάνια έχω να σε δω· -ια πολλά* (= ευχή για μακροζωία σε κάποιον που γιορτάζει)· *-ια των χρονώ* (= επί χρόνια): *-ια του χρονώ είχε να νιώσει υγρά τα μάτια του* (Μπαστιάς)· *-ο (με) το -ο* (= με τον καιρό, καθώς περνούν τα χρόνια). - Η αιτ. του πληθ. σε θέση επιρρ. = *πολύ καιρό: -ια προσπαθούσε και μόλις τώρα τα κατάφερε.* Φρ. *είναι ζήτημα -ου,* βλ. *ζήτημα: η αρρώστια θα τον καταβάλει· είναι απλώς ζήτημα -ου· έρχομαι στα -ια σου* (= αποκτώ την ηλικία σου)· (προκ. για κατάρα) *κακό -ο να 'χεις· να κοπούν τα -ια σου· να μη σ' εύρει ο ~· κερδίζω -ο* (= εξοικονομώ χρόνο)· *κρατώ -ο* (= χρονομετρώ): *τρέξε όσο πιο γρήγορα μπορείς· θα κρατήσω -ο· μας άφησε -ους* (= πέθανε)· *με κυνηγάει / πιέζει ο ~* (= δεν έχω πολύ χρόνο στη διάθεσή μου)· *με πήραν τα -ια* (= είμαι πολύ ηλικιωμένος)· *μου τρώει -ο* (για χρονοβόρα ασχολία). *ο ~ θα δείξει* (= θα φανεί στο μέλλον): *ο χρόνος θα δείξει αν ήταν σωστή η απόφασή σου· ο ~ τρέχει* (= περνά ο καιρός)· *παίρνει -ο* (= χρειάζεται χρόνος): *θα πάρει -ο για να φανεί κάποιο αποτέλεσμα· χάνω -ο* (= δεν αξιοποιώ το χρόνο μου, καθυστερώ). Παροιμ. *εκατό -ών γάιδαρος περπατησιά δε μαθαίνει* (είναι δύσκολο να αποβάλει κανείς συνήθειες πολλών χρόνων)· *μέρας χαρά και -ου λύπη* (για απολαύσεις της στιγμής που φέρνουν μακροχρόνια δυστυχία)· *ό,τι / όσα φέρνει η ώρα δεν το / τα φέρνει ο ~,* βλ. *φέρνω· παρ' τονε στο γάμο σου να σου πει και του -ου,* βλ. *γάμος.* - Υποκορ. **-άκια** τα, **λ.** βλ. *ά .*

χρονοτριβή η, ουσ., κατανάλωση μεγάλου χρονικού διαστήματος, καθυστέρηση: *συνέχισε να εργάζεται χωρίς -ές.*

χρονοτριβώ, ρ., χάνω τον καιρό μου, δεν εκμεταλλεύομαι με επιτυχία το χρόνο μου, δαπανώ χρόνο περισσότερο από όσο χρειάζεται σε μια απασχόληση μου (συνών. *αργοπορώ, χασομερώ*).

χρόνου φείδου αρχαϊστ. εκφρ. = κάνε οικονομία χρόνου, μην αφήνεις το χρόνο να περνά άσκοπα, χωρίς να τον αξιοποιείς.

χρυσαετός ο, ουσ. (ζωολ.) αρπακτικό πουλί που ζει στην ηπειρωτική Ελλάδα, καθώς και σε ορισμένα νησιά του Αιγαίου.

χρυσαλλίδα η, ουσ. **1.** νύμφη εντόμων (βλ. *νύμφη* σημασ. 2). **2.** πεταλούδα.

χρυσαλοιφή η, ουσ., μίγμα που χρησιμοποιείται για επιχρύσωση.

χρυσάνθεμο το, ουσ. (φυτολ.) είδος ποώδους διακοσμητικού φυτού με άνθη σε ποικίλα χρώματα που βγαίνουν το φθινόπωρο.

χρυσαυγή η, ουσ., η ώρα λίγο πριν από την ανατολή του ήλιου (συνών. *ροδοχάραμα*).

χρυσαφένιος, -α, -ο, επίθ. (συνιζ.). **1.** κατασκευασμένος από χρυσάφι: *κοσμήματα -ια* (συνών. *χρυσός*). **2.** χρυσαφής (βλ. λ.): *ένα -ιο γλυκό φως* (Κόντογλου)· *μαλλιά -ια.*

χρυσαφής, (συνιζ.) **-ιά, -ί,** επίθ., που έχει το χρώμα και τη λάμψη του χρυσού, που χρυσίζει (βλ. λ.).

χρυσάφι το, ουσ. **1.** ο χρυσός (βλ. λ.). **2.** (συνεκδο-

χικά) ο πλούτος· φρ. *κολυμπώ στο* ~ (= είμαι πολύ πλούσιος).
χρυσαφικό το, ουσ. (λαϊκ.), χρυσό κόσμημα: *στη γιορτή φόρεσε όλα της τα -ά.*
χρυσελεφάντινος, -η, -ο, επίθ. (έρρ.), κατασκευασμένος από χρυσάφι και ελεφαντόδοντο: *το -ο άγαλμα του Δία.*
χρυσή η, ουσ., ίκτερος (βλ. λ.).
χρυσίζω, ρ. 1. (μτβ.) δίνω το χρώμα, τη λάμψη του χρυσού σε κάτι: *ο ήλιος -ιζε τα μαλλιά της / την επιφάνεια της θάλασσας.* 2. (αμτβ.) έχω το χρώμα, τη λάμψη του χρυσού: *η θάλασσα -ιζε το μεσημέρι· στάχυα που -ίζουν· τα μαλλιά της -ιζαν στο φως του ήλιου.*
χρυσικά τα, ουσ. (λαϊκ., σπάνιο), χρυσά αντικείμενα, ιδίως κοσμήματα.
χρυσικός ο, ουσ. (λαϊκ.), τεχνίτης που κατεργάζεται το χρυσάφι (συνών. *χρυσοχόος*).
χρυσίο το, ουσ. (λόγ.). 1. χρυσάφι κομμένο σε νομίσματα. 2. (περιληπτικά) σύνολο χρυσών νομισμάτων ή χρυσαφικών (βλ. λ.). 3. πλούτος.
χρυσο-, α΄ συνθ. ουσιαστικών, επιθέτων και ρημάτων που σημαίνει α. «χρυσός»: *χρυσόβεργα·* β. «σαν χρυσάφι»: *χρυσολάμπω·* (μεταφ.) *χρυσοχέρα·* γ. «με χρυσάφι»: *χρυσοδένω, χρυσοπλούμιστος.*
χρυσόβεργα η, ουσ., ράβδος χρυσού.
χρυσόβουλλο το, ουσ. (στη βυζ. εποχή) αυτοκρατορικό διάταγμα σφραγισμένο με τη χρυσή βούλλα (= σφραγίδα) του αυτοκράτορα.
χρυσογάιτανο το, ουσ. (λαϊκ.), κορδόνι μεταξωτό στολισμένο με χρυσές κλωστές που μ' αυτό στόλιζαν τα φορέματα.
χρυσοδένω, ρ. 1. (σπανίως) συναρμόζω τα μέρη κοσμήματος με χρυσάφι. 2. δένω ένα βιβλίο και στολίζω το κάλυμμά του με χρυσά γράμματα και κοσμήματα.
χρυσόδετος, -η, -ο, επίθ. (για βιβλίο) χρυσοδεμένος (βλ. *χρυσοδένω* σημασ. 2): *τόμοι -οι.*
χρυσοθήρας ο, ουσ., αυτός που ψάχνει για χρυσάφι, που αναζητεί άγνωστα κοιτάσματα χρυσού: *-ες στην Αλάσκα.*
χρυσοθηρία η, ουσ. (λόγ.), η ιδιότητα του χρυσοθήρα, η αναζήτηση κοιτασμάτων χρυσού.
χρυσοκάνθαρος ο, ουσ. 1. (λόγ.) χρυσόμυγα. 2. σκωπτ. για αλαζονικό πλούσιο, για νεόπλουτο.
χρυσοκάντηλο το, ουσ. (έρρ., λαϊκ.), χρυσό, φωτεινό καντήλι.
χρυσοκέντημα το, ουσ. (έρρ.), κέντημα καμωμένο με χρυσή κλωστή.
χρυσοκεντητής ο, θηλ. **-ήτρ(ι)α,** ουσ. (έρρ.), τεχνίτης ειδικός στο να κεντά υφάσματα, ενδύματα, κ.ά., με χρυσή κλωστή.
χρυσοκέντητος, -η, -ο, επίθ. (έρρ.), που φέρει διακοσμητικά κεντήματα καμωμένα με χρυσή κλωστή: *γιλέκα / άμφια -α.*
χρυσοκεντήτρ(ι)α, βλ. *χρυσοκεντητής.*
χρυσοκεντώ, -άς, ρ. (έρρ., λαϊκ.), κεντώ κάτι με χρυσή κλωστή: *μόπεσε το μαντήλι μου το -ημένο* (δημ. τραγ.).
χρυσοκίτρινος, -η, -ο, επίθ., που έχει λαμπερό κίτρινο χρώμα, που χρυσίζει: *μαλλιά -α* (= κατάξανθα).
χρυσοκόκκινος, -η, -ο, επίθ., κόκκινος με χρυσές ανταύγειες: *-α φθινοπωρινά φύλλα.*
χρυσόκολλα η, ουσ. (ορυκτ.) ορυκτό με γαλαζοπράσινο χρώμα, ένυδρο πυριτικό άλας του χρυσού.

χρυσοκόλλητος, -η, -ο, επίθ. (για κόσμημα, κ.ά.) που έχει κολλημένα διακοσμητικά μέρη από χρυσάφι.
χρυσοκονδυλιά και (έρρ.) **-κοντυλιά** η, ουσ. (συνίζ.), στολίδι ζωγραφισμένο με χρυσό χρώμα σε μεταβυζαντινή εικόνα ή σε παλιό χειρόγραφο.
χρυσόλιθος ο, ουσ. (ορυκτ.) γυαλιστερό ορυκτό με πρασινοκίτρινο χρώμα, πυριτικό άλας σιδήρου και μαγνησίου.
χρυσομπάμπουλας ο, ουσ. (όχι έρρ., λαϊκ.), χρυσόμυγα (βλ. λ.): *κάτι χρυσομπαμπούλοι, χοντροί σαν καρύδια, βουίζουνε* (Κόντογλου).
χρυσόμυγα η, ουσ. (ζωολ.) είδος κολεοπτέρου με χρυσοπράσινα φτερά: *τα παιδιά έδεναν με μια κλωστή τη* ~ *κι έπαιζαν.*
χρυσόνημα το, ουσ., νήμα από επιχρυσωμένο ασήμι ή παραπλήσιο υλικό που χρησιμοποιείται για τη διακόσμηση υφασμάτων, την κατασκευή κεντημάτων, κ.ά.
χρυσοπηγή η, ουσ. (ποιητ.) πηγή (τιμητικά): *και μετά βίας / τι μόστειλες,* ~ *της παντοδυναμίας* (Σολωμός).
χρυσόπλεχτος, -η, -ο, επίθ. (λαϊκ.), για ύφασμα που το έχουν στολίσει κατά την ύφανσή του με χρυσά νήματα.
χρυσοπληρώνω, ρ. (μτβ.) πληρώνω υπερβολικό χρηματικό ποσό για κάτι ή για κάποιον: *στην αγορά υπήρχε έλλειψη ανταλλακτικών κι αναγκάστηκα να τα -σω.*
χρυσοπλούμιστος, -η, -ο, επίθ. (λαϊκ.), για ύφασμα διακοσμημένο με χρυσή κλωστή, με χρυσά σιρίτια.
χρυσοποίκιλτος, -η, -ο, επίθ. (λόγ.), στολισμένος με χρυσά νήματα ή με χρυσάφι: *άμφια -α· σταυρός* ~.
χρυσοπράσινος, -η, -ο, επίθ., πράσινος με χρυσές ανταύγειες: *φύλλο -ο.*
χρυσός ο, ουσ. 1. (χημ.) απλό στοιχείο, ευγενές μέταλλο με λαμπερό κίτρινο χρώμα, μαλακό (όταν είναι αμιγές) και ελατό, απρόσβλητο από το νερό και τον αέρα, που βρίσκεται στη φύση αυτοφυές και χρησιμοποιείται για κοσμήματα, νομίσματα, κ.ά., σε κράμα συνήθως με χαλκό: *ράβδοι -ού* (συνών. *χρυσάφι, μάλαμα*). 2. χρυσός (σε νομίσματα ή όχι) ως θεωρητική νομισματική μονάδα ή διεθνές νόμισμα: *αποθέματα -ού μιας εκδοτικής τράπεζας· τιμή του -ού στις διεθνείς χρηματαγορές.* 3. (μετων.) α. πλούτος: *λατρεία του -ού·* β. για κάτι πολύτιμο, σπάνιο, εξαιρετικό: (γνωμ.) *η σιωπή είναι* ~ (παροιμ.) *ό,τι λάμπει δεν είναι* ~ (= να μη μας ξεγελά η λαμπρή εξωτερική εμφάνιση, γιατί συχνά δεν αντιστοιχεί με πραγματική αξία)· γ. έκφρ. *μαύρος* ~ = το πετρέλαιο.
χρυσός, -ή, -ό, επίθ. 1α. κατασκευασμένος από χρυσό: *δαχτυλίδι -ό· λίρα Αγγλίας -ή·* β. για πράγμα χρυσό κατά μεγάλο μέρος του, επίχρυσο ή από υλικό στο χρώμα του χρυσού: *γυαλιά -ά* (= με -ό σκελετό)· *αναπτήρας* ~· *φάνηκε το -ό του δόντι· κλωστή -ή·* γ. για κατεξαίρεση χρυσό ή επίχρυσο που δίνεται ως βραβείο στο νικητή αθλητικού αγωνίσματος ή σε όποιον πέτυχε ιδιαίτερα υψηλή απόδοση σε μια δραστηριότητα: *-ό μετάλλιο στον ακοντισμό·* (ως ουσ.) *ο Α πήρε δύο -ά στους Ολυμπιακούς του Μεξικού· τραγουδιστής με πολλούς -ούς δίσκους.* 2. που έχει χρώμα σαν του χρυσού, χρυσοκίτρινος: *μαλλιά -ά· ο ήλιος έβαφε -ά τα σύννεφα.* 3. (μεταφ., για πρόσωπο) α.

πολύ καλός, εξαιρετικός ως προς τις ικανότητες ή την αγαθότητα, (συνεκδοχικά) πολύ αγαπητός: *νοικοκύρης ~· είναι -ό κορίτσι· έχει -ή καρδιά·* **β**. (προφ.) με κτητ. αντων. (συνήθως α΄ προσ. και σε προσφών.) ως ουσ. για δήλωση αγάπης, στοργής, οικειότητας, κ.ά.: *πώς σε λένε, -ό μου; βρε καλέ μου, βρε -έ μου!* **4.** (μεταφ.) εξαιρετικά ωφέλιμος ή ευνοϊκός: *συμβουλή / ευκαιρία -ή* (συνών. *χρυσαφένιος* στις σημασ. 1α, β και 2, *μαλαματένιος* στις σημασ. 1α, β και 3). Εκφρ. *βραχιόλι -ό* (λαϊκ., για τέχνη ή επάγγελμα όπου μπορεί κανείς πάντοτε να βασίζεται για βιοπορισμό)· *γάμοι -οί* (για την πεντηκοστή επέτειο γάμου)· *εποχή -ή* (= χρονική περίοδος στην οποία δραστηριότητες, ιδιαίτερα στην τέχνη ή τα γράμματα, έχουν μεγάλη ανάπτυξη): *η περίοδος του μεσοπολέμου ήταν η -ή εποχή του ρεμπέτικου τραγουδιού· κανόνας ~* (= **1**. οικον., βλ. κανόνας σημασ. 11. **2**. μεταφ., βασική και αναμφισβήτητη αρχή για την επιτυχία σε μια δραστηριότητα): *~ κανόνας της δημοσιογραφίας· μετριότητα -ή* (ειρων., για άνθρωπο με κατώτερη αξία ή ικανότητες απ' όσες απαιτούνται για κάτι ή κοινωνικά άσημο)· *ορδή -ή* (ιστ., για το σύνολο των ταταρικών φυλών που κατοικούσαν στα βόρεια της Κασπίας και του Ευξείνου)· *τομή -ή* (= **1**. μαθημ., διαίρεση ευθείας σε δύο άνισα μέρη που ο λόγος του μικρότερου προς το μεγαλύτερο είναι ίσος με το λόγο του μεγαλύτερου προς ολόκληρη την ευθεία. **2**. μεταφ., η καλύτερη δυνατή απόφαση ή ρύθμιση ενός ζητήματος όταν υπάρχουν δύο ή περισσότερες απόψεις διαφορετικές ή αντίθετες· αλλιώς *μέση λύση*). Φρ. *γράφω / χαράζω με -ά γράμματα,* βλ. *γράμμα· κάνω -ές δουλειές* (για δραστηριότητα ή επιχείρηση που αποφέρει σε κάποιον πολλά κέρδη): *άνοιξε μαγαζί και κάνει -ές δουλειές· -ό τον έκανα..., αλλά...* (όταν ματαίως παρακαλούμε ή κολακεύουμε κάποιον, του δίνουμε υποσχέσεις ή κάνουμε παραχωρήσεις, για να πετύχουμε από αυτόν κάτι): *-ό να με κάνεις, δεν υποχωρώ*.

χρυσοσκέπαστος, -η, -ο, επίθ. (λαϊκ.), σκεπασμένος με χρυσοκέντητο ύφασμα: *η μούλα η -η βαστάει το νιον αφέντη* (δημ. τραγ.).

χρυσόσκονη η, ουσ., λεπτότατοι κόκκοι χρυσού ή διακοσμητικού υλικού που χρυσίζει.

χρυσοστόλιστος, -η, -ο, επίθ., στολισμένος με χρυσάφι: *παλάτια -α* (δημ. τραγ.).

χρυσόστομος, επίθ. αρσ. (λαϊκ.), για πρόσωπο που μιλά όμορφα και χρήσιμα, που λέει ό,τι ακριβώς απαιτείται σε ορισμένη στιγμή: (συνήθως σε προσφών. για επιδοκιμασία στη φρ.) *πες τα, -ε!*

χρυσούς αιών· αρχαϊστ. εκφρ.· (ιστ.) για εποχή ακμής, ευημερίας, προόδου: *ο ~ του Περικλέους*.

χρυσούφαντος, -η, -ο, επίθ. (ερρ.), υφασμένος με χρυσά νήματα: *επιμανίκια -α*.

χρυσόφα η, ουσ. (λαϊκ.), τσιπούρα (βλ. λ.).

χρυσοφόρος, -α, -ο, επίθ., που περιέχει χρυσάφι: *άμμος -α· κοιτάσματα -α*.

χρυσοχέρης, -α, επίθ. και ουσ. **α**. για πρόσωπο που χρησιμοποιεί επιδέξια τα χέρια του σε μια τέχνη ή σε μια εργασία κυρίως μέσα στο σπίτι: *γυναίκα -α·* **β**. (συνεκδοχικά) που κερδίζει πολλά από τη δουλειά του.

χρυσοχοείο το, ουσ., το εργαστήριο, το κατάστημα του χρυσοχόου.

χρυσοχοΐα η, ουσ., η τέχνη του χρυσοχόου.

χρυσοχοϊκός, -ή, -ό, επίθ., που αναφέρεται στη χρυσοχοΐα ή στο χρυσοχόο: *εργαλεία -ά*.

χρυσοχόος ο, ουσ., αυτός που κατασκευάζει κοσμήματα και διακοσμητικά ή άλλα αντικείμενα από χρυσό ή άλλα πολύτιμα μέταλλα.

χρυσόχρωμος, -η, -ο, επίθ., που έχει το χρώμα του χρυσού, χρυσαφής: *ψάρι με -η ράχη*.

χρυσόψαρο το, ουσ. (ζωολ.) κοινή ονομασία ψαριών του γλυκού νερού με χρώμα χρυσοκόκκινο, χρυσαφί, ασημί, κ.τ.ό., που συνήθως τα εκτρέφουν για διακοσμητικούς λόγους: *γυάλα / ενυδρείο με -α*.

χρύσωμα το, ουσ., το να χρυσώνει κανείς κάτι, επιχρύσωση.

χρυσώνω, ρ. **1**. καλύπτω κάτι με φύλλα ή με λεπτό στρώμα χρυσού ή με χρυσαλοιφή (συνών. *επιχρυσώνω, μαλαματώνω*). **2**. (μεταφ.) κάνω κάτι να αποκτήσει χρώμα χρυσοκίτρινο, χρυσές ανταύγειες: *ο ήλιος -ωνε τα σύννεφα*. Φρ. *να τον -εις, δεν...*, βλ. *χρυσός* φρ. *χρυσό τον έκανα· ~ το χάπι*, βλ. *χάπι*.

χρυσωρυχείο το, ουσ. **1**. μεταλλείο χρυσού: *-α της νότιας Αφρικής*. **2**. (μεταφ.) για επαγγελματική δραστηριότητα ή κυρίως για επιχείρηση πολύ πετυχημένη και επικερδή: *το κατάστημά του στην παραλία ήταν ~*.

χρυσωρύχος ο, ουσ., αυτός που δουλεύει σε χρυσωρυχείο ή που σκάβει για να βρει, για να βγάλει χρυσάφι.

χρύσωση η, ουσ., χρύσωμα (βλ. λ.).

χρυσωτής ο, ουσ. **α**. τεχνίτης ειδικός στο χρύσωμα (βλ. λ.)· **β**. (ειδικά) τεχνίτης βιοτεχνικού βιβλιοδετείου, ο οποίος χρησιμοποιώντας χρυσαλοιφή τυπώνει στη ράχη ενός βιβλίου που δένεται τα βασικά βιβλιογραφικά του στοιχεία.

χρυσωτικός, -ή, -ό, επίθ., που σχετίζεται με τη χρύσωση ή το χρυσωτή.

χρώμα το, ουσ. **1**. εντύπωση που προκαλείται στο μάτι από την αντανάκλαση των ακτίνων του φωτός στην επιφάνεια των σωμάτων: *τα -ατα της ίριδας· -ατα βασικά / απλά / συμπληρωματικά*. **2α**. η φυσική χροιά του ανθρώπινου δέρματος: *το μαύρο ~ των Αφρικανών·* **β**. το ροδαλό χρώμα του προσώπου που δείχνει ότι είναι κανείς υγιής: *ξανάρθε το ~ στο πρόσωπό του*. **3**. χρωστική ουσία, βαφή: *κόκκινο μεταλλικό ~ αυτοκινήτου* (συνών. *μπογιά*). **4α**. (μεταφ.) (στον προφορικό ή το γραπτό λόγο) χρωματισμός, ποικιλία, διάνθιση ύφους: *ομιλία χωρίς ~·* **β**. (για φωνή) τόνος, εκφραστική απόχρωση: *απαγγελία χωρίς ~*. **5**. (μεταφ.) το διακριτικό γνώρισμα κάθε τόπου (ως προς τα ήθη και έθιμα, τον τρόπο συμπεριφοράς, ντυσίματος, κλπ.): *~ τοπικό*. **6**. (μεταφ.) η ποιότητα που κάνει κάτι εξαιρετικά ενδιαφέρον ή συναρπαστικό: *η εκδήλωση είχε ένα ιδιαίτερο ~*. **7**. καθεμιά από τις τέσσερις κατηγορίες των φύλλων της τράπουλας (όπως κούπες, μπαστούνια, καρό, σπαθιά). **8**. (μους.) χρήση ημιτονίων σε μουσική σύνθεση. Έκφρ. *-ατα εθνικά* (= τα χρώματα της σημαίας ενός κράτους). Φρ. *αλλάζω ~* (= κιτρινίζω ή κοκκινίζω από ψυχική ταραχή)· (για πράγμα) *έκοψε το ~ του* (= αλλοιώθηκε ο χρωματισμός του)· *με το πρώτο πλύσιμο έκοψε το ~ της μπλούζας· παίρνω ~* (= **α**. (για πρόσωπο) μαυρίζω από τον ήλιο ή αποκτώ υγιή όψη· **β**. (για γλυκό, ψητό) ψήνομαι καλά, όπως πρέπει)· *χάνω το ~ μου* (= γίνομαι ωχρός από ψυχική ταραχή).

χρωματεΐνη η, ουσ. (χημ.) σύνθετο λεύκωμα που

αποτελείται από απλό λεύκωμα ενωμένο με χρωστική ουσία.

χρωματίζω, ρ. 1. προσδίδω σε κάτι χρώμα (συνών. *βάφω, μπογιατίζω*). 2. (μεταφ.) (για ύφος, λόγο, τραγούδι, κλπ.) προσδίδω ιδιαίτερη έκφραση, διανθίζω: *απήγγειλε το ποίημα χωρίς να -σει τη φωνή του*. 3. προσδίδω ιδιαίτερη κομματική, ιδεολογική χροιά σε κάτι: *ο λόγος του ήταν -ισμένος πολιτικά*.

χρωματικός, -ή, -ό, επίθ. 1. που σχετίζεται με χρώματα: *απόχρωση -ή*. 2. (μουσ.) που αναπτύσσεται με διαδοχικά ημιτόνια: *κλίμακα -ή* (αντ. *διατονικός*). - Το θηλ. ως ουσ. = το μέρος της ζωγραφικής τέχνης που αναφέρεται στην τέχνη των χρωμάτων.

χρωματισμός ο και **χρωμάτισμα** το, ουσ. 1. το να χρωματίζει κανείς κάτι (συνών. *βάψιμο, μπογιάτισμα*). 2. (μόνο στο αρσ.) παραλλαγή χρώματος, απόχρωση: *οί ανοιχτοί / χτυπητοί*. 3. (μεταφ.) ιδιαίτερη έκφραση, ιδιαίτερος τόνος (σε λόγο, ύφος, τραγούδι, κλπ.): *~ φωνής*.

χρωματιστός, -ή, -ό, επίθ. α. που έχει χρώμα, έγχρωμος (βλ. λ.) (αντ. *άχρωμος*) β. που έχει πολλά χρώματα: *φουστάνι / σεντόνι -ό* (συνών. *εμπριμέ·* αντ. *μονόχρωμος*).

χρωματοθεραπεία η, ουσ. (ιατρ.) θεραπεία ορισμένων νόσων με έγχρωμες ακτίνες.

χρωματοθήκη η, ουσ., παλέτα (βλ. λ.).

χρωματομετρία η, ουσ. (χημ.) μέθοδος προσδιορισμού της περιεκτικότητας ενός διαλύματος σε χρωστικές ουσίες.

χρωματοπωλείο το, ουσ., κατάστημα όπου πουλιούνται χρώματα, χρωστικές ύλες.

χρωματοπώλης ο, ουσ., πωλητής χρωμάτων, χρωστικών υλών.

χρωματοσώματα, βλ. *χρωμοσώματα*.

χρωματουργείο το, ουσ., εργοστάσιο κατασκευής κάθε είδους χρωμάτων.

χρωματουργία η, ουσ., βιομηχανία κατασκευής χρωστικών υλών.

χρωματουργός ο, ουσ., κατασκευαστής χρωμάτων.

χρώμιο το, ουσ. (ασυνίζ.), (χημ.) χημικό στοιχείο, μέταλλο λευκό, ανάλογο προς το σίδηρο και το μαγγάνιο. [νεολατ. *chromium*].

χρωμιούχος, -α, -ο, επίθ. (ασυνίζ.), που περιέχει χρώμιο.

χρωμίτης ο, ουσ. (ορυκτ.) μετάλλευμα από όπου βγαίνει το χρώμιο.

χρωμολιθογραφία η, ουσ., έγχρωμη λιθογραφία.

χρωμοσαμπουάν το, ουσ. (προφ. *μ-π*), σαμπουάν που παράλληλα είναι και βαφή μαλλιών.

χρωμόσφαιρα η, ουσ. (αστρον.) αεριώδες στρώμα των αστέρων που βρίσκεται πάνω από τη φωτόσφαιρα.

χρωμοσφαιρικός, -ή, -ό, επίθ., που σχετίζεται με τη χρωμόσφαιρα: *εκλάμψεις -ές* (βλ. *έκλαμψη*).

χρωμοσώματα και **χρωματοσώματα** τα, ουσ. (βιολ.) βασικά στοιχεία του πυρήνα του κυττάρου, φορείς του γεννητικού υλικού.

χρωμοσωμικός, -ή, -ό, επίθ., που σχετίζεται με τα χρωμοσώματα.

χρωμοτυπία η, ουσ. (τυπογραφία) εκτύπωση με χρωματιστή μελάνη, εκτύπωση έγχρωμων εικόνων.

χρωμοτυπογραφία η, ουσ., έγχρωμη τυπογραφική εκτύπωση με τη χρησιμοποίηση πολλών πλακών.

χρωμοφωτογραφία η, ουσ., έγχρωμη φωτογραφία.

χρωμοφωτοτυπία η, ουσ., έγχρωμη φωτοτυπία.

χρωστήρας ο, ουσ., εργαλείο για χρωματισμό που αποτελείται από δεσμίδα τριχών στερεά προσαρμοσμένη στην άκρη ξύλινου ραβδιού: *~ ζωγράφου* (συνών. *πινέλο*).

χρωστικός, -ή, -ό, επίθ., χρωματικός (βλ. λ. σημασ. 1): *ουσίες -ές*. - Το θηλ. ως ουσ. = ουσία που μεταδίδει στους ιστούς χρώμα: *-ή του δέρματος*.

χρωστώ, -άς και **χρεωστώ, -είς**, ρ. (ελλειπτ. στον αόρ.). 1. έχω χρέος, οφείλω: *-άει πολλά στην εφορία· σου ~ χίλιες δραχμές*. 2. έχω υποχρέωση, καθήκον: *με βοήθησες τότε· ~ τώρα να σου το ξεπληρώσω*. Φρ. *-άει τα μαλλιοκέφαλά του* (= οφείλει υπερβολικά ποσά) *-άει της Μιχαλούς* (= είναι τρελός). Παροιμ. *εκεί που μας -ούσανε, μας πήραν και το βόδι* (για κείνους που περιμένουν κάτι και όμως στο τέλος χάνουν περισσότερα). - Η μτχ. μέσ. ενεστ. *χρ(ε)ωστούμενος* ως επίθ. και ουσ. = αυτός που οφείλει να τον πληρώσει κάποιος που τον χρωστά: *-ούμενοι φόροι· πότε θα μου εξοφλήσεις τα -ούμενα;*

χταπόδι και **οχταπόδι** το, ουσ. 1. γένος μαλακίων με σακοειδές μαλακό και γλοιώδες σώμα, συνήθως γκριζοπράσινο, με οκτώ πλοκάμια και δύο σειρές βεντούζες στο καθένα από αυτά· φρ. *θα σε χτυπήσω σαν ~* (= θα σε ξυλοκοπήσω άγρια). 2. αξεσουάρ αυτοκινήτου με λαστιχένια σκοινιά και γάντζους για τη συγκράτηση των αποσκευών στη σκάρα του οχήματος. - Υποκορ. (στη σημασ. 1) *-άκι* το.

χτένα η, ουσ. 1. όργανο από πλαστικό, κόκαλο ή μέταλλο με πυκνά μυτερά δόντια από τη μία του πλευρά για το χτένισμα των μαλλιών (συνών. λαϊκ. *τσατσάρα*). 2. εργαλείο για το ξάσιμο μαλλιών ή λιναριού. - Υποκορ. *-άκι* το = μικρή χτένα για τη συγκράτηση ή διακόσμηση των μαλλιών. [αρχ. *κτεις*].

χτένι το, ουσ. 1. χτένα (βλ. λ. σημασ. 1). 2. εξάρτημα του αργαλειού. 3. γένος μαλακίων: *μύδια, -ια, καλαμάρια και άλλα θαλασσινά*. Φρ. *έφτασε ο κόμπος στο ~* (= έφτασε η κατάσταση στο απροχώρητο). Παροιμ. *όποιος έχει τα γένια έχει και τα -ια* (= όποιος επιχειρεί κάτι, πρέπει να έχει και τα απαραίτητα προσόντα ή μέσα εκτέλεσης).

χτενίζω, ρ. Ι. ενεργ. 1. τακτοποιώ τα μαλλιά του κεφαλιού με τη βοήθεια της χτένας: *~ το μωρό*. 2. ξαίνω με το χτένι μαλλί ή λινάρι. 3. (για γραπτό κείμενο) το επεξεργάζομαι περισσότερο, για να του δώσω την τελική του μορφή. 4. (μεταφ.) ψάχνω παντού για να βρω κάποιον ή κάτι: *η αστυνομία -ει την περιοχή για να βρει το δολοφόνο*. ΙΙ. μέσ. 1. τακτοποιώ τα μαλλιά μου με τη βοήθεια χτένας. 2. χτενίζομαι στο κομμωτήριο: *-ομαι κάθε Σάββατο*. Παροιμ. *ο κόσμος χάνεται κι εσύ -εσαι* (= για κάποιον που δείχνει αδιαφορία σε κρίσιμες στιγμές).

χτένισμα το, ουσ. 1. τακτοποίηση των μαλλιών με τη βοήθεια της χτένας: *τα μαλλιά σου θέλουν ~*. 2. τρόπος χτενίσματος: *~ μοντέρνο / βραδινό*. 3. (μεταφ.) επεξεργασία κειμένου ώστε να πάρει την τελική μορφή του. 4. το να ψάχνει κανείς μια περιοχή για να βρει κάποιον ή κάτι: *~ της περιοχής με ελικόπτερο*.

χτες, βλ. *χθες*.

χτεσινοβραδινός, βλ. *χθεσινοβραδινός*.

χτεσινομεσημεριανός, βλ. *χθεσινομεσημεριανός*.

χτεσινός, βλ. *χθεσινός*.
χτήμα, βλ. *κτήμα*.
χτήνος, βλ. *κτήνος*.
χτήριο, βλ. *κτήριο*.
χτίζω, ρ. 1. συναρμόζω οικοδομικά υλικά για να κατασκευάσω κάτι: *ολημερίς το -ανε, το βράδι εγκρεμιζόταν* (δημ. τραγ.) (συνών. *οικοδομώ, ανεγείρω·* αντ. *γκρεμίζω*). 2. φράζω με τοίχο, κλείνω: *έχτισαν το παράθυρο του σαλονιού*. 3. (για πόλη) ιδρύω: *η Θεσσαλονίκη -στηκε από τον Κάσσανδρο*. 4. (μεταφ.) δημιουργώ από το μηδέν: *ο Θεός έχτισε τον κόσμο σε επτά ημέρες· η φήμη του δεν ήταν τυχαίο πράγμα· την έχτισε ο ίδιος με τέχνη και υπομονή* (Παπαντωνίου) (συνών. *πλάθω*).
χτικιάζω, ρ. (συνιζ., λαϊκ.). Α. αμτβ. 1. προσβάλλομαι από φυματίωση. 2. (μεταφ.) ταλαιπωρούμαι, βασανίζομαι: *χτίκιασα όλη μέρα στη δουλειά!* Β. (μτβ., μεταφ.) ταλαιπωρώ, βασανίζω κάποιον: *με χτίκιασε όλη μέρα το παλιόπαιδο!*
χτικιάρης ο, θηλ. **-α**, ουσ. (συνιζ., λαϊκ.), φυματικός (βλ. λ., ουσ.).
χτικιάρικος, -η, -ο, επίθ. (συνιζ., λαϊκ.), που σχετίζεται με το χτικιάρη: *πρόσωπο -ο*.
χτικίασμα το, ουσ. (συνιζ., λαϊκ.), χτικιό.
χτικιό το, ουσ. (συνιζ., λαϊκ.). 1. φυματίωση. 2. (μεταφ.) βάσανο, ταλαιπωρία.
χτίσιμο το, ουσ. 1. το να χτίζει κανείς κάτι: ~ *σπιτιού* (συνών. *οικοδόμηση*). 2. φράξιμο κενού με τοίχο: ~ *της πόρτας*. 3. ίδρυση: ~ *πόλης* (συνών. *θεμελίωση*).
χτίστης ο, ουσ., εργάτης ειδικευμένος στο χτίσιμο (συνών. *οικοδόμος*).
χτιστικά τα, ουσ., έξοδα για το χτίσιμο (πβ. *εργατικά*).
χτιστός, -ή, -ό, επίθ., κατασκευασμένος με τοιχοποιία: *σπίτι -ό· καναπές* ~.
χτύπημα το, ουσ. 1. η ενέργεια και το αποτέλεσμα του χτυπώ (συνών. *πλήγμα*). 2. (συνεκδοχικά) πληγή, το μέρος που χτυπήθηκε: *τον πονάει το* ~. 3. επίθεση, έφοδος: *το* ~ *του εχθρού ήταν μοιραίο*. 4. (μεταφ.) συμφορά: *ο θάνατος του πατέρα ήταν μεγάλο* ~ *για την οικογένεια* (συνών. *πλήγμα*).
χτυπητά, βλ. *χτυπητός*.
χτυπητήρι το, ουσ., οικιακό όργανο για το χτύπημα μαγειρικών, κλπ., συστατικών, όπως αβγών, καφέ, κ.ά.
χτυπητός, -ή, -ό, επίθ. 1. που παρασκευάζεται με χτύπημα: *αβγά -ά*. 2. (για μέταλλα) σφυρήλατος. 3. (μεταφ.) έντονος, ζωηρός, εντυπωσιακός: *βάψιμο -ό· χρώματα -ά*. 4. (αρνητ.) που είναι προφανής προκαλώντας αρνητικές εντυπώσεις: *λάθος -ό*. - Το θηλ. ως ουσ. = είδος σαλάτας που παρασκευάζεται με χτύπημα τυριού, λαδιού και καφτερής πιπεριάς (συνών. *τυροσαλάτα*). - Επίρρ. **-ά**.
χτυποκάρδι το, ουσ., καρδιοχτύπι (βλ. λ.).
χτυποκαρδίζω, ρ. 1. προκαλώ χτυποκάρδι. 2. (μεταφ.) συγκινώ, ανησυχώ κάποιον: *με -ισες μ' αυτά που μου είπες*.
χτύπος ο, ουσ. **α**. ήχος, κρότος που προκαλείται όταν κάποιος χτυπήσει κάτι: ~ *της πόρτας·* **β**. ο παλμός της καρδιάς, χτυποκάρδι.
χτυπώ, -άς, ρ. I. ενεργ. 1α. (αμτβ.) βγάζω μεταλλικό ήχο, κουδουνίζω: *-ά η καμπάνα/το κουδούνι/το τηλέφωνο·* **β**. (μτβ.) προξενώ κρότο, ήχο ακουμπώντας με δύναμη κάποιο αντικείμενο: ~ *την πόρτα/το τύμπανο·* φρ. ~ *καμπανιά* (= κάνω υπαινιγμούς)· ~ *τα χέρια/παλαμάκια* (= χειροκροτώ). 2. (μτβ.) **α**. ακουμπώ κάποιον με δύναμη με το χέρι ή άλλο αντικείμενο, δέρνω, βαρώ: *με -ησε στο πρόσωπο/με τη βέργα· -ά τα παιδιά του· θα σε -ήσω σα χταπόδι*, βλ. *χταπόδι·* **β**. κλοτσώ, βαρώ: *-ησε την μπάλα/το μπαλάκι με τη ρακέτα*. 3. (μτβ. και αμτβ.) τραυματίζομαι ύστερα από πτώση, κ.τ.ό., σε σημείο του σώματός μου: *-ησα το πόδι μου· έπεσε και -ησε άσχημα*. 4. (μτβ., για πράγμα με αντικ. πρόσωπο) **α**. ενοχλώ πολύ ώστε να πληγώνω: *με -ησε το παπούτσι·* **β**. *με -ησε αυτοκίνητο* = έπεσε πάνω μου και με τραυμάτισε. 5. (αμτβ.) προσκρούω: *το κύμα -ούσε στα βράχια*. 6. (μτβ.) ανακατεύω διάφορα υλικά σε μίξερ ή με χτυπητήρι ώστε να γίνουν ένα μίγμα: ~ *αβγά με ζάχαρη/αβγολέμονο*. 7α. (μτβ.) κάνω επίθεση, έφοδο: *ο εχθρός -ησε στρατηγικούς στόχους·* **β**. (παθ.) δέχομαι επίθεση, βάλλομαι: *πλοίο -ήθηκε από πυρά εμπολέμων*. 8. κάνω την παρουσία μου αισθητή με μια επιθετική ενέργεια: *η τρομοκρατική οργάνωση/ο βιαστής -ησε πάλι*. 9. (μεταφ.) **α**. ασκώ αρνητική επίδραση σε κάποιον· επιφερω αρνητικά και καταστροφικά αποτελέσματα: *τον -ησε η ζέστη/ο έρωτας· τα νέα μέτρα -ούν ιδιαίτερα τους αγρότες· τους είχε -ήσει η αρρώστια· -ημένος από τη μοίρα·* **β**. καταπολεμώ: *ο Γ. Ν. Χατζιδάκις -ησε το κίνημα του δημοτικισμού*. 10. (μτβ.) υπενθυμίζω σε κάποιον σφάλμα ή αδύνατο σημείο του για να του προκαλέσω αίσθημα ενοχής: *έκανα ένα παραστράτημα και μου το -άς ολοένα!* 11. (τριτοπρόσ. για φυσικό φαινόμενο με αντικ. αιτ. προσώπου) είμαι εκτεθειμένος (στον αέρα, τον ήλιο, κλπ.): *με -ησε ο ήλιος και μαύρισα· μας -ά η δροσιά/το ρεύμα·* (αμτβ.) *-ά ο ήλιος* (= καίει, είναι δυνατός). 12. (για την καρδιά) σκιρτώ (βλ. λ.): *η καρδιά του -ούσε δυνατά από την αγωνία*. 13. (για τιμές) κατεβάζω: *ορισμένα καταστήματα -ούν τις τιμές στις εκπτώσεις*. 14. (για το γάλα) αποβουτυρώνω. 15. (για ποτά, κ.τ.ό., με αντικ. πρόσωπο ή και αμτβ.) πειράζω, ενοχλώ, ζαλίζω: *το κρασί τον -ησε στο κεφάλι*. 16. (λαϊκ., με αντικ. ενέσεις, βεντούζες, κ.τ.ό.) βάζω, κάνω: *του -ησαν δυο ενέσεις και συνήλθε*. II. μέσ. 1α. μάχομαι, έρχομαι σε σύγκρουση με κάποιον, πολεμώ· **β**. μονομαχώ· **γ**. έρχομαι στα χέρια με κάποιον, συμπλέκομαι. 2. θρηνώ, οδύρομαι: *σκούζει και -ιέται για το χαμό του γιου της· έκλαιγε και -ιόταν, μα ήταν πια αργά*. 3. (μεταφ., συνεκδοχικά) επιμένω έντονα: *-ιέται δεν ήξερε τίποτε για την υπόθεση· δεν της κάνω τη χάρη που να -ιέται!* Φρ. *κάτι μου -ά άσχημα στο αφτί / μάτι* (= μου κάνει άσχημη εντύπωση)· *(κάτι) μου -ησε στη μύτη* (= μου μύρισε): *μου -ησε στη μύτη το κρέας που ψηνόταν στα κάρβουνα· (κάτι) μου -ά στα νεύρα* (= με εκνευρίζει)· *κάτι μου -ησε στο μάτι* (= μου τράβηξε την προσοχή, μου έκανε εντύπωση· βλ. και *μάτι*)· *πάρε τον ένα και -α τον άλλο* (για περίπτωση που και οι δυο είναι εξίσου κακοί, φταίχτες, κ.τ.ό.)· ~ *ξύλο* (= απεύχομαι, ξορκίζω δυσάρεστο γεγονός με την αντίστοιχη χειρονομία)· ~ *(ένα κείμενο) στη γραφομηχανή* (= δακτυλογραφώ)· *-άει πόρτες* (= παρακαλεί, εκλιπαρεί για εκδούλευση)· *-άω το κεφάλι μου* (*στον τοίχο*) (= μετανιώνω για πράξη μου). - Η μτχ. ως επίθ. = λαβωμένος, πληγωμένος, τραυματισμένος.
χυδαία, βλ. *χυδαίος*.

χυδαΐζω, ρ. (λόγ.), συμπεριφέρομαι χυδαία ή μιμούμαι χυδαίους τρόπους.

χυδαιολόγημα το και **χυδαιολογία** η, ουσ., λόγος χυδαίος (συνών. *βωμολοχία*).

χυδαιολόγος ο και η, ουσ., αυτός που μιλά χυδαία, που χρησιμοποιεί βωμολοχίες.

χυδαιολογώ, -είς, ρ., μιλώ χρησιμοποιώντας βωμολοχίες, βρισιές.

χυδαίος, -α, -ο, επίθ. α. (για άνθρωπο) που συμπεριφέρεται και μιλά άξεστα ή και ανήθικα, αγενής, πρόστυχος: *είναι ένα -ο υποκείμενο·* **β.** (για συμπεριφορά, κ.τ.ό.) άξεστος, πρόστυχος, άσεμνος: *σκέψη / κουβέντα -α· μυθιστόρημα -ο.* - Επίρρ. **-α**: *τον έβρισε -α / -ότατα.*

χυδαιότητα η, ουσ., το να είναι κανείς χυδαίος, η ιδιότητα του χυδαίου.

χυλόπιτα και **χυλοπίτα** η, ουσ., είδος ζυμαρικού σαν πεπλατυσμένο μακαρόνι (συνών. *λαζάνια*). Φρ. *(κάποιος) έφαγε (τη)* ~, βλ. *τρώγω*.

χυλοποίηση η, ουσ., το να μετατρέπεται κάτι σε χυλό (βλ. λ.) (συνών. *χύλωμα*).

χυλός ο, ουσ. **1.** αραιός ή πηχτός πολτός από βρασμένα δημητριακά. **2.** έδεσμα πολτώδες από χοντραλεσμένο αλεύρι που βράζεται σε νερό. **3.** (ανθρωπολ.) το περιεχόμενο του λεπτού εντέρου που αποτελείται από τα τελικά προϊόντα της πέψης των τροφών. **4.** καθετί που μοιάζει με χυλό.

χυλώδης, -ης, -ες, γεν. -ους, πληθ. αρσ. και θηλ. -εις, ουδ. -η, επίθ., που έχει μορφή χυλού (συνών. *πολτώδης*).

χύλωμα το, ουσ., το να χυλώνει (βλ. λ.) κάτι, να γίνεται (σαν) χυλός (συνών. *χυλοποίηση*).

χυλώνω, ρ. Α. (μτβ.) μετατρέπω σε χυλό, πολτό. Β. (αμτβ.) μεταβάλλομαι σε ρευστό πολτώδες σώμα, σε χυλό, συνήθως ύστερα από πολύ βράσιμο: *χύλωσαν τα φασόλια.*

χύμα, (σε θέση επιρρ.) για προϊόν που δεν είναι συσκευασμένο και πουλιέται στην ποσότητα που επιθυμεί ο αγοραστής: *πουλώ / αγοράζω* ~· (και ως επίθ.) *μπισκότα / ρύζι* ~. [αρχ. ουσ. *χύμα* < *χέω*].

χυμός ο, ουσ. **1.** (βιολ.) **α.** το υγρό που περιέχεται σε οργανικές ουσίες και κυρίως στα φυτά και τα φρούτα: ~ *του δέντρου / του σώματος·* **β.** τα υγρά του στομαχιού που δημιουργούνται με την επίδραση του γαστρικού υγρού και βοηθούν στην πέψη των τροφών: *οί του στομάχου.* **2.** το υγρό που υπάρχει ή εξάγεται από διάφορες τροφές (συνών. *ζουμί*). **3.** το υγρό που παίρνομε από φρούτα στραγγίζοντάς τα και το πίνομε: *φυσικός ~ λεμονιού· ~ εμφιαλωμένος.* **4.** (μεταφ.) για κάτι που δείχνει ζωντάνια και νεανικότητα: *οί της νιότης.*

χυμώ, -άς, ρ., ορμώ, επιτίθεμαι, χύνομαι (βλ. λ. σημασ. ΙΙ 2): *τ' άγριο ζώο -ηξε πάνω του να τον κατασπαράξει· σαν Άι - Γιώργης χύμαγα το Δράκο να παλέψω* (Αθάνας).

χυμώδης, -ης, -ες, γεν. -ους, πληθ. αρσ. και θηλ. -εις, ουδ. -η, επίθ. **1.** που περιέχει πολύ χυμό: *πορτοκάλια -η· καρπός* ~ (συνών. *ζουμερός*). **2.** (μεταφ.) **α.** εύσαρκος, αφράτος: ~ *γυναίκα·* **β.** πηγαίος, αυθόρμητος, που έχει ή προκαλεί ζωντάνια: *αφήγηση / λόγος* ~ (συνών. στις σημασ. 2 α και β *ζουμερός*).

χύνω, ρ. Ι. ενεργ. **1.** (για υγρό ή στερεή ουσία σε μορφή σκόνης, κ.τ.ό.) **α.** κάνω να πέσει έξω από το δοχείο που φυλάγεται: ~ *κρασί από το μπουκάλι στο ποτήρι·* ~ *το καλαμπόκι από το τσουβάλι·* **β.** πετώ, ρίχνω: ~ *τα βρόμικα νερά από τον κουβά.* **2.** (για μέταλλα) λειώνω σε μεγάλη θερμοκρασία: ~ *σίδερο.* **3.** ρίχνω λειωμένο μέταλλο, γυαλί, κ.τ.ό., σε καλούπια και το αφήνω ώσπου να πάρει το σχήμα που απαιτείται: ~ *κερί / ορείχαλκο σε καλούπια.* **4.** (λογοτ.) διαχέω· εκπέμπω: *το φως που -ουνε οι λαμπάδες* (Σολωμός). **5.** (λαϊκ.), (για ανθρώπους και ζώα) φτάνω στο τελευταίο στάδιο της συνουσίας βγάζοντας σπέρμα (συνών. *εκσπερματώνω*). **6.** περιχύνω (βλ. λ. σημασ. 1): *-ουμε λειωμένο βούτυρο στο ταψί· μέλι στους λουκουμάδες.* ΙΙ. μέσ. **1.** (για υγρό ή στερεή ουσία σε μορφή σκόνης, κ.τ.ό.) ρίχνομαι, πέφτω έξω από το δοχείο όπου βρίσκομαι ή φυλάγομαι: *τρύπησε το σακί και -εται έξω το αλεύρι· από τον τρύπιο σωλήνα -εται το νερό.* **2.** (μεταφ.) ορμώ, χυμώ: *-θηκαν πάνω του να τον σκοτώσουν· -θήκανε σαν όχλος στην αγορά* (συνών. *ξεχύνομαι*). Φρ. ~ *αίμα* (= σκοτώνω ανθρώπους σε πόλεμο ή σε έγκλημα): *μ' όλο το αίμα που έχυσε, δεν μπόρεσε να ικανοποιηθεί·* ~ *(μαύρα) δάκρυα* (= κλαίω πικρά).

χύσιμο το, ουσ. **1.** η ενέργεια και το αποτέλεσμα του χύνω (βλ. λ.): ~ *του νερού απ' τη στάμνα.* **2.** (λαϊκ.) εκσπερμάτωση κατά τη συνουσία ή την ονείρωξη.

χυτήριο το, ουσ. (ασυνίζ.), εργοστασιακή εγκατάσταση με τον κατάλληλο εξοπλισμό για την τήξη μετάλλων, γυαλιού, κ.τ.ό., τα οποία μεταβάλλονται σε χυτά μηχανικά τεμάχια που παίρνουν σχήμα σε καλούπια και προορίζονται για μηχανολογικές κατασκευές.

χύτης ο, ουσ., αυτός που εργάζεται σε χυτήριο και χύνει (βλ. λ. σημασ. 2) μέταλλα.

χυτός, -ή, -ό, επίθ. **1.** (σπανιότ.) που χύνεται, ξεχύνεται. **2.** (για μέταλλα) που μπορεί να χυθεί ή έχει χυθεί (βλ. λ. σημασ. 2), εύτηκτος: *σίδηρος* ~. **3.** (για μαλλιά) ελεύθερα, λυτά. **4.** (ιδίως για ρούχα μα) που στέκεται φαρδύ ως προς το σώμα: *μπλούζα -ή* (αντ. *εφαρμοστός*). **5.** (μεταφ.) καλλίγραμμος (σαν να βγήκε από καλούπι): *σώμα -ό· γάμπα -ή.*

χυτοσίδηρος ο, ουσ., κράμα σιδήρου και άνθρακα που χρησιμεύει για υλικό κατασκευών με μεγάλη αντοχή (συνών. *μαντέμι*).

χύτρα η, ουσ., μαγειρικό ανοξείδωτο σκεύος, κατσαρόλα: ~ *ταχύτητας* (= ειδικά κατασκευασμένη χύτρα ώστε να μαγειρεύει σε πολύ λίγο χρόνο) (συνών. *τέντζερης*).

χωλαίνω, ρ., αμτβ. **1.** είμαι χωλός, κουτσός (συνών. *κουτσαίνω*). **2.** (μετρ.) για στίχο που του λείπει κάποιος μετρικός πους: *ο στίχος -ει.* **3.** (μεταφ.) υπολειτουργώ, δε βρίσκομαι σε καλή κατάσταση: *η οικονομία μας -ει.*

χωλίαμβος ο, ουσ. (αρχ. μετρ.) είδος ιαμβικού τρίμετρου στίχου.

χωλόποδα, βλ. *χωλοφόρα.*

χωλός, -ή, -ό, επίθ., που έχει φυσικό ελάττωμα στο ένα ή και στα δυο του πόδια (συνών. *κουτσός*).

χωλότητα η, ουσ., η ιδιότητα του χωλού.

χωλοφόρα και **χωλόποδα** τα, ουσ. (ζωολ.) γένος μεγάλων θηλαστικών ζώων που ζουν στη νότια Αμερική.

χώμα το, ουσ. **1.** το βασικό συστατικό του εδάφους που αποτελείται από μικρούς κόκκους, γίνεται λάσπη όταν βρέχεται και είναι ξερό όταν στεγνώνει, όπου φυτεύονται τα φυτά (σε αντιδιαστολή με την άμμο και τα πετρώματα): έβαλε ~ στις γλάστρες για να φυτέψει βασιλικό· ~ δροσισμένο με νυχτιάς αγέρι, / ~ βαφτισμένο με βροχή του Μάη (Δροσίνης)· χωράφια με εύφορο ~. 2. έδαφος, γη: κυλιέται στο ~· το έχουν κρύψει / θάψει κάτω απ' το ~. 3. (συνήθως στον πληθ.) τόπος, χώρα: ανάθεμα την ώρα που πάτησα το πόδι μου σ' αυτά τα -ατα. Φρ. έφαγε η μούρη του ~ (= λαϊκ., για ήττα ή παταγώδη αποτυχία)· μπαίνω στο ~ (= πεθαίνω)· τον έφαγε το μαύρο ~ (= σκοτώθηκε, πέθανε)· τον κρατά το ~ (= είναι νεκρός).

χωματένιος, -ια, -ιο, επίθ. (συνίζ.), που είναι φτιαγμένος ή αποτελείται από χώμα (συνών. χωμάτινος).

χωματερή η, ουσ., μεγάλος λάκκος στο έδαφος που χρησιμεύει για να ρίχνονται μέσα του σκουπίδια, απόβλητα ή φρούτα και λαχανικά που πλεονάζουν, ώστε να προστατεύονται οι άνθρωποι από ενδεχόμενες μολύνσεις και επιδημίες.

χωματής, -ιά, -ί, επίθ. (λαϊκ.), που έχει το χρώμα του χώματος.

χωματίλα η, ουσ. (λαϊκ.), η μυρωδιά του χώματος, ιδίως ύστερα από βροχή.

χωμάτινος, -η, -ο, επίθ., που είναι φτιαγμένος ή αποτελείται από χώμα: φράγμα -ο (συνών. χωματένιος).

χωματόδρομος ο, ουσ., δρόμος που η επιφάνειά του είναι από χώμα και όχι στρωμένη με άσφαλτο (αντ. άσφαλτος η).

χωματουργία η, ουσ., εκσκαφή και μεταφορά χωμάτων.

χωματουργικός, -ή, -ό, επίθ., που ανήκει ή αναφέρεται στη χωματουργία ή το χωματουργό.

χωματουργός ο, ουσ., εργάτης που ασχολείται με την εκσκαφή, μεταφορά και τακτοποίηση χωμάτων.

χωνάκι, βλ. χωνί.

χώνεμα το, ουσ. (λαϊκ.). 1. λειώσιμο μετάλλου. 2. το να γίνεται κάτι στάχτη (συνών. αποτέφρωση).

χωνευτήριο (ασυνίζ.) και **χωνευτήρι** το, ουσ. 1. καμίνι όπου λειώνονται τα μέταλλα. 2. χώρος υπόγειος όπου ρίχνονται τα οστά των νεκρών (όσα δεν τοποθετούνται σε θήκες στο οστεοφυλάκιο).

χωνευτικός, -ή, -ό, επίθ., που διευκολύνει, που βοηθάει τη χώνεψη· που χωνεύεται εύκολα: αφέψημα -ό· το τυρί είναι πολύ -ό. - Το ουδ. ως ουσ.: αυτό είναι καλό -ό.

χωνευτός, -ή, -ό, επίθ. 1. (για μέταλλο) χυτός. 2. που έχει προσαρμοστεί μέσα σε τοίχο, ξύλο, κλπ.: ντουλάπα -ή.

χωνεύτρα η, ουσ., καταβόθρα (βλ. λ.).

χωνεύω, ρ., αόρ. -εψα, μτχ. παρκ. -νεμένος. Α. μτβ. 1. λειώνω μέταλλο στο καμίνι. 2. επεξεργάζομαι την τροφή με τη διαδικασία της πέψης ώστε να αφομοιωθεί από τον οργανισμό: δε -ει εύκολα τα όσπρια· (απολ.) δεν πρέπει να κολυμπήσεις ώσπου να -έψεις. 3. (μεταφ.) ανέχομαι, υποφέρω, υπομένω κάποιον ή κάτι: δε ~ τους τεμπέληδες· κανείς δεν τον -ευε στη γειτονιά· δεν μπορώ να το -έψω ότι μου έκυνε τέτοιο πράγμα· (μέσ., αλληλ.) δε -ονται καθόλου μεταξύ τους· φρ. τον φάγαμε, μα πώς θα τον -έψουμε; (περιπαιχτικά, για άνθρωπο ιδιότροπο που δύσκολα μπορεί να τον ανεχτεί κανείς). 4. (μεταφ.) καταλαβαίνω πολύ καλά κάτι, το αφομοιώνω: μόνο αν το διαβάσεις πολλές φορές, θα μπορέσεις να το -έψεις το μάθημα· πρέπει να προσπαθήσεις πολύ από δω κι εμπρός, χώνεψέ το! (= κατάλαβέ το, βάλ' το καλά στο μυαλό σου). Β. αμτβ. 1. αποσυντίθεμαι: -εψε η κοπριά (= αποσυντέθηκε και είναι κατάλληλη για λίπασμα). 2. απορροφώμαι: -εψαν βαθιά στη γη τα νερά. 3. σταχτιάζω, αποτεφρώνομαι: -εψαν τα κάρβουνα. 4. αδυνατίζω: -εψε το πρόσωπό του· -νεμένα είναι τα μάγουλά του. [αρχ. χώνη].

χώνεψη η, ουσ., πέψη (βλ. λ.).

χωνί και **χουνί** το, ουσ. 1. αντικείμενο (από μέταλλο, πλαστικό ή γυαλί) κωνικού σχήματος που καταλήγει σε στενό στόμιο και το χρησιμοποιούμε για να μεταγγίζουμε υγρά. 2. είδος πρόχειρης χαρτοσακούλας σε σχήμα μακριού χωνιού. 3. τηλεβόας. 4. (γενικά) οτιδήποτε έχει σχήμα χωνιού: το ~ του γραμμοφώνου. - Υποκορ. **-άκι** το = 1. (γενικά) μικρό χωνί. 2. μικρό χωνί από φαγώσιμο υλικό όπου τοποθετείται παγωτό που πρόκειται να φαγωθεί στο χέρι: παγωτό σε κύπελο ή σε -άκι· (και ως επίθ.) παγωτό -άκι. 3. (λαϊκ., ιδιωμ.) είδος ποώδους διακοσμητικού φυτού με λευκόγκριζα φύλλα και λευκορόζ λουλούδια. [αρχ. χώνη].

χωνοειδής, -ής, -ές, γεν. -ούς, πληθ. αρσ. και θηλ. -είς, ουδ. -ή, επίθ., που έχει σχήμα χωνιού.

χώνω, ρ. I. ενεργ. 1. βάζω κάτι βαθιά στο χώμα, θάβω: -σανε το κασελάκι με τις λίρες σε μια γωνιά της αυλής. 2. μπήγω: έχωσαν το παλούκι στο χώμα· έχωσε τη βελόνα στο μπράτσο του. 3. κρύβω, σκεπάζω κάτι μέσα σε ή κάτω από άλλο πράγμα: έχωσε τι βιβλίο κάτω από τις κουβέρτες / τα χαρτιά μες στο συρτάρι. II. μέσ. 1. τρυπώνω, προφυλάγομαι, κρύβομαι κάπου: -θήκαμε μες στη σπηλιά ώσπου να σταματήσει η βροχή. 2. (μεταφ.) αναμιγνύομαι, επεμβαίνω: δε σου επιτρέπω να -εσαι στις υποθέσεις του σπιτιού μου. Φρ. κάποιον μέσα (= τον κλείνω φυλακή): τον έχωσαν μέσα για κατάχρηση· ~ τη μύτη μου κάπου (= αναμιγνύομαι, χώνομαι σε ξένη υπόθεση). [αρχ. χωννύω].

χώρα η, ουσ. 1. τμήμα του πλανήτη με καθορισμένα σύνορα που κατοικείται από ένα λαό και έχει δικό του όνομα, δική του κυβέρνηση, γλώσσα, κλπ.: οι -ες της Ευρώπης. 2. γεωγραφική περιοχή, με λιγότερη ή περισσότερη ακρίβεια καθορισμένη, που εξετάζεται κυρίως ως προς τη φυσική της όψη (κλίμα, βλάστηση, κλπ.): θερμές / ψυχρές / αρκτικές -ες· ~ ορεινή. 3. το σύνολο των κατοίκων, των οικονομικών και κοινωνικών δυνάμεων μιας χώρας: όλη η ~ ήταν ανάστατη· η ~ μας αντιστάθηκε στον κατακτητή. 4α. (με κτητ. αντων.) η πατρίδα, η γενέτειρα κάποιου: θέλει να γυρίσει πίσω στη ~ του· β. (με γεν.) περιοχή που παράγει κάτι, που είναι ιδιαίτερα ευνοϊκή ή πλούσια σε κάτι: η Γερμανία είναι η ~ της πατάτας. 5. πόλη, πρωτεύουσα (ιδίως νησιού): απ' το χωριό μας στη ~ είναι μια ώρα δρόμος. 6. (ανατομ.) περιοχή του ανθρώπινου σώματος: καρδιακή / οσφυϊκή ~.

χωραΐτης ο, θηλ. **-ίσσα**, ουσ. (λαϊκ.), κάτοικος της πόλης (αντ. χωρικός).

χωρατατζής ο, θηλ. **-ού**, ουσ. (λαϊκ.), που του αρέσει να αστειεύεται, να κάνει χωρατά.

χωρατεύω, ρ. (λαϊκ.), αστειεύομαι, κάνω χωρατά: το λες σοβαρά ή -εις· (μεταφ.) η θάλασσα δε -ει (Κόντογλου). [χωραΐτης].

χωρατό το, ουσ. (λαϊκ.), αστείο, αστεϊσμός: ~ κακόγουστο· δεν παίρνει από / δε σηκώνει -ά· έκφρ. στα -ά (= στα αστεία).

χωράφι το, ουσ., έκταση γης κατάλληλη για καλλιέργεια: *σπέρνω το ~· ~ με δημητριακά*· φρ. *κάνω ~* (= οργώνω)· *μπαίνω στα -ια κάποιου* (= στο πεδίο δράσης του). - Υποκορ. **-άκι** το. [*χώρα*].

χωρεπίσκοπος, βλ. *χωροεπίσκοπος*.

χωρητικότητα η, ουσ., η ποσότητα που μπορεί να χωρέσει, να περιλάβει ένα σώμα: *μπουκάλι -ας δύο λίτρων* (συνών. *περιεκτικότητα*).

χώρια, επίρρ. (συνιζ.). 1. χωριστά, ιδιαίτερα: *μένουμε ~· ~ ένας ένας πεθαίνουμε, μα όλοι μαζί είμαστε αθάνατοι* (Καζαντζάκης). 2. εκτός από, χωρίς να υπολογίσουμε: *είναι πολύ τσιγγούνης, ~ τα άλλα του ελαττώματα· ~ από όλα τ' άλλα, είναι πολύ μικρά τα δωμάτια*· έκφρ. *~ τα καλοκαίρια* (σκωπτ., για άτομο που κρύβει τα χρόνια του): *είναι 35 χρονών, ~ τα καλοκαίρια!* φρ. *έχουμε ~ τα τσανάκια,* βλ. φρ. *χωρίζουμε τα τσανάκια μας,* ά. *χωρίζω*.

χωριανός ο, θηλ. **-ή,** ουσ. (συνιζ.), αυτός που κατάγεται από το ίδιο χωριό με κάποιον (συνών. *συγχωριανός*).

χωριάτα, βλ. *χωριάτης*.

χωριατεύω, ρ. (συνιζ.), γίνομαι χωριάτης (βλ. λ. σημασ. 2), αγροίκος: *-εψα σα βλάχος* (Αθάνας).

χωριάτης ο, θηλ. **-ισσα** και **-α,** ουσ. (συνιζ.). 1. αυτός που κατοικεί σε χωριό (συνών. *χωρικός*). 2. (περιφρονητικά) άνθρωπος άξεστος, αγροίκος.

χωριατιά η, ουσ. (συνιζ. δις), συμπεριφορά ή πράξη άπρεπη, αγενής (συνών. *χωριατοσύνη*).

χωριάτικος, -η, -ο, επίθ. (συνιζ.). 1a. που σχετίζεται με το χωριό ή τους χωρικούς: *ζωή -η·* β. που προέρχεται από το χωριό, που παρασκευάζεται στο χωριό ή όπως στο χωριό: *πίτα -η· ψωμί -ο· σαλάτα -η*. 2. απολίτιστος, άξεστος: *φερσίματα -α*. - Επίρρ. **-α:** *μιλάει / φέρεται -α*.

χωριάτισσα, βλ. *χωριάτης*.

χωριατόπαιδο το, ουσ. (συνιζ.), αγόρι ή νεαρός άντρας που κατάγεται από χωριό.

χωριατοπούλα η, ουσ. **-ουλο,** ουσ. (συνιζ.), νέα ή νέος που κατάγεται από χωριό.

χωριατόσπιτο το, ουσ. (συνιζ.), σπίτι χωρικού.

χωριατοσύνη η, ουσ. (συνιζ.), χωριατιά (βλ. λ.).

χωριατοφέρνω, ρ. (συνιζ.), μοιάζω με χωριάτη, συμπεριφέρομαι σαν χωριάτης.

χωρίζω, ρ. Α. μτβ. 1. βάζω κάτι χωριστά από κάτι άλλο, ξεχωρίζω, διαχωρίζω: *-να -ίσετε τις κύριες από τις δευτερεύουσες προτάσεις· -ισα τις βαμπακερές από τις μάλλινες μπλούζες*. 2. διαιρώ, μοιράζω κάτι: *-ισα τη σελίδα σε τέσσερα ίσα μέρη· -ίσαμε την κουζίνα στα δύο· ~ περιουσία / κληρονομιά*. 3a. κάνω δύο ή περισσότερα πρόσωπα να απομακρυνθούν ο ένας από τον άλλον ή να μην έχουν πια σχέσεις: *τους -ισε η ξενιτειά / ο πόλεμος· η μετάθεση του πατέρα με -ισε από τις φίλες μου· το μίσος των δύο οικογενειών -ισε το νεαρό ζευγάρι·* β. δίνω στον ή τη συζυγό μου διαζύγιο, διαλύω το γάμου μου: *τον -ισε, γιατί της συμπεριφερόταν βίαια·* γ. (ειδικότερα) διακόπτω την πάλη μεταξύ δύο ανθρώπων ή ζώων απομακρύνοντας το(ν) ένα(ν) από το(ν) άλλο(ν): *ήρθαν στα χέρια και τους -ισε ο αστυφύλακας*. 4a. (για πράγμα ή τοπικό διάστημα) είμαι τοποθετημένος ανάμεσα σε δύο πρόσωπα ή πράγματα και τα εμποδίζω να ενωθούν, να επικοινωνήσουν ή να πλησιάσουν το ένα το άλλο: *το σύνορο που -ει τις δύο χώρες· ένας τοίχος -ει τα δύο σπίτια·* β. (για χρονικό διάστημα) μεσολαβώ ώσπου να γίνει κάτι που περιμένει κάποιος: *μια μέρα ακόμη μας -ει από το μεγάλο γεγονός.* Β. αμτβ. 1. αφήνω κάποιον / -ους και φεύγω, απομακρύνομαι από κάποιον / -ους προσωρινά: *-ίσαμε στις δύο το πρωί· φιληθήκανε οι δυο γυναίκες και -ίσανε* (Μπαστιάς). 2. διακόπτω τη συνεργασία μου με κάποιον: *-ισαν οι δυο συνέταιροι*. 3. παίρνω διαζύγιο: *-ισα από τον άντρα μου πριν από πέντε χρόνια*. Φρ. *-ουν οι δρόμοι μας* (= αναγκαστικά αποχωριζόμαστε)· *-ουμε τα τσανάκια μας,* βλ. *τσανάκι*. - Η μτχ. παρκ. ως επίθ. ή ουσ. = (αυτός) που έχει πάρει διαζύγιο, διαζευγμένος: *τα -ισμένα ζευγάρια πλήθυναν στην εποχή μας*.

χωρικός, -ή, -ό, επίθ., που υπάγεται στη δικαιοδοσία μιας χώρας: *-ά ύδατα*. - Το αρσ. και το θηλ. ως ουσ. = κάτοικος χωριού: *ζήτησα από δυο -ούς να μου δείξουν το σπίτι του*.

χωρίο το, ουσ., απόσπασμα κειμένου, περικοπή: *να βρείτε τα σχετικά -α του Αριστοτέλη· να υπογραμμίσετε τα -α όπου φαίνεται καθαρά ο χαρακτήρας του ήρωα· -α της Αγίας Γραφής*.

χωριό το, ουσ. (συνιζ.). 1. μικρός οικισμός (με λιγότερους από 2.000 κατοίκους) όπου επικρατεί κυρίως η πρωτογενής παραγωγή: *~ ορεινό / γραφικό· -ιά του Πηλίου*. 2. (συνεκδοχικά) το σύνολο των κατοίκων του χωριού: *το έμαθε όλο το ~.* Έκφρ. *όνομα και μη ~,* βλ. *όνομα.* Φρ. *γίναμε από δυο -ιά,* βλ. *δυο*· *κάνω ~ με κάποιον* (= συμφωνώ, συνεννοούμαι, ταιριάζω μαζί του): *δεν μπορούμε να κάνουμε ~ εμείς οι δυο· ~ που φαίνεται, κολαούζο δε θέλει,* βλ. *κολαούζος*. - Υποκορ. **χωριουδάκι** το.

χωρίς, πρόθ. 1. για να δηλωθεί στέρηση, απουσία, έλλειψη ή εξαίρεση: *απόμεινε ~ ελπίδα· βγήκε ~ την ομπρέλα του· ~ κεφάλαια δε δημιουργείται επιχείρηση· να ξεκινήσουμε ~ αυτόν*. 2. για να εκφραστεί αρνητικός χαρακτηρισμός: *άνθρωπος ~ μυαλό / ντροπή*. 3. (με επόμενη πρότ. βουλητική): *έφυγε ~ να το καταλάβουμε*. Έκφρ. *άλλο* (= οπωσδήποτε): *θα το έχω έτοιμο αύριο ~ άλλο* (συνών. *δίχως*).

χώρισμα το, ουσ. 1. χωρισμός· στη φρ. *ήρθαν / είναι στα -ίσματα* (για ζευγάρι που κόντεψε ή πρόκειται να χωρίσει). 2. χώρος ιδιαίτερος μέσα σ' ένα μεγαλύτερο: *σ' ένα ~ της αυλής είχαν βάλει τους τενεκέδες*. 3. τοίχος, ξύλο, κλπ., που χωρίζει ένα χώρο σε άλλους μικρότερους χώρους: *~ κινητό / προσωρινό*.

χωρισμός ο, ουσ. 1. το να ξεχωρίζει, να βάζει χωριστά κανείς κάτι: *~ των προτάσεων / των κατηγορηματικών από τους επιθετικούς προσδιορισμούς ενός κειμένου*. 2. διαίρεση, μοίρασμα: *~ της εργασίας σε τρία μέρη / του σπιτιού σε τρία δωμάτια*. 3. αποχωρισμός, απομάκρυνση ή διακοπή της σχέσης δύο ή περισσότερων προσώπων: *~ δυο φίλων / δυο ερωτευμένων· ο ζωντανός ο ~ παρηγορία δεν έχει* (δημ. τραγ.). 4. (ειδικότερα) το να χωρίζουν δύο σύζυγοι.

χωριστά, βλ. *χωριστός*.

χωριστικός, -ή, -ό, επίθ., που στοχεύει στο χωρισμό, που προκαλεί χωρισμό: *κίνημα -ό· τάσεις -ές· η τάση για καλλιέργεια των ιδιωμάτων μπορεί να πάρει πολιτικό -ό χαρακτήρα* (Μανόλης Τριανταφυλλίδης).

χωριστός, -ή, -ό, επίθ., ξεχωριστός, ιδιαίτερος: *δωμάτια -ά*. - Επίρρ. **-ά:** *ζουν -ά· τους πήραμε -ά και τους ρωτήσαμε*.

χωρίστρα η, ουσ., γραμμή που διαχωρίζει τα μαλλιά: ~ *πλάγια / ίσια*.

χωρογραφία η, ουσ., γενική περιγραφή χώρας ή περιοχής: ~ *της Θεσσαλονίκης*.

χωροεπίσκοπος και **χωρεπίσκοπος** ο, ουσ. (εκκλ., παλαιότερα) βοηθός επίσκοπος στην ορθόδοξη εκκλησία (αρχικά με δικαιοδοσία μόνο στους χωρικούς ανεξάρτητα από τον επίσκοπο της πόλης).

χωροθέτηση η, ουσ. (πολιτ. οικον. - πολεοδομία) προγραμματισμένη δημιουργία οικισμών ή οικονομικών μονάδων σε συγκεκριμένο χώρο: ~ *της βαριάς βιομηχανίας· ~ οικισμού σε στρατηγική / πλεονεκτική θέση*.

χωρομέτρης ο, ουσ., ειδικός που κάνει καταμέτρηση εδαφικών εκτάσεων με ειδικά όργανα.

χωρομέτρηση η, ουσ., μέτρηση επιφάνειας με κατάλληλα όργανα (συνών. *χωρομετρία*).

χωρομετρία η, ουσ. 1. χωρομέτρηση (βλ. λ.). 2. η τεχνική της καταμέτρησης εδαφικών εκτάσεων με ειδικά όργανα και αναπαράστασης του χώρου σε χάρτη.

χωρομετρικός, -ή, -ό, επίθ., που ανήκει ή αναφέρεται στη χωρομετρία ή στο χωρομέτρη (βλ. λ.): *όργανα -ά*.

χωρομετρώ, -είς, ρ., μετρώ εδαφικές εκτάσεις, επιφάνειες με κατάλληλα όργανα.

χώρος ο, ουσ. 1. η τρισδιάστατη έκταση που κατέχει ένα σώμα ή μέσα στην οποία είναι διευθετημένα ή συνυπάρχουν πολλά σώματα: *ο ~ της πλατείας / του σπιτιού· ευρωπαϊκός ~*. 2α. έκταση κενή, ελεύθερη για την τοποθέτηση σωμάτων ή την εγκατάσταση ατόμων: *δεν έχουμε -ο για να σας στεγάσουμε· δε βρίσκει -ο να παρκάρει το αυτοκίνητό του·* β. απόσταση ανάμεσα σε δυο σημεία ή αντικείμενα: *ανάμεσα στις λέξεις πρέπει να μένει πάντα κάποιος ~*. 3. (πολιτ.) *ζωτικός ~* = η γεωγραφική περιοχή που ένα έθνος θεωρεί ότι χρειάζεται επιπροσθέτως για να ικανοποιήσει βιοτικές και πολιτιστικές ανάγκες του. 4. (φυσ.) το απέραντο διάστημα που ενδεχομένως περιέχει υλική μάζα, είναι δυνατόν όμως να είναι και άδειο. 5. (σε θεωρητικό επίπεδο) περιοχή: *ο ~ του βιβλίου / της τέχνης / μουσικής / των θετικών επιστημών· σε ποιο πολιτικό -ο ανήκεις;* 6. (ψυχ.) η περιοχή όπου υφίστανται τα αντικείμενα και συντελούνται τα φαινόμενα του εξωτερικού κόσμου και οι εσωτερικές ατομικές ψυχολογικές διεργασίες στη διαδοχή τους, όπως ρητά συνειδητοποιούνται από το άτομο.

χωροστάθμη η, ουσ., ειδικό όργανο των τοπογράφων με το οποίο βρίσκουν το ύψος διάφορων σημείων της επιφάνειας της γης με αφετηρία την επιφάνεια της θάλασσας.

χωροστάθμηση η, ουσ. (τοπογρ.) μέτρηση με ειδικά όργανα του ύψους διάφορων σημείων της επιφάνειας της γης παίρνοντας ως αφετηρία την επιφάνεια της θάλασσας.

χωροσταθμικός, -ή, -ό, επίθ., που ανήκει ή αναφέρεται στη χωροστάθμηση (βλ. λ.): *όργανα -ά*.

χωροσταθμώ, -είς, ρ. (τοπογρ.) μετρώ με ειδικά όργανα το ύψος διάφορων σημείων της επιφάνειας της γης με αφετηρία την επιφάνεια της θάλασσας.

χωροτάκτης ο, ουσ., ειδικός επιστήμονας που ασχολείται με θέματα χωροταξίας (βλ. λ.).

χωροταξία η, ουσ., η μελέτη της κατανομής εδαφών ή οικονομικών μονάδων και του καθορισμού της χρήσης τους με βάση τις λειτουργικές ανάγκες του οικισμού σε σχέση με το περιβάλλον: *υπουργείο -ας, οικισμού και περιβάλλοντος*.

χωροταξικός, -ή, -ό, επίθ., που ανήκει ή αναφέρεται στη χωροταξία (βλ. λ.): *-ή κατανομή των πόλεων· -ή ιεραρχία της πόλης· -ό δίκτυο πόλεων· μελέτη / αναδιάρθρωση -ή· σχεδιασμός ~*.

χωροφύλακας ο, θηλ. **-ίνα**, ουσ., οπλίτης της χωροφυλακής (βλ. λ.).

χωροφυλακή η, ουσ. (παλαιότερα) ένοπλο σώμα στρατιωτικής οργανωμένο και επιφορτισμένο με την τήρηση της εσωτερικής ασφάλειας και τάξης με αρμοδιότητα σε ολόκληρη τη χώρα, εκτός από την Αθήνα, τον Πειραιά, την Πάτρα και την Κέρκυρα, όπου υπήρχε αστυνομία πόλεων.

χωροφυλακίνα, βλ. *χωροφύλακας*.

χωροφυλακίστικος, -η, -ο, επίθ., που ταιριάζει σε χωροφύλακα, που θυμίζει την τραχύτητα με την οποία παλιότερα ασκούσαν το έργο τους οι χωροφύλακες· σκαιός, απότομος, τραχύς. - Επίρρ. **-α**.

χωρόχρονος και **-χρό-** ο, ουσ. α. (φυσ.-μαθημ.) ο τρισδιάστατος χώρος μαζί με το χρόνο, ο χώρος και ο χρόνος εξεταζόμενοι μαζί για να προσδιοριστεί η θέση ενός φαινομένου· β. (ψυχ.) ένα αδιάσπαστο σύνολο στα πλαίσια του οποίου λειτουργεί ο ψυχοβιολογικός οργανισμός και συντελούνται τα φαινόμενα.

χωρώ, -άς και **-είς**, ρ., αόρ. **-εσα**. 1. έχω χώρο για να περιλάβω κάτι, έχω χωρητικότητα: *η αίθουσα -ά πεντακόσια άτομα· το όχημα δε -άει περισσότερα από πέντε άτομα* (συνών. *παίρνω*, σημασ. 15). 2. (αμτβ.) βρίσκω ή μπορώ να βρω τόπο, θέση σε κάποιο χώρο · μπορώ να συμπεριληφθώ: *δε -ούν όλοι μέσα στην αίθουσα / στο αυτοκίνητο*. 3. (τριτοπρόσ.) α. (μτβ.) επιδέχομαι: *τα λόγια του δε -ούν αμφισβήτηση·* β. (αμτβ.) μπορώ να γίνω αποδεκτός: *σ' αυτό δε -εί αμφιβολία / αντίρρηση· σ' αυτά τα φαινόμενα δε -εί εξήγηση*. Φρ. *δεν τον -ά ο τόπος / το σπίτι του* (= είναι πάρα πολύ ανήσυχος, ανυπόμονος, στενοχωρημένος)· *δεν το -ά ο νους μου* (= μου είναι ακατανόητο πώς συνέβη αυτό το πράγμα). Παροιμ. *ο ποντικός δε -ούσε στην τρύπα του κι έσερνε και κολοκύθια* (για όσους αναλαμβάνουν υποχρεώσεις που δεν μπορούν να τις εκπληρώσουν).

χωσιά η, ουσ. (συνιζ., λαϊκ.), ενέδρα (βλ. λ.).

χώσιμο το, ουσ. (λαϊκ.), το να χώνεται (βλ. λ.) κάποιος ή κάτι κάπου: *τα παλούκια θέλουν περισσότερο ~* (= *μπήξιμο*)· *~ λάκκου / τάφρου* (= επικάλυψη με χώμα, *παραχώσιμο*)· *~ φρούτων / σεντουκιού* (συνών. *καταχώνιασμα, θάψιμο*).

χωστός, -ή, -ό, επίθ. 1. που σχηματίστηκε με συσσώρευση χώματος: (αρχαιολ.) *~ τάφος*. 2. (μεταφ.) ύπουλος: *γροθιά -ή*.

ψ, Ψ (ψι). **1.** το εικοστό τρίτο γράμμα του ελληνικού αλφαβήτου· ένα από τα σύμφωνα της ελληνικής γλώσσας. - Βλ. και ψι. **2.** αριθμητικό σημείο = α. (όταν έχει τόνο επάνω δεξιά ή τελεία κάτω δεξιά: ψ΄, Ψ΄, ψ.) επτακόσια, επτακοσιοστός· β. (όταν έχει τόνο κάτω αριστερά: ,ψ) επτακόσιες χιλιάδες. **3.** (μαθημ.) συμβολική παράσταση της δεύτερης μεταβλητής ποσότητας (η πρώτη συμβολίζεται με χ): *άγνωστος ψ = χ-5.*
ψάθα η, ουσ. **1.** (βοτ.) είδος φυτού από τα στελέχη του οποίου κατασκευάζονται πλέγματα. **2.** (συνεκδοχικά) **α.** ψάθινο στρώμα: *στρώσε την ~ κάτω* (συνών. *ψαθί*)· **β.** λεπτό ψάθινο στρωσίδι ή στρώμα για την άμμο: *άπλωσαν στην παραλία τις -ες τους και ξάπλωσαν.* **3.** ψάθινο καπέλο: *φόρεσε την ~ σου να μη σε κάψει ο ήλιος* (συνών. *ψαθί*). **4α.** (κατ' επέκταση) στέλεχος αγρωστωδών (βλ. λ.) φυτών μετά την αφαίρεση των σπερμάτων· **β.** (συνεκδοχικά) πλέγμα από τέτοια στελέχη για ποικίλες χρήσεις (για κάλυψη καλυβών, κλπ.). **5.** (οικοδ.) διάταξη διάστρωσης παρκέτου από λουρίδες με μικρό πλάτος και μήκος και με τάκους, έτσι ώστε η μορφή που προκύπτει να δίνει την όψη ψάθινου πλέγματος. **6.** (ναυτ.) είδος μικρού τραπεζοειδούς ιστίου που χρησιμοποιείται κυρίως σε βάρκες και μικρά πλοία. Φρ. *έμεινε/πέθανε στην ~* (= πάμπτωχος).
ψαθάκι το, ουσ., αντρικό ψάθινο καπέλο με στενό γύρο: *οι άνθρωποι με τα κολάρα και τα -ια (Μπαστιάς)* (συνών. *ψάθα στη σημασ. 3*).
ψαθί το, ουσ. **1.** (βοτ.) φυτό από τα στελέχη του οποίου κατασκευάζονται διάφορα πλεκτά αντικείμενα. **2.** (συνεκδοχικά) ψάθινο στρώμα (συνών. *ψάθα*). **3.** ψάθινο καπέλο (συνών. *ψάθα στη σημασ. 3*). [αρχ. *ψίαθος*].
ψάθινος, -η, -ο, επίθ., που είναι κατασκευασμένος από ψάθα ή από ψαθί: *καπέλο / στρώμα -ο· καρέκλα -η*.
ψαθοποιείο το, ουσ. (ασυνίζ.), εργαστήριο ή εργοστάσιο κατασκευής ψάθινων αντικειμένων.
ψαθοποιός ο, ουσ. (ασυνίζ.), αυτός που κατασκευάζει ψάθες και ψάθινα είδη.
ψαθούρι το, ουσ. (λαϊκ.), είδος πίτας από μικρά τεμάχια ζύμης που τηγανίζεται σε λάδι ή σε βούτυρο και πασπαλίζεται με ζάχαρη ή τρώγεται με μέλι. [αρχ. *ψαθυρός*].
ψάθωμα το, ουσ. (λαϊκ.). **1.** κάλυψη με ψάθα. **2.** (συνεκδοχικά) πλεγμένο αντικείμενο που δίνει την όψη ψάθινου πλέγματος.

ψαθώνω, ρ. (λαϊκ.). **1.** σκεπάζω, καλύπτω με ψάθα κάτι. **2.** (μεταφ.) πλέκω κάτι δίνοντάς του την όψη ψάθινου πλέγματος.
ψαθωτός, -ή, -ό, επίθ. **α.** που είναι πλεγμένος με ψάθα ή ψαθί: *-ή μπουκάλα κρασιού·* **β.** που είναι πλεγμένος ή κατασκευασμένος ώστε να δίνει την όψη ψάθινου πλέγματος: *τουβλοδομή -ή*.
ψακή η και **ψακί** και (συνιζ.) **ψιακί** το, ουσ. (ιδιωμ.), δηλητήριο. [αρχ. *ψίαξ*].
ψάκωμα και (συνιζ.) **ψιάκωμα** το, ουσ. (ιδιωμ.), δηλητηρίαση.
ψακώνω και (συνιζ.) **ψιακώνω**, ρ. (ιδιωμ.), δηλητηριάζω.
ψαλίδα η, ουσ. **1.** μεγάλο ψαλίδι: *~ κηπουρού*. **2.** έλικας φυτού (κλήματος, φασολιού, αγράμπελης, κλπ.) (συνών. *ακροβλάσταρο*). **3.** (ιατρ.) νόσος των τριχών του κεφαλιού κατά την οποία οι τρίχες σχίζονται στα δύο. **4.** (ζωολ.) μικρό έντομο με δύο κεραίες και λαβίδες στο πίσω μέρος της κοιλιάς. **5.** (νεολογ. μεταφ.) απόσταση· διαφορά: *αυξήθηκε η ~ ανάμεσα στη βιομηχανική Δύση και στις χώρες του τρίτου κόσμου*.
ψαλιδάκι, βλ. *ψαλίδι*.
ψαλιδάρης ο, ουσ. (λαϊκ.), είδος γερακιού, το αρπακτικό πουλί «μίλβος».
ψαλίδι το, ουσ. **1.** μετάλλινο όργανο που αποτελείται από δύο βραχίονες συναρθρωμένοι στη μέση με άξονα που καταλήγουν στο ένα άκρο σε αιχμηρή λεπίδα, ενώ στο άλλο σε δακτύλιο και ανοιγοκλείνουν με τα δάχτυλα, που χρησιμοποιείται για την κοπή διάφορων υλικών (υφασμάτων, κλπ.): *~ κουρέα / ράφτη* (ιατρ.) χειρουργικό εργαλείο του ίδιου σχήματος. **2α.** (συνεκδοχικά) λεπτό καδρόνι του ξύλινου σκελετού της στέγης σπιτιού· **β.** (κατ' επέκταση) ο τριγωνικός σκελετός της στέγης. Φρ. *δούλεψε ~* (= περικόπηκαν πολλά από το πρωταρχικό κείμενο· *πέρασε λογοκρισία*) *~ πάει η γλώσσα του* (= φλυαρεί ακατάπαυστα). - Υποκορ. **-άκι** το (στη σημασ. 1).- Μεγεθ. **-α** (στη σημασ. 1).
ψαλιδιά η, ουσ. (συνιζ.). **1α.** κόψιμο με ψαλίδι· **β.** (συνεκδοχικά) αυτό που προέρχεται από κόψιμο με ψαλίδι: *δεν τον κούρεψε καλά, τον έκανε όλο -ές* (συνών. *ψαλίδισμα*). **2.** (συνεκδοχικά) είδος ναυτικού κόμπου: *διπλή ~*.
ψαλιδίζω, ρ. **1.** κόβω με ψαλίδι τις άκρες πανιού, χαρτιού, κλπ.: *μουστάκι -ισμένο*. **2.** (μεταφ.) περικόπτω, περιορίζω (ιδίως χρηματικό ποσό): *-ισαν ορισμένα κονδύλια / τους μισθούς* (συνών. *κου-*

τσουρεύω, ελαττώνω). Φρ. θα σου -ίσω τη γλώσσα (ως απειλή προς αυθάδη ή αθυρόστομο).
ψαλίδισμα το, ουσ. 1α. κόψιμο με ψαλίδι: *το μουστάκι σου θέλει ~*. β. αυτό που προέρχεται από κόψιμο με ψαλίδι (συνών. *ψαλιδιά*). 2. (μεταφ.) κουτσούρεμα, περικοπή (ιδίως χρηματικού ποσού): *~ μισθών*. Φρ. *έπεσε ~ στο ρεπορτάζ / ντοκιμαντέρ* (για λογοκρισία)· *η γλώσσα του θέλει ~* (για αυθάδη ή αθυρόστομο).
ψαλιδιστός, -ή, -ό, επίθ. 1. που είναι κομμένος γύρω γύρω με ψαλίδι. 2. (συνεκδοχικά) ψαλιδωτός (βλ. λ.): *-ή ουρά χελιδονιών*.
ψαλιδοκέρι το, ουσ. 1. είδος λαβίδας με την οποία καθαρίζεται η άφτρα λαμπάδας από το καμένο άκρο της (συνών. *κεροψάλιδο*). 2α. (παλαιότερα, μεταφ., σκωπτ.) είδος σκιστού παλτού ευρωπαϊκής ενδυμασίας· β. (συνεκδοχικά) αυτός που φορούσε τέτοια ενδυμασία· γ. (μεταφ.) επιδεικτικός, αλαζόνας, επιπόλαιος.
ψαλιδόχορτο το, ουσ., είδος φυτού.
ψαλιδωτός, -ή, -ό, επίθ., που έχει σχήμα ανοιχτού ψαλιδιού (συνών. *ψαλιδιστός*).
ψάλλω, ρ., αόρ. *έψαλα*, πληθ. *ψάλαμε*. 1. (γενικά) τραγουδώ: *τα παιδιά έψαλαν τον εθνικό ύμνο*. 2. (εκκλ.) τραγουδώ εκκλησιαστικούς ύμνους. 3. (σπανιότ.) εξυμνώ (με ποιητικό ή άλλο έργο): *ο Παλαμάς έψαλε τα κατορθώματα του Βασιλείου του Βουλγαροκτόνου*. - Βλ. και *ψέλνω*.
ψαλμικός, -ή, -ό, επίθ., που ανήκει ή αναφέρεται στους ψαλμούς.
ψαλμός ο, ουσ. 1. θρησκευτικό κείμενο που προέρχεται από τους «Ψαλμούς» της Παλαιάς Διαθήκης και καταλήγει σε τροπάρια· εκκλησιαστικός ύμνος. 2. (στον πληθ.) ένα από τα κανονικά βιβλία της Παλαιάς Διαθήκης που αποδίδεται στο βασιλιά Δαβίδ. Φρ. *κοντός ~ αλληλούια!* (για κάτι που συντελείται γρήγορα ή αμέσως).
ψαλμωδία και (συνίζ., λαϊκ.) **-ουδιά** η, ουσ., ψάλσιμο εκκλησιαστικών ύμνων: *απ' την πολλή την -ουδιά εσειόντανε οι κολόνες* (δημ. τραγ.).
ψαλμωδός ο, ουσ. (εκκλ.) 1. αυτός που ψέλνει εκκλησιαστικούς ύμνους, ψάλτης. 2. αυτός που γράφει εκκλησιαστικούς ύμνους, ποιητής ψαλμών (συνών. *μελωδός, υμνωδός*).
ψαλμωδώ, -είς, ρ. 1. ψάλλω εκκλησιαστικούς ύμνους, είμαι ψάλτης. 2. συνθέτω, γράφω εκκλησιαστικούς ύμνους, είμαι ψαλμωδός.
ψάλσιμο το, ουσ. 1. το να ψάλλει κανείς: *δεν του ξέφευγε λέξη από το ~*. 2. (μεταφ.) επίπληξη ή και μεμψιμοιρία, κλάψα.
ψαλτά, επίρρ., με ψαλμωδία: *το «Πάτερ Ημών» το είπε ~*.
ψαλτήρι(ο) το, ουσ. (ασυνίζ.), (εκκλ.) 1. λειτουργικό βιβλίο που περιέχει τους εκατόν πενήντα ψαλμούς του Δαβίδ. 2. (συνεκδοχικά) σημείο στο εσωτερικό ναού (στασίδια, αναλόγιο, φώτα, κλπ.) όπου στέκουν οι ψάλτες, χώρος για τους ψάλτες: *στάθηκε μπροστά στο δεξιό -ι*. 3. (μους.) παλιότερο έγχορδο μουσικό όργανο, το σημερινό κανόνι (βλ. *κανόνι*, ΙΙ). 4. (ανατομ.) τριγωνικό τμήμα του εγκεφάλου κάτω από το μεσολόβιο.
ψάλτης ο, πληθ. *-ες* και *-άδες*, θηλ. **-τρ(ι)α**, ουσ. 1. αυτός που ψέλνει εκκλησιαστικούς ύμνους στην εκκλησία: *δεξιός / αριστερός ~* (σε σχέση με την Ωραία Πύλη) (συνών. *ιεροψάλτης*). 2. (μεταφ.) ποιητής που εξυμνεί κάτι: *~ της λευτεριάς* (λ.χ. ο Ρήγας Βελεστινλής).

ψαλτικός, -ή, -ό, επίθ., που ανήκει ή αναφέρεται στον ψάλτη ή στο ψάλσιμο. - Το θηλ. ως ουσ. = η τέχνη του ιεροψάλτη: *μου αρέσει και η -ή*. - Το ουδ. στον πληθ. ως ουσ. = η αμοιβή του ιεροψάλτη.
ψάλτρ(ι)α, βλ. *ψάλτης*.
ψαμμιακός, -ή, -ό, επίθ. (ασυνίζ.). 1. που ανήκει ή αναφέρεται στην ψαμμίαση (βλ. λ.). 2. (για πρόσωπο) που πάσχει από ψαμμίαση.
ψαμμίαση η, ουσ. (ιατρ.) πάθηση των νεφρών κατά την οποία σχηματίζονται στα ούρα κρυσταλλικά άλατα. [αρχ. *ψάμμος*].
ψαμμίτης ο, ουσ. (ορυκτ.). 1. ιζηματογενές πέτρωμα που σχηματίστηκε από συγκολλημένους κόκκους χαλαζιακής άμμου (συνών. *ψαμμόλιθος, αμμόπετρα*). 2. (στον πληθ.) *-ες* = κατηγορία ιζηματογενών πετρωμάτων που τα μικρά τεμάχιά τους έχουν μέγεθος κόκκων ζάχαρης.
ψαμμόλιθος ο, ουσ. (ορυκτ.) ψαμμίτης (βλ. λ.).
ψάμμος η, ουσ. (ιατρ.) κρυσταλλικά άλατα σαν άμμος που σχηματίζονται στα ούρα και προκαλούν ψαμμίαση (βλ. λ.).
ψάξιμο το, ουσ., το να ψάχνει κανείς να βρει κάτι: *~ για σπίτι / απασχόληση* (συνών. *αναζήτηση, έρευνα*).
ψαραγκάθι και **-άγκαθο** το, ουσ. (έρρ., λαϊκ.), το ψαροκόκαλο (βλ. λ.).
ψαραγορά η, ουσ., αγορά όπου πουλιούνται ψάρια (συνών. *ιχθυαγορά, ψαράδικα τα*).
ψαράδικος, -η, -ο, επίθ., που ανήκει ή αναφέρεται στο ψάρεμα ή στον ψαρά (συνών. *αλιευτικός*). - Το ουδ. ως ουσ. = 1. πλοιάριο για ψάρεμα: *τα -α γυρίσανε τα ξημερώματα* (συνών. *αλιευτικό, ψαροκάικο, ψαροπούλα*). 2. μαγαζί στο οποίο πουλιούνται ψάρια (συνών. *ιχθυοπωλείο*). - Το ουδ. στον πληθ. ως ουσ. = η ψαραγορά (βλ. λ.).
ψαραίνω και **-ύνω**, ρ., αόρ. *-υνα*, γίνομαι ψαρός, γκριζομάλλης.
ψαράκι, βλ. *ψάρι*.
ψαράς ο, ουσ. 1. αυτός που ψαρεύει· αυτός που ασχολείται επαγγελματικά με το ψάρεμα. 2. αυτός που πουλά ψάρια, ιχθυοπώλης.
ψάρεμα το, ουσ. 1. η ενέργεια του ψαρεύω (βλ. λ.): *μ' αρέσει το ~*. 2. η τέχνη να ψαρεύει κανείς: *το ~ είναι δύσκολη τέχνη· ~ με δίχτυα / παραγάδια* (συνών. *ψαρευτική*). 3. (μεταφ.) η προσπάθεια να μάθει κανείς ένα μυστικό από κάποιον: *άσε το ~ και λέγε καθαρά τι θέλεις*.
ψαρευτική η, ουσ., ψάρεμα (βλ. λ. σημασ. 2) (συνών. *ψαρική*).
ψαρεύω, ρ. 1. ασχολούμαι με το πιάσιμο ψαριών ως επαγγελματίας ή ως ερασιτέχνης: *συνηθίζει να -ει με δίχτυα στ' ανοιχτά*. 2. ανασύρω κάτι που έπεσε στη θάλασσα, σε λίμνη, κλπ. 3. (μεταφ., με αντικ. κάποιο πρόσωπο) βολιδοσκοπώ κάποιον για να αποσπάσω μυστικό: *τον -εψα, αλλά δεν έμαθα τίποτα σχετικό με το θέμα*. Φρ. *~ στα θολά νερά* (= φροντίζω να επωφεληθώ από μια δύσκολη κατάσταση).
ψαρής, βλ. *ψαρός*.
ψάρι το, ουσ. 1. ζώο σπονδυλωτό που ζει στο νερό και είναι εφοδιασμένο με πτερύγια και βράγχια: *το ~ σπαρταρά· -ια του γλυκού νερού*. 2. (μεταφ., γι' πρόσωπο) α. χαζός, αφελής· β. (υπμτ. βλως) σκωπτ. για νεοσύλλεκτο. Φρ. *είναι σαν το ~ στη θάλασσα* (= βρίσκεται μέσα στο στοιχείο του, στο περιβάλλον που του ταιριάζει)· *του ψήνει το ~*

στα χείλη, βλ. *χείλος* τσίμπησε το ~ (= κατάφερα εκείνο που επιδίωκα). Παροιμ. *το μεγάλο ~ τρώει το μικρό* (= πάντα επικρατεί ο ισχυρότερος)· *φάτε, μάτια, -ια και κοιλιά περίδρομο,* βλ. *μάτι. -* Υποκορ. **-άκι** το.-Μεγεθ. **-ούκλα** η. [αρχ. *οψάριον*].

ψαριά η, ουσ. (συνιζ.), η συγκομιδή ψαριών ως αποτέλεσμα του ψαρέματος: *σήμερα έκανε καλή ~* (= έπιασε πολλά ψάρια).

ψαριανός, -ή, -ό, επίθ. (συνιζ.), που ανήκει ή αναφέρεται στα Ψαρά ή τους Ψαριανούς: *γολέτα -ή. -*Το αρσ. και το θηλ. (με κεφ. το αρχικό γράμμα) ως ουσ. = αυτός που κατοικεί στα Ψαρά ή κατάγεται από εκεί.

ψαριέρα η, ουσ. (συνιζ.), μεταλλικό σκεύος με σκέπασμα που χρησιμοποιείται για το ψήσιμο ψαριών.

ψαρικά τα, ουσ., τα ψάρια και γενικά τα θαλασσινά: *ταβέρνα με ~.*

ψαρική η, ουσ., το ψάρεμα (στις σημασ. 1 και 2): *είδη / σύνεργα -ής* (συνών. *ψαρευτική*).

ψαρίλα η, ουσ., η μυρωδιά από ωμά ψάρια: *εδώ μυρίζει ~.*

ψαρίσιος, -ια, -ιο, επίθ. (συνιζ.), που σχετίζεται με ψάρια: *ουρά -ια.*

ψαρόβαρκα η, ουσ., βάρκα για ψάρεμα (συνών. *ψαροπούλα*).

ψαροβότανο το, ουσ. (λαϊκ.), βότανο που ανακατεμένο με σκουλήκι και γαλατσίδα χρησιμοποιείται ως δόλωμα ψαρέματος: *ψάρεμα με δηλητηριασμένα -α.*

ψαρογένης ο, ουσ., αυτός που έχει ψαρά γένια.

ψαροκάικο το, ουσ., καΐκι που χρησιμοποιείται για ψάρεμα.

ψαροκάλαθο το, ουσ. (λαϊκ.), καλάθι πλατύ και ρηχό όπου τοποθετούνται τα ψάρια που ψαρεύονται.

ψαροκεφαλή η και **ψαροκέφαλο** το, ουσ., το κεφάλι του ψαριού.

ψαροκόκαλο το, ουσ. 1. κόκαλο ψαριού. 2. είδος βελονιάς σε κέντημα ή σχέδιο στην ύφανση υφάσματος που μοιάζει με σκελετό ψαριού. 3. είδος πατώματος παρκέ.

ψαρόκολλα η, ουσ., είδος κόλλας για κόλλημα κυρίως ξύλινων κομματιών, που παρασκευάζεται από υπολείμματα της κατεργασίας ψαριών.

ψαρόλαδο το, ουσ. 1. ιχθυέλαιο (βλ. λ.): *χρόνια στα ρούχα το ~ μυρίζει* (Καββαδίας). 2. (ειδικά) μουρουνέλαιο (βλ. λ.).

ψαρολίμανο το, ουσ. (λαϊκ.), λιμάνι όπου είναι αναπτυγμένη η αλιεία και γίνεται αγορά ψαριού.

ψαρομάλλης ο, θηλ. **-α,** ουσ., άνδρας ή γυναίκα που έχει ψαρά μαλλιά (συνών. *γκριζομάλλης*). - Η λ. και ως επίθ.

ψαρομάχαιρο το, ουσ. (λαϊκ.). 1. μαχαίρι που χρησιμοποιείται για το καθάρισμα ψαριού από τα σπάραχνα και τα λέπια του. 2. μαχαίρι που χρησιμεύει για το φάγωμα ψαριού.

ψαρομυαλος ο, ουσ. (μεταφ.) άνθρωπος ανόητος, κουτός.

ψαρονέφρι το, ουσ., φιλέτο από νεφραμιά (βλ. λ.). [*ψοιάριον + νεφρό*].

ψαρόνι το, ουσ. (ζωολ.) ωδικό, αποδημητικό πτηνό που μοιάζει με κότσυφα, έχει μαύρο χρώμα με πρασινωπή λάμψη και ζει σε σμήνη (συνών. *μαυροπούλι*). [αρχ. *ψαρ*].

ψαρο(ν)τουφεκάς ο, ουσ., αυτός που ψαρεύει με ψαροντούφεκο.

ψαρο(ν)τούφεκο το, ουσ., είδος τουφεκιού που λειτουργεί με πεπιεσμένο αέρα, έχει προσαρμοσμένο στο μπροστινό τμήμα του καμάκι και χρησιμοποιείται για υποβρύχιο ψάρεμα.

ψαροπάζαρο το, ουσ. (λαϊκ.), λαϊκή αγορά όπου πουλιούνται ψάρια (συνών. *ιχθυαγορά, ψαραγορά*).

ψαροπίρουνο το, ουσ., πιρούνι που χρησιμοποιείται για το φάγωμα ψαριού.

ψαροπούλα η, ουσ. 1. καΐκι για ψάρεμα (συνών. *ψαράδικο, ψαρόβαρκα*). 2. κόρη ψαρά - Βλ. και *ψαρόπουλο*.

ψαροπούλι το, ουσ., αλκυόνα (βλ. λ.).

ψαρόπουλο το, ουσ., νεαρός ψαράς. - Βλ. και *ψαροπούλα*.

ψαρός, -ή, -ό και **ψαρής, -ιά, -ί,** επίθ. 1. που έχει γκρίζο χρώμα: *μαλλιά -ά.* 2. που έχει γκρίζα μαλλιά: *έγινε ψαρός* (συνών. *ψαρομάλλης*). 3. (για ζώο) που έχει γκρίζο τρίχωμα: *φοράδα -ιά· άλογο -ί. -* Το αρσ. στον τ. *ψαρής* ως ουσ. = άλογο ψαρό: *εξύστρισε δύο άλογα, δύο -ήδες κοντούς* (Καρκαβίτσας).

ψαρόσουπα η, ουσ., σούπα από ψάρι.

ψαροταβέρνα η, ουσ., ταβέρνα όπου μπορεί κανείς να φάει ψαρικά (βλ. λ.).

ψαρότοπος ο, ουσ., περιοχή με πολλά ψάρια, όπου γίνεται συστηματικό ψάρεμα.

ψαροτουφεκάς, βλ. *ψαροντουφεκάς*.

ψαροτούφεκο, βλ. *ψαροντούφεκο*.

ψαρότρατα η, ουσ., τράτα (βλ. λ.).

ψαρούκλα, βλ. *ψάρι*.

ψαροφαγία η, ουσ., συστηματική κατανάλωση ψαριού στη διατροφή.

ψαροφάγος ο, ουσ. 1. αυτός που τρώει συστηματικά ψάρι. 2. ερωδιός (βλ. λ.).

ψαρύνω, βλ. *ψαραίνω*.

ψαύω, ρ., αόρ. *έψαυσα* (λόγ.), αγγίζω ελαφρά, ψηλαφώ.

ψαχνό το, ουσ., μέρος κρέατος που δεν έχει κόκαλα· (και ως επίθ.): *κρέας -ό·* (στον πληθ.) *-ά τα =* μαλακά μέρη του σώματος· φρ. *έλα στο ~* (= για συζήτηση, στο ουσιώδες σημείο)· *το μυαλό του πάει* (κατευθείαν) *στο ~* (= σκέπτεται πώς μπορεί να ωφεληθεί από κάτι)· *χτυπώ / βαρώ / πυροβολώ στο ~* (= χτυπώ θανάσιμα το ανθρώπινο σώμα). [μτγν. *σαχνός*].

ψάχνω, ρ., αόρ. *έψαξα.* I. ενεργ. 1. προσπαθώ επίμονα να βρω κάτι ή κάποιον: *μην -εις· δε θα το βρεις· τον έψαχνε όλη τη μέρα μέσα στο πλήθος· ~ μια λέξη σ' ένα λεξικό· ~ (για) δουλειά· ~ στο σκοτάδι.* 2. (με αντικ. πρόσωπο) κάνω σωματική έρευνα σε κάποιον για να ελέγξω αν έχει επάνω του κάτι ύποπτο ή παράνομο (π.χ. κλοπιμαία, ναρκωτικά, όπλα, κλπ.). II. μέσ. 1. αναζητώ κάτι επάνω μου: *έχασε τα κλειδιά του και -εται.* 2. ερευνώ τον ίδιο μου τον εαυτό, προσπαθώ να ανακαλύψω, να συνειδητοποιήσω κάποιες βαθύτερες επιθυμίες, συναισθήματα, τάσεις μου, κλπ.: *δεν ξέρει τι θέλει· ακόμα -εται.* Φρ. *~ με το κερί,* βλ. *κερί· ~ ψύλλους στ' άχυρα,* βλ. *ψύλλος.* [αόρ. *έψαξα<έψαυσα* του ρ. *ψαύω*].

ψαχούλεμα το, ουσ., η ενέργεια του ψαχουλεύω (βλ. λ.).

ψαχουλεύω, ρ., ψάχνω κρυφά με το χέρι να βρω κάτι: *τι -εις μέσα στην τσάντα μου; στο σκοτάδι -ευε να βρει το διακόπτη.* [συμφ. *ψάχω* (= ψάχνω) και *χαλεύω* (= ζητώ)].

ψεγάδι το, ουσ., μειονέκτημα, ελάττωμα.
ψεγαδιάζω, ρ. (συνιζ.), επίμονα αναζητώ και βρίσκω ψεγάδια και τα σχολιάζω.
ψέγω, ρ., αόρ. *έψεξα,* κατηγορώ, επικρίνω.
ψείρα η, ουσ. **1α.** μικρό παρασιτικό έντομο που ζει στο σώμα του ανθρώπου ή των ζώων και σε φυτά· **β.** (μεταφ.) για κάτι μικροσκοπικό: *γράμματα -ες.* **2.** (μεταφ.) άνθρωπος υπερβολικά λεπτολόγος. Παροιμ. *αλί που το 'χει η κούτρα του να κατεβάζει -ες,* βλ. *κούτρα· έφαγε η ~ και βγήκε στο γιακά* (= ικανοποιήθηκε και τώρα αδιαφορεί). [μτγν. *φθείρα*<αρχ. *φθείρ* με επίδραση του ουσ. *ψύλλος*].
ψειροαλοιφή η, ουσ., αλοιφή κατάλληλη να καταπολεμά ψείρες.
ψείρας ο, ουσ., άνθρωπος υπερβολικά λεπτολόγος, σχολαστικός: *είναι πολύ ψείρας· προσέχει και την παραμικρή λεπτομέρεια.*
ψειριάζω, ρ. (συνιζ.), αποκτώ στο σώμα μου ψείρες.
ψειριάρης, -α, -ικο, επίθ. (συνιζ.), που είναι γεμάτος ψείρες.
ψείριασμα το, ουσ., το να έχει αποκτήσει κανείς ψείρες.
ψειρίζω, ρ. **1.** (με αντικ. πρόσωπο) απαλλάσσω κάποιον από τις ψείρες που έχει (συνών. *ξεψειρίζω*). **2.** (μεταφ.) εξετάζω σχολαστικά κάτι, λεπτολογώ: *πολύ τα -εις (τα πράγματα).*
ψείρισμα το, ουσ., η ενέργεια του ψειρίζω (βλ. λ.).
ψειρού η, ουσ. (λαϊκ.), η φυλακή.
ψεκάζω, ρ., χρησιμοποιώντας ειδική συσκευή ρίχνω με πίεση σταγονίδια υγρού πάνω σε κάτι: *-ασε με νερό τα ρούχα για να τα σιδερώσει· ~ το αμπέλι με εντομοκτόνο* (συνών. *ραντίζω στη σημασ. 2).*
ψέκασμα το και **ψεκασμός** ο, ουσ., η ενέργεια και το αποτέλεσμα του ψεκάζω.
ψεκαστήρας ο, ουσ., ειδική συσκευή με την οποία γίνεται το ψέκασμα των φυτών για την πρόληψη ή την καταπολέμηση των ασθενειών.
ψέκτης ο, ουσ. (λόγ.), αυτός που ψέγει (βλ. λ.) (συνών. *επικριτής·* αντ. *εγκωμιαστής*).
ψεκτικός, -ή, ό, επίθ. (λόγ.), που σχετίζεται με ψόγους: *λόγια -ά* (συνών. *επικριτικός* αντ. *εγκωμιαστικός*).
ψεκτός, -ή, -ό, επίθ. (λόγ.), που επιβάλλεται να τον ψέγουν (συνών. *αξιοκατάκριτος, μεμπτός*). - Το ουδ. στον πληθ. ως ουσ. = τα μειονεκτήματα.
ψελλίζω, ρ., δεν αρθρώνω σωστά τις λέξεις είτε από κάποια φυσική αδυναμία, είτε για ψυχολογικούς λόγους (ταραχή, αγωνία, φόβο, κλπ.), μιλώ με δυσκολία, κομπιάζοντας (συνών. *τραυλίζω*).
ψέλλισμα το, ουσ., το να ψελλίζει κανείς (συνών. *τραύλισμα*).
ψέλνω, ρ., αόρ. *έψαλα,* μτχ. παρκ. *ψαλμένος.* **1.** απαγγέλλω με ψαλμωδία εκκλησιαστικά τροπάρια, ύμνους, κλπ.: *ο παπάς -ει το χερουβικό·* φρ. *~ το νεκρό* (= απαγγέλλω τη νεκρώσιμη ακολουθία). **2.** είμαι ιεροψάλτης: *-ει στην ενορία μου·* φρ. *του έψαλα τον αναβαλλόμενο / τον εξάψαλμο ή του τα 'ψαλα για τα καλά* (= του έκαμα δριμύ έλεγχο). - Βλ. και *ψάλλω.*
ψέμα το, ουσ. **1.** ανακρίβεια που λέγεται ή γράφεται με σκοπό να εξαπατήσει, να ξεγελάσει κάποιον: *~ χοντρό· ~ αθώο* (= που δεν έχει σοβαρές, δυσάρεστες συνέπειες). **2.** η τακτική του να λέει κανείς ψέματα, ψευδολογία: *σιχαίνομαι το ~* (αντ. *αλήθεια*). Εκφρ. *κακά τα -ατα* (= δεν ωφελεί να γελιόμαστε, να μη βλέπουμε την πραγματικότητα)· *με τα -ατα* (= **1.** χωρίς να το καταλάβουμε καλά καλά: *με τα -ατα πήγε η ώρα δώδεκα.* **2.** χωρίς ιδιαίτερη προσπάθεια: *έχτισε σπίτι με τα -ατα)· στα -ατα* (= το λέω για να παίξω, δεν είναι αληθινό)· *~ με ουρά* (= πολύ μεγάλο ψέμα). Φρ. *για να μην πω -ατα* (= για να παρουσιάσω την πραγματικότητα)· *πες το -ατα* (σε διάλογο, για να δηλωθεί συμφωνία, να δοθεί έμφαση σε κάτι που ειπώθηκε αμέσως πριν)· *σαν -ατα μου φαίνεται* (= το ακούω (ή το βλέπω) και απορώ)· *σώθηκαν ή τελείωσαν τα -ατα* (για σοβαρή κατάσταση, παρουσιάζεται τώρα η στυγνή πραγματικότητα). - Υποκορ. **-ατάκι** το. - Μεγεθ. **-ατάρα** η. [αρχ. *ψεύσμα*].
ψένω, βλ. *ψήνω.*
ψες και **εψές,** επίρρ. (λαϊκ.). **1.** χτες το βράδι. **2.** χτες (βλ. λ.). [αρχ. *οψέ*].
ψεσινός, -ή, -ό, επίθ. (λαϊκ.). **1.** χτεσινοβραδινός (βλ. λ.). **2.** χτεσινός (βλ. λ.).
ψευδαίσθηση η, ουσ. **1.** διαταραχή της αίσθησης κατά την οποία έχει κανείς αντίληψη φαινομένων που δεν υπάρχουν στην πραγματικότητα: *-ήσεις οπτικές / ακουστικές· τα ναρκωτικά προκαλούν -ήσεις.* **2.** ιδέα ή άποψη που τη θεωρούμε σωστή, όμως στην πραγματικότητα είναι λανθασμένη: *είχε την ~ ότι τον αγαπούσε· δεν έχουμε πια -ήσεις για τις δυνατότητες της επιχείρησης· είχαμε μια ~ ελευθερίας.*
ψευδαισθησιογόνα τα, ουσ. (ασυνίζ.), ναρκωτικά που προκαλούν ψευδαισθήσεις.
ψευδάνθρακας ο, ουσ., φλεγμονώδης δερματοπάθεια με δοθιήνες που οφείλεται σε σταφυλόκοκκο.
ψευδάργυρος ο, ουσ., χημικό στοιχείο που ανήκει στα μέταλλα, έχει γκριζόλευκο χρώμα και περιορισμένη αντοχή και σκληρότητα (συνών. *τσίγκος*).
ψευδαργύρωση η, ουσ., γάνωμα με ψευδάργυρο.
ψευδάρθρωση η, ουσ. (ιατρ.) συμπτωματική άρθρωση που δημιουργείται στο σημείο κατάγματος οστού που δεν έχει σταθεροποιηθεί.
ψευδαττικισμός ο, ουσ., κακή, αποτυχημένη μίμηση της αττικής διαλέκτου.
ψευδεπίγραφος, -η, -ο, επίθ. (για σύγγραμμα) που δε φέρει το όνομα του πραγματικού συγγραφέα του.
ψευδής, -ής, -ές, γεν. *-ούς,* πληθ. αρσ. και θηλ. *-είς,* ουδ. *-ή,* επίθ., μη πραγματικός (συνών. *ψεύτικος*). -Επίρρ. **-ώς:** *η εφημερίδα έγραψε -ώς ότι...*
ψευδίζω, βλ. *τσευδίζω.*
ψεύδισμα, βλ. *τσεύδισμα.*
ψευδο-, α' συνθ. ουσ., επιθ. και ρ. που δηλώνει την έννοια του μη αληθινού, του πλαστού, του ψεύτικου, π.χ. *ψευδολόγημα, ψευδολόγος, ψευδομαρτυρώ.* - Βλ. και *ψευτο-.*
ψευδοκλασικισμός ο, ουσ., επιφανειακή μίμηση αρχαίων λογοτεχνικών και καλλιτεχνικών προτύπων χωρίς επαφή με το πνευματικό τους περιεχόμενο.
ψευδολόγημα το και **-λογία** η, ουσ. (λόγ.), ψευτιά (βλ. λ.).
ψευδολόγος ο, ουσ. (λόγ.), αυτός που λέει ψέματα (συνών. *ψεύτης*).
ψευδολογώ, -είς, ρ. (λόγ.), λέω ψέματα (συνών. *ψεύδομαι*).
ψεύδομαι, ρ. (λόγ.), λέω ψέματα.

ψευδομάρτυρας ο, ουσ., μάρτυρας που δεν καταθέτει την αλήθεια στο δικαστήριο.

ψευδομαρτυρία η, ουσ., ψεύτικη κατάθεση μάρτυρα σε δικαστήριο.

ψευδομαρτυρώ, -είς, ρ., καταθέτοντας σε δικαστήριο ως μάρτυρας δεν παρουσιάζω τα αληθινά γεγονότα.

ψευδοπτερύγιο το, ουσ. (ασυνίζ.), πολύ μικρό πτερύγιο ψαριού: *η παλαμίδα έχει -α.*

ψευδορκία η, ουσ., το να ορκίζεται κανείς ως μάρτυρας σε δικαστήριο και να μην καταθέτει αληθινά γεγονότα.

ψεύδορκος ο, ουσ., μάρτυρας που παρά τον όρκο του στο δικαστήριο δεν καταθέτει αληθινά γεγονότα.

ψευδορκώ, -είς, ρ., ορκίζομαι σε δικαστήριο και δεν καταθέτω τα πραγματικά γεγονότα.

ψευδοροφή η, ουσ., πρόσθετη οροφή σε εσωτερικό χώρο για διακοσμητικούς ή πρακτικούς λόγους.

ψεύδος το, ουσ. (λόγ.), ψέμα, ψευτιά (βλ. λ.) (αντ. *αλήθεια*).

ψευδός, βλ. *τσευδός.*

ψευδότιτλος ο, ουσ., ο συντομευμένος καμιά φορά τίτλος βιβλίου που καταγράφεται στο μέσον περίπου της τρίτης σελίδας.

ψευδώνυμο το, ουσ., πλαστό όνομα που χρησιμοποιεί κάποιος (συνήθως λογοτέχνης, καλλιτέχνης) αντί του πραγματικού του ονόματος: *ο Παλαμάς έγραφε και με -α.*

ψευδώς, βλ. *ψευδής.*

ψευτακινδόνι το, ουσ., πουλί με το πάνω μέρος του κόκκινο και καστανό και το κάτω σταχτωπό και λευκό και με φαρδιά ουρά.

ψεύτης ο, θηλ. **-τρα** και **-τρού,** ουσ., αυτός που λέει ψέματα· ευχετ. φρ. *ο Θεός να με βγάλει -η,* βλ. *βγάζω* σημασ. 27· παροιμ. *ο ~ και ο κλέφτης τον πρώτο χρόνο (ή την πρώτη μέρα) χαίρονται,* βλ. *χαίρομαι.* - Υποκορ. **ψευταράκος** και **ψευτάκος** ο. - Μεγεθ. **ψευταράς** και **ψεύταρος** ο. [αρχ. *ψεύστης*].

ψευτιά η, ουσ. (συνιζ.). 1. ψέμα. 2. απάτη (συνών. *ξεγέλασμα*).

ψευτίζω, ρ. 1. (μτβ.) (για εμπορικά προϊόντα) κατασκευάζω κάτι χρησιμοποιώντας υλικά κατώτερης ποιότητας (συνών. *νοθεύω*). 2. (αμτβ., μεταφ.) χάνω τη σημασία ή την αξία μου: *-ισαν οι ιδέες.*

ψεύτικος, -η, -ο, επίθ. 1. που δεν είναι αληθινός: *λόγια -α·* *ειδήσεις -ες* (συνών. *αναληθής*). 2. ανειλικρινής, υποκριτικός· απατηλός: *υποσχέσεις -ες· δάκρυα -α.* 3. (για ύφος) επιτηδευμένος (αντ. *φυσικός, αυθόρμητος*). 4. (για γραπτό κείμενο) μη γνήσιος, πλαστογραφημένος: *διαθήκη / υπογραφή -η* (συνών. *πλαστός*). 5α. τεχνητός: *δόντι -ο· β.* (για απομίμηση ενός πράγματος): *ρολόι -ο· λουλούδια -α.* 6α. (για πράγματα κακής ποιότητας, ευτελής· μη ανθεκτικός: *έπιπλο -ο· δουλειά -η· β.* (μεταφ. για πρόσωπα) αδύνατος, λεπτοκαμωμένος: *κορίτσι -ο.*

ψεύτισμα το, ουσ. (ιδίως για εμπορικά προϊόντα) νοθεία, παραγωγή σε κατώτερη ποιότητα.

ψευτο-, α΄ συνθ. λέξεων για να δηλωθεί η έννοια του ασήμαντου, του μη γνήσιου, π.χ. *ψευτοδουλειά.* - Βλ. και *ψευδο-.*

ψευτοδίλημμα το, ουσ., κάτι που εμφανίζεται ως δίλημμα χωρίς και να είναι στην πραγματικότητα.

ψευτοδουλειά η, ουσ. (συνιζ., λαϊκ.). 1. ασήμαντη απασχόληση. 2. ασήμαντο αποτέλεσμα εργασίας.

ψευτοευγένεια η, ουσ. (ασυνίζ.), επίπλαστη ευγένεια.

ψευτοζώ, ρ. (λαϊκ.), ψευτοπερνώ (βλ. λ.).

ψευτοθόδωρος ο, ουσ., αυτός που συνηθίζει να λέει ψέματα (συνών. *ψεύτης*).

ψευτοκλαψουρίζω, ρ. (για παιδιά κυρίως) γκρινιάζω, κλαίω συχνά (για να επιτύχω κάτι): *το μικρό ... βάλθηκε να -ει* (Σταύρου).

ψευτοπαλληκαράς ο, ουσ., αυτός που εμφανίζεται ως παλληκαράς (βλ. λ.) χωρίς να είναι.

ψευτοπάτωμα το, ουσ., ξύλινο δάπεδο από σανίδες επάνω σε καδρόνια, στο οποίο κατόπιν καρφώνεται το κυρίως δάπεδο (παρκέτο) (συνών. *ξυλοπάτωμα*).

ψευτοπερνώ, -άς, ρ. (λαϊκ.), περνώ τη ζωή μου με στοιχειώδη οικονομικά μέσα (συνών. *ψευτοζώ*).

ψευτοφυλλάδα η, ουσ. (λαϊκ.), έντυπο ασήμαντο, γεμάτο με ψεύδη, ανακρίβειες.

ψεύτρα και **ψευτρού,** βλ. *ψεύτης.*

ψήγμα το, ουσ., μικρό κομμάτι ύλης που προέρχεται από τριβή ή απόξεση, ξέσμα (συνών. *ρίνισμα*)· (στον πληθ.) λεπτά κομμάτια μετάλλου: *-ατα χρυσού/σιδήρου.*

ψηλά, βλ. *ψηλός.*

ψηλάφηση η, ουσ., η ενέργεια του ψηλαφώ (βλ. λ.): (μεταφ.) *πρώτη ~ του θέματος.*

ψηλαφητός, -ή, -ό, επίθ. 1. που μπορεί κανείς να τον ψηλαφήσει (βλ. λ.). 2. (μεταφ.) ολοφάνερος: *απόδειξη -ή* (συνών. *προφανής*). - Επίρρ. **-ά** και **-ιστά,** ιδίως στη φρ. *προχωρώ -ά =* (κυριολεκτικά και μεταφ.) παρακολουθώντας το πού βρίσκομαι, με πολλή προφύλαξη: *προχωρούσε ~ στο σκοτάδι.*

ψηλαφώ, -είς, ρ. 1. αγγίζω κάτι ελαφρά με τις άκρες των δακτύλων. 2. προσπαθώ να βρω κάτι με την αφή. 3. (μεταφ.) εξετάζω κάτι λεπτομερειακά: *δεν είναι ώρα να -ήσουμε το θέμα.*

ψηλέας ο, ουσ. (λαϊκ.), σκωπτ. για πολύ ψηλό άντρα.

ψηλογκαμήλα η, ουσ. (όχι ερρ., λαϊκ.), σκωπτ. για γυναίκα πολύ ψηλή και άκομψη.

ψηλοκρεμαστός, -ή, -ό, επίθ., για το ρίξιμο ενός πράγματος ώστε να πέσει σε κάποιο σημείο από ψηλά κατακόρυφα: *μπαλιά -ή.* - Επίρρ. **-ά.**

ψηλολέλεκας ο, ουσ. (λαϊκ), σκωπτ. για άντρα ψηλό και αδύνατο.

ψηλόλιγνος, -η, -ο, επίθ., που έχει ψηλή και λεπτή κορμοστασιά: *κοπέλα -η.*

ψηλομύτης ο, θηλ. **-α,** ουσ. (λαϊκ.), αυτός που είναι υπερήφανος για τον εαυτό του και δε δέχεται τη συντροφιά των άλλων ανθρώπων γιατί τους θεωρεί υποδεέστερους (συνών. *ακατάδεχτος, υπερόπτης*).

ψηλονταρντάνα η, ουσ. (όχι ερρ. δις, λαϊκ.), ψηλή και άκομψη γυναίκα (πβ. *νταρντάνα*).

ψήλος το, ουσ. (λαϊκ.), μόνο στον εν., ύψος: *πάει σε ~* (κυριολεκτικά και μεταφ.). - Η γεν. *του ψήλου* και *τ' αψήλου* ως επίρρ. = πολύ ψηλά: *να 'μουν πουλί να πέταγα, να πήγαινα του -ου* (δημ. τραγ.).

ψηλός, -ή, -ό και (λαϊκ.) **αψηλός,** επίθ. 1. που έχει μεγαλύτερο ύψος από το συνηθισμένο: *άντρας ~· βουνό / σπίτι -ό* (αντ. *κοντός, χαμηλός*). 2. (για να δηλωθεί το ύψος προσώπου ή πράγματος): *πόσο*

-ό είναι το παιδί σας; ένα και ογδόντα. Φρ. *έχει -ή μύτη (ή είναι ψηλομύτης)* (= είναι υπερήφανος για τον εαυτό του και ακατάδεκτος προς τους άλλους). - Το ουδ. στον πληθ. ως ουσ. = (ναυτ.) τα έξαλα (βλ. λ.). - Επίρρ. **-ά** = (ως προσδ. τόπου) σε σημείο που βρίσκεται σε μεγάλο ύψος: *σήκωσε τα μάτια του και κοίταξε -ά.* Εκφρ. *από -ά* (= από τον ουρανό, από το Θεό): *περιμένω βοήθεια από -ά· στα -ά.* (= 1. σε (κάποιο) ύψος: *ανεβαίνω στα -ά.* 2. (μεταφ.) σε ανώτερη κοινωνική θέση)· *-ά τα χέρια!* (διαταγή σε κάποιον να παραδοθεί έχοντας τα χέρια του υψωμένα). Φρ. *ανεβαίνω -ά* (= ανακτώ ανώτερη κοινωνική θέση): *αγωνίστηκε πολύ για να ανεβεί -ά· βρίσκομαι -ά* (= κατέχω υψηλό αξίωμα στην κοινωνία)· *το παίρνω -ά* (= ενν. το *χερουβικό*) ή *παίρνω -ά τον αμανέ* (= υπερηφανεύομαι, καμαρώνω μάλλον ανόητα). - Βλ. και *υψηλός.*

ψηλοτάβανος, -η, -ο, επίθ. (για κλειστό χώρο) που έχει αρκετά ψηλά το ταβάνι του: *δωμάτιο -ο* (αντ. *χαμηλοτάβανος*).

ψηλούτσικος, -η, -ο, επίθ. (λαϊκ.), αρκετά ψηλός.

ψήλωμα το, ουσ. 1. η ενέργεια και το αποτέλεσμα του *ψηλώνω* (βλ. λ.): *το ~ αυτού του παιδιού είναι άλλο πράμα· το ~ του τοίχου* (αντ. *κόντεμα*). 2. λόφος: *ανέβηκα στο ~ κι αγνάντεψα* (συνών. *ψηλωσιά*). 3. (στον πληθ.) το μέρος ενός οικισμού που βρίσκεται αρκετά ψηλά.

ψηλώνω, ρ. 1. (αμτβ.) αποκτώ ύψος: *το παιδί -ωσε αρκετά· -ωσαν τα στάχια.* 2. δίνω ύψος σε κάτι, το κάνω ψηλότερο απ' ό,τι ήταν: *-ωσα το σπίτι μου* (δηλ. πρόσθεσα κι άλλο πάτωμα). 3. (για ρούχο ή παπούτσι) κάνω κάποιον ή κάτι να φαίνεται πιο ψηλό(ς) απ' ό,τι είναι: *η φούστα αυτή σε -ει* (αντ. *κονταίνω*). Φρ. *-ει ο ήλιος* (= προχωρεί η μέρα): *ο ήλιος -ωσε δυο οργιές· ~ τη μύτη* (= γίνομαι ακατάδεκτος).

ψηλωσιά η, ουσ. (συνιζ., λαϊκ.). 1. ύψωμα, μικρός λόφος (συνών. *ψήλωμα*). 2. η ανέγερση κτίσματος.

ψήνω και **ψένω**, ρ., αόρ. *έψησα*, μτχ. παρκ. *-μένος.* Ι. ενεργ. Α. μτβ. 1. υποβάλλω μια ύλη σε θερμότητα (φυσική ή τεχνητή) ώστε να αποβάλει την υγρασία που περιέχει και να γίνει στεγνή: *~ τα κεραμικά.* 2α. (για φαγητό) μαγειρεύω σε φούρνο ή πάνω στα κάρβουνα: *-σαμε κοτόπουλο στα κάρβουνα·* β. (κατ' επέκταση) μαγειρεύω μ' οποιοδήποτε τρόπο: *θα -σω το φαΐ·* γ. (για καφέ, τσάι, κ.τ.ό.) βράζω: *θα μου -σεις ένα καφεδάκι;* δ. (για ξηρούς καρπούς) υποβάλλω σε θερμότητα ώστε να γίνουν κατάλληλοι για φάγωμα: *~ κάστανα / σπόρια.* 3. θερμαίνω πολύ, συντελώ στην αύξηση της θερμοκρασίας: *αυτά τα δωμάτια σε -ει ο ήλιος·* (για πρόσωπο) *τον έψησε ο πυρετός· μας έψησε ο ήλιος.* 4. (μεταφ.) πείθω κάποιον να κάνει κάτι που θέλω: *θα τον -σω να πάμε εκδρομή.* ΙΙ. μέσ. 1. η θερμοκρασία του σώματός μου είναι υψηλότερη απ' το κανονικό: *-ομαι στον πυρετό.* 2α. (για καρπούς) ωριμάζω: *-θηκαν τα σταφύλια·* β. (για κρασί, κ.τ.ό.) ζυμώνομαι καλά. 3. (μεταφ., για πρόσωπο) γίνομαι έμπειρος: *τόσα χρόνια στα καράβια, -θηκε στη θάλασσα· -μένοι στη δουλειά.* Φρ. *με -ει η θέρμη* (= έχω πυρετό)· *τα ~* (= λαϊκ., συνδέομαι ερωτικά με κάποιον)· *~ το ψάρι στα χείλια,* βλ. *χείλος.* [αόρ. *έψησα* του αρχ. *έψω*].

ψησιά η, ουσ. (συνιζ., λαϊκ.), ποσότητα τροφίμων που ψήνονται όλα μαζί μια φορά: *μια ~ ρεβίθια.*

ψήσιμο το, ουσ., η ενέργεια και το αποτέλεσμα του *ψήνω* (βλ. λ.).

ψησταριά η, ουσ. (συνιζ.). 1. συσκευή που αποτελείται από σχάρα κάτω απ' την οποία τοποθετούνται κάρβουνα και πάνω φαγητά που προορίζονται για ψήσιμο. 2. (συνεκδοχικά) ταβέρνα όπου σερβίρονται ψημένα φαγητά.

ψήστης ο, ουσ. 1. αυτός που ψήνει κεραμικά. 2. αυτός που ψήνει σε ταβέρνα. 3. καβουρδιστήρι του καφέ.

ψηστικά τα, ουσ., ό,τι πληρώνει κανείς για το ψήσιμο φαγητού ή γλυκού σε φούρνο.

ψητός, -ή, -ό, επίθ., ψημένος: *κρέας -ό· κάστανα -ά.* - Το ουδ. ως ουσ. = 1. κρέας ψημένο στο φούρνο ή στα κάρβουνα: *στο πανηγύρι μας πρόσφεραν -ό.* 2. (μεταφ.) η ουσία ενός ζητήματος· κυρίως στις φρ. *μπαίνω κατευθείαν στο -ό* (= προχωρώ στο ουσιώδες μέρος της συζήτησης)· *ο νους του είναι στο -ό* (= ενδιαφέρεται για το κυριότερο μέρος της υπόθεσης). [αρχ. *εψητός*].

ψήφα η, ουσ. (λαϊκ.), ψηφίδα (βλ. λ.): *προβατίνα με λαιμαριές πλουμισμένες με -ες* (Κόντογλου). 2. είδος κεντήματος που διακοσμεί υφάσματα και κυρίως αρχιερατικά άμφια.

ψηφί το, ουσ. (λαϊκ.). 1. ψηφίο (βλ. λ.). 2. ψηφιδωτό (βλ. λ.): *η εκκλησία ήταν στρωμένη με ~.* [μτγν. *ψηφίον*].

ψηφιακός, -ή, -ό, επίθ. (ασυνίζ.), (τεχνολ.) για μηχάνημα που κωδικοποιεί ή μετατρέπει σε ψηφία (αριθμούς ή και γράμματα) πληροφορίες ή φυσικά μεγέθη που έχουν μορφή συνεχόμενη: *ραδιόφωνο/τηλέφωνο/ρολόι -ό.*

ψηφίδα η, ουσ., μικρό κομμάτι γυαλιού ή πέτρας, συνήθως χρωματισμένο, που τοποθετείται με άλλα παρόμοια κομμάτια στην κάλυψη δαπέδου ή τοίχου σε διάφορα διακοσμητικά σχήματα: *δάπεδο στρωμένο με μεγάλες -ες.*

ψηφιδογραφία η, ουσ., η τέχνη της κατασκευής ψηφιδωτών.

ψηφιδογράφος ο, ουσ., καλλιτέχνης που κατασκευάζει ψηφιδωτά.

ψηφιδωτός, -ή, -ό, επίθ., που γίνεται ή κατασκευάζεται με ψηφίδες: *δάπεδο -ό· διακόσμηση -ή·* - Το ουδ. ως ουσ. = εικόνα που διακοσμεί δάπεδο ή τοίχο από πολύχρωμες ψηφίδες (συνών. *ψηφοθέτημα, μωσαϊκό*).

ψηφίζω, ρ. Α. (αμτβ.) εκφράζω την άποψή μου με ψήφο: *θα -σεις στις βουλευτικές εκλογές;* Β. μτβ. 1. δηλώνω με την ψήφο μου την προτίμησή μου για πρόσωπο ή ομάδα κατά τη διαδικασία εκλογής: *-ισα τον τάδε δήμαρχο· πέντε -ισαν υπέρ και δύο κατά.* 2. (με πολιτευτική ενέργεια) επιδοκιμάζω, εγκρίνω: *το νομοσχέδιο -στηκε στη βουλή· -ισαν την πρότασή του στο συμβούλιο* (αντ. *καταψηφίζω*).

ψηφίο το, ουσ. 1. καθένας από τους αραβικούς αριθμούς: *αριθμός με τρία -α.* 2. γραπτό σύμβολο που παριστάνει αριθμό ή γράμμα του αλφαβήτου. 3. τυπογραφικό στοιχείο.

ψήφιση η, ουσ., η εκλογή ενός προσώπου ή η έγκριση μιας απόφασης με ψηφοφορία (συνών. *υπερψήφιση* αντ. *καταψήφιση*).

ψήφισμα το, ουσ. 1. κείμενο που προτείνεται για να γίνει σχετική μ' αυτό ψηφοφορία από πολιτικό ή άλλο σώμα. 2. έγκριση του κειμένου αυτού με ψηφοφορία.

ψηφοδέλτιο το, ουσ. (ασυνίζ.), δελτίο όπου αναγράφονται τα ονόματα των υποψηφίων για εκλογή και ο ψηφοφόρος σημειώνει το όνομα εκείνου ή εκείνων που προτιμά.

ψηφοδόχος η, ουσ., κιβώτιο όπου οι ψηφοφόροι ρίχνουν τα ψηφοδέλτιά τους (συνών. *κάλπη*).

ψηφοθέτης ο, ουσ., κατασκευαστής ψηφιδωτών.

ψηφοθέτηση η, ουσ., κατασκευή ψηφιδωτών.

ψηφοθετώ, -είς, ρ., κατασκευάζω ψηφιδωτό.

ψηφοθήρας ο, ουσ., αυτός που επιδιώκει με κάθε μέσο την ψήφισή του σε μια εκλογή.

ψηφοθηρία η, ουσ., το να επιδιώκει κανείς με κάθε μέσο, κάποτε αθέμιτο, να μαζέψει ψήφους σε μια εκλογή.

ψηφοθηρώ, -είς, ρ., επιδιώκω με κάθε μέσο την ψήφισή μου.

ψηφολέκτης ο, ουσ., πρόσωπο που ορίζεται από ένα σώμα για να κάνει την καταμέτρηση των ψήφων μετά την ψηφοφορία.

ψήφος η και (λαϊκ.) ο, ουσ. **1.** κάθε μέσο που χρησιμοποιείται σε ψηφοφορία (π.χ. το ψηφοδέλτιο). **2.** η γνώμη που εκφράζεται με την ψήφιση, ιδίως η ευνοϊκή για ένα πρόσωπο ή θέμα: *η ~ σου με ενίσχυσε σημαντικά· ~ εμπιστοσύνης*, βλ. *εμπιστοσύνη· λευκή ~*, βλ. *λευκός*. **3.** εκλογικό δικαίωμα: *έχει δοθεί ~ στις γυναίκες· είμαι απλός παρατηρητής, δεν έχω -ο*.

ψηφοφορία η, ουσ., η διαδικασία κατά την οποία κάθε πρόσωπο που συμμετέχει σ' αυτήν επιλέγει με διάφορους τρόπους (ανάταση χεριού, ρίψη ψηφοδελτίου, κλπ.) ένα πρόσωπο ή ομάδα ή εκφράζει την επιδοκιμασία του για μια πρόταση, ένα νομοσχέδιο, κλπ., σε μια συγκέντρωση: *ονομαστική ~*, βλ. *ονομαστικός*.

ψηφοφόρος ο και η, ουσ., αυτός που εκφράζει τη γνώμη του με ψήφο σε εκλογές ή σε μια συγκέντρωση: *~ ανεπηρέαστος*.

ψηφώ, -άς ρ. (λαϊκ), (με άρνηση). **1.** λογαριάζω κάτι, του δίνω σημασία: *δεν ~ τις συμβουλές σου* (αντ. *αψηφώ*). **2.** (για πρόσωπο) σέβομαι, υπολήπτομαι: *δεν -ά τους γονείς του*. [αόρ. *εψήφισα του ψηφίζω*].

ψι το, ουσ. άκλ., το εικοστό τρίτο γράμμα του ελληνικού αλφαβήτου (ψ, Ψ). - Πβ. και *ψ, Ψ*.

ψιακί βλ. *ψακί*.

ψιάκωμα βλ. *ψάκωμα*.

ψιακώνω βλ. *ψακώνω*.

ψίδι το, ουσ. (λαϊκ.), το μπροστινό επάνω μέρος του παπουτσιού: *έβαλα -ια στα παπούτσια μου* (δηλ. τα επιδιόρθωσα στο μπροστινό μέρος). [*αψίδιον* <*αψίς*].

ψιδιάζω, ρ. (συνιζ., λαϊκ.) βάζω ψίδια (βλ. λ.) στα παπούτσια μου.

ψιδίασμα το, ουσ. (συνιζ., λαϊκ.), η ενέργεια και το αποτέλεσμα του *ψιδιάζω* (βλ. λ.).

ψιθυρίζω, ρ. (αμτβ. και μτβ.). **1.** μιλώ ή λέω κάτι πολύ χαμηλόφωνα: *ποιος -ει; του το -ισε στ' αφτί* (συνών. *μουρμουρίζω*). **2.** (μεταφ., ποιητ., κυρίως για δέντρα) κάνω χαμηλό θόρυβο: *καθώς φυσάει ο αέρας, τα φύλλα των δέντρων -ουν*. **3.** (μέσ., μεταφ.) φημολογούμαι: *κάτι -εται για σένα*.

ψιθύρισμα το, ουσ., η ενέργεια και το αποτέλεσμα του *ψιθυρίζω*, ψίθυρος, μουρμούρισμα.

ψιθυρισμός ο, ουσ., ψιθύρισμα.

ψιθυριστής ο, θηλ. **-τρια**, ουσ., αυτός που σκόπιμα διασπείρει φήμες, ψεύτικες ειδήσεις.

ψίθυρος ο, ουσ. **1.** ομιλία με πολύ χαμηλή φωνή (συνών. *μουρμούρισμα*). **2.** (μεταφ.) αδέσποτη διάδοση, φήμη. **3.** (μεταφ.) χαμηλός ήχος: *~ των δέντρων / των εντόμων*.

ψίκι το, ουσ. (λαϊκ.), πομπή γάμου. [μεσν. *οψίκιον* <λατ. *obsequium*].

ψιλή η, ουσ. (γραμμ.) γραφικό σημάδι (᾿) που σημειωνόταν άλλοτε στο αρχικό συνήθως φωνήεν λέξεων για να δηλώσει το ψιλό «πνεύμα» που πρόφεραν οι αρχαίοι Έλληνες, σε αντιδιαστολή προς τη δασεία (βλ. λ.).

ψιλικά τα, ουσ., διάφορα μικροπράγματα σχετικά με τη ραπτική ή το ρουχισμό (π.χ. κλωστές, βελόνες, λάστιχα, κ.τ.ό.) που πουλιούνται σε ειδικά καταστήματα.

ψιλικατζήδικο το, ουσ., κατάστημα ψιλικών.

ψιλικατζής ο, θηλ. **-ού**, ουσ. **1.** έμπορος ψιλικών, πωλητής ψιλικών: *~ της γειτονιάς*. **2.** (μεταφ.) άτομο που επιδιώκει να αποκομίσει μικρά κέρδη εις βάρος των άλλων.

ψιλο- α´ συνθ. ουσ., επιθ. και ρ.: *ψιλοδουλειά, ψιλόφλουδος, ψιλοκόβω, ψιλορωτώ*.

ψιλοβρέχει, ρ. (σε γ´ πρόσ.) σιγοβρέχει (συνών. *ψιχαλίζει*).

ψιλοβρόχι το, ουσ., αραιή και σιγανή βροχή.

ψιλογνέθω, ρ. **1.** γνέθω το μαλλί σε πολύ λεπτά νήματα. **2.** (μεταφ.) ψιλολογώ.

ψιλοδουλειά η, ουσ. (συνιζ.). **1.** λεπτοδουλειά: *έπιπλα με πολλή ~* (αντ. *χοντροδουλειά*). **2.** μικρή και ασήμαντη εμπορική επιχείρηση (συνών. *μικροεμπόριο*).

ψιλοδουλεύω, ρ., μτχ. παρκ. **-μένος**, επεξεργάζομαι κάτι με πολλή λεπτότητα.

ψιλοκαμωμένος, -η, -ο, επίθ., ψιλοδουλεμένος.

ψιλοκόβω, ρ., μτχ. παρκ. **-κομμένος**. **1.** κόβω σε λεπτά κομμάτια: *σαλάτα -κομμένη*. **2.** τρίβω σε λεπτή σκόνη: *καφές -κομμένος· πιπέρι -κομμένο*.

ψιλοκοσκινίζω, ρ. **1.** περνώ από ψιλό κόσκινο: *αλεύρι -ισμένο*. **2.** (μεταφ.) λεπτολογώ: *μην -εις τα πράγματα*.

ψιλοκοσκίνισμα το, ουσ. **1.** κοσκίνισμα σε πολύ λεπτό κόσκινο. **2.** (μεταφ.) λεπτολογία.

ψιλοκουβέντα η, ουσ. (έκφρ.), συζήτηση για ασήμαντα πράγματα.

ψιλολογώ, -είς και **-άς**, ρ. (λαϊκ.), λεπτολογώ (βλ. λ.): *~ ζήτημα/υπόθεση*.

ψιλοπράγματα τα, ουσ. (λαϊκ.), πράγματα ασήμαντα: *μεταφέραμε με το αυτοκίνητο κάτι ~*.

ψιλορωτώ, -άς, ρ., ρωτώ επίμονα για όλες τις λεπτομέρειες (συνών. *ανακρίνω*).

ψιλός, -ή, -ό, επίθ. **1.** που δεν έχει πάχος: *κλωστή/φέτα -ή· πουλόβερ/σανίδι/ύφασμα -ό* (συνών. *λεπτός* στη σημασ. 2, *φτενός*· αντ. *χοντρός*). **2.** ψιλοαλεσμένος: *σιμιγδάλι -ό· ζάχαρη -ή (= άχνη)* (αντ. *χοντρός*). **3.** *-ή (μηχανή)* = μηχανή των κουρέων με πυκνά δόντια ούτως ώστε να κουρεύει πολύ βαθιά: *τον κούρεψαν με την -ή μηχανή για να δυναμώσουν τα μαλλιά του*. **4.** (για φωνή ή ήχο) οξύς, διαπεραστικός (συνών. *λεπτός* στη σημασ. 8). **5.** (γραμμ.) *-ά σύμφωνα* (κ, π, τ) = που εκφωνούνται χωρίς πνοή αέρα. Εκφρ. *-ό κουβεντολόι* = ψιλοκουβέντα (βλ. λ.)· *παιγνίδι -ό*, βλ. *παιγνίδι* σημασ. 4· *-ά γράμματα* (για ασήμαντο ζήτημα): *για κείνον αυτό είναι -ά γράμματα*. Φρ. *παίρνω στο -ό*, βλ. *παίρνω*. - *Το θηλ. ως ουσ.* = *μικρό κέρμα: δεν έχω -ή (= είμαι απέντερος). - Το ουδ. στον πληθ. ως ουσ.* = *νομίσματα μικρής αξίας: δεν έχω -ά για ρέστα* (αντ. *χοντρά*) φρ. *κάνω -ά* (= **1.** ζητώ να μου ανταλλάξουν νόμισμα μεγαλύτερης αξίας

με περισσότερα μικρότερης αξίας: *κάνε μου -ά ένα πεντοχίλιαρο.* **2.** εξηγώ το νόημα: *κάμε το -ά να καταλάβω κι εγώ· περνώ στα -ά (των εφημερίδων)* = δεν κάνω ιδιαίτερη εντύπωση: *η είδηση πέρασε στα -ά.*
ψιλούτσικος, -η, -ο, επίθ., που είναι κάπως ψιλός: *-η φέτα ψωμιού* (αντ. *χοντρούτσικος).*
ψιλόφλουδος, -η, -ο, επίθ. (για φρούτα) που έχει λεπτή φλούδα: *καρπούζι / πορτοκάλι -ο* (αντ. *χοντρόφλουδος).*
ψιμάρι και **ψιμάρνι** το, ουσ. (λαϊκ.). **1.** αρνί που γεννήθηκε αργότερα από όσο ήταν φυσικό, όψιμο αρνί: *-ια του γαλάτου.* **2.** (μεταφ.) άνθρωπος αφελής, μωρόπιστος. [*όψιμος + αρνί*].
ψιμύθιο το, ουσ. (ασυνίζ.), κάθε καλλωπιστική συσκευασία (συνών. *φτιασίδι*).
ψιτ, επιφ., λ. ονοματοπ. από τον ήχο με τον οποίο καλούμε κάποιον που βρίσκεται σχετικά κοντά: *~, μικρέ!*
ψιττακίαση και **ψιττάκωση** η, ουσ. (ιατρ.) λοιμώδης νόσος που μεταδίδεται στον άνθρωπο συνήθως από παπαγάλο που πάσχει από αυτή τη νόσο.
ψιττακίζω, ρ., παπαγαλίζω (βλ. λ.).
ψιττακισμός ο, ουσ., διαταραχή της ομιλίας κατά την οποία επαναλαμβάνει κανείς άκριτα ό,τι ακούει ή διαβάζει χωρίς να το αντιλαμβάνεται.
ψιττακός ο, ουσ. (ζωολ.) παπαγάλος (βλ. λ. σημασ. 1).
ψιττάκωση, βλ. *ψιττακίαση.*
ψίχα η, ουσ. **1.** το εσωτερικό μαλακό μέρος ψωμιού (αντ. *κόρα*). **2α.** το ενδοκάρπιο ορισμένων ξηρών καρπών· **β.** καρυδόψιχα (αντ. *τσόφλι*). **3.** ψίχουλο (βλ. λ.). **4.** εντερώνη (βλ. λ.). [αρχ. *ψιξ*].
ψιχάλα η, ουσ. **1.** ψιλή βροχή μικρής διάρκειας: *έπιασε ξαφνικά ~·* **2.** λεπτές και αραιές σταγόνες βροχής: *άρχισαν να πέφτουν οι πρώτες -ες.* [συμφ. *ψεκάδα + ψίχαλο*].
ψιχαλητό το, ουσ., ψιχάλισμα (βλ. λ.).
ψιχαλίζει, ρ. (σε γ΄ πρόσ.), βρέχει πολύ ελαφρά με αραιές σταγόνες (συνών. *ψιλοβρέχει*).
ψιχάλισμα το, ουσ., πολύ ελαφριά βροχή (συνών. *ψιχάλα* στη σημασ. 1).
ψιχαλιστός, -ή, -ό, επίθ., που πέφτει σε συνεχείς σταγόνες (συνών. *ραντιστός*).
ψίχαλο το, ουσ., ψίχουλο (βλ. λ.). [μτγν. *ψιχίον*< αρχ. *ψιξ*].
ψιχίο το, ουσ., ψίχουλο (βλ. λ. σημασ. 1 και 3).
ψίχουλο το, ουσ. **1.** πολύ μικρό κομμάτι ψωμιού ή άλλου φαγώσιμου. **2.** (γενικά) τρίμμα, θρύψαλο: *έδωσε μια σφυριά στην πέτρα και την έκανε -α* (Ι. Μ. Παναγιωτόπουλος). **3.** (μεταφ.) πολύ μικρή ποσότητα: *-α οι αυξήσεις των μισθών.*
ψιψίνα η, ουσ. (θωπευτ.) γάτα. [λ. ονοματοπ.].
ψιψίρης και (συνιζ.) **ψιψιριάρης** ο, θηλ. **-άρα,** ουσ. (λαϊκ.), άνθρωπος σχολαστικός.
ψιψιρίζω, ρ. (λαϊκ.), εξετάζω με σχολαστικότητα, λεπτολογώ. [λ. ονοματοπ. από τον ήχο *ψι ψι*].
ψιψίρισμα το, ουσ. (λαϊκ.), εξονυχιστική έρευνα (συνών. *ψιλοκοσκίνισμα* στη σημασ. 2).
ψόγος ο, ουσ., μομφή, κατηγορία (αντ. *έπαινος, επιδοκιμασία*).
ψουνίζω, βλ. *ψωνίζω..*
ψοφίμι το, ουσ. **1.** πτώμα ζώου. **2.** (μεταφ. με υβριστική σημασ.) **α.** άνθρωπος αδύναμος· **β.** άνθρωπος λιπόψυχος, φοβιτσιάρης. [*ψοφιμαίον*].
ψόφιος, -α, -ο, επίθ. (συνιζ.). **1.** (για ζώα) πεθαμένος: *βρήκαμε το γαϊδούρι -ιο* (συνών. *νεκρός·* αντ. *ζωντανός*). **2.** (μεταφ.) μαλθακός, νωθρός. **3.** (μεταφ.) πολύ κουρασμένος, εξαντλημένος: *κάθε βράδι γυρίζει ~ από τη δουλειά.* Έκφρ. *~ από την πείνα/τη δίψα/την κούραση,* κλπ. (= πολύ πεινασμένος/διψασμένος, κλπ.)· *~ για καβγά* (= έτοιμος για καβγά).
ψοφοδεής, -ής, -ές, γεν. *-ούς,* πληθ. αρσ. και θηλ. *-είς,* ουδ. *-ή,* επίθ., που τρομάζει με το παραμικρό (συνών. *φοβιτσιάρης*).
ψοφολόγημα το, ουσ. (λαϊκ.), το να ψοφολογά (βλ. λ.) κανείς.
ψοφολογώ, -άς ρ. (λαϊκ.). **1.** παλεύω με το χάρο, πνέω τα λοίσθια: *θα -ήσει στην ψάθα.* **2.** (σκωπτ.) κοιμάται: *όλη τη μέρα -ά.*
ψόφος ο, ουσ. **1.** θάνατος ζώου: *έπεσε ~ στο κοπάδι* (συνών. *θανατικό*). **2.** (χλευαστικά) θάνατος ανθρώπου: *κακό -ο να έχεις!* (κατάρα). **3.** δυνατό κρύο: *κάνει -ο σήμερα.*
ψοφώ, -άς, ρ. Α. αμτβ. **1α.** (για ζώα) πεθαίνω: *έπεσε θανατικό στο κοπάδι και -ησαν πολλά ζώα·* **β.** (για άνθρωπο) (υβριστικά) πεθαίνω: *-ησε ο αναθεματισμένος.* **2.** (για πρόσωπο) βασανίζομαι, εξαντλούμαι: *-ά στη δουλειά.* **3.** κρυώνω, παγώνω: *-ήσαμε όλη μέρα χωρίς θέρμανση.* Β. μτβ. **1.** εξαντλώ, βασανίζω κάποιον ή κάτι σωματικά ή ψυχικά: *την -ησε στο ξύλο· το -ησες το ζώο με το φορτίο που του φόρτωσες.* **2.** (μεταφ.) επιθυμώ έντονα κάτι: *-ά για ταξίδι/παρεξήγηση.* Φρ. *~ της πείνας/της δίψας,* κλπ., *ή από την πείνα/τη δίψα,* κλπ. (= πεινώ, διψώ, κλπ., υπερβολικά).
ψυγείο το, ουσ. **1.** ηλεκτρική συσκευή εφοδιασμένη με ψυκτικό μηχανισμό, στο εσωτερικό της οποίας διατηρούμε τρόφιμα. **2.** μεγάλο φορτηγό με το πίσω μέρος διαμορφωμένο σε μεγάλο ψυγείο, που χρησιμοποιείται για τη μεταφορά ευπαθών τροφίμων: *τα -α έφεραν κρέατα στην αγορά.* **3.** (τεχνολ.) συσκευή συνδεμένη με τη μηχανή οχήματος, στην οποία τοποθετείται το απαραίτητο νερό για να ψύχεται η μηχανή. Φρ. *ένα θέμα/μια υπόθεση μπαίνει στο ~* (= δεν προωθείται, «παγώνει»).
ψυγομαραίνω, ρ. (λαϊκ.), μαραίνω με το κρύο.
ψυκτήρας ο, ουσ., κάθε ψυκτική μηχανή.
ψυκτικός, -ή, -ό, επίθ., που παράγει ή επιφέρει ψύξη: *μηχανή -ή· θάλαμος ~· υγρό/μίγμα -ό.* - Το αρσ. ως ουσ. = τεχνίτης που τοποθετεί, συντηρεί και επισκευάζει συστήματα και μηχανήματα ψύξης και κλιματισμού.
ψυλλιάζω, ρ. (συνιζ.). **I.** (ενεργ.) γεμίζω ψύλλους. **II.** (μέσ.) υποψιάζομαι: *κάτι -ιάστηκε με τα τόσα τηλεφωνήματα.*
ψύλλιασμα το, ουσ. (συνιζ.), το να ψυλλιάζει ή να ψυλλιάζεται κανείς.
ψυλλίζω, ρ., καθαρίζω κάποιον ή κάτι από τους ψύλλους: *~ το σκύλο.*
ψύλλισμα το, ουσ., καθάρισμα από τους ψύλλους.
ψυλλοδάγκωμα το, ουσ. (έρρ.), το τσίμπημα του ψύλλου.
ψυλλοδαγκωμένος, -η, -ο, επίθ. (έρρ.), που τον τσίμπησαν ψύλλοι.
ψύλλος ο, ουσ., μικρό έντομο χωρίς φτερά που κινείται με πηδήματα και ζει παρασιτικά στο σώμα ανθρώπων και ζώων: *η γάτα έπιασε / γέμισε -ους· με τσίμπησε ένας ~·* έκφρ. *για -ου πήδημα* (= με την παραμικρή αφορμή, για το παραμικρό): *έγινε καβγάς για -ου πήδημα· μήτε / ούτε ~ στον κόρφο του* (= για κανένα λόγο δε θα ήθελα την τύχη

ψυλλοφαγωμένος

του). Φρ. *βάζω -ους στ' αυτιά κάποιου* (= τον κάνω να υποψιαστεί)· *για τον -ο καίμε το χαλί* (= χωρίς σοβαρή αιτία διαπληκτιζόμαστε)· *γυρεύω / ψάχνω / ζητώ -ους στ' άχυρα* (για κάτι που είναι αδύνατο να βρεθεί ή να διαπιστωθεί)· *καλλιγώνει τον -ο* (για τους πολύ επιτήδειους προς το συμφέρον τους)· *μπαίνουν -οι στ' αφτιά μου* (= ψυλλιάζομαι, υποψιάζομαι).

ψυλλοφαγωμένος, -η, -ο, μτχ. ως επίθ., που τον κατέφαγαν οι ψύλλοι.

ψύξη η, ουσ. **1.** μείωση της θερμοκρασίας με φυσικά ή τεχνητά μέσα: *στερεοποίηση υγρών με ~· ~ με αέρα·* (ειδικά): *~ θεραπευτική · υποβολή σε ~* (πβ. *κρύωμα, πάγωμα*). **2.** (ιατρ.) πάθηση που οφείλεται στην πτώση της θερμοκρασίας του σώματος ή μέλους από υπερβολικό ψύχος: *~ των άκρων· έπαθε ~.* **3.** πάγωμα, ξεπάγιασμα: *~ φυτών.*

ψυχαγωγία η, ουσ., διασκέδαση (βλ. λ.) που γίνεται με οργανωμένο τρόπο ή με πιο σοβαρή απασχόληση: *~ ομαδική / μορφωτική· μέσα -ας.*

ψυχαγωγικός, -ή, -ό, επίθ. **1.** που ανήκει ή αναφέρεται στην ψυχαγωγία ή συντελεί σ' αυτή: *πρόγραμμα -ό· εκπομπή -ή.* **2.** (ειδικά) *-ή μέθοδος κειμένων* = το να συνοδεύονται οι λέξεις και οι φράσεις ενός κειμένου από ερμηνευτικές λέξεις που είναι γραμμένες είτε ανάμεσα στις σειρές του κειμένου είτε ανάμεσα στις λέξεις του.

ψυχαγωγώ, -είς, ρ., διασκεδάζω με σοβαρότερες, πνευματικότερες απασχολήσεις.

ψυχαναγκασμός ο, ουσ. (έρρ.), (ψυχιατρ.) ιδεοληπτική νεύρωση κατά την οποία το άτομο εξαναγκάζεται να εκτελέσει διάφορες παράλογες πράξεις.

ψυχαναγκαστικός, -ή, -ό, επίθ. (έρρ.), (ψυχιατρ.) που σχετίζεται με τον ψυχαναγκασμό (βλ. λ.): *νεύρωση -ή· καταστάσεις -ές.*

ψυχανάλυση η, ουσ., ψυχολογική επιστημονική θεωρία και θεραπευτική μέθοδος, ερμηνευτική της συμπεριφοράς, που αναλύει σε βάθος τις αντιδράσεις ατόμων που παρουσιάζουν ψυχολογικά προβλήματα και τα βοηθά (ύστερα από συχνές τακτές συναντήσεις με ειδικό ψυχαναλυτή) να συνειδητοποιήσουν τα βαθύτερα κίνητρα και τους μηχανισμούς της συμπεριφοράς τους ώστε βαθμιαία να βελτιώσουν και να μπορούν να ελέγχουν τις αντιδράσεις τους: *υποβάλλομαι σε ~· τεχνική -ης.*

ψυχαναλυτής ο, θηλ. **-τρια,** ουσ. (ψυχιατρ.) ψυχίατρος ή ψυχολόγος, που ασχολείται με την ψυχανάλυση.

ψυχαναλυτικός, -ή, -ό, επίθ. (ψυχιατρ.) που αναφέρεται στην ψυχανάλυση ή συντελεί σ' αυτήν: *μέθοδος/θεραπεία -ή· -ές θεωρίες/ερμηνείες κειμένου.*

ψυχαναλύτρια, βλ. *ψυχαναλυτής.*

ψυχαναλύω, ρ. (ψυχιατρ.) ασκώ ψυχανάλυση (βλ. λ.).

ψυχανεμίζομαι, ρ. (λαϊκ.), υποψιάζομαι κάτι, αντιλαμβάνομαι, το βάζω με το νου μου: *~ πως θα 'χουμε ανεπιθύμητες εξελίξεις· το -ιστηκε...*

ψυχανέμισμα το, ουσ. (λαϊκ.), το να ψυχανεμίζεται (βλ. λ.) κανείς κάτι: *το ακαθόριστο ~ γίνεται μέσα μου βεβαιότητα* (Καζαντζάκης).

ψυχανθή τα, ουσ. (βοτ.) οικογένεια δικοτυλήδονων φυτών με άνθη από πέντε χωριστά πέταλα που αποτελούν στεφάνη σε μορφή πεταλούδας:

στα *~ ανήκουν η φασολιά, η ρεβυθιά, η φακή, ο αρακάς, η κουκιά,* κλπ.

ψυχάρι το, ουσ. **1.** νυκτόβια πεταλουδίτσα (συνών. *λυχνοσβήστης, καντηλοσβήστης*). **2.** (μεταφ., για πολύ αγαπημένο πρόσωπο· συνήθως σε κλητ. προσφών.): *καλώς το ~ μου!*

ψυχαρικός, -ή, -ό, επίθ., που ανήκει ή αναφέρεται στον Ψυχάρη ή τον ψυχαρισμό (βλ. λ.): *διδασκαλία -ή· απόψεις -ές.* - Το αρσ. ως ουσ. = οπαδός του ψυχαρισμού, ψυχαριστής.

ψυχαρισμός ο, ουσ., γλωσσική θεωρία του Γιάννη Ψυχάρη που εισηγείται την απόλυτη προσαρμογή των λέξεων στο τυπικό και το συντακτικό της λαϊκής γλώσσας περιορίζοντας στο ελάχιστο τη χρήση λέξεων και φράσεων της καθαρεύουσας.

ψυχαριστής ο, ουσ., οπαδός του ψυχαρισμού (βλ. λ.), ψυχαρικός.

ψυχασθένεια η, ουσ. (ασυνίζ.), (ψυχιατρ.) νεύρωση που αποτελεί το υπόστρωμα ιδεοληπτικών και ψυχαναγκαστικών καταστάσεων και χαρακτηρίζεται από άγχος, φοβίες και έντονο αίσθημα ατέλειας και κόπωσης της προσοχής.

ψυχασθενής, -ής, -ές, γεν. **-ούς,** πληθ. αρσ. και θηλ. **-είς,** ουδ. **-ή,** επίθ. (ψυχιατρ.) που πάσχει από ψυχασθένεια: *άτομα -ή·* (ως ουσ.): *ένας/μία ~.*

ψυχασθενικός, -ή, -ό, επίθ. (ψυχιατρ.) που ανήκει ή αναφέρεται στην ψυχασθένεια ή τον ψυχασθενή.

ψυχεδέλεια η, ουσ. (ασυνίζ.), κατάσταση σχετική με την επίδραση ψυχεδελικών ουσιών και με τα αποτελέσματά τους.

ψυχεδελικός, -ή, -ό, επίθ. **1.** που αναφέρεται σε ναρκωτικά που κάνουν κάποιον να νομίζει πως βλέπει παράξενα πράγματα: *ουσίες -ές* (= *παραισθησιογόνα)· επιδίωξη -ών εμπειριών.* **2.** (συνεκδοχικά για μουσικές συνθέσεις, έντονα χρώματα, παράξενα σχέδια, κλπ.) που σχετίζονται με την επίδραση ψυχεδελικών ακουσμάτων (γενικότερα): *τέχνη -ή· περιβάλλον -ό.* [αγγλ. *psychedelic*].

ψυχεδελισμός ο, ουσ., ονειρική κατάσταση κατά την οποία το άτομο βρίσκεται σε εγρήγορση οφειλόμενη στη λήψη παραισθησιογόνων.

ψυχή η, ουσ. **1α.** η άυλη ουσία που, ενωμένη με το σώμα, αποτελεί την αιτία ζωής του ανθρώπου, η ζωτική πνοή: *η ~ είναι αόρατη· δυνάμεις της -ής.* **β.** (φιλοσ.) αρχή ζωής του ανθρώπου, έδρα των σκέψεων και των συναισθημάτων: *σώμα και ~· οι δύο φύσεις του ανθρώπου·* **γ.** (θρησκ.) η παραπάνω άυλη ουσία ως πνευματική υπόσταση του ανθρώπου που πιστεύεται αθάνατη και κρίνεται από το Θεό: *η σωτηρία της -ής· κάνει καλοσύνες για την ~ της·* (σε φρ.) *πούλησε την ~ του στο διάβολο* (για διεφθαρμένο άτομο)· *χάνω την ~ μου* (= δε σώζομαι)· **δ.** (ειδικότερα) η άυλη αυτή υπόσταση μετά τον αποχωρισμό της από το σώμα: *βγήκε η ~ του* (= πέθανε)· *~ καταδικασμένη / κολασμένη·* (ευχετ.) *ο Θεός να αναπαύσει την ~ του·* (σε λαϊκ. χρήση) *ο χάρος παίρνει τις -ές των ανθρώπων· ε.* (συνεκδοχικά στον πληθ.) οι νεκροί: *το Σάββατο των -ών* (= το ψυχοσάββατο, βλ. λ.). **2α.** η ηθική και συναισθηματική υπόσταση του ανθρώπου (σε αντιδιαστολή προς το νου και το σώμα: *μεγαλείο -ής·* (σε φρ.) *έχει / είναι καλή ~· δεν το αντέχει η ~ μου· τα λόγια του πρόδιδαν ευγενική ~·* (μεταφ.) *~ σκοτεινή / μαύρη* (= κακόβουλο άτομο)· **β.** (φιλοσ.) το σύνολο των ψυχικών φαινομένων που αποτελούν την προσωπικότητα του ανθρώπου. **3.** (συνεκδοχικά για τα κύρια χαρακτηριστικά που δηλώνουν τη φύση μιας κοινωνικής ομάδας, πολιτικής κίνησης, κλπ.): ~ *του έθνους / ελληνικού λαού.* **4.** το πνεύμα του ανθρώπου: *η ~ του διψάει για μάθηση.* **5.** το φρόνημα του ανθρώπου: ~ *ελεύθερη / περήφανη / αδούλωτη.* **6.** (αντί για τη συνείδηση) ~ *πωρωμένη.* **7.** (μεταφ.) ζωτικότητα, ενεργητικότητα: *δεν έχει ~ για τέτοιες δουλειές.* **8.** (συνεκδοχικά για το πρόσωπο που είναι ο κύριος συντελεστής σε ένα έργο ή σε μια συλλογική δραστηριότητα): *η ~ του μαγαζιού.* **9α.** δύναμη θέλησης: *δούλεψε με όλη του την ~*· **β.** διάθεση, όρεξη: *με τι ~ να δουλέψει ύστερα από τόση στενοχώρια;* **γ.** ψυχικό σθένος, θάρρος: ~ *ακατάβλητη· πολέμησαν με ~.* **10α.** (για να δηλωθεί ο άνθρωπος ως άτομο): *στο χωριό μου ζουν 500 -ές·* **β.** (επιφωνηματικά ή με άρνηση) κανείς: *~!· δε φάνηκε ~·* γ. (για άτομο που συμπαθούμε): *όπως μου έλεγε μια ~...* **11.** (με την προσωπ. αντων. *μου, σας, προσφών. αγάπης*): ~ *μου!* **12.** η ίδια η ζωή του ανθρώπου: *την ~ της δίνει για το παιδί της.* **13.** (μεταφ.) ό,τι πολυτιμότερο έχει κανείς: *αυτό το μαγαζί είναι η ~ του.* **14.** (γενικά για το ζωικό κόσμο) η ζωτική δύναμη κάθε έμβιου όντος: *μην το χτυπάς! ~ έχει το ζωντανό!* **15.** (ζωολ.) η πεταλούδα. Έκφρ. *άβυσσος η ~ του ανθρώπου* (= κανείς δεν μπορεί να ξέρει τι σκέφτεται ή τι αισθάνεται ο άλλος)· *καλή ~!* (ευχή σε γέροντα για καλή τύχη της ψυχής του μετά το θάνατο)· *μεγάλη ~* (για μεγαλόψυχο άνθρωπο)· *με όλη μου την ~* (= ολόκαρδα): *το εύχομαι με όλη μου την ~· με την ~ μου, σου, κλπ.* (για να δηλωθεί υπερβολή): *έφαγε ξύλο με την ~ του*· *με την ~ στα δόντια / στο στόμα* (δηλ. ασθμαίνοντας από κούραση ή φόβο): *έτρεξα με την ~ στο στόμα· ο Θεός και η ~ του* (= τι θα κάνει μόνο η συνείδησή του το ξέρει)· *στο βάθος της -ής του* (= μέσα του). Φρ. *βγάζω την ~ κάποιου* (= τον ταλαιπωρώ πολύ): *αυτό το παιδί μου 'βγαλε την ~ ώσπου να το ταΐσω! δεν (το) βαστά η ~ μου* (= δεν (το) αντέχω): *θα το πάρει στην ~ του* (= θα γίνει υπαίτιος κακού)· *κάνω κάτι με βαριά ~* (= χωρίς να το θέλω πραγματικά)· *μια ~ θα βγει που θα βγει...· ή μια ~ που είναι να βγει ας βγει* (για κάτι αναπόφευκτο που είναι καλύτερο να μη βραδύνει) (σε κατάρα) *ο διάβολος να πάρει την ~ σου* (= να χαθεί)· *παραδίνω ~* (= ξεψυχώ): *τι ~ θα παραδώσεις;* (σε άνθρωπο κακό για να του υπενθυμίσουμε τις συνέπειες της κακίας του μετά το θάνατο)· *πήγε η ~ μου στην Κούλουρη* (= φοβήθηκα πολύ)· *πιάστηκε η ~ μου* (= **α.** έχω αγωνία· **β.** έχω δύσπνοια)· *σφίχτηκε η ~ μου* (= στενοχωρήθηκα πολύ)· *τι ~ έχει;* (για πράγμα ευτελούς αξίας)· *το λέει / τραβάει η ~ μου* (= το θέλω πολύ)· *το φχαριστήθηκε η ~ μου* (= ικανοποιήθηκα πολύ). - Υποκορ. **-ούλα** και **-ίτσα** η.

ψυχή ζώσα· αρχαϊστ. έκφρ. = ούτε ένας, απολύτως κανείς: *δεν υπάρχει ~ στο δρόμο.*

ψυχή τε και σώματι· αρχαϊστ. έκφρ. = με όλο το είναι, με όλες τις δυνάμεις, ολοπρόθυμα.

ψυχιατρείο το, ουσ. (ασυνίζ.), θεραπευτήριο ή άσυλο ψυχοπαθών: *τον έκλεισαν στο ~* (συνών. *φρενοκομείο, τρελοκομείο).*

ψυχιατρική η, ουσ. (ασυνίζ.), η επιστήμη που ασχολείται με τις ψυχικές διαταραχές ή παθήσεις ακολουθώντας μεθόδους διαγνωστικές, θεραπευτικές και ερευνητικές.

ψυχιατρικός, -ή, -ό, επίθ. (ασυνίζ.), που ανήκει ή αναφέρεται στην ψυχιατρική ή τον ψυχίατρο.

ψυχίατρος ο και η, ουσ., γιατρός που ασχολείται με τη διάγνωση και θεραπεία των ψυχασθενειών.

ψυχικά, βλ. *ψυχικός.*

ψυχικάρης, -α, -ικο, επίθ. (λαϊκ.). **1.** που κάνει ψυχικά (βλ. λ.), ελεήμονας, σπλαχνικός, πονόψυχος. **2.** (σκωπτ., για γυναίκα) που εύκολα δημιουργεί ερωτικές σχέσεις.

ψυχικό το, ουσ. (λαϊκ.). **α.** η καλή πράξη που γίνεται με σκοπό τη σωτηρία της ψυχής: *κάνει / δίνει πολλά για ~·* **β.** ελεημοσύνη, καλή πραξη, ευεργεσία: *έκανε -ά στη ζωή του* παροιμ. *το δουλευτή σου πλέρωνε και -ά μην κάνεις·* **γ.** (σκωπτ. για γυναίκα) φρ. *κάνει -ά* (= προσφέρεται εύκολα στους άντρες).

ψυχικός, -ή, -ό, επίθ. **1.** που ανήκει ή αναφέρεται στην ψυχή (βλ. λ. σημασ. 1): *λειτουργίες / παθήσεις -ές· φαινόμενα -ά* (αντ. *σωματικός)* (θρησκ.) *πάθη -ά* (= τα ελαττώματα, οι αδυναμίες του ανθρώπου)· *συντριβή -ή* (= μετάνοια)· *σωτηρία -ή* (= άφεση αμαρτιών, δικαίωση). **2.** που ανήκει ή αναφέρεται στην ψυχή (βλ. λ. σημασ. 2), στην ηθική και συναισθηματική υπόσταση του ανθρώπου: *ο ευαίσθητος ~ κόσμος· ευφορία -ή· μεταπτώσεις -ές·* (και σε έκφρ.) *-ή αδυναμία* (= **α.** ενδοτικότητα, υποχωρητικότητα· **β.** παθητική υποταγή· **γ.** μεγάλη αγάπη)· *-ή αντοχή* (= **α.** καρτερία, υπομονή· **β.** επιμονή)· *-ή διάθεση· -ή έλξη* (= συμπάθεια)· *ή καλλιέργεια* (για ηθικό χαρακτήρα)· *-ή κούραση* (= **α.** απαύδηση, εξάντληση υπομονής· **β.** ανίια, πλήξη)· *-ό ερείπιο* (για άτομο που έχει συντριβεί από λύπη)· ~ *δεσμός ή -οί δεσμοί* (= σχέσεις φιλικές)· ~ *πλούτος* (για πλούτο συναισθημάτων)· *-ό τραύμα* (= τραυματική εμπειρία) (αντ. *σωματικός, διανοητικός)·* (νομ.) *-ή οδύνη* (= ηθική μείωση και ζημιά που συνίσταται είτε στον κλονισμό και την ψυχική ταραχή που υφίσταται το αδικούμενο άτομο είτε στην ανατροπή της κοινής γνώμης σχετικά με το ίδιο και την ηθική του υπόσταση): *Σε περίπτωση αδικοπραξίας... χρηματική ικανοποίηση ... μπορεί να επιδικαστεί ... λόγω -ής οδύνης* (αστ. κώδ.). **3.** πνευματικός: *πολιτική και -ή στάση του ποιητή.* **4.** που σχετίζεται με το νου, το λογικό: *νόσος -ή* (= ψυχασθένεια)· *τύφλωση -ή* (= απώλεια του λογικού, παραφροσύνη). - Επίρρ. **-ώς** και **-ά:** *κουρασμένος -ά.*

ψυχισμός ο, ουσ. **1.** το σύνολο των ενσυνείδητων ή ασυνείδητων ψυχικών δυνάμεων και των ψυχικών φαινομένων του ανθρώπου: *ο ~ του ποιητή· ~ νοσηρός.* **2.** (φιλοσ.) φιλοσοφικό σύστημα κατά το οποίο η ψυχή αποτελεί την εσωτερική ουσία των όντων και τον παράγοντα της εξέλιξής τους.

ψυχίτσα, βλ. *ψυχή.*

ψυχο- I. α΄ συνθ. λέξεων των οποίων το β΄ συνθ. έχει σχέση με την ψυχή π.χ. *ψυχοβγάλτης, ψυχοπαθής, ψυχοθεραπεία.*

ψυχο- II. α΄ συνθ. λέξεων που έχει τη σημασ. «θετός» π.χ. *ψυχογιός, ψυχοκόρη, ψυχοπαίδι, ψυχομάνα.*

ψυχοαναληπτικός, -ή, -ό, επίθ. (για φάρμακα) που διεγείρουν τις λειτουργίες του εγκεφάλου, όπως τα αντιυπνωτικά, τα αντικαταθλιπτικά, κλπ.

ψυχοβγάλτης ο, θηλ. **-τρα,** ουσ. (μεταφ.) άτομο που υπερβολικά ταλαιπωρεί, που παιδεύει τους άλλους.

ψυχοβιολογία η, ουσ. (ασυνίζ.), επιστήμη που

ψυχοβιολογικός

ερευνά τα ζωικά φαινόμενα των φυτών και τα ερμηνεύει σύμφωνα με τη θεωρεία του ψυχοβιολογισμού (βλ. λ.).

ψυχοβιολογικός, -ή, -ό, επίθ. (ασυνίζ.), που έχει σχέση με την ψυχοβιολογία ή τον ψυχοβιολογισμό: *μέθοδοι -ές.*

ψυχοβιολογισμός ο, ουσ. (ασυνίζ.), (φιλοσ.) θεωρία κατά την οποία τα φυτά έχουν ψυχή και οι ζωικές τους λειτουργίες διαφέρουν από τις λειτουργίες των ζωικών οργανισμών μόνο στο βαθμό πολυπλοκότητας.

ψυχοβιολόγος ο και η, ουσ. (ασυνίζ.), επιστήμονας που ασχολείται με την ψυχοβιολογία.

ψυχογενής, -ής, -ές, γεν. -ούς, πληθ. αρσ. και θηλ. -είς, ουδ. -ή, επίθ. (ψυχιατρ.) που οφείλεται σε ψυχικά αίτια: *συμπτώματα -ή· παθήσεις -είς.*

ψυχογιός ο, ουσ. (συνιζ., λαϊκ.). **1.** θετός γιος. **2.** παραγιός: *πήρε -ό για τις δουλειές του.*

ψυχογλωσσολογία η, ουσ. (νεολογ.) επιστήμη που μελετά από ψυχολογική άποψη τη γλώσσα.

ψυχόγραμμα το, ουσ. (νεολογ.) γραφική παράσταση των αποτελεσμάτων των ψυχολογικών τεστ στα οποία υποβάλλεται ένα άτομο.

ψυχογράφημα το, ουσ., περιγραφή των ψυχικών ιδιοτήτων, των διαθέσεων και σκέψεων ενός ατόμου.

ψυχογραφία η, ουσ. (ψυχ.) κλάδος της ψυχολογίας που έχει ως αντικείμενο την έρευνα και περιγραφή των ψυχικών ικανοτήτων ενός ατόμου ή, σύμφωνα με άλλους, η γραφική απεικόνιση των ψυχικών ιδιοτήτων ενός ατόμου ύστερα από ψυχολογική εξέτασή του.

ψυχογραφικός, -ή, -ό, επίθ., που ανήκει ή αναφέρεται στην ψυχογραφία: *μέθοδος -ή·* (μεταφ.) *ταινία -ή.*

ψυχογράφος ο και η, ουσ., ψυχολόγος που ασχολείται με την ψυχογραφία.

ψυχογραφώ, -είς, ρ., περιγράφω τις ψυχικές ιδιότητες ενός ατόμου.

ψυχοδιαγνωστική η, ουσ. (ασυνίζ.), (ψυχ.) κλάδος της ψυχολογίας που έχει ως αντικείμενο την έρευνα των ψυχικών και πνευματικών ικανοτήτων ενός παιδιού για να το βοηθήσει στον επαγγελματικό προσανατολισμό του.

ψυχοδιαγνωστικός, -ή, -ό, επίθ. (ασυνίζ.), που ανήκει ή αναφέρεται στη διάγνωση των ψυχικών ικανοτήτων ενός παιδιού.

ψυχοδιεγερτικός, -ή, -ό, επίθ. (ασυνίζ.), που διεγείρει την ψυχή.

ψυχόδραμα το, ουσ. (ψυχιατρ.) μέθοδος ψυχανάλυσης ή ψυχοθεραπείας στην οποία τα υποκείμενα καλούνται να πάρουν μέρος σε δραματικές σκηνές με ρόλους που περιέχουν καταστάσεις σχετικές με τα προβλήματά τους.

ψυχοδυναμικός, -ή, -ό, επίθ., που σχετίζεται με τον ψυχοδυναμισμό.

ψυχοδυναμισμός ο, ουσ., ανθρώπινη ακτινοβολία που θεωρείται ότι εκπέμπει το σώμα ορισμένων ανθρώπων και προκαλεί τα φαινόμενα της τηλεκινησίας, της τηλεπάθειας, κ.τ.ό.

ψυχοθεραπεία η, ουσ. (ιατρ. - ψυχιατρ.) θεραπεία με ψυχολογικά μέσα (υποβολή, πειθώ, κ.τ.ό.): *εφαρμογή -ας στην ψυχοσωματική ιατρική· ~ ομαδική.*

ψυχοθεραπευτής ο, θηλ. **-τρια,** ουσ., πρόσωπο ειδικευμένο στην εφαρμογή ψυχοθεραπείας (πβ. *ψυχαναλυτής, ψυχίατρος*).

ψυχοθεραπευτικός, -ή, -ό, επίθ., που αναφέρεται στην ψυχοθεραπεία: *μέθοδοι -ες.*

ψυχοθεραπεύτρια, βλ. *ψυχοθεραπευτής.*

ψυχοκινητικός, -ή, -ό, επίθ. (φυσιολ.) που σχετίζεται ταυτόχρονα με κινητικές και ψυχικές λειτουργίες: *κέντρα -ά (του εγκεφάλου)· διαταραχές -ές.*

ψυχοκοινωνικός, -ή, -ό, επίθ., που αναφέρεται στην ανθρώπινη ψυχολογία μέσα στην κοινωνική ζωή.

ψυχοκοινωνιολογία η, ουσ. (ασυνίζ.), μελέτη των κοινωνικών εκδηλώσεων από ψυχολογική άποψη.

ψυχοκόρη η, ουσ. (λαϊκ.). **1.** θετή κόρη. **2.** (παλαιότερα) νεαρή γυναίκα που εργαζόταν ως υπηρέτρια σε μια οικογένεια από μικρή ηλικία, συνήθως όχι με μισθό, αλλά με την προοπτική να την προικίσει και να την παντρέψει το αφεντικό της (συνών. *ψυχοπαίδι*).

ψυχολογία η, ουσ. **1.** η επιστήμη που μελετά τα ψυχικά φαινόμενα, κυρίως όπως εκδηλώνονται στη συμπεριφορά, με σκοπό την περιγραφή και την ερμηνεία τους, αλλά και τη χρησιμοποίηση των γνώσεων και των εμπειριών που αποκτώνται για τις ανάγκες της ατομικής ή της συλλογικής ζωής: *~ εφαρμοσμένη/πειραματική· μάθημα/βιβλίο -ας.* **2.** (κοιν.) ο τρόπος που σκέπτεται και αισθάνεται κανείς, η ψυχοσύνθεση ή η ψυχική κατάσταση κάποιου: *~ των ηρώων ενός έργου/της στιγμής.*

ψυχολογικός, -ή, -ό, επίθ. **1.** που ανήκει ή αναφέρεται στην ψυχολογία: *θεωρίες -ές· ερμηνεία -ή.* **2.** που σχετίζεται με την ψυχοσύνθεση, τη νοοτροπία ή την ψυχική κατάσταση κάποιου: *βρίσκεται σε δύσκολη -ή κατάσταση· επηρεασμός ~·* (αντ. *σωματικός, φυσικός*)· *δράμα -ό* (όπου δίνεται βαρύτητα στην περιγραφή και την ανάλυση ψυχικών καταστάσεων και όχι στη δράση). - Επίρρ. **-ά.**

ψυχολογισμός ο, ουσ. (φιλοσ.) η τάση να αποδίδεται θεμελιώδης σημασία στην ψυχολογία σε σχέση με άλλες συναφείς επιστήμες.

ψυχολόγος ο και η, ουσ. **1.** επιστήμονας που ασχολείται με την ψυχολογία, (ειδικά) αυτός που ασκεί ένα από τα επαγγέλματα της εφαρμοσμένης ψυχολογίας: *~ εξελικτικός/κλινικός/σχολικός.* **2.** (συνεκδοχικά) που έχει την ικανότητα να καταλαβαίνει τις ψυχικές διαθέσεις των άλλων, που γνωρίζει την ανθρώπινη ψυχή.

ψυχολογώ, -είς, ρ., καταλαβαίνω ή προσπαθώ να καταλάβω τη σκέψη, τα αισθήματα, τις διαθέσεις κάποιου από διάφορες εξωτερικές ενδείξεις: *δεν τον είχαν -ήσει καλά και ξαφνιάστηκαν από την αντίδρασή του.*

ψυχομάνα η, ουσ. (λαϊκ.), θετή μητέρα.

ψυχομάχημα και **ψυχομαχητό** το, ουσ. (λαϊκ.), αγωνία πριν από το θάνατο: *πολύ κακό ~ έκανε· το νερό που σου δρόσισε τα σπλάχνα/εις το -μαχητό* (Σολωμός) (συνών. *ψυχορράγημα, χαροπάλεμα*).

ψυχομαχώ, -είς και **-άς,** ρ., βρίσκομαι στο ψυχομάχημα, στις τελευταίες στιγμές της ζωής μου: *ο Διγενής -εί κι η γης τονε τρομάσσει* (δημ. τραγ.) (συνών. *χαροπαλεύω, ψυχορραγώ*).

ψυχομέτρι το, ουσ. (λαϊκ.), πλήθος ανθρώπων: *τα καράβια παίρνουν το ~* (Κόντογλου).

ψυχομετρία η, ουσ. (ψυχ.) σύνολο διαδικασιών για τη μέτρηση της ανθρώπινης συμπεριφοράς, των ψυχικών φαινομένων (ένταση, διάρκεια, συχνότητα).

ψυχομετρικός, -ή, -ό, επίθ., που σχετίζεται με την ψυχομετρία: *όργανα -ά· μέθοδοι -ές*.

ψυχονεύρωση η, ουσ. (ψυχιατρ.) **1.** (παλαιότερα) πάθηση του νευρικού συστήματος που χαρακτηρίζεται από ψυχικές διαταραχές. **2.** ψυχική πάθηση που αντιστοιχεί σε κατάσταση ενδιάμεση ανάμεσα στη νεύρωση και την ψύχωση: *~ υποχονδριακή*.

ψυχονευρωτικός, -ή, -ό, επίθ., που αναφέρεται στην ψυχονεύρωση. - Το αρσ. ως ουσ. = αυτός που πάσχει από ψυχονεύρωση.

ψυχοπάθεια η, ουσ. (ασυνίζ.), γενική ονομασία των ψυχικών παθήσεων, ψυχώσεων και νευρώσεων (συνών. *ψυχασθένεια*, κοιν. *τρέλα*).

ψυχοπαθής, -ής, -ές, γεν *-ούς*, πληθ. αρσ. και θηλ. *-είς*, ουδ. *-ή*, επίθ., που πάσχει από ψυχοπάθεια, ιδιαίτερα από ψύχωση: *δολοφόνος ~* (συνών. *ψυχασθενής*, κοιν. *τρελός*). - Το αρσ. ως ουσ. = **1.** ψυχικά ασθενής. **2.** (ειδικά) άτομο που παρουσιάζει ψυχοπαθητική προσωπικότητα.

ψυχοπαθητικός, -ή, -ό, επίθ. (ψυχιατρ.) που σχετίζεται με ψυχική διαταραχή: *κατάσταση -ή* (= κατάσταση ατόμου που παρουσιάζει κυρίως έλλειψη αποφασιστικότητας, αστάθεια, αδυναμία προσαρμογής στο περιβάλλον και μπορεί να εξελιχθεί σε αντικοινωνικό και επιθετικό) *προσωπικότητα -ή* (= που εμφανίζει ψυχοπαθητικά στοιχεία).

ψυχοπαθολογία η, ουσ., βασική επιστήμη της ψυχιατρικής που εξετάζει τις ψυχικές παθήσεις.

ψυχοπαθολογικός, -ή, -ό, επίθ., που αναφέρεται στην ψυχοπαθολογία. - Επίρρ. **-ά**.

ψυχοπαίδα η, ουσ. (λαϊκ.), ψυχοκόρη (βλ. λ.).

ψυχοπαιδαγωγικός, -ή, -ό, επίθ., που αναφέρεται στις εφαρμογές των πορισμάτων της ψυχολογίας στην παιδαγωγική. - Το θηλ. ως ουσ. = κλάδος της παιδαγωγικής επιστήμης που ασχολείται με τις παραπάνω εφαρμογές.

ψυχοπαίδι το, ουσ. (λαϊκ.), θετό, υιοθετημένο παιδί.

ψυχοπαραδίνω, ρ. (λαϊκ.), βρίσκομαι στην επιθανάτια αγωνία, πεθαίνω.

ψυχοπατέρας ο, ουσ. (λαϊκ.), θετός πατέρας.

ψυχοπλάκωμα το και **ψυχοπλάκωση** η, ουσ. (λαϊκ.), αίσθημα ψυχικής πίεσης, μεγάλης στενοχώριας, κατάθλιψης (αντ. *ευφορία*).

ψυχοπλακώνω, ρ. (λαϊκ.), προκαλώ ψυχοπλάκωμα: *βλέπεις ειδήσεις και -εσαι*.

ψυχοπλάκωση, βλ. *ψυχοπλάκωμα*.

ψυχοπόνια η, ουσ. (συνιζ.), ευσπλαχνία, συμπόνια: *τον παίδευε χωρίς ~* (αντ. *ασπλαχνία, αλυπησιά, απονιά*).

ψυχοπονιάρης, -α, -ικο, επίθ. (συνιζ., λαϊκ.), σπλαχνικός, πονόψυχος (αντ. *άπονος, άσπλαχνος*).

ψυχοπονιάρικος, -η, -ο, επίθ. (συνιζ., λαϊκ.), σπλαχνικός, πονετικός (αντ. *άπονος, άσπλαχνος*).

ψυχοπονώ, -είς και **-άς**, ρ., μέσ. *-ιέμαι* και *-ούμαι* (λαϊκ.), ενεργ. και μέσ.) αισθάνομαι ευσπλαχνία, οίκτο για κάποιον: *το καημένο το -εσα, δεν μπορούσα να το βλέπω νηστικό να κλαίει κι αν σου 'κανε τόσα, στο τέλος τον -έθηκες* (συνών. *λυπάμαι, σπλαχνίζομαι, συμπονώ*).

ψυχόρμητο το, ουσ. (νεολογ.), έμφυτη εσωτερική ορμή (συνήθως ορμέμφυτο).

ψυχορράγημα το, ουσ. **1.** ψυχομάχημα (βλ. λ.). **2.** (μεταφ.) το να «ψυχορραγεί» (βλ. λ. σημασ. 2) κάτι: *το ~ της βυζαντινής αυτοκρατορίας*.

ψυχορραγώ, -είς, ρ. **1.** ψυχομανώ (βλ. λ.). **2.** (μεταφ.) για κάτι που αντιμετωπίζει τον έσχατο κίνδυνο να πάψει να υπάρχει, που βρίσκεται κοντά στο τέλος του: *το φθινόπωρο του 1932 η δημοκρατία της Βαϊμάρης -ούσε*.

ψύχος το, ουσ. (λόγ.), κρύο, ιδίως όταν η θερμοκρασία βρίσκεται κάτω από το 0 του θερμομέτρου: *~ πολικό / τεχνητό* (αντ. *ζέστη*).

ψυχοσάββατο το, ουσ. (εκκλ.) κοινή ονομασία του Σαββάτου πριν από την Κυριακή των Απόκρεω και της Πεντηκοστής που είναι αφιερωμένο στη μνήμη των νεκρών: *Σήμερα ~, που ανάβουν αγιοκέρια/και παν στους τάφους κόλλυβα, στα μνήματα λιβάνι* (Αθάνας).

ψυχοσύνθεση η, ουσ., το σύνολο των ψυχικών ιδιοτήτων ενός ατόμου, ο ιδιαίτερος τρόπος που αισθάνεται ή σκέπτεται κανείς: *~ περίπλοκη* (πβ. *ιδιοσυγκρασία, νοοτροπία, χαρακτήρας*).

ψυχοσωματικός, -ή, -ό, επίθ., που ανήκει ταυτόχρονα στο ψυχικό και το οργανικό πεδίο: *παράγοντας ~· ιατρική -ή* = ιατρική που αποδίδει βασική σημασία στους ψυχικούς παράγοντες στην πρόκληση λειτουργικών διαταραχών και οργανικών παθήσεων.

ψυχοσώστης ο, θηλ. **-τρα**, ουσ. (λαϊκ.), άτομο που σώζει ψυχές.

ψυχοσωτήριος, -α, -ο, επίθ. (ασυνίζ.), που σώζει τις ψυχές από τις αμαρτίες τους και τη μεταθανάτια τιμωρία: *πίστη -α* (συνών. *ψυχωφελής*).

ψυχοτεχνικός, -ή, -ό, επίθ., που ανήκει ή αναφέρεται στην έρευνα των ψυχικών φαινομένων με τεχνικά μέσα. - Το θηλ. ως ουσ. = εφαρμοσμένος κλάδος της ψυχολογίας (βλ. λ.) που χρησιμοποιεί την πειραματική και άλλες μεθόδους για να λύσει πρακτικά προβλήματα της εκπαίδευσης, της βιομηχανίας, της διοίκησης, του στρατεύματος, κλπ.

ψυχοτονικός, -ή, -ό, επίθ., που έχει διεγερτική δράση στις ψυχικές λειτουργίες: *ουσία -ή*.

ψυχοτρόπος, -ος, -ο, επίθ. (ιδίως για φάρμακα) που επιδρά στις ψυχικές λειτουργίες του ατόμου.

ψυχούλα, βλ. *ψυχή*.

ψυχοφάρμακα τα, ουσ., φάρμακα που επιδρούν στις ψυχικές λειτουργίες και στην ψυχική διάθεση του ανθρώπου.

ψυχοφαρμακολογία η, ουσ., μελέτη των αποτελεσμάτων που προκαλούνται στις ψυχικές λειτουργίες και την ψυχική διάθεση του ανθρώπου από ψυχοφάρμακα (βλ. λ.).

ψυχοφθόρος, -α, -ο, επίθ. (λόγ.), που φθείρει την ψυχή: *σχέσεις -ες*.

ψυχοφυσικός, -ή, -ό, επίθ., που ανήκει στις φυσικές και ψυχικές δυνάμεις του ανθρώπου: *νόμος ~*. - Το θηλ. ως ουσ. = επιστήμη που μελετά και ερευνά τις ψυχικές και τις φυσικές δυνάμεις του ανθρώπου.

ψυχοφυσιολογία η, ουσ. (ασυνίζ.), (ιατρ.) χρησιμοποίηση της φυσιολογίας στην ψυχολογία για τη διερεύνηση των φαινομένων του ψυχικού βίου.

ψυχοφυσιολογικός, -ή, -ό, επίθ. (ασυνίζ.), που σχετίζεται με την ψυχοφυσιολογία (βλ. λ.).

ψυχοχάρτι το, ουσ. (λαϊκ.), χαρτί όπου γράφονται τα ονόματα των νεκρών που μνημονεύει ο ιερέας.

ψυχοχειρουργική η, ουσ. (ιατρ.) μέθοδος θεραπείας ψυχικών νόσων με χειρουργική επέμβαση ψύχρα

στον εγκέφαλο για βελτίωση της λειτουργίας του.
ψύχρα η, ουσ., ψυχρός καιρός, κρύο: *έπιασε ~ σήμερα* (αντ. *ζέστη*). - Υποκορ. **-ούλα** η.
ψυχρά, βλ. *ψυχρός*.
ψύχραιμα, βλ. *ψύχραιμος*.
ψυχραιμία η, ουσ., το να παραμένει κανείς ήρεμος και απαθής μπροστά σε δύσκολες καταστάσεις: *δέχτηκε την επίθεση με θαυμαστή ~* (συνών. *αταραξία·* αντ. *ταραχή*).
ψύχραιμος, -η, -ο, επίθ., που τον χαρακτηρίζει ψυχραιμία: *παίκτης ~* (συνών. *ήρεμος*). - Επίρρ. **-α**.
ψυχραίνω, ρ., αόρ. *-ανα, -άθηκα*, μτχ. *-αμένος*. Α. αμτβ. 1. γίνομαι ψυχρός: *-ανε ο καιρός* (συνών. *κρυώνω*). 2. (μέσ., μεταφ.) παύω να έχω αγαθές σχέσεις με κάποιον: *-άθηκαν μετά τον καβγά τους*. Β. (μτβ.) απογοητεύω, στενοχωρώ κάποιον: *η στάση της τον -ανε*.
ψυχραίμος, -η, -ο, επίθ. (για ζώο) που η θερμοκρασία του σώματός του αλλάζει με τη θερμοκρασία του περιβάλλοντος: *ερπετό -ο*.
ψυχρολουσία η, ουσ. (μεταφ.) διάψευση ελπίδων, απογοήτευση: *~ εκλογική*.
ψυχρόμετρο το, ουσ. (μετεωρ.) συσκευή που χρησιμεύει στον καθορισμό της υγρομετρικής κατάστασης της ατμόσφαιρας.
ψυχροπολεμικός, -ή, -ό, επίθ., που σχετίζεται με τον ψυχρό πόλεμο (βλ. *πόλεμος*): *κόσμος ~· κλίμα -ό*.
ψυχρός, -ή, -ό, επίθ. 1. που έχει θερμοκρασία χαμηλότερη από τη φυσιολογική ή τη συνηθισμένη: *αέρας / καιρός ~* (συνών. *κρύος·* αντ. *θερμός, ζεστός*). 2. (μεταφ.) που δεν εκδηλώνει αισθήματα αγάπης, εγκαρδιότητας: *υποδοχή -ή* (συνών. *κρύος, αδιάφορος*). 3. *άντρας ~, γυναίκα -ή* = που δεν έχει κανονική σεξουαλική ιδιοσυγκρασία (αντ. *θερμός*). Έκφρ. *την κακή και την -ή σου μέρα* (= (υβριστικά) να συναντήσεις την πιο δυσάρεστη μέρα ή περίσταση της ζωής σου)· *~ πόλεμος*, βλ. *πόλεμος* σημασ. 2. - Επίρρ. **-ά** έκφρ. *κακά, -ά κι ανάποδα* (για συρροή αντίξοων περιστάσεων): *– Πώς πέρασες; – Κακά, -ά κι ανάποδα*.
ψυχρότητα η, ουσ. 1. το να είναι κάτι ψυχρό: *~ νερού / καιρού* (αντ. *θερμότητα*). 2α. (μεταφ.) έλλειψη εκδήλωσης θετικών συναισθημάτων: *υποδοχή* β. έλλειψη αγάπης, στοργής: *~ ανάμεσα σε δύο συζύγους*.
ψυχρούλα, βλ. *ψύχρα*.
ψύχω, ρ. 1. κάνω κάτι ψυχρό, παγώνω (αντ. *θερμαίνω, ζεσταίνω*). 2. (μέσ., όχι για πρόσωπα) γίνομαι ψυχρός, κρυώνω: *-εται το περιβάλλον*.
ψυχωμένος, -η, -ο, επίθ., γεμάτος ζωή και θάρρος: *παλληκάρι -ο* (συνών. *γενναίος, θαρραλέος*).
ψύχωση η, ουσ. 1. (ιατρ.) διανοητική ασθένεια που αλλοιώνει την προσωπικότητα του ανθρώπου στο σύνολό της, κατά την οποία ο άρρωστος δεν έχει συνείδηση της κατάστασής του. 2. αγωνιώδης πνευματική και ψυχική κατάσταση που προκαλείται από συγκίνηση κοινωνικής προέλευσης: *~ πολέμου*. 3. (γενικότερα) υπερβολική αγάπη, ροπή προς κάτι: *έχει ~ με τον κινηματογράφο*.
ψυχωτικός, -ή, -ό, επίθ., που σχετίζεται με την ψύχωση: *κατάσταση -ή*.
ψυχωφελής, -ής, -ές, γεν. *-ούς*, πληθ. αρσ. και θηλ. *-είς*, ουδ. *-ή*, επίθ., που ωφελεί την ψυχή (συνών. *ψυχοσωτήριος*).

ψωλή η, ουσ. (λαϊκ.), πέος (βλ. λ.). [αρχ. επίθ. *ψωλός*].
ψωμάδικο το, ουσ. (λαϊκ.), αρτοποιείο (συνών. *φούρνος*).
ψωμάκι, βλ. *ψωμί*.
ψωμάς ο, ουσ. (λαϊκ.). 1. αρτοποιός (συνών. *φούρναρης*). 2. άτομο που τρώει πολύ ψωμί.
ψωμί το, ουσ. 1. είδος βασικής τροφής του ανθρώπου που γίνεται από αλεύρι, μαγιά, αλάτι και νερό και ψήνεται στο φούρνο: *~ ζυμωτό*. 2. (λαϊκ.) φαγητό: *με κόπο βγάζει το ~ του*. Έκφρ. *βούτυρο στο ~* (= εξαιρετική ευκαιρία): *η περίπτωση αυτή ήταν για μένα βούτυρο στο ~· για ένα κομμάτι ~* (= πάμφθηνα): *πούλησε το χωράφι του για ένα κομμάτι ~ · δεν έχω ~ να φάω* (= λιμοκτονώ)· *έφαγε τα -ιά του* (= α. πέρασε η περίοδος της δραστηριότητάς του, γέρασε (για πρόσωπα)· β. πάλιωσε (για πράγματα))· φρ. *έχει ~ η δουλειά* (= είναι επικερδής)· *λίγα είναι τα -ιά του* (= θα πεθάνει σύντομα)· *πρέπει να φας πολλά -ιά ακόμη για να...* (= πρέπει να κοπιάσεις πολύ ακόμη για να...)· *λέω το ~ ψωμάκι* (για μεγάλη πείνα)· *χάνω το ~ μου* (= χάνω τη δουλειά μου)· *μου παίρνει το ~* (= μου στερεί τους καρπούς της δουλειάς μου)· *φάγαμε μαζί ~ κι αλάτι* (= συνδεόμαστε με παλιούς δεσμούς φιλίας). Παροιμ. *~ δεν έχουμε να φάμε, ρεπανάκια για την όρεξη γυρεύουμε* (= για όσους στερούνται τα απολύτως απαραίτητα και όμως επιζητούν τα περιττά). - Υποκορ. **-άκι** το = 1. μικρό ψωμί (στη σημασ. 1). 2. (συνήθως στον πληθ.) περιττό πάχος στους γλουτούς του γυναικείου σώματος.
ψωμιέρα η, ουσ. (συνιζ.). α. θήκη όπου τοποθετείται το ψωμί για να μην ξεραίνεται· β. σκεύος όπου τοποθετείται και σερβίρεται κομμένο το ψωμί.
ψωμίζω, ρ. (λαϊκ.), δίνω ψωμί σε κάποιον, τον ταΐζω.
ψωμοζήτης ο, ουσ. (λαϊκ.), ζητιάνος (βλ. λ.).
ψωμοζητώ, -άς, ρ., ζητιανεύω (βλ. λ.).
ψωμομάχαιρο το, ουσ., μαχαίρι για κόψιμο του ψωμιού.
ψωμοτύρι το, ουσ. 1. ψωμί και τυρί: *έφαγα πρόχειρα λίγο ~*. 2. (γενικά) φτωχική τροφή, ξεροφαγία. Φρ. *το 'χει ~* (= για κάτι που λέει ή κάνει κανείς συχνά).
ψωμώνω, ρ. (λαϊκ.), μεστώνω, ωριμάζω: *-ωσε το σιτάρι·* (μεταφ.) *παιδί -ωμένο*.
ψωμωτός, -ή, -ό, επίθ., με πολύ φαγώσιμο μέρος· με πολύ κρέας: *κοτόπουλο -ό*.
ψώνι, βλ. *ψώνιο*.
ψωνίζω και (λαϊκ.) **ψουνίζω**, ρ. Ι. (ενεργ.) αγοράζω τρόφιμα ή άλλα χρειώδη πράγματα: *-ει όλο ακριβά ρούχα* (συνών. *προμηθεύομαι*)· φρ. (ειρων.) *που την -ισες! (πού την πέτυχες!)* (ειρων.) *την -ισε* (= τρελάθηκε). ΙΙ. μέσ. 1. αγοράζω πράγματα αποκλειστικά για τον εαυτό μου: *κατέβηκα στα μαγαζιά και -ίστηκα*. 2. (λαϊκ.) συνάπτω ερωτικές σχέσεις ευκαιριακές, συνήθως με αμοιβή.
ψώνι(ο) το, ουσ. (συνιζ.). 1. (συνήθως στον πληθ.) οτιδήποτε αγοράζει κανείς. 2. (για γυναίκα αυτή) που συνάπτει ευκαιριακές ερωτικές σχέσεις συνήθως με αμοιβή. 3. (μεταφ.) άνθρωπος εύπιστος και αφελής (συνών. *κορόιδο*). Φρ. *έχω ~ με κάτι* (= έχω ψύχωση με κάτι): *έχει ~ με τις αντίκες*. [μτγν. *οψώνιον*].

ψώνισμα το, ουσ., το να ψωνίζει κανείς κάτι.
ψωνιστής ο, ουσ., άτομο που ψωνίζει συχνά και μάλιστα με επιτυχία.
ψώρα η, ουσ. **1α.** (ιατρ.) μεταδοτική ασθένεια που συνίσταται σε μόλυνση του δέρματος του ανθρώπου και των ζώων και προκαλεί έντονο κνησμό· **β.** γενική ονομασία ποικίλων ασθενειών των φυτών. **2.** (μεταφ.) άνθρωπος ακάθαρτος και γενικότερα ενοχλητικός: *αυτός είναι μια ~!* **3.** μεγάλη φτώχεια, αθλιότητα. **4.** ψωροπερηφάνια (βλ. λ.).
ψωραλέος, -α, -ο, επίθ. **1.** αυτός που πάσχει από ψώρα (βλ. λ.) (συνών. *ψωριάρης*). **2.** πάμπτωχος, αξιολύπητος.
ψωράλογο το, ουσ., άλογο πολύ αδύνατο.
ψωριάζω, ρ., μτχ. *-ιασμένος* (συνιζ.). **1.** μεταδίδω ψώρα (βλ. λ.). **2.** (αμτβ.) παθαίνω ψώρα: *-ιασε το καημένο το σκυλάκι μας.* **3.** καταντώ πάμπτωχος.
ψωριάρης ο, θηλ. *-α* και *-ισσα,* ουσ. (συνιζ.). **1.** άτομο που έχει πάθει ψώρα: *ξύνεται σαν ~.* **2.** άτομο πάμπτωχο και ελεεινό. **3.** ψωροπερήφανος (βλ. λ.).
ψωριάρικος, -η, -ο, επίθ. (συνιζ.), που έχει πάθει ψώρα: *σκυλί -ο.*

ψωριάρισσα, βλ. *ψωριάρης.*
ψωρίαση η, ουσ. (ιατρ.) δερματοπάθεια κατά την οποία εμφανίζονται λέπια που αφαιρούνται με ξύσιμο.
ψώριασμα το, ουσ. (συνιζ.), η κατάσταση και το αποτέλεσμα του ψωριάζω (βλ. λ.).
ψωρίλας ο, ουσ. (λαϊκ.), ψωριάρης (βλ. λ.).
ψωροδραχμή η, ουσ. (λαϊκ.), (περιφρονητικά) δραχμή: *μου δάνεισε κάτι -ές και μου το κοπανάει συνέχεια.*
ψωροκάικο το, ουσ., καΐκι σε πολύ κακή κατάσταση.
ψωροκώσταινα η, ουσ. (σκωπτ.) το ελληνικό κράτος.
ψωροπερηφάνια η, ουσ., φτώχεια και αλαζονεία μαζί (συνών. *πτωχαλαζονεία*).
ψωροπερήφανος, -η, -ο, επίθ., φτωχός και αλαζόνας μαζί.
ψωρόπευκο το, ουσ., πεύκο ψωριασμένο, σε πολύ κακή κατάσταση: *το νησί είχε μόνο σκίνα και λίγα -α.*
ψωροφύτης ο, ουσ. (ιατρ.) δερματική παιδική ασθένεια στο δέρμα του κεφαλιού.

ω, Ω, (ωμέγα). **1.** το εικοστό τέταρτο και τελευταίο γράμμα του ελληνικού αλφαβήτου· ένα από τα φωνήεντα της ελληνικής γλώσσας. - Βλ. και *ωμέγα.* **2.** αριθμητικό σημείο = **α.** (όταν έχει τόνο επάνω δεξιά ή τελεία κάτω δεξιά: ω´, Ω´, ω.) οκτακόσια, οκτακοσιοστός: *έτος ͵αωκα´* (= 1821)· **β.** (όταν έχει τόνο κάτω αριστερά: ͺω) οκτακόσιες χιλιάδες.

ω, κλητικό επιφ. που χρησιμοποιείται εμπρός από την κλητ. των ονομάτων: ~ *Θεέ μου*· ~ *ψυχή ερωτευμένη που πέταξες στα ύψη!* (Σεφέρης).

ω, επιφ. που φανερώνει θαυμασμό, έκπληξη, λύπη, πόνο, κ.τ.ό.: ~ *τι καλά!* · ~ *με συγχωρείς, δεν το ήξερα.*

ώα η, ουσ. (φιλολ.) το άγραφο μέρος της σελίδας παλαιού χειρογράφου ή και εντύπου, περιθώριο: *σημειώσεις στην* ~.

ωαγωγός ο, ουσ. (ανατομ.) πόρος που συνδέει καθεμιά από τις δύο ωοθήκες με τη μήτρα, εκεί όπου εισέρχονται κατά την ωορρηξία τα ωοκύτταρα κι όπου είναι δυνατόν να γονιμοποιηθούν (κοιν. *σάλπιγγα.*

ωάριο το, ουσ. (ασυνίζ.), (βιολ.) **α.** το πρώτο κύτταρο ζωντανού οργανισμού (ζωικού ή φυτικού) που αναπαράγεται εγγενώς γεννημένο από την ένωση δύο αναπαραγωγικών κυττάρων (αρσενικού και θηλυκού γαμέτη) (αλλιώς *ζυγωτό κύτταρο* ή *ζυγώτης*)· (για τον άνθρωπο) το κύτταρο που δημιουργείται όταν ένα ωοκύτταρο συναντηθεί μέσα στον ωαγωγό με ένα σπερματοζωάριο και γονιμοποιηθεί: *κυτταρόπλασμα / διαίρεση του -ίου*· **β.** (καταχρηστικά) το θηλυκό αναπαραγωγικό κύτταρο των ζωικών οργανισμών προτού γονιμοποιηθεί.

ωδείο το, ουσ. **1.** (αρχαιολ.) στην Ελλάδα και τη Ρώμη, δημόσιο οικοδόμημα που έμοιαζε με το θέατρο και χρησίμευε για μουσικές εκδηλώσεις: ~ *Ηρώδου του Αττικού στην Αθήνα.* **2.** σχολή μουσικής: *-α κρατικά.*

ωδή η, ουσ. **1.** (στην αρχαιότητα) λυρικό ποίημα που το τραγουδούσαν ή το απήγγελλαν με συνοδεία μουσικής, τραγούδι: ~ *θρηνητική / σαπφική*· *-ές του Ορατίου.* **2.** λυρικό ποίημα γραμμένο γενικά με υψηλή έμπνευση και σε συμμετρικές στροφές: *Ω μεγάλε Ζακύνθιε* (εννοείται ο Κάλβος), / *των -ών σου τα μέτρα / υψηλά, σοβαρά* (Καρυωτάκης). **3.** (εκκλ.) στην ορθόδοξη υμνογραφία, σύστημα λειτουργικών ασμάτων που έχουν συντεθεί στον ίδιο ρυθμό: *κάθε* ~ *του κανόνα αποτελείται από τον ειρμό, τρία τροπάρια κι ένα θεοτοκίο.*

-ώδης, -ης, -ες, λόγ. κατάλ. επιθέτων που παράγονται από ουσ. και φανερώνουν εκείνον που αποτελείται ή χαρακτηρίζεται από ό,τι δηλώνει το ουσ. ή γενικά σχετίζεται με αυτό: *πετρώδης, σωματώδης, ελώδης.*

ωδική η, ουσ., σχολικό μάθημα με αντικείμενο τη διδασκαλία του τραγουδιού, της φωνητικής μουσικής.

ωδικός, -ή, -ό, επίθ. (συνήθως στο ουδ.) για πουλί που μπορεί να τραγουδά: *πτηνά -ά.*

ώδινεν όρος και έτεκε μυν· αρχαϊστ. φρ. (= «το βουνό κοιλοπόνεσε και γέννησε ένα ποντίκι») · όταν σχεδιασμοί, εξαγγελίες, υποσχέσεις, προβλέψεις ή προσδοκίες για σπουδαία πράγματα καταλήγουν σε απογοητευτικό αποτέλεσμα (αλλιώς: *πολύ κακό για το τίποτα*).

ωδίνη η, ουσ. (λόγ.), συνηθέστερα στον πληθ. στην έκφρ. *-ες του τοκετού* = οι πόνοι της γέννας· (ποιητ.) *Αναστάσιμη* ~ (Σεφέρης). [αρχ. *ωδίς*].

ώθηση η, ουσ. **1.** (λόγ.) σπρώξιμο: ~ *βίαιη·* (ανθρωπολ.) ~ *νευρική* (= κυματοειδής επέκταση της νευρικής διέγερσης κατά μήκος της νευρικής ίνας· αλλιώς *νευρική ώση*). **2.** (μεταφ.) στη φρ. *δίνω* ~ (= παρακινώ, παροτρύνω, παρέχω ενίσχυση ή συντελώ ώστε να προοδεύσει ή να πραγματοποιηθεί κάτι): *χρειάζεται να δοθεί νέα* ~ *στις ανθρωπιστικές σπουδές· τα διαστημικά ταξίδια έδωσαν σπουδαία* ~ *στην ανάπτυξη της τεχνολογίας.*

ωθώ, -είς, ρ. **1.** (λογ.) σπρώχνω· (μεταφ.) οδηγώ υποχρεωτικά σε ορισμένο αποτέλεσμα, μεταβολή ή εξέλιξη: *-εί σκόπιμα τη συζήτηση σε αδιέξοδο.* **2.** (μεταφ.) παρακινώ, παροτρύνω ή πιέζω κάποιον να φερθεί με ορισμένο τρόπο ή να κάνει ορισμένη ενέργεια: *δεν ξέρω τι τον -ησε σ' αυτή την απροσδόκητη αντίδραση· κακόβουλες φήμες τον -ησαν να παραιτηθεί.*

ωιμέ και **οιμένα,** βλ. *οϊμέ* και *οϊμένα.*

ωκεάνιος, -α, -ο, επίθ. (ασυνίζ.). **α.** που ανήκει ή αναφέρεται στον ωκεανό: *κύματα -α.* **β.** που υπάρχει κοντά στον ωκεανό, που υφίσταται την επίδρασή του: *κλίμα -ο.*

ωκεανογραφία η, ουσ., επιστήμη που μελετά τις θάλασσες και τους ωκεανούς, το φυσικό περιβάλλον που σχηματίζουν, καθώς και τους οργανισμούς που ζουν εκεί: ~ *φυσική.*

ωκεανογραφικός, -ή, -ό, επίθ., που ανήκει ή αναφέρεται στην ωκεανογραφία: *ινστιτούτο / σκάφος -ό.*

ωκεανογράφος ο και η, ουσ., επιστήμονας ειδικός στην ωκεανογραφία.

ωκεανολογία η, ουσ., επιστημονικός κλάδος με αντικείμενο μελέτες και εφαρμογές για την οικονομική εκμετάλλευση και την προστασία των ωκεανών στο υγρό τους τμήμα, στο βυθό και το υπέδαφός τους, καθώς και στις ακτές τους: *χρησιμοποίηση των πορισμάτων της ωκεανογραφίας στην ~. ~ βιομηχανική.*

ωκεανολογικός, -ή, -ό, επίθ., που ανήκει ή αναφέρεται στην ωκεανολογία.

ωκεανολόγος ο και η, ουσ., επιστήμονας ειδικός στην ωκεανολογία.

ωκεανοπλοΐα η, ουσ., κλάδος της ναυτικής επιστήμης και πρακτικής που σχετίζεται με τα υπερωκεάνια ταξίδια.

ωκεανός ο, ουσ. α. απέραντη θαλάσσια έκταση που καταλαμβάνει μεγάλο μέρος της γήινης επιφάνειας χωρίζοντας τις ηπείρους μεταξύ τους: *μελέτη των -ών·* **β.** συγκεκριμένο τμήμα της παραπάνω έκτασης: *Ειρηνικός / Ινδικός ~. ΄Εκφρ. σταγόνα στον -ό,* βλ. *σταγόνα.*

ωλέκρανο το, ουσ. (ανατομ.) απόφυση που προεξέχει στο επάνω μέρος της ωλένης και σχηματίζει το πίσω μέρος της άρθρωσης του αγκώνα.

ωλένη η, ουσ. (ανατομ.) το ένα από τα δύο οστά του αντιβραχίονα (πήχη), αυτό που βρίσκεται προς την πλευρά του σώματος.

-ωμα, κατάλ. ουδ ουσ.; *κούμπωμα, φόρτωμα.*

ωμά, βλ. *ωμός.*

ωμέγα το, ουσ. άκλ., το τελευταίο γράμμα του ελληνικού αλφαβήτου (ω, Ω)· έκφρ. *από το άλφα ως το ~·* φρ. *αποτελεί / είναι το άλφα και το ~* (βλ. *άλφα).*

ωμίτης και (λαϊκ.) **νωμίτης** ο, ουσ., τμήμα φορέματος ή πουκάμισου ραμμένο στη θέση του ώμου: *έκοψες το νωμίτη μεγάλο.*

ωμοπλάτη η, ουσ. (ανατομ.) καθένα από τα δύο πλατιά τριγωνικά οστά που βρίσκονται ψηλά στη ράχη, κάτω από τους ώμους, συνδέοντας τα οστά των άνω άκρων με τον κορμό, όπου συγκρατούνται με ισχυρούς μύες (για ζώο συνών. *σπάλα).*

ωμορφος, βλ. *όμορφος.*

ώμος και (λαϊκ.) **νώμος** ο, ουσ. α. καθένα από τα δύο επάνω μέρη του κορμού ανάμεσα στη βάση του λαιμού και στην κορυφή του βραχίονα: *γέρνει τους -ους· πουκάμισο φαρδύ στους -ους·* φρ. *βαστούν οι -οι του* (= αντέχει)· *σήκωσε / ύψωσε τους -ους* (δηλώνοντας άγνοια, απορία ή αδιαφορία)· **β.** (συνεκδοχικά) μέρος ενδύματος που αντιστοιχεί στον ώμο: *το πουκάμισό μου ξηλώθηκε στον -ο.*

ωμός, -ή, -ό, επίθ. **1.** (για κρέατα, λαχανικά ή άλλα τρόφιμα) που δεν έχει μαγειρευτεί, βρίσκεται στη φυσική του κατάσταση: *καρότα -ά* (αντ. *μαγειρεμένος)·* φρ. *δεν τρώγεσαι ούτε ~ ούτε ψημένος* (= είσαι εντελώς ανυπόφορος). **2.** (μεταφ.) **α.** (για πρόσωπον, πράξη ή διάθεση) σκληρός, απάνθρωπος, άσπλαχνος, θηριώδης: *άνθρωπος / βασανιστής ~ βία -ή·* **β.** (για συμπεριφορά) τραχύς, άδικος, απολίτιστος· **γ.** (για λόγους) κυνικός, απερίφραστος. **3.** (μεταφ., για πρόσωπο) **α.** αδρανής, νωθρός· **β.** για κάποιον που είναι άπειρος σε μια δουλειά και δεν μπορεί να ενεργήσει ή να φερθεί σωστά (αντ. *«ψημένος»).* - Επίρρ. **-ά** (στη σημασ. 2).

ωμότητα η, ουσ. **1.** το να είναι κάποιος ή κάτι ωμό (βλ. λ. σημασ. 2) (συνών. *σκληρότητα, απανθρωπιά, τραχύτητα, κυνισμός).* **2.** (στον πληθ.) πολύ σκληρή, απάνθρωπη, εγκληματική πράξη: *-ες του στρατού κατοχής στα Καλάβρυτα* (συνών. *θηριωδίες, κτηνωδίες).*

ωμοφόριο το, ουσ. (ασυνίζ.), (εκκλ.) άμφιο του επισκόπου με σχήμα πλατιάς ταινίας που το φέρει στους ώμους όταν λειτουργεί: *~ μέγα/μικρό.*

-ώνας, κατάλ. περιεκτικών ουσ.: *αχυρώνας, δαφνώνας, στρατώνας.*

-ώνυμο (λόγ.), β΄ συνθ. ουδ. ουσ.: *παρώνυμο, πολυώνυμο.* [αρχ. *-ώνυμον*].

-ώνω, κατάλ. ρ.: *δηλώνω, θαλασσώνω.*

ωογένεση και **ωογονία** η, ουσ. (βιολ.) η παραγωγή θηλυκών αναπαραγωγικών κυττάρων (ωοκυττάρων - ωαρίων), που γίνεται μέσα στις ωοθήκες: *φάσεις της -ης* (πολλαπλασιασμός - αύξηση - ωρίμανση).

ωοειδής, -ής, -ές, γεν. *-ούς,* πληθ. αρσ. και θηλ. *-είς,* ουδ. *-ή,* επίθ., που έχει σχήμα αβγού, είναι μακρουλός και στρογγυλός: *σχήμα προσώπου -ές* (πβ. *ελλειψοειδής).*

ωοζωοτοκία η, ουσ., η ιδιότητα ορισμένων ζώων να είναι ωοζωοτόκα (βλ. λ.).

ωοζωοτόκος, -ος, -ο, επίθ. (βιολ.) για ζώο που κρατά τα αβγά του μέσα στο σώμα του ώσπου να εκκολαφθούν τα μικρά του και τότε τα βγάζει σαν να τα γεννάει ζωντανά (λ.χ. η οχιά).

ωοθηκεκτομή η, ουσ. (ιατρ.) αφαίρεση της ωοθήκης με χειρουργική επέμβαση.

ωοθήκη η, ουσ. **α.** (βιολ.) γεννητικό όργανο των θηλυκών ατόμων που παράγει τα θηλυκά αναπαραγωγικά κύτταρα· στον άνθρωπο, καθένας από τους δυο γεννητικούς αδένες που βρίσκονται στην περιοχή της λεκάνης και έχουν ως βασική λειτουργία την παραγωγή των ωαρίων και την έκκριση των γεννητικών ορμονών· **β.** (βοτ.) το εξογκωμένο κάτω μέρος του υπέρου ενός άνθους, που περιέχει τα ωοσφαίρια και πρόκειται μετά τη γονιμοποίηση να μεταβληθεί γενικά σε καρπό.

ωοθηκίτιδα η, ουσ. (ιατρ.) φλεγμονή της ωοθήκης.

ωοθυλάκιο το, ουσ. (ασυνίζ.), (βιολ.) καθένας από τους πολυάριθμους θυλακώδεις σχηματισμούς που βρίσκονται στην ωοθήκη και περιέχουν τα ωοκύτταρα: *-ια αρχέγονα/ώριμα.*

ωοκύτταρο το, ουσ. (βιολ.) θηλυκό αναπαραγωγικό κύτταρο που δεν έχει ωριμάσει ακόμη.

ωόν το, ουσ. (βιολ.) το γονιμοποιημένο ωάριο που προκύπτει από τη συνένωσή του με ένα σπερματοζωάριο.

ωορρηξία η, ουσ. (βιολ.) η ελευθέρωση του ωοκυττάρου από το θυλάκιό του, που παρατηρείται στη γυναίκα περιοδικώς κάθε 28 μέρες περίπου και μετά την οποία το ωοκύτταρο εισέρχεται στον ωαγωγό έτοιμο να γονιμοποιηθεί.

ωοσκόπιο το, ουσ. (ασυνίζ.), όργανο που χρησιμοποιείται για να εξεταστεί αν ένα αβγό είναι φρέσκο.

ωοτοκία η, ουσ. (βιολ.) η γέννηση αβγών: *~ των πτηνών/των ψαριών.*

ωοτόκος, -ος, -ο, επίθ. (βιολ.) για ζώο που γεννά αβγά: *τα περισσότερα φίδια είναι -α.*

-ωπός, κατάλ. επιθ. που παράγονται από επίθ. και φανερώνουν εκείνον που έχει σε μικρότερο βαθμό ό,τι φανερώνει το πρωτότυπο ή φαίνεται σαν αυτό: *κοκκινωπός, αγριωπός.*

ώρα η, ουσ. **1α.** (αστρον. - κοιν.) μονάδα για τη μέτρηση του χρόνου που αντιστοιχεί στο καθένα από τα εικοσιτέσσερα ίσα μέρη στα οποία χωρίζεται η ημέρα (ενν. η μέση ηλιακή ημέρα): *~ ηλιακή· η ~ αποτελείται από 60 πρώτα λεπτά και 3.600 δευτερόλεπτα· ξυπνήστε με σε μισή ~· θα παίρνεις ένα χάπι κάθε έξι -ες· προθεσμία 48 -ών·* **β.** (για ταχύτητα κινητού) η μοτοσικλέτα τρέχει *με / πιάνει 180 χιλιόμετρα την ~* (ενν. τόση απόσταση διανύεται, εάν η ταχύτητα παραμείνει σταθερή για μια ολόκληρη ώρα)· **γ.** ως συγκεκριμένο χρονικό διάστημα στη διάρκεια του οποίου κάποιος κάνει κάτι: *εβδομάδα 40 -ών* (ενν. εργασίας)· *πληρώνεται με την ~·* (στην αιτ. ως προσδ.) *ως το μοναστήρι είναι τρεις -ες δρόμος·* **δ.** (σχολ.) διδακτική ώρα (βλ. παρακάτω έκφρ.): *την Τρίτη κάναμε μόνο τρεις -ες μάθημα· ποιον είχατε πρώτη ~;* **2α.** (γενικά) χρονικό διάστημα που διαθέτει ή χρειάζεται κάποιος για να κάνει κάτι ή που διαρκεί κάτι: *δεν έχω ~· θα σου πάρει πολλή ~ να διορθώσεις το φρένο; βρες λίγη ~ να κουβεντιάσουμε· μη χάνεις την ~ σου· δε θα λείψω πολλή ~* (συνών. *καιρός, χρόνος*) **β.** για χρονικό διάστημα που είναι ή φαίνεται μεγάλο ή μεγαλύτερο από το κανονικό: *ο ήλιος ήταν ~ βασιλεμένος· -ες περιμένω· είναι / έχει ~ που έφυγε* (= πέρασε αρκετός χρόνος από τότε που...)· (συχνά σε υπερβολή) *κάνει (μια) ~ να ντυθεί· μιλάει (για) -ες στο τηλέφωνο·* **γ.** για σχετικά μικρό χρονικό διάστημα: *δεν παύει ούτε ~ να ελπίζει* (αλλιώς *ούτε λεπτό, στιγμή*, κ.τ.ό.). **3α.** συγκεκριμένο σημείο της ημέρας που προσδιορίζεται με τη βοήθεια των ενδείξεων ενός ρολογιού και δηλώνεται με ώρες, λεπτά και δευτερόλεπτα· προκ. για τις ώρες μετριέται από 0-11 για το κάθε μισό της ημέρας (12 υποδιαιρέσεις) ή από 0-23 για ολόκληρο το εικοσιτετράωρο): *τι ~ είναι; η ~ είναι 7.10* (= εφτά και δέκα)· *η ~ αναχώρησης του τρένου ήταν 23.30* (= 11.30 μ.μ.)· **β.** η ονομ. εν. ανεξάρτητη από τον αριθμό που ακολουθεί ή προηγείται ως εμπρ. χρον. προσδ. για να καθοριστεί ο χρόνος που ημερονυκτίου κατά τον οποίο γίνεται κάτι: *λείπει από τις έξι η ~* (ελλειπτ. *από τις έξι*)· *δουλέψαμε ως η ~ δέκα·* **γ.** (λαϊκ.) ρολόι: *έχετε ~;* **4.** αναφορικά με το σύστημα μέτρησης των ωρών σε ορισμένο σημείο της γης ή σε ορισμένη εποχή: *τοπική ~* (= η ώρα που αντιστοιχεί στο μεσημβρινό ενός τόπου)· *~ Ελλάδος* (= η ώρα του μεσημβρινού του Γκρίνουιτς με προσθήκη δύο ωρών)· *θερινή ~* (= υπολογισμός της ώρας με προσθήκη μιας ώρας στον κανονικό χρόνο, που ισχύει σε πολλές χώρες στη διάρκεια του καλοκαιριού· (προφ.) *την Κυριακή θ' αλλάξει η ~.* **5.** ορισμένο σημείο ή τμήμα της ημέρας, συνήθως αναφορικά με κάτι συγκεκριμένο που κάνουμε ή κανονικά γίνεται τότε: *τις πρώτες πρωινές -ες· ~ προχωρημένη* (= αργά)· *μη μιλάς την ~ του μαθήματος· η δουλειά μου δεν έχει -ες* (= ωράριο). **6.** για τη χρονική στιγμή συγκεκριμένου γεγονότος: *πού ήσασταν την ~ του εγκλήματος; ανάθεμα την ~ και τη στιγμή που αποφάσισα να μετακομίσω* (με επόμενο αναφ. για να δηλωθεί το σύγχρονο) *την ~ που έφευγα, άκουσα φωνές* (= καθώς, ενώ...). **7α.** ο χρόνος, η χρονική στιγμή που είναι πιο κατάλληλη για κάτι: *θα το μάθεις, όταν έρθει η ~· κόντευε η ~ του ύπνου κι αυτά ακόμα έπαιζαν· δεν είναι (η) ~ γι' αστεία·* (ειρων. για ακατάλληλη ώρα) *~ που (τη)*

βρήκε να μας έρθει! **β.** ειδικά για χρονικό σημείο στο οποίο συμβαίνει κάτι ασυνήθιστο ή για ακατάλληλο χρόνο: *με ξύπνησες αυτή την / τέτοια ~ για να μου πεις μια ανοησία.* **8.** (συνήθως στον πληθ.) **α.** χρονική στιγμή ως προς τις συνθήκες που επικρατούν, τα συναισθήματα που κυριαρχούν, κ.τ.ό.: *-ες αιχμής· ήρθες σε καλή / κατάλληλη ~· δεν είναι όλες οι -ες ίδιες* (= περιστάσεις)· *φόρεμα για όλες τις -ες* (= ποικίλες περιστάσεις ή εκδηλώσεις της κοινωνικής ζωής)· **β.** για τέτοια χρονική στιγμή της ζωής ατόμου ή κοινωνίας: *περάσαμε δύσκολες -ες μαζί· Ένας δόκιμος στη γέφυρα σε ~ κινδύνου* (Καββαδίας)· *η Θεσσαλονίκη ζει -ες θριάμβου.* **9.** (εκκλ., με κεφ. το αρχικό γράμμα) *Ώρες* = οι τέσσερις τακτές ημερήσιες ακολουθίες που αντιστοιχούν στις τέσσερις βασικές ώρες του εικοσιτετραώρου κατά το βυζαντινό σύστημα (δηλ. την Α΄, Γ΄, Στ΄ και Θ΄ ώρα) και σήμερα ψάλλονται συνήθως μόνο στις μονές: *σήμαναν οι Ώ-ς· μεγάλες Ώ-ς* (που ψάλλονται την παραμονή των Χριστουγέννων και των Θεοφανείων και τη Μ. Παρασκευή)· *βιβλίο των Ωρών.* Εκφρ. *(α)πάνω στην ~,* βλ. *επάνω* σημασ. 21α· *από την ~ που...* (1. από τότε που... 2. αφού, εφόσον: *από την ~ που συμφώνησε αυτός, μπορούμε να ξεκινήσουμε·* πβ. *από τη στιγμή που...)· από ~ σε ~* (για κάτι που είναι πολύ πιθανό να συμβεί σε χρόνο που δεν μπορούμε ακριβώς να τον καθορίσομε, οπωσδήποτε όμως πολύ σύντομα· πβ. *από στιγμή σε στιγμή)· για την ~* (= έως τώρα· προς το παρόν, προσωρινά): *τόσα έχω ετοιμάσει για την ~· βολευτείτε για την ~ εδώ και μόλις αδειάσει δωμάτιο θα σας φωνάξω· διδακτική ~* (= ο χρόνος που διαρκεί κανονικά χωρίς διακοπή η διδασκαλία στο σχολείο, περίπου 45 λεπτά)· *δωδεκάτη ~,* βλ. *δωδέκατος· η ~ η καλή,* βλ. *καλός· καλή του ~,* βλ. *καλός· καλή ~* (= σαν και τώρα), βλ. *καλός· με την ~ μου, σου, ...* (για πράξη που γίνεται ή θα γίνει ακριβώς στην καθορισμένη ώρα, την κανονική ώρα, εγκαίρως): *θα έλθει με την ~ του· με τις -ες* (= πάρα πολλή ώρα): *βλέπει τηλεόραση με τις -ες· μικρές -ες* (= οι μεταμεσονύκτιες ώρες)· *όλη την ~* (= διαρκώς, αδιάκοπα): *το μωρό όλη την ~ κλαίει· όλες τις -ες* (= ολόκληρο το εικοσιτετράωρο): *το εστιατόριο στο σταθμό μένει ανοικτό όλες τις -ες· πριν της -ας / την ~ μου, σου, ...* (= πριν από την ηλικία που θεωρείται κανονική για κάτι): *άσπρισα πριν της -ας μου· τον πέθαναν πριν την ~ του· στην ~ μου, σου, ...* (= *με την ~ μου, σου, ...,* βλ. παραπάνω): *παραδόξως το τρένο έφτασε στην ~ του· να είστε έτοιμοι στην ~ σας· τέτοια ~, τέτοια λόγια* (για σύγχυση ή για αναγκαστικές λύσεις ή πράξεις από περιστάσεις ανώμαλες)· *την ίδια ~* (= 1. ταυτοχρόνως: *οι εχθροπραξίες σταμάτησαν την ίδια ~ σε όλο το μέτωπο.* 2. για να εισαχθεί ισχυρισμός που τροποποιεί ή εγείρει αντίρρηση σε προηγούμενο ισχυρισμό: *υπόσχεται να είναι φρόνιμος και την ίδια ~ ετοιμάζει την επόμενη αταξία)· της -ας* (= 1. για φρέσκο τρόφιμο: *ψάρια της -ας.* 2. για κρεατικό που ψήνεται λίγο προτού καταναλωθεί, σε αντιδιαστολή με φαγητά μαγειρεμένα από νωρίτερα)· *~ καλή,* βλ. *καλός· ~ (με) την ~* (= *από ~ σε ~,* βλ. παραπάνω)· *~ μηδέν,* βλ. *μηδέν* σημασ. 4. *-ες ολόκληρες* (= με τις -ες, βλ. παραπάνω)· *-ες -ες* (για κάτι που συμβαίνει μερικές φορές, πότε πότε): *-ες -ες γίνεσαι πολύ από-*

τομος / *δεν ξέρεις τι λες.* Φρ. *είναι με τις -ες του* (για πρόσωπο που κατά διαστήματα αλλάζει διαθέσεις, συμπεριφορά, κ.τ.ό.)· *είναι ~ να...* / *για κάτι* (όταν τονίζει κάποιος ότι κατά τη γνώμη του πρέπει να γίνει κάτι χωρίς καθυστέρηση): *είναι ~ ν' αποφασίσεις·* είναι πια ~ για *ένα σύγχρονο αρχαιολογικό νόμο·* (βραχυλογικά) ~ *να φεύγουμε* / *για δουλειά·* έτσι τα *'φερε η κακιά ~* (για δυστύχημα απροσδόκητο, κακές περιστάσεις)· *ήρθε η ~*, βλ. *έρχομαι· ήρθε η ~ κάποιου*, βλ. *έρχομαι· όσα φέρνει η ~ δεν τα φέρνει ο χρόνος*, βλ. *φέρνω* σημασ. 8· *σκοτώνω την ~ μου*, βλ. *σκοτώνω· τρώγω την ~ μου*, βλ. *τρώγω· ~ είναι (τώρα) να...* (για κάτι που θα ήταν περίεργο ή ενοχλητικό αν συνέβαινε): ~ *είναι να τ' ακούσουμε κι αυτό!* - Υποκορ. **-ίτσα** η στη σημασ. 1α.
ωραία, βλ. *ωραίος.*
ωραιοπάθεια η, ουσ. (ασυνίζ.), το να είναι κανείς ωραιοπαθής (πβ. *ναρκισσισμός*).
ωραιοπαθής, -ής, -ές, γεν. *-ούς,* πληθ. αρσ. και θηλ. *-είς,* ουδ. *-ή,* επίθ. 1. που έχει πάθος για τα ωραία πράγματα, για το ωραίο. 2. (συνήθως) που αυτοθαυμάζεται για την ομορφιά του: *είναι ωραίος αλλά και ~.*
ωραίος, -α, -ο και (συνιζ., λαϊκ.) **ώριος, -ια, -ιο** και **ωριός, -ιά, -ιό,** επίθ. 1α. για πρόσωπο ή πράγμα που προκαλεί σε κάποιον ευχαρίστηση όταν το βλέπει, που αρέσει για την εξωτερική του εμφάνιση: *κυρίτσι ο· μάτια -α· θέα -α· τοπίο -ο* (= γραφικό)· (λαϊκ., το αρσ. και το θηλ. ως ουσ.) *κάνει τον -ο* (συνών. *όμορφος·* αντ. *άσχημος*)· **β.** γενικά για πράγμα που ευχαριστεί κάποια από τις αισθήσεις: *τραγούδι -ο· φαγητό -ο* (= πετυχημένο, νόστιμο). 2. (για εμπειρία, γεγονός, κ.τ.ό.) **α.** πολύ ευχάριστος: *πέρασα ένα -ο απόγευμα·* **β.** αξιοθαύμαστος: *προσπάθεια* / *χειρονομία -α·* **γ.** πολύ ικανοποιητικός, συναρπαστικός: *αποτέλεσμα -ο· έγινε πολύ ~ αγώνας· βρίσκεται στην -ότερη ηλικία· Η Ιθάκη σ' έδωσε το -ο ταξίδι* (Καβάφης). 3. (επιδοκιμαστικά ή επαινετικά) **α.** για κάτι αποδεκτό, παραδεκτό, κανονικό, ταιριαστό: *ο Α έκανε μια πολύ -α παρατήρηση· τρόποι -οι* (= ευγενικοί)· **β.** για άνθρωπο ταλαντούχο, ικανό σε κάτι: *πολύ ~ παίκτης* / *τεχνίτης* (συνών. *καλός*). 4. (για τον καιρό) πολύ ευχάριστος: *-α μέρα σήμερα.* 5. για λογοπαικτικής διάθεση ή ειρωνικά **α.** για κάτι έντονο: *άρπαξα ένα -ο κρυολόγημα·* **β.** για να διατυπωθεί δυσμενής κρίση: *-ους συναδέλφους έχεις· χτυπούσα και κανείς δε σηκωνόταν να μου ανοίξει.* Έκφρ. *-α πύλη*, βλ. *πύλη* σημασ. 2. Φρ. *το -ο είναι ότι...* (= το ενδιαφέρον, το περίεργο είναι ότι...). - Το θηλ. ως ουσ. = ωραία κοπέλα, γυναίκα: *η ~ της τάξης.* - Το ουδ. ως ουσ. = ό,τι προκαλεί αισθητική απόλαυση (αίσθημα θαυμασμού, ανιδιοτελή ευχαρίστηση, ιδίως της όρασης), ειδικά ως θεμελιώδης ιδιότητα κάθε καλλιτεχνικού έργου: *λάτρης* / *σπουδή του -ου.* - Επίρρ. **-α.**
ωραιότητα η, ουσ., η ιδιότητα του ωραίου, κάλλος, ομορφιά: = *αγγελική* (αντ. *ασχήμια*).
ωραιόφυλλο το, ουσ. (φυτολ.) κοινή ονομασία του φυτού κρότωνας (βλ. λ. σημασ. 2).
ωράριο το, Ι. ουσ. (ασυνίζ.), οι ώρες εργασίας μιας υπηρεσίας, μιας επιχείρησης: *θερινό* / *συνεχές ~ καταστημάτων.*
ωράριο το, II. ουσ. βλ. *οράριο.*
ωρέ, βλ. *μωρέ.*
ωριαίος, -α, -ο, επίθ. (ασυνίζ.). 1. που διαρκεί μία ώρα: *διαδρομή* / *συνάντηση -α.* 2. που αναφέρεται σε εργασία, κ.ά., μιας ώρας: *αμοιβή -α.* 3. που γίνεται κάθε μια ώρα: *πτήσεις -ες.*
ώριμα, βλ. *ώριμος.*
ωριμάζω, και (λαϊκ.) **γουρμ-,** ρ., μτχ. παρκ. *-ασμένος.* 1. (για καρπούς) **α.** (μτβ.) κάνω κάτι να ωριμάσει: *ο ήλιος -ει τα σπαρτά·* **β.** (αμτβ.) γίνομαι ώριμος, «γίνομαι», «δένω»: *-ασαν τα κεράσια· γουρμασμένο ρωδάκινο.* 2. (αμτβ., μεταφ.) για σπυρί (στο σώμα) που κοντεύει να σπάσει και να πυορροήσει. 3. (αμτβ., μεταφ.) για παιδί που μεγαλώνει, που αποκτά τα σωματικά χαρακτηριστικά ενηλίκου: *τα κορίτσια -ουν κάπως νωρίτερα από τ' αγόρια.* 4. (μεταφ., για πρόσωπο) **α.** (αμτβ.) φτάνω σε ικανοποιητικό σημείο ανάπτυξης ως προς την πνευματική και τη συναισθηματική μου κατάσταση, την κοινωνική μου συμπεριφορά, κ.τ.ό., γίνομαι αρκετά λογικός, πρακτικός, σοβαρός, παραγωγικός: *είχε πια -άσει και ήταν ικανός να αναλάβει την επιχείρηση· ~ επιστημονικά·* **β.** (μτβ.) κάνω κάποιον να ωριμάσει: *συχνά οι δοκιμασίες -ουν τους ανθρώπους.* 5. (μεταφ.) για υπόθεση, κ.τ.ό., που είναι εύκολο ή επιβάλλεται να τακτοποιηθεί γιατί θεωρείται πως υπάρχουν οι κατάλληλες συνθήκες ή προϋποθέσεις: *έχει πλέον -σει το ζήτημα των θεσμικών αλλαγών* (συνών. *μεστώνω* στις σημασ. 1 και 2).
ωρίμανση και **ωρίμαση** η, ουσ. (για καρπό και μεταφ. για πρόσωπο) το να ωριμάζει κάτι ή κάποιος: *πρώιμη* / *διανοητική.*
ωρίμασμα το, ουσ., ωρίμανση: ~ *των σταφυλιών* / *αργό.*
ώριμος, -η, -ο, επίθ. 1. (για καρπούς) που έχει πλήρως αναπτυχθεί και είναι έτοιμος για συγκομιδή ή κατάλληλος για κατανάλωση: *πεπόνι -ο και ζουμερό* (συνών. *γινωμένος, μεστός·* αντ. *άγουρος*). 2. (μεταφ.) για σπυρί που έχει ωριμάσει (βλ. λ. σημασ. 2). 3. (μεταφ.) **α.** για πρόσωπο που έχει φτάσει σε ικανοποιητικό ή στο μέγιστο σημείο σωματικής, πνευματικής και συναισθηματικής ανάπτυξης: *τον κρίνω -ο να αποφασίσει μόνος του* (αντ. *ανώριμος*)· **β.** (συνεκδοχικά) για κάτι που έγραψε ή έκανε κάποιος: *το -ο έργο ζωγράφου.* 4. (μεταφ.) για πρόσωπο που βρίσκεται στην ακμή της ηλικίας του, προστού αρχίσει να θεωρείται ηλικιωμένος: *οι πελάτες του μαγαζιού ήταν συνήθως -οι κύριοι·* (συνεκδοχικά) *ηλικία -η.* 5. (μεταφ.) για υπόθεση, κ.τ.ό., που έχει ωριμάσει (βλ. λ. σημασ. 4): *αίτημα -ο για υλοποίηση· ανάγκη -η μιας κοινωνίας.* Έκφρ. *-η σκέψη* (= σοβαρή μελέτη): *έπειτα από -η σκέψη αποφάσισα....* - Επίρρ. **-α.**
ωριμότητα η, ουσ., το να είναι κανείς ώριμος (βλ. λ. σημασ. 3α και 4): ~ *πνευματική* / *σεξουαλική* / *της γλώσσας ενός έργου.*
ωριόπλουμος, -η, -ο, επίθ. (συνιζ., λαϊκ.), ωραία διακοσμημένος, στολισμένος.
ώριος, -ια, -ιο και **ωριός, -ιά, -ιό,** βλ. *ωραίος.*
ωρίτσα, βλ. *ώρα.*
ωροδείκτης και **-δείχτης** ο, ουσ., ο ένας από τους δύο βασικούς δείκτες ενός ρολογιού, συνήθως ο μικρότερος, που δείχνει τις ώρες (πβ. *λεπτοδείκτης*).
ωρολογάς, βλ. *ρολογάς.*
ωρολογιακός, -ή, -ό, επίθ. (ασυνίζ.), που ανήκει ή αναφέρεται στο ρολόι: *μηχανισμός ~* (= του ρολογιού)· *βόμβα -ή,* βλ. *βόμβα* σημασ. 2.

ωρολόγιο το, ουσ. (ασυνίζ.). 1. (λόγ.) ρολόι (βλ. λ.). 2. (σχολ.) πρόγραμμα μαθημάτων· (συνήθως σε θέση επιθ.) *-ο πρόγραμμα*. 3. (εκκλ., κοιν. αντί ~ *το μέγα*) λειτουργικό βιβλίο που αρχικά περιείχε μόνο τις ΄Ωρες (βλ. *ώρα* σημασ. 8), ενώ σήμερα περιλαμβάνει και άλλο υλικό χρήσιμο για την καθημερινή λατρεία.

ωρολογοποιείο το, ουσ., το κατάστημα του ωρολογοποιού.

ωρολογοποιία η, ουσ. α. η τέχνη της κατασκευής ρολογιών· β. επιχείρηση που κατασκευάζει ρολόγια: *-ες ελβετικές*.

ωρολογοποιός ο, ουσ. (ασυνίζ.), επαγγελματίας που κατασκευάζει ή επισκευάζει ρολόγια (συνών. *ρολογάς*).

ωρομίσθιος, -α, -ο, επίθ. (ασυνίζ.), εργαζόμενος που η αμοιβή του υπολογίζεται ανάλογα με τις ώρες που δούλεψε: *καθηγητές -οι τεχνικών λυκείων*.

ωροσκοπία η, ουσ. (λόγ.), πρόβλεψη του μέλλοντος ενός προσώπου με βάση το ωροσκόπιό του.

ωροσκόπιο το, ουσ. (ασυνίζ.), διάγραμμα που δείχνει σε ποια σημεία του ουρανού βρίσκονταν οι πλανήτες όταν γεννιόταν κάποιος και σχετίζεται, όπως πιστεύουν πολλοί, με το μέλλον του· συνηθέστερα συνεκδοχικά για την πρόβλεψη από αστρολόγο του μέλλοντος κάποιου με βάση το παραπάνω διάγραμμα: *κάθε πρωί συμβουλεύεται το -ό του*.

ωροσκόπος ο, ουσ. 1. (παλαιότερα) αστρολόγος που ασχολείται με την ωροσκοπία. 2. συντελεστής του ωροσκοπίου ενός προσώπου σχετικός με την ακριβή ώρα που γεννήθηκε.

ωρύομαι, ρ. (λόγ.). 1. (για θηρία) βγάζω άγριες κραυγές: *ο λύκος/σκύλος -όταν όλη τη νύχτα* (συνών. *ουρλιάζω, σκούζω*). 2. (μεταφ., για άνθρωπο) κραυγάζω σαν άγριο θηρίο ή θρηνώ γοερά: *-εται από του πόνους*.

ως, I. βλ. *έως*.

ως, II. μόρ. Α. (προθετ. επίρρ.) 1α. με άναρθρο ουσ. (και σπάνια με επίθ.) και με ρ. όπως: *χρησιμεύω, χρησιμοποιώ, παρουσιάζομαι, μεταχειρίζομαι*, κλπ., για να δηλωθεί ιδιότητα ή κατάσταση: *το κελί χρησίμευε ~ μαγειρείο· μας τον παρουσίασαν ~ μνηστήρα της κόρης τους* (συνών. *για*)· β. με τα ρ. *υπηρετώ, αναγνωρίζω, χρησιμοποιώ, διορίζομαι*, κλπ., για να δηλωθεί πραγματική κατάσταση ή ιδιότητα (οπότε το *ως* μπορεί να παραλείπεται): *υπηρέτησε ~ έφεδρος αξιωματικός· δεν τον αναγνωρίζουν ~ συνέταιρό τους· τον χρησιμοποίησαν οι εχθροί ~ κατάσκοπο*· γ. με ουσ. ή αντων. για να δηλωθεί πραγματική ιδιότητα ή κατάσταση, κάτω όμως από ορισμένους όρους (αιτία, χρόνος, προϋπόθεση): *δεν πληρώνει φόρους ~ ξένος υπήκοος* (= επειδή είναι ...)· *ο Πέτρος ~ δήμαρχος εργάστηκε αποδοτικά* (= τότε που ήταν...)· *οι ευθύνες του ~ διευθυντή είναι πολύ μεγάλες· δεν είναι καλός επιστήμονας, αλλά ~ άνθρωπος είναι υπέροχος*. 2. με την πρθ. *προς* για να δηλωθεί αναφορά (= όσον αφορά, σχετικά με...: *ο Γιάννης ~ προς αυτό έχει δίκιο· κανείς δεν ξεγελιέται ~ προς το ζήτημα αυτό*. Β. (λαϊκ., χρον. σύνδ.) 1. ενώ: *~ έτρωγα κι ~ έπινα σε μαρμαρένια τάβλα*. 2. μόλις: *τρόμαξα ~ τον είδα· ~ άκουσεν ο πρώτος του λέει* (δημ. τραγ.).

-ώς (λόγ.), κατάλ. επιρρ.: *επιτυχώς, διαρκώς*.

ωσάν, μόρ., σαν (βλ. λ.).

ωσαννά, επιφ. (θρησκ.) δόξα στον..., δοξασμένος: *~ ταπεινότατ᾽ ακούει* (Εφταλιώτης). [εβρ. προέλευσης].

ως εκ θαύματος· αρχαϊστ. έκφρ.· για γεγονός τόσο αναπάντεχο ώστε να το αποδίδουμε σε θαύμα: *σώθηκε ~*.

ως εκ περισσού· αρχαϊστ. έκφρ.· για κάτι που προστίθεται, συνήθως χωρίς να είναι απαραίτητο.

ως εξής· αρχαϊστ. έκφρ. = κατά τον ακόλουθο τρόπο: *το πρόβλημα δημιουργήθηκε ~*.

ως επί το πλείστον· αρχαϊστ. έκφρ. = α. τις περισσότερες φορές, συχνότατα· β. κατά το μεγαλύτερο μέρος: *η περιοχή είναι ~ άγονη*.

ώση η, ουσ. (λόγ.). 1. (φυσ.) ώθηση (βλ. λ.). 2. (ανθρωπολ.) *νευρική ~*, βλ. *ώθηση* σημασ. 1.

ώσμωση, βλ. *όσμωση*.

ωσότου, βλ. *εωσότου*.

ώσπου, χρον. σύνδ., μέχρι ότου, εωσότου: *τον περιποιόταν ~ έγινε καλά*· φρ. *~ να πεις τρία / κύμινο* (= για κάτι που έγινε ή θα γίνει πάρα πολύ γρήγορα): *~ να πεις κύμινο, θα έχω γυρίσει*.

ώστε, σύνδ. Α. αποτελεσματικός ή συμπερασματικός: 1. (σε διάλογο, ως παρατακτικός σύνδ. στην αρχή περιόδου ή ημιπεριόδου) λοιπόν, επόμενως: *~ δεν ξέρεις καλά το δρόμο; Δε μ᾽ ενδιαφέρει η γνώμη τους· ~, όπως κι αν με χαρακτηρίσουν, δε με νοιάζει· ~ έτσι έγιναν τα πράγματα!* (σε προτροπή) *~ μην έχετε καμιά ανησυχία*. 2. (ως υποτακτικός σύνδ. εισάγοντας δευτερεύουσες αποτελεσματικές προτάσεις) που: *μιλά πολύ σιγά μόλις ακούγεται* (ως ανταπόδοση στις δεικτ. αντων. *τέτοιος ή τόσος ή* στα επιρρ. *τόσο ή έτσι ή* σε άλλη ισοδύναμη έκφραση): *είναι τέτοιος άνθρωπος ~ τον αγαπούν όλοι· ήταν τέτοια η έκπληξη όλων ~ κανείς δε μιλούσε·* (εισάγοντας αποτελεσματική πρόταση που επεξηγεί προηγούμενη) δηλαδή να...: *δεν κατορθώθηκε ακόμη το θαύμα ~ να κάνουν τους κωφαλάλους και να ακούν*. Β. (λαϊκ.) (ως χρον. σύνδ. με το *να*) ωσότου να..., ώσπου να...: *πιάσε και μοιρολόγησε, ~ να βγει η ψυχή μου* (δημ. τραγ.). ΄Εκφρ. *~ λοιπόν* (πλεονασμός): *~ λοιπόν το πήρες απόφαση;*

ωστικός, -ή, -ό, επίθ., που ανήκει ή αναφέρεται στην ώθηση· που συντελεί στην ώθηση: *δύναμη -ή· -ό κύμα από έκρηξη* (συνών. *ωθητικός*).

ωστόσο, σύνδ. Α. (ως παρατακτικός αντιθετικός σύνδ.) και όμως, εντούτοις: *κατάλαβε ότι ήταν ψέμα, ~ δεν είπε τίποτε· Η μάνα μου ήταν καλή και αγαθή· γλυκιά μέρα ~ δεν είδε με τον πατέρα μου* (Καρκαβίτσας)· *μπορεί να φαίνεται απίστευτο, ~ συνέβη* (συνών. *πάντως, μολαταύτα*). Β. (λαϊκ.) (ως χρον. επίρρ.) στο μεταξύ: *πήγαινε να τελειώσεις τη δουλειά σου· εγώ ~ θα γράψω ένα γράμμα· περνούσαν ~ τα χρόνια*.

ωτακουστής ο, ουσ. (λόγ.), αυτός που κρυφακούει.

ωτακουστικός, -ή, -ό, επίθ. (για όργανο) που υποβοηθεί την ακοή: *μηχάνημα -ό* (συνών. *ακουστικός*).

ωτακουστώ, -είς, ρ. (λόγ.), κρυφακούω.

ωτασπίδα, βλ. *ωτοασπίδα*.

-ωτή, κατάλ. θηλ. ουσ. και επιθ.: *καλαμωτή, καμαρωτή, οδοντωτή*. [θηλ. επίθ. σε *-τός ή -ωτός*].

-ώτης, κατάλ. επιθ., ουσ. και εθνικών: *επαρχιώτης, ταξιδιώτης, Ηπειρώτης*.

ωτίτιδα η, ουσ. (ιατρ.) φλεγμονή του αφτιού που αφορά τον έξω ακουστικό πόρο (*έξω ~*) ή το κοίλο του τυμπάνου.

-ωτό, κατάλ. ουδ. ουσ.: *αμυγδαλωτό, παγωτό, ψηφιδωτό*.

ωτοασπίδα και **ωταοπίδα** η, ουσ., ειδικό βύσμα από εύπλαστη ύλη με το οποίο αποφράζεται ο έξω ακουστικός πόρος για να προστατευτεί το αφτί από θορύβους ή από το νερό: *διαβάζει / κολυμπά με -ες*.

ωτογλυφίδα η, ουσ. (λόγ.), ειδική μικρή και λεπτή γλυφίδα με βαμβάκι στις άκρες, κατάλληλη για τον καθαρισμό των αφτιών.

ωτολογία η, ουσ., κλάδος της ιατρικής που ασχολείται με την ανατομία, τη φυσιολογία και την παθολογία των αφτιών.

ωτολογικός, -ή, -ό, επίθ., που ανήκει ή αναφέρεται στην ωτολογία (βλ. λ.).

ωτολόγος ο και η, ουσ., γιατρός ειδικευμένος στις παθήσεις των αφτιών.

ωτορινολαρυγγολογία η, ουσ. (ερρ.), κλάδος της ιατρικής που ασχολείται με τη φυσιολογία και την παθολογία των οργάνων της ακοής, της όσφρησης και της φωνής.

ωτορινολαρυγγολογικός, -ή, -ό, επίθ. (ερρ.), που ανήκει ή αναφέρεται στην ωτορινολαρυγγολογία ή στον ωτορινολαρυγγολόγο: *εργαλεία -ά*.

ωτορινολαρυγγολόγος ο και η, ουσ. (ερρ.), γιατρός ειδικευμένος στη διάγνωση και θεραπεία των παθήσεων των αφτιών, της μύτης και του λαιμού.

ωτορραγία η, ουσ. (ιατρ.) αιμορραγία του αφτιού που προέρχεται είτε από τραυματισμούς είτε από παθολογικές καταστάσεις (συνήθως του έξω και του μέσου αφτιού).

ωτόρροια η, ουσ. (ασυνίζ.), (ιατρ.) κάθε έκκριση που βγαίνει από το αφτί.

-**ωτός, Ι.** κατάλ. επιθ. από ρ. σε -ώνω: *ζυμωτός, σηκωτός, καμαρωτός*.

-**ωτός, ΙΙ.** κατάλ. επιθ. από ουσ.: *αγκαθωτός, διχαλωτός, δαντελωτός*.

ωτοσκλήρυνση η, ουσ. (ιατρ.) παθολογική δημιουργία οστέινου ιστού που μοιάζει με κηρήθρα στα τοιχώματα του λαβύρινθου του αφτιού με αποτέλεσμα την ακινητοποίηση της βάσης του αναβολέα (βλ. λ.) και την κώφωση.

ωτοσκόπηση και **ωτοσκοπία** η, ουσ. (ιατρ.) εξέταση του εξωτερικού ακουστικού πόρου, του τυμπάνου και του μεσαίου τμήματος του αφτιού με το ωτοσκόπιο (βλ. λ.).

ωτοσκόπιο το, ουσ. (ασυνίζ.), (ιατρ.) όργανο για την οπτική εξέταση του εσωτερικού του αφτιού.

ωτοσκοπώ, -είς, (ιατρ.) εξετάζω το αφτί με ωτοσκόπιο, κάνω ωτοσκόπηση (βλ. λ.).

ωτοστόπ, βλ. *οτοστόπ*.

ω του θαύματος· αρχαϊστ. επιφωνηματική έκφρ.· για να δηλωθεί έκπληξη για γεγονός τόσο αναπάντεχο ώστε να το αποδίδουμε σε θαύμα.

ωφέλεια η, ουσ. (ασυνίζ.), το να είναι κάτι ωφέλιμο σε κάποιον: *η ~ του μέτρου είναι αναμφισβήτητη· ιδρύματα / υπηρεσίες κοινής -ας*· (συνεκδοχικά) υλικό ή ηθικό αποτέλεσμα ή και αποκτήμα: *πήρα τα φάρμακα που μου έδωσε ο γιατρός, μα δεν είδα ακόμη ~*. (συνών. *όφελος, κέρδος*· αντ. *ζημία, βλάβη*).

ωφελιμισμός ο, ουσ., ηθικοψιλοσοφική και κοινωνική θεωρία σύμφωνα με την οποία υπέρτατη αρχή ικανή να ρυθμίζει την ηθική συμπεριφορά του ανθρώπου είναι η επιδίωξη του ωφέλιμου και της ευχαρίστησης και η αποφυγή του πόνου: *ατομικός / κοινωνικός ~* (συνών. *ωφελιμοκρατία, χρησιμοθηρία*).

ωφελιμιστής ο, θηλ. **-ίστρια,** ουσ. (ασυνίζ.), (φιλοσ.) οπαδός του ωφελιμισμού· (γενικά) αυτός που επιδιώκει άμεσο προσωπικό όφελος από κάθε του ενέργεια (συνών. *χρησιμοθήρας*).

ωφελιμιστικός, -ή, -ό, επίθ., που ανήκει ή αναφέρεται στον ωφελιμισμό ή στον ωφελιμιστή (συνών. *χρησιμοθηρικός*).

ωφελιμίστρια, βλ. *ωφελιμιστής*.

ωφελιμοκρατία η, ουσ. (φιλοσ.) ωφελιμισμός (βλ. λ.).

ωφέλιμος, -η, -ο, επίθ., που αποδίδει όφελος, που είναι προς το καλό ή προς το συμφέρον κάποιου: *εξαιρετικώς -ο μέτρο· φρούτα πολύ -α στον οργανισμό* (συνών. *χρήσιμος, επωφελής·* αντ. *επιζήμιος, βλαβερός*). Έκφρ. *-ο φορτίο* (αεροπλάνου, φορτηγού ή άλλου μεταφορικού μέσου) (= το συνολικό βάρος που μπορεί να μεταφερθεί): *το -ο φορτίο του φορτηγού είναι δώδεκα τόνοι·* (αστροναυτ.) *-ο βάρος πυραύλου* (= το βάρος που απομένει μετά την αφαίρεση του βάρους των καυσίμων και του σκελετού του πυραύλου (επιστημονικών οργάνων, δορυφόρων, κλπ.).

ωφελιμότητα η, ουσ., το να είναι κάτι ωφέλιμο σε κάποιον: *υπάρχουν αμφιβολίες για την ~ του έργου* (συνών. *ωφέλεια*).

ωφελώ, -είς, ρ., αόρ. **-ησα. Ι.** (ενεργ.) παρέχω ωφέλεια σε κάποιον: *τα δέντρα -ούν ποικιλότροπα τον άνθρωπο·* (τριτοπρόσ.) *δεν -εί να στενοχωριέσαι* (= είναι μάταιο ή περιττό) (αντ. *βλάπτω, ζημιώνω*). **ΙΙ.** (μέσ.) έχω όφελος, κερδίζω: *από την οικονομική κρίση -ήθηκαν μόνο οι επιτήδειοι·* το κόμμα *βγήκε -ημένο από τις εκλογές*. - Βλ. και *φελώ*.

ώφου, βλ. *ώχου*.

ωχ, επιφ. που δηλώνει λύπη, πόνο, αγανάκτηση ή δυσάρεστη έκπληξη: *~! τι έπαθα ο καημένος! ~! κι εσύ με τη γκρίνια σου!* (διπλό για έμφαση) *~! ~! έρχεται ο διευθυντής!*

ωχαδελφισμός ο, ουσ. (νεολογ.), η αδιαφορία για το καθετί. [εκφρ. *ωχ! αδερφέ* με έκφραση δυσφορίας ή αδιαφορίας].

ώχου και **ώφου,** επιφ. δυσφορίας, στεναγμού, λύπης και πόνου: *~ τι πάθαμε! ~ κι εσύ με τις φωνές σου!*

ώχρα η, ουσ. **1.** ορυκτή φυσική χρωστική ύλη για χρώμα ανοιχτό κίτρινο έως βαθύ καστανό: *το σπίτι είναι βαμμένο με ~*. **2.** (συνεκδοχικά) ζωγραφικό έργο φτιαγμένο με κύριο υλικό την ώχρα.

ωχράδα η, ουσ. (λαϊκ.), το να είναι κάτι ωχρό, κιτρινωπό· (για πρόσωπο) χλομάδα (συνών. *ωχρότητα*).

ωχραίνω, ρ., αόρ. *ώχρανα*. **1.** (μτβ.) κάνω κάτι ωχρό, το κιτρινίζω. **2.** (αμτβ.) γίνομαι ή είμαι ωχρός, κιτρινίζω.

ωχριώ, -άς, ρ. (ασυνίζ., λόγ.), (αμτβ.) **1.** γίνομαι ωχρός, κιτρινίζω· χάνω το χρώμα μου, χλομιάζω. **2.** (μεταφ.) υστερώ, υπολείπομαι: *η αγριότητα των θηρίων -ά μπροστά στην αγριότητα του ανθρώπου*.

ωχροκίτρινος, -η, -ο, επίθ. (λόγ.), που έχει κιτρινωπό χρώμα (σε αντιδιαστολή με το κατακίτρινο) (συνών. *κιτρινιάρικος*).

ωχρός, -ή, -ό, επίθ. **1.** που έχει το χρώμα της ώχρας,

ωχρότητα

κιτρινωπός: *χέρια -ά.* **2.** (ειδικά για πρόσωπο) που είναι χλομός εξαιτίας αναιμίας ή φόβου: *η όψη του ήταν -ή από την αρρώστια· μόλις άκουσε την είδηση, έγινε ~ από το φόβο.* **3.** (μεταφ.) που δεν είναι ζωηρός, άτονος: *ανάμνηση -ή* (συνών. αμυδρός· αντ. *έντονος*). **4.** (ανατομ.) *-ή κηλίδα* = περιοχή του αμφιβληστροειδούς στην οποία η όραση είναι πιο ευκρινής.

ωχρότητα η, ουσ., το να είναι κάτι ωχρό, κιτρινωπό· (για πρόσωπο) χλομάδα (συνών. *ωχράδα*).

ΟΝΟΜΑΤΑ ΠΡΟΣΩΠΩΝ

Α

Ααρών, αρχιερέας των Εβραίων.
Αββακούμ, προφήτης της Π. Διαθήκης.
Άβελ, γιος του Αδάμ και της Εύας.
Αβελάρδος, βλ. *Αμπελάρ.*
Αβερρόης (Abū al Walid ibn Ruchd), Άραβας φιλόσοφος (1126-1198).
Αβέρωφ Γεώργιος, εθνικός ευεργέτης (1818-1899).
Αβέρωφ - Τοσίτσας Ευάγγελος, πολιτικός (1910-1990).
Αβικέννας (Ibn Sinā, γαλλ. Avicenne), Άραβας φιλόσοφος και γιατρός (980-1037).
Άβλιχος Μικέλης, ποιητής (1844-1917).
Αβραάμ, γενάρχης των Εβραίων.
Αγαθίας ο Σχολαστικός, Βυζαντινός επιγραμματογράφος (±530/32- 579/82).
Αγαμέμνων, (μυθολ.) γιος του Ατρέα, βασιλιάς του Άργους, αρχιστράτηγος των Ελλήνων στον τρωικό πόλεμο.
Αγάπιος, βλ. *Λάνδος.*
Αγία Τερέζα της Άβιλα, Ισπανίδα ιερωμένη, αναμορφώτρια του τάγματος των καρμελιτών (1515-1582).
Αγλαΐα, (μυθολ.) μια από τις τρεις Χάριτες.
Άγρας (καπετάν), ψευδώνυμο του μακεδονομάχου Τέλλου Αγαπηνού.
Άγρας Τέλλος, ποιητής και κριτικός της λογοτεχνίας (1899-1944).
Αγχίσης, (μυθολ.) πατέρας του Αινεία, ήρωας της Τροίας.
Αδάμ, πρωτόπλαστος άντρας κατά την Π. Διαθήκη.
Αδαμαντίου Αδαμάντιος, βυζαντινολόγος, πανεπιστημιακός καθηγητής (1875-1937).
Άδης, (μυθολ.) τόπος όπου διαμένουν οι ψυχές μετά το θάνατο.
Αδριανού Κυβέλη, βλ. *Κυβέλη.*
Άδωνις, (μυθολ.) νέος εξαιρετικής ομορφιάς που τραυματίστηκε από έναν κάπρο και η Αφροδίτη τον μεταμόρφωσε σε ανεμώνη.
Αθάνας Γ., βλ. *Αθανασιάδης-Νόβας.*
Αθανασιάδης-Νόβας Γεώργιος, (λογοτ. ψευδώνυμο Γιώργος Αθάνας), πολιτικός και ποιητής (1893-1987).
Αθανάσιος ο Μέγας (άγιος), πατριάρχης Αλεξανδρείας (295/6-373).
Αθανάσιος ο Πάριος, λόγιος (+1725-1813).
Αθανασούλης Κρίτων, ποιητής (1916-1979).
Αθάνατος Κώστας (πραγμ. όν. Κωνσταντίνος Καραμούζης,), δημοσιογράφος (1896-1966).
Αθηνά, (μυθολ.) κόρη του Δία, θεά της σοφίας και των τεχνών.

Αθηναγόρας (κοσμικό όν. Αριστοκλής Σπύρου), μητροπολίτης Κερκύρας, κατόπιν οικουμενικός πατριάρχης (1886-1972).
Αθήναιος, συγγραφέας (3. αι. μ.Χ.).
Αθηναΐς, σύζυγος Θεοδοσίου Β΄, αυτοκράτορα του Βυζαντίου.
Αιακός, (μυθολ.) γιος του Δία και της Αίγινας, ένας από τους τρεις κριτές του κάτω κόσμου.
Αίας ο Λοκρός, (μυθολ.) γιος του Οϊλέα, βασιλιάς της Λοκρίδας.
Αίας ο Τελαμώνιος, (μυθολ.) γιος του Τελαμώνα, βασιλιάς της Σαλαμίνας.
Αιγεύς, (μυθολ.) βασιλιάς των αρχαίων Αθηνών, γιος του Πανδίονα και της Πυλίας.
Αιγινήτης Δημήτριος, αστρονόμος, πανεπιστημιακός καθηγητής (1862-1934).
Αίγισθος, (μυθολ.) γιος του Θυέστη, εραστής της Κλυταιμήστρας και δολοφόνος του Αγαμέμνονα.
Αϊζενστάιν (Sergheij Eisenstein), Σοβιετικός σκηνοθέτης του κινηματογράφου (1898-1948).
Αϊζενχάουερ (Dwight David Eisenhower), Αμερικανός αρχιστράτηγος στο Β΄ παγκόσμιο πόλεμο, πρόεδρος των Η.Π.Α. (1890-1969).
Αικατερίνη Β΄ η Μεγάλη, αυτοκράτειρα της Ρωσίας (1729-1796).
Αίλιος Αριστείδης, αττικιστής συγγραφέας (117-187 μ.Χ.).
Αίμων, (μυθολ.) γιος του Κρέοντα, βασιλιά των Θηβών.
Αινείας, (μυθολ.) γιος του Αγχίση και της Αφροδίτης, ήρωας της Τροίας, γενάρχης των Ρωμαίων.
Αϊνστάιν (Albert Einstein), μαθηματικός (1879-1955).
Αίολος, (μυθολ.) αρχαίος θεός των ανέμων, γιος του Ποσειδώνα.
Αισχίνης, ρήτορας (390-315/14 π.Χ.).
Αισχύλος, δραματικός ποιητής (525-456 π.Χ.).
Αίσωπος, δούλος φρυγικής καταγωγής, πατέρας της ελληνικής μυθογραφίας (620-560 π.Χ.).
Άιφελ (Gustave Eiffel), Γάλλος μηχανικός, σχεδιαστής του ομώνυμου πύργου στο Παρίσι (1832-1923).
Ακάδημος, (μυθολ.) Αττικός ήρωας.
Ακινάτης, βλ. *Θωμάς Ακινάτης.*
Ακομινάτος, βλ. *Χωνιάτης.*
Ακρίτας, βλ. *Διγενής Ακρίτης.*
Ακρίτας Λουκής, πεζογράφος, δημοσιογράφος και πολιτικός (1909-1965).
Ακροπολίτης Γεώργιος, Βυζαντινός συγγραφέας (1217-1282).

Αλαμπέρ (Jean Le Rond d' Alembert), Γάλλος διαφωτιστής: φιλόσοφος, μαθηματικός, φυσικός (1717-1783).
Αλέν (Alain, ψευδών. του Emile Chartier), παιδαγωγός και φιλόσοφος (1868-1951).
Αλέξανδρος, βλ. *Πάρις*.
Αλέξανδρος ο Μέγας, βασιλιάς της Μακεδονίας, γιος του Φιλίππου Β' και της Ολυμπιάδας (356-323 π.Χ.).
Αλεξάνδρου Άρης, ποιητής, μυθιστοριογράφος, μεταφραστής (1922-1978).
Αλέξιος Α' Κομνηνός, Βυζαντινός αυτοκράτορας (11. αι.).
Αλεξίου Έλλη, πεζογράφος (1894-1988).
Αλή-πασάς, Αλβανός τοπάρχης της Ηπείρου (1744-1822).
Αλιβιζάτος Αμίλκας, θεολόγος, πανεπιστημιακός καθηγητής (1887-1969).
Αλιθέρσης Γλαύκος (πραγμ. όν. Μιχάλης Χατζηδημητρίου), ποιητής (1897-1968).
Αλκαίος, λυρικός ποιητής (620-580 π.Χ.).
Άλκηστις, (μυθολ.) κόρη του Πελία και σύζυγος του Αδμήτου, που δέχτηκε να θυσιαστεί αντί του συζύγου της.
Αλκιβιάδης, Αθηναίος στρατηγός (450-404 π.Χ.).
Αλκίνοος, (μυθολ.) βασιλιάς των Φαιάκων, πατέρας της Ναυσικάς, που φιλοξένησε τον Οδυσσέα.
Αλκμάν, χορικός ποιητής (β' μισό 7. αι. π.Χ.).
Αλκμήνη, (μυθολ.) μητέρα του Ηρακλή.
Αλκυόνη, (μυθολ.) κόρη του Αιόλου.
Αλλάτιος Λέων, βυζαντινολόγος (1588-1665).
Αλμπέρτι (Leon Battista Alberti), Ιταλός αρχιτέκτονας, ζωγράφος, μουσικός και μαθηματικός (1404-1472).
Αλταμούρας Ιωάννης, ζωγράφος (1852-1878).
Αλφιέρι (Vittorio Alfieri), Ιταλός ποιητής (1749-1803).
Αμαδρυάδες, βλ. *Νύμφες*.
Αμαζόνες, (μυθολ.) έθνος φιλοπόλεμων γυναικών.
Αμάλθεια, (μυθολ.) νύμφη που έθρεψε το Δία.
Αμαλία, βασίλισσα της Ελλάδας (1818-1875).
Άμαντος Κωνσταντίνος, ιστορικός, βυζαντινολόγος, γλωσσολόγος, πανεπιστημιακός καθηγητής (1874-1960).
Αμβρόσιος (άγιος), επίσκοπος Μεδιολάνων (±340-397).
Αμιέλ (Henri - Fréderic Amiel), Ελβετός πανεπιστημιακός καθηγητής, συγγραφέας ημερολογίου (1821-1881).
Αμπελάρ (Pierre Abélard), Γάλλος φιλόσοφος και θεολόγος (1079-1142).
Αμ-πέρ (André-Marie Ampère), Γάλλος φυσικός και μαθηματικός (1775-1836).
Αμπού (Edmond About), Γάλλος δημοσιογράφος και συγγραφέας (1828-1885).
Αμφιάραος, (μυθολ.) ήρωας που λατρευόταν ως χθόνια θεότητα.
Αμφιτρίτη, (μυθολ.) κόρη του Νηρέα, μία από τις πενήντα Νηρηίδες, σύζυγος του Ποσειδώνα.
Αμφιτρύων, (μυθολ.) βασιλιάς της Τίρυνθας, σύζυγος της Αλκμήνης.
Αναγνωστόπουλος Γεώργιος, γλωσσολόγος, πανεπιστημιακός καθηγητής (1884-1936).
Ανακρέων, λυρικός ποιητής (μέσα 6. αι. π.Χ.).
Αναξαγόρας, φυσικός φιλόσοφος (±500-428 π.Χ.).
Αναξίμανδρος, φυσικός φιλόσοφος (α' μισό 6. αι. π.Χ.).

Ανδοκίδης, ρήτορας και πολιτικός (±440-μετά 391 π.Χ.).
Ανδρεάδης Ανδρέας, οικονομολόγος, πανεπιστημιακός καθηγητής (1876-1935).
Ανδρέας Κρήτης, εκκλησιαστικός ποιητής (±660-740).
Ανδρέας ο πρωτόκλητος (άγιος), Απόστολος, μαθητής του Χριστού, αδελφός του Πέτρου (1. αι. μ.Χ.).
Ανδριώτης Νικόλαος, γλωσσολόγος, πανεπιστημιακός καθηγητής (1905-1976).
Ανδρομάχη, (μυθολ.) γυναίκα του Έκτορα και μητέρα του Αστυάνακτα.
Ανδρομέδα, (μυθολ.) κόρη του Κηφέα και της Κασσιέπειας, σύζυγος του Περσέα.
Ανδρόνικος Μανόλης, αρχαιολόγος, πανεπιστημιακός καθηγητής (1919-1992).
Ανδρούτσος Οδυσσέας, οπλαρχηγός της επανάστασης του 1821 (1788-1825).
Ανθέμιος ο Τραλλιανός, Βυζαντινός μηχανικός και αρχιτέκτονας (6. αι. μ.Χ.).
Ανθίας Τεύκρος, ποιητής (1902-1968).
Ανθρακίτης Μεθόδιος, λόγιος κληρικός, διδάσκαλος (μέσα 17. αι.-1730).
Άννας ο πρεσβύτερος, αρχιερέας των Ιουδαίων (τέλη 1. αι. π.Χ. - α' μισό 1. αι. μ.Χ.).
Αννίβας, στρατηγός της Καρχηδόνας (247-183 π.Χ.).
Άννινος Θέμος, γελοιογράφος (1845-1916).
Άννινος Μπάμπης, πεζογράφος (1852-1934).
Άννντερσεν (Hans Christian Andersen), Δανός συγγραφέας παραμυθιών (1805-1875).
Αννντρέγεφ (Leonid Andrejef), Ρώσος συγγραφέας (1871-1919).
Ανταίος, (μυθολ.) γίγαντας, γιος του Ποσειδώνα και της Γης.
Αντενάουερ (Konrad Adenauer), Γερμανός πολιτικός, πρωθυπουργός (1876-1967).
Άντερσεν, βλ. *Άνντερσεν*.
Αντζέλικο (Fra Giovanni da Fiesole Angelico), Ιταλός ζωγράφος (1387-1455).
Αντήνωρ, Αθηναίος χαλκοπλάστης (τέλη 6. αι. π.Χ.).
Αντιγόνη, (μυθολ.) κόρη του Οιδίποδα και της Ιοκάστης, αδελφή του Ετεοκλή και του Πολυνείκη.
Αντίνοος, (μυθολ.) μνηστήρας της Πηνελόπης.
Αντίπατρος, Μακεδόνας στρατηγός του Φιλίππου Β' και του Μεγάλου Αλεξάνδρου (398-319 π.Χ.).
Αντιφών, Αθηναίος ρήτορας (5. αι. π.Χ.).
Άντλερ (Alfred Adler), Αυστριακός ψυχίατρος (1870-1937).
Αντόρνο (Theodor Adorno), Γερμανός κοινωνιολόγος και μουσικολόγος (1903-1969).
Αντρέγεφ, βλ. *Αννντρέγεφ*.
Αντύπας Μαρίνος, αγωνιστής της σοσιαλιστικής ιδέας (1873-1907).
Αντωνιάδη Σοφία, φιλόλογος νεοελληνίστρια, πανεπιστημιακή καθηγήτρια (1895-1972).
Αξελός Μιχαήλ, ζωγράφος (1877-1965).
Αξιώτη Μέλπω, πεζογράφος (1905-1973).
Απάρτης Θανάσης, γλύπτης (1899-1972).
Απελλής, γλύπτης και ζωγράφος (380/70 - τέλη 4. αι. π.Χ.).
Απολινέρ (Guillaume Apollinaire), Γάλλος ποιητής (1880-1918).
Απόλλων, (μυθολ.) θεός του φωτός, της μουσικής

και της μαντικής τέχνης, γιος του Δία και της Λητώς.
Απολλώνιος ο Δύσκολος, Αλεξανδρινός γραμματικός (2. αι. μ.Χ.).
Αποστολάκης Γιάννης, κριτικός των νεοελληνικών γραμμάτων, πανεπιστημιακός καθηγητής (1886-1947).
Αραβαντινός Παναγιώτης, ιστοριοδίφης και συλλογέας δημοτικών τραγουδιών (1811-1870).
Αραγκόν (Louis Aragon), Γάλλος ποιητής και πεζογράφος (1897-1982).
Αργοναύτες, (μυθολ.) ήρωες που με το πλοίο τους «Αργώ» και με αρχηγό τον Ιάσονα κατάφεραν να αρπάξουν το «χρυσόμαλλον δέρας».
Αργυρόπουλος Ιωάννης, λόγιος που δίδαξε στην Ιταλία (±1415-1487).
Αργυρόπουλος Μιχαήλ, ποιητής (1862-1949).
Αργυρός Ουμβέρτος, ζωγράφος (1882-1963).
Αρέθας, αρχιεπίσκοπος Καισαρείας, Βυζαντινός φιλόλογος (850-944).
Αρέθουσα, (μυθολ.) κόρη του Νηρέα, νύμφη ομώνυμης πηγής στην Πισάτιδα.
Αρεταίος Θεόδωρος, χειρουργός, πανεπιστημιακός καθηγητής (1830-1893).
Αρετίνος (Pietro l' Aretino), Ιταλός συγγραφέας (1492-1556).
Άρης, (μυθολ.) γιος του Δία και της Ήρας, θεός του πολέμου.
Αριάδνη, (μυθολ.) κόρη του Μίνωα, που βοήθησε το Θησέα να σκοτώσει το Μινώταυρο.
Αριόστο (Luigi l' Ariosto), Ιταλός ποιητής (1474-1533).
Αρίσταρχος, Αλεξανδρινός γραμματικός (217-145 π.Χ.).
Αρίσταρχος ο Σάμιος, μαθηματικός και αστρονόμος (±320-250 π.Χ.).
Αριστείδης (ο Δίκαιος), Αθηναίος στρατηγός (540-468 π.Χ.).
Αριστογείτων, ένας από τους φονείς του τυράννου Πεισίστρατου (τέλη 6. αι. π.Χ.).
Αριστοτέλης, φιλόσοφος (384-322 π.Χ.).
Αριστοφάνης, κωμικός ποιητής (±445-386 π.Χ.).
Αριστοφάνης ο Βυζάντιος, κριτικός, εκδότης και γραμματικός της Αλεξάνδρειας (257-180 π.Χ.).
Αρίων, μουσικός και ποιητής (7. αι. π.Χ.).
Αρμανσμπεργκ (Joseph Ludwig von Armansberg), Βαυαρός πολιτικός, πρόεδρος αντιβασιλείας και αρχικαγκελάριος στην Ελλάδα κατά το διάστημα 1832-1837 (1787-1853).
Αρμένης, βλ. *Βράιλας.*
Αρμενόπουλος Κωνσταντίνος, Βυζαντινός λόγιος και νομικός (14. αι.).
Αρμόδιος, ένας από τους φονείς του τυράννου Πεισίστρατου (τέλη 6. αι. π.Χ.).
Αρμονία, (μυθολ.) σύζυγος του Κάδμου.
Αρμπούζοφ (Alexeij Arbuzov), Ρώσος θεατρικός συγγραφέας (1908-1986).
Αρόν (Raymond Aron), Γάλλος κοινωνιολόγος, πανεπιστημιακός καθηγητής (1905-1983).
Αρσάκης Απόστολος, εθνικός ευεργέτης (1792-1874).
Άρτεμις, (μυθολ.) κόρη του Δία και της Λητώς, αδελφή του Απόλλωνα, θεά του κυνηγιού και των δασών.
Αρτό (Antonin Artaud), Γάλλος πεζογράφος, ζωγράφος και ηθοποιός (1896-1948).
Αρχίλοχος, Πάριος λυρικός ποιητής (7. αι. π.Χ.).
Αρχιμήδης, μαθηματικός, φυσικός και μηχανικός από τις Συρακούσες (287-212 π.Χ.).
Ασκληπιός, (μυθολ.) γιος του Απόλλωνα, θεός της ιατρικής.
Άσκουιθ (Herbert Asquith), Βρεταννός πολιτικός και πρωθυπουργός (1852-1928).
Ασλάν (Anna Aslan), Ρουμάνα γιατρός γεροντολόγος (1897-1988).
Ασουρμπανιπάλ, βλ. *Σαρδανάπαλος.*
Ασπασία, σύντροφος του Περικλή.
Αστεριάδης Αγήνωρ, ζωγράφος (1899-1977).
Αστυάναξ, (μυθολ.) γιος του Έκτορα και της Ανδρομάχης.
Ασώπιος Ειρηναίος, λόγιος, δημοσιογράφος και εκδότης περιοδικών (1825-1905).
Ασώπιος Κωνσταντίνος, φιλόλογος, πανεπιστημιακός καθηγητής (1785-1872).
Ατατούρκ, βλ. *Κεμάλ.*
Άτλας, (μυθολ.) γιος του Τιτάνα Ιαπετού και της ωκεανίδας Κλυμένης (κρατούσε τη 1'η στους ώμους του).
Άτλι (Clement Attlee), Βρεταννός πολιτικός, πρωθυπουργός (1883-1967).
Ατρεύς, (μυθολ.) γιος του Πέλοπα, βασιλιάς των Μυκηνών.
Άτροπος, (μυθολ.) μια από τις τρεις Μοίρες, που έκοβε το νήμα της ζωής.
Άτσεσον (Dean Acheson), Αμερικανός πολιτικός (1893-1971).
Ατταλειάτης Μιχαήλ, Βυζαντινός ιστορικός (11. αι.).
Αττίλας, βασιλιάς των Ούννων (407-453).
Αυγέρης Μάρκος, λογοτέχνης και κριτικός των νεοελληνικών γραμμάτων (1883-1973).
Αυγουστίνος (άγιος), επίσκοπος Ιππώνας (354-430).
Αύγουστος (Gaius Julius Caesar Octavianus Augustus), Ρωμαίος αυτοκράτορας (63 π.Χ.-14 μ.Χ.).
Αυρηλιανή Παρθένος, βλ. *Ζαν ντ' Αρκ.*
Αφροδίτη, (μυθολ.) κόρη του Δία, θεά του έρωτα.
Αχέλης Αντώνιος, Κρητικός ποιητής (16. αι.).
Αχιλλεύς, (μυθολ.) γιος του Πηλέα και της Θέτιδας, βασιλιάς της Φθίας.
Αψβούργοι, επωνυμία βασιλικής οικογένειας από το 12 αι.

Β

Βάγκνερ (Richard Wagner), Γερμανός μουσικοσυνθέτης και δραματουργός (1813-1883).
Βαζάρι (Giorgio Vasari), Ιταλός ζωγράφος, αρχιτέκτονας και ιστορικός της τέχνης (1511-1574).
Βάιντα (Jan Vajda), Ούγγρος ποιητής (1827-1897).
Βάις (Peter Weiss), Γερμανός θεατρικός συγγραφέας (1916-1982).
Βακαλό Γιώργος (πραγμ. όν. Γ. Βακαλόπουλος), ζωγράφος και σκηνογράφος (1902-1991).
Βάκχες, (μυθολ.) γυναίκες που συνοδεύουν το Διόνυσο.

**Βάκχος, ** (μυθολ.) άλλη ονομασία του θεού Διονύσου.
**Βακχυλίδης, ** Κείος χορικός ποιητής (±505-450 π.Χ.).
Βάκων (Franciscus Bacon, βαρόνος του Βέρουλαμ), Άγγλος πολιτικός και συγγραφέας (1561-1626).
Βάκων (Roger Bacon), Βρετανννός φραγκισκανός μοναχός, εισηγητής της εμπειρικής μεθόδου (1214-1294).
**Βαλαωρίτης Αριστοτέλης, ** ποιητής και πολιτικός (1824-1879).
Βαλεντίνο (Rodolfo Valentino), Ιταλός ηθοποιός (1895-1926).
Βαλερί (Paul Valéry), Γάλλος ποιητής και διανοούμενος (1871-1945).
**Βαλέτας Γεώργιος, ** μελετητής των νεοελληνικών γραμμάτων (1907-1989).
**Βαλλιάνος Παναγής, ** μεγαλέμπορος και τραπεζίτης, εθνικός ευεργέτης (1814-1902).
**Βάμβας Νεόφυτος, ** λόγιος πανεπιστημιακός καθηγητής (±1776-1855).
Βαν Γκογκ (Vincent van Gogh), Ολλανδός ζωγράφος (1853-1890).
Βαν Ντάικ (Antoon van Dijek), Φλαμανδός ζωγράφος (1599-1641).
**Βαρβάκης Ιωάννης, ** εθνικός ευεργέτης (1750-1825).
**Βάρβογλης Μάριος, ** μουσικοσυνθέτης (1885-1967).
**Βαρδαλάχος Κωνσταντίνος, ** διδάσκαλος στο Βουκουρέστι, στη Χίο και στην Οδησσό (1775-1830).
**Βαρίκας Βάσος, ** κριτικός των νεοελληνικών γραμμάτων (1912-1971).
Βαρνάβας (άγιος), Απόστολος του Ιησού (+ πιθ. 57 μ.Χ.).
**Βάρναλης Κώστας, ** ποιητής και κριτικός των γραμμάτων (1883-1974).
**Βάσης Σπυρίδων, ** λατινιστής, πανεπιστημιακός καθηγητής (1852-1912).
Βασιλάκης Αντώνιος (λεγόμενος Alièense), ζωγράφος από τη Μήλο, έδρασε στην Ιταλία (1556-1629).
**Βασιλειάδης Σπυρίδων, ** ποιητής και θεατρικός συγγραφέας (1845-1874).
Βασίλειος ο Μέγας (άγιος), ένας από τους τρεις Ιεράρχες της Εκκλησίας (329/30-379).
**Βασιλείου Σπύρος, ** ζωγράφος (1902-1985).
Βασίλιεφ (Alexander Vasiliev), βυζαντινολόγος, πανεπιστημιακός καθηγητής (1867-1953).
**Βασιλικιώτης Αριστοτέλης, ** ζωγράφος (1902-1972).
**Βασιλικός Πέτρος, ** (ψευδών.), βλ. *Χατζόπουλος Κώστας.*
**Βάσκο ντε Γκάμα, ** βλ. *Γκάμα.*
Βατό (Antoine Watteau), Γάλλος ζωγράφος (1684-1721).
**Βεάκης Αιμίλιος, ** ηθοποιός (1884-1951).
**Βέγκα, ** βλ. *Λόπε ντε Βέγκα.*
**Βέης Νίκος, ** βυζαντινολόγος και νεοελληνιστής, φιλόλογος και ιστορικός, πανεπιστημιακός καθηγητής (1883-1958).
Βελάσκουεθ (Diego Velázquez de Silva), Ισπανός ζωγράφος (1599-1660).
**Βελεστινλής, ** βλ. *Ρήγας.*
**Βελισάριος, ** Βυζαντινός στρατηγός στα χρόνια του Ιουστινιανού.
**Βελλερεφόντης, ** (μυθολ.) γιος του Γλαύκου, που πραγματοποίησε μεγάλα κατορθώματα.

Βελουχιώτης Άρης (πραγμ. όν. Θανάσης Κλάρας), αγωνιστής της εθνικής αντίστασης 1941-44 (1905-1945).
Βέμπερ (Ernst Heinrich Weber), Γερμανός φυσιολόγος και ψυχοφυσικός (1795-1878).
Βέμπερ (Max Weber), Γερμανός οικονομολόγος, κοινωνιολόγος και φιλόσοφος (1864-1920).
**Βενέζης Ηλίας, ** πεζογράφος (1904-1973).
**Βενιαμίν ο Λέσβιος, ** κληρικός, λόγιος και επιστήμονας (1762-1824).
**Βενιζέλος Ελευθέριος, ** πολιτικός, πρωθυπουργός (1864-1936).
**Βενιζέλος Σοφοκλής, ** πολιτικός, πρωθυπουργός (1894-1964).
**Βεντότης Γεώργιος, ** λόγιος και τυπογράφος (1757-1795).
**Βεντούρας Νίκος, ** χαράκτης (1899-1950).
Βέντρις (Michael Ventris), αρχιτέκτονας που αποκρυπτογράφησε τη γραμμική γραφή Β (1922-1956).
Βερανζέρος (Pierre-Jean Beranger), Γάλλος ποιητής και τραγουδοποιός (1780-1857).
Βεράρεν (Emile Verhaeren), Βέλγος ποιητής (1855-1916).
Βέργκα (Giovanni Verga), Ιταλός πεζογράφος (1840-1922).
**Βεργωτής Παναγιώτης, ** λόγιος και μεταφραστής του Ντάντε, δημοτικιστής (1842-1916).
Βερκόρ (Vercors, πραγμ. όν. Jean Bruller), Γάλλος σχεδιαστής, χαράκτης, αντιστασιακός συγγραφέας και απομνημονευματογράφος (1902-1991).
Βερλέν (Paul Verlaine), Γάλλος ποιητής (1844-1896).
Βερν (Jules Verne), Γάλλος μυθιστοριογράφος (1828-1905).
**Βερναρδάκης Γρηγόριος, ** κλασικός φιλόλογος, πανεπιστημιακός καθηγητής (1850-1928).
**Βερναρδάκης Δημήτριος, ** φιλόλογος, δραματογράφος, πανεπιστημιακός καθηγητής (1834-1907).
Βέρντι (Giuseppe Verdi), Ιταλός μουσικοσυνθέτης (1813-1901).
Βερονέζε (Paolo Veronese), Ιταλός ζωγράφος (1528-1588).
**Βερώνη Αικατερίνη, ** ηθοποιός (1867-1955).
**Βηλαράς Γιάννης, ** γιατρός, λόγιος και ποιητής, υπέρμαχος της δημοτικής γλώσσας και της απλοποίησης της γραφής της (1771-1823).
**Βησσαρίων Ιωάννης, ** αρχιεπίσκοπος Νικαίας και καρδινάλιος Τούσκλων, λόγιος (1403-1472).
Βιβάλντι (Antonio Vivaldi), Ιταλός συνθέτης και βιολονίστας (1678-1741).
Βιγιόν (François Villon), Γάλλος ποιητής (1431/2-μετά το 1463).
**Βιζουκίδης Περικλής, ** νομικός, πανεπιστημιακός καθηγητής (1879-1968).
**Βιζυηνός Γεώργιος, ** πεζογράφος και ποιητής (1849-1896).
**Βικάτος Σπύρος, ** ζωγράφος (1874-1960).
**Βικέλας Δημήτριος, ** πεζογράφος (1835-1908).
Βίκο (Giovanni Battista Vico), Ιταλός ιστορικός και φιλόσοφος (1668-1744).
**Βίκτωρ, ** ζωγράφος και ιερωμένος από την Κρήτη (17. αι.).
**Βικτωρία Α΄, ** βασίλισσα της Μεγάλης Βρεταννίας, Ιρλανδίας και αυτοκράτειρα των Ινδιών (1819-1901).

Βιλαμόβιτς (Ulrich von Wilamowitz - Moellendorf), Γερμανός κλασικός φιλόλογος (1848-1931).
Βιλάνι (Giovanni Villani), Ιταλός ιστορικός (1276-1348).
Βιλεαρδουίνος (Geoffroi de Villehardouin), Γάλλος στρατηγός και χρονογράφος (1150?- ±1218).
Βιλμέν (Abel-François Villemain), Γάλλος μελετητής της λογοτεχνίας, πανεπιστημιακός καθηγητής (1790-1870).
Βιλουαζόν (Jean-Baptiste Gaspard d' Ansse de Villoison), Γάλλος ελληνιστής (1750-1805).
Βινί (Alfred de Vigny), Γάλλος ποιητής (1797-1863).
Βίνκελμαν (Johann Joachim Vinckelmann), Γερμανός αρχαιολόγος (1717-1768).
Βιργίλιος (Publius Virgilius Maro), Λατίνος ποιητής (±70-19 π.Χ.).
Βιτάλης Γεώργιος, γλύπτης (1838-1901).
Βιτγκενστάιν (Ludwig Wittgenstein), Αυστριακός φιλόσοφος (1889-1951).
Βιτρούβιος (Vitruvius), Ρωμαίος αρχιτέκτονας, μηχανικός και συγγραφέας (πιθ. 84- μετά 14 π.Χ.).
Βιτσώρης Μίμης, ζωγράφος (1902-1945).
Βλάμη Εύα, πεζογράφος (1920-1974).
Βλαντιμιρέσκου (Tudor Vladimirescu), Ρουμάνος Φιλικός και επαναστάτης (1780-1821).
Βλαστός Πέτρος, ποιητής και λόγιος, αγωνιστής του δημοτικισμού (1879-1941).
Βλαχογιάννης Γιάννης, ιστοριοδίφης και λογοτέχνης (1867-1945).
Βλάχος Άγγελος, λογοτέχνης, κριτικός των γραμμάτων και πολιτικός (1838-1920).
Βλάχος Γεράσιμος, κληρικός, λόγιος και λεξικογράφος, μητροπολίτης Φιλαδελφείας (1605 ή 1607-1684).
Βλάχος Ιωάννης, βλ. *Δασκαλογιάννης.*
Βλεμμύδης Νικηφόρος, Βυζαντινός λόγιος (1197-1272).
Βογιατζίδης Ιωάννης, ιστορικός, πανεπιστημιακός καθηγητής (1871-1961).
Βοήθιος (Boethius), Ρωμαίος πολιτικός, ποιητής και φιλόσοφος (480-524).
Βοκάκιος (Giovanni Boccaccio), Ιταλός πεζογράφος (1313-1375).
Βολανάκης Κωνσταντίνος, θαλασσογράφος (1832-1907).
Βολονάκης Μιχαήλ, ιστορικός, πανεπιστημιακός καθηγητής (1875-1950).
Βόλτα (Alessandro Volta), Ιταλός φυσικός (1745-1827).
Βολτέρος (Jean-Marie Arouet, επιλεγόμενος Voltaire), Γάλλος πεζογράφος, ιστορικός και δραματουργός (1694-1778).
Βολφ (Friedrich August Wolf), Γερμανός κλασικός φιλόλογος (1759-1824).

Βοναπάρτης, βλ. *Ναπολέων.*
Βονιφάτιος ο Μομφερατικός, ένας από τους αρχηγούς της Δ΄ Σταυροφορίας (1154-1207).
Βοργία (Lucrezia Borgia, δούκισσα της Φερράρας), Ιταλίδα προστάτρια των γραμμάτων, των επιστημών και των τεχνών (1480-1519).
Βοργίας (Cesare Borgia), Ιταλός πολιτικός, που χρησίμευσε ως πρότυπο για τον «Principe» του Μακιαβέλι (±1475/76-1507).
Βορέας Θεόφιλος, πανεπιστημιακός καθηγητής της φιλοσοφίας (1873-1954).
Βοσταντζόγλου Θεολόγος, λεξικογράφος (1895-1984).
Βότσης Νικόλαος, υποναύαρχος, ήρωας του Α΄ βαλκανικού πολέμου (1877-1930).
Βούδας, θρησκευτικός διδάσκαλος των Ινδιών, που έζησε πριν από 2500 χρόνια.
Βούλγαρης Δημήτριος, πολιτικός, πρωθυπουργός (1802-1877).
Βούλγαρις Ευγένιος, κληρικός, λόγιος και συγγραφέας (1716-1806).
Βουν-τ (Wilhelm Wundt), Γερμανός ψυχολόγος και φιλόσοφος (1832-1920).
Βουρνάς Τάσος, δημοσιογράφος, ιστορικός (1914-1990).
Βουστρώνιος (πραγμ. όν. Τζορτζής Πουστρούς), Κυπριώτης χρονικογράφος (εξελληνισμένος Φράγκος) (τέλος 15. αι.).
Βουτιερίδης Ηλίας, ποιητής και μελετητής των νεοελληνικών γραμμάτων (1874-1941).
Βουτυράς Δημοσθένης, διηγηματογράφος (1872-1958).
Βουτυράς Σταύρος, δημοσιογράφος (1841-1923).
Βράιλας-Αρμένης Πέτρος, φιλόσοφος, υπουργός εξωτερικών, πρόεδρος επτανησιακού κοινοβουλίου, καθηγητής στην Ιόνιο Ακαδημία (1812-1884).
Βρανούσης Λέανδρος, νεοελληνιστής και μεσαιωνολόγος (1921-1993).
Βρετός, βλ. *Παπαδόπουλος Βρετός.*
Βρεττάκος Νικηφόρος, ποιητής (1912-1991).
Βριόνης Ομέρ, βλ. *Ομέρ Βριόνης.*
Βρούτος Γεώργιος, γλύπτης (1843-1909).
Βρυζάκης Θεόδωρος (Κ. Χατζηασλάνης), ζωγράφος (1814-1878).
Βρυώνης, βλ. *Ομέρ Βριόνης.*
Βυζάντιος Δημήτριος, λόγιος και συγγραφέας κωμωδιών (±1790-1853).
Βυζάντιος Περικλής, ζωγράφος (1894-1972).
Βυζάντιος Σκαρλάτος, ιστορικός και λεξικογράφος (1798-1878).
Βύρων, βλ. *Μπάιρον.*
Βώκος Γεράσιμος, δημοσιογράφος, πεζογράφος και ζωγράφος (1869-1917).

Γ

Γαβριηλίδης Βλάσης, δημοσιογράφος και συγγραφέας (1848-1920).
Γαζής Άνθιμος (πραγμ. όν. Αναστάσιος Γκάζαλης), λόγιος, κληρικός και δημοσιογράφος (1758/64-1828).
Γαζής Θεόδωρος, ιερωμένος, φιλόσοφος, ανθρωπιστής (±1400-1476/78).

Γαία, (μυθολ.) η μητέρα Γη, σύζυγος του Ουρανού, που γέννησε τους Τιτάνες και τους Κύκλωπες.
Γαΐτης Γιάννης, ζωγράφος και γλύπτης (1923-1984).
Γαλάνης Δημήτριος, χαράκτης και ζωγράφος (1879-1966).
Γαλβάνης Ιούλιος, θεμελιωτής της σύγχρονης ελ-

ληνικής χειρουργικής (1838-1901).
Γαληνός Κλαύδιος, γιατρός (±130-199 μ.Χ.).
Γαλιλαίος (Galilei Galileo), Ιταλός αστρονόμος, μαθηματικός, φυσικός και φιλόσοφος (1564-1642).
Γαμβέτας (Leon Gambetta), Γάλλος πολιτικός και ρήτορας (1838-1882).
Γανυμήδης, (μυθολ.) οινοχόος των θεών του Ολύμπου.
Γέγκερ (Werner Jaeger), Γερμανός κλασικός φιλόλογος (1888-1961).
Γεδεών Μανουήλ, μεσαιωνολόγος, ιστοριογράφος της ορθόδοξης Εκκλησίας (1851-1943).
Γελλώ, (μυθολ.) κακοποιό δαιμονικό πνεύμα.
Γεμιστός Γεώργιος (ή **Πλήθων**), Βυζαντινός φιλόσοφος (1355-1450).
Γεννάδιος Β΄ (Γεώργιος) Σχολάριος, οικουμενικός πατριάρχης και συγγραφέας (±1405-μετά 1472).
Γεννάδιος Γεώργιος, λόγιος, διδάσκαλος του Γένους και αγωνιστής του 1821 (1786-1854).
Γεννηματάς Γιώργος, πολιτικός (1939-1994).
Γερανιώτης Δημήτριος, ζωγράφος, καθηγητής Ανώτατης Σχολής Καλών Τεχνών (1871-1966).
Γερμανός Παλαιών Πατρών, μητροπολίτης, Φιλικός και αγωνιστής του 1821 (1771-1826).
Γερουλάνος Μαρίνος, γιατρός χειρούργος, πανεπιστημιακός καθηγητής (1867-1960).
Γεωργακάς Δημήτριος, γλωσσολόγος, πανεπιστημιακός καθηγητής (1908-1990).
Γεωργάκης Ιωάννης, ποινικολόγος, πανεπιστημιακός καθηγητής (1915-1993).
Γεωργηλάς, βλ. *Λιμενίτης Γεωργηλάς.*
Γεωργιάδης Θρασύβουλος, μουσικολόγος, πανεπιστημιακός καθηγητής (1907-1977).
Γεώργιος Α΄, βασιλιάς των Ελλήνων (1845-1913).
Γεώργιος Β΄, βασιλιάς των Ελλήνων (1890-1947).
Γεώργιος Γ΄, βασιλιάς της Μεγάλης Βρεταννίας και της Ιρλανδίας (1738-1820).
Γεωργούλης Κωνσταντίνος, εκπαιδευτικός, μελετητής της φιλοσοφίας (1894-1968).
Γιακόμπι (Friedrich Heinrich Jacobi), Γερμανός φιλόσοφος (1743-1819).
Γιάκομπσεν (Jens Peter Jacobsen), Δανός συγγραφέας και ποιητής (1847-1885).
Γιανίδης Ελισαίος (πραγμ. όν. Σ. Σταματιάδης), εκπαιδευτικός, μαθηματικός, συγγραφέας, αγωνιστής του δημοτικισμού (1866-1942).
Γιάνναρης Αντώνιος, φιλόλογος και συγγραφέας, πανεπιστημιακός καθηγητής (1852-1909).
Γιαννόπουλος Αλκιβιάδης, πεζογράφος, ποιητής και θεατρικός συγγραφέας (1896-1981).
Γιαννόπουλος Περικλής, λόγιος, λογοτέχνης και δημοσιογράφος (1869-1910).
Γιαννούλης Ευγένιος (Ιωαννούλιος) ο Αιτωλός, κληρικός, λόγιος και διδάσκαλος (1593/7-1682).
Γιάσπερς (Karl Jaspers), Γερμανός φιλόσοφος και ψυχίατρος (1883-1969).
Γίββων, βλ. *Γκίμπον.*
Γίγαντες, (μυθολ.) όντα με τερατώδη μορφή και υπερφυσική δύναμη.
Γιουβενάλης (Decimus Junius Juvenalis), Λατίνος σατιρικός ποιητής (±60-140 μ.Χ.).
Γιουνγκ (Edward Young), Άγγλος ποιητής (1681-1765).
Γιουνγκ (Karl Gustav Yung), Ελβετός ψυχολόγος και ψυχίατρος (1875-1961).

Γιουνγκ (Thomas Young), Άγγλος γιατρός και φυσικός (1773-1829).
Γιουρσενάρ (Marguerite Yourcenar), Γαλλίδα πεζογράφος (1903-1987).
Γιοφύλλης Φώτος (πραγμ. όν. Σπύρος Μουσούρης), δημοσιογράφος, λογοτέχνης και ζωγράφος (1887-1981).
Γιτς (William Butler Yeats), Ιρλανδός ποιητής (1865-1939).
Γκαγκάριν (Yuri Gagarin), Σοβιετικός κοσμοναύτης, που πέταξε πρώτος στο διάστημα (1938-1968).
Γκαίτε, βλ. *Γκέτε.*
Γκάλοπ (George Gallup), Αμερικανός δημοσιογράφος και στατιστικολόγος (1901-1984).
Γκαλσγουόρθι (John Galsworthy), Άγγλος συγγραφέας (1867-1933).
Γκάμα Βάσκο (ντε), Πορτογάλος θαλασσοπόρος (±1469-1524).
Γκάντι (Indira Gandhi), Ινδή πολιτικός, πρωθυπουργός (1917-1984).
Γκάντι επονομαζόμενος Μαχάτμα (Mahatma Gandi), εθνικός και θρησκευτικός απόστολος της Ινδίας (1869-1948).
Γκαριμπάλντι (Giuseppe Garibaldi), Ιταλός επαναστάτης και πολιτικός (1807-1882).
Γκαρσία Λόρκα, βλ. *Λόρκα.*
Γκαρσιλάσο ντελα Βέγκα (Garcilaso dela Vega), Ισπανός ποιητής (1503-1536).
Γκάτσος Νίκος, ποιητής, μεταφραστής και στιχουργός (1911-1992).
Γκεβάρα (Ernesto Che Guevara), Κουβανός πολιτικός, καταγόμενος από την Αργεντινή (1928-1967).
Γκέμπελς (Joseph Paul Goebbels), Γερμανός πολιτικός (1897-1945).
Γκέρινγκ (Herrman Göring), Γερμανός στρατάρχης και πολιτικός (1893-1946).
Γκέτε (Johann Wolfgang Goethe), Γερμανός ποιητής και πεζογράφος (1749-1832).
Γκιζό (François-Pierre Guizot) Γάλλος ιστορικός και πολιτικός (1787-1874).
Γκιλάν (Rodolphe Guilland), Γάλλος βυζαντινολόγος (1888-1981).
Γκίλφορντ (Frederic North, κόμης του Guilford), Άγγλος φιλέλληνας, προστάτης των γραμμάτων στην Κέρκυρα (1766-1827).
Γκίμπον (Edward Gibbon), Άγγλος ιστορικός (1737-1794).
Γκιτρί (Sacha Guitry), Γάλλος συγγραφέας και ηθοποιός (1885-1957).
Γκλάντστον (William Gladstone), Άγγλος πολιτικός, πρωθυπουργός (1809-1898).
Γκλουκ (Christoph Willibald von Gluck), Γερμανός μουσικοσυνθέτης (1714-1787).
Γκόγια (Francisco Hosé de Goya y Lucientes), Ισπανός ζωγράφος (1746-1828).
Γκογκέν (Paul Gauguin), Γάλλος ζωγράφος (1848-1903).
Γκόγκολ (Nikolaj Gogol), Ρώσος συγγραφέας (1809-1852).
Γκολντόνι (Carlo Goldoni), Ιταλός θεατρικός συγγραφέας (1707-1793).
Γκόλφης Ρήγας (πραγματ. όν. Δημήτριος Δημητριάδης), ποιητής και λογοτέχνης (1886-1958).
Γκομπινό (Joseph-Arthur Gobineau), Γάλλος δι-

πλωμάτης και συγγραφέας, θεωρητικός του ρατσισμού (1816-1882).
Γκόνγκορα (Luis de Góngora y Argote), Ισπανός ποιητής (1561-1627).
Γκονκούρ αδελφοί (Edmond Huot de Goncourt, 1822-1896, και Jules Huot de Goncourt, 1830-1870), μυθιστοριογράφοι και μελετητές της κοινωνίας και της τέχνης.
Γκόρκι (Maxim Gorkij), Σοβιετικός συγγραφέας (1868-1936).
Γκοτιέ (Théophile Gautier), Γάλλος ποιητής (1811-1872).
Γκουαρίνι (Giovanni Guarini), Ιταλός ποιητής (1538-1612).
Γκουιτσιαρντίνι (Francesco Guicciardini), Ιταλός πολιτικός και ιστορικός (1483-1540).
Γκουνό (Charles François Gounod), Γάλλος μουσικοσυνθέτης (1818-1893).
Γκραμπάρ (André Grabar), Ρωσογάλλος βυζαντινολόγος (1896-1990).
Γκράμσι (Antonio Gramsci), Ιταλός συγγραφέας και πολιτικός (1891-1937).
Γκρατσιάν (Balthasar Gracián y Morales), Ισπανός Ιησουίτης και συγγραφέας (1601-1658).
Γκρεγκουάρ (Henri Grégoire), Βέλγος βυζαντινολόγος, ιστορικός και φιλόλογος, πανεπιστημιακός καθηγητής (1881-1964).
Γκρέι (Thomas Gray), Άγγλος ποιητής (1716-1771).
Γκριλπάρτσερ (Franz Grillparzer), Αυστριακός δραματικός συγγραφέας (1791-1872).
Γκριμ (Jacob Ludwig Karl, 1785-1863 και Wilhelm Grimm, 1786-1859), Γερμανοί φιλόλογοι και λεξικογράφοι.
Γκριν (Graham Green), Άγγλος μυθιστοριογράφος (1904-1991).
Γκρομίκο (Andrei Gromyko), Σοβιετικός διπλωμάτης, υπουργός εξωτερικών και πρόεδρος της άλλοτε Ε.Σ.Σ.Δ. (1909-1989).
Γκρότο (Luigi Grotto), Ιταλός θεατρικός συγγραφέας (1541-1585).
Γλαύκος, (μυθολ.) αρχαία θαλάσσια θεότητα.
Γληνός Γιώργος, ηθοποιός (1895-1966).
Γληνός Δημήτρης, παιδαγωγός, από τους κορυφαίους του εκπαιδευτικού δημοτικισμού (1882-1943).
Γλυκάς Μιχαήλ, Βυζαντινός χρονογράφος και ποιητής (12. αι.).
Γολιάθ, Φιλισταίος γίγαντας που τον σκότωσε σε μονομαχία ο Δαβίδ.
Γονατάς Στυλιανός, στρατιωτικός και πολιτικός, πρωθυπουργός (1876-1966).
Γοργίας, σοφιστής (±480-380 π.Χ.).
Γοργόνες, (μυθολ.) τέρατα με κεφάλι που φέρει φίδια.
Γούδας Αναστάσιος, λόγιος, μελετητής (1816-1882).
Γουέλς (Herbert George Wells), Άγγλος συγγραφέας (1866-1946).
Γουλανδρής Βασίλης, εφοπλιστής και φιλότεχνος (1913-1994).
Γουλιέλμος Β΄, αυτοκράτορας της Γερμανίας (1859-1941).
Γουλφ (Birginia Woolf), Αγγλίδα μυθιστοριογράφος και κριτικός (1882-1941).
Γούναρης Δημήτριος, πολιτικός, πρωθυπουργός (1867-1922).
Γουναρόπουλος Γεώργιος, ζωγράφος (1889-1977).
Γουόρντσγουορθ, βλ. *Ουέρντσγουερθ.*
Γουότσον, βλ. *Ουότσον.*
Γουστάβος Β΄ (Gustav Adolphe), βασιλιάς της Σουηδίας (1611-1632).
Γουτεμβέργιος (Johann Gutenberg), Γερμανός εφευρέτης της τυπογραφίας (+1397-1468).
Γράκχος Γάιος (Gaius Sempronius Gracchus), Ρωμαίος πολιτικός, μεταρρυθμιστής και ρήτορας (154-121 π.Χ.).
Γράκχος Τιβέριος (Tiberius Sempronius Gracchus), Ρωμαίος πολιτικός μεταρρυθμιστής (162-133 π.Χ.).
Γρανίτσας Στέφανος, δημοσιογράφος και λογοτέχνης (1880-1915).
Γρηγοράς Νικηφόρος, Βυζαντινός συγγραφέας (±1294-±1359).
Γρηγόριος Α΄ ο Μέγας, πάπας, Λατίνος εκκλησιαστικός συγγραφέας (±540-604).
Γρηγόριος Ε΄ (άγιος), οικουμενικός πατριάρχης, που θανατώθηκε από τους Τούρκους (1745-1821).
Γρηγόριος ΙΓ΄, πάπας της Ρώμης, εισηγητής του γρηγοριανού ημερολογίου (1572-1585).
Γρηγόριος ο Ναζιανζηνός (άγιος), θεολόγος, επίσκοπος Κωνσταντινουπόλεως (±318-391).
Γρίβας Γεώργιος (Διγενής), στρατιωτικός αρχηγός του κυπριακού κινήματος κατά των Άγγλων κυριάρχων του νησιού (1898-1974).
Γρυπάρης Ιωάννης, ποιητής (1870-1942).
Γύγης, Λυδός βασιλιάς (7. αι. π.Χ.).
Γύζης Νικόλαος, ζωγράφος (1842-1901).

Δ

Δαβίδ, β΄ βασιλιάς του Ισραήλ, υποτιθέμενος ποιητής των Ψαλμών (1010-970 π.Χ.).
Δαγκλής Παύλος, αντιστράτηγος που έλαβε μέρος στο κίνημα της Θεσσαλονίκης το 1916 (1853-1924).
Δαίδαλος, (μυθολ.) αρχιτέκτονας, κατασκευαστής του λαβύρινθου στην Κρήτη.
Δαλιδά, εταίρα από την Γάζα που παρέδωσε τον Σαμψών στους Φιλισταίους.
Δαμασκηνός Ιωάννης, Βυζαντινός θεολόγος, συγγραφέας και υμνογράφος (περίπου 650-750).
Δαμασκηνός Μιχαήλ, ζωγράφος (±1535-1592/93).
Δαμασκηνός Παπανδρέου, αρχιεπίσκοπος Αθηνών και αντιβασιλέας (1890-1949).
Δαμβέργης Ιωάννης, δημοσιογράφος και διηγηματογράφος (1862-1938).
Δαμοδός Βικέντιος, μελετητής της αρχαίας ελληνικής φιλοσοφίας και εισηγητής ευρωπαϊκών φιλοσοφικών θεωριών (1679-1752).
Δαναΐδες, (μυθολ.) οι πενήντα κόρες του μυθικού Δαναού, που τη νύχτα του γάμου τους σκότωσαν τους συζύγους τους.
Δαναός, (μυθολ.) πατέρας των Δαναΐδων.
Δανιήλ, προφήτης της Π. Διαθήκης.

Δανιηλίδης Δημοσθένης, δημοσιολόγος και κοινωνιολόγος (1892-1972).
Δάντης, βλ. *Ντάν-τε.*
Δαπόντες Καισάριος, λόγιος μοναχός και συγγραφέας (1713-1784).
Δαρβίνος (Carl Darwin), Άγγλος επιστήμονας, που μελέτησε την καταγωγή των ειδών (1809-1882).
Δάρδανος, (μυθολ.) ιδρυτής της Τροίας.
Δασκαλογιάννης ή Βλάχος Ιωάννης, Κρητικός οπλαρχηγός, που έλαβε μέρος στα ορλοφικά και θανατώθηκε γι' αυτό (1722-1771).
Δαυίδ, βλ. *Δαβίδ.*
Δάφνη, (μυθολ.) νύμφη, κόρη του θεού των ποταμών Πηνειού.
Δάφνη Αιμιλία, ποιήτρια (1887-1941).
Δάφνης Στέφανος, ποιητής (1882-1947).
Δάφνις, (μυθολ.) Σικελός βοσκός, εφευρέτης της βουκολικής ποίησης.
Δε Βιάζης Σπυρίδων, ιστοριοδίφης (1849-1927).
Δεληγιάννης Κανέλλος, αγωνιστής του 1821 και συγγραφέας απομνημονευμάτων (1780-1862).
Δεληγιώργης Επαμεινώνδας, πολιτικός, πρωθυπουργός (1829-1879).
Δέλιος Γιώργος, μυθιστοριογράφος (1897-1980).
Δελμούζος Αλέκος, παιδαγωγός από τους κορυφαίους του εκπαιδευτικού δημοτικισμού, πανεπιστημιακός καθηγητής (1880-1956).
Δέλτα Πηνελόπη, συγγραφέας παιδικών, ιστορικών και άλλων αφηγημάτων (1874-1941).
Δεμερτζής Κωνσταντίνος, πολιτικός, πρωθυπουργός, πανεπιστημιακός καθηγητής (1876-1936).
Δεσποτόπουλος Ιωάννης, αρχιτέκτονας, πανεπιστημιακός καθηγητής (1903-1992).
Δευκαλίων, (μυθολ.) γιος του Προμηθέα.
Δέφνερ Μιχαήλ (Deffner), Γερμανός μελετητής της ελληνικής γλώσσας και ιδίως της τσακωνικής διαλέκτου (1848-1934).
Δηλιγιάννης Θεόδωρος, πολιτικός, πρωθυπουργός, (1826-1905).
Δημάκης Μηνάς, ποιητής (1913-1980).
Δημαράς Κωνσταντίνος, νεοελληνιστής, πανεπιστημιακός καθηγητής (1904-1992).
Δημήτηρ, (μυθολ.) θεά της γονιμότητας της Γης, μητέρα της Περσεφόνης.
Δημητρακόπουλος Ανδρόνικος, λόγιος (1825-1872).
Δημητρακόπουλος Πολύβιος, λόγιος (1864-1922).
Δημητριάδης Κώστας, γλύπτης (1881-1943).
Δημήτριος Α΄, οικουμενικός πατριάρχης (1914-1991).
Δημήτριος ο Πολιορκητής, βασιλιάς της Μακεδονίας (306-283 π.Χ.).
Δημόδοκος, (μυθολ.) στην Οδύσσεια, τυφλός αοιδός στην αυλή του Αλκίνοου.
Δημόκριτος, φιλόσοφος (470/60-380/70 π.Χ.).
Δημοσθένης, ρήτορας και πολιτικός, εχθρός του Φιλίππου Β΄ της Μακεδονίας (384-322 π.Χ.).
Διάκος Αθανάσιος, αγωνιστής του 1821 (1786/88-1821).
Διαμαντής Διαμαντής, Κύπριος ζωγράφος (1900-1994).
Διγενής Ακρίτης, ήρωας του ομώνυμου βυζαντινού έπους.
Διδότος, βλ. *Ντιντό.*
Δίκαιος Γρηγόριος, βλ. *Παπαφλέσσας.*

Δικταίος Άρης, ποιητής και μεταφραστής (1919-1983).
Διογένης ο κυνικός, φιλόσοφος (±400-323 π.Χ.).
Διογένης ο Λαέρτιος, ιστορικός της αρχαίας ελληνικής φιλοσοφίας (3. αι. π.Χ.).
Διόδωρος ο Σικελιώτης, ιστοριογράφος (±90-±20 π.Χ.).
Διοκλητιανός (Gaius Aurelius Diocletianus), Ρωμαίος αυτοκράτορας (±230-313/316).
Διομήδης, (μυθολ.) βασιλιάς του Άργους, ήρωας του τρωικού πολέμου.
Διομήδης Αλέξανδρος, οικονομολόγος και πολιτικός, πρωθυπουργός (1875-1950).
Διονύσιος Αλικαρνασσεύς, ιστοριογράφος και ρητοροδιδάσκαλος (30 π.Χ. - αρχές 1. αι. μ.Χ.).
Διονύσιος από το Φουρνά των Αγράφων, συγγραφέας βιβλίου για την αγιογραφία και αγιογράφος (±1670 - μετά 1774).
Διονύσιος Αρεοπαγίτης, πρώτος επίσκοπος και πολιούχος άγιος των Αθηνών (1. αι. μ.Χ.).
Διονύσιος Θραξ, γραμματικός των ελληνιστικών χρόνων (170-±90 π.Χ.).
Διόνυσος, (μυθολ.) γιος του Δία και της Σεμέλης, θεός του αμπελιού και του κρασιού.
Διόσκουροι, (μυθολ.) ο Κάστωρ και ο Πολυδεύκης, δίδυμοι γιοι του Δία και της Λήδας.
Δίπλα-Μαλάμου Κλεαρέτη, ποιήτρια (1886-1977).
Δίων Χρυσόστομος, ρήτορας και φιλόσοφος (±40-115).
Δοξαράς Νικόλαος, ζωγράφος και αγιογράφος (1700/1703-1775).
Δοξαράς Παναγιώτης, ζωγράφος, αγιογράφος και στρατιωτικός (1662-1729).
Δοξιάδης Κωνσταντίνος, αρχιτέκτονας (1913-1975).
Δοξιάδης Σπύρος, παιδίατρος, λόγιος, πανεπιστημιακός καθηγητής (1917-1991).
Δοσίθεος Νοταράς, πατριάρχης Ιεροσολύμων, ιστορικός συγγραφέας (1641-1707).
Δούκας Νεόφυτος, κληρικός και λόγιος (1762-1845).
Δούκας Στρατής, πεζογράφος (1895-1983).
Δουμάς γιος (Alexandre Dumas fils), μυθιστοριογράφος και θεατρικός συγγραφέας (1824-1895).
Δούσμανης Βίκτωρ, στρατηγός και συγγραφέας (1861-1949).
Δραγούμης Ίων (Ίδας), διπλωμάτης, πολιτικός, λόγιος, αγωνιστής του δημοτικιστικού κινήματος (1878-1920).
Δραγούμης Νικόλαος, δημοσιογράφος, πολιτικός και συγγραφέας (1809-1879).
Δραγούμης Στέφανος, λόγιος και πολιτικός, πρωθυπουργός (1842-1923).
Δραγούμης Φίλιππος, λόγιος και πολιτικός, ενισχυτής του δημοτικιστικού κινήματος (1890-1980).
Δρακόπουλος Μπάμπης, γενικός γραμματέας του Κ.Κ.Ε. εσωτερικού (1917-1991).
Δρακούλης Πλάτων, δημοσιολόγος και κοινωνιολόγος (1858-1942).
Δράμαλης Μαχμούτ, Τούρκος στρατηγός (1780-1822).
Δρομοκαΐτης Ζωρζής, μεγαλέμπορος και εθνικός ευεργέτης (1805-1880).
Δροσίνης Γεώργιος, ποιητής (1859-1951).
Δυοβουνιώτης Κωνσταντίνος, θεολόγος, πανεπιστημιακός καθηγητής (1872-1943).

E

Έβανς (Sir Arthur Evans), Άγγλος αρχαιολόγος (1851-1914).
Εγγονόπουλος Νίκος, ποιητής και ζωγράφος (1910-1985).
Εγκέλαδος, (μυθολ.) αρχηγός των Γιγάντων, που προκαλεί τους σεισμούς.
Ειλείθυια, (μυθολ.) θεά των τοκετών.
Εϊνάρ (Jean Gabriel Eynard), Γαλλοελβετός τραπεζίτης και φιλέλληνας (1775-1863).
Εκάβη, (μυθολ.) γυναίκα του Πριάμου.
Εκάτη, (μυθολ.) κόρη των Τιτάνων, θεά της σελήνης.
Έκτωρ, (μυθολ.) γιος του Πριάμου, ήρωας του τρωικού πολέμου.
Ελβέτιος (Claude Adrien Helvétius), Γάλλος φιλόσοφος (1715-1771).
Ελγίνος (Thomas Bruce, 7th Earl of Elgin and Kincardine), Άγγλος απεσταλμένος στο σουλτάνο, που μετέφερε στην Αγγλία γλυπτά του Παρθενώνα (1766-1841).
Ελ Γκρέκο, βλ. *Θεοτοκόπουλος Δομήνικος.*
Ελένη, (μυθολ.) κόρη του Δία και της Λήδας και αδελφή των Διοσκούρων.
Ελευθεριάδης Στρατής-Θρασύβουλος (γαλλ. Tériade), τεχνοκριτικός, εκδότης βιβλίων τέχνης (1897-1983).
Ελευθερόπουλος Αβροτέλης, κοινωνιολόγος, πανεπιστημιακός καθηγητής (1869-1963).
Ελιάρ (Paul Eluard), Γάλλος ποιητής (1895-1952).
Ελιγιά Γιωσέφ, ποιητής (1901-1931).
Έλιοτ (George Eliot), Αγγλίδα μυθιστοριογράφος (1819-1880).
Έλιοτ (Thomas Stearns Eliot), Άγγλος ποιητής, κριτικός και θεατρικός συγγραφέας (1888-1965).
Ελισάβετ Α΄, βασίλισσα Αγγλίας και Ιρλανδίας (1558-1603).
Ελισαίος, προφήτης της Παλαιάς Διαθήκης (9. αι. π.Χ.).
Ελπήνωρ, (μυθολ.) σύντροφος του Οδυσσέα.
Έμερσον (Ralph Emerson), Αμερικανός φιλόσοφος, δοκιμιογράφος και ποιητής (1803-1882).
Εμινέσκου (Mihai Eminescu), Ρουμάνος ποιητής (1849/1850-1889).
Εμπεδοκλής, φιλόσοφος (5. αι. π.Χ.).
Εμπειρίκος Ανδρέας, ποιητής και πεζογράφος (1901-1975).
Ένγκελς (Friedrich Engels), Γερμανός θεωρητικός του σοσιαλισμού (1820-1895).
Ένγκρ (Dominique Ingres), Γάλλος ζωγράφος (1780-1867).
Ενδυμίων, (μυθολ.) αρχαία ελληνική θεότητα.
Έντισον (Thomas Alba Edison), Αμερικανός εφευρέτης (1847-1931).
Ενυάλιος, (μυθολ.) ανεξάρτητος αρχικά θεός του πολέμου, ταυτισμένος αργότερα με τον Άρη.
Εξαρχόπουλος Νικόλαος, παιδαγωγός, πανεπιστημιακός καθηγητής (1874-1960).
Επαμεινώνδας, Θηβαίος στρατηγός και πολιτικός (415?-362 π.Χ.).
Επαχτίτης, βλ. *Βλαχογιάννης Γιάννης.*
Επίκουρος, φιλόσοφος (341-270 π.Χ.).
Επίκτητος, φιλόσοφος (±55-135 μ.Χ.).
Επισκοπόπουλος Νικόλαος (αργότερα Nicolas Ségur), λογοτέχνης (σε γαλλική γλώσσα) (1874-1944).
Έρασμος (Gehard Gerhards Erasmus ή Desiderius), Ολλανδός ελληνιστής (1469-1536).
Ερατώ, (μυθολ.) μια από τις εννέα Μούσες.
Έρβαρτος (Johann Friedrich Herbart), Γερμανός φιλόσοφος και παιδαγωγός (1776-1841).
Έρενμπουργκ (Ilia Erenburg), Σοβιετικός ποιητής και πεζογράφος (1891-1967).
Ερεχθεύς, (μυθολ.) τοπική θεότητα της Αττικής, γιος του Πανδίονα, μυθικός βασιλιάς των Αθηνών.
Εριγένης (Johannes Scott Erigena), Ιρλανδός φιλόσοφος (±810-±877).
Ερινύες, (μυθολ.) χθόνιες θεότητες.
Εριχθόνιος, γιος του Ηφαίστου και της Αθηνάς, μυθικός βασιλιάς των Αθηνών.
Ερμής, (μυθολ.) θεός της επιστήμης, της ρητορικής και του εμπορίου, αγγελιαφόρος μεταξύ των άλλων θεών.
Έρμονας, βλ. *Βλαστός Πέτρος.*
Έρως, (μυθολ.) γιος του Άρη και της Αφροδίτης, προσωποποίηση του έρωτα.
Εσπερίδες, νύμφες, κόρες της Νύχτας.
Εστία, (μυθολ.) ελληνική και ρωμαϊκή θεότητα, προστάτιδα της οικογένειας.
Ετεοκλής, (μυθολ.) γιος του Οιδίποδα και της Ιοκάστης, αδελφός του Πολυνείκη, που αμφισβήτησε την εξουσία των Θηβών από τον αδελφό του.
Εύα, πρωτόπλαστη γυναίκα κατά την Παλαιά Διαθήκη.
Ευαγγελάτος Αντίοχος, μουσουργός και διευθυντής ορχήστρας (1904-1981).
Ευαγγελίδης Δημήτριος, αρχαιολόγος, ιστορικός, πανεπιστημιακός καθηγητής (1886-1961).
Ευγενίδης Ευγένιος, εφοπλιστής και ευεργέτης (1822-1954).
Ευγενικός Μάρκος, Βυζαντινός θεολόγος και συγγραφέας (1394-1445).
Ευκλείδης, μαθηματικός (β΄ μισό 4. αι.-αρχές 3. αι. π.Χ.).
Ευμενίδες, βλ. *Ερινύες.*
Ευριπίδης, τραγικός ποιητής (±480-406 π.Χ.).
Ευρυβιάδης, Σπαρτιάτης ναύαρχος (5. αι. π.Χ.).
Ευρυδίκη, (μυθολ.) νύμφη, κόρη του Απόλλωνα, γυναίκα του Ορφέα.
Ευρώπη, (μυθολ.) κόρη του Αγήνορα, βασιλιά της Φοινίκης, γυναίκα του Ορφέα. Τη μεταμόρφωσε ο Δίας σε ταύρο.
Ευσέβιος ο Παμφίλου, επίσκοπος Καισαρείας και εκκλησιαστικός συγγραφέας (±280-340).
Ευστάθιος, μητροπολίτης Θεσσαλονίκης, λόγιος, φιλόλογος και ιστοριογράφος (±1115-1195/97).
Ευταξίας Αθανάσιος, πολιτικός και οικονομολόγος, πρωθυπουργός της παγκαλικής δικτατορίας (1849-1931).
Εφιάλτης, προδότης κατά τη μάχη των Θερμοπυλών (480 π.Χ.).
Εφταλιώτης Αργύρης (πραγμ. όν. Κλεάνθης Μιχαηλίδης), πεζογράφος, ποιητής, μεταφραστής, αγωνιστής του δημοτικιστικού κινήματος (1849-1923).
Εωσφόρος, ο Διάβολος κατά τη χριστιανική θρησκεία.

Z

Ζαβίρας Γεώργιος, λόγιος, ιστοριοδίφης (1744-1804).
Ζαΐμης Αλέξανδρος, πολιτικός, πρωθυπουργός, πρόεδρος της δημοκρατίας (1855-1936).
Ζαΐμης Ανδρέας, Φιλικός, οπλαρχηγός, πολιτικός (1791-1840).
Ζαΐμης Θρασύβουλος, πολιτικός, πρωθυπουργός (1825-1880).
Ζακυθηνός Διονύσιος, βυζαντινολόγος, ιστορικός, πανεπιστημιακός καθηγητής (1905-1993).
Ζαλοκώστας Γεώργιος, ποιητής, αγωνιστής του 1821 (1805-1858).
Ζαμπέλιος Ιωάννης, νομικός, θεατρικός συγγραφέας (1787-1856).
Ζαμπέλιος Σπυρίδων, νομικός και ιστορικός, μελετητής των νεοελληνικών γραμμάτων, μυθιστοριογράφος (1815-1881).
Ζανέ (Pierre-Marie-Félin Janet), Γάλλος γιατρός και ψυχίατρος (1859-1947).
Ζάννας Παύλος, λόγιος και μεταφραστής (1929-1989).
Ζαν ντ' Αρκ, βλ. *Ιωάννα της Λωρραίνης.*
Ζάππας Ευαγγέλης, μεγαλοεπιχειρηματίας και εθνικός ευεργέτης (1800-1865).
Ζάππας Κωνσταντίνος, μεγαλοεπιχειρηματίας, εθνικός ευεργέτης, ιδρυτής του Ζαππείου Μεγάρου (1813-1892).
Ζαρατούστρας, βλ. *Ζωροάστρης.*
Ζαρίφης Γεώργιος, επιχειρηματίας και εθνικός ευεργέτης (1807-1884).
Ζαχαριάδης Νίκος, γενικός γραμματέας του Κ.Κ.Ε. (1903-1973).
Ζάχος Αριστοτέλης, αρχιτέκτονας, μελετητής της λαϊκής αρχιτεκτονικής και της βυζαντινής τέχνης (1872-1939).
Ζβίγγλιος, βλ. *Σβίγγλιος.*
Ζενέ (Jean Genet), Γάλλος πεζογράφος, δοκιμιογράφος και ποιητής (1910-1986).
Ζέπος Παναγιώτης, νομικός, πανεπιστημιακός καθηγητής (1908-1985).
Ζέρβας Ναπολέων, στρατιωτικός και αγωνιστής στην εθνική αντίσταση κατά των Γερμανών (1891-1957).

Ζερβός Ιακωβάτος Ηλίας, Επτανήσιος πολιτικός «ριζοσπαστικός» (1814-1894).
Ζερβός Ιωάννης, στοχαστής, λεξικογράφος και ποιητής (1875-1944).
Ζερβός Παναγιώτης, μαθηματικός, πανεπιστημιακός καθηγητής (1878-1952).
Ζευς, (μυθολ.) γιος του Κρόνου, επικεφαλής των θεών του Ολύμπου.
Ζήνων ο Ελεάτης, φιλόσοφος (490-430 π.Χ.).
Ζήνων ο Κιτιεύς, στωικός φιλόσοφος, ιδρυτής της Στοάς (336-264 π.Χ.).
Ζινόβιεφ (Grigori Apfelbaum, επιλεγόμενος Zinoviev), Σοβιετικός πολιτικός (1883-1936).
Ζιντ (André Gide), Γάλλος μυθιστοριογράφος (1869-1951).
Ζιροντού (Jean Giraudoux), Γάλλος θεατρικός συγγραφέας (1882-1944).
Ζολά (Emile Zola), Γάλλος μυθιστοριογράφος (1840-1902).
Ζολιό-Κιουρί (Fréderic Joliot-Curie), Γάλλος πυρηνικός φυσικός (1900-1958).
Ζολιό-Κιουρί (Irène Joliot-Curie), Γαλλίδα φυσικός (1897-1956).
Ζορές (Jean Jaurès), Γάλλος πολιτικός σοσιαλιστής (1859-1914).
Ζορμπάς Νικόλαος, συνταγματάρχης, ηγέτης του κινήματος στο Γουδί του 1909 (1844-1920).
Ζουβέ (Louis Jouvet), Γάλλος ηθοποιός και σκηνοθέτης (1887-1951).
Ζυγομαλάς Θεοδόσιος, λόγιος και συγγραφέας (1544-1614).
Ζώγου Αχμέτ (Ahmet Zogu), Αλβανός πολιτικός, πρόεδρος της δημοκρατίας και βασιλιάς (1895-1961).
Ζωγράφος Γεώργιος, πολιτικός (1863-1920).
Ζωγράφος Παναγιώτης, αγιογράφος και λαϊκός ζωγράφος (1780+-μετά 1840).
Ζωναράς Ιωάννης, Βυζαντινός χρονογράφος (11.-12. αι.).
Ζώρας Γεώργιος, νεοελληνιστής, πανεπιστημιακός καθηγητής (1908-1982).
Ζωρές, βλ. *Ζορές.*
Ζωροάστρης (Ζαρατούστρας), Πέρσης θρησκευτικός αναμορφωτής (700-600 π.Χ.).

H

Ήβη, (μυθολ.) προσωποποίηση της νεότητας, θεά της υγείας.
Ηγερία, Ρωμαία νύμφη, σύζυγος του βασιλιά της Ρώμης Νουμά.
Ηλέκτρα, (μυθολ.) κόρη του Αγαμέμνονα και της Κλυταιμήστρας.
Ηλίας ή **Ηλιού,** προφήτης της Παλαιάς Διαθήκης (9. αι. π.Χ.).
Ήλιος, (μυθολ.) γιος του Υπερίωνα, προσωποποίηση του φωτός.
Ηλιού Ηλίας, πολιτικός (1904-1985).
Ήρα, (μυθολ.) κόρη του Κρόνου, αδελφή και γυναίκα του Δία, θεά του γάμου και της οικογένειας.
Ηρακλείδες, (μυθολ.) απόγονοι του Ηρακλή.

Ηρακλείδης ο Ποντικός, φιλόσοφος (388-312 π.Χ.).
Ηράκλειτος, Εφέσιος φιλόσοφος (±540-480 π.Χ.).
Ηρακλής, (μυθολ.) ημίθεος, γιος του Δία και της Αλκμήνης, προσωποποίηση της σωματικής δύναμης.
Ηρόδοτος, ιστοριογράφος (±485-±425 π.Χ.).
Ηρόστρατος, εμπρηστής του ναού της Αρτέμιδας στην Έφεσο, 356 π.Χ.
Ηρώ, (μυθολ.) ιέρεια της Αφροδίτης, ερωμένη του Λεάνδρου.
Ηρώδης Αντίπας, τετράρχης Γαλιλαίας και Περαίας (20 π.Χ.-39 μ.Χ.).
Ηρώδης Αττικός (Lucius Vicullius Hipparchus Tiberius Claudius Herodus Atticus), Αθηναίος σο-

φιστής και φιλόσοφος, ευεργέτης των ελληνικών πόλεων (±101-177 μ.Χ.).
Ηρωδιάς, Ιουδαία πριγκίπισσα, σύζυγος του Ηρώδη Αντίπα (1. αι. μ.Χ.).
Ήρων ο Αλεξανδρεύς, μαθηματικός και μηχανικός (±50-120 μ.Χ.).
Ησαΐας, προφήτης της Παλαιάς Διαθήκης (8. αι. π.Χ.).

Ησίοδος, ποιητής (8. αι. π.Χ.).
Ησύχιος, λεξικογράφος και γραμματικός (5. ή 6. αι. μ.Χ.).
Ήφαιστος, (μυθολ.) γιος του Δία και της Ήρας, σύζυγος της Αφροδίτης, θεός της μεταλλουργικής τέχνης.
Ηώς, (μυθολ.) θεά, κόρη του Υπερίωνα.

Θάλεια, (μυθολ.) μία από τις εννέα μούσες.
Θαλής ο Μιλήσιος, φυσικός φιλόσοφος (± 640-546 π.Χ.).
Θείρσιος, βλ. *Τίρς.*
Θέμελης Γιώργος, ποιητής (1900-1976).
Θέμις, κόρη του Ουρανού και της Γαίας, θεά του δικαίου.
Θεμιστοκλής, πολιτικός, στρατηγός (527/526-461 π.Χ.).
Θέογνις, λυρικός ποιητής (β΄ μισό 7. αι. π.Χ.).
Θεοδώρα, σύζυγος του Ιουστινιανού (± 500-548).
Θεοδωρακόπουλος Ιωάννης, μελετητής της φιλοσοφίας, πανεπιστημιακός καθηγητής (1900-1981).
Θεοδωρίδης Χαράλαμπος, μελετητής της φιλοσοφίας, πανεπιστημιακός καθηγητής (1883-1958).
Θεοδωρόπουλος Άγγελος, χαράκτης (1886-1965).
Θεόδωρος Στουδίτης, Βυζαντινός πεζογράφος και ποιητής (759-826).
Θεόκριτος, βουκολικός ποιητής (315/31-250 π.Χ.).
Θεοτοκάς Γιώργος, λόγιος μυθιστοριογράφος, κριτικός (1905-1966).
Θεοτόκης Γεώργιος, πολιτικός (1844-1916).
Θεοτόκης Κωνσταντίνος, μυθιστοριογράφος (1872-1923).
Θεοτόκης Νικηφόρος, κληρικός, διδάσκαλος (1731-1800).
Θεοτόκης Σπυρίδων Γεώργιος, πρώτος πρόεδρος Ιονίου Πολιτείας (1722-1803).
Θεοτοκόπουλος Δομήνικος (Ελ Γκρέκο), ζωγράφος (1541-1614).
Θεοφανώ, ανιψιά του βυζαντινού αυτοκράτορα Ιωάννη Τσιμισκή, αυτοκράτειρα της Γερμανίας, σύζυγος του Όθωνα Β΄ (960-991).
Θεόφιλος Κορυδαλλεύς, λόγιος (1572-1646).
Θεόφιλος Χατζημιχαήλ, λαϊκός ζωγράφος (1873-1934).
Θεόφραστος, αρχαίος φιλόσοφος και επιστήμονας (370-287 π.Χ.).
Θεοφύλακτος Βουλγαρίας, συγγραφέας και εκκλησιαστικός (± 1050-1126).
Θεοφύλακτος Σιμοκάττης, ιστορικό (τέλη 6. αι. – αρχές 7. αι. μ.Χ.).
Θεοχάρης Δημήτρης, προϊστοριολόγος, πανεπιστημιακός καθηγητής (1919-1977).
Θερβάντες (Saavedra Miguel de Cervantes), Ισπανός πεζογράφος και ποιητής (1547-1616).
Θερσίτης, (μυθολ.) πρόσωπο της Ιλιάδας, θρασύς και δειλός.
Θέτις, (μυθολ.) μητέρα του Αχιλλέα, η γνωστότερη από τις Νηρηίδες.
Θησεύς, (μυθολ.) γιος της Αίθρας και του Αιγέα, μυθικός βασιλιάς των Αθηνών.
Θιέρσος, βλ. *Τιερ.*
Θορνντάικ (Edward Thorndike), Αμερικανός ψυχολόγος (1874-1949).
Θουκυδίδης, ιστορικός (465/460-404/400 π.Χ.).
Θρύλος Άλκης (πραγμ. όν. Ελένη Νεγρεπόντη), κριτικός της λογοτεχνίας και του θεάτρου (1896-1971).
Θυέστης, (μυθολ.) γιος του Πέλοπα και αδελφός του Ατρέα.
Θωμαζέος, βλ. *Τομαζέο.*
Θωμάς Ακινάτης (Tommaso d' Aquino), Ιταλός θεολόγος και φιλόσοφος (1225-1274).
Θωμόπουλος Επαμεινώνδας, ζωγράφος (1878-1974).

Ι

Ιακωβίδης Γεώργιος, ζωγράφος (1853-1932).
Ιάμβλιχος, νεοπλατωνικός φιλόσοφος από τη Συρία (3 αι. μ.Χ.).
Ιανός, (μυθολ.) αρχαίος θεός της Ρώμης με δύο πρόσωπα.
Ιάσων, (μυθολ.) Θεσσαλός ήρωας, βασιλιάς της Ιωλκού.
Ιγνάτιος ντε Λογιόλα (Ignazio de Loyola), Βάσκος ιδρυτής του τάγματος των Ιησουιτών, καθολικός άγιος (1491-1556).
Ιγνάτιος Ουγγροβλαχίας, λόγιος ιεράρχης (± 1776-1828).
Ίδας, βλ. *Δραγούμης Ίων.*
Ιερεμίας, προφήτης της Παλαιάς Διαθήκης.
Ιερεμίας Β΄, οικουμενικός πατριάρχης (± 1536-1595).
Ιερεμίας Γ΄, οικουμενικός πατριάρχης (μέσα 17. αι. – 1735).
Ίκαρος, (μυθολ.) γιος του Δαιδάλου, που κατασκεύασε φτερά και πέταξε.
Ικτίνος, αρχιτέκτονας (5. αι. π.Χ.).
Ιμβριώτη Ρόζα, παιδαγωγός (1898-1977).
Ιμβριώτης Γιάννης, ψυχολόγος, πανεπιστημιακός καθηγητής (1898-1979).
Ιμπάνιεθ (Vicente Blasco Ibáñez), Ισπανός συγγραφέας (1867-1928).
Ιμπαρούρι (Dolores Ibaruri, ψευδών. Passionaria), Ισπανίδα κομουνίστρια (1895-1991).
Ινονού (Ismet Inönü), Τούρκος στρατιωτικός και πολιτικός, πρωθυπουργός και πρόεδρος της δημοκρατίας (1884-1973).

Ιοκάστη, (μυθολ.) γυναίκα του Λαΐου και μητέρα του Οιδίποδα.
Ιονέσκο (Eugène Ionesco), Γαλλορουμάνος θεατρικός συγγραφέας (1912-1994).
Ιορδανίδου Μαρία, μυθιστοριογράφος (1897-1989).
Ιουβενάλης, βλ. *Γιουβενάλης*.
Ιούδας ο Ισκαριώτης, μαθητής του Ιησού.
Ιουλιανός ο Αποστάτης ή **Παραβάτης**, λόγιος αυτοκράτορας του Βυζαντίου (331-363).
Ιουστινιανός Α΄ (Φλάβιος), αυτοκράτορας του Βυζαντίου (482-565 μ.Χ.).
Ίππαρχος, γιος του τυράννου των Αθηνών Πεισίστρατου (± 562-514 π.Χ.).
Ιπποκράτης, αρχαίος γιατρός (± 460-370 π.Χ.).
Ιππόλυτος, (μυθολ.) γιος του Θησέα, εραστής της μητριάς του Φαίδρας.
Ίρις, (μυθολ.) αγγελιαφόρος των θεών του Ολύμπου.
Ισαάκ, πατριάρχης των Εβραίων, γιος του Αβραάμ και της Σάρρας.
Ίσις, (μυθολ.) θεότητα της αρχαίας Αιγύπτου.
Ισμήνη, (μυθολ.) κόρη του Οιδίποδα και της Ιοκάστης, αδελφή της Αντιγόνης.

Ισοκράτης, ρήτορας και συγγραφέας (436-338 π.Χ.).
Ιστράτι (Panait Istrati), Ρουμανοέλληνας συγγραφέας (σε γαλλική γλώσσα) (1884-1935).
Ιφιγένεια, (μυθολ.) θυγατέρα του Αγαμέμνονα και της Κλυταιμήστρας.
Ίψεν (Henrik Ibsen), Νορβηγός θεατρικός συγγραφέας (1828-1906).
Ιωακείμ Γ΄, οικουμενικός πατριάρχης (1834-1912).
Ιωάννα της Λωρραίνης (Sainte Jeanne d' Arc, επιλεγόμενη Pucelle d' Orleans), ηρωίδα της Γαλλίας (1412-1431).
Ιωάννης ο Θεολόγος, ευαγγελιστής, μαθητής του Ιησού (± 100 μ.Χ.).
Ιωάννης ο Χρυσόστομος, πατέρας της Εκκλησίας, ρήτορας, συγγραφέας (344/354-407 μ.Χ.).
Ιωάννης του Σταυρού, βλ. *Χουάν ντε λα Κρουζ*.
Ιωάννου Γιώργος, πεζογράφος (1927-1985).
Ιωάννου Φίλιππος, μελετητής της φιλοσοφίας, πανεπιστημιακός καθηγητής (1796-1880).
Ιωαννούλιος Ευγένιος, βλ. *Γιαννούλης Ευγένιος*.
Ιώσηπος (Φλάβιος), Ιουδαίος ιστορικός (37-95 μ.Χ.).
Ιωσηφίνα, σύζυγος του Ναπολέοντα Βοναπάρτη (1763-1814).

Κ

Καβαφάκης Ανδρέας, δημοσιογράφος (1870-1922).
Καβάφης Κωνσταντίνος, ποιητής (1863-1933).
Καββαδίας Νίκος (Μαραμπού), ποιητής (1910-1975).
Καββαδίας Παναγιώτης, αρχαιολόγος, πανεπιστημιακός καθηγητής (1849-1928).
Κάβειροι, (μυθολ.) γιοι και απόγονοι του Ηφαίστου.
Καβούρ (Camillo Benso, conte di Cavour), Ιταλός πολιτικός (1810-1861).
Καγιάμ (Omar Kheyyan ή Umar Khayyān), Πέρσης ποιητής και μαθηματικός (+ 1123).
Κάδμος, (μυθολ.) γιος του Αγήνορα, αδελφός της Ευρώπης, ιδρυτής των Θηβών.
Καζάζης Νεοκλής, νομικός, πανεπιστημιακός καθηγητής (1849-1936).
Καζάλς (Pablo Cazals), Ισπανός βιολοντσελίστας (1876-1973).
Καζανόβα (Giovanni Giacomo Casanova, cavaliere de Seingalt) Ιταλός τυχοδιώκτης, συγγραφέας και διπλωμάτης (1725-1798).
Καζαντζάκη Γαλάτεια (το γένος Στ. Αλεξίου), πεζογράφος και θεατρική συγγραφέας (1881-1962).
Καζαντζάκης Νίκος, λόγιος, ποιητής, θεατρικός συγγραφέας, μυθιστοριογράφος (1883-1957).
Καϊάφας, Εβραίος αρχιερέας (β΄ μισό 1. αι. π.Χ. - μετά 36 μ.Χ.).
Κάιν, στην Παλαιά Διαθήκη ο μεγαλύτερος γιος του Αδάμ και της Εύας, φονιάς του αδελφού του ΄Αβελ.
Καΐρης Θεόφιλος, διδάσκαλος, συγγραφέας, θρησκευτικός μεταρρυθμιστής (1784-1853).
Καίσαρ Ιούλιος (Gaius Julius Caesar), Ρωμαίος στρατηγός, πολιτικός και ιστορικός (100-44 π.Χ.).

Κακούρη Κατερίνα, λαογράφος, εθνολόγος, θεατρολόγος (1912-1990).
Κακριδής Θεοφάνης, λατινιστής, πανεπιστημιακός καθηγητής (1860-1929).
Κακριδής Ιωάννης, κλασικός φιλόλογος, πανεπιστημιακός καθηγητής (1901-1992).
Καλαποθάκης Δημήτριος, δημοσιογράφος (1862-1921).
Καλβίνος (Jean Calvin), Γάλλος διαμαρτυρόμενος θρησκευτικός ηγέτης (1509-1564).
Κάλβος Ανδρέας, ποιητής, καθηγητής Ιονίου Ακαδημίας (1792-1869).
Καλίνιν (Mihail Kalinin), Σοβιετικός πολιτικός, αρχηγός του κράτους (1875-1946).
Καλιτσουνάκης Ιωάννης, κλασικός φιλόλογος και νεοελληνιστής, πανεπιστημιακός καθηγητής (1878-1966).
Κάλλας Μαρία (πραγμ. όν. Μαρία Καλογεροπούλου), υψίφωνος (1923-1977).
Καλλέργης Δημήτριος, στρατιωτικός και πολιτικός (1803-1867).
Καλλέργης Ιωάννης, γλωσσολόγος, πανεπιστημιακός καθηγητής (1901-1992).
Καλλιγάς Μαρίνος, κριτικός και ιστορικός τέχνης (1906-1985).
Καλλιγάς Παύλος, νομικός, πανεπιστημιακός καθηγητής και λογοτέχνης (1814-1896).
Καλλίμαχος ο Κυρηναίος, λόγιος και λογοτέχνης (± 305 – ± 240 π.Χ.).
Καλλιόπη, (μυθολ.) μία από τις εννέα μούσες.
Καλλιφρονάς Δημήτριος, αγωνιστής της επανάστασης του 1821 (1805-1897).
Καλντερόν (Pedro Calderon de la Barca), Ισπανός ποιητής και θεατρικός συγγραφέας (1600-1681).
Καλομοίρης Μανώλης, μουσικοσυνθέτης (1883-1962).

Καλοσγούρος Γεώργιος, κριτικός της λογοτεχνίας και μεταφραστής (1849-1902).
Καλυψώ, (μυθολ.) θυγατέρα του Άτλαντα, βασίλισσα του νησιού Ωγυγία.
Κάλχας, (μυθολ.) οιωνοσκόπος που συνοδεύει τον Αγαμέμνονα στην εκστρατεία της Τροίας.
Καμένεφ (Serghei Kamenev), Σοβιετικός στρατηγός (1881-1936).
Καμενιάτης Ιωάννης, Βυζαντινός ιστοριογράφος (870/75 – α´ τέταρτο 10. αι.).
Καμί (Albert Camus), Γάλλος μυθιστοριογράφος, δοκιμιογράφος και θεατρικός συγγραφέας (1913-1960).
Καμόενς (Luis Vaz de Camoëns), Πορτογάλος ποιητής (1524/25-1580).
Καμ-πανέλα (Tomaso Campanella), Ιταλός συγγραφέας (1568-1639).
Καμπάνης Άριστος, κριτικός της λογοτεχνίας και δημοσιογράφος (1883-1956).
Καμπούρογλου Δημήτριος, «Αθηναιογράφος», ιστορικός, ποιητής (1882-1942).
Καμπύσης Γιάννης, ποιητής, πεζογράφος και θεατρικός συγγραφέας (1872-1901).
Κανάρης Κωνσταντίνος, αγωνιστής του 1821, πολιτικός, πρωθυπουργός (1790-1877).
Κανδαύλης, βασιλιάς της Λυδίας (7. αι. π.Χ.).
Κανέλλης Ορέστης, ζωγράφος (1910-1979).
Κανελλόπουλος Αθανάσιος, οικονομολόγος, πολιτικός, πανεπιστημιακός καθηγητής (1923-1994).
Κανελλόπουλος Παναγιώτης, κοινωνιολόγος, πανεπιστημιακός καθηγητής, πολιτικός, πρωθυπουργός (1902-1986).
Κανελλόπουλος Σταύρος, πολιτικός, αγωνιστής της αριστεράς (1904-1991).
Κάνινγκ (George Canning), Άγγλος πολιτικός, πρωθυπουργός (1770-1827).
Καννττίνσκι (Vassili Kandinsky), Γαλλορώσος ζωγράφος και θεωρητικός, εισηγητής της αφηρημένης ζωγραφικής (1866-1944).
Κανόβα (Antonio Canova), Ιταλός γλύπτης (1757-1822).
Καντ, βλ. *Κάντιος.*
Καντακουζηνός Ιωάννης, Βυζαντινός συγγραφέας και αυτοκράτορας (± 1295-1388).
Καντεμίρ (Dmitrie Cantemir), συγγραφέας, ηγεμόνας Μολδαβίας (1673-1723).
Καντίνσκι, βλ. *Καννττίνσκι.*
Κάντιος (Immanuel Kant), Γερμανός φιλόσοφος (1724-1804).
Καντούνης Νικόλαος, ζωγράφος (1764-1834).
Κάουτσκι (Karl Kautsky), Γερμανός σοσιαλιστής (1854-1938).
Καπετανάκης Δημήτριος, ποιητής (1912-1944).
Καπετανάκης Ηλίας, θεατρικός συγγραφέας (1859-1922).
Καπίτσα (Petr Kapitsa), Σοβιετικός φυσικός και μηχανικός ελληνικής καταγωγής (1894-1984).
Καποδίστριας Ιωάννης, κυβερνήτης της Ελλάδας την περίοδο 1828-1831 (1776-1831).
Κάπρα (Frank Kapra), Αμερικανός σκηνοθέτης του κινηματογράφου (1897-1991).
Καπράλος Χρήστος, γλύπτης (1909-1993).
Καραβάτζιο (Michelangelo Amerighi ή Merisi, επιλεγόμενος il Caravaggio), Ιταλός ζωγράφος (1573-1610).
Καραβία, βλ. *Φλωρά – Καραβία.*
Καραβίδας Κώστας, κοινωνιολόγος· μελετητής και κήρυκας του «κοινοτισμού» (1890-1973).
Καραγάτσης Μ. (πραγμ. όν. Δημήτριος Ροδόπουλος), μυθιστοριογράφος (1908-1960).
Κάραγιαν (Herbert von Karajan), Αυστριακός (ελληνικής καταγωγής) διευθυντής ορχήστρας (1908-1989).
Καραγιώργης Τζόρτζε Πέτροβιτς, αρχηγός της επανάστασης των Σέρβων κατά των Τούρκων, ιδρυτής δυναστείας Καραγιώργεβιτς (1768-1817).
Καραθεοδωρής Κωνσταντίνος, μαθηματικός, πανεπιστημιακός καθηγητής (1873-1950).
Καραϊσκάκης Γεώργιος, αγωνιστής του 1821 (1780-1827).
Καραμζίν (Nicolaj Karamzin), Ρώσος ιστορικός και μεταρρυθμιστής της ρωσικής γλώσσας (1766-1826).
Καραμούζης Κωνσταντίνος, βλ. *Αθάνατος Κώστας.*
Καρανικόλας Αλέξανδρος, εκπαιδευτικός, πρόεδρος Κέντρου εκπαιδευτικών μελετών και επιμόρφωσης (1911-1982).
Καραντινός Σωκράτης, σκηνοθέτης του θεάτρου (1906-1979).
Καραντώνης Ανδρέας, κριτικός της λογοτεχνίας, ποιητής (1910-1982).
Καρασούτσας Ιωάννης, ποιητής (1822-1873).
Καρατάσος (Γέρο - Καρατάσος), οπλαρχηγός κατά την επανάσταση του 1821 (1764-1830).
Καρατζάς Σταμάτης, γλωσσολόγος και νεοελληνιστής, πανεπιστημιακός καθηγητής (1913-1986).
Καρβούνης Νικόλαος, λόγιος και δημοσιογράφος (1880-1947).
Καρέζη Τζένη, ηθοποιός (1937-1992).
Καρζής Λίνος, σκηνοθέτης, (1894-1978).
Καρθαίος Κλέων (πραγμ. όν. Κλέων Λάκων), μελετητής της νέας ελληνικής, μεταφραστής και αγωνιστής του δημοτικιστικού κινήματος (1878-1955).
Καρκαβίτσας Ανδρέας, διηγηματογράφος (1865-1922).
Καρλάιλ (Thomas Carlayle), Άγγλος ιστορικός και φιλόσοφος (1795-1881).
Καρλομάγνος (Charlemagne), βασιλιάς των Φράγκων και αυτοκράτορας της αγίας ρωμαϊκής αυτοκρατορίας (742-814).
Καρνεάδης, φιλόσοφος (214-129 π.Χ.).
Κάρνετζι (Andrew Carnegie), Αμερικανός βιομήχανος, ιδρυτής επιστημονικών και πολιτιστικών κέντρων (1835-1919).
Καρντούτσι (Giosuè Carducci), Ιταλός ποιητής, πανεπιστημιακός καθηγητής και ιστορικός της λογοτεχνίας (1835-1907).
Καρολίδης Παύλος, ιστορικός, πανεπιστημιακός καθηγητής (1849-1930).
Κάρολος Α´, βασιλιάς Αγγλίας, Σκοτίας και Ιρλανδίας (1600-1649).
Κάρολος Β´, βασιλιάς Αγγλίας, Σκοτίας και Ιρλανδίας (1630-1685).
Κάρολος Ε´, βασιλιάς Ισπανίας και αυτοκράτορας της ρωμαϊκής αυτοκρατορίας (1519-1556).
Καρούζο (Enrico Caruso), Ιταλός τενόρος (1873-1921).
Καρούζος Νίκος, ποιητής (1926-1990).
Καρούζος Χρήστος, αρχαιολόγος (1900-1967).
Καρούζου (Παπασπυρίδη) Σέμνη, αρχαιολόγος (1898-1994).
Καρτάλης Γεώργιος, πολιτικός (1908-1957).

Καρτέσιος, βλ. *Ντεκάρτ*.
Καρυωτάκης Κώστας, ποιητής (1896-1928).
Κασιμάτης Γρηγόριος, νομικός και πολιτικός, πανεπιστημιακός καθηγητής (1906-1987).
Κασίρερ (Ernst Cassirer), Γερμανοεβραίος φιλόσοφος (1874-1945).
Κασομούλης Νικόλαος, αγωνιστής του 1821, συγγραφέας απομνημονευμάτων (1795-1872).
Κασσάνδρα, (μυθολ.) κόρη του Πριάμου με μαντικές ικανότητες.
Κασσιανή, Βυζαντινή ποιήτρια (9. αι.).
Κασσιμάτης Ιωάννης, ποιητής (16. αι.).
Καστανάκης Θράσος, μυθιστοριογράφος (1901-1967).
Καστιλιόνε (Baltassare Castiglione), Ιταλός πολιτικός, διπλωμάτης και συγγραφέας (1478-1529).
Καστριώτης Γεώργιος (Σκεντέρμπεης), Αλβανός ήρωας αντίστασης κατά των Τούρκων (1405-1468).
Καστροφύλακας Γεώργιος ή **Τζώρτζης**, ζωγράφος (1719-1752).
Κάστωρ, βλ. *Διόσκουροι*.
Καταρτζής (ή **Φωτιάδης**) **Δημήτριος**, λόγιος του διαφωτισμού (± 1730-1807).
Κατιλίνας (Lucius Sergius Catilina), Ρωμαίος πολιτικός (109-62 π.Χ.).
Κάτουλλος (Gaius Valerius Catullus), Ρωμαίος λυρικός ποιητής (± 87-54 π.Χ.).
Κατράκη Βάσω, χαράκτρια (1914-1988).
Κατράκης Μάνος, ηθοποιός (1908-1984).
Κατσαΐτης Πέτρος, θεατρικός συγγραφέας (18. αι.).
Κατσαντώνης, κλέφτης κατά την περίοδο πριν από το 1821 (± 1774-1808).
Κατσέλη Αλέκα, ηθοποιός (1918-1994).
Κατσέλης Πέτρος, σκηνοθέτης (1907-1981).
Κατσίμπαλης Γιώργος, βιβλιογράφος των νεοελληνικών γραμμάτων (1899-1978).
Κατσώνης Λάμπρος, αγωνιστής κατά την περίοδο πριν από το 1821 (1752-1804).
Καυταντζόγλου Λύσανδρος, αρχιτέκτονας (1811-1885).
Καφαντάρης Γεώργιος, πολιτικός, πρωθυπουργός (1873-1946).
Κάφκα (Franz Kafka), Τσέχος πεζογράφος και ποιητής (1883-1924).
Καχτίτσης Νίκος, πεζογράφος (1926-1970).
Κεδρηνός Γεώργιος, Βυζαντινός χρονογράφος (11. αι.).
Κεκαυμένος Κατακαλών, Βυζαντινός στρατηγός και συγγραφέας (11. αι.).
Κέκροψ, (μυθολ.) βασιλιάς των Αθηνών.
Κέλερ (Wolfgang Köhler), Γερμανοαμερικανός ψυχολόγος (1887-1967).
Κέλσιος (Anders Celsius), Σουηδός αστρονόμος (1701-1744).
Κεμάλ Μουσταφά Ατατούρκ, Τούρκος στρατηγός, πρόεδρος της τουρκικής δημοκρατίας (1880-1938).
Κενέ (François Quesnay), Γάλλος οικονομολόγος (1694-1774).
Κένεντι (John Kennedy), Αμερικανός πολιτικός, πρόεδρος των Η.Π.Α. (1917-1963).
Κένταυροι, (μυθολ.) όντα με ανθρώπινο το άνω σώμα και ίππου το κάτω, που ζούσαν στη Θεσσαλία.

Κέπλερ (Johannes Kepler), Γερμανός αστρονόμος (1571-1630).
Κεραμεύς, βλ. *Παπαδόπουλος Κεραμεύς*.
Κεραμόπουλος Αντώνιος, αρχαιολόγος, πανεπιστημιακός καθηγητής (1870-1960).
Κέρβερος, (μυθολ.) σκύλος με τρία κεφάλια, φύλακας του ΄Αδη.
Κερένσκι (Alexander Kerensky), Ρώσος πολιτικός, πρόεδρος της ρωσικής κυβέρνησης πριν από την επανάσταση του Οκτώβρη 1917 (1881-1970).
Κερουμπίνι (Luigi Cherubini), Ιταλός συνθέτης (1760-1842).
Κερσενστάινερ (Georg Kerschensteiner), Γερμανός παιδαγωγός (1854-1932).
Κέστλερ (Arthur Koestler), Ούγγρος συγγραφέας (1905-1983).
Κεφαλληνός Γιάννης, χαράκτης (1894-1957).
Κέφαλος, (μυθολ.) γιος του Δηιονέα, βασιλιάς της Φωκίδας.
Κιγκ, βλ. *Κινγκ*.
Κιγκινάτος (Lucius Quintus Cincinnatus), Ρωμαίος πολιτικός και στρατιωτικός (6. – 5 αι. π.Χ.).
Κικέρων (Marcus Tullius Cicero), Λατίνος ρήτορας (106-43 π.Χ.).
Κίμων, Αθηναίος πολιτικός και στρατηγός (± 506-450 π.Χ.).
Κινγκ (Martin Luther King), Αμερικανός μαύρος ηγέτης του αγώνα για την κατάργηση των φυλετικών διακρίσεων (1929-1968).
Κινέ (Edgar Quinet), Γάλλος ιστορικός και φιλόσοφος (1803-1875).
Κιουρί (Marie Curie), Γαλλίδα φυσικός (1867-1934).
Κιουρί (Pierre Curie), Γάλλος φυσικός (1859-1906).
Κιουταχής (Μεχμέτ Ρεσίτ πασάς), Τούρκος βεζίρης και στρατηγός (1780-1839).
Κίπλινγκ (Rudyard Kipling), ΄Αγγλος μυθιστοριογράφος και ποιητής (1865-1936).
Κίρκεγκορντ (Sören Aabye Kierkegaard), Δανός θεολόγος και φιλόσοφος (1813-1855).
Κίρκη, (μυθολ.) κόρη του ΄Ηλιου, μάγισσα, που είχε μεταμορφώσει τους συντρόφους του Οδυσσέα σε χοίρους.
Κιτς (John Keats), ΄Αγγλος ποιητής (1795-1821).
Κλάιν (Melanie Klein), Αυστριακή ψυχαναλύτρια (1882-1960).
Κλάιστ (φον) (Heinrich von Kleist), Γερμανός δραματουργός (1777-1811).
Κλεισθένης, Αθηναίος πολιτικός και νομοθέτης (6. αι. π.Χ.).
Κλειώ, (μυθολ.) μία από τις εννέα μούσες.
Κλεμανσό (Georges Clemenceau), Γάλλος πολιτικός, πρωθυπουργός (1841-1929).
Κλεοπάτρα Ζ΄, βασίλισσα της Αιγύπτου (69 π.Χ. – 30 μ.Χ.).
Κλερ (René Clair), Γάλλος σκηνοθέτης του κινηματογράφου (1898-1981).
Κλήμης Αλεξανδρεύς, χριστιανός συγγραφέας και θεολόγος (2. – 3. αι. μ.Χ.).
Κλοντέλ (Paul Claudel), Γάλλος ποιητής (1868-1955).
Κλόντζας Γεώργιος, ζωγράφος (β΄ μισό 16. αι.).
Κλυταιμήστρα, (μυθολ.) γυναίκα του Αγαμέμνονα, μητέρα του Ορέστη, της Ιφιγένειας και της Ηλέκτρας.
Κλωθώ, (μυθολ.) μία από τις τρεις Μοίρες.
Κλωντέλ, βλ. *Κλοντέλ*.
Κόδριγκτον, βλ. *Κόντρινκτον*.

Κοδρικάς Παναγιώτης, λόγιος και συγγραφέας (1762-1827)
Κόδρος, (μυθολ.) γιος του Μελάνθου, βασιλιάς των Αθηνών.
Κοϊντιλιανός (Marcus Fabius Quintilianus), Ρωμαίος διδάσκαλος ρητορικής (± 35 - ± 100 μ.Χ.).
Κόιντος ο Σμυρναίος, επικός ποιητής (4. αι. μ.Χ.).
Κόκκαλης Πέτρος, γιατρός, πανεπιστημιακός καθηγητής (1896-1962).
Κόκκινος Διονύσιος, μυθιστοριογράφος, ιστοριογράφος (1884-1967).
Κόκκος Δημήτριος, ποιητής (1856-1891).
Κοκκώνης Ιωάννης, παιδαγωγός (1796-1864).
Κοκόσκα (Oscar Kokoschka), Αυστριακός ζωγράφος (1886-1980).
Κοκτό (Jean Cocteau), Γάλλος ποιητής, μυθιστοριογράφος, δοκιμιογράφος και θεατρικός συγγραφέας (1889-1963).
Κόλεριτζ (Samuel Taylor Coleridge), Άγγλος ποιητής (1772-1834).
Κολέτ (Gabrielle Colette), Γαλλίδα μυθιστοριογράφος (1873-1954).
Κολιόπουλος Δημήτριος, βλ. *Πλαπούτας.*
Κολμπέρ (Jean Baptiste Colbert), Γάλλος πολιτικός και οικονομολόγος (1619-1683).
Κολοκοτρώνης Θεόδωρος, αγωνιστής του 1821 (1770-1843).
Κολόμβος (Cristoforo Colombo), Ιταλός θαλασσοπόρος και εξερευνητής (1451?-1506)
Κομένιος (Jan Amos ή Comenius ή Komensky), Τσέχος ανθρωπιστής και παιδαγωγός (1592-1670).
Κομνηνή Άννα, Βυζαντινή ιστοριογράφος (1083-1148).
Κομφούκιος (Kung Fu Tse), Κινέζος σοφός, διαμορφωτής του πολιτισμού των Κινέζων (551-478/9 π.Χ.).
Κονδυλάκης Ιωάννης, δημοσιογράφος και λογοτέχνης (1861-1920).
Κονδύλης Γεώργιος, στρατηγός, πολιτικός, πρωθυπουργός και αντιβασιλέας (1878-1936).
Κονεμένος Νικόλαος, λόγιος και κριτικός, αγωνιστής του δημοτικιστικού κινήματος (1832-1907).
Κοννπγιάκ (Etienne Bonnot de Condillac), Γάλλος φιλόσοφος (1715-1780).
Κοννπορσέ (Antoine - Nicolas Caritat, μαρκήσιος του Condorcet), Γάλλος φιλόσοφος (1743-1794).
Κον-τ (August Comte), Γάλλος κοινωνιολόγος και φιλόσοφος, ιδρυτής του θετικισμού (1798-1857).
Κοντιγιάκ, βλ. *Κοννπγιάκ.*
Κόντογλου Φώτης (πραγμ. όν. Φώτης Αποστολέλης), πεζογράφος, ζωγράφος και αγιογράφος (1895-1965).
Κοντολέων Νικόλαος, αρχαιολόγος, πανεπιστημιακός καθηγητής (1910-1975).
Κοντόπουλος Αλέκος, ζωγράφος (1905-1975).
Κοντορσέ, βλ. *Κοννπορσέ.*
Κόντος Κωνσταντίνος, φιλόλογος, πανεπιστημιακός καθηγητής (1834-1909).
Κόντρινκτον (Edward Codrington), Άγγλος ναύαρχος (1790-1851).
Κοπέρνικος (Nicolas Copernicus), Πολωνός αστρονόμος (1473-1543).
Κοραής Αδαμάντιος, διδάσκαλος του Γένους, κορυφαίος διαφωτιστής, εισηγητής της «μέσης οδού» στη λύση του γλωσσικού ζητήματος (1748-1833).

Κορδάτος Γιάννης, ιστοριογράφος (1891—1961).
Κορέτζιο (Antonio Allergi, επονομαζόμενος il Correggio), Ιταλός ζωγράφος (1489-1534).
Κόρη, βλ. *Περσεφόνη.*
Κοριζής Αλέξανδρος, οικονομολόγος, πρωθυπουργός (1885-1941).
Κορνάρος Βιτσέντζος, ο ποιητής του «Ερωτόκριτου» (16. – 17. αι.).
Κορνέγι (Pierre Corneille), Γάλλος δραματογράφος (1606-1684).
Κορό (Jean Baptiste Camille Corot), ζωγράφος (1796-1875).
Κόροιβος, Ολυμπιονίκης (το 776 π.Χ.) από την Ήλιδα.
Κορομηλάς Δημήτριος, δημοσιογράφος, θεατρικός συγγραφέας (1850-1898).
Κορομηλάς Λάμπρος, πολιτικός και διπλωμάτης (1856-1923).
Κορυδαλλεύς Θεόφιλος, μελετητής της φιλοσοφίας, διδάσκαλος (± 1570-1646).
Κόρφης Τάσος (Ρομποτής), λογοτεχνικός κριτικός (1929-1994).
Κοσίγκιν (Alexei Cosigin), πρωθυπουργός της ΕΣΣΔ (1904-1980).
Κοσμάς ο Αιτωλός (άγιος, νεομάρτυρας), λόγιος και ιεροκήρυκας (± 1714-1779).
Κοτζιάς Αλέξανδρος, πεζογράφος, μεταφραστής και κριτικός της λογοτεχνίας (1926-1992).
Κοτζιάς Γεώργιος, νευροφυσιολόγος, πανεπιστημιακός καθηγητής (1918-1977).
Κοτζιάς Κώστας, πολιτικός, δήμαρχος Αθηναίων (1892-1951).
Κοτζιάς Κώστας, πεζογράφος, θεατρικός συγγραφέας και μεταφραστής (1921-1979).
Κοτοπούλη Μαρίκα, ηθοποιός (1887-1954).
Κουγέας Σωκράτης, ιστορικός, μελετητής των νεοελληνικών και των βυζαντινών γραμμάτων, πανεπιστημιακός καθηγητής (1876-1966).
Κουζέν (Victor Cousin), Γάλλος φιλόσοφος (1792-1867).
Κουκ (James Cook), Άγγλος θαλασσοπόρος (1728-1779).
Κουκουζέλης Ιωάννης, μελοποιός της βυζαντινής μουσικής (12. αι.).
Κουκουλές Φαίδων, βυζαντινολόγος, μελετητής του βυζαντινού βίου και της ελληνικής γλώσσας (1881-1956).
Κουμανούδης Στέφανος, αρχαιολόγος, λεξικογράφος και ιστορικός, πανεπιστημιακός καθηγητής (1818-1899).
Κούμας Κωνσταντίνος, διδάσκαλος του Γένους και διαφωτιστής (1777-1836).
Κουμουνδούρος Αλέξανδρος, πολιτικός και πρωθυπουργός (1814-1883).
Κουμπερτέν (Pierre de Coubertin), εμπνευστής της αναβίωσης των ολυμπιακών αγώνων (1863-1937).
Κούνδουρος Μανούσος, πολιτικός και αγωνιστής των κρητικών αγώνων (1862-1933).
Κουνελάκης Νικόλαος, ζωγράφος (1828-1869).
Κουν Κάρολος, σκηνοθέτης και διευθυντής θεάτρου (1908-1986).
Κουντουράς Μίλτος, εκπαιδευτικός, αγωνιστής του εκπαιδευτικού δημοτικισμού (1889-1940)
Κουντουριώτης Γεώργιος, πολιτικός της επανάστασης του 1821 (1782-1858).
Κουντουριώτης Λάζαρος, πολιτικός και οικονομικός ενισχυτής του αγώνα του 1821 (1789-1852).

Κουντουριώτης Παύλος, ναύαρχος, πρόεδρος δημοκρατίας (1855-1935).
Κούρητες ή **Κουρήτες,** (μυθολ.) νέοι δαίμονες, ακόλουθοι θεών.
Κουρμούλης Γεώργιος, γλωσσολόγος, πανεπιστημιακός καθηγητής (1907-1977).
Κουρμπέ (Gustave Courbet), Γάλλος ζωγράφος (1819-1877).
Κουρτίδης Αριστοτέλης, εκπαιδευτικός, δημοσιογράφος (1858-1928).
Κούρτιους (Ludwig Curtius), Γερμανός αρχαιολόγος (1874-1954).
Κουτούζης Νικόλαος, ζωγράφος (1741-1813).
Κουτσοχέρας Γιάννης, ποιητής και πολιτευτής (1904-1994).
Κοχ (Robert Koch), Γερμανός γιατρός που ανακάλυψε το μικρόβιο της φυματίωσης (1843-1910).
Κοχανόβσκι (Jan Kochanowski), Πολωνός μεταφραστής των «Ψαλμών» στα πολωνικά, δημιουργός της ποιητικής πολωνικής γλώσσας (1530-1584).
Κόχραν (Thomas Cochrane), Άγγλος ναύαρχος που έδρασε στην επανάσταση του 1821 (1775-1860).
Κράμερ (Johan Baptist Cramer), Γερμανός συνθέτης και πιανίστας (1771-1858).
Κρασίνσκι (Sigmund Krasinski), Πολωνός ποιητής (1812-1859).
Κρέτσμερ (Ernst Kretschmer), Γερμανός ψυχίατρος (1888-1964).
Κρέτσμερ (Paul Kretschmer), Αυστριακός γλωσσολόγος (1866-1956).
Κρέων, (μυθολ.) βασιλιάς των Θηβών, αδελφός της Ιοκάστης.
Κριεζής Αντώνιος, αγωνιστής του 1821 (1796-1865).
Κριτόβουλος (και **Κριτόπουλος) Μιχαήλ,** Βυζαντινός ιστοριογράφος (± 1410-1470).
Κροκιδάς Σωτήριος, πολιτικός και πρωθυπουργός (1852-1924).
Κρόμβελ (Oliver Cromwell), Άγγλος στρατηγός και πολιτικός, δικτατορικός κυβερνήτης (1599-1658).
Κρόνος, (μυθολ.) ο νεότερος γιος του Ουρανού.

Κροπότκιν (Petr Kropotkin), Ρώσος φιλόσοφος αναρχικών αντιλήψεων (1842-1921).
Κρότσε (Benedetto Croce), Ιταλός φιλόσοφος, κριτικός των γραμμάτων και αισθητικός (1866-1952).
Κρουμπάχερ (Karl Krumbacher), Γερμανός βυζαντινολόγος, πανεπιστημιακός καθηγητής (1856-1909).
Κρούσιος (Martinus Crusius), Γερμανός ελληνιστής και θεολόγος (1526-1607).
Κρούστσεφ, βλ. *Χρουστσόφ.*
Κρυστάλλης Κώστας, ποιητής (1868-1894).
Κυβέλη, (μυθολ.) θεά της γονιμότητας από τη Φρυγία.
Κυβέλη Αδριανού, ηθοποιός (1888-1978).
Κυδώνης Δημήτριος, Βυζαντινός λόγιος και συγγραφέας (± 1323-1397/8).
Κυθέρεια, (μυθολ.) προσωνυμία της θεάς Αφροδίτης.
Κύκλωπες, (μυθολ.) παιδιά του Ουρανού, γίγαντες που κατοικούν στην Αίτνα και έχουν ένα μόνο μάτι στο μέτωπο.
Κυριαζής Αθανάσιος, ποιητής (1887-1950).
Κυριαζόπουλος Βασίλειος, μετεωρολόγος, πανεπιστημιακός καθηγητής (1903-1991).
Κυριακίδης Στίλπων, λαογράφος και ιστορικός, πανεπιστημιακός καθηγητής (1887-1964).
Κυριακίδου - Νέστορος Άλκη, λαογράφος, πανεπιστημιακή καθηγήτρια (1935-1988).
Κύριλλος, πατριάρχης Αλεξανδρείας (370/376-444).
Κύριλλος Λούκαρις, βλ. *Λούκαρις.*
Κωλέττης Ιωάννης, πολιτικός (1773-1847).
Κωνσταντάς Γρηγόριος, λόγιος και συγγραφέας (1758-1844).
Κωνσταντινίδης Γεώργιος, βλ. *Σκληρός Γεώργιος.*
Κωνσταντίνος, βασιλιάς των Ελλήνων (1868-1922).
Κωνσταντίνος Η' Πορφυρογέννητος, βλ. *Πορφυρογέννητος.*
Κωνσταντίνος ΙΑ', βλ. *Παλαιολόγος Κωνσταντίνος.*
Κωνσταντίνος ο Μέγας, Βυζαντινός αυτοκράτορας, ιδρυτής της Κωνσταντινούπολης (306-377).
Κωχ, βλ. *Κοχ.*

Λ

Λάβδακος, (μυθολ.) πατέρας του Λαΐου, παππούς του Οιδίποδα.
Λαβουαζιέ (Antoine - Lorand Lavoisier), Γάλλος χημικός (1743-1784).
Λαβύρινθος, (μυθολ.) κατοικία του Μινώταυρου στο παλάτι του Μίνωα στην Κνωσσό.
Λάγκερκβιστ (Pär Fabian Lagerkwist), Σουηδός ποιητής, πεζογράφος και θεατρικός συγγραφέας (1891-1974).
Λάγκερλεφ (Selma Lagerlöf), Σουηδή πεζογράφος (1858-1940).
Λαέρτης, (μυθολ.) βασιλιάς της Ιθάκης, πατέρας του Οδυσσέα.
Λάζαρος, φίλος και μαθητής του Χριστού.
Λάιμπνιτς (Gottfried Wilhelm Leibniz), Γερμανός φιλόσοφος και μαθηματικός (1646-1716).

Λάιος, (μυθολ.) γιος του Λαβδάκου και πατέρας του Οιδίποδα.
Λαΐς, εταίρα από την Κόρινθο (β' μισό του 5. αι. - αρχές του 4. αι. π.Χ.).
Λακάν (Jacques Lacan), Γάλλος φιλόσοφος (1901-1981).
Λάκων Κλέων, βλ. *Καρθαίος.*
Λαλάννντ (André Lalande), Γάλλος φιλόσοφος (1867-1963).
Λαμάρκ (Jean - Baptiste de Monet, ιππότης του Lamarck), Γάλλος φυσικός (1744-1829).
Λαμαρτίνος (Alphonse de Lamartine), Γάλλος ποιητής, πεζογράφος και πολιτικός (1790-1869).
Λαμπελέτ Γεώργιος, Κερκυραίος μουσικός (1875-1945).
Λαμπέτη Έλλη, ηθοποιός (1926-1983).

Λαμπράκης Γρηγόρης, ειρηνιστής, πολιτικός (1912-1963).
Λαμπράκης Δημήτριος, δημοσιογράφος (1886-1957).
Λαμπριγέρ (Jean de La Bruyère), Γάλλος συγγραφέας (1645-1696).
Λάμπρος Σπυρίδων, ιστορικός και μελετητής των νεοελληνικών γραμμάτων, πανεπιστημιακός καθηγητής (1851-1919).
Λάνδος Αγάπιος, λόγιος μοναχός και συγγραφέας (± 1585-1657).
Λανζεβέν (Paul Langevin), Γάλλος φυσικός, πανεπιστημιακός καθηγητής (1872-1946).
Λαοκόων, (μυθολ.) γιος του Πριάμου, ιερέας του Απόλλωνα στην Τροία.
Λάο-Τσε (Lao-Tseu ή Lao-Tan), Κινέζος φιλόσοφος (6. αι. π.Χ.).
Λαπαθιώτης Ναπολέων, ποιητής (1888-1944).
Λαπλάς (Pierre Simon, μαρκήσιος de Laplace), Γάλλος αστρονόμος, μαθηματικός και φυσικός (1749-1827).
Λαροσφουκό (François duc de La Rochefoucauld), Γάλλος συγγραφέας (1613-1680).
Λαρούς (Pierre Larousse), Γάλλος εκδότης, λεξικογράφος (1817-1875).
Λασκαράτος Ανδρέας, σατιρικός ποιητής, πεζογράφος και δημοσιογράφος (1811-1901).
Λάσκαρης Νικόλαος, θεατρικός συγγραφέας, ιστορικός νεοελληνικού θεάτρου (1868-1945).
Λασκαρίνα, βλ. *Μπουμπουλίνα.*
Λάσκαρις Ιανός, λόγιος της Αναγέννησης και εκδότης κειμένων (1445-1535).
Λάσκαρις Κωνσταντίνος, Βυζαντινός λόγιος και συγγραφέας (1434-1501).
Λαυράγκας Διονύσιος, μουσικοσυνθέτης (1860-1941).
Λαφαγιέτ (Marie - Madeline, contesse de La Fayette), Γαλλίδα μυθιστοριογράφος (1634-1693).
Λαφοντέν (Jean de La fontaine), Γάλλος ποιητής (1621-1695).
Λέβι (Doro Levi), Ιταλός αρχαιολόγος (1898-1991).
Λεβιάθαν ο, τέρας της Π. Διαθήκης.
Λέβιν (Kurt Lewin), Γερμανοαμερικανός ψυχολόγος (1890-1947).
Λεγκράν (Emile Legrand), Γάλλος βυζαντινολόγος και νεοελληνιστής, μελετητής των γραμμάτων (1841-1904).
Λεζέ (Fernand Leger), Γάλλος ζωγράφος (1881-1955).
Λειβαδίτης Τάσος, ποιητής (1921-1988).
Λεϊβνίτιος, βλ. *Λάιμπνιτς.*
Λειχούδης Κωνσταντίνος, Βυζαντινός λόγιος και διδάσκαλος (11 αι.).
Λεκατσάς Παναγιώτης, μελετητής των ελληνικών γραμμάτων, μεταφραστής (1911-1970).
Λεκόντ ντε Λιλ (Leconde de Lisle), Γάλλος ποιητής (1828-1894).
Λεκορμπιζιέ (Edouard Le Corbusier), Ελβετός αρχιτέκτονας και πολεοδόμος (1887-1965).
Λεμέρλ (Paul Lemerle), βυζαντινολόγος, αρχαιολόγος και μελετητής των βυζαντινών γραμμάτων (1903-1989).
Λεμπέσης Πολυχρόνης, ζωγράφος (1848-1913).
Λεμπρέν (Pierre Lebrun), Γάλλος ποιητής και φιλέλληνας (1785-1873).
Λένιν (Vladimir Oulianov, επιλεγόμενος Λένιν), Σοβιετικός πολιτικός, αρχηγός της Οκτωβριανής Επανάστασης (1917) (1870-1924).
Λένροτ (Elias Lönnrot), Φινλανδός γιατρός και ερευνητής που συγκρότησε εθνικό έπος από τοπικά δημοτικά τραγούδια (1802-1884).
Λεονάρδος ντα Βίντσι (Leonardo da Vinci), Ιταλός ζωγράφος, γλύπτης, μηχανικός, αρχιτέκτονας και λόγιος (1452-1519).
Λεοπάρντι (Giacomo Leopardi), Ιταλός ποιητής (1798-1837).
Λέρμον-τοφ (Michail Lermontov), Ρώσος ποιητής, μυθιστοριογράφος και θεατρικός συγγραφέας (1814-1841).
Λέσβιος, βλ. *Βενιαμίν Λέσβιος.*
Λέσινγκ (Cotthold Ephraim Lessing), Γερμανός συγγραφέας και φιλόσοφος (1729-1781).
Λέσκι (Albin Lesky), Αυστριακός κλασικός φιλόλογος (1896-1981).
Λεφάκης Χρίστος, ζωγράφος (1901-1969).
Λέχαρ (Franz Lehàr), Αυστριακός συνθέτης (1870-1948).
Λεωνίδας Α΄, βασιλιάς της Σπάρτης, που πολέμησε κατά των Περσών (το 480 π.Χ.).
Λήδα, (μυθολ.) σύζυγος του Τυνδάρεω, μητέρα του Κάστορα και του Πολυδεύκη.
Λητώ, (μυθολ.) μητέρα της Αρτέμιδας και του Απόλλωνα.
Λιβάνιος, διδάσκαλος της ρητορικής (314-393).
Λίβιος (Titus Livius), Ρωμαίος ιστορικός (59 π.Χ. - 17 μ.Χ.).
Λίβιος Ανδρόνικος (Lucius Livius Andronicus), Λατίνος ποιητής (± 285-204 π.Χ.).
Λιδωρίκης Αλέκος, θεατρικός συγγραφέας και δημοσιογράφος (1907-1988).
Λιμενίτης Γεωργηλάς Εμμανουήλ, ποιητής (β΄ μισό 16. αι. – β΄ μισό 17. αι.).
Λιμιέρ (Louis Lumière), εφευρέτης του κινηματογράφου (1862-1954).
Λίμπκνεχτ (Karl Liebknecht), Γερμανός ηγέτης της επανάστασης των Σπαρτακιστών (1871-1919).
Λινέ, βλ. *Λινναίος.*
Λίνκολν (Abraham Lincoln), Αμερικανός πολιτικός, πρόεδρος Ηνωμένων Πολιτειών (1809-1865).
Λινναίος (Carolus Linnaeus), Σουηδός βοτανολόγος και ζωολόγος (1707-1778).
Λίνος, (μυθολ.) γιος του Απόλλωνα.
Λιούις (Sinclair Lewis), Αμερικανός συγγραφέας (1885-1951).
Λίπι (Fra Filippo Lippi), Ιταλός ζωγράφος (± 1406-1469).
Λιστ (Franz Ferentz Liszt), Ούγγρος συνθέτης και πιανίστας (1811-1886).
Λιτρέ (Maximilien - Paul - Emile Littré), Γάλλος φιλόσοφος και λεξικογράφος (1801-1881).
Λογγίνος Κάσσιος, νεοπλατωνικός φιλόσοφος (3. αι. μ.Χ.).
Λόγγος, μυθιστοριογράφος (2./3 αι. μ.Χ.).
Λογιόλα, βλ. *Ιγνάτιος ντε Λογιόλα.*
Λογοθέτη Μέλπω, βλ. *Μερλιέ- Λογοθέτη Μέλπω.*
Λογοθέτης Λυκούργος, πολιτικός και στρατιωτικός αρχηγός κατά την επανάσταση του 1821 (1772-1850).
Λυγοθετόπουλος Κωνσταντίνος, γιατρός, πανεπιστημιακός καθηγητής, πρωθυπουργός επί Κατοχής (1878-1961).
Λόιντ Τζορτζ (David Lloyd George), Βρετανός πολιτικός, πρωθυπουργός (1863-1945).

Λοκ (John Locke), Άγγλος φιλόσοφος, οικονομολόγος και παιδαγωγός (1632-1704).
Λομβάρδος Κωνσταντίνος, πολιτικός της Επτανήσου (1820-1888).
Λομμπρόζο (Cesare Lombroso), Ιταλός εγκληματολόγος (1836-1909).
Λομονόσοφ (Michail Lomonosov), διαμορφωτής της γραπτής ρωσικής γλώσσας (1711-1765).
Λομπρόζο, βλ. *Λομμπρόζο.*
Λόντος Αναστάσιος, πολιτικός κατά την επανάσταση του 1821 (1791-1856).
Λόπε ντε Βέγκα (Félix Carpio Lope de Vega), Ισπανός θεατρικός συγγραφέας (1562-1635).
Λόρενς (David Herbert Lawrence), Άγγλος λογοτέχνης και δοκιμιογράφος (1885-1930).
Λορεντζάτος Παναγής, κλασικός φιλόλογος, πανεπιστημιακός καθηγητής (1871-1941).
Λόρκα (Federico Garcia Lorca), Ισπανός ποιητής και δραματογράφος (1898-1936).
Λοτί (Pierre Loti), Γάλλος μυθιστοριογράφος (1850-1923).
Λοτρεαμόν (Isidore Ducasse, κόμης του Lautréamont), Γάλλος ποιητής (1846-1870).
Λούβαρης Νικόλαος, θεολόγος, πανεπιστημιακός καθηγητής (1887-1961).
Λουδοβίκος Α΄ (Ludwig der Erste), βασιλιάς της Βαυαρίας, πατέρας του βασιλιά της Ελλάδας Όθωνα (1786-1868).
Λουδοβίκος ΙΓ΄ (Louis XIII), βασιλιάς της Γαλλίας (1601-1643).
Λουδοβίκος ΙΔ΄ (Louis XIV,) βασιλιάς (Ήλιος) της Γαλλίας (1638-1715).
Λουδοβίκος ΙΕ΄ (Louis XV), βασιλιάς της Γαλλίας (1710—1774).
Λουδοβίκος ΙÇ΄ (Louis XVI), βασιλιάς της Γαλλίας (1754-1793).
Λούθηρος (Martin Luther), Γερμανός θεολόγος και θρησκευτικός μεταρρυθμιστής (1483-1546).
Λούκαρις Κύριλλος, πατριάρχης Κωνσταντινουπόλεως (1572-1638).
Λουκάς, ένας από τους δώδεκα Αποστόλους, ευαγγελιστής.
Λούκατς (György Lukács), Ούγγρος κριτικός των γραμμάτων (1885-1971).
Λουκιανός, συγγραφέας (± 120-180 μ.Χ.).
Λούκουλλος (Lucius Licinius Lucullus), Ρωμαίος στρατηγός και πολιτικός (115-56 π.Χ.).
Λουκρήτιος (Titus Lucretius Carus), Λατίνος ποιητής και φιλόσοφος (± 94 – ± 55 π.Χ.).
Λουνατσάρσκι (Anatol Lunatscharski), Σοβιετικός συγγραφέας και πολιτικός, κριτικός των γραμμάτων και θεατρικός συγγραφέας (1875-1933).
Λούντ, βλ. *Λόιντ.*
Λούντβιχ (Emil Ludwig), Γερμανός ιστορικός και βιογράφος προσωπικοτήτων (1881-1948).
Λουντέμης Μενέλαος, πεζογράφος (1915-1976).
Λούξεμμπουργκ (Rosa Luxemburg), Γερμανίδα σοσιαλίστρια (1871-1919).
Λούρος Νικόλαος, μαιευτήρας γυναικολόγος, πανεπιστημιακός καθηγητής (1898-1986).
Λυκούδης Εμμανουήλ, συγγραφέας (1849-1925).
Λυκούργος, νομοθέτης της Σπάρτης (± 390-324 π.Χ.).
Λύσανδρος, Σπαρτιάτης στρατιωτικός και πολιτικός (+395 π.Χ.).
Λυσίας, Αθηναίος ρήτορας (±450 – ±380 π.Χ.).
Λυσικράτης, Αθηναίος χορηγός (4. αι. π.Χ.).
Λύτρας Νικηφόρος, ζωγράφος (1832-1904).
Λύτρας Νικόλαος, ζωγράφος (1883-1927).

Μ

Μαβίλης Λορέντζος, ποιητής (1860-1912).
Μαγγελάνος (Fernão Magalhães), Πορτογάλος θαλασσοπόρος (1480-1521).
Μάγερ (Johann Jakob Meyer), Ελβετός δημοσιογράφος και φιλέλληνας (1798-1826).
Μαγιακόβσκι (Vladimir Majakovski), Σοβιετικός ποιητής και θεατρικός συγγραφέας (1893-1930).
Μαγιόλ (Aristide Maillol), Γάλλος γλύπτης (1861-1944).
Μαζαρέν (Jules Mazarin), Γάλλος πολιτικός και ιερωμένος (1602-1661).
Μάζαρικ (Tomás Mazaryk), Τσεχοσλοβάκος πολιτικός, πρόεδρος της τσεχοσλοβακικής δημοκρατίας (1850-1937).
Μαθιόπουλος Παύλος, ζωγράφος (1876-1956).
Μαθουσάλας, πατριάρχης, γιος του Ενώχ και παππούς του Νώε.
Μαιζόν, βλ. *Μεζόν.*
Μαικήνας (Gaius Maecenas), Ρωμαίος, προστάτης των γραμμάτων και των τεχνών (1. αι. π.Χ.).
Μαινάδες, (μυθολ.) ακόλουθοι του Διονύσου.
Μαίτερλιγκ, βλ. *Μέτερλινκ.*
Μακαρένκο (Anton Makarenco), Σοβιετικός παιδαγωγός και συγγραφέας (1888-1939).
Μακ ΄Αρθουρ (Douglas Mac Arthur), Αμερικανός στρατηγός (1880-1964).
Μακάριος Γ΄, αρχιεπίσκοπος Κύπρου, πρόεδρος δημοκρατίας (1913-1977).
Μακιαβέλι (Niccolò Machiavelli), Ιταλός πολιτικός και στοχαστής (1469-1527).
Μακόλεϊ (Thomas Babington Macaulay), Άγγλος ιστορικός και πολιτικός (1800-1859).
Μακρής Κίτσος, λαογράφος (1917-1989).
Μακρής Μέμος (Αγαμέμνων), γλύπτης (1913-1993).
Μακρόβιος (Ambrosius Theodosius Macrobius), συγγραφέας (τέλ. 4. αι. – αρχ. 5. αι. μ.Χ.)
Μακρυγιάννης Γιάννης, αγωνιστής του 1821, απομνημονευματογράφος (1797-1864).
Μακώλεϋ, βλ. *Μακόλεϊ.*
Μαλακάσης Μιλτιάδης, ποιητής (1869-1943).
Μαλάλας Ιωάννης, Βυζαντινός χρονογράφος (6. αι.).
Μαλάνος Τίμος, κριτικός των νεοελληνικών γραμμάτων (1897-1984).
Μαλαπάρτε (Giorgio Malaparte), Ιταλός πεζογράφος (1898-1957).
Μαλαρμέ (Stéphane Mallarmé), Γάλλος ποιητής (1842-1898).
Μαλαχίας, προφήτης της Π. Διαθήκης.

Μαλέας Κωνσταντίνος, ζωγράφος (1879-1928).
Μαλένκοφ (Georgij Malenkov), Σοβιετικός πολιτικός, γενικός γραμματέας του ρωσικού κομουνιστικού κόμματος (1902-1988).
Μάλθους (Thomas Robert Malthus), Άγγλος οικονομολόγος και δημοσιολόγος (1766-1834).
Μαλμπράνς (Nicolas de Malebranche), Γάλλος θεολόγος και φιλόσοφος (1638-1715).
Μαλρό (André Malreaux), Γάλλος συγγραφέας και λόγιος (1901-1976).
Μαν (Heinrich Mann), Γερμανός συγγραφέας (1871-1950).
Μαν (Thomas Mann), Γερμανός μυθιστοριογράφος (1875-1955).
Μανασσής Κωνσταντίνος, Βυζαντινός συγγραφέας και χρονογράφος (12 αι.).
Μανέ (Edouard Manet), Γάλλος ζωγράφος και χαράκτης (1832-1883).
Μάνος Κωνσταντίνος, πολιτευτής και ποιητής (1869-1913).
Μάνου Ραλλού, σύζυγος Παύλου Μυλωνά, χορογράφος (1915-1990).
Μανούτιος Άλδος (Manuzio Aldo), Ιταλός ανθρωπιστής και εκδότης κλασικών κειμένων (1450-1515).
Μαν-τένια (Andrea Mantegna), Ιταλός ζωγράφος (1431-1506).
Μάντζαρος Χαλικιόπουλος Νικόλαος, συνθέτης, διδάσκαλος μουσικής, μελοποιός του εθνικού ύμνου (1795-1872).
Μαντζόνι (Alessandro Manzoni), Ιταλός ποιητής και μυθιστοριογράφος (1785-1873).
Μάξιμος ο Γραικός, μοναχός και συγγραφέας που έδρασε στη Ρωσία (±1470-1566).
Μάο-Τσε-Τουνγκ (Mao-Tsè-Toung), Κινέζος πολιτικός ηγέτης (1893-1976).
Μάουρερ (Georg Ludwig von Maurer), Γερμανός νομομαθής, μέλος της αντιβασιλείας στην Ελλάδα, 1833-4 (1790-1872).
Μαρά (Jean-Paul Marat), Γάλλος πολιτικός και δημοσιογράφος, πρωταγωνιστής στη γαλλική επανάσταση (1743-1793).
Μαραμπού, βλ. *Καββαδίας Νίκος.*
Μαρασλής Γρηγόριος, εθνικός ευεργέτης (1831-1907).
Μαργαρίτης Γεώργιος, ζωγράφος (1814-1888).
Μαργαρίτης Φίλιππος, ζωγράφος (1810-1892).
Μαρδόνιος, Πέρσης στρατηγός (6. – 5. αι. π.Χ.).
Μάρεϊ (George Gilbert Aimé Murrey), Βρεταννός κλασικός φιλόλογος (1866-1957).
Μαριβό (Pierre Carlet de Chamblain de Marivaux), Γάλλος μυθιστοριογράφος και θεατρικός συγγραφέας (1688-1763).
Μαριδάκης Γεώργιος, νομικός, πανεπιστημιακός καθηγητής (1890-1979).
Μαρινάτος Σπύρος, αρχαιολόγος, πανεπιστημιακός καθηγητής (1901-1974).
Μαρινέτι (Filippo Tommaso Marinetti), Ιταλός λογοτέχνης, ιδρυτής του φουτουρισμού (1876-1944).
Μαρκόνι (Gulielmo Marconi), Ιταλός φυσικός, εφευρέτης του ασύρματου τηλεγράφου (1874-1937).
Μαρκοράς Γεράσιμος, ποιητής (1828-1911).
Μάρκος, ένας από τους τέσσερις ευαγγελιστές (1. αι. μ.Χ.).
Μάρκος Αυρήλιος (Marcus Aurelius Antoninus Augustus), Ρωμαίος αυτοκράτορας (121-180 μ.Χ.).

Μάρκου Γεώργιος, ζωγράφος (18. αι.).
Μαρκούζε (Herbert Marcuse), Αμερικανός γερμανικής καταγωγής πολιτικός φιλόσοφος (1898-1979.)
Μαρξ (Karl Heinrich Marx), Γερμανός πολιτικός φιλόσοφος και οικονομολόγος (1818-1883).
Μαρσύας, (μυθολ.) σάτυρος από τη Φρυγία, ικανός μουσικός που νικήθηκε σε μουσικό αγώνα με τον Απόλλωνα.
Μαρτελάος Αντώνιος, λόγιος, δάσκαλος του Σολωμού (1754-1819).
Μαρτζώκης Στέφανος, ποιητής (1855-1913).
Μαρτινέγκου, βλ. *Μουτζάν.*
Μασόν (André Masson), Γάλλος ζωγράφος (1896-1987).
Μάτεσις Αντώνιος, θεατρικός συγγραφέας (1794-1875).
Ματθαίος, ένας από τους δώδεκα Αποστόλους και τους τέσσερις ευαγγελιστές (1. αι. μ.Χ.).
Ματίς (Henri Matisse), Γάλλος ζωγράφος, χαράκτης και γλύπτης (1869-1954).
Μάτσας Αλέξανδρος, διπλωμάτης, θεατρικός συγγραφέας και ποιητής (1911-1969).
Ματσίνι (Giuseppe Mazzini), Ιταλός επαναστάτης και λόγιος, αγωνίστηκε για την ενότητα της Ιταλίας (1805-1872).
Μαυρογένους Μαντώ, αγωνίστρια κατά την επανάσταση του 1821 (1796-1840).
Μαυροκορδάτος Αλέξανδρος, λόγιος, μέγας διερμηνέας της Υψηλής Πύλης (1641-1709).
Μαυροκορδάτος Αλέξανδρος, πρωθυπουργός (1791-1865).
Μαυρομιχάλης Κυριακούλης, πολιτικός, πρωθυπουργός (1850-1916).
Μαυρομιχάλης Πετρόμπεης, πρωταγωνιστής στην επανάσταση του 1821 (1773-1848).
Μαυρόπους Ιωάννης, Βυζαντινός κληρικός, λόγιος και ποιητής (11. αι.).
Μαυροφρύδης Δημήτριος, μελετητής της παλαιότερης νεοελληνικής γραμματείας (1828-1866).
Μαχαιράς Λεόντιος, χρονικογράφος της Κύπρου (14.-15. αι.).
Μέγαιρα, (μυθολ.) μία από τις Ερινύες.
Μέγας Γεώργιος, λαογράφος, πανεπιστημιακός καθηγητής (1893-1976).
Μέγερσον (Emile Meyerson), Γάλλος φιλόσοφος (1859-1933).
Μέδικος (Lorenzo Medico Magnifico), Ιταλός Μαικήνας, ηγεμόνας της αναγεννησιακής Ιταλίας, κυβερνήτης της Φλωρεντίας (1449-1492).
Μέδουσα, (μυθολ.) η μόνη θνητή από τις τρεις Γοργόνες.
Μεζόν (Nicolas-Joseph Maison), Γάλλος στρατηγός, αρχηγός γαλλικού εκστρατευτικού σώματος για την απελευθέρωση της Πελοποννήσου, 1828 (1771-1840).
Μεθόδιος Ανθρακίτης, βλ. *Ανθρακίτης.*
Μελάγχθων (Philipp Schwarzerd Melanchthon), Γερμανός ανθρωπιστής, φιλόλογος και παιδαγωγός (1497-1560).
Μελάς Παύλος, στρατιωτικός, πρωτεργάτης του μακεδονικού αγώνα (1870-1904).
Μελάς Σπύρος, δραματογράφος, ιστοριογράφος, δημοσιογράφος και χρονογράφως (1882-1966).
Μελαχρινός Απόστολος, ποιητής (1880-1952).
Μελι-ές (Georges Méliès), Γάλλος πρωτοπόρος του κινηματογράφου (1881-1938).

**Μελπομένη, **(μυθολ.) μία από τις εννέα Μούσες.
**Μένανδρος, **κωμικός ποιητής της «νέας κωμωδίας» (±342 – ±290 π.Χ.).
**Μενάρδος Σίμος, **κλασικός φιλόλογος, γλωσσολόγος, πανεπιστημιακός καθηγητής (1870-1932).
**Μενέλαος, **(μυθολ.) γιος του Ατρέα, αδελφός του Αγαμέμνονα, βασιλιάς της Σπάρτης.
**Μενεσθεύς, **(μυθολ.) γιος του Πετεού, απόγονου του Ερεχθέα.
**Μένντελ **(Gregor Johann Mendel), Αυστριακός μοναχός και φυσιοδίφης (1822-1884).
**Μένντελσον - Μπαρτόλντι **(Felix Mendelssohn Bartholdy), Γερμανοεβραίος μουσικοσυνθέτης (1809-1847).
**Μέντωρ, **(μυθολ.) φίλος του Οδυσσέα και διδάσκαλος του Τηλέμαχου.
**Μεριμέ **(Prospère Mérimée), Γάλλος πεζογράφος (1803-1870).
**Μερκούρη Μελίνα, **ηθοποιός και πολιτικός (1925-1994).
**Μερκούρης Σπύρος, **πολιτικός, δήμαρχος Αθηναίων (1856-1939).
**Μερλιέ **(Octave Merlier), Γάλλος πανεπιστημιακός καθηγητής, μελετητής των ελληνικών γραμμάτων (1897-1976).
**Μερλιέ-Λογοθέτη Μέλπω, **μουσικολόγος και εθνογράφος (1890-1979).
**Μερλό-Πον-τί **(Maurice Merleau-Ponty), Γάλλος φιλόσοφος (1908-1962).
**Μεσεβρινός **(πραγμ. όν. Αντώνιος Μυστακίδης), μελετητής της νεοελληνικής γλώσσας, αγωνιστής του δημοτικισμού (1908-1987).
**Μεσσαλίνα **(Valeria Messalina), Ρωμαία αυτοκράτειρα (±25-48 μ.Χ.).
**Μεταξάς Ανδρέας, **πολιτικός και αγωνιστής της επανάστασης του 1821 (1790-1860).
**Μεταξάς Ιωάννης, **ανώτατος αξιωματικός, πολιτικός και δικτατορικός πρωθυπουργός (1874-1941).
**Μεταξάς Νικόδημος, **κληρικός και λόγιος (±1590-1646).
**Μεταστάσιος **(Pietro Metastasio), Ιταλός μουσικοσυνθέτης και θεατρικός συγγραφέας (1698-1782).
**Μέτερλινκ **(Maurice Maeterlinck), Βέλγος φιλόσοφος, δραματικός συγγραφέας και ποιητής (1862-1949).
**Μέτερνιχ **(Clemens Wenzel, πρίγκιπας του Metternich), Αυστριακός πολιτικός και διπλωμάτης, καγκελάριος (1773-1859).
**Μέτλανντ **(Thomas Maitland), Άγγλος αρμοστής των Ιονίων Νήσων (1765-1824).
**Μετοχίτης Θεόδωρος, **Βυζαντινός συγγραφέας (1270-1332).
**Μεφιστοφελής, **λογοτεχνική ενσάρκωση του διαβόλου.
**Μεχμέτ Β΄, **Τούρκος οθωμανός σουλτάνος (†1461).
**Μήδεια, **(μυθολ.) κόρη του βασιλιά Αιήτη της Κολχίδας, που την άρπαξε ο Ιάσονας.
**Μηλιάδης Γιάννης, **αρχαιολόγος και τεχνοκριτικός (1895-1975).
**Μηλιαράκης Αντώνιος, **γεωγράφος (1841-1905).
**Μηνιάτης Ηλίας, **εκκλησιαστικός ρήτορας (1669-1714).
**Μηταράκης Ιωάννης, **ζωγράφος (1898-1962).
**Μητρόπουλος Δημήτρης, **συνθέτης και διευθυντής ορχήστρας (1896-1960).
**Μητσάκης Μιχαήλ, **πεζογράφος (1863-1916).

**Μιαούλης Ανδρέας, **αγωνιστής της επανάστασης του 1821 (1769-1835).
**Μίδας, **(μυθολ.) βασιλιάς της Φρυγίας.
**Μίθρας, **(μυθολ.) θεότητα των Περσών.
**Μιθριδάτης ο Ευπάτωρ, **βασιλιάς του Πόντου (112-63 π.Χ.).
**Μιλ **(John Stuart Mill), Άγγλος φιλόσοφος (1806-1873).
**Μιλέ **(Gabriel Millet), Γάλλος ιστορικός της βυζαντινής τέχνης (1867-1953).
**Μίλερ **(Henry Miller), Αμερικανός μυθιστοριογράφος (1891-1980).
**Μίλερ **(William Miller), Άγγλος ιστορικός της βυζαντινής και νεότερης Ελλάδας και δημοσιογράφος (1864-1945).
**Μιλτιάδης, **Αθηναίος πολιτικός και στρατηγός (±554-489 π.Χ.).
**Μίλτον **(John Milton), Άγγλος ποιητής και δοκιμιογράφος (1608-1674).
**Μιμίκος Κλέαρχος, **δημοσιογράφος και λογοτέχνης (1913-1994).
**Μίμνερμος, **λυρικός ποιητής (±660 – ±600 π.Χ.).
**Μίνως, **(μυθολ.) γιος του Δία και της Ευρώπης, βασιλιάς της Κρήτης.
**Μινώταυρος, **(μυθολ.) τέρας, γιος της Πασιφάης, κλεισμένος στο Λαβύρινθο.
**Μινωτής Αλέξης, **ηθοποιός (1900-1990).
**Μιραμπέλ **(André Mirambel), Γάλλος πανεπιστημιακός καθηγητής, γλωσσολόγος, μελετητής των ελληνικών γραμμάτων (1900-1970).
**Μιραμπό **(Honoré - Gabriel Riqueti κόμης de Mirabeau), Γάλλος πολιτικός και συγγραφέας (1749-1791).
**Μιράνντολα, **βλ. *Πίκο ντε λα Μιράνντολα.*
**Μισέ **(Alfred de Musset), Γάλλος ποιητής (1810-1857).
**Μισελέ **(Jules Michelet), Γάλλος ιστορικός, πανεπιστημιακός καθηγητής (1798-1874).
**Μιστράλ **(Fréderic Mistral), Γάλλος (προβηγκιανός) ποιητής (1830-1914).
**Μιστριώτης Γεώργιος, **κλασικός φιλόλογος, πανεπιστημιακός καθηγητής (1839-1916).
**Μιτσκέβιτς **(Adam Mickiewicz), Πολωνός ποιητής και αγωνιστής της ελευθερίας (1798-1855).
**Μιχαήλ - Άγγελος **(Michel - Angelo Buonarrotti), Ιταλός ζωγράφος, γλύπτης, αρχιτέκτονας και ποιητής (1475-1564).
**Μιχαηλίδης-Νουάρος Μιχαήλ, **λαογράφος (1877-1954).
**Μιχαλακόπουλος Ανδρέας, **πολιτικός, πρωθυπουργός (1875-1938).
**Μιχαλόπουλος Φάνης, **λογοτέχνης, κριτικός, ιστοριοδίφης (1895-1960).
**Μιχελής Παναγιώτης, **μελετητής της τέχνης (1903-1969).
**Μοισιόδαξ Ιώσηπος, **διδάσκαλος - διαφωτιστής, συγγραφέας (±1725-1800).
**Μολιέρος **(Jean Baptiste Poquelin, επιλεγόμενος Molière), Γάλλος κωμωδιογράφος (1622-1673).
**Μολώχ **(εβρ. Molek), θεότητα που της θυσίαζαν ανθρώπινα όντα.
**Μομ **(William Somerset Maugham), Άγγλος συγγραφέας (1874-1965).
**Μόμμιος **(Lucius Mummius), Ρωμαίος ύπατος, κατακτητής της Ελλάδας το 146 π.Χ.
**Μόμσεν **(Theodor Mommsen), Γερμανός ιστορικός (1817-1903).

Μομφεράτος Ιωσήφ, πολιτικός (1816-1888).
Μονγκολφιέροι (Joseph - Michel, 1740-1810 και Jacques - Etienne, 1745-1799, de Montgolfier), Γάλλοι εφευρέτες του πρώτου αεροστάτου.
Μονέ (Claude Monet), Γάλλος ζωγράφος (1840-1926).
Μονό (Jacques - Lucien Monod), Γάλλος βιολόγος (1910-1976).
Μονρόε (James Monroe), Αμερικανός πολιτικός, πρόεδρος Η.Π.Α. (1758-1831).
Μονρόε (Marilyn Monroe), Αμερικανίδα ηθοποιός (1926-1962).
Μον-τάλε (Eugenio Montale), Ιταλός ποιητής και κριτικός (1896-1981).
Μον-τγκόμερι (Bernard Montgomery), Βρεταννός στρατάρχης του β΄ παγκόσμιου πολέμου (1887-1976).
Μον-τεβέρντι (Claudio Monteverdi), Ιταλός συνθέτης (1567-1643).
Μον-τένι (Michel de Montaigne), Γάλλος φιλόσοφος και δοκιμιογράφος (1533-1592).
Μον-τερλάν (Henri de Monterlant), Γάλλος μυθιστοριογράφος και θεατρικός συγγραφέας (1896-1972).
Μον-τεσκιέ (Charles de Montesquieu), Γάλλος φιλόσοφος (1689-1755).
Μον-τεσόρι (Maria Montessori), Ιταλίδα παιδαγωγός (1870-1952).
Μόν-τι (Vincenzo Monti), Ιταλός ποιητής (1754-1828).
Μοντιλιάνι (Amedeo Modigliani), Ιταλός ζωγράφος και γλύπτης (1884-1920).
Μοπασάν (Guy de Maupassant), Γάλλος πεζογράφος (1850-1893).
Moράβια (Alberto Moravia), Ιταλός πεζογράφος, δοκιμιογράφος και δραματογράφος (1907-1990).
Μόραφτσικ (Gyula Moravcsik), Ούγγρος βυζαντινολόγος (1892-1970).
Μόργκαν (Conway Lloyd Morgan), Άγγλος βιολόγος και ψυχολόγος (1852-1936).
Μόργκαν (Thomas Morgan), Αμερικανός βιολόγος (1866-1945).
Μόργκεν-τάου (Henry Morgenthau), Αμερικανός διπλωμάτης και συγγραφέας γερμανικής καταγωγής με φιλανθρωπικές δραστηριότητες (1856-1946).
Μορεάς (Jean Moréas, Ιωάννης Παπαδιαμαντόπουλος), Γάλλος ποιητής ελληνικής καταγωγής (1856-1910).
Μορένο (Jacob Moreno), Αυστριακοαμερικανός ψυχίατρος (1890-1974).
Μοριάκ (François Mauriac), Γάλλος πεζογράφος (1885-1970).
Μορμώ, (μυθολ.) δαίμονας, φόβητρο των μικρών παιδιών.
Μοροζίνης (Francesco Morosini), Βενετός ναύαρχος και δόγης (1618-1694).
Μορουά (André Maurois), Γάλλος συγγραφέας (1885-1967).
Μορς (Samuel Morse), Αμερικανός ζωγράφος και εφευρέτης του ηλεκτρικού τηλεγράφου (1791-1872).
Μορφεύς, (μυθολ.) αρχαία ελληνική θεότητα, γιος του Ύπνου.
Μοσχόπουλος Μανουήλ, Βυζαντινός φιλόλογος και μαθηματικός (±1265 – ±1316).
Μόσχος, βουκολικός ποιητής (2. αι. π.Χ.).

Μότσαρτ (Wolfgang Amadeus Mozart), Αυστριακός μουσικοσυνθέτης (1756-1791).
Μούν-τε (Axel Munthe), Σουηδός γιατρός και συγγραφέας (1857-1949).
Μουρ (Henry Moore), Άγγλος γλύπτης (1898-1986).
Μουρ (Thomas Moore), Άγγλος πολιτικός (1478-1535).
Μουρίλο (Bartolomé Esteban Murillo), Ισπανός ζωγράφος (1618-1682).
Μουρούζης Κωνσταντίνος, μέγας διερμηνέας της Υψηλής Πύλης, ηγεμόνας Μολδαβίας (1730/40-1787).
Μουσαίος, (μυθολ.) μαθητής του Ορφέα.
Μουσαίος, επικός ποιητής (5. αι. μ.Χ.).
Μουσολίνι (Benito Mussolini), Ιταλός πολιτικός, δικτάτορας (1883-1945).
Μουσόργκσκι (Modest Moussorgski), Ρώσος μουσικοσυνθέτης (1839-1881).
Μουσούρος Μάρκος, Κρητικός φιλόλογος, εκδότης αρχαιοελληνικών κειμένων, πανεπιστημιακός καθηγητής στην Ιταλία (±1470-1517).
Μουστοξύδης Ανδρέας, πολιτικός και ιστορικός (1785-1860).
Μουτζάν - Μαρτινέγκου Ελισάβετ, λογία που έγραψε την «Αυτοβιογραφία» της (1801-1832).
Μπάιρον (George Gordon Noel, Lord Byron), Άγγλος ποιητής και φιλέλληνας (1788-1824).
Μπακ (Perl Buck), Αμερικανίδα μυθιστοριογράφος (1892-1973).
Μπακαλάκης Γεώργιος, αρχαιολόγος, πανεπιστημιακός καθηγητής (1908-1991).
Μπακέλι (Riccardo Bacchelli), Ιταλός συγγραφέας (1891-1985).
Μπακούνιν (Michail Bakounin), Ρώσος θεωρητικός του αναρχισμού (1814-1876).
Μπαλάνος Δημήτριος, θεολόγος, πανεπιστημιακός καθηγητής (1877-1959).
Μπαλζάκ (Honoré de Balzac), Γάλλος μυθιστοριογράφος (1799-1850).
Μπαλής Γεώργιος, νομικός, πανεπιστημιακός καθηγητής (1879-1957).
Μπάουρα (Cecil Maurice Bowra), Βρεταννός φιλόλογος (1898-1971).
Μπάρας Αλέξανδρος (πραγμ. όν. Μενέλαος Αναγνωστόπουλος), διηγηματογράφος και μεταφραστής (1906-1990).
Μπαρές (Auguste - Maurice Barrès), Γάλλος συγγραφέας και πολιτικός (1862-1923).
Μπαρό (Jean-Louis Barreault), Γάλλος σκηνοθέτης του θεάτρου και κινηματογράφου (1920-1994).
Μπαρρές, βλ. *Μπαρές*.
Μπαρτ (Roland Barthes), Γάλλος θεωρητικός της λογοτεχνίας (1915-1980).
Μπάρτοκ (Béla Bartók), Ούγγρος μουσικοσυνθέτης (1881-1945).
Μπάρτολι (Daniello Bartoli), Ιταλός συγγραφέας (1608-1685).
Μπαστιάς Κωστής, πεζογράφος και θεατρικός συγγραφέας (1901-1972).
Μπατάιγι (Georges Bataille), Γάλλος συγγραφέας (1897-1962).
Μπαχ (Johann Sebastian Bach), Γερμανός μουσικοσυνθέτης (1685-1750).
Μπαχαριάν (Assadour Bacharian), ζωγράφος (1924-1990).
Μπέικον, βλ. *Βάκων*.

Μπέιλ (Pierre Bayle), Γάλλος φιλόσοφος και συγγραφέας του πρώιμου διαφωτισμού (1647-1706).
Μπεκαρία (Cesare Bonesana, μαρκήσιος di Beccaria), Ιταλός νομικός, οικονομολόγος και δημοσιολόγος (1738-1794).
Μπεκερέλ (Antoine-Henri Becquerel), Γάλλος φυσικός, που ανακάλυψε τη ραδιενέργεια (1852-1908).
Μπεκές Όμηρος, ποιητής (1886-1971).
Μπέκετ (Samuel Beckett), Ιρλανδός δραματογράφος (1906-1989).
Μπελίνι (Vincenzo Bellini), Ιταλός μουσικοσυνθέτης (1801-1835).
Μπενάκης Αντώνιος, συλλέκτης έργων τέχνης, ιδρυτής του Μουσείου Μπενάκη (1873-1954).
Μπενάκης Εμμανουήλ, δήμαρχος Αθηναίων, εθνικός ευεργέτης (1843-1929).
Μπέν-τλεϊ (Richard Bentley), Βρετανός φιλόλογος και κριτικός των αρχαίων κειμένων (1662-1742).
Μπεραντζέ, βλ. *Βερανζέρος*.
Μπεράτης Γιάννης, πεζογράφος (1904-1968).
Μπεργαδής, ποιητής (αρχές 15. αι.).
Μπερκ (Edmund Burke), Βρετανός πολιτικός συγγραφέας και ρήτορας, πολέμιος των ιδεών της Γαλλικής Επανάστασης (±1729-1797).
Μπέρκλεϊ (George Berkeley), Ιρλανδός επίσκοπος, φιλόσοφος και φυσικομαθηματικός (1685-1753).
Μπερλίνγκουερ (Enrico Berlinguer), Ιταλός πολιτικός, γενικός γραμματέας του κομουνιστικού κόμματος (1922-1984).
Μπερλιόζ (Ector Berlioz), Γάλλος μουσικοσυνθέτης (1803-1869).
Μπερνάρ (Claude Bernard), ιατροφιλόσοφος, θεμελιωτής της σύγχρονης πειραματικής φυσιολογίας (1818-1878).
Μπερνάρ (Sarah Bernhardt), Γαλλίδα ηθοποιός (1844-1923).
Μπερναρντέν (Henri Bernardin de Saint - Pièrre), Γάλλος συγγραφέας (1737-1814).
Μπερνς (Robert Burns), Σκότος ποιητής (1759-1796).
Μπερντιάγεφ (Nikolaj Berdyayev), Ρώσος φιλόσοφος (1874-1948).
Μπερξόν (Henri Bergson), Γαλλοεβραίος φιλόσοφος, πανεπιστημιακός καθηγητής (1859-1941).
Μπετόβεν (Ludwig van Beethoven), Γερμανός συνθέτης (1770-1827).
Μπιελίνσκι (Vissarion Bjelinskij), Ρώσος λογοτεχνικός κριτικός (1811-1848).
Μπιζέ (Georges Bizet) Γάλλος μουσικοσυνθέτης (1838-1875).
Μπίζλεϊ (Sir John Beazley), Βρετανός αρχαιολόγος, πανεπιστημιακός καθηγητής (1885-1970).
Μπινέ (Alfred Binet), Γάλλος φυσιολόγος και ψυχολόγος (1857-1911).
Μπιντέ (Guillaume Budé), Γάλλος ανθρωπιστής (1468-1540).
Μπισκίνης Δημήτριος, ζωγράφος, σχεδιαστής (1891-1947).
Μπίσλεϊ, βλ. *Μπίζλεϊ*.
Μπίσμαρκ, (Otto Edward, Fürst von Bismarck), Γερμανός πολιτικός (1815-1898).
Μπιφόν (Georges Louis Leclerc, κόμης de Buffon), Γάλλος φυσιοδίφης και συγγραφέας (1707-1788).
Μπλάσκο Ιμπάνιεθ, βλ. *Ιμπάνιεθ*.

Μπλέικ (William Blake), Άγγλος ποιητής και ζωγράφος (1757-1827).
Μπλοκ (Alexander Alexandrovitch Blok), Ρώσος ποιητής (1880-1921).
Μπλουμ (Leon Blum), Γάλλος πολιτικός και συγγραφέας (1872-1950).
Μπλούμφιλντ (Leonard Bloomfield), Αμερικανός γλωσσολόγος (1887-1949).
Μποβουάρ (Simone de Beauvoir), Γαλλίδα πεζογράφος και δοκιμιογράφος (1908-1986).
Μπολιβάρ (Simon Bolivar), Νοτιοαμερικανός στρατηγός και πολιτικός (1783-1830).
Μπομαρσέ (Pierre Augustin Caron de Beaumarchais), Γάλλος θεατρικός συγγραφέας (1732-1799).
Μπο-Μποβί (Samuel Baud-Bovy), Ελβετός νεοελληνιστής, γραμματολόγος και λαογράφος, πανεπιστημιακός καθηγητής, μουσικολόγος και διευθυντής ορχήστρας (1906-1986).
Μποντλέρ (Charles Baudelaire), Γάλλος ποιητής (1821-1867).
Μπόρχες (Jorge Luis Borges), Αργεντινός ποιητής και πεζογράφος (1899-1986).
Μποσιέ (Jacques Bossuet), Γάλλος θεολόγος και κληρικός, εκκλησιαστικός ρήτορας (1627-1704).
Μποτιτσέλι (Sandro di Mariano Filipepi, ο επιλεγόμενος Botticelli), Ιταλός ζωγράφος (1444-1510).
Μπότσαρης Μάρκος, αγωνιστής της επανάστασης του 1821 (1790-1823).
Μπουαλό (Nicolas ο επιλεγόμενος Boileau - Despréaux), Γάλλος ποιητής (1636-1711).
Μπουζιάνης Γιώργος, ζωγράφος (1885-1959).
Μπουλγκάνιν (Nicolai Bulganin), Σοβιετικός πολιτικός, πρωθυπουργός (1895-1975).
Μπούμη-Παπά Ρίτα, ποιήτρια (1906-1984).
Μπουμπουλίνα - Λασκαρίνα, σύζυγος Δημητρίου Μπούμπουλη, κόρη Σταυρινού Πινότση, ηρωίδα της επανάστασης του 1821 (1771-1825).
Μπουνιαλής Εμμανουήλ, βλ. *Τζάνες Μπουνιαλής Εμμανουήλ*.
Μπουνιαλής Μαρίνος, βλ. *Τζάνες Μπουνιαλής Μαρίνος*.
Μπούνιν (Ivan Bounine), Ρώσος ποιητής, μυθιστοριογράφος και διηγηματογράφος (1870-1953).
Μπουνιουέλ (Luis Buñuel), Ισπανός σκηνοθέτης κινηματογράφου (1900-1983).
Μπουοναρότι, βλ. *Μιχαήλ Άγγελος*.
Μπούρκχαρτ (Jacob Burckhardt), Ελβετός ιστορικός (1818-1897).
Μπουρντέλ (Antoine Bourdelle), Γάλλος γλύπτης (1861-1929).
Μπούσορ (Ernst Buschor), Γερμανός αρχαιολόγος, πανεπιστημιακός καθηγητής (1886-1944).
Μπουχάριν (Nikolaj Bukharin), Σοβιετικός πολιτικός (1888-1938).
Μπράιγι (Louis Braille), Γάλλος επινοητής συστήματος γραφής για τυφλούς (1809-1852).
Μπρακ (Georges Bracque), Γάλλος ζωγράφος (1882-1963).
Μπραμς (Johannes Brahms), Γερμανός συνθέτης (1833-1897).
Μπραντ (Willy Brandt), σοσιαλιστής Γερμανός πολιτικός (1913-1992).
Μπράουνιγκ (Elizabeth Barret Browning), Αγγλίδα ποιήτρια (1806-1861).
Μπράουνινγκ (Robert Browning), Άγγλος ποιητής (1812-1889).

Μπρεγέ (Emile Bréhier), (Γάλλος φιλόσοφος (1876-1952).
Μπρέγκελ (Pieter, επιλεγόμενος Bruegel ο πρεσβύτερος), Φλαμανδός ζωγράφος (±1525-1569).
Μπρέζνιεφ, βλ. *Μπρέσνιεφ.*
Μπρεν-τάνο (Frans Brentano), Γερμανός φιλόσοφος, ψυχίατρος και θεολόγος (1838-1917).
Μπρέσνιεφ (Leonid Ilitch Brejniev), Σοβιετικός πολιτικός, γενικός γραμματέας του κομουνιστικού κόμματος (1906-1982).
Μπρετόν (André Breton), Γάλλος ποιητής, ιδρυτής του σουρεαλισμού (1896-1966).
Μπρεχτ (Bertolt Brecht), Γερμανός θεατρικός συγγραφέας (1898-1956).
Μπριάν (Aristide Briand), Γάλλος πολιτικός (1862-1932).
Μπροκά (Paul Broca), Γάλλος φυσιολόγος και χειρουργός (1824-1880).
Μπρον-τέ (Anne Brontë), Αγγλίδα μυθιστοριογράφος και ποιήτρια (1820-1849).
Μπρον-τέ (Charlotte Brontë), Αγγλίδα μυθιστοριογράφος και ποιήτρια (1816-1855).
Μπρον-τέ (Emily Brontë), Αγγλίδα μυθιστοριογράφος και ποιήτρια (1818-1848).
Μπρουνελέσκι (Filippo Brunelleschi), Ιταλός αρχιτέκτονας, ζωγράφος και γλύπτης (1377-1446).
Μπρούνο (Giordano Bruno), Ιταλός φιλόσοφος και συγγραφέας (1548-1600).
Μπυντέ, βλ. *Μπυντέ.*

Μπυφόν, βλ. *Μπιφόν.*
Μπωβουάρ, βλ. *Μποβουάρ.*
Μπωμαρσαί, βλ. *Μπομαρσέ.*
Μπωντλαίρ, βλ. *Μποντλέρ.*
Μυλωνάς Γεώργιος, αρχαιολόγος, πανεπιστημιακός καθηγητής (1898-1988).
Μυράτ Δημήτρης, ηθοποιός (1908-1991).
Μυράτ Μήτσος, ηθοποιός και συγγραφέας (1878-1964).
Μυράτ Μιράντα, ηθοποιός (1906-1994).
Μυριβήλης Στράτης (πραγμ. όν. Στράτης Σταματόπουλος), πεζογράφος (1890-1969).
Μύρινα, (μυθολ.) βασίλισσα των Αμαζόνων.
Μυρμιδόνες, μυθικός αρχαϊκός λαός.
Μυρτιώτισσα (πραγμ. όν. Θεώνη Δρακοπούλου), ποιήτρια (1881-1968).
Μύρων, γλύπτης (5. αι. π.Χ.).
Μωάμεθ, προφήτης του ισλαμισμού (570/80-632).
Μωάμεθ Β΄, βλ. *Μεχμέτ Β΄.*
Μωμ, βλ. *Μομ.*
Μωραϊτίδης Αλέξανδρος, διηγηματογράφος (1850-1929).
Μωραϊτίνης Τίμος, θεατρικός συγγραφέας (1875-1952).
Μωριάκ, βλ. *Μοριάκ.*
Μωρουά, βλ. *Μορουά.*
Μωυσής, νομοθέτης και ελευθερωτής του εβραϊκού λαού (14. – 13. αι. π.Χ.).
Μωχάμετ ΄Αλι ή Μεχμέτ Αλής (Muhammad Ali), αντιβασιλέας της Αιγύπτου (1769-1849).

N

Ναβουχοδονόσορ, βασιλιάς των Βαβυλωνίων (6. αι. π.Χ.).
Ναγκίπ Μουχάμαντ, Αιγύπτιος στρατιωτικός και πολιτικός, πρόεδρος της δημοκρατίας της Αιγύπτου (1901-1984).
Ναζιανζηνός, βλ. *Γρηγόριος Ναζιανζηνός.*
Ναζωραίος, προσωνυμία του Ιησού.
Νάθαν, προφήτης της Παλαιάς Διαθήκης.
Ναθαναήλ, μαθητής του Χριστού.
Νάκου Λιλίκα, πεζογράφος (1903-1989).
Νάνσεν (Fridtjof Nansen), Νορβηγός ωκεανογράφος και πολιτικός (1861-1930).
Ναούμ, προφήτης της Παλαιάς Διαθήκης.
Ναπολέων Α΄ (Napoléon Bonaparte), Γάλλος στρατιωτικός και πολιτικός, αυτοκράτορας της Γαλλίας (1769-1821).
Ναπολέων Γ΄, πρόεδρος της γαλλικής δημοκρατίας και αργότερα αυτοκράτορας της Γαλλίας (1808-1873).
Νάρκισσος, (μυθολ.) γιος του ποταμού-θεού Κηφισού, περίφημος για την ομορφιά του, που μεταμορφώθηκε σε λουλούδι.
Νασρεντίν Χότζας, Τούρκος χότζας, θρυλικός για τα ανέκδοτα που σχετίζονται μ' αυτόν.
Ναυσικά, (μυθολ.) κόρη του Αλκίνοου, βασιλιά των Φαιάκων, που φιλοξένησε τον Οδυσσέα.
Νέυρχος, αγγειογράφος (6. αι. π.Χ.).
Νέγρης Θεόδωρος, πολιτικός (1790-1824).
Νεεμίας, Ιουδαίος πολιτικός ηγέτης (5. αι. π.Χ.).
Νεκράσοφ (Nikolaj Nekrassov), Ρώσος ποιητής (1821-1878).

Νεκτάριος (πραγμ. όν. Νικόλαος Πολυπόδης), πατριάρχης Ιεροσολύμων και ιστοριογράφος (1602-1676).
Νέλσον (Horace Nelson), Βρεταννός ναύαρχος (1758-1805).
Νέμεσις, (μυθολ.) θεότητα της τιμωρίας και της εκδίκησης.
Νεμρώδ, μυθικός βασιλιάς της Βαβυλώνας.
Νεοπτόλεμος, (μυθολ.) γιος του Αχιλλέα.
Νερβάλ (Gérard de Nerval), Γάλλος ποιητής (1808-1855).
Νερούντα (Pablo Neruda), Χιλιανός ποιητής (1904-1973).
Νέρων (Lucius Domitius Nero), Ρωμαίος αυτοκράτορας (37-68 μ.Χ.).
Νέστωρ, (μυθολ.) βασιλιάς της Πύλου, ο πιο ηλικιωμένος από όσους έλαβαν μέρος στον τρωικό πόλεμο.
Νεύτων (Isaac Newton), ΄Αγγλος μαθηματικός, φυσικός, αστρονόμος, φιλόσοφος (1642-1727).
Νεφέλη, (μυθολ.) μητέρα του Φρίξου και της ΄Ελης.
Νεφερτίτη, βασίλισσα της Αιγύπτου (14. αι. π.Χ.).
Νεχρού Παντίτ Γιαβαχαρλάλ, Ινδός πολιτικός (1889-1964).
Νηλεύς, (μυθολ.) βασιλιάς της Πύλου.
Νηρεύς, (μυθολ.) θεός του Πόντου και της Γαίας.
Νηρηίδες, (μυθολ.) οι πενήντα κόρες του Νηρέα, νύμφες της Μεσογείου.

Νιέβο (Ippolito Nievo), Ιταλός συγγραφέας (1831-1861).
Νικηταράς (πραγμ. όν. Νικήτας Σταματελόπουλος), αγωνιστής του 1821 (1787-1849).
Νικηφόρος Φωκάς, βλ. *Φωκάς Νικηφόρος*.
Νικόδημος Αγιορείτης (άγιος), εκκλησιαστικός συγγραφέας (1749-1809).
Νικολαΐδης Νίκος, ζωγράφος και πεζογράφος (1884-1956).
Νικόλαος Α΄, αυτοκράτορας της Ρωσίας (1796-1855).
Νικοτσάρας, αρματολός (1771-1807).
Νικούσιος Παναγιωτάκης, διπλωμάτης και λόγιος, μέγας διερμηνέας της οθωμανικής αυτοκρατορίας (1613-1673).
Νίκων ο Μετανοείτε, Βυζαντινός όσιος, λόγιος μοναχός (10. αι.).
Νίλσον (Martin Nilsson), Σουηδός ελληνιστής, θρησκειολόγος (1874-1967).
Νίξον (Nixon), Αμερικανός πολιτικός, πρόεδρος των Η.Π.Α. (1913-1994).
Νιόβη, (μυθολ.) κόρη του Ταντάλου, της οποίας τα παιδιά σκοτώθηκαν από τον Απόλλωνα και την Αρτέμιδα.
Νιούτον, βλ. *Νεύτων*.
Νιρβάνας Παύλος (πραγμ. όν. Πέτρος Αποστολίδης), πεζογράφος, ποιητής και χρονογράφος (1866-1937).
Νίτσε (Friedrich Nietzsche), Γερμανός φιλόσοφος (1844-1900).
Νοβάλις (Friedrich, βαρόνος του Hardenberg, επιλεγόμενος Novalis), Γερμανός συγγραφέας (1772-1801).
Νόβας, βλ. *Αθάνας Γιώργος*.
Νόμπελ (Alfred Bernard Nobel), χημικός και βιομήχανος, που θέσπισε τα βραβεία Nobel (1833-1896).
Νόννος Πανοπολίτης, Βυζαντινός ποιητής (5. αι.).
Νοστράδαμος (Nostradamus - Michel de Notredame), Γάλλος αστρολόγος (1503-1566).
Νοταράς Δοσίθεος, βλ. *Δοσίθεος Νοταράς*.
Νοταράς Λουκάς, Βυζαντινός αξιωματούχος (15. αι.).
Νοταράς Χρύσανθος, βλ. *Χρύσανθος Νοταράς*.
Νουμάς Πομπίλιος (Numa Pompilius), μυθικός βασιλιάς της Ρώμης (8. – 7. αι. π.Χ.).
Νταβί (Jacques Louis David), Γάλλος ζωγράφος (1748-1825).
Ντα Βίντσι, βλ. *Λεονάρδος ντα Βίντσι*.
Νταγκέρ (Louis - Jacques - Monté Daguerre), Γάλλος εφευρέτης της φωτογραφίας (1787-1851).
Νταλαμμπέρ, βλ. *Αλαμμπέρ*.
Νταλαντιέ (Eduard Daladier), Γάλλος πολιτικός, πρωθυπουργός (1884-1970).
Νταλί (Salvador Dali), Ισπανός ζωγράφος (1904-1989).
Ντάλτον (John Dalton), Άγγλος χημικός και φυσικός (1766-1844).
Ντ' Ανούτσιο (Gabriele d' Annunzio), Ιταλός δραματογράφος και ποιητής (1863-1938).
Ντάν-τε (Dante Alighieri), Ιταλός ποιητής (1265-1321).
Νταν-τόν (Georges Jacques Danton), Γάλλος πολιτικός (1759-1794).
Ντάρβιν, βλ. *Δαρβίνος*.
Ντε Αμίτσις (Edmondo de Amicis), Ιταλός πεζογράφος (1846-1908).
Ντε Βαλέρα (Eamon de Valera), Ιρλανδός πολιτικός, πρωθυπουργός (1882-1975).
Ντεγκά (Edgar Degas), Γάλλος ζωγράφος (1837-1917).
Ντε Γκάσπερι (Alcide De Gasperi), Ιταλός πολιτικός (1881-1954).
Ντεγκόλ (Charles de Gaulle), Γάλλος πολιτικός ηγέτης, πρωθυπουργός και πρόεδρος δημοκρατίας (1890-1970).
Ντεζιντέριους, βλ. *Έρασμος*.
Ντεκάρτ (René Descartes), Γάλλος φιλόσοφος (1596-1650).
Ντε Κίρικο (Giorgio De Chirico), Ιταλός ζωγράφος (1888-1978).
Ντεκρολί (Ovide Decroly), Βέλγος παιδαγωγός (1871-1932).
Ντελακρουά (Eugène Delacroix), Γάλλος ζωγράφος (1798-1863).
Ντελαπόρτας Λεονάρδος, ποιητής (±1350-1419/20).
Ντέλγκερ (Franz Dölger), Γερμανός βυζαντινολόγος (1891-1968).
Ντεμουλέν (Camille Benoît Desmoulins), Γάλλος δημοσιογράφος και λόγιος (1760-1794).
Ντεμπισί (Claude Debussy), Γάλλος μουσικοσυνθέτης (1862-1918).
Ντε Μπρόγι (Louis, δούκας de Broglie), Γάλλος φυσικός (1892-1987).
Ντερέν (André Dérain), Γάλλος Ζωγράφος (1880-1954).
Ντέρπφελντ (Wilhelm Dörpfeld), Γερμανός αρχαιολόγος (1853-1940).
Ντε Σάνκτις (Francesco De Sanctis), Ιταλός κριτικός και λόγιος (1817-1883).
Ντε Σίκα (Vittorio di Sicca), Ιταλός σκηνοθέτης του κινηματογράφου (1901-1974).
Ντε Φιλίπο (Eduardo de Filippo), Ιταλός θεατρικός συγγραφέας και σκηνοθέτης (1900-1984).
Ντεφόε, βλ. *Ντιφόου*.
Ντιαμέλ (Georges Duhamel), Γάλλος πεζογράφος (1884-1966).
Ντίκενς (Charles Dickens), Άγγλος μυθιστοριογράφος (1812-1870).
Ντιλ (Charles Diehl), Γάλλος βυζαντινολόγος, ιστορικός και ιστορικός της τέχνης (1859-1944).
Ντιλτάι (Wilhelm Dilthey), Γερμανός φιλόσοφος, μελετητής των γραμμάτων, πανεπιστημιακός καθηγητής (1833-1911).
Ντιμιτρόφ (Georgi Dimitrov), Βούλγαρος πολιτικός, πρωθυπουργός (1882-1949).
Ντι Μοριέ (Dafne Du Maurier), Αγγλίδα μυθιστοριογράφος (1907-1989).
Ντινάν (Henri Dunan), Ελβετός ιδρυτής του Ερυθρού Σταυρού και λογοτέχνης (1828-1910).
Ντιντερό (Denis Diderot), Γάλλος φιλόσοφος και δοκιμιογράφος (1713-1784).
Ντιντό (Ambroise - Firmin Didot), Γάλλος εκδότης και συγγραφέας (1790-1876).
Ντιούι (John Dewey), Αμερικανός παιδαγωγός και φιλόσοφος (1859-1952).
Ντίρενματ (Friedrich Dürrenmatt), Ελβετός θεατρικός συγγραφέας, πεζογράφος και δοκιμιογράφος (1921-1991).
Ντίρερ (Albrecht Dürer), Γερμανός ζωγράφος και χαράκτης (1471-1528).
Ντιρκέμ (Emile Durkheim), Γάλλος κοινωνιολόγος, πανεπιστημιακός καθηγητής (1858-1917).
Ντίσνεϊ (Walt Disney), Αμερικανός σκηνοθέτης

του κινηματογράφου (1901-1966).
Ντισραέλι (Benjamin Disraeli), Άγγλος πολιτικός, πρωθυπουργός (1804-1881).
Ντίτριχ (Karl Dieterich), Γερμανός βυζαντινολόγος (1869-1935).
Ντιφόου (Daniel Defoe). Άγγλος συγγραφέας (1660-1731).
Ντόιλ (Sir Arthur Conan Doyle), Βρεταννός μυθιστοριογράφος (1859-1930).
Ντονατέλο (Donato di Betto Bardi, επιλεγόμενος Donatello), Ιταλός γλύπτης (1386-1466).
Ντονιτσέτι (Gaetano Donizetti), Ιταλός μουσικοσυνθέτης (1797-1848).
Ντοντέ (Alphonse Daudet), Γάλλος πεζογράφος (1840-1897).
Ντόουκινς (Dawkins), Άγγλος μεσαιωνολόγος (1871-1955).
Ντος Πάσος (John Roderigo Dos Passos), Αμερικανός μυθιστοριογράφος (1896-1970).
Ντοστογέφσκι (Fiodor Dostojevski), Ρώσος μυθιστοριογράφος (1821-1881).
Ντρέιφους (Alfred Dreyfus), Γάλλος στρατιωτικός εβραϊκής καταγωγής, θύμα δικαστικής και πολιτικής σκευωρίας (1859-1935).
Ντρόιζεν (Johann Gustav Droysen), Γερμανός ιστορικός (1808-1884).
Ντυμά, βλ. *Δουμάς.*
Ντυνάν, βλ. *Ντινάν.*
Ντύρερ, βλ. *Ντίρερ.*
Ντυρκέμ, βλ. *Ντιρκέμ.*
Ντύρρενματτ, βλ. *Ντίρενματ.*
Ντωντέ, βλ. *Ντοντέ.*
Νύμφες, (μυθολ.) θεότητες της ελεύθερης φύσης, κόρες του Δία.
Νώε, πατριάρχης του Ισραήλ.

Ξ

Ξανθίππη, σύζυγος του Σωκράτη.
Ξάνθος Εμμανουήλ, ένας από τους ιδρυτές της Φιλικής Εταιρείας (1772-1851).
Ξανθουδίδης Στέφανος, αρχαιολόγος, γλωσσολόγος, εκδότης κειμένων (1864-1928).
Ξενόπουλος Γρηγόριος, μυθιστυριογράφος, θεατρικός συγγραφέας και κριτικός των γραμμάτων (1867-1951).
Ξένος Στέφανος, μυθιστοριογράφος (1821-1894).
Ξενοφών, πεζογράφος, μαθητής του Σωκράτη (±430-355 π.Χ.).
Ξέρξης, βασιλιάς των Περσών (±522-465 π.Χ.).
Ξεφλούδας Στέλιος, πεζογράφος (1902-1984).
Ξυγγόπουλος Ανδρέας, βυζαντινολόγος, ιστορικός της τέχνης (1891-1979).
Ξυδιάς (Τυπάλδος) Νικόλαος, ζωγράφος (1828-1909).

Ο

Οβίδιος (Publius Ovidius Naso), Λατίνος ποιητής (43 π.Χ. - 17 μ.Χ.).
Οδυσσέας, (μυθολ.) γιος του Λαέρτη, βασιλιάς της Ιθάκης, σύζυγος της Πηνελόπης και πατέρας του Τηλέμαχου.
Όθων, βασιλιάς των Ελλήνων, γιος του Λουδοβίκου του Α' της Βαυαρίας (1815-1867).
Όθων Α' ο Μέγας, βασιλιάς της Γερμανίας (912-973), ιδρυτής της γερμανικής αυτοκρατορίας.
Οθωναίος Αλέξανδρος, ανώτατος αξιωματικός, πρωθυπουργός (1879-1970).
Οιδίπους, (μυθολ.) γιος του Λαΐου και της Ιοκάστης, βασιλιάς των Θηβών.
Οικονόμος Κωνσταντίνος ο εξ Οικονόμων, κληρικός και λόγιος (1780-1857).
Όκαμ (William Ockham), Άγγλος θεολόγος, πρόδρομος των εμπειριστών (±1295/1300 - ±1350).
Οκταβιανός, βλ. *Αύγουστος.*
Όλγα, βασίλισσα της Ελλάδας, σύζυγος του Γεωργίου του Α' (1851-1926).
Ολίβιε (Lawrence Olivier), Άγγλος ηθοποιός (1907-1989).
Ολύμπιος Γεωργάκης, ένας από τους αρχηγούς της επανάστασης του Αλέξανδρου Υψηλάντη στη Μολδοβλαχία (1772-1821).
Ομάρ Καγιάμ, βλ. *Καγιάμ.*
Ομέρ Βριόνης, Τουρκαλβανός στρατιωτικός, που πολέμησε κατά των Ελλήνων στην επανάσταση του 1821.
Όμηρος, ποιητής της Ιλιάδας και της Οδύσσειας (8. αι. π.Χ.).
Ομφάλη, (μυθολ.) βασίλισσα της Λυδίας, παντρεύτηκε το δούλο της Ηρακλή.
Ο' Νιλ (Eugene Gladstone O' Neill), Αμερικανός θεατρικός συγγραφέας (1888-1953).
Οπενχάιμερ (Julius Robert Oppenheimer), Αμερικανός θεωρητικός φυσικός (1904-1967).
Οράτιος (Quintus Horatius Flaccus), Λατίνος ποιητής (65-8 π.Χ.).
Όργουελ (George Orwell), Άγγλος μυθιστοριογράφος, δημοσιογράφος, δοκιμιογράφος (1903-1950).
Ορέστης, (μυθολ.) γιος του Αγαμέμνονα και της Κλυταιμνήστρας, που σκότωσε τη μητέρα του συνεννοημένος με την αδελφή του Ηλέκτρα.
Ορλάνδος Αναστάσιος, αρχαιολόγος, ιστορικός της βυζαντινής τέχνης (1887-1979).
Ορτέγκα (José Ortega y Gasset), Ισπανός συγγραφέας (1883-1955).
Ορφεύς, (μυθολ.) αοιδός των ομηρικών χρόνων, που κατέβηκε στον Άδη αναζητώντας τη γυναίκα του Ευρυδίκη.
Όσιαν (Ossian), μυθικός Σκοτσέζος βάρδος (3. αι. μ.Χ.). Με το όνομά του ο James Macpherson δη-

μοσίευσε το 1760 συλλογή μελαγχολικών ποιημάτων.
Όσιρις (ο), θεότητα της αρχαίας Αιγύπτου.
Όσμπορν (John Osborne), Άγγλος θεατρικός συγγραφέας (1929-1994).
Οστρογκόρσκι (Georg Ostrogorsky), Ρώσος βυζαντινολόγος, ιστορικός (1902-1976).
Ουάιλντ (Oscar Wilde), Άγγλος ποιητής και πεζογράφος (1854-1900).
Ουάσινκτον (George Washington), Αμερικανός πολιτικός, πρόεδρος της δημοκρατίας (1732-1799).
Ουγκό (Victor Hugo), Γάλλος ποιητής και πεζογράφος (1802-1885).
Ουέλινκτον (Arthur δούκας του Wellington), Βρετανός στρατηγός και πολιτικός (1769-1852).
Ουέλς, βλ. *Γουέλς*.
Ουέρντσγουερθ (William Wordsworth), Άγγλος ποιητής (1770-1850).
Ουίλιαμς (Tennessee Williams), Αμερικανός θεατρικός συγγραφέας (1914-1983).
Ουίλσον (Thomas Wilson), Αμερικανός πολιτικός, πρόεδρος των ΗΠΑ (1856-1924).
Ουίτμαν (Walt Whitman), Αμερικανός ποιητής (1819-1892).
Ουναμούνο (Miguel de Unamuno), Ισπανός συγγραφέας (1864-1936).
Ουνγκαρέτι (Giuseppe Ungaretti), Ιταλός ποιητής (1888-1970).
Ουότσον (John Watson), Αμερικανός ψυχολόγος (1878-1958).
Ουράνης Κώστας, ποιητής και πεζογράφος (1890-1953).
Ουρανία, (μυθολ.) μία από τις εννέα μούσες.
Ουρανός, (μυθολ.) προσωποποίηση του ουρανού, σύζυγος της Γαίας.
Ουσπένσκι (Fiodor Uspenski), Ρώσος βυζαντινολόγος (1845-1928).
Ουτριλό (Maurice Utrillo), Γάλλος ζωγράφος (1883-1955).
Όφενμπαχ (Jacques Offenbach), Γάλλος συνθέτης γερμανοεβραϊκής καταγωγής (1819-1880).

Π

Παβέζε (Cesare Pavese), Ιταλός συγγραφέας (1908-1950).
Πάβλοβα (Anna Pavlova), Ρωσίδα χορεύτρια (1881-1931).
Παβλόφ (Ivan Pavlov), Ρώσος φυσιολόγος (1849-1936).
Πάγκαλος Θεόδωρος, ανώτατος αξιωματικός, πολιτικός, δικτατορικός πρωθυπουργός και πρόεδρος δημοκρατίας (1878-1952).
Παγκανίνι (Nicolò Paganini), Ιταλός βιολιστής και μουσικοσυνθέτης (1782-1840).
Παζολίνι (Pier Paolo Pasolini), Ιταλός σκηνοθέτης του κινηματογράφου (1922-1975).
Παλαιολόγος Κωνσταντίνος ΙΑ΄, ο τελευταίος αυτοκράτορας του Βυζαντίου (1405-1453).
Παλαμάς Γρηγόριος (άγιος), Βυζαντινός θεολόγος και συγγραφέας, μητροπολίτης Θεσσαλονίκης (1296-1359).
Παλαμάς Κωστής, ποιητής, πεζογράφος, κριτικός των γραμμάτων (1859-1943).
Παλαμήδης, (μυθολ.) ομηρικός ήρωας.
Παλαμήδης Ρήγας, πολιτικός (1794-1872).
Παλεστρίνα (Giovanni Pietro Lodovico da Palestrina), Ιταλός μουσικοσυνθέτης (1525-1594).
Παλλάς Αθηνά, βλ. *Αθηνά*.
Πάλλης Αλέξαντρος, ποιητής, μεταφραστής, πεζογράφος, αγωνιστής του δημοτικιστικού κινήματος (1851-1933).
Πάλμε (Olaf Palme), Σουηδός πολιτικός, πρωθυπουργός (1927-1986).
Πάλμερστον (Henry Palmerston), Άγγλος πολιτικός, πρωθυπουργός (1784-1865).
Παν, (μυθολ.) θεός των βουνών της Αρκαδίας.
Παναγιωτόπουλος Ιωάννης, ποιητής, πεζογράφος, κριτικός των γραμμάτων (1901-1982).
Παναίτιος ο Ρόδιος, φιλόσοφος (2. αι. μ.Χ.).
Πανάς Παναγιώτης, μεταφραστής του Ossian (1832-1896).
Πανδίων, (μυθολ.) βασιλιάς της Αθήνας, γιος του Εριχθόνιου.
Πανδώρα, (μυθολ.) η πρώτη γυναίκα, που δημιουργήθηκε από τον Ήφαιστο.
Πανιόλ (Marcel Pagnol), Γάλλος θεατρικός συγγραφέας (1896-1974).
Πανσέληνος Ασημάκης, πεζογράφος και κριτικός (1903-1984).
Πανσέληνος Μανουήλ, αγιογράφος (13. - αρχ. 14. αι.).
Πανταζής Γεώργιος, βιολόγος, πανεπιστημιακός καθηγητής (1906-1973).
Πανταζής Περικλής, ζωγράφος (1849-1884).
Παντερέφσκι (Ignacy Paderewski), Πολωνός πιανίστας και πολιτικός (1860-1941).
Παξινού Κατίνα, ηθοποιός (1900-1973).
Πάουντ (Ezra Pound), Αμερικανός ποιητής και πεζογράφος (1885-1972).
Παπά Αγλαΐα, ζωγράφος (1904-1984).
Παπά Κατίνα, πεζογράφος (1903-1959).
Παπαγεωργίου Πέτρος, αρχαιολόγος και φιλόλογος (1859-1914).
Παπάγος Αλέξανδρος, στρατάρχης, πολιτικός, πρωθυπουργός (1885-1955).
Παπαδιαμάντης Αλέξανδρος, διηγηματογράφος (1851-1911).
Παπαδιαμαντόπουλος Ιωάννης, βλ. *Μορεάς*.
Παπαδίτσας Δημήτριος, ποιητής (1922-1987).
Παπαδόπουλος - Βρετός Ανδρέας, λόγιος (1800-1876).
Παπαδόπουλος - Κεραμεύς Αθανάσιος, βυζαντινολόγος και παλαιογράφος (1855-1912).
Παπαδοπούλου Αλεξάνδρα, διηγηματογράφος (1867-1906).
Παπαλουκάς Σπύρος, ζωγράφος, αγιογράφος (1892-1957).
Παπαμαύρος Μιχαήλ, παιδαγωγός (1893-1963).
Παπαναστασίου Αλέξανδρος, πολιτικός, πρωθυπουργός (1876-1936).
Παπανδρέου Γεώργιος, πολιτικός, πρωθυπουργός (1888-1968).
Παπανδρέου Δαμασκηνός, βλ. *Δαμασκηνός Παπανδρέου*.
Παπανικολάου Γεώργιος, γιατρός, ερευνητής κυτ-

ταρολόγος (1883-1962).
Παπανικολάου Μήτσος, ποιητής (1900-1943).
Παπανικολής Δημήτριος, ναυμάχος του 1821 (1790-1855).
Παπανούτσος Ευάγγελος, μελετητής της φιλοσοφίας και των γραμμάτων (1900-1982).
Παπαντωνίου Ζαχαρίας, πεζογράφος και ποιητής, τεχνοκριτικός (1877-1940).
Παπαρρηγόπουλος Δημήτριος, ποιητής (1843-1873).
Παπαρρηγόπουλος Κωνσταντίνος, ιστορικός, πανεπιστημιακός καθηγητής 1815-1891).
Παπάς Εμμανουήλ, Φιλικός και αγωνιστής του 1821 (1772-1821).
Παπατσώνης Τάκης, ποιητής (1895-1976).
Παπάφης Ιωάννης, εθνικός ευεργέτης (1792-1886).
Παπαφλέσσας (πραγμ. όν. Γρηγόριος Δικαίος Φλέσσας), κληρικός, αγωνιστής της επανάστασης του 1821 (1786-1825).
Παπίνι (Giovanni Papini), Ιταλός συγγραφέας (1881-1956).
Παππά Ρίτα, βλ. *Μπούμη.*
Παππάς Γιώργος, ηθοποιός (1903-1958).
Παράκελσος (Theophrastus Paracelsus), Ελβετός αλχημιστής (1493-1541).
Παραλής Γιώργος, ζωγράφος (1908-1975).
Παρανίκας Ματθαίος, μελετητής των γραμμάτων (1832-1912).
Παρασκευόπουλος Λεωνίδας, αρχιστράτηγος του ελληνικού στρατού (1860-1936).
Παρασκευοπούλου Ευαγγελία, ηθοποιός (1865-1938).
Παράσχος Αχιλλέας, ποιητής (1838-1895).
Παράσχος Κλέων, ποιητής, μεταφραστής, κριτικός των γραμμάτων (1894-1964).
Παρθένης Κωνσταντίνος, ζωγράφος (1878-1967).
Πάριος Αθανάσιος, βλ. *Αθανάσιος Πάριος.*
Πάρις ή Αλέξανδρος, (μυθολ.) γιος του Πριάμου και της Εκάβης. Έκλεψε την Ελένη, σύζυγο του Μενελάου, γεγονός που προκάλεσε τον τρωικό πόλεμο.
Πάρκινσον (James Parkinson), Άγγλος γιατρός (1755-1824).
Παρμενίδης ο Ελεάτης, φιλόσοφος (±515-440 π.Χ.).
Παρορίτης Κώστας, μυθιστοριογράφος, κριτικός των γραμμάτων (1878-1931).
Παρράσιος, ζωγράφος (5. - 4. αι. π.Χ.).
Παρρέν Καλλιρόη, λογία, κήρυκας φεμινιστικών ιδεών (1859-1940).
Παρτσαλίδης Μήτσος, πολιτικός (1905-1980).
Πασαγιάννης Σπήλιος, ποιητής και πεζογράφος (1874-1910).
Πασαλίδης Γιάννης, πολιτικός, πρόεδρος της Ε.Δ.Α., γιατρός (1886-1968).
Πασιονάρια, βλ. *Ιμπαρούρι.*
Πασιφάη, (μυθολ.) γυναίκα του Μίνωα.
Πασκάλ (Blaise Pascal), Γάλλος στοχαστής, φυσικός και μαθηματικός (1623-1662).
Πάσκολι (Giovanni Pascoli), Ιταλός ποιητής (1855-1912).
Πάσσοβ (Arnold Passow), Γερμανός εκδότης ελληνικών δημοτικών τραγουδιών (1829-1870).
Παστέρ (Louis Pasteur), Γάλλος βιολόγος και φυσικός (1822-1895).
Πάστερνακ (Boris Pasternak), Σοβιετικός συγγραφέας (1890-1960).

Πασχάλης Δημήτριος, ιστοριοδίφης (1864-1944).
Πατατζής Σωτήρης, πεζογράφος, θεατρικός συγγραφέας, μεταφραστής (1914-1991).
Πάτροκλος, (μυθολ.) ομηρικός ήρωας, φίλος του Αχιλλέα.
Παύλος, Απόστολος (1. αι. μ.Χ.).
Παύλος Α΄, βασιλιάς της Ελλάδας (1901-1964).
Παυσανίας, συγγραφέας περιηγητικού συγγράμματος (β΄ μισό 2. αι. μ.Χ.).
Παχυμέρης Γεώργιος, Βυζαντινός ιστοριογράφος (1242-1310).
Πεγκί (Charles Péguy), Γάλλος ποιητής (1873-1914).
Πεζόπουλος Εμμανουήλ, κλασικός φιλόλογος, πανεπιστημιακός καθηγητής (1880-1947).
Πέιν (Thomas Paine), Αμερικανός δημοσιολόγος προοδευτικών αρχών, αγγλικής καταγωγής που έγινε Γάλλος υπήκοος (1737-1809).
Πεισίστρατος, τύραννος των Αθηνών (600-528/7 π.Χ.).
Πέιτζ (Denys Page), Βρεταννός ελληνιστής, πανεπιστημιακός καθηγητής (1908-1978).
Πελίας, (μυθολ.) βασιλιάς της Ιωλκού.
Πελοπίδας, Θηβαίος στρατιωτικός και πολιτικός (410-364 π.Χ.).
Πέλοψ, (μυθολ.) γιος του Ταντάλου, βασιλιάς της Λυδίας.
Πενθεύς, (μυθολ.) βασιλιάς των Θηβών.
Πεντζίκης Νίκος, πεζογράφος και ζωγράφος (1908-1993).
Περαντινός Νίκος, γλύπτης (1910-1991).
Περδίκας, ιδρυτής του κράτους των Μακεδόνων (7. αι. π.Χ.).
Περίανδρος, τύραννος της Κορίνθου (627-587 π.Χ.).
Περικλής, Αθηναίος πολιτικός (499-429 π.Χ.).
Περνό (Hubert Pernot), Γάλλος γλωσσολόγος, ελληνιστής, πανεπιστημιακός καθηγητής (1870-1946).
Περόν (Juan Domingo Peron), Αργεντινός στρατιωτικός και πολιτικός, πρόεδρος του κράτους (1895-1974).
Περραιβός Χριστόφορος, ιστορικός και αγωνιστής στην επανάσταση του 1821 (1773-1863).
Περσεύς, (μυθολ.) γιος του Δία και της Δανάης, βασιλιάς της Τίρυνθας και ιδρυτής των Μυκηνών.
Περσεφόνη, (μυθολ.) κόρη του Δία και της Δήμητρας, βασίλισσα του Άδη.
Πεσματζόγλου Γεώργιος, οικονομολόγος, πολιτικός και δημοσιογράφος (1889-1984).
Πεσταλότσι (Johann Heinrich Pestalozzi), Ελβετός παιδαγωγός (1746-1827).
Πετέν (Philippe Pétain), Γάλλος στρατάρχης, πρωθυπουργός (1856-1951).
Πετέφι (Sandór Petöfi), Ούγγρος ποιητής (1823-1849).
Πετιμεζάς Θρασύβουλος, πολιτικός, πανεπιστημιακός καθηγητής (1874-1939).
Πετμεζάς - Λαύρας Νικόλαος, ποιητής (1873-1952).
Πετράρχης (Francesco Petrarca), Ιταλός ποιητής και λόγιος, ανθρωπιστής (1304-1374).
Πετρόπουλος Δημήτριος, λαογράφος, πανεπιστημιακός καθηγητής (1906-1979).
Πέτρος, Απόστολος (20 ή 10 π.Χ. - 64 ή 67 μ.Χ.).

Πέτρος ο Μέγας, αυτοκράτορας της Ρωσίας (1689-1725).
Πήγασος, (μυθολ.) φτερωτό άλογο που γεννήθηκε από το αίμα της Μέδουσας, αφού τη σκότωσε ο Περσέας.
Πηλεύς, (μυθολ.) πατέρας του Αχιλλέα, βασιλιάς της Ιωλκού.
Πηνελόπη, (μυθολ.) σύζυγος του Οδυσσέα.
Πηνιάτογλου Λάζαρος, δημοσιογράφος και κοινωνιολόγος (1909-1945).
Πιαζέ (Jean Piaget), Ελβετός ψυχολόγος (1896-1980).
Πιέρο ντελα Φραντσέσκα (Piero della Francesca), Ιταλός ζωγράφος, μελετητής της τέχνης (±1420-1492).
Πικαμπιά (François Picabia), Γάλλος ζωγράφος (1879-1953).
Πικάσο (Pablo Picasso), Γαλλοϊσπανός ζωγράφος (1881-1973).
Πικατόρος Ιωάννης, Κρητικός ποιητής (16. αι.).
Πικιώνης Δημήτριος, αρχιτέκτονας (1887-1968).
Πίκο ντελα Μιράνντολα (Giovanni Pico Della Mirandola), Ιταλός λόγιος (1463-1494).
Πικρός Πέτρος (πραγμ. όν. Πέτρος Γεναρόπουλος), πεζογράφος (1896-1956).
Πιλάτος Πόντιος, Ρωμαίος επίτροπος της Ιουδαίας (26 π.Χ. - 36 μ.Χ.).
Πίνδαρος, λυρικός ποιητής (±520-445 π.Χ.).
Πιπινέλης Παναγιώτης, διπλωμάτης, υπηρεσιακός πρωθυπουργός (1889-1970).
Πιρανντέλο (Luigi Pirandello), Ιταλός θεατρικός συγγραφέας (1867-1936).
Πισίδης Γεώργιος, Βυζαντινός ποιητής (7. αι.).
Πιτ ο Νεότερος (William Pitt), Άγγλος πολιτικός (1759-1806).
Πιττακός ο Μυτιληναίος, ένας από τους επτά σοφούς (±650-570 π.Χ.).
Πλανκ (Max Planck), Γερμανός θεωρητικός φυσικός (1858-1947).
Πλανούδης Μάξιμος, Βυζαντινός θεολόγος και φιλόλογος (±1255 - λίγο πριν από 1305).
Πλαπούτας ή **Κολιόπουλος Δημήτριος,** Φιλικός και οπλαρχηγός του 1821 (1766-1864).
Πλαστήρας Νικόλαος, ανώτατος αξιωματικός, πολιτικός, πρωθυπουργός (1883-1953).
Πλάτων, Αθηναίος φιλόσοφος (427-347 π.Χ.).
Πλάτων Νικόλαος, αρχαιολόγος πανεπιστημιακός καθηγητής (1909-1992).
Πλαύτος Τίτος (Titus Maccius Plautus), Ρωμαίος κωμικός ποιητής (±250-184 π.Χ.).
Πλειάδες, (μυθολ.) κόρες του Άτλαντα που μεταμορφώθηκαν σε αστερισμό.
Πλεχάνοφ (Georgi Plechanof), Ρώσος μαρξιστής (1856-1918).
Πλήθων, βλ. *Γεμιστός Γεώργιος.*
Πλίνιος ο Νεότερος (Gaius Plinius Caecilius Secundus), Ρωμαίος συγγραφέας (61/62-114 μ.Χ.).
Πλίνιος ο Πρεσβύτερος (Gaius Plinius Secundus), Ρωμαίος στρατιωτικός και συγγραφέας (23/24-79 μ.Χ.).
Πλουσιαδηνός Ιωάννης, Κρητικός συγγραφέας (15. αι.).
Πλούταρχος, βιογράφος και φιλόσοφος (±46 - 120 μ.Χ.).
Πλούτος, (μυθολ.) θεότητα που προσωποποιεί τον πλούτο.
Πλούτων, (μυθολ.) βασιλιάς του Άδη και θεός των νεκρών, γιος του Κρόνου.
Πλωτίνος, νεοπλατωνικός φιλόσοφος (205-270 μ.Χ.).
Πόε (Edgar Allan Poe) Αμερικανός ποιητής και πεζογράφος (1809-1849).
Πολέμης Ιωάννης, ποιητής (1862-1924).
Πολίτης Κοσμάς, πεζογράφος (1888—1974).
Πολίτης Λίνος, νεοελληνιστής, παλαιογράφος, πανεπιστημιακός καθηγητής (1906-1982).
Πολίτης Νικόλαος, λαογράφος, μελετητής του αρχαίου βίου, πανεπιστημιακός καθηγητής (1852-1921).
Πολίτης Φώτος, σκηνοθέτης και λογοτεχνικός κριτικός (1890-1934).
Πολιτσιάνο (Angelo Ambrogini, επονομαζόμενος il Poliziano), Ιταλός ποιητής, ανθρωπιστής (1454-1494).
Πόλο (Marco Polo), Βενετός εξερευνητής (1254-1324).
Πολύβιος, ιστορικός (205/200-120 π.Χ.).
Πολυδεύκης, βλ. *Διόσκουροι.*
Πολυδούρη Μαρία, ποιήτρια (1902-1930).
Πολυζωίδης Αναστάσιος, νομομαθής, πολιτικός και λόγιος (1802-1873).
Πολυλάς Ιάκωβος, λογοτέχνης και κριτικός των γραμμάτων, πολιτικός (1825-1896).
Πολύμνια, (μυθολ.) μία από τις εννέα μούσες.
Πολυνείκης, (μυθολ.) γιος του Οιδίποδα, αδελφός του Ετεοκλή.
Πολυξένη, (μυθολ.) κόρη του Πριάμου.
Πολύφημος, (μυθολ.) Κύκλωπας, γιος του Ποσειδώνα.
Πομ-παντούρ (Jeanne - Antoinette Poisson, μαρκησία de Pompadour), ερωμένη του βασιλιά Λουδοβίκου ΙΕ΄ της Γαλλίας (1721-1764).
Πομ-πιντού (Georges Pompidou), Γάλλος πολιτικός, πρωθυπουργός, πρόεδρος της δημοκρατίας (1911-1974).
Πον-τάνι (Filippo - Maria Pontani), Ιταλός νεοελληνιστής, πανεπιστημιακός καθηγητής (1913-1983).
Πόντος, (μυθολ.) γιος και σύζυγος της Γαίας.
Ποπ (Alexander Pope), Άγγλος ποιητής (1688-1744).
Πόπερ (Sir Raimund Popper), Αυστριακός με αγγλική υπηκοότητα, φιλόσοφος (1902-1994).
Ποριώτης Νικόλαος, λόγιος και μεταφραστής (1870-1945).
Πορφύρας Λάμπρος, ποιητής (1879-1932).
Πορφυρογέννητος Κωνσταντίνος Ζ΄, λόγιος αυτοκράτορας του Βυζαντίου (905-959).
Ποσειδών, (μυθολ.) γιος του Κρόνου, βασιλιάς της θάλασσας, που τον παρίσταναν εξοπλισμένο με τρίαινα.
Πουανκαρέ (Henri Poincaré), Γάλλος μαθηματικός και φιλόσοφος (1854-1912).
Πουανκαρέ (Reymond Poincaré), Γάλλος πολιτικός (1866-1934).
Που-Γι, ο τελευταίος αυτοκράτορας της Κίνας (1906-1967).
Πουκεβίλ (François - Charles - Laurand Pouqueville), Γάλλος λόγιος και διπλωμάτης (1770-1838).
Πουλάκης Θεόδωρος, ζωγράφος από την Κρήτη (1622-1692).
Πουλαντζάς Νίκος, κοινωνιολόγος και πολιτικός επιστήμονας, πανεπιστημιακός καθηγητής (1936-1979).

Πουλίτσας Παναγιώτης, δικαστικός, πρόεδρος Συμβουλίου Επικρατείας, πρωθυπουργός (1881-1967).
Πούλτσι (Luigi Pulci), Ιταλός ποιητής (1432-1484).
Πουλχερία, αυτοκράτειρα του Βυζαντίου (399-453).
Πούσκιν (Alexander Pouchkin), Ρώσος ποιητής (1799-1837).
Πουτσίνι (Giacomo Puccini), Ιταλός μουσικοσυνθέτης (1858-1924).
Πραξιτέλης, γλύπτης (4. αι. π.Χ.).
Πρεβελάκης Λευτέρης, ιστορικός (1919-1991).
Πρεβελάκης Παντελής, πεζογράφος, ποιητής, μελετητής των γραμμάτων (1909-1986).
Πρεβέρ (Jacques Prévert), Γάλλος ποιητής (1900-1977).
Πρίαμος, (μυθολ.) ο τελευταίος βασιλιάς της Τροίας, πατέρας του Έκτορα.
Πρίαπος, (μυθολ.) γιος του Διονύσου και της Αφροδίτης, προσωποποίηση της γονιμότητας.
Προβελέγγιος Αριστομένης, ποιητής (1850-1936).
Πρόδρομος Θεόδωρος, Βυζαντινός ποιητής και πεζογράφος (±1100-1156/58 ή 1170).
Πρόκλος, νεοπλατωνικός φιλόσοφος (410-488 μ.Χ.).
Προκόπιος, Βυζαντινός ιστοριογράφος (±500 - ±560).
Προκοπίου Άγγελος, ιστορικός της τέχνης (1909-1967).
Προκόφιεφ (Sergeij Prokofief), Ρώσος μυυσικοσυνθέτης (1891-1953).
Πρόκρις, (μυθολ.) κόρη της Πραξιθέας και του Ερεχθέα, βασιλιά της Αθήνας.

Προκρούστης, (μυθολ.) ληστής της Αττικής που τον σκότωσε ο Θησέας.
Προμηθεύς, (μυθολ.) τιτάνας, γιος του Ιαπετού και αδελφός του Άτλαντα.
Προπέρτιος (Sextus Aurelius Propertius), Λατίνος ποιητής (±50-15 π.Χ.).
Προσαλέντης Σπυρίδων, ζωγράφος (1830-1895).
Προυντόν (Pierre - Joseph Proudhon), Γάλλος διανοητής (1809-1865).
Προυστ (Marcel Proust), Γάλλος μυθιστοριογράφος (1871-1922).
Πρωταγόρας, σοφιστής (5. αι. π.Χ.).
Πρωτεύς, (μυθολ.) θαλασσινός θεός.
Πρωτοπαπαδάκης Πέτρος, πολιτικός, πρωθυπουργός (1860-1922).
Πρωτοπάτσης Αντώνης, σκιτσογράφος (1897-1947).
Πτολεμαίος Κλαύδιος, μαθηματικός, αστρονόμος και γεωγράφος (2. αι. μ.Χ.).
Πυγμαλίων, (μυθολ.) βασιλιάς της Κύπρου, ερωτευμένος με το άγαλμα της Γαλάτειας, που ήταν δικό του έργο.
Πυθαγόρας, φιλόσοφος (6. αι. π.Χ.).
Πυθία, (αρχ.) ονομασία των ιερειών του μαντείου των Δελφών.
Πυλάδης, (μυθολ.) φίλος του Ορέστη.
Πυρομάγλου Κομνηνός, εκπαιδευτικός, αγωνιστής της εθνικής αντίστασης κατά την Κατοχή, υπαρχηγός του Ε.Δ.Ε.Σ. (1899-1980).
Πύρρος, βασιλιάς της Ηπείρου (319-272 π.Χ.).
Πύρρων ο Ηλείος, φιλόσοφος (±360-270 π.Χ.).
Πωπ Γεώργιος, δικηγόρος και δημοσιογράφος (1872-1946).

Ρ

Ραβέλ (Maurice Ravel), Γάλλος μουσικοσυνθέτης (1875-1937).
Ραγκαβής Αλέξανδρος Ρίζος, ποιητής, πεζογράφος, αρχαιολόγος και διπλωμάτης (1809-1892).
Ραδάμανθυς, (μυθολ.) Κρητικός ήρωας, γιος του Δία και αδελφός του Μίνωα, ένας από τους τρεις κριτές του κάτω κόσμου.
Ράινχαρτ (Max Reinhardt), Αυστριακός σκηνοθέτης (1873-1943).
Ράιχ (Wilhelm Reich), Αυστριακός ψυχαναλυτής (1897-1957).
Ρακίνας (Jean Racine), Γάλλος δραματογράφος (1639-1699).
Ρακτιβάν Κωνσταντίνος, νομομαθής, πρόεδρος Συμβουλίου Επικρατείας (1865-1935).
Ράλλης Δημήτριος, πολιτικός, πρωθυπουργός (1844-1921).
Ράλλης Ιωάννης, πολιτικός, πρωθυπουργός (1878-1946).
Ραμό (Jean-Philippe Rameau), Γάλλος συνθέτης και θεωρητικός της μουσικής (1683-1764).
Ραμπελέ (François Rabelais), Γάλλος συγγραφέας (±1494-1553).
Ραμσής Β', Φαραώ της Αιγύπτου (13. αι. π.Χ.).
Ραμώ, βλ. *Ραμό.*
Ράντος Νικήτας, αλλιώς **Κάλας** (πραγμ. όν. Νικόλαος Καλαμάρης), ποιητής (1907-1988).
Ράσελ (Bertrand Russel), Βρεταννός μαθηματικός και φιλόσοφος (1872-1970).
Ράσκιν (John Ruskin), Άγγλος τεχνοκριτικός και κοινωνιολόγος (1819-1900).
Ρασπούτιν (Grigori Raspoutine), Ρώσος καλόγερος τυχοδιώκτης, (1865-1916).
Ραφαέλο (Raffaello Santi ή Sanzio), Ιταλός ζωγράφος (1483-1520).
Ραχήλ, σύζυγος του Ιακώβ κατά την Π. Διαθήκη.
Ρέα, (μυθολ.) γυναίκα του Κρόνου, μητέρα του Δία και άλλων ολύμπιων θεών.
Ρέα, (μυθολ.) Ρωμαία εστιάδα, μητέρα του Ρωμύλου και του Ρέμου.
Ρεγκάλντι (Giuseppe Regaldi), Ιταλός συγγραφέας, φίλος του Σολωμού (1809-1883).
Ρέγκος Πολύκλειτος, ζωγράφος (1903-1984).
Ρεμάρκ (Erich Maria Remarque), Γερμανός συγγραφέας (1898-1970).
Ρεμμπώ (Arthur Rimbaud), Γάλλος ποιητής (1854-1891).
Ρέμμπραντ (Van Rijn Rembrandt), Ολλανδός ζωγράφος και χαράκτης (1606-1669).
Ρέμος, (μυθολ.) αδελφός του πρώτου βασιλιά της Ρώμης Ρωμύλου από τον οποίο δολοφονήθηκε.
Ρεμπώ, βλ. *Ρεμμπώ.*
Ρέμπραντ, βλ. *Ρέμμπραντ.*
Ρενάν (Ernest Renan), Γάλλος φιλόσοφος και θρησκειολόγος, πανεπιστημιακός καθηγητής (1823-1892).

Ρενό (Madeleine Renaud), Γαλλίδα ηθοποιός (1910-1994).
Ρενουάρ (Auguste Renoir), Γάλλος ζωγράφος (1841-1919).
Ρέν-τγκεν (Wilhelm Röntgen), Γερμανός φυσικός που ανακάλυψε τις ακτίνες Χ (1845-1923).
Ρεομίρ (René Antoine Réaumur), Γάλλος φυσιοδίφης και φυσικός (1683-1757).
Ρέπουλης Εμμανουήλ, πολιτικός (1863-1924).
Ρεστίφ ντε λα Μπρετόν (Nicolas Restif de la Bretonne), Γάλλος συγγραφέας (1734-1806).
Ρεωμύρ, βλ. *Ρεομίρ.*
Ρήγας Φεραίος ή **Βελεστινλής,** λόγιος, πρόδρομος και πρωτομάρτυρας της επανάστασης του 1821 (1757-1798).
Ρήγιλλα και **Ρηγίλλη,** σύζυγος του Ηρώδη του Αττικού (2. αι. μ.Χ.).
Ριάδης Αιμίλιος, συνθέτης (1880-1935).
Ριζάρης Γεώργιος, εθνικός ευεργέτης (1769-1841).
Ριζάρης Μάνθος, εθνικός ευεργέτης (1760/68-1841).
Ρίζος Νερουλός Ιακωβάκης, λόγιος, μελετητής των γραμμάτων (1778-1849).
Ρίκετ (Heinrich Riecket), Γερμανός φιλόσοφος (1863-1936).
Ρίλκε (Rainer Maria Rilke), Αυστριακός συγγραφέας (1875-1926).
Ρισέ (Charles Richet), Γάλλος γιατρός, φυσιολόγος (1850-1936).
Ρισελιέ (Armand Jean du Plessis, duc de Richelieu), καρδινάλιος και πολιτικός, κυβερνήτης της Γαλλίας επί Λουδοβίκου ΙΓ΄ (1585-1642).
Ρίτσαρντσον (Samuel Richardson), Άγγλος μυθιστοριογράφος (1689-1761).
Ρίτσος Γιάννης, ποιητής (1909-1990).
Ριχάρδος Α΄ ο Λεοντόκαρδος (Richard, Coeur de Lion), βασιλιάς της Αγγλίας (1157-1199).
Ροβεσπιέρος, βλ. *Ρομπεσπιέρος.*
Ροδοκανάκης Πλάτων, πεζογράφος (1883-1919).
Ροδόπουλος Δημήτριος, βλ. *Καραγάτσης.*
Ροΐδης Εμμανουήλ, κριτικός των γραμμάτων και πεζογράφος (1836-1904).
Ροϊλός Γεώργιος, ζωγράφος (1867-1928).
Ρολάν (Romain Rolland), Γάλλος πεζογράφος (1866-1944).
Ρομαίν, βλ. *Ρομέν.*
Ρομάνοβιτς (Luria Alexander Romanovich), Ρώσος ψυχολόγος (1902-1977).
Ρόμελ (Erwin Rommel), Γερμανός στρατάρχης (1891-1944).
Ρομέν (Jules Romains), Γάλλος μυθιστοριογράφος, ποιητής και θεατρικός συγγραφέας (1885-1972).

Ρομπεσπιέρος (Maximilien de Robespierre), δικηγόρος, πολιτικός, από τους ηγέτες της γαλλικής επανάστασης (1758-1794).
Ρονσάρ (Pierre de Ronsard), Γάλλος ποιητής (1524-1585).
Ροντέν (Auguste Rodin), Γάλλος γλύπτης (1840-1917).
Ροντήρης Δημήτριος, σκηνοθέτης (1899-1981).
Ρόρσαχ (Hermann Rorschach), Ελβετός ψυχίατρος (1884-1922).
Ροσελίνι (Roberto Rossellini), Ιταλός σκηνοθέτης κινηματογράφου (1906-1977).
Ροσέτι (Dante Gabriel Rossetti), Άγγλος ποιητής και ζωγράφος (1828-1882).
Ροσίνι (Gioacchino Rossini), Ιταλός μουσικοσυνθέτης (1792-1868).
Ροσσελίνι, βλ. *Ροσελίνι.*
Ροσσίνι, βλ. *Ροσίνι.*
Ροστάν (Edmond Rostand), Γάλλος θεατρικός συγγραφέας (1868-1918).
Ρούζβελτ, βλ. *Ρούσβελτ.*
Ρουθ, σύζυγος του Βοόζ και προμάμμη του βασιλιά Δαβίδ.
Ρούμπενς (Petrus Paulus Rubens), Φλαμανδός ζωγράφος και διπλωμάτης (1577-1640).
Ρουμπινστάιν (Arthur Rubinstein), Ρώσος μουσικοσυνθέτης (1830-1894).
Ρούσβελτ (Franklin Roosevelt), πολιτικός, πρόεδρος των Η.Π.Α. (1882-1945).
Ρούσβελτ (Theodor Roosevelt), πολιτικός, πρόεδρος των Η.Π.Α. (1858-1919).
Ρουσέλ (Louis Roussel), Γάλλος νεοελληνιστής, πανεπιστημιακός καθηγητής (1881-1971).
Ρουσό (Jean - Jacques Rousseau), Γάλλος φιλόσοφος και μυθιστοριογράφος (1712-1778).
Ρούφος Μπενιζέλος, αγωνιστής της επανάστασης του 1821, δήμαρχος Πάτρας, πρωθυπουργός (1795-1868).
Ρούφος Ρόδης (Προβελέγγιος), διπλωμάτης και πεζογράφος, χρονικογράφος της Κατοχής (1924-1972).
Ρωκ Φωκίων, γλύπτης (1891-1945).
Ρωμαίος Κωνσταντίνος, αρχαιολόγος και λαογράφος, πανεπιστημιακός καθηγητής (1874-1960).
Ρωμαίος Κωνσταντίνος Α., λαογράφος, πανεπιστημιακός καθηγητής (1913-1992).
Ρωμανός ο Μελωδός, Βυζαντινός υμνογράφος (6. αι.).
Ρωμύλος, (μυθολ.) ιδρυτής και πρώτος βασιλιάς της Ρώμης.
Ρώτας Βασίλης, ποιητής, μεταφραστής και θεατρικός συγγραφέας (1899-1977).

Σ

Σααντί (Muslih - ed - din Sa' adi), Πέρσης ποιητής (1184-1290).
Σαβαώθ, προσωνυμία του Θεού στην Π. Διαθήκη.
Σάββας ο ηγιασμένος (άγιος), Βυζαντινός μοναχός (439-532).
Σαββίδης Συμεών, ζωγράφος (1859-1927).
Σαβοναρόλα (Girolamo Savonarola), μοναχός δομινικανός, ιεροκήρυκας (1452-1498).
Σαγκάλ (Marc Chagall), Γάλλος ζωγράφος ρωσοε-
βραϊκής καταγωγής (1887-1985).
Σάθας Κωνσταντίνος, μεσαιωνοδίφης και εκδότης κειμένων (1842-1914).
Σαιν-Σιμόν, βλ. *Σεν-Σιμόν.*
Σαιν-Τζων Περς, βλ. *Σεν-Τζον Περς.*
Σαιντ-Μπεβ, βλ. *Σεντ-Μπεβ.*
Σαίξπηρ, βλ. *Σέξπιρ.*
Σακελλάριος Αλέκος, θεατρικός συγγραφέας και σκηνοθέτης (1913-1991).

Σακελλαρόπουλος Σπυρίδων, κλασικός φιλόλογος, πανεπιστημιακός καθηγητής (1848-1919).
Σακέτι (Franco Sacchetti), Ιταλός διηγηματογράφος (±1332 -±1400).
Σαλιάπιν (Fiodor Saliapin), Ρώσος βαθύφωνος (1873-1938).
Σαλούστιος (Gaius Sallustius Crispus), Ρωμαίος ιστορικός και πολιτικός (86-35 π.Χ.).
Σαλώμη, κόρη της Ηρωδιάδας, Εβραία πριγκίπισσα (1-72 μ.Χ.).
Σαμάρας Σπύρος, μουσικοσυνθέτης (1863-1917).
Σαμουήλ, προφήτης και τελευταίος κριτής του Ισραήλ (11. αι. π.Χ.).
Σαμουήλ, τσάρος της Βουλγαρίας (τέλος 10. αι. - αρχές 11. αι.).
Σαμ-πολιόν (Jean-François Champollion), Γάλλος φιλόλογος και αιγυπτιολόγος (1790-1832).
Σαμψών, ήρωας του Ισραήλ (12 αι. π.Χ.).
Σάνδη Γεωργία (George Sand), Γαλλίδα πεζογράφος (1804-1876).
Σαν-ταρόζα (Annibale Santore Derossi di Pomarolo, κόμης di Santarosa), Ιταλός επαναστάτης και φιλέλληνας (1783-1825).
Σαπίρ (Edouard Sapir), Αμερικανός γλωσσολόγος (1884-1939).
Σαπφώ, αρχαία λυρική ποιήτρια (±600 π.Χ.).
Σαραντάρης Γιώργος, ποιητής, δοκιμιογράφος (1908-1941).
Σάραπις ή **Σέραπις** (ο), ελληνική θεότητα που ήρθε από την Αίγυπτο στα χρόνια των Πτολεμαίων.
Σαράτσης Δημήτριος, γιατρός, φίλος των γραμμάτων και του δημοτικιστικού κινήματος με κοινωνική δραστηριότητα (1871-1951).
Σαράφης Στέφανος, στρατιωτικός, αγωνιστής στην αντίσταση κατά των Γερμανών στην Κατοχή (1890-1957).
Σαρδανάπαλος (Assurbanipal), Ασσύριος βασιλιάς περίφημος για τον πλούτο και την ασωτία του (669-627 π.Χ.).
Σαρκό (Jean-Martin Charcot), Γάλλος γιατρός, νευρολόγος (1825-1893).
Σαρντέν (Jean-Baptiste Syméon Chardin), Γάλλος ζωγράφος (1699-1779).
Σαρντού (Victorien Sardou), Γάλλος θεατρικός συγγραφέας (1831-1908).
Σαρόγιαν (William Saroyan), Αμερικανός συγγραφέας (1908-1981).
Σαρτρ (Jean-Paul Sartre), Γάλλος φιλόσοφος, πεζογράφος και θεατρικός συγγραφέας (1905-1980).
Σατομπριάν (François-René de Chateaubriand), Γάλλος πεζογράφος και διπλωμάτης (1768-1848).
Σάτυροι, (μυθολ.) τραγοπόδαροι και κερασφόροι δαίμονες, σύντροφοι του Διονύσου, που κατοικούν σε δάση.
Σατωμπριάν, βλ. *Σατομπριάν.*
Σαχλίκης Στέφανος, Κρητικός ποιητής (±1330-1391).
Σβάιτσερ (Albert Schweitzer), Γάλλος φιλόσοφος, μουσικολόγος και γιατρός (1875-1965).
Σβέβο (Italo Svevo, πραγμ. όν. Ettore Schmitz), Ιταλός συγγραφέας (1861-1928).
Σβίγγλιος (Ullrich Zwingli), Ελβετιός θρησκευτικός μεταρρυθμιστής (1484-1531).
Σβορώνος Νίκος, ιστορικός και πανεπιστημιακός καθηγητής (1911-1989).
Σβώλος Αλέξανδρος, πολιτικός, συνταγματολόγος, πανεπιστημιακός καθηγητής (1892-1956).

Σεζάν (Paul Cézanne), Γάλλος ζωγράφος (1839-1906).
Σειρήνες, (μυθολ.) μυθικά πλάσματα με πρόσωπο ωραίας γυναίκας και φτερά και πόδια όρνιου.
Σέλεϊ (Percy Shelley), Άγγλος ποιητής (1792-1822).
Σέλινγκ (Friedrich Wilhelm Joseph von Schelling), Γερμανός φιλόσοφος (1775-1854).
Σεμέλη, (μυθολ.) κόρη του Κάδμου και της Αρμονίας, μητέρα του Διονύσου.
Σεμίραμις, βασίλισσα της Ασσυρίας (9 αι. π.Χ.).
Σενέκας ο Νεότερος (Lucius Annaeus Seneca), Ρωμαίος πολιτικός, δραματουργός και φιλόσοφος (±4-65 μ.Χ.).
Σενιέ (André Chénier), Γάλλος ποιητής (1762-1794).
Σεν-Σιμόν (Claude - Henri Saint - Simon), Γάλλος οικονομολόγος και φιλόσοφος (1760-1825).
Σεν - Τζον Περς (Saint - John Perse), Γάλλος ποιητής και διπλωμάτης (1887-1975).
Σεντ-Μπεβ (Charles Augustin Sainte-Beuve), κριτικός και γραμματολόγος (1804-1869).
Σέξπιρ (William Shakespeare), Άγγλος δραματογράφος και ποιητής (1564-1616).
Σέξτος ο Εμπειρικός, φιλόσοφος (3. αι. μ.Χ.).
Σέραπις, βλ. *Σάραπις.*
Σέργιος Α΄, πατριάρχης Κωνσταντινουπόλεως (+638).
Σοφέρης Γιώργος (πραγμ. όν. Σεφεριάδης), ποιητής, δοκιμιογράφος (1900-1971).
Σεφτσένκο (Taras Schewtschenko), Ουκρανός ποιητής (1814-1861).
Σημηριώτης Άγγελος, ποιητής (1870-1944).
Σημωνίδης ο Αμοργίνος, λυρικός ποιητής (6. αι. π.Χ.).
Σίβυλλα, (αρχ.) ονομασία που είχαν γυναίκες χρησμολόγοι και προφήτισσες.
Σιγάλας Αντώνιος, παλαιογράφος, βυζαντινολόγος, πανεπιστημιακός καθηγητής (1890-1981).
Σιγούρος Μαρίνος, ποιητής (1885-1961).
Σιδέρης Γιάννης, ιστορικός του νεοελληνικού θεάτρου (1898-1975).
Σιένκεβιτς (Henryk Sienkiewicz), Πολωνός πεζογράφος και κριτικός (1846-1916).
Σικελιανός Άγγελος, ποιητής και δραματογράφος (1883/4-1951).
Σίλερ (Friedrich von Schiller), Γερμανός λυρικός ποιητής και δραματικός συγγραφέας (1759-1805).
Σιληνός, (μυθολ.) πνεύμα των πηγών και των ποταμών, πατέρας των σατύρων.
Σίλλερ, βλ. *Σίλερ.*
Σιλόνε (Ignazio Silone), Ιταλός πεζογράφος και πολιτικός (1900-1978).
Σιμωνίδης ο Κείος, λυρικός ποιητής (±556-468 π.Χ.).
Σινάν, οθωμανός αρχιτέκτονας (1491-1588).
Σίνας Γεώργιος, μεγαλοεπιχειρηματίας και εθνικός ευεργέτης (1783-1856).
Σίνας Σίμων, μεγαλοεπιχειρηματίας και εθνικός ευεργέτης (1810-1876).
Σινόπουλος Τάκης, ποιητής και μεταφραστής (1917-1981).
Σίσυφος, (μυθολ.) βασιλιάς της πυλαιάς Εφύρης.
Σκαλκώτας Νίκος, μουσικοσυνθέτης (1904-1949).
Σκαρίμπας Γιάννης, ποιητής και πεζογράφος (1893/7-1984).

Σκάσσης Ερρίκος, λατινιστής, πανεπιστημιακός καθηγητής (1884-1977).
Σκιάς Ανδρέας, φιλόλογος, πανεπιστημιακός καθηγητής (1861-1922).
Σκίπης Σωτήρης, ποιητής (1881-1952).
Σκλάβος Γεράσιμος, γλύπτης (1927-1967).
Σκληρός Γεώργιος, (πραγμ. όν. Γεώργιος Κωνσταντινίδης), κοινωνιολόγος (1878-1919).
Σκόκος Κωνσταντίνος, επιγραμματοποιός (1854-1925).
Σκοτ (Walter Scott), Σκοτσέζος μυθιστοριογράφος (1771-1831).
Σκότος Εριγένης (Johannes Scottus Erigena), θεολόγος σχολαστικός (9. αι.).
Σκουλούδης Στέφανος, πολιτικός, πρωθυπουργός (1838-1928).
Σκουφάς Νικόλαος, ένας από τους ιδρυτές της Φιλικής Εταιρείας (1779-1818).
Σκούφος Φιλόθεος, ιερωμένος και ζωγράφος της Τουρκοκρατίας (αρχές 17. αι. – 1685).
Σκούφος Φραγκίσκος, λόγιος και εκκλησιαστικός ρήτορας (1644-1697).
Σκυλίτσης Ιωάννης, Βυζαντινός χρονογράφος (μετά το 1040-α΄ δεκαετία 12. αι.).
Σκυλίτσης Ιωάννης Ισιδωρίδης, δημοσιογράφος και μεταφραστής (1819-1890).
Σκύλλα, (μυθολ.) στην Οδύσσεια, θαλάσσιο τέρας στο στενό της Μεσσήνης, απέναντι στη Χάρυβδη.
Σλέγκελ (August - Wilhelm von Schlegel), Γερμανός ποιητής, κριτικός και μεταφραστής (1767-1845).
Σλέγκελ (Friedrich von Schlegel), Γερμανός φιλόσοφος και κριτικός (1772-1829).
Σλίμαν (Heinrich Schliemann), Γερμανός αρχαιολόγος (1822-1890).
Σλοβάτσκι (Juliusz Slowacki), Πολωνός ποιητής (1809-1849).
Σλουμμπερζέ (Gustave - Léon Schlumberger), Γάλλος βυζαντινολόγος (1844-1929).
Σμιθ (Adam Smith), Σκοτσέζος οικονομολόγος και φιλόσοφος (1729-1790).
Σο (George Bernard Shaw), Ιρλανδός θεατρικός συγγραφέας και δοκιμιογράφος (1856-1950).
Σολομών, γιος του Δαβίδ, βασιλιάς των Εβραίων (±970-933 π.Χ.).
Σολωμός Διονύσιος, ποιητής (1798-1857).
Σόλων, Αθηναίος ποιητής, πολιτικός και νομοθέτης (±640-560 π.Χ.).
Σόου βλ. Σο.
Σοπέν (Fryderyc François Chopin), Πολωνός συνθέτης και πιανίστας (1810-1849).
Σοπενχάουερ (Arthur Schopenhauer), Γερμανός φιλόσοφος (1788-1860).
Σοσίρ (Ferdinand de Saussure), Ελβετός γλωσσολόγος (1857-1913).
Σοστάκοβιτς (Dmitri Sostakovitch), Σοβιετικός συνθέτης (1906-1975).
Σουίνμπερν (Algernon Charles Swinburne), Άγγλος ποιητής, πεζογράφος και κριτικός (1837-1909).
Σουίφτ (Jonathan Swift), Ιρλανδός διηγηματογράφος, ποιητής και δοκιμιογράφος (1667-1745).
Σουλεϊμάν ο Μεγαλοπρεπής (Süleyman), οθωμανός σουλτάνος (1494-1566).
Σούλης Γεώργιος, βυζαντινολόγος, ιστορικός, πανεπιστημιακός καθηγητής (1927-1966).

Σούμαν (Robert Alexander Schumann), Γερμανός συνθέτης (1810-1856).
Σούμπερτ (Franz Peter Schubert), Αυστριακός συνθέτης (1797-1828).
Σουρής Γεώργιος, σατιρικός ποιητής (1853-1919).
Σούτσος Αλέξανδρος, ποιητής (1803-1863).
Σούτσος Παναγιώτης, ποιητής (1806-1868).
Σοφιανός Νικόλαος, λόγιος, πρόδρομος του δημοτικιστικού κινήματος (±1500 – μετά 1552).
Σοφοκλής, τραγικός ποιητής (±496-406 π.Χ.).
Σοφούλης Θεμιστοκλής, πολιτικός, πρωθυπουργός (1860-1949).
Σπανδωνίδης Πέτρος, κριτικός της λογοτεχνίας (1890-1964).
Σπάρτακος, επαναστάτης κατά της ρωμαϊκής εξουσίας (1 αι. π.Χ.).
Σπαταλάς Γεράσιμος, ποιητής, κριτικός της λογοτεχνίας και μεταφραστής (1887-1971).
Σπένγκλερ (Oswald Spengler), Γερμανός φιλόσοφος (1880-1936).
Σπένσερ (Herbert Spencer), Άγγλος φιλόσοφος (1820-1903).
Σπινόζα (Baruch de Spinoza), Ολλανδός φιλόσοφος (1632-1677).
Σπυριδάκης Γεώργιος, λαογράφος, πανεπιστημιακός καθηγητής (1906-1975).
Σπυρόπουλος Γιάννης, ζωγράφος (1912-1989/90).
Στάινμπεκ (John Ernst Steinbeck), Αμερικανός μυθιστοριογράφος και διηγηματογράφος (1902-1968).
Σταλ (Madame de Staël), Γαλλίδα πεζογράφος (1766-1817).
Στάλιν (Josif Djougatchvili, επιλεγόμενος Stalin), Σοβιετικός πολιτικός, γενικός γραμματέας του κομουνιστικού κόμματος (1879-1953).
Σταματάκος Ιωάννης, κλασικός φιλόλογος, πανεπιστημιακός καθηγητής (1896-1968).
Σταματελόπουλος, βλ. Νικηταράς.
Σταματίου Κώστας, θεατρικός μεταφραστής και δημοσιογράφος (1929-1991).
Σταματόπουλος Στρατής, βλ. Μυριβήλης.
Στανντάλ (Stendhal· πραγμ. όν. Henri Beyle), Γάλλος μυθιστοριογράφος (1783-1842).
Σταύρου Θρασύβουλος, εκπαιδευτικός, ποιητής (1886-1979).
Σταύρου Τατιάνα, πεζογράφος (1899-1990).
Στερν (Wilhelm Stern), Γερμανός ψυχολόγος (1871-1938).
Στεφανόπουλος Στέφανος, πολιτικός, πρωθυπουργός (1899-1982).
Στέφανος Κυπάρισσος, μαθηματικός, πανεπιστημιακός καθηγητής (1857-1917).
Στέφανος ο Βυζάντιος, Βυζαντινός λόγιος (538-573).
Στήβενσον, βλ. Στίβενσον.
Στησίχορος ο Ιμεραίος, λυρικός ποιητής (632/629-556/553 π.Χ.).
Στίβενσον (Robert Louis Stevenson), Σκοτσέζος μυθιστοριογράφος (1850-1894).
Στουδίτης Θεόδωρος, βλ. Θεόδωρος Στουδίτης.
Στραβίνσκι (Igor Stravinski), Ρώσος συνθέτης (1882-1971).
Στράβων, ιστορικός και γεωγράφος (65 π.Χ.-23 μ.Χ.).
Στραντιβάριους (Antonio Stradivarius), Ιταλός κατασκευαστής βιολιών (1644-1737).

Στράους (Johann II Srauss), Αυστριακός συνθέτης (1825-1899).
Στράους (Richard Georg Strauss), Γερμανός συνθέτης και διευθυντής ορχήστρας (1864-1949).
Στράτος Ανδρέας, νομικός, πολιτικός και βυζαντινολόγος (1905-1981).
Στράτος Νικόλαος, πολιτικός (1872-1922).
Στράτου Ντόρα, χορογράφος (1903-1988).
Στρέιτ Γεώργιος, πανεπιστημιακός καθηγητής και πολιτικός (1868-1948).
Στρίνντμπεργκ (Johann August Strindberg), Σουηδός θεατρικός συγγραφέας και πεζογράφος (1849-1912).
Στυμφαλίδες Όρνιθες, (μυθολ.) αρπακτικά πτηνά της λίμνης Στυμφαλίας.
Στυξ, (μυθολ.) κόρη του Ωκεανού και της Θέτιδας.
Συγγρός Ανδρέας, εθνικός ευεργέτης (1830-1899).
Συκουτρής Ιωάννης, κλασικός φιλόλογος, πανεπιστημιακός υφηγητής (1901-1937).
Σύλλας (Lucius Cornelius Sulla), Ρωμαίος πολιτικός (138-78 π.Χ.).

Συμεών ο Μεταφράστης, Βυζαντινός λόγιος (10. αι.).
Συμεών ο Νέος Θεολόγος, Βυζαντινός υμνογράφος και θεολόγος (±957 – μετά 1035).
Συνέσιος ο Κυρηναίος, επίσκοπος Πτολεμαΐδας Β. Αφρικής, λόγιος (±372-414).
Σφιγξ, (μυθολ.) μυθικό τέρας που κατέτρωγε τους διαβάτες.
Σφραντζής Γεώργιος, αξιωματούχος του βυζαντινού κράτους, ιστοριογράφος (1401-1477).
Σχολάριος, βλ. *Γεννάδιος Σχολάριος*.
Σω, βλ. *Σο*.
Σωκράτης, φιλόσοφος (469-399 π.Χ.).
Σωσσύρ, βλ. *Σοσίρ*.
Σωτηριάδης Γεώργιος, ιστορικός, πανεπιστημιακός καθηγητής (1852-1942).
Σωτηρίου Γεώργιος, ιστορικός βυζαντινής τέχνης, πανεπιστημιακός καθηγητής (1881-1965).
Σωτηρίου Κώστας, παιδαγωγός (1889-1966).
Σώχος Αντώνιος, γλύπτης (1888-1975).

Τ

Ταβουλάρης Διονύσιος, ηθοποιός (1840-1928).
Ταγκόπουλος Δημήτριος, πεζογράφος και θεατρικός συγγραφέας, αγωνιστής του δημοτικιστικού κινήματος (1867-1926).
Ταγκόρ (Rabindranâth Thakur), Ινδός ποιητής και φιλόσοφος (1861-1941).
Ταιν, βλ. *Τεν*.
Τάκιτος (Publius Cornelius Tacitus), Ρωμαίος ιστορικός (±55-116/20 μ.Χ.).
Ταλεϊράνδος (Charles-Maurice Talleyrand, δούκας de Périgord), Γάλλος πολιτικός και διπλωμάτης (1754-1838).
Ταμερλάνος (Timür Lang), Τάταρος κατακτητής, ηγεμόνας της Σαμαρκάνδης (1370-1405).
Τανάγρας Άγγελος, συγγραφέας και μελετητής ψυχοφυσιολογικών φαινομένων (1877-1971).
Τανταλίδης Ηλίας, ποιητής (1818-1876).
Τάνταλος, (μυθολ.) γιος του Δία.
Ταρκόφσκι (Andrei Tarkovski), Ρώσος σκηνοθέτης του κινηματογράφου (1932-1988).
Ταρσούλη Αθηνά, ζωγράφος και συγγραφέας (1884-1975).
Ταρχανιώτης Μάρουλλος, ποιητής και ανθρωπιστής (1453-1500).
Τάσο (Torquato Tasso), Ιταλός ποιητής (1544-1595).
Τάσσος (πραγμ. όν. Αναστάσιος Αλεβίζος), χαράκτης (1914-1985).
Τατάκης Βασίλειος, μελετητής της φιλοσοφίας, πανεπιστημιακός καθηγητής (1896-1986).
Τάτιος Αχιλλεύς, Αλεξανδρινός μυθιστοριογράφος (4. αι. μ.Χ.).
Ταφτ (William Howard Taft), Αμερικανός πολιτικός, πρόεδρος των Η.Π.Α. (1857-1930).
Ταχτσής Κώστας, συγγραφέας (1927-1988).
Τεγιάρ ντε Σαρντέν (Pierre Teilliard de Chardin), Γάλλος κληρικός και φιλόσοφος (1881-1955).
Τειρεσίας, (μυθολ.) Θηβαίος μάντης.
Τεν (Hippolyte Taine), Γάλλος φιλόσοφος (1828-1893).
Τενεκίδης Γεώργιος, διεθνολόγος, πανεπιστημιακός καθηγητής (1910-1990).

Τένισον (Alfred lord Tennyson), Άγγλος ποιητής (1809-1892).
Τερέντιος (Publius Terentius Afer), Ρωμαίος κωμικός ποιητής (πιθ. 195-159 π.Χ.).
Τερζάκης Άγγελος, λόγιος, μυθιστοριογράφος, κριτικός των γραμμάτων και θεατρικός συγγραφέας (1907-1978).
Τεριάντ, βλ. *Ελευθεριάδης Στρατής*.
Τέρπανδρος, λυρικός ποιητής και μουσικός (7. αι. π.Χ.).
Τερτσέτης Γεώργιος, λόγιος (1800-1874).
Τερτυλλιανός (Quintus Septimius Florens Tertullianus), Λατίνος εκκλησιαστικός συγγραφέας (155/160-220).
Τερψιχόρη, (μυθολ.) μία από τις εννέα μούσες.
Τζαβέλας Κίτσος, ηγέτης στην επανάσταση του 1821, πρωθυπουργός (1800-1855).
Τζάνες Μπουνιαλής Εμμανουήλ, Κρητικός αγιογράφος (±1610-1690).
Τζάνες Μπουνιαλής Μαρίνος, Κρητικός ποιητής (17. αι.).
Τζαρά (Tristan Tzara), Γάλλος ποιητής (1896-1963).
Τζάρτζανος Αχιλλέας, εκπαιδευτικός, γλωσσολόγος (1873-1946).
Τζέιμς (William James), Αμερικανός ψυχολόγος και φιλόσοφος (1842-1912).
Τζέσελ (Arnold Lucius Gesell), Αμερικανός ψυχολόγος (1880-1961).
Τζέφερσον (Thomas Jefferson), Αμερικανός πολιτικός, πρόεδρος των Η.Π.Α. (1743-1826).
Τζιορντάνι (Pietro Giordani), Ιταλός λόγιος και φιλόλογος (1774-1848).
Τζιορτζιόνε (Giorgio da Castelfranco, επιλεγόμενος Giorgione), Ιταλός ζωγράφος (1477/8-1510).
Τζιοτο (Giotto di Bondone), Ιταλός ζωγράφος και αρχιτέκτονας (1266/7-1337).
Τζόις (James Joyce), Ιρλανδός μυθιστοριογράφος (1882-1941).
Τζόνσον (Andrew Johnson), Αμερικανός πολιτι-

Τζόνσον

κός, πρόεδρος των Η.Π.Α. (1808-1865).
Τζόνσον (Ben Johnson), Άγγλος θεατρικός συγραφέας (1572-1637).
Τζόνσον (Lyndon Johnson), Αμερικανός πολιτικός, πρόεδρος των Η.Π.Α. (1908-1973).
Τζορτζόνε, βλ. *Τζιορτζιόνε.*
Τζότο, βλ. *Τζιότο.*
Τηλέμαχος, (μυθολ.) γιος του Οδυσσέα και της Πηνελόπης.
Τήλεφος, (μυθολ.) γιος του Ηρακλή, βασιλιάς της Μυσίας, που τον τραυμάτισε ο Αχιλλέας.
Τίβουλλος (Albius Tibullus), Ρωμαίος ποιητής (±54 – ±19 π.Χ.).
Τιέπολο (Giannbattista Tiepolo), Ιταλός ζωγράφος (1696-1770).
Τιερ (Adolphe Thiers), Γάλλος πολιτικός, ιστορικός, πρωθυπουργός και πρόεδρος της δημοκρατίας (1797-1877).
Τιν-τορέτο (Giacommo Tintoretto), Ιταλός ζωγράφος (1518-1594).
Τιρς (Friedrich Thiersch), Βαυαρός ελληνιστής και φιλέλληνας (1784-1860).
Τίρσο ντε Μολίνα (Tirso de Molina, πραγμ. όν. Gabriel Tellez), Ισπανός δραματικός συγγραφέας (±1583-1648).
Τισιανός, βλ. *Τιτσιάνο.*
Τιτάνες, (μυθολ.) οι έξι γιοι και οι έξι θυγατέρες του Ουρανού και της Γης.
Τίτο (πραγμ. όν. Josip Brooz), Γιουγκοσλάβος πολιτικός και στρατιωτικός, ιδρυτής του γιουγκοσλαβικού κράτους (1892-1980).
Τιτσιάνο (Vecellio Tiziano), Ιταλός ζωγράφος (?1476/90-1576).
Τόινμπι (Arnold Toynbee), Άγγλος ιστορικός και φιλόσοφος της ιστορίας (1889-1975).
Τοκβίλ (Alexis de Tocqueville), Γάλλος πολιτικός στοχαστής (1805-1859).
Τολιάτι (Palmiro Togliatti), Ιταλός πολιτικός (1893-1964).
Τολστόι (Alexeij Tolstoi), Σοβιετικός συγγραφέας (1882-1945).
Τολστόι (Leon Tolstoi), Ρώσος πεζογράφος (1828-1910).
Τομαζέο (Niccolò Tommaseo), Ιταλοδαλματός λόγιος, μελετητής των νεοελληνικών δημοτικών τραγουδιών και φίλος της δημοτικής ελληνικής γλώσσας (1802-1874).
Τομπάζης Γιακουμάκης, Φιλικός και αγωνιστής της επανάστασης του 1821 (1782-1829).
Τομπάζης Μανόλης, πρόκριτος της Ύδρας, αγωνιστής της επανάστασης του 1821 και αρμοστής της Κρήτης (1784-1831).
Τόμπρος Μιχαήλ, γλύπτης (1889-1974).
Τοριτσέλι (Evangelista Torricelli), Ιταλός φυσικός (1608-1647).
Τοσίτσας, βλ. *Αβέρωφ Τοσίτσας.*
Τοσίτσας Μιχαήλ, εθνικός ευεργέτης (1787-1856).
Τοσκανίνι (Arturo Toscanini), Ιταλός διευθυντής ορχήστρας (1867-1957).
Τουέν Μαρκ (Samuel Langhorne Clemens, Mark Twain), Αμερικανός συγγραφέας (1835-1910).
Τουλούζ-Λοτρέκ (Henri, comte de Toulouse-Lautrec), Γάλλος ζωγράφος (1864-1901).
Τουμπ (Albert Thumb), Γερμανός φιλόλογος και γλωσσολόγος (1865-1915).
Τουργκένιεφ (Ivan Turgenjev), Ρώσος πεζογράφος (1818-1883).

Τουταγχαμόν, φαραώ της Αιγύπτου (14. αι. π.Χ.).
Τραϊανός (Marcus Ulpius Traianus), Ρωμαίος αυτοκράτορας (53-117 μ.Χ.).
Τραπεζούντιος Γεώργιος, Βυζαντινός λόγιος (1395-1472/3).
Τραυλαντώνης Αντώνιος, διηγηματογράφος, εκπαιδευτικός (1867-1943).
Τραυλός Ιωάννης, αρχιτέκτονας, αρχαιολόγος (1908-1985).
Τριανταφυλλάκος Νικόλαος, πολιτικός, πρωθυπουργός (1855-1939).
Τριανταφυλλίδης Μανόλης, γλωσσολόγος, εκπαιδευτικός μεταρρυθμιστής, αγωνιστής του δημοτικιστικού κινήματος (1883-1959).
Τριαντάφυλλος ή **Τριανταφύλλου Κλεάνθης,** δημοσιογράφος και σατιρικός ποιητής (1850-1889).
Τριβωνιανός, Βυζαντινός νομομαθής (6. αι.).
Τρικλίνιος Δημήτριος, φιλόλογος (±1280-1340).
Τρικούπης Σπυρίδων, πολιτικός, πρωθυπουργός και ιστορικός (1788-1873).
Τρικούπης Χαρίλαος, πολιτικός, πρωθυπουργός (1832-1896).
Τριπτόλεμος, (μυθολ.) Ελευσίνιος θεός και ήρωας.
Τρίτων, (μυθολ.) θαλασσινή θεότητα, γιος του Ποσειδώνα και της Αμφιτρίτης.
Τρότσκι (Leon Trotsky), Σοβιετικός πολιτικός απ' τους πρωταγωνιστές της οκτωβριανής επανάστασης (1879-1940).
Τρούμαν (Harry Truman), Αμερικανός πολιτικός, πρόεδρος των Η.Π.Α. (1884-1972).
Τρυπάνης Κωνσταντίνος, φιλόλογος, πανεπιστημιακός καθηγητής (1909-1993).
Τρώιλος Ιωάννης Ανδρέας, Κρητικός δραματικός ποιητής (±1550 – μετά το 1648).
Τσαϊκόφσκι (Piotr Tchaïkovski), Ρώσος μουσικοσυνθέτης (1840-1893).
Τσακάλωφ Αθανάσιος, ένας από τους ιδρυτές της Φιλικής Εταιρείας (1788-1851).
Τσαλδάρη Λίνα, κόρη του Σπυρίδωνος Λάμπρου και σύζυγος Παναγή Τσαλδάρη, υπουργός (1887-1981).
Τσαλδάρης Κωνσταντίνος, πολιτικός, πρωθυπουργός (1884-1970).
Τσαλδάρης Παναγής, πολιτικός, πρωθυπουργός (1868-1936).
Τσάμμπερλεν (Arthur Nevill Chamberlain), Άγγλος πολιτικός, πρωθυπουργός (1869-1940).
Τσανγκ-Κάι Σεκ (Chang Kai-Chek), Κινέζος στρατιωτικός και πολιτικός, ιδρυτής του κράτους της Ταϊβάν (1887-1975).
Τσαουσέσκου (Nicolae Ceausescu), Ρουμάνος πολιτικός, πρόεδρος Ρουμανίας (1918-1989).
Τσάπλιν (Sir Charles Spencer Chaplin), Άγγλος ηθοποιός και σκηνοθέτης του κινηματογράφου (1889-1977).
Τσαρούχης Γιάννης, ζωγράφος (1910-1989).
Τσάτσος Κωνσταντίνος, μελετητής της φιλοσοφίας, κριτικός των γραμμάτων, πανεπιστημιακός καθηγητής, πολιτικός, πρόεδρος της δημοκρατίας (1899-1987).
Τσβάικ (Stefan Zweig), Αυστριακός πεζογράφος (1881-1942).
Τσελίνι (Benvenuto Cellini), Ιταλός γλύπτης (1500-1571).
Τσέχοφ (Anton Tchekhov), Ρώσος πεζογράφος και θεατρικός συγγραφέας (1860-1904).

Τσίλερ (Ernst Ziller), Γερμανός αρχιτέκτονας που εργάστηκε στην Ελλάδα (1837-1923).
Τσιριμώκος Ηλίας, πολιτικός, πρωθυπουργός (1907-1968).
Τσιριμώκος Ιωάννης, πολιτικός (1861-1934).
Τσιριμώκος Μάρκος, ποιητής, αγωνιστής του δημοτικιστικού κινήματος (1872-1939).
Τσίρκας Στρατής, μυθιστοριογράφος, κριτικός των γραμμάτων (1911-1980).
Τσιτσέλης Ηλίας, ιστοριοδίφης (1850-1927).
Τσόκος Διονύσιος, ζωγράφος (1814-1862).
Τσολάκογλου Γεώργιος, στρατιωτικός, πρωθυπουργός στην Κατοχή (1886-1948).
Τσορτς (Sir Richard Church), Βρεταννός στρατιωτικός, φιλέλληνας, στρατηγός του ελληνικού στρατού κατά την επανάσταση του 1821 (1785-1873).
Τσόρτσιλ (Sir Winston Churchill), Βρεταννός πολιτικός, πρωθυπουργός (1874-1965).

Τσόσερ (Geoffry Chaucer), Άγγλος ποιητής (±1340-1400).
Τσουδερός Εμμανουήλ, πολιτικός, πρωθυπουργός (1882-1956).
Τσου-Εν-Λάι (Chou-En-Lai), Κινέζος πολιτικός, πρωθυπουργός (1898-1976).
Τσούντας Χρήστος, αρχαιολόγος, πανεπιστημιακός καθηγητής (1857-1934).
Τσωρτς, βλ. *Τσορτς.*
Τσώσερ, βλ. *Τσόσερ.*
Τυπάλδος Ιούλιος, ποιητής (1814-1883).
Τυπάλδος Νικόλαος, βλ. *Ξυδιάς.*
Τυρταίος, λυρικός ποιητής (±680-600 π.Χ.).
Τυφών, (μυθολ.) τέρας στο οποίο προσωποποιούνται οι εκρήξεις των ηφαιστείων.
Τύχη, (μυθολ.) μία από τις Ωκεανίδες.
Τωμαδάκης Νικόλαος, βυζαντινολόγος και νεοελληνιστής, πανεπιστημιακός καθηγητής (1907-1993).

Υ

Υμέναιος, (μυθολ.) θεός του γάμου.
Υπατία, φιλόσοφος και μαθηματικός (370-415 μ.Χ.).
Υπερείδης, Αθηναίος πολιτικός και ρήτορας (390/389-322 π.Χ.).
Υπερίων, (μυθολ.) τιτάνας, πατέρας του Ηλίου.
Ύπνος, (μυθολ.) προσωποποίηση του ύπνου, δίδυμος αδελφός του Θανάτου.
Υψηλάντης Αλέξανδρος, αρχηγός της Φιλικής Εταιρείας και της επανάστασης στη Μολδοβλαχία το 1821 (1792-1828).
Υψηλάντης Δημήτριος, στρατιωτικός ηγέτης στην επανάσταση του 1821 (1793-1832).

Φ

Φάβης Βασίλειος, γλωσσολόγος, πανεπιστημιακός καθηγητής (1877-1950).
Φαβιέρος (Charles Nicolas Fabier), Γάλλος στρατιωτικός και φιλέλληνας, αγωνιστής στην επανάσταση του 1821 (1782-1855).
Φαέθων, (μυθολ.) γιος του Ηλίου.
Φαίακες, (μυθολ.) λαός που μνημονεύεται στην Οδύσσεια.
Φαίδρα, (μυθολ.) θυγατέρα του Μίνωα, σύζυγος του Θησέα.
Φαληρέας Βάσος, γλύπτης (1905-1979).
Φαλιέρος Μαρίνος, Κρητικός ποιητής (±1395-1474).
Φαλμεράιερ (Jakob Filipp Fallmerayer), Γερμανός ιστορικός (1790-1861).
Φαρενάιτ (Gabriel Daniel Fahrenheit), Γερμανός φυσικός, εφευρέτης θερμομετρικής κλίμακας (1686-1736).
Φαρμάκης Ιωάννης, Φιλικός (1772-1821).
Φαρμακίδης Θεόκλητος, κληρικός και θεολόγος (1784-1860).
Φατσέας Αντώνιος, εκπαιδευτικός, πρόδρομος του εκπαιδευτικού δημοτικισμού (1823-1878).
Φειδίας, Αθηναίος γλύπτης (5. αι. π.Χ.).
Φενελόν (François de Salignac de la Mothe Fénelon), Γάλλος ιερωμένος και θεολόγος (1651-1715).
Φεραίος, βλ. *Ρήγας Φεραίος.*
Φέχνερ (Gustav Theodor Fechner), Γερμανός φυσικός, φιλόσοφος και ψυχολόγος (1801-1887).

Φήμιος, (μυθολ.) αοιδός που μνημονεύεται στην Οδύσσεια.
Φιλάρετος Γεώργιος, δημοσιογράφος και πολιτικός (1848-1929).
Φιλήμων Ιωάννης, ιστοριογράφος (1798-1874).
Φιλήντας Μένος, μελετητής της νέας ελληνικής, αγωνιστής του δημοτικισμού (1870-1934).
Φιλητάς Χριστόφορος, λόγιος (1787-1867).
Φιλιππίδης Δανιήλ, διαφωτιστής και δημοτικιστής, διδάσκαλος του Γένους (1750-1832).
Φιλιππίδης Χρύσανθος, βλ. *Χρύσανθος Φιλιππίδης.*
Φίλιππος Β΄, βασιλιάς της Μακεδονίας, ο πατέρας του Μεγάλου Αλεξάνδρου (386-336 π.Χ.).
Φίλιππος Β΄ (Ισπανίας), βασιλιάς της Νεάπολης, της Ισπανίας και της Πορτογαλίας (1527-1598).
Φιλιππότης Δημήτριος, γλύπτης (1839-1919).
Φιλοθέη (αγία), Αθηναία φιλάνθρωπος (1522-1589).
Φιλοκτήτης, (μυθολ.) ομηρικός ήρωας, ηγεμόνας θεσσαλικών πόλεων.
Φιλόπαππος (Gaius Julius Antiochus Philopappus), άρχοντας και ευεργέτης των Αθηνών (1. - 2. αι. μ.Χ.).
Φιλόστρατος Φλάβιος, σοφιστής (τέλος 2. αι. - α΄ μισό 3. αι. μ.Χ).
Φιλύρας Ρώμος (πραγμ. όν. Ιωάννης Οικονομόπουλος), ποιητής (1888-1942).
Φίλων ο Ιουδαίος, θρησκευτικός φιλόσοφος (1. αι. π.Χ. - 1. αι. μ.Χ.).

Φίνλεϊ (George Finlay), Άγγλος ιστορικός και φιλέλληνας (1799-1875).

Φιστέλ ντε Κουλάνζ (Fustel Numa Denis de Coulanges), Γάλλος ιστορικός (1830-1889).

Φίχτε (Johann Gottlieb Fichte), Γερμανός φιλόσοφος (1762-1814).

Φλαγγίνης Θωμάς, ιδρυτής ελληνικής σχολής («Φροντιστηρίου») στη Βενετία (1578-1648).

Φλέμινγκ (Sir Alexander Fleming), Σκοτσέζος μικροβιολόγος (1881-1955).

Φλέμινγκ Αμαλία, γιατρός (1912-1986).

Φλομπέρ (Gustave Flaubert), Γάλλος μυθιστοριογράφος (1821-1880).

Φλορόσκι (Juri Floroski), Ρώσος θεολόγος, πανεπιστημιακός καθηγητής (1893-1977).

Φλωμπέρ, βλ. *Φλομπέρ.*

Φλωρά - Καραβία Θάλεια, ζωγράφος (1871-1960).

Φογκατσάρο (Antonio Fogazzaro), Ιταλός μυθιστοριογράφος και ποιητής (1842-1911).

Φοίβος, βλ. *Απόλλων.*

Φόιερμπαχ (Ludwig Feuerbach), Γερμανός υλιστής φιλόσοφος (1804-1872).

Φόκνερ (William Faulkner), Αμερικανός μυθιστοριογράφος (1897-1962).

Φοντέιν (Margaret Hookham, επονομαζόμενη Margot Fonteyn), Αγγλίδα χορεύτρια (1919-1991).

Φοντενέλ (Bernard le Bovier de Fontenelle), Γάλλος φιλόσοφος (1657-1757).

Φορέ (Gabriel Fauré), Γάλλος συνθέτης (1845-1924).

Φοριέλ (Claude Fauriel), Γάλλος μελετητής των γαλλικών γραμμάτων και των ελληνικών δημοτικών τραγουδιών, πανεπιστημιακός καθηγητής (1772-1844).

Φόρκυς, (μυθολ.) θαλασσινός θεός των αρχαίων Ελλήνων.

Φος (Ferdinand Foch), Γάλλος στρατάρχης (1851-1929).

Φόσκολο (Ugo Foscolo), Ελληνοϊταλός ποιητής και πεζογράφος (1778-1827).

Φόσκολος Μάρκος Αντώνιος, Κρητικός θεατρικός συγγραφέας (1597-1662).

Φόσλερ (Karl Vossler), Γερμανός ρομανιστής, ιστορικός των γραμμάτων (1872-1949).

Φουκό (Michel Foucault), Γάλλος φιλόσοφος (1926-1985).

Φουριέ (François - Marie - Charles Fourier), Γάλλος κοινωνιολόγος και φιλόσοφος (1772-1837).

Φρα Αντζέλικο, βλ. *Αντζέλικο.*

Φραγκίσκος Α΄ της Γαλλίας (François 1er), βασιλιάς της Γαλλίας (1494-1547).

Φραγκίσκος Ιωσήφ Α΄ (Franz Josef I), αυτοκράτορας της Αυστρίας και βασιλιάς της Ουγγαρίας (1830-1916).

Φραγκίσκος της Ασσίζης (Fancesco d' Assisi), ιδρυτής του τάγματος φραγκισκανών, συγγραφέας ύμνων σε λαϊκή γλώσσα (1181/82-1226).

Φραγκίστας Χαράλαμπος, νομικός, πανεπιστημιακός-καθηγητής (1905-1976).

Φραγκλίνος (Benjamin Franklin), Αμερικανός φυσικός, πολιτικός και διπλωμάτης (1706-1790).

Φραγκονάρ (Jean - Honoré Fragonard), Γάλλος ζωγράφος και χαράκτης (1732-1806).

Φράιερ Κίμων (Freier) (Κίμων Καλογερόπουλος), μεταφραστής νεοελληνικών λογοτεχνικών κειμένων στα αγγλικά (1911-1993).

Φράνκο (Francisco Franco), Ισπανός στρατηγός και δικτάτορας (1892-1975).

Φρανς (Anatole France, πραγμ. όν. Jules Viaud), Γάλλος πεζογράφος (1844-1924).

Φραντζής Αμβρόσιος, ιστοριογράφος (1781-1851).

Φραντζής, βλ. *Σφραντζής.*

Φραντζισκάκης Ερρίκος, ζωγράφος (1908-1958).

Φρειδερίκη, βασίλισσα της Ελλάδας (1918-1981).

Φρειδερίκος Β΄, βασιλιάς της Πρωσίας, φιλόσοφος και συγγραφέας (1712-1786).

Φρίξος, (μυθολ.) αδελφός της Έλλης.

Φρόιντ (Sigmund Freud), Αυστριακός νευρολόγος και ψυχίατρος, θεμελιωτής της ψυχανάλυσης (1856-1939).

Φρομ (Erich Fromm), Γερμανός ψυχαναλυτής (1900-1980).

Φρόυντ, βλ. *Φρόιντ.*

Φρύνιχος, Αθηναίος δραματικός ποιητής (6. – 5. αι. π.Χ.).

Φτέρης Γεώργιος, δημοσιογράφος (1891-1967).

Φυτάλης Λάζαρος, γλύπτης (1831-1909).

Φωκάς Νικηφόρος Β΄, αυτοκράτορας του Βυζαντίου (αρχ. 10. αι. – 969).

Φωκάς Οδυσσεύς, ζωγράφος (1865-1946).

Φωκάς Φλάβιος, Βυζαντινός αυτοκράτορας (β΄ μισό 6. αι. – 610).

Φώκνερ, βλ. *Φόκνερ.*

Φωκυλίδης, ποιητής (6. αι. π.Χ.).

Φωρέ, βλ. *Φορέ.*

Φωριέλ, βλ. *Φοριέλ.*

Φώσκολος, βλ. *Φόσκολος.*

Φωτάκος (Φώτιος Χρυσανθόπουλος), αγωνιστής του 1821 και συγγραφέας απομνημονευμάτων (1798-1878).

Φωτιάδης, βλ. *Καταρτζής.*

Φωτιάδης Δημήτριος, ιστοριογράφος, δημοσιογράφος και μεταφραστής (1898-1988).

Φωτιάδης Λάμπρος, λόγιος του διαφωτισμού (1752-1805).

Φωτιάδης Φώτης, γιατρός, λόγιος, αγωνιστής του δημοτικισμού (1849-1936).

Φώτιος Α΄, πατριάρχης Κωνσταντινουπόλεως, συγγραφέας (±810-886).

Χ

Χάγεκ (Friedrich August Hayek), Αυστριακός οικονομολόγος και στοχαστής (1899-1992).

Χάιζενμπεργκ (August Heisenberg), Γερμανός βυζαντινολόγος, μελετητής ιστορίας και γραμμάτων, πανεπιστημιακός καθηγητής (1870-1930).

Χάιζενμπεργκ (Werner Karl Heisenberg), Γερμανός θεωρητικός φυσικός και φιλόσοφος (1901-1976).

Χάινε (Heinrich Heine), Γερμανοεβραίος ποιητής και πεζογράφος (1797-1856).

Χάιντεγκερ (Martin Heidegger), Γερμανός φιλόσοφος (1889-1976).

Χάιντν (Franz Joseph Haydn), Αυστριακός μουσικοσυνθέτης (1732-1809).
Χάκκας Μάριος, πεζογράφος, ποιητής και θεατρικός συγγραφέας (1931-1972).
Χάλεϊ (Edmond Halley), Άγγλος αστρονόμος (1656-1742).
Χαλεπάς Γιαννούλης, γλύπτης (1854-1938).
Χαλικιόπουλος - Μάντζαρος, βλ. *Μάντζαρος - Χαλικιόπουλος.*
Χαλκοκονδύλης Δημήτριος, Βυζαντινός λόγιος που δίδαξε στην Ιταλία (1424-1511).
Χαλκοκονδύλης Λαόνικος, Βυζαντινός ιστοριογράφος (±1423-±1490).
Χαμουραμπί (Hammourabi ή Hammourapi), βασιλιάς της Βαβυλώνας και νομοθέτης (πιθ. 1730-1685 π.Χ.).
Χάμσουν (Knut Hamsun), Νορβηγός μυθιστοριογράφος και διηγηματογράφος (1859-1952).
Χάνσεν (Christianus Hansen), Δανός αρχιτέκτονας (1803-1883).
Χάνσεν (Theophilus Edward von Hansen), Δανός αρχιτέκτονας (1813-1891).
Χάξλεϊ (Aldus Leonard Huxley), Άγγλος μυθιστοριογράφος, δοκιμιογράφος και σατιρικός ποιητής (1894-1963).
Χάουπτμαν (Gerhard Hauptmann), Γερμανός θεατρικός συγγραφέας (1862-1946).
Χάριτες, (μυθολ.) τρεις κόρες του Δία που συμβόλιζαν τη θελκτικότητα του ωραίου.
Χαριτωνίδης Χαρίτων, κλασικός φιλόλογος, πανεπιστημιακός καθηγητής (1878-1954).
Χάρντι (Thomas Hardy), Άγγλος μυθιστοριογράφος και ποιητής (1840-1927).
Χάρυβδις, (μυθολ.) θαλασσινό τέρας με μορφή γυναίκας, που αναφέρεται στην Οδύσσεια.
Χάρων, (μυθολ.) γιος του Ερέβους και της Νύχτας που μεταφέρει τους νεκρούς στον Άδη.
Χάστινγκς (Franc Hastings), Βρετανός αξιωματικός και φιλέλληνας (1794-1828).
Χατζηανέστης Γεώργιος, στρατηγός (1863-1922).
Χατζηδημητρίου Μιχάλης, βλ. *Αλιθέρσης.*
Χατζηκυριάκος-Γκίκας Νίκος, ζωγράφος (1906-1994).
Χατζημιχάλη Αγγελική, μελετήτρια της λαϊκής τέχνης (1895-1965).
Χατζής Αντώνιος, κλασικός φιλόλογος, πανεπιστημιακός καθηγητής (1883-1953).
Χατζής Δημήτρης, πεζογράφος, μελετητής των γραμμάτων (1914-1981).
Χατζιδάκις Γεώργιος, γλωσσολόγος, πανεπιστημιακός καθηγητής (1848-1941).
Χατζιδάκις Μάνος, μουσικοσυνθέτης (1925-1994).
Χατζίνης Γιάννης, λογοτέχνης, κριτικός (1900-1975).
Χατζόπουλος Γεώργιος, ζωγράφος (1858-1932).
Χατζόπουλος Δημήτριος, δημοσιογράφος (1872-1936).
Χατζόπουλος Κώστας, ποιητής και πεζογράφος (1868-1920).
Χατσατουριάν (Aram Khatchatourian), Σοβιετικός Αρμένιος συνθέτης (1903-1978).
Χέγκελ (Georg Wilhelm Hegel), Γερμανός φιλόσοφος (1770-1831).
Χέλμχολτς (Herman Ludwig Ferdinand Helmholtz), Γερμανός φυσικός και φυσιολόγος (1821-1894).
Χέλντερλιν (Johann Christian Friedrich Hölderlin), Γερμανός ποιητής και πεζογράφος (1770-1843).

Χέμινγκγουέι (Ernest Hemingway), Αμερικανός μυθιστοριογράφος (1898-1961).
Χένντελ (Georg Friedrich Händel), Γερμανός συνθέτης (1685-1759).
Χέρντερ (Johann - Gottfried von Herder), Γερμανός κριτικός λογοτεχνίας και φιλόσοφος (1744-1803).
Χέρτσμπεργκ (Georg Herzberg), Γερμανός βυζαντινολόγος (1826-1907).
Χικμέτ (Nazim Hikmet Ran), Τούρκος ποιητής (1902-1963).
Χιλ (John Henry Hill), Αμερικανός φιλέλληνας, ιδρυτής παρθεναγωγείου στην Αθήνα (1791-1882).
Χίμλερ (Heinrich Himmler), Γερμανός πολιτικός και στρατιωτικός, αρχηγός της Γκεστάπο (1900-1945).
Χίννιτενμπουργκ (Paul Ludwig Hans Anton von Beneckendorf und von Hindenburg), Γερμανός στρατάρχης και πολιτικός, πρόεδρος της Γερμανίας (1847-1934).
Χιουμ (David Hume), Σκοτσέζος φιλόσοφος (1711-1776).
Χίρο Χίτο (Hiro Hito), αυτοκράτορας της Ιαπωνίας (1901-1989).
Χίτλερ (Adolf Hitler), Γερμανός δικτάτορας (1889-1945).
Χίτσκοκ (Alfred Hitchcock) Άγγλος σκηνοθέτης του κινηματογράφου (1899-1980).
Χιώτης Παναγιώτης, ιστοριογράφος της Επτανήσου (1814-1896).
Χολμπάιν (Hans Holbein), Γερμανός ζωγράφος (1497-1543).
Χομεϊνί αγιατολάχ (Homeini), θρησκευτικός ηγέτης των σιιτών μουσουλμάνων του Ιράν, αρχηγός κράτους (1902-1989).
Χομπς (Thomas Hobbes), Άγγλος φιλόσοφος (1588-1679).
Χοπφ (Karl Hopf), Γερμανός βυζαντινολόγος (1832-1873).
Χορν Παντελής, θεατρικός συγγραφέας (1881-1941).
Χορτάτσης Γεώργιος, Κρητικός δραματογράφος (16. – 17. αι.).
Χότζα (Enver Hoxha), Αλβανός πολιτικός ηγέτης (1908-1985).
Χο-Τσι-Μινχ (Ho - Tsi - Minh), Βιετναμέζος πολιτικός ηγέτης, πρόεδρος του Β. Βιετνάμ (1890-1969).
Χουάν ντελα Κρουζ (Juan de la Cruz), Ισπανός μοναχός, ποιητής (1542-1591).
Χούβερ (Herbert Clark Hoover), Αμερικανός πολιτικός, πρόεδρος των Η.Π.Α. (1874-1964).
Χούμπολτ (Alexander von Humboldt), Γερμανός φυσιοδίφης (1769-1859).
Χούμμπολτ (Karl Whilhelm Humboldt), Γερμανός γλωσσολόγος και φιλόσοφος (1767-1835).
Χούμνος Γεώργιος, Κρητικός ποιητής (15. αι.).
Χούμπολτ, βλ. *Χούμμπολτ.*
Χουρμούζιος Αιμίλιος, λογοτέχνης, κριτικός των γραμμάτων και δημοσιογράφος (1904-1973).
Χούσερλ (Edmund Husserl), Γερμανός φιλόσοφος (1859-1938).
Χόφμανσταλ (Ugo von Hofmannsthal), Αυστριακός λογοτέχνης (1874-1925).
Χρηστίδης Χριστόφορος, νομικός, αγωνιστής του δημοτικιστικού κινήματος (1900-1982).
Χρηστοβασίλης Χρήστος, πεζογράφος (1862-1937).

Χρηστομάνος Κωνσταντίνος, σκηνοθέτης και πεζογράφος (1867-1911).
Χρήστου Γιάννης, μουσικοσυνθέτης (1926-1970).
Χριστόδουλος Πάτμου (άγιος), μοναχός στον Όλυμπο της Βιθυνίας (±1020/±1040-1093).
Χριστόπουλος Αθανάσιος, ποιητής (1772-1847).
Χρουστσόφ (Nikita Chrustsov), Σοβιετικός πολιτικός, γενικός γραμματέας του σοβιετικού κομουνιστικού κόμματος (1894-1971).
Χρυσανθόπουλος, βλ. *Φωτάκος*.
Χρύσανθος Νοταράς, πατριάρχης Ιεροσολύμων, ιστοριογράφος (±1663-1731).
Χρύσανθος Φιλιππίδης, κληρικός, μητροπολίτης Τραπεζούντος, αρχιεπίσκοπος Αθηνών (1881-1949).
Χρυσηίς, (μυθολ.) στην Ιλιάδα, κόρη του Χρύση, ιερέα του Απόλλωνα.
Χρυσόθεμη, (μυθολ.) αδελφή της Ηλέκτρας.
Χρυσολωράς Μανουήλ, Βυζαντινός λόγιος που δίδαξε στην Ιταλία (±1350-1415).
Χρυσόστομος Δίων βλ. *Δίων Χρυσόστομος*.
Χρυσόστομος Ιωάννης, βλ. *Ιωάννης Χρυσόστομος*.
Χωνιάτης Μιχαήλ, μητροπολίτης Αθηνών και συγγραφέας (±1138-1222).
Χωνιάτης Νικήτας, Βυζαντινός ιστορικός (±1155/7-1217).

Ψαλίδας Αθανάσιος, λόγιος (1767-1829).
Ψελλός Μιχαήλ, Βυζαντινός φιλόσοφος και ιστορικός (1018-πιθ. 1078 ή μετά το 1081 ή και 1096/97).

Ψυχάρης Γιάννης, γλωσσολόγος, αρχηγός του δημοτικιστικού κινήματος, πανεπιστημιακός καθηγητής (1854-1929).

Ω

Ωκεανίδες, (μυθολ.) νύμφες της θάλασσας.
Ωκεανός, (μυθολ.) ο μεγαλύτερος γιος του Ουρανού.
Ωνάσης Αριστοτέλης, μεγαλοεφοπλιστής (1906-1975).

Ωριγένης, Αλεξανδρινός δογματικός συγγραφέας, πατέρας της Εκκλησίας (±185-254).
Ωρίων, (μυθολ.) γίγαντας που μεταμορφώθηκε σε αστερισμό.

ΣΥΜΒΟΛΑ, ΣΥΜΒΑΤΙΚΑ ΣΗΜΕΙΑ

*   (αστερίσκος) δηλώνει τη γέννηση προσώπου· επίσης αμάρτυρη λέξη ή αμάρτυρο λεκτικό τύπο.
( )   (παρένθεση) δηλώνει συμπλήρωση ή επεξήγηση αυτού που προηγήθηκε.
:   (δύο τελείες) εισάγει παράθεμα από συγγραφέα ή επεξήγηση ή συμπλήρωση σε κάτι που προηγήθηκε.
...   (αποσιωπητικά) δηλώνουν παράλειψη τμήματος από παράθεμα μη απόλυτα χρήσιμο.
[ ]   (αγκύλες) δηλώνουν τμήμα κειμένου που παρουσιάζει ευκαιριακά μικρότερη σημασία.
< > (οξείες γωνίες) χρησιμοποιούνται συνηθέστερα σε εκδόσεις παλαιοτέρων κειμένων και έχουν ιδιάζουσα σημασία.
>   (γωνία ανοικτή προς τα αριστερά) δηλώνει (σε λεξικά και σε γλωσσικές πραγματείες) ότι από τη λέξη που γράφηκε πριν από τη γωνία προήλθε η λέξη που ακολουθεί.
<   (γωνία ανοικτή προς τα δεξιά) δηλώνει (σε λεξικά και σε γλωσσικές πραγματείες) ότι η λέξη που γράφηκε πριν από τη γωνία παράγεται από τη λέξη που ακολουθεί τη γωνία.
+   (πριν από τη χρονολογία) δηλώνει αβέβαιο έτος μετά το καταγραφόμενο.
−   (πριν από τη χρονολογία) δηλώνει αβέβαιο έτος πριν από το καταγραφόμενο.
±   (πριν από τη χρονολογία) δηλώνει έτος γύρω από το καταγραφόμενο.
%   = τοις εκατό(ν)

ΑΡΚΤΙΚΟΛΕΞΑ ΕΛΛΗΝΙΚΑ ΚΑΙ ΒΡΑΧΥΓΡΑΦΙΕΣ

Α

Α. = ανατολικός.
α.α. = αντ' αυτού.
α.α. ή Α.Α. = αύξων αριθμός.
Α.Β.Ε.Ζ. = Ανώνυμη Βιομηχανική Εταιρεία Ζυμαρικών.
Α.Β.Σ.Θ. = Ανώτατη Βιομηχανική Σχολή Θεσσαλονίκης.
Α.Β.Σ.Π. = Ανώτατη Βιομηχανική Σχολή Πειραιά.
άγ. = άγιος.
Α/Γ.Ε.Α. = Αρχηγός Γενικού Επιτελείου Αεροπορίας.
Α/Γ.Ε.ΕΘ.Α. = Αρχηγός Γενικού Επιτελείου Εθνικής Άμυνας.
Α/Γ.Ε.Ν. = Αρχηγός Γενικού Επιτελείου Ναυτικού.
Α/Γ.Ε.Σ. = Αρχηγός Γενικού Επιτελείου Στρατού.
Α.Δ.Α. = Ανώτατη Διοίκηση Αεροπορίας.
Α.Δ.Ε.Δ.Υ. = Ανώτατη Διοικούσα Επιτροπή Δημόσιων Υπαλλήλων.
Α.ΔΗ.Ν. = Ανανεωτική Δημοκρατική Νεολαία.
Α.Δ.Σ. = Ανώτατο Δικαστικό Συμβούλιο.
Α.Δ.Σ.Ε.Ν. = Ανώτατη Δημόσια Σχολή Εμπορικού Ναυτικού.
Α.Ε. = Ανώνυμη Εταιρία.
Α.Ε.Ι. = Ανώτατα Εκπαιδευτικά Ιδρύματα.
Α.Ε.Κ. = Αθλητική Ένωση Κωνσταντινουπολιτών.
Α.Ε.Μ. = Ανώτατο Επιτρεπόμενο Μίσθωμα.
Α.Ε.Π. = Ακαθάριστο Εθνικό Προϊόν.
αι. = αιώνας.
Α.Κ. = Αφρικανικό Κογκρέσο.
Α.Κ.Ε. = Αδέσμευτη Κίνηση Ειρήνης.
Α.Κ.Ε.Λ. = Ανορθωτικό Κόμμα Εργαζόμενου Λαού (στην Κύπρο).
Α.Κ.Τ.Ο. = Αθηναϊκός Καλλιτεχνικός Τεχνολογικός Όμιλος.
Α.Κ.Υ.Σ.Δ.Ε. = Ανώτερο Κεντρικό Υπηρεσιακό Συμβούλιο Δημοτικής Εκπαίδευσης.
Α.Κ.Υ.Σ.Μ.Ε. = Ανώτερο Κεντρικό Υπηρεσιακό Συμβούλιο Μέσης Εκπαίδευσης.
Α.Μ. = 1. Αυτού Μακαριότητα.
2. Αυτού Μεγαλειότητα.
Α.Ν. = Αναγκαστικός Νόμος.
Α.Ο. = Αθλητικός Όμιλος.
Α.Ο.Ε.Κ. = Αυτόνομος Οργανισμός Εργατικής Κατοικίας.
Α.Π. = 1. Αστυνομία Πόλεων.
2. Άρειος Πάγος.

Α.Π.Ε. = Αθηναϊκό Πρακτορείο Ειδήσεων.
Α.Π.Θ. = Αριστοτέλειο Πανεπιστήμιο Θεσσαλονίκης.
Α.Π.Υ.Σ.Δ.Ε. = Ανώτερο Περιφερειακό Υπηρεσιακό Συμβούλιο Δευτεροβάθμιας Εκπαίδευσης.
αρ. = αριθμός.
Α.Σ.Γ.Μ.Ε. = Ανώτατη Συνομοσπονδία Γονέων Μαθητών Ελλάδας.
Α.Σ.Δ.Ε.Ν. = Ανώτερη Στρατιωτική Διοίκηση Εσωτερικού και Νήσων.
Α.Σ.Δ.Υ. = Ανώτατο Συμβούλιο Δημόσιων Υπηρεσιών.
Α.Σ.Ε.Α.Ν., βλ. *A.S.E.A.N.*
Α.Σ.Ε.Π. = Ανώτατο Συμβούλιο Επιλογής Προσωπικού.
Α.Σ.Κ.Τ. = Ανώτατη Σχολή Καλών Τεχνών.
Α.Σ.Ο. = Αυτόνομος Σταφιδικός Οργανισμός.
Α.Σ.Ο.Ε.Ε. = Ανώτατη Σχολή Οικονομικών - Εμπορικών Επιστημών.
Α.Σ.Ο.Π. = Ανώτατο Συμβούλιο Οικονομικής Πολιτικής.
Α.Σ.Π. = Ανώτερη Σχολή Πολέμου.
Α.Τ.Α. = Αυτόματη Τιμαριθμική Αναπροσαρμογή.
Α.Τ.Ε. = Αγροτική Τράπεζα της Ελλάδας.
Α.Τ.Ι.Α. = Άγνωστης Ταυτότητας Ιπτάμενο Αντικείμενο (βλ. και *U.F.O.*).
Αφοί = αδελφοί.
Α.Χ.Ε.Π.Α. = American - Hellenic Educational Progressive Association (= Αμερικανο-ελληνική Μορφωτική Ένωση).

Β

Β. = βόρειος.
ΒΑ. = βορειοανατολικός.
Β.Α.Ν. = Βαρώτσος, Αλεξόπουλος, Νομικός. (Μέθοδος για την πρόγνωση σεισμών).
ΒΔ. = 1.βορειοδυτικός.
2. Βασιλικό Διάταγμα.
3. Βιβλιογραφικό Δελτίο.
Β.Ε.Α. = Βιοτεχνικό Επιμελητήριο Αθήνας.
Β.Ε.Θ. = Βιοτεχνικό Επιμελητήριο Θεσσαλονίκης.
ΒΙΟ.ΚΑΤ. = Βιομηχανικές Κατασκευές.
ΒΙ.ΠΕΡ. = Βιβλία Περιπτέρου.

Γ

Γ.Α.Δ.Α. = Γενική Αστυνομική Διεύθυνση Αττικής.

Γ.Γ. = Γενικός Γραμματέας.
Γ.Γ.Α. = Γενική Γραμματεία Αθλητισμού.
Γ.Γ.Ε.Τ. = Γενική Γραμματεία Έρευνας και Τεχνολογίας.
Γ.Γ.Ν.Γ. = Γενική Γραμματεία Νέας Γενιάς.
Γ.Γ.Τ.Π. = Γενική Γραμματεία Τύπου και Πληροφοριών.
Γ.Δ. = Γενικός Διευθυντής.
Γ.Δ.Ε.Α. = Γενική Διεύθυνση Εθνικής Ασφάλειας.
Γ.Δ.Ε.Ε. = Γενική Διεύθυνση Επαγγελματικής Εκπαίδευσης.
Γ.Ε.Α. = Γενικό Επιτελείο Αεροπορίας.
Γ.Ε.ΕΘ.Α. = Γενικό Επιτελείο Εθνικής Άμυνας.
Γ.Ε.ΚΑΤ. = Γενική Εταιρεία Κατασκευών.
Γ.Ε.Μ.Ε. = Γενική Επιθεώρηση Μέσης Εκπαίδευσης.
Γ.Ε.Ν. = Γενικό Επιτελείο Ναυτικού.
ΓΕΝ.Ο.Π. - Δ.Ε.Η. = Γενική Ομοσπονδία Προσωπικού Δ.Ε.Η.
Γ.Ε.Σ. = Γενικό Επιτελείο Στρατού.
Γ.Ο.Κ. = Γενικός Οικοδομικός Κανονισμός.
Γ.Π.Α. = Γεωργικό Πανεπιστήμιο Αθηνών.
γραμμ. = γραμμάριο.
Γ.Σ. = 1. Γυμναστικός Σύλλογος.
2. Γενική Συνέλευση.
3. Γενικό Συμβούλιο.
Γ.Σ.Ε.Β.Ε.Ε. = Γενική Συνομοσπονδία Επαγγελματιών, Βιοτεχνών και Εμπόρων Ελλάδας.
Γ.Σ.Ε.Ε. = Γενική Συνομοσπονδία Εργατών Ελλάδας.
Γ.Σ.Ν. = Γενικό Στρατιωτικό Νοσοκομείο.
Γ.Χ.Κ. = Γενικό Χημείο του Κράτους.

Δ

Δ. = 1. Δήμος.
2. δυτικός.
Δ.Α. = 1. Δήμος Αθηναίων.
2. Διεθνής Αμνηστία.
Δ.Α.Κ.Ε. = Δημοκρατική Αγωνιστική Κίνηση Εργαζομένων.
Δ.Α.Π. = Δημοκρατική Ανανεωτική Πρωτοπορία.
Δ.Α.Σ.Ε. = Διάσκεψη για την Ασφάλεια και τη Συνεργασία στην Ευρώπη.
Δ.Ε.Α.Σ. = Δημοτική Επιχείρηση Αστικών Συγκοινωνιών.
Δ.Ε.Ε. = Δυτικοευρωπαϊκή Ένωση.
Δ.Ε.Η. = Δημόσια Επιχείρηση Ηλεκτρισμού.
Δ.Ε.Θ. = Διεθνής Έκθεση Θεσσαλονίκης.
Δ.Ε.Κ. = Δικαστήριο Ευρωπαϊκών Κοινοτήτων.
Δ.Ε.Κ.Ο. = Δημόσιες Επιχειρήσεις και Οργανισμοί.
Δ.Ε.Ν. = Δημοκρατική Ευθύνη Νομικών.
Δ.Ε.Π. = 1. Δημόσια Επιχείρηση Πετρελαίου.
2. Διδακτικό - Ερευνητικό Προσωπικό.
Δ.ΕΠ.Α. = Δημόσια Επιχείρηση Αερίου.
Δ.Ε.Σ. = Διεθνής Ερυθρός Σταυρός.
Δ.Ε.ΤΡΟ.Π. = Διεθνής Έκθεση Τροφίμων - Ποτών.
Δ.Ε.Φ.Α. = Δημοτική Επιχείρηση Φωταερίου Αθήνας.
ΔΗ.ΑΝΑ. = Δημοκρατική Ανανέωση.
ΔΗ.ΚΟ. = Δημοκρατικό Κόμμα (Κύπρου).
δηλ. = δηλαδή.
ΔΗ.ΠΕ.ΘΕ. = Δημοτικά Περιφερειακά Θέατρα.
ΔΗ.ΣΥ. = Δημοκρατικός Συναγερμός (Κύπρου).
Δ.Θ. = Δήμος Θεσσαλονίκης.
δίδα = δεσποινίδα.

ΔΙ.Ε.ΚΑΤ. = Διεθνής Εταιρεία Κατασκευών.
διεύθ. = διεύθυνση.
ΔΙ.Κ.Α.Τ.Σ.Α. = Διαπανεπιστημιακό Κέντρο Αναγνώρισης Τίτλων Σπουδών Αλλοδαπής.
Δ.Μ.Ε. = Διδασκαλείο Μέσης Εκπαίδευσης.
Δ.Ν.Τ. = Διεθνές Νομισματικό Ταμείο.
Δ.Ο.Ε. = 1. Διδασκαλική Ομοσπονδία Ελλάδας.
2. Διεθνής Ολυμπιακή Επιτροπή.
3. Διεθνής Οργάνωση Εργασίας.
Δ.Ο.Υ. = 1. Δημόσια Οικονομική Υπηρεσία.
2. Διεύθυνση Οικονομικών Υπηρεσιών.
Δ.Σ. = 1. Διοικητικό Συμβούλιο.
2. Διπλωματικό Σώμα.
Δ.Σ.Α. = Δικηγορικός Σύλλογος Αθήνας.
Δ.Σ.Ε. = Δημοκρατικός Στρατός Ελλάδας.
Δ.Σ.Θ. = Δικηγορικός Σύλλογος Θεσσαλονίκης.
Δ.Τ.Κ. = Δείκτης Τιμών Καταναλωσης.
Δ.Τ.Υ. = Διεύθυνση Τεχνικών Υπηρεσιών.
Δ.Υ. = Δημόσια Υπηρεσία.
Δ.Χ. = Δημόσια Χρήση.

Ε

Ε.Α.Β. = Ελληνική Αεροπορική Βιομηχανία.
Ε.Α.Γ.Ε. = Εθνική Ακαδημία Γραμμάτων και Επιστημών.
Ε.Α.Μ. = Εθνικό Απελευθερωτικό Μέτωπο.
Ε.ΑΡ. = Ελληνική Αριστερά.
Ε.Α.Σ.Α. = Εθνική Ακαδημία Σωματικής Αγωγής. (βλ. και Τ.Ε.Φ.Α.Α.).
Ε.Α.Τ. = Ειδικό Ανακριτικό Τμήμα.
Ε.Β.Α. = Εθνική Βιβλιοθήκη Αθήνας.
Ε.Β.ΓΑ. = Ελληνική Βιομηχανία Γάλακτος.
Ε.Β.Ε.Α. = Εμπορικό και Βιομηχανικό Επιμελητήριο Αθήνας.
Ε.Β.Ε.Ε. = Εμπορικά και Βιομηχανικά Επιμελητήρια Ελλάδας.
Ε.Β.Ε.Θ. = Εμπορικό και Βιομηχανικό Επιμελητήριο Θεσσαλονίκης.
Ε.Β.Ζ. = Ελληνική Βιομηχανία Ζάχαρης.
Ε.Β.Η.Ε. = Ένωση Βιομηχανιών Ηλιακής Ενέργειας.
Ε.Β.Ο. = Ελληνική Βιομηχανία Όπλων.
Ε.Γ. = Εκτελεστικό Γραφείο.
Ε.Γ.Ε. = Ένωση Γυναικών Ελλάδας.
Ε.Γ.Ο. = Ελληνικός Γλωσσικός Όμιλος.
Ε.Δ.Α. = Ενιαία Δημοκρατική Αριστερά.
Ε.Δ.Ε. = 1. Ένορκη Διοικητική Εξέταση.
2. Ένωση Δικαστών και Εισαγγελέων.
Ε.Δ.Ε.Ε. = Ένωση Διαφημιστικών Επιχειρήσεων Ελλάδας.
Ε.Δ.Ε.Κ. = Εθνική Δημοκρατική Ένωση Κύπρου.
Ε.Δ.Ε.Σ. = Εθνικός Δημοκρατικός Ελληνικός Σύνδεσμος.
Ε.Δ.Ε.Χ. = Εταιρεία Διεθνών Επενδύσεων Χαρτοφυλακίου.
Ε.ΔΗ.Κ. = Ένωση Δημοκρατικού Κέντρου.
Ε.ΔΗ.Ν. = Ένωση Δημοκρατικής Νεολαίας.
Ε.Δ.Π. = 1. Επιστημονικό Διδακτικό Προσωπικό.
2. Εργαστηριακό Διδακτικό Προσωπικό.
Ε.Ε. = 1. Εκτελεστική Επιτροπή.
2. Ετερόρρυθμη Εταιρεία.
3. Ευρωπαϊκή Ένωση.
Ε.Ε.Α.Ε. = Ελληνική Επιτροπή Ατομικής Ενέργειας.
Ε.Ε.Δ.Ε. = Ελληνική Εταιρεία Διοίκησης Επιχειρήσεων.

Ε.Ε.Δ.Υ.Ε. = Ελληνική Επιτροπή για τη Διεθνή Ύφεση και Ειρήνη.
Ε.Ε.Ε.Λ. = Εθνική Εταιρεία Ελλήνων Λογοτεχνών.
Ε.Ε.Λ. = Εταιρεία Ελλήνων Λογοτεχνών.
Ε.Ε.Σ. = 1. Ελληνικός Ερυθρός Σταυρός.
2. Εταιρεία Ελλήνων Σκηνοθετών.
Ε.Ε.Σ.Ε. = Ένωση Εμπορικών Συλλόγων Ελλάδας.
Ε.Ε.Σ.ΝΑ.Ε. = Ελληνική Επιτροπή Σπουδών Νοτιοανατολικής Ευρώπης.
Ε.Ε.Τ. = 1. Ένωση Ελληνικών Τραπεζών.
2. Ένωση Εργατών Τύπου.
Ε.Ζ.Ε.Σ. = Ευρωπαϊκή Ζώνη Ελεύθερων Συναλλαγών.
Ε.Ζ.Λ.Θ. = Ελεύθερη Ζώνη Λιμένα Θεσσαλονίκης.
Ε.Ζ.Λ.Π. = Ελεύθερη Ζώνη Λιμένα Πειραιά.
Ε.Ζ.Υ.Σ. = Ειδικές Ζώνες Υποδοχής Συντελεστή (δόμησης).
Ε.Η.Κ. = Ελληνική Ηλεκτρική Κοινοπραξία.
Ε.Ι.Ε. = Εθνικό Ίδρυμα Ερευνών.
Ε.Ι.Η.Ε.Α. = Ένωση Ιδιοκτητών Ημερησίων Εφημερίδων Αθήνας.
Ε.Ι.Ν. = Εθνικό Ίδρυμα Νεότητας.
Ε.Ι.Ν.Α.Π. = Ένωση Ιατρών Νοσοκομείων Αθήνας - Πειραιά.
Ε.Ι.Π.Α. = Ένωση Ιπτάμενων Πολιτικής Αεροπορίας.
Ε.Ι.Σ.Φ. = Ένωση Ιπτάμενων Συνοδών και Φροντιστών.
εκ. = εκατομμύριο.
Ε.Κ. = 1. Ένωση Κέντρου.
2. Ευρωπαϊκό Κοινοβούλιο.
Ε.Κ.Α. = Εργατοϋπαλληλικό Κέντρο Αθήνας.
Ε.Κ.Α.Β. = Εθνικό Κέντρο Άμεσης Βοήθειας.
Ε.ΚΑ.Μ. = Ειδικές Κατασταλτικές Μονάδες.
Ε.Κ.Α.Μ. = Ενιαίος Κωδικός Αριθμός Μητρώου.
Ε.Κ.Ε.Φ.Ε. = Εθνικό Κέντρο Έρευνας Φυσικών Επιστημών.
Ε.Κ.Θ. = Εργατοϋπαλληλικό Κέντρο Θεσσαλονίκης.
Ε.Κ.Κ. = Ελληνικό Κέντρο Κινηματογράφου.
Ε.Κ.Κ.Ε. = 1. Εθνικό Κέντρο Κοινωνικών Ερευνών.
2. Επαναστατικό Κομουνιστικό Κίνημα Ελλάδας.
Ε.Κ.Ο. = Ελληνικά Καύσιμα Ορυκτέλαια.
Ε.Κ.Ο.Ν. = Ελληνική Κομουνιστική Οργάνωση Νεολαίας.
Ε.Κ.Π. = Ελάχιστο Κοινό Πολλαπλάσιο.
Ε.Κ.Π.Ε. = Ευρωπαϊκό Κέντρο Πληροφοριών για Επιχειρήσεις.
Ε.Κ.Τ. = Ευρωπαϊκό Κοινοτικό Ταμείο.
ΕΛ.ΑΣ. = Ελληνική Αστυνομία.
Ε.Λ.Α.Σ. = Εθνικός Λαϊκός Απελευθερωτικός Στρατός.
ΕΛ.Β.Α. = Ελληνική Βιομηχανία Αλουμίνας.
ΕΛ.Β.Ο. = Ελληνική Βιομηχανία Οχημάτων.
ΕΛ.Γ.Α. = Ελληνικές Γεωργικές Ασφαλίσεις.
ΕΛ.Δ.Α. = Ελληνικά Διυλιστήρια Ασπροπύργου.
ΕΛ.ΔΥ.Κ. = Ελληνική Δύναμη Κύπρου.
ΕΛ.Ε.Β.Μ.Ε. = Ελληνική Εταιρεία Βιομηχανικών και Μεταλλευτικών Επενδύσεων.
Ε.Λ.Ι.Α. = Ελληνικό Λογοτεχνικό και Ιστορικό Αρχείο.
Ε.Λ.Κ. = Ευρωπαϊκό Λαϊκό Κόμμα.
ΕΛ.ΚΕ.ΠΑ. = Ελληνικό Κέντρο Παραγωγικότητας.
Ε.Λ.Μ.Ε. = Ένωση Λειτουργών Μέσης Εκπαίδευσης.
ΕΛ.Ο.Π.Π. = Ελληνικός Οργανισμός Πιστοποιητικών Ποιότητας.
ΕΛ.Ο.Τ. = Ελληνικός Οργανισμός Τυποποίησης.
Ε.Λ.Π.Α. = Ελληνική Λέσχη Περιήγησης και Αυτοκινήτου.
Ε.Λ.Σ. = Ελληνική Λυρική Σκηνή.
ΕΛ.ΤΑ. = Ελληνικά Ταχυδρομεία.
Ε.Μ.Ν.Ε. = Εταιρεία Μελέτης Νέου Ελληνισμού.
Ε.Μ.Π. = Εθνικό Μετσόβιο Πολυτεχνείο.
Ε.Μ.Σ. = Εταιρεία Μακεδονικών Σπουδών.
Ε.Μ.Υ. = Εθνική Μετεωρολογική Υπηρεσία.
Ε.Ν.Ι. = Ευρωπαϊκό Νομισματικό Ινστιτούτο.
ενν. = εννοείται.
Ε.Ν.Σ. = Ευρωπαϊκό Νομισματικό Σύστημα.
Ε.Ο.Α. = Επιτροπή Ολυμπιακών Αγώνων.
Ε.Ο.Β. = Ελληνικός Οργανισμός Βάμβακος.
Ε.Ο.Κ. = 1. Εθνικός Οργανισμός Καπνού.
2. Ευρωπαϊκή Οικονομική Κοινότητα.
3. Ελληνική Ομοσπονδία Καλαθοσφαίρισης.
Ε.Ο.Κ.Α. = Εθνική Οργάνωση Κύπριων Αγωνιστών.
Ε.Ο.Μ.Μ.Ε.Χ. = Ελληνικός Οργανισμός Μικρομεσαίων Μεταποιητικών Επιχειρήσεων και Χειροτεχνίας.
Ε.Ο.Ο. = Ελληνική Ομοσπονδία Οδοντιατρών.
Ε.Ο.Π. = Εθνική Ομοσπονδία Πυγμαχίας.
Ε.Ο.Τ. = Ελληνικός Οργανισμός Τουρισμού.
Ε.Ο.Φ. = Εθνικός Οργανισμός Φαρμάκων.
Ε.Ο.Χ. = Ευρωπαϊκός Οικονομικός Χώρος.
επ. = επόμενος.
Ε.Π.Α.Ε. = Ένωση Ποδοσφαιρικών Ανώνυμων Εταιρειών.
Ε.Π.Α.Τ. = Επείγον Πρόγραμμα Ανάπτυξης Τηλεπικοινωνιών.
Ε.Π.Δ.Π. = Εθνικό Πολιτιστικό Δίκτυο Πόλεων.
Ε.Π.Ε. = Εταιρεία Περιορισμένης Ευθύνης.
Ε.Π.Λ. = 1. Ενιαίο Πολυκλαδικό Λύκειο.
2. Έλληνες Πραγματογνώμονες Λογιστές.
Ε.Π.Ο. = 1. Ελληνική Ποδοσφαιρική Ομοσπονδία.
2. Εταιρεία Προστασίας (της Φύσης) και Οικοανάπτυξης.
Ε.Π.Ο.Ν. = Ελληνική Πολιτική Οργάνωση Νέων.
Ε.ΡΑ. = Ελληνική Ραδιοφωνία.
Ε.Ρ.Ε. = Εθνική Ριζοσπαστική Ένωση.
Ε.Ρ.Τ. = Ελληνική Ραδιοφωνία Τηλεόραση.
Ε.Σ. = 1. Ελληνικός Στρατός.
2. Ερυθρός Σταυρός.
3. Ελεγκτικό Συνέδριο.
Ε.Σ.Α. = 1. Ελληνική Στρατιωτική Αστυνομία.
2. Εμπορικός Σύλλογος Αθήνας.
Ε.Σ.Α.Π. = Εθνικό Συμβούλιο Ανάπτυξης και Προγραμματισμού.
Ε.Σ.Α.Τ. = Ένωση Συντακτών Αθηναϊκού Τύπου.
Ε.Σ.Ε.Ε. = Εθνική Σπουδαστική Ένωση Ελλάδας.
Ε.Σ.Ε.Ε.Κ. = Εθνικό Σύστημα Επαγγελματικής Εκπαίδευσης και Κατάρτισης.
Ε.Σ.Ε.Τ. = Ένωση Συντακτών Επαρχιακού Τύπου.
Ε.Σ.Η.Ε.Α. = Ένωση Συντακτών Ημερήσιων Εφημερίδων Αθήνας.
Ε.Σ.Η.Ε.Μ.-Θ. = Ένωση Συντακτών Ημερήσιων Εφημερίδων Μακεδονίας-Θράκης.
Ε.Σ.Π. = Εμπορικός Σύλλογος Πειραιά.
Ε.Σ.Ρ. = Εθνικό Συμβούλιο Ραδιοτηλεόρασης.
Ε.Σ.Σ.Δ. = Ένωση Σοβιετικών Σοσιαλιστικών Δημοκρατιών.

Ε.Σ.Σ.Ο. = Εκπαιδευτική Σειρά Στρατεύσιμων Οπλιτών.
Ε.Σ.Υ. = Εθνικό Σύστημα Υγείας.
Ε.Σ.Υ.Ε. = Εθνική Στατιστική Υπηρεσία Ελλάδας.
Ε.ΣΥ.Π. = Εθνικό Συμβούλιο Παιδείας.
Ε.Τ. = Ελληνική Τηλεόραση.
Ε.Τ.Β.Α. = Ελληνική Τράπεζα Βιομηχανικής Ανάπτυξης.
Ε.Τ.Ε. = 1. Εθνική Τράπεζα Ελλάδας.
2. Ένωση Τραγουδιστών Ελλάδας.
3. Ευρωπαϊκή Τράπεζα Επενδύσεων.
Ε.Τ.Ε.Β.Α. = Εθνική Τράπεζα Επενδύσεων Βιομηχανικής Ανάπτυξης.
Ε.Τ.Ε.Ρ.Π.Σ. = Εθνικό Ταμείο Εφαρμογής Ρυμοτομικών και Πολεοδομικών Σχεδίων.
Ε.Τ.Π.Α. = Ευρωπαϊκό Ταμείο Περιφερειακής Ανάπτυξης.
Ε.ΥΔ.Α.Π. = Εταιρεία Υδάτων Αθήνας-Πειραιά.
Ε.Υ.Π. = Εθνική Υπηρεσία Πληροφοριών.
Ε.Φ.Ε. = Ελληνική Φωτογραφική Εταιρεία.
Ε.Φ.Ε.Ε. = Εθνική Φοιτητική Ένωση Ελλάδας.
Ε.Φ.Ι. = Επιτροπή Φίλαθλης Ιδιότητας.
ΕΦΙ.Β.Α. = Ένωση Φίλων Βαρέων Αθλημάτων.
Ε.Φ.Τ.Ε. = Ειδικός Φόρος Τραπεζικών Εργασιών.
Ε.Χ.Π.Α. = Ένωση Χειριστών Πολιτικής Αεροπορίας.
Ε.Ψ.Ψ.Ε.Π. = Εταιρεία Ψυχολογική και Ψυχιατρική Ενηλίκων και Παιδιών.

Η

Η.Α.Ε. = Ηνωμένα Αραβικά Εμιράτα.
Η.Ε. = Ηνωμένα Έθνη.
Η.Λ.Π.Α.Π. = Ηλεκτροκίνητα Λεωφορεία Περιοχής Αθήνας-Πειραιά.
Η.Π.Α. = Ηνωμένες Πολιτείες Αμερικής.
Η.Σ.Α.Π. = Ηλεκτρικοί Σιδηρόδρομοι Αθήνας-Πειραιά.
Η/Υ = Ηλεκτρονικός Υπολογιστής.

Θ

Θεσ/νίκη = Θεσσαλονίκη.
Θ.Ο.Κ. = Θεατρικός Οργανισμός Κύπρου.

Ι

Ι.Α.Χ. = Ιδίαις Αυτού Χερσίν.
Ι.Γ.Μ.Ε. = Ινστιτούτο Γεωλογικών και Μεταλλευτικών Ερευνών.
Ι.Ε.Κ. = Ινστιτούτο Επαγγελματικής Κατάρτισης.
Ι.Ε.Π. = Ίδρυμα Ελληνικού Πολιτισμού.
Ι.Ι.Ε.Κ. = Ιδιωτικό Ινστιτούτο Επαγγελματικής Κατάρτισης.
Ι.Κ.Α. = Ίδρυμα Κοινωνικών Ασφαλίσεων.
Ι.Κ.Κ. = Ιταλικό Κομουνιστικό Κόμμα.
Ι.Κ.Υ. = Ίδρυμα Κρατικών Υποτροφιών.
Ι.Μ.Χ.Α. = Ίδρυμα Μελετών Χερσονήσου του Αίμου.
Ι.Ν.Β.Ι. = Ιησούς Ναζωραίος Βασιλεύς Ιουδαίων.
ΙΝ.Ε. = Ινστιτούτο Εργασίας.
ΙΝ.ΚΑ. = Ινστιτούτο Καταναλωτών.
Ι.Ν.Σ. = Ινστιτούτο Νεοελληνικών Σπουδών.
Ι.Ξ.Γ.Φ. = Ινστιτούτο Ξένων Γλωσσών και Φιλολογιών.
Ι.Ο.Β.Ε. = Ινστιτούτο Οικονομικών και Βιομηχανικών Ερευνών.
Ι.Σ.Α. = Ιατρικός Σύλλογος Αθήνας.
Ι.Τ.Ε. = Ίδρυμα Τεχνολογικών Ερευνών.
Ι.Υ.Π. = Ινστιτούτο Υγείας Παιδιού.
Ι.Χ. = 1. Ιδιωτική Χρήση.
2. Ιησούς Χριστός.
Ι.Χ.Θ.Υ.Σ. = Ιησούς Χριστός Θεού Υιός Σωτήρ.

Κ

κ. = 1. κύριος. 2. κυρία.
κα. = κυρία.
κ.α. = 1. και ακόλουθα. 2. και αλλού.
κ.ά. = και άλλα.
Κ.Α.Α. = Κρατικός Αερολιμένας Αθήνας.
Κ.Α.Β. = Κέντρο Άμεσης Βοήθειας.
Κ.Α.Ε. = Κεντρική Ανατολική Ευρώπη.
Κ.Α.Π. = Κοινή Αγροτική Πολιτική.
Κ.Α.Π.Η. = Κέντρο Ανοικτής Προστασίας Ηλικιωμένων.
Κ.Α.Σ. = Κεντρικό Αρχαιολογικό Συμβούλιο.
Κ.Α.Τ.Ε. = Κέντρο Ανώτερης Τεχνικής Εκπαίδευσης.
Κ.Α.Τ.Ε.Ε. = Κέντρο Ανώτερης Τεχνικής Επαγγελματικής Εκπαίδευσης.
Κ.Β.Ε. = Κέντρο Βυζαντινών Ερευνών.
Κ.Δ. = Καινή Διαθήκη.
Κ.Δ.Γ. = Κίνηση Δημοκρατικών Γυναικών.
κε., κ.ε. = και εξής.
Κ.Ε. = Κεντρική Επιτροπή.
Κ.Ε.Α.Δ.Ε.Α. = Κίνηση για την Εθνική Ανεξαρτησία, τη Διεθνή Ειρήνη και τον Αφοπλισμό.
Κ.Ε.Β.Ο.Π. = Κέντρο Εκπαίδευσης Βαρέων Όπλων Πεζικού.
Κ.Ε.Γ.Ε. = Κεντρική Επιτροπή Γενικών Εξετάσεων.
Κ.Ε.Δ. = 1. Κτηματική Εταιρεία Δημοσίου.
2. Κεντρική Επιτροπή Δανείων.
ΚΕ.Δ.Α.Κ. = Κέντρο Διαφύλαξης Αγιορείτικης Κληρονομιάς.
Κ.Ε.Δ.Κ.Ε. = Κεντρική Ένωση Δήμων και Κοινοτήτων Ελλάδας.
Κ.Ε.Ε. = Καλλιτεχνικό Επιμελητήριο Ελλάδας.
Κ.Ε.Ε.Λ. = Κέντρο Ελέγχου Ειδικών Λοιμώξεων.
Κ.Ε.Ε.Μ. = 1. Κέντρο Εξαγωγικών Ερευνών και Μελετών.
2. Κέντρο Εκπαίδευσης Εφοδιασμού και Μεταφορών.
Κ.Ε.Θ.Ι. = Κέντρο Έρευνας Θεμάτων Ισότητας.
Κ.Ε.Κ. = Κέντρο Ελέγχου Καυσαερίων.
Κ.Ε. και Ε.Μ. = Κέντρο Εκπαίδευσης και Ερευνών Μάνατζμεντ.
Κ.Ε.Μ.Ε. = Κέντρο Εκπαιδευτικών Μελετών και Επιμόρφωσης.
ΚΕ.ΜΕ.Π.Ε. = Κέντρο Μελέτης Προβλημάτων του Ελληνισμού.
κ.εξ. = και εξής.
κ.εξξ. = και εξής.
Κ.Ε.Π.Ε.Κ. = Κέντρο Επιστημονικής Προστασίας και Ενημέρωσης Καταναλωτή.
ΚΕ.Σ.Υ. = Κεντρικό Συμβούλιο Υγείας.
Κ.Ε.Τ.Α. = Κεντρική Επιτροπή Τοπικής Αυτοδιοίκησης.
Κ.Ε.Τ.Ε. = Κέντρο Επαγγελματικής Τεχνικής Εκπαίδευσης.
κεφ. = κεφάλαιο.
Κ.Θ.Β.Ε. = Κρατικό Θέατρο Βόρειας Ελλάδας.
κ.κ. = κύριοι.
Κ.Κ. = Κομουνιστικό Κόμμα.
Κ.Κ.Ε. = Κομουνιστικό Κόμμα Ελλάδας.

Κ.Κ.Ε. - Α.Α. = Κομουνιστικό Κόμμα Ελλάδας-Ανανεωτική Αριστερά.
Κ.Κ.Σ.Ε. = Κομουνιστικό Κόμμα Σοβιετικής Ένωσης.
κλπ. = και λοιπά.
κ.μ. = κυβικό μέτρο.
Κ.Μ.Π.Φ. = Κινητή Μονάδα Προνοσοκομειακής Φροντίδας.
Κ.Ν.Ε. = Κομουνιστική Νεολαία Ελλάδας.
Κ.Ο. = Κοινοβουλευτική Ομάδα.
Κ.Ο.Α. = Κρατική Ορχήστρα Αθήνας.
ΚΟ.ΔΗ.ΣΟ. = Κόμμα Δημοκρατικού Σοσιαλισμού.
Κ.Ο.Θ. = Κρατική Ορχήστρα Θεσσαλονίκης.
Κ.Ο.Κ. = Κώδικας Οδικής Κυκλοφορίας.
Κον = Κύριον.
Κος = Κύριος.
Κ.Π.Ε.Ε. = Κέντρο Πολιτικής Έρευνας και Επιμόρφωσης.
Κ.Π.Σ. = Κοινοτικά Προγράμματα Στήριξης (για τη βιομηχανία).
Κ.Σ.Ε.Δ. = Κέντρο Συντονισμού Έρευνας και Διάσωσης (αεροπορία).
Κ.Τ.Ε. = Κοινωνία των Εθνών.
Κ.Τ.Ε.Λ. = Κοινό Ταμείο Εισπράξεων Λεωφορείων.
Κ.Τ.Ε.Ο. = Κέντρο Τεχνικού Ελέγχου Οχημάτων.
κ.τ.λ. = και τα λοιπά.
κ.τ.ό. = και τα όμοια.
Κ.Υ. = Κρατική Υπηρεσία.
Κ.Υ.Δ.Ε.Π. = Κεντρική Υπηρεσία Διαχείρισης Εγχώριας Παραγωγής.
Κ.Υ.Π. = Κεντρική Υπηρεσία Πληροφοριών.
Κ.Υ.Σ.Δ.Ε. = Κεντρικό Υπηρεσιακό Συμβούλιο Δευτεροβάθμιας Εκπαίδευσης.
ΚΥ.Σ.Ε.Α. = Κυβερνητικό Συμβούλιο Εθνικής Άμυνας.
ΚΥ.ΣΥΜ. = Κυβερνητικό Συμβούλιο.
Κ.Φ.Σ. = Κώδικας Φορολογικών Στοιχείων.
Κ.Ψ.Μ. = (στρατ.) Κέντρο Ψυχαγωγίας Μονάδας (κοιν. *καψιμί* το).
Κων/νος = Κωνσταντίνος.
Κων/πολη = Κωνσταντινούπολη.

Λ

Λ.Ο.Κ. = Λόχος Ορεινών Καταδρομών.
Λ.Ο.Μ. = Λόχος Ορεινών Μεταφορών.
Λ.Σ. = Λιμενικό Σώμα.
λ/σμός = λογαριασμός.
Λ.Υ.Β. = Λόχος Υποψηφίων Βαθμοφόρων.
λ.χ. = λόγου χάριν.

Μ

μ. = μέτρα
Μ. = Μέγας.
Μ.Α.Β.Ε. = Μεταλλεία Αμιάντου Βόρειας Ελλάδας.
Μ.Α.Δ. = Μέση Αγοραστική Δύναμη.
Μ.Α.ΚΙ. = Μαθητική Ανεξάρτητη Κίνηση.
Μ.Α.Τ. = Μονάδες Αποκατάστασης Τάξης.
Μ.Ε. = Μέση Εκπαίδευση.
Μ.Ε.Θ. = Μονάδα Εντατικής Θεραπείας.
Μ.Ε.Κ. = Μονάδα Επαγγελματικής Κατάρτισης.
Μ.Ε.Λ.Τ. = Μουσείο Ελληνικής Λαϊκής Τέχνης.
Μ.Ι.Ε.Τ. Μορφωτικό Ίδρυμα Εθνικής Τράπεζας.
Μ.Κ.Δ. = Μέγιστος Κοινός Διαιρέτης.
μ.μ. = μετά το μεσημέρι.
Μ.Μ.Ε. = Μέσα Μαζικής Ενημέρωσης.

Μ.Ο.Δ. = Μικτό Ορκωτό Δικαστήριο.
Μ.Ο.Ε. = Μέτρα Οικοδόμησης Εμπιστοσύνης.
Μ.Ο.Π. = Μεσογειακά Ολοκληρωμένα Προγράμματα.
Μ.Π.Ε. = Μακεδονικό Πρακτορείο Ειδήσεων.
Μ.Σ.Ι. = Μηχανισμός Συναλλαγματικών Ισοτιμιών.
Μ.Τ.Π.Υ. = Μετοχικό Ταμείο Πολιτικών Υπαλλήλων.
Μ.Τ.Σ. = Μετοχικό Ταμείο Στρατού.
μ.Χ. = μετά Χριστόν.

Ν

ν. = νομός.
ν. = 1. νότιος. 2. νόμος. 3. νέος, -α, -ο.
ΝΑ. = Νοτιοανατολικός.
Ν.Α.Ρ. = Νέο Αριστερό Ρεύμα.
Ν.Α.Τ. = Ναυτικό Απομαχικό Ταμείο.
ΝΔ. = Νοτιοδυτικός.
Ν.Δ. = 1. Νομοθετικό Διάταγμα. 2. Νέα Δημοκρατία.
Ν.Δ.Β.Α. = Ναυτική Διοίκηση Βόρειου Αιγαίου.
Ν.Δ.Ν.Α. = Ναυτική Διοίκηση Νότιου Αιγαίου.
Ν.Ε. = Νομαρχιακή Επιτροπή.
Ν.Ε.Ε. = Ναυτικό Επιμελητήριο Ελλάδας.
Ν.Ε.Λ.Ε. = Νομαρχιακή Επιτροπή Λαϊκής Επιμόρφωσης.
Ν.Ε.Π., βλ. *Ν.Ε.Ρ.* (ξένα αρκτικόλεξα).
Ν.Ι.Ε.Ν. = Νοσηλευτικό Ίδρυμα Εμπορικού Ναυτικού.
Ν.Ι.Μ.Τ.Σ. = Νοσηλευτικό Ίδρυμα Μετοχικού Ταμείου Στρατού.
ν.μ. = ναυτικά μίλια.
Ν.Ο.Ε. = Νομικών και Οικονομικών Επιστημών (Σχολή).
Ν.Ο.Χ. = Ναυτικός Όμιλος Χίου.
Ν.Π.Δ.Δ. = Νομικό Πρόσωπο Δημόσιου Δικαίου.
Ν.Π.Ι.Δ. = Νομικό Πρόσωπο Ιδιωτικού Δικαίου.
Ν.Σ.Κ. = Νομικό Συμβούλιο του Κράτους.

Ξ

Ξ.Α. = Ξένη Αποστολή.

Ο

Ο.Α. = Ολυμπιακή Αεροπορία.
Ο.Α.Ε. = Οργανισμός Ανασυγκρότησης Επιχειρήσεων.
Ο.Α.Ε.Δ. = Οργανισμός Απασχόλησης Εργατικού Δυναμικού.
Ο.Α.Θ. = Οργανισμός Αποχέτευσης Θεσσαλονίκης.
Ο.Α.Κ.Α. = Ολυμπιακό Αθλητικό Κέντρο Αθήνας (Ολυμπιακό Στάδιο Καλογρέζας).
Ο.Α.Π. = 1. Οργανισμός Αποχέτευσης Πρωτεύουσας.
2. Οργάνωση για την Απελευθέρωση της Παλαιστίνης· πβ. *P.L.O.*
Ο.Α.Σ.Α. = Οργανισμός Αστικών Συγκοινωνιών Αθήνας.
Ο.Α.Σ.Θ. = Οργανισμός Αστικών Συγκοινωνιών Θεσσαλονίκης.
Ο.Α.Σ.Π. = Οργανισμός Αντισεισμικού Σχεδιασμού και Προστασίας.
Ο.Β. = Οργάνωση Βάσης.
Ο.Β.Α. = Οργανισμός Βιομηχανικής Ανάπτυξης.
Ο.Γ.Α. = Οργανισμός Γεωργικών Ασφαλίσεων.
Ο.Γ.Ε. = Ομοσπονδία Γυναικών Ελλάδας.

Ο.Δ.Δ.Ε.Π. = Οργανισμός Διοίκησης και Διαχείρισης Εκκλησιαστικής Περιουσίας.
Ο.Δ.Δ.Υ. = Οργανισμός Διαχείρισης Δημόσιου Υλικού.
Ο.ΔΙ.Σ.Υ. = Οργανισμός Διαχείρισης Συμμαχικού Υλικού.
Ο.Ε. = Ομόρρυθμη Εταιρεία.
Ο.Ε.Δ.Β. = Οργανισμός Έκδοσης Διδακτικών Βιβλίων.
Ο.Ε.Ε. = Οργανισμός Εργατικής Εστίας.
Ο.Ε.Κ. = Οργανισμός Εργατικής Κατοικίας.
Ο.Η.Ε. = Οργανισμός Ηνωμένων Εθνών.
Ο.Ι.Ε.Λ.Ε. = Ομοσπονδία Ιδιωτικών Εκπαιδευτικών Λειτουργών Ελλάδας.
Ο.Κ.Ε. = Ομάδα Κοινοβουλευτικού Ελέγχου.
Ο.Λ.Θ. = Οργανισμός Λιμένα Θεσσαλονίκης.
Ο.Λ.Μ.Ε. = Ομοσπονδία Λειτουργών Μέσης Εκπαίδευσης.
Ο.Λ.Π. = Οργανισμός Λιμένα Πειραιά.
Ο.Μ.Μ.Α. = Οργανισμός Μεγάρου Μουσικής Αθηνών.
Ο.ΝΑ.Σ. = Ομοσπονδία Ναξιακών Συλλόγων.
Ο.Ν.Ε. = Οικονομική Νομισματική Ένωση.
Ο.Ν.ΝΕ.Δ. = Οργάνωση Νέων Νέας Δημοκρατίας.
Ο.Ο.Σ.Α. = Οργανισμός Οικονομικής Συνεργασίας και Ανάπτυξης.
Ο.Π.Α.Π. = Οργανισμός Προγνωστικών Αγώνων Ποδοσφαίρου.
Ο.Π.Ε. = Οργανισμός Προώθησης Εξαγωγών.
Ο.ΠΕ.Κ. = Οργανισμός Πετρελαιοπαραγωγών Κρατών.
Ο.Π.Π.Ε. = Οργάνωση Παλαιών Πολεμιστών Ελλάδας.
Ο.Σ.Ε. = Οργανισμός Σιδηροδρόμων Ελλάδας.
Ο.Σ.Ε.Π. = Οικονομική Συνεργασία Εύξεινου Πόντου.
Ο.Σ.Κ. = Οργανισμός Σχολικών Κτηρίων.
Ο.Σ.Π.Α. = Ομοσπονδία Σωματείων Πολιτικής Αεροπορίας.
Ο.Σ.Υ.Π.Α. = Ομοσπονδία Συλλόγων Υπηρεσίας Πολιτικής Αεροπορίας.
Ο.Σ.Φ.Π. = Ολυμπιακός Σύνδεσμος Φιλάθλων Πειραιά.
Ο.Τ.Α. = Οργανισμός Τοπικής Αυτοδιοίκησης.
Ο.Τ.Ε. = Οργανισμός Τηλεπικοινωνιών Ελλάδας.
Ο.Τ.Ο.Ε. = Ομοσπονδία Τραπεζοϋπαλληλικών Οργανώσεων Ελλάδας.
Ο.Τ.Υ. = Ομοσπονδία Ταχυδρομικών Υπαλλήλων.
Ο.Υ.Ε.Τ. = Ομοσπονδία Υπαλλήλων Ελληνικών Τραπεζών.
ΟΥ.Ε.Φ.Α., βλ. U.E.F.A.
Ο.Υ.Θ. = Οργανισμός Ύδρευσης Θεσσαλονίκης.
Ουνέσκο, βλ. U.N.E.S.C.O.

Π

Π.Α. = 1. Πανεπιστήμιο Αθηνών.
 2. Πολεμική Αεροπορία.
Π.Α.Ε. = 1. Πανελλήνια Αθλητική Ένωση.
 2. Ποδοσφαιρική Ανώνυμη Εταιρεία.
Π.Α.Κ. = Πανελλήνιο Απελευθερωτικό Κίνημα.
Π.Α.Ο. = Παναθηναϊκός Αθλητικός Όμιλος.
Π.Α.Ο.Κ. = Πανθεσσαλονίκιος Αθλητικός Όμιλος Κωνσταντινουπολιτών.
παρ. = παράγραφος.
Π.Α.Σ. = Ποδοσφαιρικός Αθλητικός Σύλλογος.
ΠΑ.Σ.Ε.ΓΕ.Σ. = Πανελλήνια Συνομοσπονδία Ενώσεων Γεωργικών Συνεταιρισμών.
ΠΑ.Σ.Κ. = Πανελλήνια Σοσιαλιστική Κίνηση.
Π.Α.Σ.Κ.Ε. = Πανελλήνια Αγωνιστική Συνδικαλιστική Κίνηση Εργαζομένων.
ΠΑ.ΣΟ.Κ. = Πανελλήνιο Σοσιαλιστικό Κίνημα.
Π.Α.Σ.Π. = Πανελλήνια Αγωνιστική Σπουδαστική Παράταξη.
Π.Α.Σ.Π.Ε. = Πάντειος Ανώτατη Σχολή Πολιτικών Επιστημών.
πβ. = παράβαλε.
Π.Γ.Α.Π. = Πολεοδομικό Γραφείο Αθήνας-Προαστίων.
Π.Γ.Δ. (Μακεδονίας) = Πρώην Γιουγκοσλαβική Δημοκρατία (Μ.).
Π.Δ. = Προεδρικό Διάταγμα.
Π.Ε.Α.Ε.Α. = Πανελλήνια Ένωση Αγωνιστών Εθνικής Αντίστασης.
Π.Ε.Α.Τ. = Πρακτορείο Εφημερίδων Αθηναϊκού Τύπου.
Π.Ε.Ε.Α. = 1. Πανελλήνια Επιτροπή Εθνικής Απελευθέρωσης.
 2. Πανελλήνια Ένωση Εφέδρων Αξιωματικών.
Π.Ε.Κ. = 1. Πανελλήνια Ένωση Κινηματογραφιστών.
 2. Περιφερειακά Επιμορφωτικά Κέντρα.
Π.Ε.Κ.Δ.Υ. = Πανελλήνια Ένωση Κτηνιάτρων Δημόσιων Υπαλλήλων.
Π.Ε.Λ. = Πανελλήνια Ένωση Λογοτεχνών.
Π.Ε.Ρ.Π.Α. = Πρόγραμμα Ελέγχου Ρύπανσης Περιβάλλοντος Αθήνας.
Π.Ε.Φ. = Πανελλήνια Ένωση Φιλολόγων.
Π.Θ. = Πανεπιστήμιο Θεσσαλίας.
Π.Ι.Ε.Π. = Παγκόσμιο Ίδρυμα Εξυπηρέτησης Πανεπιστημίων.
Π.Ι.Κ.Π.Α. = Πατριωτικό Ίδρυμα Κοινωνικής Πρόνοιας και Αντίληψης.
Π.Μ. = Πανεπιστήμιο Μακεδονίας.
π.μ. = πριν από το μεσημέρι.
Π.Ν. = Πολεμικό Ναυτικό.
Π.Ν.Ο. = Πανελλήνια Ναυτική Ομοσπονδία.
Π.Ο.Δ.Γ. = Παγκόσμια Οργάνωση Δημοκρατικών Γυναικών.
Π.Ο.Δ.Ν. = Παγκόσμια Οργάνωση Δημοκρατικών Νέων.
Π.Ο.Ε. = 1. Πολιτικών και Οικονομικών Επιστημών (Σχολή).
 2. Παγκόσμιος Οργανισμός Εμπορίου.
Π.Ο.Ε.Β. = Πανελλήνια Ομοσπονδία Εκδοτών Βιβλιοπωλών.
Π.Ο.Ε.Κ.Ο = Πανελλήνια Ομοσπονδία Εμπορικών Κλαδικών Οργανώσεων.
Π.Ο.Θ.Α. = Πανελλήνια Ομοσπονδία Θεάματος - Ακροάματος.
ΠΟΛ.ΑΝ. = Πολιτική Άνοιξη.
Π.Ο.Π.Σ. = Πανελλήνια Ομοσπονδία Πολιτικών Συνταξιούχων.
Π.Ο.Σ.Π.Ε.Ρ.Τ. = Πανελλήνια Ομοσπονδία Συλλόγων Προσωπικού Ελληνικής Ραδιοφωνίας-Τηλεόρασης.
Π.Ο.Τ.Α. = Προσωπικό Οργανισμών Τοπικής Αυτοδιοίκησης.
Π.Ο.Υ. = Παγκόσμια Οργάνωση Υγείας.
Π.Ο.Υ.Ε.Ν. = Πανελλήνια Ομοσπονδία Υπαλλήλων Εμπορικού Ναυτικού.
Π.-Π. = Πειραϊκή-Πατραϊκή.
ΠΡΟ-ΠΟ = Προγνωστικά Ποδοσφαίρου.

Π.Σ. = Πυροσβεστικό Σώμα.
Π.Σ.Α.Ε.Ε.Α. = Πανελλήνιος Σύνδεσμος Αγωνιστών Εαμικής Εθνικής Αντίστασης.
Π.Σ.Ε. = Πανελλήνιος Σύνδεσμος Εξαγωγέων.
Π.Σ.Ε.Α. = Πολιτική Σχεδίαση Έκτακτης Ανάγκης.
Π.Σ.Κ. = Πανσπουδαστική Συνδικαλιστική Κίνηση.
Π.Σ.Α.Π.Θ. = Πειραματικό Σχολείο Αριστοτέλειου Πανεπιστημίου Θεσσαλονίκης.
Π.Σ.Π.Α. = Πειραματικό Σχολείο Πανεπιστημίου Αθηνών.
Π.τ.Δ. = Πρόεδρος της Δημοκρατίας.
Π.Υ. = Πυροσβεστική Υπηρεσία.
ΠΥΡ.ΚΑΛ. = Πυριτιδοποιείο-Καλυκοποιείο.
Π.Υ.Σ. = Πρακτικά Υπουργικού Συμβουλίου.
Π.Υ.Σ.Δ.Ε. = Περιφερειακό Υπηρεσιακό Συμβούλιο Δευτεροβάθμιας Εκπαίδευσης.
Π.Υ.Σ.Μ.Ε. = Περιφερειακό Υπηρεσιακό Συμβούλιο Μέσης Εκπαίδευσης.
Π.Φ.Σ. = Πανελλήνιος Φαρμακευτικός Σύλλογος.
π.Χ. = προ Χριστού.

Ρ

Ρ.Ι.Κ. = Ραδιοφωνικό Ίδρυμα Κύπρου.
Ρ/Σ = Ραδιοφωνικός Σταθμός.

Σ

σ. = σελίδα.
Σ.Α.Α.Ν. = Σχολή Αξιωματικών Αδελφών Νοσοκόμων.
Σ.Α.Γ.Ε. = Συμβούλιο Αρχηγών Γενικών Επιτελείων.
Σ.Α.Π. = Συμβούλιο Ανώτατης Παιδείας.
Σ.Α.Τ.Α. = Συνδικάτο Αυτοκινητιστών Ταξί Αττικής.
Σ.ΒΔ.Ε. = Σιδηρόδρομοι Βορειοδυτικής Ελλάδας.
Σ.Β.Ι.Ε. = Σχολές Βοηθών Ιατρικών Επαγγελμάτων.
Σ.Δ.Α. = Στρατιωτική Διοίκηση Αθηνών.
Σ.Ε.Α. = Σύνδεσμος Εφέδρων Αξιωματικών.
Σ.Ε.Α.Π. = Σχολή Εφέδρων Αξιωματικών Πεζικού.
Σ.Ε.Β. = Σύνδεσμος Ελλήνων Βιομηχάνων.
Σ.Ε.Β.Α. = Σύλλογος Εκδοτών Βιβλιοπωλών Αθήνας.
Σ.Ε.Β.Ε. = Σύνδεσμος Εκδοτών Βόρειας Ελλάδας.
Σ.Ε.Γ.Α.Σ. = Σύνδεσμος Ελληνικών Γυμναστικών και Αθλητικών Σωματείων.
Σ.Ε.Δ.Π.Φ.Σ. = Σύλλογος Επιστημονικού Διδακτικού Προσωπικού Φιλοσοφικής Σχολής.
Σ.Ε.Ε. = Συμβούλιο Επιμόρφωσης Εκπαιδευτικών.
Σ.Ε.Ε.Π.Ε. = Σύνδεσμος Εταιρειών Εμπορίας Πετρελαιοειδών στην Ελλάδα.
Σ.Ε.Η. = Σύλλογος Ελλήνων Ηθοποιών.
Σ.Ε.Κ. = Σιδηρόδρομοι Ελληνικού Κράτους.
ΣΕΚ.Β. = Σύνδεσμος Εκδοτών Βιβλίων.
Σ.Ε.Κ.Ε. = Συνεταιριστική Ένωση Καπνοπαραγωγών Ελλάδας.
Σ.Ε.ΚΟ.Β.Ε. = Συνεταιριστικά Εργοστάσια Κονσερβοποιίας Βόρειας Ελλάδας.
σελ., βλ. σ.
Σ.Ε.Λ.Ε. = Σύλλογος Εγκεκριμένων Λογιστών Ελλάδας.
Σ.Ε.Λ.Ε.Τ.Ε. = Σχολή Εκπαιδευτικών Λειτουργών Επαγγελματικής και Τεχνικής Εκπαίδευσης.
Σ.Ε.Λ.Μ.Ε. = Σχολή Επιμόρφωσης Λειτουργών Μέσης Εκπαίδευσης.

Σ.Ε.Ν. = Σώμα Ελλήνων Ναυτοπροσκόπων.
Σ.Ε.Ο. = 1. Συμβούλιο Επιλογής Οπλιτών.
2. Σώμα Ελληνίδων Οδηγών.
Σ.Ε.Π. = 1. Σχολικός Επαγγελματικός Προσανατολισμός.
2. Σώμα Ελλήνων Προσκόπων.
Σ.Ε.Σ.Κ. = Σωματείο Ελλήνων Σκηνοθετών Κινηματογράφου.
Σ.Ε.Ψ. = Σύλλογος Ελλήνων Ψυχολόγων.
Σία = συντροφία.
Σ.Ι.Ε.Λ.Θ. = Σύλλογος Ιδιωτικών Εκπαιδευτικών Λειτουργών Θεσσαλονίκης.
Σ.Ι.Σ. = Στρατιωτική Ιατρική Σχολή.
Σ.Κ.Λ.Ε. = Σύνδεσμος Κοινωνικών Λειτουργών Ελλάδας.
Σ.Κ.Ο.Π. = Συμβούλιο Κοινωνικής και Οικονομικής Πολιτικής.
Σ.Λ.Ε. = Συμβούλιο Λαϊκής Επιμόρφωσης.
σ/ν. = σχέδιο νόμου.
Σ.ΜΕΤ.Χ.Α. = Συμβούλιο Μετόχων Χρηματιστηρίου Αθήνας.
Σ.Ν.Δ. = Σχολή Ναυτικών Δοκίμων.
Σ.Ο.Δ.Υ. = Στεγαστικός Οργανισμός Δημόσιων Υπαλλήλων.
Σ.Ο.Ε. = 1. Συμβούλιο Οικονομικών Εμπειρογνωμόνων.
2. Σώμα Ορκωτών Εκτιμητών.
Σ.Ο.Λ. = Σώμα Ορκωτών Λογιστών.
Σ.Π.Α. = Σχέδιο Περιφερειακής Ανάπτυξης.
Σ.Π.Ε.Π. = Σύνδεσμος Προώθησης Ελληνικών Προϊόντων.
Σ.Π.Ε.Τ. = Σύνδεσμος Παραγωγών Ελληνικής Τηλεόρασης.
σσ. = σελίδες.
Σ.Σ.Α.Σ. = Στρατιωτική Σχολή Αξιωματικών Σωμάτων.
Σ.Σ.Ε. = Στρατιωτική Σχολή Ευελπίδων.
Σ.Σ.Ι. = Στρατιωτική Σχολή Ικάρων.
Σ.Σ.Ξ.Γ. = Στρατιωτική Σχολή Ξένων Γλωσσών.
Σ.Τ.Ε. = 1. Συμβούλιο Τεχνολογικής Εκπαίδευσης.
2. Σχολή Τουριστικών Επαγγελμάτων.
Σ.τ.Ε. = Συμβούλιο της Επικρατείας.
ΣΥΝ. = Συνασπισμός της Αριστεράς και της Προόδου.
ΣΥΝ.Π.Ε. = Συνεταιρισμός Περιορισμένης Ευθύνης.
Σ.Υ.Π. = Σώμα Υλικού Πολέμου.
ΣΩ.ΣΥ.Φ. = Σώμα Συνοριακών Φρουρών.

Τ

τ. = τέλος.
Τ.Α. = Τοπική Αυτοδιοίκηση.
Τ.Α.Α.Θ.Π. = Ταμείο Αρωγής Αναπήρων και Θυμάτων Πολέμου.
Τ.Α.Β.Ε. = Ταμείο Ασφάλισης Βιομηχάνων Ελλάδας.
Τ.Α.Δ.Κ.Υ. = Ταμείο Ασφάλισης Δημοτικών και Κοινοτικών Υπαλλήλων.
Τ.Α.Ε. = Ταμείο Ασφάλισης Εμπόρων.
Τ.Α.Κ. = Ταμείο Ασφάλισης Καπνεργατών.
Τ.Α.Κ.Ε. = Ταμείο Ασφάλισης Κλήρου Ελλάδας.
Τ.Α.Λ.Σ. = Ταμείο Αρωγής Λιμενικού Σώματος.
Τ.Α.Ο.Χ. = Ταμείο Αλληλοβοήθειας Οπλιτών Χωροφυλακής.
Τ.Α.Π.Α. = Ταμείο Αρχαιολογικών Πόρων και Απαλλοτριώσεων.

Τ.Α.Π.Ο.Τ.Ε. = Ταμείο Ασφάλισης Προσωπικού Ο.Τ.Ε.
Τ.Α.Τ. = Ταμείο Ασφάλισης Τυπογράφων.
Τ.Α.Υ.Π.Σ. = Ταμείο Αρωγής Υπαλλήλων Πυροσβεστικού Σώματος.
Τ.Ε. = Τράπεζα της Ελλάδας.
Τ.Ε.Α.Α. = Ταμείο Επικουρικής Ασφάλισης Αρτοποιών.
Τ.Ε.Β.Ε. = Ταμείο Επαγγελματιών και Βιοτεχνών Ελλάδας.
Τ.Ε.Δ.Κ. = Τοπική Ένωση Δήμων και Κοινοτήτων.
Τ.Ε.Δ.Κ.Α. = Τοπική Ένωση Δήμων και Κοινοτήτων Αττικής.
Τ.Ε.Ε. = Τεχνικό Επιμελητήριο Ελλάδας.
Τ.Ε.Ι. = Τεχνολογικά Επαγγελματικά Ιδρύματα.
Τ.Ε.Λ. = Τεχνικό Επαγγελματικό Λύκειο.
Τ.Ε.Ο. = Ταμείο Εθνικής Οδοποιίας.
Τ.Ε.Σ. = Τεχνικές Επαγγελματικές Σχολές.
Τ.Ε.Φ.Α.Α. = Τμήμα Επιστήμης Φυσικής Αγωγής και Αθλητισμού (βλ. και Ε.Α.Σ.Α.).
Τ/Θ = Τεθωρακισμένα.
Τ.Θ. = Ταχυδρομική Θυρίδα.
Τ.Κ. = Ταχυδρομικός Κώδικας.
τ.μ. = τετραγωνικό μέτρο.
Τ.Μ.Τ.Σ. = Τράπεζα Μετοχικού Ταμείου Στρατού.
Τ.Ο.Τ.Α. = Τμήμα Οδικών Τροχαίων Ατυχημάτων.
ΤΟΥΡ.ΔΥ.Κ. = Τουρκική Δύναμη Κύπρου.
τουτ. = τουτέστιν.
Τ.Π. = Τάγμα Πεζικού.
Τ.Π.Δ. = Ταμείο Παρακαταθηκών και Δανείων.
Τ.Π.Δ.Υ. = Ταμείο Πρόνοιας Δημοσίων Υπαλλήλων.
τρ.έ. = τρέχοντος έτους.
τρ.μ. = τρέχοντος μηνός.
Τ.Σ.Α. = Ταμείο Σύνταξης Αυτοκινητιστών.
Τ.Σ.Α.Υ. = Ταμείο Σύνταξης - Αυτασφάλισης Υγειονομικών.
Τ.Σ.Ε.Μ.Δ.Ε. = Ταμείο Σύνταξης Μηχανικών και Εργολητπών Δημόσιων Έργων.
Τ.Σ.Ν. = Ταμείο Σύνταξης Νομικών.
Τ.Σ.Π.Η.Ε.ΑΘ. = Ταμείο Συντάξεων Προσωπικού Ημερήσιων Εφημερίδων Αθήνας.
Τ.Τ.Τ. = Ταχυδρομεία, Τηλέγραφοι, Τηλέφωνα.
Τ.Υ.Δ.Κ. = Τεχνική Υπηρεσία Δήμων και Κοινοτήτων.

Υ

Υ.Α.Σ.Β.Ε. = Υπηρεσία Αποκατάστασης Σεισμοπλήκτων Βόρειας Ελλάδας.
Υ.Β. = Υπουργείο Βιομηχανίας.
Υ.Β.Ε.Τ. = Υπουργείο Βιομηχανίας, Έρευνας και Τεχνολογίας.
Υ.Γ. = 1. υστερόγραφο.
2. Υπουργείο Γεωργίας.
Υ.Δ. = Υπουργείο Δικαιοσύνης.
Υ.Δ.Τ. = Υπουργείο Δημόσιας Τάξης.
Υ.Ε. = Υπουργείο Εσωτερικών.
Υ.Ε.Β. = Υπηρεσία Εγγείων Βελτιώσεων.
Υ.Ε.Ε.Τ. = Υπηρεσία Επιστημονικής Έρευνας και Τεχνολογίας.
Υ.ΕΘ.Α. = Υπουργείο Εθνικής Άμυνας.
Υ.Ε.Ν. = Υπουργείο Εμπορικής Ναυτιλίας.
Υ.ΕΝ.Ε.Δ. = Υπηρεσία Ενημέρωσης Ενόπλων Δυνάμεων.
Υ.Ε.Φ.Π. = Υπουργείο Ενέργειας και Φυσικών Πόρων.
Υ.ΜΑ.Θ. = Υπουργείο Μακεδονίας-Θράκης.
υπ. = υπουργός.
Υ.ΜΕ. = Υπουργείο Μεταφορών.
Υ.Π.Α. = Υπηρεσία Πολιτικής Αεροπορίας.
ΥΠ.Δ.Ε. = Υπουργείο Δημόσιων Έργων.
ΥΠ.Ε.Α. = Υπηρεσία Εθνικής Ασφάλειας.
ΥΠ.ΕΘ.Ο. = Υπουργείο Εθνικής Οικονομίας.
ΥΠ.ΕΜ. = Υπουργείο Εμπορίου.
Υ.Π.Ε.Ν. = Υπηρεσία Προστασίας Εθνικού Νομίσματος.
ΥΠ.ΕΞ. = Υπουργείο Εξωτερικών.
ΥΠ.Ε.Π.Θ. = Υπουργείο Εθνικής Παιδείας και Θρησκευμάτων.
ΥΠ.Ε.Τ. = Υπουργείο Έρευνας και Τεχνολογίας.
Υ.ΠΕ.ΧΩ.Δ.Ε. = Υπουργείο Περιβάλλοντος Χωροταξίας και Δημόσιων Έργων.
ΥΠ.Π.Ε. = Υπουργείο Πολιτισμού και Επιστημών.
ΥΠ.ΠΟ. = Υπουργείο Πολιτισμού.
Υ.Χ.Ο.Π. = Υπουργείο Χωροταξίας Οικισμού και Περιβάλλοντος.

Φ

Φ.Α.Π. = 1. Φόρος Ακίνητης Περιουσίας.
2. Φύλλο Ατομικής Πρόσκλησης.
Φ.Δ.Θ. = Φόρος Δημόσιων Θεαμάτων.
Φ.Ε.Α.Π.Θ. = Φοιτητική Ένωση του Αριστοτέλειου Πανεπιστημίου Θεσσαλονίκης.
Φ.Ε.Κ. = Φύλλο Εφημερίδας της Κυβερνήσεως.
Φ.Κ.Ε. = Φόρος Κύκλου Εργασιών.
Φ.Κ.Π. = Φόρος Καθαράς Προσόδου.
ΦΛ.Σ. = Φιλοσοφική Σχολή.
ΦΜ.Σ. = Φυσικομαθηματική Σχολή.
Φ.Μ.Υ = Φόρος Μισθωτών Υπηρεσιών.
Φ.Π. = Φύλλο Πορείας.
Φ.Π.Α. = Φόρος Προστιθέμενης Αξίας.

Χ

Χ" = Χατζη-
Χ.Α.Α. = Χρηματιστήριο Αξιών Αθήνας.
Χ.Α.Ν. = Χριστιανική Αδελφότητα Νέων.
Χ.Α.Ν.Θ. = Χριστιανική Αδελφότητα των Νέων Θεσσαλονίκης.
χγρ. = χιλιόγραμμο.
Χ.Ε.Ν. = Χριστιανική Ένωση Νεανίδων.
χλμ. = χιλιόμετρο.
ΧΡΩ.ΠΕΙ. = Χρωματουργεία Πειραιά.
χφ. = χειρόγραφο.
Χ.Φ.Δ. = Χριστιανική Φοιτητική Δράση.
Χ.Φ.Ε. = Χριστιανική Φοιτητική Ένωση.
χ.χ. = χωρίς χρονολογία.

Ψ

Ψ.Ν.Α. = Ψυχιατρικό Νοσοκομείο Αθήνας.

Ω

Ω.Ρ.Λ. = ωτορινολαρυγγολόγος (κοιν. ωριλά).

ΑΡΚΤΙΚΟΛΕΞΑ ΞΕΝΑ ΚΑΙ ΒΡΑΧΥΓΡΑΦΙΕΣ

A

a = (φυσ.) ampère (βλ. λ. *αμπέρ*).
A = Αυστρία.
A.B.C. = (αγγλ.) American Broadcasting Company (Αμερικανική Ραδιοφωνική Εταιρεία).
A.B.M. = (αγγλ.) Anti Ballistic Missiles (Αντιβαλλιστικοί Πύραυλοι).
a.c. = (αγγλ.) alternating current (εναλλασσόμενο ρεύμα).
A.D. = (λατ.) Anno Domini (μετά Χριστόν).
A.E.G. = (γερμ.) Allgemeine Elektrizitätsgesellschaft (Γενική Εταιρεία Ηλεκτρισμού).
AEROFLOT = (ρωσ.) Σοβιετικές Αεροπορικές Γραμμές.
A.G.F. = (γαλλ.) Assurances Générales de France (Γενικές Ασφάλειες Γαλλίας).
A.I.D.S. = (ιατρ.) Acquired Immune Deficiency Syndrom (Σύνδρομο Επίκτητης Ανοσολογικής Ανεπάρκειας = S.I.D.A., βλ. σύμβολο). Βλ. και *έιτζ*.
AILC = (γαλλ.) Association Internationale de Littérature Comparée (Διεθνής Ένωση Συγκριτικής Γραμματολογίας).
AL = Αλβανία.
ALITALIA = (ιταλ.) Aerolinee Italiane Internazionali (Διεθνείς Ιταλικές Αεροπορικές Γραμμές).
a.m. = (λατ.) ante meridiem (πριν από το μεσημέρι).
A.N.C. = (αγγλ.) African National Congress (Αφρικανικό Εθνικό Κογκρέσο).
AND = Ανδόρα.
A.P.E.C. = (αγγλ.) Asiatic Pasific Economic Cooperation (Οικονομική Συνεργασία Ασίας-Ειρηνικού).
A.Ph.A. = American Philological Association
A.S.E.A.N. = (αγγλ.) Association of South-East Asian Nations (Ένωση Νοτιοανατολικών Ασιατικών Εθνών).
a.u.c. = (λατ.) ab urbe condita («από κτίσεως Ρώμης»).
AUS = Αυστραλία.

B

B = Βέλγιο.
B.B.C. = (αγγλ.) British Broadcasting Corporation (Βρεταννικό Ίδρυμα Ραδιοφωνίας).
B.C. = (αγγλ.) Before Christ (π.Χ.).
B.C.G. = (ιατρ.) Bacille Calmette Guérin (βάκιλλος C.G., μορφή φυματίωσης).
B.E.A. = (αγγλ.) British European Airways (Βρεταννικές Ευρωπαϊκές Αερογραμμές).
B.E.I. = (γαλλ.) Banque Européenne d'Investissement (Ευρωπαϊκή Τράπεζα Επενδύσεων).
B.E.R.D. = Banque Européenne de Reconstruction et Développement (Ευρωπαϊκή Τράπεζα για Ανασυγκρότηση και Ανάπτυξη).
BH = Ονδούρα.
BE.NE.LUX. = (γαλλ.) Belgique - Nederland - Luxembourg (Βέλγιο - Ολλανδία - Λουξεμβούργο· οικονομική ένωση).
BG = Βουλγαρία.
B.I.E. = (γαλλ.) Bureau International d'Education (Διεθνές Γραφείο Παιδείας).
B.I.P.M. = (γαλλ.) Bureau International des Poids et Mesures (Διεθνές Γραφείο Μέτρων και Σταθμών).
B.I.T. = (γαλλ.) Bureau International du Travail (Διεθνές Γραφείο Εργασίας).
B.O.A.C. = (αγγλ.) British Overseas Airways Corporation (Ένωση Βρεταννικών Υπερπόντιων Αεροπορικών Γραμμών).
BR = Βραζιλία.
BUR = Βιρμανία.

C

C = Κούβα.
°C = (φυσ.) Celsius grade (βαθμός Κελσίου).
CAN = Καναδάς.
C.B.S. = (αγγλ.) Columbia Broadcasting System (Ραδιοτηλεοπτικό Δίκτυο της Κολούμπια· Η.Π.Α.).
C.C.C.E = (γαλλ.) Caisse Centrale de Coopération Economique (Κεντρικό Ταμείο Οικονομικής Συνεργασίας).
C.C.C.P = (ρωσ.) Sojuz Sovjetskih Sotsialistitcheskih Respublik (Ένωση Σοβιετικών Σοσιαλιστικών Δημοκρατιών).
CD = (αγγλ.) Compact Disc.
C.D. = (γαλλ.) Corps Diplomatique (Διπλωματικό Σώμα).
C.E. = (γαλλ.) Conseil de l'Europe (Συμβούλιο της Ευρώπης).
C.E.DE.FO.P. = (γαλλ.) Centre Européen pour le Développement de la Formation Professionelle (Ευρωπαϊκό Κέντρο για την Ανάπτυξη της Επαγγελματικής Κατάρτισης).
CEKA = (ρωσ.) Crezvyciajnaja Komissija (Ειδική

Υπηρεσία· κατά την επαναστατική εποχή 1917 κε.).
C.E.R.N. = (γαλλ.) Centre Européen des Recherches Nucléaires (Ευρωπαϊκό Κέντρο Πυρηνικών Ερευνών).
CGO = Κονγκό.
CH = Ελβετία.
C.I.A. = (αγγλ.) Central Intelligence Agency (Κεντρική Υπηρεσία Πληροφοριών· υπηρεσία αντικατασκοπείας των Η.Π.Α.).
C.I.D. = (αγγλ.) Criminal Investigation Department (Υπηρεσία Έρευνας Εγκλημάτων της Μεγάλης Βρεταννίας).
C.I.F. = (αγγλ.) Cost, Insurance and Freight (Κόστος, Ασφάλεια και Ναύλος). - Βλ. ά. τσιφ.
CILC = (ισπ.) Centro de investigaciòn en Literatura Comparada (Κέντρο Έρευνας Συγκριτικής Γραμματολογίας).
CL = Κεϋλάνη.
C.N.N. = (αγγλ.) Cable News Network (Καλωδιακό Δίκτυο Ειδήσεων).
CO = Κολομβία.
Co = Company (Σία, συντροφία, π.χ. J. Smith & Co).
C/o = care of (με τη φροντίδα του...).
COMECON = Σύμφωνο Αμοιβαίας Οικονομικής Βοήθειας (άλλοτε μεταξύ των χωρών της Ανατολικής Ευρώπης).
C.P. = (γαλλ,) Carte Postale (ταχυδρομικό δελτάριο, «καρτ ποστάλ»).
CR = Κόστα Ρίκα.
CS = Τσεχοσλοβακία.
C.S.I. = (γαλλ.) Comission Sportive Internationale (Διεθνής Αθλητική Ένωση).
CY = Κύπρος.

D

D = Γερμανία
db = (φυσ.) decibel (λογαριθμική ενότητα ίση με το ένα δέκατο του bel για τη μέτρηση της έντασης του ήχου - Βλ. και ά. ντεσιμπέλ).
D.D.R. = (γερμ.) Deutsche Demokratische Republik (Γερμανική Λαϊκή Δημοκρατία).
D.D.T. = (χημ.) Dichloro - Diphényl - Trichloréthane/Triméthyléthane (είδος εντομοκτόνου· βλ. ά. ντιντιτί).
D.J. = (αγγλ.) Disk Jockey.
DK = Δανία.
D.N.A. = (αγγλ.) Decoxyribonucleic Acid (Δεσοξυριβοζονουκλεϊκό οξύ).
DZ = Αλγερία.

E

E = Ισπανία.
EC = Εκουαντόρ (Ισημερινός).
E.C.G. = (ιατρ.) Electrocardiogram (Ηλεκτροκαρδιογράφημα).
ECO/FIN = Συμβούλιο Υπουργών Εθνικής Οικονομίας και Οικονομικών.
E.C.U. = (αγγλ.) European Currency Unit (Ευρωπαϊκή Νομισματική Μονάδα).
E.E.G. = (ιατρ.) Electroencephalogram (Ηλεκτροεγκεφαλογράφημα).
E.F.T.A. = (αγγλ.) European Free Trade Association (Ευρωπαϊκή Ζώνη Ελεύθερων Συναλλαγών).

E.M.G. = (ιατρ.) Electromyogram (Ηλεκτρομυογράφημα).
E.N.A. = (γαλλ.) École Nationale d'Administration (Εθνική Σχολή Διοίκησης).
E.P. = (αγγλ.) European Parliament (Ευρωπαϊκό Κοινοβούλιο).
EPHOS = (αγγλ.) European Procurement Handbook of operating Systems (Οδηγός Λειτουργικών Συστημάτων Ευρωπαϊκής Προμήθειας).
ESSO = (αγγλ.) S.O. < Standard Oil.
ET = Αίγυπτος.
E.T.A. = (βασκικά) Euzkadi Ta Azkatasuna (Βασκική Πατρίδα και Ελευθερία· μυστική οργάνωση).
etc. = (λατ.) et cetera (κλπ.).
EU = Ευρώπη.
E.U. = European Union (Ευρωπαϊκή Ένωση).
EURATOM = Ευρωπαϊκή Κοινότητα για την Ατομική Ενέργεια.
EUROVISION = Ευρωπαϊκή Ένωση Ραδιοφωνίας και Τηλεόρασης.

F

F = Γαλλία.
F.A.O. = (αγγλ.) Food and Agriculture Organization (Οργανισμός Τροφίμων και Γεωργίας· του Ο.Η.Ε.).
F.B.I. = (αγγλ.) Federal Bureau of Investigation (Ομοσπονδιακό Γραφείο Ερευνών· στις Η.Π.Α.).
F.E.D. = (γαλλ.) Fonds Européens de Développement (Ευρωπαϊκά Κεφάλαια για την Ανάπτυξη· στα πλαίσια της Ευρωπαϊκής Ένωσης).
F.I.A. = (γαλλ.) Fédération Internationale de l'Automobile (Διεθνής Ομοσπονδία Αυτοκινήτου).
F.I.A.C. = (γαλλ.) Foire Internationale de l' Art Contemporaine (Διεθνής Έκθεση Σύγχρονης Τέχνης).
F.I.A.T. = (ιταλ.) Fabbrica Italiana Automobili di Torino (Ιταλική Βιομηχανία Αυτοκινήτων του Τορίνο).
F.I.B.A. = (αγγλ.) Federation International Basketball Association (Διεθνής Ομοσπονδία Καλαθοσφαίρισης).
F.I.E.C. = (γαλλ.) Fédération Internationale des Etudes Classiques (Διεθνής Ομοσπονδία Κλασικών Σπουδών).
F.I.F.A = (γαλλ.) Fédération Internationale de Football Association (Διεθνής Ομοσπονδία Ποδοσφαίρου).
F.I.G. = (γαλλ.) Fédération Internationale de Gymnastique (Διεθνής Ομοσπονδία Γυμναστικής).
F.I.M. = (γαλλ.) Fédération Internationale Motocycliste (Διεθνής Ομοσπονδία Μοτοσικλέτας).
F.I.R. = (αγγλ.) Flight Information Regions (Τομείς Πληροφοριών Πτήσεων).
FL = Λιχτενστάιν.
F.M. = (αγγλ.) Frequency Modulation (Διαμόρφωση Συχνότητας Κυμάτων).
F.Y.R.O.M. = Former Yugoslavian Republic of Macedonia (Πρώην Γιουγκοσλαβική Δημοκρατία της Μακεδονίας).

G

G.A.T.T. = (αγγλ.) General Agreement on Tariffs

and Trade (Γενική Συμφωνία Δασμών και Εμπορίου).
GB = Μεγάλη Βρεταννία.
G.C.E. = (αγγλ.) General Certificate of Education (Γενικό Πιστοποιητικό Σπουδών).
GE.STA.PO. = (γερμ.) Geheime Staatspolizei (Μυστική Κρατική Αστυνομία· στη Γερμανία επί Χίτλερ).
G.m.b.H. = (γερμ.) Gesellschaft mit beschrenkter Haftung (Εταιρεία Περιορισμένης Ευθύνης).
G.M.T. = (αγγλ.) Greenwich Mean Time ('Ώρα Μεσημβρινού Γκρίνουιτς).
GR = Ελλάδα.

H

H = Ουγγαρία.
HELEXPO = Hellenic Exposition (Ελληνική 'Εκθεση). [Διεθνής 'Εκθεση Θεσσαλονίκης].
H.F. = (ηλεκτρ.) High Frequency (Υψηλή Συχνότητα).
Hi.Fi. = (αγγλ.) High Fidelity (υψηλή πιστότητα).
HIV = (ιατρ.) Human Immunodeficiency Virus (Ιός Ανθρώπινης Ανοσολογικής Ανεπάρκειας).
HK = Χονγκ Κονγκ.
HKJ = Ιορδανία.
H.M. = Her/His Majesty (Η Αυτού/Αυτής Μεγαλειότης).
Hz = (φυσ.) Hertz (Χερτζ· μονάδα μέτρησης συχνότητας). - Βλ. και ά. *ερτζιανός*.

I

I = Ιταλία.
I.A.T.A. = (αγγλ.) International Air Transport Association ('Ένωση Διεθνών Αεροπορικών Μεταφορών).
I.B.M. = (αγγλ.) International Business Machines (Διεθνής Εταιρεία Μηχανών για γραφεία, δηλαδή ηλεκτρονικών υπολογιστών).
I.C.A.O. = (αγγλ.) International Civil Aviation Organization (Διεθνής Οργανισμός Πολιτικής Αεροπορίας).
I.C.E.P.S. = (γαλλ.) Institut de Coopération Economique avec les Pays sous développement (Ινστιτούτο Οικονομικής Συνεργασίας με τις Αναπτυσσόμενες Χώρες).
I.C.I. = (αγγλ.) International Cancer Institut (Διεθνές Ινστιτούτο για τον Καρκίνο).
ICLA = (αγγλ.) International Comparative Literature Association (Διεθνής 'Ενωση Συγκριτικής Γραμματολογίας).
I.E.A. = (αγγλ.) International Energy Association (Διεθνής 'Ενωση Ενέργειας).
IL = Ισραήλ.
ILO = (αγγλ.) International Labor Organization (Διεθνής Οργάνωση Εργασίας).
I.M.F. = (αγγλ.) International Monetary Fund (Διεθνές Νομισματικό Ταμείο).
IND = Ινδία.
INTER.POL. = (αγγλ.) International Police (Διεθνής Αστυνομία).
INTRACOM = Ελληνική Βιομηχανία Τηλεπικοινωνιών και Συστημάτων Πληροφορικής.
I.Q. = (αγγλ.) Intelligence Quotient (Δείκτης Ευφυΐας· βλ. και *Q.I.*).
IR = Ιράν.

I.R.A. = (αγγλ.) Irish Republican Army (Ιρλανδικός Δημοκρατικός Στρατός).
IRL = Ιρλανδία.
IRQ = Ιράκ.
IS = Ισλανδία.
I.S.B.N. = (αγγλ.) International Standard Book Number (Διεθνής Κωδικός Αριθμός Βιβλίων).
I.S.S.N. = (αγγλ.) International Serials Standard Number (Διεθνής Κωδικός Αριθμός Περιοδικών).
I.T.U. = (αγγλ.) International Telecomunication Union (Διεθνής 'Ενωση Τηλεπικοινωνιών).
I.U. = (αγγλ.) Interparliamentarian Union (Διακοινοβουλευτική 'Ενωση).

J

J = Ιαπωνία.

K

kg = (γαλλ.) kilogramme (χιλιόγραμμο).
K.G.B. = (ρωσ.) Komitet Gosudarstvennoj Bezopasnosti (Επιτροπή για την Ασφάλεια του Κράτους· σοβιετική υπηρεσία κατασκοπείας).
K.K.K. = (αγγλ.) Ku Klux Klan (ρατσιστική πολιτική οργάνωση στις Η.Π.Α.).
K.L.M. = (ολλανδικά) Koninklijke Luchtvaart Maatschappij (Ολλανδική Βασιλική Αεροπορική Εταιρεία).
km = (αγγλ.) kilometre (χιλιόμετρο).
KOMINFORM = Κέντρο Πληροφοριών των Ευρωπαϊκών Κομουνιστικών Κομμάτων.
KOMINTERN = (ρωσ.) Kommunistitcheskij International (Κομμουνιστική Διεθνής· Γ' Διεθνής).
KOM.SO.MOL. = (ρωσ.) Kommunistitcheskij Sojuz Molodeji (Σοβιετική Κομουνιστική Νεολαία).
KW = (φυσ.) kilowatt (βλ. λ. *κιλοβάτ*).

L

L = Λουξεμβούργο.
L.A. = Λος 'Αντζελες.
L.A.S.E.R. = (αγγλ.) Light Amplification by Stimulated Emission of Radiation (Διάχυση του Φωτός Διαμέσου Προκαλούμενης Εκπομπής Ακτινοβολίας).
LB = Λιβύη (Κυρηναϊκή).
LEI.CA = (γερμ.) Leitz Camera (φωτογραφική μηχανή Leitz).
LP = (αγγλ.) Long playing («Μακράς Διαρκείας»· για δίσκο πικάπ).
LSD = (γερμ.) Lysergäurediäthylämid (Λυσεργική Διαιθυλεμίδη· ονομασία παραισθησιογόνου).
L.S.E. = (αγγλ.) London School of Economics (Οικονομική Σχολή Λονδίνου).
LT = Λιβύη (Τριπολίτιδα).
Ltd = (αγγλ.) Limited (Εταιρεία Περιορισμένης Ευθύνης).

M

M = Μάλτα.
MA = Μαρόκο.
MC = Μονακό.
M.E.C. = (γαλλ.) Marché Européen Commun (Ευρωπαϊκή Κοινή Αγορά· Ε.Ο.Κ. άλλοτε).
météo = (γαλλ.) météorologie (μετεωρολογία· ανα-

κοίνωση μετεωρολογικού ενδιαφέροντος).
mg = (αγγλ.) milligramme (χιλιοστόγραμμο).
M.G.M. = (αγγλ.) Metro Goldwyn Mayer (αμερικανική κινηματογραφική εταιρεία).
M.I.T. = (αγγλ.) Massachussetts Institute of Technology (Τεχνολογικό Ινστιτούτο Μασαχουσέτης).
M/S = (αγγλ.) Motorship (βλ. ά. μότορσιπ).
MSL = (γαλλ.) Memoires de la Société de Linguistique (Υπομνήματα της Γλωσσολογικής Εταιρείας).

N

N = Νορβηγία.
N.A.F.T.A. = (αγγλ.). 1. North American Free Trade Association (Ζώνη Ελεύθερων Συναλλαγών των χωρών της Βόρειας Αμερικής). 2. New Zealand-Australia Free Trade Association (Ζώνη Ελεύθερων Συναλλαγών μεταξύ Νέας Ζηλανδίας και Αυστραλίας).
N.A.S.A. = (αγγλ.) National Aeronautics and Space Administration (Εθνική Υπηρεσία Αεροναυτικής και Διαστήματος· Η.Π.Α.).
N.A.T.O. = (αγγλ.) North Atlantic Treaty Organization (Οργανισμός Βορειοατλαντικού Συμφώνου· πβ. *O.T.A.N.*).
NAZI, βλ. ά. *ναζί*.
N.B.C. = (αγγλ.) National Broadcasting Company (αμερικανικό ραδιοτηλεοπτικό δίκτυο).
N.E.P. = (ρωσ.) Novaja Ekonomitchcskaja Politika (Νέα Οικονομική Πολιτική· στα χρόνια του Λένιν στη Ρωσία).
NIC = Νικαράγουα.
NL = Ολλανδία.
N.S.W. = Νέα Νότια Ουαλλία.
N.U., βλ. *U.N.*
N.Y. = Νέα Υόρκη.
NZ = Νέα Ζηλανδία.

O

O.A.E.C. = (αγγλ.) Organization of Asian Economic Cooperation (Οργανισμός Ασιατικής Οικονομικής Συνεργασίας).
O.A.P.E.C. = (αγγλ.) Organization of Arab Petroleum Exporting Countries (Αραβική Ένωση Πετρελαιοπαραγωγών Χωρών).
O.A.U. = (αγγλ.) Organization of African Unity (Οργανισμός Αφρικανικής Ενότητας).
O.E.C.D. = (αγγλ.) Organization for Economic Cooperation and Development (Οργανισμός Οικονομικής Συνεργασίας και Αναπτύξεως· πβ. και *Ο.Ο.Σ.Α.*).
O.G.D. = (γαλλ.) Observatoire Geopolitique des Drogues (Γεωπολιτικό Παρατηρητήριο των Ναρκωτικών).
OK = (αγγλ.) Oll Korrekt, εσφαλμένος τύπος του all right (= σύμφωνοι).
O.N.U. = (γαλλ.) Organization des Nations Unies (Οργανισμός Ηνωμένων Εθνών).
O.P.E.C. = (αγγλ.) Organization of Petrol Exporting Countries ('Ενωση Πετρελαιοπαραγωγών χωρών).
O.T.A.N. = (γαλλ.) Organisation du Traité Atlantique Nord (Βορειοατλαντικό Σύμφωνο· πβ. *N.A.-T.O.*).

P

P = Πορτογαλία.
p, pp. = (αγγλ., γαλλ.) page, -s (σελίδα, -ες).
PA = Παναμάς.
PAK = Πακιστάν.
PAN AM = (αγγλ.) Pan American World Airways (Παγκόσμιες Αμερικανικές Αεροπορικές Γραμμές).
PC = (αγγλ.) Personal Computer (Προσωπικός Υπολογιστής).
P.E. = (γαλλ.) Parlement Européen (Ευρωπαϊκό Κοινοβούλιο).
P.E.N. = (αγγλ.) Poets, Playwrights editors, Editors, Essayists and Novelists (Ποιητές, Θεατρικοί συγγραφείς, Εκδότες, Κριτικοί και Διηγηματογράφοι).
PI = Φιλιππίνες.
PL = Πολωνία.
P.L.O. = (αγγλ.) Palestine Liberation Organization (Οργάνωση για την Απελευθέρωση της Παλαιστίνης· πβ. *Ο.Α.Π.*).
p.m. = (λατ.) post meridiem (μετά το μεσημέρι).
P.S. = (λατ.) post scriptum (υστερόγραφο).
PY = Παραγουάη.

Q

QANTAS = (αγγλ.) Queensland And Northern Territory Aerial Services (Αυστραλιανές Αεροπορικές Γραμμές).
Q.I. = (γαλλ.) Quotient Intellectuel (Δείκτης Ευφυΐας· βλ. και *I.Q.*).

R

R = Ρουμανία.
RA = Αργεντινή.
R.A.D.A.R. = (αγγλ.) Radio Detection and Ranging· βλ. ά. *ραντάρ*.
R.A.F. = (αγγλ.) Royal Air Force (Βασιλικές Αεροπορικές Δυνάμεις· βρεταννική πολεμική αεροπορία).
RAI = (ιταλ.) Radio Audizioni Italiane (Ιταλική Ραδιοφωνία).
RCB = Κογκό.
RCH = Χιλή.
RAI T.V. = (ιταλ.) Radio Televisione Italiana (Ιταλική Ραδιοφωνία-Τηλεόραση).
Rh = Macacus Rhesus· βλ. *ά. ρέζους*.
RISC = (αγγλ.) Reduced Instruction Set Computer (Υπολογιστής Συνοπτικών Οδηγιών).
RL = Λίβανος.
RM = Μαδαγασκάρη.
RN.A. = (αγγλ.) (βιολ.) Ribonucleic Acid (Ριβοζονουκλεϊκό Οξύ).
R.S.M. = Δημοκρατία του Αγίου Μαρίνου.
RSVP = (γαλλ.) Répondez S'il Vous Plaît (παρακαλώ, απαντήσετε).

S

S = Σουηδία.
S.A. = (γαλλ.) Société Anonyme (Ανώνυμη Εταιρεία).
S.A.A. = (αγγλ.) South African Airways (Νοτιοαφρικανικές Αεροπορικές Γραμμές).

S.A.B.E.N.A. = (γαλλ.) Société Anonyme Belge d'Exploitation de la Navigation Aérienne (Ανώνυμη Βελγική Εταιρεία Εκμετάλλευσης Αεροπορικών Ταξιδιών).
S.A.L.T. = (αγγλ.) Strategic Arms Limitation Talks (Συνομιλίες για τον Περιορισμό των Στρατηγικών 'Οπλων).
S.A.S. = (αγγλ.) Scandinavian Airlines System (Σκανδιναβικές Αεροπορικές Γραμμές).
S.C.V. = (ιταλ.) Stato della Città del Vaticano (Κράτος της Πόλης του Βατικανού· σύμβολο στα αυτοκίνητα).
S.D.N. = (γαλλ.) Société des Nations (Κοινωνία των Εθνών· πβ. ελλην. Κ.Τ.Ε.).
S.E.A.T.O. = (αγγλ.) South East Asia Treaty Organization (Οργανισμός Συμφώνου Νοτιοανατολικής Ασίας).
sec. = (αγγλ.-γαλλ.) second (δευτερόλεπτο).
SE.CAM = (γαλλ.) Séquentiel à Memoire (Σύστημα εκπομπής έγχρωμων τηλεοπτικών προγραμμάτων).
S.E.N. = (γαλλ.) Société des Études Néo-helléniques (Εταιρεία Νεοελληνικών Σπουδών).
SF = Φιλανδία.
S.F.I.O. = (γαλλ.) Section Française de l'Internationale Ouvrière (Γαλλικό Τμήμα της Εργατικής Διεθνούς· παλαιότερη ονομασία του Γαλλικού Σοσιαλιστικού Κόμματος).
s.g. = (γαλλ.) selon grandeur (ανάλογα με την ποσότητα του εδέσματος).
SGP = Σιγκαπούρη.
sh. = (αγγλ.) shilling (σελίνι).
S.I.D.A. = (γαλλ.) Syndrome d'Immunité Déficiente Acquis (Σύνδρομο Επίκτητης Ανοσολογικής Ανεπάρκειας· πβ. A.I.D.S.).
S.I.M.C.A. = (γαλλ.) Société Industrielle de Mécanique et de Carrosserie Automobile (Βιομηχανική Εταιρεία Μηχανικής και Εξοπλισμού Αυτοκινήτου).
S.O.S. = (αγγλ.) Save Our Souls (Σώστε τις ψυχές μας· διεθνές σήμα κινδύνου).
S.S.B.S. = (γαλλ.) Sol-Sol Balistique Stratégique (Βαλιστική Στρατηγική Εδάφους-Εδάφους).
S.S.L.P. = (γαλλ.) Sol-Sol Longue Portée (Πύραυλος Εδάφους-Εδάφους για μεγάλες αποστάσεις).
S.S.S.R., βλ. U.R.S.S.
STU.KA., βλ. λ. στούκα.
suppl. = (λατ.) supplementum (συμπλήρωμα).
SYR = Συρία.

T

T = Ταϊλάνδη.
T.A.S.S. = (ρωσ.) Telegrafnoje Agentstvo Sovetskovo Sojuza (Τηλεγραφική Εταιρεία της Σοβιετικής 'Ενωσης· Πρακτορείο Τύπου).
TELEX = (αγγλ.) Telegraphe Exchange (Ανταλλαγή Τηλεγραφημάτων).
T.L.S. = Times' Literary Supplement (Φιλολογικό Συμπλήρωμα των Τάιμς).
TN = Τυνησία.
TR = Τουρκία.
T.U. = (αγγλ.) Trade Union (Σωματείο, Συνδικάτο).
T.V. = (αγγλ.) Television (Τηλεόραση).
T.W.A. (αγγλ.) Trans World Airlines (Αμερικανική Αεροπορική Εταιρεία).

U

U = Ουρουγουάη.
U.E. = Union Européenne (Ευρωπαϊκή 'Ενωση).
U.E.F.A. = (αγγλ.) Union of European Football Associations (Ευρωπαϊκή 'Ενωση Ποδοσφαίρου).
U.F.O. = (αγγλ.) Unidentified Flying Object (Ιπτάμενο Αντικείμενο που δεν έχει ταυτιστεί· βλ. και A.T.I.A.).
U.H.F. = (φυσ.) Ultra High Frequency (Υπερυψηλή Συχνότητα).
U.K. = (αγγλ.) United Kingdom (Ηνωμένο Βασίλειο Μεγάλης Βρεταννίας και Βόρειας Ιρλανδίας).
U.N. = (αγγλ.) United Nations (Ηνωμένα 'Εθνη).
U.N.C.A. = (αγγλ.) United Nations Correspondent's Association ('Ενωση Ανταποκριτών στα Ηνωμένα 'Εθνη).
U.N.C.T.A.D. = (αγγλ.) United Nations Conference Trade and Development (Συμβούλιο Ηνωμένων Εθνών για το Εμπόριο και την Ανάπτυξη).
U.N.D.P. = (αγγλ.) United Nations Development Programme (Πρόγραμμα Ανάπτυξης των Ηνωμένων Εθνών).
U.N.E.F. = (αγγλ.) United Nations Emergency Forces (Δυνάμεις Ασφάλειας των Ηνωμένων Εθνών).
U.N.E.S.C.O. = (αγγλ.) United Nations Educational Scientific and Cultural Organization (Οργανισμός των Ηνωμένων Εθνών για την Εκπαίδευση, την Επιστήμη και τον Πολιτισμό).
U.N.I.C.E.F. = (αγγλ.) United Nations International Children's Emergency Fund (Διεθνές 'Ιδρυμα των Ηνωμένων Εθνών για την Προστασία του Παιδιού).
U.N.I.D.O. = (αγγλ.) United Nations Industrial Development Organization (Οργανισμός Βιομηχανικής Ανάπτυξης των Ηνωμένων Εθνών).
U.N.O. = (αγγλ.) United Nations Organization (Οργανισμός Ηνωμένων Εθνών· π.β. O.H.E.).
U.N.R.R.A. = (αγγλ.) United Nations Relief and Rehabilitation Administration (Διεύθυνση των Ηνωμένων Εθνών για την Προστασία και την Αποκατάσταση).
U.R.S.S. = (γαλλ.) Union des Republiques Socialistes Soviétiques ('Ενωση Σοσιαλιστικών Σοβιετικών Δημοκρατιών (άλλοτε)· πβ. Ε.Σ.Σ.Δ.).
U.S.A. = (αγγλ.) United States of America (Ηνωμένες Πολιτείες Αμερικής· πβ. Η.Π.Α.).
U.S.N. = (αγγλ.) United States Navy (Πολεμικό Ναυτικό των ΗΠΑ).
U.S.S.R. = (αγγλ.) Union of Soviet Socialist Republics (βλ. U.R.S.S.).

V

V = Πόλη του Βατικανού.
V.A.T. = (αγγλ.) Value Added Tax (Φόρος Προστιθέμενης Αξίας· πβ. Φ.Π.Α.).
V.C.R. = (αγγλ.) Video Cassette Recorder (βλ. ά. βίντεο).
V.H.F. = (φυσ.) Very High Frequency (Πολύ Υψηλή Συχνότητα).
V.I.P. = (αγγλ.) Very Important Person (Πρόσωπο ιδιαίτερα σημαντικό).
VN = Βιετνάμ.
V.O.A. = (αγγλ.) Voice of America (Φωνή της Αμερικής· ραδιοσταθμός των Η.Π.Α.).
V.W. = (γερμ.) Volkswagen (Λαϊκό 'Οχημα· γερμανική εταιρεία κατασκευής αυτοκινήτων).

W

WAL = Σιέρρα Λεόνε.
W.B. = (αγγλ.) World Bank (Διεθνής Τράπεζα).
W.C. = (αγγλ.) Water Closet (Αποχωρητήριο).
W.C.C. = (αγγλ.) World Council of Churches (Οικουμενικό Συμβούλιο Εκκλησιών).
W.E.U. = (αγγλ.) Western European Union (Δυτικοευρωπαϊκή Ένωση· βλ. *Δ.Ε.Ε.*).
W.H.O. = (αγγλ.) World Health Organization (Παγκόσμιος Οργανισμός Υγείας).

X

X = (μαθημ.) σύμβολο για τη δήλωση του αγνώστου (ο άγνωστος X).
X-ray = (αγγλ.) Ακτίνα X.

Y

Y.M.C.A. = (αγγλ.) Young Men's Christian Association (Χριστιανική Ένωση Νέων).
YU = Γιουγκοσλαβία.
YV = Βενεζουέλα.
Y.W.C.A. = (αγγλ.) Young Women's Christian Association (Χριστιανική Ένωση Νεανίδων· πβ. *ελλην. Χ.Ε.Ν.*).

Z

Z = Ζάμπια.
ZA = Νοτιοαφρικανική Δημοκρατία (και Νοτιοδυτική Αφρική).

W

W.A.L. = Τέρμα λέξης.
W.B. = (αγγλ.) World Bank (Διεθνής Τράπεζα)
W.C./ = (αγγλ.) Water Closet (Αποχωρητήριο)
W.C.C. = (αγγλ.) World Council of Churches (Παγκόσμιο Συμβούλιο Εκκλησιών)
W.E.U. = (αγγλ.) Western European Union (Δυτικοευρωπαϊκή Ένωση), βλ. Δ.Ε.Ε.
W.H.O. = (αγγλ.) World Health Organization (Παγκόσμιος Οργανισμός Υγείας)

X

X = (μαθημ.) σύμβολο για την λύση του αγνώστου (το αγνωστος x).
x-ray = (αγγλ.) Ακτίνα X.

Y

Y.M.C.A. = (αγγλ.) Young Man's Christian Association (Χριστιανική Ένωση Νέων)
Y.U. = Γιουγκοσλαβία
Y.V. = Βενεζουέλα
Y.W.C.A. = (αγγλ.) Young Women's Christian Association (Χριστιανική Ένωση Νεανίδων), βλ. Χ.Ε.Ν.

Z

Z.A. Χαρτιά.
Z.A. = Νοτιοαφρικανική Δημοκρατία (του Νότιου της Αφρικής).

14.000